PONS

Großwörterbuch
für Experten und Universität

Deutsch – Englisch

Vollständige Neuentwicklung
2001

Ernst Klett Verlag
Stuttgart · Düsseldorf · Leipzig

A

A, a <-, - *o fam* -s, -s> *nt* ① (*Buchstabe*) A, a; **ein großes A/ein kleines a** a small a/a capital A; ~ **wie Anton** A for Andrew Brit, A as in Abel Am ② Mus A, a; **A-Dur/a-Moll** A major/A minor; **das ~ anschlagen** to hit a ▶ Wendungen: **von ~ nach B [kommen]** [to get] from A to B; **wer ~ sagt, muss auch B sagen** (*prov*) if you make your bed, you've got to lie in it, Brit *a.* in for a penny, in for a pound *prov;* **das ~ und [das] O** the be-all and end-all, the most important thing; **von ~ bis Z** (*fam: von Anfang bis Ende*) from beginning to end; (*in- und auswendig*) inside out

à [a] *präp* at; ***200 Flaschen Mouton ~ DM 135,--*** 200 bottles of Mouton at DM 135 each

Ä, ä <-, - *o fam* -s> [ɛ:] *nt* a umlaut

Aa <-> [a'ʔa] *nt kein pl* (*kindersprache*) poo[h] Brit *childspeak,* poop Am *childspeak;* ~ **machen** to do a poo[h] [*or* Am poop]

AA <-> *nt kein pl* ① *Abk von* **Auswärtiges Amt** ≈ FCO Brit, ≈ State Department Am ② *ohne Art Abk von* **Anonyme Alkoholiker** AA

Aachen <-s> *nt* Aachen

Aal <-[e]s, -e> *m* eel ▶ Wendungen: **glatt wie ein ~** as slippery as an eel; **sich [drehen und] winden wie ein ~** (*aus Unaufrichtigkeit*) to wriggle like a worm; (*aus Verlegenheit*) to squirm

aalen *vr* (*fam*) ■**sich ~** to stretch out; ■**sich in der Sonne ~** to bask in the sun

aalglatt I. *adj* (*pej*) slippery II. *adv* (*pej*) artfully **Aalquappe** *f* Kochk burbot, eelpout **Aalsuppe** *f* eel soup

AAM <-s, -s> *m Abk von* **angeborener Auslösemechanismus** IRM

a.a.O. *Abk von* **am angegebenen Ort** loc. cit.

Aargau <-s> *m* ■**der ~** Aargau

Aas <-es> *nt* ① *pl* Aase (*Tierleiche*) carrion ② *pl* Äser (*fam männliche Person*) bastard *fam!,* Am *a.* jerk *fam!;* (*weibliche Person*) bitch *fam!* ▶ Wendungen: **kein ~** (*fam*) not a soul

aasen *vi* (*fam*) ■**mit etw** *dat* ~ to fritter away sth *sep;* **mit Energie/Rohstoffen ~** to squander energy/resources; **mit seiner Gesundheit ~** to neglect one's health

Aasfliege *f* carrion fly **Aasfresser** <-s, -> *m* carrion-eating animal **Aasgeier** *m* vulture *a. pej;* ***ihr seid wie die ~!*** you're vultures! **Aaskäfer** *m* carrion-beetle

ab I. *adv* ① (*weg, entfernt*) off; ***zur Post geht es an der Kreuzung links ~*** the post office is off to the left at the crossroads; ~ **sein** to be out in the sticks; **weit ~ sein** [*o* **liegen**] to be far away; ***das Lokal ist mir zu weit ab*** the pub is too far away; ***das liegt zu weit ~ vom Weg*** that's too far off the beaten track ② (*abgetrennt*) off; ~ **sein** (*fam*) to be broken [off]; ***mein Knopf ist ab*** I've lost a button; ***erst muss die alte Farbe ~*** first you have to remove the old paint ③ (*in Befehlen*) off; ~ ***ins Bett!*** off to bed!; ~, ***ihr beiden, Hände waschen!*** off you two go, and wash your hands!; ~ ***nach Hause!*** off home with you!; ~ ***in/auf dein Zimmer!*** go to your room!; ~ **nach oben/unten!** up/down we/you etc. go!; ~ **sofort** as of now; ~ **und zu** [*o* nordd **an**] now and then ④ (*abgehend*) from; ***der Zug fährt ~ Köln*** the train departs from Cologne; ***Frankfurt ~ 19 Uhr, New York an 8 Uhr*** departing Frankfurt [at] 19.00, arriving New York [at] 8.00 II. *präp +dat* ① (*räumlich*) from ② (*zeitlich*) from; ~ ***wann ...?*** from when ...? ③ (*von ... aufwärts*) from; ***Kinder ~ 14 Jahren*** children from the age of 14 up ④ Ökon ex; **Preis ~ Fabrik/Werk** price ex factory/works ⑤ schweiz (*nach der Uhrzeit*) past; ***Viertel ~ 8*** quarter past eight ⑥ schweiz (*von*) on; ~ ***Kassette*** on cassette

Abakus <-, -> *m* abacus

ab|ändern *vt* ■**etw [in etw** *akk*] ~ to amend sth [to sth]; **ein Gesetz/einen Text/eine Verfassung ~** to amend a law/text/constitution; **ein Programm ~** to change a schedule; **eine Strafe ~** to revise a punishment

Abänderung *f* amendment; *einer Strafe* revision; ~**en [an etw** *dat*] **vornehmen** to make amendments [to sth]; **in ~ des Programmes** as a change to the schedule

Abänderungsantrag *m* Jur motion for amendment; **einen ~ einbringen** to propose an amendment **abänderungsfähig** *adj* amendable **Abänderungsklage** *f* Jur petition to modify a judgment **Abänderungsklausel** *f* Jur modifying clause **Abänderungsurkunde** *f* Jur amending document **Abänderungsurteil** *nt* Jur amending judgement

Abandon <-s, -s> [abã'dõ:] *m* Jur abandonment

Abandonerklärung *f* Jur declaration of abandonment **Abandonklausel** *f* Jur abandonment clause

abandonnieren *vt* Jur to abandon

ab|arbeiten I. *vt* ■**etw ~** ① (*durch Arbeit tilgen*) to work off sth *sep;* **die Überfahrt ~** to work one's passage ② (*der Reihe nach erledigen*) to work through sth ③ (*hinter sich bringen*) to finish sth II. *vr* ■**sich ~** (*fam*) to work like a madman [*or* dog] *fam,* to work oneself into the ground [*or* to death]; *s. a.* **abgearbeitet**

Abarbeitssystem *nt* debt repayment scheme

Abart *f* ① Biol mutation *spec* ② Bot variety

abartig I. *adj* ① (*abnorm*) deviant, abnormal; (*pervers a.*) peverted; **eine ~e Neigung haben** to have abnormal [*or* deviant] tendencies ② (*sl: verrückt*) crazy, mad II. *adv* ① (*abnorm*) abnormally; **auf etw** *akk* ~ **reagieren** to react abnormally to sth ② (*sl*) really; ***mein Kopf tut ~ weh*** I've got a splitting headache; ***das hat ~ lang gedauert*** that took absolute ages ③ (*pervers*) pervertedly

Abartigkeit <-, -en> *f* deviance, perversity; **von einer besonderen/seltenen ~ sein** to be peculiarly/particularly deviant

ab|äschern *vt* Kochk **einen Fisch ~** *to rub a fish with wooden ashes to remove slime*

ABB *Abk von* **Asea Brown Boveri** ABB

Abb. *f Abk von* **Abbildung** illust., illus., Fig.

ab|backen *vt* Kochk *s.* **ausbacken**

ab|balgen *vt* Kochk, Jagd **Wild ~** to skin game

ab|ballern *vt* (*sl*) ■**jdn ~** to blow away sb *sep,* to crate sb *sl;* ■**ein Tier ~** to pot an animal *fam*

Abbau <-s> *m kein pl* ① (*Förderung*) mining; **der ~ von Braunkohle/Schiefer/Steinkohle** brown coal/slate/hard coal mining; **der ~ von Bodenschätzen** mining for mineral resources ② (*Verringerung*) cut; ***ein ~ der Produktion*** a cutback in production ③ (*allmähliche Beseitigung*) revocation, withdrawal; **der ~ von Vorurteilen** the breaking down [*or* elimination] of prejudices ④ Med (*Verfall*) deterioration *spec* ⑤ Chem breakdown

abbaubar *adj* ① Bergb (*sich fördern lassend*) workable ② Chem, Med degradable; **biologisch ~** biodegradable

ab|bauen I. *vt* ■**etw ~** ① Bergb (*fördern*) to mine sth ② (*demontieren*) to dismantle sth ③ (*verringern*) to reduce [*or* decrease] sth ④ (*schrittweise beseitigen*) to cut sth; **Vorrechte ~** to reduce [*or* cut] privileges ⑤ Chem, Med to break down sth *sep* II. *vi* (*fam: allmählich weniger leisten*) *Kräfte, Konzentration* to flag, to wilt; (*geistig/körperlich nachlassen*) to deteriorate

Abbauprodukt *nt* break-down product **Abbaurecht** *nt* Jur quarrying right

abbedingen *vt* Jur **etw [vertraglich] ~** to contract out sth

Abbedingung <-, -en> *f* Jur contracting out

ab|behren *vt* ■**etw ~** to strip the berries off sth

ab|beißen *irreg* I. *vt* ■**[jdm] etw ~** to bite [off] [sb's] sth; ■**etw von etw** *dat* ~ to bite sth off [of] sth; ***er biss ein Stück von der Schokolade ab*** he bit off a piece of the chocolate II. *vi* to take a bite; ***möchtest du mal ~?*** would you like [to have] a bite?

ab|beizen *vt* ■**etw [von etw** *dat*] ~ to strip sth [off [*or* Am *a.* off of] sth]

Abbeizmittel *nt* stripper

ab|bekommen* *vt irreg* ① (*seinen Anteil erhalten*) ■**etw [von etw** *dat*] ~ to get [*or* receive] one's share [of sth]; ***ich habe noch nichts vom Gewinn ~*** I still haven't had my share of the winnings; **die Hälfte von etw ~** to receive [*or* get] half of sth ② (*durch etw getroffen werden*) ■**etw ~** to get sth; **Prügel ~** to get a beating ③ (*fam: beschädigt werden*) ■**etwas/nichts ~** to get/not get damaged; ***das Auto hat bei dem Unfall eine ganze Menge ~*** the car got quite a bashing in the accident ④ (*fam: verletzt werden*) ■**etwas/nichts ~** to be/not be injured ⑤ (*entfernen können*) ■**etw [von etw** *dat*] ~ to get sth off [of sth]

ab|berufen* *vt irreg* (*zurückbeordern*) ■**jdn ~** to recall sb ▶ Wendungen: **[von Gott] ~ werden** (*euph*) to pass away, to be called Home to one's Lord *euph*

Abberufung <-, -en> *f* Jur recall

Abberufungsschreiben *nt* Handel letter of recall

ab|bestellen* *vt* ① (*eine Bestellung widerrufen*) ■**etw ~** to cancel sth ② (*einen Besuch widerrufen*) ■**jdn ~** to cancel sb's visit/appointment; ***du kannst den Klempner wieder ~*** you can tell the plumber he needn't come anymore

Abbestellung *f* cancellation

ab|bezahlen* I. *vt* ■**etw ~** to pay off sth *sep* II. *vi* to pay in instalments [*or* Am *usu* installments]; ***an dem Auto muss ich noch 16 Monate lang ~*** I have another 16 month's instalments to make on the car

ab|biegen *irreg* I. *vt haben* (*fam*) ■**etw ~** to get out of sth *fam;* ***ich sollte eine Rede halten, aber zum Glück konnte ich das ~*** I was supposed to give a speech but luckily I managed to get out of it; **einen Plan ~** to forestall a plan II. *vi sein* ① (*nach links/rechts fahren*) to turn [off]; **[nach] links/rechts ~** to turn [off to the] left/right; **von einer Straße ~** to turn off [*or* Am *a.* off of] a road ② (*eine Biegung machen*) to bend; ***die Straße biegt [scharf] ab*** there's a [sharp] bend in the road

Abbiegespur *f* filter [*or* exit] [*or* Am turn] lane

Abbiegung <-, -en> *f* turn-off

Abbild *nt* image; (*im Spiegel*) reflection

ab|bilden *vt* ① (*fotografisch wiedergeben*) **einen Gegenstand ~** to copy [*or* reproduce] an object; ■**jdn ~** to portray [*or* depict] sb; **eine Landschaft ~** to depict a landscape; ***auf dem Foto war der Tatort abgebildet*** the photo showed the place of the crime ② (*geh: wiedergeben*) ■**etw ~** to portray [*or* depict] sth; ***der Bericht bildet die Verhältnisse in Litauen ab*** the report portrays the conditions in Lithuania

Abbildfunktion *f* Inform mapping function

Abbildung <-, -en> *f* ① (*Illustration*) illustration ② (*bildliche Wiedergabe*) image, diagram; ***siehe ~ 3.1 auf Seite 5*** see figure 3.1 on page 5 ③ (*das Abbilden*) reproduction, depiction; ***diese Statistik eignet sich nicht zur ~*** these figures are not suitable for depicting in a diagram

Abbildungsbereich *m* Typo enlargement range, reproduction scale **Abbildungsmaßstab** *m* Typo reproduction ratio [*or* scale]

ab|binden *irreg* I. *vt* ① Med (*abschnüren*) **die Hauptschlagader/ein Körperglied ~** to put a tourniquet the main artery/on a limb ② Kochk (*verdicken*) **eine Soße/Suppe [mit etw** *dat*] ~ to thicken [*or* bind] a sauce/soup [with sth]; ***zum Andicken nehme ich immer Stärkemehl*** I always use cornflour to thicken ③ (*losbinden*) ■**sich** *dat* **etw ~** to untie [*or* undo] one's sth; **eine Krawatte ~** to undo a tie; **eine Schürze ~** to untie an apron II. *vi* ① Bau to bind ② Kochk to thicken

Abbindezeit *f* Typo drying time

Abbitte *f* (*geh*) apology; **[bei jdm] ~ leisten** [*o* **tun**] to offer one's apologies [to sb]

ab|bitten *vt irreg* ■**jdm [etw] ~** to beg sb's pardon [for sth]

ab|blasen *vt irreg* ① (*fam: absagen*) ■**etw ~** to call sth off ② (*durch Blasen entfernen*) ■**etw [von etw** *dat*] ~ to blow sth away [from sth] ③ (*durch Blasen von Belag reinigen*) ■**etw ~** to blow the dust off [*or* Am *a.* off of] sth

ab|blättern *vi sein* ■ [von etw *dat*] ~ to peel [off [*or* AM *a.* off of] sth]

ab|bleiben *vi irreg sein* (*fam*) ***wo ist sie nur schon wieder abgeblieben?*** where has she got to this time?; ***irgendwo muss es abgeblieben sein*** it has got to be somewhere

abblendbar *adj* ■ **ein ~er Rückspiegel** dipping rear mirror

ab|blenden I. *vi* ❶ AUTO to dip [*or* AM dim] the [*or* one's] lights ❷ FILM to fade out **II.** *vt* **die Scheinwerfer** ~ to dip [*or* AM dim] the headlights; **das Fenster** ~ to black out the window

Abblendlicht *nt* AUTO dipped [*or* AM dimmed] headlights

ab|blitzen *vi sein* (*fam*) ■ **bei jdm [mit etw** *dat*] ~ to not get anywhere with sb [with sth] *fam;* ***mit diesem Vorschlag werden Sie beim Chef*** ~ you won't get anywhere with the boss with that proposal; **jdn ~ lassen** to give sb the brush-off *fam,* to turn sb down

ab|blocken I. *vt* ■ **jdn/etw [mit etw** *dat*] ~ to block sb/sth [with sth] **II.** *vi* to refuse to talk about sth

Abbrand *m* ❶ NUKL burn-up *spec* ❷ (*metal*) melting loss

ab|brausen I. *vi sein* (*fam*) to race [*or fam* zoom] off **II.** *vt haben* ■ **etw** ~ to rinse sth off [under the shower]; ■ **jdn** ~ to put sb under the shower

ab|brechen *irreg* **I.** *vt haben* ■ **etw** ~ ❶ (*von etw lösen*) to break off sth *sep* ❷ (*abbauen*) to dismantle sth; **ein Lager** ~ to break [*or* strike] camp; **ein Zelt** ~ to take down [*or* strike] a tent; *s. a.* **Zelt** ❸ (*niederreißen*) to pull down sth *sep,* to demolish sth ❹ (*vorzeitig beenden*) to stop sth; **eine Beziehung** ~ to break off a relationship; **die Behandlung/Therapie** ~ to stop [*or* quit] the course of treatment/therapy; **einen Streik** ~ to call off a strike; **das Studium** ~ to drop out of college [*or* BRIT *a.* university]; **den Urlaub** ~ to cut short one's holidays; **eine Übertragung** ~ to interrupt a broadcast; **ein Installationsprogramm** ~ to abort [*or* nullify] a setup program; *s. a.* **abgebrochen II.** *vi* ❶ *sein* (*sich durch Brechen lösen*) to break off ❷ (*aufhören*) to stop ❸ (*beendet werden*) to cease; *Beziehung* to end, to break off; **etw ~ lassen** to break off sth; **den Kontakt ~ lassen** to lose contact [*or* touch] **III.** *vr haben* ▶ WENDUNGEN: **sich** *dat* [**bei etw** *dat*] [**k**]**einen** ~ (*sl*) to [not] bust a gut [doing sth] *sl;* [***nun***] ***brich dir*** [***mal***] ***keinen ab!*** don't put yourself out!; ***brich dir bloß keinen ab bei deinen Gratulationen!*** don't go overboard with the congratulations!

ab|bremsen I. *vt* ❶ (*langsamer werden lassen*) ■ **etw** ~ to slow down sth *sep;* **den Motor** ~ to brake the engine ❷ (*fig: langsamer verlaufen lassen*) ■ **etw** ~ to curb [*or sep* slow down] sth; **einen Fall** ~ to break a fall; **die Inflation** ~ to curb inflation **II.** *vi* to brake, to slow down; ***hier solltest du auf 50 km/h abbremsen*** you should slow down to 50 km/h here

ab|brennen *irreg* **I.** *vt haben* ■ **etw** ~ ❶ (*durch Verbrennen beseitigen*) to burn off sth *sep* ❷ (*niederbrennen*) to burn down sth *sep,* to burn sth to the ground ❸ (*brennen lassen*) to burn sth; **ein Feuerwerk/eine Rakete** ~ to let off fireworks/rockets *sep* ❹ KOCHK (*absengen*) to singe [*or* burn] off sth *sep,* to distil [*or* AM distill] sth ❺ KOCHK ÖSTERR (*mit brauner Butter übergießen*) to pour black butter over sth **II.** *vi sein* ❶ (*niederbrennen*) to burn down [*or* to the ground] ❷ (*sein Haus durch Brand verlieren*) to be burnt [*or* burned] out ❸ (*sich durch Brennen aufbrauchen*) to burn out

ab|bringen *vt irreg* ■ **jdn von etw** *dat* ~ get sb to give up sth; (*abraten*) to change sb's mind about sth; ■ **jdm davon ~, etw zu tun** to prevent sb [from] doing sth; (*abraten*) to dissuade sb from doing sth; **jdn vom Kurs** ~ to throw sb off course; **jdn vom Thema** ~ to get sb away from the subject; ■ **sich von etw** *dat* **nicht ~ lassen** to not let oneself be made [*or* persuaded] to give up sth; **sich nicht von seiner Meinung ~ lassen** to not let anyone/anything change one's mind [*or* opinion]; **sich nicht von seinen Gewohnheiten ~ lassen** to not be made to give up one's habits; ***er ließ sich von seinem Vorhaben nicht*** ~ he won't be persuaded to drop his plan; **jdn/einen Hund von der Spur** ~ to throw [*or* put] sb/a dog off the scent

ab|bröckeln *vi sein* ❶ (*sich bröckelnd lösen*) ■ [**von etw** *dat*] ~ to crumble [away from sth] ❷ FIN (*an Wert verlieren*) to ease off

Abbruch *m* ❶ *kein pl* (*das Niederreißen*) demolition; ***der ~ eines verwahrlosten Gebäudes*** to pull down [*or* demolish] a neglected building; **etw auf ~ verkaufen** to sell sth at demolition value ❷ *kein pl* (*Beendigung*) breaking off; *einer Therapie a.* ceasing; *des Studiums* dropping out; ***mit dem ~ der diplomatischen Beziehungen drohen*** to threaten to break off diplomatic relations; ***es kam zum ~ der Veranstaltung*** the event had to be called off ❸ (*fam: Schwangerschafts~*) abortion ❹ INFORM abortion, nullification ▶ WENDUNGEN: **etw** *dat* **keinen ~ tun** to not spoil sth; **jds Fröhlichkeit** [*o* **guten Laune**] **keinen ~ tun** to not dampen sb's spirits; ***das tut der Liebe keinen Abbruch*** never mind!

Abbrucharbeiten *pl* demolition work *no pl*

Abbruchfirma *f* demolition firm **abbruchreif** *adj* ❶ (*baufällig*) dilapidated ❷ SCHWEIZ (*schrottreif*) ready for the scrap heap *pred* **Abbruchunternehmer** *m* demolition firm

ab|brühen *vt* KOCHK ■ **etw** ~ to scald sth; **Gemüse** ~ to parboil vegetables

ab|brummen *vt* (*fam*) ■ **etw** ~ to sit out sth *sep;* ***die zehn Monate Knast brumme ich doch im Handumdrehen ab!*** I'll have the 10 months inside behind me in no time at all!

ab|buchen *vt* ❶ FIN ■ **etw [von etw** *dat*] ~ to debit sth [from sth]; ■ **etw [von etw** *dat*] **~ lassen** to have sth debited [from sth]; ***für das A~ erhebt die Bank Gebühren*** the bank charges for debits ❷ ÖKON (*abschreiben*) ■ **etw [unter etw** *dat*] ~ to write sth off [as sth] ❸ (*verzeichnen*) ■ **etw als etw** [*o* **unter etw** *dat*] ~ to write sth off as sth

Abbuchung *f* direct debit; (*abgebuchter Betrag*) debit; **durch** ~ by direct debit

Abbuchungsauftrag *m* [direct] debit order **Abbuchungsermächtigung** *f* FIN direct debit mandate **Abbuchungsverfahren** *nt* FIN direct debiting service

ab|bügeln *vt* (*fig sl*) ■ **etw** ~ to stonewall sth

ab|bürsten *vt* ❶ (*durch Bürsten reinigen*) ■ **etw** ~ to brush off sth *sep;* **einen Anzug/einen Mantel** ~ to brush down a suit/coat; ■ **sich** ~ to brush oneself down ❷ (*durch Bürsten entfernen*) ■ [**sich** *dat*] **etw von etw** *dat* ~ to brush sth off [of] [one's] sth; ***dieser Dreck lässt sich nicht sehr gut*** ~ this muck is not very easy to brush off ❸ (*fam: zurechtweisen*) ■ **jdn** ~ to give sb a dressing down

ab|büßen *vt* ■ **etw** ~ to serve sth

Abbüßung <-, -en> *f* JUR serving; ***sie wurde vor ~ ihrer Strafe entlassen*** she was released before she'd finished serving her sentence

Abc <-, -> *nt* ❶ (*Alphabet*) abc, ABC; **etw nach dem ~ ordnen** to put sth in alphabetical order ❷ (*Grundwissen*) ■ **das ~ einer S.** *gen* the ABC of sth; ***„~ der Astronomie für Anfänger"*** "Basic Astronomy for Beginners"

Abchasien <-s> *nt* Abchasia

ab|checken [-tʃɛkn] *vt* (*fam*) ❶ (*kontrollieren*) ■ **etw** ~ to check out sth *sep;* ■ **~, ob** to check out whether ❷ (*prüfen*) ■ **jdn** ~ to give sb the once-over *fam,* to check out sb *sep* ❸ (*abhaken*) ■ **etw** ~ to tick off sth *sep* ❹ (*absprechen*) ■ **etw mit jdm** ~ to confirm sth with sb

ABC-Kampfanzug *m* ABC combat uniform

ABC-Pflaster [a:be:ˈtse:-, abeˈtse:-] *nt* PHARM deep-heat plaster [*or* poultice]

Abc-Schütze, -Schützin *m, f* SCH (*hum: Schulanfänger*) school starter

ABC-Staaten *pl Argentina, Brazil and Chile*

ABC-Waffen *pl* MIL nuclear, biological and chemical [*or* NBC] weapons *pl*

ab|dampfen *vi* to evaporate, to vaporize

ab|danken *vi* ❶ (*fam: zurücktreten*) to resign, to step down ❷ (*auf den Thron verzichten*) to abdicate ❸ ■ **abgedankt** (*veraltet*) retired

Abdankung <-, -en> *f* ❶ (*fam: Rücktritt*) resignation ❷ (*Thronverzicht*) abdication ❸ SCHWEIZ (*Trauerfeier*) funeral service

Abdeckblech *nt* BAU flashing

ab|decken *vt* ❶ (*abnehmen*) ■ **etw** ~ to take off sth *sep;* **das Bett** ~ to strip the bed; **den Tisch** ~ to clear the table ❷ (*aufmachen*) ■ **etw** ~ to uncover [*or* open up] sth *sep;* (*den Deckel abnehmen*) to remove the lid/cover from sth ❸ (*die Dachpfannen wegnehmen*) ■ **etw** ~ to lift the roof off [*or* AM *a.* off of] sth ❹ (*bedecken*) ■ **etw** ~ to cover [over] sth ❺ FIN (*ausgleichen*) ■ **etw [mit etw** *dat*] ~ to cover sth with sth; ***die Kosten der Feier werden von der Firma abgedeckt*** the cost of the celebration will be met by the company ❻ (*schminken*) ■ **etw** ~ *Hautunreinheiten* to conceal sth

Abdecker(in) <-s, -> *m(f)* knacker BRIT, renderer AM

Abdeckerei <-, -en> *f* knacker's [yard] BRIT, rendering works AM

Abdeckhaube *f* cover **Abdeckleiste** *f* BAU cover molding **Abdeckplane** *f* tarpaulin **Abdeckprofil** *nt* BAU cover section **Abdeckstift** *m* concealer stick

Abdeckung *f* ❶ (*Material zum Abdecken*) cover ❷ *kein pl* (*das Bedecken*) covering

ab|dichten *vt* ❶ (*dicht machen*) ■ **etw** ~ to seal sth; **ein Leck** ~ to plug [*or* stop] a leak; **ein Loch/Ritzen** ~ to fill [in] [*or* seal] a hole/cracks ❷ (*isolieren*) ■ **etw gegen etw** *akk* ~ to proof sth against sth; **etw gegen Feuchtigkeit/Lärm/Zugluft** ~ to damp proof/soundproof/draught [*or* AM draft] proof sth

Abdichtung *f* ❶ (*Dichtung*) seal ❷ (*Isolierung*) proofing ❸ *kein pl* (*das Abdichten*) sealing; **die ~ eines Lecks** the plugging [*or* stopping] of a leak; **die ~ eines Lochs/einer Ritze** the filling [in] of a hole/crack

abdingbar *adj* JUR subject to being contracted away

Abdomen <-s, Abdomina> *nt* MED, ZOOL (*Unterleib, Hinterleib eines Insekts*) abdomen

ab|drängen *vt* ❶ (*beiseite drängen*) ■ **jdn** ~ to push sb away ❷ SPORT ■ **jdn [von etw** *dat*] ~ to keep sb away [from sth]; **jdn vom Ball/Tor** ~ to push sb off the ball/to block sb's path to the goal ❸ NAUT ■ **etw [von etw** *dat*] ~ to drive [*or* force] sth off [of] sth; **von Wind abgedrängt werden** to be blown off course by the wind

ab|drehen I. *vt haben* ❶ (*abstellen*) ■ **etw** ~ to turn off sth *sep* ❷ (*abtrennen*) ■ **etw [von etw** *dat*] ~ to twist sth [off sth] ❸ (*zudrücken*) ■ **jdm die Gurgel** [*o* **den Hals**] ~ to strangle [*or* throttle] sb; (*fig*) to send [*or* force] sb to the wall ❹ FILM (*zu Ende drehen*) ■ **etw** ~ to finish [filming] sth **II.** *vi sein o haben* ❶ (*Richtung ändern*) to turn [off]; **Backbord/Steuerbord** ~ to turn to port/starboard; **nach Norden/Osten/Süden/Westen** ~ to turn to the north/east/south/west ❷ PSYCH (*fam*) to go crazy

ab|driften *vi sein* ❶ (*abgetrieben werden*) ■ [**irgendwohin**] ~ to drift [off] [somewhere]; ■ **von etw** *dat* ~ to drift [away] from sth ❷ (*sl: abgleiten*) ■ **irgendwohin** ~ to drift somewhere; **ins Abseits** ~ to disappear into obscurity

ab|drosseln *vt* ■ **etw** ~ AUTO *Motor* to throttle back sth *sep;* (*fig*) *Produktion* to cut back sth *sep*

Abdruck¹ <-drücke> *m* ❶ (*abgedrückte Spur*) print; MED impression; **einen ~ machen** [*o* **nehmen**] to make [*or* take] a print ❷ (*Umriss*) impression

Abdruck² <-drucke> *m* ❶ (*Veröffentlichung*) printing, publication; ***wir planen den ~ dieses Artikels für den nächsten Monat*** we plan to print [*or* publish] this article next month ❷ *kein pl* (*das Nachdrucken*) reprint

ab|drucken *vt* ■ **etw** ~ to print sth

ab|drücken I. *vt* ❶ (*fam: umarmen*) ■ **jdn** ~ to hug sb ❷ MED (*unterbinden*) ■ **etw** ~ to clamp sth ❸ (*abfeuern*) ■ **etw** ~ to fire sth **II.** *vi* (*feuern*) to shoot

Abdruckerlaubnis *f* printing permission **Abdruckrecht** *nt* JUR copyright

ab|ducken *vi* to duck

ab|dunkeln *vt* ■**etw** ~ ① *(abschirmen)* to dim sth ② *(dunkler machen)* to darken sth; **ein Fenster** ~ to black out a window ③ *(dunkler werden lassen)* to tone down sth

Abdunklungsrollo <-s, -s> *nt* [roller] blind

ab|duschen *vt* ■**jdn** ~ to give sb a shower; ■**sich** ~ to [take a] shower; ■**sich [von jdm]** ~ **lassen** to be given a shower [by sb]; ■**jdm etw** ~ to shower sb's sth, to rinse sb's sth in the shower

ab|ebben *vi sein* to subside; ***selbst nachts ebbt der Straßenlärm nur vorübergehend etwas ab*** even at night the noise from the street only dies down for a while

abend *adv s.* **Abend 1**

Abend <-s, -e> *m* ① *(Tageszeit)* evening; ***'n ~!*** *(fam)* evening!; **gestern/morgen** ~ yesterday/tomorrow evening; **guten ~!** good evening!; **jdm guten ~ sagen** [*o* **wünschen**] to wish sb good evening, to say good evening to sb; **heute** ~ tonight, this evening; **übermorgen** ~ the evening after next; **vorgestern** ~ the evening before last; **jeden** ~ every evening; **letzten** ~ yesterday evening, last night; **am** [*o* **den**] **nächsten** ~ tomorrow evening; ~ **sein/werden** to be/get dark; ***um 20 Uhr ist es ja schon ~!*** it's already dark at 8 o'clock!; ***es wird so langsam*** ~ the evening's beginning to draw in; **zu ~ essen** to eat dinner; **am** ~ in the evening; ***der Unfall geschah am ~ des 13.*** the accident occurred on the evening of the 13th; ~ **für** [*o* **um**] ~ every night, night after night; **gegen** ~ towards evening; **den ganzen ~ über** the whole evening, all evening; **des ~s** *(geh: abends)* in the evening; **eines ~s** [on] one evening; *(abendliche Freizeit)* evening; **ein bunter** ~ an entertainment evening; *s. a.* **Dienstagabend** ② *(Vor~)* evening before, eve *liter;* **der ~ des Geschehens/der Hochzeit** the eve of [*or* the evening before] the events/the wedding ③ *(abendliche Freizeit)* evening; **ein bunter** ~ *(Unterhaltungsveranstaltung)* an entertainment evening ▶ WENDUNGEN: **je später der ~, desto schöner die Gäste** *(prov, hum)* some guests are worth waiting for! *hum;* **am ~ des Lebens** *(geh)* at the end of one's life; **du kannst mich am ~ besuchen!** *(euph)* you know where you can go! *sl*

Abendakademie *f* evening school **Abendandacht** *f* evening service **Abendanzug** *m* dinner dress *no pl,* black tie; **im ~ erscheinen** [*o* **kommen**] to wear [*or* come in] evening dress [*or* black tie] **Abendblatt** *nt* evening [news]paper **Abendbrot** *nt* supper; ~ **essen** to eat [*or* have] supper **Abenddämmerung** *f* dusk, twilight

abendelang I. *adj attr* night after night II. *adv* for evenings on end, night after night

Abendessen *nt* dinner; ***wann gibt es denn endlich ~?*** when will dinner finally be ready? **abendfüllend** *adj* all-night *attr,* lasting the whole evening [*or* night] *pred;* ***das ist ja ein ~es Programm, was ihr euch da ausgedacht habt!*** you've got the whole evening planned out! **Abendgesellschaft** *f* ① *(Abendgäste)* evening guests *pl* ② *(abendliche Feier)* dinner party, soirée *form* **Abendgottesdienst** *m* religious evening service **Abendgymnasium** *nt* evening [*or* night] school **Abendhandschuh** *m* langer ~ evening glove **Abendkasse** *f* evening box-office **Abendkleid** *nt* evening dress; **im ~ erscheinen** [*o* **kommen**] to wear [*or* come in] an evening dress **Abendkleidung** *f* evening dress *no art* **Abendkurs** *m* evening [*or* night] class **Abendland** *nt kein pl (geh)* ■**das** ~ the West, the Occident *form;* **das christliche** ~ the Christian Occident **abendländisch** I. *adj (geh)* western, occidental *form* II. *adv (geh)* in a western style, occidentally *form*

abendlich I. *adj* evening II. *adv* for the evening; ***es war schon um drei Uhr ~ kühl*** there was already an evening chill at three o'clock

Abendmahl *nt* [Holy] Communion; **das Letzte** ~ the Last Supper; **zum ~ gehen** to attend [Holy] Communion; **das ~ empfangen** [*o* **nehmen**] *(geh)* to receive [*or* take] [Holy] Communion; **jdm das ~ erteilen** [*o* **reichen**] [*o* **spenden**] to give sb [Holy] Communion, to administer [Holy] Communion to sb *form* **Abendmahlzeit** *f (geh)* dinner **Abendöffnungszeiten** *pl* evening opening times [*or* hours] *pl,* evening hours of business AM *pl* **Abendprogramm** *nt* evening programme [*or* AM -am] **Abendrobe** *f (geh)* evening dress **Abendrot** *nt (geh)* [red] sunset; **im** ~ in the evening glow, in the last glow of the evening sunset

abends *adv* in the evening; *(jeden Abend)* in the evening[s]; ~ **um acht** at eight in the evening

Abendschule *f* evening [*or* night] school **Abendschüler(in)** *m(f)* evening [*or* night] school student **Abendsonne** *f kein pl* sunset **Abendständchen** *nt* serenade **Abendstern** *m kein pl* ASTRON *(geh)* ■**der** ~ the evening star **Abendstille** *f* the evening stillness **Abendstunde** *f meist pl* evening [hour]; ***wer schellt denn noch zu dieser späten ~?*** who's that ringing at this [late] hour?; **bis in die ~n** until late into the evening; **in den frühen/späten ~n** in the early/late hours of the evening **Abendverkauf** *m* SCHWEIZ late-night opening **Abendvorstellung** *f* FILM evening showing; THEAT evening performance **Abendzeit** *f* **zur** ~ *(geh: abends)* in the evening, at eventide *poet*

Abenteuer <-s, -> *nt* ① *(aufregendes Erlebnis)* adventure ② *(Liebes~)* fling; **auf ~ aus sein** to be looking for a fling *fam;* **ein ~ mit jdm haben** to have a fling with sb *fam* ③ *(risikoreiches Unternehmen)* venture

Abenteuerferien *pl* adventure holiday

abenteuerlich I. *adj* ① *(wie ein Abenteuer gestaltet)* exciting, adventurous; ■**A~es** exciting things, adventurous experience ② *(fantastisch)* fantastic[al] ③ *(wild romantisch)* exotic ④ *(unglaublich)* preposterous II. *adv* ① *(fantastisch)* fantastic[al], far-fetched ② *(wild romantisch)* exotically

Abenteuerlichkeit <-, -en> *f* ① *kein pl (abenteuerliche Art)* adventure ② *(Unwahrscheinlichkeit)* preposterousness

Abenteuerlust *f* thirst for adventure **abenteuerlustig** *adj* adventurous **Abenteuerroman** *m* adventure novel **Abenteuerspielplatz** *m* adventure playground

Abenteurer, -teu[r]erin <-s, -> *m, f (pej)* adventurer

aber I. *konj (jedoch)* but; ~ **dennoch** [*o* **trotzdem**] **...** but in spite of this ...; **oder** ~ or else; ***geben Sie mir drei Kilo Orangen, oder ~ doch lieber Bananen*** I'd like three kilos of oranges, or, no, I'd rather have bananas II. *part* ① *(jedoch, dagegen)* but; ***komm doch mit! — ich habe ~ keine Zeit!*** come with me/us! But I haven't got any time!; ***ein Pils, ~ 'n bisschen plötzlich!*** a Pils and a bit quick about it!; ***das mach' ich ~ nicht!*** I will not do that! ② *(wirklich)* really; ***das ist ~ schön!*** that really is wonderful!; ***das ist ~ nicht gerade nett von dir!*** that's really not very nice of you, is it! ③ *(empört)* oh; ~ ***Hannelore, reiß dich doch endlich zusammen!*** [oh] Hannelore, pull yourself together!; ~ ***hallo!*** Excuse me! *emph* ▶ WENDUNGEN: ~ **selbstverständlich** [*o* **gewiss** [**doch**]] but of course; ~ **ja!** yes [of course]!, BRIT *a.* rather! *form;* ***magst du auch ein Stück Sahnetorte? — ~ ja!*** would you like another piece of cream cake? Yes please!; ***gefällt dir der Weihnachtsbaum? — ~ ja!*** do you like the Christmas tree! — Yes I do!; ~ **nein!** no, no!, goodness, no!; ***das war doch so, oder? — ~ nein!*** that's what happened, isn't it? — goodness, no!; ~, ~! now, now! III. *adv* ~ **und abermals** time and again

Aber <-s, – *o fam* -s> *nt* but *fam;* ***da ist nur noch ein ~ ...*** there's only one problem ...; **ein ~ haben** to have a catch [*or fam* snag]; **kein ~!** no buts!

Aberglaube *m* ① *(falscher Glaube)* superstition ② *(fam: Unsinn)* rubbish BRIT, nonsense AM

abergläubisch *adj* superstitious

aberhundert, Aberhundert[RR] *adj (geh)* hundreds upon hundreds of

Aberhunderte *pl (geh)* hundreds upon hundreds of

ab|erkennen* *vt irreg* ■**jdm etw** ~ to divest sb of sth *form*

Aberkennung <-, -en> *f* divestiture *form*

abermalig *adj attr* repeated; *(nochmalig)* renewed

abermals *adv* once again

ab|ernten *vt* ■**etw** ~ to harvest sth; ■**etw [von jdm]** ~ **lassen** to have sth harvested [by sb]

aberratio ictus JUR miscarriage of criminal act

abertausend, Abertausend[RR] *adj (geh)* thousands upon thousands; **Tausend und A~tausend** [*o* **tausend und ~tausend**] thousands upon thousands

Abertausende *pl (geh)* thousands upon thousands; ***die Zuschauer waren zu ~n zusammengeströmt*** the onlookers came in their thousands

Aberwitz <-es> *m* sheer foolishness

aberwitzig *adj (geh)* ludicrous

Abessinien *nt* Abyssinia

Abessinier(in) <-s, -> *m(f)* Abyssinian

abessinisch *adj* Abyssinian

Abf. *f Abk von* **Abfahrt** dep., departure

ab|fackeln *vt* ① *(abbrennen lassen)* ■**etw** ~ to burn sth; **Erdgas** ~ to flare off gas *spec* ② *(niederbrennen)* ■**etw** ~ to torch [*or* burn down] *sep* sth

abfahrbereit *adj s.* **abfahrtbereit**

ab|fahren *irreg* I. *vi sein* ① *(losfahren)* to depart, to leave, drive off *fam* ② SKI *(zu Tal fahren)* to ski down ③ *(fam: abgewiesen werden)* ■**bei jdm** ~ to not get anywhere with sb *fam;* ***mit der Bitte um eine Gehaltserhöhung ist er beim Chef aber abgefahren!*** he wasn't very successful asking the boss for a payrise; ■**jdn ~ lassen** to turn sb down ④ *(fam: besonders beeindruckt sein)* ■**auf jdn/etw** ~ to be crazy [*or fam* mad] about sb/sth II. *vt* ① *haben (wegfahren)* ■**etw** ~ to collect sth ② *sein o haben (bereisen)* ■**etw** ~ to travel throughout sth ③ *sein o haben (befahren und inspizieren)* ■**etw** ~ to [drive along and] check sth ④ *haben (abnutzen)* ■**etw** ~ to wear down sth *sep* ⑤ *haben (durch Anfahren abtrennen)* ■**etw** ~ to [drive into and] break off sth *sep;* **jdm ein Arm/Bein** ~ to run over sb and sever his/her arm/leg III. *vr haben* ■**sich** ~ to wear down

Abfahrt *f* ① *(Wegfahren)* departure ② *(fam: Autobahnabfahrt)* exit ③ SKI *(Talfahrt)* run; *(Abfahrtsstrecke)* slope

abfahrtbereit I. *adj* ready to depart [*or* leave] *pred;* ***im letzten Moment sprang er noch auf den ~en Bus*** at the last moment he leapt onto the waiting bus II. *adv* ready to depart [*or* leave]; ***der Zug stand ~ auf Gleis 14*** the train was standing at platform 14, ready for departure

Abfahrtsanzeige *f* NAUT sailing advice **Abfahrtsbahnsteig** *m* departure platform **Abfahrtshafen** *m* port of sailing **Abfahrtshalle** *f* departure hall **Abfahrtslauf** *m* SKI downhill [event] **Abfahrtssignal** *nt* BAHN guard's whistle; NAUT sailing signal **Abfahrtsstrecke** *f* SPORT ski run **Abfahrtstafel** *f* departure timetable **Abfahrtstag** *m* day of departure; *eines Schiffes* sailing day [*or* date] **Abfahrtszeit** *f* departure time

Abfall[1] *m* rubbish, esp Brit, garbage AM, trash *esp* AM, refuse *form*

Abfall[2] *m kein pl* renunciation

Abfallaufbereitung <-> *f kein pl* waste processing, waste recovery/treatment/recycling **Abfallbeförderungsverordnung** *f* JUR waste transportation directive **Abfallbehälter** *m* waste container; *(kleiner)* waste bin **Abfallbehandlung** *f* ① *(Industriezweig)* waste management *no pl* ② *(Tätigkeit)* waste treatment [*or* processing] **Abfallbeseitigung** *f* ① *(Beseitigung von Müll)* refuse disposal ② *(fam: städtisches Reinigungsamt)* town refuse collection service BRIT, municipal waste collection AM **Abfallbeseitigungsanlage** *f* JUR waste disposal plant **Abfallbeseitigungsgesetz** *nt* JUR Waste Disposal Law, Refusal Disposal [Amenity] Act BRIT **Abfallbestimmungsver-**

ordnung *f decree on refuse disposal* **Abfallbewirtschaftung** *f* management of refuse disposal **Abfalldeponie** *f* waste disposal site **Abfalleimer** *m* [rubbish] bin BRIT, garbage [*or* trash] can AM

ab|fallen¹ *vi irreg sein* ① (*herunterfallen*) ■**von etw** *dat* ~ to fall off [*or* AM *a.* off of] sth ② (*schlechter sein*) ■**[gegenüber jdm/gegen etw** *akk*] ~ to fall behind [sb/sth] ③ (*beim Wettlauf*) to fall [*or* lag] behind, to drop back ④ (*übrig bleiben*) to be left over ⑤ (*schwinden*) ■**von jdm** ~ to vanish from sb; ***alle Furcht fiel plötzlich von ihm ab*** suddenly all his fear vanished ⑥ (*sich senken*) ■**gegen** [*o* **zu**] **etw** ~ to slope towards sth; ***zum Wald hin fällt der Weg leicht ab*** the path slopes gently towards the wood; ■**~d** declining, sloping ⑦ (*sich vermindern*) to decrease; *Temperatur* to drop ⑧ (*fam: herausspringen*) ■**[bei etw** *dat*] **fällt für jdn etw ab** sb gets sth [out of sth] *fam*

ab|fallen² *vi irreg sein* ■**[von etw** *dat*] ~ to renounce [sth]; **von einer Partei** ~ to turn renegade on a party

abfallend *adj Weg, Dach* sloping

Abfallentsorgungsanlage *m* ÖKOL waste disposal facility [*or* plant] **Abfallhaufen** *m* rubbish [*or* AM garbage] heap

abfällig I. *adj* derogatory, disparaging, snide; **ein ~es Lächeln** a derisive smile II. *adv* (*in ~er Weise*) disparagingly; **sich ~ über jdn/etw äußern** to make disparaging remarks about sb/sth

Abfallindustrie *f kein pl* waste-handling industry **Abfallmaterial** *nt* waste material **Abfallprodukt** *nt* ① CHEM waste product ② (*Nebenprodukt*) by-product **Abfallrecht** *nt kein pl* waste disposal laws *pl* **Abfallsortierung** *f kein pl* sifting of refuse **Abfallstoff** *m meist pl* waste [*or* BRIT *a.* rubbish] product **Abfalltonne** *f* rubbish bin BRIT, garbage [*or* trash] can AM **Abfallverbringungsverordnung** *f* JUR waste transportation ordinance **Abfallvermeidung** *f* waste [*or* refuse] reduction **Abfallverwertung** *f* recycling of waste **Abfallwirtschaft** *f kein pl* waste management **Abfallwirtschaftskonzept** *nt* JUR waste management plan **Abfallwirtschaftsplanung** *f* JUR waste management planning **Abfallzerkleinerer** *m* waste chopper

ab|fälschen *vt* SPORT ■**etw** ~ to deflect sth

ab|fangen *vt irreg* ① (*vor dem Ziel einfangen*) ■**jdn/etw** ~ to intercept sb/sth ② (*wieder unter Kontrolle bringen*) ■**etw** ~ to bring sth back under control ③ (*abwehren*) ■**etw** ~ to ward off sth *sep* ④ (*mildernd auffangen*) ■**etw** ~ to cushion sth

Abfangjäger *m* MIL interceptor

ab|färben *vi* ① (*die Farbe übertragen*) ■**[auf etw** *akk*] ~ to run [into sth] ② (*fig: sich übertragen*) ■**auf jdn** ~ to rub off on sb

ab|fassen *vt* ■**etw** ~ to write sth; ■**etw von jdm ~ lassen** to have sth written by sb, to have sb write sth

Abfassung *f* writing; *eines Textes* wording

ab|faulen *vi Blätter* to rot away

ab|federn I. *vt haben* ① (*durch Federn dämpfen*) ■**etw** ~ to cushion sth ② (*abmildern*) ■**etw** ~ to mitigate sth II. *vi sein o haben* SPORT ① (*hoch federn*) to bounce ② (*zurückfedern*) to land

ab|feiern I. *vt* (*fam*) **Überstunden** ~ *to take time off by using up hours worked overtime* II. *vi* (*fam: tanzen*) to dance the night away; (*trinken*) to drink the night away

ab|feilen *vt* ■**etw** ~ to file off sth *sep*

ab|fertigen I. *vt* ① (*versandfertig machen*) ■**etw** ~ to prepare sth for dispatch, to process sth; **Gepäck** ~ to handle [*or* process] luggage; ■**etw ~ lassen** to have sth processed ② (*be- und entladen*) **ein Flugzeug** ~ to prepare an aircraft for take-off; **einen Lastwagen** ~ to clear a lorry for departure; **ein Schiff** ~ to prepare a ship to sail ③ (*bedienen*) ■**jdn** ~ to serve [*or* deal with] sb; **Passagiere** ~ to handle [*or* deal with] passengers ④ (*kontrollieren und passieren lassen*) ■**jdn** ~ to clear sb, to check sb through ⑤ (*fam: abspeisen*) ■**jdn mit etw** *dat* ~ (*fam*) to fob sb off with sth ⑥ (*behandeln*) ■**jdn irgendwie** ~ to treat sb in a particular way; **jdn kurz** [*o* **schroff**] ~ to snub sb, to be curt [*or* brusque] with sb II. *vi* to conduct clearance; ***der Zoll hat heute sehr langsam abgefertigt*** customs clearance was very slow today

Abfertigung *f* ① (*Bearbeitung für den Versand*) dispatching, processing; ***die ~ der Pakete erfolgt an Schalter 5*** packages are processed at counter 5 ② (*Abfertigungsstelle*) check-in counter [*or* desk] ③ (*Bedienung*) service ④ (*Kontrolle*) check

Abfertigungsgebühr *f* HANDEL clearance fee **Abfertigungshalle** *f* check-in hall **Abfertigungsschalter** *m* check-in counter [*or* desk] **Abfertigungszeit** *f* HANDEL hours *pl* of clearance

ab|fetten *vt* KOCHK ■**etw** ~ to remove the fat

ab|feuern *vt* ■**etw** ~ to fire sth; **einen Flugkörper/eine Granate** ~ to launch a spacecraft/grenade

ab|finden *irreg* I. *vt* ① (*entschädigen*) ■**jdn [mit etw** *dat*] ~ to compensate sb [with sth] ② (*zufrieden stellen*) ■**jdn mit etw** *dat* ~ to palm sb off with sth *fam* II. *vr* ■**sich mit jdm/etw** ~ (*fam*) to put up with sb/sth; ■**sich damit ~, dass** to put up with the fact [*or* resign oneself to the fact] that; ***damit wirst du dich wohl oder übel ~ müssen!*** you'll just have to like it or lump it! *fam*

Abfindung <-, -en> *f* ① (*das Abfinden*) compensation, indemnity payments *pl spec* ② (*zur Abfindung gezahlter Betrag*) compensation; (*bei Entlassung*) severance pay; (*wegen Rationalisierungsmaßnahmen*) redundancy [*or* AM severance] payment

Abfindungsangebot *nt* HANDEL offer of compensation payment **Abfindungsanspruch** *m* JUR redundancy [*or* indemnity] claim **Abfindungsforderung** *f* JUR claim for compensation **Abfindungsgewinn** *m* HANDEL indemnity, compensation **Abfindungsguthaben** *nt* JUR balance due in settlement of claims **Abfindungsklausel** *f* JUR general release clause **Abfindungsleistung** *f* HANDEL redundancy pay[ment] **Abfindungsrecht** *nt* JUR indemnity law **Abfindungsregelung** *f* JUR redundancy [*or* severance] scheme **Abfindungssumme** *f* (*zur Abfindung gezahlter Betrag*) compensation; (*bei Entlassung*) severance pay; (*wegen Rationalisierungsmaßnahmen*) redundancy payment, indemnity **Abfindungsvereinbarung** *f* JUR settlement agreement **Abfindungsvergleich** *m* JUR accord and satisfaction **Abfindungsvertrag** *m* JUR settlement [*or* termination] agreement **Abfindungszahlung** *f* (*bei Entlassung*) severance pay; (*bei Rationalisierungsmaßnahmen*) redundancy payment

ab|flachen I. *vi sein* (*pej: sinken*) to drop II. *vt haben* ■**etw** ~ to flatten sth III. *vr haben* ■**sich** ~ to level off

Abflachung <-, -en> *f* ① (*abgeflachte Form*) flatness ② (*das Abflachen*) flattening ③ (*Sinken*) drop

ab|flämmen *vt* KOCHK ■**etw** ~ to brown sth in a hot oven, to flame sth *spec*

Abflauen *nt kein pl* ÖKON *der Aktienkurse* dropping; *des Marktes* lull

ab|flauen *vi sein* ① (*schwächer werden*) to subside; (*zurückgehen*) to decrease; *Interesse* to wane, to flag; (*nachgeben*) to drop; **~der Wind** light wind ② (*sich legen*) to abate

ab|fliegen *vi irreg sein* ① (*losfliegen*) to depart [*or* leave] [by plane]; ***sie sind gestern nach München abgeflogen*** they flew to Munich yesterday; ***wir fliegen mit der nächsten Maschine ab*** we're leaving on the next plane ② ORN (*wegfliegen*) to migrate

ab|fließen *vi irreg sein* ① (*wegfließen*) to flow away; ■**von etw** *dat* ~ to run off [of] sth; ■**aus etw** *dat* ~ to drain away from sth ② (*sich entleeren*) to empty ③ (*sich durch Weiterfahren auflösen*) *Stau* to flow ④ FIN to migrate, to siphon off

Abflug *m* ① (*das Losfliegen*) departure; ***mein ~ nach Jamaica ist am 17.*** my flight to Jamaica is on the 17th ② (*fam: Abflugstelle*) departure gate ③ ORN (*das Wegfliegen*) migration

abflugbereit I. *adj* ready for departure *pred;* ***der Pilot machte die Maschine ~*** the pilot prepared the plane for departure II. *adv* ready for departure; ***das Flugzeug steht ~ auf der Piste*** the plane is standing on the runway, ready for departure **Abflughafen** *m* departure terminal **Abflughalle** *f* departure lounge **Abflugzeit** *f* [time of] departure, flight departure time

Abfluss[RR] <-es, -flüsse> *m,* **Abfluß** <-sses, -flüsse> *m* ① (*Abflussstelle*) drain; *eines Flusses* outlet; (*Rohr*) drain pipe ② *kein pl* (*das Abfließen*) drainage, draining away ③ *kein pl* FIN outflow

Abflussgraben[RR] *m* drainage ditch **Abflussreiniger**[RR] *m* drain cleaner **Abflussrinne**[RR] *f* drainage channel **Abflussrohr**[RR] *nt* ① (*Kanalrohr*) drain pipe ② (*Einleitungsrohr*) outlet pipe

Abfolge *f* (*geh*) sequence; **in ununterbrochener** ~ one after the other

ab|fordern *vt* (*geh*) ① (*einfordern*) ■**jdm etw** ~ to demand sth from sb; **jds Ausweis/Papiere** ~ to ask for sb's identity card/papers ② (*anfordern*) ■**etw bei jdm** ~ to request sth from sb ③ (*verlangen*) ■**jdm etw** ~ to demand sth of sb

Abfrage <-, -n> *f* INFORM inquiry, query; ~ **anhand eines Beispiels** query by example

Abfragemedium *nt* INFORM inquiry medium

ab|fragen *vt* ① (*nach etw befragen*) ■**jdn** ~ to test sb; ■**jdn** [*o* **bei jdm**] **etw** ~ to test sb on sth ② INFORM ■**etw** ~ to call up sth

ab|fräsen *vt* TYPO ■**etw** ~ to rout off sth *sep*

ab|fressen *vt irreg* ① (*herunterfressen*) **die Blätter [von etw** *dat*] ~ to eat [*or* strip] the leaves off sth; **das Gras** ~ to crop the grass ② (*abnagen*) ■**etw** ~ to gnaw away at sth

ab|frieren *irreg* I. *vi sein* to suffer frostbite, to freeze off II. *vr haben* ■**sich** *dat* **etw** ~ to lose sth due to frostbite; ***die Bergsteiger froren sich Finger und Zehen ab*** the mountain climbers' fingers and toes froze off; **sich** *dat* **einen** ~ (*sl*) to freeze to death, to freeze one's balls off *vulg*

Abfuhr <-, -en> *f* ① (*Zurückweisung*) snub; **jdm eine ~ erteilen** to snub sb; **sich** *dat* **[bei jdm] eine ~ holen** (*fam*) to not get anywhere with sb; ***mit seiner Bemerkung holte er sich bei den Kollegen eine ~*** his remark was met with a snub [*or* rebuff] from his colleagues ② SPORT crushing defeat; **sich** *dat* **[gegen jdn] eine ~ holen** to suffer a crushing defeat [from sb] ③ *kein pl* (*geh: Abtransport von Müll*) collection; ***wann ist hier ~?*** what day is the rubbish collected here?

ab|führen I. *vt* ① (*wegführen*) ■**jdn** ~ to lead sb away; **~!** take him/her away! ② FIN (*abgeben*) ■**etw [an jdn/etw]** ~ to pay sth [to sb/sth] ③ (*ableiten*) ■**etw** ~ to expel sth ④ (*entfernen*) ■**jdn von etw** ~ to divert sb from sth II. *vi* ① MED to loosen the bowels ② (*wegführen*) ■**[von etw]** ~ to turn off [of sth] ③ (*entfernen*) ■**[von etw]** ~ to be a diversion [from sth]; **jdn vom Thema** ~ to divert sb [*or* take sb away] from the subject

abführend I. *adj* MED laxative; **ein leicht** [*o* **mild**]/**stark ~es Mittel** a mild/strong laxative II. *adv* **~ wirken** to have a laxative effect

Abfuhrkosten *pl* cartage

Abführmittel *nt* laxative **Abführtee** *m* laxative tea

Abführung *f* FIN payment

Abfüllbetrieb *m* bottling plant **Abfülldatum** *nt* date of bottling

ab|füllen *vt* ① (*abziehen*) ■**etw [in etw** *akk*] ~ to fill sth [into sth]; **etw in Flaschen** ~ to bottle sth ② (*sl: betrunken machen*) ■**jdn** ~ to get sb drunk [*or sl* sloshed]

Abfüllung <-, -en> *f* ① (*das Abfüllen*) bottling ② (*abgefüllte Flüssigkeit*) bottled liquid

ab|füttern *vt* ■**jdn/ein Tier** ~ to feed sb/an animal, to feed sb; (*hum a.*) to get sb fed *fam*

Abgabe¹ *f kein pl* ① (*Tätigung*) giving, making; *einer Erklärung* issuing, making; *eines Urteils* passing, pronouncing; ***der Minister wurde zur ~ einer Erklärung aufgefordert*** the minister was called on to issue a statement ② (*Einreichung*) handing in, submission ③ (*das Abgeben*) *von Stimmen* casting ④ (*Verkauf*) sale; ~ ***von Broschüren kostenlos***

please take a brochure ❺ (*das Abliefern*) giving [*or* handing] in; ***die ~ der Mäntel kann an der Garderobe erfolgen*** coats my be handed in to [*or* left at] the cloakroom ❻ (*Abstrahlung*) emission ❼ (*Abfeuerung*) firing of; ***die ~ des Schusses geschah versehentlich*** the shot was fired accidentally ❽ SPORT (*Abspiel*) pass; (*Verlust*) loss; ***nach ~ von weiteren Punkten*** after conceding [*or* losing] more points

Abgabe² *f* ❶ (*Gebühr*) [additional] charge ❷ (*Steuer*) tax

Abgabebeschränkungen *pl* HANDEL sales restrictions **Abgabedruck** *m* BÖRSE sales pressure

Abgabenautonomie *f* FIN right to levy taxes and duties **Abgabenbefreiung** *f* FIN tax exemption; **teilweise/vollständige ~** partial/total exemption **Abgabenbelastung** *f* burden of taxation **Abgabenbescheid** *m* JUR order concerning tax liability **abgabe(n)frei I.** *adj* (*geh*) non-taxable, tax-free **II.** *adv* (*geh*) tax-free **Abgabenfreiheit** *f kein pl* FIN exemption from duties/taxes **Abgabenordnung** *f* FIN tax [*or* fiscal] code **Abgabenpflicht** *f* FIN tax liability **abgabe(n)pflichtig** *adj* (*geh*) taxable **Abgabenpflichtige(r)** *f(m) dekl wie adj* FIN taxpayer **Abgabenquote** *f* ❶ (*Verkauf*) sales quota ❷ (*Steuer*) tax quota; **volkswirtschaftliche ~** quota of tax and social security contributions **Abgabenrecht** *nt* JUR revenue law **Abgabensystem** *nt* ÖKON tax[ation] system **Abgabenverteilung** *f* FIN allocation of revenue, distribution of taxes **Abgabetermin** *m* deadline for submission

Abgang <-gänge> *m* ❶ *kein pl* (*Schul~*) leaving; ***man legte ihm den ~ von der Schule nahe*** they suggested that he leave school; (*Ausscheiden aus einem Amt*) retirement from office ❷ *kein pl* (*das Verlassen der Bühne*) exit; **sich** *dat* **einen guten/glänzenden ~ verschaffen** (*a. fig*) to make a good/triumphant exit ❸ *kein pl* (*Versand*) dispatch, despatch ❹ SPORT (*Absprung*) dismount, jump down ❺ MED (*geh: Absonderung*) discharge; *eines Embryos* miscarriage ❻ ÖSTERR (*Fehlbetrag*) deficit ❼ (*geh: Gestorbene(r)*) death, fatality; **den ~ machen** (*sl*) to kick the bucket *sl* ❽ (*geh: Ausscheidende(r)*) departure

Abgänger(in) <-s, -> *m(f)* SCH school leaver BRIT, high school graduate AM

abgängig *adj* ÖSTERR (*geh: vermisst*) missing

Abgängige(r) *f(m) dekl wie adj* ÖSTERR missing person

Abgängigkeitsanzeige *f* ÖSTERR (*Vermisstenanzeige*) missing persons report; **eine ~ aufgeben** to report sb [*or* a person] [as] missing

Abgangsbahnhof *m* station of departure; (*von Waren*) station of dispatch **Abgangsflughafen** *m* airport of departure **Abgangshafen** *m* port of clearance [*or* sailing] **Abgangsprüfung** *f* school-leaving examination BRIT **Abgangszeit** *f* time of departure, departure time; *eines Schiffs* sailing time **Abgangszeugnis** *nt* [school-]leaving certificate BRIT, diploma AM

Abgas *nt* exhaust *no pl,* exhaust fumes *pl*

Abgasanlage *f* AUTO exhaust system **abgasarm** *adj* low-emission; ***ein Gasmotor ist abgasärmer als ein Benzinmotor*** a gas engine has a lower emission level than a petrol engine **Abgasbestimmungen** *pl* AUTO exhaust emission regulations *pl* **Abgasemissionen** *pl* AUTO exhaust emissions *pl* **Abgasentgiftung** *f* car exhaust decontamination **Abgasentschwefelung** *f* exhaust-gas desulfurization **abgasfrei I.** *adj* emission-free; **~es Auto** pollution-free car **II.** *adv* **~ fahren** to not produce exhaust fumes **Abgasgrenzwert** *m* exhaust [*or* waste] gas limit **Abgasgrenzwerte** *pl* exhaust fumes limits *pl* **abgashaltig** *adj inv* **~e Luft** air containing exhaust gases **Abgaskatalysator** *m* catalytic converter **Abgaskomponente** *f* AUTO exhaust gas component **Abgasprüfung** *f* AUTO exhaust test **Abgasreinigung** *f* AUTO exhaust emission purification **Abgasrückführung** *f* exhaust-gas recirculation, EGR **Abgassonderuntersuchung** *f* exhaust emission check **Abgasturbolader** *m* AUTO turbocharger **Abgasverlustgrenzwert** *m* limit on exhaust [*or* waste] gas loss **Abgasvorschriften** *pl* **~ für Kraftfahrzeuge** car exhaust emission standards *pl* **Abgaswolke** *f* cloud of exhaust

ab|gaunern *vt* (*fam*) ■**jdm etw ~** to con sb out of sth *fam;* ■**sich** *dat* **[von jdm] etw ~ lassen** to be conned out of sth [by sb]

abgearbeitet *adj* worn out

ab|geben *irreg* **I.** *vt* ❶ (*übergeben*) ■**etw an jdn ~** to give sth to sb; (*einreichen*) to submit sth [*or sep* hand in sth] to sb ❷ (*hinterlassen*) ■**etw [bei jdm] ~** to leave sth [with sb]; **das Gepäck ~** to check in one's luggage; **einen Koffer an der Gepäckaufbewahrung ~** to leave a case in the left luggage office [*or* AM checkroom]; **den Mantel an der Garderobe ~** to leave one's coat in the cloakroom ❸ (*verschenken*) ■**etw [an jdn] ~** to give sth away [to sb]; ***gebrauchter Kinderwagen kostenlos abzugeben*** second-hand pram to give away ❹ (*überlassen*) ■**jdm etw ~** to give sb sth [*or* sth to sb]; ■**etw [an jdn] ~** to hand over [*or* pass on] sth [to sb] ❺ (*verkaufen*) ■**etw [an jdn] ~** to sell off sth [to sb] *sep;* ***gebrauchter Fernseher billig abzugeben*** second-hand television for cheap sale ❻ (*teilen*) ■**jdm etw [von etw** *dat*] **~** to give sb [a piece [*or* share] of] sth, to share sth [with sb]; **jdm die Hälfte [von etw] ~** to go halves [on sth] with sb; **jdm nichts ~** to not share with sb ❼ (*erteilen*) ■**etw [zu etw** *dat*] **~** to give sth [on sth]; **eine Erklärung ~** to make [*or* issue] [*or* deliver] a statement; **ein Gutachten ~** to submit a report; **seine Stimme ~** to cast one's vote; **ein Urteil ~** to make a judgement ❽ (*fam: für etw brauchbar sein*) ■**etw [für jdn] ~** to be useful for sth [for sb]; ***der alte Stoff könnte noch ein Kleid für dich ~*** you might get a dress out of the old material ❾ (*fam: darstellen*) ■**etw ~** to be sth; ***die perfekte Hausfrau/den perfekten Familienvater ~*** to be the perfect wife/father; **eine komische Figur ~** to create a strange impression; **eine traurige Figur ~** to cut a sorry figure ❿ (*abfeuern*) **einen Schuss [auf jdn] ~** to fire a shot [at sb] ⓫ CHEM (*ausströmen lassen*) ■**etw ~** to emit [*or* give off] sth ⓬ SPORT (*weitergeben*) **den Ball [an jdn] ~** to pass the ball [to sb]; **einen Punkt/eine Runde [an jdn] ~** to concede a point/round [to sb] **II.** *vr* ❶ (*sich beschäftigen*) ■**sich mit jdm ~** to look after sb; ***mit dem Kind solltest du dich viel intensiver ~*** you should spend much more time with the child; ■**sich mit etw** *dat* **~** to spend [one's] time on [*or* doing] sth ❷ (*sich einlassen*) ■**sich mit jdm ~** to associate [*or* get involved] with sb; ***mit solchen Leuten gebe ich mich nicht ab*** I won't have anything to do with people like that **III.** *vi* SPORT to pass

abgebrannt *adj* (*fam*) broke *fam,* BRIT *a.* skint *sl*

abgebrochen *adj* ❶ (*fam*) **ein ~er Jurist/Mediziner** law school/medical school dropout ❷ *s.* **abbrechen**

abgebrüht *adj* (*fam*) unscrupulous

abgedreht *adj* (*fam: verrückt*) round the bend *fam,* out to lunch *fam,* way out *fam*

abgedroschen *adj* (*pej fam*) hackneyed; **ein ~er Witz** a old [*or* ancient] joke

abgefedert *adj* AUTO (*stoßgedämpft*) shock-absorbing

abgefeimt *adj* (*pej*) low

Abgefeimtheit <-, -en> *f* (*pej*) lowness; ***er war ein Ausbund von ~*** he was the lowest of the low

abgefuckt *adj* (*sl*) fucked-up *attr sl,* fucked up *pred sl*

abgegriffen *adj* ❶ (*abgenutzt*) worn; **ein ~es Buch** a dog-eared book ❷ (*pej: sinnentleert*) hackneyed

abgehackt I. *adj* broken; **eine ~e Sprechweise** a clipped manner of speech; **~e Worte** clipped words **II.** *adv* **~ sprechen** to speak in a clipped manner

abgehangen *adj* KOCHK hung

abgehängt *adj* **~e Decke** BAU suspended ceiling

abgehärmt *adj* haggard

abgehärtet *adj* ■**[gegen etw** *akk*] **~ sein** to be hardened [to sth]

ab|gehen¹ *irreg* **I.** *vi sein* ❶ (*sich lösen*) ■**[von etw** *dat*] **~** to come off [of] sth ❷ (*abgezogen werden*) ■**von etw** *dat* **~** to be deducted from sth ❸ (*abgeschickt werden*) to be sent [off]; ■**~d** outgoing ❹ (*abzweigen*) ■**[von etw** *dat*] **~** to branch off [from sth] ❺ (*abfahren*) ■**[von irgendwo] ~** to leave [*or* depart] [from somewhere] ❻ (*abweichen*) ■**von etw** *dat* **~** to deviate from sth; **von einem Vorhaben ~** to drop a plan; **von seiner Meinung nicht ~** to stick [*or* hold fast] to one's opinion ❼ (*fam: fehlen*) ■**jdm ~** to be lacking in sb; ***dir geht ja jegliches Taktgefühl ab*** you have absolutely no tact whatsoever; ***die Fähigkeit, sich in andere hineinzudenken, geht ihr völlig ab*** she is completely unable to put herself in sb else's position ❽ (*ausscheiden*) **von einem Amt ~** to leave [*or* retire from] an office; **von der Schule ~** to leave [*or pej* drop out of] school ❾ MED (*abgesondert werden*) to be discharged; *Embryo* to be miscarried ❿ SPORT (*abspringen*) ■**[von etw** *dat*] **~** to dismount [sth] ⓫ (*sl: sterben*) to kick the bucket *sl* **II.** *vt sein* ❶ (*entlanggehen und abmessen*) ■**etw ~** to pace sth out ❷ MIL (*passieren*) ■**etw ~** to inspect sth

ab|gehen² *vi irreg sein* ❶ (*verlaufen*) to go; **glatt/gut ~** to go smoothly/well; ***wenn die zwei aufeinander treffen, geht es nie ohne Ärger ab*** there's always trouble when those two meet ❷ *impers* to be happening; ***auf der Party ist irre 'was abgegangen*** (*sl*) the party was really happening

abgehetzt *adj* worn-out

abgehoben *adj* ❶ (*weltfremd*) far from reality *pred* ❷ (*verstiegen*) fanciful; **eine ~e Vorstellung** a high-flown [*or* an unrealistic] idea

abgekämpft *adj* tired [*or* worn] out

abgekartet *adj inv* (*fam*) rigged *fam,* put-up; **eine ~ Sache sein** to be a put-up job *fam;* **ein ~es Spiel treiben** to play a double game; **mit jdm ein ~es Spiel treiben** to try to set sb up

abgeklärt I. *adj* prudent **II.** *adv* prudently

Abgeklärtheit <-> *f kein pl* serenity, calmness

abgelagert *adj Tabak, Zigarren* seasoned; KOCHK matured

abgelaufen *adj inv* ❶ (*nicht mehr gültig*) expired; **~ sein** to have expired ❷ (*verschlissen*) worn-down *attr,* worn down *pred* ❸ (*abgenutzt*) *Absätze* worn

abgelegen *adj* remote

Abgelegenheit *f kein pl* remoteness

abgelehnt *pp von* **ablehnen**

ab|gelten *vt irreg* ❶ (*durch Zahlung erledigen*) ■**etw ~** to settle sth ❷ (*ausgleichen*) ■**etw [bei jdm] ~** to settle sth [with sb]

Abgeltung <-, -en> *f* FIN compensation; (*Erstatten*) reimbursement

Abgeltungssteuer *f* settlement tax

abgemacht *adj inv* ■**es ist ~, dass** it was arranged, that; **~!** ok, that's settled then!, it's [*or* that's] a deal!

abgeneigt *adj* (*ablehnend*) ■**jdm ~ sein** to be ill-disposed towards sb; ■**etw** *dat* **~ sein** to be opposed to sth; ■**etw** *dat* **nicht ~ sein** to not be averse to sth; ■**nicht ~ sein[, etw zu tun]** to not be averse [to doing sth]

abgenutzt *adj* worn

Abgeordnete(r) *f(m) dekl wie adj* Member of Parliament

Abgeordnetenbank <-bänke> *f* bench [in the parliament] **Abgeordnetengesetz** *nt* JUR parliamentary act **Abgeordnetenhaus** *nt* ❶ POL (*Körperschaft*) chamber of deputies, ≈ House of Commons BRIT, ≈ House of Representatives AM ❷ (*Gebäude*) parliament [building] **Abgeordnetensitz** *m* parliamentary seat

abgerissen *adj* ❶ (*zerlumpt*) tattered ❷ (*heruntergekommen*) scruffy ❸ (*unzusammenhängend*) incoherent

abgerundet *adj* ❶ (*nicht spitz*) rounded off ❷ KOCHK (*ausgewogen*) balanced, rounded, mellow

abgesagt *adj inv* ► WENDUNGEN: **ein ~er Feind von etw** *dat* **sein** (*geh*) to be a hostile critic [*or* opponent] of sth

Abgesandte(r) f(m) dekl wie adj envoy

Abgesang m ① (im Minnesang) the third and final verse of a minnesinger's song ② (geh: Ende) end

abgeschieden I. adj (geh) isolated II. adv in isolation; das Grundstück am Wald liegt sehr ~ the plot near the forest is very isolated

Abgeschiedene(r) f(m) dekl wie adj (geh) deceased, departed form

Abgeschiedenheit <-> f kein pl isolation

abgeschlagen¹ adj ① SPORT (abgedrängt) lagging behind after n ② POL, ÖKON outstripped

abgeschlagen² adj (ermüdet) drained

Abgeschlagenheit <-> f kein pl lethargy

abgeschlossen I. adj ① (isoliert) secluded ② attr (separat) separate ③ (umgeben) enclosed II. adv (isoliert) in seclusion III. pp von abschließen

Abgeschlossenheit <-> f kein pl ① (Isoliertheit) seclusion ② (Weltabgeschiedenheit) reclusion

abgeschmackt I. adj tasteless; etwas A~es tasteless remark [or comment] II. adv tastelessly

Abgeschmacktheit <-, -en> f ① kein pl (Geistlosigkeit) senselessness ② (abgeschmackte Äußerung) tasteless remark

abgeschnitten I. adj inv isolated; ein völlig von der Welt ~es Bergdorf a mountain village cut off from the rest of civilization II. adv inv in isolation; irgendwo ~ leben to live cut off [from the rest of civilization] somewhere

abgeschoben pp von abschieben

abgeschrägt I. pp von abschrägen II. adj inv sloping

abgesegnet pp von absegnen

abgesehen I. adj es auf jdn ~ haben (jdn schikanieren wollen) to have it in for sb; (an jdm interessiert sein) to have a thing for sb; es auf etw akk ~ haben to have one's eye on sth; es darauf ~ haben, etw zu tun to be out to do sth; du hast es nur darauf ~, mich zu ärgern you're just out to annoy me II. adv ■ ~ davon, dass apart from the fact that; ■ ~ von jdm/etw apart from sb/sth, sb/sth apart, except for [or form aside from] sb/sth

abgesichert adj safeguarded; materiell [o finanziell] ~ sein to be well off pred fam; vertraglich ~ sein to be covered by contract pred, to be contractually guaranteed

abgespannt I. adj weary, tired II. adv weary; ~ aussehen to look weary [or tired]

Abgespanntheit <-> f kein pl weariness, fatigue

abgestanden I. adj stale; Limonade flat II. adv stale; die Limonade schmeckt ziemlich ~ the lemonade tastes quite flat

abgestimmt I. pp von abstimmen II. adj inv balanced; ■ [gut] ~ auf etw sein to be [well] coordinated with sth

abgestorben adj inv MED numb

abgestuft adj inv TYPO Tonwert graded, graduated

abgestumpft adj ① (gefühllos) unfeeling, numb ② (unempfindlich geworden) insensitive, apathetic

Abgestumpftheit <-> f kein pl ① (Gefühllosigkeit) coldness ② (Unempfindlichkeit) insensitivity, apathy

abgetakelt I. adj (pej fam) worn out, haggard II. adv worn out, haggard

abgetan pp von abtun

abgetastet I. pp von abtasten II. adj inv scanned; mit einem Laserstrahl berührungslos ~ scanned by a laser beam without direct contact

abgetragen adj worn, worn-out attr, worn out pred

abgetreten adj worn, worn-down attr, worn down pred

abgewetzt adj worn

abgewichst adj (vulg: heruntergekommen) screwed-up vulg

ab|gewinnen* vt irreg ① (als Gewinn abnehmen) ■ [jdm] etw abgewinnen to win sth [off [of] sb] ② (etwas Positives finden) ■ einer S. dat etw/nichts abgewinnen to get sth/not get anything out of sth

abgewogen adj well-considered

Abgewogenheit <-> f kein pl carefully weighed nature, balance

ab|gewöhnen* vt ■ jdm etw ~ to break sb of sth; wir konnten ihr das Trinken nicht ~ we couldn't break her of her drinking habit; wir werden Ihrem Sohn seine schlechten Manieren schon ~! we will soon cure your son of his bad manners!; diese Frechheiten werde ich dir schon noch ~! I'll teach you to be cheeky!; ■ sich dat etw ~ to give up sth; ■ zum A~ sein (sl) to be enough to put anyone [or you] off; noch einen letzten Schnaps zum A~! (hum) one for the road hum

abgewrackt adj (fam: heruntergekommen) Person washed-up

abgezehrt adj emaciated

abgezogen pp von abziehen

ab|gießen vt irreg ■ etw ~ to pour off sth sep

Abglanz m kein pl reflection

Abgleich <-[e]s, -e> m comparison

ab|gleichen vt irreg ① (aufeinander abstimmen) ■ etw [mit etw] ~ to compare sth [with sth] ② (in der Höhe gleichmachen) ■ etw [mit etw] ~ to level off sth [with sth] ③ TECH ■ etw ~ to match sth ④ ELEK ■ etw ~ to tune

ab|gleiten vi irreg sein (geh) ① (abrutschen) ■ [von etw] ~ to slip [off sth]; (fig) to decline; person to go downhill ② (abschweifen) ■ von etw dat/in etw akk ~ to stray from sth/into sth ③ (absinken) ■ [in etw akk] ~ to slide [or sink] [into sth]; (an Wert verlieren) to slide ④ (abprallen) ■ an [o von] jdm ~ to bounce off sb; ■ etw an [o von] sich ~ lassen to let sth bounce off oneself

Abgott, -göttin m, f idol

Abgötterei f idolization, idolatry

abgöttisch adj inordinate

ab|graben vt irreg ① (abtragen) ■ etw ~ Erdreich to dig away sth ② (ableiten) ■ etw ~ Wasser to divert sth ► WENDUNGEN: jdm das Wasser ~ to take the bread from sb's mouth, to pull the rug out from under sb's feet

ab|grasen vt ■ etw ~ ① (abfressen) to graze on sth ② (fam: absuchen) to scour [or comb] sth; wir haben die ganze Stadt nach einem Geschenk für ihn abgegrast we combed the entire town looking for a present for him ③ (fam: erschöpfend bearbeiten) to exhaust sth

ab|greifen vt irreg ■ etw ~ ① MED (abtasten) to feel sth ② (sl: einstreichen) to pocket sth

ab|grenzen I. vt ■ etw ~ ① (einfrieden) to enclose sth; ■ etw [gegen etw] ~ to close sth off [from sth] ② (eingrenzen) to differentiate sth; diese Begriffe lassen sich schwer gegeneinander ~ it is difficult to differentiate between these terms II. vr ■ sich [gegen jdn/etw] ~ to distinguish [or distance] oneself [from sb/sth]

Abgrenzung <-, -en> f ① kein pl (das Einfrieden) enclosing, fencing-off ② (Einfriedung) boundary; (Zaun) enclosure ③ (fig: Eingrenzung) definition ④ (das Abgrenzen) disassociation

Abgrenzungsbestrebungen pl PSYCH attempts pl at dissociation, efforts pl to dissociate [oneself]

Abgrund m ① (steil abfallender Hang) precipice; (Schlucht) abyss, chasm ② (Verderben) abyss; jdn in den ~ treiben to force sb to ruin; am Rande des ~s stehen to be on the brink of disaster [or ruin]; ■ ein ~ von etw an abyss of sth; ein ~ tut sich auf an abyss is opened up

abgrundhässlich[RR] adj ugly as sin pred

abgründig adj inscrutable

abgrundtief adj ① (äußerst groß) profound ② (äußerst tief) bottomless

ab|gruppieren vt ■ jdn ~ to bring sb down a grade

ab|gucken I. vt ① (von jdm kopieren) ■ etw [von jdm] ~ [o [jdm] etw ~] to copy sth [from sb]; bei ihm kann man sich so manchen Trick ~ you can learn lots of tricks from him ② (fig fam: sich beim Ausgezogensein genieren) ■ jdm etwas ~ to make sb feel selfconscious about being naked; ich guck dir schon nichts ab! no need to feel embarrassed getting undressed! II. vi ■ [bei jdm] ~ to copy [from sb]

Abguss[RR] <-es, Abgüsse> m, **Abguß** <-sses, Abgüsse> m ① (Nachbildung) cast ② (fam: Ausguss) drain[pipe]; kipp die alte Brühe doch einfach in den ~ just tip the old broth down the drain

ab|haben vt irreg (fam) etw [von etw] ~ wollen to want to have some [of sth]; Mami, darf ich von dem Kuchen etwas ~? mummy, may I have some of that cake?; möchtest du etwas davon ~? would you like to have some?; jdn etw [von etw] ~ lassen to let sb have sth [of sth]

ab|hacken vt ■ etw ~ to chop down sth; jdm/sich den Finger/die Hand etc. ~ to chop sb's/one's finger/hand etc. off; s. a. abgehackt

ab|haken vt ① (mit einem Häkchen markieren) ■ etw ~ to tick sth off ② (fam: den Schlussstrich darunter machen) ■ jdn/etw ~ to forget sb/sth; die Affäre ist abgehakt the affair is over and done with

ab|halftern vt ① (fam: entlassen) ■ jdn ~ to give sb the push [or shove] ② (fam: heruntergekommen) ein abgehalfterter Schauspieler a down-and-out actor ③ (vom Halfter befreien) ein Pferd ~ to remove the halter from a horse

ab|halten¹ vt irreg ① (hindern) ■ jdn von etw ~ to keep sb from sth; wenn du unbedingt gehen willst, werde ich dich nicht [davon] ~ if you really want to go, I won't stop you; ■ jdn davon ~, etw zu tun to prevent [or keep] sb from doing sth; ■ sich [von jdm/etw] ~ lassen to be deterred [by sb/sth]; lass dich nicht ~! don't let anyone/anything stop you! ② (fern halten) die Hitze/die Kälte/den Wind ~ to protect from the heat/the cold/the wind; Insekten/Mücken ~ to deter [or keep away] [the] insects/mosquito[e]s ③ (über der Toilette halten) ein [Klein]kind ~ to hold a child on the toilet

ab|halten² vt irreg (veranstalten) ■ etw ~ to hold sth; eine Demonstration ~ to stage a demonstration

Abhaltung f kein pl holding; nach ~ der ersten freien Wahlen after the first free elections [were held]

ab|handeln¹ vt ① (nach Handeln abkaufen) ■ jdm etw ~ to buy sth from sb [having haggled over it]; ■ sich dat etw ~ lassen to sell sth off, to let sth go ② (herunterhandeln) ■ etw [von etw] ~ to get sth knocked off [sth]; sie handelte noch fünf Mark von der Vase ab she got another five marks knocked off the vase; ■ jdm etw [von etw] ~ to get sb to knock sth off [sth]; er konnte ihm noch 20% vom ursprünglichen Preis ~ he finally managed to get him to knock 20% off the original price; ■ sich dat etw [von etw dat] ~ lassen to knock sth off [sth]; ■ sich nichts [von etw] ~ lassen to not be talked into parting with sth

ab|handeln² vt ■ etw ~ to deal with sth

abhanden adv [jdm] ~ kommen to get lost [or go missing]; mir ist meine Geldbörse ~ gekommen I've lost my purse

Abhandenkommen <-s> nt kein pl disappearance

Abhandlung f ① (gelehrte Veröffentlichung) paper ② (das Abhandeln) dealing

Abhang m inclination

ab|hängen¹ I. vt haben ① (abnehmen) ■ etw [von etw] ~ to take down sth [from sth] ② (abkoppeln) ■ etw [von etw] ~ to uncouple sth [from sth] ③ (fam: hinter sich lassen) ■ jdn ~ to lose sb ④ KOCHK ■ etw ~ to hang [or age] sth II. vi (meist pej sl) to laze about [or around]; den Tag ~ to laze away the day sep

ab|hängen² vi irreg ① haben (abhängig sein) ■ von jdm/etw ~ to depend on sb/sth; davon ~, ob to depend whether; das hängt davon ab that [or it] [all] depends ② haben (auf jdn angewiesen sein) ■ von jdm ~ to be dependent on sb

Abhänger <-s, -> m BAU hanger wire

abhängig adj ① (bedingt) ■ von etw ~ sein to depend on sth ② (angewiesen) ■ von jdm ~ sein to be dependent on sb ③ (süchtig) addicted; ■ [von etw] ~ sein to be addicted [to sth], to be dependent [on sth] ④ LING (untergeordnet) subordinate; ein ~er Nebensatz a subordinate clause; der Kasus ist

~ ***von der Präposition*** the case depends on the preposition

Abhängige(r) *f(m) dekl wie adj* ❶ (*Süchtige(r)*) addict ❷ (*abhängiger Mensch*) dependant

Abhängigkeit <-, -en> *f* ❶ *kein pl* (*Bedingtheit*) dependence; **gegenseitige ~** mutual dependance, interdependence ❷ (*Sucht*) dependence, addiction ❸ (*Angewiesensein*) dependence; ■**jds ~ von jdm/voneinander** sb's dependence on sb/one another

Abhängigkeitsverhältnis *nt* ❶ (*Verhältnis des Angewiesenseins*) relationship of dependence ❷ (*emotionale Bindung*) relationship of dependence

ab|härten **I.** *vt* ■**jdn [gegen etw] ~** to harden sb [to sth]; ■**sich [gegen etw] ~** to harden oneself [to sth] **II.** *vi* ■**[gegen etw] ~** to harden [to sth]

Abhärtung <-> *f kein pl* ❶ (*das Abhärten*) hardening ❷ (*Widerstandsfähigkeit*) resistance

abhaspeln *vt* **eine Rede/ein Gedicht ~** to reel off a speech/poem

ab|hauen¹ *vt* ❶ <hieb ab *o fam* haute ab, abgehauen> (*abschlagen*) ■**etw ~** to chop sth down; ■**[jdm] etw ~** to chop [sb's] sth off ❷ <haute ab, abgehauen> (*durch Schlagen entfernen*) ■**etw [mit etw] ~** to break off sth *sep* [with sth]

ab|hauen² <haute ab, abgehauen> *vi sein* (*fam: sich davonmachen*) ■**[aus etw] ~** to do a runner [from somewhere] BRIT, to skip out of town AM; ***hau ab!*** get lost!, scram!, buzz off!, get out of here!

Abhäutemesser *nt* KOCHK skinning knife

ab|heben *irreg* **I.** *vi* ❶ LUFT ■**[von etw] ~** to take off [from sth] ❷ (*den Hörer abnehmen*) to answer [the phone]; ***ich heb' ab!*** I'll get it! ❸ KARTEN to pick [up]; ***du bist mit A~ dran!*** it's your turn to pick up! ❹ (*geh: hinweisen*) ■**auf etw** *akk* **~** to refer to sth *form;* ■**darauf ~, dass ...** to concentrate [*or* focus] on the fact that ... ❺ (*sl: spinnen*) to go crazy; ***ein Rolls Royce?! jetzt hebst du aber ab!*** a Rolls Royce?! you must be joking! ❻ (*sl: ins Träumen kommen*) to go all dreamy **II.** *vt irreg* ❶ FIN **Geld [von seinem Konto] ~** to withdraw money [from one's account] ❷ KARTEN **eine Karte vom Stapel ~** to take [*or* pick] a card from the pack ❸ (*beim Stricken*) **eine Masche ~** to cast off a stitch **III.** *vr* ■**sich von jdm/etw [*o* gegen jdn/etw] ~** to stand out from [*or* in] [*or* against] sb/sth

Abhebung <-, -en> *f* FIN *von Konto* withdrawal; **tägliche ~en** day-to-day withdrawals

Abhebungsbefugnis *f,* **Abhebungsrecht** *nt* FIN drawing right

ab|heften *vt* ■**etw ~** to file [away *sep*] sth; **etw in einen Ordner ~** to place [*or* put] sth in a file

ab|heilen *vi Wunde* to heal [up]

ab|helfen *vi irreg* ■**etw** *dat* **~** to remedy sth; ***allen Beschwerden soll möglichst umgehend abgeholfen werden*** all complaints should be dealt with immediately

ab|hetzen **I.** *vr* ■**sich ~** to stress oneself out, to rush around; *s. a.* **abgehetzt** **II.** *vt* ■**jdn/etw ~** to push sb/sth

Abhilfe *f kein pl* remedy; **~ schaffen** to find a remedy, to do something about it; **in etw** *dat* **~ schaffen** to resolve sth; **in etw** *dat* **schnelle ~ leisten** to resolve a matter swiftly

Abhilfegesetz *nt* JUR remedial statute **Abhilfegesuch** *nt* JUR petition for relief **Abhilferecht** *nt* JUR right to redress **Abhilfeverfahren** *nt* JUR redress proceedings *pl*

ab|hobeln *vt* ■**etw ~** ❶ (*durch Hobeln entfernen*) to plane off sth *sep* ❷ (*glatt hobeln*) to plane sth smooth

abholbereit *adj* HANDEL ready for collection *pred,* ready to be picked up *pred* AM; **~ sein** to be awaiting collection

abhold *adv* (*abgeneigt*) ■**jdm/einer Sache ~ sein** to be averse to sb/sth

Abholdienst *m* HANDEL pickup service

ab|holen *vt* ❶ (*kommen und mitnehmen*) ■**etw [bei jdm] ~** to collect sth [from sb]; ■**etw ~ lassen** to have sth collected ❷ (*treffen und mitnehmen*) ■**jdn [bei jdm/irgendwo] ~** to pick up *sep* [*or* collect] sb [from sb's [place]/from somewhere]; ■**sich [von jdm] ~ lassen** to be picked up [*or* collected] [by somebody] ❸ (*euph: verhaften*) ■**jdn ~** to take sb away

Abholgebühr *f* HANDEL collection fee **Abholmarkt** *m* furniture superstore (*where customers transport goods themselves*) **Abholpreis** *m* takeaway price, price without delivery

Abholung <-, -en> *f* collection

ab|holzen *vt* ■**etw ~** to chop down sth *sep;* **einen Baum ~** to fell a tree; **einen Wald ~** to clear a forest

Abholzung <-, -en> *f* FORST deforestation

Abhöraktion *f* bugging campaign **Abhöranlage** *f* bugging system

ab|horchen *vt* MED ■**etw ~** to listen to sth [*or* auscultate] *spec;* ■**jdn ~** to auscultate sb

ab|hören *vt* ❶ (*belauschen*) **ein Gespräch/ein Telefonat ~** to bug [*or* listen into] a conversation/telephone conversation ❷ (*überwachen*) ■**jdn/etw ~** to observe sb/sth; ■**jds Telefon ~** to monitor [*or* tap] sb's telephone [line] ❸ SCH ■**jdn ~** to test sb ❹ MED ■**jdn/etw ~** to auscultate sb/sth *spec* ❺ (*anhören*) **einen Sender/ein Tonband ~** to listen to a station/a tape

Abhörgerät *nt* ❶ (*Gerät zum Belauschen*) bugging device ❷ (*bei Anrufbeantwortern*) listening device **Abhörgesetz** *nt* JUR Exemption from Telecommunication Secrecy Act **Abhörmaßnahmen** *pl* bugging measures *pl* **Abhörskandal** *m* bugging scandal

ab|hungern *vr* ❶ (*fam: durch Hungern verlieren*) ■**sich ~** to starve oneself; **sich 10 Kilo ~** to lose 10 kilos [by not eating] ❷ (*sich mühselig absparen*) ■**sich** *dat* **etw ~** to scrape together sth *sep*

Abi <-s, -s> *nt* (*fam*) *kurz für* **Abitur**: **sein Abi bauen** (*fam*) to do one's Abitur

abiotisch *adj inv* ÖKOL (*nicht lebend*) *Umweltfaktor* abiotic

ab|irren *vi sein* (*geh*) ❶ (*abschweifen*) **vom Thema ~** to digress, to deviate from the subject ❷ (*von der Richtung abkommen*) **vom Weg ~** to stray

Abisolierzange *f* wire stripper

Abitur <-s, *selten* -e> *nt* Abitur (*school examination usually taken at the end of the 13th year and approximately equivalent to the British A level/American SAT exam*); **das/sein ~ ablegen** (*geh*) to sit the/one's Abitur; **[das] ~ haben** to have [one's] Abitur; **[das] ~ machen** to do [one's] Abitur

Abiturfeier *f leaving party for pupils who have passed their Abitur*

Abiturient(in) <-en, -en> *m(f)* Abitur student (*student who has passed the Abitur*)

Abiturklasse *f* Abitur class **Abiturtreffen** *nt* class reunion (*of Abitur students*) **Abiturzeugnis** *nt* Abitur certificate

ab|jagen *vt* (*fam*) ❶ (*durch eine Verfolgung entreißen*) ■**jdm etw ~** to snatch sth from sb ❷ (*listig erwerben*) ■**jdm jdn/etw ~** to poach sb/sth from sb

Abk. *f Abk von* **Abkürzung** abbr.

ab|kämmen *vt* ■**etw [nach jdm/etw] ~** to comb sth [for sb/sth]

ab|kämpfen *vr* ❶ (*übermäßig anstrengen*) ■**sich ~** to exert oneself; *s. a.* **abgekämpft** ❷ (*fam: abmühen*) ■**sich mit etw ~** to struggle with sth

Abkantprofil *nt* BAU edge profile

ab|kanzeln *vt* (*fam*) ■**jdn [für etw] ~** to give sb a tongue-lashing [for sth] *fam;* ■**sich von jdm ~ lassen** to be given a tongue-lashing by sb

ab|kapseln *vr* ❶ (*sich ganz isolieren*) ■**sich [von jdm/etw] ~** to cut oneself off [from sb/sth] ❷ MED ■**sich ~** to become encapsulated

Abkaps(e)lung <-, -en> *f* ❶ (*völlige Isolierung*) complete isolation *no pl, no art* ❷ MED encapsulation

ab|karren *vt* ❶ (*auf Karren wegschaffen*) ■**etw ~** to cart sth away ❷ (*wegschaffen*) ■**jdn ~** to cart sb off

ab|karten *vt* (*fam*) ■**abgekartet sein** to be set up; ***die Sache war von vornherein abgekartet*** the whole thing was a fix [*or* set-up]; **ein abgekartetes Spiel** a rigged match

ab|kassieren* **I.** *vt* ❶ (*fam: schnell, leicht verdienen*) ■**etw ~** to receive [*or* get] sth ❷ (*abrechnen*) **das Essen ~** to ask sb to settle the bill for a meal **II.** *vi* ❶ (*fam: finanziell profitieren*) ■**[bei etw] ~** to clean up [in sth]; **ganz schön [*o* kräftig] ~** to make a tidy sum [*or* quite a profit] ❷ (*abrechnen*) ■**bei jdm ~** to hand sb the bill, to settle up with sb; ***darf ich bei Ihnen ~?*** could I ask you to settle up?

ab|kaufen *vt* ❶ (*von jdm kaufen*) ■**jdm etw ~** to buy sth off sb ❷ (*fam: glauben*) ■**jdm etw ~** to buy sth off sb, to believe sb; ***das kaufe ich dir nicht ab!*** I don't buy that!

Abkehr <-> *f kein pl* rejection; *vom Glauben* renunciation; *von der Familie* estrangement

ab|kehren¹ *vt* ■**etw ~** to sweep [*or* brush] sth away

ab|kehren² **I.** *vt* (*geh*) **den Blick/das Gesicht [von etw] ~** to avert one's gaze/eyes [from sth], to look away [from sth] **II.** *vr* (*geh*) ■**sich [von jdm/etw] ~** to turn away [from sb/sth]; **sich vom Glauben/von Gott ~** to renounce one's faith/God

ab|kippen *vt* ■**etw irgendwo ~** to dump sth somewhere

ab|klappen *vt* ■**etw ~** ❶ (*nach unten klappen*) to fold [*or* let] down sth *sep* ❷ (*Müll abladen*) to dump sth

ab|klappern *vt* (*fam*) ■**jdn/etw [nach etw/jdm] ~** to go round sb/sth [looking for sth/sb]; ***ich habe die ganze Gegend nach dir abgeklappert*** I've been looking for you everywhere

ab|klären *vt* ■**etw [mit jdm] ~** to clear sth up [*or* sort sth out] [*or* check sth] [with sb]; **[mit jdm] ~, ob/wer/wo ...** to check [with someone] whether/who/where ...

Abklärung <-> *f kein pl* **sich mit der ~ eines Problems befassen** to [attempt to] clear up a problem

Abklatsch <-[e]s, -e> *m* (*pej*) pale [*or* poor] imitation, cheap copy früherer Inszenierungen von Shakespeare

ab|klemmen *vt* ❶ (*abquetschen*) ■**[jdm] etw ~** to crush [sb's] sth; ***er hat sich den Finger abgeklemmt*** he crushed his finger ❷ MED ■**etw ~** *Nabelschnur* to clamp sth ❸ ELEK ■**etw ~** *Kabel* to disconnect, to switch [*or* turn] off

ab|klingen *vi irreg sein* ❶ (*leiser werden*) to become quieter, to die [*or* fade] away ❷ (*schwinden*) to subside

ab|klopfen *vt* ❶ (*durch Klopfen abschlagen*) ■**etw ~** to knock sth off ❷ (*durch Klopfen vom Staub reinigen*) ■**etw ~** to beat the dust out of sth; **den Schmutz von einer Jacke ~** to tap off the dust from a jacket ❸ MED ■**jdn/etw ~** to tap [*or spec* percuss] sb/sth ❹ (*fam: untersuchen*) ■**etw auf etw** *akk* **~** to check sth [out] for sth ❺ (*sl: befragen*) ■**jdn auf etw** *akk* **~** to quiz sb about sth

ab|knabbern *vt* (*fam*) ■**etw ~** to nibble [*or* gnaw] [at] sth; **sich** *dat* **die Fingernägel ~** to bite [*or* chew] one's [finger]nails

ab|knallen *vt* (*sl*) ■**jdn ~** to blast sb *fam,* to shoot sb down *sep*

ab|knappen, **ab|knapsen** *vt* (*fam*) ■**sich** *dat* **etw ~ [*o* abknapsen]** to scrape together sth *sep;* ■**[jdm] etw ~** to sponge [*or* scrounge] sth [off sb]

ab|kneifen *vt irreg* ❶ ■**etw [mit etw] ~** to pinch sth off [with sth] ❷ (*fam*) **sich einen ~** to make a meal of sth

ab|knicken **I.** *vt haben* ■**etw ~** ❶ (*durch Knicken abbrechen*) to break sth off ❷ (*umknicken*) to fold sth over [*or* back]; **eine Blume ~** to bend a flower stem, to knock a flower over **II.** *vi sein* ❶ (*umknicken und abbrechen*) to break off ❷ (*abzweigen*) ■**[von etw] ~** to branch off [from sth]

abknöpfbar *adj inv* removable by unbuttoning

ab|knöpfen *vt* ❶ (*durch Knöpfen entfernen*) ■**etw [von etw] ~** to unbutton sth [from sth] ❷ (*fam: listig abwerben*) ■**jdm etw ~** to [manage to] get sth off [*or* out of] sb; ***ich konnte ihm 50 DM ~*** I managed to get DM 50 out of him

ab|knutschen *vt* (*fam*) ■**jdn ~** to snog sb BRIT *fam;* ■**sich [*o* einander] ~** to neck, to snog BRIT

ab|kochen *vt* ■**etw ~** to boil sth

ab|kommandieren* *vt* ❶ MIL (*versetzen*) ■ **jdn irgendwohin** ~ to post [*or* send] sb somewhere; ***er wurde nach Afrika/an die Front abkommandiert*** he was posted to Africa/to the Front ❷ (*befehlen*) ■ **jdn [zu etw]** ~ to order sb [to do sth]; MIL *a.* to detail [*or* assign] sb to sth

ab|kommen *vi irreg sein* ❶ (*versehentlich abweichen*) to go off; **vom Kurs** ~ to go off course; **von der Straße** ~ to veer off the road; **vom Weg** ~ to stray from the path, to lose one's way ❷ (*aufgeben*) to give up; **von einer Angewohnheit** ~ to break a habit; **von einer Meinung** ~ to change one's mind, to revise an opinion; **vom Rauchen/Trinken** ~ to give up [*or* stop] smoking/drinking; ■ **davon ~, etw zu tun** to stop [*or* give up] doing sth ❸ (*sich vom Eigentlichen entfernen*) ■ **[von etw]** ~ to digress [from sth]; ***jetzt bin ich ganz abgekommen!*** now I've completely forgotten where I was [*or* what I was talking about]

Abkommen <-s, -> *nt* agreement, treaty; **das Münchner** ~ HIST the Treaty of Munich; **ein ~ abschließen** to conclude an agreement, to sign a treaty

abkömmlich *adj* available; ■ **nicht ~ sein** to be unavailable

Abkömmling <-s, -e> *m* ❶ (*geh: Nachkomme*) descendant ❷ (*hum fam: Sprössling*) offspring *no pl* ❸ CHEM derivative

ab|können *vt irreg* (*fam*) ❶ (*leiden können*) ■ **jdn/etw nicht** ~ to not be able to stand sb/sth ❷ (*vertragen*) **nicht viel/nichts** ~ to not [be able to] take a lot/anything; ***er kann ganz schön was ab!*** he can knock back quite a bit!

ab|koppeln I. *vt* ❶ (*abhängen*) ■ **etw [von etw]** ~ to uncouple sth [from sth] ❷ RAUM ■ **etw [von etw]** ~ to undock sth [from sth] II. *vr* (*fam*) ■ **sich von etw** ~ to sever one's ties with sth

ab|kratzen I. *vt haben* ■ **[sich *dat*] etw** ~ to scratch off sth *sep;* ■ **etw [von etw]** ~ to scrape sth off [sth]; [**sich** *dat*] **den Schorf** ~ to pull [*or* pick] off a scab *sep* II. *vi sein* (*sl*) to kick the bucket *sl*

ab|kriegen *vt* (*fam*) *s.* **abbekommen**

ab|kühlen I. *vi sein* ❶ (*kühl werden*) to cool [down] ❷ (*an Intensität verlieren*) to cool [off]; *Begeisterung* to wane II. *vt haben* ■ **etw** ~ ❶ (*kühler werden lassen*) to leave sth to cool ❷ (*vermindern*) to cool sth; **jds Leidenschaft** ~ to dampen sb's passion; **jds Zorn** ~ to appease [*or* allay] sb's anger III. *vr impers haben* ■ **sich** ~ to cool off; *Wetter* to become cooler IV. *vi impers haben* to become cooler [*or* colder]

Abkühlung *f* ❶ (*Verminderung der Wärme*) cooling ❷ (*kühlende Erfrischung*) **sich eine ~ verschaffen** to cool oneself down ❸ (*Verringerung der Intensität*) cooling off

Abkunft <-> *f kein pl* (*geh*) **einer bestimmten ~ sein** to be of [a] particular origin; ***sie ist asiatischer*** ~ she is of Asian descent

ab|kupfern I. *vt* (*fam*) ■ **etw [von jdm]** ~ to copy sth [from sb] II. *vi* (*fam*) ■ **[aus etw]** ~ to quote [from sth]; ■ **voneinander** ~ to copy from one another

ab|kürzen I. *vt* ❶ (*eine Kurzform benützen*) ■ **etw [durch etw/mit etw]** ~ to abbreviate sth [to sth] ❷ (*etw kürzer machen*) ■ **etw [um etw]** ~ to cut sth short [by sth] II. *vi* ❶ (*einen kürzeren Weg nehmen*) to take a shorter route ❷ (*mit Abkürzungen schreiben*) to abbreviate

Abkürzung *f* ❶ (*abgekürzter Begriff*) abbreviation ❷ (*abgekürzter Weg*) short cut; **eine ~ nehmen** to take a short cut ❸ (*Verkürzung*) cutting short

Abkürzungstaste *f* INFORM shortcut **Abkürzungsverzeichnis** *nt* list of abbreviations

ab|küssen *vt* ■ **jdn** ~ to smother sb in [*or* with] kisses; ■ **sich** ~ to kiss [one another] passionately

Ablad <-[e]s> *m kein pl* SCHWEIZ (*geh: Abladen*) unloading

Abladeklausel *f* JUR, ÖKON *trade terms relating to freight and delivery e.g. cif, ex works, etc.*

Abladekonnossement *nt* HANDEL shipped bill of lading

ab|laden *vt irreg* ❶ (*deponieren*) ■ **etw irgendwo** ~ to dump [*or* put] sth somewhere ❷ (*entladen*) ■ **etw** ~ to unload sth ❸ (*absetzen*) ■ **jdn [irgendwo]** ~ to set sb down [*or* drop sb off] [somewhere] ❹ (*fam: abreagieren*) **seinen Ärger/Frust bei jdm** ~ to take out [*or* vent] one's anger/frustration on sb ❺ (*fam: abwälzen*) ■ **etw auf jdn** ~ to shift sth on to sb

Ablader <-s, -> *m* HANDEL (*im Frachtverkehr für Übersee*) forwarder; (*per Schiff*) shipper

Ablage *f* ❶ (*Möglichkeit zum Deponieren*) storage place; ***ich brauche eine ~ für meine Disketten*** I need somewhere to put my diskettes ❷ (*Akten~*) filing cabinet; ***bitte heften Sie diese Briefe in der ~ ab*** please file away these letters ❸ SCHWEIZ (*Annahmestelle*) delivery point; (*Zweigstelle*) branch [office]

Ablagefach *nt* [storage] tray **Ablagefläche** *f* storage tray **Ablagekorb** *m* letter tray

ab|lagern I. *vt haben* ■ **etw** ~ ❶ (*deponieren*) to dump sth ❷ (*durch Lagern ausreifen lassen*) to let sth mature II. *vi sein o haben* ❶ (*durch Lagern ausreifen lassen*) ■ **etw ~ lassen** to let sth mature ❷ (*durch Lagern trocknen*) **Holz** ~ to season wood; **Tabak** ~ to cure tobacco III. *vr haben* ■ **sich [auf/in etw *dat*]** ~ to be deposited [on sth/in sth]; ***im Wasserkocher hat sich viel Kalk abgelagert*** a large chalk deposit has formed in the kettle

Ablagerung *f* ❶ (*Sedimentbildung*) sedimentation, deposition ❷ (*Sediment*) sediment, deposit ❸ (*Inkrustierung*) incrustation BRIT, encrustation AM ❹ *kein pl* (*das Ablagern zum Reifen*) maturing; ***für diesen Wein ist eine ~ von 2 Jahren empfehlenswert*** this wine should be matured for 2 years

ablagerungsfähig *adj Lebensmittel* storable; **~e Lebensmittel** storable food

Ablass[RR] <-es, Ablässe> *m*, **Ablaß** <-sses, Ablässe> *m* ❶ REL (*Nachlass von Fegefeuerstrafe*) indulgence; (*Urkunde*) letter of indulgence ❷ (*fam*) outlet valve

ab|lassen *irreg* I. *vt* ❶ (*abfließen lassen*) ■ **etw** ~ to let out sth *sep;* **Dampf [aus etw]** ~ to let off steam [from sth]; **Urin** ~ to pass urine; **Öl/Wasser [aus etw]** ~ to drain oil/water [out of sth] ❷ (*leer laufen lassen*) ***könntest du bitte das Wasser aus dem Pool ~*** could you please drain the water from the pool ❸ (*ermäßigen*) ■ **jdm etw [von etw]** ~ to give sb a discount; ***ich lasse Ihnen 5% [vom Preis] ab*** I'll give you a 5% discount ❹ KOCHK **ein Ei** ~ to separate the eggwhite from the yolk II. *vi* ❶ (*geh: mit etw aufhören*) ■ **[von etw]** ~ to give up [sth *sep*] ❷ (*in Ruhe lassen*) ■ **von jdm** ~ to let sb be

Ablassstopfen[RR] *m* AUTO drain plug **Ablassventil**[RR] [-vɛn-] *nt* outlet valve

Ablation <-, -en> *f a.* MED ablation

Ablativ <-, -e> *m* LING ablative

Ablauf[1] *m* ❶ (*Verlauf*) course; *von Verbrechen, Unfall* sequence of events; ***alle hofften auf einen reibungslosen ~ des Besuches*** everybody hoped that the visit would pass off smoothly ❷ (*das Verstreichen*) passing; ***der ~ des Ultimatums erfolgt in 10 Stunden*** the deadline for the ultimatum runs out in 10 hours; **nach ~ von etw** after sth, once sth has passed; ***nach ~ von 10 Tagen*** after 10 days

Ablauf[2] *m* ❶ (*geh: das Ablaufen*) draining ❷ (*Abflussrohr*) outlet pipe

Ablaufdatum *nt* FIN (*Fälligkeitstermin*) date of expiry [*or* maturity], due date

Ablaufdiagramm *nt* work schedule

ab|laufen[1] *vi irreg sein* ❶ (*abfließen*) ■ **[aus etw]** ~ to run [out of sth], to drain [from sth]; ***das Badewasser ~ lassen*** to let the bath water out ❷ (*sich leeren*) to empty; ***das Becken läuft nicht ab*** the water won't drain out of the sink ❸ (*trocken werden*) to stand [to dry]; ***nach dem Spülen lässt sie das Geschirr erst auf dem Trockengestell ~*** after washing up, she lets the dishes stand on the drainer ❹ (*ungültig werden, auslaufen*) to expire, to run out; ■ **abgelaufen** expired ❺ (*verstreichen, zu Ende gehen*) to run out; ***das Ultimatum läuft nächste Woche ab*** the ultimatum will run out [*or* expire] [*or* end] next week; ***das Verfallsdatum dieses Produkts ist abgelaufen*** this product has passed its sell-by date ❻ (*vonstatten gehen, verlaufen*) to proceed, to run, to go [off]; ***mische dich da nicht ein, die Sache könnte sonst ungut für dich ~!*** don't interfere — otherwise, it could bring you trouble!; ***das Programm läuft ab wie geplant*** the programme ran as planned [*or* scheduled] ❼ (*sich abwickeln*) ■ **[von etw]** ~ to run out [from sth]; ***das Kabel läuft von einer Rolle ab*** the reel pays out the cable ❽ (*fam: unbeeindruckt lassen*) ■ **an jdm** ~ to wash over sb; ***an ihm läuft alles ab*** it's like water off a duck's back [with him]

ab|laufen[2] *vt irreg* ❶ *haben* (*durch Gehen abnützen*) ■ **etw** ~ to wear down [*or* out] sth *sep* ❷ *sein o haben* (*abgehen*) ■ **etw** ~ to walk sth ❸ *sein o haben* (*absuchen*) ■ **etw [nach etw]** ~ to go everywhere [looking for sth]; ***ich habe den ganzen Marktplatz nach Avocados abgelaufen*** I've been all over the market looking for avocados; **sich die Beine** [*o* **Hacken**] [*o* **Schuhsohlen**] **nach etw** ~ (*fam*) to hunt high and low [for sth]

Ablauffrist *f* ÖKON time limit; FIN *von Wechsel* maturity **Ablaufhemmung** *f* JUR suspension of the running of a period **Ablaufplanung** *f* ÖKON scheduling

Ablaut *m pl rare* ablaut

Ableben *nt kein pl* (*geh*) death, demise *form*

ab|lecken *vt* ❶ (*durch Lecken entfernen*) ■ **etw** ~ *Blut, Marmelade* to lick sth off; **sich *dat* etw von der Hand** ~ to lick sth off one's hand ❷ (*durch Lecken säubern*) ■ **etw** ~ *Finger, Löffel, Teller* to lick sth [clean]; ***der Hund leckte mir die Finger ab*** the dog licked my fingers

ab|ledern *vt* ■ **etw** ~ to polish with [chamois] leather

ab|legen I. *vt* ❶ (*deponieren, an einen Ort legen*) to put, to place ❷ (*archivieren*) ■ **etw** ~ to file sth [away] ❸ (*ausziehen und weglegen*) ■ **etw** ~ to take off sth *sep* [and put it somewhere]; ***Sie können Ihren Mantel dort drüben ~*** you can put your coat over there ❹ (*aufgeben*) ■ **etw** ~ to drop sth, to give up sth *sep* ❺ (*ausrangieren*) ■ **etw** ~ to throw sth out, to cast sth aside *form* ❻ (*absolvieren, vollziehen, leisten*) to take; **die Beichte** [*o* **ein Geständnis**] ~ to confess, to make a confession; **einen Eid** ~ to take an oath, to swear [an oath]; **eine Prüfung** ~ to pass an exam ❼ KARTEN ■ **etw** ~ to discard ❽ ZOOL ■ **etw** ~ to lay sth; ***Frösche legen ihren Laich im Wasser ab*** frogs like to spawn in water II. *vi* ❶ NAUT, RAUM to [set] sail, to cast off; ***die Fähre legt gleich ab*** the ferry's just leaving [*or* departing]; ■ **das A~** departure ❷ (*ausziehen*) to take off sth *sep*

Ableger <-s, -> *m* ❶ BOT shoot; **einen ~ ziehen** to take a cutting ❷ (*fam: Filiale*) branch ❸ (*hum fam: Sprössling*) kid *fam*, offspring *hum*

ab|lehnen I. *vt* ❶ (*zurückweisen*) to turn down, to refuse, to reject; **einen Antrag** ~ to reject [*or* defeat] a proposal; ■ **jdn** ~ to reject sb ❷ (*sich weigern*) ■ **es ~ etw zu tun** to refuse to do sth ❸ (*missbilligen*) ■ **etw** ~ to disapprove of sth, to object to sth; *s. a.* **dankend** II. *vi* (*nein sagen*) to refuse

ablehnend I. *adj* (*negativ*) negative II. *adv* (*geh*) negatively; ■ **jdm/etw ~ gegenüberstehen** to oppose sb/sth, to disapprove of sb/sth; ***diesen Vorschlägen stehe ich eindeutig ~ gegenüber*** I clearly cannot accept these proposals

Ablehnung <-, -en> *f* ❶ (*Zurückweisung*) refusal, rejection; **die ~ eines Antrags** rejection [*or* defeat] of a proposal; **die ~ eines Bewerbers** rejection of an applicant ❷ (*ablehnendes Schreiben*) [written] rejection ❸ (*Missbilligung*) disapproval, objection; **auf ~ stoßen** (*geh: wird abgelehnt*) to be rejected [*or* refused]; (*wird missbilligt*) to meet with disapproval

Ablehnungsantrag *m* JUR challenging motion **Ablehnungsbescheid** *m* JUR notice of rejection [*or* denial] **Ablehnungsentscheidung** *f* JUR decision rejecting the complaint **Ablehnungsgesuch** *nt* JUR challenging petition

ab|leisten *vt* (*geh: absolvieren*) to serve, to do; **eine Probezeit** ~ to complete a probationary period; **den Wehrdienst** ~ to do one's military service

ab|leiten I. *vt* ① (*umleiten*) ■**etw** ~ to divert sth; (*ablenken*) *Blitz* to conduct; ***der Verkehr musste abgeleitet werden*** the traffic had to be rerouted ② LING (*herleiten, entwickeln*) ■**etw** ~ to trace sth back [to], to derive sth [from] ③ MATH **eine Funktion** ~ to differentiate a function; **eine Gleichung** ~ to develop an equation ④ (*logisch folgern*) ■**etw** ~ to deduce [*or* infer] sth [from sth] **II.** *vr* ① LING ■**sich** ~ to stem [*or* be derived] [from] ② (*logisch folgen*) ■**sich** ~ to be derived [*or* derive] [from]; **sich** *dat* **sein Recht von etw** *dat* ~ to derive one's privilege from sth

Ableitung *f* ① (*Umleitung*) *Rauch, Flüssigkeit* diversion ② LING, SCI derivation; (*abgeleitetes Wort*) derivative ③ MATH *von Formeln* differentiation ④ (*Folgerung*) deduction; ~ **eines Vorrechts aus einer Stellung** derivation of a privilege from a position

Ableitungsregel *f* MATH derivation rule

ab|lenken I. *vt* ① (*zerstreuen*) ■**jdn** ~ to divert [*or* distract] sb; ***wenn er Sorgen hat, lenkt ihn Gartenarbeit immer ab*** if he's worried, working in the garden diverts his thoughts; ■**sich** [**mit etw**] ~ to relax [with sth/by doing sth] ② (*abbringen*) ■**jdn** [**von etw**] ~ to distract sb [from sth]; ■**sich von etw ~ lassen** to be distracted by sth ③ (*eine andere Richtung geben*) ■**etw** [**von etw**] ~ to divert sth [from sth] ④ PHYS **Licht** ~ to refract light; **Strahlen** ~ to deflect rays **II.** *vi* ① (*ausweichen*) ■[**von etw**] ~ to change the subject ② ■[**von etw**] ~ to distract [from sth]

Ablenkung *f* ① (*Zerstreuung*) diversion, distraction; **sich** [**mit etw**] ~ **verschaffen** to relax [with sth] [by doing sth]; **zur** ~ in order to relax ② (*Störung*) distraction, interruption ③ PHYS (*das Ablenken*) **die ~ von Licht** the refraction of light; **die ~ von Strahlen** the deflection of rays

Ablenkungsmanöver *nt* diversion, diversionary tactic

ab|lesen *irreg* **I.** *vt* ① (*den Stand feststellen*) ■**etw** ~ *Messgeräte, Strom* to read sth ② (*nach der Vorlage vortragen*) ■**etw** [**von etw**] ~ to read sth [from sth] ③ (*folgern*) ■**etw** [**aus etw**] ~ to read [*or form* construe] sth [from sth]; ***aus seinem Verhalten konnte sie ungeteilte Zustimmung*** ~ from his behaviour she gathered that he was completely in agreement **II.** *vi* ① (*den Zählerstand feststellen*) to read the meter ② (*mit Hilfe einer Vorlage sprechen*) to read [from sth]

ab|leuchten *vt* (*mit Hilfe einer Lichtquelle untersuchen*) ■**etw** ~ to inspect sth with light

ab|leugnen I. *vt* (*bestreiten*) ■**etw** ~ *Schuld, Tat* to deny sth **II.** *vi* (*leugnen*) to deny; ■**das A~** denial

ab|lichten *vt* ① (*fam: fotografieren*) ■**etw/jdn** ~ to take a photo [*or* picture] of sb/sth ② (*fotokopieren*) ■**etw** ~ to photocopy sth

Ablichtung <-, -en> *f* ① *kein pl* (*das Fotokopieren*) photocopying ② (*Fotokopie*) photocopy, copy *fam*

ab|liefern *vt* ① (*abgeben*) ■**etw** ~ to hand over sth *sep*, to turn in sth *sep* ② (*fam: einreichen*) ■**etw** ~ to hand in sth *sep*, to turn in sth *sep* ③ (*liefern*) ■**etw** [**bei jdm**] ~ to deliver sth [to sb] ④ (*hum fam: nach Hause bringen*) ■**jdn** [**bei jdm**] ~ to hand sb over [to sb]

Ablieferungsbescheinigung *f* delivery notice **Ablieferungsfrist** *f* delivery period **Ablieferungshindernis** *nt* HANDEL obstacle to delivery

ab|liegen *vi irreg* ① *haben* (*entfernt sein*) to be a long way [from], to be distant *form*; ***die Mühle liegt sehr weit ab*** the mill is a long way away; **zu weit** [**vom Weg**] ~ to be too far [out of the way], to be too much of a detour ② *haben* SÜDD, ÖSTERR (*durch Lagern mürbe werden*) **Fleisch** ~ *to hang meat to tenderize it*

ab|listen *vt* (*abgaunern*) ■**jdm etw** ~ to trick sb out of sth

ab|locken *vt* (*abnehmen*) ■**jdm etw** ~ to wangle [*or* coax] sth out of sb; ***er hat mir DM 50 abgelockt*** he managed to get DM 50 out of me

ablösbar *adj* detachable, removable

ab|löschen *vt* ① (*mit einem Löschblatt trocknen*) ■**etw** [**mit etw**] ~ *Tinte* to blot sth [with sth] ② (*das Ablöschen*) ■**etw** [**mit etw**] ~ *Tafel* to wipe sth [with sth] ③ KOCHK ■**etw** [**mit etw**] ~ to pour sth [on sth]; ***den Braten mit einem Schuss Wein*** ~ to add a little wine to the roast

Ablöse <-, -n> *f* (*fam*) *s.* **Ablösesumme**

ab|lösen I. *vt* ① (*abmachen*) ■**etw** [**von etw**] ~ to remove [*or* take off *sep*] sth [from sth]; *Pflaster* to peel off ② (*abwechseln*) ■**sich** [*o* **einander**] [**bei etw**] ~ to take turns [at sth], to relieve one another [at sth]; ***die beiden Fahrer lösten sich am Steuer ab*** both drivers took turns at the wheel; **sich bei der Arbeit** ~ to work in shifts; **einen Kollegen** ~ to take over from [*or form* relieve] a colleague; **die Wache** ~ to change the guard ③ (*fig: an die Stelle von etw treten*) ■**jdn/etw** [**durch jdn/etw**] ~ to supersede [*or* replace] sb/sth [by/with sb/sth]; ***neue Methoden werden die alten*** ~ new methods will take the place of old ones ④ (*tilgen*) ■**etw** ~ to pay off sth *sep*, to redeem sth **II.** *vr* (*abgehen*) ■**sich** [**von etw**] ~ to peel off [sth]; ***das Etikett löst sich nur schwer ab*** the label doesn't peel off easily

Ablösesumme *f* transfer fee **Ablösevertrag** *m* FIN contract to redeem

Ablösung *f* ① (*Auswechslung*) relief; **die ~ der Schichtarbeiter** change of shift; **die ~ der Wache** the changing of the guard ② (*Ersatzmann*) replacement ③ (*Entlassung*) dismissal; ***die Opposition forderte die ~ des Ministers*** the opposition demanded that the minister be removed from office ④ (*das Ablösen*) removal, loosening; *Farbe, Lack* peeling off; (*Abtrennung*) separation; **die ~ der Netzhaut** the detachment of the retina ⑤ (*Tilgung*) redemption *no pl;* **die ~ einer Schuld** the discharge of a debt; ***die vorzeitige ~ der Hypothek*** to pay off the mortgage prematurely

Ablösungsfonds *m* FIN sinking fund **Ablösungsrecht** *nt* JUR right of redemption **Ablösungsrente** *f* JUR redeemable annuity **Ablösungssumme** *f s.* **Ablösesumme Ablösungswert** *m* FIN redemption value; (*bei Versicherung*) surrender value

ab|lotsen *vt,* **ab|luchsen** [-lʊksn] *vt* (*fam*) ■**jdm etw** ~ [*o* **luchsen**] to wangle [*or* coax] sth out of sb

Abluft *f kein pl* TECH outgoing air

Abluftfilter *m* exhaust air filter **Abluftschlauch** *m* exhaust air pipe

ABM <-, -s> *f Abk von* **Arbeitsbeschaffungsmaßnahme** job creation scheme [*or* AM plan]

ab|machen *vt* ① (*entfernen*) ■**etw** ~ to take off sth; ■**jdm etw** ~ to take off *sep* sb's sth; ***er machte dem Hund das Halsband ab*** he took the dog's collar off ② (*vereinbaren*) ■**etw** [**mit jdm**] ~ to arrange sth [with sb], to make an arangement to do sth; ■**abgemacht** arranged, fixed; ■**abgemacht!** agreed!, OK!, you're on! ③ (*klären*) ■**etw** ~ to sort out *sep* sth, to settle sth; ***wir sollten das lieber unter uns*** ~ we should better settle this between ourselves ④ (*ableisten*) ■**etw** ~ *Zeit* to do sth

Abmachung <-, -en> *f* (*Vereinbarung*) agreement; **sich** [**nicht**] **an eine ~ halten** to [not] carry out an agreement *sep*

ab|magern *vi sein* to grow [*or* get] thin; ■**abgemagert** very thin; ***die Flüchtlinge waren völlig abgemagert*** the refugees were emaciated

Abmagerung <-> *f kein pl* weight loss, emaciation

Abmagerungskur *f* (*Schlankheitskur*) diet; **eine ~ machen** to be on a diet

ab|mähen *vt* ■**etw** ~ to mow sth

ab|mahnen *vt* ■**jdn** ~ to warn [*or form* caution] [*or form* admonish] sb

Abmahnschreiben *nt* JUR [written] warning notice

Abmahnung *f* warning, BRIT *a.* caution *form*

Abmahnungsfrist *f* JUR period of warning

ab|malen I. *vt* (*abzeichnen*) ■**etw** [**von etw**] ~ to paint [*or* portray] sth [from sth]; [**von anderen Bildern**] ~ to copy [other pictures] **II.** *vr* (*sich zeigen*) to show; ***ihre Bluse war so eng, dass sich alles abmalte*** her blouse was so tight that you could see everything

Abmarkung <-, -en> *f* JUR demarcation

Abmarsch *m* march off, start of a march; ***fertigmachen zum ~!*** ready to [*or* quick] march!

abmarschbereit I. *adj* ready to march **II.** *adv* ready to march

ab|marschieren* *vi sein* to march off, to start marching; ***los,*** ~ ***[zum Schießstand]***! forward, march [to the rifle range]!

Abmauerung <-, -en> *f* BAU brick partition wall

ab|mehren *vi* SCHWEIZ (*abstimmen*) to vote [on sth] [by a show of hands]

ab|meiern *vt* (*vom Dienst entfernen*) ■**jdn** ~ to dismiss sb

Abmeldeformular *nt* **ein ~ für einen Umzug** a change of address form; **ein ~ für Personen und PKWs** a cancellation of registration form

ab|melden I. *vt* ① (*den Austritt anzeigen*) ■**jdn** [**von etw**] ~ to cancel sb's membership [of sth] [*or* AM [in sth]]; **jdn von einer Schule** ~ to withdraw sb from a school ② (*die Außerbetriebnahme von etw anzeigen*) **ein Fernsehgerät/Radio** ~ to cancel a TV/radio licence [*or* AM -se]; **ein Auto** ~ to cancel a car's registration; **das Telefon** ~ to request the disconnection of the phone ③ (*fam*) ■**bei jdm abgemeldet sein** no longer be of interest to sb; ***er ist endgültig bei mir abgemeldet*** I've had it with him, I wash my hands of him **II.** *vr* ① (*seinen Umzug anzeigen*) ■**sich** ~ to give [official] notification of a change of address ② (*um Erlaubnis bitten, weggehen zu dürfen*) ■**sich** [**bei jdm**] ~ to report to sb that one/sb is leaving ③ MIL ■**sich** [**bei jdm/zu etw**] ~ to report to sb/for sth; ***melde mich zum Waffenreinigen ab, Herr Feldwebel!*** reporting for weapon cleaning duty, Sergeant!

Abmeldung *f* ① (*das Abmelden*) *vom Auto* request to deregister a car; *vom Fernsehgerät/Radio* cancellation; *vom Telefon* disconnection ② (*Anzeige des Umzugs*) [official] notification of a change of address ③ (*fam*) *s.* **Abmeldeformular** ④ INFORM log off

ab|messen *vt irreg* ① (*ausmessen*) ■**etw** ~ to measure sth ② **eine Länge** ~ to measure [off] a length [from sth]; **eine Menge** ~ to measure [out] an amount [from sth] ③ (*abschätzen*) **etw ~ können** to be able to assess [*or* BRIT gauge] [*or* AM gage] sth

Abmessung *f meist pl* measurements, size; (*von dreidimensionalen Objekten a.*) dimensions

ab|mildern *vt* ① (*abschwächen*) ■**etw** ~ to moderate sth; **eine Äußerung** ~ to temper one's words ② (*mildern*) ■**etw** ~ to lessen [*or* reduce] sth; **einen Sturz** ~ to cushion a fall

ABM-Kraft *f employee on job creation scheme* BRIT

ABMler(in) <-s, -> *m(f)* (*fam*) *person on job creation scheme* BRIT

ab|moderieren *vt* **eine Sendung** ~ to conclude a TV/radio broadcast

ab|montieren* *vt* (*mit einem Werkzeug entfernen*) ■**etw** [**von etw**] ~ to remove sth [from sth]; ***die Einbauküche musste abmontiert werden*** the built-in kitchen had to be dismantled

ABM-Stelle *f* position assisted by job creation scheme [*or* AM plan]

ab|mühen *vr* (*sich große Mühe geben*) ■**sich** ~ to work [*or* try] hard, to take a lot of trouble [*or pl* pains]; ■**sich mit etw** ~ to work [*or* try] hard at sth; ■**sich mit jdm** ~ to take a lot of trouble [*or pl* pains] with sb; ■**sich ~ etw zu tun** to try hard to do sth

ab|murksen *vt* (*sl: umbringen*) ■**jdn** ~ to bump off sb *sep sl*, to do in sb *sep sl*, to kill

ab|mustern I. *vt* NAUT ■**jdn** ~ to discharge sb **II.** *vi* NAUT to go ashore, to leave ship

ABM-Vertrag *m* job creation scheme contract BRIT

ab|nabeln I. *vt* (*jds Nabelschnur durchtrennen*) ■**jdn** [**von jdm**] ~ to cut the umbilical cord [between sb and sb] **II.** *vr* (*Bindungen kappen*) ■**sich** [**von jdm/etw**] ~ to become independent [of sb/sth], to become self-reliant

ab|nagen *vt* ① (*blank nagen*) ■**etw** ~ to gnaw sth clean ② (*durch Nagen abessen*) ■**etw** [**von etw**] ~

to gnaw sth [off sth]

ab|nähen *vt* (*enger machen*) ■**etw** ~ to take in sth *sep*

Abnäher <-s, -> *m* MODE dart, tuck

Abnahme¹ <-, *selten* -n> *f* ① (*Verringerung*) reduction [of], drop [*or* fall] [in] ② (*das Nachlassen*) loss; ~ **der Kräfte** weakening

Abnahme² <-, -n> *f* ① ÖKON (*Übernahme*) *Ware* acceptance; **die** ~ **verweigern** to refuse [to take] delivery ② ADMIN *Neubau, Fahrzeug* inspection and approval ③ (*geh: Herunternahme*) removal, taking down

Abnahmebedingung *f meist pl* ÖKON acceptance specification **Abnahmebescheinigung** *f* HANDEL acknowledg[e]ment of receipt **Abnahmegarantie** *f* FIN *von Anleihen* underwriting guarantee **Abnahmegeschäft** *nt* FIN acceptance deal **Abnahmemenge** *f* ÖKON ordered [*or* purchased] quantity **Abnahmepflicht** *f* HANDEL obligation to take delivery **Abnahmeprotokoll** *nt* HANDEL inspection report **Abnahmesurrogat** *nt* JUR acceptance surrogate **Abnahmeverpflichtung** *f* ① HANDEL purchase commitment ② JUR obligation to take delivery **Abnahmeverweigerung** *f* HANDEL refusal to take delivery, non-acceptance **Abnahmeverweigerungsrecht** *nt* HANDEL right of rejection **Abnahmeverzug** *m* HANDEL delay in taking delivery

ab|nehmen¹ *vi irreg* ① (*Gewicht verlieren*) to lose weight; **stark** ~ to lose a lot of weight ② (*sich verringern*) to drop, to fall, to decrease ③ (*nachlassen*) to diminish; ***durch die Krankheit nahmen ihre Kräfte immer mehr ab*** her strength continued to decrease due to her illness; ***bei zu hohen Preisen nimmt das Interesse der Kunden deutlich ab*** when the price is too high, customers lose interest; ***die Nachfrage nach diesem Automodell hat stark abgenommen*** demand for this car model has dropped dramatically

ab|nehmen² *irreg* **I.** *vt* ① (*wegnehmen*) ■**jdm etw** ~ to take sth [away] from sb *sep*, to relieve sb of sth *hum*; ***dem betrunkenen Autofahrer wurde von der Polizei der Führerschein abgenommen*** the police took the drunk driver's licence; ***er nahm seinem Gegenüber beim Poker große Summen ab*** he won a lot of money from his opponent at poker ② (*herunternehmen*) ■**etw** ~ to take down sth *sep*; ***nimm bitte draußen die Wäsche ab!*** can you get the washing in, please?; ***nehmen Sie bitte den Hut ab!*** please take your hat off! ③ (*aufnehmen*) ■**etw** ~ to pick up sth *sep*; ***nimmst du bitte den Hörer/das Telefon ab?*** can you answer [*or* pick up] the phone, please? ④ (*tragen helfen*) ■**jdm etw** ~ to take sth [from sb] ⑤ (*a. fig: abkaufen*) ■**jdm etw** ~ to buy sth [from sb], to accept sth [from sb]; ***niemand wollte ihm die Ladenhüter*** ~ no one wanted to buy the line that was not selling from him; ***das nehme ich dir nicht ab*** I don't buy that; ***dieses Märchen nimmt dir keiner ab!*** nobody will buy that fairy tale! ⑥ (*übernehmen*) ■**jdm etw** ~ to take on sth for sb, to take sth off sb's shoulders; ***deine Arbeit kann ich dir nicht*** ~ I can't do your work for you ⑦ KARTEN to take ⑧ MED (*amputieren*) ■[**jdm**] **etw** ~ to take off sb's sth, to amputate; ***das zerquetschte Bein musste ihm abgenommen werden*** they had to take off his crushed leg ⑨ (*begutachten und genehmigen*) ■**etw** ~ to approve sth; ***nach drei Jahren muss man zum TÜV, um seinen Wagen*** ~ ***zu lassen*** after three years you have to take your car for an MOT test; ***der Wagen konnte nicht abgenommen werden*** the car failed its MOT ⑩ (*prüfen*) **eine Prüfung** ~ to examine sb **II.** *vi* to answer the phone, to pick up [the phone] *sep*; ***ich habe es gestern öfter bei ihr versucht, aber niemand nahm ab*** I tried to reach her many times yesterday, but no one answered [the phone]

Abnehmer(in) <-s, -> *m(f)* (*Käufer*) customer; ***für dieses Produkt gibt es sicher viele*** ~ there'll be a lot of people wanting to buy this product

Abnehmerklage *f* JUR purchaser's suit [*or* petition]

Abnehmerland *nt* ÖKON customer country

Abneigung *f* ① (*Widerwillen*) ■~ **gegen jdn/etw** dislike for [*or* of] [*or* aversion to] sb/sth; ***sie ließ ihn ihre*** ~ ***deutlich spüren*** she didn't hide her dislike of him; **eine** ~ **gegen jdn/etw haben** to have a dislike of [*or* an aversion to] sb/sth; ***sie hatte schon immer eine starke*** ~ ***gegen Thunfisch*** she never did like tuna ② (*Widerstreben*) ■~, **etw zu tun** reluctance [*or* disinclination] to do sth; **eine** ~ **haben, etw zu tun** to be [*or* feel] reluctant [*or* disinclined] to do sth

abnorm *adj*, **abnormal** *adj bes* ÖSTERR, SCHWEIZ abnormal

Abnormität <-, -en> *f* abnormality

ab|nötigen *vt* (*geh*) ■**jdm etw** ~ to wring sth out of [*or* from] sb; ***das nötigt einem Respekt ab*** you have to respect him

ab|nutzen, ab|nützen SÜDD, ÖSTERR **I.** *vt* ■**etw** ~ [*o* **nützen**] to wear out; ■**abgenutzt** worn-down; ***der Teppich ist an manchen Stellen ziemlich abgenutzt*** the carpet is fairly worn in places **II.** *vr* ① (*im Gebrauch verschleißen*) ■**sich** ~ [*o* **nützen**] to wear; ***Textilbezüge nutzen sich meist schneller ab als Lederbezüge*** cloth covers tend to wear thin quicker than leather ② (*an Wirksamkeit verlieren*) ■**sich** ~ to lose effect; ***zu häufig gebrauchte Phrasen nutzen sich bald ab*** phrases which are used too often soon lose their effect; ■**abgenutzt** worn-out; **abgenutzte Phrasen** hackneyed phrases

Abnutzung *f*, **Abnützung** <-, -en> *f* SÜDD, ÖSTERR (*Verschleiß durch Gebrauch*) wear and tear; **Absetzung für** ~ depreciation for wear and tear

Abnutzungserscheinungen *pl* ÖKON signs of wear

Abo <-s, -s> *nt* MEDIA (*fam*) *kurz für* **Abonnement** subscription; **ein** ~ **für eine Zeitung haben** to subscribe to a newspaper; (*Theater~*) season ticket [*or* AM tickets]

Abolition <-, -en> *f* JUR abolition

Abolitionismus <-> *f kein pl* ① (*Abschaffung der Sklaverei*) abolitionism ② (*Kampf gegen die Prostitution*) *fight against prostitution* ③ (*Abschaffung der Gefängnisse*) *movement to abolish all prisons*

Abonnement <-s, -s> [abɔnəˈmãː] *nt* subscription; ■**im** ~ ***bei Theatervorstellungen sind die meisten Karten im*** ~ ***vergeben*** most tickets for the theatre are given to subscribers; **etw im** ~ **beziehen** to subscribe to sth

Abonnent(in) <-en, -en> *m(f)* subscriber

Abonnentennummer *f* subscriber number

abonnieren* *vt haben* ■**etw** ~ to subscribe to sth; ■[**auf etw** *akk*] **abonniert sein** to be a subscriber [to sth]; ***sie ist wirklich auf Einsern abonniert*** (*hum*) she always gets A's

ab|ordnen *vt* (*dienstlich hinbefehlen*) ■**jdn** [**zu etw**] ~ to delegate sb [to sth]; (*abkommandieren*) to detail sb [for sth]; ***er wurde nach Berlin abgeordnet*** he was posted to Berlin

Abordnung *f* delegation

Abort¹ <-s, -e> *m* (*veraltet*) *s.* **Toilette**

Abort² <-s, -e> *m* MED (*Fehlgeburt*) miscarriage

ab|packen *vt a.* ÖKON (*einpacken*) ■**etw** ~ to pack sth; ***packen Sie mir bitte drei Kilo Hackfleisch ab!*** could you wrap up three kilos of minced meat for me, please?; ■**sich** *dat* **etw** [**von jdm**] ~ **lassen** to have [sb] wrap sth up; ■**sich** *dat* **etw** ~ **lassen** to have sth wrapped up; **abgepackte Lebensmittel** pre-packaged food

ab|passen *vt* ① (*abwarten*) ■**etw** ~ to wait [*or* watch] for sth; **die passende Gelegenheit** ~ to bide one's time ② (*timen*) **etw gut** [*o* **richtig**] ~ to time sth well ③ (*abfangen, jdm auflauern*) ■**jdn** ~ to waylay sb; ***der Taschendieb passte sie an der Ecke ab*** the pickpocket lay in wait for her at the corner

ab|pausen *vt* ■**etw** [**auf etw** *akk*] ~ to trace sth [onto sth]; ■**etw von etw** *dat* ~ to trace sth [from sth]; ***hast du das selbst gezeichnet oder nur von einer Vorlage abgepaust?*** did you draw it yourself or did you just trace it?

ab|perlen *vi sein* ■[**von etw**] ~ to run off sth in drops; ***der Tau perlte von den Blättern ab*** the dewdrops fell from the leaves

ab|pfeifen *irreg* **I.** *vt* ■**etw** ~ to stop sth by blowing a whistle; ***nach 45 Minuten wurde die erste Halbzeit abgepfiffen*** after 45 minutes the whistle for the end of the first half was blown; **das Spielende** ~ to blow the final whistle **II.** *vi* to blow the whistle

Abpfiff *m* the [final] whistle

ab|pflücken *vt* (*pflücken*) ■**etw** ~ to pick sth; ***im Park darf man keine Rosen*** ~ picking roses is not allowed in the park

ab|placken *vr* (*fam*) *s.* **abplagen**

ab|plagen *vr* ■**sich** [**mit etw** *dat*] ~ to struggle [with sth]; ***er hat sich sein ganzes Lebens lang abgeplagt*** he slaved away his whole life; ***sie plagt sich immer sehr ab mit den schweren Einkaufstaschen*** she always struggles with her heavy shopping bags; ***er plagte sich jahrelang mit den Manuskripten ab*** he worked himself to death on the manuscripts

ab|platten *vt* (*flacher machen*) ■**etw** ~ to flatten sth, to level sth off; ■**abgeplattet** flattened

ab|platzen *vi Gips, Knopf* to pop off, to burst off; *Farbe* chip off, peel off; *Metallteile* break away [*or* off], split off

Abprall <-[e]s, *selten* -e> *m* rebound, ricochet

ab|prallen *vi sein* ① (*zurückprallen*) ■[**von/an etw** *dat*] ~ to rebound [from/off/against sth], to ricochet [off sth], to bounce [off sth] ② (*nicht treffen*) ■**an jdm** ~ to bounce off sb

ab|pressen *vt* ① (*durch Druck abnehmen*) ■**jdm etw** ~ to extort sth from sb, to squeeze sth out of sb *fam*; **jdm ein Geständnis** ~ to force a confession from [*or* beat a confession out of] sb ② (*abschnüren*) **jdm den Atmen** ~ to take sb's breath away ③ (*herauspressen, unter Druck absondern*) ■**etw** ~ to force sth; ***Blutwasser wird ins Bindegewebe abgepresst*** serum is forced into the connective tissue

Abpressen <-s> *nt kein pl* TYPO backing, nipping, pressing, smashing

Abpressfalz^RR^ *m* TYPO backing joint

Abprodukt *nt kein pl* (*fachspr*) waste product; **wiederverwendungsfähiges** ~ reusable waste product

abproduktarm *adj* (*fachspr*) low-waste *attr* **abproduktfrei** *adj* (*fachspr*) waste-free *attr*

ab|pumpen *vt* (*durch Pumpen entfernen*) ■**etw** [**aus etw/von etw**] ~ to pump sth [out of/from sth]

ab|putzen *vt* ① (*durch Putzen reinigen*) ■**etw** ~ to clean sth; ■**jdm etw** ~ to clean sb's sth; ***soll ich dir etwa noch den Hintern*** ~***?*** you don't want me to wipe your backside for you, do you?; ■[**sich** *dat*] **etw** ~ to clean sth; ***putz dir die Schuhe ab!*** wipe your shoes! ② (*durch Putzen entfernen*) ■**etw** [**von etw**] ~ to wipe sth [off sth], to clean sth [from/off sth] ③ (*mit neuem Putz versehen*) ■**etw** ~ to plaster [*or* replaster] sth

ab|quälen *vr* ① (*sich abmühen*) ■**sich** [**mit etw**] ~ to struggle [*or* battle] [with sth]; ***was quälst du dich so ab?*** why are you making things so difficult for yourself? ② (*sich mühsam abringen*) ■**sich** *dat* **etw** ~ to force sth; ***er quälte sich ein Grinsen ab*** he managed to force a grin; ***diese Entschuldigung hast du dir ja förmlich abgequält!*** you really had to force yourself to make that apology!

ab|qualifizieren *vt* ■**jdn/etw** ~ to scorn sb/sth, to treat sb/sth with contempt, to put sb/sth down *fam*; ■**etw** ~ to dismiss sth [out of hand]

ab|rackern *vr* (*fam: sich abmühen*) ■**sich** [**mit etw** *dat*] ~ to slave [over/away at sth] *fam or hum*; ***was rackerst du dich so mit der Handsäge ab? nimm doch die Motorsäge!*** why on earth are you bothering with the hand saw? use the power saw!; ■**sich für jdn/etw** ~ to work one's fingers to the bone for sb/sth, to work oneself to a shadow; ***sie hat sich Tag für Tag für diese Firma abgerackert*** she sweated blood for that company day after day

Abraham <-s> *m kein pl* Abraham ▶ WENDUNGEN: [**sicher**] **wie in** ~**s Schoß** as safe as houses BRIT, in safe hands AM

ab|rahmen *vt* **Milch** ~ to skim milk; **alles** ~ (*fig*) to cream off everything

Abrakadabra <-s> *nt kein pl* abracadabra

Abrakeln <-s> *nt kein pl* TYPO squeezing

ab|rasieren* *vt* (1) (*durch Rasieren entfernen*) ■ **[jdm/sich] etw** ~ to shave [off] sth [*or* sb's/one's sth] *sep;* **jdm/sich den Bart** ~ to shave sb's/one's beard [off] (2) (*fam: abtrennen*) ■ **etw** ~ to shave off sth *sep;* ***der Düsenjäger rasierte das Dach des Gebäudes ab*** the jet shaved off the roof of the house (3) (*fam: dem Erdboden gleichmachen*) ■ **etw** ~ to raze sth to the ground

Abrasion <-, -en> *f* (1) *a.* GEOL abrasion (2) MED curettage, scrape

ab|raten *vi irreg* ■ **jdm [von etw]** ~ to advise [*or* warn] sb [against sth]; ■ **jdm davon ~, etw zu tun** to advise [*or* warn] sb not to do [*or* against doing] sth; ***von diesem Arzt kann ich Ihnen nur*** ~ I really can't recommend that doctor

Abraum *m kein pl* BERGB slag

ab|räumen *vt* ■ **etw [von etw]** ~ to clear [sth] of sth, to clear sth [from sth]; ■ **das A~** clearing away; ■ **etw** ~ to clear sth; ***nach dem Essen räumte sie das Geschirr ab*** after the meal she cleared the table; ***beim Kegelturnier räumte sie kräftig ab*** at the skittles tournament she really cleaned up *fam*

Abraumhalde *f* slag-heap

ab|rauschen *vi sein* (1) (*fam: fortfahren*) to rush off [in a vehicle] (2) (*sich demonstrativ entfernen*) to rush off in protest; ***gestern ist er beleidigt abgerauscht*** yesterday he felt offended and rushed off

ab|reagieren* **I.** *vt* (1) (*negative Emotionen herauslassen*) ■ **etw** ~ to work off sth (2) (*auslassen*) ■ **etw an jdm** ~ to take out sth on sb **II.** *vr* (*fam: sich durch einen Ausbruch beruhigen*) ■ **sich** ~ to calm down; ***er war ziemlich wütend, aber jetzt hat er sich abreagiert*** he was furious but he's cooled off now

ab|rechnen **I.** *vi* (1) (*abkassieren*) to settle up; ***am Ende der Woche rechnet der Chef ab*** the boss does the accounts at the end of the week; ***Sie haben sich beim A~ um DM 4,65 vertan!*** you've miscalculated the bill by DM 4.65!; ■ **mit jdm** ~ to settle up with sb; ***mit den Vertretern wird monatlich abgerechnet*** the agents are paid monthly (2) (*zur Rechenschaft ziehen*) ■ **mit jdm** ~ to call sb to account, to get even [*or* settle an account] with sb; ■ **[miteinander]** ~ to settle the score [with each other] **II.** *vt* (*abziehen*) ■ **etw [von etw]** ~ to deduct sth [from sth]; **[jdm] einen Rabatt vom Preis** ~ to give [sb] a discount on the price

Abrechnung *f* (1) (*Erstellung der Rechnung*) calculation [*or* preparation] of a bill [*or* an invoice]; ***ich bin gerade bei der ~ für den Kunden*** I'm just adding up the bill for the customer; **die ~ machen** [*o* **vornehmen**] to prepare [*or* calculate] [*or* add up] the bill [*or* invoice]; ***wieviel mussten Sie ausgeben? — ich bin gerade dabei, die ~ zu machen*** how much did you have to spend? — I'm just working it out (2) (*Aufstellung*) list, itemized bill (3) (*Rache*) revenge, pay off; **der Tag der** ~ the day of reckoning; ***endlich war die Stunde der ~ gekommen*** the time for revenge had finally come (4) (*Abzug*) ■ **die ~ von etw** the deduction of sth; **~ von Skonto** discount; **etw in ~ bringen** (*geh: etw abziehen*) to deduct sth from sth

Abrechnungsperiode *f* HANDEL accounting period **Abrechnungsstelle** *f* FIN clearing house **Abrechnungstag** *m* BÖRSE, FIN settling day **abrechnungstechnisch** *adj* HANDEL **aus ~en Gründen** for convenience of rendering accounts **Abrechnungstermin** *m* FIN due [*or* settlement] date **Abrechnungsüberhang** *m* FIN accounting surplus **Abrechnungsverfahren** *nt* FIN clearing system **Abrechnungsverkehr** *m* FIN clearing system **Abrechnungswährung** *f* ÖKON accounting currency; FIN settlement currency **Abrechnungszeitraum** *m* FIN accounting period

Abrede *f* agreement; **eine mündliche** ~ a verbal agreement; **etw in ~ stellen** (*geh*) to deny sth

ab|regen *vr* (*fam*) ■ **sich** ~ to calm down; ***reg dich ab!*** keep your shirt [*or* BRIT hair] on!, chill out! *sl*

ab|regnen *vr* ■ **sich** ~ *Wolken to come down in the form of rain*

ab|reiben *vt irreg* (1) (*durch Reiben entfernen, abwischen*) ■ **[jdm] etw [von etw]** ~ to rub sth off [sth] [for sb]; ■ **[sich *dat*] etw [an etw *dat*]** ~ to wipe [*or* clean] sth [on sth]; ***bitte reib dir doch nicht immer die Hände an der Hose ab!*** please don't always wipe your hands on your trousers! (2) (*durch Reiben säubern*) ■ **etw** ~ to rub sth down; **Autolack/Fenster** ~ polish the paintwork/window (3) (*trocknen*) ■ **jdn/ein Tier/etw** ~ to rub sb/an animal/sth down; ***er badete das Baby und rieb es dann mit einem Frotteehandtuch ab*** he bathed the baby and then dried him/her with a terry towel

Abreibeschrift *f* TYPO dry transfer letters *pl*, instant lettering

Abreibung *f* (*fam*) (1) (*Prügel*) beating, a good thump *fam;* ***dafür hast du eine ~ verdient!*** you deserve to get clobbered! *fam* (2) (*Tadel*) censure, criticism

Abreise *f kein pl* departure; ***die ~ naht*** it's nearly time to leave; **bei ihrer** ~ when she left [*or* on her departure]

ab|reisen *vi sein* to leave, to depart; ■ **[irgendwohin]** ~ to leave [*or* depart] [*or* start] [for somewhere]

ab|reißen *irreg* **I.** *vt haben* (1) (*durch Reißen abtrennen*) ■ **etw [von etw]** ~ to tear [*or* rip] sth [off sth]; **Tapete von der Wand** ~ to tear down wallpaper from the wall; **Blumen** ~ to pull off the flowers; ■ **sich *dat* etw** ~ to tear off sth *sep;* ***er blieb an der Türklinke hängen und riss sich dabei einen Knopf ab*** he got caught on the doorknob and tore a button off (2) (*niederreißen*) ■ **etw** ~ *ein baufälliges Bauwerk* to tear sth down (3) (*sl: hinter sich bringen*) ■ **etw** ~ to get through sth; ***er hat gerade die 2 Jahre Gefängnis abgerissen*** he's just finished sitting out his 2-year prison sentence **II.** *vi sein* (1) (*von etw losreißen*) to tear off (2) (*aufhören*) to break off; **einen Kontakt nicht ~ lassen** to not lose contact (3) (*kontinuierlich anhalten*) ■ **nicht** ~ to go on and on, to not stop; ***der Strom der Flüchtlinge riss nicht ab*** the stream of refugees did not end

Abreißkalender *m* tear-off calendar

Abreißperforation *f* tear-off perforation

ab|rennen *vt irreg* (*fam: eilig aufsuchen*) ■ **etw** ~ to run [a]round [somewhere]

ab|richten *vt* (*dressieren*) ■ **ein Tier** ~ to train an animal; ■ **ein Tier darauf ~, etw zu tun** to train an animal to do sth

Abrichtung *f* (*Dressur*) training

Abrieb <-[e]s, -e> *m* (1) *kein pl* (*bei Reifen*) abrasion (2) (*von Steinkohle*) dust

abriebfest *adj* BAU wear-resistant

Abriebfestigkeit *f von Lack, Farbe* abrasion [*or* rub] resistance

ab|riegeln *vt* (1) (*absperren*) ■ **etw** ~ to cordon [*or* seal] off sth *sep* (2) (*versperren*) **die Tür** ~ to bolt the door

Abrieg(e)lung <-, -en> *f* (*Absperrung*) cordoning [*or* sealing] off; ***der Einsatzleiter ordnete die ~ des Gebietes an*** the troop leader ordered the area to be cordoned off

ab|ringen *irreg* **I.** *vt* (1) (*abzwingen*) ■ **jdm etw** ~ to force sth out of sb (2) (*geh: durch mühseligen Einsatz abzwingen*) ■ **einer S. *dat* etw** ~ to wrest sth from sth *form* **II.** *vr* (*sich abquälen*) ■ **sich *dat* etw** ~ to force [oneself to do sth]; ***er rang sich ein Grinsen ab*** he forced a grin; ***sie rang sich eine Entschuldigung ab*** she forced herself to apologize

Abriss^RR1 <-e, -e> *m*, **Abriß** <-sses, -sse> *m kein pl* (*Abbruch*) demolition; ***die Planierraupe begann mit dem ~ des Gebäudes*** the bulldozer began to tear down the building

Abriss^RR2 <-es, -e> *m*, **Abriß** <-sses, -sse> *m* (*Übersicht*) summary, survey; ■ **ein ~ einer S. *gen*** an outline of sth

Abrissarbeiten^RR *pl* demolition work **Abrissfirma**^RR *f* demolition firm **abrissreif**^RR *adj* in ruins, ready for demolition

ab|rocken *vi* MUS to rock [till one drops] *sl*

ab|rocken *vi* MUS (*sl*) to rock [till one drops] *sl*

ab|rollen **I.** *vi sein* (1) (*sich abwickeln*) ■ **[von etw]** ~ *Kabel, Tau* to unroll [from sth], to roll [off sth] (2) (*fam: vonstatten gehen*) to go [off], to run; **reibungslos** ~ to go off without a hitch; ***die Show rollte reibungslos ab*** the show ran smoothly (3) (*sich im Geist abspielen*) ■ **vor jdm** ~ to unfold [in front of sb [*or* sb's eyes]]; ■ **etw [vor sich] ~ lassen** to let sth unfold [in one's mind's eye] (4) (*eine Rollbewegung machen*) ***und den Fuß schön ~*** and gently roll your foot; ***sie ließ sich geschicht ~*** she rolled over skillfully (5) (*sich rollend entfernen*) to roll off; ***das Flugzeug rollt zum Start ab*** the plane taxied out for take-off **II.** *vt haben* ■ **etw [von etw]** ~ to unroll [*or* unreel] sth [from sth]

Abrollgerät *nt* INFORM trackball **Abrollkosten** *pl* cartage **Abrollmenü** *nt* INFORM pull-down menu

ab|rücken **I.** *vi sein* (1) (*sich distanzieren*) ■ **von etw/jdm** ~ to distance oneself from sth/sb, to back off from sth/sb (2) MIL (*abmarschieren*) ■ **[irgendwohin]** ~ to march off [to somewhere] (3) (*hum: weggehen*) to go away (4) (*wegrücken*) ■ **[von etw/jdm]** ~ to move away [*or* back] [from sth/sb] **II.** *vt haben* (*wegschieben*) ■ **etw [von etw]** ~ to move sth away [from sth]; **ein Möbelstück von der Wand** ~ to push a piece of furniture away from the wall

Abruf *m* (1) (*Bereitschaft*) **auf** ~ on alert; ***er hielt sich auf ~ bereit*** he was on alert (2) INFORM recall, recovery (3) ÖKON **auf** ~ on call purchase

Abrufauftrag *m* ÖKON make-and-hold-order

abrufbar *adj* INFORM retrievable

abrufbereit **I.** *adj* (1) (*einsatzbereit*) on alert (2) (*abholbereit*) ready for collection (3) (*verfügbar*) disposable, approved; **ein ~er Kredit** an approved overdraft limit **II.** *adv* (1) (*einsatzbereit*) on alert (2) (*abholbereit*) ready for collection

ab|rufen *vt irreg* (1) (*wegrufen*) ■ **jdn [von etw]** ~ to call sb away [from sth] (2) (*liefern lassen*) ■ **etw [bei jdm]** ~ to have sth delivered [by sb]; ***die Barren lagern im Safe der Bank, bis sie abgerufen werden*** the ingots are stored in the safe at the bank until they are collected (3) (*abheben*) ■ **etw** ~ to withdraw sth; ***wir werden die Summe von Ihrem Konto*** ~ we will debit your account by this amount (4) INFORM ■ **etw [aus etw]** ~ to retrieve [*or* recover] sth [from sth]

ab|runden *vt* (1) (*auf einen vollen Betrag kürzen*) ■ **etw [auf etw *akk*]** ~ to round sth down [to sth]; ■ **abgerundet** rounded down (2) (*perfektionieren*) ■ **etw** ~ to round sth off

ab|rupfen *vt* (*fam: abreißen*) ■ **etw** ~ to pull off sth *sep*

abrupt **I.** *adj* (*plötzlich*) abrupt **II.** *adv* (*unvermittelt*) abruptly, without warning

ab|rüsten **I.** *vi* (1) (*die Arsenale verringern*) ■ **[um etw *akk*/auf etw *akk*]** ~ to disarm [by sth/to sth] (2) BAU to remove [*or* take down] the scaffolding **II.** *vt* (1) (*Waffen reduzieren*) ■ **etw [um etw *akk*/auf etw *akk*]** ~ to disarm [by sth/to sth]; ***es wurde gefordert, die Bundeswehr abzurüsten*** the Federal Armed Forces were ordered to disarm (2) (*das Gerüst entfernen von*) ■ **etw** ~ to remove the scaffolding from sth

Abrüstung *f kein pl* (*das Abrüsten*) disarmament

Abrüstungsgespräche *pl* POL disarmament talks *pl* **Abrüstungskonferenz** *f* POL disarmament conference **Abrüstungsverhandlungen** *pl* POL disarmament negotiations

ab|rutschen *vi sein* (1) (*abgleiten*) ■ **[an etw *dat*/von etw *dat*]** ~ to slip [on sth/from sth]; ***seine Finger rutschten am glatten Fels immer wieder ab*** his fingers kept slipping from the smooth rocks (2) (*fig: sich verschlechtern*) ■ **auf etw *akk*** ~ to drop to sth (3) (*fig: herunterkommen*) to go downhill; ***sie muss aufpassen, dass sie nicht völlig abrutscht*** she has to watch out that she does not completely go downhill

Abruzzen *pl* ■ **die** ~ the Abruzzi *npl*

ABS <-> *nt Abk von* **Antiblockiersystem** ABS

Abs. *m Abk von* **Absatz** par. [*or* para.]

ab|sacken *vi sein* (1) (*einsinken*) to subside, to sink

❷ LUFT to drop, to lose altitude ❸ *(fam: sich verschlechtern)* ■ **[auf etw** *akk***]** ~ to drop [*or* deteriorate] [to sth]; ***sie ist in ihren Leistungen sehr abgesackt*** her performance has deteriorated considerably ❹ MED *(fam)* ■ **[auf etw** *akk***]** ~ to sink [*or* drop] [to sth] ❺ *(fig) Gewinne* to plummet

Absage *f* ❶ *(negativer Bescheid)* refusal; **eine ~ auf eine Bewerbung** a rejection to a job application; **jdm eine ~ erteilen** *(geh)* to refuse sb ❷ *(Ablehnung)* ■ **eine ~ an etw** *akk* a rejection of sth

ab|sagen I. *vt (rückgängig machen)* ■ **etw ~** to cancel [*or* call off] sth; **die Teilnahme an etw ~** to cry off [*or* cancel] II. *vi (informieren, dass man nicht teilnimmt)* **eine Einladung von jdm ~** to decline sb's invitation; ***ich muss leider ~*** I'm afraid I'll have to cry off; ***hast du schon bei ihr abgesagt?*** have you told her you're not coming?

ab|sägen *vt* ❶ *(abtrennen)* ■ **etw ~** to saw off sth *sep;* **einen Baum ~** to saw down a tree *sep,* to fell a tree ❷ *(fam: um seine Stellung bringen)* ■ **jdn ~** to give sb the chop [*or* AM ax]; *s. a.* **Ast**

ab|sahnen I. *vt* ❶ *(fam: sich verschaffen)* ■ **etw ~** to cream off sth *sep fam* ❷ KOCHK **Milch ~** to skim milk II. *vi* ❶ *(fam: Geld raffen)* ■ **[bei jdm] ~** to cream off [from sb] ❷ KOCHK to skim

Absahner(in) <-s, -> *m(f) (pej)* scrounger, BRIT *a.* spawny git

ab|satteln I. *vt* **ein Pferd ~** to unsaddle a horse II. *vi (fig: aufhören)* to stop

Absatz¹ *m* ❶ *(Schuh~)* heel ❷ *(Abschnitt)* paragraph; **einen ~ machen** to begin a paragraph ❸ *(Treppen~)* landing ► WENDUNGEN: **auf dem ~ kehrtmachen** to turn on one's heel

Absatz² *m* sales *pl;* **~ finden** to find a market; ***die neue Kollektion fand reißenden ~*** the new collection sold like hot cakes

Absatzanfang *m* TYPO, INFORM beginning of paragraph **absatzbedingt** *adj* HANDEL market-related *pred* **Absatzbehinderung** *f* HANDEL sales barrier **Absatzbeschränkung** *f* HANDEL sales restricion **Absatzbindung** *f* HANDEL tying distribution arrangement **Absatzbindungsvertrag** *m* JUR tying distribution contract **Absatzeinzug** *m* TYPO, INFORM paragraph indent **Absatzende** *nt* TYPO, INFORM end of paragraph **Absatzerwartungen** *pl* HANDEL sales prospects **absatzfähig** *adj* saleable BRIT, salable AM **Absatzflaute** *f* ÖKON period of slack sales **Absatzförderung** *f* ÖKON sales promotion **Absatzformat** *nt* TYPO, INFORM paragraph format **Absatzformatierung** *f* INFORM paragraph formatting **Absatzgebiet** *nt* sales area **Absatzkampagne** *f* HANDEL sales drive **Absatzkartell** *nt* JUR sales cartel **Absatzmarkt** *m* HANDEL market, outlet; **begrenzter ~** limited market **Absatzmittler(in)** *m(f)* HANDEL marketing [*or* sales] agent **Absatzplus** *nt kein pl* HANDEL increase of sales, sales plus **Absatzprognose** *f* sales forecast **Absatzprognosen** *pl* HANDEL sales prospects **Absatzrenner** *m* best-seller, no. 1 seller, big seller **Absatzschiene** *f* HANDEL trade channel **Absatzschutz** *m* INFORM paragraph protection **Absatzschwierigkeiten** *pl* sales problem **Absatzsteigerung** *f* ÖKON increase in sales **Absatzstockung** *f* HANDEL stagnation in trade **Absatzvermittler(in)** *m(f)* HANDEL sales agent **Absatzvolumen** *nt* ÖKON sales volume [*or* volume in sales]

Absatzweg *f* HANDEL *s.* **Absatzschiene**

absatzweise *adv (Absatz für Absatz)* paragraph by paragraph

Absatzzahlen *pl* HANDEL sales figures

ab|saufen *vi irreg sein* ❶ *(sl: ertrinken)* ■ **[in etw** *dat***] ~** to drown [in sth] ❷ *(unter Wasser gesetzt werden)* to be flooded ❸ NAUT *(fam)* to sink ❹ AUTO *(fam)* to flood; ***na, will er nicht anspringen? ist dir wohl abgesoffen?*** it won't start, will it? you've flooded it!

Absauganlage *f* air filtering system

Absaugen <-s> *nt kein pl* MED *von Fett* liposuction

ab|saugen *vt* ❶ *(durch Saugen entfernen)* ■ **etw [aus etw/von etw] ~** to draw [*or* suck] off sth [out of [*or* from] sth]; **Fett ~** to suck up fat ❷ *(mit dem Staubsauger reinigen)* ■ **etw ~** to vacuum sth; ■ **etw von etw ~** to use the vacuum cleaner to remove sth from sth

ab|schaben *vt* ❶ ■ **etw [von etw] ~** to scrape sth [off sth] ❷ *(verschleißen)* to wear through [*or* thin]; **ein abgeschabter Mantel** a tattered coat

ab|schaffen *vt* ❶ *(außer Kraft setzen)* ■ **etw ~** to do away with sth, to abolish sth; **ein Gesetz ~** to repeal a law ❷ *(weggeben)* ■ **etw/ein Tier ~** to get rid of sth/an animal, to dispose of [*or* dispense with] sth

Abschaffung *f* ❶ *(das Abschaffen)* abolition; **die ~ eines Gesetzes** the repeal of a law ❷ *(Weggabe)* disposal

ab|schälen I. *vt* ■ **etw [von etw] ~** to peel sth off [sth], to remove sth [from sth]; **die Rinde von einem Baum ~** to bark a tree II. *vr* ■ **sich ~** to peel off; ***nach dem Sonnenbad begann sich ihre Haut abzuschälen*** after lying in the sun she began to peel

Abschaltautomatik *f* automatic shut-off [*or* cutoff] [*or* cutout]

ab|schalten I. *vt (abstellen)* ■ **etw ~** to turn off *sep* [*or sep* turn out] [*or sep* switch off] sth; **ein Kernkraftwerk ~** to turn a nuclear power plant off II. *vi (fam: nicht mehr aufmerksam sein)* to switch off *fam* III. *vr* ■ **sich ~** to disconnect, to cut out, to switch itself off

Abschaltung *f* switching off; *Kontakt* disconnection

ab|schätzen *vt* ❶ *(einschätzen)* ■ **etw ~** to assess; ***ich kann ihre Reaktion schlecht ~*** I can't even guess at her reaction; ***es ist nicht abzuschätzen …*** it's not possible to say … ❷ *(ungefähr schätzen)* ■ **etw ~** to estimate

abschätzend I. *adj* speculative, thoughtful; **ein ~er Blick** an appraising look II. *adv* speculatively, thoughtfully

abschätzig I. *adj* disparaging, scornful, contemptuous II. *adv* disparagingly, scornfully, contemptuously; **sich** *akk* **~ über jdn/etw äußern** to make disparaging remarks about sb/sth

Abschätzung *f* estimation, assesssment

ab|schauen *vt* SÜDD, ÖSTERR, SCHWEIZ ■ **etw [von** [*o* **bei] jdm] ~** ❶ *(nachahmen)* to copy sth by watching [sb doing sth]; ***das hast du sicher von ihm abgeschaut!*** I bet you learnt that from him! ❷ SCH *(abschreiben)* to copy sth [from sb], to crib [from sb] *fam*

Abschaum *m kein pl (pej)* scum *no pl,* dregs *npl*

ab|scheiben *vt* BAU ■ **etw ~** to trowel-smooth sth

ab|scheiden *irreg* I. *vt haben* ❶ MED ■ **etw ~** to secrete [*or* discharge] sth ❷ *(separieren)* ■ **etw von etw ~** to separate sth from sth II. *vr* ❶ MED ■ **sich ~** to be secreted [*or* discharged] ❷ *(sich abtrennen)* ■ **sich von etw ~** to separate from sth; ***Öl und Wasser scheiden sich voneinander ab*** oil and water separate

ab|scheren *vt* to cut; ■ **[jdm/einem Tier] etw ~** to cut [sb's/an animal's] sth; **einem Schaf die Wolle ~** to shear a sheep [of its wool]; ***dir haben sie die Haare ziemlich abgeschoren!*** they've really cropped your hair short!

Abscheu <-[e]s> *m kein pl (Ekel)* revulsion, disgust, loathing; ■ **jds ~ vor etw** *dat* sb's revulsion against/at/towards sth, sb's disgust at/with, sb's loathing for sth; ***sie konnte ihren ~ vor Spinnen kaum verbergen*** she could hardly conceal her loathing for spiders; **~ vor jdm/etw empfinden** to feel revulsion towards [*or* be revolted by] [*or* be disgusted at/with] sb/sth

ab|scheuern I. *vt* ❶ *(durch Scheuern reinigen/entfernen)* ■ **etw [mit etw] ~** to scrub [*or* scour] sth [with sth] ❷ *(an der Kleidung abwetzen)* ■ **[sich** *dat***] etw ~** to wear sth through [*or* out]; ■ **abgescheuert** worn through [*or* out] ❸ *(abschürfen)* ■ **etw ~** to rub [*or* chafe] sth II. *vr (sich abwetzen)* ■ **sich ~** to wear thin [*or* through] [*or* out]

abscheulich *adj* ❶ *(entsetzlich)* revolting, horrible, dreadful; **ein ~es Verbrechen** a horrifying [*or* heinous] crime, an atrocious crime ❷ *(fam: unerträglich)* dreadful, terrible; ***das Essen schmeckt mal wieder ~*** the food tastes revolting [*or* disgusting] again

Abscheulichkeit <-, -en> *f* ❶ *kein pl (Scheußlichkeit)* atrociousness, dreadfulness ❷ *(schreckliche Sache)* atrocity; **kriegerische ~en** atrocities of war

ab|schicken *vt* ■ **etw ~** to send sth [off], to dispatch sth; **einen Brief ~** to post [*or* AM mail] a letter

Abschiebehaft *f* JUR remand pending deportation; **sich in ~ befinden** to be held on remand pending deportation; **jdn in ~ nehmen** to remand sb pending deportation **Abschiebehindernis** *nt* obstacle [*or* impediment] to deportation

ab|schieben *irreg* I. *vt haben* ❶ *(ausweisen)* ■ **jdn ~** to deport sb ❷ *(abwälzen)* ■ **etw auf jdn ~** to pass sth on to sb; **die Schuld auf jdn ~** to shift the blame onto sb; ***er versucht immer, die Verantwortung auf andere abzuschieben*** he's always trying to pass the buck *fam* ❸ *(abrücken)* ■ **etw von etw ~** to push [*or* move] [*or fam* shove] sth away from sth II. *vi sein (sl)* to push off; ***komm, schieb jetzt ab!*** push off, will you!, go on, get lost [*or* out of here]!

Abschiebestopp^RR *m* POL deportation prevention; **einen ~ verhängen** to order a halt to deportations

Abschiebung *f* deportation

Abschiebungsanordnung *f* JUR deportation order **Abschiebungshaft** <-> *f kein pl* JUR remand pending deportation

Abschied <-[e]s, -e> *m* ❶ *(Trennung)* farewell, parting; ***der ~ fiel ihr nicht leicht*** she found it difficult to say goodbye; ***es ist ja kein ~ für immer*** we're not saying goodbye forever; ■ **~ von jdm/etw** parting from sb/sth; **von jdm ~ nehmen** to say goodbye [*or* farewell] to sb; **von etw ~ nehmen** to part with sth; ***ich hasse ~e*** I hate farewells [*or* goodbyes]; **zum ~** as a token of farewell *liter;* ***sie gab ihm zum ~ einen Kuss*** she gave him a goodbye [*or* farewell] kiss ❷ *(geh: das Aufgeben)* ■ **~ von etw** to take leave from sth; ***der ~ von alten Gewohnheiten fiel ihm nicht leicht*** it was hard for him to break his old habits ❸ *(Entlassung)* **jdm den ~ geben** to dismiss sb; **seinen ~ nehmen** to resign

Abschiedsbesuch *m* farewell visit; ***er machte bei seinen Freunden noch einen ~*** he visited his friends one last time **Abschiedsbrief** *m* farewell letter **Abschiedsfeier** *f* farewell [*or* going-away] party **Abschiedsgesuch** *nt* resignation; **sein ~ einreichen** to tender one's resignation **Abschiedsgruß** *m* goodbye, farewell **Abschiedskuss**^RR *m* parting [*or* goodbye] [*or* farewell] kiss **Abschiedsrede** *f* farewell speech **Abschiedsschmerz** *m (geh)* pain of separation [*or* parting] **Abschiedsszene** *f* farewell scene **Abschiedsträne** *f* tears of farewell *pl*

ab|schießen *vt irreg* ❶ *(durch Schüsse zerstören)* ■ **jdn/etw ~** to shoot sb/sth [down]; **ein Flugzeug/einen Piloten ~** to shoot down a plane/pilot; **einen Panzer ~** to disable a tank ❷ *(schießen)* ■ **ein Tier ~** to shoot an animal; *s. a.* **Vogel** ❸ *(abfeuern)* ■ **etw [auf etw/jdn] ~** to fire sth [off] [at sth/sb]; **einen Böller ~** to let off a banger BRIT, to shoot off a firework AM; **eine Rakete/einen Torpedo ~** to launch a missile/torpedo ❹ *(sl: erschießen)* ■ **jdn ~** to shoot sb ❺ *(fam: beruflich absägen)* ■ **jdn ~** to put the skids under sb *fam,* to dump sb *fam,* to get rid of sb

ab|schilfern *vi sein* DIAL *(sich schuppen)* ■ **[von etw] ~** to peel off [from sth]

ab|schinden *vr irreg (fam)* ■ **sich [an etw** *dat***] ~** to sweat blood [*or fam* your guts out], to work one's fingers to the bone *fam,* to slog away [at sth] *fam,* to work one's socks off [at sth] *fam;* ■ **sich mit jdm ~** to sweat blood to help sb; ■ **sich mit etw ~** to slog away [*or* work one's socks off] at sth *fam;* **sich mit der Arbeit ~** to sweat away at one's work *fam*

Abschirmdienst *m* MIL counter-intelligence

ab|schirmen *vt* ❶ *(isolieren, schützen)* ■ **jdn/sich [von jdm/etw] ~** to isolate [*or* protect] [*or* shield] sb/oneself [from sb/sth]; ■**abgeschirmt** isolated ❷ *(verdecken, dämpfen)* ■**etw** ~ to shield sth; **ein Licht** ~ to shade a light

Abschirmung <-, -en> *f* ❶ *(Schutz)* isolation ❷ *(Dämpfen, Zurückhalten)* shield, screen, protection; *von Licht* shading; **eine** ~ **aus Blei** a lead screen

ab|schlachten *vt* ■**jdn/ein Tier** ~ to butcher [*or* slaughter] sb/an animal; ■**sich [gegenseitig]** ~ to slaughter [*or* butcher] each other

ab|schlaffen *vi sein (fam)* to droop [*or* flag]; ■**abgeschlafft** dog-tired *fam,* frazzled *fam,* [dead] beat *sl;* **abgeschlaffte Typen** dead beats; ***sie wirkt in letzter Zeit ziemlich abgeschlafft*** she's been looking quite frazzled recently

Abschlag *m* ❶ *(Preisnachlass)* discount, [price] reduction; **ein** ~ **von den Listenpreisen machen** to give a discount on the list prices ❷ *(Vorschuss)* ■**ein** ~ **auf etw** *akk* an advance payment on sth; ***sie erhielten einen ~ von 5000 Mark*** they received a payment of DM 5000 in advance ❸ FBALL kickout, punt; *(beim Golf)* tee-off; *(~fläche)* tee; *(in Hockey)* bully[-off]

ab|schlagen *irreg* **I.** *vt* ❶ *(durch Schlagen abtrennen)* ■**etw [von etw]** ~ to knock sth [off sth]; **einen Ast** ~ to knock down [*or* break off] a branch; **jdm den Kopf** ~ to cut [*or* chop] off sb's head ❷ *(fällen)* ■**etw** ~ to cut [*or* chop] sth down ❸ *(ablehnen)* ■**jdm etw** ~ to deny [*or* refuse] sb sth; **eine Einladung/einen Vorschlag/einen Wunsch** ~ to turn down an invitation/a suggestion/a request; ***er kann keinem etwas*** ~ he can't refuse anybody anything ❹ MIL *(zurückschlagen)* ■**jdn/etw** ~ to beat [*or* drive] sb/sth off ❺ SPORT *(abwehren)* ***der Torwart schlug den Ball ab*** the goalkeeper took a goal kick ❻ SPORT *(fig: im Hintertreffen sein)* ■**abgeschlagen sein** to have fallen behind; ***die Konkurrenz war weit abgeschlagen*** the competitors were totally wiped out **II.** *vr (kondensieren)* ■**sich an etw** *dat* ~ to form as condensation on sth

abschlägig *adj* negative; **ein ~er Bescheid** a refusal, a negative reply; **jdn/etw ~ bescheiden** *(geh)* to refuse [*or* reject] sb/sth; **einen Antrag/ein Gesuch ~ bescheiden** to turn down a proposal/request

Abschlagsdividende *f* FIN interim dividend

Abschlag(s)zahlung *f (Vorschusszahlung)* part [*or* partial] payment

ab|schleifen *irreg* **I.** *vt* ■**etw** ~ to sand sth [down] **II.** *vr* ❶ *(sich beim Schleifen abnutzen)* ■**sich** ~ to grind down ❷ *(fig: verschwinden)* ■**sich** ~ to wear off; ***das schleift sich (noch) ab*** that'll wear off

Abschleppdienst *m* breakdown [*or* AM towing] service

ab|schleppen **I.** *vt* ❶ *(wegziehen)* ■**jdn/etw** ~ *Fahrzeug, Schiff* to tow sb/sth [away]; ***unbefugt Parkende werden kostenpflichtig abgeschleppt*** unauthorized cars will be towed away at the owner's expense ❷ *(fam: mitnehmen)* ■**jdn** ~ to pick sb up *fam;* ***jede Woche schleppt er eine andere ab*** he comes home with a different girl every week **II.** *vr (fam: sich beim Tragen abmühen)* ■**sich [mit etw]** ~ to struggle [with sth], to haul [*or fam* lug] sth [somewhere]

Abschleppfahrzeug *nt* breakdown [*or* AM tow] truck **Abschleppseil** *nt* tow rope **Abschleppstange** *f* AUTO tow bar **Abschleppwagen** *m* AUTO recovery vehicle BRIT, tow truck AM

ab|schließen *irreg* **I.** *vt* ❶ *(verschließen)* ■**etw** ~ to lock sth; **ein Auto/einen Schrank/eine Tür** ~ to lock a car/cupboard/door ❷ *(isolieren)* ■**etw** ~ to seal sth; **ein Einmachglas/einen Raum** ~ to seal a jar/room; **hermetisch abgeschlossen** hermetically sealed; **luftdicht** ~ to put an airtight seal on sth ❸ *(beenden)* ■**etw [mit etw]** ~ to finish [*or* complete] sth [with sth]; **mit einer Diplomprüfung** ~ to graduate; **ein abgeschlossenes Studium** completed studies; **eine Diskussion** ~ to end a discussion ❹ *(vereinbaren)* ■**etw [mit jdm]** ~ to agree to sth [with sb]; **ein Geschäft** ~ to close a deal, seal an agreement; **eine Versicherung** ~ to take out insurance [*or* an insurance policy]; **einen Vertrag** ~ to sign [*or* conclude] a contract; **ein abgeschlossener Vertrag** a signed contract; **eine Wette** ~ to place a bet ❺ ÖKON ■**etw** ~ to settle sth; **ein Geschäftsbuch** ~ to close the accounts **II.** *vi* ❶ *(zuschließen)* to lock up; ***vergiss das A~ nicht!*** don't forget to lock up! ❷ *(einen Vertrag schließen)* ■**[mit jdm]** ~ to agree a contract [*or* [the] terms] [with sb] ❸ *(mit etw enden)* ■**mit etw** ~ to end [*or* conclude] with sth; ***der Kurs schließt mit einer schriftlichen Prüfung ab*** there is a written exam at the end of the course ❹ FIN, ÖKON ■**mit etw** ~ to close [*or* conclude] with sth ❺ *(Schluss machen)* ■**mit etw/jdm** ~ to finish [*or* be through] with sb/sth, to put sb/sth behind oneself; ***er hatte mit dem Leben abgeschlossen*** he no longer wanted to live; ***mit der Schauspielerei habe ich endgültig abgeschlossen*** I will never act again ❻ *(zum Schluss kommen)* to close, end; ***sie schloss ihre Rede mit einem Zitat von Morgenstern ab*** she ended [*or* concluded] her speech with a quotation from Morgenstern **III.** *vr (sich isolieren)* ■**sich [von jdm/etw]** ~ to shut oneself off [*or* away] [from sb/sth]

abschließend **I.** *adj (den Abschluss bildend)* closing; **einige ~e Bemerkungen machen** to make a few closing remarks **II.** *adv (zum Abschluss)* in conclusion, finally; ~ ***möchte ich noch etwas anmerken*** finally I would like to point something out

Abschluss[RR] <-es, Abschlüsse> *m,* **Abschluß** <-sses, Abschlüsse> *m* ❶ *kein pl (Ende)* conclusion; ■**etw zum ~ bringen** to bring sth to a conclusion [*or* close]; **seinen ~ finden** *(geh)* to conclude; **zum ~ kommen** to draw to a conclusion; **kurz vor dem ~ stehen** to be shortly before the end; **zum ~ von etw** as a conclusion to sth; ***zum ~ möchte ich Ihnen allen danken*** finally [*or* in conclusion], I would like to thank you all ❷ *(abschließendes Zeugnis) final certificate from educational establishment;* ***ohne ~ haben Bewerber keine Chance*** applicants without a certificate don't stand a chance; ***viele Schüler verlassen die Schule ohne*** ~ a lot of pupils leave school without taking their final exams; ***welchen ~ haben Sie? Magisterexamen?*** what is your final qualification? a master's? ❸ *(das Abschließen, Vereinbarung)* settlement; *einer Versicherung* taking out; *eines Vertrags* signing ❹ *(Geschäft)* deal; ***ich habe den ~ so gut wie in der Tasche!*** I've got the deal just about sewn up!; **einen ~ tätigen** to conclude [*or* make] a deal ❺ FIN *(Jahresabrechnung)* accounts, books; **der jährliche** ~ the annual closing of accounts ❻ *kein pl* ÖKON *(Ende des Finanzjahres)* [end of the] financial [*or* fiscal] year; **der ~ der Inventur** the completion of the inventory

Abschlussarbeit[RR] *f* SCH final assignment [*or* project] **Abschlussball**[RR] *m* graduation ball **Abschlussbericht**[RR] *m* ÖKON final report **Abschlussbilanz**[RR] *f* FIN [annual] balance sheet **Abschlussbindung**[RR] *f* JUR tying contract **Abschlussbuchung**[RR] *f* FIN closing entry **Abschlussdividende**[RR] *f* FIN final [*or* year-end] dividend **Abschlusserklärung**[RR] *f* POL final declaration **Abschlussfeier**[RR] *f (Feier zur Schulentlassung)* graduation party [*or* ball] **Abschlussfreiheit**[RR] *f* JUR freedom to contract **Abschlussklasse**[RR] *f* SCH graduating class **Abschlusskundgebung**[RR] *f* final rally **Abschlussleiste**[RR] *f* BAU wall filler **Abschlussort**[RR] *m* JUR place of contracting [*or* signature] **Abschlussprofil**[RR] *nt* BAU end profile **Abschlussprüfer**[RR]**(in)** *m(f)* FIN auditor **Abschlussprüfung**[RR] *f* ❶ SCH final exam[s], finals ❷ ÖKON statutory balance sheet audit, audit of annual accounts BRIT **Abschlussrechnung**[RR] *f* ❶ BÖRSE settlement note ❷ FIN final account **Abschlusstermin**[RR] *m* ÖKON target day **Abschlussvertreter(in)**[RR] *m(f)* HANDEL commercial agent **Abschlussvollmacht**[RR] *f* JUR power [*or* authority] to contract **Abschlusszeugnis**[RR] *nt* leaving certificate BRIT, diploma AM

ab|schmecken **I.** *vt* ❶ *(würzen)* ■**etw [mit etw]** ~ to season sth [with sth] ❷ *(versuchen)* ■**etw** ~ to taste sth **II.** *vi* ❶ *(würzen)* to season ❷ *(versuchen)* to taste [*or* try]; ***schmeckst du bitte mal ab?*** could you please taste [*or* try] it?

ab|schmelzen *irreg* **I.** *vt haben* ■**etw** ~ to melt [off] sth *sep* **II.** *vi sein (schmelzen)* to melt

ab|schmettern *vt (fam)* ■**etw** ~ to shoot sth down *fam;* **einen Angriff** ~ to beat off an attack; **einen Antrag** ~ to throw out a proposal; **eine Berufung** ~ to refuse an appeal; ***die Klage wurde abgeschmettert*** the case was thrown out

Abschmieren <-s> *nt kein pl* TYPO smearing, set off

ab|schmieren **I.** *vt haben* ❶ *(mit Schmierfett versehen)* ■**etw** ~ to lubricate [*or* grease] sth ❷ *(fam: unsauber abschreiben)* ■**etw [von jdm/irgendwo]** ~ to pinch [*or* crib] sth [from sb/somewhere] *fam* **II.** *vi sein (abstürzen)* to crash

abschminken *vt* ❶ *(Schminke entfernen)* ■**sich/jdn** ~ to take off [*or* remove] one's/sb's make-up; ■**abgeschminkt** without make-up ❷ *(fam: aufgeben)* ■**sich** *dat* **etw** ~ to give sth up; ***das können Sie sich ~!*** you can forget about that!; ***das habe ich mir schon längst abgeschminkt*** I gave that idea up ages ago

Abschminkmittel *nt* make-up remover **Abschminkpad** <-s, -s> *nt* remover pad

ab|schmirgeln *vt* to sand [down], to rub down

ab|schnallen **I.** *vt (losschnallen)* ■**etw** ~ to unbuckle sth; ■**sich** ~ to unbuckle; ***nach der Landung schnallte ich mich ab*** after the landing I undid the seat belt **II.** *vi (sl)* ❶ *(nicht verstehen können)* to be lost; ***bei seinen Erklärungen schnalle ich jedesmal ab*** he always looses me when he explains things ❷ *(fassungslos sein)* to be thunderstruck [*or* staggered]; ***da schnallst du ab!*** it's incredible [*or* amazing]!

ab|schneiden *irreg* **I.** *vt* ❶ *(durch Schneiden abtrennen)* ■**etw** ~ to cut sth [off]; ***könntest du mir ein Stück Brot ~?*** could you slice me a piece of bread?; **jdm die Haare** ~ to cut sb's hair ❷ *(unterbrechen, absperren)* ■**[jdm] etw** ~ **jdm den Fluchtweg** ~ to cut off sb's escape route; **jdm den Weg** ~ to intercept sb; **jdm das Wort** ~ to cut sb short ❸ *(isolieren)* ■**jdn/etw von jdm/etw** ~ to cut sb/sth off from sb/sth; **jdn von der Außenwelt/der Menschheit** ~ to cut sb off from the outside world/humanity **II.** *vi (fam)* to perform; **bei etw gut/schlecht** ~ to do [*or dated* fare] well/badly at sth; ***wie hast du bei der Prüfung abgeschnitten?*** how did you do in the exam?; ***sie schnitt bei der Prüfung als Beste ab*** she got the best mark in the exam

ab|schnippeln *vt (fam: abschneiden)* ■**etw [von etw]** ~ to snip [*or* cut] sth off [from sth]

Abschnitt *m* ❶ *(abtrennbarer Teil)* counterfoil BRIT, stub AM; **der ~ einer Eintrittskarte** ticket stub ❷ *(Zeit~)* phase, period; ***ein neuer ~ der Geschichte*** a new era in history; ***es begann ein neuer ~ in seinem Leben*** a new chapter of his life began ❸ *(Unterteilung)* part, section; *einer Autobahn, Rennstrecke* section ❹ MIL sector ❺ MATH segment

ab|schnüren *vt* **jdm den Arm** ~ to put a tourniquet around sb's arm; **jdm das Blut** ~ to cut off sb's blood circulation; **jdm die Luft** ~ to choke sb; *(fig a.)* to ruin sb

ab|schöpfen *vt* ❶ *(herunternehmen)* ■**etw [von etw]** ~ to skim sth off [from sth]; **die Sahne** ~ to skim the cream ❷ ÖKON *(dem Geldverkehr entnehmen)* ■**etw** ~ to absorb sth; **Gewinne** ~ to cream [*or* siphon] off profits; **die Kaufkraft** ~ to reduce spending power

Abschöpfung <-, -en> *f* FIN skimming [off]

ab|schotten *vt* ❶ NAUT ■**etw** ~ to build in watertight doors and hatches ❷ *(isolieren)* ■**jdn/etw** ~ to cut sb/sth off, to isolate sb/sth; ***der Präsident wurde durch seine Leibwächter abgeschottet*** the president was guarded by his bodyguards; ■**sich** ~ to cut oneself off, to isolate oneself; ***die Mönche führen ein abgeschottetes Leben*** the monks lead a secluded [*or* cloistered] life

Abschottung <-, -en> *f* shield, isolation

ab|schrägen *vt* ■**etw** ~ to slope sth; **ein Brett** ~ to bevel a plank; ■**abgeschrägt** sloping

Abschrägung <-, -en> *f* slope, slant, bevel
ab|schrauben *vt* ■**etw [von etw]** ~ to unscrew sth [from sth]; ***der Deckel lässt sich nicht*** ~ I can't unscrew the lid
ab|schrecken I. *vt* ① (*abhalten*) ■**jdn [von etw]** ~ to frighten [*or* scare] [*or* put] sb off [sth], to deter sb [from doing sth]; ***er ließ sich nicht von seinem Plan*** ~ he wasn't put off from carrying out his plan ② KOCHK ■**etw** ~ to rinse with cold water; **ein Ei** ~ to dip an egg in cold water **II.** *vi* (*abschreckend sein*) to deter, to act as a deterrent
abschreckend I. *adj* ① (*abhaltend, warnend*) deterrent; **ein ~es Beispiel** a warning; ***die hohen Geldstrafen sollen ~ wirken*** the high fines are designed to be a powerful deterrent ② (*abstoßend*) abhorrent; **ein ~es Aussehen** [*o* **Äußeres**] forbidding appearance; **ein ~er Eindruck** a [very] unfavourable [*or* AM -orable] impression **II.** *adv* (*abhaltend*) ~ **wirken** to act as a deterrent
Abschreckung <-, -en> *f* deterrent; **als ~ dienen** to act as a deterrent
Abschreckungsmittel *nt* deterrent measure
Abschreckungsszenario *nt* scenario of deterrence; **glaubwürdiges** ~ credible deterrent **Abschreckungswaffe** *f* deterrent weapon, weapon of deterrence
ab|schreiben *irreg* **I.** *vt* ① (*handschriftlich kopieren*) ■**etw** ~ to copy sth; ***Mönche haben die alten Handschriften abgeschrieben*** monks transcribed the old scripts ② (*plagiieren*) ■**etw [bei** [*o* **von**] **jdm]** ~ to copy [*or* crib] sth [from sb]; ***das hast du doch aus dem Buch abgeschrieben!*** you copied that from the book! ③ FIN (*abziehen*) ■**etw** ~ to write sth off ④ (*verloren geben*) ■**jdn/etw** ~ to write sb/sth off; **bei jdm abgeschrieben sein** (*fam*) to be out of favour [*or* AM -or] with sb; ***ich bin bei ihr endgültig abgeschrieben*** she's washed her hands of me; ***du bist abgeschrieben!*** you're all washed up! **II.** *vi* ① (*plagiieren*) ■**[von jdm/etw]** ~ to copy [from sb/sth]; ***er hatte seitenweise abgeschrieben*** he plagiarized entire pages; ***wo hat sie das abgeschrieben?*** where did she get that from? ② (*schriftlich absagen*) ■**jdm** ~ to cancel in writing; ***du solltest ihm ~, wenn du seine Einladung nicht annehmen kannst*** you should decline his invitation in writing if you can't accept **III.** *vr* (*von Stiften*) ■**sich** ~ to wear out
Abschreibepolice *f* FIN open policy
Abschreiber(in) *m(f)* (*fam*) cribber *fam,* plagiarist
Abschreibung *f* ① (*steuerliche Geltendmachung*) deduction, tax write-off; ***bei manchen Gütern ist eine sofortige ~ zulässig*** some goods can be deducted immediately; **außerordentliche** ~ unplanned [*or* nonscheduled] depreciation; **direkte/indirekte** ~ direct/indirect method of depreciation; **progressive/lineare** ~ progressive/linear depreciation; **steuerliche** ~ tax writeoff ② (*Wertminderung*) depreciation
Abschreibungsaufwand *m* FIN depreciation expense **Abschreibungsbetrag** *m* FIN [allowance for] depreciation **abschreibungsfähig** *adj* FIN depreciable, liable to depreciation *pred;* **~e Güter** depreciable assets **Abschreibungsgesellschaft** *f* FIN tax shelter company **Abschreibungsmodell** *nt* FIN depreciation model **Abschreibungsobjekt** *nt* FIN depreciation base **Abschreibungsperiode** *f* FIN depreciation period **abschreibungspflichtig** *adj* FIN depreciable, liable to depreciation *pred* **Abschreibungsprozentsatz** *m* FIN depreciation rate **Abschreibungsquote** *f* FIN depreciation rate **Abschreibungssatz** *m* FIN depreciation rate **Abschreibungsvergünstigung** *f* FIN depreciation allowance **Abschreibungszeitraum** *m* FIN depreciation period
ab|schreiten *vt irreg* (*geh*) ■**etw** ~ ① (*durch Schritte abmessen*) to pace sth off [*or* out] ② (*gehend inspizieren*) to inspect sth
Abschrift *f* (*Doppel*) copy, duplicate; **eine beglaubigte ~ erteilen** to furnish [*or* deliver] a certified [*or* AM exemplified] copy; ■**in** ~ in duplicate
ab|schrubben *vt* (*fam*) ① (*reinigen*) ■**etw** ~ to scrub sth; ■**sich** ~ to scrub oneself ② (*entfernen*) ■**etw [von etw]** ~ to scrub sth [off sth]; **sich den Dreck** ~ to scrub off the dirt
ab|schuften *vr* (*fam*) ■**sich [an** [*o* **mit**] **etw** *dat*] ~ to slave [away] [at sth]
ab|schuppen I. *vr* ■**sich** ~ to flake off **II.** *vt* ■**etw** ~ to scale sth; **einen Fisch** ~ to scale a fish
ab|schürfen *vt* (*sich durch Schürfen verletzen*) ■**sich** *dat* **etw** ~ *Haut* to graze sth
Abschürfung <-, -en> *f* (*Schürfwunde*) graze, abrasion
Abschuss^RR <-es, Abschüsse> *m,* **Abschuß** <-sses, Abschüsse> *m* ① (*das Abfeuern*) firing; *einer Rakete* launch; ***fertig machen zum ~!*** stand by to fire! ② (*das Abschießen*) shooting down; *eines Panzers* knocking out [*or* destruction] ③ JAGD shooting; ***Fasane sind zum ~ freigegeben*** it's open season for pheasants ④ SPORT [goal] kick
Abschussbasis^RR *f* launch[ing] pad
abschüssig *adj* steep
Abschussliste^RR *f* hit list; **bei jdm auf der ~ stehen** (*fam*) to be on sb's hit list; **auf der ~ stehen** to be marked out **Abschussplattform**^RR *f für Raketen* launch[ing] platform **Abschussrampe**^RR *f* launch[ing] pad [*or* platform]
ab|schütteln *vt* ① (*loswerden*) ■**jdn/etw** ~ to shake sb/sth off; ***es gelang ihm, seine Verfolger abzuschütteln*** he succeeded in shaking off his pursuer; ***sie versuchte, ihre Müdigkeit abzuschütteln*** she tried to ward off sleep; **die Knechtschaft** ~ to deliver oneself from bondage ② (*durch schütteln säubern*) ■**etw [von etw]** ~ to shake sth [off sth]
ab|schütten *vt* ■**etw** ~ ① (*abgießen*) to pour off ② (*teilweise abgießen*) ■**etw** ~ to pour off some liquid ③ (*Kochwasser wegschütten*) ■**etw** ~ to drain sth; **die Kartoffeln** ~ to strain the potatoes
ab|schwächen I. *vt* ■**etw** ~ ① (*weniger drastisch machen*) to tone sth down, to moderate sth ② (*vermindern*) to reduce **II.** *vr* ■**sich** ~ ① (*leiser werden*) to diminish, to quieten [*or* AM quiet] down ② (*an Intensität verlieren*) to get weaker [*or* diminish] [*or* decrease] ③ (*sich vermindern*) to diminish; ***die Inflation hat sich deutlich abgeschwächt*** inflation has decreased markedly
Abschwächer <-s, -> *m* FOTO reducer
Abschwächung <-, -en> *f* ① (*das Abschwächen*) toning-down, moderation ② (*Verminderung*) lessening, weakening; METEO *eines Hochs* moving on ③ (*Verringerung*) decrease; *von Inflation* drop, fall, decrease
ab|schwatzen *vt* (*fam*), **ab|schwätzen** *vt* SÜDD (*fam*) ■**jdm etw** ~ to talk sb into parting with sth; ***diesen Tisch habe ich meiner Oma abgeschwatzt*** I talked my grandmother into giving me this table
ab|schweifen *vi sein* (*abweichen*) ■**[von etw]** ~ to deviate [from sth]; **vom Thema** ~ to digress [from a topic]; ***bitte schweifen Sie nicht ab!*** please stick [*or* keep] to the point
Abschweifung <-, -en> *f* deviation; *von einem Thema* digression; ***das ist eine ~ vom Thema!*** that's beside the point!
ab|schwellen *vi irreg sein* ① (*sich zurückbilden*) to subside, to go down; ***sein Knöchel ist abgeschwollen*** the swelling has gone down in his ankle; **etw zum A~ bringen** to reduce the swelling of sth ② (*geh: leiser werden*) to fade [*or* ebb] away *liter;* ***langsam schwoll der Beifall ab*** the applause slowly faded away
ab|schwenken I. *vi sein* ① (*durch eine Schwenkung die Richtung ändern*) ■**[von etw]** ~ to change direction [from sth]; ***die Kamera schwenkte nach rechts ab*** the camera panned away to the right; **von einer Straße** ~ to turn off [*or* leave] a road; **plötzlich** ~ to veer [*or* swerve] away; **plötzlich von einer Straße** ~ to swerve off a road ② (*Ansichten, Vorgehensweise ändern*) ■**[von etw]** ~ to move [away from sth]; **vom bisherigen Kurs** ~ to change one's course **II.** *vt haben* (*Wasser abschütteln*) ■**etw** ~ to shake sth dry
ab|schwindeln *vt* (*pej*) ■**jdm etw** ~ to swindle sth out of [*or fam* pinch sth from] sb
ab|schwirren *vi sein* ① (*mit einem schwirrenden Geräusch wegfliegen*) to buzz [*or* whirr] off ② (*fam: verschwinden*) to buzz off
ab|schwören *vi irreg* ■**etw** *dat* ~ ① (*etw aufgeben*) to give up [*or* abstain from] sth; **dem Alkohol** ~ to abstain from alcohol ② (*sich durch Schwur von etw lossagen*) to renounce sth; **einem Glauben** ~ to recant a belief
Abschwung *m* downswing; *von Wirtschaftswachstum* downward trend; SPORT *vom Barren* dismount
Abschwungphase *f* ÖKON downward swing
ab|segeln I. *vi sein* (*lossegeln*) to [set] sail; **aus dem Hafen/von der Küste** ~ to sail from the port/leave the coast; ***die ~den Jachten boten einen prächtigen Anblick*** the departing yachts made a beautiful sight **II.** *vt haben* (*eine Strecke segelnd zurücklegen*) ■**etw** ~ to sail sth
ab|segnen *vt* (*fam: genehmigen*) ■**etw** ~ to bless sth *hum,* to give sth one's blessing *hum;* **einen Vorschlag von jdm ~ lassen** to get sb's blessing on sth
absehbar *adj* foreseeable; ***das Ende ist nicht ~*** the end is not in sight; **in ~er Zeit** in the foreseeable future
Absehen <-s> *nt kein pl* JUR exemption; **~ von Strafe** exemption from punishment
ab|sehen *irreg* **I.** *vt* ① (*voraussehen*) ■**etw** ~ to foresee [*or* predict] sth; ***ist die Dauer des Verfahrens jetzt bereits abzusehen?*** can you say how long the trial will last?; ■**es ist abzusehen, dass/wie ...** it is clear that/how ...; **etw ~ können** to be able to say [*or* foresee] sth ② SCH (*unerlaubt abschreiben*) ■**etw [bei jdm]** ~ to copy sth [from sb] ③ (*fam: abgucken*) ■**jdm etw** ~ to imitate [*or* copy] sb/sth; ***dieses Verhalten haben die Kinder ihrem Vater abgesehen*** the children are imitating their father; **sich** *dat* **[bei jdm] etw ~ *diesen Tanzschritt habe ich mir bei meiner Schwester abgesehen*** I got this dance step from my sister **II.** *vi* (*übergehen*) ■**von etw** ~ to ignore [*or* disregard] sth; ■**davon ~, etw zu tun** to refrain from doing [*or* not do] sth; *s. a.* **abgesehen**
ab|seifen *vt* ■**jdn** ~ to soap sb; ■**jdm etw** ~ to soap sth for sb
ab|seihen *vt* ■**etw** ~ to sieve [*or* filter] sth
ab|seilen I. *vr* (*fam: verschwinden*) ■**sich** ~ to clear off **II.** *vt* ■**jdn/etw** ~ to let sb/sth down on a rope; ■**sich [von etw/aus etw]** ~ to abseil [*or* AM rappel] [down from sth]
ab|sein *vi irreg s.* **ab**
abseits I. *adv* ① (*entlegen*) off the beaten track, remote ② (*entfernt*) ~ **bleiben/stehen** to remain/stand on the sidelines; **sich ~ halten** to be aloof; ***ich halte mich lieber ~, da mir keine Partei recht ist*** I prefer to sit on the fence since I don't like any of the parties; ***warum standest du auf dem Fest so ~?*** why did you stand around like a spare part at the party? ③ SPORT ~ **sein** [*o* **stehen**] to be offside **II.** *präp +gen* (*entfernt von etw*) ■~ **einer S.** *gen* at a distance from sth; ***das Haus liegt ein wenig ~ der Straße*** the house isn't far from the road [*or* is just off the road]
Abseits <-, -> *nt* ① SPORT offside; **im ~ stehen** to be offside ② (*ausweglose Situation*) end of the line [*or* road]; ***sie haben sich selbst ins politische ~ manövriert*** they've manoeuvred themselves onto the political sidelines; **im ~ stehen** to be on the edge; **im beruflichen/sozialen ~ stehen** on the edge [*or pl* fringes] working life/of society; ***Langzeitarbeitslose geraten oft ins soziale ~*** the long-term unemployed are often marginalized
ab|senden *vt reg o irreg* ① (*abschicken*) ■**etw [an jdn/etw]** ~ to send [*or* dispatch] [*or* BRIT post] [*or* AM mail] sth [to sb/sth] ② (*losschicken*) ■**jdn** ~ **einen Boten** ~ to send a courier
Absender(in) <-s, -> *m(f)* sender, sender's return address; INFORM data source
Absenderhaftung *f* JUR consignor's liability
Absendetag *m* HANDEL date of dispatch; (*per Schiff*) date of shipment

ab|sengen *vt* ■**etw** ~ to scorch [*or* singe] sth off

ab|senken I. *vt* ■**etw** ~ ① (*tiefer platzieren*) to lower sth; **Fundamente** ~ to lay the foundations deeper, to lower the foundations ② AGR to layer sth; **eine Pflanze** ~ to propagate a plant by layering II. *vr* ■**sich** ~ ① (*sich nach unten bewegen*) to sink ② (*sich neigen*) to slope; ***der hintere Teil des Gartens senkt sich stark ab*** the rear part of the garden has a steep slope [*or* slopes steeply]

Absenz <-, -en> *f* ÖSTERR, SCHWEIZ (*Abwesenheit*) absence; ***bei ~ muss eine Entschuldigung der Eltern vorgelegt werden*** when a pupil is absent parents must provide a written excuse; ***wieviel ~en haben wir heute?*** how many absentees have we got today?, how many people are absent today?

ab|servieren* [-vi-] I. *vi* (*Geschirr abräumen*) to clear the table, to clear the dirty dishes away II. *vt* ① (*abräumen*) ■**etw** [**von etw**] ~ to clear sth [away from sth]; **den Tisch** ~ to clear the table ② (*fam: loswerden*) ■**jdn** ~ to get rid of sb; **jdn eiskalt** ~ to get rid of sb in a cold and calculating manner; **sich von jdm ~ lassen** to let oneself be pushed around ③ (*sl: umbringen*) ■**jdn** ~ to bump sb off *fam,* to do away with sb

absetzbar *adj* ① (*verkäuflich*) saleable; **kaum/schwer ~ sein** to be almost impossible/difficult to sell; **nicht ~ sein** to be unsaleable ② (*steuerlich zu berücksichtigen*) tax-deductible ③ (*des Amtes zu entheben*) removable [from office]

ab|setzen I. *vt* ① (*des Amtes entheben*) ■**jdn** ~ to remove sb [from office], to relieve sb of their duties *euph;* **einen Herrscher** ~ to depose a ruler; **einen König/eine Königin** ~ to dethrone a king/queen ② (*abnehmen*) ■**etw** ~ to take sth off, to remove sth; **seine Brille/seinen Hut** ~ to take one's glasses/hat off ③ (*hinstellen*) to put [*or* set] sth down ④ (*aussteigen lassen*) ■**jdn** [**irgendwo**] ~ to drop sb [off somewhere]; ***wo kann ich dich ~?*** where shall I drop you off? ⑤ (*verkaufen*) ■**etw** ~ to sell sth; ***bisher haben wir schon viel abgesetzt*** up till now our sales figures are good ⑥ FIN ■**etw** [**von etw**] ~ to deduct sth [from sth] ⑦ (*nicht mehr stattfinden lassen*) ■**etw** ~ to cancel sth; ■**etw von etw** ~ to withdraw sth from sth; **ein Theaterstück** ~ to cancel a play ⑧ MED ■**etw** ~ to stop taking sth; **ein Medikament** ~ to stop taking [*or* to come off] a medicine ⑨ (*unterbrechen*) ■**etw** ~ to take sth off sth; **die Feder** ~ to take [*or* lift] the pen off the paper; **die Flöte/das Glas** ~ to take [*or* lower] the flute/glass from one's lips; **den Geigenbogen** ~ to lift the bow [from the violin] ⑩ (*kontrastieren*) ■**Dinge/Menschen voneinander** ~ to define things/people [*or* pick things/people out] [from one another] II. *vr* ① (*sich festsetzen*) ■**sich** [**auf/unter etw** *dat*] ~ *Dreck, Staub* to be [*or* settle] [on/under sth] ② CHEM, GEOL ■**sich** [**irgendwo**] ~ to be deposited [somewhere] ③ (*fam: verschwinden*) ■**sich** ~ to abscond, to clear out *fam;* **sich ins Ausland** ~ to clear out of [*or* leave] the country ④ (*Abstand vergrößern*) ■**sich** [**von jdm/etw**] ~ to get away [from sb/sth], to put a distance between oneself and sb/sth ⑤ (*sich unterscheiden*) ■**sich gegen jdn/etw** [*o* **von jdm/etw**] ~ to stand out against [*or* from] sb/sth; ***die Silhouette des Doms setzte sich gegen den roten Abendhimmel ab*** the silhouette of the cathedral contrasted with the red evening sky III. *vi* (*innehalten*) to pause [for breath], to take a breather *fam;* ***er trank das Glas aus, ohne abzusetzen*** he drank the contents of the glass without pausing for breath

Absetzung <-, -en> *f* ① (*Amtsenthebung*) removal [from office], dismissal; ***die Massen verlangten die ~ des Diktators*** the masses called for the dictator to be deposed ② (*das Absetzen*) cancellation; *von Theaterstück* removal, withdrawal ③ FIN ~ **für Abnutzung** deduction for depreciation

ab|sichern I. *vr* ■**sich** [**gegen etw**] ~ to cover oneself [*or* guard] [against sth]; **sich vertraglich** ~ to cover oneself by signing a contract; ***ich muss mich für den Fall des Falles ~*** I have to be ready for all eventualities; **sich durch eine Versicherung gegen etw** ~ to insure oneself [*or* be insured] against sth II. *vt* ① (*garantieren*) to secure [*or* guarantee] [*or* underwrite] sth; ■**etw** ~ ***du musst mir den Betrag durch deine Unterschrift ~*** you'll have to provide me with security for the amount by signing this ② (*sicher machen*) ■**etw** ~ to secure [*or* safeguard] sth; ***du solltest das Fahrrad am besten mit einem Schloss ~*** it is best to secure the bicylce with a lock ③ POL (*ein sicheres Mandat garantieren*) **jdn über die Landesliste** ~ to give sb a safe seat, to secure a seat for sb

Absicherung <-, -en> *f* protection, making safe

Absicht <-, -en> *f* intention; ***das war bestimmt nicht meine ~!*** it was an accident!, I didn't mean to do it!; ***es war schon immer seine ~, reich zu werden*** it was always his goal to be rich; ***das lag nicht in meiner ~*** that was definitely not what I intended; **mit den besten** ~ with the best of intentions; **ernste ~en haben** to have honourable [*or* AM -orable] intentions; **verborgene ~en** hidden intentions; **die ~ haben, etw zu tun** to have the intention of doing sth; **in selbstmörderischer** ~ with the intention of killing herself/himself; ~ **sein** to be intentional; **in der ~, etw zu tun** with a view to [*or* the intention of] doing sth; ***er verfolgte sie in der ~, sie zu berauben*** he followed her with intent to rob her; **eine ~ verfolgen** to pursue a goal; **mit/ohne** ~ intentionally/unintentionally

absichtlich I. *adj* deliberate, intended, intentional II. *adv* deliberately, intentionally, on purpose

Absichtserklärung *f* declaration of intent

absichtslos *adj* (*unabsichtlich*) unintentional

ab|singen *vt irreg* ① (*von Anfang bis Ende singen*) ■**etw** ~ to sing the entire piece ② (*vom Blatt singen*) ■**etw** [**von etw**] ~ to sight read; **vom Blatt** ~ to sing from the sheet

Absinken *nt* ÖKON *der Belegschaftszahlen, Reserven* decline

ab|sinken *vi irreg sein* ① (*sich verringern*) ■[**auf etw** *akk*] ~ to drop [to sth] ② (*sich verschlechtern*) to deteriorate; ***das Niveau ist abgesunken*** the standard has fallen [*or* dropped] off ③ (*tiefer sinken*) to sink; **auf den Grund** ~ to sink to the bottom ④ (*sich senken*) ■[**um etw**] ~ to subside [by sth]

Absinth <-[e]s, -e> *m* absinth[e]

ab|sitzen *irreg* I. *vt haben* (*verbringen*) ■**etw** ~ to sit out sth; ***sie sitzt jeden Tag ihre 8 Stunden im Büro ab*** she sits out her 8 hours each day at the office; **eine Haftstrafe** ~ to serve time [*or* a sentence] II. *vi sein* ■[**vom Pferd**] ~ to dismount [from a horse]

absolut I. *adj* ① (*uneingeschränkt*) absolute; **~e Glaubensfreiheit** complete religious freedom; **ein ~er Monarch** an absolute monarch; **~e Ruhe** complete calm [*or* quietness] ② (*nicht relativ*) absolute; **~e Mehrheit** absolute majority; **~er Nullpunkt** PHYS absolute zero ③ (*völlig*) absolute, complete; **ein ~es Missverständnis** a complete misunderstanding II. *adv* ① (*fam: völlig*) absolutely, completely; ~ **unmöglich** absolutely impossible; ***es ist mir ~ unerfindlich*** it's a complete mystery to me ② (*in Verneinungen: überhaupt*) ~ **nicht** positively [*or* absolutely] not; ***ich sehe ~ nicht ein, warum es so ist*** I can't for the life of me see why it's like that, it is inconceivable to me why it's like that *form;* ***das ist ~ nicht so, wie du es darstellst!*** it is positively not the way you describe it!; ~ **nichts** absolutely nothing ③ (*für sich*) ~ **genommen** [*o* **betrachtet**] seen as a separate issue

Absolutheit <-> *f kein pl* ① (*Entschiedenheit*) determination; **auf seinem Standpunkt mit ~ beharren** to maintain one's position with sovereignty ② (*Unbedingtheit*) absoluteness

Absolutheitsanspruch *m* claim to be the absolute, claim to the absolute truth; **einen ~ vertreten** to claim absoluteness; **ohne** ~ without claiming the absolute truth

Absolution <-, -en> *f* REL absolution; [**jdm**] **die ~ erteilen** to grant [sb] [*or* pronounce] absolution; **jdm keine ~ erteilen können** (*fig*) not to be in the position to declare sb blameless

Absolutismus <-> *m kein pl* absolutism

absolutistisch I. *adj* absolutist II. *adv* in an absolutist manner; ~ **regieren** to rule absolutely

Absolvent(in) <-en, -en> [-'vɛ-] *m(f)* graduate

absolvieren* [-'vi:-] *vt* ① SCH ■**etw** ~ to [successfully] complete sth; **eine Prüfung** ~ to pass an exam; ***welche Schule haben Sie absolviert?*** which school did you go to? ② REL ■**jdn** ~ [**von etw**] to absolve sb [from sth] ③ (*ableisten*) ■**etw** ~ to do sth, to get sth behind one

Absolvierung <-> [-'vi:-] *f kein pl* ① (*das Durchlaufen*) [successful] completion; *einer Prüfung* passing ② (*das Ableisten*) completion

absonderlich I. *adj* peculiar, strange, bizarre *fam* II. *adv* peculiarly, strangely, oddly; ~ **aussehen/fühlen/klingen/riechen/schmecken** to look/feel/sound/smell/taste peculiar [*or* strange] [*or* odd]

Absonderlichkeit <-, -en> *f* ① *kein pl* (*Merkwürdigkeit*) strangeness, peculiarity; *von Verhalten* oddness ② (*merkwürdige Eigenart*) oddity, peculiarity

ab|sondern I. *vt* ① (*ausscheiden*) ■**etw** ~ to secrete [*or* discharge] [*or* excrete] sth ② (*isolieren*) ■**jdn/ein Tier** ~ to isolate sb/an animal; ■**jdn von jdm** ~ to separate sb from sb ③ (*fam: von sich geben*) ■**etw** ~ to produce sth *pej;* ***wer hat denn diesen Schwachsinn abgesondert?*** who came up with this nonsense? II. *vr* ① (*sich isolieren*) ■**sich** [**von jdm**] ~ to keep oneself apart [*or* aloof] ② (*ausgeschieden werden*) ■**sich** [**aus etw**] ~ to be secreted [*or* discharged] [from [*or* out of] sth]

Absonderung <-, -en> *f* ① *kein pl* (*Isolierung*) isolation ② *kein pl* (*Vorgang des Absonderns*) secretion, discharge; ***bei fehlender ~ von Insulin kommt es zu Diabetes*** diabetes occurs when insulin is not produced ③ (*abgeschiedener Stoff*) secretion, discharge

Absorber <-s, -> *m* TECH absorber

absorbieren* *vt* ① (*aufnehmen*) ■**etw** ~ to absorb sth ② (*geh: in Anspruch nehmen*) ■**jdn/etw** ~ to absorb sb/sth

Absorption <-, -en> *f* TECH absorption

Absorptionsprinzip *nt* JUR lesser included offence principle

ab|spalten I. *vr* ① (*sich trennen*) ■**sich** [**von etw**] ~ to split away/off [from sth]; ***viele Gebiete der ehemaligen Sowjetunion haben sich abgespaltet*** many areas have split away from the former Soviet Union ② CHEM ■**sich** [**von etw**] ~ to separate [from sth] II. *vt* ① (*etw durch Spalten trennen*) ■**etw** ~ to chop off sth; **ein Stück Holz** ~ to chop a piece of wood ② CHEM ■**etw** [**von etw**] ~ to separate sth [from sth]

Abspaltung <-, -en> *f* ① (*Abtrennung*) splitting ② CHEM separation ③ ÖKON (*Ausgründung*) *einer Firma* hiving off

Abspann <-[e]s, -e> *m* FILM, TV credits *pl*

ab|spannen *vt* ■**ein Tier** [**von etw**] ~ to unyoke an animal [from sth]

Abspannung *f* BAU reverse bracing

ab|sparen *vr* ■**sich** *dat* **etw von etw** *dat* ~ to pinch and scrape *dated,* to scrimp and save; ***sie hat sich die Stereoanlage vom Taschengeld abgespart*** she saved up her pocket money and bought a stereo system; **sich etw vom Munde** ~ to scrimp and save

ab|specken I. *vi* (*fam*) ① (*abnehmen*) to slim down, to lose weight ② (*den Gürtel enger schnallen*) to reduce, to cut back; ***da hilft nur ~*** reduction [*or* cutting back] is the only answer II. *vt* (*fam: reduzieren*) ■**etw** ~ to reduce the size of sth

ab|speichern *vt* ■**etw** [**auf etw** *akk o dat*] ~ to store sth; **eine Datei auf eine Diskette** ~ to save a file onto [a] disk

Abspeicherung <-, -en> *f* INFORM saving

Abspeicherungsmedium *nt* INFORM streamer

ab|speisen *vt* ■**jdn** [**mit etw**] ~ to fob [*or* palm] off sb *sep* [with sth]; **sich von jdm ~ lassen** to be fobbed [*or* palmed] off by sb

abspenstig *adj* **jdm jdn/etw ~ machen** to take [*or* entice] [*or* lure] sb/sth away from sb, to steal sb/

sth from sb *fam;* ***er hat mir meine Verlobte abspenstig gemacht*** he has stolen my fiancée from me

ab|sperren I. *vt* ❶ (*versperren*) ■**etw [mit etw]** ~ to cordon [*or* seal] sth off [with sth]; ***die Unfallstelle wurde von der Polizei abgesperrt*** the police cordoned off the scene of the accident ❷ (*abstellen*) ■**[jdm] etw** ~ to cut off [sb's] sth; **jdm Strom/Wasser** ~ to cut off the sb's electricity/water supply ❸ SÜDD (*zuschließen*) ■**etw** ~ to lock sth II. *vi* SÜDD (*die Tür verschließen*) to lock up

Absperrgitter *nt* fencing **Absperrhahn** *m* stopcock **Absperrkette** *f* chain

Absperrung *f* ❶ (*das Absperren*) cordoning [*or* sealing] off; (*durch Absperrgitter*) fencing-off ❷ (*Sperre*) cordon, barricade; *durch Polizei* police cordon; ***Baugruben müssen durch ~en gesichert sein*** trenches must be cordoned off ❸ BAU (*Türblatt*) paneling

ab|spielen I. *vr* (*ablaufen*) ■**sich** ~ to happen [*or* occur] [*or liter* unfold]; ***wie hat sich die Sache abgespielt?*** what happened here?; ***da spielt sich [bei mir] nichts ab!*** (*fam*) nothing doing! *fam,* forget it! *fam* II. *vt* ❶ (*laufen lassen*) ■**[für jdn] etw** ~ to play sth [for sb]; **das A~ einer Schallplatte** the playing of a record ❷ SPORT (*abgeben*) ■**etw** ~ *Ball* to pass sth; ■**das A~ von etw** passing sth

Abspielgerät *nt* MUS playback device

ab|spitzen *vt* BAU ■**etw** ~ to cut [*or* break] out sth *sep*

ab|splittern I. *vi sein* ■**[von etw]** ~ to chip off [from sth]; ***ein Stück Holz splitterte ab*** a piece of wood splintered off; **ein abgesplittertes Holzstückchen** a splinter; **ein Stückchen von der Tasse war abgesplittert** the cup was chipped II. *vr haben* ■**sich [von etw]** ~ to split off [of sth], to separate

Absprache *f* agreement; **eine ~ treffen** to come to an agreement; **nach ~** as agreed, according to the agreement

absprachegemäß *adv* as agreed, according to the agreement

ab|sprechen *irreg* I. *vt* ❶ (*verabreden*) ■**etw [mit jdm]** ~ to arrange sth [with sb]; **einen Termin ~** to make an appointment ❷ (*vorher vereinbaren*) ■**etw** ~ to agree on sth ❸ (*streitig machen*) ■**jdm etw** ~ to deny sb sth; ***eine gewisses Bemühen kann man ihm nicht ~*** one can't deny his effort ❹ JUR (*aberkennen*) ■**jdm etw** ~ to deny sb [*or* strip sb of] sth II. *vr* (*sich einigen*) ■**sich mit jdm [über etw** *akk*] ~ to discuss [sth] with sb, to come to an agreement with sb [about sth]

ab|springen *vi irreg sein* ❶ (*fam: sich zurückziehen*) ■**[von etw]** ~ to bale out [of sth] *fam,* to extricate oneself [from sth] *form* ❷ (*hinunterspringen*) ■**[aus etw/von etw]** ~ to jump [*or* leap] from sth; **mit den Fallschirm ~** to parachute ❸ (*von etw hoch springen*) **mit dem rechten Fuß ~** to take off on the right foot ❹ (*sich lösen*) ■**[an etw** *dat*/**von etw** *dat*] ~ to come away [from sth], to come off [sth] ❺ (*abprallen*) ■**[an etw** *dat*/**von etw** *dat*] ~ to rebound [from sth], to bounce [off sth]; **von einer Mauer ~** to bounce back from a wall

ab|spritzen I. *vt* ❶ (*mit einem Wasserstrahl entfernen*) ■**etw [von etw]** ~ to hose sth off [sth] ❷ (*mit einem Wasserstrahl reinigen*) ■**jdn/etw [mit etw]** ~ to hose sb/sth off [with sth]; ■**sich [mit etw]** ~ to hose oneself down [*or* off] ❸ (*sl: durch Injektion töten*) ■**jdn [mit etw]** ~ to give sb a lethal injection [of sth] II. *vi* ❶ (*vulg: ejakulieren*) to ejaculate, to cum *vulg* ❷ (*von etw spritzend abprallen*) ■**von etw** ~ to spray off sth

Absprung *m* ❶ (*fam: Ausstieg*) getting out; **den ~ schaffen** to make a getaway; **den ~ verpassen** to miss the boat ❷ LUFT take-off ❸ SKI jump ❹ (*Abgang vom Gerät*) jump; ***beim ~ vom Barren fiel er um*** as he jumped from the bars, he fell over

ab|spulen I. *vt* ❶ (*abwickeln*) ■**etw [von etw]** ~ to unwind sth [from sth] ❷ (*fam: von einer Spule*) ■**etw** ~ *Garn, Film* to reel off sth ❸ (*fam: in immer gleicher Weise tun*) ■**etw** ~ to go through sth mechanically; **das gleiche Programm ~** to go through the same routine II. *vi* (*fam: in immer gleicher Weise ablaufen*) ■**sich** ~ to repeat itself over and over again; ***bei jedem Streit spult sich bei den beiden immer wieder dasselbe ab*** every time they have an argument, it's the same old pattern [*or fam* thing]

ab|spülen I. *vt* ❶ (*unter fließendem Wasser reinigen*) ■**etw** ~ to wash [*or* rinse] sth; **das Geschirr ~** to do the dishes, BRIT *a.* to wash up ❷ (*durch einen Wasserstrahl entfernen*) ■**etw [von etw]** ~ to wash [*or* rinse] sth off [sth] II. *vi* (*spülen*) to do the dishes, BRIT *a.* to wash up

ab|stammen *vi kein pp* ❶ (*jds Nachfahre sein*) ■**von jdm** ~ to descend [*or* be descended] from sb ❷ LING ■**von etw** ~ to stem [*or* derive] from sth

Abstammung <-, -en> *f* (*Abkunft*) origins *pl,* descent, extraction; **adeliger ~ sein** to be of noble birth; ***sie muss französicher ~ sein*** she must be of French extraction; **ehelicher/nichtehelicher ~ sein** JUR to be legitimate/illegitimate

Abstammungserklärung *f* JUR declaration of parentage **Abstammungsfeststellung** *f* JUR certification of parentage **Abstammungsfeststellungsklage** *f* JUR paternity suit **Abstammungsgutachten** *nt* JUR expert opinion on someone's lineage **Abstammungslehre** *f* theory of evolution **Abstammungsprinzip** *nt,* **Abstammungsrecht** *nt* JUR jus sanguis BRIT **Abstammungsrecht** *nt* JUR law of descent **Abstammungsurkunde** *f* JUR certificate of descent and personal status **Abstammungsurteil** *nt* JUR judgment concerning descent **Abstammungszeugnis** *nt* JUR certificate of parentage

Abstand[1] *m* ❶ (*räumliche Distanz*) distance; **ein ~ von 20 Metern** a distance of 20 metres [*or* AM -ers]; ■**der ~ von etw zu etw** the distance between sth and sth; ***der Wagen näherte sich dem vorausfahrenden Fahrzeug bis auf einen ~ von einem Meter*** the car came to within a metre of the car in front; **mit knappem/weitem ~** at a short/great [*or* considerable] distance; **in einigem ~** at some distance; **einen ~ einhalten** to keep a distance; **~ [von jdm/etw] halten** to maintain a distance [from sb/sth]; ***fahr nicht so dicht auf, halte ~!*** don't drive so close, leave a space!; **mit ~** by a long way, far and away ❷ (*zeitliche Distanz*) interval; **in kurzen/regelmäßigen ~en** at short/regular intervals ❸ (*innere Distanz*) aloofness; **die Dinge mit ~ sehen** [*o* **~ [von etw] gewinnen]** to distance oneself from sth ❹ SPORT margin; **mit zwei Punkten ~** with a two-point margin; ***mit weitem ~ folgten die anderen Mannschaften*** there was a big gap between the leaders and the other teams; **mit [großem] ~ führen** to lead by a [wide] margin, to be [way] ahead *fam* ❺ (*geh: Verzicht*) **von etw ~ nehmen** to decide against sth; **davon ~ nehmen, etw zu tun** to refrain from [*or* decide against] doing sth

Abstand[2] *m* FIN (*fam*) *s.* **Abstandssumme**

Abstandhalter *m* BAU spacer **Abstandsgeld** *nt* FIN (*Abfindung*) compensation, indemnification; **als ~ zahlen** to pay by way of compensation **Abstandssumme** *f* FIN (*geh*) compensation; ***der Spieler wechselte für eine ~ von drei Millionen zu dem anderen Verein*** the player changed teams for a transfer fee of three million **Abstandswarngerät** *nt* TRANSP distance warning device **Abstandszahlung** *f* FIN payment by way of compensation [*or* indemnity] **Abstapeln** <-s> *nt kein pl* TYPO piling, stacking

ab|statten *vt* (*geh*) ■**jdm etw** ~ *to do sth dutifully or officially;* **jdm einen Bericht über etw ~** to give a report on sth to sb; **jdm einen Besuch ~** to pay sb a visit; **jdm einen Staatsbesuch ~** to pay an official visit on sb, to call on sb officially; ***ich muss mal meiner Tante einen Besuch ~*** I must call in on [*or* AM visit] my aunt

ab|stauben I. *vt* ❶ (*fam: ergattern*) ■**etw [von** [*o* **bei] jdm]** ~ to rip sth off [from sb] *sl,* to liberate sth [from sb] *fam,* to get hold of sth [from sb]; ***Sie wollen wohl nur bei anderen Leuten ~, wie?*** you just want to rip other people off, don't you?; ***das alte Gemälde habe ich bei meinen Großeltern abgestaubt*** I liberated that painting from my grandparents *hum* ❷ (*vom Staub befreien*) ■**etw** ~ to dust sth II. *vi* to dust

Abstauber(in) <-s, -> *m(f)* (*pej*) scrounger

ab|stechen *irreg* I. *vt* ❶ (*schlachten*) ■**ein Tier** ~ to slit [*or* cut] an animal's throat ❷ (*sl: erstechen*) ■**jdn** ~ to stab sb to death ❸ HORT ■**etw [mit etw]** ~ to cut sth [with sth]; **die Grasnarbe ~** to cut the turf ❹ (*abfließen lassen*) ■**etw** ~ to run off sth; **einen Hochofen ~** to tap a furnace II. *vi* (*sich abheben, unterscheiden*) ■**von jdm/etw** ~ ■**gegen etw** ~ to stand out from [*or* against] sb/sth; **stark von jdm/etw ~** to be in [stark] contrast to sb/against sth; **gegen den Hintergrund ~** to stand out against the background

Abstecher <-s, -> *m* ❶ TOURIST (*fam: Ausflug*) trip, excursion ❷ (*Umweg*) detour ❸ (*geh: Exkurs*) ■**ein ~ in etw** *akk* to sidestep [*or* digress] into sth

ab|stecken *vt* ❶ (*markieren*) ■**etw [mit etw]** ~ to mark sth out [with sth]; **etw mit Pfosten ~** to stake out sth ❷ (*umreißen*) ■**etw** ~ to sketch [*or* map] sth out ❸ MODE ■**etw [mit etw]** ~ to pin sth; ***bei der Anprobe wurde der Anzug von der Schneiderin abgesteckt*** at the fitting the suit was fitted by the taylor

ab|stehen *vi irreg* ❶ (*nicht anliegen*) ■**[von etw]** ~ to stick out [from sth]; **vom Kopf ~** to stick up; ***er hat abstehende Ohren*** his ears stick out ❷ (*entfernt stehen*) ■**[von etw]** ~ to be at a distance [from sth]; ***das Bücherregal sollte etwas von der Wand ~*** the book shelf should not touch the wall

Absteifbalken *m* BAU truss

Absteige *f* (*pej: Stundenhotel*) cheap hotel, dive *fam;* (*schäbiges Hotel*) dosshouse BRIT, flophouse AM *fam*

ab|steigen *vi irreg sein* ❶ (*heruntersteigen*) ■**[von etw/einem Tier]** ~ to dismount [from sth/an animal], to get off [of sth/an animal]; **von einer Leiter ~** to get down off [*or* from] the ladder, to climb down from a ladder ❷ (*fam: sich einquartieren*) ■**[in etw** *dat*] ~ to stay [somewhere], to put up at; **in einem Hotel ~** to stay in a hotel ❸ (*seinen Status verschlechtern*) ■**irgendwie** ~ to go downhill; **beruflich/gesellschaftlich ~** to slide down the job/social ladder ❹ SPORT ■**[aus etw** *dat*/**in etw** *akk*] ~ to be relegated [from sth/to sth]; ***sie sind auf den letzten Platz abgestiegen*** they've been relegated to the last position ❺ (*im Gebirge*) to descend, to climb down

Absteigequartier *nt* ÖSTERR (*Unterkunft*) accommodation

Absteiger(in) <-s, -> *m(f)* SPORT relegated team

ab|stellen I. *vt* ❶ ELEK (*ausschalten*) ■**etw** ~ to switch [*or* turn] sth off *sep* ❷ (*Zufuhr unterbrechen, abdrehen*) ■**[jdm] etw** ~ to cut sth off [of sb] *sep,* to disconnect sth; **den Haupthahn ~** to turn off *sep* [*or* BRIT *a.* disconnect] the mains [*or* AM main tap] ❸ (*absetzen*) ■**etw** ~ to put sth down; ***Vorsicht beim A~ des Schreibtisches!*** be careful how you put the desk down! ❹ (*aufbewahren*) ■**etw [bei jdm]** ~ to leave sth [with sb]; ***Gepäckstücke können in den Schließfächern abgestellt werden*** luggage can be deposited in the lockers ❺ (*parken*) ■**etw** ~ to park [sth]; ***wo stellst du dein Auto immer ab?*** where do you park? ❻ (*unterbinden*) ■**etw** ~ to stop sth, to put an end [*or* a stop] to sth ❼ (*abrücken*) ■**etw von etw** ~ to move sth away from sth; ***der Kühlschrank muss etwas von der Wand abgestellt werden*** the fridge should not be right up against the wall ❽ (*abordnen, abkommandieren*) ■**jdn für etw/zu etw** ~ to send [*or* detail] sb for sth/to sth ❾ (*einstellen, anpassen*) ■**etw auf etw/jdn** ~ to adjust sth to sth/sb; ***die Rolle ist sehr gut auf den Schauspieler abgestellt*** the part was written with the actor in mind II. *vi* (*berücksichtigen*) ■**[mit etw** *dat*] **auf etw** *akk* ~ to take sth into consideration [when doing sth/ with sth], to focus on sth [with sth]; ***die Produktion auf die Erfordernisse des Umweltschutzes ~*** to take the environment into consideration when planning the production

Abstellgleis *nt* BAHN siding ► WENDUNGEN: **jdn aufs ~ schieben** (*fam*) to throw sb on the scrap heap; **auf dem ~ sein** [*o* **stehen**] (*fam*) to be on the scrap heap **Abstellkammer** *f* broom closet, cubbyhole, BRIT *a.* boxroom **Abstellraum** *m* storeroom, BRIT *a.* boxroom

ab|stempeln *vt* ① (*mit einem Stempel versehen*) ■ [**jdm**] **etw ~** to frank [*or* stamp] [*or* post mark] sth [for sb] ② (*pej*) ■ **jdn** [**als** [*o* **zu**] **etw**] **~** to brand sb [as sth]; **sich von jdm als** [*o* **zu**] **etw ~ lassen** to let oneself be branded as sth; ***ich lasse mich von dir nicht als Miesmacher ~!*** I'm not going to let you get away with calling me a killjoy!

ab|steppen *vt* ■ **etw ~** to stitch [*or* quilt] sth; **Daunenjacken ~** to quilt down jackets

ab|sterben *vi irreg sein* ① (*eingehen*) *Pflanzen, Bäume* to die ② MED (*leblos werden*) *Glieder* to die ③ (*gefühllos werden*) ■ [**jdm**] **~** to go numb [*or* dead] [on sb]; ■ **abgestorben** to go [*or* grow] numb, to be benumbed; **wie abgestorben sein** as if dead; ***von der Kälte waren meine Finger wie abgestorben*** my fingers were numb [*or* benumbed] with cold

Abstieg <-[e]s, -e> *m* ① (*das Hinabklettern*) descent ② (*Niedergang*) decline; **der berufliche/gesellschaftliche ~** descent down the job/social ladder ③ SPORT relegation

ab|stillen I. *vt* ■ **jdn ~** to wean sb, to stop breast-feeding; **ein Kind/einen Säugling ~** to wean a child/baby II. *vi* to stop breast-feeding

Abstimmbogen *m* TYPO agreed proof [*or* o.k.] sheet

ab|stimmen I. *vi* (*die Stimme abgeben*) ■ [**über jdn/etw**] **~** to vote for sb/on sth; [**über etw** *akk*] **~ lassen** to have [*or* take] a vote [on sth], to put sth to the vote II. *vt* ① (*in Einklang bringen, anpassen*) ■ **Dinge aufeinander/etw auf etw** *akk* **~** to co-ordinate things [with each other]; *Farben, Kleidung* to match ② RADIO ■ **etw** [**auf etw** *akk*] **~** to tune sth [to/in to sth] ③ (*mechanisch einstellen*) ■ **etw** [**auf etw** *akk*] **~** to adjust sth [to sth]; ***die Sitze sind genau auf seine Größe abgestimmt*** the seats are adjusted to fit his size III. *vr* (*eine Übereinstimmung erzielen*) ■ **sich** [**mit jdm**] **~** to co-ordinate [with sb]; ■ **sich** [**miteinander**] **~** to co-ordinate with one another; ***die Zeugen hatten sich offensichtlich in ihren Aussagen miteinander abgestimmt*** the witnesses had obviously worked together on their statements

Abstimmung *f* ① (*Stimmabgabe*) vote; **etw zur ~ bringen** to put sth to the vote; **geheime ~** secret ballot; **eine ~** [**über etw** *akk*] **durchführen** [*o* **vornehmen**] to take a vote on sth; **zur ~ schreiten** (*geh*) to vote ② (*harmonische Kombination*) co-ordination; ***die ~ der Farben ist sehr gelungen*** the colours are well-matched ③ RADIO tuning ④ (*Anpassung durch mechanische Einstellung*) adjustment

Abstimmungsbedarf *m* demand for a vote **Abstimmungsbogen** *m* POL ballot sheet **Abstimmungsergebnis** *nt* result of the vote **Abstimmungsniederlage** *f* defeat [in the vote] **Abstimmungssieg** *m* victory [in the vote]

abstinent I. *adj* ① (*enthaltsam*) teetotal, abstinent; ■ **~ sein** to be teetotal, to be a teetotaller [*or* AM teetotaler] ② (*sexuell enthaltsam*) celibate II. *adv* ① (*enthaltsam*) abstinently ② (*sexuell enthaltsam*) in celibacy, as a celibate

Abstinenz <-> *f kein pl* ① (*das Abstinentsein*) abstinence; **strenge ~** strict abstinence ② (*sexuelle Enthaltsamkeit*) [sexual] abstinence, celibacy

Abstinenzler(in) <-s, -> *m(f)* (*pej*) teetotaller BRIT, teetotaler AM

ab|stoppen I. *vt* ① (*zum Stillstand bringen*) ■ **etw ~** to stop sth, to bring sth to a halt; **den Verkehr ~** to stop the traffic ② (*mit der Stoppuhr messen*) ■ **jdn/etw ~** to time sb/sth II. *vi* to stop

Abstoß *m* ① (*das Abstoßen*) shove, push ② FBALL goal kick

ab|stoßen *irreg* I. *vt* ① MED ■ **etw ~** to reject sth ② (*nicht eindringen lassen*) ■ **etw ~** to repel sth; **Wasser ~d** to be waterproof [*or* water-repellent] ③ (*anwidern*) ■ **jdn ~** to repel sb ④ (*durch einen Stoß abschlagen*) ■ **etw ~** to chip off sth ⑤ (*verkaufen*) ■ **etw ~** to get rid of [*or* offload] sth ⑥ (*durch Stöße beschädigen, abnutzen*) ■ **etw ~** to damage sth; ***an älteren Büchern sind oft die Ecken abgestoßen*** the corners of old books are often bent and damaged ⑦ (*wegstoßen*) ■ **etw** [**von etw**] **~** to push sth away [from sth]; ***mit dem Ruder stieß er das Boot vom Ufer ab*** using the rudder he shoved [*or* pushed] off from the bank ⑧ (*abwerfen*) ■ **etw ~** ***die Schlange stieß die Haut ab*** the snake shed its skin II. *vr* ① (*abfedern und hochspringen*) ■ **sich** [**von etw**] **~** to jump [*or* leap] [from sth] ② (*durch Stöße ramponiert werden*) ■ **sich ~** to become [*or* get] damaged III. *vi* (*anwidern*) **sich von etw ~ fühlen** to be repelled by sth

abstoßend I. *adj* ① (*widerlich*) repulsive, sickening, revolting, disgusting; **ein ~es Aussehen** a repulsive appearance ② (*für Flüssigkeiten undurchlässig*) repellent II. *adv* (*widerlich*) in a repulsive [*or* revolting] [*or* disgusting] way; **~ aussehen** to look repulsive; **~ riechen** to smell disgusting

Abstoßung <-, -en> *f* MED rejection; PHYS repulsion

Abstoßungsreaktion *f* MED rejection

ab|stottern *vt* (*fam: nach und nach bezahlen*) ■ **etw** [**mit** [*o* **durch**] **etw**] **~** to pay by [*or* in] instalments [*or* AM installments], BRIT *a.* to buy sth on the never-never *fam*

abstrahieren* I. *vi* (*geh: auf ein Prinzip zurückführen*) to abstract II. *vt* (*geh: verallgemeinern*) ■ **etw** [**aus etw**] **~** to abstract sth [from sth]

ab|strahlen *vt* ① PHYS (*ausstrahlen*) ■ **etw ~** to radiate sth ② (*sandstrahlen*) ■ **etw ~** to sandblast sth

abstrakt I. *adj* abstract II. *adv* in the abstract; **etw zu ~ darstellen** to present [*or* deal with] sth too much in the abstract

Abstraktion <-, -en> *f* (*abstraktes Denken*) abstraction

Abstraktionsprinzip *nt* JUR principal of the abstract nature of rights in rem **Abstraktionsvermögen** *nt* (*geh*) ability to think in the abstract [*or* use abstract notions]

ab|strampeln *vr* (*fam*) ① (*mühsam strampeln*) ■ **sich ~** to pedal hard ② (*fam: sich abrackern*) ■ **sich ~** to struggle, to sweat, to work oneself half to death

ab|streichen *vt irreg* ① (*streichend entfernen*) ■ **etw** [**an etw** *dat*] **~** to wipe off the excess; ***du musst die überschüssige Farbe am Rand des Farbeimers ~*** you have to wipe off the drips on the rim of the tin ② (*abziehen*) ■ **etw von etw ~** *Betrag* to deduct sth from sth, to knock sth off sth; ***von dem, was sie sagt, muss man die Hälfte ~*** you can take everything she says with a pinch [*or* grain] of salt

ab|streifen *vt* ① (*abziehen*) ■ **etw** [**von etw**] **~** to take off *sep* [*or* remove] sth [from sth] ② (*säubern*) ■ **etw** [**an etw** *dat*] **~** to wipe sth [on sth]; **die Füße ~** to wipe one's feet ③ (*geh: entfernen*) **den Dreck** [*o* **Schmutz**] [**von etw**] **~** to wipe off the dirt [from sth] *sep,* to wipe the dirt [from sth] ④ (*geh: aufgeben*) ■ **etw ~** to rid oneself of sth, to throw sth off; **eine schlechte Gewohnheit ~** to shake off a bad habit ⑤ (*absuchen*) ■ **etw ~** to search [*or fam* scour] [*or fam* comb] sth; ***er streifte das Gelände nach seinem Hund ab*** he scoured [*or* combed] the area for his dog

ab|streiten *vt irreg* ① (*leugnen*) ■ **etw ~** to deny sth; ***er stritt ab, sie zu kennen*** he denied knowing her [*or* that he knew her] ② (*absprechen*) ■ **jdm etw ~** to deny sb sth; ***das kann man ihr nicht ~*** you can't deny her that

Abstrich *m* ① *pl* (*Kürzungen*) cuts; [**an etw** *dat*] **~e machen** to make cuts [in sth]; (*Zugeständnisse, Kompromisse*) to lower one's sights [in sth]; ***man muss im Leben oft ~e machen*** you can't always have everything in life ② MED swab; **einen ~** [**von etw**] **machen** to take a swab [*or* smear] [of sth]; *vom Gebärmutterhals* to conduct [*or* carry out] a smear test [*or* cervical smear]

abstrus *adj* (*geh*) abstruse

ab|stufen I. *vt* ■ **etw ~** ① (*nach Intensität staffeln*) to shade sth; ■ **abgestuft** shaded, graded; **eine fein abgestufte Farbpalette** a finely shaded [*or* graded] range of colours [*or* AM -ors] ② (*terrassieren*) to terrace sth ③ (*nach der Höhe staffeln*) to grade sth II. *vr* ■ **sich ~** to be terraced; ***die Hänge stufen sich zum Tal hin ab*** the slopes go down in terraces into the valley

Abstufung <-, -en> *f* ① (*Staffelung*) grading; ***die ~ der Gehälter*** the grading of salaries ② (*Stufe*) grade ③ (*Schattierung*) shading ④ (*Nuance*) shade ⑤ *kein pl* (*das Gliedern in Terrassen*) terracing; ***durch ~ wurde der Hang für die Landwirtschaft nutzbar gemacht*** the slope was terraced for agricultural use

ab|stumpfen I. *vt haben* ① (*stumpf machen*) ■ **etw ~** to blunt sth ② (*gleichgültig machen*) ■ **jdn** [**gegenüber etw** *dat*] **~** to inure sb [to sth]; ***der ständige Reizüberfluss stumpft die Menschen immer mehr ab*** constant stimulation is blunting people's senses II. *vi sein* ■ [**gegen etw**] **~** to become inured [to sth]

Absturz *m* ① (*Sturz in die Tiefe*) fall; *von Flugzeug* crash ② (*fam: Misserfolg*) fall from grace, flop ③ (*Zusammenbruch*) collapse; ***der Firma droht der ~*** the company is in danger of folding [*or fam!* going bust]; **einen Computer/ein Programm/ein System zum ~ bringen** to cause [*or* make] a computer/program/system to crash ④ (*sehr steiler Abhang*) sharp drop

ab|stürzen *vi sein* ① (*in die Tiefe stürzen*) ■ [**von etw**] **~** to fall [from sth]; *Flugzeug* to crash ② INFORM to crash ③ (*fam: Misserfolg haben*) to fall from grace ④ (*fam: zusammenbrechen*) to collapse; ***wer hätte geahnt, dass eine so solide Firma je ~ würde?*** who would have thought that such a secure company would fold [*or fam!* go bust] ⑤ (*fam: betrunken sein*) to get blind drunk [*or dated sl* completely blotto] ⑥ (*den inneren Halt verlieren*) to lose control ⑦ (*steil abfallen*) to fall away [steeply]; ***die Klippen stürzen steil ins Meer ab*** there's a sharp drop from the cliffs to the sea [*or* the cliffs fall away steeply into the sea]

Absturzstelle *f* ① LUFT, RAUM crash site, scene [*or* site] of the/a crash ② (*Stelle eines Bergsteigerunfalls*) location of the fall [*or* accident]

ab|stützen *vt* ■ **etw** [**durch** [*o* **mit**] **etw**] **~** to support [*or sep* prop up] sth [with sth]; ■ **sich** [**mit etw**] **~** to support oneself [with sth]; **sich durch Krücken ~** to support oneself on crutches

ab|suchen *vt* ① (*durchstreifen*) ■ **etw** [**nach jdm/etw**] **~** to search [*or fam* scour] [*or fam* comb] sth [for sb/sth] ② (*untersuchen*) ■ **etw** [**nach etw**] **~** to examine sth [for sth]; ***wir haben den Baum nach Schädlingen abgesucht*** we've examined [*or* checked] the tree for pests ③ (*suchend absammeln*) ■ **etw** [**von etw**] **~** to pick sth [off sth]

Absud *m* decoction

absurd *adj* absurd; **~es Theater** theatre [*or* AM -er] of the absurd

Absurdität <-, -en> *f* absurdity

absurdum *adj* **etw ad ~ führen** to demonstrate the absurdity of sth

AbszessRR <-es, -sse> *m,* **Abszeß** <-sses, -sse> *m* MED abscess

Abszisse <-, -n> *f* MATH abscissa

Abt, Äbtissin <-[e]s, Äbte> *m, f* abbot *masc,* abbess *fem*

Abt. *f Abk von* **Abteilung** dept.

ab|takeln *vt* ① NAUT ■ **etw ~** to unrig sth ② (*heruntergekommen*) ■ **abgetakelt** seedy

ab|tasten *vt* ① (*tastend untersuchen*) ■ **jdn/etw** [**auf etw** *akk* [*o* **nach etw** *dat*]] **~** to search sb/sth [for sth]; ■ **sich** [**auf etw** *akk*] **~** to search oneself; **jdn nach Knoten ~** to palpate sb for [lymph] nodes; **jdn nach Waffen ~** to frisk sb for weapons ② (*durch Strahlen untersuchen*) ■ **jdn/etw** [**nach etw**] **~** to screen sb/sth [for sth] ③ INFORM ■ **etw ~** to scan sth ④ (*sondieren*) ■ **jdn** [**auf etw** *akk*] **~** to sound sb out [for sth]; ■ **sich** [**auf etw** *akk*] **~** to size one another up [for sth]; **den Feind/einen sportlichen Gegner** ~ to size up the enemy/a sporting opponent, to suss out the enemy/opposition *sl*

Abtasten *nt* ÖKON *des Marktes* sounding; INFORM scanning

Abtastrate *f* INFORM sampling rate

ab|tauchen *vi sein* (*sl*) to go underground

ab|tauen I. *vt haben* ■**etw** ~ to thaw sth [out], to defrost sth; **einen Kühlschrank** ~ to defrost a refrigerator II. *vi sein* ❶ (*sich tauend auflösen*) to thaw [*or* melt] ❷ (*eisfrei werden*) to become free of ice, to defrost

Abtauvorrichtung *f* (*im Kühlschrank*) defrosting device

Abtei <-, -en> *f* abbey

Abteil *nt* compartment; ~ **für Mutter und Kind** compartment for mothers with young children; **ein** ~ **erster/zweiter Klasse** a first-/second-class compartment; **in verschiedene ~e aufgeteilt** divided into various sections

ab|teilen *vt* ■**etw** [**von etw**] ~ to divide [*or* partition] sth off [from sth]

Abteilservice *m* TRANSP food and drinks trolley

Abteilung¹ *f* ❶ (*Teil einer Organisation*) department; *eines Krankenhauses* ward [*or* section] ❷ MIL section, unit

Abteilung² *f kein pl* (*Abtrennung*) dividing [*or* partitioning] off

Abteilungsleiter(in) *m(f) einer Verkaufsabteilung* department[al] manager; *einer Firma, Universität, Krankenhaus* head of department

ab|telefonieren* I. *vi* (*fam*) ■[**jdm**] ~ to [tele]phone [*or* call] [sb] to say one can't come II. *vt* (*fam*) ■**jdn/etw** ~ to [tele]phone [a]round sb/sth *fam*; ***ich habe die ganze Firma nach ihm abtelefoniert*** I've phoned [a]round the whole company in search of him

Abteufarbeiten *pl* BERGB sinking work *no pl, no indef art,* work on the sinking of a/the shaft

ab|tippen *vt* (*fam*) ■**etw** ~ to type [up [*or* out] *sep*] sth

Äbtissin <-, -nen> *f fem form von* **Abt** abbess

ab|tönen *vt* **eine Farbe** ~ to tone [down *sep*] a colour [*or* AM -or]; **zwei Farben** ~ to tone two colours in [with each other]

Abtönfarbe *f* BAU tinting colour [*or* AM -or]

Abtönung *f* ❶ (*das Abtönen*) toning down ❷ (*Farbnuance*) tone, shade

ab|törnen *vt* (*sl*) ■**jdn** ~ to turn sb off

ab|töten *vt* ❶ (*zum Absterben bringen*) ■**etw** ~ to kill off sth *sep,* to destroy sth ❷ (*zum Erlöschen bringen*) ■**etw** [**in** [*o* **bei**] **jdm**] ~ to deaden sth [in sb]

ab|tragen *irreg* I. *vt* ❶ (*abnutzen*) ■**etw** ~ to wear sth out; **abgetragene Kleidung** worn [out] clothes; ■**etwas Abgetragenes** sth worn out ❷ (*geh: abbezahlen*) ■**etw** ~ to pay off *sep* [*or* discharge] sth ❸ (*geh: abräumen*) **das Geschirr** ~ to clear away the dishes *sep* ❹ (*entfernen*) ■**etw** [**bis auf etw** *akk*] ~ to clear sth away [down to sth]; ***der verseuchte Boden soll bis auf eine Tiefe von 15 Metern abgetragen werden*** the contaminated soil is to be cleared away down to a depth of 15 metres ❺ (*geh: abbauen*) **ein Gebäude/ein Haus/eine Mauer** ~ to take [*or* tear] down *sep* [*or* dismantle] a building/house/wall ❻ GEOG ■**etw** ~ to wash away sth *sep* II. *vi* (*geh: vom Tisch wegtragen*) to clear away *sep*

abträglich *adj* (*geh*), **abträgig** *adj* SCHWEIZ ■[**jdm/etw**] ~ **sein** to be detrimental [to sb/sth]

Abtragung <-, -en> *f* ❶ FIN (*geh*) discharge, paying off ❷ GEOG washing away ❸ (*geh: Abbau*) dismantling, taking down

Abtransport *m* removal; *von Verwundeten* evacuation

ab|transportieren* *vt* ■**etw** ~ to remove sth, to transport sth [away]; ■**jdn** ~ to transport sb; ***die Überlebenden wurden aus dem Erdbebengebiet abtransportiert*** the survivors were evacuated from the earthquake zone

ab|treiben *irreg* I. *vt haben* ❶ MED **ein Kind** ~ to abort a pregnancy, to have an abortion ❷ (*in eine andere Richtung treiben lassen*) ■**jdn/etw** [**von etw**] ~ to carry [*or* drive] sb/sth [from sth] [*or* away from sth]; **ein Schiff vom Kurs** ~ to drive [*or* carry] a ship off course ❸ (*zu Tal treiben*) **das Vieh** ~ to bring down the animals II. *vi* ❶ *haben* MED to perform [*or* carry out] an abortion; ~ **lassen** to have an abortion ❷ *sein* (*in eine andere Richtung treiben*) ■[**von etw**] ~ to be carried [*or* driven] [[away] from sth]; ***das Boot trieb weit vom Kurs ab*** the boat was driven a long way off course

Abtreibung <-, -en> *f* MED abortion; **eine** ~ [**an jdm**] **vornehmen** (*geh*) to perform [*or* carry out] an abortion [on sb]; **eine** ~ **vornehmen lassen** (*geh*) to have [*or* undergo] an abortion

Abtreibungsparagraph *m* JUR abortion law **Abtreibungspille** *f* morning-after pill **Abtreibungsrecht** *nt kein pl* abortion law **Abtreibungsversuch** *m* MED attempted abortion; **einen** ~ [**an sich** *dat*] **vornehmen** (*geh*) to attempt to carry out an abortion [on oneself]

ab|trennen *vt* ❶ (*ablösen*) ■**etw** [**von etw**] ~ to detach [*or* remove] sth [from sth]; ***hier*** ~ detach [*or* tear off] here ❷ (*abteilen*) ■**etw** [**von etw**] ~ to divide [*or* partition] off sth [from sth] *sep* ❸ (*geh: gewaltsam vom Körper trennen*) ■[**jdm**] **etw** ~ to cut [sb's] sth off *sep;* ***der Mähdrescher trennte ihm einen Arm ab*** the combine harvester severed his arm [from his body]

Abtrennkarte *f* TYPO detachable postcard

Abtrennung *f* ❶ (*das Lostrennen von Festgenähtem*) removal, detachment ❷ (*das Abteilen*) dividing [*or* partitioning] off ❸ (*trennende Vorrichtung*) partition ❹ MED (*das Abschneiden*) cutting off; *von Tumor* excision, removal

abtretbar, abtretungsfähig *adj* JUR transferable, assignable

Abtretbarkeit <-> *f kein pl* JUR transferability *no pl,* assignability *no pl*

ab|treten *irreg* I. *vt haben* ❶ (*übertragen*) ■[**jdm**] **etw** ~, ■**etw** [**an jdn**] ~ to sign over sth [to sb] *sep;* **Ansprüche/Rechte** ~ to transfer [*or* cede] claims/rights; **ein Gebiet/Land** ~ to cede a territory/land; ■**abgetreten** ceded ❷ (*fam: überlassen*) ■**jdm etw** ~ to give sth to sb; ***er hat ihr seinen Platz abgetreten*** he gave up his seat to her, he offered her his seat ❸ (*durch Betreten abnutzen*) ■**etw** ~ to wear sth out ❹ (*durch Treten entfernen, reinigen*) **den Dreck/Schnee** [**von etw**] ~ to stamp off the dirt/snow [from sth] *sep* II. *vi sein* ❶ (*zurücktreten*) ■[**von etw**] ~ to step down [from sth]; **von der politischen Bühne** ~ to retire from the political stage; *Monarch* to abdicate; *Politiker* to resign ❷ THEAT [**von der Bühne**] ~ to leave [*or* exit] [the stage] ❸ (*fam: sterben*) to make one's [last] exit ❹ MIL to stand down; ■~ **lassen** to dismiss; ~**!** dismissed! III. *vr haben* ❶ (*sich durch Treten säubern*) ■**sich etw** ~ to wipe one's sth; **sich** *dat* **seine Schuhe/Stiefel** [**an etw** *dat*] ~ to wipe off one's shoes/boots [on sth] *sep* ❷ (*sich durch Betreten abnutzen*) ■**sich** ~ to wear out

Abtretende(r) *f(m) dekl wie adj* JUR transferor, assignor

Abtreter <-s, -> *m* (*fam*) doormat

Abtretung <-, -en> *f* signing over; *von Anspruch, Rechten* transferring [*or* ceding]; *von Gebiet* ceding

Abtretungsbegünstigte(r) *f(m) dekl wie adj* JUR allottee, assignee **Abtretungsempfänger(in)** *m(f)* JUR transferee, assignee **Abtretungserklärung** *f* JUR declaration of assignment **Abtretungsurkunde** *f* JUR [deed of] assignment; *von Grundstück* deed of conveyance **Abtretungsverbot** *nt* JUR restraint of assignment **Abtretungsverbotsklausel** *f* JUR non-assignment clause **Abtretungsverfügung** *f* JUR assignment order **Abtretungsvertrag** *m* JUR contract of assignment; *von Grundstück* treaty of cession

Abtrieb *m* AGR *Vieh von der Alm* to bring down the cattle from the mountain pastures

Abtritt¹ *m* ❶ (*Rücktritt*) resignation; *von Monarch* abdication; **jds** ~ **von der politischen Bühne** sb's withdrawal from the political stage ❷ THEAT exit

Abtritt² *m* (*veraltend*) *s.* **Toilette**

ab|trocknen I. *vt* ■**jdn/etw** ~ to dry sb/sth; ■**sich** ~ to dry oneself; **das Geschirr** ~ to dry [up [*or* AM off] *sep*] the dishes [*or* BRIT *a.* to do the drying up]; ■**jdm etw** ~ to dry sth for sb; ■**sich** *dat* **etw** ~ to dry one's sth; ***liebevoll trocknete er ihr die Tränen ab*** lovingly he wiped away [*or* dried] her tears II. *vi* to dry the dishes, BRIT *a.* to dry up, BRIT *a.* to do the drying up

ab|tropfen *vi sein* to drain; ■**etw** ~ **lassen** to leave sth to drain; **die Wäsche** ~ **lassen** to leave the washing to drip-dry

Abtropfsieb *nt* colander

ab|trotzen *vt* (*geh*) ■**jdm etw** ~ to wring sth out of sb

abtrünnig *adj* renegade; **~er Ketzer** apostate heretic; **~er Lehnsmann** renegade [*or* disloyal] vassal; **~e Provinz/~er Staat** rebel region/state; ■**jdm/etw** ~ **werden** to be disloyal to sb/sth; **seinem Glauben/der Kirche** ~ **werden** to renounce one's [*or* desert the] faith/the church

Abtrünnige(r) *f(m) dekl wie adj* renegade; REL apostate

Abtrünnigkeit <-> *f kein pl* disloyalty; *eines Glaubens* apostasy

ab|tun *vt irreg* ❶ (*keine Wichtigkeit beimessen*) ■**etw** [**mit etw**] ~ to dismiss sth [with sth]; **etw mit einem Achselzucken/Lächeln** ~ to dismiss sth with a shrug/laugh, to shrug/laugh sth off; ■**etw als etw** ~ to dismiss sth as sth; ***als jugendlichen Übermut kann man diese Gewalttaten nicht*** ~ these acts of violence cannot be dismissed as youthful high spirits ❷ (*selten: erledigen*) ■[**mit etw**] **abgetan sein** to be settled [by sth]; ***lassen wir es damit abgetan sein*** let that be an end to it; **eine Sache so schnell wie möglich** ~ to deal [*or* have done] with sth as quickly as possible

ab|tupfen *vt* ❶ (*durch Tupfen entfernen*) ■[**jdm**] **etw** ~ to dab sth away [of sb]; **die Tränen von jds Wange** ~ to wipe the tears from sb's cheek; ■**sich** *dat* **etw** ~ to wipe one's sth; **sich den Schweiß von der Stirn** ~ to mop [*or* dab] the sweat from one's brow ❷ (*durch Tupfen reinigen*) ■**etw** [**mit etw**] ~ to swab sth [with sth]; **eine Wunde** ~ to clean a wound

abturnen [-tø:ɐ-] *vi* (*sl*) to be a pain in the neck *fam*

Abundanz <-> *f kein pl* abundance

ab|urteilen *vt* ❶ JUR ■**jdn** ~ to [pass] sentence [*or* judgement] [on] sb; ■**abgeurteilt** convicted ❷ (*pej: verdammen*) ■**jdn** ~ to condemn sb

Aburteilung <-, -en> *f* ❶ JUR sentencing, passing of a sentence ❷ (*pej: Verdammung*) condemnation

Abverkauf *m* ÖSTERR (*Ausverkauf*) sale

ab|verlangen* *vt s.* **abfordern**

ab|wägen *vt irreg* ■**etw** [**gegeneinander**] ~ to weigh sth up [against sth else]; **seine Worte gut** ~ to choose [*or* weigh] one's words carefully; **beide Möglichkeiten** [**gegeneinander**] ~ to weigh up the two possibilities [against one another]; **Vor- und Nachteile** [**gegeneinander**] ~ to weigh [up] the disadvantages and advantages [*or* pros and cons]; *s. a.* **abgewogen**

Abwägung <-, -en> *f* weighing up, consideration; ***so eine Situation bedarf der*** ~ ***eines jeden Wortes*** a situation like this calls for every single word to be carefully considered

Abwahl *f kein pl* voting out; ***es kam zur*** ~ ***des Vorstands*** the board was voted out of office

abwählbar *adj sth that can be cancelled by vote or choice;* ***der Vorsitzende ist jederzeit*** ~ the chairman can be voted out [of office] at any time; **ein ~es Schulfach** an optional subject

ab|wählen *vt* ■**jdn** ~ to vote sb out [of office]; **ein** [**Schul**]**fach** ~ to drop [*or sep* give up] a subject

ab|wällen *vt s.* **abbrühen**

ab|wälzen *vt* ■**etw** [**auf jdn**] ~ to unload sth [on to sb]; **die Kosten auf jdn** ~ to pass on the costs to sb; **die Schuld/Verantwortung** [**auf jdn**] ~ to shift the blame/responsibility [on to sb]

ab|wandeln *vt* ■**etw** ~ to adapt sth; **ein Musikstück** ~ to adapt a piece of music; **ein Thema/einen Vertrag** ~ to modify a subject/contract

ab|wandern I. *vi sein* ① (*sich von einem Ort entfernen*) to go away ② (*auswandern*) ■[**aus etw**] ~ to migrate [from somewhere]; ***die ländliche Bevölkerung wanderte in die Städte ab*** the rural population moved [*or* migrated] to the towns ③ (*fam: überwechseln*) ■**zu jdm** ~ to move to sb; ***die besten Spieler wandern immer zu den größten Vereinen ab*** the best players always move [*or* transfer] to the biggest clubs ④ FIN (*fam: andernorts angelegt werden*) ■[**aus etw**] [**irgendwohin**] ~ to be transferred [from [*or* out of] sth] [to somewhere] II. *vt* **ein Gebiet** ~ to walk all over an area

Abwanderung *f* ① (*an einen anderen Ort ziehen*) migration ② FIN exodus [*or* flight] of capital ③ (*gründliche Begehung eines Gebietes*) walking all over

Abwanderungsverlust *m* population drain

Abwandlung *f* adaptation; MUS variation

Abwärme *f* waste heat

Abwärmenutzung *f* utilization of waste heat

Abwart(in) <-s, -e> *m(f)* SCHWEIZ (*Hausmeister*) caretaker

ab|warten I. *vt* ■**etw/jdn** ~ to wait for sth/sb; ***wir müssen erst den Regen*** ~ we must wait until it stops raining [*or* the rain stops] [*or* for the rain to stop]; ***das bleibt abzuwarten*** that remains to be seen, only time will tell; ***sie konnte es einfach nicht mehr*** ~ she simply [*or* just] couldn't wait any longer II. *vi* to wait; ***wart' mal ab!*** [just] [you] wait and see!

abwartend I. *adj* expectant; **eine ~e Haltung einnehmen** to adopt a policy of wait and see II. *adv* expectantly; **sich** ~ **verhalten** to behave cautiously

Abwartin <-, -nen> *f fem form von* **Abwart**

abwärts *adv* downhill; ***hinter der Kurve geht es*** ~ its all downhill after the bend; ***vom Chef*** ~ ***sind alle anwesend*** from the boss down everyone is present; **es geht mit jdm/etw** ~ sb/sth is going downhill; ***es geht mit ihr gesundheitlich abwärts*** her health is deteriorating

Abwärtsbewegung *f* ÖKON *von Preisen* downward movement [*or* slide] **abwärts|gehen** *vi irreg sein s.* **abwärts** **abwärtsgerichtet** *adj* downward; **~e Kursbewegung** downward price movement **Abwärtskompatibilität** *f* INFORM downward compatibility **Abwärtstrend** *m* downhill trend, recession

Abwasch¹ <-[e]s> *m kein pl* ① (*Spülgut*) dirty dishes *pl*, BRIT *a.* washing-up ② (*das Spülen*) washing the dishes, washing-up BRIT; **den** ~ **machen** to do the dishes, BRIT *a.* to wash up, BRIT *a.* to do the washing-up ▶ WENDUNGEN: **das geht in einem** ~ [*o* **das ist ein** ~] (*fam*) you can kill two birds with one stone *prov*

Abwasch² <-, -en> *f* ÖSTERR (*Spülbecken*) sink

abwaschbar *adj* washable

Abwaschbecken *nt* sink

ab|waschen *irreg* I. *vt* ① (*spülen*) ■**etw** ~ to wash sth up; **das Geschirr** ~ to do the dishes [*or* BRIT *a.* washing-up] ② (*durch Waschen entfernen*) ■**etw** [**von etw**] ~ to wash sth [off sth]; ■**sich** *dat* **etw** [**von etw** *dat*] ~ to wash sth [from one's sth]; ***sie wusch ihrer Tochter den Schmutz vom Gesicht ab*** she washed the dirt off her daughter's face ③ (*reinigen*) ■**sich** ~ to wash oneself II. *vi* to do the dishes, BRIT *a.* to wash up, BRIT *a.* to do the washing-up; ***hilfst du mir mal beim A~?*** will you help me do the washing-up?

Abwaschlappen *m* dishcloth **Abwaschmaschine** *f* SCHWEIZ dishwasher **Abwaschschüssel** *f* washing-up bowl BRIT, dishpan AM **Abwaschwasser** *nt* ① (*Spülwasser*) dishwater, BRIT *a.* washing-up water ② (*pej fam: dünne Flüssigkeit*) dishwater

Abwasser <-wässer> *nt* waste water, sewage; *von Industrieanlagen* effluent, waste water

Abwasseranlage *f* sewage treatment plant **Abwasseraufbereitung** *f* sewage treatment **Abwasserbehandlung** *f* sewage treatment **Abwasserbehandlungsanlage** *f* JUR waste water treatment plant **Abwasserbeseitigung** *f* sewage disposal **Abwasserbeseitigungsanlage** *f* JUR sewage disposal plant **Abwasserentsorgung** *f* ÖKOL sewage disposal **Abwassergebühr** *f meist pl* ÖKOL *rates for sewage disposal* **Abwasserkanal** *m* sewer **Abwasserleitung** *f* waste pipe; BAU drain [*or* sewer] line **Abwasserreinigung** *f* purification of effluent[s]

ab|wechseln [-vɛks-] *vi/vr* ■**sich** ~ ① (*im Wechsel handeln*) to take turns ② (*im Wechsel erfolgen*) to alternate; ***Sonne und Regen wechselten sich ab*** it alternated between sun and rain

abwechselnd [-vɛks-] *adv* alternately; ***in der Nacht hielten die vier*** ~ ***Wache*** the four took turns to stand guard during the night

Abwechs(e)lung <-, -en> [-vɛks-] *f* change; **eine willkommene** ~ **sein** to be a welcome change; **die** ~ **lieben** to like a bit of variety; **zur** ~ for a change

abwechslungshalber [-vɛks-] *adv* for a change, for variety's sake **abwechslungslos** *adj* unchanging, monotonous **abwechslungsreich** *adj* varied

Abweg *m meist pl* **jdn auf ~e führen** [*o* **bringen**] to lead sb astray; **auf ~e geraten** to go astray; (*moralisch*) to stray from the straight and narrow

abwegig *adj* ① (*unsinnig*) absurd; **ein ~er Gedanke/eine ~e Idee** a far-fetched thought/idea; **ein ~er Verdacht** an unfounded [*or* a groundless] suspicion ② (*merkwürdig*) strange, bizarre, weird

Abwegigkeit <-, *selten* -en> *f* erroneousness; *von Verdacht* groundlessness; *von Idee* strangeness, far-fetchedness

Abwehr *f kein pl* ① (*inneres Widerstreben*) resistance; ***seine Pläne stießen auf starke*** ~ his plans met [with] strong [*or* stiff] resistance ② MIL repelling, repulse ③ (*Spionage~*) counterespionage, counter-intelligence ④ SPORT (*Verteidigung*) defence [*or* AM -se]; **die** ~ **gegnerischer Angriffe** to ward off the opponent's attacks; (*die Abwehrspieler*) defenders ⑤ (*Widerstand gegen Krankheit*) protection; *von Infektion* protection, resistance

Abwehranspruch *m* JUR defensive claim [*or* demand] **abwehrbereit** *adj* ready for defence [*or* AM -se] **Abwehrdienst** *m* MIL counter-intelligence service

ab|wehren I. *vt* ① MIL ■**jdn/etw** ~ to repel [*or* repulse] sb/sth ② SPORT ■**etw** ~ to fend sth off; **den Ball** ~ to clear the ball; **mit dem Kopf den Ball** ~ to head the ball clear; **einen Schlag** ~ to fend off [*or* parry] a blow ③ (*abwenden, fern halten*) ■**etw** [**von sich**] ~ to turn sth away [from oneself]; **eine Gefahr/Unheil** ~ to avert [a] danger/[a] disaster; **einen Verdacht** [**von sich**] ~ to avert suspicion [from oneself]; **einen Vorwurf** ~ to fend off [*or* deny] [*or form* refute] an accusation II. *vi* ① (*ablehnen*) to refuse ② SPORT to clear

abwehrend *adj* defensive

Abwehrkampf *m* defensive action **Abwehrkartell** *nt* JUR defensive cartel; **~e bilden** to engage in defensive restrictive practices **Abwehrklage** *f* JUR action to repel unlawful interference **Abwehrklausel** *f* JUR protective clause **Abwehrkräfte** *pl* the body's defences **Abwehrmaßnahme** *f* defence reaction **Abwehrmechanismus** *m* PSYCH, MED defence mechanism **Abwehrreaktion** *f* defensive reaction **Abwehrspieler(in)** *m(f)* SPORT defender, defenseman **Abwehrstoffe** *pl* MED antibodies *pl* **Abwehrsystem** *nt* MED immune system **Abwehrvergleich** *m* JUR defensive composition

ab|weichen *vi irreg sein* ① (*sich entfernen, abkommen*) ■**von etw** ~ to deviate from sth ② (*sich unterscheiden*) ■[**in etw** *dat*] **von jdm/etw** ~ to differ from sb/sth [in sth]

abweichend *adj* different

Abweichler(in) <-s, -> *m(f)* (*pej*) deviant

Abweichung <-, -en> *f* ① (*Unterschiedlichkeit*) difference; *einer Auffassung* deviation [*or* divergence] ② (*das Abkommen*) deviation ③ TECH **zulässige** ~ tolerance ④ MATH *mittlere, quadratische* deviation

ab|weisen *vt irreg* ① (*wegschicken*) ■**jdn** ~ to turn sb away; **sich** [**von jdm**] **nicht** ~ **lassen** to not take no for an answer [from sb] ② (*ablehnen*) ■**etw** ~ to turn down sth *sep;* **einen Antrag** ~ to refuse [*or* turn down] [*or* reject] an application; **eine Bitte** ~ to deny [*or* reject] a request; ■**jdn** ~ to reject sb ③ JUR **eine Klage** ~ to dismiss [*or* throw out] a complaint

abweisend *adj* cold

Abweisung *f* ① (*das Wegschicken*) turning away ② (*das Ablehnen*) turning down, rejection ③ JUR dismissal

Abweisungsbegehren *nt* JUR *aus Rechtsgründen* motion to dismiss BRIT, AM demurrer **Abweisungsbescheid** *m* JUR non-suit

abwendbar *adj* avoidable, preventable

ab|wenden *reg o irreg* I. *vr* (*geh*) ■**sich** [**von jdm/etw**] ~ to turn away [from sb/sth] II. *vt* ① (*verhindern*) ■**etw** [**von jdm/etw**] ~ to protect [sb/sth] from sth; **eine Katastrophe/ein Unheil** ~ to avert a catastrophe/disaster ② (*zur Seite wenden*) ■**etw** [**von jdm/etw**] ~ to turn sth away [from sb/sth]; **die Augen** [*o* **den Blick**] ~ to look away, to avert one's gaze [*or* eyes]; **mit abgewandtem** [*o* **abgewendetem**] **Blick** with one's eyes averted

Abwendung <-> *f kein pl* JUR warding off

Abwerben <-> *nt kein pl* JUR poaching; ~ **von Arbeitskräften** labour piracy [*or* poaching]

ab|werben *vt irreg* ■[**jdm**] **jdn** ~ to entice [*or* lure] sb away [from sb]

Abwerbung <-, -en> *f von Arbeitskräften* enticement

ab|werfen *irreg* I. *vt* ① (*aus der Luft herunterfallen lassen*) ■**etw** ~ to drop sth; **Ballast** ~ to drop [*or* shed] [*or* discharge] ballast; **Blätter** [*o* **Laub**]/**Nadeln** ~ to shed leaves/needles; **das Geweih** ~ to shed antlers ② (*von sich werfen*) **einen Reiter** ~ to throw [*or* unseat] a rider ③ FIN, ÖKON ■**etw** ~ to yield sth; **einen Gewinn** ~ to yield [*or* make] [*or* show] a profit; **Zinsen** ~ to yield [*or* bear] [*or* earn] interest ④ (*geh: abschütteln*) ■**etw** ~ to throw [*or* cast] off sth *sep;* **die Fesseln/das Joch der Sklaverei** ~ (*fig*) to cast [*or* throw] off the yoke of slavery *fig* ⑤ (*ablegen*) **eine Karte** ~ to discard a card II. *vi* ① SPORT (*beim Hochsprung*) to knock down [*or* knock off] [*or* dislodge] the bar ② FBALL (*Abwurf vom Tor machen*) to throw the ball out

ab|werten I. *vt* ① (*Kaufwert vermindern*) ■**etw** [**um etw**] ~ to devalue sth [by sth]; ■**abgewertet** devalued ② (*Bedeutung mindern*) ■**etw** ~ to debase [*or* cheapen] sth II. *vi* ■[**um etw**] ~ to devalue [by sth]

abwertend I. *adj* pejorative, derogatory II. *adv* derogatorily; **ein Wort** ~ **gebrauchen** to use a word in a derogatory way

Abwertung *f* ① (*Minderung der Kaufkraft*) devaluation ② (*Wertminderung*) debasement

Abwertungsbremse *f* brake on devaluation **Abwertungsdruck** *m* pressure to devalue

abwesend *adj* ① (*geh: nicht anwesend*) absent; ***Herr Frank ist momentan*** ~ Mr Frank is not here [*or* out of the office] at the moment ② (*geistes~*) absent-minded; ***sie hatte einen ganz ~en Gesichtsausdruck*** she looked completely lost in thought; ***du siehst so*** ~ ***aus!*** you look as though you're somewhere else [altogether]!

Abwesende(r) *f(m) dekl wie adj* absentee

Abwesenheit <-, *selten* -en> *f* ① (*Fehlen*) absence; **durch** ~ **glänzen** (*iron fam*) to be conspicuous by one's absence *esp hum;* **in** ~ **von jdm** in sb's absence ② (*Geistes~*) absent-mindedness

Abwesenheitsgeld *nt* JUR fee for out-of-town services **Abwesenheitspfleger(in)** *m(f)* JUR curator in absentia **Abwesenheitspflegschaft** *f* JUR curatorship for an absent person **Abwesenheitsurteil** *nt* JUR default judgment

ab|wickeln I. *vt* ① (*von etw wickeln*) ■**etw** [**von etw**] ~ to unwind sth [from sth]; ■**sich** [**von etw**] ~ to unwind [itself] [from sth] ② (*erledigen*) ■**etw** ~ to deal with sth; **einen Auftrag** ~ to process an order; **Aufträge** ~ to transact business; **ein Geschäft** ~ to carry out a transaction ③ (*als politische Altlast abschaffen*) ■**jdn/etw** ~ *Firma, Arbeitskräfte* to deal with sb/sth **II.** *vr* (*glatt vonstatten gehen*) ■**sich** ~ to run smoothly

Abwickler <-s, -> *m* JUR liquidator; **einen** ~ **bestellen** to appoint a liquidator

Abwicklung <-, -en> *f* ① (*Erledigung*) conducting; *von Auftrag* processing; ***er war für die reibungslose ~ der Veranstaltung verantwortlich*** he was responsible for making sure that the event ran smoothly ② (*Abschaffung*) getting rid of; ***hunderte von Staatsdienern befürchten die*** ~ hundreds of civil servants fear they will be dismissed [*or* are living in fear of dismissal] ③ FIN (*Liquidation*) winding up

Abwicklungsanfangsvermögen *nt* FIN net worth at the beginning of the winding-up proceedings **Abwicklungsantrag** *m* JUR winding-up petition **Abwicklungsendvermögen** *nt* FIN net worth at the end of the winding-up proceedings **Abwicklungsgeschäft** *nt* FIN winding-up transaction **Abwicklungsmasse** *f* FIN total assets and liabilities under liquidation **Abwicklungsmaßnahmen** *pl* JUR measures of liquidation **Abwicklungsschlussbilanz**[RR] *f* FIN closing balance sheet of the company in liquidation **Abwicklungsverfahren** *nt* JUR liquidation [*or* winding-up] proceedings *pl* **Abwicklungsvollstreckung** *f* JUR execution of a winding-up order

ab|wiegeln **I.** *vi* to play it down; ***jetzt wieg[e]le mal nicht ab, die Situation ist sehr ernst!*** don't [try and] play it down, the situation is very serious! **II.** *vt* (*beschwichtigen*) ■**jdn/etw** ~ to calm down [*or* pacify] sb/sth *sep;* ***die Menge liess sich nicht*** ~ the crowd would not be calmed; **sich nicht** ~ **lassen** to not take no for an answer

ab|wiegen *vt irreg* ■**[jdm] etw** ~ to weigh sth [out] [for sb]; **Argumente [sorgfältig]** ~ (*fig*) to [carefully] weigh up the arguments *fig*

ab|wimmeln *vt* (*fam*) ■**jdn** ~ to get rid of sb; ■**etw** ~ to get out of [doing] sth

ab|winkeln *vt* ■**etw** ~ to bend sth; ■**abgewinkelt** bent; **mit abgewinkelten Armen** with arms akimbo

ab|winken *vi* (*fam*) to signal one's refusal

ab|wirtschaften *vi* (*fam*) to go downhill; ***die Firma hat jetzt endgültig abgewirtschaftet*** the company now finally had been run-down; ■**abgewirtschaftet** run-down; **eine abgewirtschaftete Regierung** a discredited government

ab|wischen *vt* ① (*durch Wischen entfernen*) ■**[sich** *dat*] **etw [von etw** *dat*] ~ to wipe sth [from sth]; **sich die Tränen** ~ to dry one's tears; ***liebevoll wischte er ihr die Augen ab*** he lovingly dried her eyes; **sich den Schweiß von der Stirn** ~ to mop the sweat from one's brow ② (*durch Wischen säubern*) ■**[jdm] etw** ~ to wipe sth [for sb]; ***bitte die Hände an diesem Handtuch ~!*** please dry your hands on this towel!; ■**[sich** *dat*] **etw** ~ to wipe sth; ***wisch dir die Hände bitte am Handtuch ab!*** dry your hands on the towel!

Abwrackaktion *f* NAUT *campaign to scrap outdated ships*

ab|wracken *vt* ① (*verschrotten*) ■**etw** ~ to break up *sep* [*or* scrap] sth ② (*herunterkommen*) ■**abgewrackt** clapped-out *fam*

Abwrackwerft *f* NAUT breaker's yard

Abwurf *m* ① (*das Hinunterwerfen*) dropping; *von Ballast* shedding, jettisoning ② (*das Abgeworfenwerden*) throwing; ***bei dem ~ von dem Pferd brach er sich den Arm*** he broke his arm when he was thrown from the horse ③ SPORT (*Abwerfen der Latte beim Hochsprung*) knocking down [*or* off], dislodging; (*Speerwerfen*) throwing; (*beim Fußball*) throw-out

ab|würgen *vt* (*fam*) ① (*ungewollt ausschalten*) **den Motor** ~ to stall the engine ② (*im Keim ersticken*) ■**etw** ~ to nip sth in the bud; ■**jdn** ~ (*unterbrechen*) to cut sb short [*or* off], to interrupt sb; **jdn [einfach] mitten im Satz** ~ to cut sb off right in the middle of a sentence

ab|zahlen *vt* ① (*zurückzahlen*) ■**etw** ~ to pay sth off; **ein Darlehen [*o* einen Kredit]/seine Schulden** ~ to pay off [*or* repay] a loan/one's debts ② (*in Raten bezahlen*) ■**etw** ~ to pay for sth in instalments [*or* AM installments]; ■**abgezahlt** paid for *pred;* ***unser Haus ist endlich abbezahlt*** we've finally paid off [*or* for] the house, we've finally paid all the instalments on the house

ab|zählen **I.** *vt* ■**etw** ~ to count sth [out]; ■**abgezählt** exact; ***bitte das Fahrgeld abgezählt bereithalten*** please tender [the] exact [*or* correct] fare **II.** *vi* to count; ***der Kassierer hat sich beim Avertan*** the cashier made a mistake counting

Abzählreim *m* counting-out rhyme

Abzahlung *f* ① (*Rückzahlung*) paying off ② (*Bezahlung auf Raten*) repayment; **[etw] auf** ~ **kaufen** to buy sth in instalments [*or* AM installments] [*or* BRIT *a.* on hire purchase] [*or* BRIT *fam a.* on the never-never]

Abzahlungsbedingungen *pl* FIN instalment [*or* BRIT hire-purchase] terms **Abzahlungsgeschäft** *nt* JUR instalment [*or* BRIT hire purchase] transaction **Abzahlungsgesellschaft** *f* JUR, FIN personal loan [*or* BRIT hire-purchase] company **Abzahlungsgesetz** *nt* JUR Statue Covering Instalment Sales, BRIT Hire-Purchase Act, AM Installment Purchase Law **Abzahlungskauf** *m* JUR, FIN instalment buying, BRIT hire purchase, AM installment purchase **Abzahlungskosten** *pl* HANDEL instalment [*or* AM *usu* -ll-] charges **Abzahlungskredit** *m* loan payable in installments, installment credit

Abzählvers *m s.* **Abzählreim**

ab|zapfen *vt* ■**etw [aus etw]** ~ to pour [*or* tap] sth [from sth]; **Bier** ~ to tap beer; **jdm Geld** ~ (*fam*) to get [*or* scrounge] money from [*or* off] sb

Abzäunung <-, -en> *f* fencing

Abzeichen *nt* ① (*ansteckbare Plakette*) badge ② SPORT badge ③ MIL insignia [*or* badge] of rank

ab|zeichnen **I.** *vt* ① (*durch Zeichnen wiedergeben*) ■**etw [von etw]** ~ to copy [*or* reproduce] sth [from sth] ② (*signieren*) ■**etw** ~ to initial sth; **einen Scheck** ~ to initial a check **II.** *vr* ① (*erkennbar werden*) ■**sich** ~ to become apparent; ***der Ausbruch eines Bürgerkrieges beginnt sich immer deutlicher abzuzeichnen*** the outbreak of civil war is beginning to loom ever larger [on the horizon] ② (*Umrisse erkennen lassen*) ■**sich [durch/auf etw]** ~ to show [through/on sth]

abziehbar *adj* HANDEL deductible

Abziehbild *nt* TECH transfer

ab|ziehen *irreg* **I.** *vi* ① *sein* MIL ■**[aus etw]** ~ to withdraw [from sth] ② *sein* (*fam: weggehen*) to go away; ***zieh ab!*** go away!, clear off!, get lost! *sl* ③ *sein* (*durch Luftzug entfernen*) ■**[aus etw]** ~ to clear [*or* escape] [from sth] ④ *sein* METEO ■**[irgendwohin]** ~ to move away [*or* off] [somewhere] [*or* on] ⑤ *haben* (*den Abzug einer Waffe drücken*) to fire, to pull the trigger **II.** *vt haben* ① (*einbehalten*) ■**etw [von etw]** ~ to deduct sth [from sth]; ***Steuern und Sozialabgaben werden direkt vom Gehalt abgezogen*** tax and national insurance are deducted directly from the wages ② (*nachlassen*) ■**etw [von etw]** ~ to take [*or* knock] sth off [sth] *sep;* ***ich kann Ihnen 5% Rabatt [vom Preis]*** ~ I can knock 5% [off the price] for you [*or* give [*or* offer] you a discount of 5% [on the price]] ③ MATH ■**etw [von etw]** ~ to subtract sth [from sth] ④ FIN **Kapital [aus einer Firma/einem Land]** ~ to withdraw capital [from a company/country]; **jdm eine Summe vom Konto** ~ to debit a sum [of money] from sb's account ⑤ MIL ■**etw [aus etw]** ~ to withdraw sth [from sth]; **Truppen aus einem Gebiet** ~ to withdraw [*or* draw back] troops from an area ⑥ (*etw durch Ziehen entfernen*) ■**etw** ~ to pull off sth *sep;* **das Bett** ~ to strip the bed; **ein Laken** ~ to remove [*or sep* take off] a sheet; **einen Ring** ~ to take [*or* pull] off a ring *sep;* **einen Schlüssel [von etw]** ~ to take [*or* pull] out a key [from sth]; **[jdm/einem Tier] das Fell/die Haut** ~ to skin sb/an animal ⑦ (*vervielfältigen*) ■**etw** ~ to run sth off; ***bitte ziehen Sie das Manuskript 20 mal ab*** please make [*or* run off] 20 copies of the manuscript ⑧ SCHWEIZ (*ausziehen*) ■**etw** ~ to take sth off **III.** *vr* SCHWEIZ (*sich ausziehen*) ■**sich** ~ to undress

ab|zielen *vi* ① (*anspielen*) ■**[mit etw** *dat*] **auf etw** *akk* ~ to get at sth [with sth] *fam* ② (*im Visier haben*) ■**auf jdn/etw** ~ to aim [*or* direct] at sb/sth

ab|zinsen *vt* FIN ■**etw** ~ to discount sth (*to calculate the present value of future payment*)

ab|zocken **I.** *vt* (*sl*) ■**jdn** ~ to fleece sb *fam* **II.** *vi* (*sl*) to clean up *fam*

Abzockerei <-, -en> *f* (*pej sl*) rip-off *fam*

Abzug *m* ① (*das Einbehalten*) deduction; ***ohne Abzüge verdient sie 3.000 DM*** she earns 3000 marks before deductions ② (*das Abziehen*) deduction; ***nach ~ des Rabattes musste er noch nur 200 DM zahlen*** after deducting the discount he was left with only 200 marks to pay; **etw [von etw] in** ~ **bringen** (*geh*) to deduct sth [from sth]; **ohne** ~ without [any] deductions, net ③ TYPO proof ④ FOTO print ⑤ MIL withdrawal; **jdm freien** ~ **gewähren** to grant sb safe passage ⑥ FIN **der** ~ **von Kapital** withdrawal of capital ⑦ METEO moving away; ***mit einem ~ der Kaltfront ist vorläufig noch nicht zu rechnen*** we don' t expect the cold front to move on yet ⑧ (*Luft~*) vent; (*Dunst~*) extractor [fan]; (*über einem Herd*) extractor hood ⑨ (*Vorrichtung an einer Waffe*) trigger; **den Finger am** ~ **haben** to have one's finger on the trigger

abzüglich *präp +gen* ■ ~ **einer S.** *gen* less [*or* minus] sth

abzugsfähig *adj inv* FIN deductible, allowable; **steuerlich/steuerlich nicht** ~ tax-deductible [*or* allowable for tax purposes]/disallowable against tax; **nicht** ~ non-deductible

Abzugsfähigkeit *f* ÖKON **steuerliche** ~ tax deductibility **abzugsfrei** *adj* tax-free **Abzugshaube** *f* extractor hood **Abzugskapital** *nt* FIN deductible capital **Abzugsposten** *m* FIN valuation item **Abzugsrohr** *nt* flue [pipe] **Abzugssteuer** *f* FIN withholding tax

Abzweig *m* ① (*geh: Weggabelung*) turning, turnoff ② TECH couple

ab|zweigen **I.** *vi sein* ■**[von etw] [irgendwohin]** ~ to branch off [from sth] [to somewhere]; ***hinter der Kurve zweigt die Goethestraße nach links ab*** Goethestraße turns [*or* goes] off to the left after the bend **II.** *vt haben* (*fam*) ■**etw [von etw]** ~ to set [*or* put] aside sth [from sth] *sep*

Abzweigung <-, -en> *f* ① (*Straßengabelung*) turning, turn-off; ***wir müssen an der ~ links [abbiegen]*** we must turn left at the junction ② (*Nebenlinie einer Strecke*) branch line

ab|zwicken *vt* ■**[jdm/etw] etw** ~ to nip [*or* pinch] off sth [sb/sth] *sep*

Accelerator-Karte [ək'seləreɪtə^r-] *f* INFORM accelerator card

Accessoire <-s, -s> [aksɛ'soaːɐ] *nt meist pl* accessory

ACEA *m Abk von* **Verband europäischer Automobilbauer** Association of European Motor Manufacturers

Acerolakirsche *f* BOT West Indian Cherry

Acetat <-s, -e> [at͜se-] *nt* acetate

Aceton <-s, -e> [at͜se-] *nt* acetone

Acetylcholin <-s> *nt kein pl* BIOL (*Überträgerstoff an Nervenzellen*) acetylcholine

Acetylen <-s> [at͜se-] *nt* acetylene

Acetylsalicylsäure *f* acetylsalicylic acid, aspirin

ach **I.** *interj* ① (*jammernd, ärgerlich*) oh no!; ***~, das sollte doch schon lange erledigt sein!*** oh no! that was supposed to have been done ages ago!; ***~ je!*** oh dear [me]!; ***~, rutsch mir doch den Buckel runter!*** oh, go [and] take a running jump!; ***~ nein, du schon wieder?*** oh no! not you again?; ~ **und weh schreien** (*veraltend geh*) to scream blue murder ② (*also*) oh!; ***~, so ist das also …*** oh, so that's how it is … ③ (*aha*) [oh,] I see!; ~ **ne** [*o* **nein**]**!** (*fam*) I say!; ***~ so, ich verstehe!*** oh, I see!; ***~ wirklich?*** really?; ***~ so! na, dann versuchen wir es eben noch mal!*** well, all right then, let's try it one more time! ④ *(ganz und gar nicht)* ~ **was** [*o* **wo**]! come on! **II.** *adv* *(geh)* ***sie glaubt von sich, sie sei ~ wie schön*** she thinks she's oh so beautiful

Ach <-s, -[s]> *nt* *(Ächzen)* groan ▶ WENDUNGEN: **mit ~ und Krach** *(fam)* by the skin of one's teeth; ***er bestand die Prüfung nur mit ~ und Krach*** he only [just] scraped through the exam [*or* passed the exam by the skin of his teeth]; **mit ~ und Weh** *(fam)* with great lamentations; ***mit ~ und Weh stimmte sie zu*** she agreed through gritted teeth

Achat <-[e]s, -e> *m* agate

Achillesferse *f* Achilles' heel **Achillessehne** *f* Achilles tendon

Achsaufhängung *f* AUTO suspension mounting

Achsbruch *m* AUTO broken axle

Achse <-, -n> ['aksə] *f* ① AUTO axle ② *(Schwerpunkt)* axis ③ POL, HIST axis ▶ WENDUNGEN: **[ständig] auf ~ sein** *(fam)* to be [always] on the move

Achsel <-, -n> ['aksl] *f* ① ANAT armpit ② *(fam: Schulter)* shoulder; **die** [*o* **mit den**] **~n zucken** to shrug one's shoulders

Achselhaare ['aksl-] *pl* armpit [*or* underarm] hair **Achselhöhle** *f* armpit **Achselklappe** *f* epaulette **Achselpolster** *nt* shoulder padding **Achselstück** *nt* MIL epaulette **Achselzucken** <-> *nt kein pl* shrug [of the shoulders] **achselzuckend I.** *adj* shrugging **II.** *adv* with a shrug [of the shoulders]

Achsenbruch ['aksn-] *m* broken axle **Achsenkreuz** *nt* MATH axes of coordinates, coordinate axes **Achsenmächte** *pl* HIST ■**die** ~ the Axis Powers

Achslager *nt* AUTO axle bearing **Achslast** ['aks-] *f* AUTO axle weight **Achsstand** *m* AUTO wheelbase **Achswelle** *f* AUTO drive shaft

acht[1] *adj* eight; ***~ mal drei sind gleich 24*** eight times three is 24; ***das kostet ~ Mark*** that costs eight marks; ***die Linie ~ fährt zum Bahnhof*** the No. 8 goes to the station; ***es steht ~ zu drei*** the score is eight three [*or* 8–3]; **~ [Jahre alt] sein/werden** to be/turn eight [years old]; **mit ~ [Jahren]** at the age of eight, at eight [years old], as an eight-year-old; **~ Uhr sein** to be eight o'clock; **gegen ~ [Uhr]** [at] about [*or* around] eight [o'clock]; **um ~** at eight [o'clock]; **… [Minuten] nach/vor ~ …** [minutes] past/to eight [o'clock]; **kurz nach/vor ~ [Uhr]** just [*or* shortly] after/before eight [o'clock]; **alle ~ Tage** [regularly] every week; **heute/Freitag in ~ Tagen** a week today/on Friday; **heute/Freitag vor ~ Tagen** a week ago today/on Friday

acht[2] *adv* **zu ~ sein** ***wir waren zu ~*** there were eight of us

Acht[1] <-, -en> *f* ① *(Zahl)* eight ② *(etw von der Form einer 8)* ***ich habe eine ~ im Vorderrad*** my front wheel is buckled; **auf dem Eis eine ~ laufen** to skate a figure of eight on the ice ③ *(hum fam: Handschellen)* handcuffs ④ KARTEN ■**die/eine ~** the/an eight; **die Herz-/Kreuz-~** the eight of hearts/clubs ⑤ *(Verkehrslinie)* ■**die ~** the [number] eight

Acht[RR2] *f* **~ geben** [*o* **haben**] to be careful; ***sie gab genau ~, was der Professor sagte*** she paid careful attention to what the professor said; **auf jdn/etw ~ geben** [*o* **haben**] to look after [*or fam* keep an eye on] sb/sth; **~ geben** [*o* **haben**], **dass …** to be careful that …; ***gib ~, dass dir niemand das Fahrrad klaut!*** watch out that nobody pinches your bike!; **etw außer ~ lassen** to not take sth into account [*or* consideration]; ***wir haben ja ganz außer ~ gelassen, dass der Friseur geschlossen hat!*** we completely forgot that the hairdresser is closed!; **sich in ~ nehmen** to be careful, to take care; ***nimm dich bloß in ~, Bürschchen!*** just you watch it, mate *fam*!; **sich [vor jdm/etw] in ~ nehmen** to be wary [of sb/sth]; ***vielen Dank für die Warnung, ich werde mich in ~ nehmen*** thank you for the warning, I'll be on my guard; ***nimm dich in ~ vor dieser gefährlichen Kurve!*** please take care on this dangerous bend!

Acht[3] <-> *f* ① HIST *(Entzug der bürgerlichen Rechte)* ■**die ~** outlawry; **in ~ und Bann sein** to be outlawed ② *(Ausschluss aus christlicher Gemeinschaft)* **jdn in ~ und Bann tun** to excommunicate sb; *(verdammen)* to ostracize sb

achtbar *adj* *(geh)* respectable

Achtbarkeit <-> *f* *(geh)* respectability

achte(r, s) *adj* ① *(nach dem siebten kommend)* eighth; **an ~r Stelle** [in] eighth [place]; **die ~ Klasse** third year of senior school BRIT, eighth grade AM ② *(Datum)* eighth; ***heute ist der ~*** ist's the eighth of May today; **am ~n September** on the eighth of September

Achte(r) *f(m)* *dekl wie adj* ① *(Person)* ■**der/die/das ~** the eighth; ***du bist jetzt der ~, der fragt*** you're the eighth person to ask; **als ~ an der Reihe** [*o* **dran**] **sein** to be the eighth [in line]; **~[r] sein/werden** to be/finish [in] eighth [place]; **als ~r durchs Ziel gehen** he finished eighth, he crossed the line in eighth place; **jeder ~** every eighth person, one in eight [people] ② *(bei Datumsangabe)* ■**der ~** [*o geschrieben* **der 8.**] the eighth *spoken*, the 8th *written*; ■**am ~n** on the eighth ③ *(Namenszusatz)* **Karl der ~** [*o geschrieben* **Karl VIII.**] Karl the Eighth *spoken* [*or* Karl VIII] *written*

Achteck *nt* octagon **achteckig** *adj* octagonal, eight-sided *attr* **achteinhalb** *adj* eight and a half; *s. a.* **anderthalb**

achtel *adj* eighth

Achtel <-s, -> *nt o* SCHWEIZ *m* eighth; **zwei/drei ~** two/three eighths; **ein ~ Rotwein** a small glass of red wine *(measuring 125 ml)*

Achtelfinale *nt* round of the last sixteen, eighth-finals *rare*; ***die Sieger des ~s*** the winners from the last sixteen **Achtelnote** *f* MUS quaver **Achtelpause** *f* MUS quaver rest

achten I. *vt* *(schätzen)* ■**jdn ~** to respect sb; ■**jdn als etw ~** to respect sb as sth **II.** *vi* ① *(aufpassen)* ■**auf jdn/etw ~** to look after [*or fam* keep an eye on] sb/sth ② *(be~)* ■**auf jdn/etw ~** to pay attention to sb/sth; **auf das Kleingedruckte ~** to pay pay attention to the small print ③ *(darauf sehen)* ■**darauf ~, etw zu tun** to remember to do sth; ***achtet aber darauf, dass ihr nichts umwerft!*** be careful [*or* take care] not to knock anything over!

ächten *vt* ① *(verdammen)* ■**jdn ~** to ostracize sb ② HIST *(proskribieren)* ■**jdn [für etw] ~** to outlaw sb [for sth]

achtens *adv* eighthly

achtenswert *adj* **ein ~er Erfolg** a commendable success, commendable efforts; **eine ~e Person** a worthy person

Achter <-s, -> *m* *(Ruderboot)* ■**ein ~** an eight

Achterbahn *f* roller-coaster **Achterdeck** *nt* after deck

achterlei *adj inv* eight [different]; **~ Brot/Käse** eight [different] kinds of bread/cheese; **in ~ Farben/Größen** in eight [different] colours [*or* AM -ors]/sizes

achtern *adv* NAUT aft, astern; **nach/von ~** aft/from aft, astern/from astern

achtfach, 8fach I. *adj* eightfold; **die ~e Menge** eight times the amount; **bei ~er Vergrößerung** enlarged eight times; **in ~er Ausfertigung** eight copies of **II.** *adv* eightfold, eight times over

Achtfache, 8fache *nt dekl wie adj* the eightfold *rare*; ■**das ~ an etw** *dat* eight times as much of sth; **um das ~ größer/höher sein** to be eight times bigger [*or* as big]/higher [*or* as high]; **um das ~ erhöhen** to increase eightfold [*or* eight times]

acht|geben *vi irreg s.* **Acht**[2]

achtgeschossig *adj* eight-storey [*or* AM -story] *attr*; ***das Haus ist ~*** the house has eight storeys

acht|haben *vi irreg* *(geh)* *s.* **Acht**[2]

achthundert *adj* eight hundred; *s. a.* **hundert**

achthundertjährig *adj* eight hundred-year-old *attr*; **das ~e Bestehen von etw feiern** to celebrate the octocentenary [*or* octocentennial] of sth **achtjährig, 8-jährig**[RR] *adj* ① *(Alter)* eight-year-old *attr*, eight years old *pred*; ***ein ~er Junge*** an eight-year-old boy, a boy of eight; **das ~e Jubiläum einer S.** *gen* the eighth anniversary of sth ② *(Zeitspanne)* eight-year *attr*; **eine ~e Amtszeit** an eight-year tenure, a tenure [of] eight years **Achtjährige(r), 8-Jährige(r)**[RR] *f(m)* *dekl wie adj* eight-year-old

achtköpfig *adj* eight-headed *attr*; ***eine ~köpfige Familie*** a family of eight

achtlos I. *adj* careless, thoughtless; ■**~ von jdm sein, etw zu tun** to be thoughtless of sb to do sth **II.** *adv* without noticing; ***~ ging er an ihr vorbei*** he went past her without noticing

Achtlosigkeit <-> *f* ① *(Unachtsamkeit)* carelessness ② *(unachtsames Verhalten)* thoughtlessness

achtmal, 8-mal[RR] *adv* eight times; **~ so viel/so viele** eight times as much/as many

achtmalig, 8-malig[RR] *adj* eight times over; ***nach ~em Klingeln*** after ringing [the bell] eight times [*or* for the eighth time], after eight rings of the bell

Achtmonatsangst *f* PSYCH anxiety of an eight-month-old child

achtsam I. *adj* *(geh)* careful; ■**~ sein [mit etw]** to be careful [with sth] **II.** *adv* *(geh)* carefully; ***bitte gehen Sie sehr ~ damit um!*** please take great care whit this!

Achtsamkeit <-> *f kein pl* *(geh)* care

Achtsitzer <-s, -> *m* eight-seater **Achtspurtechnik** *f* MUS, TV eight-track technology **achtstöckig, 8-stöckig**[RR] *adj inv* eight-storey [*or* AM -story] *attr*, with eight storeys *pred* **Achtstundentag** *m* eight-hour day **achtstündig, 8-stündig**[RR] *adj* eight-hour *attr*, lasting eight hours *pred*; **~er Arbeitstag** eight-hour day **achttägig, 8-tägig**[RR] *adj* eight-day *attr*, lasting eight days *pred* **achttausend** *adj* ① *(Zahl)* eight thousand; *s. a.* **tausend 1** ② *(fam: 8000 DM)* eight grand *no pl*, eight thou *no pl sl*, eight G's [*or* K's] *no pl* AM *sl* **Achttausender** <-s, -> *m* mountain over 8,000 metres [*or* AM meters] **achtteilig, 8-teilig**[RR] *adj* eight-part; *Besteck* eight-piece **Achtundsechziger(in)** <-s, -> *m(f)* *sb who took an active part in the demonstrations and student revolts of 1968*

Achtung[1] *interj* ■**~!** ① *(Vorsicht)* watch [*or* look] out!; **„~ *Hochspannung!“*** "danger, high voltage!"; **„~ *Lebensgefahr!“*** "danger [to life]!"; **„~ *Stufe!“*** "mind the step" ② *(Aufmerksamkeit)* [your] attention please!; **~, ~, *eine wichtige Durchsage!*** [your] attention please, this is an important message! ③ MIL attention!; **~, *präsentiert das Gewehr!*** present arms! ▶ WENDUNGEN: **~, fertig, los!** ready, steady, go!; **~, *auf die Plätze, fertig, los!*** on your marks, [get] set, go!

Achtung[2] <-> *f kein pl* ① *(Beachtung)* ■**die ~ einer S.** *gen* respect for sth ② *(Wertschätzung)* ■**~ [vor jdm/etw]** respect [for sb/sth]; **[keine] ~ vor jdm/etw haben** to have [no] respect for sb/sth; **sich** *dat* **[bei jdm] ~ verschaffen** to earn [sb's] respect; ***alle ~!*** well done!; **bei aller ~ [vor jdm/etw]** with all due respect [for sb/sth]

Ächtung <-, -en> *f* ① *(Verfemung)* ostracism ② *(Verdammung)* condemnation ③ HIST *(Erklärung der Acht)* outlawing

achtunggebietend *adj* *(geh)* awe-inspiring

Achtungsapplaus *m* polite applause **Achtungserfolg** *m* reasonable success

achtzehn *adj* eighteen; **ab ~ frei[gegeben] sein** *Film* for eighteens and over; ■**~ Uhr** 6pm, 1800hrs *written*, eighteen hundred hours *spoken*; *s. a.* **acht**[1]

achtzehnte(r, s) *adj* eighteenth; *s. a.* **achte (r, s)**

Achtzellstadium *nt* BIOL eight-cell stage

achtzig *adj* ① *(Zahl)* eighty; ***die Linie ~ fährt zum Bahnhof*** the No. 80 goes to the station; **~ [Jahre alt] sein** to be eighty [years old]; **mit ~ [Jahren]** at the age of eighty, at eighty [years old], as an eighty-year-old; **über ~ sein** to be over eighty; **Mitte ~ sein** to be in one's mid-eighties ② *(fam: Stundenkilometer)* eighty [kilometres [*or* AM -ers] an hour]; **[mit] ~ fahren** to do [*or* drive at] eighty [kilometres an hour] ▶ WENDUNGEN: **jdn auf ~ bringen** *(fam)* to make sb's blood boil, to make sb flip his/her lid; **auf ~ sein** *(fam)* to be hopping mad *fam*; *s. a.* **Sache**

achtziger, 80er *adj attr, inv* ① *(das Jahrzehnt von 80 bis 90)* **die ~ Jahre** the eighties, the '80s ② *(aus dem Jahr -80 stammend)* [from] '80; **ein ~ Jahrgang** an '80 vintage

Achtziger[1] <-s, -> *m* *(Wein aus dem Jahrgang -80)*

'80 vintage

Achtziger² <-, -> *f* (*Briefmarke im Wert von 80 Pfennig*) eighty-pfennig stamp

Achtziger(in) <-s, -> *m(f)* octogenarian; **in den ~n sein** to be in one's eighties; ***meine Mutter ist schon eine ~ in*** my mother's already in her eighties

Achtzigerjahre *pl* ■ **die ~** the eighties [*or* '80s]

achtzigjährig, 80-jährigRR *adj* ❶ (*Alter*) eighty-year-old *attr*, eighty years old *pred* ❷ (*Zeitspanne*) eighty-year *attr*

Achtzigjährige(r), 80-jährige(r)RR *f(m) dekl wie adj* eighty-year-old

achtzigste(r, s) *adj* eighth; *s. a.* **achte(r, s)**

Achtzylinder *m* (*fam*) ❶ (*Wagen*) eight-cylinder car ❷ (*Motor*) eight-cylinder engine **Achtzylindermotor** *m* eight-cylinder engine **achtzylindrig** *adj* eight-cylinder; ■ **~ sein** to have eight cylinders

ächzen *vi* ❶ (*stöhnen*) to groan; **~ und stöhnen** (*fam*) to moan and groan *fam* ❷ (*knarren*) to creak

Ächzer <-s, -> *m* (*schwerer Seufzer*) groan ► WENDUNGEN: **seinen letzten ~ tun** (*fam*) to draw one's last breath

Acker <-s, Äcker> *m* field; **den ~/die Äcker bestellen** to plough the field[s], to till the soil

Ackerbau *m kein pl* [arable] farming; **~ betreiben** to farm [the land], to till the soil **ackerbautreibend** *adj attr* farming **Ackerbeere** *f* dewberry **Ackerbohne** *f* broad bean **Ackerfläche** *f* area of arable land **Ackergaul** *m* (*pej: Pferd*) carthorse, old nag *pej* ► WENDUNGEN: **aus einem ~ kann man kein Rennpferd machen** (*prov*) you can't make a silk purse out of a sow's ear *prov* **Ackergerät** *nt* farm[ing] implement **Ackerklee** *m* field clover **Ackerknoblauch** *nt* wild leek **Ackerkrume** *f* topsoil **Ackerland** *nt kein pl* arable [farm]land

ackern *vi* ❶ (*fam: hart arbeiten*) to slog away *fam* ❷ (*das Feld bestellen, pflügen*) to till the soil

Ackersalat *m* DIAL lamb's lettuce **Ackerschnecke** *f* ZOOL field slug **Ackersenf** *m* field mustard **Ackerwicke** *f* field vetch **Ackerwinde** *f* BOT field bindweed

a conto *adv* on account

Acryl <-s> [a'kry:l] *nt* acrylic

Acrylfarbe *f* acrylic paint **Acrylglas** *nt* acrylic glass

Actinium <-s> *nt* actinium

actio libera in causa JUR criminal responsibility as a result of knowingly bringing about a condition of alcoholic incapacity in order to commit an offence

Action <-> ['ɛkʃən] *f* (*fam*) action *fam;* **jede Menge ~** loads of action; (*bei Veranstaltung a.*) lots going on; **~ geladen** action packed

Actionfilm *m* action film **actiongeladen** *adj s.* **Action**

actio pro socio JUR action by a partner against one or several of his associates in respect of recovery for the partnership as a whole

ActiveX <-> *f* INET (*MS-Programmiersprache*) ACTIVEX

a.D. *Abk von* **außer Dienst** retd.

A.D. *Abk von* **Anno Domini** AD

ad absurdum *adv* [**etw**] **~ führen** (*geh*) to make nonsense of [sth]

ADAC <-> *m kein pl Abk von* **Allgemeiner Deutscher Automobil-Club** *German automobile club,* ≈ AA BRIT, ≈ RAC BRIT, ≈ AAA AM

ad acta *adv* **etw ~ legen** (*geh*) to consider sth [as] finished [*or* closed]

Adage <-> [a'da:ʒ] *f kein pl* (*Schrittfolge beim Tanz*) adagio

Adam <-s, -s> *m* ❶ (*Name*) Adam ❷ (*hum: Mann*) man ► WENDUNGEN: **bei ~ und Eva anfangen** (*fam*) to start from scratch [*or* the very beginning]; **noch von ~ und Eva stammen** (*fam*) to be out of the ark, fam; **nach ~ Riese** (*fam*) according to my calculations; **seit ~s Zeiten** (*fam*) for God knows how long *fam*

Adamsapfel *m* (*fam*) Adam's apple **Adamskostüm** *nt* ► WENDUNGEN: **im ~** (*hum fam*) in one's birthday suit

Adaptation <-, -en> *f* (*fachspr*) *s.* **Adaption**

Adaptationsrecht *nt* right of adaptation

Adapter <-s, -> *m* adapter, adaptor

Adapterkabel *m* INFORM adapter cable **Adapterkarte** *m* INFORM adapter card

adaptieren* I. *vt* ❶ (*umarbeiten*) ■ **etw [für etw] ~** to adapt sth [for sth] ❷ ÖSTERR (*herrichten*) ■ **etw ~** to renovate sth; ***der neue Mieter muss die Wohnung noch mit Tapeten und Fußbodenbelägen ~*** the new tenant still has to fit the flat out with wallpaper and floor coverings II. *vr* ■ **sich an etw** *akk* **~** to adapt to sth

Adaption <-, -en> *f* ❶ *kein pl* (*Einfügung*) ■ **jds ~ an etw** *akk* sb's adaptation to sth; ***die ~ an seine neue Umgebung fiel ihm nicht leicht*** it wasn't easy for him to adapt to his new surroundings ❷ LIT adaptation

Adäquanztheorie *f* JUR theory of adequate causation

adäquat *adj* adequate; **~e Position/Stellung/~es Verhalten** suitable position/job/behaviour [*or* AM -or]; **~e Kritik** valid criticism; ■ **etw** *dat* **~ sein** to be appropriate [*or* in proportion] to sth

Adäquatheit <-> *f kein pl* (*geh*) adequacy; *Kritik* validity

ADD *f* PSYCH *Abk von* **Attention Deficit Disorder** ADD

A/D-D/A-Wandler <-s, -> *m* INFORM *s.* **Analog-Digital und Digital-Analog-Wandler** A/D and D/A converter

addieren* I. *vt* ■ **etw ~** to add up sth *sep;* ■ **etw zu etw ~** to add sth to sth II. *vi* to add; ***ich habe mich beim A~ vertan*** I've made a mistake counting

Addis Abeba <-s> *nt* Addis Ababa

Addition <-, -en> *f* addition

Additivität <-> *f kein pl* FIN additive potential

Adduktor <-s, Adduktoren> *m* MED adductor

ade *interj* SÜDD goodbye; [**jdm**] **~ sagen** to say goodbye [to sb]; **jdm/etw ~ sagen** to bid sb/sth farewell

Adel <-s> *m kein pl* ❶ (*Gesellschaftsschicht*) nobility, aristocracy ❷ (*Zugehörigkeit zum ~*) [membership of the] nobility [*or* aristocracy]; ***~ verpflichtet*** noblesse oblige; **jdm den ~ verleihen** to bestow a title on sb, to raise sb to the peerage BRIT; **alter ~** ancient nobility, ancienne noblesse; **aus altem ~ stammen** to be a member of the ancient nobility [*or* from an old aristocratic family] [*or* aristocratic lineage]; **erblicher ~** hereditary title [*or* peerage]; **der hohe ~** the higher nobility, the aristocracy; **der niedere ~** the lesser nobility; **persönlicher ~** nonhereditary title, life peerage; **verarmter ~** impoverished nobility; **von ~** of noble birth; **von ~ sein** to be [a] noble [*or* of noble birth] [*or* a member of the nobility] ❸ (*geh: edle Gesinnung*) nobility; ■ **der ~ einer S.** *gen* the nobility of sth

adelig *adj s.* **adlig**

Adelige(r) *f(m) dekl wie adj s.* **Adlige(r)**

adeln *vt* ■ **jdn ~** ❶ (*den Adel verleihen*) to bestow a title on sb, to raise sb to the peerage ❷ (*geh: auszeichnen*) to ennoble sb; ***dein Großmut adelt dich sehr*** your magnanimity does you credit

Adelstitel *m* title [of nobility]

adenoid *adj* MED (*drüsenärtig*) adenoid

Adenom <-s, -e> *nt* MED (*Geschwulst*) adenoma

Adenosintriphosphat *nt* BIOL adenosine triphosphate

Adenovirus *nt* MED adenovirus

Ader <-, -n> *f* ❶ (*Vene*) vein; (*Schlagader*) artery; **sich** *dat* **die ~n aufschneiden** to slash one's wrists; **jdn zur ~ lassen** (*veraltet*) to bleed sb; (*fig*) to milk sb ❷ (*Erzgang*) vein ❸ (*einzelner Draht*) core ❹ BOT vein ❺ (*Begabung*) **eine ~ für etw haben** to have a talent for sth; **jds ~ sein** to be sb's forte; **eine künstlerische/musikalische/poetische ~ haben** to have an artistic/musical/poetic bent

Äderchen <-s, -> *nt dim von* **Ader** small vein; **erweiterte ~** broken capillaries *pl*

Aderhaut *f* ANAT (*Blutgefäß-Schicht des Auges*) choroid coat

AderlassRR <-es, -lässe> *m,* **Aderlaß** <-lasses, -lässe> *m* ❶ (*geh: fühlbarer Verlust*) drain ❷ MED (*veraltet*) bleeding

Äderung <-, -en> *f* ❶ ANAT veining ❷ BOT venation

ADFC *m Akr von* **Allgemeiner Deutscher Fahrrad-Club** ≈ Royal Cycling Club

Adhäsionsverfahren *nt* JUR adhesive procedure

AdhäsionsverschlussRR *m* [reusable] adhesive seal

ad hoc *adv* (*geh*) ad hoc

Ad-Hoc-Kredit *m* FIN ad hoc loan

Ad-hoc-Maßnahme *f* (*geh*) ad hoc measure

adieu [a'diø:] *interj* (*geh*) *s.* **ade**

adipös *adj* adipose

Adjektiv <-s, -e> *nt* adjective

adjektivisch *adj* adjectival

Adjudikation <-, -en> *f* JUR adjudication

Adjunkt(in) <-en, -en> *m(f)* ÖSTERR, SCHWEIZ (*unterer Beamter*) low-ranking civil servant

adjustieren* *vt* ■ **etw ~** to adjust sth; **ein Messgerät/die Waage ~** to set a gauge/the scales; **ein Zielfernrohr ~** to collimate a telescope

Adjutant(in) <-en, -en> *m(f)* adjutant, aide-de-camp

Adler <-s, -> *m* eagle

Adlerauge *nt* eagle eye; **~n haben** (*fig*) to be eagle-eyed, to have eagle eyes; (*alles sehen*) to be hawk-eyed, to have eyes like a hawk **Adlerfarn** *m* bracken **Adlerhorst** *m* eyrie **Adlerlachs** *m* coraker, shadefish **Adlernase** *f* aquiline nose **Adlerrochen** *m* eagle ray

adlig *adj* aristocratic, noble; ***er kann eine lange Reihe ~er Vorfahren vorweisen*** he comes from a long line of aristocrats; ■ **~ sein** to have a title, to be titled

Adlige(r) *f(m) dekl wie adj* aristocrat, nobleman *masc,* noblewoman *fem*

Administration <-, -en> *f* ❶ (*Verwaltung*) administration ❷ POL (*Regierung*) administration, government

administrativ I. *adj* administrative II. *adv* administratively

Administrativenteignung *f* JUR expropriation by administrative authorities

Administrator(in) <-s, -oren> *m(f)* ❶ (*Verwalter*) administrator ❷ REL administrator ❸ INFORM administrator

Admiral¹ <-s, -e> *m* (*Schmetterlingsart*) red admiral

Admiral(in)² <-s, -e *o* Admiräle> *m(f)* admiral

Admiralität <-, -en> *f* admirals *pl,* admiralty *no pl,* Admiralty [Board] BRIT, Navy Department AM

Admiralsrang *m* rank of admiral; ■ **im ~** holding the rank of admiral

ADN *m Abk von* **Allgemeiner Deutscher Nachrichtendienst** *news agency in the former GDR*

Adonis <-, -se> *m* (*geh*) Adonis; ***du bist auch nicht gerade ein ~!*** you're no oil-painting yourself! [*or* fam]

adoptieren* *vt* ■ **jdn ~** to adopt sb; ■ **adoptiert sein/werden** to be adopted

Adoption <-, -en> *f* adoption; **ein Kind zur ~ freigeben** to put a child up for adoption

Adoptionismus <-> *m kein pl* REL adoptionism

Adoptiveltern *pl* adoptive parents **Adoptivkind** *nt* adopted [*or* adoptive] child

ADR *nt Abk von* **Astra Digital Radio** ADR

Adr. *f Abk von* **Adresse** addr.

Adrenalin <-s> *nt kein pl* adrenalin

Adrenalinspiegel *m* adrenalin level **Adrenalinstoß** *m* rush [*or* surge] of adrenalin

AdressanhängerRR *m* address tag

Adressat(in) <-en, -en> *m(f)* ❶ (*geh: Empfänger*) addressee ❷ (*geh: Zuständige(r)*) *person, to whom sb should direct themselves;* ***unser Abteilungsleiter ist Ihr ~*** our head of department is the person you should go [*or* turn] to ❸ *pl* ÖKON (*Zielgruppe*) target group[s]

Adressatengruppe *f* target group **Adressatenkreis** *m* target group

Adressatin <-, -nen> *f fem form von* **Adressat**

AdressbuchRR *nt* ❶ (*amtliches Adressverzeich-*

nis) directory ② (*Notizbuch für Adressen*) address book **Adressbus**RR *m* INFORM address bus **Adressdatei**RR *f* INFORM address file

Adresse <-, -n> *f* ① (*Anschrift*) address ② INFORM address ③ (*Name*) **eine gute** [*o* **feine**] ~ a leading name ▶ WENDUNGEN: **an jds eigene** ~ **gehen** [*o* **sich an jds eigene** ~ **richten**] (*geh: an jdn selbst*) to be addressed [*or* directed] at sb [personally]; **bei jdm** [**mit etw**] **an der falschen/richtigen** ~ **sein** to have addressed [*or* come to] the wrong/right person [*or* knocked at the wrong door] [with sth]; **bei jdm** [**mit etw**] **an die falsche/richtige** [*o* **verkehrte**] ~ **kommen** [*o* **geraten**] (*fam*) to address the wrong/right person [with sth], to knock at [*or* come to] the wrong door; **sich an die falsche/richtige** ~ **wenden** (*fam*) to come [*or* go] to the wrong/right place [*or* person], to knock at the wrong/right door; **etw an jds** ~ **richten** (*geh*) to address sth to sb; **eine Warnung an jds** ~ **richten** to issue [*or* address] a warning to sb, to warn sb

Adressenliste *f* list of addresses; HANDEL (*Verteiler*) mailing list **Adressenverwaltung** *f* INFORM address administration [*or* management]

adressieren* *vt* ■**etw** [**an jdn/etw**] ~ to address sth to sb/sth

Adressiermaschine *f* addressing machine, Addressograph®

Adressierung <-, -en> *f* INFORM addressing

AdresslisteRR *f* INFORM mailing list **Adressraum**RR *m* INFORM address space

adrett I. *adj* (*hübsch, gepflegt*) smart; **ein ~es Äußeres** a smart [*or* well-groomed] appearance II. *adv* neatly, smartly; ***sie ist immer ~ gekleidet*** she's always neatly turned out [*or* smartly dressed]

Adria <-> *f* ■**die** ~ the Adriatic [Sea]

adriatisch *adj* Adriatic

ADSL *f Abk von* **Asynchronous Digital Subscriber Line** ADSL

adsorbieren *vt* ■**etw** ~ to absorb sth

Adsorption <-, -en> *f* adsorption

Adstringens <-, -gentien *o* -gentia> *nt* MED astringent

adstringierend *adj* MED astringent

Advent <-s, -e> *m* Advent [season]; ■**im** ~ during [the] Advent [season]; **erster/zweiter/dritter/vierter** ~ first/second/third/fourth Sunday in Advent

Adventist(in) <-en, -en> *m(f)* REL Adventist

Adventskalender *m* Advent calendar **Adventskranz** *m* Advent wreath **Adventssonntag** *m* Advent Sunday **Adventszeit** *f* Advent [season]

Adverb <-s, -ien> *nt* adverb

adverbial I. *adj* adverbial II. *adv* adverbially

Adverbialbestimmung *f* adverbial qualification **Adverbialsatz** *m* adverbial clause

Advokat(in) <-en, -en> [-vo-] *m(f)* ① ÖSTERR, SCHWEIZ (*Rechtsanwalt*) lawyer, solicitor BRIT, attorney AM ② (*geh: Fürsprecher*) advocate

Advokatur <-, -en> *f* SCHWEIZ ① (*Amt eines Advokaten*) legal profession ② (*Kanzlei eines Advokaten*) lawyer's office

Advokaturbüro *nt* SCHWEIZ (*Anwaltsbüro*) lawyer's office

Advokaturskanzlei *f* ÖSTERR (*Anwaltskanzlei*) lawyer's [*or* AM *a.* law] office

A/D-Wandler <-s, -> *m* INFORM *s.* **Analog-Digital-Wandler** A/D converter

Adzukibohne *f* adzuki bean

AE *f Abk von* **astronomische Einheit** AU, astronomical unit

Aerobic <-s> [ɛ'ro:bɪk] *nt kein pl* aerobics + *sing/pl vb*

Aerobier <-s, -> *m* BIOL, MED aerobe

Aerodynamik [aero-, ɛro-] *f* aerodynamics + *sing/pl vb*

aerodynamisch I. *adj* aerodynamic II. *adv* aerodynamically

Aerofelge [ae'ro-] *f* aero rim

Aerosol <-s, -e> [aero'zo:l] *nt* aerosol

Aerosoltherapie *f* aerosol therapy

AfA *f* FIN *Abk von* **Absetzung für Abnutzung**

AFC *f Abk von* **alkalische Brennstoffzelle** alkaline fuel cell

Affäre <-, -n> *f* ① (*Angelegenheit*) affair, business *no pl* ② (*Liebesabenteuer*) [love] affair; **eine** ~ **haben** to have an affair ③ (*unangenehmer Vorfall*) affair; (*Skandal*) scandal; **in einer** ~ **verwickelt sein** to be involved [*or* mixed up] in an affair ▶ WENDUNGEN: **keine** [**große**] ~ **sein** to be no big deal *fam;* **sich aus der** ~ **ziehen** (*fam*) to wriggle out of a sticky situation *fam*

Äffchen <-s, -> *nt dim von* **Affe** little monkey [*or* ape]

Affe <-n, -n> *m* ① (*Tier*) ape, monkey ② (*sl: blöder Kerl*) fool, idiot, clown, twit *sl;* **ein eingebildeter** ~ (*fam*) a conceited ass *fam* ▶ WENDUNGEN: [**dasitzen**] **wie der** ~ **auf dem Schleifstein** (*sl*) [to sit there] looking like a right berk [*or* AM real fool]; **die drei ~n** see no evil, hear no evil, speak no evil; **flink wie ein** ~ agile as a cat; **ich glaub'** [*o* **denk'**], **mich laust der** ~! (*fam*) I think my eyes are deceiving me!

Affekt <-[e]s, -e> *m bes* JUR affect *form,* emotion; **im** ~ **handeln** to act in the heat of the moment

Affekthandlung *f* act committed in the heat of the moment

affektiert I. *adj* (*pej geh*) affected, artificial II. *adv* (*pej geh*) affectedly, artificially

Affenarsch *m* (*pej*) stupid arse [*or* AM ass], baffoon **affenartig** *adj* (*den Affen ähnlich*) apelike, like a monkey *pred,* simian *form* **Affenbrotbaum** *m* monkey bread [tree], baobab **Affenbrotbaumfrucht** *f* monkey bread **affengeil** *adj* (*sl*) really cool *sl,* wicked *sl* **Affenhaus** *nt* monkey house **Affenhitze** *f* (*fam*) scorching heat; ***heute ist mal wieder eine ~!*** it's another scorching hot day! *fam,* it's another scorcher! *fam* **Affenkäfig** *m* monkey cage ▶ WENDUNGEN: **zugehen wie im** [*o* **in einem**] ~ (*fam*) to be like bedlam *fam;* ***hier geht es ja zu wie in einem ~!*** it's like bedlam in here!; **stinken wie im** [*o* **in einem**] ~ (*sl*) to smell like a pig sty, to stink to high heaven **Affenliebe** *f* (*fig*) *exaggerated, blind affection* **Affenlücke** *f gap between the canine tooth and the incisors* **Affenmensch** *m* ape-man **Affenpockenvirus** *nt* MED monkeypox virus **Affenschande** *f* (*fam*) it's a sin *fam* **Affentempo** *nt* (*fam*) breakneck speed; **in** [*o* **mit**] **einem** ~ at breakneck speed **Affentheater** *nt* (*fam*) (*furchtbare Umstände*) [sheer] farce ▶ WENDUNGEN: [**wegen etw**] **ein** ~ **machen** to make a right [*or* AM real] song and dance [*or* fuss] [about sth] **Affenzahn** *m* (*sl*) breakneck speed

Affiche <-, -n> ['afiʃ] *f* SCHWEIZ (*Plakat*) poster, bill

Affidavierung <-, -en> *f* FIN certification by affidavit

Affidavit <-s, -s> *nt* FIN affidavit, sworn declaration

affig I. *adj* (*pej fam*) affected; **einen ~en Eindruck machen** to make a ridiculous impression II. *adv* (*pej fam*) affectedly

Äffin <-, -nen> *f fem form von* **Affe** female monkey, she-monkey; (*Menschen~*) female ape, she-ape

Affinität <-, -en> *f* (*geh*) affinity

Affront <-s, -s> [a'frõ:] *m* (*geh*) affront; ■**ein** ~ **gegen jdn/etw** an affront [*or* insult] to sb/sth

Afghane, Afghanin <-n, -n> *m, f* Afghan; *s. a.* **Deutsche(r)**

Afghanisch *nt dekl wie adj* Afghan; *s. a.* **Deutsch**

afghanisch *adj* Afghan; *s. a.* **deutsch**

Afghanische <-n> *nt* ■**das** ~ Afghan, the Afghan language; *s. a.* **Deutsche**

Afghanistan <-s> *nt* Afghanistan

Afrika <-s> *nt* Africa

Afrikaans <-> *nt* Afrikaans

Afrikaner(in) <-s, -> *m(f)* African; ■~ **sein** to be [an] African

afrikanisch *adj* African

Afroamerikaner(in) *m(f)* Afro-American

afroamerikanisch *adj inv* Afro-American

AfrolookRR <-s, -s> [-lʊk] *m* Afro[-look]; ■**im** ~ with [*or* in] an Afro[-look]; ***sie trug ihre Haare früher im*** ~ she used to have an Afro [*or* her hair in an Afro]

After <-s, -> *m* (*geh*) anus

After-ShaveRR, **Aftershave**RR <-[s], -s> ['a:ftɐ'ʃeɪv] *nt* aftershave

After-Shave-Lotion, AftershavelotionRR <-, -s> ['ɑ:ftəʃeɪv,loʊʃən] *f* after-shave [lotion]

AG <-, -s> *f Abk von* **Aktiengesellschaft** plc, public limited company BRIT, [stock] corporation AM

AG & Co KG *f* JUR *Abk von* **Aktiengesellschaft und Co. Kommanditgesellschaft** limited partnership with a plc as general partner

Ägäis <-> *f* the Aegean [Sea]

Agape <-, -en> *f* REL Agape

Agar <-s> *nt kein pl* BIOL agar

Agave <-, -n> [-və] *f* agave

Agenda <-, -den> *f* ① (*Notizbuch*) diary, notebook ② (*Tagesordnung*) agenda

Agent(in) <-en, -en> *m(f)* ① (*Spion*) [secret] agent, spy ② (*Generalvertreter*) agent, representative

Agentenring *m* spy ring **Agententätigkeit** *f* espionage

Agentin <-, -nen> *f fem form von* **Agent**

Agent provocateur <- -, -s -s> [a'ʒã: provoka'tø:ɐ̯] *m* JUR agent provocateur

Agentur <-, -en> *f* agency

Agenturbericht *m* [news] agency report **Agenturmeldung** *f* agency report **Agenturvereinbarung** *f* JUR agency shop agreement **Agenturvertrag** *m* JUR agency agreement

Agglomerat <-[e]s, -e> *f* ① (*geh: Anhäufung*) agglomeration *form,* agglomerate *form* ② CHEM agglomerate ③ GEOL conglomerate

Agglomeration <-, -en> *f* SCHWEIZ (*Ballungsraum*) conurbation

Agglutination <-, -en> *f* MED (*Verklumpung von Blutbestandteilen*) agglutination

ag|glutinieren* *vi sein* MED agglutinate

Aggregat <-[e]s, -e> *nt* unit, set [of machines]; (*Stromaggregat*) power unit

Aggregationsfähigkeit *f kein pl* FIN aggregation potential

Aggregatzustand *m* CHEM state

Aggression <-, -en> *f* ① (*aggressive Gefühle*) aggression; **~en gegen jdn/etw empfinden** to feel aggressive [*or* aggression] towards sb/sth ② MIL (*Angriff*) aggression

AggressionspotenzialRR *nt* aggression potential **Aggressionsstau** *m* pent-up aggression **Aggressionsverhalten** *nt* BIOL aggressive behaviour [*or* AM -or]

aggressiv I. *adj* aggressive II. *adv* aggressively

Aggressivität <-, -en> [-vi-] *f* aggressiveness

Aggressor <-s, -ssoren> *m* (*geh*) aggressor

agieren* *vi* (*geh*) ■[**als etw**] ~ to act [*or* operate] [as sth]

agil *adj* (*geh*) ① (*beweglich*) agile ② (*geistig regsam*) mentally agile [*or* alert]

Agio <-s, -s> ['a:dʒio, 'aʒi̯o] *nt* FIN [exchange] premium; ~ **auf Anteile** share premium; ~ **auf Darlehen** loan premium

Agio-Rücklage *f* FIN share premium reserve

Agitation <-, -en> *f* agitation; ■~ **treiben** [*o* **betreiben**] to agitate

Agitator, -torin <-en, -toren> *m, f* agitator

agitatorisch *adj* agitative

agitieren* *vi* (*geh*) ■[**für jdn/etw**] ~ to agitate [for sb/sth]

Agnat <-en, -en> *m* JUR descendants of the same father's through males

Agnostiker(in) <-s, -> *m(f)* PHILOS agnostic

Agnostizismus <-> *m kein pl* PHILOS agnosticism

Agonie <-, -n> [*pl* -'ni:ən] *f* (*geh*) death throes *npl;* **in** ~ **liegen** [to be] in the throes of death; **in** [**letzter/tiefer**] ~ **liegen** (*geh*) to be in the [last] throes of death

agrar- *in Komposita* agricultural

Agrarfläche *f* agrarian land **Agrarfonds** *m* European Agricultural Guidance and Guarantee Fund, EAGGF **Agrargesellschaft** *f* agrarian [*or* agricultural] society **Agrarhandel** *m* agricultural trade **Agrarland** *nt* agricultural country **Agrar-**

markt *m* agraricultural market **Agrarmarktordnung** *f* JUR agricultural market regime **Agrarmarktrecht** *nt* JUR agricultural market law **Agrarminister(in)** *m(f)* agriculture minister, Minister for Agriculture BRIT, Agriculture Secretary AM, Secretary of Agriculture AM **Agrarordnung** *f* JUR agricultural regime **Agrarpolitik** *f* agricultural policy **Agrarrecht** *nt kein pl* JUR agricultural law **Agrarreform** *f* agricultural reform **Agrarstaat** *m* agrarian state **Agrarsubvention** *f* ÖKON, AGR agricultural subsidy **Agrarüberschüsse**[RR] *pl* ÖKON, AGR agricultural surplus **Agrarwirtschaft** *f* agricultural economy

Agrasel <-, -n> *nt* ÖSTERR (*Stachelbeere*) gooseberry

Agrobakterium <-s, -bakterien> *nt* BIOL agrobacterium

Agrochemie [-çe-] *f* agrochemistry, agricultural chemistry

Agronom(in) <-en, -en> *m(f)* agronomist

Agronomie <-> *f kein pl* study of agriculture, agronomy

Ägypten <-s> *nt* Egypt

Ägypter(in) <-s, -> *m(f)* Egyptian; ■~ **sein** to be [an] Egyptian

ägyptisch *adj* Egyptian

Ägyptologie <-> *f kein pl* Egyptology

ah *interj* ❶ (*sieh an*) ah, oh; *~, **jetzt verstehe ich*** ah, now I understand; *~, **da kommt ja unser Essen!*** oh look, here comes our food ❷ (*Ausdruck von Wohlbehagen*) mmm; *~, **das schmeckt lecker!*** mmm, that tastes lovely!

äh *interj* ❶ (*Pausenfüller*) er; *~, **lass mich mal nachdenken*** er, just let me think ❷ (*Ausdruck von Ekel*) ugh; *~, **was stinkt das denn hier so widerlich!*** ugh, what's the disgusting smell in here?

aha *interj* ❶ (*ach so*) aha, [ah,] I see; *~, **ich verstehe!*** aha, I understand [*or* see] ❷ (*sieh da*) look!

Aha-Erlebnis *nt* PSYCH aha experience [*or* moment], moment of sudden insight

Ahle <-, -n> *f* bodkin

Ahn <-[e]s *o* -en, -en> *m s.* **Ahne 1**

ahnden *vt* (*geh*) ■**etw** [**mit etw**] ~ to punish sth [with sth]

Ahne, Ahne <-n, -n> *m, f* ❶ (*geh: Vorfahre*) ancestor, forefather ❷ (*geh: Vorläufer*) forerunner

Ahne <-n, -n> *f* (*geh*) *fem form von* **Ahne** ancestress

ähneln *vt* ■**jdm/etw** ~ to resemble sb/sth; ***du ähnelst meiner Frau*** you remind me of my wife; ■**jdm** [**in etw** *dat*] ~ to resemble sb [in sth]; ***die Schwestern ~ sich in ihrem Aussehen*** the sisters resemble [*or* look like] each other [*or* one another] in appearance

ahnen **I.** *vt* ❶ (*vermuten*) ■**etw** ~ to suspect sth; ■~, **dass/was/weshalb ...** to suspect, that/what/why ...; ***na, ahnst du jetzt, wohin wir fahren?*** well, have you guessed where we're going yet? ❷ (*voraussehen*) ■**etw** ~ to have a premonition of sth ❸ (*er~*) ■**etw** ~ to guess [at] sth; ***das kann/konnte ich doch nicht ~!*** how can/could I know that?; **ohne es zu** ~ without suspecting, unsuspectingly; **ohne zu ~, dass/was** without suspecting, that/what; **etwas/nichts** [**von etw**] ~ to know something/nothing [about sth], to have an/no idea [about sth] *fam;* [***ach,***] ***du ahnst es nicht!*** (*fam*) [oh,] you'll never guess! *fam* **II.** *vi* (*geh: schwanen*) ■**jdm etw** ~ to have misgivings [*or* forebodings]; ***mir ahnt Schreckliches*** I have misgivings; ***mir ahnt da nichts Gutes*** I fear the worst

Ahnenforschung *f* genealogy **Ahnengalerie** *f* gallery of ancestral [*or* family] portraits **Ahnengemälde** *nt* ancestral painting **Ahnenreihe** *f* ancestral line **Ahnentafel** *f* genealogical table, family tree

Ahnfrau *f* (*veraltend*) *fem form von* **Ahne** ancestress **Ahnherr** *m* (*veraltend*) ancestor, forefather

Ahnin <-, -nen> *f* (*geh*) *fem form von* **Ahn** ancestress

ähnlich **I.** *adj* similar; ■~ **wie jd/etw sein** to be similar to [*or* like] sb/sth; ■[**etwas**] **Ähnliches** [something] similar; ***Ähnliches habe ich vorher noch nie gesehen*** I've never seen anything like it **II.** *adv* (*vergleichbar*) similarly; ■**jdm ~ sehen** to look like [*or* resemble] sb ▸ WENDUNGEN: **das sieht ihm/ihr** [**ganz**] **~!** (*fam*) that's just like him/her *fam,* that's him/her all over *fam* **III.** *präp +dat* ■~ **jdm/etw** like [*or* similar to] sb/sth

Ähnlichkeit <-, -en> *f* ❶ (*ähnliches Aussehen*) resemblance, similarity; ***man konnte eine gewisse ~ feststellen*** there was a certain similarity; ■~ **mit jdm/etw** similarity [*or* resemblance] to sb/sth; ***sie hat eine große ~ mit ihrem Vater*** she bears a great resemblance to her father ❷ (*Vergleichbarkeit*) similarity ❸ **mit jdm/etw ~ haben** (*ähnliche Züge*) to resemble sb/sth; ***du hast ~ mit ihr*** you resemble her; (*mit etw vergleichbar sein*) similar to sth

Ahnung <-, -en> *f* ❶ (*Vorgefühl*) foreboding, premonition; **~en haben** to have premonitions ❷ (*Vermutung*) suspicion, hunch *fam;* ***es ist eher so eine ~*** it's more of a hunch [than anything] *fam* ❸ (*Idee*) idea; **keine ~ haben** to have no idea; **keine blasse** [*o* **nicht die geringste**] **~ haben** (*fam*) to not have the faintest idea [*or* clue] *fam;* ***hast du/haben Sie eine ~, warum/was/wohin ...?*** (*fam*) do you know why/what/where ...?; ***hast du eine ~!*** (*iron fam*) that's what you think! *fam;* **eine ~** [**davon**] **haben, was** to have an idea what; **~/keine ~** [**von etw**] **haben** to understand/to not understand [sth]; ***man merkt gleich, dass sie ~ hat*** you can see straight away that she knows what she's talking about; **keine ~ haben, wie ...** to not have an idea how ...; **keine ~!** (*fam*) [I've] no idea! *fam,* [I] haven't [got] a clue *fam*

ahnungslos **I.** *adj* ❶ (*etw nicht ahnend*) unsuspecting ❷ (*unwissend*) ignorant, clueless **II.** *adv* unsuspectingly

Ahnungslose(r) *f(m) dekl wie adj* unsuspecting [person]; ***spiel nicht die ~*** don't play [*or* come] the innocent [with me] *fam*

Ahnungslosigkeit <-> *f* ❶ (*Arglosigkeit*) innocence, naivety ❷ (*Unwissenheit*) ignorance

ahoi *interj* ■**Boot ~!** ship ahoy!

Ahorn <-s, -e> *m* ❶ (*Baum*) maple [tree] ❷ (*Holz*) maple [wood]

Ahornblatt *nt* maple leaf **Ahornpresssaft**[RR] *m* maple sap **Ahornsirup** *m* maple syrup

Ähre <-, -n> *f* ❶ (*Samenstand*) ear, head ❷ (*Blütenstand*) spike ▸ WENDUNGEN: **~n lesen** to glean

Ährenachse *f* BOT rachilla **Ährenfeld** *nt* field [of corn] in the ear **Ährenfisch** *m* sand smelt, smelt, silverside

Aids <-> [eɪds] *nt Akr von* **Acquired Immune Deficiency Syndrom** Aids

Aidsaktivist(in) *m(f)* aids activist **Aidserreger** *m* Aids virus **Aidshilfe** *f* Aids relief **aidsinfiziert** *adj* infected with Aids *pred* **Aidsinfizierte(r)** *f(m) dekl wie adj* person infected with Aids **aidskrank** *adj* suffering from Aids *pred* **Aidskranke(r)** *f(m) dekl wie adj* person suffering from Aids, Aids sufferer **Aidstest** *m* Aids test **Aidsübertragung** *f* Aids transmission **Aidsvirus** *nt* Aids virus

Aikido <-> *nt kein pl* SPORT aikido

Aimara *nt* Aymara; *s. a.* **Deutsch**

Airbag <-s, -s> [ˈɛːɐbæk] *m* airbag

Airbagsensor *m* AUTO airbag sensor

Airbus [ˈɛːɐbʊs] *m* airbus

Ajatollah <-s, -s> *m* Ayatollah

Ajourarbeit [aˈʒuːɐ̯-] *f* open-work

Akademie <-, -en> [*pl* -ˈmiːən] *f* ❶ (*Fachhochschule*) college ❷ (*wissenschaftliche Vereinigung*) academy; **~ der Wissenschaften** academy of sciences

Akademiker(in) <-s, -> *m(f)* ❶ (*Hochschulabsolvent*) [college [*or* university]] graduate ❷ (*Hochschullehrkraft*) academic

akademisch **I.** *adj* ❶ (*von der Universität verliehen*) academic ❷ (*studentisch*) scholarly; **~es Proletariat** academic proletariat ❸ (*abstrakt*) theoretical, academic **II.** *adv* **~ gebildet sein** to be academically [*or* university] educated

Akazie <-, -n> [-tsi̯ə] *f* ❶ (*Acacia*) acacia ❷ (*Robinia pseudoacacia*) robinia, false acacia

Akelei <-, -en> *f* BOT columbine, aquilegia

Akipflaume *f* ackee

Akklamation <-, -en> *f* acclamation; **jdn per** [*o* **durch**] [*o* **mit**] **~ wählen** ÖSTERR, SCHWEIZ to elect sb by acclamation

akklimatisieren* *vr* ❶ (*sich gewöhnen*) ■**sich** [**an etw** *dat*] ~ to become acclimatized [to sth] ❷ (*sich einleben*) ■**sich** [**an etw** *akk*] ~ to become [*or* get] used to sth; ■**sich** [**bei jdm**] ~ to settle in [somewhere]

Akklimatisierung <-, -en> *f* acclimatization

Akkommodation <-, -en> *f* ❶ BIOL (*Anpassung*) accommodation ❷ REL (*Angleichung einer Religion*) adaptation, reconciliation

Akkord[1] <-[e]s, -e> *m* chord

Akkord[2] <-[e]s, -e> *m* piece-work; ■**im** [*o* **in**] [*o* **auf**] **~ arbeiten** to be on piece-work

Akkordarbeit *f* piece-work **Akkordarbeiter(in)** *m(f)* piece-worker

Akkordeon <-s, -s> *nt* accordeon

Akkordlohn *m* piece-work pay **Akkordschere** *f* ÖKON rate cutting **Akkordzuschlag** *m* piece-work bonus

akkreditieren* *vt* ■**jdn** [**bei etw**] [**als etw**] ~ to accredit sb [to sth] [as sth]; ■**akkreditiert** accredited; ■[**bei etw**] **~ sein** to be accredited [to sth]; ***sie ist beim Handelsministerium akkreditiert*** she is accredited to the ministry of trade

Akkreditierung <-, -en> *f* accreditation; ■**jds ~** [**bei etw**] sb's accreditation [to sth]

Akkreditiv <-s, -e> *nt* FIN [commercial] letter of credit; **unwiderrufliches ~** irrevocable letter of credit; **ein ~ eröffnen/zurückziehen** to issue/revoke a letter of credit

Akkreditivauftraggeber(in) *m(f)* HANDEL applicant

Akku <-s, -s> *m* (*fam*) *kurz für* **Akkumulator**

Akkulturation <-, -en> *f* SOZIOL acculturation

Akkumulation <-, -en> *f* (*Anhäufung*) accumulation

Akkumulationseffekt *m* ÖKON accumulation effect

Akkumulationsmittel *pl* ÖKON means of accumulation

Akkumulator <-s, -toren> *m* accumulator, [storage] battery

akkumulieren* **I.** *vt* ■**etw** ~ to accumulate sth **II.** *vr* ■**sich** ~ to accumulate

akkurat **I.** *adj* ❶ (*sorfältig*) meticulous; **~er Mensch** meticulous person ❷ (*exakt*) accurate, precise **II.** *adv* ❶ (*sorgfältig*) meticulously ❷ (*exakt*) accurately ❸ DIAL (*genau*) exactly

Akkusativ <-s, -e> *m* accusative [case]

Akkusativobjekt *nt* direct [*or* accusative] object

Akne <-, -n> *f* acne

Aknepustel *f* acne pustule

Akontozahlung *f* payment on account; ***eine ~ von 30 % auf den Kaufpreis*** a 30 % deposit on the asking price, a deposit [*or* down payment] of 30 % of the asking price

AKP *f Abk von* **Afrika, Karibik, Pazifik** ACP

AKP-Abkommen *nt* JUR ACP agreement **AKP-Länder** *pl* JUR ACP countries

AKP-Staaten *pl* ACP countries *pl* (*African, Caribbean and Pacific States*)

Akquisition <-, -en> *f* ❶ (*geh: Erwerbung*) acquisition ❷ ÖKON (*Kundenwerbung*) sales canvassing

Akribie <-> *f kein pl* (*geh*) [extreme] precision

akribisch **I.** *adj* (*geh*) [extremely] precise, meticulous; ■**etwas Akribisches** something [extremely] precise [*or* meticulous] **II.** *adv* (*geh*) [extremely] precisely, meticulously

Akrobat(in) <-en, -en> *m(f)* acrobat

Akrobatik <-> *f kein pl* ❶ (*Körperbeherrschung und Geschicklichkeit*) acrobatic skill ❷ SPORT (*Disziplin*) acrobatics + *sing vb*

akrobatisch *adj* acrobatic

Akronym <-s, -e> *nt* acronym

Akt[1] <-[e]s, -e> *m* ❶ (*Darstellung eines nackten*

Menschen*) nude [painting] ❷ (*geh: Geschlechts~*) sexual act ❸ (*Handlung*) act; ***ein ~ der Rache*** an act of revenge ❹ (*Zeremonie*) [ceremonial] act, ceremony ❺ (*Aufzug eines Theaterstücks*) act ❻ (*Zirkusnummer*) act ► WENDUNGEN: **das ist doch kein ~!** (*fam*) that's not much to ask *fam*

Akt² <-[e]s, -en> *m* ÖSTERR (*Akte*) file

Aktaufnahme *f* nude photograph **Aktbild** *nt* nude picture [*or* painting]

Akte <-, -n> *f* ❶ (*Unterlagen zu einem Vorgang*) file; ***die ~ Borgfeld*** the Borgfeld file ❷ (*Personalakte*) file, records ❸ **in die ~ kommen** to be entered into the/a [personal] file, to go on record [*or* file]; **zu den ~n kommen** to be filed away; **etw zu den ~n legen** (*etw ablegen*) to file sth away; (*etw als erledigt betrachten*) to lay sth to rest

Aktenauszug *m* JUR excerpt from the record; **einen ~ machen** to take an excerpt from the record **Aktenbeiziehung** *f* JUR consulting the records **Aktenberg** *m* (*fam*) mountain of files **Akteneinforderung** *f* JUR order for the return of a record **Akteneinsicht** *f* (*geh*) inspection of the files [*or* records] **Aktenexemplar** *nt* JUR record copy **Aktenkoffer** *m* attaché [*or* executive] case, briefcase

aktenkoffergroß *adj inv* the size of a briefcase *pred* **aktenkundig** *adj* ❶ (*mit dem Inhalt der Akte vertraut sein*) familiar with the records *pred* ❷ (*in Akten vermerkt*) on record ► WENDUNGEN: **sich ~ machen** to make oneself familiar with the records

Aktenlage *f* JUR status of the case, the record as it stands; **nach ~** on [the] record; **etw nach ~ entscheiden** to decide sth on the record **Aktenlagenentscheidung** *f* JUR ex officio decision **Aktenmappe** *f* ❶ (*Hefter für Akten*) folder ❷ (*schmale Aktentasche*) briefcase, portfolio **Aktennotiz** *f* memorandum **Aktenordner** *m* file **Aktenschrank** *m* filing cabinet **Aktentasche** *f* briefcase **Aktenvermerk** *m* memo, memorandum **Aktenvernichter** *m* shredder **Aktenvernichtung** *f* (*Zerreißen*) document [*or* file] shredding; (*Verbrennen*) document [*or* file] incineration **Aktenwidrigkeit** *f* JUR non-conformity with matters in the record **Aktenzeichen** *nt* file reference [number]

Akteur(in) <-s, -e> [ak'tøːɐ̯] *m(f)* ❶ (*geh: Handelnder*) player ❷ THEAT, FILM actor ❸ SPORT player

Aktfoto *nt* nude photograph **Aktfotografie** *f* nude photography

Aktie <-, -n> [-tsiə] *f* BÖRSE share; **ausgegebene ~n** issued shares; **gezeichnete ~n** subscribed shares; **[an der Börse] notierte ~** quoted [*or* listed] share; **stimmberechtigte/stimmrechtlose ~** voting/nonvoting share; **~n ausgeben** to issue shares; **neue ~n zeichnen** to subscribe to [*or* for] new shares; **~n zuteilen** to allocate shares; **die ~n stehen gut/schlecht** (*einen guten Kurs haben*) the shares are doing well/badly; (*fig: die Umstände sind vorteilhaft*) things are/aren't looking good ► WENDUNGEN: **wie stehen die ~n?** (*hum fam: wie geht's?*) how's it going?, BRIT *a.* how's tricks? *fam;* (*wie sind die Aussichten?*) what are the prospects?

Aktien-Agio *nt* BÖRSE premium on newly issued shares **Aktienaufgeld** *nt* BÖRSE premium on newly issued shares **Aktienausgabe** *f kein pl* BÖRSE share [*or* AM stock] issue **Aktienbank** *f* FIN, BÖRSE equity [*or* joint-stock] bank **Aktienbesitz** *m* BÖRSE shareholdings *pl* [*or* AM stockholdings] *pl;* **wechselseitiger ~** cross holdings *pl* of shares **Aktienbestand** *m* BÖRSE shareholding [*or* AM stockholding]; (*Inventar*) portfolio of shares [*or* AM stocks] **Aktienbeteiligung** *f* BÖRSE equity interest [*or* stake] **Aktienbezugsrecht** *nt* BÖRSE stock option **Aktienbezugsschein** *m* BÖRSE share [*or* AM stock] warrant **Aktienbörse** *f* BÖRSE stock exchange [*or* market] **Aktienbuch** *nt* BÖRSE share register **Aktienemission** *f* BÖRSE share [*or* AM stock] issue **Aktienemissionsagio** *nt* BÖRSE share- [*or* AM stock-]issue premium **Aktienfonds** *m* share [*or* equity] fund **Aktiengeschäft** *nt* ÖKON stock market dealings *pl* **Aktiengesellschaft** *f* ÖKON public limited company BRIT, [stock] corporation AM **Aktiengesetz** *nt* JUR Companies Act **Aktienindex** *m* share index **Aktienkapital** *nt* BÖRSE share [*or* equity] capital (*both authorized and unissued*) **Aktienkauf** *m* BÖRSE purchase of shares [*or* AM stock]; **~ mit/ohne Dividende** share cum/ex dividend **Aktienkurs** *m* share [*or* AM *a.* stock] price **Aktienkurseinbruch** *m* share price collapse [*or* slump] **Aktienmarkt** *m* stock market **Aktienmehrheit** *f* majority shareholding **Aktienminderheit** *f* JUR minority of shares [*or* shareholding] **Aktiennotierung** *f* JUR share quotation **Aktienoption** *f* BÖRSE share option **Aktienoptionshandel** *m* BÖRSE dealings *pl* in share options **Aktienpaket** *nt* BÖRSE block [*or* parcel] of shares; **ein ~ abstoßen** to unload a block of shares **Aktienplatzierung**^RR *f* BÖRSE placing of shares [*or* AM stocks] **Aktienportefeuille** *nt* BÖRSE share [*or* AM stock] portfolio **Aktienrecht** *nt kein pl* JUR company law BRIT, [stock] corporation law AM; **Aktien- und Depotrecht** law on shares and portfolios **aktienrechtlich** *adj inv* JUR as established in company law, company law *attr* **Aktienrendite** *f* BÖRSE yield on shares [*or* AM stocks] **Aktienrückkauf** *m* BÖRSE redemption of shares [*or* AM stocks] **Aktiensplitting** *f* BÖRSE (*Vorgang*) share [*or* AM stock] splitting; (*Ergebnis*) share [*or* AM stock] split **Aktienstreuung** *f* BÖRSE dispersal of stock ownership AM **Aktientausch** *m* BÖRSE share [*or* AM stock] exchange **Aktienübernahme** *f* BÖRSE stock takeover **Aktienübernahmeangebot** *nt* BÖRSE stock takeover offer **Aktienübertragung** *f kein pl* BÖRSE transfer of shares [*or* AM stocks] **Aktienzeichnung** *f* BÖRSE subscription for shares [*or* AM stocks] **Aktienzeichnungsvertrag** *m* JUR subscription contract **Aktienzertifikat** *nt* BÖRSE share [*or* AM stock] certificate; **~e verpfänden** to pledge share certificates **Aktienzuteilung** *f* BÖRSE share [*or* AM stock] allotment

Aktin <-s, -e> *nt* BIOL actin

Aktion <-, -en> *f* ❶ (*Handlung*) act, action ❷ (*Sonderverkauf*) sale ❸ (*Militär~, Werbe~*) campaign ❹ **in ~ sein** to be [constantly] in action; **in ~ treten** to act, to go [*or* come] into action

Aktionär(in) <-s, -e> *m(f)* FIN shareholder, AM *a.* stockholder

Aktionärsbuch *nt* BÖRSE register of shareholders [*or* AM stockholders] **Aktionärshauptversammlung** *f* JUR general meeting of shareholders; **Einberufung der ~** calling of a shareholders meeting **Aktionärsrechte** *pl* JUR shareholder's [*or* AM stockholder's] rights **Aktionärsstimmen** *pl* shareholders' votes *pl* **Aktionärsstimmrecht** *nt* BÖRSE shareholder's [*or* AM stockholder's] voting right **Aktionärsversammlung** *f* ÖKON shareholders' [*or* AM *a.* stockholders'] meeting **Aktionärsverzeichnis** *nt* BÖRSE register of shareholders [*or* AM stockholders]

Aktionismus <-> *m* (*pej: übertriebener Tätigkeitsdrang*) excessive desire for action

Aktionsbündnis *nt* alliance for action **aktionsfähig** *adj* ❶ (*fam: in der Lage, zu agieren*) capable of action *pred* ❷ MIL (*kampffähig*) ready [*or* fit] for action *pred* **Aktionsgemeinschaft** *f* united action **Aktionskomitee** *nt* action committee **Aktionsplan** *m* plan of action **Aktionspreis** *m* special offer **Aktionsprogramm** *nt* programme [*or* AM -am] of action **Aktionsradius** *m* ❶ (*Reichweite*) radius [*or* range] of action ❷ (*Wirkungsbereich*) sphere of activity; ***diese Abteilung ist ab heute Ihr neuer ~*** this department is your new domain from today ❸ AUTO operating range **Aktionstag** *m* day of action **aktionsunfähig** *adj* ❶ (*nicht in der Lage, zu agieren*) incapable of action *pred* ❷ MIL (*nicht kampffähig*) not ready [*or* fit] for action *pred;* ■**etw ~ machen** to render sth unfit for action, to stand sth down **Aktionswoche** *f* week of action

aktiv I. *adj* ❶ (*rührig, praktizierend*) active; ■**in etw** *dat* **~ sein** to be active in sth ❷ (*im Militärdienst befindlich*) serving; **~e Laufbahn** [professional] career ❸ (*berufstätig*) working ❹ ÖKON **~e Dollarbilanz** favourable balance for the dollar; **~e Zahlungsbilanz** favourable balance of payments II. *adv* ❶ (*tatkräftig*) actively ❷ (*als ~er Soldat*) ■ **~ dienen** to serve

Aktiv <-s, *selten* -e> *nt* LING active [voice]

Aktiva [-va] *pl* ÖKON assets; **~ und Passiva** assets and liabilities

Aktive(r) [-və, -vɐ] *f(m) dekl wie adj* active participant

Aktivgeschäft *nt* ÖKON *einer Bank* lending business

aktivieren* [-'viː-] *vt* ❶ (*anspornen*) ■**jdn ~** to stimulate sb, to get sb moving [*or fam* going] ❷ (*aktiver gestalten*) ■**etw ~** to intensify sth, to step sth up ❸ MED (*stimulieren*) ■**etw ~** to stimulate sth ❹ (*in Gang setzen*) ■**etw ~** to activate sth; **einen Prozess ~** to set a process in motion

Aktivierung <-, -en> *f* ❶ (*Anregen zu vermehrter Tätigkeit*) activation; ***dieses Mittel dient zur ~ der körpereigenen Abwehrkräfte*** this preparation serves to activate the body's defences ❷ CHEM, PHYS activation ❸ ÖKON activation, improvement; *von Bilanz* carrying as assets; **die ~ des Außenhandels** achievement of an export surplus ❹ FIN capitalization

aktivierungsfähig *adj* FIN ... may be capitalized *nach n* **Aktivierungspflicht** *f* FIN mandatory inclusion as assets **aktivierungspflichtig** *adj* FIN capitalized; **nicht ~** non-capitalized **Aktivierungsverbot** *nt* JUR, FIN prohibited inclusion as assets **Aktivierungswahlrecht** *nt* FIN optional inclusion as assets

Aktivist(in) <-en, -en> [-'vɪst] *m(f)* (*aktiver Mensch*) active person; (*politisch aktiver Mensch*) politically active person, activist

Aktivität <-, -en> [-vi-] *f* ❶ (*Tätigkeit*) activity ❷ BIOL (*Funktion*) function ❸ (*Strahlung*) [radio]activity ❹ **~/~en entfalten** to be active

Aktivkohle *f* CHEM activated carbon **Aktivkonten** *pl* FIN assets account **Aktivlautsprecher** *m* active box **Aktivlegitimation** *f* JUR capacity to sue; **mangelnde ~** incapacity to sue as the proper party; **~ für Nichtigkeitsklagen** capacity to sue in petty cases **Aktivposten** *m* ÖKON asset **Aktivsaldo** *m* FIN active balance; **~ im Waren- und Dienstleistungsverkehr** surplus on trade and services; **~ aufweisen** to show an active balance **Aktivschulden** *pl* FIN accounts payable **Aktivurlaub** *m* activity holiday **Aktivvermögen** *nt* FIN assets *pl* **Aktivzinsen** *pl* FIN interest due

Aktmalerei *f* nude painting **Aktmodell** *nt* nude model

aktualisieren* *vt* ■**etw ~** to bring sth up-to-date, to update sth; ■**aktualisiert** up-to-date, updated

Aktualisierung <-, -en> *f* INFORM update

Aktualität <-, -en> *f* ❶ (*Gegenwartsinteresse*) topicality ❷ *pl* (*geh: aktuelle Ereignisse*) current events

Aktuar(in) <-s, -e> *m(f)* SCHWEIZ (*Schriftführer*) secretary

aktuell *adj* ❶ (*gegenwärtig*) topical; **die ~sten Nachrichten** the latest news; **~e Vorgänge** current events; ■**Aktuelles** topicalities, news; ***Aktuelles findet man nur in der Tageszeitung*** it is only possible to find the latest [*or* most up-to-date] news in a daily newspaper ❷ (*gegenwärtig*) current; **~e Kaufkraft** real purchasing power ❸ (*modern*) latest; ***solche Schuhe sind schon lange nicht mehr ~*** shoes like that haven't been in fashion for ages

Aktzeichnung *f* nude drawing

Akupressur <-, -en> *f* acupressure

Akupunkteur(in) <-s, -e> [akupʊŋk'tøːɐ̯] *m(f)* acupunturist

akupunktieren* I. *vt* ■**jdn ~** to perform acupuncture on sb II. *vi* to [perform] acupunture

Akupunktur <-, -en> *f* acupuncture

Akupunkturpunkt *m* acupuncture point

Akustik <-> *f kein pl* ❶ (*akustische Verhältnisse*) acoustics + *pl vb;* ***der Raum hat eine gute ~*** the room has good acoustics (2) (*Lehre vom Schall*) acoustics + *sing vb*

Akustikkoppler *m* TECH, INFORM acousting coupler **Akustikplatten** *pl* BAU acoustic tiles *pl*

akustisch I. *adj* acoustic II. *adv* acoustically; ***ich habe dich rein ~ nicht verstanden*** I just didn't hear [*or* catch] what you said

akut *adj* (1) MED (*plötzlich auftretend*) acute (2) (*dringend*) pressing, urgent; **~er Mangel** acute shortage [*or* lack]; ■ **etwas Akutes** something pressing [*or* urgent]

Akut <-[e]s, -e> *m* LING acute [accent]

AKW <-s, -s> *nt Abk von* **Atomkraftwerk**

Akzent <-[e]s, -e> *m* (1) (*Aussprache*) accent; **einen bestimmten ~ haben** to have a certain [type of] accent; **mit ~ sprechen** to speak with an accent (2) LING (*Zeichen*) accent (3) (*Betonung*) stress (4) (*Schwerpunkt*) accent, emphasis; **den ~ auf etw** *akk* **legen** to emphasize [*or* accentuate] sth; **~e setzen** (*Vorbilder schaffen*) to set [new] trends; (*akzentuiert in bestimmter Weise*) to emphasize [*or* stress] sth

akzentfrei I. *adj* without an [*or* any] accent *pred;* ■ **~ sein** to have no accent II. *adv* without an [*or* any] accent

akzentuieren* *vt* (*geh*) (1) (*betonen*) ■ **etw ~** to emphasize sth (2) (*hervorheben*) ■ **etw ~** to accentuate sth

Akzept <-[e]s, -e> *nt* FIN [letter of] acceptance; **einen Wechsel mit ~ versehen** to provide a bill with acceptance

akzeptabel *adj* acceptable; ■ **[für jdn] ~ sein** to be acceptable [to sb]; ■ **etwas Akzeptables** something acceptable

Akzeptant(in) <-en, -en> *m(f)* FIN acceptor

Akzeptanz <-> *f* acceptance

akzeptfähig *adj* FIN negotiable

Akzepthergabe *f* FIN giving of an acceptance

akzeptieren* I. *vt* ■ **etw ~** to accept sth II. *vi* to accept

Akzeptkredit *m* FIN acceptance credit **Akzeptkreditbank** *f* FIN acceptance bank **Akzeptverweigerung** *f* FIN nonacceptance

Akzessorietät <-> *f* JUR accessoriness

Akzidenzdruckerei *f* commercial [*or* jobbing] printer

AL <-, -s> *f Abk von* **Alternative Liste** electoral pact of alternative political groups

à la *adv* (1) KOCHK (*nach Art von*) à la, after the manner of (2) LIT (*nach jds Art*) in the manner [*or* style] of sb

Alabaster <-s, -> *m* alabaster

Alant <-[e]s, -e> *m* BOT **Echter ~** elecampane, inula helenium

Alarm <-[e]s, -e> *m* (1) (*Warnsignal*) alarm; ■ **~ schlagen** [*o* **geben**] to sound [*or* raise] the alarm (2) MIL (*Alarmzustand*) alert; ■ **~ sein** to be on alert; ■ **bei ~** during an alert; ■ **~!** alert!, action stations!

Alarmanlage *f* alarm [system] **alarmbereit** *adj* on stand-by *pred* **Alarmbereitschaft** *f* stand-by; ■ **~ haben** to be on stand-by; ■ **in ~ sein** [*o* **stehen**] to be on stand-by; **jdn/etw in ~ versetzen** to put sb/sth on stand-by **Alarmfunktion** *f* alarm function **Alarmglocke** *f* alarm bell ▶ WENDUNGEN: **bei jdm geht die ~** (*fam*) sb sees the warning signs

alarmieren* *vt* (1) (*zum Einsatz rufen*) ■ **jdn ~** to call sb out (2) (*aufschrecken*) ■ **jdn ~** to alarm sb

alarmierend *adj* alarming

Alarmsignal *nt* alarm signal; **bei jdm/etw ein ~ auslösen** to alert sb/sth **Alarmstufe** *f* state of alert **Alarmübung** *f* practice alert **Alarmvorrichtung** *f* alarm [device] **Alarmzustand** *m* alert; ■ **im ~ sein** to be on the alert [*or* stand-by]; **jdn in den ~ versetzen** to put sb on the alert, stand-by

Alaun <-s, -e> *m* CHEM alum

Alb¹ <-> *f kein pl* **die [Schwäbische] ~** the Swabian Alps

Alb^RR2 <-[e]s, -e> *m meist pl* (1) (*veraltend geh: Albtraum*) nightmare (2) (*veraltet: Nachtmahr*) spectre [*or* AM -er]

Albaner(in) <-s, -> *m(f)* Albanian; *s. a.* **Deutsche(r)**

Albanien <-s> *nt* Albania; *s. a.* **Deutschland**

albanisch *adj* Albanian; *s. a.* **deutsch**

Albanisch *nt dekl wie adj* Albanian; *s. a.* **Deutsch**

Albanische *nt* ■ **das ~** Albanian; *s. a.* **Deutsche**

Albatros <-, -se> *m* albatross

Albdruck^RR <*selten* -drücke> *m* (*schwere seelische Bedrückung*) nightmare ▶ WENDUNGEN: **wie ein ~ auf jdm lasten** to weigh heavily on sb [*or* sb's mind]

Alben *pl von* **Album**

Alberei <-, -en> *f* (1) (*Benehmen*) silliness (2) (*Tat*) silly prank

albern¹ I. *adj* (1) (*kindisch*) childish, puerile (2) (*lächerlich, unbedeutend*) laughable, trivial II. *adv* childishly

albern² *vi* to fool around

Albernheit <-, -en> *f* (1) (*kindisches Wesen*) childishness (2) (*Lächerlichkeit, Unbedeutsamkeit*) triviality (3) (*kindische Handlung*) tomfoolery (4) (*lächerliche Bemerkung*) silly remark

Albinismus <-> *m kein pl* BIOL, MED albinism

Albino <-s, -s> *m* albino

Albtraum^RR *m* nightmare

Album <-s, Alben> *nt* album

Albumin <-s, -e> *nt* BIOL, MED albumin

Alchimie <-> *f*, **Alchemie** <-> *f bes* ÖSTERR alchemy

Alchimist(in) <-en, -en> *m(f)*, **Alchemist(in)** <-en, -en> *m(f) bes* ÖSTERR alchemist

Aldehyd <-s, -e> *nt* CHEM (*Verbindung von Alkoholen mit Sauerstoff*) aldehyde

al dente *adj* [*of pasta*] *tender but still firm when bitten*, al dente

Alemanne, Alemannin <-n, -n> *m, f* Aleman

alemannisch *adj* LING Alemannic

Alevit(in) <-en, -en> *m(f)* REL Alevite

Alfa <-[s], -s> *nt s.* **Alpha** alfa [grass]

Alfalfasprossen *pl* alfalfa sprouts

Algarve <-> *f kein pl* GEOG Algarve

Alge <-, -n> *f* alga

Algebra <-> *f* algebra; **boolsche ~** Boolean algebra

Algebraiker(in) <-s, -> *m(f)* MATH algebraist

algebraisch *adj* algebraic

Algenblüte *f* algal bloom **Algenpest** *f* ÖKOL plague of algae

Algerien <-s> *nt* Algeria; *s. a.* **Deutschland**

Algerier(in) <-s, -> *m(f)* Algerian; *s. a.* **Deutsche(r)**

algerisch *adj* Algerian; *s. a.* **deutsch**

Algier <-s> [-ʒiːɐ̯] *nt* Algiers

algorithmisch *adj* algorithmic

Algorithmus <-, -men> *m* algorithm

alias *adv* alias, otherwise known as

Aliasadresse *f* INFORM alias address **Aliasname** *nt* INFORM alias

Alibi <-s, -s> *nt* (1) (*Aufenthaltsnachweis zur Tatzeit*) alibi (2) (*Vorwand*) excuse

Alibifrau *f* token woman **Alibifunktion** *f* use as an alibi [*or* excuse]; ■ **[nur] ~ haben** to [only] serve as an alibi [*or* excuse] **Alibipolitik** *f* token policy

Alien <-, -s> [ˈeːli̯ən] *m* alien

Alimente *pl* maintenance *no pl*, alimony *no pl* AM

Alimentenbeschluss^RR *m* JUR affiliation order **Alimentenklage** *f* JUR bastardy [*or* maintenance] action **Alimentenprozess^RR** *m* JUR maintenance [*or* BRIT affiliation] proceedings *pl*

Aliudlieferung *f* JUR delivery of goods other than those ordered

Alk¹ <-s> *m kein pl* (*pej sl*) alcohol

Alk² <-en, -en> *m* ORN auk

Alkali <-s, -lien> [*pl* -li̯ən] *nt* alkali

alkalisch *adj* alkaline

Alkaloid <-[e]s, -e> *nt* alkaloid

Alkohol <-s, -e> *m* alcohol; **jdn unter ~ setzen** (*sl*) to get sb drunk [*or* BRIT *vulg a.* pissed]; **unter ~ stehen** (*geh*) to be under the influence [of alcohol]

alkoholarm *adj* low alcohol, low in alcohol *pred* **Alkoholdelirium** *nt* alcoholic delirium **Alkoholeinfluss^RR** *m* (*geh*) influence of alcohol; **unter ~ stehen** to be under the influence of alcohol [*or* BRIT *a.* drink] **Alkoholeinwirkung** *f* influence of alcohol **Alkoholembryopathie** <-> *f kein pl* MED alcohol embryopathy **Alkoholexzess^RR** *m* excessive drinking **Alkoholfahne** *f* (*fam*) alcohol breath; ■ **eine ~ haben** to smell of alcohol [*or* drink], to have alcohol breath **alkoholfrei** *adj* non-alcoholic, alcohol-free **Alkoholgegner(in)** *m(f)* teetotaler BRIT, teetotaller AM, *esp* AM prohibitionist **Alkoholgehalt** *m* alcohol[ic] content **Alkoholgenuss^RR** *m* (*geh*) consumption of alcohol **alkoholhaltig** *adj* alcoholic

Alkoholika *pl* alcoholic drinks

Alkoholiker(in) <-s, -> *m(f)* alcoholic; **~ sein** to be [an] alcoholic; **Anonyme ~** Alcoholics Anonymous

alkoholisch *adj* alcoholic

alkoholisiert I. *adj* (*geh*) inebriated II. *adv* (*geh*) inebriatedly; ***wer ~ Auto fährt, macht sich strafbar*** anyone who drives in an inebriated state is open to prosecution, drunk drivers are liable to prosecution *fam*

Alkoholismus <-> *m* alcoholism

Alkoholkonsum *m* consumption of alcohol **alkoholkrank** *adj inv* alcoholic **Alkoholmessgerät^RR** *nt* alcoholometer, breathalyser BRIT *fam*, Breathalyzer® AM **Alkoholmissbrauch^RR** *m kein pl* alcohol absue **Alkoholpegel** *m* (*hum*), **Alkoholspiegel** *m* level of alcohol in one's blood, Blood-alcohol level **Alkoholschmuggel** *m kein pl* alcohol smuggling, smuggling of alcohol **Alkoholsteuer** *f* duty [*or* tax] on alcohol **alkoholsüchtig** *adj* MED alcoholic, addicted to alcohol **Alkoholsüchtige(r)** *f(m) dekl wie adj* alcoholic **Alkoholsünder(in)** *m(f)* (*fam*) [convicted] drunk driver *fam* **Alkoholtest** *m* breath test, fam **Alkoholunfall** *m* accident due to alcohol consumption **Alkoholverbot** *nt* ban on alcohol, *esp* AM prohibition **Alkoholvergiftung** *f* alcohol[ic] poisoning **Alkoholwirkung** *f* effect of alcohol

all *pron indef* all; ■ **~ jds ...** all sb's ....; ***sie gab ihnen ~ ihr Geld*** she gave them all her money; ■ **~ der/die/das/dies ...** all the/this ...; **~ *die Zeit*** all the time; **~ *dies soll umsonst gewesen sein?*** all this was for nothing?

All <-s> *nt kein pl* space

allabendlich I. *adj* regular evening *attr;* **der ~e Spaziergang** the regular evening walk II. *adv* every evening

Allah <-s> *m* REL Allah

allbekannt *adj* universally known

alldem *pron s.* **alledem**

alle *adj pred* (*fam*) (*gegessen*) ■ **~ sein** to be all gone [*or* finished]; ***der Kuchen ist ~!*** the cake is all gone [*or* finished]; **etw ~ machen** to finish sth off *sep* ▶ WENDUNGEN: **jdn ~ machen** (*sl*) to do sb in *sl;* ***ich bin ganz ~*** I'm exhausted [*or* finished]

alle(r, s) *pron indef* (1) *attr* (*mit Singular*) all; ***er hat ~s Geld verloren*** he's lost all his money; [***ich wünsche dir***] ***~s Gute*** [I wish you] all the best; (*mit Plural*) all, all the; ***ich bitte ~e Anwesenden*** I call on all those present (2) *substantivisch* ■ **~** all of you, everyone, all of them; ***und damit sind ~ gemeint*** and that means everyone; ***das sind aber viele Bücher, hast du sie ~ gelesen?*** that's a lot of books, have you read them all?; ***von den Röcken haben mir ~ nicht gefallen*** I didn't like any of the dresses; ***ihr seid ~ beide Schlitzohren!*** you're both a couple of crafty devils!; ***wir haben ~ kein Geld mehr*** none of us have any money left; **zum Kampf ~r gegen ~ kommen** to turn into a free for all; ■ **~ die[jenigen], die** all of those, who, everyone, who (3) *substantivisch* (*~ Dinge*) ■ **alles** everything; ***ist das schon ~s?*** is that everything [*or* *fam* it]? (4) *substantivisch* (*insgesamt*) ■ **alles** all [that]; ***das ist doch ~s Unsinn*** that's all nonsense; ***das geht dich doch ~s nichts an!*** that's nothing at all to do with you! (5) *substantivisch* (*fam:* ~) ■ **alles** everyone; ***so, nun aber ~s ab ins Bett!*** right, everyone [*or* all [of you]] off to bed now!; ***bitte ~s aussteigen!*** all change, please! (6) (*bei Zeit und Maßangaben*) every; ~ **fünf Minuten** every five minutes; **das ist ~s** that's everything [*or* all]; ***das kann doch nicht ~s sein*** that can't be everything [*or fam* it]; ***soll das schon ~s gewesen sein?*** was that everything [*or fam* it]?; ~ **auf einmal** [everyone] all at once; ***redet nicht ~ auf einmal*** don't all speak at once; ~ ***auf einmal passen nicht durch die Tür*** everyone won't fit through the door [all] at the same time; **in ~m** in everything; **~s in ~m** (*insgesamt betrachtet*) all in all; (*zusammengerechnet*) in all; **trotz ~m** in spite of everything; **über ~s** above all else; **vor ~m** (*insbesondere*) above all; (*hauptsächlich*) primarily; **was ... ~s** (*fam*) ***was habt ihr im Urlaub so ~s gemacht?*** what did you get up to on holiday?; ***was er ~s so weiß*** the things he knows; ***was sie ~s nicht kann*** the things she can do; **~s, was** (*~ Dinge*) everything that; (*das Einzige*) all [that]; ***~s, was jetzt noch zählt, ist Einigkeit*** all that matters now is unity; ***~s, was ich weiß, ist ...*** all I know is that ...; ***wer war ~s da?*** who was there? ▶ WENDUNGEN: [**wohl**] **nicht mehr ~ haben** (*fam*) to be mad; ***hast du/hat er/sie sie noch ~?*** (*fam*) are you/is he/she mad?; ~ **für einen und einer für ~** all for one and one for all; **~s und jedes** anything and everything

alledem *pron* all that; **bei/trotz ~** even so, in spite of that; **zu ~** on top of [all] that; **nichts von ~** none of it

Allee <-, -n> [*pl* -eːən] *f* avenue, tree-lined walk

Allegorie <-, -n> [*pl* -iːən] *f* allegory

allegorisch *adj inv* allegorical

Allegro <-s, -s *o* Allegri> *nt* allegro

allein, alleine (*fam*) **I.** *adj pred* ❶ (*ohne andere*) alone; **jdn ~ lassen** to leave sb alone; ***wir sind jetzt endlich ~*** we're on our own at last; ***sind Sie ~ oder in Begleitung?*** are you by yourself or with someone? ❷ (*einsam*) lonely ❸ (*ohne Hilfe*) on one's own; **auf sich** *akk* **~ angewiesen** [*o* **gestellt**] **sein** to be on one's own, to be left to one's own resources; **für sich ~** by oneself, on one's own; ***er arbeitet lieber für sich ~*** he prefers to work alone ▶ WENDUNGEN: **für sich ~** [**genommen**] in itself; ***dieser Vorfall ist, für sich ~ genommen, schon schwer wiegend genug*** this incident is in itself serious enough **II.** *adv* ❶ (*bereits*) just; ~ ***das Ausmaß der Schäden war schon schlimm genug*** the extent of the damage alone was bad enough; ~ ***der Gedanke daran*** the mere [*or* very] thought of it ❷ (*ausschließlich*) exclusively; ***das ist ganz ~ dein Bier!*** that's up to you!; ***das ist ~ deine Entscheidung*** it's your decision [and yours alone]; **die ~ selig machende Kirche/Lehre** the only true church/teaching ❸ (*ohne Hilfe*) single-handedly, on one's own, by oneself; ***unser Jüngster kann sich schon ~ anziehen*** our youngest can already dress himself [*or* get dressed by himself]; **eine ~ erziehende Mutter/ein ~ erziehender Vater** a single mother/a single father; **~ erziehend sein** to be a single parent; **von ~** by itself/oneself; ***ich wäre auch von ~ darauf gekommen*** I would have thought of it myself ❹ (*unbegleitet*) unaccompanied; (*isoliert*) alone; ***das Haus liegt ganz für sich ~*** the house is completely isolated; **~ gelassen** left on one's own; **sich** [**sehr/ganz**] **~ gelassen fühlen** to feel abandoned; **~ stehend** single, unmarried ▶ WENDUNGEN: **nicht ~ ..., sondern auch ...** not only [*or* just] ..., but also ...

Alleinaktionär(in) *m(f)* FIN sole shareholder [*or* AM stockholder] **Alleinauftrag** *m* HANDEL exclusive order **Alleinbelieferungspflicht** *f* HANDEL exclusive order to supply **alleinberechtigt** *adj* JUR exclusively entitled; **~ sein etw zu tun** to have the exclusive right to do sth **Alleinberechtigung** *f* JUR sole [*or* exclusive] right **Alleinbetriebsrecht** *nt* JUR operating monopoly **Alleinbezug** *m* JUR exclusive sourcing **Alleinbezugsvertrag** *m* JUR exclusive supply contract **Alleineigentümer(in)** *m(f)* JUR sole proprietor [*or* owner] **Alleinerbe, -erbin** *m, f* sole heir *masc* [*or fem* heiress]; ***er war ~*** he was the sole heir **alleinerziehen*** *vt irreg s.* **allein II 3** **alleinerziehend** *adj inv, attr s.* **allein II 3** **Alleinerziehende(r)** *f(m) dekl wie adj* single parent **Alleinflug** *m* solo flight **Alleingang** <-gänge> *m* (*fam*) solo effort; **etw im ~ machen** to do sth on one's own **alleingelassen** **I.** *pp von* **allein lassen** **II.** *adj inv s.* **allein II 4** **Alleinherrschaft** *f* POL absolute power **Alleinherrscher(in)** *m(f)* (*geh*) absolute ruler, autocrat, dictator

alleinig **I.** *adj attr* sole **II.** *adv* (*geh*) solely

Alleinlebende(r) *f(m) dekl wie adj* single person **Alleinlizenz** *f* HANDEL exclusive licence [*or* AM -se] **Alleinrechte** *pl* JUR exclusive rights **Alleinsein** *nt kein pl* solitariness; (*Einsamkeit*) loneliness; ***manchen Menschen macht das ~ nichts aus*** some people don't mind being alone **alleinseligmachend** *adj s.* **allein II 2** **Alleinsorge** *f* (*sl: alleiniges Sorgerecht*) sole custody **alleinstehend** *adj s.* **allein II 4** **Alleinstehende(r)** *f(m) dekl wie adj* unmarried person **Alleinunterhalter(in)** *m(f)* solo entertainer **Alleinverkaufsrecht** *nt* JUR exclusive right of sale; **das ~ für etw haben** to have exclusive selling rights for sth **Alleinverschulden** *nt kein pl* JUR sole and exclusive fault **Alleinvertreter(in)** *m(f)* HANDEL sole agent [*or* distributor] **Alleinvertretung** *f* ÖKON sole and exclusive agency [*or* representation]; **die ~ einer Firma haben** to be the sole representative of a firm **Alleinvertretungsbefugnis** *f* JUR exclusive representation **alleinvertretungsberechtigt** *adj inv* JUR **~ sein** to have sole power of representation **Alleinvertretungsrecht** *nt* JUR sole power of representation **Alleinvertretungsvertrag** *m* HANDEL exclusive agency contract; (*Verkaufsvertrag*) exclusive sales agreement **Alleinvertrieb** *m* ÖKON exclusive marketing; ***in diesem Bezirk hat er den ~ von Mercedes*** he's the sole distributor of Mercedes in this area **Alleinvertriebsabkommen** *nt* JUR exclusive sales contract **Alleinvertriebsrecht** *nt* HANDEL exclusive distribution right **Alleinvertriebsvertrag** *m* JUR exclusive distribution [*or* dealing] agreement

allel *adj inv, attr* BIOL allele

Allel <-s, -e> *nt* BIOL allele

allemal *adv* ❶ (*ohne Schwierigkeit*) without any trouble; ***was er kann, kann ich ~*** whatever he can do, I can do, too; **~!** definitely ❷ (*in jedem Fall*) always; **ein für ~** once and for all

allenfalls *adv* at [the] most, at best

allenthalben *adv* (*geh*) everywhere

aller- *in Komposita mit superl ...* of all; **die A~schönste .../der A~größte ...** the most beautiful/the biggest of all **alleraller-** *in Komposita mit superl* (*fam*) **der/die/das A~schnellste/A~größte ...** the very fastest/biggest ... *childspeak*

allerbeste(r, s) *adj* very best; ***ich wünsche Dir das Allerbeste*** I wish you all the best; ■ **es ist das A~** [*o* **am A~n**], **etw zu tun** it's best to do sth; ***es ist das A~, in diesem Fall zu schweigen*** it's best to keep quiet in this case

allerdings *adv* ❶ (*jedoch*) although, but; ***ich rufe dich an, ~ erst morgen*** I'll call you, although [*or* but] not till tomorrow ❷ (*in der Tat*) definitely, indeed *form*; **~!** indeed!, AM *a.* you bet! *fam*; ***hast du mit ihm gesprochen? — ~!*** did you speak to him? — I certainly did!

allererste(r, s) *adj* the [very] first; ***Zähneputzen ist morgens das A~, was er tut*** the first thing he does in the morning is clean his teeth; ■ **als A~r** the first; ■ **als A~s** first of all **allerfrühestens** *adv* at the [very] earliest

allergen **I.** *adj* MED allergenic **II.** *adv* as an allergen; **~ wirken** to have an allergenic effect

Allergen <-s, -e> *nt* MED allergen

Allergie <-, -n> [*pl* -iːən] *f* allergy; **~ auslösend** allergenic; **eine ~** [**gegen etw**] **haben** to have an allergy [to sth]

allergieauslösend *adj inv s.* **Allergie** **allergiegetestet** *adj inv* allergy-tested **Allergietest** *m* allergy test

Allergiker(in) <-s, -> *m(f)* person suffering from an allergy

allergisch **I.** *adj* allergic; ■ **~ gegen etw sein** to be allergic to sth **II.** *adv* ❶ MED **~ bedingt** caused by an allergy; **~** [**auf etw** *akk*] **reagieren** to have an allergic reaction [to sth] ❷ (*abweisend*) **~ auf etw** *akk* **reagieren** to get hot under the collar about sth

Allergologe, Allergologin <-n, -n> *m, f* allergist

Allergologie <-> *f kein pl* allergology

allerhand *adj inv* (*fam*) all sorts of; **~ Auswahl** enormous choice; (*ziemlich viel*) a great deal [*or fam* masses] of; ***ich habe noch ~ zu tun*** I've still got so much [*or fam* masses] [*or fam* tons] to do ▶ WENDUNGEN: **das ist ja** [*o* **doch**] **~!** that's a bit rich! [*or* AM much]; [**das ist**] **~!** Oh my God!, Good heavens! [*or dated* Lord]

Allerheiligen <-s> *nt* All Saints' Day

Allerheiligste(s) *nt dekl wie adj* REL ❶ (*jüdisch*) Holy of Holies ❷ (*katholisch*) Blessed Sacrament **allerhöchste(r, s)** *adj* highest; **die ~ Belastung** the maximum load; **der ~ Betrag** the highest sum ever; **die ~ Geschwindigkeit** the maximum speed; **die ~ Instanz** the supreme authority **allerhöchstens** *adv* ❶ (*allenfalls*) at the most ❷ (*spätestens*) at the latest; ***in ~ 4 Minuten explodiert hier alles!*** in no later than 4 minutes everything here will explode!

allerlei *adj inv* ❶ *substantivisch* (*viel*) a lot, loads *fam*; ***ich muss noch ~ erledigen*** I still have a lot [*or fam* loads] to do ❷ *attr* (*viele Sorten*) all sorts of

Allerlei <-s, *selten* -s> *nt* all sorts [*or* kinds] of things; **ein ~ an etw** all sorts of sth; **Leipziger ~** *mixed vegetables comprising of peas, carrots and asparagus*

allerletzte(r, s) *adj* ❶ (*ganz letzte*) [very] last; ■ **der/die A~** the [very] last [person]; ■ **das A~** the [very] last thing ❷ (*allerneueste*) latest ❸ (*allerjüngste*) recently; **in ~r Zeit** very recently; **in den ~n Wochen** in the last few weeks ▶ WENDUNGEN: [**ja/wirklich**] **das Allerletzte sein** (*fam*) to be beyond the pale! *fam*; ***er ist das Allerletzte!*** he's just vile! **allerliebste(r, s)** *adj* ❶ (*Lieblings-*) favourite BRIT, favorite AM ❷ (*meistgeliebt*) dearest; ■ **am ~n** most [*or* best] [of all]; ***mir wäre es am ~n wenn ...*** I would prefer it if ... **Allerliebste(r)** *f(m) dekl wie adj* darling; ***sie ist seine ~*** she's his favourite **allermeiste(r, s)** *adj* most *generalization*, the most *comparison*; ***im Urlaub verbringt er die ~ Zeit mit Angeln*** on holiday he spends most of his time fishing; ***er bekommt in der Firma das ~ Geld*** he earns the most money in the company; ■ **das A~** most, the lion's share; ***das A~ habe ich schon fertig*** I've done most of it already; ■ **die A~n** most people; ■ **am ~n** most of all **allernächste(r, s)** *adj* ❶ (*unmittelbar folgend*) next; **in ~r Zeit** [*o* **Zukunft**] in the very near future; ■ **als ~s/am ~n** next ❷ (*unmittelbar benachbart*) nearest ❸ (*kürzeste*) shortest ❹ (*emotional nahe*) ■ **am ~n** ***ihre Tante steht ihr am ~n*** her aunt is closest to her **allerneu(e)ste(r, s)** *adj* latest; **auf dem ~n Stand** state-of-the-art, up-to-the-minute; ■ **das Allerneueste** the latest; ■ **am ~n** the newest

allerorten *adv inv* (*veraltend*) everywhere

Allerseelen <-s> *nt* All Souls' Day

allerseits *adv* ❶ (*bei allen*) on all sides; ***sie war ~ ein gerne gesehener Gast*** she was a welcome guest everywhere ❷ (*an alle*) everyone; ***„Abend, ~!"*** "evening, everyone!"

allerspätestens *adv* at the latest

Allerweltsausdruck *m* (*pej*) trite [*or* meaningless] [*or* hackneyed] phrase **Allerweltskerl** *m* Jack of all trades, all-rounder

allerwenigste(r, s) *adj* ❶ (*wenigste: zählbar*) fewest; (*unzählbar*) least; **in den ~n Fällen** in only a very few cases; **das ~ Geld** the least money; **die ~n Menschen** very few people; ■ **am ~n** the least; **die ~** [*o* **am ~n**] **Zeit haben** to have the least amount of time ❷ (*mindeste*) least; ***das ~ wäre noch gewesen, sich zu entschuldigen*** the least he could have done was to apologize ▶ WENDUNGEN: **das am ~n!** that's the last thing I want to do/hear! **allerwenigstens** *adv* at [the very] least **Allerwerteste** *m dekl wie adj* (*hum*) behind, posterior

alles *pron indef s.* **alle(r, s)**
allesamt *adv* all [of them/you/us]; ***die Politiker sind doch ~ korrupt*** politicians are corrupt to a man; ***ihr seit doch ~ verrückt!*** you're mad, the lot [*or* all] of you!, you're all mad!
Allesfresser <-s, -> *m* BIOL omnivore, omnivorous animal **Alleskleber** *m* general purpose adhesive [*or* glue] **Allesschneider** *m* slicing machine **Alleswisser(in)** <-s, -> *m(f)* smart-alec *fam*, know-all BRIT *fam*, know-it-all AM *fam*
allfällig *adj* SCHWEIZ (*eventuell*) necessary
allg. *adj Abk von* **allgemein**
Allgäu <-s> *nt* ■**das** ~ the Allgäu
Allgefahrendeckung *f* JUR all risks cover[age] **Allgefahrenpolice** *f* FIN all-risks policy
allgegenwärtig *adj* ① REL (*geh*) omnipresent; ■**der Allgegenwärtige** the omnipresent One, God ② (*überall gegenwärtig*) ubiquitous *form*
allgemein I. *adj* ① *attr* (*alle betreffend*) general; **~e Feiertage** national holidays; **im ~en Interesse liegen** [*o* **sein**] to be in everyone's interests [*or* in the common interest]; **von ~em Interesse sein** to be of interest to everyone; **~e Vorschriften** universal regulations, regulations applying to everyone; **das ~e Wahlrecht** universal suffrage; **die ~e Wehrpflicht** military service ② *attr* (*allen gemeinsam*) general, public; **zur ~en Überraschung** to everyone's surprise; **das ~e Wohl** the common good; **~e Zustimmung finden/auf ~e Ablehnung stoßen** to meet with general approval/disapproval ③ (*nicht spezifisch*) general; ***die Frage war ~er Natur*** the question was of a rather general nature ▶ WENDUNGEN: **im A~en** (*normalerweise*) generally speaking; (*insgesamt*) on the whole II. *adv* ① (*allerseits, überall*) generally; **~ bekannt/üblich sein** to be common knowledge/practice; **~ gültig** general, universally applicable; **~ verständlich** intelligible to everybody; **~ zugänglich sein** to be open to the general public; **~ verbreitet** widespread ② (*nicht spezifisch*) generally; ***der Vortrag war leider sehr ~ gehalten*** unfortunately the lecture was rather general [*or* lacked focus]; **eine ~ bildende Schule** *a school providing a general rather than specialized education*; **~ medizinisch** general medical *attr*
Allgemeinarzt, -ärztin *m, f* general practitioner, BRIT *a.* GP **Allgemeinbefinden** *nt* general health; ***danke, mein ~ ist recht gut*** generally speaking, I'm very well, thanks **allgemeinbildend** *adj* SCH *s.* **allgemein II 2** **Allgemeinbildung** *f kein pl* general education **allgemeingültig** *adj attr s.* **allgemein II 1** **Allgemeingültigkeit** *f* [universal] validity **Allgemeingut** *nt* common knowledge
Allgemeinheit <-> *f kein pl* ① (*Öffentlichkeit*) general public ② (*Undifferenziertheit*) generality, universality; ***seine Erklärungen waren von viel zu großer ~*** his explanations were far too general
Allgemeinkundigkeit *f* JUR common knowledge **Allgemeinmedizin** *f* general medicine **Allgemeinmediziner(in)** *m(f)* general practitioner, GP **allgemeinmedizinisch** *adj inv, attr s.* **allgemein II 2** **allgemeinverbindlich** *adj s.* **allgemein** **Allgemeinverbindlichkeit** *f kein pl* JUR universal validity *no pl* **Allgemeinverbindlichkeitserklärung** *f* JUR (*im Tarifvertrag*) declaration of general application [of a collective agreement] **Allgemeinverfügung** *f* JUR general disposition **allgemeinverständlich** *adj s.* **allgemein II 1** **Allgemeinwissen** *nt* general knowledge **Allgemeinwohl** *nt* welfare of the general public **Allgemeinzustand** *m* general health
Allheilmittel *nt* cure-all, panacea *esp pej*
Allianz <-, -en> *f* alliance
Alligator <-s, -toren> *m* alligator
alliiert *adj attr* allied
Alliierte(r) *f(m) dekl wie adj* ally; ■**die ~n** the Allies, the Allied Forces
Alliteration <-, -en> *f* LIT alliteration
alljährlich I. *adj attr* annual II. *adv* every year, annually
Allmacht *f kein pl* unlimited power, omnipotence *form;* REL omnipotence
allmächtig *adj* all-powerful, omnipotent *form;* REL omnipotent
Allmächtige(r) *m dekl wie adj* Almighty God; ■**der** ~ the Almighty; **~r!** (*fam*) Good God!
allmählich I. *adj attr* gradual II. *adv* ① (*langsam*) gradually; ~ ***geht er mir auf die Nerven*** he's beginning to get on my nerves; ***ich werde ~ müde*** I'm getting tired ② (*endlich*) ***wir sollten jetzt ~ gehen*** it's time we left; ***es wurde auch ~ Zeit!*** about time too!
allmonatlich I. *adj attr* monthly II. *adv* every month **allmorgendlich** I. *adj attr* every morning; **das ~e Anstehen an der Bushaltestelle** the morning queue [*or* AM line] at the bus stop; ***das ~e Aufstehen um 6 Uhr ist eine Qual*** getting up every morning at 6 is torture II. *adv* every morning
allnächtlich I. *adj attr* nightly II. *adv* every night
allochthon *adj* GEOL allochthonous
Allokationskartell *nt* JUR allocation cartel
Allometrie <-, -ien> *f* BIOL allometry
allometrisch *adj inv* BIOL allometric
Allonge <-, -n> [a'lõ:ʒə] *f* ÖKON allonge, rider; TYPO fly-leaf
Allparteienregierung *f* all-[*or* multi-]party government
Allphasen-Brutto-Umsatzsteuer *f* FIN all-stage tax on gross turnover **Allphasen-Netto-Umsatzsteuer** *f* FIN all-stage tax on net turnover **Allphasen-Umsatzsteuer** *f* FIN cumulative all-stage turnover tax
Allradantrieb *m* four-[*or* all-]wheel drive
allradgetrieben *adj* AUTO four wheel [*or* all-wheel] drive; (*geschrieben a.*) 4WD
Allround- ['ɔ:lraʊnd-] *in Komposita* all-round [*or* AM -around]
Allroundgenie [ɔ:l'raʊnd-] *nt*, **Allroundtalent** *nt* all-round genius [*or* talent] **Allroundkünstler(in)** *m(f)* multi-talented [*or* all-round] artist
allseitig I. *adj* widespread II. *adv* **~ interessiert sein** to be interested in everything; **~ begabt sein** to be an all-round talent [*or* a good all-rounder]
allseits *adv* ① (*überall*) everywhere ② (*rundum*) in every respect; ***sie schien ~ gewappnet zu sein*** she seemed to know about everything; ***ich bin ~ vorbereitet*** I'm ready for anything
Alltag *m* ① (*Werktag*) working day BRIT, workday AM; ■**an ~en** on workdays ② (*Realität*) everyday life
alltäglich *adj* ① *attr* (*tagtäglich*) daily, everyday ② (*gang und gäbe*) usual; ***diese Probleme sind bei uns ~*** these problems are part of everyday life here ③ (*gewöhnlich*) ordinary
alltags *adv* on workdays
Alltagskleidung *f* everyday clothes, not your Sunday best **Alltagsleben** *nt* daily routine
allumfassend *adj* (*geh*) all-round, global; **~e Forschungen** extensive research; ***sein Wissen ist nahezu ~!*** his knowledge is almost encyclop[a]edic!
Allüren *pl* ① (*geziertes Verhalten*) affectation ② (*Starallüren*) airs and graces
allwissend *adj* ① (*fam: umfassend informiert*) knowing it all; ***er tut immer so ~*** he thinks he knows it all; ***ich bin doch nicht ~!, bin ich ~?*** (*fam*) what do you think I am? a walking encyclop[a]edia?, I don't know everything, you know ② REL (*alles wissend*) omniscient; ■**der A~e** the Omniscient
Allwissenheit <-> *f kein pl* omniscience
allwöchentlich I. *adj attr* weekly II. *adv* every week
allzeit *adv* (*geh*) always; ***ich bin ~ die Deine!*** I'm yours for ever; **~ bereit!** be prepared!
allzu *adv* all too; ***du hast ~ dick aufgetragen*** you've gone over the top; ■**nur ~ ...** only too ...; **~ früh** far too early, all too soon; ***ruf mich am Sonntag an, aber bitte nicht ~ früh!*** call me on Sunday, but not too early!; **~ gern** only too much [*or* willingly]; ***gehen wir heute ins Theater? — nur ~ gern!*** shall we go to the theatre tonight? — I'd love to!; ***magst du Fisch? — nicht ~ gern*** do you like fish? — not very much [*or* I'm not over[ly] fond of it]; ***ich habe das nicht ~ gern getan*** I didn't like doing that; **~ häufig** all too often; **~ oft** only too often; **nicht ~ oft** not [all] too often; **~ sehr** too much; ***dieser Schmuck gefällt mir wirklich ~ sehr!*** I just love this jewellery!; ***er war nicht ~ sehr in sie verliebt*** he wasn't all that much in love with her; ***man sieht dir ~ sehr an, dass du lügst!*** I can see all too clearly that you're lying!; ***bin ich ~ sehr verspätet?*** am I very late?; ■**nicht ~** not all that much [*or* too much]; **nicht ~ gerne** reluctantly; ***fühlst du dich nicht gut? — nicht ~ sehr!*** are you all right? — not really; **~ viel** too much; ***er trank nie ~ viel Alkohol*** he never drank that much alcohol; ***450 Mark ist aber nicht ~ viel!*** 450 marks is not very much!; **~ viel ist ungesund** moderation in everything **allzufrüh** *adv s.* **allzu** **allzugern** *adv s.* **allzu** **allzuhäufig** *adj s.* **allzu** **allzuoft** *adv inv s.* **allzu** **allzusehr** *adv s.* **allzu** **Allzuständigkeit** *f* JUR comprehensive jurisdiction **allzuviel** *adv s.* **allzu**
Allzweckcreme *f* all-purpose cream **Allzweckhalle** *f* [multipurpose] hall **Allzweckreiniger** *m* general-purpose cleaner
Alm <-, -en> *f* mountain pasture, alp
Almanach <-s, -e> *m* almanac
Almaty <-s> *nt* Almaty, Alma-Ata
Almenrausch *m* alpine rose
Almosen <-s, -> *nt* ① (*pej: geringer Betrag*) pittance ② (*geh: Spende*) alms, donation
Aloe <-, -n> ['a:loe, *pl* -loən] *f* aloe
Aloe Vera *f* aloe vera
Alp <-[e]s, -e> *m meist pl* ① (*veraltend geh: Albtraum*) nightmare ② (*veraltet: Nachtmahr*) spectre [*or* AM -er]
Alpaka <-s, -s> *nt* alpaca
Alpakawolle *f* alpaca [wool]
Alpdruck <*selten* -drücke> *m* (*schwere seelische Bedrückung*) nightmare ▶ WENDUNGEN: **wie ein ~ auf jdm lasten** to weigh heavily on sb [*or* sb's mind]
Alpen *pl* ■**die** ~ the Alps
Alpendohle *f* ORN alpine chough **Alpenglühen** *nt* alpenglow **Alpenkrähe** *f* ORN chough **Alpenland** *nt* ① (*in den Alpen liegendes Land*) alpine country ② (*Gebiet der Alpen*) the Alps **Alpenpass**[RR] *m* alpine pass **Alpenrepublik** *f* (*Österreich*) Austria **Alpenrose** *f* alpine rose [*or* rhododendron] **Alpenstrandläufer** *m* ORN dunlin **Alpenstraße** *f* alpine road **Alpentransitverkehr** *m kein pl transit traffic in alpine regions* **Alpenveilchen** *nt* cyclamen **Alpenvorland** *nt* foothills *pl* of the Alps
Alpha <-[s], -s> *nt* alpha ▶ WENDUNGEN: **das ~ und das Omega** (*geh*) the be-all and end-all
Alphabet <-[e]s, -e> *nt* alphabet; ■**nach dem ~** alphabetically
Alphabetberechnung *f* TYPO (*Satz*) price per 1,000 ens
alphabetisch *adj* alphabetical
alphabetisieren* *vt* ■**etw ~** to put sth into alphabetical order; ■**alphabetisiert sein** to be in alphabetical order; ■**jdn ~** to teach sb to read and write
Alphabetisierung <-, -en> *f* ① (*das Alphabetisieren*) arranging in alphabetical order ② (*Beseitigung des Analphabetentums*) literacy campaign
Alphadaten *pl* alphabetic data + *sing vb*
Alpha-Helix <-, -Helices> *f* BIOL alpha helix
Alpha-Hydroxy(carbon)säure *f* alpha-hydroxy acid, AHA
alphamerisch *adj s.* **alphanumerisch** **alphanumerisch, alphamerisch** *adj* alphanumeric BRIT, alphameric AM **Alphastrahlen** *pl* NUKL alpha rays
Alpha-Tier *nt* BIOL alpha animal
Alphorn *nt* alp[en]horn
alpin *adj* alpine
Alpinismus <-> *m kein pl* SPORT alpinism
Alpinist(in) <-en, -en> *m(f)* alpinist
Alptraum *m* nightmare
Alraun <-[e]s, -e> *m*, **Alraune** <-, -n> *f* BOT mandrake
als *konj* ① (*in dem Moment, da*) when, as; ***ich***

kam, ~ er ging I came as he was leaving; **gleich, ~ ...** as soon as ...; **damals, ~ ...** [back] in the days when ...; **gerade ~ ...** just when [*or* as]...; ***sie rief an, ~ ich gerade weg war*** she called just as I'd left ② *nach Komparativ* than; ***der Bericht ist interessanter ~ erwartet*** the report is more interesting than would have been expected ③ (*geh: wie*) as; **so ... ~ möglich** as ... as possible; **alles andere ~ ...** everything but ...; **anders ~ jd sein** to be different from [*or* to] sb; **niemand/nirgends anders ~ ...** nobody/nowhere but...; **niemand anders ~ ...** (*a. hum, iron*) none other than ...; ***sie haben andere Verfahren ~ wir*** they have different procedures from ours; ***ich brauche nichts anderes ~ ein paar Tage Urlaub*** all I need is a couple of days vacation ④ (*in Modalsätzen*) ■**..., ~ habe/könne/sei/würde ...** as if [*or* though]; ***es sieht aus, ~ würde es bald schneien*** it looks like snow [*or* as though it's going to snow]; ***~ ob ich das nicht wüsste!*** as if I didn't know that! ⑤ (*so dass es ausgeschlossen ist*) ■**zu ..., ~ dass** too ... to ...; ***du bist noch zu jung, ~ dass du dich daran erinnern könntest*** you're too young to be able to remember that ⑥ (*zumal*) since; ■**um so ..., ~ ...** all the more ..., since ...; ***das ist um so trauriger, ~ es nicht das erste Mal war*** it is all the sadder since it wasn't the first time ⑦ (*in der Eigenschaft von etw*) ■**~ etw** as sth; ***ein Tonband ist vor Gericht nicht ~ Beweis zugelassen*** a tape recording is not recognized as evidence in court; ■**~ jd** as sb; ***schon ~ Kind hatte er immer Albträume*** even as a child, he had nightmares; **sich ~ wahr/falsch erweisen** to prove to be true/false

alsbald *adv* (*geh*) soon, presently *form;* ***ich komme ~*** I'm just coming

alsbaldig *adj* (*geh*) immediate; ***wir sehen Ihrer ~en Antwort mit Interesse entgegen*** we look forward to your prompt reply; ***„zum ~en Verbrauch bestimmt"*** "for immediate use only"

alsdann *adv* ① (*geh: sodann*) then ② DIAL (*also* [*dann*]) so, well then

Alse <-, -n> *f* KOCHK [alice] shad

also I. *adv* (*folglich*) so, therefore *form;* ***es regnet, ~ bleiben wir zu Hause*** it's raining, so we'll stay at home II. *part* ① (*nun ja*) well; [**ja**] **~, *zuerst gehen Sie geradeaus und dann ...*** ok, first you go straight ahead and then ... ② (*tatsächlich*) so; ***er hat ~ doch nicht die Wahrheit gesagt!*** so he wasn't telling the truth after all!; ***kommst du ~ mit?*** so are you coming [then]? ③ (*aber*) **~, *dass du dich ordentlich benimmst!*** now, see that you behave yourself!; **~ *so was!*** well [I never]!; **~, *jetzt habe ich langsam genug von deinen Eskapaden!*** now look here, I've had enough of your escapades! ④ (*na*) **~ *warte, Bürschchen, wenn ich dich kriege!*** just you wait, sunshine, till I get my hands on you!; **~ gut** [*o* **schön**] well, OK, [well,] all right; **~ dann, ...!** so ..., well then ...; **~ *dann, mach's gut!*** oh well, take care! ▸ WENDUNGEN: **~ doch!** you see!; **~ *doch, wie ich's mir dachte!*** you see! just as I thought!; **na ~!** just as I thought!; ***wird's bald? na ~!*** get moving! at last!; **~ nein!** no!

Als-ob-Bedingung *f* JUR deeming condition **Als-ob-Bestimmung** *f* JUR deeming provision **Als-ob-Bilanz** *f* FIN pro-forma balance sheet **Als-ob-Prinzip** *nt* JUR deeming principle

Alsterwasser *nt* (*Mixgetränk aus Bier und Limonade*) ≈ shandy

alt <älter, älteste(r,s)> *adj* ① (*betagt*) old; **schon sehr ~ sein** to be getting on a bit *fam;* ***ich glaube nicht, dass ich ~ werde*** I don't think I'll live to a ripe old age; ***ich möchte mit dir ~ werden*** I'd like to grow old with you; ■**älter sein/werden** to be/get older; ***tja, man wird eben älter!*** well, we're all getting on!; ■**älter als jd werden** to live longer than sb; ■**für etw zu ~ sein** to be too old for sth; ■**jdm zu ~ sein** to be too old for sb; **A~ und Jung** young and old alike; [**für/zu etw**] **~ genug sein** old enough [for]; **~er Knacker** (*pej*) old fogy [*or* BRIT *a.* sod]; **~e Schachtel** (*pej*) old bag ② (*ein bestimmtes Alter habend*) old; **... Wochen/Monate/Jahre ~ sein** to be ... weeks/months/years old; ***er ist 21 Jahre ~*** he's 21 [years old [*or* years of age]]; ***wie ~ ist er? — er ist 18 Monate ~*** how old is he? — he's 18 months [old]; ***darf ich fragen, wie ~ Sie sind?*** may I ask how old you are?; ***er wird dieses Jahr 21 Jahre ~*** he'll be [*or* he's going to be] 21 [years old] this year; ***Ende Mai wurde sie 80 Jahre ~*** she turned 80 at the end of May; [**etwas**] **älter als jd sein** to be [slightly] older than sb; ■**älter/am ältesten sein** to be the older/the oldest; ■**der/die Ältere/Älteste** the older [*or dated* elder]/the oldest [*or dated* eldest] ③ (*aus früheren Zeiten stammend*) ancient; ***der Attis-Kult ist älter als das Christentum*** the cult of Attica is older than Christianity ④ *attr* (*langjährig*) old; **~e diplomatische Beziehungen** long-standing diplomatic relations ⑤ (*gebraucht*) old ⑥ (*nicht mehr frisch*) old; **~es Brot** stale bread ⑦ *attr* (*abgelagert*) mature; **~er Käse** mature cheese; **~er Wein** vintage wine ⑧ *attr* (*pej: wirklich*) old; ***du ~er Geizhals!*** you old skinflint! *fam;* ***~er Freund/~es Haus!*** old friend/mate! ⑨ *attr* (*ehemalig*) old ⑩ *attr* (*frühere*) ■**der/die/das A~ ...** the same old ...; ***du bist wirklich noch der ~e Pedant*** you're still the same old pedantic fellow you always were; ***du bist ganz der A~e geblieben*** you're still your old self; ***er war nie wieder der A~e*** he was never the same again ▸ WENDUNGEN: **man ist so ~, wie man sich fühlt** you're as old as you feel; **~ aussehen** (*fam: dumm dastehen*) to look a [*or* AM like a] complete fool [*or* BRIT *a.* a proper charlie]; **ich werde heute nicht ~!** (*fam*) I won't stay up late tonight; **hier werde ich nicht ~!** (*fam*) I won't hang around here much longer!

Alt[1] <-s, -e> *m* MUS alto, contralto

Alt[2] <-s, -> *nt kurz für* **Altbier** *top-fermented dark beer*

Altachtundsechziger(in) *m(f) person who was active in the 1968 student uprisings in Germany*

Altamira <-> *f kein pl* KUNST, GEOG Altamira **altangesehen** *adj* established **altangesessen, altansässig** *adj s.* **alteingesessen**

Altar <-s, -täre> *m* altar; **jdn zum ~ führen** (*geh*) to lead sb to the altar; **etw auf dem ~ einer S.** *gen* **opfern** to sacrifice sth on the altar of sth

Altarfalz *m* TYPO double gate fold **Altarkreuz** *nt* altar crucifix **Altarraum** *m* chancel, sanctuary

Altauto *nt* old car

Altautoentsorgung *f* old car disposal **Altautoverordnung** *f* old car ordinance **Altautoverwertung** *f* recycling of old cars

altbacken *adj* ① (*nicht mehr frisch*) stale ② (*altmodisch*) old-fashioned

Altbatterie *f* used battery

Altbau <-bauten> *m* old building

Altbausanierung *f* renovation of old buildings **Altbauwohnung** *f* flat [*or* AM apartment] in an old building

altbekannt *adj* well-known **altbewährt** *adj* ① (*seit langem bewährt*) *Methode, Mittel etc.* well-tried ② (*lange gepflegt*) well-established; ***eine ~e Freundschaft*** a long-standing friendship

Altbier *nt top-fermented dark beer*

Altbundeskanzler(in) *m(f)* ex-chancellor, former chancellor

altdeutsch I. *adj* traditional German II. *adv* in traditional German style

Alte(r) *f(m) dekl wie adj* ① (*fam: alter Mann*) old geezer; (*alte Frau*) old dear [*or* girl]; ■**die ~n** the older generation, the old folks *fam* ② (*fam: Ehemann, Vater*) old man; (*Mutter*) old woman; ■**meine/die ~e** (*Ehefrau*) the old wife *fam;* ■**die/jds ~n** (*Eltern*) the/sbs old folks ③ (*fam: Vorgesetzte(r)*) ■**der/die ~** the boss ④ *pl* (*die Ahnen*) ■**die ~n** the ancients ⑤ *pl* ZOOL (*Tiereltern*) ■**die ~n** the parent animals ▸ WENDUNGEN: **wie die ~n sungen, so zwitschern auch die Jungen** (*prov*) like father, like son *prov*

Alte(s) *nt dekl wie adj* ① (*das Traditionelle*) ■**das ~** tradition; **das ~ und das Neue** the old and the new ② (*alte Dinge*) old things ▸ WENDUNGEN: **aus A~ mach Neu** (*prov fam*) make do and mend *prov;* **alles bleibt beim A~en** nothing ever changes

altehrwürdig *adj* (*geh*) time-honoured [*or* AM -ored]; **der ~e Greis** the revered [*or* venerable] old man **Alteigentümer(in)** *m(f)* former owner [*or* original] **alteingesessen** *adj* old-established **Alteisen** *nt* scrap iron

Altenanteil *m older population in a society* **Altenarbeit** *f* voluntary work for the elderly, *as home-help* **Altenclub, Altenklub** *m* old people's club, senior citizens' club **Alteneinrichtungen** *pl* geriatric institutions

Altenglisch *nt* Old English, Anglo-Saxon

Altenheim *nt s.* **Altersheim** **Altenhilfe** *f kein pl* geriatric welfare, old-age care BRIT, care for the elderly AM **Altenpflege** *f* care for the elderly, geriatric care **Altenpflegeheim** *nt* old people's [*or* nursing] home **Altenpfleger(in)** *m(f)* geriatric nurse **Altentagesstätte** *f* day care centre [*or* AM -er] for the elderly **Altenteil** *nt a cottage reserved for the farmer after he passes the farm over to his heirs* ▸ WENDUNGEN: **sich aufs ~ begeben** [*o* **setzen**] [*o* **zurückziehen**] to retire [from public life] **Altenteilsvertrag** *m kein pl* JUR contract for granting old age pension and support **Altenwohnheim** *nt* sheltered housing **Altenwohnstift** *nt* old people's home

Alter <-s, -> *nt* ① (*Lebensalter*) age; ***wenn du erst mal mein ~ erreicht hast, ...*** when you're as old as I am, ...; **in jds** *dat* **~** at sb's age; **mittleren ~s** middle-aged; **in vorgerücktem ~** (*geh*) at an advanced age; **im zarten ~ von ...** (*geh*) at the tender age of ...; **in jds ~ sein** to be the same age as sb; ***er ist in meinem ~*** he's my age; ***das ist doch kein ~!*** that's not old! ② (*Bejahrtheit*) old age; ***er hat keinen Respekt vor dem ~*** he doesn't respect his elders; **im ~** in old age ▸ WENDUNGEN: **~ schützt vor Torheit nicht** (*prov*) there's no fool like an old fool *prov*

älter *adj* ① *comp von* **alt** ② *attr* (*schon betagt*) somewhat older; **~e Mitbürger** senior citizens

Ältere(r) *f(m) dekl wie adj* ① ■**die ~n** the older people, the oldies *fam* ② HIST ***Breughel der ~*** Breughel senior [*or esp* BRIT the elder]

altern *vi sein o selten haben* ① (*älter werden*) to age; ■**~d** aging; ■**das Altern** the process of aging ② (*sich abnutzen*) to age; ■**das Altern** the aging-process ③ (*reifen*) to mature

alternativ I. *adj* alternative; **~e Liste** *Green Party Faction in Berlin* II. *adv* **~ leben** to live an alternative lifestyle

Alternativanklage *f* JUR alternative charge

Alternative <-n, -n> [-və] *f* alternative; ■**die ~ haben, etw zu tun** to have the alternative of doing sth

Alternative(r) [-və, -ve] *f(m) dekl wie adj* ① POL follower [*or* member] of an alternative party ② ÖKOL member of the alternative society, greenie BRIT *fam,* tree-hugger AM *pej fam*

Alternativobligation *f* JUR alternative obligation **Alternativreisende(r)** *f(m) dekl wie adj* TOURIST alternative traveller [*or* AM traveler] **Alternativvermächtnis** *nt* JUR alternative legacy

alterprobt *adj* well-tried; ***ein ~er Lehrer*** a proven teacher

alters *adv* **von** [*o* **seit**] **~** [**her**] (*geh*) of old, for donkey's years *fam;* ***das ist schon von ~ her bei uns so Sitte*** that's a time-honoured custom here

Altersarmut *f kein pl* poverty in old age, old-age poverty **Altersasyl** *nt* SCHWEIZ (*Altersheim*) old people's home, AM *a.* home for senior citizens **Altersaufbau** *m kein pl der Bevölkerung* build-up of old people **altersbedingt** *adj* due to old age; ***~e Kurzsichtigkeit*** myopia caused by old age; ■[**bei jdm**] **~ sein** to be caused by old age [in sbs case] **Altersbeschränkung** *f* age limit **Altersbeschwerden** *pl* complaints *pl* of old age **Altersbestimmung** *f* ZOOL age determination **Altersdiabetes** *f* age-related diabetes **Alterserfordernisse** *pl* JUR age requirements **Alterserscheinung** *f* symptom of old age **Altersfleck** *m* age spot **Altersforschung** *f* MED gerontology **Al-**

tersgenosse, -genossin *m, f* person of the same age **Altersgrenze** *f* ❶ (*altersbedingtes Einstellungslimit*) age limit ❷ (*Beginn des Rentenalters*) retirement age **Altersgründe** *pl* reasons of age; ***für seinen Rücktritt waren ~ ausschlaggebend*** his age was the decisive factor for his resignation; ▪**aus ~n** by reason of age, because of one's age **Altersgruppe** *f* age group **Altersheim** *nt* old people's home, AM *a.* home for senior citizens **Altersklasse** *f* class **Alterskrankheit** *f* ailment of old age, geriatric [*or* old-age-related] illness **Alterskurzsichtigkeit** *f* old-age-related shortsightedness [*or* nearsightedness] **Altersprozess**[RR] *m* aging process **Alterspyramide** *f* SOZIOL age pyramid **Altersrang** *m* JUR rank priority **Altersrente** *f*, **Altersruhegeld** *nt* (*geh*) oldage pension BRIT, social security AM **altersschwach** *adj* ❶ (*gebrechlich*) frail, decrepit *esp pej;* ~**e Menschen** frail [*or* infirm] old people; **ein ~es Tier** an old and weak animal ❷ (*fam: abgenutzt*) decrepit, worn-out **Altersschwäche** *f kein pl* ❶ (*Gebrechlichkeit*) infirmity; ***er konnte vor ~ kaum noch gehen*** he could hardly walk, he was so old and frail ❷ (*fam: schwere Abnutzung*) decrepitude **Altersschwachsinn** *m* senile dementia **Altersschwatzhaftigkeit** *f* senile garrulousness [*or* rambling] **Altersschwerhörigkeit** *f* old-age-related hardness of hearing **Alterssicherung** *f kein pl* old-age provisions *pl* BRIT, provisions for the elderly AM **Alterssitz** *m* retirement home **altersspezifisch** *adj* age-related **Altersstarrsinn** *m* senile obstinacy **Altersstruktur** *f kein pl* age structure **Altersstufe** *f* ❶ (*Altersgruppe*) age group ❷ (*Lebensabschnitt*) stage of life **Altersteilzeit** *f* old-age part-time working **Altersübergangsgeld** *nt* ÖKON transitional benefits *pl* for early retirement **Altersunterschied** *m* age difference **Altersversicherung** *f* pension insurance **Altersversorgung** *f* retirement pension; (*betrieblich*) pension scheme [*or* AM plan] **Altersvorsorge** *f* (*Rücklagen*) provision for one's [old age] retirement; (*Plan*) old age pension scheme **Alterswerk** *nt* KUNST, LIT, MUS later work **Alterswertminderung** *f* JUR depreciation for wear and tear

Altertum <-> *nt kein pl* antiquity; **das Ende des ~s** the end of the ancient world

Altertümer *pl* KUNST, HIST antiquities *pl*

altertümlich *adj* ❶ (*veraltet*) old-fashioned, out-of-date, dated ❷ (*archaisch*) ancient; LING archaic

Altertümlichkeit <-> *f kein pl* ancientness; (*archaische Art*) antiquity; LING archaic

Altertumskunde *f* archaeology BRIT, archeology AM **Altertumswert** *m* antique value ▶ WENDUNGEN: **schon ~ haben** (*hum fam*) to be an antique

Alterung <-, -en> *f* ❶ (*Altwerden*) ageing, aging AM ❷ KOCHK maturation; *von Wein* aging

alterungsbeständig *adj* resistant to ageing [*or* AM aging]; BAU non-aging **Alterungsprogramm** *nt kein pl des Körpers* ageing [*or* AM aging] programme, program of ageing **Alterungsprozess**[RR] *m* ageing [*or* AM aging] process

älteste(r, s) *adj superl von* **alt** oldest

Älteste(r) *f(m) dekl wie adj* the oldest; ***ich glaube, mit 35 sind wir hier die ~n*** I think that, at 35, we're the oldest here; ▪**die ~n** REL, HIST the elders *pl*

Ältestenrat *m* council of elders; (*in der BRD*) parliamentary advisory committee (*consisting of members of all parties whose task it is to assist the President of the Bundestag*)

Altfahrzeug *nt* old car

Altflöte *f* alto-flute

Altfranzösisch *nt* Old French

altgedient *adj inv* long-serving **Altgerät** *nt* second-hand equipment **Altglas** *nt* glass for recycling; ***wir bringen unser ~ zum Altglascontainer*** we take our old bottles and jars to the bottle bank **Altglascontainer** *m* bottle bank BRIT, glass -recycling collection point AM **Altgold** *nt* old gold **altgriechisch** *adj* classical [*or* ancient] Greek **Altgriechisch** *nt* classical [*or* ancient] Greek **althergebracht, altherkömmlich** *adj* traditional; **eine ~e Sitte** an ancient custom; ▪**etwas Althergebrachtes** a tradition **althochdeutsch** *adj* Old High German **Althochdeutsch** *nt dekl wie adj* Old High German

Altist(in) <-en, -en> *m(f)* MUS alto

Altjahresabend *m* SCHWEIZ (*Silvester*) New Year's Eve

Altkartell *nt* ÖKON existing cartel **Altkleidersammlung** *f* collection of old [*or* used] clothes **altklug** *adj* precocious

Altkredit *m* FIN existing credit **Altkreditschulden** *pl* FIN debts due from existing credits

Altlasten *pl* ❶ ÖKOL (*Umwelt gefährdender Müll*) poisonous waste ❷ (*fig: Überbleibsel*) relics (*problems caused by one's predecessor*)

Altlastsanierung *f* removal of hazardous waste from the past

ältlich *adj* oldish

Altmaterial *nt* ÖKOL waste material **Altmeister(in)** *m(f)* ❶ (*großer Könner*) doyen *masc,* doyenne *fem,* dab hand *fam* ❷ SPORT former champion **Altmetall** *nt* scrap metal **Altmetallcontainer** *m* can [*or* tin] bank BRIT, metal-recycling collection point AM **altmodisch** I. *adj* old-fashioned; (*rückständig*) old-fangled, old hat *pred fam;* ***das sind aber sehr ~e Methoden!*** those methods are very old hat! II. *adv* ~ **gekleidet** dressed in old-fashioned clothes; ~ **eingerichtet** furnished in an old-fashioned style **Altöl** *nt* used oil **Altölbeseitigung** *f* AUTO used oil disposal **Altöltank** *m* used-oil tank **Altpapier** *nt* waste paper

Altpapiercontainer *m* paper bank BRIT, paper-recycling collection point AM **Altpapiersammlung** *f* waste paper collection

Altphilologe, -login *m, f* classical scholar, classicist **Altreifen** *m* AUTO discarded tire

altrosa *adj inv* old rose

Altruismus <-> *m kein pl* BIOL, PSYCH altruism

altruistisch *adj* (*geh*) altruistic, selfless

Altschnee *m snow which has been lying for some time* **Altschulden** *pl* FIN long-standing debts **Altsilber** *nt* ❶ (*Gebrauchtsilber*) old silver ❷ (*künstlich gedunkeltes Silber*) oxidized silver **Altsprachler(in)** <-s, -> *m(f)* (*fam*) *s.* **Altphilologe** **altsprachlich** *adj* SCH classical **Altstadt** *f* old town centre [*or* AM -er] **Altstadtsanierung** *f* restoration of [the] old town centre [*or* AM -er] **Altsteinzeit** *f* ARCHÄOL Palaeolithic [*or* AM Paleolithic] Age **altsteinzeitlich** *adj* ARCHÄOL Palaeolithic BRIT, Paleolithic AM; **der ~e Mensch** Palaeolithic man

Altstimme *f* MUS alto; (*Frauenstimme*) contralto [voice]

Altstoff *m* used material

Altstoffcontainer *m* used-material container [*or* bin]

Alt-Taste *f* INFORM option key

altväterlich I. *adj* ❶ (*überkommen*) old ❷ (*altmodisch*) old-fashioned, quaint ❸ (*patriarchalisch*) patriarchal II. *adv* in an old-fashioned way **Altverbindlichkeiten** *pl* FIN existing liabilities **Altverschuldung** *f* old debt **Altvertrag** *m* JUR existing contract **Altwarenhändler(in)** *m(f)* second-hand dealer

Altweiberfas(t)nacht *f* DIAL *part of the carneval celebrations: last thursday before ash wednesday, when women assume control* **Altweibersommer** *m* ❶ (*Nachsommer*) Indian summer ❷ (*Spinnfäden im ~*) gossamer

ALU *f* INFORM *Akr von* **arithmetic and logic unit** ALU

Alu[1] *nt kurz für* **Aluminium** aluminium, aluminum AM

Alu[2] *f* (*fam*) *kurz für* **Arbeitslosenunterstützung** unemployment benefit, BRIT *a.* dole *fam*

Alufelge *f* AUTO aluminium [*or* AM aluminum] [wheel] rim **Alufolie** *f* (*fam*) tin foil

Aluminium <-s> *nt kein pl* aluminium BRIT, aluminum AM

Aluminiumfolie *f* aluminium foil **Aluminiumprofil** *nt* aluminium profile **Aluminiumrohr** *nt* aluminium tube

Alveole <-, -en> *f* MED (*Lungenbläschen*) alveolus

Alzheimer <-s> *m* (*fam*), **Alzheimerkrankheit**[RR] *f kein pl* Alzheimer's [disease]; ▪**~ haben** to suffer from Alzheimer's [disease]

am = an dem ❶ *zur Bildung des Superlativs* ***ich fände es ~ besten, wenn …*** I think it would be best if …; ***es wäre mir ~ liebsten, wenn …*** I would prefer it if …; ***~ schnellsten/schönsten sein*** to be [the] fastest/most beautiful ❷ (*fam: beim*) ***ich bin ~ Schreiben!*** I'm writing!

Amalgam <-s, -e> *nt* MED, CHEM amalgam

Amaryllis <-, Amaryllen> *f* BOT amaryllis

Amateur(in) <-s, -e> [ama'tøːɐ] *m(f)* amateur

Amateurfotograf, -grafin <-s, -en> *m, f* amateur photographer **Amateurfunker(in)** *m(f)* TECH radio amateur

amateurhaft *adj* amateurish

Amateurin <-, -nen> *f fem form von* **Amateur**

Amateurliga *f* amateur league **Amateurmannschaft** *f* amateur team **Amateursport** *m* amateur sport **Amateurverein** *m* SPORT amateur club

Amazonas <-> *m* Amazon

Amazone <-, -n> *f* Amazon

Amberfisch *m* rock salmon

Ambiente <-> *nt kein pl* (*geh*) ambience *form*

Ambition <-, -en> *f meist pl* ambition; ~**[en] haben** to be ambitious; ~**[en] auf etw** *akk* **haben** to have designs *pl* [*or fam* one's eye] on sth

ambitioniert *adj* (*geh*) ambitious

ambivalent [-va-] *adj* (*geh*) ambivalent; ~**e Gefühle haben** to have mixed feelings

Ambivalenz <-, -en> *f* ambivalence

Amboss[RR] <-es, -e> *m*, **Amboß** <-sses, -sse> *m* ❶ (*beim Schmied*) anvil ❷ ANAT anvil, incus *spec*

Ambrettekörner *pl* amber seed

ambulant I. *adj* out-patient *attr;* **ein ~er Patient** an out-patient II. *adv* **jdn ~ behandeln** to treat sb as an out-patient; **sich ~ versichern** to insure oneself against non-hospital treatment

Ambulanz <-, -en> *f* ❶ (*im Krankenhaus*) out-patient department ❷ (*Unfallwagen*) ambulance

Ameise <-, -n> *f* ant

Ameisenbär *m* anteater **Ameisenhaufen** *m* anthill **Ameisenigel** *m* ZOOL echidna, spiny anteater **Ameisenlöwe** *m* ZOOL ant lion, doodlebug **Ameisensäure** *f* formic acid **Ameisenstaat** *m* ant colony

amen *interj* amen

Amen <-s, -> *nt* Amen ▶ WENDUNGEN: **so sicher wie das ~ in der Kirche** (*fam*) as sure as eggs are eggs, as sure as I'm standing here; **sein ~ zu etw geben** to give one's blessing [*or* the go-ahead] to sth

Amenorrhö, Amenorroe <-, -en> *f* MED amenorrhoea BRIT, amenorrhea AM

American Football <-s> [ameri'kɛn'fʊtbɔːl] *nt kein pl* SPORT American Football

Americium <-s> *nt kein pl* americium

Amerika <-s> *nt* ❶ (*Kontinent*) America ❷ (*USA*) the USA, the United States, the States *fam;* **die Indianer ~s** the North American Indians

Amerikaner <-s, -> *m a small, round, flat, iced cake*

Amerikaner(in) <-s, -> *m(f)* American

amerikanisch *adj* ❶ (*der USA*) American; ***der Mississippi ist der längste ~e Fluss*** the Mississippi is the longest river in the USA ❷ (*des ~en Kontinenten*) [North] American

amerikanisieren* *vt* ▪**etw/jdn ~** to Americanize sth/sb

Amerikanismus <-, -men> *m* Americanism

Amerikanistik <-> *f kein pl* American Studies

Amethyst <-s, -e> *m* amethyst

Amex <-> *m kein pl kurz für* **American Stock Exchange** Amex

Amharisch *nt dekl wie adj* Amharic; *s. a.* **Deutsch**

Amharische <-n> *nt* ▪**das ~** Amharic; *s. a.* **Deutsche**

Ami <-s, -s> *m* ❶ (*fam: US-Bürger*) Yank ❷ (*sl: US-*

Soldat) GI
Amin <-s, -e> *nt* CHEM amine
Aminoglykosid <-[e]s, -e> *nt* PHARM aminoglycoside **Aminogruppe** *f* BIOL, CHEM amino group **Aminosäure** *f* amino acid
Ammann <-männer> *m* SCHWEIZ (*Land~*) cantonal president; (*Gemeinde~*) mayor; (*Vollstreckungsbeamte(r)*) [local] magistrate
Amme <-, -n> *f* wet nurse
Ammenmärchen *nt* (*fam*) old wives' tale
Ammer <-, -n> *f* ORN bunting
Ammoniak <-s> *nt kein pl* ammonia
Ammonit <-en, -en> *m* ARCHÄOL ammonite
Amnesie <-, -n> [*pl* -iːən] *f* amnesia
Amnestie <-, -n> *f* amnesty; **eine ~ [für jdn] verkünden** to declare [*or* grant] [BRIT *a.* an] amnesty [for sb]
amnestieren* *vt* ■**jdn ~** to grant sb [BRIT *a.* an] amnesty, to pardon sb
Amnestierte(r) *f(m) dekl wie adj* person who has been granted amnesty
Amnesty International <-s> ['æmnɪstɪ ɪntə'næʃənl] *f kein pl* Amnesty International
Amnion <-s> *nt kein pl* ZOOL amnion
Amniozentese <-, -n> *f* MED (*Fruchtwasseruntersuchung*) amniocentesis
Amöbe <-, -n> *f* amoeba BRIT, AM *a.* ameba
Amöbenruhr *f* MED amoebic [*or* AM *a.* amebic] dysentery
Amok <-s> *m* **~ fahren** to run amok [*or* amuck]; **~ laufen** running amok [*or* amuck]
Amokfahrer(in) *m(f)* mad [*or* crazed] driver **Amokfahrt** *f* rampant [*or* crazed] drive **Amoklauf** *m* rampage; **einen ~ aufführen** to run amok **Amoklaufen** *nt s.* Amok **Amokläufer(in)** *m(f)* madman, crazed person **Amokschütze, -schützin** *m, f* crazed gunman; **ein unbekannter ~** an unknown gunman
Amor <-s> *m kein pl* Cupid, Eros ▶ WENDUNGEN: **~s Pfeil** (*geh*) Cupid's arrow, love's arrows
amoralisch *adj* ❶ (*unmoralisch*) immoral ❷ (*außerhalb moralischer Werte*) amoral
Amoralismus <-> *m kein pl* PHILOS amoralism
Amortisation <-, -en> *f* (*Deckung vor Ertrag*) amortization
Amortisationsdauer *f* payback period **Amortisationsfonds** *m* FIN amortization fund **Amortisationsvertrag** *m* JUR amortization contract **Amortisationszeit** *f* FIN payback period
amortisieren* I. *vt* ÖKON **eine Investition ~** to amortize an investment II. *vr* ■**sich ~** to pay for itself
amourös [amu'røːs] *adj* (*geh*) amorous
Ampel <-, -n> *f* traffic lights *npl*; ***die ~ ist auf rot gesprungen*** the lights have turned red; ***fahr los, die ~ ist grün!*** drive on! it's green!; ***du hast eine rote ~ überfahren*** you've just driven through a red light
Ampelanlage *f* [set of] traffic lights **Ampelkoalition** *f* POL (*fam*) *a coalition of the three political parties, SPD, FDP and Greens, whose party colours are red, yellow and green respectively* **Ampelkreuzung** *f a crossroads where traffic is regulated by traffic lights* **Ampelphase** *f* sequence of traffic lights
Ampère <-[s], -> [am'pɛːɐ̯] *nt* amp, ampere *form*
Ampèremeter <-s, -> *nt* amp meter, ammeter
Ampèrestunde *f* ampere hour
Amphetamin <-s, -e> *nt* amphetamine
Amphibie <-, -n> [*pl* -iən] *f* amphibian
Amphibienfahrzeug *nt* amphibian, amphibious vehicle
Amphibien-Leitsystem, Amphibienleitsystem *nt* amphibious control system
amphibisch *adj* amphibious
Amphitheater *nt* amphitheatre [*or* AM -er]
Amphore <-, -n> *f* amphora
Amplitude <-, -n> *f* PHYS amplitude
Ampulle <-, -n> *f* ampoule, AM *a.* ampul, AM *a.* ampule
Amputation <-, -en> *f* amputation
amputieren* I. *vt* ■**jdn ~** to carry out an amputation on sb; **jdm ein Glied ~** to amputate sb's limb II. *vi* to amputate
Amputierte(r) *f(m) dekl wie adj* amputee
Amsel <-, -n> *f* blackbird
Amsterdam <-s> *nt* Amsterdam
Amt <-[e]s, Ämter> *nt* ❶ (*Behörde, Abteilung*) office, department; **aufs ~ gehen** (*fam*) to go to the authorities; **Auswärtiges ~** Foreign Office BRIT, State Department AM ❷ (*öffentliche Stellung*) post, position; (*hohe, ehrenamtliche Stellung*) office; **[noch] im ~ sein** to be [still] in office; **sein/ein ~ antreten** to take up one's post [*or* office]; **für ein ~ kandidieren** to be a candidate for an office/a post [*or* position], to go for an office/a post [*or* position] *fam;* **ein ~ innehaben** to hold an office; **jdn aus dem ~ entfernen** to remove sb from [his/her] office; **in ~ und Würde sein** to be a man/woman of position and authority ❸ (*offizielle Aufgabe*) responsibility, [official] duty; **kraft jds ~es** (*geh*) in one's official capacity; ***kraft ihres ~es als Vorsitzende*** acting in her capacity as president; **seines ~es walten** (*geh*) to carry out [*or* discharge] one's duty; **von ~s wegen** officially, ex officio *spec;* ***ich erkläre Sie von ~s wegen für verhaftet*** I arrest you in the name of the law ❹ TELEK (*Fernamt*) operator, exchange *dated;* (*freie Leitung*) outside line ❺ REL (*Hochamt*) [high] mass
Ämterhäufung *f* holding of multiple posts
Amtfrau *f fem form von* **Amtmann**
amtieren* *vi* ❶ (*ein Amt innehaben*) to hold office; (*sein Amt angetreten haben*) to be in office; ■**[als etw] ~** to hold office [as sth]; ■**~d** official ❷ (*ein Amt vorübergehend wahrnehmen*) ■**[als etw] ~** to act [as sth] ❸ (*fam: fungieren*) ■**als etw ~** to act [as] sth; **als Gastgeber ~** to play host
amtierend *adj inv, attr* office-holding *attr,* present *attr*
amtlich BÖRSE I. *adj* **~er Handel/Kurs** official trade/quotation; **~e Statistik** government statistics; **~e Währungsreserven** official reserves II. *adv* **~ notiert** officially listed [*or* quoted]; **~ notierte Wertpapiere** listed [*or* onboard] securities
amtlich I. *adj* official; *s. a.* **Kennzeichen** II. *adv* officially
Amtmann, -männin *o* **-frau** <-leute> *m, f* senior civil servant
Amtsanmaßung *f* JUR usurpation of office **Amtsantritt** *m* assumption of office; ***vor seinem ~*** before he took up office **Amtsanwalt, -anwältin** *m, f* JUR public prosecutor at a local court **Amtsarzt, -ärztin** *m, f* ADMIN ≈ medical officer **amtsärztlich** I. *adj* **ein ~es Attest** ≈ a health certificate from the medical officer II. *adv* MED **sich ~ untersuchen lassen** to be examined by the medical officer **Amtsbefugnis** *f* JUR authority, official competence **Amtsbereich** *m* jurisdiction **Amtsbescheid** *m* JUR official letter [*or* notification] **Amtsbetrieb** *m* JUR ex officio proceedings **Amtsbezeichnung** *f* official title [*or* designation] **Amtsbezirk** *m* JUR administrative district **Amtsblatt** *nt* official gazette **Amtsdauer** *f* term of office **Amtsdelikt** *nt* JUR malfeasance, malpractice in office; **ein ~ begehen** to commit a malfeasance **Amtsdeutsch** *nt* (*pej*) officialese *pej* **Amtseid** *m* oath of office; **einen ~ ablegen** to be sworn in **Amtseinführung** *f* inauguration **Amtsenthebung** *f,* **Amtsentsetzung** *f* SCHWEIZ, ÖSTERR dismissal, removal from office **Amtsfähigkeit** *f* JUR eligibility for office **Amtsfehler** *m* JUR malpractice in office **Amtsführung** *f kein pl* discharge of [one's] office **Amtsgang** *m* ADMIN official government transactions *pl* **Amtsgeheimnis** *nt* ❶ *kein pl* (*Schweigepflicht*) official secrecy; **dem ~ unterliegen** to be bound by official secrecy [*or esp* BRIT protected by the Official Secrets Act] ❷ (*geheime Information*) official secret **Amtsgericht** *nt* ≈ magistrates' [*or* AM district] court **Amtsgeschäfte** *pl* official duties [*or* business] *no pl* **Amtshaftung** *f* JUR public liability **Amtshaftungsklage** *f* JUR legal action for public liability claims **Amtshaftungsverfahren** *nt* JUR public liability proceedings *pl* **Amtshandlung** *f* JUR official action **Amtshilfe** *f* ADMIN *obligatory exchange of information between local or government authorities* **Amtshilfeersuchen** *nt* JUR letters rogatory **Amtsinhaber(in)** *m(f)* office-bearer [*or* -holder], incumbent **Amtskollege, -kollegin** *m, f* [work] colleague **Amtsleiter(in)** *m(f)* head of department **Amtsmissbrauch**RR *m* abuse of authority **amtsmüde** *adj* tired of office **Amtsniederlegung** *f* resignation from a public office position **Amtsperiode** *f* term of office **Amtspflegschaft** *f* JUR ex officio curatorship **Amtspflicht** *f* official duty; **seine ~ verletzen** to violate one's official duties **Amtspflichten** *pl* JUR official duties **Amtspflichtsverletzung** *f* JUR breach of official duty **Amtspflichtverletzung** *f* JUR breach of duty, misconduct **Amtsrichter(in)** *m(f)* ≈ magistrate BRIT, district court judge AM **Amtsschimmel** *m kein pl* (*hum fam*) bureaucracy, red tape; **dem ~ ein Ende bereiten** to cut the red tape; **den ~ reiten** to tie everything up with red tape; **den ~ wiehern hören** to see oneself caught up in red tape **Amtssitz** *m* official seat **Amtssprache** *f* ❶ *kein pl* (*Amtsdeutsch*) official language, officialese *pej* ❷ (*offizielle Landessprache*) official language **Amtsstelle** *f* JUR governmental office **Amtsstube** *f* (*veraltet*) office **Amtsstunden** *pl* office hours **Amtston** *m* dialing tone **Amtsträger(in)** *m(f)* office bearer **Amtstreuhänder(in)** *m(f)* JUR official trustee **Amtsübernahme** *f* assumption of office; **bei ~** on assuming office **Amtsunterschlagung** *f* JUR misappropriation by a public official **Amtsvergehen** *nt* offence [*or* AM -se] committed by public servant **Amtsverschwiegenheit** *f* JUR official secrecy **Amtsvorgänger(in)** *m(f)* predecessor [in office] **Amtsvormund** *m* official guardian (*appointed by the courts*) **Amtsvormundschaft** *f* JUR ex officio [*or* public] guardianship **Amtsvorsteher(in)** *m(f)* head [*or* director] [of a department] **Amtsweg** *m* official channels *pl;* **auf dem ~** through official channels; **den ~ beschreiten** (*geh*) to go through official channels **Amtszeichen** *nt* dialling [*or* AM dial] tone **Amtszeit** *f* period of office, term [*or* tenure] [of office] **Amtszimmer** *nt* office **Amtszustellung** *f* JUR service ordered by the court ex officio
Amulett <-[e]s, -e> *nt* amulet
amüsant I. *adj* entertaining, amusing II. *adv* entertainingly; **sich ~ unterhalten** to have an amusing conversation
amüsieren* I. *vr* ■**sich ~** enjoy oneself; ***amüsiert euch gut!*** have a good time!; ■**sich mit jdm ~** to have a good time with sb; ■**sich über jdn/etw ~** to laugh about sb/sth; ■**sich darüber ~, dass** to laugh about the fact that II. *vt* ■**jdn ~** to amuse sb; ***du grinst? was amüsiert dich denn so?*** what are you grinning about?; ***dein Benehmen amüsiert mich nicht sehr!*** I don't find your behaviour very amusing!; **etw zum Amüsieren finden** to find sth amusing
Amüsierviertel *nt* red light district
amusisch *adj* (*geh*) uncultivated, uncultured, philistine *pej*
Amylase <-, -n> *f* BIOL amylase
an I. *präp* ❶ +*dat* (*direkt bei*) at; **der Knopf ~ der Maschine** the button on the machine; **nahe ~ der Autobahn** close to the motorway [*or* AM freeway]; **~ dieser Stelle** in this place, on this spot ❷ +*dat* (*in Berührung mit*) on; ***er nahm sie ~ der Hand*** he took her by the hand ❸ +*dat* (*auf/bei*) at; ***sie ist am Finanzamt*** she works for the Inland Revenue ❹ +*dat* (*zur Zeit von*) on; **~ den Abenden** in the evenings; **~ jenem Morgen** that morning; **~ Weihnachten** at Christmas; (*25. Dezember*) on Christmas Day ❺ +*dat* (*verbunden mit einer Sache/Person*) about; **das Angenehme/Besondere/Schwierige ~ etw** the nice [*or* pleasant]/special/difficult thing about sth; ***was ist ~ ihm so besonders?*** what's so special about him?; ***das gefällt mir gar nicht ~ ihr*** I don't like that about her at all

(6) +*dat* (*nebeneinander*) **Tür ~ Tür wohnen** to be next-door neighbours [*or* AM -ors]; ***in der Altstadt steht Haus ~ Haus dicht beieinander*** in the old town the houses are very close together; ***die Zuschauer standen dicht ~ dicht*** the spectators were packed close together (7) +*dat* SCHWEIZ (*auf*) on; (*bei*) at; (*in*) in; ***das kam gestern am Fernsehen*** it was on television yesterday (8) +*akk räumlich* ***sie ging ~s Klavier*** she went to the piano; ***er setzte sich ~ den Tisch*** he sat down at the table; ***die Hütte war ~ den Fels gebaut*** the hut was built on the rocks; **bis ~ etw reichen** to reach as far as sth; ***pflanze den Baum nicht zu dicht ~s Haus*** don't plant the tree too close to the house; ***er schrieb etw ~ die Tafel*** he wrote sth on the board; **etw ~ etw lehnen** to lean sth against sth; ***er setzte sich gleich ~ den Computer*** he went straight to the computer (9) +*akk* (*sich wendend*) to; **~ das Telefon gehen** to answer the telephone; ***~ dieses Gerät lasse ich keinen ran!*** I won't let anybody touch this equipment! (10) +*akk zeitlich* (*sich bis zu etw erstreckend*) of, about; ***sie dachten nicht ~ Morgen*** they didn't think about [*or* of] tomorrow; ***kannst du dich noch ~ früher erinnern?*** can you still remember the old days? (11) +*akk* SCHWEIZ (*zu*) to ▸ WENDUNGEN: **~ jdm/etw vorbei** past; **~ [und für] sich** actually; *s. a.* **ab II.** *adv* (1) (*ungefähr*) ■ **~ die ...** about, approximately (2) (*Ankunftszeit*) arriving at (3) ELEK (*fam: angeschaltet*) on; **~ sein** to be on; *Licht a.* to be burning (4) (*fam: angezogen*) on; **ohne etwas ~** with nothing on (5) (*zeitlich*) **von etw ~** from sth on [*or* onwards]; ***von seiner Kindheit ~*** from the time he was a child; **von jetzt ~** from now on

Anabolikum <-s, -ka> *nt* anabolic steroid
Anabolismus <-> *m kein pl* BIOL anabolism
Anachronismus <-, -nismen> *m* (*geh*) anachronism
anachronistisch *adj* (*geh*) anachronistic
anaerob [anae-] *adj* BIOL anaerobic; **~e Baktereien** anaerobe bacteria
Anaerobier <-s, -> *m* BIOL anaerobe
Anakonda <-, -s> *f* anaconda
anal I. *adj* anal **II.** *adv* anally; **~ fixiert sein** PSYCH to be anally retentive; **~ verkehren** to have anal intercourse
Analeptikum <-s, -ka> *nt* MED analeptic
Analfissur <-, -en> *f* MED anal fissure
Analgetikum <-s, -ka> *nt* MED (*schmerzstillendes Mittel*) analgesic
analog I. *adj* (1) (*entsprechend*) analogous (2) INFORM analog **II.** *adv* (1) (*entsprechend*) analogous; ■ **~ [zu etw *dat*]** analogous [to [*or* with] sth] (2) INFORM as an analog
AnaloganschlussRR *m* TELEK analog connector [*or* connection]
Analog-Digital-Wandler *m* INFORM analog to digital converter
Analogie <-, -n> [*pl* -iːən] *f* analogy; **in ~ zu etw** in analogy to sth
AnalogieschlussRR *m* PHILOS argument by analogy **Analogieverbot** *nt* JUR prohibition of analogy **Analogieverfahren** *nt* JUR analogy process
AnalogmessinstrumentRR *nt* LUFT, TECH *im Flugzeug* analogue [*or* AM *a.* -og] meter **Analognetz** *nt* TELEK analog network **Analogrechner** *m* analogue computer **Analogtachometer** *m* TECH, AUTO analogue tachometer **Analoguhr** *f* analogue watch
Analphabet(in) <-en, -en> ['an?alfabeːt] *m(f)* illiterate; (*pej: Unwissende(r)*) ignoramus
Analphabetentum <-s> *nt,* **Analphabetismus** <-> *m kein pl* illiteracy
Analphabetin <-, -nen> *f fem form von* **Analphabet**
Analverkehr *m* anal sex
Analyse <-, -n> *f* analysis
analysieren* *vt* ■**etw/jdn ~** to analyze sth/sb
Analysis <-> *f kein pl* MATH analysis
Analyst(in) <-en, -en> *m(f)* BÖRSE analyst
Analytiker(in) <-s, -> *m(f)* (*geh*) analyst
analytisch I. *adj* (*geh*) analytic, analytical **II.** *adv* analytically
Anämie <-, -n> [*pl* -iːən] *f* MED anaemia BRIT, anemia AM
anämisch *adj* MED (*blutarm*) anemic
Anamnese <-, -n> *f* MED patient's history, anamnesis *spec*
Ananas <-, – *o* -se> *f* pineapple
Anapäst <-[e]s, -e> *m* (*Versfuß*) anapaest BRIT, anapest AM
Anarchie <-, -n> [*pl* -iːən] *f* anarchy
anarchisch *adj* anarchic[al]
Anarchismus <-> *m kein pl* anarchism
Anarchist(in) <-en, -en> *m(f)* anarchist
anarchistisch *adj* anarchic, anarchical
Anarcho <-s, -s> *m* (*sl*) anarchist, anarcho-syndicalist
Anarchosyndikalismus *m* HIST anarcho-syndicalism **Anarchosyndikalist(in)** <-en, -en> *m(f)* HIST anarcho-syndicalist **Anarchoszene** *f* (*fam*) anarchist scene
Anästhesie <-, -n> [*pl* -iːən] *f* anaesthesia BRIT, anesthesia AM
Anästhesist(in) <-en, -en> *m(f)* anaesthetist BRIT, anesthetist AM
Anästhetikum <-s, -ka> *nt* MED (*schmerzstillendes Mittel*) anaesthetic BRIT, anesthetic AM; **allgemeines/örtliches ~** general/local anaesthetic
Anatolien <-s> *nt* Anatolia
Anatomie <-, -n> [*pl* -iːən] *f* (1) *kein pl* (*Fach*) anatomy (2) (*Institut*) institute of anatomy
Anatomiesaal *m* anatomy theatre [*or* AM -er]
anatomisch I. *adj* anatomic, anatomical **II.** *adv* anatomically
an|backen *vi* KOCHK to stick, to cake on
an|baggern *vt* (*sl*) ■**jdn ~** to chat sb up BRIT, to hit on sb AM
an|bahnen I. *vt* (*geh*) ■**etw ~** (*anknüpfen*) to pave the way for sth; (*in die Wege leiten*) to prepare [the ground] for sth; ■**das Anbahnen** preparation, spadework *fam* **II.** *vr* (1) (*sich andeuten*) ■**sich ~** to be in the offing [*or* on the horizon] (2) (*sich entwickeln*) ■**sich [bei jdm] ~** to be in the making; ***hoffentlich bahnt sich da keine Erkältung [bei dir] an!*** I hope you're not getting a cold!; ***zwischen ihnen bahnt sich etwas an*** there's sth going on there
an|bändeln *vi* (1) (*Liebesbeziehung beginnen*) ■**mit jdm ~** to take up with sb (2) (*Streit anfangen*) ■**mit jdm ~** to start an argument with sb
Anbau[1] *m kein pl* AGR cultivation
Anbau[2] <-bauten> *m* (1) (*Nebengebäude*) extension, annexe BRIT, annex AM (2) *kein pl* (*das Errichten*) building
an|bauen[1] *vt* ■**etw ~** to grow [*or* cultivate] sth
an|bauen[2] **I.** *vt* ■**etw [an etw *akk*] ~** to build an extension [to sth] **II.** *vi* to extend, to build an extension
Anbaufläche *f* AGR (1) (*zum Anbau geeignete Fläche*) land suitable for cultivation (2) (*bebaute Ackerfläche*) acreage **Anbaugebiet** *nt* AGR area [of cultivation] **Anbaugrenze** *f* limit of cultivation **Anbaumöbel** *nt* unit furniture BRIT, modular furniture AM **Anbausaison** *f* AGR growing season
Anbeginn *m* (*geh*) beginning; **seit ~ [einer S. *gen*]** since the beginning [of sth]; ***seit ~ der Welt*** since the world began; **von ~ [an]** [right] from the beginning
an|behalten* *vt irreg* ■**etw ~** to keep sth on
anbei *adv* (*geh*) enclosed; ***~ die erbetenen Prospekte*** please find enclosed the requested brochure
an|beißen *irreg* **I.** *vi* (1) (*den Köder beißen*) to take [*or* nibble at] the bait (2) (*fam: Interesse haben*) to show interest, to take the bait **II.** *vt* ■**etw ~** to take a bite of [*or* bite into] sth ▸ WENDUNGEN: **zum Anbeißen** [*fam*] fetching BRIT, hot AM *sl*
an|belangen* *vt* (*geh*) ■**jdn ~** to be sb's business, to concern sb; **was jdn/etw anbelangt, ...** as far as sb/sth is concerned...; ***was die Sache anbelangt ...*** as far as that is concerned ...
an|bellen *vt* ■**jdn ~** to bark at sb
an|beraumen* *vt* (*geh*) ■**etw ~** to fix [*or* arrange] sth; **einen Termin ~** to set [*or* fix] a date
an|beten *vt* (1) REL ■**jdn/etw ~** to worship sb/sth (2) (*verehren*) ■**jdn ~** to adore [*or* worship] sb
Anbeter(in) <-s, -> *m(f)* REL worshipper, devotee
Anbetracht *m* ■**in ~ einer S.** *gen* in view of; **in ~ dessen, dass** in view of the fact that
an|betreffen* *vt irreg* (*geh*) *s.* **anbelangen**
an|betteln *vt* ■**jdm ~** to beg from sb; ■**[jdn] um etw ~** to beg [sb] for sth
Anbetung <-, *selten* -en> *f* REL worship, adoration
an|biedern *vr* (*pej*) ■**sich [bei jdm] ~** to curry favour [*or* AM -or] with sb, to crawl [to sb]; ■**~d** crawling, ingratiating *form*
Anbiederung <-, -en> *f* ingratiation; ***ihre ~ an ihn ist wirklich abstoßend*** the way she fawns all over him is really disgusting
Anbiederungsversuch *m* attempt to ingratiate oneself; ***seine ~e gehen mir auf die Nerven*** his attempts to butter me up are getting on my nerves
an|bieten *irreg* **I.** *vt* ■**[jdm] etw ~** to offer [sb] sth, to offer sth [to sb]; ***darf ich Ihnen noch ein Stück Kuchen ~?*** would you like another piece of cake?; ***na, was bietet die Speisekarte denn heute an?*** well, what's on the menu today?; ***dieser Laden bietet regelmäßig verschiedene Südfrüchte an*** this shop often has exotic fruit for sale; ***diesen Fernseher kann ich Ihnen besonders günstig ~*** I can give you a particularly good price for this TV **II.** *vr* (1) (*sich zur Verfügung stellen*) ■**sich [jdm] als etw ~** to offer [*or* volunteer] one's services as sth to sb; ***darf ich mich Ihnen als Stadtführer ~?*** my services as guide are at your disposal; ■**sich ~, etw zu tun** to offer [*or* volunteer] to do sth (2) (*nahe liegen*) ■**sich [für etw] ~** to be just the right thing [for sth]; ***eine kleine Pause würde sich jetzt ~*** a little break would be just the thing now; ***es bietet sich leider keine andere Alternative an*** unfortunately, there's no alternative; ■**es bietet sich an, das zu tun** it would seem to be the thing to do; ***bei dem Wetter bietet es sich doch an, einen Ausflug zu unternehmen*** this is just the right weather for a trip somewhere
Anbietende(r) *f(m) dekl wie adj s.* **Anbieter**
Anbieter(in) <-s, -> *m(f)* supplier; (*bei Ausschreibung*) tenderer; INFORM, TELEK provider
Anbietungspflicht *f* JUR obligation to make an offer
an|binden *vt irreg* (1) (*festbinden*) ■**jdn/etw [an etw *akk o dat*] ~** to tie sb/sth [to sth]; ***die Kähne waren fest an den Anlegern angebunden*** the barges were moored to the jetty (2) (*durch Pflichten einschränken*) ■**jdn ~** to tie sb down; (*jds Freiheit einschränken*) to keep sb on a lead (3) TRANSP ■**etw an etw *akk* ~** to connect sth to sth
Anbindung <-, -en> *f* (1) (*Verbindung*) linkage; **~ an den Wechselkurs** link to the exchange rate (2) (*an ein Versorgungsnetz, Verkehr*) connection (3) TECH gate
Anblick *m* sight; **einen erfreulichen/Furcht erregenden ~ bieten** to be a welcoming/horrifying sight; ***das war kein schöner ~!*** it was not a pretty sight!; **beim ~ einer S.** *gen* at the sight of; **beim ersten ~** at first sight
an|blicken *vt* (*geh*) ■**jdn ~** to look at sb; ***er blickte sie lange und versonnen an*** he gazed at her, lost in thought; ***er blickte sie kurz an*** he glanced at her
an|blinken *vt* ■**jdn ~** to flash [at] sb, to signal to sb
an|blinzeln *vt* ■**jdn ~** to blink at sb; (*zublinzeln*) to wink at sb
an|bohren *vt* (1) (*ein Loch bohren*) ■**etw ~** to drill [*or* bore] into sth (2) (*zugänglich machen*) ■**etw ~** to drill for sth (3) ZOOL ■**etw ~** to eat into sth
An-Bord-Konnossement *nt* HANDEL onboard bill of lading
Anbot <-[e]s, -e> *nt* ÖSTERR (*geh: Angebot*) offer
an|braten *vt irreg* KOCHK ■**etw ~** to fry sth until brown
an|brauchen *vt* (*fam*) ■**etw ~** to open [*or* start] sth; **eine angebrauchte Flasche Cola** an open bottle of coke; **eine angebrauchte Tüte Chips** an open [*or* a half-eaten] packet of crisps [*or* AM chips]

an|bräunen *vt* KOCHK ■**etw** ~ to brown sth

an|brechen *irreg* **I.** *vi sein* to begin; *Tag* to dawn, to break *form; Winter, Abend* to set in; *Dunkelheit, Nacht* to fall; ***wir redeten bis der Tag anbrach*** we talked until the break of day **II.** *vt haben* ■**etw** ~ ① *(zu verbrauchen beginnen)* to open sth; **eine Packung Kekse** ~ to open [*or* start] a packet of biscuits; **die Vorräte** ~ to break into supplies; ■**angebrochen** opened, half-eaten *fam;* ***wir haben den angebrochenen Urlaub daheim verbracht*** we spent the rest of the holiday at home ② *(auszugeben beginnen)* to break sth; ***ich wollte den Hunderter nicht*** ~ I didn't want to break the hundred mark note ③ *(teilweise brechen)* to chip sth

an|brennen *irreg* **I.** *vi sein* ① *(verkohlen)* to burn; ■**etw** ~ **lassen** to let sth burn; ***es riecht hier so angebrannt*** it smells of burning in here ② *(zu brennen beginnen)* to burn; ***tu erst Papier unter die Kohle, dann brennt sie leichter an!*** put paper under the coal so that it ignites better ▶ WENDUNGEN: **nichts** ~ **lassen** *(fam)* to not hesitate [*or* let an opportunity go past one] **II.** *vt haben* ■**etw** ~ to ignite sth

an|bringen *vt irreg* ① *(befestigen)* ■**etw [an etw** *dat***]** ~ to hang sth [on sth], to fix sth [to sth] ② *(montieren)* **Beschläge** ~ to attach [*or* mount] fittings; **ein Gerät** ~ to instal a piece of equipment; **ein Regal** ~ to put up a shelf ③ *(vorbringen)* ■**etw** ~ to introduce [*or* mention] sth; *s. a.* **angebracht** ④ *(äußern)* ■**etw [bei jdm]** ~ to make sth [to sb] ⑤ *(verwenden)* ■**etw [in etw** *dat***]** ~ to make use of sth [in sth], to put sth to good use ⑥ *(fam: herbeibringen)* ■**jdn/etw** ~ to bring sb/sth [along] ⑦ *(fam)* ■**etw [bei jdm]** ~ to sell [*or sl* flog] sth [to sb]

Anbruch *m kein pl (geh)* dawn, beginning *form;* **bei** ~ **des Tages** at the break of day, at daybreak [*or* dawn]; **bei** ~ **der Dunkelheit** at dusk

an|brüllen I. *vt* ① *(fam: wütend laut ansprechen)* ■**jdn/etw** ~ to shout at sb/sth ② *(in jds Richtung brüllen)* ■**jdn** ~ to bawl at sb; *Löwe* to roar at sb; *Bär* to snarl at sb; *Stier* to bellow at sb **II.** *vi (fam)* ■**gegen jdn/etw** ~ to shout sb/sth down, to make oneself heard above sb/sth

ANC *m Abk von* **African National Congress** ANC

Anchovis <-, -> [anˈʃoːvɪs] *f* anchovy

Andacht <-, -en> *f* prayer service; **in [*o* mit] [*o* voller]** ~ REL in [*or* with] devotion; **voller** ~ *(geh)* in rapt devotion

andächtig I. *adj* ① REL devout, reverent ② *(ehrfürchtig)* reverent; *(in Gedanken versunken)* rapt **II.** *adv* ① REL devoutly, religiously ② *(hum: ehrfürchtig)* reverently; *(inbrünstig)* raptly

Andächtige(r) *f(m) dekl wie adj* REL worshipper, devotee

Andalusien *nt* Andalusia

Andalusier(in) *m(f)* Andalusian

andalusisch *adj* Andalusian

Andamanisches Meer *nt* Andaman Sea

an|dämpfen *vt* KOCHK *s.* **andünsten**

Andauer *f kein pl* continuance; ***mit einer ~ des milden Wetters ist weiterhin zu rechnen*** the mild weather is expected to continue

an|dauern *vi* to continue; *Gespräche, Meeting* to go on

andauernd I. *adj* continuous, persistent; **bis in die späten Abendstunden** ~ going on well into the night **II.** *adv* continuously, persistently; ***jetzt schrei mich nicht ~ an*** stop shouting at me all the time

Anden *pl* ■**die** ~ the Andes *npl*

an|denken *vt irreg (selten)* ■**eine S.** ~ to start thinking about sth

Andenken <-s, -> *nt* ① *(Souvenir)* souvenir *a. fam* ② *(Erinnerungsstück)* ■**ein** ~ **an jdn/etw** a keepsake from sb/sth; **zum** ~ **an jdn/etw** as a keepsake of sb/sth, in memory of sb/sth ③ *kein pl (Erinnerung)* memory; **zum** ~ **an jdn** in memory [*or* remembrance] of; **jdm ein ehrendes** ~ **bewahren** *(geh)* to honour [*or* AM -or] sb's memory; *(jdm gedenken)* to commemorate sb; **jdn/etw in freundlichem** ~ **behalten** in fond memory of sb; **im** ~ **an ...** in memory of ...

andere(r, s) *pron indef* ① *adjektivisch (abweichend)* different, other; ***das ist eine ~ Frage*** that's another [*or* a different] question; **bei einer ~n Gelegenheit** another time; **das** ~ **Geschlecht** the opposite sex; **ein ~s Mal** another time; **eine** ~ **Meinung haben, einer ~n Meinung sein** to have [*or* be of] a different opinion; **eine ganz** ~ **Sache** an entirely different matter ② *adjektivisch (weitere)* other; ***er besitzt außer dem Mercedes noch drei ~ Autos*** apart from the Mercedes, he's got three more cars; ***haben Sie noch ~ Fragen?*** have you got any more [*or* further] questions? ③ ■**andere** *substantivisch (sonstige)* more, others; ***es gibt noch ~, die warten!*** there are others waiting!; ***ich habe nicht nur diese Brille, sondern noch ~*** I've got more than just this one pair of glasses; ■**das/der/die** ~ the other; ■**ein ~r/eine ~/ein ~s** [an]other, a different one; ***eines ist schöner als das ~!*** each one is more beautiful than the last! ④ ■**andere** *substantivisch (sonstige Menschen)* others; ■**der/die** ~ the other [one]; ■**ein ~r/eine** ~ someone else; ■**die ~n** the others; **alle ~n** all the others; **wir ~n** the rest of us; **jede/jeder** ~ anybody else; **keine ~/kein ~r als ...** nobody [*or* no one else] but ...; **weder den einen/die eine noch den ~n/die** ~ neither one of them; **einer nach dem ~n, eine nach der ~n** one after the other; **der eine oder** ~ one or two people; ***falls dem einen oder ~m etwas einfällt*** if any of you have an idea; ***ich will weder den einen noch den ~n einladen*** I don't want to invite either one; **auf** ~ **hören** to listen to others; ***2 Kinder haben sie schon, sie wollen aber noch ~*** they've already got 2 children but they want more; ***gab es noch ~ [Frauen] in deinem Leben?*** were there other women in your life?; ***hast du eine ~?*** is there someone else?, have you got another woman?; ***auch ~ als ich denken so*** other people think the same as I do; **da muss ein ~r kommen** *(fig)* it will take more than him/you etc ⑤ ■**anderes** *substantivisch (Abweichendes)* other things *pl;* ***das T-shirt ist schmutzig — hast du noch ein ~s*** that t-shirt is dirty — have you got another one?; ■**etwas/nichts ~s [*o* A~s]** something/anything else; ***hattest du an etwas ~s gedacht/ etwas ~s erwartet?*** what did you expect?; ***ich hatte nichts ~s erwartet*** I didn't expect anything else; ***das ist natürlich etwas ~s!*** that's a different matter altogether; ***das ist etwas ganz ~s!*** that's something quite different; ***es bleibt uns nichts ~s übrig*** there's nothing else we can do; ***lass uns von etwas ~m sprechen*** let's talk about something else, let's change the subject; ***dem hätte ich was ~s erzählt!*** *(fam)* I would have given him a piece of my mind; **nichts ~s [*o* A~s] [mehr] tun wollen, als ...** to not want to do anything else than ...; **nichts ~s [*o* A~s] als** nothing but; ***das bedeutet doch nichts ~s als die totale Pleite*** it means only one thing and that is total ruin; **alles** ~ everything else; **alles** ~ **als ...** anything but ...; **ein[e]s nach dem ~n** first things first; **so kam eins zum ~n** one thing led to another; **weder das eine noch das** ~ neither [one]; *(tun wollen)* not either; **und ~s mehr** and much more besides; **unter ~m ... ...** amongst other things, including ...

ander(e)nfalls *adv* otherwise

ander(e)norts *adv (geh)* elsewhere; ~ ***ist es auch nicht anders!*** it's no different anywhere else!

and(e)rerseits *adv* on the other hand

Anderkonto *nt* FIN trust account, third-party account

andermal *adv* ■**ein** ~ another [*or* some other] time

ändern I. *vt* ① *(verändern)* ■**etw** ~ to change [*or* alter] sth; ***ich kann es nicht ~*** I can't do anything about it; **[s]eine Meinung** ~ to change one's mind; **den Namen** ~ to change one's name; **das ändert nichts daran, dass ...** that doesn't change [*or* alter] the fact that; ***das alles ändert nichts an der Tatsache, dass ...*** none of that changes [*or* alters] the fact that ...; ***daran kann man nichts ~*** there's nothing anyone/we/you can do about it ② MODE ■**[jdm] etw** ~ to alter sth [for sb]; *(kleiner machen)* to take sth in; *(die Naht auslassen)* to let sth out **II.** *vr* ■**sich** ~ to change; ***in meinem Leben muss sich einiges ~*** there will have to be some changes in my life; ***die Windrichtung hat sich geändert*** the wind has changed direction; ***es hat sich nichts geändert*** nothing's changed; ■**sich an etw** *dat* ~ to change; **das lässt sich nicht** ~ there's nothing that can be done about it, you can't do anything about it

anders *adv* ① *(verschieden)* differently; ***die Sachen sind doch etwas ~ als erwartet gelaufen*** things have progressed in a different way to what we expected; ***sie denkt ~ als wir*** she has a different point of view from us; ***diese Musik klingt schon ganz ~*** this music sounds completely different; ***als braves Kind gefällst du mir ganz ~*** I like you much more when you behave; ■~ **als ...** different to [*or* from] [*or* AM *a.* than] ...; ~ **als sonst** different than usual; **es sich** *dat* ~ **überlegen** to change one's mind; ~ **denkend** dissenting, dissident; ~ **gesinnt** of a different opinion; ~ **lautend** contrary, different ② *(sonst)* otherwise; ~ ***kann ich es mir nicht erklären*** I can't think of another explanation; **jemand** ~ somebody [*or* someone] [*or* anybody] else; **niemand** ~ nobody [*or* no one] else; ***lass außer mir niemand ~ rein!*** don't let anybody in except [for] me!; **was/wer/wo ~?** what/who/where else?; **nicht** ~ **gehen** to be able to do nothing about sth; ***es ging leider nicht ~*** I'm afraid I couldn't do anything about it ▶ WENDUNGEN: **auch** ~ **können** *(fam)* ***ich kann auch ~!*** *(fam)* you'd/he'd etc. better watch it!; **nicht** ~ **können** *(fam)* to be unable to help it [*or* oneself]; ***ich konnte nicht ~*** I couldn't help it; **jdm wird ganz** ~ *(schwindelig)* to feel dizzy; **da wird einem ja ganz ~!** *(ärgerlich zumute)* it makes [*or* it's enough to make] one's blood boil

andersartig *adj* different

andersdenkend *adj attr s.* **anders 1**

Andersdenkende(r) *f(m) dekl wie adj* dissident

anderseits *adv s.* **and[e]rerseits**

andersfarbig I. *adj* of a different colour [*or* AM -or] [*or liter* hue] **II.** *adv* a different colour [*or* AM -or]; ~ **lackiert** painted a different colour

andersgesinnt *adj s.* **anders 1**

Andersgesinnte(r) *f(m) dekl wie adj* person of a different opinion

andersgläubig *adj* REL of a different faith

Andersgläubige(r) *f(m) dekl wie adj* REL follower of a different faith

anders(he)rum I. *adv* the other way round **II.** *adj pred (fam: homosexuell)* gay

anderslautend *adj attr (geh) s.* **anders 1**

Anderslautende *nt* contrary reports; ***ich habe nichts ~s gehört*** I haven't heard anything to the contrary

andersrum *adv, adj (fam) s.* **anders[he]rum**

anderssprachig *adj* ① *(abgefasst)* in another language ② *(sprechend)* speaking a different language

anderswie *adv (fam)* differently

anderswo *adv* ① *(an einer anderen Stelle)* somewhere else ② *(an anderen Orten)* elsewhere

anderswoher *adv* from somewhere else

anderswohin *adv* somewhere else, elsewhere

anderthalb *adj* one and a half; ***meine Tochter ist ~ Jahre alt*** my daughter is one and a half; ~ **Kilometer** one kilometer and a half; ~ **Stunden** an hour and a half

anderthalbfach *adj* one-and-a-half-fold

anderthalbmal *adv* one and a half times; ~ **so viel ...** half as much ... again

Änderung <-, -en> *f* ① *(Abänderung)* change, alteration; *Gesetz* amendment; *Entwurf, Zeichnung* modifications *pl;* ■**die** ~ **an etw** *dat* the alteration to; **eine ~/~en an etw** *dat* **vornehmen** to make a change/changes to sth, to change sth; **geringfügige ~en** slight alterations; **„~en vorbehalten"** "subject to change" ② MODE alteration ③ *(Wandel)* change; **eine** ~ **des Wetters** a change in the weather

Änderungsantrag *m* POL amendment

Änderungsbeschluss[RR] *m* JUR amending order

Änderungsschneiderin <-, -nen> *f fem form von* Änderungsschneider seamstress

Änderungsklausel *f* JUR escape clause

Änderungskündigung *f* JUR notice of dismissal pending a change of contract **Änderungsrecht** *nt* JUR right to require a change **Änderungssatzung** *f* JUR modified statutes *pl* **Änderungsschneider(in)** *m(f)* ≈ tailor *masc,* ≈ seamstress *fem* **Änderungsschneiderei** *f* MODE tailor's [shop] **Änderungsverbot** *nt* JUR (*Urheberrecht*) prohibited alterations *pl* **Änderungsvertrag** *m* JUR modified contract **Änderungsvorbehalt** *m* JUR reservation of the right of modification **Änderungsvorschlag** <*pl* -vorschläge> *m* proposed change [*or* amendment]; **einen ~/Änderungsvorschläge machen** to suggest a change, to make a suggestion for change **Änderungswunsch** <*pl* -wünsche> *m* proposed changes [*or* alterations]; **einen ~/Änderungswünsche haben** to want to make changes [*or* alterations]

anderweitig I. *adj attr* other, further II. *adv* ❶ (*mit anderen Dingen*) with other matters; ~ **beschäftigt sein** to be busy with other things, to be otherwise engaged ❷ (*von anderer Seite*) somewhere else, elsewhere; ***mir sind ~ bereits 200.000 DM geboten worden*** somebody else has offered me DM 200,000 ❸ (*bei anderen Leuten*) other people; ~ **verpflichtet sein** to have other committments ❹ (*an einen anderen*) to somebody else ❺ (*anders*) in a different way; **sich ~ entscheiden** to make an alternative decision; **etw ~ verwerten** to make use of sth another way

an|deuten I. *vt* ❶ (*erwähnen*) ■**etw ~** to indicate [*or* make a reference to] sth ❷ (*zu verstehen geben*) ■**[jdm] etw ~** to imply sth [to sb]; ***was wollen Sie damit ~?*** what are you getting at?; ***was wollen Sie mir gegenüber ~?*** what are you trying to tell me?; ***sie hat es nicht direkt gesagt, nur angedeutet*** she didn't say it out loud but she implied it; ■**~, dass/was** to make it clear [that] ❸ KUNST, MUS (*in Umrissen erkennen lassen*) ■**jdn/etw ~** to outline [*or* sketch] sb/sth II. *vr* ■**sich [bei jdm] ~** to be signs [*or* indications] of sth; ***eine Verbesserung/Veränderung deutet sich an*** there are indications of improvement/of a change

Andeutung *f* ❶ (*flüchtiger Hinweis*) hint; ***aus ihren ~en konnte ich schließen, dass ...*** I gathered from her remarks that ...; **eine ~ fallen lassen** to drop a hint; **eine ~ auf etw sein** to be a reference to sth; **bei der geringsten ~ von sth** at the first sign of sth; **eine versteckte ~** an insinuation; **eine ~ [über jdn/etw] machen** to make a remark [about sb/sth], to imply sth [about sb] ❷ (*Spur*) hint, trace

andeutungsweise I. *adv* ❶ (*indirekt*) as an indication of; **jdm etw ~ zu verstehen geben** to indicate sth to sb; ***davon war nur ~ die Rede*** it was merely hinted at ❷ (*rudimentär*) as an intimation II. *adj attr* (*selten*) **ein ~s Lächeln** the shadow [*or* a hint] of a smile

Andeutungswerbung *f* JUR suggestive advertising

an|dicken *vi* KOCHK to thicken

an|dienen I. *vt* ■**jdm etw ~** to press sth on sb; ■**sich** *dat* **etw von jdm ~ lassen** to be forced [*or* bludgeoned] into [doing] sth by sb II. *vr* ■**sich jdm [als etw] ~** to offer sb one's services [*or* oneself] [as sth]

Andienung <-, -en> *f* ÖKON tendering

Andienungsklausel *f* JUR offer clause **andienungspflichtig** *adj inv* JUR to be offered to the official buyer **Andienungsrecht** *nt* JUR right to offer to the official buyer

an|diskutieren* *vt* ■**etw ~** to start discussing sth

an|docken *vi* ■**[an etw** *dat***] ~** to dock [with sth]; *Virus a.* to attach [to sth]

Andockmanöver *nt* docking manoeuvre [*or* AM maneuver] **Andockstation** *f* INFORM docking station [*or* unit]

Andorra <-s> *nt* GEOG Andorra

Andorraner(in) <-s, -> *m(f)* Andorran

andorranisch *adj* Andorran

Andrang *m kein pl* ❶ (*hindrängende Menschenmenge*) crush; ~ **der Menschen** rush of people; **ein großer ~** a throng of people, a large crowd ❷ (*Zustrom*) rush, surge

andre(r, s) *adj s.* **andere(r, s)**

Andreas *m* Andrew

Andreaskreuz *nt* ❶ REL St. Andrew's cross ❷ (*Verkehrszeichen*) diagonal cross

an|drehen *vt* ❶ (*anstellen*) ■**etw ~** to turn [*or* switch] sth on ❷ (*festdrehen*) ■**etw ~** to tighten sth ❸ (*fam: verkaufen*) ■**jdm etw ~** to flog sb sth *sl;* ■**sich** *dat* **etw ~ lassen** to be flogged sth

andrerseits *adv s.* **and[e]rerseits**

Androgen <-s, -e> *nt* androgen

androgyn *adj* androgynous

an|drohen *vt* ■**jdm etw ~** to threaten sb with sth; ***er drohte ihm Prügel an*** he threatened to beat him up

Androhung *f* threat; **unter ~ einer S.** *gen* [*o* **von etw** *dat*] under [*or* with] threat of sth; JUR under penalty of sth

Android(e) <-en, -en> [andro'i:t, *pl* -'i:dən] *m* android

Andromedanebel *m* ASTRON Andromeda Nebula

Andruck¹ <-drucke> *m* TYPO proof

Andruck² *m kein pl* PHYS accelerative force

Andruckbogen *m* TYPO [press]proof, proof print [*or* sheet]

an|drucken *vi* TYPO to start printing

an|drücken *vt* ❶ (*durch Drücken befestigen*) ■**etw ~** *Pflaster* to press on sth *sep* ❷ (*durch drücken anschalten*) ■**etw ~** to turn [*or* switch] on sth *sep*

Andruckskala *f* TYPO progressive proofs *pl,* set of progressives **Andruckstudio** *nt* TYPO proofing [*or* print proof] studio

an|dünsten *vt* KOCHK ■**etw ~** to braise sth lightly

an|ecken *vi sein* (*fam*) to put people's backs up *fam;* ■**bei jdm ~** to put sb's back up *fam,* to rub sb the wrong way *fam*

an|eignen *vr* ■**sich** *dat* **etw ~** ❶ (*an sich nehmen*) to take [*or form* appropriate] sth ❷ (*sich vertraut machen*) to learn [*or* acquire] sth ❸ (*sich angewöhnen*) to learn [*or sep* pick up] sth

Aneignung <-, *selten* -en> *f* ❶ (*geh: Diebstahl*) appropriation ❷ (*Erwerb*) acquisition ❸ (*Lernen*) learning, aquisition

Aneignungsrecht *f* JUR right of appropriation

aneinander *adv* ❶ (*jede(r,s) an den anderen/das andere*) to one another; ~ **denken** to think about each other; ~ **grenzen** to border on one another; ~ **hängen** to be very close; **sich ~ reihen** to follow one another; **etw ~ stellen** to put sth next to one another [*or* each other] ❷ (*jede(r,s) am anderen*) **Spaß ~ haben** to have fun together; **etw ~ finden** to see sth in each other; **sich** *akk* **~ reiben** to rub each other [up] the wrong way; **sich** *akk* **~ schmiegen** to cuddle; **sich** *akk* **[vor Kälte] ~ schmiegen** to huddle up together [in the cold]; ~ **geschmiegt** close together ❸ (*jeweils an der anderen Person*) each other; ~ **vorbeireden** to talk at cross purposes ❹ (*eine(r,s) am anderen*) together ❺ (*zusammen*) together; **etw ~ fügen** to put sth together; **sich ~ fügen** to go together; **etw ~ halten** to hold sth up together, to compare sth with each other; **etw ~ reihen** to string sth together; ~ **stoßen** to bump into each other; (*zwei Dinge*) to bang together ❻ (*eine(r) gegen den anderen/die andere*) **[wegen jdm/etw] ~ geraten** (*sich prügeln*) to come to blows [about sb/sth]; (*sich streiten*) to have a fight [*or* BRIT *a.* row] [about sth], to argue [about [*or* over] sth]; **mit jdm ~ geraten** (*sich prügeln*) to have a fight with sb; (*sich streiten*) to have a fight [*or* BRIT *a.* row] with sb

aneinander|fügen *vt, vr s.* **aneinander 5** **aneinander|geraten*** *vi irreg sein s.* **aneinander 6** **aneinander|grenzen** *vi s.* **aneinander 1** **aneinander|halten** *vt irreg s.* **aneinander 5** **aneinander|reihen** I. *vt s.* **aneinander 5** II. *vr s.* **aneinander 1** **aneinander|schmiegen** *vr s.* **aneinander 2** **aneinander|stellen** *vt s.* **aneinander 1** **aneinander|stoßen** *vi irreg s.* **aneinander 5**

Anekdötchen <-s, -> *nt* (*hum fam*) little anecdote

Anekdote <-, -n> *f* anecdote, story

an|ekeln *vt* ■**jdn ~** to make sb sick, to disgust [*or* nauseate] sb; ■**es ekelt jdn an, etw tun zu müssen** it nauseates sb to have to do sth; ■**von etw angeekelt sein** to be disgusted [*or* nauseated] by sth

Anemone <-, -n> *f* BOT anemone

Anerbenrecht *nt* JUR entail on farm property in the former British zone of occupation in Germany

an|erbieten* *vr irreg* (*geh*) ■**sich ~** to offer one's services [*or* oneself]; ■**sich ~, etw zu tun** to offer to do sth

Anerbieten <-s, -> *nt* (*geh*) offer

anerkannt *adj* ❶ (*unbestritten, geschätzt*) acknowledged, recognized ❷ (*zugelassen*) recognized; **[staatlich] ~e Schule** [state-] recognized schools

anerkanntermaßen *adv* admittedly; ***dieses Werk gehört ~ zu den herausragendsten in der Kunstgeschichte*** this work is recognized as one of the greatest in the history of art

an|erkennen* *vt irreg* ❶ (*offiziell akzeptieren*) ■**etw [als etw] ~** to recognize sth [as sth]; **jdn als Herrscher ~** to acknowledge sb as ruler; **ein Kind ~** to acknowledge a child as one's own; **eine Forderung ~** to accept a demand ❷ ÖKON **eine Rechnung ~** to accept a bill; **Schulden ~** to acknowledge debts ❸ (*würdigen*) ■**etw ~** to appreciate sth, to recognize sth ❹ (*gelten lassen*) ■**etw ~** to recognize sth; ■**~, dass** to accept [*or* acknowledge] [the fact] that; **eine Meinung ~** to respect an opinion

anerkennend I. *adj* acknowledging; **ein ~er Blick** a look of acknowledg[e]ment [*or* recognition] II. *adv* in acknowledg[e]ment [*or* recognition]

anerkennenswert I. *adj* commendable, praiseworthy, laudable *form* II. *adv* in a commendable [*or* praiseworthy] way [*or* manner]

Anerkenntnis *nt* acknowledg[e]ment

Anerkenntnisurteil, Anerkennungsurteil *nt* JUR judgment by consent

Anerkennung *f* ❶ (*offizielle Bestätigung*) recognition; ~ **finden** to gain recognition ❷ ÖKON acknowledg[e]ment ❸ (*Würdigung*) appreciation, recognition; **in ~ einer S.** *gen* (*geh*) in recognition of [*or form* as a tribute to] sth ❹ (*lobende Zustimmung*) praise; ~ **finden** to earn [*or* win] respect ❺ (*Tolerierung*) acceptance, recognition

Anerkennungsprinzip *nt* JUR recognition principle **Anerkennungsrichtlinien** *pl* JUR recognition rules **Anerkennungsverfahren** *nt* JUR recognition procedure

an|erziehen* *vt irreg* ■**jdm etw ~** to teach sb sth, to instil [*or* AM -ll] sth into sb *form;* ■**sich** *dat* **etw ~** to learn [*or* teach oneself] sth; ■**anerzogen sein** to be acquired

an|fachen *vt* (*geh*) ❶ (*zum Brennen bringen*) ■**etw ~** to kindle sth ❷ (*schüren*) ■**etw ~** to arouse sth; **Hass ~** to whip [*or* stir] up hatred; **Leidenschaft ~** to arouse [*or* inflame] passion

an|fahren *irreg* I. *vi sein* to drive off; *Zug* to draw in; **das A~ am Berg** the hill start; **angefahren kommen** to arrive, to come; ***da kommt unser Taxi ja schon angefahren!*** there's our taxi! II. *vt haben* ❶ (*beim Fahren streifen*) ■**jdn/etw ~** to hit [*or* run into] sb/sth ❷ (*mit dem Wagen liefern*) ■**etw ~** to deliver sth; ■**etw ~ lassen** to have sth delivered ❸ *irreg* (*schelten*) ■**jdn ~** to bite sb's head off *fam,* to snap at sb ❹ TRANSP ■**etw ~** to call at sth; **einen Hafen ~** to pull in at a port; ***Helgoland wird regelmäßig von Fährschiffen angefahren*** Helgoland is a regularly frequented port of call ❺ (*fam: auftischen*) ■**etw ~** to lay on sth *sep fam*

Anfahrschlupfregelung *f* AUTO anti-spin regulation, ASR

Anfahrt <-, -en> *f* ❶ (*Hinfahrt*) journey [to] ❷ (*Anfahrtszeit*) journey [*or* travelling [*or* AM *usu* traveling]] time ❸ (*Zufahrt*) approach

Anfahrtsweg *m* approach road; **kurze ~e** short access routes

Anfall¹ <-[e]s> *m kein pl* ❶ (*Aufkommen allgemeiner Dinge*) accumulation; **ein ~ an Arbeit** a build-up of work; **ein ~ an Einsatz** a raising of the stakes ❷ FIN *von Zinsen* accrual; JUR devolution ❸ (*Anhäufung*) *Reparaturen, Kosten* amount

Anfall² <-[e]s, -fälle> *m* ❶ MED (*Attacke*) attack; **einen ~ bekommen** [*o* **haben**] to have a heart attack; **epileptischer ~** epileptic fit ❷ (*Wutanfall*) fit of rage; **einen ~ bekommen** [*o fam* **kriegen**] to have [*or* go into] a fit of rage, to throw a fit [*or* BRIT *fam a.* wobbly], to blow one's top *fam;* ***der kriegt [nochmal] einen ~, wenn er das mitbekommt!*** he's going to go round the bend [*or* throw a wobbly] when he hears about this! ③ (*Anwandlung*) ■**ein ~ von etw** a fit of sth; ■**in einem ~ von etw** in a fit of sth; **in einem ~ von Wahnsinn** in a fit of madness; **in einem ~ von Großzügigkeit** with [*or* in] a sudden show of generosity, in a fit of generosity

an|fallen[1] *vi irreg sein* ① (*entstehen*) to arise, to be produced ② FIN (*anlaufen*) ■**bei etw ~** to accrue on sth; *Kosten* incurr; *Beitrag, Zahlung* to be due; **die ~den Kosten/Probleme** the costs/problems incurred ③ (*sich anhäufen*) to accumulate; *Arbeit a.* to pile up; ***die zusätzlich ~de Arbeit*** the additional work incurred

an|fallen[2] *vt irreg* ① (*überfallen*) ■**jdn ~** to attack sb ② (*anspringen*) ■**jdn/ein Tier ~** *bissiger Hund* to attack sb/an animal ③ (*fig:* [*seelisch*] *befallen*) ■**jdn ~** to overcome sb; ***Heimweh fiel ihn an*** he was overcome with [*or* by] homesickness

anfällig *adj* ① (*leicht erkrankend*) delicate; ■[**für** [*o* **gegen**] **etw**] **~ sein/werden** to be/become prone [*or* susceptible] [to sth] ② AUTO, TECH (*reparatur~*) temperamental

Anfälligkeit <-> *f meist sing* ① (*anfällige Konstitution*) delicateness; ■**die ~ für** [*o* **gegen**] **etw** susceptibility [*or* proneness] to sth ② AUTO, TECH (*Reparatur~*) temperamental nature

Anfang <-[e]s, -fänge> *m* ① (*Beginn*) beginning, start; ***... und das ist erst der ~*** ... and that's just the start; [**bei etw/mit etw**] **den ~ machen** to make a start [in sth/with sth]; **einen neuen ~ machen** to make a fresh start; **seinen ~ nehmen** (*geh*) to begin [*or* start]; ***das Verhängnis hatte bereits seinen ~ genommen*** fate had already begun to take [*or* run] its course; **~ September/der Woche** at the beginning of September/the week; ***der Täter war ca. ~ 40*** the suspect was in his early 40s; **von ~ bis Ende** from start to finish; **am ~** (*zu Beginn*) in the beginning; ***ich bin erst am ~ des Buches*** I've only just started the book; (*anfänglich*) to begin with, at first; **von ~ an** from the [very] start, right from the word go [*or* the start]; **zu ~** to begin with ② (*Ursprung*) beginnings *pl,* origin[s] *usu pl;* ***wir stecken noch in den Anfängen*** we're still getting [it] off the ground; **der ~ allen Lebens** the origins of all life; **aus bescheidenen Anfängen** from humble beginnings ▶ WENDUNGEN: **der ~ vom Ende** the beginning of the end; **am ~ war das Wort** REL in the beginning was the Word; **aller ~ ist schwer** (*prov*) the first step is always the hardest *prov*

an|fangen *irreg* **I.** *vt* ① (*beginnen*) ■**etw ~** to begin [*or* start] sth; ■**etw** [**mit jdm**] **~** to start [up] sth [with sb]; ***er fing ein Gespräch mit ihr an*** he started [*or* struck up] a conversation with her, he started talking to her; ■**etw mit etw ~** to start sth with sth; ***sie fangen das Essen immer mit einem Gebet an*** they always say grace before eating [*or* start a meal by saying grace] ② (*fam: anbrauchen*) **eine Packung Kekse/ein Glas Marmelade ~** to start a [new [*or* fresh]] packet of biscuits/jar of jam ③ (*machen*) **etw anders ~** to do sth differently [*or* a different way]; **etw richtig ~** to do sth correctly [*or* in the correct manner]; ***wenn Sie es richtig ~*** if you go about it correctly; **etwas mit etw/jdm ~ können** (*fam*) to be able to do sth with sth/sb; **jd kann mit etw/jdm nichts ~** (*fam*) sth/sb is [of] no use to sb, sth/sb is no good to sb; ***damit kann ich doch gar nichts ~!*** that's no good at all to me!; (*verstehen*) that doesn't mean anything to me; ***was soll ich damit ~?*** what am I supposed to do with that?; **mit jmd ist nichts anzufangen** nothing can be done with sb; ***mit ihr kann ich nichts ~*** she's not my type; **nichts mit sich anzufangen wissen** to not know what to do with oneself **II.** *vi* ① (*den Anfang machen*) ■[**mit etw**] **~** to start [sth] ② (*beginnen*) to start [*or* begin], to get going *fam;* ***bevor der Sturm so richtig anfängt*** before the storm really gets going *fam* ③ (*seine Karriere beginnen*) ■[**als etw**] **~** to start out [as sth]

Anfänger(in) <-s, -> *m(f)* novice, beginner; (*im Straßenverkehr*) learner [driver] BRIT, student driver AM; [**in etw** *dat*] **~ sein** to be a novice [in [*or* at] sth]; ***ich bin in dieser Materie noch ~*** I'm still a novice in [*or* new to] this field [*or* subject]; **ein blutiger ~ sein** (*fam*) to be a complete novice [*or* an absolute beginner]; [**du/Sie**] **~!** (*fam*) you bungling idiot!

Anfängerkurs(us) *m* beginners' course, course for beginners **Anfängerübung** *f* exercises *pl* for beginners; SCH introductory course

anfänglich I. *adj attr* initial *attr* **II.** *adv* (*geh*) at first, initially

anfangs I. *adv* at first, initially; ***gleich ~*** right at the start [*or* outset] **II.** *präp +gen* SCHWEIZ at the start of

Anfangsbedingungen *pl* MATH initial conditions *pl* **Anfangsbuchstabe** *m* initial [letter] **Anfangsgehalt** *nt* starting [*or* initial] salary **Anfangsgeschwindigkeit** *f* starting speed; PHYS initial velocity **Anfangsgründe** *pl* SCH basics *npl,* rudiments *pl* **Anfangsinvestition** *f* FIN initial investment **Anfangskapital** *nt* ÖKON, FIN initial capital **Anfangskolumne** *f* TYPO opening column **Anfangskosten** *pl* FIN initial costs **Anfangskredit** *m* FIN initial loan **Anfangskurs** *m* FIN, BÖRSE opening [*or* issuing] [*or* starting] price **Anfangsschwierigkeiten** *pl* initial [*or* starting] difficulties, teething troubles *pl fam* **Anfangsstadium** *nt* initial stage[s] *usu pl* **Anfangstermin** *m* JUR dies a quo **Anfangsverdacht** *m* initial hunch **Anfangsvermögen** *nt* FIN original assets *pl* **Anfangswert** *m* INFORM starting [*or* initial] value **Anfangszeit** *f* early stages *pl*

an|fassen I. *vt* ① (*berühren*) ■**etw ~** to touch sth; ***die Lebensmittel bitte nicht ~*** please do not handle the groceries; ***fass mal ihre Stirn an, wie heiß die ist!*** feel how hot her forehead is!; ***fass mich nicht an!*** don't [you] touch me! ② (*greifend berühren*) ■**jdn ~** to take hold of sb; ■**jdn** [**an etw** *dat*] **~** (*packen*) to grab hold of sb [by sth] ③ (*bei der Hand nehmen*) ■**jdn an der Hand fassen** to take sb by the hand [*or* sb's hand]; ■**sich** [*o* **einander**] **~** (*geh*) to join [*or* hold] hands, to take one another's hand ④ (*anpacken*) ■**etw ~** to tackle sth; **etw falsch** [*o* **verkehrt**]**/richtig ~** to go about sth in the wrong/right way ⑤ (*behandeln*) **jdn/ein Tier hart** [*o* **scharf**]**/sachte ~** to treat [*or* handle] sb/an animal harshly/gently ▶ WENDUNGEN: **zum A~** (*fam*) approachable, accessible; ***ein Politiker zum A~*** a politician of the people; ***EDV zum A~*** data processing [*or* computing] [*or* EDP] made easy **II.** *vi* ① (*berühren*) ■[**etw irgendwo**] **~** to touch [sth somewhere]; ***fass mal an! weich, nicht?*** feel that! it's soft isn't it? ② (*mithelfen*) ■**mit ~** to lend [*or* give] a hand **III.** *vr* (*sich anfühlen*) to feel; ***es fasst sich rau an*** it feels rough

an|fauchen *vt* ① (*fauchen*) ■**jdn/ein Tier ~** *Katze* to spit at sb/an animal ② (*fig fam: wütend anfahren*) ■**jdn ~** to snap at sb, to bite sb's head off *fam;* ***was fauchst du mich so an!*** don't snap at me!, stop biting my head off!

an|faulen *vi sein* to begin to rot; ■**angefault** rotting

anfechtbar *adj* contestable, disputable; JUR contestable

Anfechtbarkeit <-> *f kein pl* contestability, disputability; JUR contestability

an|fechten *vt irreg* ① JUR ■**etw ~** to contest sth ② (*nicht anerkennen*) ■**etw ~** to dispute [*or* challenge] sth ③ (*geh: beunruhigen*) ■**jdn ficht etw an** *Sorgen, Versuchungen* sth concerns sb; ***das ficht mich nicht an*** that doesn't worry me

Anfechtung <-, -en> *f* ① JUR appeal, contestation; *eines Abkommens, Vertrages* challenging, contesting ② *meist pl* (*geh: Gewissenskonflikt*) moral conflict ③ LIT, REL (*geh: Versuchung*) temptation; **allen ~en standhalten** to withstand all trials

Anfechtungsberechtigte(r) *f(m) dekl wie adj* JUR party entitled to avoid **Anfechtungsfrist** *f* JUR time limit for an avoidance **Anfechtungsgegner** *m* JUR addressee of a notice of avoidance **Anfechtungsgesetz** *nt* JUR Creditors' Avoidance of Transfers Act **Anfechtungsgrund** *m* JUR ground for avoidance, cause of appeal **Anfechtungsklage** *f* JUR rescissory action **Anfechtungsklausel** *f* JUR avoidance clause **Anfechtungsrecht** *nt* JUR right of avoidance [*or* rescission]

an|feinden *vt* ■**jdn ~** to be hostile to sb; ***wegen ihrer feministischer Aussagen wurde sie damals heftig angefeindet*** due to her feminist statements she aroused great hostility [*or* animosity] at that time; ■**sich** [*o* **einander**] **~** to be at war with one another

Anfeindung <-, -en> *f* hostility, animosity, ill-will

an|fertigen *vt* ① (*herstellen*) ■**etw ~** to make sth; ■**sich** *dat* **etw** [**von jdm**] **~ lassen** to have sth made [by sb] ② (*geh: erstellen*) ■**etw ~** to make sth; **Protokolle ~** to take [down] [*or* keep] minutes; **ein Portrait ~** to do a portrait; **ein Schriftstück ~** to draw up a document; **ein Zeichnung ~** to do a drawing ③ PHARM (*zubereiten*) ■**etw ~** to prepare sth, to make sth up *sep;* ■**etw lässt sich ~** sth is made up; ***die Lotion läßt sich leicht selbst ~*** the lotion can be easily prepared

Anfertigung <-, -en> *f* ① (*Herstellung*) making [up]; ***~en von Anzügen nach Maß*** suits made to measure; *eines Porträts* painting ② (*geh: Aufsetzung*) doing; *einer Kopie* making; *eines Schriftstücks* drawing up, preparation ③ PHARM (*Zubereitung*) preparation

an|feuchten *vt* ■**etw ~** to moisten sth; **einen Schwamm ~** to wet a sponge ▶ WENDUNGEN: **sich die Kehle** [*o* **Gurgel**] **~** to wet one's whistle

an|feuern *vt* ① (*ermutigen*) ■**jdn ~** to cheer sb on, to encourage sb; ■**~d** encouraging; **~de Zurufe** cheers ② (*anzünden*) ■**etw ~** to light sth

an|fixen *vt* (*sl*) ■**jdn ~** to get sb to do [*or* into doing] drugs *sl*

an|flehen *vt* ■**jdn** [**um etw**] **~** to beg sb [for sth]; ■**jdn ~, etw zu tun** to beg [*or* implore] [*or liter* beseech] sb to do sth

an|fletschen *vt* ■**jdn/ein Tier ~** to bare one's teeth at sb/an animal

an|fliegen *irreg* **I.** *vt haben* ① LUFT ■**etw ~** to fly to sth ② MIL ■**etw ~** to attack sth [from the air], to fly at sth ③ (*geh*) ■**jdn ~** to overcome sb **II.** *vi sein* ① LUFT to approach, to come in to land; ■**beim A~** in the approach, coming in to land ② (*herbeifliegen*) to come flying up; **angeflogen kommen** (*fam*) to come flying in

Anflug <-[e]s, -flüge> *m* ① LUFT approach ② (*fig: Andeutung, Spur*) hint, trace, touch; (*Anfall*) fit, burst, wave; **ein ~ von Grippe** a touch of flu; **ein ~ von Ironie/Spott/Bart** a hint [*or* trace] of irony/mockery/a beard; **ein ~ von Eifersucht** a fit of jealousy; **ein ~ von Mitleid** a wave of compassion

Anflugempfänger *m* approach receiver **Anflughilfe** *f* aid to approach **Anflugkontrollradar** *m* approach control radar **Anflugschneise** *f* landing path **Anflug- und Landehilfsmittel** *nt* approach-and-landing aid **Anflugweg** *m* approach path

an|fordern *vt* ① (*die Zusendung erbeten*) ■**etw** [**bei/von jdm**] **~** to request sth [of/from sb]; **einen Katalog ~** to order a catalogue [*or* AM -og] ② (*beantragen*) ■**jdn/etw ~** to ask for sb/sth

Anforderung <-, -en> *f* ① *kein pl* (*das Anfordern*) request; *Katalog* ordering; ■**auf ~** on request; ■**nach** [**vorheriger**] **~** as [previously] requested ② *meist pl* (*Anspruch*) demands; ***seine Qualifikationen entsprechen leider nicht unseren ~en*** unfortunately his qualifications do not meet our requirements; ■**jds ~/~en an jdn** sb's demand/demands on sb; [**bestimmte**] **~en** [**an jdn**] **stellen** to place [certain] demands [on sb]; ***du stellst zu hohe ~en*** you're too demanding

Anforderungsprofil *nt* requirements specification; *an Arbeitsstelle* job specification; *eines Produkts* product profile

Anfrage <-, -n> *f* ① (*Bitte um Auskunft*) inquiry, question; ■**auf ~** on request; **große ~** POL *question*

put to the government that is discussed at a meeting of the Lower House; **kleine** ~ POL *question to the government that is raised and dealt with in writing* ② INFORM (*abfragender Befehl*) inquiry

an|fragen *vi* ■ **[bei jdm] um etw** ~ to ask [sb] for sth; **[bei jdm] um Erlaubnis/Genehmigung** ~ to ask [sb] for permission/approval

an|freunden *vr* ① (*Freunde werden*) ■ **sich mit jdm** ~ to make friends with sb; ■ **sich** ~ to become friends ② (*fig: schätzen lernen*) ■ **sich mit jdm/etw** ~ to get to like sb/sth ③ (*fig: sich zufrieden geben*) ■ **sich mit etw** ~ to get to like sth, to get used to the idea of sth, to acquire a taste for sth; ***ich könnte mich schon mit der Vorstellung ~, in München zu leben*** I could get used to the idea of living in Munich

an|fügen *vt* ① (*daran legen*) ■ **etw [an etw** *akk*] ~ to add sth [to sth] ② ([*Worte*] *hinzufügen*) ~, **dass** to add that

an|fühlen I. *vt* ■ **etw [mit etw]** ~ to feel sth [with sth] II. *vr* **sich glatt/samtig/weich** ~ to feel smooth/velvety/soft

Anfuhr <-, -en> *f* transport, transportation

an|führen *vt* ① (*befehligen*) ■ **jdn/etw** ~ to lead sb/sth; **Truppen** ~ to command [*or* lead] troops ② (*fig: zitieren*) ■ **etw** ~ to quote sth; **ein Beispiel/Beweise/einen Grund** ~ to give an example/evidence/a reason ③ (*fig: benennen*) ■ **jdn** ~ to name sb ④ (*fig fam: hereinlegen*) ■ **jdn** ~ to take sb in, to have sb on *sep;* ■ **sich von jdm** ~ **lassen** to be taken for a ride by sb, to be taken in by sb

Anführer(in) <-s, -> *m(f)* ① (*Befehlshaber*) leader; *von Truppen* commander ② (*pej: Rädelsführer*) ringleader

Anfuhrkosten *pl* cartage

Anführung <-, -en> *f* ① (*Befehligung*) leadership; *von Truppen* command; **unter** ~ **eines Generals** under the command of a General ② (*das Anführen*) quotation; ***ich bitte um die ~ von Einzelheiten!*** please give [me] [some] details!; ***durch die ~ dieses Beispiels*** by using this example ③ (*Zitieren*) citation; ~ **einer Vorentscheidung** citing [*or* quoting] [*or* citation] of a precedent

Anführungsstrich *m,* **Anführungszeichen** *nt meist pl* quotation mark[s], BRIT *a.* inverted comma[s]; **Anführungsstriche** [*o* **Anführungszeichen**] **unten/oben** quote/unquote

an|füllen *vt* ■ **etw [mit etw]** ~ to fill sth [with sth]; ■ **[mit etw] angefüllt sein** to be filled [with sth], to be full [of sth]

an|funkeln *vt* ■ **jdn** ~ to glare at sb

Angabe <-, -n> *f* ① *meist pl* (*Mitteilung*) details *pl,* statement; ***es gibt bisher keine genaueren ~n*** there are no further details to date; ***wie ich Ihren ~n entnehme*** from what you've told me; **~n [über etw** *akk*/**zu etw** *dat*] **machen** to give details about sth; ***machen Sie bitte nähere ~n!*** please give us further [*or* more precise] details!; **laut ~n einer Person** *gen* according to sb; **nach ~n einer Person** *gen* according to sb, by sb's account; ***wir bitten um ~ der Einzelheiten*** please provide us with the details; ***er verweigerte die ~ seiner Personalien*** he refused to give his personal details [*or* particulars]; **~n zur Person** (*geh*) personal details, particulars; ~ **von Referenzen** request for credentials ② *kein pl* (*fam: Prahlerei*) boasting, bragging, showing-off ③ SPORT (*Aufschlag*) service, serve ④ BÖRSE ~ **von Ankaufs- und Verkaufskurs** double-barrelled quotation

Angaben *pl* data + *sing/pl vb,* particulars *pl;* ~, **die ihrer Natur nach vertraulich sind oder vertraulich mitgeteilt werden** information which is by nature confidential or which is provided on a confidential basis; **irreführende** ~ misleading statements; **unabsichtlich abgegebene falsche** ~ innocent misrepresentation

an|gaffen *vt* (*pej*) ■ **jdn** ~ to gape [*or* BRIT *a.* gawp] [*or* AM *a.* gawk] at sb

an|geben *irreg* I. *vt* ① (*nennen*) ■ **[jdm] etw** ~ to give sth [to sb]; **einen/seinen Namen** ~ to give a/one's name; **Mittäter** ~ to name accomplices; **jdn als Zeugen** ~ to cite sb as a witness ② (*zitieren*) ■ **jdn/etw** ~ to quote sb/sth ③ (*behaupten*) ■ **etw** ~ to say [*or* claim] sth; **ein Alibi** ~ to establish an alibi; ~, **etw zu haben/etw getan zu haben** to claim to have sth/to have done sth ④ FIN (*deklarieren*) ■ **etw** ~ to declare sth ⑤ (*anzeigen*) ■ **etw** ~ to indicate sth; ■ **angegeben** indicated ⑥ (*bestimmen*) ■ **[jdm] etw** ~ to set sth [for sb]; **das Tempo** ~ to set the pace; **eine Note/den Takt** ~ MUS to give a note/the beat; *s. a.* **Ton²** II. *vi* ① (*prahlen*) ■ **[bei jdm] [mit etw]** ~ to boast [*or fam* brag] [about sth] [to sb], to show off [to sb] [about sth] ② SPORT (*Aufschlag haben*) to serve

Angeber(in) <-s, -> *m(f)* show-off, poser

Angeberei <-, -en> *f* (*fam*) ① *kein pl* (*Prahlerei*) showing-off, boasting, posing; ***hör doch auf mit der ~*** stop showing off, will you! ② *meist pl* (*großtuerische Äußerung*) boast; ***das sind bloß ~en!*** he's/they're etc. just boasting! [*or* showing off]

Angeberin <-, -nen> *f fem form von* **Angeber**

angeberisch I. *adj* pretentious, posey *fam* II. *adv* pretentiously

Angebetete(r) *f(m)* *dekl wie adj* (*geh*) beloved; ■ **jds** ~ sb's beloved

angeblich I. *adj attr* alleged II. *adv* alledgedly, apparently; ***er hat jetzt ~ reich geheiratet*** he is believed [*or* said] to have married into money; ***er hat ~ nichts gewusst*** apparently, he didn't know anything about it

angeboren *adj* ① MED congenital ② (*fig fam*) characteristic, innate, inherent

Angeborener Auslösemechanismus *m* BIOL innate releasing mechanism

Angebot <-[e]s, -e> *nt* ① (*Anerbieten*) offer ② FIN (*Versteigerungsgebot*) bid; (*Offerte*) offer ③ *kein pl* (*Warenangebot*) range of goods [on offer]; ■ **ein** ~ **an/von etw** *dat* a range [*or* choice] [*or* selection] of sth; **jdm [zu etw] ein** ~ **machen** [*o* **unterbreiten**] (*geh*) to make sb an offer [on sth]; ~ **und Nachfrage** ÖKON supply and demand ④ (*Sonderangebot*) special offer; **im** ~ on special offer

Angebotsabgabe *f* HANDEL tendering **Angebotsanforderung** *f kein pl* ÖKON request for tenders **Angebotsannahme** *f kein pl* ÖKON offer acceptance **Angebotsaufforderung** *f* HANDEL invitation for tenders **Angebotsbedingung** *f meist pl* HANDEL term of an offer **Angebotsbefristung** *f* HANDEL termination of an offer **Angebotsbindung** *f* HANDEL tying offer **Angebotsempfänger(in)** *m(f)* ÖKON tenderee **Angebotsfrist** *f* HANDEL time limit for offers **Angebotspflicht** *f* HANDEL, JUR obligatory offer for sale **Angebotspreis** *m* HANDEL tender price **angebotsstarr** *adj* ÖKON *Anlage* supply inelastic **Angebotsüberhang** *m,* **Angebotsüberschuss**RR *m* HANDEL surplus of selling orders; BÖRSE sellers over

Angebots- und Nachfragemacht *f* ÖKON power of supply and demand

Angebotsvielfalt *f kein pl* HANDEL wide range of offers **Angebotswettbewerb** *m* HANDEL supplier competition

angebracht *adj* ① (*sinnvoll*) sensible, reasonable ② (*angemessen*) suitable, appropriate; ■ **für jdn/etw** ~ **sein** to be suitable [*or* appropriate] for sb/sth

angebunden I. *pp von* **anbinden** II. *adj inv* ① *Boot, Tier* tied up ② (*sehr beschäftigt*) tied down ▶ WENDUNGEN: **kurz** ~ **sein** to be short [*or* abrupt] [*or* curt]

angedacht *adj* briefly considered

angedeihen (*geh: gewähren*) ■ **jdm etw** ~ **lassen** to provide sb with sth

Angedenken *nt kein pl* (*geh*) ① (*Gedenken*) memory; ■ **jds** ~ memory of sb; ■ **das** ~ **eines Menschen** a person's memory; ***ich werde sein ~ immer in Ehren halten*** I will always cherish his memory; **im** ~ **an etw** *akk* in memory of sth ② (*liter, form o veraltend*) **seligen ~s** of blessed memory

angefault *adj* starting to rot

angefochten I. *pp von* **anfechten** II. *adj inv* contested; **~e Übernahme** ÖKON contested takeover

angegammelt *adj* (*fam*) partly rotten

angegangen *adj* KOCHK **~es Fleisch** meat that is starting to become high

angegilbt *adj Papier* yellowed [with age]

angegossen *adj* ▶ WENDUNGEN: **wie** ~ **sitzen** [*o* **passen**] (*fam*) to fit like a glove

angegraut *adj* greying

angegriffen I. *adj* exhausted; (*geschwächt*) frail; **gesundheitlich** ~ weakened; **nervlich** ~ strained II. *adv* ~ **aussehen** to look exhausted

angehaucht *adj* (*fig fam*) ■ **irgendwie** ~ **sein** to have [*or* show] certain tendencies [*or* leanings]; **romantisch** ~ **sein** to have a romantic inclination

angeheiratet *adj* [related] by marriage; ***er ist ein ~er Onkel*** he is an uncle by marriage

angeheitert *adj* (*fam*) tipsy, merry *fam;* **leicht/stark** ~ **sein** to be slightly/very tipsy [*or fam* merry]

an|gehen *irreg* I. *vi* ① *sein* (*beginnen*) to start; (*zu funktionieren*) to come on ② (*zu leuchten beginnen*) to come [*or* go] on; (*zu brennen beginnnen*) to start burning, to catch [fire] ③ (*vorgehen*) ■ **[bei jdm/etw] gegen jdn** ~ to fight [against] sb [with sb/in sth]; ***ich werde bei Gericht gegen dich ~!*** I'll take you to [*or* see you in] court! ④ (*bekämpfen*) ■ **gegen etw** ~ to fight [against] sth; **ein Feuer** ~ to fight a fire ⑤ (*möglich sein*) to be possible [*or fam* OK]; ■ **es geht nicht an, dass jd etw tut** it is not permissible [*or fam* it's not o.k.] for sb to do sth ⑥ MED, BIOL to take [root] II. *vt* ① *haben o* SÜDD *sein* (*in Angriff nehmen*) ■ **etw** ~ *Problem, Schwierigkeit* to tackle [*or* AM address] sth ② *sein* SPORT (*anlaufen*) ■ **etw** ~ to [take a] run[-]up to sth ③ *sein* (*gegen jdn vorgehen*) ■ **jdn** ~ to attack sb ④ *haben* (*fig: attackieren*) ■ **jdn irgendwie** ~ to attack sb in a certain manner ⑤ *haben* AUTO (*anfahren*) ■ **etw** ~ to take sth; **eine Kurve** ~ to take a corner ⑥ *haben* (*betreffen*) ■ **jdn** ~ to concern sb; ***was geht mich das an?*** what's that got to do with me?; ***das geht dich einen Dreck an!*** (*fam*) that's none of your [damn] business; ***was mich angeht, würde ich zustimmen*** as far as I am concerned [*or* for my part], I would agree ⑦ *haben o* SÜDD *sein* (*um etw bitten*) ■ **jdn [um etw]** ~ to ask sb [for sth]

angehend *adj* prospective, budding; ***eine ~e junge Dame*** [quite] a young lady; **eine ~e Mutter/ein ~er Vater** an expectant mother [*or* mother to be]/father; **ein ~er Beamter/Studienrat** a prospective civil servant/teacher; **ein ~er Künstler** a budding artist

an|gehören* *vi* ① (*Mitglied sein*) ■ **etw** *dat* ~ to belong to [*or* be a member of] sth ② (*geh: gehören*) ■ **jdm** ~ to belong to sb

angehörig *adj* ■ **etw** *dat* ~ belonging to sth *pred;* ■ **jd ist etw** *dat* ~ sb belongs to sth

Angehörige(r) *f(m) dekl wie adj* ① (*Familienangehörige(r)*) relative; **der nächste** ~ [*o* **die nächsten ~n**] the next of kin; ***haben Sie keine weiteren ~n mehr?*** do you not have any [other] family left? ② (*Mitglied*) member

Angeklagte(r) *f(m) dekl wie adj* accused, defendant

angekratzt *adj* (*fam: angeschlagen*) seedy; (*Ruf*) blemished; (*krank*) under the weather *fam*

Angel <-, -n> *f* ① (*zum Fische fangen*) fishing-rod and line, AM *a.* fishing pole ② (*Türangel*) hinge ▶ WENDUNGEN: **etw aus den ~n heben** (*fam*) to revolutionize sth completely; (*etw umkrempeln*) to turn sth upside down

Angeld <-[e]s, -er> *nt* FIN (*veraltet: Vorauszahlung*) deposit

Angelegenheit <-, -en> *f meist sing* matter; ***in welcher ~ wollten Sie ihn sprechen?*** in what connection [*or* on what business] did you want to speak to him?; **sich um seine eigenen ~en kümmern** to mind one's own business; **in eigener** ~ on a private [*or* personal] matter; **jds** ~ **sein** to be sb's responsibility

angelegt I. *pp von* **anlegen** II. *adj* calculated; ***das Projekt ist auf 3 Jahre ~*** the time plan for this project is 3 years

angelernt *adj* ① (*eingearbeitet*) semi-skilled; **~e Arbeiter** semi-skilled worker; ■ **Angelernte(r)** semi-skilled worker ② (*oberflächlich gelernt*) acquired; **~es Wissen** superficially acquired knowledge

Angelernte(r) *f(m) dekl wie adj* semi-skilled worker

Angelgerät *nt* fishing tackle *no pl* **Angelhaken** *m* fish-hook

Angelika *f* BOT, KOCHK angelica

Angelikawurzel *f* root angelica

Angelleine *f* fishing line

angeln I. *vi* ① (*Fische fangen*) to fish, to angle; ■ **[das] A~** fishing, angling; ***gehst du morgen zum A~ ?*** are you going fishing tomorrow? ② (*zu greifen versuchen*) ■ **nach etw/einem Tier** ~ to fish [around] for sth/an animal; **nach Komplimenten** ~ to fish for compliments II. *vt* ■ **etw** ~ to catch sth; **für jeden geangelten Fisch** for every fish caught; **sich einen Mann** ~ (*fam*) to catch oneself [*or* hook] a man

Angeln *pl* HIST (*Volksstamm*) Angles

an|geloben *vt* ① (*geh: versprechen*) ■ **[jdm] etw** ~ to swear sth [to sb] ② ÖSTERR (*vereidigen*) ■ **jdn** ~ to swear in sb *sep*

Angelobung <-, -en> *f* ÖSTERR (*Vereidigung*) swearing in

Angelpunkt *m* central issue, crucial point, crux [of the matter]

Angelrute *f* fishing rod

Angelsachse, -sächsin <-n, -n> *m, f* Anglo-Saxon

angelsächsisch *adj* Anglo-Saxon

Angelschein *m* fishing licence [*or* AM -se] [*or* permit] **Angelschnur** *f* fishing line **Angelsport** *m* angling, fishing

angemeldet *pp von* **anmelden**

angemessen I. *adj* ① (*entsprechend*) fair, reasonable; ■ **etw** *dat* ~ **sein** to be proportionate to [*or form* commensurate with] sth ② (*passend*) appropriate, suitable, adequate; ■ **etw** *dat* ~ **sein** to be appropriate [*or* suitable for] to sth II. *adv* ① (*entsprechend*) proportionately, commensurately *form* ② (*passend*) appropriately, suitably

Angemessenheit <-> *f kein pl* ① (*angemessene Entsprechung*) reasonableness, fairness, commensurateness *form* ② (*passende Art*) appropriateness, suitability

angenehm I. *adj* pleasant; **eine ~e Nachricht** good news; **~es Wetter** agreeable weather; ■ **jdm** ~ **sein** to be pleasant for sb; ***das wäre mir*** ~ (*euph*) that would be helpful, I would be most grateful; ***es wäre mir ~er, wenn …*** I would prefer it if …; ***ist es Ihnen so ~?*** is that alright with you? ▶ WENDUNGEN: **das A~e mit dem Nützlichen verbinden** to mix business with pleasure; **[sehr] ~!** (*geh*) pleased to meet you! II. *adv* pleasantly

angenommen I. *adj* ① (*zugelegt*) assumed; ***unter einem ~en Namen schreiben*** to write under a pseudonym [*or* an assumed name] ② (*adoptiert*) *Kind* adopted II. *konj* assuming; ■ **~, [dass] …** assuming [that] …

angepasstRR, **angepaßt** I. *adj* conformist II. *adv* conformist; **sich [stets] ~ verhalten** to [always] behave in a conformist manner

AngepasstheitRR, **Angepaßtheit** <-> *f kein pl* conformism

angerauht *adj s.* **angeraut**

angerautRR I. *pp von* **anrauen** II. *adj inv* roughened

angeregt I. *adj* animated, lively II. *adv* animatedly; ***sie diskutierten*** ~ they had an animated discussion

angereichert I. *pp von* **anreichern** II. *adj inv* enriched; **mit Vitaminen** ~ with added vitamins; **~es Gemisch** an enriched mixture

angesagt *adj inv* scheduled

angesäuselt *adj* (*fam: leicht betrunken*) tipsy *fam*, BRIT *a.* squiffy *fam*

angeschlagen *adj* (*fig fam*) weak[ened]; ***du siehst ~ aus*** you look groggy [*or* worn out]; ■ **[von etw]** ~ **sein** to be weakened [by sth]; **~es Aussehen** groggy appearance; **~e Gesundheit** poor [*or* weak] health

angeschlossen *pp von* **anschließen**

angeschmutzt *adj* slightly soiled, shop-soiled

angeschrieben *adj* ■ **bei jdm gut/schlecht** ~ **sein** (*fam*) to be in sb's good/bad books

Angeschuldigte(r) *f(m) dekl wie adj* suspect

angesehen *adj* respected; **eine ~e Firma** a company of good standing; ■ **[wegen etw]** ~ **sein** to be respected [for sth]

Angesicht <-[e]s, -er> *nt* (*geh*) ① (*Antlitz*) countenance; **jdn von** ~ **kennen** to know sb by sight; **im** ~ **einer S.** *gen* in the face of sth; **von** ~ **zu** ~ face to face ② (*fig: Ruf*) reputation

angesichts *präp +gen* ■ ~ **einer S.** *gen* in the face of sth

angespannt I. *adj* ① (*angestrengt*) strained, tense; **ein ~er Mensch** a tense person; **~e Nerven** strained nerves; **mit ~er Aufmerksamkeit** with keen [*or* close] attention ② (*kritisch*) critical; **ein ~er Markt** a tight [*or* overstretched] market; **eine ~e politische Lage** a strained [*or* tense] situation II. *adv* ~ **wirken** to seem tense; **etw** ~ **verfolgen** to follow sth tensely; ~ **zuhören** to listen attentively [*or* closely]

angesprochen I. *pp von* **ansprechen** II. *adj inv* involved; **sich [nicht]** ~ **fühlen** to [not] feel involved

angestammt *adj* (*geerbt*) hereditary, ancestral; (*überkommen*) traditional; (*hum: altgewohnt*) usual

angestaubt *adj* (*fam: altmodisch*) outdated

Angestellte(r) *f(m) dekl wie adj* [salaried] employee, white-collar worker

Angestelltengewerkschaft *f* **Deutsche** ~ *white-collar or salaried employees' union in Germany* **Angestelltenverhältnis** *nt* employment on a [monthly] salary; **im** ~ to be on a [monthly] salary (*not employed for life with a subsequent pension*) **Angestelltenversicherung** *f* white-collar workers' [*or* salaried employees'] insurance **Angestelltenversicherungsgesetz** *nt law governing employees' insurance*

angestrengt I. *adj* ① (*Anstrengung zeigend*) *Gesicht* strained ② (*intensiv*) hard II. *adv* (*intensiv*) hard; ~ **diskutieren** to discuss intensively

angetan *adj* ① (*erbaut*) ■ **von jdm/etw irgendwie** ~ **sein** to be taken with sb/sth in a certain manner ② (*geh: so geartet*) ■ **danach [*o* dazu]** ~ **sein, etw zu tun** to be suitable for doing sth; *Atmosphäre, Benehmen, Wesen* to be calculated to do sth

Angetraute(r) *f(m) dekl wie adj* (*hum fam*) ■ **jds** ~ sb's better half *hum fam*

angetrunken *adj* slightly drunk, tipsy

angewandt *adj attr* applied

angewiesen *adj* (*abhängig*) dependent; ■ **auf jdn/etw** ~ **sein** to be dependent on sb/sth; ***ich bin auf jede Mark*** ~ I [*or* have to watch] need every penny

an|gewöhnen* *vt* (*zur Gewohnheit machen*) ■ **jdm etw** ~ to get sb into the habit of [doing] sth; ■ **sich** *dat* **etw** ~ to get into the habit of [doing] sth; ■ **sich** *dat* **~, etw zu tun** to get into the habit of doing sth

Angewohnheit <-, -en> *f* habit

angewurzelt *adj inv* ▶ WENDUNGEN: **wie** ~ **dastehen [*o* stehen bleiben]** to stand rooted to the spot

angezeigt *adj* (*geh*) appropriate

an|giften *vt* (*fam*) ■ **jdn** ~ to snap at sb

Angina <-, Anginen> *f* MED angina; ~ **Pectoris** angina pectoris

an|gleichen *irreg* I. *vt* (*anpassen*) ■ **etw an etw** *akk* ~ to bring sth into line with sth; **sein Verhalten an eine bestimmmte Situation** ~ to adapt one's behaviour [*or* AM -or] to a particular situation; ■ **aneinander** *dat* **angeglichen werden** to become alike II. *vr* (*sich anpassen*) ■ **sich [jdm/etw] [in etw** *dat*] ~ to adapt oneself to [sb/sth] [in sth]; ■ **sich [aneinander** *dat*] ~ to become like [each another] [*or* similar], to move into line

Angleichung *f* ① (*Anpassung*) adaptation, [social] conformity ② (*gegenseitige Anpassung*) becoming alike [*or* similar]

Angler(in) <-s, -> *m(f)* angler

Anglerfisch *m s.* **Seeteufel**

an|gliedern *vt* ■ **etw einer S.** *dat* ~ ① (*anschließen*) to incorporate sth into sth; **eine Firma** ~ to affiliate a company [to] ② (*annektieren*) to annex sth to sth

Angliederung *f* ① (*Anschluss*) incorporation; **die** ~ **von Firmen** the affiliation of companies ② (*Annexion*) annexation

anglikanisch *adj* Anglican; **die ~e Kirche** the Church of England, the Anglican Church

Anglist(in) <-en, -en> *m(f)* ① (*Wissenschaftler*) Anglist, English scholar ② (*Student*) student of English [language and literature]

Anglistik <-> *f kein pl* Anglistics, study of English [language and literature]

Anglistin <-, -nen> *f fem form von* **Anglist**

Anglizismus <-, -men> *m* LING anglicism

an|glotzen *vt* (*fam: anstarren*) ■ **jdn** ~ to gape [*or* BRIT *a.* gawp] [*or* AM *a.* gawk] at sb

Angola <-s> *nt* Angola; *s. a.* **Deutschland**

Angolaner(in) <-s, -> *m(f)* Angolan; *s. a.* **Deutsche(r)**

angolanisch *adj* Angolan; *s. a.* **deutsch**

Angorakaninchen *nt* angora rabbit **Angorakater** *m* angora [tom]cat **Angorakatze** *f* angora cat **Angorawolle** *f* angora [wool]

angrabschen, angrapschen *vt* (*pej fam*) ■ **jdn/etw** ~ to grab sb/sth

angreifbar *adj* (*bestreitbar*) contestable, open to attack [*or* criticism]

an|greifen *irreg* I. *vt* ① MIL, SPORT (*attackieren, vorgehen*) ■ **jdn/etw** ~ to attack sb/sth; ■ **angegriffen** under attack *pred* ② (*kritisieren*) ■ **jdn/etw** ~ to attack sb/sth ③ (*schädigen*) ■ **etw** ~ to damage sth; **das Nervensystem** ~ to attack the nervous system; ■ **[etw ist] angegriffen** [sth is] weakened; **eine angegriffene Gesundheit** weakened health *no pl, no indef art* ④ (*zersetzen*) ■ **etw** ~ to attack [*or* corrode] sth ⑤ (*beeinträchtigen*) ■ **jdn/etw** ~ to affect sb/sth, to put a strain on sb; ***die schlechte Nachricht hat sie doch angegriffen*** the bad news [visibly] affected her; **die Gesundheit** ~ to harm [*or* impair] the [*or* one's] health; ***die lange Erkrankung hat sie spürbar angegriffen*** she was visibly weakened by the long illness; ■ **angegriffen sein** to be exhausted; **nervlich angegriffen sein** to have strained nerves ⑥ DIAL (*anfassen*) ■ **etw** ~ to [take] hold [of] sth ⑦ (*Vorräte anbrechen*) ■ **etw** ~ to break into sth II. *vi* ① MIL, SPORT (*attackieren, vorgehen*) to attack ② (*fig: aggressiv Kritik üben*) to attack ③ MED, PHARM (*wirken*) ■ **irgendwo** ~ to have an affect somewhere ④ DIAL (*anfassen, anpacken*) ■ **[irgendwo]** ~ to [take] hold [of] [somewhere]; ***greif mal [mit] an!*** [can [*or* will] you] lend a hand!

Angreifer(in) <-s, -> *m(f)* ① MIL (*angreifende Truppen*) attacker ② *meist pl* SPORT (*Angriffsspieler*) attacking player, forward, striker

an|grenzen *vi* ■ **an etw** *akk* ~ to border on sth

angrenzend *adj attr* bordering; **direkt ~er Anlieger** next-door neighbour [*or* AM -or]; ***die ~en Bauplätze*** the adjoining [*or* adjacent] building sites; ■ **an etw** *akk* ~ bordering [on] sth

Angriff *m* ① MIL (*Attacke*) attack; ***ein ~ feindlicher Bomber*** an attack by enemy bombers, a[n air-]raid; **zum** ~ **blasen** to sound the charge [*or* attack]; (*fig*) to go on the offensive [*or* attack]; **zum** ~ **übergehen** to go over to the attack; (*fig*) to go on the offensive [*or* attack] ② SPORT (*Vorgehen*) attack; (*die Angriffsspieler*) attack, forwards *pl*; ***im ~ spielen*** to play in attack ③ (*fig: aggressive Kritik*) attack; ■ **ein** ~ **auf [*o* gegen] jdn/etw** an attack on sb/sth ▶ WENDUNGEN: ~ **ist die beste Verteidigung** (*prov*) offence [*or* AM -se] is the best [form of] defence [*or* AM -se] *prov*; **etw in** ~ **nehmen** to tackle [*or* set about] sth

Angriffsfläche *f* MIL (*Ziel für Angriffe*) target; **jdm/etw eine** ~ **bieten** to offer a target to sb/sth; (*fig*) to leave [oneself] open to attack by sb/sth **Angriffskrieg** *m* MIL war of aggression **Angriffslust** *f kein pl* ① (*angriffslustige Einstellung*) aggressiveness ② MIL, POL, SPORT (*Aggressivität*) aggression **angriffslustig** *adj* ① (*zu aggressiver Kritik neigend*) aggressive ② MIL, SPORT (*aggressiv*) aggressive **Angriffspunkt** *m* target **Angriffsspiel** *nt* SPORT attacking play **Angriffsspieler(in)** *m(f)*

SPORT forward, attacking player, striker **Angriffs- und Verteidigungsmittel** *nt* JUR means of prosecuting or defending a case **Angriffswaffe** *f* MIL offensive weapon

an|grinsen *vt* ■**jdn [irgendwie]** ~ to grin at sb [in a certain manner]

angst *adj* afraid; **jdm** ~ **[und bange] werden** to become afraid; *s. a.* Angst

Angst <-, Ängste> *f* ① *(Furcht)* fear; ■**die** ~ **vor jdm/etw** the fear of sb/sth; ~ **bekommen** [*o fam* **kriegen**] to become [*or fam* get] afraid [*or* frightened]; ~ **[vor jdm/etw/einem Tier] haben** to be afraid [of sb/sth/an animal]; ***ich habe solche ~!*** I am so afraid!; ***er hat im Dunkeln ~*** he is afraid of the dark; ~ **um jdn/etw haben** to be worried about sb/sth; **jdm** ~ **machen** [*o fam* **einjagen**] [*o geh* **einflößen**] to frighten sb; **jdm** ~ **[und bange] machen** to strike fear into sb's heart; **aus ~, etw zu tun** for fear of doing sth; **vor** ~ by [*or* with] fear; ***vor ~ war sie wie gelähmt*** [it was as if] she was paralysed by fear; ***vor ~ brachte er kein Wort heraus*** he was struck dumb with fear; **keine ~!** *(fam)* don't worry; ~ **und Schrecken verbreiten** to spread fear and terror ② *(seelische Unruhe)* anxiety; **in tausend Ängsten [um jdn] schweben** to be terribly worried [about sb]

Angsthase *m (fig fam)* scaredy-cat

ängstigen I. *vt* ■**jdn** ~ ① *(in Furcht versetzen)* to frighten sb ② *(beunruhigen, besorgen)* to worry sb II. *vr* ① *(Furcht haben)* ■**sich [vor jdm/etw/einem Tier]** ~ to be afraid [of sb/sth/an animal] ② *(sich sorgen)* ■**sich [um jdn/wegen etw]** ~ to worry [about sb/because of sth]

ängstlich I. *adj* ① *(verängstigt)* frightened ② *(besorgt)* worried II. *adv (fig: beflissen)* carefully

Ängstlichkeit <-> *f kein pl* ① *(Furchtsamkeit)* fear ② *(Besorgtheit)* anxiety

Angstneurose *f* anxiety neurosis; **an einer ~ leiden** to suffer from an anxiety neurosis **Angstschrei** *m* cry of fear **Angstschweiß** *m* cold sweat **Angsttraum** *m* nightmare **angstvoll** I. *adj inv* fearful II. *adv* fearfully, apprehensively **Angstzustand** *m* state of panic

an|gucken *vt (fam)* ■**jdn/etw** ~ to look at sb/sth; ■**sich** *dat* **jdn/etw** ~ to [take a] look at sb/sth

an|gurten *vt* ■**jdn** ~ to strap sb in; ■**sich** ~ to fasten one's seat belt, AM *a.* to buckle up; ■**angegurtet** with one's seat belt fastened

an|haben[1] *vt irreg (tragen)* ■**etw/nichts** ~ to be wearing sth/nothing, to have sth/nothing on

an|haben[2] *vt irreg* **jdm etwas ~ können/wollen** to be able to/want to harm sb; **jdm nichts ~ können** to be unable to harm sb

an|haften *vi* ■**einer S.** *dat* ~ to adhere to sth; ■**jdm/einer S.** *dat* ~ *(fig) Nachteil, Risiko* to be attached to sth/sb

an|halten[1] *irreg* I. *vi* ① *(stoppen)* ■**[an etw** *dat*/**bei etw** *dat*/**vor etw** *dat*] ~ to stop [at sth/near sth/in front of sth]; ***an der Ampel ~*** to stop [*or* pull up] at the [traffic] lights ② *(stehen bleiben)* ■**[an etw** *dat*] ~ to stop [at sth] ③ *(innehalten)* ■**[in etw** *dat*] ~ to pause [in sth] II. *vt (stoppen)* ■**jdn/etw** ~ to stop sb/sth, to bring sb/sth to a stop

an|halten[2] *vi irreg (fortdauern)* to continue; ***das schöne Wetter soll noch eine Weile ~*** the beautiful weather is expected to last for a little while yet; ***die Unruhen halten jetzt schon seit Monaten an*** the disturbances have been going on for some months now; ***wie lange hielten diese Beschwerden bei Ihnen jetzt schon an?*** how long have you had these symptoms now?

an|halten[3] *irreg* I. *vt (anleiten)* ■**jdn [zu etw]** ~ to teach sb [to do sth]; ■**zu etw angehalten sein** to be taught to do sth; ■**angehalten sein, etw zu tun** to be encouraged to do sth II. *vi (werben)* ■**[bei jdm] um jdn** ~ to ask [sb] for sb; ***er hielt bei ihren Eltern um sie an*** he asked her parents for her hand in marriage

an|halten[4] *vt irreg (davor halten)* ■**jdm/sich etw** *akk* ~ to hold sth up against sb/oneself; ***die Verkäuferin hielt mir das Kleid an*** the shop assistant held the dress up against me

anhaltend I. *adj* continuous; **~er Lärm** incessant noise; **~er Schmerz** persistent [*or* constant] [*or* nagging] pain; ***die ~e Hitzewelle/Kältewelle*** the continuing heatwave/cold spell; FIN **~e Kurserholung** sustained rally; **~er Rückgang** sustained drop II. *adv* ① METEO prolonged; ~ **regnerisch sein** to rain continuously ② FIN ~ **hohes Zinsniveau** persistently high interest level; ~ **niedrige Inflation** constantly low inflation

Anhalter(in) <-s, -> *m(f)* hitch-hiker; **per ~ fahren** to hitch-hike

Anhalterecht *nt* JUR right of stoppage in transitu

Anhalte- und Durchsuchungsbefugnis *f* stop and search BRIT, frisk AM

anhaltinisch *adj inv* from Anhalt *pred*

Anhaltspunkt *m* clue

anhand *präp +gen* on the basis of; ■~ **einer S.** *gen* on the basis of sth; **sich ~ eines Kompasses zurechtfinden** to find one's way with the aid of a compass

Anhang <-[e]s, -hänge> *m* ① *(Nachtrag)* appendix ② *kein pl (Angehörige)* [close] family, dependants BRIT, dependents AM, wife [and children] ③ *kein pl (Gefolgschaft)* followers, supporters, fans

Anhängelast *f* AUTO owing capacity

an|hängen I. *vt* ① *a.* BAHN *(ankuppeln)* ■**etw [an etw** *akk*] ~ to couple sth [*or* hitch sth up] [to sth] ② *(daran hängen)* ■**etw [an etw** *akk*] ~ to hang [up] sth [on sth] ③ *(hinzufügen)* ■**etw** ~ to add sth; ■**angehängt** final ④ *(fig fam: übertragen)* ■**jdm etw** ~ to pass sth on to sb ⑤ *(fig fam: aufschwatzen)* ■**jdm etw** ~ to palm [*or* foist] sth off on sb ⑥ *(fig fam: anlasten)* ■**jdm etw** ~ to blame [*or* pin] sth on sb ⑦ *(fig fam: geben)* ■**jdm etw** ~ to give sb sth; ***jdm einen schlechten Ruf ~*** to give sb a bad name II. *vr* ① AUTO *(hinterherfahren)* ■**sich [an jdn/etw]** ~ to follow [*or* drive behind] sb/sth ② *(fig: zustimmen)* ■**sich [an jdn/etw]** ~ to agree with sb/sth III. *vi irreg (fig)* ① *(anhaften)* ■**jdm hängt etw an** sth sticks to sb ② *(sich zugehörig fühlen)* ■**etw** *dat* ~ to belong to sth; **der [*o* einer] Mode ~** to follow [the] fashion[s]; **einer Vorstellung/Idee ~** to adhere to a belief/idea

Anhänger <-s, -> *m* ① AUTO *(angehängter Wagen)* trailer ② *(angehängtes Schmuckstück)* pendant ③ *(Gepäckanhänger)* label, tag

Anhänger(in) <-s, -> *m(f) (fig)* ① SPORT *(Fan)* fan, supporter ② *(Gefolgsmann)* follower, supporter

Anhängerkupplung *f* AUTO coupling device, trailer coupling

Anhängerschaft <-> *f kein pl* ① *(Gefolgsleute)* followers *pl*, supporters *pl* ② SPORT *(Fans)* fans *pl*, supporters *pl*

anhängig *adj* JUR pending

Anhängigkeit <-> *f* JUR pendency; ~ **der Anmeldung/eines Strafverfahrens** pendency of registration/of prosecution

Anhängigsein <-s> *nt kein pl* JUR pendency

anhänglich *adj (sehr an jdm hängend)* devoted; *(sehr zutraulich)* friendly

Anhänglichkeit <-> *f kein pl* ① *(anhängliche Art)* devotion ② *(Zutraulichkeit)* trusting nature

Anhängsel <-s, -> *nt* ① *(lästiger Mensch)* hanger-on, gooseberry *fam* ② *(Anhang)* **ein ~ an etw** *akk* **sein** to be an appendix to sth

an|hauchen *vt* ■**jdn [mit etw]** ~ to breathe on sb [with sth]; *s. a.* **angehaucht**

an|hauen *vt irreg (sl)* ① *(ansprechen)* ■**jdn** ~ to accost sb ② *(erbitten)* ■**jdn um etw** ~ to tap [*or fam* touch] sb for sth

an|häufen I. *vt* ■**etw** ~ ① *(aufhäufen)* to pile sth up ② *(fig: ansammeln)* to accumulate [*or* amass] sth II. *vr* ① *(sich zu einem Haufen ansammeln)* ■**sich** ~ to pile up ② *(sich ansammeln)* ■**sich** ~ to accumulate

Anhäufung <-, -en> *f* ① *(das Aufhäufen)* piling up, amassing ② *(fig: das Ansammeln)* accumulation

an|heben *irreg* I. *vt* ① *(hochheben)* to lift sth [up]; **den Hut ~** to take off [*or liter* doff] one's hat ② *(erhöhen)* ■**etw** ~ to increase [*or* raise] sth; **die Gebühren/Löhne/Preise** ~ to increase [*or* raise] charges/wages/prices II. *vi (hochheben)* ■**[mit]** ~ to [help] lift sth [up]

Anhebung <-, -en> *f (Erhöhung)* increase, raising; **die ~ der Gebühren/Löhne/Preise** the increase [*or* rise] in charges/wages/prices

an|heften *vt* ① *(daran heften)* ■**etw an etw** *akk* ~ to attach sth to sth ② *(anstecken)* ■**jdm etw** ~ to pin sth on sb, to decorate sb with sth

anheim *adv (geh)* ~ **fallen** ■**jdm/etw** ~ to fall victim [*or* prey] to sb/sth; **es jdm ~ stellen, etw zu tun** to leave [it] up to sb [to decide] what to do

anheimelnd *adj (geh)* cosy BRIT, cozy AM, homey; **~e Klänge** familiar sounds

anheim|fallen *vi irreg sein (geh) s.* **anheim** **anheim|stellen** *vt (geh) s.* **anheim**

anheischig *adv* **sich ~ machen, etw zu tun** *(veraltend geh)* to take it upon oneself [*or* undertake] to do sth

an|heizen *vt* ■**etw** ~ ① *(zum Brennen bringen)* to light sth, to set sth alight ② *(fig fam: im Schwung bringen)* to get sth going, to hot sth up ③ *(fam: verschlimmern)* to aggravate [*or* fan the flames of] sth

anherrschen *vt (zurechtweisen)* ■**jdn** ~ to bark at sb; **jdn barsch/wütend ~** to snap at sb

an|heuern I. *vt* NAUT ■**jdn [als etw]** ~ to sign sb on [*or* up] [as sth] II. *vi* NAUT ■**[bei jdm/auf etw** *dat*] ~ to sign on [with sb/on sth]

Anhieb *m* **auf [den ersten] ~** *(fam)* straight away [*or fam* off], at the first go; ***das kann ich nicht auf ~ sagen*** I couldn't say off the top of my head

an|himmeln *vt (fam)* ■**jdn** ~ to idolize sb; *(schwärmerisch ansehen)* to gaze adoringly at sb

anhin *adv* SCHWEIZ *(am nächsten)* next; **am Montag ~** next Monday

Anhöhe <-, -n> *f* high ground

an|hören I. *vt* ① *(zuhören)* ■**[sich** *dat*] **etw** ~ to listen to sth ② *(mithören)* ■**etw [mit]** ~ to listen [in] to sth; **ein Geheimnis [zufällig] [mit] ~** to [accidentally] overhear a secret ③ *(Gehör schenken)* ■**jdn** ~ to listen to sb, to hear sb [out]; ■**[sich** *dat*] **etw** ~ to listen to sth ④ *(anmerken)* ■**jdm etw** ~ to hear sth in sb['s voice]; ***dass er Däne ist, hört man ihm aber nicht an!*** you can't tell from his accent that he's Danish! II. *vr* ① *(stimmlich klingen)* ■**sich irgendwie** ~ to sound [a certain way]; ***na, wie hört sich die Gruppe an?*** well, how does the group sound? ② *(im Klang von bestimmter Art sein)* ■**sich irgendwie** ~ to sound [a certain way]; ***eine CD hört sich besser an als eine Platte*** a CD sounds better than a record ③ *(klingen)* ■**sich irgendwie** ~ to sound [a certain way]; ***Ihr Angebot hört sich gut an*** your offer sounds good

Anhörung <-, -en> *f* JUR hearing

Anhörungsanspruch *m* JUR right of audience **Anhörungsfrist** *f* JUR consultation period **Anhörungspflicht** *f* JUR duty to hear the parties **Anhörungsrecht** *nt* JUR right to be heard **Anhörungstermin** *m* JUR hearing date **Anhörungsverfahren** *nt* JUR hearing

an|hupen *vt (fam: in jds Richtung hupen)* ■**jdn/etw** ~ to sound one's horn [*or* BRIT *a.* hoot] at sb/sth; ■**sich** ~ to sound the horn [*or* BRIT *a.* hoot] at one another

an|husten *vt* ■**jdn** ~ to cough at [*or* on] sb

Anilin <-s> *nt kein pl* CHEM aniline

Anilinfarbe *f* CHEM aniline colour [*or* AM -or]

animalisch *adj* animal; ■**etwas A~es** sth animal-like; ***er hat so etwas A~es!*** he has a kind of animal magnetism!

Animateur(in) <-s, -e> [anima'tøːɐ] *m(f) (Unterhalter(in))* host *masc* [*or fem* hostess]

Animation <-, -en> *f* ① *(Unterhaltung)* entertainment ② FILM animation

Animierdame *f* [nightclub [*or* bar]] hostess

animieren* I. *vt* ■**jdn [zu etw]** ~ to encourage [*or* prompt] sb [to do sb] II. *vi* ■**[zu etw]** ~ to encourage [to do sth]; ***diese Musik animiert mich zum Mittanzen!*** this music is making me want to join in [the dancing]!; ■**dazu ~, etw zu tun** to be encouraged to do sth

animierend I. *adj* stimulating; ***die Liveshow wurde immer ~er*** the live floorshow became increasingly provocative [*or* suggestive] II. *adv* stimulatingly; ***schönes Wetter wirkt auf mich ~*** fine weather has a stimulative [*or* an invigorating] effect on me

Animierlokal *nt* hostess bar [*or* nightclub] **Animiermädchen** *nt s.* **Animierdame**

Animismus <-> *m kein pl* REL animism

Anion <-s, -en> *nt* CHEM (*negativ geladenes Ion*) anion

Anis <-[es], -e> *m* ❶ BOT (*Pflanze*) anise ❷ KOCHK (*Gewürz*) aniseed ❸ (*fam*) *s.* **Anisschnaps** aniseed brandy

Anislikör *m* aniseed liqueur, anisette

anisotrop *adj* PHYS *Kristalle* anisotropic

Anisschnaps *m* aniseed liqueur [*or* schnaps]

an|kämpfen *vi* ■**gegen etw ~** to fight [against] sth; **gegen die Elemente ~** to battle against [*or* with] the elements; ***sie kämpfte gegen ihre Tränen an*** she fought back her tears; ■**gegen jdn ~** to fight [against] [*or* [do] battle with] sb

Ankauf <-[e]s, -käufe> *m* buy, purchase *form;* **An- und Verkauf von...** we buy and sell...

an|kaufen I. *vt* ■**etw ~** to buy [*or form* purchase] sth II. *vi* to buy, to purchase III. *vr* (*eine Immobilie erwerben*) ■**sich [irgendwo] ~** to buy property [somewhere]

Ankaufskurs *m* BÖRSE *einer Aktie* buying rate **Ankaufsrecht** *nt* JUR, HANDEL right to acquire

ankehrig *adj* SCHWEIZ (*geschickt*) skilful BRIT, skillful AM

Anker <-s, -> *m* ❶ NAUT anchor; **[irgendwo] vor ~ gehen** NAUT to drop [*or* cast] anchor [somewhere]; **irgendwo vor ~ gehen** (*a. fig fam*) to stop [over] sowewhere; **den ~ hieven** [*o* **lichten**] to weigh [*or* raise] anchor; **[irgendwo] vor ~ liegen** to lie [*or* ride] at anchor; **~ werfen** (*a. fig*) to drop [*or* cast] anchor ❷ (*fig geh: Halt*) mainstay, support ❸ TECH, BAU (*Befestigungsteil*) anchor[-iron]; (*Teil eines Aggregates*) armature; (*Teil des Uhrwerks*) anchor

Ankerbolzen *m* BAU anchor bolt **Ankerkette** *f* anchor cable **Ankermauer** *f* BAU abutment

ankern *vi* ❶ (*Anker werfen*) to drop [*or* cast] anchor; ■**ein Schiff ankert** a ship is dropping [*or* casting] anchor ❷ (*vor Anker liegen*) to lie [*or* ride] at anchor; ■**ein Schiff ankert** a ship is lying [*or* riding] at anchor

Ankerplatte *f* BAU anchor plate **Ankerplatz** *m* anchorage **Ankerwährung** *f* FIN anchor currency **Ankerwinde** *f* NAUT windlass, capstan

an|ketten *vt* ❶ (*an einer Kette befestigen*) ■**jdn/ein Tier/etw ~** to chain sb/an animal/sth up; ■**[an etw** *akk o dat*] **angekettet sein** to be chained [up] [to sth] ❷ (*fig: unentrinnbar verbunden*) ■**[an jdn] angekettet sein** to be tied [to sb]

an|kläffen *vt* ■**jdn ~** to yap at sb; (*fig: jdn heftig anfahren*) to bark at sb

Anklage <-, -n> *f* ❶ *kein pl* JUR (*gerichtliche Beschuldigung*) charge; ***wie lautet die ~?*** what's the charge?; **gegen jdn ~ [wegen etw] erheben** to charge sb [with sth]; **[wegen etw] unter ~ stehen** to be charged [with sth]; **jdn [wegen etw] unter ~ stellen** to charge sb [with sth] ❷ JUR (*Anklagevertretung*) prosecution ❸ (*Beschuldigung*) accusation ❹ (*fig: Anprangerung*) ■**eine ~ gegen etw** a denunciation of sth

Anklagebank *f* JUR dock; **jdn [wegen etw] auf die ~ bringen** to put sb in the dock [*or* take sb to court] [for sth]; **[wegen etw] auf der ~ sitzen** to be in the dock [for sth] **Anklagebehörde** *f* JUR the public prosecutor, prosecuting authority **Anklageerhebung** *f* JUR preferral of charges **Anklageerzwingung** *f* JUR compelling the public prosecutor to prefer charges

an|klagen I. *vt* ❶ JUR (*gerichtlich beschuldigen*) ■**jdn [einer S.** *gen* [*o* **wegen einer S.** *gen*]] **~** to charge sb [with sth], to accuse sb [of sth] ❷ (*beschuldigen*) ■**jdn einer S.** *gen* **~** to accuse sb of sth; ■**jdn ~, etw getan zu haben** to accuse sb of doing [*or* having done] sth ❸ (*fig: anprangern*) ■**jdn/etw ~** to denounce sb/sth II. *vi* (*eine Anprangerung zum Ausdruck bringen*) to denounce

anklagend I. *adj* ❶ (*anprangernd*) denunciatory ❷ (*eine Beschuldigung beinhaltend*) accusatory II. *adv* (*als Anklage*) accusingly

Anklageprinzip *nt* JUR principle of ex officio prosecution **Anklagepunkt** *m* JUR [count of a] charge

Ankläger(in) <-s, -> *m(f)* JUR prosecutor; **öffentlicher ~** public prosecutor

Anklageschrift *f* JUR bill of indictment, charge sheet **Anklageverfahren** *nt* JUR accusatorial procedure **Anklageverfügung** *f* JUR indictment **Anklagevertreter(in)** *m(f)* JUR prosecutor, prosecuting attorney **Anklagevertretung** *f* JUR prosecution

an|klammern I. *vt* ❶ (*anheften: mit einer Büroklammer befestigen*) ■**etw [an etw** *akk o dat*] **~** to clip sth [[on]to sth]; (*mit einer Heftmaschine befestigen*) to staple sth [[on]to sth] ❷ (*mit einer Wäscheklammer befestigen*) ■**etw ~** to peg sth II. *vr* ❶ (*krampfhaft festhalten*) ■**sich an etw** *akk* **~** to cling [*or* hang] on to sth ❷ (*fig: sich festklammern*) ■**sich an jdn/etw ~** to cling [on]to sb/sth

Anklang <-[e]s, -klänge> *m* ❶ *kein pl* (*Zustimmung*) approval; **[bei jdm] [bestimmten] ~ finden** to meet with the approval [of sb] [*or* [a certain amount of] approval [from sb]] ❷ (*Ähnlichkeit*) ■**~/Anklänge an jdn/etw** similarity/similarities to sb/sth; ***in dem Film gibt es gewisse Anklänge an E.A. Poe*** there are certain similarities to [*or* echoes of] E.A. Poe in the film

an|kleben I. *vt haben* ■**etw an etw** *akk* **~** to stick sth on sth II. *vi sein* to stick; ■**an etw angeklebt sein** to be stuck [on]to sth

Ankleidekabine *f* changing cubicle

an|kleiden *vt* (*geh*) ■**jdn ~** to dress [*or* clothe] sb; ■**sich ~** to dress [*or* clothe] oneself

Ankleideraum *m* changing room

an|klicken *vt* INFORM ■**etw ~** to click on sth

an|klingeln *vt, vi* SÜDD, SCHWEIZ (*fam: telefonieren*) ■**[bei jdm] ~** [*o* **jdn ~**] to give sb a ring [*or* call] [*or* BRIT *fam a.* bell]

an|klingen *vi irreg sein* ❶ (*erinnern*) ■**an etw** *akk* **~** to be reminiscent of sth ❷ (*spürbar werden*) ■**in etw** *dat* **~** to be discernible in sth; ***in ihren Worten klang ein deutlicher Optimismus an*** there was a clear note of optimism in her words; ■**etw [in etw** *dat*] **~ lassen** to make sth evident [*or* apparent] [in sth]

Anklopfen <-s> *nt kein pl* TELEK call waiting

an|klopfen *vi* ❶ (*an die Tür klopfen*) ■**[an etw** *akk o dat*] **~** to knock [on sth]; **an die Tür ~** [*o* **der**] to knock on [*or* at] the door ❷ (*fig fam: vorfühlen*) ■**bei jdm [wegen etw] ~** to sound sb out [about sth]

an|knabbern *vt* (*fam: annagen*) ■**etw ~** to gnaw [away] at sth; ***das Kind knabberte das Brot nur an*** the child only nibbled [at] the bread

an|knacksen *vt* (*fam*) ❶ ■**[sich** *dat*] **etw ~** to crack [a bone in] sth ❷ (*beeinträchtigen*) ■**etw ~** to injure sth; **jds Stolz ~** to injure [*or* hurt] sb's pride; **jds Selbstbewusstsein/Zuversicht ~** to undermine [*or* shake] sb's [self-]confidence; ■**angeknackst sein** to be in a bad way; ***bei deiner angeknacksten Gesundheit solltest du aufpassen*** with your poor health you should take it easy

an|knipsen *vt* (*fam*) ■**etw ~** to switch [*or fam* flick] sth on; ***lass das Licht [nicht] angeknipst*** [don't] leave the light on

an|knöpfen *vt* ■**etw [an etw** *akk o dat*] **~** to button sth on[to sth]

an|knoten *vt* ■**etw [an etw** *akk o dat*] **~** to tie sth [to sth]

an|knüpfen I. *vt* ❶ (*befestigen*) ■**etw [an etw** *akk o dat*] **~** to tie [*or* fasten] sth [to sth] ❷ (*fig: aufnehmen*) ■**etw ~** to establish sth; **eine Freundschaft ~** to strike up a friendship II. *vi* (*fig*) ■**an etw** *akk* **~** to resume sth; **an ein altes Argument ~** to take up an old argument

Anknüpfung <-, -en> *f* JUR connection, linkage; **akzessorische/selbständige ~** accessorial/independent connection

Anknüpfungsgegenstand *m* JUR object of connection **Anknüpfungsgrund** *m* JUR, FIN ground for connection **Anknüpfungsmerkmal** *nt* JUR connecting feature **Anknüpfungsmoment** *nt* JUR link, common interest **Anknüpfungspunkt** *m* starting-point **Anknüpfungstatsache** *f* JUR connecting fact **Anknüpfungswerbung** *f* JUR follow-up [*or* tie-in] advertising

an|knurren *vt* ■**jdn ~** (*a. fig*) to growl at sb

an|kochen *vt* ■**etw ~** to parboil [*or* precook] sth

an|kommen *irreg* I. *vi sein* ❶ TRANSP (*ein Ziel erreichen*) to arrive; ***seid ihr auch gut angekommen?*** did you arrive safely? ❷ (*angeliefert werden*) ■**[bei jdm] ~** to be delivered [to sb] ❸ (*angelangen*) ■**bei etw ~** to reach sth ❹ (*fam: sich nähern*) to approach; ***schau mal, wer da ankommt!*** [just] look who's coming! ❺ (*fam: Anklang finden*) ■**[bei jdm] ~** *Sache* to go down well [with sb]; *Person* to make an impression [on sb]; ***der neue Chef kommt gut an*** the new boss is well liked [*or* is a real [*or* big] hit] ❻ (*sich durchsetzen*) ■**gegen jdn/etw ~** to get the better of sb/sth; ***gegen diesen Flegel von Sohn kommt sie nicht mehr an*** she can't cope with her brat of a son any more ❼ (*überwinden*) ■**gegen etw ~** to break [*or fam* kick] a habit; **gegen eine Arbeitsüberlastung ~** to cope with an excess of work; **gegen Vorurteile ~** to break down prejudices ❽ (*fam: darauf ansprechen*) ■**[jdm] [mit etw] ~** to speak [to sb] [about sth]; ***nachher kommst du mir wieder damit an*** afterwards you'll come back to me about it [and say...]; ***mit so einem alten Auto brauchen Sie bei uns nicht anzukommen!*** don't bother [coming to] us with such an old banger!; ***kommen Sie mir bloß nicht schon wieder damit an!*** [just] don't start harping on about that again! ❾ (*eine Stellung/einen Studienplatz finden*) ■**[bei jdm] [mit etw] ~** to be taken on [by sb] [with sth] [*or* accepted]; ***bist du mit deiner Bewerbung bei Siemens angekommen?*** were you successful with your job application to [*or* at] Siemens? ❿ (*geboren werden*) ■**[bei jdm] ~** to be born [to sb]; ***das Baby kommt in zwei Monaten an*** the baby is due in two months; ***bei meiner Frau ist gerade ein Junge angekommen!*** my wife has just given birth to a [baby] boy! II. *vi impers sein* ❶ (*wichtig sein*) ■**auf etw** *akk* **~** sth matters [*or* is important]; ■**es kommt darauf an, dass** what matters is that; ***bei diesem Job kommt es sehr darauf an, dass man kreativ arbeiten kann*** what matters in this job is that one able to work creatively ❷ (*von etw abhängen*) ■**auf jdn/etw ~** to be dependent on sb/sth; ***du glaubst, ich schaffe es nicht? na, das käme auf einen Versuch an!*** you don't think I can manage it? well, I'll give it a [damn good] try! [*or fam* do my damnedest!]; ***das kommt darauf an*** it [*or* that] depends; ■**darauf ~, dass/ob** it depends on/on whether; ***alles kommt darauf an, ob wir rechtzeitig fertig werden*** it all depends on whether we're ready in time; ***es kommt darauf an, dass ich gesund bleibe*** it depends on me staying healthy ❸ (*riskieren*) **es auf etw** *akk* **~ lassen** to risk [*or* chance] sth; **es darauf ~ lassen** (*fam*) to risk [*or* chance] it; ***lass es lieber nicht darauf ~!*** don't leave it to chance!; ***lassen wir es also darauf ~!*** let's risk [*or* chance] it! III. *vt sein* (*geh: sich für jdn darstellen*) **jdn leicht/schwer** [*o* **hart**] **~** to be easy/hard for sb; ***die Arbeitslosigkeit meines Mannes kommt mich schon schwer an*** I'm finding my husband's unemployment hard; **es kommt jdn leicht/schwer** [*o* **hart**] **an, etw zu tun** to be easy/hard for sb to do sth

Ankömmling <-s, -e> *m* (*Neugeborenes*) new arrival; (*kürzlich Angekommene(r)*) newcomer

an|koppeln *vt* BAHN ■**etw [an etw** *akk*] **~** to couple sth [to sth]; RAUM to dock sth [with sth]

an|kotzen *vt* ❶ (*derb: anwidern*) ■**jdn ~** to make sb [feel] sick; ***dieser schleimige Kerl kotzt mich an!*** this slimy bloke makes me [feel] sick! [*or fam!* want to puke] ❷ (*derb: bespucken*) ■**jdn/etw ~** to throw up [*or fam!* puke] [all] over sb/sth

an|kreiden *vt* (1) (*anlasten*) ■**jdm etw [irgendwie]** ~ to hold sth against sb [in a certain manner]; ***das kreidet sie dir heute noch [übel] an!*** she still [really] holds that against you [even] today! (2) (*veraltet: Schulden anschreiben*) to chalk up sth

an|kreuzen *vt* ■**etw** ~ to mark sth with a cross

an|kündigen I. *vt* (1) (*ansagen*) ■**[jdm] jdn** ~ to announce sb [to sb]; ***darf ich Ihnen jetzt den nächsten Gast unserer Show*** ~ [please] let me introduce the next guest in our show, and the next act in our show is (2) (*avisieren*) ■**jdn [als jdn]** ~ to announce sb [as sb]; ***er wurde uns als Professor Poloni angekündigt*** he was announced [*or* introduced] to us as Professor Poloni (3) (*voraussagen*) ■**etw** ~ to predict sth; ***uns wurden gerichtliche Schritte angekündigt*** we were given notice of legal proceedings; ***die Wettervorhersage kündigt Regen an*** the weather forecast is predicting [*or* has announced] rain (4) (*anzeigen, kundgeben*) ■**etw [für etw]** ~ to advertise sth [for sth]; ***der Magier kündigte die nächste Nummer an*** the magician announced the next number; ***wir konnten leider nicht vorher ~, dass...*** unfortunately we were unable to give prior notice that... (5) (*Besuch anmelden*) ■**sich [bei jdm] [als jd]** ~ to announce oneself [to sb] [as sb]; ***sie besucht uns nie, ohne sich vorher angekündigt zu haben*** she never visits us without letting us know beforehand II. *vr* (*sich andeuten*) ■**sich [durch etw]** ~ to announce itself [with sth]; ***es wird kälter, der Herbst kündigt sich an*** it is getting colder, autumn [*or* AM *a.* fall] is in the air; ***Erkältung kündigt sich oft durch Halsschmerzen an*** a cold is usually preceded by a sore throat

Ankündigung <-, -en> *f* (1) (*Ansage*) announcement (2) (*Avisierung*) advance notice (3) (*das Voraussagen*) announcement; **die ~ einer Sturmflut** a storm tide warning (4) (*Anzeige, Kundgebung*) announcement (5) (*Vorzeichen*) advance warning

Ankunft <-, -künfte> *f* (1) (*das Ankommen*) ■**jds** ~ **[an etw** *dat*/**in etw** *dat*] sb's arrival [at sth/in sth] (2) TRANSP (*Eintreffen*) arrival (3) REL (*Wiederkunft*) the Second Coming

Ankunftsbahnsteig *m* arrival platform **Ankunftsflughafen** *m* arrival airport **Ankunftshafen** *m* port of arrival **Ankunftshalle** *f* arrivals [lounge [*or* hall]] **Ankunftstafel** *f* arrivals [indicator] board **Ankunftstag** *m* day of arrival **Ankunfts- und Abfahrtszeiten** *pl* arrivals and departures *pl* **Ankunftsverkehr** *m* incoming traffic **Ankunftszeit** *f* time of arrival, arrival time; **geschätzte** ~ estimated time of arrival

an|kuppeln *vt* ■**etw [an etw]** ~ to hitch up sth *sep* [to sth], to couple up sth *sep* [to sth]; ***sie schauten, ob der Wohnwagen sicher an das Auto angekuppelt war*** they made sure the caravan was securely hitched up to the car

an|kurbeln *vt* ■**etw** ~ (1) ÖKON (*in Gang bringen*) to boost [*or* stimulate] sth (2) AUTO (*anlassen*) to start sth [up], to crank sth up

Ankurbelung <-, -en> *f* ÖKON boost, stimulation **Ankurbelungskredit** *m* pump-priming credit **Ankurbelungspolitik** *f* reflation policy

an|lächeln *vt* ■**jdn** ~ to smile at sb

an|lachen I. *vt* (1) (*in jds Richtung lachen*) ■**jdn** ~ to laugh at sb; ■**sich** ~ to laugh at one another (2) (*fig*) ■**jdn lacht etw an** sth is enticing sb; ***das lacht mich nicht besonders an*** that doesn't appeal to me all that much; ***diese Schokotorte lacht mich so unwiderstehlich an*** this chocolate cake looks too good to resist [*or* is just asking to be eaten] II. *vr* (*fam: mit jdm anbändeln*) ■**sich** *dat* **jdn** ~ to pick sb up *fam*

Anlage <-, -n> *f* (1) (*Produktionsgebäude*) plant (2) BAU (*das Errichten*) building, construction (3) HORT (*Grün~*) park, green area; (*das Anlegen*) lay out (4) SPORT facilities *pl*, [sport's] complex; MIL (*Einrichtung*) installation (5) TECH, TELEK, MUS (*Stereo~*) stereo equipment, sound [*or* music] system; (*Telefon~*) telephone system [*or* network] (6) TECH (*technische Vorrichtung*) plant *no pl*; **sanitäre ~n** (*geh*) sanitary facilities (7) FIN (*Kapital~*) investment (8) ÖKON (*Beilage zu einem Schreiben*) enclosure; **als [*o* in der]** ~ enclosed (9) *meist pl* (*Veranlagung*) disposition, natural abilities *pl*; ***dieser Knabe hat gute ~n, aus dem kann mal was werden!*** this guy is a natural, he could be big one day!; **die ~ zu etw haben** to have the disposition [*or* temperament] for sth (10) *kein pl* LIT, THEAT (*Grundidee*) conception

Anlageabschreibung *f* FIN capital depreciation [*or* allowance] **Anlageberater(in)** *m(f)* FIN investment advisor **Anlageberatung** *f* FIN (*Ratschlag*) investment advice **Anlagefonds** *m* FIN investment trust **Anlageform** *f* FIN investment vehicle **Anlagegeschäft** *nt* ÖKON investment banking **Anlagegesellschaft** *f* ÖKON (*Investmentgesellschaft*) investment trust **Anlagegrundsätze** *pl* FIN investment standards **Anlagegüter** *pl* FIN capital goods **Anlageinvestitionen** *pl* FIN capital investment *no pl* **Anlagekapital** *nt* FIN capital [assets *pl*]

Anlagenbau *m kein pl* plant construction

Anlagepapier *nt* long-term investment bond

an|lagern *vr* CHEM ■**sich [an etw** *akk*] ~ to be taken up [by sth]

Anlageschwund *m kein pl* FIN reduced investments *pl* **anlagesuchend** *adj* investing *attr*; **~es Kapital** capital-seeking investment **Anlagevermögen** *nt* FIN fixed assets *pl*; **bewegliches/unbewegliches** ~ movables [*or* non-fixed assets]/immovables **Anlagevorschriften** *pl* FIN investment rules [*or* regulations] **Anlagewert** *m* FIN asset [*or* investment] value **Anlagezwecke** *pl* FIN investment purposes; **zu ~n** for investment purposes

an|landen I. *vt haben* ■**etw [irgendwo]** ~ to land sth [somewhere] II. *vi sein* ■**irgendwo** ~ to land somewhere

Anlandung <-, -en> *f* landing

an|langen[1] I. *vt haben* (*betreffen*) ■**jdn** ~ to concern sb; **was jdn/etw anlangt, ...** as far as sb/sth is concerned, ... II. *vi sein* (*geh: ankommen*) ■**[irgendwo]** ~ to arrive [*or* reach] [somewhere]

an|langen[2] I. *vi* SÜDD (*fam*) (1) (*anfassen*) ■**irgendwo** ~ to touch somewhere (2) (*mithelfen*) ■**[mit]** ~ to help [*or* lend a hand] [with] II. *vt* SÜDD (*anfassen*) ■**etw** ~ to touch sth

AnlassRR <-es, -lässe> *m*, **Anlaß** <-sses, -lässe> *m* (1) (*unmittelbarer Grund*) reason; ■**der/ein/kein ~ zu etw** the/a/no reason for sth; ***ihr Geburtstag war der geeignete ~, mal wieder zu feiern*** her birthday was the perfect excuse for another party; ■**ein/kein ~, etw zu tun** a/no reason to do sth; **es besteht ~ zu etw** there are grounds [*or* is cause] for sth; **es besteht kein ~ zu etw/, etw zu tun** there are no grounds for sth/to do sth; **[jdm] ~ zu etw geben** to give [sb] grounds for sth; **jdm ~ geben, etw zu tun** to give sb grounds to do sth; **einen/keinen ~ haben, etw zu tun** to have grounds/no grounds to do sth; **ein ~ [für jdn] sein, etw zu tun** to be a [good] excuse [for sb] to do sth; **etw zum ~ nehmen, etw zu tun** to use sth as an opportunity to do sth; **aus bestimmtem ~** for a certain type of reason; **und aus diesem ~** and for this reason; ***aus besonderem ~ fällt der Spielfilm aus*** due to unforeseen circumstances we will not be able to show the film; **aus keinem besonderen ~** for no particular reason; **aus gegebenem ~** with good reason; **zum ~ von etw werden** to be the cause of sth (2) (*Gelegenheit*) occasion; **dem ~ entsprechend** to fit the occasion; ***sie war immer dem ~ entsprechend angezogen*** she was always dressed for the occasion; **beim geringsten ~** at the slightest opportunity; **bei jedem ~** at every opportunity; **aus ~ einer S.** *gen* on the occasion of sth

an|lassen *irreg* I. *vt* ■**etw** ~ (1) AUTO (*starten*) to start sth [up]; ■**das A~** starting [up] (2) (*fam: anbehalten*) to keep sth on (3) (*fam: in Betrieb lassen*) to leave sth on; **den Motor ~** to leave the engine running; (*brennen lassen*) to leave sth burning; (*laufen lassen*) to leave sth running [*or* on] II. *vr* (*fam*) (1) (*sich beruflich erweisen*) ■**sich ~** to get along [*or* on]; ***na, wie lässt sich denn der neue Lehrling an?*** well, how is the new trainee getting on [*or* coming along]? (2) METEO (*anfangen*) ■**sich irgendwie ~** to start in a certain manner; ***der Sommer lässt sich wirklich ausgezeichnet an*** the summer promises to be an excellent one (3) ÖKON (*sich entwickeln*) ■**sich irgendwie ~** to develop in a certain manner; ***wie lässt sich euer Geschäft denn an?*** how's [your] business [going]?

Anlasser <-s, -> *m* AUTO starter [motor]

anlässlichRR, **anläßlich** *präp* +*gen* ■~ **einer S.** *gen* on the occasion of

an|lasten *vt* ■**jdm etw** ~ to blame sb for sth; ***ihm wird Betrug angelastet*** he was accused of fraud; ***dieses Zuspätkommen will ich Ihnen ausnahmsweise nicht*** ~ as an exception I won't hold it against you for arriving late; ■**jdm etw als etw** ~ to regard sth in sb as sth; ***ihr Ausbleiben wurde ihr als Desinteresse angelastet*** people [*or* took her absence for a lack of interest] regarded her absence as a lack of interest [on her part]

Anlauf <-[e], -läufe> *m* (1) SPORT (*das Anlaufen*) run-up; **~ nehmen** to take a run-up; **mit/ohne [bestimmten]** ~ with/without a [certain type of] run-up (2) (*fig: Versuch*) attempt, go *fam*; **beim ersten/zweiten** ~ at the first/second attempt; **[noch] einen ~ nehmen [*o* machen]** to make another attempt, to have another go *fam* (3) (*Beginn*) start; **~ nehmen, etw zu tun** to start to do sth

Anlaufdividende *f* FIN initial dividend

an|laufen *irreg* I. *vi sein* (1) (*beginnen*) to begin, to start; ***in den Kinos läuft jetzt der neue James Bond an*** the new James Bond film is now showing at the cinema; ***in Kürze läuft die [neue] Saison an*** the new season opens [*or* begins] shortly (2) SPORT (*zu laufen beginnen*) to take a run-up (3) (*beschlagen*) *Brillengläser, Glasscheibe* to steam up (4) (*oxidieren*) to rust, to tarnish, to oxidize (5) (*sich verfärben*) ■**irgendwie** ~ to change colour [*or* AM -or] in a certain manner; ***vor Wut rot ~*** to turn purple with rage; ***die Patientin läuft schon blau [im Gesicht] an!*** the patient is beginning to turn blue [in the face]! (6) (*sich ansammeln*) ■**[auf etw** *akk*] ~ to accrue [in sth] (7) KOCHK *s.* **anschwitzen** II. *vt haben* NAUT (*ansteuern*) ■**etw** ~ to put into sth; ***das Schiff lief den Hafen an*** the ship put into port

Anlaufkosten *pl* FIN launching costs, set-up costs **Anlaufkredit** *m* FIN opening credit **Anlaufphase** *f* beginning stages *pl*; FILM, THEAT beginning performances **Anlaufprobleme** *pl* initial probems; *eines Projekts a.* teething problems [*or* troubles]; **~ mit etw** *dat* **haben** to have trouble [*or* problems] starting sth **Anlaufstelle** *f* refuge, shelter **Anlaufzeit** *f* (1) (*Vorbereitungszeit*) preparation [time]; ***morgens braucht er eine gewisse ~, um in Schwung zu kommen*** he needs a bit of time to get going in the morning (2) AUTO (*Warmlaufzeit*) warming-up time [*or* period]

Anlaut *m* LING initial sound; **im** ~ at the beginning of a word, in initial position

an|läuten I. *vi* SÜDD, SCHWEIZ ■**[jdm [*o* bei jdm]]** ~ to phone [sb], to ring [sb] [up] II. *vt* ■**jdn** ~ to phone sb, to ring sb [up]

Anlegebrücke *f* landing stage, jetty **Anlegeleiter** *f* straight ladder

an|legen I. *vt* (1) (*erstellen*) ■**etw** ~ to compile sth; **eine Liste** ~ to draw up a list (2) HORT ■**etw** ~ to lay sth out (3) (*ansammeln*) ■**etw** ~ to lay sth in; **sich** *dat* **einen Vorrat [*o* Vorräte] [an etw** *dat*] ~ to lay oneself in a stock [of sth] (4) FIN (*investieren*) ■**etw [in etw** *dat*] ~ to invest sth [in sth]; ■**etw [für etw]** ~ to spend sth [on sth] (5) (*fig*) ■**es auf etw** *akk* ~ to risk sth, to leave sth to chance; ■**es [mit etw] darauf ~, dass jd etw tut** to risk [with sth] that sb does sth (6) (*daran legen*) ■**etw [an etw** *akk*] ~ to place sth [against [*or* on] sth]; MATH to position sth [to sth]; **eine Leiter** ~ to put a ladder up; **Karten** ~ to lay down cards (7) (*geh: anziehen*) ■**etw** ~ to don sth; ■**jdm etw** ~ to put sth on sb (8) (*ausrichten*) ■**etw auf etw** *akk* ~ to structure sth for sth; **etw auf eine bestimmte Dauer** ~ to plan sth [to last] for a certain period; ■**auf jdn/etw angelegt sein** to be built for sb/sth; ***das Stadion ist auf 30.000***

Besucher angelegt the stadium holds [*or* was built to hold] 30,000 spectators; *s. a.* **Maßstab II.** *vi* ❶ NAUT (*festmachen*) ■**[irgendwo** *dat*] ~ to berth [*or* dock] [somewhere] ❷ MIL (*zielen*) ■**[mit etw] [auf jdn]** ~ to aim [at sb] [with sth]; ***„legt an – Feuer!"*** "take aim – fire!" ❸ KARTEN (*dazulegen*) ■**[bei jdm]** ~ to lay down [cards] [on sb's hand] **III.** *vr* ■**sich mit jdm** ~ to pick an argument [*or* a fight] with sb

Anlegepflicht *f* TRANSP (*Anschnallpflicht*) compulsory wearing of a seat belt **Anlegeplatz** *m* berth, dock

Anleger(in) <-s, -> *m(f)* FIN investor

Anlegerrisiko *nt* FIN exposure, investor's risk **Anlegerschutz** *m kein pl* FIN protection for the investor

Anlegestelle *f* NAUT mooring

Anlegung <-, -en> *f* FIN *von Kapital* capital investment

an|lehnen I. *vt* ❶ (*daran lehnen*) ■**etw [an etw** *akk*] ~ to lean sth [against sth]; ■**angelehnt sein** propped up ❷ (*einen Spalt offen lassen*) ■**etw** ~ to leave sth slightly open; **die Tür** ~ to leave the door ajar; ■**angelehnt sein** to be slightly open [*or* ajar] **II.** *vr* ❶ (*sich daran lehnen*) ■**sich [an jdn/etw]** ~ to lean [against sb/sth] ❷ (*fig*) ■**sich an etw** *akk* ~ *Text* to follow sth, to be faithful to sth

Anlehnung <-, -en> *f* ■**die ~ an jdn/etw** following of sb/sth; **in ~ an jdn/etw** following sb/sth; ~ **[an jdn] suchen** (*Anschluss*) to strike up a friendship [with sb]

Anlehnungsbedürfnis *nt* need for affection **anlehnungsbedürftig** *adj* needing affection *pred*, in need of affection

an|leiern *vt* (*fam: im Gang setzen*) ■**etw** ~ to get sth going

Anleihe <-, -n> *f* ❶ FIN (*Kredit*) loan; **eine ~ [bei jdm] aufnehmen** to take out a loan [with sb]; BÖRSE, FIN (*Wertpapier*) bond ❷ (*hum: Plagiat*) borrowing; ***dieser Satz ist eine ~ bei Goethe*** this sentence is lifted from Goethe *fam;* **eine ~ bei jdm/etw machen** (*fam*) to borrow sth from sb/sth

Anleiheagio *nt* FIN loan [*or* bond] premium **Anleiheemission** *f* FIN bond issue **Anleihekapital** *nt* FIN loan [*or* bond] capital **Anleihepapier** *nt* FIN stock, bond **Anleiherendite** *f* FIN loan [*or* bond] yield **Anleiheschuld** *f* FIN loan [*or* bonded] debt **Anleiheumlauf** *m* FIN bonds *pl* outstanding **Anleiheverbindlichkeiten** *pl* FIN bonded debt; (*zu zahlen*) bonds payable

an|leimen *vt* ❶ (*kleben*) ■**etw** ~ to glue [*or* stick] on sth *sep,* to paste sth; **wie angeleimt dastehen** to stand rooted to the spot ❷ (*necken*) ■**jdn** ~ to pull sb's leg

an|leiten *vt* ❶ (*unterweisen*) ■**jdn** ~ to instruct [*or* train] sb; ■**sich von jdm ~ lassen** to be instructed [*or* trained] by sb ❷ (*erziehen*) ■**jdn zu etw** ~ to teach sb sth

Anleitung <-, -en> *f* ❶ (*Gebrauchs~*) instructions *pl;* **unter jds** *dat* ~ [*o* **unter der ~ von jdm**] under sb's guidance ❷ (*das Anleiten*) instruction, direction

Anlernberuf *m* semi-skilled job

an|lernen I. *vt* ❶ (*einweisen*) ■**jdn [zu etw]** ~ to train sb [in sth]; *s. a.* **angelernt** ❷ (*dressieren*) ■**ein Tier dazu ~, etw zu tun** to train an animal to do sth **II.** *vr* ■**sich** *dat* **etw** ~ to cram, BRIT *fam a.* to mug sth up, BRIT *fam a.* to mug up on sth, BRIT *fam a.* to swot up sth

an|lesen *irreg* **I.** *vt* (*den Anfang von etw lesen*) ■**etw** ~ to start [*or* begin] to read [*or* reading] sth **II.** *vr* (*sich durch Lesen aneignen*) ■**sich** *dat* **etw** ~ to learn sth by reading; **angelesenes Wissen** knowledge [acquired] from books

an|leuchten *vt* ■**jdn/etw [mit etw]** ~ to light sb/sth up [with sth]; ***beim Verhör wurde er mit der grellen Schreibtischlampe angeleuchtet*** the dazzling table lamp was shone [directly] at him during the interrogation

an|liefern *vt* ÖKON ■**[jdm] etw** ~ to deliver sth [to sb]

Anlieferung <-, -en> *f* delivery; **bei ~** on delivery

an|liegen *vi irreg* ❶ (*zur Bearbeitung anstehen*) to be on the agenda; ■**~d** [still] to be done, pending ❷ MODE (*sich eng anpassen*) ■**[an etw** *dat*] ~ to fit tightly [*or* closely] [on sth]; ■**~d** tight-[*or* close-]fitting ❸ (*nicht abstehen*) to lie flat; ■**~d** flat (**an** + *dat* against)

Anliegen <-s, -> *nt* ❶ (*Bitte*) request; **ein ~ [an jdn] haben** to have a request to make [*or* favour [*or* AM -or] to ask] [of sb] ❷ (*Angelegenheit*) matter

anliegend *adj* ❶ (*beiliegend*) enclosed ❷ (*angrenzend*) adjacent

Anlieger <-s, -> *m* ❶ (*Anwohner*) resident; ***die Straße ist nur für ~ [bestimmt]!*** [access to] the street is for residents only!; **~ frei** [*o* **frei für ~**] residents only ❷ (*Anrainer*) neighbour [*or* AM -or]; **die ~ der Ostsee** countries bordering the Baltic Sea; **die ~ eines Sees** people living on the shores of a lake; ***die ~ des Kanals waren stets durch Hochwasser gefährdet*** the people living along[side] the canal were constantly endangered by high water

Anliegergebrauch *m* JUR use by adjacent owners **Anliegerrecht** *nt* JUR adjoining property rights **Anliegerschutzbestimmung** *f* JUR protective clause for adjoining parties **Anliegerstaat** *m* border[ing] state **Anliegerverkehr** *m* [local] residents' traffic; **~ frei** residents only

an|locken *vt* ■**jdn** ~ to attract sb; ■**ein Tier** ~ to lure an animal

an|löten *vt* ■**etw [an etw** *akk o dat*] ~ to solder sth on[to sth]

an|lügen *vt irreg* ■**jdn** ~ to lie to [*or* tell a lie [*or* lies] to] sb; ■**sich [von jdm] ~ lassen** to be lied to [by sb]

Anm. *f Abk von* **Anmerkung**

Anmache <-> *f kein pl* (*sl: plumper Annäherungsversuch*) come-on *sl*

an|machen *vt* ❶ (*fam: befestigen*) ■**etw [an etw** *akk o dat*] ~ *Brosche, Gardinen, etc.* to put sth on[to sth] ❷ (*einschalten*) ■**etw** ~ to turn [*or* put] sth on ❸ (*anzünden*) ■**etw** ~ to light sth ❹ KOCHK (*zubereiten*) ■**etw [mit etw]** ~ to dress sth [with sth] ❺ (*sl: aufreizen*) ■**jdn** ~ to turn sb on ❻ (*sl: aufreißen wollen*) ■**jdn** ~ to pick sb up; ■**sich [von jdm] ~ lassen** to be picked up [by sb]; ■**jdn** ~ (*rüde ansprechen*) to have a go at sb

an|mahnen *vt* ❶ (*zur Bezahlung auffordern*) ■**etw [bei jdm]** ~ to send a reminder [to sb] [to pay] ❷ (*ermahnen*) ■**jdn zu etw** ~ to urge sb to do [*or* into doing] sth, to exhort sb to [do] sth *form* ❸ (*fordern*) ■**etw** ~ to call for sth

an|malen I. *vt* ❶ (*bemalen*) ■**etw [mit etw]** ~ to paint sth [with sth]; **mit Buntstiften/Filzstiften** ~ to colour [*or* AM -or] in with pencils/felt tips ❷ (*fam: anstreichen*) ■**etw** ~ to paint sth ❸ (*fam: schminken*) ■**jdm etw** ~ to paint sth on sb **II.** *vr* (*fam*) ❶ (*pej: sich schminken*) ■**sich** ~ to paint one's face; ■**sich** *dat* **etw** ~ to paint sth ❷ (*sich aufmalen*) ■**sich** *dat* **etw** ~ to paint sth on one's face **III.** *vi* (*anzeichnen*) ■**[an etw** *dat*] **~, wo** to mark [on sth] where

Anmarsch <-[e]s> *m kein pl* ❶ MIL (*Marsch zu einem Bestimmungsort*) advance; **im ~ [auf etw** *akk*] **sein** to be advancing [on sth] ❷ (*Marschweg*) walk ▸ WENDUNGEN: **im ~ sein** (*fam*) to be on the way; (*hum*) to be coming

an|marschieren* *vi sein* MIL to advance

an|maßen *vr* ■**sich** *dat* **etw** ~ to claim sth [unduly] for [*or form* arrogate sth to] oneself; ***was maßen Sie sich an!*** what right do you [think you] have!; **sich [eine] Kritik/ein Urteil** ~ to take it upon oneself to criticize/pass judgement; ■**sich** *dat* **~, etw zu tun** to presume to do sth

anmaßend *adj* arrogant

Anmaßung <-, -en> *f* arrogation

Anmeldeamt *nt* receiving [*or* registration] office **Anmeldeberechtigte(r)** *f(m) dekl wie adj* (*für ein Patent*) [entitled] applicant **Anmeldeberechtigung** *f für Patent* entitlement to file an application **Anmeldebestätigung** *f* ❶ ADMIN (*für das Einwohnermeldeamt*) confirmation of registration ❷ SCH acknowledgement [of application] **Anmeldebestimmungen** *pl* JUR provisions governing the application, registration rules; **~ für Patente** regulations for patent applications **Anmeldeformular** *nt* registration form **Anmeldefrist** *f* (*für Patente*) filing period **Anmeldegebühr** *f* registration fee **Anmeldekartell** *nt* ÖKON application cartel

an|melden I. *vt* ❶ (*ankündigen*) ■**jdn/etw [bei jdm]** ~ to announce sb/sth [to sb]; **einen Besuch** ~ to announce a visit; ***wen darf ich ~?*** who shall I say is calling?; ***ich bin angemeldet*** I have an appointment; ■**angemeldet** announced; **angemeldete Hotelgäste** registered hotel guests; **nicht angemeldete Patienten** patients without an appointment ❷ (*vormerken lassen*) ■**jdn [bei/zu etw]** ~ to enrol sb [at/in sth]; ***sie meldete ihre Tochter zu diesem Kurs an*** she enrolled her daughter in [*or* for] [*or* on] this course; ***Kinder müssen rechtzeitig bei einer Schule angemeldet werden*** children must be enrolled at a school in good time; ■**etw [für/zu etw]** ~ to book sth in [for sth] ❸ ADMIN (*polizeilich melden*) ■**jdn/etw [bei jdm]** ~ to register sb/sth [with sb] ❹ (*geltend machen*) ■**etw [bei jdm]** ~ to assert sth [with sb]; **Ansprüche bei der Versicherung** ~ to make a claim on one's insurance; **Bedenken/Proteste/Wünsche** ~ to make [one's] misgivings/protests/wishes known ❺ FIN (*anzeigen*) ■**etw [bei jdm]** ~ to declare sth [to sb] **II.** *vr* ❶ (*ankündigen*) ■**sich [bei jdm]** ~ to give notice of a visit [to sb] ❷ (*sich eintragen lassen*) ■**sich [für/zu etw]** ~ to apply [for sth] ❸ (*sich einen Termin geben lassen*) ■**sich [bei jdm]** ~ to make an appointment [with sb] ❹ ADMIN (*sich registrieren lassen*) ■**sich [bei jdm]** ~ to register [oneself] [with sb]

Anmeldepflicht *f* JUR compulsory registration **anmeldepflichtig** *adj* JUR subject to registration, notifiable; **~e Waren** goods to declare **Anmeldeprinzip** *nt* JUR principle of registration **Anmeldepriorität** *f* JUR priority of filing date

Anmelder(in) *m(f)* ❶ JUR [duty] declarant ❷ (*für Patent*) applicant; ***der ~ gilt als berechtigt, die Erteilung des Patents zu verlangen*** the [first] applicant is presumed to be entitled to the patent; **bedürftiger** ~ indigent applicant; **gemeinsame/mehrere** ~ joint/multiple applicants

Anmeldeschluss^RR^ *m* application closing date **Anmeldestelle** *f* HANDEL registration [*or* filing] office **Anmeldetag** *m* HANDEL application date, date of filing; **Zuerkennung des ~es** accordance of the date of filing **Anmeldeverfahren** *nt* HANDEL application procedure **Anmeldevordruck** *m* HANDEL registration form; (*für Patent*) [duty] declaration form **Anmeldevorschriften** *pl* HANDEL (*für Patent*) application requirements **Anmeldezwang** *m* HANDEL compulsory registration

Anmeldung <-, -en> *f* ❶ (*vorherige Ankündigung*) [advance] notice [of a visit]; **ohne ~** without an appointment ❷ SCH (*vorherige Meldung*) enrolment BRIT, enrollment AM ❸ (*Registrierung*) registration; **die ~ eines Fernsehers/Radios** the licensing of [*or* to license] a television/radio ❹ MED (*Anmelderaum*) reception ❺ FIN **~ einer Konkursanforderung** proof of a debt

Anmeldungsgegenstand *m* JUR subject matter of the application **anmeldungsgemäß** *adj inv* according to the application **Anmeldungsstau** *m* backlog of pending applications **Anmeldungsunterlagen** *pl* application documents

anmerken *vt* ❶ (*an jdm feststellen*) ■**jdm etw** ~ to notice [*or* see] sth in sb; ■**jdm ~, was jd tut** to [be able to] tell what sb is doing; **sich** *dat* **etw ~ lassen** to let [*or* sb lets] sth show; **jd lässt sich** *dat* **etw [nicht]** ~ to [not] let sth show; **sich** *dat* **~ lassen, was/wie...** to let show what/how... ❷ (*eine Bemerkung machen*) ■**etwas/nichts [zu etw]** ~ to add sth/nothing [about sth]; ■**etwas Angemerktes** comment[s] ❸ MEDIA (*als Anmerkung aufführen*) ■**etw irgendwo** ~ to [make a] note [of] sth somewhere ❹ (*notieren*) ■**[sich** *dat*] **etw** ~ to make a note of sth

Anmerkung <-, -en> *f* ❶ ((*schriftliche*) *Erläute-*

rung) note ❷ (*Fußnote*) footnote ❸ (*a. iron geh:* (*mündlicher*) *Kommentar*) comment, observation; ((*schriftliche*) *Notiz*) written comment, notes *pl*

an|mieten *vt* (*geh*) ■**etw** ~ to rent sth [out]

Anmietung <-, -en> *f* (*form*) renting, leasing

an|motzen *vt* (*fam*) ■**jdn** ~ to scream at sb, to bite sb's head off *fam*

an|mustern *vt, vi* NAUT *s.* **anheuern** to sign on

Anmut <-> *f kein pl* (*geh*) ❶ (*Grazie*) grace[fulness] ❷ (*liebliche Schönheit*) beauty, loveliness

an|muten I. *vt* (*geh*) ■**jdn irgendwie** ~ to appear [*or* seem] to sb in a certain manner; ■**es/etw mutet jdn irgendwie an** it/sth seems in a certain manner to sb; ***dieser Schnee mutet wie im Märchen an*** this snow seems like sth out of a fairytale II. *vi* (*geh*) ■**irgendwie** ~ to appear [*or* seem] in a certain manner; **es mutet sonderbar an, dass...** it seems strange that...

anmutig *adj* (*geh*) ❶ (*graziös*) graceful ❷ (*hübsch anzusehen*) beautiful, lovely

Anmutung <-, -en> *f* ❶ SCHWEIZ *s.* **Zumutung** ❷ (*geh: Gefühlseindruck*) **dunkle ~en** presentation

an|nageln *vt* (*durch Nägel befestigen*) ■**etw** [**an etw** *akk*] ~ to nail sth on[to sth] ▸ WENDUNGEN: **wie angenagelt** as if rooted to the spot; [**da**]**stehen wie angenagelt** to stand [there] [as if] [*or* remain] rooted to the spot

an|nagen *vt* ■**etw** ~ to gnaw [away] at sth

an|nähen *vt* ■**etw** [**an etw** *akk o dat*] ~ to sew sth on[to sth]

an|nähern I. *vr* ❶ (*sich in der Art angleichen*) ■**sich** [**einander** *dat*] ~ to come closer [to one another] ❷ (*sich gefühlsmäßig näher kommen*) ■**sich einander** *dat* ~ to come closer to one another II. *vt* ■**aneinander** ~ to bring into line with each another [*or* one another]

annähernd I. *adj* approximate, rough II. *adv* approximately, roughly; ***es kamen nicht ~ so viele Besucher wie erwartet*** nowhere near [*or* nothing like] as many spectators came as had been expected

Annäherung <-, -en> *f* convergence

Annäherungsversuch *m* advance[s] *esp pl;* ***lass deine plumpen ~e!*** stop coming on to me! [*or fam* giving me the come-on!]; [**bei jdm**] **~e machen** to make advances [to sb]

annäherungsweise *adv* approximately; ■**nicht** ~ nowhere near, nothing like

Annahme <-, -n> *f* ❶ (*Vermutung*) supposition, assumption; **recht gehen in der ~, dass ...** (*geh*) to be right in the assumption that...; **von einer ~ ausgehen** to proceed [*or* work] on the assumption; **der ~ sein, dass ...** to assume that...; **in der ~,** [**dass**] ... on the assumption [that] ❷ *kein pl* (*geh: das Annehmen*) acceptance; **mit der ~...** by accepting...; **~ verweigert** delivery [*or* acceptance] refused ❸ *kein pl* ÖKON **~ eines Auftrags** taking on an order; **~ eines Angebots** acceptance of an offer ❹ *kein pl* JUR **~ eines Kindes, ~ an Kindes Statt** (*geh*) adoption [of a child]; **~ eines Namens** adoption [*or* assumption] of a name ❺ (*Annahmestelle*) reception

Annahmeerklärung *f* JUR letter of acceptance; **modifizierte ~** modified letter of acceptance **Annahmefrist** *f* deadline **Annahmepflicht** *f* JUR obligation to accept **Annahmeschluss**[RR] *m* closing date **Annahmestelle** *f* ❶ (*Lottoannahmestelle*) *outlet selling lottery tickets* ❷ (*Abgabestelle für Altmaterialen/Müll*) [rubbish [*or* AM garbage]] dump, [refuse] collection point ❸ (*Stelle für die Annahme*) counter **Annahmeurkunde** *f* JUR instrument of acceptance **Annahmeverhinderung** *f* JUR obstruction of acceptance **Annahmeverweigerung** *f* JUR, HANDEL refusal of acceptance, non-acceptance **Annahmeverzug** *m* JUR default of acceptance **Annahmezwang** *m* JUR compulsory acceptance

Annalen *pl* annals; **in die ~ eingehen** to go down in the annals [of history] [*or* history]

annehmbar I. *adj* ❶ (*akzeptabel*) acceptable; ■[**für jdn**] ~ **sein** to be acceptable [to sb] ❷ (*nicht übel*) reasonable II. *adv* reasonably

an|nehmen *irreg* I. *vt* ❶ (*entgegennehmen*) ■**etw** [**von jdm**] ~ to accept sth [from sb]; ***nehmen Sie das Gespräch an?*** will you take the call? ❷ ÖKON (*in Auftrag nehmen*) ■**etw** ~ to take sth [on] ❸ (*akzeptieren*) ■**etw** ~ to accept sth; **eine Herausforderung** ~ to accept [*or* take up] a challenge; [**einen**] **Rat** ~ to take [a piece of] advice *no pl, no indef art* ❹ (*meinen*) ■**etw** [**von jdm**] ~ to think sth [of sb]; ***du kannst doch nicht im Ernst*** [***von mir***] ***~, dass ich dir helfe*** you can't seriously expect me to help you ❺ (*voraussetzen*) ■**etw** ~ to assume sth; *s. a.* **angenommen** ❻ (*billigen*) ■**etw** ~ to adopt [*or* pass] sth; **einen Antrag** ~ to carry [*or* pass] a motion ❼ (*sich zulegen*) ■**etw** ~ to adopt sth; **schlechte Angewohnheiten** ~ to pick up [*or form* acquire] bad habits; *s. a.* **angenommen** ❽ (*zulassen*) ■**jdn/etw** ~ to accept sb/sth; **Patienten/Schüler** ~ to take on [*or* accept] patients/[school]children ❾ (*sich entwickeln*) ***der Konflikt nimmt immer schlimmere Ausmaße an*** the conflict is taking a turn for the worse; ■**etw** ~ to take sth on ❿ JUR (*adoptieren*) ■**jdn** ~ to adopt sb; *s. a.* **angenommen** ⓫ (*eindringen lassen*) ■**etw** ~ to take sth, to let sth in; ***dieser Stoff nimmt kein Wasser an*** this material is water-resistant [*or* water-repellent] II. *vr* ❶ (*sich um jdn kümmern*) ■**sich jds** ~ to look after sb; ***nach dem Tod ihrer Eltern nahm er sich ihrer rührend an*** after her parents' death, he took her under his wing ❷ (*sich mit etw beschäftigen*) ■**sich einer S.** *gen* ~ to take care of sth

Annehmende(r) *f(m) dekl wie adj* FIN acceptor

Annehmer <-s, -> *m* FIN acceptor

Annehmlichkeit <-, -en> *f meist pl* ❶ (*Bequemlichkeit*) comfort, convenience ❷ FIN (*Vorteil*) advantage

annektieren* *vt* ■**etw** ~ to annex sth

Annektierung <-, en> *f* ADMIN, POL annexation

an|nerven *vt* (*sl*) ■**jdn** [**mit etw**] ~ to get on sb's nerves [with sth]; ***das nervt mich vielleicht an!*** that really gets on my nerves! [*or sl* gets up my nose!]

Annerver(in) <-s, -> *m(f)* (*pej*) pain in the arse [*or* AM ass]

Annexion <-, -en> *f* annexation

Anno *adv,* **anno** *adv* ÖSTERR (*im Jahre*) in the year ▸ WENDUNGEN: **von ~ dazumal** [*o* **dunnemal**] [*o* **Tobak**] (*fam*) from the year dot BRIT *fam,* from long ago AM; ***die sind wohl noch von ~ dazumal!*** they are probably from the year dot! *fam,* they look like they came out of the ark! *sl*

Anno Domini *adv* HIST Anno Domini, in the year of our Lord

Annonce <-, -n> [a'nõ:sə, a'nɔŋsə] *f* MEDIA ❶ (*Anzeige*) advertisement, ad[vert] *fam* ❷ (*Kontaktanzeige*) ad *fam* in the personal column

annoncieren* [anõ'si:rən, anɔŋ'si:rən] I. *vi* MEDIA ❶ (*Anzeige veröffentlichen*) ■[**in etw** *dat*] ~ to advertise [in sth] ❷ (*Kontaktanzeige veröffentlichen*) to place an ad *fam* in the personal column II. *vt* MEDIA ❶ (*eine Annonce aufgeben*) ■**etw** ~ to advertise sth ❷ (*geh: ankündigen*) ■**etw** ~ to announce sth

Annuität <-, -en> *f* FIN (*erhaltener Betrag*) annuity; (*ausgegebener Betrag*) regular annual payment

annullierbar *adj inv* JUR annullable, rescindable

Annullierbarkeit *f kein pl* JUR voidability, defeasibility

annullieren* *vt* JUR ■**etw** ~ to annul sth

annullierend *adj inv* JUR diriment

Annullierung <-, -en> *f* JUR annulment

Anode <-, -n> *f* PHYS anode

an|öden *vt* (*fam*) ■**etw/jdn ödet jdn an** sth/sb bores sb silly [*or* stiff] [*or* to tears]

anomal *adj* abnormal

Anomalie <-, -n> [*pl* -'li:ən] *f* ❶ MED (*Missbildung*) abnormality ❷ PHYS (*Unregelmäßigkeit*) anomaly

Anomie <-, -n> *f* SOZIOL anomie, anomy

anonym I. *adj* anonymous; **~ bleiben** to remain anonymous; **Anonyme Alkoholiker** Alcoholics Anonymous II. *adv* anonymously

anonymisieren* *vt* ■**etw** ~ to make sth anonymous *fig,* to estrange sth

Anonymität <-> *f kein pl* anonymity

Anorak <-s, -s> *m* anorak

an|ordnen *vt* ❶ (*festsetzen*) ■**etw** ~ to order sth; ***wer hat diesen Blödsinn angeordnet?*** who's responsible [*or* to blame] for this nonsense?; ■**~, dass** to order that ❷ (*ordnen*) ■**etw** [**nach etw**] ~ to arrange sth [according to sth]

Anordnung <-, -en> *f* ❶ (*Verfügung*) order; ***nur ich gebe hier*** [***die***] ***~en!*** I'm the only one who gives orders [around] here!; **~en treffen** to give orders; **gegen jds ~/~en verstoßen** to disobey sb's order[s]; **auf jds** *akk* **~** on sb's orders; ***auf ~ seines Arztes*** on [his] doctor's orders; ***auf polizeiliche ~*** by order of the police ❷ (*systematische Ordnung*) order

Anorexie <-, -n> [*pl* -'ksi:ən] *f* MED, PSYCH anorexia

anorganisch *adj* CHEM inorganic

Anorgasmie <-, -n> *f* MED anorgasmia

anormal *adj* (*fam*) *s.* **anomal** abnormal

an|packen I. *vt* (*fam*) ❶ (*anfassen*) ■**jdn/etw/ein Tier** ~ to touch sb/sth/an animal ❷ (*beginnen*) ■**etw** ~ to tackle sth; ***packen wir's an!*** let's get started! [*or* going!] ❸ (*behandeln*) ■**jdn irgendwie** ~ to treat sb in a certain manner II. *vi* (*fam*) ❶ (*anfassen*) ■[**irgendwo**] ~ to take hold of [somewhere] ❷ (*mithelfen*) ■**jd packt** [**mit**] **an** sb lends a hand; ***das schaffen wir, wenn ihr alle*** [***mit***] ***anpackt*** we can manage it if everybody lends a hand

an|passen I. *vt* ❶ (*adaptieren*) ■**etw einer S.** *dat/* **an etw** *akk* ~ to adapt sth to sth ❷ (*darauf abstellen*) ■**etw einer S.** ~ to adapt sth to sth ❸ (*angleichen*) ■**etw** [**an etw** *akk*] ~ to adjust sth [to sth] ❹ (*entsprechend verändern*) ■**etw einer S.** ~ to adjust sth to sth II. *vr* ❶ (*sich darauf einstellen*) ■**sich** [**etw** *dat*] ~ to adjust [to sth]; *s. a.* **angepasst** ❷ (*sich angleichen*) ■**sich jdm** [*o* **an jdn**]**/einer S.** ~ to fit in with [*or* adapt [oneself] to] sb/sth; (*gesellschaftlich*) to conform to sth

Anpassung <-, *selten* -en> *f* ❶ (*Abstimmung*) adaptation (**an** +*akk* to); **mangelnde ~** maladaptation ❷ (*Erhöhung*) adjustment; **eine ~ der Gehälter um 8% vornehmen** to adjust salaries by 8% ❸ (*Angleichung*) conformity *no art* (**an** +*akk* to/with), adjustment (**an** +*akk* to)

Anpassungsbeschluss[RR] *m,* **Anpassungsverordnung** *f* JUR Adaptation Decision

anpassungsfähig *adj* flexible, adaptable **Anpassungsfähigkeit** *f* adaptability (**an** +*akk* to), flexibility (**an** +*akk* in/towards) **Anpassungsklausel** *f* JUR escalator clause **Anpassungsprozess**[RR] *m* process of adapting [*or* adjusting] **Anpassungsschwierigkeiten** *pl* difficulties in adapting **Anpassungsvermögen** <-s, *selten* -> *nt* adaptability **Anpassungszwang** *m* adaption requirement

an|peilen *vt* ❶ TELEK (*durch Peilung ermitteln*) ■**etw** [**mit etw**] ~ to take a bearing on sth [with sth] ❷ NAUT (*fam: ansteuern wollen*) ■**etw** ~ to head [*or* steer] for sth ❸ (*fam: anvisieren*) ■**etw** ~ to set [*or* have] one's sights on sth; ■**jdn** ~ (*sl*) to fix one's eyes on sb

an|pfeifen *irreg* SPORT I. *vi* to blow the whistle II. *vt* **das Spiel** ~ to blow the whistle [to start the game]; FBALL *a.* to blow the whistle for kickoff

Anpfiff *m* ❶ SPORT ~ [**des Spiels**] whistle [to start the game]; FBALL *a.* kick-off ❷ (*fam: Rüffel*) ticking-off BRIT *fam,* chewing-out AM *fam*

an|pflanzen *vt* ❶ ■**etw** ~ (*setzen*) to plant sth; (*anbauen*) to grow [*or* cultivate] sth ❷ (*bepflanzen*) ■**etw** [**mit etw**] ~ to plant sth [with sth]

Anpflanzung *f* ❶ (*Setzen*) planting *no pl;* (*Pflanzen*) growing *no pl,* cultivation ❷ (*angepflanzte Fläche*) cultivated area [*or* plot]

an|pflaumen *vt* (*fam*) ■**jdn** ~ to make fun of sb

an|pinkeln *vt* (*fam: gegen etw urinieren*) ■**jdn/etw** ~ to pee [*or fam* piddle] on sb/sth; **einen Baum/eine Wand** ~ to pee [*or fam* piddle] against a tree/wall

an|pinseln *vt* (*fam*) ❶ (*anstreichen*) ■**etw** [**mit**

etw] ~ to paint sth [with sth] ❷ (*mit dem Pinsel anmalen*) ■**etw** [**an etw** *akk*] ~ to paint [*or* daub] sth [on sth]

an|pirschen *vr* ❶ (*sich vorsichtig nähern*) ■**sich** [**an ein Tier**] ~ to stalk [an animal] ❷ (*fam: sich anschleichen*) ■**sich an jdn** ~ to creep up on sb

an|pissen *vt* (*vulg*) ■**jdn/etw** ~ to piss on sb/sth *sl;* **einen Baum/eine Wand** ~ to piss against a tree/wall *sl*

Anpöbelei <-, -en> *f* (*fam*) verbal abuse *hum fam no pl, no indef art*

an|pöbeln *vt* (*fam*) ■**jdn** ~ to abuse sb [verbally], to get snotty with sb *fam*

Anprall <-[e]s, -e> *m* impact, collision; **beim** ~ **an etw** *akk* on impact with sth

an|prallen *vi sein* ■**an etw** *akk*/**gegen etw** *akk* ~ to crash into [*or* against] sth

an|prangern *vt* ■**jdn/etw** [**als etw**] ~ to denounce sb/sth [as sth]

an|preisen *vt irreg* (*rühmen*) ■**etw** ~ to extol sth; ***dieser Wagen wird in der Werbung als preisgünstig angepriesen*** the advert claims this car to be good value for money; ■**sich** [**als etw**] ~ to extol [*or* sell] oneself [as [being] sth]

Anprobe *f* fitting

Anproberaum *m* fitting [*or* changing] room

an|probieren* **I.** *vt* ■**etw** ~ to try on sth *sep;* ■**jdm etw** ~ (*fam*) to try sth on sb **II.** *vi* to try on; ***darf ich mal ~?*** can I try it on?

an|pumpen *vt* (*fam*) ■**jdn** [**um etw**] ~ to cadge [*or* scrounge] [sth] from [*or* off] sb *fam*

an|pusten *vt* (*fam*) ❶ (*anblasen*) ■**jdn** ~ to blow at sb ❷ (*anfachen*) **das Feuer/die Flammen** ~ to blow on the fire/the flames

an|quatschen *vt* (*fam*) ■**jdn** ~ to speak to sb; (*anbaggern*) to chat up *sep* [*or* AM hit on] sb; ■**sich** [**von jdm**] ~ **lassen** to get chatted up [*or* AM hit on] [by sb]

Anrainer(in) <-s, -> *m(f)* ❶ (*geh: benachbarter Staat*) neighbour[ing] [*or* AM -or[ing]] [country]; ~ ***der Nordsee*** country bordering on the North Sea ❷ *bes* ÖSTERR (*Anlieger*) [local] resident

Anrainerstaat *m* neighbouring [*or* AM -oring] country; ***die ~en Deutschlands*** the countries bordering on Germany

an|raten *irreg* **I.** *vi* ■**jdm** ~[, **etw zu tun**] to advise sb [to do sth]; **auf jds Anraten** [**hin**] on sb's advice **II.** *vt* ■**jdm etw** ~ to recommend sth to sb

anrechenbar *adj* FIN chargeable, attributable; ■**auf/für etw** *akk* ~ **sein** to be deductible from sth

an|rechnen *vt* ❶ (*gutschreiben*) ■**jdm etw** ~ to take sb's sth into consideration; ***die DM 2000 werden auf die Gesamtsumme angerechnet*** the DM 2000 will be deducted from the total; ***das alte Auto rechnen wir Ihnen mit DM 3450 an*** we'll take off DM 3450 for your old car ❷ (*in Rechnung stellen*) ■**jdm etw** ~ to charge sb with sth ❸ (*ankreiden*) **jdm etw als Fehler** ~ to count sth as a mistake [for sb], to consider sth to be a mistake on sb's part ❹ (*geh: zugute halten*) ■**jdm etw als etw** ~ to credit sb's sth as [*or* to be] sth; ***wir rechnen es Ihnen als Verdienst an, dass ...*** we think it greatly to your credit that ...; ***dass er ihr geholfen hat, rechne ich ihm hoch an*** I think very highly of him for having helped her; ■**sich** *dat* **etw** ~ to credit one's sth; ***diesen Erfolg rechnete er sich als besonderen Verdienst an*** he gave himself much credit for this success

Anrechnung *f* FIN allowance (**auf** +*akk* for); (*Belastung*) debit[ing] (**auf** +*akk* from); (*Gutschrift*) credit[ing] (**auf** +*akk* to); ***bei/unter ~ Ihres Gebrauchtwagens*** after deduction of the value of your used car; ~ **finden** (*geh*) to be considered, to be taken into account

anrechnungsfähig *adj inv* FIN deductible, allowable **Anrechnungsverfahren** *nt* FIN imputation system, tax credit method

Anrecht *nt* ■**das/ein** ~ **auf etw** *akk* the/a right [*or* the/an entitlement] to sth; **das/ein** ~ **auf die Erbschaft haben** [*o* **besitzen**] to have a right [*or* be entitled] to the inheritance; **das/ein** ~ **auf Ruhe/Respekt haben** [*o* **besitzen**] to be entitled to peace and quiet/respect; **sein** ~ [**auf etw** *akk*] **geltend machen** to assert [*or* enforce] one's right [to sth]

Anrede *f* form of address

an|reden **I.** *vt* **jdn** [**mit seinem Namen/mit seinem Titel/mit „Professor"**] ~ to address sb [by his name/by his title/as "Professor"] **II.** *vi* ■**gegen jdn/etw** ~ to argue against sb, to make oneself heard against [*or* over] sth

an|regen **I.** *vt* ❶ (*ermuntern*) ■**jdn** [**zu etw**] ~ to encourage [*or* urge] sb [to do sth]; **jdn zum Denken/Nachdenken/Überlegen** ~ to make sb think/ponder/consider ❷ (*geh: vorschlagen*) ■**etw** ~ to suggest [*or form* propose] sth ❸ (*stimulieren*) ■**etw** ~ to stimulate sth; **den Appetit** ~ to stimulate [*or* whet] the appetite; *s. a.* **angeregt** **II.** *vi* ❶ (*beleben*) to be a stimulant [*or* tonic], to have a stimulating effect; ***kein Appetit? ein Aperitif regt an!*** no appetite? an aperitif will whet it! ❷ (*geh: vorschlagen*) ■~, **etw zu tun** to suggest [*or* propose] that sth is [*or* be] done

anregend **I.** *adj* ❶ (*stimulierend*) stimulating; **eine ~e Droge/ein ~es Mittel** a stimulant ❷ (*sexuell stimulierend*) sexually arousing; ***das findet er*** ~ he finds that sexually arousing **II.** *adv* ❶ (*stimulierend*) [**bei Kreislaufschwäche/Müdigkeit**] ~ **wirken** to act as a stimulant [*or* tonic] [against circulatory debility/ tiredness] ❷ (*sexuell stimulierend*) ~ **wirken** to have a sexually arousing effect

Anregung *f* ❶ (*Vorschlag*) idea; **eine** ~ **machen** to make a suggestion [*or* proposal]; **auf** ~ **einer Person** [*o* **auf jds** ~] at sb's suggestion, at the suggestion of sb ❷ (*Impuls*) stimulus ❸ *kein pl* (*Stimulierung*) stimulation

an|reichern **I.** *vt* ❶ (*gehaltvoller machen*) ■**etw** [**mit etw**] ~ to enrich sth [with sth] ❷ CHEM (*versetzen*) ■**etw mit etw** ~ to add sth to sth; **Trinkwasser mit Fluor** ~ to add fluorine to [*or* to fluorinate] drinking water **II.** *vr* ❶ CHEM (*sich ansammeln*) ■**sich in etw** *dat* ~ to accumulate [*or* build up] in sth ❷ CHEM (*etw als Zusatz anlagern*) ■**sich mit etw** ~ to become enriched with sth

Anreicherung <-, en> *f* ❶ (*Ansammlung, Speicherung*) accumulation ❷ (*Verbesserung*) enrichment

Anreicherungssystem *nt* AUTO enrichment system

Anreise *f* ❶ (*Anfahrt*) journey [here/there] ❷ (*Ankunft*) arrival; ***an welchem Tag erfolgt Ihre ~?*** on what day will you be arriving?

an|reisen *vi sein* ❶ (*ein Ziel anfahren*) to travel [here/there]; ***reist du mit dem eigenen Wagen an?*** will you be travelling [*or* coming] by car? ❷ (*eintreffen*) to arrive

an|reißen *vt irreg* ❶ (*kurz zur Sprache bringen*) ■**etw** ~ to touch on sth ❷ (*durch Reißen anbrechen*) **etw** [**an der Ecke/Seite**] ~ to open sth [at the corner/side] ❸ (*durch Reiben entzünden*) **ein Streichholz** [**an etw** *dat*] ~ to strike a match [on sth]

Anreiz *m* incentive

an|reizen **I.** *vt* ❶ (*jdn anspornen*) ■**jdn** [**zu etw**] ~ to encourage sb [to do sth], to urge sb to do sth; **jdn zu großen Leistungen** ~ to encourage [*or* urge] sb to perform great feats; ■**jdn** [**dazu**] ~, **etw zu tun** to act as an incentive for [*or* encourage] sb to do sth ❷ (*stimulieren*) ■**etw** ~ to stimulate sth; **den Appetit** ~ to stimulate [*or* whet] [*or* sharpen] the appetite **II.** *vi* (*anspornen*) ■[**dazu**] ~, **etw zu tun** to act as an incentive to do sth

Anreizfonds *m* FIN incentive fund

an|rempeln *vt* ■**jdn** ~ to bump into sb

an|rennen *vi irreg sein* MIL ■**gegen etw** ~ to storm sth

Anrichte <-, -n> *f* ❶ (*Büfett*) sideboard ❷ (*Raum*) pantry

an|richten *vt* ■**etw** ~ ❶ (*zubereiten*) to prepare sth; **einen Salat mit Majonäse** ~ to dress a salad with mayonnaise ❷ (*geh: servieren*) to serve sth; ■**es ist/wird angerichtet** dinner etc. is served *form* ❸ (*fam: anstellen*) **Schaden** ~ to cause damage; **Unfug** [*o* **Unsinn**] ~ to get up to mischief, to be up to no good *fam;* ***was hast du da wieder angerichtet!*** what have you [*fam* gone and] done now! ❹ (*verursachen*) Schaden, Unheil to cause sth

an|ritzen *vt* ■**etw** ~ to scratch [the surface of] sth; **einen Baum/Rinde** ~ to scarify a tree/bark *spec*

an|rollen *vi sein* ❶ (*zu rollen beginnen*) to start to move [*or* roll], to start moving [*or* rolling] ❷ (*heranrollen*) to roll up; *Flugzeug* to taxi in ► WENDUNGEN: **etw** ~ **lassen** (*fam*) to get sth going *fam*

an|rosten *vi sein* to start rusting, to start to rust

an|rösten *vt* ■**etw** ~ to toast sth

anrüchig *adj* ❶ (*einen üblen Ruf aufweisend*) disreputable, of ill repute *pred* ❷ (*unanständig*) indecent, offensive; ■[**für jdn**] ~ **sein** to be offensive to sb; ■**etwas Anrüchiges** something offensive [*or* indecent]; **als etwas Anrüchiges gelten** to be considered offensive [*or* indecent]

an|rücken **I.** *vi sein* ❶ (*herbeikommen*) to be coming up [*or* closer]; *Feuerwehr, Polizei* to be on the scene ❷ MIL (*im Anmarsch sein*) ■[**gegen jdn/etw**] ~ to advance [against sb/sth] ❸ (*hum fam: zum Vorschein kommen*) to turn up *fam,* to materialize *hum;* ■**etw** ~ **lassen** to bring sth along *hum* ❹ (*weiter heranrücken*) ■**an jdn** ~ to come [*or* move] up [*or* closer] [to sb] **II.** *vt haben* (*heranrücken*) ■**etw an etw** *akk* ~ to move sth up [*or* closer] [to sth]

Anruf *m* ❶ (*Telefonanruf*) [telephone] call ❷ MIL (*Aufforderung*) challenge; **ohne** [**vorherigen**] ~ **schießen** to shoot without warning

Anrufbeantworter <-s, -> *m* answering machine, BRIT *a.* answerphone; ***„hier ist der automatische ~"*** "this is an automatic answering service"

an|rufen *irreg* **I.** *vt* ❶ (*telefonisch kontaktieren*) ■**jdn** ~ to call sb [on the telephone], to phone sb, to give sb a ring [*or fam* call]; ■**angerufen werden** to get a telephone call ❷ MIL (*aufrufen*) ■**jdn** ~ to challenge sb; (*von einem Polizisten*) to shout sb a warning ❸ JUR (*appellieren*) ■**jdn/etw** ~ to appeal to sb/sth ❹ (*beschwören*) ■**jdn/etw** ~ to call on sb/sth **II.** *vi* ■[**bei jdm/für jdn**] ~ to phone [sb/for sb]; ***darf ich mal bei dir ~?*** can I give you a call?

Anrufer(in) <-s, -> *m(f)* caller

Anrufung <-, -en> *f des Gerichts* appeal at law

Anrufungsverfahren *nt* JUR appeal procedure

Anrufweiterschaltung *f* TELEK call forwarding

an|rühren *vt* ❶ *verneint* (*konsumieren*) ■**etw nicht** ~ to not touch sth ❷ (*geh: berühren*) ■**etw** ~ to touch sth; ***rühr' mich ja nicht an!*** don't you touch me! ❸ (*ansprechen*) ■**etw** ~ to touch on sth ❹ (*durch Rühren zubereiten*) ■[**jdm**] **etw** ~ to mix sth [for sb]; **eine Soße** ~ to blend a sauce

anrührend *adj* moving

ans = an das *s.* **an**

an|säen *vt* AGR ❶ (*aussäen*) ■**etw** ~ to sow sth ❷ (*besäen*) ■**etw** [**mit etw**] ~ to sow sth [with sth]

Ansage *f* ❶ (*Ankündigung*) announcement ❷ (*beim Kartenspiel*) bid; ***du hast die*** ~ it's your bid

an|sagen **I.** *vt* ❶ (*durchsagen*) ■**etw** ~ to announce sth ❷ (*ankündigen*) ■[**jdm**] **jdn/etw** ~ to announce sb/sth [to sb] ❸ (*fam: erforderlich sein*) ■**angesagt sein** to be called for; (*in Mode sein*) to be in ❹ KARTEN ■[**jdm**] **etw** ~ to bid [sb] sth **II.** *vr* ❶ (*Besuch ankündigen*) ■**sich** [**bei jdm**] [**für etw/zu etw**] ~ to announce a visit [to sb] [*or* tell sb that one is coming] [for sth] ❷ (*sich ankündigen*) to announce itself/themselves *liter* **III.** *vi* ❶ (*eine Ansage machen*) to do the announcements ❷ KARTEN to bid; ***du sagst an!*** your bid!

an|sägen *vt* ■**etw** ~ to saw into sth; ■**das Ansägen** [**einer S.**] sawing [into sth]

Ansager(in) <-s, -> *m(f)* ❶ (*Sprecher*) announcer ❷ (*Conférencier*) host, compere BRIT, emcee AM

Ansagetext *m* announcement [text]

an|sammeln **I.** *vt* ❶ (*anhäufen*) ■**etw** ~ to accumulate [*or* amass] sth; **Vorräte** ~ to build up provisions ❷ FIN (*akkumulieren*) **Zinsen** [**auf einem Sparbuch/Konto**] ~ to accrue interest [on a savings book/an account] ❸ MIL (*zusammenkommen las-*

sen) **Truppen** [**für jdn/etw**] ~ to concentrate troops [for sb/sth] **II.** *vr* ❶ (*sich versammeln*) ■ **sich** ~ to gather, to collect ❷ (*sich anhäufen*) ■ **sich** ~ *Spinnweben, Staub* to collect, to gather; *Krimskrams, Müll* to accumulate ❸ FIN (*sich akkumulieren*) ■ **sich** ~ to accrue ❹ (*sich aufstauen*) ■ **sich** [**bei jdm**] ~ to build up [in sb]

Ansammlung *f* ❶ (*Haufen*) crowd, gathering ❷ (*Aufhäufung*) accumulation ❸ (*Aufstauung*) buildup

ansässig *adj* (*geh*) resident; ***alle ~en Bürger*** all resident citizens; **in einer Stadt ~ sein** to be resident in a city

Ansässige(r) *f(m) dekl wie adj* resident

Ansatz *m* ❶ (*Basis*) base; *von Haar* hairline; **im ~** basically ❷ (*erster Versuch*) ■ **der/ein ~ zu etw** the/an [initial] attempt at sth; **einen neuen ~ zu etw** a fresh attempt at sth ❸ (*Ausgangspunkt*) first sign[s *pl*], beginning[s *pl*] (**zu** +*dat* of) ❹ ÖKON (*geh: Veranschlagung*) estimate, assessment; **außer ~ bleiben** (*geh*) to not be taken into account; **etw** [**für etw**] **in ~ bringen** (*geh*) to appropriate sth [for sth] ❺ (*angelagerte Schicht*) coating

Ansatzpunkt *m* starting point **Ansatzstück** *nt* TECH extension

ansatzweise *adv* basically; **~ richtig sein/verstehen/zutreffen** to be basically correct/to basically understand/to basically apply; ***ich verstehe diese Theorie nicht einmal ~*** I don't have the faintest understanding of this theory

an|säuern *vt* KOCHK **eine Soße ~** to acidulate [*or* acidify] [*or* sour] a sauce

an|saufen *vr irreg* ■ **sich** *dat* **einen** [**Rausch**] ~ (*sl*) to get plastered [*or* BRIT pissed], AM hammered *sl*

an|saugen **I.** *vt* ■ **etw ~** to suck [*or* draw] in sth **II.** *vr* ■ **sich** [**an jdn/jdm/etw**] ~ *Blutegel* to attach itself [to sb/sth]; *Vampir* to fasten [*or* sink] its teeth [into sb/sth]

an|schaffen **I.** *vt* ❶ (*kaufen*) ■ **etw ~** to buy [*or form* purchase] sth; ■ **sich** *dat* **etw ~** to [go and] buy [*or* get] oneself sth ❷ (*fam: zulegen*) **Kinder** [*o* **Nachwuchs**] ~ to have children [*or* offspring]; [**sich**] **eine Frau/einen Freund/eine Freundin ~** to find [*or* get] [oneself] a wife/friend/girlfriend **II.** *vi* (*sl*) [**für jdn**] ~ [**gehen**] to be on the game [for sb] BRIT, to hook [for sb] AM *pej fam;* **auf dem Strich ~** [**gehen**] to go on the game BRIT, to hook AM

Anschaffung <-, -en> *f* ❶ *kein pl* (*das Kaufen*) ■ **die ~** purchase ❷ (*gekaufter Gegenstand*) purchase, buy; **eine ~/~en machen** to make a purchase/purchases

Anschaffungsbetrag *m* FIN purchase price **Anschaffungsdarlehen** *nt* FIN personal loan **Anschaffungskosten** *pl* purchase price *no pl* **Anschaffungskredit** *m* FIN medium-sized personal loan; **persönlicher ~** personal loan (*between DM 2000 and 25000*) **Anschaffungspreis** *m* HANDEL purchase price **Anschaffungswert** *m* FIN cost value; **~ abzüglich Abschreibung** cost value adjusted for depreciation

an|schalten *vt* ■ **etw ~** to switch on sth; ***wo lässt sich der Fernseher ~?*** where do I switch on the television?; ■ **sich ~** to switch [itself/themselves] on

Anschaltpasswort^RR^ *nt* INFORM power-on password

an|schauen **I.** *vt* ■ **jdn/etw ~** to look at sb/sth; ***wie schaust du mich denn an!*** what are you looking at me like that for?; **jdn/etw genauer ~** to look more closely at [*or* examine] sb/sth; ***lass mich das Foto mal ~*** let me have a look at the photo; **einen Film/die Nachrichten ~** to watch a film/the news **II.** *vr* ❶ (*sich ansehen*) ■ **sich** *dat* **etw ~** to take a look at sth; ***wir haben uns gestern den Film angeschaut*** we watched the film last night; **sich** *dat* **etw genauer** [*o* **näher**] ~ to take a closer look at sth ❷ (*hinnehmen*) ■ **sich** *dat* **etw ~** to put up with sth; ■ **sich** *dat* **~, wie jd etw tut** to stand back and watch sb do sth [*or* how sb does sth] **III.** *vi* [**da**] **schau** [**einer**] **an!** (*fam*) well there's something for you!, fam

anschaulich **I.** *adj* illustrative; **ein ~es Beispiel** a good [*or* illustrative] example; **eine ~e Beschreibung** a graphic description; [**jdm**] **etw ~ machen** to illustrate sth [to sb]; ***sie konnte stets den Unterricht sehr ~ machen*** she was always able to make the lesson come alive **II.** *adv* clearly, vividly

Anschaulichkeit <-> *f kein pl* clarity, vividness; *einer Beschreibung* graphicness

Anschauung <-, -en> *f* ❶ (*Ansicht*) view; **eine ~ teilen** to share a view; ***unserer ~ nach ...*** our view is that ..., in our view, ...; **aus eigener ~** (*geh*) from one's own experience [*or* first hand] ❷ (*geh: Vorstellung*) idea, notion

Anschauungsmaterial *nt* visual aids *pl*

Anschein *m* ■ [**äußerer**] ~ [outward] appearance; **den ~ erwecken, als** [**ob**] ... to give the impression that [*or* of] ...; **sich** *dat* **den ~ geben**[**, als/als ob**] ... to pretend [to be/as if ...]; **den ~ haben** to appear [*or* seem] so; **den ~ haben, als** [**ob**] ... to appear that [*or* as if] ..., to seem that [*or* as if] ...; **den ~ machen, dass ...** [*o* **als ob**] SCHWEIZ to give the impression that ...; **dem** [*o* **allem**] **~ nach** to all appearances, apparently

anscheinend *adv* apparently

Anscheinsbeweis *m* JUR prima facie evidence **Anscheinseigentum** *nt* JUR reputed ownership **Anscheinsvertreter(in)** *m(f)* JUR ostensible agent **Anscheinsvollmacht** *f* JUR apparent authority

an|scheißen *vt irreg* (*sl*) ❶ (*zurechtweisen*) ■ **jdn ~** to give sb a dressing down [*or* BRIT *a.* bollocking] *sl* ❷ (*betrügen*) ■ **jdn ~** to screw sb *sl*

an|schicken *vr* (*geh*) ■ **sich ~, etw zu tun** to prepare to do sth [*or* be on the point of doing]; **sich ~ wollen, etw zu tun** to want to do sth

Anschieben <-s> *nt kein pl* AUTO push starting

an|schieben *vt irreg* ■ **etw ~** *Fahrzeug* to push sth; ***schieben Sie mich mal an?*** can you give me a push?

an|schießen *irreg* **I.** *vt* ❶ (*durch Schuss verletzen*) ■ **jdn/etw ~** to shoot and wound sb/sth ❷ (*fam: kritisieren*) ■ **jdn ~** to hit out at sb; **jdn schwer ~** to tear sb to pieces **II.** *vi* to shoot along; ■ **angeschossen kommen** to come shooting along

an|schimmeln *vi sein* to go mouldy

an|schirren *vt* **eine Kutsche ~** to harness horses to a carriage; **ein Pferd ~** to harness a horse; **Ochsen ~** to yoke [up] oxen

Anschiss^RR^ <-es, -e> *m,* **Anschiß** <-sses, -sse> *m* (*sl*) ■ **ein ~** a dressing down *sl,* BRIT *a.* a bollocking *sl*

Anschlag^1^ *m* assassination; (*ohne Erfolg*) attempted assassination; ■ **einen ~ auf jdn/etw verüben** to make an attack [*or* assault] on sb's life, to attack [*or* assault] sth; **einem ~ zum Opfer fallen** to be assassinated; **einen ~ auf jdn vorhaben** (*hum fam*) to have a request [*or hum fam* tiny request] for sb, to have a favour [*or* AM -or] to ask of sb

Anschlag^2^ *m* ❶ (*betätigte Taste*) *von Klavier* touch, action; *von Schreibmaschine* stroke; ***200 Anschläge die Minute*** ≈ 40 words a minute ❷ (*angeschlagene Bekanntmachung*) placard, poster ❸ TECH (*Widerstand*) stop; BAU (*Tür*) door stop; (*Fenster*) offset jamb; **etw bis zum ~ drehen/durchdrücken** to turn sth as far as it will go/to push sth right down; ***er trat das Gaspedal durch bis zum ~*** he floored it *fam* ❹ SPORT (*Schwimmbewegung*) stroke ❺ MIL ■ **etw** [**auf jdn**] **in ~ bringen** to aim sth [at sb], to draw [*or* take] a bead on sb; **eine Schusswaffe im ~ haben** to have a firearm cocked ❻ MUS touch, attack

Anschlag^3^ *m* FIN estimate; **etw in ~ bringen** (*geh*) to take sth into account

Anschlagbrett *nt* notice [*or* AM bulletin] board

Anschlagdrucker *m* INFORM impact printer

an|schlagen^1^ *irreg* **I.** *vt haben* ❶ (*annageln*) **einen Aushang/ein Bild/ein Plakat** [**an etw** *akk*] **~** to put [*or* hang] up a notice/picture/poster [on sth]; **ein Brett** [**an etw** *akk*] **~** to fasten [*or* nail] a board [to sth] ❷ MUS **eine Taste/einen Akkord ~** to strike a key/chord ❸ (*anstimmen*) **Gelächter ~** to burst into laughter; **einen anderen Ton ~** to adopt a different tactic, to change tactics ❹ (*durch einen Stoß beschädigen*) ■ [**jdm**] **etw ~** to chip [sb's] sth; ■ [**sich** *dat*] **etw** [**an etw** *dat*] **~** to [strike and] injure one's sth [on sth]; *s. a.* **angeschlagen** ❺ (*mit etw zielen*) ■ **etw** [**auf jdn**] **~** to aim [*or* level] sth [at sb], to draw [*or* take] a bead on sb ❻ (*durch einen Klang anzeigen*) **die Stunde/halbe Stunde/Viertelstunde ~** to strike the hour/half hour/quarter hour ❼ ÖSTERR (*anzapfen*) **ein Fass ~** to tap [*or form or hum* broach] a barrel **II.** *vi* ❶ *sein* (*anprallen*) ■ **mit etw** *dat* **an etw** *akk*/**gegen etw** *akk* **~** to knock [*or* bump] sth on/against sth; (*heftiger*) to strike sth on/against sth; ■ [**an etw** *akk*] **~** *Wellen* to beat [against sth] ❷ *haben* SPORT (*den Beckenrand berühren*) to touch ❸ *haben* (*läuten*) to ring; *Glocken* to strike, to toll *liter* ❹ *haben* (*warnend bellen*) *Hund* to [give a [loud]] bark

an|schlagen^2^ *vi irreg* ❶ (*wirken*) ■ [**bei jdm/etw**] **~** to have an effect [on sb/sth], to be effective [against sth]; **bei jdm gut/schlecht ~** to have a good/bad effect on sb ❷ (*fam: dick machen*) ■ **bei jdm ~** to make sb put on [weight]; ***Sahnetorten schlagen bei mir sofort an*** I put on weight immediately from cream gateaux

Anschlagfläche *f* BAU jamb **Anschlagschiene** *f* BAU striker bar, stop rail

Anschlagsopfer *nt* victim

an|schleichen *vr irreg* ■ **sich an jdn/etw ~** to creep up on sb/up to sth; **angeschlichen kommen** to come creeping up

an|schleppen *vt* ❶ (*fam: mitbringen*) ■ **jdn** [**mit**] **~** to drag sb along *fam* ❷ (*mühsam herbeibringen*) ■ **etw ~** to drag sth along; ■ [**jdm**] **etw ~** to bring [sb] sth *hum fam* ❸ AUTO **ein Fahrzeug ~** to tow-start a vehicle

an|schließen *irreg* **I.** *vt* ❶ ELEK, TECH, TELEK ■ **etw** [**an etw** *akk*] **~** to connect sth [to sth] ❷ (*mit Schnappschloss befestigen*) ■ **etw** [**an etw** *akk*] **~** to padlock sth [to sth] ❸ (*hinzufügen*) ■ **etw ~** to add sth ❹ (*anketten*) ■ **jdn** [**an etw** *akk*] **~** to chain sb [to sth]; **jdn an Händen und Füßen ~** to chain sb hand and foot **II.** *vr* ❶ (*sich zugesellen*) ■ **sich jdm ~** to join sb ❷ (*beipflichten*) ■ **sich jdm/etw ~** to fall in with [*or* follow] sb/sth; ***dem schließe ich mich an*** I think I'd go along with that ❸ (*sich beteiligen*) ■ **sich etw** *dat* **~** to associate [*or* become associated] with sth; ■ **etw** *dat* **angeschlossen sein** to be affiliated with sth ❹ (*angrenzen*) ■ **sich** [**etw** *dat*/**an etw** *akk*] **~** to adjoin sth; **sich unmittelbar ~** to directly adjoin ❺ (*folgen*) ■ **sich etw** *dat*/**an etw** *akk* **~** to follow sth; ***dem Vortrag schloss sich ein Film an*** the lecture was followed by a film **III.** *vi* ■ **an etw** *akk* **~** to [directly] follow sth

anschließend **I.** *adj* (*darauf folgend*) following; **die ~e Diskussion/das ~e Ereignis** the ensuing discussion/event **II.** *adv* afterwards

Anschluss^RR^ <-es, Anschlüsse> *m,* **Anschluß** <-sses, Anschlüsse> *m* ❶ TELEK (*Telefonanschluss*) [telephone] connection; (*weiterer ~*) extension; ***der ~ ist gestört*** there's a disturbance on the line; **„kein ~ unter dieser Nummer"** "the number you are trying to call is not available"; **der ~ ist besetzt** the line is engaged [*or* AM busy]; **~** [**nach etw**] **bekommen** to get through [to sth] ❷ TECH (*das Anschließen*) ■ **der ~** connecting ❸ **im ~ an etw** *akk* (*anschließend*) after sth; **im ~ an jdn/etw** with respect to sb/sth ❹ *kein pl* (*Kontakt*) contact; **~ bekommen** [*o* **finden**] to make friends; **~** [**an jdn**] **suchen** to want to make friends [with sb] ❺ POL (*Annektion*) annexation (**an** +*akk* to) ❻ (*Beitritt*) affiliation (**an** +*akk* with) ❼ *kein pl* SPORT ***diesem Läufer gelang der ~ an die Spitze*** this runner has managed to join the top athletes ❽ BAHN, LUFT (*Verbindung*) connection, connecting flight/train; **~** [**nach London/München**] **haben** to have a connection [*or* connecting flight/train] [to London/Munich]; **den ~ verpassen** to miss one's connecting train/flight ▶ WENDUNGEN: **den ~ verpassen** (*keinen Partner finden*) to be left on the shelf *hum;* (*beruflich nicht vorwärts kommen*) to miss the boat

Anschlussberufung^RR^ *f* JUR cross-appeal, counter

appeal; **gegen etw ~ einlegen** to cross-appeal sth **Anschlussbeschwerde**RR *f* JUR cross-complaint **Anschlussbox**RR *f* TELEK connection box **Anschlusseisen**RR *nt* BAU connection plate **Anschlussflug**RR *m* connecting flight **Anschlussfusion**RR *f* FIN follow-up merger **Anschlussgewinde**RR *nt* connection thread **Anschlusskabel**RR *nt* connection cable **Anschlusskennung**RR *f* INFORM identifier **Anschlusskonkursverfahren**RR *nt* JUR bankruptcy proceedings *pl* (*after failure to agree on composition*) **Anschlussnorm**RR *f* TECH, INFORM connecting standard **Anschlusspfändung**RR *f* JUR second distress, secondary attachment **Anschlusspflicht**RR *f* JUR compulsory connection **Anschlussrevision**RR *f* JUR cross-appeal, counter appeal **Anschlussstück**RR *nt* BAU joining piece **Anschluss- und Benutzungszwang**RR *m* JUR compulsory connection and use **Anschlusszug**RR *m* BAHN connecting train, connection

an|schmachten *vt* ■**jdn** ~ to drool over sb *fig*

an|schmieden *vt* ■**jdn** [**an etw** *akk*] ~ to chain sb [to sth]; ■**angeschmiedet sein** to be forged

an|schmiegen **I.** *vt* ■**etw an etw** *akk* ~ to nestle sth against sth **II.** *vr* ■**sich** [**an jdn/etw**] ~ ❶ (*sich fest daran schmiegen*) to cuddle up [to sb/sth]; (*von Katzen, Hunden*) to nestle [up to sb/into [*or* against] sth] ❷ (*eng umfangen*) to be close-fitting, to cling to sb/sth

anschmiegsam *adj* ❶ (*anlehnungsbedürftig*) affectionate ❷ (*weich*) soft

an|schmieren **I.** *vt* ❶ (*pej: achtlos bemalen*) ■**jdn/etw** [**mit etw**] ~ *Wand, Gesicht* to smear sb/sth [with sth] ❷ (*fam: beschmutzen*) ■**jdn/sich mit etw** ~ to smear sth on sb/oneself ❸ (*fam: betrügen*) ■**jdn** [**mit etw**] ~ to con sb [with sth], to take sb for a ride *fam;* ***da bist du ganz schön angeschmiert worden!*** they certainly saw you coming! **II.** *vr* (*pej: sich beliebt machen*) ■**sich bei jdm** ~ to suck up to sb

an|schnallen *vt* ❶ AUTO, LUFT (*den Sicherheitsgurt anlegen*) ■**jdn** ~ to fasten sb's seat belt, to strap sb up; **jdn im Sitz** ~ to strap sb in his seat; ■**sich** ~ to fasten one's seat belt ❷ (*sich etw festschnallen*) ■**etw** ~ to strap on sth

Anschnallpflicht *f* obligatory wearing of seat belts

an|schnauzen *vt* (*fam*) ■**jdn** ~ to bawl at sb *fam,* to bite sb's head off *fam;* ■**sich** [**von jdm**] ~ **lassen** to get bawled at [by sb] *fam*

an|schneiden *vt irreg* ❶ (*durch Schneiden anbrechen*) ■**etw** ~ to cut [into] sth ❷ (*ansprechen*) ■**etw** ~ to touch on sth ❸ TYPO **angeschnittenes Bild** bled-off illustration

Anschnitt *m* ❶ *kein pl* (*das Anschneiden*) cutting ❷ (*erstes Stück*) ■**der** ~ the first slice; (*Ende*) end piece ❸ **Gschnatter** ~ ÖSTERR *tough cut of beef topside*

Anschovis <-, -> *f s.* **Anchovis**

an|schrauben *vt* ■**etw** [**an etw** *akk o dat*] ~ to screw sth to sth; (*durch Schraubenbolzen*) to bolt sth to sth; **etw fest** ~ to screw sth tight

an|schreiben *irreg* **I.** *vt* ❶ (*etw darauf schreiben*) ■**etw** [**an etw** *akk*] ~ to write sth [on sth]; (*mit Farbe*) to paint sth [on sth]; (*mit Kreide*) to daub sth [on sth] ❷ (*ein Schreiben an jdn richten*) ■**jdn** [**wegen etw**] ~ to write to sb [for [*or* regarding] sth]; ■**Angeschriebene**[**r**] addressee; *s. a.* **angeschrieben** ❸ (*fam: zu jds Lasten notieren*) ■**jdm etw** ~ to charge sth to sb's account, AM *a.* to put sth on sb's tab **II.** *vi* (*fam*) to take credit; ■[**bei jdm**] ~ **lassen** to buy on credit [*or* BRIT *a.* tab] [from sb]

an|schreien *vt irreg* ■**jdn** [**wegen etw**] ~ to shout at sb [because of sth]; ■**sich** [**von jdm**] ~ **lassen** to get shouted at [by sb]

Anschrift *f* address

Anschubfinanzierung *f* FIN knock-on [*or no indef art* start up] financing

an|schuldigen *vt* ■**jdn** [**einer S.** *gen*] ~ to accuse sb [of sth]; ■**jdn ~, etw zu tun** to accuse sb of doing sth

Anschuldigung <-, -en> *f* accusation

an|schwärzen *vt* (*fam*) ❶ (*schlecht machen*) ■**jdn** [**bei jdm**] ~ to blacken sb's name [with sb] ❷ (*denunzieren*) ■**jdn** [**wegen etw**] [**bei jdm**] ~ to run sb down [to sb] [for sth]

Anschwärzung <-, -en> *f* ÖKON denigration; ~ **der Konkurrenz** trade libel, disparagement of a competitor

an|schweigen *vt irreg* ■**jdn** ~ to say nothing [to sb]; ■**sich** ~ to say nothing to each other

an|schweißen *vt* TECH ■**etw** [**an etw** *akk*] ~ to weld sth [to sth]; ■[**an etw** *akk o dat*] **angeschweißt sein** to be welded to sth

an|schwellen *vi irreg sein* ❶ (*eine Schwellung bilden*) to swell [up]; ■[**dick**] **angeschwollen sein** to be [very] swollen ❷ (*einen höheren Wasserstand bekommen*) *Fluss* to swell, to rise ❸ (*lauter werden*) to rise

Anschwellung *f* slight swelling

an|schwemmen **I.** *vt haben* ■**etw** ~ to wash sth up [*or* ashore]; **angeschwemmtes Holz** driftwood **II.** *vi sein* to be washed up [*or* ashore]

an|schwimmen *irreg* **I.** *vi sein* ■**gegen etw** ~ to swim against sth **II.** *vt haben* ■**etw** ~ to swim to[wards] sth

an|schwindeln *vt* (*fam*) ■**jdn** ~ to tell [sb] fibs *fam* [*or* lies]; ■**sich** [**von jdm**] ~ **lassen** to take fibs *fam* [*or* lies] [from sb]

an|schwitzen *vt* KOCHK to [lightly] sautée

an|segeln *vt* ■**etw** ~ to sail to[wards] sth; **einen Hafen** ~ to put into a harbour [*or* AM -or]; **eine Stadt** ~ to head for a city

an|sehen *irreg* **I.** *vt* ❶ (*ins Gesicht sehen*) ■**jdn** ~ to look at sb; **jdn ärgerlich/böse/unschuldig** ~ to give sb an irritated/angry/innocent look; **jdn groß** ~ to stare at sb [with surprise]; **jdn verdutzt/verwundert** ~ to look at sb with surprise/a baffled expression ❷ (*betrachten*) ■**etw** ~ to take a look at sth; ■**sich** *dat* **jdn/etw** ~ to take a look [*or* peer] at sb/sth; **etw genauer** [*o* **näher**] ~ to take a closer look at sth; **hübsch/schauderhaft anzusehen sein** to be pretty/horrible to look at; **jdn nicht mehr** ~ (*fam*) to not even look at [*or* want to know] sb any more ❸ (*etw für etw halten*) ■**etw als** [*o* **für**] **etw** ~ to consider sth [as being [*or* to be]] sth, to look upon [*or* regard] sth as being sth ❹ (*betrachten*) [**sich** *dat*] **einen Film/eine Fernsehsendung** ~ to watch a film/a television programme [*or* AM -am]; [**sich** *dat*] **ein Fußballspiel/ein Theaterstück** ~ to see a football match/a play ❺ (*an jdm ablesen können*) **jdm sein Alter nicht** ~ sb doesn't look his/her age; ***die Überarbeitung sieht man ihr an den dunklen Augenringe an*** you can tell by the dark rings under her eyes that she's overworked; ***ihre Erleichterung war ihr deutlich anzusehen*** her relief was obvious [*or* stood plainly on her face]; *s. a.* **Auge, Nasenspitze** ❻ (*sehen und hinnehmen*) ■**etw** [**mit**] ~ to stand by and watch sth; ■**nicht** [**mit**] **~, wie jd etw tut** to not put up with sb doing sth; ***das kann ich nicht länger mit*** ~ I can't stand [*or* put up with] it any more ▸ WENDUNGEN: **sieh mal einer an!** (*fam*) well, well, what a surprise! *fam,* [well] I'll be damned! *fam,* BRIT *a.* well I never! *fam* **II.** *vr* ▸ WENDUNGEN: **das sehe sich einer an!** (*fam*) well, would you believe it!

Ansehen <-s> *nt kein pl* ❶ (*Reputation*) reputation, standing; [**bei jdm**] [**ein großes**] ~ **genießen** to enjoy a [good] reputation [*or* have [a lot of] standing] [with sb]; **zu ~ kommen** [*o* **gelangen**] to acquire standing [*or* a good reputation]; [**bei jdm**] **in** [**großem/hohem**] ~ **stehen** to be held in [high] regard [*or* esteem] [by sb]; [**bei jdm**] **an ~ verlieren** to lose standing [with sb] ❷ (*geh: Aussehen*) appearance; **ein anderes ~ gewinnen** to take on a different appearance ❸ JUR **ohne ~ der Person** without respect [*or* exception] of person

Ansehensverlust *m* loss of face

ansehnlich *adj* ❶ (*beträchtlich*) considerable; **eine ~e Leistung** an impressive performance ❷ (*stattlich*) good-looking, handsome; **ein ~er Bauch** a proud stomach *hum;* **ein ~es Gebäude** a majestic building

an|seilen *vt* ■**jdn** ~ to fasten sb with a rope; ■**sich** ~ to fasten a rope to oneself; ■**angeseilt sein** to be roped together

an|sein *vi irreg sein* (*fam*) *s.* **an II 3**

an|sengen **I.** *vt haben* ■**etw** ~ to singe sth **II.** *vi sein* to be[come] singed; ***es riecht angesengt*** there's a singeing smell

an|setzen **I.** *vt* ❶ (*anfügen*) ■**etw** [**an etw** *akk o dat*] ~ to attach sth [to sth]; (*annähen*) to sew sth on [sth] ❷ (*anlehnen*) ■**etw** [**an etw** *akk*] ~ to lean sth against sth; **eine Leiter** [**an etw** *akk*] ~ to put up a ladder [against sth] ❸ (*daran setzen*) ■**etw** ~ to place sth in position; **ein Blasinstrument** ~ to raise a wind instrument to one's mouth; **eine Feder** ~ to put a pen to paper; **ein Trinkgefäß** ~ to raise a cup to one's lips; ***wo muss ich den Wagenheber ~?*** where should I put [*or* place] the jack? ❹ (*veranschlagen*) ■**etw** [**mit etw** *dat*/**auf etw** *akk*] ~ to estimate [*or* calculate] sth [at sth]; ***mit wieviel Mark würden Sie die Gesamtkosten des Hauses ~?*** what would you estimate to be the total cost of the house [in marks]? ❺ (*festlegen*) ■**etw** [**für etw**] ~ to fix sth [for sth] ❻ (*auf jdn hetzen*) ■**jdn auf jdn/etw** ~ to put sb on[to] sb/sth; **Hunde auf jdn/jds Spur** ~ to put [*or* set] dogs on sb's trail ❼ BOT (*bilden*) **Beeren/Früchte** ~ to produce [*or* form] berries/fruit; **Blätter** ~ to put out leaves; **Blüten/Knospen** ~ to blossom/bud ❽ KOCHK (*aufsetzen*) ■**etw** [**mit etw**] ~ to prepare sth [with sth] **II.** *vi* ❶ (*einzuwirken beginnen*) ■**mit etw an einer bestimmten Stelle** ~ to put sth at a certain place ❷ (*beginnen*) ■[**zu etw**] ~ to start [*or* begin] to do sth; **zum Trinken/Überholen** ~ to start to drink/overtake; **mit der Arbeit/mit dem Heben** ~ to start work[ing]/lifting ❸ BOT (*sich bilden*) ■**an etw** *dat* ~ to come out [*or* forth] [on sth] ❹ (*dick werden*) [**Fett**] ~ to put on weight **III.** *vr* ■**sich** [**an/auf/in etw** *dat*] ~ to form [on/in sth]

ANSI *nt* INFORM *Akr von* **American National Standards Institute** ANSI

Ansicht <-, -en> *f* ❶ (*Meinung*) view, opinion; **über etw** *akk*/**in etw** *dat* **geteilter ~ sein** to have a different view of [*or* opinion about] sth, to think differently about sth; [**über etw** *akk*/**in etw** *dat*] **bestimmter ~ sein** to have a particular view [of sth] [*or* opinion [about sth]], to think a certain way [about sth]; ***ich bin ganz Ihrer*** ~ I agree with you completely; ***und welcher ~ bist du?*** what's your view [of it] [*or* opinion [on it]]?; **der gleichen ~ sein** to be of [*or* share] the same view [*or* opinion]; **der ~ sein, dass ...** to be of the opinion that ...; **nach ~** *gen* in the opinion of; **deiner/meiner ~ nach** in your/my opinion, I/you think that ... ❷ (*Abbildung*) view; **die ~ von hinten/vorne/der Seite** the rear/front/side view, the view from the rear/front/side; **die ~ von oben/unten** the view from above/below; TECH the top/bottom view; **zur ~** for [your/our] inspection

ansichtig *adj* ■**jds/einer S. ~ werden** (*veraltend geh*) to set eyes on [*or liter or old* behold] sb/sth

Ansichts(post)karte *f* [picture] postcard **Ansichtssache** *f* [**reine**] ~ **sein** to be [purely] a matter of opinion; ■**das ist ~!** (*fam*) that's a matter of opinion! *fam* **Ansichtssendung** *f* articles sent on approval

an|siedeln **I.** *vt* ❶ (*ansässig machen*) ■**jdn** ~ to settle sb; **eine Tierart irgendwo** [**wieder**] ~ to [re-]introduce a species to somewhere; **eine Vogelkolonie** [**wieder**] ~ to [re-]establish a bird colony somewhere ❷ ÖKON (*etablieren*) ■**etw** [**irgendwo**] ~ to establish sth [somewhere] ❸ (*geh: aus etw stammen*) ■**in etw** *dat* **angesiedelt** [*o* **anzusiedeln**] **sein** to belong to the field of sth **II.** *vr* ■**sich** ~ ❶ (*sich niederlassen*) to settle ❷ BIOL (*entstehen*) to establish itself/themselves

Ansiedler(in) *m(f)* settler

Ansiedlung *f* ❶ (*Siedlung*) settlement ❷ (*das Ansiedeln*) ■**die** ~ the settlement; *Tier, Tierart* the colonization, the introduction ❸ ÖKON (*Etablierung*) ■**die** ~ the establishment ❹ JUR *ohne Rechtstitel* squatting

Ansinnen <-s, -> *nt* (*geh*) suggestion; **ein ~ [an jdn] haben** to have an implausible request [for sb]
Ansitz *m* JAGD raised hide [*or* AM blind]
ANSI-Zeichensatz *m* INFORM ANSI character set
ansonsten *adv* ❶ (*im übrigen*) otherwise ❷ (*iron: sonst*) ~ ***hast du nichts zu kritisieren?*** anything else to criticize? *iron;* ***aber ~ geht's dir gut?*** you're not serious!, you must be joking! ❸ (*im anderen Fall*) otherwise; (*bedrohlicher*) else
an|spannen I. *vt* ❶ (*zusammenziehen*) ■**etw ~** to tighten [*or* tauten] sth; **seine Muskeln ~** to tense one's muscles ❷ (*überanstrengen*) ■**etw ~** to strain [*or* tax] sth; **jdn [zu sehr] ~** to [over]tax sb; *s. a.* **angespannt** ❸ (*in Anspruch nehmen*) **seine Ersparnisse/seinen Etat ~** to stretch one's savings/budget ❹ (*mit Zugtieren bespannen*) ■**etw ~** to hitch up sth; **die Kutsche mit Pferden ~** to hitch up the horses; **ein Pferd ~** to harness a horse; **Ochsen ~** to yoke [up] oxen II. *vi* ❶ (*ins Geschirr spannen*) *Ochsen* to yoke [up] the oxen; *Pferde* to harness the horse[s] ❷ (*mit Pferden bespannen*) ***es ist angespannt!*** the carriage is ready; ■**~ lassen** to get a/the carriage ready, to put in the horse[s]
Anspannung *f* strain, exertion; (*körperlich*) effort; **unter ~ aller Kräfte** by exerting all one's energies
Anspiel <-s> *nt kein pl* ❶ (*Spielbeginn: beim Kartenspiel*) lead; (*Schach*) first move; SPORT start of play; **das ~ haben [o ausführen]** to have the lead [*or* first move] ❷ SPORT (*Ballspiele*) pass
an|spielen I. *vi* ❶ (*etw andeuten*) ■**auf jdn/etw ~** to allude to sb/sth; (*böse*) to insinuate sth; ***worauf willst du ~?*** what are you driving [*or* getting] at?; ***spielst du damit auf mich an?*** are you getting at me? ❷ SPORT (*das Spiel beginnen*) to start; FBALL to kick off; ***wann wird denn angespielt?*** when's the kick off? II. *vt* SPORT ■**jdn ~** to pass [*or* play] the ball to sb
Anspielung <-, -en> *f* allusion; (*böse*) insinuation; (*sexuell a.*) innuendo; ■**eine ~ auf jdn/etw** an allusion to [*or* regarding] sb/sth; **sich in ~en ergehen** to indulge in allusions
an|spitzen *vt* ❶ (*spitz machen*) ■**etw ~** to sharpen sth ❷ (*fam: antreiben*) ■**jdn ~** to egg sb on, to push sb [on]
Anspitzer <-s, -> *m* sharpener
Ansporn <-[e]s> *m kein pl* incentive; **innerer ~** motivation
an|spornen *vt* ❶ (*Anreize geben*) ■**jdn [zu etw] ~** to spur sb on [to sth]; ■**jdn [dazu] ~, etw zu tun** to spur sb on to do sth; **Spieler ~** to cheer on players ❷ (*die Sporen geben*) ■**ein Pferd ~** to spur [on] a horse
Ansprache *f* speech, address; **eine ~ halten** to make [*or* hold] [*or* deliver] a speech, to hold [*or* deliver] an address *fam;* **halte keine ~n!** (*fam*) don't go lecturing! *fam*
ansprechbar *adj pred* ❶ (*zur Verfügung stehend*) available, open to conversation ❷ MED (*bei Bewusstsein*) responsive ❸ (*zugänglich sein*) ■**auf etw** *akk* **~ sein** to respond to sth; ***sie ist heute nicht ~*** you can't talk to her at all today
an|sprechen *irreg* I. *vt* ❶ (*anreden*) ■**jdn ~** to speak to sb ❷ (*betiteln*) **jdn [mit Kasimir/seinem Namen/seinem Titel] ~** to address sb [as Kasimir/by his name/by his title] ❸ (*erwähnen*) **jdn auf etw** *akk* **~** to approach sb about sth ❹ (*bitten*) ■**jdn um etw ~** to ask sb for sth, to request sth of sb *form* ❺ (*meinen*) ■**jdn ~** to concern sb; ***mit dieser Aufforderung sind wir alle angesprochen*** this request concerns us all ❻ (*erwähnen*) ■**etw ~** to mention sth ❼ (*gefallen*) ■**jdn ~** to appeal to sb ❽ (*beeindrucken*) ■**jdn ~** to impress sb II. *vi* ❶ MED (*reagieren*) ■**auf etw** *akk* **~** to respond to sth; ■**bei jdm ~** to make an impression on sb ❷ TECH (*reagieren*) ■**bei etw** *dat*/**auf etw** *akk* **~** to respond to sth ❸ (*Anklang finden*) ■**[bei jdm] ~** to appeal to sb, to make an impression [on sb]; **sehr ~** to make a strong impression
ansprechend *adj* appealing; **eine ~e Umgebung** a pleasant environment
Ansprechpartner(in) *m(f)* contact, partner
an|springen *irreg* I. *vi sein* ❶ (*zu laufen beginnen*) to start; *Motor a.* to catch; ***der Motor will nicht ~*** the engine won't start; **schwer ~** to start with difficulty ❷ (*fam: reagieren*) ■**auf etw** *akk* **~** to jump at sth *fam;* **auf eine Erpressung/Drohung ~** to respond to blackmail/a threat II. *vt haben* ■**jdn ~** to jump on sb; *Raubtiere* to pounce on sb; *Hund* to jump up at sb
an|spritzen *vt* ■**jdn/etw [mit etw] ~** to spray sb/sth [with sth]
Anspruch *m* ❶ JUR (*Recht*) claim; ■**~ auf etw** *akk* claim to; **einen ~ auf etw** *akk* **erheben** to make a claim for [*or* to] sth; (*behaupten*) to claim sth; JUR *a.* to file a claim to [*or* for] sth; **einen ~ auf etw** *akk* **haben** to be entitled to sth; **darauf ~ haben, etw zu tun** to be entitled to do sth ❷ *pl* (*Anforderungen*) demands (**an** +*akk* on); **den/jds Ansprüchen [voll/nicht] gerecht werden** to [fully/not] meet the/sb's requirements; **Ansprüche stellen** to be exacting [*or* very demanding]; **große [o hohe] Ansprüche [an jdn/etw] stellen** to place great demands on [*or* be very demanding of] sb/sth; **etw [für sich] in ~ nehmen** to claim sth [for oneself]; **jds Dienste/Hilfe/Unterstützung in ~ nehmen** to enlist sb's services/help/support; **Möglichkeiten/eine Einrichtung in ~ nehmen** to take advantage of opportunities/a facility; **jdn in ~ nehmen** to preoccupy sb; **sehr in ~ genommen** to be very busy/preoccupied; ***darf ich Sie in ~ nehmen?*** may I have a moment [of your time]? ❸ *pl* (*Wünsche*) standards, requirements, demands
Anspruchsabtretung *f* JUR assignment of a claim **Anspruchsänderung** *f* JUR amendment of a claim **Anspruchsbegründung** *f* JUR establishment of a claim **anspruchsberechtigt** *adj* JUR eligible; **~ sein** to be entitled to a claim, to be eligible **Anspruchsberechtigte(r)** *f(m) dekl wie adj* JUR beneficiary, rightful claimant **Anspruchsberechtigung** *f* JUR validity of a claim **Anspruchsdenken** *nt* demanding attitude **Anspruchsdurchsetzung** *f* JUR enforcement of a claim **Anspruchsgrundlage** *f* JUR basis [*or* foundation] of a claim **Anspruchshäufung** *f* JUR multiplicity of claims **Anspruchskonkurrenz** *f* JUR concurring claims **anspruchslos** *adj* ❶ (*keine großen Ansprüche habend*) modest, unassuming; **ein ~er Mensch** a modest [*or* an unassuming] person, a person of few wants; ***ich bin recht ~*** I don't want for much ❷ (*trivial*) trivial; **literarisch ~ sein** to be of a low literary level, to be light reading; ■**etwas Anspruchsloses** something trivial; (*Buch*) something light ❸ (*pflegeleicht*) undemanding **Anspruchslosigkeit** <-> *f kein pl* ❶ (*anspruchsloses Wesen*) modesty ❷ (*Trivialität*) triviality ❸ (*Pflegeleichtigkeit*) undemanding nature **Anspruchsregulierung** *f* JUR claim settlement **Anspruchsteller(in)** *m(f)* JUR claimant **Anspruchsübergang** *m* JUR devolution [*or* passing] of claims **Anspruchsverjährung** *f* JUR barring of claims **Anspruchsverzicht** *m* JUR waiver of a claim **anspruchsvoll** *adj* ❶ (*besondere Anforderungen habend*) demanding; **sehr ~** fastidious, hard to please *pred* ❷ (*geistige Ansprüche stellend*) demanding; *Geschmack, Lesestoff, Film a.* highbrow ❸ (*qualitativ hochwertig*) high-quality, of high quality *pred* **Anspruchsvolle(r)** *f(m) dekl wie adj* discriminating person, person of discrimination
an|spucken *vt* ■**jdn ~** to spit at sb
an|spülen *vt* ■**etw ~** to wash up sth *sep,* to wash sth ashore
an|stacheln *vt* ■**jdn [zu etw] ~** to drive [*or* goad] sb [to sth]; ■**jdn [dazu] ~, etw zu tun** to drive [*or* goad] sb to do sth
Anstachelung <-, -en> *f* incitement, instigation
Anstalt <-, -en> *f* ❶ MED institute, mental institution, asylum ❷ SCH (*geh*) institution *form* ❸ (*öffentliche Einrichtung*) institute; **öffentliche ~** public institution; **~ des öffentlichen Rechts** public institution, body corporate *spec*
Anstalten *pl* preparations; **~/keine ~ machen [o treffen][, etw zu tun]** (*geh*) to make a/no move to do sth; ***er bat sie zu gehen doch sie machten keine ~*** he asked them to go, but they didn't move; **~ [für [o zu] etw] treffen** to take measures [*or* make preparations] [for sth]; **[nur] keine ~!** don't trouble yourself/yourselves!
Anstaltsarzt, -ärztin *m, f* resident physician; (*im Gefängnis*) prison doctor **Anstaltsgeistliche(r)** *f(m) dekl wie adj* resident chaplain; (*im Gefängnis*) prison chaplain **Anstaltsgewalt** *f* JUR authority vested in a public institution **Anstaltskleidung** *f* institutional clothing; (*im Gefängnis*) prison clothing **Anstaltsleiter(in)** *m(f)* director of an/the institution **Anstaltsordnung** *f* JUR regulations of a public institution **Anstaltsunterbringung** *f* JUR committal to an institution
Anstand *m kein pl* decency, propriety; **keinen ~ haben** to have no sense of decency; (*schlechte Manieren haben*) to have no manners; **~ an etw** *dat* **nehmen** to object to sth; **den ~ verletzen** to offend against decency; **ohne ~** (*geh*) without objection [*or form* demur]
anständig I. *adj* ❶ (*gesittet*) decent; **~e Witze** clean jokes ❷ (*ehrbar*) respectable ❸ (*fam: ordentlich*) proper *fam* II. *adv* ❶ (*gesittet*) decently; **sich ~[er] benehmen** to behave oneself; **~ sitzen** to sit up straight ❷ (*fam: ausgiebig*) properly; **~ baden** to have a proper bath *fam;* **~ ausschlafen/essen** to get a decent meal/a good night's sleep
anständigerweise *adv* out of decency
Anständigkeit <-> *f kein pl* ❶ (*Ehrbarkeit*) respectability ❷ (*Sittsamkeit*) decency
Anstandsbesuch *m* duty call **Anstandsdame** *f* chaperone **anstandshalber** *adv* out of politeness **anstandslos** *adv* without difficulty **Anstandsschenkung** *f* JUR customary present **Anstandswauwau** <-s, -s> *m* (*fam*) chaperon[e]; **den ~ spielen** to play gooseberry BRIT *hum fam,* to act as chaperone AM
an|starren *vt* ■**jdn/etw ~** to stare at sb/sth; ***was starrst du mich so an?*** what are you staring at [me like that for]?
anstatt I. *präp +gen* instead of II. *konj* ■**~ etw zu tun** instead of doing sth
an|stauben *vi sein* to gather dust *a. iron;* ■**angestaubt** dusty
an|stauen I. *vt* ■**etw ~** to dam sth up, to bank sth II. *vr* ❶ (*sich stauen*) ■**sich [in etw** *dat*/**vor etw** *dat*] **~** to bank [*or* accumulate] [in/before sth]; *Blut* to congest [in/before sth] ❷ (*sich aufstauen*) ■**sich in jdm ~** to build up [in sb]; **angestauter Hass** brimming hatred; **angestaute Wut** pent-up rage
an|staunen *vt* ■**jdn/etw ~** to stare at sb/sth in wonder; (*sehnsüchtig*) to gaze at sth
an|stechen *vt irreg* ❶ KOCHK (*durch Hineinstechen prüfen*) ■**etw [mit etw] ~** to prick sth [with sth] ❷ MED (*durch Hineinstechen öffnen*) ■**etw [mit etw] ~** to lance [*or* pierce] sth [with sth] ❸ (*in etw stechen*) ■**etw ~** to puncture sth ❹ (*anzapfen*) **ein Fass ~** to tap [*or* broach] a barrel
an|stecken I. *vt* ❶ (*befestigen*) ■**[jdm] etw ~** to pin sth on [sb] ❷ (*auf den Finger ziehen*) **[jdm] einen Ring ~** to put [*or* slip] a ring on sb's finger, to put [*or* slip] on a ring ❸ (*anzünden*) **[jdm] eine Pfeife/Zigarette/Zigarre ~** to light [up] a pipe/cigarette/cigar [for sb]; **[sich** *dat*] **eine Pfeife/Zigarre/Zigarette ~** to light [up] a pipe/cigar/cigarette ❹ (*in Brand stecken*) ■**etw [mit etw] ~** to set sth alight [*or* on fire] [with sth]; **ein Gebäude ~** to set fire to a building; ■**sich ~ lassen** to catch fire ❺ MED (*infizieren*) ■**jdn [mit etw] ~** to infect sb [with sth]; ***ich möchte dich nicht ~*** I don't want to give it to you ❻ (*fig*) ■**jdn [mit etw] ~** to infect sb [with sth] II. *vr* MED (*sich infizieren*) ■**sich [bei jdm] [mit etw] ~** to catch sth [from sb], to become infected [with sth] III. *vi* ❶ MED (*infektiös sein*) to be infectious [*or* catching]; (*durch Berührung*) to be contagious; **sich leicht/schnell ~** to catch illnesses easily ❷ (*fig: sich übertragen*) to be contagious
ansteckend *adj* ❶ MED (*infektiös*) infectious, catching *pred;* (*durch Berührung*) contagious ❷ (*fig: sich leicht übertragend*) contagious

Anstecker *m* pin, badge

Anstecknadel *f* pin

Ansteckung <-, *selten* -en> *f* infection; (*durch Berührung*) contagion; **eine ~ mit Aids/Syphilis** catching AIDS/syphilis

Ansteckungsgefahr *f* risk of infection

an|stehen *vi irreg haben o* SÜDD *sein* ① (*Schlange stehen*) ■**[nach etw]** ~ to queue [*or* AM line] [up] [for sth] ② (*zu erledigen sein*) ■**etw steht [bei jdm] an** sth must be dealt with, sb must deal with sth; ***für heute steht nichts mehr an*** there's nothing else to be done today; ***steht bei dir heute etwas an?*** are you planning on doing anything today?; **~de Fragen/Punkte** questions/points on the agenda; **~de Probleme** problems facing them/us etc. ③ JUR (*angesetzt sein*) to be pending; **etw ~ haben** to have sth pending ④ (*geh: geziemen*) **jdm [besser/gut/schlecht]** ~ to [better/well/badly] befit sb *form or old;* ■**es steht jdm an, etw zu tun** to befit sb to do sth *form or old*

anstehend *adj inv* still to be done *pred,* outstanding *attr*

Ansteigen <-s> *nt kein pl* ÖKON rise, increase; **rasches ~ der Preise** skyrocketing of prices

an|steigen *vi irreg sein* ① (*sich erhöhen*) ■**[auf etw** *akk*/**um etw** *akk*] ~ to go up [*or* increase] [*or* rise] [to/by sth]; ■**~d** increasing ② (*steiler werden*) to ascend; **stark/steil** ~ to ascend steeply; ■**~d** ascending *attr,* inclined

anstelle *präp* +*gen* instead of

an|stellen I. *vt* ① (*einschalten*) ■**etw** ~ *Maschine, Wasser* to turn on sth ② (*beschäftigen*) ■**jdn [als etw]** ~ to employ sb [as sth]; ■**[bei jdm/einer Firma] [als etw] angestellt sein** to be employed [by sb/at [*or* by] a company] [as sth] ③ (*geh: durchführen*) **Betrachtungen/Vermutungen [über etw** *akk*/**zu etw** *dat*] ~ to make observations [on sth]/assumptions [about sth]; **Nachforschungen [über etw** *akk*/**zu etw** *dat*] ~ to conduct [*or* make] enquiries [*or* inquiries] [*or* investigations] [into sth]; **[neue] Überlegungen [über etw** *akk*/**zu etw** *dat*] ~ to [re]consider [sth] ④ (*fam: bewerkstelligen*) ■**etw** ~ to do [*or* manage] sth; **etw geschickt** ~ to bring [*or fam* pull] sth off; **ich weiß nicht, wie ich es ~ soll** I don't know how to do [*or* manage] it; ■**es ~, dass man etw tut** to go about doing sth ⑤ (*fam: anrichten*) **Blödsinn** ~ to get up to nonsense; ***was hast du da wieder angestellt?*** what have you [*fam* gone and] done now?; ***dass ihr mir ja nichts anstellt!*** see to it that you don't get up to anything! ⑥ (*anlehnen*) ■**etw [an etw** *akk*] ~ to lean sth against sth; **eine Leiter [an einen Baum/eine Wand]** ~ to put up [*or* stand] a ladder [against a tree/wall] ⑦ (*dazu stellen*) ■**etw ~ [an etw** *akk*] to add sth [to sth] **II.** *vr* ■**sich** ~ ① (*Schlange stehen*) to queue [up] BRIT, to line up AM; **sich hinten** ~ to join the back of the queue [*or* AM line[-up]] ② (*fam: sich verhalten*) to act, to behave; **sich dumm** ~ to act as if one is stupid, to play the fool ③ (*wehleidig sein*) to make a fuss, kick up a shindy *fam;* ***stell dich nicht [so] an!*** don't go making a fuss!

anstellig I. *adj* able **II.** *adv* **sich ~[er] verhalten** to be [more] able

Anstellung *f* post; **[noch] in ~ sein** to be [still] employed; **in fester ~ sein** to have a permanent job, to be permanently employed

Anstellungsbetrug *m* JUR employment obtained by fraud **Anstellungsvertrag** *m* employment contract, articles *pl* of employment *rare*

an|steuern *vt* ■**etw** ~ ① (*darauf zusteuern*) to head [*or* steer] for sth ② (*anvisieren*) to steer for sth; **etw ~ wollen** to be steering for sth

Anstich *m* tapping, broaching

Anstieg <-[e]s, -e> *m* ① (*Aufstieg*) ascent ② *kein pl* (*Steigung*) incline ③ *kein pl* (*das Ansteigen*) rise, increase (+*gen* in)

an|stieren *vt* (*pej*) ■**jdn** ~ to gape [*or* BRIT *a.* gawp] [*or* AM *a.* gawk] at sb

an|stiften *vt* ① (*anzetteln*) ■**etw** ~ to instigate [*or* be behind] sth ② (*fam: anrichten*) **Streiche/Unfug** ~ to get up to mischief/no good ③ (*veranlassen*) **jdn zu einem Verbrechen** ~ to incite sb to commit a crime; **jdn zu Meineid** ~ to suborn sb [to commit perjury] *form;* ■**jdn [dazu] ~, etw zu tun** to incite sb [*or fam* to put sb up] to do sth

Anstifter(in) *m(f)* instigator (+*gen*/**zu** +*dat* of)

Anstiftung *f* **~ eines Verbrechens** [*o* **zu einem Verbrechen**] instigation of a crime; ■**~ einer Person [zu etwas]** incitement of a person [to do sth]

Anstiftungsversuch *m* JUR attempted instigation [to commit a crime]

an|stimmen I. *vt* ■**etw** ~ ① (*zu singen anfangen*) to begin singing sth; **summend eine Melodie** ~ to hum a tune ② (*zu spielen anfangen*) to start playing [*or* strike up] sth ③ (*erheben*) **ein Geheul/ein Geschrei/Proteste** ~ to start howling/screaming/protesting; **Gelächter** ~ to burst out laughing **II.** *vi* (*den Grundton angeben*) to give the keynote

Anstoß *m* ① (*Ansporn*) impetus (**zu** +*dat* for); ***der ~ zu diesem Projekt ging von ihr aus*** she was the one who originally got this project going; **den ~ zu etw bekommen** [*o* **den ~ bekommen, etw zu tun**] to be encouraged to do sth; **jdm den ~ geben, etw zu tun** to encourage [*or* induce] sb to do sth; **[jdm] den [ersten] ~ zu etw geben** to give [the first] impetus to sth, to [initially] stimulate sb [to do sth] ② (*geh: Ärgernis*) annoyance; **[bei jdm] ~ erregen** to cause annoyance [to sb]; **[bei jdm] schon lange ~ erregen** to have long been a cause [*or* source] of annoyance [to sb]; **an etw** *dat* **~ nehmen** to take offence [*or* AM -se]; *s. a.* **Stein** ③ SPORT (*Spielbeginn*) start of the game; (*Billard*) break; (*Fußball*) kick off; (*Feldhockey*) bully [off]; (*Eishockey*) face-off; **der Pfiff zum** ~ the starting whistle; (*Fußball*) the whistle for kick off ④ SCHWEIZ (*Angrenzung*) ■**~ an etw** *akk* border to sth

an|stoßen *irreg* **I.** *vi* ① *sein* (*gegen etw stoßen*) ■**[mit etw** *dat*] **[an etw** *akk*] ~ to bump sth [on sth]; **mit dem Kopf an etw** ~ to bump one's head on sth ② *haben* (*einen Toast ausbringen*) ■**[mit etw] [auf jdn/etw]** ~ to drink to sb/sth [with sth]; ***lasst uns ~!*** let's drink to it/that! ③ *sein* (*selten: angrenzen*) ■**an etw** *akk* ~ to adjoin sth; *Land, Staat* to border on sth **II.** *vt haben* ① (*leicht stoßen*) ■**jdn [mit etw]** ~ to bump sb [gently] [with sth] ② (*in Bewegung setzen*) ■**etw** ~ to hit sth ③ (*in Gang setzen*) ■**etw** ~ to set sth in motion **III.** *vr haben* ■**sich [an etw** *dat*] ~ to knock [*or* bang] [and injure] oneself [on sth]; **sich** *dat* **den Kopf/Arm** ~ to knock one's head/arm

Anstößer(in) <-s, -> *m(f)* SCHWEIZ (*Anwohner*) [local] resident

anstößig I. *adj* offensive; **~e Kleidung** indecent clothing; **ein ~er Witz** an offensive [*or* a dirty] [*or* BRIT *a.* a blue] joke **II.** *adv* offensively, indecently; **sich ~ ausdrücken** to use offensive language

Anstößigkeit <-, -en> *f* offensiveness *no pl,* indecency *no pl*

Anstoßpunkt *m* FBALL centre [*or* AM -er] spot

an|strahlen *vt* ① (*mit Scheinwerfer anleuchten*) **ein Gebäude/eine Kirche** ~ to floodlight a building/church; **einen Menschen/eine Szene [mit einem Scheinwerfer]** ~ to train a spotlight on a person/scene ② (*strahlend ansehen*) ■**jdn** ~ to beam at sb; **jdn freudig** [*o* **glücklich**] ~ to beam at sb with joy; ***sie strahlte/ihre Augen strahlten ihn an*** she beamed at him

an|streben *vt* ■**etw** ~ to strive for sth; ■**~, etw zu tun** to be striving to do sth

an|streichen *vt irreg* ■**etw [mit etw]** ~ ① (*mit Farbe bestreichen*) to paint sth [with sth]; **etw neu/frisch** ~ to give sth a new/fresh coat of paint; **etw rot** ~ to paint sth red ② (*markieren*) to mark sth; **etw dick/rot** ~ to mark sth clearly/in red

Anstreicher(in) <-s, -> *m(f)* [house] painter

an|strengen I. *vr* ① (*sich intensiv einsetzen*) ■**sich [bei etw/für etw]** ~ to exert oneself [in/for sth]; **sich mehr/sehr** ~ to make a greater/great effort; **sich übermäßig** ~ to overexert [*or* overstrain] oneself ② (*sich besondere Mühe geben*) ■**sich [mit etw]** ~ to make a [big] effort [with sth], to try hard for sth; **sich sehr [mit etw]** ~ to go to [*or* take] a lot of trouble [for sth]; ■**sich ~, etw zu tun** to try hard to do sth; **sich sehr ~, etw zu tun** to go to [*or* take] a lot of trouble to do sth [*or* in doing sth] **II.** *vt* ① (*strapazieren*) ■**jdn** ~ to tire sb out; ***das viele Lesen strengt meine Augen an*** all this reading puts a strain on my eyes ② (*intensiv beanspruchen*) ■**etw** ~ to strain sth; **seinen Geist/die Muskeln** ~ to exert one's mind/muscles; **alle Kräfte** ~ to use all one's strength ③ (*strapazieren*) ■**jdn [sehr]** ~ to [over]tax sb; *s. a.* **angestrengt**

anstrengend *adj* strenuous; (*geistig*) taxing; (*körperlich*) exhausting [*or* tiring]; **eine ~e Zeit** an exhausting time; ***das ist ~ für die Augen*** it's a strain on the eyes

Anstrengung <-, -en> *f* ① (*Kraftaufwand*) exertion *no pl* ② (*Bemühung*) effort; **mit äußerster** [*o* **letzter**] ~ with one last effort; **~en/einige ~en machen, etw zu tun** to make an effort/several efforts to do sth, to try [several times] to do sth

Anstrich[1] *m* ① *kein pl* (*das Anstreichen*) ■**der** ~ painting ② (*Farbüberzug*) coat [of paint]

Anstrich[2] *m kein pl* ① (*persönliche Note*) ■**ein ~ von etw** a touch of sth; **ein ~ von Charmeur** a touch of the charmer ② (*Anschein*) ■**der ~ von etw** the veneer [*or* gloss] of sth

Ansturm *m* ① (*Andrang*) rush (**auf** +*dat* on) ② MIL (*stürmische Attacke*) onslaught ③ (*geh: das Aufwallen*) surge

an|stürmen *vi sein* ① (*ungestüm angelaufen kommen*) to rush [*or* dash] up ② MIL (*anrennen*) ■**gegen etw** ~ to storm sth ③ (*geh: dagegen peitschen*) ■**gegen etw** ~ to pound against sth

an|suchen *vi* ÖSTERR (*veraltend: förmlich erbitten*) ■**bei jdm um etw** ~ to ask sb for sth, to request sth of sb *form*

Ansuchen <-s, -> *nt* ÖSTERR (*a. form*) request (**um** +*dat* for); **auf jds** *akk* ~ at sb's request

Antagonist(in) <-en, -en> *m(f)* antagonist

an|tanzen *vi sein* (*fam*) ■**[bei jdm]** ~ to show [*or* turn] up [at sb's place] *fam*

Antarktis <-> *f* ■**die** ~ the Antarctic, Antarctica

antarktisch *adj* Antarctic *attr*

an|tasten *vt* ■**etw** ~ ① (*beeinträchtigen*) **jds Ehre/Würde** ~ to offend against sb's honour [*or* AM -or]/dignity; **jds Privileg/Recht** ~ to encroach [up]on sb's privilege/right ② (*anbrechen*) to use sth; **Vorräte** ~ to break into supplies ③ (*leicht berühren*) to touch sth

an|tauen *vi sein* to begin [*or* start] to defrost; ■**angetaut** slightly defrosted

Antazidum <-s, -da> *nt* (*Magensäurebindemittel*) antacid

Anteil *m* ① (*Teil*) share (**an** +*dat* of); **~ an einer Erbschaft** [legal] portion of an inheritance; **~ an einem Werk** contribution to a work; **der ~ an Asbest/Schwermetallen** the proportion of asbestos/heavy metals ② ÖKON (*Beteiligung*) interest, share (**an** +*dat* in) ③ (*geh: Mitgefühl*) sympathy, understanding (**an** +*dat* for) ④ (*geh: Beteiligung*) interest (**an** +*dat* in); **~ an etw** *dat* **haben** to take part in sth; **~ an etw** *dat* **nehmen** [*o* **zeigen**] to show [*or* take] an interest in sth; **~ an jds Freude/Glück nehmen** [*o* **zeigen**] to share in sb's joy/happiness

anteilig, anteilmäßig I. *adj* proportionate, proportional **II.** *adv* ***mir stehen ~ 450.000 DM zu*** DM 450,000 falls to my share

Anteilnahme <-> *f kein pl* ① (*Beileid*) sympathy (**an** +*dat* with) ② (*Beteiligung*) attendance (**an** +*dat* at)

Anteilpapier *nt* BÖRSE equity security

Anteilsabtretung *f* JUR assignment of a claim **anteilsberechtigt** *adj* JUR participating **Anteilschein** *m* ÖKON share [certificate] **Anteilseigner(in)** *m(f)* BÖRSE shareholder, AM stockholder, interested party **Anteilseignerschutz** *m* JUR protection of shareholders [*or* AM stockholders] **Anteilserwerb** *m* FIN acquisition of a stroke **Anteilsrecht** *nt* FIN interest, share **Anteilsrendite** *f* BÖRSE yield on equity **Anteilstausch** *m* FIN interest swap **Anteilsübertragung** *f* FIN assignment of interest **Anteilsveräußerer, -ver-**

äußerin *m, f* FIN seller of a share **Anteilsveräußerung** *f* FIN divestiture **Anteilsverzicht** *m* FIN waiver of a claim to an interest **Anteilszeichner(in)** <-s, -> *m(f)* FIN interested party, shareholder, stockholder

an|telefonieren* *vt* (*fam*) ■**jdn** ~ to call [*or* phone] sb up

Antenne <-, -n> *f* ① RADIO, TV aerial; **eine ausfahrbare** ~ a telescopic aerial ② ZOOL antenna, feeler ▸ WENDUNGEN: **eine/keine ~ für etw haben** (*fam*) to have a/no feeling [*or fam* nose] for sth

Antennenanlage *f* antenna system **Antennenbuchse** *f* antenna socket

Anthologie <-, -n> [*pl* -'giːən] *f* anthology

Anthrazit <-s, *selten* -e> *m* anthracite, hard coal

anthrazitfarben *adj* charcoal **anthrazitfarbig** *adj* charcoal

anthropogen *adj* human-caused

Anthropologe, -login <-n, -n> *m, f* anthropologist

Anthropologie <-> *f kein pl* anthropology

Anthropologin <-, -nen> *f fem form von* **Anthropologe**

anthropologisch *adj* anthropological

Anthroposoph(in) <-en, -en> *m(f)* anthroposophist

Anthroposophie <-> *f kein pl* anthroposophy

Anthroposophin <-, -nen> *f fem form von* **Anthroposoph**

anthroposophisch *adj* anthroposophic[al]

Antiadipositum <-s, -da> *nt* MED (*Mittel gegen Fettleibigkeit*) antiadipose drug

Antialkoholiker(in) *m(f)* teetotaller BRIT, teetotaler AM **antialkoholisch** *adj inv* anti-alcohol *attr* **antiamerikanisch** *adj inv* anti-American **Antiasthmatikum** <-s, -ka> *nt* anti-asthmatic [agent] **antiautoritär** *adj* anti[-]authoritarian **Antibabypille** *f* (*fam*) the pill [*or* Pill] *fam* **Antibiotikaeinsatz** *m kein pl* use of antibiotics **Antibiotikum** <-s, -biotika> *nt* antibiotic **Antiblockiersystem** *nt* anti-lock [braking] system, ABS **Antichrist(in)** *m(f)* ① <-[s]> REL ■**der** ~ the Antichrist ② <-en, -en> antichristian, opponent of Christianity **antichristlich** *adj* antichristian **antidemokratisch** *adj inv* anti-democratic **Antidepressivum** <-s, -va> [-vʊm, -va] *nt* antidepressant **Antidiabetikum** <-s, -ka> *nt* antidiabetic [agent] **Antidiskriminierungspolitik** *f* anti-discrimination policy **Antidiuretikum** <-s, -ka> *nt* antidiuretic [agent]

Anti-Dumping-Aktion *f* anti-dumping campaign **Anti-Dumping-Recht** *nt* FIN antidumping legislation **Anti-Dumping-Regeln** *pl* FIN antidumping rules **Anti-Dumping-Verfahren** *nt* FIN antidumping proceedings *pl*

Antidumpingzoll *m* ÖKON antidumping duty **Antielektron** *nt* NUKL antielectron **Antiepileptikum** <-s, -ka> *nt* anti-epileptic [*or* anticonvulsant] [agent] **Antifa** <-> *f kein pl* (*sl*) antifascist movement **Antifaltencreme** *f* anti-wrinkle cream **Antifaltenkosmetika** *pl* anti-ageing [*or* AM -aging] cosmetics *pl* **Antifaschismus** *m* antifascism **Antifaschist(in)** *m(f)* antifascist **antifaschistisch** *adj* antifascist

Antigen <-s, -e> *nt* BIOL, MED antigen

Antiguaner(in) <-s, -> *m(f)* Antiguan; *s. a.* **Deutsche(r)**

antiguanisch *adj* Antiguan; *s. a.* **deutsch**

Antigua und Barbuda <-s> *nt* Antigua and Barbuda; *s. a.* **Deutschland**

antihaftbeschichtet *adj inv* KOCHK non-stick **Antihistamin** *nt* antihistamine **Antihistaminikum** <-, -ka> *nt* MED (*Mittel gegen Histaminwirkung*) antihistamine **antiimperialistisch** *adj inv* anti-imperialist

antik I. *adj* ① (*als Antiquität anzusehen*) antique ② (*aus der Antike stammend*) ancient; **~e Kunst** ancient art forms *pl* II. *adv* ~ **eingerichtet sein** to be furnished in an antique style

Antike <-> *f kein pl* antiquity; **der Mensch/die Kunst der** ~ man/the art of the ancient world

antiklerikal *adj* anticlerical **Antikommunismus** *m* anti[-]communism **Antikommunist(in)** *m(f)* anti[-]communist **antikommunistisch** *adj* anticommunist **Antikörper** *m* MED antibody **Antikörperbestimmung** *f* MED determination of antibodies

Antillen *pl* GEOG ■**die** ~ the Antilles *npl;* **die [Großen/Kleinen]** ~ the [Greater/Lesser] Antilles

Antilope <-, -n> *f* antelope

Antimaterie *f* PHYS antimatter

Anti-Matsch-Tomate *f* stay-firm tomato

antimilitaristisch *adj* anti-militaristic

Antimon <-s> *nt kein pl* antimony

Antimykotikum <-, -ka> *nt* MED (*Mittel gegen Hautpilz*) antimycotic, fungicide

Antineutrino *nt* NUKL antineutrino

Antioxidans <-, -danzien *o* -dantien> *nt* CHEM antioxidant

Antioxydans <-, Antioxydanzien> *nt* antioxidant

Antipathie <-, -n> [*pl* -'tiːən] *f* antipathy (**gegen** +*dat* to)

Antipersonenmine *f* MIL anti-personnel mine

Anti-Pickel-Stift *m* anti-blemish stick

Antipode, Antipodin <-, -n> *m, f* ① (*Mensch*) Antipodean ② (*fig geh*) antipode

Antipoden *pl* the Antipodes

an|tippen *vt* ① (*kurz berühren*) ■**jdn [an etw** *dat*] ~ to give sb a tap [on sth], to tap sb on sth; ■**etw** ~ to touch sth ② (*streifen*) ■**etw** ~ to touch on sth

Antiproton *nt* antiproton

Antiqua <-> *f kein pl* TYPO roman [type]

Antiquar(in) <-s, -e> *m(f)* second-hand bookseller

Antiquariat <-[e]s, -e> *nt* (*Laden*) second-hand bookshop [*or* AM *a.* bookstore]; (*Abteilung*) second-hand department; **modernes** ~ remainder bookshop [*or* AM *a.* bookstore]/department

Antiquarin <-, -nen> *f fem form von* **Antiquar**

antiquarisch I. *adj* (*alt*) antiquarian; (*von modernen Büchern*) second-hand, remaindered II. *adv* (*im Antiquariat*) **ein Buch ~ bekommen/erwerben** [*o* **kaufen**] to get/buy a book second-hand

Antiquark *nt* PHYS antiquark

antiquiert *adj* (*pej*) antiquated, AM *a.* horse-and-buggy *attr*

Antiquität <-, -en> *f* antique

Antiquitätengeschäft *nt* antiques shop **Antiquitätenhandel** *m* antiques trade [*or* business] **Antiquitätenhändler(in)** *m(f)* antiques dealer

Antirakete, Antiraketenrakete *f* antiballistic missile, ABM **antirassistisch** *adj inv* anti-racist **Antiraucherkampagne** *f* anti-smoking campaign **Antirheumatikum** <-s, -ka> *nt* antirheumatic **Antisemit(in)** *m(f)* antisemite; ~**[in] sein** to be antisemitic **antisemitisch** *adj* antisemitic **Antisemitismus** <-> *m kein pl* ■**der** ~ antisemitism **Antiseptikum** <-s, -ka> *nt* antiseptic **antiseptisch** *adj* antiseptic **Antispastikum** <-s, -ka> *nt* antispasmodic [agent] **antistatisch** I. *adj* antistatic II. *adv* **etw ~ behandeln** to treat sth with an antistatic [agent]

Antisubventionskodex *m* FIN anti-subsidy code **Antisubventionsverfahren** *nt* JUR anti-subsidy proceedings *pl*

Anti-Tabak-Gesetz *nt* anti-tobacco law **Antiteilchen** *nt* PHYS anti[-]particle **Antiterroreinheit** *f* antiterrorist squad [*or* unit]

Antithese *f* antithesis

Antitranspirant <-s, -e *o* -s> *nt* antiperspirant

Antitrustrecht *nt kein pl* JUR antitrust law **Antivirenprogramm** *nt* INFORM anti-virus [program]

antizipativ *adj* FIN anticipative; **~e Passiva** accrued payables **antizyklisch** *adj inv* ① (*geh: unregelmäßig wiederkehrend*) anticyclical ② ÖKON anticyclical

Antizyklone <-, -n> *f* METEO (*Hochdruckgebiet*) anticyclone

Antlitz <-es, -e> *nt* (*poet*) face, countenance *liter*

Anton <-s> *m* ▸ WENDUNGEN: **blauer** ~ [blue] overalls *npl*

an|tönen *vt* ÖSTERR, SCHWEIZ *s.* **andeuten**

an|törnen I. *vt* (*sl*) **jdn [stark/stärker]** ~ to give sb a [big [*or* real]/bigger] kick *fam;* **von Drogen/Musik angetörnt werden** to get a kick from drugs/music *fam* II. *vi* (*sl*) ***diese Droge/Musik törnt ganz schön an!*** this drug/music really gives you a great kick!; ■**angetörnt sein** to be [on a] high *fam*

Antrag <-[e]s, -träge> *m* ① (*Beantragung*) application; **einen ~ [auf etw** *akk*] **stellen** to put in an application [for sth]; **auf jds** *akk* ~ at sb's request, at the request of sb ② (*Formular*) application form (**auf** +*akk* for) ③ JUR petition; **einen ~ [auf etw** *akk*] **stellen** to file a petition [for sth] ④ POL (*Vorschlag zur Abstimmung*) motion ⑤ (*Heiratsantrag*) [marriage] proposal; **jdm einen ~ machen** to propose [to sb]

an|tragen *vt irreg* (*geh*) ■**jdm etw** ~ to offer sb sth; ■**jdm ~, etw zu tun** to suggest [*or* propose] that sb does sth

antragsberechtigt *adj* JUR ~ **sein** to be entitled to make an application **Antragsberechtigte(r)** *f(m) dekl wie adj* JUR person entitled to submit a request **Antragsdelikt** *nt* JUR offence requiring an application for prosecution **Antragseingang** *m* JUR receipt of application[s] **Antragsempfänger(in)** *m(f)* JUR receiver of an application **Antragsersuchen** *nt* JUR petition **Antragsformular** *nt* application form **Antragsfrist** *f* JUR application period **Antragsgegner(in)** *m(f)* JUR respondent, adverse party **Antragsgrund** *m* JUR reason for application **Antragspflicht** *f* JUR duty to petition **Antragsrecht** *nt* JUR right of application **Antragsschrift** *f* JUR written application

Antragsteller(in) <-s, -> *m(f)* (*geh*) applicant **Antragstellung** <-> *f kein pl* application

antrainiert *adj* ① *Muskeln, Fitness* developed ② *Verhalten* learned

an|trauen *vt* (*veraltend*) ■**jdm angetraut werden** to be [*or* get] married to sb, to be given to sb in marriage *dated;* ***ihr angetrauter Ehemann*** her lawful wedded husband

an|treffen *vt irreg* ① (*treffen*) ■**jdn** ~ to catch sb; **im Büro/zu Hause anzutreffen sein** to be in the office/at home; **jdn beim Putzen/Stricken** ~ to catch sb cleaning/knitting ② (*vorfinden*) ■**etw** ~ to come across sth

an|treiben *irreg* I. *vt haben* ① (*vorwärts treiben*) ■**jdn/ein Tier** ~ to drive sb/an animal [on] ② (*drängen*) ■**jdn [zu etw]** ~/**jdn dazu ~, etw zu tun** to urge sb to do sth; (*aufdringlicher*) to push sb [to do sth] ③ (*anschwemmen*) ■**etw [an etw** *dat*] ~ to wash sth up [on sth]; **etw am Strand/an den Stränden** ~ to wash sth ashore ④ TECH (*vorwärts bewegen*) ■**etw** ~ to drive sth ⑤ (*veranlassen*) ■**jdn ~, etw zu tun** to drive sb [on] to do sth; ***die bloße Neugierde trieb ihn dazu an, die Briefe seiner Frau zu öffnen*** he was driven by pure curiosity to open his wife's letters II. *vi sein* (*angeschwemmt werden*) ■**[an etw** *akk*] ~ to be washed up [on sth]; **am Strand/an den Stränden** ~ to be washed ashore

Antreiber(in) *m(f)* (*pej*) slave-driver *pej*

an|treten[1] *irreg* I. *vt haben* ① (*beginnen*) ■**etw** ~ to begin sth ② (*übernehmen*) **ein Amt/den Dienst** ~ to take up [*or* assume] [an] office/one's services, **seine Amtszeit ~,** to take office; **ein Erbe** ~ to come into an inheritance; **eine Stellung** ~ to take up a post; *s. a.* **Beweis** II. *vi sein* ① (*sich aufstellen*) to line up; MIL to fall in ② (*erscheinen*) ■**[zu etw]** ~ to appear [for sth] ③ (*eine Stellung beginnen*) ■**bei jdm/einer Firma [als etw]** ~ to start one's job [as sth] under sb/at a company ④ SPORT (*zum Wettkampf erscheinen*) ■**[zu etw]** ~ to compete [in sth]

an|treten[2] *irreg* I. *vt* ① (*fest treten*) ■**etw** ~ to tread sth down [firmly] ② AUTO (*starten*) ■**etw** ~ to start sth; **einen Motorrad** ~ to kickstart a motorbike II. *vi* (*energisch die Pedale betätigen*) to sprint

Antrieb *m* ① AUTO, LUFT, RAUM (*Vortrieb*) drive (+*gen* for); **Front-/Heckantrieb** AUTO front/rear wheel drive ② (*motivierender Impuls*) drive, energy *no indef art;* **aus eigenem ~** (*fig*) on one's own initiative; **jdm [neuen] ~ geben[, etw zu tun]** (*fig*) to give sb the/a new impetus to do sth

Antriebsachse [-aksə] *f* AUTO drive axle **An-**

triebskraft *f* TECH [driving] power **Antriebsschlupfregelung** *f* AUTO anti-spin regulation, ASR, traction control system **Antriebsschwäche** *f* lack of drive [*or* energy] **Antriebswelle** *f* TECH drive shaft

an|trinken *irreg* **I.** *vt* (*fam*) **die Flasche/seinen Kaffee ~** to drink a little from the bottle/some of one's coffee; **eine angetrunkene Flasche** an opened bottle; ***das Glas ist angetrunken*** somebody's drunk out of that glass **II.** *vr* (*fam*) **sich** *dat* **einen [Rausch/Schwips] ~** to get [oneself] tiddly [*or* AM tipsy] *fam; s. a.* **Mut**

Antritt¹ *m kein pl* ① (*Beginn*) start ② (*Übernahme*) **nach ~ seines Amtes/der Stellung/der Erbschaft** after assuming office/taking up the post/coming into the inheritance

Antritt² *m kein pl* SPORT spurt

Antrittsbesuch *m* first courtesy call [*or* visit]; **einen ~ abstatten bei jd** to pay a first courtesy call [*or* visit] on sb **Antrittsrede** *f* maiden speech **Antrittsvorlesung** *f* inaugural lecture

an|trocknen *vi sein* ■**[an etw** *dat***] ~** to dry [on sth]

an|tun *vt irreg* ① (*zufügen*) ■**jdm etwas/nichts ~** to do something/not to do anything to sb; ***tu mir das nicht an!*** (*hum fam*) spare me, please! *hum fam;* **sich** *dat* **etwas ~** (*Selbstmord begehen*) to kill oneself, to do oneself in *fam* ② **es jdm angetan haben** to appeal to sb; *s. a.* **angetan**

an|turnen *vi* ① *haben* SPORT *to celebrate the start of the open-air season with an athletic event* ② *sein* (*fam*) **angeturnt kommen** to come rollicking

an|turnen *vt* ① (*in einen Drogenrausch versetzen*) ■**jdn ~** to turn sb on *sl,* to stone sb *sl* ② (*fam: in Erregung versetzen*) ■**jdn ~** to turn sb on

Antwerpen <-s> *nt* Antwerp

Antwort <-, -en> *f* ① (*Beantwortung*) answer (**auf** +*akk* to); **eine ~ auf eine Anfrage/ein Angebot/einen Brief** an answer [*or* a reply] to an inquiry [*or* enquiry]/an offer/a letter; ***und wie lautet deine ~ auf meine Frage?*** and what's your answer [*or* reply] to my question?; **um ~ wird gebeten!** RSVP; **um baldige [*o* umgehende] ~ wird gebeten!** please reply by return [of] post [*or* AM return mail]; **jdm [eine] ~ geben** to give sb an answer, to answer [*or* reply to] sb; ***das also gibst du mir zur ~?*** so that's your answer?; *s. a.* **Rede** ② (*Reaktion*) response (**auf** +*akk* to); **als ~ auf etw** *akk* in response to sth ③ (*Pendant*) answer (**auf** +*akk* to) ► WENDUNGEN: **keine ~ ist auch eine ~** (*prov*) no answer is an answer

Antwortbrief *m* answer, reply

antworten *vi* ① (*als Antwort geben*) ■**[jdm] ~** to answer [sb], to reply [to sb]; ***ich kann Ihnen darauf leider nichts ~*** unfortunately I cannot give you an answer to that; ***was soll man darauf noch ~?!*** what kind of answer can you give to that?; **auf jds Frage ~** to answer sb's [*or* reply to sb's] question; **mit Ja/Nein ~** to answer yes/no [*or form* in the affirmative/negative]; **mit „vielleicht" ~** to answer with "perhaps"; **schriftlich ~** to answer [*or* reply] in writing, to give a written answer ② (*reagieren*) to respond (**mit** +*dat* with)

Antwortkarte *f* reply card **Antwortschein** *m* **internationaler ~** [international] reply coupon **Antwortschreiben** *nt* (*geh*) answer, reply **Antwortzeit** *f* TECH response time

an|vertrauen* **I.** *vt* ① (*vertrauensvoll übergeben*) ■**jdm etw ~** to entrust sth to sb [*or* sb with sth] ② (*geh: in etw bergen*) ■**etw einer S.** *dat* **~** to consign sth to sth *form* ③ (*vertrauensvoll erzählen*) ■**jdm/einer S. etw ~** to confide sth to sb/sth **II.** *vr* ① (*sich vertrauensvoll mitteilen*) ■**sich jdm ~** to confide in sb ② (*sich in einen Schutz begeben*) ■**sich etw** *dat* **~** to entrust oneself to sth

an|visieren* [-vi-] *vt* ① (*ins Visier nehmen*) ■**jdn/etw ~** to sight sb/sth ② (*geh: ins Auge fassen*) ■**etw ~** to set one's sights on sth; **eine Entwicklung/die Zukunft ~** to envisage a development/the future

an|wachsen [-ks-] *vi irreg sein* ① (*festwachsen*) ■**[auf etw** *dat***] ~** to grow [on sth] ② MED (*sich mit Körpergewebe verbinden*) ■**an etw** *dat* **~** to grow on sth; *Transplantat* to take [*or* adhere] [to sth] ③ (*zunehmen*) ■**[bis zu etw** *dat***/auf etw** *akk***] ~** to grow [*or* increase] [to sth]

Anwachsen *nt* ■**das ~** ① (*das Festwachsen*) growing ② MED (*Verbindung mit Körpergewebe*) growing; *von Transplantat* taking, adherence ③ (*Zunahme*) growth, increase; **im ~ [begriffen] sein** to be growing [*or* on the increase]

Anwachsungsrecht *nt* JUR, FIN right to accruals

an|wählen *vt* TELEK ■**jdn/eine Nummer ~** to call sb/to dial a number

Anwalt, -wältin <-[e]s, -wälte> *m, f* ① (*Rechtsanwalt*) lawyer, solicitor BRIT, attorney AM; **sich** *dat* **einen ~ nehmen** to engage the services of a lawyer ② (*geh: Fürsprecher*) advocate; **~ der Armen/Hilfsbedürftigen** champion of the poor/needy

Anwältin <-, -nen> *f* JUR *fem form von* **Anwalt**

Anwaltsassessor(in) *m(f)* JUR (*veraltet: Anwalt auf Probe*) junior barrister **Anwaltsberuf** *m* JUR legal profession, the Bar; **den ~ ausüben** to practice law **Anwaltsbüro** *nt* ① *s.* **Anwaltskanzlei** ② (*Anwaltssozietät*) law firm, BRIT *a.* firm of solicitors **Anwaltschaft** <-, *selten* -en> *f* ① (*Vertretung eines Klienten*) case; **eine ~ übernehmen** to take on [*or* over] a case; **eine ~ [für jdn] übernehmen** to take on [*or* over] sb's case ② (*Gesamtheit der Anwälte*) ■**die ~** the legal profession **Anwaltsgehilfe, -gehilfin** *m, f* [solicitor's BRIT] clerk, lawyer's secretary AM **Anwaltshonorar** *nt* JUR lawyer's [*or* legal] fees, solicitor's [*or* AM attorney's] fees; **vorläufiges ~** retainer; **weiteres ~** refresher **Anwaltskammer** *f* incorporated law society **Anwaltskanzlei** *f* lawyer's [*or* AM law] office, law firm **Anwaltskosten** *pl* legal expenses **Anwaltspraxis** *f* law [*or* BRIT *a.* solicitor's] [*or* AM *a.* attorney's] practice; **~ betreiben** to practise [*or* AM -ce] law **Anwaltsprivileg** *nt* JUR privilege of attorney **Anwaltsprozess**RR *m* JUR litigation with necessary representation by lawyers **Anwaltsschwemme** *f* glut of lawyers **Anwaltsstand** *m* JUR legal profession, the Bar **Anwaltsverzeichnis** *nt* JUR list of lawyers, BRIT Solicitors' Roll **Anwaltswechsel** *m* JUR change of attorney **Anwaltszulassung** *f* JUR admission to the bar **Anwaltszustellung** *f* JUR direct service between lawyers **Anwaltszwang** *m kein pl* JUR mandatory [*or* statutory] representation by lawyers

an|wandeln *vt* (*geh*) ■**jdn ~** to come over sb; ***mich wandelt ganz einfach die Lust an, spazieren zu gehen!*** I quite simply feel the desire to go for a walk

Anwandlung *f* mood; **aus einer ~ heraus** on an impulse; **[wieder] ~en bekommen** (*fam*) to go into [one of one's] fits *fam;* **in einer ~ von Großzügigkeit/Wahnsinn** in a fit of generosity/madness; **in einer ~ von Furcht/Misstrauen** on an impulse of fear/suspicion

an|wärmen *vt* **das Bett ~** to warm [up] the bed; **Speisen ~** to heat up food; ***danke, dass Sie mir den Platz angewärmt haben!*** thanks for keeping my seat warm! *a. hum*

Anwärter(in) *m(f)* candidate (**auf** +*akk* for); SPORT contender (**auf** +*akk* for); **der ~ auf den Thron** the heir to the throne; (*Prätendent*) the pretender to the throne

Anwärterbezüge *pl* JUR trainees' remuneration

Anwartschaft <-, *selten* -en> *f* candidature (**auf** +*akk* for), candidacy (**auf** +*akk* for); **die ~ auf das Erbe** the claim to the inheritance; SPORT contention; **~ auf den Thron** claim to the throne

Anwartschaftsberechtigte(r) *f(m) dekl wie adj* JUR reversioner, prospective beneficiary **Anwartschaftsrecht** *nt* JUR expectant right; **bedingtes ~** contingent remainder; **unentziehbares ~** vested remainder **Anwartschaftszeit** *f* JUR qualifying period (*waiting period between registering as unemployed and receiving benefit*)

an|weisen *vt irreg* ① (*durch Anweisung beauftragen*) ■**jdn ~[, etw zu tun]** to order sb to do sth ② (*anleiten*) ■**jdn ~** to instruct sb ③ (*zuweisen*) ■**jdm etw ~** to direct sb to sth ④ (*überweisen*) ■**[jdm] Geld [auf ein Konto] ~** to transfer money [to sb/to sb's account]; *s. a.* **angewiesen**

Anweisung *f* ① (*Anordnung*) order, instruction; **~ haben, etw zu tun** to have instructions to do sth; **auf [jds** *akk***] ~** on [sb's] instruction, on the instructions of sb; **gerichtliche ~** court order ② (*Anleitung*) instruction ③ (*Gebrauchsanweisung*) instructions *pl* ④ (*Zuweisung*) allocation ⑤ (*Überweisung*) transfer ⑥ (*Überweisungsformular*) payment slip

anwendbar *adj* applicable (**auf** +*akk o dat* to); **in der Praxis ~** practicable, practical

Anwendbarkeit <-> *f kein pl* applicability (**auf** +*akk* to)

an|wenden *vt reg o irreg* ① (*gebrauchen*) ■**etw [bei jdm/etw] ~** to use sth [on sb/during sth] ② (*übertragen*) ■**etw auf etw** *akk* **~** to apply sth to sth; *s. a.* **angewandt**

Anwender(in) <-s, -> *m(f)* INFORM user

anwenderfreundlich *adj* INFORM user-friendly

Anwenderin <-, -nen> *f fem form von* **Anwender**

Anwendernutzen *m* user benefits *pl* **anwenderorientiert** *adj* INFORM user-oriented **Anwenderprogramm** *nt* INFORM application program **Anwendersoftware** <-, -s> *f* application software

Anwendung *f* ① (*Gebrauch*) use; **etw zur ~ bringen** (*geh*) to use [*or* apply] sth; **~ finden [*o geh* zur ~ gelangen]** to be used [*or* applied], to find application *form* ② (*Übertragung*) application (**auf** +*akk* to) ③ MED (*therapeutische Maßnahme*) administration ④ INFORM application; **eine ~ starten** to start an application

Anwendungsbereich *m* JUR field of application; **~ eines Gesetzes** scope of a law; **~ eines Vertrages** purview of a treaty; INFORM application field **Anwendungsdatei** *f* INFORM application file **Anwendungsform** *f* form of use, usage **anwendungsfreundlich** *adj* TECH application friendly **Anwendungsfunktion** *f* INFORM application function **Anwendungsgebiet** *nt* field of applications **Anwendungsprogramm** *nt* INFORM application programme [*or* AM -am] **Anwendungssoftware** *f* INFORM application software **anwendungsspezifisch** *adj* TECH application-orientated [*or* AM -oriented] **Anwendungsvoraussetzung** *f* TECH application requirement **Anwendungsvorschrift** *f* instructions *pl* for use

Anwerben <-s> *nt kein pl* ÖKON *von Kunden* canvassing; *von Arbeitskräften* recruiting of labour [*or* AM -or]

an|werben *vt irreg* ■**jdn [für etw] ~** to recruit sb [for sth]; **Soldaten ~** to recruit [*or* enlist] soldiers

Anwerbestaat *m von Gastarbeitern* country of recruitment

Anwerbung *f* recruitment; *a.* MIL enlistment

AnwerbungsstoppRR *m* stop to recruitment

an|werfen *irreg* **I.** *vt* ■**etw ~** ① TECH (*in Betrieb setzen*) to start sth up ② (*fam: anstellen*) to switch sth on ③ (*durch Drehen in Gang setzen*) **den Motor [mit der Kurbel] ~** to crank the engine; **den Propeller [von Hand] ~** to swing the propeller **II.** *vi* SPORT (*mit dem Werfen beginnen*) to take the first throw

Anwesen <-s, -> *nt* (*geh*) estate

anwesend *adj* present *pred;* ■**[bei jdm/bei etw/auf etw** *dat***] ~ sein** to be present [at sb's place/at sth]; **nicht ganz ~ sein** (*hum fam*) to be a million miles away [*or fam* off in one's own little world]

Anwesende(r) *f(m) dekl wie adj* person present; ■**die ~n** those present; **alle ~n** all those present

Anwesenheit <-> *f kein pl* presence; *von Studenten* attendance; **in jds ~** *dat,* **in ~ von jdm** in sb's presence, in the presence of sb

Anwesenheitsliste *f* attendance list **Anwesenheitspflicht** *f* obligation to attend; ***es herrscht ~*** attendance is compulsory **Anwesenheitsrecht** *nt* JUR right of attendance

an|widern *vt* ■**jdn ~** to nauseate sb, to make sb sick; ■**angewidert** nauseated *attr*

an|winkeln *vt* **den Arm/das Bein** ~ to bend one's arm/leg; **Signalflaggen in bestimmter Reihenfolge** ~ to move semaphore flags to certain angles; **mit angewinkeltem Arm/Bein** with the arm/leg bent

an|wirken *vt* KOCHK (*fachspr*) **Marzipan** ~ to knead marzipan in sugar

Anwohner(in) <-s, -> *m(f)* ❶ (*Anlieger*) [local] resident ❷ (*Anrainer*) **die** ~ **des Sees/der Küste** the people living by the lake/along the coast

Anwurf *m* ❶ *kein pl* SPORT first throw ❷ (*geh: Schmähung*) imputation, [unfounded] accusation

an|wurzeln *vi sein* ■ **[in etw** *dat***]** ~ to take root [in sth]; **wie angewurzelt dastehen** [*o* **stehen bleiben**] to stand rooted to the spot

Anzahl *f kein pl* number; **eine ganze** ~ quite a lot + *pl vb;* **eine ziemliche** ~ quite a number + *pl vb*

an|zahlen *vt* ❶ (*als Anzahlung geben*) ■ **[jdm] etw** ~ to pay [sb] a deposit of sth; ***500 DM waren schon angezahlt*** a deposit of DM 500 has already been paid; ***abzüglich der angezahlten 10%*** minus the deposit of 10% ❷ (*eine Anzahlung auf den Preis von etw leisten*) ■ **etw** ~ to pay a deposit on sth

Anzahlung *f* ❶ (*angezahlter Betrag*) deposit; **eine** ~ **machen** [*o* **leisten**] (*geh*) to pay a deposit; **800 DM** ~ **machen** [*o* **leisten**] to pay a deposit of DM 800, to leave DM 800 as a deposit ❷ (*erster Teilbetrag*) first instalment [*or* AM installment]

Anzahlungsbetrag *m* FIN deposit, payment on account

an|zapfen *vt* ❶ (*Flüssigkeit durch Zapfen entnehmen*) ■ **etw** ~ to tap sth; **ein Fass** ~ to tap [*or* broach] a barrel ❷ ELEK, TELEK (*fam: sich illegal an etw anschließen*) ■ **etw** ~ to tap [*or* bug] sth; **eine Telefonleitung** ~ to tap a telephone line ❸ (*fam: Informationen gewinnen*) ■ **jdn** ~ to pump sb *fam*

Anzeichen *nt* sign; MED (*Symptom*) symptom; ***es liegen [keine]*** ~ ***dafür vor, dass ...*** there are [no] signs that ...; ***alle*** ~ ***deuten darauf hin, dass ...*** all signs [*or* symptoms] indicate that ...; ***wenn nicht alle*** ~ ***trügen*** if all the symptoms are to be believed

an|zeichnen *vt* ❶ (*markieren*) ■ **etw [auf etw** *dat***]** ~ to mark [out] sth [on sth]; (*mit Kreide*) to chalk sth [on sth] ❷ (*zeichnen*) ■ **etw [an etw** *akk***]** ~ to draw sth [on sth]; (*mit Kreide*) to chalk sth [on sth]

Anzeige <-, -n> *f* ❶ (*Strafanzeige*) charge (**wegen** +*dat* for); ~ **bei der Polizei** report to the police; **eine** ~ **[wegen einer S.] bekommen** [*o* **erhalten**] to be charged [with sth]; ~ **gegen Unbekannt** charge against a person [*or* persons] unknown; **jdn/etw zur** ~ **bringen** (*geh*), **[gegen jdn] eine** ~ **machen** [*o* **erstatten**] to bring [*or* lay] a charge against sb, to report sth; **[eine]** ~ **gegen jdn bei der Polizei machen** [*o* **erstellen**] to report sb to the police ❷ (*Bekanntgabe bei Behörde*) notification ❸ (*Inserat*) ad[vertisement] ❹ (*Bekanntgabe*) announcement ❺ (*das Anzeigen*) display; **die** ~ **der Messwerte/Messinstrumente** the readings of the measured values/on the gauges [*or* AM *a.* gages] ❻ (*angezeigte Information*) information ❼ TECH (*Instrument*) gauge, AM *a.* gage

Anzeigedisplay *nt* INFORM read-out, display

an|zeigen *vt* ❶ (*Strafanzeige erstatten*) ■ **jdn [wegen etw]** ~ to report sb [for sth]; ■ **etw** ~ to report sth; ■ **sich [selbst]** ~ to give oneself up, to turn oneself in ❷ (*mitteilen*) ■ **jdm etw** ~ to announce sth to sb; MIL to report sth to sb ❸ (*angeben*) ■ **etw** ~ to indicate [*or* show] sth; (*digital*) to display sth; **diese Uhr zeigt auch das Datum an** this watch also shows [*or* gives] the date ❹ (*bekannt geben*) ■ **[jdm] etw** ~ to announce sth [to sb] ❺ (*angeben*) **ein Abbiegen/eine Richtung** ~ to indicate a turn-off/direction; AUTO to signal a turn-off/direction ❻ (*erkennen lassen*) ■ **jdm** ~**, dass ...** to indicate to [*or* show] sb that ...; *s. a.* **angezeigt**

Anzeigenannahme *f* ❶ (*Stelle für die* ~) advertising sales department ❷ (*Erfassung einer Anzeige*) advertising sales **Anzeigenblatt** *nt* advertiser **Anzeigenkampagne** *f* advertising campaign **Anzeigenteil** *m* advertising section, small ads *pl*

Anzeigepflicht *f kein pl* (*geh*) obligation to inform the police/authorities etc.; **der** ~ **unterliegen** to be notifiable

anzeigepflichtig *adj* notifiable

Anzeiger[1] *m* advertiser

Anzeiger(in)[2] *m(f)* (*geh*) informer *a. pej*

Anzeigetafel *f* LUFT, BAHN departure and arrivals [information] board; SPORT scoreboard

an|zetteln *vt* ❶ (*vom Zaun brechen*) **Blödsinn** ~ [*o* **Unsinn**] to be up to mischief; **eine Schlägerei/einen Streit** ~ to provoke a fight/an argument ❷ (*in Gang setzen*) ■ **etw** ~ to instigate sth

Anziehen <-s> *nt kein pl* FIN *der Preise* rise; (*nach Rückgang*) recovery

an|ziehen[1] *vt irreg* ❶ (*sich mit etw bekleiden*) ■ **[sich** *dat***] etw** ~ to put on sth *sep,* to don sth *form or liter;* **[sich] die Schuhe** ~ to put on [*or* slip into] one's shoes ❷ (*jdn bekleiden*) ■ **jdn** ~ to dress sb; ■ **jdm etw** ~ to put sth on sb ❸ (*kleiden*) **jdn [modisch/vorteilhaft]** ~ to dress sb [up] [in the latest fashion/to look their best]; ■ **sich** ~ to get dressed; **sich leger/schick/warm** ~ to put on casual/smart/warm clothing ❹ SCHWEIZ (*beziehen*) **das Bett** ~ to make the bed; **das Bett frisch** ~ to change the bed

an|ziehen[2] *irreg* **I.** *vt* ❶ (*straffen*) ■ **etw** ~ to pull sth tight; **die Zügel** ~ to pull [[back] on] the reins ❷ (*festziehen*) ■ **etw** ~ to tighten sth; **die Bremse** ~ to apply [*or* put on] the brake ❸ (*an den Körper ziehen*) **einen Arm/ein Bein** ~ to draw up an arm/a leg ❹ (*anlocken*) ■ **jdn** ~ to attract [*or* draw] sb; **sich von jdm/etw angezogen fühlen** to be attracted to [*or* drawn by] sb/sth ❺ PHYS (*an sich ziehen*) ■ **etw** ~ to attract sth ❻ (*fig: sich zueinander hingezogen fühlen*) ■ **sich** ~ to be attracted to each other; *s. a.* **Gegensatz** ❼ (*annehmen*) ■ **etw** ~ to absorb sth ❽ (*ans Schloss ziehen*) **eine Tür** ~ to pull a door to **II.** *vi* ❶ (*sich in Bewegung setzen*) *Zug* to start moving; *Zugtier* to start pulling ❷ (*beschleunigen*) to accelerate ❸ FIN (*ansteigen*) to rise; **kräftig** ~ to escalate

anziehend *adj* attractive

Anziehung *f* ❶ (*verlockender Reiz*) attraction ❷ *kein pl s.* **Anziehungskraft 1**

Anziehungskraft *f* ❶ PHYS (*Gravitation*) [force of] attraction; ~ **der Erde** [force of] gravitation ❷ (*Verlockung*) attraction, appeal; **auf jdn eine [große]** ~ **ausüben** to appeal to [*or* attract] sb [strongly]

Anzug[1] *m* ❶ (*Herrenanzug*) suit; **ein einreihiger/zweireihiger** ~ a single-[*or* double-]breasted suit; **im** ~ **erscheinen** to appear in a suit ❷ SCHWEIZ (*Bezug*) duvet cover; **Anzüge fürs Bett** linen *no pl,* bedclothes ▸ WENDUNGEN: **aus dem** ~ **kippen** (*fam: ohnmächtig werden*) to pass out

Anzug[2] *m kein pl* ❶ AUTO (*Beschleunigungsvermögen*) acceleration ❷ (*Heranrückung*) approach; **im** ~ **sein** to be on the way; MIL to be approaching; *Bedrohung, Gefahr* to be in the offing; (*von Erkältung, Schnupfen*) to be coming on

anzüglich *adj* ❶ (*schlüpfrig*) insinuating, suggestive, lewd; ***ich verbitte mir diese ~en Bemerkungen!*** I won't stand for such insinuating [*or* suggestive] remarks! ❷ (*zudringlich*) personal, pushy *fam;* ■ ~ **sein/werden** to get personal, to make advances

Anzüglichkeit <-, -en> *f* ❶ *kein pl* suggestiveness *no pl,* lewdness *no pl;* ***diese Geste war von einer gewissen*** ~ this gesture was of a certain suggestive [*or* insinuating] nature ❷ *kein pl* (*Zudringlichkeit*) advances *pl* ❸ (*zudringliche Handlung*) pushiness *no pl*

an|zünden *vt* ■ **etw** ~ ❶ (*entzünden*) *Feuer* to light sth ❷ (*in Brand stecken*) *Haus* to set sth on fire, to set fire [*or* light] to sth ❸ (*anstecken*) *Zigarette* to light sth

Anzünder *m* (*fam*) fire lighter

an|zweifeln *vt* ■ **etw** ~ to question [*or* doubt] sth; **einen Bericht/die Echtheit eines Gegenstandes/eine Theorie** ~ to question a report/the authenticity of an object/a theory

an|zwinkern *vt* ■ **jdn** ~ to wink at sb, to give sb a wink

AOK <-, -s> *f Abk von* **Allgemeine Ortskrankenkasse** *public organization providing statutory health insurance to individuals living within a particular area*

äolisch *adj* GEOL aeolian BRIT, eolian AM

Äon <-s, -en> *m meist pl* ASTRON, PHILOS (*geh*) [a]eon

Aorta <-, Aorten> *f* aorta

Aostatal *nt* Aosta Valley

Apache, Apachin <-n, -n> [a'paxə] *m, f* Apache

apart *adj* striking, distinctive, unusual; ***er war ein Mann von ~em Aussehen*** he was a striking [*or* distinctive-looking] man; ***was für ein ~er Pullover!*** that's an unusual sweater!

Apartheid <-> *f kein pl* POL (*hist*) apartheid *no pl, no indef art*

Apartheidpolitik *f kein pl* POL (*hist*) policy of apartheid, apartheid policy

Apartment <-s, -s> [a'partmənt] *nt* flat BRIT, apartment AM

Apartmenthaus *nt* block of flats BRIT, apartment house AM **Apartmentwohnung** *f s.* **Apartment**

Apathie <-, -n> [*pl* -'ti:ən] *f* apathy; MED listlessness

apathisch **I.** *adj* apathetic; MED listless **II.** *adv* apathetically; MED listlessly

Apenninen *pl* Apennines *npl*

aper *adj* SCHWEIZ, ÖSTERR, SÜDD (*schneefrei*) snowless, clear [*or* free] of snow

Aperitif <-s, -s *o* -e> *m* aperitif

Apex <-, Apizes> *m* ASTRON apex

Apfel <-s, Äpfel> *m* apple ▸ WENDUNGEN: **der** ~ **fällt nicht weit vom Stamm** (*prov*) like father, like son; **in den sauren** ~ **beißen** (*fam*) to bite the bullet

Apfelausstecher *m* apple corer **Apfelbaum** *m* apple tree **Apfelblüte** *f* (*Blüte*) apple blossom; (*das Blühen*) blossoming of apple trees; ***zur Zeit der*** ~ when the apple trees are in blossom **Apfelbrandwein** *m* apple brandy

Äpfelchen <-s, -> *nt dim von* **Apfel**

Apfelessig *m* cider vinegar **Apfelkuchen** *m* apple tart [*or* pie] [*or* cake] **Apfelmännchen** *nt* MATH Mandelbrot set

Apfel-Milchsäure-Gärung *f* CHEM apple-lactic-acid-fermentation

Apfelmost *m* DIAL (*unvergorener Fruchtsaft*) apple juice; (*vergorener Fruchtsaft*) [apple] cider **Apfelmus** *nt* apple sauce **Apfelsaft** *m* apple juice **Apfelschimmel** *m* dapple-grey [horse]

Apfelsine <-, -n> *f* (*Frucht*) orange; (*Baum*) orange tree

Apfelstrudel *m* apple strudel **Apfeltasche** *f* apple turnover

äpfeltragend *adj* BOT apple bearing, pomiferous

Apfeltrester *m* apple schnaps **Apfelwein** *m* cider

Aphorismus <-, -rismen> *m* aphorism

Aphrodisiakum <-s, -disiaka> *nt* aphrodisiac

Apnoe-Tauchen [a'pno:ə-] *nt* SPORT (*Tauchen ohne Atemgerät*) freediving *no pl, no indef art,* apnea diving *no pl, no indef art*

Apo, APO <-> *f kein pl Akr von* **außerparlamentarische Opposition**

apodiktisch (*geh*) **I.** *adj* apodictic **II.** *adv* apodictically

Apokalypse <-, -n> *f* apocalypse

apokalyptisch *adj inv* REL apocalyptic

apolitisch *adj* apolitical, non-political

Apollon-Achse *f* SPORT barbell (*with two discs weighing 3 cwt*)

apoplektisch *adj* MED apoplectic

Apostel <-s, -> *m* apostle

Apostelbrief *m* epistle **Apostelgeschichte** *f kein pl* Acts of the Apostles *pl* **Apostelkuchen** *m* brioche-style cake

a posteriori (*geh*) PHILOS a posteriori

A-posteriori-Argument *nt* a posterior reasoning

apostolisch *adj* REL apostolic; **~e Väter** Apostolic Fathers

Apostroph <-s, -e> *m* apostrophe

apostrophieren* *vt* ❶ LING (*selten*) ■ **etw** ~ to apostrophize sth ❷ (*geh: anreden, nachdrücklich* *bezeichnen*) ■**jdn/etw als etw** ~ to refer to sb/sth as sth

Apotheke <-, -n> *f* pharmacy, dispensary, BRIT *a.* [dispensing] chemist's

Apothekendienst *m* pharmacy service **apothekenpflichtig** *adj* available only at the pharmacy [*or* BRIT *a.* chemist's]

Apotheker(in) <-s, -> *m(f)* pharmacist, BRIT *a.* [dispensing] chemist

Apothekergewicht *nt* apothecaries' weight

Apothekerin <-, -nen> *f fem form von* **Apotheker**

Apothekerkammer *f* pharmacists' association; (*in Großbritannien*) Institute of Pharmacists **Apothekerwaage** *f* precision scales *pl*

Apotheose <-, -n> *f* REL apotheosis

Appalachen *pl* Appalachian Mountains *pl*

Appalachenwald *m* BOT Appalachian Forest

Apparat <-[e]s, -e> *m* ① TECH (*technisches Gerät*) apparatus *no pl form,* appliance, machine; (*kleineres Gerät*) gadget ② TELEK (*Telefon*) telephone, phone; **am** ~ **bleiben** to hold the line; ***bleiben Sie bitte am ~!*** please hold the line!; ***wer war eben am ~?*** who was that on the phone just then?; **am ~!** speaking! ③ (*fam: Radio*) radio; (*Rasierapparat*) razor; (*Fotoapparat*) camera ④ ADMIN (*Verwaltungsapparat*) apparatus, machinery; **kritischer** ~ LIT critical apparatus ⑤ (*sl: großer Gegenstand*) whopper; ***meine Gallensteine, das waren solche ~e!*** my gall-stones were real whoppers!

Apparatebau *m kein pl* machine-building *no pl,* instrument-making *no pl* **Apparatemedizin** *f kein pl* high-tech medicine *no pl*

Apparatschik <-s, -s> *m* (*pej*) apparatchik

Apparatur <-, -en> *f* [piece of] equipment *no pl,* apparatus *no pl*

Appartement <-s, -s> [apartəˈmãː] *nt* ① (*Zimmerflucht*) suite [of rooms] ② *s.* **Apartment**

Appartementhaus *nt* block of flats BRIT, condominium AM, block of condominiums AM

Appel <-s, Äppel> *m* NORDD (*Apfel*) apple ▸ WENDUNGEN: **für einen ~ und ein Ei** (*fam*) for peanuts, dirt cheap

Appell <-s, -e> *m* ① (*Aufruf*) appeal; ■**der/ein ~ an jdn/etw** the/an appeal to sb/sth; ■**der/ein ~ zu etw** *dat* the/an appeal for sth; **einen ~ an jdn richten** to make an appeal to sb ② MIL (*Antreten zur Besichtigung*) roll call; **zum ~ antreten** to line up for roll call

Appellant(in) *m(f)* JUR appellant

Appellation <-, -en> *f* JUR SCHWEIZ appeal

appellationsfähig *adj inv* JUR appealable **Appellationsgericht** *nt* JUR court of appeal **Appellationsinstanz** *f* JUR appellate body **Appellationstribunal** *nt* JUR appellate tribunal **Appellationsverfahren** *nt* JUR appeal process

appellieren* *vi* ① (*sich auffordernd an jdn wenden*) to appeal; ■**an jdn ~[, etw zu tun]** to appeal to sb [to do th] ② (*etw wachrufen*) **an jds** *dat* **Großzügigkeit/Mitgefühl/Vernunft** ~ to appeal to sb's [sense of] generosity/[sense of] sympathy/common sense ③ SCHWEIZ (*Berufung einlegen*) ■**gegen etw** *akk* ~ to appeal against sth

Appendix <-, -dizes> [aˈpɛndɪks, -dizes] *m* ① ANAT appendix ② LIT (*Anhang*) appendix

Appendizitis <-, -tiden> *f* MED (*Blinddarmentzündung*) appendicitis

Appenzell <-s> *nt* Appenzell **Appenzell-Außerrhoden** <-s> *nt* Appenzell Outer Rhodes [*or* Ausser Rhoden] **Appenzell-Innerrhoden** <-s> *nt* Appenzell Inner Rhodes [*or* Inner Rhoden]

Appetenz <-, -en> *f* BIOL appetence

Appetenzverhalten *nt* BIOL appetitive behaviour [*or* AM -or]

Appetit <-[e]s> *m kein pl* (*Lust auf Essen*) appetite; ~ **[auf etw** *akk*] **bekommen/haben** to feel like [*or* fancy] [having] [sth]; ***das kann man mit ~ essen!*** that's sth you can really tuck into!; ***auf was hast du denn heute ~?*** what do you feel like having today?; **[jdm] ~ machen** to whet sb's appetite; **den ~ anregen** to work up an/one's appetite; **jdm den ~ [auf etw** *akk*] **verderben** (*fam*) to spoil sb's appetite; **guten ~!** enjoy your meal! ▸ WENDUNGEN: **der ~ kommt beim** [*o* **mit dem**] **Essen** (*prov*) the appetite grows with the eating

appetitanregend *adj* ① KOCHK (*appetitlich*) appetizing ② PHARM (*appetitfördernd*) **ein ~es Mittel** an appetite stimulant **Appetithappen** *m* canapé **appetithemmend** *adj* appetite suppressant

appetitlich I. *adj* ① (*Appetit anregend*) appetizing; (*fig a.*) tempting ② (*fam: Lust anregend*) tempting, attractive **II.** *adv* appetizingly, temptingly

appetitlos *adj* without any appetite; ~ **sein** to have lost one's appetite

Appetitlosigkeit <-> *f kein pl* lack of appetite

Appetitzügler <-s, -> *m* appetite suppressant

applaudieren* *vi* (*geh*) to applaud; ■**[jdm/einer S.]** ~ to applaud [sb/sth]

Applaus <-es, *selten* -e> *m* (*geh*) applause *no pl;* **stehender** ~ standing ovation

Applet <-s, -s> [ˈæplɪt] *nt* INFORM applet

Applikation *f* INFORM application

apportieren* JAGD **I.** *vi* to retrieve, to fetch **II.** *vt* ■**etw** ~ to fetch [*or* retrieve] sth

Apposition <-, -en> *f* LING apposition

appretieren* *vt* CHEM ■**etw** ~ to proof [*or* finish] sth; **etw fleckunempfindlich/nässeunempfindlich** ~ to stainproof [*or* rainproof] [*or* waterproof] sth

Appretur <-, -en> *f* CHEM finish

Approbation <-, -en> *f* licence [*or* AM -se] to practise [*or* AM -ce] as a doctor/dentist etc

approbiert *adj* certified, registered

Après-Ski <-, -s> [aprɛˈʃiː] *nt* ① (*Freizeit nach dem Skilaufen*) après-ski ② MODE après-ski clothing

Après-Ski-Kleidung [aprɛˈʃiː-] *f kein pl* après-ski clothes *npl* [*or no pl* clothing]

Aprikose <-, -n> *f* (*Frucht*) apricot; (*Baum*) apricot tree

aprikotieren *vt* KOCHK to brush with strained apricot jam

April <-s, *selten* -e> *m* April; *s. a.* **Februar** ▸ WENDUNGEN: **jdn in den ~ schicken** to make an April fool of sb; **~! ~!** (*fam*) April fool!

Aprilscherz *m* ① (*Scherz am 1. April*) April fool's trick ② (*schlechter Witz*) [bad] joke; ***das ist doch wohl ein ~!*** you must be joking! **Aprilwetter** *nt* April weather

a priori [apriˈoːri] *adv* PHILOS (*geh*) a priori

A-priori-Argument *nt* a priori reasoning

apropos [aproˈpoː] *adv* ① (*übrigens*) by the way[, that reminds me]; ~, ***was ich noch sagen wollte ...*** by the way, I was going to say ...; ~, ***ehe ich's vergesse ...*** by the way, before I forget ... ② (*was ... angeht*) ~ ***Männer, ...*** talking of [*or* apropos] men, ...

Apsis <-, -siden> *f* ① ARCHIT (*Chorabschluss*) apse ② (*im Zelt*) bell

Apulien <-> *nt* Apulia

Aquädukt <-[e]s, -e> *m o nt* ARCHÄOL aqueduct

Aquakultur *f* aquaculture **Aquamarin** <-s, -e> *m* aquamarine **aquamarinblau** *adj* aquamarine

Aquaplaning <-s> *nt kein pl* aquaplaning *no pl*

Aquarell <-s, -e> *nt* watercolour [*or* AM -or] [painting]; ■**~e malen** to paint in watercolours [*or* AM -ors]

Aquarellfarbe *f* watercolour **Aquarellmaler(in)** *m(f)* watercolourist **Aquarellmalerei** *f* KUNST watercolour painting **Aquarellmalerin** <-, -nen> *f fem form von* **Aquarellmaler**

Aquarium <-s, -rien> [*pl* -riən] *nt* aquarium

Aquatinta <-, -tinten> *f* aquatint

Äquator <-s> *m kein pl* equator

äquatorial *adj* equatorial; **~es Klima** equatorial climate

Äquatorialguinea <-s> *nt* Equatorial Guinea; *s. a.* **Deutschland**

Äquatorialguineer(in) <-s, -> [-giˈneːɐ] *m(f)* Equatorial Guinean, Equatoguinean; *s. a.* **Deutsche(r)**

äquatorialguineisch *adj* Equatorial Guinean, Equatoguinean; *s. a.* **deutsch**

Äquatortaufe *f* NAUT crossing-the-line ceremony

Aquavit <-s, -e> [-viː-] *m* aquavit

Aquifere <-, -n> *f* aquifer

äquivalent [-va-] *adj* (*geh*) equivalent; ■**etw** *dat* ~ **sein** to be suitable [*or* appropriate] for sth

Äquivalent <-s, -e> [-va-] *nt* equivalent

Äquivalenz <-, -en> *f* equivalence

Äquivalenzprinzip *nt* FIN benefits received principle **Äquivalenzprüfung** *f* FIN equivalence tests *pl*

Äquivalenzrelation *f* MATH equivalence relation

Ar <-s, -e> *nt o m* (*100 m²*) are

Ära <-, Ären> *f* (*geh*) era

Ara <-, -s> *m* ORN macaw

Araber(in) <-s, -> *m(f)* Arab

Araber <-s, -> *m* (*Vollblutpferd*) Arab

Arabeske <-, -n> *f* KUNST, ARCHIT arabesque

Arabien <-s> *nt* Arabia

arabisch *adj* ① GEOG (*zu Arabien gehörend*) Arabian, Arab; **A~e Republik Syrien** ÖSTERR (*Syrien*) Syria; **A~e Halbinsel** Arabian Peninsula; **die A~e Liga** the Arab League; **A~es Meer** Arabian Sea ② LING Arabic; **auf ~** in Arabic

Arabisch *nt dekl wie adj* LING Arabic; ■**das ~e** Arabic

Arabische Republik Syrien *f* ÖSTERR *s.* **Syrien**

Arabisches Meer *nt* Arabian Sea

Arabistik <-> *f kein pl* Arabic studies *pl*

Arachidöl *nt* peanut oil

Arafurasee *f* Arafura Sea

Aragonien <-s> *nt* Aragon

Aragonier(in) <-s, -> *m(f)* Aragonian

Aralsee *m* Aral Sea

aramäisch *adj* Aramaic

Aramäisch <-> *nt dekl wie adj* Aramaic; ■**das ~e** Aramaic

Arbeit <-, -en> *f* ① (*Tätigkeit*) work *no pl, no indef art;* ***pack lieber mit an, statt mir nur bei der ~ zuzusehen!*** you could give me a hand instead of watching me do all the work!; ***die ~ mit Schwerbehinderten ist äußerst befriedigend*** working with the disabled is extremely fulfilling; **gute/schlechte ~ leisten** to do a good/bad job; **ganze** [*o* **gründliche**] **~ leisten** to do a good job; **etw** [**bei jdm**] **in ~ geben** to have sth done [at sb's [*or* by sb]]; **etw in ~ haben** to be working on sth; **in ~ sein** work is in progress on sth; ***Ihr Pils ist in ~!*** your Pils is on its way!; **an** [*o* **bei**] **der ~ sein** to be working; **die ~ läuft nicht davon** (*hum*) your work will still be there when you get back; **jdm** [**viel**] **~ machen** to make [a lot of] work for sb; **sich an die ~ machen** to get down to working; **an die ~ gehen** to get down to work; **an die ~!** get to work!; **~ und Kapital** labour [*or* AM -or] and capital ② (*Arbeitsplatz*) work *no indef art, no pl,* employment *no indef art, no pl,* job; ***er fand ~ als Kranfahrer*** he got a job as a crane driver; ***wir fahren mit dem Fahrrad zur ~*** we cycle to work; ***beeil dich, sonst kommst du zu spät zur ~!*** hurry up, or you'll be late for work!; ***ich gehe heute nicht zur ~*** I'm not going [in]to work today; **~ suchende Menschen** those looking for a job; **einer** [**bestimmten**] **~ nachgehen** (*geh*) to have a job; **einer geregelten ~ nachgehen** to have a steady job; [**bei jdm**] **in ~ stehen** [*o* **sein**] (*geh*) to be employed [by sb] ③ (*handwerkliches Produkt*) work, handiwork; ***dieser Schreibtisch ist eine saubere ~!*** this bureau is an excellent bit of handiwork!; **nur halbe ~ machen** to do a half-hearted job ④ (*schriftliches Werk*) work ⑤ SCH (*Klassenarbeit in der Schule*) test; **eine ~ schreiben** to do [*or* sit] a test; ***sie büffelten für die anstehende ~ in Mathe*** they were swotting for the upcoming maths test; (*Examensarbeit an der Uni*) paper, essay ⑥ *kein pl* (*Mühe*) work, effort, troubles *pl;* ***das Geld ist für die ~, die Sie hatten!*** the money is for your troubles! [*or* efforts]; ***mit kleinen Kindern haben Eltern immer viel ~*** small children are always a lot of work for parents; **sich** *dat* **~** [**mit etw** *dat*] **machen** to go to trouble [with sth]; ***machen Sie sich keine ~, ich schaffe das schon alleine!*** don't go to any trouble, I'll manage on my own!; **viel ~ sein** [*o* **kos-**

ten] to take a lot of work [*or* effort] ❼ (*Aufgabe*) job, chore; ***die Mutter verteilte an ihre Kinder die einzelnen ~en wie Spülen, Staubsaugen etc*** the mother shared out all the chores such as the washing-up, hoovering etc amongst her children ▸ WENDUNGEN: ~ **schändet nicht** (*prov*) work is no disgrace, a bit of work never harmed anyone; **erst die ~, dann das Vergnügen** (*prov*) business before pleasure *prov*

arbeiten I. *vi* ❶ (*tätig sein*) to work; ***stör mich nicht, ich arbeite gerade!*** don't disturb me, I'm working!; ■**an etw** *dat* ~ to be working on sth; ***Helene arbeitet an der Fertigstellung ihres Erstromans*** Helen is working on the completion of her first novel; ■**über jdn/etw** ~ to work on sb/sth; ***er arbeitet über Goethe*** he's working on Goethe; **für zwei** ~ (*fam*) to do the work of two [people] ❷ (*berufstätig sein*) ■[**bei jdm/für jdn/an etw** *dat*] ~ to work [for sb/on sth]; ~ **gehen** to have a job ❸ TECH (*funktionieren*) to work; ■[**mit etw**] ~ to operate [on sth]; ***das System arbeitet vollautomatisch*** the system is fully automatic; ***unsere Heizung arbeitet mit Gas*** our heating operates [*or* runs] on gas; ***alle Systeme ~ nach Vorschrift*** all systems are working according to regulations ❹ MED (*funktionieren*) to function; ***Ihre Leber arbeitet nicht mehr richtig*** your liver is not functioning properly anymore ❺ (*sich bewegen*) *Holz, Balken* to warp ❻ (*gären*) *Hefe, Most etc* to ferment ❼ *impers* (*sich innerlich mit etw beschäftigen*) to work; ■**in jdm arbeitet es** sb is reacting; ***man sah, wie es in ihm arbeitete*** you could see his mind working; ***lass mich nachdenken, in meinem Kopf arbeitet es jetzt!*** let me think, my mind is starting to work! ❽ MODE (*schneidern*) **bei jdm ~ lassen** to have sth made somewhere/by sb; ***Ihr Anzug sitzt ja ganz ausgezeichnet! wo/bei wem lassen Sie ~?*** your suit fits wonderfully! Where do you have your clothes made [*or* who makes your clothes for you]? II. *vr* ❶ (*gelangen*) ■**sich irgendwohin** ~ to work one's way somewhere; ***die Bergarbeiter arbeiteten sich weiter nach unten*** the miners worked their way further down; **sich [langsam] nach oben** [*o* **an die Spitze**] ~ to work one's way [slowly] to the top ❷ (*durchdringen*) ■**sich [durch etw] [durch]**~ to work oneself [through sth]; ***der Bohrer musste sich durch das Gestein*** ~ the drill had to work through the stonework ❸ (*bewältigen*) ■**sich durch etw** ~ to work one's way through sth; ***es wird Wochen brauchen, bis ich mich durch all die Aktenberge gearbeitet habe*** it will take me weeks to work my way through the stacks of papers ❹ *impers* (*zusammenarbeiten*) ■**es lässt sich [mit jdm] arbeiten** there's co-operation [with sb]; **es arbeitet sich gut/schlecht mit jdm** you can/can't work well with sb; ***mit willigen Mitarbeitern arbeitet es sich besser als mit störrischen*** it's better to work with willing colleagues than with stubborn ones; (*umgehen*) to work; **es arbeitet sich gut/schlecht auf etw** *dat*/**mit etw** *dat* you can/can't work well on sth/with sth; ***mit dem alten Computer arbeitet es sich nicht so gut*** you can't work as well on the old computer ❺ (*sich in einen Zustand arbeiten*) **sich halb tot** ~ to work oneself to death; **sich krank** ~ to work til one drops; **sich müde** ~ to tire oneself out with work, to work oneself silly; *s. a.* **Tod** III. *vt* ❶ (*herstellen*) to make; ■**etw [aus etw]** ~ to make sth [from sth]; **von Hand** ~ to make sth by hand; ***der Schmuck ist ganz aus 18-karätigem Gold gearbeitet*** the jewellery is made entirely from 18-carat gold ❷ (*tun*) ■**etwas/nichts** ~ to so sth/nothing; ***ich habe heute noch nichts gearbeitet*** I haven't managed to do anything yet today

Arbeiter(in) <-s, -> *m(f)* (*Industrie*) [blue-collar] worker; (*landwirtschaftlicher* ~) labourer [*or* AM -orer]

Arbeiterbewegung *f* POL labour movement **Arbeiterfamilie** *f* working-class family **Arbeiterführer(in)** *m(f)* workers' leader **Arbeitergewerkschaft** *f* blue-collar union

Arbeiterin <-, -nen> *f fem form von* **Arbeiter**

Arbeiterkind *nt* working-class child **Arbeiterklasse** *f* working class **Arbeiterpartei** *f* workers' party

Arbeiterschaft <-> *f kein pl* work force + *sing/pl vb*

Arbeitersiedlung *f* workers' housing estate **Arbeiter-und-Bauern-Staat** *m* HIST (*in der ehemaligen DDR*) worker's and peasant's state **Arbeiter-und-Soldaten-Rat** *m* HIST workers' and soldiers' council **Arbeiterviertel** *nt* working-class area [*or* district] **Arbeiterwohlfahrt** *f kein pl* ■**die** ~ the workers' welfare union

Arbeitgeber(in) <-s, -> *m(f)* employer; ***bei welchem ~ bist du beschäftigt?*** who is your employer?

Arbeitgeberanteil *m* employer's contribution **Arbeitgeberhälfte** *f* employer's contribution

Arbeitgeberin <-, -nen> *f fem form von* **Arbeitgeber**

Arbeitgeberpräsident(in) *m(f)* president of an/the employers' association [*or* federation] **Arbeitgeberseite** *f* employers' side **Arbeitgeberverband** *m* employers' association

Arbeitnehmer(in) *m(f)* employee

Arbeitnehmeranteil *m,* **Arbeitnehmerbeitrag** *m* FIN (*zur Sozialversicherung*) employee's contribution **Arbeitnehmererfinder(in)** *m(f)* employee inventor **Arbeitnehmererfindervergütung** *f* FIN compensation for employee invention **Arbeitnehmererfindung** *f* employee invention; **Gesetz über ~en** Law on Employee Inventions; **Richtlinien für die Vergütung von ~en im privaten Dienst** Directives on the Compensation to be Paid for Employee Inventions Made in Private Employment **Arbeitnehmerfreibetrag** *m* FIN employee's personal tax allowance, BRIT earned income relief, AM employee allowance **Arbeitnehmerfreizügigkeit** *f kein pl* JUR free movement of labour **arbeitnehmerfreundlich** *adj* pro-employee

Arbeitnehmerin <-, -nen> *f fem form von* **Arbeitnehmer**

Arbeitnehmerinteresse *nt* employee's interest **Arbeitnehmerrechte** *pl* JUR workers' [*or* employee] rights **Arbeitnehmerschaft** <-, -en> *f* employees *pl* **Arbeitnehmerschutz** *m* JUR protection of employees **Arbeitnehmerseite** *f* employee's side **arbeitnehmertypisch** *adj inv* typical of/for employees **Arbeitnehmerüberlassung** *f* hiring out of employees, temping **Arbeitnehmervertreter(in)** *m(f)* employee [*or* workforce] representative

Arbeitsablauf *m* production, work routine

arbeitsam *adj* (*geh o veraltend*) industrious

Arbeitsamkeit <-> *f kein pl* (*geh o veraltend*) industriousness

Arbeitsamt *nt* job centre BRIT, employment office AM **Arbeitsanleitung** *f* (*mündlich*) [work] instructions *pl;* (*schriftlich*) [written] guidelines *pl* **Arbeitsantritt** *m* start of employment **Arbeitsanzug** *m* work clothes *pl;* (*Handwerker etc*) overalls *pl* **Arbeitsatmosphäre** <-, *selten* -n> *f* work climate, atmosphere at work **Arbeitsauffassung** *f s.* Arbeitsmoral **Arbeitsauftrag** *m* task **Arbeitsaufwand** *m* expenditure of energy; ***was für ein ~!*** what a lot of work! **arbeitsaufwändig**[RR], **arbeitsaufwendig** *adj* labour-intensive **Arbeitsausfall** *m* loss of working hours **Arbeitsausgleich** *m* ÖKON evening out labour **Arbeitsbedingungen** *pl* working conditions *pl* **Arbeitsbefreiung** *f* ÖKON exemption from working **Arbeitsbeginn** *m* start of work; (*Stempeluhr*) clocking-on; **zu spät zum ~ erscheinen** to be late for work [*or* clocking-on] **Arbeitsbelastung** *f* workload **Arbeitsbereich** *m* area [*or* field] of work **Arbeitsbericht** *m* work report **Arbeitsbeschaffung** *f* (*Arbeitsplatzbeschaffung*) job creation; (*Auftragsbeschaffung*) obtaining work *no art,* bringing in work *no art* **Arbeitsbeschaffungsmaßnahme** *f* job creation scheme [*or* AM plan] **Arbeitsbeschaffungsprojekt** *nt* job creation scheme [*or* AM plan] **Arbeitsbescheinigung** *f* cerificate of employment **Arbeitsbesuch** *m* working visit **Arbeitsbiene** *f* ❶ (*Insekt*) worker [bee] ❷ (*fleißige Frau*) busy bee **Arbeitsblatt** *nt* spreadsheet **Arbeitsdatei** *f* INFORM scratch file **Arbeitsdaten** *pl* INFORM working data + *sing vb* **Arbeitsdienst** *m* HIST labour service **Arbeitsdirektor(in)** *m(f)* personnel director **Arbeitseifer** *m* enthusiasm for one's work **Arbeitseinkommen** *nt* JUR earned income; **verschleiertes** ~ undeclared earned income **Arbeitseinkommensquote** *f* ÖKON quota of earned income **Arbeitseinstellung** *f* walkout **Arbeitseinteilung** *f* planning of work, work allocation **Arbeitsende** *nt* end of the working day; (*Stempeluhr*) clocking-off; ***um 16 Uhr 30 ist*** ~ work finishes [*or* clocking-off is] at 4.30 pm **Arbeitsentgelt** *nt* employee earnings *npl* [*or* pay] **Arbeitsentgeltpflicht** *f* JUR duty to compensate labour **Arbeitserlaubnis** *f* (*betriebliche Arbeitsberechtigung*) permission to work; (*behördliche Arbeitsgenehmigung*) work permit **Arbeitserleichterung** *f* saving of labour; ***das bedeutet eine große*** ~ that makes work a lot easier [*or* is very labour-saving]; **zur** ~ to facilitate work, to make work easier **Arbeitsessen** *nt* business [*or* working] lunch/dinner **Arbeitsexemplar** *nt* desk copy **arbeitsfähig** *adj* ❶ (*tauglich*) able to work; ■~ **sein** to be fit for work ❷ (*funktionsfähig*) ■~ **sein** to be viable **Arbeitsfähige(r)** *f(m) dekl wie adj a person who is able to work* **Arbeitsfähigkeit** *f* ❶ (*Tauglichkeit*) ability [*or* fitness] to work ❷ (*Funktionsfähigkeit*) viability **Arbeitsfeld** *nt* (*geh*) field of work **Arbeitsfläche** *f* work surface **Arbeitsfluss**[RR] *m kein pl* ÖKON flow of workers **Arbeitsfolge** *f* ÖKON job sequence **Arbeitsförderung** *f* ÖKON work motivation **Arbeitsförderungsgesetz** *nt kein pl* Labour Promotion Law [*or* Act] **Arbeitsfriede(n)** *m* peaceful labour relations *pl, no art* **Arbeitsgang** <-gänge> *m* ❶ (*Produktionsabschnitt*) production stage; (*Bearbeitungsabschnitt*) stage [of operation] ❷ *s.* Arbeitsablauf **Arbeitsgebiet** *nt s.* Arbeitsfeld **Arbeitsgemeinschaft** *f* working-group; SCH study-group **Arbeitsgerät** *nt* equipment *no pl* **Arbeitsgerätschaft** *f* working implement **Arbeitsgericht** *nt* industrial tribunal **Arbeitsgerichtsbarkeit** *f* JUR labour [court] jurisdiction **Arbeitsgerichtsgesetz** *nt* JUR Labour Court Act **Arbeitsgerichtsverfahren** *nt* JUR industrial tribunal proceedings **Arbeitsgesetz** *nt* JUR labour act **Arbeitsgesetze** *pl* JUR labour laws **Arbeitsgesetzgebung** *f* JUR labour legislation [*or* employment] **Arbeitsgruppe** *f* team **Arbeitshilfe** *f* aid; **technische ~n** technical aids **arbeitsintensiv** *adj* labour-intensive, requiring a lot of work **Arbeitskammer** *f* JUR chamber of labour **Arbeitskampf** *m* industrial action **Arbeitskampfmaßnahmen** *pl* industrial practices **Arbeitskleidung** *f* work clothes *pl* [*or form* attire] **Arbeitsklima** *nt* working athmosphere, work climate **Arbeitskollege, -kollegin** *m, f* colleague, work-mate *fam* **Arbeitskonflikt** *m* FIN industrial [*or* labour] dispute **Arbeitskosten** *pl* labour costs *pl* **Arbeitskraft** *f* ❶ *kein pl* (*Leistungskraft*) work capacity; **die menschliche** ~ human labour ❷ (*Mitarbeiter*) worker; **ungelernte** ~ unskilled [*or* manual] worker [*or* labourer] **Arbeitskräftemangel** *m* manpower [*or* labour] shortage **Arbeitskräftepotenzial**[RR] *nt* ÖKON manpower potential, human resources *pl* **Arbeitskräfterechnung** *f* ÖKON manpower estimates *pl* **Arbeitskreis** *m* working group **Arbeitskurve** *f* ÖKON manpower curve **Arbeitslager** *nt* labour camp **Arbeitsleben** *nt kein pl* working life **Arbeitsleistung** *f* output, performance **Arbeitslohn** *m* wages *pl*

arbeitslos *adj* unemployed; ■~ **sein/werden** to be/become unemployed [*or* out of work]

Arbeitslose(r) *f(m) dekl wie adj* unemployed person; ■**die ~n** the unemployed

Arbeitslosengeld *nt* unemployment benefit [*or* pay], BRIT *fam a.* the dole **Arbeitslosenhilfe** *f* unemployment aid [*or* assistance] **Arbeitsloseninitiative** *f* jobclub, programme [*or* AM -am] for the unemployed **Arbeitslosenmeldung** *f* report to [*or* personal appearance at] an/the unemployment office **Arbeitslosenquote** *f* unemployment figures *pl* [*or* rate] **Arbeitslosenunterstützung** *f kein pl* (*hist*) unemployment benefit [*or* pay], BRIT the dole *fam a.* **Arbeitslosenverein** *m* jobclub **Arbeitslosenversicherung** *f* unemployment insurance, National Insurance BRIT **Arbeitslosenzahlen** *pl* unemployment figures *pl,* jobless total

Arbeitslosigkeit <-> *f kein pl* unemployment *no indef art, + sing vb*

Arbeitsmangel *m* lack of work **Arbeitsmarkt** *m* job [*or* labour] market **Arbeitsmarktdaten** *pl* ÖKON data + *sing/pl vb* on the labour market **Arbeitsmarktpolitik** *f* ÖKON labour-market policy, employment [*or* manpower] policy **arbeitsmarktpolitisch** *adj attr* ÖKON labour-market policy *attr,* related to labour market policy *pred;* ~e **Instrumente/Maßnahmen** labour-market policy instruments/measures **Arbeitsmarktreform** *f* labour market reform **Arbeitsmaterial** *nt* (*für den Beruf*) material required for work; (*für den Schulunterricht*) classroom aids *pl* **Arbeitsmedizin** *f* industrial medicine **Arbeitsminister(in)** *m(f)* Employment Secretary BRIT, Secretary of Labor AM **Arbeitsministerium** *nt* Ministry of Labour BRIT, Labour Ministry BRIT, Department of Labor AM **Arbeitsmittel** *pl* tools, equipment *no pl* **Arbeitsmittelintensität** *f* ÖKON intensity of labour instruments **Arbeitsmittelproduktivität** *f kein pl* ÖKON productivity of labour instruments **Arbeitsmoral** *f* work morale [*or* ethic] **Arbeitsniederlegung** *f* walkout **Arbeitsnorm** *f* ÖKON labour standard; **technisch begründete** ~ technological labour standards **Arbeitsordnung** *f* work regulation **Arbeitsorganisation** *f* work organization **Arbeitsort** *m* place of work **Arbeitspapier** *nt* ① (*vorläufige Grundlage*) working paper ② *pl* (*beschäftigungsrelevante Unterlagen*) employment papers *pl* **Arbeitspartei** *f* party of work **Arbeitspause** *f* [coffee/lunch/tea] break **Arbeitspensum** *nt* work quota **Arbeitspflicht** *f* JUR obligation to work **Arbeitsplan** *m* workplan **Arbeitsplatte** *f* work[ing] surface **Arbeitsplatz** *m* ① (*Arbeitsstätte*) workspace, workplace; ***das Institut hat insgesamt 34 Arbeitsplätze*** the institute has working space for 34 members of staff; ***meine Kollegin ist im Moment nicht an ihrem*** ~ my colleague is not at her desk at the moment; **am** ~ at work, in the office; ***Alkohol am ~ ist untersagt*** alcohol at the workplace is not permitted ② (*Stelle*) job, vacancy; **freier** ~ vacancy **Arbeitsplatzabbau** *m* job reductions *pl* **Arbeitsplatzbeschreibung** *f* job description **Arbeitsplatzdrucker** *m* INFORM desktop printer **Arbeitsplatzentwicklung** *f* job development **Arbeitsplatzrechner** *m* INFORM desktop computer **Arbeitsplatzteilung** *f* job-sharing, work-sharing **Arbeitsplatzwahlfreiheit** *f* JUR free choice of workplace **Arbeitsplatzwechsel** *m* change of employment [*or* job] **Arbeitsprobe** *f* sample of one's work **Arbeitsproduktivität** *f kein pl* ÖKON labour productivity **Arbeitsprogramm** *nt* INFORM operating software **Arbeitsprozess**[RR] *m* ① (*Vorgang*) working process ② JUR (*Gerichtsverfahren*) labour case **Arbeitsraum** *m s.* **Arbeitszimmer** **Arbeitsrecht** *nt* industrial law **arbeitsrechtlich** *adj* concerning industrial law **arbeitsreich** *adj* busy, filled with work **Arbeitsrhythmus** *m* work rhythm **Arbeitsrichter(in)** *m(f)* judge in an industrial tribunal **Arbeitsrückstand** *m* ÖKON backlog of work **Arbeitsruhe** *f* work shut-down; ***während des Streiks herrschte in fast allen Betrieben*** ~ most factories were closed during the strikes **arbeitsscheu** *adj* (*pej*) work-shy **Arbeitsscheue(r)** *f(m) dekl wie adj* (*pej*) person who does not want to get a job **Arbeitsschluss**[RR] *m* finishing-time

Arbeitsschutz *m* health and safety protection at the workplace

Arbeitsschutzbrille *f* protective goggles *npl* [*or* eyewear] **Arbeitsschutzgesetz** *nt* JUR labour [*or* workers'] protection law, BRIT Factory Act **Arbeitsschutzgesetzgebung** *f,* **Arbeitsschutzrecht** *nt* JUR industrial safety legislation **Arbeitsschutzvorschriften** *pl* health and safety regulations *pl* at work

Arbeitssenator, -senatorin *m, f* senator responsible for labour affairs **Arbeitssicherheit** *f* occupational [*or* on-the-job] safety **Arbeitssicherheitsrecht** *nt* JUR industrial safety law **Arbeitsspeicher** *m* INFORM main memory **Arbeitsstätte** *f* (*geh*) place of work **Arbeitsstättenverordnung** *f workplace regulation* **Arbeitsstelle** *f* job **Arbeitsstunde** *f* (*am Arbeitsplatz verbrachte Stunde*) working hour; (*berechnete Stunde*) working hour, labour **Arbeitssuche** *f* search for employment; **auf ~ sein** to be seeking employment [*or* job-hunting]; **sich auf ~ machen** [*o* **begeben**] to start job-hunting [*or* looking for a job] **Arbeitssuchende(r)** *f(m) decl wie adj* jobseeker **Arbeitstag** *m* working day; **ein harter** ~ a hard day at work **Arbeitstagung** *f* conference **Arbeitstätigkeit** *f* (*geh*) work; **einer ~ nachgehen** to be employed **arbeitsteilig** I. *adj* based on job-sharing [*or* the division of labour] II. *adv* ***sie sind ~ beschäftigt*** they work under the principle of job-sharing **Arbeitsteilung** *f* job-sharing, division of labour **Arbeitstempo** *nt* work-speed, rate of work **Arbeitstier** *nt* (*fam*) workaholic, workhorse **Arbeitstisch** *m* work-table; (*Schreibtisch*) desk; (*für handwerkliche Arbeiten*) work-bench **Arbeitstitel** *m* provisional [*or* draft] title **Arbeitsüberlastung** *f* pressure of work

Arbeitsuche *f* job-hunting, search for employment

arbeitsuchend *adj s.* **Arbeit 2**

Arbeitsuchende(r) *f(m) dekl wie adj* job-seeker

Arbeits- und Berufskrankenversicherung *f* FIN labour [*or* AM -or] and employee health insurance

arbeitsunfähig I. *adj* unfit for work; **jdn ~ schreiben** MED to write sb a sick note [*or* put sb on sick leave] II. *adv* off sick; ***er war ~ erkrankt*** he was off sick [*or* on the sick-list] **Arbeitsunfähigkeit** *f* inability to work, unfitness for work **Arbeitsunfähigkeitsbescheinigung** *f* certificate of unfitness for work; (*Krankschreibung*) sick note **Arbeitsunfall** *m* work-related [*or* industrial] accident **Arbeitsunterlage** *f meist pl* work paper, sources *pl* required for one's work **Arbeitsverdienst** *m* (*geh*) income, earnings *npl* **Arbeitsvereinfachung** *f* work [*or* task] simplification **Arbeitsverhältnis** *nt* (*form*) employment relationship; **befristetes/unbefristetes** ~ temporary/unlimited employment **Arbeitsvermittlung** *f* ① (*Vermittlung einer Beschäftigung*) arrangement of employment ② (*Abteilung im Arbeitsamt*) employment exchange, job centre [*or* AM -er] ③ (*Vermittlungsagentur*) employment agency **Arbeitsvermittlungsmonopol** *nt* job placement monopoly **Arbeitsvermittlungsstelle** *f* labour exchange BRIT, government employment office AM **Arbeitsvermögen** *nt kein pl* ÖKON human capital; **betriebliches** ~ operating human capital **Arbeitsvertrag** *m* contract of employment **Arbeitsvertragsrecht** *nt* JUR law relating to employment [contracts] **Arbeitsverwaltung** *f* labour [*or* manpower] administration **Arbeitsverweigerung** *f* refusal to work **Arbeitsvorgang** *m* operation, process **Arbeitsweise** *f* (*Vorgehensweise bei der Arbeit*) working method; (*Funktionsweise von Maschinen*) mode of operation **Arbeitswelt** *f* world of work **arbeitswillig** *adj* willing to work **Arbeitswillige(r)** *f(m) dekl wie adj* person willing to work **Arbeitswoche** *f* working week **Arbeitswut** *f* (*fam*) work mania **arbeitswütig** *adj* (*fam*) ■ ~ **sein** to be suffering from work mania **Arbeitszeit** *f* ① (*tägliche betriebliche Arbeit*) working hours *pl;* **gleitende** ~ flexible working hours *pl,* flexitime, AM *a.* flextime ② (*benötigte Zeit*) required [working] time **Arbeitszeitaufwand** *m kein pl* ÖKON total working time **Arbeitszeitermittlung** *f* ÖKON work measurement **Arbeitszeitkonto** *nt* working-time account (*increase in holiday entitlement through overtime*) **Arbeitszeitverkürzung** *f* reduction of working hours **Arbeitszeugnis** *nt* reference [from previous employer] **Arbeitszimmer** *nt* study

Arbitrage <-, -n> [arbiˈtraːʒə] *f* BÖRSE (*Ausnutzung von Kursdifferenzen*) arbitrage

arbitragefähig [arbiˈtraːʒə-] *adj* BÖRSE admitted to arbitrage dealings *pred*

Arbitrageur(in) <-s, -e> [arbitraˈʒøːɐ̯] *m(f)* BÖRSE arbitrage broker

Arborio <-s> *m,* **Arborio Reis** *m kein pl* KOCHK arborio rice *no pl*

archaisch *adj* archaic

Archaismus <-, -men> *m* KUNST, LING archaism

Archäologe, -login <-n, -n> *m, f* archaeologist, *esp* AM archeologist

Archäologie <-> *f kein pl* archaeology, *esp* AM archeology

Archäologin <-, -nen> *f fem form von* **Archäologe**

archäologisch I. *adj* archaeological, *esp* AM archeological II. *adv* archaeological, *esp* AM archeological

Archäopteryx <-, -e> *m* ARCHÄOL, BIOL (*Urvogel*) archaeopteryx

Arche <-, -n> *f* ark; **die ~ Noah** REL Noah's Ark

Archetyp <-s, -en> *m* PHILOS, PSYCH archetype

archetypisch *adj* archetypal

archimedisch *adj inv* MATH ~e **Spirale** Archimedes' [*or* Archimedean] screw

Archipel <-s, -e> *m* GEOG archipelago

Architekt(in) <-en, -en> *m(f)* architect

Architektenbüro *nt* ① (*Konstruktionsraum*) architect's office ② (*Firma*) firm of architects

Architektin <-, -nen> *f fem form von* **Architekt**

architektonisch I. *adj* architectural, structural II. *adv* from an architectural point of view, structurally

Architektur <-, -en> *f* (*Baukunst*) architecture; (*Bauwerk*) piece of architecture

Archiv <-s, -e> [-və] *nt* archives *pl*

Archivar(in) <-s, -e> [-ˈvaːɐ̯] *m(f)* archivist

Archivbild *nt* MEDIA archive [*or* library] photo, photo from the archives **Archivexemplar** *nt* MEDIA file copy

archivieren* [-ˈviː-] *vt* MEDIA to archive, to file; ■**etw** ~ to put sth in[to] the archives, to file sth [away]

Archivierung *f* archiving

ARD <-> *f kein pl Abk von* **Arbeitsgemeinschaft der Rundfunkanstalten Deutschlands** *amalgamation of the broadcasting stations of the Länder which runs the first German national TV channel*

Are <-, -n> *f* SCHWEIZ *s.* **Ar**

Areal <-s, -e> *nt* ① (*Gebiet*) area ② (*Grundstück*) grounds *pl,* land

Arekanuss[RR] *f* areca nut, betel nut

Ären *pl of* **Ära**

Arena <-, Arenen> *f* ① (*Manege*) [circus-]ring ② SPORT (*Kampfplatz*) arena ③ (*Stierkampfarena*) [bull-]ring ▶ WENDUNGEN: **in die ~ steigen** to enter the ring; POL to enter the [political] arena

arg <ärger, ärgste> I. *adj bes* SÜDD ① (*schlimm*) bad, terrible; **im A~en liegen** to be at sixes and sevens; **das Ärgste befürchten** to fear the worst; **etw noch ärger machen** to make sth worse; **eine ~e Beleidigung** a terrible insult; ***er war ihr ärgster Feind*** he was her worst enemy; ~ **verletzt sein** to be badly hurt ② *attr* (*groß*) great; **eine ~e Enttäuschung/Freude** a great disappointment/pleasure ③ *attr* (*stark*) heavy; **ein ~er Raucher/Säufer** a heavy smoker/drinker II. *adv* SÜDD (*fam: sehr*) badly, terribly; ***tut es ~ weh?*** does it hurt badly?; ***er hat dazu ~ lang gebraucht*** he took a terribly long time for it; **es** [**zu**] ~ **treiben** to go too far

Argentinien <-s> [-niən] *nt* Argentina

Argentinier(in) <-s, -> *m(f)* Argentinian, Argentine; *s. a.* **Deutsche(r)**

argentinisch *adj* Argentinian, Argentine; *s. a.* deutsch

ärger *adj Komparativ von* **arg**

Ärger <-s> *m kein pl* ❶ (*Wut*) annoyance, anger; ***er fühlte ~ in sich aufsteigen*** he could feel himself getting very annoyed [*or* angry] ❷ (*Unannehmlichkeiten*) bother, trouble; ***das sieht nach ~ aus!*** looks like trouble!; **~ bekommen** [*o* **kriegen**] (*fam*) to get into trouble; **es gibt** [**mit jdm**] **~** (*fam*) there's going to be trouble [with sb]; **~ haben** to have problems [*or fam* hassle]; **~ mit jdm/etw haben** to have trouble [*or* problems] with sb/sth; [**jdm**] **~ machen** [*o* **bereiten**] to cause [sb] trouble, to make trouble [for sb]; **so ein ~!** (*fam*) how annoying!; **zu jds ~** to sb's annoyance

ärgerlich I. *adj* ❶ (*verärgert*) annoyed, cross; (*sehr verärgert*) infuriated; ■**~** [**über** [*o* **auf**] **jdn/etw**] **sein** to be annoyed [*or* cross] [about [*or* at] sb/sth]; **jdn ~ machen** to annoy [*or* infuriate] sb, to make sb cross; **es macht jdn ~, etw zu tun** it annoys sb to [have to] do sth ❷ (*unangenehm*) unpleasant; ■**~** [**für jdn**] **sein** to be unpleasant [for sb] II. *adv* (*verärgert*) annoyed, crossly; (*nervig*) annoyingly; ***sie sah mich ~ an*** she looked at me crossly

ärgern I. *vt* ❶ (*ungehalten machen*) ■**jdn** [**mit etw** *dat*] **~** to annoy [*or* irritate] sb [with sth]; ***du willst mich wohl ~?*** are you trying to annoy me?; ***das kann einen wirklich ~!*** that is really annoying!; ***ich ärgere mich, dass ich nicht hingegangen bin*** I'm annoyed with myself for not having gone; ***ich ärgere mich, weil er immer zu spät kommt*** I'm fed up [*or* annoyed] because he's always late ❷ (*reizen*) ■**jdn/ein Tier** [**wegen einer S.** *gen*] **~** to tease sb/an animal [about sth] II. *vr* (*ärgerlich sein*) ■**sich** *akk* [**über jdn/etw**] **~** to be/get annoyed [about sb/sth]; (*sehr ärgerlich sein*) to be/get angry [*or* infuriated] [about sb/sth]; **sich** *akk* **gelb/grün/schwarz** [**über etw** *akk*] **~** to drive oneself mad [about sth]; ***ich könnte mich schwarz darüber ~*** that makes me see red! ► WENDUNGEN: **nicht ~, nur wundern!** (*fam*) that's life!; *s. a.* **Tod**

Ärgernis <-, -se> *nt kein pl* (*Anstoß*) offence [*or* AM -se], outrage; [**bei jdm**] **~ erregen** (*geh*) to cause offence [*or* AM -se] to sb, to offend sb; **ein ~ sein** to be a terrible nuiscance ► WENDUNGEN: **ein ~ kommt selten allein** (*prov*) it never rains but it pours BRIT, when it rains, it pours AM

Arglist <-> *f kein pl* JUR (*form*) malice *spec*, malevolence *form*

arglistig I. *adj* (*geh: hinterlistig*) cunning, crafty; JUR fraudulent; *s. a.* **Täuschung** II. *adv* cunningly, craftily

arglos *adj* (*ahnungslos*) innocent, guileless; ***wie konntest du nur so ~ sein?*** how could you have been so stupid [*or* naive]?

Arglosigkeit <-> *f kein pl* innocence *no pl*, guilelessness *no pl*

Argon <-s> *nt kein pl* CHEM argon *no pl*

Argonaut <-en, -en> *m* argonaut, paper nautilus

ärgste(r, s) *adj superl von* **arg**

Argument <-[e]s, -e> *nt* ❶ (*Grund*) argument; **das ist kein ~** (*unsinnig sein*) that's a poor [*or* weak] argument; (*keine Entschuldigung*) that's no excuse ❷ MATH argument

Argumentation <-, -en> *f* argumentation *no pl*

argumentativ I. *adj* (*geh*) using reasoned argument II. *adv* (*geh*) using reasoned argument; ***~ ist er sehr schwach*** he doesn't know how to argue; ***die Beweisführung war ~ sehr überzeugend*** the evidence provided a convincing argument

argumentieren* *vi* ■[**mit jdm**] **~** to argue [with sb]; ■**mit etw** *dat* **~** to use sth as an argument

Argusauge *nt* (*geh*) eagle eye, vigilance; **jdn/etw mit ~n beobachten** to watch sb/sth with an eagle eye [*or* like a hawk]

Argwohn <-s> *m kein pl* suspicion; **jds ~ erregen** [*o* **~ bei jdm erregen**] to arouse sb's suspicion[s]; **~ gegen jdn hegen** (*geh*) to be [*or* become] suspicious of sb, to have doubts about sb; **~** [**gegen jdn**] **schöpfen** (*geh*) to raise suspicion [against sb]; **jds ~ zerstreuen** to allay sb's suspicion[s]; **mit** [*o* **voller**] **~** with suspicion

argwöhnen *vt* (*geh*) ■**etw ~** to suspect sth; ■**~, dass ...** to suspect, that ...

argwöhnisch I. *adj* (*misstrauisch*) suspicious II. *adv* suspiciously

Aridität <-> *f kein pl* GEOG (*Trockenheit*) aridity

Arie <-, -n> [-riə] *f* MUS aria

Arier(in) <-s, -> [-riɐ] *m(f)* ❶ LING (*Indogermane*) Aryan ❷ HIST Aryan

arisch *adj* ❶ LING Indo-Germanic ❷ HIST Aryan

Aristokrat(in) <-en, -en> *m(f)* aristocrat

Aristokratie <-, -n> [*pl* -'tiːən] *f* aristocracy

Aristokratin <-, -nen> *f fem form von* **Aristokrat**

aristokratisch *adj* aristocratic

Aristoteles <-> *m* Aristotle

Arithmetik <-> *f kein pl* arithmetic *no pl*

Arithmetikprozessor *m* INFORM arithmetic processor

arithmetisch I. *adj* arithmetic, arithmetical II. *adv* arithmetically

Arkade <-, -n> *f* ARCHIT ❶ (*Torbogen*) archway ❷ *pl* (*Bogengang*) arcade ❸ (*überdachte Einkaufsstraße*) [shopping] arcade

Arktis <-> *f* Arctic

arktisch *adj* arctic

arm <ärmer, ärmste> *adj* ❶ (*besitzlos*) poor; ■**~ sein/werden** to be/become poor; **jdn ~ machen** to make sb poor; **du machst mich noch mal ~!** (*fam*) you'll ruin me yet!; **die Ärmsten der A~en** the poorest of the poor; **A~ und Reich** rich and poor ❷ (*gering*) sparse; ■**~ an etw** *dat* **sein** to be somewhat lacking in sth; ***die Landschaft ist ~ an Vegetation*** the scenery is sparsely vegetated ❸ AGR (*nicht fruchtbar*) Boden poor; ■**~ an etw** *dat* **sein** to be poor [*or* lacking] in sth; **~ an Nährstoffen sein** to be poor in nutrients ❹ (*verlieren*) ■**um jdn/etw ärmer sein/werden** to have lost/lose sth ❺ (*fam: in einer schlechten Lage*) **~ dran sein** to have a hard time

Arm <-[e]s, -e> *m* ❶ ANAT arm; **jdm den ~ bieten** [*o* **reichen**] (*geh*) to offer [*or* lend] sb one's arm; **jdn am ~ führen** to lead sb by the arm; **jdn im ~** [*o* **in den ~en**] **halten** to embrace sb, to hold sb in one's arms; **sich** *akk* **in den ~en liegen** to lie in each other's arms; **sich** *akk* **aus jds** *dat* **~en lösen** to free oneself from sb's embrace; **ein Kind/ein Tier auf den ~ nehmen** to pick up a child/an animal; **jdn in die ~e nehmen** to take sb in one's arms; **jdn in die ~e schließen** (*geh*) to embrace sb; **jdm den ~ umdrehen** to twist sb's arm; **mit den ~en rudern** [*o* **die ~e schwenken**] to wave one's arms; **~ in ~** arm in arm ❷ (*Zugriff*) grip ❸ (*Flussarm*) arm [*or* branch] of a river ❹ MODE (*Ärmel*) sleeve, arm ► WENDUNGEN: **der ~ der Gerechtigkeit** (*geh*) the long arm of justice; **der ~ des Gesetzes** (*geh*) the long arm of the law; **einen langen/den längeren ~ haben** to have a lot of/more influence [*or* clout] *fam*; **jdn am langen** [*o* **steifen**] **~ verhungern lassen** (*fam*) to put the screws on sb *fam*; **jds verlängerter ~** sb's right-hand man; **jdn mit offenen ~en empfangen** to welcome sb with open arms; **jdm in den ~ fallen** to get in sb's way, to spike sb's guns; **jdm** [**mit etw** *dat*] **unter die ~e greifen** to help sb out [with sth]; **jdm in die ~e laufen** (*fam*) to bump *fam* [*or* run] into sb; **jdn auf den ~ nehmen** to pull sb's leg *fam*; **jdn jdm/einer S. in die ~e treiben** to drive sb into the arms of sb/sth

Armada <-, -s *o* Armaden> *f* armada

armamputiert *adj* with an amputated arm [*or* both arms amputated]; ■**~ sein** to have had an arm amputated

Armamputierte(r) *f(m) dekl wie adj* person who has had an arm [*or* both arms] amputated

Armatur <-, -en> *f meist pl* ❶ TECH (*Mischbatterie mit Hähnen*) fitting ❷ AUTO (*Kontrollinstrument*) instrument

Armaturenbeleuchtung *f* AUTO dash-light **Armaturenbrett** *nt* AUTO dashboard

Armband <-bänder> *nt* ❶ (*Uhrarmband*) [watch] strap ❷ (*Schmuckarmband*) bracelet **Armbanduhr** *f* [wrist-]watch **Armbeuge** *f* inside of the/one's elbow, crook of the/one's arm **Armbinde** *f* ❶ MED (*Armschlinge*) sling ❷ (*Abzeichen*) armband **Armbruch** *m* MED ❶ (*gebrochener Armknochen*) broken [*or* fractured] arm ❷ (*sl: Patient mit einem ~*) fracture **Armbrust** *f* HIST crossbow

Ärmchen <-s, -> *nt dim von* **Arm** little arm

armdick *adj* as thick as one's arm

Arme(r) *f(m) dekl wie adj* (*besitzloser Mensch*) poor person, pauper; ■**die ~n** the poor *npl* ► WENDUNGEN: [**ach,**] **du/Sie ~(r)!** (*iron*) poor you!, you poor thing!; **ich ~(r)!** woe is me! *poet*, poor me!

Armee <-, -n> *f* MIL army; **die rote ~** the Red Army; ■**eine ~ von Menschen/Tieren** (*fig fam*) an army of people/animals

Armeechef(in) *m(f)* head [*or* chief] of the armed forces

Ärmel <-s, -> *m* sleeve; **angeschnittener ~** cap sleeve; **sich** *dat* **die ~ hoch krempeln** [*o* **aufkrempeln**] to roll up one's sleeves ► WENDUNGEN: **lasst uns die ~ hoch krempeln!** let's get down to it!; **etw aus dem ~ schütteln** (*fam*) to produce/do sth just like that

Ärmelaufschlag *m* MODE cuff **Ärmelbrett** *nt* sleeve-board

Armeleuteessen *nt* poor man's food [*or* fare] *liter* **Armeleuteviertel** *nt s.* **Armenviertel**

Ärmelkanal *m* Channel; ■**der ~** the English Channel

Ärmellasche *f* sleeve strap

ärmellos *adj* sleeveless

Armenanwalt, -anwältin *m, f* JUR counsel representing legally-aided parties **Armenhaus** *nt* ❶ HIST poorhouse, workhouse ❷ (*fig: arme Region*) poor area

Armenien <-s> *nt* Armenia; *s. a.* **Deutschland**

Armenier(in) <-s, -> *m(f)* Armenian; *s. a.* **Deutsche(r)**

Armenisch *nt dekl wie adj* Armenian; *s. a.* **Deutsch**

armenisch *adj* Armenian; *s. a.* **deutsch**

Armenische <-n> *nt* ■**das ~** Armenian, the Armenian language; *s. a.* **Deutsche**

Armenrecht *nt* JUR poor [*or* poverty] law; (*Prozesskostenhilfe*) legal aid; **~ beantragen** to apply for legal aid **Armenrechtskasse** *f* JUR Legal Aid Fund BRIT **Armenrechtsverfahren** *nt* JUR poor persons procedure **Armenviertel** *nt* poor district [*or* quarter]

ärmer *adj comp von* **arm**

Armeslänge *f* arm's length

Armflor *m* black armband

armieren* *vt* ■**etw ~** TECH (*zur Verstärkung ummanteln*) to sheathe sth; BAU (*mit Eisengeflecht versehen*) to reinforce sth

Armierung <-, -en> *f* BAU reinforcement

armlang *adj* arm-length **Armlänge** *f* ❶ ANAT arm length ❷ MODE sleeve length **Armlehne** *f* armrest **Armlehnstuhl** *m* armchair **Armleuchter** *m* ❶ (*mehrarmiger Leuchter*) chandelier ❷ (*pej fam: Dummkopf*) twat *fam*, jerk *fam*, fool, bum BRIT, butt AM

ärmlich I. *adj* ❶ (*von Armut zeugend*) poor, cheap; (*Kleidung*) shabby; **aus ~en Verhältnissen** from humble backgrounds ❷ (*dürftig*) meagre [*or* AM -er] II. *adv* (*kümmerlich*) poorly

Ärmlichkeit <-> *f kein pl* ❶ (*von Armut zeugende Beschaffenheit*) poorness *no pl*, humbleness *no pl*, cheapness *no pl*, shabbiness *no pl* ❷ (*Dürftigkeit*) meagreness BRIT *no pl*, meagerness AM *no pl*

Armloch *nt* MODE armhole **Armmuskel** *m* biceps **Armpolster** *nt* ❶ MODE shoulder pads *pl* ❷ (*Polster der Armlehne*) padded armrest **Armprothese** *f* MED artificial arm **Armreif** *f* bangle **Armreif(en)** *m* bangle

armselig *adj* ❶ (*primitiv*) shabby, primitive ❷ (*dürftig*) miserable, pitiful, wretched ❸ (*meist pej: unzulänglich*) pathetic, wretched, sad *fam*; ***du ~er Lügner!*** you pathetic liar!

Armseligkeit *f* ❶ (*Primitivität*) shabbiness *no pl,* primitiveness *no pl* ❷ (*Dürftigkeit*) miserableness *no pl,* pitifulness *no pl,* wretchedness *no pl* ❸ (*Unzulänglichkeit*) patheticness *no pl,* pitifulness *no pl*
Armsessel *m* armchair
ärmste(r, s) *adj superl von* **arm**
Armstumpf *m* stump of the/one's arm **Armstütze** *f* armrest
Armsündermiene *f* (*hum*) hang-dog [*or* sheepish] expression [*or* look]
Armut <-> *f kein pl* ❶ (*Bedürftigkeit*) poverty; **neue** ~ new wave of poverty ❷ (*Verarmung*) lack; ■**die/eine** ~ **an etw** *dat* the/a lack of sth; **geistige** ~ intellectual poverty
Armutsflüchtling *m* economic refugee **Armutsgrenze** *f* poverty line; **unterhalb der** ~ **leben** to live below the poverty line **Armutszeugnis** *nt* ► WENDUNGEN: **ein** ~ **für jdn sein** to be the proof of sb's shortcomings [*or* inadequacy]; **jdm/sich [mit etw** *dat*] **ein** ~ **ausstellen** to show up sb's/one's own shortcomings [with sth], to show sb/oneself up with sth
Armvoll <-, -> *m* armful
Arnika <-, -s> *f* arnica
Aroma <-s, Aromen *o* -s *o* -ta> *nt* ❶ (*Geruch*) aroma; (*Geschmack*) taste, flavour [*or* AM -or] ❷ CHEM (*Aromastoff*) [artificial] flavouring [*or* AM -oring]
Aromastoff *m* flavouring
Aromat <-en, -en> *m* CHEM *aromatic hydrocarbon compound* **Aromatherapie** *f* aromatherapy
aromatisch I. *adj* aromatic, savoury; (*wohlschmeckend*) flavoursome BRIT, flavorful AM, distinctive; ***die Speise hat einen sehr ~en Geschmack*** the dish has a very distinctive taste II. *adv* ❶ (*voller Aroma*) aromatic ❷ (*angenehm schmeckend*) savoury BRIT, savory AM
aromatisieren* *vt* ■**etw** ~ to aromatize sth
Aromen *Plural von* **Aroma**
Aronsstab *m* BOT arum
ARPANET *nt* INET *Akr von* **Advanced Research Projects Agency NET** ARPANET
Arrangement <-s, -s> [arãʒəˈmã:] *nt* (*geh*) arrangement
arrangieren* [arãˈʒi:rən] I. *vt* ❶ (*in die Wege leiten*) to arrange; ■**etw [für jdn]** ~ to arrange sth [for sb]; ■~, **dass** to arrange, so that ❷ (*gestalten*) ■**etw** ~ to arrange sth ❸ MUS to arrange II. *vr* ❶ (*übereinkommen*) ■**sich** *akk* **[mit jdm]** ~ to come to an arrangement [with sb] ❷ (*sich abfinden*) ■**sich** *akk* **[mit etw** *dat*] ~ to come to terms [with sth]
Arrest <-[e]s, -s> *m* JUR ❶ (*Freiheitsentzug*) detention; **persönlicher** ~ arrest, AM *a.* [body] attachment ❷ (*Beschlagnahme*) **dinglicher** ~ attachment, seizure; **einen dinglichen** ~ **erlassen** to issue a writ of attachment
Arrestanordnung *f* JUR arrest order **Arrestanspruch** *m* JUR claim for an arrest **Arrestbefehl** *m* JUR arrest order **Arrestbeschluss**[RR] *m* JUR writ of attachment, order of arrest **Arrestgericht** *nt* JUR competent court for arrest proceedings **Arrestgrund** *m* JUR *reason for granting an order of civil arrest/writ of attachment* **Arresthypothek** *f* JUR provisional judicial mortgage **Arrestpfandrecht** *nt* JUR attachment lien **Arresturteil** *nt* JUR judgement on the validity of a civil arrest **Arrestverfahren** *nt* JUR attachment procedure **Arrestverfügung** *f* JUR writ of attachment **Arrestvollziehung** *f* JUR execution of attachment **Arrestzelle** *f* detention cell
arretieren* *vt* (*feststellen*) ■**etw** ~ to lock sth [into place]; ***sie arretierte das Fenster in Kippstellung*** she put the window in[to] the tilt position
Arretierung <-, -en> *f* ❶ (*das Arretieren*) locking [in place] ❷ TECH (*Mechanismus*) locking mechanism
Arrhythmie <-, Arrhythmien> *f* MED (*unregelmäßige Herztätigkeit*) arrhythmia
arrivieren* *vi sein* (*geh*) to become a success, to make it *fam;* ■**zu etw** *dat* ~ to rise to become [*or* achieve] [*or fam* make it to] sth; ■**arriviert** successful
Arrivierte(r) <-n, -n> *f(m) dekl wie adj* ❶ (*geh: beruflich erfolgreiche Person*) success, high-flier ❷ (*pej: Emporkömmling*) upstart
arrogant I. *adj* arrogant II. *adv* arrogantly
Arroganz <-> *f kein pl* arrogance
arrosieren *vt* KOCHK to baste
Arsch <-[e]s, Ärsche> *m* (*derb*) ❶ (*Hintern*) arse BRIT *fam!,* ass AM *fam!,* BRIT *a.* bum *sl* ❷ (*blöder Kerl*) [stupid] bastard, BRIT *sl a.* bugger ► WENDUNGEN: **jdm geht der** ~ **auf [o mit] Grundeis** (*sl*) sb is scared shitless [*or* BRIT *a.* shit-scared]; **aussehen wie ein** ~ **mit Ohren** (*sl*) to look as thick as pig-shit; **am** ~ **der Welt** (*sl*) out in the sticks, in the arse [*or* AM ass] end of nowhere *sl;* **einen kalten** ~ **haben/kriegen** (*euph: sterben*) to snuff it, to kick the bucket; **den** ~ **offen haben** (*vulg*) to be talking out of one's arse [*or* AM ass] *sl;* ***du hast ja den ~ offen!*** you're talking out of your arse!; **sich** *dat* **den** ~ **abfrieren** (*sl*) to freeze one's arse [*or* AM ass] [*or fam!* tits] [*or fam!* balls] off; **jdm in den** ~ **kriechen** to kiss *sl* [*or fam!* lick] sb's arse [*or* AM ass]; **jdn [mal] am** ~ **lecken können** sb can get stuffed *sl,* sb can fuck-off *vulg;* **leck mich [damit] am** ~**!** (*verpiss dich*) fuck [*or vulg* piss] off!, BRIT *a.* get stuffed! *sl,* AM *a.* kiss my ass! *sl;* (*verdammt noch mal*) fuck it! *vulg,* BRIT *fam a.* [oh] bugger [it]!; **im [o am]** ~ **sein** (*sl*) to be fucked[-up] *vulg;* **sich** *akk* **auf den [o seinen]** ~ **setzen** (*sl*) to park one's bum [*or* AM butt] *fam;* (*sich Mühe geben*) to get one's arse [*or* AM ass] in gear *sl;* (*perplex sein*) to be blown away *sl;* **jdn [o jdm] in den** ~ **treten** (*sl: einen Tritt versetzen*) to kick sb's arse [*or* AM ass] *sl;* (*jdn antreiben*) to give sb a [good] kick up the arse [*or* AM ass] *fam;* **[von jdm] den** ~ **vollbekommen [o kriegen]** (*sl*) to get a [bloody [*or* AM hell of a] *fam*] good hiding [from sb]; **den** ~ **zukneifen** (*euph: sterben*) to snuff it *sl,* to kick the bucket *sl*
Arschbacke *f* (*derb*) [bum-]cheek BRIT *fam!,* [butt-]cheek AM *fam!* ► WENDUNGEN: **etw auf einer** ~ **absitzen** (*sl*) to serve sth in a blink of an eye **Arschfick** *m* (*vulg*) bum-fuck BRIT *vulg,* butt-fuck AM *vulg*
Arschkriecher(in) *m(f)* (*pej sl: Kriecher*) arse-licker BRIT *fam!,* ass-kisser AM *sl* **Arschloch** *nt* (*vulg*) arsehole BRIT, asshole AM; **das [o dieses]** ~ **von Chef/etc** that [*or* this] arsehole of a boss/etc
Arschtritt *m* (*sl*) kick up the back-side *fam,* kick up the arse *sl;* **[von jdm] einen** ~ **kriegen** to get a kick up the back-side [*or* arse] [from sb]
Arsen <-s> *nt kein pl* CHEM arsenic *no pl*
Arsenal <-s, -e> *nt* ❶ (*Vielzahl*) ■**ein** ~ **von [o an] etw** *dat* arsenal ❷ (*Waffenlager*) an arsenal of sth
Arsenik <-s> *nt kein pl* arsenic *no pl*
Art. *Abk von* **Artikel**
Art <-, -en> *f* ❶ (*Sorte*) sort, type, kind; ***er sammelt alle möglichen ~en von Schmetterlingen*** he collects all sorts of butterflies; ***ein Schurke der übelsten*** ~ a rogue of the nastiest sort [*or* type]; ■**eine/diese** ~ a/this sort [*or* kind] of ❷ (*Methode*) way; ***eine merkwürdige*** ~ an odd [*or* strange] way; **auf die [o diese]** ~ **und Weise** [in] this way; ***auf die ~ und Weise geht es am schnellsten*** it's quicker this way; **auf grausame/merkwürdige/ungeklärte** ~ in a cruel/strange/unknown way; **nach** ~ **des Hauses** KOCHK à la maison ❸ (*Wesens~*) nature; **von lebhafter/ruhiger/etc** ~ **sein** to be of a lively/quiet/etc nature ❹ (*Verhaltensweise*) behaviour [*or* AM -or]; ***das ist doch keine ~!*** (*fam*) that's no way to behave!; ***ist das vielleicht eine ~?*** is that any way to behave? ❺ BIOL species ❻ (*Stil*) style ► WENDUNGEN: **einzig sein in seiner** ~ to be the only one of its kind; **aus der** ~ **schlagen** (*Familie*) to go a different way, not to run true to type
Artbildung *f* BIOL specification
Art déco <-, -> [arˈdeˈko] *m* KUNST Art Deco
arteigen *adj* BIOL characteristic [of the species]
Artenkreuzung *f* BOT cross-breeding between different species **artenreich** *adj* species-rich, high in biodiversity **Artenreichtum** <-s> *m kein pl* BIOL abundance of species **Artenrückgang** *m* BIOL extinction of species **Artenschutz** *m* protection of species **Artenschutzabkommen** *nt* BIOL treaty for the protection of endangered species **Artenschutzübereinkommen** *nt* Protection of Species Agreement **Artensterben** *nt kein pl* extinction of the species **Artenvielfalt** <-> *f kein pl* BIOL abundance of species
Arterhaltung *f* survival of the species
Arterie <-, -n> [-riə] *f* artery
arteriell *adj* arterial
Arterienverkalkung *f,* **Arteriosklerose** <-, -n> *f* hardening of the arteries
Arterienverschluss[RR] *m* MED artery blockage
artfremd *adj* uncharacteristic, untypical **artgemäß** *adj s.* **artgerecht**
Artgenosse, -genossin *m, f* BIOL plant/animal of the same species ► WENDUNGEN: **jd und seine/ihre** ~**n** (*fam*) sb and his/her fellow species
artgerecht I. *adj* appropriate to [*or* suitable for] a species; ~**e Tierhaltung** keeping animals in a near-natural environment II. *adv* appropriate to [*or* suitable for] a species; ~**e Tierhaltung** keeping animals in ways appropriate to their species **artgleich** *adj* of the same species
Arthritis <-, Arthritiden> *f* arthritis
arthritisch *adj* arthritic
Arthropode <-, -en> *m* ZOOL arthropod
Arthrose <-, -n> *f* arthrosis
Arthroskopie <-, -n> *f* MED (*Gelenksuntersuchung*) arthroscopy
artifiziell *adj* ❶ (*künstlich*) *Umwelt* artificial ❷ (*gekünstelt*) *Sprechweise* stilted
artig *adj* well-behaved, good; ***sei schön ~!*** be good!
Artigkeit <-, -en> *f* (*veraltend*) ❶ *kein pl* (*Wohlerzogenheit*) courteousness *no pl form,* good manners *pl,* politeness *no pl* ❷ *pl* (*Komplimente*) compliments
Artikel <-s, -> *m* ❶ MEDIA (*Zeitungs~*) article; (*Eintrag*) entry ❷ ÖKON (*Ware*) item, article ❸ LING article
Artikulation <-, -en> *f* (*geh*) articulation, enunciation
artikulieren* I. *vt* (*geh*) to enunciate; **[seine] Worte deutlich** ~ to enunciate one's words clearly II. *vr* (*geh*) **sich** *akk* **gut/schlecht** ~ to articulate oneself well/badly
Artillerie <-, *selten* -n> *f* artillery
Artilleriebeschuss[RR] *m* artillery fire
Artillerist <-en, -en> *m* artilleryman
Artischocke <-, -n> *f* artichoke **Artischockenboden** *m* artichoke heart **Artischockenherz** *nt* artichoke heart
Artist(in) <-en, -en> *m(f)* (*Zirkuskunst etc.*) performer, artiste
artistisch *adj* ❶ (*Zirkuskunst betreffend*) spectacular ❷ (*überaus geschickt*) skilfull BRIT, skillfull AM, dextrous, masterly
artverschieden *adj* of a different species, like chalk and cheese *hum* **artverwandt** *adj* BIOL of similar species, [genetically] related
Artwort <-wörter> *nt* LING adjective
Arznei <-, -en> *f* ❶ PHARM, MED medicine ❷ (*fig geh: Lehre*) medicine, pill; **eine bittere/heilsame** ~ **für jdn sein** to be a painful/salutary lesson for sb
Arzneibuch *nt* PHARM pharmacopoeia BRIT, pharmacopeia AM **Arzneifläschchen** *nt* medicine bottle **Arzneiflasche** *f* medicine bottle **Arzneiformel** *f* medical formula **Arzneikunde** *f kein pl* pharmacology *no pl*
Arzneimittel *nt* drug, medicine **Arzneimittelabhängigkeit** *f* drug addiction **Arzneimittelallergie** *f* drug allergy **Arzneimittelentsorgung** *f* disposal of expired drugs **Arzneimittelforschung** *f* pharmacological research **Arzneimittelgebrauch** *m* use of prescribed drugs **Arzneimittelgesetz** *nt* JUR Medicines Act BRIT **Arzneimittelhaftung** *f* JUR drug liability **Arzneimittelhersteller** *m* drug manufacturer **Arzneimittelmissbrauch**[RR] *m* drug abuse **Arzneimittelprüfung** *f* drug test **Arzneimittelrecht**

nt JUR drug law **Arzneimittelsucht** *f* prescription drug addiction **Arzneimittelvergiftung** *f* prescription drug poisoning **Arzneimittelzulassung** *f* prescription drug approval

Arzneipflanze *f* medicinal plant **Arzneischränkchen** *nt* medicine cabinet [*or* cupboard] **Arzneistoff** *m* medicinal substance, pharmaceutical

Arzt, Ärztin <-es, Ärzte> *m, f* doctor, medical practitioner; ■ ~ **für etw** *akk* specialist in sth; ~ **für Chirugie** surgeon; ~ **für Orthopädie** orthopaedic [*or* AM orthopedic] specialist; ~ **für Allgemeinmedizin** general practitioner, GP; ~ **am Krankenhaus** clinical specialist; **behandelnder** ~ personal doctor [*or* GP]; ***wer ist Ihr behandelnder ~?*** who is your personal GP?; **praktischer** ~ (*veraltet*) general practitioner, GP

Arztberuf *m* medical profession **Arztbesuch** *m* ❶ (*Besuch des Arztes*) doctor's visit ❷ (*Aufsuchen eines Arztes*) visit to a/the doctor

Ärztebesteck *nt* surgical instruments **Ärztehaus** *nt* medical building AM, *building containing several doctors' surgeries/practices* **Ärztekammer** *f* General Medical Council BRIT, medical association AM **Ärztekollegium** *nt*, **Ärztekommission** *f* medical advisory board **Ärztemuster** *nt* pharmaceutical sample

Ärzteschaft <-> *f kein pl* medical profession

Arztfrau *f* doctor's wife **Arzthelfer(in)** *m(f)* [doctor's] receptionist **Arzthelferin** <-, -nen> *f fem form von* **Arzthelfer** doctor's receptionist [*or* assistant]

Ärztin <-, -nen> *f fem form von* **Arzt**

Arztkosten *pl* medical costs *pl*

ärztlich I. *adj* medical II. *adv* medically; **sich** *akk* ~ **beraten** [*o* **behandeln**] **lassen** to seek [*or* get] medical advice

Arztpraxis *f* doctor's surgery [*or* practice] **Arztversorgung** *f* supply [*or* provision] of doctors **Arztvertrag** *m* JUR doctor-patient contract

As¹ <-ses, -se> *nt* KARTEN *s.* **Ass**

As² <-, -> *nt* MUS A flat

Asafötida <-s> *m kein pl* KOCHK asafoetida BRIT, asafetida AM

Asbest <-[e]s> *nt kein pl* asbestos *no pl*

asbestfrei *adj inv* ~**er Bremsbelag** asbestos-free brake lining [*or* pad] **asbesthaltig** *adj* CHEM, ÖKOL containing asbestos *pred*

Asbestose <-, -n> *f* MED asbestosis

Asbestverseuchung *f* asbestos contamination **Asbestzement** *m* BAU asbestos cement

AschantinussRR *f* ÖSTERR *s.* **Erdnuss**

aschblond *adj* ash-blond

Aschchabat, Aschgabat <-s> *nt* Ashgabat, Ashkhabad

Asche <-, -n> *f* ❶ (*Feuerüberbleibsel*) ash ❷ *kein pl* (*geh: Reste einer kremierten Leiche*) ashes *pl* ▸ WENDUNGEN: **sich** *dat* ~ **aufs Haupt streuen** (*geh: sich schuldig bekennen*) to wear sackcloth and ashes; ~ **zu** ~, **Staub zu Staub** REL dust to dust, ashes to ashes; **zu** ~ **werden** to turn to ashes

Äsche <-, -n> *f* ZOOL grayling

Aschekasten *m* ash container

Aschenbahn *f* SPORT cinder track **Aschenbecher** *m* ashtray **Aschenbrödel** <-s> *nt kein pl s.* Aschenputtel **Ascheneimer** *m* ash can **Aschenplatz** *m* SPORT cindered turf **Aschenputtel** <-> *nt kein pl* LIT Cinderella **Aschenregen** *m* shower of ash

Ascher <-s, -> *m* (*fam*) *s.* **Aschenbecher**

Aschermittwoch *m* REL Ash Wednesday

aschfahl *adj* (*gräulich*) ashen; ■ ~ **sein/werden** to be/turn ashen **aschgrau** *adj* ash-grey

ASCII <-s> *m* INFORM *Akr von* **American Standard Code for Information Interchange** ASCII

ASCII-Code <-s, -s> *m* INFORM ASCII-Code **ASCII-Datei** *f* INFORM ASCII file **ASCII-Tastaturtabelle** *f* INFORM ASCII keyboard **ASCII-Zeichen** *n* INFORM ASCII character

Ascorbinsäure <-> *f kein pl* BIOL, CHEM (*Vitamin C*) ascorbic acid *no pl*

ASEAN <-> *f kein pl Akr von* **Association of South East Asian Nations** ASEAN

äsen *vi* JAGD to graze, to browse

aseptisch *adj* aseptic

Äser *pl von* **Aas**

Aserbaidschan <-s> *nt* Azerbaijan; *s. a.* **Deutschland**

Aserbaidschaner(in) <-s, -> *m(f)* Azerbaijani

Aserbaidschaner(in) <-s, -> *m(f)* Azerbaijani; *s. a.* **Deutsche(r)**

aserbaidschanisch *adj inv* Azerbaijan[i], Azeri; *s. a.* **deutsch**

asexuell ['azɛksuɛl] *adj* asexual

Asiat(e), Asiatin <-en, -en> *m, f* Asian

asiatisch *adj Sprache, Kultur* Asian; (*Asien betreffend*) Asiatic; **die ~e Region der Türkei** the Asiatic region of Turkey

Asien <-s> *nt* Asia

Askalonzwiebel *f* shallot

Askese <-> *f kein pl* (*geh*) asceticism *no pl*

Asket(in) <-en, -en> *m(f)* (*geh*) ascetic

asketisch I. *adj* (*geh*) ascetic II. *adv* (*geh*) ascetically

Askorbinsäure <-> *f kein pl* BIOL, CHEM (*Vitamin C*) ascorbic acid *no pl*

Äskulapnatter *f* ZOOL snake of Aesculapius

Äskulapstab *m* staff of Aesculapius

asozial I. *adj* antisocial II. *adv* antisocially **Asoziale(r)** *f(m) dekl wie adj* (*pej*) social misfit

Aspekt <-[e]s, -e> *m* (*geh*) aspect; **einen anderen** ~ **bekommen** to take on a different complexion; ***unter diesem ~ betrachtet*** looking at it from this aspect [*or* point of view]

Asperationsprinzip *nt* JUR principle of asperity

Asphalt <-[e]s, -e> *m* asphalt *no pl*

Asphaltdecke *f* asphalt surface

asphaltieren* *vt* to asphalt, to tarmac; ■ **etw** ~ to asphalt sth; ■ **etw** ~ **lassen** to have sth asphalted

Asphaltmischgrund *m* BAU asphaltic mix **Asphaltstraße** *f* asphalt road

Aspik <-s, -e> *m o* ÖSTERR *nt* KOCHK aspic

Aspirant(in) <-en, -en> *m(f)* ❶ (*geh: Bewerber*) candidate; **ein** ~ **für/auf einen Posten** a candidate [*or* applicant] for a job [*or* position] ❷ SCHWEIZ (*Offiziersschüler*) trainee officer ❸ (*DDR: in Hochschule*) research student

Aspirationspneumonie *f* MED aspiration pneumonia

Aspirin® <-s, -> *nt* aspirin

AssRR <-es, -e> *nt* KARTEN ace; (*fig: Spitzenkönner*) ace ▸ WENDUNGEN: [**noch**] **ein** ~ **im Ärmel haben** to have an [*or* another] ace up one's sleeve

aß *pret von* **essen**

assaisonnieren *vt* KOCHK (*fachspr*) to season

Assekurant <-en, -en> *m* ÖKON (*Versicherungsträger*) insurer, BRIT assurer

Assekuranz <-, -en> *f* ÖKON (*veraltet: Versicherung*) insurance, BRIT assurance

Assel <-, -n> *f* ZOOL isopod, woodlouse

Assembler <-s, -> [ə'sɛmblə] *m* INFORM assembler

Assemblersprache *f* INFORM assembly langage

Asservat <-[e]s, -e> *nt* JUR [court] exhibit

Asservatenkammer *f* JUR room where [court] exhibits are kept

Assessmentcenter *nt* assessment centre [*or* AM -er]

Assessor(in) <-s, -oren> *m(f)* JUR junior judge

Assimilation <-, -en> *f* ❶ BIOL, CHEM photosynthesis ❷ (*geh: Anpassung*) ■ **die** ~ **an etw** *akk* the assimilation [*or* integration] into [*or* the adjustment to] sth

assimilieren* I. *vr* (*geh*) ■ **sich** *akk* **an etw** *akk* ~ to assimilate [*or* integrate] oneself into sth II. *vt* BIOL, CHEM ■ **etw** ~ to photosynthesize sth

Assimilierung <-, -en> *f* assimilation

Assisen *pl* SCHWEIZ *s.* **Geschworene**

Assistent(in) <-en, -en> *m(f)* ❶ SCH assistant lecturer ❷ MED (*Assistenzarzt*) houseman ❸ (*geh: Helfer*) assistant ❹ INFORM (*Hilfeprogramm*) wizard

Assistenz <-, *selten* -en> *f* (*geh*) assistance; **unter** [**der**] ~ **von jdm** with the assistance of sb; **unter jds** ~ with sb's assistance

Assistenzarzt, -ärztin *m, f* houseman **Assistenzprofessor(in)** *m(f)* assistant professor

assistieren* *vi* ■ [**jdm**] [**bei etw** *dat*] ~ to assist sb with sth

Assoziation <-, -en> *f* (*geh*) ❶ (*Verknüpfung*) association; ■ **die/eine** ~ **an etw** *akk*/**mit etw** *dat* the/an association with sth ❷ POL (*Vereinigung*) association

assoziativ *adj inv* associative

assoziieren* *vt* (*geh*) to associate; ■ **etw mit etw** *dat* ~ to associate sth with sth

assoziiert *adj* POL (*geh*) associate; ~***es Mitglied der EU*** associate member of the EU

Assoziierungsabkommen *nt*, **Assoziierungsvereinbarung** *f* JUR association agreement **Assoziierungsvertrag** *m* JUR treaty of association

Ast <-[e]s, Äste> *m* ❶ BOT (*starker Zweig*) branch, bough; (*Astknoten*) knot ❷ (*abzweigender Flussteil*) branch; **sich** *akk* **in Äste teilen** to branch ❸ MED (*Zweig*) branch ▸ WENDUNGEN: **auf dem absteigenden** ~ **sein** [*o* **sich** *akk* **auf dem absteigenden** ~ **befinden**] (*fam*) sb/sth is going downhill; **den** ~ **absägen, auf dem man sitzt** to dig one's own grave; **sich** *dat* **einen** ~ **lachen** (*sl*) to double up with laughter, to laugh one's head off

AStA <-[s], -[s] *o* Asten> ['asta] *m* SCH *Akr von* **Allgemeiner Studentenausschuss** Student Union, NUS BRIT

Aster <-, -n> *f* Michaelmas daisy

Asteroid <-en, -en> [astero'i:t, *pl* -'i:dən] *m* asteroid

Asteroidengürtel *m* ASTRON asteroid belt

Astgabel *f* fork of a tree [*or* branch]

Ästhet(in) <-en, -en> *m(f)* (*geh*) aesthete BRIT, esthete AM

Ästhetik <-> *f kein pl* ❶ (*Wissenschaft vom Schönen*) aesthetics BRIT, esthetics AM *pl* ❷ (*Schönheitssinn*) aesthetic [*or* AM esthetic] sense

Ästhetik Programm *nt* TYPO (*Satz*) aesthetic [*or* AM *a.* esthetic] programme [*or* AM -am]

Ästhetin <-, -nen> *f fem form von* **Ästhet**

ästhetisch *adj* (*geh*) aesthetic BRIT, esthetic AM

Asthma <-s> *nt kein pl* asthma

Asthmabehandlung *f* asthma treatment

Asthmatiker(in) <-s, -> *m(f)* asthmatic

asthmatisch I. *adj* ❶ (*durch Asthma ausgelöst*) asthmatic, asthma; **ein leichter/schwerer** ~ **Anfall** a mild/serious asthma [*or* asthmatic] attack; **ein ~es Röcheln** an asthmatic wheeze ❷ (*an Asthma leidend*) asthma; ~**er Patient** asthma patient II. *adv* asthmatically

astig *adj* gnarled, knotty

Astigmatismus <-> *m kein pl* MED astigmatism

Astknoten *m* knot **Astloch** *nt* knothole

Astra *f* (*Planet, Satellit*) Astra

astrein *adj* ❶ (*fam: moralisch einwandfrei*) straight *fam*, above board, genuine; ***der Kerl ist nicht ganz*** ~ there is something fishy about that guy ❷ (*sl: bombig, spitze*) fantastic, great ❸ BOT (*fachspr: keine Astknoten aufweisend*) knot-free; ■ ~ **sein** to be free of knots

Astrolabium <-s, Astrolabien> *nt* ASTRON astrolabe

Astrologe, -login <-n, -n> *m, f* astrologer

Astrologie <-> *f kein pl* astrology

Astrologin <-, -nen> *f fem form von* **Astrologe**

astrologisch I. *adj* astrological II. *adv* astrologically

Astronaut(in) <-en, -en> *m(f)* astronaut

Astronom(in) <-en, -en> *m(f)* astronomer

Astronomie <-> *f kein pl* astronomy

Astronomin <-, -nen> *f fem form von* **Astronom**

astronomisch *adj* ❶ ASTRON astronomical; ~**e Koordinaten** astronomical coordinates ❷ (*fig: riesig, immens*) astronomical

Astrophysik *f* astrophysics + *sing vb, no art*

Astrophysiker(in) *m(f)* astrophysicist

Asturien *nt* Asturias

Astwerk *nt* (*geh*) boughs *pl*, branches *pl*

ASU <-, -s> *f Akr von* **Abgasuntersuchung**

Asuncion <-s> [asun'θi̯ɔn] *nt* Asunción

Äsung <-, -en> *f* JAGD grazing, browsing *liter*

Asyl <-s, -e> *nt* asylum; **das Recht auf** ~ the right to asylum; **politisches** ~ political asylum; **um** ~ **bitten** [*o* **nachsuchen**] (*geh*) to apply for [*or* seek] [political] asylum; **jdm** ~ **gewähren** to grant sb [political] asylum

Asylant(in) <-en, -en> *m(f) s.* **Asylbewerber**

Asylantenwohnheim *nt* home for asylum-seekers

Asylantrag *m* application [*or* request] for political asylum; **einen** ~ **stellen** to file [*or* submit] an application for political asylum **Asylberechtigte(r)** *f(m)* JUR person entitled to political asylum **Asylbewerber(in)** *m(f)* JUR asylum seeker **Asylbewerberheim** *nt* home for asylum seekers **Asylgewährung** *f* JUR granting of asylum **Asylmissbrauch**^RR *m* JUR abuse of asylum procedures **Asylpolitik** *f kein pl* policy on asylum [seekers], asylum policy **Asylrecht** *nt* right of political asylum **Asylsuchende(r)** *f(m) dekl wie adj* asylum seeker **Asylverfahren** *nt* asylum proceedings *npl*

Asymmetrie *f* asymmetry

asymmetrisch *adj* asymmetric, asymmetrical

asynchron *adj* asynchronous; INFORM out of synch

asynchron *adj* asynchronous

Asynchronie <-> *f kein pl* SCI asynchrony

Asynchronie <-> *f kein pl* asynchrony

Aszendent <-en, -en> *m* ASTROL ascendant; JUR ascendent

Aszites <-> *m* MED (*Bauchwassersucht*) ascites

at [ɛt] *f Abk von* **Atmosphäre**

A.T. *nt Abk von* **Altes Testament** OT BRIT, O.T. AM

Atavismus <-, -men> *m* BIOL atavism

atavistisch *adj* BIOL atavistic

AT-Bus <-ses, -se> *m* INFORM AT-bus

Atelier <-s, -s> [ate'lie:, atə'lie:] *nt* KUNST, ARCHIT studio

Atelieraufnahme *f* FOTO studio shot **Atelierfenster** *nt* studio window **Atelierwohnung** *f* studio flat

Atem <-s> *m kein pl* ❶ (*Atemluft*) breath; **den** ~ **anhalten** to hold one's breath; ~ **holen** [*o* **schöpfen**] to take [*or* draw] a breath; **wieder zu** ~ **kommen** to get one's breath back, to catch one's breath; **nach** ~ **ringen** to be gasping for breath; **außer** ~ out of breath ❷ (*das Atmen*) breathing; **mit angehaltenem** ~ holding one's breath ▶ WENDUNGEN: **mit angehaltenem** ~ with bated breath; **den längeren** ~ **haben** to have the whip hand; **jdn in** ~ **halten** to keep sb on their toes; ~ **holen** [*o* **schöpfen**] to take a [deep] breath; **jdm den** ~ **verschlagen** to take sb's breath away, to leave sb speechless; **in einem** [*o* **im selben**] ~ (*geh*) in one/the same breath

Atembeklemmung *f* shortness of breath *no pl* **atemberaubend** *adj* breath-taking **Atembeschwerden** *pl* breathing difficulties *pl,* trouble in breathing [*or* difficulty] **Atemgerät** *nt* respirator; (*von Taucher, Feuerwehr*) breathing apparatus **Atemgeräusch** *nt* respiratory sounds *pl* **Atemholen** <-s> *nt kein pl* breathing *no pl* **Atemlähmung** *f* respiratory paralysis

atemlos I. *adj* ❶ (*außer Atem*) breathless ❷ (*perplex*) speechless II. *adv* breathlessly, speechlessly

Atemlosigkeit <-> *f kein pl* breathlessness *no pl* **Atemluft** *f* air [to breathe] **Atemmaske** *f* ❶ MED breathing [*or* oxygen] mask ❷ (*Gasmaske*) gas mask **Atemnot** *f* MED shortness of breath *no pl* **Atempause** *f* ❶ (*um Luft zu schöpfen*) pause for breath ❷ (*kurze Unterbrechung*) breather **Atemschutzgerät** *nt* breathing apparatus **Atemschutzmaske** *f s.* Atemmaske **Atemstillstand** *m* respiratory arrest **Atemwege** *pl* ANAT respiratory tracts [*or* passages] *pl* **Atemwegserkrankung** *f* MED (*geh*) respiratory disease **Atemzug** *m* (*einmaliges Luftholen*) breath ▶ WENDUNGEN: **einen** ~ **lang** for [the count of] one breath; **in einem** [*o* **im selben**] ~ in one [*or* the same] breath

Atheismus <-> [ate'ɪsmʊs] *m kein pl* atheism *no pl*

Atheist(in) <-en, -en> *m(f)* atheist

atheistisch *adj* atheist

Athen <-s> *nt* Athens

Athener(in) <-s, -> *m(f)* Athenian

Äther <-s> *m kein pl* ❶ CHEM ether *no pl* ❷ (*liter: Himmel*) ether ❸ RADIO (*geh*) **etw in den** ~ **schicken** to put sth on the air [*or* out on air]; **über den** ~ over the air

ätherisch *adj* ❶ (*geh*) ethereal ❷ CHEM ethereal

Atherosklerose <-, -n> *f* MED atherosclerosis

Äthiopien <-s> *nt* Ethiopia; *s. a.* **Deutschland**

Äthiopier(in) <-s, -> *m(f)* Ethiopian; *s. a.* **Deutsche(r)**

äthiopisch *adj* Ethiopian; *s. a.* **deutsch**

Athlet(in) <-en, -en> *m(f)* ❶ (*Sportler*) athlete ❷ (*wohlgeformter Mensch*) athletic type

athletisch *adj* athletic

Athos <-> *m kein pl* GEOG Mount Athos

Äthylalkohol *m* CHEM ethyl alcohol

Atlant <-en, -en> *m* atlas

Atlanten *pl von* **Atlas**

Atlantik <-s> *m* Atlantic; ■**der** ~ the Atlantic

atlantisch *adj* METEO Atlantic; **ein ~es Hoch** a high-pressure area coming from the Atlantic

Atlas <- *o* -ses, Atlanten *o* -se> *m* atlas

ATM *m Abk von* **Asynchronous Transfer Mode** ATM

Atmen *nt* breathing, respiration

atmen I. *vi* to breathe; **frei** ~ (*fig*) to breathe freely II. *vt* to breathe; ■**etw atmen** to breathe sth [in]

Atmosphäre <-, -n> *f* ❶ PHYS atmosphere; ***die ~ der Erde*** the Earth's athmosphere ❷ (*Stimmung*) atmosphere; **eine gespannte** ~ a tense atmosphere

Atmosphärendruck <-drücke> *m* atmospheric pressure **Atmosphärenüberdruck** <-drücke> *m* atmospheric excess pressure

atmosphärisch *adj* atmospheric

Atmung <-> *f kein pl* breathing *no pl,* respiration *form*

atmungsaktiv *adj* MODE breathable

Atmungsorgane *pl* respiratory organs

Ätna <-[s]> *m* Mount Etna

Atoll <-s, -e> *nt* atoll

Atom <-s, -e> *nt* atom

Atomangriff *m* MIL nuclear attack **Atomanlage** *f* nuclear plant [*or* installation] **Atomantrieb** *m* nuclear propulsion

atomar I. *adj* ❶ PHYS (*die Atome betreffend*) atomic, nuclear ❷ MIL (*Atomwaffen betreffend*) nuclear II. *adv* ❶ MIL (*Atomwaffen betreffend*) with nuclear weapons ❷ TECH with nuclear power; ■~ **angetrieben sein** to be nuclear-powered

Atomausstieg *m* denuclearization *no pl* **Atombindung** *f* CHEM bonding, covalent bond **Atombombe** *f* atomic [*or* nuclear] bomb **Atombombenexplosion** *f* atomic [*or* nuclear] explosion **atombombensicher** I. *adj* nuclear blast-proof II. *adv* safe from nuclear blast **Atombombenversuch** *m* nuclear [weapons] test **Atombomber** *m* LUFT nuclear bomber **Atombunker** *m* nuclear fall-out shelter **Atomenergie** *f* nuclear [*or* atomic] energy **Atomenergiebehörde** *f* JUR Automic Energy Authority [*or* AM Commission] **Atomenergiekommission** *f* JUR Atomic Energy Commission AM **Atomenergierecht** *nt* JUR atomic energy law **Atomexplosion** *f* nuclear [*or* atomic] explosion **Atomfalle** *f* PHYS atom trap **Atomforschung** *f* nuclear research **Atomforschungszentrum** *nt* nuclear research centre [*or* AM -er] **Atomgegner(in)** *m(f)* person who is against nuclear power **Atomgesetz** *nt* JUR Atomic Energy Act **atomgetrieben** *adj* nuclear-powered **Atomgewicht** *nt* atomic weight **Atomhaftungsrecht** *nt* JUR nuclear liability law **Atomindustrie** *f* nuclear industry

atomisieren* *vt* ■**etw** ~ to atomize sth

Atomkern *m* PHYS nucleus **Atomkraft** *f kein pl* nuclear power [*or* energy] **Atomkraftgegner(in)** *m(f)* anti-nuclear activist [*or* protester] **Atomkraftwerk** *nt* nuclear power station **Atomkrieg** *m* nuclear war **Atommacht** *f* POL, MIL nuclear power **Atommeiler** *m* nuclear reactor **Atommodell** *nt* PHYS model of an atom

Atommüll *m* nuclear [*or* atomic] waste

Atommülllagerung <-> *f kein pl s.* Atommülllagerung **Atommüllendlager** *nt* nuclear [*or* radioactive] waste disposal site **Atommüllfracht** *f* nuclear waste cargo **Atommülllagerung**^RR <-> *f kein pl* nuclear [*or* radioactive] waste disposal

Atomphysik *f* nuclear physics + *sing vb* **Atomphysiker(in)** *m(f)* nuclear physicist **Atompilz** *m* mushroom cloud **Atompolitik** *f kein pl* nuclear policy **Atomrakete** *f* nuclear missile **Atomreaktor** *m* nuclear reactor **atomrechtlich** *adj inv* related to [*or* in terms of] the law on nuclear installations **Atomschmuggel** <-s> *m kein pl illegal disposal of nuclear waste in another country* **Atomspaltung** *f* nuclear fission **Atomsperrvertrag** *m s.* Atomwaffensperrvertrag **Atomsprengkopf** *m* nuclear warhead **Atomstrom** *m kein pl* (*fam*) electricity generated by nuclear power **Atomtest** *m* MIL nuclear [weapons] test **Atomteststopp**^RR *m* nuclear test ban **Atomteststoppabkommen**^RR *nt* POL nuclear test ban treaty **Atomtransport** *m* transportation of nuclear material **Atomtriebwerk** *nt* RAUM nuclear engine **Atom-U-Boot** *nt* nuclear submarine **Atomuhr** *f* TECH atomic watch **Atomversuch** *m s.* **Atomtest**

Atomwaffe *f* MIL nuclear weapon

atomwaffenfrei *adj* POL nuclear-free **Atomwaffensperrvertrag** *m* POL Nuclear Weapons Non-Proliferation Treaty **Atomwaffenversuch** *m* nuclear weapon testing **Atomwirtschaft** *f* nuclear industry

Atomzeitalter *nt kein pl* ■**das** ~ the nuclear [*or* atomic] age **Atomzertrümmerung** *f* PHYS splitting of the atom

atonal *adj* MUS atonal

Atonie <-, -ien> *f* MED atony; **gastrische** ~ gastric atony

atoxisch *adj* (*fachspr*) non-toxic

ATP <-s, -s> *nt Abk von* **Adenosintriphosphat** ATP

Atrium <-s, Atrien> [*pl* -riən] *nt* ARCHIT atrium

Atriumhaus *nt* ARCHIT *a building centred around an open court/atrium*

Atrophie <-, -n> [*pl* -'fi:ən] *f* MED atrophy

atrophisch *adj* MED atrophied

Atropin <-s> *nt kein pl* BIOL, MED atropine *no pl*

ätsch *interj* (*fam*) ha-ha; ***du hast verloren,*** ~ [***bätsch***]! ha-ha, you lost! [na, na, na, na, na, na! *in a sing-song voice*]

Attaché <-s, -s> [ata'ʃe:] *m* POL attaché

Attachékoffer [ata'ʃe:-] *m* attaché case

Attachment <-s, -s> [ə'tætʃmənt] *nt* INET attachment

Attacke <-, -n> *f* ❶ MIL attack; **zur** ~ **blasen** to sound the charge; **eine** ~ **gegen jdn reiten** to charge sb ❷ (*Kritik*) ■**eine/die** ~ **gegen jdn/etw** an/the attack against sb/sth; [**wütende**] **~n gegen jdn reiten** (*heftige Kritik üben*) to launch an [angry] attack against sb ❸ MED (*Anfall*) attack, fit; **eine epileptische** ~ an epilectic fit

attackieren* *vt* ■**jdn/etw** ~ ❶ (*geh*) to attack sb/sth ❷ MIL (*veraltend: angreifen*) to charge [*or* attack] sb/sth

attaschieren *vt* KOCHK **Fleisch/Geflügel** ~ *to boil meat/poultry until meat separates from the bone*

Attentat <-[e]s, -e> *nt* (*Mordanschlag*) an attempt on sb's life; (*mit tödlichem Ausgang*) assassination; **ein** ~ **auf jdn verüben** to make an attempt on sb's life; (*mit tödlichem Ausgang*) to assassinate sb ▶ WENDUNGEN: **ein** ~ **auf jdn vorhaben** (*hum fam: jdn um etw bitten wollen*) to [want to] ask sb a favour [*or* AM -or]

Attentäter(in) *m(f)* assassin

Attest <-[e]s, -e> *nt* MED (*ärztliche Bescheinigung*) certificate; **jdm ein** ~ [**über etw** *akk*] **ausstellen** to certify sth for sb; ***der Hausarzt stellte ihm ein*** ~

über seinen Gesundheitszustand aus the GP certified his condition for him
attestieren* *vt* ❶ MED (*geh: ärztlich bescheinigen*) ▪ **[jdm] etw** ~ to certify [sb] sth; ▪ **jdm ~, dass ...** to certify sb as ...; ▪ **sich** *dat* **[von jdm] etw ~ lassen** to have sb certify sth, to have sth certified; ***ich lasse mir meine Arbeitsunfähigkeit ~*** I'm going to get myself certified unfit for work ❷ (*geh: bescheinigen*) to confirm; ▪ **jdm/einer S. etw** ~ to confirm sb/sth sth; ***dem Wein wurde erneut hohe Qualität attestiert*** once again the high quality of the wine was guaranteed
Attika <-, Attiken> *f* BAU fascia
Attitüde <-, -n> *f meist pl* (*geh*) posture, gesture, attitude
Attraktion <-, -en> *f* ❶ (*interessanter Anziehungspunkt*) attraction; ***das Riesenrad war die große*** ~ the Ferris wheel was the big attraction ❷ *kein pl* (*geh: Reiz, Verlockung*) attraction
attraktiv *adj* attractive
Attraktivität <-, -en> [-vi-] *f kein pl* attractiveness *no pl*
Attrappe <-, -n> *f* dummy, fake; **[nur]** ~ **sein** to be [only] a dummy [*or* fake]
Attribut <-[e]s, -e> *nt* (*geh*) ❶ LING attribute ❷ (*Kennzeichen oder Sinnbild*) symbol ❸ INFORM (*Eintrag*) attribute
attributiv *adj* LING attributive
atü *Akr von* **Atmosphärenüberdruck**
atypisch *adj* atypical
ätzen I. *vi* (*versetzend sein*) to corode II. *vt* KUNST (*durch Säure ein~*) to etch; ▪ **etw in etw** *akk* ~ to etch sth in sth **ätzend** *adj* ❶ (*zerfressend wirkend*) corrosive ❷ (*beißend*) *Geruch* pungent ❸ (*sl: sehr übel*) lousy
Ätzmittel *nt* CHEM corrosive **Ätznatron** *nt kein pl* CHEM caustic soda *no pl*, sodium hydroxide *no pl*
Ätzstift *m* MED cautery stick
Ätzung <-, -en> *f* ❶ MED (*Ver~*) cauterization ❷ KUNST etching
au *interj* ouch, ow ▸ WENDUNGEN: ~ **fein/ja/klasse** (*fam*) oh great/yeah/brilliant! [*or* AM excellent!]; ~ **ja/klasse!** oh yeah/great!
Au <-, -en> *f* SÜDD, ÖSTERR *s.* **Aue**
aua *interj s.* **au 1**
Aubergine <-, -n> [obɛrˈʒiːnə] *f* aubergine BRIT, egg-plant AM
aubergine *adj pred*, **auberginefarben** *adj* aubergine[-coloured] BRIT, egg-plant[-colored] AM
auch I. *adv* ❶ (*ebenfalls*) too, also, as well; ***ich habe Hunger, du ~?*** I'm hungry, you too?; ***gehst du morgen ~ ins Kino?*** are you going to the cinema as well tomorrow?; ***Gewalt ist aber ~ keine Lösung!*** violence is no solution either!; ***das ist ~ möglich*** that's also a possibility; ***kannst du ~ einen Salto rückwärts?*** can you do a summersault backwards as well?; ***ich will ein Eis! — ich ~!*** I want an ice-cream! — me too!; ~ **gut** that's ok [too]; **... ~ nicht!** not ... either, ... neither, nor ...; ***ich gehe nicht mit! — ich ~ nicht!*** I'm not coming! — nor am I! [*or* me neither!]; ***wenn du nicht hingehst, gehe ich ~ nicht*** of you don't go, I won't either ❷ (*sogar*) even; ***der Chef hat eben immer Recht, ~ wenn er Unrecht hat!*** the boss is always right, even when he's wrong! ▸ WENDUNGEN: **... aber ~!** on top of everything; ***so was Ärgerliches aber ~!*** that's really too annoying; ***verdammt aber ~!*** damn and blast it! *fam;* ***wozu aber ~ sich widersetzen*** what's the point in arguing; ~ **das noch!** that's all I need! II. *part* ❶ (*tatsächlich*) too, as well; ***so schlecht hat das nun ~ wieder nicht geschmeckt!*** it didn't taste *that* bad!; ***wenn ich etwas verspreche, tu' ich das ~!*** If I promise something then I'll do it!; ***ich habe das nicht nur gesagt, ich meine das ~ [so]!*** I didn't just say it, I mean it too [*or* as well]! ❷ *interrog* (*verallgemeinernd*) ▪ **so/was/wie ... ~** however/whatever ...; ***was er ~ sagen mag ...*** whatever he may say ... ❸ (*einräumend*) ~ **wenn** even if; ~ ***wenn das stimmen sollte*** even if it were true; ***so schnell sie ~ laufen mag*** however fast she may run ...; ***wie sehr du ~ flehst*** however much you beg; **wie dem ~ sei** whatever; ***wie dem ~ sei, ich gehe jetzt nach Hause*** be that as it may, I am going home now ❹ (*zweifelnd*) ***ist das ~ gut/nicht zu weit?*** are you sure it's good/not too far?
Audienz <-, -en> *f* audience
Audimax <-> *nt kein pl* (*fam*) *kurz für* **Auditorium maximum** main lecture hall [*or* theatre [*or* AM -er]]
audio- *in Komposita* audio-
Audiodatei *f* INFORM audio file **Audioeingang** *m* INFORM sound entry **Audiokarte** *f* INFORM sound card **Audiokassette** *f* audio cassette **Audiosignal** *nt* TV audio signal **Audiotext** *m* MEDIA audio-text
audiovisuell [-vi-] *adj* audio-visual
Audition <-, -s> [ɔːˈdɪʃn] *f* FILM, THEAT audition
Auditorium <-s, -rien> [*pl* -riən] *nt* ❶ SCH auditorium ❷ (*geh: Zuhörerschaft*) audience
Aue <-, -n> *f* DIAL (*liter*) meadow, pasture
Auerhahn *m* ORN [male/cock] capercaillie **Auerhenne** *f* ORN (*weibliches Auerhuhn*) [female/hen] capercaillie **Auerhuhn** *nt* ORN capercaillie **Auerochse** *m* ZOOL aurochs

auf

I. PRÄPOSITION	II. ADVERB
III. INTERJEKTION	IV. KONJUNKTION

I. PRÄPOSITION

❶ +*dat* on, upon *form;* ***er saß ~ dem Stuhl*** he sat on the chair; ***sie kamen ~ dem Hügel an*** they arrived on the hill; ~ ***dem Mond gibt es keine Luft zum Atmen*** there's no air to breathe on the moon ❷ +*akk* (*in Richtung*) on, onto; ***das Wrack ist ~ den Meeresgrund gesunken*** the wreck has sunk to the bottom of the ocean; ***sie fiel ~ den Rücken*** she fell on[to] her back; ***sie schrieb etwas ~ ein Blatt Papier*** she wrote something on a piece of paper; ***schmier mir bitte nichts ~ die Decke!*** please don't make a mess on the tablecloth!; ***sie hob das Kind ~ den Stuhl*** she lifted the child onto the chair; ***sie legte sich ~ das Bett*** she lay down on the bed; ~ **ihn!** [go and] get him! ❸ +*akk* (*in Bezug ~ Inseln*) to; ***wann fliegst du ~ die Kanaren?*** when are you flying to the Canaries? ❹ +*dat* in; ***er verbringt den Winter ~ den Bahamas*** he spends the winter in the Bahamas; ***Kingston liegt ~ Jamaica*** Kingston is in Jamaica ❺ +*akk* (*zur*) to; ***morgen muss er ~ die Post*** tomorrow he has to go to the post office ❻ +*dat* at; ***ich habe ~ der Bank noch etwas zu erledigen*** I still have some business to take care of at the bank; ***sein Geld ist ~ der Bank*** his money is in the bank; ***er arbeitet ~ dem Finanzamt*** he works at the tax office; ~ **der Schule** at school; ***warst du schon ~ der Polizei?*** have you already been to the police? ❼ +*akk* (*einen Zeitpunkt festlegend*) on; ***Heiligabend fällt ~ einen Dienstag*** Christmas Eve falls on a Tuesday; ***die Konferenz muss ~ morgen verlegt werden*** the conference has to be postponed until tomorrow; ***es geht schon ~ Ostern zu*** it's getting closer to Easter; ***ich komme in der Nacht [von Montag] ~ Dienstag an*** I will arrive on Monday night ❽ +*akk* (*beschränkend*) to; ***das Projekt konnte ~ drei Jahre reduziert werden*** it was possible to reduce the project to three years; ***ich kann es Ihnen nicht ~ den Tag genau sagen*** I can't tell you exactly to the day; ~ ***den Millimeter genau*** exact to a millimeter ❾ +*dat* (*während*) on; ~ ***der Busfahrt wurde es einigen schlecht*** some people felt sick on the bus ride ❿ +*akk* (*für*) for; ***bleib doch noch ~ einen Tee*** won't you stay for a cup of tea ⓫ +*akk* (*um*) upon, after; ▪ **etw ~ etw** sth upon [*or* after] sth; ***Sieg ~ Sieg*** win after [*or* upon] win ⓬ +*akk* (*als Reaktion*) at; ▪ ~ **etw [hin]** at sth; ~ ***seinen Vorschlag [hin] wurde er befördert*** at his suggestion he was promoted; ~ ***meinen Brief hin hat sie bisher nicht geantwortet*** she hasn't replied yet because of my letter; ~ ***seine Bitte [hin]*** at his request ⓭ +*akk* (*sl: in einer bestimmten Art*) ***komm mir bloß nicht ~ die wehleidige Tour!*** don't try the weepy approach on me!; ~ ***die Masche falle ich nicht rein*** I won't fall for that trick ⓮ +*akk* (*jdm zuprostend*) to; ~ ***uns!*** to us! ⓯ +*akk* (*zu einem Anlass*) to; ***wollen wir ~ das Fest gehen?*** shall we go to the party? ⓰ *mit Steigerungen* (*so ... wie möglich*) most + *adv;* ***man begrüßte sie ~ das Herzlichste*** she was greeted most warmly; ***sie wurden ~ das Grausamste gefoltert*** they were tortured most cruelly

II. ADVERB

❶ (*fam: geöffnet*) open; ***Fenster auf!*** open the window!; ***Augen ~ im Straßenverkehr!*** keep your eyes open in traffic!; ~ **sein** to be open; ***wie lange sind die Läden heute ~?*** how long are the shops open today? ❷ (*fam: nicht abgeschlossen*) ~ **sein** *Tür, Schloss* to be open [*or* unlocked] ❸ (*fam: nicht mehr im Bett*) **[früh/schon]** ~ **sein** to be up [early/already] ▸ WENDUNGEN: ~ **und ab** [*o* **nieder**] (*geh*) up and down; ~ **und davon** (*fort*) up and away

III. INTERJEKTION

❶ (*los*) ~ ***nach Kalifornien!*** let's go to California!; ***auf, tu was!*** come on, do something! ❷ (*aufgesetzt*) on; **Helme/Masken/Hüte auf!** helmets/masks/hats on!

IV. KONJUNKTION

(*geh: Äußerung eines Wunsches*) ▪ ~ **dass ...** that ...; ~ ***dass wir uns in Zukunft vertragen mögen!*** that we may get on well in the future!

Auf *nt* ▸ WENDUNGEN: **das/ein ~ und Ab** up and down, to and fro; (*ständiger Wechsel zwischen gut und schlecht*) up and down; ***in jedem Leben ist es doch immer ein ~ und Ab*** every life has its ups and downs
auf|arbeiten *vt* ❶ (*renovieren*) ▪ **etw** ~ to refurbish sth [*or sep* do up] ❷ (*bearbeiten*) ▪ **etw** ~ to get through [*or sep* finish off] sth; **aufgearbeitete Akten/Korrespondenz** cleared files/correspondence ❸ (*bewältigen*) **die Vergangenheit** ~ to reappraise the past ❹ (*auswerten*) **Literatur** ~ to incorporate literature critically
Aufarbeitung <-, -en> *f* ❶ (*Erledigung*) catching up ❷ (*Beurteilung*) *Literatur* reviewing ❸ (*Restaurierung*) refurbishing
auf|atmen *vi* ❶ (*durchatmen*) to breathe ❷ (*seine Erleichterung zeigen*) to heave [*or* give] a sigh of [*or* to sigh with] relief; ▪ **ein [erleichtertes] A~** a sigh of relief
auf|backen *vt* ▪ **etw** ~ to heat [*or* crisp] [*or* warm] up sth *sep*
auf|bahren *vt* ❶ (*im Sarg ausstellen*) ▪ **jdn** ~ to lay sb out in state, to lay out sb *sep;* **eine prominente Persönlichkeit** ~ to lay a famous person's body out in state; **einen Toten** ~ to lay out a dead person; ▪ **aufgebahrt sein** to lie in state; **ein aufgebahrter Leichnam** (*geh*) a body lying in state ❷ (*offen aufstellen*) **einen Sarg** ~ to lay a coffin on a/the bier; **ein aufgebahrter Sarg** a coffin laid on the bier
Aufbahrung <-, -en> *f* laying out, lying in state
Aufbahrungshalle *f* funeral parlour [*or* AM -or]
Aufbau¹ *m kein pl* ❶ (*das Zusammenbauen*) ▪ **der** ~ assembling, construction ❷ (*Schaffung*) **der ~ von Kontakten** the setting up of contacts; **der ~ eines Landes** the building of a state; **der ~ eines sozialen Netzes** the creation of a social network; **der ~ der Wirtschaft/der wirtschaftliche** ~ the building up of the economy ❸ (*Wiedererrichtung*) reconstruction; **der ~ der Kommunikationsverbindungen** the reinstatement of communications ❹ (*Struktur*) structure
Aufbau² <-bauten> *m* ❶ (*Karosserie~*) body[work [*or* shell]] ❷ *meist pl* NAUT superstructure *no pl, no indef art*
Aufbauarbeit *f* reconstruction work
Aufbaucreme *f* regenerative cream
auf|bauen I. *vt* ❶ (*zusammenbauen*) ▪ **etw** ~ **einen Motor** ~ to assemble an engine ❷ (*hinstellen*)

■**etw ~ ein kaltes Büfett** ~ to set [*or* lay] out *sep* a cold buffet ③ (*wieder ~*) ■**etw ~ ein Haus/Land neu** ~ to rebuild a house/country ④ (*schaffen*) ■**sich** *dat* **etw** ~ to build up sth *sep;* **sich** *dat* **eine Existenz** ~ to build up an existence [for oneself]; ■**etw ~ eine Organisation/Bewegung** ~ to build up an organization/a movement *sep* ⑤ (*daraufbauen*) **etw [auf etw** *akk*] ~ to add [*or* build] sth [on sth], to add [on *sep*] sth ⑥ (*wiederherstellen*) **die Gesundheit/seine Kräfte** ~ to build up one's health/strength [again] *sep* ⑦ (*basieren*) ■**etw auf etw** *dat o akk* ~ to base [*or* construct] sth on sth ⑧ (*fam: durch Förderung zu etw machen*) ■**jdn [zu etw]** ~ to build up sb *sep* into sth; **jdn zum großen Künstler** ~ to build up sb *sep* into [*or* promote sb as] a great artist ⑨ (*herstellen*) ■**etw ~ eine Verbindung** ~ to make [*or form* effect] a connection; **eine Theorie** ~ to construct a theory ⑩ (*strukturieren*) ■**aufgebaut sein** to be structured **II.** *vi* ① (*sich gründen*) ■**auf etw** *dat o akk* ~ to be based [*or* founded] on sth; ***dieses Musikstück baut auf den Regeln der Zwölftonmusik auf*** this piece [of music] is based on twelve-tone principles ② (*mit dem Zusammenbau beschäftigt sein*) to be building; ***wir sind noch dabei aufzubauen*** we are still building; ***bis dahin müssen wir aufgebaut haben*** we have to have finished building by then **III.** *vr* ① (*fam: sich postieren*) ■**sich vor jdm/etw** ~ to stand up in front of sb, to take up position in front of sth; **sich drohend vor jdm** ~ to plant oneself in front of sb *fam* ② (*sich gründen*) ■**sich** *akk* **auf etw** *dat o akk* ~ to be based [*or* founded] on sth ③ (*sich bilden*) ■**sich** ~ to build up; ***die Regenwolken bauten sich auf*** the rainclouds started to build up ④ (*bestehen aus*) ■**sich aus etw** ~ to be built up [*or* composed] of sth

Aufbauhilfe *f* POL reconstruction aid; *für Branche u. ä.* help with setting up

auf|bäumen *vr* ① (*sich ruckartig aufrichten*) ■**sich** ~ to convulse; **sich vor Schmerz** ~ to writhe [*or* be convulsed] with pain; *Pferd* to rear [up] ② (*geh: sich auflehnen*) ■**sich gegen jdn/etw** ~ to revolt [*or* rebel] against sb/sth; ■**A~** revolt

auf|bauschen **I.** *vt* ① (*übertreibend darstellen*) ■**etw [zu etw]** ~ to blow up sth *sep* [into sth], to exaggerate sth ② (*blähen*) ■**etw** ~ to fill [*or* swell] [*or* belly] [out *sep*] sth; **mit aufgebauschten Segeln** in [*or* under] full sail **II.** *vr* (*scheinbar bedeutender werden*) ■**sich zu etw** ~ to be blown up to sth

Aufbaustoff *m* nutritional substance

Aufbaustudium *nt* research studies *npl*

Aufbauten *pl* BAU superstructures *pl*

auf|begehren* *vi* ■**[gegen jdn/etw]** ~ ① (*geh*) to rebel [*or* revolt] [against sb/sth]; ■**~d** rebelling ② SCHWEIZ (*protestieren*) to protest [against sb/sth]; ■**A~** protest

auf|behalten* *vt irreg* ■**etw** ~ to keep sth on *sep*

auf|beißen *vt irreg* ■**etw** ~ to open sth using [*or* with] one's teeth; **eine Nuss** ~ to crack a nut with one's teeth; **eine Verpackung** ~ to bite open packaging *sep;* **sich** *dat* **die Lippe** ~ to bite one's lip [and make it bleed]

auf|bekommen* *vt irreg* (*fam*) ■**etw** ~ ① (*öffnen*) to get sth open; ***lässt sich die Schublade ohne Schlüssel ~?*** can the drawer be opened without a key? ② (*zu erledigen erhalten*) to get sth as homework; ***wir haben heute sehr viel ~*** we were given a lot of homework today

auf|bereiten* *vt* ■**etw** ~ ① (*verwendungsfähig machen*) to process sth; **Erz** ~ to dress [*or* prepare] ore; **Trinkwasser** ~ to purify [*or* treat] water ② (*bearbeiten*) to edit sth; **etw literarisch** ~ to turn sth into literature; **etw dramaturgisch** ~ to adapt sth for the theatre [*or* AM -er]

Aufbereitung <-, -en> *f* ① (*das Aufbereiten*) processing; **die ~ von Erz** the dressing [*or* preparation] of ore; **die ~ von [Trink]wasser** the purification [*or* treatment] of water ② (*Bearbeitung*) editing

Aufbereitungsanlage *f* processing [*or* treatment] plant

auf|bessern *vt* ■**etw** ~ to improve sth; **ein Gehalt** ~ to increase a salary

Aufbesserung <-, -en> *f* improvement; ~ **eines Gehalts** an increase in salary (+*gen* in)

auf|bewahren* *vt* ■**etw** ~ ① (*in Verwahrung nehmen*) to keep sth; **jds Dokumente/Wertsachen** ~ to look after sb's documents/valuables, to have sb's documents/valuables in one's keeping ② (*lagern*) to store sth; ***kühl und trocken aufbewahren!*** keep in a cool dry place

Aufbewahrung <-, -en> *f* ① (*Verwahrung*) [safe]keeping; ~ **einer hinterlegten Sache** storage of a deposited item; **einen Koffer in ~ geben** to deposit a suitcase [at the left luggage [*or* AM baggage room]]; **jdm etw zur [sicheren] ~ anvertrauen** [*o* **übergeben**] to give sth to sb for [*or* put sth in[to] sb's] safekeeping ② (*fam: Gepäck~*) left-luggage [office] [*or* AM baggage room]

Aufbewahrungsfrist *f* JUR *für Akten* safekeeping period [*or* retention] **Aufbewahrungsort** *m* **etw an einen sicheren ~ bringen** to put sth in a safe place; **ein geeigneter ~ für etw** the right place to keep sth **Aufbewahrungspflicht** *f* JUR *für Geschäftsunterlagen* obligation to preserve business records; **einstweilige** ~ compulsory safe custody

auf|bieten *vt irreg* ① (*einsetzen*) ■**jdn/etw** ~ to muster sb/sth; **die Polizei** ~ to call in the police *sep;* **Truppen** ~ to call in *sep* [*or* mobilize] troops ② (*aufwenden*) ■**etw** ~ to muster [*or* summon] [*or* gather] sth ③ (*zur Vermählung ausschreiben*) ■**aufgeboten werden** to have one's banns published

Aufbietung <-> *f kein pl* ① (*Einsatz*) mustering; *von Polizei, Militär* calling in; **die ~ von Truppen** to mobilize [*or* call in] troops; **unter ~ einer S.** *gen/* **von etw** *dat* with the employment [*or* use] of sth; **unter ~ von Truppen** with the mobilization of troops ② (*das Aufbieten*) summoning, gathering, mustering; **unter [*o* bei] ~ aller Kräfte** with the utmost effort, by summoning all one's strength

auf|binden *vt irreg* ① (*öffnen, lösen*) ■**[jdm] etw** ~ to untie [*or* undo] [sb's] sth ② (*hoch binden*) **Haare** ~ to put up hair *sep;* **Zweige** ~ to tie together twigs *sep* ③ (*auf etw befestigen*) ■**etw [auf etw** *akk*] ~ to fasten [*or* tie] sth on[to] sth, to fasten [*or sep* tie down] sth; ■**jdm/sich etw** ~ to fasten [*or* tie] sth on sb/sth; **jdm/sich etw auf den Rücken** ~ to hitch sth on[to] sb's/one's back ④ (*fam: weismachen*) ■**jdm etw** ~ to make sb fall for sth; **jdm eine Lüge** ~ to tell sb a lie; ***das lasse ich mir von dir nicht ~!*** I'm not going to fall for that! ⑤ TYPO (*einbinden*) ■**etw** ~ to bind sth

auf|blähen **I.** *vt* ① (*füllen*) ■**etw** ~ to fill [*or* blow] out sth *sep;* ■**aufgebläht** inflated ② MED (*blähen*) ■**etw** ~ to distend sth; ■**aufgebläht** distended, swollen ③ (*aufbauschen*) ■**etw** ~ to inflate sth; ■**aufgebläht** inflated; **bis ins Groteske aufgebläht** blown out of all recognition *pred* ④ (*übersteigern*) ■**aufgebläht [sein]** [to be] inflated; **aufgeblähter Verwaltungsapparat** bloated administrative machinery **II.** *vr* ■**sich** ~ ① (*sich füllen*) to fill ② MED (*sich blähen*) to become distended [*or* swollen] ③ (*pej: sich wichtig machen*) to puff oneself up; ■**aufgebläht** puffed-up

aufblasbar *adj* inflatable

auf|blasen *irreg* **I.** *vt* ■**[jdm] etw** ~ to inflate sth [for sb]; **einen Luftballon/eine Papiertüte** ~ to blow up *sep* [*or* inflate] a balloon/paper bag; ■**[etw] zum Aufblasen sein** to be inflatable; **eine Puppe zum A~** an inflatable doll **II.** *vr* ■**sich** ~ (*pej: sich wichtig machen*) to puff oneself up; ■**aufgeblasen [sein]** [to be] puffed-up

auf|bleiben *vi irreg sein* ① (*nicht zu Bett gehen*) to stay up ② (*geöffnet bleiben*) to stay open

auf|blenden **I.** *vi* ① AUTO to turn up the headlights *sep,* to turn the headlights on [full [*or* AM high] beam]; **aufgeblendet** [*o* **mit aufgeblendeten Scheinwerfern**] **fahren** to drive with one's headlights on full beam ② FOTO to increase the aperture **II.** *vt* AUTO **die Scheinwerfer** ~ to turn up the/one's headlights *sep;* **die Scheinwerfer kurz** ~ to flash the/one's headlights

auf|blicken *vi* ① (*nach oben sehen*) ■**[zu jdm/etw]** ~ to look up [at sb/sth]; **[zu jdm/etw] kurz** ~ to glance up [at sb/sth] ② (*als Vorbild verehren*) ■**zu jdm** ~ to look up to sb

auf|blinken *vi* ① AUTO (*fam: kurz aufblenden*) to flash [one's headlights] ② (*kurz blinken*) to flash, to blink

auf|blitzen *vi* ① *haben* (*kurz aufleuchten*) to flash ② *sein* (*plötzlich auftauchen*) ■**[bei/in jdm]** ~ to flash through sb's mind; ***der Gedanke blitzte in ihm auf*** the thought flashed through his mind; *Hass, Kampfeswille* to flare up [in sb]; ***in seinen Augen blitzte es zornig auf*** his eyes flashed angrily

auf|blühen *vi sein* ① (*Blume*) to bloom; *Knospe, Baum* to blossom [out]; **[voll] aufgeblühte Blumen** flowers in [full] bloom ② (*aufleben*) to blossom out ③ (*geh: sich entwickeln*) to [begin to] flourish [*or* thrive]

auf|bocken *vt* ■**etw** ~ to jack up sth *sep*

auf|bohren *vt* ■**etw** ~ to drill open sth *sep;* ■**das A~** drilling open

auf|brauchen *vt* ■**etw** ~ to use up sth *sep;* ■**sich** ~ to get used up; ***meine Geduld ist aufgebraucht*** my patience is exhausted

auf|brausen *vi sein* ① (*wütend werden*) to flare up, to fly into a temper, to fly off the handle ② (*schäumen*) to fizz [up] ③ (*plötzlich einsetzen*) to break out; *Jubel a.* to burst forth

aufbrausend *adj* quick-tempered, irascible; ■~ **sein** to be quick-tempered [*or* irascible], to be liable to fly off the handle

auf|brechen *irreg* **I.** *vt haben* ■**etw** ~ ① (*gewaltsam öffnen*) to break [*or* force] open sth *sep,* **ein Auto/einen Tresor** ~, to break into a car/strongroom; **einen Deckel** ~ to force [*or* BRIT prise] [*or* AM prize] [off [*or* open] *sep*] a lid; **ein Schloss** ~ to break open a lock *sep,* to force [open *sep*] a lock ② (*geh: zur Öffnung bringen*) to break down sth *sep* **II.** *vi sein* ① (*aufplatzen*) to break up, to split; *Knospe* to [burst] open; *Wunde* to open ② (*erneut sichtbar werden*) to break out ③ (*sich auf den Weg machen*) to start [*or* set] off [*or* out]; ***ich glaube, wir müssen ~*** I think we've got to go, I think we ought to go

aufbrezeln *vr* (*fam*) to get all dolled up *pej*

auf|bringen *vt irreg* ① (*bezahlen*) ■**etw** ~ to pay sth; **Geld** ~ to raise [*or* find] money ② (*mobilisieren*) ■**etw** ~ to summon [up *sep*] sth ③ (*erzürnen*) ■**jdn [gegen jdn/etw]** ~ to irritate sb, to set sb against sb/sth; *s. a.* **aufgebracht** ④ (*ins Leben rufen*) ■**etw** ~ to start sth; **ein Gerücht** ~ to put about a rumour [*or* AM -or] *sep* ⑤ NAUT (*erobern*) **ein Schiff** ~ to capture [*or* seize] a ship ⑥ DIAL (*aufbekommen*) ■**etw** ~ to get sth open; **einen Knoten** ~ to undo [*or* untie] a knot; ■**aufgebracht werden** to be opened ⑦ (*auftragen*) ■**etw [auf etw** *akk*] ~ to apply sth [to sth]; **Farbe** ~ to apply paint

Aufbruch *m* ① *kein pl* (*das Aufbrechen*) departure; ***das Zeichen zum ~ geben*** to give the signal to set off [*or* out] ② (*geh: Erneuerung*) emergence, awakening *liter;* **eine Zeit des ~s** a time of change [*or* new departures] ③ (*Frost~*) crack

Aufbruchsstimmung *f* ① (*Gefühl, aufbrechen zu wollen*) atmosphere of departure; ***~ kam langsam [unter den Gästen] auf*** the party started to break up; ***hier herrscht schon ~*** it's [*or* they are] all breaking up; ***es herrschte allgemeine ~ [unter den Gästen]*** the party was breaking up; **in ~ sein** to be wanting [*or* ready] to go ② (*Stimmung der Erneuerung*) atmosphere of awakening

auf|brühen *vt* ■**etw** ~ to brew up *sep* sth; ■**[jdm/sich] einen Tee/eine Tasse Kaffee** ~ to make [*or* brew] [sb/oneself] a [cup of] tee/coffee

auf|brummen *vt* (*fam*) ■**jdm etw** ~ to land sb with sth *fam;* ***man hat mir schon wieder den Küchendienst aufgebrummt!*** I'm landed with kitchen duties again!

auf|bürden *vt* (*geh*) ① (*jdn mit etw belasten*) ■**jdm etw** ~ to encumber sb with [*or form* load sth on to] sth ② (*jdm geben*) **jdm die Schuld** ~ to put the blame on [*or form* impute the guilt to] sb; **jdm die Verantwortung** ~ to burden [*or* saddle] sb with the responsibility

auf|decken I. *vt* ① *(enthüllen)* ■ **etw** ~ to uncover [*or* discover] sth; **einen schwierigen/ungelösten Fall** ~ to unravel a difficult/an unsolved case; **ein Rätsel** ~ to solve a riddle ② *(geh: bloßlegen)* ■ **etw** ~ to lay bare sth *sep*, to expose sth; **Fehler** ~ to discover [*or* identify] mistakes ③ KARTEN *(umdrehen)* **die Karten** ~ to show one's cards [*or* hand] ④ *(auf den Esstisch stellen)* ■ **etw** ~ to put sth on the table, to lay [*or* AM set] the table with sth ⑤ *(zurückschlagen)* ■ **etw** ~ to fold down sth *sep* ⑥ *(jds Bett zurückschlagen)* ■ **jdn** ~ to throw off sb's blankets *sep* II. *vi (den Tisch decken)* to lay [*or* AM set] the table

Aufdeckung <-, -en> *f* ① *(Enthüllung)* exposure, discovery; *(eines Falls)* solving; *(eines Rätsels)* solution (+*gen* to) ② *(geh: Bloßlegung)* exposure; *von Fehlern* discovery

auf|donnern *vr (pej fam)* ■ **sich** ~ to doll [*or* BRIT *a.* tart] oneself up *pej fam;* ■ **aufgedonnert** dolled [*or* BRIT *a.* tarted] up *pej fam;* ■ **aufgedonnert sein** to be dolled [*or* BRIT *a.* tarted] up *pej fam*

auf|drängen I. *vt* ■ **jdm etw** ~ to force [*or* push] [*or* impose] sth on sb II. *vr* ■ **sich jdm** ~ ① *(aufzwingen)* to force [*or* impose] oneself/itself on sb; ***ich will mich nicht*** ~ I don't want to impose [myself] ② *(in den Sinn kommen)* ***der Gedanke drängte sich ihm auf*** the thought came to [*or* struck] him, he couldn't help thinking

auf|drehen I. *vt* ■ **etw** ~ ① *(durch Drehen öffnen)* to turn on sth *sep;* **eine Flasche/ein Ventil** ~ to open a bottle/valve; **einen Schraubverschluss** ~ to unscrew a cap ② *(fam: lauter stellen)* to turn up sth *sep;* **voll aufgedreht** turned up full *pred* ③ DIAL *(aufziehen)* to wind up sth *sep* ④ *(zu Locken rollen)* to curl sth II. *vi (fam)* ① *(loslegen)* to get going; ■ **aufgedreht sein** to be full of go ② *(beschleunigen)* [**voll**] ~ to floor [*or* step on] the accelerator

aufdringlich *adj* ① *(zudringlich)* obtrusive, importunate *form,* pushy *fam;* **ein ~er Mensch** an insistent person; ■ ~ **werden** to become obtrusive, to get pushy *fam* ② *(zu intensiv)* ■ ~ **sein ein ~er Geruch** a pungent [*or* powerful] smell ③ *(schreiend)* loud, powerful; ■ ~ **sein** to be loud [*or* powerful]

Aufdringlichkeit <-, -en> *f* ① *(Zudringlichkeit)* obtrusiveness *no pl,* importunateness *no pl form,* pushiness *no pl,* insistence *no pl* ② *(zu intensive Art)* pungency *no pl* ③ *(grelle Gestaltung)* loudness *no pl*

auf|dröseln *vt (fam)* ■ **etw** ~ to unravel sth; **einen Knoten** ~ to undo [*or* untie] a knot

Aufdruck <-drucke> *m* ① *(aufgedruckter Hinweis)* imprint, stamp ② *(Zusatzstempel auf Briefmarke)* overprint

auf|drucken *vt* ■ **etw** [**auf etw** *akk*] ~ to print sth on sth, to apply sth [to sth] *form*

auf|drücken I. *vt* ① *(durch Dagegendrücken öffnen)* ■ **etw** ~ to push open sth *sep* ② *(durch Knopfdruck öffnen)* ■ **etw** ~ to open sth [by pressing a/the button] ③ *(mit etw darauf drücken)* ■ **etw** [**auf etw** *akk*] ~ to press [down on] [*or* press sth on] sth ④ ■ **jdm einen** ~ *(fam)* to give sb a kiss [*or fam* quick peck]; *(schmatzend)* to give sb a smacker *fam* II. *vi (die Tür elektrisch öffnen)* to open the door [by pressing a/the button]

aufeinander *adv* ① *(räumlich)* on top of each other [*or* one another]; **etw ~ häufen** to pile sth on top of one another; ■ **etw ~ legen** to put [*or* lay] sth on top of each other [*or* one another]; ~ **liegen** to lie on top of each other [*or* one another]; **etw ~ schichten** to put sth in layers one on top of the other; **Holz ~ schichten** to stack wood [in layers]; **etw ~ stellen** to put [*or* place] sth on top of each other [*or* one another]; **sich** *akk* ~ **stellen** to get on top of each other [*or* one another] ② *(zeitlich)* after each other, to follow [*or* come after] each other [*or* one another]; **dicht ~ folgen** to come thick and fast *a. hum;* ~ **folgend** successive; **eng ~ folgend** thick and fast *a. hum* ③ *(gegeneinander)* ~ **losgehen/losschlagen** to hit away at/charge at each other [*or* one another]; ~ **prallen** *(zusammenstoßen)* to collide, to bump into each other; *Truppen* to clash; [**hart**] ~ **prallen** *Meinungen* to clash; ~ **stoßen** *(in ein Handgemenge geraten)* to clash; ~ **treffen** *(zum Kampf zusammentreffen)* to meet; *(in konträrer Weise geäußert werden)* to come into conflict; [**hart**] ~ **treffen** to clash ④ *(wechselseitig auf den anderen)* ~ **angewiesen sein** to be dependent on each other [*or* one another]; **sich ~ verlassen** to rely on each other [*or* one another]; ~ **zugehen** to approach each other [*or* one another]

aufeinander|folgen *vi sein s.* **aufeinander 2 aufeinanderfolgend** *adj s.* **aufeinander 2 aufeinander|häufen** *vt s.* **aufeinander 1 aufeinander|legen** *vt s.* **aufeinander 1 aufeinander|liegen** *vi irreg s.* **aufeinander 1 aufeinander|prallen** *vi sein s.* **aufeinander 3 aufeinander|schichten** *vt s.* **aufeinander 1 aufeinander|stellen** *vt s.* **aufeinander 1 aufeinander|stoßen** *vi irreg sein s.* **aufeinander 3 aufeinander|treffen** *vi irreg sein s.* **aufeinander 3**

Aufenthalt <-[e]s, -e> *m* ① *(das Verweilen)* stay ② *(das Wohnen)* residence ③ *(Aufenthaltsort)* place of residence, domicile *form,* abode *form;* **ständiger** ~ permanent address [*or form* abode]; **in einer Stadt/einem Land** [**dauernden**] ~ **nehmen** *(geh)* to take up [permanent] residence in a city/country ④ BAHN *(Wartezeit)* stop[over]; ***wie lange haben wir in Köln ~?*** how long do we have to wait [for] in Cologne?, how long do we stop [for] in Cologne?

Aufenthalter(in) <-s, -> *m(f)* SCHWEIZ nonpermanent [*or* foreign] resident; JUR resident alien

Aufenthaltsberechtigung *f* JUR right of unlimited residence **Aufenthaltsbefugnis** *f* JUR residence title for exceptional purposes **Aufenthaltsbewilligung** *f* JUR permit for stay, residence title for specific purposes **Aufenthaltsdauer** *f* length [*or* duration] of [one's] stay **Aufenthaltserlaubnis** *f* JUR residence permit; **befristete/unbefristete** ~ temporary/permanent residence permit **Aufenthaltserlaubnis-EG** *nt* JUR EU residence permit **Aufenthaltsgenehmigung** *f* JUR residence permit [*or* authorization]; **einen Antrag auf ~ stellen** to apply for a residence permit; **befristete/unbefristete** ~ temporary/permanent residence permit **Aufenthaltsgesetz** *nt* JUR residence act **Aufenthaltsgestattung** *f* JUR temporary permission to stay **Aufenthaltsort** *m* whereabouts + *sing/pl vb;* JUR [place of] residence, abode *form;* **ständiger** ~ permanent address [*or form* abode] **Aufenthaltsprinzip** *nt* JUR residence principle **Aufenthaltsraum** *m* day room; *(in Firma)* recreation room; *(auf Flughafen)* lounge **Aufenthaltsrecht** *nt kein pl* JUR right of abode [*or* residence]; **uneingeschränktes** ~ permanent right of residence; **das ~ erwerben** to acquire residence **Aufenthaltsverbot** *nt* JUR residence ban, exclusion order

auf|erlegen* *vt (geh)* ■ **jdm etw** ~ to impose sth on sb; **jdm eine Strafe** ~ to impose [*or* inflict] a punishment on sb; ■ **jdm ~, etw zu tun** to enjoin sb to do sth *form or liter*

auf|erstehen* *vi irreg sein* REL to rise from the dead; *Christus* to rise again; ■ **der Auferstandene** the risen Christ; ***Christus ist auferstanden!*** Christ is risen!

Auferstehung <-, -en> *f* REL resurrection; **Christi** ~ the Resurrection [of Christ]; ~ **feiern** *(hum fam)* to enjoy a comeback

Auferstehungsfest *nt* Feast of the Resurrection

auf|essen *irreg* I. *vt* ■ **etw** ~ to eat up sth *sep* II. *vi* to eat up [everything] *sep*

auf|fädeln *vt* ■ **etw** ~ to thread [*or* string] together sth *sep*

auf|fahren *irreg* I. *vi sein* ① *(mit einem Stoß darauf fahren)* ■ **auf jdn/etw** ~ to run [*or* drive] into sb/sth; **auf eine Sandbank** ~ to run [aground] on a sandback ② *(näher heranfahren)* ■ [**auf jdn/etw**] ~ to drive [*or* move] up [to sb/sth]; **zu dicht** ~ to drive too close behind [the car ahead], to tailgate; ***mein Hintermann fährt dauernd so dicht auf!*** the car behind me is right on my tail all the time, the car behind me is tailgating ③ *(hinauffahren)* ■ **auf etw** *akk* ~ to drive on[to] sth ④ *(hochschrecken)* to start [up]; [**aus dem Schlaf**] ~ to awake with a start [*or* fright] ⑤ *(aufbrausen)* to fly into a rage; ■ **auffahrend** irascible; *Mensch a.* quick-tempered II. *vt haben* ■ **etw** ~ ① *(anfahren)* **Erde/Kies** ~ to put down earth/gravel *sep* ② MIL *(in Stellung bringen)* to bring up sth *sep,* to bring sth into action ③ *(sl: herbeischaffen)* to dish [*or* serve] up sth *sep;* ***fahr noch mal Bier auf!*** bring another round in! *fam* ④ *(ins Felde führen)* to bring on [*or* forward] sth *sep; s. a.* **Geschütz**

Auffahrt *f* ① *(Autobahn~)* [motorway [*or* AM freeway]] slip [*or* approach] road [*or* AM ramp] ② *kein pl (das Hinauffahren)* climb, ascent ③ *(ansteigende Zufahrt)* drive[way] ④ SCHWEIZ *s.* **Himmelfahrt**

Auffahrunfall *m* collision; *(von mehreren Fahrzeugen)* pile-up

auf|fallen *vi irreg sein* ① *(positiv bemerkt werden)* [**jdm/bei jdm**] [**angenehm/positiv**] ~ to make a good/positive impression on sb ② *(negativ bemerkt werden)* ■ [**als etw**] ~ to attract attention [*or fam* stick out] [as sth]; ***nur nicht ~!*** don't go attracting attention!, just keep low! [*or* a low profile]; [**bei jdm**] [**negativ/unangenehm**] ~ to make a negative/bad impression on sb ③ *(besonders bemerkt werden)* ■ [**jdm**] ~ to come to sb's attention [*or* notice], to stand out; ***sie fällt durch ihre weißen Haare auf*** her white hair makes her stand out ④ *(als auffallend bemerkt werden)* ***ist Ihnen etwas Ungewöhnliches aufgefallen?*** did you notice anything unusual?; ***der Fehler fällt nicht besonders auf*** the mistake is not all that noticeable; ***fällt dieser Fleck/dieses Loch an meinem Kleid auf?*** does this stain show on/does this hole show in my dress?; ***was fällt dir an dem Gedicht auf?*** what does this poem tell you?; ■ **jdm ~, dass ...** sb has noticed that ...

auffallend I. *adj (ins Auge fallend)* conspicuous, noticeable; **~e Ähnlichkeit/Schönheit** striking likeness/beauty; ■ ~ **sein** to be strange [*or* peculiar]; ■ **etwas/nichts A~es** something/nothing remarkable; ***das A~[st]e an ihm sind die roten Haare*** the [most] striking thing about him is his red hair II. *adv* ① *(in ~er Weise)* strangely, oddly ② ■ **stimmt ~!** *(fam)* too true!, how right you are!

auffällig I. *adj* conspicuous; **~e Farbe/Kleidung** conspicuous [*or* loud] colour [*or* AM -or]/clothing; **~e Narbe** conspicuous [*or* prominent] scar; ***~er geht's nicht mehr*** he/they etc. couldn't make it more conspicuous [*or* obvious] if he/they etc. tried; **sozial** ~ displaying social behavioural problems; ■ **an jdm ~ sein** to be noticeable about sb; ***~ an ihm sind seine grauen Haare*** what is noticeable about him is his grey hair; ■ **etwas A~es** something conspicuous [*or* remarkable]; ***ihr neuer Hut hatte etwas A~es*** her new hat had something remarkable about it II. *adv* conspicuously; ***er hielt sich in der Diskussion ~ zurück*** it was conspicuous how little he took part in the discussion

auf|falten I. *vt* ■ **etw** ~ to unfold sth II. *vr* ■ **sich** ~ ① *(von Fallschirm)* to open ② GEOL *(sich verwerfen)* to fold upwards, to upfold *spec*

Auffangbecken *nt* ① *(Sammelbecken)* collecting tank ② *(Sammlungsbewegung)* focal point

auf|fangen *vt irreg* ① *(einfangen)* ■ **etw** ~ to catch sth ② *(mitbekommen)* ■ **etw** ~ to catch sth ③ TELEK *(zufällig über Funk mithören)* ■ **etw** ~ to pick up sth *sep* ④ *(kompensieren)* ■ **etw** ~ to offset [*or* counterbalance] sth ⑤ *(sammeln)* ■ **etw** ~ to collect [*or* catch] sth ⑥ AUTO *(abfangen)* ■ **jdn/etw** ~ to cushion sb/sth, to absorb sth ⑦ SPORT *(abwehren)* ■ **etw** ~ to block [*or* intercept] sth

Auffanggesellschaft *f* ÖKON rescue company **Auffangklausel** *f* JUR omnibus clause **Auffanglager** *nt* reception camp [*or* centre [*or* AM -er]] **Auffangraum** *m (fig)* gathering place

auf|fassen *vt* ■ **etw** [**als etw** *akk*] ~ to interpret [*or* understand] sth [as sth]; **etw falsch** ~ to interpret [*or* understand] sth wrongly, to misinterpret [*or* misunderstand] sth

Auffassung *f* (1) (*Meinung*) opinion, view; ***ich bin der ~, dass …*** I think [that]…; **nach jds ~, jds ~ nach** in sb's opinion, to sb's mind; ***nach katholischer*** ~ according to the Catholic faith (2) *kein pl* (*Auffassungsgabe*) perception

Auffassungsgabe *f kein pl* perception, grasp

auffieren *vt* NAUT ■**die Schoten** ~ (*lockern*) to loosen the ropes

auffindbar *adj* ■**etw ist** [**nicht**] ~ it is[n't] to [*or* can['t]] be found; **etw ~ machen** to show where sth can be found

auf|finden *vt irreg* ■**jdn/etw** ~ to find [*or* discover] sb/sth; ■**etw ist nicht/nirgends aufzufinden** sth cannot be found/sth cannot be found anywhere

auf|fischen *vt* (1) (*fam*) ■**jdn/etw** ~ to fish out sb *sep*, to fish up sth *sep* (2) (*sl*) ■**jdn** ~ to dig up sb *sep fam*

auf|flackern *vi sein* (*geh*) to flare up, to kindle *liter*

auf|flammen *vi sein* (1) (*flammend aufleuchten*) to flare up; **etw zum A~ bringen** to make sth flare up; **etw wieder zum A~ bringen** to rekindle sth (2) (*geh: gewaltig losbrechen*) to flare up

auf|fliegen *vi irreg sein* (1) (*hoch fliegen*) to fly up, to soar [up]; ■**~d** soaring (2) (*sich jäh öffnen*) to fly open (3) (*fam: öffentlich bekannt werden*) to be busted *fam; Betrug, Machenschaften* to be blown *fam;* ■**jdn/etw ~ lassen** to blow sb/sth *fam*, to shop sb *sl* (4) (*fam: jäh enden*) to break up; ■**etw ~ lassen** to blow sth *fam*

auf|fordern *vt* (1) (*ersuchen*) ■**jdn ~, etw zu tun** to ask [*or form* request] sb to do sth; ***wir fordern Sie auf, …*** you are requested … (2) (*von jdm eine bestimmte Aktion fordern*) **jdn zum Bleiben** ~ to ask [*or form* call upon] sb to stay; **jdn zum Gehen/Schweigen** ~ to ask [*or* tell] sb to go/to be quiet (3) (*zum Tanz bitten*) ■**jdn** ~ to ask sb to dance [*or* for a dance]

auffordernd I. *adj* inviting II. *adv* invitingly

Aufforderung *f* request; (*stärker*) demand; **auf die ausdrückliche** ~ at the express request; **gerichtliche** ~ summons; ~ **zum Tanz** invitation to dance

Aufforderungsschreiben *nt* HANDEL letter of invitation

auf|forsten I. *vt* ■**etw** [**wieder**] ~ to [re]afforest sth; ■**das A~** afforestation; ***das A~ von Brachland*** the afforestation of fallow land II. *vi* to plant trees; ***man ist dabei aufzuforsten*** they are doing some reafforesting

auf|fressen *irreg* I. *vt* (1) (*verschlingen*) ■**jdn/etw** ~ to eat up sb/sth *sep;* **die Beute** ~ to devour its prey; ***ich fress' dich*** [***deswegen***] ***nicht auf!*** I'm not going to bite your head off [because of it]! (2) (*fig: erschöpfen*) ■**jdn** ~ to exhaust sb II. *vi* to eat up all its food *sep*

auf|frischen I. *vt haben* (1) (*reaktivieren*) **frühere Beziehungen/Freundschaften** ~ to renew [earlier] relationships/friendships; **seine Erinnerungen** ~ to refresh one's memories; **seine Kenntnisse** ~ to polish up one's knowledge *sep;* **sein Französisch** ~ to brush up one's French *sep* (2) (*erneuern*) ■**einen Anstrich** ~ to brighten up a coat of paint *sep;* **sein Make-up** ~ to retouch [*or sep* touch up] one's make-up (3) MED **eine Impfung** ~ to boost an inoculation (4) (*ergänzen*) **Vorräte** ~ to replenish stocks II. *vi sein o haben Wind* to freshen, to pick up; ■**~d** freshening III. *vi impers sein* ■**es frischt auf** it's getting [*or* becoming] cooler [*or* fresher]

Auffrischungsimpfung *f* booster [inoculation *form*] **Auffrischungskurs** *m* refresher course

auf|führen I. *vt* (1) (*spielen*) **Shakespeare/ein Theaterstück** ~ to perform [*or* put on] [*or* stage] Shakespeare/a play; **Wagner/ein Musikwerk** ~ to perform Wagner/a piece of music (2) (*auflisten*) ■**jdn/etw** ~ to list sb/sth; **etw im einzelnen** ~ to itemize sth; **Beispiele** ~ to cite [*or* give] [*or* quote] examples; **Zeugen** ~ to cite witnesses II. *vr* (*sich benehmen*) ■**sich** ~ to behave; **sich so ~, als ob …** to act as if …; ***führ dich wegen so einer Lappalie nicht gleich so auf!*** don't make a scene about such a petty matter!

Aufführung *f* (1) (*Darbietung*) performance; **die ~ eines Theaterstücks** the staging [*or* performance] of a play; **die ~ eines Musikstücks** the performance of a piece of music; **jdn/etw zur ~ bringen** (*geh*) to perform sb/sth; **zur ~ kommen** [*o* **gelangen**] (*geh*) to be performed (2) (*Auflistung*) listing; *von Beispielen* citing, giving, quoting; *von Zeugen* citing; **einzelne** ~ itemization; **zur ~ kommen** to be listed etc.

Aufführungsrecht *nt* performing [*or* dramatic] rights *npl* **Aufführungszahlen** *pl* THEAT number of performances

auf|füllen I. *vt* (1) (*vollständig füllen*) ■**etw** [**mit etw**] ~ to fill up sth *sep* [with sth] (2) (*nachfüllen*) ■**jdm etw** [**mit etw**] ~ to top up sth *sep* [with sth] for sb; **Öl** ~ to top up the oil *sep;* **Benzin** ~ to tank [*or* fill] up II. *vi* (*nachfüllen*) ■**jdm** ~ to serve sb; ***darf ich Ihnen noch ~?*** (*das Glas ~*) may I top you [*or* your glass] up?

Aufgabe[1] <-, -n> *f* (1) (*Verpflichtung*) job, task; **jds ~ sein, etw zu tun** to be sb's job [*or* task] [*or* responsibility] to do sth; **sich** *dat* **etw zur ~ machen** to make sth one's job [*or* business]; **sich** *dat* **zur ~ machen, etw zu tun** to make it one's business to do sth (2) *meist pl* SCH (*Übungs~*) exercise; (*Haus~*) homework *no pl* (3) (*zu lösendes Problem*) question; **eine schwierige ~ lösen** to solve a difficult problem (4) (*Zweck*) purpose (5) (*das Aufgeben von Gepäck*) registering, registration; LUFT checking-in (6) (*das Abschicken von Briefen, Päckchen*) posting, sending off

Aufgabe[2] <-> *f kein pl* (1) (*Verzicht auf weiteren Kampf*) surrender; ~ **des Kampfes** cessation of fighting (2) SPORT (*freiwilliges Ausscheiden*) withdrawal, retirement; **Sieg durch** ~ (*in Boxen*) technical knockout (3) (*das Aufgeben*) ■**die ~ einer S.** *gen*/**von etw** *dat* giving up sth (4) (*das Fallenlassen*) dropping; *von Hoffnungen* abandonment (5) (*Einstellung*) closing down, giving up (6) (*das Abbrechen*) abandonment, dropping

auf|gabeln *vt* (1) (*fam: kennen lernen*) ■**jdn** ~ to pick [*or* dig] up sb *sep fam* (2) (*mit der Forke aufladen*) ■**etw** ~ to fork up sth *sep*

Aufgabenabgrenzung *f* ÖKON delimitation of tasks **Aufgabenbereich** *m*, **Aufgabengebiet** *nt* area of responsibility, purview *form* **Aufgabenbeschreibung** *f* INFORM task description **Aufgabenerfüllung** *f* JUR task fulfilment [*or* -fill-] AM **Aufgabenheft** *nt* SCH homework book **Aufgabenschwerpunkt** *m* main focus of the job **Aufgabenspektrum** *nt* duties *pl*, area of responsibility **Aufgabenstellung** *f* (1) SCH (*geh*) setting of [one's] homework (2) (*gestellte Aufgabe*) type of problem **Aufgabenverlagerung** *f* shift of responsibilities **Aufgabenverteilung** *f* allocation of responsibilities [*or* tasks]; SCH allocation of exercises **Aufgabenvollzug** *m* realization of tasks **Aufgabenwahrnehmung** *f* discharge of duties

Aufgang <-gänge> *m* (1) (*das Erscheinen*) rising; *von Planeten a.* ascent (2) (*aufwärts führende Treppe*) staircase, stairs *npl;* **zwei Aufgänge** two staircases [*or* sets of stairs]; **im** ~ (*fam*) on the stairs [*or* staircase]

auf|geben[1] *vt irreg* (1) (*zu lösen geben*) ■**jdm etw** ~ to pose sth for sb (2) SCH (*die Anfertigung von etw anordnen*) ■[**jdm**] **etw** ~ to give [*or* set] [sb] sth (3) (*zu befördern geben*) ■**etw ~ Gepäck** ~ to register luggage; LUFT to check in luggage (4) (*zur Aufbewahrung geben*) to put in [the] left luggage [*or* AM baggage room] (5) (*im Postamt abgeben*) ■**etw** ~ to post [*or* AM mail] sth (6) (*in Auftrag geben*) ■**etw** ~ to place [*or sep* put in] sth (7) DIAL (*Essen zuteilen*) ■**jdm etw** ~ to serve sb sth; ***kann ich dir noch Kartoffeln ~?*** can serve you [any] more potatoes?

auf|geben[2] *irreg* I. *vt* (1) (*einstellen*) ■**etw** ~ to give up sth *sep;* **den Widerstand** ~ to give up one's resistance (2) (*etw sein lassen*) ■**jdn/etw** ~ to give up sb/sth *sep;* **eine Stellung** ~ to resign [*or sep* give up] a post (3) (*mit etw aufhören*) ■**etw** ~ to give up sth *sep;* **eine Gewohnheit** ~ to break with [*or sep* give up] a habit; **das Rauchen** ~ to give up smoking; **eine Sucht** ~ to come away from an addiction; ***gib's auf!*** (*fam*) why don't you give up? (4) (*fallen lassen*) ■**etw** ~ to drop sth; **die Hoffnung** ~ to give up [*or* lose] hope; **einen Plan** ~ to drop [*or* throw over] a plan (5) (*verloren geben*) ■**jdn** ~ to give up with [*or* on] sb, to give up sb *sep* for lost (6) (*einstellen*) ■**etw** ~ to give up [*or* close down] sth *sep* (7) (*vorzeitig beenden*) ■**etw** ~ to drop [*or* abandon] sth II. *vi* (*sich geschlagen geben*) to give up [*or* in]; MIL to surrender

aufgebläht I. *pp von* **aufblähen** II. *adj* (1) (*aufgetrieben*) *Bauch* distended (2) (*weitschweifig*) *Rede* overblown (3) (*wichtigtuerisch*) *Person* self-important

aufgeblasen I. *pp von* **aufblasen** II. *adj inv* (*mit Luft gefüllt*) blown-up; (*pej: eingebildet*) self-important; **~e Pute** stuck-up cow [*or* AM chick]

Aufgebot *nt* (1) (*aufgebotene Menschenmenge*) crowd; *von Polizei, Truppen* contingent *form* (2) (*Heiratsankündigung*) notice of [an] intended marriage; **das ~ bestellen** to give notice of one's intended marriage (3) JUR *für Patent* public invitation [to advance claims]; *für Wertpapiere* cancellation

Aufgebotstermin *m* JUR deadline fixed by public summons **Aufgebotsverfahren** *nt* JUR *für Patent* public announcement procedure; *für Wertpapiere* cancellation proceedings *pl*

aufgebracht I. *adj* outraged, infuriated, incensed; ■[**über jdn/über etw/wegen etw**] ~ **sein** to be outraged [*or* infuriated] [*or* incensed] [with sb/with sth/over sth]; ***über was bist du denn so ~?*** what are you so outraged [*or* infuriated] [*or* incensed] about? II. *adv* in outrage

aufgedunsen *adj* bloated, swollen; **~es Gesicht** puffy face; ■**~ sein** to be bloated [*or* swollen]; *Gesicht* to be puffy

Aufgedunsenheit <-> *f kein pl* bloatedness; *von Gesicht* puffiness

auf|gehen *vi irreg sein* (1) (*langsam sichtbar werden*) to rise; *Planeten a.* to ascend (2) (*sich öffnen*) to open; THEAT (*von Vorhang*) to rise, to go up (3) (*sich öffnen*) *Knoten, Reißverschluss etc.* to come undone (4) (*sich verwirklichen*) to work [out], to come off; ***all seine Pläne sind aufgegangen*** all his plans [have] worked out (5) (*klar werden*) ■**jdm** ~ to dawn on [*or* become apparent to] sb (6) MATH to work [*or* come] out; ***die Division geht*** [***ganz/glatt***] ***auf*** the division works [*or* comes] out even; *s. a.* **Rechnung** (7) (*seine Erfüllung finden*) ■**in etw** *dat* ~ to be taken [*or* wrapped] up in sth; ***sie geht ganz in ihrer Familie auf*** her family is her whole world (8) (*aufkeimen*) to sprout, to come up (9) KOCHK (*sich heben*) to rise, to prove

aufgehend *adj* **~e Wand** BAU above-ground wall

aufgehoben *adj* [**bei jdm**] **gut/schlecht ~ sein** to be/to not be in good keeping [*or* hands] [with sb]; [**bei jdm**] **besser/bestens ~ sein** to be in better/the best keeping [*or* hands] [with sb]; ***dort weiß ich die Kinder gut ~*** I know the children are in good care [*or* hands] there

auf|geilen I. *vt* (*sl*) ■**jdn** ~ to work up sb *sep fam* II. *vr* (*sl*) ■**sich** [**an jdm/etw**] ~ to get off [on sb/sth] *sl*

aufgeklärt *adj* (1) PHILOS enlightened; ■**~ sein** to be enlightened (2) (*sexualkundlich*) ■**~ sein** to know the facts of life; ***die heutige Jugend ist sehr ~*** young people nowadays are well-acquainted with the facts of life; *s. a.* **aufklären**

aufgekratzt *adj* (*fam*) full of beans *fam;* **sehr ~** over the moon *fam*

aufgelaufen I. *pp von* **auflaufen** II. *adj inv* accrued; **~e Schulden** accrued [*or* accumulated] debts

Aufgeld <-[e]s, -er> *nt* (1) BÖRSE (*Agio*) premium (2) ÖKON (*Zuschlag*) surcharge

aufgelegt *adj* (1) (*in bestimmter Laune*) **gut/schlecht ~ sein** to be in a good/bad mood; ■[**dazu**] **~ sein, etw zu tun** to feel like doing sth; **zum Feiern ~ sein** to be in a mood for [*or* feel like] celebrating (2) *attr* DIAL barefaced *pej*

aufgelöst *adj* (1) (*außer sich*) ■[**vor etw** *dat*] ~

sein to be beside oneself [with sth] ② (*erschöpft*) exhausted, shattered *fam*

aufgepeppt I. *pp von* **aufpeppen** II. *adj inv* (*fam*) jazzed up

aufgerauht *adj s.* **aufrauen**

aufgeräumt *adj* (*geh*) cheerful, blithe *dated*

aufgerautRR I. *pp von* **aufrauen** II. *adj inv* roughened

aufgeregt I. *adj* (*erregt*) excited; (*durcheinander*) flustered; ■ ~ [**über etw** *akk*] **sein** to be excited [*or* flustered] [about sth]; ~ [**vor Freude**] **sein** to be thrilled [with joy] II. *adv* excitedly; **ganz/ziemlich** ~ in complete/quite some excitement

Aufgeregtheit <-> *f kein pl* excitement; **in großer** ~ in great excitement; (*durcheinander*) in a very flustered state

aufgeschlossen *adj* open-minded; ■ **für/gegenüber etw** ~ **sein** to be open-minded about/as regards sth; ***neuen Ideen gegenüber bin ich jederzeit*** ~ I am always open [*or* receptive] to new ideas; **etw** *dat* ~ **gegenüberstehen** to be open-minded about [*or* as regards] sth

Aufgeschlossenheit <-> *f kein pl* open-mindedness

aufgeschmissen *adj* (*fam*) ■ ~ **sein** to be in a fix *fam*

aufgesetzt *adj* ① (*angezogen*) put on; **mit** ~ **Maske** with a mask on ② (*falsch*) false *pej;* ■ ~ **sein** to be false; **ein** ~ **Lächeln** a false [*or pej* plastic] smile ③ (*aufgenäht*) ~**e Tasche** patch pocket

aufgesprungen *adj* ~**e Lippen** chapped lips

aufgeständert *adj* ~**er Boden** BAU raised floor

aufgeweckt *adj* bright, sharp, quick-[witted]; ■ ~ **sein** to be bright [*or* sharp]

Aufgewecktheit <-> *f kein pl* quick-wittedness, intelligence

aufgeworfen I. *pp von* **aufwerfen** II. *adj inv Frage* arising; *Lippen* pursed

auf|gießen *vt irreg* ① (*nachfüllen*) ■ [**jdm**] **etw** ~ to pour in sth *sep* [for sb]; ***darf ich Ihnen noch Wein ~?*** may I top up your wine? ② (*darauf gießen*) **Kaffee/Tee** ~ to make coffee/tea, to brew tea; **Wasser** ~ to add [*or sep* pour on] water

auf|gliedern I. *vt* ■ **etw** [**in etw** *akk*] ~ to subdivide [*or sep* split up] sth [into sth]; **etw in** [**einzelne**] **Kategorien** ~ to categorize sth; **etw in Unterpunkte** ~ to itemize sth II. *vr* ■ **sich** *akk* **in etw** *akk* ~ to subdivide [*or* break down] into sth

Aufgliederung *f* breakdown, division

auf|glimmen *vi irreg sein* (*geh*) ① (*erglimmen*) to light up; **kurz** ~ to flicker up ② (*fig: schwach aufflackern*) to glimmer

auf|glühen *vi sein o haben* to start [*or* begin] to glow

auf|graben *vt irreg* ■ **etw** ~ to dig up sth *sep*

auf|greifen *vt irreg* ① (*festnehmen*) ■ **jdn** ~ to pick up sb *sep* ② (*weiterverfolgen*) ■ **etw** ~ to take up sth *sep;* **einen Punkt** ~ to take up a point; **ein Gespräch** ~ to continue a conversation

aufgrund *präp,* **auf GrundRR** + *gen* ■ ~ **einer S.** *gen* owing to [*or* because of] sth; ~ ***der Aussagen der Zeugen*** on the basis [*or* strength] of the witnesses' testimonies

AufgussRR <-es, Aufgüsse> *m,* **Aufguß** <-sses, Aufgüsse> *m* ① PHARM [herbal] brew, infusion *spec* ② (*in der Sauna*) *a preparation of herbs suspended in water for vaporization on hot stones in a sauna*

AufgussbeutelRR *m* tea bag; (*Kaffee*) sachet

AufgusstierchenRR <-s, -> *nt meist pl* BIOL protozoan, protozoon

auf|haben *irreg* I. *vt* (*fam*) ■ **etw** ~ ① (*geöffnet haben*) to leave open sth *sep* ② (*an sich tragen*) to wear [*or sep* have on] sth ③ (*aufgeknöpft haben*) to have sth open; **einen Knopf** ~ to have a button undone ④ SCH (*aufbekommen haben*) to have sth [to do] ⑤ DIAL (*aufgegessen haben*) to have finished [eating/drinking] [*or* have eaten/drunk up] sth *sep* II. *vi* (*fam*) to be open

auf|hacken *vt* ■ **etw** ~ ① (*durch Hacken aufbrechen*) to break up sth *sep* ② (*mit Schnabelhieben öffnen*) to peck [*or* break] open sth *sep;* **die Erde** ~ to peck away at the soil

auf|halsen *vt* (*fam*) ■ **jdm etw** ~ to saddle [*or* land] sb with sth; ■ **sich** *dat* **etw** ~ to saddle oneself with sth

auf|halten *irreg* I. *vt* ① (*abhalten*) ■ **jdn** [**bei etw**] ~ to keep sb back [*or* away] [from sth] ② (*am Weiterkommen hindern*) ■ **jdn** ~ to hold up sb *sep* ③ (*zum Halten bringen*) ■ **etw** ~ to stop sth; **einen Angriff** ~ to hold an assault in check; **den Vormarsch** ~ to arrest [*or* check] an advance ④ (*abwehren*) ■ **etw** ~ **einen Schlag** ~ to parry a blow ⑤ (*fam: offen hinhalten*) ■ **etw** ~ to hold open sth *sep;* **die Hand** ~ to hold out one's hand *sep* II. *vr* ① (*weilen*) ■ **sich** ~ to stay ② (*verweilen*) ■ **sich bei etw** ~ to dwell on [*or* linger over] sth ③ (*sich weiterhin befassen*) ■ **sich mit jdm/etw** ~ to spend time [dealing] with sb; ***mit denen halte ich mich nicht länger auf*** I'll not waste any more [of my] time with them

auf|hängen I. *vt* ① (*daran hängen*) ■ **etw** [**an/auf etw** *dat*] ~ to hang up sth *sep* [on sth]; **etw an der Garderobe** ~ to hang up sth *sep* in the cloakroom; **ein Bild** ~ to hang [up] a picture; **die Wäsche** ~ to hang out the washing [*or* AM laundry] [to dry] ② (*durch Erhängen töten*) ■ **jdn** [**an etw** *dat*] ~ to hang sb [from sth] ③ (*entwickeln*) **etw an einer Frage/Theorie** ~ to use a question/theory as a peg for sth ④ (*etw Lästiges zuschieben*) ■ **jdm etwas** ~ to lumber [*or* AM saddle] sb with sth II. *vr* ① (*sich durch Erhängen töten*) ■ **sich** *akk* [**an etw** *dat*] ~ to hang oneself [from sth] ② (*hum fam: den Mantel an den Haken hängen*) ■ **sich** ~ to hang up one's coat *sep* ③ INFORM (*sich sperren*) to hang, to stop

Aufhänger <-s, -> *m* ① (*Schlaufe zum Aufhängen*) loop, tab ② (*fam: Anknüpfungspunkt*) peg [to hang sth on]

Aufhängung <-, -en> *f* AUTO suspension

auf|hauen I. *vt haben reg o irreg* (*fam*) ■ **etw** ~ to break open sth *sep;* **etw mit einer Axt** ~ to chop open sth *sep* with an axe II. *vi sein* (*fam*) **mit dem Kopf auf etw** *akk o dat* ~ to bash [*or* bump] one's head on [*or* against] sth

auf|häufen I. *vt* ■ **etw** ~ to pile up [*or* accumulate] sth; ■ **aufgehäuft** accumulated II. *vr* ■ **sich** ~ to pile up, to accumulate

aufhebbar *adj* JUR annullable; ~**es Urteil** voidable judg[e]ment

Aufhebbarkeit *f kein pl* JUR defeasibility

auf|heben *irreg* I. *vt* ① (*vom Boden nehmen*) ■ **etw** [**von etw**] ~ to pick up sth *sep* [off sth] ② (*aufrichten*) ■ **jdn/etw** ~ to help sb [to] get up, to lift up sth *sep* ③ (*aufbewahren*) ■ [**jdm**] **etw** ~ to put aside sth *sep* for sb, to keep [back *sep*] sth for sb; (*nicht wegwerfen*) to keep sth [for sb]; *s. a.* **aufgehoben** ④ (*widerrufen*) ■ **etw** ~ to abolish [*or* do away with] sth; **ein Embargo** ~ to lift [*or* remove] an embargo; **einen Erlass** ~ to annul [*or form* rescind] a decree; **ein Gesetz** ~ to abolish [*or form* abrogate] a law; **ein Urteil** ~ to quash [*or* reverse] [*or form* rescind] a judgement; **eine Verfügung** ~ to cancel [*or form* rescind] an order ⑤ (*beenden*) ■ **etw** ~ to raise [*or* lift] sth ⑥ PHYS (*außer Kraft setzen*) ■ **aufgehoben sein/werden** to be/become neutralized, to be/become cancelled out II. *vr* (*sich ausgleichen*) ■ **sich** ~ to offset each other; MATH to cancel [each other] out

Aufheben <-s> *nt kein pl* [**nicht**] **viel** ~[**s**] [**von etw**] **machen** to [not] make a lot of [*or* kick up a] fuss [about [*or* over] sth] *fam;* **viel** ~[**s**] **von jdm machen** to make a lot of fuss about sb; **ohne** [**jedes/großes**] ~ without any/much fuss

Aufhebung <-, -en> *f* ① (*das Aufheben*) abolition; *von Embargo* lifting, raising; *von Erlass* annulment; *von Immunität* lifting, withdrawing [the privileges of]; *von Urteil* reversal; *von Verfügung* cancellation ② (*Beendigung*) lifting, raising ③ PHYS neutralization

Aufhebungsantrag *m* JUR motion in arrest of judgment **Aufhebungsbegehren** *nt* JUR petition for anulment [of marriage] **Aufhebungsklage** *f* JUR rescissory action **Aufhebungsklausel** *f* JUR overriding clause **Aufhebungsrecht** *nt* JUR right of rescission **Aufhebungsvertrag** *m* JUR agreement to terminate a contract

auf|heitern I. *vt* ■ **jdn** ~ to cheer up sb *sep* II. *vr* ■ **sich** ~ ① (*sonniger werden*) to clear, to brighten up ② (*geh: einen heiteren Ausdruck annehmen*) to light up

Aufheiterung <-, -en> *f* ① (*das Aufheitern*) cheering up ② (*Nachlassen der Bewölkung*) bright period, improvement; **zunehmende** ~ gradual improvement, bright periods of increasing length

auf|heizen I. *vt* ① (*allmählich erhitzen*) ■ **etw** ~ to heat [up *sep*] sth ② (*geh: emotional aufladen*) ■ **jdn** ~ to inflame sb; **die Atmosphäre** ~ to charge the atmosphere; **die Stimmung** ~ to stir up feelings *sep;* ■ **aufgeheizt** charged II. *vr* ■ **sich** ~ ① (*sich allmählich erhitzen*) to heat up ② (*geh: sich emotional aufladen*) to become charged, to intensify

auf|helfen *vi irreg* ■ **jdm** [**von etw**] ~ to help up sb *sep* [*or* sb to get up] [off sth]

auf|hellen I. *vt* ■ **etw** ~ ① (*blonder, heller machen*) to lighten sth ② (*klarer machen*) to throw [*or* shed] light upon sth II. *vr* ■ **sich** ~ ① (*sonniger werden*) to brighten [up] ② (*geh: heiterer werden*) to light up

Aufheller <-s, -> *m* (*für Wäsche*) optical brightener; (*für Haare*) lightener

Aufhellung <-, -en> *f* ① (*Blondierung*) lightening ② (*Erhellung*) clarification, illumination ③ (*das Aufhellen*) brightening; ***es kam zu zeitweisen ~en*** the weather brightened up from time to time

auf|hetzen *vt* (*pej*) ■ **jdn** [**gegen jdn/etw**] ~ to incite [*or sep* stir up] sb['s animosity] [against sb/sth], to set sb against sb/sth; ■ **jdn zu etw** ~ to incite [*or sep* stir up] sb to [do] sth; ■ **jdn dazu ~, etw zu tun** to incite [*or sep* stir up] sb to do sth

auf|heulen *vi* ① (*abrupt heulen*) ■ [**vor etw** *dat*] ~ to howl [out] [with sth], to give a howl [of sth]; ***er heulte auf vor Wut*** he gave a howl of anger ② (*laut zu weinen beginnen*) to [start to] wail [*or* howl] ③ (*zum Heulen steigern*) *Motor* to [give a] roar; *Sirene* to [start to] wail

Aufholbedarf *m* need to catch up

auf|holen I. *vt* (*wettmachen*) ■ **etw** ~ to make up sth *sep;* **versäumten Lernstoff** ~ to catch up on missed learning; ***der Bus holte die Verspätung auf*** the bus made up [for lost] time II. *vi* to catch up; *Läufer, Rennfahrer* to make up ground; *Zug* to make up time

Aufholfusion *f* ÖKON catch-up merger

AufholprozessRR *m* ÖKON backlog process

auf|horchen *vi* to prick up one's ears, to sit up [and take notice]

auf|hören *vi* ① (*etw nicht mehr weiter tun*) ■ [**mit etw**] ~ to stop [*or* leave off] [sth]; ***hör endlich auf!*** [will you] stop it! [*or* leave off!]; **mit dem Lamentieren** ~ to stop complaining; **plötzlich** ~ to stop dead; ■ **~, etw zu tun** to stop [*or* leave off] doing sth; ***hör auf, zu jammern!*** stop whining! ② (*ein Ende nehmen*) to stop, to [come to an] end; ***es hört auf, zu regnen*** the rain is stopping [*or* coming to an end] ③ (*nicht weiterführen*) to stop, to [come to an] end; ***der Weg hört hier auf*** the track stops here ④ (*nicht fortgesetzt werden*) to stop, to [come to an] end ⑤ (*Stellung aufgeben*) ■ [**bei jdm/etw**] ~ to leave [sb/sth]; ***sie hat bei uns aufgehört*** she has left [us] ▶ WENDUNGEN: **da hört sich doch alles auf!** (*fam*) that's the [absolute] limit!

Aufkantung <-, -en> *f* BAU upstand, upturn

Aufkauf *m* ■ **der** ~ [**einer S.** *gen*/**von etw** *dat*] buying up sth *sep;* (*zur Verteuerung*) cornering sth

auf|kaufen *vt* ■ **etw** ~ to buy up sth *sep;* (*zur Verteuerung*) to corner [*or* get a corner] sth

Aufkäufer(in) *m(f)* buyer[-up]; (*zur Verteuerung*) cornerer, coemptor *spec*

Aufkaufspflicht *f* JUR obligation to buy

Aufkaufspreise *pl* ÖKON purchasing prices; **Aufkaufs- und Verkaufspreise** purchasing and selling prices

auf|keimen *vi sein* ① (*sprießen*) to germinate, to

sprout ❷ (*geh: sich zaghaft zeigen*) ■ **[in jdm]** ~ to bud [*or liter* burgeon] [in sb]; *Zweifel* to [begin to] take root; ■ **~d** budding, burgeoning *liter;* **~er Zweifel** growing [*or liter* nascent] doubt

auf|klaffen *vi sein o haben* to yawn; *Wunde* to gape; ■ **~d** yawning; **~er Abgrund** yawning abyss

aufklappbar *adj* hinged; **~es Verdeck** fold[-]down top; **Auto mit ~em Verdeck** convertible; ■ **~ sein** to be hinged [*or* on hinges]; **nach hinten/nach vorne/zur Seite ~ sein** to be hinged at the back/at the front/on the side; **nach außen/innen ~ sein** to hinge outwards/inwards

auf|klappen I. *vt haben* ■ **etw ~** ❶ (*durch Auseinanderlegen öffnen*) to open [up *sep*] sth; **einen Liegestuhl ~** to unfold a deckchair; **ein Messer ~** to unclasp [*or* open] a knife; **ein Verdeck ~** to fold back a top *sep;* ■ **aufgeklappt** open; **ein Cabrio mit aufgeklapptem Verdeck** a convertible with the top folded back; ■ **das Aufklappen [einer S. *gen*/von etw *dat*]** opening [up] sth ❷ (*hochschlagen*) to turn up sth *sep;* ■ **aufgeklappt** turned-up; **mit aufgeklapptem Kragen** with one's collar turned up II. *vi sein* (*sich durch Auseinanderfallen öffnen*) to open [up]; *Verdeck* to fold back

auf|klaren METEO I. *vi impers* ■ **es klart auf** it's clearing [*or* brightening] [up] II. *vi* (*sonniger werden*) to brighten [up]; *Wetter a.* to clear [up]; *Himmel a.* to clear

auf|klären I. *vt* ❶ (*erklären*) ■ **etw ~** to clarify sth; **einen Irrtum/ein Missverständnis ~** to resolve [*or sep* clear up] an error/a misunderstanding; **ein rätselhaftes Ereignis ~** to throw [*or* shed] light on [*or* to clarify] a puzzling occurrence; ■ **es lässt sich ~** it can be clarified/resolved etc.; ***lässt sich der Irrtum nicht ~?*** can't this error be put right? ❷ (*aufdecken*) ■ **etw ~** to solve sth; **ein Verbrechen ~** to clear up a crime ❸ (*informieren*) ■ **jdn [über etw *akk*] ~** to inform [*or* tell] sb [about sth], to inform sb [of sth]; ■ **aufgeklärt sein** to be informed ❹ (*sexuell informieren*) **Kinder ~** to explain the facts of life to children, to tell children the facts of life; (*in Sexualkunde*) to give children sex education; ■ **aufgeklärt sein** to know about the facts of life ❺ MIL (*auskundschaften*) ■ **etw ~** to reconnoitre sth; *s. a.* **aufgeklärt** II. *vr* ■ **sich ~** ❶ (*sich aufdecken*) *Geheimnis, Irrtum etc.* to resolve itself, to be cleared up ❷ (*geh: sich aufhellen*) to light up, to brighten [up] ❸ (*sonniger werden*) to clear, to brighten [up]

Aufklärer <-s, -> *m* ❶ MIL reconnaissance plane ❷ PHILOS philosopher of the Enlightenment

aufklärerisch *adj inv* ❶ PHILOS Enlightenment ❷ (*freigeistig*) progressive ❸ (*belehrend*) informative, educational

Aufklärung *f* ❶ (*Erklärung*) clarification; *von Irrtum, Missverständnis* resolution, clearing up ❷ (*Aufdeckung*) solution (*+gen*/**von** *+dat* to); *von Verbrechen* clearing up ❸ (*Information*) ■ **[die] ~ über etw** *akk* [the] information about [*or* on] sth ❹ (*sexuelle Information*) ***die ~ von Kindern*** explaining the facts of life to children; **[sexuelle] ~** sex education ❺ MIL (*Spionageabteilung*) reconnaissance ❻ PHILOS ■ **die ~** the Enlightenment

Aufklärungsarbeit *f kein pl* educational work **Aufklärungsbedarf** *m* need for information **aufklärungsbedürftig** *adj Fall, Sachverhalt, Angelegenheit* needing further explanation *pred* **Aufklärungsbuch** *nt* sex education book **Aufklärungsdienst** *f* information service **Aufklärungsfilm** *m* sex education film **Aufklärungsflugzeug** *nt s.* Aufklärer 1 **Aufklärungskampagne** *f* information campaign **Aufklärungspflicht** *f kein pl* **[richterliche] ~** JUR duty of judicial enquiry; ADMIN obligation to provide information; **[ärztliche] ~** MED *surgeon's/doctor's duty to inform a patient of the possible risks involved with an intended operation, course of treatment, etc.* **Aufklärungsquote** *f* detection rate (**von** *+dat* for) **Aufklärungsrüge** *f* JUR plea that the court failed to give clarifying directions **Aufklärungssatellit** *m* MIL spy satellite

auf|klatschen *vt* (*sl: verprügeln*) ■ **jdn ~** to beat sb up *fam*

aufklebbar *adj* self-adhesive

auf|kleben *vt* ■ **etw [auf etw *akk*] ~** to stick on sth *sep,* to stick sth on sth; (*mit Kleister*) to paste on sth *sep,* to paste sth on sth; (*mit Leim*) to glue [sth] on sth *sep;* **eine Briefmarke ~** to put on *sep* [*or form* affix] a stamp

Aufkleber *m* sticker; (*für Briefumschläge, Pakete usw.*) adhesive label

auf|knacken *vt* ■ **etw ~** ❶ (*fam: aufbrechen*) to break into sth; **einen Tresor ~** to break into [*or fam* crack] a safe ❷ (*knacken*) to crack [open *sep*] sth; **eine Nuss ~** to crack [open] a nut

aufknöpfbar *adj inv* attachable by buttons

auf|knöpfen *vt* ❶ (*durch Knöpfen öffnen*) ■ **[jdm/sich] etw ~** to unbutton [sb's/one's] sth; **einen Knopf ~** to undo a button; ■ **aufgeknöpft** unbuttoned; **mit aufgeknöpfter Hose** with one's trousers unbuttoned [*or* fly open [*or* undone]]; **sich *dat* die Knöpfe ~** to undo one's buttons, to unbutton oneself *hum* ❷ (*durch Knöpfen befestigen*) ■ **etw [auf etw *akk*] ~** to button sth to sth, to button on sth *sep*

auf|knoten *vt* ■ **etw ~** to untie [*or* undo] sth; ■ **das A~ [einer S. *gen*/von etw *dat*]** untying [*or* undoing] sth

auf|knüpfen I. *vt* ❶ (*erhängen*) ■ **jdn [an etw *dat*] ~** to hang sb [from sth], to string up sb *sep* [on sth] *fam* ❷ *s.* **aufknoten** II. *vr* (*sich erhängen*) ■ **sich *akk* [an etw *dat*] ~** to hang oneself [from sth]

auf|kochen I. *vt haben* (*zum Kochen bringen*) ■ **etw ~** to heat [*or* warm] up sth *sep;* (*bei Kochrezepten*) to bring sth to the [*or* AM a] boil II. *vi sein* (*zu kochen beginnen*) to come to the [*or* AM a] boil; ■ **etw ~ lassen** to bring sth to the boil; ■ **das A~ [einer S. *gen*/von etw *dat*]** bringing [sth] to the boil; ***nach kurzem A~ ...*** after bringing to a quick boil ...

auf|kommen *vi irreg sein* ❶ (*finanziell begleichen*) ■ **für etw ~** to pay for sth, to bear [*or* pay] the costs of sth; **für die Kosten ~** to bear [*or* pay] [*or form* defray] the costs of sth; **für den Schaden ~** to pay for [*or* make good] the damage ❷ (*Unterhalt leisten*) ■ **für jdn/etw ~** to pay for sth, to pay for sb's upkeep [*or* maintenance] ❸ (*entstehen: von Nebel*) to come down; *Regen* to set in; *Wind* to rise, to get [*or* pick] up; **~der Nebel** settling mist; **bei ~dem Regen** as the rain sets/set in; **bei ~dem Wind** as the wind picks/picked up ❹ (*entstehen*) to arise, to spring up; **~de Befürchtungen/Gerüchte** fresh fears/rumours [*or* AM -ors]; ■ **etw ~ lassen** to give rise to sth ❺ (*aufsetzen*) ■ **[auf etw *dat*] ~** to land [on sth]; **hart/weich ~** to have a hard/soft landing; ■ **beim A~** when [*or* on] landing ❻ NAUT (*herankommen*) to come [*or* haul] up; ■ **etw ~ lassen** to let sth come [*or* haul] up ► WENDUNGEN: **jdn/etw nicht ~ lassen** to not give sb/sth a chance; **gegen jdn/etw nicht ~** to be no match for sb/sth; ***gegen ihn kommst du ja nicht auf!*** you haven't a [cat in hell's *fam*] chance against him

Aufkommen <-s, -> *nt* ❶ *kein pl* (*Entstehung*) emergence; *einer Methode* advent, emergence; *einer Mode a.* rise ❷ (*das Auftreten*) appearance; *von Wind* rising ❸ FIN (*Einnahme*) amount; **~ an Einkommensteuer** income-tax revenue

Aufkommensanalyse *f* ÖKON yield analysis **Aufkommensvolumen** *nt* ÖKON yield volume

auf|kratzen *vt* ❶ (*durch Kratzen öffnen*) ■ **[sich *dat*] etw ~** to scratch open sth *sep;* **[sich *dat*] die Haut ~** to scratch one's skin sore ❷ (*sich durch Kratzen verletzen*) ■ **sich ~** to scratch oneself sore

auf|kreischen *vi* ■ **[vor etw *dat*] ~** to scream [out] [*or* shriek] [with sth], to give a scream [*or* shriek] [of sth]; ■ **~d** screaming, shrieking

auf|krempeln *vt* ■ **etw ~** to roll up sth *sep;* ■ **sich *dat* etw ~** to roll up one's sth *sep;* **sich die Ärmel ~** to roll up one's sleeves

auf|kreuzen *vi sein* (*fam*) ■ **[bei jdm] ~** to turn [*or* show] up [at sb's] *fam*

auf|kriegen *vt* (*fam*) *s.* **aufbekommen**

auf|künden *vt* (*geh*), **auf|kündigen** *vt* ❶ (*kündigen*) **[jdm] das Dienstverhältnis ~** to give notice [to sb]; **[jdm] einen Vertrag ~** to revoke [*or* terminate] a [*or* sb's] contract, to give sb notice of termination of their contract *form* ❷ (*das Ende von etw ankündigen*) **jdm die Freundschaft ~** to break off *sep* [*or form* terminate] one's friendship with sb; **jdm den Gehorsam ~** to refuse obedience to sb

Aufkündigung *f* (*geh*) ❶ (*Kündigung*) termination, revocation ❷ (*das Aufkündigen*) termination; **~ des Gehorsams** refusal to obey

Aufl. *f Abk von* **Auflage** ed., edition

auf|lachen *vi* to [give a] laugh; **verächtlich ~** to give a derisive laugh

aufladbar *adj* TECH loadable

auf|laden *irreg* I. *vt* ❶ (*darauf laden*) ■ **etw [auf etw *akk*] ~** to load sth [on[to] sth]; **etw auf einen Wagen ~** to load sth on[to] [*or* aboard] a vehicle ❷ (*auf den Rücken packen*) ■ **jdm/einem Tier etw ~** to load down sb/an animal *sep* with sth ❸ (*aufbürden*) ■ **jdm etw ~** to burden [*or* saddle] sb with sth; ■ **sich *dat* etw ~** to load oneself down [*or* burden oneself] with sth ❹ ELEK ■ **etw ~** to charge sth; **eine Batterie [wieder] ~** to [re]charge a battery ❺ (*Atmosphäre: aufheizen*) ■ **etw ~** to charge sth; ■ **aufgeladen** charged II. *vr* ELEK ■ **sich ~** to become charged, to take on a charge

Aufladung <-, -en> *f* ❶ (*das Aufladen*) charging ❷ ELEK, PHYS (*Ladung*) charge; **statische ~** static electricity

Auflage <-, -n> *f* ❶ (*gedruckte Exemplare*) edition; **verbesserte ~** revised edition ❷ (*Auflagenhöhe*) number of copies; *von Zeitung* circulation; ***das Buch/die Zeitung hat hohe ~n erreicht*** a large number of copies [of this book] has been sold/this paper has attained a large circulation ❸ ÖKON (*Produktion*) [series] production ❹ (*Bedingung*) condition; **harte ~n** stringent conditions; **die ~ haben, etw zu tun** to be obliged to do sth; **jdm ~n/eine ~ machen** to issue instructions/an order to sb; **jdm etw zur ~ machen** to impose sth on sb as a condition; **jdm zur ~ machen, etw zu tun** to make it a condition for sb to do sth, to impose a condition on sb that he/she etc. [should] do sth; **mit der ~, etw zu tun** on condition that he/she etc. [should] do sth ❺ (*aufzulegendes Polster*) pad, padding *no pl* ❻ (*Überzug*) plating *no pl,* coating; **eine ~ aus Blattgold/Kupfer** copper/gold plating

Auflagenbeständigkeit *f* TYPO length-of run capacity, print run stability **Auflagendruck** *m* TYPO print [*or* production] run **Auflagengewinner** *m* circulation winner **Auflage(n)höhe** *f* (*von Buch*) number of copies published; *von Zeitung* circulation; ***das Buch/die Zeitung hatte eine ~ von 90.000 Exemplaren*** the book sold 90,000 copies/the paper had a circulation of 90,000 **auflagenschwach** *adj* low-circulation *attr,* with a low circulation; ■ **~ sein** to have a low circulation **auflagenstark** *adj* high-circulation *attr,* with a high circulation; ■ **~ sein** to have a high circulation

Auflagenvorbehalt *m* JUR reservation as to provisions

Auflager *nt* BAU support

auf|lassen *vt irreg* ❶ (*fam: offen lassen*) ■ **etw ~** to leave open sth *sep* ❷ (*fam: aufbehalten*) ■ **etw ~** to leave [*or* keep] on sth *sep;* ***soll ich meinen Hut ~?*** should I keep my hat on? ❸ (*fam: aufbleiben lassen*) ■ **jdn ~** to let sb stay up [longer] ❹ (*in die Höhe steigen lassen*) ■ **etw ~** to let sth up ❺ JUR (*übertragen*) ■ **etw ~** to transfer [*or* convey] [*or form* assure] sth ❻ (*stilllegen*) ■ **etw ~** to close [*or* shut] down sth *sep;* ■ **aufgelassen** closed down; **ein aufgelassenes Bergwerk** an abandoned mine ❼ ÖSTERR, SÜDD (*schließen*) ■ **etw ~** to close [*or* shut] down sth *sep;* **das Geschäft ~** to shut up shop

Auflassung <-, -en> *f* ❶ JUR (*Übertragung*) transfer[ance], conveyance ❷ BERGB (*Stilllegung*) shutting down ❸ ÖSTERR, SÜDD (*Schließung*) shutting [*or* closing] down

Auflassungsanspruch *m* JUR entitlement to a conveyance of land **Auflassungseintragung** *m* JUR entry of conveyance **Auflassungserklärung**

f JUR conveyance **Auflassungspflicht** *f* JUR conveyance duty **Auflassungsurkunde** *f* JUR deed of conveyance **Auflassungsvollmacht** *f* JUR conveyance power **Auflassungsvormerkung** *f* JUR priority notice of conveyance

auf|lauern *vi* ■**jdm** ~ to lie in wait for sb; (*anschließend angreifen, ansprechen*) to waylay sb

Auflauf¹ *m* KOCHK *savoury or sweet dish baked in the oven*

Auflauf² *m* (*Menschen~*) crowd

auf|laufen *vi irreg sein* ❶ (*sich ansammeln*) to accumulate; *Zinsen* to accrue; *Schulden* to mount up; ■**~d** accumulating; *Zinsen* accruing; ■**aufgelaufen** accumulated; **aufgelaufene Zinsen** interest accrued ❷ (*auf Grund laufen*) ■[**auf etw** *akk o dat*] ~ to run aground [on sth] ❸ (*aufprallen*) ■**auf jdn/etw** ~ to run into sb/sth; (*aus entgegengesetzten Richtungen a.*) to collide with sb/sth ❹ (*ansteigen*) to rise; ■**~d** rising; **~des Wasser** flood [*or* rising] tide ❺ (*scheitern*) ■[**mit etw**] ~ to fail [*or fam* fall flat] [with sth]; ■**jdn/etw ~ lassen** (*fam*) to drop sb/sth in it

Auflaufform *f* ovenproof dish

auf|leben *vi sein* ❶ (*munter werden*) to liven up ❷ (*neuen Lebensmut bekommen*) to find a new lease of [*or* AM on] life ❸ (*geh: sich erneut bemerkbar machen*) to revive ❹ FIN (*erneut in Kraft treten*) to be[come] reinstated

auf|lecken *vt* ■**etw** ~ to lick up sth *sep*

auf|legen I. *vt* ❶ (*herausgeben*) ■**etw** ~ to publish [*or* print] [*or sep* bring out] sth; **ein Buch neu** [*o* **wieder**] ~ to reprint [*or* republish] a book; (*neue Bearbeitung*) to bring out a new edition [of a book] ❷ ÖKON (*produzieren*) ■**etw** ~ to launch sth ❸ FIN (*emittieren*) ■**etw** ~ to float [*or* issue] sth ❹ (*auf den Tisch legen*) **Gedeck** ~ to lay cutlery; **eine Tischdecke** ~ to put on *sep* [*or* spread] a tablecloth ❺ **den Hörer** ~ to hang up, to replace the receiver ❻ (*nachlegen*) **Holz/Kohle** ~ to put on more wood/coal *sep* ❼ NAUT ■**etw** ~ to lay up sth *sep*, to put sth out of commission II. *vi* (*Telefonhörer ~*) to hang up, BRIT *a.* to ring off

auf|lehnen *vr* ■**sich** [**gegen jdn/etw**] ~ to revolt [*or* rebel] [against sb/sth]

Auflehnung <-, -en> *f* rebellion, revolt

auf|lesen *vt irreg* (*fam*) ❶ (*aufheben*) ■**etw** [**von etw**] ~ to pick up sth *sep* [off sth]; **Obst** ~ to pick up *sep* [*or* gather] fruit ❷ (*finden und mitnehmen*) **jdn** [**von der Straße**] ~ to pick sb up [off the street] ❸ (*aufschnappen*) ■**etw** ~ to pick up sth *sep*

auf|leuchten *vi sein o haben* to light up

auf|liegen *irreg* I. *vi* ❶ (*auf etw liegen*) ■[**auf etw** *dat*] ~ to lie [on sth] ❷ (*erschienen sein*) to be published II. *vr* (*sich etw wund liegen*) ■**sich** *dat* **etw** ~ to get bedsores [on one's sth]; ■**aufgelegen** [covered] with bedsores *pred*

auf|listen *vt* ■[**jdm**] **etw** ~ to list sth [for sb]

Auflistung <-, -en> *f* ❶ *kein pl* (*das Auflisten*) listing ❷ (*Liste*) list

auf|lockern I. *vt* ❶ (*abwechslungsreicher machen*) ■**etw** [**durch etw**] ~ to liven up sth *sep* [with sth], to make sth more interesting [with sth] ❷ (*zwangloser machen*) ■**etw** ~ to ease sth; **in aufgelockerter Stimmung** in a relaxed mood ❸ (*weniger streng machen*) ■**etw** ~ to soften sth, to make sth less severe ❹ (*von Verspannungen befreien*) ■**etw** ~ to loosen up sth *sep*; (*vor Leibesübungen*) to limber up sth *sep* ❺ (*lockern*) ■**etw** ~ to loosen [up *sep*] sth, to mellow sth; ■**aufgelockert** loosened, mellow[ed] ❻ (*locker machen*) ■**etw** ~ **die Erde** ~ to break up the earth [*or* soil] II. *vr* ■**sich** ~ ❶ SPORT (*sich von Verspannungen befreien*) to loosen up; (*vor Leibesübungen*) to limber up ❷ (*sich zerstreuen*) to break up, to disperse; **aufgelockerte Bewölkung** thinning cloudcover

Auflockerung *f* ❶ (*abwechslungsreichere Gestaltung*) **zur ~ des Unterrichtsstoffes** [in order] to liven up the lesson [*or* to make the lesson more interesting] ❷ (*zwanglosere Gestaltung*) ***seine Witze trugen zur ~ der gespannten Atmosphäre bei*** his jokes helped to ease the tense atmosphere ❸ (*weniger strenge Gestaltung*) **zur ~ eines Musters dienen** to serve to make a pattern less severe [*or* to soften a pattern] ❹ (*Beseitigung von Verspannungen*) loosening up; (*vor Leibesübungen*) limbering up ❺ (*Zerstreuung*) breaking up, dispersal ❻ (*das Auflockern*) loosening [up]

auf|lodern *vi sein* ❶ (*plötzlich hoch schlagen*) to flare [*or* blaze] up; [**hoch**] **~de Flammen** raging flames ❷ (*geh: ausbrechen*) to flare up; *Kämpfe a.* to break out

auflösbar *adj* JUR terminable; **~er Vertrag** terminable contract

auf|lösen I. *vt* ❶ (*in Flüssigkeit lösen*) ■**etw** [**in etw** *akk o dat*] ~ to dissolve sth [in sth] ❷ (*aufklären*) ■**etw** ~ to clear up *sep* [*or* resolve] sth ❸ (*aufheben*) ■**etw** ~ to disband sth; **Parlament** ~ to dissolve parliament; **einen Vertrag** ~ to terminate a contract; ■**aufgelöst** disbanded; **aufgelöstes Parlament** dissolved parliament ❹ (*zerstreuen*) ■**etw** ~ to disperse [*or sep* break up] sth ❺ FIN **ein Konto** ~ to close an account; ■**aufgelöst** closed ❻ (*ausräumen*) ■**etw** ~ to clear sth; **einen Haushalt** ~ to break up a household *sep* ❼ FOTO ■**etw** ~ to resolve sth ❽ MATH **Gleichungen** ~ to [re]solve equations; **Klammern** ~ to eliminate brackets ❾ MUS ■**Vorzeichen** ~ to cancel sharps/flats ❿ (*geh: lösen*) **das Haar** ~ to let down one's hair *sep*; **einen Haarknoten** ~ to undo a bun; **mit aufgelösten Haaren** with one's hair loose [*or* down] II. *vr* ❶ (*in Flüssigkeit zergehen*) ■**sich** ~ to dissolve ❷ (*sich zersetzen*) ■**sich** ~ to disintegrate ❸ (*sich klären*) ■**sich** ~ to resolve itself, to be resolved; ***die Probleme haben sich*** [***in nichts/in Luft***] ***aufgelöst*** the problems have disappeared [into thin air] ❹ (*die weitere Existenz beenden*) ■**sich** ~ to disband ❺ (*sich zerstreuen*) ■**sich** [**in etw** *akk*] ~ to break up *sep* [*or* disperse] [into sth]; *Nebel a.* to lift ❻ (*verschwinden*) **sich** *akk* [**in nichts/Luft**] ~ to disappear [into thin air]; *s. a.* **aufgelöst**

Auflösung *f* ❶ (*Beendigung des Bestehens*) disbanding; *vom Parlament* dissolution ❷ (*Zerstreuung*) dispersal, breaking up ❸ (*Klärung*) clearing up, resolving ❹ FIN closing ❺ (*Bildqualität*) resolution; **ein Bildschirm mit hoher** ~ a high-resolution screen; (*Computer*) a high-resolution monitor ❻ (*das Auflösen*) clearing; *von Haushalt* breaking up ❼ (*das Zergehen*) dissolving; **die ~ des Zuckers im Kaffee** dissolving sugar in coffee ❽ (*geh: Verstörtheit*) distraction

Auflösungsantrag *m* JUR winding-up petition **Auflösungsbeschluss**[RR] *m* JUR winding-up order, resolution to liquidate a business **Auflösungsgründe** *pl* JUR statutory grounds for dissolution **Auflösungsklage** *f* JUR action for dissolution **Auflösungsverbot** *nt* JUR dissolution ban **Auflösungsverfügung** *f* JUR winding-up order **Auflösungsvertrag** *m* JUR dissolution contract **Auflösungszeichen** *nt* MUS natural [sign]

auf|machen I. *vt* ❶ (*fam: öffnen*) ■**etw** ~ to open sth ❷ (*fam: lösen*) ■[**jdm**] **etw** ~ to undo [sb's] sth; ■[**sich** *dat*] **etw** ~ to undo one's sth; **Schnürsenkel/Schuhe** ~ to undo [*or* untie] laces/shoes ❸ (*gründen*) ■**etw** ~ to open [up *sep*] sth ❹ (*gestalten*) ■**etw** ~ to make [*or* get] up sth *sep* ❺ (*darstellen*) ■**etw** ~ to feature sth; **etw mysteriös** ~ to feature sth as a mystery; **etw groß** ~ to give sth a big spread ❻ MED (*sl: operieren*) ■**jdn** ~ to open up sb *sep fam*, to cut open sb *sep fam* II. *vi* ❶ (*die Tür öffnen*) ■[**jdm**] ~ to open the door [for sb] ❷ (*ein Geschäft (er)öffnen*) to open up III. *vr* ❶ (*sich anschicken*) ■**sich** [**dazu**] ~, **etw zu tun** to get ready to do sth ❷ (*aufbrechen*) ■**sich** [**zu etw**] ~ to set [*or* start] out [on sth]; **sich nach Ottobrunn/in die Kneipe** ~ to set out for Ottobrunn/for the pub

Aufmacher *m* MEDIA front-page story, lead [article]

Aufmachung <-, -en> *f* ❶ (*Kleidung*) turn-out; **in großer ~ erscheinen** to turn up [*or* out] in full dress ❷ (*Gestaltung von Buch*) presentation ❸ (*Gestaltung von Seite, Zeitschrift*) layout; ***der Artikel erschien in großer ~*** the article was given a big spread

auf|malen *vt* ■**etw** [**auf etw** *akk*] ~ to paint sth [on sth]; (*kritzeln*) to scrawl sth [on sth]

Aufmarsch *m* ❶ (*das Aufmarschieren*) marching up; (*Parade*) march-past ❷ MIL (*Beziehen der Stellungen*) deployment

auf|marschieren* *vi sein* ❶ (*heranmarschieren und sich aufstellen*) to march up ❷ MIL (*in Stellung gehen*) to be deployed; ■**jdn/etw ~ lassen** to deploy sb/sth; **jdn/etw in Gefechtsformation ~ lassen** to assemble sb/sth in fighting formation; **jdn ~ lassen** (*fig sl*) to drum up sb *sep*, to have sb march up *hum*

Aufmaß *nt* BAU final measurements *pl*

aufmeißeln *vt* MED ■[**jdm**] **etw** ~ to trephine [sb's] sth

auf|merken *vi* ❶ (*aufhorchen*) to sit up [and take notice] ❷ (*geh: Acht geben*) ■[**auf etw** *akk*] ~ to pay attention [to sth], to pay heed to sth; ***merk jetzt gut auf!*** pay close attention now!

aufmerksam I. *adj* ❶ (*alles genau bemerkend*) attentive; **~e Augen** keen [*or* sharp] eyes; ■[**auf jdn/etw**] ~ **sein/werden** to take notice [of sb/sth]; **jdn auf etw** *akk* ~ **machen** to draw [*or* direct] sb's attention to sth, to point sth out to sb; **jdn darauf ~ machen, dass ...** to draw [*or* direct] sb's attention to the fact that ..., to point out to sb that ...; ***auf diese Situation sind wir nicht ~ gemacht worden*** we were not told of this situation ❷ (*zuvorkommend*) attentive; [***das ist***] ***sehr ~*** [***von Ihnen***]! [that's] most kind [of you] II. *adv* attentively; (*beobachtend*) observantly; ***seht mal ~ zu!*** watch carefully, pay attention and watch

Aufmerksamkeit <-, -en> *f* ❶ *kein pl* (*aufmerksames Verhalten*) attention, attentiveness; ***es ist meiner ~ entgangen*** it escaped my attention ❷ *kein pl* (*Zuvorkommenheit*) attentiveness ❸ (*Geschenk*) token [gift]; [***nur***] ***eine kleine ~ von mir!*** just a little something from me

auf|mischen *vt* (*sl*) ❶ (*neu mischen*) ■**Farben** ~ to remix paints ❷ (*verprügeln*) ■**jdn** ~ to lay into sb *sl*

auf|mixen *vt* **eine Soße** ~ *to mix cold butter into a sauce to bind*

auf|möbeln *vt* (*fam*) ❶ (*restaurieren*) ■**etw** ~ to do up sth *sep fam* ❷ (*aufmuntern*) ■**jdn** ~ to cheer [*or fam* buck] up sb *sep*

auf|montieren* *vt* ❶ ■**etw** [**auf etw** *akk*] ~ to mount [*or* install] sth [on sth], to fit sth on[to] sth, to fit [on *sep*] sth ❷ KOCHK *s.* **montieren**

auf|motzen *vt* (*fam*) ■**etw** ~ to doll [*or* BRIT *a.* tart] up sth *sep fam;* **ein aufgemotztes Auto** a souped-up car *fam*

auf|mucken *vi* (*fam*) ■[**gegen jdn/etw**] ~ to kick [out] against sb/sth, to kick out; **~de Schüler** disruptive pupils

auf|mucksen *vi* (*fam*) ■**gegen etw** ~ to protest against sth

auf|muntern *vt* ■**jdn** ~ ❶ (*aufheitern*) to cheer up sb *sep* ❷ (*beleben*) to liven [*or* pick] up sb *sep* ❸ (*jdm Mut machen*) to encourage sb; **jdn zum Kampf** ~ to encourage sb to fight

aufmunternd I. *adj* encouraging II. *adv* encouragingly; ~ **gemeint sein** to be meant as [*or* to be] an encouragement

Aufmunterung <-, -en> *f* ❶ (*Aufheiterung*) cheering up; **als ~ gemeint sein** to be meant to cheer up ❷ (*Ermutigung*) encouragement; **als ~** as an encouragement ❸ (*Belebung*) livening up; **zur ~** to liven up sb *sep*; **jdm zur ~ dienen** to serve to liven up sb *sep*

aufmüpfig *adj* (*fam*) ■~ **sein/werden** to be rebellious [*or* unruly] [*or* contrary]

auf|nähen *vt* ■[**jdm**] **etw** [**auf etw** *akk*] ~ to sew sth on[to] [sb's] sth, to sew on sth *sep*; ■**aufgenäht** sewn-on

Aufnahme¹ <-, -n> *f* ❶ (*das Fotografieren*) ■**die ~** photographing; **die ~ von Bildern** taking of pictures [*or* photographs] ❷ (*das Filmen*) ■**die ~** [**einer S.** *gen*/**von etw** *dat*] filming [*or* shooting] [sth]; ***Achtung, ~!*** action! ❸ (*Fotografie*) photo[graph], picture *fam;* **~n machen** to take photo[graph]s [*or* pictures]; **von jdm/etw eine ~ machen** to take a photo[graph] [*or* picture] of sb/sth *fam,* to take sb's photo[graph] [*or* picture] *fam* ④ (*Tonband~*) [tape-]recording; **von jdm/etw eine ~ machen** to record sb/sth [on tape], to make a recording of sth on tape

Aufnahme² <-, -n> *f* ① (*Beginn*) start, commencement *form; von Tätigkeit a.* taking up; *von Beziehung, Verbindung a.* establishment ② (*Unterbringung*) ■**die/eine ~ in etw** *akk* the admission [into] sth; **bei jdm ~ finden** to find accommodation at sb's house; **bei jdm freundliche ~ finden** to meet with a warm reception from sb ③ *kein pl* (*Absorption*) absorption ④ (*Verleihung der Mitgliedschaft*) ■**die ~** admission ⑤ (*Auflistung*) inclusion (**in** +*akk* in) ⑥ (*Aufzeichnung*) taking down; *von Telegramm* taking; **die ~ eines Unfalls** taking down the details of an accident ⑦ FIN (*Inanspruchnahme*) taking up, raising ⑧ (*Reaktion*) reception; ■**die ~ einer S.** *gen* **bei jdm** sb's reception of sth ⑨ (*Aufnahmeraum in Klinik*) reception area, reception *no art* ⑩ (*aufgenommener Patient*) admission ⑪ *kein pl* (*geh: Verzehr*) ingestion *form*

Aufnahmeantrag *m* application for membership, membership application **Aufnahmebedingung** *f* entry [*or* admittance] requirement **aufnahmefähig** *adj* ■[**für etw**] **~ sein** to be able to grasp [*or sep* take in] sth; **~er Markt** ÖKON ready market **Aufnahmefähigkeit** *f* ÖKON *des Marktes* absorption capacity **Aufnahmegebühr** *f* membership fee, dues *npl* **Aufnahmelager** *nt* POL, SOZIOL refugee camp **Aufnahmeland** *nt* host country **Aufnahmeprüfung** *f* entrance examination **Aufnahmequalität** *f* TECH recording quality **Aufnahmestudio** *nt* recording studio **Aufnahmetechnik** *f* MUS, ELEK sound recording technology **Aufnahmewagen** *m* RADIO, TV recording van

Aufnahmsprüfung *f* ÖSTERR (*Aufnahmeprüfung*) entrance examination

auf|nehmen¹ *vt irreg* ■**jdn/etw ~** ① (*fotografieren*) to photograph [*or* take a photo[graph] of] sb/sth, to take sb's photo[graph] [*or* picture]; ***diese Kamera nimmt alles sehr scharf auf*** this camera takes very sharply focused photographs [*or* pictures] ② (*filmen*) to film [*or fam* shoot] sb/sth ③ (*aufzeichnen*) to record sb/sth [on tape], to make a recording of sth [on tape]

auf|nehmen² *vt irreg* ① (*unterbringen*) ■**jdn [bei sich] ~** to accommodate sb [at one's house], to take in sb *sep* ② (*in einer Schule unterbringen*) ■**jdn ~** to admit [*or sep* take on] sb ③ (*beitreten lassen*) ■**jdn [in etw** *akk*] **~** to admit sb [to sth], to receive sb into sth ④ (*geistig registrieren*) ■**etw [in sich] ~** to grasp [*or sep* take in] sth; ***diese Schüler nehmen alles schnell auf*** these pupils are quick on the uptake ⑤ (*auflisten*) ■**etw [in etw** *akk*] **~** to include sth [in sth] ⑥ (*beginnen*) ■**etw ~** to begin [*or form* commence [with]] sth; **eine Beziehung ~** to establish a relationship; **Kontakt mit jdm ~** to establish [*or* make] [*or* get in] contact with sb, to contact sb; **das Studium/eine Tätigkeit ~** to take up studies/an activity *sep* ⑦ (*absorbieren*) ■**etw ~** to absorb sth ⑧ (*auf etw reagieren*) ■**etw ~** to receive sth ⑨ (*niederschreiben*) ■**etw ~** to take down sth *sep;* **ein Telegramm ~** to take a telegram ⑩ (*aufgreifen*) ■**etw ~** to take up sth *sep* ⑪ (*fassen*) ■**etw ~** to contain [*or* hold] sth ⑫ (*aufheben*) ■**etw [von etw] ~** to pick up sth *sep* [off sth] ⑬ NORDD (*aufwischen*) ■**etw [mit etw] ~** to wipe up sth *sep* [with sth] ⑭ FIN (*in Anspruch nehmen*) ■**etw [auf etw** *akk*] **~** to raise sth [on sth]; **eine Hypothek auf ein Haus ~** to raise a mortgage on [*or* to mortgage] a house ⑮ (*auf die Nadel nehmen*) ■**etw ~** to take [*or* pick] up sth *sep* ▶ WENDUNGEN: **es mit jdm/etw ~ [können]** to be a match for sb/sth; **es mit jdm/etw nicht ~ können** to be no match for sb/sth

aufnehmend *adj* ÖKON **eine ~e Gesellschaft** an absorbing company

Aufnehmer <-s, -> *m* NORDD (*Wischlappen*) cloth

äufnen *vt* SCHWEIZ (*ansammeln*) ■**etw ~** to accumulate sth

auf|nötigen *vt* ① (*zu nehmen drängen*) ■**jdm etw ~** to force [*or* press] sth on sb ② (*zu akzeptieren nötigen*) ■**jdm etw ~** to force [*or* impose] sth on sb

auf|opfern *vr* ■**sich [für jdn/etw] ~** to sacrifice oneself [for sb/sth]

aufopfernd *adj s.* **aufopferungsvoll**

Aufopferung *f* sacrifice; **jdn mit ~ pflegen** to nurse sb with devotion

Aufopferungsanspruch *m* JUR denial damage, disturbance claim **aufopferungsgleich** *adj* JUR set-off; **~er Anspruch** set-off claim **aufopferungsvoll I.** *adj* (*hingebungsvoll*) devoted; **~e Arbeit** work with devotion **II.** *adv* with devotion; **jdn ~ pflegen** to nurse sb with devotion

auf|packen *vt* ① (*aufladen*) ■**jdm/einem Tier etw ~** to load sth on[to] sb/an animal, to load sb/an animal with sth; ■**sich** *dat* **etw ~** to load oneself with sth ② (*fam: aufbürden*) ■**jdm etw ~** to burden [*or* saddle] sb with sth

auf|päppeln *vt* (*fam*) ■**jdn/ein Tier ~** to feed up sb/an animal *sep;* (*wieder gesund machen*) to nurse sb/an animal back to health

auf|passen *vi* ① (*aufmerksam sein*) to pay attention; **genau ~** to pay close attention; ***kannst du nicht ~, was man dir sagt?*** can't you listen to what is being said to you?; ■**~, dass ...** to take care that ...; ■**pass auf!**, ■**aufgepasst!** (*sei aufmerksam*) [be] careful!; (*Vorsicht*) watch [*or* BRIT *a.* mind] out! ② (*beaufsichtigen*) ■[**auf jdn/etw**] **~** to keep an eye on sb/sth; (*bei Prüfung*) to invigilate [*or* AM proctor] [sb/sth]; **auf die Kinder ~** to mind [*or* look after] the children

Aufpasser(in) <-s, -> *m(f)* (*pej: Aufseher*) watchdog *fam,* minder *fam;* (*bei Prüfung*) invigilator BRIT, proctor AM; (*Spitzel*) spy; (*Wächter*) guard, screw *pej sl*

auf|peitschen *vt* ① (*aufhetzen*) ■**jdn ~** to inflame [*or sep* work up] sb; (*stärker*) to whip up sb *sep* into a frenzy; **jdn zu neuen Übergriffen ~** to inflame [*or sep* work up] sb into new attacks ② (*entflammen*) ■**etw ~** to inflame [*or* fire] sth ③ (*aufbranden lassen*) ■**etw ~** to whip up sth *sep;* **das aufgepeitschte Meer** the wind-lashed sea

auf|peppen *vt* (*sl*) ■**etw ~** to jazz up sth *sep fam*

auf|pflanzen I. *vt* ① MIL **Bajonette ~** to fix bayonets; ■**aufgepflanzt** fixed ② (*aufstellen*) ■**etw ~** to plant sth **II.** *vr* (*fam: sich hinstellen*) ■**sich [vor jdm/etw] ~** to plant oneself in front of sb/sth

auf|pfropfen *vt* ■**etw [auf etw** *akk*] to graft sth on[to] sth, to graft on sth *sep*

auf|picken *vt* ■**etw ~** ① (*pickend fressen*) to peck up sth *sep* ② (*pickend öffnen*) to peck open sth *sep*

auf|platzen *vi sein* to burst open; *Wunde* to open up, to rupture; ■**aufgeplatzt** burst

auf|plustern I. *vt* (*aufrichten*) ■**etw ~** to ruffle [up] sth *sep;* **eine aufgeplusterte Henne** a hen with its feathers ruffled [up] **II.** *vr* ■**sich ~** ① (*das Gefieder aufrichten*) to ruffle [up *sep*] its feathers ② (*pej fam: sich wichtig machen*) to puff oneself up

auf|polieren* *vt* ■**etw ~** (*fam*) to polish up sth *sep*

auf|prägen *vt* ■**etw [auf etw** *akk*] **~** to emboss [*or* stamp] sth with sth; **seinen Namen auf einen Füller ~** to emboss [*or* stamp] a pen with one's name; ■**aufgeprägt** embossed; ■**das A~ einer S.** *gen/* **von etw** *dat* stamping sth

Aufprall <-[e]s, -e> *m* impact; **bei einem ~ auf etw** *akk* [up]on impact with sth

auf|prallen *vi sein* ■[**auf etw** *akk o dat*] **~** to hit [*or* strike] sth, to collide with sth; *Mensch, Fahrzeug a.* to run into sth; **frontal [auf etw** *akk o dat*] **~** to collide head-on [with sth]; **seitlich auf etw** *akk o dat* **~** AUTO to hit sth from the side, to have a lateral impact with sth *form;* ■**das A~** impact

Aufpreis *m* extra [*or* additional] charge; **gegen ~** for an extra [*or* additional] charge, at extra charge

auf|probieren* *vt* ■**etw ~** to try [on *sep*] sth; **einen Hut/eine Brille ~** to try on *sep* a hat/a pair of spectacles

auf|pumpen *vt* ■**etw ~** ① (*durch Pumpen aufblasen*) to pump up *sep* [*or* inflate] sth; ■**aufgepumpt** inflated ② (*die Reifen von etw mit Luft füllen*) to pump up [*or* inflate] the tyres [*or* AM tires] of sth; **beim A~** when pumping up [*or* inflating] tyres

auf|putschen I. *vt* ① (*aufwiegeln*) ■**jdn/etw [gegen jdn/etw] ~** to stir up *sep* [*or* rouse] sb/sth [against sb/sth]; **öffentliche Meinung ~** to whip [*or* stir] up public opinion *sep* ② (*jds Leistungsfähigkeit steigern*) ■**jdn ~** to stimulate sb; ■**~d** stimulating; **~de Substanzen** stimulants **II.** *vr* (*seine Leistungsfähigkeit steigern*) ■**sich [mit etw] ~** to pep oneself up [with sth] *fam*

Aufputschmittel *nt* stimulant, upper *sl*

auf|putzen *vt* DIAL *s.* **aufwischen**

auf|quellen *vi irreg sein* to swell [up]; ■**aufgequollen** swollen; **aufgequollenes Gesicht** puffy [*or* bloated] face

auf|raffen I. *vr* ① (*sich mühselig erheben*) ■**sich** *akk* [**von etw** *dat*] **~** to pull [*or* pick] oneself up [off sth] ② (*sich mühselig entschließen*) ■**sich** *akk* **zu etw** *dat* **~**, ■**sich** *akk* **dazu ~, etw zu tun** to bring [*or* rouse] oneself to do sth; ***ich muss mich ~*** I must pull myself together **II.** *vt* ■**etw ~** ① (*schnell aufheben*) to snatch up sth *sep* ② (*raffen*) to gather up sth *sep;* **mit aufgerafftem Rock** with her frock gathered up

auf|ragen *vi sein o haben* ■[**über etw** *dat*] **~** to rise above sth; (*sehr hoch*) to tower [up] over sth, to tower up; *Turm* soaring; *Baum* towering

auf|rappeln *vr* (*fam*) ■**sich ~** ① (*wieder zu Kräften kommen*) to recover, to get over it ② *s.* **aufraffen I**

Aufrastern <-s> *nt kein pl* TYPO screening

auf|rauen^RR^, **auf|rauhen** *vt* ■**etw ~** ① (*von Haut: rau machen*) to roughen sth, to make sth rough ② (*von Textilien: rau machen*) to nap sth

Aufräumarbeiten *pl* clearing-up [*or* clean-up] operations

auf|räumen I. *vt* (*Ordnung machen*) ■**etw ~** to tidy [*or* clear] up sth *sep;* **einen Schrank ~** to clear [*or* tidy] out a cupboard *sep;* **einen Schreibtisch ~** to clear [up] a desk *sep;* **Spielsachen ~** to clear [*or* tidy] away toys *sep;* ■**aufgeräumt sein** to be [neat and] tidy **II.** *vi* ① (*Ordnung machen*) to tidy [*or* clear] up ② (*pej: dezimieren*) **unter der Bevölkerung [gründlich] ~** *Seuche* to decimate [*or* wreak havoc among] the population; *Mordkommando* to slaughter the population; **unter Pennern ~** to clear out [*or* away] down-and-outs *sep pej* ③ (*etw beseitigen*) ■**mit etw ~** to do away with sth

Aufräumungsarbeiten *pl* clear[ing]-up operations

aufrechenbar *adj* JUR, FIN subject to set-off, offsettable

auf|rechnen *vt* ■**jdm etw [gegen etw] ~** to offset sth against [sb's] sth

Aufrechnung <-> *f* JUR, FIN set-off BRIT, offset AM

Aufrechnungsanspruch *m* JUR, FIN set-off claim **Aufrechnungseinrede** *f* JUR, FIN defence of set-off **Aufrechnungseinwand** *f* JUR defence of set-off **Aufrechnungserklärung** *f* JUR notice of set-off **Aufrechnungsverbot** *nt* JUR, FIN contractual exclusion of set-off

aufrecht I. *adj* upright, erect **II.** *adv* upright, erect; **~ sitzen** to sit up[right]; **etw ~ hinstellen** to place sth upright [*or* in an upright position]

aufrecht|erhalten* *vt irreg* ① (*daran festhalten*) ■**etw ~** to maintain sth; **die Anklage ~** to uphold [*or* abide by] the charge; **seine Behauptung ~** to stick to one's view; **seine Entscheidung ~** to abide by one's decision ② (*bestehen lassen*) ■**etw ~** to keep up sth *sep* ③ (*moralisch stützen*) ■**jdn ~** to keep sb going, to sustain sb

Aufrechterhaltung *f* ① (*das Aufrechterhalten*) maintenance; *von Anklage* upholding; *von Behauptung* sticking (+*gen* to); *von Entscheidung* abiding (+*gen* by) ② (*das weitere Bestehenlassen*) continuation

Aufrechterhaltungsgebühr *f* FIN *für ein Patent* renewal fee [for the application]

auf|regen I. *vt* ■**jdn ~** (*erregen*) to excite sb; (*verärgern*) to annoy [*or* irritate] sb; (*nervös machen*) to make sb nervous; (*bestürzen*) to upset sb; ***reg mich nicht auf!*** stop getting on my nerves!; ***das kann ei-***

nen schon ~! that can really drive you mad *fam;* ***das regt mich auf!*** that really annoys me [*or fam* gets on my wig] ! **II.** *vr* (*sich erregen*) ■**sich [über jdn/etw]** ~ to get worked up *fam* [*or* excited] [about sb/sth]; ***reg dich nicht so auf!*** don't get [yourself] so worked up!; *s. a.* **aufgeregt**

aufregend *adj* exciting; ■**etwas A~es** something exciting; ■**wie ~!** (*fam*) how exciting! *a. iron,* bully for him/them/you etc.! *iron*

Aufregung *f* ❶ (*aufgeregte Erwartung*) excitement *no pl* ❷ (*Beunruhigung*) agitation *no pl;* ***nur keine ~!*** don't get flustered, don't get [yourself] worked up *fam;* ***wozu die [ganze] ~?*** what's the big deal? *fam;* **in heller ~** in utter confusion; **in helle ~ geraten** to work oneself into a panic; **jdn/etw in ~ versetzen** to get sb/sth into a state *fam*

auf|reiben *irreg* **I.** *vt* ❶ (*zermürben*) ■**jdn ~** to wear down [*or* out] sb *sep;* **jdn nervlich ~** to fray sb's nerves ❷ (*wund reiben*) ■**[jdm] etw ~** to chafe sb's sth, to rub sb's sth sore ❸ MIL (*völlig vernichten*) ■**etw ~** to annihilate [*or sep* wipe out] sth **II.** *vr* ❶ (*sich zermürben*) ■**sich ~** to wear oneself out; **sich [für die Arbeit] ~** to work oneself into the ground ❷ (*sich aufscheuern*) ■**sich** *dat* **etw [an etw** *dat*] **~** to chafe one's sth [*or* rub one's sth sore] [against sth]; **sich die Hände/Haut ~** to rub one's hands/skin sore

aufreibend *adj* wearing, trying

auf|reihen **I.** *vt* ■**etw [auf etw** *akk*] **~** to string sth [on sth]; **Edelsteine auf eine Schnur ~** to string precious stones on a thread **II.** *vr* ■**sich ~** to line up, to get in lines [*or* a line]; **aufgereiht stehen** to stand in rows [*or* a row]

auf|reißen *irreg* **I.** *vt haben* ❶ (*durch Reißen öffnen*) ■**etw ~** to tear [*or* rip] open sth *sep* ❷ (*aufbrechen*) ■**etw ~** to tear [*or* rip] up sth *sep* ❸ (*ruckartig öffnen*) ■**etw ~** to fling [*or* throw] open sth *sep;* **die Augen/den Mund ~** to open one's eyes/mouth wide ❹ (*aufritzen*) ■**etw ~** to tear [*or* rip] sth; ■**[sich** *dat*] **etw [an etw** *dat*] **~** to tear [*or* rip] one's sth [on sth]; **die Haut leicht ~** to graze one's skin ❺ (*sl: aufgabeln*) ■**jdn ~** to pick up sb *sep fam* **II.** *vi sein* (*von Hose: aufplatzen*) to rip, to tear (**an** +*dat* at); *Naht* to split, to burst; *Wolkendecke* to break up; *Wunde* to tear open

auf|reizen *vt* ❶ (*erregen*) ■**jdn ~** to excite sb; (*stärker*) to inflame sb; ■**sich durch etw ~ lassen** to get worked up about sth *fam* ❷ (*provozieren*) ■**jdn [zu etw] ~** to provoke sb [into doing sth]; **jdn zum Kampf ~** to provoke sb into fighting

aufreizend **I.** *adj* ❶ (*erregend*) exciting ❷ (*sexuell provokant*) provocative; *Unterwäsche a.* sexy *fam* **II.** *adv* (*sexuell provokant*) provocatively; **sich ~ wiegen** to sway in a sexy rhythm *fam*

Aufrichte <-, -n> *f* SCHWEIZ (*Richtfest*) topping-out ceremony

auf|richten **I.** *vt* ❶ (*in aufrechte Lage bringen*) ■**etw ~** to put [*or* set] sth upright; ■**jdn ~** to help up sb *sep,* to help sb to her/his feet; **einen Patienten ~** to sit up a patient ❷ (*aufstellen*) ■**etw ~** to erect [*or sep* put up] sth; **die Flagge ~** to raise [*or sep* run up] a flag ❸ (*geh: Mut machen*) ■**jdn [wieder] ~** to put new heart into [*or* give fresh courage to] sb **II.** *vr* ❶ (*aufrechte Stellung einnehmen*) ■**sich ~** (*gerade stehen*) to stand up [straight]; (*gerade sitzen*) to sit up [straight]; (*aus gebückter Haltung*) to straighten up ❷ (*geh: neuen Mut fassen*) ■**sich an jdm ~** to find new strength in [*or* take heart from] sb

aufrichtig **I.** *adj* honest, sincere, upright; ■**~ [zu jdm/gegenüber jdn] sein** to be honest [with sb]; **ein ~es Gefühl** a sincere feeling; **~e Liebe** true love **II.** *adv* sincerely; **~ bedauern, dass …** to sincerely regret that …; **jdn ~ hassen/verabscheuen** to hate sb deeply

Aufrichtigkeit <-> *f kein pl* sincerity *no pl,* honesty *no pl*

auf|riegeln *vt* ■**etw ~** to unbolt sth

Aufriss^RR^ <-es, -e> *m,* **Aufriß** <-sses, -sse> *m* ❶ (*Ansicht*) elevation, vertical plan; (*Vorderansicht*) front view [*or* elevation]; (*Seitenansicht*) profile, side elevation; **etw im ~ zeichnen** to draw the front/side elevation etc. of sth ❷ (*kurze Darstellung*) outline, sketch

auf|ritzen *vt* ❶ (*durch Ritzen verletzen*) ■**jdm/sich etw ~** to cut [open *sep*] sb's/one's sth; (*aufkratzen*) to scratch [open *sep*] sb's/one's sth ❷ (*durch Ritzen öffnen*) ■**etw [mit etw] ~** to slit open *sep* sth [with sth]

aufrollbar *adj inv* roll-up *attr*

auf|rollen **I.** *vt* ❶ (*zusammenrollen*) ■**etw ~** to roll up sth *sep;* **ein Kabel ~** to coil [up *sep*] [*or sep* wind up] a cable; ■**etw [auf etw** *akk*] **~** to wind up *sep* sth [on sth] ❷ (*entrollen*) ■**etw ~** to unroll sth; **eine Fahne ~** to unfurl a flag ❸ (*erneut aufgreifen*) ■**etw wieder ~** to re[-]open sth **II.** *vr* ■**sich [zu etw] ~** to roll up [into sth]; *Schlange* to coil [itself] [into sth]

auf|rücken *vi sein* ❶ (*weiterrücken*) to move up [*or* along]; (*auf einer Bank a.*) to budge up BRIT *fam* ❷ (*avancieren*) ■**[zu etw] ~** to be promoted [to sth]

Aufruf *m* ❶ (*Appell*) appeal; ■**der/ein ~ an jdn** the/an appeal to sb; **ein ~ an das Volk** an appeal to the public; (*positiv a.*) a proclamation; **ein ~ zum Streik** a call for strike action; **einen ~ an jdn richten[, etw [nicht] zu tun]** to [make an] appeal to sb [[not] to do sth] ❷ (*das Aufrufen*) **ein ~ der Namen** a roll call; ■**nach ~** when [*or* on being] called ❸ INFORM call; *von Daten a.* retrieval ❹ LUFT call; ***letzter ~ für alle Passagiere*** last call for all passengers

auf|rufen *irreg* **I.** *vt* ❶ ((*mit*) *Namen nennen*) ■**etw ~** to call [out *sep*] sth; ■**jdn [namentlich] ~** to call [out] sb['s name] ❷ (*zum Kommen auffordern*) ■**jdn ~[, etw zu tun]** to request sb [to do sth] ❸ (*appellieren*) ■**[jdn] zu etw ~** to call [upon sb] [*or* appeal [to sb]] for sth; **Arbeiter zum Streik ~** to call upon workers to strike; ■**jdn ~, etw zu tun** to call upon [*or* appeal to] sb to do sth ❹ INFORM ■**etw ~** to call up *sep* sth; **Daten ~** to retrieve [*or sep* call up] data ❺ LUFT ■**etw ~** to call sth **II.** *vi* ■**zu etw ~** to call for sth; **zum Widerstand/Streik ~** to call for resistance/a strike [*or* upon people to resist/strike]

Aufruhr <-[e]s, -e> *m* ❶ *kein pl* (*geh: Erregung*) tumult *no pl,* turmoil *no pl;* (*in der Stadt/im Volk*) unrest *no pl, no indef art;* **sein innerer ~** the turmoil within one; **in [*o* im] ~ sein, sich in [*o* im] ~ befinden** to be in a tumult; *Bevölkerung* to be in a turmoil; **in ~ geraten** to be thrown into a turmoil; **jdn in ~** *akk* **versetzen** to throw sb into a turmoil ❷ (*Aufstand*) revolt, uprising, rebellion; **einen ~ unterdrücken** to crush [*or* put down] [*or* quell] a revolt [*or* an uprising]

auf|rühren *vt* ❶ (*aufschlagen*) ■**etw ~** to stir up sth *sep* ❷ (*Erinnerungen wecken*) ■**etw ~** to stir up sth *sep* ❸ (*innerlich aufwühlen*) ■**jdn ~** to rouse sb

Aufrührer(in) <-s, -> *m(f)* insurgent, rabble-rouser *pej*

aufrührerisch *adj* ❶ *attr* (*rebellisch*) rebellious, insurgent; (*meuternd*) mutinous ❷ (*aufwiegelnd*) inflammatory, rabble-rousing *pej;* **eine ~e Rede** an incendiary [*or* an inflammatory] [*or pej* a rabble-rousing] speech

auf|runden *vt* ■**etw [auf etw** *akk*] **~** to round up *sep* sth [to sth]; **etw auf einen glatten Betrag ~** to bring up *sep* sth to a round figure; ■**aufgerundet** rounded up

aufrüstbar *adj inv* INFORM expandable

auf|rüsten **I.** *vi* to arm; ■**wieder ~** to rearm **II.** *vt* ❶ (*das (Militär)potenzial verstärken*) ■**etw [wieder] ~** to [re]arm sth ❷ (*hochwertiger machen*) ■**etw ~** to upgrade sth; **ein Kraftwerk ~** to re[-]equip [*or* refit] a power plant

Aufrüstung *f* arming *no pl,* armament *no pl;* (*Wieder~*) rearming *no pl,* rearmament *no pl;* **die atomare [*o* nukleare]/konventionelle ~** nuclear armament, the acquisition of nuclear/conventional arm[ament]s [*or* weapons]; TECH, INFORM upgrade

auf|rütteln *vt* ❶ (*durch Rütteln aufwecken*) ■**jdn [aus etw] ~** to rouse sb [from sth], to shake sb out of sth ❷ (*aufstören*) ■**jdn/etw [aus etw] ~** to rouse sb/sth [from sth], to shake up *sep* sb/sth [out of sth]; **jdn aus seiner Lethargie/Untätigkeit ~** to rouse sb from her/his apathy/[her/his] inactivity; **jds Gewissen ~** to stir sb's conscience

aufs ❶ (*fam*) *s.* **auf das** *s.* **auf** ❷ + *superl* **~ entschiedenste/grausamste** [*o* **~ Entschiedenste/Grausamste**] most decisively/cruelly; **~ beste** [*o* **~ Beste**] in the best way possible

auf|sagen *vt* ❶ (*vortragen*) ■**etw ~** to recite [*or* say] sth ❷ (*geh: aufkündigen*) **jdm den Dienst/Gehorsam ~** to refuse to serve/obey sb; **jdm die Freundschaft ~** to break off *sep* one's friendship with sb

auf|sammeln *vt* ■**etw ~** to gather [up *sep*] sth; (*Fallengelassenes*) to pick up sth *sep*

aufsässig *adj* ❶ (*widerspenstig*) unruly, recalcitrant *form;* **ein ~er Zögling** a disruptive [*or* an unruly] element ❷ (*widersetzlich*) rebellious

Aufsässigkeit <-, -en> *f meist sing* ❶ (*Widerspenstigkeit*) unruliness, recalcitrance *form* ❷ (*Widersetzlichkeit*) rebelliousness

Aufsatz[1] *m* top [*or* upper] part; (*zur Verzierung*) bit on top; **ein abnehmbarer ~** a removable top part [*or* section]

Aufsatz[2] *m* ❶ SCH essay, composition ❷ (*Essay*) essay, treatise

Aufsatzthema *nt* essay subject

auf|saugen *vt reg o irreg* ❶ (*durch Einsaugen entfernen*) ■**etw [mit etw] ~** to soak up *sep* sth [with sth] ❷ (*mit dem Staubsauger entfernen*) ■**etw ~** to vacuum up sth *sep* ❸ (*geh: in sich aufnehmen*) ■**etw [in sich** *akk*] **~** to absorb [*or sep* soak in] sth

auf|schauen *vi* (*geh*) *s.* **aufblicken**

auf|schaukeln *vr* (*fam*) ■**sich ~** to build up

auf|schäumen **I.** *vi sein* to foam [up], to froth up; *Meer* to foam **II.** *vt haben* ■**etw ~** to foam [*or* expand] sth

auf|scheuchen *vt* ❶ (*erschrecken und wegscheuchen*) ■**etw [von etw] ~** to frighten [*or* scare] away sth [from sth] *sep* ❷ (*fam: jds Ruhe stören*) ■**jdn ~** to disturb sb; ■**jdn aus etw ~** to jolt sb out of sth

auf|scheuern **I.** *vt* ■**[jdm] etw ~** to rub sb's sth sore; **die Haut ~** to chafe sb's skin; ■**aufgescheuert** [rubbed *pred*] sore; **aufgescheuerte Haut** chafed skin **II.** *vr* ■**sich** *dat* **etw ~** to rub one's sth sore, to chafe the skin of [*or* take the skin off] one's sth

auf|schichten *vt* ■**etw ~** to stack [*or sep* pile up] sth; ■**aufgeschichtet** stacked, piled up

auf|schieben *vt irreg* ❶ (*durch Schieben öffnen*) ■**etw ~** to slide open sth *sep;* **einen Riegel ~** to push [*or* slide] back a bolt *sep* ❷ (*verschieben*) ■**etw [auf etw** *akk*] **~** to postpone [*or* defer] [*or sep* put off] sth [until [*or* till] sth] ► WENDUNGEN: **aufgeschoben ist nicht aufgehoben** (*prov*) there'll be another opportunity [*or* time]

auf|schießen *irreg* **I.** *vi sein* ❶ (*rasch wachsen*) to shoot up; *Jugendlicher* to shoot up *fam;* ■**aufgeschossen [sein]** [to be] lanky ❷ (*hochfahren*) ■**[aus etw] ~** to leap [*or* shoot] up [out of sth] ❸ (*in die Höhe schießen*) to leap up **II.** *vt haben* ■**etw ~** to shoot open sth *sep*

Aufschlag *m* ❶ (*Aufprall*) impact *no pl;* (*mit Fallschirm*) landing ❷ SPORT (*eröffnender Schlag*) service *no pl,* serve; **~ haben** to be serving; ***wer hat ~?*** whose serve [*or* service] [is it]? ❸ (*Aufpreis*) extra charge, surcharge ❹ MODE (*von Ärmel*) cuff; (*von Hose*) turn-up BRIT, cuff AM; (*von Mantel*) lapel, revers *spec*

auf|schlagen *irreg* **I.** *vi* ❶ *sein* (*auftreffen*) ■**[auf etw** *dat o akk*] **~** to strike, to hit [*or* strike] sth; ***das Flugzeug schlug in einem Waldstück auf*** the plane crashed into a wood; **mit dem Ellenbogen/Kopf [auf etw** *akk o dat*] **~** to hit one's elbow/head [on sth]; **dumpf [auf etw** *akk o dat*] **~** to [fall with a] thud [on[to] sth] ❷ *sein* (*sich abrupt öffnen*) to burst [*or* fly] open ❸ *sein* (*auflodern*) ■**aus etw ~** to leap [*or* blaze] up out of sth ❹ *haben* (*sich verteuern*) ■**[um etw] ~** to rise [*or* go up] [by sth] ❺ *haben* SPORT (*das Spiel durch Aufschlag eröffnen*) to serve **II.** *vt haben* ❶ (*aufklappen*) ■**etw ~** to open sth; **Seite 35 ~** to turn to page 35, to open one's book at [*or* AM to] page 35; ■**aufgeschlagen** open ❷ (*durch Schläge aufbrechen*) ■**etw [mit etw] ~** to break open *sep* sth [with sth]; **das Eis [mit etw]** ~ to break a hole in [*or* through] the ice [with sth]; **Nüsse [mit etw]** ~ to crack [open *sep*] nuts [with sth]; **ein Schloss [mit etw]** ~ to break [open *sep*] a lock [with sth] ❸ (*öffnen*) ■**etw** ~ to open one's sth ❹ (*aufbauen*) ■**etw** ~ to put up sth *sep;* **ein Zelt** ~ to pitch [*or sep* put up] a tent ❺ (*einrichten*) **seinen Nachtlager** ~ to bed down for the night; **sein Quartier [in etw** *dat*] ~ to settle down [in sth]; **seinen Wohnsitz in Hamburg** ~ to take up residence in Hamburg ❻ (*hinzurechnen*) ■**etw auf etw** *akk* ~ to add sth to sth ❼ (*verteuern*) ■**etw [um etw]** ~ to raise [*or sep* put up] sth [by sth] ❽ (*umlegen*) ■**etw** ~ to turn back sth *sep;* **seine Ärmel** ~ to roll up *sep* one's sleeves; **seinen Kragen** ~ to turn up *sep* one's collar

Aufschläger(in) *m(f)* server

auf|schließen *irreg* **I.** *vt* ❶ (*etw mit dem Schlüssel öffnen*) ■**[jdm] etw** ~ to unlock sth [for sb] ❷ (*geh: offenbaren*) **jdm sein Herz/Innerstes** ~ to open [*or sep* pour out] one's heart to sb, to tell sb one's innermost thoughts **II.** *vi* ❶ (*öffnen*) ■**[jdm]** ~ to unlock the door [for sb] ❷ (*näher rücken*) to move up; ■**[zu jdm/etw]** ~ to catch up [with sb/sth]; *s. a.* **aufgeschlossen**

auf|schlitzen *vt* ❶ (*durch Schlitzen öffnen*) ■**etw [mit etw]** ~ to slit [open *sep*] sth [with sth]; ■**jdn [mit etw]** ~ to slash [*or sep* cut up] sb [with sth] ❷ (*durch Schlitzen verletzen*) ■**jdm etw** ~ to slash [*or sep* cut up] sb's sth; **jdm den Bauch** ~ to slash open *sep* sb's belly; ■**sich** *dat* **etw** ~ to slit one's sth; **sich** *dat* **den Bauch** ~ to disembowel oneself, to slit [*or* slash] open one's stomach *sep* ❸ (*durch Schlitzen beschädigen*) ■**etw [mit etw]** ~ to slash sth [with sth]; ■**einer S.** *dat* **etw** ~ to slit [open [*or* into] *sep*] sth's sth

Aufschluss[RR] <-es, Aufschlüsse> *m,* **Aufschluß** <-sses, Aufschlüsse> *m* information *no pl;* ~ **[über etw** *akk*] **verlangen** to demand an explanation [of sth]; **[jdm]** ~ **[über jdn/etw] geben** to give [sb] information [about sb/sth]

auf|schlüsseln *vt* ❶ (*detaillieren*) ■**etw [nach etw]** ~ to classify sth [according to sth] ❷ (*erläutern*) ■**jdm etw** ~ to explain sth to sb; **jdm etw detaillierter** ~ to give sb a more detailed explanation of sth

Aufschlüsselung <-, -en> *f* ÖKON breakdown

aufschlussreich[RR], **aufschlußreich** *adj* informative, instructive; (*enthüllend*) revealing, illuminating

auf|schnappen *vt* (*fam*) ■**etw** ~ ❶ (*mitbekommen*) to pick up sth *sep;* **einzelne Worte** ~ to catch [*or sep* pick up] the odd word ❷ (*durch Zuschnappen fangen*) to catch sth

auf|schneiden *irreg* **I.** *vt* ❶ (*in Scheiben schneiden*) ■**[jdm] etw** ~ to slice sth [for sb]; ■**aufgeschnitten** sliced, in slices *pred* ❷ (*tranchieren*) ■**etw** ~ to carve sth ❸ (*auseinander schneiden*) ■**etw** ~ to cut open sth *sep;* **einen Knoten/eine Kordel** ~ to cut [through] a knot/cord ❹ MED ■**[jdm] etw** ~ to lance [sb's] sth; *s. a.* **Pulsader II.** *vi* (*fam*) to brag, to boast; **maßlos** ~ to lay it on thick [*or* with a trowel] *fam*

Aufschneider(in) *m(f)* (*fam*) boaster, show-off

Aufschneiderei <-, -en> *f* bragging, boasting

Aufschnitt *m kein pl* (*aufgeschnittene Wurst*) assorted sliced cold meats *pl,* cold cuts *npl* AM; (*aufgeschnittener Käse*) assorted sliced cheese[s *pl*]

Aufschnittgabel *f* cold meat fork **Aufschnittmesser** *nt* ham carver

auf|schnüren *vt* ■**etw** ~ to untie [*or* undo] sth; **ein Paket** ~ to unwrap [*or* open] [*or* undo] a parcel; **einen Schuh** ~ to unlace a shoe

auf|schrammen *vr s.* **aufschürfen**

auf|schrauben *vt* ■**etw** ~ to unscrew [*or sep* screw off] sth; **eine Flasche** ~ to take [*or* screw] the cap [*or* top] off a bottle, to unscrew the cap [*or* top] of a bottle

auf|schrecken **I.** *vt* <schreckte auf, aufgeschreckt> *haben* ■**jdn [aus etw]** ~ to startle sb [from sth]; **jdn aus der Gleichgültigkeit/Lethargie** ~ to rouse sb from [*or* jolt sb out of] her/his indifference/apathy **II.** *vi* <schreckte *o* schrak auf, aufgeschreckt> *sein* ■**[aus etw]** ~ to start [up] [*or* be startled] [from sth]; **aus seinen Gedanken** ~ to start; **aus dem Schlaf** ~ to wake up with a start

Aufschrei *m* ❶ (*schriller Schrei*) scream, shriek ❷ (*Lamento*) outcry; **ein** ~ **der Empörung** an [indignant] outcry, an outcry of indignation

auf|schreiben *vt irreg* ❶ (*niederschreiben*) ■**[jdm] etw [auf etw** *akk*] ~ to write [*or* note] down sth [for sb] *sep,* to write [*or* note] sth [down] [for sb] on sth; ■**sich** *dat* **etw** ~ to make a note of sth ❷ (*fam: anschreiben*) ■**[jdm] etw** ~ to put sth on the/sb's slate *fam,* to chalk up *sep* sth [for sb] ❸ (*verordnen*) ■**[jdm] etw** ~ to prescribe sth [for sb] ❹ (*fam: polizeilich notieren*) ■**jdn** ~ to take sb's name; (*ausführlicher*) to take [down *sep*] sb's particulars

auf|schreien *vi irreg* to shriek; **vor Entsetzen** ~ to shriek with fright, to give a shriek of terror

Aufschrift *f* inscription

Aufschub *m* ❶ (*Verzögerung*) delay (+*gen* in); (*das Hinauszögern*) postponement, deferment; **ein** ~ **der Hinrichtung** a stay of execution, a reprieve; **keinen** ~ **dulden** (*geh*) to brook [*or* admit of] no delay *form* ❷ (*Stundung*) respite *no pl,* grace *no pl, no art;* **eine Woche** ~ a week's grace; **um einen** ~ **bitten** to ask for time [*or* a delay]; **jdm** ~ **gewähren** to allow sb grace, to grant sb a delay [*or* an extension]

Aufschubfrist *f* FIN period for which payment is deferred **Aufschubvereinbarung** *f* JUR suspension agreement

auf|schürfen *vt* ■**[sich** *dat*] **etw** ~ to graze [*or* scrape] one's sth; ■**aufgeschürft** grazed

auf|schütteln *vt* ■**etw** ~ to plump up sth *sep*

auf|schütten *vt* ❶ (*nachgießen*) ■**etw [auf etw** *akk*] ~ to pour on sth *sep,* to pour sth on [*or* over] sth ❷ (*aufhäufen*) ■**etw** ~ to heap [*or* pile] up sth *sep;* **Stroh** ~ to spread straw ❸ (*durch Aufhäufen errichten*) ■**etw** ~ to build up sth *sep;* **eine Straße** ~ to raise a road; (*erweitern*) to widen a road

Aufschüttung <-, -en> *f* earth bank [*or* wall], embankment

auf|schwatzen *vt,* **auf|schwätzen** *vt* DIAL (*fam*) ■**jdm etw** ~ to fob sth off on sb, to talk sb into taking/buying sth; ■**sich** *dat* **etw [von jdm]** ~ **lassen** to get talked into taking/buying sth [off sb]

auf|schwemmen **I.** *vt* ■**etw** ~ to make sb's sth bloated [*or* puffy]; ■**jdn** ~ to make sb bloated **II.** *vi* to make sb bloated, to cause bloating; ■**aufgeschwemmt** bloated; **ein ~es Gesicht** a bloated [*or* puffy] face

auf|schwingen *irreg* **I.** *vr haben* ■**sich [zu etw]** ~ ❶ (*sich aufraffen*) to bring oneself to do sth; ■**sich dazu** ~, **etw zu tun** to bring oneself to do sth ❷ (*geh: sich nach oben schwingen*) to soar [up] [to[wards] sth] **II.** *vi sein* to slide open

Aufschwung *m* ❶ (*Auftrieb*) lift *no pl,* impetus *no pl, no indef art;* **jdm neuen** ~ **geben** to give sb fresh impetus ❷ (*Aufwärtstrend*) upswing, upturn; **einen** ~ **nehmen** to take an upward trend; **im** ~ **sein** to be on the upswing ❸ SPORT swingup

Aufschwungstendenz *f* ÖKON rising [*or* upward] tendency

auf|sehen *vi irreg* ❶ (*hochsehen*) ■**[von etw]** ~ to look up [from sth]; ■**nicht von der Arbeit** ~ to not look up from one's work; (*nicht ablenken lassen*) to keep one's eyes on one's work; ■**zu jdm** ~ to look up at sb ❷ (*bewundern*) ■**zu jdm** ~ to look up to sb

Aufsehen <-s> *nt kein pl* sensation; **ohne [großes/jedes]** ~ without any [real] fuss [*or fam* hassle]; **jd erregt [mit etw]/etw erregt [großes]** ~ sb['s sth]/sth causes a [great] sensation [*or* stir]; ~ **erregend** sensational; **etwas ~ Erregendes** something sensational, quite something *fam;* (*negativ*) something shocking; ■**nichts ~ Erregendes** nothing sensational; **um etw viel ~ machen** to make [*or fam* kick up] a lot of fuss about sth; **das wird für ~ sorgen** that will cause a sensation; **jedes ~ vermeiden** to avoid causing a sensation [*or* fuss]

aufsehenerregend *adj s.* **Aufsehen**

Aufseher(in) <-s, -> *m(f)* ❶ (*Gefängnis~*) [prison] guard, BRIT *a.* warder ❷ (*die Aufsicht führende Person*) supervisor; (*Museums~*) attendant

auf|sein *vi irreg sein* (*fam*) *s.* **auf II 1, 2, 3**

Aufsetzen <-s> *nt kein pl* LUFT ~ **auf der Landebahn** touch down

auf|setzen **I.** *vt* ❶ (*auf den Kopf setzen*) ■**etw [auf etw** *akk*] ~ to put on sth *sep;* ■**sich** *dat* **etw** ~ to put on sth *sep;* **die Brille** ~ to put on one's glasses ❷ (*auf den Herd stellen*) ■**etw** ~ to put on sth *sep* ❸ (*auf den Boden aufkommen lassen*) ■**etw** ~ to put down sth *sep,* to put sth down on the floor; ***ich kann den Fuß nicht richtig*** ~ I can't put any weight on my foot ❹ (*verfassen*) ■**[jdm] etw** ~ to draft [*or sep* draw up] sth [for sb] ❺ (*zur Schau tragen*) ■**etw** ~ to put on sth *sep* ❻ (*aufrichten*) ■**jdn** ~ to sit up sb *sep* **II.** *vr* (*sich aufrichten*) ■**sich** ~ to sit up **III.** *vi* ■**[auf etw** *dat o akk*] ~ to land [*or* touch down] [on sth]; **auf die [*o* der] Landebahn** ~ to land, to touch down

auf|seufzen *vi* **[laut]** ~ to heave a [loud] sigh; ***„endlich!" seufzte sie auf*** "at last!" she sighed

Aufsicht <-, -en> *f* ❶ *kein pl* (*Überwachung*) supervision (**über** +*akk* of); ~ **führend** supervising; **der ~ führende Lehrer** the invigilator [*or* AM proctor]; **bei einer Prüfung ~ führen [*o* haben]** to invigilate [*or* AM proctor] an exam; **im Pausenhof ~ führen [*o* haben]** to be on duty during break; **jdn ohne ~ lassen** to leave sb unsupervised [*or* without supervision]; **jdm obliegt die ~ über jdn/etw** (*geh*) sb is in charge of [*or* responsible for] sb/sth; **unter ärztlicher/polizeilicher ~** under medical/police supervision ❷ (*Aufsicht führende Person*) person in charge; (*bei einer Prüfung*) invigilator BRIT, proctor AM; **die ~ fragen** to ask at the office

aufsichtführend *adj* JUR supervising; **~er Richter** supervising judge

Aufsichtführende(r) *f(m) dekl wie adj* (*geh*) person in charge, office *no indef art*

Aufsichtsbehörde *f* supervisory authority [*or* body], controlling [*or* regulatory] body *form* **Aufsichtsgesetz** *nt* JUR regulatory act **Aufsichtsgremium** *nt* supervisory board [*or* committee] **Aufsichtsorgan** *nt* JUR supervisory body **Aufsichtspersonal** *nt* supervisory staff + *sing/pl vb* **Aufsichtspflicht** *f* obligatory supervision (*legal responsibility to look after sb, esp children*); (*die elterliche* ~) parental responsibility **Aufsichtspflichtverletzung** *f* JUR breach of supervisory duties **Aufsichtsrat** *m* supervisory board; **im ~ sitzen** to be on [*or* a member of] the supervisory board

Aufsichtsrat, -rätin *m, f* supervisory board member, member of a/the supervisory board **Aufsichtsratmitglied** *nt* HANDEL member of the supervisory board

Aufsichtsratschef <in> *m* head of a/the supervisory board **Aufsichtsratsmitglied** *nt* ÖKON member of a [supervisory] board **Aufsichtsratssitzung** *f* ÖKON [supervisory] board meeting **Aufsichtsratsvergütung** *f* HANDEL directors's fees *pl* **Aufsichtsratsvorsitzende(r)** *f(m) dekl wie adj* chairman of the supervisory board, supervisory board chairman **Aufsichtsrecht** *nt* JUR right of control **Aufsichts- und Kontrollbefugnis** *f* regulatory power **Aufsichtsvorlage** *f* TYPO reflection artwork [*or* copy]

auf|sitzen *vi irreg* ❶ *sein* (*sich auf ein Reittier schwingen*) to mount; **wieder** ~ to re[-]mount; **jdm aufzusitzen helfen** to help sb [to] mount [*or* into the saddle] ❷ *haben* (*fam: aufgerichtet sitzen*) ■**[in etw** *dat*] ~ to sit up [in sth] ❸ *haben* NAUT (*festsitzen*) ■**[auf etw** *dat*] ~ to run/have run aground [on sth] ❹ *sein* (*fam: darauf hereinfallen*) ■**jdm/einer S.** ~ to be taken in by sb/sth ❺ (*fam*) ■**jdn ~ lassen** (*im Stich lassen*) to let sb down, to leave sb in the lurch; (*versetzen*) to stand sb up *fam*

auf|spalten **I.** *vt* ❶ (*teilen*) ■**sich** *akk*/**etw in etw** *akk* ~ to split [*or* divide] them/sth up into sth ❷ (*zerlegen*) ■**etw [in etw** *akk*] ~ to split [up *sep*] [*or sep* break down] sth [into sth] **II.** *vr* ■**sich** *akk* **[in**

etw *akk*] ~ to split up [into sth], to divide [up] into sth

Aufspaltung *f* breakdown (**in** +*akk* into)

auf|spannen *vt* ① (*ziehen*) ■**etw** ~ to stretch out *sep* [*or* spread [out *sep*]] sth; **ein Seil** ~ to put up *sep* a cable ② (*auseinander ziehen*) ■**etw** ~ to open sth; **einen Schirm** ~ to open [*or sep* put up] an umbrella ③ (*aufziehen*) ■**etw** [**auf etw** *akk*] ~ to stretch sth [on[to] sth]; **eine Saite** [**auf etw** *akk*] ~ to put [on] a string on sth; **neue Saiten auf eine Gitarre** ~ to re[-]string a guitar

auf|sparen *vt* ① (*für später aufheben*) ■[**jdm**] **etw** ~ to save [*or* keep] sth [for sb] ② (*für später bewahren*) ■**etw für etw** ~ to save sth for sth

auf|speichern *vt* ■**etw** ~ to store up sth *pl; Energie* to accumulate sth

auf|sperren *vt* ■**etw** ~ ① (*aufreißen*) to open wide sth *sep;* **weit aufgesperrt** wide open ② SÜDD, ÖSTERR (*aufschließen*) to unlock sth

auf|spielen **I.** *vr* (*fam*) ① (*angeben*) ■**sich** ~ to give oneself [*or* put on] airs, to show off ② (*sich als etw ausgeben*) ■**sich als etw** ~ to set oneself up as sth; **sich als Boss** ~ to play [*or* act] the boss **II.** *vi* (*veraltet*) ■[**jdm**] [**zum Tanz**] ~ to play [the/some dance music] [for sb]; (*anfangen*) to strike up [the dance music] [for sb]

auf|spießen *vt* ① (*daraufstecken*) ■**etw** [**mit etw**] ~ to skewer sth [with sth]; **etw mit der Gabel** ~ to stab one's fork into sth; **Schmetterlinge** [**mit einer Nadel**] ~ to pin butterflies ② (*durchbohren*) ■**jdn/etw** [**mit etw**] ~ to run sb/sth through [with sth]

auf|springen *vi irreg sein* ① (*hoch springen*) to leap [*or* jump] up [*or* to one's feet] ② (*auf etw springen*) ■[**auf etw** *akk*] ~ to jump [*or* hop] on[[to] sth] ③ (*sich abrupt öffnen*) to burst [*or* fly] open; *Deckel* to spring open ④ (*aufplatzen*) to crack; *Lippen, Haut a.* to chap; ■**aufgesprungen** cracked/chapped ⑤ (*auftreffen*) to bounce

auf|sprühen *vt* ■**etw** [**auf etw** *akk*] ~ to spray on sth *sep,* to spray sth on sth

auf|spulen *vt* ■**etw** ~ to wind sth on a spool [*or* reel]

auf|spüren *vt* ① (*auf der Jagd entdecken*) ■**etw** ~ to scent sth; *Jäger* to track [down *sep*] [*or spec* spoor] sth ② (*ausfindig machen*) ■**jdn** ~ to track down sb *sep*

auf|stacheln *vt* ■**jdn** [**zu etw**] ~ to incite [*or* goad [on *sep*]] sb, to incite sb to do [*or* goad sb into doing] sth; ■**jdn gegen jdn** ~ to turn sb against sb

auf|stampfen *vi* to stamp; **mit dem Fuß** ~ to stamp one's foot

Aufstand *m* rebellion, revolt; (*örtlich begrenzt*) uprising; (*organisiert*) insurrection; **einen** ~ **niederschlagen** to quell [*or* put down] a rebellion; ***das wird einen ~ geben!*** (*fam: Unruhe geben*) there'll be trouble!; (*Ärger geben*) there'll be hell to pay! *fam;* **im** ~ **sein** to be in [a state of] rebellion [*or* revolt]; **den** ~ **proben** (*fam*) to flex one's muscles

aufständisch *adj* rebellious; (*meuternd*) mutinous

Aufständische(r) *f(m) dekl wie adj* rebel; (*einer politischen Gruppe a.*) insurgent

auf|stapeln *vt* ■**etw** ~ to stack [up *sep*] [*or sep* pile up] sth

auf|stauen **I.** *vt* ■**etw** ~ to dam sth **II.** *vr* ■**sich** ~ ① (*sich stauen*) to be dammed up ② (*sich ansammeln*) to be/become bottled up; ■**aufgestaut** bottled-up

auf|stechen *vt irreg* ■**etw** [**mit etw**] ~ to lance [*or* pierce] sth [with sth]

aufsteckbar *adj inv* modular; **~es Modem** modular modem

auf|stecken **I.** *vt* ① (*auf etw stecken*) ■**etw** ~ to put on sth *sep;* **Bajonette** ~ to fix bayonets; **Fahnen** ~ to put up *sep* bunting ② (*hoch stecken*) ■**etw** ~ to pin [*or* put] up sth *sep* ③ (*fam: aufgeben*) ■**es** ~ to pack it in *fam,* to give up on it *fam* **II.** *vi* (*fam*) to pack it in *fam*

auf|stehen *vi irreg sein* ① (*sich erheben*) ■[**von etw**] ~ to get [*or* stand] up [from sth], to arise [*or form* rise] [from sth]; ■**vor jdm/für jdn** ~ to get [*or* stand] up for [*or form* before] sb; (*aus Achtung*) to rise before sb *form;* (*im Bus*) to offer one's seat to sb ② (*das Bett verlassen*) to get up, to rise *form* ③ (*fam: offen sein*) to be open; ■**~d** open ④ (*geh: sich auflehnen*) ■**gegen jdn/etw** ~ to rise [in arms] [*or* revolt] against sb/sth ▶ WENDUNGEN: **da musst du früher** [*o* **eher**] ~**!** (*fig fam*) you'll have to do better than that!

auf|steigen *vi irreg sein* ① (*sich in die Luft erheben*) to soar [up]; *Flugzeug* to climb; *Ballon* to ascend ② (*besteigen*) ■[**auf etw** *akk*] ~ to get [*or* climb] on [sth]; **auf ein Pferd** ~ to get on[to] [*or* mount] a horse; **auf den Sattel** ~ to get [*or* climb] into the saddle ③ (*befördert werden*) ■[**zu etw**] ~ to be promoted [to sth]; **durch die Ränge** ~ to rise through the ranks ④ (*den sportlichen Rang verbessern*) ■[**in etw** *akk*] ~ to go up [into sth], to be promoted [to sth] ⑤ (*sich in die Höhe bewegen*) ■[**aus etw**] ~ to rise [from [*or* out of] sth] ⑥ (*sich in die Luft erheben*) ■**in etw** *dat*/**mit etw** *dat* ~ to climb in sth; **in einem Ballon** ~ to ascend [*or* go up] in a balloon ⑦ (*entstehen*) ■**in jdm** ~ to well up in sb ⑧ (*hoch klettern*) ■[**an etw** *dat*] ~ to climb up, to climb [up] sth; **zum Gipfel** ~ to climb [up] to the top ⑨ (*geh: aufragen*) to tower, to rise up; **bedrohlich** ~ to loom

aufsteigend *adj inv* rising; *s. a.* **aufsteigen**

Aufsteiger(in) <-s, -> *m(f)* ① (*fam: beruflich aufgestiegene Person*) ■**ein** [**sozialer**] ~ a social climber ② (*aufgestiegene Mannschaft*) promoted team

auf|stellen **I.** *vt* ① (*aufbauen*) ■**etw** ~ to put up sth *sep;* **eine Anlage/Maschine** ~ to install a system/machine [*or sep* put in]; **ein Denkmal** ~ to erect [*or* raise] a monument; **eine Falle** ~ to set [*or* lay] a trap; **einen Mast/eine Wand** ~ to erect [*or* put up] a mast/wall; **ein Schild** ~ to put up a plaque ② (*erheben*) ■**etw** ~ to put forward [*or form* forth] sth *sep* ③ (*ausarbeiten*) ■**etw** ~ to draw up sth *sep;* **eine Theorie** ~ to elaborate a theory *a. form* ④ (*erstellen*) ■**etw** ~ to draw up *sep* [*or* make [out *sep*]] sth; **eine Rechnung** ~ to make out [*or* up] *sep* an invoice; **eine Tabelle** ~ to compile [*or sep* make up] a table ⑤ (*nominieren*) ■**jdn** [**als/für etw**] ~ to nominate sb [sth/for [*or* as] sth] ⑥ (*postieren*) ■**jdn** ~ to post [*or* station] sb ⑦ (*formieren*) **eine Mannschaft** ~ to organize a team [*or* to field a team]; **Truppen** ~ to raise [*or* muster] troops ⑧ (*aufsetzen*) ■**etw** ~ to put on sth *sep* ⑨ (*erzielen*) ■**etw** ~ to set sth ⑩ (*wieder hinstellen*) ■**etw** ~ to stand up sth *sep,* to set sth upright ⑪ (*aufrichten*) ■**etw** ~ to prick up sth *sep* ⑫ SCHWEIZ (*aufmuntern*) ■**jdn** ~ to pick [*or* perk] up sb *sep;* ■**aufgestellt** [**sein**] [to be] perky **II.** *vr* ① (*sich hinstellen*) ■**sich** ~ to stand; *Wachen* to be posted; **sich vor dem Tor** ~ to stand [*or a. hum* plant oneself] in front of the goal; **sich hintereinander** ~ to line up; *Soldaten* to fall into line; **sich im Kreis** ~ to form a circle ② (*sich hochstellen*) *Haare* to raise, to bristle; *Ohren* to prick up; *Katzenfell* to bristle

Aufstellung <-> *f kein pl* ① (*Errichtung*) erection *no pl,* raising *no pl;* (*von Maschine*) installation *no pl* ② (*Erhebung*) putting forward *no pl* [*or form* forth] ③ (*Ausarbeitung*) drawing up *no pl; von Software* writing *no pl; von Theorie* elaboration *no pl a. form* ④ (*Erstellung*) making [out] *no pl,* drawing up *no pl; von Rechnung* making out [*or* up] *no pl; von Tabelle* compiling *no pl,* making up *no pl* ⑤ (*Nominierung*) nomination *no pl,* nominating *no pl* ⑥ (*Postierung*) posting, stationing; ~ **nehmen** to take up position ⑦ (*Formierung*) *von Mannschaft* drawing up *no pl; von Truppen* raising *no pl,* mustering *no pl* ⑧ SPORT (*Auswahl*) team, lineup ⑨ (*Erzielung*) setting *no pl*

Aufstellungskosten *pl* installation costs

Aufstieg <-[e]s, -e> *m* ① (*Verbesserung der Dienststellung*) rise; **der** ~ **zu etw** the rise to [becoming] sth; **beruflicher/sozialer** ~ professional/social advancement; **den** ~ **ins Management schaffen** to work one's way up into the management ② (*Weg zum Gipfel*) climb, ascent (**auf** +*akk* up) ③ SPORT ■**der/ein** ~ [**in etw** *akk*] promotion [to sth] ④ LUFT ascent

Aufstiegschance [-ʃã:sə, -ʃaŋsə] *f* prospect [*or* chance] of promotion **Aufstiegsmöglichkeit** *f* career prospect **Aufstiegsrunde** *f* SPORT play-off round, play-offs *pl fam* **Aufstiegsspiel** *nt* SPORT play-off [match]

auf|stöbern *vt* ① (*entdecken*) ■**jdn** ~ to run sb to earth, to track down sb *sep;* ■**etw** ~ to discover sth ② (*aufscheuchen*) ■**etw** ~ to start [*or* flush] sth; (*aus dem Bau*) to run sth to earth, to unearth sth *spec;* **einen Fasan** ~ to flush [*or sep* put up] a pheasant

auf|stocken **I.** *vt* ① (*zusätzlich erhöhen*) ■**etw** [**auf etw** *akk*/**um etw** *akk*] ~ to increase sth [to/by sth]; **das Team** ~ to expand the team ② (*erhöhen*) ■**etw** ~ to add another storey [*or* AM story] on[to] sth; **etw um ein Stockwerk/zwei Stockwerke** ~ to add another storey [*or* AM story]/another two storeys [*or* AM stories] on[to] sth **II.** *vi* ① (*Kapital erhöhen*) ■[**um etw**] ~ to increase one's capital stock [by sth] ② (*ein Gebäude erhöhen*) to build another storey [*or* AM story]; **um zwei Etagen** ~ to build another two storeys [*or* AM stories]

Aufstockung <-, -en> *f* increase, addition; ÖKON *der Vorräte* stockpiling

auf|stöhnen *vi* to groan loudly [*or* aloud], to give [*or* heave] a loud groan

auf|stoßen *irreg* **I.** *vi* ① *haben* (*leicht rülpsen*) to burp ② *sein o haben* (*Rülpsen verursachen*) ■**jdm** ~ to make sb burp, to repeat on sb *fam;* ***das Essen stößt mir immer noch auf*** the food is still repeating on me ③ *haben* (*hart auftreffen*) ■**mit etw** ~ to hurt oneself on sth ④ *sein* (*fam: auffallen*) ■**jdm** ~ to strike sb ⑤ *sein* (*fam: übel vermerkt werden*) **jdm sauer/übel** ~ to stick in sb's craw [*or* throat]; *Bemerkung a.* to leave a nasty taste in sb's mouth; ■**jdm ~, dass ...** to stick in sb's craw [*or* throat] that ... **II.** *vt haben* ■**etw** ~ to push sth open **III.** *vr haben* ■**sich** *dat* **etw** ~ to hit [*or* bang] one's sth; **mit aufgestoßenem Kopf** with a bang [*or* bump] on the head; **aufgestoßene Knie** grazed knees

auf|streben *vi sein* ① (*räumlich*) to tower up; **hoch ~de Türme** lofty towers ② *gesellschaftlich, politisch* to be up-and-coming; **ein ~des Industrieland** a rapidly-developing industrial country

aufstrebend *adj* ① (*Fortschritt anstrebend*) aspiring, striving for progress *pred;* **eine ~e Stadt** an up-and-coming [*or* a thriving] town ② (*ehrgeizig*) ambitious

auf|streichen *vt irreg* ■**etw** [**auf etw** *akk*] ~ to spread [*or* put] sth [on sth]; ***streich dir die Butter nicht zu dick auf*** don't spread the butter so thickly

Aufstrich *m bes* KOCHK spread

auf|stülpen *vt* ■**jdm etw** ~ to put sth on sb; **jdm eine Kapuze** ~ to pull a hood over sb's head; **den Kragen** ~ to turn up one's collar; **sich** *dat* **einen Hut** ~ to pull [*or* put] one's hat on

auf|stützen **I.** *vt* ① (*auf etw stützen*) ■**etw** ~ to put [*or* rest] one's sth on the table etc.; **mit aufgestützten Ellenbogen** with one's elbows [resting] on the table etc. ② (*stützen und aufrichten*) ■**jdn** ~ to prop up sb *sep;* **jdn unter den Achseln** ~ to support sb under her/his arms **II.** *vr* ■**sich** *akk* [**auf etw** *akk*] ~ to support oneself [on sth]; *Gebrechliche a.* to prop oneself up [on sth], to lean one's weight on sth

auf|suchen *vt* (*geh*) ① (*besuchen*) ■**jdn** ~ to go to [see] sb; **einen Arzt** ~ to consult *form* [*or* go to [see]] a doctor; **einen Freund** ~ to call on a friend ② (*geh: irgendwohin gehen*) ■**etw** ~ to go to sth; **das Bett** ~ to go [*or form* retire] to bed

auf|takeln **I.** *vt* NAUT ■**etw** ~ to rig up sth *sep* **II.** *vr* (*pej fam*) ■**sich** ~ to doll [*or* BRIT *a.* tart] oneself up *fam;* ■**aufgetakelt** [**sein**] to be all dolled [*or* BRIT *a.* tarted] up *fig fam,* [to be] dressed [*or* done] [up] to the nines

Auftakt *m* ① (*Beginn*) start; (*Vorbereitung*) prelude (**zu/für** +*akk* to); **den** ~ **von** [*o* **zu**] **etw bilden** to mark the beginning [*or* start] of sth; (*als Vorbereitung*) to form a prelude to sth ② MUS upbeat

auf|tanken **I.** *vt* ■**etw** ~ to fill up sth *sep;* ***einmal A~ bitte!*** fill up *sep* the tank please!, fill her up! *fam;* ■**aufgetankt** with a full tank *pred;* **ein Flugzeug** ~

to refuel a plane **II.** *vi* ❶ (*den Tank auffüllen*) to fill up, to fill [*or* refill] the tank; (*Flugzeug*) to refuel ❷ (*fam: sich erholen*) to recharge one's batteries

auf|tauchen *vi sein* ❶ (*an die Wasseroberfläche kommen*) to surface; *Taucher a.* to come up; **wieder** ~ to resurface; **aus dem Wasser** ~ to break the surface of the water; *Taucher* to come up; **in Etappen** ~ to come up in stages ❷ (*zum Vorschein kommen*) to turn up; *verlorener Artikel a.* to be found ❸ (*plötzlich dasein*) to suddenly appear, to materialize ❹ (*sichtbar werden*) ■ **[aus etw]** ~ to appear [out of sth]; **aus dem Nebel** ~ to emerge [*or* appear] from out of the fog; (*bedrohlich*) to loom out of the fog ❺ (*sich ergeben*) ■ **[in/bei jdm]** ~ to arise [in sb]; **~de düstere Ahnungen** the onset of forebodings

auf|tauen **I.** *vi sein* ❶ (*ganz tauen*) to thaw ❷ (*fig: weniger abweisend werden*) to open up, to unbend **II.** *vt haben* ■ **etw** ~ to thaw [out *sep*] sth

auf|teilen *vt* ❶ (*aufgliedern*) ■ **etw [in etw** *akk*] ~ to divide [up *sep*] [*or sep* split up] sth [into sth]; **Schubladen in Fächer** ~ to partition drawers ❷ (*verteilen*) ■ **etw [unter sie]** ~ to share out *sep* sth [between them]

Aufteilung *f* ❶ (*Einteilung*) division; *von Schublade, Kleingarten* partitioning (**in** + *akk* into) ❷ (*Fach*) division; *von Schublade* partition

Aufteilungsplan *m* FIN allocation scheme **Aufteilungsvertrag** *m* JUR allocation contract

auf|tischen *vt* ❶ (*servieren*) ■ **[jdm] etw** ~ to serve [sb] sth, to dish out [*or* up] *sep* sth [for sb] *fam* ❷ (*fam: erzählen*) ■ **jdm etw** ~ to tell sb sth; **jdm Lügen** ~ to give sb a pack of lies

Auftrag <-[e]s, **Aufträge**> *m* ❶ (*Beauftragung*) contract; (*an Freiberufler*) commission; ■ **ein** ~ **über** [*o* **für**] **etw** *akk* a contract/commission for sth; **einen** ~ **erhalten** to obtain [*or* secure] a contract/commission ❷ (*Bestellung*) [sales] order; **einen** ~ **ausführen** to deal with [*or form* execute] an order; ■ **ein** ~ **über etw** *akk* an order for sth; **im** ~ **und auf Rechnung von jdm** by order and for account of sb ❸ (*Anweisung*) orders *pl*, instructions *pl*; **einen** ~ **ausführen** to carry out [*or* execute] an order; **den [ausdrücklichen]** ~ **haben[, etw zu tun]** to be [expressly] instructed [to do sth]; **jdm den** ~ **geben, etw zu tun** to instruct sb to do sth; **etw [bei jdm] in** ~ **geben** to order sth [from sb]; **eine Skulptur [bei jdm] in** ~ **geben** to commission [sb with] a sculpture; **im** ~ by order, on authority; **in jds** ~ on sb's instructions; (*für jdn*) on sb's behalf ❹ *kein pl* (*geh: Mission*) task, mission; ***„~ erledigt!"*** "mission accomplished" ❺ (*das Aufstreichen*) application ❻ INFORM (*Aufgabe*) task

auf|tragen *irreg* **I.** *vt* ❶ (*aufstreichen*) ■ **etw [auf etw** *akk*] ~ to apply sth [to sth], to put on sth *sep*, to put sth on sth; **Farbe** ~ to apply paint; **Kleister** ~ to apply paste, to spread [on *sep*] paste ❷ (*geh: ausrichten lassen*) ■ **jdm etw** ~ to instruct sb to do sth; ***er hat mir Grüße an Sie aufgetragen*** he['s] asked me to give you his regards; ***hat sie dir [für mich] denn nichts aufgetragen?*** didn't she give you a message [for me]? ❸ (*geh: servieren*) ■ **etw** ~ to serve [up [*or* out] *sep*] sth; ■ **aufgetragen** served; ■ **es ist aufgetragen!** (*geh*) lunch/dinner etc. is served! *form* ❹ (*durch Tragen abnutzen*) ■ **etw** ~ to wear out sth *sep*; ■ **aufgetragen** worn out **II.** *vi* ❶ (*dick aussehen lassen*) to be bulky, to make sb look fat; ***der Rock trägt auf*** the skirt is not very flattering to your/her figure ❷ (*übertreiben*) ■ **dick** [*o* **stark**] ~ to lay it on thick [*or* with a trowel] *fam* ❸ (*geh: servieren*) ■ **jdm** ~ to serve sb

auftragend *adj inv* **~es Papier** TYPO bulky paper

Auftraggeber(in) *m(f)* client; (*von Firma, Freiberufler*) customer **Auftragnehmer(in)** <-s, -> *m(f)* contractor *form*; (*beauftragte Firma*) firm receiving the order, successful bidder *spec*; ~ **und Auftraggeber** principal and agent *form*

Auftragsabwicklung *f* ÖKON order processing **Auftragsannahme** *f* ÖKON acceptance of an order **Auftragsarbeit** *f* ÖKON contract work **Auftragsbestand** *m* ÖKON orders *pl* on hand [*or* on the books], level of orders **Auftragsbestätigung** *f* confirmation of [an] order **Auftragsbuch** *nt* order book **Auftragseingang** *m* receipt of order **Auftragsentwicklung** *f* ÖKON trend of orders **Auftragserfindung** *f* invention made under contract **Auftragserledigung** *f kein pl* ÖKON order filling **Auftragserteilung** *f* HANDEL placing an order; (*nach Ausschreibung*) award of contract; **endgültige** ~ final award of contract; **bei** ~ on ordering; **zahlbar bei** ~ cash with order **Auftragsfertigung** *f kein pl* ÖKON custom order **auftragsgebunden** *adj* ÖKON tied to an order *pred* **auftragsgemäß** **I.** *adj* as ordered *pred*, as per order *pred* **II.** *adv* as ordered [*or* instructed] **Auftragsgeschäft** *nt* FIN commission business **Auftragslage** *f* order position [*or* situation] [*or spec* picture], situation concerning orders **Auftragsmord** *m* JUR contract killing **Auftragsnummer** *f* job [*or* order] number **Auftragsplanung** *f* ÖKON production planning **Auftragsplus** *nt* increase in orders **Auftragspolster** *nt* backlog of orders, back orders *pl*; ***wir haben ein dickes*** ~ our order books are well-filled **Auftragsrecht** *nt* JUR contract law **Auftragsrückgang** *m* drop in [*or* falling off of] orders *no pl* **Auftragsrückstand** *m* ÖKON unfulfilled orders *pl*, backlog **Auftragssteuerung** *f* INFORM job control **Auftragsvergabe** *f* ÖKON placing an order **Auftragsverhältnis** *f* HANDEL agency contract **Auftragsverwalter** *m* INFORM task scheduler **Auftragsverwaltung** *f* HANDEL administration by commission; INFORM task management **auftragsweise** *adj* HANDEL by order **auftragswidrig** *adj* ÖKON contrary to instructions *pred*

Auftragung <-> *f kein pl* TYPO inking

auf|treffen *vi irreg sein* ■ **[mit etw** *dat*] **[auf etw** *akk o dat*] ~ to hit [*or* strike] sth [on sth]; **auf den** [*o* **dem**] **Boden** ~ to hit [*or* strike] the ground; **mit dem Kopf [auf etw** *akk o dat*] ~ to hit [*or* strike] one's head [on sth]; **hart/weich** ~ *Fallschirmspringer* to land heavily/to have a soft landing; ■ **[auf etw** *akk o dat*] ~ *Geschoss* to strike [sth]; *Rakete, abgeworfene Hilfsgüter a.* to land [on sth]

auf|treiben *vt irreg* ❶ (*fam*) ■ **jdn/etw** ~ to find [*or fam* get hold of] sb/sth ❷ (*aufblähen*) ■ **etw** ~ to distend [*or* bloat] sth; **den Teig** ~ to make the dough rise

auf|trennen *vt* ■ **etw** ~ ❶ (*zerschneiden*) to undo sth ❷ MED (*aufschneiden*) to open sth

auf|treten *irreg* **I.** *vi sein* ❶ (*den Fuß aufsetzen*) to walk; ***der Fuß tut so weh, dass ich [mit ihm] nicht mehr ~ kann*** my foot hurts so badly that I can't walk on it [*or* put my weight on it] ❷ (*eintreten*) to occur; *Schwierigkeiten* to arise; ■ **das A~ von etw** the occurrence of sth ❸ MED (*sich zeigen*) ***bei Einnahme dieses Medikamentes kann Übelkeit*** ~ [taking] this medicine can cause nausea; ***wenn diese Symptome ~, …*** if these symptoms [should] appear [*or* occur] …; ***diese seltene Tropenkrankheit ist lange nicht mehr aufgetreten*** there has been no record of this rare tropical disease for a long time; ***die Pest trat in dichter besiedelten Gebieten auf*** the plague occured in more densely populated areas ❹ (*erscheinen*) to appear [on the scene *a. pej*]; ■ **[als etw]** ~ to appear [as sth]; **als Kläger** ~ to appear as [a] [*or* for the] plaintiff; **als Zeuge** ~ to appear as a witness, to take the witness box; **geschlossen** ~ to appear as one body; ■ **gegen jdn/etw** ~ to speak out against sb/sth; **gegen jdn/etw als Zeuge** ~ to give evidence against sb/sth ❺ (*in einem Stück spielen*) to appear [on the stage]; ■ **[auf/in etw** *dat*] **als etw** ~ to appear as [*or* play] sth [on/in sth] ❻ (*sich benehmen*) to behave; **zurückhaltend** ~ to tread carefully ❼ (*handeln*) ■ **als etw/für jdn** ~ to act as sth/on sb's behalf **II.** *vt haben* ■ **etw** ~ to kick open [*or* in] sth *sep*

Auftreten <-s> *nt kein pl* ❶ (*Benehmen*) behaviour [*or* AM -or] *no pl*, conduct *no pl* ❷ (*Manifestation*) occurrence, outbreak; **bei** ~ **von Schwellungen** in the event of swelling, when swelling occurs; **bei** ~ **dieser Symptome** when these symptoms occur ❸ (*Erscheinen*) appearance; **das** ~ **in der Öffentlichkeit vermeiden** to avoid public appearances [*or* appearing in public]

Auftrieb *m* ❶ *kein pl* PHYS buoyancy *no pl*; LUFT lift *no pl* ❷ *kein pl* (*Aufschwung*) upswing, upturn; **etw** *dat* **einen** ~ **geben** to buoy *sep* up sth ❸ *kein pl* (*frischer Schwung*) impetus *no pl*; **jdm neuen** ~ **geben** to give sb fresh impetus [*or* a lift] ❹ (*das Hinauftreiben*) *driving of cattle up to [Alpine] pastures*

Auftriebskräfte *pl* ÖKON expansive forces

Auftriebstendenz *f* ÖKON upward trend [*or* tendency]

Auftritt *m* ❶ (*Erscheinen*) appearance ❷ (*Erscheinen auf der Bühne*) entrance; ***ich habe meinen ~ erst im zweiten Akt*** I don't come [*or* go] on until the second act ❸ (*Streit*) row; **unangenehme ~e** unpleasant scenes ❹ BAU (*Treppe*) tread

auf|trumpfen *vi* ❶ (*seine Überlegenheit ausspielen*) to show sb what one is made of ❷ (*sich schadenfroh äußern*) to crow *pej*

auf|tun *irreg* **I.** *vr* ❶ (*geh: sich öffnen*) ■ **sich [vor jdm]** ~ to open [up] [for [*or form* before] sb]; *Abgrund a.* to yawn before sb *liter* ❷ (*sich ergeben*) ■ **sich** ~ to open up **II.** *vt* ❶ (*sl: ausfindig machen*) ■ **jdn/etw** ~ to find sb/sth ❷ (*fam: servieren*) ■ **jdm etw** ~ to serve sb with sth; ***können Sie mir noch etwas ~?*** can I have some more? **III.** *vi* ❶ (*veraltet geh: öffnen*) ■ **jdm** ~ to open the door for sb ❷ (*fam: Essen auflegen*) ■ **jdm/sich** ~ to put sth on sb's/one's plate, to help sb/oneself to sth

auf|türmen **I.** *vt* ■ **etw [auf/in etw** *dat*] ~ to pile [*or* heap] up sth [on/in sth] *sep*; **Holz** ~ to stack [up *sep*] [*or sep* pile up] wood **II.** *vr* (*geh*) ❶ (*hoch aufragen*) ■ **sich [vor jdm]** ~ to tower up [before [*or* in front of] sb]; (*bedrohlich*) to loom up [before [*or* in front of] sb] ❷ (*sich zusammenballen*) ■ **sich** ~ to pile [*or* mount] up

auf|wachen *vi sein* to wake [up], to awake[n] *liter*; **aus einem Alptraum/einer Narkose** ~ to start up from a nightmare/to come round from an anaesthetic [*or* AM anesthetic]

Aufwachraum *m* (*im Krankenhaus*) recovery room

auf|wachsen [-ks-] *vi irreg sein* ■ **[als etw] [auf/in etw** *dat*] ~ to grow up [sth] [on/in sth]; ***er wuchs als Kind armer Eltern auf*** he grew up the son of poor parents

auf|wallen *vi sein* ❶ (*leicht aufkochen*) to be brought to the [*or* AM a] boil; **etw** ~ **lassen** to bring sth to the boil ❷ (*geh: aufsteigen*) ■ **in jdm** ~ to surge [up] [with]in sb

Aufwallung *f* ■ **eine** ~ **von etw** a surge of sth; **eine** ~ **von Hass/Wut** a wave of hate/fit of rage

Aufwand <-[e]s> *m kein pl* ❶ (*Einsatz*) expenditure *no pl*; **[zeitlicher]** ~ time *no pl*; ***der ~ war umsonst/das war ein unnützer ~*** it was a waste of energy/money/time; **einen** ~ **an Energie/Geld/Material erfordern** to require a lot of energy/money/material[s]; ***das erfordert einen ~ von 21 Millionen Mark*** that will cost [*or* take] 21 million marks ❷ (*aufgewendeter Luxus*) extravagance; **[großen]** ~ **treiben** to be [very] extravagant, to live in [grand] style [*or* [great] luxury]

aufwändig[RR] **I.** *adj* ❶ (*teuer und luxuriös*) lavish, extravagant; **~es Material** costly material[s *pl*]; ■ ~ **sein** to be lavish [*or* extravagant] [*or* costly] ❷ (*umfangreich*) costly, expensive **II.** *adv* lavishly; ~ **eingerichtet sein** to be fitted out luxuriously

Aufwand-Nutzen-Rechnung *f* ÖKON costs-benefits evaluation

Aufwandsentschädigung *f* expense allowance **Aufwandsfinanzierung** *f* FIN cost financing **Aufwandsrückerstattung** *f* FIN refund of expenses **Aufwandsteuer** *f* FIN outlay [*or* AM use] tax **Aufwands- und Ertragsrechnung** *f* FIN account of receipts and expenditures *pl*

Aufwandzinsen *pl* ÖKON interest *no pl* on expenditure

auf|wärmen **I.** *vt* ❶ (*wieder warm machen*) ■ **[jdm] etw** ~ to heat up *sep* sth [for sb] ❷ (*fam: er-

neut zur Sprache bringen) ■etw ~ to bring [*or fam* drag] [*or pej a.* rake] up sth *sep* II. *vr* ■sich ~ ❶ *(den Körper warm werden lassen)* to warm oneself [up] ❷ *(die Muskulatur auflockern)* to warm [*or* limber] up

auf|warten *vi (geh)* ❶ *(zu bieten haben)* ■mit etw ~ to offer sth; mit einer Überraschung ~ to come up with [*or* provide] a surprise ❷ *(vorsetzen)* ■[jdm] mit etw ~ to serve [sb with] sth ❸ *(veraltend: bedienen)* ■jdm ~ to serve [*or* wait on] sb

aufwärts *adv* ❶ *(nach oben)* up[ward[s]]; *die Ecken haben sich ~ gebogen* the corners have curled up; den Fluss ~ upstream; es geht [mit jdm/etw] ~ *(Fortschritte machen)* things are looking up [for sb]/looking up [*or* getting better] [*or* improving] [for sth]; es geht [mit jdm] ~ *(sich gesundheitlich erholen)* sb is doing [*or* getting] better; etw ~ richten to direct sth upwards; ~ zeigen to point up[ward[s]]; *Konjunktur* to be on the upswing; ■von etw [an] ~ from sth upward[s] ❷ *(bergauf)* uphill

Aufwärtsbewegung *f* ❶ *(räumlich)* upward movement ❷ ÖKON *der Konjunktur* upward trend [*or* movement] **Aufwärtsentwicklung** *f* upward trend (+*gen* in) **aufwärts|gehen** *vi impers, irreg sein s.* aufwärts 1 ~~**aufwärtsgerichtet**~~ *adj* upward[s] **Aufwärtshaken** *m* uppercut; einen ~ unter dem [*o* das] Kinn landen to land an uppercut on sb's chin **Aufwärtskompatibilität** *f* INFORM upward compatibility **Aufwärtstendenz** *f*, **Aufwärtstrend** *m* upward trend [*or* tendency] **Aufwärtstrend** *m* upward trend

Aufwartung *f* ■jdm seine ~ machen *(veraltet geh)* to visit [*or* call [in] on] [*or old* wait on] sb

Aufwasch <-s> *m kein pl* DIAL *(Abwasch)* washing-up ► WENDUNGEN: das geht in einem ~ *(fam)* we can do all that in one go, that will kill two birds with one stone

auf|waschen *vt irreg* DIAL *(abwaschen)* to wash [*or* do] the dishes, BRIT *a.* to wash up ► WENDUNGEN: das ist [dann] ein A~ *(fam)* [that way] we can kill two birds with one stone

auf|wecken *vt* ■jdn ~ to wake [up *sep*] sb; *um wieviel Uhr soll ich dich ~?* at what time shall I wake you?; unsanft aufgeweckt werden to be rudely awoken; *s. a.* aufgeweckt

auf|weichen I. *vt haben* ❶ *(morastig machen)* ■etw ~ to make sth sodden [*or* soggy]; ■aufgeweicht sodden, soaked, soggy ❷ *(weich machen)* ■[jdm/sich] etw ~ to soak [one's] sth/sth [for sb] ❸ *(geh: lockern)* ■etw ~ to weaken [*or* undermine] sth; eine Doktrin ~ to water down *sep* a doctrine II. *vi sein* ❶ *(morastig werden)* to become [*or* get] sodden [*or* soggy] ❷ *(geh: sich lockern)* to be weakened [*or* undermined]; *Doktrin* to become watered down

auf|weisen *vt irreg* ❶ *(erkennen lassen)* ■etw ~ to show sth; *das Auto wies einige Kratzer auf* the car had a number of scratches; *die Patientin wies einige blaue Flecke auf* the patient exhibited some bruising ❷ *(durch etw gekennzeichnet sein)* ■etw ~ to contain sth; viele Irrtümer/orthographische Fehler ~ to be riddled with [*or* full of] mistakes/misspellings ❸ *(über etw verfügen)* ■etw aufzuweisen haben to have sth to show [for oneself]

auf|wellen *vt* KOCHK to heat gently *(in a liquid)*

auf|wenden *vt irreg o reg* ■etw ~ ❶ *(einsetzen)* to use sth; viel Energie ~, etw zu tun to put a lot of energy into doing sth; viel Mühe ~, etw zu tun to take a lot of trouble [*or* great pains] doing sth; viel Zeit ~, etw zu tun to spend a lot of time doing sth ❷ *(ausgeben)* to spend [*or* expend] sth; die aufgewendeten Mittel expenditure *no pl*

aufwendig I. *adj* ❶ *(teuer und luxuriös)* lavish, extravagant; ~es Material costly material[s *pl*]; ■~ sein to be lavish [*or* extravagant] [*or* costly] ❷ *(umfangreich)* costly, expensive II. *adv* lavishly; ~ eingerichtet sein to be fitted out luxuriously

Aufwendung <-, -en> *f* ❶ *kein pl (das Aufwenden)* spending *no pl, no indef art; von Energie, Zeit* expending *no pl, no indef art* ❷ *pl (Ausgaben)* expenditure *no pl, no indef art,* expenses *pl;* außerordentliche ~en below-the-line expenditure; betriebliche ~en operating expenses; laufende ~en current expenditure

Aufwendungsanspruch *m* JUR right of indemnity **Aufwendungsersatz** *m* FIN reimbursement of expenses **Aufwendungsersatzanspruch** *m* JUR claim for compensation of expenses **Aufwendungsersatzpflicht** *f* JUR duty to refund expenses

auf|werfen *irreg* I. *vt* ■etw ~ ❶ *(zur Sprache bringen)* to raise [*or sep* bring up] sth ❷ *(aufhäufen)* to build [up *sep*] [*or sep* throw up] sth; Erde ~ to throw on *sep* soil II. *vr* ■sich zu etw ~ to set oneself up as sth; sich zum Richter ~ to set oneself up as judge

auf|werten I. *vt* ❶ *(im Wert erhöhen)* ■etw [um etw] ~ to revalue sth [by sth] ❷ *(höher werten)* ■etw ~ to increase the value of sth; sein Ansehen ~ to raise [*or* enhance] one's status; eine Rolle ~ to raise [*or* enhance] the status of a role II. *vi* to revalue [its currency]

Aufwertung <-, -en> *f* ❶ *(das Aufwerten)* revaluation (um +*dat* by) ❷ *(höhere Bewertung)* enhancement

auf|wickeln *vt* ■etw ~ ❶ *(aufrollen)* to roll up sth *sep;* Haare ~ to put curlers in one's hair ❷ *(auseinander wickeln)* to unwind sth; einen Verband ~ to take off a bandage

auf|wiegeln *vt* ■jdn ~ to stir up sb *sep;* Leute gegeneinander ~ to set people at each other's throats; das Volk ~ to stir up the people *form;* die aufgewiegelte Bevölkerung the popular uprising; jdn zum Streik/Widerstand ~ to incite sb to strike/resist

auf|wiegen *vt irreg* ■etw ~ to compensate [*or* make up] for sth; *sie ist nicht aufzuwiegen* she can't be bought for all the money in the world

Aufwiegler(in) <-s, -> *m(f) (pej)* rabble-rouser *pej*

Aufwind *m* ❶ *kein pl (Aufschwung)* impetus *no pl;* ein konjunktioneller ~ an economic upswing; [neuen] ~ bekommen to be given [*or* gain] fresh impetus; im ~ sein to be on the way up; etw *dat* neuen ~ verschaffen to give fresh impetus to sth, to provide sb with fresh impetus ❷ LUFT upcurrent, updraught BRIT, updraft AM

auf|wirbeln I. *vi sein* to swirl [*or* whirl] up II. *vt haben* ■etw ~ to swirl [*or* whirl] up sth *sep;* Staub ~ to raise [*or sep* swirl [*or* whirl] up] dust

auf|wischen I. *vt* ■etw ~ ❶ *(entfernen)* to wipe up sth *sep;* *(mit Mop a.)* to mop up sth *sep;* etw vom Boden ~ to wipe/mop up *sep* sth off the floor ❷ *(reinigen)* to wipe sth; *(mit Mop a.)* to mop sth II. *vi* to wipe [*or* mop] the floor[s]; in der Küche ~ to wipe/mop the kitchen floor

auf|wühlen *vt* ❶ *(aufwerfen)* ■etw ~ to churn [up *sep*] sth; ■aufgewühlt churned [up]; die aufgewühlte See the churning sea; ■aufgewühlt sein to be churned up; *See* to be churning ❷ *(geh: stark bewegen)* ■jdn [innerlich] ~ to stir up *sep* [*or* shake [up *sep*]] sb; ■~d stirring; *(stärker)* devastating; ■aufgewühlt agitated, in a turmoil *pred;* *(stärker)* turbulent

auf|zählen *vt* ■[jdm] etw ~ to list [*or form* enumerate] sth [for sb], to give [sb] a list of sth; jdm seine ganzen Fehler ~ to tell sb all his faults, to count off *sep* all his faults; [jdm] Gründe/Namen ~ to give [sb] reasons/names, to list reasons/names for sb

Aufzahlung <-, -en> *f* ÖSTERR, SCHWEIZ *(Aufpreis)* additional charge

Aufzählung <-, -en> *f* list; *von Gründen, Namen a.* enumeration

auf|zäumen *vt* ■etw ~ to bridle sth; etw von hinten [*o* verkehrt herum] aufzäumen *(fig fam)* to set [*or* go] about sth the wrong way

auf|zehren I. *vt (geh)* ■etw ~ to consume sth; *(fig: Vorräte aufbrauchen)* to exhaust [*or* consume] sth II. *vr* ■sich [innerlich] ~ to burn oneself out; sich vor Gram ~ to be consumed with sorrow [*or* grief]

auf|zeichnen *vt* ❶ *(aufnehmen)* ■etw [auf etw *akk*] ~ to record sth [on sth]; etw auf Tonband ~ to tape sth, to record sth on tape; FILM *a.* to can sth *sl;* etw mit dem Videorekorder ~ to video [*or* tape] sth ❷ *(als Zeichnung erstellen)* ■[jdm] etw [auf etw *akk*] ~ to draw [*or* sketch] sth [on sth] [for sb]; ■jdm ~, wie ... to draw [*or* sketch] sb a picture showing how ... ❸ *(notieren)* ■etw ~ to note [down *sep*] sth

Aufzeichnung *f* ❶ *(das Aufzeichnen)* recording *no pl, no indef art; (auf Band a.)* taping *no pl, no indef art; (auf Videoband a.)* videoing *no pl, no indef art;* INFORM ~ der Daten logging of data ❷ *(Zeichnung)* drawing, sketch ❸ *meist pl (Notizen)* notes

Aufzeichnungsdichte *f* INFORM packaging [*or* storage] density; einseitige/zweiseitige ~ single-sided/double-sided density **Aufzeichnungspflicht** *f* JUR legal obligation to keep [books and] records **aufzeichnungspflichtig** *adj* JUR liable to be recorded

auf|zeigen *vt* ■[jdm] [an etw *dat*] ~, dass/wie ... to show [sb] [using sth] that/how ...; *(nachweisen a.)* to demonstrate [to sb] [using sth] that/how ...

auf|ziehen *irreg* I. *vt haben* ❶ *(durch Ziehen öffnen)* ■etw ~ to open sth; einen Reißverschluss ~ to undo a zip; eine Schleife/seine Schnürsenkel ~ to untie [*or* undo] a bow/one's laces; die Vorhänge ~ to draw back *sep* [*or* open] the curtains ❷ *(herausziehen)* ■etw ~ to open [*or sep* pull open] sth ❸ *(aufkleben)* ■etw [auf etw *akk*] ~ to mount sth [on sth] ❹ *(befestigen und festziehen)* ■etw ~ to fit sth; Reifen ~ to fit [*or* mount] [*or sep* put on] tyres [*or* AM tires]; Saiten/neue Saiten auf eine Gitarre ~ to string/restring a guitar; *s. a.* Saite ❺ *(spannen)* ■etw ~ to wind up sth *sep* ❻ *(großziehen)* ■jdn/etw ~ to raise [*or* rear] sb/sth, to bring up *sep* sb ❼ *(kultivieren)* ■etw ~ to cultivate [*or* grow] sth ❽ *(fam: verspotten)* ■jdn [mit etw] ~ to tease sb [about sth], to make fun of sb['s sth] ❾ *(veranstalten)* ■etw ~ to set up sth *sep;* ein Fest [ganz groß] ~ to arrange a celebration [in grand style] ❿ *(fam: gründen)* ■etw ~ to start [*or* set] up sth *sep* ⓫ *(hochziehen)* ■etw ~ to hoist sth; die Segel ~ to hoist [*or* raise] the sails ⓬ *(durch Einsaugen füllen)* ■etw [mit etw] ~ to fill [*or* charge] sth [with sth]; ■etw ~ to draw up sth *sep* II. *vi sein* ❶ *(sich nähern)* to gather, to come up ❷ *(aufmarschieren)* ■[vor etw *dat*] ~ to march up [in front of sth]; *Wache* to mount guard [in front of sth]

Aufzinsung <-, -en> *f* ÖKON accumulation

Aufzucht *f kein pl* ❶ *(das Großziehen)* raising *no pl, no indef art,* rearing *no pl, no indef art* ❷ *(aufgezogene Jungpflanzen)* cultivated plants *pl* ❸ *(aufgezogene Jungtiere)* young breed

Aufzug[1] *m* ❶ *(Fahrstuhl)* lift BRIT, elevator AM; *(für Speisen)* dumb waiter; ~ fahren to take [*or* go in] the lift ❷ *(Festzug)* procession ❸ *kein pl (das Aufmaschieren)* parade ❹ *kein pl (das Nahen)* gathering *no pl, no indef art* ❺ *(Akt)* act

Aufzug[2] *m kein pl (pej fam)* get-up *fam*

Aufzugführer(in) *m(f)* lift [*or* AM elevator] operator, BRIT *a.* liftman

Aufzugsschacht *m* BAU hoistway, elevator shaft

auf|zwingen *irreg* I. *vt* ❶ *(gewaltsam auferlegen)* ■jdm etw ~ to force sth on sb; jdm seinen Willen ~ to impose [*or* force] one's will on sb; jdm Geschlechtsverkehr ~ to force sb into [*or* to have] sex ❷ *(gewaltsam öffnen)* ■etw [mit etw] ~ to force [*or* BRIT prise] [*or* AM prize] open sth [with sth] *sep;* etw mit einer Brechstange ~ to jemmy [*or* AM jimmy] open sth *sep;* etw mit Gewalt ~ to force open sth *sep* ❸ *(aufdrängen)* ■jdm etw ~ to force sth on sb, to force sb to accept [*or* into accepting] sth II. *vr* ■sich jdm ~ to force itself on sb; *Gedanke* to strike sb forcibly

Augapfel *m* eyeball, bulbus oculi *spec;* jdn/etw wie seinen ~ hüten to cherish sb/sth like life itself

Auge <-s, -n> *nt* ❶ *(Sehorgan)* eye; *es tränen ihr die ~n* her eyes are watering; *er hat eng stehende ~n* his eyes are too close together; das linke/rechte ~ one's left/right eye; [sich *dat*] die [*o* seine] ~n untersuchen lassen to have one's eyes tested; mit bloßem [*o* nacktem] ~ with the naked eye; etw

mit [seinen] eigenen ~n gesehen haben to have seen sth with one's own eyes, to have witnessed sth in person; **gute/schlechte ~n [haben]** [to have] good/poor eyesight *sing* [*or pl* eyes]; **~n wie ein Luchs haben** (*sehr gut sehen*) to have eyes like a hawk, to be eagle-eyed; (*alles merken a.*) to not miss a thing; **[die] ~n links/rechts!** MIL eyes left/right!; **mit den ~n blinzeln** [*o* **zwinkern**] to blink [*or* wink]; **etw im ~ haben** to have [got] sth in one's eye; **sich** *dat* **die ~n reiben** to rub one's eyes; (*nach dem Schlaf a.*) to rub the sleep from one's eyes; **mit den ~n rollen** to roll one's eyes; **auf einem ~ schielen/blind sein** to have a squint/to be blind in one eye; ***ich habe doch ~n im Kopf!*** (*fam*) I know what I saw!; ***hast du/haben Sie keine ~n im Kopf?*** (*fam*) haven't you got any eyes in you head?, use your eyes!; **die ~n offen haben** [*o* **halten**] to keep one's eyes open [*or fam* skinned] [*or fam* peeled]; **mit offenen ~n schlafen** to daydream; **mir wurde schwarz vor ~n** everything went black, I blacked out; **sehenden ~s** (*geh*) with open eyes, with one's eyes open; **ein sicheres ~ für etw haben** to have a good eye for sth; **da blieb kein ~ trocken** (*hum fam*) there wasn't a dry eye in the place; **man muss seine ~n überall/hinten und vorn haben** (*fam*) you need eyes in the back of your head; ***ich kann meine ~n nicht überall haben*** (*fam*) I can't look [*or* be] everywhere at once; **mit verbundenen ~n** blindfolded; (*mit absoluter Sicherheit*) blindfold; ***so weit das ~ reicht*** as far as the eye can see; **jdn/etw im ~ behalten** (*beobachten*) to keep an eye on sb/sth; (*sich vormerken*) to keep [*or* bear] sb/sth in mind; **etw ins ~ fassen** to contemplate sth; **ins ~ fassen, etw zu tun** to contemplate doing sth; ***das muss man sich mal vor ~n führen/führen, was ...!*** just imagine it/imagine what ...!; **jdm etw vor ~n führen** to make sb aware of sth; ***geh mir aus den ~n!*** get out of my sight [*or fam!* face]!; **die ~n aufmachen** [*o* **aufsperren**] [*o* **auftun**] (*fam*) to open one's eyes; ***jetzt gehen mir die ~n auf!*** now I'm beginning to see the light; **sich** *dat* **die ~n nach jdm/etw ausgucken** (*fam*) to look everywhere for sb/sth, to hunt high and low for sth; **jdm gehen die ~n über** sb's eyes are popping out of her/his head; **ein ~ auf jdn/etw geworfen haben** to have one's eye on sb/sth; **jdn/etw im ~ haben** to have one's eye on sb/sth, to keep tabs on sth; **ein ~ auf jdn/etw haben** to keep an eye on sb/sth; **etw noch deutlich** [*o* **genau**] [*o* **lebhaft**] **vor ~n haben** to remember sth clearly [*or* vividly]; **nur ~n für jdn haben** to only have eyes for sb; **jdn nicht aus den ~n lassen** to not let sb out of one's sight, to keep one's eyes riveted on sb; **ein ~ riskieren** (*fam*) to risk a glance [*or* peep], to have [*or* take] a peep; **die ~n schließen** (*geh*) to fall asleep; **für immer die ~n schließen** (*euph geh*) to pass away [*or* on] *euph;* **jdm schwimmt alles vor den ~n** sb feels giddy [*or* dizzy], sb's head is spinning; **etwas fürs ~ sein** to be a treat to look at; *Ding a.* to have visual appeal; (*unerwartet*) to be a sight for sore eyes *fam;* **nur fürs ~ sein** (*fam*) to be good to look at but not much else *fam;* **jdm in die ~n sehen** [*o* **schauen**] to look into sb's eyes; (*trotzig*) to look sb in the eye[s] [*or* straight in the face]; **ins ~ springen** [*o* **fallen**] [*o* **stechen**] to catch the eye; **ins ~ springen** [*o* **fallen**], **wie ...** to be glaringly obvious that ...; **etw steht jdm vor ~n** [*o* **schwebt**] sb can picture sth vividly, sb envisages [*or* envisions] sth *form;* ***ich traute meinen ~n nicht!*** I couldn't believe my eyes [*or* what I was seeing]; **etw aus den ~n verlieren** to lose track of sth; **sich aus den ~n verlieren** to lose contact, to lose touch with each other [*or* one another]; **in jds** *dat* **~n** in the opinion [*or* view] of sb, in sb's opinion [*or* view], as sb sees it; **in den Augen der Leute/Öffentlichkeit** in the eyes of most people/the public; **~ in ~** face to face; **unter jds** *dat* **~n** before sb's very eyes, under sb's very nose; **vor aller ~n** in front of everybody ❷ (*Punkt beim Würfeln*) point ❸ (*Keimansatz*) eye ❹ (*Fett~*) drop [*or* globule] of fat ❺ (*Zentrum*) eye ► WENDUNGEN: **jdm sieht die Dummheit aus den ~n** sb's stupidity is plain to see; **das ~ des Gesetzes** (*hum*) the [arm of the] law + *sing/pl verb;* **jd guckt sich die ~n aus dem Kopf** (*fam*) sb's eyes are popping out of her/his head [*or* coming out on stalks]; **die/jds ~n sind größer als der Mund** (*fam*) sb's eyes are bigger than her/his stomach; **jdm sieht der Schalk aus den ~n** sb [always] has a roguish [*or* mischievous] look on his/her face; **aus den ~n, aus dem Sinn** (*prov*) out of sight, out of mind *prov;* **„~ um ~, Zahn um Zahn"** "an eye for an eye and a tooth for a tooth"; **[um] jds blauer ~n willen** for the sake of sb's pretty face *a. iron;* **mit einem blauen ~ davonkommen** (*fam*) to get off lightly; **vor jds geistigen** [*o* **inneren**] **~** in sb's mind's eye; **jdn mit** [*o* **aus**] **großen ~n ansehen** [*o* **anschauen**] to look at sb wide-eyed; **mit einem lachenden und einem weinenden ~** with mixed feelings; **jdm schöne** [*o* **verliebte**] **~n machen** to make eyes at sb; **unter vier ~n** in private; (*unter uns etc. a.*) between ourselves etc.; **ein Gespräch unter vier ~n** a private conversation; **ich hab' doch hinten keine ~n!** (*fam*) I don't have eyes in the back of my head; **jdm jeden Wunsch an** [*o* **von**] **den ~n ablesen** to anticipate sb's every wish; **der würde ich am liebsten die ~n auskratzen!** (*fam*) I'd like to scratch her eyes out; **jdm jdn/etw aufs ~ drücken** (*fam*) to force [*or* impose] sb/sth on sb; **ins ~ gehen** (*fam*) to backfire, to go wrong; **[große] ~n machen** (*fam*) to be wide-eyed [*or* BRIT *a. fam* gobsmacked]; ***da machst du ~n, was?*** that's got you, hasn't it?; **jdm die ~n [über etw** *akk*] **öffnen** to open sb's eyes [to sth]; **die ~n vor etw** *dat* **verschließen** to close [*or* shut] one's eyes to sth; **ein ~/beide ~n zudrücken** (*fam*) to turn a blind eye; **kein ~ zutun** (*fam*) to not sleep a wink [*or* get a wink of sleep]; **~n zu und durch** (*fam*) take a deep breath [*or* grit your teeth] and get to it; **jdn/etw mit anderen ~n [an]sehen** to see sb/sth in a different [*or* in another] light

äugen *vi* (*veraltet fam*) to look

Augenarzt, -ärztin *m, f* eye specialist, ophthalmologist *spec* **augenärztlich I.** *adj attr* ophthalmological *spec;* **~e Behandlung** eye [*or spec* ophthalmic] treatment; **~e Beratung** advice from an eye specialist [*or spec* ophthalmologist]; **das ~e Gebiet** the field of ophthalmology *spec* **II.** *adv* ❶ (*durch einen Augenarzt*) by an eye specialist [*or spec* ophthalmologist] ❷ (*hinsichtlich der Augenheilkunde*) for the field of ophthalmology *spec* **Augenaufschlag** *m* look **Augenbank** *f* eyebank **Augenbelastung** *f* eye strain **Augenbeschwerden** *pl* eye complaints *pl,* eye problems *pl*

Augenblick *m* ❶ (*kurze Zeitspanne*) moment; ***es dauert nur einen ~*** it won't take a minute; ***wenn Sie einen ~ Zeit haben, ...*** if you could spare a moment ...; **im ersten ~** for a moment, at first; **im letzten ~** at the [very] last moment, in the nick of time; **im nächsten ~** the [very] next moment; **in einem ~** [with]in a moment; **alle ~e** constantly, all the time; **etw alle ~e tun** to keep on doing sth; **einen ~[, bitte]!** one moment [please]!; **jeden ~** any time [*or* minute] [*or* moment] [now]; **keinen ~ zögern** to not hesitate for a moment; **~ mal!** (*he*) just a minute! [*or* second] [*or fam* sec], hang on! [*or* BRIT *a.* about] *fam;* (*ach ja*) wait a minute [*or* second] [*or fam* sec], hang on *fam* ❷ (*Zeitpunkt*) instant, moment; **der ~ der Wahrheit** the moment of truth; **der passende** [*o* **richtige**] **~** the right moment; **im passenden** [*o* **richtigen**] **~** at the right moment; **im ~** at present [*or* the moment]; **in diesem ~** at that/this moment; **in einem schwachen ~/~ der Schwäche** in a moment of weakness

augenblicklich I. *adj* ❶ (*sofortig*) immediate ❷ (*derzeitig*) present, current; **die ~e Lage** the present [*or* current] situation, the situation at the moment ❸ (*vorübergehend*) temporary; **eine ~e Modeerscheinung** a short-lived fashion, a fad *pej fam* ❹ (*einen Augenblick dauernd*) momentary **II.** *adv* ❶ (*sofort*) immediately; (*herausfordernd*) at once, this minute ❷ (*zur Zeit*) at present, at the moment

Augenblinzeln *nt kein pl* blink; (*mit einem Auge*) wink **Augenbohne** *f* black-eyed bean **Augenbraue** *f* eyebrow, supercilium *spec;* **buschige ~n** bushy eyebrows; **[sich** *dat*] **die ~n zupfen** to pluck one's eyebrows; **die ~n hochziehen** to raise one's eyebrows **Augenbrauenbogen** *m* curve of the eyebrow **Augenbrauenfärben** <-s> *nt kein pl* eyebrow tinting **Augenbrauenstift** *m* eyebrow pencil **Augenbrauenzupfen** <-s> *nt kein pl* eyebrow plucking **Augenentspannung** *f* relaxation of the eyes **Augenentzündung** *f* inflammation of the eye **Augenerkrankung** *f* eye disease **augenfällig** *adj* obvious, evident; ■**[jdm** [*o* **für jdn**]] **~ sein** to be obvious [*or* evident] [to sb] **Augenfarbe** *f* colour [*or* AM -or] of [one's] eyes **Augenflimmern** *nt* flickering before the eyes **Augenheilkunde** *f* ophthalmology *spec* **Augenhöhe** *f* ■**in ~** at eye level **Augenhöhle** *f* [eye] socket, orbit[al cavity] *spec* **Augenklappe** *f* eye-patch; ■**~n** (*für Pferd*) blinkers *pl* BRIT, blinders *pl* AM **Augenklinik** *f* eye clinic **Augenkonturencreme** *f* eye contour cream **Augenkrankheit** *f* eye disease **Augenlicht** *nt kein pl* (*geh*) [eye]sight *no pl, no art;* **das** [*o* **sein**] **~ verlieren** to lose one's [eye]sight **Augenlid** *nt* eyelid **Augen-Make-up** *nt* eye make-up **Augen-Make-up-Entferner** *m* eye make-up remover **Augenmaß** *nt kein pl* ❶ (*Fähigkeit, Entfernungen abzuschätzen*) eye for distance[s]; **[ein gutes]/[ein] schlechtes ~ haben** to have a good/no [*or* a poor] eye for distance[s]; **ein ~ für etw haben** to have an eye for sth; **nach ~** by eye ❷ (*Gabe der Einschätzung*) perceptiveness; **~ haben** to be able to assess [*or* gauge] things [*or* situations]; **ein ~ für etw haben** to have an eye for sth **Augenmerk** <-s> *nt kein pl* (*Aufmerksamkeit*) attention *no pl, no art;* ***ich bitte für einen Augenblick um Ihr ~!*** could I have your attention please!; **mit gespanntem ~** with rapt attention; **jds ~ auf etw** *akk* **lenken** [*o* **richten**] to direct [*or* draw] sb's attention to sth **Augennerv** *m* optic nerve **Augenoperation** *f* eye operation **Augenoptiker(in)** *m(f)* (*geh*) *s.* **Optiker** **Augenränder** *pl* rims of the/one's eyes; ***seine ~ waren gerötet*** his eyes were red-rimmed **Augenringe** *pl* rings under one's/the eyes *pl;* (*als Maske*) rings [a]round one's/the eyes *pl* **Augensalbe** *f* eye ointment **Augenschatten** *pl* shadows *pl* under [*or* [a]round] one's/the eyes

Augenschein *m kein pl* ❶ (*Anschein*) appearance; **den ~ haben** to look like it; **den ~ haben, als ob ...** to appear [*or* look] as if/though ...; **nach dem/nach bloßem ~ urteilen** to judge by appearances [alone]; **dem ~ nach** by all [*or* to judge by] appearances; **der ~ kann trügen** looks can be [*or* are] deceptive; **jdn/etw in ~ nehmen** to look closely [*or* have a close look] at sb/sth ❷ SCHWEIZ (*Lokaltermin*) visit to the scene of the crime

augenscheinlich I. *adj* obvious, evident; ■**~ sein, dass ...** to be obvious [*or* evident] that ... **II.** *adv* obviously, evidently

Augenscheinsbeweis *m* JUR ostensible evidence **Augenscheinseinnahme** *f* JUR inspection by the court

Augentropfen *pl* eye drops *npl* **Augentrost** *m* BOT eyebright, euphrasy **Augenübung** *f* exercise for the eyes **Augenverätzung** *f* cauterization of the eye **Augenverletzung** *f* eye injury **Augenweide** *f* feast [*or* treat] for one's [*or* the] eyes; (*unerwartet*) sight for sore eyes *fam;* **nicht gerade eine ~** a bit of an eyesore **Augenwimper** *f* **künstliche ~n** false eyelashes **Augenwinkel** *m* corner of one's/the eye; **aus dem** [*o* **einem**] **~** from [*or* out of] the corner of one's eye **Augenwischerei** <-, -en> *f* (*pej*) eyewash *no pl, no indef art* **Augenzahl** *f* number of points **Augenzeuge, -zeugin** *m, f* eyewitness; ■**~ sein[, wie ...]** to be an eyewitness, to witness how ...; ■**~ bei etw sein** to be an eyewitness to sth **Augenzeugenbericht** *m* eyewitness account; **nach ~en** [*o* **~en zufolge**] according to eyewitness accounts **Augenzwinkern** *nt kein pl* blinking *no pl, no indef art;* (*mit einem Auge*) winking *no pl, no indef art* **augen-**

zwinkernd *adv* with a wink; ***sie sahen sich ~ an*** they winked at each other; **jdm etw ~ zu verstehen geben** to give sb to understand sth with a wink

Augiasstall [auˈgi:as-, ˈaugias-] *m kein pl* (*pej geh*) dunghill, Augean stables *pl*, sodom *pej liter*

Augur <-s *o* -guren, -guren> *m* ❶ HIST augur, auspex *spec* ❷ (*geh: Prophet*) augur, prophet

August¹ <-[e]s, -e> *m* August; **Anfang/Ende/Mitte ~** at the beginning of/at the end of/in the middle of [*or* in mid-]August; **bis Ende ~** by the end of August; ***wenn es ~ ist, ...*** in August ...; ***wir haben ~*** it's August; **im ~** in August; **in den ~ fallen** to be in August; **einen Termin in den ~ legen** to make a date for August; **etw auf den ~ verlegen** to move sth to August; **diesen** [*o* **in diesem**] **~** this August; **bis in den ~ [hinein]** into August; **für den [Monat] ~** for August; **vor ~** before August; **den ganzen ~ über** all [*or* throughout] August; **am 14. ~** (*gesprochen*) on the fourteenth of August, on August the fourteenth, AM *a.* on August fourteenth; (*geschrieben a.*) on 14th August BRIT, on August 14 AM; ***den 14. ~ 2001*** 14th August 2001 BRIT, August 14th, 2001 AM

August² <-s> *m kein pl* Augustus; **der dumme ~** (*veraltend*) the clown, August[e] *spec;* **den dummen ~ spielen** to act [*or* play] the clown [*or* fool]

Augustfeier *f* SCHWEIZ *public holiday celebrated on the evening of 1 August*

Augustiner <-s, -> *m,* **Augustinermönch** *m* Augustinian, Augustinian [*or* Augustine] monk

Auktion <-, -en> *f* auction

Auktionator, -torin <-s, -toren> *m, f* auctioneer

Auktionshaus *nt* auctioneers *pl,* auction house

Auktionsphase *f* auction phase

Aula <-, Aulen> *f* [assembly] hall

Au-pair-Mädchen [oˈpɛ:r-], **Aupairmädchen**[RR] *nt* au pair [girl]; **als ~ arbeiten** to [work as an] au pair **Au-pair-Stelle, Aupairstelle**[RR] *f* au-pair job, job as an au pair

Aura <-> *f kein pl* (*geh*) aura; **eine geheimnisvolle ~** an aura of mystery

Aurikel <-, -n> *f* BOT auricula, bear's-ear

aus I. *präp* +*dat* ❶ (*von innen nach außen*) out of, out *fam;* **~ dem Fenster/der Tür** out of the window/door; **~ der Flasche trinken** to drink from [*or* out of] the bottle; ***das Öl tropfte ~ dem Fass/Ventil*** the oil was dripping from the barrel/from the valve; **etw ~ der Zeitung herausschneiden** to cut sth out of the newspaper; **Zigaretten ~ dem Automaten** cigarettes from a machine; ■ **~ etw heraus** out of sth; *s. a.* **Weg** ❷ (*die zeitliche Herkunft bezeichnend*) from; **ein Gemälde ~ dem Barock** a painting from the Baroque period, a Baroque painting; **~ dem 17. Jahrhundert stammen** to be [from the] 17th century ❸ (*auf Ursache deutend*) **~ Angst** for [*or* out of] fear; **~ Angst vor/Liebe zu jdm/etw** for fear/love of sb/sth; ***~ Angst vor Strafe lief er davon*** fearing punishment he ran away; **~ Angst davor, dass ...** fearing that ...; **~ Dummheit/Eifersucht/Habgier/Hass/Verzweiflung** out of stupidity/jealousy/greed/hatred/desperation; ***warum redest du nur so einen Quatsch, wahrscheinlich nur ~ Dummheit!*** why are you talking such rubbish? you're probably just being stupid!; **ein Mord ~ Eifersucht/Habgier** a murder fuelled by jealousy/hatred; **ein Mord** [*o* **Verbrechen**] **~ Leidenschaft/Liebe** a crime of passion, a crime passionnel *liter;* **~ niedrigen Motiven** for base motives; **~ Unachtsamkeit** due to carelessness; ***pass doch auf, du wirfst sonst noch ~ Unachtsamkeit die Kanne um!*** look out, else you'll knock over the can in your carelessness; ***dieser Selbstmord geschah ~ Verzweiflung*** this suicide was an act of despair; **~ einer Eingebung/Laune heraus** on [an] inspiration/impulse, on a whim ❹ (*von*) from; **jdn/etw ~ etw ausschließen** to exclude sb/sth from sth; **~ dem Englischen** from [the] English [*or* the English language]; **~ guter Familie** from [*or* of] a good family; **~ guter Familie stammen** to be of [a] [*or* come from a] good family; **~ uns[e]rer Mitte** from our midst; **~ Stuttgart kommen** to be [*or* come] from Stuttgart; (*gebürtig a.*) to be a native of Stuttgart ❺ (*unter Verwendung von etw hergestellt*) [made] of; **~ Wolle sein** to be [made of] wool; **~ etw bestehen/sein** to be made of sth; **eine Bluse ~ Seide/Brosche ~ Silber** a silk blouse/silver brooch **II.** *adv* ❶ (*fam: gelöscht*) out; ■ **~ sein** to have gone out; *Feuer, Ofen, Kerze* to be out; ***Zigarette ~!*** put out *sep* your cigarette! ❷ (*ausgeschaltet*) off; **„~"** "off"; ■ **~ sein** to be [switched] off; (*an elektronischen Geräten a.*) "standby"; **auf „~" stehen** to be off [*or* on "standby"] ❸ (*zu Ende*) ■ **~ sein** to have finished; *Krieg* to have ended, to be over; *Schule* to be out; **mit etw ist es ~** sth is over; **mit jdm ist es ~** (*fam: sterben*) sb has had it *sl;* ***es ist ~ mit ihm*** he's finished [*or sl* had it]; **es ist ~ [zwischen jdm]** (*fam: beendet sein*) it's over [between sb]; ***zwischen denen ist es ~*** they've broken up, it's over between them; ***zwischen uns ist es ~, mein Freund!*** we're finished [*or* history], mate!; **~ und vorbei sein** to be over and done with; ***es ist ~ und vorbei mit diesen Träumen*** these dreams are over once and for all ❹ (*außerhalb*) **~ sein** SPORT to be out ❺ (*versessen*) ■ **auf jdn/etw ~ sein** to be after sb/sth ❻ (*fort*) ■ **[mit jdm] ~ sein** to go out [with sb]

Aus <-> *nt kein pl* ❶ FBALL out of play *no pl, no art;* (*seitlich*) touch *no pl, no art;* **ins ~ gehen** to go out of play; (*seitlich a.*) to go into touch; (*hinter der Torlinie a.*) to go behind [for a corner/goalkick] ❷ (*Ende*) end; **vor dem beruflichen ~ stehen** to be at the end of one's career; ■ **das ~ für etw** the end of sth ❸ SPORT (*Spielende*) ■ **das ~** the end of the game [*or* match]; FBALL *a.* the final whistle

aus|arbeiten *vt* ■ **etw ~** to work out sth *sep;* (*verbessern*) to perfect sth; **ein System ~** to elaborate *form* [*or sep* draw up] a system; **einen Text ~** to prepare [*or sep* draw up] a text; (*formulieren a.*) to formulate [*or* compose] a text; **eine Theorie aus etw ~** to elaborate *form* [*or sep* draw up] a theory from [*or* on the basis of] sth

Ausarbeitung <-, -en> *f* working out *no pl;* (*Verbesserung*) perfection *no pl; System, Theorie* elaboration *no pl,* drawing up *no pl* (**aus** +*dat* from/on the basis of); *Text* preparation *no pl,* drawing up *no pl;* (*Formulierung a.*) formulation *no pl,* composition *no pl*

aus|arten *vi sein* ❶ (*zu etw werden*) ■ **in etw** *akk* **~** to degenerate into sth; **in einen Krieg ~** to degenerate into a war ❷ (*ausfallend werden*) to get out of hand, to become unruly; (*fluchen*) to use bad [*or* coarse] language

aus|atmen I. *vi* to breathe out, to exhale **II.** *vt* ■ **etw ~** to exhale [*or sep* breathe out] sth

aus|backen *vt* ■ **etw ~** KOCHK to deep-fry sth

aus|baden *vt* (*fam*) ■ **etw ~** to pay [*or* suffer] [*or* BRIT *fam a.* carry the can] for sth

aus|baggern *vt* ■ **etw ~** ❶ (*mit einem Bagger vertiefen*) to excavate sth; **eine Fahrrinne ~** to deepen a shipping lane by dredging; **einen Fluss/See ~** to dredge [out *sep*] a river/lake ❷ (*mit einem Bagger herausholen*) to excavate [*or sep* dig up] sth; (*in Fluss, See*) to dredge [up *sep*] sth

aus|balancieren* [-balãsi:rən] *vt* ■ **etw ~** ❶ (*ins Gleichgewicht bringen*) to balance sth ❷ (*geh: harmonisieren*) to balance [out *sep*] sth ❸ (*geh: abstimmen*) to balance sth

Ausbau <-bauten> *m* ❶ *kein pl* (*das Ausbauen*) extension *no pl* (**zu** +*dat* into); (*das Umbauen*) conversion *no pl* (**zu** +*dat* [in]to) ❷ ARCHIT (*angefügter Teil*) extension, annexe BRIT, annex AM ❸ *kein pl* (*das Herausmontieren*) removal (**aus** +*dat* from) ❹ *kein pl* (*Vertiefung*) building up, cultivation ❺ *kein pl* (*die Festigung*) strengthening, consolidation

Ausbauarbeiten *pl* BAU finishing work *no pl*

aus|bauen *vt* ❶ (*baulich erweitern*) ■ **etw [zu etw] ~** to extend sth [into sth]; (*umbauen*) to convert sth [[in]to sth]; (*innen*) to fit out *sep* sth [into sth] ❷ (*herausmontieren*) ■ **etw [aus etw] ~** to remove sth [from sth] ❸ (*vertiefen*) ■ **etw [zu etw] ~** to cultivate [*or sep* build up] sth [to sth] ❹ (*konsolidieren*) ■ **etw ~** to consolidate [*or* strengthen] sth

ausbaufähig *adj* ❶ (*fam: viel versprechend*) promising; ■ **~ sein** to be promising; *Schüler, Mitarbeiter a.* to show promise ❷ (*erweiterungsfähig*) expandable ❸ (*sich vertiefen lassend*) that can be built up [*or* cultivated]; ***Ich denke, unsere Beziehung ist noch ~*** I think we have a good relationship to build on ❹ (*möglich zum entfernen*) removable

Ausbaufähigkeit *f* INFORM extendability

Ausbaumaßnahme *f* expansion measure

Ausbaupatent *nt* improvement patent

aus|bedingen* *vr irreg* ■ **sich** *dat* **[von jdm] etw ~** to insist on sth, to make sth a condition [for sb]; **sich das Recht ~[, etw zu tun]** to reserve the right [to do sth]; ■ **sich** *dat* **[von jdm] ~, dass ...** to make it a condition [for sb] that ..., to stipulate that ...; ***... doch ich bedinge mir aus, dass ...*** ... but only on condition that ...

aus|beinen *vt* KOCHK DIAL ■ **etw ~** to [de]bone sth, to joint sth

Ausbeinmesser *nt* KOCHK boning knife

aus|beißen *vr irreg* ■ **sich** *dat* **einen Zahn [an etw** *dat*] **~** to break a tooth [on sth], to lose a tooth [after biting into sth]

aus|bessern *vt* ❶ MODE (*durch Nähen reparieren*) ■ **etw [mit etw] ~** to mend [*or* repair] sth [with sth]; (*flicken*) to patch sth [with sth]; (*stopfen*) to darn sth [with sth] ❷ (*reparieren*) ■ **etw ~** to repair [*or* mend] [*or* fix] sth; **eine Roststelle ~** to remove a rust spot

Ausbesserung <-, -en> *f* ❶ MODE mending *no pl,* repairing *no pl;* (*Flicken*) patching *no pl;* (*Stopfen*) darning *no pl* ❷ (*das Ausbessern*) repairing *no pl,* mending *no pl,* fixing *no pl; einer Roststelle* removal *no pl*

Ausbesserungsarbeiten *pl* repairs *pl* (**an** +*dat* to), repair work *no pl, no indef art* (**an** +*dat* on); *von Lack* retouching work *no pl* **ausbesserungsbedürftig** *adj* in need of repair/retouching etc. *pred*

aus|beulen I. *vt* ■ **etw ~** ❶ (*nach außen wölben*) to make sth bulge [*or* a bulge in sth]; (*verschleißen*) to make sth [go] baggy; ■ **ausgebeult** baggy; **ein ausgebeulter Hut** a battered hat ❷ (*durch Herausschlagen glätten*) to remove dents/a dent in sth; (*durch Hämmern a.*) to hammer [*or* beat] out dents/a dent in sth *sep;* **eine Beule ~** to remove a dent; (*durch Hämmern a.*) to hammer [*or* beat] out a dent *sep* **II.** *vr* ■ **sich ~** to go baggy

ausbeutbar *adj* exploitable; **wirtschaftlich ~** economically exploitable [*or* harnessable]

Ausbeute <-, -n> *f* ❶ (*Förderung*) gains *pl;* ■ **die ~ an etw** *dat* the yield in sth; ***die ~ an nützlichen Informationen war gering*** little useful information was gleaned, the yield of useful information was minimal ❷ (*Gewinn*) profits *pl*

aus|beuten *vt* ❶ (*pej: völlig ausschöpfen*) ■ **jdn ~** to exploit sb; **Arbeiter ~** to exploit [*or pej fam* sweat] workers ❷ (*abbauen*) ■ **etw ~** to work [*or* exploit] sth

Ausbeuter(in) <-s, -> *m(f)* (*pej*) exploiter, sweater *pej*

Ausbeutung <-, -en> *f* ❶ (*pej: das Ausbeuten*) exploitation *no pl* ❷ (*Abbau*) working *no pl,* exploitation *no pl*

Ausbeutungsmissbrauch[RR] *m* JUR abuse of exploitation **Ausbeutungsrecht** *nt* JUR working right

aus|bezahlen* *vt* ❶ (*zahlen*) ■ **[jdm] etw ~** to pay out *sep* sth [to sb] ❷ (*bezahlen*) ■ **jdn ~** to pay off sb *sep,* to pay sb her/his wages ❸ (*abfinden*) ■ **jdn ~** to buy out [*or* pay off] sb *sep*

Ausbietungsgarantie *f* JUR bidding guarantee

aus|bilden I. *vt* ❶ (*beruflich qualifizieren*) ■ **jdn [in etw** *dat*] **~** to train sb [in sth]; (*unterrichten a.*) to instruct sb [in sth]; (*akademisch*) to educate sb [in sth]; **Rekruten ~** to train [*or* drill] recruits; **jdn zum Arzt/Sänger ~** to train sb to be a doctor/singer; **ein ausgebildeter Übersetzer** a qualified translator ❷ (*entwickeln*) ■ **etw ~** to develop [*or* cultivate] sth; **seine Stimme ~** to train one's voice; **eine aus-**

gebildete Stimme a trained voice II. *vr* ❶ (*sich schulen*) ■sich *akk* [in etw *dat*] ~ to train [in sth]; (*studieren*) to study [sth]; (*Qualifikation erlangen*) to qualify [in sth] ❷ MED ■sich ~ to develop; *Tumor a.* to form; ■[voll] ausgebildet sein to be fully developed ❸ BOT ■sich ~ to develop, to form

Ausbilder(in) <-s, -> *m(f)* trainer; MIL instructor

Ausbildner(in) <-s, -> *m(f)* ÖSTERR, SCHWEIZ *s.* **Ausbilder**

Ausbildung <-, en> *f* ❶ (*Schulung*) training *no pl, no indef art;* ■eine ~ a training course; (*Unterricht*) instruction *no pl, no indef art;* (*akademisch*) education *no pl; von Rekruten* drilling *no pl,* training *no pl;* ***welche ~ hat er?*** what was he trained for? [*or* as]; **eine dreijährige ~** three years of training/instruction; **die ~ zum Tischler** training as a joiner; **in der ~ sein** to be in training [*or* a trainee]; (*akademisch*) to still be at university [*or* college] BRIT, to still be in school [*or* college] AM ❷ (*Entwicklung*) development *no pl,* cultivation *no pl; von Stimme* training *no pl* ❸ MED (*Entwicklung*) development *no pl; von Tumor a.* formation *no pl* ❹ BOT (*Entwicklung*) development *no pl,* formation *no pl,* growth *no pl*

Ausbildungsangebot *nt* availability of training places **Ausbildungsbeihilfe** *f* educational grant; (*für Lehrlinge*) training allowance **Ausbildungsberuf** *m* occupation that requires training **Ausbildungsbetrieb** *m* apprenticing company (*company that takes on trainees*) **Ausbildungsdauer** *f* training period **Ausbildungsförderung** *f* [training/educational] grant **Ausbildungskapazität** *f* ÖKON training capacity **Ausbildungskompanie** *f* training unit **Ausbildungskosten** *pl* ÖKON training costs **Ausbildungsordnung** *f* JUR rules for vocational training **Ausbildungsplatz** *m* place to train **Ausbildungsstand** *m kein pl* level of training; *von Soldaten a.* level of drilling **Ausbildungsstandard** *m* training standard **Ausbildungsstätte** *f* training centre [*or* AM -er], place of training **Ausbildungsverbund** *m* training association **Ausbildungsvergütung** *f* (*geh*) training allowance **Ausbildungsverhältnis** *nt* apprenticeship **Ausbildungsvertrag** *m kein pl* JUR vocational training contract **Ausbildungszeit** *f* training period, period of training; **nach einer ~ von drei Jahren** after three years of training, after a three-year training period [*or* period of training] **Ausbildungszentrum** *nt* training centre [*or* AM -er] **Ausbildungsziel** *nt* training objective

aus|bitten *vr irreg* (*geh*) ❶ (*fordern*) ■sich *dat* [von jdm] etw ~ to ask [sb] for sth, to request sth [from [*or form* of] sb]; ***ich bitte mir Ruhe aus!*** I must [*or* will] have silence!; ***das möchte ich mir [auch] ausgebeten haben!*** I should think so too!; ■sich *dat* [von jdm] ~, dass jd etw tut to ask [*or* request] sb to do sth ❷ (*erbitten*) ■sich *dat* etw ~ to ask for sth; ■sich *dat* etw von jdm ~ to ask [*or* beg] sth of sb *form*

aus|blasen *vt irreg* ■etw ~ to blow out sth *sep;* **ein Ei ~** to blow an egg

aus|bleiben *vi irreg sein* ❶ (*nicht kommen*) to fail to appear [*or* come], to fail to materialize *fam* ❷ (*nicht auftreten*) to fail to appear; *Regen, Schnee* to hold off; ■**nicht ~ können** to be inevitable ❸ (*nicht eintreten*) to not appear, to be absent; *Menstruation* to not come, to be overdue ❹ (*nicht erfolgen*) to fail to come in ❺ (*aussetzen*) to stop, to fail

Ausbleiben <-s> *nt kein pl* ❶ (*Fortbleiben*) failure to appear [*or* come], non[-]appearance; (*Schüler a.*) absence ❷ (*das Nichtauftreten*) failure to appear; *Regen* holding off *no pl* ❸ (*Nichteintritt*) absence; **bei ~ der Menstruation** when [one's] menstruation doesn't come [*or* is overdue] ❹ (*das Nichteintreffen*) failure to come in

aus|blenden *vt* (*fam*) ■etw ~ *Problem* to blend out sth *sep;* INFORM to fade [*or* cut] out *sep* sth

aus|blenden I. *vt* ■etw ~ ❶ (*aus dem Film nehmen*) to cut out sth *sep;* **den Ton ~** to cut off *sep* the sound; ■**ausgeblendet werden** to be cut out/off ❷ (*ausklingen lassen*) to fade out sth *sep* II. *vr* ■sich aus etw ~ to leave sth; **sich [aus einer Übertragung] ~** to leave a transmission

Ausblendung <-, -en> *f* INFORM fading out

Ausblick *m* ❶ (*Aussicht*) view, outlook *form,* prospect *liter;* ■**der/ein ~ auf etw** *akk* the/a view of sth, the/an outlook over [*or* on[to]] sth *form,* the/a prospect of [*or* over] sth *liter;* **ein Zimmer mit ~ aufs Meer** a room overlooking [*or* with a view of] the sea; **ein weiter ~ auf die Umgebung** a panorama of the surroundings ❷ (*Zukunftsvision*) prospect, outlook; ■**der/ein ~ auf etw** *akk* the/a prospect [*or* the/an outlook] for sth; **der ~ auf zukünftige Entwicklungen** future prospects *npl*

aus|bluten I. *vi sein* to bleed to death; ■**ein Schaf ~ lassen** to bleed a sheep [dry]; ■**ausgeblutet** bled [dry *pred*] II. *vt* ■jdn ~ to bleed sb dry [*or* white] *sep fam;* ■**das A~** throatcutting

aus|bohren *vt* **ein Bohrloch/einen Brunnen ~** to bore [*or* drill] out a borehole/a fountain

aus|bomben *vt* ■jdn ~ to bomb sb's home, to bomb sb out of her/his home; ■**die Ausgebombten** people who have been bombed out of their homes

aus|booten *vt* (*fam*) ■jdn ~ to kick [*or fam* boot] out sb *sep*

aus|borgen *vt* ❶ (*fam: verleihen*) ■[jdm] etw ~ to lend [sb] sth, to lend [out *sep*] sth [to sb] ❷ (*fam: sich ausleihen*) ■[sich *dat*] etw [von jdm] ~ to borrow sth [from sb]

aus|brechen *irreg* I. *vi sein* ❶ (*sich befreien*) ■[aus etw] ~ to escape [from sth]; (*Gefangene a.*) to break out [of sth]; ■**ausgebrochen** escaped ❷ MIL (*einen Durchbruch erzwingen*) ■[aus etw] ~ to break out [of sth] ❸ (*sich von etw frei machen*) ■[aus etw] ~ to break away [from sth]; **aus einer Ehe ~** to break up *sep* a marriage ❹ (*zur Eruption gelangen*) to break out, to erupt; ■**das A~** eruption ❺ (*entstehen*) to break out; *Erdbeben* to strike ❻ (*losbrechen*) to explode, to erupt ❼ (*spontan erfolgen lassen*) **in Gelächter ~** to burst into laughter [*or* out laughing]; **in Jubel ~** to erupt with jubilation; **in Tränen [*o* Weinen] ~** to burst into tears [*or* out crying] ❽ (*außer Kontrolle geraten*) to swerve; *Pkw a.* to career [out of control] ❾ (*austreten*) ■**jdm bricht der Schweiß aus** sb breaks into [*or* out in] a sweat II. *vt haben* ❶ (*her~*) ■etw [aus etw] ~ to break off *sep* sth [from sth]; **ein Fenster [aus etw] ~** to put in *sep* a window, to let [*or* put] a window into sth; **eine Wand ~** to take down *sep* a wall; ■**sich** *dat* **einen Zahn ~** to break off *sep* a tooth ❷ (*erbrechen*) ■etw ~ to vomit [*or sep fam* bring up] sth

Ausbrecher(in) <-s, -> *m(f)* escapee, escaped prisoner

aus|breiten I. *vt* ❶ (*entrollen und hinlegen*) ■etw [vor jdm] ~ to spread [out *sep*] sth [in front of [*or form* before] sb]; **eine Landkarte ~** to open [*or* spread] out a map *sep* ❷ (*verteilen*) ■etw ~ to lay [*or* set] out sth *sep;* (*ausstellen*) to display sth ❸ (*ausstrecken*) ■etw ~ to spread [out *sep*] [*or* extend] sth; **die Arme ~** to extend [*or sep* stretch [*or* spread] out] one's arms ❹ (*darlegen*) ■etw [vor jdm] ~ to enlarge [up]on sth [for sb] II. *vr* ❶ (*sich erstrecken*) ■sich *akk* [in etw *akk*/nach etw *akk* etc.] ~ to spread [out] [in/towards etc. sth], to extend into/to etc. sth ❷ (*übergreifen*) ■sich *akk* [auf/über etw *akk o dat*] ~ to spread [to/over sth] ❸ (*überhand nehmen*) ■sich ~ to spread ❹ (*fam: sich breit machen*) ■sich ~ to spread oneself out

Ausbreitung <-, -en> *f* ❶ (*das Übergreifen*) spread *no pl* (auf +*akk* to) ❷ (*das Überhandnehmen*) spread *no pl; von Propaganda a.* dissemination *no pl,* propagation *no pl* ❸ (*Ausdehnung*) spread *no pl* ❹ (*Darlegung*) enlargement *no pl* (+*gen* on)

ausbrennen *irreg* I. *vi sein* ❶ (*zu Ende brennen*) to go out; *Feuer a.* to burn [itself] out; ■**ausgebrannt** extinguished ❷ (*energielos sein*) ■**ausgebrannt sein** to be burnt out II. *vt haben* ■etw ~ to burn out *sep* sth, to cauterize sth *spec*

aus|bringen *vt irreg* ❶ (*ausrufen*) **einen Trinkspruch [auf jdn] ~** to propose a toast [to sb]; **ein „Hurra" auf jdn ~** to cheer sb; **ein Prosit auf jdn ~** to toast sb's health ❷ (*verstreuen*) ■etw [auf etw *dat o akk*] ~ to spread [out *sep*] sth [on [*or* over] sth] ❸ NAUT (*herunterlassen*) ■etw ~ to lower sth

Ausbringungsmenge *f* ÖKON output [quantity]

aus|bröseln *vt* **eine Backform ~** to grease and line a baking tin with breadcrumbs

Ausbruch *m* ❶ (*das Ausbrechen*) escape (**aus** +*dat* from); *von Gefangene a.* breakout (**aus** +*dat* from); ■**der/ein ~** the/a breakout/the/an escape; **ein ~ aus dem Gefängnis** a jailbreak ❷ MIL (*Durchbruch*) breakout ❸ (*Beginn*) outbreak ❹ (*Eruption*) eruption; **zum ~ kommen** to erupt ❺ (*fam: Entladung*) outburst; (*stärker*) eruption, explosion, BRIT *a.* wobbly *fam;* **einen ~ bekommen** to explode [*or* erupt], BRIT *a.* to throw a wobbly *fam* ❻ (*Weinauslese*) *high-quality wine made from selected fully ripe grapes*

Ausbruchsversuch *m* ❶ (*versuchter Ausbruch*) attempted escape [*or* breakout], escape [*or* breakout] attempt ❷ MIL (*versuchter Durchbruch*) attempted breakout, breakout attempt; **einen ~ machen** to attempt a breakout

aus|brüten *vt* ■etw ~ ❶ (*bis zum Ausschlüpfen bebrüten*) to hatch sth; (*in Brutkasten*) to incubate sth; ■**ausgebrütet** hatched [*or* incubated] ❷ (*fam: aushecken*) to hatch [up *sep*] [*or sep* cook up] sth ❸ (*fam: entwickeln*) to be sickening for sth

aus|buchen *vt* ■etw ~ ❶ FIN (*Buchhaltung*) to write off sth *sep;* **einen Posten aus dem Konto ~** to delete an entry ❷ (*ausverkaufen*) to book out sth *sep*

aus|büchsen *vi* (*fam: abhauen*) to clear out *fam,* to push off *fam,* to run away

aus|buchten I. *vr* ■sich ~ to bulge [*or* curve] out[ward[s]]; ■**ausgebuchtet** curving II. *vt* ■etw ~ to hollow out sth *sep*

Ausbuchtung <-, -en> *f* indentation; *von Strand* cove

aus|buddeln *vt* (*fam*) ■etw ~ ❶ (*ausgraben*) to dig up sth *sep* ❷ (*ausfindig machen*) to find [*or sep* dig up] sth

aus|bügeln *vt* ❶ (*durch Bügeln glätten*) ■etw ~ to iron out sth *sep* ❷ (*fam: wettmachen*) ■etw ~ to make good sth *sep* ❸ (*fam: bereinigen*) ■etw [wieder] ~ to iron out sth *sep*

aus|buhen *vt* (*fam*) ■jdn ~ to boo at sb; (*von der Bühne a.*) to boo off sb *sep,* to boo sb off the stage

Ausbund *m kein pl* paragon *no pl* (**an** +*dat* of), model *no pl* (**an** +*dat* of), epitome *no pl* (**an** +*dat* of); **ein ~ an [*o* von] Verworfenheit** depravity itself [*or* personified]

aus|bürgern *vt* ■jdn ~ to expatriate sb; **jdn aus Deutschland ~** to deprive sb of German citizenship [*or* nationality]; ■**Ausgebürgerte[r]** expatriate

Ausbürgerung <-, -en> *f* expatriation

aus|bürsten *vt* ❶ (*durch Bürsten entfernen*) ■etw [aus etw] ~ to brush out sth *sep,* to brush sth out of sth ❷ (*sauber bürsten*) ■etw ~ to brush sth; ***dieses Haarspray lässt sich leicht ~*** this hairspray is brushed out easily

aus|büxen *vi* (*hum fam*) to run away [from home]

Auschwitzlüge <-> *f kein pl* HIST (*fachspr*) denial of the holocaust

Ausdauer *f kein pl* ❶ (*Beharrlichkeit*) perseverance *no pl,* tenacity *no pl;* (*Hartnäckigkeit a.*) persistence *no pl* ❷ (*Durchhaltevermögen*) stamina *no pl,* staying power *no pl;* (*im Ertragen*) endurance *no pl*

ausdauernd I. *adj* ❶ (*beharrlich*) persevering, tenacious; (*hartnäckig a.*) persistent; **~e Anstrengungen [*o* Bemühungen]** unremitting [*or* untiring] efforts; ■**~ sein** to be persevering [*or* persistent] ❷ (*Durchhaltevermögen besitzend*) with stamina [*or* staying power]; (*im Ertragen*) with endurance; ■**~ sein** to have stamina [*or* staying power] II. *adv* **~ arbeiten/lernen** to apply oneself to working [*or* one's work]/learning

ausdehnbar *adj* ■**~ [auf/über etw** *akk* **hinaus]** extendable [*or* extensible] [to sth]

aus|dehnen I. *vr* ❶ (*größer werden*) ■sich ~ to expand ❷ (*sich ausbreiten*) ■sich *akk* [auf/über etw *akk*] ~ to spread [to/over sth]; ■ **ausgedehnt** extensive, expansive ❸ (*dauern*) ■ **sich** ~ to go on; **sich endlos** ~ to take [*or* go on] forever *fam* **II.** *vt* ❶ (*verlängern*) ■ **etw [bis zu etw** *dat*/**über etw** *akk*] ~ to extend [*or* prolong] sth [by up to/by sth] ❷ (*erweitern*) ■ **etw [auf etw** *akk*] ~ to expand [*or* extend] [*or* widen] sth [to sth] ❸ ■ **etw** ~ (*vergrößern*) to expand sth; (*ausbeulen*) to stretch sth

Ausdehnung *f* ❶ (*Verlängerung*) extension (+*gen* to/of), prolongation *no pl* (+*gen* of) ❷ (*Ausbreitung*) spread[ing] *no pl* (**auf** +*akk* to) ❸ (*Erweiterung*) expansion *no pl* ❹ (*Vergrößerung*) expansion *no pl;* **in ~ begriffen sein** to be expanding ❺ (*Fläche*) area; **eine ~ von 10000 km² haben** to cover an area of 10,000 km²

aus|denken *vr irreg* ■ **sich** *dat* **etw** ~ (*ersinnen*) to think up sth *sep;* **eine Ausrede/Entschuldigung** ~ to think up [*or* of] *sep* [*or* contrive] [*or a. pej* concoct] an excuse; **eine Geschichte** ~ to think up [*or* make up] a story *sep;* **eine Idee/einen Plan** ~ to devise [*or sep* think up] an idea/plan; **eine Überraschung** ~ to plan a surprise; **eine ausgedachte Geschichte** a made-up story; ***da musst du dir schon etwas anderes ~!*** (*fam*) you'll have to think of something better than that!; ***das hast du dir so/fein ausgedacht!*** (*fam*) that's what you think!; ***es ist nicht auszudenken*** it's inconceivable

aus|dienen *vi* (*fam*) ■ **ausgedient** worn-out, BRIT *fam a.* clapped-out; **ein ausgedientes Kraftwerk** a decommissioned power station; ■ **ausgedient haben** to have had its day; *Stift* to be finished [*or* used up]

ausdifferenziert *adj inv* differentiated; **~e Zelle** differentiated cell

aus|diskutieren* **I.** *vt* ■ **etw** ~ to discuss sth fully [*or* thoroughly] **II.** *vi* ■ **ausdiskutiert haben** to have finished discussing [*or* talking]

aus|dörren **I.** *vt haben* ■ **jdn** ~ to dehydrate sb; ■ **etw** ~ to dry up sth *sep;* **die Haut** ~ to dry out *sep* one's skin; **die Kehle** ~ to parch one's throat; ■ **ausgedörrt sein** to be dehydrated; *Kehle* to be parched; *Erde, Land* to have dried out; (*stärker*) to be scorched [*or* parched] **II.** *vi sein* to dry out; (*stärker*) to become parched [*or* scorched]; ■ **ausgedörrt** dried out; (*stärker*) parched, scorched; **eine ausgedörrte Kehle** a parched throat

aus|drehen *vt* (*fam*) ■ **etw** ~ to turn [*or* switch] off sth *sep;* **das Licht** ~ to turn out [*or* turn [*or* switch] off] the light *sep*

Ausdruck[1] <-drücke> *m* ❶ (*Bezeichnung*) expression; ***es gibt einen bestimmten ~ dafür*** there's a certain word for it; ■ **Ausdrücke** bad [*or* coarse] language *no pl, no art,* swear words *pl;* **ein schwäbischer** ~ a Swabian turn of phrase *a. hum* ❷ *kein pl* (*Gesichts~*) [facial] expression ❸ *kein pl* (*Zeichen*) ■ **der/ein/als ~ seiner Dankbarkeit/Liebe** *gen* the/an/as an expression of one's gratitude/love; **mit dem ~ des Bedauerns** (*geh*) expressing [*or* with an expression of] regret; **mit dem ~ der Hochachtung** (*geh*) with the expression of great respect; **etw zum ~ bringen, einer S.** *dat* **~ geben** [*o* **verleihen**] (*geh*) to express [*or* give expression to] sth; **seine Dankbarkeit zum ~ bringen** to voice [*or* express] one's gratitude, to give expression to one's gratitude; ■ **[in etw** *dat*] **zum Ausdruck kommen** to find expression [in sth]; ***in seinen Worten kam Mitleid zum ~*** his words expressed his sympathy ❹ *kein pl* (*Ausdrucksweise*) mode of expression, way of expressing oneself; **gewandt im ~ sein** to have an elegant mode of expression; **sich im ~ vergreifen** to use the wrong approach; (*kompliziert ausdrücken*) to use long words

Ausdruck[2] <-drucke> *m* [computer] print-out, hard copy *spec;* **einen ~ [einer S.** *gen*/**von etw** *dat*] **machen** to run off *sep* a copy [of sth]

Ausdrucken <-s> *nt kein pl* **~ von Vollflächen** printing-out of solids

aus|drucken *vt* ■ **[jdm] etw** ~ to print [out *sep*] sth [for sb], to run off *sep* a copy [of sth] [for sb]

aus|drücken **I.** *vt* ❶ (*bekunden*) ■ **[jdm] etw [für etw]** ~ to express sth [to sb] [for sth]; **jdm seine Liebe** ~ to express one's love for sb ❷ (*formulieren*) ■ **etw** ~ to express [*or* formulate] sth, to put sth into words; **anders ausgedrückt** in other words; ***lassen Sie es mich anders ~*** let me put it another way; **einfach ausgedrückt** put simply, in simple terms, in words of one syllable *a. iron;* **um es milde auszudrücken** to put it mildly [*or* another way] ❸ (*zeigen*) ■ **etw** ~ to express [*or* show] sth; *Verhalten a.* to reveal sth; *Maßnahmen a.* to demonstrate sth ❹ (*auspressen*) ■ **[jdm/sich] etw** ~ to press [*or* squeeze] out sth [for sb] *sep;* **eine Zitrone** ~ to press [*or* squeeze] the juice out of [*or* to squeeze] a lemon; **seine Pickel** ~ to squeeze one's spots ❺ (*durch Zerdrücken löschen*) ■ **etw** ~ to stub [*or* put] out sth *sep* **II.** *vr* ❶ (*seine Meinung formulieren*) ■ **sich** ~ to express oneself; **sich ungeschickt** ~ to express oneself badly; **sich falsch** ~ to use the wrong word; **sich gewandt** ~ to be very articulate ❷ (*sich widerspiegeln*) ■ **sich** *akk* **in etw** *dat* ~ to be expressed [*or* revealed] in sth; ***in ihrem Gesicht drückte sich Verzweiflung aus*** her face showed her despair

ausdrücklich **I.** *adj attr* express, explicit; **eine ~e Zuwiderhandlung** a clear [*or form* patent] violation **II.** *adv* expressly, explicitly; (*besonders*) particularly; **etw ~ betonen** to emphasize sth particularly [*or* specifically]

Ausdruckskraft *f kein pl* expressiveness **ausdruckslos** *adj* inexpressive; **ein ~es Gesicht** an expressionless face; (*ungerührt*) an impassive face; **ein ~er Blick** a vacant [*or* blank] look **ausdrucksstark** *adj* expressive **Ausdruckstanz** *m* expressive [*or* free] dance **Ausdrucksvermögen** <-s> *nt kein pl* articulatedness **ausdrucksvoll** *adj* expressive, full of expression *pred* **Ausdrucksweise** *f* mode of expression, way of expressing oneself; ***was ist denn das für eine ~!*** what sort [*or* kind] of language is that [to use]?; **sich einer anständigen ~ befleißigen** to use decent language

aus|dünnen *vt* ❶ (*reduzieren*) ■ **etw** ~ to reduce sth; **ein Team** ~ to reduce [*or sep* cut down] team members ❷ (*weniger dicht sein lassen*) ■ **etw** ~ to thin out sth *sep* ❸ (*das Volumen vermindern*) ■ **[jdm] etw** ~ to thin out *sep* [sb's] sth

aus|dünsten **I.** *vt* ■ **etw** ~ ❶ (*gasförmige Stoffe abgeben*) to emit [*or sep* give off] [*or spec* exhale] sth ❷ (*Geruch verbreiten*) to give off sth *sep* **II.** *vi* to emit [*or sep* give off] [*or spec* exhale] vapours [*or* AM -ors]/a vapour [*or* AM -or]

Ausdünstung <-, -en> *f* ❶ (*ausgedünstete Stoffe*) exhalation *spec;* (*gasförmig a.*) vapour [*or* AM -or]; (*Schweiß*) perspiration *no pl form;* (*Geruch*) fume, smell; *von Mensch, Tier* smell *no pl* ❷ (*das Ausdünsten*) evaporation *no pl,* exhalation *no pl spec*

auseinander *adv* ❶ (*räumlich*) ■ **~ sein** to be wide apart; *Zähne* to be widely spaced; **etw ~ biegen** to bend apart sth *sep;* **Ranken ~ biegen** to push back *sep* branches; **etw ~ falten** to unfold sth; (*ausbreiten a.*) to open [out *sep*] sth; **~ gehen** (*sich auflösen*) to disperse; (*sich verzweigen*) to diverge; (*fam: dick werden*) to [start to] fill out *a. hum;* **~ laufen** (*zerlaufen*) to run; (*sich auflösen*) to disperse, to break up; (*voneinander abweichen*) to differ, to diverge (**in** +*dat* in); **etw ~ machen** (*aufmachen*) to open sth; (*mit Mühe a.*) to get open sth *sep;* (*auseinanderfalten*) to unfold sth; (*ausbreiten a.*) to open [out *sep*] sth; **verklebte Seiten ~ machen** to get apart *sep* glued pages; **die Arme ~ machen** to open one's arms; **die Beine ~ machen** to spread [*or* part] [*or* open] one's legs; **~ streben** (*geh*) to diverge; **~ treiben** to drift apart; **jdn/etw ~ treiben** to disperse sb/sth ❷ (*in mehrere Teile*) **etw ~ bekommen** [*o* **bringen**] to be able to get sth apart; **~ brechen** to break [*or* fall] apart; **etw ~ brechen** to break sth in two; **~ fallen** to fall apart [*or* to pieces]; **etw ~ nehmen** (*demontieren*) to dismantle [*or form* disassemble] sth, to take apart sth *sep;* (*zerpflücken*) to tear apart sth *sep,* to tear sth to pieces; **jdn ~ nehmen** (*fig sl: zerstören*) to smash [up *sep*] [*or fam* trash] [sb's] sth; (*gründlich verprügeln*) to work over sb *sep fam,* to beat [the] shit out of sb *fam!* ❸ (*separat*) **etw ~ schreiben** to write sth as two words; **zwei Personen/Vasen ~ setzen** to separate two persons/to set apart *sep* two vases; **sich** *akk* **~ setzen** (*getrennt voneinander*) to sit apart ❹ (*zeitlich*) ■ **~ sein** ***die beiden sind [im Alter] ein Jahr ~*** there is a year between the two of them, the two are a year apart in age; ***sie sind altersmäßig weit ~*** there is a great gap in their ages ❺ (*fam: getrennt*) ■ **~ sein** to have broken [*or* split up]; **~ brechen** (*sich auflösen*) to break up; **~ gehen** (*in die Brüche gehen*) to break up; *Ehe a.* to fall apart; (*sich trennen*) to part; (*voneinander abweichen*) to differ, to diverge ❻ (*voneinander weg*) **jdn ~ bringen** to separate [*or* part] sb; **jdn ~ dividieren** to separate [*or* part] sb; **etw ~ halten** (*unterscheiden*) to distinguish between sth; **jdn ~ halten** (*voneinander unterscheiden können*) to tell apart sb *sep;* ***kannst du die Zwillinge immer ~ halten?*** can you always tell the twins apart?; **sich** *akk* **~ leben** to drift apart; *Ehepartner a.* to become estranged; **sich mit jdm ~ leben** to drift away from sb; (*zerstritten*) to become estranged from sb *form* ❼ (*sonstige Verbindungen*) **jdm etw ~ setzen** (*erklären*) to explain sth to sb; **jdm etw detailliert ~ setzen** to explain sth to sb in detail, to expound sth to sb *form;* **jdm ~ setzen, was/wie ...** to explain to sb what/how ...; **sich** *akk* **mit etw** *dat* **~ setzen** (*sich befassen*) to tackle sth; (*sich genau ansehen a.*) to have [*or* take] a good look at sth; **sich mit einem Problem ~ setzen** to tackle [*or* grapple with] a problem; **sich ~ setzen** (*geh: sich streiten*) to argue; **sich gerichtlich** [*o* **vor Gericht**] **~ setzen** to go to court; **sich mit jdm ~ setzen** to argue with sb

auseinander|bekommen* *vt irreg s.* **auseinander 2** **auseinander|biegen** *vt irreg s.* **auseinander 1** **auseinander|brechen** *irreg vi, vt sein s.* **auseinander 2, 5** **auseinander|bringen** *vt irreg* (*fam*) *s.* **auseinander 6** **auseinander|dividieren** *vt s.* **auseinander 6** **auseinander|fallen** *vi irreg s.* **auseinander 1, 2** **auseinander|falten** *vt s.* **auseinander 1** **auseinander|gehen** *vi irreg sein s.* **auseinander 1, 5** **auseinander|halten** *vt irreg s.* **auseinander 6** **auseinander|laufen** *vi irreg sein s.* **auseinander 1** **auseinander|leben** *vr s.* **auseinander 6** **auseinander|machen** *vt* (*fam*) *s.* **auseinander 1** **auseinander|nehmen** *vt irreg s.* **auseinander 2**

auseinander|setzen *vt, vi s.* **auseinander 3, 7**

Auseinandersetzung <-, -en> *f* ❶ (*Streit*) argument, quarrel; **[mit jdm] eine ~ [wegen etw] haben** (*einen Streit*) to have [got into] an argument [with sb] [about sth]; (*ein Streitgespräch*) to have an argument [with sb] [about sth]; ■ **es kam [wegen etw] zu einer** ~ an argument blew up [*or* there was an argument] [about sth] ❷ (*Beschäftigung*) ■ **die ~ mit etw** the examination of sth; (*Analyse*) the analysis of sth

Auseinandersetzungsvertrag *m* JUR deed of partition

auseinander|streben *vi sein s.* **auseinander 1** **auseinander|treiben** *irreg vt, vi haben o sein s.* **auseinander 1**

auserkoren *adj* (*geh*) chosen; ■ **dazu ~ sein, etw zu tun** to be chosen to do sth

auserlesen **I.** *adj* select; **~e Speisen/Weine** choice [*or* select] dishes/wines **II.** *adv* particularly, especially

aus|ersehen* *vt irreg* (*geh*) ■ **jdn [zu etw]** ~ to choose sb [for [*or* to be] sth]; ■ **jdn dazu ~, etw zu tun** to choose sb to do sth

aus|erwählen* *vt* (*geh*) ■ **jdn zu etw** ~ to choose sb for [*or* to do] sth; ■ **jdn ~, etw zu tun** to choose sb to do sth

auserwählt *adj inv, präd* chosen

Auserwählte(r) *f(m) dekl wie adj* (*geh*) ❶ (*auserwählte Person*) ■ **die ~n** the chosen few + *pl vb* [*or pl* ones], the elect + *pl vb form* ❷ (*hum: jds Zukünftige(r)*) ■ **jds** ~ sb's intended *fam*

Ausfachung <-, -en> *f* BAU infil, strut member

ausfahrbar *adj* extendable, extensible *spec;* **eine ~e Antenne** a retractable aerial; **eine ~e Kopfstüt-**

ze an adjustable headrest; ■ ~ **sein** to be extendable [*or spec* extensible]/retractable/adjustable

aus|fahren *irreg* **I.** *vt haben* ❶ (*spazieren fahren*) ■ **jdn [mit etw]** ~ to take [out *sep*] sb for a walk [in sth]; **jdn [im Wagen/in der Kutsche]** ~ to take sb [out *sep*] for a drive [*or* ride]; **ein Baby** ~ to take out *sep* the baby [in the pushchair [*or* AM stroller]] ❷ (*ausliefern*) ■ **etw** ~ to deliver sth ❸ (*Leistung voll ausnutzen*) ■ **etw** ~ to run [up *sep*] sth to top speed; **ein Auto voll** ~ to drive a car flat out ❹ (*ausstrecken*) ■ **etw** ~ to extend sth; **das Fahrgestell** ~ to lower the landing gear; **die Kopfstütze/das Periskop** ~ to raise the headrest/periscope **II.** *vi sein* ❶ (*spazieren fahren*) to go [out] for a drive [*or* ride] ❷ (*sich verlängern*) *Antenne* to extend; *Kopfstütze* to be raised; *Fahrgestell* to lower ❸ (*in Bezug auf bösen Geist*) ■ **[aus jdm]** ~ to come out [of sb], to leave [sb]

Ausfahrgarnitur *f* pramsuit, matinee wear **Ausfahrjäckchen** <-s, -> *nt* matinee jacket

Ausfahrt *f* ❶ *kein pl* (*Abfahrt*) departure ❷ (*Spazierfahrt*) ■ **die/eine** ~ [**in etw** *dat*/**mit etw** *dat*] the/a drive [*or* ride] [in sth]; **eine** ~ **aufs Land** a drive [*or* ride] in the country, a country drive; **eine** ~ **machen** to go for a drive [*or* ride] ❸ (*Hof~, Garagen~*) exit; (*mit Tor*) gateway; **„~ freihalten!"** "keep clear", "No parking"; (*Autobahn~*) slip road BRIT, exit [ramp] AM; ~ **Sindelfingen** Sindelfingen exit, exit for Sindelfingen

Ausfahrt(s)schild *nt* exit sign **Ausfahrtsstraße** *f* exit road

Ausfall *m* ❶ (*Fehlbetrag*) deficit; **ein** ~ **von Steuereinnahmen** a revenue deficit; (*Verlust*) loss; MIL loss, casualty; **erhebliche Ausfälle** considerable losses, a considerable number of casualties ❷ (*das Versagen*) failure; AUTO breakdown; (*Produktions~*) stoppage; MED failure, loss of function; **bei einem** ~ **des Systems** in case of [a] system failure; **der** ~ **der Atmung/einer Niere** respiratory/kidney failure ❸ *kein pl* (*das Nichtstattfinden*) cancellation; (*das Fehlen*) absence ❹ LING dropping, omission ❺ (*Ergebnis*) outcome *no pl*, results *pl* ❻ (*beleidigende Äußerung*) insult; ■ **Ausfälle** invective *form* ❼ MIL (*Ausbruch*) sortie, sally; (*beim Fechten*) thrust, lunge; **einen** ~ [**mit etw**] **machen** to [make a] lunge [*or* thrust] [with sth]

Ausfallbetrag *m* FIN deficiency **Ausfallbürge, -bürgin** *m, f* JUR deficiency guarantor **Ausfallbürgschaft** *f* JUR deficiency guarantee, indemnity bond; **die** ~ **übernehmen** to give a letter of indemnity

aus|fallen *vi irreg sein* ❶ (*herausfallen*) ■ **etw fällt [jdm] aus** [sb's] sth is falling out, sb loses sth; **jdm fallen [die] Haare aus** sb is going bald [*or* is balding] ❷ (*nicht stattfinden*) to be cancelled [*or* AM *a.* canceled]; ■ **ausgefallen** cancelled; ■ **etw** ~ **lassen** to cancel sth; **das Frühstück** ~ **lassen** to go without breakfast; **eine Unterrichtsstunde** ~ **lassen** to cancel a lesson; *Schüler* to not go to [*or* to skip] a lesson, to skive BRIT, to play hooky AM ❸ (*nicht funktionieren*) *Niere* to fail; *Motor* to break down ❹ (*entfallen*) to be lost, to be not forthcoming *form* ❺ (*nicht zur Verfügung stehen*) ■ **[bei/während etw] [wegen etw]** ~ to be absent [*or* unavailable] [for/during sth] [owing to sth]; (*ausscheiden*) to drop out [of sth] [because of sth]; *Rennwagen a.* to retire [from sth] [owing to [*or* because of] sth] ❻ LING to be dropped [*or* omitted] ❼ MODE **groß/klein** ~ *Kleidungsstück* to be large/small ❽ (*werden*) to turn out; ***die Rede ist zu lang ausgefallen*** the speech was [*or* turned out to be] too long

aus|fällen *vt* CHEM ■ **etw [aus etw]** ~ to precipitate [out of sth]

ausfallend, ausfällig I. *adj* abusive **II.** *adv* **sich** ~ **ausdrücken** to use abusive language; **sich** ~ **über jdn/etw äußern** [*o* **auslassen**] to get personal about sb/sth; **etw** ~ **formulieren** to frame sth in abusive language

Ausfallentschädigung *f* FIN deficiency compensation **Ausfallhaftung** *f* JUR contingent liability **Ausfallkredit** *m* FIN contingency loan **Ausfallrate** *f* failure rate **Ausfallrisiko** *nt* FIN default risk **Ausfallsicherheit** *f kein pl* INFORM fail safe **Ausfallstraße** *f* arterial road **Ausfallurteil** *nt* JUR deficiency judgment **Ausfallversicherung** *f* FIN contingency insurance **Ausfallzahlung** *f* FIN deficiency payment **Ausfallzeit** *f einer Maschine* downtime

aus|fechten *vt irreg* ■ **etw** ~ to fight [out *sep*] sth

aus|federn *vt* **ein Auto** ~ to tilt a car (*due to suspension rebound caused by vigorous swerving*)

aus|fegen *vt* ■ **etw** ~ to sweep [out *sep*] sth; ■ **das A~ von etw** *dat*/**einer S.** *gen* sweeping [out *sep*] sth

aus|feilen *vt* ■ **etw** ~ ❶ (*wegfeilen*) to file down sth *sep,* to remove sth by filing ❷ (*den letzten Schliff geben*) to polish [up *sep*] sth; ■ **ausgefeilt** polished

aus|fertigen *vt* (*geh*) ■ **[jdm] etw** ~ to draft [*or sep* draw up] sth [for sb]; **[jdm] einen Pass** ~ to issue [sb with] a passport; **eine Rechnung [für etw]** ~ to make out *sep* a bill [for sth], to invoice sth

Ausfertigung *f* (*geh*) ❶ *kein pl* (*Ausstellung*) drawing up, drafting; *einer Rechnung* making out; *von Pass a.* issuing ❷ (*Abschrift*) copy; **die erste** ~ the top [*or* master] copy; **in einfacher/doppelter/dreifacher/mehrfacher** ~ as one copy/as two/three/multiple copies; **in doppelter/dreifacher/vierfacher** ~ in duplicate/triplicate/quadruplicate; **in doppelter** ~ **unterzeichnet** signed in duplicate; **etw in doppelter** ~ two copies of sth

ausfindig *adj* ■ **jdn/etw [in etw** *dat*] ~ **machen** to locate sb/sth [in sth], to trace sb/sth [to sth]; ■ **etw [in etw** *dat*] ~ **machen** to find [*or* discover] sth [in sth]

Ausflaggen <-s> *nt kein pl* sailing under a foreign flag

aus|fliegen *irreg* **I.** *vi sein* ❶ (*das Nest verlassen*) to fly off [*or* away]; ***der Vogel ist ausgeflogen*** the bird has flown ❷ (*fam: weggehen*) to go out **II.** *vt haben* ■ **jdn [aus etw]** ~ to fly sb [out of sth], to evacuate sb [by air/plane/helicopter] [from sth]

aus|fließen *vi irreg sein* ■ **[aus etw]** ~ to leak out [of sth]; *Eiter* to discharge [from sth]

aus|flippen *vi sein* (*fam*) ❶ (*wütend werden*) to freak out *fam,* to blow a fuse *fam,* BRIT *a.* to do one's nut *fam* ❷ (*sich wahnsinnig freuen*) to jump for joy, to be over the moon ❸ (*überschnappen*) to have a screw loose *hum fam,* to lose it [completely]; (*aufgrund von Drogen, Stimulanzien*) to be high *fam* [*or sl* spaced out]; (*aufgrund von Alkohol*) to get drunk [*or* [*or* BRIT *fam!* *a.* pissed] tight]; ■ **ausgeflippt** (*überspannt*) freaky *fam;* (*unter Drogen stehend*) high *fam,* spaced out *sl;* ■ **Ausgeflippte(r)** freak, weirdo *pej fam*

Ausflucht <-, Ausflüchte> *f* excuse; **Ausflüchte machen** to make excuses; ***mach keine Ausflüchte!*** [I want [to hear]] no excuses!

Ausflug *m* ❶ (*Betriebs~*) outing; (*Schul~ a.*) trip, AM *a.* field trip; (*Wanderung*) walk, hike; **einen** ~ **machen** to go on [*or* for] an outing [*or* a trip]/a walk [*or* hike] ❷ (*Exkurs*) ■ ~ **in etw** *akk* excursion; **einen** ~ **in etw** *akk* **machen** to make an excursion into sth

Ausflügler(in) <-s, -> *m(f)* tripper; (*für einen Tag*) day-tripper

Ausflugsdampfer *m* pleasure steamer **Ausflugslokal** *nt* tourist café **Ausflugsort** *m* pleasure resort **Ausflugsziel** *nt* destination [of one's outing]; **beliebte ~e** places of popular resort BRIT, popular destinations

Ausfluss[RR] <-es, Ausflüsse> *m,* **Ausfluß** <-sses, Ausflüsse> *m* ❶ (*~stelle*) outlet ❷ *kein pl* MED [vaginal *form*] discharge ❸ (*geh: Resultat*) result[s *pl*], product

aus|formulieren *vt* ■ **etw** ~ *Gedanken, Text* to tidy up sth *sep,* to formulate sth in words [*or* in detail]

aus|forschen *vt* ■ **jdn/etw** ~ to investigate sb/sth

Ausforschungsbeweis *m* JUR exploratory questioning of a witness

aus|fragen *vt* ■ **jdn** ~ to question sb, to pump sb for details *a. pej*

aus|fransen *vi sein* to fray, to become frayed

aus|fressen *vt irreg* (*fam*) ■ **etwas/nichts ausgefressen haben** to have done something/nothing wrong

Ausfuhr <-, -en> *f* ❶ *kein pl* (*Export*) export[ation]; (*~handel*) exports *pl* ❷ *pl* exports

Ausfuhrartikel *m* export item

ausführbar *adj* feasible, practicable, workable; INFORM executable; **kaum/leicht** ~ difficult/easy to carry out *pred*

Ausfuhrbeschränkung *f* export control **Ausfuhrbestimmungen** *pl* export regulations *pl* **Ausfuhrbewilligung** *f* ÖKON export licence **Ausfuhrbürgschaft** *f* ÖKON export [credit] guarantee **Ausfuhrembargo** *nt* POL export embargo

aus|führen *vt* ❶ (*durchführen*) ■ **etw** ~ to carry out sth *sep;* **Anweisungen** ~ to act [up]on [*or sep* carry out] [one's/sb's] instructions; **einen Auftrag** ~ to carry out *sep* [*or form* execute] an order; **einen Befehl/Truppenbewegungen** ~ to execute an order/troop movements; **einen Elfmeter/Freistoß** ~ to take a penalty/free kick; **eine Operation** ~ to perform [*or sep* carry out] an operation; **einen Plan** ~ to put a plan into effect, to carry out *sep* a plan ❷ (*spazieren gehen mit*) ■ **jdn/etw** ~ to take out sb/sth *sep;* **den Hund** ~ to take [out *sep*] the dog for a walk; **jdn groß** ~ to take out *sep* sb for a real treat ❸ (*hum: öffentlich zeigen*) ■ **etw** ~ to parade *pej* [*or sep* show off] sth ❹ (*exportieren*) ■ **etw [in etw** *akk*] ~ to export sth [to sth]; **ausgeführte Waren** exports ❺ (*erläutern*) ■ **[jdm] etw** ~ to explain sth [to sb]; (*darlegen*) to set out *sep* sth [for sb]; **etw im Einzelnen** ~ to explain the points of sth, to elaborate on sth; **etw detailliert** ~ to explain sth in detail, to particularize sth *form*

Ausführende(r) *f(m) dekl wie adj* performer

Ausfuhrerklärung *f* export declaration

Ausfuhrerlaubnis *f* ÖKON export licence [*or* permit] **Ausfuhrerstattung** *f* FIN export refund **ausfuhrfähig** *adj* ÖKON exportable **Ausfuhrgenehmigung** *f* ÖKON export authorization **Ausfuhrgeschäft** *nt* ÖKON export transaction **Ausfuhrgüter** *pl* export goods *npl,* exports *pl* **Ausfuhrhafen** *m* shipping port, port of exportation **Ausfuhrhandel** *m* export trade **Ausfuhrkartell** *nt* FIN export-promoting cartel **Ausfuhrkontingent** *nt* ÖKON export quota **Ausfuhrkredit** *m* FIN export credit **Ausfuhrkreditversicherung** *f* FIN export credit insurance **Ausfuhrland** *nt* ❶ (*exportierendes Land*) exporting country; **ein** ~ **für Kaffee** a coffee-exporting country ❷ (*Land, in das ausgeführt wird*) export market

ausführlich I. *adj* detailed; **eine ~e Erklärung** a full explanation; **~e Informationen** full [*or* detailed] information *no pl, no art* **II.** *adv* in detail [*or* full]; **sehr** ~ in great detail; ■ **~er** in more [*or* greater] detail

Ausführlichkeit <-> *f kein pl* detail[edness]; *von Erklärung* fullness; **in aller** ~ in [great] [*or* down to the last] detail, in full

Ausfuhrlizenz *f* ÖKON export licence [*or* AM -se] **Ausfuhrpapiere** *pl* export documents *pl* **Ausfuhrrückgang** *m* ÖKON decline in exports **Ausfuhrsubvention** *f* FIN export subsidy **Ausfuhrumsatz** *m* FIN export sales

Ausführung *f* ❶ *kein pl* (*Durchführung*) carrying out; *von Auftrag a.* execution; *von Befehl* execution; *von Elfmeter, Freistoß* taking; *eines Gesetzes* implementation; *von Operation* performance, carrying out; **zur** ~ **gelangen** [*o* **kommen**] (*geh*) to be carried out/executed ❷ (*Qualität*) quality; *von Möbel a.* workmanship; (*Modell*) model, design ❸ *kein pl* (*Darlegung, Erklärung*) explanation ❹ *meist pl* (*Bericht*) report

Ausführungsbestimmung *f* implementing regulation [*or* statute] **Ausführungsgarantie** *f* JUR performance guarantee **Ausführungsgeschäft** *nt* JUR [agent's] implementing transaction **Ausführungsphase** *f* INFORM run phase **Ausführungsplan** *m* BAU design plan **Ausfüh-**

rungsqualität *f* workmanship **Ausführungsverordnung** *f* JUR implementing regulation

Ausfuhrverbot *nt* POL export ban [*or* prohibition] **Ausfuhrzoll** *m* export duty

aus|füllen *vt* ① (*Antworten eintragen*) ■**etw** ~ to fill in [*or* out] sth *sep*, to complete sth ② (*gerecht werden*) ■**etw** ~ to fill sth; ***er füllt den Posten gut/nicht gut aus*** he is well-fitted/not fitted for the post ③ (*befriedigen*) ■**jdn [ganz [*o* voll]]** ~ to satisfy sb [completely], to give sb [complete] fulfilment [*or* AM fulfillment] *usu form* ④ (*Zeit in Anspruch nehmen*) ■**etw** ~ to take up *sep* all of sth; ■**seine Zeit [mit etwas]** ~ to fill up *sep* one's time [with sth], to pass one's time [doing sth]; **sein Leben mit etw** ~ to spend one's [whole] life doing [*or* in] sth ⑤ (*stopfen*) ■**etw [mit etw]** ~ to fill sth [with sth]; **ein Loch [mit etw]** ~ to fill [up [*or* out] *sep*] a hole [with sth]; **einen Spalt [mit etw]** ~ to stop [*or sep* fill in] a gap [with sth]

aus|futtern *vt* KOCHK **eine Form** ~ to line a baking tin

Ausgabe *f* ① *kein pl* (*Austeilung*) distribution, giving out; (*Aushändigung a.*) handing out; *von Befehl, Fahrkarte, Dokument* issuing; ~ ***von Fahrkarten am Schalter 2*** Window 2 for tickets, tickets issued at Window 2 ② *kein pl* BÖRSE (*Herausgabe*) issuing; *von Anleihen a.* negotiation *form* ③ INFORM output *no pl;* (*Druck~ a.*) print-out; **eine ~ am Terminal** a screen output ④ (*Schalter*) issuing counter; (*Büro*) issuing office; (*Bücher~*) issue [*or* issuing] desk; (*Essens~*) serving counter ⑤ MEDIA, LIT edition; *von Zeitschrift a.* issue; **die ~ von 1989** the 1989 edition; **alte ~n** back issues; (*Version*) version ⑥ *pl* (*Kosten*) expenses, costs; **die staatlichen ~n** state spending *no pl, no art*

Ausgabedaten *pl* INFORM output data + *sing vb* **Ausgabeeinheit** *f* INFORM output unit **Ausgabegerät** *nt* INFORM output device [*or* drive] **Ausgabekurs** *m* FIN issue[d] price **Ausgabengrenze** *f* FIN cost limit **Ausgabenpolitik** *f* FIN costs policy **Ausgabensperre** *f* FIN spending freeze **Ausgabensteuer** *f* JUR expenditure tax **Ausgabenstruktur** *f* FIN expenditure pattern **Ausgabeposten** *m* FIN item of expenditure **Ausgabepreis** *m* FIN issue price **Ausgabeschalter** *m* (*in Bibliothek*) issue [*or* AM circulation] desk **Ausgabestelle** *f* ① (*Büro*) issuing office ② (*Schalter*) issuing counter ③ *in Bibliothek* issue desk ④ *für Hilfsgüter* distribution point

Ausgang *m* ① (*Weg nach draußen*) way out, exit (+*gen* from); ***ich bringe Sie noch [bis] zum*** ~ I'll show you the way out; *von Wald* edge; LUFT gate ② MED (*Auslass*) opening; *von Enddarm a.* exitus *spec* ③ ELEK exit, outlet ④ (*Erlaubnis zum Ausgehen*) permission to go out; MIL pass; ~ **haben** to have permission to go out; *Personal* to have the day off; (*für den Abend*) to have the evening off; MIL to be on leave; **bis 22 Uhr ~ haben** MIL to have a pass till 10 o'clock [*or* AM *a.* 10 PM]; ~ **bis zum Wecken haben** MIL to be on overnight leave [till reveille] ⑤ *kein pl* (*Ende*) end; *einer Epoche a.* close; *von Film, Roman a.* ending; (*Ergebnis*) outcome; **einen tödlichen ~ haben** to end fatally; **einen glücklichen/tragischen/unverhofften ~ nehmen** to turn out [*or* end] happily/to end in tragedy/to take an unexpected turn ⑥ *kein pl* (*~spunkt*) starting point, point of departure; (*Anfang*) beginning ⑦ *pl* (*ausgehende Post*) outgoing mail *no pl, no indef art;* (*ausgehende Waren*) outgoing goods

ausgangs I. *präp* +*gen* (*räumlich, zeitlich*) at the end of; **ein Mann ~ der Dreißiger** a man in his late thirties II. *adv* (*am Ausgang*) at the edge, on the way out of

Ausgangsbasis *f kein pl* basis **Ausgangsbehörde** *f* JUR originating office **Ausgangsflughafen** *m* ÖKON airport for outward freight **Ausgangsfracht** *f* carriage outward, freight out[ward] **Ausgangshafen** *m* ÖKON shipping port **Ausgangshelligkeit** *f* ASTRON *eines Sterns* initial luminosity **Ausgangskapital** *nt* FIN initial capital **Ausgangslage** *f* starting point **Ausgangsmaterial** *nt* ÖKON raw material **Ausgangsparameter** *m* INFORM default parameter **Ausgangsposition** *f* starting position **Ausgangsprodukt** *nt* ÖKON primary product **Ausgangspunkt** *m* starting point; *einer Reise a.* departure **Ausgangssperre** *f* MIL (*für die Bevölkerung*) curfew; **eine ~ verhängen** to impose a curfew; (*für Soldaten*) confinement to barracks; ~ **haben** to be confined to barracks **Ausgangssprache** *f* source language **Ausgangsstellung** *f* ① SPORT (*Grundstellung*) **in ~ gehen** starting position ② MIL initial position

ausgearbeitet I. *pp von* **ausarbeiten** II. *adj inv* worked out, developed; **ein bis ins letzte Detail ~er Plan** a detailed plan

ausgebaut *adj* fully developed; **gut ~e Straßen** well-built roads

aus|geben *vt irreg* ① (*aufwenden*) ■**etw [für etw]** ~ to spend sth [on sth]; **ein Teil seines Gehalts für etw ~** to invest [*or* spend] part of one's salary on sth ② (*austeilen*) ■**etw [an jdn]** ~ to distribute [*or sep* give out] sth [to sb]; (*aushändigen a.*) to hand out *sep* sth [to sb]; **einen Ausweis/ein Dokument/eine Fahrkarte** ~ to issue a passport/document/ticket; **die Karten** ~ to deal the cards; ***wer gibt die Karten aus?*** whose deal is it?; **eine Datei auf dem Drucker** ~ INFORM to output a file to the printer *form*, to print [out *sep*] a file; **Befehle** ~ to issue [*or* give] orders ③ (*fam: spendieren*) ■**[jdm] etw** ~ to treat sb to sth; ***darf ich dir einen Ouzo ~?*** can I buy you an ouzo?; **eine Runde [Bier]** ~ to buy [*or fam* stand] a round, to get in *sep* the beers *fam;* **[jdm] einen** ~ (*fam*) to buy [*or* get] sb a drink; ***heute abend gebe ich einen aus*** the drinks are on me this evening ④ FIN ■**etw** ~ to issue sth ⑤ (*darstellen*) ■**jdn/etw als/für jdn/etw** ~ to pass off *sep* sb/sth as sb/sth; ■**sich [jdm gegenüber] als jd/etw** ~ to pass oneself off as sb/sth [to sb], to pose as sb/sth

ausgebildet I. *pp von* **ausbilden** II. *adj* trained

ausgebrannt *adj* drained, exhausted, BRIT *a.* knackered *fam!;* (*geistig erschöpft a.*) burned-out, spent

ausgebucht *adj* ① (*belegt*) booked up; *Flugzeug, Reise* [completely] booked out ② (*fam*) ■~ **sein** to be booked up; ***heute Abend/nächste Woche ist bei mir völlig*** ~ I'm fully booked up for this evening/next week

ausgebufft *adj* (*fam*) shrewd, BRIT *a.* fly

Ausgeburt *f* ① (*Gebilde*) monstrous product [*or* invention]; **eine ~ der Fantasie** a product of a diseased imagination *pej* ② (*pej: Geschöpf, Kreatur*) monster; **eine ~ der Hölle** a fiend from [*or pej* spawn of] hell [*or* Hell]

ausgedehnt I. *pp von* **ausdehnen** II. *adj* ① (*lang*) *Spaziergang* long, extended ② (*groß*) *Ländereien* extensive

ausgedient *adj attr* (*veraltend*) worn out; MIL (*a.D.*) retired, veteran; **ein ~er Gegenstand** an item which one has no further use for

ausgedörrt *adj Boden* parched; *Land* arid; *Pflanze* shrivelled, dried up

ausgefallen *adj* unusual; (*sonderbar*) weird

ausgefeilt I. *pp von* **ausfeilen** II. *adj* polished

ausgefranst *adj Kleidung* frayed

ausgeglichen *adj* ① *Klima* equable, even, steady ② *Mensch* equable, level-headed, easy-going; *Temperament* equable, easy-going ③ TYPO *Satz* equally [*or* evenly] spaced

Ausgeglichenheit <-> *f kein pl* evenness, steadiness; *Mensch* level-headedness; **seine ~** his balanced character

aus|gehen *vi irreg sein* ① (*aus dem Haus gehen*) to go out; ■**ausgegangen sein** to have gone out, to be out [*or liter* abroad]; ■**[mit jdm]** ~ (*zum Vergnügen*) to go out [with sb] ② (*aufhören zu brennen*) ■**[jdm]** ~ *Lampe* to go out [on sb *hum fam*] ③ (*ausfallen*) ■**jdm/einem Tier** ~ *Haare* to fall out ④ (*herrühren*) ■**von jdm** ~ to come from sb; ***von wem geht diese Idee aus?*** whose idea is this? ⑤ (*seinen Ursprung haben*) ■**von etw** ~ to lead from sth; ***von dem Platz gehen vier Straßen aus*** four streets lead from [*or* off] the square; ■**etw geht von jdm/etw aus** sb/sth radiates sth ⑥ (*enden*) to end; ■**gut/schlecht** ~ to turn out well/badly; *Buch, Film* to have a happy/sad ending [*or* end]; *Spiel* to end well/badly ⑦ (*annehmen*) ■**davon ~, dass ...** to start out from the fact/idea that ...; ***es ist davon auszugehen, dass ...*** it can be assumed that ...; ***davon kann man nicht*** ~ you can't go by that ⑧ (*zu Grunde legen*) ■**von etw** ~ to take sth as a basis [*or* starting point] ⑨ (*zu Ende gehen*) ■**etw geht [jdm] aus** sb runs out of sth; ***das Brot ist ausgegangen*** there's no more bread, I've/we've etc. run out of bread; ***deine guten Ausreden gehen dir wohl auch nie aus!*** you're never at a loss for [*or* you always find] a good excuse; ***mir geht die Geduld aus*** I'm losing [my] patience; ***ihm ist die Luft [o Puste] ausgegangen*** he ran out of steam *fam;* (*finanziell*) he ran out of funds

ausgehend *adj attr* **im ~en Mittelalter** towards the end of the Middle Ages; **das ~e 19. Jahrhundert** the end [*or* close] of the 19th century

ausgehungert *adj* ① (*fam: sehr hungrig*) ■~ **sein** to be starved [*or* starving] [*or* famished] ② (*ausgezehrt*) emaciated ③ (*bedürftig*) ■**nach etw ~ sein** to be starved [*or* desperately in need] of sth

Ausgehuniform *f* MIL dress uniform

ausgeklügelt *adj* ingenious, [carefully] thought out; *Methode* cleverly devised

ausgekocht *adj* (*pej fam*) cunning, sly

ausgelassen *adj* wild, mad *fam; Kinder* boisterous, lively; ■~ **sein** to be boisterous [*or* lively] [*or* in high spirits]

Ausgelassenheit <-, *selten* -en> *f* wildness, madness *fam; von Kindern* boisterousness, high spirits *npl*

ausgeleuchtet I. *pp von* **ausleuchten** II. *adj* illuminated

ausgemacht *adj* ① (*entschieden*) ■**es ist ~ [o eine ~e Sache], dass ...** it is agreed that ...; (*nicht abwendbar*) it's a foregone conclusion that ... *form;* ***noch nicht ~ ist, ob ...*** it is not yet settled whether ... ② *attr* (*fam: eingefleischt*) complete, utter, downright *a. pej fam,* regular *hum fam*

ausgemergelt *adj* emaciated, gaunt; **ein ~es Gesicht** a gaunt [*or* pinched] face

ausgenommen *konj* except, apart from; **alle, ~ du** everyone but [*or* except [for]] you, everyone save [*or* apart from] yourself; ***wir kommen, ~ es regnet*** we'll come, but only if it doesn't rain; **ich/Sie/die Kranken nicht ~** myself/yourself/the sick not excepted [*or* excluded]

ausgepowert [-paʊɐt] *adj* (*fam*) washed out *fam,* completely exhausted, BRIT *a.* done in *pred fam*

ausgeprägt *adj* (*prononciert*) *Charakterzüge, Eigenschaften* distinctive; (*markant*) distinctive; **ein ~es Interesse** a pronounced interest; **eine ~e Neigung** a distinct inclination; **ein [stark] ~er Sinn für alles Schöne** a well-developed sense for everything beautiful; **~er Stolz** deep-seated pride

ausgerechnet *adv* ① *personenbezogen* (*gerade*) ■~ **jd/jdn/jdm** sb of all people; ***warum muss das ~ mir passieren?*** why does it have to happen to me [of all people]? ② *zeitbezogen* (*gerade*) ■~ **jetzt** now of all times; ■~ **gestern/heute** yesterday/today of all days; ~ ***dann war ich nicht zu Hause*** right then I was not in, of course; ~, ***als wir ins Bett gehen wollten, ...*** just when we wanted to go to bed ...

ausgerichtet I. *pp von* **ausrichten** II. *adj* oriented

ausgeruht I. *adj inv, attr* well rested II. *adv inv* **etw ~ beginnen** to start sth well rested; **sich ~ an die Arbeit machen** to start work having had a good night's sleep

ausgerüstet *adj* ① (*ausgestattet*) equipped; **bügelfrei** ~ non-iron; **gut** ~ well-equipped; ***für die Bergtour gut*** ~ well-equipped for the mountaineering expedition ② CHEM, MODE (*durch Nachbehandlung veredelt*) treated

ausgeschlafen *adj* (*fam*) sharp; ■~ **sein** to be alert [*or* sharp] [*or* on the ball]

ausgeschlagen I. *pp von* **ausschlagen** II. *adj inv* beaten [out]

A

ausgeschlossen *adj pred* ■ ~ **sein[, dass ...]** to be impossible [that ...]; (*außer Frage kommen a.*) to be out of the question [that ...]; ***es ist nicht ~, dass ...*** it is just possible that ...; ■ **[völlig] ~!** [that's] [completely] impossible! [*or* out of the question], nothing doing! *fam; s. a.* **Irrtum**

ausgeschnitten *adj* low-cut; ■ ~ **sein** to be low-cut [*or* cut low]; **ein vorn ~es/tief ~es Kleid** a dress cut low/very low at the front, a dress with a low/plunging neckline; ***sie kam tief ~ auf den Ball*** she came to the ball in a very low-cut dress

ausgesprochen I. *adj* (*positive Eigenschaft bezeichnend*) distinct; **~e Eleganz** sheer elegance; **~e Freundlichkeit** real friendliness; (*negative Eigenschaft bezeichnend*) extreme; **~e Begabung** a marked [*or* pronounced] ability; **eine/keine ~e Ähnlichkeit** a marked/no particular similarity; (*ausgeprägt*) pronounced, distinctive; ***sie ist keine ~e Schönheit*** she's not exactly what you would call pretty; **~es Pech haben** to have really bad luck, to be really unlucky II. *adv* ❶ (*wirklich*) really ❷ (*besonders*) really, extremely; (*negative Eigenschaft bezeichnend a.*) downright *fam*

aus|gestalten* *vt* ■**etw** ~ (*dekorieren, einrichten*) to decorate sth; (*ausbauen*) to develop sth; **etw antik** ~ to decorate sth in an antique style

Ausgestaltung <-, -en> *f* ❶ (*Anordnung*) arrangement, development ❷ JUR *eines Patents* embodiment

ausgestattet I. *pp von* **ausstatten** II. *adj inv* equipped with; **mit Stilmöbeln** ~ furnished with antique furniture

ausgestellt I. *pp von* **ausstellen** II. *adj inv* flared

ausgestorben *adj* ❶ (*erloschen*) extinct ❷ (*verlassen*) ■**[wie]** ~ **sein** to be deserted

ausgestoßen *pp von* **ausstoßen**

Ausgestoßene(r) *f(m) dekl wie adj* outcast

ausgestreckt I. *pp von* **ausstrecken** II. *adj Hand* extended

ausgesucht I. *adj* ❶ (*erlesen*) choice, select; **~e Qualität** choice quality ❷ (*gewählt*) well-chosen; **eine ~e Gesellschaft** a select group of people II. *adv* extremely, exceptionally; ~ **gute Weine** choice [*or* select] wines

ausgetreten I. *pp von* **austreten** II. *adj* ❶ *Schuhe* worn ❷ *Weg* [well-]trodden

ausgewachsen [-vaks-] *adj* ❶ (*voll entwickelt*) fully grown ❷ (*fam: komplett*) utter, complete; **ein ~er Skandal** a full-blown scandal

ausgewählt *adj* ❶ (*selektiert*) selected ❷ (*erlesen*) select; **eine ~e Mannschaft** a hand-picked team; **~e Weine** choice [*or* select] wines

ausgewiesen *adj* acknowledged

ausgewogen *adj* balanced; **das ~e Kraftverhältnis** the balance of powers; **~e Maßnahmen** a balanced set of measures

Ausgewogenheit <-> *f kein pl* balance; ~ **bewahren** to preserve the balance

ausgezeichnet I. *adj* excellent; ■**von ~er Qualität** of excellent [*or* superior] quality II. *adv* extremely well; ~ **kochen** to be an excellent cook; ***mir geht es ~*** I'm feeling just great

ausgiebig I. *adj* extensive; **eine ~e Mahlzeit** a substantial [*or* large] meal; **einen ~en Mittagsschlaf** a long afternoon nap; **von etw ~en Gebrauch machen** to make full [*or* good] use of sth II. *adv* extensively; ~ **baden/schlafen/schwimmen** to have a good [long] bath/sleep/swim; **etw ~ gebrauchen** to make full [*or* good] use of sth

aus|gießen *vt irreg* ❶ ■**etw** ~ (*entleeren*) to empty sth; (*weggießen*) to pour away sth *sep;* **etw im Toilettenbecken** ~ to pour sth down the toilet ❷ (*füllen*) ■**etw [mit etw]** ~ to fill [in *sep*] sth [with sth]; **einen Hohlraum mit etw** ~ to fill a cavity with sth, to pour sth into a cavity ❸ (*überschütten*) **Hohn/Spott über jdm** ~ to pour scorn on/to mock sb

Ausgleich <-[e]s, *selten* -e> *m* ❶ (*das Ausgleichen*) balancing, squaring; **der ~ eines Kontos** to balance an account ❷ (*das Wettmachen*) settlement; *eines Fehlers, Schadens* compensation; ■**zum ~ einer S.** *gen* by way of compensation [*or* in order to compensate] for sth ❸ (*das Korrigieren*) balancing; *von Unebenheiten* evening out ❹ (*Vermittlung*) conciliation ❺ (*Kompensierung*) ***er treibt zum ~ Sport*** he does sport to keep fit; **zum willkommenen ~ von etw** as a welcome change from sth ❻ *kein pl* SPORT equalizer, tie AM; **den ~ erzielen** to equalize, to tie [the score [*or* it up]] AM; TENNIS deuce

aus|gleichen *irreg* I. *vt* ■**etw [durch etw]** ~ ❶ (*glatt stellen*) to balance [*or* square] sth [with sth]; **Schulden [durch etw]** ~ to settle debts [with sth] ❷ (*korrigieren*) to balance sth [with sth] *sep;* **die Unebenheiten eines Fußbodens** ~ to even out a floor ❸ (*wettmachen*) to compensate for [*or* make good] sth [with sth/by doing sth] ❹ (*ausbalancieren*) to reconcile sth [with sth] II. *vi* ❶ SPORT **[zu 1:1]** ~ to equalize [the score at 1 all], to tie the score AM ❷ (*vermitteln*) to prove [*or* be] conciliatory; *Mensch* to act as a mediator III. *vr* ■**sich [durch etw]** ~ to balance out [as a result of sth]

ausgleichend *adj Wirkung* harmonizing, balancing-out; *Art* conciliatory

Ausgleichsabgabe *f* FIN equalization levy, compensatory [*or* compensation] tax **Ausgleichsanspruch** *m* JUR claim for adjustment **ausgleichsberechtigt** *adj* JUR entitled to contribution **Ausgleichsberechtigte(r)** *f(m) kein pl* JUR person entitled to equalization payments **Ausgleichsbetrag** *m* FIN compensatory amount **Ausgleichsempfänger(in)** *m(f)* FIN recipient of equalization payments **Ausgleichsfonds** *m* FIN compensation fund, equalization fund **Ausgleichsforderung** *f* FIN equalization claim **Ausgleichsgetriebe** *nt* AUTO differential **Ausgleichsgrundsatz** *m* JUR compensation principle **Ausgleichskapazität** *f* ÖKON compensating capacity **Ausgleichskasse** *f* SCHWEIZ *independent compensation and insurance fund for members of the armed forces* **Ausgleichsklausel** *f* JUR *Lohn* escalator clause **Ausgleichsleistung** *f* FIN compensation payment **Ausgleichspflicht, Ausgleichungspflicht** *f* JUR compensations payment liability; ~ **der Gesamtschuldner** obligation to make contributions to co-debtors; ~ **der Gesamtgläubiger** duty to account to co-creditors for moneys received **Ausgleichsposten** *m* FIN balancing [*or* compensating] item; ~ **zur Auslandsposition** counterpart of changes in one's external position **Ausgleichsschicht** *f* BAU levelling [*or* AM leveling] layer **Ausgleichssport** *m* keep-fit activities **Ausgleichssteuer** *f* FIN compensatory duty **Ausgleichstor** *nt,* **Ausgleichstreffer** *m* equalizer, tying goal AM **Ausgleichsumlage** *f* FIN equalization levy **Ausgleichsverfahren** *nt* JUR composition proceedings *pl* **Ausgleichszahlung** *f* compensation, compensatory [payment] **Ausgleichszeitraum** *m* FIN balancing time **Ausgleichszinsen** *pl* FIN compensatory interest **Ausgleichszuschlag** *m* ÖKON cost-of-living allowance **Ausgleichung** <-, -en> *f* FIN compensation, adjustment **Ausgleichungsdumping** *nt* FIN anticipatory dumping **Ausgleichungspflicht** *f* JUR duty to compensate

aus|gleiten *vi irreg sein* (*geh*) ■**[auf etw** *dat***]** ~ to slip [on sth]

aus|gliedern *vt* ÖKON ■**etw [aus etw]** ~ to disembody [*or* disincorporate] sth [from sth] *spec*

aus|graben *vt irreg* ■**etw** ~ ❶ (*aus der Erde graben*) to dig up sth *sep;* **Altertümer** ~ to excavate [*or sep* dig up] ancient artefacts; **eine Leiche** ~ to disinter [*or* exhume] a body ❷ (*hervorholen*) to dig out sth *sep;* **alte Geschichten** ~ to bring up *sep* old stories

Ausgrabung *f* ❶ *kein pl* (*das Ausgraben*) digging up; *einer Leiche* disinterment, exhumation ❷ (*Grabungsarbeiten*) excavation[s *pl*]; (*Grabungsort*) excavation site; (*Grabungsfund*) [archaeological [*or* AM archeological]] find

aus|gräten *vt* KOCHK *s.* **entgräten**

aus|greifen *vi irreg* to make long strides

ausgreifend *adj* ■**[weit]** ~ long, lengthy; **eine [weit] ~e Bewegung** a sweeping movement

aus|grenzen *vt* ■**jdn/etw [aus etw]** ~ to exclude sb/sth [from sth]

Ausgrenzung <-> *f kein pl* ■**die ~ [aus etw]** the exclusion [from sth]

Ausguck <-[e]s, -e> *m* lookout; ~ **halten** to keep a lookout; NAUT to keep lookout

aus|gucken *vt* (*fam*) ■**[sich** *dat***] jdn/etw** ~ to set one's sights on sb/sth, to pick out sb *sep; s. a.* **Auge**

Ausguss[RR] <-es, Ausgüsse> *m,* **Ausguß** <-sses, Ausgüsse> *m* ❶ (*Spüle*) sink ❷ (*Tülle*) spout

aus|haben *irreg* I. *vt* (*fam*) ■**etw** ~ ❶ (*ausgezogen haben*) to have taken off sth *sep* ❷ (*beendet haben*) to have finished sth II. *vi* (*fam*) to get off [school]

aus|hacken *vt* ❶ (*durch Hacken entfernen*) ■**etw** ~ to hoe [out *sep*] sth ❷ ■**jdm/etw etw** ~ to peck out *sep* sb's/sth's sth; **etw** *dat* **die Federn** ~ to tear out *sep* sth's feathers; *s. a.* **Krähe**

aushakbar *adj inv* unhookable

aus|haken I. *vt* ■**etw** ~ to unlatch [*or* unhook] sth II. *vi impers* (*fam*) ■**es hakt bei jdm aus** ❶ (*nichts mehr verstehen*) sb doesn't get it [*or* just can't understand]; (*zuviel auf einmal*) it's too much for sb ❷ (*wütend werden*) something in sb snapped *fam*

aus|halten *irreg* I. *vt* ❶ (*ertragen können*) ■**es** ~ to bear [*or* stand] [*or* endure] it; ***er hält es in keiner Stellung lange aus*** he never stays in one job for long; ***hältst du es noch eine Stunde aus?*** can you hold out [*or* manage] another hour?; ***hält ein Mensch das überhaupt aus?*** is it humanly possible?; ***man kann es wochenlang ohne Essen*** ~ you can go without food for weeks; ■**etw** ~ to stand [*or* bear] sth; **die Kälte** ~ to endure the cold; **jds Blick** ~ to return sb's stare; **es ist mit jdm/etw nicht [länger] auszuhalten** [*o* **nicht zum A~**] it's [getting] unbearable with sb/sth; **es lässt sich [mit jdm]** ~ it's bearable [being with sb], I/we etc. can't complain, sb is bearable, you can get on with sb; **es lässt sich [hier]** ~ it's not a bad place ❷ (*standhalten*) ■**etw** ~ to be resistant to sth; **eine hohe Temperatur** ~ to withstand a high temperature; **viel** ~ to take a lot; *Stoff* to take a lot of wear [and tear]; **eine hohe Last** ~ to bear a heavy load; **den Druck** ~ to [with]stand the pressure; *s. a.* **Vergleich** ❸ (*fam: Unterhalt leisten*) ■**jdn** ~ to keep [*or* support] sb II. *vi* to hold out; ***hältst du noch aus?*** can you hold out [any longer]?

aushandelbar *adj* negotiable

aus|handeln *vt* ■**etw [mit jdm]** ~ to negotiate sth [with sb]; ***das ist noch auszuhandeln*** we/they etc. still need to negotiate that

aus|händigen *vt* ■**jdm etw** ~ to hand over *sep* sth to sb; **jdm einen Preis** ~ to give sb a prize; **jdm eine Urkunde** ~ to surrender a document to sb *form*

Aushändigung <-> *f kein pl* handing over; *einer Urkunde* surrendering; **die feierliche ~ [von etw** *dat***/einer S.** *gen***]** the [formal] presentation of sth

Aushang *m* announcement, notice; (*das Aushängen*) posting; **etw durch ~ bekannt geben** to put up a notice about sth

Aushängebogen *m* advance [*or* specimen] sheet

aus|hängen I. *vt* ■**etw** ~ ❶ (*durch Aushang bekannt machen*) to put up sth *sep;* **Plakate** ~ to post [*or sep* put up] bills ❷ (*aus den Angeln heben*) to unhinge sth, to take sth off its hinges; **die Haken von etw** ~ to unhook sth II. *vi irreg* to be/have been put up; **am schwarzen Brett** ~ to be on the notice board III. *vr* ■**sich** ~ to drop out; ***das Kleid wird sich*** ~ the creases will drop out of the dress

Aushängeschild *nt* ❶ (*Reklametafel*) sign [board] ❷ (*Renommierstück*) showpiece

aus|harren *vi* to wait [patiently]; **auf seinem Posten** ~ to stand by one's post; **als letzter im Büro** ~ to be the last to leave the office

aus|hauchen *vt* (*geh*) ❶ (*Luft schwach ausstoßen*) ■**etw** ~ to exhale [*or sep* breathe out] sth; **seinen Atem** ~ to exhale, to breathe out ❷ (*sterben*) **sein Leben** [*o* **seine Seele**] ~ to breathe one's last

aus|hebeln *vt* ■**etw** ~ to annul [*or* cancel] sth

aus|heben *vt irreg* ❶ (*ausgraben*) ■**etw** ~ to excavate [*or sep* dig out] sth; **einen Graben/ein Grab** ~ to dig a ditch, grave ❷ (*ausrauben*) ■**etw** ~ to rob sth [of its eggs [*or* young]] ❸ (*hochgehen lassen*) ■**jdn/etw** ~ to bust sb/sth *fam*

Aushebung <-, -en> *f* SCHWEIZ (*Einberufung*) conscription

aus|hecken *vt* (*fam*) ■**etw** ~ to hatch [*or sep fam* cook up] sth; ***du hast wieder etwas ausgeheckt!*** you're up to something again; [**neue**] **Streiche** ~ to think up new tricks

aus|heilen **I.** *vt haben* ■**etw** ~ to cure sth [completely]; ■**ausgeheilt sein** to be [completely] cured **II.** *vi sein* to be cured; *Wunde* to heal

aus|helfen *vi irreg* ■[**jdm**] ~ to help out [sb] *sep,* to give [*or* lend] [sb] a [helping] hand; ■**jdm** [**mit etw**] ~ to help out *sep* sb [with sth]

aus|heulen (*fam*) **I.** *vi* to have finished [*or* stopped] crying **II.** *vr* ❶ (*gründlich weinen*) ■**sich** ~ to have a good cry ❷ (*jdm* (*weinend*) *sein Leid klagen*) ■**sich bei jdm** ~ to have a good cry on sb's shoulder, to sob one's heart out [to sb]

Aushilfe *f* ❶ (*vorübergehende Hilfe*) temporary help [*or* assistance]; ***„Assistentin zur ~ gesucht"*** "assistant wanted for temporary work"; **jdn zur ~ haben** to have sb to help out; [**bei jdm**] **zur ~ arbeiten** to temp [for sb] *fam* ❷ (*vorübergehende Hilfskraft*) temporary worker, temp *fam*

Aushilfsarbeit *f* ÖKON odd job, temporary work *no art, no pl;* (*im Büro a.*) temping **Aushilfsarbeiter(in)** *m(f)* ÖKON casual worker [*or* labourer] [*or* AM -or-], oddjobber **Aushilfsarbeitsverhältnis** *nt* FIN temporary employment **Aushilfsjob** *m* odd job, temporary work *no pl, no art* **Aushilfskellner, -kellnerin** *m, f* temporary waiter **Aushilfskraft** *f s.* Aushilfe 2 **Aushilfspersonal** *nt* temporary staff + *sing/pl vb* **aushilfsweise** *adv* on a temporary basis

aus|höhlen *vt* ■**etw** ~ ❶ (*unterspülen*) to erode [*or sep* wear away] sth; (*Inneres herausmachen*) to hollow out sth *sep;* **einen Kürbis** ~ to scoop [*or* hollow] out *sep* a pumpkin ❷ (*untergraben*) to undermine sth; (*erschöpfen*) to weaken sth

Aushöhlung <-, -en> *f* ❶ *kein pl* erosion, wearing away ❷ *kein pl* undermining; *der Gesundheit* weakening ❸ (*kleine Höhle*) hollow; MED cavity

aus|holen *vi* ❶ (*Schwung nehmen*) ■[**mit etw**] ~ to swing back [sth] *sep;* [**mit der Hand**] ~ to take a swing; **weit** ~ to take a big swing; **zum Schlag** ~ to draw back *sep* one's arm/fist etc. for a blow; **mit dem Schläger** ~ to swing one's club/racket etc.; **mit dem Speer** ~ to draw back *sep* one's/the javelin ❷ (*ausschweifen*) to beat about the bush ❸ (*große Schritte machen*) to lengthen one's stride[s], to stride out; **mit weit ~den Schritten gehen** to walk with long strides, to stride

aus|horchen *vt* (*fam*) ■**jdn** [**über jdn/etw**] ~ to sound out *sep* sb [about sth]

Aushub <-[e]s> *m kein pl* BAU excavation

aus|hungern *vt* ■**jdn** ~ to starve out sb *sep*

aus|husten **I.** *vt* ■**etw** [**aus etw**] ~ to cough up sth *sep,* to cough [up *sep*] sth out of sth **II.** *vi* to finish [*or* stop] coughing **III.** *vr* ■**sich** ~ to finish [*or* stop] coughing; ***huste dich ordentlich aus!*** cough it all up *a. hum*

aus|kämmen *vt* ■**etw** ~ ❶ (*kämmend entfernen*) to comb out sth *sep* ❷ (*gründlich kämmen*) to comb sth; **etw gut** ~ to give sth a good combing

aus|kehren **I.** *vt* ■**etw** ~ to sweep away sth *sep;* **das Haus** ~ to sweep [out *sep*] the house **II.** *vi* to sweep, to do the sweeping

aus|keimen *vi sein* to germinate; *Kartoffeln* to sprout; ■**ausgekeimt** germinated, sprouted

aus|kennen *vr irreg* ❶ (*sich gut zurechtfinden*) ■**sich** [**irgendwo**] ~ to know one's way around [somewhere] ❷ ((*gute*) *Kenntnisse besitzen*) ■**sich** [**auf/in etw** *dat*] ~ to know a lot [about sth], to be well versed in *form* [*or* know all about] sth, to know one's stuff *fam;* ■**sich mit jdm/etw** ~ to know all about sb/sth; ***ich kenne mich mit dieser Technik nicht aus*** I don't know much about this technology ❸ (*wissen, woran man ist*) ■**sich bei jdm** ~ to know where one is with sb

aus|kippen *vt* (*fam*) ■**etw** [**auf/über etw** *dat*] ~ to empty [out *sep*] sth [on[to] sth]; **Flüssigkeit** ~ to pour away sth *sep*

aus|klammern *vt* ■**etw** ~ to ignore [*or sep* leave aside] sth

Ausklang <-> *m kein pl* conclusion, end; **zum ~ des Abends** to conclude [*or sep* finish off] the evening

ausklappbar *adj* folding; (*mit Scharnieren*) hinged

aus|klappen *vt* ■**etw** [**aus etw**] ~ to open sth out of [*or sep* open out] sth; **eine Fußstütze** ~ to pull out *sep* a footrest

aus|klarieren* *vt* ÖKON (*Zoll*) ■**etw** ~ to clear sth outwards

Ausklarierung <-, -en> *f* ÖKON (*Zoll*) [outward] clearance

aus|kleiden *vt* ❶ (*beziehen*) ■**etw** [**mit etw**] ~ to line sth [with sth] ❷ (*geh: entkleiden*) ■**jdn** ~ to undress sb; ■**sich** ~ to get undressed

Auskleidung *f* BAU lining

aus|klingen *vi irreg sein* (*geh*) ■[**mit etw**] ~ to conclude [*or* end] [with sth]; *Abend, Feier a.* to finish off with sth

aus|klinken **I.** *vt* ■**etw** ~ to release sth **II.** *vi* ■[**sich**] ~ to release itself/themselves; *Pilot* to activate the release **III.** *vr* ■**sich** [**aus etw**] ~ to withdraw [from sth]; ***ihr geht danach ins Kino? Da klinke ich mich aus*** you're going to the cinema afterwards? I don't think I'll join you there

aus|klopfen *vt* ■**etw** ~ to beat the dust out of sth; **einen Teppich** ~ to beat a carpet; **eine Pfeife** ~ to knock out *sep* one's pipe

aus|klügeln *vt* (*fam*) ■**etw** ~ to work out *sep* sth to perfection; ■**ausgeklügelt** cleverly thought-out; **ein ausgeklügelter Trick** an ingenious trick

aus|kneifen *vi irreg sein* (*fam: ausreißen*) to push off *sep* BRIT *fam,* to take off *sep* AM *fam*

aus|knipsen *vt* (*fam*) ■**etw** ~ to switch [*or* turn] off sth *sep*

aus|knobeln *vt* ■**etw** ~ to work [*or fam* figure] out sth *sep*

ausknöpfbar *adj* detachable

aus|kochen *vt* ■**etw** ~ ❶ KOCHK to boil [down *sep*] sth ❷ (*in kochendes Wasser legen*) to boil sth [clean]; **Instrumente/Spritzen** ~ to sterilize instruments/syringes ❸ (*fam: sich ausdenken*) to cook up sth *sep fam;* ***die haben wieder was ausgekocht!*** they're up to something again

aus|kommen *vi irreg sein* ❶ (*ausreichend haben*) ■**mit etw** ~ to get by on [*or* to manage on [*or* with]] sth; ***mein Auto kommt mit 7 Litern aus*** my car uses only 7 litres per 100 kilometres; ■**ohne jdn/etw** ~ to manage [*or* do] without sb/sth; (*nicht benötigen*) to go without sb/sth ❷ (*sich mit jdm vertragen*) ■**mit jdm** [**gut**] ~ to get on [*or* along] well with sb; ■**mit jdm nicht gut** ~ to not get on [*or* along] with sb; ***mit ihm ist nicht auszukommen*** he's impossible to get on [*or* along] with ❸ ÖSTERR (*entkommen*) ■[**jdm**] ~ to escape [sb], to get away [from sb]; **aus seiner Zelle** ~ to escape [from] one's cell

Auskommen <-s> *nt kein pl* ❶ (*Einkommen*) livelihood; **sein ~ haben/finden** to get by ❷ ■**mit jdm ist kein** ~ sb is impossible to get on [*or* along] with

auskömmlich **I.** *adj* ❶ (*ausreichend*) adequate, sufficient; **~e Verhältnisse** comfortable circumstances ❷ (*verträglich*) easy-going **II.** *adv* comfortably

aus|kopieren* *vt* TYPO ■**etw** ~ to burn out sth *sep*

aus|kosten *vt* ■**etw** ~ ❶ (*genießen*) to make the most of sth; **das Leben** ~ to enjoy life to the full; **den Moment/seine Rache** ~ to savour [*or* AM -or] the moment/one's revenge ❷ (*fam: mitmachen, probieren*) to have one's fill of sth; **etw ~ müssen** to have to suffer sth

aus|kotzen (*derb*) **I.** *vt* ■**etw** ~ to puke up sth *sep fam* **II.** *vi* to throw up *fam,* to puke *fam* **III.** *vr* ■**sich** ~ to throw up *fam,* to puke *fam!;* **sich gründlich** [*o* **richtig**] ~ to puke one's guts out *fam!*

Auskragung <-, -en> *f* BAU projection section, canilever

aus|kramen *vt* (*hervorholen*) ■**etw** ~ to dig out sth *sep,* to unearth sth; (*fig: alte Geschichten*) to bring up sth *sep*

aus|kratzen *vt* ❶ ■**etw** ~ to scrape out sth *sep;* **eine Pfanne** ~ to scour [out *sep*] [*or sep* scrape out] a pan ❷ MED *s.* **ausschaben 2**

aus|kriegen *vt* (*fam*) ■**etw** ~ ❶ (*ausziehen können*) to get off sth *sep* ❷ (*beenden*) to finish [off] sth, to polish off; **eine Flasche** ~ to empty [*or* AM *a.* kill] a bottle

aus|kristallisieren* CHEM **I.** *vr haben* ■**sich** ~ to crystallize, to form [*or spec* shoot into] crystals **II.** *vi sein* to crystallize, to form [*or spec* shoot into] crystals

aus|kugeln *vt* ■**jdm etw** ~ to dislocate sb's sth; ■**sich** *dat* **etw** ~ to dislocate [*or spec* luxate] one's sth; ■**ausgekugelt** dislocated, luxated *spec*

aus|kühlen **I.** *vt haben* ■**jdn/etw** ~ to chill [through *sep*] sb/sth **II.** *vi sein* to cool down; *Mensch, Körper* to get chilled [through]; ■**etw ~ lassen** to leave sth to cool

Auskühlung *f* hypothermia

aus|kundschaften *vt* ❶ (*herausfinden*) ■**~, ob/wann/wie/warum …** to find out whether/when/how/why … ❷ (*ausfindig machen*) ■**etw** ~ to find sth; MIL to reconnoitre [*or* AM -er] sth; **eine Lage** ~ to find out about the situation; **ein Versteck** ~ to spy out *sep* a hide-out

Auskunft <-, Auskünfte> *f* ❶ (*Information*) information *no pl, no indef art;* ■**eine** ~ a bit [*or* piece] of information; **nähere** [*o* **weitere**] ~ more information, further details *pl;* ■**eine/die ~ über jdn/etw** information/the information about sb/sth; **eine ~** [*o* **Auskünfte**] [**über jdn/etw**] [**bei jdm**] **einholen** [*o* **einziehen**] to make [some] enquiries [*or* inquiries] [to sb] [about sb/sth]; [**jdm**] **eine ~ geben** [*o* **erteilen**] to give sb some information ❷ (*~sschalter*) information office/desk; (*am Bahnhof a.*) enquiry [*or* inquiry] office/desk; (*Fernsprech~*) directory enquiries BRIT, the operator AM, npl, no art

Auskunftei <-, -en> *f* credit [enquiry [*or* inquiry]] agency

Auskunftgeber(in) *m(f)* informant

Auskunftsanspruch *m* JUR entitlement to discovery, right to be informed **Auskunftsbeamte(r), -beamtin** *m, f* BAHN information clerk BRIT, inquiries assistant AM **auskunftsberechtigt** *adj* JUR entitled to receive information **Auskunftsersuchen** *nt* JUR request for information; (*Brief*) letter of inquiry **Auskunftserteilung** *f* JUR giving information; **Recht auf ~** right to information **Auskunftshaftung** *f* JUR informant's liability **Auskunftspflicht** *f* JUR obligation to provide information; (*Versicherung*) duty of disclosure **auskunftspflichtig** *adj inv, präd* JUR liable to disclose [*or* provide information] **Auskunftsrecht** *nt* JUR right to demand information **Auskunftsschalter** *m* information desk; (*am Bahnhof*) enquiry desk, enquiries, inquiries **Auskunftssuchende(r)** *f(m) dekl wie adj* JUR enquirer **Auskunftsverfahren** *nt* JUR inquiry proceedings *pl* **Auskunftsverlangen** *nt* request for information; (*Brief*) letter of inquiry **Auskunftsverweigerung** *f* refusal to give [*or* furnish] information **Auskunftsverweigerungsrecht** *nt kein pl* JUR right of refusal to give information

aus|kungeln *vt* (*fam*) ■**etw** [**mit jdm**] ~ to hatch [out *sep*] sth [with sb]

aus|kuppeln *vi* AUTO to disengage [*or* let out] the clutch, to declutch

aus|kurieren* (*fam*) **I.** *vt* ■**etw** ~ to cure sth [completely], to get rid of sth *fam* **II.** *vr* ■**sich** ~ to get better

aus|lachen **I.** *vt* ■**jdn** ~ to laugh at sb; (*höhnisch*) to jeer at sb **II.** *vi* ■**ausgelacht haben** to have stopped laughing

aus|laden *irreg* **I.** *vt* ❶ (*entladen*) ■**etw** ~ to unload sth; NAUT *a.* to discharge sth; **ein Schiff** ~ to unload [*or* lighten] a ship ❷ (*fam: Einladung widerru-*

fen) ■**jdn** ~ to tell sb not to come; (*förmlich*) to cancel sb's invitation **II.** *vi* to spread; [**4 Meter**] ~ *Dach, Balkon* to protrude [*or* jut out] [[by] 4 metres]

ausladend *adj* ① (*sich erstreckend*) spreading; *Baum* a tree with spreading branches; (*vorspringend*) protruding; (*breit*) broad; ~**e Hüften** broad [*or hum a.* childbearing] hips; **ein** ~**es Dach** an overhanging [*or* a protruding] roof ② (*ausholend*) sweeping

Auslage <-, -n> *f* ① *pl* MODE, ÖKON (*im Schaufenster ausgestellte Ware*) display ② MODE, ÖKON (*Schaufenster*) shop window; (*Schaukasten*) showcase ③ *pl* ÖKON (*zu erstattender Geldbetrag*) disbursement ④ *pl* ÖKON (*Ausgaben, Unkosten*) expenses *npl;* **sonstige** ~**n** sundry expenses ⑤ SPORT basic stance; (*Fechten*) on guard position; **in** [**die**] ~ **gehen** to adopt [the] on guard position

Auslagefläche *f* HANDEL display surface

Auslagenerstattung *f* JUR reimbursement of expenses **Auslagenschuldner(in)** *m(f)* JUR party liable to pay the expenses **Auslagenvorschuss**[RR] *m* JUR advance payment in respect of expenses

aus|lagern *vt* ■**etw** [**in etw** *akk*] ~ ① (*verlagern*) to move sth [to sth] ② (*an einem anderen Ort lagern*) to evacuate sth [to sth] ③ (*aus dem Lager bringen*) to move sth to another storage site [in sth]

Auslagerung *f* ① (*das Verlagern*) ■**die** ~ **von etw** *dat*/**einer S.** *gen* [**in etw** *akk*/**nach etw** *akk*] moving sth [to sth]; **die** ~ **der Produktion ins Ausland** the removal of production to outside the country ② (*das Auslagern*) ■**die** ~ **von etw** *dat*/**einer S.** *gen* [**an/in etw** *akk*] the evacuation of sth [to sth] ③ (*in ein anderes Lager bringen*) ■**die** ~ **von etw** *dat*/**einer S.** *gen* moving sth to another storage site

Ausland <-[e]s> *nt kein pl* ■[**das**] ~ foreign countries *pl;* (*die Ausländer*) foreigners *pl;* **feindliches** ~ enemy countries *pl;* **Handel mit dem** ~ foreign trade, trade with other countries; **das benachbarte/westliche** ~ neighbouring/western countries *pl;* **die Reaktionen des** ~**s** [the] reaction [from] abroad; ■**aus dem** ~ from abroad [*or* another country]; **Nachrichten aus dem** ~ foreign news + *sing vb,* news from abroad + *sing vb;* ■**ins/im** ~ abroad

Ausländer(in) <-s, -> *m(f)* foreigner; JUR alien

Ausländeramt *nt* ADMIN office for foreigners [*or* non-residents], aliens' registration office BRIT, Immigration and Naturalization Service AM **Ausländeranteil** *m* proportion of foreigners [*or* non-residents] [*or* aliens] **Ausländerbeauftragte(r)** *f(m) dekl wie adj official assigned to the integration of foreign immigrants* **Ausländerbehörde** *f* authority for foreigners [*or* non-residents] [*or* aliens] **Ausländerbeirat** *m* advisory council on aliens **ausländerfeindlich I.** *adj* racist, xenophobic, hostile to foreigners *pred* **II.** *adv* **sich** ~ **ausdrücken** to use racist expressions **Ausländerfeindlichkeit** *f* racism, xenophobia, hostility to foreigners **Ausländergesetz** *nt* JUR Aliens Act, law on foreigners [*or* non-residents] **Ausländerhass**[RR] *m* racial hatred, xenophobia

Ausländerin <-, -nen> *f fem form von* **Ausländer**

Ausländerkind *nt* child of a foreigner **Ausländerkonvertibilität** *f* FIN convertibility for non-residents **Ausländerpolitik** *f* policy on foreigners [*or* non-residents] [*or* aliens] **Ausländerrecht** *nt kein pl* JUR law[s] concerning aliens; ■**das** ~ the alien laws *pl* **Ausländerviertel** *nt* ethnic neighbourhood [*or* AM neighborhood] **Ausländerwahlrecht** *nt* voting rights for foreigners *pl* (*for foreigners living in Germany*) **Ausländerwohnheim** *nt* home for immigrants **Ausländerzentralregister** *nt* central register of foreigners

ausländisch *adj* ① *attr* foreign, from abroad *pred* BRIT; BOT exotic ② (*fremdländisch*) exotic, outlandish *a. pej*

Auslandsanlage *f* FIN foreign investment **Auslandsanleihe** *f* foreign loan **Auslandsaufenthalt** *m* stay abroad **Auslandsauftrag** *m* ÖKON indent **Auslandsbeteiligung** *f* FIN foreign participations *pl* **Auslandsbeziehungen** *f pl* POL foreign relations **Auslandsbonds** *pl* FIN external [*or* foreign-currency] bonds **Auslandsdeutsche(r)** *f(m)* expatriate German, German [national] living abroad **Auslandseinkünfte** *pl* FIN foreign income [*or* BRIT overseas] **Auslandserfahrung** *f* experience acquired abroad **Auslandserzeugnis** *nt* foreign manufacturer's product, foreign-made product **Auslandsflug** *m* international flight **Auslandsfracht** *f* cargo sent abroad **Auslandsgeschäft** *nt* HANDEL export trade, international business **Auslandsgesellschaft** *f* HANDEL overseas company **Auslandsgespräch** *nt* international call **Auslandsgläubiger** *m* FIN foreign creditor **Auslandsguthaben** *nt* FIN foreign assets *pl* **Auslandskäufe** *pl* HANDEL purchases abroad **Auslandskorrespondent(in)** *m(f)* foreign correspondent **Auslandskrankenschein** *m health insurance document for overseas travel,* ≈ E107 BRIT **Auslandsmarkt** *m* ÖKON export [*or* foreign] market **Auslandsnachrichten** *f pl* foreign news + *sing vb,* news from abroad + *sing vb* **Auslandsniederlassung** *f* ÖKON foreign branch **Auslandsposition** *f* ÖKON *s.* **Außenhandelsposition** **Auslandsprodukt** *nt* HANDEL foreign product **Auslandsrecht** *nt* JUR foreign law **Auslandsrechtsstreit** *m* JUR *s.* **Auslandssache** **Auslandsreise** *f* journey [*or* trip] abroad **Auslandssache** *f* JUR out-of-state case **Auslandsschuld** *f* external debt, foreign liabilities *pl* **Auslandsschule** *f* British/German etc. school abroad **Auslandsschutzbrief** *m* certificate of entitlement for international travel cover **Auslandssemester** *nt* SCH semester abroad **Auslandsstrafregister** *nt* JUR criminal register of offences committed abroad **Auslandsstraftaten** *pl* JUR offences committed abroad **Auslandsumsatz** *m* HANDEL export [*or* foreign] sales *pl* **Auslandsverbindlichkeiten** *pl* FIN external [*or* foreign] liabilities **Auslandsverkehr** *m* international traffic **Auslandsvermögen** *nt* FIN foreign assets *pl* **Auslandsverschuldung** *f* FIN foreign debts *pl* **Auslandsversicherung** *f* insurance for abroad **Auslandsvertretung** *f* ① POL diplomatic representation ② ÖKON foreign office **Auslandszustellung** *f* service abroad

aus|lassen *irreg* **I.** *vt* ① (*weglassen*) ■**etw** ~ to omit [*or sep* leave out] sth; (*überspringen*) to skip [*or* pass over] sth; (*verpassen*) to miss sth, to let sth pass by ② (*abreagieren*) ■**etw an jdm** ~ to vent [*or sep* take out] sth on sb; **seinen Hass an jdm** ~ to vent [*or* take out] one's hatred on sb ③ KOCHK (*zerlaufen lassen*) **Butter** ~ to melt butter; **Speck** ~ to render down *sep* bacon fat ④ (*fam: ausgeschaltet lassen*) ■**etw** ~ to keep sth switched off ⑤ ÖSTERR ■**jdn/etw** ~ (*loslassen*) to let go of sb/sth; (*aus einem Käfig etc. freilassen*) to let out sb/sth *sep* **II.** *vr* (*pej*) ■**sich über jdn/etw** ~ to go on about sb/sth *pej;* ***er hat sich nicht näher darüber ausgelassen*** he didn't say any more about it [*or* explain any further] **III.** *vi* ÖSTERR to let go; ***lass aus, das ist mein Auto!*** hands off, that's my car!

Auslassung <-, -en> *f* ① *kein pl* (*das Weglassen*) omission ② (*weggelassene Stelle*) omission ③ *pl* (*pej: Äußerungen*) spoutings *pej*

Auslassungspunkte *pl* ellipsis *spec,* AM *a.* suspension points **Auslassungszeichen** *nt* apostrophe

Auslassventil[RR] *nt* AUTO exhaust valve

aus|lasten *vt* ① (*voll beanspruchen*) ■**etw** ~ to use sth to capacity; ■[**voll**] **ausgelastet** [**sein**] [to be] running to capacity *pred;* **teilweise ausgelastet** running at partial capacity *pred;* ~**e Kapazitäten** ÖKON capacity working ② (*voll fordern*) ■**jdn** ~ to occupy sb fully; ■**ausgelastet** [**sein**] [to be] fully occupied; ***mit den sechs Kindern sind sie voll ausgelastet*** they have their hands full with their six children, their six children keep them fully occupied

Auslastung <-> *f kein pl* ÖKON *von Kapazitäten* utilization; *eines Flugzeugs* load factor; **optimale** ~ optimum capacity

Auslastungsgrad *m* capacity utilization rate **Auslastungsgrenze** *f* ÖKON top level of utilization

Auslauf <-[e]s> *m* ① *kein pl* (*Bewegungsfreiheit*) exercise; (*für Tiere*) space [*or* room] to move about in; (*für Kinder*) room to run about ② (*Ausfluss*) outlet, discharge

aus|laufen *irreg* **I.** *vi sein* ① (*herauslaufen*) ■[**aus etw**] ~ to run out [of sth]; (*wegen Undichtheit*) to leak out [of sth]; (*Inhalt austreten lassen*) to leak; *Auge* to drain; *Blase* to discharge, to drain ② NAUT (*Hafen verlassen*) ■[**nach etw**] ~ to [set] sail [for sth], to put out to sea ③ (*nicht fortgeführt werden*) to be discontinued; ■**ausgelaufen** discontinued ④ (*enden*) to end; *Vertrag* to expire, to run out ⑤ (*ein bestimmtes Ende nehmen*) ■**gut/nicht gut** ~ to turn out well/badly ⑥ (*zum Stillstand kommen*) to come to a stop; *Läufer a.* to ease off, to slow down; *Skispringer* to glide to a stop ⑦ (*übergehen in*) ■**in etw** *akk* ~ to run into sth; (*dadurch breiter werden*) to open out into sth; *Berge* to end in sth; *Streit, Ehekrach* to turn into sth **II.** *vr haben* ■**sich** ~ to have a good run about [*or* enough exercise]

auslaufend *adj inv* **im** ~**en Jahrhundert** in the century that is about to draw to a close; ~**es Modell** discontinued model; *s. a.* **auslaufen**

Ausläufer *m* ① METEO *Hochdruckgebiet* ridge; *Tiefdruckgebiet* trough ② *meist pl* (*Vorberge*) foothills *npl* ③ BOT runner, stolon *spec*

Auslaufmodell *nt* discontinued model

aus|laugen *vt* ① (*Nährstoffe entziehen*) ■**etw** ~ to exhaust sth; *Regenfälle* to wash the nutrients out of sth; (*austrocknen*) to dry out sth *sep* ② (*erschöpfen*) ■**jdn** ~ to exhaust [*or sep* wear out] sb

Auslaut *m* LING final [*or* terminal] position

aus|lauten *vi* LING ■**auf etw** *akk* ~ to end [*or* terminate] in sth; ■~**d** final

aus|leben I. *vr* ① (*das Leben auskosten*) ■**sich** ~ to live it up ② (*sich verwirklichen*) ■**sich** *akk* **in etw** *dat* ~ to run free in sth **II.** *vt* (*geh*) ■**etw** ~ to realize sth

aus|lecken *vt* ■**etw** ~ to lick out sth *sep;* **seinen Teller** ~ to lick one's plate clean

aus|leeren *vt* ■**etw** ~ ① (*ausgießen*) to empty [out *sep*] sth; (*ausladen*) to dump [*or form* discharge] sth; **Flüssigkeit** ~ to pour away *sep* liquid; **etw in den Ausguss/die Toilette** ~ to pour sth down the drain/toilet; ■**etw über jdm** [*o* **jdn**]/**etw** ~ to pour sth over sb/sth; **einen Behälter über jdm** [*o* **jdn**]/**etw** ~ to empty [the contents of] a container over sb/sth ② (*austrinken*) to drain [*or* empty] sth

aus|legen *vt* ① ■**etw** ~ (*ausbreiten*) to lay out sth *sep;* (*verlegen*) to put down sth ② (*bedecken*) ■**etw** [**mit etw**] ~ to cover sth [with sth]; (*auskleiden*) to line sth with sth; (*mit Einlegearbeit*) to inlay sth with sth; **einen Läufer/Teppich** ~ to lay down *sep* a rug/carpet; **ein Haus/einen Raum mit Teppichböden** ~ to furnish a house with carpets/to carpet a room; **eine Straße mit etw** ~ to surface a road with sth ③ (*erklären*) ■**jdm etw** ~ to explain sth to sb ④ (*deuten*) ■**etw** ~ to interpret sth; **etw richtig/falsch** ~ to interpret sth correctly [*or* wrongly], to misinterpret sth; **einen Witz übel** ~ to take a joke badly ⑤ (*leihen*) ■**jdm etw** ~ to lend sb sth, to lend sth to sb; ***sie hat das Geld für das Paket ausgelegt*** she paid [the money] for the package ⑥ TECH (*konzipieren, vorsehen*) ■**etw** [**für etw**] ~ to design sth [for sth]; ■**für etw ausgelegt sein** to be designed for sth; **komfortabler/sportlich ausgelegt sein** to be given a more comfortable [*or* a sporty] design [*or* look]; ■**etw für etw** ~ to design sth for sth; ■**auf etw** *akk* **ausgelegt sein** to be designed for sth ⑦ KOCHK *s.* **ausfuttern**

Ausleger <-s, -> *m* ① TECH jib, boom ② (*Kufe gegen Kentern*) outrigger

Auslegeschrift *f* (*Patent*) specification [for public inspection]

Auslegeware *f kein pl* carpeting material

Auslegung <-, -en> *f* (*Interpretation*) construction, interpretation; ~ **von Gesetzen** statutory interpretation; ~ **eines Vertrages** interpretation of a contract; **falsche** ~ misinterpretation

Auslegungsdirektive *f* JUR construction guideline **Auslegungsgrundsätze** *pl* JUR principles of construction **Auslegungsklausel** *f* JUR construction clause **Auslegungsmonopol** *nt* JUR *des EuGH* construction monopoly **Auslegungsprotokoll** *nt* JUR construction protocol **Auslegungsregeln** *pl* JUR rules of interpretation **Auslegungsrichtlinie** *f* JUR guidelines on interpretation **Auslegungssache** *f* matter of interpretation; ***es ist*** [***reine***] ~ it's [purely] a matter of interpretation **Auslegungsspielraum** *m* JUR scope of interpretation **Auslegungsurteil** *nt* JUR construction verdict

aus|leiden *vi irreg* (*geh*) ■**er/sie etc. hat ausgelitten** his/her suffering is over [*or* at an end]

aus|leiern I. *vt haben* (*fam*) ■**etw** ~ to wear out sth *sep* **II.** *vi sein* to wear out; ■**ausgeleiert** [**sein**] [to be] worn [out]

Ausleihe <-, -n> *f* ❶ (*das Ausleihen*) lending, issuing; ***eine*** ~ ***der Bücher ist nicht möglich*** it is not possible to lend [*or* issue] books ❷ (*Schalter*) issuing [*or* lending] desk

aus|leihen *irreg* **I.** *vt* ■[**jdm/an jdn**] **etw** ~ to lend [sb] sth, to lend [out *sep*] sth [to sb] **II.** *vr* ■**sich** *dat* **etw** [**bei/von jdm**] ~ to borrow sth [from sb], to borrow [sb's] sth

aus|lernen *vi* to finish one's studies; ■**ausgelernt haben** to have finished school/college etc.; *Lehrling* to have finished one's apprenticeship; ■**ausgelernt** qualified ▸ Wendungen: **man lernt** [**eben**] **nie aus** (*prov*) [you] live and learn *prov*

Auslese <-, -n> *f* ❶ (*die Elite*) ■**die** ~ the chosen few + *pl vb*, the elite + *sing/pl vb a. pej* ❷ (*Wein*) superior [*or* high-quality] wine (*made from selected grapes*) ❸ *kein pl* (*Auswahl*) ■**eine** ~ **von etw** a selection of sth; **die natürliche** ~ natural selection; **eine** ~ **treffen** [*o* **vornehmen**] to make a selection

aus|lesen *irreg* **I.** *vt* ■**etw** ~ to finish reading sth **II.** *vi* to finish reading; ***hast du bald ausgelesen?*** will you have finished [reading] it soon?

Ausleseprozess^RR^ *m* selection process; **der natürliche** ~ the process of natural selection

Ausleseprüfung *f* screening test **Ausleseverfahren** *nt* selection procedure

aus|leuchten *vt* ■**etw** ~ ❶ (*mit Licht erfüllen*) to illuminate sth ❷ (*die Hintergründe klären*) to throw a light on sth; ■**etw muss ausgeleuchtet werden** light must be thrown on sth

aus|lichten *vt* ■**etw** ~ *Bäume, Sträucher* to thin out sth *sep*, to prune sth

aus|liefern *vt* ❶ (*liefern*) ■**etw** [**an jdn**] ~ to deliver sth [to sb] ❷ (*überstellen*) ■**jdn** [**an jdn/etw**] ~ to hand over *sep* sb [to sb/sth], to turn in sb *sep*, to turn sb out [*or* to deliver sb] to sb/sth; **jdn** [**an ein anderes Land**] ~ to extradite sb [to another country] ❸ (*preisgeben*) ■**jdm/etw ausgeliefert sein** to be at sb's mercy [*or* the mercy of sb/sth]

Auslieferung *f* ❶ *von Waren* delivery ❷ *von Menschen* handing over, turning in; **eine** ~ [**an ein anderes Land**] extradition [to another country]

Auslieferungsanspruch *m* HANDEL claim to delivery **Auslieferungsantrag** *m* JUR, POL application for extradiction **Auslieferungsbefehl** *m* JUR extradition order; **einen** ~ **ausstellen** to make an extradition order **Auslieferungsbeschluss**^RR^ *m* JUR writ of extradition **Auslieferungsersuchen** *nt* POL application [*or* request] for extradition **auslieferungsfähig** *adj* JUR extraditable **Auslieferungsgesetz** *nt* JUR extradition act **Auslieferungshaft** *f* JUR **vorläufige** ~ provisional arrest **Auslieferungsverfahren** *nt* JUR extradition proceedings *pl* **Auslieferungsverpflichtung** *f* JUR obligation to extradite **Auslieferungsvertrag** *m* JUR extradition treaty

aus|liegen *vi irreg* ❶ (*zum Verkauf liegen*) ■[**in etw** *dat*] ~ to be displayed [*or* on display] [in sth] ❷ (*bereitliegen*) ■[**für jdn/zu etw**] ~ to be [made] available [to sb/for sth]; *Zeitungen a.* to be laid out [for sb/sth]; *Schlinge, Reuse* to be down

Auslinie [-li:niə] *f* FBALL touchline; TENNIS sideline; ■**die** ~**n** TENNIS the tramlines [*or* Am sidelines]

aus|loben *vt* JUR ■**etw für etw** ~ to offer sth as a reward for sth

Auslobung <-, -en> *f* JUR offer of a reward

Auslobungstarif *m* HANDEL special rate

aus|löffeln *vt* ■**etw** ~ to spoon up sth *sep*; (*aufessen*) to eat up *sep* [all of] sth; **seinen Teller** ~ to empty one's plate ▸ Wendungen: **etw** ~ **müssen**, ~ [**müssen**], **was man sich** *dat* **eingebrockt hat** (*fig fam*) to take the consequences, to have to face the music, you make your bed, you've got to lie in it *fam*; *s. a.* **Suppe**

aus|loggen *vr* INFORM (*sich abmelden*) ■**sich** ~ to log off [*or* out]

aus|löschen *vt* ■**etw** ~ ❶ (*löschen*) to extinguish [*or sep* put out] sth; **eine Kerze** ~ to snuff [out *sep*] [*or* extinguish] a candle ❷ (*beseitigen*) to obliterate sth; ■**etw** [**an etw** *dat*] ~ to erase sth [from sth] ❸ (*geh: tilgen*) to blot out sth *sep*; **Erinnerungen** ~ to obliterate [*or sep* blot out] memories; (*vernichten*) to obliterate [*or* destroy] sth; ***während des Krieges wurden ganze Dörfer ausgelöscht*** during the war, whole villages were destroyed

aus|losen I. *vt* ■**jdn/etw** ~ to draw sb/sth; ■**ausgelost werden** to be drawn; (*mit Strohhalmen u. ä.*) to draw lots **II.** *vi* to draw lots; ■~/**es wurde ausgelost, wer etw tut** to draw lots/lots were drawn as to [*or* to see] who does sth; ■**ausgelost werden** to be drawn by lot

aus|lösen *vt* ❶ (*in Gang setzen*) ■**etw** ~ to set off *sep* [*or* trigger [off *sep*]] sth, to activate sth; **den Kameraschluss** ~ to release the shutter; **eine Bombe** ~ to trigger [*or* set] off a bomb ❷ (*bewirken*) ■[**bei jdm**] **etw** ~ to produce sth [on sb]; **einen Aufstand** ~ to unleash [*or sep* trigger off] an uprising; [**bei jdm**] **Begeisterung/Mitgefühl** ~ to arouse [*or* evoke] [sb's] enthusiasm/pity; **Beifall** ~ to elicit [*or sep* trigger off] applause [*or* set off [a round of]]; [**bei jdm**] **Erleichterung/Überraschung** ~ to cause relief/surprise; **allergische Reaktionen** ~ to cause allergic reactions; [**bei jdm**] **Widerstand** ~ to have provoked [sb's] resistance ❸ (*einlösen*) ■**etw** ~ to redeem sth; **ein abgeschlepptes Auto** ~ to pay the fine on an impounded car; **Gefangene** ~ to release prisoners; (*durch Lösegeld*) to ransom prisoners ❹ DIAL (*herausnehmen*) ■**etw** ~ to take out sth *sep* ❺ KOCHK ***s.*** **ausbeinen**

Auslöser <-s, -> *m* ❶ FOTO [shutter] release ❷ PSYCH trigger mechanism ❸ (*fam: Anlass*) trigger; ■**der** ~ **für etw sein** to be the cause of [*or sep* trigger off] sth

Auslosung *f* draw; **die** ~ **der Preise** the prize draw

Auslösung *f* ❶ TECH activation; FOTO release ❷ (*Ursache*) causing; *eines Aufstands* unleashing, triggering off ❸ (*Einlösung*) redemption; ***die*** ~ ***meines Autos hat mich 200 DM gekostet*** I had to pay 200 DM to retrieve my car; *von Gefangenen* release; (*durch Lösegeld*) ransoming ❹ (*Aufwandsentschädigung*) travel allowance *no pl*

Auslösungspreis *m* FIN activating price

aus|loten *vt* ❶ NAUT ■**etw** ~ to sound [*or* plumb] the depth of sth; **die Tiefe** ~ to sound [*or* plumb] the depth ❷ (*geh: ergründen*) ■**jdn/etw** ~ to fathom out sb/sth *sep*, to plumb the depths of sb/sth

aus|machen *vt* ❶ (*löschen*) ■**etw** ~ to extinguish [*or sep* put out] sth; (*ausschalten*) to turn [*or* switch] off sth *sep*; **den Motor** ~ to switch off *sep* the engine ❷ (*ermitteln*) ■**jdn/etw** ~ to determine [*or sep* make out] the position/positions of sb/sth; **die Zahl der Opfer** ~ to determine the number of victims; ***es lässt sich nicht mehr*** ~, ***wie ...*** it can no longer be determined how ...; (*entdecken*) to make out sb/sth *sep*; **jdn/etw überall** ~ (*zu entdecken glauben*) to suspect sb/sth everywhere ❸ (*vereinbaren*) ■**etw** [**mit jdm**] ~ to agree to [*or* [up]on] sth [with sb]; **einen Termin** ~ to agree upon [*or* to] [*or* Am *a.* on] a time; ***wir müssen nur noch*** ~, ***wann wir uns treffen*** we only have to arrange where we should meet; ■**ausgemacht** agreed ❹ (*abmachen*) ■**etw mit sich** [**selbst**] ~ [**müssen**] to [have to] decide [sth] for oneself; **einen Streit** [**untereinander**] ~ to settle an argument [amongst themselves] ❺ (*bewirken, darstellen*) ■**etw** ~ [to go] to make up sth; ***alles, was das Leben ausmacht*** everything that is a part of life; ***eine Luxuslimousine macht keinen Millionär aus*** a limousine does not make one a millionaire ❻ (*betragen*) ■**etw** ~ to amount [*or* run] to sth; ***der stärkere Motor macht 32 PS mehr aus*** the more powerful engine delivers 32 HP more; (*sich summieren*) to add up [*or* come] to sth ❼ (*bewirken*) ■**kaum etwas** ~ to hardly make any difference; ■**nichts** ~ to not make any difference [*or* to make no difference] [at all]; ■**viel** ~ to make a big difference; ***was macht es schon aus?*** what difference does it make? ❽ (*beeinträchtigen*) ***macht es Ihnen etwas aus, wenn ...?*** do you mind if ...?; ***ja, es macht mir viel aus*** yes, I do mind very much; ■**es macht jdm nichts/viel aus, etw zu tun** sb doesn't mind doing sth/it matters a great deal to sb to do sth

aus|malen I. *vr* ■**sich** *dat* **etw** ~ to imagine sth; **sich** *dat* **das Leben/die Zukunft** ~ to picture one's life [ahead of one]/the [*or* one's] future; **sich** *dat* **etw ganz anders/viel schöner** ~ to imagine sth to be completely different/much more beautiful; ■**sich** *dat* ~, **was ...** to imagine what ... **II.** *vt* ■[**jdm**] **etw** ~ to describe sth [to sb]; *Reiseprospekt* to depict sth; **jdm etw in bunten Farben** ~ to give sb a vivid description of sth

aus|manövrieren* [-øvri:-] *vt* ■**jdn/etw** ~ to outmanoeuvre [*or* Am outmaneuver] [*or* outflank] sb/sth

Ausmaß *nt* ❶ (*Fläche*) area; **das** ~ **von etw haben** to cover the area of sth; **von geringem** ~ **sein** to be small in area; (*Größe*) size; ■**die** ~**e** the dimensions, the size; **das** ~ [*o* **die** ~**e**] **von etw** *dat/* **einer S.** *gen* **sein** to have the dimensions [*or* be the size] of sth ❷ (*Umfang*) extent *no pl*; **Besorgnis erregende/größere** ~**e annehmen** to assume alarming/greater proportions

aus|mauern *vt* BAU ■**etw** ~ to brick up sth with filler blocks

aus|merzen *vt* ❶ (*ausrotten*) ■**jdn/etw** ~ to exterminate sb/sth; **Schädlinge** ~ to exterminate [*or form* eradicate] pests; **Unkraut** ~ to eradicate weeds *form* ❷ (*beseitigen*) ■**etw** ~ to eliminate [*or form* eradicate] sth

aus|messen *vt irreg* ■**etw** ~ to measure [out *sep*] sth, to take the measurements [of sth]

Ausmessung <-> *f* ❶ *kein pl* (*das Ausmessen*) measuring [out] ❷ *pl* (*Abmessungen*) dimensions

aus|misten I. *vt* ■**etw** ~ ❶ (*vom Mist befreien*) to muck out sth *sep* ❷ (*fam: von Überflüssigem befreien*) to tidy out sth *sep*; **alte Bücher** ~ to throw out *sep* old books; **sein Zimmer** ~ to clean out *sep* one's room **II.** *vi* ❶ (*den Mist hinausschaffen*) to muck out ❷ (*fam: Überflüssiges hinausschaffen*) to have a clean-out Brit, to clean up Am

aus|mustern *vt* ❶ (*aussortieren*) ■**etw** ~ to take sth out of service; **Möbel** ~ to discard old furniture ❷ MIL (*entlassen*) ■**jdn** ~ to discharge sb [from the forces]

Ausnahme <-, -n> *f* exception; **eine** ~ **zulassen** to make an exception; **eine** ~ **sein wollen** to want to be different [*or* an exception]; [**bei jdm/etw**] **die** ~ **sein** to be the exception [with sb/sth]; [**mit jdm/etw**] **eine/keine** ~ **machen** to make an/to make no exception [in sb's case/the case of sth]; ■**mit** ~ **von jdm,** ■**mit jds** ~ with the exception of [*or* except [for]] sb; **mit einer** ~ with one exception; **ohne** [**jede**] ~ without exception ▸ Wendungen: ~**n bestätigen die Regel** (*prov*) the exception proves the rule *prov*

Ausnahmebestimmung *f* exemption [*or* exceptional] provision *spec* **Ausnahmebewilligung** *f* JUR exceptional grant **Ausnahmeerscheinung** *f* exception[al case], exceptional person **Ausnahmefall** *m* exception[al case]; **ein seltener** ~ a very rare case; **in Ausnahmefällen** in exceptional cases **Ausnahmegenehmigung** *f* special licence [*or* Am license] [*or* permit] **Ausnahmegericht** *nt* JUR special tribunal **Ausnahmegerichtsbarkeit** *f*

JUR special jurisdiction **Ausnahmegesetz** *nt* JUR emergency act [*or* law] **Ausnahmegesetzgebung** *f* JUR emergency legislation **Ausnahmeklausel** *f* JUR exemption clause **Ausnahmeregelung** *f* special regulation [*or* provision] **Ausnahmesituation** *f* special [*or* exceptional] situation; POL state of emergency **Ausnahmeverordnung** *f* JUR provisional order **Ausnahmevorschriften** *pl* JUR exception provisions **Ausnahmezustand** *m* POL state of emergency; [**über etw** *akk*] **den ~ verhängen** to declare a state of emergency [in sth]; **über das ganze Land den ~ verhängen** to declare a state of national emergency

ausnahmslos I. *adv* without exception II. *adj* **das ~e Erscheinen der gesamten Belegschaft** the appearance of all the staff without exception; **die ~e Zustimmung aller Delegierten** the unanimous agreement of all delegates

ausnahmsweise *adv* as a special exception; ***darf ich das machen? — ~!*** may I do that? — just this once!; ***heute ging er ~ eine Stunde früher*** today he left an hour earlier [for a change]

aus|nehmen *irreg* I. *vt* ❶ (*ausweiden*) ■**etw ~** to gut [*or* dress] sth; **Geflügel ~** to draw poultry ❷ (*ausschließen*) ■**jdn** [**von etw**] **~** to exempt sb [from sth], to make an exception of sb; ***ich nehme keinen aus*** I'll make no exceptions; ***nehmt mich bei dieser Sache aus!*** count me out [of it]!; **jdn von einer Pflicht ~** to release [*or* exempt] sb from a duty ❸ (*fam: viel Geld abnehmen*) ■**jdn ~** to fleece sb *fam;* (*beim Glücksspiel*) to clean out sb *sep fam* ❹ ÖSTERR (*erkennen*) ■**jdn/etw ~** to make out *sep* [*or form* discern] sb/sth; **jdn/etw schlecht ~** to barely make out *sep* [*or form* discern] sb/sth II. *vr* (*geh*) **sich gut/schlecht ~** to look good/bad; ■**sich neben jdm/etw wie jd/etw ~** to look like sb/sth next to sb/sth

ausnehmend I. *adj* (*geh*) exceptional II. *adv* exceptionally; ***das gefällt mir ~ gut*** I like it very much indeed; **~ vorteilhaft angezogen** dressed to kill *pred fam*

aus|nüchtern I. *vt haben* ■**jdn ~** to sober up sb *sep* II. *vi vi: sein, vr: haben* ■[**sich**] **~** to sober up

Ausnüchterung <-, -en> *f* sobering up

Ausnüchterungszelle *f* drying-out cell

aus|nutzen *vt* ❶ (*ausbeuten*) ■**jdn ~** to exploit sb ❷ (*sich zunutze machen*) ■**etw ~** to make the most of sth; **jds Leichtgläubigkeit/Unerfahrenheit ~** to take advantage of sb's gullibility/inexperience

ausnützen *vt bes* SÜDD, ÖSTERR (*ausnutzen*) to take advantage of

Ausnutzung <-> *f kein pl* ❶ (*Ausbeutung*) exploitation ❷ (*das Wahrnehmen*) ■**die ~ von etw** *dat*/**einer S.** *gen* making the most of sth; ***bei rechtzeitiger ~ dieser einmaligen Gelegenheit hätten Sie ...*** if you had made the most of this unique opportunity, you would have ...; ■**unter ~ von jds etw** by taking advantage of sb's sth

Ausnützung <-> *f kein pl bes* SÜDD, ÖSTERR exploitation

aus|packen I. *vt* ■**etw ~** to unpack sth; **ein Geschenk ~** to unwrap a present II. *vi* ❶ (*Koffer, Kisten ~*) to unpack ❷ (*fam: gestehen*) to talk *fam;* (*seine Meinung sagen*) to speak one's mind

aus|palen *vt* KOCHK *s.* **entschoten**

aus|peitschen *vt* ■**jdn ~** to whip [*or* flog] sb

aus|pfeifen *vt irreg* ■**jdn/etw ~** to boo sb off the stage/to boo [*or* hiss] at sth

aus|pflanzen *vt* ■**etw** [**in etw** *akk*] **~** to plant out sth [in sth] *sep*

aus|plaudern *vt* ■**etw ~** to let out *sep* [*or fam* blab] sth

aus|plündern *vt* ❶ (*ausrauben*) ■**etw ~** to plunder [*or* pillage] sth; **einen Laden ~** to loot a shop ❷ (*hum: leer räumen*) ■**etw ~** to raid sth ❸ (*fam: ausnehmen 3*) ■**jdn ~** to fleece sb *fam;* (*ausrauben*) to rob sb [of every penny]; (*beim Glücksspiel*) to clean out sb *sep fam*

aus|posaunen* *vt* (*fam*) ■**etw ~** to broadcast sth *fam*

aus|prägen *vr* ■**sich** *akk* [**in etw** *dat*] **~** to be revealed in sth; ***die Erziehung prägt sich im Charakter/Verhalten aus*** one's upbringing shapes [*or* stamps] [*or* leaves its stamp on] one's character/behaviour

Ausprägung <-> *f* ❶ *kein pl* shaping, moulding BRIT, molding AM; *von Begabung, Hartnäckigkeit* development ❷ (*Akzentuierung*) markedness, distinctness; ***in einer derart starken ~ ist mir diese Krankheit noch nicht begegnet*** I have never come across this illness at such an advanced stage

aus|pressen *vt* ❶ (*her~*) ■**etw ~** to squeeze out sth *sep;* **frisch ausgepresst** freshly pressed; **Orangen ~** to press [*or* squeeze [the juice from]] oranges ❷ (*ausbeuten*) ■**jdn/etw ~** to squeeze sb/sth dry [*or* BRIT *hum a.* until the pips squeak], to bleed sb/sth dry [*or fam* white], to milk sb/sth dry ❸ (*brutal ausfragen*) ■**jdn ~** to press sb; **jdn wie eine Zitrone ~** to squeeze sb like a lemon [for information]

aus|probieren* I. *vt* ■**jdn/etw ~** to try [out *sep*] sb/sth, to give sb/sth a try [*or* go]; **ein Auto ~** to test-drive [*or sep* try out] a car, to go for a test drive; ■**es mit jdm ~** to try sb out II. *vi* ■**~, ob/wie ...** to see whether/how ...

Auspuff <-[e]s, -e> *m* exhaust [pipe], AM *a.* tailpipe

Auspuffgase *pl* exhaust fumes [*or form* emissions] **Auspuffrohr** *nt* exhaust [pipe], AM *a.* tailpipe **Auspuffsystem** *nt* AUTO exhaust system **Auspufftopf** *m* silencer BRIT, muffler AM

aus|pumpen *vt* ❶ (*leer pumpen*) ■**etw ~** to pump out sth *sep;* **jdm den Magen ~** to pump [out *sep*] sb's stomach ❷ (*fam: völlig erschöpfen*) ■**jdn ~** to drain sb; ■**ausgepumpt sein** to be completely drained

aus|pusten *vt* (*fam*) ■**etw ~** to blow out sth *sep*

aus|putzen *vt* ■**etw ~** to clean sth; **einen Schrank ~** to clean [out *sep*] a cupboard

aus|quartieren* *vt* ■**jdn** [**in etw** *akk*] **~** to move out *sep* sb [into/to sth]

aus|quetschen *vt* ❶ (*auspressen*) ■**etw ~** to squeeze out sth *sep;* **Orangen ~** to press [*or* squeeze [the juice out of]] oranges ❷ (*fam: forciert ausfragen*) ■**jdn** [**über jdn/etw**] **~** to pump sb [for information on/details about sb/sth]; *Polizei* to grill sb [about sb/sth] *fam*

aus|radieren* *vt* ■**etw ~** ❶ (*mit Radiergummi entfernen*) to rub out *sep* [*or* erase] sth ❷ (*vernichten*) to wipe out sth *sep;* **eine Stadt ~** to wipe a city off the map

aus|rangieren* [-raŋˈʒiːrən, -rãˈʒiːrən] *vt* ■**etw ~** to throw out sth *sep;* **ein Auto ~** to scrap [*or fam* junk] a car; **einen Fernseher ~** to throw out *sep* [*or fam* junk] a television set; **Reifen ~** to discard tyres [*or* AM tires]

aus|rasieren* *vt* ■[**jdm**] **etw ~** to trim [sb's] sth; (*von Haaren befreien*) to shave [sb's] sth

aus|rasten I. *vi sein* ❶ (*herausspringen*) to come out; **einen Knopf ~ lassen** to release [*or spec* disengage] a button ❷ (*hum fam: wild werden*) to go ape-shit *fam!*, to throw a wobbly BRIT *hum fam,* to have a spaz AM *fam* II. *vi impers haben* (*fam*) ■**bei jdm ~** ❶ (*durchdrehen*) to go ape-shit *fam!*, to throw a wobbly BRIT *hum fam,* to have a spaz AM *fam* ❷ (*nichts mehr verstehen*) sb doesn't get it [*or* understand any more]

aus|rauben *vt* ■**jdn/etw ~** to rob sb/sth; **ein Grab ~** to rob [*or* plunder] a grave

aus|rauchen I. *vt* ■**etw ~** to finish [smoking] sth II. *vi* to finish smoking

aus|räuchern *vt* ■**jdn/etw ~** to smoke out sb/sth *sep;* **etw aus etw ~** to smoke sth out of sth

aus|raufen *vt* ■[**sich** *dat*] **etw ~** to tear [*or* pull] out one's sth *sep*

aus|räumen *vt* ■**etw ~** ❶ (*her~*) to move [*or* clear] out sth *sep;* (*leer räumen*) to clear out sth *sep;* **Schubladen ~** to empty [*or* clear out] the drawers; **die Bücher** [**aus den Kisten**] **~** to remove the books [from the crates] ❷ (*beseitigen*) to clear up sth *sep;* [**jds**] **Zweifel ~** to dispel [sb's] doubts ❸ MED (*herausoperieren*) to remove [*or spec* extirpate] sth

aus|rechnen I. *vt* ■**etw ~** to calculate sth; **Kosten ~** to calculate [*or sep* work out] the costs; **Aufgaben ~** to work out *sep* problems; ■**etw nach etw ~** to calculate sth from sth; **etw im Kopf/mit dem Taschenrechner ~** to calculate [*or sep* work out] sth in one's head/using a calculator; ■**~, ob/wie ...** to work [*or fam* figure] out whether/how ... II. *vr* ❶ (*kalkulieren mit*) ■**sich** *dat* **etw ~** to reckon on sth, to reckon [*or* fancy] [that] one has sth ❷ (*sich vorstellen*) ■**sich** *dat* **etw ~** to work out *sep* sth for oneself; ■**sich** *dat* **~, wie ...** to work [it] out for oneself how ... ❸ (*sich berechnen lassen*) ■**etw lässt sich ~** sth can be calculated; ***diese Gleichung lässt sich ~*** this equation can be solved; (*sich vorstellen können*) sth can be imagined; ***es lässt sich* [*leicht*] *~, dass ...*** you/I etc. can [easily] imagine that ...

Ausrede *f* excuse; ***keine ~n!*** no excuses!; (*zu Kind a.*) none of your excuses!; **eine faule ~** a feeble [*or pej* lame] excuse

aus|reden I. *vi* to finish speaking; ■**jdn ~ lassen** to let sb finish [speaking], to hear out sb *sep;* ■**jdn nicht ~ lassen** to not let sb finish [speaking], to not hear out sb *sep,* to cut sb short II. *vt* ■**jdm etw ~** to talk sb out of sth III. *vr bes* ÖSTERR ■**sich ~** to have a heart-to-heart [talk]

aus|reiben *vt irreg* ■**etw ~** ❶ (*durch Reiben entfernen*) to rub out sth *sep* ❷ (*trocken reiben*) to wipe out sth *sep;* (*mit Scheuermitteln*) to scour out sth *sep;* **Gläser ~** to wipe out *sep* glasses

aus|reichen *vi* ■[**für jdn/etw**] **~** to be sufficient [*or* enough] [for sb/sth]; ***es muss für uns alle ~*** it will have to do for us all

ausreichend I. *adj* sufficient; **~e Kenntnisse/Leistungen** adequate knowledge/performance; ■**nicht ~** insufficient/inadequate; SCH satisfactory II. *adv* sufficiently

aus|reifen *vi sein* ❶ (*liter*) to ripen; *Wein* to mature; **Wein ~ lassen** to allow wine to mature ❷ (*fig*) ■**ausgereift sein** to be perfected; ***die Technik ist noch nicht ausgereift*** the technology is still in the development[al] stages

Ausreise *f* departure [from a/the country]; ■**bei der ~** on leaving the country; **die Erlaubnis zur ~ beantragen** to apply for an exit visa; **das Recht auf ~** the right to leave the country; **jdm die ~ verweigern** to prohibit sb from leaving the country, to refuse sb an exit visa

Ausreiseantrag *m* application for an exit visa **Ausreiseerlaubnis, Ausreisegenehmigung** *f* exit permit

aus|reisen *vi sein* to leave the country; (*endgültig*) to emigrate; **nach Israel ~** to go/emigrate to Israel

Ausreiseverbot *nt* JUR prohibition to leave the country **Ausreisevisum** [-viː-] *nt* exit visa **Ausreisewelle** *f* POL mass emigration **ausreisewillig** *adj* wishing [*or* willing] to leave [the country] *pred* **Ausreisewillige(r)** *f(m) dekl wie adj* prospective emigrant

aus|reißen *irreg* I. *vt haben* ■[**jdm/etw**] **etw ~** to pull out *sep* [sb's/sth's] sth; **jdm die Haare ~** to tear out *sep* sb's hair; **einer Fliege die Flügel ~** to pull off *sep* a fly's wings; **Unkraut/Blumen ~** to pull up [*or* out] *sep* weeds/flowers; **Blätter ~** to pull [*or* pluck] off *sep* leaves II. *vi sein* ❶ (*fam: davonlaufen*) ■[**jdm**] **~** to run away [from sb] ❷ (*sich lösen*) ■[**aus etw**] **~** to come away [from sth]; *Griff* to come off [sth] ❸ (*einreißen*) to split, to pull apart; *Knopfloch* to tear

Ausreißer(in) <-s, -> *m(f)* ❶ (*fam*) runaway ❷ (*Ausnahmeerscheinung*) freak value

aus|reiten *irreg* I. *vi sein* ■[**auf seinem Pferd**] **~** to ride out, to go riding [*or* for a ride] II. *vt haben* ■**etw ~** to take out sth *sep,* to exercise sth

aus|reizen *vt* ■**etw ~** ❶ KARTEN to bid sth up to strength ❷ (*ausschöpfen*) to discuss [*or* do] sth to death; **die Möglichkeiten ~** to exhaust the possibilities

aus|renken *vt* ■**jdm etw ~** to dislocate sb's sth; ■**sich** *dat* **etw ~** to dislocate one's sth

aus|richten I. *vt* ❶ (*übermitteln*) ■**jdm etw ~** to tell sb sth; **jdm eine Nachricht ~** to pass on the news to sb *sep;* ■**jdm ~, dass ...** to tell sb that; ■**jdm ~ lassen, dass ...** to send sb word that; ***kann ich etwas ~?*** can I give him/her a message? [*or* take a message?]; ***bitte richten Sie ihr einen Gruß [von mir] aus*** give her my regards, say "hello" to her [for me] ❷ (*veranstalten*) ■**[jdm] etw ~** to organize sth [for sb]; **[jdm] eine Hochzeit/ein Fest ~** to arrange a wedding/celebration [for sb] ❸ (*erreichen*) ■**bei jdm etwas/nichts ~** to achieve something/nothing with sb; ***wir konnten bei ihm nichts ~*** we couldn't get anywhere with him ❹ (*einstellen*) ■**etw [auf etw akk] ~** to align sth [with sth]; (*abstellen*) to gear sth to sth ❺ TYPO (*ausschließen*) ■**etw ~** to justify sth; **den Rand ~** to justify the margin ❻ (*aufstellen*) ■**jdn/etw ~** to line up sb/sth *sep,* to get sb into line; ■**sich ~** to line up [in a straight row]; MIL to dress ranks; **sich [nach dem Nebenmann/Vordermann/Hintermann] ~** to line up [exactly] with the person next to one/in front [of one]/behind [one] ❼ ÖSTERR (*schlecht machen*) ■**jdn ~** to run down *sep* [*or* AM *a.* badmouth] sb ❽ SCHWEIZ (*zahlen*) ■**jdm etw ~** to pay sb sth; **jdm eine Entschädigung ~** to recompense sb *form* **II.** *vr* (*sich nach etw richten*) ■**sich** *akk* **an etw** *dat* **~** to orientate oneself to sth; **sich an der Parteimeinung ~** to follow [*or a. pej* toe] the party line

Ausrichter <-s, -> *m* organizer, official sponsor

Ausrichtung <-> *f kein pl* ❶ (*Orientierung*) ■**die ~ [einer S. gen] an etw** *dat* the orientation [of sth] to sth ❷ (*Einstellung*) ■**die ~ [einer S. gen] auf etw** *akk* orientating [sth] to [*or* aligning [sth] with] sth ❸ INFORM justification; **~ nach links/rechts** left/right hand justification ❹ (*Organisieren*) organization; *einer Hochzeit* arrangements *pl* (+*gen* for), arrangement

Ausrissfestigkeit[RR] *f* BAU tear-resistance

Ausritt *m* ride [out]; (*das Ausreiten*) riding out

aus|rollen I. *vt haben* ■**etw ~** ❶ (*entrollen*) to roll out sth *sep;* **ein Kabel ~** to run [*or* pay] out *sep* a cable ❷ (*flach walzen*) to roll out sth *sep* **II.** *vi sein Flugzeug* to taxi to a standstill [*or* stop]; *Fahrzeug* to coast to a stop

aus|rotten *vt* ■**etw ~** to exterminate sb/sth; **Termiten ~** to destroy termites; **Unkraut ~** to wipe out *sep* weeds; **ein Volk ~** to exterminate [*or sep* wipe out] a people; **Ideen/Religion ~** to eradicate *form* [*or sep* stamp out] ideas/a religion

Ausrottung <-, -en> *f* extermination

aus|rücken *vi sein* ❶ (*vorwärts bewegen*) *Truppen* to turn out; (*ins Feld*) to march out; *Panzer* to move [*or* set] out; *Polizei* to turn out; *Feuerwehr* to go out on a call ❷ (*fam: ausreißen*) to make off; **[aus einer Anstalt/von zu Hause] ~** to run away [from an institute/from home]; **aus dem Gefängnis ~** to escape from prison

Ausruf *m* cry; **ein ~ des Entsetzens** a cry of horror; **ein warnender ~** a shout of warning, a warning shout; **etw durch ~ bekannt machen** to proclaim sth

aus|rufen *vt irreg* ❶ (*verkünden*) ■**etw ~** to call out sth *sep; Auktionator* to invite bids for sth; **Haltestellen/einen Streik ~** to call the stops/a strike; **Schlagzeilen ~** to cry out *sep* the headlines; **seine Waren ~** to cry one's wares; **Krieg ~** to declare [*or* proclaim] war ❷ (*über Lautsprecher suchen lassen*) ■**jdn ~** to put out a call for sb ❸ (*proklamieren*) **jdn zum König ~** to proclaim sb king

Ausrufer(in) <-s, -> *m(f)* HIST [town] crier

Ausrufung <-, -en> *f* proclamation; *Krieg a.* declaration; **die ~ eines Streiks** a strike call, call to strike

aus|ruhen *vi, vr* ■**[sich] ~** to [take [*or* have] a] rest; ■**jds etw muss sich ~** sb has to rest his/her sth; ■**ausgeruht [sein]** [to be] well rested

aus|rupfen *vt* ■**etw ~** to pluck out sth *sep*

aus|rüsten *vt* ■**jdn/etw ~** to equip sb/sth; **ein Fahrzeug/Schiff [mit etw] ~** to fit out *sep* a vehicle/ship, to fit a vehicle/ship with sth

Ausrüstung <-> *f* ❶ *kein pl* (*das Ausrüsten*) ■**die ~ einer S.** *gen* equipping sth; *Fahrzeug/Schiff* fitting out sth *sep* ❷ (*Ausrüstungsgegenstände*) equipment *no pl; Expedition a.* tackle, gear; (*Kleidung*) outfit *no pl*

Ausrüstungsaufwand *m* ÖKON furnishing costs *pl* **Ausrüstungsgegenstand** *m,* **Ausrüstungsstück** *nt* piece [*or* item] of equipment **Ausrüstungsgüter** *pl* ÖKON [industrial] equipment *no pl* **Ausrüstungsinvestitionen** *pl* FIN manufacturer's durable equipment *no pl; für Wirtschaftsentwicklung* investment in new equipment **Ausrüstungsstandard** *m* standard of equipment

aus|rutschen *vi sein* ❶ (*ausgleiten*) ■**[auf etw** *dat***] ~** to slip [on sth]; **sie ist ausgerutscht** she [*or* her foot] slipped ❷ (*entgleiten*) ■**jdm ~** to slip [out of sb's hand [*or* fingers]]; ***mir ist die Hand ausgerutscht*** my hand slipped [*or hum* moved all by itself]

Ausrutscher <-s, -> *m* (*fam*) slip-up

Aussaat *f* ❶ *kein pl* (*das Säen*) ■**die ~ [von etw]** sowing [sth] ❷ (*Saat*) seed *no pl*

aus|säen *vt* ■**etw ~** to sow sth

Aussage *f* ❶ *a.* JUR (*Darstellung*) statement; **eine eidliche/schriftliche ~** a sworn/written statement; (*Zeugen~*) evidence *no pl,* testimony; **die ~ verweigern** *Angeklagter* to refuse to make a statement; *Zeuge* to refuse to testify [*or* give evidence]; **eine ~ machen** to make a statement, to testify, to give evidence; **~ steht gegen ~** it's one person's word against another's ❷ (*Tenor*) message

Aussageerpressung *f* JUR extortion of statements **Aussagegenehmigung** *f* JUR permission to give evidence **Aussagekraft** *f kein pl* meaning[fulness] **aussagekräftig** *adj* convincing

aus|sagen I. *vt* ■**etw [über jdn/etw] ~** ❶ (*darstellen*) to say sth [about sb/sth]; JUR to give sth in evidence about sb/sth, to testify [to sb's actions/to sth] ❷ (*deutlich machen*) to say sth [about sb/sth]; ***was will der Dichter mit diesem Gedicht ~?*** what's the poet trying to say [*or form* convey] with this poem? **II.** *vi* JUR ■**[vor etw** *dat***] ~** *Zeuge* to testify [*or* give evidence] [before sth]; *Angeklagter, Beschuldigter* to make a statement [before sth]; **eidlich [*o* unter Eid] ~** to give evidence under oath, to depose *form;* **mündlich/schriftlich ~** to give evidence/to make a statement; ■**für/gegen jdn ~** to give evidence [*or* testify] in sb's favour [*or* AM -or]/against sb

aus|sägen *vt* ■**etw ~** to saw out sth *sep*

Aussagenotstand *m* JUR testimony under duress **Aussagepflicht** *f* JUR duty to give evidence **Aussagesatz** *m* LING statement **Aussageverweigerung** *f* JUR refusal to give evidence [*or* to testify] **Aussageverweigerungsrecht** *nt* JUR legal privilege; **~ wegen Gefahr der Selbstbezichtigung** self-incrimination privilege; **~ des Rechtsanwalts** legal professional privilege; **sich auf das ~ berufen** to claim privilege

Aussatz <-es> *m kein pl* MED (*veraltet*) leprosy *no art;* **vom ~ befallen sein** to be struck by leprosy

aussätzig *adj* MED (*veraltet*) leprous *spec;* **~e Menschen** lepers; ■**~ sein** (*liter o fig*) to be leprous *liter or spec,* to be a leper

Aussätzige(r) *f(m) dekl wie adj* (*veraltet liter o fig*) leper; **eine Kolonie für ~** a leper colony

aus|saufen *irreg* **I.** *vt* ■**etw ~** to drink up sth; **einen Eimer/Napf ~** to empty a bucket/bowl; **einen Eimer Wasser ~** to drink a bucket of water; (*derb*) to swill down sth *sep fam or a. pej;* ***wer hat mein Bier ausgesoffen?*** who's drunk my beer?; **eine Flasche/ein Glas ~** to empty [*or sep fam* knock back] a bottle/glass **II.** *vi* (*derb*) to get it down one *fam* [*or fam!* one's neck]

aus|saugen *vt* ❶ (*leer saugen*) ■**etw ~** to suck the juice out of sth, to suck sth [dry]; **ein Wunde ~** to suck the poison out of a wound ❷ (*ausbeuten*) ■**jdn ~** to drain sb dry; **ein Land bis aufs Blut ~** to bleed a country dry [*or fam* white]

aus|schaben *vt* ❶ (*durch Schaben säubern*) ■**etw ~** to scrape out sth *sep* ❷ MED **jdm die Gebärmutter ~** to curette sb's womb *spec*

Ausschabung <-, -en> *f* MED curettage *spec,* curettement *spec; von Gebärmutter a.* D and C

aus|schachten I. *vt* ■**etw ~** to excavate [*or* dig] sth; **Erde ~** to dig up soil; **einen Brunnen ~** to sink [*or* dig] a well **II.** *vi* to excavate, to dig

Ausschachtung <-, -en> *f* ❶ *kein pl* (*das Ausschachten*) ■**die ~ einer S.** *gen* the excavation of sth, digging sth; *von Brunnen* sinking [*or* digging] a well; *von Erde* digging up [*or* the excavation of] earth ❷ (*Baugrube*) excavation

Ausschachtungsarbeiten *pl* excavation work *no pl, no indef art*

aus|schaffen *vt* SCHWEIZ (*abschieben*) to deport

aus|schalten I. *vt* ❶ (*abstellen*) ■**etw ~** to turn [*or* switch] off sth *sep* ❷ (*eliminieren*) ■**jdn/etw ~** to eliminate sb/sth, to put sb out of the running **II.** *vr* ■**sich [automatisch] ~** to switch [*or* turn] [itself] off [automatically]

Ausschaltung *f* ❶ (*das Abstellen*) switching [*or* turning] off ❷ (*Eliminierung*) elimination

Ausschank <-[e]s, -schänke> *m* ❶ (*Schankraum*) taproom, bar; (*Schanktisch*) bar, counter ❷ *kein pl* (*Getränkeausgabe*) serving of drinks; ***„~ von 9 bis 14 Uhr"*** "open from 9 AM to 2 PM"; ***„kein ~ an Jugendliche unter 16 Jahren"*** "Persons under the age of 16 will not be served 16"

Ausschankerlaubnis *f* licence BRIT, license AM

Ausschau *f* ■**~ [nach jdm/etw] halten** to keep an eye out [*or* a lookout] [for sb/sth]; **~, nach Verdächtigen halten** to keep an eye out [*or* a lookout] for anything suspicious

aus|schauen *vi* ❶ (*geh: sich umsehen*) ■**nach jdm/etw ~** to look [*or* be on the lookout] for sb/sth ❷ DIAL, SÜDD, ÖSTERR *s.* **aussehen** ❸ (*fam*) ■**wie schaut's aus?** how's things [*or* it going?]? *fam;* ***wie schaut's aus, kommst du mit?*** so what do you say, are you coming along?; ***wie schaut's aus? hast du eine Chance?*** what do you think? do you have a chance?

aus|schaufeln *vt* ■**etw ~** to dig sth; **Erde ~** to dig out *sep* [*or* shovel] soil

aus|schäumen *vt* ■**etw ~** to fill sth with foam; **die Wände eines Hauses ~** to fit a house with cavity insulation

Ausscheiden <-> *f kein pl* ÖKON retiral; **~ eines Gesellschafters** withdrawal of a partner; **freiwilliges ~** voluntary redundancy; **turnusmäßiges ~** retirement by rotation

aus|scheiden *irreg* **I.** *vi sein* ❶ (*nicht weitermachen*) ■**[aus etw] ~** to retire [from sth]; **aus einem Verein ~** to leave a club ❷ SPORT to drop out of sth; ***wer unfair kämpft, muss ~*** whoever cheats will be disqualified; ***sie schieden im Viertelfinale aus*** they were eliminated in the quarter-final; *Rennwagen* to retire [from sth] ❸ (*nicht in Betracht kommen*) to be ruled out **II.** *vt haben* ❶ (*aussondern*) ■**etw ~** to take out sth *sep;* ■**die faulen Beeren ~** to sort out *sep* the rotten berries; ■**jdn ~** to eliminate sb ❷ (*absondern*) ■**etw ~** to excrete sth; *Organ* to secrete sth

Ausscheidung <-, -en> *f* ❶ *kein pl* (*das Absondern*) excretion; *eines Organs* secretion; **die ~ von Giftstoffen** the excretion of toxic substances ❷ *pl* MED (*Exkremente*) excreta *form,* excrement *no pl, no indef art* ❸ SPORT (*Vorkampf*) qualifying contest; FBALL qualifying round

Ausscheidungsanmeldung *f* (*von Patent*) divisional application **Ausscheidungskampf** *m s.* Ausscheidung 3 **Ausscheidungsorgan** *nt* excretory organ **Ausscheidungsrunde** *f* qualifying round; FBALL *a.* qualifying match [*or* game] **Ausscheidungsspiel** *nt* qualifying match [*or* game]

aus|schenken I. *vt* ❶ (*eingießen*) ■**jdm etw ~** to pour sb sth ❷ (*servieren*) ■**etw [an jdn] ~** to serve sth [to sb]; *Wirt* to serve [sb] sth [*or* sth [to sb]] **II.** *vi* to serve the drinks

aus|scheren *vi sein* ❶ ■**[aus etw] ~** to pull out, to leave sth; (*ausschwenken*) to swing out; *Flugzeug* to break formation, to peel off [from sth]; *Soldat* to break rank ❷ (*ausschwenken*) ■**[aus etw] ~** to step out of line, to withdraw from [*or* pull out of] sth

aus|schicken *vt* ■**jdn ~** to send out sb *sep;* **einen Boten ~** to dispatch a messenger

Ausschießbogen *m* imposition sheet

aus|schießen *irreg* **I.** *vt haben* ■**[jdm] etw ~** to shoot out *sep* [sb's] sth **II.** *vi sein* SÜDD, ÖSTERR to fade

aus|schiffen *vt* ■**jdn/sich** ~ *Passagiere* to disembark sb/sth; ■**etw** ~ *Ladung, Ware* to unload sth

aus|schildern *vt* ■**etw** ~ to signpost sth; ■**ausgeschildert sein** to be signposted

aus|schimpfen *vt* ■**jdn** [**wegen etw**] ~ to berate sb [for doing sth] *form,* to tell sb off, AM *a.* to give sb hell; ■**von jdm ausgeschimpft werden** to get told off by [*or* BRIT a telling-off from] [*or* AM hell] sb [*or* to be scolded by]; ***aber schimpf mich nicht*** [***deswegen***] ***aus!*** but don't go telling me off!

aus|schirren *vt* **ein Pferd** ~ to unharness a horse; (*von einer Kutsche a.*) to take out *sep* a horse; **Ochsen** ~ to unyoke the oxen

aus|schlachten *vt* ■**etw** ~ ① (*Verwertbares ausbauen*) to cannibalize sth [for parts]; **eine Firma** ~ to break up *sep* a firm for sale; **ein Buch/Werk** ~ to get everything out of a book/work ② (*fam: ausnutzen*) to exploit [*or* capitalize on] sth

aus|schlafen *irreg* **I.** *vt* ■**etw** ~ to sleep off sth *sep;* ***seinen Rausch*** ~ to sleep off one's drink **II.** *vi, vr* ■[**sich**] ~ to have a good [night's] sleep; *s. a.* **ausgeschlafen**

Ausschlag[1] *m* MED rash, exanthem[a] *spec;* [**von etw**] ~ **bekommen/haben** to get/have got [*or* AM *a.* gotten] a rash from sth, to come/have come out in a rash

Ausschlag[2] *m* deflection; [**bei etw**] **den** ~ **geben** (*fig*) to be the decisive factor [*or* prove decisive] [for/in sth]; ***die Stimme des Vorsitzenden gibt den*** ~ the chair has the casting vote

aus|schlagen *irreg* **I.** *vt haben* ① (*ablehnen*) ■**etw** ~ to turn down sth *sep;* (*höflicher*) to decline sth; **eine Erbschaft** ~ to disclaim [*or* waive] an estate *form;* ■**jdm etw** ~ to refuse sb sth ② (*auskleiden*) ■**etw mit etw** ~ to line sth with sth ③ (*her~*) ■**jdm etw** ~ to knock out *sep* sb's sth; *Huf a.* to kick out *sep* sb's sth ④ (*löschen*) ■**etw** [**mit etw**] ~ to knock out *sep* sth [with [*or* using] sth] ⑤ DIAL (*ausschütteln*) ■**etw** ~ to shake out sth *sep* **II.** *vi* ① *haben* (*los-, zuschlagen*) ■[**mit etw**] ~ to strike [*or* lash] out [with sth]; **mit den Füßen** ~ to kick [out]; **mit dem Ellenbogen nach hinten** ~ to hit backwards with one's elbow; [**mit den Hufen**] ~ to kick ② *sein o haben* to deflect, to be deflected; *Wünschelrute* to dip; *Metallsuchgerät* to register [metal] ③ *sein o haben* (*sprießen*) to come out, to start to bud, to burgeon [out] *liter; Bäume a.* to come [*or liter* break] into leaf ④ *haben* ■**ausgeschlagen haben** to have finished striking [the hour] ⑤ *sein* (*ausgehen*) to turn out; ■**für/gegen jdn** ~ to turn out well/badly for sb; **zum Guten** ~ to turn out all right; **zu jds Nachteil/Vorteil** ~ to turn out to sb's disadvantage/advantage

ausschlaggebend *adj* decisive; **die ~e Stimme** the deciding [*or* decisive] vote; ***die Stimme des Vorsitzenden ist*** ~ the chair has the casting vote; [**für jdn**] **von ~er Bedeutung** [**sein**] [to be] of prime importance [for sb]; ■[**für jdn/etw**] ~ **sein** to be [*or* prove] decisive [for sb/sth]; ***für diese Entscheidung war ~, dass ...*** in this decision-making X was decisive

Ausschlagung <-, -en> *f* JUR, FIN refusal, rejection; ~ **einer Erbschaft** disclaimer of an estate [*or* AM inheritance]

Ausschlagungsfrist *f* JUR period of disclaimer **Ausschlagungsrecht** *nt* JUR right to disclaim

aus|schließen *vt irreg* ① (*entfernen*) ■**jdn** [**aus/von etw**] ~ to exclude sb [from sth]; (*als Strafe a.*) to bar sb [from sth]; **die Öffentlichkeit** [**von etw**] ~ JUR to hold sth in camera; (*spec*) to exclude the public [from sth]; **ein Mitglied** [**aus etw**] ~ to expel a member [from sth]; (*vorübergehend*) to suspend a member [from sth]; **einen Spieler** [**von etw**] ~ to disqualify a player [from sth] ② (*für unmöglich halten*) ■**etw** ~ to rule out sth *sep;* ***das eine schließt das andere nicht aus*** the one does not exclude the other, they're not mutually exclusive; ***ich will nicht ~, dass er ein Dieb ist, aber ...*** I don't want to rule out the possibility that he's a thief, but ... ③ (*aussperren*) ■**jdn/sich** [**aus etw**] ~ to lock out *sep* sb/lock oneself out [of sth]

ausschließlich **I.** *adj attr* exclusive; **das ~e Recht** the sole [*or* exclusive] right **II.** *adv* exclusively; ***das ist ~ unsere Angelegenheit*** this is strictly our affair, this concerns nobody but us; ***darüber habe ~ ich zu bestimmen*** I'm the one to decide on this matter **III.** *präp +gen* excluding, exclusive of; (*geschrieben a.*) excl[.]

Ausschließlichkeit <-> *f kein pl* JUR exclusiveness *no pl* **Ausschließlichkeitsbezug** *m* JUR exclusive procurement **Ausschließlichkeitsbindung** *f* JUR exclusive dealing **Ausschließlichkeitsklausel** *f* JUR exclusive clause **Ausschließlichkeitspatent** *nt* exclusive patent **Ausschließlichkeitsrecht** *nt* JUR sole and exclusive right **Ausschließlichkeitsvereinbarung** *f* JUR exclusive dealing clause **Ausschließlichkeitsvertrag** *m* JUR exclusive dealing contract

Ausschließung <-, -en> *f* (*Ausschluss*) exclusion, preclusion

Ausschließungsfrist *f* JUR preclusive period **Ausschließungsgrund** *m* JUR reason for exclusion **Ausschließungsklage** *f* JUR expulsion suit **Ausschließungsprinzip** *nt* PHYS [Pauli] exclusion principle

aus|schlüpfen *vi sein* ■[**aus etw**] ~ to hatch out [of sth], to hatch [out]

Ausschluss[RR] <-es, Auschlüsse> *m,* **Ausschluß** <-sses, Auschlüsse> *m* exclusion; *von Mitglied* expulsion; (*vorübergehend*) suspension; *von Spieler* disqualification; **unter ~ der Öffentlichkeit stattfinden** JUR to be closed to the public, to take place in camera *spec;* ~ **der Gewährleistung** ÖKON caveat emptor *form,* let the buyer beware

Ausschlussfrist[RR] *f* JUR preclusive time limit **Ausschlussklage**[RR] *f* JUR foreclosure action **Ausschlussklausel**[RR] *f* JUR exclusion [*or* preclusion] clause **Ausschlusskriterium**[RR] *f* disqualifying criterion [*or* factor] **Ausschlussrecht**[RR] *nt* JUR exclusive right **Ausschlusstermin**[RR] *m* JUR cut-off date **Ausschlussurteil**[RR] *nt* JUR exclusory judgment, foreclosure decree **Ausschlussverfahren** *nt* JUR *gegen ein Mitglied* expulsory proceedings *pl*

aus|schmücken *vt* ■**etw** [**mit etw**] ~ ① (*dekorieren*) to decorate [*or liter* adorn] sth [with sth] ② (*ausgestalten*) to embellish [*or* embroider] sth [with sth]

Ausschmückung <-, -en> *f* ① (*Dekoration*) decoration, adornment *liter* ② (*das Ausgestalten*) embellishment, embroidery *no pl*

Ausschneidebogen *m* sheet of cardboard cutouts

aus|schneiden *vt irreg* ■**etw** [**aus etw**] ~ to cut out sth *sep,* to cut sth out of sth; INFORM ~ **und einfügen** to cut and paste; *s. a.* **ausgeschnitten**

Ausschnitt *m* ① (*Zeitungs~*) cutting, clipping ② MATH sector ③ (*ausgeschnittener Teil*) neckline; **runder** ~ round neck; **ein tiefer** ~ a low [*or* plunging] neckline; **jdm in den ~ schauen** to look down sb's dress ④ (*Teil*) ■**der/ein** ~ [**aus etw**] the/a part of sth; **ein** ~ [**aus einem Gemälde/Foto**] a detail [of a painting/photograph]; **ein** ~ [**aus einem Roman**] an excerpt [*or* extract] [from a novel]; **ein** ~ [**aus einem Film**] a [film] clip; ***ich kenne das Buch/den Film nur in ~en*** I only know parts of the book/film

Ausschnittdarstellung *f* INFORM windowing

aus|schöpfen *vt* ① (*leeren*) ■**etw** [**mit etw**] ~ to empty sth [with [*or* using] sth]; ■**ausgeschöpft sein** to be empty; **ein Boot** ~ to bale out *sep* a boat; **Suppe** ~ to ladle out *sep* soup; **Wasser** ~ to scoop out *sep* water ② (*vollen Gebrauch machen*) ■**etw** [**voll**] ~ to make full use of one's sth; **seine Kompetenzen** ~ to do everything [with]in one's power; **das ganze Angebot** ~ to try out everything on offer; **die Möglichkeiten/seine Reserven** ~ to exhaust the possibilities/one's reserves; **ein Thema** ~ to go into a subject thoroughly

aus|schreiben *vt irreg* ① (*ungekürzt schreiben*) ■**etw** ~ to write out sth *sep;* **seinen Namen** ~ to write out *sep* one's name in full ② (*ausstellen*) ■[**jdm**] **etw** ~ to make out *sep* sth [to sb]; **ein Formular** ~ to fill in [*or* AM *a.* out] *sep* a form, to complete a form ③ (*bekannt machen*) ■**etw** ~ to announce sth; (*um Angebote zu erhalten*) to invite tenders for sth; **eine Stelle** ~ to advertise a post; **Wahlen** ~ to call an election, BRIT *a.* to go to the country

Ausschreibung <-, -en> *f* announcement; (*für Angebote*) invitation to tender, call for tenders; *einer Stelle* advertisement (**von** *+dat* for); *von Neuwahlen* the calling of a new election; **öffentliche** ~ public invitation to tender

Ausschreibungsabsprache *f* JUR, HANDEL collusive tendering **Ausschreibungsangebot** *nt* FIN tender offer **Ausschreibungsbedingungen** *pl* HANDEL terms of tender **Ausschreibungsfrist** *f* HANDEL bidding period **Ausschreibungskonsortium** *nt* HANDEL bidding syndicate **Ausschreibungspflicht** *f* JUR, HANDEL obligation to invite tenders **Ausschreibungsschluss**[RR] *m* HANDEL closing date [for submission] of tenders **Ausschreibungsverfahren** *nt* HANDEL tendering procedure, bidding process; **im** ~ by tender **Ausschreibungswettbewerb** *m* HANDEL competitive bidding [on a tender basis] **Ausschreibungszeitraum** *m* HANDEL tender period

aus|schreiten *vi irreg sein* (*geh*) to stride out

Ausschreitung <-, -en> *f meist pl* riot[s *pl*], rioting *no pl, no indef art*

Ausschuss[RR1] <-es, Ausschüsse> *m,* **Ausschuß** <-sses, Ausschüsse> *m* committee; **einen ~ einsetzen** to constitute [*or* name] a committee *form;* **in einem ~ sitzen** to sit [*or* serve] on a committee

Ausschuss[RR2] <-es> *m,* **Ausschuß** <-sses, Ausschüsse> *m kein pl* (*fam*) rejects *pl*

Ausschuss[RR3] <-es, Ausschüsse> *m,* **Ausschuß** <-sses, Ausschüsse> *m* (*bei Schusswunde*) exit wound

Ausschussmitglied[RR] *nt* committee member

Ausschussquote[RR] *f* reject [*or* frequency] [*or* breakage] rate

Ausschusssitzung[RR] *f* committee meeting

Ausschussverlust[RR] *m* (*bei Produktion*) reject-based loss

Ausschussvorsitzende(r)[RR] *f(m) decl wie adj* committee chairwoman *fem,* committee chairman *masc*

Ausschussware[RR] *f* rejects *pl*

aus|schütteln *vt* ■**etw** ~ to shake out sth

aus|schütten **I.** *vt* ① (*ausleeren*) ■**etw** [**über jdn** [*o* **jdm**]/**etw**] ~ to empty sth [over sb/sth] ② (*verschütten*) ■**etw** ~ to spill sth ③ FIN (*auszahlen*) ■**etw** [**an jdn**] ~ to distribute sth [to sb]; **eine Dividende** ~ to distribute [*or* pay out] a dividend **II.** *vr* (*fam*) ■**sich vor Lachen** ~ to split one's sides laughing *fig*

Ausschüttung <-, -en> *f* FIN dividend; (*das Ausschütten*) distribution of dividends

Ausschüttungsanspruch *m* FIN dividend entitlement **ausschüttungsberechtigt** *adj* FIN carrying dividend rights **ausschüttungsfähig** *adj* FIN distributable; **~er Gewinn** distributable profits **Ausschüttungssatz** *m* FIN distribution rate **Ausschüttungstermin** *m* FIN distribution date

aus|schwärmen *vi sein Bienen* to swarm out; *Soldaten* to fan out

aus|schweifen *vi sein* ① (*abschweifen*) to ramble on ② (*umherschweifen*) to run riot; ***er ließ seine Phantasie*** ~ he let his imagination run riot

ausschweifend *adj* **ein ~es Leben** a hedonistic life; **eine ~e Phantasie** a wild imagination

Ausschweifung <-, -en> *f meist pl* excess

aus|schweigen *vr irreg* ■**sich** [**über jdn/etw**] ~ to remain silent [about sb/sth]; **sich eisern** ~ to maintain a stony silence

aus|schwemmen *vt* ① (*ausspülen*) ■**etw** [**aus etw**] ~ to flush sth out [of sth] ② (*aushöhlen*) ■**etw** ~ to hollow out *sep* sth

ausschwenkbar *adj Leuchte, Maschinentisch*

swivel[ling]; *Kranarm* traversable, swing-out *attr*

aus|schwenken I. *vt haben* ■**etw** ~ ❶ *(ausspülen)* to rinse out *sep* sth ❷ *(zur Seite schwenken)* to swing sth out II. *vi sein* to wheel; ***die Marschkolonne schwenkte nach rechts aus*** the column wheeled to the right; ***Vorsicht, Anhänger schwenkt aus!*** Keep clear of trailer!

aus|schwitzen *vt* ❶ *(durch Schwitzen ausscheiden)* ■**etw** ~ to sweat out *sep* sth; **eine Grippe** ~ to sweat out a bout of flu ❷ *(Feuchtigkeit absondern) Wände* to sweat ❸ *(durch Erhitzen Feuchtigkeit entfernen)* **Mehl** ~ to sweat flour

aus|sehen *vi irreg* to look; ***du siehst gut/gesund/schick aus*** you look great/healthy/smart; ■~ **wie ...** to look like ...; **es sieht gut/schlecht aus** things are looking good/not looking too good; **bei jdm sieht es gut/schlecht aus** things are looking good/not looking too good for sb; ***und wie sieht es bei euch aus?*** and how are things with you?; ***bei mir sieht es gut aus*** I'm doing fine; ***heute sieht es regnerisch aus*** it looks like rain today; **nach Schnee/Regen** ~ to look as if it is going to snow/rain; **nach etwas/nichts aussehen** to look good/not look anything special, to look/not look the part; **es sieht [jdm] danach** [*o* **so**] ~, **als ...** it looks [*or* seems] [to sb] as though ... [*or* if]; ***du siehst mir gerade danach aus!*** *(iron)* I don't think so!, I bet!; ***so siehst du [gerade] aus!*** *(fam)* that's what you think! *fam;* ***seh' ich so*** [*o* ***danach***] ***aus?*** what do you take me for? *fam;* **wie sieht's aus?** *(fam)* how's things? [*or* BRIT *fam a.* tricks]

Aussehen <-s> *nt kein pl* appearance; ■**jds** ~ **nach** judging [*or* going] by sb's appearance; ■**dem** ~ **nach** judging [*or* going] by appearances

aus|sein *irreg, Zusammenschreibung nur bei infin und pp* I. *vi sein (fam)* ❶ *(beendet sein)* to have finished; *Krieg* to have ended, to be over; *Schule* to be out ❷ *(ausgeschaltet sein)* to be [switched] off; *Feuer, Ofen, Kerze* to be out ❸ SPORT *(außerhalb des Spielfeldes) Ball* to be out ❹ *(es auf jdn/etw abgesehen haben)* ■**auf jdn/etw** ~ to be after sb/sth ❺ *(ausgehen)* ■**[mit jdm]** ~ to go out [with sb] II. *vi impers sein* ❶ *(vorbei sein)* ■**es ist mit etw aus** sth is over; ***es ist aus und vorbei mit diesen Träumen*** these dreams are over once and for all ❷ *(fam: sterben)* ■**es ist mit jdm** ~ sb has had it *sl;* ***es ist aus mit ihm*** he's finished [*or sl* had it] ❸ *(fam: beendet sein)* ■**es ist aus [zwischen jdm]** it's over [between sb]; ***zwischen denen ist es aus*** they've broken up, it's over between them; ***zwischen uns ist es aus, mein Freund!*** we're finished [*or* history], mate!

außen *adv* on the outside; ~ ***an der Windschutzscheibe*** on the outside of the windscreen; ***er spielt links/rechts*** ~ he is playing on the outside left/right; ■**nach** ~ outwards; ■**von** ~ from the outside; ~ **vor bleiben** to be left out; ~ **vorsein** to be left out; **jdn/etw** ~ **vorlassen** to leave sb/sth out, to exclude sb/sth; **nach** ~ **hin** outwardly

Außen <-> *nt kein pl* outside

Außenansicht *f* exterior view **Außenanstrich** *m* ❶ *(Farbe)* outside coating, exterior paint job ❷ *(das Anstreichen)* painting of the exterior **Außenantenne** *f* outdoor [*or* external] aerial **Außenaufnahme** *f* outdoor shot **Außenbahn** *f* SPORT outside lane **Außenbeitrag** *m* external contribution **Außenbeleuchtung** *f* exterior lighting **Außenbereich** *m* JUR external undeveloped land **Außenbezirk** *m* outer [*or* outlying] district **Außenborder** <-s, -> *m* NAUT outboard [motorboat] **Außenbordmotor** *m* outboard [motor] **Außenbordmotorboot** *m* outboard motorboat

außenbords *adv inv* NAUT outboard

aus|senden *vt irreg (geh)* ❶ *(ausschicken)* ■**jdn** ~ to send sb out ❷ *(ausstrahlen)* ■**etw** ~ to broadcast sth

Außendienst *m* employment as a sales representative; **im** ~ **sein** [*o* **arbeiten**] to work as a sales representative [*or* in sales]; ~ **machen** to work outside the office

Außendienstmitarbeiter(in) *m(f)* sales representative

Außeneinsatz *m* RAUM spacewalk, operation outside the space shuttle

Außenfinanzierung *f* FIN external financing

Außengesellschaft *f* HANDEL non-member company

Außenhafen *m* outer harbour [*or* AM -or]

Außenhaftung *f* JUR non-member liability

Außenhandel *m* foreign trade

Außenhandelsbeschränkungen *pl* HANDEL, JUR foreign trade restrictions **Außenhandelsbeziehungen** *pl* foreign trade relations **Außenhandelsbilanz** *f* balance of trade **Außenhandelsbürgschaft** *f* JUR, HANDEL foreign trade guarantee **Außenhandelskammer** *f* FIN chamber for foreign trade **Außenhandelslizenz** *f* HANDEL foreign trade licence **Außenhandelsmonopol** *nt* HANDEL foreign trade monopoly **Außenhandelsniederlassung** *f* ÖKON foreign trade branch **Außenhandelspolitik** *f* foreign trade policy **Außenhandelsposition** *f* ÖKON external position **Außenhandelsprognose** *f* ÖKON foreign trade forecast [*or* prognosis] **Außenhandelsquote** *f* ÖKON proportion of foreign trade **Außenhandelsrecht** *nt* JUR foreign trade law **Außenhandelsspanne** *f* ÖKON spread of foreign trade **Außenhandelsvertrag** *m* JUR foreign trade agreement **Außenhandelsvolumen** *nt* ÖKON export volume

Außenhaut *f* outer skin **Außenkurve** *f* outer curve, outside bend **Außenminister(in)** *m(f)* foreign minister, foreign secretary BRIT, Secretary of State AM **Außenministerium** *nt* foreign ministry, Foreign Office BRIT, State Department AM **Außenmitarbeiter(in)** *m(f)* external employee **Außenpolitik** *f* foreign policy **Außenpolitiker(in)** *m(f)* foreign policymaker **außenpolitisch** I. *adj* foreign policy *attr;* ~**e Erfahrung/**~**er Erfolg** experience/success in foreign policy; ***in*** ~ ***en Fragen*** in matters of foreign policy; ~**er Sprecher** foreign policy spokesman II. *adv* as regards foreign policy **Außenprüfer(in)** *m(f)* FIN field auditor **Außenprüfung** *f* FIN field auditing; **abekürzte** ~ summary examination **Außenquartier** *nt* SCHWEIZ suburb **Außenrecht** *nt* JUR international law **Außenseite** *f* outside; *Gebäude* exterior

Außenseiter(in) <-s, -> *m(f) (a. fig)* outsider

Außenspiegel *m* AUTO [out]side mirror **Außenstände** *pl* ÖKON debts outstanding, accounts receivable *pl* **Außensteckdose** *f* AUTO caravan inlet **Außenstehende(r)** *f(m) dekl wie adj* outsider **Außenstelle** *f* branch **Außensteuergesetz** *nt* JUR Law to Prevent International Fiscal Evasion **Außensteuerrecht** *nt* JUR, FIN tax legislation for non-residents **Außenstürmer(in)** *m(f)* FBALL wing **Außentasche** *f* outside pocket **Außentemperatur** *f* outside [*or* external] temperature **Außenverhältnis** *nt* JUR legal relationship with third parties **Außenwand** *f* exterior [*or* outside] wall **Außenwelt** *f* outside world **Außenwerbung** <-> *f kein pl* HANDEL outdoor advertising **Außenwert** *m* outside measurement **Außenwinkel** *m* exterior angle **Außenwirtschaft** *f* ÖKON foreign trade

außenwirtschaftlich *adj* ÖKON external, foreign-trade; ~**e Anpassung/Entwicklung/Faktoren** external economic adjustment/development/factors; ~**es Gleichgewicht** foreign-trade balance

Außenwirtschaftsgesetz *nt* JUR foreign trade and payments act **Außenwirtschaftsrecht** *nt* JUR foreign trade and payments legislation **Außenwirtschaftsverordnung** *f* JUR, FIN foreign trade and payments order **Außenwirtschaftsvertrag** *m* JUR, FIN foreign trade agreement

Außenzelt *nt* fly-sheet

Außenzoll *m* ÖKON external duty [*or* tariff]

außer I. *präp +dat o gen (selten)* ❶ *(abgesehen von)* apart from, except for; ~ ***dir waren alle auf dem Fest*** everone was at the party but [*or* apart from] you ❷ *(zusätzlich zu)* in addition, apart from; ~ ***ihrer eigenen Arbeit mußte sie noch die seinige erledigen*** she had to do his work as well as her own ❸ *(nicht in)* out of; ~ **Betrieb/Sicht/Gefahr sein** to be out of order/sight/danger ► WENDUNGEN: **[über jdn/etw]** ~ **sich** *dat* **sein** to be beside oneself [about sb/sth]; *s. a.* **Reihe, geraten** II. *konj* ■~ **daß** except that; ■~ **[wenn]** except [when]

Außerachtlassung <-, -en> *f* disregard; **unter** ~ **der Regeln** with total disregard for the rules

außerbetrieblich *adj* ÖKON external; ~**e Weiterbildung** exteranl advanced training

außerdem *adv* besides; ***ich habe keine Zeit und*** ~ ***auch keine Lust*** I don't have time and besides [*or* anyway], I don't feel like it; ***er ist Professor und*** ~ ***noch Gutachter*** he is professor and expert besides that [*or* as well]

außerdienstlich I. *adj* private II. *adv* in private, privately

äußere(r, s) *adj* ❶ *(außerhalb gelegen)* outer; ~**e Verletzung** external injury ❷ *(von außen wahrnehmbar)* outer, exterior ❸ *(außenpolitisch)* external

Äußere(s) *nt dekl wie adj* outward appearance

außerehelich I. *adj* extramarital; **ein** ~**es Kind** an illegitimate child, a child born outside marriage [*or esp form* wedlock] II. *adv* illegitimately **außereuropäisch** *adj attr* non-European; ***China ist das bevölkerungsreichste*** ~***e Land*** China is the most populated country outside of Europe **außerfahrplanmäßig** I. *adj* non-scheduled II. *adv* ***dieser Bus verkehrt nur*** ~ this bus runs a non-scheduled service

außerfamiliär *adj inv* outside the family; ~**e Kontakte** contacts outside the family **außergerichtlich** I. *adj* out of court *attr* II. *adv* out of court **außergewöhnlich** I. *adj* unusual; **eine** ~**e Leistung** an extraordinary achievement; **ein** ~**er Mensch** a remarkable [*or* an extraordinary] person; **einer** ~**en Belastung ausgesetzt sein** to be under extreme pressure; ■**etwas A**~**es** something unusual [*or* out of the ordinary]; **etw** ~ **Gutes** something extraordinary II. *adv* extremely

außerhalb I. *adv* outside; ~ **der Stadt** outside the town, out of town; ~ **stehen** to be on the outside; **nach** ~ outside [*or* out] of town; **von** ~ from out of town II. *präp +gen* ❶ *(räumlich entfernt)* outside; ~ **der Stadt** outside the town ❷ *(zeitlich entfernt)* ~ **der Sprechstunde** outside [of] surgery/visting, etc. hours ❸ *(jenseits)* outside; ~ **meiner Kompetenz** outside my competence; ~ **der Legalität** outside the law

außerirdisch *adj* extraterrestrial; ■**A**~**e** extraterrestrials, aliens

Außerkraftsetzung <-, -en> *f (geh)* repeal *form*

äußerlich *adj* ❶ *(außen befindlich)* external; **nur zur** ~**en Anwendung!** MED, PHARM [for] external use only ❷ *(oberflächlich)* superficial; **[rein]** ~ **betrachtet** on the face of it

Äußerlichkeit <-, -en> *f* ❶ *(Oberflächlichkeit)* superficiality; *(Formalität)* formality ❷ *pl (oberflächliche Details)* trivialities *pl*

äußerln *vt, vi nur infin* ÖSTERR ■**einen Hund** ~ **[führen]** to take a dog for a walk

äußern I. *vr* ❶ *(Stellung nehmen)* ■**sich [zu etw]** ~ to say something [about sth], to comment [on sth]; ***ich will mich vorerst nicht dazu*** ~ I don't want to make any comment at this stage; **sich** *akk* **über jdn/etw abfällig** ~ to make disparaging comments about [*or* of] sb/sth ❷ *(sich manifestieren)* ■**sich [irgendwie]** ~ to manifest itself [somehow] II. *vt (sagen)* ■**etw** ~ to say sth; *(zum Ausdruck bringen)* to utter [*or* voice] [*or* express] sth; **eine Kritik** ~ to voice a criticism; **einen Wunsch** ~ to express a wish

außerordentlich I. *adj* ❶ *(ungewöhnlich, bemerkenswert)* extraordinary, exceptional ❷ *(nicht turnusgemäß)* extraordinary; **ein** ~**er Professor** associate professor; **eine** ~ **Sitzung** an extraordinary meeting II. *adv* extraordinarily, remarkably, exceptionally

außerorts *adv* SCHWEIZ, ÖSTERR out of town **außerparlamentarisch** *adj* extraparliamentary **au-**

ßerplanmäßig *adj* unscheduled; ~**e Ausgaben/Kosten** non-budgetary [*or* additional] expenses/costs **außerschulisch** *adj* extracurricular **außersinnlich** *adj* extrasensory; ~ **Wahrnehmung** extrasensory perception

äußerst *adv* extremely

außerstande *adj* (*nicht in der Lage*) ■~, **etw zu tun** unable [*or* not in a position] to do sth; ■**zu etw ~ sein**, ■~ **sein, etw zu tun** to be unable to do sth, to be incapable of doing sth; **sich ~ erklären/sehen, etw zu tun** to find oneself unable to do sth

äußerste(r, s) *adj* (1) (*entfernteste*) outermost; **am ~n Ende der Welt** at the farthest point of the globe; **der ~ Norden/Süden** the extreme north/south (2) (*späteste*) latest possible; **der ~ Termin** the latest possible time/date (3) (*höchste*) utmost; **von ~r Dringlichkeit** extremely urgent; **von ~r Wichtigkeit** of supreme [*or* the utmost] importance; **der ~ Preis** the last price; ***sie wehrte sich mit ~r Kraft*** she defended herself with all her strength

Äußerste(s) *nt dekl wie adj* **auf das ~ gefasst sein** to be prepared for the worst; **bis zum ~n gehen** to go to any extreme; **sein ~s geben** to give one's all; **das ~ wagen** to go to all extremes

äußerstenfalls *adv* at the most, at best

außertariflich *adj inv* FIN above the agreed rate; (*Zoll*) non-tariff

außertourlich [-tuːɐ-] **I.** *adj* ÖSTERR, SÜDD unscheduled **II.** *adv* ÖSTERR, SÜDD in addition

Äußerung <-, -en> *f* (1) (*Bemerkung*) comment, remark (2) (*Zeichen*) expression, sign

außeruniversitär *adj inv* SCI, SCH *Forschung, Veranstaltung, Weiterbildung* not university related

außervertraglich *adj* JUR noncontractual, extracontractual

Aussetzen <-> *nt kein pl s.* **Aussetzung**

aus|setzen **I.** *vt* (1) (*im Stich lassen*) ■**jdn/ein Tier ~** to abandon sb/an animal (2) (*ins Freie herausbringen*) **Pflanzen ~** to plant out plants; **Wild/Fische ~** to release game/fish (3) NAUT **Boote ~** to lower boats [to water]; **Passagiere ~** to maroon passengers (4) (*preisgeben*) ■**jdn/etw etw** *dat* ~ to expose sb/sth to sth; ■**sich** *akk* **etw** *dat* ~ to expose oneself to sth; **jdn der Kritik aussetzen** to subject sb to criticism (5) (*festsetzen*) ■**jdm etw ~** to offer sb sth; **einen Preis auf jds Kopf ~** to put a price on sb's head (6) (*vermachen*) ■**jdm etw ~** to bequeath [*or* leave] sth to sb (7) (*unterbrechen*) to interrupt; **einen Prozeß ~** to adjourn a trial; **Rückzahlung/Zinsen ~** to defer payment/interest (8) (*vertagen*) ■**etw ~** to suspend sth (9) (*bemängeln*) ■**an etw** *dat* **ist etwas/nichts auszusetzen** there is something/nothing wrong with [*or* objectionable about] sth; ■[**an jdm/etw**] **etwas/nichts auszusetzen haben** to find fault/not find any fault [with sb/sth] **II.** *vi* (1) (*aufhören*) ■[**bei etw**] ~ to take a break [from sth]; (*bei Spiel*) to sit [sth] out; **eine Runde aussetzen** to miss a turn (2) (*versagen*) to stop; *Motor* to fail; **bei jdm setzt die Atmung/das Herz aus** sb's breathing/heart stops (3) (*unterbrechen*) ■**mit etw ~** to interrupt sth; **mit der Pille ~** to stop taking the pill; **ohne auszusetzen** nonstop, without a break **III.** *vi impers* (*fam: ausrasten*) ■**es setzt** [**bei jdm**] **aus** sth snaps [in sb]; ***auf einmal setzte es bei ihm aus*** all of a sudden he snapped

Aussetzer <-s, -> *m* TECH (*fam*) *abrupt failure of a machine or one of its functions during operation*

Aussetzung <-, -en> *f* (1) (*das Aussetzen*) *Kind, Haustiere* abandonment; *Pflanzen* planting out; *Fische, Wild* releasing; *Boote* lowering; *Passagiere* marooning (2) (*in Aussicht stellen*) *Belohnung, Preis, Erbteil* offer (3) JUR (*Unterbrechung*) adjournment; *einer Rückzahlung, der Zinsen* deferment (4) JUR (*Vertagung*) suspension

Aussetzungsbeschluss[RR] *m* JUR suspension order **Aussetzungsentscheidung** *f* JUR decision to stay proceedings

Aussicht *f* (1) (*Blick*) view; ■**die ~ auf etw** *akk* the view overlooking [*or* of] sth (2) (*Chance*) prospect, chance; ■**die ~ auf etw** *akk* the chance of sth; **große ~en auf etw** *akk* **haben** to have every prospect [*or* chance] of sth; **gute ~en auf etw** *akk* **haben** to have good prospects of sth; **keine** [*o* **nicht die geringsten**] ~**en** [**auf etw** *akk*] **haben** to have no [*or* not the slightest] chance [of sth]; **etw in ~ haben** to have good prospects of sth; **jdm etw in ~ stellen** to promise sb sth; **das sind ja schöne ~en!** (*iron fam*) what a prospect!

aussichtslos *adj* hopeless; ■[**so gut wie**] ~ **sein** to be [absolutely] hopeless

Aussichtslosigkeit <-> *f kein pl* hopelessness, desperation

Aussichtspunkt *m* viewpoint **aussichtsreich** *adj* promising; **eine ~ Stelle** a job with good prospects **Aussichtsturm** *m* lookout tower

aus|sieben *vt* (1) (*mit Sieb entfernen*) ■**etw** [**mit etw**] [**aus etw**] ~ to strain sth [out of sth] [with sth] (2) (*aussondern*) ■**jdn** [**aus etw**] ~ to sift sb [out of sth]

aus|siedeln *vt* ■**jdn ~** to evacuate [*or* resettle] sb

Aussiedler(in) *m(f)* emigrant; (*Evakuierter*) evacuee

Aussiedlung *f* resettlement

aus|sitzen *vt* ■**etw ~** to sit sth out

aus|söhnen **I.** *vt* ■**jdn mit jdm/etw ~** to reconcile sb with sb/to sth **II.** *vr* ■**sich mit jdm/etw ~** to become reconciled with sb/to sth; ■**sich ~** to make up

Aussöhnung <-, -en> *f* ■~ [**mit jdm**] reconciliation [with sb]

aus|sondern *vt* to select; **Schlechtes ~** to sift [*or* flush] out the bad ones [*or* bits]; **den besten Kandidaten ~** to single out the best candidate

Aussonderung <-, -en> *f* selection, picking out *no pl; von Bewerbern* singling out; JUR assertion of rights of ownership against the bankrupt's estate

Aussonderungsberechtigte(r) *f(m)* JUR person entitled to release from bankrupt's estate **Aussonderungsquote** *f* screening rate **Aussonderungsrecht** *nt kein pl* JUR right of separation and recovery

aus|sorgen *vi* ■**ausgesorgt haben** to be set up for life *fam*

aus|sortieren* *vt* ■**etw ~** to sort sth out

aus|spachteln *vt* BAU ■**etw** [**mit etw**] ~ to level sth [with sth]

aus|spähen **I.** *vi* ■[**nach jdm/etw**] ~ to look out [for sb/sth] **II.** *vt* ■**jdn/etw ~** to spy sb/sth out

Ausspähung <-, -en> *f* JUR spying out clandestinely

aus|spannen **I.** *vi* to relax, to have a break **II.** *vt* (1) ■**etw** [**aus etw**] ~ to unharness [*or* unhitch] sth [from sth]; **einen Ochs ~** to unyoke an ox (2) (*ausbreiten*) ■**etw ~** to spread sth out; **ein Seil/eine Leine ~** to put up a rope/line (3) (*herausdrehen*) ■**etw** [**aus etw**] ~ to take sth out [of sth]; **den Bogen aus der Schreibmaschine ~** to take the paper out of the typewriter (4) (*fam: abspenstig machen*) **jdm die Freundin/den Freund ~** to pinch [*or* steal] sb's girlfriend/boyfriend (5) (*fam: sich ausborgen*) ■**jdm etw ~** to do sb out of sth *fam*

Ausspannung <-> *f kein pl* relaxation *no pl*

aus|sparen *vt* (1) (*nicht einbeziehen*) ■**etw** [**bei etw**] ~ to avoid sth [in sth] (2) (*ausnehmen*) ■**etw** [**bei etw**] ~ to omit sth [in sth] (3) (*verschonen*) ■**jdn ~** to spare sb (4) (*unbeschriftet lassen*) ■**etw ~** to leave sth blank

Aussparung <-, -en> *f* (*Lücke*) gap; (*Auslassung*) omission

aus|speien *irreg* **I.** *vt* (*geh*) (1) (*ausstoßen*) ■**etw ~** to disgorge sth, to bring up *sep* sth (2) (*ausspucken*) ■**etw ~** to spit out *sep* sth; (*fig*) to spew out *sep* sth **II.** *vi* (*geh*) to spit out

aus|sperren *vt* (1) (*ausschließen*) ■**jdn** [**aus etw**] ~ to lock sb out [of sth]; ■**sich** [**aus etw**] ~ to lock oneself out [of sth] (2) TYPO ■**etw ~** to lead [*or* space] [*or* white] sth

Aussperrung <-, -en> *f* ÖKON lockout; **jdm mit ~ drohen** to threaten sb with a lockout, to threaten to lock out sb

aus|spielen **I.** *vt* (1) KARTEN ■**etw ~** to play sth (2) (*als Preis aussetzen*) ■**etw ~** *Lotterie* to pay out sth (3) (*wechselseitig einsetzen*) to use, to apply; ■**etw** [**gegen jdn**] ~ to play sth off [against sb], to use sth [against sb]; ■**jdn gegen jdn ~** to play sb off against sb **II.** *vi* (1) KARTEN (*das Spiel eröffnen*) to lead; (*Karte ablegen*) to play a card; **einen Trumpf ~** to play a trump [card] (2) (*verspielen*) ■[**bei jdm**] [**als etw**] **ausgespielt haben** to have had it [with sb] [as sth]; ***bei mir hast du endgültig ausgespielt!*** you've had it as far as I am concerned!, I'm through with you! *fam*

Ausspielung <-, -en> *f* draw

aus|spinnen *vt irreg* ■**etw ~** to spin [*or* draw] sth out

aus|spionieren* *vt* (1) (*als Spion durchsuchen*) ■**etw ~** to spy into sth, to spy sth out (2) (*ausfindig machen*) ■**jdn/etw ~** to spy sb/sth out

Aussprache *f* (1) (*Akzent*) pronunciation, accent; (*Art des Artikulierens*) articulation; **eine feuchte ~ haben** to splutter when one speaks (2) (*Unterredung*) talk, discussion

Ausspracheangabe *f* phonetic transcription **Aussprachewörterbuch** *nt* phonetic dictionary, dictionary of pronunciation

aussprechbar *adj* ■[**für jdn**] **nicht/schwer ~ sein** to be unpronounceable/difficult to pronounce [for sb]; ■[**für jdn**] **kaum ~ sein** to be barely pronounceable [for sb]

aus|sprechen *irreg* **I.** *vt* (1) (*artikulieren*) ■**etw ~** to pronounce sth; ***wie spricht man das*** [***Wort***] ***aus?*** how do you pronounce [*or* say] that [word]? (2) (*äußern*) ■**etw ~** to express sth; ***kaum hatte er den Satz ausgesprochen, ...*** he had barely finished the sentence ...; **ein Lob ~** to give a word of praise; **eine Warnung ~** to issue [*or* give] a warning; **einen Zweifel** [**an etw**] ~ to express doubts [in sth] (3) (*ausdrücken*) ■**jdm etw ~** to express sth to sb; ***das Parlament sprach der Regierung das Vertrauen aus*** parliament passed a vote of confidence in the government (4) JUR **eine Scheidung ~** to grant a divorce; **eine Strafe ~** to give out a punishment; **ein Urteil ~** to pronounce [a] sentence **II.** *vr* ■**sich ~** (1) (*sein Herz ausschütten*) to talk things over, to have a talk, to say what's on one's mind (2) (*Stellung nehmen*) to voice one's opinion; ■**sich für/gegen jdn/etw ~** to voice ones support for/opposition against sb/sth (3) (*sich äußern*) to speak one's mind; **sich anerkennend/lobend über jdn/etw ~** to speak highly about sb/sth (4) LING to be pronounced; ***dieses Wort spricht sich leicht/schwer aus*** this word is easy/difficult to pronounce; ***wie spricht sich der Name aus?*** how do you pronounce the name? **III.** *vi* to finish [speaking]; ***haben Sie jetzt endlich ausgesprochen?*** have you quite finished?; *s. a.* **ausgesprochen**

Ausspruch *m* remark; (*geflügeltes Wort*) saying; JUR pronouncement

aus|spucken **I.** *vt* (1) (*ausspeien*) ■**etw ~** to spit sth out (2) (*fam: auswerfen*) ■**etw ~** to spew sth out *fam;* (*herausgeben*) to cough up *sep* sth; ***los, spuck das Geld endlich 'raus!*** come on, cough up the money! *fam* (3) (*fam: gestehen*) ■[**etw**] ~ to spit [sth] out **II.** *vi* ■[**vor jdm/etw**] ~ to spit [at sb/sth]

aus|spülen *vt* ■**etw ~** to wash sth out, to rinse sth; ■[**sich** *dat*] **etw ~** to wash out [one's] sth, to rinse [one's] sth; **etw kräftig ~** to flush out sth

Ausspülung *f* washing out *no pl*, rinse; GEOL erosion

aus|staffieren* *vt* (*fam*) (1) (*ausstatten*) ■**etw** [**mit etw**] ~ to fit sth out [with sth], to equip sth [with sth] (2) (*einkleiden*) ■**jdn** [**mit etw**] ~ to rig [*or esp* BRIT kit] sb out [in sth]

Ausstand *m* (1) (*Streik*) **im ~ sein** to be on strike; **in den ~ treten** to go on strike, BRIT *a.* to take industrial action (2) SCHWEIZ, ÖSTERR, SÜDD (*Ausscheiden aus Stelle o Schule*) going away *no pl*, leaving BRIT *no pl*; **seinen ~ geben** to hold a going-away [*or* BRIT leaving] party

ausständig *adj* FIN, ÖKON outstanding

aus|stanzen *vt* ■**etw** [**aus etw**] ~ to stamp [*or* punch] sth out [of sth]; **ein Loch ~** to punch a hole; **Münzen ~** to mint coins

aus|statten *vt* (1) (*versorgen*) ■**jdn** [**mit etw**] ~ to equip sb [with sth], to provide sb [with sth] ❷ JUR ■ **jdn mit etw** ~ to vest sb with sth, to provide [*or* furnish] sb with sth ❸ (*einrichten*) ■ **etw [mit etw]** ~ to furnish sth [with sth] ❹ (*versehen*) ■ **etw [mit etw]** ~ to equip sth with sth; ***der Bildband ist gut ausgestattet*** the book is well illustrated; *Auto;* ***dieses Modell ist serienmäßig mit elektrischen Fenstern ausgestattet*** this model has electric windows as a standard fitting

Ausstatter(in) <-s, -> *m(f)* FILM, TV, THEAT (*Kostüm*) wardrobe supervisor; (*Szenenbildner*) set designer; ~***in: Heike Busch*** wardrobe/set design by Heike Busch

Ausstattung <-, -en> *f* ❶ *kein pl* (*Ausrüstung*) equipment; (*das Ausrüsten*) equipping *no pl,* provision, fitting-out *no pl* ❷ *kein pl* ■ **jds** ~ **mit etw** the vesting of sb with sth ❸ (*Einrichtung*) furnishings *pl;* ***das Haus hatte eine sehr luxuriöse*** ~ the house was luxuriously furnished ❹ (*Aufmachung*) features *pl,* fittings *pl*

Ausstattungsdarlehen *nt* FIN loan for new equipment **Ausstattungsmerkmal** *nt* INFORM equipment feature **Ausstattungsschutz** *m* JUR legal protection

aus|stechen *vt irreg* ❶ (*entfernen, herausnehmen*) **jdm das Auge** ~ to poke [*or* gouge] sb's eye out; **Plätzchen** ~ to cut out biscuits; **Torf** ~ to cut peat [*or* turf]; **Unkraut** ~ to dig out weeds ❷ (*fam: übertreffen und verdrängen*) ■ **jdn** ~ to outdo sb; ■ **jdn bei jdm** ~ to push sb out of sb's favour; ***mit dieser Leistung stach er alle Konkurrenten aus*** this performance outstripped that of all his competitors

Ausstechform *f* KOCHK cutter

aus|stehen *irreg* **I.** *vt* ❶ (*ertragen*) ■ **etw** ~ to endure sth; **jdn/etw nicht** ~ **können** to not be able to stand *fam* [*or* tolerate] sb/sth ❷ (*durchmachen*) ■ **mit jdm/etw etwas/viel** ~ to go through something/a lot with sth; ***ich habe nun wirklich genug ausgestanden!*** I've really been through enough!; **mit jdm/etw viel/etwas auszustehen haben** to have to put up with a lot/something with sb/sth; **ausgestanden sein** (*vorbei sein*) to be all over [and done with] **II.** *vi* ■ **[noch]** ~ ❶ (*noch nicht da sein*) to be due; ***die Antwort steht seit 5 Wochen aus*** the reply has been due for 5 weeks; ***die Sendung/das Paket steht immer noch aus*** the letter/package has still not been delivered; (*noch zu erwarten sein*) to be still expected [*or* awaited] ❷ ÖKON, FIN to be owing [*or* outstanding]; ■ ~**d** outstanding

ausstehend *adj* ❶ (*noch zu tun*) still to be done *pred* ❷ FIN outstanding, receivable; ~**e Einlagen auf das gezeichnete Kapital** uncalled capital; ~**e Zahlungen auf Aktien** uncalled payments on shares

Aussteifung <-, -en> *f* BAU bracing

aus|steigen *vi irreg sein* ❶ ■ **[aus etw]** ~ to get off [sth]; **aus einem Auto** ~ to get out of a car; ***du kannst mich dort*** ~ ***lassen*** you can let me out over there; ***„Endstation, alles ~!"*** "Last stop, all change!" ❷ (*aufgeben*) ■ **[aus etw]** ~ to drop out [of sth], to quit *fam* [sth]; SPORT to retire [*or* withdraw] [from sth]; (*sich zurückziehen*) to withdraw [from sth]; **aus der Gesellschaft** ~ to drop [*or* opt] out of society

Aussteiger(in) <-s, -> *m(f)* (*aus Gesellschaft, Beruf, Studium*) dropout *esp pej,* BRIT *a.* downshifter; (*aus Terroristenkreisen*) deserter, apostate

aus|stellen **I.** *vt* ❶ (*zur Schau stellen*) ■ **etw** ~ to display sth; (*auf Messe, in Museum*) to exhibit sth ❷ (*ausschreiben*) ■ **[jdm] etw** ~ to write [out *sep*] [sb] sth, to make out *sep* sth [for sb]; **[jdm] eine Rechnung** ~ to issue [sb] an invoice; (*ausfertigen*) to issue [sb] sth; ■ **etw auf jdn** ~ to make out sth to sb [*or* in sb's name]; ***Stellen Sie bitte die Rechnung aus*** Please write me [out] the bill; ***sie ließ sich einen Scheck/die Bescheinigung*** ~ she had a cheque/the certificate made out in her name ❸ (*ausschalten*) ■ **etw** ~ to switch off *sep* sth; **die Heizung** ~ to turn off *sep* the heating [*or* AM the heat] **II.** *vi* ÖKON (*sich an einer Ausstellung beteiligen*) to exhibit

Aussteller(in) <-s, -> *m(f)* ❶ (*auf Messe*) exhibitor ❷ FIN (*ausstellender Kontoinhaber*) Scheck drawer; ADMIN (*ausstellende Behörde o. Stelle*) issuer

Ausstellfenster *nt* AUTO quarterlight

Ausstellung *f* ❶ (*Kunst~, Messe*) exhibition ❷ *kein pl* (*das Ausschreiben*) *Scheck* making out; *Rezept, Rechnung* writing out, issuing; ***die ~ der Rechnung erfolgt innerhalb von zwei Werktagen*** an invoice will be issued withing two working days; (*Ausfertigung*) issue, issuing

Ausstellungsbescheinigung *f* JUR certificate of exhibition **Ausstellungsdatum** *nt* date of issue **Ausstellungseröffnung** *f* exhibition opening **Ausstellungsfläche** *f* ÖKON exhibition area **Ausstellungsgelände** *nt* exhibition site [*or* area] **Ausstellungshalle** *f* exhibition hall **Ausstellungskatalog** *m* exhibition catalogue **Ausstellungsmacher(in)** *m(f)* exhibition organizer **Ausstellungspriorität** *f* JUR exhibition priority **Ausstellungsraum** *m* exhibition space **Ausstellungsrecht** *nt* JUR right of exhibition **Ausstellungsstand** *m* exhibition stand **Ausstellungsstück** *nt* display model; (*in Ausstellung*) exhibit **Ausstellungstag** *m* day of issue

aus|stemmen *vt* BAU ■ **etw [aus etw]** ~ to chisel out sth [of sth] *sep*

aus|sterben *vi irreg sein* to die out; *Geschlecht, Spezies* to become extinct

Aussterben *nt* extinction; **im ~ begriffen** dying out

aussterbend *adj Tiere, Pflanzen* dying out, becoming extinct

Aussteuer <-, -n> *f* dowry

Ausstieg <-[e]s, -e> *m* ❶ *kein pl* (*das Aussteigen*) ■ **der ~ aus etw** *Bus, Zug etc.* getting off sth; *Auto* getting out of sth; *Höhle* climbing out of sth ❷ (*Öffnung zum Aussteigen*) exit ❸ (*das Aufgeben*) ■ **der ~ aus etw** abandoning sth; **der ~ aus der Kernenergie** abandoning [of] nuclear energy

Ausstiegsklausel *f* JUR opt-out clause

ausstiegsorientiert *adj inv* JUR ~**er Gesetzesvollzug** enforcement of the law in favour of withdrawal

aus|stopfen *vt* ■ **etw** ~ to stuff sth; **eine Ritze [mit etw]** ~ to fill a crack [with sth]

Ausstoß *m* ❶ (*Produktion*) output, production; ■ **der ~ von/an etw** the output [*or* production] of sth ❷ (*Ausschluß*) expulsion ❸ (*Emission*) emission

aus|stoßen *vt irreg* ❶ (*hervorbringen*) ■ **etw [in etw** *akk*] ~ to eject sth [into sth]; **Gase** ~ to emit [*or* give off] gases ❷ (*von sich geben*) **einen Seufzer** ~ to utter a sigh; **einen Schrei** ~ to give [out] a shout, to shout out; **Laute** ~ to make noises ❸ (*heraussto-ßen*) ■ **etw [aus etw]** ~ to expel sth [from sth] ❹ (*verlieren lassen*) ■ **sich** *dat* **etw** ~ to put out [*or* knock out] one's sth; ■ **jdm einen Zahn** ~ to knock out sb's tooth; **jdm ein Auge** ~ to poke out sb's eye ❺ (*ausschließen*) ■ **jdn [aus etw]** ~ to expel [*or* banish] sb [from sth]; *s. a.* **Ausgestoßene(r)** ❻ (*produzieren*) ■ **etw** ~ to turn out sth, to produce sth

Ausstoßleistung *f* output performance **Ausstoßmenge** *f* output

Ausstoßung <-> *f kein pl* ■ **die ~ aus etw** expulsion from sth; (*aus der Gemeinschaft/dem Stamm/etc.*) banishment [*or* exclusion] from sth

aus|strahlen **I.** *vt haben* ❶ (*abstrahlen*) ■ **etw** ~ to radiate sth; **Licht/Wärme** ~ to give off light/heat; **Radioaktivität** ~ to emit [*or* generate] radioactivity ❷ RADIO, TV (*senden*) ■ **etw** ~ to transmit [*or* broadcast] sth ❸ (*verbreiten*) ■ **etw** ~ to radiate [*or* exude] sth; ***er strahlt eine wohltuende Ruhe aus*** he exudes a pleasant sense of calm **II.** *vi sein* ❶ (*abstrahlen*) ■ **[von etw]** ~ to radiate; *bes Licht, Wärme* to be given off; *Radioaktivität* to be emitted [*or* generated] ❷ (*sich ausdehnen*) ■ **in etw** *akk* ~ *Schmerz* to extend to sth ❸ (*übergehen*) ■ **auf jdn/etw** ~ to spread out to sb/th

Ausstrahlung *f* ❶ (*besondere Wirkung*) radiance; **eine besondere ~ haben** to have a special charisma ❷ RADIO, TV broadcast[ing], transmission

Ausstrahlungstermin *m* TV broadcasting date

aus|strecken **I.** *vt* ■ **etw [nach jdm/etw]** ~ to extend sth [to sb/sth]; **seine Fühler** ~ to put out one's antennae; (*fig*) to make enquiries; **die Hände/Beine** ~ to stretch [*or* put] out ones hands/legs **II.** *vr* (*sich räkeln*) ■ **sich** ~ to stretch oneself out, to have a stretch

aus|streichen *vt irreg* ❶ (*durch Streichen ungültig machen*) ■ **etw** ~ to cross out *sep* sth ❷ (*glätten*) ■ **etw** ~ to smooth out *sep* sth ❸ KOCHK ■ **etw [mit etw]** ~ to grease sth [with sth] ❹ (*ausschmieren*) ■ **etw [mit etw]** ~ to smooth over sth [with sth], to fill sth [with sth]

aus|streuen *vt* ❶ (*verstreuen*) ■ **etw** ~ to scatter sth; ■ **etw mit etw** ~ to scatter [*or* cover] sth with sth ❷ (*verbreiten*) ■ **etw** ~ to scatter [*or* spread] sth ❸ KOCHK **etw [mit etw]** ~ to grease and line [with sth]

aus|strömen **I.** *vi sein* ❶ (*herausfließen*) ■ **[aus etw]** ~ to stream [*or* pour] [out of sth]; (*entweichen*) *Dampf, Gas* to escape [*or* leak] [from sth] ❷ (*ausgehen*) ■ **von etw** ~ to be given off from sth, to be emitted from sth; ***von diesen Blüten strömt ein süßlicher Duft aus*** these blossoms are giving off [*or* emitting] a sweet smell ❸ (*ausstrahlen*) ■ **von etw** ~ *Hitze, Wärme* to radiate from sth; ■ **von jdm** ~ *Heiterkeit, Ruhe, Zufriedenheit* to radiate [*or* exude] from sb **II.** *vt haben* ❶ (*austreten lassen*) ■ **etw** ~ to give off sth ❷ (*verbreiten*) ■ **etw** ~ to radiate sth

aus|suchen *vt* (*auswählen*) ■ **[jdm [*o* für jdn]] etw** ~ to choose [*or* pick [out]] [*or* select] sth [for sb]; ■ **jdn [für/zu etw]** ~ to choose sb [for sth]; ■ **[sich** *dat*] **etw** ~ to choose [*or* pick] sth; ■ **[sich** *dat*] **jdn** ~ to pick [*or* select] sb; *s. a.* **ausgesucht**

Austausch *m* exchange; (*Ideenaustausch*) exchange of ideas; **im ~ für [*o* gegen] etw** in exchange for sth

Austauschabkommen *nt* JUR two-way agreement

austauschbar *adj* interchangeable, exchangeable; *abgenutzte o defekte Teile* replaceable; ■ **~ sein** *Mensch* to be replaceable

aus|tauschen **I.** *vt* ❶ (*ersetzen*) ■ **[jdm] etw [gegen etw]** ~ to replace sth [with sth] [for sb] ❷ POL ■ **jdn/etw** ~ to exchange sb/sth; ***die Gegner tauschten Gefangene aus*** the enemies exchanged prisoners ❸ (*miteinander wechseln*) ■ **etw** ~ *Erfahrungen* ~ to exchange [*or* swap] experiences **II.** *vr* (*über jdn/etw sprechen*) ■ **sich [über jdn/etw]** ~ to exchange stories [about sb/sth]

Austauschformat *nt* INFORM exchange format **Austauschmotor** *m* replacement [*or* refurbished] engine **Austauschpfändung** *f kein pl* JUR levy upon a valuable item of property and replacing it by an inexpensive one **Austauschschüler(in)** *m(f)* exchange pupil **Austauschstudent(in)** *m(f)* exchange student **Austauschvertrag** *m* JUR reciprocal agreement **Austauschware** *f* HANDEL merchandise

aus|teilen *vt* ■ **etw [an jdn]** ~ to distribute sth [*or* hand out *sep* sth] [to sb]; **das Abendmahl/Sakrament** ~ to administer [*or* give] communion; **Befehle** ~ to issue commands; **Essen [an jdn]** ~ to serve food [to sb]; **Karten [an jdn]** ~ to deal [out] [the] cards [to sb]; **den Segen** ~ (*a. fig*) to give [*or* pronounce] a blessing

Austeilung *f* distribution, handing out; *Essen* serving; REL administering, administration

Auster <-, -n> *f* oyster

Austernbank *f* oyster bank [*or* bed] **Austernbrecher** <-s, -> *m* oyster opener **Austernfischer** *m* ORN oyster catcher **Austerngabel** *f* oyster fork **Austernmesser** *nt* oyster knife **Austernöffner** *m s.* Austernbrecher **Austernpilz** *m* Chinese [*or* oyster] mushroom **Austernschale** *f* oyster shell

aus|testen *vt* ❶ (*auf die Probe stellen*) ■ **jdn/etw** ~ to test out sb/sth *sep* ❷ INFORM (*ausprüfen*) ■ **etw** ~ to debug [*or* troubleshoot] sth

aus|tilgen *vt* (*geh*) ❶ (*vernichten*) ■ **jdn/etw** ~ to annihilate sb/sth; **Unkraut/Ungeziefer** ~ to exterminate [*or* eradicate] weeds/pests ❷ (*auslöschen*) ■ **etw** ~ to extinguish sth; **die Erinnerung an etw** ~ to obliterate the memory of sth

aus|toben I. *vt* ■ **etw an jdm** ~ to let sth out on sb **II.** *vr* ■ **sich** ~ ❶ (*sich abregen*) to let off steam; (*sich müde toben*) to romp around [*or* about]; (*ein wildes Leben führen*) to sow one's wild oats *fam!*; (*seine Neigungen ausleben*) to let one's hair down ❷ *Orkan* to die down

aus|tragen *vt irreg* ❶ (*zu Fuß zustellen*) ■ **etw** ~ to deliver sth ❷ (*stattfinden lassen*) ■ **etw** ~ to hold sth; **einen Streit mit jdm** ~ to have it out with sb ❸ (*streichen*) ■ **etw** [**aus etw**] ~ to take out sth [from sth]; **einen Namen aus einer Liste** ~ to take a name off a list, to cross a name out on a list ❹ (*bis zur Geburt behalten*) ■ **jdn/ein Tier** ~ to carry sb/an animal to the full term

Austräger(in) *m(f)* [news]paper man/woman/boy

Austragung <-, -en> *f* holding

Austragungsort *m* venue

Australien <-s> *nt* Australia; *s. a.* **Deutschland**

Australier(in) <-s, -> *m(f)* Australian; *s. a.* **Deutsche(r)**

australisch *adj* Australian; *s. a.* **deutsch**

Australopithecus <-, Australopithecinae *o* Australopihecinen> *m* australopithecine

aus|träumen *vi* ■ [**noch nicht**] **ausgeträumt haben** to have not stopped dreaming [yet]; ■ **ausgeträumt sein** to be over; ***ihr Traum von einem schönen Urlaub war ausgeträumt*** her dream of a nice holiday was over

aus|treiben *irreg* **I.** *vt* ❶ REL (*vertreiben*) ■ [**jdm**] **jdn** ~ to exorcise sb [in sb], to drive out sb [in sb] ❷ (*rücksichtlos abgewöhnen*) ■ **jdm etw** ~ to knock sth out of sb *fam* ❸ AGR ■ **etw** ~ to drive sth out; **das Vieh** ~ to drive out the cattle ❹ TYPO ■ **etw** ~ to drive out sth *sep* **II.** *vi* BOT to sprout

Austreibung <-, -en> *f* REL exorcism

Austreibungsperiode *f* MED *bei der Geburt* second stage of labour [*or* AM -or], bearing down

aus|treten *irreg* **I.** *vi sein* ❶ (*herausdringen*) ■ [**aus etw**] ~ to come out [of sth]; *Blut, Eiter etc. a.* to issue [from sth]; *Öl* to leak [from sth]; (*entweichen*) *Gas* to escape [from sth] ❷ (*fam: zur Toilette gehen*) to go to the loo BRIT *fam* [*or* AM bathroom] ❸ (*ausscheiden*) ■ [**aus etw**] ~ to leave [sth], to resign **II.** *vt haben* ■ **etw** ~ ❶ (*auslöschen*) to stamp sth out ❷ (*durch Tragen ausweiten*) to wear sth out ❸ (*abnutzen*) ■ **etw** ~ to wear sth down; ■ **ausgetreten** worn [down]

aus|tricksen *vt* (*fam*) ■ **jdn** ~ to trick sb

Austrieb *m* ❶ (*Austreiben*) driving out ❷ (*Sprießen*) sprouting, budding

aus|trinken *irreg* **I.** *vt* ■ **etw** ~ to finish sth **II.** *vi* to drink up, to finish one's drink

Austritt *m* ❶ *kein pl* (*das Herauskommen*) issue; *Flüssigkeit* leakage; ***der Schaden wurde durch den ~ der Bremsflüssigkeit verursacht*** the damage was caused by the brake fluid leaking; (*das Entweichen*) *Gas, Radioaktivität* escape; *Geschoß* exit ❷ (*das Ausscheiden*) ■ ~ **aus etw** departure [*or* resignation] *esp form* from sth

Austrittserklärung *f* notice of resignation

Austrittsrecht *nt* JUR right of withdrawal

Austrittswelle *f* wave of withdrawals [*or* resignations]

aus|trocknen I. *vi sein* to dry out; *Brot, Fluß, Käse, Kuchen* to dry up; *Haut* to dehydrate, to become dry; *Kehle* to become parched **II.** *vt* ❶ *haben* (*trockenlegen*) ■ **etw** ~ to dry out sth ❷ (*trocken machen*) ■ **etw** ~ to dehydrate sth; **die Kehle** ~ to make the throat parched

aus|trompeten* *vt* (*fam*) ■ **etw** ~ to broadcast sth *fam*

aus|tüfteln *vt* (*fam: geschickt ausarbeiten*) ■ **etw** ~ to work sth out, to figure out sth *fam;* (*sich ausdenken*) to think up sth

aus|üben *vt* ❶ (*praktizieren*) ■ **etw** ~ **einen Beruf** ~ to practise [*or* AM -ice] a profession; **ein Amt** ~ to hold office; **eine Aufgabe/Funktion** ~ to perform a task/a function; **Macht/ein Recht** ~ to exercise power/a right ❷ (*wirken lassen*) **Druck/einen Einfluß** [**auf jdn**] ~ to exert pressure/an influence [on sb]; **eine Wirkung** ~ [**auf jdn**] to have an effect [on sb]

Ausübung *f kein pl* ❶ (*das Praktizieren*) practising [*or* AM -ic-] *no pl;* (*das Innehaben*) *Amt* holding *no pl,* carrying out *no pl; Aufgabe, Funktion* performing *no pl;* **in ~ eines Berufes** (*geh*) in the pursuance of a profession *form;* **in ~ einer Pflicht** (*geh*) in the execution of a duty *form;* **in ~ eines Amtes** (*geh*) in the line of duty ❷ (*die Entfaltung einer Wirkung*) exertion ❸ (*das Verwalten*) exercise

Ausübungsrecht *nt* JUR right of execution

aus|ufern *vi sein* to escalate, to get out of hand; ■ [**zu etw**] ~ to escalate [into sth]

Ausverkauf *m* ❶ ÖKON (*Räumung des Lagers*) clearance sale; **„~ wegen Geschäftsaufgabe"** "Closing-down sale" ❷ (*pej: Verrat*) sell-out

aus|verkaufen* *vt* ■ **etw ausverkauft haben** to have sold out of sth

Ausverkaufsrecht *nt* JUR right to sell out

ausverkauft *adj* sold out; *s. a.* **Haus**

aus|wachsen *irreg* **I.** *vi sein* (*zu Ende wachsen*) to grow to full extent; ■ **ausgewachsen sein** to be fully grown ▶ WENDUNGEN: **das/es ist** [**ja**] **zum A~** DIAL (*fam*) it's enough to drive you mad, it's enough to drive you around [*or* BRIT *a.* round] the bend *fam;* **es war zum A~ langweilig** DIAL (*fam*) it was incredibly boring **II.** *vr haben* ❶ (*durch Wachstum verschwinden*) ■ **sich** ~ to right itself ❷ (*ausufern*) ■ **sich zu etw** ~ to escalate into sth, to turn into sth; *s. a.* **ausgewachsen**

Auswahl *f* ❶ ÖKON (*Warenangebot*) selection, range, choice; ■ **die/eine ~ an etw** *dat* ~ the/a selection of sth; **freie ~** [**unter** *dat* **...**] **haben** to have one's pick [among ...], to have the choice [among ...]; **die ~ haben** to have the choice; ***du hast die ~!*** it's your choice!; **jdn/etw zur ~ haben** to have sb/sth to choose from; **zur ~ stehen** to choose from choose from; **eine/seine ~** [**unter** *dat* **...**] **treffen** to make one's choice [*or* selection] [from ...] ❷ SPORT representative team

aus|wählen I. *vt* ■ [**sich** *dat*] **jdn/etw** [**aus/unter** *dat* **...**] ~ to choose [*or* select] sb/sth [from/among ...] [for oneself]; *s. a.* **ausgewählt II.** *vi* to choose, to select; *s. a.* **ausgewählt**

Auswahlermessen *nt* JUR discretionary choice **Auswahlmannschaft** *f* SPORT representative team **Auswahlmenü** *nt* INFORM menu bar **Auswahlmöglichkeit** *f* INFORM option **Auswahlprüfung** *f* entrance examination **Auswahlspieler(in)** *m(f)* SPORT player for a representative team **Auswahlverfahren** *nt* selection process **Auswahlverschulden** *nt* JUR fault in selecting an agent

aus|walken *vt* KOCHK to flatten, to roll flat

aus|walzen *vt* ❶ (*zu Blech walzen*) ■ **etw** [**zu etw**] ~ to roll out *sep* sth [to sth] ❷ (*pej: zu breit erörtern*) ■ **etw** ~ to drag out *sep* sth, to go to town on sth

Auswanderer, -wanderin *m, f* emigrant

aus|wandern *vi sein* ■ [**nach/in etw** *akk*] ~ to emigrate [to somewhere]

Auswanderung *f* emigration

auswärtig *adj attr* ❶ (*nicht vom Ort*) from out of town, non-local; ÖKON *Filiale, Zweigstelle* out of town ❷ POL foreign; **Minister des A~en** (*geh*) Foreign Minister, Foreign Secretary BRIT; *s. a.* **Amt, Dienst**

auswärts *adv* ❶ (*außerhalb des Ortes*) out of town; SPORT away; ***das Spiel fand ~ statt*** it was an away game; ■ **von ~** from out of town; **~ essen** to eat out ❷ (*nach außen*) ■ **nach ~** outwards

Auswärtsschielen *nt* outward [*or* divergent] squint, walleyedness, walleye, being walleyed **Auswärtsspiel** *nt* SPORT away game

aus|waschen *vt irreg* ❶ (*durch Waschen entfernen*) ■ [**sich** *dat*] **etw** [**aus etw** *dat o akk*] ~ to wash out sth [from sth] ❷ (*durch Spülen säubern*) ■ **etw** ~ to wash sth out, to rinse sth ❸ GEOL (*herausspülen*) ■ **etw** ~ to flush out [*or* erode] sth

Auswaschung *f* GEOL water erosion

auswechselbar *adj* (*untereinander ~*) interchangeable; (*ersetzbar*) replaceable

aus|wechseln [-ks-] *vt* ■ **jdn/etw** [**gegen jdn/etw**] ~ to replace sb/sth [with sb/sth]; **einen Spieler** [**gegen jdn**] ~ to substitute a player [for sb] ▶ WENDUNGEN: **wie ausgewechselt** [**sein**] [to be] a different person, [to be] born again

Auswechselspieler(in) *m(f)* SPORT substitute

Auswechs(e)lung <-, -en> *f* replacement; SPORT substitution

Ausweg *m* ■ **der/ein ~** [**aus etw**] the/a way out [of sth]; **der letzte ~** the last resort; **sich** *dat* **einen ~ offenlassen** [*o* **halten**] to leave oneself a way out; **keinen ~ mehr** [**aus etw**] **wissen** to not know a [*or* any] way out [of sth] anymore, to not know any solution [to sth]

ausweglos *adj* hopeless

Ausweglosigkeit <-> *f kein pl* hopelessness *no pl*

aus|weichen *vi irreg sein* ❶ (*Hindernis, Gefahr vermeiden*) ■ [**etw** *dat*] ~ to get out of the way [of sth] ❷ (*zu entgehen versuchen*) ■ [**jdm/etw**] ~ to evade [*or* avoid] [sb/sth]; ■ **~d** evasive ❸ (*als Alternative beschreiten*) ■ **auf etw** *akk* ~ to fall back on [*or* switch to] sth [as an alternative]

Ausweichflughafen *m* LUFT alternative airport **Ausweichgleis** *nt* siding **Ausweichklausel** *f* JUR escape clause **Ausweichmanöver** *nt* ❶ AUTO, LUFT evasive manoeuvre [*or* action] ❷ (*Ausflucht*) evasion **Ausweichmöglichkeit** *f* means of getting out of the way; (*Alternative*) alternative

aus|weiden *vt* JAGD ■ **etw** ~ to disembowel sth

aus|weinen I. *vr* ■ **sich** [**bei jdm**] ~ to have a good cry [on sb's shoulder] **II.** *vi* (*zu Ende weinen*) ■ **ausgeweint haben** to have finished crying **III.** *vt* **Betrübnis/Kummer bei jdm** ~ to weep on sb's shoulder

Ausweis <-es, -e> *m* (*Personal-/Firmen~*) identity card, I.D.; (*Berechtigungs~*) pass, permit; (*Mitglieds/Leser/Studenten~*) card, I.D.; (*Blinden~, Behinderten~*) identification card; FIN (*Aufstellung*) statement; **~ des Kapitals** statement of capital

aus|weisen *irreg* **I.** *vt* ❶ (*abschieben*) ■ **jdn** ~ to deport [*or* expel] sb ❷ (*Identität nachweisen*) ■ **jdn als jdn/etw** ~ to identify sb as sb/sth ❸ (*aufzeigen*) ■ **etw** [**als etw**] ~ to identify [*or* reveal] sth [as sth] ❹ (*unter beweis stellen*) ■ **etw** ~ to prove sth; **sein Talent** ~ to reveal one's talent ❺ FIN (*nachweisen*) ■ **etw** ~ to show sth on the books; **einen Überschuss** ~ to show a surplus **II.** *vr* ❶ (*sich identifizieren*) ■ **sich** ~ to identify oneself, to prove one's identity; ***können Sie sich*** [***irgendwie/durch irgend etwas***] ***~?*** do you have any means of identification? ❷ (*sich erweisen*) ■ **sich als jd** ~ to prove oneself to be sb ❸ SCHWEIZ (*nachweisen*) ■ **sich** *akk* **über etw** *akk* ~ to have proof [*or* evidence] of sth; *s. a.* **ausgewiesen**

Ausweishülle *f* document holder **Ausweiskontrolle** *f* identity check [*or* control] **Ausweispapiere** *pl* identity papers *pl* **Ausweispflicht** *f* JUR obligation to carry identification papers

Ausweisung <-, -en> *f* JUR expulsion, deportation

Ausweisungsschutz *m* JUR legal protection against deportation

aus|weiten I. *vt* ❶ (*weiter machen*) ■ **etw** ~ to stretch sth ❷ (*umfangreicher machen*) ■ **etw** ~ to broaden [*or* widen] sth, to expand sth **II.** *vr* ❶ (*weiter werden*) ■ **sich** ~ to stretch [out] ❷ (*sich ausdehnen*) to extend; ***der Konflikt drohte, sich über die Grenze auszuweiten*** the conflict threatened to extend [*or* spill over] across the border ❸ (*eskalieren*) ■ **sich** [**zu etw**] ~ to escalate [into sth]

Ausweitung <-, -en> *f* ❶ (*Ausdehnung*) stretching *no pl,* widening *no pl* ❷ (*das Auswachsen*) escalation

aus|wellen *vt* KOCHK *s.* **auswalken**

auswendig *adv* [off] by heart, from memory; **etw ~ können** to know sth [off] by heart, to know sth from memory; **etw ~ lernen** to learn sth [off] by heart, to memorize sth ▸ WENDUNGEN: **das kann ich schon ~** (*iron*) I've heard it a million times before; *s. a.* **inwendig**

Auswendiglernen <-s> *nt kein pl* learning by heart *no pl,* memorizing *no pl*

aus|werfen *vt irreg* ① (*ausstoßen*) ■**etw ~ Asche/Lava** ~ to eject ash/lava ② (*herausschaufeln*) ■**etw ~** to dig out sth ③ NAUT ■**etw ~ ein Netz/eine Leine** ~ to cast out a net/a line ④ (*verteilen*) ■**etw [an jdn] ~** to allocate sth [to sb]; **Dividende** ~ to pay out dividends ⑤ INFORM ■**etw ~** to turn [*or* put] out sth

aus|werten *vt* ■**etw ~** ① (*nutzbar machen*) to utilize sth, to make use of sth ② (*evaluieren*) to evaluate [*or* assess] sth; **Statistiken/Daten ~** to analyze statistics/data

Auswertung *f* ① (*Nutzbarmachung*) utilization ② (*Evaluierung*) evaluation; (*von Statistiken*) analysis

aus|wickeln *vt* ■**etw [aus etw] ~** to unwrap sth [from sth]

aus|wiegen *vt irreg* ■**[jdm] etw [von etw] ~** to weigh out [sth] [for sb]; ***wieviel Käse darf ich Ihnen ~?*** how much cheese shall I weigh out for you?; *s. a.* **ausgewogen**

aus|winden *vt irreg* SÜDD, SCHWEIZ ■**etw ~** to wring out *sep* sth

aus|wirken *vr* ■**sich** *akk* **[auf etw** *akk*] ~ to have an effect [on sth]

Auswirkung *f* (*Wirkung*) effect; (*Folge*) consequence; **negative ~en haben** to have negative repercussions

aus|wischen *vt* ① (*durch Wischen löschen*) ■**etw ~** to wipe sth; **die Tafelschrift ~** to wipe [*or* rub] off the writing on the blackboard ② (*sauber wischen*) ■**etw ~** to wipe clean *sep* sth ▸ WENDUNGEN: **jdm eins auswischen** (*fam*) to get one's own back on sb

aus|wringen *vt irreg* ■**etw ~** to wring out *sep* sth

Auswuchs *m* ① MED growth ② (*Mißstand*) excess

aus|wuchten *vt* AUTO **ein Rad ~** to balance a wheel

Auswurf *m kein pl* ① MED phlegm ② GEOL (*das Auswerfen*) ejection, eruption

aus|zahlen **I.** *vt* ① (*Betrag aushändigen*) ■**[jdm] etw ~** to pay out sth [to sb] ② (*abfinden*) ■**jdn ~** to pay off *sep* sb; *Kompagnon, Miterben* to buy out *sep* sb **II.** *vr* (*sich lohnen*) ■**sich [für jdn] ~** to pay [off] [for sb]

aus|zählen *vt* ① (*durch Zählen ermitteln*) ■**etw ~** to count sth ② SPORT ■**jdn ~** to count out *sep* sb

Auszahlung *f* ① (*Aushändigung als Zahlung*) paying out; **zur ~ kommen** [*o geh* **gelangen**] to be paid out ② (*Abfindung*) paying off; *eines Kompagnons, Miterbens* buying out

Auszählung *f* counting

Auszahlungsformular *nt* FIN payment form **Auszahlungsströme** *pl* FIN outpayments

Auszehrung <-, -en> *f* ① (*Kräfteverfall*) emaciation ② (*Substanzverlust*) drain (**an** + *dat* on); (*in einer Firma*) shortage of staff

aus|zeichnen **I.** *vt* ① (*mit Preisschild versehen*) ■**etw ~** to price sth ② (*ehren*) ■**jdn [mit/durch etw] ~** to honour [*or* AM -or] sb [with sth]; **jdn durch einen Preis ~** to give sb an award; **jdn durch einen Orden ~** to decorate sb with a medal ③ (*positiv hervorheben*) ■**jdn ~** to distinguish sb [from all others] ④ TYPO (*Schriftarten angeben*) ■**etw ~** to mark sth **II.** *vr* ■**sich [durch etw] ~** to stand out [due to sth]; ***er zeichnet sich nicht gerade durch Intelligenz aus*** (*iron*) he's not exactly known for his intelligence; *s. a.* **ausgezeichnet**

Auszeichner(in) *m(f)* FIN classifier

Auszeichnung *f* ① *kein pl* (*das Auszeichnen von Ware*) labelling [*or* AM -l-] ② *kein pl* TYPO (*das Auszeichnen*) marking up *no pl* ③ *kein pl* (*das Ehren*) honouring [*or* AM -or-] *no pl;* (*mit Orden, Würde*) decoration; (*mit Preise*) awarding *no pl* ④ (*Preisetikett an Ware*) price tag ⑤ TYPO (*Schriftartangabe an Manuskript*) mark up ⑥ (*Ehrung*) honour [*or* AM -or]; (*Orden*) decoration; (*Preis*) award; **[etw] mit ~ bestehen** to pass [sth] with distinction

Auszeichnungspflicht *f* JUR duty to price goods displayed

Auszeit *f* SPORT time out

ausziehbar *adj* extendable [*or* BRIT *a.* -ible]; **~e Antenne** telescopic aerial; **~er Tisch** pull-out table

aus|ziehen *irreg* **I.** *vt haben* ① (*ablegen*) ■**[sich** *dat*] **etw ~** to take off *sep* sth, to remove sth; ■**jdm etw ~** to remove [*or* take off] sb's sth ② (*entkleiden*) ■**jdn ~** to undress sb; ■**sich ~** to undress, to take off one's clothes, to get undressed *fam* ③ (*fam*) ■**jdn ~** to rip sb off *fam* ④ (*herausziehen*) ■**etw ~** to pull out *sep* sth ⑤ (*verlängern*) ■**etw ~** to extend sth ⑥ (*nachzeichnen*) **eine vorgezeichnete Linie [mit Tusche] ~** to trace sth [with ink] **II.** *vi sein* ① (*Wohnung aufgeben*) ■**[aus etw] ~** to move out [of sth] ② (*ausrücken*) ■**auf etw** *akk*/**zu etw** *dat* ~ to set out on/to sth

Ausziehleiter *f* extension [*or* pull-out] ladder **Ausziehplatte** *f* leaf **Ausziehtisch** *m* pull-out table

aus|zischen *vt* THEAT ■**jdn/etw ~** to hiss off sb/sth

Auszubildende(r) *f(m) dekl wie adj* trainee

Auszug *m* ① (*das Umziehen*) move; **der ~ aus Ägypten** REL the Exodus from Egypt ② (*das Hinausschreiten*) procession ③ (*Ausschnitt, Exzerpt*) excerpt; *Buch a.* extract ④ (*Konto~*) statement ⑤ JUR extract ⑥ MUS arrangement ⑦ PHARM ■**~ [aus etw]** extract [of sth]

Auszugsvertrag *m* JUR agreement to vacate premises

auszugsweise **I.** *adv* in excerpts [*or* extracts] **II.** *adj* in excerpts [*or* extracts]

aus|zupfen *vt* ① (*entfernen*) ■**[sich** *dat*] **etw ~** *Augenbrauen* to pluck sth ② (*Unkraut jäten*) ■**etw ~** to pull sth

autark *adj* ÖKON self-sufficient, autarkical *spec*

Autarkie <-, -n> [*pl* -ki:ən] *f* ÖKON autarky

authentifizieren *vt* INFORM (*bestätigen*) ■**etw ~** to authenticate sth

Authentifizierung <-, -en> *f* authentication

authentisch *adj* authentic

Authentizität <-> *f kein pl* authenticity

Autismus <-> *m* MED autism

autistisch *adj* MED autistic

Auto <-s, -s> *nt* car; **~ fahren** to drive [a car]; (*als Mitfahrer*) to drive [by car]; **mit dem ~ fahren** to go by car

Autoantenne *f* car aerial [*or* AM *a.* antenna] **Autoapotheke** *f* car first-aid kit **Autoatlas** *m* road atlas

Autobahn *f* motorway BRIT, freeway AM; (*in Deutschland a.*) autobahn

Autobahnauffahrt *f* motorway slip-road [*or* approach [road]] BRIT, freeway on ramp [*or* entrance] AM **Autobahnausfahrt** *f* motorway slip-road [*or* exit] BRIT, freeway exit [*or* off ramp] AM **Autobahn(benutzungs)gebühr** *f* [motorway] toll **Autobahnbrücke** *f* motorway [*or* AM freeway] [*or* AM expressway] bridge; (*Überführung*) motorway flyover BRIT, freeway [*or* expressway] overpass AM **Autobahndreieck** *nt* motorway junction **Autobahnkreuz** *nt* motorway intersection **Autobahnpolizei** *f* motorway police + *sing/pl vb* **Autobahnpolizei** *f* motorway [*or* AM highway] police + *sing/pl vb* **Autobahnraststätte** *f* motorway services *pl* BRIT, services *pl* AM, motorway service area BRIT **Autobahnring** *m* motorway ring road BRIT, beltway AM **Autobahnvignette** *f* (*car sticker showing that a monthly/annual toll has been paid*), vignette **Autobahnzubringer** *m* motorway approach road BRIT, entrance ramp (*to the freeway*) AM

Autobatterie *f* car battery

Autobauer *m* car-maker, car manufacturer

AutobiografieRR, **Autobiographie** *f* autobiography

autobiografischRR, **autobiographisch** *adj* autobiographical

Autobombe *f* car bomb **Autobücherei** *f* mobile library **Autobus** *m* (*veraltet*), **Autocar** *m* SCHWEIZ bus **Autobusbahnhof** *m* bus terminal [*or* station] **Autobusfahrer(in)** *m(f)* bus driver **Autobusfahrt** *f* bus ride **Autobushaltestelle** *f* bus stop **Autobuslinie** *f* bus line

autochthon *adj* (*geh*) autochthonous

Autodidakt(in) <-en, -en> *m(f)* self-educated person, autodidact *form*

autodidaktisch **I.** *adj* self-taught, autodidactic *form* **II.** *adv* autodidactically; ***ihre Fähigkeiten waren ~ erworben*** her abilities were self-taught

Autodieb(in) *m(f)* car thief **Autodiebstahl** *m* car theft **Autodrom** <-s, -e> *nt* ① AUTO, SPORT motor-racing circuit ② ÖSTERR Dodgems® [*or* bumper cars] track **Autoelektrik** *f* car electrics *pl* **Autofähre** *f* car ferry

auto|fahren *vi irreg sein s.* Auto **Autofahren** *nt* driving (*by car*); ***ihr wird beim ~ immer übel*** she feels sick when she drives [*or* travels by car] **Autofahrer(in)** *m(f)* [car] driver **Autofahrt** *f* car journey

Autofokus <-, -se> *m* FOTO autofocus

autofrei *adj* car-free; *Straße, Stadtteil* pedestrian **Autofriedhof** *m* (*fam*) car dump

autogen *adj* ① TECH **~es Schweißen** autogenous welding ② PSYCH **~es Training** relaxation through self-hypnosis

Autogenschweißen <-s> *nt kein pl* oxyacetylene welding

Autogramm <-s, -e> *nt* autograph

Autogrammjäger(in) *m(f)* (*fam*) autograph hunter **Autogrammstunde** *f* MUS, FILM, LIT autograph [signing] session

Autohändler(in) *m(f)* car dealer[ship] **Autohaus** *nt* car dealership **Autohersteller** *m* car manufacturer

Autoimmunkrankheit *f* auto-immune disease **Autoindustrie** *f* automotive [*or* car] industry **Autokarte** *f* road map

autokatalytisch *adj inv* CHEM autocatalytic; **~e Rückwirkung** autocatalytic production of missing nutrients

Autokino *nt* drive-in cinema **Autoknacker(in)** <-s, -> *m(f)* (*fam*) car thief **Autokolonne** *f* line of cars **Autokonzern** *m* automotive [*or* car] company

Autokorrektur *f* INFORM automatic error correction

Autokrat(in) <-en, -en> *m(f)* autocrat

Autokratie <-, -n> [*pl* -'ti:ən] *f* autocracy

Autokratin <-, -nen> *f fem form von* **Autokrat**

autokratisch *adj* autocratic

Autolenker(in) *m(f) bes* SCHWEIZ (*Autofahrer*) [car] driver

Automat <-en, -en> *m* ① (*Geld~*) cash dispenser; (*Musik~*) jukebox; (*Spiel~*) slot-machine; (*Verkaufs~*) vending machine ② ELEK [automatic] cut-out

Automatenknacker(in) <-s, -> *m(f)* (*fam*) vandal (*who breaks into slot- or vending machines*) **Automatenmissbrauch**RR *m* JUR misuse of vending machines **Automatenrestaurant** *nt restaurant with vending machines selling meals and snacks* **Automatenverkauf** *m kein pl selling/sales from vending machines*

Automatic Call Distribution, Automatic-Call-DistributionRR [ɔ:tə,mætɪ'kɔ:ldɪstrɪ'bju:ʃᵊn] *f* TELEK automatic call distribution

Automatik[1] <-> *f* ① (*Steuerungs~*) automatic system ② (*Automatikgetriebe in Fahrzeugen*) automatic transmission

Automatik[2] <-s, -s> *m* (*Wagen mit Automatikgetriebe*) automatic

Automatikgetriebe *nt* AUTO automatic transmission **Automatikgurt** *m* inertia[-reel] seat belt, automatic seat belt AM **Automatikschaltung** *f* automatic transmission **Automatikwagen** *m* automatic

Automation <-> *f kein pl* automation

automatisch *adj* automatic

automatisieren* *vt* ■**etw ~** to automate sth

Automatisierung <-, -en> *f* automation

Automatisierungsnutzen *m kein pl* ÖKON benefits of automation **Automatisierungstechnik** *f* automation

Automechaniker(in) *m(f)* car mechanic **Autominute** *f* minute by [*or* in the] car; ***20 ~n von hier entfernt*** 20 minutes by car from here
Automobil <-s, -e> *nt* (*veraltet geh*) automobile *dated,* motor-car *dated form*
Automobilausstellung *f* motor show **Automobilbau** *m kein pl* car manufacture [*or* manufacturing] *no pl* **Automobilbranche** *f* car industry **Automobilclub** *m* automobile association [*or* club] **Automobilhersteller** *m* car manufacturer **Automobilindustrie** *f* car industry
Automobilist(in) <-en, -en> *m(f)* SCHWEIZ (*geh: Autofahrer*) [car] driver
Automobilklub *m s.* **Automobilclub Automobilkonzern** *m* automotive [*or* car] company **Automobilsalon** *m* ❶ (*Automobilausstellung*) motor show ❷ (*Automobilhändler*) car showroom **Automobilsportklasse** *f* racing car class **Automobiltechnik** *f* motoring technology
Automodell *nt* [car] model
autonom *adj* POL autonomous
Autonome(r) *f(m) dekl wie adj* POL independent
Autonomie <-, -n> [*pl* -'mi:ən] *f* POL autonomy
Autonomieabkommen *nt* treaty of autonomy **Autonomiebehörde** *f* autonomy monitoring authority **Autonomiegebiet** *nt* POL autonomous province [*or* region] **Autonomierat** *m* autonomous council (*e.g. the Palestinian Council*) **Autonomieregierung** *f* autonomous government **Autonomieverhandlungen** *pl* negotiations on autonomy *pl*
Autonummer *f* car [registration] number
Autopflege *f* car care
Autopilot *m* LUFT autopilot
Autopsie <-, -n> [*pl* -'psi:ən] *f* MED autopsy
Autor, Autorin <-s, -toren> *m, f* author
Autoradio *nt* car radio; (*mit Kassettenspieler*) car stereo
Autoradiogramm <-s, -e> *nt* BIOL, MED autoradiogramme [*or* AM -am], autoradiograph
Autoradiographie <-, -n> *f* BIOL, MED autoradiography, radiography
Autoreifen *m* car tyre [*or* AM tire] **Autoreisezug** *m* BAHN ≈motorrail
Autorenlesung *f* author reading
Autorennen *nt* motor race; (*Rennsport*) motor racing
Autorensprache *f* INFORM authoring language **Autorensystem** *nt* INFORM authoring system **Autorenverzeichnis** *nt* index of authors
Autoreparaturwerkstatt *f* garage
Autoreverse-System ['autorivø:ɐ̯s-] *nt* auto-reverse system
Autorin <-, -nen> *f fem form von* **Autor** [female] author, authoress
autorisieren* *vt* ■**jdn** [**zu etw**] ~ to authorize sb [to do sth]; ***ich habe ihn dazu autorisiert*** I gave him authorization for it; ■**autorisiert** authorized
autoritär *adj* authoritarian
Autoritarismus <-> *m kein pl* POL, SOZIOL authoritarianism
Autorität <-, -en> *f* authority
autoritätsgläubig *adj* (*pej*) trusting authority **Autoritätsgläubigkeit** *f* (*pej*) trust in authority
Autorückruf *m* car recall **Autosalon** *m* ❶ *s.* **Automobilausstellung** ❷ (*Autohändler*) car showroom **Autoschalter** *m* FIN drive-through teller **Autoschlange** *f* queue [*or* AM line] of cars **Autoschlosser(in)** *m(f)* panel beater BRIT, auto mechanic **Autoschlüssel** *f* car key **Autoschutzbrief** *m* international travel insurance **Autoskooter** <-s, -> [-sku:tɐ] *m* bumper [*or* Dodgem®] car
Autosom <-s, -en> *nt* BIOL autosome
Autostopp *m* hitch-hiking; **mit/per ~ fahren** to hitch-hike **Autostrich** *m* (*sl*) kerb-crawling [*or* AM curb-crawling] district (*street with prostitutes propositioning car-drivers*) **Autostunde** *f* hour's drive; **drei ~n entfernt sein** to be three hours' drive [away] [*or* three hours [away] by car]
Autosuggestion *f* PSYCH autosuggestion
Autotelefon *nt* car phone **Autotransportfahrzeug** *nt* (*Zug*) car carrier **Autotunnel** *m* car tunnel
Autotypie <-, Autotypien> *f* TYPO halftone [image]
Autounfall *m* car accident **Autoverkehr** *m* car traffic **Autoverleih** *m* car rental [*or* BRIT *a.* hire] firm [*or* company] **Autovermietung** *f s.* **Autoverleih Autowerkstatt** *f* garage, car repair shop **Autowrack** *nt* car wreck, wrecked car
Autozoom [-zu:m] *nt* autozoom
Autozubehör *nt* car accessories *pl* **Autozug** *m s.* **Autoreisezug**
autsch *interj* (*fam*) ouch
auweh *interj,* **auwei(a)** *interj* oh dear, goodness *dated*
Auxin <-s, -e> *nt* BOT, CHEM auxin
Aval <-s, -e> *m o nt* FIN (*Bürgschaft*) guarantee, AM guaranty, surety; **~e übernehmen** to undertake sureties
Avalakzept *nt* FIN collateral acceptance
avalieren* *vt* FIN ■**etw** ~ to guarantee sth
Avalist *m* FIN guarantor
Avalkredit *m* FIN guarantee, AM guaranty, surety credit
Avance <-,-n> [a'vɑ̃:sə] *f* ❶ (*geh: Vorteil*) advantage ❷ (*Geldvorschuss*) advance ❸ (*fig geh: Komplimente*) **jdm ~n machen** to make approaches [*or* advances] on sb
avancieren* [avɑ̃'si:rən] *vi sein* (*geh*) ■[**zu etw**] ~ to advance [to sth]
Avantgarde <-, -n> [avɑ̃'gardə] *f* (*geh*) avantgarde
Avantgardist(in) <-en, -en> *m(f)* avant-gardist, member of the avant-garde
avantgardistisch *adj* avantgarde
Avatar <-, -en> *f* INET avatur
AvD <-> *m kein pl Abk von* **Automobilclub von Deutschland** *German automobile club*
Ave-Maria <-[s], -[s]> *nt* REL Hail Mary
Aversion <-, -en> [-vɛr-] *f* ■~ [**gegen jdn/etw**] an aversion [to sb/sth]; **eine ~ gegen jdn/etw haben** to have an aversion to sb/sth
Aversionstherapie <-, -n> *f* aversion therapy
Avis [a'vi:] *m o nt* HANDEL advice note; **laut ~** as per advice
avisieren* [-vi-] *vt* (*geh*) ■[**jdm**] **jdn/etw** ~ to announce sb [to sb]/advise [sb] of sth; ***aha, Sie sind mir bereits*** [***von Herrn Zahn***] ***avisiert worden*** ah, I was told you were going to come [by Herr Zahn]; **jdm sein Ankunft ~** to advise sb of one's arrival
avisierend *adj* HANDEL advising; **~e Bank** advising bank
a vista FIN [payable] at sight
Avistawechsel *m* FIN sight bill
Avocado <-, -s> [-vo-] *f* avocado
Avocadocreme, Avocadokreme[RR] *f* avocado mousse
Axel <-s, -> *m* SPORT (*Kantensprung beim Eiskunstlauf*) axel
axial *adj* TECH axial
Axiom <-s, -e> *nt* axiom
axiomatisch *adj* axiomatic
Axolotl <-s, -> *m* ZOOL axolotl
Axon <-s, Axone> *nt* BIOL axon
Axt <-, Äxte> *f* axe ▶ WENDUNGEN: **die ~ im Haus erspart den Zimmermann** (*prov*) self-help is the best help; **sich wie die ~ im Walde benehmen** (*fam*) to behave like a bull in a china shop; **die ~ an etw** *akk*/**an die Wurzel von etw** *dat* **legen** to take [*or* grab] the bull by the horns
Ayatollah *m* ayatollah
Azalee <-, -n> *f* BOT azalea
Azalie <-, -n> *f* BOT azalea
Azeton <-s> *nt kein pl* MED acetone
Azimut <-s, -e> *nt o m* ASTRON azimuth
Azoren *pl* GEOG ■**die ~** the Azores *npl*
AZT <-s> *nt kein pl* PHARM AZT
Azteke, Aztekin <-n, -n> *m, f* HIST Aztec
Azubi <-s, -s> *m,* **Azubi** <-, -s> *f kurz für* **Auszubildende(r)** trainee
Azubine <-, -n> *f* (*fam*) *fem form von* **Azubi** [female] trainee
azurblau *adj* (*geh*) azure[-blue]
Azurjungfer *f* ZOOL damselfly

B

B

B, b <-, - *o fam* -s, -s> *nt* ❶ (*Buchstabe*) B [*or* b]; **~ wie Berta** B for Benjamin BRIT, B as in Baker AM ❷ MUS B flat; ■**b** (*Erniedrigungszeichen*) flat
Baal <-s, -e *o* -im> *m* REL Baal
Babassu-Öl <-s> *nt kein pl* babassu oil
babbeln I. *vi* (*fam*) to babble *fam;* (*viel reden a.*) to chatter **II.** *vt* (*fam: dummes Zeug reden*) ■**etw** ~ to babble on about sth *fam*
Babel <-s> *nt* (*geh*) Babel; (*fig*) hotbed of vice; *s. a.* **Turm**
Baby <-s, -s> ['be:bi] *nt* baby
Babyausstattung *f* MODE baby clothes *npl*
Baby-Bond *m* FIN (*kleingestückelte Schuldverschreibung*) savings [*or* baby] bond **Babyboom** [-bu:m] *m* baby-boom **Babydoll** <-s, -s> [-dɔl] *nt* baby-doll pyjamas [*or* AM pajamas] *npl* **Babyface** <-, -s> *nt* (*pej*) babyface **Babyfäustling** *m* mitties *pl,* mitts *pl* **Babyfläschchen** <-s, -> *nt* feeding bottle **Babyfon**[RR] <-s, -e> *nt* baby alarm **Babyhöschen** *nt* baby pants *npl* **Babyhüpfschaukel** *f* baby bouncer **Babyjahr** *nt* (*fam*) maternity [*or* paternity] leave (*of one-year duration*) **Babykost** *f* baby food **Babykostwärmer** *m* baby food heater **Babyliege** *f* Rhodes chair
Babylon *nt* Babylon
babylonisch *adj* Babylonian
Babynahrung *f* baby food **Babypflegekoffer** *m* layette box **Babyphon** <-s, -e> *nt s.* **Babyfon Babyphone** ['bebi:fo:n] *nt* babyphone **Babyschlafanzug** *m* sleepsuit **Babyschühchen** <-s, -> *nt* bootees *pl* **babysitten** [-zɪtn] *vi meist infin* ■[**bei jdm**] ~ to babysit [for sb] **Babysitter(in)** <-s, -> *m(f)* babysitter **Babysitz** *m* AUTO infant carrier **Babyspeck** *m* (*hum fam*) puppy fat BRIT *hum fam,* baby fat AM *hum fam* **Babystrich** *m* (*fam*) child prostitution **Babytragesack** *m* sling **Babytragesitz** *m* baby carrier **Babytragetasche** *f* carrycot, baby carrier AM **Babywaage** *f* infant scales *npl* **Babywäsche** *f* baby clothes *npl* **Babywippe** *f* baby bouncer **Babyzelle** *f* mini[ature] cell [battery]
Bach <-[e]s, Bäche> *m* brook, creek AM; (*kleiner a.*) stream ▶ WENDUNGEN: **den ~ runtergehen** (*fam*) to go down the drain/plughole/tube *fam*
bachab *adv* SCHWEIZ (*bachabwärts*) downstream
Bache <-, -n> *f* JAGD [wild] sow
Bachforelle *f* brown trout
Bächlein <-s, -> *nt dim von* **Bach** small stream [*or* creek], brooklet ▶ WENDUNGEN: **ein ~ machen** (*kindersprache*) to do a wee-wee *childspeak*
Bachsaibling <-s, -e> *m* brook [*or* speckled] [*or* salmon] trout **Bachstelze** <-, -n> *f* wagtail
Back[1] <-, -en> *f* ❶ NAUT forecastle, fo'c'sle ❷ (*Schüssel*) mess-tin, dixie ❸ (*Tisch*) mess table ❹ (*Tischgemeinschaft*) mess
Back[2] <-s, -s> [bæk] *m* SPORT SCHWEIZ defender
Backbeutel *m tubular plastic bag for roasting meat in* **Backblech** *nt* baking tray
Backbord <-[e]s> *nt kein pl* NAUT port [side]
backbord(s) *adv* NAUT on the port side; ***Ruder hart ~!*** steer to port!
Bäckchen <-s, -> *nt dim von* **Backe** cheek
Backe <-, -n> *f* ❶ (*Wange*) cheek; **mit vollen ~n kauen** to chew with stuffed cheeks ❷ (*fam: Po~*) cheek, buttock; **etw auf einer ~ absitzen** (*sl*) to do sth easily [*or* with no bother] ❸ KOCHK [pork] cheek ❹ (*von Schraubstock*) jaw; (*Brems~*) shoe; (*am Fahrrad*) block ▶ WENDUNGEN: **au ~!** (*veraltet fam*) oh dear!

backen <bạckt *o* bäckt, bạckte *o veraltet* buk, gebạcken> **I.** *vt* ■**etw** ~ (*im Ofen*) to bake sth; (*in Fett*) to fry sth; ■**etw in etw** *dat* ~ to bake/fry sth with sth **II.** *vi* to bake; DIAL (*braten*) to fry

Backenbart *m* sideburns *pl*

Backenfutter *nt* chuck

Backenfutterschlüssel *m* chuck key

Backenknochen *m* ANAT cheekbone **Backentasche** *f* ZOOL cheek pouch **Backenzahn** *m* back tooth, molar

Bäcker(in) <-s, -> *m(f)* (1) (*Mensch*) baker; **beim** ~ at the baker's [shop] (2) (*Bäckerei*) bakery

Backerbsen *pl* ÖSTERR, SÜDD *small pasta balls in soups*

Bäckerei <-, -en> *f* (1) (*Bäckerladen*) baker's [shop]; (*Backstube*) bakery (2) ÖSTERR (*Gebäck*) small pastries and biscuits

Bäckerin <-, -nen> *f fem form von* **Bäcker**

Bäckerladen *m* baker's shop, bakery **Bäckermeister(in)** *m(f)* master baker **Bäckermesser** *nt* baker's knife

Bäckersfrau *f* baker's wife

backfertig *adj* KOCHK oven-ready **Backfisch** *m* (1) (*gebackener Fisch*) fried fish in batter (2) (*veraltet: Teenager*) teenage girl **Backfolie** *f kein pl* baking foil **Backform** *f* baking tin; (*Kuchenform a.*) cake tin **backfrisch** *adj* freshly baked

Backgammon <-s> [bæk'gæmən] *nt kein pl* backgammon

Background <-s, -s> [-graunt] *m* (*geh*) background; (*Musik*) background music

Backhähnchen *nt* fried chicken (*in breadcrumbs*) **Backhendl** <-s, -> *nt* SÜDD, ÖSTERR fried chicken (*in breadcrumbs*) **Backmischung** *f* cake mixture **Backobst** *nt* dried fruit **Backofen** *m* oven; **heiß wie in einem** ~ like an oven, boiling hot **backofenfest** *adj* ovenproof

Backpacker(in) <-s, -> ['bækpækɐ] *m(f)* (*sl*) backpacker

Backpapier *nt kein pl* baking parchment

Backpfeife *f* DIAL slap in the face

Backpflaume *f* prune **Backpinsel** *m* brush **Backpulver** *nt* baking powder **Backrohr** *nt* ÖSTERR, **Backröhre** *f* oven **Backschaufel** *f s.* **Pfannenwender**

Backstein *m* BAU [red]brick

Backsteinbau <-bauten> *m* ARCHIT redbrick building **Backsteingotik** *f* ARCHIT, KUNST redbrick Gothic (*found in northern Germany*)

Backstube *f* bakery **Backtrog** *m* kneading [*or* dough] trough

Backup <-s, -s> ['bækʌp] *nt o m* INFORM backup [copy]

Backwaren *pl* bakery produce **Backwerk** *nt kein pl* cakes and pastries *pl*, [sweet] baked goods *npl* **Backzeit** *f* baking time

Bad <-[e]s, Bäder> *nt* (1) (*eingelassenes Badewasser*) bath; **jdm/sich ein** ~ **einlassen** [*o* **einlaufen lassen**] to run sb/oneself a bath (2) (*das Baden*) bathing; **ein** ~ **nehmen** to take *form* [*or* have] a bath (3) (*Badezimmer*) bathroom (4) (*Schwimm~*) swimming pool [*or* BRIT bath[s]] (5) (*Badeort: Heil~*) spa; (*See~*) seaside resort ► WENDUNGEN: **ein** ~ **in der Menge** a walkabout

Badeanstalt *f* swimming pool, [swimming] baths *pl* **Badeanzug** *m* swimming costume, swimsuit **Badegast** *m* (1) (*Kurgast*) spa visitor (2) (*Schwimmbadbesucher*) swimmer **Badegelegenheit** *f swimming pool or nearby beach* **Bade(hand)tuch** *nt* bath towel **Badehose** *f* swimming trunks *npl* **Badekappe** *f* swimming cap **Badekur** *f* course of treatment at a spa **Badelatschen** *m* (*fam*) flip-flops *pl fam* **Bademantel** *m* bathrobe, dressing gown **Badematte** *f* bathmat **Bademeister(in)** *m(f)* [pool] attendant; (*am Strand*) lifeguard **Bademütze** *f s.* **Badekappe**

baden I. *vi* (1) (*ein Wannenbad nehmen*) to bathe, to have a bath; **am B~ sein** to be in the bath; **warm baden** to have a warm bath (2) (*schwimmen*) ■[**in etw** *dat*] ~ to swim [in sth]; ~ **gehen** to go for a swim ► WENDUNGEN: **im Geld** ~ to be rolling in money; [**bei/mit etw**] ~ **gehen** (*fam*) to come a cropper [doing/with sth] **II.** *vt* (1) ■**jdn** ~ to bath sb; ■**sich** ~ to have [*or form* take] a bath; *s. a.* **Kind** (2) MED ■**etw** [**in etw** *dat*] ~ to bathe sth [in sth]

Badenixe *f* (*hum*) beach babe *fam*

Baden-Württemberg <-s> *nt* Baden-Württemberg

Badeofen *m* boiler **Badeort** *m* seaside resort; (*Kurort*) spa resort **Badeplatz** *m* bathing place **Badesaison** *f* swimming season **Badesalz** *nt* bath salt **Badeschuh** *m* bathing shoe **Badestrand** *m* bathing beach **Badetuch** *nt s.* **Badehandtuch** **Badewanne** *f* bath [tub] **Badewasser** *nt* bath water **Badewetter** *nt* weather for swimming **Badezeit** *f* (1) (*Saison*) swimming season (2) *pl* (*Öffnungszeiten eines Schwimmbades*) [pool] opening hours **Badezeug** *nt* swimming things *pl* **Badezimmer** *nt* bathroom **Badezimmer-Garnitur** *f* bathroom set **Badezusatz** *m* bath salts *npl*, bubble bath

badisch *adj inv* of Baden *pred; Produkt* from Baden; **im B~en** in Baden

Badkleid *nt* SCHWEIZ (*Badeanzug*) swimming costume

Badminton <-> ['bætmɪntən] *nt* badminton

Badvorleger *m* bathmat

baff *adj pred* (*fam*) ■~ **sein** to be flabbergasted

BAföG <-> *nt*, **Bafög** <-> *nt kein pl Akr von* **Bundesausbildungsförderungsgesetz** [student] grant, Federal Law on Training and Education Promotion; ~ **bekommen** [*o* **kriegen** *fam*] to receive [*or fam* get] a grant

Bagage <-> [ba'ga:ʒə] *f* (*pej fam*) (1) (*Gesindel*) pack *pej* (2) (*veraltet: Gepäck*) baggage

Bagatelldelikt *nt* JUR minor [*or* petty] offence

Bagatelle <-, -n> *f* trifle, bagatelle *dated*

bagatellisieren* **I.** *vt* ■**etw** ~ to trivialize sth, to play down *sep* sth **II.** *vi* to trivialize

Bagatellkartell *nt* ÖKON petty cartel **Bagatellklausel** *f* JUR franchise clause **Bagatellkriminalität** *f* JUR petty crime **Bagatellsache** *f* JUR *s.* Bagatelldelikt **Bagatellsachen** *pl* JUR small claims **Bagatellschaden** *m* minor damage **Bagatellstrafsache** *f* JUR petty [*or* summary] offence **Bagatelltäter(in)** *m(f)* JUR petty criminal **Bagatellunfall** *m* minor accident **Bagatellvergehen** *nt* JUR minor offence, petty crime

Bagdad <-s> *nt* Bag[h]dad

Bagger <-s, -> *m* BAU excavator

Baggerführer(in) *m(f)* BAU excavator driver **Baggergut** *nt kein pl debris dug up by an excavator*

baggern I. *vi* (1) BAU to dig, to excavate (2) (*Volleyball*) to dig (3) (*sl*) to flirt **II.** *vt* (1) BAU ■**etw** ~ to excavate [*or* dig] sth (2) (*Volleyball*) **den Ball** ~ to dig the ball

Baggersee *m artificial lake formed in gravel pit*

Baguette <-s, -s> [ba'gɛt] *nt* baguette

bäh *interj* (1) (*vor Ekel*) yuck, ugh; (*aus Schadenfreude*) ha ha (2) (*von Schaf*) baa; ~ **machen** (*kindersprache*) to go baa *childspeak*

Bahamaer(in) <-s, -> *m(f) s.* **Bahamer**

bahamaisch *adj* Bahamian; *s. a.* **deutsch**

Bahamer(in) <-s, -> *m(f)* Bahamian; *s. a.* **Deutsche(r)**

bahamisch *adj s.* **bahamaisch**

bähen *vt* KOCHK ■**etw** ~ ÖSTERR (*im Ofen leicht rösten*) to toast sth

Bahn <-, -en> *f* (1) (*Eisen~*) train; (*Straßen~*) tram; (*Verkehrsnetz, Verwaltung*) railway[s]; **mit der ~/per ~** by train [*or* rail]; **frei ~** ÖKON free on rail, carriage paid (2) SPORT track; *Schwimmbecken* lane; (*Kegel~*) alley; (*Schlitten~, Bob~*) run; (*Pferderenn~*) course, track (3) ASTRON orbit, path (4) MIL [flight] path (5) (*Stoff~, Tapeten~*) length, strip (6) (*Weg, Lauf*) course; TRANSP (*Fahr~*) lane; ~ ***frei!*** make way!, mind your backs! ► WENDUNGEN: **freie** ~ [**für etw/bei jdm**] **haben** to have the go-ahead [for sth/from sb]; **in geregelten ~en verlaufen** to take an orderly course; **jdn wieder auf die rechte ~ bringen** to put sb back on the right track [*or* straight and narrow]; **etw in die richtigen ~en lenken** to lead sth in the right channels; **auf die schiefe ~ kommen** [*o* **geraten**] to get off the straight and narrow; **jdn auf die schiefe ~ bringen** to get sb off the straight and narrow; **sich** *dat* **eine ~ brechen** to force one's way, to make headway; **etw** *dat* **~ brechen** to blaze the trail for sth; **aus der ~ geraten** to get off track; **jdn aus der ~ werfen** to get sb off course

bahnamtlich *adj inv, attr* by the railway [*or* AM railroad] authorities **Bahnanlagen** *pl* railway [*or* AM railroad] installations *pl* **Bahnanschluß** *m* railway link **Bahnarbeiter(in)** *m(f)* railway worker **Bahnbeamte(r), -beamtin** *m, f* railway official **Bahnbeförderung** *f* rail transport [*or* carriage], carriage by rail **Bahnbenutzer(in)** *m(f)* rail user **Bahnbetrieb** *m kein pl* rail[way] operation **bahnbrechend I.** *adj* ground-breaking, pioneering **II.** *adv* ~ **wirken** to be ground-breaking [*or* pioneering] **Bahnbrecher(in)** *m(f)* pioneer **Bahnbruch** *m* TYPO web break **Bahnbus** *m* TRANSP rail coach **BahnCard** <-, -s> *f* BAHN ≈railcard BRIT

Bähnchen <-s, -> *nt dim von* **Bahn**

Bahndamm *m* railway embankment **bahneigen** *adj inv, attr* railway-owned **Bahneigentum** *nt* railway property

bahnen *vt* ■[**jdm**] **etw** ~ to pave a way [for sb]; ■**sich** *dat* **etw** ~ to fight [*or* pave] one's sth; **ein Flußbett** ~ to carve [*or* channel] out a river bed; **sich einen Weg durch etw** ~ to fight [*or* pave] one's way through sth

Bahnenrock *m* gored skirt

Bahnfahrkarte *f* railway ticket **Bahnfahrt** *f* train [*or* rail[way]] journey **Bahnfracht** *f* rail freight **Bahnfrachtbrief** *m* HANDEL bill of carriage, railroad way bill [*or* consignment note] **Bahnfrachtdienst** *m* rail freight service **Bahnfrachtführer(in)** *m(f)* rail carrier **Bahnfrachtgebühren** *pl* rail charges *pl* **Bahnfrachtgeschäft** *nt* rail transport [*or* carriage], railway goods traffic **Bahnfrachtgut** *nt* rail cargo **Bahnfrachtkosten** *pl* rail freight charges *pl* **Bahnfrachtsatz** *m* railway freight rate **Bahnfrachtsätze** *pl* railway rates *pl* **Bahnfrachttarif** *m* rail freight rate **Bahnfrachtverkehr** *m* rail freight traffic **bahnfrei** *adj inv* TRANSP, ÖKON free on rail, f.o.r., free on board, FOB, f.o.b. **Bahngelände** *nt* railway area [*or* property] **Bahngleis** *nt* railway line

Bahnhof *m* [railway] station ► WENDUNGEN: **nur** [**noch**] ~ **verstehen** (*hum fam*) to not have the foggiest [idea] *fam;* **jdm einen großen ~ bereiten** to give sb [the] red carpet treatment

Bahnhofsbuchhandlung *f* station bookshop [*or* bookstore] **Bahnhofsgaststätte** *f* station restaurant **Bahnhofshalle** *f* station concourse **Bahnhofsmission** *f* REL *organisation for helping rail travellers in need* **Bahnhofsplatz** *m* station square **Bahnhofspolizei** *f kein pl* station police **Bahnhofsuhr** *f* station clock **Bahnhofsvorstand** *m* ÖSTERR, SCHWEIZ, **Bahnhofsvorsteher(in)** *m(f)* stationmaster **Bahnhofswirtschaft** *f* [train] station bar [*or* BRIT buffet], railway tavern BRIT

Bahnkilometer *m* rail kilometres [*or* AM -ers] **Bahnknotenpunkt** *m* rail[way] junction **Bahnkörper** *m* (*fachspr*) track **Bahnkunde, -kundin** *m, f* railway customer **bahnlagernd** *adj* ÖKON to be collected from a railway station

Bähnler(in) <-s, -> *m(f)* SCHWEIZ (*fam*) railway worker

Bahnlieferung *f* rail transport, carriage by rail **Bahnlinie** [-li:niə] *f* railway line **bahnmäßig** *adj inv, attr* ~ **verpackt** packed for railway transport BRIT [*or* AM rail shipment] **Bahnmeister(in)** *m(f)* permanent way inspector BRIT, trackmaster AM **Bahnmitteilung** *f* ~ **über Ankunft von Fracht** railway advice **Bahnnetz** *nt* railway network [*or* BRIT *a.* system] **Bahnoberbau** *m* roadbed, BRIT *a.* permanent way **Bahnpolizei** *f* railway police **Bahnpost** *f* railway postal [*or* AM railroad mail] service **Bahnpostamt** *nt* station post office **Bahnpostwagen** *m* mail van [*or* AM car] **Bahnreise** *f* rail travel **Bahnrollfuhr** *f* cartage **Bahn-**

schranke *f*, **Bahnschranken** *m* ÖSTERR level crossing barrier **Bahnschwelle** *f* EISENB sleeper, tie AM **Bahnspediteur(in)** *m(f)* railway agent, rail forwarding agent, railway carrier **Bahnspedition** *f* rail transport [*or* forwarding agent], carriage by rail **Bahnstation** *f* [railway] station **Bahnsteig** <-[e]s, -e> *m* [station] platform **Bahnsteigkante** *f* edge of the/a platform, platform edge **Bahnsteigkarte** *f* platform ticket **Bahnsteigsperre** *f* ticket gate **Bahnsteigüberführung** *f* footbridge [*or* overpass] between platforms **Bahnsteigunterführung** *f* subway [between platforms] **Bahnstrecke** *f* railway line, track section, AM *a.* track **Bahntarif** *m* rail charges *pl*, railway fare [*or* tariff] **Bahntaxi** *nt* TRANSP station taxi **Bahntouristik** *f* rail travel **Bahntransport** *m* HANDEL rail[way] transport, railage **Bahntunnel** *m* BAHN railway tunnel **Bahnüberführung** *f* overbridge, overpass AM, railway [*or* AM railroad] footbridge **Bahnübergang** *m* level crossing; **beschrankter/unbeschrankter** ~ guarded/open level crossing **Bahnunterführung** *f* [railway [*or* AM railroad]] underpass **Bahnverbindung** *f* [rail] connection [*or* link] **Bahnverkehr** *m* rail[road] traffic **Bahnverlauf** *m eines Asteroiden* path, orbit **Bahnversand** *m* HANDEL dispatch by rail, forwarding [*or* shipment] by rail **Bahnwärter(in)** *m(f)* level crossing attendant **Bahnzeit** *f* station time **Bahnzustellung** *f* railroad [*or* rail] delivery

Bahrainer(in) <-s, -> *m(f)* Bahraini, Bahreini; *s. a.* **Deutsche(r)**

bahrainisch *adj* Bahraini, Bahreini; *s. a.* **deutsch**

Bahre <-, -n> *f* stretcher; (*Toten~*) bier

Bahreiner(in) <-s, -> *m(f) s.* **Bahrainer**

bahreinisch *adj s.* **bahrainisch**

Baiser <-s, -s> [bɛˈzeː] *nt* meringue

Baisse <-, -n> [ˈbɛːsə] *f* BÖRSE slump; **auf ~ spekulieren** to bear; **während der ~ kaufen** to buy for a fall

Baissemanöver *nt* BÖRSE bear raid **Baissespekulant(in)** *m(f)* BÖRSE bear **Baissestratege, -strategin** *m, f* BÖRSE bear strategist **Baissetendenz** *f* BÖRSE bearish tone

Baissier <-s, -s> [bɛˈsi̯eː] *m* BÖRSE bear

Bajonett <-[e]s, -e> *nt* MIL bayonet

Bajonettverschluß *m* ELEK bayonet fitting

Bajuware, Bajuwarin <-n, -n> *m, f* (*hum*) *s.* **Bayer**

Bake <-, -n> *f* ❶ NAUT [marker] buoy ❷ LUFT beacon ❸ TRANSP lane closure/narrowing signal; (*vor Bahnübergang o Autobahnausfahrt*) countdown marker

Bakelit® <-s> *nt kein pl* Bakelite®

Bakkarat <-s> [ˈbakara] *nt kein pl* baccarat

Bakschisch <-s, -e *o* -s> *nt* baksheesh

Bakterie <-, -n> [-ri̯ə] *f meist pl* bacterium

bakteriell I. *adj* MED bacterial, bacteria *attr* II. *adv* MED ~ **bedingt** caused by bacteria

Bakterienkolonie *f* BIOL bacteria colony **Bakterienkultur** *f* bacteria culture **Bakterienrasen** *m* BIOL bacteria lawn **Bakterienruhr** *f* bacillary dysentery **Bakterienträger(in)** *m(f)* MED carrier

Bakteriologe, -login <-n, -n> *m, f* bacteriologist

Bakteriologie <-> *f kein pl* bacteriology

Bakteriologin <-, -nen> *f fem form von* **Bakteriologe**

bakteriologisch *adj* bacteriological; **~e Kriegsführung** biological warfare

Bakteriophage <-n, -n> *m* BIOL bacteriophage

Bakterizid <-[e]s, -e> *nt* bactericide

bakterizid I. *adj* germicidal, bactericidal II. *adv* ~ **wirksam sein** to act as a germicide

Balalaika <-, -s *o* Balalaiken> *f* MUS balalaika

Balance <-, -n> [baˈlãːsə] *f* ❶ (*Gleichgewicht*) balance, equilibrium; **jdn aus der ~ bringen** to bring [*or* put] sb off balance; **die ~ halten/verlieren** to keep/lose one's balance ❷ (*Ausgewogenheit*) balance

Balanceakt *m* ❶ (*Seiltanz*) balancing [*or* tightrope] act ❷ (*Vorgang des Lavierens*) balancing act

balancieren* [balãˈsiːrən] I. *vi* ❶ *sein* (*sich vorsichtig bewegen*) ▪[**über etw** *akk*] ~ to balance [one's way accross sth] ❷ *haben* (*lavieren*) ▪**zwischen etw** *dat* **und etw** ~ to keep [*or* achieve] a balance between sth and sth II. *vt haben* ▪**etw** [**auf etw** *dat*] ~ to balance sth [on sth]

Balancierstange *f* balancing pole

bald I. *adv* ❶ (*schnell, in Kürze*) soon; ***komm ~ wieder!*** come back soon!; ***so ~ wird es das nicht mehr geben*** that won't happen again in a hurry; **wird's ~?** (*fam*) move it!; **so ~ wie** [*o* **als**] **möglich** as soon as possible; [**all**]**zu ~** [all] too soon; **bis ~!** see you later!; **~ darauf** soon [*or* shortly] after[wards]; **nicht so ~** not as soon ❷ (*fast*) almost; ***das ist schon ~ nicht mehr schön!*** that's taking it a bit too far!, that's beyond a joke! ❸ (*fam*) soon; ***wirst du wohl ~ ruhig sein?*** will you just be quiet! [*or sl* shut up!]; *s. a.* **möglichst, sobald** II. *konj* (*geh*) ▪**~ ..., ~ ...** one moment ..., the next ...; **~ *hier*, ~ *da*** now here, now there

Baldachin <-s, -e> *m* canopy, baldachin

Bälde *f* **in ~** in the near future

baldig *adj attr* speedy, quick; ***um ~e Antwort wird gebeten*** we hope to receive [*or* look forward to receiving] a reply soon; ***wir hoffen auf Ihr ~es Kommen!*** we hope to see you soon!; *s. a.* **Wiedersehen**

baldigst *adv* (*geh*) as soon as possible, without delay

baldmöglichst *adv* as soon as possible, without delay

Baldrian <-s, -e> *m* BOT valerian

Baldriantropfen *pl* PHARM valerian [drops *pl*]

Balg[1] <-[e]s, Bälge> *m* ❶ (*Blase~*) bellows *npl* ❷ (*Tierhaut*) pelt ▸ WENDUNGEN: **jdm auf den ~ rücken** (*fam*) to crowd sb

Balg[2] <-[e]s, Bälger> *m o nt* (*pej fam*) brat *pej fam*

balgen *vr* ▪**sich** [**um etw**] ~ to scrap [over sth], to have a scrap [over sth]

Balgerei <-, -en> *f* scrap

Balinese, Balinesin <-n, -n> *m, f* Balinese

Balkan <-s> *m* ❶ ▪**der ~** the Balkans *pl*; **auf dem ~** on [*or* in] the Balkans ❷ (*Balkangebirge*) Balkan Mountains *pl*

Balkanhalbinsel *f* Balkan Peninsula

balkanisch *adj* Balkan

Balkanisierung <-> *f kein pl* POL (*pej*) Balkanization

Balkanländer *pl* Balkan States **Balkanstaat** *m* Balkan country [*or* state]

Balken <-s, -> *m* ❶ (*Holz~*) beam ❷ (*Stahl~*) girder ❸ (*Stütz~*) prop, shore ❹ MUS bar ❺ SPORT beam ❻ (*heraldisches Zeichen*) fesse, bar; (*Uniformstreifen*) stripe ▸ WENDUNGEN: **der ~ im eigenen Auge** REL the beam in one's own eye; **lügen, daß sich die ~ biegen** (*fam*) to lie through one's teeth *fam*

Balkencode *m* bar code **Balkendecke** *f* ceiling with wooden beams, AM *a.* wood-beam ceiling **Balkendiagramm** *nt* bar chart **Balkenkode** *m* bar code **Balkenkodeleser** *m* optical bar reader **Balkenkonstruktion** *f* timber-frame construction **Balkenüberschrift** *f* MEDIA banner headline **Balkenwaage** *f* beam balance

Balkon <-s, -s *o* -e> [balˈkɔŋ, balˈkõː] *m* ❶ ARCHIT balcony ❷ THEAT dress circle

Balkonpflanze *f* balcony plant **Balkonzimmer** *nt* room with balcony

Ball[1] <-[e]s, Bälle> *m* ❶ (*zum Spielen*) ball; **am ~ sein** to be in possession of the ball, to have the ball; **jdm den ~ zuspielen** to feed sb the ball; **~ spielen** to play ball ❷ (*runder Gegenstand*) ball; **der ~ der Sonne** (*poet*) the sun's fiery orb ▸ WENDUNGEN: **am ~ bleiben** to stay on the ball *fig;* **bei jdm am ~ bleiben** to keep in with sb *fig;* **den ~ aufgreifen** to pick up on a point; **am ~ sein** to be on the ball *fig;* **jdm den ~ zuspielen** to feed sb lines *fig*

Ball[2] <-[e]s, Bälle> *m* (*Tanzfest*) ball; (*mit Mahl a.*) dinner-dance BRIT; **auf dem ~** at the ball

ballaballa *adj präd* (*sl*) whacko BRIT *sl*

Ballade <-, -n> *f* ballad

balladenhaft *adj* balladic, ballad-like

balladesk *adj s.* **balladenhaft**

Ballast <-[e]s, *selten* -e> *m* NAUT, LUFT ballast; (*fig*) burden, encumbrance; **~ ab-/über Bord werfen** NAUT, LUFT to discharge [*or* shed] ballast; (*fig: sich von etwas Unnützem befreien*) to get rid of a burden [*or* an encumbrance]

Ballaststoffe *pl* roughage *sing*, [dietary] fibre [*or* AM -er]

ballen I. *vt* ▪**etw** ~ to press sth together [into a ball]; **Papier ~** to crumple paper [into a ball]; **die Faust** [**gegen jdn**] ~ to clench one's fist [at sb]; **die Hand zur Faust ~** to clench one's [*or* make a] fist; *s. a.* **Faust** II. *vr* ▪**sich ~** to crowd [together]; *Wolken* to gather; *Faust* to clench; *Verkehr* to build up

Ballen <-s, -> *m* ❶ (*rundlicher Packen*) bale ❷ (*an Hand o Fuß*) ball; (*bei Tieren*) pad

Ballenwild *nt* small game

Ballerei <-, -en> *f* (*fam*) ❶ (*Schießerei*) shooting ❷ (*Knallerei*) banging

Ballerina[1] <-, Ballerinen> *f* ballerina, ballet-dancer

Ballerina[2] <-s, Ballerinas> *m* (*Schuh*) court shoe BRIT, pump AM

Ballerinaschuh *m* pump

Ballermann <-männer> *m* (*sl*) gun

ballern I. *vi* (*fam*) ❶ (*schießen*) ▪[**mit etw**] ~ to shoot [*or* fire] [with sth]; ***in Deutschland wird zu Silvester viel geballert*** there are lots of fireworks in Germany on New Year's Eve ❷ (*knallen*) to bang ❸ (*poltern*) ▪**gegen etw ~** to hammer against sth; **gegen die Tür ~** to bang on the door II. *vt* (*sl: zuschlagen*) ▪**etw ~** to bang [*or* slam] sth; **jdm eine ~** to sock sb one *sl*

Ballett <-[e]s, -e> *nt* ❶ (*Tanz*) ballet ❷ (*Tanzgruppe*) ballet [company]; **zum ~ gehen** to become a ballet dancer; **beim ~ sein** to be [a dancer] with the ballet, to be a ballet dancer

Ballettänzer(in) *m(f) s.* **Balletttänzer**

Balletteuse <-, -n> [balɛˈtøːzə] *f* (*geh*) [ballet] dancer

Ballettkorps [-ˈkoːɐ̯] *nt* corps de ballet + *sing/pl vb* **Ballettmeister(in)** *m(f)* ballet master, maître de ballet **Ballettmusik** *f* ballet music **Ballettröckchen** *nt* tutu **Ballettruppe** *f s.* **Ballett-truppe** **Ballettschuhe** *pl* ballet shoes *pl*

Balletttänzer(in)[RR] *m(f)* ballet dancer **Balletttruppe**[RR] *f* ballet [company]

Ballgefühl *nt kein pl* SPORT feeling for the ball

Ballhaustennis *nt* real tennis

Ballistik <-> *f kein pl* ballistics + *sing vb*

ballistisch *adj* ballistic

Balljunge *m* TENNIS ball boy

Ballkleid *nt* ball dress [*or* gown]

Ballmädchen *nt* TENNIS *fem form von* **Balljunge** ball girl

Ballon <-s, -s *o* -e> [baˈlɔŋ, baˈlõː] *m* ÖSTERR, SCHWEIZ ❶ (*Luft~*) balloon ❷ (*bauchiger Glasbehälter*) carboy, demijohn ❸ (*sl: Kopf*) nut BRIT, bean AM; **einen** [**roten**] **~ kriegen** (*fam*) to turn [*or* go] bright red, to go [as] red as a beetroot

Ballonaufstieg *m* balloon ascent **Ballondilatation** <-, -en> *f* MED balloon dila[ta]tion **Ballonfahrer(in)** *m(f)* balloonist **Ballongondel** *f* balloon car, nacelle, basket **Ballonhülle** *f* [balloon] envelope; (*bei Luftschiffen*) gasbag **Ballonkorb** *m* balloon car, nacelle, basket **Ballonmütze** *f* (*veraltet*) Mao cap **Ballonreifen** *m* (*veraltet*) balloon tyre [*or* AM tire] **Ballonrock** *m* puffball **Ballonwerbung** *f kein pl* HANDEL balloon advertising

Ballsaal *m* ballroom

Ballspiel *nt* ball game **Ballspielen** <-s> *nt kein pl* playing ball; **~ gehen** to go and play ball; **„~ verboten"** "No ball games"

Ballung <-, -en> *f* ❶ (*Ansammlung*) concentration; *Truppen* build-up, massing; **die ~ der Kaufkraft in einer Region** the concentration of spending power in a region ❷ (*Verdichtung*) accumulation [*or* concentration]

Ballungsgebiet *nt*, **Ballungsraum** *m* conurbation **Ballungszentrum** *nt* centre [*or* AM -er] of population; **industrielles ~** centre [*or* AM -er] of industry

Ballwechsel *m* rally

Balsaholz *nt* balsa[wood]

Balsam <-s, -e> *m* ❶ (*Salbe*) balsam, balm ❷ (*fig*) balm; ~ **für die Seele sein** to be [*or* work] like balm for the soul

Balsamessig *m* balsamic vinegar

balsamieren *vt* ❶ (*vor Verwesung schützen*) **einen Leichnam** ~ to embalm sth ❷ (*geh: einölen*) ■**jdn** ~ to anoint sb, to salve sb

Balte <-en, -en> *m* Balt, person [*or* man] from the Baltic

Baltikum <-s> *nt* ■**das** ~ the Baltic states

Baltin <-, -nen> *f fem form von* **Balte** Balt, person [*or* woman] from the Baltic

baltisch *adj* Baltic

Balustrade <-, -n> *f* balustrade

Balz <-, -en> *f* ❶ (*Paarungsspiel*) courtship display ❷ (*Paarungszeit*) mating season

balzen *vi* to perform a courtship display

Balztanz *m* BIOL courtship dance **Balzzeit** *f s.* **Balz 2.**

Bambus <-ses *o* -, -se> *m* bamboo

Bambusbär *m s.* **Panda Bambusrohr** *nt* bamboo cane **Bambussprossen** *pl* bamboo shoots *pl*

Bammel <-s> *m* (*fam*) ■**[einen]** ~ **vor jdm/etw haben** to be scared of sb/sth; **[einen] großen** ~ **vor etwas haben** to be scared stiff of sth

banal *adj* banal; **eine ~e Angelegenheit/Ausrede** a trivial matter/excuse; **eine ~e Bemerkung** a trite [*or* trivial] remark; **ein ~es Thema** a commonplace topic

banalisieren* *vt* (*geh*) ■**etw** ~ to trivialize sth

Banalität <-, -en> *f* ❶ *kein pl* (*banale Beschaffenheit*) banality [*or* triteness]; *eines Themas, einer Angelegenheit* triviality; **von großer** ~ extremely trivial ❷ *meist pl* (*banale Äußerung*) platitude

Banane <-, -n> *f* banana

Bananendampfer *m* banana boat **Bananenplantage** *f* banana plantation **Bananenrepublik** *f* (*pej*) banana republic **Bananenschale** *f* banana skin **Bananenstaude** *f* banana [plant] **Bananenstecker** *m* ELEK (*veraltend*) banana plug

Banause <-n, -n> *m* (*pej*) philistine

band *imp von* **binden**

Band[1] <-[e]s, Bänder> *nt* ❶ (*Streifen Gewebe*) ribbon *a. fig;* (*Haar~*) hair ribbon; (*Hut~*) hatband; (*Schürzen~*) apron string; **das Blaue** ~ the Blue Riband [*or* AM Ribbon] ❷ (*Mess~*) measuring tape ❸ (*Metall~*) metal band ❹ (*Verpackungs~*) packaging tape ❺ TECH (*Ton~*) [recording] tape; **etw auf** ~ **aufnehmen** to tape [record] sth, to record sth on tape; **etw auf** ~ **diktieren** [*o* **sprechen**] to dictate sth on to tape; **auf** ~ **sein** to be [recorded] on tape; **etw auf** ~ **haben** to have sth [recorded] on tape ❻ (*Fließ~*) conveyor belt; **am** ~ **arbeiten** to work on an assembly [*or* a production] line; **vom** ~ **laufen** to come off the [production] line; **am laufenden** ~ (*fam*) non-stop, continuously; **etw am laufenden** ~ **tun** to keep doing sth ❼ RADIO wavelength, [frequency] band ❽ *meist pl* ANAT ligament; **sich die Bänder zerren/[an]reißen** to strain/tear ligaments ❾ BAU (*Baubeschlag*) hinge

Band[2] <-[e]s, -e> *nt* (*geh*) ❶ (*gegenseitige Beziehung*) bond, tie; **zarte ~e knüpfen** to start a romance ❷ *pl* (*Fesseln*) bonds *npl,* fetters *npl,* shackles *npl;* **jdn in ~e schlagen** (*veraltet*) to clap [*or* put] sb in irons

Band[3] <-[e]s, Bände> *m* volume; **Bände füllen** to fill volumes; **über etw Bände schreiben können** to be able to write volumes about sth ► WENDUNGEN: **Bände sprechen** (*fam*) to speak volumes

Band[4] <-, -s> [bɛnt] *f* MUS band, group

Bandage <-, -n> [ban'daːʒə] *f* bandage ► WENDUNGEN: **das sind harte ~n** (*fam*) those are hard words; **mit harten ~n kämpfen** (*fam*) to fight with no holds barred [*or* one's gloves off]

bandagieren* [banda'ʒiːrən] *vt* ■**[jdm] etw** ~ to bandage [up] [sb's] sth

Bandaufnahme *f* tape-recording

Bandbreite *f* ❶ (*geh*) range ❷ FIN variation; **eine** ~ **von ... bis ... haben** to range from ... to ... ❸ RADIO, INET bandwidth

Bandbreitenerweiterung *f* FIN broadening of the exchange rate bands

Bändchen <-s, -> *nt* ❶ *dim von* **Band**[1] small ribbon ❷ *dim von* **Band**[3] small [*or* slim] volume

Bande[1] <-, -n> *f* ❶ (*Verbrecher~*) gang, band ❷ MUS (*fam: Gruppe*) gang *fam*

Bande[2] <-, -n> *f* SPORT barrier; **die** ~ **eines Billardtisches** the cushion of a billiard table; **die** ~ **einer Reitbahn** the boards of an arena

Bandeisen *nt* metal hoop

Bändel[RR] <-s, -> *m* ❶ (*Schnürsenkel*) shoelace ❷ (*Bändchen*) ribbon ► WENDUNGEN: **jdn am** ~ **haben** (*fam*) to be able to twist sb round one's little finger

Bandenchef(in) [-ʃɛf] *m(f)* (*fam*), **Bandenführer(in)** *m(f)* gang leader **Bandenkriminalität** *f* (*Kriminalität von Verbrecherbanden*) [organized] gang crime

Bandenwerbung *f* ÖKON *advertising on hoardings round the perimeter of sports arenas*

Banderole <-, -n> *f* revenue stamp [*or* seal]

Banderoleneinschlag *m* banderoling, sleeve-wrapping

Bänderriss[RR] *m* MED torn ligament **Bänderzerrung** *f* MED pulled ligament

Bandfertigung *f* ÖKON assembly-line production

Bandformat *nt* INFORM tape format

bändigen *vt* ❶ (*zähmen*) ■**ein Tier** ~ to tame an animal ❷ (*niederhalten*) ■**jdn** ~ to bring sb under control, to subdue sb ❸ (*geh: zügeln*) ■**etw** ~ to control [*or* overcome] sth, to bring sth under control; **Haare** ~ to control one's hair; **Naturgewalten** ~ to harness the forces of nature

Bändigung <-, -en> *f* ❶ (*Zähmung*) taming ❷ (*Niederhaltung*) controlling, subduing ❸ (*geh: Zügelung*) controlling, overcoming; **die** ~ **eines Brandes** bringing a fire under control; **die** ~ **von Naturgewalten** harnessing [of] the forces of nature

Bandit(in) <-en, -en> *m(f)* bandit, brigand *old;* **einarmiger** ~ one-armed bandit

Bandkeramik *f* band ceramics *npl,* ribbon ware

Bandlaufwerk *n* INFORM tape drive [*or* deck]; INFORM tape streamer; **computergesteuertes** ~ computerized tape deck

Bandmaß *nt* tape measure

Bandnudeln *pl* ribbon noodles, tagliatelle *npl*

Bandoneon <-s, -s> *nt* MUS bandoneon

Bandsäge *f* band saw

Bandscheibe *f* ANAT [intervertebral] disc; **es an** [*o* **mit**] **der** ~ [*o* **den ~n**] **haben** (*fam*) to have a slipped [*or* slipped a] disc

Bandscheibenschaden *m* MED damaged [intervertebral] disc **Bandscheibenvorfall** *m* MED slipped disc

Bandstahl *m* BAU strap iron

Bandwurm *m* tapeworm

bang(e) <-er *o* bänger, -ste *o* bängste> *adj* (*geh*) scared, frightened; **~e Augenblicke/Minuten/Stunden** anxious moments/minutes/hours; **ein ~es Schweigen** an uneasy silence; **in ~er Erwartung** uneasily; **es ist/wird jdm** ~ [**zumute**] to be/become uneasy [*or* anxious]; **jdm ist** ~ [**vor jdm/etw**] sb is scared [of sb/sth]; *s. a.* **Herz**

Bangale, Bangalin <-n, -n> *m, f s.* **Bangladescher**

bangalisch *adj* Bengali; *s. a.* **deutsch**

Bange <-> *f* ~ [**vor jdm/etw**] **haben** to be scared [*or* frightened] [*or* afraid] [of sb/sth]; **jdm** ~ **machen** to scare [*or* frighten] sb; **~e machen** [*o* **B~emachen**] **gilt nicht!** (*fam*) you can't scare me!; [**nur**] **keine** ~**!** (*fam*) don't be scared [*or* afraid]!; (*keine Sorge*) don't worry !

bangen *vi* (*geh*) ❶ (*sich ängstigen*) ■**um jdn/etw** ~ to worry [*or* be worried] about sb/sth; **um jds Leben** ~ to fear for sbs life ❷ (*Angst haben*) ■**es bangt jdm** [**vor jdm/etw**] [*o* **jdm bangt es** [**vor jdm/etw**]] sb is scared [*or* frightened] [*or* afraid] of sb/sth

Bangladesch, Bangladesh <-> *nt* Bangladesh

Bangladescher(in) <-s, -> *m(f)* Bangladeshi; *s. a.* **Deutsche(r)**

bangladeschisch *adj* BRD, ÖSTERR Bangladeshi; *s. a.* **deutsch**

Banjo <-s, -s> ['bɛndʒo] *nt* banjo

Bank[1] <-, Bänke> *f* ❶ (*Sitzmöbel*) bench; (*Garten~*) [garden] seat [*or* bench]; (*Anklage~*) dock; **auf der Anklage~** in the dock; (*Kirchen~*) pew; **vor leeren Bänken predigen** to preach to an empty church; (*Schul~*) desk; **in der ersten** ~ in the front [*or* first] row; (*Werk~*) workbench; **vor leeren Bänken spielen** to play to an empty house ❷ (*bankförmige Anhäufung*) bank; (*Austern~*) bed; (*Korallen~*) reef; (*Sand~*) sandbank, sandbar; (*Wolken~*) bank of clouds ► WENDUNGEN: **etw auf die lange** ~ **schieben** (*fam*) to put sth off; [**alle**] **durch die** ~ (*fam*) every single one [*or* the whole lot] [of them]

Bank[2] <-, -en> *f* ❶ FIN bank; **auf der** ~ in the bank; **ein Konto bei einer** ~ **haben** to have an account with a bank; ~ **für Internationalen Zahlungsausgleich** Bank for International Settlements, BIS ❷ (*Kasse*) bank; **die** ~ **haben** [*o* **halten**] to be [the] banker, to have a bank; **die** ~ **sprengen** to break the bank

Bankaktiva *pl* FIN bank's resources **Bankakzept** *nt* JUR banker's acceptance

Bank-an-Bank-Kredit *m* FIN interbank lending

Bankangestellte(r) *f(m) dekl wie adj* bank employee **Bankanweisung** *f* banker's order **Bankaufsichtsbehörde** *f* FIN bank supervisory authority **Bankaufsichtsrecht** *nt* JUR bank supervising law **Bankaufsichtsvereinbarung** *f* FIN international banking supervisory code **Bankauskunft** *f* FIN bank[er's] reference; ~ **einholen** to obtain a bank[er's] reference **Bankauskunftsverfahren** *nt* FIN [banker's] reference procedure **Bankautomat** *m* [automated] cash dispenser, automated teller machine, ATM, bank machine **Bankavis** *nt* FIN bank's advice

Bänkchen <-s, -> *nt dim von* **Bank**[1] little [*or* small] bench

Bankdarlehen *nt* FIN bank loan **Bankdirektor, -direktorin** *m, f* bank manager, director of a bank **Bankeinlage** *f* bank deposit

Bänkellied *nt* street ballad **Bänkelsänger(in)** *m(f)* ballad-singer

Bankenaufsicht *f* bank supervision **Bankenaufsichtsamt** *nt* FIN bank supervisory authorities *pl,* AM Comptroller of the Currency **Bankenfusion** *f* bank merger **Bankenkonsortium** *nt* bank[ing] consortium [*or* syndicate] **Bankenkonzession** *f* FIN bank charter **Bankenniederlassungsrichtlinien** *pl* FIN bank establishment rules **Bankenprüfer(in)** *m(f)* banking auditor **Bankenrecht** *nt kein pl* JUR banking law **Bankenrun** *m* FIN run on a bank **Bankensektor** *m* banking sector **Bankenviertel** *nt* banking district

Banker(in) <-s, -> ['bɛŋkɐ] *m(f)* (*fam*) banker

Bankett[1] <-[e]s, -e> *nt* banquet

Bankett[2] <-[e]s, -e> *nt,* **Bankette** <-, -n> *f* verge BRIT, shoulder AM; **„~e nicht befahrbar** [*o* **unbefahrbar**]**“** "soft verges"

Bankfach *nt* ❶ (*Schließfach*) safe-deposit box ❷ (*Beruf*) banking, banking profession; **im** ~ **arbeiten** to work in banking [*or* in the banking profession]

bankfähig *adj* FIN bankable; **~er Scheck/Wechsel** bankable cheque/paper **Bankfähigkeit** <-> *f kein pl* FIN bankability **Bankfiliale** *f* branch (*of a bank*) **Bankgeheimnis** *nt* [the bank's duty to maintain] confidentiality **Bankgeschäfte** *pl* banking transactions *pl* **Bankgesellschaft** *f* FIN banking company [*or* AM corporation], bank **Bankgesetz** *nt* JUR, FIN banking act, Banking and Financial Dealings Act BRIT **Bankgesetzgebung** *f* JUR banking legislation **bankgiriert** [-ʒi-] *adj inv* FIN bank-endorsed **Bankgläubiger(in)** *m(f)* FIN bank creditor **Bankguthaben** *nt* bank balance **Bankhalter(in)** *m(f)* bank, banker **Bankhauptbuch** *nt* FIN bank ledger **Bankhaus** *nt* (*geh*) banking house; ~ **Schlüter & Sohn** Schlüter & Son, Bankers

Bankier <-s, -s> [baŋ'kieː] *m* banker

Bankindossament *nt* FIN bank stamp

Banking ['bɛŋkɪŋ] *nt* FIN **elektronisches** ~ electronic banking

Bankinspektor(in) *m(f)* FIN superintendent of banks **Bankinstitut** *nt* FIN banking institution; **öffentlich-rechtliches** ~ bank incorporated under public law
Bankivahuhn *nt* ORN (*Gallus gallus*) red jungle fowl
Bankkaufmann, -frau *m, f* [qualified] bank clerk **Bankkonto** *nt* bank account **Bankkredit** *m* bank loan **Bankkuratorium** *nt* FIN bank trustees *pl* **Banklehre** *f* training as a bank clerk **Bankleistungen** *pl* bank performances [*or* results] *pl* **Bankleitzahl** *f* bank sorting code [number] **Banknote** *f* banknote **Banknotenumlauf** *m* *kein pl* FIN circulation of bank notes
Bankomat <-en, -en> *m* cash machine [*or* dispenser]
Bankplatz *m* (*geh*) banking centre [*or* AM -er] **Bankprovision** *f* bank charge **Bankraub** *m* bank robbery **Bankräuber(in)** *m(f)* bank robber **Bankreserve** *f* FIN bank reserves *pl* **Bankrevision** *f* FIN banking audit, bank examination
bankrott *adj* ❶ ÖKON bankrupt; **jdn ~ machen** to bankrupt sb ❷ (*fig*) bankrupt, discredited
Bankrott <-[e]s, -e> *m* bankruptcy; **~ gehen** [*o* **machen**] to go [*or* become] bankrupt; **betrügerischer ~** fraudulent bankruptcy
Bankrotterklärung *f* ❶ ÖKON declaration of bankruptcy ❷ (*Erklärung der Inkompetenz*) declaration of failure
Bankrotteur(in) <-s, -e> [baŋkrɔˈtøːɐ] *m(f)* (*geh*) bankrupt
Bankrottgesetz *nt* JUR Bankruptcy Act BRIT
Bankrücklage *f* FIN bank reserves *pl* **Bankschalter** *m* bank counter BRIT, [teller] window AM **Bankscheck** *m* FIN bank check **Bankschließfach** *nt* safe-deposit box **Banktratte** <-, -n> *f* FIN bank draft **Banküberfall** *m* bank raid **Banküberweisung** *f* bank transfer **banküblich** *adj* **es ist ~** it is normal banking practice **Bankverbindlichkeiten** *pl* FIN BRIT bank loans and overdrafts **Bankverbindung** *f* banking arrangements; **wie ist Ihre ~?** what are the particulars of your bank account? **Bankvereinigung** *f* FIN banking association **Bankverkehr** *m* *kein pl* banking *no pl*, bank transactions *pl* **Bankvollmacht** *f* FIN bank mandate **Bankwechsel** *m* FIN bank draft **Bankwerte** *pl* FIN bank shares [*or* AM stocks] **Bankwesen** *nt* *kein pl* banking
Bann <-[e]s> *m* ❶ (*geh*) spell; **in jds** *akk* **~/in den ~ einer S.** *gen* **geraten** to come under sb's/sth's spell; **jdn in ~ halten** (*geh*) to hold sb in one's spell; **jdn in seinen ~ schlagen** [*o* **ziehen**] to cast a spell over sb; **in jds** *dat* **~/im ~ einer S.** *gen* **stehen** to be under sb's spell/under the spell of sth ❷ HIST excommunication; **den ~ über jdn aussprechen** to excommunicate sb; **jdn vom ~ lösen** to absolve sb [from excommunication]; **jdn in den ~ tun** [*o* **jdn mit dem ~ belegen**] to excommunicate sb
Bannbulle *f* HIST bull [*or* letter] of excommunication
bannen *vt* ❶ (*geh: faszinieren*) ■**jdn ~** to entrance [*or* captivate] sb; [**wie**] **gebannt** [as though] bewitched [*or* entranced] ❷ (*fern halten*) ■**jdn/etw ~** to exorcize sb/sth; **Gefahr ~** to avert [*or* ward off] danger
Banner <-s, -> *nt* banner; **das ~ einer Sache hochhalten** to hold high the banner of sth
Bannerträger(in) *m(f)* (*a. fig*) standard-bearer
Bannfluch *m* HIST excommunication **Bannkreis** *m* influence; **in jdns ~ stehen** to be under sb's influence; **in jdns ~ geraten/in den ~ einer Sache geraten** to come under sb's/sth's influence **Bannmeile** *f* *restricted area round a* [*government*] *building in which public meetings or demonstrations are banned* **Bannstrahl** *m* (*geh*) excommunication **Bannwald** *m* ÖSTERR, SCHWEIZ *forest planted as protection against avalanches*
Bantamgewicht *nt* SPORT ❶ *kein pl* (*Klasse*) bantamweight; **im ~ boxen** to box in the bantamweight category ❷ (*Sportler*) bantamweight **Bantamgewichtler(in)** <-s, -> *m(f)* *s.* **Bantamgewicht 2.**

Bantu <-[s], -[s]> *m* Bantu
Baobab <-s, -s> *m* BOT (*Adansonia*) baobab
BAPT *nt Abk von* **Bundesamt für Post und Telekommunikation** ≈ German Post Office
Baptist(in) <-en, -en> *m(f)* Baptist
bar *adj* ❶ (*in Banknoten oder Münzen*) cash; **~es Geld** cash; **~e Zahlungen** payments in cash; [**in**] **~ bezahlen** to pay [in] cash; **gegen ~** for cash; ***Verkauf nur gegen ~*** cash sales only; ***DM 600 in ~*** DM 600 [in] cash ❷ *attr* (*rein*) pure; **~er Unsinn** utter [*or* absolute] rubbish [*or* AM garbage] ❸ *pred* (*geh: ohne*) ■**~ einer S.** *gen* devoid of [*or* [utterly] without] sth
bar, Bar <-s, -s> *nt als Maßeinheit* bar
Bar <-, -s> *f* bar
Bär(in) <-en, -en> *m(f)* bear; **stark wie ein ~** (*fam*) strong as an ox; **wie ein ~ schlafen** (*fam*) to sleep like a log; **der Große/Kleine ~** the Great/Little Bear, Ursa Major/Minor *spec* ▸ WENDUNGEN: **jdm einen ~en aufbinden** (*fam*) to have [*or* AM put] sb on, to pull sb's leg
Barabhebung *f* FIN cash withdrawal **Barablösungswert** *m* FIN cash surrender value
Baracke <-, -n> *f* hut, shack
Barangebot *nt* HANDEL cash offer **Barauslagen** *pl* FIN out-of-pocket expenses **Barausschüttung** *f* FIN cash dividend [*or* distribution] **Barauszahlung** *f* FIN cash payment
Barbadier(in) <-s, -> *m(f)* Barbadian, Bajan *fam; s. a.* **Deutsche(r)**
barbadisch *adj* Barbadian; *s. a.* **deutsch**
Barbados <-> *nt* Barbados; *s. a.* **Deutschland**
Barbar(in) <-en, -en> *m(f)* ❶ (*pej*) barbarian, brute ❷ HIST Barbarian
Barbarakraut *nt kein pl* wintercress, land cress
Barbarei <-, -en> *f* (*pej*) ❶ (*Unmenschlichkeit*) barbarity; **ein Akt der ~** an act of barbarity, a barbarous act ❷ *kein pl* (*Kulturlosigkeit*) barbarism; **in ~ versinken** [*o* **in die ~ zurücksinken**] to [re]lapse into barbarism
Barbarie-Ente *f* KOCHK Musk duck
Barbarin <-, -nen> *f fem form von* **Barbar**
barbarisch I. *adj* ❶ (*pej: unmenschlich*) barbarous; **~e Folter** brutal torture; **eine ~e Strafe** a savage punishment ❷ (*fam: grässlich*) barbaric ❸ (*fam: unerhört*) dreadful, terrible ❹ HIST barbarian II. *adv* ❶ (*grausam*) brutally ❷ (*fam: entsetzlich*) dreadfully, awfully
Barbe <-, -n> *f* ZOOL, KOCHK (*Fischart*) barbel
bärbeißig *adj* (*fam*) grumpy; **ein ~er Ton** a gruff tone
Barbenkraut *nt* barbarea
Barbestand *m* FIN cash [*or* balance] on hand, cash balance **Barbetrag** *m* HANDEL cash amount
Barbiepuppe *f* (*pej*) Barbie doll
Barbier <-s, -e> *m* (*veraltet*) barber
Barbiturat <-[e]s, -e> *nt* barbiturate
Barbitursäure *f* PHARM barbituric acid
barbusig I. *adj* topless II. *adv* topless
Barcodelesegerät *nt* TECH bar code reader
Bardame *f* barmaid, hostess
Barde <-n, -n> *m* bard
bardieren *vt* KOCHK to wrap in bacon
Bardiskont *m* FIN cash discount **Bardividende** *f* FIN cash dividend
Bare(s) *nt kein pl* cash
Bareingänge *pl* FIN cash receipts **Bareinlage** *f* FIN cash deposit; (*eines Geschäftspartners*) contribution in cash **Bareinzahlung** *f* FIN cash item
Bärendienst *m* ▸ WENDUNGEN: **jdm einen ~ erweisen** to do sb a bad turn [*or* disservice] **Bärendreck** *m* SÜDD, SCHWEIZ (*Lakritze*) liquorice BRIT, licorice AM **Bärenhaut** *f* bearskin ▸ WENDUNGEN: **auf der ~ liegen** (*pej fam*) to laze about, to lie around **Bärenhunger** *m* a massive appetite; **einen ~ haben** (*fam*) to be famished [*or* ravenous] [*or* starving] **Bärenjagd** *f* bear hunt[ing] **Bärenklau** <-> *m kein pl* BOT hogweed, cow parsnip **Bärenkräfte** *pl* the strength of an ox **Bärenkrebs** *m* ZOOL, KOCHK slipper lobster **Bärenlauch** *m* wild garlic, ramson **Bärennatur** *f* tough constitution; **eine ~ haben** (*fam*) to be tough **bärenstark** *adj* ❶ (*fam: äußerst stark*) as strong as an ox *pred* ❷ (*sl: toll*) cool
Barentnahme *f* FIN withdrawal of cash **Bärentraube** *f* BOT bearberry
Barentssee *f* Barents Sea
Barett <-[e]s, -e *o* -s> *nt* beret; (*von Geistlichem*) biretta; (*von Richter*) cap; (*von Professor*) mortarboard
barfuß *adj pred* barefoot[ed]
barfüßig *adj* ❶ *attr* barefooted ❷ *pred* (*geh*) *s.* **barfuß**
barg *imp von* **bergen**
Bargebot *nt* JUR bid in cash
Bargeld *nt* cash
Bargeldabhebung *f* cash withdrawal **Bargeldbestand** *m* FIN cash balance; **~ bei Nichtbanken** nonbank cash balance **Bargeldfluss**[RR] *m* FIN cash flow **bargeldlos** I. *adj* cashless II. *adv* without using cash; **~ zahlen** to pay without cash [*or* by credit card etc.] **Bargeldtransport** *m* transport of cash **Bargeldüberweisung** *f* FIN cash transfer **Bargeldumlauf** *m kein pl* FIN cash in circulation **Bargeldvolumen** *nt* FIN total notes and coins in circulation **Bargeschäft** *nt* FIN cash sale [*or* deal]
barhäuptig I. *adj* (*geh*) bare-headed II. *adv* (*geh*) bare-headed
Barhocker *m* bar stool
bärig *adj* (*fam*) great *fam*
Bärin <-, -nen> *f fem form von* **Bär** [she-]bear
Bariton <-s, -e> *m* baritone
Barium <-s> *nt kein pl* barium
Barkasse <-, -n> *f* launch
Barkauf *m* cash purchase
Barke <-, -n> *f* skiff, rowing boat
Barkeeper(in) <-s, -> [ˈbaːɐkiːpɐ] *m(f)*, **Barmann** *m* barman, bartender
Barkredit *m* FIN cash credit
Bärlapp <-s, -e> *m* BOT clubmoss, lycopod **Bärlauch** *m* BOT broad-leaved garlic
Barlöffel *m* mixing spoon (*for drinks*)
barmherzig *adj* (*mitfühlend*) compassionate; ■**~ sein** to show compassion; **eine ~e Tat** an act of compassion ▸ WENDUNGEN: [**Gott**] **der B~e** REL merciful God
Barmherzigkeit <-> *f kein pl* mercy, compassion; [**an jdm**] **~ üben** (*geh*) to show mercy to [*or* compassion towards] sb
Barmittel *pl* FIN cash [funds *pl*]; **mangels ~** for lack of funds
Barmixer(in) <-s, -> *m(f)* barman
Bar-Mizwa[1] <-s, -s> *m* REL Bar Mitzvah
Bar-Mizwa[2] <-, -s> *f* REL Bar Mitzvah
barock *adj* ❶ KUNST, ARCHIT, LIT baroque ❷ (*üppig*) baroque [*or* ornate]; **eine ~e Figur** an ample [*or* voluptuous] figure; **eine ~e Sprache** florid language ❸ (*pompös*) extravagant
Barock <-[s]> *nt o m kein pl* baroque
Barock-Antiqua *f* TYPO Transitionals *pl*
Barockkirche *f* baroque church **Barockmusik** *f* baroque music **Barockzeit** *f* the baroque [*or* age] period
Barometer <-s, -> *nt* barometer; **das ~ fällt/steigt** the barometer is falling/rising ▸ WENDUNGEN: **das ~ steht auf Sturm** things look stormy
Barometerstand *m* barometer reading
Baron(in) <-s, -e> *m(f)* baron; KOCHK (*vom Lamm/Rind*) baron [of beef/lamb]
Baroness[RR] <-, -en> *f*, **Baroneß** <-, -essen> *f*, **Baronesse** <-, -n> *f daughter of a baron*
Baronin <-, -nen> *f fem form von* **Baron**
Barposten *pl* FIN cash items *pl*
Barrakuda <-, -s> *m* ZOOL barracuda
Barrel <-s, -s *o als Maßeinheit* -> [ˈbɛrəl] *nt* barrel
Barren[1] <-s, -> *m* SPORT parallel bars *npl*
Barren[2] <-s, -> *m* bar, ingot; **in ~** in the form of bars [*or* ingots]
Barrengold *nt* gold bullion
Barreserven *pl* FIN cash reserves *pl* **Barreservesatz** *m* FIN rate on cash reserves
Barriere <-, -n> *f* (*a. fig*) barrier

Barriereriff *nt* GEOG **Großes** ~ Great Barrier Reef
Barrikade <-, -n> *f* (*Verschanzung*) barricade ► WENDUNGEN: [**für etw**] **auf die ~n gehen** to man the barricades [for sth], to go on the warpath for [sth]
barsch I. *adj* curt **II.** *adv* curtly
Barsch <-[e]s, -e> *m* perch
Barschaft <-> *f kein pl* (*geh*) cash; ***50 DM, das ist meine ganze ~!*** 50 marks is all the cash I have!
Barscheck *m* FIN open [*or* uncrossed] cheque BRIT, cashable check AM **Barsortiment** *nt* book wholesaler's, book distribution centre **Barspende** *f* FIN cash donation
barst *imp von* **bersten**
Bart <-[e]s, Bärte> *m* ❶ (*Voll~*) beard; **einen ~ haben** to have a beard; **sich** *dat* **etw in den ~ brummeln** (*fam*) to mumble sth [into one's beard]; **sich** *dat* **einen ~ wachsen** [*o* **stehen**] **lassen** to grow a beard; **mit ~** bearded; **ohne ~** clean-shaven ❷ (*Schnurr~*) moustache BRIT, mustache AM ❸ ZOOL whiskers ❹ TECH (*Schlüssel~*) bit ► WENDUNGEN: **beim ~e des Propheten** cross my heart; **jdm um den ~ gehen** (*fam*) to butter sb up; **einen ~ haben** (*fam*) to be as old as the hills; **der ~ ist ab** (*fam*) that's it! [*or* that]
Bartausch *m* FIN cash exchange
Bärtchen <-s, -> *nt* small beard; (*Schnurrbart*) small moustache [*or* AM mustache]
Bartenwal *m* ZOOL whalebone [*or* baleen] whale
Bartflechte *f* ❶ MED sycosis ❷ BOT beard lichen [*or* moss] **Bartgrundel** <-, -n> *f* ZOOL, KOCHK *s.* **Schmerle Barthaar** *nt* ❶ (*im Gesicht*) facial hair ❷ ZOOL whisker
Barthel *m* ► WENDUNGEN: **wissen, wo** [**der**] **~ den Most holt** (*fam*) to know what's what [*or* every trick in the book]
Bartholomäusnacht *f* HIST ■**die ~** the Massacre of St Bartholemew
bärtig *adj* bearded
Bärtige(**r**) *m dekl wie adj* a bearded man, a man with a beard
bartlos *adj* beardless, clean-shaven **Bartmännchen** *nt* KOCHK, ZOOL cusk eel **Bartnelke** *f* sweet william **Bartschneider** *m* beard trimmer **Bartstoppeln** *pl* stubble *sing* **Bartwuchs** *m* growth of beard; (*Frau*) facial hair
Barvergütung *f* FIN cash compensation **Barvergütung** *f* FIN (*Versicherung*) cash bonus **Barverkauf** *m* cash sale **Barverlust** *m* FIN net [*or* clear] loss **Barvermögen** *nt* cash [*or* liquid] assets
Baryt <-[e]s, -e> [ba'ryt] *m* barytes, AM *a.* barite
Barzahlung *f* payment in cash, cash payment **Barzahlungsbedingungen** *pl* FIN cash terms **Barzahlungspreis** *m* FIN cash price **Barzahlungsvereinbarung** *f* FIN cash payment deal **Barzahlungsverfahren** *nt* FIN cash-based payment system **Barzahlungsvertrag** *m* JUR cash contract
Barzange *f* bar tongs *npl*
Basaliom <-s, -e> *nt* MED basal cell carcinoma, rodent ulcer
Basalt <-[e]s, -e> *m* basalt
Basalzellschicht *f* MED Malpighian layer
Basar <-s, -e> *m* ❶ (*orientalischer Markt*) bazaar ❷ (*Wohltätigkeits~*) bazaar
Base¹ <-, -n> *f* CHEM base
Base² <-, -n> *f* ❶ (*veraltet*) *s.* **Cousine** ❷ SCHWEIZ *s.* **Tante**
Baseball <-s> ['beɪsbɔ:l] *m kein pl* baseball
Baseballschläger *m* baseball bat
Basedow <-s> ['ba:zedo] *m kein pl* MED **b~sche Krankheit** [exophthalmic] goitre [*or* -er] AM
Basedow-Kankheit, BasedowkrankheitRR *f* [exophthalmic] goitre [*or* -er] AM
Base-Jumping <-s> ['beɪsdʒʌmpɪŋ] *nt kein pl* SPORT base-jumping (*parashooting off buildings, bridges, etc.*)
Basel <-s> *nt* Basle [*or* Basel]
Basellandschaft <-s> *nt* Basel District
Basel-Stadt <-> *nt* Basel City
Basen *pl von* **Basis, Base**
Basenpaarung *f* BIOL base pairing
BASIC <-[s]> ['beɪsɪk] *nt kein pl Akr von* **Beginners All-Purpose Symbolic Instruction Code** BASIC
basieren* **I.** *vi* ■**auf etw** *dat* ~ to be based on sth **II.** *vt* (*selten*) ■**etw auf etw** *akk* ~ to base sth on sth
Basilika <-, Basiliken> *f* basilica
Basilikum <-s> *nt kein pl* basil
Basilisk <-en, -en> *m* basilisk
Basis <-, Basen> *f* ❶ (*Grundlage*) basis ❷ POL (*die Parteimitglieder/die Bürger*) ■**die ~** the grass roots [level]; **an der ~ arbeiten** to do grass roots work ❸ ARCHIT base ❹ MIL base
Basisarbeit *f* groundwork, work at grass roots level **Basisausstattung** *f* basic equipment **Basiscamp** [-kɛmp] *nt* base camp
basisch I. *adj* CHEM basic **II.** *adv* CHEM as a base
Basisdaten *pl* INFORM basic data **Basisdemokratie** *f kein pl* grass-roots democracy **Basiseinheit** *f* ÖKON base unit **Basisgesellschaft** *f* FIN foreign-based company **Basisgruppe** *f* POL action group **Basisjahr** *nt* ÖKON base year **Basislager** *nt* base camp **Basispatent** *nt* basic patent **Basissoftware** *f* INFORM basic software **Basisstation** *f* base **Basissteuersatz** *m* FIN basic tax rate **Basisunternehmen** *nt* FIN base company **Basiswert** *m* BÖRSE *von Aktien* base value **Basiswissen** *nt kein pl* basic knowledge
Baske, Baskin <-n, -n> *m, f* Basque; *s. a.* **Deutsche**(**r**)
Baskenland *nt* ■**das ~** Basque region **Baskenmütze** *f* beret
Basketball <-s> *m kein pl* basketball
Basketballkorb *m* basketball basket
Baskin <-, -nen> *f fem form von* **Baske**
Baskisch *nt dekl wie adj* Basque; *s. a.* **Deutsch**
baskisch *adj* Basque; *s. a.* **deutsch**
Baskisch *nt dekl wie adj* Basque; *s. a.* **Deutsch**
Baskische <-n> *nt* ■**das ~** Basque, the Basque language; *s. a.* **Deutsche**
Basler(**in**) <-s, -> *m(f)* native of Basle; (*Einwohner*) inhabitant of Basle
Basmati <-s> *m kein pl* basmati [rice]
Basrelief *nt* bas-relief
bassRR, baß *adv* (*hum*) ~ **erstaunt sein** to be flabbergasted
BassRR <-es, Bässe> *m*, **Baß** <-sses, Bässe> *m* ❶ MUS bass [voice]; (*Sänger*) bass; ***den ~ singen*** to sing bass [*or* the bass part] ❷ MUS bass [notes *pl*]
BassbaritonRR *m* bass baritone
Basset <-s, -s> [ba'se:, 'bæsɪt] *m* (*Hunderasse*) basset[-hound] **BassgeigeRR** *f* (*fam*) [double] bass **BassgitarreRR** *f* bass guitar
Bassin <-s, -s> [ba'sɛ̃:] *nt* ❶ (*Schwimmbecken*) pool ❷ (*Garten~*) pond
Bassist(**in**) <-en, -en> *m(f)* ❶ (*Sänger*) bass [singer] ❷ (*Spieler eines Bassinstrumentes*) [double] bass player
basslastigRR *adj* MUS *Musik, Sound, Song* heavy on the bass **BassschlüsselRR** *m* bass clef **BassstimmeRR** *f* (*Gesangsstimme*) bass [voice]; (*Partie*) bass [part]
BasstölpelRR *m* ORN (*Sula bassana*) gannet
Bast <-[e]s, *selten* -e> *m* ❶ BOT bast; (*Pflanzenfaser zum Binden*) raffia ❷ (*Geweih*) velvet
basta *interj* [**und damit**] **~!** [and that's] enough!
Bastard <-[e]s, -e> *m* ❶ (*fam: mieser Kerl*) bastard ❷ HIST (*uneheliches Kind*) bastard ❸ BOT (*Hybride*) hybrid
bastardisieren *vt* ■**etw ~** to bastardize sth
Bastardisierung <-, -en> *f* BIOL, BOT bastardization
Bastei <-, -en> *f* HIST *s.* **Bastion**
Bastelarbeit *f* ❶ (*Tätigkeit des Bastelns*) handicraft [work]; (*knifflige Arbeit*) a tricky [*or* BRIT *fam a.* fiddly] job ❷ (*Ergebnis*) piece of handicraft [work]
Bastelei <-, -en> *f* (*pej fam*) fiddling around *fam*
basteln I. *vi* ❶ (*als Hobby*) to make things [with one's hands], to do handicrafts ❷ (*sich zu schaffen machen*) ■**an etw** *dat* ~ to work on sth; ***er bastelt schon den ganzen Tag an dem Computer herum*** he's been fiddling [*or* messing] around with the computer all day **II.** *vt* (*handwerklich fertigen*) ■[**jdm**] **etw ~** to make sth [for sb]; **ein Gerät ~** to build a machine; ■**sich** *dat* **etw ~** to make oneself sth
Basteln <-s> *nt kein pl* ❶ (*Hobby*) handicraft [work], making things ❷ (*Prozess des Anfertigens*) ■**das ~ einer Sache** making [*or* building] sth
Bastille <-> [bas'ti:jə] *f kein pl* HIST Bastille; ***der Sturm auf die ~*** the storming of the Bastille
Bastion <-, -en> *f* ► WENDUNGEN: **die letzte ~** (*fam*) the last bastion
Bastion <-, -en> *f* bastion, bulwark; ***eine ~ des Kommunismus*** a bastion of Communism; **die letzte ~** the last bastion
Bastler(**in**) <-s, -> *m(f)* handicraft enthusiast, do-it-yourselfer, handy man; **ein guter ~ sein** to be good with one's hands
Bastmatte *f* woven mat, fiber mat; (*Raffiabast*) raffia mat
bat *imp von* **bitten**
BAT *m Abk von* **Bundesangestelltentarif** statutory salary scale
Bataillon <-s, -e> [batal'jo:n] *nt* battalion
Bataillonskommandeur [-kɔmandøːɐ] *m* battalion commander
Batate <-, -n> *f* AGR, BOT sweet potato
Bataviasalat *m* Batavia lettuce
Batholith <-en, -en> *m* GEOL batholith, batholite
Batik <-, -en> *f* batik
batiken I. *vi* to do batik [work] **II.** *vt* ■[**jdm**] **etw ~** to decorate sth with batik [for sb]
Batist <-[e]s, -e> *m* batiste
Batterie <-, -n> [*pl* -'ri:ən] *f* ❶ ELEK battery ❷ TECH (*Misch~*) regulator ❸ (*fam: Ansammlung*) row ❹ MIL battery ❺ KOCHK set (*of matching pots and pans, casseroles etc.*)
Batteriebetrieb *m* battery operation; **auf ~ laufen** to run on batteries, to be battery-powered **batteriebetrieben** *adj* battery-powered **Batteriegerät** *nt* battery-powered device **Batteriehuhn** *nt* (*fam*) battery hen **Batterieklemme** *f* AUTO cable clamp **Batterieladeanzeige** *f* AUTO battery discharge indicator **Batterietechnik** *f* battery technology
Batzen <-s, -> *m* ❶ (*Klumpen*) lump; *Erde* clod; **ein ganzer** [*o* **schöner**] ~ [**Geld**] (*fam*) a pile [of money], a tidy sum, a pretty penny ❷ HIST (*Silbermünze*) batz
Bau¹ <-[e]s, -ten> *m* ❶ *kein pl* (*das Bauen*) building, construction; **im ~ befindlich** under construction; **mit dem ~ beginnen** to start building; **im** [*o* **in**] **~ sein** to be under construction ❷ *kein pl* (*Körper~*) build, physique ❸ (*Gebäude*) building; (*~werk*) construction ❹ *kein pl* (*fam: Baustelle*) building site; **auf dem ~ arbeiten** to work on a building site, to be a construction worker ❺ *kein pl* MIL (*sl: Arrest*) guardhouse, BRIT *a.* glasshouse *sl*
Bau² <-[e]s, -e> *m* ❶ (*Erdhöhle*) burrow, hole; (*Biber~*) [beaver] lodge; (*Dachs~*) sett; (*Fuchs~*) earth, den; (*Wolfs~*) lair ❷ (*sl: Wohnung*) den; **nicht aus dem ~ kommen** to not stick one's nose out[side] the door
Bauabschnitt *m* stage [*or* phase] [of construction] **Bauamt** *nt* building control department, department of building inspection **Bauarbeiten** *pl* building [*or* construction] work *sing*; ***wegen ~ gesperrt*** closed for repair work **Bauarbeiter**(**in**) *m(f)* building [*or* AM construction] worker **Bauart** *f* ❶ ARCHIT style ❷ TECH construction, design ❸ (*Typ*) model, type **Bauartzulassung** *f* BAU qualification approval **Bauaufsicht** *f* HANDEL construction supervision **Bauaufsichtsbehörde** *f* JUR building supervisory authority **bauaufsichtsbehördlich** *adj* JUR building supervisory board **Baubaracke** *f* site hut **Baubeginn** *m kein pl* start of construction [*or* building] **Baubehörde** *f* JUR building authority **Baubeschränkungen** *pl* JUR building restrictions **Baubeschränkungsvereinbarung** *f* JUR restrictive covenant **Bauboom** *m* building boom **Bauboom** [-bu:m] *m* construction [*or* building] boom **Baubude** *f* site hut

Bauch <-[e]s, Bäuche> *m* ❶ (*Unterleib*) stomach, belly, tummy *fam;* KOCHK belly; (*Fett~*) paunch; **einen dicken ~ bekommen** [*o* **kriegen**] to put on weight around the stomach, to develop a paunch; [**noch**] **nichts im ~ haben** (*fam*) to have an empty stomach; **sich** *dat* **den ~ voll schlagen** (*fam*) to stuff oneself *fam* ❷ (*bauchiger Teil*) belly; **im ~ eines Schiffes** in the bowels of a boat ▸ WENDUNGEN: **einen dicken ~ haben** (*sl*) to have a bun in the oven BRIT *vulg*, to be in the family way AM; **jdm einen dicken ~ machen** (*sl*) to put sb in the club [*or* AM in the family way] *sl;* **aus dem hohlen ~** [**heraus**] (*fam*) off the top of one's head; **voller ~ studiert nicht gern** (*prov*) you can't study on a full stomach; **mit etw auf den ~ fallen** (*fam*) to make a hash of sth; **sich** *dat* [**vor Lachen**] **den ~ halten** (*fam*) to split one's sides [laughing]; **vor jdm auf dem ~ kriechen** [*o* **rutschen**] (*fam*) to crawl to sb, to grovel at sb's feet; **aus dem ~** (*fam*) from the heart

Bauchansatz *m* beginnings *pl* of a paunch **Bauchbinde** *f* ❶ MED abdominal bandage ❷ (*Papierring/-streifen*) band **Bauchdecke** *f* ANAT abdominal wall

Bauchfell *nt* ANAT peritoneum

Bauchfellentzündung *f* MED peritonitis

Bauchfleck *m* ÖSTERR (*fam: Bauchklatscher*) belly-flop *fam* **Bauchfleisch** *nt* belly **bauchfrei** *adj inv* **~es Top** halter top **Bauchgrimmen** <-s> *nt kein pl* stomach ache, a sore stomach

Bauchhöhle *f* abdominal cavity

Bauchhöhlenschwangerschaft *f* ectopic pregnancy

bauchig *adj* bulbous

Bauchklatscher <-s, -> *m* (*fam*) belly-flop **Bauchladen** *m* vendor's [*or* sales] tray **Bauchlandung** *f* (*fam*) belly-landing ▸ WENDUNGEN: **eine ~ mit etw machen** to make a flop of sth, to come a cropper with sth **Bauchlappen** *m* KOCHK (*vom Kalb*) belly [of veal]

Bäuchlein <-s, -> *nt* (*hum*) tummy *fam*

bäuchlings *adv* on one's stomach, face down

Bauchmuskeln *pl* stomach muscles *pl* **Bauchnabel** *m* navel, belly [*or* BRIT *a.* tummy] button *fam* **bauchreden** *vi nur infin und pp* to ventriloquize; ■**das B~** ventriloquism **Bauchredner(in)** *m(f)* ventriloquist **Bauchschmerzen** *pl* stomachache [*or* pains], tummy ache *fam;* **~ haben/kriegen** to have/get stomachache [*or* AM a stomachache]; (*fig: vor Aufregung*) to have/get butterflies in one's tummy [*or* stomach] *fam* **Bauchschuss**RR *m* ❶ (*Schuss in den Bauch*) shot in the stomach ❷ (*fam: Patient mit Bauchschuss*) stomach wound **Bauchspeck** *m* ❶ (*Fleischstück*) streaky bacon ❷ (*Fettansatz*) spare tyre [*or* AM tire] **Bauchspeicheldrüse** *f* ANAT pancreas **Bauchspiegelung** *f* MED abdominoscopy **Bauchtanz** *m* belly-dance **Bauchtänzerin** *f* belly-dancer **Bauchweh** *nt s.* **Bauchschmerzen**

Baud <-[s], -> [bo:t] *nt* baud

Baudarlehen *nt* FIN building loan **Baudenkmal** *nt* architectural [*or* historical] monument **Baudezernent** <in> *m* head of a/the building department

Baudrate *f* TELEK baud

Bauelement *nt* component [part]

bauen I. *vt* ❶ (*errichten*) ■[**jdm**] **etw ~** to build [*or* construct] sth [for sb]; ■**sich** *dat* **etw ~** to build oneself sth ❷ (*zusammen~*) ■**etw ~** to construct [*or* make] sth; **ein Auto/eine Bombe/ein Flugzeug/ein Schiff ~** to build a car/bomb/an aircraft/ship; **ein Gerät ~** to construct a machine; **eine Violine ~** to make a violin ❸ (*herstellen*) ■**etw ~** to build sth; **ein Nest ~** to build a nest; *s. a.* **Bett** ❹ (*fam: verursachen*) **Mist ~** to mess things up; **einen Unfall ~** to cause an accident ❺ (*fam: schaffen*) ■**etw ~** to do sth; **den Führerschein ~** to do one's driving test II. *vi* ❶ (*ein Haus errichten lassen*) to build a house, to have a house built; **billig ~** to build cheaply; **teuer ~** to spend a lot on building a house; ■**an etw** *dat* **~** to work on sth; **an einem Haus ~** to be building [*or* working on] a house ❷ (*vertrauen*) ■**auf jdn/etw ~** to rely [*or* count] on sb/sth; **darauf ~, dass etwas passiert** to rely on sth happening

Bauentwurf *m* building plans *pl*

Bauer1 <-n *o selten* -s, -n> *m* ❶ (*Landwirt*) farmer ❷ HIST (*Vertreter einer Klasse*) peasant ❸ (*pej: ungehobelter Mensch*) peasant, yokel, [country] bumpkin ❹ (*Schachspiel*) pawn ▸ WENDUNGEN: **die dümmsten ~n ernten die größten** [*o* **dicksten**] **Kartoffeln** (*prov fam*) fortune favours [*or* AM -ors] fools *prov;* **was der ~ nicht kennt,** [**das**] **frisst er nicht** (*prov fam*) people don't change their lifelong eating habits; *s. a.* **Bäuerin**

Bauer2 <-s, -> *nt o selten m* (*Vogelkäfig*) [bird] cage

Bäuerchen <-s, -> *nt* (*kindersprache*) burp; [**ein**] **~ machen** to burp [a baby]

Bäuerin <-, -nen> *f* ❶ *fem form von* **Bauer** ❷ (*Frau des Bauern*) farmer's wife

bäuerisch *adj s.* **bäurisch**

bäuerlich I. *adj* ❶ (*ländlich*) rural; **~e Betriebe** farms; **~e Sitten** rustic [*or* country] customs ❷ (*rustikal*) country, peasanty II. *adv* ❶ (*agrarisch*) rural ❷ (*rustikal*) **~ eingerichtet** decorated with rustic charm

Bauernaufstand *m* HIST peasants revolt [*or* uprising] **Bauernbrot** *nt* coarse rye-bread **Bauernbub** *m* SÜDD, ÖSTERR, SCHWEIZ (*Bauernjunge*) country lad [*or* AM boy] **Bauernfang** *m* ▸ WENDUNGEN: **auf ~ ausgehen** (*pej fam*) to set out to con people **Bauernfänger** *m* (*pej fam*) con-man *fam,* swindler **Bauernfängerei** <-, -en> *f* (*pej fam*) con-trick [*or* AM -game]; ***das ist doch nur ~!*** that's nothing but a con-trick **Bauernfrühstück** *nt fried potatoes with ham and egg* **Bauerngarten** *m* (*Gemüsegarten*) vegetable garden; (*Kräutergarten*) herb garden; (*für Eigenbedarf*) kitchen garden **Bauernhaus** *nt* farmhouse **Bauernhochzeit** *f* country wedding **Bauernhof** *m* farm **Bauernjunge** *m* country lad [*or* AM boy]; **ein strammer ~** a strapping country lad [*or* boy] **Bauernkrieg** *m* HIST Peasants' War **Bauernmöbel** *nt* piece of rustic[-style] furniture **Bauernopfer** *nt* necessary sacrifice **Bauernpartei** *f* peasants' party *hist* **Bauernregel** *f* country saying **Bauernschaft** <-> *f kein pl* farming community, farmers **bauernschlau** *adj* crafty, cunning, sly **Bauernschläue** *f* native cunning [*or* craftiness] **Bauerntölpel** *m* (*pej*) country bumpkin [*or* yokel] **Bauernverband** *m* farmers' association

Bauersfrau *f s.* **Bäuerin 2. Bauersleute** *pl* ❶ (*Bauern*) country [*or* farming] folk ❷ (*Bauer und Bäuerin*) the farmer and his wife

Bauerwartungsland *nt* development land, land earmarked for development

baufällig *adj* dilapidated, in a bad state of repair

Baufälligkeit *f* state of dilapidation; ***„wegen ~ gesperrt"*** "no entry – building unsafe"

Baufinanzierung *f* FIN construction finance; **~ von Eigenheimen** home [*or* residential] financing **Baufirma** *f* building [*or* construction] firm, building contractor **Baufrist** *f* construction period **Bauführer** *m* site foreman **Bauführung** *f* site supervision **Baugefährdung** *f* JUR *violation of building regulations endangering public safety* **Baugelände** *nt* construction [*or* building] site **Baugelder** *pl* FIN building funds **Baugelderhypothek** *f* FIN development mortgage **Baugenehmigung** *f* planning [*or* building] consent [*or* permission] **Baugenossenschaft** *f* housing association **Baugerüst** *nt* scaffolding **Baugeschäft** *nt* building firm **Baugesellschaft** *f* construction company **Baugesetzbuch** *nt* JUR building code **Baugewerbe** *nt kein pl* building [*or* construction] trade **Baugrube** *f* excavation, foundation ditch **Baugrundstück** *nt* plot of land [for building] **Baugruppe** *f* AUTO assembly, assy **Bauhandwerker(in)** *m(f)* skilled building [*or* AM construction] worker **Bauhauptgewerbe** *nt* principal parts of the building trade **Bauhaus** *nt* KUNST Bauhaus **Bauherr, -herin** *m, f* client for whom a building is being built **Bauherrendarlehen** *nt* ÖKON *für Bauinvestitionen* building loan **Bauherrenhaftung** *f* FIN liability of building principal **Bauherrenmodell** *nt tax-relief scheme for construction of residential and commercial properties* **Bauherrenrisiko** *nt* FIN principal's risk **Bauherrenverpflichtung** *f* JUR, FIN principal's duty **Bauholz** *nt* timber BRIT, lumber AM **Bauimperium** *nt* ÖKON (*pej*) building imperium [*or* empire] **Bauindustrie** *f* construction [*or* building] industry **Bauingenieur(in)** *m(f)* civil engineer **Bauinvestitionsprogramm** *nt* ÖKON programme for investment in the construction industry **Baujahr** *nt* ❶ (*Jahr der Errichtung*) year of construction ❷ (*Produktionsjahr*) year of manufacture **Baukasten** *m* construction set [*or* kit]; (*für Kleinkinder*) box of building blocks **Baukastenprinzip** *nt* TECH modularity **Baukastensystem** *nt kein pl* modular [*or* unit] construction system **Bauklotz** *m* building brick [*or* block] ▸ WENDUNGEN: **Bauklötze staunen** (*fam*) to gape in astonishment, to be flabbergasted **Bauklötzchen** *nt* [building] bricks **Baukommission** *f* ÖKON building commission **Baukonjunktur** *f* construction [*or* building] boom **Baukonzern** *m* building [*or* construction] company **Baukosten** *pl* building [*or* construction] costs *pl* **Baukostenzuschuss**RR *m tenant's contribution to building costs* **Baukran** *m* construction crane **Baukredit** *m* FIN building loan **Baukunst** *f* (*geh*) architecture **Bauland** *nt* building land **Baulandsachen** *pl* JUR land cases; **Kammer für ~** chamber for building land matters **Baulärm** *m kein pl* construction noise **Bauleiter(in)** *m(f)* [building] site manager, BRIT *a.* clerk of [the] works **Bauleitplan** *m* development plans for local real estate **Bauleitplanung** *f* JUR zoning **Bauleitung** *f* ❶ (*Aufsicht*) site supervision; (*die Bauleiter*) supervisory staff ❷ (*Büro*) site office

baulich I. *adj* structural; **sich in einem guten/schlechten ~en Zustand befinden** to be structurally sound/unsound; ***wegen ~er Maßnahmen bleibt das Gebäude vorübergehend geschlossen*** the building is temporarily closed due to renovations; **~e Veränderungen durchführen** to carry out structural alterations [*or* modifications] II. *adv* structurally

Baulichkeit <-, -en> *f meist pl* (*geh*) building

Baulöwe *m* (*fam*) building speculator **Baulücke** *f* vacant [*or* BRIT *a.* gap] site

Baum <-[e]s, Bäume> *m* ❶ (*Pflanze*) tree; **der ~ der Erkenntnis** the Tree of Knowledge; **stark wie ein ~** [as] strong as a horse [*or* an ox]; **auf einen ~ klettern** to climb [up] a tree; **Bäume ausreißen können** (*fig fam: voller Energie sein*) to be full of energy [*or fam* beans]; (*viel leisten können*) to feel able to tackle anything ❷ INFORM (*Such~*) tree [structure] ▸ WENDUNGEN: **zwischen ~ und Borke stehen** [*o* **stecken**] to be in two minds [about sth], to be stuck between a rock and a hard place; **die Bäume wachsen nicht in den Himmel** (*prov*) all good things come to an end *prov;* **einen alten ~** [*o* **alte Bäume**] **soll man nicht verpflanzen** (*prov*) old people should be left in familiar surroundings

Baumarkt *m* ❶ (*Geschäft für Baubedarf*) DIY superstore, building supplies store AM ❷ (*Baugewerbe*) construction market **Baumaschine** *f* piece of construction equipment [*or* machinery] **Baumaßnahme** *f* HANDEL construction work, building project; **~ auf der grünen Wiese** greenfield development; **die ~ strecken** to slow construction **Baumaterial** *nt* building material

Baumbestand *m* [stock of] trees **baumbestanden** *adj* FORST tree-covered *attr,* covered with trees *pred*

Bäumchen <-s, -> *nt* ❶ *dim von* **Baum** young tree ❷ **~ wechsle dich spielen** (*hum*) to change [*or* swap] partners, to go bed-hopping

Baumeister(in) *m(f)* ❶ (*Techniker im Bauwesen*) master builder ❷ (*geh: Erbauer*) builder, architect

baumeln *vi* ❶ (*hin und her schaukeln*) ■[**an etw** *dat*] **~** to dangle [from sth] ❷ (*sl: erhängt werden*) to swing *fam;* ***wir wollen den Mörder ~ sehen!*** let's see the murderer swing!

B

bäumen *vr s.* **aufbäumen**

Baumfalke *m* ORN (*Falco subbuteo*) hobby **Baumfarn** *m* tree fern **Baumgrenze** *f* tree line, timberline **Baumgruppe** *f* group [*or* clump] [*or* cluster] of trees, coppice **baumhoch** *adj* as high as the trees **Bauminister(in)** *m(f)* Minister for Construction BRIT, Construction Secretary AM **Baumkelter** *f* arbor press **Baumkrone** *f* treetop, crown of a/the tree **baumlang** *adj* (*fam*) extremely tall; **ein ~er Bursche** a beanpole **Baumläufer** *m* ORN tree creeper **baumlos** *adj* treeless **Baumnuss**[RR] *f* SCHWEIZ (*Walnuss*) walnut **Baumnussöl**[RR] *nt* walnut oil **Baumriese** *m* (*geh*) giant tree **Baumrinde** *f* [tree] bark, bark of a tree **Baumschere** *f* secateurs *npl* **Baumschule** *f* tree nursery **Baumschulerzeugnis** *nt* tree nursery product **Baumstamm** *m* tree-trunk **baumstark** *adj* beefy, hefty **Baumsterben** *nt* dying[-off] of trees, forest die-back **Baumstruktur** *f* INFORM tree structure **Baumstrukturmenü** *nt* INFORM menu tree **Baumstumpf** *m* tree stump **Baumtomate** *f* BOT tamarillo, tree tomato **Baumwipfel** *m* treetop

Baumwolle *f* cotton

baumwollen *adj attr* cotton

Baumwollpflanzung *f* ❶ (*das Pflanzen*) cotton planting ❷ (*Plantage*) cotton plantation **Baumwollspinnerei** *f* cotton mill **Baumwollstaude** *f* cotton plant **Baumwollstoff** *m* cotton [material [*or* fabric]]

Baumzucht *f* cultivation of trees, arboriculture

Baunutzungsverordnung *f* JUR ordinance on use of buildings **Bauobligationen** *pl* FIN construction bonds **Bauordnung** *f* building regulations *pl* **Bauordnungsamt** *nt* ÖKON planning department **Bauordnungsrecht** *nt* JUR building regulations law **Bauplan** *m* building plans *pl* [*or* project]; **genetischer ~** genetic structure **Bauplanung** *f* [construction] project planning **Bauplanungsrecht** *nt kein pl* JUR law on planning building projects **Bauplatz** *m* site [for building] **Baupolizei** *f* building control [department] [*or* inspectorate] **Baupreis** *m meist pl* building costs *pl* **Bauprogramm** *nt* construction schedule **Bauprojekt** *nt* building [*or* construction] project **Baurealisierung** *f* erection of the building **Baurecht** *nt kein pl* building law [*or pl* regulations] **Baureihe** *f* [production] series

bäurisch *adj* (*pej*) boorish, oafish

Baurisiko *nt* FIN builder's risk **Bauruine** *f* (*fam*) unfinished [*or* half-finished] building which has been abandoned **Bausache** *f* JUR building land case **Bausatz** *m* construction kit

Bausch <-es, Bäusche *o* -e> *m* ❶ (*Knäuel*) Watte ball ❷ (*von Stoff*) puff; (*von Vorhang*) pleat ▸ WENDUNGEN: **in ~ und Bogen** lock, stock and barrel

Bauschäden *pl* construction faults *pl* **Bauschadenversicherung** *f* FIN builder's risk insurance

bauschen I. *vr* **sich ~** to billow out II. *vi* (*bauschig sein*) [**in der Taille**] ~ to be full [at the waist]; **an den Ärmeln/Schultern ~** to have full sleeves/shoulders III. *vt* ■**etw ~** ❶ (*aufblähen*) to fill [*or* swell] sth; ***der Wind bauschte die Segel*** the wind filled the sails ❷ (*raffen*) gather sth

bauschig *adj* full; **eine ~e Hose** baggy trousers [*or* AM *a.* pants] *npl*

Bauschlosser(in) *m(f)* fitter [on a building site] **Bauschutt** *m* building rubble **Bausenator(in)** *m(f)* senator responsible for construction

Bauspardarlehen *nt* mortgage

bausparen *vi nur infin* to save with a building society [*or* AM savings and loan association]

Bausparer(in) *m(f)* saver with a building society [*or* AM savings and loan association], building society [*or* AM savings and loan association] investor

Bausparkasse *f* building society BRIT, savings and loan association AM

Bausparkassenwesen *nt* FIN savings and loan industry **Bausparkonto** *nt* FIN building society account **Bausparprämie** *f* FIN premium allowed on building society savings **Bausparvertrag** *m* savings contract with a building society [*or* AM savings and loan association] **Bauspekulant** *m* building speculator, speculative builder **Baustadtrat** *m* councillor [*or* AM councilor] responsible for construction **Baustahl** *m* BAU construction steel **Baustahlmatte** *f* BAU reinforcing mat **Baustein** *m* ❶ (*Material zum Bauen*) building stone ❷ (*Bestandteil*) element ❸ INFORM chip, module **Baustelle** *f* ❶ BAU building site; (*auf Straßen*) roadworks BRIT *npl*, [road] construction site AM; ***„Betreten der ~ verboten“*** “No entry to unauthorized persons” ❷ INET (*Internetangebot noch im Aufbau*) building site **Baustellenklau** *m* (*fam*) theft from building sites **Baustil** *m* architectural style **Baustoff** *m* building material **Baustopp**[RR] *m* suspension of building work; **einen ~ verordnen** to halt [work on] a building project **Bausubstanz** *f* fabric [of a building]; **historische ~** historic building stock **Bautechniker(in)** *m(f)* structural engineer **Bauteil** *nt* part of a building; (*von Maschine*) component; **fertiges ~** prefabricated element **Bauteilekompatibilität** *f* INFORM module compatibility **Bauteilrecycling** *nt bei Altautos* component recycling

Bauten *pl von* **Bau**[1]

Bautischler(in) *m(f)* joiner **Bauträger** *m* property developer

Bauträgerunternehmen *nt* development company [*or* AM corporation] **Bauträgerverordnung** *f* building developer's ordinance **Bauträgervertrag** *m* building developer's contract **Bautrupp** *m* builders *pl* **Bauunterhaltung** *f* FIN building maintenance **Bauunternehmen** *nt* builder, building contractor **Bauunternehmer(in)** *m(f)* builder, building contractor **Bauverbot** *nt* building ban, ban on building **Bauvertrag** *m* building [*or* construction] contract **Bauverwaltung** *f* building authorities *pl* **Bauvolumen** *nt* ÖKON construction volume **Bauvorhaben** *nt* construction [*or* building] project **Bauwagen** *m* BAU trailer **Bauweise** *f* ❶ (*Art des Bauens*) method of building [*or* construction] ❷ (*Baustil*) style; **geschlossene/offene ~** terraced/detached houses **Bauwerk** *nt* building; (*von Brücke usw.*) construction **Bauwerksvertrag** *m* building contract **Bauwesen** *nt kein pl* building industry [*or* trade], construction industry **Bauwillige(r)** *f(m)* willing builder; (*für Eigenheim*) willing homebuilder **Bauwirtschaft** *f kein pl* building [*or* construction] industry

Bauxit <-s, -e> *m* bauxite

bauz *interj* (*kindersprache*) bang, crash; **~ machen** to go wallop [*or* AM boom]

Bauzaun *m* site fence [*or* hoarding] **Bauzeichnung** *f* construction drawing, building plan **Bauzeit** *f* time required for construction; ***die ~ beträgt 8 Monate*** it will take 8 months to build **Bauzinsen** *pl* FIN building loan interest *no pl*

Bayer(in) <-n, -n> *m(f)* Bavarian

bay(e)risch *adj* Bavarian; **der B~e Wald** the Bavarian Forest

Bayerischer Wald *m* ■**der Bayerische Wald** the Bavarian Forest, the Bayerischer Wald

Bayern <-s> *nt* Bavaria

Bayöl *nt* myrcia oil

Bayreuth *nt* Bayreuth

Bazille *f* **linke ~** (*pej*) back-stabber

Bazillus <-, Bazillen> *m* MED bacillus; **der ~ der Freiheit** (*fig*) the cancer of corruption

bcc *f* INET *Abk von* **blind carbon copy** bcc

BCG-Schutzimpfung *f* BCG vaccine

Bd. *Abk von* **Band** vol.

BDA *m Abk von* **Bund deutscher Architekten**

Bde *Abk von* **Bände** vols.

BDI <-> *m kein pl Abk von* **Bundesverband der deutschen Industrie** ≈ CBI BRIT

BDÜ <-> *m kein pl Abk von* **Bundesverband der Dolmetscher und Übersetzer** *federal association of interpreters and translators*

beabsichtigen* *vt* ❶ (*intendieren*) ■**etw** [**mit etw**] ~ to intend [*or* mean] to do sth [with sth]; ***das hatte ich nicht beabsichtigt!*** I didn't mean to do that!, that wasn't intentional! ❷ (*geh: planen*) ■**etw ~** to plan sth; ■**~, etw zu tun** to plan to do sth

beabsichtigt *adj* intended; ***das war durchaus ~!*** that was intentional!; **die ~e Wirkung zeigen** to have the desired [*or* intended] effect; **wie ~** as intended

beachten* *vt* ❶ (*befolgen*) ■**etw ~** to observe [*or* comply with] sth; **eine Anweisung/einen Rat ~** to follow [*or* heed] advice/an instruction; **ein Verkehrszeichen ~** to observe a traffic sign; **die Vorfahrt ~** to yield [right of way], BRIT *a.* to give way ❷ (*darauf achten*) ■**jdn/etw ~** to notice [*or* pay attention to] sb/sth ❸ (*berücksichtigen*) ***bitte ~ Sie, dass ...*** please note [*or* take into consideration [*or* account]] that ...

beachtenswert *adj* remarkable, noteworthy; ■**~ sein, dass/wie** to be worth noting that/how

beachtlich I. *adj* considerable; **ein ~er Erfolg/eine ~e Leistung** a notable success/achievement; **eine ~e Verbesserung** a marked improvement; **B~es leisten** to achieve a considerable amount; **nichts B~es** nothing worthy of note; ***~!*** not bad! II. *adv* ❶ (*deutlich*) ~ **kälter/schneller/wärmer** considerably [*or* markedly] [*or* significantly] colder/faster/warmer ❷ (*bemerkenswert*) remarkably

Beachtung *f* observance; ***wir bitten um ~ der Bedienungsanleitung*** please follow the instructions; ***die strikte ~ der Vorschriften*** compliance with [the] regulations; **~ finden** to receive attention; **keine ~ finden** to be ignored; **jdm/einer S. ~/keine ~ schenken** to pay attention/no attention to [*or* take notice/no notice of] sb/sth; [**jds**] **~ verdienen** to be worthy of [sb's] attention; **bei ~ der Bestimmungen/Regeln** if one follows [*or* sticks to] the regulations/rules; **unter ~ einer S.** *gen* taking sth into account [*or* considering sth]

Beachvolleyball ['bi:tʃ-] *m* beach volleyball

Beamte(r) *f(m) dekl wie adj* public official; (*Polizei~*) police officer; (*Post~*) post-office official; (*Staats~*) civil servant; (*Zoll~*) customs officer; **~ auf Probe** civil servant on probation; **~ auf Lebenszeit** civil servant; **~ auf Widerruf** probationary civil servant; **~ auf Zeit** temporary civil servant

Beamtenanwärter(in) *m(f)* civil service trainee **Beamtenapparat** *m* civil service machinery **Beamtenbeleidigung** *f* insulting a [public] official; ***er ist wegen ~ angeklagt*** he's been charged with insulting an official **Beamtenbestechung** *f* bribing a [public] official; ***man hat sie wegen versuchter ~ verurteilt*** she was sentenced for attempting to bribe an official **Beamtenbund** *m* civil servants' [*or* service] association **Beamtendeutsch** *nt* LING, ADMIN (*pej*) officialese **Beamtenhaftung** *f* JUR *liability of public authorities for their officials and agents* **Beamtenlaufbahn** *f* civil service career, career in the civil service **beamtenmäßig** *adj* officious *pej*, according to ... **Beamtenmentalität** *f* (*pej*) bureaucratic mentality **Beamtenpension** *f* civil servant's pension **Beamtenrecht** *nt kein pl* civil service law

Beamtenschaft <-> *f kein pl* civil servants *pl* [*or* service]

Beamtentum <-[e]s> *nt kein pl* ❶ (*Stand der Beamten*) civil service ❷ *s.* **Beamtenschaft**

Beamtenverhältnis *nt* status as a civil servant; **im ~ stehen** to be a civil servant; **ins ~ übernommen werden** to become [*or* attain the status of] a civil servant

beamtet *adj* appointed on a permanent basis; **~er Mitarbeiter** employee with the status of civil servants

Beamtin <-, -nen> *f fem form von* **Beamte(r)**

beängstigen* *vt* (*geh*) ■**jdn ~** to alarm sb

beängstigend I. *adj* alarming, frightening; ***er ist in einem ~en Zustand*** his condition gives cause for concern; **etwas B~es haben** to be a cause for alarm II. *adv* frighteningly, alarmingly

beanspruchen* *vt* ❶ (*fordern*) ■**etw** [**für sich**] ~ to claim sth [for oneself]; **etw zu ~ haben** to lay claim to sth ❷ (*brauchen*) ■**etw ~** to require [*or* take up] sth; **Zeit/Platz** ~ to take up time/space ❸ (*Anforderungen an jdn stellen*) ■**jdn** ~ to make demands on sb; ***ich will Sie nicht länger*** ~ I don't want to take up any more of your time; ■**etw** ~ to demand sth; **jds Gastfreundschaft/Zeit** ~ to make demands on [*or* take advantage of] sb's hospitality/time; **jds Geduld** ~ to try sb's patience ❹ (*belasten*) ■**jdn/etw** ~ to put sb/sth under stress

beansprucht I. *pp von* **beanspruchen** II. *adj inv* **stark** ~ **sein** *Kleidung* to be well-worn [*or* faded]

Beanspruchung <-, -en> *f* ❶ (*das Fordern*) claim (+*gen* to) ❷ (*Inanspruchnahme*) demands *pl* (+*gen* on) ❸ (*Belastung*) use; **berufliche/physische/psychologische** ~ job-related/physical/psychological stress; **übermäßige** ~ **einer Maschine** subjecting a machine to excessive load

beanstanden* *vt* ■**etw** [**an jdm/etw**] ~ to complain about [*or* take exception to] sth; ***er findet an allem was zu*** ~ he always finds sth to complain about; ***das ist beanstandet worden*** there have been complaints about that; ***daran ist nichts zu*** ~ there is nothing wrong with it; ■~, **dass** to complain that; **beanstandete Waren** goods about which there have been complaints

Beanstandung <-, -en> *f* complaint; ~**en haben** to have complaints; **zur** ~ **Anlass geben** (*geh*) to give cause for complaint; **ohne** ~**en** without [cause for] complaint

beantragen* *vt* ❶ (*durch Antrag erbitten*) ■**jdn/etw** [**bei jdm/etw**] ~ to apply for sb/sth [from sb/sth] ❷ POL ■**etw** ~ to propose sth, to put forward sth *sep* ❸ JUR ■**etw** ~ to apply [*or* file an application] for sth; **die Höchststrafe** ~ to seek [*or* request] the maximum penalty

beantworten* *vt* ■**etw** ~ to answer [*or* reply to] sth; **einfach/leicht/schwer zu** ~ simple/easy/difficult to answer; ■**etw mit etw** ~ to respond to sth with sth; **eine Frage mit Ja/Nein** ~ to answer yes/no

Beantwortung <-, -en> *f* answer, reply; **in** ~ **einer S.** *gen* (*geh*) in reply to sth

bearbeiten* *vt* ❶ (*behandeln*) ■**etw** [**mit etw**] ~ to work on sth [with sth]; **Holz** ~ to work wood; **etw mit einer Chemikalie** ~ to treat sth with a chemical; **etw mit einem Hammer/mit einer Feile/mit Schmirgelpapier** ~ to hammer/file/sand sth ❷ (*sich befassen mit*) ■**etw** ~ to deal with sth; **eine Bestellung** ~ to process an order; **einen Fall** ~ to work on [*or* handle] a case ❸ (*redigieren*) ■**etw** ~ to revise sth; ■**bearbeitet** revised ❹ (*fam: traktieren*) **jdn mit den Fäusten/mit Tritten** ~ to beat [*or* thump]/kick [away at] sb; ■**etw** [**mit etw**] ~ to work [away] at sth [with sth] ❺ (*fam: auf jdn einwirken*) ■**jdn** ~ to work on sb; ***wir haben ihn so lange bearbeitet, bis er zusagte*** we worked on him until he agreed ❻ (*bestellen*) ■**etw** [**mit etw**] ~ to cultivate sth [with/using sth] ❼ (*adaptieren*) ■**etw** [**für jdn**] ~ to arrange sth [for sb]; **ein Musikstück** ~ to arrange a piece of music

Bearbeiter(in) *m(f)* ❶ (*Sach~*) person [responsible for] dealing with sth ❷ (*bearbeitender Autor*) editor, reviser [*or* AM *a.* -or] ❸ MUS (*adaptierender Komponist*) arranger

Bearbeiterurheberrecht *nt* adapter's copyright

Bearbeitung <-, -en> *f* ❶ (*das Behandeln*) working [on] ❷ (*das Bearbeiten*) dealing with, handling; **die** ~ **eines Falles** to handle a case; **die** ~ **eines Antrags** to deal with an application ❸ (*das Redigieren*) editing, revising, revision; ***das ist eine neue*** ~ ***des Buchs*** that's a new [*or* revised] edition of the book ❹ (*adaptierte Fassung*) adaptation; **filmische** ~ film [*or* cinematographic] adaptation

Bearbeitungsdauer *f kein pl* processing time **Bearbeitungsgebühr** *f* administrative [*or* handling] charge **Bearbeitungsrecht** *nt* adaptation right **Bearbeitungsverfahren** *nt* manufacturing method **Bearbeitungsvorgang** *m* machining operation

beargwöhnen* *vt* ■**jdn/etw** ~ to be suspicious of sb/sth, to regard sb/sth with suspicion

Beat <-[s]> [bi:t] *m kein pl* beat [music]

Beatband <-bands> ['bi:tbɛnt] *f* beat group

beatmen* *vt* ❶ (*jdm Sauerstoff zuführen*) ■**jdn** ~ to give [*or* administer] artifical respiration to sb; (*während einer Operation*) to ventilate sb ❷ ÖKOL (*mit Sauerstoff anreichern*) **ein Gewässer/einen Teich** ~ to oxygenate a stretch of water/a pond

Beatmung *f* artifical respiration; **künstliche** ~ artificial respiration; (*während einer Operation*) ventilation

Beatmungsgerät *nt* respirator, ventilator

Beatmusik *f* beat music

Beatnik <-s, -s> *m* HIST beatnik

Beau <-, -s> [bo:] *m* (*geh*) dandy

Beaufortsee [bo:'fɔ:t-] *f* Beaufort Sea

Beaufort-Skala ['bo:fɐt-] *f* METEO Beaufort scale

beaufsichtigen* *vt* ■**jdn/etw** ~ to supervise sb/sth; **Kinder** ~ to mind [*or* AM look after] children; **eine Prüfung** ~ to invigilate [*or* AM proctor] an exam

Beaufsichtigung <-, -en> *f* supervision, supervising; *einer Prüfung* invigilation BRIT, proctorship AM; ***ihm wurde die*** ~ ***der Kinder übertragen*** he was asked to supervise [*or* look after] the children

beauftragen* *vt* ■**jdn mit etw** ~ to give sb the task of doing sth; **einen Architekten/Künstler** [**mit etw**] ~ to commission an architect/artist [to do sth]; **eine Firma** [**mit etw**] ~ to hire [*or* BRIT *a.* engage] a firm [to do sth]; ■**jdn** [**damit**] ~, **etw zu tun** to ask sb to do sth

Beauftragte(r) *f(m) dekl wie adj* representative

Beauftragung <-, -en> *f eines Anwalts* retention; ~ **von Sachverständigen** commissioning of experts

beäugen* *vt* (*fam*) ■**jdn/etw** ~ to eye sb up *fam*, to inspect sb

Beauty <-, -ies> ['bju:ti] *f* beauty

bebauen* *vt* ❶ (*mit einem Gebäude versehen*) ■**etw** [**mit etw**] ~ to build [sth] on sth; **dicht bebaut sein** to be heavily built-up ❷ (*bestellen*) ■**etw** [**mit etw**] ~ to cultivate sth [with sth]; ***das Land wurde mit Gerste bebaut*** the land was planted with barley

Bebauung <-, -en> *f* ❶ (*das Bebauen*) development; ***der Konzern plant die*** ~ ***des Grundstückes*** the firm plans to develop this site ❷ (*Bauten*) buildings ❸ (*das Bestellen*) cultivation

Bebauungsgesetz *nt* JUR Town and Country Planning Act BRIT, zoning law AM **Bebauungsplan** *m* development plan **Bebauungsverordnung** *f* JUR development order BRIT, zoning law AM

Bébé <-s, -s> *nt* SCHWEIZ (*Baby*) baby

beben *vi* ❶ (*zittern*) to shake, to tremble ❷ (*erbeben*) ■[**vor etw** *dat*] ~ to quiver [*or* tremble] [with sth]; *Lippen* to tremble [with sth]; *Knie* to shake [with sth] ❸ (*geh: bangen*) ■**um jdn/etw** ~ to tremble for sb

Beben <-s, -> *nt* ❶ (*Erd~*) earthquake ❷ (*Zittern*) shaking, trembling ❸ (*leichtes Zittern*) quivering

bebend I. *adj inv, attr* shaking, trembling II. *adv inv* shaking, trembling

bebildern* *vt* ■**etw** [**mit etw**] ~ to illustrate sth [with sth]; [**mit etw**] **bebildert sein** to be illustrated [with sth]

Bebilderung <-, -en> *f* ❶ (*das Bebildern*) illustration ❷ (*Illustrationen*) illustrations *pl*

bebrillt *adj* (*hum fam*) bespectacled

Béchamelkartoffeln [beʃa'mɛl-] *pl* potatoes in béchamel sauce **Béchamelsoße** *f* béchamel sauce

Becher <-s, -> *m* ❶ (*Trinkgefäß*) glass, tumbler; (*aus Plastik*) beaker; (*für Wein*) goblet; (*für Tee/Kaffee*) mug ❷ (*becherförmige Verpackung*) carton, tub; **ein** ~ **Eis** a carton of ice-cream ❸ SCHWEIZ (*Bierglas*) mug ❹ BOT (*Hülle*) cup, cupule

bechern *vi* (*hum fam*) to booze [away]; **tüchtig** ~ to have a few

becircen* [bə'tsɪrtsn̩] *vt s.* **bezirzen**

Becken <-s, -> *nt* ❶ (*Bassin*) basin; (*Spül~*) sink; (*von Toilette*) bowl, BRIT *a.* pan; (*Schwimm~*) pool ❷ ANAT pelvis; **ein gebärfreudiges** ~ **haben** (*fam*) to have child-bearing hips ❸ GEOL basin ❹ MUS cymbals *pl*

Beckenbruch *m* (*gebrochenes Becken 2.*) fractured pelvis, pelvic fracture **Beckengurt** *m* hip belt **Beckengürtel** *m* BIOL (*Skelettbereich um das Becken*) pelvic girdle **Beckenknochen** *m* hipbone, pelvic bone

Becquerel <-s, -> [bɛkə'rɛl] *nt* becquerel

bedachen* *vt* ■**etw** [**mit etw**] ~ to roof sth [with sth]

bedacht I. *adj* ❶ (*überlegt*) careful, cautious, prudent ❷ (*Wert auf etw legen*) ■**auf etw** *akk* ~ **sein** to be concerned about [*or* lay great store by] sth; ■**darauf** ~ **sein, etw zu tun** to be concerned to do sth II. *adv* carefully, circumspectly

Bedacht <-s> *m* **mit** ~ (*geh*) carefully, prudently; **mit** ~ **vorgehen** (*vorsichtig*) to act in a carefully considered way; (*absichtlich*) deliberately; **ohne/voll**[**er**] ~ (*geh*) without thinking/with great care

Bedachte(r) *f(m) dekl wie adj* (*ein Erbender*) beneficiary

bedächtig I. *adj* ❶ (*ohne Hast*) measured, deliberate ❷ (*besonnen*) thoughtful II. *adv* ❶ (*ohne Hast*) deliberately; ~ **sprechen** to speak in measured tones ❷ (*besonnen*) carefully

Bedächtigkeit <-> *f kein pl* deliberateness

bedachtsam *adj* (*geh*) *s.* **bedächtig 2**

Bedachung <-, -en> *f* (*geh*) ❶ (*das Bedachen*) roofing ❷ (*Dach*) roof

Bedampfungsgerät *nt* steamer

bedang *pret von* **bedingen**

bedanken* I. *vr* to express thanks; ■**sich bei jdm** [**für etw**] ~ to thank sb [*or* say thank you to sb] [for sth]; ***ich bedanke mich!*** thank you!; **sich bei jdm** [**für etw**] ~ **können** [*o* **dürfen**] (*iron*) to have sb to thank [for sth] II. *vt* SÜDD, ÖSTERR ■[**von jdm**] [**für etw**] **bedankt werden** to be thanked [by sb] [for sth]; ***seien Sie herzlich bedankt!*** please accept our heartfelt thanks

Bedarf <-[e]s> *m kein pl* need, requirement; ■**der/jds** ~ **an etw** *dat* the/sb's need for sth; **der tägliche** ~ **an Vitaminen** daily requirement of vitamins [*or* vitamin requirement]; **Dinge des täglichen** ~**s** everyday necessities; **jds** ~ [**an etw**] **ist gedeckt** sb's need [*or* requirements] [of/for sth] are covered [*or* met]; ***mein*** ~ ***ist gedeckt!*** (*iron fam*) I've had enough!; ***kein*** ~**!** (*fam*) no thanks!; ~ **an etw** *dat* **haben** to need [*or* be in need of] sth; **keinen** ~ **an etw** *dat* **haben** to have no need for sth; **bei** ~ if required; [**je**] **nach** ~ as required

Bedarfsartikel *m* essential [*or* consumer] goods *npl* **Bedarfsbeeinflussung**[RR] *f* ÖKON effect on demand **Bedarfsdeckung** *f* ÖKON commodity coverage, filling [*or* meeting] of a demand **Bedarfsdeckungsvertrag** *f* JUR requirement contract **Bedarfseinschätzung** *f* ÖKON appraisal of the demand situation **Bedarfsermittlung** *f* ÖKON ascertainment of demand **Bedarfsfall** *m* **für den** ~ (*geh*) in case the need arises; **im** ~ (*geh*) if necessary **Bedarfsfeststellung** *f* FIN determination of demand **Bedarfsgegenstände** *pl* JUR implements **Bedarfsgüter** *pl* consumer goods **Bedarfshaltestelle** *f* request stop **Bedarfslenkung** *f kein pl* ÖKON consumer guidance **Bedarfsreserve** *f* ÖKON emergency reserves *pl* **Bedarfssättigung** *f* ÖKON satiation of demand **Bedarfsweckung** *f* FIN creation of needs

bedauerlich *adj* regrettable, unfortunate; **etwas B~es** sth regrettable; ***sehr*** ~**!** how unfortunate!, what a pity!; ■~ **sein, dass** to be unfortunate

bedauerlicherweise *adv* regrettably, unfortunately; ***ich kann mich*** ~ ***nicht mehr daran erinnern*** I'm afraid I can't remember

bedauern* *vt* ❶ (*schade finden*) ■**etw** ~ to regret sth; ■~, **dass** to regret that; ***wir*** ~**, *Ihnen mitteilen zu müssen...*** we regret to have [*or* we are sorry] to inform you...; [***ich***] ***bedau***[***e***]***re!*** I'm sorry! ❷ (*bemitleiden*) ■**jdn** ~ to feel [*or* be] sorry for sb; ***er ist zu*** ~ he is to be pitied

Bedauern <-s> *nt kein pl* regret; **zu jds größtem** ~ [*o* [**sehr**] **zu jds** ~] to sb's [great] regret

bedauernd I. *adj* sympathetic II. *adv* sympathetically, full of sympathy

bedauernswert *adj,* **bedauernswürdig** *adj* (*geh*) pitiful; **ein ~er Zwischenfall** an unfortunate incident

bedecken* **I.** *vt* ❶ (*zudecken*) ■**jdn/etw** [**mit etw**] ~ to cover sb/sth [with sth]; ■**sich** [**mit etw**] ~ to cover oneself [with sth] ❷ (*über etw breiten*) ■**etw** ~ to cover sth; ■**mit etw bedeckt sein** to be covered with sth **II.** *vr* (*bewölken*) ■**sich** ~ to cloud over, to become overcast; ■**bedeckt** overcast

bedeckt *adj* ❶ *inv, präd* (*bewölkt*) overcast, cloudy ❷ *inv* (*belegt, heiser, rauh*) hoarse ► WENDUNGEN: **sich** *akk* [**in etw** *dat*] ~ **halten** to keep a low profile

Bedecktsamer <-s, -> *m* BOT (*Angiospermae*) angiosperm

Bedeckung *f* ❶ (*das Bedecken*) covering ❷ MIL (*Schutz*) guard, escort ❸ (*das Bedeckende*) covering ❹ FIN ÖSTERR (*Deckung*) covering, meeting

bedenken* *irreg* **I.** *vt* ❶ (*in Betracht ziehen*) ■**etw** ~ to consider sth, to take sth into consideration; ***bitte bedenke, dass/was ...*** please consider [*or* take into consideration] [*or* remember] that.../what ...; ***das hätte er früher ~ müssen*** he should have considered [*or* thought of] that sooner; [**jdm**] **etw zu ~ geben** (*geh*) to ask [sb] to consider sth; [**jdm**] **zu ~ geben, dass ...** to ask [sb] to keep in mind that ... ❷ (*durchdenken*) ■**etw** ~ to consider [*or* think about] sth; ***wenn man es recht bedenkt, ...*** if you think about it properly...; ***das will wohl bedacht sein*** (*geh*) that calls for careful consideration ❸ (*geh: zukommen lassen*) ■**jdn** [**mit etw**] ~ to give sb sth; ***alle wurden großzügig bedacht*** everyone was generously catered for ❹ (*geh: zuteil werden lassen*) ■**jdn mit etw** ~ to meet sb with sth; ***sie wurde mit viel Lob bedacht*** they heaped praise on her **II.** *vr* (*geh: sich besinnen*) ■**sich** ~ to reflect, to think; **ohne sich lange zu ~** without stopping to reflect [*or* think]

Bedenken <-s, -> *nt* ❶ *meist pl* (*Zweifel*) doubt, reservation[s]; **moralische ~** moral scruples; **~ haben** [*o* **hegen**] (*geh*) to have doubts [*or* reservations]; **jdm kommen ~** sb has second thoughts; **ohne ~** without hesitation ❷ *kein pl* (*das Überlegen*) consideration, reflection; ***nach langem ~*** after much thought

bedenkenlos **I.** *adv* ❶ (*ohne Überlegung*) unhesitatingly, without hesitation; **etwas ~ annehmen/unterschreiben** to accept/sign sth without a moment's hesitation ❷ (*skrupellos*) unscrupulously **II.** *adj* unhesitating

Bedenkenlosigkeit <-> *f kein pl* ❶ (*Unüberlegtheit*) lack of consideration ❷ (*Skrupellosigkeit*) unscrupulousness, lack of scruples

bedenkenswert *adj* worth thinking about [*or* considering], worthy of consideration

bedenklich *adj* ❶ (*fragwürdig*) dubious, questionable ❷ (*Besorgnis erregend*) disturbing, alarming; **ein ~er Gesundheitszustand** a serious condition ❸ (*besorgt*) apprehensive, anxious; **jdn ~ stimmen** to give sb cause for concern

Bedenkzeit *f* time to think about sth; [**jdn**] **um** [**etwas/ein bisschen/ein wenig**] **~ bitten** [*o* **sich** *dat* [**von jdm**] [**etwas/ein bisschen/ein wenig**] **~ ausbitten**] to ask [sb] for [a little] time to think about sth; **jdm** [**etwas/ein bisschen/ein wenig**] **~ geben** to give sb [a bit of] time to think about sth

bedeuten* *vt* ❶ (*auf bestimmte Weise definiert sein*) ■**etw** ~ to signify [*or* mean] sth ❷ (*besagen*) ■**etw** ~ to mean [*or* represent] sth; ***was bedeutet dieses Symbol?*** what does this symbol signify?; ***ihr Schweigen dürfte wohl Desinteresse ~*** her silence seems to indicate a lack of interest; ■**~, dass** to indicate that; ***das hat nichts zu ~*** that doesn't mean anything; ***was hat das zu ~?*** what does that mean?, what's all that about? ❸ (*versinnbildlichen*) ■**etw** ~ to symbolize sth ❹ (*ankündigen, zur Folge haben*) ■**etw** ~ to mean sth; ***das bedeutet nichts Gutes für uns*** that spells trouble for us ❺ (*wichtig sein für jdn*) [**jdm**] **etwas/nichts/wenig ~** to mean sth/nothing/little [to sb]; ***du bedeutest mir sehr viel*** you mean a lot to me ❻ (*geh: zu verstehen geben*) ■**jdm ~, dass** to indicate to sb that; ■**jdm ~, etw zu tun** to indicate to sb that they should do sth

bedeutend **I.** *adj* ❶ (*wichtig*) important; **eine ~e Person** an eminent person; **ein ~er Politiker** a leading politician; **eine ~e Rolle spielen** to play a leading [*or* significant] role; **etwas B~es** something important [*or* significant] ❷ (*beachtlich*) considerable, significant **II.** *adv* considerably

bedeutsam **I.** *adj* ❶ (*wichtig*) important; **eine ~e Entscheidung/Verbesserung** a significant decision/improvement ❷ (*viel sagend*) meaningful, significant **II.** *adv* meaningfully, significantly

Bedeutung <-, -en> *f* ❶ (*Sinn*) meaning; **in wörtlicher/übertragener ~** in the literal/figurative sense ❷ (*Wichtigkeit*) significance, importance; [**für jdn**] **große/größte ~ besitzen** to be of great/the utmost significance [*or* importance] [to [*or* for] sb]; **von übergeordneter ~** of overriding importance; [**für jdn/etw**] **von** [**bestimmter**] **~ sein** to be of [a certain] importance [for [*or* to] sb/sth]; ***es ist für mich überhaupt nicht von ~*** it is of no importance to me; **etw** *dat* [**bestimmte**] **~ beimessen** to attach [a certain] importance to sth; **nichts von ~** nothing important ❸ (*Geltung*) importance; ***ein Mann von großer ~*** an important man

bedeutungslos *adj* ❶ (*ohne große Wirkung*) insignificant, unimportant; **keinesfalls/praktisch/völlig ~** not at all/practically/completely insignificant ❷ (*nichts besagend*) meaningless **Bedeutungslosigkeit** <-> *f kein pl* insignificance, unimportance **Bedeutungsumfang** *m kein pl* range [*or* extent] of meaning **bedeutungsvoll** *adj s.* bedeutsam **Bedeutungswandel** *m* change in [*or* of] meaning, semantic change **Bedeutungswörterbuch** *nt* defining dictionary

bedienbar *adj* usable

bedienen* **I.** *vt* ❶ (*im Restaurant*) ■**jdn** ~ to serve [*or* wait on] sb; **sich** [**von jdm**] **~ lassen** to be waited on [by sb] ❷ (*im Geschäft*) **einen Kunden ~** to serve a customer; ***werden Sie schon bedient?*** are you being served? ❸ (*bei jdm Dienste leisten*) ■**jdn** ~ to serve sb ❹ (*sich alles bringen lassen*) **sich** [**von jdm**] [**von vorne bis hinten**] **~ lassen** to be waited on hand and foot [by sb] ❺ (*benutzen*) ■**etw** ~ to operate ❻ (*beliefern*) ■**jdn** ~ to serve sb ❼ (*gebietlich abdecken, versorgen*) ■**etw** ~ *Bus, Zug* to serve sth; *Flugzeug* to operate to ❽ FIN (*die Zinsen von etw zahlen*) **einen Kredit ~** to service [*or* AM pay interest on] a loan ❾ KARTEN ■**etw** ~ to play; **eine Farbe ~** to follow suit ❿ (*pej fam: fördern*) ■**etw** ~ *Klischee, Vorurteil, Ressentiment* to encourage sth ► WENDUNGEN: **bedient sein** (*fam*) to have had enough; **mit etw gut/schlecht bedient sein** to be well-/ill-served by sth **II.** *vi* ❶ (*sich um den Gast kümmern*) to serve; ***wird hier nicht bedient?*** is there no-one serving here? ❷ (*Kartenspiel*) to follow suit **III.** *vr* ❶ (*sich Essen nehmen*) ■**sich** ~ to serve oneself, to help oneself to; **sich mit einem Stück Kuchen ~** to help oneself to a piece of cake; **~ *Sie sich!*** help yourself! ❷ (*geh: gebrauchen*) ■**sich** *akk* **einer S.** *gen* ~ to make use of sth; **sich** *akk* **eines Menschen ~** to use sb

Bediener(in) *m(f)* ❶ (*Benutzer*) operator ❷ ÖSTERR (*Putzfrau*) cleaner *masc,* cleaning lady *fem*

Bedienerfeld *nt* INFORM control panel **bedienerfreundlich** *adj* user-friendly; **etw ~ machen** to make sth more user-friendly **Bedienerführung** *f* INFORM user prompt

Bedienerin <-, -nen> *f fem form von* Bediener waitress

Bedieneroberfläche *f* INFORM user interface

bedienstet *adj* ❶ ÖSTERR in employment ❷ (*veraltet*) ■**bei jdm ~ sein** to be employed by sb

Bedienstete(r) *f(m) dekl wie adj* ❶ (*Angestellte(r) im öffentlichen Dienst*) employee ❷ *meist pl* (*veraltet: Dienstboten*) servant

Bedienung <-, -en> *f* ❶ (*Kellner*) waiter, waitress ❷ *kein pl* (*Handhabung*) operation ❸ *kein pl* (*das Bedienen*) service; ***ist der Biergarten draußen auch mit ~?*** is there table-service [*or* do the waiters serve] outside as well?; ***die Preise verstehen sich inklusive Mehrwertsteuer und ~*** the prices include VAT and service charge; **~ inbegriffen** service [charge] included; **jdm zur freien ~ stehen** to be at the disposal of sb ❹ MIL (*Bedienungsmannschaft*) crew ❺ FIN servicing BRIT, interest payments AM; **die ~ eines Kredites** debt service, serving [*or* AM paying interest on] a loan

Bedienungsanleitung *f* operating instructions *pl* **Bedienungsfehler** *m* operator['s] error **bedienungsfreundlich** *adj* easy-to-use *attr,* easy to use *pred,* user-friendly **Bedienungshebel** *m* operating lever **Bedienungshinweise** *pl* operating instructions *pl* **Bedienungskomfort** *m* ease of operation **Bedienungsmannschaft** *f* MIL operating crew; (*eines Geschützes*) gun crew **Bedienungsvorschrift** *f* operating instructions **Bedienungszuschlag** *m* (*Trinkgeld*) service charge

bedingen* *vt* ❶ (*verursachen*) ■**etw** ~ to cause sth; ***höhere Löhne ~ höhere Preise*** higher wages lead to higher prices; ■**durch etw bedingt sein** to be a result of sth ❷ (*verlangen*) ■**etw** ~ to require, to demand; ***die Lage bedingt rasches Handeln*** the situation calls for swift action

bedingt **I.** *adj* ❶ (*eingeschränkt*) qualified; **~e Erlaubnis** conditional permission ❷ JUR conditional; **~e Entlassung** suspension of the remainder of the sentence on probation; **~e Strafaussetzung** conditional discharge, [suspension of sentence on] probation; **~er Straferlass** remission of a penalty [*or* sentence] ❸ MED **~e Reaktion** conditioned reaction; **~er Reiz** conditioned stimulus **II.** *adv* ❶ (*eingeschränkt*) partly, to some extent; **~ gültig** of limited validity; ***dem kann ich nur ~ zustimmen*** I can only agree with that to a degree ❷ JUR SCHWEIZ, ÖSTERR (*mit Bewährungsfrist*) conditionally

Bedingung <-, -en> *f* ❶ (*Voraussetzung*) condition; [**es**] **zur ~ machen, dass ...** to make it a condition [*or* stipulate] that ...; [**jdm**] **eine ~/~en stellen** to set [*or* impose] a condition/conditions [on sb]; **unter der ~, dass ...** on condition [*or* with the proviso] that ...; [**nur**] **unter einer ~** [only] on one condition; **unter keiner ~** under no circumstances, on no account [*or* condition]; **unter welcher ~?** on what condition? ❷ *pl* ÖKON terms, conditions; **zu günstigen/ungünstigen ~en** on favourable [*or* AM -orable]/unfavourable [*or* AM -orable] terms ❸ *pl* (*Umstände*) conditions; **unter gewissen ~en** in [*or* under] certain conditions

bedingungslos **I.** *adj* unconditional; **~er Gehorsam/~e Treue** unquestioning obedience/trust **II.** *adv* unconditionally; **jdn ~ gehorchen** to obey sb unquestioningly [*or* without question]; **jdn ~ vertrauen** to trust sb blindly [*or* unconditionally]

Bedingungssatz *m* LING conditional clause

bedrängen* *vt* ❶ (*bestürmen*) ■**jdn** [**mit etw**] ~ to pester [*or* bother] sb [with sth]; ■**jdn ~, etw zu tun** to pressure [*or* BRIT *a.* pressurize] sb into doing sth; (*belästigen*) to badger [*or* pester] sb into doing sth ❷ ((*seelisch*) *belasten*) ■**jdn** ~ to burden sb

Bedrängnis <-ses, -se> *f* (*geh*) difficulties *pl;* **in finanzieller/seelischer ~ sein** to be in financial difficulties [*or* straits]/emotional difficulties [*or* distress]; **jdn in seelische ~ bringen** to put sb on the spot; **jdn in ~ bringen** to get sb into trouble *a. euph;* **einen Gegner in ~ bringen** to cause problems for an opponent; **in ~ sein/geraten** to be/get into difficulties

bedrohen* *vt* ❶ (*mit etw drohen*) ■**jdn** [**mit etw**] ~ to threaten sb [with sth] ❷ (*gefährden*) ■**etw** ~ to endanger sth; **den Frieden ~** to be [*or* pose] a threat to peace; ■[**durch** [*o* **von**] **etw**] **bedroht sein** to be threatened [by sth]

bedrohlich **I.** *adj* dangerous, threatening; **in ~er Nähe sein** to be perilously close; **eine ~e Lage** an alarming situation **II.** *adv* dangerously, alarmingly

Bedrohtheit <-> *f kein pl* threatened state; *einer Person* threatened position

Bedrohung *f* ❶ (*Drohung*) threat (+*gen* to) ❷ (*das Bedrohen*) threat (+*gen* of)

Bedrohungsanalyse *f* threat analysis

bedruckbar *adj* TYPO printable **Bedruckbarkeit** <-> *f kein pl* TYPO printability

bedrucken* *vt* ■**etw** [**mit etw**] ~ to print [sth] on sth

bedrücken* *vt* ■**jdn** ~ to depress sb; ***was bedrückt dich?*** what's troubling you?, what's up? *fam*

bedrückend *adj* depressing; **ein ~es Schweigen/eine ~e Stimmung** an oppressive silence/atmosphere

bedrückt *adj* depressed; **~es Schweigen** oppressive silence

Bedrücktheit *f* depression, dejection

Bedrückung <-> *f kein pl* (*geh*) depression

Beduine, **Beduinin** <-n, -n> *m, f* Bed[o]uin

Beduinenzelt *nt* Bed[o]uin tent

bedürfen <bedurfte, bedurft> *vi* (*geh*) ■**einer S.** *gen* ~ to require [*or* need] sth; ***es bedarf keiner weiteren Erklärung*** no further explanation is necessary; ***es hätte nur eines Lächelns bedurft, um ihn zu überzeugen*** it would only have taken a smile to convince him; ***sein Benehmen bedarf einer Entschuldigung*** his behaviour demands [*or* requires] an apology

Bedürfnis <-ses, -se> *nt* ❶ (*Bedarf*) need, necessity; ■**jds ~se** sb's needs [*or* wants]; ***hast du noch irgendwelche ~se?*** is there anything else you need?; **die ~se des täglichen Lebens** everyday needs ❷ *kein pl* (*Verlangen*) desire, need; **das ~ haben, etw zu tun** to feel the need to do sth; **es ist jdm ein ~, etw zu tun** (*geh*) it is sb's need to do sth ▸ WENDUNGEN: **ein dringendes ~** (*euph*) a call of nature *usu hum*

Bedürfnisanstalt *f* **öffentliche ~** (*geh o veraltend*) public convenience *esp* BRIT *form* [*or* AM restroom]

Bedürfnisbefriedigung *f kein pl* fulfilment [*or* AM -ll-] of one's needs

Bedürfnislosigkeit <-> *f kein pl a.* REL modesty of one's needs, material abstinence

bedürftig *adj* ❶ (*materielle Hilfe benötigend*) needy *attr,* in need *pred;* ■**die B~en** the needy + *pl vb,* those in need + *pl vb* ❷ (*geh*) ■**jds/einer S. ~ sein** to be in [*or* have] need of sb/sth

Bedürftigkeit <-> *f kein pl* (*geh*) need, neediness

Beefsteak <-s, -s> ['bi:fste:k, -ʃte:k] *nt bes* NORDD steak; **deutsches ~** beefburger

beehren* I. *vt* (*geh*) ■**jdn/etw** [**mit etw**] ~ to honour [*or* AM -or] sb/sth [with sth]; **jdn** [**mit einen Besuch**] ~ to honour sb with a visit *a. iron* **II.** *vr* (*geh*) ■**sich ~, etw zu tun** to have the honour [*or* AM -or] of doing sth

beeiden*, **beeidigen** *vt* ■**etw** ~ to swear to sth; **eine beeidete Aussage** a sworn statement

Beeidigung <-, -en> *f* JUR (*Vereidigung*) administration of an oath; (*im Amt*) swearing in

beeilen* *vr* ■**sich** [**mit etw**] ~ to hurry [up] [with sth]; ***beeil dich, wir müssen zum Zug!*** hurry up [*or fam* get a move on], we've got a train to catch!; ■**sich ~, etw zu tun** (*geh*) to hurry [*or* hasten] to do sth

Beeilung <-> *f kein pl* (*fam*) ■**~!** get a move on! *fam,* AM *usu fam* step on it!

beeindrucken* *vt* ■**jdn** [**mit etw**] ~ to impress sb [with sth]; **sich** [**von etw**] **nicht ~ lassen** to not be impressed [by sth]

beeindruckend *adj* impressive; ***es war ein ~es Erlebnis*** it left a lasting impression

beeinflussbar[RR], **beeinflußbar** *adj* easily [*or* able to be] influenced *pred;* ***sie ist nur schwer ~*** she's not easily influenced [*or* swayed]

beeinflussen* *vt* ■**jdn/etw** ~ to influence sb/sth; **seine Entscheidung nicht durch etw ~ lassen** to not let his/her decision be swayed by sth; ■**durch** [*o* **von**] **etw beeinflusst sein** to be influenced by sth; **leicht/schwer zu ~ sein** to be easy/hard to influence

Beeinflussung *f* JUR influence, manipulation; **~ von Zeugen** tampering with witnesses; **ungebührliche ~** undue influence

beeinträchtigen* *vt* ■**jdn/etw** ~ to disturb sb/sth; **jdn in seiner persönlichen Entfaltung ~** to interfere with [*or* restrict] sb's personal development; **jdn in seiner Freiheit ~** to restrict sb's freedom; **jdn in seiner Kreativität ~** to curb sb's creativity; **ein Verhältnis ~** to damage a relationship; **jds Genuss ~** to detract from sb's enjoyment; **das Reaktionsvermögen/die Leistungsfähigkeit ~** to impair [*or* reduce] the [*or* one's] reactions/efficiency; ■**~d** adverse

Beeinträchtigung <-, -en> *f Freiheit* restriction; *Genuss* detracting (+*gen* from); *Kreativität* curbing; *Qualität* reduction (+*gen* in); *Reaktionsvermögen* impairing; *Verhältnis* damaging

beelenden* *vt* ■**jdn** ~ (*traurig stimmen*) to sadden sb; (*schockieren*) to upset sb

beeltern* *vt* JUR **ein Kind** ~ to place a child with alternative parents

Beelterung <-, -en> *f* JUR placing [a child] with alternative parents; **neue ~** replacing a child's parents

Beelzebub <-s> *m s.* **Teufel**

beenden* *vt* ■**etw** ~ to end [*or* finish] sth; **eine Verhandlung ~** to bring negotiations to an end; INFORM (*verlassen*) ■**etw** ~ to exit [*or* quit] sth; *s. a.* **Leben**

beendigen* *vt* (*geh*) *s.* **beenden**

Beendigung <-> *f kein pl* end, ending; (*Schluss*) conclusion; ***nach ~ des Studiums nahm sie eine Stelle an*** after completing her studies she accepted a job; **~ des Arbeitsverhältnisses** termination of employment

Beendung <-, -en> *f* ending, completion; (*Ende*) end

beengen* *vt* ■**jdn** ~ to restrict sb; (*fig*) to stifle [*or* cramp] [*or* inhibit] sb; ***kleine Zimmer ~ mich irgendwie*** small rooms somehow make me feel confined; ***diese spießbürgerliche Umgebung beengte ihn*** he was stifled by these petit [*or* BRIT *a.* petty] bourgeois surroundings; **~de Kleidung** tight [*or* restrictive] clothing; **etw als ~d empfinden** to find sth confining; ■**jdn** ~ to make sb feel confined [*or* boxed-in]

beengt I. *adj* cramped, confined **II.** *adv* in cramped conditions; **sich** [**von jdm/etw**] **~ fühlen** (*fig*) to feel cramped [*or* stifled] [by sb/sth]

Beengtheit <-> *f kein pl* confinement, restriction; **in räumlicher ~ wohnen** to live in cramped conditions; **ein Gefühl** [*o* **den Eindruck**] **von ~ haben** to feel confined [*or* cramped], to have a feeling of confinement

beerben* *vt* ■**jdn** ~ to inherit sb's estate, to be heir to sb

Beerbung <-> *f kein pl* JUR inheriting, succession upon death

beerdigen* *vt* ■**jdn** ~ to bury sb

Beerdigung <-, -en> *f* funeral, burial

Beerdigungsfeier *f* funeral service **Beerdigungsinstitut** *nt* funeral parlour [*or* AM -or], undertaker's

Beere <-, -n> *f* berry; **~n tragen** to bear fruit; (*Wein~*) grape

Beerenauslese *f wine whose characteristic richness derives from noble rot induced by the use of overripe grapes* **Beerenfrucht** *f* (*geh*) berry **Beerenobst** *nt* soft fruit **Beerenstrauch** *m* berry-[*or* fruit-]bearing bush

Beet <-[e]s, -e> *nt* bed; (*Blumen~*) flowerbed; (*Gemüse~*) vegetable patch

befähigen* *vt* ■**jdn dazu ~, etw zu tun** to enable sb to do sth; **ein Tier zu Höchstleistungen ~** to enable an animal to achieve record performances; **jdn zu kritischer Überlegung ~** to equip sb to think critically

befähigt *adj* qualified; ■**für** [*o* **zu**] **etw ~ sein** to be capable of doing [*or* competent at] sth

Befähigung <-> *f kein pl* qualification[s]; **~ und Engagement** ability and commitment; **als ~ zu etw gelten** to qualify sb to do [*or* become] [*or* be] sth

Befähigungsnachweis *m* JUR qualification certificate; **juristischer ~** legal qualifications

befahl *pret von* **befehlen**

befahrbar *adj* passable; NAUT navigable; **nicht ~** impassable; NAUT unnavigable

befahren* I. *vt irreg* ❶ (*auf etw fahren*) **eine Straße/einen Weg ~** to drive along [*or* down] [*or* on] a road/a path; ***diese Straße wird stark/wenig ~*** there is a lot of/not much traffic on this road; ***diese Straße darf nur in einer Richtung ~ werden*** this road is only open in one direction; ***der Pass darf im Winter nicht ~ werden*** the pass is closed in winter; **eine Strecke** [*o* **Route**] **~** to use a route; **alle sieben Meere ~** to sail the seven seas ❷ BERGB **einen Schacht ~** to go down [*or* use] a shaft; **eine Grube ~** to work a mine **II.** *adj* used; **kaum/stark** [*o* **viel**] **~ sein** to be little/much [*or* heavily] used [*or* used a lot]; **eine viel** [*o* **stark**] **~e Kreuzung** a busy junction [*or* crossroads + *sing/pl vb*]; ***die Autobahn Stuttgart-München ist immer stark ~*** there's always heavy traffic on the Stuttgart- Munich motorway

Befahren <-s> *nt kein pl* ■**das ~ einer S.** *gen* the use of sth; ***häufiges ~ durch Lastkraftwagen kann Straßen schwer beschädigen*** roads frequently used by heavy goods vehicles can be seriously damaged

Befall <-[e]s> *m kein pl* FORST, HORT infestation

befallen* *vt irreg* ❶ MED ■**jdn/etw** ~ to infect sb/sth; **von etw ~ werden** to be attacked [*or* infected] by sth ❷ FORST, HORT ■**etw** ~ to infest sth ❸ (*geh*) ■**jdn** ~ to overcome sb; **von Ekel/Hunger/Müdigkeit ~ werden** to feel disgusted/hungry/tired

befangen *adj* ❶ (*gehemmt*) inhibited, self-conscious ❷ JUR (*voreingenommen*) biased [*or* BRIT *a.* biassed], prejudiced; **sich für ~ erklären** to withdraw [from a case] [*or* AM *a.* to declare oneself disqualified] on the grounds of bias; **jdn als ~ ablehnen** to challenge [*or* AM *a.* disqualify] sb on grounds of bias ❸ (*geh*) ■**in etw** *dat* **~ sein** to be set on sth; **in einem Irrtum ~ sein** to be labouring [*or* AM -oring] under a misapprehension *form;* **im Glauben ~ sein, dass …** to be under the impression that …

Befangenheit <-> *f kein pl* ❶ (*Gehemmtheit*) inhibition, self-consciousness ❷ JUR (*Voreingenommenheit*) bias, prejudice; **jdn wegen** [**Besorgnis der**] **~ ablehnen** to challenge [*or* AM *a.* disqualify] sb on grounds of [suspected] bias

befassen* I. *vr* ❶ (*sich beschäftigen*) ■**sich mit etw ~** to concern oneself with sth; **sich mit einer Angelegenheit ~** to look into a matter; **sich mit einem Problem ~** to tackle [*or* deal with] a problem ❷ (*sich widmen*) ■**sich mit jdm ~** to spend time with [*or* give attention to] sb **II.** *vt* (*geh*) *a.* JUR ■**jdn mit einer S. ~** to bring [*or* refer] a matter to sb; **das Gericht mit einer S. ~** to bring a case before the court

befehden* *vt* ❶ (*geh*) ■**jdn/etw** ~ to attack sb/sth ❷ HIST ■**jdn/etw** ~ to feud with sb/over sth; ■**sich** [**gegenseitig**] ~ to [carry on a] feud with each other

Befehl <-[e]s, -e> *m* ❶ (*Anweisung*) order; ***~ vom Chef!*** boss's orders!; ***~ ist ~*** orders are orders; **einen ~ ausführen** to carry out [*or* execute] an order; ***~ ausgeführt!*** MIL mission accomplished!; **einen ~ befolgen** to obey [*or* follow] an order [*or pl* orders]; **einen ~ erhalten** to receive an order; **einen ~ erlassen** to issue [*or* AM *a.* hand down] an order; **jdm einen ~ geben** [*o* **erteilen**], **etw zu tun** to order sb [*or* issue sb with an order] to do sth; **einen ~ geben, etw zu tun** to order [*or* issue an order] that sth be done; ***Sie haben mir hier überhaupt keine ~e zu geben!*** I won't take orders from you!; **den ~ haben, etw zu tun** to have orders [*or* to have been ordered] to do sth; **den ~** [**über etw** *akk*] **haben** [*o* **führen**] to have [*or* be in] command [of sth]; **auf ~ handeln** to act under orders; **unter jds** *dat* **~ stehen** to be under sb's command; **den ~ übernehmen** to take [*or* assume] command; **einen ~ verweigern** to disobey an order; **auf ~** under orders, to order; **auf höheren ~** on orders from above; **auf jds** *akk* **~** [**hin**] on sb's order; **~ von oben** orders from above; **zu ~** (*veraltend*) yes, sir, aye, aye, sir ❷ INFORM, MED command

befehlen <befahl, befohlen> I. *vt* ❶ (*den Befehl*

geben) ■**jdm ~, etw zu tun** to order [*or* command] sb to do sth; ■**etw** ~ to order sth; ***von dir lasse ich mir nichts ~!*** I won't take orders from you!; ***was ~ Sie, Herr Hauptmann?*** what are your orders, Captain? ❷ (*beordern*) ■**jdn irgendwohin** ~ to order sb [to go] somewhere; ■**jdn zu jdm/etw** ~ to summon sb to sb/sth; ***Sie sind zum General befohlen worden!*** you've been summoned to the General! ❸ (*veraltet geh*) ■[**etw**] ~ to desire [sth]; ~ ***Sie sonst noch etwas, gnädige Frau?*** will there be anything else, Madam?; ***ganz wie Sie ~!*** just as you wish! **II.** *vi* ❶ MIL ■**über jdn/etw** ~ to be in [*or* have] command of sb/sth ❷ (*Anordnungen erteilen*) ■**~, dass ...** to order [*or* give orders] that ...; **mit ~der Stimme** in a commanding voice

befehlend *adj* commanding, peremptory

befehlerisch *adj* imperious, peremptory

befehligen* *vt* MIL ■**jdn/etw** ~ to command sb/sth, to be in [*or* have] command of sb/sth

Befehlsausführung *f* INFORM instruction execution **Befehlsausführungszeit** *f* INFORM instruction execution time **Befehlscode** *m* INFORM command [*or* order] code **Befehlseingabe** *f* INFORM instruction input **Befehlseingabeformat** *nt* INFORM command prompt **Befehlsempfänger(in)** *m(f)* one who takes an order **Befehlsfolge** *f* INFORM command sequence **Befehlsform** *f* LING imperative **Befehlsformat** *nt* INFORM instruction format **befehlsgemäß I.** *adj* as ordered *pred*, in accordance with orders *pred* **II.** *adv* as ordered, in accordance with orders **Befehlsgewalt** *f* MIL command; **die ~ haben** to have [*or* be in] command; **jds ~ unterstehen** to be under sb's command **Befehlshaber(in)** <-s, -> *m(f)* MIL commander **Befehlskode** *m* INFORM command [*or* instruction] code **Befehlssatz** *m* LING imperative [sentence]; INFORM instruction set **Befehlssprache** *f* INFORM command [*or* control] language **Befehlssyntax** *f* INFORM instruction syntax **Befehlstaste** *f* INFORM command key **Befehlston** *m* peremptory tone **Befehlsverweigerung** *f* MIL refusal to obey orders [*or* an order] **Befehlsverzeichnis** *nt* INFORM instruction repertory **Befehlszeile** *f* INFORM command line

befeinden* *vt* (*geh*) ■**jdn/etw** ~ to attack sb/sth; *Land* to be hostile towards; ■**sich** ~ to be hostile towards each other

befestigen* *vt* ❶ (*anbringen*) ■**etw** [**an etw** *dat*] ~ to fasten [*or* attach] [*or* fix] sth [to sth]; **ein Boot an etw** ~ to tie up [*or* moor] a boat to sth ❷ BAU **eine Fahrbahn** [*o* **Straße**] ~ to make up [*or* AM pave] a road; **eine Böschung** ~ to stabilize an embankment; **einen Damm/Deich** ~ to reinforce a dam/dyke ❸ MIL ■**etw** ~ to fortify sth; **eine Grenze** ~ to strengthen a border

befestigt *adj inv* (*fest gemacht*) fixed; BAU *Fläche* paved; **eine** [**nicht**] **~e Straße** a[n un]tarred road

Befestigung <-, *selten* -en> *f* ❶ (*das Anbringen*) fixing, fastening; ***der Gurt dient zur ~ der zwei Teile*** the strap serves to fasten the two parts [together] ❷ BAU stabilizing, making up BRIT, paving AM ❸ (*zu Verteidigungszwecken*) reinforcement ❹ MIL fortification

Befestigungsanlage *f* fortification[s] **Befestigungswerk** *nt* fortification

befeuchten* *vt* ■**etw** [**mit etw**] ~ to moisten sth [wth sth]; **Bügelwäsche** ~ to dampen washing before ironing

befeuern* *vt* ❶ (*beheizen*) ■**etw** [**mit etw**] ~ to fuel sth [by sth] ❷ MIL ■**jdn/etw** ~ to fire on [*or* shoot at] sb/sth ❸ NAUT, LUFT ■**etw** ~ to mark [*or* light] sth with beacons ❹ (*fam*) ■**jdn** [**mit etw**] ~ to pelt [*or* bombard] sb [with sth], to hurl sth at sb

Befeuerung <-, *selten* -en> *f* NAUT, LUFT [marking with] lights [*or* beacons]

Beffchen <-s, -> *nt* REL Geneva band

befiehlt *3. pers sing pres von* **befehlen**

befinden* *irreg* **I.** *vr* ❶ (*sich aufhalten*) ■**sich irgendwo** ~ to be somewhere; ***unter den Geiseln ~ sich zwei Deutsche*** there are two Germans amongst the hostages; **sich im Ausland/im Urlaub** ~ to be abroad/on holiday [*or* AM vacation] ❷ (*in einem bestimmten Zustand sein*) **sich in bester/schlechter Laune** ~ to be in an excellent/a bad mood; **sich in guten Händen** ~ to be in good hands; **sich im Kriegszustand** ~ to be at war; *s. a.* **Irrtum** ❸ (*geh: sich fühlen*) ■**sich ...** ~ to feel ...; ***wie ~ Sie sich heute?*** how do you feel today?, how are you feeling today? **II.** *vi* (*geh*) ■**über jdn/etw** ~ to decide [on] sth, to make a decision about sb/sth; ***darüber haben wir nicht zu ~*** it is not for us to pass judgement on this **III.** *vt* (*geh*) ❶ (*halten*) ■**etw für etw** ~ to consider [*or* deem] [*or* find] sth [to be] sth; **es für gut/nötig/schlecht ~, etw zu tun** to deem [*or* consider] it a good idea/necessary/not such a good idea to do sth; ■**jdn für etw** ~ to find sb sth; **jdn** [**für** [*o* **als**]] **schuldig/unschuldig** ~ to find sb guilty/not guilty; **etw** [**für** [*o* **als**]] **wahr/falsch** ~ to believe [*or* consider] sth to be true/false; **jdn für tauglich/nicht tauglich** ~ MIL to declare sb fit/unfit [for military service] ❷ (*äußern*) ■**etw** ~ to decide [*or* conclude] sth

Befinden <-s> *nt kein pl* ❶ (*Zustand*) [state of] health; *eines Kranken* condition; **seelisches** ~ mental state; ***er hat sich nach deinem ~ erkundigt*** he asked how you were ❷ (*geh*) opinion, view; **nach jds ~** in sb's opinion [*or* view]; **etw nach eigenem ~ entscheiden** to use one's own judgement in deciding sth

befindlich *adj meist attr* (*geh*) ❶ (*sich an einer Stelle befindend*) situated, located; ***das Gericht beschloss alle noch auf den Konten ~en Gelder zu sperren*** all the funds still left in the accounts were blocked by order of the court; ***alle derzeit in Haft ~en politischen Gefangenen werden entlassen*** all political prisoners currently in detention will be released ❷ (*sich in einem Zustand befindend*) ***das in Kraft ~e Gesetz*** the law which is in force; ***das im Umlauf ~e Geld*** the money in circulation; ***die im Bau ~en Häuser*** those houses [which are] currently being built

Befindlichkeit <-, -en> *f* mental state

Befindlichkeitsstörung *f* mental aberration, nervous disorder

befingern* *vt* (*fam*) **etw** ~ to finger sth

beflaggen* *vt* ■**etw** ~ to [be]deck [*or* decorate] sth with flags; **ein Schiff** ~ to dress a ship

Beflaggung <-, -en> *f* ❶ (*das Beflaggen*) decoration with flags; NAUT *Schiffe* dressing with flags ❷ (*geh*) flags; **die ~ auf Halbmast setzen** to set [*or* lower] the flags at half-mast

beflecken* *vt* ❶ (*mit Flecken beschmutzen*) ■**etw** [**mit etw**] ~ to stain sth [with sth]; **etw mit Farbe** ~ to get paint [stains] on sth; ***wer hat das Tischtuch so mit Marmelade befleckt?*** who left jam stains on the tablecloth? ❷ (*geh*) ■**etw** [**durch etw**] ~ to stain sth [with/by sth]; **jds Ehre** ~ to slur [*or* cast a slur on] sb's honour [*or* AM -or]; **jds Ruf** ~ to tarnish [*or form* sully] sb's reputation

befleckt *adj* ❶ (*fleckig*) stained, dirty; ■[**mit etw**] **~ sein** to be stained [with sth], to be covered with stains; **mit Blut** ~ blood-stained ❷ (*geh*) sullied, besmirched

befleißigen* *vr* (*geh*) ■**sich einer S.** *gen* ~ to strive for sth; **sich großer Höflichkeit/Zurückhaltung** ~ to make an effort to be very polite/excercise greater restraint [*or* to be more restrained]

befliegen* *vt irreg* LUFT **eine viel** [*o* **stark**] **beflogene Strecke** a heavily-used route; ***diese Strecke wird nicht mehr beflogen*** this route is not in operation any more

beflissen I. *adj* (*geh: bemüht*) keen, zealous; ■**~ sein**[**, etw zu tun**] to be keen [to do sth] **II.** *adv* keenly, zealously

Beflissenheit <-> *f kein pl* keenness *no pl*, zeal *no pl*

beflügeln* *vt* (*geh*) ❶ (*anregen*) ■**jdn/etw** ~ to inspire sb/sth; ***das Lob hatte sie beflügelt*** the praise had spurred her on; **die Fantasie** ~ to fire the imagination; ■**jdn ~, etw zu tun** to inspire sb to do sth ❷ (*schneller werden lassen*) ■**etw beflügelt jdn** sth spurs sb on; ***Angst/Hoffnung beflügelte seine Schritte*** fear/hope spurred him on [*or* winged his steps]

befohlen *pp von* **befehlen**

befolgen* *vt* ■**etw** ~ to follow sth; **Befehle** ~ to follow [*or* obey] orders; **jds Rat** ~ to follow [*or* take] sb's advice; **grammatische Regeln** ~ to obey grammatical rules; **Vorschriften** ~ to obey [*or* observe] regulations

Befolgung <-> *f kein pl Befehl* following *no pl*, obeying *no pl*, compliance (+*gen* with); *Rat* following *no pl*, taking *no pl*

Beförderer(in) <-s, -> *m(f)* carrier

befördern* *vt* ❶ (*transportieren*) ■**jdn/etw** ~ to transport [*or* carry] sb/sth; **das Gepäck ~ lassen** to have one's baggage sent; ***die Teilnehmer wurden mit dem Bus zum Tagungsort befördert*** participants were taken by bus to the conference venue ❷ (*jds Dienststellung anheben*) ■**jdn** [**zu etw**] ~ to promote sb [to sth] ❸ (*iron fam*) **jdn vor die Tür** [*o* **ins Freie**] ~ to throw [*or fam* chuck] sb out; **jdn nach draußen** ~ to escort sb outside; *s. a.* **Jenseits** ❹ (*geh*) ■**etw** ~ to promote [*or* foster] sth; ■**jdn** [**in etw** *dat*] ~ to support sb [in sth]

Beförderung <-, -en> *f* ❶ (*Transport*) transport[ation], carriage; ~ **auf dem Luftweg** air transportation; ~ **auf dem Schienenweg/Seeweg** rail/sea transport, carriage by rail/sea ❷ (*dienstliches Aufrücken*) promotion (**zu** +*dat* to)

Beförderungsamt *nt eines Beamten* office responsible for promotion [of a civil servant] **Beförderungsart** *f* mode of transport **Beförderungsaufkommen** *nt* carryings *pl* **Beförderungsbedingungen** *pl* conditions *pl* of carriage **Beförderungsbestimmungen** *pl* HANDEL terms of carriage [*or* transport] **Beförderungsfälle** *pl* passenger carryings *pl* **Beförderungsgebühr** *f* carriage **Beförderungsgut** *nt* cargo **Beförderungshaftpflichtgesetz** *nt* Carrier's Liability Act BRIT **Beförderungshindernis** *nt* HANDEL circumstances preventing carriage **Beförderungskosten** *pl* transport costs; (*mit dem Zug*) railroad charges *pl* **Beförderungsleistung** *f* HANDEL volume of traffic, traffic performance **Beförderungsmenge** *f* transport[ation] amount **Beförderungsmittel** *nt* means of transport **Beförderungspflicht** *f* HANDEL, JUR obligation to carry **Beförderungsvertrag** *m* JUR, HANDEL contract of carriage, transport [*or* AM shipping] contract **Beförderungsweg** *m* HANDEL forwarding route **Beförderungszahlen** *pl* carryings *pl* **Beförderungszeit** *f* HANDEL period of transport

befrachten* *vt* ❶ (*beladen*) ■**etw** [**mit etw**] ~ to load sth [with sth] ❷ (*fig geh*) ■**etw mit etw** ~ to overload sth with sth; ■**mit etw befrachtet sein** to be laden with sth

Befrachter(in) *m(f)* HANDEL shipper

Befrachtung *f* loading

Befrachtungstarif *m* HANDEL charter rates *pl* **Befrachtungsvertrag** *m* JUR contract of affreightment

befragen* *vt* ❶ (*Fragen stellen*) ■**jdn** [**über jdn/etw/zu etw**] ~ to question sb [about sb/sth]; ■**jdn** [**zu etw**] ~ JUR to question [*or* examine] sb [about sth] ❷ (*konsultieren*) ■**etw** [**über jdn/etw**] ~ to consult sth [about sb/sth]; ■**jdn** [**in etw** *dat*/**um etw** *akk*] ~ to ask [*or* consult] sb [about sth]; **jdn nach seiner Meinung** ~ to ask sb for his/her opinion

Befrager(in) *m(f)* questioner

Befragte(r) *f(m) dekl wie adj* person questioned; **die Befragten** those questioned, the interviewees

Befragung <-, -en> *f* ❶ (*das Befragen*) questioning; JUR examination, questioning ❷ (*Konsultierung*) consultation; ***nach ~ des Orakels*** after consulting the oracle ❸ (*Umfrage*) survey, [opinion] poll

befreien* **I.** *vt* ❶ (*freilassen*) ■**jdn/ein Tier** [**aus** [*o* **von**] **etw**] ~ to free [*or* set free *sep*] [*or* release] sb/an animal [from sth] ❷ (*unabhängig machen*) ■**jdn/etw** [**von jdm/etw**] ~ to liberate sb/sth [from sb/sth] ❸ (*von etw Störendem frei machen*) ■**etw von etw** ~ to clear sth of [*or* remove sth from] sth; **seine Schuhe vom Dreck** ~ to remove the dirt from one's shoes ❹ (*erlösen*) ■**jdn von etw** ~ to free [*or* release] sb from sth; **jdn von Schmerzen** ~ to free [*or* rid] sb of pain; **jdn von seinem Leiden** ~ to release sb from their suffering ❺ (*freistellen*) ■**jdn von etw** ~ to excuse sb from sth; **jdn vom Wehrdienst** ~ to exempt sb from military service; **von Steuern befreit** tax-exempt ❻ (*jdm etw abnehmen*) ■**jdn von etw** ~ to relieve sb of sth **II.** *vr* ❶ (*freikommen*) ■**sich** [**aus** [*o* **von**] **etw**] ~ to escape [from sth] ❷ (*etw abschütteln*) ■**sich** [**von etw**] ~ to free oneself [from sth], to rid oneself [of sth] ❸ (*etw überwinden*) ■**sich aus etw** ~ to get out of sth; **sich aus einer Abhängigkeit** ~ to free oneself from a dependency; **sich aus einer schwierigen Lage** ~ to extricate oneself from a difficult situation; ■**sich von etw** ~ to rid oneself of sth; **sich von Vorurteilen** ~ to rid oneself of prejudice

Befreier(in) <-s, -> *m(f)* liberator

befreit **I.** *adj* (*erleichtert*) relieved **II.** *adv* with relief; ~ **aufatmen** to breathe [*or* heave] a sigh of relief

Befreiung <-, *selten* -en> *f* ❶ (*Freilassen*) release, freeing *no pl;* **die** ~ **der Geiseln** the release of the hostages ❷ (*Befreien aus der Unterdrückung*) liberation; **die** ~ **der Frau** women's liberation [*or* emancipation] ❸ (*Freistellung*) exemption (**von** +*dat* from); ***ich brauche eine*** ~ ***vom Sportunterricht*** I need to be excused from the sports lesson ❹ ((*körperliche*) *Erlösung*) release; **rasch** ~ [**von Schmerzen**] **verschaffen** to provide a rapid release [from pain] ❺ (*Erleichterung*) relief

Befreiungsanspruch *m* JUR right of exemption [*or* indemnity] **Befreiungsbewegung** *f* liberation movement **Befreiungsfront** *f* liberation front **Befreiungsgründe** *pl* JUR grounds for exemption **Befreiungskampf** *m* struggle for freedom [*or* liberation] **Befreiungsklausel** *f* JUR exemption clause **Befreiungskrieg** *m* war of liberation; **die** ~**e** HIST the Wars of Liberation **Befreiungsorganisation** *f* liberation organization **Befreiungsschlag** *m* ❶ SPORT clearance; (*beim Eishockey*) icing ❷ (*fig: erlösende Aktion*) unleashing, [act of] release **Befreiungstheologie** *f kein pl* liberation theology **Befreiungsversuch** *m* ❶ (*Rettungsversuch*) rescue bid [*or* attempt] ❷ (*Ausbruchsversuch*) escape bid [*or* attempt] **Befreiungsvorbehalt** *m* JUR reservation of exemption **Befreiungsvorschriften** *pl* JUR exemption rules

befremden* **I.** *vt* ■**jdn** ~ to disconcert sb; ***ich war von ihrem Verhalten etwas befremdet*** I was somewhat disconcerted [*or* taken aback] by her behaviour, I found her behaviour somewhat disconcerting; ***diese Gefühlsausbrüche*** ~ ***mich doch sehr!*** I find these emotional outbursts very off-putting! **II.** *vi* to be disconcerting

Befremden <-s> *nt kein pl* disconcertment, disquiet; **zu jds** *dat* ~ to sb's disconcertment [*or* alarm]; **sein** ~ **ausdrücken** to express one's disconcertment [*or* alarm]; ~ **erregen** to cause disconcertment; ***die Bilder erregten bei den Besuchern*** ~ the visitors were disconcerted by the pictures

befremdend *adj* disconcerting

befremdlich *adj* (*geh*) *s.* **befremdend**

Befremdung *f* alienation

befreunden* *vr* ❶ (*sich anfreunden*) ■**sich mit jdm** ~ to make [*or* become] friends with sb ❷ (*sich an etw gewöhnen*) ■**sich mit etw** ~ to get used to [*or form* grow accustomed to] sth

befreundet *adj* ❶ (*freundlich gesinnt*) friendly; **ein** ~**er Staat** a friendly country; **das** ~**e Ausland** friendly [foreign] countries *pl* ❷ (*Freunde sein*) [**eng** [*o* **fest**]] **miteinander** ~ **sein** to be [close] friends; [**eng** [*o* **fest**]] **mit jdm** ~ **sein** to be [close [*or* very good]] friends with sb

befrieden* *vt* POL (*geh*) ■**etw** ~ to pacify [*or* bring peace to] sth; **ein Land** ~ to bring peace to a country

befriedet *adj* JUR pacified; ~**er Bezirk** pacified area

befriedigen* **I.** *vt* ❶ (*zufrieden stellen*) ■**jdn/etw** ~ to satisfy sb/sth; **jds Ansprüche/Wünsche** ~ to fulfil [*or* AM fulfill] sb's requirements/wishes; **die Gläubiger** ~ to satisfy [*or* pay off] [*or* settle [up] with] the creditors; **seine Neugier** ~ to satisfy one's curiosity; **leicht/schwer zu** ~ **sein** to be easily/not easily satisfied, to be easy/hard to satisfy ❷ (*sexuelles Verlangen stillen*) ■**jdn** ~ to satisfy sb ❸ (*innerlich ausfüllen*) ■**jdn** ~ to satisfy sb; ***mein Beruf befriedigt mich nicht*** I'm not satisfied with my job, I'm not getting any job satisfaction **II.** *vi* (*zufrieden stellend sein*) to be satisfactory; ***diese Lösung befriedigt nicht*** this is an unsatisfactory solution **III.** *vr* (*sexuell*) ■**sich** [**selbst**] ~ to masturbate

befriedigend *adj* ❶ (*zufrieden stellend*) satisfactory; ■[**für jdn**] ~ **sein** to be satisfying [for sb] ❷ (*Schulnote*) satisfactory, adequate

befriedigt **I.** *adj* ❶ (*zufrieden gestellt*) satisfied ❷ (*sexuell befriedigt*) [sexually] satisfied **II.** *adv* with satisfaction

Befriedigung <-> *f kein pl* ❶ (*Zufriedenstellung*) satisfaction; ***zur*** ~ ***deiner Neugier*** to satisfy your curiosity; **sexuelle** ~ sexual satisfaction ❷ (*Zufriedenheit*) satisfaction; **eine innere** ~ an inner sense of satisfaction; **jdm** ~ **bereiten** [*o* **gewähren**] to satisfy sb; ***die Arbeit bereitet mir einfach keine*** ~ ***mehr*** I'm just not getting any satisfaction from my job anymore; **zu jds** ~ **sein** to be to sb's satisfaction ❸ JUR *des Gläubigers* paying; **bevorzugte** ~ preferential payment

Befriedigungsrecht *nt* JUR right to [obtain] satisfaction

befristen* *vt* (*zeitlich begrenzen*) ■**etw** [**auf etw** *akk*/**bis zu etw** *dat*] ~ to limit [*or* restrict] sth [to sth]; **eine Stelle** ~ to limit the duration of a job

befristet *adj* restricted, limited; ÖKON, JUR *a.* fixed-term; **eine** ~**e Anlage** a fixed-term deposit; **eine** ~**e Aufenthaltsgenehmigung** *a residence permit valid for a restricted period of time;* **eine** ~**e Stelle** [*o* **Tätigkeit**] a fixed-term job; **ein** ~**er Vertrag** a contract of limited duration; **ein** ~**es Visum** a temporary visa; ■**auf etw** *akk*/**bis zu etw** *dat* ~ **sein** to be valid for/until sth; ÖKON, JUR to be limited [*or* restricted] [to sth]; ***seine Aufenthaltserlaubnis ist auf ein Jahr*** ~ his residence permit is valid for one year

Befristung <-, -en> *f* restriction, limitation; (*Zeitbegrenzung*) time limit; ***heutzutage sind*** ~***en von Arbeitsverhältnissen schon fast die Regel*** nowadays it's almost the norm for appointments to be for a restricted period of time

befruchten* *vt* ❶ (*Befruchtung erzielen*) ■**etw** ~ to fertilize sth; **eine Frau** ~ to impregnate a woman; **eine Blüte** ~ to pollinate a flower; **eine Eizelle** ~ to fertilize an egg; **künstlich** ~ to inseminate artificially ❷ (*fig: fördernd anregen*) ■**jdn/etw** ~ to stimulate [*or* inspire] sb/sth, to have a stimulating effect on sb/sth

Befruchtung <-, -en> *f* fertilization; *Blüte* pollination; **künstliche** ~ *Mensch* in vitro fertilization, IVF; *Tier* artificial insemination, AI

befugen* *vt* (*geh*) ■**jdn dazu** ~, **etw zu tun** to authorize sb to do sth

Befugnis <-ses, -se> *f* (*geh*) authorization *no pl*, authority *no pl;* **zu etw keine** ~ **haben** to not be authorized to do sth; **seine** ~**se überschreiten** to overstep one's authority

Befugnisübertragung *f* JUR delegation of authority

befugt *adj* (*geh*) authorized; ■**B**~**e/nicht B**~**e** authorized/unauthorized persons; ■**zu etw** ~ **sein** to be authorized to do sth

befühlen* *vt* ■**etw** ~ to feel sth

befummeln* *vt* (*sl*) ■**jdn/etw** ~ to grope [*or* paw] sb/sth *fam*

Befund <-[e]s, -e> *m* MED result[s *pl*]; **negativer/positiver** ~ negative/positive result[s *pl*]; **ohne** ~ negative

befürchten* *vt* ■**etw** ~ to fear sth; **das Schlimmste** ~ to fear the worst; ■~, **dass ...** to be afraid that ...; **nichts zu** ~ **haben** to have nothing to fear [*or* to be afraid of]; **es ist** [*o* **steht**] **zu** ~, **dass ...** it is [to be] feared that ...; **wie befürchtet** as feared

Befürchtung <-, -en> *f meist pl* fear; ***seine*** ~***en waren unbegründet*** his fears were unfounded; ***ich hatte schon große*** ~***en!*** I was really afraid [*or* worried]!; ***ich hatte die schlimmsten*** ~***en*** I feared the worst; **in jdm die** ~ **erwecken, dass ...** to arouse the fear in sb that ...; **die** ~ **haben** [*o geh* **hegen**], **dass ...** to fear [*or* be afraid] that ...

befürworten* *vt* ■**etw** ~ to be in favour [*or* AM -or] of [*or* support] [*or* approve of] sth; ■**es** ~, **dass/wenn ...** to be in favour [*or* approve] of ...

befürwortend **I.** *adj* supportive, favourable [*or* AM -orable] **II.** *adv* favourably [*or* AM -orably]

Befürworter(in) <-s, -> *m(f)* supporter, advocate

Befürwortung <-, -en> *f* support, approval

begabt *adj* gifted, talented; ■**für etw** ~/**nicht** ~ **sein** to have/not have a gift [*or* talent] for sth; ***sie ist künstlerisch/musikalisch sehr*** ~ she's very artistic/musical, she's artistically/musically gifted; ***er ist vielseitig*** ~ he's an all-round talent; ■**mit etw** ~ **sein** (*bes iron geh*) to be blessed with sth

Begabte(r) *f(m) dekl wie adj* gifted [*or* talented] person

Begabtenförderung *f* SCH *educational grant for particularly gifted pupils and students*

Begabung <-, -en> *f* ❶ (*Talent*) talent, gift; **eine** [**besondere**] ~ **für etw haben** to have a [special] gift for sth; **eine** ~ **dafür haben, etw zu tun** (*a. iron*) to have a talent [*or* gift] for doing sth, to have a knack of doing sth *iron* ❷ (*begabter Mensch*) talented person; **eine künstlerische/musikalische** ~ **sein** to be a talented artist/musician

begaffen* *vt* (*pej fam*) ■**jdn/etw** ~ to gape [*or fam* goggle] [*or* BRIT *fam a.* gawp] at sb/sth

begangen *adj inv* ❶ (*betreten*) **ein viel** ~**er Weg** a much-used path [*or* route] ❷ (*gemacht*) **ein häufig** ~**er Fehler** a freqent[ly] made mistake

begann *pret von* **beginnen**

begatten* **I.** *vt* ZOOL ■**ein Weibchen** ~ to mate [*or* copulate] with a female **II.** *vr* ■**sich** ~ to mate

Begazen <-s> [-z-] *nt kein pl* TYPO (*Buch*) gauzing

begebbar *adj* FIN negotiable; ~**es Wertpapier** negotiable instrument

begeben* **I.** *vr irreg* (*geh*) ❶ (*gehen*) ■**sich irgendwohin** ~ to proceed [*or* make one's way] somewhere; **sich zu Bett** [*o* **zur Ruhe**] ~ to retire [to bed]; **sich nach Hause** [*o* **auf den Heimweg**] ~ to set off home ❷ (*beginnen*) ■**sich** *akk* **an etw** *akk* ~ to commence sth; **sich an die Arbeit** ~ to commence work ❸ (*sich einer S. aussetzen*) ■**sich** *akk* **in etw** *akk* ~ to expose oneself to sth; **sich in ärztliche Behandlung** ~ to undergo [*or* get] medical treatment ❹ *impers, meist im Imperfekt* (*geschehen*) ■**es begab sich etw** sth happened [*or* came to pass] ❺ (*auf etw verzichten*) ■**sich** *akk* **einer S.** *gen* ~ to renounce [*or* relinquish] sth; **sich der Möglichkeit** ~, **etw zu tun** to forego the opportunity to do sth **II.** *vi* FIN *Wechsel* to issue, to float

Begebenheit <-, -en> *f* (*geh*) event, occurrence

Begebungsvertrag *m* JUR *transfer agreement for negotiable instruments*

begegnen* *vi sein* ❶ (*treffen*) ■**jdm** ~ to meet sb; ***ich bin ihm die Tage im Supermarkt begegnet*** I bumped [*or* ran] into [*or* met] him recently at the supermarket; **jds Blick** ~ to meet sb's gaze [*or* eye]; ■**sich** ~ to meet ❷ (*antreffen*) ■**etw** *dat* ~ to encounter [*or* come across] sth ❸ (*geh: entgegentreten*) *Person* to treat; *Sache* to meet, to face; *Vorschlag a.* to respond to; **jdm freundlich/höflich** ~ to treat sb in a friendly/polite manner; **jdm mit Herablassung/Spott** ~ to treat sb condescendingly [*or* with condescension]/scornfully [*or* with scorn]; **einer Gefahr mutig** ~ to face [a] danger courageously [*or* bravely]; **seinem Schicksal** ~ to confront [*or* meet] [*or* face] one's fate ❹ (*geh: widerfahren*) ■**jdm** ~ to happen to sb

Begegnung <-, -en> *f* ❶ (*Zusammenkunft*) meeting, encounter; **ein Ort internationaler/weltweiter** ~ an international/global meeting place ❷ SPORT encounter ❸ (*das Kennenlernen*) encounter (**mit** +*dat* with)

Begegnungsstätte *f* (*Örtlichkeit*) meeting place; (*feste Einrichtung*) community centre [*or* AM -er]

begehbar *adj inv Weg* passable on foot; BAU *Gebäu-*

B

de accesable, walkable; ***dieser Weg ist im Winter nicht*** ~ this path cannot be used in winter

begehen* *vt irreg* ■**etw** ~ ❶ (*verüben*) to commit [*or form* perpetrate] sth; **einen Fehler** [*o* **Irrtum**] ~ to make a mistake; **eine Dummheit/Unvorsichtigkeit/Taktlosigkeit** ~ to do sth foolish [*or* stupid]/careless [*or* rash]/tactless; **Selbstmord/eine Sünde/ein Verbrechen/einen Verrat** ~ to commit suicide/a sin/a crime/an act of betrayal; **eine strafbare Handlung** ~ to commit an offence ❷ (*betreten*) to walk across/along/into sth; ***im Winter ist der Weg oft nicht zu*** ~ it's often impossible to use this path in winter; ***„B~ der Brücke auf eigene Gefahr"*** "Persons use this bridge at their own risk"; ***„Passanten werden vor dem B~ des Baugerüsts gewarnt"*** "passers-by are warned against climbing [*or* warned not to climb] on the scaffolding"; **begehbarer Kleiderschrank** walk-in wardrobe ❸ (*geh: feiern*) to celebrate; **ein Fest** ~ to hold a celebration; **ein Jubiläum** ~ to celebrate an anniversary; **einen kirchlichen Festtag** ~ to celebrate [*or* observe] a religious holiday

begehren* *vt* (*geh*) ❶ (*nach jdm verlangen*) ■**jdn** ~ to desire sb; **jdn zur Frau** ~ (*veraltet*) to want sb as [*or* to be] [*or* to wish sb to be] one's wife ❷ (*zu besitzen wünschen*) ■**etw** ~ to covet sth; ***alles, was das Herz begehrt*** everything the heart desires [*or* could wish for] ❸ (*verlangen*) ■**etw** [**von jdm**] ~ to desire [*or* want] sth [from sb]; ■**etw zu tun** ~ (*veraltend*) to desire to do sth

Begehren <-s, *selten* -> *nt* ❶ (*geh: Verlangen*) desire; ■**das/ein** ~ **nach jdm/etw** the/a desire for sb/sth; **auf jds** ~ [**hin**] at sb's request ❷ (*veraltet: Wunsch*) wish

begehrenswert *adj* desirable; ■[**für jdn**] ~ **sein** to be desirable [for sb]

begehrlich *adj* (*geh*) longing, covetous

Begehrlichkeit <-, -en> *f* (*geh*) desire, covetousness *no pl*

begehrt *adj* ❶ (*sehr umworben*) [much] sought-after; **eine ~e Frau/ein ~er Mann** a desirable woman/man; **ein ~er Junggeselle** an eligible bachelor; **ein ~er Posten** a sought-after [*or* desirable] job; **ein ~er Preis** a [much-]coveted prize ❷ (*beliebt, gefragt*) popular, much in demand; ■**als etw** ~ **sein** to be popular as sth

Begehung <-, -en> *f* ❶ JUR commission, perpetration ❷ (*Inspizieren*) inspection

Begehungsdelikt *nt* JUR offence by commission **Begehungsort** *m* JUR scene of the crime **Begehungsrecht** *nt* JUR right of way

begeistern* I. *vt* ❶ (*mit Begeisterung erfüllen*) ■**jdn** ~ to fill [*or* fire] sb with enthusiasm; ***dein Verhalten begeistert mich nicht sonderlich!*** I am not particularly thrilled by your behaviour!; ***das Stück hat die Zuschauer begeistert*** the audience were enthralled by the play ❷ (*Interesse für etw entwickeln*) ■**jdn für etw** ~ to fill sb with enthusiasm for sth; ***er konnte alle für seinen Plan*** ~ he managed to win everybody [over] to his plan; ***sie ist für nichts zu*** ~ you can't interest her in anything; ***für Fußball bin ich nicht zu begeistern*** I'm not too crazy about *fam* football II. *vr* ■**sich für jdn/etw** ~ to be [*or* get] [*or* feel] enthusiastic about sb/sth

begeistert I. *adj* (*hingerissen*) enthusiastic; ***sie ist eine ~e Opernliebhaberin*** she is an ardent [*or* a keen] opera fan; ■[**von etw**] ~ **sein** to be thrilled [*or* delighted] [by sth] II. *adv* enthusiastically

Begeisterung <-> *f kein pl* enthusiasm (**über/für** +*akk* about/for); ***die Zuschauer klatschen vor*** ~ the spectators applauded enthusiastically; **große/grenzenlose** ~ great/boundless enthusiasm; ***es herrschte helle*** ~ everyone was wildly enthusiastic; ~ **auslösen** to arouse [*or* stir up] enthusiasm; **in** ~ **geraten** to become enthusiastic, to be filled [*or* fired [up]] with enthusiasm; **etw aus** ~ **tun** to do sth for the sheer fun of it [*or* because one really enjoys it]; **jdn in** ~ **versetzen** to arouse [*or* kindle] sb's enthusiasm; **mit** ~ enthusiastically; ***er hat das Buch mit großer*** ~ ***gelesen*** he really enjoyed the book

begeisterungsfähig *adj* able to get enthusiastic [*or* show one's enthusiasm] *pred;* **ein ~es Publikum** an appreciative audience **Begeisterungsfähigkeit** *f* capacity for enthusiasm **Begeisterungssturm** *m* storm [*or* wave] of enthusiasm

Begierde <-, -n> *f* (*geh*) desire (**nach** +*dat* for); ***die*** ~ ***nach Macht*** the lust for power; **vor** ~ **brennen, etw zu tun** to be burning [*or* longing] to do sth; **voll** ~ longingly, hungrily

begierig I. *adj* ❶ (*gespannt*) eager; ■**auf etw** *akk* ~ **sein** to be eager for sth; ■~ [**darauf**] **sein, etw zu tun** to be eager [*or* keen] to do sth ❷ (*verlangend*) hungry, longing; ~ ***mehr zu wissen, fragte und fragte er*** hungry to know more, he kept on asking; ***mit ~en Augen sah das Kind die Spielsachen an*** the child looked longingly at the toys ❸ (*sexuell verlangend*) lascivious, leering II. *adv* ❶ (*gespannt*) eagerly ❷ (*verlangend*) hungrily, longingly ❸ (*sexuell verlangend*) hungrily, lasciviously

begießen* *vt irreg* ❶ (*Flüssigkeit über etw gießen*) ■**etw** [**mit etw**] ~ to pour [sth] over sth; **die Blumen** ~ to water the plants; **einen Braten mit Fett** ~ to baste a roast ❷ (*fam*) ■**etw** ~ to celebrate sth [with a drink]; ***das muss begossen werden!*** that calls for a drink!

Beginn <-[e]s> *m kein pl* start, beginning; **am** [*o* **bei**] [*o* **zu**] ~ at the start [*or* beginning]

beginnen <begann, begonnen> I. *vi* ❶ (*anfangen*) ■[**mit etw**] ~ to start [*or* begin] [sth]; ■~, **etw zu tun** to start [*or* begin] to do [*or* doing] sth ❷ (*eine Arbeit aufnehmen*) ■**als etw** ~ to start out [*or* off] as sth II. *vt* ❶ (*anfangen*) ■**etw** [**mit etw**] ~ to start [*or* begin] sth [with sth]; **ein Gespräch** ~ to strike up [*or* begin] a conversation; **einen Streit** ~ to get into an argument ❷ (*geh: angehen*) ■**etw** ~ to do sth; ***wir müssen die Angelegenheit ganz anders*** ~ we'll have to tackle the matter differently

beginnend *adj attr* ❶ (*sich ankündigend*) incipient; **eine ~e Infektion** the beginnings of an infection ❷ (*einsetzend*) beginning, starting; **bei ~er Nacht/Dämmerung** as night/dusk was falling; **im ~en 20.Jahrhundert** in the early [*or* at the beginning of the] 20th Century

beglaubigen* *vt* ❶ (*als richtig bestätigen*) ■[**jdm**] **etw** ~ to authenticate [*or* attest] sth [for sb]; **eine Abschrift** ~ to certify a copy; **die Echtheit** [**eines Gemäldes etc.**] ~ to attest to [*or* verify] the authenticity [of a painting etc.]; **etw notariell** ~ to attest sth by a notary, AM *a.* to notarize sth; ■[**sich** *dat*] **etw** [**von jdm**] ~ **lassen** to have sth authenticated [*or* certified] [by sb]; **eine beglaubigte Kopie** [*o* **Abschrift**] a certified [*or* true] [*or* AM *a.* an exemplified] copy ❷ POL ■**jdn als etw** [**bei etw**] ~ to accredit sb as sth [to sth]

Beglaubigung <-, -en> *f* ❶ JUR certification, authentication, attestation ❷ POL *von Botschafter* accreditation, accrediting

Beglaubigungsbefugnis *f* JUR authority to attest **Beglaubigungsgebühr** *f* certification fee **Beglaubigungsschreiben** *nt* credentials *pl,* letter of credence **Beglaubigungsstempel** *m* certifying stamp **Beglaubigungsvermerk** *m* JUR certificate of acknowledgment, attestation clause **Beglaubigungszeuge, -zeugin** *m, f* JUR attesting witness

begleichen* *vt irreg* (*geh*) ■**etw** ~ to pay sth; **eine Rechnung** ~ to settle a bill; **seine Schulden** ~ to pay [off] [*or* settle] one's debts

Begleichung <-, *selten* -en> *f* (*geh*) payment, settlement

Begleitbrief *m s.* **Begleitschreiben**

begleiten* *vt* ❶ (*mitgehen*) ■**jdn** ~ (*a. fig*) to accompany sb; **jdn irgendwohin** ~ to accompany [*or* come/go with] sb somewhere; **jdn nach Hause/zur Bushaltestelle** ~ to accompany [*or form* escort] sb home/to the bus stop; **jdn zur Tür** ~ to take [*or* show] [*or form* escort] sb to the door; ■**etw** ~ to escort sth; ***unsere guten Wünsche*** ~ ***dich!*** our best wishes go with you! ❷ (*musikalisch unterstützen*) ■**jdn** [**auf einem Instrument**] ~ to accompany sb [on an instrument]; **jdn auf dem** [*o* **am**] **Klavier begleiten** to accompany sb on the piano

Begleiter(in) <-s, -> *m(f)* ❶ (*begleitender Mensch*) companion; **ständiger ~/ständige ~in** (*euph*) constant companion, lover ❷ MUS accompanist

Begleiterkrankung *f* accompanying [*or* attendant] illness **Begleiterscheinung** *f* ❶ (*gemeinsam auftretendes Phänomen*) concomitant *form;* ***die ständigen Klimaschwankungen sind ~en der Erwärmung der Erdatmosphäre*** global warming goes hand in hand with continual variations in climate ❷ MED [accompanying] symptom **Begleitflugzeug** *nt* escort plane **Begleitinstrument** *nt* accompanying instrument **Begleitmannschaft** *f* escort [troup] **Begleitmusik** *f* ❶ (*Hintergrundmusik*) [musical] accompaniment, background music; (*im Film*) incidental music ❷ (*sl: begleitende Aktionen*) incidentals *pl,* incidental details; ~ **zu etw sein** to be incidental to sth **Begleitpapier** *nt* accompanying document **Begleitpapiere** *pl* HANDEL accompanying documents **Begleitperson** *f* escort; ***Jugendliche unter 16 dürfen Kneipen nur mit einer erwachsenen*** ~ ***betreten*** young people under 16 may go into pubs only when accompanied by an adult **Begleitschein** *m* customs transfer certificate, bond note BRIT, waybill AM **Begleitschreiben** *nt* covering [*or* AM cover] letter [*or* BRIT *a.* note] **Begleitumstände** *pl* attendant circumstances *pl*

Begleitung <-, -en> *f* ❶ (*das Begleiten*) company; **in** ~ in company, accompanied; ***kommst du allein oder in ~?*** are you coming on your own or with someone?; **in** [**jds** *gen*] ~ accompanied by sb; **ohne** [**jds** *gen*] ~ unaccompanied [by anybody]; ***er kam ohne*** ~ he came alone [*or* on his own], he was unaccompanied; (*für eine Frau*) escort ❷ (*Begleiter(in)*) companion; **als** ~ **mitgehen** to accompany [*or* come/go with] sb ❸ (*Gefolge*) entourage, retinue ❹ MUS accompaniment; ***er bat sie um*** ~ ***auf dem Klavier*** he asked her to accompany him on the piano; **ohne** ~ **spielen** to play unaccompanied

beglücken* *vt* (*geh*) ❶ (*glücklich stimmen*) ■**jdn** [**mit/durch etw**] ~ to make sb happy [with sth]; ***sie hatten uns gerade mit einem vierwöchigen Besuch beglückt*** (*iron fam*) they had just blessed us with a four-week visit [*or* stay] *iron* ❷ (*hum: sexuell befriedigen*) ■**jdn** ~ to satisfy sb['s desire], to bestow favours [*or* AM -ors] on sb *hum fam*

beglückend *adj* (*glücklich stimmend*) cheering, gladdening; **ein ~es Erlebnis/Gefühl** a cheering experience/feeling

Beglücker <-s, -> *m* (*a. iron*) benefactor; ***er fühlt sich als*** ~ ***der Frauen*** he thinks he's God's gift to women

beglückt I. *adj* happy, pleased II. *adv* happily

beglückwünschen* *vt* ■**jdn** [**zu etw**] ~ to congratulate sb [on sth]; **sich** ~ **können** to be thankful [*or* grateful]; ***sie kann sich zu dieser Idee*** ~ she can be proud of this idea; **lass dich ~!** congratulations!

begnadet* *adj* (*geh*) gifted, talented

begnadigen* *vt* ■**jdn** ~ to pardon [*or* grant pardon to] sb; (*bei Todesurteil*) to reprieve sb; **zu lebenslänglicher Haft begnadigt werden** to have one's sentence commuted to life imprisonment

Begnadigung <-, -en> *f* reprieve, pardon; **um** ~ **bitten** to petition for a pardon

Begnadigungsgesuch *nt* JUR plea for [a] reprieve [*or* pardon]

begnügen* *vr* ❶ (*sich mit etw zufrieden geben*) ■**sich mit etw** ~ to be content [*or* satisfied] with sth ❷ (*sich beschränken*) ■**sich damit ~, etw zu tun** to be content to do sth, to content oneself with doing sth; ***er begnügte sich mit ein paar kurzen Worten*** he restricted himself to a few short words

Begonie <-, -n> [-niə] *f* begonia

begonnen *pp von* **beginnen**

begraben* *vt irreg* ❶ (*beerdigen*) ■**jdn/ein Tier** ~ to bury sb/an animal; *s. a.* **lebendig** ❷ (*verschütten*) ■**jdn/etw** [**unter etw** *dat*] ~ to bury sb/sth [under sth] ❸ (*aufgeben*) **die Hoffnung/einen**

Plan ~ to abandon [*or* give up] hope/a plan ❹ (*beenden*) ■**etw** ~ to end sth; **einen Streit** ~ to bury the hatchet [*or* one's differences]; ***die Sache ist ~ und vergessen*** the matter is dead and buried ▸ WENDUNGEN: **sich ~ lassen können** (*fam*) to be a lost cause; ***du kannst dich ~ lassen!*** you may as well give up!; **sich mit etw ~ lassen können** (*fam*) to have no chance with sth; ***mit dem Zeugnis kannst du dich ~ lassen*** you've got no chance with that report; **irgendwo nicht ~ sein mögen** (*fam*) ***in so einem Kaff möchte ich nicht ~ sein!*** I wouldn't live in that dump if you paid me!

Begräbnis <-ses, -se> *nt* burial, funeral

begradigen* *vt* BAU ■**etw** ~ to straighten sth [out]

Begradigung <-, -en> *f* BAU straightening; **die ~ von Flüssen** the straightening of rivers

begreifbar *adj* conceivable, comprehensible; **leicht/schwer ~** easy/difficult to understand [*or* comprehend]

begreifen* *irreg* **I.** *vt* ❶ (*verstehen*) ■**etw** ~ to understand sth; (*erfassen*) to comprehend sth; ***hast du es endlich begriffen?*** have you grasped it [*or fam* got the hang of it] at last?; **kaum zu ~ sein** to be incomprehensible; ***ich begreife nicht ganz, was du damit meinst*** I don't quite get what you're driving at; ***ich begreife nicht, wie man so dumm sein kann*** I don't understand how someone can be so stupid; ■**~, dass ...** to realize that ...; ***begreifst du denn nicht, dass das keinen Sinn hat?*** don't you realize [*or* can't you see] there's no sense in that?; ***er begriff langsam, dass sie ihn verlassen hatte*** he began to comprehend [*or* it began to sink in] that she had left him ❷ (*Verständnis haben*) ■**jdn/etw** ~ to understand sb; **begreife das, wer will!** that's [*or* it's] beyond [*or* that beats] me! ❸ (*für etw halten*) ■**etw als etw** ~ to regard [*or* see] [*or* view] sth as sth **II.** *vi* (*verstehen*) to understand, to comprehend; ***begriffen?*** understood?, got it? *fam;* **langsam/schnell ~** to be slow/quick on the uptake **III.** *vr* ❶ **sich selbst nicht ~ [können]** to be incomprehensible [to sb]; ***ich begreife mich selbst nicht, wie konnte ich das nur zulassen?*** it is incomprehensible to me how I could have allowed that ❷ (*sich auffassen*) ■**sich als etw** ~ to consider [*or* see] oneself to be sth

begreiflich *adj* understandable; ■**jdm ~ sein/werden, warum/was ...** to be/become clear to sb why/what ...; ***es ist nicht ~, warum er das getan hat*** I don't understand why he did that; **sich jdm ~ machen** to make oneself clear to sb; **jdm etw ~ machen** to make sth clear to sb

begreiflicherweise *adv* understandably

begrenzen* *vt* ❶ *a.* BAU ■**etw** ~ to mark [*or* form] the border [*or* boundary] of sth; ***ein Bach begrenzt den Garten von zwei Seiten*** a stream borders the garden [*or* marks the boundary of the garden] on two sides ❷ (*beschränken*) ■**etw [auf etw** *akk*] ~ to limit [*or* restrict] sth [to sth]; **die Geschwindigkeit auf ... km/h ~** to oppose a speed limit [*or* restriction] of ... km/h, to restrict the speed limit to ... km/h ❸ (*in Grenzen halten*) ■**etw** ~ to limit sth

begrenzt **I.** *adj* limited, restricted; **~e Aktion/Dauer** limited action/period; **in einem zeitlich ~en Rahmen** in a limited [*or* restricted] time frame; ***ich habe leider nur ~e Möglichkeiten, Ihnen zu helfen*** unfortunately there is only a limited amount I can do for you; ***mein Aufenthalt hier ist zeitlich nicht ~*** there is no time limit on my stay **II.** *adv* with limits [*or* restrictions]; **nur ~ möglich sein** to be only partially possible; **nur ~en Einfluss auf etw** *akk* **nehmen können** to only have limited influence over sth; **sich nur begrenzt aufhalten können** to be only able to stay for a short time

Begrenztheit <-> *f kein pl* limitedness *no pl* (+*gen* of), limitations *pl* (+*gen* in)

Begrenzung <-, -en> *f* ❶ *a.* BAU (*Begrenzen*) limiting, restriction; (*Grenze*) boundary ❷ (*fig: das Beschränken*) restriction; **eine ~ des Einflusses/der Macht** a restriction of [the] influence/the power; **die Begrenzung der Höchstgeschwindigkeit** the speed limit ❸ BAU (*Grenze*) boundary

Begrenzungsfrist *f* time limit[ation]

Begriff <-[e]s, -e> *m* ❶ (*Terminus*) term; **ein ~ aus der Philosophie** a philosophical term; ***das ist ein dehnbarer ~*** (*lit*) that's a loose concept; (*fig*) that can mean what you want it to mean ❷ (*Vorstellung, Auffassung*) idea; **der ~ von Freiheit** the idea [*or* concept] [*or* notion] of freedom; **keinen ~ von etw haben** to have no idea about sth; **sich** *dat* **einen ~ von etw** *dat* **machen** to have an idea of sth, to imagine sth; **sich** *dat* **keinen ~ [von etw** *dat*] **machen** (*fam*) to not be able to imagine sth; **jdm ein/kein ~ sein** to mean sth/nothing [*or* not to mean anything] to sb; ***Marilyn Monroe ist jedem in der Filmwelt ein ~*** Marilyn Monroe is well-known in the film world; ***Harald Maier? Ist mir kein ~*** Harald Maier? I've never heard of him; **für jds** *akk* **~e** in sb's opinion; ***für meine ~ ist er unschuldig*** I believe he's innocent ❸ (*Inbegriff*) epitome *no pl;* ***dieser Markenname ist zu einem ~ für Qualität geworden*** this brand name has become the quintessence of quality ❹ (*Verständnis*) **schnell/schwer von ~ sein** (*fam*) to be quick/slow on the uptake ▸ WENDUNGEN: **im ~ sein** [*o* **geh stehen**], **etw zu tun** to be on the point of doing [*or* about to do] sth

begriffen *adj* (*geh*) ■**in etw** *dat* **~ sein** to be in the process of [doing] sth; ***alle Gäste sind schon im Aufbruch ~*** everyone is [already] starting to leave

begrifflich *adj attr* conceptual; **sich um ~e Klarheit bemühen** to endeavour [*or* AM -or] to define things clearly

Begriffsbildung *f* formation of a concept [*or* concepts] **begriffsstutzig** *adj* slow on the uptake, slow-witted, dense *fam* **Begriffsstutzigkeit** <-> *f kein pl* slow-wittedness *no pl,* obtuseness *no pl* **Begriffsvermögen** *nt* comprehension *no pl,* understanding *no pl,* ability to understand; ***das geht einfach über mein ~*** that's beyond my grasp [*or* comprehension], that's above [*or* over] my head

begründen* *vt* ❶ (*Gründe angeben*) ■**etw [mit etw]** ~ to give reasons for sth; **eine Ablehnung/Forderung ~** to justify a refusal/demand; **eine Behauptung/Klage/einen Verdacht ~** to substantiate a claim/complaint/suspicion; ***sein Verhalten ist einfach durch nichts zu ~*** his behaviour simply cannot be accounted for ❷ (*gründen*) ■**etw** ~ to found [*or* establish] sth; **eine Firma ~** to found [*or* form] a company, to establish [*or* set up] a business; **einen Hausstand ~** to set up house

Begründer(in) *m(f)* founder

begründet *adj* ❶ (*fundiert*) well-founded; **eine ~e Aussicht auf Erfolg** a reasonable chance of success; **es besteht ~e Hoffnung, dass ...** there is reason to hope that ...; **in etw** *dat* **~ liegen** [*o* **sein**] to be the result of sth ❷ JUR valid; ***eine Klage ist ~*** an action lies [*or* is] well-founded

Begründetheit <-> *f* JUR reasonable justification

Begründung <-, -en> *f* ❶ (*Angabe von Gründen*) reason, grounds *pl;* **eine ~ für etw angeben/finden/haben** to give/find/have a reason for sth; ■**als** [*o* **zur**] **~ einer S.** *gen* as the reason for sth ❷ JUR grounds *pl,* reasons *pl,* [statement of] reasons [*or* grounds]; *von Klage* grounds of a charge BRIT, written pleadings *pl* AM; **~ für etwas sein** [*o* **geben**] to give grounds for, to substantiate ❸ (*geh*) establishment, foundation; **die ~ eines eigenen Hausstandes** setting up house on one's own

Begründungserfordernis *nt* JUR obligation to state reasons **Begründungsfrist** *f* JUR time for stating reasons **begründungspflichtig** *adj inv* JUR requiring substantiation *nach n* **Begründungszwang** *m* JUR (*bei Patent*) requirements to file supporting arguments

begrünen* **I.** *vt* ■**etw** ~ to cover sth with greenery **II.** *vr* ■**sich** *akk* ~ to become covered in greenery

Begrünung *f* ❶ (*das Begrünen*) planting with trees, grass etc. ❷ (*Pflanzen*) greenery

begrüßen* *vt* ❶ (*willkommen heißen*) ■**jdn [mit etw]** ~ to greet [*or* welcome] sb [with sth]; ***ich begrüße Sie!*** welcome!; ■**jdn als etw** *akk* ~ to greet sb as sth; **jdn bei sich zu Hause ~ dürfen** (*geh*) to have the pleasure of welcoming sb into one's home *form;* ***wir würden uns freuen, Sie demnächst wieder bei uns ~ zu dürfen*** we would be delighted to have the pleasure of your company again soon; (*im Geschäft*) we would be delighted to be of service to you again soon; ***wir würden uns freuen, Sie bald wieder an Bord ~ zu dürfen*** we look forward to welcoming you on board again soon ❷ (*gutheißen*) ■**etw** ~ to welcome sth; **einen Entschluss ~** to welcome a decision; **es ist zu ~, dass ...** it is to be welcomed [*or* a good thing] that ... ❸ SCHWEIZ (*ansprechen*) ■**jdn/etw [in etw** *dat*] ~ to approach [*or* consult] sb/sth [on sth]

begrüßenswert *adj* welcome; **~e Nachrichten** welcome news + *sing vb;* ■**es ist ~, dass ...** it is to be welcomed that ..., ... is very welcome; ■**es wäre ~, wenn ...** it would be desirable if ..., it is desirable that ... *form*

Begrüßung <-, -en> *f* greeting, welcoming; **offizielle ~** official welcome; ***zur ~ erhielt jeder Gast ein Glas Sekt*** each guest was welcomed with a glass of sekt; **jdm zur ~ die Hand schütteln** to greet sb with a handshake

Begrüßungsansprache *f* speech of welcome, welcoming speech

begucken* *vt* (*fam*) ■**jdn/etw** ~ to [have a] look at sb/sth

begünstigen* *vt* ❶ (*förderlich sein*) ■**etw** ~ to favour [*or* AM -or] sth; **von etw begünstigt werden** to be helped [*or* furthered] by sth; **den Export ~** to increase [*or* boost] exports; **die Konjunktur ~** to improve [*or* boost] the economy; **das Wachstum ~** to encourage [*or* boost] growth *no def art* ❷ (*bevorzugen*) ■**jdn [bei etw/vor jdm]** ~ to favour [*or* AM -or] sb [with sth/over [*or* more than] sb] ❸ (*bedenken*) ■**jdn [mit etw]** ~ to benefit sb [with sth]; **durch ein Testament begünstigt sein** to benefit [*or* be a beneficiary] under a will; **jdn mit einer Schenkung [von 1000 DM] ~** to bestow sb with a gift [of 1,000 marks] ❹ JUR **einen Täter ~** to aid [and abet] a perpetrator [after the fact]

Begünstigte(r) *f(m) dekl wie adj* JUR beneficiary; **~ eines Vertrages** covenantee; **einen ~ einsetzen** to nominate a beneficiary

Begünstigtenklausel *f* JUR beneficiary clause

Begünstigung <-, -en> *f* ❶ (*Förderung*) *Pläne, Projekte* favouring [*or* AM -oring] *no pl,* furthering *no pl;* (*positive Beeinflussung*) encouragement; ***niedrige Zinsen sind eine ~ für ein stärkeres Wirtschaftswachstum*** low interest rates encourage strong economic growth ❷ (*das Bevorzugen*) preferential treatment ❸ JUR aiding [and abetting] *no pl* the perpetrator of an offence [*or* AM -se] [after the fact], acting *no pl* as an accessory to an offence [after the fact]; **~ im Amt** connivance; **jdn wegen ~ verurteilen** to sentence sb for acting as an accessory after the act

Begünstigungsklausel *f* JUR beneficiary clause

begutachten* *vt* ❶ (*fachlich prüfen*) ■**etw [auf etw** *akk*] ~ to examine sth [for sth]; **etw auf sein Alter/seinen Wert ~** to examine sth to establish its age/value; **etw schriftlich ~** to produce a written report on sth; **etw ~ lassen** to get sth examined, to get expert advice about sth ❷ (*fam*) ■**jdn/etw** ~ to have [*or* take] a look at sb/sth; ***lass dich mal ~!*** let's have a look at you!

Begutachtung <-, -en> *f* examination, assessment; *eines Gebäudes* survey; **sachverständige ~** expert opinion; **jdm etw zur ~ vorlegen** to submit sth for assessment

begütert *adj* (*geh*) affluent, wealthy

begütigend **I.** *adj* soothing, calming **II.** *adv* soothingly

behaart *adj* hairy, hirsute; **ganz dicht** [*o* **stark**]/**schwach ~ sein** to be thickly/thinly covered with hair, to be very/not very hairy

Behaarung <-, -en> *f* hair

behäbig *adj* ❶ (*gemütlich, geruhsam*) placid, easygoing; (*langsam, schwerfällig*) ponderous ❷ (*dicklich*) portly, stolid, stout ❸ SCHWEIZ (*stattlich*) imposing ❹ (*fig*) **ein ~es Möbelstück** a solid piece of furniture

Behäbigkeit <-> *f kein pl* ❶ (*Geruhsamkeit*) placidity *no pl* ❷ (*Stattlichkeit*) substantiality, imposingness *no pl*

behaftet *adj* ■ **mit etw ~ sein** to be marked with sth, to have sth; (*mit Makel*) to be flawed with sth; **mit Fehlern ~e Waren** seconds *pl;* **mit negativen Konnotationen ~ sein** to have negative connotations; **mit Misstrauen ~ sein** to be full of mistrust; **mit Problemen ~ sein** to be fraught with problems

behagen* *vi* ■ **etw behagt jdm** sth pleases sb, sb likes sth; ■ **etw behagt jdm nicht** sth does not please sb, sb does not like sth; ***es behagt ihm nicht, so früh aufzustehen*** he doesn't like [*or* enjoy] getting up so early; ***es behagt mir gar nicht, dass er so früh kommt*** I'm not pleased at all that he's coming so early

Behagen <-s> *nt kein pl* contentment, pleasure; **etw mit ~ genießen** to enjoy sth immensely; **etw mit ~ verspeisen** [*o* **essen**] to eat sth with [great] relish

behaglich I. *adj* ❶ (*gemütlich*) cosy Brit, cozy Am; **es sich** *dat* **auf dem Sofa/vor dem Kamin ~ machen** to make oneself comfortable on the sofa/in front of the fire ❷ (*genussvoll*) contented; **ein ~es Schnurren** a contented purring II. *adv* ❶ (*gemütlich*) cosily Brit, cozily Am; **~ eingerichtet sein** to be comfortably [*or* Brit cosily] [*or* Am cozily] furnished; **sich bei jdm ~ fühlen** to feel at home [*or* comfortable] in sb's house ❷ (*genussvoll*) contentedly

Behaglichkeit <-> *f kein pl* cosiness Brit, coziness Am, comfortableness, sense of comfort

behalten* *vt irreg* ❶ (*in seinem Besitz lassen*) ■ **etw ~** to keep sth; ***wozu willst du das alles ~!*** why hang on to all this! ❷ (*nicht preisgeben*) **etw für sich ~** to keep sth to oneself ❸ (*als Gast haben*) ■ **jdn [bei sich] ~** to have sb stay on [with one]; ***ich hätte dich ja noch gerne länger [bei mir] ~*** I would have loved you to stay longer [with me] ❹ (*bewahren*) ■ **etw ~** to maintain sth; **die Fassung ~** to maintain one's composure; **die Nerven** [*o* **die Ruhe**] **~** to keep one's nerve [*or* calm] [*or fam* one's cool] ❺ (*im Gedächtnis bewahren*) ■ **etw ~** to remember sth; ***ich habe leider seinen Namen nicht ~*** sorry, I cannot remember his name; **etw im Kopf ~** to keep sth in one's head, to remember sth ❻ (*stetig bleiben*) ■ **etw ~** to keep [*or* retain] sth; **seine Form ~** (*bei Menschen*) to keep in shape; (*bei Kleidungsstücken*) to keep [*or* retain] its shape; **seinen Namen/seine Staatsangehörigkeit ~** to keep [*or* retain] one's name/nationality ❼ (*dort lassen, wo es ist*) **die Hände in den Hosentaschen ~** to keep one's hands in one's pockets; **den Hut auf dem Kopf ~** to keep one's hat on; **nichts bei sich ~ können** to be unable to keep anything down ❽ (*zurückbehalten*) ■ **etw von etw ~** to be left with sth from sth

Behälter <-s, -> *m* container, receptacle *form*

Behälterglas *nt kein pl* ökol container glass

Behältnis <-ses, -se> *nt* container

behämmert *adj* (*sl*) *s.* **bekloppt**

behänd(e)[RR] I. *adj* (*geh*) deft, nimble, agile; ***für sein Alter ist er aber noch sehr ~*** he is still very nimble [*or* agile] for his age II. *adv* deftly, nimbly, agilely

behandeln* *vt* ❶ (*medizinisch versorgen*) ■ **jdn/etw ~** to treat [*or* attend to] sb/sth; ***wer ist Ihr ~der Arzt?*** who is the doctor treating you? ❷ (*damit umgehen*) ■ **jdn/etw/ein Tier ~** to treat sb/an animal; **jdn gut ~** to treat sb well; **jdn schlecht ~** to treat sb badly, to mistreat sb; **jdn stiefmütterlich ~** to neglect sb; **jdn mit Fäusten und Fußtritten ~** to subject sb to kicks and punches; **jdn mit Nachsicht ~** to be lenient with sb; **jdn wie ein kleines Kind ~** to treat sb like a child; **etw vorsichtig ~** to handle sth with care ❸ (*mit einer Substanz bearbeiten*) ■ **etw [mit etw] ~** to treat sth [with sth]; **chemisch behandelt** chemically treated ❹ (*abhandeln*) ■ **etw ~** to deal with [*or* treat] sth; **einen Antrag/Punkt ~** to deal with an application/a point

behandelt *adj inv* treated; **chemisch ~** chemically treated

behändigen *vt* schweiz ■ **etw ~** to get hold of sth

Behändigkeit[RR] <-> *f kein pl* (*geh*) deftness, nimbleness, agility

Behandlung <-, -en> *f* ❶ (*medizinische Versorgung*) [**bei jdm**] [**wegen etw** *gen*] **in ~ sein** to be treated [by sb] [*or* receive treatment [from sb]] [for sth]; ***bei wem sind Sie in ~?*** who is treating you? ❷ (*Umgang*) treatment; **eine gute/schlechte ~ erfahren** to be treated well/badly, to be mistreated; **eine unwürdige ~ erfahren** to reveive shameful treatment ❸ (*das Bearbeiten mit einer Substanz*) treatment; **kosmetische ~** beauty treatment ❹ (*das Abhandeln*) treatment; **die ~ eines Antrags/eines Punktes** the handling of an application/a point

behandlungsbedürftig *adj* ■ **etw ist ~** sth is in need of [*or* requires] treatment **Behandlungsfehler** *m* mistake [*or* error] in the [*or* during] treatment **Behandlungskosten** *pl* cost of treatment **Behandlungsmethode** *f* method of treatment, treatment method **Behandlungsplan** *m* plan of treatment, treatment plan **Behandlungsraum** *m,* **Behandlungszimmer** *nt* treatment room

Behang <-[e]s, Behänge> *m* ❶ (*Wand~*) hanging ❷ (*Baumschmuck*) decoration[s], ornaments *pl* ❸ (*Baumertrag*) crop ❹ jagd lop ears *pl*

behangen *adj* ❶ (*beladen sein*) ■ **mit etw ~ sein** to be laden with sth; **ein voll ~er Baum** a heavily laden tree; ***die Pflaumenbäume sind dieses Jahr überreich mit Früchten ~*** the plum trees are dripping with fruit this year ❷ (*pej*) ■ **[mit etw] ~ sein** to be festooned [with sth]; **mit Juwelen/Schmuck ~ sein** to be dripping with jewels/jewellery [*or* Am jewelry]

behängen* *vt* ❶ ■ **etw mit etw ~** to hang [*or* decorate] sth with sth; **Wände mit Bildern ~** to hang walls with pictures; **Wände mit Teppichen ~** to decorate walls with [wall] hangings; **den Weihnachtsbaum [mit Kugeln/Lametta] ~** to decorate the Christmas tree [with balls/tinsel] ❷ (*pej fam*) ■ **jdn mit etw ~** to festoon sb [*or* deck sb out] with sth; ■ **sich [mit etw] ~** to festoon oneself [*or* deck oneself out] [with sth]; **eine Frau mit Schmuck/einen Offizier mit Orden ~** to festoon a woman with jewellery [*or* Am jewelry]/an officer with medals

beharren* *vi* ❶ (*darauf bestehen*) ■ **auf** [*o* **bei**] **etw** *dat* **[hartnäckig] ~** to insist [stubbornly] on sth; **auf seiner Meinung ~** to persist with one's opinion; ■ **jds B~ [auf etw** *dat*] sb's insistence [on sth] ❷ (*bleiben*) ■ **in etw** *dat* **~** to remain in sth; **in der Tradition ~** to uphold tradtion; **an einem Ort ~** to remain in a place

beharrlich I. *adj* insistent; (*ausdauernd*) persistent; **~er Fleiß** dogged hard work [*or* effort]; ***du hättest ~er sein sollen*** you should have persevered [*or* been persistent] II. *adv* persistently; **~ auf sein Recht pochen** to doggedly stand up for one's rights; **~ schweigen** to persist in remaining silent

Beharrlichkeit <-> *f kein pl* insistence, persistence

Beharrungstendenz *f* ökon tendency to inertia **Beharrungsvermögen** *nt* ❶ (*Ausdauer*) steadfastness ❷ phys inertia

behauen *vt* ■ **etw ~** to hew sth

behaupten* I. *vt* ❶ (*als unbewiesene Äußerung aufstellen*) ■ **etw [von jdm/etw] ~** to claim [*or* maintain] [*or* assert] sth [about sb/sth]; ***wer das [von ihr] behauptet, lügt!*** whoever says that [about her] is lying!; ■ **~, dass ...** to claim that ...; ***ich behaupte ja nicht, dass ich immer Recht habe*** I don't claim to be right all the time, I'm not claiming that I am always right; ■ **von jdm ~, dass ...** to say of sb that ...; ■ **es wird [von jdm] behauptet, dass ...** it is said [*or* claimed] [of sb] that ...; **etw getrost ~ können** to be able to safely say sth ❷ (*aufrechterhalten*) ■ **etw ~** to maintain sth; **seinen Vorsprung gegen jdn ~ [können]** to [manage] to maintain one's lead over sb II. *vr* (*sich durchsetzen*) ■ **sich [gegen jdn/etw] ~** to assert oneself [over sb/sth]; **sich gegen die Konkurrenz ~ können** to be able to survive against one's competitors; ***Agassi konnte sich gegen Sampras ~*** Agassi held his own against Sampras; börse *Aktie* to steady; **sich weiterhin ~** to hold its ground, to remain firm

Behauptung <-, -en> *f* ❶ (*unbewiesene Äußerung*) assertion, claim; **eine ~/~en aufstellen** to make an assertion/assertions ❷ (*Durchsetzen*) maintaining *no pl,* maintenance *no pl;* ***die ~ an der Tabellenspitze wird nicht leicht sein*** it will not be easy to stay at the top of the table

Behauptungslast *f* jur burden of allegations

Behausung <-, -en> *f* (*hum geh*) accommodation, dwelling; ***dies ist meine bescheidene ~*** this is my humble abode *a. iron;* **weitab von jeder menschlichen ~** far away from any human habitation

Behaviorismus <-> [bihevjəˈrɪsmʊs] *m kein pl* psych (*Verhaltensforschung*) behaviourism [*or* Am -iorism] *no pl*

behebbar *adj* jur remediable, amendable; **~ durch Zustimmung** curable by assent

beheben* *vt irreg* ❶ (*beseitigen*) ■ **etw ~** to remove sth; **einen Fehler/Mangel ~** to rectify a mistake/fault; **die Missstände ~** to remedy shortcomings; **einen Schaden/eine Funktionsstörung ~** to repair damage/a malfunction ❷ fin österr **Geld ~** to withdraw money

Behebung <-, -en> *f* ❶ (*Beseitigung*) removal; **die ~ eines Fehlers/Mangels** the rectification [*or* remedying] of a mistake/fault; **die ~ des Schadens/der Störung** the repair of the damage/fault ❷ fin österr *Geld* withdrawal

beheimatet *adj* ❶ (*ansässig*) ■ **[irgendwo] ~ sein** to be resident [somewhere]; ***wo bist du eigentlich ~?*** where do you actually come from? ❷ bot, zool native, indigenous; **in Kalifornien ~ sein** to be native [*or* indigenous] to [*or* a native of] California

beheizbar *adj* heatable; **eine ~e Heckscheibe/Windschutzscheibe** a heated rear window/windscreen; **etw ist mit Holz/Koks/etc. ~** sth can be heated with wood/coke/etc.

beheizen* *vt* ■ **etw [mit etw] ~** to heat sth [with sth]

Behelf <-[e]s, -e> *m* [temporary] replacement, makeshift, stop-gap

behelfen* *vr irreg* ❶ (*mit einem Ersatz auskommen*) **sich mit etw ~ [müssen]** to [have to] make do [*or* manage] with sth ❷ (*zurechtkommen*) ■ **sich ~ [können]** to manage, to get by; **sich ohne etw ~** to manage [*or* get by] without sth

Behelfsausfahrt *f* temporary exit **behelfsmäßig** I. *adj* makeshift, temporary II. *adv* temporarily, in a makeshift fashion **Behelfsunterkunft** *f* makeshift dwelling

behelligen* *vt* ■ **jdn [mit** [*o* **durch**] **etw] ~** to pester [*or* bother] sb [with sth]; ***darf ich Sie noch einmal mit einer Frage ~*** may I trouble [*or* bother] you with one more question?

behend(e) *adj, adv s.* **behänd[e]**

Behendigkeit <-> *f kein pl s.* **Behändigkeit**

beherbergen* *vt* ■ **jdn ~** to accommodate [*or* house] sb, to put up sb *sep* [somewhere]

Beherbergung <-> *f kein pl* accommodation

Beherbergungsgewerbe *nt* handel hotel trade **Beherbergungsvertrag** *m* jur contract for accommodation

beherrschen* I. *vt* ❶ (*gut können*) ■ **etw ~** to have mastered [*or fam* got the hang of] sth; **sein Handwerk ~** to be good at [*or* skilled in] one's trade; ***sie beherrscht ihr Handwerk*** she's good at what she does; **ein Instrument ~** to play an instrument well, to have mastered an instrument; **die Spielregeln ~** to know [*or* have learnt] the rules well; **eine Sprache ~** to have good command of a language; **alle Tricks ~** to know all the tricks; **etw gerade so ~** to have just about mastered [*or fam* got the hang of] sth; **etw gut/perfekt ~** to have mastered sth well/perfectly; **etw aus dem Effeff ~** (*fam*) to know sth inside out ❷ (*als Herrscher regieren*) ■ **jdn/etw ~** to rule sb/sth ❸ (*handhaben*) ■ **etw ~** to control sth; **ein Fahrzeug ~** to have con-

B

trol over a vehicle ❹ (*prägen, dominieren*) ■etw ~ to dominate sth; **ein ~der Eindruck/eine ~de Erscheinung** a dominant impression/figure ❺ (*zügeln*) ■etw ~ to control sth; **seine Emotionen/Gefühle/Leidenschaften** ~ to control one's emotions/feelings/passions ❻ (*unter dem Einfluss von etw stehen*) ■**von etw beherrscht werden** to be ruled by sth; **von seinen Gefühlen beherrscht werden** to be ruled [*or* governed] by one's emotions **II.** *vr* (*sich bezähmen*) ■**sich** ~ to control oneself ▸ WENDUNGEN: **ich kann mich ~!** (*iron fam*) no way!, not likely!, I wouldn't dream of it!

beherrschend *adj* ruling

beherrscht I. *adj* [self-]controlled; ***er blieb gelassen und*** ~ he remained calm and composed **II.** *adv* with self-control [*or* composure]

Beherrschtheit <-> *f kein pl s.* **Beherrschung 2.**

Beherrschung <-> *f kein pl* ❶ (*das Gutkönnen*) mastery ❷ (*Selbst~*) self-control; **die** [*o* **seine**] ~ **verlieren** to lose one's self-control ❸ (*das Kontrollieren*) control

Beherrschungsvertrag *m* JUR controlling agreement

beherzigen* *vt* ■**etw** ~ to take sth to heart; **einen Rat** ~ to heed [a piece of] advice

beherzt *adj* (*geh*) intrepid, courageous, spirited

Beherztheit *f* courage, spirit

behilflich *adj* ■**jdm** [**bei/mit etw**] ~ **sein** to help sb [with sth]; **jdm beim Einsteigen/Aussteigen ~ sein** to help sb [to] get on/off; ***darf ich dir damit ~ sein?*** may I give you a hand with that?; ***könntest du mir wohl mit 300 Mark ~ sein?*** could you help me out with 300 marks?

behindern* *vt* ❶ (*hinderlich sein*) ■**jdn** [**bei etw**] ~ to obstruct [*or* hinder] sb [in sth]; ■**etw** [**bei etw**] ~ to hinder sth [in sth]; **die Bewegungsfreiheit** ~ to impede one's movement[s] ❷ (*hemmen*) ■**etw** ~ to hamper sth; ***die erneuten Terroranschläge ~ den Friedensprozess*** the renewed terrorist attacks are threatening the peace process

behindert *adj* disabled; **geistig/körperlich** ~ mentally/physically handicapped

Behinderte(r) *f(m) dekl wie adj* disabled [*or* handicapped] person/man/woman; ■**die B~n** the handicapped [*or* disabled]; **eine Telefonzelle für körperlich** ~ a [tele]phone box [*or* AM booth] for the physically handicapped; **ein Parkplatz/eine Toilette für** ~ a parking place/toilet for the disabled; **geistig/körperlich** ~ mentally/physically handicapped person

Behindertenausweis *m* identity card for the disabled **behindertengerecht I.** *adj inv* suitable for the disabled **II.** *adv inv* ~ **ausgestattet sein** to be suitable for the disabled **Behindertenolympiade** *f* Paralympic Games, Paralympics *npl* **Behindertenparkplatz** *m* parking place for the disabled, disabled parking place; (*Parkgelände*) car park [*or* AM parking lot] for the disabled, disabled car park **Behindertenverband** *m* organization for the disabled [*or* handicapped] **Behinderten-WC** *nt* toilet for the disabled, disabled toilet **Behindertenwerkstatt** *f* handicapped [people's] workshop, BRIT *a.* sheltered workshop

Behinderung <-, -en> *f* ❶ (*das Behindern*) hindrance, obstruction; ***es muss mit*** [***erheblichen***] ***~en gerechnet werden*** [long] delays are to be expected ❷ (*körperliche Einschränkung*) handicap; **geistige/körperliche** ~ mental/physical handicap

Behinderungsverbot *nt* JUR ban on restraint **Behinderungswettbewerb** *m* FIN restraint of competition

Behörde <-, -n> *f* ❶ (*Dienststelle*) department; **mit Genehmigung der zuständigen** ~ with permission from [*or* the permission of] the appropriate authorities ❷ (*fam*) town council, local authorities; ***sie arbeitet bei der*** ~ she works for the council ❸ (*Amtsgebäude*) [government] [*or* [local] council] offices

Behördengang <-gänge> *m* trip to the authorities **behördenübergreifend** *adj* ADMIN embracing several authorities **Behördenweg** *m* POL official channels *pl* **Behördenwillkür** *f* official whim [*or* caprice]

behördlich I. *adj* official; **auf ~e Anordnung** by order of the authorities **II.** *adv* officially; ~ **genehmigt** authorized by the authorities

behüten* *vt* ❶ (*schützend bewachen*) ■**jdn/etw** ~ to watch over [*or* guard] sb/sth ❷ (*bewahren*) ■**jdn vor etw** *dat* ~ to protect sb from sth; **jdn vor einem großen Fehler/vor Schlimmerem** ~ to save sb from a big mistake/a worse fate ▸ WENDUNGEN: [**Gott**] **behüt[e]!** God [*or* Heaven] forbid!

behütet I. *adj* protectively brought up; **eine ~e Kindheit** a sheltered childhood; **ein wohl ~es Mädchen** a well-cared-for girl; ***hier werden Ihre Kinder ~ und gut aufgehoben sein*** your children will be in safe hands here **II.** *adv* ~ **aufwachsen** to have a sheltered upbringing

behutsam I. *adj* (*geh*) careful, gentle; ***~es Vorgehen ist angesagt*** it will be necessary to proceed with caution [*or* cautiously]; ■[**bei etw**] ~ **sein** to be careful [in sth/when doing sth] **II.** *adv* (*geh*) carefully, gently; **jdm etw ~ beibringen** to break sth to sb [*or* tell sb sth] gently

Behutsamkeit <-> *f kein pl* (*geh*) care

bei *präp +dat* ❶ (*räumlich*) ■~ **jdm** (*in jds Wohn-/Lebensbereich*) with sb; ***am Wochenende sind sie entweder ~ ihm oder ~ ihr*** at the weekend they will either be at his place or at hers; ***dein Schlüssel müsste ~ dir in der Schreibtischschublade sein*** your key should be in your desk drawer; ~ ***uns zu Hause wurde früher vor dem Essen immer gebetet*** we always used to say grace before a meal at our house; ~ ***wem hast du die letzte Nacht verbracht?*** who did you spend last night with?; ***ich war die ganze Zeit ~ meinen Eltern*** I was at my parents' [house] the whole time; ~ ***Familie Schmidt*** (*Briefanschrift*) c/o Schmidt ❷ (*räumlich*) ■~ **jdm** (*in jds Unternehmensbereich/Institution*) in; ~ ***wem lassen Sie Ihre Anzüge schneidern?*** who makes your suits?, who is your tailor?; SCH from; ***sie hat ihr Handwerk ~ einem sehr erfahrenen Meister gelernt*** she learnt her trade from a very experienced master craftsman; ~ ***diesem Professor hören die Studenten immer gerne Vorlesungen*** the students always enjoy this professor's lectures; ~ ***wem nimmst du Klavierstunden?*** who do you have your piano lessons with?; (*in einem Geschäft*) at; **beim Bäcker/Friseur** at the baker's/hairdresser's; (*angestellt sein*) for; ***er ist*** [***Beamter***] ~ ***der Bahn/Post/beim Bund*** he works for the railways/post office/armed forces; ***er ist neuerdings auch Redakteur ~ uns*** he joined us as an editor recently too; ***seit wann bist du eigentlich ~ dieser Firma?*** how long have you been working for this company?; ***er ist ein hohes Tier ~ der Post*** he is a big shot [*or* fish] at the post office ❸ (*räumlich*) ■~ **jdm** (*in jds* [*künstlerischem*] *Werk*) in; ***das Zitat steht irgendwo ~ Goethe*** the quotation comes from somewhere in Goethe; ~ ***wem hast du denn das gelesen?*** where did you read that?; ***das kannst du alles ~ Schopenhauer nachlesen*** you can look it all up in Schopenhauer ❹ (*räumlich: mit sich führen oder haben*) ■~ **sich** with; **etw ~ sich haben** to have sth with [*or* on] one; ***ich habe die Unterlagen leider nicht ~ mir*** I'm afraid I haven't got the papers with me; ***ich habe gerade kein Geld ~ mir*** I haven't any money on me at the moment; **jdn ~ sich haben** to have sb with one ❺ (*räumlich*) ■~ **etw** (*in der Nähe von*) near sth; ***Böblingen ist eine Stadt ~ Stuttgart*** Böblingen is a town near Stuttgart ❻ (*räumlich*) ■~ **etw** (*Berührung*) by; **jdn ~ der Hand nehmen** to take sb by the hand; ***er packte sie grob ~ den Haaren*** he grabbed her roughly by the hair ❼ (~ *einem Vorgehen*) ~ **einer Aufführung/Hochzeit/einem Gottesdienst** at a performance/wedding/church service; ~ ***dem Zugunglück starben viele Menschen*** many people died in the train crash ❽ (*räumlich*) ■~ **etw** (*dazwischen, darunter*) among; ***die Unterlagen sind ~ den Akten*** the papers are amongst the files; ~ ***den Demonstranten waren auch einige gewalttätige Chaoten*** there were also several violent hooligans among the demonstrators ❾ (*ungefähr*) around; ***der Preis liegt ~ etwa 1000 Mark*** the price is around [*or* about] 1000 marks ❿ (*Zeitspanne: während*) during; ***ich habe ~ dem ganzen Film geschlafen*** I slept through the whole film; ~ ***der Vorführung darf nicht geraucht werden*** smoking is not permitted during the performance; ***unterbrechen Sie mich bitte nicht dauernd ~ meiner Rede!*** please stop interrupting my speech!; (*Zeitspanne: Zeitpunkt betreffend*) at; ~ **jds Abreise/Ankunft** on sb's departure/arrival; ***ich hoffe, du bist ~ meiner Abreise auch zugegen*** I hope you will be there when I leave [*or* on my departure]; ***sei bitte ~ meinem Eintreffen auf dem Bahnhof!*** please be waiting for me at the station when I arrive!; ~ ***Beginn der Vorstellung wurde die Beleuchtung im Kino langsam dunkler*** as the film began the lights in the cinema gradually went dim ⓫ (*während einer Tätigkeit*) while; ***beim Lesen kann ich nicht gleichzeitig Radio hören*** I cannot read and listen to the radio at the same time; ***das ist mir beim Wäschebügeln eingefallen*** it occurred to me when [*or* as] [*or* while] I was ironing; ***störe mich bitte nicht ständig ~ der Arbeit!*** please stop disturbing me constantly when I'm working! ⓬ (*Begleitumstände*) by; ***wir aßen ~ Kerzenlicht*** we had dinner by candlelight; ***wir können das ja ~ einer Flasche Wein besprechen*** let's talk about it over a bottle of wine; ~ ***Schnee ist Weihnachten immer am schönsten*** Christmas is always nicest when it snows; ~ ***diesem Wetter setze ich keinen Fuß vor die Tür!*** I'm not setting foot outside the door in this weather!; ~ **dieser Hitze/Kälte** in such a heat/cold; ~ **Wind und Wetter** come rain or shine ⓭ (*im Falle von etw*) in case of; ***„bei Feuer Scheibe einschlagen"*** "in case of fire break glass"; ~ ***45° unter Null*** at 45° below zero; ~ ***Nebel/Regen*** when it is foggy/raining, when there is fog/rain ⓮ (*wegen, mit*) with; ~ **deinen Fähigkeiten** with your talents [*or* skills]; ~ ***der Sturheit, die er an den Tag legt, könnte man manchmal wirklich verzweifeln*** one could sometimes really despair at the stubbornness he shows; ~ ***so viel Dummheit ist wirklich alle Liebesmüh vergebens*** all effort is futile in the face of such stupidity ⓯ (*trotz*) ■~ **all/aller ...** in spite of all, despite all; ~ **alledem ...** for [*or* despite] all that ... ⓰ (*in Schwurformeln*) by; ~ **meiner Ehre** [up]on my honour; ***ich schwöre es, ~ meiner toten Mutter!*** I swear on my mother's grave!; ~ **Gott!** (*veraltend*) by God!; ***„ich schwöre ~ Gott, die Wahrheit zu sagen und nichts als die Wahrheit"*** "I swear to tell the truth, the whole truth and nothing but the truth, so help me God" ▸ WENDUNGEN: **nicht** [**ganz**] ~ **sich sein** (*fam*) to be not [quite] oneself

bei|behalten* *vt irreg* ❶ (*weiterhin behalten*) ■**etw** ~ to maintain sth, to keep sth up; **eine Angewohnheit** ~ to maintain a habit; **einen Brauch/eine Tradition** ~ to uphold a custom/tradition; **eine Meinung** ~ to stick to an opinion ❷ (*fortsetzen*) to keep to, to continue; **eine Diät** ~ to keep to a diet; **seine Geschwindigkeit** ~ to maintain one's speed; **eine Therapie** ~ to continue [with] a treatment

Beibehaltung <-> *f kein pl* ❶ (*das Beibehalten*) *Gewohnheit, Methode* maintenance, upkeep, upholding ❷ (*das Fortsetzen*) *Richtung* keeping to, continuance

bei|biegen *vt irreg* (*sl: beibringen*) ■**jdm ~, dass ...** to get it through to sb that ...; (*schonend beibringen*) to break it gently to sb that...; (*geduldig beibringen*) to get it patiently across to sb...

Beiblatt *nt* insert, supplement

Beiboot *nt* tender (*vessel attendant on others*)

bei|bringen *vt irreg* ❶ (*fam: eine schlechte Nachricht übermitteln*) ■**jdm etw** ~ to break sth to sb;

■**jdm ~, dass …** to break it to sb that …; **jdm etw schonend ~** to break sth gently to sb ❷ (*fam: lehren*) ■**jdm/einem Tier etw ~** to teach sb/an animal sth ❸ (*zufügen*) ■**jdm etw ~** to inflict sth on sb; **jdm eine Kopfverletzung/Niederlage/hohe Verluste ~** to inflict a head injury/a defeat/heavy losses on sb ❹ (*beschaffen*) ■**jdn/etw ~** to produce sb/sth; **Beweise ~** to produce [*or* provide] [*or* supply] proof; **das Geld ~** to produce [*or form* furnish] the money; **die Unterlagen ~** to produce [*or* supply] the documents; **einen Zeugen/eine Zeugin ~** to produce a witness

Beibringungsfrist *f* JUR deadline for submission

Beichte <-, -n> *f* ❶ REL confession; ***die ~ wird dich erleichtern*** confession will be a relief for you; [**bei jdm**] **die ~ ablegen** (*geh*) to make one's confession [to sb]; **jdm die ~ abnehmen** to hear sb's confession; **zur ~ gehen** to go to confession; **eine ~ ablegen** (*hum: etw gestehen*) to make a confession ❷ (*hum: etw gestehen*) **eine ~ ablegen** to confess to sth

beichten I. *vt* ❶ REL ■[**jdm**] **etw ~** to confess sth [to sb] ❷ (*hum fam: gestehen*) ■**jdm etw ~** to confess sth to sb II. *vi* REL to confess; **~ gehen** to go to confession

Beichtgeheimnis *nt* seal of confession **Beichtstuhl** *m* confessional **Beichtvater** *m* (*veraltend*) father confessor *a. fig*

beidarmig I. *adj* ❶ SPORT double-[*or* two-]handed ❷ (*beide Arme betreffend*) of both arms *after n;* **eine ~e Amputation** an amputation of both arms II. *adv* ❶ SPORT with two [*or* both] hands ❷ (*beide Arme betreffend*) on both arms; ***er war ~ amputiert*** he had both arms amputated **beidbeinig** I. *adj* ❶ SPORT two-footed; **ein ~er Absprung** a two-footed take-off ❷ (*beide Beine betreffend*) of both legs; **eine ~e Amputation** an amputation of both legs II. *adv* ❶ SPORT with [*or* on] two [*or* both] feet ❷ (*beide Beine betreffend*) of both legs; **~ amputieren** to amputate both legs

beide *pron* ❶ (*alle zwei*) both; ***sie hat ~ Kinder gleich lieb*** she loves both children equally; **~ Mal[e]** both times ❷ (*sowohl du als auch du*) both; ***jetzt kommt mal ~ her zu Opa*** come here to Grandad both of you; ■**ihr ~** the two of you; ***ihr ~ solltet euch wieder vertragen!*** you two really should make up again!; ■**euch ~n** both of you, you both; ***muss ich euch ~n denn immer alles zweimal sagen?*** do I always have to tell you both everything twice? ❸ (*ich und du*) ■**uns ~n** both of us; ■**wir ~** the two of us ❹ (*die zwei*) ■**die** [...] **~n** both [of them], the two of them; ***die ~n vertragen sich sehr gut*** they both [*or* the two of them] get on very well; **die ersten/letzten ~n …** the first/last two …; **einer/einen/eine/eins von ~n** one of the two; **keiner/keinen/keine/keins von ~n** neither of the two [*or* them]; **welcher/welchen/welche/welches von ~n** which of the two ❺ (*sowohl dies als auch jenes*) ■**~s** both; ***~s ist möglich*** both are [*or* either [one] is] possible

beidemal *adv s.* **beide 1.**

beiderlei *adj attr, inv* both; ***was gab es zu trinken, Bier oder Wein? — es gab ~ Getränke, Bier und Wein*** what was there to drink, beer or wine? — there was both beer and wine; **Verwandte ~ Geschlechts** relatives of both sexes

beiderseitig *adj* on both sides; **ein ~es Abkommen** a bilateral agreement; **~es Vertrauen/~e Zufriedenheit** mutual trust/satisfaction; **sich im ~en Einverständnis trennen** to part in mutual agreement

beiderseits I. *adv* on both sides II. *präp +gen* ■**~ einer S.** *gen* on both sides of sth; **~ der Straße** on both sides of the street [*or* road]

beidfüßig I. *adj* ❶ SPORT two-footed; **ein ~er Absprung** a two-footed take-off ❷ (*beide Füße betreffend*) of both feet *after n;* **eine ~e Amputation** an amputation of both feet II. *adv* ❶ SPORT with two feet; **~ abspringen** to take off with two feet ❷ (*beide Füße betreffend*) of both feet; **~ amputieren** to amputate both feet **beidhändig** I. *adj* ❶ SPORT double-[*or* two-]handed ❷ (*beide Hände betreffend*) **eine ~e Amputation** an amputation of both hands; **ein ~er Griff** a double-[*or* two-]handed grip II. *adv* ❶ SPORT with two [*or* both] hands ❷ (*beide Hände betreffend*) **~ amputiert** with both hands amputated

bei|drehen *vi* NAUT to heave to

beidseitig I. *adj* ❶ (*auf beiden Seiten vorhanden*) on both sides; **eine ~e Beschichtung** a coating on both sides, a double-sided coating; **~e Lähmung** bilateral paralysis *spec,* diplegia *spec* ❷ *s.* **beiderseitig** II. *adv* on both sides; **~ gelähmt** paralysed [*or* AM -yzed] down both sides **beidseits** *präp +gen* SÜDD, SCHWEIZ *s.* **beiderseits II**

beieinander *adv* together; **jdn/etw** [**wieder**] **~ haben** (*fam: einsammeln*) to have [got] sb/sth together [again]; **~ liegen** to lie together; **~ sitzen** to sit together; **~ stehen** to stand together ▶ WENDUNGEN: **sie nicht** [**mehr**] **alle** [*o* **richtig**] **~ haben** to have a screw loose *fig fam;* **gut/schlecht ~ sein** (*fam körperlich*) to be in good/bad [*or* poor] shape; (*geistig*) to be/not be all there *fam*

beieinander|haben *vt irreg* (*fam*) *s.* **beieinander 1 beieinander|liegen** *vi irreg s.* **beieinander 1 beieinander|sein** *vi irreg sein* (*fam*) *s.* **beieinander 2 beieinander|sitzen** *vi irreg s.* **beieinander 1 beieinander|stehen** *vi irreg s.* **beieinander 1**

Beifahrer(in) *m(f)* (*Passagier neben dem Fahrer*) front-seat passenger, passenger in the front seat; (*zusätzlicher Fahrer*) co-driver

Beifahrerairbag [-æːɐbæk] *m* passenger airbag **Beifahrersitz** *m* [front] passenger seat

Beifall <-[e]s> *m kein pl* ❶ (*Applaus*) applause; **~ heischend** (*geh*) looking for applause; **~ klatschen** to applaud; **~ klopfen** (*bei einer Vorlesung*) to applaud (*by knocking on a table etc. with one's fist*); **jdm/einer S. ~ spenden** (*geh*) to applaud sb/sth; **~ auf offener Szene** applause during the performance [*or* scene]; **mit anhaltendem/brausendem** [*o* **donnerndem**] **~ quittiert werden** to be met with prolonged/thunderous applause ❷ (*Zustimmung*) approval; **~ heischend** (*geh*) looking for approval; **jdm einen ~en Blick zuwerfen** to cast an approval-seeking glance at sb; [**jds** *akk*] **~ finden** to meet with [sb's] approval

beifallheischend *adj, adv s.* **Beifall 1, 2**

beifällig I. *adj* approving; **mit ~em Gemurmel quittiert werden** to be met with murmurs of approval II. *adv* approvingly; ***er nickte ~ mit dem Kopf*** he nodded approvingly [*or* in approval]; ***dieser Vorschlag wurde ~ aufgenommen*** this suggestion was favourably received

Beifallsbekundung *f* demonstration [*or* show] of approval **Beifallsbezeigung** *f* (*geh*) *s.* **Beifallsbekundung Beifallsruf** *m* cheer, shout of approval **Beifallssturm** *m* storm of applause

Beifilm *m* supporting [*or* AM short subject] film

bei|fügen *vt* ❶ (*mitsenden*) [**einem Brief/Paket**] **etw ~** to enclose sth [in a letter/parcel] ❷ (*hinzufügen*) ■[**etw**] **~** to add [sth]

Beifügung <-> *f kein pl* ❶ (*geh*) enclosure; **unter ~ einer S.** *gen* (*geh*) enclosing sth; ***unter ~ von 5 DM Rückporto senden wir Ihnen gerne den Prospekt zu*** the catalogue will be sent to you if you enclose 5 DM for return postage ❷ LING attribute

Beifuß <-es> *m kein pl* BOT mugwort

Beigabe <-, -n> *f* ❶ *sing* (*das Hinzufügen*) addition; ***ohne die ~ von Pfeffer und Salz schmeckt die Suppe recht fade*** the soup is pretty tasteless without salt and pepper; **unter ~ von etw** *dat* (*geh*) adding sth ❷ *sing o pl* (*Beilage*) side dish ❸ *pl* ARCHÄOL burial gift [*or* object]

beige [beːʃ, ˈbeːʒə] *adj inv* beige

Beige[1] <-, – *o fam* -s> [beːʃ, ˈbeːʒə] *nt* beige

Beige[2] <-, -n> *f* SÜDD, ÖSTERR, SCHWEIZ pile; **zu einer ~ aufgeschichtet werden** to be stacked up in a pile

bei|geben *vt irreg* ❶ (*mitsenden*) ■[**etw** *dat*] **etw ~** to enclose sth [with sth] ❷ (*hinzufügen*) ■**etw** *dat* **etw ~** to add sth to sth; ***dem Teig müssen noch 4 Eier beigegeben werden*** 4 more eggs have to be added to the dough ❸ (*geh*) ■**jdm/einer S. jdn ~** to assign sb to sb/sth; *s. a.* **klein**

beigefarben *adj* beige[-coloured [*or* AM -ored]]

Beigeordnete(r) *f(m)* JUR councillor

Beigeschmack *m* ❶ (*zusätzlicher Geschmack*) [after]taste; **einen bitteren/seltsamen ~ haben** to have a bitter/strange taste; **einen ~ hinterlassen** to leave an aftertaste ❷ (*fig*) overtone[s]; ***das Wort hat einen leicht negativen ~*** that word has slightly negative overtones

Beignet <-s, -s> [bɛnˈjeː] *m* KOCHK fritter; (*Krapfen*) doughnut BRIT, donut AM

Beiheft *nt* (*zusätzlich beigelegtes Heft*) supplement; SCH answer book

bei|heften *vt* ■[**etw** *dat*] **etw ~** to attach sth [to sth]

Beihefter *m* TYPO bound-in insert

Beihilfe *f* ❶ (*finanzielle Unterstützung*) financial assistance, allowance; ***Beamte bekommen 50 % ~ zu allen Behandlungskosten*** civil servants receive a 50 % contribution towards the cost of health care; (*nicht rückzuerstattende Förderung*) grant; (*Subvention*) subsidy; **~en erhalten** to receive subsidies ❷ JUR aiding and abetting [before the fact]; **~ zum Mord** to be [*or* act as] an accessory [to murder]

Beihilfeantrag *m* FIN application for aid **Beihilfeempfänger(in)** *m(f)* FIN benefit recipient **beihilfefähig** *adj* FIN entitled to an allowance [*or* a grant], subsidizable; **~e Investition** subsidizable investment **Beihilferegelungen** *pl* FIN grant system

Beijing <-s> [beɪˈdʒɪŋ] *nt s.* **Peking**

Beiklang *m* ❶ (*fig*) overtone[s]; ***das Wort hat einen leicht negativen ~*** that word has slightly negative overtones ❷ MUS [disturbing] accompanying sound

bei|kommen *vi irreg sein* ❶ (*mit jdm fertig werden*) ■**jdm/einer S.** *dat* **~** to sort out sb/sth *sep* ❷ DIAL (*endlich herbeikommen*) to come; ***beeil dich! mach, dass du beikommst!*** hurry up and get over here! ❸ DIAL (*erreichen können*) ■**irgendwo ~** to reach somewhere; ***die Öffnung ist so eng, dass man mit der Zange nicht beikommt*** the opening is too narrow to reach with the pliers

Beikost *f* (*geh für Säuglinge*) dietary supplement; (*für Kranke, frisch Operierte*) supplementary diet

Beil <-[e]s, -e> *nt* ❶ (*Werkzeug*) [short-handled] axe, hatchet ❷ HIST (*Fall~*) blade [of a guillotine]; (*Richt~*) executioner's axe

bei|lackieren* *vt* AUTO ■**etw ~** to rework sth

bei|laden *vt irreg* ❶ JUR ■**jdn ~** to summon sb, to call in sb *sep* ❷ TRANSP ■**etw ~** to add sth to the cargo, *to load sth* [*onto a transport vehicle*] *along with the primary cargo*

Beiladung <-, -en> *f* ❶ JUR summons, calling in ❷ TRANSP extra [*or* additional] load, by-load

Beilage *f* ❶ (*beigelegte Speise*) side dish, *esp* AM side order ❷ (*das Beilegen*) enclosure (**zu** *+dat* in); **unter ~ von etw** with the enclosure of sth ❸ (*Beiheft*) supplement, addition; (*beigelegtes Werbematerial*) insert; **eingeklebte ~** TYPO glued-in insert, tipped-in supplement ❹ ÖSTERR (*Anlage*) enclosure; ***ich übersende Ihnen eine Probe als ~*** I have enclosed a sample for you

Beilagscheibe *f* flat washer

beiläufig I. *adj* passing II. *adv* ❶ (*nebenbei*) in passing; **einen Namen ~ erwähnen** to mention a name in passing ❷ ÖSTERR (*ungefähr*) about

Beiläufigkeit <-, -en> *f* ❶ (*Nebensächlichkeit*) triviality ❷ (*Gleichgültigkeit*) casualness

bei|legen *vt* ❶ (*dazulegen*) ■**etw** *dat* **etw ~** to insert sth in sth; **einem Brief einen Rückumschlag ~** to enclose an SAE [*or* AM SASE] in a letter ❷ (*beimessen*) ■**etw** *dat* **etw ~** to attribute [*or* ascribe] sth to sth; **einer Sache Bedeutung ~** [*o* **Gewicht**] to attach importance to sth ❸ (*schlichten*) ■**etw ~** to settle sth; ***lass uns die Sache*** [***gütlich***] ***~!*** let's settle the matter [amicably] ❹ (*annehmen*) [**sich** *dat*] **einen Titel ~** to assume a title

Beilegung <-, -en> *f* ❶ JUR (*Schlichtung*) settlement ❷ *kein pl von Bedeutung, Gewicht, Wert* attaching ❸ (*selten: Beilage*) insertion, enclosure ❹ NAUT mooring

beileibe *adv* on no account; **etw ~ niemandem** [*o* **keiner Menschenseele**] **verraten** to tell sb sth on no [*or* not tell sth to a soul on any] account; ***achten Sie aber ~ darauf, …*** make absolutely sure …; **~ nicht!** certainly not, BRIT *a.* not on your nelly *hum fam*

Beileid *nt kein pl* condolence[s *pl*], sympathy; [**mein**] **herzliches ~** [you have] my heartfelt sympathy, my heart bleeds for you *iron;* **jdm** [**zu etw**] **sein ~ aussprechen** [*o* **ausdrücken**] to offer sb one's condolences [*or* express one's sympathy with sb] [on sth]

Beileidsbekundung *f* expression of sympathy **Beileidsbesuch** *m* visit of condolence; ***von ~en bitten wir abzusehen*** we request that you do not pay any visits of condolence *form;* [**jdm**] **einen ~ machen** [*o* **abstatten**] to pay [sb] a visit of condolence **Beileidsbezeugung** *f s.* Beileidsbekundung **Beileidsbrief** *m* letter of condolence **Beileidskarte** *f s.* Kondolenzkarte **Beileidsschreiben** *nt* [letter of] condolence

bei|liegen *vi irreg* ■**etw** *dat* **~** to be appended [*or* attached] to sth; (*einem Brief, Paket*) to be enclosed in sth

beiliegend *adj* enclosed; **~ finden Sie …** (*geh*) please find enclosed …, enclosed is/are …

beim = **bei dem** ❶ (*Aufenthalt in jds Geschäftsräumen*) **~ Arzt/Bäcker/Friseur** at the doctor's/baker's/hairdresser's ❷ (*eine Tätigkeit ausführend*) **jdn ~ Arbeiten stören** to disturb sb working; **jdn ~ Stehlen ertappen** [*o* **erwischen**] to catch sb [in the act of] stealing

bei|mauern *vt* BAU ■**etw ~** to brick flush with sth

bei|mengen *vt* ■[**etw** *dat*] **etw ~** to add sth [to sth], to mix sth into sth; **Zucker ~** to add [*or sep* mix in] sugar

bei|messen *vt irreg* **etw** *dat* **Bedeutung** [*o* **Gewicht**]**/Wert ~** to attach importance/value to sth

bei|mischen *vt s.* **beimengen**

Beimischung *f* ❶ (*das Beimischen*) addition ❷ (*Zusatz*) admixture

Bein <-[e]s, -e> *nt* ❶ (*Körperteil*) leg; **jdm ein ~ amputieren** to amputate sb's leg; **die ~e ausstrecken/spreizen/übereinander schlagen** to stretch [out]/part/cross one's legs; **sich** *dat* **ein ~/das rechte ~ brechen** to break one's leg/one's right leg; **jdn/etw** [**wieder**] **auf die ~e bringen** to get sb back on his/sth back on its feet again; **das ~ heben** *Hund* to lift a leg; **jdm** [**wieder**] **auf die ~e helfen** to help sb back on [*or* onto] his feet; **wieder auf die ~e kommen** (*sich wieder aufrichten*) to get back on one's feet [again], to find one's legs; **schwach/unsicher auf den ~en sein** to be weak/unsteady on one's feet; **auf einem ~ stehen** to stand on one leg; **jdm ein ~ stellen** to trip up sb *sep;* **die ~e** [**lang**] **von sich strecken** to stretch out one's legs; **von einem ~ aufs andere treten** to shift from one foot to the other; **ein ~ verlieren** to lose a leg; **sich** *dat* **die ~e vertreten** to stretch one's legs ❷ (*Hosen~*) leg; **weite ~e** flares; **Jeans mit engen ~en** drainpipes *npl* ❸ (*Knochen*) bone ▶ WENDUNGEN: **die ~e unter den Arm** [*o* **in die Hand**] **nehmen** (*fam*) to take to one's heels, to leg it *sl;* **sich** *dat* **die ~e in den Bauch stehen** (*fam*) to be standing until one is ready to drop *fam;* **mit beiden ~en auf dem Boden stehen** to have both feet on the ground; **mit einem ~ im Gefängnis stehen** to be running the risk of a jail sentence; **mit einem ~ im Grabe stehen** (*sterbenskrank sein*) to have one foot in the grave; (*einen lebensgefährlichen Beruf haben*) to defy death; **mit beiden ~en im Leben stehen** to have both feet [firmly] on the ground; **die ~e unter jds Tisch strecken** (*fam*) to have one's feet under sb's table; **jüngere ~e haben** (*fam*) to have [got] a younger pair of legs [on one] *hum;* **mit dem linken ~ zuerst aufgestanden sein** to have got out of bed on the wrong side; **sich** *dat* **die ~e** [**nach etw** *dat*] **abrennen** [*o* **ablaufen**] [*o* **wund laufen**] (*fam*) to run one's legs off [for sth]; **sich** *dat* [**bei etw** *dat*] **kein ~ ausreißen** (*fam*) to not bust a gut [over sth] *sl;* **~e bekommen** (*fam*) to go for a walk on its own *hum;* **jdm/sich** *dat* **etw ans ~ binden** to saddle sb/oneself with sth; **jdn auf die ~e bringen** [*o* **stellen**] (*Menschen zusammenbringen*) to bring people together *sep;* **jdm in die ~e fahren** to make sb shake all over, to go right through sb; **immer wieder auf die ~e fallen** (*fam*) to always land on one's feet; **jdn/etw am ~ haben** (*fam*) to have sb/sth round one's neck *fam;* **alles, was ~e hat, …** (*fam*) everything on two legs … *hum;* **sich** *dat* **kaum noch** [*o* **nur noch mit Mühe**]**/nicht mehr auf den ~en halten können** to be hardly able to stand on one's [own two] feet; **jdm** [**wieder**] **auf die ~e helfen** to help sb back on [*or* onto] his feet; **was die ~e hergeben** (*fam*) as fast as one's legs can carry one; **auf einem ~ kann man nicht stehen!** (*fig fam*) you can't stop at one!; **wieder auf die ~e kommen** (*wieder gesund werden*) to be up on one's feet again; (*sich wirtschaftlich wieder erholen*) to recover one's economic state; **jdm** [**tüchtig**] **~e machen** (*fam*) to give sb a [swift] kick in [*or* up] the arse [*or* AM ass] *sl;* ***verschwinde endlich, oder muss ich dir erst ~e machen?*** get lost, or do you need a kick up the arse? *hum sl;* **sich auf die ~e machen** (*fam*) to get a move on; **auf den ~en sein** (*in Bewegung sein*) to be on one's feet; (*auf sein*) to be up and about; ***ich bin nicht mehr so gut auf den ~en*** I'm not as young as I used to be *a. hum;* **wieder auf den ~en sein** to be on one's feet [*or* up and about] again; **auf eigenen ~en stehen** to be able to stand on one's own two feet; **auf schwachen ~en stehen** to have a shaky foundation, to be untenable; **etw auf die ~e stellen** to get sth going; **jdm ein ~ stellen** to trip up sb *sep*

beinah(**e**) *adv* almost, nearly

Beinahezusammenstoß <-es, -stöße> *m* near miss; *Flugzeuge a.* BRIT *a.* air miss

Beiname *m* epithet, byname, cognomen *form*

Beinamputation *f* ❶ (*Amputation eines Beines*) leg amputation; **Kriegsopfer mit ~en** war victims with amputated legs; [**an jdm**] **eine ~ vornehmen** to amputate sb's leg ❷ (*fam: Patient mit zu amputierendem Bein*) leg job *sl* **beinamputiert** *adj* with an amputated leg [*or* amputated legs]; **linksseitig/rechtsseitig ~ sein** to have had one's left/right leg amputated **Beinarbeit** *f kein pl* footwork **Beinbruch** *m* ❶ (*Bruch eines Beines*) fracture of the leg; ***das ist kein ~!*** (*fig fam*) it's not as bad as all that!; ***alles kein ~, es wird schon gehen*** don't worry your head about it, it'll be all right *fam* ❷ (*fam: Patient mit einem ~*) broken leg *fam*

beinern *adj* ❶ (*knöchern*) **der ~e Knochenmann/ein ~es Skelett** Death/a skeleton ❷ (*aus Knochen gefertigt*) bone *attr,* [made] of bone *pred* ❸ (*elfen~*) ivory *attr,* [made] of ivory *pred*

Beinfleisch *nt* (*vom Rind*) [beef] shin **Beinfreiheit** *f* legroom

beinhalten* *vt* (*geh*) ■**etw ~** to contain sth; **etw auch ~** to include sth

beinhart SÜDD, ÖSTERR **I.** *adj* (*fam*) ruthless, rock-hard, fam; **eine ~e Geschäftsfrau** a ruthless [*or fam* hard-nosed] businesswoman; **~e Bedingungen** ruthless terms **II.** *adv* (*fam*) ruthlessly, mercilessly

Beinhaus *nt* charnel house **Beinprothese** *f* artificial leg, leg prosthesis *spec;* **jdm eine ~ anpassen** to fit sb with an artificial leg **Beinscheibe** *f* KOCHK (*vom Rind, Kalb*) shin slice **Beinschiene** *f* ❶ MED [leg] splint ❷ SPORT shin pad ❸ HIST greave[s *pl*] **Beinstumpf** *m* [leg] stump **Beinwell** *m* BOT comfrey

bei|ordnen *vt* ■**jdm jdn ~** to assign sb to sb

Beiordnung *f* ❶ JUR assignment as counsel, appointment; **~ eines Rechtsanwalts** assignment of counsel to the assisted party ❷ LING coordination

Beipack <-[e]s> *m kein pl* additional consignment

Beipackzettel *m* instruction leaflet; (*Inhaltsverzeichnis*) list of contents

bei|pflichten *vi* ■**jdm/etw** [**in etw** *dat*] **~** to agree with sb/sth [on sth]; ***dieser Ansicht muss man ~*** one has to agree with this view

Beiprogramm *nt* supporting programme [*or* AM -am]

bei|putzen *vt* BAU ■**etw ~** to spot-plaster sth

Beirat <-[e]s, Beiräte> *m* HANDEL advisory council; **juristischer ~** legal adviser; **ständiger ~** permanent advisory council

Beiratssitzung *f* board [*or* council] meeting

Beiried <-[e]s> *nt* ÖSTERR rump steak, roast beef

beirren* *vt* ■**sich** [**bei/durch etw**] [**nicht**] **~ lassen** to [not] let oneself be put off [by sth]; ■**sich** *akk* [**in etw** *dat*] [**nicht**] **~ lassen** to [not] let oneself be swayed [in sth]; ■**jdn ~** to confuse [*or* disconcert] sb

beisammen *adv* ❶ (*zusammen*) together; **~ sein** to be [all] together; *s. a.* **beieinander** ❷ (*fam: geistig rege*) [**nicht**] **gut ~ sein** to [not] be with it *fam;* **einigermaßen** [*o* **leidlich**] **~ sein** to be more or less there *fam*

beisammen|haben *vt irreg* (*fam*) ■**sie/etw** [**für etw**] **~** to have [got together] enough of them/sth [for sth]; [**genug**] **Geld/Leute ~** to have [got together] enough money/people ▶ WENDUNGEN: [**sie**] **nicht alle ~** (*fam*) to be [*or* have gone] soft in the head *fam* **beisammen|sein** *vi irreg sein s.* **beisammen Beisammensein** *nt* get-together

Beisatz *m* LING apposition; (*Beispiel des ~es*) apposition

Beischlaf *m* sexual intercourse [*or* relations *pl*] (**von/zwischen** +*dat* between); **den ~ vollziehen** to consummate the marriage; **außerehelicher ~** adultery

Beischreibung *f* JUR addition [*or* correction] of register entry

Beisein *nt* ■**in jds ~,** ■**im ~ von jdm** in sb's presence [*or* the presence of sb], before sb; ■**ohne jds ~** [*o* **ohne ~ von jdm**] without sb['s *form*] being present

beiseite *adv* to one side; **~ gehen/treten** to step aside [*or* to the [*or* one] side]; **etw ~ lassen** to leave aside sth *sep,* to leave sth on one side; **etw ~ legen** (*etw weglegen*) to put aside sth *sep,* to put sth to one side; (*etw sparen*) to put [*or* set] aside sth *sep* ▶ WENDUNGEN: **etw ~ bringen** to misappropriate sth; **jdn ~ schaffen** to do away with sb; *s. a.* **Scherz, Spaß**

Beiseiteschaffen <-s> *nt kein pl* removing by stealth

Beis(**e**)**l** <-s, -n> *nt* ÖSTERR (*fam*) dive *pej fam,* BRIT *a.* boozer *fam*

bei|setzen *vt* (*geh*) ■**jdn/etw** [**in etw** *dat*] **~** to inhume sb/sth [in sth] *form,* to inter sb [in sth] *form;* **eine Urne ~** to install an urn [in its resting place]

Beisetzung <-, -en> *f* (*geh*) burial, interment *form,* funeral; *einer Urne* installing [in its resting place]

Beisitzer(**in**) <-s, -> *m*(*f*) ❶ JUR associate judge [*or* BRIT *a.* puisne] *spec* ❷ (*Kommissionsmitglied*) assessor

Beispiel <-[e]s, -e> *nt* example; **anschauliches ~** illustration; ■**praktisches ~** demonstration; **jdm als ~ dienen** to be [*or* serve as] an example to sb; [**jdm**] **mit gutem ~ vorangehen** [*o* **jdm ein gutes ~ geben**] to set [sb] a good example; **sich** *dat* **an jdm/etw ein ~ nehmen** to take a leaf out of sb's book; **zum ~** for example [*or* instance]; **wie zum ~** such as

beispielhaft **I.** *adj* ❶ (*vorbildlich*) exemplary; ■[**für jdn**] **~ sein** to be an example [to sb] ❷ (*typisch*) typical (**für** +*akk* of) **II.** *adv* (*vorbildlich*) **sich ~ benehmen/verhalten** to show exemplary behaviour [*or* AM -or]/to prove oneself exemplary

beispiellos *adj* ❶ (*unerhört*) outrageous ❷ (*ohne vorheriges Beispiel*) unprecedented, without parallel *pred* (**in** +*dat* in)

Beispielsatz *m* example [sentence]

beispielsweise *adv* for example [*or* instance]

bei|springen *vi irreg sein* ❶ (*aushelfen*) ■**jdm** [**mit etw**] **~** to help out sb *sep* [with sth] ❷ (*zu Hilfe kommen*) ■**jdm ~** to rush to sb's aid [*or* assistance]

beißen <biss, gebissen> **I.** *vt* ■**jdn** [**in etw** *akk*] **~** to bite sb['s sth] [*or* sb [in the sth]]; ■**sich ~** to bite each other [*or* one another]; ***er wird dich schon nicht ~!*** (*fig*) he won't bite you; ***das Brot ist so hart, dass man es kaum mehr ~ kann!*** this bread is so hard that you can hardly bite into it; **etwas/nichts zu ~ haben** (*fam*) to have something/nothing to eat, to get one's teeth around *hum fam* **II.** *vi* ❶ (*mit den Zähnen fassen*) to bite; ■**auf/in etw** *akk* ~ to bite into sth; **in einen Apfel** ~ to bite into [*or* take a bite out of] an apple; (*schnappen*) ■**nach jdm/etw** ~ to bite [*or* snap] at sb/sth ❷ (*brennend sein*) ■[**an/auf/in etw** *dat*] ~ to make sth sting, to sting; *Säure* to burn; **in den Augen** ~ to make one's eyes sting [*or* water] ❸ (*an~*) to rise to the bait; ***die Fische wollen heute nicht*** ~ the fish aren't biting today ▸ WENDUNGEN: **an etw** *dat* **zu ~ haben** to have sth to chew over **III.** *vr* ❶ (*mit den Zähnen*) ■**sich** *akk* **auf etw** *akk o dat* ~ to bite one's sth ❷ (*unverträglich sein*) ■**sich** [**mit etw**] ~ to clash [with sth]

beißend *adj* ❶ (*scharf*) pungent, sharp; **~er Qualm** acrid smoke ❷ (*brennend*) burning ❸ (*ätzend*) caustic, cutting; **~e Kritik** scathing criticism

Beißerchen <-s, -> *pl* (*hum fam*) [little] teeth; (*künstliches Gebiss*) choppers *fam*, BRIT *a.* pearlies *hum*

Beißhemmung *f* BIOL attack inhibition **Beißring** *m* teething ring **Beißzange** *f* DIAL *s.* **Kneifzange**

Beistand *m* ❶ *kein pl* (*Unterstützung*) support; (*Hilfe*) assistance; *von Priester* attendance, presence; **ärztlicher** ~ medical aid [*or* attendance]; **jdm seinen ~ leihen** (*geh*) to offer sb one's assistance; **jdm ~ leisten** to give sb one's [financial] support ❷ (*helfender Mensch*) assistant; **seelischer** ~ sb who gives emotional support ❸ JUR legal adviser, counsel

Beistandschaft <-, -en> *f* JUR assistance, guardianship

Beistandskredit *m* FIN standby credit **Beistandsmechanismus** *nt* FIN standby arrangement, support mechanism **Beistandspakt** *m* mutual assistance pact [*or* treaty] **Beistandssystem** *nt* FIN support system **Beistandsvertrag** *m* treaty of mutual assistance

bei|stehen *vi irreg* ■**jdm** [**gegen jdn/etw**] ~ to stand by sb [before sb/sth]; **jdm helfend/tatkräftig** ~ to give sb assistance/one's active support; ■**einander** [*o* **sich**] ~ to stand by each other

bei|stellen *vt* ÖSTERR ■[**jdm**] **etw** ~ to provide [sb with] sth

Beistellmöbel *pl* occasional furniture *no pl* **Beistelltisch** *m* occasional [*or* side] table **Beistellwagen** *m* serving trolley

bei|steuern *vt* ■**etw** [**zu etw**] ~ to contribute sth [to sth]; **seinen Teil** ~ to contribute one's share

bei|stimmen *vi s.* **zustimmen**

Beistrich *m bes* ÖSTERR comma

Beitel <-s, -> *m* [wood] chisel

Beitrag <-[e]s, -träge> *m* ❶ (*Mitglieds~*) fee, dues *npl;* (*Versicherungs~*) premium ❷ (*Artikel*) article, contribution ❸ (*Mitwirkung*) contribution; **einen ~ zu etw leisten** to make a contribution [*or* contribute] to sth ❹ SCHWEIZ (*Subvention*) subsidy

bei|tragen **I.** *vi irreg* ■**zu etw** ~ to contribute to sth; ***der Vorschlag soll dazu ~, dass wir einen befriedigenden Kompromiss finden*** this proposal is to help us obtain a satisfactory compromise **II.** *vt* ■**etw zu etw** ~ to contribute sth to sth; **seinen Teil zur Rettung der Hungernden** ~ to do one's bit to help the starving

Beitragsangleichungsklausel *f* FIN (*bei Versicherung*) premium adjustment clause **Beitragsanpassung** *f* FIN premium adjustment **Beitragsanspruch** *m* FIN contributory claim

Beitragsaufkommen *nt* FIN contributions *pl* received **Beitragsbefreiung** *f* FIN (*bei Versicherung*) waiver of premiun **Beitragsbemessungsgrenze** *f income level up to which contributions are payable* **beitragsfrei** **I.** *adj* non[-]contributory; **~e Mitgliedschaft** free membership; **~e Versicherung** paid-up insurance **II.** *adv* **jdn ~ versichern** to insure sb on a non[-]contributory basis **Beitragsgruppe** *f* contribution class BRIT, insurance group AM **Beitragsklasse** *f* insurance group **Beitragsmarke** *f* stamp **Beitragspflicht** *f* FIN liability to pay contributions **beitragspflichtig** *adj inv* ÖKON *Arbeitnehmer* liable to pay contributions; *Einkommen* on which contributions are payable; *Rente* contributory **Beitragsrückerstattung** *f* premium [*or* contribution] refund; (*Beitragsrückvergütung*) no-claim[s] bonus BRIT, premium refund AM **Beitragssatz** *m* membership rate **Beitragsstaffelung** *f* FIN (*Versicherung*) grading of premiums **Beitragszahler(in)** *m(f)* fee-paying member, contributor **Beitragszahlung** *f* FIN payment of dues [*or* contributions]; **~en an die Sozialversicherung** contribution [in]to a scheme **Beitragszeit** *f* contribution period

beitreibbar *adj inv* FIN recoverable, collectible

Beitreibbarkeit <-> *f kein pl* FIN recoverability *kein pl*

bei|treiben *vt irreg* JUR ■**etw** ~ to force [*or* enforce] [the] payment of sth; ***Ihre Schulden können [gerichtlich] beigetrieben werden*** payment of your debts may be enforced [by legal proceedings]

Beitreibung <-, -en> *f* JUR collection, recovery

Beitreibungskosten *pl* FIN collection expenses

Beitreibungsverfahren *nt* JUR collection [*or* recovery] proceedings *pl*

bei|treten *vi irreg sein* ■**etw** *dat* ~ ❶ (*Mitglied werden*) to join sth [as a member], to become a member of sth ❷ POL to enter into sth; **einer Föderation** ~ to accede to a federation

Beitritt *m* ❶ (*das Beitreten*) entry (**zu** +*dat* into); **seinen ~ [zu etw] erklären** to join sth ❷ POL (*Anschluss*) accession (**zu** +*dat* to)

Beitrittsakte *m* (*in der EU*) Act of Accession **Beitrittsantrag** *m* JUR application for membership [*or* entry] **Beitrittsausgleichsbetrag** *m* (*in der EU*) accession compensatory amount **Beitrittsbedingungen** *pl* conditions of membership [*or* accession] **Beitrittserklärung** *f* confirmation of membership **Beitrittsgebiet** *nt former East Germany which acceded to the Grundgesetz after Reunification* **Beitrittsgegner** *m* (*in der EU*) antimarketeer **Beitrittsgesuch** *nt* application for membership **Beitrittskandidat** *m* POL, EU candidate for accession **Beitrittsklausel** *f* JUR accession clause **Beitrittsland** *nt zur EU* acceding country **Beitrittspflicht** *f* compulsory membership **Beitrittsurkunde** *f* JUR instrument of accession **Beitrittsverfahren** *nt* accession proceedings *pl* **Beitrittsverhandlungen** *pl* accession negotiations **Beitrittsvertrag** *m* JUR (*Völkerrecht*) treaty of accession **Beitrittsvoraussetzung** *f* membership qualification **Beitrittszwang** *m* compulsory membership

Beiwagen *m* sidecar

Beiwagenfahrer(in) *m(f)* sidecar passenger

Beiwerk *nt* (*geh*) embellishment[s *pl*]

bei|wohnen *vi* (*geh*) ❶ (*dabei sein*) ■**etw** *dat* ~ to be present at [*or* attend] sth ❷ (*veraltet*) ■**jdm** ~ to cohabit with sb *form*, to lie with sb *old*

Beiwohner(in) <-s, -> *m(f)* JUR (*Lebensgefährte*) cohabitee

Beiwohnung <-, -en> *f* JUR (*Zusammenleben*) cohabitation

Beiwort <-wörter> *nt* ❶ (*beschreibendes Wort*) epithet ❷ (*selten: Adjektiv*) adjective

Beiz <-, -en> *f* SÜDD, SCHWEIZ (*fam*) dive *pej fam*, BRIT *a.* boozer *fam*

Beize[1] <-, -n> *f* ❶ (*Beizmittel*) stain[ing agent] ❷ (*Marinade*) marinade ❸ *kein pl* (*das Beizen*) ■**die ~** [**einer S.** *gen*/**von etw** *dat*] staining [sth] ❹ *s.* **Beizjagd**

Beize[2] <-, -n> *f* DIAL pub BRIT, bar AM *fam*

beizeiten *adv* in good time; ***das hättest du mir aber ~ sagen müssen!*** you should have told me that earlier [*or* before]

beizen *vt* ❶ (*mit einem Beizmittel behandeln*) **etw** [**braun/schwarz**] ~ to stain sth [brown/black] ❷ (*marinieren*) ■**etw** ~ to marinade sth

Beizjagd *f* ■**die** ~ hawking

Beizmittel *nt* stain[ing agent]

Beizvogel *m* falcon, hawk

bejahen* *vt* ■**etw** ~ ❶ (*mit Ja beantworten*) to answer sth in the affirmative ❷ (*gutheißen*) to approve [of] sth

bejahend **I.** *adj* affirmative; **eine ~e Antwort** an affirmative [*or* a positive] answer **II.** *adv* affirmatively, in affirmation

bejahrt *adj* (*geh*) ❶ (*älter*) elderly, advanced in years *pred* ❷ (*hum: von Tier: alt*) aged *hum*

Bejahung <-, -en> *f* ❶ (*das Bejahen 1.*) affirmation; (*Antwort*) affirmative answer (+*gen* to) ❷ (*Gutheißung*) approval

bejammern* *vt* ■**jdn** ~ to lament [*or liter* bewail] sb; ■**etw** ~ to lament [*or liter* bemoan] sth

bejammernswert *adj* lamentable, pitiable, pitiful

bejubeln* *vt* ❶ (*jubelnd begrüßen*) ■**jdn** [**als etw**] ~ to cheer sb, to acclaim sb as sth ❷ (*jubelnd feiern*) ■**etw** ~ to cheer [*or* rejoice at] sth; ■**bejubelt werden** to be met with cheering [*or* rejoicing]

bekakeln* *vt* DIAL ■**etw** ~ to discuss [*or sep* talk over] sth; ■**~, was/wann/wie** to discuss what/when/how

bekämpfen* *vt* ❶ (*gegen jdn/etw kämpfen*) ■**jdn/etw** ~ to fight [against] sb/sth; ■**sich** [**gegenseitig**] ~ to fight one another; *s. a.* **Messer** ❷ (*durch Maßnahmen eindämmen*) ■**etw** ~ to combat sth ❸ (*auszurotten suchen*) ■**etw** ~ to control sth

Bekämpfung <-, *selten* -en> *f* ❶ (*das Bekämpfen*) fighting (**von**/+*gen* against) ❷ (*versuchte Eindämmung*) ■**die/eine ~** [**einer S.** *gen*/**von etw** *dat*] combatting [sth]; ***zur ~ der Drogenkriminalität*** to combat drug-related crime ❸ (*versuchte Ausrottung*) controlling

Bekämpfungsmaßnahme *f* pesticide

bekannt *adj* ❶ (*allgemein gekannt*) well-known; **eine ~e Person** a famous [*or* well-known/better-known] person; [**jdm**] **etw ~ geben** to announce sth [to sb]; (*von der Presse*) to publish sth; ***ihre Verlobung geben ~ …*** the engagement is announced between …; **jdn ~ machen** (*berühmt*) to make sb famous; **etw ~ machen** (*öffentlich*) to make sth known to the public; [**jdm**] **etw ~ machen** to announce sth [to sb]; **etw der Öffentlichkeit ~ machen** to publicize sth; (*durch Fernsehen*) to broadcast sth; [**jdm**] **vertrauliche Information ~ machen** to disclose confidential information [to sb]; **für etw ~ sein** to be well-known [*or* famous] for sth; **~ werden** to become well-known [*or* famous]; ■[**jdm**] **~ werden** to leak out [to sb] ❷ (*nicht fremd, vertraut*) familiar; ***ist dir dieser Name ~?*** do you know [*or* are you familiar with] this name?; ***mir ist das/sie*** ~ I know about that/I know her, she is known to me; **allgemein/durchaus ~ sein** to be common knowledge/a known fact; ***dir war nicht ~, dass …?*** you didn't know that …?; **jdn/sich** [**mit jdm**] **~ machen** to introduce sb/oneself [to sb]; **jdn/sich mit etw ~ machen** to familiarize sb/oneself with sth; **mit jdm ~ sein** to be acquainted with sb; **jdm ~ sein** to be familiar to sb; ***sein Gesicht ist mir*** ~ I've seen his face somewhere before; **jdm ~ vorkommen** to seem familiar to sb

Bekannte(r) *f(m) dekl wie adj* ❶ (*jdm bekannter Mensch*) acquaintance; **ein guter ~r** a friend; **einer von meinen ~n** an acquaintance of mine ❷ (*euph: Freund*) friend

Bekanntenkreis *m* circle of acquaintances

bekanntermaßen *adv* (*geh*) *s.* **bekanntlich**

Bekanntgabe *f* announcement; (*von der Presse*) publication

bekannt|geben *vt irreg s.* **bekannt 1**

bekanntgeworden *pp von* **bekanntwerden** *s.* **bekannt**

Bekanntheit <-> *f kein pl* fame; **Namen von geringerer ~** less famous names; **ich darf die ~ dieser Fakten voraussetzen** I may assume that these facts are known; **von großer/geringer ~ sein** to be well-/little-known

Bekanntheitsgrad *m* degree of fame; **sein ~ ist gering** he is little-known [*or* not very well-known]

B

bekanntlich *adv* as is [generally] known; ***das ist ~ nicht ihr richtiger Name*** as is [generally] known, that is not her real name; ***es gibt ~ auch andere Meinungen*** there are known to be other opinions
bekannt|machen *vt s.* **bekannt 1**
Bekanntmachung <-, -en> *f* ① *kein pl* (*das Bekanntmachen*) announcement; (*der Öffentlichkeit*) publicizing; (*durch Fernsehen*) broadcasting; (*von der Presse*) publication; **öffentliche ~** public announcement ② (*Anschlag etc*) announcement, notice
Bekanntmachungsgebühr *f* FIN publication fee
Bekanntmachungspflicht *f* JUR disclosure duty
Bekanntschaft <-, -en> *f* ① *kein pl* (*das Bekanntsein*) acquaintance; ***unsere ~ geht auf die Schulzeit zurück*** we have been acquainted since our schooldays; **eine ~ machen** to make an acquaintance; **~en machen** to meet new people; **jds ~ machen** to make sb's acquaintance *a. iron;* **mit etw ~ machen** (*iron*) to get to know sth *iron* ② (*fam: Bekanntenkreis*) acquaintances *pl*
bekannt|werden *vi irreg sein s.* **bekannt 1**
Bekassine <-, -n> *f* ORN snipe
bekehren* **I.** *vt* ■**jdn [zu etw] ~** (*lit, fig*) to convert [*or* proselytize *liter*] sb [to sth] **II.** *vr* ■**sich [zu etw] ~** (*lit, fig*) to be[come] converted [to sth]
Bekehrte(r) *f(m) dekl wie adj* convert, proselyte *liter*
Bekehrung <-, -en> *f* conversion, proselytism *liter*
bekennen* *irreg* **I.** *vt* ① (*eingestehen*) ■**[jdm] etw ~** to confess sth [to sb], to admit sth; **seine Schuld/seine Sünden/sein Verbrechen ~** to confess one's guilt/sins/crime ② (*öffentlich dafür einstehen*) ■**etw ~** to bear witness to sth **II.** *vr* ① (*zu jdm/etw stehen*) ■**sich zu jdm/etw ~** to declare one's support for sb/sth; **sich zu einem Glauben ~** to profess a faith; **sich zu einem Irrtum ~** to admit to a mistake; **sich zu einer Tat ~** to confess to a deed; **sich zu einer Überzeugung ~** to stand up for one's convictions ② (*sich als etw zeigen*) ■**sich als etw ~** to confess [*or form* avow] oneself sth; ***immer mehr Menschen ~ sich als Homosexuelle*** more and more people are coming out [of the closet] *sl;* ■**~d** confessing, professing; *s. a.* **Kirche, befangen, schuldig**
Bekenner(in) *m(f)* confessor; **Eduard der ~** Edward the Confessor
Bekenneranruf *m* call claiming responsibility **Bekennerbrief** *m*, **Bekennerschreiben** *nt* letter claiming responsibility
Bekennerin <-, -nen> *f fem form von* **Bekenner**
Bekenntnis *nt* ① (*Eingeständnis*) confession ② (*das Eintreten für etw*) ■**das/ein/jds ~ zu etw** the/a/sb's [declaration of] belief [*or* declared belief] in sth ③ REL (*Konfession*) [religious] denomination; ***welches ~ haben Sie?*** what denomination do you belong to?
Bekenntnisfreiheit *f s.* **Glaubensfreiheit bekenntnislos** *adj* without denomination *pred* **Bekenntnisschule** *f* denominational school
bekieken *vt* NORDD (*betrachten*) ■**jdn/etw ~** to [have a] look at sb/sth
beklagen* **I.** *vt* ■**etw ~** to lament [*or liter* bemoan] sth; ■**zu ~ sein** ***bei dem Unglück waren 23 Tote zu ~*** the accident claimed 23 lives; ***Menschenleben waren nicht zu ~*** there were no casualties **II.** *vr* ■**sich [bei jdm] [über jdn/etw** [*o* **wegen einer S.** *gen*]**] ~** to complain [*or* to make a complaint] [to sb] [about sb/sth]; ***man hat sich bei mir über Sie beklagt*** I have received a complaint about you; ***ich kann mich nicht ~*** I can't complain, I've no reason to complain
beklagenswert *adj* lamentable; **ein ~er Irrtum/ein ~es Versehen** an unfortunate [*or* regrettable] error/oversight *a. euph;* ■**~ sein, dass** to be unfortunate [*or* regrettable] that
beklagenswürdig *adj* (*geh*) lamentable, deplorable
beklagt *adj* JUR **die ~e Partei** the defendant
Beklagte(r) *f(m) dekl wie adj* JUR defendant
beklatschen* *vt* ■**jdn/etw ~** to applaud sb/sth
beklauen* *vt* (*fam*) ■**jdn/etw ~** to rob sb/sth
bekleben* *vt* ■**etw mit etw ~** to stick sth on[to] sth; (*mit Leim*) to glue sth on[to] sth; **etw mit Plakaten/Etiketten ~** to stick posters/labels on[to] sth, to poster [over *sep*]/label sth; ***Verteilerkästen dürfen nicht beklebt werden*** affix no labels on[to] distribution boxes *form*
Beklebepapier *nt* TYPO cover paper
Beklebung <-> *f kein pl* TYPO covering
bekleckern* **I.** *vt* (*fam*) ■**[jdm] etw [mit etw] ~** to stain [sb's] sth [with sth]; ■**[sich** *dat*] **etw ~** to stain [one's] sth; ***sie hat sich über und über mit Spinat bekleckert!*** she's smeared spinach all over herself! **II.** *vr* (*fam*) **sich [mit Brei/Soße] ~** to spill porridge/sauce all down [*or* over] oneself
beklecksen *vt* ■**etw [mit etw] ~** to splatter sth [with sth]
bekleiden* *vt* (*geh*) ① (*innehaben*) ■**etw ~** to fill [*or* occupy] sth; **einen Rang ~** to hold a rank ② (*beziehen*) ■**etw mit etw ~** to line sth with sth; **Wände mit Tapeten ~** to wallpaper walls ③ (*geh*) ■**sich [mit etw] ~** to dress [*or* clothe] oneself [in sth], to get dressed; **sich leicht ~** to put on [*or form* don] light clothing
bekleidet *adj* dressed, attired *form,* clad *liter;* ■**mit etw ~ sein** to be dressed [*or liter* clad] in sth; **knapp** [*o* **notdürftig**]**/leicht [mit etw] ~** scantily [*or* skimpily]/lightly dressed [*or form* attired] [in sth]
Bekleidung *f* ① (*Kleidungsstück*) clothing *no pl, no indef art,* clothes *npl;* **ohne ~** without [any] clothes on ② (*geh: das Innehaben*) tenure; **~ eines Amtes** tenure of office
Bekleidungsindustrie *f* clothing [*or* garment] industry **Bekleidungsstück** *nt* (*geh*) *s.* **Kleidungsstück**
beklemmen *vt* ■**jdn/etw ~** to oppress sb/sth, to weigh upon sb/sth; ***die Stille beklemmte ihn*** he found the silence oppressive, the silence oppressed him; ***seine Zweifel beklemmten ihn*** his doubts weighed him down
beklemmend **I.** *adj* ① (*beengend*) claustrophobic, oppressive ② (*beängstigend*) oppressive; **ein ~der Gedanke** a depressing thought; **ein ~es Gefühl** an oppressive [*or* uneasy] feeling; **ein ~es Schweigen** an oppressive [*or* embarrassing] silence **II.** *adv* oppressively; **~ wirken** to be [*or* seem] oppressive
Beklemmung <-, -en> *f* constriction; **~en bekommen/haben** to start to feel/to feel oppressed [*or* full of apprehension]
beklommen **I.** *adj* anxious, apprehensive; (*von Mensch a.*) uneasy **II.** *adv* anxiously, apprehensively; **~ klingen** to sound anxious [*or* apprehensive]
Beklommenheit <-> *f kein pl* anxiety, apprehensiveness; (*von Mensch a.*) uneasiness
beklopfen* *vt* ■**jdn/etw ~** to tap sb/sth, to percuss sth *spec*
bekloppt *adj* (*sl*) *s.* **bescheuert**
beknackt *adj* (*sl*) *s.* **bescheuert**
beknien* *vt* (*fam*) ■**jdn ~[, etw zu tun]** to beg [*or* implore] sb [to do sth]
bekochen* *vt* ■**jdn ~** to cook for sb
bekommen* *irreg* **I.** *vt haben* ① (*erhalten*) ■**etw [von jdm] ~** to receive sth [from sb]; ***ich habe das zum Geburtstag ~*** I received [*or* got] [*or* was given] this for my birthday; ***wir ~ demnächst Kabelfernsehen*** we're having cable TV installed in the near future; **etw in die Hände ~** (*fam*) to get hold of sth; **eine Ermäßigung ~** to qualify for a reduction; **Geld ~** to receive [*or* earn] money; ***hast du dein Geld schon ~?*** have you been paid yet?; ***sie bekommt 28 Mark die Stunde*** she earns 28 marks an hour; **die Genehmigung/die Mehrheit ~** to obtain permission/the majority; **ein Lob/einen Tadel ~** to be praised/reprimanded, to receive praise/a reprimand; **eine Massage/eine Spritze ~** to be given a massage/an injection; **eine Ohrfeige/einen Schlag ~** to get a clip on the ear/an electric shock; **einen Preis ~** to win a prize; **Prügel** [*o* **Schläge**] **~** to get a thrashing [*or* AM *a.* licking]; **Tritte ~** to get kicked [*or fam* a kicking]; **die Zeitung regelmäßig ~** to have the newspaper delivered regularly; ***ich bekomme noch 4000 Mark von dir*** you still owe me 4000 marks; ***was ~ Sie dafür?*** how much is it?, how much do I owe you?; ***von der Schokolade kann sie einfach nicht genug ~!*** she just can't get enough of that chocolate! ② (*erreichen*) **den Bus/das Flugzeug/den Zug ~** to catch the bus/plane/train; **die Maschine nach Honolulu ~** to catch the flight to Honolulu ③ (*serviert erhalten*) ■**etw ~** to be served with sth; ***ich bekomme ein Bier*** I'd like a beer; ***wer bekommt das Steak?*** who ordered [*or* whose is] the steak?; (*im Geschäft*) to buy sth; ***was ~ Sie?*** what would you like? [*or* what can I get you?] ④ (*verhängt erhalten*) **eine Gefängnisstrafe/Geldstrafe ~** to get [*or* be given] a prison sentence/a fine; ***er bekam 3 Jahre Gefängnis*** he was sentenced to [*or* got] three years in prison ⑤ (*mit etw rechnen*) **Ärger/Schwierigkeiten ~** to get into trouble/difficulties; ***wir ~ besseres Wetter*** the weather is improving ⑥ (*entwickeln*) **[es mit der] Angst ~** to get [*or* become] afraid; **eine Erkältung ~** to catch [*or* come down with] a cold; **eine Glatze/graue Haare ~** to go bald [*or* AM *a.* to be balding]/to go grey [*or* AM gray]; **Heimweh ~** to get homesick; **eine Krankheit ~** to get [*or* develop] an illness; **Lust ~, etw zu tun** to feel like doing sth; **Zähne ~** to teethe, to get [*or* cut] teeth; ***du hast wieder Farbe ~*** you look much better; *s. a.* **Durst, Hunger** ⑦ *mit Infinitivkonstruktion* **etw zu essen/trinken ~** to get sth to eat/drink; **etw zu hören/sehen ~** to get to hear/see sth; ***der wird von mir etwas zu hören ~!*** (*fam*) I'll give him a piece of my mind! [*or fam* what-for!]; **etwas zu lachen ~** to get something to laugh about; ***in einem Kaufhaus bekommt man alles zu kaufen*** you can buy anything in a department store ⑧ *mit pp oder adj siehe auch dort* **etw gemacht ~** to get [*or* have] sth done; **etw bezahlt ~** to get paid for sth; **seinen Wunsch erfüllt ~** to have one's wish fulfilled; **etw geschenkt ~** to be given sth [as a present]; ***von ihm bekommst du das Buch sicher geliehen*** he's sure to lend you that book ⑨ (*dazu bringen, etw zu tun*) **jdn dazu ~, etw zu tun/dass jd etw tut** to get sb to do sth; ***er ist einfach nicht ins Bett zu ~*** he just won't go to bed, we just can't get him to bed; ***ich bekam es nicht über mich, ihr die Wahrheit zu sagen*** I couldn't bring myself to tell her the truth ⑩ (*finden*) ■**etw ~** to find sth; ***er hat noch keine Arbeit ~*** he hasn't found work yet; ***sie hat die Stelle ~, die in der ‚Zeit' ausgeschrieben war*** she got that job that was advertised in 'Zeit' **II.** *vi* ① *sein* (*zuträglich sein*) **jdm [gut]/schlecht** [*o* **nicht**] **~** to do sb good/to not do sb any good; *Essen* to agree/to disagree [*or* to not agree] with sb ② (*bedient werden*) **~ *Sie schon?*** are you being served? [*or* attended to]
bekömmlich *adj* ① (*leicht verdaulich*) [easily] digestible; **besser/leicht/schlecht** [*o* **schwer**] **zu ~ sein** to be easier to digest/easily digestible/difficult to digest ② (*wohltuend*) *Klima* beneficial
Bekömmlichkeit <-> *f kein pl* digestibility; **zur besseren ~** for better digestibility; **zur besseren ~ fetten Essens** to better digest fatty food
beköstigen* *vt* ■**jdn ~** to feed sb, to provide sb with their meals
Beköstigung *f* boarding; **mit ~** including food
bekräftigen* *vt* ① (*bestätigen*) ■**etw [durch/mit etw] ~** to confirm sth [by sth]; **etw noch einmal ~** to reaffirm sth; **eine Aussage eidlich ~** to swear to a statement; **eine Vereinbarung mit einem Handschlag ~** to seal an agreement by shaking hands; ■**~, etw getan zu haben/machen zu wollen** to confirm [*or* affirm] that one has done/intends to do sth ② (*bestärken*) ■**jdn in etw** *dat* **~** to strengthen [*or* confirm] sb's sth; ■**etw ~** to corroborate [*or* substantiate] sth; **jds Plan/Vorhaben ~** to support sb's plans/intentions
Bekräftigung <-, -en> *f* ① (*Bestätigung*) confirmation ② (*Bestärkung*) **zur ~ eines Entschlusses** to strengthen a decision; **zur ~ eines Verdachts** to confirm a suspicion; **zur ~ einer Vermutung** to prove an assumption; **zur ~ eines Versprechens** in

support of a promise

bekränzen* *vt* ① *(mit einem Kranz schmücken)* ■ **jdn/etw [mit etw]** ~ to crown sb/sth with a [sth] wreath ② *(mit Girlanden schmücken)* ■ **etw [mit etw]** ~ to adorn sth with [sth] garlands, to garland sth [with sth]

bekreuzigen* *vr* ■ **sich [vor jdm/etw]** ~ to cross oneself [on seeing sb/sth]

bekriegen* *vt* ■ **sich [gegenseitig]** ~ to be warring [with one another]; ■ **jdn/etw** ~ to wage war on sb/sth

bekritteln *vt* ■ **jdn/etw** ~ to find fault with sth/sb; *Argument* to pick holes in sth

bekritzeln* *vt* ■ **etw [mit etw]** ~ to scribble [sth] on sth; *(schmieren)* to scrawl [sth] on sth

bekümmern* **I.** *vi impers* ■ **es bekümmert jdn** it worries sb **II.** *vr* ① *(geh o veraltend)* ■ **sich** *akk* **über etw** *akk* ~ to worry about sth ② *(sich kümmern)* ■ **sich um etw/jdn** ~ to look after sth/sb

bekümmert *adj* troubled, worried; *(erschüttert)* distressed; ■ **[über jdn/etw]** ~ **sein** to be worried [about sb/sth]; *(erschüttert)* to be distressed [with sb/at sth]

bekunden* *vt* ■ **etw [über etw** *akk*] ~ to show [*or* express] sth [about sth]; **Interesse [an etw** *akk*]**/ Sympathie [für etw** *akk*] ~ to express interest [in sth]/a liking [for sth]

Bekundung <-, -en> *f* expression, demonstration

belächeln* *vt* ■ **jdn/etw** ~ to smile at sb/sth; ■ **belächelt werden** to be a target of ridicule

belachen* *vt* ■ **jdn/etw** ~ to laugh at sb/sth; *(bespötteln)* to mock [*or* make fun of] sb/sth; ■ **belacht werden** to cause laughter

Beladefrist *f* HANDEL loading time

beladen*[1] *irreg* **I.** *vt* ① *(mit Ladung versehen)* ■ **etw** ~ to load [up *sep*] sth; **etw mit Gütern** ~ to load sth with goods, to load goods on[to] sth ② *(Last aufbürden)* ■ **jdn/ein Tier [mit etw]** ~ to burden sb with sth, to load an animal [with sth]; ■ **sich mit etw** ~ to load oneself [up] with sth **II.** *vr (sich mit etw belasten)* ■ **sich mit etw** ~ to burden oneself with sth

beladen*[2] *adj* ① *(mit einer Last versehen)* loaded; *(von Menschen a.)* laden; ■ **[mit etw]** ~ **sein** to be loaded [with sth]; *(von Menschen a.)* to be laden [*or* loaded down] [with sth] ② *(belastet)* ■ **mit etw** ~ **sein** to be burdened [*or* weighed down] with sth

Belag <-[e]s, Beläge> *m* ① *(aufgelegte Esswaren)* topping; *von Brot* spread ② *(Zahn~)* film, tartar *no art spec;* *(Zungen~)* fur ③ *(Schicht)* coating, layer ④ *(Brems~)* lining ⑤ *(Fußboden~)* covering; *(Straßen~)* surface

Belagerer <-s, -> *m* besieger

belagern* *vt* ■ **etw** ~ to besiege [*or lit* lay siege to] sth; ■ **[von jdm] belagert sein/werden** to be/come under siege [from sb]

belagert *pp von* **belagern**

Belagerung <-, -en> *f (lit, fig)* siege

Belagerungszustand *m* ■ **der** ~ a state of siege; **den** ~ **[über eine Stadt] verhängen** to proclaim [*or* declare] [a town to be in] a state of siege

belämmert[RR] *adj (sl)* ① *(betreten)* sheepish, embarrassed ② *(scheußlich)* lousy; ***dieses ~e Wetter!*** the stupid [*or fam* lousy] [*or sl* shitty] weather!

Belang <-[e]s, -e> *m* ① *kein pl (Bedeutung, Wichtigkeit)* ■ **nichts von** ~ nothing important; ■ **ohne** ~ **[für jdn/etw] sein** to be of no importance [*or* significance] [to sb/for [*or* to] sth], to be significant; ■ **[für jdn] von** ~ **sein** to be of importance [to sb], to be significant; ■ **etwas/nichts von** ~ something [*or* anything]/nothing important [*or* of importance] ② *pl (Interessen, Angelegenheiten)* interests, concerns; **jds ~e vertreten** [*o* **wahrnehmen**] to represent the interests of sb ③ *kein pl (geh: Hinsicht)* matter

belangbar *adj inv* JUR indictable, suable

belangen* *vt* ① JUR ■ **jdn [wegen etw]** ~ to prosecute sb [for sth]; **jdn wegen Beleidigung/Verleumdung** ~ to sue sb for slander [*or* libel]; **jdn gerichtlich** ~ to take sb to court, to take legal steps against sb *form* ② *(betreffen)* ■ **was jdn/etw belangt** as for sb/sth [*or* far as sb/sth is concerned]

belanglos *adj (unwichtig)* unimportant, trivial; *(nebensächlich)* irrelevant; ■ **etwas B~es** something unimportant [*or* trivial]

Belanglosigkeit <-, -en> *f* ① *kein pl (belanglose Beschaffenheit)* unimportance, insignificance ② *(Unwichtigkeit)* triviality, trivia *no pl, no indef art*

Belarus <-> *nt* B[y]elorussia, Belarus

Belarusse, Belarussin <-n, -n> *m, f* Belarusian; *s. a.* **Deutsche(r)**

belarussisch *adj* Belarusian; *s. a.* **deutsch**

belassen* *vt irreg* ① *(es bei etw bewenden lassen)* ■ **es bei etw** ~ to leave it at sth; ~ ***wir es dabei!*** let's leave it at that ② *(geh: bleiben lassen)* **jdn in seinem Amt/an seinem Platz** ~ to allow sb to remain in office/to keep his job ③ *(stehen lassen)* **etw an seinem Platz/auf einem Tisch** ~ to leave sth in its place/on a table ④ *(geh: behalten lassen)* ■ **jdm/einer S. etw** ~ to allow sb/sth to retain sth ⑤ *(verhaftet sein lassen)* ■ **jdn in etw** *dat* ~ to leave sb to his sth; **jdn in dem Glauben ~, dass ...** to let sb go on believing that ...

belastbar *adj* ① *(zu belasten)* loadable; ■ **bis zu/mit etw** ~ **sein** to have [*or* bear] a maximum/minimum load of sth ② *(fig: beanspruchbar)* ***kein Mensch ist unbegrenzt*** ~ nobody can take work/abuse indefinitely; ***unter Stress ist ein Mitarbeiter weniger*** ~ stress reduces an employee's working capacity; ***durch Training wird das Gedächtnis ~er*** training makes the memory absorb more; ***die Nerven sind nur bis zu einem bestimmten Grad*** ~ the nerves can only take so much; ***der Körper/Kreislauf von Sportlern ist in hohem Maße*** ~ an athlete's body/circulation can take a lot of punishment; ***regelmäßiges Training macht Herz und Lunge ~er*** regular training strengthens the heart and lungs ③ ÖKOL *(mit Schadstoffen zu belasten)* able to withstand contamination ④ FIN *(zu überziehen)* ■ **[mit bis zu etw]** ~ **sein** to have a maximum limit of sth, to have a limit [of up to sth]; ***wie hoch ist mein Konto ~?*** what is the limit on my account?, how much can I overdraw on my account?

Belastbarkeit <-, -en> *f* ① *(Fähigkeit, Lasten auszuhalten)* load-bearing capacity ② *(Beanspruchbarkeit)* ability to take [*or* handle] stress; *von Gedächtnis* capacity; *von Organen, Körper* maximum resilience ③ ÖKOL ***die ~ der Atmosphäre durch Schadstoffe ist schon überschritten*** the atmosphere has reached its saturation level for pollutants ④ FIN *(Besteuerbarkeit)* ability to pay taxes

belasten* **I.** *vt* ① *(mit Last beschweren)* ■ **etw [mit etw]** ~ to load sth [with sth]; ***das darf nur mit bis zu 8 Personen/750 kg belastet werden*** its maximum load is 8 persons/750 kg ② *(anstrengen)* ■ **jdn [mit etw]** ~ to load sb with sth, to burden sb [with sth]; **jdn mit der Verantwortung** ~ to burden sb with the responsibility ③ *(bedrücken)* ■ **jdn/etw** ~ to burden sb/sth; **jdn** [*o* **jds Gewissen**] **[schwer]** ~ to weigh [heavily] on one's mind; ■ **~d** crippling ④ *(leistungsmäßig beanspruchen)* ■ **jdn/etw [durch/mit etw]** ~ to strain sb/sth [through/with sth], to put a strain on sb/sth; **jdn/etw zu sehr belasten** to overstrain sb/sth ⑤ JUR ■ **jdn [durch etw]** ~ to incriminate sb [by sth]; ■ **sich [selbst]** ~ to incriminate oneself ⑥ *(beschweren)* ■ **jdn/etw mit etw** ~ to burden sb/sth with sth ⑦ *(ökologisch beanspruchen)* ■ **etw [durch** [*o* **mit**] **etw]** ~ to pollute sth [with sth] ⑧ *(debitieren)* **jdn mit den Kosten** ~ to charge the costs to sb; **ein Konto [mit DM 100]** ~ to debit [DM 100 from] an account; ***dafür werden wir Sie mit DM 200*** ~ we will charge you DM 200 for that ⑨ FIN *(steuerlich beanspruchen)* ■ **jdn [mit etw]** ~ to burden sb [with sth]; **jdn übermäßig hoch** ~ to overburden sb ⑩ FIN **etw mit einer Hypothek** ~ to mortgage sth; **etw mit Schulden** ~ to encumber sth [with debts] *form* ⑪ FIN *(finanziell in Anspruch nehmen)* ■ **jdn mit etw** ~ to order sb to pay sth **II.** *vr (sich etw aufbürden)* **sich mit Arbeit/einer Aufgabe** ~ to take on work/a job *sep;* **sich mit unnützen Details** ~ to go into unnecessary details; **sich mit Sorgen/Verpflichtungen** ~ to burden oneself with worries/obligations; **sich mit der Verantwortung** ~ to take the responsibility [up]on oneself

belastend *adj* JUR incriminating, incriminatory; **~es Material** incriminating evidence

belastet *adj* burdened, weighed down; *(psychisch)* oppressed, troubled; FIN encumbered; ■ **[durch/mit etw]** ~ **werden** *Gewicht* to come under strain [from sth]

belästigen* *vt* ■ **jdn** ~ *(jdm lästig werden)* to bother sb; *(zudringlich werden)* to pester sb; ***würde es Sie ~, wenn ich rauche?*** do you mind if I smoke?; ■ **~d** annoying

Belästigung <-, -en> *f* annoyance *no pl;* **etw als [eine]** ~ **empfinden** to find sth annoying [*or* a nuisance]

Belastung <-, -en> *f* ① *(das Belasten)* loading ② *(Gewicht)* weight, load; **die erhöhte** ~ **der Brücke** the increased weight [placed] on the bridge; **die maximale** ~ **der Brücke/des Aufzugs** the weight limit of the bridge/the maximum load for the lift [*or* AM elevator] ③ *(Anstrengung)* burden ④ *(Last)* burden ⑤ ÖKOL pollution *no pl, no indef art* ⑥ JUR incrimination ⑦ *(das Beschweren)* burden **(durch/mit** *+dat* of) ⑧ *(leistungsmäßige Beanspruchung)* strain **(für/von** *+dat* on) ⑨ FIN charge (*+gen* on) ⑩ FIN *(Beschwerung mit Hypothek)* mortgage; *(Hypothek)* mortgage ⑪ FIN *(Schulden a.)* encumbrance *form;* *(steuerliche Beanspruchung)* burden

Belastungsanzeige *f* FIN debit note [*or* AM memorandum] **Belastungs-EKG** *nt* MED excercise electrocardiogram [*or* ECG] **Belastungsfähigkeit** *f* degree of resilience **Belastungsgrenze** *f* limit; FIN limit of encumbrances **Belastungsmaterial** *nt* JUR incriminating evidence **Belastungsprobe** *f* ① *(Erprobung der Belastbarkeit)* load[ing] test ② *(Erprobung der Beanspruchbarkeit)* endurance test ③ *(Zerreißprobe)* tolerance test; **einer** ~ **ausgesetzt sein** to be put to the test **Belastungsvollmacht** *f* FIN [direct] debit mandate **Belastungszeuge, -zeugin** *m, f* JUR witness for the prosecution, Queen's [*or* AM State's] evidence

belaubt *adj* in leaf *pred*

Belaubung *f* ① *(das Sichbelauben)* coming into leaf ② *(Laubwerk)* foliage *no pl,* leaves *pl*

belauern* *vt* ① *(lauernd beobachten)* ■ **ein Tier** ~ to observe an animal unseen ② *(argwöhnisch beobachten)* ■ **jdn** ~ to watch sb secretly, to spy [up]on sb

belaufen* *vr irreg* ■ **sich** *akk* **auf etw** *akk* ~ to amount [*or* come] to sth; ***der Schaden belief sich auf Millionen*** the damage ran into millions

belauschen* *vt* ■ **jdn/etw/ein Tier** ~ to eavesdrop [*or* listen in] on sb/sth, to listen to the sounds of an animal

Belcanto, Belkanto <-s> *m kein pl* MUS bel canto

beleben* **I.** *vt* ① *(anregen)* ■ **jdn/etw** ~ to stimulate sb/sth *sep* ② *(erfrischen)* ■ **jdn** ~ to make sb feel better [*or* refreshed]; **jdn wieder** ~ to refresh sb ③ *(ankurbeln)* ■ **etw** ~ to stimulate sth ④ *(zum Leben erwecken)* ■ **jdn** ~ to resuscitate sb, to bring sb back to life; **ein Monstrum** ~ to bring a monster to life ⑤ *(lebendiger gestalten)* ■ **etw [neu]** ~ to put [new] life into sth; **eine Unterhaltung** ~ to liven up [*or* animate] a conversation **II.** *vr* ① *(sich mit Leben/Lebewesen füllen)* ■ **sich [mit etw]** ~ to come to life [with sth] ② *(lebhafter werden)* ■ **sich** ~ to light up ③ *(stimuliert werden)* ■ **sich** ~ to become stimulated **III.** *vi* ① *(munter machen)* to pick one up ② *(erfrischen)* to make one feel better

belebend *adj* ① *(anregend)* invigorating ② *(erfrischend)* refreshing

belebt *adj* ① *(bevölkert)* busy ② *(lebendig)* animate

Belebtheit <-> *f kein pl* bustle (*+gen* in)

Belebtschlammverfahren *nt* bioaeration

Belebung <-, -en> *f* ① *(Anregung)* stimulation; ***er braucht morgens Kaffee zur*** ~ he needs coffee to wake up in the morning ② *(Ankurbelung)* stimulation, encouragement; ~ **der Konjunktur** stimulation of business activity

Beleg <-[e]s, -e> *m* ① *(Quittung)* receipt, voucher;

schreiben Sie mir bitte einen ~? may I have a receipt? ② (*Unterlage*) proof, no art, no pl ③ (*Quellennachweis*) example, instance

Belegarzt, -ärztin *m, f general practitioner or other non-resident doctor charged with a number of patients in a hospital*

belegbar *adj* verifiable; ***ist es ~, dass/wann/wie/wo ...?*** can it be verified that/when/how/where ...?

Belegbett *nt hospital bed under the charge of a general practitioner or other non-resident doctor*

belegen *adj inv* JUR situated

belegen* *vt* ① (*mit Belag versehen*) **ein Brot mit etw ~** to spread sth on a slice of bread, to make a sandwich with sth; **ein Brot mit Butter ~** to butter a slice of bread; **einen Tortenboden [mit etw] ~** to fill a flan case [with sth]; **belegte Brote** open sandwiches ② (*beweisen*) ■**etw ~** to verify sth; **eine Behauptung/einen Vorwurf ~** to substantiate a claim/an accusation; **ein Zitat ~** to give a reference for a quotation ③ (*auferlegen*) ■**jdn mit etw ~** to impose sth on sb ④ SCH ■**etw ~** to enrol [*or* AM enroll] [*or* put one's name down] for sth ⑤ (*okkupieren*) ■**etw ~** to occupy sth; ■**etw mit jdm ~** to accommodate sb in sth; ■**belegt sein** to be occupied [*or* taken]; ***ist der Stuhl hier schon belegt?*** is this chair free?, is somebody sitting here? ⑥ (*innehaben*) **den vierten Platz ~** to take fourth place, to come fourth; **einen höheren Rang ~** to be ranked higher; **den zweiten Tabellenplatz ~** to be second in the league table [*or* AM standings]; **die Tabellenspitze ~** to be at the top of the league table [*or* AM standings] ⑦ MIL ■**jdn/etw mit etw ~** to bombard sb/sth with sth; **jdn/etw mit Artilleriefeuer/Bomben ~** to bomb [*or* bombard] sb/sth; **etw mit einem Bombenteppich ~** to blanket-bomb sth ⑧ (*beschimpfen*) **jdn mit einem Fluch ~** to lay a curse on sb; **jdn mit Namen ~** to call sb names; **jdn mit Schimpfwörtern ~** to hurl insults at sb

Belegenheit <-> *f* JUR situs

Belegenheitsgerichtsstand *m* JUR forum rei sitae **Belegenheitsort** *m* JUR place of situs **Belegenheitsstatus** *m* JUR status of situs **Belegenheitsstatut** *nt* JUR statute of situs **Belegenheitszuständigkeit** *f* JUR competence for situs

Belegexemplar *nt* specimen copy

Belegschaft <-, -en> *f* (*Beschäftigte*) staff, personnel; (*aus Arbeitern*) workforce; **die ganze ~** (*hum fam*) the whole mob [*or* gang] *fam*

Belegschaftsaktie [-aktsiə] *f* staff employee [*or* BRIT *fam a.* buckshee] share **Belegschaftsmitglied** *nt* member of staff, employee **Belegschaftsrabatt** *m* staff discount

Belegstation *f hospital ward under the charge of various non-resident doctors,* ≈ GP ward BRIT

belegt *adj* ① (*mit Belag überzogen*) coated; **~e Zunge** furred [*or* coated] tongue ② (*rau*) hoarse; **mit ~er Stimme sprechen** to speak with a husky [*or* hoarse] voice

Belegung *f* (*Nachweis*) verification

Belegungsrecht *nt* JUR right of occupation

belehrbar *adj* teachable

belehren* *vt* ① (*informieren, aufklären*) ■**jdn ~** to inform sb; **jdn eines anderen ~** to teach sb otherwise; **sich eines anderen ~ lassen** to learn [*or* be taught] otherwise ② (*von Meinung abbringen*) ■**jdn ~** to convince sb that he is wrong; (*von einer falschen Ansicht abbringen*) to disabuse sb *form;* **sich von jdm ~ lassen** to listen to sb; ***er lässt sich nicht ~*** he won't listen [*or* be told] ③ JUR (*ausführlich informieren*) ■**jdn [über etw** *akk*] ~ to advise [*or* warn] sb [of sth]

belehrend **I.** *adj* didactic **II.** *adv* didactically

Belehrung <-, -en> *f* ① (*belehrender Rat*) explanation, lecture *fam;* ***deine ~en kannst du dir sparen!*** there's no need to lecture me *fam;* **danke [*o* vielen Dank] für die ~!** (*iron*) thanks for the tip *iron* ② (*Verweis*) lesson ③ JUR caution

Belehrungspflicht *f* JUR duty to instruct

beleibt *adj* (*geh*) corpulent *form,* portly *a. hum*

Beleibtheit <-> *f kein pl* (*geh*) corpulence *form,* portliness *a. hum*

beleidigen* *vt* ① (*schmähen*) ■**jdn/etw [durch etw] ~** to insult sb [with sth], to offend sb/sth [with sth] ② (*empfindlich beeinträchtigen*) ■**jdn ~** to offend [*or* be offensive to] sb

beleidigend **I.** *adj* insulting, offensive **II.** *adv* insultingly, offensively; **sich ~ ausdrücken** to use offensive language

beleidigt **I.** *adj* offended; **leicht ~ sein** to be quick to take offence [*or* AM -se], to be easily offended; **ein ~es Gesicht [*o* eine ~e Miene] aufsetzen [*o* machen]** to put on a hurt face/expression; ***bist du jetzt ~?*** have I offended you?; *s. a.* **Leberwurst** **II.** *adv* in a huff *fam;* **~ reagieren/schweigen** to get/go into a huff *fam*

Beleidigung <-, -en> *f* ① (*das Beleidigen*) insult, offence [*or* AM -se] (*+gen* to); JUR defamation ② (*Schmähung*) insult; **etw als [eine] ~ auffassen** to take sth as an insult, to take offence [*or* AM -se] at sth ③ (*Missachtung*) offence [*or* AM -se], affront (*+gen*/**für** *+akk* to)

Beleidigungsklage *f* JUR action for libel

beleihen* *vt irreg* ■**etw ~** to lend money on sth; FIN to mortgage [*or* give [*or* raise] a mortgage on] sth; **Schulden ~** to encumber debts *form;* ■**[mit etw] beliehen sein** to be mortgaged [at sth]; ***wie hoch ist das Haus beliehen?*** how high is the mortgage on the house?

Beleihung *f* FIN lending; **~ einer Versicherung** policy loan

Beleihungsgrenze *f* FIN lending limit, AM credit line **Beleihungsverbot** *nt* FIN lending ban

Beleimung <-> *f kein pl* TYPO glue application, gluing

belemmert *adj* (*sl*) *s.* **belämmert**

belesen *adj* well-read

Belesenheit <-> *f kein pl* wide reading; **ein hohes Maß an ~** great familiarity with literature

beleuchten* *vt* ① (*durch Licht erhellen*) **eine Bühne/Straße ~** to light a stage/road; **einen Garten/ein Haus ~** to light up *sep* [*or* illuminate] a garden/house ② (*anstrahlen*) ■**etw ~** to light up *sep* [*or* illuminate] sth ③ (*geh: betrachten*) ■**etw ~** to throw light on [*or* examine] sth

Beleuchter(in) <-s, -> *m(f)* lighting technician

Beleuchtung <-, *selten* -en> *f* ① (*das Beleuchten*) lighting ② (*künstliches Licht*) light; (*Lichter*) lights *pl;* **die ~ der Straßen** street lighting ③ AUTO lights *pl* ④ (*geh: das Betrachten*) examination, elucidation *form*

Beleuchtungsanlage *f* lighting equipment [*or* system] **Beleuchtungskörper** *m* (*geh*) lighting fixture [*or* appliance] **Beleuchtungstechnik** *f* lighting engineering

beleumdet *adj* (*geh*) **nicht gut [*o* schlecht] [*o* übel] ~ sein** to have a bad reputation; **ein übel ~es Hotel** a hotel with a bad reputation

Belgien <-s> *nt* Belgium; *s. a.* **Deutschland**

Belgier(in) <-s, -> *m(f)* Belgian; *s. a.* **Deutsche(r)**

belgisch *adj* Belgian; *s. a.* **deutsch**

Belgrad <-s> *nt* Belgrade

belichten* *vt* FOTO ■**etw ~** to expose sth

Belichter <-s, -> *m* TYPO exposure device, output unit

Belichtung *f* FOTO exposure; **falsche ~** incorrect exposure

Belichtungsautomatik *f* automatic exposure [control] **Belichtungsmesser** *m* light meter **Belichtungszeit** *f* exposure [time]

belieben* **I.** *vt* (*iron*) ■**~, etw zu tun** to like doing sth; ***du beliebst wohl zu scherzen*** you must be joking **II.** *vi* (*geh*) **was/wie es jdm beliebt** as sb likes [*or* wishes]

Belieben <-s> *nt kein pl* **in jds** *dat* **~ liegen [*o* stehen]** (*geh*) to be up to sb, to be left to sb's discretion; **etw in jds** *dat* **~ stellen** to leave sth up to sb [*or* sb's discretion]; **[ganz] nach ~** just as you/they etc. like, any way you/they etc. want [to], however you/they etc. please

beliebig **I.** *adj* any; **[irgend]eine/jede ~e Zahl** any number at all [*or* you like]; **nicht jede ~e Zahl** not every number; ■**etwas B~es** anything at all; ■**jeder B~e** anyone at all; ■**irgendein B~er** just anybody, *fam a.* any old Tom, Dick or Harry **II.** *adv* ~ **häufig/lange/spät/viele** as often/long/late/many as you like; **etw ~ verändern** to change sth at will

Beliebigkeit <-, -en> *f* randomness, arbitrariness

beliebt *adj* ① (*geschätzt*) popular; ■**[bei jdm] ~ sein** to be popular [with sb]; **sich [bei jdm] ~ machen** to make oneself popular [*or pej* ingratiate oneself] [with sb] ② (*gerne besprochen*) popular, favourite [*or* AM -orite] *attr*

Beliebtheit <-> *f kein pl* popularity; **sich [bei jdm] großer/zunehmender ~ erfreuen** to enjoy great/increasing popularity [with sb]

beliefern* *vt* ■**jdn/etw [mit etw] ~** to supply sb/sth [with sth]; ***diese Großhandelsfirma beliefert nur Restaurants*** this wholesale company only supplies [*or form* purveys for] restaurants

Belieferung *f* delivery; **die ~ einer Firma einstellen** to stop supplying a company

Belieferungsrecht *nt* HANDEL right to supply **Belieferungspflicht** *f* HANDEL duty to supply

Belieferungsvertrag *m* HANDEL contract of supply

Belize <-s> *nt* Belize; *s. a.* **Deutschland**

Belizer(in) <-s, -> *m(f)* Belizean; *s. a.* **Deutsche(r)**

belizisch *adj* Belizean; *s. a.* **deutsch**

Belladonna <-, -donnen> *f* ① (*Extrakt*) belladonna, atropin[e] *spec* ② BOT belladonna, deadly nightshade

bellen **I.** *vi* to bark **II.** *vt* ■**etw ~** to bark [out *sep*] sth

bellend *adj* **ein ~er Husten** a hacking cough; **eine ~e Stimme** a harsh [*or* barking] voice

Belletristik <-> *f kein pl* belles lettres *npl*

belletristisch *adj* **die ~e Abteilung** the department for fiction and poetry; **~e Literatur/Bücher** [books of] fiction and poetry

beloben* *vt* ■**jdn [wegen etw] ~** to commend [*or* praise] sb [for sth]

Belobigung <-, -en> *f* (*geh*) commendation *form,* praise *no indef art;* **jdm eine ~ aussprechen** to commend [*or* praise] sb

belohnen* *vt* ① (*als Lohn beschenken*) ■**jdn/etw [mit etw] ~** to reward sb/sth [with sth] ② (*Lohn sein*) ■**jdn [für etw] ~** to reward sb [for sth]; ***die Leistung der Schauspieler wurde vom Publikum mit begeistertem Beifall belohnt*** the actors received loud applause; ***dein Lächeln belohnt mich zur Genüge!*** your smile is reward enough

Belohnung <-, -en> *f* ① (*das Belohnen*) rewarding ② (*Lohn*) reward; **eine ~ [für etw] aussetzen** to offer a reward [for sth]; **zur [*o* als] ~ [für etw]** as a reward [for sth]

belüften* *vt* ■**etw ~** to ventilate [*or* air] sth

Belüftung *f* ■**die ~** ① *kein pl* (*das Belüften*) ventilating, airing; ***die ~ der Kellerräume ist sehr schlecht*** the basement rooms are very badly ventilated ② ELEK ventilation *no indef art*

Belüftungsanlage *f* ventilation system **Belüftungsschacht** *m* ventilation shaft

Beluga <-, -s> *m s.* **Weißwal**

belügen* *irreg vt* ■**jdn ~** to lie [*or* tell lies] [*or* tell a lie] to sb (*+gen* to); ■**sich [selbst] ~** to deceive oneself

belustigen* **I.** *vt* ■**jdn [mit etw] ~** to amuse sb [with sth]; ***was belustigt dich?*** what's amusing you? [*or* so funny?]; ■**~d** amusing **II.** *vr* (*geh*) ■**sich über jdn/etw ~** to make fun of sb/sth

belustigt **I.** *adj* amused; ■**über etw** *akk* **~ sein** to be amused at [*or* by] sth **II.** *adv* in amusement

Belustigung <-, -en> *f* (*geh*) amusement; **zu jds ~** for sb's amusement [*or* the amusement of sb]

bemächtigen* *vr* (*geh*) ① (*in seine Gewalt bringen*) ■**sich jds/einer S. ~** to take [*or* sieze] hold of sb/sth ② (*überkommen*) ■**sich jds ~** to come over sb

bemäkeln* *vt* ■**etw [an jdm/etw] ~** to find fault with [sb's] sth/with sth [on/in sth]; **immer etwas an allem und jedem ~** to always be picking holes in everything and everyone; ***was hast du an dem Essen zu ~?*** what don't you like about the food?

bemalen* **I.** *vt* ■**etw** [**mit etw**] ~ to paint [sth on] sth; **etw farbig** ~ to paint sth [in] different colours [*or* AM -ors] **II.** *vr* (*pej fam: sich schminken*) **sich** ~ to paint oneself *fam;* ■**sich** *dat* **etw** ~ to paint one's sth; **sich** *dat* **das Gesicht** ~ to paint [*or pej* plaster] one's face

Bemalung <-, -en> *f* ① (*das Bemalen*) ■**die** ~ **einer S.** *gen*/**von etw** *dat* painting sth ② (*aufgetragene Farbe*) paint (+*gen* on) ③ (*Kriegs~*) war paint

bemängeln* *vt* ■**etw** ~ to find fault with, to fault, to criticize; ***an der Qualität war nichts zu*** ~ the quality could not be faulted; ■~, **dass ...** to complain that ..

Bemängelung <-, -en> *f* (*das Bemängeln*) fault-finding; (*Kritik*) criticism; (*Beschwerde*) complaint

bemannen* **I.** *vt* NAUT, RAUM ■**etw** [**mit jdm**] ~ to man sth [with sb]; **ein Schiff voll** ~ to take on the ship's full complement [of crew]; ■[**nicht**] **bemannt** [un]manned **II.** *vr* (*hum fam*) ■**sich** ~ to get oneself a man

Bemannung <-, -en> *f* NAUT, RAUM ① (*das Bemannen*) ■**die** ~ [**einer S.** *gen*/**von etw** *dat*] manning [sth] ② (*selten: Besatzung*) crew, complement [of crew] *form*

bemänteln* *vt* ■**etw** ~ to cover up sth *sep*

Bembel <-s, -> *m* DIAL pitcher

bemerkbar *adj* noticeable, perceptible; ***zwischen den beiden Bildern ist kein Unterschied*** ~ I can't see any difference between the two pictures; ***dieser Geruch muss für jeden ~ gewesen sein*** everybody must have noticed this smell; **sich** [**bei jdm**] [**durch etw**] ~ **machen** to draw [sb's] attention to oneself [*or* to attract [sb's] attention] [by doing sth]; ***ich werde mich schon*** [***bei Ihnen***] ~ ***machen, wenn ich Sie benötige*** I'll let you know when I need you; **sich** [**durch etw**] ~ **machen** to make itself felt [with sth]

bemerken* *vt* ① (*wahrnehmen*) ■**jdn/etw** ~ to notice sb/sth; ■~, **dass** to notice that; ■~, **wie jd etw tut** to see [*or* notice] sb do sth; ***sie bemerkte rechtzeitig/zu spät, dass ...*** she realized in time/too late that ... ② (*äußern*) **etwas/nichts** [**zu etw**] ~ to have sth/nothing to say [to sth]; ***dazu möchte ich noch folgendes*** ~ to that I would like to add the following

bemerkenswert **I.** *adj* remarkable; ■**etwas/nichts B~es** sth/nothing remarkable **II.** *adv* remarkably

Bemerkung <-, -en> *f* comment, remark; [**jdm gegenüber**] **eine ~/~en** [**über etw** *akk*] **machen** to remark [*or* comment] on sth [to sb], to make a remark [*or* comment]/remarks [*or* comments] [about sth] [to sb]; [**jdm gegenüber**] **eine** ~ [**über jdn/etw**] **fallen lassen** to drop a remark [about sb/sth] [*or* comment on sb/sth] [to sb]

bemessen* *irreg* **I.** *vt* ■**jdm etw** [**nach etw**] ~ to determine [*or* calculate] sth for sb [according to sth]; **großzügig/knapp** ~ **sein** to be generous/not very generous; ***meine Zeit ist knapp*** ~ my time is short [*or* limited] **II.** *vr* (*geh*) ■**sich nach etw** ~ to be proportionate to sth

Bemessung *f* determination, calculation

Bemessungsfaktor *m* FIN assessment ratio **Bemessungsformel** *f* FIN (*für Steuern*) apportionment ratio **Bemessungsgrenze** *f* FIN upper limit of assessment **Bemessungsgrundlage** *f* FIN assessment basis, basis of assessment **Bemessungsverfahren** *nt* FIN assessment procedure **Bemessungszeitraum** *m* ÖKON basic [*or* assessment] period

bemitleiden* *vt* ■**jdn** ~ to pity sb, to feel pity [*or* sorry] for sb; ■**sich** [**selbst**] ~ to feel sorry for oneself; ***sie ist zu*** ~ she is to be pitied

bemitleidenswert *adj* pitiable, pitiful

bemittelt *adj* (*geh*) well-to-do, well-off; **sehr/weniger** ~ **sein** to be very/less well-off [*or* well-to-do]; **genügend** ~ **sein** to have enough to get by on comfortably *a. iron*

bemogeln *vt* (*fam*) ■**jdn** ~ to cheat [*or* trick] [*or* BRIT *fam a.* diddle] sb

bemoost *adj* mossy, moss-grown *attr,* covered with moss *pred*

bemühen* **I.** *vr* ① (*sich Mühe geben*) ■**sich** ~[, **etw zu tun**] to try hard [to do sth], to endeavour [*or* AM -or] to do sth *form;* **sich vergebens** ~ to try in vain, to waste one's efforts; ***du musst dich mehr*** ~ you must try harder; ~ ***Sie sich nicht*** don't bother yourself, don't put yourself out ② (*sich kümmern*) **sich um jdn** ~ to court sb['s favour [*or* AM -or]]; **sich um einen Patienten** ~ to look after [*or* attend to] a patient ③ (*zu erlangen suchen*) **sich um gute Beziehungen/eine Stelle** ~ to try hard [*or* BRIT to endeavour [*or* AM -or]] to get good connections/a job *form;* **sich um jds Gunst/Vertrauen/Wohl** ~ to court sb's favour [*or* AM -or]/to try to win sb's trust/to take trouble over sb's well-being ④ (*geh: gehen*) **sich zur Tür** ~ to go [*or form* proceed] to the door; **sich ins Nebenzimmer** ~ to go [*or form* proceed] [*or liter a. hum* repair] to the next room; ■**sich zu jdm** ~ to go/come to sb **II.** *vt* (*geh*) ■**jdn** ~ to send for sb; **einen Anwalt** ~ to consult a lawyer

Bemühen <-s> *nt kein pl* (*geh*) efforts *pl,* endeavours [*or* AM -ors] *pl form* (**um** +*akk* for)

bemüht *adj* keen; ■[**darum**] ~ **sein, etw zu tun,** ■**um etw** ~ **sein** to try hard [*or form* endeavour] [*or* be at pains] to do sth

Bemühung <-, -en> *f* ① (*angestrengter Einsatz*) effort, endeavour [*or* AM -or] *form;* **trotz aller ~en** despite all efforts; ***danke für Ihre ~en*** thank you for your trouble ② *pl* services

bemüßigt *adj* **sich** ~ **fühlen, etw zu tun** [*o* **sehen**] (*meist iron geh*) to feel obliged [*or* called upon] to do sth

bemuttern* *vt* ■**jdn** ~ to mother sb

benachbart *adj* ① (*in der Nachbarschaft gelegen*) nearby; (*nebenan*) neighbouring [*or* AM -oring] *attr;* **die ~e Familie/das ~e Haus** the family/house next door; ■**jdm/einer S.** ~ **sein** to be close to sb/sth ② (*angrenzend*) neighbouring [*or* AM -oring], adjoining

benachrichtigen* *vt* ■**jdn** [**von etw**] ~ to inform sb [of sth]; (*amtlich*) to notify sb [of sth]

Benachrichtigung *f* notification; **ohne vorherige** ~ without notice [given]

Benachrichtigung <-, -en> *f* ① (*das Benachrichtigen*) notification (**von/über** +*akk* of/about); ***er bittet in diesem Fall um*** ~ he would like to be notified should this be the case ② (*schriftliche Nachricht*) [written] notification

Benachrichtigungsschreiben *nt* letter of notification

benachteiligen* *vt* ① (*schlechter behandeln*) ■**jdn** ~ to put sb at a disadvantage; (*wegen Rasse, Geschlecht, Glaube*) to discriminate against sb ② (*zum Nachteil gereichen*) ■**jdn** [**gegenüber jdm**] ~ to handicap sb [with respect to sb]

benachteiligt **I.** *adj* disadvantaged, deprived, discriminated, at a disadvantage *pred;* ■**wegen etw** ~ **sein** to be discriminated against because of/for sth **II.** *adv* disadvantaged; **sich** ~ **fühlen** to feel at a loss

Benachteiligte(r) *f(m) dekl wie adj* victim; ■**der/die ~e sein** to be at a disadvantage

Benachteiligung <-, -en> *f* ① (*das Benachteiligen*) ■**die** ~ **einer Person** *gen*/**von jdm** discriminating against sb ② (*benachteiligter Zustand*) discrimination

Benachteiligungsverbot *nt* JUR discrimination ban

benagen* *vt* ■**etw** ~ to gnaw [at] sth; *Hund a.* to chew [on] sth

benannt *adj inv* named; ■**nach jdm** ~ **sein** to be called after sb

Bendel <-s, -> *m s.* **Bändel**

benebeln* *vt* (*fam*) ■**jdn** ~ to befuddle sb; *Narkose, Sturz a.* to daze sb, to make sb feel dazed; *Dämpfe, Duft, Rauch a.* to make sb's head reel [*or* swim]; **ein ~der Duft/eine ~de Wirkung** a heady perfume/effect; ■**benebelt** (*fam*) befuddled; (*durch Alkohol a.*) tipsy *fam;* (*durch Schlag*) dazed

Benediktiner(in) <-s, -> *m(f)* Benedictine [friar/nun]

Benediktinerorden *m* Benedictine order, order of St Benedict

Benefiz <-es, -e> *nt* ① (*Wohltätigkeitsveranstaltung*) charity performance ② (*veraltet: Ehrenvorstellung*) benefit

Benefizkonzert *nt* charity concert **Benefizspiel** *nt* benefit [*or* charity] match **Benefizveranstaltung** *f* benefit event [*or* performance] **Benefizvorstellung** *f* charity [*or* benefit] performance

benehmen* *vr irreg* ■**sich** ~ to behave [oneself]; ***benimm dich!*** behave yourself!; ■**sich wie jd** ~ to behave like sb; ***der Junge benimmt sich wie sein Vater*** the boy takes after his father; **sich gut** ~ to behave well [*or* oneself]; ***der Kleine hat sich den ganzen Abend gut benommen*** the little one was well-behaved [*or* on his best bevahiour] all evening; **sich schlecht** ~ to behave badly, to misbehave

Benehmen <-s> *nt kein pl* ① (*Manieren*) manners *npl;* **kein** ~ **haben** to have no manners, to be badmannered ② (*geh: Einvernehmen*) **sich mit jdm ins** ~ **setzen** to get in touch with [*or* contact] sb; **sich** *akk* **mit jdm über etw** *akk* **ins** ~ **setzen** to try to reach [*or* come to] an agreement with sb about sth; **im** ~ **mit jdm** with the consent of sb

beneiden* *vt* ■**jdn** [**um etw**] ~ to envy sb [sth]; ***er ist nicht zu*** ~ I don't envy him, he is not to be envied

beneidenswert **I.** *adj* enviable; ■**etwas/nichts B~es** sth/nothing to be envied **II.** *adv* (*wunderbar*) amazingly

Beneluxländer, **Beneluxstaaten** *pl* Benelux countries

benennen* *vt irreg* ① (*mit Namen versehen*) ■**jdn/etw** [**nach jdm**] ~ to name sb/sth [after [*or* AM *a.* for] sb]; **etw neu** ~ to rename sth; **Gegenstände** ~ to denote [*or* give names to] objects ② (*namhaft machen*) ■[**jdm**] **jdn als etw** ~ to nominate sb as [sb's] sth; **jdn als Zeugen** ~ to call sb as a witness

Benennung <-, -en> *f* ① (*das Benennen*) ■**die** ~ **einer Person/S.** *gen* naming a person/thing ② (*das Namhaftmachen*) nomination; *von Zeugen* calling ③ (*Bezeichnung*) name, designation *form*

benetzen* *vt* (*geh*) ■**etw** [**mit etw**] ~ to moisten sth [with sth]; ■**etw** ~ *mit Tau, Tränen* to cover sth

Bengale, **Bengalin** <-n, -n> *m,* *f* ① (*Einwohner Bengalens*) Bengali ② *s.* **Bangladescher**

Bengali *nt* Bengali; *s. a.* **Deutsch**

bengalisch *adj s.* **bangalisch**

Bengel <-s, -[s]> *m* ① (*frecher Junge*) rascal, brat *pej fam* ② (*niedlicher Junge*) **ein süßer** [**kleiner**] ~ a dear [*or* AM cute] little boy ► WENDUNGEN: **den** ~ **hoch werfen** SCHWEIZ (*hoch greifen*) to aim high

Benimm <-s> *m kein pl* (*fam*) manners *npl*

Benimmregel *f* [rule of] etiquette *no pl*

Benin <-s> *nt* Benin; *s. a.* **Deutschland**

Beniner(in) <-s, -> *m(f)* Beninese; *s. a.* **Deutsche(r)**

beninisch *adj* Beninese; *s. a.* **deutsch**

Benjamin <-s, -e> *m* (*fam*) ■**der** ~ the baby of the family

benommen *adj* dazed; **jdn** ~ **machen** to befuddle sb

Benommenheit <-> *f kein pl* daze[d state]; **ein Gefühl von** ~ a dazed feeling

benoten* *vt* ① (*mit Zensur versehen*) ■**etw** ~ to mark sth; ***ihr Aufsatz wurde mit „sehr gut" benotet*** her essay was given [*or fam* got] an A ② (*durch eine Zensur einstufen*) ■**jdn** ~ to assess sb

benötigen* *vt* ■**etw** [**von jdm**] ~ to need [*or form* require] sth [from sb]; **dringend** ~ to be in urgent need of sth

benötigt *adj* necessary

Benotung <-, -en> *f* ① (*das Benoten*) ■**die** ~ [**einer S.** *gen*/**von etw** *dat*] marking [sth] ② (*Note*) mark[s *pl*]

benutzbar *adj* us[e]able; **eine nicht ~e Straße** an impassable road; **nur einmal/wieder voll/nicht mehr** ~ **sein** to be us[e]able only once/fully us[e]able again/no longer us[e]able

benutzen* *vt,* **benützen*** *vt* DIAL ① ■**etw** [**als etw**] ~ to use sth [as sth]; ■**das B~** the use; **nach dem B~** after use; ■**benutzt** used; **das benutzte Geschirr** the dirty dishes *pl* ② (*geh*) **den Aufzug/die Bahn/den Bus** ~ to take the lift [*or* AM elevator]/train/bus ③ (*verwerten*) ■**etw** ~ to consult sth; **die benutzte Literatur** the literature consulted ④ (*wahrnehmen*) ■**etw** ~ to seize [*or* avail oneself of] sth ⑤ (*für seine Zwecke ausnutzen*) ■**jdn** ~ to take advantage of sb; **sich benutzt fühlen** to feel [that one has been] used

Benutzer(in) <-s, -> *m(f),* **Benützer(in)** <-s, -> *m(f)* DIAL ① (*benutzender Mensch*) borrower; (*mit Leihgebühr*) hirer BRIT, person renting AM; (*einer Bibliothek*) reader, borrower ② INFORM user

Benutzerebene *f* INFORM user [*or* system] interface **benutzerfreundlich** I. *adj* user-friendly II. *adv* with user-friendliness in mind, in a user-friendly manner **Benutzerfreundlichkeit** <-> *f kein pl* user-friendliness **Benutzerhandbuch** *nt* user manual [*or* handbook] **Benutzeridentifikation** *f* FIN, INFORM user ID **Benutzeridentifizierung** *f* FIN, INFORM user ID

Benutzerin, Benützerin <-, -nen> *f fem form von* **Benutzer**

Benutzerkennung *f* INFORM user name **Benutzername** *m* INFORM user name **Benutzeroberfläche** *f* INFORM user [*or* system] interface **benutzerorientiert** *adj* user-oriented **Benutzerprofil** *m* INFORM user profile **Benutzerschnittstelle** *f* user interface **Benutzersprache** *f* INFORM user language **benutzerunfreundlich** I. *adj* non-user-friendly, user-hostile *hum* II. *adv* ~ **angelegt sein** to have a non-user-friendly layout; **etw** ~ **gestalten** to give sth a non-user-friendly design

Benutzung *f,* **Benützung** *f* DIAL ① (*Gebrauch*) use; ■**die** ~ [**einer S.** *gen*] **als etw** the use [of sth] as sth; **nach der** ~ after use; **etw in** ~ **haben/nehmen** (*geh*) to be/start using sth; **jdm etw zur** ~ **überlassen** to put sth at sb's disposal; **die** ~ **einer S.** *gen*/**von etw** *dat* **vermeiden** to avoid using sth ② (*das Fahren*) **die** ~ **des Busses/Zugs** taking the bus/train; ~ **öffentlicher Verkehrsmittel zum Nulltarif** fare-free transport ③ (*Verwertung*) consultation

Benutzungsgebühr *f* hire [*or* AM rental] charge **Benutzungsordnung** *f* JUR regulation for the use of something **Benutzungsrecht** *nt* JUR right to use, user; **eigenes** ~ legitimate use **Benutzungszwang** *m für Warenzeichen* compulsory use

Benzin <-s, -e> *nt* ① (*Kraftstoff*) petrol BRIT, gas[oline] AM; ~ **sparendes Auto** economical car ② (*Lösungsmittel*) benzine

Benzinabsatz *m* petrol sales **benzinbetrieben** *adj* petrol-fuelled [*or* -driven] BRIT, gas[oline]-fueled AM; ~**er Motor** petrol [*or* AM gas[oline]] engine **Benzineinspritzanlage** *f* fuel injector

Benziner <-s, -> *m* (*fam*) car which runs on petrol

Benzinfeuerzeug *nt* petrol lighter **Benzinfilter** *m* fuel filter, petrol filter **Benzingutschein** *m* petrol coupon **Benzinhahn** *m* fuel [*or* BRIT *a.* petrol] tap [*or* cock] **Benzinkanister** *m* petrol canister **Benzinmotor** *m* petrol engine, gasoline [*or fam* gas] engine AM **Benzin-Pkw** *m* petrol-driven car **Benzinpreis** *m* price of petrol **Benzinpumpe** *f* fuel pump **benzinsparend** *adj inv, attr s.* Benzin 1 **Benzinstand** *m* fuel level, petrol level BRIT, gasoline level AM, gas level AM *fam* **Benzintank** *m* petrol tank **Benzinuhr** *f* AUTO fuel gauge [*or* AM gage] **Benzinverbrauch** *m* fuel consumption

Benzoesäure ['bɛntsoe-] *f* benzoic acid *no art*

Benzol <-s, -e> *nt* benzene; (*im Handel erhältlich*) BRIT *usu* benzol[e]

beobachtbar *adj* observable

beobachten* *vt* ① (*genau betrachten*) ■**jdn/etw** ~ to observe sb/sth; **jdn/etw genau** ~ to watch sb/sth closely; ■**jdn** [**bei etw**] ~ to watch sb [doing sth]; **gut beobachtet!** well spotted! ② (*observieren*) ■[**durch jdn** [*o* **von jdm**]] **beobachtet werden** to be kept under the surveillance [of sb]; ■**jdn** [**durch jdn**] ~ **lassen** to put sb under the surveillance [of sb]; **jdn durch die Polizei** ~ **lassen** to put sb under police surveillance; **sich** [**von jdm**] **beobachtet fühlen** to feel that one is being watched [by sb] [*or* that sb is watching one]; **sich** [**von jdm**] **auf Schritt und Tritt beobachtet fühlen** to feel that one is being dogged by sb [*or* that sb is dogging one] ③ (*bemerken*) ■**etw an jdm/bei etw** ~ to notice sth in sb/about sth

Beobachter(in) <-s, -> *m(f)* observer; **ein guter** [*o* **scharfer**] ~ a keen observer

Beobachtung <-, -en> *f* ① (*das Beobachten*) observation ② (*Observierung*) surveillance ③ *meist pl* (*Ergebnis des Beobachtens*) observations *pl;* [**an jdm**] **die** ~ **machen, dass** to notice that

Beobachtungsgabe *f* talent for [*or* power of] observation; **eine gute/scharfe** ~ **haben** to have a very observant/keen eye **Beobachtungsposten** *m* ■**auf** ~ **sein** (*fam*) to be on the lookout **Beobachtungssatellit** *m* observation [*or fam* spy] satellite **Beobachtungsstation** *f* ① MED observation ward ② METEO weather [*or* meteorological] station ③ ASTRON observatory

beordern* *vt* ■**jdn zu jdm** ~ to send sb to sb; **jdn zu sich** ~ to send for [*or* summon] sb; ■**jdn irgendwohin** ~ to order [*or* instruct] sb to go somewhere

bepacken* *vt* ■**jdn/etw** [**mit etw**] ~ to load up sb/sth *sep* [with sth]; ■**sich** [**mit etw**] ~ to load oneself up [with sth]; ■**bepackt** loaded

bepflanzen* *vt* ■**etw** [**mit etw**] ~ to plant sth [with sth]; **Beete mit etw** ~ to plant sth in beds; ■**bepflanzt** planted

Bepflanzung *f* ① (*das Bepflanzen*) ■**die** ~ **einer S.** *gen*/**von etw** *dat* the planting of sth; ***die ~ von Beeten soll bei kühlem Wetter erfolgen*** flower beds should be planted in cool weather ② (*die Pflanzen*) plants *pl* (+*gen*/**von** +*dat* in)

bepinkeln* I. *vt* (*fam*) ■**etw** ~ to pee [*or fam* piddle] on sth; **einen Baum/eine Wand** ~ to pee [*or fam* piddle] against a tree/wall II. *vr* (*fam*) ① (*sich nässen*) ■**sich** ~ to wet oneself, AM *a.* to pee one's pants *fam* ② (*mit Urin beschmutzen*) ■**sich** *dat* **etw** ~ to pee [*or fam* piddle] over one's sth

bepinseln* *vt* ① KOCHK ■**etw** [**mit etw**] ~ to brush sth with sth ② MED **jdm das Zahnfleisch** ~ to paint sb's gums ③ (*fam: mit Pinseln beschreiben*) ■**etw** [**mit etw**] ~ to paint sth [with sth], to daub sth with sth

Beplankung <-, -en> *f* BAU panelling BRIT, paneling AM, sheathing

bequatschen* *vt* (*fam*) ① (*bereden*) ■**etw** [**mit jdm**] ~ to talk over sth *sep* [with sb] ② (*überreden*) ■**jdn** [**dazu**] ~[**, etw zu tun**] to persuade sb [to do sth], to talk sb into doing sth; ***also gut, du hast mich bequatscht!*** all right, you've talked me into it!

bequem I. *adj* ① (*angenehm*) comfortable; **es sich** *dat* ~ **machen** to make oneself comfortable ② (*leicht zu bewältigen*) easy ③ (*leicht zu handhaben*) manageable, easy to operate ④ (*im Umgang angenehm*) easy-going ⑤ (*pej: träge*) idle, comfort-loving; **es** ~ [**mit jdm/etw**] **haben** to have an easy time of it [with sb/sth] II. *adv* ① (*leicht*) easily ② (*angenehm*) comfortably

bequemen* *vr* (*geh*) ① (*sich zu etw verstehen*) ■**sich zu etw** ~, ■**sich** [**dazu**] ~**, etw zu tun** to bring oneself to do sth; (*herablassend*) to condescend [*or form* deign] to do sth *a. iron* ② (*sich begeben*) ■**sich zu jdm/etw** ~ to come/go to sb/sth

Bequemlichkeit <-, -en> *f* ① (*Behaglichkeit*) comfort ② (*Trägheit*) idleness, laziness; **aus** [**reiner**] ~ out of [sheer] laziness

berappen* *vt* (*fam*) ■**etw** [**für etw**] ~ to fork [*or* shell] out sth *sep* [for sth]

beraten*[1] *irreg* I. *vt* ① (*mit Rat bedenken*) ■**jdn** [**in etw** *dat*] ~ to advise sb [*or* give sb advice] [on sth]; **jdn finanziell/rechtlich** ~ to give sb financial/legal advice; ■**sich** [**von jdm**] ~ **lassen** [**, ob/wie**] to ask sb's advice [as to whether/on how] ② (*besprechen*) ■**etw** ~ to discuss sth; POL to debate sth II. *vi* ■[**mit jdm über etw** *akk*] ~ to discuss sth with sb; ***sie ~ noch*** they're still discussing it III. *vr* ■**sich** [**über jdn/etw**] ~ to discuss sb/sth; ***das Kabinett wird sich heute ~*** the cabinet will be meeting today for talks; ■**sich mit jdm** [**über jdn/etw**] ~ to consult [with] sb [about sb/sth]

beraten*[2] *adj* advised; **finanziell/rechtlich gut** ~ **sein** to receive good financial/legal advice; **gut/schlecht** ~ **sein, etw zu tun** to be well-/ill-advised to do sth

beratend I. *adj* advisory, consultative II. *adv* in an advisory [*or* a consultative] capacity; **jdm** ~ **zur Seite stehen** to act in an advisory capacity to sb

Berater(in) <-s, -> *m(f)* advisor; (*in politischen Sachen a.*) counsellor BRIT, counselor AM; (*Fach~*) consultant

Beratergruppe *f* advisory group **Beratertätigkeit** *f* advisory service[s *pl*] **Beratervertrag** *m* consultative contract; (*Stelle*) advisory post

beratschlagen* I. *vt* ■**etw** ~ to discuss sth; ■[**mit jdm**] ~**, was/wie** to discuss [with sb] what/how II. *vi* (*sich beraten*) ■[**mit jdm**] [**über etw** *akk*] ~ to discuss sth [with sb]; ***wir ~ noch*** the matter is still under discussion [*or* we are still discussing it]

Beratung <-, -en> *f* ① (*das Beraten*) advice ② (*Besprechung*) discussion; POL debate ③ (*beratendes Gespräch*) consultation

Beratungsbefugnis *f* advisory powers **Beratungsdienst** *m* advice service **Beratungsgeheimnis** *nt* JUR the secrecy of judicial deliberations **Beratungsgesetz** *nt* ■**das** ~ *law prescribing dissuading advice for pregnant women wanting an abortion* **Beratungsgremium** *nt* advisory board **Beratungshilfe** *f* counselling [*or* AM -ling] **Beratungshilfegesetz** *nt* JUR legal advice and assistance Act **Beratungskosten** *pl* consultation fees **Beratungspflicht** *f* JUR legal duty to give advice **Beratungspraxis** *f* advisory practice **Beratungsstadium** *nt* reporting stage **Beratungsstelle** *f* advice [*or* advisory] centre [*or* AM -er] **Beratungsunternehmen** *nt* ÖKON consultancy [company]

berauben* *vt* ① (*durch Raub bestehlen*) ■**jdn/etw** ~ to rob sb/sth; ■**jdn einer S.** *gen* ~ to rob [*or hum* relieve] sb of sth ② (*geh: gewaltsam entziehen*) ■**jdn einer S.** *gen* ~ to deprive sb of sth ③ (*geh: nehmen*) ■**jdn einer S.** *gen* ~ to take sth from sb; ■**einer S.** *gen* **beraubt werden** to lose [*or* be deprived of] sth

berauschen* I. *vt* (*geh*) ■**jdn** ~ ① (*trunken machen*) to intoxicate sb; *Alkohol a.* to inebriate sb ② (*in Verzückung versetzen*) to intoxicate [*or liter* enrapture] sb; *Geschwingkeit* to exhilarate sb II. *vr* ■**sich** *akk* **an etw** *dat* ~ ① (*in Ekstase geraten*) to become intoxicated [*or liter* enraptured] by sth; **sich an Geschwindigkeit** ~ to become exhilarated by speed; **sich an Blut** ~ to get into a frenzy over blood ② (*geh: sich trunken machen*) to become intoxicated with sth

berauschend *adj* intoxicating; [***das war***] ***nicht*** [***sehr***] ~ (*iron*) [that] was just wonderful

berauscht *adj* intoxicated

Berber <-s, -> *m* (*fam*) Berber [carpet]

Berber(in) <-s, -> *m(f)* Berber

Berberitze <-, -n> *f* BOT berberis

Berberteppich *m* Berber [carpet]

berechenbar *adj* ① (*zu berechnen*) calculable, computable *form;* ***das ist nicht*** ~ that is incalculable [*or form* incomputable], that cannot be calculated ② (*einzuschätzen*) predictable

Berechenbarkeit <-> *f kein pl* ① (*berechenbare Beschaffenheit*) calculability, computability *form* ② (*Einschätzbarkeit*) predictability

berechnen* *vt* ① (*ausrechnen*) ■**etw** ~ to calculate [*or form* compute] sth; **Gebühren** ~ to determine fees; ~**, ob/wie/wieviel** to calculate whether/how/how much ② (*in Rechnung stellen*) ■[**jdm**] **etw** ~ to charge [sb] sth; ***das hat er mir mit DM 135 berechnet*** he charged me DM 135 for it ③ (*im Voraus abwägen*) ■**etw** ~ to calculate the effect of sth ④ (*vorsehen*) ■**etw für jdn/etw** ~ to intend sth for sb/sth; ■**für jdn/etw berechnet**

werden to be intended [*or* meant] for sb/sth; ***alle Rezepte sind für 4 Personen berechnet*** all recipes are [calculated] for four persons

berechnend *adj* (*pej*) scheming *pej,* calculating

Berechnung *f* ❶ (*Ausrechnung*) calculation, computation *form; von Gebühr* determination; **etw durch ~ ermitteln** to calculate [*or form* compute] sth; **jds ~ nach** [*o* **nach jds ~**] according to sb's calculations; **nach meiner ~** by my reckoning, according to my calculations ❷ (*das Berechnen*) charge; **gegen ~** for a fee; **ohne ~** without [any] charge ❸ (*das Abwägen im voraus*) calculated effect[s *pl*] ❹ (*pej*) scheming *pej,* calculation; **aus ~** in cold deliberation

Berechnungsgrundlage *f* basis for estimation **Berechnungsverordnung** *f* JUR computation ordinance concerning rent

berechtigen* I. *vt* ■**jdn zu etw ~** ❶ (*bevollmächtigen*) to entitle sb to [do] sth; ■**jdn dazu ~, etw zu tun** to entitle [*or* empower] sb to do sth; ***was berechtigt Sie dazu, mich immer zu kontrollieren?*** what right do you have to always check up on me?; ■[**dazu**] **berechtigt sein, etw zu tun** to be entitled [*or* have the right] to do sth; **sich zu etw berechtigt fühlen** to feel justified in doing sth ❷ (*Anlass geben*) to give sb grounds for sth II. *vi* ■**zu etw ~** ❶ (*bevollmächtigen*) to entitle sb to [do] sth ❷ (*Anlass geben*) to give rise to sth

berechtigt *adj* justifiable; **ein ~er Anspruch** a legitimate [*or* rightful] claim; **ein ~er Einwand/eine ~e Forderung** a justifiable [*or* justified] objection/demand; **eine ~e Frage/Hoffnung** a legitimate question/hope; **ein ~er Vorwurf** a just accusation

Berechtigte(r) *f(m) dekl wie adj* JUR rightful claimant; (*aus Vertrag*) covenantee; (*aus Versicherung*) beneficiary; **~ aus Grundpfandrecht** encumbrancer

berechtigterweise *adv* (*geh*) legitimately, with full justification

Berechtigung <-, *selten* -en> *f* ❶ (*Befugnis*) authority; ***Zutritt nur mit ~!*** authorized access only, for authorized persons only; **die/keine ~ haben, etw zu tun** to have the/no authorization [*or* to be/not be authorized] to do sth ❷ (*Rechtmäßigkeit*) justifiability

Berechtigungspapier *nt* JUR written authorization **Berechtigungsschein** *m* FIN subscription [*or* AM stock] warrant; (*für Versicherung*) benefit certificate **Berechtigungsurkunde** *f* JUR certificate of entitlement

bereden* I. *vt* ❶ (*besprechen*) ■**etw** [**mit jdm**] ~ to discuss [*or sep* talk over] sth [with sb] ❷ (*überreden*) ■**jdn zu etw ~** to talk sb into [doing] sth; ■**jdn** [**dazu**] **~, etw zu tun** to talk sb into doing [*or* persuade sb to do] sth II. *vr* ■**sich** *akk* [**mit jdm**] [**über etw** *akk*] ~ to discuss [*or sep* talk over] sth [with sb]; ***wir ~ uns noch*** we are still discussing it

beredsam *adj* ❶ (*geh*) eloquent ❷ (*iron*) ***du bist ja ausgesprochen*** ~ you haven't exactly got the gift of the gab *iron fam;* ***nanu, heute so ~?*** what, cat got your tongue? *hum fam*

Beredsamkeit <-> *f kein pl* (*geh*) eloquence

beredt *adj* (*geh*) ❶ (*eloquent*) expressive, eloquent; **~es Schweigen** eloquent [*or* pregnant] silence; ***dein Schweigen/deine Miene ist ~ genug!*** your silence is answer enough/your face says it all ❷ (*geh*) *s.* **beredsam 1**

Beredtheit <-> *f kein pl* (*selten: Beredsamkeit*) eloquence

Bereich <-[e]s, -e> *m* ❶ (*Gebiet*) area; **im ~ des Möglichen liegen** to be within the realms [*or* bounds] of possibility ❷ (*Sach~*) field; **in jds** *akk* **~ fallen** to be within sb's field

bereichern* I. *vr* ■**sich** *akk* [**an etw** *dat*] ~ to grow rich [on sth], to make a lot of money [out of sth] II. *vt* ❶ (*erweitern*) ■**etw ~** to enlarge sth ❷ (*vertiefen*) ■**etw ~** to enrich sth ❸ (*innerlich reicher machen*) ■**etw bereichert jdn** sb gains [*or* learns] a lot from sth

Bereicherung <-, -en> *f* ❶ (*Erweiterung*) enrichment; *von Sammlung* enlargement; (*Gewinn*) gain, boon; **ungerechtfertigte ~** JUR unjust[ified] enrichment ❷ (*innerer Gewinn*) ***das Gespräch mit Ihnen war mir eine ~*** I gained [*or* learned] a lot from our conversation

Bereicherungsabsicht *f* JUR intent to enrich oneself **Bereicherungsanspruch** *m* JUR claim on account of unjust enrichment **Bereicherungsausgleich** *m* JUR compensation for enrichment **Bereicherungshaftung** *f* JUR liability for enrichment **Bereicherungsklage** *f* JUR actio sine causa **Bereicherungsrecht** *nt* JUR law of restitution **Bereicherungsvertrag** *m* JUR enrichment contract

bereifen *vt* **einen Wagen/ein Rad** [**neu**] ~ to put [new] tyres [*or* AM tires] on a car/a bike

Bereifung <-, -en> *f* AUTO set of tyres [*or* AM tires], tyres *pl* (+*gen* on); **eine neue ~** a new set of tyres, new tyres

bereinigen* I. *vt* ■**etw ~** to resolve [*or sep* clear up] sth; **ihre Meinungsverschiedenheit ~** to settle their differences II. *vr* ■**sich ~** to resolve itself, to clear itself up

bereinigt *adj* FIN *Statistik* adjusted; **~er Wert** adjusted [*or* corrected] value

Bereinigung *f* ■**die ~ einer S.** *gen*/**von etw** *dat* resolving [*or sep* clearing up] sth; **die ~ ihrer Meinungsverschiedenheit** settling their differences; **~ der Passiva** FIN rectification of debts

bereisen* *vt* ■**etw ~** ❶ (*reisend durchqueren*) to travel around sth; **die Welt ~** to travel the world ❷ ÖKON (*abfahren*) to travel [*or* cover] sth

bereit *adj meist pred* ❶ (*fertig*) ■[**für** [*o* **zu**] **etw**] ~ **sein** to be ready [for sth]; (*vorbereitet*) to be prepared for sth; **sich** [**für** [*o* **zu**] **etw**] **~ halten** to be ready [*or* prepared] [for sth]; ***haltet euch für den Abmarsch ~!*** get ready to march; **sich ~ halten, etw zu tun** to be ready to do sth; **etw ~ haben** to have sth at the ready; **eine Antwort/Ausrede ~ haben** to have an answer/excuse ready [*or* a ready answer/excuse] ❷ (*willens*) ■**zu etw ~ sein** to be willing [*or* prepared] to do sth; **zum Nachgeben/zu Zugeständnissen ~ sein** to be prepared to yield/to make concessions; ■**~ sein, etw zu tun** to be willing [*or* prepared] to do sth; **sich ~ erklären, etw zu tun** to agree to do sth; **sich zu etw ~ finden** to be willing [*or* prepared] to do sth

bereiten* *vt* ❶ (*machen*) ■**jdm etw ~** to cause sb sth; **einen freundlichen Empfang/eine Freude/eine Überraschung ~** to give sb a warm welcome/pleasure/a surprise; **jdm Kopfschmerzen ~** to give sb a headache ❷ (*geh: zu~*) ■[**jdm**] **etw ~** to prepare sth [for sb]; **Medikamente/Essen/Kaffee ~** to make up medicines/to prepare food, coffee *sep* ❸ (*richten*) ■**etw** [**für jdn/etw**] ~ to prepare sth [for sb/sth]; **das Bett ~** to make [up *sep*] the bed

bereit|halten *vt irreg* ❶ (*griffbereit haben*) ■**etw** [**für jdn/etw**] ~ to have sth ready [for sb/sth]; **Medikamente/Schusswaffen ~** to keep medicines/firearms at the ready ❷ (*in petto haben*) ■**etw** [**für jdn**] ~ to have sth in store [for sb] **bereit|legen** *vt* ■**etw** [**für jdn/etw**] ~ to lay out sth *sep* ready [for sb/sth] **bereit|liegen** *vi irreg* ❶ (*abholbereit liegen*) ■[**für jdn/zu etw**] ~ to be ready [for sb/sth] ❷ (*griffbereit liegen*) ■[**für jdn**] ~ to be within reach [for sb] ❸ NAUT ■[**zu etw**] ~ to be ready [for sth] **bereit|machen** *vt* ■**sich** [**für jdn/etw**] ~ to get [*or* make oneself] ready [for sb/sth]

bereits *adv* (*geh*) already; **~ damals** even then; ***das habe ich Ihnen doch ~ erzählt*** I have told you that already, I have just told you that; ***ich ermahne Sie ~ zum zweiten Male*** I am warning you now for the second time

Bereitschaft <-, -en> *f* ❶ *kein pl* willingness; **seine ~ zu etw erklären, seine ~ erklären, etw zu tun** to express one's willingness to do sth ❷ *kein pl* (*Bereitschaftsdienst*) emergency service; **~ haben** *Apotheke* to provide emergency [*or* after-hours] services; *Arzt, Feuerwehr* to be on call; (*im Krankenhaus*) to be on duty; *Beamter* to be on duty; *Polizei, Soldaten* to be on standby; **in ~ sein** *Arzt* to be on call; (*im Krankenhaus*) to be on duty; *Feuerwehr, Truppen* to be on standby ❸ (*Einheit der Bereitschaftspolizei*) squad [of police]

Bereitschaftsarzt, -ärztin *m, f* doctor on duty **Bereitschaftsdienst** *m* emergency service; *von Apotheker a.* after-hours service **Bereitschaftsmodus** *m* stand-by [mode] **Bereitschaftspolizei** *f* riot [*or form* security alert] police **Bereitschaftszeichen** *nt* INFORM prompt character **Bereitschaftszustand** *m* standby

bereit|stehen *vi irreg* ■[**für jdn/etw**] ~ to be ready [for sb/sth]; *Truppen, Panzer* to stand by [for sb/sth]; ***20 Divisionen stehen bereit*** 20 divisions are standing by **bereit|stellen** *vt* ❶ (*zur Verfügung stellen*) ■**etw** [**für jdn/etw**] ~ to provide [sb/sth with] sth; ■**für jdn/etw bereitgestellt werden** to be provided for sb/sth ❷ (*vorbereitend hinstellen*) ■**etw ~** to make sth ready ❸ BAHN **einen zusätzlichen Zug ~** to run an extra train, to make an extra train available ❹ MIL ■**jdn/etw ~** to put sb/sth on standby; **alle bereitgestellten Panzer** all tanks on standby **Bereitstellung** *f* ❶ (*das Bereitstellen*) provision ❷ BAHN availability, running ❸ MIL **die ~ von Truppen/Panzern** putting soldiers/tanks on standby ❹ FIN (*Versorgung*) **~ von Kapital** supply of capital

bereitwillig I. *adj* ❶ (*gerne helfend*) willing; **ein ~er Verkäufer** an obliging salesman ❷ (*gerne gemacht*) **eine ~e Auskunft/ein ~es Angebot** information/an offer given willingly II. *adv* readily, willingly

Bereitwilligkeit <-> *f kein pl* willingness; *von Verkaufspersonal* obligingness

bereuen* *vt* ■**etw ~** to regret sth; **seine Missetaten/Sünden ~** to repent of one's misdeeds/sins; ■**~, etw getan zu haben** to regret having done sth; ***das wirst du noch ~!*** you'll be sorry [for that]!

Berg <-[e]s, -e> *m* ❶ GEOG mountain; (*kleiner*) hill; **den ~ hinauf/hinunter** uphill/downhill; **~ Heil!** good climbing to you!; **über ~ und Tal** up hill and down dale *dated;* **am ~ liegen** to lie at the foot of the hill [*or* mountain]; *s. a.* **Glaube** ❷ *pl* ■**die ~e** the hills; (*größer*) the mountains ❸ (*große Menge*) ■**ein ~/~e von etw** a pile/piles of sth; **~e von Papier** mountains of paper; **einen ~ von Briefen erhalten** to receive a flood of letters ► WENDUNGEN: **wenn der ~ nicht zum Propheten kommt, muss der Prophet zum ~e kommen** (*prov*) if the mountain won't come to Mahomet, [then] Mahomet must go to the mountain *prov;* **über alle ~e sein** (*fam*) to be long gone [*or fam* miles away]; **jdm goldene ~e versprechen** to promise sb the moon; **mit etw hinterm ~ halten** to keep quiet about sth [*or* sth to oneself], to not let the cat out of the bag; **am ~ sein** SCHWEIZ to not have a clue, to be clueless *fam;* **über den ~ sein** (*fig*) to be out of the woods; **noch nicht über den ~ sein** to be not out of the woods [*or* out of danger] yet; ***die Patientin ist noch nicht über den*** ~ the patient's state is still critical

bergab *adv* downhill; ***mit ihm/seinem Geschäft geht es ~*** (*fig*) he/his business is going downhill

Bergabhang *m* side of a mountain, mountainside **bergabwärts** *adv* (*geh*) *s.* bergab **Bergahorn** *m* sycamore [tree] **Bergakademie** *f* mining college, school of mining

Bergamotte <-, -n> *f* BOT bergamot [orange]

Bergamottöl *nt* essence of bergamot

Bergamt *nt* mining authority **bergan** *adv s.* bergauf **Bergarbeiter(in)** *m(f) s.* Bergmann **bergauf** *adv* uphill; **es geht wieder ~** (*fig*) things are looking up [*or* getting better]; ***es geht mit mir wieder ~*** health-wise things are looking up, my health is improving; ***es geht mit dem Geschäft wieder ~*** business is looking up **bergaufwärts** *adv* (*geh*) *s.* bergauf **Bergausrüstung** *f* climbing [*or* mountaineering] equipment **Bergbahn** *f* mountain railway; (*Seilbahn*) funicular railway **Bergbau** *m kein pl* ■**der ~** mining **Bergbauindustrie** *f* mining industry **bergbaulich** *adj inv* mining; **~e Fläche** mining area [*or* site] **Bergbehörde** *f* mining inspectorate **Bergbesteigung** *f* mountain climb [*or* ascent] **Bergbewohner(in)** *m(f)* mountain dweller, highlander **Bergdorf** *nt* mountain village

Bergelohn *m* NAUT salvage [money] *no art*

bergen <barg, geborgen> *vt* ① *(retten)* ■**jdn/etw [aus etw]** ~ to save sb/sth, to rescue sb/sth [from sth]; **Giftstoffe/Tote** ~ to recover toxic material/the dead; **ein Schiff/ein Schiffsladung** ~ to salvage a ship/a ship's cargo; **tot geborgen werden** to be recovered dead ② *(in Sicherheit bringen)* ■**etw [aus etw]** ~ to remove sth [from sth] ③ *(geh: enthalten)* ■**etw [in sich** *dat*] ~ to hold sth ④ *(mit sich bringen)* ■**[in sich** *dat*] ~ to involve sth ⑤ *(geh: schützen)* ■**jdn [vor jdm/etw]** ~ to shelter sb [from sb/sth] ⑥ *(geh: verbergen)* ■**etw an** *dat*/**in etw** *dat* ~ to hide sth on/in sth; ***sie barg ihren Kopf an seiner Schulter*** she buried her face in his shoulder; *s. a.* **geborgen**

Bergenie <-, -n> *f* BOT saxifrage

Bergfahrrad *nt* mountain bike **Bergfahrt** *f* ① *mit einer Bergbahn* ascent ② NAUT *mit einem Flussschiff* passage upstream **Bergfink** *m* ORN *(Fringilla montifringilla)* brambling **Bergfried** <-[e]s, -e> *m* keep; HIST *bes* donjon **Bergführer(in)** *m(f)* mountain guide **Berggeist** *m* mountain troll **Berggipfel** *m* mountain top [*or* peak] **Berggorilla** *m* ZOOL *(Gorilla gorilla berengei)* mountain gorilla **Berggrat** *m* mountain ridge **Berghang** *m* mountain slope **berghoch** I. *adj* mountainous; **~e Müll-/Schutthaufen** mountains of rubble/rubbish [*or* AM garbage] II. *adv* ***der Müll türmte sich*** ~ mountains of rubbish were piled up; ***die Wellen türmten sich*** ~ the waves rose to mountainous heights **Berghütte** *f* mountain hut [*or* refuge]

bergig *adj* hilly; *(gebirgig)* mountainous

Bergingenieur(in) *m(f)* mining engineer

bergisch *adj inv* **das B~e Land** *hilly area to the East of Cologne*

Bergkamm *m* mountain crest **Bergkäse** *m* alpine cheese **Bergkette** *f* mountain range [*or* chain] **Bergkristall** *m* rock [*or* mountain] crystal *no art* **Bergkuppe** *f* mountain top **Bergland** *nt* hilly country [*or* region]; *(gebirgig)* mountainous country [*or* region] **Berglandschaft** *f* mountain landscape **Berglinse** *f* puy lentil **Bergluft** *f* mountain air **Bergmann** <-leute> *m* miner **Bergmassiv** *nt* massif **Bergnot** *f* **in ~ sein** [*o* **geraten**] to have [*or* get into] [serious] climbing difficulties **Bergplateau** *nt* mountain plateau **Bergpredigt** *f kein pl* REL ■**die** ~ the Sermon on the Mount **Bergrecht** *nt kein pl* JUR mining law **bergrechtlich** *adj inv* JUR mining *attr;* **B~e Gewerkschaft** mining company **Bergrücken** *m* mountain ridge [*or* crest] **Bergrutsch** *m* landslide, BRIT *a.* landslip **Bergsattel** *m* [mountain] saddle, col **Bergschuh** *m* climbing boot **Bergseil** *nt* climbing [*or* mountaineering] rope **Bergspitze** *f* mountain peak **Bergstation** *f* mountain rescue hut **Bergsteigefähigkeit** *f* AUTO hill-climbing ability **berg|steigen** *vi irreg sein o haben* to mountaineer, to go mountain climbing [*or* mountaineering]; ■**[das] B~** mountaineering, mountain climbing **Bergsteigen** *nt* mountaineering **Bergsteiger(in)** *m(f)* mountain climber, mountaineer **Bergstraße** *f* ① *(Straße im Gebirge)* mountain road ② ■**die** ~ *area between Darmstadt and Heidelberg noted for its wines and fruit* **Bergsturz** *m* [heavy] landslide **Bergtour** *f* [mountain] climb

Berg-und-Tal-Bahn *f* roller coaster, BRIT *a.* big dipper, BRIT *a.* switchback **Berg-und-Tal-Fahrt** *f* roller coaster ride; ***das war die reinste*** ~ *(fig)* it was like being on a roller coaster

Bergung <-, -en> *f* ① *(Rettung)* saving, rescuing; ***die ~ der Lawinenopfer gestaltete sich äußerst schwierig*** it was extremely difficult to rescue those caught by the avalanche; *einer Schiff[sladung]* salvaging ② *(das Bergen)* removing; *von Toten* recovering

Bergungsarbeiten *f* rescue work *no pl, no indef art; von Schiff[sladung]* salvage work *no pl, no indef art* **Bergungsdienst** *m* ① TRANSP recovery service ② NAUT salvage service **Bergungsfahrzeug** *nt* ① *für Flugzeug* crash tender ② *für Kfz* recovery [*or* rescue] vehicle, AM *a.* wrecker **Bergungshubschrauber** *m* recovery helicopter **Bergungsmannschaft** *f* rescue team; *von Schiff[sladung]* salvage team **Bergungsrecht** *nt inv* JUR right of salvage **Bergungsschiff** *nt* salvage tug **Bergungsschlepper** *f* NAUT salvage tug **Bergungstrupp** *m* rescue party **Bergungsverpflichtung** *f* JUR salvage bond **Bergungsvertrag** *m* JUR salvage contract

Bergvolk *nt* mountain race **Bergwacht** *f* mountain [*or* alpine] rescue service **Bergwand** *f* mountain face **Bergwanderung** *f* mountain hike [*or* trek], BRIT *a.* hill-walk **Bergwerk** *nt* mine; **im ~ arbeiten** to work down the mine *hum* **Bergwiese** *f* mountain pasture **Bergwind** *m* mountain wind

Beriberi <-> *f kein pl* MED beriberi

Bericht <-[e]s, -e> *m* report; *(Zeitungs~ a.)* article (*+gen* by); **amtlicher** ~ official report, communiqué; ~ **vom Tage** news report; **[jdm] [über etw** *akk*] ~ **erstatten** *(geh)* to report [to sb] on sth [*or* to sb [on sth]], to give [sb] a report [on sth]

berichten* I. *vt* ■**[jdm] etw** ~ to tell sb [sth]; ***was gibt's denn zu ~?*** what have you to tell me?; ***es gibt einiges zu ~*** I/we have a number of things to tell you; **falsch/recht berichtet** SCHWEIZ wrong/right [*or* correct]; ***bin ich falsch/recht berichtet, wenn ich annehme…?*** am I wrong/right [*or form* correct] in assuming …? II. *vi* ① ■**[über etw** *akk*] **[für jdn]** ~ to report on sth [for sb]; **ausführlicher** ~ to give a more detailed report; ***es berichtet für Sie exklusiv …*** reporting for you exclusively is …; ***wie unser Korrespondent berichtet*** according to our correspondent; ***wie soeben berichtet wird, sind die Verhandlungen abgebrochen worden*** we are just receiving reports that negotiations have been broken off ② *(Bericht erstatten)* ■**jdm über etw** *akk* ~ to tell sb about sth; ■**[jdm] ~, dass …** to tell [*or form* inform] sb that …; ■**[jdm] ~, wann/warum/wie …** to tell sb when/why/how …; ■**[jdm] ~, wenn …** to let sb know when …; ***es wird berichtet, dass …*** it's going the rounds that …; ***von Zeugen wurde uns berichtet, wie/dass …*** we have received accounts from witnesses on how … ③ SCHWEIZ *(erzählen)* to talk, to chat *fam;* ***es gibt viel zu*** ~ there is [*or* we have] a lot to talk [*or fam* chat] about

Berichterstatter(in) <-s, -> *m(f)* reporter; *(Korrespondent)* correspondent **Berichterstattung** *f* *(Reportage)* ■**die** ~ reporting (**über** *+akk* on); *(Bericht)* report; **zur ~ zurückgerufen werden** to be called back to [give a] report

berichtigen* I. *vt* ① *(korrigieren)* ■**jdn/etw** ~ to correct sb/sth; ■**sich** ~ to correct oneself; **eine erste Fassung** ~ to correct [*or form* emend] an initial version; ~ ***Sie mich, wenn ich mich irre*** correct me if I'm wrong *a. iron;* **etw nach unten** ~ FIN to round down sth ② JUR ■**etw** ~ to rectify sth II. *vi* to correct sb/sth; ***„Irrtum," berichtigte sie*** "Wrong," she corrected [him/her etc.]; ■**~d** corrective

Berichtigung <-, -en> *f* ① *(Korrektur)* correction ② JUR rectification ③ *(schriftliche Korrekturarbeit)* corrections *pl*

Berichtigungsaktie *f* BÖRSE bonus share, BRIT scrip issue, AM stock dividend **Berichtigungsanspruch** *m* JUR claim for rectification **Berichtigungsfaktor** *m* FIN corrective factor **Berichtigungsklausel** *f* JUR rectification clause **Berichtigungsschein** *nt* JUR certificate of correction **Berichtigungsvermerk** *m* JUR rectification note

Berichtsjahr *nt* ÖKON year under review [*or* report] **Berichtsperiode** *f*, **Berichtszeitraum** *m* FIN audit period **Berichtspflicht** *f* JUR mandatory reporting **Berichtstermin** *m* JUR reporting date

beriechen* *irreg* I. *vt* ■**jdn/etw** ~ to sniff at [*or* smell] sb/sth; *Tier* to sniff at sb/sth II. *vr (fam)* ■**sich [gegenseitig]** ~ to size each other up

berieseln* *vt* ① *(rieselnd bewässern)* ■**etw** ~ to spray sth [with water]; **etw dünn** ~ to spray sth lightly [with water] ② *(fig fam)* ■**von etw berieselt werden** to be exposed to a constant stream of sth; **sich von Musik ~ lassen** to have [a constant stream of] music playing in the background

Berieselung <-, -en> *f* ① *(das Berieseln)* spraying; ■**die ~ einer S.** *gen*/**von etw** *dat* spraying sth ② *(fam)* ■**die ~ durch** [*o* **mit**] **etw** the constant stream of sth; **die ~ der Kunden mit Musik/Werbung** exposing customers to a constant stream of music/ advertisements

Berieselungsanlage *f* sprinkler [system]; *(größer)* irrigation system

beringen* *vt* ■**einen Vogel** ~ to ring a bird; ■**beringt** ringed; **mit Brillanten ~e Finger** fingers ringed with diamonds

Beringmeer *nt* Bering Sea

beritten *adj* mounted, on horseback *pred;* **~e Polizei** mounted police + *sing/pl vb*

Berkelium <-s> *nt kein pl* berkelium *no art*

Berlin <-s> *nt* Berlin

Berliner[1] <-s, -> *m* DIAL ■~ **[Pfannkuchen]** doughnut BRIT, donut AM

Berliner[2] *adj attr* Berlin; *s. a.* **Pfannkuchen, Weiße**

Berliner(in) <-s, -> *m(f)* Berliner

berlinerisch *adj* Berlin *attr,* Berlinese

berlinern* *vi (fam)* to speak [in] [the] Berlin dialect

Bermudadreieck *nt kein pl* ■**das** ~ the Bermuda triangle

Bermudas[1] *pl* ■**die** ~ Bermuda *no art, + sing vb,* the Bermudas + *pl vb;* **auf den** ~ in Bermuda [*or* the Bermudas]

Bermudas[2], **Bermudashorts** [-ʃɔrts, -ʃɔ:ɐts] *pl* Bermuda[short]s

Bern <-s> *nt* Bern[e]

Berner *adj attr* Berne[se]; *s. a.* **Oberland**

Berner(in) <-s, -> *m(f)* Bernese

Berner Oberland *nt* ■**das** ~ the Bernese Oberland

Bernhardiner <-s, -> *m* Saint Bernard [dog]

Bernhardinerhund *m* St Bernard [dog]

Bernitschke *f* BOT cranberry

Bernstein *m kein pl* amber, succinite *spec*

bernsteinfarben *adj* amber[-coloured [*or* AM -ored]] **Bernsteinkette** *f* amber necklace

Berserker <-s, -> *m* HIST berserker; *(Irrer)* madman; **arbeiten wie ein** ~ to work like crazy [*or* fury] [*or* mad]; **toben wie ein** ~ to go berserk; **zum ~ werden** to go [*or* be sent] berserk

bersten <barst, geborsten> *vi sein (geh)* ① *(auseinander platzen)* to explode; *Ballon* to burst; *Glas, Eis* to break, to crack; *Erde* to burst open, to break asunder *liter;* **zum B~ voll** *(fam)* full to bursting[-point] *fam* ② *(fig)* ■**vor etw** *dat* ~ to burst with [*or* nearly die of] sth; **vor Wut** ~ to be livid [*or* to tremble] with rage; **vor Lachen** ~ to split one's sides laughing

Berstschutz *m (im Kernkraftwerk)* safety containment

berüchtigt *adj* ① *(in schlechtem Ruf stehend)* notorious, infamous; ■**wegen etw ~ sein** to be notorious for sth ② *(gefürchtet)* feared, dreaded; ■**wegen etw ~ sein** to be feared [*or* dreaded] because of sth

berückend *adj* captivating, enchanting; **eine ~e Schönheit** a ravishing beauty

berücksichtigen* *vt* ① *(beachten, einkalkulieren)* ■**etw** ~ to take sth into consideration [*or* account], to bear sth in mind; ■**~, dass …** to remember [*or* bear in mind] that …, to take into consideration [*or* account] [the fact] that … ② *(rücksichtsvoll anerkennen)* ■**etw** ~ to allow [*or* make allowances] for sth; ***wir müssen ~, dass er lange krank war*** we have to allow for his long illness ③ *(positiv bedenken)* ■**jdn/etw** ~ to consider sb/sth; **jdn/etw testamentarisch** ~ to remember sb/sth in one's will

Berücksichtigung <-> *f kein pl* consideration; **unter ~ einer S.** *gen* in consideration of [*or* with regard to] sth; ~ **finden** to be considered

Beruf <-[e]s, -e> *m* occupation *form,* job; **ein akademischer** ~ an academic profession; **ein freier** ~ a profession; **ein handwerklicher** ~ a trade; **ein**

gewerblicher ~ a commercial trade, business; ***sie ist Ärztin von*** ~ she's a doctor; ***er ist Maurer von*** ~ he's a bricklayer by trade; **einen ~ ausüben** to work; ***was sind Sie von ~?*** what do you do [for a living]?, what is your occupation? *form;* ***welchen ~ üben Sie aus?*** what's your profession [*or* occupation]?; **einen ~ ergreifen** to take up an occupation [*or* trade] [*or* profession]; ***welchen ~ willst du später mal ergreifen?*** what would you like to be when you grow up?; **im ~ stehen** to work; **seinen ~ verfehlt haben** to have missed one's vocation; **von ~s wegen** because of one's job

berufen[1] *adj* ❶ (*kompetent*) qualified, competent; *s. a.* **Mund, Seite** ❷ (*ausersehen*) ■**zu etw ~ sein** to have a vocation [*or* calling] for sth [*or* to do sth]; ***er ist zu Großem*** ~ he's meant for greater things; **sich ~ fühlen, etw zu tun** to feel called to do sth, to feel one has a vocation [*or* calling] [*or* mission] to do/be sth; **viele sind** ~ REL many are called

berufen*[2] *irreg* **I.** *vt* ❶ (*ernennen*) ■**jdn zu etw ~** to appoint sb to sth; **jdn auf einen Lehrstuhl ~** to offer sb a chair ❷ (*fam: heraufbeschwören*) **etw nicht ~ wollen** to hate to have to say sth, to not want to tempt fate; ***ich will es nicht ~, aber er schafft die Prüfung sicher*** much as I hate to say it, he's not going to pass the exam; ***ich will das Unglück nicht*** ~ I don't want to invite trouble ❸ (*veraltet: zusammenrufen, zu sich rufen*) ■**etw ~** to convene [*or* summon] sth; ***das Parlament wurde*** ~ Parliament was convoked [*or* summoned]; ■**jdn zu sich ~** to call [*or* summon] sb to one; ***der Herr hat sie zu sich*** ~ she has been called to her Maker **II.** *vr* ■**sich auf jdn/etw ~** to refer to sb/sth; ***der Korrespondent berief sich auf die Prawda*** the journalist quoted "Pravda" [in support]; ***sie berief sich auf ihre Unkenntnis*** she pleaded her ignorance **III.** *vi* JUR ÖSTERR (*Berufung einlegen*) to [lodge an] appeal

beruflich **I.** *adj* professional, vocational; **~e Aussichten** career [*or* job] prospects; **~er Erfolg** success in one's career [*or* job]; **~er Werdegang** career; **~e Laufbahn** career; **~e Pflichten** professional duties [*or* tasks]; **~e Fortbildung** further training; **aus ~en Gründen verreist** [*o* **abwesend**] away on business **II.** *adv* as far as work is concerned; **es geht ~ bergauf/bergab** things are going well/badly in one's job; **sich ~ weiterbilden** [*o* **fortbilden**] to undertake further training; **sich ~ verbessern/verschlechtern** to improve/worsen one's professional situation; **~ vorankommen** to progress in one's career; **~ unterwegs sein** to be away on business; **~ verhindert sein** to be detained by work; ***was macht sie ~?*** what does she do for a living?

Berufsanalyse *f* ÖKON job analysis [*or* breakdown] **Berufsarmee** *f* regular army **Berufsausbildung** *f* [professional] training; **~ zum Handwerker** apprenticeship **Berufsausbildungsvertrag** *m* JUR indenture **Berufsaussichten** *pl* career prospects *pl* **Berufsausübung** *f kein pl* exercise of one's profession **Berufsausübungsfreiheit** *f* JUR freedom to exercise a profession **Berufsbeamte(r)** *f(m) dekl wie adj* civil servant **Berufsbeamtentum** *nt* civil service **berufsbedingt** *adj* occupational; ***bei einem Bäcker ist das frühe Aufstehen*** ~ for a baker getting up early is part of the job; **~e Krankheit** occupational disease **Berufsberater(in)** *m(f)* careers advisor [*or* adviser] **Berufsberatung** *f* (*Beratungsstelle*) careers [*or* AM career] advisory service; (*das Beraten*) careers [*or* AM career] advice [*or* guidance] **Berufsbezeichnung** *f* [official] job title **berufsbezogen** **I.** *adj* vocational **II.** *adv* **~ unterrichten** to teach vocationally [*or* practically] orientated [*or* AM oriented] **Berufsbild** *nt* job outline (*analysis of an occupation as a career*) **Berufsbildungsprojekt** *nt* job training scheme [*or* AM plan] **Berufsboxer** *m* professional boxer **Berufseignungsprüfung** *f* vocational aptitude test **berufserfahren** *adj* [professionally] experienced, with occupational [*or* work] experience **Berufserfahrung** *f* work [*or* professional] [*or* occupational] experience **Berufsethos** *nt* professional ethics *npl* **Berufsfachschule** *f* training college **Berufsfeuerwehr** *f* [professional] fire brigade [*or* AM department] **Berufsfreiheit** *f kein pl* occupational liberty, freedom to choose a career **berufsfremd** *adj* with no experience of [*or* AM in] a field [*or* a particular occupation]; ***~e Bewerber haben kaum eine Chance*** applicants who have no experience in this field have almost no chance; **eine ~e Tätigkeit** a job outside one's profession [*or* trade] **Berufsgeheimnis** *nt* (*Schweigepflicht*) professional confidentiality [*or* secrecy]; (*Geheimniskrämerei*) professional secret **Berufsgenossenschaft** *f* professional [*or* trade] association **Berufsgruppe** *f* occupational group **Berufshaftpflichtversicherung** *f* JUR, FIN professional [risk] indemnity insurance; (*für Anwälte*) Solicitors' Indemnity Fund BRIT **Berufshaftung** *f* JUR professional liability **Berufsheer** *nt* professional [*or* regular] army **Berufsjugendliche(r)** *f(m) dekl wie Adj* (*iron fam*) wannabe teenager *pej fam* **Berufskleidung** *f* work[ing] clothes *npl* **Berufskrankheit** *f* occupational [*or* industrial] disease [*or* illness] **Berufsleben** *nt* working life; **im ~ stehen** to be working [*or form* in employment] **berufsmäßig** **I.** *adj* professional **II.** *adv* professionally; **etw ~ machen/betreiben** to do sth on a professional basis; ***er ist ~ sehr engagiert*** he's very taken up with his work **Berufsoffizier(in)** *m(f)* professional officer **Berufsorganisation** *f* JUR, ÖKON professional agency [*or* organization] **Berufspflicht** *f* professional obligation [*or* duty] **Berufspflichtverletzung** *f* professional misconduct [*or* negligence] **Berufspraxis** *f kein pl* professional practice **Berufsrecht** *nt kein pl* JUR, FIN employment law; **Berufs- und Standesrecht** vocational and professional law **Berufsrichter(in)** *m(f)* JUR professional judge **Berufsrisiko** *nt* occupational hazard **Berufsschaden** *m* JUR industrial injury **Berufsschule** *f* vocational school, technical college, college of further education **Berufsschüler(in)** *m(f)* student at vocational school [*or* a technical college] **Berufsschullehrer(in)** *m(f)* SCH vocational school teacher **Berufsschutz** *m hist former possibility for an unemployed person to refuse a job on the grounds of it not being compatible with his/her qualifications* **Berufssoldat(in)** *m(f)* professional [*or* regular] soldier **Berufsspieler(in)** *m(f)* ❶ SPORT professional player ❷ (*Glücksspieler*) professional gambler **Berufssportler(in)** *m(f)* professional [sportsman/sportswoman], pro *fam* **Berufsstand** *m* professional group; (*akademisch*) profession; (*handwerklich*) trade **berufstätig** *adj* employed, working; ■**~ sein** to have a job, to [be in] work; ***sie ist nicht mehr*** ~ she's left [*or* out of] work; **~e Frau/Mutter/~er Mann** working woman/mother/man **Berufstätige(r)** *f(m) dekl wie adj* working person; ■**die ~n** those in employment, the working people **Berufstätigkeit** *f* occupation, [gainful] employment; ***bei ~ beider Ehepartner*** when both husband and wife are working [*or* in employment]; ***nach 20 Jahren ~ warf er alles hin*** after 20 years of working life, he gave it all up **berufsunfähig** *adj* disabled; **zu 10% ~ sein** to have an 10% occupational disability; **jdn ~ schreiben** to certify that sb is unable to practice his/her profession **Berufsunfähigkeit** *f* occupational incapacity [*or* disability], inability to practice one's profession **Berufsunfall** *m* occupational [*or* industrial] accident **Berufsverband** *m* professional [*or* trade] organization [*or* association] **Berufsverbot** *nt official debarment from one's occupation;* **jdm ~ erteilen** [*o* **auferlegen**] to ban sb from his/her occupation; **~ haben** to be banned from one's occupation **Berufsverbrecher(in)** *m(f)* professional criminal **Berufsvereinigung** *f* HANDEL professional association, trade association **Berufsverkehr** *m* rush-hour traffic **Berufsvorbereitung** *f* vocational preparation **Berufsvorbereitungsjahr** *nt pre-training course of one year* **Berufswahl** *f kein pl* choice of career [*or* occupation] **Berufswechsel** *m* change of occupation **Berufszweig** *m* profession, professional branch [*or* field]

Berufung <-, -en> *f* ❶ JUR appeal; ***ich rate Ihnen zur*** ~ I advise you to appeal [*or* lodge] [*or* file] an appeal]; **~ in erster/zweiter Instanz** to appeal to a court of first/second instance; **in die ~ gehen** [*o* **~ einlegen**] to lodge [*or* file] an appeal, to appeal; **die ~ zulassen/für unzulässig erklären** to give/refuse leave to appeal; **einer ~ stattgeben** to allow an appeal ❷ (*Angebot für ein Amt*) appointment, nomination; ■**die/eine ~ auf/in etw** *akk* the/an appointment as/to sth; **eine ~ auf einen Lehrstuhl erhalten** SCH to be offered a chair; **eine ~ in ein Amt erhalten** to be appointed to office *no art* ❸ (*innerer Auftrag*) vocation; ■**jds ~ zu etw** *dat* sb's calling [*or* vocation] for sth; ***sie ist Lehrerin aus*** ~ she was called to be a teacher ❹ (*das Sichbeziehen*) ■**die ~ auf jdn/etw** reference to sb/sth; **unter ~ auf jdn/etw** with reference to [*or* on the authority of] sb/sth

Berufungsabteilung *f* JUR appellate division **Berufungsanschlussschrift**[RR] *f* JUR notice of cross-appeal **Berufungsantrag** *m* JUR petition of appeal **Berufungsausschuss**[RR] *m* JUR appeal tribunal **Berufungsbegründung** *f* JUR grounds of appeal **Berufungsbeklagte(r)** *f(m) decl wie adj* JUR respondent, appellee, party appealed **Berufungseinlegung** *f* JUR lodging of an appeal **berufungsfähig** *adj inv* JUR appealable; **nicht ~** non-appealable **Berufungsfrist** *f* JUR time-limit for appealing **Berufungsführer(in)** *m(f)* JUR appellant **Berufungsgegner(in)** *m(f)* JUR appellee **Berufungsgericht** *nt* court of appeal **Berufungsgerichtsbarkeit** *f* JUR appellate jurisdiction **Berufungsgründe** *pl* JUR grounds for appeal **Berufungsinstanz** *f* court of appeal **Berufungsklage** *f* appeal **Berufungskläger(in)** *m(f)* JUR appellant **Berufungskommission** *f* review committee **Berufungsrecht** *nt kein pl* JUR right of appeal **Berufungsrichter(in)** *m(f)* JUR appellate [*or* appeal court] judge **Berufungssache** *f* JUR case on appeal **Berufungsschrift** *f* JUR petition for appeal **Berufungssumme** *f* JUR amount subject to appeal **Berufungsurkunde** *f* JUR letters patent **Berufungsurteil** *nt* JUR appeal judgement **Berufungsverfahren** *nt* JUR appellate procedure **Berufungsverhandlung** *f* JUR hearing of an appeal **Berufungsverzicht** *m* JUR waiver of the appeal **Berufungsweg** *m* JUR path of appeal

beruhen* *vi* ■**auf etw** *dat* **~** to be based [*or* founded] on sth; ***die Film beruht auf einer wahren Begebenheit*** the movie is based on a true story; ***die ganze Angelegenheit beruht auf einem Irrtum*** the whole affair is due to a mistake; **etw auf sich** *dat* **~ lassen** to drop sth; ***ich will diese Angelegenheit auf sich ~ lassen*** I want to let the matter rest; ***du kannst das nicht auf sich ~ lassen*** you cannot let this pass [*or* go] unnoticed; *s. a.* **Gegenseitigkeit**

beruhigen* **I.** *vt* ❶ (*beschwichtigen*) ■**jdn ~** to reassure [*or* comfort] sb; ***ihr herzlicher Empfang beruhigte ihn wieder*** their warm welcome set [*or* put] him at ease again; **jds Gewissen/Gedanken ~** to ease sb's conscience/mind ❷ (*ruhig machen*) ■**jdn/etw ~** to calm sb/sth [down], to pacify sb; **jdm die Nerven ~** to soothe sb's nerves; **jds Schmerzen ~** to ease [*or* relieve] [*or* alleviate] sb's pain; **den Verkehr ~** to introduce traffic calming measures; ***dieses Getränk wird deinen Magen ~*** this drink will settle your stomach **II.** *vr* ❶ (*ruhig werden*) ■**sich ~** to calm down, to relax, to chill out *sl; politische Lage* to stabilize; **Meer** to grow calm; ***~ Sie sich!*** calm down!, take it easy! ❷ (*abflauen*) ■**sich ~** *Unwetter, Nachfrage* to die down, to abate, to subside *form; Krise* to ease off **beruhigend** **I.** *adj* ❶ (*ruhig machend*) reassuring; *Musik, Bad, Massage* soothing ❷ MED (*ruhig stellend*) sedative **II.** *adv* reassuringly, soothingly; **eine ~ wirkende Spritze** an injection with a sedative effect

beruhigt **I.** *adj* relieved, reassured; ***dann bin ich ~!*** that's put my mind at rest!, that's a relief! **II.** *adv* with an easy mind, without worrying

Beruhigung <-, -en> *f* ① (*das Beschwichtigen*) reassurance; ***ich hoffe, diese positive Auskunft dient Ihrer ~*** I hope you are reassured by this positive news ② (*das Beruhigen*) soothing, calming; ***geben Sie der Patientin etwas zur ~*** give the patient something to calm her; **ein Mittel zur ~** a sedative; **zwangsweise ~** MED enforced sedation; **zu jds** *dat* **~** to reassure sb, to set sb's mind at rest; ***ich kann Ihnen zu Ihrer ~ versichern, dass Ihr Kind unverletzt ist*** I can reassure you that your child is unharmed; ***sehr zu meiner ~*** much to my relief ③ (*das Beruhigtsein*) calming [down]; ***bald nach Einnahme des Mittels trat ein Effekt der ~ ein*** soon after taking the medicine it began to have a soothing effect [on him/her]

Beruhigungsmittel *nt* sedative **Beruhigungspille** *f* sedative [pill], tranquillizer BRIT, tranquilizer AM **Beruhigungsspritze** *f* sedative [injection], tranquillizer BRIT, tranquilizer AM

berühmt *adj* famous, celebrated, noted; ■**für** [*o* **wegen**] **etw ~ sein** to be famous [*or* noted] [*or form* renowned] for sth ▸ WENDUNGEN: **nicht gerade** [**sehr**] **~ sein** (*fam*) to be nothing to write home [*or* shout] about

berühmt-berüchtigt *adj inv* notorious, infamous

Berühmtheit <-, -en> *f* ① (*Ruf*) fame, eminence, renown *form;* ***die ~ von Shakespeare ist unbestritten*** Shakespeare's fame [*or* renown] is undeniable; **~ erlangen** to rise to [*or* achieve] fame, to become famous, to achieve eminence *form;* **zu trauriger ~ gelangen** (*iron*) to achieve notoriety *iron* ② (*berühmter Mensch*) celebrity, well-known personality; ***sie ist eine ~*** she's a star

Berühmung <-, -en> *f* JUR *eines Patents* marking and notification

berühren* I. *vt* ① (*Kontakt haben*) ■**jdn/etw ~** to touch sb/sth; MATH to be at a tangent to; ***bitte nicht ~!*** Please, do not touch!; ***wo die Felder die Berge ~*** where the fields border on [*or* meet] the mountains ② (*seelisch bewegen*) ■**jdn** [**in irgendeiner Weise**] **~** to touch [*or* move] [*or* affect] sb [in a certain way]; ***dieses Lob hat sie angenehm berührt*** the praise came as a pleasant surprise to her; ***das berührt mich überhaupt nicht!*** I couldn't care less! ③ (*kurz erwähnen*) ■**etw ~** to touch on [*or* allude to] sth; **ein Thema nicht ~** to avoid [any] reference to a subject ④ (*auf Reise streifen*) ■**etw ~** to call at [*or* AM stop [off]] somewhere **II.** *vr* ① (*Kontakt haben*) ■**sich ~** to touch, to come into contact [with each other] [*or* [with one another]] ② (*übereinstimmen*) ■**sich** *akk* [**in etw** *dat*] **~** to meet, to converge; ***in einigen Punkten ~ wir uns*** we agree on a couple of points

berührt *adj* touched, moved, affected; ■**von etw** [**irgendwie**] **~ sein** to be [somehow] touched [*or* moved] [*or* affected] by sth; ***ich bin angenehm ~!*** it has come as a pleasant surprise!; **peinlich ~ sein** to be deeply embarrassed; **schmerzlich/seltsam/unangenehm ~ sein** to be painfully/strangely/unpleasantly affected

Berührung <-, -en> *f* ① (*Kontakt*) contact, touch; **jdn mit etw in ~ bringen** to bring sb into contact with sth; ***diese Weltreise brachte uns mit fremden Kulturen in ~*** on this world trip we encountered foreign cultures; **mit jdm/etw in ~ kommen** (*physisch*) to brush up against [*or* touch] sb/sth; (*in Kontakt kommen*) to come into contact with sb/sth; **B~ verboten!** do not touch!; **bei ~** [**einer S.** *gen*] touching [sth]; ***bei ~ dieses Drahtes wird der Alarm ausgelöst*** touching the wire sets off the alarm; **bei der leisesten** [*o* **geringsten**] **~** at the slightest touch; ***„bei ~ Lebensgefahr!"*** "danger! do not touch!" ② (*Erwähnung*) reference, allusion; ***sie vermied jede ~ dieses Themas*** she avoided any reference [*or* allusion] to this subject

Berührungsangst *f meist pl* fear of contact **Berührungsbildschirm** *m* touchscreen **Berührungsfläche** *f* area of contact **Berührungspunkt** *m* ① (*Punkt der Übereinstimmung*) point of contact, area [*or* point] of agreement ② MATH tangential point

Beryllium <-s> *nt kein pl* CHEM beryllium

bes. *adv s.* **besonders** esp.

besabbern* I. *vt* (*fam*) ■**jdn/etw ~** to slobber on sb/sth *fam* **II.** *vr* (*fam*) ■**sich** [**mit etw**] **~** to dribble [sth]; ***er hat sich überall mit Haferbrei besabbert*** he's dribbled porridge all over the place [*or* himself]

besagen* *vt* ■**etw ~** to mean [*or* say] [*or* imply] sth; ***das will noch nicht viel ~*** that doesn't mean anything; **nicht ~, dass** to not mean [to say] that; ***das besagt nicht, dass sie auch tatsächlich kommt*** that doesn't mean [to say] she'll actually come; **es besagt, dass** it says [*or* means] that

besagt *adj attr* (*geh*) aforesaid, aforementioned *form;* **~er Herr Dietrich** the said [*or* aforesaid] Mr Dietrich

besaiten* *vt* **ein Instrument ~** to string an instrument; **etw neu ~** to restring sth; *s. a.* **zart**

besamen* *vt* ■**jdn/ein Tier** [**künstlich**] **~** to [artificially] inseminate sb/an animal; **eine Pflanze ~** to pollinate a plant

besammeln* *vr* SCHWEIZ *s.* **versammeln**

Besammlung *f* SCHWEIZ *s.* **Versammlung**

Besamung <-, -en> *f* insemination, fertilization; **künstliche ~** artificial insemination, AI

besänftigen* I. *vt* ■**jdn/etw ~** to calm sb/sth [down], to soothe [*or* placate] sb/sth; **jds Zorn ~** to calm sb down, to soothe sb's anger; **jdm das Gemüt ~** to calm sb's feelings; ***sie war nicht zu ~*** she was inconsolable **II.** *vr* ■**sich ~** to calm [*or* BRIT quieten] down [*or* AM quiet], to cool down [*or* off]; *Sturm, Unwetter* to die down, to subside *form*

besänftigend *adj* calming, soothing

Besänftigung <-, -en> *f* calming, soothing

Besanmast *m* NAUT mizzenmast

besät *adj* ① (*bestreut*) ■**mit etw ~** strewn [*or* dotted] with sth; (*bedeckt*) covered with sth; **mit Papier/Müll ~** littered with paper/rubbish [*or* AM garbage]; **mit Sternen ~** star-studded [*or* -spangled] ② (*iron: überladen*) cluttered, chock-a-block *fam*

Besatz <-es, Besätze> *m* ① (*Borte*) border, trimming ② JAGD (*Bestand*) stock

Besatzer <-s, -> *m* ① (*pej: Besatzungssoldat*) member of the occupying force ② (*Besatzungsmacht*) occupying forces *pl*

Besatzung <-, -en> *f* ① (*Mannschaft*) crew ② (*MIL*) occupation; (*Besatzungsarmee*) occupying army [*or* forces *pl*] ③ MIL (*Verteidigungstruppe*) troops, garrison

Besatzungsarmee *f* occupying army **Besatzungsgebiet** *nt* occupied territory **Besatzungsheer** *nt* occupying army, army of occupation **Besatzungsmacht** *f* occupying power **Besatzungsmitglied** *nt* crew member **Besatzungsstreitkräfte** *pl* occupying forces *pl* **Besatzungstruppen** *pl* occupying troops *pl* **Besatzungszone** *f* occupation zone, zone of occupation

besaufen* *vr irreg* (*sl*) ■**sich** [**mit etw**] **~** to get sloshed [*or* plastered] [*or* BRIT *a.* legless] [*or* BRIT *a.* pissed] *sl* [on sth]

Besäufnis <-ses, -se> *nt* (*sl*) booze-up *fam*, piss-up BRIT *sl*

besäuselt *adj* (*fam*) tipsy *fam*, tiddly *fam*, woozy *fam*, merry

beschädigen* *vt* ■**etw ~** to damage sth

beschädigt *adj inv* damaged; **leicht/schwer ~** slightly/badly damaged

Beschädigung *f* damage *no pl;* ■**die ~ von etw** the damage [done] to sth; [**einige/schwere**] **~en aufweisen** to be [slightly/badly] damaged

Beschädigungskampf *m* BIOL injurious [*or* damaging] fight

beschaffen[1] I. *vt* ■[**jdm**] **jdn/etw ~** to get [*or* *fam* get hold of] sb/sth [for sb], to obtain [*or* procure] sb/sth [for sb] *form;* ***eine Waffe ist nicht so ohne weiteres zu ~*** a weapon is not so easy to come by **II.** *vr* ■**sich** *dat* **etw ~** to get [*or* *fam* get hold of] sth, to obtain sth *form;* ***du musst dir Arbeit/Geld ~*** you've got to find [*or* get] yourself a job/some money

beschaffen[2] *adj* (*geh*) ■**irgendwie ~ sein** to be made in some way, to be in a certain condition [*or* state]; **hart/weich ~** [**sein**] [to be] hard/soft; ***die Straße ist schlecht/gut ~*** the road is in bad/good repair; ***mit dieser Angelegenheit ist es derzeit nicht gut ~*** the situation doesn't look very good just now; ***wie ist es mit deiner Kondition ~?*** what about your physical fitness?

Beschaffenheit <-> *f kein pl* composition; *Zustand* state, nature; *Material* structure, quality; *Körper* constitution; *Psyche* make-up; ***die ~ des Stoffes war sehr seidig*** the material was very silky; ■**je nach ~ von etw** according to the nature [*or* quality] [*or* character] of sth

Beschaffung <-> *f kein pl* obtaining (**von** + *dat* of), procurement *form*

Beschaffungskosten *pl* FIN procurement costs **Beschaffungskriminalität** *f* drugs-related crime **Beschaffungsmarkt** *m* HANDEL buying market **Beschaffungsprostitution** *f* drugs-related prostitution **Beschaffungswesen** *nt* HANDEL procurement system; **öffentliches ~** FIN public procurement

beschäftigen* I. *vr* ① (*sich Arbeit verschaffen*) ■**sich** [**mit etw**] **~** to occupy [*or* busy] oneself [with sth]; ***hast du genug, womit du dich ~ kannst?*** have you got enough to do [*or* to keep you busy]? ② (*sich befassen*) ■**sich mit jdm ~** to pay attention to sb; ***du musst dich mehr mit den Kindern ~*** you should spend more time with the children; ■**sich mit etw ~** to take a close look at [*or* deal with] sth; ***mit dieser Sache habe ich mich ja noch gar nicht beschäftigt*** it's never occurred to me before; ***die Polizei wird sich mit dem Fall ~ müssen*** the police will have to deal with [*or* examine] the case; ***er hat sich schon immer mit Briefmarken beschäftigt*** he's always been into stamps **II.** *vt* ① (*innerlich in Anspruch nehmen*) ■**jdn ~** to be on sb's mind; **mit einer Frage/einem Problem beschäftigt sein** to be preoccupied with a question/problem ② (*anstellen*) ■**jdn** [**bei sich**] **~** to employ sb ③ (*eine Tätigkeit geben*) ■**jdn** [**mit etw**] **~** to keep sb busy [*or* occupy sb] [with sth]

beschäftigt *adj* ① (*befasst*) busy, preoccupied; ■[**mit jdm/etw**] **~ sein** to be busy [with sb/sth]; ***mit was bist du da gerade ~?*** what are you up to there? ② (*angestellt*) employed; ■[**als etw**] **~ sein** to be employed [as sth]; ***wo bist du ~?*** where do you work? **Beschäftigte(r)** *f(m) dekl wie adj* employee; **abhängig ~** employed persons *pl*, wage and salary earners *pl*

Beschäftigtenanteil *m* ÖKON employment level; **~ der Bevölkerung** labour [*or* AM -or] force

Beschäftigung <-, -en> *f* ① (*Anstellung*) employment *no pl*, job; **eine feste ~** regular employment [*or* work]; **eine ~ als...** work [*or* a job] as a...; **eine/keine ~ haben** to be employed/unemployed, to have/not have a job; **einer/keiner ~ nachgehen** (*geh*) to have employment/no employment *form;* **ohne ~ sein** to be unemployed [*or* without work] ② (*Tätigkeit*) activity, occupation; ***ich finde schon eine ~ für euch*** I'll find something for you to do ③ (*Auseinandersetzung*) consideration (**mit** + *dat* of); **nach eingehender ~ mit etw** having given sth serious thought [*or* consideration]; **die ~ mit etw** thinking about sth; **die ~ mit der Literatur/der Natur** the study of literature/nature; ■**die ~ mit jdm** dealing with sb ④ (*das Beschäftigen anderer*) occupation; ***die ~ der Kinder ist nicht immer leicht*** keeping the children occupied is not always easy

Beschäftigungsdauer *f* FIN period of employment **Beschäftigungsexpansion** *f* job expansion **Beschäftigungsförderungsgesetz** *nt* promotion of employment act **Beschäftigungsfreiheit** *f kein pl* JUR freedom to employ **beschäftigungsfreundlich** *adj* employment-oriented **Beschäftigungsgarantie** *f* ÖKON employment guarantee **Beschäftigungsgesellschaft** *f* employment society, Training Agency **Beschäftigungslage** *f* [situation on the] job market **beschäftigungslos** *adj* (*arbeitslos*) unemployed

Beschäftigungsmaßnahme *f* ÖKON job-creation scheme **Beschäftigungsnachweis** *m* ÖKON employment record card **Beschäftigungsniveau** *nt* ÖKON employment level **Beschäftigungspflicht** *f* JUR employer's duty to give work **Beschäftigungsplan** *m* employment plan **Beschäftigungspolitik** *f* employment policy **Beschäftigungsprogramm** *nt* ≈ re-employment programme [*or* AM -am] **beschäftigungssichernd** *adj* ÖKON job-saving, safeguarding jobs *pred;* ~e Maßnahme/Politik measure/policy to save jobs **Beschäftigungssicherung** *f* job security **Beschäftigungstherapeut(in)** *m(f)* occupational therapist **Beschäftigungstherapie** *f* occupational therapy **Beschäftigungsverbot** *nt* JUR prohibition of employment **Beschäftigungsverhältnis** *nt* ÖKON employment [relationship]; **geringfügiges** ~ part-time employment (*tax-free up to a certain limit*); **Arbeiter in einem abhängigen** ~ worker in paid employment

beschämen* *vt* ■jdn ~ to shame sb, to put sb to shame; ***es beschämt mich, zuzugeben ...*** I'm ashamed to admit ...

beschämend *adj* ❶ (*schändlich*) shameful, disgraceful ❷ (*demütigend*) humiliating; **ein ~es Gefühl** a feeling of shame

beschämt *adj* ashamed, abashed; (*verlegen*) shamefaced, red-faced; ■**über etw** ~ **sein** to be ashamed of sth; ■**von** [*o* **durch**] **etw** ~ **sein** to be embarrassed by sth

Beschämung <-, *selten* -en> *f* shame; **zu meiner** ~ to my shame [*or* disgrace] [*or* chagrin] *form*

beschatten* *vt* ❶ (*überwachen*) ■**jdn** ~ [**lassen**] to [have sb] shadow[ed] sb, to follow [*or* trail] [*or fam* tail] sb ❷ (*geh: mit Schatten bedecken*) ■**etw** ~ to shade sth

Beschatter(in) <-s, -> *m(f)* (*fam*) shadow, tail

Beschattung <-, *selten* -en> *f* ❶ (*Überwachung*) shadowing; ***sie ordnete die ~ des Verdächtigen an*** she ordered that the suspect be shadowed ❷ (*das Schattenwerfen*) shade

Beschau <-> *f* examination, inspection; ~ **von Waren** physical inspection of goods; **zollamtliche** ~ customs inspection

beschauen* *vt* ❶ (*prüfen*) ■**etw** ~ *Fleisch* to inspect sth ❷ DIAL (*betrachten*) ■**etw** ~ to look at sth

Beschauer(in) <-s, -> *m(f)* viewer

beschaulich I. *adj* peaceful, tranquil; ***ein ~es Leben führen*** to lead a contemplative [*or* meditative] life II. *adv* peacefully, quietly; **sein Leben ~er gestalten** to lead a more meditative [*or* contemplative] life; ~ **arbeiten** to work leisurely

Beschaulichkeit <-> *f kein pl* peace, tranquillity; **ein Leben in** ~ a tranquil life

Bescheid <-[e]s, -e> *m* news *no indef art, + sing vb,* information *no pl, no indef art;* ADMIN answer, reply; ~ **erhalten** to be informed [*or* notified]; **abschlägiger** ~ negative reply, rejection; **jdm** [**über etw** *akk* [*o* **von etw** *dat*]] ~ **geben** to inform [*or* notify] sb [about sth]; **jdm** [**über etw** *akk*] ~ **sagen** to tell sb [*or* to let sb know] [about sth]; **jdm ordentlich** ~ **sagen, jdm gründlich** ~ **stoßen** (*fam*) to give sb a piece of one's mind [*or fam* a ticking-off]; **jdm brieflich/telefonisch/per Fax** ~ **geben** to inform sb [*or* let sb know] by post [*or* AM mail]/[tele]phone/fax; ***ich habe bis heute noch keinen*** ~ I still haven't heard anything; **irgendwo** ~ **wissen** to know one's way around somewhere; **gut/besser** ~ **wissen** to be well-informed/better-informed; [**über etw** *akk* [*o* **in etw** *dat*]] ~ **wissen** to know [about sth]; *Geheimnis* to be in the know [*or* the picture]; ***ich weiß ~!*** I know all about it! [*or* what's going on]; ***frag' Kerstin — sie weiß*** ~ ask Kerstin — she knows; **näher** ~ **wissen** to know more about sth

bescheiden[1] I. *adj* ❶ (*genügsam*) modest, self-effacing, unassuming; **ein ~es Leben führen** to lead a humble life, to live a modest existence ❷ (*einfach*) modest, unpretentious, plain; **aus ~en Verhältnissen kommen** to have a humble background [*or* humble origins]; **in ~en Verhältnissen leben** to live a simple life [*or* modestly]; **nur eine ~e Frage** just one small question ❸ (*fam: gering*) modest, meagre [*or* AM -er]; **zu ~en Preisen** at moderate prices ❹ (*euph fam: beschissen*) lousy *fam,* BRIT *a.* bloody-awful *sl;* ***seine Leistung war eher*** ~ his performance was rather lousy II. *adv* ❶ (*selbstgenügsam*) modestly, self-effacingly ❷ (*einfach*) modestly, unpretentiously, plainly ❸ (*euph fam: beschissen*) ■**sich** ~ **fühlen** to feel bloody awful [*or* AM like crap] *sl;* ■**jdm geht es** ~ sth isn't going very well for sb; ***mir geht's beruflich wirklich*** ~ jobwise things aren't great

bescheiden*[2] *irreg* I. *vt* ❶ (*geh: entscheiden*) ■**etw** ~ to come to a decision about sth; **einen Antrag** ~ to decide upon an application; **einen Antrag positiv/negativ** ~ to accept/reject a proposal; **ein Gesuch positiv/negativ** ~ to grant [*or* approve]/reject [*or* turn down] a request ❷ (*geh: zuteil werden lassen*) ■**jdm ist etw beschieden** sth falls to sb's lot [*or liter* is granted to sb]; ***es war ihr nicht beschieden, den Erfolg zu genießen*** it was not her lot to enjoy success; ***möge dir zeitlebens Glück und Zufriedenheit beschieden sein!*** may you enjoy happiness and contentment all your life! ❸ (*geh: bestellen*) ■**jdn zu jdm/etw** ~ to summon [*or* call] sb to sb/sth II. *vr* (*geh*) ■**sich mit etw** ~ to be content with sth

Bescheidenheit <-> *f kein pl* ❶ (*Genügsamkeit*) modesty, humility; **in aller** ~ in all modesty; **bei aller** ~ with all due modesty; [**nur**] **keine falsche** ~! no false modesty [now]!; **aus** [**reiner**] ~ out of [pure] modesty ❷ (*Einfachheit*) modesty, plainness, unpretentiousness ❸ (*Geringfügigkeit*) modesty, paucity *form* ▶ WENDUNGEN: ~ **ist eine Zier, doch weiter kommt man ohne ihr** (*hum liter*) modesty is a virtue but it won't get you far

bescheinen* *vt irreg* ■**jdn/etw** ~ to illuminate [*or* light up] [*or* shine on] sb/sth; **von der Sonne beschienen** sunlit; **vom Glück beschienen sein** to be a lucky fellow

bescheinigen* *vt* ■**jdm etw** ~ to certify sth for sb *form;* (*quittieren*) to provide sb with [*or* give sb] a receipt; **es wird hiermit bescheinigt, dass ...** this is to certify that; ■[**jdm**] ~, **dass ...** to confirm to sb in writing [*or* provide sb with written certification] that ...; ■**sich** *dat* **etw** [**von jdm**] ~ **lassen** to get a certificate [*or* written confirmation] for sth [from sb], to have sth certified [by sb] *form*

Bescheinigung <-, -en> *f* certification, written confirmation; **die** ~ **der Gesundheit** [**durch einen Arzt**] a [doctor's] certificate [*or* bill] of health; **die** ~ **der** [**gestrigen/heutigen**] **Anwesenheit** the confirmation of attendance [yesterday/today]; **die** ~ **des Gelderhalts/Warenerhalts** a receipt

bescheißen* *irreg* I. *vt* (*sl*) ■**jdn** [**um etw**] ~ to do [*or* diddle] sb [out of sth] *sl;* ■**jdn** ~ to rip sb off *sl,* to screw sb *fig vulg;* ***man hat mich beschissen!*** I've been ripped off! II. *vi* (*sl*) ■[**bei etw**] ~ to cheat [at sth]; ***nimm dich vor ihm in acht, er bescheißt gerne!*** watch out! he likes cheating! III. *vr* (*vulg*) ■**sich** ~ to shit oneself *sl;* ■**sich** *dat* **etw** ~ to shit on sth *sl;* ***der Besoffene hatte sich die Hosen beschissen*** the drunk shat his trousers

beschenken* I. *vt* ■**jdn** [**mit etw**] ~ to give sb sth [as a present]; **reich beschenkt werden** to be showered with presents; ***für Ihre Hilfe würde ich Sie gerne mit einer Flasche Wein*** ~ I would like to present you with a bottle of wine to thank you for you help II. *vr* ■**sich** [**gegenseitig**] ~ to give each other presents, to present each other with sth *form*

Beschenkte(r) *f(m) dekl wie adj* presentee, donee

bescheren* I. *vt* ❶ (*zu Weihnachten beschenken*) ■**jdn** ~ to give sb a Christmas present; ■**beschert werden** to get one's Christmas presents; ■**jdn mit etw** ~ to give sb sth [for Christmas] ❷ (*zuteil werden lassen*) ■**jdm etw** ~ to give sb sth [as a present], to grant sb sth, to bless sb with sth *liter;* ***freue dich, dass dich das Schicksal mit so einer lieben Frau beschert hat!*** be happy that fate has blessed you with such a wonderful wife!; ***nach langer Ehe wurde ihnen doch noch ein Kind vom Himmel beschert*** after many years of marriage heaven bestowed a child upon them *liter* II. *vi* to give each other Christmas presents; ***ihr könnt reinkommen, es wird beschert!*** you can come in, the presents are waiting!

Bescherung <-, -en> *f* giving of Christmas presents; ***kommt, Kinder, die ~ fängt an!*** come on, children, it's time for the presents! ▶ WENDUNGEN: **die** [**ganze**] ~ (*iron fam*) the [whole] lot [*or* mess]; [**das ist ja**] **eine schöne** ~! (*iron*) this is a pretty kettle of fish! *iron,* what a fine mess! *iron;* **da/jetzt haben wir die** ~! well, that's just great! [*or* terrific] *iron,* well, there you are! haven't I told you!

bescheuert I. *adj* (*fam*) ❶ (*blöd*) screwy *fam,* BRIT *a.* daft *fam;* ***dieser ~e Kerl*** that daft idiot; ***der ist etwas*** ~ he's got a screw loose *fam;* ***red' nicht so etwas B~es!*** don't talk such claptrap [*or* codswallop]! *fam,* don't talk daft! *fam;* ***da hast du dir aber etwas B~es ausgedacht!*** what you've come up with there is a load of nonsense [*or* twaddle]! *fam* ❷ (*unangenehm*) stupid; ***so was ~es!*** how stupid!; ***mein ~es Auto wollte einfach nicht anspringen!*** my frigging car just wouldn't start! II. *adv* (*fam*) in a stupid [*or* BRIT *a.* daft] way, stupidly; ***sie hat das Gedicht total ~ übersetzt*** she really screwed up the translation of this poem *sl;* ***du siehst total ~ aus*** you look really daft; ***wie kann man nur so ~ fragen!*** how can you ask such daft questions!; ■**sich so** ~ **anstellen** to be so stupid [*or* BRIT *a.* daft], to act like such an idiot; ■**wie** ~ like crazy [*or* a mad thing] *fam*

beschichten* *vt* ■**etw** [**mit etw**] ~ to coat [*or* cover] sth [with sth]; **etw mit Farbe** ~ to give sth a coat of paint; **etw mit Teer** ~ to tar[mac] sth; **mit Kunststoff beschichtet** plastic-coated, laminated

Beschichtung *f* coating; BAU lining

beschicken* *vt* ■**etw** [**mit etw**] ~ ❶ (*mit Zusendung bedenken*) to supply sth [with sth]; **einen Markt/Abnehmer** ~ to supply a market/customers; **eine Messe/Ausstellung** ~ to exhibit at a fair, to send products to an exhibition; **eine Versammlung** ~ to send representatives to an assembly ❷ TECH to supply [*or* fill] [*or* charge] sth [with sth]; ***diese Maschine wird mit Öl beschickt*** this machine is charged [*or* fuelled] with oil

beschießen* *vt irreg* ❶ (*mit Schüssen bedenken*) ■**jdn/etw** [**mit etw**] ~ to shoot at [*or* fire on [*or* at]] sb/sth [with sth]; **jdn/etw mit Granaten** ~ to shell [*or* bombard] sb/sth with granades; **jdn/etw mit Jagdbomben** ~ to fire on sb/sth with firebombers; **jdn/etw mit Kanonen** ~ to fire at sb/sth with canons; **jdn/etw mit Maschinengewehren** ~ to machine-gun sb/sth ❷ (*überhäufen*) ■**jdn mit etw** ~ to bombard sb with sth; ***er wurde mit Fragen beschossen*** he was bombarded [*or* besieged] with questions ❸ PHYS ■**etw** [**mit etw**] ~ to bombard sth [with sth]

Beschießung <-, -en> *f* shooting; (*mit Jagdbomben/Kanonen*) firing; (*mit Granaten*) shelling, bombardment; PHYS bombardment

beschildern* *vt* ■**etw** [**mit etw**] ~ (*mit Schildchen versehen*) to label sth [with sth]; (*geh*) to put signs [*or* labels] on sth; (*mit Verkehrsschild versehen*) to signpost; **gut/schlecht** ~ [**sein**] [to be] well/badly signposted

Beschilderung <-, -en> *f* ❶ (*das Beschildern*) labelling BRIT, labeling AM; ADMIN (*geh*) signposting ❷ (*geh: Schildchen*) label; (*Verkehrsschild*) signpost

beschimpfen* I. *vt* ■**jdn** [**als/mit etw**] ~ to insult sb [as/with sth], to call sb names, to hurl abuse at sb; ***muss ich es mir gefallen lassen, so beschimpft zu werden?*** do I have to put up with these insults?; ***sie beschimpfte ihn in übelster Weise*** she called him dreadful names; **jdn auf's Übelste** ~ to abuse sb in the worst possible manner II. *vr* ■**sich** [**gegenseitig**] ~ to insult [*or* abuse] each other, to call each other names

Beschimpfung <-, -en> *f* ❶ (*das Beschimpfen*) abuse *no pl; Person* abuse (+*gen* of), swearing (+*gen* at) ❷ (*Schimpfwort*) insult

Beschiss[RR] <-es> *m kein pl,* **Beschiß** <-sses>

m kein pl (*sl*) swindle, rip-off *sl*; ***was für ein*** [*o* ***so ein***] **~*!*** what a swizz! [*or* rip-off]

beschissen I. *adj* (*sl*) miserable, lousy *fam*, shitty *sl*, BRIT *a.* bloody-awful *sl* II. *adv* (*sl*) in a lousy [*or* rotten] fashion *fam*; ***es geht ihr wirklich*** ~ she's having a miserable [*or fam* lousy] time of it; ***wir werden hier ~ bezahlt*** the pay here is bloody-awful *sl*; ~ **behandelt werden/aussehen** to be treated/to look like a piece of shit [*or* dirt] *sl*

beschlafen* *vt irreg* ❶ (*fam: koitieren*) ■**jdn** ~ to sleep [*or* have sex] with sb; (*fam*) to screw sb *sl* ❷ (*nachdenken*) ■**etw** ~ to sleep on sth; *s. a.* **überschlafen**

Beschlag <-[e]s, Beschläge> *m* ❶ (*Metallstück*) fastening, [metal] fitting; *Koffer* lock; *Buch* clasp; *Tür, Fenster, Möbelstück* fitting, mounting, [ornamental] hinge ❷ (*Belag*) film; *Metall* tarnish; *Glasscheibe* steam, condensation ▶ WENDUNGEN: **etw/jdn mit ~ belegen, etw/jdn in ~ nehmen** to monopolize [*or* seize] sth/sb; ***die Polizei nahm das Auto in ~*** the police impounded the car; ***wir sollten schon einmal unsere Plätze in ~ nehmen*** we had better secure our seats; **jd ist mit ~ belegt, jd wird in ~ genommen** sb is up to their eyeballs in it, sb's hands are full [with sth]

beschlagen*[1] *irreg* I. *vt haben* ❶ (*mit metallenem Zierrat versehen*) ■**etw** [**mit etw**] ~ to fit sth [with sth]; **Schuhe** ~ to put metal tips on shoes; **etw mit Ziernägeln** ~ to stud sth ❷ (*behufen*) ■[**jdm**] **ein Pferd** ~ to shoe [sb's] horse II. *vi sein* to mist [*or* steam] up; ***der Spiegel im Bad ist*** ~ the bathroom mirror is misted [*or* steamed] up; ***Silber beschlägt sehr schnell*** silver tarnishes very quickly

beschlagen[2] *adj* (*erfahren*) ■**in etw** *dat* [**gut/nicht**] ~ **sein** to be [well/badly] versed in sth, to be very experienced [*or* knowledgeable]/inexperienced in sth

Beschlagenheit <-> *f kein pl* thorough knowledge, sound grasp

Beschlagnahme <-, -n> *f* JUR (*gerichtlich*) attachment; (*behördlich*) seizure; (*entschädidungslos*) confiscation; MIL requisition

Beschlagnahmebeschluss[RR] *m* JUR attachment order **beschlagnahmefrei** *adj* JUR extempt from attachment and seizure

beschlagnahmen* *vt* ❶ (*konfiszieren*) ■**etw** ~ to seize sth; ***Ihr Pass ist beschlagnahmt*** your passport has been confiscated; **ein Fahrzeug** ~ to impound a vehicle; ■**beschlagnahmt** *Diebesgut* seized, confiscated ❷ (*fam: mit Beschlag belegen*) ■**jdn/etw** ~ to commandeer [*or hum* hog] sb/sth ❸ (*zeitlich in Anspruch nehmen*) [**von etw**] **beschlagnahmt sein** to be taken up [with sth]

Beschlagnahmeverfügung *f* JUR confiscation order, distress warrant **Beschlagnahmevollmacht** *f* JUR confiscatory powers

Beschlagnahmung *f* JUR confiscation, impounding

beschleichen* *vt irreg* (*geh: überkommen*) ■**jdn** ~ to come over sb, to creep [*or* steal] up on sb; ***mich beschleicht langsam der Verdacht, dass er sich mit unserem Geld abgesetzt hat*** I have a funny feeling he's run off with our money

beschleunigen* I. *vt* ■**etw** ~ to accelerate [*or* speed up] [*or form* precipitate] sth, to hurry sth along; **das Tempo** ~ to increase [*or* pick up] speed, to accelerate; **das Tempo einer Maschine/eines Vorganges** ~ to speed up a machine/a process; **seine Schritte** ~ to quicken one's pace II. *vr* ■**sich** ~ to accelerate, to speed up, to hasten *form* III. *vi* to accelerate; **stark** ~ to accelerate hard, to put one's foot down *fam*

Beschleunigung <-, -en> *f* ❶ AUTO (*Beschleunigungsvermögen*) acceleration *no pl*; ***bei der ~ lässt du bestimmt die meisten Wagen weit hinter dir!*** when you accelerate like that, I bet you leave most cars standing! ❷ (*das Beschleunigen*) acceleration *no pl*, speeding up *no pl*; **eine ~ der Gangart** a quickening [*or* an acceleration] of the pace ❸ (*Hast, Eile*) **etw mit großer ~ tun** to do sth with great speed [*or* haste]

Beschleunigungsvermögen *nt* AUTO *s.* **Beschleunigung** **Beschleunigungszeit** *f* TECH acceleration time

beschließen* *irreg* I. *vt* ❶ (*entscheiden über*) ■**etw** ~ to decide sth; **ein Gesetz** ~ to vote through a new bill, to pass a motion; ■~, **etw zu tun** to decide to do sth; (*nach reiflicher Überlegung*) to make up one's mind to do sth ❷ (*geh: beenden*) ■**etw** ~ to conclude *form* [*or* close] sth, to wind sth up; ***ich möchte*** [***meine Rede***] ***mit einem Zitat*** ~ I would like to conclude [my speech] with a quote II. *vi* (*einen Beschluss fassen*) ■**über etw** *akk* ~ to decide on sth

beschlossen *adj* ❶ (*entschieden*) decided, agreed, settled; **das ist** [**eine**] **~e Sache** the matter is settled, the subject is closed ❷ (*geh*) **etw liegt** [*o* **ist**] **in etw** *dat* ~ sth is contained within sth; ***in diesem gewichtigen Wort liegt viel Weisheit*** ~ a great deal of wisdom is hidden in his weighty saying

Beschluss[RR] <-es, Beschlüsse> *m*, **Beschluß** <-sses, Beschlüüsse> *m* decision, resolution *form*; (*Gerichts~*) order of court, [court] order; ***und wie lautet der ~?*** and what's the decision?; ***unser ~ ist unumstößlich*** our decision is final; ***der Stadtrat hat einen ~ gefasst*** the town council has passed a resolution; **zu einem ~ kommen** to reach [*or* come to] a decision [*or* an agreement]; **einen ~ fassen** to reach [*or* make] a decision; **auf jds** *akk* ~ on sb's authority; ***auf ~ des Parlaments/Präsidenten*** by order of parliament/the president **Beschlussabteilung**[RR] *f* JUR decision-making department **beschlussfähig**[RR], **beschlußfähig** *adj* quorate BRIT *form*; ■~ **sein** to have a quorum **Beschlussfähigkeit**[RR], **Beschlußfähigkeit** *f kein pl* quorum *form* **Beschlussfassung**[RR] *f* decision making; **einen Entwurf zur ~ vorlegen** to submit a draft resolution **Beschlusskammer**[RR] *f* JUR decision-making court **beschlussunfähig**[RR], **beschlußunfähig** *adj* inquorate *form*; ***die Versammlung ist ~!*** the meeting is not quorate! **Beschlussunfähigkeit**[RR] *f kein pl* lack [*or* absence] of a quorum **Beschlussvorlage**[RR] *f* draft resolution

beschmeißen* *vt irreg* (*fam*) *s.* **bewerfen**

beschmieren* I. *vt* ❶ (*bestreichen*) ■**etw** [**mit etw**] ~ to spread sth on sth; **ein** [**Stück**] **Brot dick/dünn** ~ to butter [a slice of] bread thickly/thinly; **eine Wunde** ~ to put cream [*or* ointment] on a wound; **das Gesicht mit Creme** ~ to put cream on one's face; **etw mit Fett** ~ to grease sth ❷ (*besudeln*) ■**jdn/etw** [**mit etw**] ~ to stain [*or* dirty] sth [*or* smear sb/sth] [with sth]; ***du bist da am Kinn ja ganz beschmiert*** you've got something smeared on your chin; **etw mit Gekritzel** ~ to scribble [*or* scrawl] [all] over sth; **etw mit Farbe** ~ to daub [over] sth II. *vr* ■**sich** [**mit etw**] ~ to make [*or* get] oneself dirty [*or form* soil oneself] [with sth]; ■**sich** *dat* **etw** [**mit etw** *dat*] ~ to get [*or* make] sth dirty [*or form* soil sth] [with sth]; ***ich habe mir mein Kleid komplett mit Soße beschmiert*** I've spilled gravy all over my dress

beschmutzen* I. *vt* ❶ (*schmutzig machen*) ■**jdn/etw** ~ to dirty [*or form* soil] sb/sth, to make sb/sth dirty; (*mit Spritzern*) to [be]spatter sb/sth; ■**beschmutzt** dirty, soiled *form*, grubby *fam*; **beschmutzte Bettlaken/Handtücher** soiled sheets/towels ❷ (*in den Schmutz ziehen*) ■**etw** ~ to blacken [*or* discredit] [*or* tarnish] sth, to drag sth through the mud *prov*; ***ich lasse mir meinen Ruf nicht so*** ~ I won't let my reputation be dragged through the mud like that; *s. a.* **Nest** II. *vr* ■**sich** [**mit etw**] ~ to get [*or* make] oneself dirty [*or fam* grubby] [with sth]; ***wo hast du dich mit der Farbe so beschmutzt?*** where did you get paint all over you?; ■**sich** *dat* **etw** [**mit etw** *dat*] ~ to get sth dirty [with sth]

Beschmutzung <-, -en> *f* dirtying, soiling *form*; **vor ~ schützen** to protect from dirt

Beschneidelinie *f* TYPO cutting [*or* trimming] line

beschneiden* *vt irreg* ❶ (*zurechtschneiden*) ■[**jdm/einem Tier**] **etw** ~ to cut [*or* trim] [sb's/an animal's] sth; (*stutzen*) to clip; ■**etw** ~ HORT to prune sth; TYPO, VERLAG to cut sth; *Bild* to crop sth ❷ MED, REL ■**jdn** ~ to circumcise sb ❸ (*beschränken*) ■**etw** ~ to curtail [*or* curb] sth; **Wirtschaftshilfe** ~ to cut [*or form* curtail] economic aid; **Einkommen** ~ to cut [*or* reduce] income

Beschneidung <-, -en> *f* ❶ (*das Zurechtschneiden*) cuttting, trimming; (*das Stutzen*) clipping; HORT pruning; ***im frühen Winter erfolgt die ~ der Obstbäume*** in early winter the fruit trees are pruned; TYPO, VERLAG cutting ❷ MED, REL circumcision ❸ (*das Beschränken*) curtailment; ~ **der Wirtschaftshilfe** reduction [*or* curtailment] of [*or* cut[back] in] economic aid; ~ **des Einkommens** cut in [*or* reduction of] income

beschneit *adj* snow-covered; **dick/frisch** ~ thickly/newly covered with snow; **weiß** ~ white with snow, snow-covered; ***die weiß ~en Berge*** the snow-capped mountains

Beschnitt <-[e]s> *m kein pl* TYPO trim [off], trimming

Beschnittabfall *m* shavings *pl*, shred

beschnitten *adj* ❶ TYPO (*geschnitten*) **~es Format** trimmed size ❷ MED, REL circumcised

Beschnittmarke *f* cutting [*or* trim] mark

beschnüffeln* I. *vt* ❶ (*Schnuppern von Tieren*) ■**jdn/etw** ~ to sniff at sb/sth ❷ (*pej fam: bespitzeln*) ■**jdn** ~ to check [*or* suss] sb out *fam*, to spy on sb; ■**eine Situation** ~ to poke one's nose into sth *pej fam*; ***sie ließ ihren Mann von einem Detektiv*** ~ she had her husband sussed out by a private detective II. *vr* ■**sich** [**gegenseitig**] ~ *Tiere* to have a sniff at [*or* sniff] each other; (*fig*) *Menschen* to size one another up

beschnuppern* I. *vt* ❶ (*Beriechen von Tieren*) ■**jdn/etw** ~ to sniff sb/sth ❷ (*fam: prüfend kennen lernen*) ■**jdn** ~ to size sb up, to take stock of sb II. *vr* ❶ (*beschnüffeln*) ■**sich** [**gegenseitig**] ~ *Tiere* to sniff each other ❷ (*fam: sich prüfend kennen lernen*) ■**sich** ~ to size each other up, to take stock of each other

beschönigen* *vt* ■**etw** ~ to gloss over [*or* cover up] [*or* whitewash] sth; **eine ~der Ausdruck, eine ~de Bezeichnung** a gloss-over, a cover-up, a whitewash, a euphemism

Beschönigung <-, -en> *f* gloss-over, cover-up, whitewash; ***berichten Sie über den Fall, aber bitte ohne ~en*** please tell us about the case but without glossing over any details

beschranken* *vt* ■**etw** ~ to put up a [railway] gate [*or* barrier]; **ein beschrankter Bahnübergang** a railway crossing with gates

beschränken* I. *vt* ❶ (*begrenzen*) ■**etw** [**auf etw** *akk*] ~ to limit [*or* restrict] [*or* confine] sth [to sth]; **Ausgaben** ~ to limit [*or* curtail] expenditure ❷ (*einschränken*) ■**jdn in etw** *dat* ~, ■**jdm etw** ~ to curtail [*or* limit] sb's sth; ***ihm wurde das Budget beschränkt*** his budget was partly obstructed II. *vr* ❶ (*sich begnügen*) ■**sich** *akk* [**auf etw** *akk*] ~ to limit [*or* restrict] oneself [to sth]; ***für diesmal will ich mich noch darauf ~, Sie zu verwarnen*** this time I'll just give you a warning ❷ (*sich einschränken*) ■**sich** *akk* **auf etw** *akk* ~ to confine [*or* restrict] oneself [*or* to keep] to sth; **sich auf das Wesentliche** ~ to keep to the essential points

beschränkt *adj* ❶ (*eingeschränkt, knapp*) restricted, limited; **finanziell/räumlich/zeitlich ~ sein** to have a limited amount of cash [*or* limited finances]/space/time; **~e Sicht** low visibility; **~e Haftung** limited liability; **Gesellschaft mit ~er Haftung** limited [liability] company BRIT, corporation AM; **~e Verhältnisse** narrow circumstances ❷ (*dumm*) limited, slow-[*or* dull-]witted; (*engstirnig*) narrow-minded

Beschränkung <-, -en> *f* restriction, limitation; [**jdm**] **die ~ einer S.** *gen* **auferlegen** to impose a restriction on [sb's] sth; ■**die/eine ~ auf etw** *akk* the/a restriction [*or* limitation] to sth; ***er bat sie um eine ~ auf die wesentlichen Punkte*** he asked her to keep to the main points; **jdm ~en auferlegen** to put [*or* impose] restrictions on sb

Beschränkungsrecht *nt* JUR restriction law

Beschränkungsverbot *nt* JUR ban on restrictions

beschreibbar *adj darstellen* describable; *voll schreiben* writable on

beschreiben* *vt irreg* ❶ (*darstellen*) ■ **[jdm] jdn/etw ~** to describe sb/sth [to sb], to give [sb] a description of sb/sth; ***du musst mir das nachher in allen Einzelheiten ~*** you'll have to tell me all about it later; **kaum/nicht zu ~ sein** to be almost/absolutely indescribable; **[jdm] etw gar nicht ~ können** to not be able to describe sth [to sb]; ***ich kann dir nicht ~, wie erleichtert ich war*** I can't tell you how relieved I was ❷ (*voll schreiben*) ■ **etw [ganz] ~** to cover sth [*or* fill sth up] [completely] with writing ❸ (*vollführen*) ■ **etw ~** to describe sth; **eine Bahn/einen Kreis ~** to describe a path/a circle

Beschreibung *f* ❶ (*das Darstellen*) description, depiction, portrayal; ***das ist eine falsche ~ der Geschehnisse!*** that is a false representation of events!; **~ eines Handlungsablaufs** narration, account; **eine kurze ~** sketch, outline; ***das spottet jeder ~*** it beggars description ❷ (*fam: Beipackzettel*) description; (*Gebrauchsanweisung*) instructions *pl*, instruction sheet

beschreiten* *vt irreg* (*geh*) ■ **etw ~** ❶ (*begehen*) to walk on sth; **einen Pfad ~** to walk along a path ❷ (*einschlagen*) **einen Weg ~** to follow [*or* pursue] a course; **einen neuen Weg ~** to change tack [*or* direction], to apply different methods; *s. a.* **Rechtsweg**

Beschrieb <-s, -e> *m* SCHWEIZ (*Beschreibung*) description

beschriften* *vt* ■ **etw [mit etw] ~** (*mit Inschrift versehen*) to inscribe sth [with sth], to inscribe [sth] on sth; (*mit Aufschrift versehen*) to letter [*or* label] sth [with sth]; **ein Kuvert** [*o* **einen Umschlag**] **~** to address an envelope; **Etiketten ~** to write labels; **ein Bild ~** to give a caption to a photograph [*or* an illustration]; **einen Karton** [*o* **eine Kiste**] **~** to mark a box

Beschriftung <-, -en> *f* ❶ (*das Beschriften*) lettering, labelling BRIT, labeling AM, inscribing; *Kuvert* addressing; *Etiketten* writing ❷ (*Aufschrift*) inscription, lettering, label, caption; *Grabstein* inscription

beschuldigen* *vt* ■ **jdn [einer S.** *gen*] **~** to accuse sb [of sth], to blame sb [for sth], to charge sb [with sth] *liter;* **jdn der Fahrlässigkeit ~** to accuse sb of negligence; ■ **jdn ~, etw getan zu haben** to accuse sb of doing sth

Beschuldigte(r) *f(m) dekl wie adj* accused; **der Anwalt/die Anwältin des/der ~n** the defendant's [*or* BRIT defence [*or* AM -se]] lawyer

Beschuldigung <-, -en> *f* accusation, allegation *form*, charge[s] *form;* ***wie lautet die ~?*** what are the charges?

beschummeln* I. *vt* (*fam*) ❶ (*betrügen*) ■ **jdn [bei/mit etw] ~** to trick [*or* cheat] sb [when doing sth/by sth]; ■ **jdn um etw ~** to do [*or* cheat] [*or fam* diddle] sb out of sth; **jdn finanziell ~** to swindle sb, to rip sb off *sl* ❷ (*belügen*) ■ **jdn ~** to tell sb lies [*or* fibs] *fam*, to take sb for a ride *fam* II. *vi* (*fam: betrügen*) ■ **[bei etw] ~** to cheat [at sth]

beschuppt *adj* scaled, scaly; **dick/dünn ~ sein** to be thick-scaled/thin-scaled; **kaum ~ sein** to have almost no scales

Beschuss[RR] <-es> *m kein pl*, **Beschuß** <-sses> *m kein pl* fire; (*durch Granaten, Raketen*) shelling; (*durch schwere Geschütze*) bombardment; **unter schwerem ~** under heavy [*or* intense] fire; **unter ~ geraten/liegen** [*o* **stehen**] to come/be under fire; **jdn/etw unter ~ nehmen** (*a. fig*) to attack sb/sth; (*mit Maschinengewehren*) to fire at sb/sth; (*mit Granaten, Raketen*) to shell sb/sth

beschützen* *vt* ■ **jdn [vor jdm/etw] ~** to protect [*or* shelter] [*or* give shelter to] sb [from sb/sth], to defend sb [against sb/sth]; (*mit dem eigenen Körper*) to shield [*or* screen] sb [from sb/sth]; ***der Herr beschütze dich!*** may the Lord protect you!; ■ **~d** protective; *s. a.* **Werkstatt**

Beschützer(in) <-s, -> *m(f)* protector, defender, guardian angel *iron*

beschwatzen* *vt* (*fam*) ❶ (*überreden*) ■ **jdn [zu etw] ~** to talk sb round [*or* into sth/doing sth]; ***lass dich ja nicht zum Kauf eines Autos ~*** don't let yourself be talked into buying a car; (*schmeichelnd*) to wheedle [*or* coax] sb [into sth/doing sth] ❷ (*bereden*) ■ **etw ~** to chat [*or* BRIT *a.* have a chinwag] about sth [*or* BRIT *a.* natter] *sl*

beschwätzen* *vt* DIAL (*fam*) *s.* **beschwatzen**

Beschwer <-> *f kein pl* JUR grievance; **eigene ~** personal grievance

Beschwerde <-, -n> *f* ❶ (*Beanstandung, Klage*) complaint; **Grund zur ~ haben** to have grounds for complaint [*or* reason to complain] ❷ JUR appeal; **~ gegen jdn/etw führen** to submit [*or* make] a complaint about sb/sth; **[bei jdm] ~ einlegen** to file [*or* lodge] an appeal [with sb]; **[bei jdm] eine ~ einreichen** to lodge [*or* file] a complaint [with sb] ❸ *pl* MED complaint *form;* **~n mit etw haben** to have problems with sth; ***haben Sie sonst noch ~n?*** is there anything else wrong?; **etw macht jdm ~** sth hurts sb; ***mein Magen macht mir ~n*** my stomach is giving [*or* causing] me trouble

Beschwerdeantrag *m* JUR application for relief [in an appeal] **Beschwerdebegründung** *f* JUR ground for appeal **Beschwerdebegründungsfrist** *f* JUR period for filing an appeal **Beschwerdeberechtigte(r)** *f(m) dekl wie adj* JUR person entitled to appeal **Beschwerdebescheid** *m* JUR notice of appeal **Beschwerdebrief** *m* letter of complaint **Beschwerdebuch** *nt* complaints book **Beschwerdeeinlegung** *f* JUR lodging of an appeal **Beschwerdeentscheidung** *f* JUR determination of a complaint **beschwerdefähig** *adj inv* JUR appealable, subject to appeal **beschwerdefrei** *adj* MED healthy; ***bei Malaria kommt es regelmäßig zu ganz ~en Intervallen*** patients with malaria experience regular periods where the disease is not apparent **Beschwerdefrist** *f* JUR time for lodging an appeal **beschwerdeführend** *adj inv* JUR complaining **Beschwerdeführer(in)** *m(f)* (*geh*) person lodging a complaint; JUR complainant, appellant, plaintiff **Beschwerdegebühr** *f* JUR fee for appeal **Beschwerdegegenstand** *m* JUR cause of appeal, matter of complaint **Beschwerdegegner(in)** *m(f)* JUR appellee, respondent **Beschwerdegericht** *nt* JUR appeal court **Beschwerdegrund** *m* JUR reason for complaint **Beschwerdeinstanz** *f* JUR court of appeal **Beschwerdekammer** *f* JUR board of appeal; **Große ~** Enlarged Board of Appeal **Beschwerderecht** *nt kein pl* JUR right of appeal **Beschwerdeschrift** *f* JUR petition for review **Beschwerdesenat** *m* JUR (*Patentamt*) Board of Appeal **Beschwerdestelle** *f* JUR complaints department **Beschwerdesumme** *f* FIN value of the issue on appeal **Beschwerdeverfahren** *nt* JUR appeal procedure

beschweren* I. *vr* ❶ (*sich beklagen*) ■ **sich [bei jdm] [über jdn/etw] ~** to complain [about sb/sth] [to sb]; ***ich kann mich nicht ~*** I can't complain ❷ (*fig: sich belasten*) ■ **sich [mit etw] ~** to encumber oneself [with sth] II. *vt* ❶ (*mit Gewicht versehen*) ■ **jdn/etw [mit etw] ~** *Briefe, Papiere* to weight sb/sth [down] [with sth] ❷ (*belasten*) ■ **jdn ~** to weigh [*or fam* get] sb down, to burden sb; ***komm, was beschwert dich denn so?*** come on, what's getting you down?

beschwerlich *adj* difficult, exhausting, arduous *form*, onerous *form;* **eine ~ Reise** an arduous/a fatiguing journey; ***das Laufen ist für ihn sehr ~*** walking is hard for him [*or* a strain on him]

Beschwerlichkeit <-, -en> *f* ❶ *kein pl* difficulty, arduousness *form*, onerousness *form;* ***der Aufstieg zum Gipfel war von großer/ziemlicher ~*** the climb to the summit was very/quite arduous ❷ *pl* (*Mühsal*) hardships, discomforts; **die ~ einer Zugreise** the inconveniences of a train journey

beschwichtigen* *vt* ■ **jdn [mit etw] ~** to calm sb [down] [*or* soothe [*or form* placate] sb] [with sth]; **jdm das Gewissen ~** to soothe sb's conscience; **jds Zorn ~** to calm [*or* soothe] [*or form* appease] sb's anger **beschwichtigend** I. *adj* soothing, calming II. *adv* soothingly, calmly

Beschwichtigung <-, -en> *f* soothing, calming, placation *form; Gewissen* soothing; *Zorn* calming, appeasement *form*

Beschwichtigungsformel *f* words *pl* of reassurance; **zu ~n greifen** to use the rhetoric of appeasement **Beschwichtigungspolitik** *f* policy of appeasement

beschwindeln* *vt* (*fam*) ❶ (*belügen*) ■ **jdn ~** to tell sb fibs *fam*, to lead sb up the garden path *prov* ❷ (*betrügen*) ■ **jdn [um etw] ~** to con [*or* swindle] sb [out of sth]

beschwingen* *vt* ■ **jdn ~** to get sb going, to make sb brighten up, to animate sb *form;* ***die Musik beschwingte uns*** the music elated us

beschwingt I. *adj* lively; *Mensch a.* vivacious; **mit ~em Gang, ~en Schrittes** with a spring in one's step; **~e Musik** lively music; **~e Rhythmen** vibrant [*or* pulsating] rhythms II. *adv* chirpily; **sich ~ fühlen** to feel elated [*or* exhilerated]; ***es war ein schöner Abend gewesen und er ging ~ nach Hause*** it was a wonderful evening and he went home in a happy frame of mind

beschwipsen *vt* (*fam*) ■ **jdn ~** to make sb tipsy *fam*

beschwipst *adj* (*fam*) tipsy *fam*, merry

beschwören* *vt irreg* ❶ (*beeiden*) ■ **etw ~** to swear [to] sth [*or* that sth is true]; ***~ kann ich das nicht*** I wouldn't like to swear to it; **eine Aussage ~** to make a statement under oath ❷ (*anflehen*) ■ **jdn ~** to beg [*or* implore] [*or form* beseech] sb ❸ (*magisch hervorbringen*) ■ **etw ~** to conjure [*or* call] up sth; **Geister/Tote ~** to raise ghosts/the dead; (*bezwingend*) to exorcize; **eine Schlange ~** to charm a snake ❹ (*geh: hervorrufen*) ■ **etw [in jdm] ~** to conjure up sth *sep* [in sb] **beschwörend** I. *adj* imploring, pleading, beseeching *form* II. *adv* imploringly, pleadingly, beseechingly *form*

Beschwörung <-, -en> *f* ❶ (*das Anflehen*) appeal, entreaty, supplication *form;* ***unsere ganzen ~en nützten nichts*** all our pleading was in vain ❷ (*das magische Hervorbringen*) conjuring-[*or* calling-]up, conjuration; (*Beschwörungsformel*) magic spell; **eine ~ aussprechen** to chant an incantation, to speak the magic words ❸ (*das Hervorrufen*) conjuring-up; **eine ~ längst vergessener Erinnerungen** a conjuring-up of long-forgotten memories; **eine ~ der Vergangenheit/alter Zeiten** a reminder of the past/old times

beseelen* *vt* ❶ (*durchdringen*) ■ **jdn/etw ~** to animate [*or* fill] sb; **sich von neuem Mut beseelt fühlen** to feel filled with renewed courage; ***ein Lächeln beseelte ihr Antlitz*** (*liter*) a smile animated her face; **vom Geist der Aufklärung/Revolution beseelt** to be inspired by [*or* filled with] the spirit of the Enlightenment/Revolution; ■ **beseelt von** [*o* **durch**] inspired by ❷ (*mit innerem Leben erfüllen*) ■ **etw ~** to breathe life into; **[der Glaube an] die beseelte Natur** [the belief that] everything in nature has a soul; ***der Schauspieler hat diese Figur wirklich neu beseelt*** the actor really breathed new life into this character; **eine beseelte Darbietung/ein beseelter Blick** a soulful performance/glance

besehen* *irreg* I. *vt* ■ **jdn/etw ~** to look at sb/sth, to have a look at sb/sth; **etw näher ~** to inspect [*or* examine] sth closely II. *vr* ❶ (*sich betrachten*) ■ **sich ~** to look at oneself; ***na, besiehst du dich wieder im Spiegel?*** are you admiring yourself in the mirror again? ❷ (*betrachten*) ■ **sich** *dat* **etw ~** to [have a] look at sth

beseitigen* *vt* ❶ (*entfernen*) ■ **etw ~** to dispose [*or* get rid] of sth; **Zweifel ~** to dispell doubts; **ein Missverständnis ~** to clear up a misunderstanding; **sich leicht ~ lassen** to be easily removed; **Schnee/ein Hindernis ~** to clear away snow/an obstacle; **Streit ~** to settle a dispute/an argument; **Fehler ~** to eliminate mistakes; **Ungerechtigkeiten ~** to abolish [*or* eliminate] injustice ❷ (*euph: umbringen*) ■ **jdn ~** to eliminate [*or fam* do away with] sb, to wipe sb out *sl*

Beseitigung <-> *f kein pl* ❶ (*das Beseitigen*) disposal; *Farben/Spuren/Regime* removal; *Zweifel* dispelling; *Missverständnis* clearing-up ❷ (*euph: Liquidierung einer Person*) elimination

Beseitigungsanspruch *m* JUR right to the abatement of a nuisance **Beseitigungspflicht** *f* JUR duty to dispose of waste **Beseitigungsverfügung** *f* JUR condemnation order

Besen <-s, -> *m* ❶ (*Kehr~*) broom; (*kleiner*) brush; *Hexe* broomstick ❷ KOCHK whisk ❸ (*pej sl: kratzbürstige Frau*) old bag *pej*, old battleaxe *pej* ❹ SÜDD (*fam*) *Swabian vineyard's own public bar selling its wine, signalled by a broom hanging outside the door* ▶ WENDUNGEN: **etw mit eisernem ~ auskehren** to make a clean sweep of sth; **neue ~ kehren gut** (*prov*) a new broom sweeps clean *prov;* **ich fresse einen ~, wenn ...** (*fam*) I'll eat my hat if ...

Besenbinder(in) <-s, -> *m(f)* broom-maker **Besenginster** *m* BOT (*Sarothamnus scoparius*) common broom **Besenheide** *f* BOT [ling] heather **Besenkammer** *f* broom cupboard **besenrein** *adj* well-swept **Besenschrank** *m* broom cupboard **Besenstiel** *m* broomstick ▶ WENDUNGEN: **steif wie ein ~, als habe jd einen ~ verschluckt** as stiff as a post [*or* poker] *fam* **Besenwirt(in)** *m(f)* SÜDD (*fam*) owner of a "Besen" **Besenwirtschaft** *f* SÜDD (*fam*) *s.* **Besen 4.**

besessen *adj* ❶ REL possessed; ■[**von etw/vom Teufel**] **~ sein** to be possessed [by sth/by the devil] ❷ (*unter einem Zwang stehend*) ■[**von etw**] **~ sein** to be obsessed [with sth]; **wie ~** like mad *sl*

Besessene(r) *f(m) dekl wie adj* ❶ REL possessed person ❷ (*fanatischer Mensch*) fanatic; **wie ein ~r/eine ~** like one possessed [*or* a maniac]

Besessenheit <-> *f kein pl* ❶ REL possession ❷ (*Wahn*) obsession, fanaticism

besetzen* *vt* ❶ (*belegen*) ■**etw ~** to reserve sth; ***besetz schon mal zwei Plätze für uns*** keep two places for us; **Stühle/Plätze ~** to occupy [*or* take] chairs/seats; ***das Theater war bis auf den letzten Platz besetzt*** there was a full house at the theatre; **die Toilette ~** to occupy the toilet; **die Leitung ~** to engage the line BRIT, to keep the line busy AM ❷ (*okkupieren*) ■**etw ~** *a.* MIL to occupy sth; (*bemannen*) to man sth; **ein Haus ~** to take possession of [*or* squat in] a house; ***zehn Leute haben das leer stehende Gebäude besetzt*** ten people are squatting in the disused building ❸ (*ausfüllen*) ■**etw [mit jdm] ~** to fill sth [with sb]; **einen Posten ~** to fill a post; **eine Rolle ~** THEAT to cast sb in [*or* fill] a role ❹ JAGD **ein Gehege/einen Zoo mit Tieren ~** to fill [*or* stock] an enclosure/a zoo with animals ❺ (*dekorieren*) ■**etw mit etw ~** to trim sth with sth; ***sie hatte ihr Kostüm über und über mit Pailletten besetzt*** she had sequins all over her costume

Besetzer(in) <-s, -> *m(f)* occupier

besetzt *adj* ❶ (*vergeben*) taken, occupied; **voll/dicht ~** full, crowded, packed [out]; **ein schlecht ~es Theater** an empty theatre [*or* AM -er]; **ein gut/schlecht ~er Film** a well-cast/miscast movie ❷ (*belegt*) ■**~ sein** *Telefon, Toilette* to be occupied [*or* BRIT *a.* engaged] [*or* AM *a.* busy]; *Terminkalender, Termine* to be fully booked-up; ***die Sache ist negativ ~*** this carries negative connotations ❸ MIL occupied; (*bemannt*) manned; **etw ~ halten** to continue to occupy sth; (*bemannt*) to continue to man sth; **ein ~es Haus** a squat

Besetztzeichen *nt* engaged [*or* AM busy] tone

Besetzung <-, -en> *f* ❶ (*Vergeben einer Stelle*) appointment (**mit** +*dat* of); FILM, THEAT casting (**mit** +*dat* of) ❷ (*alle Mitwirkenden*) *Film, Stück* cast; *Mannschaft* line-up, players *pl*, members [of a team] *pl;* **die zweite ~** THEAT understudy; SPORT substitute ❸ (*Okkupierung*) *Land, Gebiet* occupation; *Haus* squatting [in]; *Amt/Stelle* filling

Besetzungsleiter(in) *m(f)* casting director

Besicherung <-, -en> *f* JUR **dingliche ~** provision of real security

Besicht <-> *m kein pl* JUR inspection; **Kauf auf ~** purchase subject to inspection

Besichtigung <-, -en> *f* visiting; *Wohnung, Haus etc.* viewing; *Truppen* inspection, review; ***„heute keine ~!“*** "closed today!"; ***„~en nur sonntags!“*** "viewing only on Sundays!"; **eine ~ der Sehenswürdigkeiten** a sightseeing tour, a tour of the sights; **die ~ einer Stadt** a tour of a town; **zur ~ freigegeben** open for public viewing **Besichtigungsvermerk** *m* JUR inspection note **Besichtigungszeiten** *pl* opening [*or* viewing] times; ***„~ von 9 – 11 Uhr“*** "open 9am to 11am"

besiedeln* *vt* ❶ (*bevölkern*) ■**etw ~** to settle [*or* populate] sth; (*kolonisieren*) to colonize sth; **mit Tieren besiedelt sein** to be populated with [*or* inhabited by] animals ❷ (*wachsen*) ■**etw ~** to grow on [*or* in] sth; **mit Pflanzen/Vegetation besiedelt sein** to be inhabited by plants/vegetation

besiedelt *adj* populated; **dicht** [*o* **stark**]/**dünn/schwach** [*o* **kaum**] **~** densely/thinly/sparsely populated; **nicht ~** unpopulated

Besied(e)lung <-, -en> *f* settlement; (*Kolonisierung*) colonization; *Ballungsraum, Landstrich, etc* population; **dichte/dünne ~** dense/sparse population

Besiedlungsdichte *f* population [density]

besiegeln* *vt* ■**etw ~** to seal sth; **sein Schicksal ~** to seal one's fate; **etw schriftlich ~** to put sth in writing

besiegen* *vt* ❶ (*schlagen*) ■**jdn ~** to beat [*or* defeat] [*or liter* vanquish] sb; SPORT to outdo [*or* beat] sb; **ein Land ~** to conquer a country; **den Gegner mit List ~** to defeat one's opponent with cunning; ***sie haben die andere Mannschaft mit 3:2 besiegt*** they beat the other team 3:2; **sich [für] besiegt erklären** to admit defeat, to throw in the towel [*or* up the sponge] *fam* ❷ (*überwinden*) ■**etw ~** to overcome [*or* conquer] sth

Besiegte(r) *f(m) dekl wie adj* loser; ■**die Besiegten** the defeated [*or liter* vanquished]

besingen* *vt irreg* ❶ (*rühmen*) ■**jdn/etw ~** to sing about [*or* the praise of] sb/sth, to honour sb/sth in song ❷ MUS ■**etw [mit etw] ~** to record sth [with sth]

besinnen* *vr irreg* ❶ (*überlegen*) ■**sich ~** to think [for a moment], to consider, to reflect, to contemplate *liter;* **ohne sich zu ~** without hesitation [*or* stopping to think]; **sich anders ~** [*o* **sich eines anderen** [*o* **Besseren**] **~**] to reconsider [*or* think better of] sth, to change one's mind [about sth]; **sich [für einen Moment] ~** after [a moment's] consideration; ***da brauche ich mich nicht lange zu ~, das weiß ich auswendig!*** I don't need to think about that, I know it by heart!; **nach kurzem B~** after brief consideration ❷ (*an etw denken*) ■**sich [auf jdn/etw] ~** to think [about sb/sth], to consider [*or liter* contemplate] [sb/sth], to reflect [on sb/sth]; (*auf Vergangenes*) to remember, to recall; **wenn ich mich recht besinne** if I remember rightly [*or* correctly], if my memory serves me right

besinnlich *adj* thoughtful, pensive, reflective, contemplative; (*geruhsam*) leisurely; ***er verbrachte einige ~e Tage im Kloster*** he spent a few days of contemplation [*or* on retreat] in the monastery; **ein ~er Mensch** a thoughtful [*or* reflective] person; ***sie hatte ein ~es Wesen*** (*liter*) she was of a reflective type, she was of a thoughtful turn of mind; **~ sein** to be thoughtful; **~er werden** to grow [more] thoughtful

Besinnung <-> *f kein pl* ❶ (*Bewusstsein*) consciousness; **die ~ verlieren** to faint, to pass out, to lose consciousness *fig* [*or* one's head [*or* marbles]]; **bei/ohne ~ sein** to be conscious/unconscious [*or fam* out cold]; **[wieder] zur ~ kommen** to come round [*or* to one's senses], to regain consciousness; **jdn [wieder] zur ~ bringen** to revive sb; (*fig*) to bring sb round [*or* to their senses]; ***ihr seit wohl nicht bei ~!*** you must be out of your mind! ❷ (*Reflexion*) thought, reflection, contemplation; **zur ~ kommen** to gather one's thoughts

Besinnungsaufsatz *m* discursive essay

besinnungslos *adj* ❶ (*ohnmächtig*) unconscious; ■**~ werden** to lose consciousness, to pass [*or fam* black] out ❷ (*blind*) insensate, pure; **~e Wut** blind rage; ***~e Angst lähmte ihre Glieder*** pure, unadulterated fear gripped her limbs; ■[**wie**] **~ sein vor etw** to be blind [*or* beside oneself] with sth

Besinnungslosigkeit <-> *f kein pl* unconsciousness; ***die Patientin befindet sich seit Wochen im Zustand der ~*** the patient has been in a coma for weeks

Besitz <-es> *m kein pl* ❶ (*Eigentum*) property; *Vermögen* possession ❷ AGR land, estate; (*Landsitz, Gut*) estate ❸ (*das Besitzen*) possession; **jdm den ~ [einer S.** *gen*] **streitig machen** to challenge [*or* contest] sb's ownership [of sth]; **etw in ~ nehmen, von etw ~ ergreifen** (*geh*) to take possession [*or* hold] of sth; **in den ~ einer S.** *gen* **gelangen** [*o* **kommen**] to come into [*or* gain] possession of sth; **etw in ~ haben** (*geh*) to possess sth, to have sth in one's possession *form;* **jds** *gen* **[alleiniger] ~ sein** to be sb's [sole] property; **im ~ von etw sein** (*geh*) to be in possession of sth; ***ich bin im ~ Ihres Schreibens vom 17.4.*** I have received your letter of 17 April; **in jds** *dat* **~ sein, sich** *akk* **in jds** *dat* **~ befinden** to be in sb's possession [*or* hands]; **in jds** *akk* **~ übergehen** [*o* **gelangen**] to pass into sb's possession [*or* hands]; **in staatlichem/privatem ~** state-owned/privately-owned

Besitzabtretung *f* JUR assignment of property **Besitzanspruch** *m* claim to [right of] ownership; JUR [possessory] title; **einen ~ auf etw** *akk* **haben** to have a right to sth; **seine Besitzansprüche [auf etw** *akk*] **anmelden** [*o* **geltend machen**] to claim possession of sth **besitzanzeigend** *adj* LING [**ein**] **~es Fürwort** [a] possessive pronoun **Besitzaufgabe** *f* JUR surrender [*or* relinquishment] of possession **Besitzdiener(in)** *m(f)* JUR possessor's agent

besitzen *vt* ■**etw ~** to possess [*or* own] [*or* have and to hold] sth; **etw rechtmäßig ~** to be the rightful owner of sth; **etw treuhänderisch ~** to hold sth as a trustee

besitzen* *vt irreg* ❶ (*Eigentümer sein*) ■**etw ~** to own [*or form* possess] [*or fam* have [got]] sth; **ein [großes] Vermögen ~** to be [very] wealthy ❷ (*haben, aufweisen*) ■**etw ~** to have [got] *fam* [*or form* possess] sth; **Frechheit ~** to be cheeky [*or* impertinent]; **die Frechheit ~, etw zu tun** to have the cheek [*or* impertinence] to do sth; **jds** *gen* **Fürsprache/Vertrauen/etc ~** to have sb's approval/confidence; **ein Recht/eine Möglichkeit ~, etw zu tun** to enjoy a right/the possibility to do sth ❸ (*mit etw ausgestattet sein*) to have [*or* be equipped with] [*or* boast] sth *hum* ❹ (*euph: beschlafen*) ■**jdn ~** to have sb

besitzend *adj* wealthy; **die [Angehörigen der] ~en Klassen** the propertied classes *form*

Besitzentziehung *f* JUR dispossession

Besitzer(in) <-s, -> *m(f)* owner; ■**der ~ einer S.** *gen* the owner of sth; **~ eines Geschäfts/Hotels/etc.** proprietor of a business/hotel/etc.; **~ einer Eintrittskarte/Aktie** holder of a ticket/shareholder; ***sie ist seit neuestem ~in einer Eigentumswohnung*** she has recently bought her own flat [*or* become a flat-owner]; **der rechtmäßige ~** the rightful owner; **den ~ wechseln** to change hands

besitzergreifend *adj* possessive **Besitzergreifung** *f* (*geh*) seizure; **~ durch den Staat** seizure of power by the state; *Macht, Kontrolle* seizure; (*unrechtmäßig*) usurpation; *Land* occupation **Besitzgesellschaft** *f* FIN holding company **Besitzgier** *f* acquisitiveness, cupidity **Besitzklage** *f* JUR possessory action **Besitzkonstitut** *nt* JUR constructive possession **besitzlos** *adj* poor, penniless; **die [Angehörigen der] ~en Klassen** [*o* **Bevölkerungsschichten**] the dispossessed *form*, the have-nots; ***nach dem Konkurs ihrer Firma war sie völlig ~*** after her company went bankrupt she was left with nothing **Besitzmittler(in)** *m(f)* JUR bailor **Besitzmittlungsverhältnis** *nt* JUR bailment **Besitznachfolge** *f* JUR succession in title **Besitznachfolger(in)** *m(f)* JUR assignee, subsequent holder **Besitzrecht** *nt* JUR right of possession; **alleiniges ~** sole proprietorship; **~ erwerben** to gain possession **besitzrechtlich** *adj inv* JUR possessory

Besitzschutz *m kein pl* JUR legal protection of possession **Besitzstand** *m standing as propertied members of society* **Besitzsteuer** *f* FIN property tax; **Besitz- und Verkehrssteuern** tax on property and transactions **Besitzstörer(in)** *m(f)* JUR trespasser **Besitzstörung** *f* JUR trespass; **nachbarliche ~** private nuisance **Besitzstörungsklage** *f* JUR action of trespass **Besitztitel** *m* JUR possessory title **Besitztum** <-s, -tümer> *nt* property *no pl,* possession; *Land* estate **Besitzübergang** *m* JUR change of possession **Besitzübernahme** *f kein pl* JUR entry into possession **Besitzübertragung** *f kein pl* JUR transfer of ownership **Besitzumschichtung** *f* JUR rearrangement of holdings

Besitzung <-, -en> *f* (*Land- und Grundbesitz*) property, estate

Besitzunternehmen *nt* FIN property company **Besitzurkunde** *f* JUR document of title **Besitzverhältnisse** *pl* [conditions of] ownership *no pl* **Besitzverschaffung** *f* JUR delivery of possession; **mittelbare ~** constructive delivery **Besitzvorenthaltung** *f* JUR ouster

besoffen *adj* (*sl*) ❶ (*betrunken*) sloshed *fam,* plastered *fam,* BRIT *a.* pissed *sl;* **ein ~er Mensch** a drunk [*or* drunkard]; **im ~en Zustand** drunk; **total ~** dead drunk ❷ (*von Sinnen*) cuckoo *sl,* BRIT *a.* potty *sl*

Besoffene(r) *f(m) dekl wie adj* (*sl*) drunk, drunkard

besohlen* *vt* ■**[jdm] die Schuhe/Stiefel/etc [neu] ~** to [re]sole sb's shoes/boots/etc

besolden* *vt* ADMIN ■**jdn ~** to pay sb; **jdn nach einem bestimmten Tarif/einer bestimmten Lohngruppe ~** to pay sb according to a particular scale/a particular salary grade

Besoldung <-, -en> *f* ADMIN pay, salary; **jds ~ erhöhen** to raise sb's salary, to give sb a rise [*or* raise] AM

Besoldungsgruppe *f* ADMIN [salary] grade **Besoldungsordnung** *f* ADMIN pay [*or* salary] regulations *pl*

besondere(r, s) *adj* ❶ (*ungewöhnlich*) special, unusual; (*eigentümlich*) peculiar; (*außergewöhnlich*) particular; ***zu meiner ~n Freude darf ich Ihnen heute unseren Gast vorstellen*** I am particularly pleased to introduce our guest to you today; **ganz ~** very special [*or* unusual]; **eine ~ Ehre** a great honour [*or* AM -or]; **ein ~r Umstand** an unusual [*or* exceptional] circumstance; **von ~r Schönheit/Anmut [sein]** [to be] of exceptional [*or* uncommon] beauty/grace ❷ (*speziell*) special, particular; **ein ~s Interesse an etw haben** to be keenly [*or* especially] interested in sth; **ein ~r Gast/eine ~ Behandlung** a special guest/treatment; **von ~r Bedeutung** of great significance; **ohne ~ Begeisterung** without any marked enthusiasm; **[einen] ~n Wert auf etw legen** to value sth highly, to attach great importance to sth ❸ (*zusätzlich, separat, gesondert*) special [kind of], separate, particular

Besondere(s) *nt dekl wie adj* ❶ (*besondere Eigenschaft*) special feature; ***was ist das ~ an ihm?*** what's so special [*or* remarkable] about him?; **etw/nichts ~s** sth/nothing special; ***haben Sie irgend etwas ~s entdeckt?*** have you discovered anything out of the ordinary?; **vom Allgemeinen zum ~n** from the general to the particular ❷ (*ein besonderer Mensch*) ■**etw/jd/nichts ~s** sth/somebody/nothing special; ***sie war nichts ~s*** she was nothing special ▸ WENDUNGEN: **im ~n** in particular, particularly, especially

Besonderheit <-, -en> *f* (*Merkmal*) characteristic, feature; (*Außergewöhnlichkeit*) special quality; (*Eigentümlichkeit*) peculiarity

besonders *adv* ❶ *intensivierend* (*außergewöhnlich*) particularly, especially, specially, exceptionally; **~ viel** a great deal, an awful lot *fam;* **nicht ~ klug/fröhlich** not particularly [*or* [e]specially] [*or* not so] bright/happy; **nicht ~ viel** not a great deal ❷ (*vor allem*) in particular, above all; **~ *sie war davon betroffen*** mainly she was affected ❸ (*speziell*) specially; **sich *dat* etw ~ anfertigen lassen** to have sth specially made; **~ verpackt** individually packed; ***das Problem muss später ~ behandelt werden*** that problem will have to be dealt with separately later; **nicht ~ sein** (*fam*) nothing out of the ordinary [*or* to write home about] *fig;* ***hat's geschmeckt? — na ja, das Essen war nicht ~*** did you enjoy the meal? — well, not particularly; **[jdm geht es [*o* jd fühlt sich]] nicht ~** (*fam*) [sb feels] not too good [*or* great] *fam*

besonnen I. *adj* sensible, calm, prudent; **~ bleiben** to keep [*or* stay] calm; ***sein ~es Verhalten rettete ihn*** his level-headed [*or* discreet] conduct saved him II. *adv* sensibly, calmly, prudently; ***wir sollten sehr ~ vorgehen*** we should proceed with utmost caution, discretion

Besonnenheit <-> *f kein pl* common sense *no pl,* calmness *no pl,* prudence *no pl*

besorgen* *vt* ❶ (*kaufen*) ■**[jdm] etw ~** to buy [*or* get] [sb] sth; (*beschaffen*) to get [*or form* obtain] sth for sb [*or* sb sth], to procure sth for sb *form;* ■**sich *dat* etw ~** to get [oneself] sth, to obtain [*or form* procure] sth [for oneself]; **jdm einen Job/Partner ~** to fix sb [up] with a job/partner; **sich einen Job ~** to find oneself a job *fam* ❷ (*erledigen*) ■**etw ~** to see [*or* attend] to sth; **jds Angelegenheiten ~** to look after [*or* manage] sb's affairs; **den Haushalt ~** to run the household ▸ WENDUNGEN: **was du heute ~ kannst, verschiebe nicht auf morgen** (*prov*) do not postpone anything until tomorrow that could be done today; **es jdm ~** (*fam: jdn verprügeln*) to give sb a thrashing; (*es jdm heimzahlen*) to give sb what for; ***ich habe es ihm richtig besorgt*** I really let him have it; (*jdm die Meinung sagen*) to give sb a piece of one's mind; (*derb: jdn sexuell befriedigen*) to give it to sb *vulg*

Besorgnis <-ses, -se> *f* ❶ (*Sorge*) concern, worry, alarm; **~ erregend** worrying, alarming; ***der Zustand des Patienten ist weiterhin ~ erregend*** the patient's condition is continuing to cause concern; **jds *akk* ~ erregen** to cause sb concern, to alarm sb; **in ~ geraten** to get alarmed [*or* worried]; **mit wachsender ~** with increasing concern [*or* anxiety]; ***kein Grund zur ~!*** no need to worry! ❷ (*Befürchtung*) misgivings *pl,* concerns *pl,* fears *pl;* **jdm seine ~se zerstreuen** to allay sb's misgivings [*or* concerns] [*or* fears]; **große ~** great [*or* considerable] concern; **ernste ~** grave concern; **~ erregen** to cause [*or* arouse] concern; **~ der Befangenheit** JUR fear of bias

besorgniserregend *adj s.* **Besorgnis 1**

besorgt *adj* ❶ (*voller Sorge*) worried, concerned; ■**[wegen/um etw] ~ sein** to be worried [*or* concerned] [about sth]; ***er war um seine Zukunft ~*** he was anxious about his future; **mit ~er Miene** with a troubled expression [on sb's face]; **ein ~es Gesicht machen** to look troubled [*or* worried] ❷ (*fürsorglich*) ■**um jdn/etw ~ sein** to be anxious about sb/sth, to be concerned [*or form* solicitous] about [*or* for] sb/sth; ***seine Eltern waren immer sehr ~ um ihn*** his parents were always worrying about him

Besorgtheit <-> *f kein pl* concern, anxiety, uneasiness; ■**jds ~ um jdn/etw** sb's concern about [*or* for] sb/sth

Besorgung <-, -en> *f* ❶ (*Einkauf*) shopping, errand[s], purchase[s] *form;* **[für jdn] eine ~/~en machen** [*o* **erledigen**] to do some shopping [*or* errands] [for sb], to make a purchase/some purchases [for sb] *form;* (*das Kaufen*) purchase *form* ❷ (*das Erledigen*) *Geschäfte, Aufgaben* management [*or* handling] [of affairs]

bespannen* *vt* ❶ (*überziehen*) ■**etw [mit etw] ~** to cover sth [with sth]; **etw mit Stoff/einer Plane ~** to cover sth with fabric/canvas; **Sitzmöbel ~** to re-cover [*or* re-upholster] furniture; **etwas mit Saiten ~** to string sth; **einen Schläger neu ~** to re-string a racket ❷ (*Zugtiere anspannen*) ■**etw [mit etw] ~** to harness [*or* put] sth [to sth]; **den Wagen ~** to harness up the cart; **mit Pferden bespannt** horse-drawn

Bespannung *f* ❶ *kein pl* (*das Bespannen mit Stoff*) covering; *Instrument, Schläger* stringing; *Wagen* harnessing ❷ (*der Überzug*) cover, covering; **Wand~** wall-coverings; (*Saiten*) strings *pl;* (*Zugtiere*) team [of oxen etc]

bespielbar *adj* ❶ TECH *Kassette* capable of being recorded on; ***diese Videokassette ist ~*** you can use this video cassette for recording ❷ SPORT *Platz* fit for playing on; ***der Platz ist nur mit Stollenschuhen ~*** only studded boots are to be used on the pitch

bespielen* *vt* ❶ TECH ■**etw [mit etw] ~** *Kassette, Tonband* to make a recording [of sth] [*or* to record [sth]] on sth; ***die MC ist mit klassischer Musik bespielt*** the tape has got classical music on it; **ein bespieltes Band** a [pre-]recorded tape ❷ SPORT ■**etw ~** *Platz* to play on sth; ***nach dem Regen kann der Platz noch nicht wieder bespielt werden*** after the rain the pitch is not yet ready for playing on

bespitzeln* *vt* ■**jdn ~** to spy on sb, to keep sb under surveillance

Bespitzelung <-, -en> *f* spying, surveillance; **die ~ einer Person** the surveillance of a person

besprechen* *irreg* I. *vt* ❶ (*erörtern*) ■**etw [mit jdm] ~** to discuss sth [*or* talk about sth [*or* sth over]] [with sb], to confer [with sb] about/on sth *form;* **wie besprochen** as agreed ❷ (*rezensieren*) ■**etw ~** to review sth; **[von der Kritik] negativ [*o* schlecht]/positiv besprochen werden** to receive [*or* get] good/bad reviews ❸ (*aufnehmen*) ■**etw [mit etw] ~** to make a recording [of sth] on sth; **besprochene Bänder** spoken [*or* voice] recordings II. *vr* (*sich beraten*) ■**sich *akk* [über etw *akk*] ~** to discuss [sth], to talk [*or form* confer] [about sth], to talk sth over; ■**sich *akk* mit jdm [über etw *akk*] ~** to consult with sb [about sth], to discuss [*or* talk sth over] with sb

Besprechung <-, -en> *f* ❶ (*Konferenz*) meeting, conference; (*Unterredung*) discussion, talk; ***nach intensiven ~en kamen sie zu einer Einigung*** after intensive negotiations they reached an agreement ❷ (*Rezension*) review

Besprechungsexemplar *nt* review copy **Besprechungsgebühr** *f* JUR *lawyer's fee for out-of-court negotiations* **Besprechungszimmer** *nt* conference room; **ärztliches ~** consulting room

besprengen *vt* ■**jdn/etw [mit etw] ~** to sprinkle sb/sth [with sth]; **den Rasen ~** to water the lawn

bespritzen* *vt* ■**jdn [mit etw] ~** to splash [*or* spray] sb [with sth], to splash [sth over] sb; ■**sich [mit etw] ~** to splash [sth on] oneself; **jdn/etw mit Blut ~** to spatter sb/sth with blood; ■**[jdm/sich] etw ~** to splash [*or* spatter] [sb's/one's] sth; ***er hat den Pulli mit Farbe bespritzt*** he's splashed [*or* spattered] paint all over his sweater; **eine Pflanze mit Wasser ~** to spray a plant with water; ■**sich gegenseitig [mit etw] ~** to splash each other [with sth]; **sich [gegenseitig] mit dem Gartenschlauch ~** to hose oneself/each other down

besprühen* *vt* ■**jdn/etw [mit etw] ~** to spray sb/sth [with sth]; ■**sich [mit etw] ~** to spray oneself [with sth]; ■**[sich *dat*] etw [mit etw *dat*] ~** to spray [one's] sth [with sth]

bespucken* *vt* ■**jdn/etw ~** to spit at sb/sth

bespülen *vt* ■**etw ~** *Wellen* to wash over sth

Bessarabien <-s> *nt* GEOG Bessarabia

besser I. *adj comp von* **gut** ❶ (*höher*) better; **~es Gehalt** higher wages, better pay; **~e Qualität** superior quality; ■**etwas B~es** sth better; **nichts B~es** nothing better; ***Sie finden nichts B~es!*** you won't find anything better!; ***es gibt auf dem Markt nichts B~es*** it's the best on the market; ■**~ sein** to be better; ***etw könnte ~ sein*** sth could be better, sth has room for improvement; **nicht ~ als ...** no better than ...; ■**[es ist] ~, [wenn] ...** it would be better if ...; ***~, man sieht uns nicht zusammen*** it would be better if nobody saw us together; ■**etw wird ~ [*o* mit etw *dat* wird es ~]** sth is getting better [*or* improving] ❷ (*sozial höher gestellt*) more respectable, better-off, genteel *iron* ❸ (*iron fam: kaum mehr als*) ■**etw ist ein ~er/~es/eine ~e ...** sth is just a bit better than ... [*or* a better sort of]; ***das nennen Sie anständige Wohnung? das ist doch allenfalls eine ~e Bruchbude!*** you call that a decent flat? it's just a slightly upmarket garden shed! ► WENDUNGEN: **jdn eines B~en belehren** to put sb right, to enlighten sb; ***ich lasse mich gerne eines B~en belehren*** I'm willing to admit I'm wrong; **sich eines B~en besinnen** to think better of sth; **B~es zu tun haben** to have other things to do [*or prov* fish to fry]; ***als ob ich nichts B~es zu tun hätte!*** as if I had nothing better to do!; *s. a.* **Wendung II.** *adv comp von* **gut, wohl** ① (*nicht mehr schlecht*) **es geht jdm** ~ MED sb is [*or* feels] better; **es geht** [**einer S.** *dat*] ~ ÖKON sth is doing better; ***es geht der Landwirtschaft noch nicht*** ~ the agricultural industry is still not doing well ② (*mehr als gut*) better; ~ **gestellt** better off; ~ **Gestellte** the better-off + *pl vb;* **jdn** ~ **stellen** to improve sb's [financial *or* social] position; ***sie wurde um 157 DM pro Monat ~ gestellt*** she is better off by 157 DM a month; ~ **verdienen** to earn more ③ (*fam: lieber*) better; ***dem solltest du ~ aus dem Wege gehen!*** it would be better if you avoided him!, you would do better to keep out of his way!; ***lass ~ mich ran!*** let me have a go!; ***soll ich ihm von unserem Gespräch berichten? — nein, das lassen Sie ~ bleiben!*** shall I tell him about our conversation? — no, it would be better not to! ► WENDUNGEN: ~ [**gesagt**] (*richtiger*) rather, properly speaking *form;* **es ~ haben** to be [a lot] better off; **es** [**mit jdm**] ~ **haben** to be better off [with sb]; ~ **ist** ~ [it's] best to be on the safe side [*or prov* better [to be] safe than sorry]; **es kommt noch** ~ (*iron fam*) you haven't heard the half of it! *fam;* **jd täte ~ daran ...** sb would do better to ...; **jd will es** [*o* **alles**] [**immer**] ~ **wissen** sb [always] knows better; **um so ~!** (*fam*) all the better!

besser|gehen *vi impers, irreg sein s.* **besser II 1**

bessergestellt *adj s.* **besser II 2**

bessern I. *vr* ■**sich** ~ ① (*ein besseres Benehmen zeigen*) to improve, to do better, to turn over a new leaf *prov,* to mend one's ways ② (*besser werden*) to improve, to get better; ***sein [Gesundheits]zustand hat sich gebessert*** he has recovered **II.** *vt* ■**jdn** ~ to reform sb, to change sb for the better; ■**etw** ~ to improve upon sth

besser|stellen *vt s.* **besser II 2**

Besserung <-> *f kein pl* MED improvement; **gute ~!** get well soon!; **auf dem Weg der ~ sein** to be on one's way to recovery; *Lage, Situation* an improvement [*or* a change for the better] [in a situation]; *Preis, Kurs* gain, advance; ***es soll nie wieder vorkommen, hiermit gelobe ich ~*** it won't happen again, from now on I'm a reformed character

Besserungsschein *m* FIN debtor warrant **Besserungsscheininhaber(in)** *m(f)* FIN bondholder **Besserungstendenzen** *pl* signs of improvement

besser|verdienen* *vi s.* **besser II 1**

Besserverdienende(r) *f(m) dekl wie adj* JUR high earner

Besserwisser(in) <-s, -> *m(f)* (*pej*) know-all *pej,* know-it-all *pej,* wise guy *pej*

Besserwisserei <-> *f kein pl* (*pej*) know-all manner; ***verschone uns bitte mit deiner ständigen ~!*** please spare us this little Mr/Miss Know-it-all attitude of yours!

Besserwisserin <-, -nen> *f fem form von* **Besserwisser**

besserwisserisch I. *adj* (*pej*) know-all; **eine ~e Art** a know-it-all manner; ***sie legt immer so ein ~es Verhalten an den Tag*** she always behaves like a little Miss Know-it-all **II.** *adv* (*pej*) like a know-all, in a know-all way

bestallen* *vt* (*geh: ernennen*) ■**jdn** [**zu etw**] ~ to appoint sb [to sth]; **jdn ins Amt ~** to install sb in office *form*

Bestallung <-, -en> *f* (*geh: Ernennung*) ■**jds** *gen* ~ [**zu etw** *dat*] sb's appointment to sth; (*in ein höheres Amt*) sb's installation [as sth] *form*

Bestallungsurkunde *f* certificate of appointment

Bestand <-[e]s, -ände> *m* ① (*Fortdauer*) survival, continued existence, continuation, longevity *form;* ***der weitere ~ der Koalition hängt vom Ausgang der Verhandlungen ab*** whether the coalition will survive depends on the outcome of the negotiations; ÖSTERR (*Bestehensdauer*) founding; ***die Firma hat 30-jährigen ~*** the company has its 30th anniversary; **von ~ sein, ~ haben** to be long-lasting [*or* durable] ② (*vorhandene Menge*) ■**der/jds** *gen* ~ [**an etw** *dat*] the/sb's supply [*or* stock] [*or* store] [of sth]; *Vieh* [live] stock; *Kapital* assets *pl; Wertpapiere* holdings *pl;* FORST (*Waldstück*) stand *form; Bäume* stand [*or* population] [of trees]; ~ **aufnehmen** (*a. fig*) to take stock, to do stocktaking

bestanden *adj inv* ① (*erfolgreich absolviert*) passed; **nach glänzend ~em Examen** after brilliantly passing the exam; ***wir feiern die ~e Prüfungen*** we're celebrating passing our exams ② (*mit Pflanzen bewachsen*) covered with trees *pred,* tree-covered *attr;* **mit Bäumen ~e Straße** tree-lined street; **gut/schlecht ~es Gebiet** well/poorly-stocked area ③ SCHWEIZ (*alt, bejahrt*) advanced in years *pred,* ageing BRIT, aging AM

Beständerechnung *f* HANDEL stock assessment

beständig *adj* ① *attr* (*ständig*) continual, constant, persistent *pej,* relentless *pej* ② (*gleich bleibend*) consistent, dependable, steady; **~e Loyalität** unswerving loyalty; **~es Wetter** settled weather; **~es Tief** persistent depression ③ (*widerstandsfähig*) ■~ [**gegen etw**] **sein** to be resistant [to sth]; **hitze~** heat-resistant, -proof ④ (*dauerhaft*) long-lasting, lasting

Beständigkeit <-> *f kein pl* ① (*das Anhalten*) persistence; **die ~ des guten/schlechten Wetters** the continuation of the settled [*or* good]/bad weather [conditions] ② (*gleich bleibende Eigenschaft*) consistency, dependability, steadfastness; *Liebende* constancy ③ (*Widerstandsfähigkeit*) resistance; ■~ **gegen etw** resistance to sth

Bestandsanierung *f* HANDEL reorganization of stocks

Bestandsaufnahme *f* ① ÖKON stocktaking, inventory; [**eine**] **~ machen** to take stock, to do the stocktaking; (*in Gastronomie oder Haushalt*) to make an inventory; **geschlossen wegen ~** closed for stocktaking ② (*fig: Bilanz*) taking stock; ***wenn ich mir bei einer ~ überlege, was ich nach 10 Jahren erreicht habe ...*** when I take stock of what I've achieved in 10 years...; [**eine**] **~ machen** to weigh up sth [*or* sth up], to review sth **Bestandsfehlbetrag** *m* HANDEL inventory shortage **Bestandsgröße** *f* FIN size of stock **Bestandshaltung** *f* HANDEL inventory; **optimale ~** optimum inventory **Bestandskraft** *f* JUR legal validity **bestandskräftig** *adj* JUR legally valid **Bestandsmasse** *f* ÖKON point-in-time population **Bestandsplan** *m* BAU as-built plan **Bestandsschutz** *m* FIN (*Versicherung*) portfolio protection **Bestandsüberwachung** *f* HANDEL inventory observation **Bestandsveränderungen** *pl* HANDEL inventory changes **Bestandsverzeichnis** *nt* FIN inventory sheet **Bestandszahlen** *pl* HANDEL inventory [*or* stock] figures

Bestandteil *m* part, element; SCI component, constituent; **notwendiger** [*o* **elementarer**] ~ essential [*or* integral] part; **sich in seine ~e auflösen** to fall apart, to disintegrate; **etw in seine ~e zerlegen** to take sth to pieces, to dismantle sth; (*etw auflösen*) to disintegrate [*or* break down] sth

bestärken* *vt* ■**jdn** [**in etw** *dat*] ~ to encourage sb['s sth], to support sb [in sth]; **jdn in seinem Wunsch/Vorhaben ~** to confirm [*or* strengthen] sb in their desire/intention; **jdn in einem Verdacht ~** to reinforce sb's suspicion

Bestärkung *f* ① (*Unterstützung*) support, encouragement; **~ eines Vorsatzes** support [*or* strengthening] of an intention ② (*Erhärtung*) confirmation; **~ eines Verdachts** confirmation of a suspicion

bestätigen* *vt* ① (*für zutreffend erklären*) ■[**jdm**] **etw ~** to confirm [sb's] sth; **eine Theorie ~** to confirm [*or* bear out] a theory; **ein Alibi ~** to corroborate an alibi; **die Richtigkeit einer S.** *gen* ~ to testify to sth's correctness, to verify sth; **ein Urteil ~** to uphold [*or* sustain] a sentence; ***das Parlament bestätigte den Vertrag*** the parliament ratified the treaty; ■**jdn** [**in etw** *dat*] ~ to support sb [in sth]; **jdn in seinem Verdacht/seiner Vermutung ~** to confirm sb's suspicion/speculation; ■**~d** in confirmation; **ein ~des Kopfnicken** a nod of confirmation; ***„hiermit [o hierdurch] wird bestätigt, dass ...“*** "we hereby confirm [*or* certify] that ..." ② (*quittieren*) ■[**jdm**] **etw ~** to certify sth [for sb]; [**jdm**] **den Empfang einer S.** *gen* ~ to acknowledge receipt of sth [for sb]; ADMIN to confirm sth [to sb] ③ ADMIN ■**jdn in etw** *dat* ~ to confirm sb in sth; **jdn im Amt ~** to confirm sb in office; **jdn in einer Stellung ~** to confirm sb's appointment

Bestätigung <-, -en> *f* ① (*das Bestätigen*) confirmation; *Richtigkeit, Echtheit* verification; *Gesetz, Vertrag* ratification; ■**die/zur ~ einer S.** *gen* the/in confirmation of sth; **schriftliche ~** written confirmation; [**in**] **~ der Beweise** [*o* **des Alibis**] [in] confirmation [*or* corroboration] of [the] evidence; ***dies sind Beweise zur ~ meines Verdachts*** this evidence proves my suspicions were right; **~/keine ~ finden** (*geh*) to be validated/to not be validated *form;* JUR to be upheld [*or* sustained]; ***er sucht doch bloß ~!*** he's merely trying to boost his ego! ② (*Quittierung*) ■**die/zur ~ einer S.** *gen* the/in confirmation of sth; ■**die/zur ~ des Empfangs** [*o* **Erhalts**] the/in acknowledgement of receipt ③ (*bestätigendes Schriftstück*) written confirmation, certification, certificate

Bestätigungsschreiben *nt* FIN letter of acknowledg[e]ment [*or* confirmation] **Bestätigungsverfahren** *nt* FIN confirmation proceedings *pl* **Bestätigungsvermerk** *m* FIN (*auf der Bilanz*) audit certificate

bestatten* *vt* (*geh*) ■**jdn ~** ① (*beerdigen*) to bury [*or form* inter] sb; ***sie wird in drei Tagen auf dem alten Friedhof bestattet*** in three days' time she will be laid to rest in the old cemetery; **irgendwo bestattet liegen** to lie [*or* be] buried somewhere ② (*verbrennen*) to cremate sb

Bestatter(in) <-s, -> *m(f)* (*geh: Beerdigungsunternehmer*) funeral director *form,* undertaker

Bestattung <-, -en> *f* (*geh*) *s.* **Beerdigung**

Bestattungsinstitut *nt,* **Bestattungsunternehmen** *nt* (*geh*) funeral [*or* directors'] parlour [*or* AM -or] **Bestattungsunternehmer(in)** *m(f)* (*geh*) *s.* **Bestatter**

bestäuben* *vt* ① KOCHK ■**etw** [**mit etw**] ~ to dust [*or* brush] sth [with sth] ② BOT ■**etw ~** to pollinate sth

Bestäubung <-, -en> *f* BOT pollination

bestaunen* *vt* ■**jdn/etw ~** to admire sb/sth; ***wir bestaunten ihr Geschick*** we marvelled at her skilfulness

bestbezahlt *adj attr* highest paid, best-paid

Beste(s) *m o f o nt* ■**der/die/das ~** the best; **das ~ vom ~n** the very best; ***er ist der ~ von allen*** he's the pick of the bunch [*or* best of the lot]; ***sie wollen das ~ von allem*** they want the best of everything; ***in der Klasse war er immer der ~*** he always came first [*or* top] in class; ***Nachgeben ist nicht immer das ~*** giving in is not always best [*or* the best thing to do]; **das ~ wäre ...** it would be best if ... ► WENDUNGEN: **der/die/das erst** [*o* **nächst**] ~ the first [*or* next] [person, thing] available; **sein ~s geben** to give of one's best *form,* to do the best one can; [**jdm**] **etw zum ~n geben** ([*jdm*] *etw erzählen*) to oblige [sb] with sth; ***auf Partys pflegte sie immer lustige Anekdoten zum ~n zu geben*** at parties she always had a wealth of funny stories; **jdn zum ~n halten** (*jdn zum Narren halten*) to pull sb's leg *prov,* to make fun of sb; **wir wollen das ~ hoffen** let's hope for the best; **das ~ aus etw machen** to make the best of sth [*or* of a bad job]; **es steht** [**mit etw**] **nicht zum ~n** it doesn't look good [*or* very hopeful]; **sein ~s tun** to do one's best; **nur jds** *akk* **~s wollen** to only want the best for sb [*or* have sb's interests at heart]; **zu jds ~n** in sb's [own] interests; ***glaube mir, es ist nur zu deinem B~n*** believe me, it's for your own good; **meine ~/mein ~r!** (*veraltet fam*) my dearest *old fam,* my dear *fam*

beste(r, s) I. *adj superl von* **gut** *attr* best; **von der ~n Qualität** of the highest quality; **die ~ Weite** the farthest [*or* furthest]; **aus ~r Familie** from a good family; **von ~r Abstammung** of good birth [*or form* stock]; **sich ~r Gesundheit erfreuen** to be in the best of health; **in ~r Laune** in an excellent mood [*or* the best of spirits]; **in ~r Gelassenheit** very [*or* extremely] composed; ***meine ~n Glückwünsche zur bestandenen Prüfung!*** congratulations on passing your exam!; ***mit den ~n Genesungswünschen*** with all best wishes for a speedy recovery; (*Briefformel:*) ***„mit den ~n Grüßen [Ihr]"*** "Best wishes, [Yours]"; *s. a.* **Wille** ▶ WENDUNGEN: **aufs** [*o* **auf das**] ~ perfectly, very well; *s. a.* **Beste(r,s)** **II.** *adv* ❶ ■**am ~n** + *verb* best; ***sie schloss in der Prüfung am ~n ab*** she finished top in the exam ❷ (*ratenswerterweise*) ■**am ~n** it would be best if …, your best bet would be to … *fam* ▶ WENDUNGEN: **das ist [auch** [*o* **doch**]**] am ~n so!** it's all for the best!; **es wäre am ~n, wenn …** it would be best if …; ***es wäre am ~n, wenn Sie jetzt gingen*** you had better go now

bestechen* *irreg* **I.** *vt* ❶ (*durch Zuwendungen beeinflussen*) ■**jdn [mit etw]** ~ to bribe sb [*or* buy sb off] [with sth] ❷ (*für sich einnehmen*) ■**jdn [durch etw]** ~ to win sb over [with sth]; **jdn durch Schönheit** ~ to entrance [*or* captivate] sb **II.** *vi* (*Eindruck machen*) to be impressive [*or* irresistible]; ■**durch etw** ~ to win people over [*or* impress] with sth; **durch Schönheit** ~ to be entrancing [*or* captivating]; ***das Auto besticht durch seine Form*** the appeal of the car lies in its shape

bestechend **I.** *adj* captivating, irresistible, impressive; **ein ~es Angebot** a tempting offer; **ein ~er Gedanke** a fascinating thought [*or* idea]; **ein ~es Lächeln** a winning smile; **eine ~e Schönheit** an entrancing [*or* captivating] beauty; **ein ~er Geist** a brilliant mind; ■**etwas B~es** something irresistible; **etwas B~es haben** to have a certain irresistibility **II.** *adv* winningly, impressively

bestechlich *adj* corrupt, open to bribery, venal *form*

Bestechlichkeit <-> *f kein pl* corruptibility, venality *form*

Bestechung <-, -en> *f* bribery, corruption; ***durch ~ eines Polizisten gelang dem Häftling die Flucht*** the prisoner managed to escape by bribing a policeman; **sich durch ~ von etw freikaufen** to bribe one's way out of sth; **aktive/passive ~** JUR giving/accepting [*or* taking] bribes

Bestechungsgeld *nt meist pl* bribe **Bestechungsversuch** *m* attempt to bribe

Besteck <-[e]s, -e> *nt* ❶ (*Ess~*) cutlery *n sing;* ~ **bilden** to make up [*or* lay] a place setting; **die ~e auflegen** to lay the table; ***bringen Sie uns bitte noch ein ~*** please could you lay us another place [*or* bring us another set of cutlery] ❷ (*Instrumentensatz*) set of instruments, instruments; *Raucher* smoker's set; (*sl*) *Heroinsüchtige* needles *pl*

Besteckkasten *m* cutlery box, canteen *form* **Besteckkoffer** *m* cutlery case

bestehen* *irreg* **I.** *vt* ❶ (*erfolgreich abschließen*) ■**etw [mit etw]** ~ to pass sth [with sth]; ***sie bestand ihre Prüfung mit Auszeichnung*** she got a distinction in her exam, she passed her exam with distinction; **etw nicht** ~ to fail sth; **eine Probe** [*o* **Aufgabe**] ~ to stand the test [of sth]; **jdn ~ lassen** to let sb pass [an exam]; ***die Prüfer ließen ihn nicht ~*** the examiners failed him ❷ (*geh: durchstehen*) ■**etw** ~ to come through sth [in one piece], to survive sth; **einen Kampf** ~ to win a fight ❸ (*andauern*) **etw ~ lassen** to retain sth; **ein Gebäude ~ lassen** to leave a building standing; **getrennte Haushalte ~ lassen** to continue [living] with separate domestic arrangements [*or* households]; **eine Abmachung ~ lassen** to let an arrangement continue, to leave an arrangement as it is **II.** *vi* ❶ (*existieren*) to be; **es ~ Zweifel [an etw]** there are doubts [about sth]; ***es besteht kein Zweifel*** there is no doubt; **es ~ gute Aussichten, dass …** the prospects of … are good; **es besteht die Gefahr, dass …** there is a danger of [*or* that] …; ***besteht noch Hoffnung?*** is there still a chance?; ***es besteht kaum noch Hoffnung, dass …*** there is almost no chance of …; ***es besteht der Verdacht, dass sie für eine andere Macht spioniert hat*** she is suspected of spying for another power; ***bei uns besteht der Brauch ….*** we have a tradition of …; ~ **bleiben** (*weiterhin existieren*) to last; *Hoffnung* to remain; *Tradition* to prevail; *Wetter* to persist; (*weiterhin gelten*) *Versprechen, Wort* to hold good, to remain ❷ *mit Zeitangabe* to exist, to be in existence; ***das Unternehmen besteht jetzt schon 50 Jahre*** the company is 50 years old [*or* has been in existence for 50 years] ❸ (*sich zusammensetzen*) ■**aus etw** ~ to consist [*or* be composed] of [*or* form comprise] sth; *Material* to be made of ❹ (*beinhalten*) ■**in etw** *dat* ~ to consist in sth; **jds Aufgabe besteht darin, etw zu tun** sb's job consists in doing [*or* it's sb's job to do] sth; **jds Chance besteht darin, dass …** sb's chance lies in …; **das Problem besteht darin, dass …** the problem is that …; **die Schwierigkeit besteht in/darin, dass …** the difficulty lies in …; **der Unterschied besteht in/darin, dass …** the difference lies in … ❺ (*standhalten*) ■**vor jdm/etw** ~ to survive [*or* hold one's own [*or* stand one's ground] against] sb/sth; **vor jds** *dat* **kritischem Auge** ~ to survive sb's critical eye; **vor der Kritik** ~ to stand up to criticism [*or* a review]; ■**neben jdm/etw** ~ to compare [well] to [*or* with] sb/sth; ***ich kann nicht neben ihr ~*** I don't compare with her ❻ (*durchkommen*) ■**[in etw** *dat*] **[mit etw** *dat*] ~ to pass [sth] [with sth]; ***ich habe bestanden! — gratuliere!*** I've passed! — congratulations! ❼ (*insistieren*) ■**auf etw** *dat* ~ to insist that sth, to insist on sth; ***ich bestehe auf der Erfüllung Ihrer Verpflichtungen!*** I insist that you fulfil your obligations!; ■**darauf ~, dass …** to insist that …; ***wenn Sie darauf ~!*** if you insist!; **auf einer Meinung** ~ to stick to an opinion [*or* to one's guns] *prov*

Bestehen <-s> *nt kein pl* ❶ (*Vorhandensein*) ■**das ~ einer S.** *gen* the existence of sth; ***das 25jährige ~ der Firma wurde gefeiert*** the company celebrated its 25th birthday; **seit [dem] ~ einer S.** *gen* since the establishment of sth; *Schule, Verein etc* founding; *Geschäftsverbindung* setting-up, establishment ❷ (*Beharren*) ■**jds** *gen* ~ **auf etw** *dat* sb's insistence on sth; ■**jds ~ darauf, dass …** sb's insistence that … ❸ (*das Durchkommen*) ■**das ~ einer S.** *gen Prüfung, Test* the passing of sth; *Probezeit* successful completion; *schwierige Situation* surviving, coming through; *Gefahren* overcoming

bestehen|bleiben *vi irreg sein s.* **bestehen II 1**

bestehend *adj* (*existierend*) existing, prevailing, present; (*geltend*) current; **noch** ~ extant

bestehen|lassen *vt irreg s.* **bestehen I 1, I 3**

bestehlen* *vt irreg* ■**jdn/etw [um etw]** ~ to steal [sth] from sb/sth, to rob sb/sth [of sth]; ***Hilfe, man hat mich bestohlen!*** help, I've been robbed!

besteigen* *vt irreg* ❶ (*auf etw klettern*) ■**etw** ~ to climb [up onto] [*or* ascend [to]] sth; **ein Gerüst/eine Leiter/einen Turm/einen Berg** ~ to climb [*or* go up] a scaffolding/ladder/tower/mountain; **die Kanzel** ~ to climb [*or* get] into the pulpit; **das Podest** ~ to get up onto the platform; **das Rednerpult** ~ to go up to the rostrum, to take the floor; **einen Thron** ~ to ascend a throne ❷ (*sich auf etw schwingen*) **ein Tier** ~ to mount an animal; **ein Fahrrad/Motorrad** ~ to get on[to] [*or* mount] a bike/motorcycle ❸ (*einsteigen in*) **einen Bus** ~ to get on a bus; **ein Taxi/Auto** ~ to get into [*or* in] a car/taxi; **ein Flugzeug** ~ to board [*or* get into] a plane; **ein Schiff** ~ to go on board [*or* aboard] a ship ❹ (*begatten*) ■**etw** ~ ZOOL to cover [*or* mount] [another animal]; **jdn** ~ (*sl*) to mount sb *sl*

Besteigung *f* ■**die ~ einer S.** *gen* the ascent of sth; ***die ~ des Berges erwies sich als schwierig*** climbing the mountain proved difficult; *Thron* accession [to the throne], ascent; *s. a.* **Thronbesteigung**

Bestellbuch *nt* HANDEL order book

bestellen* **I.** *vt* ❶ (*in Auftrag geben*) ■**etw [bei jdm]** ~ to order sth [from sb]; ■**[sich** *dat*] **etw** ~ to order [oneself] sth [*or* [for oneself]]; **etw bei einem Kellner** ~ to order [*or* ask for] sth from a waiter; **etw bei einem Geschäft** ~ to place an order for sth [with a shop]; **eine Zeitung** ~ to subscribe to a paper; *s. a.* **Aufgebot** ❷ (*reservieren*) ■**[jdm] etw** ~ to reserve [*or* book] sth [for sb]; ***die Gäste nahmen am bestellten Tisch im Restaurant Platz*** the guests sat down at the table they had reserved; ■**[sich** *dat*] **etw** ~ to book, to reserve ❸ (*ausrichten*) ■**jdm etw** ~ to tell sb sth, to give sb a message; ■**jdm [von jdm] ~, dass …** to tell sb [from sb] that …; **[jdm] Grüße** ~ to send [sb] one's regards; ***können Sie ihr etwas ~?*** may I leave a message for her? ❹ (*kommen lassen*) ■**jdn/etw [zu jdm/irgendwohin]** ~ to ask sb/sth [to come to sb/somewhere]; **einen Patienten** ~ to give a patient an appointment; **ein Taxi** ~ to call a taxi; **ein Mietwagen** ~ to order a rented car; ■**[bei** [*o* **zu**] **jdm/irgendwohin** *akk*] **bestellt sein** to have an appointment [with sb/at some place] ❺ ADMIN (*einsetzen*) ■**jdn [zu etw]** ~ to appoint [*or* nominate] sb [as sth] ❻ AGR (*bearbeiten*) ■**etw [mit etw]** ~ to cultivate sth [with sth], to work sth; **den Acker** ~ to plant [*or* till] the field [*or* soil]; **die Äcker** ~ to plough the fields ▶ WENDUNGEN: **wie bestellt und nicht abgeholt** (*hum fam: allein und ratlos*) standing around, making the place look untidy *hum fam,* looking like a lost sheep *hum fam;* **nichts/nicht viel/kaum etwas zu ~ haben** (*nichts/etc zu sagen/auszurichten haben*) to not have a [*or* much] say, to have not got a chance; ***gegen die andere Mannschaft hatten wir nichts zu ~*** we were no match for the other team; **um jdn/mit etw ist es … bestellt** (*jd/etw befindet sich in einer … Lage*) sb/sth is in a … way, things look … for sb/sth; ***um meine Finanzen ist es derzeit schlecht bestellt*** my finances are in a bad way at the moment **II.** *vi* (*Bestellung aufgeben*) ■**[bei jdm]** ~ to order [from sb]

Besteller(in) <-s, -> *m(f)* customer (*who has placed an order for sth*), buyer; *Zeitung* subscriber

Bestelliste *f s.* Bestellliste **Bestellkarte** *f* order form **Bestellliste**[RR] *f* list **Bestellnummer** *f* order number **Bestellpraxis** *f* MED *surgery where patients are seen only on appointment* **Bestellschein** *m* order form **Bestelltätigkeit** *f* HANDEL ordering activity

Bestellung <-, -en> *f* ❶ (*das Bestellen*) ■**die/eine ~ einer S.** *gen* **[bei jdm/aus etw** *dat*] the/an order for sth [from sb/sth]; ~ ***aus einem Katalog*** ordering from a catalogue; **eine ~ entgegennehmen/bearbeiten** to take/process an order; (*bestellte Ware*) order, ordered goods; **eine ~ machen** [*o* **aufgeben**] to order, to make [*or* place] an order; **auf ~ arbeiten** to work to order; **etw auf ~ machen** [*o* **anfertigen**] to make sth to order; **auf ~ gemacht** made to order ❷ (*Essensauswahl*) order; ***manche Gerichte gibt es nur auf ~*** some dishes have to be ordered in advance ❸ TOURIST reservation, booking ❹ (*Übermittlung*) delivery; ***er bat sie um ~ von Grüßen an seinen Bekannten*** he asked her to pass on his good wishes [*or* give his regards] to his friends ❺ AGR cultivation ❻ ADMIN nomination, appointment; ~ **eines Gutachters** appointment of an expert; ~ **eines Gutachtens** request for an expert opinion; ~ **zum Vormund** appointment as guardian ▶ WENDUNGEN: **auf ~** (*einfach so*) just like that; **wie auf ~** (*wie gerufen*) in the nick of time, coming in handy

Bestellzettel *m s.* **Bestellschein**

besten *adv s.* **beste**

bestenfalls *adv* at best

bestens *adv* very well, excellently; **um etw ist es ~ bestellt** sth is looking very rosy [*or* doing extremely well]; ~ **vorsorgen** to take very careful precautions; ***für alle Eventualitäten ist ~ vorgesorgt*** we are ready for all eventualities; **etw ~ vorbereiten** to prepare sth extremely well [*or* BRIT *a.* very well indeed]; ***ich danke ~!*** thank you very much indeed!; **jdn ~ grüßen** to send sb one's best regards [*or* wishes]; ~ **kaufen/verkaufen** BÖRSE to buy/sell at best [*or* market]

Bestensauftrag *m* BÖRSE order at best

besteuerbar *adj inv* FIN taxable, liable for tax; **nicht ~** non-taxable, tax-exempt

Besteuerbarkeit *f kein pl* FIN taxability *no pl*

besteuern* *vt* FIN ■**etw** ~ to tax sth, to levy a tax on sth; **etw nicht** ~ to zero-rate sth; **etw zu hoch** ~ to overtax sth

Besteuerung *f* FIN **direkte/indirekte** ~ direct/indirect taxation; **einheitliche/gestaffelte** ~ uniformity in taxation/graduated taxation; **hohe** ~ heavy taxation; **der** ~ **unterliegen** to be subject to taxation

Besteuerungsart *f* FIN type of taxation

Besteuerungsart *f* FIN kind of taxation **Besteuerungsgrundlage** *f* FIN basis of taxation **Besteuerungsgrundsatz** *m* FIN principles *pl* of taxation **Besteuerungstatbestand** *m* FIN tax base **Besteuerungsverfahren** *nt* FIN tax proceedings *pl* **Besteuerungsvorschriften** *pl* FIN tax regulations **Besteuerungszeitraum** *m* FIN taxable period

Bestform *f bes* SPORT *s.* **Höchstform**

bestialisch **I.** *adj* atrocious, brutal; **~er Gestank** vile [*or* foul] [*or* appalling] smell; **~er Schmerz** excruciating [*or* intense] pain; **~e Hitze/Kälte** awful [*or* beastly] heat/cold **II.** *adv* (*fam*) dreadfully; ~ **kalt** extremely [*or* beastly] cold; ~ **stinken** to stink to high heaven *fig*; ***was stinkt denn hier so ~?*** what's that dreadful smell round here?; ~ **wehtun** to hurt badly [*or sl* like hell]; ~ **zugerichtet** badly beaten up [*or* mauled]

Bestialität *f* bestiality

besticken* *vt* ■**etw [mit etw]** ~ to embroider [sth on] sth

Bestie <-, -n> ['bɛstiə] *f* ① (*reißendes Tier*) beast *form* ② (*grässlicher Mensch*) brute, beast, monster

bestimmbar *adj* identifiable, recognizable; ***dieser Geruch ist schwer*** ~ it's difficult to say [*or* determine] what this smell is

bestimmen* **I.** *vt* ① (*festsetzen*) ■**etw** ~ to decide on [*or form* determine] sth; **einen Preis** ~ to fix [*or* set] a price; **Ort und Zeit** ~ to fix [*or* appoint] a place and time; **eine Grenze/ein Limit** ~ to set a limit; ***wir müssen genau ~, wo wir uns treffen*** we have to decide exactly where we'll meet; *Gesetzentwurf, Verordnung* to rule, to lay down; ***das Gesetz bestimmt es so*** it's the law; **das Gesetz bestimmt, dass ...** the law says that ...; (*entscheiden*) to decide sth ② (*prägen*) ■**etw** ~ to set the tone for sth; ***sein ruhiges Auftreten bestimmte die folgende Diskussion*** his calm manner set the tone for [*or* of] the ensuing discussion; ***dichte Wälder ~ das Landschaftsbild*** thick forests characterize the scenery ③ (*beeinflussen*) ■**etw** ~ to influence sth; **etw entscheidend** ~ to determine [*or* control] sth; ***die Meinung anderer Leute bestimmte sein ganzes Handeln*** other people's opinions had a determining [*or* prevailing] influence on all of his actions; **sich nach etw bestimmen, durch etw bestimmt werden** to be governed [*or* determined] by sth ④ (*wissenschaftlich feststellen*) ■**etw** ~ to categorize sth; **etw nach [seiner] Art** ~ to establish the category of sth; **Pflanzen/Tiere** ~ to classify plants/animals; **die Bedeutung/Etymologie/Herkunft von etw** ~ to determine the significance/etymology/origin of sth; **einen Begriff** ~ to define a term ⑤ (*vorsehen*) ■**jdn zu etw** ~ to make sb sth, to name [*or* choose] sb as sth; **jdn durch Wahl zu etw** ~ to vote sb in as sth; ■**etw für jdn** ~ to intend [*or* earmark] sth for sb; **füreinander bestimmt** meant for each other; **etw ist für jdn bestimmt** sth is for sb; **zu Größerem bestimmt sein** to be destined for higher things; **vorherbestimmt sein** to be predestined ⑥ (*geh: bewegen*) ■**jdn zu etw** ~ to induce [*or form* to prevail on] sb to do sth **II.** *vi* ① (*befehlen*) to be in charge, to decide what happens, to lay down the law *pej* ② (*verfügen*) ■**über jdn/etw** ~ to control sb/sth, to dispose of sth; **über seine Zeit** ~ to organize one's time; (*jdn bedrängen*) to push sb around *fam;* **über jds** *akk* **Gelder** ~ to have control over sb's finances

bestimmend **I.** *adj* deciding, decisive, determining; **für jdn/etw** ~ **sein** to be a decisive [*or* crucial] factor for sb/in sth **II.** *adv* decisively

bestimmt **I.** *adj* ① (*nicht genau genannt*) certain; **aus ~en Gründen** for reasons which sb would rather not go into ② (*speziell, genau genannt*) particular; **eine ganz ~e Sache/ein ganz ~er Mensch** a particular thing/person; **ganz ~e Vorstellungen** very particular [*or* exact] ideas; **ein ~er Verdacht** a clear [*or* definite] suspicion; ■**etwas [ganz] B~es** something [in] particular, something special ③ (*festgesetzt*) fixed, specified, stated; **ein ~er Tag/Termin/Ort** the appointed day/date/place; *klar, deutlich* exact, clear; **eine ~e Ausdrucksweise** an articulate manner; **ein ~er Artikel** LING a definite article ④ (*entschieden*) determined, resolute, firm; ***ihr Auftreten war höflich, aber*** ~ her manner was polite but firm **II.** *adv* ① (*sicher*) definitely, for certain; **etw ganz ~ wissen** to know sth for certain, to be positive about sth; ***Sie sind ~ derjenige, der mir diesen Brief geschickt hat!*** you must be the person who sent me this letter!; ~ **nicht** never, certainly not; ***der ist ~ nicht hier*** I doubt that he's here; ***ich bin morgen ganz ~ mit von der Partie*** you can definitely count me in tomorrow; ***ich schreibe*** ~ I will write, I promise; ***ich bin ~ nicht lange weg*** I won't be gone long, I promise ② (*entschieden*) determinedly, resolutely; ***sie ist eine sehr ~ auftretende Frau*** she has a very determined air about her

Bestimmtheit <-> *f kein pl* determination, resoluteness; **die ~ von jds Auftreten** sb's determined [*or* the resoluteness of sb's] manner; **die ~ von jds Ton** the determination in sb's tone of voice; **die ~ von Angaben/Daten** the precision [*or* exactitude] of details/data; **in [o mit] aller** ~ categorically, emphatically; **etw in aller ~ sagen/hören** to say/hear sth loud and clear; **etw in aller ~ ablehnen** to categorically refuse sth; **etw mit ~ sagen können** to be able to state sth definitely [*or* with certainty]; **etw mit ~ wissen** to know sth for certain, to be positive about sth; **auf jdn mit ~ rechnen** to count [*or* rely] on sb

Bestimmung <-, -en> *f* ① (*Vorschrift*) regulation; **die klein gedruckten ~en** the small print; *Vertrag* term, stipulation *form; Gesetz, Testament* provision *form;* **Schul~** school rules [*or* regulations] *pl;* (*für die Abwicklung einer S.*) directions ② *kein pl* (*Zweck*) purpose; **ein Gebäude seiner ~ übergeben** to officially open [*or form* inaugurate] a building; ***im Priesteramt sah/fand er seine*** ~ priesthood was his mission in life [*or* vocation] ③ (*Schicksal*) fate, destiny ④ (*das Bestimmen*) fixing, determining; *Preis, Grenze, Limit* fixing [*or* setting]; *Zeit, Ort* appointing [*or* fixing]; *Landesgrenze* establishment; *Alter, Herkunft* determination; *Begriff* definition; *Bäume, etc* classification; **adverbiale [o nähere]** ~ LING adverbial [phrase]

Bestimmungsamt *nt* FIN designated office

Bestimmungsbahnhof *m* station of destination **Bestimmungsfaktor** *m* deciding factor **Bestimmungsflughafen** *m* airport of destination **Bestimmungshafen** *m* port of destination **Bestimmungskauf** *m* FIN sale subject to buyer's specifications **Bestimmungsland** *nt* country of destination **Bestimmungsmitgliedsstaat** *m* FIN Member State of Destination **Bestimmungsort** *m* destination **Bestimmungswort** <-wörter> *nt* LING *first part of a word which defines the second part*

bestirnt *adj* (*poet*) starry; **hell** ~ starlit

Bestleistung *f* (*Höchstleistung*) best performance; **jds** *gen* **persönliche** ~ sb's personal best [*or* record]; ***das ist europäische ~!*** that's a new European record! **bestmöglich** *adj* best possible; **das B~e tun** to do one's best [*or* the best one can] **Bestnoten** *pl* top marks *pl*

Best.-Nr. *f* ÖKON *Abk von* **Bestellnummer**

bestrafen* *vt* ■**jdn [mit etw]** ~ to punish sb [by/with sth]; **jdn streng** ~ to punish sb severely; **jdn mit einer Geldstrafe** ~ to fine sb; ***jdn mit einer Gefängnisstrafe*** ~ to sentence sb; **einen Spieler [wegen eines Fouls]** ~ to penalize a player [for a foul]; ■**etw [mit etw]** ~ to punish sth [by/with sth]; **etw wird mit Gefängnis bestraft** sth is punishable by imprisonment *form*

Bestrafung <-, -en> *f* punishment; *Spieler* penalization; (*mit Gefängnis*) sentencing; (*mit Gebühr*) fining; ***das Volk verlangte die ~ der Verantwortlichen*** the people demanded that those responsible be punished; **zur** ~ as a punishment; **etw verdient** ~ sth should be punished [*or* deserves punishment]

bestrahlen* *vt* ① MED (*mit Strahlen behandeln*) ■**jdn/etw** ~ to treat sb/sth with [*or* give sb/sth] radiotherapy; ***sie wird wegen ihres Rückenleidens dreimal die Woche bestrahlt*** she has radiotherapy for her back three times a week ② (*beleuchten*) ■**etw** ~ to illuminate sth; ***sie bestrahlten das Gebäude mit Scheinwerfern*** they shone searchlights on the building

Bestrahlung *f* MED (*das Bestrahlen*) radiotherapy; ***Sitzung zwecks*** ~ a radiotherapy session

Bestrahlungslampe *f* ① MED, SCI radiation lamp ② (*UV-Lampe*) sun[-ray] lamp

Bestreben *nt* endeavour[s] [*or* AM -or[s]] *form;* ***es war immer mein ~ gewesen, euch gute Manieren beizubringen*** I have always tried to teach you good manners; **das ~ haben, etw zu tun** to make every effort [*or form* take pains] to do sth; **im ~/in jds** *dat* **~, etw zu tun** in the attempt to do sth, in his/her attempt [*or* efforts *pl*] [*or* endeavours *pl*] to do sth

bestrebt *adj* keen, eager; ■~ **sein, etw zu tun** to be keen [*or* eager] to do sth, to make every effort [*or form a.* to endeavour [*or* AM -vor]] to do sth

Bestrebung <-, -en> *f meist pl* endeavour[s] [*or* AM -or[s]] *form,* attempt[s], effort[s]; **~en sind im Gange, etw zu tun** efforts are being made to do sth; ***dahin gehen auch meine ~en*** that's what I've been trying to do

bestreichen* *vt irreg* ■**etw mit etw** ~ ① (*beschmieren*) to smear sth with [*or* put sth on] [*or form* apply sth to] sth; **etw mit Fett** ~ to rub fat into sth; **etw mit Öl** ~ to oil sth; **eine Scheibe Brot mit etw** ~ to spread sth on a slice of bread; **eine Scheibe Brot mit Butter** ~ to butter a slice of bread; **ein dick bestrichenes Brot** a thickly-spread slice ② (*einpinseln*) to coat sth with sth; **etw mit Farbe** ~ to paint sth

bestreiken* *vt* ■**etw** ~ to take strike action [*or* AM go on strike] against sth; ***dieser Betrieb wird bestreikt*** there is a strike in progress at this company

bestreitbar *adj* disputable, questionable, debatable; **nicht** ~ indisputable, incontrovertible, undeniable

bestreiten* *vt irreg* ① (*leugnen*) ■**etw** ~ to deny [*or form* refute] sth; **eine Behauptung** ~ to reject [*or* contest] [*or* dispute] an assertion; **eine Tat** ~ to deny having committed an offence; ■~ **etw zu tun/getan zu haben** to deny doing/having done sth; **etw vehement** ~ to deny sth vehemently; **es lässt sich nicht ~, dass ...** it cannot be denied [*or* is undeniable] that ... ② (*finanzieren*) ■**etw** ~ to finance [*or* pay for] sth; **die Kosten** ~ to cover [*or* meet] [*or form* defray] the costs; **[aus/von etw] seinen Unterhalt** ~ to provide for one's maintenance from sth, to earn [*or* make] a living by doing sth; ***wovon willst du denn den Unterhalt deiner Familie ~?*** how are you going to support your family [financially]? ③ (*tragen, gestalten*) ■**etw** ~ to run [*or* organize] sth; **ein Gespräch** ~ to carry a conversation *fig* [*or* do all the talking] ④ (*streitig machen*) ■**jdm etw** ~ to challenge sb's sth; **jdm das Recht zu etw** ~ to challenge sb's right to sth, to deny sb the right to do sth

bestreuen* *vt* ■**etw [mit etw]** ~ to strew sth [with sth], to strew [*or* scatter] [sth on] sth; **etw mit Puderzucker** ~ to dust sth with castor sugar; **etw mit Zucker** ~ to sprinkle sugar on sth; **etw mit Kies** ~ to gravel sth; ***„Achtung! nicht bestreute Eisglätte!"*** "Beware of icy surfaces!"

bestricken* *vt* (*geh*) to bewitch, to charm, to enchant; **~der Charme** irresistible charms

Bestseller <-s, -> ['bɛstzɛlɐ] *m* bestseller

Bestsellerautor(in) *m(f)* bestselling author **Bestsellererlös** *m* proceeds *npl* of bestsellers **Best-**

sellerliste *f* bestseller list

bestsituiert *adj attr bes* ÖSTERR (*gut situiert*) well-situated [*or* -off]

bestücken* *vt* ① (*ausstatten*) ■**etw** [**mit etw**] ~ to stock sth [with sth]; **mit etw gut bestückt sein** to have a good supply [*or* stock] of sth, to be armed with sth *hum;* **etw wieder** [**neu**] ~ to restock sth ② MIL to equip; **einen Soldat mit Waffen** ~ to arm a soldier; **gut bestückt** well-armed, armed to the teeth *fam*

bestürmen* *vt* ■**jdn** [**mit etw**] ~ to bombard [*or* besiege] sb [with sth]

bestürzen* *vt* ■**jdn** ~ to upset [*or* stun] [*or* dismay] sb, to fill sb with dismay

bestürzend I. *adj* disturbing, distressing; **~e Neuigkeiten** upsetting news II. *adv* disturbingly, distressingly, alarmingly

bestürzt I. *adj* upset, stunned, dismayed; ■[**über etw** *akk*] ~ **sein** to be dismayed [*or* disturbed] [*or* upset] [by sth]; **zutiefst** ~ deeply dismayed, devastated; **jdn** ~ **anschauen** to look at sb with a stunned [*or* perplexed] expression on one's face, to look at sb stunned [*or* in consternation] II. *adv* in a dismayed [*or* disturbed] manner [*or* way]; ***sie riss ~ die Augen auf, als sie entdeckte, dass ihr Geldbeutel gestohlen worden war*** her eyes widened in shock as she discovered that her purse had been stolen

Bestürzung <-> *f kein pl* dismay, consternation; ~ **auslösen** to arouse [great] consternation; ***an seinem erschütterten Gesicht konnte sie seine ~ ablesen*** from the shattered expression on his face she could see that he was upset

Bestwert *m* ÖKON optimum

Bestzeit *f* best time

Besuch <-[e]s, -e> *m* ① (*das Besuchen*) visit; ■~ **einer S.** *gen Fest, Museum, Land* visit to sth; *Gottesdienst, Messe, Schule, Veranstaltung* attendance at sth; ■~ **bei jdm** visit to sb; ***nach dem ~ beim Arzt wusste sie, dass sie schwanger war*** after she had seen the doctor, she knew that she was pregnant; ~ [**von jdm**] **haben** to have [*or* receive] a visit from sb *form;* ***ihr ~ war mir immer willkommen*** her visits [*or* visits from her] were always welcome to me; **jdm einen ~ machen** [*o geh* **abstatten**] to pay sb a visit, to pay a call on sb; (*kurz*) to call [*or* drop in] on sb; [**bei jdm**] **auf** [*o* **zu**] ~ **sein** to be on a visit [to sb]; ***ihre Freunde haben einen Bauernhof, da ist sie oft auf~*** her friends have a farm and she often goes to visit them there; ***ich bin hier nur zu~*** I'm just visiting ② (*Besucher*) visitor[s]; (*eingeladen*) guest[s]; **hoher** ~ important [*or* official] visitor[s] [*or* guest[s]]; ~ [**von jdm**] **bekommen** [*o* **erhalten**] to have [*or* get] a visit [from sb]; **unerwarteter/regelmäßiger** ~ an unexpected/regular guest [*or* visitor] [*or* visit]; ***es klingelt, bekommst du denn so spät noch ~?*** that's the doorbell, are you expecting anyone at this hour?

besuchen* *vt* ① (*als Besuch kommen*) ■**jdn** ~ to visit [*or* call [in] on] [*or* drop in on] sb; ***er wird oft von Freunden besucht*** he often gets visits from friends; ***besuch mich bald mal wieder!*** come again soon! ② MED **einen Patienten** ~ to make a house call on [*or* visit] sb; **einen Arzt** ~ to see a doctor ③ (*aufsuchen*) ■**etw** ~ to go to sth; **ein Museum/eine Ausstellung** ~ to visit [*or* go to] a museum/an exhibition; ***das Oktoberfest wird immer von vielen Menschen besucht*** the Oktoberfest is always well-attended; **eine Kneipe/einen Laden regelmäßig** ~ to patronize [*or* frequent] a pub [*or* AM bar]/shop ④ (*teilnehmen*) ■**etw** ~ to go to [*or* attend] sth *form*

Besucher(in) <-s, -> *m(f)* ① (*jd, der jdn besucht*) visitor, guest, company *no pl;* ***ich habe gerade noch einen ~ da, rufst du später noch mal an?*** I've got company at the moment, could you call back later? ② (*jd, der etw besucht*) visitor; *Kino, Theater* cinema/theatre [*or* AM -er] goer, patron *form; Sportveranstaltung* spectator; **ein regelmäßiger** ~ frequenter, habitué ③ (*Teilnehmer*) participant; *Gottesdienst* churchgoer, member of the congregation

Besucherparkplatz *m* visitor's parking [lot] **Besucherritze** *f* (*hum fam*) *crack between the two mattresses of twin beds where a child or visitor slept in earlier times* **Besucherzahl** *f* number of visitors; ■**die** ~ **bei** [*o* **von**] **etw** the number of visitors at/of sth

Besuchserlaubnis *f* ADMIN (*Genehmigung zum Besuch*) permission to visit; ~ **bekommen/haben** to receive/have permission to visit [*or* a visitor's permit]; (*Genehmigung, Besuch empfangen zu dürfen*) to obtain/have permission [*or* be allowed] to receive visitors **Besuchsrecht** *nt* visiting rights *pl* **Besuchstag** *m* visiting day **Besuchszeit** *f* visiting time [*or* hours *pl*] **Besuchszimmer** *nt* visitors' room

besucht *adj* ■**gut/kaum** [*o* **schwach**] ~ **sein** to be well/poorly attended; ***dieses Museum ist meist gut ~*** this museum usually attracts a lot of visitors; ■**viel** [*o* **gern**] [*o* **häufig**] ~ much frequented, very popular

besudeln* *vt* (*geh*) ① (*mit Flüssigkeit beschmieren*) ■**etw** [**mit etw**] ~ to besmear sth [with sth]; ■**sich** [**mit etw**] ~ to soil oneself [with sth]; ■[**sich** *dat*] **etw** [**mit etw** *dat*] ~ to soil [*or* stain] sth [with sth]; **ein Kleidungsstück** [**mit etw**] ~ to soil [*or* stain] a piece of clothing [with sth]; ***jetzt habe ich meine Bluse mit Kaffee besudelt*** now I've got coffee all over my blouse ② (*herabwürdigen*) ■**etw** ~ to besmirch [*or* sully] sth

Beta <-[s], -s> *nt* beta

Betablocker <-s, -> *m* MED beta blocker

betagt *adj* (*geh*) aged, advanced in years *pred*

Beta-Karotin *nt* beta carotene

betakeln *vt* ① NAUT ■**etw** ~ to rig sth ② ÖSTERR (*betrügen*) ■**jdn** ~ to cheat sb, to swindle sb

Betakelung *f* rigging

betanken* *vt* ■**etw** [**mit etw**] ~ to fill [*or* tank] up sth *sep* [with sth]; **ein Flugzeug** ~ to refuel a plane

betasten* *vt* ■**jdn/etw** ~ to feel [*or* touch] sb/sth; ***Kunden werden gebeten, die Ware nicht zu ~*** customers are requested not to touch the articles on display ■**etw** ~ MED to palpate sth

Betastrahlen *pl* NUKL beta rays **Betastrahlung** *f* NUKL beta radiation **Betateilchen** *nt* NUKL beta particle

betätigen* I. *vt* ■**etw** ~ ① (*drücken*) to press sth; (*umlegen*) to operate sth; (*einschalten*) to activate sth; **die Bremse** ~ to apply [*or* put on] the brake[s] ② (*geh: funktionieren lassen*) to activate sth II. *vr* ■**sich** ~ to busy oneself; ***du kannst gleich bleiben und dich hier ~!*** (*fam*) don't go away — there's enough for you to do here!; **sich künstlerisch** ~ to do a little painting [on the side]; **sich politisch** ~ to be politically active; **sich sportlich** ~ to exercise

Betätigung <-, -en> *f* ① (*Aktivität*) activity; (*berufliche Tätigkeit*) work ② (*das Drücken*) pressing; *von Bremse* application; *von Knopf* pushing; (*das Umlegen o Ziehen*) operation; ***die fahrlässige ~ der Notbremse im fahrenden Zug ist unter Strafe gestellt*** pulling the emergency cord without good reason [*or* abuse of the emergency brake] in a moving train is a punishable offence; (*das Einschalten*) activation

Betätigungsfeld *nt* field [*or* sphere] of activity

Betätigungsfreiheit *f kein pl* FIN freedom of action

betatschen* *vt* (*pej fam*) ■**jdn/etw** ~ to paw sb/sth *fam*

betäuben* *vt* ① (*narkotisieren*) ■**jdn/ein Tier** [**mit etw**] ~ to anaesthetize [*or* AM anesthetize] sb/an animal [with sth]; ***die Entführer betäubten ihr Opfer*** the kidnappers drugged their victim; ***nachdem er sich den Kopf angestoßen hatte, wankte er wie betäubt umher*** after he had run into something hard with his head, he staggered around [as if] in a daze ② MED (*unempfindlich machen*) ■[**jdm**] **etw** ~ to deaden sth [for sb]; **Schmerzen** ~ to kill pain; ■[**wie**] **betäubt** [as if] paralysed ③ (*ruhig stellen*) ■**etw** ~ to silence sth *fig;* **Emotionen** ~ to suppress [one's] feelings; **das Gewissen** ~ to ease one's conscience; **seinen Kummer mit Alkohol** ~ to drown one's sorrows in drink

betäubend *adj* ① (*ohren~*) deafening ② (*benommen machend*) intoxicating ③ (*narkotisierend*) narcotic

Betäubung <-, -en> *f* ① (*das Narkotisieren*) anaesthetization, anesthetization AM ② (*das Betäuben*) deadening; *von Schmerzen* easing, killing *fam;* ***nach dem Unfall musste er lange Zeit Schmerzmittel zur ~ der Schmerzen einnehmen*** for a long time after the accident he had to take painkillers to ease [*or* for] the pain ③ MED (*Narkose*) anaesthetic BRIT, anesthetic AM; **örtliche** [*o* **lokale**] ~ local anaesthetic; ***diese Operation kann unter örtlicher ~ vorgenommen werden*** this operation can be done under local anaesthetic

Betäubungsmittel *nt* PHARM drug, narcotic [agent]

Betäubungsmittelgesetz *nt* JUR *law governing the use and traffic of drugs*

Betaversion *f* INFORM beta version

Betbruder *m* (*pej fam*) holy Joe *sl,* churchy type [of man]

Bete <-, *selten* -n> *f* **rote** ~ beetroot

beteilen* *vt* ÖSTERR (*beschenken*) ■**jdn** [**mit etw**] ~ to provide [for] sb [with sth]

beteiligen* I. *vt* ■**jdn** [**an etw** *dat*] ~ to give sb a share [in sth]; ***er beteiligte seinen Sohn mit 15 % an seiner Firma*** he gave his son a 15 % stake [*or* [financial] interest] in his company II. *vr* ■**sich** [**mit etw** *dat*] [**an etw** *dat*] ~ to participate [*or* take part] [in sth] [with sth]; ***beteiligt sich dein Mann eigentlich auch an der Hausarbeit?*** does your husband help around the house? [*or* with the housework?]; **sich an einem Unternehmen** ~ to have a stake [*or* [financial] interest] in a company

beteiligt *adj* ■**an etw** *dat* ~ **sein** ① (*mit dabei*) to be involved in sth ② FIN, ÖKON to hold a stake [*or* [financial] interest] in sth

Beteiligte(r) *f(m) dekl wie adj* person involved; ***das Rundschreiben richtete sich an alle ~n*** the circular was addressed to all the parties involved [*or* interested parties]

Beteiligtenvernehmung *f* JUR examination of the parties

Beteiligung <-, -en> *f* ① (*Teilnahme*) participation (**an** +*dat* in); ***der Oberbürgermeister wirbt für eine hohe ~ an den bevorstehenden Kommunalwahlen*** the mayor is encouraging everyone to vote in the municipal elections ② FIN, ÖKON (*Anteil*) stake (**an** +*dat* in), [financial] interest (**an** +*dat* in); (*das Beteiligen*) share (**an** +*dat* in); ~ **an einem Unternehmen** stake [*or* [financial] interest] in a company; **stille** ~ silent partnership

Beteiligungserwerb *m* FIN acquisition of participations **Beteiligungsfähigkeit** *f* JUR capacity to participate in the proceedings **Beteiligungsfinanzierung** *f* BÖRSE investment financing **Beteiligungsgesellschaft** *f* FIN holding [*or* affiliated] company **Beteiligungsrecht** *nt* FIN equity **Beteiligungsunternehmen** *nt* FIN associate [*or* holding] company **Beteiligungsverhältnis** *nt* BÖRSE share

Betel <-s> *m kein pl* PHARM betel

Betelnuss[RR] *f* betel nut

beten I. *vi* to pray; ■**für jdn/etw** ~ to pray for sb/sth; ■**um etw** ~ to pray for sth; ■**zu jdm** ~ to pray to sb II. *vt* ■**etw** ~ to recite [*or* say] sth; ***das Vaterunser ~*** to recite [*or* say] the Lord's Prayer

Beter(in) <-s, -> *m(f)* [person at] prayer

beteuern* *vt* ■**jdm ~, dass** to protest to sb that; ***und wenn ich Ihnen aufrichtig beteuere, dass alles erfunden ist?*** and what if I honestly assure you that everything was made up?; **jdm seine Liebe** ~ to declare one's love to sb; **seine Unschuld** ~ to protest one's innocence

Beteuerung <-, -en> *f* protestation, declaration; ***unter ~en, nie mehr gegen die Vorschriften verstoßen zu wollen, verließen sie den Saal*** giving assurances that they would never disobey orders again, they left the hall

Bet(h)lehem *nt* Bethlehem

betiteln* *vt* ① (*anreden*) ■**jdn** [**als etw**] ~ to address sb [as sth]; ***er möchte gerne*** [***als***] ***Herr Pro-***

fessor betitelt werden he would like to be addressed as 'Professor' ② (*pej: beschimpfen*) ■**jdn [als** [*o* **mit**] **etw]** ~ to call sb [sth] ③ (*mit Titel versehen*) ■**etw [mit etw]** ~ to [en]title sth [as sth]

Beton <-s, *selten* -s> [be'tɔŋ, be'tõ:, be'to:n] *m* concrete

Betonbau <-bauten> *m* ① (*Gebäude aus Beton*) concrete building ② *kein pl* (*Bauweise mit Beton*) concrete construction **Betonbrücke** *f* concrete bridge **Betonburg** *f* (*pej*) concrete monstrosity [*or* block] **Betondecke** *f* ① (*Gebäudedecke aus Beton*) concrete ceiling ② (*Straßendecke aus Beton*) concrete [road] surface

betonen* *vt* ① (*hervorheben*) ■**etw** ~ to accentuate sth; ***dieses Kleid betont ihre Figur*** this dress accentuates her figure; ■**etw** ~ to stress [*or* emphasize] sth; ■~, **dass** to stress [*or* emphasize] that ② LING (*akzentuieren*) ■**etw** ~ to stress sth

Betonfertigstein *m* BAU prefab[ricated] concrete brick **Betongüte** <-, -n> *f* BAU grade of concrete

betonieren* *vt* ■**etw** ~ to concrete sth; ■**betoniert** concrete

Betonklotz *m* ① (*Klotz aus Beton*) concrete block ② (*pej: grässlicher Betonbau*) concrete monstrosity **Betonkonstruktion** *f* concrete construction **Betonkopf** *m* (*pej*) hardliner **Betonmischer** <-s, -> *m*, **Betonmischmaschine** *f* concrete [*or* cement mixer **Betonpfeiler** *m* concrete pillar **Betonplatte** *f* BAU concrete slab **Betonpolitik** *f* (*pej*) hardline politics **Betonrinne** *f* BAU concrete gully **Betonsilo** *m* (*pej fam*) concrete skyscraper, tall concrete monstrosity **Betonstahlmatte** *f* BAU reinforced concrete mat

betont I. *adj* emphatic; ~**e Eleganz** pronounced [*or* studied] elegance; ~**e Höflichkeit** studied politeness; ~**e Kühle/Sachlichkeit** marked [*or* pointed] coolness/objectivity II. *adv* markedly

Betonung <-, -en> *f* ① *kein pl* (*das Hervorheben*) accentuation; ***die ~ ihrer Unschuld hatte kaum Einfluss auf die öffentliche Meinung*** the protestation[s] of her innocence had little effect on the formation of public opinion ② LING stress ③ (*Gewicht*) emphasis

Betonungszeichen *nt* LING stress mark

betören* *vt* ■**jdn** ~ to bewitch sb

betörend *adj* bewitching

Betörung <-, -en> *f* ① (*das Betören*) bewitchment ② (*etwas Hinreißendes*) sth bewitching; ***dieser Duft, eine wahre ~!*** this fragrance, simply bewitching!

Betpult *nt* prie-dieu, kneeling desk for prayer

betr. *adj, adv Abk von* **betreffen, betreffend, betreffs** re, ref.

Betr. *Abk von* **Betreff** re, ref.

Betracht <-[e]s> *m kein pl* **außer ~ bleiben** to be left out of consideration [*or* disregarded]; **in ~ kommen** to be considered, to come into consideration; **etw außer ~ lassen** to leave sth out of consideration, to disregard sth; **jdn/etw in ~ ziehen** to consider sb/sth

betrachten* *vt* ① (*anschauen*) ■**[sich** *dat*] **etw** ~ to look at sth; **bei näherem B~** on closer examination ② (*bedenken*) ■**etw** ~ to look at [*or* consider] sth; ■**sich** ~ to look at oneself; (*sich bedenken*) to reflect [up]on ③ (*halten für*) ■**jdn/etw als jd/etw** ~ to regard [*or* consider] [*or* look upon] sb/sth as sb/sth; ■**sich als etw** ~ to regard [*or* consider] [*or* look upon] oneself as sth; ~ ***Sie sich als fristlos gekündigt!*** consider yourself sacked!

Betrachter(in) <-s, -> *m(f)* ① (*von Anblick*) observer, beholder *form;* ***der aufmerksame ~ wird zwischen Original und Fälschung kleine Unterschiede feststellen können*** the alert eye [*or* a good observer] will discover slight discrepancies between the original and the copy ② (*von Situation*) observer

beträchtlich I. *adj* (*sehr groß*) considerable; ~**er Schaden** extensive [*or* great] damage; **um ein B~es** considerably II. *adv* considerably

Betrachtung <-, -en> *f* ① (*das Anschauen*) contemplation; **bei näherer ~** on closer examination; **bei oberflächlicher ~** at [a] first glance ② (*Überlegung, Untersuchung*) consideration; **in ~en versunken** lost in thought [*or* contemplation]; **über jdn/etw ~en anstellen** to think about sb/sth more closely [*or* long and hard about sb/sth]; ***seine ~en zu diesem Thema sollten Sie unbedingt lesen*** you really ought to read his discourse on this matter

Betrachtungsweise *f* way of looking at things

Betrag <-[e]s, Beträge> *m* (*Geld~*) amount, sum; ~ **dankend erhalten** [payment] received with thanks

betragen* *irreg* I. *vi* to be; ***die Rechnung beträgt DM 10*** the bill comes [*or* amounts] to DM 10; ***die Preisdifferenz beträgt 378 Mark*** the difference in price is [*or* comes to] DM 378 II. *vr* ■**sich irgendwie** ~ to behave in a certain manner

Betragen <-s> *nt kein pl* behaviour [*or* AM -or]; SCH conduct

betrauen* *vt* ■**jdn mit etw** ~ to entrust sb with sth; ■**jdn damit ~, etw zu tun** to entrust sb with [the task of] doing sth

betrauern* *vt* ■**jdn/etw** ~ to mourn [for [*or* over]] sb/sth

beträufeln* *vt* (*durch Tropfen befeuchten*) ■**etw [mit etw]** ~ to sprinkle sth [with sth]; ***man kann das Schnitzel mit Zitronensaft ~*** one can squeeze lemon juice on a schnitzel [*or* cutlet]; MED to put [*or* apply] drops [of sth] on sth

Betrauung <-> *f kein pl* entrustment; ■**jds ~ mit etw** the entrustment of [*or* entrusting] sb with sth

Betreff <-[e]s, -e> *m* (*geh: Bezug*) reference; ***Betreff: Ihr Schreiben vom 23.6.*** Re: your letter of June 23; **in diesem** [*o* **dem**] ~ in this regard [*or* respect]

betreffen* *vt irreg* ① (*angehen*) ■**jdn** ~ to concern sb; ■**etw** ~ to affect sth; ***seine Ausführungen ~ einen ganz wichtigen Punkt*** his observations touch upon a very important point; **was jd/das betrifft, ...** as far as sb/that is concerned, as regards sb/that; **„Betrifft: ..."** "Re: ..."; ***„Betrifft 1. Mahnung"*** "Re: first reminder" ② (*geh: widerfahren*) ■**jdn/etw** ~ to befall sb/sth ③ (*geh: seelisch treffen*) ■**jdn ...** ~ to affect sb ...; ***seine Untreue betrifft mich sehr*** his unfaithfulness deeply saddens me

betreffend *adj attr* ① (*bewusst*) in question *pred;* ***haben Sie den ~en Artikel gelesen?*** have you read the article in question?; **die ~e Person** the person concerned [*or* in question] ② (*angehend*) ■**etw** ~ concerning [*or* regarding] sth

Betreffende(r) *f(m) dekl wie adj* person concerned [*or* in question]

betreffs *präp* (*geh*) ■**etw ~ einer S.** *gen* sth concerning [*or* regarding] sth; ***Ihre Anfrage ~ Möglichkeiten einer Zusammenarbeit können wir wie folgt beantworten ...*** our answer to your inquiry on the possibility of working together is as follows ...

Betreffzeile *f* reference line

betreiben* *vt irreg* ① (*vorantreiben*) ■**etw [irgendwie]** ~ to proceed with sth [in a certain manner]; **auf jds B~** *akk* **[hin]** (*geh*) at sb's instigation ② ÖKON (*ausüben*) ■**etw** ~ to carry on sth; **einen Laden/eine Firma** ~ to run [*or* operate] a firm ③ (*sich beschäftigen mit*) ■**etw** ~ to do [*or* go in for] sth; ***er betreibt Sport*** he does sporting activities ④ ADMIN (*in Gang halten*) ■**etw** ~ to operate, to run; ***Fernseher dürfen nur nach Entrichtung der Fernsehgebühren betrieben werden*** a television [set] may only be used after payment of the television licence ⑤ (*antreiben*) ■**etw mit etw** ~ to drive [*or* power] sth with sth/in a certain manner; ***das U-Boot wird atomar betrieben*** the submarine is nuclear-powered

Betreiben *nt* **auf jds ~ [hin]** at sb's instigation

Betreiber(in) <-s, -> *m(f)* (*Ausübender*) person who runs sth; ***alle ~ eines Gewerbes ...*** all people who carry on a trade ...; (*Firma, Träger*) operator

Betreibergesellschaft *f* HANDEL operating company

Betreiberkonsortium *nt* operating consortium

Betreiberpflicht *f* JUR duty of plant operators

Betreibung <-, -en> *f* ① (*das Vorantreiben*) pursuit, pursuance; *von Untersuchungen* carrying out ② ÖKON (*Unterhaltung*) running; ***die ~ des Restaurants war sehr lukrativ*** the way the restaurant was run led to lucrative profits ③ ADMIN (*Bedienung*) operation, running; ***die ~ eines Fernsehers ohne die Zahlung der Fernsehgebühren ist unzulässig*** it is illegal to watch television without a licence ④ SCHWEIZ (*Beitreibung*) collection

betreten*[1] *vt irreg* ■**etw** ~ ① (*hineingehen in*) to enter sth; (*auf etw treten*) to walk on sth; **das Spielfeld** ~ to take the field; (*steigen auf*) to step onto sth; **die Bühne** ~ to come/go on stage; **das Podium** ~ to mount the podium ② (*das Begehen*) ■**[das] B~ [einer S.** *gen*] walking [on sth]; ***„B~ [des Rasens] verboten!"*** "keep off [the grass]!"; (*das Hineingehen*) entering [sth]; **beim B~ eines Raumes** on entering a room; ***„B~ für Unbefugte verboten"*** "no entry to unauthorized persons" ③ (*in Angriff nehmen*) ■**etw** ~ to tackle sth; **Neuland** ~ to break new ground; ***mit dem Großprojekt betritt er unsicheren Boden*** he was entering the unknown with his large-scale project

betreten*[2] I. *adj* embarrassed II. *adv* embarrassedly; ***er schwieg ~*** he kept an embarrassed silence

Betretenheit <-> *f kein pl* embarrassment

betreuen* *vt* ① (*sich kümmern um*) ■**jdn/etw** ~ to look after [*or* take care of] sb/sth; **einen Garten** ~ to maintain a garden ② (*verantwortlich sein für*) ■**etw** ~ to be responsible for [*or* in charge of] sth

Betreuer(in) <-s, -> *m(f)* *person who looks after sb;* JUR custodian of persons of full age; ***auf jeden ~ kamen im Seniorenheim 13 Bewohner*** there were 13 residents to every nurse in the old people's home; ***der medizinische ~ der Nationalelf*** the national team['s] doctor

Betreuung <-, -en> *f* ① (*das Betreuen*) looking after; *von Patienten* care; ***für die ~ von Patienten sollten Fachkräfte eingesetzt werden*** qualified personnel are necessary to look after the patients ② (*Betreuer*) nurse, carer

Betreuungseinrichtung *f* ~ **für Kinder** child care facility

Betrieb <-[e]s, -e> *m* ① (*Industrie~*) [industrial] company, firm; ***ist Direktor Wengel schon im ~?*** is director Wengel already at work [*or* in the [*or* his] office]?; ***ich muss heute etwas länger im ~ bleiben*** I have to work late today ② (*die Belegschaft*) workforce ③ *kein pl* (*Betriebsamkeit*) activity; ***heute war nur wenig/herrschte großer ~ im Laden*** it was very quiet/busy in the shop today ④ (*Tätigkeit*) operation, running; ***die Straßenbahnen nehmen morgens um 5 Uhr ihren ~ auf*** the trams start running at 5 o'clock in the morning; (*Ablauf*) production process; ***steh hier nicht so rum, du störst den ganzen ~ im Büro!*** don't just stand around here, you're disrupting the smooth running of the office!; **etw in ~ nehmen** to put sth into operation; ***die Busse werden morgens um 5 Uhr in ~ genommen*** the buses are put into service at 5 am; ***die neue Produktionsstraße soll im Herbst in ~ genommen werden*** the new production line is expected to be put in to operation [*or* come on stream] in [the] autumn; **etw in/außer ~ setzen** to put into/out of operation [*or* service]; ***eine Maschine in/außer ~ setzen*** to start up/stop a machine; **außer ~ [sein]** [to be] out of order [*or* service]; (*abgestellt sein*) to be out of operation [*or* switched off]; **in ~ [sein]** to be in operation [*or* [switched] on]

betrieblich I. *adj attr* (*den Betrieb 1. betreffend*) operational; ***das ist eine rein ~e Angelegenheit, die nur Firmenangehörige angeht*** that is purely an internal matter which only concerns employees of the company; (*vom Betrieb geleistet*) company; **betriebliche Altersversorgung/Leistungen** company pension plan/benefits II. *adv* (*durch den Betrieb der Firma*) operationally; ***die Rationalisierungen sind ~ bedingt*** the rationalization is for operational reasons

Betriebsabrechnung *f* FIN [operating] cost and revenue statement **Betriebsabwicklung** *f* FIN operational procedure **Betriebsaltersversorgung** *f kein pl* ÖKON occupational pension scheme

betriebsam I. *adj* busy; ***er ist sehr ~, bei ihm muss alles immer gleich erledigt werden*** he is a very industrious person who has to do everything immediately II. *adv* busily

Betriebsamkeit <-> *f kein pl* activity, busyness

Betriebsamt *nt* FIN operating department

Betriebsanalyse *f* operations review **Betriebsänderung** *f* FIN change in plant operations **Betriebsangehörige(r)** *f(m) dekl wie adj* employee **Betriebsangelegenheit** *f* FIN operating matter **Betriebsanlage** *f meist pl* plant, [operating] equipment *no pl* **Betriebsanleitung** *f* TECH operating instructions *pl* **Betriebsansiedlung** *f* FIN company location **Betriebsart** *f* TECH operating mode **Betriebsarzt, -ärztin** *m, f* company doctor **Betriebsaufgabe** *f* HANDEL closing-down [of a plant], termination of a business **Betriebsaufnahme** *f* HANDEL commencement of operation, putting on stream **Betriebsaufspaltung** *f* HANDEL operational split **Betriebsaufwand** *m kein pl* operating expenses *pl* **Betriebsausflug** *m* staff [*or* BRIT works] [*or* AM office] outing **Betriebsausgaben** *pl* FIN operating [*or* working] expenditure **Betriebsausnutzung** *f kein pl* plant utilization **Betriebsausstattung** *f* office furnishings *pl;* **Betriebs- und Geschäftsausstattung** office furniture and equipment *no pl,* factory and office equipment *no pl* **Betriebsbahnhof** *m* railway [*or* AM railroad] yard **betriebsbedingt** *adj* operational, operating; **~e Kündigung** lay-off **betriebsbereit** I. *adj* TECH ready for operation [*or* use], in running [*or* working] order; **in ~em Zustand** in running [*or* working] order II. *adv* ready for operation [*or* use] **Betriebsbereitschaft** *f* TECH ready status **betriebsblind** *adj having become blind to shortcomings in company processes [after many years of employment]* **Betriebsbremsanlage** *f* AUTO service braking system **Betriebsbudget** *nt* ÖKON operating budget **Betriebsdauer** *f kein pl* operating period **Betriebsdiebstahl** *m* JUR company theft **Betriebsebene** *f* operating level **betriebseigen** *adj inv* company *attr,* belonging to a/the company **Betriebseinbringung** *f* FIN (*Fusion*) inclusion of a plant **Betriebseinheit** *f* operating unit **Betriebseinnahmen** *pl* ÖKON operating receipts **Betriebseinrichtungen** *pl* TECH [operating] equipment *no pl,* operational [*or* plant] facilities **Betriebseinschränkung** *f* HANDEL cutting back of operations **Betriebseinstellung** *f* HANDEL [plant] closure **Betriebserfindung** *f* FIN employee [*or* service] invention **Betriebsergebnis** *nt* HANDEL operating [*or* trading] result **Betriebserkundungen** *pl* HANDEL investigation into operations **Betriebserlaubnis** *f* operating licence [*or* AM -se] **Betriebserträge** *pl* ÖKON operating [*or* company] earnings **Betriebserwerb** *m* HANDEL acquisition of a business enterprise **Betriebsfähigkeit** *f kein pl* ÖKON operating condition **Betriebsferien** *pl* [annual] works [*or* AM company] holidays *pl* **betriebsfertig** *adj* ÖKON (*betriebsbereit*) ready [for operation], in working order; **~e Abteilung/Fabrik** department/factory ready to go **Betriebsfest** *nt* office [*or* firm's] party **betriebsfremd** *adj* non-company **Betriebsfremde(r)** *f(m)* outsider **Betriebsfrieden** *m* HANDEL industrial peace **Betriebsführung** *f s.* Betriebsleitung **Betriebsführungsvertrag** *m* HANDEL business management agreement **Betriebsgebäude** *nt* company [*or* factory] building **Betriebsgefahr** *f* JUR operational hazard **Betriebsgeheimnis** *nt* trade [*or* business] secret **Betriebsgelände** *nt* company grounds *pl* **Betriebsgenehmigung** *f s.* Betriebserlaubnis **Betriebsgesellschaft** *f* HANDEL operating company **Betriebsgewinn** *m* ÖKON trading [*or* operating] profit **Betriebsgrundstück** *nt* HANDEL business property **Betriebshaftpflichtversicherung** *f* business liability insurance **Betriebshof** *m* company courtyard **betriebsintern** *adj s.* betrieblich **Betriebskapital** *nt* ÖKON working capital **Betriebskapitalkredit** *m* ÖKON loan on working capital **Betriebskindergarten** *m* crèche BRIT for employees' children, employee daycare center AM **Betriebsklima** *nt* working atmosphere **Betriebskollektivvertrag** *m* JUR company-wide agreement **Betriebskosten** *pl* operating costs; *von Kraftfahrzeug, Maschine* running costs **Betriebskrankenkasse** *f* company health insurance [*or* medical] scheme [*or* AM plan] **Betriebsleistung** *f* ÖKON operating efficiency **Betriebsleistungssteuern** *pl* FIN company output tax **Betriebsleiter(in)** *m(f)* [works [*or* AM company]] manager **Betriebsleitung** *f* ❶ (*das Leiten eines Betriebes*) management [of a works [*or* AM company]] ❷ (*Firmenleitung*) [works [*or* AM company]] management **Betriebsmaterial** *nt* ÖKON working stock **Betriebsmittel** *pl* ÖKON operating [*or* working] capital *no pl;* **finanzielle ~** operating [*or* working] funds **Betriebsnudel** *f* (*fam*) office comedian [*or* live wire] **Betriebsordnung** *f* ÖKON internal company regulations *pl* **Betriebsort** *m* HANDEL plant location **Betriebspacht** *f* FIN plant lease **Betriebspachtvertrag** *m* JUR company lease agreement **Betriebsplanung** *f* ÖKON operational planning **Betriebsprüfer(in)** *m(f)* ÖKON internal auditor **Betriebsprüfung** *f* FIN ≈ tax audit (*regular audit of a company and its accounts by the tax authorities*) **Betriebsprüfungsbilanz** *f* FIN tax audit balance sheet **Betriebsprüfungsrecht** *nt kein pl* FIN plant inspection right **Betriebsprüfungsstelle** *f* FIN tax audit office **Betriebsprüfungsverfahren** *nt* FIN tax auditing procedure

Betriebsrat *m* POL (*Gremium*) employee representative committee, BRIT *a.* works council

Betriebsrat, -rätin *m, f* POL (*Person*) employee representative, BRIT *a.* member of a [*or* the] works council

Betriebsratsmitglied *nt* member of the/a works committee, employees' council member **Betriebsratsvorsitzende(r)** *f(m)* works council chairperson [*or masc* chairman] [*or fem* chairwoman], chairperson of an [*or* the] employee representative committee [*or* BRIT *a.* works council] **Betriebsrente** *f* ÖKON occupational [*or* company] pension **Betriebsrisiko** *nt* HANDEL business risk; (*Industrie*) operational hazard **Betriebssatzung** *f* HANDEL shop-floor rules **Betriebsschließung** *f* shutdown, closure **Betriebsschluss**RR *m* end of business hours [*or* the working day]; ***um 17 Uhr ist in den meisten Fabriken*** ~ the working day ends at 5pm in most factories, most factories shut down at 5pm; ***nach*** ~ after work [*or* [working] hours] **betriebssicher** *adj* TECH reliable [in operation] **Betriebssicherheit** *f* TECH reliability, [operational] safety; (*in der Fabrik*) safety at work **Betriebsstandort** *m* ÖKON plant's location **Betriebsstätte** *f* ÖKON business premises *pl* **Betriebsstättenbesteuerung** *f* FIN taxation of permanent establishments **Betriebssteuer** *f* FIN operating tax **Betriebsstilllegung**RR *f* closure, shutdown **Betriebsstörung** *f* TECH interruption of operation [*or* service], stoppage **Betriebssystem** *nt* INFORM operating system **Betriebstemperatur** *f* TECH operating temperature **Betriebsübergabe** *m* JUR, FIN transfer of an enterprise **Betriebsüberlassungsvertrag** *m* JUR business transfer contract **Betriebsübernahme** *f* HANDEL [plant] takeover **Betriebsübernehmer** *m* HANDEL plant acquiror **Betriebsüberschuss**RR *m* ÖKON operating surplus **Betriebsübertragung** *f* HANDEL plant transfer **Betriebsumstellung** *f* ÖKON shifting of a plant **Betriebsunfall** *m* ❶ (*Unfall*) ≈ industrial accident (*accident at or on the way to or from work*) ❷ (*hum sl: ungewollte Schwangerschaft*) accident *fam* **Betriebsunterbrechung** *f* HANDEL interruption of business **Betriebsuntersagung** *f* JUR ban on operations of a plant **Betriebsveräußerung** *f* FIN sale of a business **Betriebsvereinbarung** *f* ≈ shop agreement BRIT (*agreement between the works council and the employer concerning working conditions*), internal wage and salary agreement AM **Betriebsverfassung** *f* JUR company code of practice, BRIT *a.* works constitution **Betriebsverfassungsgesetz** *nt* Industrial Constitution of Law BRIT, Works Council Constitution [*or* AM Employees' Representation] Act **Betriebsverfassungsrecht** *nt kein pl* JUR industrial constitution law **Betriebsvergleich** *m* HANDEL interplant [*or* interfirm] comparison **Betriebsverlegung** *f* HANDEL relocation of an enterprise, movement of operations **Betriebsverlust** *m* ÖKON trading [*or* operating] loss **Betriebsvermögensvergleich** *m* FIN balance sheet comparison **Betriebsverpachtung** *f* FIN plant lease **Betriebsversammlung** *f* works [*or* AM company] meeting, (meeting of the workforce [chaired by the works council chairman])

Betriebswirt(in) *m(f)* ÖKON graduate in business management

Betriebswirtschaft *f* ÖKON business management

betriebswirtschaftlich I. *adj* business *attr,* economic; **~e Kenntnisse/Überlegung** business knowledge/consideration to business aspects II. *adv* with respect to business management; **etw ~ betrachten/durchrechnen** to see sth from the business management point of view/to calculate sth based on the business currently being conducted

Betriebswirtschaftslehre *f kein pl* business management **Betriebswirtschaftsplan** *m* ÖKON business management plan **Betriebswohnung** *f* company flat **Betriebszeit** *f* INFORM operating time **Betriebszweck** *m* FIN objects of a company

betrinken* *vr irreg* ■**sich [mit etw]** ~ to get drunk [on sth]

betroffen I. *part s.* **betreffen** II. *adj* ❶ (*bestürzt*) shocked; **~es Schweigen** stunned silence ❷ (*angehen*) ■**[von etw]** ~ **sein** to be affected [*or* concerned] [by sth] III. *adv* with dismay

Betroffene(r) *f(m) dekl wie adj* person affected

Betroffenheit <-> *f kein pl* shock; **in stummer ~** in stunned silence

betrüben* *vt* ■**jdn [mit etw]** ~ to sadden sb [with sth], to cause sb distress [with sth]; ***es betrübt mich …*** it saddens [*or* grieves] me …

betrüblich *adj* distressing; ***ich muss Ihnen leider eine ~e Mitteilung machen*** I'm afraid I have [some] bad news for you

betrüblicherweise *adv* unfortunately

Betrübnis <-, -se> *f* (*geh*) sorrow, sadness

betrübt *adj* sad; ■**[über etw *akk*]** ~ **sein** to be sad [about sth]

Betrug <-[e]s, SCHWEIZ Betrüge> *m* fraud

betrügen* *irreg* I. *vt* ❶ (*vorsätzlich täuschen*) ■**jdn** ~ to cheat [*or* swindle] sb; ■**jdn um etw** ~ to cheat sb out of sth; ■**betrogen** cheated, deceived; ***ich fühle mich betrogen!*** I feel betrayed!; **sich um etw betrogen sehen** to feel cheated [*or sl* done] out of sth; **sich *akk* in etw *dat* betrogen sehen** to be deceived in sth; ***ich sehe mich in meinem Vertrauen betrogen!*** I feel [that] my trust has been betrayed! ❷ (*durch Seitensprung hintergehen*) ■**jdn [mit jdm]** ~ to be unfaithful to [*or* cheat on] sb [with sb] II. *vr* (*sich etw vormachen*) ■**sich** ~ to deceive [*or* delude] oneself

Betrüger(in) <-s, -> *m(f)* con man, swindler; ***du ~! diese Spielkarte hast du aus dem Ärmel gezogen!*** you cheat! you had that card up your sleeve!

Betrügerei <-, -en> *f* (*pej*) ❶ (*ständiges Betrügen*) swindling; ***seine ~en beim Kartenspielen wurden endlich nachgewiesen*** they finally managed to prove his cheating at cards ❷ (*ständige Seitensprünge*) cheating, unfaithfulness

Betrügerin <-, -nen> *f fem form von* **Betrüger**

betrügerisch *adj* (*pej*) deceitful; **in ~er Absicht** JUR with intent to defraud

Betrugsabsicht *f* JUR intent to fraud, fraudulent purpose; **in ~ handeln** to intend to defraud **Betrugsdelikt** *nt* JUR [tort of] fraud **Betrugsdezernat** *nt* JUR fraud squad **Betrugsfall** *nt* JUR fraud case **Betrugshandlung** *f* JUR fraudulent act **Betrugsklage** *f* JUR action for deceit **Betrugsstraf-**

sache *f* JUR fraud trial **Betrugsverfahren** *nt* JUR fraud trial **Betrugsversuch** *m* JUR attempted fraud

betrunken I. *adj* drunken *attr,* drunk *pred* II. *adv* drunkenly

Betrunkene(r) *f(m) dekl wie adj* drunk, drunken person

Betrunkenheit *f* drunkenness

Betschwester *f* (*pej*) churchy type [of woman]

Bett <-[e]s, -en> *nt* ① (*Schlafstätte*) bed; (*Lagerstatt a.*) resting place; **~en bauen** MIL to make [the] beds; **jdn ins** [*o geh* **zu**] **~ bringen** to put sb to bed; **jdn ans ~ fesseln** (*geh*) to confine sb to bed; ***durch die schwere Operation war er wochenlang ans ~ gefesselt*** he was confined to bed for weeks as a result of the major operation; **ins ~ gehen** to go to bed; **mit jdm ins ~ gehen** [*o* **steigen**] (*euph*) to go to bed with sb *fig;* **jdn aus dem ~ holen** to get sb out of bed; **das ~ hüten müssen** (*geh*) to be confined to [*or* have to stay in] [one's] bed; **sich ins** [*o geh* **zu**] **~ legen** to go to [*or* retire] to bed; **im ~ liegen** to be in bed; ***er ist krank und liegt im ~*** he's ill and [laid up] in bed; **[jdm] das ~/die ~en machen** [*o geh* **bereiten**] to make sb's bed/the beds [up]; **ins ~ machen** to wet the bed; **jdn ins ~ packen** [*o* **stecken**] (*fam*) to pack sb off to bed *fam;* **ins ~ sinken** to fall into bed; **an jds** *dat* **~** at sb's bedside; **jdm etw ans ~ bringen/stellen** to bring sth to sb's bedside/to put sth by sb's bed; ***ich stelle dir die Lampe ans ~*** I'll put the lamp by the bed for you; **jdm Frühstück ans ~ bringen** to bring sb breakfast in bed; **im ~** in bed; **im ~ frühstücken** to have breakfast in bed ② (*Ober~*) duvet, quilt, eiderdown BRIT, comforter AM ③ (*Fluss~*) [river] bed ▸ WENDUNGEN: **sich ins gemachte ~ legen** to have everything handed to one on a plate

Bettag *m* REL **Buß- und ~** day of prayer and repentance

Bettbank <-bänke> *f* ÖSTERR (*Bettsofa*) sofa bed, AM *a.* hide-a-bed **Bettbezug** *m* duvet [*or* quilt] [*or* BRIT *a.* eiderdown] cover **Bettcouch** *f s.* Bettsofa **Bettdecke** *f* blanket; (*Steppdecke*) duvet, quilt, eiderdown BRIT, comforter AM

Bettel <-s> *m* ▸ WENDUNGEN: **der ganze ~** DIAL the whole business; ***ich bin den ganzen ~ so satt!*** I'm sick of the whole business!; **[jdm] den [ganzen] ~ hinwerfen/jdm den [ganzen] ~ vor die Füße werfen** [*o* **schmeißen**] to throw in the [whole] business [with sb]/to throw the [whole] business back at sb

bettelarm *adj* destitute

Bettelei <-, -en> *f* (*pej*) begging

Bettelmönch *m* REL mendicant [*or* begging] friar

betteln *vi* ■**[bei jdm] [um etw] ~** to beg [sb] [for sth]; (*um etw bitten*) to beg for sth; ***„B~ verboten"*** "no begging"

Bettelorden *m* REL mendicant [*or* begging] order **Bettelstab** *m* **jdn an den ~ bringen** to reduce sb to beggary; **an den ~ kommen** to be reduced to beggary

betten I. *vt* ① (*hinlegen*) ■**jdn/etw irgendwie ~** to lay sb/sth down in some way; ***weich gebettet*** in a soft bed ② (*liter*) ■**in etw** *akk* **gebettet sein** [*o* **liegen**] to be nestled in sth II. *vr* ▸ WENDUNGEN: **sich weich ~** to make an easy life for oneself; ***durch seine reiche Heirat hat er sich weich gebettet!*** by marrying into money he has assured himself of a really easy life!; **wie man sich bettet, so liegt man** (*prov*) as you make your bed, so you must lie on it *prov*

Bettenburg *f* (*hum*) giant hotel

Bettfedern *pl* bed feathers *pl* **Bettflasche** *f* SÜDD, SCHWEIZ hot-water bottle **Bettgeflüster** *nt* pillow talk **Bettgeschichte** *f* ① (*sexuelles Verhältnis*) [love] affair ② MEDIA (*sl*) ≈ sex scandal (*gossip story on the sex lives of the rich and famous*) **Bettgestell** *nt* bedstead **Betthase** *m* (*fam*) sex kitten *sl,* sexpot *sl* **Betthimmel** *m* bed canopy **Betthupferl** <-s, -> *nt* ≈ bedtime treat (*sweets given to children before they go to bed*) **Bettkante** *f* edge of the bed ▸ WENDUNGEN: **den/die würde ich nicht von der ~ stoßen!** (*euph fam*) I wouldn't say 'no' to him/her! *sl* **Bettkasten** *m* bedding box [under a bed or sofa bed] **Bettlade** *f* SÜDD, ÖSTERR (*Bettgestell*) bedstead **bettlägerig** *adj* bedridden, confined to bed *pred* **Bettlägerigkeit** <-> *f kein pl* MED bed confinement **Bettlaken** *nt s.* Bettuch **Bettlektüre** *f* bedtime reading

Bettler(in) <-s, -> *m(f)* beggar; ***gegen diesen Krösus bin ich mit meinem bescheidenen Einkommen kaum mehr als eine ~in!*** on my modest income I'm little more than a pauper next to this moneybags!

Bettnässen <-s> *nt kein pl* bed-wetting **Bettnässer(in)** <-s, -> *m(f)* bed-wetter **Bettpfanne** *f* bedpan **Bettpfosten** *m* bedpost **Bettrand** *m s.* Bettkante **bettreif** *adj* (*fam*) ready for bed *pred* **Bettruhe** *f* bed rest **Bettschüssel** *f* bedpan **Bettschwere** *f* ▸ WENDUNGEN: **die nötige ~ bekommen/haben** (*fam*) to be ready for bed [*or sl* one's pit] **Bettsofa** *nt* sofa bed, AM *a.* hide-a-bed **Bettszene** *f* bedroom scene **Betttuch**[RR] *nt getrennt: Bett-tuch* sheet **Bettuch** *nt s.* Betttuch **Bettvorlage** *f* bedside rug **Bettvorleger** *m* bedside rug **Bettwanze** *f* bedbug **Bettwäsche** *f* bedlinen **Bettzeug** *nt* bedding

betucht *adj* (*fam*) well off, well-to-do

betulich I. *adj* ① (*übertrieben besorgt*) fussing; ***deine ~e Art geht mir auf die Nerven!*** your fussing is getting on my nerves! ② (*gemächlich*) leisurely II. *adv* in a leisurely [*or* an unhurried] manner

betupfen* *vt* ① (*tupfend berühren*) ■**etw [mit etw] ~** to dab sth [with sth]; **eine Wunde ~** to swab a wound ② (*mit Tupfen versehen*) **einen Stoff ~** to print with spots; ***eine bunt betupfte Bluse*** a blouse with coloured [*or* AM -ored] spots

betuppen* *vt* DIAL (*fam*) ■**jdn [um etw] ~** to con *fam* [*or sl* diddle] sb [out of sth]; ***die Verkäuferin muss mich betuppt haben, mir fehlen 1,45 DM!*** the salesgirl must have diddled me, I'm DM 1.45 short!

Beuge <-, -n> *f* ① ANAT bend; *von Arm a.* crook of the arm ② SPORT (*Rumpf~*) bend; **in die ~ gehen** to squat

Beugehaft *f* JUR coercive detention

Beugel <-s, -> *m* ÖSTERR (*Hörnchen*) croissant

Beugemuskel *m* flexor [muscle]

beugen I. *vt* ■**etw ~** ① (*neigen*) to bend sth; **den Kopf ~** to bow one's head ② LING (*konjugieren*) to conjugate sth; (*deklinieren*) to decline sth II. *vr* ① (*sich neigen*) ■**sich irgendwohin ~** to bend in a certain direction; **sich aus dem Fenster ~** to lean out of the window; ***er saß über seine Manuskripte gebeugt*** he sat hunched over his manuscripts ② (*sich unterwerfen*) ■**sich [jdm/einer S.] ~** to submit [*or* bow] [to sb/sth]; ***ich werde mich der Mehrheit ~*** I will bow to the majority

Beugung <-, -en> *f* ① (*das Beugen*) bending ② PHYS (*Ablenkung*) diffraction ③ LING *von Adjektiv, Substantiv* declension; *von Verb* conjugation ④ JUR *des Gesetzes* perversion of justice

Beule <-, -n> *f* ① (*Delle*) dent ② (*Schwellung*) bump, swelling

beulen *vi* (*aus~*) ■**[an etw** *dat*] **~** to go baggy [*or* to bag] [somewhere]; ***die Hose beult an den Knien*** the trousers are going baggy at the knees; ■**eingebeult** dented

Beulenpest *f* MED bubonic plague

beunruhigen* I. *vt* ■**jdn ~** to worry [*or* concern] sb II. *vr* ■**sich [über jdn/etw** [*o* **wegen jdm/etw**]] **~** to worry [about sb/sth]

beunruhigend *adj* disturbing, worrying

beunruhigt *adj* ■**~ [über etw** *akk* [*o* **wegen einer S.** *gen*]] **sein** to be concerned [about sth]

Beunruhigung <-, *selten* -en> *f* concern; **jdn mit ~ erfüllen** to give sb cause for concern, to cause sb disquiet

beurkunden* *vt* ■**etw ~** to certify sth; ***man wollte den Vertrag vom Notar ~ lassen*** the contract was to be certified [*or* notarized] by a notary

Beurkundung <-, -en> *f* ① (*das Beurkunden*) certification ② (*Urkunde*) documentary evidence

Beurkundungsgesetz *nt* JUR certification act **Beurkundungspflicht** *f* JUR certification duty **Beurkundungsverfahren** *nt* JUR certification proceedings *pl* **Beurkundungsvermerk** *m* JUR attestation clause

beurlauben* *vt* ① (*Urlaub geben*) ■**jdn [für etw] ~** to give [*or* grant] sb time off [from work] [*or* leave [of absence]] [for sth]; ***können Sie mich für eine Woche ~?*** can you give me [*or* I take] a week off? ② ADMIN (*suspendieren*) ■**jdn ~** to suspend sb; ■**[von etw] beurlaubt sein** to be suspended [from sth]; ***Sie sind bis auf weiteres [vom Dienst] beurlaubt*** you are suspended [from duty [*or* office]] until further notice ③ SCH ■**sich ~ lassen** to go on [*or* take] a sabbatical; ■**beurlaubt sein** to be on [a] sabbatical

Beurlaubung <-, -en> *f* ■**jds ~ [von etw]** ① (*das Beurlauben*) sb's time off [*or* leave [of absence]] [from sth] ② ADMIN (*Suspendierung*) sb's suspension [from sth] ③ SCH (*Entpflichtung*) sb's sabbatical [from sth] ④ MIL (*fam: Urlaubsschein*) pass

beurteilen* *vt* ① (*einschätzen*) ■**jdn ~** to judge sb; ***der Lehrer muss jeden Schüler ~*** the teacher has to assess every pupil ② (*abschätzen*) ■**etw ~** to assess sth; (*kritisch einschätzen*) to review sth; **einen Kunst-/Wertgegenstand ~** to appraise a piece of art/valuable

Beurteilung <-, -en> *f* ① (*das Beurteilen*) assessment ② (*Kritik*) review; (*Einschätzung*) appraisal ③ SCH (*schriftliches Urteil*) [school] report; ADMIN [progress] report ④ JUR judgment; (*Bewertung*) evaluation

Beurteilungsmaßstab *m von Mitarbeiter* criterion for assessment; *von Kunst-/Wertgegenstand* criterion for appraisal **Beurteilungsspielraum** *m* scope of attestation **Beurteilungsverfahren** *nt* assessment procedure **Beurteilungszeitraum** *m* rating period, period of appraisal

Beuschel <-s, -> *nt* KOCHK ÖSTERR, SÜDD (*Gericht aus Lunge und Herz*) *dish made of heart and lung;* (*Lunge*) lights *npl;* (*Innereien*) entrails *npl,* innards *npl fam;* **~ vom Lamm** lamb pluck

Beute <-> *f kein pl* ① (*Jagd~*) prey; **ohne ~** without a bag ② (*erbeutete Dinge*) haul, swag *sl;* **eine reiche/lohnende ~** a big/worthwhile haul; **[fette/dicke/reiche] ~ machen** to make a [big] haul ③ (*geh: Opfer*) prey *fig,* victim *fig;* **eine leichte ~** [an] easy prey

Beutefangverhalten *m* BIOL prey catching behaviour [*or* AM -or] **beutegierig** *adj* rapacious **Beutekunst** *f kein pl* artistic war booty **Beutekunstausstellung** *f* exhibition of artistic war booty

Beutel <-s, -> *m* ① (*Tasche*) bag; **Tabaks~** [tobacco] pouch ② (*fam: Geld~*) purse ③ ZOOL pouch ▸ WENDUNGEN: **tief in den ~ greifen müssen** to have to dig deep into one's pocket

Beutelmeise *f* ORN (*Remiz pendulinus*) penduline tit

beuteln *vt* (*fam*) ■**jdn ~** to shake sb

Beutelratte *f* ZOOL (*Didelphis*) opossum **Beuteltier** *nt* marsupial

Beutestück *nt* spoils *npl,* booty **Beutezug** *m* raid

bevölkern* I. *vt* ■**etw ~** ① (*beleben*) to fill [*or* throng] sth ② (*besiedeln*) to inhabit [*or* populate] sth II. *vr* ■**sich mit ... ~** to fill up with ...

bevölkert *adj* ① (*besiedelt*) populated; ***die Steppe ist nur wenig ~*** the steppes are only sparsely populated ② (*belebt*) full, thronged; ***die kaum ~en Straßen*** the almost empty streets

Bevölkerung <-, -en> *f* population

Bevölkerungsabnahme *f* decrease in population **Bevölkerungsdichte** *f* population density **Bevölkerungsdruck** *m kein pl* population pressure **Bevölkerungsentwicklung** <-> *f kein pl* population development **Bevölkerungsexplosion** *f* population explosion **Bevölkerungsgruppe** *f* section of the population **Bevölkerungspyramide** *f* population pyramid **Bevölkerungsrückgang** *m* decrease in population **Bevölkerungsschicht** *f* class [of society], social stratum **Bevölkerungsstatistik** *f* demography *no pl* **Bevöl-**

kerungsstruktur *f* population structure **Bevölkerungsverschiebung** *f* population displacement [*or* shift] **Bevölkerungswachstum** *nt kein pl* population growth **Bevölkerungszahl** *f* population **Bevölkerungszunahme** *f* increase in population **Bevölkerungszuwachs** *m* increase in population, population growth

bevollmächtigen* *vt* ■**jdn [zu etw]** ~ [*o* **jdn** ~[, **etw zu tun**]] to authorize sb [to do sth]; ***er bevollmächtigte seine Frau, für ihn zu unterschreiben*** he authorized his wife to sign on his behalf

bevollmächtigt *adj* authorized, accredited

Bevollmächtigte(r) *f(m) dekl wie adj* authorized representative; POL plenipotentiary

Bevollmächtigung *f* JUR authorization, power of attorney

Bevollmächtigungsschreiben *nt* JUR letter of authorization

bevor *konj* ❶ (*solange*) ■~ [**nicht**] until; ■**nicht** ~ not until ❷ (*ehe*) before

bevormunden* *vt* ■**jdn** ~ to treat sb like a child; ***ich lasse mich nicht mehr ~, ich will selbst entscheiden!*** I won't be ordered about any more, I want to make up my own mind!

Bevormundung <-, -en> *f* being treated like a child

bevorraten* *vt* (*geh*) ■**etw** ~ to stockpile [*or* stock up *sep*] sth

bevorrechtigt *adj* (*privilegiert*) privileged

Bevorrechtigte(r) *f(m) dekl wie adj* JUR priority holder

bevorschussen* *vt* ■**jdn** ~ to grant sb an advance, to advance sb [some] money

bevor|stehen *vi irreg* ❶ (*zu erwarten haben*) ■**jdm/einer S.** ~ to await [*or* be in store for] sb/sth; ***der schwierigste Teil steht dir erst noch bevor!*** the most difficult part is yet [*or* still] to come!; ***uns steht ein harter Winter bevor*** a hard winter is in store for us, it's going to be a hard winter ❷ (*in Kürze eintreten*) ■**etw steht bevor** sth is approaching; ***der Sommer steht bevor*** summer will soon be here

bevorstehend *adj* approaching; **das ~e Fest/der ~e Geburtstag** the upcoming party/birthday; **~e Gefahr** impending danger; ***diese kühlen Herbsttage waren Vorboten des ~en Winters*** those cool autumn[al] days heralded the onset of winter

bevorzugen* *vt* ❶ (*begünstigen*) ■**jdn [vor jdm]** ~ to favour [*or* AM -or] sb [over sb]; ***keines unserer Kinder wird bevorzugt, alle werden gleich behandelt*** none of our children receive preferential treatment, they are all treated equally; ***hier wird niemand bevorzugt!*** there's no favouritism around here! ❷ (*den Vorzug geben*) ■**etw** ~ to prefer sth

bevorzugt I. *adj* ❶ (*privilegiert*) privileged ❷ (*beliebteste(r,s)*) favourite BRIT, favorite AM **II.** *adv* **etw ~ abfertigen/ausliefern** to give sth priority [in shipment]; **jdn ~ abfertigen** [*o* **bedienen**] [*o* **behandeln**] to give sb preferential treatment

Bevorzugung <-, -en> *f* ❶ (*das Bevorzugen*) ■**jds ~ [vor jdm]** preference of sb [over sb else]; ***die ~ einiger Schüler war nicht zu übersehen*** you couldn't help but notice that some of the pupils were favoured over others ❷ (*bevorzugte Behandlung*) ■**jds ~/die ~ einer S. [bei etw]** preferential treatment of sb/sth [in sth]

bewachen* *vt* ❶ (*beaufsichtigen*) ■**jdn/etw** ~ to guard sb/sth ❷ SPORT (*decken*) ■**jdn** ~ to guard sb; **einen [gegnerischen] Spieler** ~ to mark [*or* AM guard] an opponent

Bewacher(in) <-s, -> *m(f)* ❶ (*jd, der jdn bewacht*) guard ❷ SPORT (*Deckungsspieler*) marker BRIT, defender AM

bewachsen*[1] [-ks-] *vt irreg* ■**etw** ~ to grow over sth

bewachsen*[2] *adj* ■**mit etw** ~ overgrown with sth

bewacht *adj* guarded; **auf ~en Parkplätzen** in supervised car parks [*or* AM parking lots]

Bewachung <-, -en> *f* ❶ (*das Bewachen*) guarding; **unter [schwerer** [*o* **strenger**]] ~ under [close] guard ❷ (*Wachmannschaft*) guard

bewaffnen* *vt* ■**jdn/etw [mit etw]** ~ to arm sb/sth [with sth]; ■**sich [mit etw]** ~ to arm oneself [with sth]

bewaffnet *adj* armed; ■**mit etw** ~ armed with sth *pred;* **ausgezeichnet/schlecht/unzureichend** ~ well-/badly/insufficiently armed

Bewaffnete(r) *f(m) dekl wie adj* armed person

Bewaffnung <-, -en> *f* ❶ *kein pl* (*das Bewaffnen*) arming ❷ (*Gesamtheit der Waffen*) weapons *pl,* arms *npl*

bewahren* *vt* ❶ (*schützen*) ■**jdn vor jdm/etw** ~ to save [*or* protect] sb from sb/sth; **vor etw** *dat* **bewahrt bleiben** to be spared sth; ■**jdn davor** ~, **etw zu tun** to save sb from doing sth; **davor bewahrt bleiben, etw zu tun** to be spared having to do sth ❷ (*geh: aufheben*) ■**etw [für jdn]** ~ to keep sth [for sb]; ***bewahre bitte dieses Schmuckstück [für mich] in deinem Safe*** please keep [*or* look after] this piece of jewellery [for me] in your safe ❸ (*erhalten, behalten*) ■[**sich** *dat*] **etw** ~ to keep sth; **den guten Ruf** ~ to protect [*or* guard] one's good reputation; *s. a.* **Stillschweigen** ► WENDUNGEN: **das Gesicht** ~ to save face; **Gott bewahre!** (*fam*) [good] Lord [*or* heavens] no!

bewähren* *vr* ■**sich** ~ to prove itself [*or* its worth]; ***unsere Freundschaft hat sich bewährt*** our friendship has stood the test of time; ***im Dauertest hat sich das neue Auto glänzend bewährt*** the new car had excellent performance in the endurance test; ■**sich** *akk* [**als jd/in etw** *dat*] ~ to prove oneself [as sth/in sth]

bewahrheiten* *vr* ■**sich** ~ to come true

bewährt *adj* tried and tested, proven; **~er Mitarbeiter/Kollege** reliable colleague

Bewahrung <-, -en> *f* (*geh*) ❶ (*Erhaltung*) protection; *von Geheimnis* keeping ❷ (*Auf~*) keeping; ***er versprach ihm die sichere ~ der Dokumente*** he promised the safekeeping of the documents

Bewährung <-, -en> *f* JUR ❶ (*im Strafvollzug*) probation; ***er bekam 6 Monate Haft auf ~*** he received a six months suspended sentence with probation; **eine Strafe zur ~ aussetzen** to suspend a sentence; **~ bekommen** to be put on probation; **mit/ohne** ~ with/without probation ❷ (*Bewährungsfrist*) period of probation, probation[ary] period

Bewährungsauflage *f* JUR condition of probation **Bewährungsfrist** *f* JUR period of probation, probation[ary] period **Bewährungshelfer(in)** *m(f)* JUR probation officer **Bewährungshilfe** *f* JUR probation service **Bewährungsprobe** *f* [acid] test ► WENDUNGEN: **eine/die ~ bestehen** to stand the test; **jdn/etw einer ~ unterziehen** to put sb/sth to the test **Bewährungsstrafe** *f* suspended sentence **Bewährungsurteil** *nt* JUR probation order **Bewährungszeit** *f* JUR probation period

bewaldet *adj* wooded; ■**dicht/dünn ~ sein** to be thickly/sparsely wooded

Bewaldung *f* ❶ (*Wald*) woodland ❷ (*Aufforsten*) afforestation

bewältigen* *vt* ■**etw** ~ ❶ (*meistern*) to cope with sth; **Schwierigkeiten** ~ to overcome difficulties; ***diese kurze Strecke kann ich zu Fuß ~*** I'll be able to manage this short distance on foot ❷ (*verzehren*) to manage [to eat] sth ❸ (*verarbeiten*) to digest [*or sep* take in] sth; (*überwinden*) to get over sth; **die Vergangenheit** ~ to come to terms with the past

Bewältigung <-, -en> *f* ❶ (*das Meistern*) coping with; *von Schwierigkeiten* overcoming; *einer Strecke* covering ❷ (*der Verzehr*) consumption ❸ (*Verarbeitung*) getting over; *der Vergangenheit* coming to terms with; *von Eindrücken* digesting, taking in

bewandert *adj* well-versed; ■[**in etw** *dat*/**auf einem Gebiet**] ~ **sein** to be well-versed [in sth/in a subject [*or* field]]; ***was du alles weißt, du bist aber wirklich sehr ~!*** the things you know! you really are very knowledgeable!

Bewandtnis *f* **mit jdm/etw hat es eine eigene** [*o* **besondere**] ~ (*geh*) sth has a particular reason [*or* explanation]; ***das hat seine eigene ~*** that's a long story; ***das hat folgende ~*** the reason [*or* explanation] is as follows; ***mein Verhalten hat eine ganz andere ~*** there is a quite different explanation for my behaviour; **es hat eine ganz bestimmte/besondere** there is a very good reason [*or* explanation] [for that]; ***welche/was für eine ~ hat es damit?*** what's the reason for [*or* behind] this?

bewässern* *vt* ■**etw** ~ AGR *Feld* to irrigate sth; HORT *Garten* to water sth

Bewässerung <-, -en> *f* ■**die ~ einer S.** *gen* ❶ AGR the irrigation of sth ❷ HORT the watering of sth

Bewässerungsanlage *f* AGR irrigation plant **Bewässerungsgraben** *m* AGR irrigation ditch **Bewässerungskanal** *m* AGR irrigation channel **Bewässerungssystem** *nt* AGR irrigation system

bewegen*[1] **I.** *vt* ❶ (*regen, rühren*) ■**etw** ~ to move sth; ■**etw von/zu etw** ~ (*transportieren*) to move sth from/to sth ❷ (*beschäftigen*) ■**jdn** ~ to concern sb; ***dieser Gedanke bewegt mich schon längere Zeit*** this [thought] has been on my mind for some time; (*innerlich aufwühlen*) to move sb ❸ (*bewirken*) ■**etwas/nichts/viel/wenig** ~ to achieve sth/nothing/a lot/little **II.** *vr* ❶ (*sich fortbewegen*) ■**sich** ~ to move ❷ (*sich körperlich betätigen*) ■**sich** ~ to [take some] exercise ❸ ASTRON ■**sich** *akk* [**um etw** *akk*/**in Richtung auf etw** *akk*] ~ to move [round sth/towards [*or* in the direction of] sth]; ***der Mond bewegt sich um die Erde*** the moon moves [*or* revolves] round the earth ❹ (*variieren, schwanken*) ■**sich** ~ to range; ***der Preis bewegt sich um 3000 Mark*** the price is around [*or* in the range of] DM 3,000; ***die Verluste ~ sich in den Millionen*** the losses will run into the millions ❺ (*sich ändern*) ■**sich** ~ to change

bewegen*[2] <bewog, bewogen> *vt* (*veranlassen*) ■**jdn zu etw** ~ to move [*or* persuade] sb to do sth; ■**jdn dazu** ~, **etw zu tun** to move [*or* persuade] sb to do sth; **sich bewogen fühlen, etw zu tun** (*geh*) to feel as if one has [*or* is prompted] [*or* is obliged] to do sth; ***ich fühlte mich bewogen, etwas zu sagen*** I felt I had [*or* was obliged] to say something

bewegend *adj* moving

Beweggrund *m* motive (+*gen* for)

beweglich *adj* ❶ (*zu bewegen*) movable; **~e Glieder** supple joints ❷ (*manövrierfähig*) manoeuvrable BRIT, maneuvrable AM; (*mobil*) mobile ❸ (*geistig wendig*) agile-[*or* nimble-]minded ❹ (*verlegbar*) movable; ***Ostern und Pfingsten sind ~e Feiertage*** Easter and Whitsun are movable [religious] holidays

Beweglichkeit <-> *f kein pl* ❶ (*geistige Wendigkeit*) agility [*or* nimbleness] of the mind, mental agility ❷ (*bewegliche Beschaffenheit*) suppleness, flexibility ❸ (*Mobilität*) mobility

bewegt *adj* ❶ (*sich bewegend*) choppy ❷ (*lebhaft*) eventful ❸ (*innerlich gerührt*) ■[**von etw**] ~ **sein** to be moved [by sth]; **mit ~er Stimme** in an emotional voice [*or* a voice laden with emotion]

Bewegung <-, -en> *f* ❶ (*Hand~*) gesture, movement of the hand; (*körperliche Aktion*) movement, gesture; **eine/keine [falsche] ~!** one/no false move/moves!; SCI, TECH motion; *von schwerem Gegenstand* moving; ASTROL, ASTRON *der Gestirne/Planete* movements *pl* ❷ (*körperliche Betätigung*) exercise; **jdn in ~ bringen** to get sb moving; **sich** *dat* **~ verschaffen** [*o* **machen**] to [take some] exercise ❸ (*Ergriffenheit*) emotion ❹ KUNST, POL (*ideologische/Kunst-/politische Richtung*) movement ❺ (*Dynamik, Änderung*) change; ***eine Firma, der es an ~ fehlt, wird sich kaum überleben können*** a company which can't move [*or* change] with the times is unlikely to survive; **jdn in ~ halten** to keep sb moving [*or fam* on the go]; **in ~ sein** *Mensch* to be on the move [*or fam* go]; ***ich war heute den ganzen Tag in ~*** I was on the go all day today; **in ~ geraten** POL to start to move; **in etw** *akk* **kommt ~** progress is being made; **sich in ~ setzen** to start moving; **etw in ~ setzen** [*o* **bringen**] to start sth moving, to get sth going [*or* started]

Bewegungsablauf *m* sequence of movements **Bewegungsarmut** *f* MED lack of [voluntary] movement, akinesia *spec* **Bewegungsbad** *nt* therapy pool; (*kleiner*) whirlpool [bath], Jacuzzi® **Bewegungsbilanz** *f* FIN [flow-of-]funds statement **Bewegungsenergie** *f* PHYS kinetic energy **bewegungsfähig** *adj* able to move, mobile **Bewegungsfreiheit** *f* freedom to move; ***in diesen engen Sachen hat man keinerlei*** ~ there's hardly any room to move [*or* breathe] in these tight clothes; ***eine Haftstrafe bedeutet eine Einschränkung der persönlichen*** ~ a custodial sentence represents a restriction of a person's freedom of movement **Bewegungsgröße** *f* PHYS impulse **bewegungslos** I. *adj* (*reglos*) motionless; (*unbewegt*) still II. *adv* motionless **Bewegungslosigkeit** <-> *f kein pl* motionlessness **Bewegungsmangel** *m kein pl* lack of exercise **Bewegungsmelder** *m* passive infrared detector [*or* PIR] alarm **Bewegungsprofil** *nt* movement profile **Bewegungstaste** *f* INFORM *cursor* **Bewegungstherapie** *f* MED therapeutic exercise **bewegungsunfähig** I. *adj* unable to move, immobile II. *adv* paralysed [*or* AM -yzed]

bewehrt *adj inv* equipped (**mit** +*dat* with)

Bewehrung *f* BAU reinforcement

beweihräuchern* *vt* ❶ REL (*Weihrauch zufächeln*) ■**etw** ~ to [in]cense sth ❷ (*pej: in den Himmel heben*) ■**jdn** ~ to praise sb to the skies [*or* high heavens]; ■**sich** [**selbst**] ~ to praise oneself to the skies

beweinen* *vt* ■**jdn/etw** ~ to weep over sb/sth

Beweis <-es, -e> *m* ❶ JUR (*Nachweis*) proof, evidence!; ~***e brauchen wir!*** we need proof [*or* evidence]!; ***im Hintergrund wurden*** ~***e gegen ihn gesammelt*** evidence was secretly [being] gathered against him; ■**ein/der** ~ **für etw** *akk*/**einer S.** *gen* proof of sth; **den** ~ **für etw antreten** to attempt to prove sth; **den** ~ [**für etw**] **erbringen** to provide conclusive proof [*or* evidence] [of sth]; ~ **erheben** to hear [*or* take] evidence; **den** ~ **führen** to offer evidence ❷ (*Zeichen*) sign, indication; **als/zum** ~ [**einer S.** *gen*] as a sign of [sth]

Beweisanforderung *f* JUR demand for evidence **Beweisangebot** *nt* JUR offer of proof [*or* evidence] **Beweisantrag** *m* JUR motion to hear [*or* take] evidence **Beweisantritt** *m* JUR submission of evidence; **Erweiterung des** ~**s** amplification of evidence **Beweisaufnahme** *n* JUR hearing [*or* taking] of evidence; **Abschluss der** ~ closure of the preparatory inquiry; **die** ~ **anordnen/abschließen** to order/to complete the preparatory inquiry [*or* to close the case]; **in die** ~ **eintreten** to take evidence

beweisbar *adj* provable

Beweisbedürftigkeit *f* JUR necessity to be proved **Beweisbeschluss**[RR] *m* JUR order for evidence **Beweisdokument** *nt* JUR instrument of evidence **Beweiseinrede** *f* JUR demurrer to evidence

beweisen* *irreg* I. *vt* ❶ (*nachweisen*) ■[**jdm**] **etw** ~ to prove sth [to sb]; ***der Angeklagte ist unschuldig, bis das Gegenteil bewiesen wird*** the defendant [*or* accused] is innocent until proven guilty; **was zu** ~ **war** which was [the thing] to be proved, quod erat demonstrandum; **was** [**noch**] **zu** ~ **wäre** which remains to be proved ❷ (*erkennen lassen*) ■**etw** ~ to display [*or* show] sth; ■~, **dass/wie ...** to show that/how ... II. *vr* (*sich zeigen*) ■**sich** ~ to show [itself]; ***es beweist sich wieder einmal ...*** this shows once again ... [*or* is further proof ...]

Beweiserhebung *f* JUR taking of evidence; **mündliche** ~ parol evidence **beweisfähig** *adj inv* JUR capable [*or* susceptible] of proof **Beweisfragen** *pl* JUR questions relating to evidence **Beweisführer(in)** *m(f)* JUR party submitting evidence **Beweisführung** *f* JUR giving [of] evidence, presentation of one's case **Beweisgebühr** *f* JUR fee for evidentiary proceedings **Beweisgegenstand** *m* JUR point of evidence **Beweiskraft** *f kein pl* JUR evidential [*or* probative] value; ■**die** ~ **einer S.** *gen* the evidential [*or* probative] value of sth; ~/**keine** ~ **haben/besitzen** to have [no] evidential [*or* probative] value **beweiskräftig** *adj* JUR of evidential [*or* probative] value *pred* **Beweislage** *f* [amount and type of] evidence **Beweislast** *f kein pl* JUR burden of proof **Beweislastfragen** *pl* JUR questions relating to evidence **Beweislastpflicht** *f* JUR burden [*or* onus] of adducing evidence **Beweislastumkehr** *f*, **Beweislastverschiebung** *f* JUR shift in the burden of proof **Beweismaterial** *nt* JUR [supporting] evidence; ~ **beibringen/fälschen/unterschlagen** to furnish/to cook up/to suppress evidence **Beweismittel** *nt* JUR piece of evidence **Beweisnot** *f kein pl* JUR lack of evidence; **in** ~ **sein/kommen** to be unable to produce evidence **Beweispflicht** *f kein pl* JUR obligation to furnish evidence **beweispflichtig** *adj inv* JUR responsible for producing proof **Beweispflichtige(r)** *f(m) dekl wie adj* JUR party bearing the burden of proof **Beweisrecht** *nt kein pl* JUR law of evidence **beweisrechtlich** *adj inv* JUR evidentiary **Beweisregel** *f* JUR rule of evidence **Beweissicherung** *f* JUR conservation [*or* preservation] of evidence **Beweissicherungsverfahren** *nt* JUR proceedings for the preservation of evidence **Beweisstück** *nt* JUR exhibit **Beweistermin** *m* JUR *date arranged for the hearing of evidence* **Beweisthema** *nt* JUR points in issue **beweisunerheblich** *adj inv* JUR immaterial, irrelevant **Beweisurkunde** *f* JUR instrument of evidence **Beweisverbot** *nt* JUR inadmissibility of evidence **Beweisvereitelung** *f* JUR obstructing the obtaining of evidence **Beweisverfahren** *nt* JUR procedure ot taking evidence **Beweisvermutung** *f* JUR evidentiary presumption **Beweiswert** *m* JUR probative value **Beweiswürdigung** *f* JUR **freie** ~ free evaluation of evidence

bewenden *vt impers* ■**es bei** [*o* **mit**] **etw** ~ **lassen** to leave it at sth; ***für diesmal will ich es noch bei einer Verwarnung*** ~ ***lassen*** this time I'll leave it at a warning

Bewenden <-s> *nt kein pl* end; ***das hat damit sein*** ~ that's the end of that [*or* the matter]; ***lass es jetzt damit sein*** ~ ***haben*** let that be an end to it, let the matter [*or* it] rest there

Bewerb <-[e]s, -e> *m* SPORT ÖSTERR (*Wettbewerb*) competition

bewerben* I. *vr irreg* ■**sich** *akk* [**auf etw** *akk*] [**bei jdm**] [**um etw** *akk*] ~ to apply [in response to sth] [to sb] [for sth]; ■**sich** [**bei jdm**] **als etw** ~ to apply [to sb] [for a job] as sth II. *vt* ■**etw** ~ to advertise sth

Bewerber(in) <-s, -> *m(f)* applicant, candidate

Bewerbung *f* ❶ (*Beantragung einer Einstellung*) application; ~ **um ein politisches Amt** candidature for [a] political office ❷ (*Bewerbungsschreiben nebst Unterlagen*) [letter of] application ❸ (*werbliche Maßnahmen*) advertising

Bewerbungsausschuss[RR] *m* application board **Bewerbungsbogen** *m* application form **Bewerbungsformular** *nt* application form **Bewerbungsgespräch** *nt* [job] interview **Bewerbungsschreiben** *nt* [letter of] application **Bewerbungsunterlagen** *pl* documents in support of an application **Bewerbungsverfahren** *nt* application procedure

bewerfen* *vt irreg* ❶ (*beschmeißen*) ■**jdn/etw mit etw** ~ to throw sth at sb/sth; ***als der Lehrer auf den Schulhof trat, wurde er mit Schneebällen beworfen*** the teacher was pelted with snowballs when he entered the schoolyard; ■**sich** [**gegenseitig**] **mit etw** ~ to throw sth at each other ❷ BAU (*werfend verputzen*) ■**etw mit etw** ~ to plaster [*or* render] sth with sth

bewerkstelligen* *vt* ■**etw** ~ ❶ (*pej fam: anstellen*) to do sth; ***was hast du denn da wieder bewerkstelligt?*** what have you [gone and] done this time?; ***so etwas konntest auch nur du*** ~***!*** only you could do something like that! ❷ (*zuwege bringen*) to manage [to do] sth; ■**es** ~, **dass jd etw tut** to [manage to] get sb to do sth

bewerten* *vt* ■**jdn/etw** [**mit etw**] ~ to assess sb/sth [as sth]; ***der Aufsatz wurde mit befriedigend bewertet*** the essay was given the mark "satisfactory"; **ein Kunstobjekt** ~ to value a work of art; ■**jdn/etw nach etw** ~ to judge sb/sth according to sth; **nach dem Einheitswert** ~ to assess [*or* appraise] based on the standard value; **etw zu hoch/niedrig** ~ to overvalue/undervalue sth

bewertet *adj inv, präd* FIN valued; ~ **mit Einstandskurs** valued at cost; **zu etw** ~ **sein** to be valued at sth; ~ **zu Anschaffungswerten** valued at cost value

Bewertung *f* assessment, evaluation; *von Besitz* valuation; SCH *einer Schülerarbeit* marking; **eine** ~ **von etw vornehmen** to value sth; ~ **eines Anspruchs** assessment of a claim; ~ **von Forderungen** valuation of claims

Bewertungkriterien *pl* valuation provisions **Bewertungsabschlag** *m* FIN downward valuation adjustment **Bewertungsausschuss**[RR] *m* FIN assessment committee **Bewertungsfrage** *f* FIN evaluative problem **Bewertungsfreiheit** *f kein pl* FIN discretionary valuation **Bewertungsgesetz** *nt* JUR Valuation Law **Bewertungsgrundlage** *f* FIN valuation basis, basis of value **Bewertungsgrundsatz** *m* FIN valuation principle **Bewertungskriterium** *nt* criterion **Bewertungsmaßstab** *m* FIN standard of valuation, assessment [*or* valuation] criterion **Bewertungsmaßstab** *m* FIN valuation criterion **Bewertungsmethode** *f* FIN valuation method **Bewertungsobjekt** *nt* FIN object of valuation **Bewertungsrecht** *nt kein pl* FIN property valuation law **Bewertungsrichtlinien** *pl* FIN assessment principles **Bewertungsschlüssel** *m* FIN key of ratings **Bewertungsspielraum** *m* margin of assessment **Bewertungsstetigkeit** *f* FIN consistency of valuation **Bewertungsstichtag** *f* FIN valuation date **Bewertungsverfahren** *nt* FIN valuation method **Bewertungsvorbehalt** *f* FIN reservation of rating **Bewertungsvorschriften** *pl* FIN (*für Bilanz*) valuation rules; (*für Steuern*) assessment principles **Bewertungswahlrecht** *nt* FIN discretionary valuation

bewiesen *adj inv* JUR proven, proved; **unwiderlegbar** ~ proved beyond doubt; **urkundlich** ~ evidenced by documents

bewiesenermaßen *adv* demonstrably; ***sie ist*** ~ ***für diese ganzen Intrigen verantwortlich gewesen*** it has been proved that she is responsible for all these intrigues

bewilligen* *vt* ■[**jdm**] **etw** ~ to approve sth [for sb]; ***ihm wurde eine neue Redakteurin bewilligt*** he was allowed a new editor; FIN to grant [sb] sth; ***ein Stipendium*** ~ to award a grant

bewilligt *adj inv* approved; **staatlich** ~**e Zuschüsse** state subsidies

Bewilligung <-, -en> *f* ❶ (*das Bewilligen*) approval; *von Mitteln, Kredit* granting; *von Stipendium* awarding ❷ (*schriftliche Genehmigung*) approval

Bewilligungsbescheid *m* JUR notification of approval **Bewilligungsinhaber(in)** *m(f)* JUR holder of an authorization **Bewilligungskriterium** *nt* approval criterion, criterion for approval

bewirken* *vt* ❶ (*verursachen*) ■**etw** ~ to cause sth; ***was nur seinen plötzlichen Sinneswandel bewirkt haben mag?*** what might have caused his sudden change of mind?; ***ihr Einlenken wurde durch starken Druck ihrer Lieferanten bewirkt*** she relented after intense pressure was exerted [on her] by her supplier ❷ (*erreichen*) ■[**bei jdm**] **etwas/nichts** ~ to achieve sth/nothing [with sb]; ***mit Klagen bewirkst du bei ihm gar nichts mehr*** you won't get anywhere [at all] with him by complaining, complaints won't budge him in the slightest

bewirten* *vt* ■**jdn** [**mit etw**] ~ to entertain sb [with sth]; ***mit was darf ich euch denn*** ~***? Sekt, Filetspitzen, Räucherlachs?*** what can I offer you? champagne, fillet steak or smoked salmon?; ***in diesem Restaurant kehren wir oft ein, weil man dort immer gut bewirtet wird*** we often go to this restaurant as we always get a good meal there; ***kauf bitte reichlich ein, wir haben morgen 10 Personen zu*** ~***!*** buy plenty as we've got ten people to cater [*or* cook] for tomorrow!

bewirtschaften* *vt* ❶ (*betreiben*) ■**etw** ~ to run sth; ***der Imbiss am See wird nur in der Saison***

bewirtschaftet the lakeside snack bar is only open in season ❷ AGR (*bestellen*) ■**etw** [**als etw**] ~ to work sth [as sth] ❸ ÖKON, POL (*staatlich kontrollieren*) ■**etw** ~ to ration sth; **Devisen/Wohnraum** ~ to control foreign currency/living space

Bewịrtschaftung <-, -en> *f* ❶ (*das Betreiben*) running; ***die ~ der Skihütte war sehr aufwändig*** the costs of running the skiers' lodge were very high ❷ AGR (*die Bestellung*) farming, working; **die ~ der Felder** the cultivation of the fields ❸ ÖKON, POL (*staatliche Kontrolle*) rationing; **die ~ von Devisen/Wohnraum** the controlling of foreign currency/living space; ***aufgrund der Notlage sah sich die Regierung zur ~ der Lebensmittel gezwungen*** the state of emergency forced the government into rationing food supplies

Bewịrtschaftungsrecht *nt kein pl* JUR operating right **Bewịrtschaftungssystem** *nt* FIN rationing system **Bewịrtschaftungsvertrag** *m* JUR management contract

Bewịrtung <-, -en> *f* entertaining; ***kümmerst du dich bitte um die ~ unserer Gäste?*** will you see to our guests please?

Bewịrtungskosten *pl* ÖKON entertainment expenses

bewo̲g *imp von* **bewegen²**

bewo̲gen *pp von* **bewegen²**

bewo̲hnbar *adj* habitable; **etw ~ machen** to make sth habitable [*or* fit to live in]

bewo̲hnen* *vt* ■**etw ~** to live in sth; ***das Haus wird schon seit Jahren nicht mehr bewohnt*** the house has not been lived in [*or* occupied] for years; ***er bewohnt das ganze Haus allein*** he occupies the whole house himself; **eine Gegend/Insel/ein Land ~** to inhabit an area/island/country

Bewo̲hner(in) <-s, -> *m(f)* ❶ (*Einwohner*) inhabitant; *von Haus, Zimmer* occupant ❷ (*Tier*) inhabitant; ***die Springmaus gehört zu den ~n der [afrikanischen] Wüste*** the jerboa is a native of the [African] desertlands; ***dieser Vogel ist ein ~ der Wälder*** this is a woodland bird

Bewo̲hnerschaft <-, -en> *f* (*geh*) inhabitants *pl*, denizens *pl form;* **die ~ eines Mietshauses** the occupants of a block of flats

bewo̲hnt *adj* inhabited; ***diese einsame Gegend ist kaum bewohnt*** this lonely region is sparsely populated; ***ist das Haus überhaupt ~?*** is the house even occupied?

bewọ̈lken* *vr* ■**sich ~** ❶ (*sich mit Wolken bedecken*) to cloud over, to become overcast ❷ LIT (*sich verfinstern*) to darken; ***seine Stirn bewölkte sich*** his face darkened

bewọ̈lkt *adj* METEO cloudy, overcast; ***heute wird es leicht ~ sein*** it will be partly cloudy today

Bewọ̈lkung <-, -en> *f* METEO cloud cover; ***„im Tagesverlauf wechselnde ~ "*** "today will see variable amounts of cloud [cover]"

Bewọ̈lkungsauflockerung *f* METEO breaking up of [the] cloud cover **Bewọ̈lkungszunahme** *f kein pl* METEO increase in [the] [*or* increasing] cloud cover

Bewụchs *m kein pl* ÖKOL vegetation [*or* plant] cover

Bewụnd(e)rer, Bewund[r]erin <-s, -> *m, f* admirer

bewụndern* *vt* ■**jdn/etw** [**wegen etw**] ~ to admire sb/sth [for sth]; ■**etw** [**an jdm**] ~ to admire sth [about sb]; ***was ich an dir bewundere ist …*** what I admire about you is …

bewụndernd I. *adj* admiring II. *adv* admiringly

bewụndernswert *adj*, **bewụndernswürdig** *adj* (*geh*) admirable; ■[**an jdm/etw**] ~ **sein** to be admirable [about sb/sth]; ***deine Gelassenheit ist [an dir] wirklich ~*** the really admirable thing [about you] is your calmness

bewụndert *adj* admired

Bewụnderung <-, *selten* -en> *f* admiration; ***meine ~!*** congratulations!

bewụnderungswürdig *adj* admirable, worthy of admiration

Bewụndrer *m s.* **Bewunderer**

bewụsst^RR^, bewụßt I. *adj* ❶ *attr* (*vorsätzlich*) wilful BRIT, willful AM ❷ *attr* (*überlegt*) considered; **~e Lebensführung** socially and environmentally aware lifestyle ❸ *attr* (*überzeugt*) committed ❹ PSYCH (*im Bewusstsein vorhanden*) ■**sich** *dat* **einer S.** *gen* **~ sein/werden** (*jdm ist/wird etw klar*) to be/become aware of sth; ***sie waren sich der Tragweite dieser Entscheidung nicht ~*** they did not realize the enormity [*or* far-reaching consequences] of this decision; ■**jdm ~ sein/werden** to be/become clear to sb ❺ *attr* (*bekannt, besagt*) in question *pred* II. *adv* ❶ (*überlegt*) **~ leben** to live with great [social and environmental] awareness ❷ (*vorsätzlich*) deliberately ❸ (*klar*) **jdm etw ~ machen** to make sb realize sth; ***man kann ihr diesen Irrtum einfach nicht ~ machen*** it is impossible to make her aware of her mistake; **sich** *dat* **etw ~ machen** to realize sth; ***das muss man sich mal ~ machen!*** just imagine!

Bewụsstheit^RR^, Bewụßtheit <-> *f kein pl* ❶ (*Vorsätzlichkeit*) wilfulness BRIT, willfulness AM ❷ (*Überlegtheit*) awareness

bewụsstlos^RR^, bewụßtlos I. *adj* unconscious II. *adv* unconsciously; **~ zusammenbrechen** to collapse unconscious [*or* in a faint]

Bewụsstlose(r)^RR^, Bewụßtlose(r) *f(m) dekl wie adj* unconscious person

Bewụsstlosigkeit^RR^, Bewụßtlosigkeit <-> *f kein pl* unconsciousness ▶ WENDUNGEN: **bis zur ~** (*fam*) ad nauseum

bewụsst|machen *vt s.* **bewusst II 3**

Bewụsstsein^RR^ <-s>, **Bewụßtsein** *nt kein pl* ❶ (*bewusster Zustand*) consciousness; **wieder zu ~ kommen, das ~ wiedererlangen** to regain consciousness; **das ~ verlieren** to lose consciousness; **bei [vollem] ~ sein** to be [fully] conscious; ***er wurde bei vollem ~ operiert*** he was operated on while fully conscious ❷ PHILOS, PSYCH, MED (*bewusste Wahrnehmung*) consciousness; **jdm etw ins ~ bringen** [*o* **rufen**] to remind sb of sth; **jdn/etw aus dem/ihrem/seinem ~ verdrängen** to banish sb/sth from one's/her/his mind ❸ (*bewusste Ansichten*) consciousness ❹ (*das Wissen um etw*) ■**das ~ einer S.** *gen* the awareness of sth; **jdm zu[m] ~ kommen** to become clear to sb; **etw mit [vollem] ~ tun** to do sth intentionally; **im ~ einer S.** *gen* in the knowledge of sth; ***das ~, dass er im Recht war, verlieh ihm Kraft*** the knowledge that he was in the right gave him strength

Bewụsstseinsbildung^RR^ *f* creation of awareness **bewụsstseinserweiternd^RR^** *adj* PHARM, PSYCH mind-expanding; **~e Drogen** psychedelic [*or* hallucinogenic] [*or* consciousness-expanding] drugs **Bewụsstseinserweiterung^RR^** *f* PSYCH expansion of the mind [*or* one's consiousness] **Bewụsstseinsspaltung^RR^** *f* MED, PSYCH split[ting of the] consciousness, schizophrenia **Bewụsstseinsstörung^RR^** *f* disturbance of consciousness, consciousness disorder; **kurzzeitige ~** blackout, blank; **traumhafte ~** dreamy state **Bewụsstseinsveränderung^RR^** *f* change of awareness **Bewụsstseinsverlust^RR^** *m* MED loss of consciousness, unconsciousness, blackout

bez. *adv s.* **beziehungsweise**

beza̲hlbar *adj* payable; ■**etw ist ~** *sth is to be paid;* ***es ist zwar teuer, aber für die meisten doch noch ~*** although it is expensive, most people can still afford it

beza̲hlen* I. *vt* ❶ (*begleichen*) ■[**jdm**] **etw ~** to pay [sb] sth; ***wenn Sie mir 100 Mark ~, verrate ich alles!*** give me DM 100 and I'll tell you everything!; ***die Rechnung muss gleich bezahlt werden*** the bill must be settled immediately; ***ich bezahle den Wein!*** I'll pay for the wine! ❷ (*entlohnen*) ■**jdn** [**für etw**] ~ to pay sb [for sth] ❸ (*euph: kaufen*) ■**jdm etw ~** to pay for [*or* buy] sth for sb; *s. a.* **Leben** II. *vi* to pay; [**Herr Ober,**] [**bitte**] **~!** waiter, the bill please!

Beza̲hlfernsehen *nt* pay TV

beza̲hlt *adj* paid; **~e Schulden** paid[-off] [*or* settled] debts; **etw ~ bekommen** [*o fam* **kriegen**] to be paid for sth; **ein Essen/Getränk/eine Hotelübernachtung ~ bekommen** to have a meal/drink/stay in a hotel paid for ▶ WENDUNGEN: **als ob jd es ~ bekäme** (*fam*) for all sb is worth; **sich** [**für jdn**] **~ machen** to pay [*or* be worth the trouble] [for sb]

Beza̲hlung *f* ❶ (*das Bezahlen*) payment; *von Schulden a.* settlement, settling; *von Getränken, Speisen* paying for; ***denk bitte an die ~ der Miete!*** don't forget to pay the rent! ❷ (*Lohn, Gehalt*) pay; ***für den Auftrag hatte er $10.000 als ~ erhalten*** he received payment of $10,000 for the contract; **ohne/gegen ~** without payment/for payment

beza̲hmen* I. *vt* (*geh*) ■**etw ~** to keep sth under control; **den Durst/Hunger ~** to master [*or* bear] one's thirst/appetite; **die Neugierde ~** to restrain one's curiosity II. *vr* ■**sich ~** to control [*or* restrain] oneself

beza̲ubern* I. *vt* ■**jdn ~** to enchant sb II. *vi* to enchant

beza̲ubernd *adj* ❶ (*entzückend*) enchanting; ***das ist wirklich ein ~es Kaffeeservice!*** that is really a delightful [*or* charming] coffee set!; ***sie war eine Frau von ~er Schönheit*** she was a woman of captivating beauty ❷ (*iron*) ***das sind ja ~e Aussichten!*** what fine prospects!; ***wirklich ~!*** that's really great!, oh how wonderful!

bezẹcht *adj* (*fam*) drunk, BRIT *fam a.* tight

beze̲ichnen* I. *vt* ❶ (*benennen*) ■**jdn/etw** [**als jdn/etw**] ~ to call sb/sth [sb/sth]; ***dein Verhalten kann man nur als ungehörig ~!*** your behaviour can only be described as impertinent! ❷ (*bedeuten*) ■**etw ~** to denote sth ❸ (*genau beschreiben*) ■[**jdm**] **etw ~** to describe sth [to sb] ❹ (*kennzeichnen*) ■**etw** [**durch/mit etw**] ~ to mark sth [with sth]; LING, MUS to indicate sth [with sth] II. *vr* (*sich benennen*) ■**sich als jd/etw ~** to call oneself sb/sth; ***sie bezeichnet sich als großzügig*** she describes herself as generous

beze̲ichnend *adj* (*charakteristisch*) characteristic, typical; ■**etw ist ~ für jdn/etw** sth is typical of sb/sth

beze̲ichnenderwe̲ise *adv* typically

Beze̲ichnung *f* ❶ (*Ausdruck*) term ❷ (*Kennzeichnung*) marking; (*Beschreibung*) description; ***die ~ auf der Verpackung ist wenig informativ*** the description on the packaging doesn't give much useful information

Beze̲ichnungsschutz *m* JUR protection of trade mark

beze̲ugen* *vt* ❶ JUR ■**etw ~** (*als Zeuge bestätigen*) to testify to sth; (*bestätigen*) to attest sth; ■**~, dass …** to testify that …; to show [*or* prove] that … ❷ (*geh: nachweisen*) ■**jdm etw ~** to prove sth to sb

bezịchtigen* *vt* ■**jdn** [**einer S.** *gen*] ~ to accuse sb [of sth]; ■**jdn ~, etw getan zu haben** to accuse sb of having done sth

bezi̲ehbar *adj* ❶ (*bezugsfertig*) ready for occupation [*or* to move into] ❷ ÖKON (*erhältlich*) obtainable

bezi̲ehen* *irreg* I. *vt* ❶ (*mit Bezug versehen*) ■**etw** [**mit etw**] ~ to cover sth [with sth]; **die Bettwäsche neu ~** to change the bed[linen] [*or* sheets]; **etw neu ~** to re-cover sth; MUS (*bespannen*) to string ❷ (*in etw einziehen*) ■**etw ~** to move into sth ❸ *bes* MIL (*einnehmen*) ■**etw ~** to take up sth; **einen Standpunkt ~** to adopt a point of view ❹ ÖKON (*sich beschaffen*) ■**etw** [**von jdm**] ~ to obtain [*or* get] sth [from sb]; **eine Zeitschrift ~** to take [*or* AM subscribe to] a magazine ❺ FIN (*erhalten*) ■**etw** [**von jdm/etw**] ~ to receive [*or* draw] sth [from sb/sth] ❻ SCHWEIZ (*einziehen*) to collect ❼ (*fam: bekommen*) to get; ***du beziehst gleich eine Ohrfeige, wenn du nicht mit dem Blödsinn aufhörst!*** I'll box your ears in a minute if you don't stop messing around! ❽ (*in Beziehung setzen*) ■**etw auf jdn/etw ~** to apply sth to sb/sth; ***warum bezieht er [bloß] immer alles auf sich?*** why does he always [have to] take everything personally? II. *vr* ❶ (*sich bedecken*) ■**sich ~** to cloud over, to become overcast; **mit Wolken bezogen** clouded over ❷ (*betreffen*) ■**sich auf jdn/etw ~** to refer to sb/sth ❸ (*sich berufen*) ■**sich auf jdn/etw ~** to refer to sb/sth

Bezi̲eher(in) <-s, -> *m(f)* FIN drawer, recipient; ME-

DIA (*Abonnent*) subscriber; ~ **von Waren** buyers [*or* purchasers] of goods

Beziehung <-, -en> *f* ① (*Verbindung*) ▪**die/jds ~ zu etw** the/sb's relationship with sth; **zwischen etw und jdm/etw besteht eine/keine ~** there is a/no connection between sth and sb/sth; **etw zu etw in ~ setzen** [*o* **bringen**] to connect sth with sth; ***als Tagträumer ist es leicht die ~ zur Realität zu verlieren*** it's easy for a daydreamer to lose his [*or* her] grasp of reality ② *meist pl* (*fördernde Bekanntschaften*) connections *npl;* **~en haben** to have connections; **seine ~en spielen lassen** to pull [some] strings ③ (*Verhältnis*) relationship; ***ich habe zur heutigen Jugend keine ~*** I can't relate to the youth of today; **diplomatische ~en** diplomatic relations; **diplomatische ~en aufnehmen/abbrechen** to establish/break off diplomatic relations; (*sexuell*) [sexual] relationship; ▪**jds ~ zu/mit jdm** sb's relationship with sb; **intime** [*o* **sexuelle**] **~en** [**zu jdm**] **haben** [*o* **unterhalten**] to have intimate relations [with sb]; **menschliche ~en** human relations; **keine ~ zu jdm/etw haben** to have no feeling for [*or* be unable to relate to] sb/sth ④ (*Hinsicht*) respect; **in einer/keiner ~** in one/no respect [*or* way]; **in jeder ~** in every respect; **in mancher ~** in many respects ⑤ (*Zusammenhang*) connection; **in einer/keiner ~ zueinander stehen** to have a/no connection with one another

Beziehungskiste *f* (*sl*) relationship

beziehungslos *adj* unconnected, unrelated

Beziehungslosigkeit <-> *f kein pl* unconnectedness, unrelatedness

beziehungsweise *konj* or rather

beziffern* I. *vt* (*in Zahlen ausdrücken*) ▪**etw** [**mit etw** *dat*/**auf etw** *akk*] **~** to estimate sth [at sth] II. *vr* (*sich belaufen*) ▪**sich** *akk* **auf etw** *akk* **~** to come to sth; ***die Gesamtzahl der Demonstranten bezifferte sich auf über 500.000*** the number of demonstrators numbered more than 500,000

Bezifferung <-, -en> *f* ① (*das Beziffern*) estimate; ***zur Zeit ist noch keine exakte ~ der entstandenen Verluste möglich*** at the moment it is difficult to put an exact figure on the losses incurred ② (*Gesamtheit erwähnter Zahlen*) numbering; ***bei der ~ der Seiten wurden einige Fehler gemacht*** there were some mistakes in the page numbering

Bezirk <-[e]s, -e> *m* ① (*Gebiet*) district ② ÖKON (*Vertretungsgebiet*) region ③ ADMIN ÖSTERR, SCHWEIZ (*Verwaltungs~*) [administrative] district ④ (*Fachbereich*) field, domain, sphere

bezirklich *adj inv* district

Bezirksamt *nt* district authority **Bezirksbeirat** *m* district council **Bezirksbürgermeister(in)** *m(f)* borough mayor **Bezirkschef(in)** *m(f)* district leader **Bezirksebene** *f* district [*or* regional] level **Bezirksgericht** *nt* JUR ÖSTERR, SCHWEIZ (*Amtsgericht*) ≈ county [*or* AM district] court **Bezirkshauptmann, -männin** *m, f* ÖSTERR *chief officer of an administrative district* **Bezirksjugendrichter(in)** *m(f)* JUR district juvenile court judge **Bezirksklasse** *f,* **Bezirksliga** *f* SPORT district [*or* local] league **Bezirksleiter(in)** *m(f)* district leader **Bezirksleitung** *f* district administration **Bezirksnotar(in)** *m(f)* JUR district notary **Bezirksregierung** *f* district authority **Bezirksschule** *f* SCHWEIZ district school **Bezirksspital** *nt bes* SCHWEIZ (*Kreiskrankenhaus*) district hospital **Bezirksstaatsanwalt, -anwältin** *m, f* JUR district attorney AM **Bezirksstadt** *f* ADMIN *s.* **Kreisstadt Bezirksvertretung** *f* local agency, regional office **Bezirksverwaltung** *f* district [*or* regional] administration [*or* authority] **Bezirksvorsitzende(r)** *f(m) decl wie adj* chairperson [*or masc* chairman] [*or fem* chairwoman] of the district council **Bezirksvorsteher(in)** *m(f)* ADMIN head of district administration

bezirzen* *vt* (*fam*) ▪**jdn ~** to bewitch sb, to wrap sb round one's little finger

Bezogene(r) *f(m) dekl wie adj* FIN, ÖKON drawee

bezug *s.* **Bezug 8**

Bezug <-[e]s, Bezüge> *m* ① (*Kissen~*) pillowcase; (*Bett~*) duvet [*or* quilt] [*or* BRIT *a.* eiderdown] cover ② (*Bezugsstoff*) covering ③ ÖKON (*das Beziehen*) buying, purchasing; *einer Publikation* subscription (+*gen* to) ④ FIN (*das Erhalten*) drawing, receiving; ▪**der ~ von etw** the drawing [*or* receiving] of sth; SCHWEIZ (*das Einziehen*) collection ⑤ *pl* (*Einkünfte*) income *sing,* earnings *pl* ⑥ (*Verbindung*) *s.* **Beziehung 1** ⑦ SCHWEIZ (*das Beziehen*) moving in[to] ⑧ (*geh: Berufung*) reference; **~ auf etw** *akk* **nehmen** to refer to sth; **~ nehmend auf etw** *akk* with reference to, referring to ⑨ (*Hinsicht*) ▪**in ~ auf etw** *akk* with regard to …; **in ~ darauf** regarding that; **mit** [*o* **unter**] **~ auf** *akk* **…** (*geh*) with reference to …

Bezüger(in) <-s, -> *m(f)* SCHWEIZ (*Bezieher*) drawer, recipient; *von Waren* buyer, purchaser; *Zeitung* regular reader (+*gen* of), subscriber (+*gen* to)

bezüglich I. *präp* (*geh*) ▪**~ einer S.** *gen* regarding [*or* with regard to] sth II. *adj* LING relative; **das ~e Fürwort** the relative pronoun; ▪**auf etw** *akk* **~** relating to sth

Bezugnahme <-, -n> *f* **unter ~ auf etw** *akk* (*geh*) with reference to sth

bezugnehmend *adv s.* **Bezug**

Bezugsaktie *f* BÖRSE new share [*or* AM stock] **Bezugsanweisung** *f* HANDEL delivery order **Bezugsbasis** *f* basis of comparison **Bezugsbedingung** *f* condition of purchase; *Zeitung* term[s] of subscription **bezugsberechtigt** *adj* ÖKON, ADMIN entitled [to receive [*or* draw] sth]; ▪[**für** [*o* **zu**] **etw**] **~ sein** to be entitled [to sth] **Bezugsberechtigte(r)** *f(m) dekl wie adj* ÖKON, ADMIN beneficiary **Bezugsbeschränkungen** *pl* FIN procurement restrictions **Bezugsbindung** *f* FIN procurement tying **Bezugsdauer** *f kein pl* HANDEL subscription period **bezugsfertig** *adj* ready to move into [*or* for occupation] **Bezugsgenehmigung** *f* FIN purchasing authorization **Bezugsgröße** *f* ① HANDEL reference value ② FIN unit of reference **Bezugsleinen** *nt* TYPO book [*or* covering] cloth **Bezugsmenge** *f* HANDEL reference quantity **Bezugsmöglichkeiten** *pl* FIN reference size **Bezugspapier** *nt* TYPO (*Buch*) covering paper **Bezugspatent** *nt* related patent **Bezugsperiode** *f* HANDEL subscription period **Bezugsperson** *f* PSYCH, SOZIOL ≈ role model (*a person on whom sb models their thinking and behaviour due to their personal relationship*) **Bezugspflicht** *f* HANDEL obligation to buy **Bezugsprämie** *f* BÖRSE call premium **Bezugspreis** *m* subscription price [*or* rate] **Bezugspunkt** *m* point of reference **Bezugsquelle** *f* source of supply **Bezugsrahmen** *m* frame [*or* terms] of reference **Bezugsrecht** *nt* BÖRSE **~ auf Gratisaktien** option on bonus shares [*or* AM stock]; JUR subscription right **Bezugsrechtskurs** *m* BÖRSE subscription price **Bezugsschein** *m* ÖKON [ration] coupon **Bezugssperre** *f* FIN refusal to buy **Bezugsstoff** *m* cover material **Bezugsverpflichtung** *f* HANDEL procurement duty **Bezugsvertrag** *m* JUR supply [*or* purchase] contract **Bezugswert** *m* relative value **Bezugszeichen** *nt* reference mark **Bezugszeitraum** *m* HANDEL reference period

bezuschussen* *vt* FIN ▪**jdn/etw ~** to subsidize sb/sth

Bezuschussung *f* FIN subsidization

bezuschussungsfähig *adj inv* FIN eligible [for a grant]

bezwecken* *vt* ① (*bewirken*) ▪**etw/nichts** [**bei jdm**] **~** to achieve sth/nothing [with sb]; ***Ermahnungen ~*** [***bei ihr***] ***gar nichts mehr*** warnings don't have any affect [on her] any more ② (*beabsichtigen*) ▪**etw** [**mit etw**] **~** to aim to achieve sth [with sth]; ▪**etw ~** to have sth as its object

bezweifeln* *vt* ▪**etw ~** to question sth; ▪**~, dass** to doubt that, to question whether; ***ich will nicht einmal ~, dass …*** I don't doubt for a moment that …; ***es ist doch sehr zu ~, dass …*** it is highly questionable whether …

bezwingen* *irreg* I. *vt* ① (*besiegen*) ▪**jdn ~** to defeat sb; **einen Gegner ~** to beat [*or* defeat] an opponent ② (*überwinden*) ▪**etw ~** to capture [*or* take] sth; **einen Anstieg/einen Pass ~** to negotiate a climb/pass; **einen Berg ~** to conquer a mountain ③ (*bezähmen*) ▪**etw ~** to keep sth under control; **den Durst/Hunger/Schmerz ~** to master [*or* bear] one's thirst/appetite/pain; **Emotionen ~** to overcome emotions; **die Neugierde ~** to restrain one's curiosity; **den Zorn ~** to contain one's anger II. *vr* ▪**sich ~** to restrain onseself; ***wenn ich Pralinen sehe, muss ich zugreifen, da kann ich mich einfach nicht ~!*** when I see chocolates, I have to have some, I simply can't help myself!

Bezwinger(in) <-s, -> *m(f)* conqueror, defeater

BfA <-> *f kein pl Abk von* **Bundesversicherungsanstalt für Angestellte** *Federal Insurance Office for Salaried Employees*

BGB <-> *nt kein pl Abk von* **Bürgerliches Gesetzbuch** the German civil code

BGB-Gesellschaft *f* JUR civil partnership

BGH <-s> *m Abk von* **Bundesgerichtshof**

BGS *m Abk von* **Bundesgrenzschutz** Federal Border Police

BH <-[s], -[s]> *m Abk von* **Büstenhalter** bra *fam*

Bhagwan <-s, -s> *m* (*Träger des hinduistischen Ehrentitels*) Bhagavat, Bhagavad; (*Leiter der Sekte*) Bhagavata

Bhagwananhänger(in) *m(f)* Bhagavata follower **Bhagwankommune** *f* Bhagavata commune **Bhagwankult** *m* Bhagavata cult

Bhf. *m Abk von* **Bahnhof** sta., stn.

Bhutan <-s> *nt* Bhutan; *s. a.* **Deutschland**

Bhutaner(in) <-s, -> *m(f)* Bhutanese; *s. a.* **Deutsche(r)**

bhutanisch *adj* Bhutanese; *s. a.* **deutsch**

bi *adj pred* (*sl*) bi *pred sl*

Biathlon <-s, -s> *nt* biathlon

bibbern *vi* (*fam*) ▪[**vor etw** *dat*] **~** to tremble [*or* shake] [with sth]; (*vor Kälte*) to shiver; ▪**um etw ~** to fear for sth; **um sein Leben ~** to fear for one's life

Bibel <-, -n> *f* Bible; ***ein Exemplar der ~*** [a copy of] the Bible

bibelfest *adj* well-versed in the Bible *pred* **Bibelgesellschaft** *f* Bible society **Bibelspruch** *m* Biblical saying [*or* quotation] **Bibelstelle** *f* passage [*or* text] from the Bible **Bibelstunde** *f* Bible study **Bibeltext** *m* ① (*Text der Bibel*) text of the Bible ② *s.* Bibelstelle **Bibelvers** *m s.* **Bibelspruch**

Biber <-s, -> *m* ① ZOOL beaver ② (*Biberfell*) beaver fur [*or* skin] ③ MODE (*weicher Baumwollflanell*) flannelette

Biberbau <-baue> *m* beaver['s] lodge **Biberbettuch**[RR] *nt* flannelette sheet **Biberbettuch** *nt s.* Biberbetttuch **Biberburg** *f s.* **Biberbau**

Bibernell(e) <-, -n> *f kein pl* KOCHK burnet

Biberpelz *m* beaver fur **Biberschwanz** *m* ① (*Schwanz eines Bibers 1.*) beaver's tail ② BAU (*Dachziegel*) flat roof tile

Bibliografie[RR] <-, -n> [*pl* -ˈfiːən] *f* VERLAG bibliography

bibliografieren*[RR] *vt* LIT ① (*bibliografisch verzeichnen*) ▪**etw ~** to record sth in a bibliography, to catalogue [*or* AM -og] ② (*bibliografische Daten feststellen*) ▪**etw ~** to take the bibliographic details of sth

bibliografisch[RR] I. *adj* VERLAG bibliographic[al] II. *adv* bibliographically; **Publikationen ~ erfassen** to record publications in a bibliography

Bibliographie <-, -n> [*pl* -ˈfiːən] *f* VERLAG *s.* **Bibliografie**

bibliographieren* *vt* LIT *s.* **bibliografieren**

bibliographisch *adj, adv* VERLAG *s.* **bibliografisch**

bibliophil I. *adj* ① (*schöne Bücher liebend*) bibliophilic ② VERLAG **~e Ausgabe** collector's edition II. *adv* VERLAG ***das Buch war ~ ausgestattet*** the book was designed for collectors [*or* bibliophiles]

Bibliothek <-, -en> *f* ① (*Sammlung von Büchern*) library ② (*Gebäude einer Bücherei*) library; (*Raum mit einer Bibliothek 1.*) library

Bibliothekar(in) <-s, -e> *m(f)* librarian

bibliothekarisch *adj* as a librarian *pred*

Bibliotheksdatei *f* library file **Bibliothekska-**

talog *m* library catalogue [*or* AM -og] **Bibliotheksverwaltung** *f* library management **Bibliothekswesen** <-s> *nt kein pl* librarianship **Bibliothekswissenschaft** *f* librarianship, library science

biblisch *adj* ① (*aus der Bibel*) biblical ② (*sehr hoch*) **ein ~es Alter erreichen** to reach a ripe old age

Bickbeere *f* NORDD (*Heidelbeere*) blueberry, BRIT *a.* bilberry

Bidet <-s, -s> [bi'de:] *nt* bidet

Bidon <-s, -s> [bi'dõ:] *m o nt* SCHWEIZ (*Kanister*) can

bieder *adj* ① (*pej: einfältig*) conventional, conservative ② (*brav*) plain; **einen ~en Geschmack** conservative taste ③ (*veraltend: rechtschaffen*) upright

Biederkeit <-> *f kein pl* (*pej*) conservatism, conventionality

Biedermann <-männer> *m* (*pej*) upright citizen

Biedermeier <-s> *nt kein pl* Biedermeier [period [*or* style]]; ***Spitzweg ist ein typischer Maler des ~*** Spitzweg was a typical painter of the Biedermeier period [*or* after the Biedermeier style]

biegen <bog, gebogen> **I.** *vt haben* ① ■**etw ~** to bend sth; ■**[jdm] etw ~** to bend [*or* flex] sth [to sb]; *s. a.* **gebogen** ② LING ÖSTERR (*flektieren*) to inflect ▶ WENDUNGEN: **auf B~ oder Brechen** (*fam*) by hook or by crook; **es geht auf B~ oder Brechen** (*fam*) it's all or nothing [*or* do or die] **II.** *vi sein* (*abbiegen*) ■**jd/etw irgendwohin ~** sb/sth turns somewhere; ***bei der Ampel biegst du links*** turn left at the lights; ***wenn ich nicht nach links gebogen wäre, hätte mich der Lkw voll erwischt!*** if I hadn't swerved to the left the lorry would have hit me full on!; ***sie ist mit dem Fahrrad zu schnell um die Kurve gebogen*** she took the corner too quickly on her bike; (*umbiegen*) to curve; ***Vorsicht, gleich biegt die Straße scharf nach links!*** careful, the road curves sharply to the left in a moment **III.** *vr haben* ① (*sich krümmen*) ■**sich ~** + *Richtungsangabe* to bend; ***das Auto ist gerade in eine Nebenstraße gebogen*** the car has just turned into a side street ② (*sich verziehen*) ■**sich ~** to go out of shape; ***im Wind bogen sich die Bäume*** the trees swayed in the wind; ***die Tafel bog sich [fast] unter der Last der Speisen*** the table was [almost] groaning under the weight of the food

biegsam *adj* ① (*elastisch*) supple, lithe ② (*flexibel*) flexible; **~er Einband** limp binding [*or* book cover] ③ (*leicht zu biegen*) ductile

Biegsamkeit <-> *f kein pl* ① (*Elastizität*) suppleness, litheness ② (*Flexibilität*) ductility

Biegung <-, -en> *f* ① (*Kurve*) bend; ***der Fluss wand sich in [schlangenförmigen] ~en durch das Tal*** the river flowed snake-like through the valley; **eine ~ machen** to turn; MED (*Krümmung*) curvature ② LING ÖSTERR (*Flexion*) inflection

Biene <-, -n> *f* ① (*Tier*) bee ② (*veraltend sl: nettes Mädchen*) bird *sl*

Bienenfleiß *m* [great] industriousness; ***sie machte sich mit ~ an die Arbeit*** she went about the work, busy as a beaver **Bienenfresser** *m* ORN (*Merops apiaster*) bee-eater **Bienengift** *nt* PHARM bee poison **Bienenhaus** *nt* apiary **Bienenhonig** *m* bees' [*or* natural] honey **Bienenkönigin** *f* queen bee **Bienenkorb** *m* beehive **Bienenschwarm** *m* swarm of bees **Bienenstand** *m* group of beehives **Bienenstich** *m* ① (*Stich einer Biene*) bee sting ② (*Kuchen*) *flat cake with an almond and sugar coating and a custard or cream filling* **Bienenstock** *m* beehive **Bienentanz** *m* bee dancing **Bienenvolk** *nt* bee colony **Bienenwabe** *f* honeycomb **Bienenwachs** *nt* beeswax **Bienenzucht** *f* bee-keeping, apiculture **Bienenzüchter(in)** *m(f)* bee-keeper, apiarist *spec*

Biennale <-, -n> [biɛ'na:lə] *f* KUNST, FILM *biennial arts exhibition or show*

Bier <-[e]s, -e> *nt* beer; ***ein kleines/großes ~, bitte!*** a small/large beer, please!, a half [pint]/pint [of beer], please!; **~ vom Fass** draught beer; **dunkles/helles ~** dark/light beer, ale [*or* BRIT *a.* bitter]/lager ▶ WENDUNGEN: **das ist mein/dein ~** (*fam*) that's my/your business [*or* affair]; **das ist nicht mein/sein ~** (*fam*) that's nothing to do with me/him [*or* not my/his problem]

Bierausschank *m* pub BRIT, alehouse BRIT, bar AM

Bierbauch *m* (*fam*) beer belly, potbelly, beer gut *fam* **Bierbrauer(in)** *m(f)* brewery; (*person*) brewer **Bierbrauerei** *f* brewery

Bierchen <-s, -> *nt* (*fam*) a [little] [glass of] beer; ***wollen wir ein ~ trinken gehen?*** shall we go for a quick one [*or* BRIT *fam* swift half]?

Bierdeckel *m* beer mat **Bierdose** *f* beer can

Bierernst *m* (*fam*) deadly seriousness

bierernst *adj inv* (*fam*) dead[ly] serious

Bieressig *m* malt vinegar **Bierfass**[RR] *nt* beer barrel [*or* keg] **Bierfilz** *m* beer mat **Bierflasche** *f* beer bottle **Biergarten** *m* beer garden **Biergeruch** *m* smell of beer **Bierglas** *nt* beer glass **Bierhefe** *f* beer [*or* AM brewer's] yeast **Bierkasten** *m* crate of beer **Bierkeller** *m* ① (*Kellerwirtschaft*) bierkeller BRIT, beer-drinking establishment ② (*Lager für Bier*) beer cellar **Bierkneipe** *f* pub BRIT, bar AM **Bierkrug** *m* (*Krug für Bier: aus Glas*) tankard; (*aus Steingut*) stein **Bierlaune** *f* (*fam*) ▶ WENDUNGEN: **in einer ~, aus einer ~ heraus** in a high-spirited mood [after a few beers] **Bierleiche** *f* (*fam*) [sb who is dead] drunk [due to drinking beer] **Bierpression** *f* bar room pump **Bierschaum** *m* froth, head, foam **Bierschinken** *m* KOCHK ≈ ham sausage (*type of sausage containing large pieces of ham*) **Bierseidel** <-s, -> *nt* tankard, beer mug **Biersteuer** *f* FIN beer tax **Bierverleger** *m* FIN beer wholesaler, brewer's agent **Bierwürze** *f* wort **Bierzelt** *nt* beer tent

Biese <-, -n> *f* MODE (*Besatz*) piping; (*Fältchen*) tuck; ***Röcke mit ~n sind früher mal Mode gewesen*** pleated skirts used to be fashionable; (*Ziernaht*) decorative seam

Biest <-[e]s, -er> *nt* (*fam*) ① (*pej: lästiges Insekt*) [damn *fam*] bug; ***ach, diese Mücken! hat mich schon wieder so ein ~ gestochen!*** oh, these mosquitos! another one of the damn things has just bitten me! *fam;* (*bösartiges Tier*) creature; ***sei vorsichtig mit diesem Pferd, das ~ schlägt gerne aus!*** be careful with this horse, the brute likes to kick! ② (*pej: bösartiger Mensch*) beast; ***sie kann manchmal ein ~ sein*** sometimes she can be a [right] bitch ▶ WENDUNGEN: **ein süßes ~** a real temptress

biestig **I.** *adj* (*fam*) beastly *fam*, horrible *fam* **II.** *adv* nastily

bieten <bot, geboten> **I.** *vt* ① (*anbieten*) ■**[jdm] etw [für etw] ~** to offer [sb] sth [for sth] ② (*geben*) ■**[jdm] etw ~** to give [sb] sth; **eine Gelegenheit/Möglichkeit ~** to offer [*or* give] an opportunity/possibility; **Gewähr ~** to provide guarantee; **Sicherheit/Schutz ~** to provide security/safety ③ (*aufweisen*) ■**[jdm] etw ~** to have sth [for sb]; ***das Hochhaus bietet fünfzig Familien Wohnung*** the multi-storey building has [*or* provides] flats for fifty families; ***diese Häuser ~ betuchten Kunden viel Luxus*** these houses offer well-to-do buyers a lot of luxury; **Probleme/Schwierigkeiten ~** to present problems/difficulty ④ (*zeigen, darbieten*) ■**[jdm] etw ~** to present [sb] with sth; **einen Film/ein Theaterstück ~** to show [*or* put on] a film/theatre [*or* AM -er] production; **eine Leistung ~** to give [*or* put on] a performance ⑤ (*anbieten*) ■**[jdm] etw ~** to offer [sb] sth; ***die Leute wollen, dass ihnen Nervenkitzel, Spannung und Sensationen geboten werden*** people want [to be offered] thrills, spills and excitement; **[jdm] etwas/nichts zu ~ haben** to have sth/nothing to offer [[to] sb] ⑥ (*pej: zumuten*) ■**jdm etw ~** to serve sth up to sb; ***was einem heutzutage an Kitsch geboten wird!*** the rubbish that's served up [*or* that we're expected to put up with] today!; ***so etwas ließe ich mir nicht ~!*** I wouldn't stand for [*or* put up with] it! **II.** *vi* ① KARTEN (*ansagen*) to bid ② (*ein Angebot machen*) to [make a] bid **III.** *vr* ① (*sich anbieten*) ■**sich [jdm] ~** to present itself [to sb] ② (*sich darbieten*) ■**sich jdm/einer S. ~** to present to sb/sth; ***was für ein grässlicher Anblick bot sich den Zuschauern!*** the spectators were confronted with a horrendous sight! ③ (*zumuten*) ■**sich** *dat* **etw ~/nicht ~ lassen** to [not] stand for [*or* put up with] sth

Bieter(in) <-s, -> *m(f)* bidder

Bietungsabkommen *nt* JUR bidding agreement **Bietungsschluss**[RR] *m* JUR tender date **Bietungsvollmacht** *f* JUR authorization to bid

Bigamie <-, -n> [*pl* -'mi:ən] *f* JUR bigamy

Bigamist(in) <-en, -en> *m(f)* JUR bigamist

bigamistisch *adj inv* bigamous

Big Bang <-s> ['bɪg'bæŋ] *m kein pl* ASTRON big bang, big-bang theory

bigott *adj* (*frömmelnd*) devout; (*scheinheilig*) hypocritical

Bigotterie <-, -n> *f* ① *kein pl* (*Scheinheiligkeit, Frömmelei*) bigotry, piousness ② (*selten: bigotte Handlungsweise oder Äußerung*) bigotry, pious behaviour [*or* AM -or]/remark

Biker(in) <-s, -> ['bajkɐ] *m(f)* (*sl*) biker *fam*

Bikini <-s, -s> *m* bikini

Bikinizone *f* bikini area

Bilanz <-, -en> *f* ① ÖKON balance sheet; **eine ~ aufstellen** ÖKON to draw up a balance sheet; **~ machen** (*fam*) to check [out] one's finances *fam* ② (*Ergebnis*) end result; **[die] ~ [aus etw] ziehen** (*fig*) to take stock [of sth]

Bilanzabschluss[RR] *m* FIN financial statement **Bilanzänderung** *f* FIN change to a balance **Bilanzansatz** *m* FIN [valuation [*or* recording] of a] balance sheet item **Bilanzaufbereitung** *f* FIN reshuffling of balance sheet items **Bilanzaufstellung** *f* FIN making up a balance sheet **Bilanzausgleichsposten** *m* FIN adjustment item **Bilanzausschuss**[RR] *m* FIN financial audit committee **Bilanzauswertung** *f* FIN balance sheet evaluation **Bilanzauszug** *m* FIN condensed balance sheet **Bilanzbereinigung** *f* FIN balance sheet adjustment **Bilanzbericht** *m* FIN balance sheet record **Bilanzberichtigung** *f* FIN debit and credit memorandum **Bilanzberichtigungen** *pl* FIN corrections of the balance sheet **Bilanzbuchhalter(in)** *m(f)* ÖKON accountant **Bilanzbuchhaltung** *f* FIN auditing department **Bilanzdelikt** *nt* FIN accounting fraud **Bilanzergebnis** *nt* FIN profit/loss (*according to balance sheet*) **Bilanzfälschung** *f* FIN falsification of a balance sheet, window dressing *fam* **Bilanzfrisur** *f* FIN (*fam*) window dressing *fam* **Bilanzgewinn** *m* FIN distributable [*or* disposable] profit **Bilanzgliederung** *f* FIN balance sheet layout **Bilanzidentität** *f* FIN correspondence of closing and opening balance sheets

bilanziell *adj* FIN balance-sheet *attr;* **~e Vorsorge** *eines Unternehmens* provisions as shown on the balance sheet

bilanzieren* ÖKON **I.** *vi* ÖKON to balance; ***das Konto bilanziert mit DM 1000*** the balance of [*or* on] the account is DM 1000 **II.** *vt* ■**etw ~** to balance sth; (*fig*) to assess sth, to sum up sth *sep*

Bilanzierung <-, -en> *f* FIN drawing up a balance sheet, balancing of accounts

Bilanzierungsfähigkeit *f kein pl* FIN item which can be included in the balance sheet **Bilanzierungsgesetzgebung** *f* JUR, FIN accounting legislation **Bilanzierungsgrundsätze** *pl* FIN accounting axioms **Bilanzierungspflicht** *f* JUR, FIN accounting duty **bilanzierungspflichtig** *adj inv* FIN, JUR to be shown in the balance sheet *präd* **Bilanzierungsrecht** *nt kein pl* JUR balance sheet law **Bilanzierungsregel** *f* FIN accountancy [*or* accounting] rule **Bilanzierungsrichtlinien** *pl* FIN accounting principles **Bilanzierungsverbot** *nt* FIN accounting ban **Bilanzierungsverstoß** *m* FIN accounting offence **Bilanzierungsvorbehalt** *m* FIN accounting reservation **Bilanzierungsvorschriften** *pl* FIN accounting rules, balance sheet regulations **Bilanzierungsvorteil** *m* FIN accounting advantage **Bilanzierungswahlrecht** *nt* FIN accounting election **Bilanzierungszweck** *m* FIN accounting objective

Bilanzklarheit *f* FIN principle of unambiguous presentation [of balance sheet items] **Bilanzkontinuität** *f* FIN continuity of a balance sheet **Bilanzkonto** *nt* FIN balance[-sheet] account **Bilanzkosmetik** *f* creative accounting, window dressing **Bilanznichtigkeit** *f* FIN accounting irrelevance **Bilanzposten** *m* FIN item on a balance sheet **Bilanzprüfer(in)** *m(f)* auditor **Bilanzprüfung** *f* FIN balance-sheet audit **Bilanzrecht** *nt kein pl* JUR balance sheet law **Bilanzrichtlinien** *pl* FIN accounting conventions; (*EU-Richtlinie*) Fourth Directive **Bilanzsaldo** *m* FIN [capital] balance **Bilanzsteuerrecht** *nt kein pl* JUR accounting tax law **Bilanzstichtag** *m* FIN balance-sheet date **Bilanzsumme** *f* ÖKON balance-sheet total **Bilanzüberschuss**[RR] *m* FIN surplus of assets over liabilities **Bilanzverkürzung** *f* FIN balance-sheet contraction **Bilanzverlängerung** *f* FIN increase in total assets and liabilities **Bilanzverlust** *m* FIN net loss **Bilanzvermerk** *m* FIN note to the accounts **Bilanzverschleierung** *f* FIN window dressing *fam* **Bilanzvorlage** *f* FIN presentation of a balance sheet **Bilanzwahrheit** *f* FIN accuracy of balance sheet figures **Bilanzwert** *m* FIN balance-sheet value [*or* figure] **Bilanzwertfortführung** *f* FIN continuation of accounting figures **Bilanzzahlen** *f pl* FIN balance-sheet figures [*or* data + *sing/pl vb*]

bilateral *adj* bilateral

Bilch <-es, -e> *m* ZOOL doormouse

Bild <-[e]s, -er> *nt* ❶ (*Fotografie*) photo[graph]; **ein ~ machen** [*o* **knipsen**] [*o* **schießen**] to take a photo[graph]; ***ich habe noch 8 ~er auf dem Film*** I've got eight photos [*or* exposures] left on the film ❷ KUNST (*Zeichnung*) drawing; (*Gemälde*) painting ❸ TV, FILM picture ❹ KARTEN **~erkarten** court [*or* picture] cards ❺ (*Spiegel~*) reflection ❻ (*Anblick, Ansicht*) scene; ***das ~ der Erde hat sich sehr verändert*** the appearance of the earth has changed greatly; ***vom Aussichtsturm bot sich ein herrliches ~*** there was an excellent view from the observation tower; ***diese riesigen Hochhäuser wären sicher keine Bereicherung für das ~ der Stadt*** these skyscrapers would hardly improve the townscape; ***die hungernden Kinder boten ein ~ des Elends*** the starving children were a pathetic [*or* wretched] sight ❼ LIT (*Metapher*) metaphor, image ❽ (*Vorstellung*) picture; ***mit diesem Artikel rückte er sich ins ~*** he announced his arrival on the scene with this article; ***das in dem Werk gezeichnete ~ der Amerikaner ist sehr negativ*** the image of Americans in this work is very negative; ***von seiner zukünftigen Frau hat er schon ein genaues ~*** he already has a very good idea of what his future wife should be like ❾ THEAT (*Szene*) scene ► WENDUNGEN: **ein ~ für [die] Götter** (*fam*) a sight for sore eyes; **ein ~ des Jammers** (*geh*) a picture of misery; **das ist ein schwaches ~!** (*fam*) that is a [very] poor show; **etw im ~ festhalten** to capture sth on film/canvas; **ein ~ von einem Mann/einer Frau sein** to be a fine specimen of a man/woman [*or only for woman* a perfect picture of a woman]; **sich** *akk* **von jdm/etw ein ~ machen** to form an opinion about sb/sth; **sich** *dat* **von etw** *dat* **kein ~ machen** to have [absolutely] no idea of sth; ***du machst dir kein ~ davon, wie schwer das war!*** you have [absolutely] no idea [of] how difficult it was!; **jdn [über jdn/etw] ins ~ setzen** to put sb in the picture [about sb/sth]; **[über jdn/etw] im ~e sein** to be in the picture [about sb/sth]

Bildabtaster *m* INFORM scanner **Bildarchiv** *nt* MEDIA photo[graphic] archives *pl* **Bildatlas** *m* VERLAG pictorial atlas **Bildauflösung** *f* TV, INFORM, TYPO [image] resolution, picture definition **Bildausfall** *m* TV loss of picture [*or* vision] **Bildausschnitt** *m* TYPO image section, picture detail **Bildband** <-bände> *m* VERLAG book of pictures **Bildbearbeitung** *f* INFORM image processing **Bildbearbeitungsprogramm** *nt* INFORM image processing program **Bildbeilage** *f* colour [*or* AM -or] supplement **Bildbericht** *m* MEDIA photographic report **Bildbeschreibung** *f* SCH [detailed] description of a picture [*or* painting] **Bilddatei** *f* INFORM photo [*or* picture] file **Bilddiagonale** *f* ❶ TV screen diagonal ❷ KUNST, FOTO picture diagonal **Bilddokument** *nt* pictorial [*or* photographic] document **Bildelement** *nt* INFORM picture element, pixel

bilden I. *vt* ❶ (*hervorbringen*) ■**etw ~** to form sth; ***ein Insektenstich kann eine Schwellung ~*** an insect bite can cause a swelling; ANAT ***Galle wird in der Gallenblase gebildet*** bile is formed in the gall bladder; BOT to grow sth; CHEM to produce sth ❷ LING (*formen*) ■**etw ~** to form sth ❸ POL (*zusammenstellen*) ■**etw ~** to form sth; **einen Ausschuss/ein Komitee ~** to set up a committee ❹ FIN (*ansammeln*) ■**etw ~** to set up sth; **ein Vermögen ~** to build up a fortune ❺ (*darstellen*) ■**etw ~** to make up sth; **eine Gefahr/ein Problem/eine Regel ~** to constitute a danger/problem/rule ❻ (*mit Bildung versehen*) ■**jdn ~** to educate sb; ***die vielen Reisen haben ihn spürbar gebildet*** his many travels have noticeably broadened his mind ❼ KUNST (*formen*) ■**etw [aus etw] ~** to make sth [from sth]; ***die Krüge hatte er aus Ton gebildet*** he had made the jugs out of clay II. *vr* ❶ (*entstehen*) ■**sich ~** to produce; CHEM to form; BOT to grow ❷ (*sich Bildung verschaffen*) ■**sich [aus etw] ~** to educate oneself [from sth] ❸ (*sich formen*) ■**sich** *dat* **etw [über jdn/etw] ~** to form sth [about sb/sth]; **eine Meinung ~** to form an opinion III. *vi* to broaden the mind; *s. a.* **Kunst, Künstler**

bildend *adj* **die ~e Kunst** fine art[s]

Bilderausstellung *f* exhibition of paintings/photographs **Bilderbogen** *m* VERLAG pictorial broadsheet

Bilderbuch *nt* VERLAG picture book ► WENDUNGEN: **wie im ~** perfect; ***eine Landschaft wie im ~!*** a landscape [right out of a picture postcard]! **Bilderbuchkarriere** *f* dream [*or* brilliant] career **Bilderbuchlandung** *f* perfect [*or* textbook] landing **Bilderdruckpapier** *nt* TYPO illustration printing paper **Bilderfassung** *f* INFORM graphic data capture **Bildergalerie** *f* art gallery **Bildergeschichte** *f* picture story **Bilderhaken** *m* picture hook **Bilderkennung** *f* picture recognition **Bilderrahmen** *m* picture frame **Bilderrätsel** *nt* picture puzzle **Bilderschrift** *f* pictographic system of writing **Bilderstreit** *m* HIST iconographic controversy **Bildersturm** *m* HIST iconoclasm **Bilderstürmer** *m* HIST iconoclast **Bildfernsprecher** *m* (*geh*) videophone **Bildfläche** *f* FILM, FOTO projection surface ► WENDUNGEN: **auf der ~ erscheinen** (*fam*) to appear on the scene; **von der ~ verschwinden** (*fam*) to disappear from the scene; ***besser, du verschwindest gleich von der ~*** you'd better make yourself scarce **Bildfolge** *f* ❶ FOTO sequence of shots [*or* pictures] ❷ FILM, TV sequence of shots **Bildfreistellung** *f* TYPO image cut-out **Bildfrequenz** *f* FILM, TV image frequency **Bildfunk** *m* picture [*or* facsimile] transmission **Bildgenauigkeit** *f* TV picture sharpness **Bildgestaltung** *f* layout; INFORM imaging

bildhaft I. *adj* vivid; **eine ~e Beschreibung** a graphic description II. *adv* graphically, vividly; **etw ~ darstellen** to depict sth vividly; **sich etw ~ vorstellen** to picture sth vividly

Bildhauer(in) <-s, -> *m(f)* sculptor

Bildhauerei <-> *f kein pl* sculpture *no pl, no art*

Bildhauerin <-, -nen> *f fem form von* **Bildhauer**

Bildhauerkunst *f* (*geh*) sculpture *no pl, no art*

bildhübsch *adj* as pretty as a picture; ***sie ist ein ~es Mädchen*** she's a really pretty [*or* stunning] girl

Bildlauffeld *nt* INFORM scroll box **Bildlaufleiste** *f* INFORM scroll bar **Bildlaufpfeil** *m* INFORM scroll arrow

bildlich I. *adj* figurative, metaphorical; **ein ~er Ausdruck** a figure of speech II. *adv* figuratively, metaphorically; **~ gesprochen** metaphorically speaking; **sich** *dat* **etw ~ vorstellen** to picture sth; ***stell dir das mal ~ vor!*** just try to picture it!

Bildlichkeit <-> *f kein pl* figurativeness *no pl*

Bildmanipulation *f* TYPO image manipulation **Bildmaterial** *nt* [illustrative] pictures *pl*, pictorial [*or* visual] material *no pl*; SCH visual aids *pl* **Bildmischer(in)** *m(f)* TV vision mixer

Bildnis <-ses, -se> *nt* (*geh*) portrait

Bildplatte *f* video disc [*or* AM *a.* disk] **Bildplattenspieler** *m* video disc [*or* AM *a.* disk] player **Bildpunkt** *m* ❶ TYPO pixel, halftone dot; (*von Foto*) dot; (*von Monitor*) pixel ❷ MATH representative point **bildpunktorientiert** *adj* INFORM screen-oriented **Bildqualität** *f* TV, FILM picture [*or* image] quality; FOTO print quality **Bildraster** *m* TYPO halftone screen **Bildredakteur(in)** *m(f)* picture editor **Bildreportage** *f* photographic report; TV photographic documentary **Bildreporter(in)** *m(f)* photojournalist **Bildröhre** *f* TV picture tube, kinescope *spec* **Bildschärfe** *f* TV, FOTO definition *no pl, no indef art*

Bildschirm *m* INFORM [display] screen, monitor; **strahlungsarmer/monochromer ~** low-radiation/monochrome screen; **den ~ abladen/einfangen** to dump/capture the screen; **ganzer/entspiegelter ~** total/anti-reflect screen

Bildschirmabstrahlung *f* screen radiation **Bildschirmarbeit** *f* VDU work *no pl, no indef art* **Bildschirmarbeitsplatz** *m* workstation **Bildschirmauflösung** *f* screen resolution **Bildschirmausdruck** *m* screen capture **Bildschirmbrille** *f* antiglare glasses [*or* BRIT *form a.* spectacles] *pl* **Bildschirmdiagonale** *f* screen diagonal **Bildschirmende** *nt* screen end **Bildschirmfilter** *m* screen filter **Bildschirmflimmern** *nt* screen flickering **Bildschirmgerät** *nt* visual display unit **Bildschirmgröße** *f* screen size **Bildschirminhalt** *m* screen contents *pl*, contents *pl* of the screen **bildschirmkompatibel** *adj* INFORM television-compatible **Bildschirmmaske** *f* screen mask **Bildschirmrichtlinie** *f* EU guideline for work at a computer **Bildschirmschoner** *m* screen saver **Bildschirmseite** *f* screen page **Bildschirmstrahlung** *f* screen radiation **Bildschirmtext** *m* TELEK videotex, viewdata **Bildschirmtiefe** *f* screen depth **Bildschirmtreiber** *m* INFORM screen driver

bildschön *adj s.* **bildhübsch**

Bildspeicher *m* INFORM frame store **Bildstabilität** *f* image stability **Bildstelle** *f* picture and film archive **Bildstörung** *f* TV interference *no pl, no indef art* **Bildsuchlauf** *m* cue review **Bildtafel** *f* ❶ (*ausrollbare Leinwand*) projection screen ❷ (*ganzseitige Illustration*) full-page display; (*in einem Buch*) plate **Bildtelefon** *nt* videophone **Bildtext** *m* caption **Bildüberlappung** *f* TYPO image overlap [*or* overlay] **Bildüberschrift** *f* caption **Bildumkehrung** *f* TYPO image reversal

Bildung <-, -en> *f* ❶ *kein pl* (*Kenntnisse*) education *no pl*; **~/keine ~ haben** to be educated/uneducated; **höhere ~** higher education ❷ *kein pl* ANAT development *no pl*, forming *no pl* ❸ BOT forming *no pl*, development *no pl*, formation *no pl* ❹ LING forming *no pl*; ***Kleinkinder haben Schwierigkeiten mit der ~ von Sätzen*** small children have difficulty in forming sentences; (*Wort*) form ❺ *kein pl* (*Zusammenstellung*) formation *no pl*; **die ~ eines Fonds/Untersuchungsausschusses** the setting up of a fund/committee of enquiry ❻ *kein pl* (*Erstellung*) forming *no pl* ❼ (*Gebilde*) formation

Bildungsabschluss[RR] *m* SCH [school [*or* educational]] qualifications *pl* **Bildungsangebot** *nt* educational opportunities *pl* **bildungsbeflissen** *adj* keen on self-improvement **Bildungsbericht** *m* education report **Bildungsbürger(in)** *m(f)* member of the educated classes **Bildungschancen** *pl* educational opportunities *pl* **Bildungsdefizit** *nt* deficit in education **Bildungseinrichtung** *f* (*geh*) educational establishment [*or* institution] **Bildungsforschung** *f* education research **Bildungsgang** <-gänge> *m* course [of study] **Bildungsgewebe** *nt* BOT meristem **Bildungsgrad** *m* level of education **Bildungsgut** *nt* facet of general education **Bildungshunger** *m* thirst for education **Bildungslücke** *f* gap in one's education

Bildungsminister(in) *m(f)* Minister of Education BRIT, Education Secretary AM **Bildungsmisere** *f* dreadful state of education **Bildungsniveau** *nt* level [*or* standard] of education **Bildungspolitik** *f* education policy **bildungspolitisch** *adj inv* in terms of educational policy **Bildungsreform** *f* reform of the education system **Bildungsreise** *f* educational trip [*or* holiday] **Bildungssenator(in)** *m(f)* senator responsible for education **Bildungsservice** *m* MEDIA education service **bildungssprachlich** *adj* erudite **Bildungsstand** *m s.* Bildungsniveau **Bildungsstätte** *f* educational establishment, place [*or* seat] of learning *form* **Bildungssystem** *nt* education system **Bildungsurlaub** *m* educational holiday; ÖKON, JUR study leave *no pl* **Bildungsweg** *m* ■**jds ~** the course of sb's education; **auf dem zweiten ~** through evening classes **Bildungswerk** *nt* educational institute **Bildungswesen** <-s> *nt kein pl* education system

Bildunterschrift *f s.* Bildtext **Bildverarbeitung** *f* TYPO, INFORM image [*or* picture] processing; **digitale ~** digital image processing **Bildvorlage** *f* TYPO picture copy **Bildwiederholfrequenz** *f* INFORM refresh rate **Bildwiederholung** *f* screen refresh **Bildwiederholungsspeicher** *m* INFORM refresh memory **Bildwörterbuch** *nt* illustrated [*or* pictorial] [*or* visual] dictionary **Bildzusammensetzung** *f* image composition **Bildzuschrift** *f* reply with a photograph enclosed

Bilge <-, -n> *f* NAUT bilge

Bilharziose <-, -n> *f* MED bilharziasis, schistosomiasis

bilingual *adj inv* bilingual

Billard <-s, -e *o* ÖSTERR -s> ['bɪljart] *nt* billiards + *sing vb;* [**mit jdm**] **~ spielen** to play billiards [with sb]

Billardkugel *f* billiard ball **Billardstock** *m* billiard cue **Billardtisch** *m* billiard table

Billet(t) <-[e]s, -s/-e> [bɪl'jɛ(t)] *nt* ① SCHWEIZ (*Fahrkarte*) ticket ② SCHWEIZ (*Eintrittskarte*) ticket, entrance [*or* AM admission] ticket ③ ÖSTERR (*Glückwunschkarte*) greetings [*or* AM greeting] card, note

Billet(t)eur, Billet(t)euse <-s, -e> *m, f* ① SCHWEIZ (*Schaffner*) conductor *masc,* conductress *fem* ② ÖSTERR (*Platzanweiser*) usher *masc,* usherette *fem*

Billet(t)euse <-, -n> *f fem form von* **Billet[t]eur**

Billiarde <-, -n> *f* thousand trillion

billig I. *adj* ① (*preisgünstig*) cheap, inexpensive; **ein ~er Preis** a low price; **ein ~er Kauf** a bargain, a good buy; **es jdm ~er machen** to reduce sth for sb; ***ich mache es Ihnen 20% ~er!*** I'll reduce it by 20% for you; **nicht ganz** [*o* **gerade**] **~ sein** to be not exactly cheap; **etw für ~es Geld kaufen** to buy sth cheap ② (*pej: minderwertig*) cheap; ***verschone mich mit diesem ~en Kram!*** spare me this cheap junk! ③ (*pej: oberflächlich*) cheap, shabby; ***welche ~e Ausrede haben Sie diesmal?*** what feeble excuse have you got this time?; **ein ~er Trick** a cheap trick; **ein ~ Trost** cold comfort ④ (*veraltet: angemessen*) proper; **nach ~em Ermessen** as appears just [*or* fair], in one's fair judgement **II.** *adv* cheaply; **~ abzugeben** going cheap *fam;* ***„gut erhaltene Ledergarnitur ~ abzugeben"*** "leather suite in good condition at a knock-down price"; **~ einkaufen** to shop cheaply ▶ WENDUNGEN: **~ davonkommen** (*fam*) to get off lightly

Billiganbieter *m* supplier of cheap products

Billigarbeiter(in) *m(f)* ÖKON coolie *pej*

billigen *vt* ■**etw ~** to approve of sth; ***die Pläne der Regierung wurden vom Parlament gebilligt*** the government's plans were approved by parliament; ■**~, dass jd etw tut** to approve of sb's doing sth; ***ich werde nicht ~, dass du dich weiter so ungebührlich verhältst!*** I cannot approve of your continuing to behave so improperly!

Billigflagge *f* NAUT (*pej fam*) flag of convenience (*i.e. Panama, Honduras, Liberia*) **Billigflug** *m* cheap flight

Billigkeit <-> *f kein pl* ① (*billiger Preis*) cheapness *no pl* ② (*pej: Oberflächlichkeit*) cheapness *no pl,* shabbiness *no pl;* ***diese Ausrede ist in ihrer ganzen ~ leicht zu durchschauen*** you can easily see through the whole feeble excuse

Billigkeitsanspruch *m* JUR equitable claim **Billigkeitsgründe** *pl* JUR reasons of equity [*or* fairness]; **aus ~n** for reasons of equity **Billigkeitshaftung** *f* JUR equitable liability **Billigkeitsrecht** *nt kein pl* JUR law of equity **billigkeitsrechtlich** *adj inv* JUR equitable

Billigkraft *f* ÖKON coolie *pej*

Billigland *nt country with cheap production and labour costs* **Billiglohnarbeit** *f* cheap labour [*or* AM -or] **Billiglohnland** *nt country with a low-wage economy* **Billigpension** *f* cheap guesthouse **Billigpreis** *m* low price **Billigprodukt** *nt* cheap [*or* low-priced] product

Billigstauftrag *m* HANDEL market order

Billigung <-, *selten* -en> *f* approval; ■**die ~ einer S.** *gen* the approval of sth; ***Sie können mit der ~ der Pläne rechnen*** you can count on the plans being approved; **jds ~ finden** to meet with sb's approval

Billigware *f* ÖKON low-quality merchandise, cheap [*or* cut-price] goods *npl*

Billion <-, -en> *f* trillion

bim, bam! *interj* ding, dong!

Bimbam *m* ▶ WENDUNGEN: **ach du heiliger ~!** (*fam*) good grief! *fam*

Bimbes <-> *m kein pl* (*iron sl*) the ready [*or pl* readies] BRIT *sl,* mazuma AM *fam*

Bimetall *nt* TECH bimetallic strip

Bimmel <-, -n> *f* (*fam*) little bell

Bimmelbahn *f* HIST (*fam*) narrow-gauge railway [train] (*with a warning bell*)

bimmeln *vi* (*fam*) to ring

Bims <-es> *m* pumice

Bimsstein *m* ① GEOL pumice stone ② BAU breeze block

bin *1. pers sing pres von* **sein**

binär *adj* binary

Binärcode *m* INFORM binary code **Binärdatei** *f* INFORM binary file **Binärdaten** *pl* binary data + *sing vb* **Binärsystem** *nt* INFORM binary number system

Binde <-, -n> *f* ① MED bandage; (*Schlinge*) sling; (*elastische ~*) [elastic] bandage; [**jdm**] **eine** [**elastische**] **~ anlegen** to put an [elastic] bandage on sb [*or* bandage sb up]; **eine ~ um etw wickeln** to bandage sth up ② (*Monats~*) sanitary towel [*or* AM napkin] ③ (*Armband*) armband ▶ WENDUNGEN: **jdm fällt die/eine ~ von den Augen** (*geh o veraltend*) the penny drops; **jdm die ~ von den Augen nehmen/reißen** (*geh o veraltend*) to take/rip off sb's blindfold; **sich** *dat* **einen hinter die ~ gießen** [*o* **kippen**] (*fam*) to have a drink or two, to wet one's whistle *fam*

Bindeart *f* TYPO binding method, sort of binding **Bindedraht** *m* BAU binding wire **Bindegewebe** *nt* ANAT connective tissue **Bindegewebsmassage** *f* massage of the connective tissue **Bindeglied** *nt* [connecting] link **Bindehaut** *f* ANAT conjunctiva **Bindehautentzündung** *f* MED conjunctivitis *no pl, no indef art* **Bindemittel** *nt* binder, binding agent; KOCHK *a.* thickener, thickening agent

binden <band, gebunden> **I.** *vt* ① (*durch Binden zusammenfügen*) ■**etw** [**zu etw**] **~** to bind [*or* tie] sth [to sth]; ***Fichtenzweige wurden zu Kränzen gebunden*** pine twigs were tied [*or* bound] [together] into wreaths; ***~ Sie mir bitte einen Strauß roter Rosen!*** make up a bunch of red roses for me, please; ***bindest du mir bitte die Krawatte?*** can you do [up] my tie [for me], please?; ***kannst du mir bitte die Schürze hinten ~?*** can you tie my apron at the back for me, please? ② (*fesseln, befestigen*) ■**jdn/etw/ein Tier an etw** *akk* **~** to tie [up *sep*] sb/sth/an animal to sth; **jdn an Händen und Füßen ~** to bind sb hand and foot; **jdm die Hände ~** to tie sb's hands; ■[**sich** *dat*] **etw um etw** *akk* **binden** to tie sth round [one's] sth; ***sie band sich ein Tuch um den Kopf*** she tied a shawl round her head ③ (*festlegen*) ■**jdn** [**an jdn/etw**] **~** to bind sb [to sb/sth]; ***ein Vertrag bindet immer beide Seiten*** a contract is always binding on both parties; ***durch die Anstellung wurde sie an München gebunden*** as a result of her appointment she was tied to Munich; ***ihn band ein furchtbarer Eid*** he was bound by a terrible oath ④ (*emotional verbinden*) ■**jdn an etw** *akk* **~** to tie sb to sth; ***er hatte immer den Eindruck, dass ihn nichts an diese Stadt bindet*** he always had the impression that he had no ties with this town ⑤ (*festhalten*) ■**etw** [**mit/durch etw**] **~** to bind sth [with/by means of sth]; **Kapital ~** to tie [*or* lock] up capital ⑥ CHEM ■**etw ~** to bind sth ⑦ KOCHK to bind [*or* thicken] sth; **eine Soße ~** to bind a sauce ⑧ VERLAG (*mit Einband versehen*) ■**etw ~** to bind sth ⑨ MUS **Akkorde/Töne ~** to slur chords/tones; **eine Note ~** to tie a note; *s. a.* **gebunden** ▶ WENDUNGEN: **jdm sind die Hände gebunden** sb's hands are tied **II.** *vi* to bind; ***dieser Klebstoff bindet gut*** this glue bonds well; ***Soße*** to bind **III.** *vr* (*sich verpflichten*) ■**sich an jdn/etw ~** to commit oneself to sb/sth; ***ich möchte mich momentan nicht ~*** I don't want to tie myself down [*or* get involved] right now

bindend *adj* binding; ***ich benötige von Ihnen eine ~e Zusage*** I need a definite yes from you; ■**~** [**für jdn**] **sein** to be binding [on sb]

Bindeprogramm *nt* INFORM linkage software

Binder <-s, -> *m* ① (*veraltend: Krawatte*) tie ② (*Bindemittel*) binder ③ INFORM (*Programm*) linker ④ BAU (*Fachwerk*) truss

Bindestrich *m* hyphen **Bindewort** *nt* LING conjunction

Bindfaden *m* string; **ein Stück ~** a piece of string ▶ WENDUNGEN: **es regnet Bindfäden** (*fam*) it's raining cats and dogs *fam*

Bindung <-, -en> *f* ① (*Verbundenheit*) ■**jds ~ an jdn** [*o* **zu jdm**]/**an etw** *akk* sb's bond to sb/sth; ***sie hatte eine enge ~ an ihren Vater*** she had a close relationship with her father; ***er fühlte eine starke ~ an diese Frau*** he felt a strong bond towards this woman; ***die ~ an seine Geburtsstadt war groß*** the ties with his home town were strong; **flüchtige ~en eingehen** to enter into fleeting relationships ② (*Verpflichtung*) commitment; [**mit jdm**] **eine** [**neue**] **~ eingehen** to establish [new] ties [with sb]; **eine ~ lösen/auflösen** to break off a relationship; **eine vertragliche ~ eingehen** to enter into a binding contract ③ SKI binding ④ MODE weave *no pl* ⑤ CHEM, NUKL bond ⑥ FIN tying up; **~ von Geldmitteln** tying up funds

Bindungskraft *f,* **Bindungswirkung** *f* HANDEL *eines Angebots* conclusive effect

Bingelkraut *nt* BOT dog's mercury

binnen *präp +dat o gen* (*geh*) within; **~ kurzem** shortly, soon

Binnenangleichung *f* HANDEL internal harmonization **Binnenbedarf** *m* ÖKON domestic demand **binnenbords** *adv inv* NAUT inboard **Binnendeich** *m* inner [*or* inland] dyke **binnendeutsch** *adj* used in Germany; **ein ~er Ausdruck** an expression used in Germany; **~e Dialekte** dialects spoken in Germany **Binnendock** *nt* inner dock **Binnenfischerei** *f* freshwater fishing *no pl, no indef art* **Binnenflotte** *f* inland waterways fleet **Binnenflüchtling** *m* POL internal refugee **Binnengewässer** *nt* inland water *no indef art* **Binnenhafen** *m* inland [*or* river] port **Binnenhandel** *m* domestic [*or* home] trade *no pl* **Binnenkonjunktur** *f* ÖKON domestic [economic] activity **Binnenkonnossement** *nt* ÖKON inland[-waterway] bill of lading **Binnenland** *nt* landlocked country **Binnenmarkt** *m* domestic [*or* home] market; **der** [**Europäische**] **~** the Single [European] Market **Binnenmarkt-Innenrecht** *nt* JUR internal EU law **Binnenmarktrecht** *nt* JUR Single Market Law **Binnenmarktrichtlinien** *pl* ÖKON Single Market guidelines **Binnenmeer** *nt* inland sea **Binnennachfrage** *f* ÖKON domestic [*or* internal] demand **Binnenschiffahrt** *f s.* Binnenschifffahrt **Binnenschiffer(in)** *m(f)* boatman on inland waters; ***er arbeitet als ~ auf einem Schleppkahn*** he

works as a bargeman **Binnenschifffahrt**[RR] *f* inland navigation **Binnensee** *m* lake **Binnenverkehr** *m* inland traffic **Binnenwasserstraße** *f* inland waterway **Binnenwirtschaft** *f* ÖKON domestic [*or* internal] economy, BRIT home trade **binnenwirtschaftlich** I. *adj inv, attr* domestic *attr,* internal *attr* II. *adv* relating to the domestic economy; **etw ~ betrachten** to see sth in terms of the domestic economy; **~ wichtig sein** to be important for the domestic economy **Binnenzölle** *pl* ÖKON internal duties
binokular *adj* binocular
Binom <-s, -e> *nt* MATH binomial
Binomialkoeffizient *m* MATH binomial coefficient **Binomialreihe** *f* MATH binomial series + *sing vb* **Binomialverteilung** *f* MATH binomial distribution
binomisch *adj* MATH binomial
Binse <-, -n> *f* BOT rush ▶ WENDUNGEN: **in die ~n gehen** (*fam*) *Vorhaben* to fall through; *Veranstaltung* to be a washout *fam; Unternehmen* to go down the drain *fam; Geld* to go up in smoke
Binsenwahrheit *f,* **Binsenweisheit** *f* truism
Bio <-> *f kein pl* SCH (*sl*) biology
bioaktiv *adj* biologically active; **~e Waschmittel** biological detergents **Biobauer, -bäuerin** *m, f* organic farmer **Biobrennstoff** *m* bio-fuel, biomass fuel **Biochemie** *f* biochemistry **Biochemiker(in)** *m(f)* biochemist **biochemisch** *adj inv* biochemical **Biochip** *nt* ELEK, ÖKOL biochip **Biodiesel(treibstoff)** *m* biodiesel **biodynamisch** *adj* organic **Bioethik** *f* bioethics + *sing vb* **Bio-Feed-back**[RR] [-ˈfiːdbæk] *nt* INFORM, MED biofeedback
Biogas *nt* biogas **Biogasspeicher** *m* biogas reservoir **Biogasverwertung** *f* biogas utilization
Biogenese *f* biogenesis
biogenetisch *adj* biogenetic
Biograf[RR]**(in)** <-en, -en> *m(f)* biographer
Biografie[RR] <-, -n> [*pl* -ˈfiːən] *f* ❶ (*Buch*) biography ❷ (*Lebenslauf*) life [history]
Biografin[RR] <-, -nen> *f fem form von* **Biograf**
biografisch[RR] *adj* biographical
Biograph(in) <-en, -en> *m(f) s.* **Biograf**
Biographie <-, -n> *f s.* **Biografie**
Biographin <-, -nen> *f fem form von* **Biograph** *s.* **Biograf**
biographisch *adj s.* **biografisch**
Bioindikator *m* biological [*or* ecological] indicator, indicator species + *sing vb* **Bioindustrie** *f* AGR, ÖKON organic products industry **Biokost** *f* organic food **Bioladen** *m* health-food shop [*or* AM *usu* store], wholefood shop BRIT, natural food store AM
Biologe, -login <-n, -n> *m, f* biologist
Biologie <-> *f kein pl* biology *no pl, no indef art*
Biologin <-, -nen> *f fem form von* **Biologe**
biologisch I. *adj* biological; (*natürlich*) natural; **die ~e Uhr tickt** one's biological clock is ticking [away] II. *adv* biologically; ***immer mehr Bauern entscheiden sich, ~ anzubauen*** more and more farmers are deciding to cultivate their land naturally; **~ abbaubar** biodegradable
Biolumineszenz <-, -en> *f* BIOL bioluminescence
Biomasse *f* ÖKOL biomass; ***die absterbenden Lebewesen tragen zur Bildung von ~ bei*** dead organisms contribute to the formation of organic material **Biomechanik** *f kein pl* biomechanics + *sing vb* **Biomechanik** *f kein pl* biomechanics + *sing vb* **Biomechaniker(in)** *m(f)* biomechanic **Biomedizin** *f* biomedicine **Biomembran** *f* BIOL biological membrane
Biometrie <-> *f kein pl* biometry
Biometrik <-> *f kein pl* biometrics + *sing vb*
biometrisch *adj inv* biometric
Biomüll *m* organic waste **Bionahrungsmittel** *nt* organic food
Bionik <-> *f kein pl* bionics + *sing vb*
Biopatent *nt* biotechnology patent **Biopatentrichtlinie** *f* biotechnology patent guideline
Biophysik *f* biophysics + *sing vb*
Bioprodukt *nt* organic [*or* bio[logical]] product
Biopsie <-, -n> [*pl* -ˈpsiːən] *f* MED biopsy; ■**bei jdm eine ~ machen** to conduct a biopsy on sb
Biorhythmus *m* biorhythm
BIOS *nt* INFORM *Akr von* **Basic Input Output System** BIOS
Bio-Schmierstoff *m* biolubricant
Biosphäre *f kein pl* biosphere **Biosphärenreservat** *nt* biosphere reserve
Biotechnik *f* bioengineering *no pl,* biotechnics + *sing vb*
biotechnisch *adj inv* biotechnical, biotechnological
Biotechnologie <-, -n> *f* biotechnology *no pl, no art*
biotechnologisch *adj inv* biotechnological
Biotin <-s> *nt kein pl* biotin, vitamin H
Biotonne *f* bio-bin, biocontainer, biovat **Biotop** <-s, -e> *nt* ÖKOL biotope **Biotopvernetzung** *f* biotope integration **Biotreibstoff** *m* biofuel **Biowaschmittel** *nt* biological detergent **Biowissenschaften** *pl* ÖKOL life sciences *npl*
Biozid *nt* biocide
Biozönose <-, -n> *f* ÖKOL biocenose, biotic community
BIP *nt* ÖKON *Abk von* **Bruttoinlandsprodukt** GDP
bipolar *adj inv* (*geh*) bipolar
Birchermüsli[RR] *nt,* **Birchermüesli**[RR] *nt* SCHWEIZ *porridge-style muesli with condensed milk and grated apple*
birgt *3. pers sing pres von* **bergen**
Birke <-, -n> *f* ❶ (*Baumart*) birch [tree] ❷ (*Birkenholz*) birch *no pl, no indef art*
Birkenreizker *m* woolly milk cap **Birkenspanner** *m* ZOOL peppered moth **Birkenwasser** *nt* hair lotion (*derived from birch sap*)
Birkhahn *m* blackcock **Birkhuhn** *nt* black grouse
Birma <-s> *nt s.* **Myanmar**
Birmane, Birmanin <-n, -n> *m, f* Burmese
Birmanisch *nt dekl wie adj* Burmese; *s. a.* **Deutsch**
Birnbaum *m* ❶ (*Baumart*) pear tree ❷ *kein pl* (*~holz*) pear-wood *no pl, no indef art*
Birne <-, -n> *f* ❶ (*Frucht des Birnbaums*) pear; (*Birnbaum*) pear tree ❷ ELEK (*veraltend*) [light] bulb ❸ (*fam: Kopf*) nut *fam;* **eine weiche ~ haben** (*sl*) to be soft in the head *sl*
birnenförmig *adj* pear-shaped
bis I. *präp +akk* ❶ *zeitlich* till, until; ***ich zähle ~ drei*** I'll count [up] to three; (*nicht später als*) by; ■**von ... ~ ...** from ... until...; ***von Montag ~ Samstag*** from Monday to Saturday; **~ morgen/später/Montag/nächste Woche** see you tomorrow/later/on Monday/next week; **~ bald/gleich** see you soon/in a little while [*or* a minute]; **~ dann!** until then!; **~ dahin/dann** by then; ***~ dahin bin ich alt und grau!*** I'll be old and grey by then!; ***~ dahin war alles gut gegangen*** until then everything had gone well; **~ einschließlich** up to and including; ***ich bin von heute an ~ einschließlich Mittwoch auf einer Tagung*** I'm at a meeting from today until the end of Wednesday [*or* until Wednesday inclusive]; **~ jetzt** up to now; ***~ jetzt ist noch alles ruhig*** so far everything is still quiet; ***irgendwelche Beschwerden? — nein, ~ jetzt jedenfalls noch nicht!*** any complaints? — no, nothing so far anyway; **~ später!** see you later!; **~ wann?** until when?; ***~ wann gilt der Fahrplan?*** when is the timetable valid till?, how long is the timetable valid?; ***~ wann weiß ich, ob Sie das Angebot annehmen?*** [by] when will I know, whether you're going to accept the offer?; ***~ wann bleibst du?*** how long are you staying [for]? ❷ *räumlich* as far as; ***der Zug geht nur ~ Wertheim*** the train's only going as far as Wertheim; ***er musterte ihn von oben ~ unten*** he looked him up and down; ***der Hof geht genau ~ dahinten hin*** the yard runs right through to the back; **~ dort/dorthin/dahin** to, up to; ***~ dort/dahin sind es nur 3 Kilometer*** it's only 3 kilometres there; ***siehst du die Sandbank? wir schwimmen bis dahin/dorthin*** can you see the sandbank? we'll swim out to there; ***~ dahin kenne ich den Film*** I know the film up to this point; **~ hierher** up to this point; **~ hierher und nicht weiter** as far as here [*or* up to here] and no further; **~ wo/wohin ...?** where ... to?; ***bis wo/wohin können Sie mich mitnehmen?*** where can you take me to?, how far can you take me?; ***~ wo/wohin sind wir in der letzten Stunde gekommen?*** where did we get to [*or* how far did we get] in the last lesson? ❸ (*erreichend*) up to; ***die Tagestemperaturen steigen ~ [zu] 30°C*** daytime temperatures rise to 30°C; ***sie war ~ zum 17. Lebensjahr im Internat*** she was at boarding school until she was 17; (*unterhalb*) under, up to; ***Kinder ~ sechs Jahren*** children under six [years of age] [*or* up to the age of six] II. *adv* ❶ *zeitlich* till, until; ***~ gegen 8 Uhr*** until about 8 o' clock; ***~ in die frühen Morgenstunden*** until the early hours [of the morning]; ***~ spät in die Nacht*** long into the night; ***~ zu dieser Stunde habe ich davon nichts gewusst!*** I knew nothing about it until now; ***der Bau dürfte ~ zu Weihnachten fertig sein*** the construction work should be finished by Christmas; **~ anhin** SCHWEIZ (*bis jetzt*) up to now; **~ und mit** SCHWEIZ (*bis einschließlich*) up to and including ❷ *räumlich* into, to; ■**~ an/in/über/unter etw** *akk* right up to/into/over/up to sth; ***die Äste reichen ~ ans Haus*** the branches reach right up to the house; ***jetzt sind es nur noch zwei Stunden ~ nach Hause*** it's only another two hours until we get home ❸ *bei Alters-, Maß-, Mengen-, Temperaturangaben* (*erreichend*) ■**~ zu ...** up to; ***Jugendliche ~ zu 18 Jahren*** adolescents up to 18 [years of age] ❹ (*mit Ausnahme von*) ■**~ auf jdn/etw,** ■SCHWEIZ **~ an jdn/etw** except [for] sb/sth III. *konj* ❶ (*beiordnend*) to; ***400 ~ 500 Gramm Schinken*** 400 to 500 grams of ham; ***das Wetter morgen: bewölkt ~ bedeckt und strichweise leichter Regen*** the weather for tomorrow: cloudy or overcast with light rain in places ❷ *unterordnend: zeitlich* (*bevor*) by the time, till, until; ***~ es dunkel wird, möchte ich zu Hause sein*** I want to be home by the time it gets dark; ***ich warte noch, ~ es dunkel wird*** I'll wait until it gets dark; (*bevor nicht*) till, until; ***~ die Hausaufgaben gemacht sind, geht ihr nicht raus!*** you're not going out until your homework's done!
Bisam <-s, -e *o* -s> *m* ❶ MODE musquash *no pl* ❷ *no pl* (*Moschus*) musk *no pl*
Bisamratte *f* muskrat
Bischkek <-s> *nt* Bishkek
Bischof, Bischöfin <-s, Bischöfe> *m, f* bishop
bischöflich *adj* episcopal
Bischofsamt *nt* episcopate, bishopric **Bischofskonferenz** *f* REL conference of bishops **Bischofsmütze** *f* [bishop's] mitre [*or* AM -er] **Bischofssitz** *m* bishop's seat, cathedral city **Bischofsstab** *m* bishop's crook, crosier
Bisexualität *f* bisexuality
bisexuell *adj* bisexual
bisher *adv* until [*or* up to] now; ***~ habe ich noch nichts Gegenteiliges gehört*** I've not heard anything to the contrary so far; (*momentan*) currently
bisherig *adj attr* (*vorherig*) previous *attr;* (*momentan*) present, to date, up to now; **die ~e politische Entwicklung** current political developments; **nach unseren ~en Erkenntnissen** according to our current knowledge
Biskaya <-> *f* ■**die ~** [the Bay of] Biscay; *s. a.* **Golf**
Biskuit <-[e]s, -s *o* -e> [bɪsˈkviːt, bɪsˈkuiːt] *nt o m* KOCHK sponge
Biskuitgebäck *nt* sponge cake **Biskuitrolle** *f* Swiss [*or* AM jelly] roll **Biskuitteig** *m* sponge mixture
bislang *adv s.* **bisher**
Bismarckhering *m* Bismarck herring
Bison <-s, -e> *m* bison
biss[RR], **biß** *imp von* **beißen**
Biss[RR] <-es, -e> *m,* **Biß** <-sses, -sse> *m* ❶ (*das Zubeißen*) bite ❷ (*Bisswunde*) bite; ***der ~ muss unbedingt genäht werden!*** the bite will have to have stitches ❸ (*sl: engagierter Einsatz*) drive; **~ haben** (*sl*) to have drive
bisschen[RR], **bißchen** *pron indef* ❶ *in der Funktion eines Adjektivs* ■**ein ~ ...** a bit of ..., some ...;

B

kann ich noch ein ~ Milch haben? can I have another drop of [*or* a drop more] milk?; ***ich habe ein ~ Ärger im Büro gehabt!*** I've had a bit of bother at the office; ■**kein ~ …** not one [little] bit of …; ***du hast aber auch kein ~ Verständnis für meine schwierige Situation*** you haven't got a scrap of sympathy for the awkward situation I'm in; ***ich habe kein ~ Geld*** I'm penniless; ***ich habe im Moment kein ~ Zeit!*** I haven't got a minute to spare at the moment!; ■**das ~ …** the little bit of …; ***das ~ Geld, das ich habe, brauche ich selber*** I need what money I have myself; ***mit dem ~ Gehalt kann man in München keine großen Sprünge machen*** this salary won't get you far in Munich! ❷ *in der Funktion eines Adverbs* ■**ein ~ …** a bit [*or* little]; ***das war ein ~ dumm von ihr!*** that was a little stupid of her!; + *comp;* ***darf's ein ~ mehr Käse sein, die Dame?*** would Madam like a little more cheese?; ***ich würde an deiner Stelle ein ~ weniger arbeiten!*** if I were you, I'd work a little less; ■**kein ~ …** not the slightest bit …; ***es ist kein ~ teurer!*** it's not a bit more expensive!; ***sie war kein ~ schlechter als er*** she was no worse than him in the slightest ❸ *in der Funktion eines Substantivs* ■**ein ~** a bit [*or* little]; ***wenn man nur so ein ~ verdient wie ich!*** when one earns as little as I do!; ***für so ein ~ wollen die 1000 Mark!*** they want 1,000 marks for a little bit like that!; ***von so einem ~ wirst du doch nicht satt*** a little portion like that won't fill you up; ***nimmst du Milch in den Kaffee? — ja, aber nur ein ~*** do you take milk with your coffee? — yes, but just a drop; ■**das ~** the little; ***drei Eier, zwei Semmeln, etwas Butter— und für das ~ wollen die 10 Mark?*** three eggs, two rolls and some butter — and they want ten marks for these few items!; **ein klein ~** (*fam*) a little bit

Bissen <-s, -> *m* morsel; ***kann ich einen ~ von deinem Brötchen haben?*** can I have a bite of your roll?; ***wenn du das Steak nicht ganz schaffst, kannst du mir gern einen ~ übrig lassen!*** if you can't quite manage the steak, you can leave me a mouthful; ***sie will keinen ~ anrühren*** she won't eat a thing; ***ich habe heute keinen ~ gegessen*** I haven't eaten a thing today; ***er brachte keinen ~ herunter*** he couldn't eat a thing ► WENDUNGEN: **ihm blieb der ~ im Hals stecken** his throat contracted with fear; **sich** *dat* **jeden ~ vom Munde absparen** to keep a tight rein on one's purse strings, to scrimp and scrape [*or* save]

bissig *adj* ❶ (*gerne zubeißend*) vicious; ***„[Vorsicht,] ~er Hund!"*** "beware of [the] dog!"; ***ist der Hund ~?*** does the dog bite? ❷ (*sarkastisch*) caustic, cutting; **eine ~e Kritik** a scathing [*or* waspish] review; **~e Kritik** biting [*or* scathing] criticism; ***sie hat eine sehr ~e Art*** she's very sarcastic; ***du brauchst nicht gleich ~ zu werden!*** there's no need to bite my head off!; ***sie hat äußerst ~ reagiert*** she reacted in an extremely caustic manner

Bissigkeit <-, -en> *f* ❶ *kein pl* (*bissige Veranlagung*) viciousness *no pl* ❷ *kein pl* (*Sarkasmus*) causticity *no pl* ❸ (*bissige Bemerkung*) caustic remark

Bisswunde[RR] *f* bite

bist *2. pers sing pres von* **sein**

Bistro <-s, -s> *nt* bistro

Bistrotisch *m* bistro table

Bistum <-s, -tümer> *nt* bishopric, diocese

bisweilen *adv* (*geh*) at times, now and then

Bit <-[s], -[s]> *nt* INFORM bit

Bit-Breite *f* INFORM bit size

Bittbrief *m* letter of request

bitte *interj* ❶ ((*höflich*) *auffordernd*) please; ***~, Sie wünschen?*** what can I do for you?; **~ schön[, was darf es sein]?** can I help you?; **~ nicht!** no, please!, please don't!; ***ja, ~?*** (*am Telefon*) hello?, yes?; ***bleiben Sie ~ am Apparat*** please hold the line; ***Herr Ober, die Rechnung ~!*** waiter! could I have the bill, please; ***hier entlang ~!*** this way, please!; ***~ nach Ihnen*** after you; ***~, nehmen Sie doch Platz!*** please take a seat; ~[***, treten Sie ein***]! come in!; ***tun Sie*** [***doch***] ~ **…** won't you please …; [***einen***] ***Moment ~!*** one moment [please]!, wait a minute [please]! ❷ (*zustimmend*) ***ach ~, darf ich Sie mal was fragen? — ja ~*** oh! could I ask you something, please? — yes, by all means ❸ (*Dank erwidernd*) ***herzlichen Dank für Ihre Mithilfe! — [aber] ~ sehr!*** many thanks for your help — please don't mention it!; ***danke für die Auskunft! — ~[, gern geschehen]*** thanks for the information — you're [very] welcome!; ***danke, dass du mir geholfen hast! — ~ [, gern geschehen]!*** thanks for helping me — not at all!; ***danke schön! — ~ schön, war mir ein Vergnügen!*** thank you! — don't mention it, my pleasure!; ***Entschuldigung! — ~!*** I'm sorry! — that's all right! ❹ (*anbietend*) **~ schön** here you are ❺ (*um Wiederholung bittend*) ***~? könnten Sie die Nummer noch einmal langsamer wiederholen?*** sorry, can you repeat the number more slowly? ❻ (*drückt Erstaunen aus*) **wie ~?** I beg your pardon?; [***wie***] ***~, habe ich Sie da recht verstanden?*** [I beg your] pardon! did I hear you right? ❼ (*drückt aus, dass etw nicht unerwartet war*) ***na ~ schön, jetzt haben wir den Salat!*** there you are, we're in a fine mess now!; ***na ~!*** what did I tell you!; ***na ~, habe ich schon immer gewusst*** there you are, I knew it all along ❽ (*sarkastisch*) all right, fair enough; ***ich brauche dein Geld nicht — ~, wie du willst!*** I don't need your money — fair enough, as you wish! ► WENDUNGEN: **~ ~ machen** (*Kindersprache fam*) to say please nicely

Bitte <-, -n> *f* request (**um** +*akk* for); **eine ~ äußern** to make a request; **eine ~ [an jdn] haben** to have a favour [*or* AM -or] to ask [of sb]; ***ich hätte eine ~ an Sie*** if you could do me one favour; **mit einer ~ an jdn herantreten** to go to [*or* approach] sb with a request; **eine ~ an jdn richten** [*o* **sich mit einer ~ an jdn wenden**] to make [*or* put] a request to sb; **auf jds** *akk* **~ [hin]** at sb's request; ***ich habe eine große ~: …*** if I could ask [you to do] one thing: …, I have one request to make: …

bitten <bat, gebeten> **I.** *vt* ❶ (*Wunsch äußern*) ■**jdn [um etw] ~** to ask sb [for sth]; ***darf ich Sie um Rat ~?*** may I ask your advice?; ***könnte ich dich um einen Gefallen ~?*** could I ask you a favour?; ***die Passagiere werden gebeten sich anzuschnallen*** passengers are requested to fasten their seatbelts; ***ich bitte dich um alles in der Welt*** I beg [*or* implore] you; ■**jdn [darum] ~, etw zu tun** [*o* **dass er etw tut**] to ask sb to do sth; ***ich bitte dich darum, mit keinem Menschen darüber zu reden*** I would ask you not to talk to anybody about this ❷ (*einladen*) ■**jdn auf etw** *akk*/**zu etw** *dat* **~** to ask [*or* invite] sb for sth/to do sth; ***darf ich dich auf ein Glas Wein zu mir ~?*** may I ask you home for a glass of wine?; ***nach dem Tanz baten die Gastgeber [die Gäste] zum Abendessen*** after the dance the hosts invited the guests to have dinner; ***darf ich [euch] zu Tisch ~?*** may I ask you to come and sit down at the table?, dinner is served!; ***wenn ich euch jetzt in den Garten ~ dürfte!*** if I might ask you to go into the garden now ❸ (*auffordern*) ■**jdn irgendwohin ~** to ask sb to go somewhere; ***der Chef bat den Mitarbeiter zu sich ins Büro*** the boss asked the employee to come [in]to his office; ***ich muss Sie ~ mitzukommen*** I must ask you to come with me; ***darf ich Sie ~?*** would you mind?; ***wenn ich Sie ~ darf!*** if you please!, if you wouldn't mind! ► WENDUNGEN: **sich nicht [lange] ~ lassen** to not have to be asked twice; ***er ließ sich nicht lange ~*** he didn't have to be asked twice; **sich gerne ~ lassen** to like to be asked; **[aber] ich bitte dich/Sie!** really! **II.** *vi* ❶ (*eine Bitte aussprechen*) ■**um etw ~** to ask [*or* make a request] for sth, to request sth; **um Hilfe/Verständnis ~** to ask for help/understanding; **um Ruhe ~** to request [*or* ask for] silence; ***darf ich einen Augenblick um Aufmerksamkeit ~?*** may I have your attention for a moment, please?; **um jds Anwesenheit ~** to request sb's presence; ***darf ich [um den nächsten Tanz] ~?*** may I have the pleasure [of the next dance]?; ■**es wird gebeten, …** (*geh*) please …; ***Hinweis: „es wird gebeten, in der Schalterhalle nicht zu rauchen"*** notice: "please do not smoke in the booking hall"; (*dringend wünschen*) to beg for sth; **um Verzeihung ~** to beg for forgiveness; ***darum möchte ich doch sehr gebeten haben!*** (*emph geh*) I should hope so too!; ***ich bitte [sogar] darum*** (*geh*) I should be glad ❷ (*hereinbitten*) ■**jd lässt ~** sb will see sb; ***der Herr Professor lässt ~*** the professor will see you now; ***er möchte Sie gerne sprechen! — aber selbstverständlich, ich lasse ~!*** he would like to speak to you — but of course, would you ask him to come in! ❸ (*emph: befehlend*) if you please!; **ich muss doch [sehr] ~!** well really!; ***also diese Manieren heutzutage! ich muss doch sehr ~!*** well really! people's manners today! ► WENDUNGEN: **~ und betteln** (*fam*) to beg and plead; **wenn ich ~ darf!** if you wouldn't mind!

Bitten <-s> *nt kein pl* pleading *no pl;* ***trotz seines [inständigen] ~s*** despite his [urgent] pleas; **jds ~ und Betteln** sb's begging and pleading; ***dein ~ und Betteln ist vergeblich, ich habe gesagt nein!*** it's no use your begging and pleading, I've said no!; **sich aufs ~ verlegen** to resort to pleading; **auf jds** *akk* **~ [hin]** at sb's request; **auf ~ von jdm** at the request of sb; ***auf ~ von uns allen*** at the request of us all

bittend I. *adj* pleading; ***ihre ~en Augen*** the beseeching look in her eyes **II.** *adv* beseechingly

bitter I. *adj* ❶ (*herb*) bitter; **~e Schokolade** plain chocolate; ***brrr! diese ~e Medizin!*** yuk! this awful tasting medicine! ❷ (*schmerzlich*) bitter; **eine ~e Lehre** a hard lesson; **~es Leid erfahren** to experience abject sorrow; **~e Reue** deep [*or* keen] regret; **ein ~er Verlust** a painful loss; **die ~e Wahrheit** the painful truth; *s. a.* **Ernst** ❸ (*verbittert*) bitter; ***die Bauern führten beim Abt ~e Klagen*** the farmers complained bitterly to the abbot ❹ (*schwer*) bitter; ***es ist mein ~er Ernst*** I am deadly serious; **in ~er Not leben** to live in abject poverty; **jdn seinem ~en Schicksal überlassen** to leave sb to his sad fate; **~es Unrecht** grievous wrong [*or* injustice]; **sich ~e Vorwürfe machen** to reproach oneself bitterly ► WENDUNGEN: **bis zum ~en Ende** to the bitter end **II.** *adv* bitterly; ***es war ~ kalt*** it was bitterly cold; ***das ist ~ wenig*** that's desperately little; **etw ~ bereuen** to regret sth bitterly; **etw ~ vermissen** to miss sth desperately; **für etw ~ bezahlen** to pay dearly for sth; ***das wird sich ~ rächen!*** you'll/we'll etc. pay dearly for that!; *s. a.* **nötig**

Bitter <-s, -> *m* KOCHK bitters + *sing vb*

bitterböse *adj* furious; **~ reagieren** to react furiously

Bittere(r) *m dekl wie adj s.* **Bitter**

bitterernst *adj* extremely serious; ***musst du denn immer so ~ sein?*** must you always be so deadly serious?; ■**jdm ist es mit etw ~** sb is deadly serious about sth; **etw ~ meinen/nehmen** to mean/take sth deadly seriously **bitterkalt** *adj attr* bitter, bitterly cold

Bitterkeit <-> *f kein pl* ❶ (*Verbitterung*) bitterness ❷ (*bitterer Geschmack*) bitterness

Bitter Lemon <-[s], -> ['bɪtɐ̯ 'lɛmən] *nt* bitter lemon

bitterlich I. *adj* slightly [*or* somewhat] bitter **II.** *adv* bitterly; **~ weinen/frieren** to cry bitterly/to be [*or* feel] dreadfully cold

Bitterling <-s, -e> *m* ZOOL bitterling

Bittermandel *f* bitter almond **Bittermandelöl** *nt* [bitter] almond oil, oil of bitter almonds

Bitternis <-, -se> *f* (*liter*) bitterness *no pl*

Bitterorange *f* bitter [*or* Seville] orange **Bittersalz** *nt* Epsom salts *pl* **Bitterstoff** *m* bitter principle **bittersüß** *adj* (*bitter und süß*) bittersweet; (*fig: schmerzlich und schön*) bittersweet

Bittgang <-gänge> *m* (*geh*) [supplicatory] request; **einen ~ zu jdm machen** to go cap in hand to sb *fig*

Bittgottesdienst *m* REL rogation service **Bittschrift** *f* (*veraltend*) plead, petition **Bittsteller(in)** <-s, -> *m(f)* petitioner, supplicant *form*

Bitumen <-s, – *o* Bitumina> *nt* bitumen *no pl*

Bitumendachbahn *f* BAU asphaltic roof sheeting **Bitumendichtung** *f* bitumen jointing **Bitu-**

mendichtungshaut *f* bitumen membrane **Bitumenheißklebemasse** *f* BAU hot asphaltic cement **Bitumenpappe** *f* BAU bituminous felt **Bitumenschweißbahn** *f* BAU bituminous welded asphalt

bivalent [-va-] *adj* bivalent

Biwak <-s, -s *o* -e> *nt* bivouac

biwakieren* *vi* to bivouac

BIZ *f Abk von* **Bank für internationalen Zahlungsausgleich** BIS, Bank for International Settlements

bizarr *adj* bizarre

Bizeps <-es, -e> *m* biceps

BKA <-> *nt kein pl Abk von* **Bundeskriminalamt**

Blabla <-s> *nt kein pl (pej fam)* waffle *pej*

bla bla (**bla**) *interj (pej fam)* blah blah blah *pej fam*

Blache <-, -n> *f* ÖSTERR, SCHWEIZ tarpaulin

Black-box-Methode ['blæk'bɔks-] *f kein pl* black box method

Black-out, Blackout[(RR)] <-s, -s> ['blɛkʔaut, 'blɛkʔaut, blɛk'ʔaut] *m* ① (*Gedächtnislücke*) lapse of memory ② (*Bewusstseinstrübung, -verlust*) blackout; ***in Prüfungssituationen kommt es manchmal zu einem*** ~ during examinations one can sometimes have a mental block; ***das muss er im völligen*** ~ ***getan haben*** he must have done that in a complete fog ③ (*Stromausfall*) blackout

blaffen *vi* ① (*kläffen*) to yap ② (*pej: schimpfen*) to snap *fam*

Blag <-s, -en> *nt* DIAL (*pej*), **Blage** <-, -n> *f* DIAL (*pej*) brat *pej*

blähen I. *vt* ■**etw** ~ ① (*mit Luft füllen*) to fill [out] sth *sep;* ***der Zugwind bläht die Vorhänge*** the draught is making the curtains billow ② ANAT to distend sth; ■**gebläht** distended; ***das Ross blähte seine Nüstern*** the horse dilated [*or* flared] its nostrils II. *vr* ■**sich** ~ (*sich mit Luft füllen*) to billow; ANAT to dilate; ***seine Nasenflügel blähten sich vor Zorn*** his nostrils dilated [*or* flared] with anger III. *vi* (*blähend wirken*) to cause flatulence [*or* wind]

blähend *adj* flatulent; **bei jdm ~ wirken** to have a flatulent effect on sb

Blähung <-, -en> *f meist pl* flatulence *no pl, no indef art,* wind *no pl, no indef art;* **an ~en leiden** to suffer from flatulence; **~en haben** to have flatulence

blamabel *adj* (*geh*) shameful; ***eine blamable Lage*** an embarrassing situation

Blamage <-, -n> [bla'maːʒə] *f* (*geh*) disgrace *no pl*

blamieren* I. *vt* ■**jdn** ~ to disgrace sb; *s. a.* **Innung** II. *vr* ■**sich** [**durch etw**] ~ to disgrace [*or* make a fool of] oneself [as a result of sth]

blanchieren* [blã'ʃiːrən] *vt* KOCHK ■**etw** ~ to blanch sth

Blanchierlöffel *m* KOCHK blanching spoon

Blank <-s, -s> [blæŋk] *nt* LING, INFORM blank [space], white space

blank I. *adj* ① (*glänzend, sauber*) shining, shiny ② (*abgescheuert*) shiny ③ (*rein*) pure, sheer; ***was du sagst, ist ~er Unsinn!*** what you're saying is utter nonsense!; (*total*) utter; ***in der Stadt herrschte das ~e Chaos*** utter chaos reigned in the town ④ (*nackt*) bare, naked; ÖSTERR, SÜDD (*ohne Mantel*) without a coat; ~ [**aus**]**gehen** to go [out] without a coat ⑤ (*veraltend: gezogen*) drawn; **mit ~em Schwert** with drawn sword; **~er Stahl** cold steel ⑥ (*bloß*) bare; **~e Erde/Wände/~es Holz** bare earth/walls/wood ⑦ (*poet: strahlend*) bright; ***als er die Goldmünze sah, bekam er ~e Augen*** his eyes shone when he saw the gold coin; ***es ist schon ~er Tag*** it's already broad daylight ⑧ *pred* (*fam*) ■~ **sein** to be broke *fam; s. a.* **Hans** II. *adv* (*glänzend*) ~ **gewetzt** shiny; ~ **poliert** brightly polished

Blankett <-s, -e> *nt* KOCHK ragout, fricassée

Blankettausfüllungsbefugnis *f* JUR authorization to fill in a blank **Blankettfälschung** *f* JUR blank document forgery **Blankettmissbrauch**[RR] *m* JUR fraudulent use of documents signed in blank **Blankettvorschrift** *f* JUR outline provision

blankgewetzt *adj attr s.* **blank II.**

blanko *adv* ① (*unbedruckt*) plain ② (*ohne Eintrag, Betrag, Name*) blank; ***man soll nie einen unterschriebenen Scheck ~ aus der Hand geben*** one should never hand out a blank signed cheque

Blankoakzept *nt* FIN blank acceptance **Blankoindossament** *nt* FIN blank endorsement [*or* BRIT transfer] **Blankokredit** *m* FIN open credit **Blankopolice** *f* FIN blank policy **Blankoscheck** *m* blank cheque [*or* AM check] **Blankovollmacht** *f* carte blanche **Blankowechsel** *m* FIN blank bill

Blankozession *f* JUR transfer in blank

blankpoliert *adj attr s.* **blank II.**

Blank-Taste *f* INFORM blank key

Blankvers *m* blank verse

Bläschen <-s, -> [-sçən] *nt* small blister

Blase <-, -n> *f* ① ANAT bladder; **eine schwache ~ haben** (*fam*) to have a weak bladder *fam;* **sich** *dat* **die ~ erkälten** [*o* **unterkühlen**] to get a chill on the bladder ② MED blister; **sich** *dat* **~n laufen** to get blisters on one's feet ③ (*Hohlraum*) bubble; **~n werfen** [*o* **ziehen**] to form bubbles; *Anstrich* to blister; *Tapete, heiße Masse* to bubble ④ (*Sprechblase*) speech bubble, balloon ⑤ (*fam: Clique*) gang *fam*

Blasebalg <-[e]s, -bälge> *m* bellows *npl,* pair of bellows

blasen <bläst, blies, geblasen> I. *vi* ① (*Luft ausstoßen*) to blow; ■**auf etw** *akk* ~ to blow on sth; **auf eine Brandwunde** ~ to blow on a burn ② MUS (*Töne erzeugen*) to play; ■**auf etw** *akk*/**in etw** *dat* ~ to play sth; ***manche Leute können auf Kämmen ~*** some people can play a comb; ***der Jäger blies in sein Horn*** the hunter sounded his horn II. *vi impers* (*fam: es windet*) it's windy; ***draußen bläst es aber ganz schön*** it's really windy outside III. *vt* ① (*durch Blasen kühlen*) ■**etw** ~ to blow on sth; **die heiße Suppe/den Kaffee** ~ to blow on one's hot soup/coffee [to cool it down] ② (*entfernen*) ■**etw** ~ to blow sth; ***er blies [sich] den Fussel vom Ärmel*** he blew the fluff off his sleeve ③ MUS ■**etw** ~ to play sth; ■**etw** [**auf etw**] ~ to play sth [on sth]; ***er nahm die Trompete zur Hand und blies [darauf] eine wunderschöne Melodie*** he picked up the trumpet and played a wonderful melody [on it] ④ (*derb: fellieren*) ■**jdn** ~, ■**jdn einen** ~ to give sb a blow job *fam!*

Blasenentzündung *f* inflammation of the bladder, cystitis *no pl, no indef art spec* **Blasenkatarr**[RR] *m* cystitis **Blasenkatheter** *m* urinary [*or* urethral] catheter **Blasenkrebs** *m* cancer of the bladder, bladder cancer **Blasenleiden** *nt* bladder complaint; **ein ~ haben** to have bladder trouble [*or* a bladder complaint] **Blasenschwäche** *f* bladder weakness, a weak bladder **Blasenspiegelung** *f* cystoscopy **Blasenstein** *m* bladder stone **Blasentang** *m* BOT bladder wrack [*or* kelp] **Blasentee** *m herbal tea to relieve bladder problems*

Bläser(in) <-s, -> *m(f)* MUS wind player; ■**die** ~ the wind section

Bläserquartett *nt* MUS wind quartet

blasiert *adj* (*pej geh*) arrogant, blasé

Blasiertheit <-, -en> *f* (*pej geh*) arrogance, blasé attitude; (*Äußerung*) arrogant [*or* blasé] comment

blasig *adj* ① (*Blasen aufwerfend*) bubbly; ***der Teig wird*** ~ the batter is getting light and airy ② MED blistered

Blasinstrument *nt* wind instrument **Blaskapelle** *f* brass band **Blasluft** *f* TYPO suction system **Blasmusik** *f* brass-band music **Blasorchester** *nt* MUS wind orchestra

Blasphemie <-, -n> [*pl* -'miːən] *f* (*geh*) blasphemy

blasphemisch *adj* (*geh*) blasphemous

Blasrohr *nt* blowpipe

blass[RR], **blaß** *adj* ① (*bleich*) pale; ~ **aussehen** to look pale [*or* BRIT *fam* peaky] [*or* AM peaked] [*or liter* wan]; ~ **um die Nase sein** to be green [*or* pale] about the gills *hum;* ■[**vor etw** *dat*] ~ **werden** to go [*or* grow] [*or* turn] pale [with sth]; ~ **vor Neid werden** to go [*or* turn] green with envy; (*vor Schreck a.*) to pale, to blanch ② (*hell*) pale; **eine ~e Schrift** faint writing; ***er trug ein Hemd in einem ~en Grün*** he wore a pale-green shirt ③ (*geh: matt*) **ein ~es Licht/~er Mond** a pale [*or liter* wan] light/moon ④ (*schwach*) vague; **eine ~e Erinnerung/Hoffnung** a dim [*or* vague] memory/faint hope; *s. a.* **Schimmer** ⑤ (*ohne ausgeprägte Züge*) ~ **wirken** to seem colourless [*or* AM -orless] [*or* bland]

Blässe <-, -n> *f* ① (*blasse Beschaffenheit*) paleness *no pl,* pallor *no pl* ② (*Farblosigkeit*) colourlessness [*or* AM -orness] *no pl*

Blässgans[RR] *f* ORN white-fronted goose

blassgedruckt[RR] *adj inv* **~e Seite** TYPO imperfect ink coverage

Blässhuhn[RR] *nt* coot

blässlich[RR], **bläßlich** *adj* palish, rather pale

bläst *3. pers sing pres von* **blasen**

Blatt <-[e]s, Blätter> *nt* ① BOT leaf ② (*Papierseite*) sheet; **lose** [*o* **fliegende**] **Blätter** loose leaves [*or* sheets]; **vom ~ singen/spielen** MUS to sight-read ③ (*Seite*) page; KUNST print ④ (*Zeitung*) paper ⑤ (*von Werkzeugen*) blade ⑥ KARTEN hand; **ein/kein gutes** ~ a good/not a good hand ⑦ JAGD, KOCHK shoulder ▶ WENDUNGEN: **kein ~ vor den Mund nehmen** to not mince one's words; **das steht auf einem anderen** ~ that's a different matter; [**noch**] **ein unbeschriebenes ~ sein** (*unerfahren sein*) to be inexperienced; (*unbekannt sein*) to be an unknown quantity; **das ~ hat sich gewendet** things have changed

Blattader *f* leaf vein **Blattbildung** *f* leaf form[ation]

Blättchen <-s, -> *nt dim von* **Blatt 1., 2.**

Blätterdach *nt eines Baumes* canopy

blätt(e)rig *adj* flaking; (*geschichtet*) laminate; ■~ **werden** to begin to flake [*or* start flaking]; ***der Teig ist ganz ~ geworden*** the pastry's gone all flaky

Blätterkohl *m s.* **Chinakohl**

Blättermagen *m* ZOOL omasum *spec*

blättern I. *vi* ① (*flüchtig lesen, umblättern*) ■[**in etw** *dat*] ~ to flick [*or* leaf] through sth ② (*abbröckeln*) to flake [off], to come off in flakes; ***die Farbe blättert schon von der Wand*** the paint is already flaking off the wall II. *vt* ■[**jdm**] **etw auf etw** *akk* ~ to lay down sth one by one [for sb]; ***sie blätterte [mir] 20 Tausender auf den Tisch*** she counted out 20 thousand-mark notes on the table [for me]

Blätterpilz *m* BOT agaric

Blätterteig *m* flaky [*or* puff] pastry

Blätterteiggebäck *nt* puff pastries *pl* **Blätterteigpastete** *f* vol-au-vent

Blattfall <-s> *m kein pl* falling *no pl* of leaves, abscission *spec* **Blattfeder** *f* TECH leaf spring **Blattform** *f* BOT form of a leaf **blattförmig** *adj* leaf-shaped **Blattgemüse** *nt* greens *npl;* ■**ein** ~ a leaf vegetable **Blattgold** *nt* gold leaf *no pl, no indef art* **Blattgrün** *nt* chlorophyll *no pl, no indef art* **Blattlaus** *f* aphid **Blattnerv** *m* leaf nerve **Blattpflanze** *f* foliate plant

blättrig *adj s.* **blätterig**

Blattsalat *m* lettuce **Blattschuss**[RR] *m* JAGD shot into the chest **Blattspinat** *m* leaf spinach **Blattspreite** <-, -n> *f* BOT lamina, blade **Blattstiel** *m* BOT [leaf]stalk, petiole *spec* **Blattwerk** *nt kein pl* (*geh*) foliage *no pl* **Blattzeichen** *nt* TYPO bookmark **Blattzichorie** *f* leafy chicory

blau *adj* ① (*Farbe*) blue ② (*blutunterlaufen*) bruised; **ein ~er Fleck** a bruise; **schnell ~e Flecken bekommen** to bruise quickly; **ein ~es Auge** a black eye; (*vor Kälte o weil herzkrank*) blue ③ *inv, nachgestellt* KOCHK rare, underdone, blue; **Forelle** ~ blue trout, trout au bleu ④ *meist pred* (*fam: betrunken*) drunk, plastered *fam,* BRIT *a.* tight *pred fam,* BRIT *a.* canned *pred fam,* BRIT *a.* pissed *pred fam!; s. a.* **blaumachen, Planet, Blut, Blume, Montag, Anton, Ferne**

Blau <-s, - *o fam* -s> *nt* blue

Blaualge *f* BOT blue-green alga **blauäugig** *adj* ① (*blaue Augen habend*) blue-eyed ② (*naiv*) naïve **Blauäugigkeit** <-> *f kein pl* naïvety *no pl* **Blaubeere** *f s.* **Heidelbeere** **blaublütig** *adj* blue-blooded

Blaue <-n> *nt kein pl* ■**das** ~ the blue; **ins ~ spielen** to have a hint of blue ▶ WENDUNGEN: **das ~ vom**

Himmel [herunter]lügen (*fam*) to lie one's head off *fam;* **jdm das ~ vom Himmel [herunter] versprechen** (*fam*) to promise sb the earth [*or* moon] *fam;* **ins ~ hinein** (*fam*) at random; **eine Fahrt ins ~** a mystery tour; ***lass uns einfach ins ~ fahren*** let's just set off and see where we get to [*or* end up]; ***wir setzen uns jetzt ins Auto und machen einfach eine Fahrt ins ~*** we'll jump in the car and just set off somewhere [*or* into the blue]

Blaue(r) *m dekl wie adj* (*sl*) hundred-mark note

Bläue <-> *f kein pl* blueness *no pl;* ***der Himmel war von strahlender ~*** the sky was a brilliant blue

Blauer Engel *m eco-label*

Blaufelchen *nt* whitefish **Blaufisch** *m* skipjack, striped tuna **Blaufuchs** *m* blue [*or* arctic] fox **blaugrau** *adj* blue-grey, bluish grey **blaugrün** *adj* blue-green, bluish green **Blauhai** *m* requiem shark **Blauhelm** *m* (*sl*) blue beret, UN soldier **Blauhelmmission** *f* POL UN mission **blaukariert** *adj* blue-checked, with blue checks, blue plaid **Blaukissen** *nt* BOT aubrietia, aubrieta, aubretia **blaukochen** *vt* KOCHK **einen Fisch ~** to cook a fish blue (*poach an unscaled fish in vinegar until it turns blue*) **Blaukraut** *nt* SÜDD, ÖSTERR red cabbage

bläulich *adj* bluey, bluish

Blaulicht *nt* flashing blue light; **mit ~** with a flashing blue light [*or* [its] blue light flashing]

Blaulichtlaser *m* TECH, PHYS blue [light] laser

Bläuling <-s, -e> *m* ZOOL blue

blau|machen I. *vi* (*fam: krankfeiern*) to go [*or* AM call in] sick; SCH to play truant [*or* AM hook[e]y], BRIT *a.* to bunk off *fam* **II.** *vt* (*fam*) ■**einen Tag ~** to go [*or* AM call in] sick for a day

Blaumann <-männer> *m* (*fam*) blue overalls, boiler suit BRIT **Blaumeise** *f* blue tit **Blaupapier** *nt* carbon paper **Blaupause** *f* blueprint **blaurot** *adj* purple **Blausäure** *f* CHEM hydrocyanic acid **Blauschimmelkäse** *m* blue cheese **Blauschönung** *f* KOCHK blue fining, Moeslinger fining **blauschwarz** *adj* blue-black, bluish black **Blaustich** *m* FOTO blue cast **blaustichig** *adj* FOTO with a blue cast *after n* **Blaustift** *m* blue pencil **Blaustrumpf** *m* (*pej veraltet*) bluestocking *pej old* **Blausucht** *f* MED blueness, blue disease, cyanosis *spec* **Blautanne** *f* blue [*or* Colorado] spruce **Blauwal** *m* blue whale

Blazer <-s, -> ['ble:zɐ] *m* blazer

Blech <-[e]s, -e> *nt* ❶ *kein pl* (*Material*) sheet metal *no pl, no indef art* ❷ (*Blechstück*) metal plate ❸ (*Back~*) [baking] tray ❹ *kein pl* (*fam: Unsinn*) rubbish *no pl, no indef art,* crap *no pl, no indef art fam!,* tripe *no pl, no indef art fam;* ***rede kein ~!*** don't talk rubbish [*or* AM garbage] [*or fam!* crap]! ❺ *kein pl* (*pej fam: Orden etc.*) gongs *pl* BRIT *fam,* fruit salad AM *no pl, no indef art fam* ❻ (*im Orchester*) brass

Blechbläser(in) *m(f)* MUS brass player **Blechblasinstrument** *nt* MUS brass instrument **Blechbüchse** *f* tin [box] **Blechdose** *f* tin **Blechdruck** *m* TYPO tin printing, metal decorating

blechen I. *vt* (*fam*) ■**etw [für etw] ~** to fork [*or* shell] out sth [for sth] *fam* **II.** *vi* (*fam*) to cough up *fam,* to fork [*or* shell] out *fam*

blechern I. *adj* ❶ *attr* (*aus Blech*) metal ❷ (*hohl klingend*) tinny; **eine ~e Stimme** a hollow voice **II.** *adv* tinnily; **~ klingen** to sound tinny

Blechgeschirr *nt* [metal] kitchenware *no pl, no indef art* **Blechinstrument** *nt s.* **Blechblasinstrument** **Blechkanister** *m* metal can[ister] [*or* container] **Blechkiste** *f* (*pej fam*) [old] crate *sl* **Blechlawine** *f* (*pej fam*) solid line of vehicles, river of metal *fam* **Blechmusik** *f* brass band music **Blechnapf** *m* metal bowl; (*im Gefängnis*) prison eating utensils ▶ WENDUNGEN: **wer einmal aus dem ~ frisst ...** someone who has done time [*or* BRIT *a.* porridge] once ... **Blechschaden** *m* AUTO damage *no pl, no indef art* to the bodywork **Blechschere** *f* TECH plate shears *npl,* snips *npl* **Blechtrommel** *f* tin drum

blecken *vt* **die Zähne ~** to bare its teeth; ***der Hund bleckte die Zähne*** the dog bared its teeth

Blei <-[e]s, -e> *nt* ❶ *kein pl* (*Metall*) lead *no pl, no indef art;* **schwer wie ~** (*fig*) as heavy as lead; ***meine Augen/Arme sind so schwer wie ~*** my eyes/arms are like lead; **~ gießen** *to pour molten lead on cold water and tell someone's fortune from the shapes on New Year's Eve* ❷ (*Lot*) plumb [bob] ❸ *kein pl* (*Bleigeschoss*) lead shot *no pl;* ***ich habe noch genug ~ im Magazin, um euch alle umzulegen!*** I've still got enough lead in the magazine to finish you all off! ▶ WENDUNGEN: **jdm wie ~ in den Gliedern** [*o* **Knochen**] **liegen** to make sb's limbs feel like lead; **jdm wie ~ im Magen liegen** (*schwer verdaulich sein*) to lie heavily on sb's stomach; (*seelisch belastend sein*) to be preying on one's mind; ***Ölsardinen liegen mir immer stundenlang wie ~ im Magen*** sardines in oil lie heavily on my stomach for hours; ***die Sache liegt mir wie ~ im Magen*** the affair is preying on my mind

Bleiakku *m* lead accumulator [*or* storage battery]

Bleiband *nt in Gardinen* weighted tape

Bleibe <-, -n> *f* place to stay; **eine/keine ~ haben** to have somewhere/nowhere to stay; ***wenn du noch keine [feste] ~ hast, kannst du gerne bei mir wohnen*** if you still have nowhere [definite] to stay, you're welcome to stay [*or fam* stop] with me

bleiben <blieb, geblieben> *vi sein* ❶ (*verweilen*) ■**[bei jdm/an einem Ort] ~** to stay [*or* remain] [with sb/in a place]; ***wo bleibst du so lange?*** what has been keeping you all this time?; ***wo sie nur so lange bleibt?*** wherever has she got to?; **~ *Sie doch noch! sagte er*** do stay! he said; ***der Kranke muss im Bett ~*** the patient must stay in bed; ***ich bleibe heute etwas länger im Büro*** I'll be a bit late back from the office today; ***ich bleibe noch zwei Jahre in der Schule*** I'll stay at school another two years, I've still got another two years at school; ■**an etw** *dat* **~** to remain at sth; **für** [*o* **unter**] **sich ~ mögen** [*o* **wollen**] to wish to be alone; ***wir möchten einen Moment für uns ~*** we should like to be alone for a moment; ***er ist ein Einzelgänger, der lieber für sich bleibt*** he's a loner who likes to be by himself; **~ *Sie bitte am Apparat!*** hold the line, please!; ***bleibt am Platz!*** stay in your seats [*or* sitting down]! ❷ (*nicht ... werden*) **unbeachtet ~** to go unnoticed; ***ihre Klagen blieben ungehört*** her complaints were not listened to [*or* fell on deaf ears]; ***mein Brief ist bis jetzt unbeantwortet geblieben*** so far I have received no reply to my letter; ***diese Ereignisse werden mir für immer unvergessen ~*** I shall never forget those events; (*weiterhin sein*) to continue to be, to remain; ***die Lage blieb weiterhin angespannt*** the situation remained tense; ***für die meisten Leute bleibt das Geheimarchiv weiter unzulänglich*** the secret archives continue to be inaccessible to most people; **wach ~** to stay [*or* keep] awake ❸ (*andauern*) to last, to persist; ***hoffentlich bleibt die Sonne noch eine Weile*** I do hope the sunshine lasts for a while yet; ***der Regen dürfte vorerst ~*** the rain should persist for the time being ❹ (*nicht gestrichen werden*) to remain; **„bleibt“** TYPO “please retain”, “stet”; ***soll der Satz gestrichen werden oder ~?*** should the sentence be deleted or remain? ❺ *meist Vergangenheit* (*hinkommen*) ■**irgendwo ~** to get to, to happen to; ***wo ist meine Brieftasche geblieben?*** where has my wallet got to?, what has happened to my wallet? ❻ (*fam: unterkommen*) ■**irgendwo ~** to stay somewhere; ***wo sollen die Kinder jetzt ~*** where are the children going to stay now?; ***leider können wir sie nicht weiter beschäftigen, sie müssen sehen, wo sie ~*** unfortunately we can't keep them on, they'll have to look out [*or* find employment] for themselves; ***der neue Student hat immer noch kein Zimmer gefunden, wo er ~ kann*** the new student has still not found a place to stay [*or* any accommodation] ❼ (*verharren*) ■**bei etw ~** to adhere [*or fam* keep] [*or* stick] to sth; ***bleibt es bei unserer Abmachung?*** does our arrangement still stand?; ***ich bleibe lieber bei meiner alten Marke*** I prefer to stick to [*or* stay with] my old brand; ***ich bleibe bei Weißwein*** I'm sticking to [*or* with] white wine ❽ (*übrig ~*) ■**jdm bleibt etw[, dass/etw zu tun]** to remain [*or* be left] for sb [to do sth]; ***es bleibt wenigstens die Hoffnung, dass es besser werden könnte*** at least the hope remains that things could improve; ***eine Möglichkeit bleibt uns noch*** we still have one possibility left; ***was blieb ihm anderes, als nachzugeben?*** what else could he do but give in?; ***es blieb mir keine andere Wahl*** I was left with no other choice ❾ (*ver~*) ■**[jdm] ~, etw zu tun** to remain [for sb] to do sth; ***es bleibt abzuwarten, ob sich die Lage bessern wird*** it remains to be seen if the situation will improve; ***es bleibt doch zu hoffen, dass diese Maßnahmen bald greifen werden*** the hope remains that these measures will soon take effect; ***sicher werden die politischen Gefangenen bald freigelassen! – was sehr zu wünschen bleibt*** the political prisoners are sure to be released soon – which very much remains our hope; ***es bleibt natürlich Ihnen belassen, wie Sie sich entscheiden*** it's up to you, of course, how you decide ❿ (*euph: umkommen*) ■**irgendwo ~** to die somewhere; ***der Kapitän ist auf See geblieben*** the captain died at sea; ***viele Soldaten blieben im Feld/Krieg*** many soldiers fell *euph* in battle/were killed in action ▶ WENDUNGEN: **das bleibt unter uns** that's [just] between ourselves; **sieh zu, wo du bleibst!** you're on your own!

bleibend *adj* lasting, permanent

bleiben|lassen *vt irreg* (*fam*) *s.* **bleiben 11.**

Bleibenzin *nt* AUTO leaded fuel

Bleiberecht *nt kein pl* POL right to stay **Bleibeschutz** *m* lead shield

bleich *adj* ❶ (*blass*) pale; ■**~ [vor etw** *dat*] **werden** to go [*or* turn] pale [with sth]; ***er wurde ~ vor Entsetzen/Schreck*** he paled [*or* went] [*or* turned pale] with terror/fright ❷ (*geh: fahl*) pale; **das ~e Licht des Mondes** the pale light of the moon ❸ (*geh: schier*) sheer; **das ~e Grauen/Entsetzen** sheer horror/terror

Bleichcreme *f* whitening cream

bleichen <bleichte *o veraltet* blich, gebleicht> **I.** *vt haben* (*aufhellen*) ■**etw ~** to bleach sth **II.** *vi sein* (*verblassen*) to become faded

Bleichgesicht *nt* ❶ (*fam*) pale face; ***du bist mir aber ein ~! warum musst du auch immer in der Stube hocken?*** you've really got a pale [*or* pasty] face, why must you always hang around indoors? ❷ (*Weiße(r)*) paleface **bleichgesichtig** *adj* (*fam*) pale-[*or* pasty-]faced **Bleichmittel** *nt* bleach *no pl,* bleaching agent **Bleichschnabel** *m* SÜDD, SCHWEIZ pale face **Bleichsellerie** *m* celery

bleiern I. *adj* ❶ *attr* (*aus Blei*) lead ❷ (*grau wie Blei*) leaden ❸ (*schwer lastend*) heavy; ***eine ~e Müdigkeit*** an overwhelming tiredness **II.** *adv* heavily; ***Müdigkeit legte sich ~ auf ihre Lider*** her eyelids were heavy [*or* like lead]

Bleierz *nt* lead ore **bleifrei I.** *adj* (*ohne Blei*) lead-free; **~es Benzin** unleaded [*or* lead-free] petrol [*or* AM gas[oline]] **II.** *adv* lead-free; ***ich fahre schon lange ~*** I've been using lead-free petrol for a long time now **Bleifuß** *m* ▶ WENDUNGEN: **mit ~ fahren** (*fam*) to drive with one's foot to the floor [*or* AM *a.* with the pedal to the metal] **Bleigießen** <-s> *nt kein pl old New Year's Eve custom of fortune-telling by pouring molten lead into cold water and reading the shapes created* **Bleiglanz** *m* (*Mineral*) galena, galenite **bleihaltig** *adj* containing lead; **~es Erz** lead-bearing [*or spec* plumbiferous] ore; ■**[zu] ~ sein** containing [too much] lead **Bleikristall** *nt* lead crystal *no pl, no indef art* **Bleikugel** *f* lead bullet **Bleimantel** *m* lead cladding [*or* casing] **Bleisatz** *m* TYPO hot-metal composition [*or* [type]setting] *no pl, no indef art,* hot type *no pl, no indef art* **bleischwer** *adj s.* **bleiern 3**

Bleistift *m* pencil

Bleistiftabsatz *m* stiletto heel **Bleistiftspitzer** *m* pencil sharpener **Bleistiftzeichnung** *f* pencil drawing

Bleivergiftung *f* lead poisoning *no pl, no indef art* **bleiverglast** *adj* leaded **Bleiverglasung** *f* lead glazing *no pl, no indef art*

Bleiweiß *nt* white lead, ceruse

Blende <-, -n> *f* ❶ FILM, FOTO (*Öffnung*) aperture; (*Vorrichtung*) diaphragm; (*Einstellungsposition*) f-stop, aperture ❷ (*Lichtschutz*) blind, screen; ***um in der Sonne besser sehen zu können, hielt sie sich die Hand als ~ über die Augen*** in order to see more clearly she screened her eyes from the sun with her hand; *s. a.* **Sonnenblende** ❸ ARCHIT blind window/arch etc. ❹ MODE trim

blenden I. *vt* ❶ ((*vorübergehend*) *blind machen*) ■**jdn** ~ to dazzle sb; **den Gegenverkehr** ~ to dazzle oncoming traffic ❷ (*betören*) ■**jdn [mit etw]** ~ to dazzle sb [with sth]; ***von ihrer Schönheit war er wie geblendet*** he was dazzled by her beauty ❸ (*hinters Licht führen*) ■**jdn [durch etw]** ~ to deceive [*or sep* take in] sb [with sth] ❹ (*liter o veraltet: blind machen*) ■**jdn** ~ to blind sb II. *vi* ❶ (*zu grell sein*) to be dazzling [*or* too bright]; ***mach die Vorhänge zu, es blendet!*** close the curtains, the light's dazzling!; **~d weiß** dazzling white ❷ (*hinters Licht führen*) to deceive [*or sep fam* take in] people III. *vi impers* to produce a lot of glare; ***wenn das Licht direkt auf den Bildschirm fällt, blendet das*** there's a lot of glare when the light falls directly onto the screen

Blendenautomatik *f* FOTO automatic aperture control

blendend I. *adj* brilliant; **~er Laune sein** to be in a sparkling mood II. *adv* wonderfully; **sich ~ amüsieren** to have great [*or* wonderful] fun

blendendweiß *adj attr s.* **blenden II 1**

Blender(in) <-s, -> *m(f)* fraud, beguiler

blendfrei *adj* ❶ (*entspiegelt*) non-reflective ❷ (*nicht blendend III.*) non-dazzle

Blendmauerwerk *nt* BAU facing masonry **Blendrahmen** *m* BAU blind [*or* mounting] frame **Blendschutz** *m* anti-dazzle device **Blendschutzzaun** *m* anti-dazzle barrier

Blendung <-, -en> *f* ❶ (*das Geblendetwerden*) dazzling *no pl* ❷ (*liter o veraltet*) blinding

Blendwerk *nt kein pl* (*liter*) deception; **ein ~ des Teufels** the devil's trickery, a trap set by the devil

Blesse <-, -n> *f* (*weißer Fleck*) blaze

Blessur <-, -en> *f* (*geh*) wound; **aus etw mit einer leichten ~ kommen** (*fig*) to come out of sth more or less unscathed *fam*

bleu [blø:] *adj inv* MODE light-blue

blich (*veraltet*) *pret von* **bleichen**

Blick <-[e]s, -e> *m* ❶ (*das Blicken*) look; ***er warf einen [kurzen] ~ aus dem Fenster*** he glanced out of the window; **auf den ersten ~** at first sight; ***es war Liebe auf den ersten ~*** it was love at first sight; **auf den zweiten ~** on closer inspection; **jds ~ ausweichen** to avoid sb's gaze [*or* eye]; **jdn mit den [*o* seinen] ~en durchbohren** to look piercingly at sb; **jds ~ erwidern** to return sb's gaze; **den ~ auf jdn/etw heften** (*geh*) to fix one's eyes on sb/sth; **jdn mit den ~en messen** (*geh*) to look sb up and down, to size sb up; **jdm einen/keinen ~ schenken** (*geh*) to look at sb/not to give sb a second glance; **jdn mit einem ~ streifen** to glance fleetingly at sb; **einen ~ auf jdn/etw tun** [*o* **werfen**] to glance [briefly] at sb/sth; **jdn/etw mit den [*o* seinen] ~en verschlingen** to devour sb/sth with one's eyes; **~e miteinander wechseln** [*o* **tauschen**] to exchange glances; **jdn keines ~es würdigen** (*geh*) to not deign to look at sb; **alle ~e auf sich *akk* ziehen** to attract attention; **auf einen/mit einem ~** at a glance ❷ (*~richtung*) eyes *pl*, gaze *no pl*; ***ihr Blick fiel auf die Kirche*** the church caught her eye; **den ~ heben** to look up, to raise one's eyes; **den ~ senken** to look down, to lower one's eyes ❸ (*Augenausdruck*) expression, look in one's eye; ***in ihrem ~ lag Ausweglosigkeit*** there was a look of hopelessness in her eyes; ***er warf einen prüfenden ~ auf die Antiquität*** he cast a critical eye over the antique; ***er musterte sie mit finsterem ~*** he looked at her darkly ❹ (*Aus~*) view; ***ein Zimmer mit ~ auf den Strand*** a room overlooking [*or* with a view of] the beach; **sich *dat* jds ~en entziehen** (*geh*) to disappear from sb's line of sight; **den ~en entschwinden** to disappear from sight [*or* view] ❺ (*Urteilskraft*) eye; **einen klaren ~ für etw haben** to see things clearly; **einen [guten] ~ für etw haben** to have an eye [*or* a good eye] for sth; **keinen ~ für etw haben** to have no eye for sth, to be a bad judge of sth; **seinen ~ für etw schärfen** to sharpen [*or* heighten] one's awareness of sth ▶ WENDUNGEN: **einen ~ hinter die Kulissen tun** [*o* **werfen**] to take a look behind the scenes; **den bösen ~ haben** to have the evil eye; **wenn ~e töten könnten!** (*fam*) if looks could kill!; **etw aus dem ~ verlieren** to lose sight of sth; **etw im ~ haben** to have an eye on sth; ***er hatte den Aufstieg fest im ~*** he had an eye firmly on promotion; ***wir müssen den Termin immer im ~ behalten*** we must always bear in mind [*or* keep an eye on] the deadline; **mit ~ auf** with regard to *form*

blickdicht *adj inv* opaque; **~e Strumpfhose** opaque tights *npl*

blicken I. *vi* ❶ (*schauen*) ■**[auf jdn/etw] ~** to look [*or* have a look] [at sb/sth]; ■**irgendwohin ~** to look somewhere; ***er blickte kurz aus dem Fenster*** he glanced [briefly] out of the window ❷ (*geh: aussehen*) to look; ***was blickst du so böse?*** why are you looking so angry? ❸ (*hervorsehen*) ■**aus etw ~** to peep out of sth; *s. a.* **hervorblicken** ❹ (*sich zeigen*) **sich ~ lassen** to put in an appearance; ***lass dich doch mal wieder [bei uns] ~*** why don't you come round [and see us] again sometime?; ***sie hat sich hier nicht wieder ~ lassen*** she hasn't shown up here again; **sich [bei jdm] nicht [mehr] ~ lassen** to not be seen [any more] [at sb's house]; ***sie lässt sich schon längere Zeit nicht mehr bei uns ~*** she hasn't been round to see us for ages; ***lass dich hier ja nicht mehr ~!*** don't show your face around here again!; *s. a.* **tief II.** II. *vt* (*sl*) ■**etw ~** (*verstehen*) to understand sth; ***gib's auf, er blickt das sowieso nicht!*** give up, he doesn't get it anyway! *fam*

Blickfang *m* eye-catcher **Blickfeld** *nt* field of view [*or* vision]; **in jds [*o* jdm ins] ~ geraten** [*o* **kommen**] to come into sb's field of view; **ins ~ [der Öffentlichkeit] rücken** to become the focus of [public] attention; **aus dem [*o* jds] ~ verschwinden** to disappear from view **Blickkontakt** *m* visual contact; **[mit jdm] ~ haben/aufnehmen** to have/make eye contact [with sb] **Blickpunkt** *m* ❶ (*Standpunkt*) point of view; **vom ... ~ aus [betrachtet [*o* gesehen]]** from ... point of view; ***vom juristischen ~ aus [betrachtet]*** from the legal point of view ❷ (*Fokus*) **im ~ [der Öffentlichkeit] stehen** to be the focus of [public] attention **Blickrichtung** *f* direction of sight; ***du musst weiter nach links schauen, das ist nicht die richtige ~!*** you must look more to the left, that's not the right direction!; **in jds ~** in sb's line of sight; ***die große Eiche steht genau in unserer ~*** the great oak is exactly in our line of sight; **in ~ [nach] Westen** facing [*or* looking] west **Blickwinkel** *m* ❶ (*Perspektive*) angle of vision, perspective ❷ (*Gesichtspunkt*) point of view

blind I. *adj* ❶ (*ohne Sehvermögen*) blind; ■**~ sein/werden** to be/go blind; ***sie ist auf einem Auge ~*** she's blind in one eye; ■**von etw *dat*/vor etw *dat* ~ sein** to be blinded by sth; **~ geboren** blind from birth; *s. a.* **Fleck** ❷ (*unkritisch*) blind; ■**für [*o* in Bezug auf] etw *akk* ~ sein** to be blind to sth; ***was ihn selbst betrifft, scheint er irgendwie ~ zu sein*** he seems to be blind somehow to factors which affect him ❸ (*wahllos*) blind; **das ~e Schicksal** (*geh*) blind fate; **der ~e Zufall** pure [*or* sheer] chance ❹ (*verblendet*) blind; ■**~ vor Eifersucht/Hass/Wut [sein]** [to be] blinded by jealousy/hatred/rage ❺ (*trübe*) **~es Glas** clouded glass; **~es Metall** dull [*or* tarnished] metal; ***der antike Spiegel war teilweise etwas ~*** the antique mirror had a few black spots; *s. a.* **Fleck** ❻ (*verdeckt*) concealed; **~e Naht** invisible seam; **~er Passagier** stowaway ❼ (*vorgetäuscht*) false; **~er Bogen/~es Fenster** blind arch/window; *s. a.* **Alarm** ▶ WENDUNGEN: **bist du [so] ~?** (*fam*) are you blind?; **Mann, bist du ~!** (*sl*) God, you're thick! *sl*; **jdn ~ [für etw] machen** to blind sb [to sth] II. *adv* ❶ (*wahllos*) blindly; ***er griff ~ ein Buch aus dem Regal heraus*** he took a book at random from the shelf ❷ (*unkritisch*) blindly ❸ (*ohne Ausgang/Tür*) **~ enden** [*o* **sein**] to be a dead end; ***viele Gänge in der Pyramide enden ~*** many passages in the pyramid are dead ends ❹ LUFT **~ fliegen** to fly blind [*or* on instruments]; **~ landen** to land blind ❺ (*verdeckt*) ***der Mantel wird ~ geknöpft*** the coat has concealed buttons; **etw ~ backen** KOCHK to bake sth blind

blind|backen *vt s.* **blind II 5** **Blindband** <-bände> *m* dummy **Blindbewerbung** *f* speculative application **Blindboden** *m* BAU wooden subfloor

Blinddarm *m* appendix, caecum *spec* BRIT, cecum AM; (*Patient*) case of appendicitis

Blinddarmentzündung *f* MED appendicitis **Blinddarmfortsatz** *m* ANAT appendix **Blinddarmoperation** *f* MED appendix operation, appendectomy *spec*

Blind Date [blaɪnd'deɪt] *nt* blind date

Blinddruck *m* TYPO blind blocking [*or* embossing]

Blinde(r) *f(m) dekl wie adj* blind woman *fem*, blind man *masc*, blind person; ■**die ~n** the blind ▶ WENDUNGEN: **unter den ~n ist der Einäugige König** (*prov*) in the country of the blind the one-eyed man is king *prov*; **das sieht doch ein ~r [mit dem Krückstock** *veraltend*] (*fam*) anyone [*or* any fool] can see that!

Blindekuh *f kein art* blind man's buff *no art*; **~ spielen** to play blind man's buff

Blindekuhspiel *nt* blind man's buff

Blindenhund *m* guide dog **Blindenschrift** *f* Braille *no art*

blind|fliegen *vi irreg sein s.* **blind II 4** **Blindflug** *m* ❶ LUFT blind flight; ***der Pilot musste im ~ manövrieren*** the pilot had to fly on instruments ❷ (*fig*) process of trial and error **Blindgänger** <-s, -> *m* MIL dud; **ein ~ aus dem zweiten Weltkrieg** an unexploded bomb from the Second World War **Blindgänger(in)** <-s, -> *m(f)* (*sl*) dead loss *fam* **blindgeboren** *adj s.* **blind I 1** **Blindgeschwindigkeit** *f* blind speed **blindgläubig** I. *adj* credulous; ***die ~en Sektenmitglieder begangen Selbstmord*** driven by blind faith the members of the sect committed suicide; ***du glaubst einfach alles — bist du wirklich so ~?*** you simply believe everything — are you really so credulous? II. *adv* blindly; ***~ führten sie seine Befehle aus*** they blindly carried out his orders

Blindheit <-> *f kein pl* blindness *no pl* ▶ WENDUNGEN: **jdn mit ~ schlagen** (*liter*) to denude sb of common sense, to strike sb blind; **[wie] mit ~ geschlagen sein** to seem to have lost all judgement, to be [as if] struck blind

Blindlandung *f* LUFT blind [*or* instrument] landing

blindlings *adv* blindly

Blindmuster *nt* TYPO dummy, sample binding [*or* volume] **Blindprägung** *f* blind blocking [*or* embossing] **Blindschleiche** <-, -n> *f* slowworm, blindworm **Blindwühle** <-, -n> *f* ZOOL mole rat

blindwütig I. *adj* raging, in a blind fury *pred*; **ein ~er Angriff** a frenzied attack II. *adv* in a blind fury

blinken I. *vi* ❶ (*funkeln*) to gleam, to sparkle ❷ (*Blinkzeichen geben*) ■**[mit etw] ~** to flash [sth]; **mit der Lichthupe ~** to flash one's [head]lights; (*zum Abbiegen*) to indicate II. *vt* ■**etw ~** to flash sth; ***das Schiff blinkte SOS*** the ship was flashing an SOS [signal] [*or* was signalling SOS]

Blinker <-s, -> *m* ❶ AUTO indicator, BRIT *fam a.* winker ❷ (*blinkender Metallköder*) spoon[bait]

Blinkerhebel *m* AUTO indicator switch **Blinkerrelais** *nt* AUTO indicator relay BRIT, lasher AM

Blinkfeuer *nt* NAUT flashing light **Blinklicht** *nt* ❶ TRANSP flashing light ❷ (*fam*) *s.* **Blinker 1** **Blinkzeichen** *nt* flashing signal; **~ geben** to flash a signal; ***der Fahrer gab mir ~ [mit der Lichthupe]*** the driver flashed [his headlights at] me

blinzeln *vi* ❶ (*unfreiwillig zusammenkneifen*) to

blink; (*geblendet*) to squint ② (*zwinkern*) to wink; *s. a.* **anblinzeln, zublinzeln**

Blitz <-es, -e> *m* ① (*Blitzstrahl*) flash of lightning, lightning *no pl, no indef art;* (*Blitzeinschlag*) lightning strike; **vom ~ getroffen/erschlagen werden** to be struck/killed by lightning; **der ~ schlägt in etw** *akk* **[ein]** lightning strikes sth ② (*das Aufblitzen*) flash ③ FOTO flash ④ *pl* (*liter: grelle Blicke*) glaring looks; ***ihre Augen schossen [wütende] ~e gegen ihn*** her eyes flashed [furiously] at him, she looked daggers at him ▶ WENDUNGEN: **wie ein ~ aus heiterem Himmel** like a bolt from the blue; **wie ein geölter ~** (*fam*) like greased lightning; **wie vom ~ getroffen** [*o* **gerührt**] thunderstruck; **wie ein ~ einschlagen** to come as a bombshell; **wie der ~** (*fam*) like [*or* as quick as] lightning

Blitzableiter <-s, -> *m* lightning conductor ▶ WENDUNGEN: **als ~** as a scapegoat **Blitzaktion** *f* lightning operation [*or* raid] **blitzartig** I. *adj* (*sehr schnell*) lightning *attr;* ***die Schlange machte eine ~e Bewegung*** the snake moved like lightning II. *adv* (*sehr schnell*) like lightning; ***er ist ~ verschwunden*** he disappeared as quick as [*or* in] a flash

blitz(e)blank *adj* (*fam*) as clean as a whistle *pred fam*, spick and span *pred fam*

blitzen I. *vi impers* **es blitzte** there was [a flash of] lightning; ***ich habe kaum ein Gewitter erlebt, bei dem es so oft geblitzt hat*** I've scarcely experienced a storm with so much lightning II. *vi* ① (*strahlen*) to sparkle; *s. a.* **Sauberkeit** ② (*funkeln*) ■**[vor etw** *dat*] **~** to flash [with sth]; ***ihre Augen blitzten vor Zorn*** her eyes flashed with anger ③ FOTO (*fam*) to use [a] flash III. *vt* ① FOTO (*fam*) ■**jdn/etw ~** to take a flash photo of sb/sth ② (*fam: in Radarfalle*) ■**geblitzt werden** to be photographed [*or fam* zapped]

Blitzesschnelle *f* lightning speed *no pl, no indef art;* **in/mit ~** with lightning speed

Blitzgerät *nt* FOTO flash unit

blitzgescheit *adj* (*fam*) brilliant

Blitzgespräch *nt* priority [telephone] call (*with tenfold call charge*)

Blitzgiro *nt* FIN direct telex transfer system

Blitzhacker *m* vegetable chopper **Blitzkarriere** *f* rapid rise; **eine ~ machen** to enjoy a rapid rise, to be a highflier **Blitzkrieg** *m* MIL blitzkrieg

Blitzlicht *nt* FOTO flash[light]

Blitzlichtbirne *f* FOTO flashbulb **Blitzlichtgerät** *nt* flash [unit], flashgun **Blitzlichtgewitter** *nt* (*fam*) frenzy of flashing cameras **Blitzlichtwürfel** *m* flashcube

Blitzmerker(in) <-s, -> *m(f)* (*pej*) bright spark

blitzsauber *adj* (*fam*) sparkling clean ▶ WENDUNGEN: **ein ~es Mädel** SÜDD a great girl [*or* BRIT DIAL splendid lass]

Blitzschlag *m* lightning strike; ***ein ~ traf den Baum*** the tree was struck by lightning; **vom ~ getroffen werden** to be struck by lightning **blitzschnell** *adj s.* **blitzartig Blitzstrahl** *m* (*geh*) flash of lightning **Blitzumfrage** *f* quick [*or* lightning] poll **Blitzwürfel** *m* FOTO flashcube

Blizzard <-s, -s> ['blɪzɐt] *m* blizzard

Block¹ <-[e]s, Blöcke> *m* ① (*Form*) block; ■**ein ~ aus/von etw** a block of sth ② INFORM, TYPO block ③ (*Richt~*) [executioner's] block

Block² <-[e]s, Blöcke *o* -s> *m* ① (*Häuser~*) block; (*großes Mietshaus*) block [of flats] BRIT, apartment building AM ② (*Papierstapel*) book; **ein ~ Briefpapier** a pad of writing paper ③ (*Briefmarken~*) block ④ POL (*politischer Bund*) bloc; (*Fraktion*) faction

Blockabsatz *m* block [*or* Cuban] heel **Blockabstimmung** *f* block vote

Blockade <-, -n> *f* ① (*Wirtschafts~*) blockade; **die ~ brechen** to break [*or* run] the blockade; **über etw** *akk* **eine ~ verhängen** to impose a blockade on sth ② MED block ③ (*Denkhemmung*) mental block ④ TYPO (*Satz*) blacks *pl*, turned letter

Blockadepolitik *f* POL (*pej*) blocking policy

Blockbildung *f* POL formation of blocs [*or* factions] **Blockbuchstabe** *m* block [*or* capital] letter

Blockbuster [-bʌstə] *m* ÖKON (*fam*) blockbuster

blocken I. *vt* ■**etw ~** ① SPORT to block sth ② (*verhindern*) to block [*or* stall] sth ③ SÜDD (*bohnern*) to polish sth II. *vi* ① SPORT to block ② SÜDD (*bohnern*) to polish ③ JAGD to perch, to block; *s. a.* **abblocken**

Blockende *nt* INFORM, TYPO end of block

Blockflöte *f* MUS recorder

blockfrei *adj* POL non-aligned **Blockfreiheit** *f* POL non-alignment **Blockhaus** *nt* log cabin **Blockheftung** <-> *f kein pl* TYPO block stitching **Blockheizkraftwerk** *nt* block-type thermal power station [*or esp* AM plant] **Blockhütte** *f* log cabin

Blockierbremse *f* safety brake

blockieren* I. *vt* ① (*unterbrechen*) ■**etw ~** to block sth; **die Stromzufuhr ~** to interrupt the electricity supply; **den Verkehr ~** to stop the traffic ② AUTO ■**etw ~** to lock sth; ***eine Gewaltbremsung kann die Räder ~*** sudden braking can lock the wheels ③ (*absperren*) ■**etw ~** to block [*or* jam] sth; (*mit Blockade*) to blockade sth ④ POL ■**etw ~** to block sth II. *vi* AUTO to lock, to seize up, to jam; ***durch plötzlichen Ölverlust blockierte das Getriebe*** the gears locked as a result of a sudden loss of oil

Blocklänge *f* INFORM, TYPO block length **Blockleimen** <-> *nt kein pl* TYPO padding **Blockpartei** *f* HIST factional party **Blockprüfziffer** *f* INFORM block serial number checking **Blocksatz** *m* TYPO justification **Blockschokolade** *f kein pl* cooking chocolate *no pl* **Blockschrift** *f* block capitals [*or* letters] *pl* **Blockschutz** *m* INFORM block protection **Blockstelle** *f* BAHN block signal box **Blockstreifen** *f* (*Muster*) broad stripe **Blockstunde** *f* SCH double period **Blockunterricht** *m* SCH teaching by subject area *no pl, no indef art*, theme-work teaching *no pl, no indef art* **Blockwart** <-[e]s, -e> *m* HIST block [*or* local group] leader (*during the rule of the Nazis*)

blöd(e) I. *adj* (*fam*) ① (*veraltend: dumm*) silly, stupid; (*schwachsinnig*) feeble-minded ② (*unangenehm*) disagreeable; **eine ~e Situation** an awkward situation; ***so ein ~es Wetter!*** what terrible weather!; **ein ~es Gefühl** a funny feeling; **zu ~!** how annoying!; (*ekelhaft*) nasty; ***das ist ja vielleicht ein ~er Kerl!*** he really is a nasty piece of work! II. *adv* (*fam*) idiotically, stupidly; ***was stehst du hier noch so ~ rum?*** why are you still standing around here like an idiot?; ***der guckt so ~!*** he's got such a stupid look on his face!; ***frag doch nicht so ~!*** don't ask such stupid questions!; ***er hat sich wirklich ~ angestellt*** he made such a stupid fuss; ***glotz doch nicht so ~!*** don't gawp at me like an idiot!; ***der hat vielleicht wieder ~ herumgelabert*** he's really been acting the fool again; **sich ~ anstellen** to be [*or* act] stupid

Blödelei <-, -en> *f* (*fam*) ① (*das Blödeln*) fooling, messing about [*or* around] *no pl, no indef art;* ***lass endlich diese ~!*** will you stop messing about! ② (*Albernheit*) silly prank

blödeln *vi* (*fam*) ■**[mit jdm] ~** to tell [sb] silly jokes; *s. a.* **herumblödeln**

blöderweise *adv* (*fam*) stupidly

Blödhammel *m* (*derb*) bloody fool [*or* idiot] BRIT *fam!*, jerk AM *fam!*

Blödheit <-, -en> *f* ① (*Dummheit*) stupidity *no pl* ② (*blödes Verhalten*) foolishness *no pl*, silliness *no pl* ③ (*alberne Bemerkung*) stupid remark

Blödian <-[e]s, -e> *m*, **Blödmann** *m* (*fam*) fool, idiot

Blödsinn *m kein pl* (*pej fam*) ① (*Quatsch*) nonsense *no pl, no indef art*, rubbish *no pl, no indef art;* ***wer hat sich denn diesen ~ ausgedacht?*** what fool came up with this idea?; ***machen Sie keinen ~!*** don't mess about! ② (*Unfug*) silly tricks *pl*

blödsinnig *adj* (*pej fam*) idiotic, stupid; ***was für eine dumme Idee, so etwas B~es!*** what a silly idea, how stupid!

blöken *vi* to bleat

blond *adj* ① *Haar* blond[e]; (*hellgelb*) fair-haired; ***sind die Haare von Natur aus so ~?*** are you naturally so fair-haired?; **~ gefärbt** dyed blond [*or* blonde]; ***sie hat ~ gefärbte Haare*** she has dyed blonde hair, her hair is dyed blonde; **~ gelockt** blond[e] curly *attr;* **~ gelockte Person** person with blond[e] curly hair; ■**~ gelockt sein** to have curly fair hair ② (*fam*) light-coloured [*or* AM -ored]; ***mir würde ein schönes, ~es Bier jetzt gut schmecken!*** a nice lager would go down well now; **~*er Tabak*** blond tobacco

Blond <-s> *nt kein pl* blond, blonde

Blonde(r) *f(m) dekl wie adj* blonde, blond-haired man

blondgefärbt *adj attr s.* **blond 1 blondgelockt** *adj attr s.* **blond 1**

blondieren* *vt* ① (*blond färben*) ■**etw ~** to bleach sth; ***manche Frauen ~ ihre Haare/das Haar*** some women dye their hair blonde ② KOCHK to sauté lightly

Blondine <-, -n> *f* blonde

bloß I. *adj* ① (*unbedeckt*) bare; ■**mit ~m/~er/etc. ...** with bare ...; **mit ~en Füßen gehen** to walk barefoot; **mit ~em Oberkörper** stripped to the waist; **mit ~em Schwert** with sword drawn ② *attr* (*alleinig*) mere; **der ~e Neid** sheer envy; **die ~e Dummheit** sheer stupidity; (*allein schon*) very; ***schon der ~e Gedanke machte ihn rasend*** the very thought made him furious II. *adv* (*nur*) only; ***was er ~ hat?*** whatever is the matter with him?; **nicht ~ ..., sondern auch ...** not only ..., but also ...; ***er ist nicht ~ wohlhabend, sondern sieht auch noch gut aus*** he's not only affluent, but he's good looking as well III. *part* (*verstärkend*) ***lass mich ~ in Ruhe!*** just leave me in peace!; ***hör ~ auf mit diesem Gelaber!*** just stop prattling on, will you!

Blöße <-, -n> *f* ① (*geh*) bareness *no pl;* (*Nacktheit*) nakedness *no pl;* **in voller ~** completely naked ② SPORT opening; ***er nutzte jede ~ seines Gegners aus*** he made use of every opening his opponent presented; **sich** *dat* **eine/keine ~ geben** (*aus seiner Deckung herauskommen*) to drop/not drop one's guard; (*einen Schwachpunkt zeigen*) to show a/not show any weakness ▶ WENDUNGEN: **jdm eine ~ bieten** to reveal a weakness to sb; **sich** *dat* **eine/keine ~ geben** to show a/not show any weakness

bloß|legen *vt* ■**etw ~** ① (*ausgraben*) to uncover sth ② (*enthüllen*) to bring sth to light, to reveal sth **bloß|liegen** *vi irreg sein* to be exposed [*or* uncovered] **bloß|stellen** *vt* ① (*verraten*) ■**jdn ~** to expose [*or* unmask] sb ② (*blamieren*) ■**jdn ~** to show up sb *sep;* ■**sich ~** to make a fool of oneself, to show oneself up **bloß|strampeln** *vr* ■**sich ~** to kick off the covers *sep*

Blouson <-[s], -s> [blu'zõ:] *m o nt* bomber jacket

Blubberkopf *m* (*pej*) blubber head

blubbern *vi* (*fam*) to bubble

Blücher *m* ▶ WENDUNGEN: **wie ~ rangehen** (*fam*) to get stuck in *fam*

Blue Jeans, Bluejeans^RR^ <-, -> ['blu:dʒi:ns] *pl* [blue] jeans

Blues <-, -> [blu:s] *m* MUS blues + *sing vb*

Bluff <-[e]s, -s> [blʊf, blaf, blœf] *m* (*veraltet*) bluff

bluffen I. *vi* (*täuschen*) to bluff II. *vt* (*jdn täuschen*) ■**jdn ~** to bluff sb

Bluffen <-s> ['blœf̩n, ̩] *nt kein pl* kidology *sl*

blühen I. *vi* ① (*Blüten haben*) to bloom, to flower; **zum B~ kommen** (*zu blühen beginnen*) to [come into] blossom ② (*florieren*) ■**~ [und gedeihen]** to flourish, to thrive ③ (*fam*) ■**jdm ~** to be in store for sb; ***dann blüht dir aber was!*** then you'll be for it! *fam;* ***das kann mir irgendwann auch noch ~*** that may happen to me as well sometime II. *vi impers* ■**es blüht** there are flowers; ***im Süden blüht es jetzt schon überall*** everything is in blossom in the south

blühend *adj* ① (*in Blüte sein*) blossoming ② (*strahlend*) glowing, radiant; ***sie sieht wirklich ~ aus*** she looks really radiant ③ (*prosperierend*) flourishing, thriving ④ (*fam*) excessive; **eine ~ Fantasie haben** to have a fertile [*or* vivid] imagination; **~er Unsinn sein** to be utter nonsense

Blühet <-s> *m kein pl* SCHWEIZ (*Blütezeit*) blossoming *no pl*

Blümchen <-s, -> *nt dim von* **Blume** little flower

Blume <-, -n> *f* ❶ (*blühende Pflanze*) flower; (*Topf~*) pot plant ❷ (*Duftnote*) bouquet ❸ (*Bierschaumkrone*) head ❹ KOCHK top rump ▶ WENDUNGEN: **die blaue** ~ LIT the Blue Flower (*symbol of longing in poetry*); **jdm etw durch die ~ sagen** to say sth in a roundabout way to sb; **jdm etw durch die ~ zu verstehen geben** to drop a veiled hint to sb about sth; **danke** [*o* **vielen Dank**] **für die ~n** (*iron*) thank you very much, I'm sure! *iron,* thanks for nothing! *iron*

Blumenbank <-bänke> *f* flower stand **Blumenbeet** *nt* flowerbed **Blumendraht** *nt* florist's wire **Blumenerde** *f* HORT potting compost **Blumenfrau** *f* flower-woman **Blumengeschäft** *nt* florist's, flower shop **blumengeschmückt** *adj* adorned with flowers *pred* **Blumenkasten** *m* flower-box, window box **Blumenkohl** *m kein pl* cauliflower **Blumenkresse** *f* BOT, KOCHK nasturtium **Blumenladen** *m* flower shop, florist's **Blumenmädchen** *nt* flower-girl **Blumenmann** *m* [male] flower-seller **Blumenmeer** *nt* sea of flowers **Blumenmuster** *nt* floral pattern [*or* design] **Blumensprache** *f* language of flowers **Blumenständer** *m* flower stand [*or* rack] **Blumenstock** *m* [flowering] pot plant **Blumenstrauß** <-sträuße> *m* bouquet [*or* bunch] of flowers **Blumentopf** *m* ❶ (*Topf*) flowerpot ❷ (*Pflanze*) [flowering] pot plant ▶ WENDUNGEN: **mit etw keinen ~ gewinnen können** (*fam*) nothing to shout [*or fam* write home] about; ***mit dem Aufsatz kannst du keinen ~ gewinnen*** your essay's nothing to shout about **Blumenvase** *f* flower vase **Blumenzwiebel** *f* HORT bulb

blumig *adj* flowery; **~er Stil** ornate [*or* flowery] style; **~er Wein** wine with a flowery bouquet

Bluse <-, -n> *f* blouse ▶ WENDUNGEN: **pralle** ~ (*sl*) big boobs [*or* tits] *sl;* **jdm in die ~ fassen** (*sl*) to grope sb's boobs [*or* tits] *sl;* **was in der ~ haben** (*sl*) to have big boobs [*or* tits] *sl*

Blust <-[e]s> *m o nt kein pl* SCHWEIZ (*Blüte*) blossom; (*Blütezeit*) blossoming *no pl*

Blut <-[e]s> *nt kein pl* ❶ (*Körperflüssigkeit*) blood *no pl, no indef art;* **~ bildend** haem[at]opoietic BRIT, hem[at]opoietic AM; **~ reinigend** blood-cleansing, depurative; **~ stillend** MED styptic, haemostatic BRIT, hemostatic AM; ***bei Nasenbluten wirkt ein Eisbeutel ~ stillend*** an ice pack has a styptic effect on nosebleeds; **jdm ~ abnehmen** to take a blood sample from sb; **in ~ schwimmen** to be swimming in blood; **es wurde viel ~ vergossen** there was a lot of bloodshed, much blood was shed *liter;* **es fließt ~** blood is being spilled ❷ (*Geblüt*) blood; (*Erbe a.*) inheritance ▶ WENDUNGEN: **jdm gefror** [*o* **stockte**] [*o* **gerann**] [*o* **erstarrte**] **das ~ in den Adern** sb's blood froze [in their veins] [*or* ran cold]; **jdm steigt** [*o* **schießt**] **das ~ in den Kopf** the blood rushes to sb's head; ***weil sie sich so schämte, schoss ihr das Blut in den Kopf/ins Gesicht*** her cheeks flushed with shame; **~ und Wasser schwitzen** (*fam*) to sweat blood [and tears] *fam;* **blaues ~ haben** to have blue blood; **böses ~ machen** [*o* **schaffen**] [*o* **geben**] to cause [*or* create] bad blood [*or* ill-feeling]; **frisches** ~ new [*or* fresh] blood; ***die Firma braucht frisches*** ~ the company needs new [*or* fresh] blood; **heißes** [*o* **feuriges**] **~ haben** to be hot-blooded; **kaltes ~ bewahren** to remain calm; [**nur**] **ruhig ~!** [just] calm down!, keep cool! *fam;* [**einem**] **ins ~ gehen** to get into one's blood [*or* one going]; **~ geleckt haben** to have developed a liking [*or* got a taste] for sth; **jdm im ~ liegen** to be in sb's blood; ***das Singen liegt ihm im*** ~ singing is in his blood; **etw im ~ haben** to have sth in one's blood; **bis aufs** ~ in the extreme; ***er hasste ihn bis aufs*** ~ he absolutely loathed him; ***diese Ketzerei wurde von der Kirche bis aufs ~ bekämpft*** the church fought this heresy tooth and nail; ***sie peinigte ihn bis aufs*** ~ she tormented him mercilessly; *s. a.* **Hand**

Blutader *f* ANAT vein **Blutalkohol** *m,* **Blutalkoholgehalt** *m* blood alcohol level **Blutalkoholspiegel** *m* blood alcohol level **Blutandrang** *m* MED congestion **blutarm** *adj* MED anaemic BRIT, anemic AM **Blutarmut** *f* MED anaemia BRIT, anemia AM **Blutbad** *nt* bloodbath; [**unter ihnen**] **ein ~ anrichten** to create carnage [amongst them] **Blutbahn** *f* bloodstream **Blutbank** <-banken> *f* blood bank **blutbefleckt** *adj* bloodstained **blutbeschmiert** *adj* smeared with blood *pred* **Blutbild** *nt* MED blood count **blutbildend** *adj s.* **Blut 1 Blutbildung** *f* haem[at]opoiesis *spec,* blood formation **Blutblase** *f* blood blister **Blutbuche** *f* BOT copper beech

Blutdruck *m kein pl* blood pressure *no pl, no indef art;* **hoher/niedriger** ~ high/low blood pressure

Blutdruckmesser <-s, -> *m* blood pressure gauge [*or* AM *a.* gage] **Blutdruckmessgerät**RR *nt* MED sphygmomanometer **blutdrucksenkend** *adj* MED, PHARM anti-hypertensive

Blüte <-, -n> *f* ❶ (*Pflanzenteil*) bloom, flower; *Baum* blossom; ***die ~n des Kirschbaumes sind rein weiß*** the blossom on the cherry tree is pure white; **sich zur vollen ~ entfalten** to blossom; **in** [**voller**] **~ stehen** to be in [full] bloom; **~n treiben** to [be in] bloom [*or* flower]; *Baum* to [be in] blossom ❷ (*Blütezeit*) blooming *no pl,* blossoming *no pl,* flowering season; ***im Mai beginnt die ~ der Kirschbäume*** cherry trees start to blossom in May ❸ (*fam: falsche Banknote*) dud *fam,* forgery ❹ (*hoher Entwicklungsstand*) height, heyday *usu sing;* ***während der Zeit der größten ~ des Römischen Reiches*** at the height of the Roman Empire; ***in jeder Zivilisation gibt es eine Zeit der ~*** every civilization has its heyday; **seine ~ erreichen** [*o* **erleben**] to reach its peak; **in der ~ seiner/ihrer Jahre sein** [*o* **stehen**] to be in the prime of life; ***er steht in der ~ seiner Jahre*** he is in his prime; ***im 19. Jahrhundert entfaltete sich die Stadt zur vollen*** ~ the town blossomed in the 19th century; ***Anfang des 20. Jahrhunderts stand die Kunst des Jugendstils gerade in voller*** ~ Art Nouveau flourished at the beginning of the 20. century ▶ WENDUNGEN: **merkwürdige** [*o* **seltsame**] [*o* **wunderliche**] **~n treiben** to take on strange forms

Blutegel *m* ZOOL leech

bluten *vi* ■ [**an etw** *dat*/**aus etw** *dat*] ~ to bleed [from sth] ▶ WENDUNGEN: ~ **müssen/sollen** (*fam*) to have/ought to cough up [*or* fork out] *fam*

Blütenblatt *nt* BOT petal **Blütenhonig** *m* honey made from blossom **Blütenkelch** *m* BOT calyx **Blütenkelchblatt** *nt* sepal **Blütenknospe** *f* flower bud **Blütenkohl** *m s.* Blumenkohl **Blütenpflanze** *f* flowering plant **Blütenpollen** *m* flower pollen **Blütenstand** *m* BOT inflorescence *no pl* **Blütenstaub** *m* pollen *no pl, no indef art*

Blutentnahme *f* taking of a blood sample

blütenweiß *adj* sparkling white **Blütenzweig** *m* flowering twig

Bluter <-s, -> *m* MED haemophiliac BRIT, hemophiliac AM

BlutergussRR <-es, -ergüsse> *m,* **Bluterguß** <-sses, -ergüsse> *m* bruise, haematoma *spec* BRIT, hematoma *spec* AM

Bluterin <-, -nen> *f fem form von* **Bluter**

Bluterkrankheit *f* MED haemophilia *no pl, no art* BRIT, hemophilia *no pl, no art* AM

Blutersatzmittel *nt* blood substitute

Blütezeit *f* ❶ (*Zeit des Blühens*) blossoming *no pl,* flowering season; ***gerade während der ~ leidet sie an Heuschnupfen*** it's precisely when the trees are in blossom that she suffers from hay fever ❷ (*Zeit hoher Blüte*) heyday; ***nach einer kurzen ~ begann der Niedergang dieser Zivilisation*** after a brief period of glory the civilization began to decline

Blutfaktor *m* blood factor **Blutfarbstoff** *m* ANAT haemoglobin [*or* AM hemo-] *no pl, no indef art* **Blutfettwert** *m* plasma lipid concentration **Blutfleck** *m* bloodstain **Blutgefäß** *nt* blood vessel **Blutgefäßverstopfung** *f* blockage of a blood vessel **Blutgerinnsel** *nt* blood clot **Blutgerinnung** *f* clotting of the blood **blutgierig** *adj* (*geh*) bloodthirsty **Blutgruppe** *f* blood group [*or* type]; **jds ~ bestimmen** to determine sb's blood type **Blutgruppenbestimmung** *f* MED blood-typing **Bluthochdruck** *m* high blood pressure **Bluthund** *m* ❶ (*Jagdhund*) bloodhound ❷ (*pej: blutiger Unterdrücker*) bloody tyrant *pej* **Bluthusten** *m* coughing up of blood

blutig I. *adj* ❶ (*blutend*) bloody; (*blutbefleckt*) bloodstained ❷ KOCHK underdone, bloody; **sehr** ~ rare ❸ (*mit Blutvergießen verbunden*) bloody ❹ (*fam: völlig*) absolute, bloody *fam!; s. a.* **Ernst** II. *adv* bloodily; **sich die Füße ~ laufen** to walk till one's feet are red raw

blutjung *adj* very young

Blutkonserve [-və] *f* unit of stored blood **Blutkörperchen** *nt* blood corpuscle [*or* cell]; **rote/weiße** ~ red/white [blood] corpuscles **Blutkrankheit** *f* blood disease **Blutkrebs** *m* MED leukaemia, leukemia AM **Blutkreislauf** *m* [blood] circulation *no pl, no indef art* **Blutlache** *f* pool of blood **blutleer** *adj* ❶ (*ohne Blut*) bloodless, drained of blood *pred;* ***ihr Gesicht war*** ~ her face was deathly pale ❷ MED anaemic BRIT, anemic AM **Blutorange** *f* BOT blood orange **Blutplasma** *nt* blood plasma *no pl, no indef art* **Blutplättchen** <-s, -> *nt* blood platelet **Blutplättchenmangel** *m* thrombocytopenia **Blutpräparat** *nt* blood preparation **Blutprobe** *f* ❶ (*Entnahme*) blood sample ❷ (*Untersuchung*) blood test; **eine ~ bei jdm machen** to take a blood sample from sb [*or* a sample of sb's blood] **Blutrache** *f* blood vendetta **Blutrausch** *m* savage frenzy *no pl* **blutreinigend** *adj s.* **Blut 1 blutrot** *adj* (*liter*) blood-red **blutrünstig** *adj* bloodthirsty **Blutsauger** *m* ZOOL bloodsucker **Blutsauger(in)** *m(f)* (*Ausbeuter*) extortioner, bloodsucker

Blutsbruder *m* blood brother **Blutsbrüderschaft** *f* blood brotherhood

Blutschande *f* incest **Blutschuld** *f* (*liter*) blood guilt; ***er lud*** [***eine***] ***~ auf sich*** he had blood on his hands **Blutschwamm** *m* MED strawberry mark, angioma *spec* **Blutsenkung** *f* MED sedimentation of the blood; (*Test*) [erythrocyte] sedimentation test; **eine ~ machen** to test the sedimentation rate of the blood **Blutserum** *nt* MED blood serum *no pl, no indef art* **Blutspende** *f* unit of blood [from a donor] **Blutspenden** <-s> *nt kein pl* donation of blood *no pl* **Blutspender(in)** *m(f)* blood donor **Blutspucken** *nt* haemoptysis BRIT, hemoptysis AM **Blutspur** *f* trail of blood; **~en** traces of blood **blutstillend** *adj s.* **Blut 1.**

Blutstropfen *m* drop of blood; **bis zum letzten** ~ to the last drop of blood

Blutstuhl *m* MED blood in the faeces [*or* AM feces] **Blutsturz** *m* [external] haemorrhage [*or* AM hemorrhage]

blutsverwandt *adj* related by blood *pred* **Blutsverwandte(r)** *f(m) dekl wie adj* blood relation [*or* relative] **Blutsverwandtschaft** *f* blood relationship

blutt *adj* SCHWEIZ, SÜDD (*nackt*) bare

Bluttat *f* (*geh*) bloody deed; **eine ~ begehen** to commit a bloody deed

bluttteln *vi* SCHWEIZ ■ [**irgendwo**] ~ to strip off [somewhere]

Bluttransfusion *f* blood transfusion **blutüberströmt** *adj* streaming with blood *pred* **Blutübertragung** *f s.* **Bluttransfusion**

Blutung <-, -en> *f* ❶ (*das Bluten*) bleeding *no pl, no indef art;* **innere ~en** internal bleeding [*or* BRIT haemorrhage] [*or* AM hemorrhage] ❷ [**monatliche**] ~ menstruation, period

Blutungsstörungen *pl* bleeding disorders *pl*

blutunterlaufen *adj* suffused with blood *pred;* **~e Augen** bloodshot eyes **Blutuntersuchung** *f* blood test **Blutvergießen** <-s> *nt kein pl* (*geh*) bloodshed *no pl, no indef art* **Blutvergiftung** *f* blood poisoning *no indef art* **Blutverlust** *m* loss of blood **blutverschmiert** *adj* covered [*or* caked] with blood *pred,* bloodstained **Blutwäsche** *f* MED haemodialysis [*or* AM hemo-] *spec* **Blutwurst** *f* black pudding Brit, blood sausage Am **Blutzirkulation** *f s.* Blutkreislauf **Blutzoll** *m kein pl (geh)* death toll *no pl,* number of dead and injured *no pl,* fatalities *pl*

Blutzucker *m* MED ❶ *(Zuckeranteil)* blood sugar ❷ *(fam)* blood sugar test **Blutzuckerbestimmung** *f* determining the blood sugar level **Blutzuckermessgerät**RR *nt* blood sugar measuring device **Blutzuckerspiegel** *m* MED blood sugar level **Blutzuckerwert** *m* MED blood sugar count

Blutzufuhr *f* blood supply

BLZ <-> *f Abk von* **Bankleitzahl**

BMX-Rad *nt* BMX bike

BND <-s> *m kein pl Abk von* **Bundesnachrichtendienst**

Bö <-, -en> *f* gust, squall

Boa <-, -s> *f* ZOOL, MODE boa

Bob <-s, -s> *m* bob[sleigh] Brit, bob[sled] Am

Bobbahn *f* bob[sleigh [*or* Am sled]] run

Bobbybohne *f* bobby bean

Bobfahrer(in) *m(f)* SPORT bobber **Bob Run Skating**, **Bob-Run-Skating**RR ['bɒbrʌnskeɪtɪŋ] *nt* SPORT bob run skating *(skating down a bob run)*

Bobsport *m* bobsleighing Brit, bobsledding Am

Bobtail <-s, -s> ['bɔbteɪl] *m (Hunderasse)* Old English sheepdog

Boccia <-> ['bɔtʃa] *nt o f kein pl* SPORT boccia *(Italian bowls)*

Bock[1] <-[e]s, Böcke> *m* ❶ ZOOL buck; *(Schafs~)* ram; *(Ziegen~)* billy-[*or* he-]goat ❷ *(fam)* stubbornness *no pl;* **einen/seinen ~ haben** *(fam)* to be awkard [*or* difficult], to play up *fam* ❸ AUTO ramp; *s. a.* **Sägebock** ❹ SPORT buck, [vaulting] horse ❺ *(Kutsch~)* box ▸ Wendungen: **den ~ zum Gärtner machen** *(fam)* to be asking for trouble; **die Böcke von den Schafen scheiden** [*o* **trennen**] *(fam)* to separate the sheep from the goats; **alter ~** *(fam)* old goat *fam,* old git *sl;* **geiler ~** *(fam)* randy old goat *fam,* randy sod *sl;* **null ~ [auf etw** *akk*] **haben** *(sl)* to be not in the mood [for sth] [*or* in no mood for sth]; ***sie hat null ~ auf nichts*** she's just not in the mood for anything; **sturer ~** *(fam)* stubborn sod *sl;* **~ [auf etw** *akk*] **haben** *(sl)* to fancy [sth] *fam;* ***wenn du ~ hast, kannst du ja mitkommen*** if you fancy it, you can come with us; **~ haben , etw zu tun** *(sl)* to fancy doing sth *fam;* **keinen ~ [auf etw** *akk*] **haben** *(sl)* to not fancy [sth]; **keinen ~ haben, etw zu tun** *(sl)* to not fancy doing sth *fam;* **einen [kapitalen] ~ schießen** *(fam)* to drop a [real] clanger *fam,* to [really] boob *fam,* to make a [real] boob *fam;* **stinken wie ein ~** *(fam)* to really pong *fam,* to stink to high heaven *fam*

Bock[2] <-s, -> *nt s.* **Bockbier**

bockbeinig *adj (fam)* awkward, stubborn

Bockbier *nt* bock beer *(type of strong beer)*

bocken *vi* ❶ *(störrisch sein)* to refuse to move, to dig in one's heels *sep;* ***das Pferd bockte vor der Hürde*** the horse refused the fence ❷ *(fam: sich ruckartig bewegen)* to lurch along ❸ *(fam: trotzig sein)* to act [*or* play] up *fam*

bockig *adj (fam)* awkward, stubborn

Bockleiter *f* stepladder **Bockmist** *m (sl)* bullshit *sl;* **~ machen** [*o* **bauen**] to screw [*or* Brit *a.* cock] up *sl*

Bocksbeutel *m* ❶ *(Flaschenform)* bocksbeutel *spec* ❷ *(Frankenwein)* bottle of Franconian wine **Bockshorn** *nt* ▸ Wendungen: **sich** *akk* **[von jdm] [nicht] ins ~ jagen lassen** *(fam)* to [not] be intimidated by sb; ***lass dich nicht von ihm ins ~ jagen!*** don't let him get at you! **Bockshornklee** *m (Gewürz)* fenugreek

Bockspringen *nt kein pl* SPORT vaulting *no pl, no art;* **~ spielen** to play leapfrog **Bocksprung** *m* ❶ *(Sprung über Menschen)* leapfrog ❷ SPORT vault

Bockwurst *f* KOCHK bockwurst

Boden <-s, Böden> *m* ❶ *(Erdreich, Acker)* soil; **magerer/fetter ~** barren [*or* poor]/fertile soil ❷ *(Erdoberfläche)* ground; ***der ~ bebte*** the ground shook; ***die Reisenden waren froh, wieder festen ~ zu betreten*** the passengers were glad to be [*or* stand] on firm ground [*or* terra firma] [again] ❸ *kein pl (Territorium)* land; ***auf britischem ~*** on British soil ❹ *(Fläche, auf der man sich bewegt)* ground; *(Fußboden)* floor; *(Teppichboden)* carpet; **zu ~ fallen** [*o geh* **sinken**] [*o geh* **gleiten**] to fall to the ground; **tot zu ~ fallen** to drop dead; **zu ~ gehen** *Boxer* to go down; **jdn [mit sich] zu ~ reißen** to drag sb to the ground; **jdn zu ~ rennen** to knock down sb *sep;* **beschämt/verlegen zu ~ schauen** to look down in shame/embarrassment; **jdn zu ~ schlagen** [*o geh* **strecken**] to knock [*or form* strike] down sb *sep,* to floor sb; **ohnmächtig zu ~ sinken** *(geh)* to fall unconscious to the ground ❺ *(Dachboden)* loft, attic; **auf dem ~** in the loft [*or* attic]; *s. a.* **Heuboden, Trockenboden** ❻ *(Grund)* bottom; *eines Gefäßes a.* base; **der ~ des Sees/Flusses** the bottom of the sea/river, the seabed/riverbed ❼ *(Tortenboden)* flan base ❽ *(Grundlage)* **jdm/einer S. den ~ bereiten** to pave the way for sb/sth; **sich auf schwankendem** [*o* **unsicherem**] **~ bewegen** to be on shaky ground [*or* out of one's depth]; **auf schwankendem ~ stehen** to be built on weak foundations; **auf dem ~ der Tatsachen bleiben/stehen** to stick to the facts/to be based on facts; **allen Spekulationen** [*o* **jeglichen**] **den ~ entziehen** to knock the bottom out of all speculation; **auf dem ~ des Gesetzes stehen** to be within [*or* to conform to] the constitution; **auf dem ~ der Wirklichkeit stehen** to deal only with [bald] facts ▸ Wendungen: **jdm wird der ~ unter den Füßen zu heiß, jdm brennt der ~ unter den Füßen** things are getting too hot [*or* hotting up too much] for sb; **[wieder] festen** [*o* **sicheren**] **~ unter die Füße bekommen** *(nach einer Schiffsreise)* to be back on terra firma [*or* dry land]; *(nach einer Flugreise)* to be back on terra firma [*or* on the ground]; *(wieder Halt bekommen)* to find one's feet again; **festen** [*o* **sicheren**] **~ unter den Füßen haben** *(nach einer Schiffsreise)* to be back on terra firma [*or* dry land]; *(nach einer Flugreise)* to be back on terra firma [*or* the ground]; *(sich seiner Sache sicher sein)* to be sure of one's ground; **jdm schwankt der ~ unter den Füßen** the ground is rocking [*or* moving] [*or* shaking] under sb's feet; **den ~ unter den Füßen verlieren** *(die Existenzgrundlage verlieren)* to feel the ground fall from beneath one's feet; *(haltlos werden)* to have the bottom drop out of one's world; **jdm den ~ unter den Füßen wegziehen** to cut the ground from under sb's feet; **[wieder] auf festem ~ sein** *(eine sichere Grundlage haben)* to be secure [again]; *Unternehmen* to be back on its feet [again]; **auf fruchtbaren ~ fallen** to fall on fertile ground; **[einen] günstigen ~ für etw finden** to find fertile ground for sth; **total am ~ sein** to be [completely] shattered; **am ~ zerstört sein** *(fam)* to be devastated, to be all of a heap *fam;* **jdn unter den ~ bringen** SCHWEIZ to be the death of sb; **etw** *dat* **den ~ entziehen** *(geh)* to make sth unnecessary/irrelevant; **[jdm/etw gegenüber] an ~ gewinnen** *(einholen)* to gain ground [over sb/sth]; *(Fortschritte machen)* to make headway [*or* progress]; **[jdm/etw gegenüber] an ~ verlieren** to lose ground [to sb/sth]; **[jdm/etw gegenüber] [verlorenen] ~ gutmachen** [*o* **wettmachen**] to make up [lost] ground [*or* to catch up] [on sb/sth]; **etw [mit jdm] zu ~ reden** SCHWEIZ to chew over sth *sep* [with sb]; **aus dem ~ schießen** to sprout [*or* spring] [*or* shoot] up; **etw aus dem ~ stampfen** to build sth overnight; **wie aus dem ~ gestampft** [*o* **gewachsen**] [*o* **geschossen**] **vor jdm stehen** to appear out of nowhere; **jd wäre am liebsten in den ~ versunken** sb wishes the ground would open up and swallow them; ***ich hätte vor Scham im ~ versinken können*** I was so ashamed that I wished the ground would [open and] swallow me up [*or* open up and swallow me]; **jd könnte jdn unangespitzt in den ~ rammen** sb could wring sb's neck [*or* strangle sb]; **durch alle Böden [hindurch]** SCHWEIZ at all costs

Bodenaushub <-[e]s> *m kein pl* AGR land [*or* soil] excavation **Bodenausschöpfung** *f kein pl* soil exhaustion **Bodenaustausch** *m* soil replacement **Bodenbelag** *m* floor covering; **ein ~ aus Holz/Marmor/Stein** a wood/marble/stone floor **Bodenbelastung** *f* ÖKOL pollution of the ground **Bodenbeschaffenheit** *f* ❶ AGR *(Art des Erdbodens)* [consistency of the] soil ❷ *(Art der Oberfläche)* condition of the ground **Bodenbewirtschaftung** *f* soil management **Bodendecker** <-s, -> *m* BOT close-growing plant **Bodeneinlauf** *m* BAU floor drain **Bodenerhaltung** *f kein pl s.* Bodenschutz **Bodenerhebung** *f* elevation; **eine leichte ~** a gentle elevation **Bodenerosion** *f* erosion of the earth's surface **Bodenertrag** *m* crop yield **Bodenfeuchtigkeit** *f* soil moisture, ground humidity **Bodenfreiheit** *f* AUTO ground clearance **Bodenfrost** *m* ground frost *no pl* **Bodenhaftung** *f* AUTO wheel grip, road adhesion *spec* **Bodenkammer** *f* attic **Bodenkontrolle** *f* RAUM ground control

Bodenkreditbank *f* FIN mortgage bank **Bodenkunde** *f kein pl* pedology

bodenlos I. *adj* ❶ *(fam: unerhört)* outrageous; **~er Leichtsinn** crass stupidity; ***das ist eine ~e Frechheit!*** that's absolutely outrageous! ❷ *(sehr tief)* bottomless; **ein ~er Abgrund** an abyss, a chasm; **ins B~e fallen** *(fig)* to plummet II. *adv* extremely; **~ gemein/unverschämt** extremely nasty/insolent

Bodennebel *m* ground fog [*or* mist] **Bodennutzung** *f kein pl* land use **Bodenpersonal** *nt* LUFT ground crew **Bodenplatte** *f* BAU floor slab **Bodenprobe** *f* soil sample **Bodenrecht** *nt* JUR land law, Brit jus soli; ■ **~e** land rights **Bodenreform** *f* JUR agrarian [*or* land] reform **Bodenreformland** *nt* AGR *land which is included in the land reforms undertaken after reunification* **Bodensatz** *m* sediment; *von Kaffee* grounds *npl* **Bodenschätze** *pl* mineral resources *pl* **Bodenschiene** *f* BAU bottom rail **Bodenschutz** *m* soil conservation **Bodenschutzgesetz** *nt* soil conservation law **Bodenschwelle** *f* sill **Bodensee** *m* ■ **der ~** Lake Constance **Bodensicht** *f* LUFT ground visibility **Bodenspekulation** *f* land speculation

bodenständig *adj* ❶ *(lange ansässig)* long-established ❷ *(unkompliziert)* uncomplicated

Bodenstation *f* RAUM ground station **Boden-Steward** *m* ground host **Boden-Stewardess**RR <-, -en> *f fem form von* **Boden-Steward** ground hostess **Bodenstreitkräfte** *pl* MIL ground forces *pl* **Bodentruppen** *pl* MIL ground troops *pl* **Bodenturnen** *nt kein pl* floor exercises *pl* **Bodenuntersuchung** *f* soil survey **Bodenvase** *f* floor vase **Bodenverdichtung** *f* GEOL soil compaction **Bodenverkehrsgenehmigung** *f* JUR authorization to transfer agricultural land **Bodenverschmutzung** *f* ground pollution **Bodenverseuchung** *f* ÖKOL land [*or* soil] contamination **Bodenversiegelung** *f* floor sealing **Bodenwelle** *f* bump **Bodenwert** *m* FIN soil [*or* land] value

Bodhisattwa <-, -s> *m* REL *(im Buddhismus)* Bodhisattva

Body <-s, -s> ['bɔdi] *m* body Brit, bodysuit Am

Body art <-> ['bɔdiaːt] *f kein pl* body art **Bodybuilding** <-s> [-bɪldɪŋ] *nt kein pl* bodybuilding *no pl;* **~ machen** to do bodybuilding [exercises *pl*] **Bodyguard** <-s, -s> [-gaːd] *m* bodyguard **Bodysuit** <-[s], -s> [-sjuːt] *m* body Brit, Am *esp* bodysuit

Böe <-, -n> *f* gust [of wind]; *stärker, oft mit Regen* squall

bog *imp von* **biegen**

Bogen <-s, – *o* ÖSTERR, SCHWEIZ, SÜDD Bögen> *m* ❶ *(gekrümmte Linie)* curve; *eines großen Flusses a.* sweep; MATH arc; **in hohem ~** in a high arc; **einen ~ fahren** to execute a turn; **einen ~ machen** to curve [round] ❷ *(Blatt Papier)* sheet [of paper] ❸ *(Schusswaffe)* bow; **Pfeil und ~** bow and arrow[s *pl*]; **ein Meister des ~s** a master archer; **den ~ spannen** to draw the bow ❹ MUS bow ❺ ARCHIT arch ❻ *(Druck~)* sheet; *(gedruckt)* signature ▸ Wendungen: **in hohem ~ hinausfliegen** *(fam)* to be turned out *fam;* ***nach dem Skandal flog er im hohen ~ aus der Firma*** he was thrown out on his ear [*or* chucked out] [*or* sent flying] after the scandal; **jdn in hohem ~ hinauswerfen** (*fam*) to throw sb out on their ear *fam;* **den ~ heraushaben** (*fam*) to have got the hang of it *fam;* **einen [großen] ~ um jdn/etw machen** to steer [well] clear of sb/sth; **den ~ überspannen** to overstep the mark, to go too far

Bogendruckmaschine *f* TYPO sheet-fed printing press **Bogeneinteilung** *f* TYPO sheet layout [*or* planning] **Bogenfalzmaschine** *f* TYPO sheet folder [*or* folding machine] **Bogenfenster** *nt* arched window **Bogenformat** *nt* sheet format [*or* size] **bogenförmig** *adj* arched; **~e Reißzähne** curved fangs **Bogengang** <-gänge> *m* ARCHIT archway **Bogenlampe** *f* arc lamp [*or* light] **Bogenmontage** *f* TYPO sheet assembly **Bogennorm** *f* TYPO sheet [*or* signature] title **Bogenoffset** <-s> *m kein pl* TYPO sheet-fed offset **Bogenschießen** *nt kein pl* SPORT archery *no pl* **Bogenschütze, -schützin** *m, f* SPORT archer; HIST *a.* bowman **Bogensehne** *f* MUS bowstring

Boheme <-> [boˈɛːm, boˈhɛːm] *f kein pl* (*geh*) Bohemia *no pl liter*

Bohemien <-s, -s> [boeˈmjɛ̃, boheˈmjɛ̃] *m* (*geh*) Bohemian

Bohle <-, -n> *f* [thick] plank, board

Böhme, Böhmin <-n, -n> *m, f* Bohemian

Böhmen <-s> *nt* Bohemia

Böhmerwald *m* Bohemian Forest

Böhmin <-, -nen> *f fem form von* **Böhme**

böhmisch *adj* Bohemian ▶ WENDUNGEN: **jdm ~ vorkommen** (*fam*) to seem odd to sb; *s. a.* **Dorf**

Bohne <-, -n> *f* bean; **dicke/grüne/rote/weiße/braune/schwarze ~n** broad/French [*or* runner]/kidney/haricot/brown/black beans; **blaue ~** purple runner bean; (*Kaffeebohne*) [coffee] bean; **blaue ~n** (*veraltet sl: Geschosse*) lead *no pl sl* ▶ WENDUNGEN: **~n in den Ohren haben** (*fam*) to be deaf *fam;* **nicht die ~!** (*fam*) not the slightest [*fam* little bit]; ***er versteht nicht die ~ von der Sache*** he doesn't have the slightest [*or* faintest] idea about this matter

Bohneneintopf *m* bean stew **Bohnenkaffee** *m* ① (*gemahlen*) real coffee ② (*ungemahlen*) unground coffee [beans *pl*] **Bohnenkraut** *nt kein pl* savory *no pl* **Bohnensalat** *m* bean salad **Bohnenschnitzler** *m* KOCHK bean slicing machine **Bohnenstange** *f* beanpole *a. hum* **Bohnenstroh** *nt* ▶ WENDUNGEN: **dumm wie ~** (*fam*) as thick as two [short] planks *hum fam* **Bohnensuppe** *f* bean soup

Bohner <-s, -> *m,* **Bohnerbesen** *m* floor polisher

Bohnermaschine *f* floor-polisher, floor-polishing machine

bohnern *vti* ■ [etw] ~ to polish [sth]

Bohnerwachs [-vaks] *nt* floor polish [*or* wax]

bohren I. *vt* ① (*Öffnung in etw machen*) **ein Loch [in etw akk] ~** to bore a hole [in sth]; (*mit Bohrmaschine*) to drill a hole [in sth]; **einen Brunnen ~** to sink a well ② (*mit dem Bohrer bearbeiten*) **Beton/Holz ~** to drill concrete/wood ③ (*hineinstoßen*) ■ **etw in etw** *akk* **~** to sink sth into sth; ***er bohrte ihm das Messer in den Bauch*** he plunged the knife into his stomach; *s. a.* **Grund II.** *vi* ① (*mit dem Bohrer arbeiten*) to drill ② (*stochern*) **[mit dem Finger] in der Nase ~** to pick one's nose; **mit dem Finger im Ohr ~** to poke one's finger in one's ear ③ *Zahnarzt* to drill ④ (*nach Bodenschätzen suchen*) ■ **nach etw** *dat* **~** to drill for sth ⑤ (*fam: drängen*) ■ **so lange ~, bis ...** to keep on asking [*or* keep on and on] until ...; ***sie bohrte so lange, bis ich ihr alles erzählte*** she kept on at me [*or* asking me] until I told her everything; ***er bohrte so lange, bis ihm seine Mutter ein Eis kaufte*** he kept pestering his mother until she bought him an ice cream ⑥ (*nagen*) ■ **[in jdm] ~** to gnaw at sb **III.** *vr* ■ **sich** *akk* **in etw** *akk***/durch etw** *akk* **~** to bore its way into/through sth; *Bohrer* to drill its way into/through sth

bohrend *adj* gnawing; **ein ~er Blick** a piercing look; **~e Fragen** *pl* probing questions *pl*

Bohrer <-s, -> *m* ① (*fam: Schlagbohrmaschine*) drill ② (*Handbohrer*) gimlet, auger ③ (*Zahnbohrer*) [dentist's] drill

Bohrfeld *nt* drilling field **Bohrfutter** *nt* chuck **Bohrhammer** *m* hammer drill **Bohrinsel** *f* drilling rig; (*Öl a.*) oil rig **Bohrloch** *nt* ① (*das in das Gestein vorgetriebene Loch*) borehole ② (*gebohrtes Loch*) drill hole **Bohrmaschine** *f* drill[ing machine] **Bohrmuschel** *f* ZOOL (*Pholas*) rock borer, piddock **Bohrprobe** *f* core [sample] **Bohrturm** *m* derrick

Bohrung <-, -en> *f* ① (*das Bohren*) drilling, boring (**nach** *+dat* for) ② (*Bohrloch*) bore[hole]; **eine ~ niederbringen** to sink a borehole

Bohrwinde *f* brace

böig I. *adj* gusty; **~es Wetter** windy [*or fam* blowy] weather **II.** *adv* **~ auffrischender Westwind** a freshening westerly

Boiler <-s, -> *m* hot-water tank; **den ~ anstellen** to turn on the water heater

Boje <-, -n> *f* buoy

Bolero <-s, -s> *m* ① MUS (*a. Tanz*) bolero ② (*Kleidungsstück*) bolero

Bol-Form *f* KOCHK pudding steamer

Bolivianer(in) <-s, -> *m(f)* Bolivian; *s. a.* **Deutsche(r)**

bolivianisch *adj* Bolivian; *s. a.* **deutsch**

Bolivien <-s> *nt* Bolivia; *s. a.* **Deutschland**

Bolivier(in) <-s, -> *m(f) s.* **Bolivianer**

bolivisch *adj s.* **bolivianisch**

Böller <-s, -> *m* ① MIL saluting gun ② (*fam: Feuerwerkskörper*) firework, banger BRIT, firecracker AM

bollern *vi* DIAL ***der Wagen bollerte über die Straße*** the cart rolled loudly down the street; ***er bollerte mit der Faust gegen die Tür*** he banged on the door with his fist

böllern *vi* to fire a saluting gun; ***an Silvester wird die ganze Nacht geböllert*** fireworks are let off right through the night on New Year's Eve

Böllerschuss[RR] *m* gun salute; **20 Böllerschüsse** a twenty gun salute

Bollwerk *nt* (*geh*) bulwark

Bolschewik(in) <-en, -en *o* -i> *m(f) s.* **Bolschewist**

Bolschewismus <-> *m kein pl* ■ **der ~** Bolshevism

Bolschewist(in) <-en, -en> *m(f)* Bolshevik, Bolshevist

bolschewistisch *adj* Bolshevist, Bolshevik *attr*

bolzen I. *vi* (*fam*) to kick about; **~ gehen** to go for a kick-about *fam* **II.** *vt* (*fam*) **den Ball ins Tor/an den Pfosten ~** to hammer [*or* slam] the ball home/against the post

Bolzen <-s, -> *m* ① TECH pin; (*mit Gewinde*) bolt ② (*Geschoss der Armbrust*) bolt, quarrel

Bolzenschneider *m* bolt cutter[s *pl*]

Bombardement <-s, -s> [bɔmbardəˈmɑ̃ː] *nt* ① MIL bombardment ② (*geh*) deluge (**von** *+dat* of)

bombardieren* *vt* ① (*auf ein Ziel abwerfen*) ■ **jdn/etw ~** to bomb sb/sth; **etw mit Napalm ~** to bomb sth with napalm, to napalm sth; **jdn/etw mit Granaten ~** to shell sb/sth; ***die Stadt wurde heute Nacht ununterbrochen mit Granaten bombardiert*** the town was under continuous shelling [*or* was being shelled continuously] last night; ***die Demonstranten bombardierten die Polizei mit Eiern und Tomaten*** the demonstrators threw eggs and tomatoes at the police ② (*fam: überschütten*) ■ **jdn mit etw** *dat* **~** to bombard sb with sth

Bombardierung <-, -en> *f* ① MIL bombing; ***Churchill gab den Befehl zur ~ Dresdens*** Churchill gave the command to bomb Dresden; (*mit Granaten*) bombardment ② (*fam*) bombardment

Bombast <-[e]s> *m kein pl* (*pej*) ① (*Schwulst*) bombast ② (*Pomp*) pomp

bombastisch *adj* (*pej*) ① (*schwülstig*) bombastic ② (*pompös*) pompous

Bombe <-, -n> *f* ① (*Sprengkörper*) bomb; ■ **die ~** (*die A-Bombe*) the Bomb; **etw mit ~n belegen** to bomb sth; **wie eine ~ einschlagen** to come as a bombshell; **eine ~ legen** MIL to plant a bomb ② (*Geldbombe*) strongbox ③ SPORT (*sl: harter Schuss*) cracker *fam,* scorcher *fam* ▶ WENDUNGEN: **die ~ platzen lassen** to drop a/the/one's bombshell

Bombenabwurf *m* bomb release, bombing **Bombenangriff** *m,* **Bombenanschlag** *m* bomb strike [*or* attack] **Bombenattentat** *nt* bomb attack **Bombendrohung** *f* bomb scare **Bombenerfolg** *m* (*fam*) smash hit *fam* **bombenfest** *adv* (*fam*) extremely securely **Bombengeschäft** *nt* (*fam*) roaring business; **ein ~ [mit etw** *dat***] machen** to do a roaring business [with [*or fam* in] sth] **Bombenleger** *m* (*fam: Terrorist*) bomber **bombensicher I.** *adj* ① MIL bombproof; **~er Unterstand** bombproof shelter, dugout ② (*fam*) sure; **ein ~er Tip** a dead cert *sl* **II.** *adv* **~ lagern/verbunkern** to place in a bombproof store/to store in a bombproof bunker **Bombensplitter** *m* shrapnel *no pl,* bomb splinter; ■ **ein ~** a piece of shrapnel **Bombenstimmung** *f kein pl* (*fam*) ■ **in ~ sein** to be in a brilliant mood; ***auf der Party herrschte eine ~*** the place was jumping **Bombenteppich** *m* hail of bombs; **etw mit einem [dichten] ~ belegen** to blanket-bomb sth **Bombentrichter** *m* bomb crater

Bomber <-s, -> *m* (*fam*) bomber

Bomberjacke *f* bomber jacket

bombieren *vt* (*fachspr: biegen*) ■ **etw ~** to chase [*or* emboss] sth

bombig *adj* (*fam*) fantastic *fam,* terrific *fam*

Bommel <-s *o* -, - *o* -n> *m o f* DIAL (*Troddel*) tassle

Bon <-s, -s> [bɔŋ, bõː] *m* ① (*Kassenzettel*) receipt ② (*Gutschein*) voucher

bona fide bona fide, in good faith; **~ handeln** to act in good faith

Bona-fide-Angebot *nt* bona-fide offer **Bona-fide-Kaufgeschäft** *nt* JUR bona-fide sale **Bona-fide-Klausel** *f* JUR bona-fide clause

Bonbon <-s, -s> [bɔŋˈbɔŋ, bõˈbõː] *m o* ÖSTERR *nt* ① (*Süßigkeit*) sweet BRIT, candy AM ② (*etwas Besonderes*) treat

bonbonfarben, bonbonfarbig *adj* gaudy

Bonboniere[RR], **Bonbonniere** <-, -n> [bɔŋbɔˈnieːrə, bɔŋbɔˈniɛːrə] *f* box of chocolates, bonbonnière *dated*

Bonding <-s, -s> *nt* bonding

bongen *vt* (*fam*) ■ **etw ~** to ring sth up; ■ **[ist] gebongt!** (*sl*) right you are! *fam*

Bongo <-, -s> *f,* **Bongotrommel** <-, -n> *f* bongo [drum]

Bonifikation *f* HANDEL (*Radabtt*) rebate, deduction

Bonität <-, -en> *f* financial standing, credit worthiness

Bonitätsauskunft *f* FIN account solicitation service **Bonitätsbestätigung** *f* FIN letter of comfort **Bonitätsbeurteilung** *f* FIN credit rating **Bonitätsbewertung** *f* FIN assessment of credit

Bonito <-s, -s> *m* KOCHK bonito

Bonmot <-s, -s> [bõˈmoː] *nt* (*geh*) bon mot

Bonn <-s> *nt* Bonn

Bonner *adj attr* Bonn

Bonner(in) <-s, -> *m(f)* inhabitant of Bonn

Bonsai[1] <-[s], -s> *m* BOT (*japanischer Zwergbaum*) bonsai

Bonsai[2] <-> *nt kein pl* (*die Kunst, Zwergbäume zu ziehen*) bonsai

Bonus <- *o* -ses, - *o* -se *o* Boni> *m* ① FIN bonus; **~ bei Schadensfreiheit** no-claims bonus ② SCH, SPORT (*Punktvorteil*) bonus points *pl;* ■ **ein ~** a bonus point

Bonze <-n, -n> *m* ① (*pej*) bigwig *fam,* big shot *fam* ② REL bonze

Bonzokratie <-, -n> *f* (*pej*) oligarchy

Bookmark <-, -s> [ˈbʊkmaːk] *f o nt* INFORM bookmark

Boom <-s, -s> [buːm] *m* ① ÖKON boom ② (*Hausse*) bull movement [*or* market]; (*starke Nachfrage*) rise

boomen [ˈbuːmən] *vi* ÖKON to [be on the] boom

Boot <-[e]s, -e> *nt* boat, tub *fam;* (*Segel~*) yacht; (*Ruder~*) [rowing] boat; **~ fahren** to go boating ▶ WENDUNGEN: **alle in einem [*o* im gleichen] ~ sitzen** (*fam*) to be all in the same boat *fam*

Bootdatei ['bu:t-] *f* INFORM boot file **Bootdiskette** ['bu:t-] *f* INFORM boot disk
Booten ['bu:tən] *nt* INFORM booting, bootloading
booten ['bu:tən] *vt* INFORM ■**etw** ~ to boot up *sep* sth
Bootlaufwerk *nt* INFORM boot drive
Bootmanager *m* INFORM boot manager
Bootsbauer(in) <-s, -> *m(f)* boatbuilder
Bootsektorvirus [bu:t-] *nt* INFORM boot [sector] virus
Bootsfahrt *f* boat trip **Bootsflüchtling** *m* ■~e boat people **Bootshaus** *nt* boathouse **Bootslänge** *f* SPORT [boat's] length; ***sie gewannen mit einer ~ [Vorsprung]*** they won by a length **Bootsmann** <-leute> *m* NAUT bo[']sun, boatswain; MIL petty officer **Bootssteg** *m* landing stage **Bootsverleih** *m* boat hire **Bootsverleiher(in)** *m(f)* boat hirer
Bor <-s> *nt kein pl* boron *no pl*
Borax <-[es]> *m kein pl* borax *no pl*
Bord[1] <-[e]s> *m* **an ~** aboard, on board; **an ~ gehen/kommen** to board, to come/go aboard [*or* on board]; **über ~ gehen** to go overboard; **von ~ gehen** *Lotse* to leave the plane/ship; *Passagier a.* to disembark; **jdn/etw an ~ nehmen** to take sb/sth aboard [*or* on board]; **jdn/etw über ~ werfen** to throw sb/sth overboard, to jettison sth; **Mann über ~!** man overboard!; **frei an ~** ÖKON free on board, f.o.b. ► WENDUNGEN: **etw über ~ werfen** to throw sth overboard [*or* to the [four] winds]
Bord[2] <-[e]s, -e> *nt* shelf
Bord[3] <-[e]s, -e> *nt* SCHWEIZ (*Rand*) ledge; (*Böschung*) embankment
Bord-Boden-Funkverkehr *m* air-to-ground communication **Bord-Boden-Verbindung** *f* air-to-ground link **Bordbuch** *nt* logbook **Bordcomputer** *m* RAUM, LUFT, NAUT onboard computer; AUTO trip computer, electronic navigator
bordeaux [bɔr'do:] *adj inv, pred* bordeaux
bordeigen *adj* onboard
Bordell <-s, -e> *nt* brothel
Bordellwirt(in) *m(f)* (*geh*) brothel-keeper
Bordellwirtin *f* (*geh*) *fem form von* **Bordellwirt** madam, bawd, brothel-keeper
Bordempfänger *m* airborne receiver **Bordfunk** *m* NAUT [ship's] radio; LUFT [aircraft] radio equipment **Bordfunker(in)** *m(f)* radio operator **Bordgerät** *nt* airborne equipment **Bordinstrumente** *pl* onboard instruments *pl* **Bordkarte** *f* boarding card [*or* pass]
Bordkonnossement *nt* HANDEL onboard [*or* shipped] bill of lading
Bordmechaniker(in) *m(f)* (*auf dem Schiff*) ship's mechanic; (*im Flugzeug*) aircraft mechanic **Bordpersonal** *nt kein pl* crew *no pl* **Bordradar** *m* airborne radar **Bordradarschirmbild** *nt* airborne radar display **Bordsender** *m* airborne transmitter
Bordstein *m* kerb BRIT, curb AM ► WENDUNGEN: **den ~ mitnehmen** (*fam*) to hit the kerb [*or* AM curb]
Bordsteinkante *f* kerb BRIT, curb AM
Bordüre <-, -n> *f* border
Bordverpflegung *f* LUFT [in-flight] catering **Bordwaffen** *pl* MIL aircraft armaments *pl* **Bordwand** *f* NAUT ship's side [*or* wall]; LUFT side of the aircraft; AUTO dropside BRIT, sideboard AM
boreal *adj inv* ❶ METEO boreal ❷ GEOG Boreal
borgen *vt* ❶ (*sich leihen*) ■**[sich** *dat*] **etw [von jdm] ~** to borrow sth [from sb] ❷ (*leihen*) ■**jdm etw ~** to lend [*or* loan] sb sth [*or* sth to sb]
Borke <-, -n> *f* ❶ BOT bark ❷ MED NORDD scab
Borkenkäfer *m* bark beetle **Borkenkrepp** *m* [*spec* tree bark] crepe
Borlotti-Bohne *f* borlotti bean
Born <-[e]s, -e> *m* ❶ (*liter: Quelle*) spring ❷ (*geh: Ursprung, Quelle*) fund, fountain, fount *liter*
Borneopfeffer *m* sarawak
borniert *adj* (*pej*) bigoted, narrow-minded
Borreliose <-, -n> *f* MED Lyme disease, borreliosis *spec*
Borretsch <-[e]s> *m kein pl* borage
Borsalbe *f* boric acid ointment
Borschkohl *m* DIAL *s.* **Wirsing**

Börse <-, -n> *f* ❶ (*Wertpapierhandel*) stock market; (*Gebäude*) stock exchange; **an die ~ gehen** to go public; **an der ~ [gehandelt]** [traded [*or* listed]] on the exchange; **an der ~ notiert werden** to be quoted on the stock exchange; **an der ~ spekulieren** to speculate on the stock exchange, to play the stock market, to dabble in stocks *fam* ❷ (*veraltend: Geldbörse*) purse; (*für Männer*) wallet
Börsenabrechnungstag *m* stock exchange settlement day **Börsenaussichten** *pl* stock market prospects **Börsenbeginn** *m kein pl* opening of the stock market; **bei ~** at the start of trading, when the market opens/opened **Börsenbericht** *m* market [*or* stock exchange] report **Börsenbuch** *nt* stock market order book **Börseneinführung** *f* admission to official listing **Börseneröffnung** *f* opening of the stock market **börsenfähig** *adj* listed, marketable; **~es Wertpapier** listed paper **Börsenfähigkeit** *f kein pl* marketability **Börsenfieber** *nt* stock market fever **Börsengang** *m* stock market flotation, going public *no pl;* **den ~ vorbereiten** to prepare to go public **börsengängig** *adj* listed, marketable; **~e Waren** marketable goods **Börsengebäude** *nt* stock exchange building **Börsengeschäft** *nt* stock market transaction **Börsengesetz** *nt* JUR Stock Exchange Act, BRIT Financial Services Act, AM Securities Exchange Act **Börsenhandel** *m kein pl* stock exchange dealings *pl* **Börsenhändler(in)** *m(f)* stock market trader, jobber **Börsenindex** *m* stock exchange [price] index **Börsenjobber(in)** *m(f)* stockjobber **Börsenkapitalisierung** *f* market capitalization **Börsenklima** *nt* market climate [*or* sentiment], mood of the stock market **Börsenkonsortium** *nt* price ring, pool **Börsenkrach** *m* collapse of the stock market, [stock market] crash **Börsenkreise** *pl* financial [*or* stocl exchange] circles **Börsenkurs** *m* market price [*or* rate], stock exchange price [*or* quotation]; **letzter ~** final quotation **Börsenmakler(in)** *m(f)* stockbroker **Börsenmaklerkammer** *f* incorporated stockbroking society **Börsenmanöver** *nt* stock exchange manouevre [*or* AM maneuver], stockjobbery **Börsenneuling** *m* newcomer on the stock exchange **börsennotiert** *adj inv* FIN *Firma* listed [*or* quoted] [on the stock exchange] **Börsennotierung** *f* stock market listing, quotation; **letzte ~** last price **Börsenpflichtblatt** *nt authorized journal for obligatory stock market announcements* **Börsenplatz** *m* stock exchange, exchange centre [*or* AM -er] **Börsenpreis** *m* FIN stock market price, exchange quotation **Börsenpreisbildung** *f* stock market [*or* exchange] pricing **Börsenpublikum** *nt kein pl* visitors to the stock exchange **Börsenratgeber** *m* tip sheet **Börsenrecht** *nt kein pl* JUR law governing stock exchange transactions **börsenreif** *adj inv* BÖRSE ready for the market; **~es Unternehmen** company that is ready for a stock exchange listing **Börsenschluss**[RR] *m kein pl* close of the stock exchange, final hour of trading; **bei ~** at the close of trading, when the market closes/closed **Börsenschlusskurs**[RR] *m* prices at the close of the day's trading **Börsenspekulant(in)** *m(f)* speculator [on the stock market], BRIT *a.* stockjobber *fam* **Börsenspekulation** *f* speculation on the stock market [*or* exhange], BRIT *a.* stockjobbing *no pl, no art fam* **Börsenspiel** *nt* BÖRSE agiotage **Börsenstart** *m* BÖRSE stockmarket flotation [of an enterprise] **Börsentermingeschäft** *nt* FIN futures trading, forward exchange transaction **Börsentipp**[RR] *m* market [*or* stock] tip **Börsentransaktion** *f* market transaction **Börsenumsatz** *m* stock market turnover **Börsenumsatzsteuer** *f* stock transfer [*or* exchange] tax **Börsenumsatzvolumen** *nt* volume of stock transfers **Börsenverein** *m* **~ des deutschen Buchhandels** German book trade association **Börsenverkehr** *m kein pl* trade on the stock exchange **Börsenvertreter(in)** *m(f)* stock exchange representative [*or* agent] **Börsenvollmacht** *f* FIN power of attorney for the stock exchange **Börsenwert** *m* market value **Börsenzulassung** *f* FIN [stock exchange] listing, admission [of securities]
Börsianer(in) <-s, -> *m(f)* (*fam*) ❶ (*Börsenmakler*) broker ❷ (*Spekulant an der Börse*) speculator; **gewiefter ~** wolf *sl*
Borste <-, -n> *f* ❶ (*dickes Haar*) bristle, seta *spec* ❷ (*Bürstenhaar*) bristle ❸ *pl* (*hum fam: Kopf- o Barthaare*) bristles, bristly hair
Borstentier *nt* (*fam*) pig, porker *fam* **Borstenvieh** *nt* (*hum fam*) pigs *pl,* swine *pl*
borstig *adj* bristly, setaceous *spec*
Borte <-, -n> *f* border, edging, trimming
Borwasser *nt kein pl* boric acid solution
bös *adj s.* **böse**
bösartig *adj* ❶ (*tückisch*) malicious; **ein ~es Tier** a vicious animal ❷ MED (*maligne*) malignant; **eine ~e Krankheit** a pernicious disease
Bösartigkeit <-> *f kein pl* ❶ (*Tücke*) maliciousness; *eines Tiers* viciousness ❷ MED malignancy
Böschung <-, -en> *f* embankment; *eines Flusses, einer Straße a.* bank
Böschungsfläche *f* area of embankment
böse I. *adj* ❶ (*sittlich schlecht*) bad; (*stärker*) evil, wicked; **~ Absicht/~r Wille** malice; **etw mit ~r Absicht tun** to do sth with evil intent; ***das war keine ~ Absicht!*** no harm intended!; ***er wittert hinter jedem Vorfall eine ~ Absicht*** he suspects malice behind every incident; **die ~ Fee** the Wicked Fairy; **jdm B~s tun** to cause [*or* do] sb harm; ***er will dir doch nichts B~s*** he doesn't mean you any harm; ***pass auf, er will dir B~s!*** watch out, he's out to get your blood [*or fam* to get you]; ***er könnte niemandem B~s tun*** he could never hurt a fly ❷ *attr* (*unangenehm, übel*) bad; **~s Blut machen** [*o* **schaffen**] to cause bad blood; **ein ~s Ende nehmen** (*geh*) to end in disaster; **es wird ein ~s Erwachen geben** sb is going to have a rude awakening [*or* to have [*or* get] a nasty shock]; **~ Folgen** [*o* **Konsequenzen**] **haben** to have dire consequences; **eine ~ Geschichte** [*o* **Angelegenheit**] a nasty affair [*or* business]; **jdm einen ~n Streich spielen** to play a nasty [*or* mean] trick on sb; **ein ~r Traum** a bad dream; **eine ~ Überraschung erleben** to have an unpleasant [*or* a nasty] surprise; **~ Zeiten** bad [*or* hard] times; **ein ~r Zufall** a terrible coincidence; **nichts B~s ahnen** to not suspect anything is [*or* expect anything to be] wrong, to be unsuspecting; **nichts B~s daran** [*o* **dabei**] **finden, etw zu tun/wenn...** to not see any harm [*or* anything wrong] in doing sth/in it if ...; ***mir schwant B~s*** I don't like the look of this; ***er dachte an nichts B~s, als ...*** (*a. hum*) he was minding his own business when ... *a. hum* ❸ (*verärgert*) angry, cross; **ein ~s Gesicht/~r Gesichtsausdruck** a scowl; **ein ~s Gesicht/einen ~n Gesichtsausdruck machen** to scowl, to glower; **~ sein/werden** to be/get [*or* become] angry [*or* cross]; (*stärker*) to be/get furious [*or fam* mad]; ***sie wird leicht ~*** she angers [*or* gets angry] easily; **auf jdn/mit jdm ~ sein, jdm ~ sein** to be angry [*or* cross] with sb; ***sei [mir] bitte nicht ~, aber ...*** please don't be cross [*or* angry] [with me], but ...; **zum B~n ausschlagen** (*geh*) to have bad [*or* negative] consequences; **im B~n auseinander gehen, sich** *akk* **im B~n trennen** to part on bad terms; **sich** *akk* **zum B~n wenden** to take an unpleasant [*or* a nasty] turn ❹ (*fam: unartig*) naughty, bad ❺ (*gefährlich, schlimm*) bad, nasty; **ein ~r Husten/Sturz** a bad [*or* nasty] cough/fall; **eine ~ Krankheit** a serious illness; **ein ~er Unfall** (*fam*) a terrible accident; (*fam: schmerzend, entzündet*) bad, sore; **ein ~r Finger** a sore finger ► WENDUNGEN: **den ~n Blick haben** to have the evil eye; **B~s im Schilde führen** to be up to no good II. *adv* ❶ (*übel wollend*) evilly; **~ gucken/lächeln** to give an evil look/smile; ***das habe ich nicht ~ gemeint*** I meant no [*or* didn't mean any] harm, no harm intended ❷ (*fam: sehr*) badly; **sich** *akk* **~ irren** to make a serious mistake; **jdn ~ mitnehmen** to hit sb hard; **jdn ~ reinlegen** to drop sb in it *fam* ❸ (*schlimm, übel*) badly; ***er ist ~ gefallen*** he had a nasty fall; **~ ausgehen** to end in disaster, to turn out badly; ***das wird ~***

ausgehen! that'll end in disaster! [*or* turn out badly!]; ~ **dran sein** to be in a bad way; ~ **[für jdn] aussehen** to look bad [for sb]; ***es sieht ~ aus für dich*** things're looking bad for you
Böse(r) *f(m) dekl wie adj* ① (*Bösewicht*) villain, baddy BRIT *fam*, bad guy AM ② (*geh: Teufel*) ■ **der** ~ the Devil
Bösewicht <-[e]s, -er *o* -e> *m* ① (*hum fam: Wicht*) little devil *fam* ② (*veraltend o hum: Schurke*) villain
bösgläubig *adj* JUR in bad faith, mala fide **Bösgläubigkeit** *f* JUR bad faith, mala fides
boshaft I. *adj* (*übel wollend*) malicious, nasty II. *adv* ~ **grinsen/lächeln** to give an evil grin/smile
Bosheit <-, -en> *f* malice *no pl*, nastiness *no pl*; (*Bemerkung*) nasty [*or* malicious] remark; **aus [lauter]** ~ out of [pure] malice, for [purely] malicious reasons
Boskop <-s, -> *m* russet
Bosnien <-s> *nt* Bosnia; *s. a.* **Deutschland**
Bosnien-Herzegowina <-~-s> *nt*, **Bosnien und Herzegowina** <-s> *nt* ÖSTERR Bosnia-Herzegovina
Bosnier(in) <-s, -> *m(f)* Bosnian; *s. a.* **Deutsche(r)**
bosnisch *adj* Bosnian
bosnisch-herzegowinisch *adj* Bosnian; *s. a.* **deutsch**
Boson <-s, Bosonen> *nt* PHYS boson
Bosporus <-> *m* Bosp[h]orus
BossRR <-es, -e> *m*, **Boß** <-sses, -sse> *m* (*fam*) boss *fam*
böswillig I. *adj* malicious, malevolent; JUR wilful BRIT, willful AM; **in ~er Absicht** with malicious intent [*or* AM *a.* prepense] [*or* AM *form a.* aforethought]; **~es Verlassen** wilful desertion II. *adv* maliciously, malevolently; ***es geschah nicht ~!*** no harm intended!
Böswilligkeit <-> *f kein pl* malice *no pl*, malevolence *no pl*; **aus [lauter]** ~ out of pure malice [*or* malevolence], for purely malicious [*or* malevolent] reasons
bot *imp von* **bieten**
Botanik <-> *f kein pl* botany *no pl*
Botaniker(in) <-s, -> *m(f)* botanist
botanisch *adj* botanical; **~er Garten** Botanical Gardens *pl*
botanisieren *vi* to botanize
Botanisiertrommel *f* [botanist's] specimen box
Bote, Botin <-n, -n> *m, f* ① (*Kurier*) courier; (*mit Nachricht*) messenger; (*Zeitungs~*) paperboy *masc*, papergirl *fem*; (*Laufbursche*) errand boy; *bes* SÜDD (*Post~*) postman ② (*geh: Anzeichen*) herald, harbinger *liter*
Botendienst *m* messenger service; **~e [für jdn] leisten** [*o* **verrichten**] to carry messages [for sb] **Botengang** <-gänge> *m* errand; **einen ~ [für jdn] machen** [*o* **erledigen**] to run an errand [for sb] **Botenstoff** *m* BIOL chemical messenger
Botin <-, -nen> *f fem form von* **Bote**
Botschaft1 <-, -en> *f* ① (*Nachricht*) news *no pl, no indef art*; **freudige** ~ good news, glad tidings *old or hum*; ***hast du schon die freudige ~ gehört?*** have you heard the good news yet?; ***ich habe eine freudige ~ für dich*** I've got [some] good [*or* happy] news for you; **eine ~ erhalten** to receive a message [*or* a piece of news]; **jdm eine ~ hinterlassen** to leave sb a message [*or* a message for sb]; (*offizielle Nachricht*) communication; **die Frohe** ~ REL the Gospel ② (*ideologische Aussage*) message
Botschaft2 <-, -en> *f* (*Gesandtschaft*) embassy; **eine ~ errichten** to create [*or* establish] an embassy; (*Gebäude*) embassy [building]
Botschafter(in) <-s, -> *m(f)* ambassador
Botschaftsflüchtling *m sb seeking political asylum in an embassy building*
Botsuana <-s> *nt*, **Botswana** <-s> *nt* SCHWEIZ Botswana; *s. a.* **Deutschland**
Botsuaner(in) <-s, -> *m(f)* Botswanan; *s. a.* **Deutsche(r)**
botsuanisch *adj* BRD, ÖSTERR, **botswanisch** *adj* SCHWEIZ Botswanan; *s. a.* **deutsch**
Bott <-[e]s, -e> *nt* SCHWEIZ general meeting
Böttcher(in) <-s, -> *m(f)* cooper
Bottich <-[e]s, -e> *m* tub; (*für Wäsche*) washtub
Botulismus <-> *m kein pl* MED (*Lebensmittelvergiftung*) botulism
Bouclé1 <-s, -s> [bu'kle:] *nt* (*Garn*) bouclé yarn
Bouclé2 <-s, -s> [bu'kle:] *m* (*Gewebe*) bouclé [fabric]
Boudoir <-s, -s> [bu'do̯a:ɐ̯] *nt* (*veraltet geh*) boudoir *a. hum*
Bouillon <-, -s> [bʊl'jɔŋ, bʊl'jõ:] *f* [beef] bouillon; (*Restaurant*) consommé
Bouillonwürfel *m* bouillon [*or* stock] cube
Boule <-[s]> [bu:l] *nt kein pl* SPORT boules + *sing vb*
Boulevard <-s, -s> [bulə'va:ɐ̯] *m* boulevard
Boulevardblatt *nt* (*fam*) tabloid **Boulevardladen** [bulə'va:ɐ̯-] *m* MEDIA boulevard shop (*bookshop which includes space for a range of book club books*) **Boulevardpresse** *f* (*fam*) yellow [*or pej* gutter] press **Boulevardtheater** *nt* light theatre [*or* AM -er] **Boulevardzeitung** *f* tabloid
Bourgeois <-, -> [bʊr'ʒo̯a(s)] *m* (*geh*) bourgeois
Bourgeoisie <-, -n> [bʊrʒo̯a'zi:, 'zi:ən] *f* (*veraltend geh*) bourgeoisie
Boutique <-, -n> [bu'ti:k] *f* boutique
Bovist <-s, -e> *m* BOT puffball, bovista *spec*
Bowle <-, -n> ['bo:lə] *f* ① (*Getränk*) punch *no pl*; **eine ~ ansetzen** [*o* **machen**] to prepare [a/some] punch ② (*Schüssel*) punchbowl
Bowleglas *nt* punch glass
Bowling <-s, -s> ['bo:lɪŋ] *nt* [tenpin] bowling *no pl, no art*; **zum ~ gehen** to go bowling
Bowlingkugel *f* bowling ball
Box <-, -en> *f* ① (*Behälter*) box ② (*fam: Lautsprecher*) loudspeaker; (*Musikbox*) jukebox, juke *fam* ③ (*abgeteilter Raum*) compartment; (*Stand im Stall*) box [stall] ④ (*für Rennwagen*) pit
boxen I. *vi* to box; **um die Meisterschaft** ~ to box for the championship; ***es wird um den Titel geboxt*** it's a title fight; ■ **gegen jdn** ~ to fight sb II. *vt* ① (*schlagen*) ■ **jdn** ~ to punch sb ② SPORT (*sl: antreten gegen*) ■ **jdn** ~ to fight [against] sb ③ (*hinein-/hinausmanövrieren*) ■ **jdn/etw** ~ to push [*or* force] sb/sth III. *vr* ① (*fam: sich schlagen*) ■ **sich** *akk* **mit jdm** ~ to have a punch-up BRIT *fam* [*or* AM fist fight] with sb; ***hört auf, euch zu ~!*** stop fighting! ② (*fam: sich einen Weg bahnen*) **sich** *akk* **nach vorne/durchs Leben** ~ to fight one's way forward/through life
Boxen <-s> *nt kein pl* boxing *no art*
Boxer(in) <-s, -> *m(f)* boxer
Boxeraufstand *m* HIST Boxer Rebellion **Boxermotor** *m* AUTO opposed cylinder [*or* flat] engine **Boxernase** *f* boxer's nose **Boxer-Shorts, Boxershorts** [-ʃo:ɐ̯ts, -ʃɔrts] *pl* boxer shorts *npl*
Boxhandschuh *m* boxing glove **Boxkampf** *m* ① (*Einzelkampf*) bout, boxing match ② (*Boxen*) boxing, no art **Boxpalette** *f im Zug* box pallet **Boxring** *m* [boxing] ring **Boxsport** *m* sport of boxing, boxing *no art* **Boxverein** *m* boxing club
Boy <-s, -s> [bɔɪ] *m* ① (*Liftboy*) bellboy, AM *a.* bellhop ② (*sl: junger Kerl*) boy, lad
BoygroupRR ['bɔygru:p] *f* MUS boy group
Boykott <-[e]s, -e *o* -s> [bɔɪ'kɔt] *m* boycott
Boykottaufruf *m* demand for boycott
boykottieren* [bɔɪkɔ'ti:rən] *vt* ■ **etw** ~ to boycott sth
Boykottmaßnahme *f* measure to boycott sth
Boykottverbot *nt* ban on boycotts
BPI TELEK *Abk von* **Bits pro Inch** bpi
BPP TELEK *Abk von* **Bits pro Pixel** BPP
BPS TELEK *Abk von* **Bits pro Sekunde** bps
brabbeln I. *vt* (*fam*) ■ **etw** ~ to mumble sth II. *vi* (*fam*) to mumble; **ein ~der Säugling** a gurgling baby
brach *imp von* **brechen**
Brachfeld *nt* fallow field **Brachfläche** *f* fallow land
brachial *adj inv* ① MED brachial ② (*geh: roh*) **mit ~er Gewalt vorgehen** to use brute force
Brachialgewalt *f kein pl* brute force; **mit ~** with brute force [*hum* and ignorance]; **mit ~ vorgehen** to use brute force
Brachland *nt* fallow [land] **brachlegen** *vt* **ein Feld ~** to leave a field fallow **brachliegen** *vi irreg* ① (*unbebaut sein*) to lie fallow ② (*ungenutzt sein*) to be left unexploited; **etw ~ lassen** to leave sth unexploited
Brachsen <-s, -> *m* ZOOL, KOCHK (*Abramis brama*) [common] bream
brachte *imp von* **bringen**
Brachvogel *m* curlew
brackig *adj* brackish
Brackwasser *nt* brackish water
Brahma <-s> *m kein pl* REL (*Hindugott*) Brahma
Brahman <-s> *nt kein pl* REL Brahman
Brahmane <-n, -n> *m* Brahman, Brahmin
brahmanisch *adj* Brahman *attr*, Brahmanic
Brailleschrift ['bra:jə-] *f* Braille
BraindrainRR <-s> [breɪn'dreɪn] *m kein pl* brain drain *no pl*
Brainstorming <-s> ['breɪnstɔ:mɪŋ] *nt kein pl* brainstorming session
braisieren *vt* KOCHK to braise
BRAK *f Abk von* **Bundesrechtsanwaltskammer** ≈ German Law Society
BRAM *m Abk von* **Brennstoff aus Müll** RDF, refuse-derived fuel
Branche <-, -n> ['brã:ʃə] *f* ① (*Wirtschaftszweig*) line of business ② (*Tätigkeitsbereich*) field
BranchenadressbuchRR *nt* classified [*or* trade] directory **branchenbedingt** *adj* ÖKON branch-conditioned **Branchenbeobachter(in)** *m(f)* ÖKON observer of an industry **Branchenbuch** *nt* (*Branchenverzeichnis*) classified [*or* trade] directory, ≈ Yellow Pages **Branchenerfahrung** *f* experience in the trade [*or* industry] **branchenfremd** *adj* inexperienced in [*or* foreign to] the trade [*or* industry] *pred* **Branchenführer** *m* market leader **Branchenindex** *m* ÖKON industry index **Branchenkartell** *nt* ÖKON industrial cartel **Branchenkenner(in)** *m(f)* ***er ist [ein] ~*** he knows the trade [*or* industry] **Branchenkenntnis** *f* knowledge of the trade [*or* industry]; ■ **~se** *pl* tricks *pl* of the trade **branchenkundig** *adj* well-versed in the trade [*or* industry] *pred* **Branchenmesse** *f* ÖKON industrial show **Branchenpartner** *m* trade partner **Branchenriese** *m* ÖKON (*fam*) industrial [*or* industry] giant **Branchensoftware** *f* INFORM business software **Branchenspanne** *f* ÖKON average industry margin **branchentypisch** *adj* typical of the trade [*or* industry] *pred* **branchenüblich** *adj* customary, usual in the trade [*or* industry] *pred* **Branchenüblichkeit** *f kein pl* FIN customary trade practices *pl* **branchenunüblich** *adj* not usual in the trade [*or* industry] *pred* **Branchenverzeichnis** *nt* classified [*or* trade] directory, yellow pages *pl* **branchenweit** *adv* ÖKON throughout the industry; ***diese Klagen sind ~ zu hören*** these grievances can be heard throughout the industry; ***es kam ~ zu Streiks*** they were soon striking in all industrial branches
Brand <-[e]s, Brände> *m* ① (*Feuer*) fire; **in ~ geraten** to catch fire, to burst into flames; **einen ~ legen** to start a fire; **einen ~ löschen** to extinguish [*or sep* put out] a fire; **etw in ~ stecken** to set sth alight; **ein Gebäude in ~ stecken** to set fire to a building ② ■ **der ~** *von Keramik, Porzellan, Ziegel* firing ③ (*fam: großer Durst*) raging thirst; **einen ~ haben** (*fam*) to be parched; **seinen ~ löschen** (*fam*) to cool one's raging thirst ④ MED gangrene *no art, no pl* ⑤ BOT blight, smut
Brandabschnitt *m* BAU fire section
brandaktuell *adj* (*fam*) highly topical; **ein ~es Buch** a book hot off the press; **eine ~e CD/Schallplatte** a very recent CD/record; **ein ~es Thema/eine ~e Frage** a red-hot subject/issue *fam*
Brandanschlag *m* arson attack **Brandbinde** *f* bandage for burns **Brandblase** *f* burn blister **Brandbombe** *f* incendiary bomb [*or* device] **Brandbrief** *m* urgent reminder
brandeilig *adj* (*fam*) extremely urgent

B

branden *vi* ■**an etw** *akk*/**gegen etw** *akk* ~ to break against sth

Brandenburg <-s> *nt* Brandenburg

Brandenburger(in) *m(f)* Brandenburger

brandenburgisch *adj inv* Brandenburg; **die B~en Konzerte** the Brandenburg Concertos

Brandente *f* ORN (*Tadorna tadorna*) shelduck **Brandfleck** *m* burn [mark] **Brandgefahr** *f* fire risk, danger of fire **Brandgeruch** *m* smell of burning **Brandherd** *m* source of the fire

brandig *adj* ① (*bei Feuer*) burnt *attr;* ~ **riechen** to smell of burning ② BOT blighted, smutted ③ MED gangrenous

Branding <-s, -s> ['brændɪŋ] *nt* [body] branding

Brandkatastrophe *f* conflagration, fire disaster **Brandklasse** *f* BAU fire rating **Brandleger(in)** <-s, -> *m(f)* bes ÖSTERR (*Brandstifter*) arsonist **Brandloch** *nt* burn[t] hole; **in etw** *akk* **ein ~ machen** to burn a hole in sth **brandmager** *adj* SCHWEIZ extremely thin, skinny *fam* **Brandmal** <-s, -e> *nt* (*geh*) brand **brandmarken** *vt* ① (*fig: anprangern*) ■**jdn/etw [als etw]** ~ to brand sb/sth [as] sth, to denounce sb/sth [as sth] ② HIST (*mit Brandzeichen versehen*) ■**jdn [als etw]** ~ to brand [*or* stigmatize] sb [as sth] **Brandmauer** *f* fire[proof] wall **Brandmeister(in)** *m(f)* head firefighter **brandneu** *adj* (*fam*) brand new **Brandopfer** *nt* ① (*Opfer eines Brandes*) victim of a/the fire ② REL burnt offering; (*Mensch*) burnt sacrifice **Brandrede** *f* inflammatory speech **Brandrodung** *f* slash-and-burn *no art* **Brandsalbe** *f* burn ointment, ointment for burns [*or* scalds] **Brandsatz** *m* CHEM incendiary mixture [*or* device] **Brandschaden** *m* fire damage *no pl*

brandschatzen *vt* ■**etw** ~ to sack [*or* pillage] sth

Brandschutz *m kein pl* fire safety *no art, no pl,* protection against fire **Brandschutzmatte** *f* BAU fire protection mat **Brandsohle** *f* insole **Brandstelle** *f* ① (*Ort des Brandes*) fire ② (*verbrannte Stelle*) burnt patch

Brandstifter(in) *m(f)* arsonist

Brandstiftung *f* JUR arson; **fahrlässige/vorsätzliche** ~ causing fire by negligence/wilful intent

Brandteig *m* KOCHK chou[x] pastry

Brandung <-, -en> *f* surf, breakers *pl*

Brandungserosion *f* coastal erosion (*caused by waves*)

Brandursache *f* cause of the fire **Brandverhütungsvorschriften** *pl* JUR fire regulations **Brandversicherung** *f* FIN fire insurance **Brandwache** *f* ① (*Überwachung der Brandstelle*) firewatch ② (*Posten an der Brandstelle*) firewatch team ③ SCHWEIZ (*Feuerwehr*) fire brigade **Brandwunde** *f* burn

Brandy <-s, -s> ['brɛndi] *m* brandy

Brandzeichen *nt* brand

brannte *imp von* **brennen**

Branntwein *m* (*geh*) spirits, pl

Branntweinessig *m* spirit vinegar **Branntweinsteuer** *f* tax on spirits

Brasilianer(in) <-s, -> *m(f)* Brazilian; *s. a.* **Deutsche(r)**

brasilianisch *adj* Brasilian; *s. a.* **deutsch**

Brasilien <-s> [-liən] *nt* Brazil; *s. a.* **Deutschland**

Brasilnuss[RR] *f* BOT (*Bertholletia excelsa*) Brazil nut

Brasse <-, -n> *f* NAUT brace

Brassen <-s, -> *m s.* **Brachsen**

Brät <-s> *nt kein pl* DIAL (*fachspr*) sausage meat

Bratapfel *m* baked apple **Bratbeutel** *m s.* **Backbeutel**

braten <brät, briet, gebraten> **I.** *vt* ■**etw** ~ (*in der Pfanne garen*) to fry sth; ■[**sich** *dat*] **etw** ~ to fry [oneself] sth; (*am Spieß garen*) to roast sth [on a spit]; **etw knusprig** [*o* **kross**] ~ to fry/roast sth until crisp **II.** *vi* ① (*in der Pfanne garen*) to fry ② (*fam: schmoren*) [**in der Sonne**] ~, **sich** *akk* ~ **lassen** to roast [in the sun] *fam*

Braten <-s, -> *m* joint, roast [meat *no pl, no art*]; **kalter** ~ cold meat ▶ WENDUNGEN: **ein fetter** ~ (*fam*) a prize [*or* good] catch; **den** ~ **riechen** (*fam*) to smell a rat *fam*

Bratenfett *nt* dripping *no pl* **Bratengabel** *f* carving fork **Bratensaft** *m* meat juices [*or* AM drippings] *pl* **Bratensoße** *f* gravy **Bratenthermometer** *nt* meat thermometer **Bratenwender** <-s, -> *m* roasting jack, turnspit

Bräter <-s, -> *m* KOCHK roasting pan [*or* dish], roaster

Bratfett *nt* cooking fat **Bratfisch** *m* ① (*zum Braten bestimmter Fisch*) fish for frying ② (*gebratener Fisch*) fried fish **Brathähnchen** *nt,* **Brathendl** <-s, -[n]> *nt* ÖSTERR, SÜDD grilled chicken **Brathering** *m* fried herring **Brathuhn** *nt* roast chicken **Bratkartoffeln** *pl* fried potatoes *pl,* sauté potatoes *pl* **Bratkartoffelverhältnis** *nt* (*pej fam*) meal ticket *pej fam;* ***er hat ein ~ mit ihr*** she is his meal ticket **Bratpfanne** *f* frying pan **Bratröhre** *f* DIAL oven **Bratrost** *m* grill

Bratsche <-, -n> *f* viola

Bratschist(in) <-en, -en> *m(f)* violist, viola player

Bratspieß *m* spit **Bratwurst** *f* ① (*zum Braten bestimmte Wurst*) [frying] sausage, bratwurst ② (*gebratene Wurst*) [fried] sausage, bratwurst

Brauch <-[e]s, Bräuche> *m* custom, tradition; ***so will es der ~*** that's the custom [*or* tradition]; **nach altem** ~ according to custom [*or* tradition]; [**bei jdm so**] ~ **sein** to be customary [*or* tradition[al]] [*or* the custom] [with sb]

brauchbar *adj* ① (*geeignet*) suitable; [**beschränkt/nicht**] ~ **sein** to be of [limited/no] use; ***mein Schirm ist zwar alt, aber noch ganz ~*** my umbrella is old but it still serves its purpose [*or* it'll still do the trick] ② (*ordentlich*) useful; **ein ~er Plan** a viable plan; **ein ~er Mitarbeiter** a useful worker *fam*

Brauchbarkeitsminderung *f* HANDEL diminished [*or* impaired] usefulness

brauchen **I.** *vt* ① (*nötig haben*) ■**jdn/etw [für/zu etw]** ~ to need sb/sth [for sth/to do sth]; ***wozu brauchst du das?*** what do you need that for?; ***ich kann dich jetzt nicht ~*** (*fam*) I haven't got time for you right now ② (*an Zeit benötigen*) **Zeit/eine Stunde [für etw]** ~ to need time/an hour [for sth]; ***ich brauche bis zum Bahnhof etwa eine Stunde*** I need about an hour [*or* it takes me about an hour] to get to the station; ***alles braucht seine Zeit*** everything takes time, Rome wasn't built in a day *prov* ③ DIAL (*fam: gebrauchen*) ■**etw** ~ to need sth; ***kannst du die Dinge ~?*** can you find a use for these?; ***das könnte ich jetzt gut ~*** I could do with that right now; ***ich kann diese Leute nicht ~!*** I don't need [*or* I can do without] these people! ④ (*fam: verbrauchen*) ■**etw** ~ to use sth **II.** *vb aux modal* (*müssen*) ■**etw** [*geh* **zu**] **tun** ~ to need to do sth; ■**etw nicht [zu] tun** ~ to not need to do sth, to need not do sth; ***Astrid braucht nächste Woche nicht zu arbeiten*** Astrid doesn't need to work next week; ***du hättest doch nur etwas [zu] sagen ~*** you need only have said something, you only needed to say something; ***der Rasen braucht noch nicht gemäht [zu] werden*** the lawn doesn't need mowing yet [*or* needn't be mown yet] **III.** *vt impers* SCHWEIZ, SÜDD ■**es braucht etw** sth is needed; ***es braucht noch ein bisschen Salz*** a little more salt is needed, you need a little bit more salt; ■**es braucht jdn/etw, um etw zu tun** sb/sth is needed to do sth

Brauchtum <-[e]s, *selten* -tümer> *nt* customs *pl,* traditions, pl; **ein altes** ~ a tradition

Brauchwasser *nt* (*fachspr*) industrial [*or* service] water

Braue <-, -n> *f* [eye]brow, supercilium *spec;* **zusammengewachsene ~n** eyebrows joined in the middle; *s. a.* **Augenbraue**

brauen *vt* ① **Bier** ~ to brew beer ② (*fam: zubereiten*) [**jdm/sich**] **einen Kaffee** ~ to make [sb/oneself] [a/some] coffee; **einen Zaubertrank** ~ to concoct a magic potion

Brauenbürstchen <-s, -> *nt* brow brush

Brauer(in) <-s, -> *m(f)* brewer

Brauerei <-, -en> *f* ① (*Braubetrieb*) brewery ② *kein pl* (*das Brauen*) ■**die** ~ brewing *no pl*

Brauereiabwässer *pl* effluent from breweries

Brauerin <-, -nen> *f fem form von* **Brauer**

Brauhaus *nt* [privately owned] brewery **Braumeister(in)** *m(f)* master brewer

braun **I.** *adj* ① (*Farbe*) brown; (*brünett*) brown, brunet[te]; (*von der Sonne*) [sun-]tanned; ■~ **werden** to become brown [*or* [sun-]tanned] ② (*pej: nationalsozialistisch*) Nazist[ic], Nazi *attr;* ■**die B~en** *pl* the Brownshirts *pl* **II.** *adv* ~ **gebrannt** [sun-]tanned; **etw ~ färben/lackieren** to dye/paint sth brown

Braun <-s, -> *nt* brown [colour [*or* AM -or]]; ■**in** ~ in brown

braunäugig *adj* brown-eyed **Braunbär** *m* brown bear

Bräune <-> *f kein pl* [sun]tan

bräunen **I.** *vt* ① (*braun werden lassen*) ■**jdn/etw** ~ to tan sb/sth ② KOCHK ■**etw** ~ to brown sth **II.** *vi* ① (*braun werden*) ■[**in der Sonne**] ~ to go brown [*or* tan] [in the sun]; (*von Sonne, UV-Strahlung*) to tan ② KOCHK to turn brown; ■**etw ~ lassen** to brown sth **III.** *vr* ■**sich** *akk* ~ (*sich sonnen*) to get a tan; (*braun werden*) to go brown

Bräunen <-s> *nt kein pl* tanning; **künstliches** ~ indoor tanning; **natürliches** ~ outdoor tanning

braungebrannt *adj s.* **braun II** **braunhaarig** *adj* brown-haired; (*Frau*) brunet[te]

Braunkohle *f* brown coal, lignite **Braunkohlekraftwerk** *nt* brown coal fired power station **Braunkohlerevier** *nt* BERGB brown [*or* lignite] coal field **Braunkohlesanierung** *f* BERGB rehabilitation of brown coal fields **Braunkohleverstromung** *f* BERGB, ELEK brown coal conversion [into electricity]

bräunlich *adj* brownish

Braunreis *m s.* **Naturreis**

Braunschweig <-s> *nt* Brunswick

Bräunung <-, -en> *f* bronzing *no pl, no indef art;* **eine tiefe ~ der Haut** a deep [sun]tan

Bräunungsbeschleuniger *m* suntan accelerator **Bräunungscreme** [-kre:m] *f* tanning cream **Bräunungslotion** *f* tanning lotion **Bräunungsmittel** *nt* bronzer

Braunwurz <-> *f kein pl* BOT (*Scrophularia*) figwort

Braus *m s.* **Saus**

Brause <-, -n> *f* ① DIAL (*veraltend: Dusche*) shower; **sich** *akk* **unter die ~ stellen** to take [*or* have] a shower; (*Handbrause*) [hand] shower ② (*Aufsatz von Gießkannen*) spray [attachment], sprinkler ③ (*veraltend fam: Limonade*) lemonade; (*Brausepulver*) sherbet powder

Brausekopf *m* hothead

brausen *vi* ① *haben* (*tosen*) to roar [*or* thunder]; (*von Wind, Sturm*) to howl; **~der Beifall** tumultuous [*or* thunderous] applause ② *sein* (*fam: rasen, rennen, schnell fahren*) to storm; (*von Wagen*) to race

Brausepulver [-fɐ, -vɐ] *nt* effervescent powder; (*für Kinder*) sherbet powder **Brausetablette** *f* effervescent tablet

Braut <-, Bräute> *f* ① (*bei Hochzeit*) bride; ~ **Christi** bride of Christ ② (*veraltend: Verlobte*) fiancée, betrothed *old;* ***sie ist seine ~*** she is his fiancée, she is engaged [*or old* betrothed] to him ③ (*veraltend sl: junge Frau, Freundin*) girl, BRIT *fam a.* bird

Brautente *f* wood duck **Brautführer** *m* bride's male attendant

Bräutigam <-s, -e> *m* ① (*bei Hochzeit*) [bride]-groom ② (*veraltend: Verlobter*) fiancé, betrothed *old*

Brautjungfer *f* bridesmaid **Brautkleid** *nt* wedding dress **Brautkranz** *m* bridal wreath **Brautleute** *pl s.* **Brautpaar** **Brautmutter** *f* bride's mother **Brautpaar** *nt* ① (*bei Hochzeit*) bride and groom + *pl vb* ② (*veraltend: Verlobte*) engaged couple **Brautpreis** *m* bride price [*or* wealth] **Brautschau** *f* **auf ~ gehen, ~ halten** (*hum*) to go/be looking for a wife **Brautschleier** *m* bridal [*or* wedding] veil **Brautvater** *m* bride's father

brav **I.** *adj* ① (*folgsam*) well behaved, good; ***sei schön ~!*** be a good boy/girl; ***komm her, sei ein ~er Hund!*** come here, there's a good dog!; ***bist du wieder nicht ~ gewesen?*** have you been bad again?; ~ [*gemacht*]! [there's a] good boy/girl! ❷ (*bieder*) plain ❸ (*rechtschaffen*) worthy, honest **II.** *adv* ❶ (*folgsam*) ***geh ~ spielen!*** be a good boy/girl, and go and play, go and play, there's a good boy/girl ❷ (*rechtschaffen*) worthily

bravo [-vo] *interj* well done, bravo *dated*

Bravoruf *m* cheer

Bravour <-> [bra'vu:ɐ] *f kein pl* (*geh*) ❶ (*Meisterschaft*) brilliance *no pl*, bravura *no pl liter;* ■ **mit ~** (*meisterlich*) with style; **eine Prüfung mit ~ bestehen** to pass an examination with flying colours [*or* AM -ors]; (*mit Elan*) with spirit ❷ (*Kühnheit*) gallantry

Bravourleistung *f* (*geh*) brilliant performance

bravourös **I.** *adj* ❶ (*meisterhaft*) brilliant, bravura *attr liter* ❷ (*kühn*) undaunted **II.** *adv* ❶ (*meisterhaft*) with brilliance ❷ (*kühn*) gallantly

Bravourstück *nt* (*geh*) ❶ (*Glanznummer*) brilliant feat ❷ MUS bravura

Bravur[RR] <-> *f kein pl* (*geh*) *s.* **Bravour**

bravurös[RR] *adj, adv s.* **bravourös**

BRD <-> *f Abk von* **Bundesrepublik Deutschland** FRG

Break <-s, -s> [breɪk] *m o nt* TENNIS break

Breakdance <-[s]> ['breɪkdɑns] *m kein pl* break-dance, break-dancing

Break-even-Point [breɪk'i:vənpɔɪnt] *m* ÖKON breakeven [point]

Breccie, Brekzie <-, -n> *f* GEOL breccia

Brechbohne *f* French [*or* string] bean **Brechdurchfall** *m* vomiting and diarrhoea [*or* AM diarrhea] *no art* **Brecheisen** *nt* crowbar

brechen <bricht, brach, gebrochen> **I.** *vt haben* ❶ (*zer~*) ■ **etw ~** to break sth; *s. a.* **durchbrechen, zerbrechen** ❷ (*ab~*) ■ **etw von etw** *dat* **~** to break sth off sth; **Zweige von den Bäumen ~** to break twigs off trees ❸ (*spaltend ab~*) **Schiefer/Stein/Marmor ~** to cut slate/stone/marble; (*im Steinbruch*) to quarry slate/stone/marble ❹ (*nicht [mehr] einhalten*) **eine Abmachung/einen Vertrag ~** to break [*or* violate] an agreement/a contract; **seinen Eid ~** to violate one's oath; **sein Schweigen ~** to break one's silence; **jdm die Treue ~** to break trust with sb ❺ (*übertreffen*) **einen Rekord ~** to break a record ❻ (*niederkämpfen*) ■ **etw [durch etw** *akk*] **~** to overcome sth [with sth]; ■ **jdn/etw [durch etw** *akk*] **~** to break sb/sth down [with sth] ❼ (*geh: pflücken*) ■ **etw ~** to pick [*or liter* pluck] sth ❽ (*ablenken*) ■ **etw ~** to refract sth; **einen Lichtstrahl ~** to refract a ray of light; (*abprallen lassen*) to break the force of sth; ***die Brandung wurde von den Buhnen gebrochen*** the groynes broke the force of the surf ❾ (*verletzen*) **sich** *dat* **den Arm/einen Knochen ~** to break one's arm/a bone; **jdm den Arm ~** to break sb's arm ❿ (*er~*) ■ **etw ~** to vomit sth ⓫ BAU ■ **etw ~** *Kante* to chamfer sth **II.** *vi* ❶ *sein* (*auseinander*) to break [apart]; **zum B~ [o ~d] voll sein** (*fam*) to be jam-packed *fam; s. a.* **Herz** ❷ *haben* (*Verbindung beenden*) ■ **mit jdm/etw ~** to break with sb/sth; **eine Tradition ~** to break with [*or* away from] a tradition ❸ (*sich erbrechen*) to be sick, to throw up **III.** *vr haben* (*abgelenkt werden*) ■ **sich** *akk* **[an etw** *dat*] **~** to break [against sth]; PHYS to be refracted [at sth]; (*von Ruf, Schall*) to rebound [off sth]

Brecher <-s, -> *m* breaker; **große/schwere ~** *pl* rollers *pl*

Brecherbse *f* sugar snap pea **Brechmittel** *nt* emetic [agent]; **das reinste ~ [für jdn] sein** (*fam*) to make sb [want to] puke *sl* **Brechreiz** *m kein pl* nausea *no pl, no art* **Brechstange** *f* crowbar

Brechung <-, -en> *f* ❶ ■ **die ~** (*von Wellen*) breaking; PHYS the diffraction; (*von Schall*) rebounding ❷ LING mutation *no art*

Bredouille <-, -n> [bre'duljə] *f* ▶ WENDUNGEN: **in die ~ geraten** [*o* **kommen**] to get into a scrape [*or* fix] [*or hum* pretty pickle] *fam;* **in der ~ sein** [*o* **sitzen**] to be in a scrape [*or* fix] [*or hum* pretty pickle] *fam*

Brei <-[e]s, -e> *m* ❶ (*dickflüssiges Nahrungsmittel*) mash *no pl*, pap *no pl* ❷ (*zähe Masse*) paste; ***die Lava ergoss sich als rot glühender ~ den Vulkanhang hinunter*** the red-hot lava flowed sluggishly down the side of the volcano; **jdn zu ~ schlagen** (*fam*) to beat sb to a pulp *fam;* **jdm ~ ums Maul schmieren** to soft-soap [*or* sweet-talk] sb *fam;* **um den [heißen] ~ herumreden** to beat about the bush *fam*

breiig *adj* pulpy, mushy; **eine ~e Konsistenz** a viscous [*or* thick] consistency; **~e Lava** viscous [*or* sluggish] lava; **eine ~e Masse** a paste

Breisgau *m* Breisgau

breit **I.** *adj* ❶ (*flächig ausgedehnt*) wide; **eine ~e Nase** a flattened nose; **~e Schultern haben** to have broad shoulders; **ein ~er Kerl** a hefty bloke [*or* AM guy]; **~e Buchstaben** TYPO expanded letters; **~e Schrift** TYPO padded [*or* sprawling] type; **etw ~[er] machen** to widen sth; **x cm ~ sein** to be x cm wide; ***ein 25 cm ~es Brett*** a 25-cm-wide plank, a plank 25 cm in width; *s. a.* **Bein** ❷ (*ausgedehnt*) wide; **ein ~es Publikum** a wide [*or* large] public; **die ~e Öffentlichkeit** the general public; **~e Zustimmung** wide[-ranging] approval ❸ (*gedehnt*) broad; ***ein ~es Lachen*** a hearty laugh ❹ (*stark ausgeprägt*) **ein ~er Dialekt** a broad dialect ❺ DIAL (*sl: betrunken*) smashed *sl* **II.** *adv* ❶ (*flach*) flat ❷ (*ausgedehnt*) **sich** *akk* **~ machen** to spread oneself [out] (**auf** +*dat* on); (*sich ausbreiten*) to spread; (*sich verbreiten*) to pervade; ***mach dich doch nicht so ~!*** don't take up so much room; ***ihr Exfreund hat sich in ihrer Wohnung ~ gemacht*** her ex treats her flat as if it were his; ***bei euch scheinen sich einige Vorurteile ~ gemacht zu haben*** you seem to have adopted some prejudices ❸ (*umfangreich*) **~ gebaut** strongly [*or* sturdily] built; ***sie ist in den Hüften ~ gebaut*** she's broad in the beam *hum fam;* **sich** *akk* **~ hinsetzen** to plump down; ***setzt dich doch nicht so ~ hin!*** don't take up so much room! ❹ (*gedehnt*) broadly; ***er grinste ~ über das ganze Gesicht*** he grinned broadly [*or* from ear to ear] ❺ (*ausgeprägt*) **~ sprechen** to speak in a broad dialect

Breitbahn *f* TYPO (*Papier*) short grain

Breitband <-bänder> *nt* ELEK, RADIO, TELEK broadband

Breitbandantibiotikum *nt* broad-spectrum antibiotic **Breitbandfilter** *m o nt* wide-range filter **Breitbandkabel** *nt* broadband cable **Breitbandnetz** *nt* broadband network

breitbeinig **I.** *adj* **in ~er Stellung** with one's legs apart; **ein ~er Gang** a rolling gait **II.** *adv* with one's legs apart; **~ gehen** to walk with a rolling gait

Breitbildformat *nt* wide [picture] [*or* panorama] format

Breite <-, -n> *f* ❶ (*die breite Beschaffenheit*) width; **von x cm ~** x cm in width, with a width of x cm; **[jdm] etw in aller ~ erklären** to explain sth [to sb] in great detail; **in voller ~ vor jdm** (*fam*) right [*or fam* smack] in front of sb; **in die ~ gehen** (*fam*) to put on weight ❷ (*Ausgedehntheit*) wide range; **die ~ des Angebots** the wide range on offer ❸ (*Gedehntheit*) breadth ❹ (*von Dialekt, Aussprache*) broadness ❺ (*Breitengrad*) latitude; ***in südlichere ~n fahren*** to travel to more southerly climes; ***die Insel liegt [auf] 34° nördlicher ~*** the island lies 34° north; **in unseren/diesen ~n** in our part/these parts of the world

breiten **I.** *vt* ❶ (*decken*) ■ **etw über jdn/etw ~** to spread sth over sb/sth ❷ (*spreizen*) **etw ~** to spread sth; ***der Vogel breitete die Flügel*** the bird spread its wings **II.** *vr* (*poet: sich decken*) ■ **sich** *akk* **über etw** *akk* **~** to spread over sth; ***Dunkelheit breitete sich über die Stadt*** darkness spread over the town

Breitenarbeit *f* more general work; SPORT *training for a large number of up-and-coming players or teams* **Breitengrad** *m* [degree of] latitude **Breitenkreis** *m* line of latitude, parallel **Breitensport** *m* popular sport **Breitenwirkung** *f* widespread impact

breitkrempig *adj* broad-brimmed **breit|machen** *vr* (*fam*) *s.* **breit II 2** **breitrandig** *adj* wide-rimmed; **ein ~er Hut** a broad-brimmed hat; *s. a.* **breitkrempig** **breit|schlagen** *vt irreg* (*fam*) ■ **jdn [zu etw** *dat*] **~** to talk sb round, to talk sb [round] into doing sth; ■ **sich** *akk* **[von jdm] [zu etw** *dat*] **~ lassen** to let oneself be talked round [by sb] [into doing sth] **breitschult(e)rig** *adj* broad-shouldered *attr;* **~ sein** to have broad shoulders **Breitschwanz** *m kein pl* caracul, broadtail **Breitseite** *f* ❶ NAUT broadside; **eine ~ abgeben** to fire a broadside ❷ (*scharfe Attacke*) broadside; **eine ~ abkriegen** (*fam*) to catch a broadside ❸ (*kürzere Seite*) short end **breitspurig** *adj* BAHN broad-gauge *attr* **breit|treten** *vt irreg* (*fam*) ■ **etw ~** ❶ (*zu ausgiebig erörtern*) to go on about sth *fam,* to flog sth to death *sl* ❷ (*verbreiten*) to enlarge on sth **breit|walzen** *vt* (*fam*) *s.* **breittreten**

Breitwand *f* wide screen; **auf ~ zeigen** to show on a wide screen; **ein Film in ~** a film in wide-screen format **Breitwandfilm** *m* wide-screen film, film for the wide screen **Breitwandformat** *nt* wide screen format

Breitwegerich *m* BOT (*Plantago major*) great plantain

Bremen <-s> *nt* Bremen

Bremer(in) <-s, -> *m(f)* native of Bremen; (*Einwohner*) inhabitant of Bremen

Bremsanlage *f* braking system **Bremsassistent** *m* AUTO brake servo **Bremsbacke** *f* brake shoe **Bremsbelag** *m* brake lining; AUTO brake pad

Bremse[1] <-, -n> *f* ❶ (*Bremsvorrichtung*) brake; ***die ~n sprechen gut an*** the brakes respond well ❷ (*Pedal*) brake [pedal]; (*Bremshebel*) brake [lever]; **auf die ~ treten** [*o fam* **steigen**] [*o sl* **latschen**] to put on [*or* apply]/slam on *fam* the brakes

Bremse[2] <-, -n> *f* (*Stechfliege*) horsefly

bremsen **I.** *vi* ❶ (*die Bremse betätigen*) to brake, to put on [*or* apply] the brakes ❷ (*abbremsen*) to brake; ***~d wirken*** to act as a brake; (*von Wind*) to slow sb/sth down ❸ (*hinauszögern*) to put on the brakes *fam* ❹ (*fig: zurückstecken*) ■ **mit etw** *dat* **~** to cut down on sth; **mit den Ausgaben ~ müssen** to have to curtail expenses **II.** *vt* ❶ AUTO (*ab~*) ■ **etw ~** to brake sth ❷ (*verzögern*) ■ **etw ~** to slow down sth *sep,* to retard sth; (*dämpfen*) to curb sth ❸ (*fam: zurückhalten*) ■ **jdn ~** to check sb; ***sie ist nicht zu ~*** (*fam*) there's no holding [*or* stopping] her **III.** *vr* ***ich kann/werd mich ~!*** (*fam*) not likely! *a. iron,* not a chance! *a. iron*

Bremser(in) <-s, -> *m(f)* ❶ (*fig: Verhinderer*) damper; **sich als ~ betätigen** to have a dampening effect, to be a wet blanket *fam* ❷ HIST, BAHN brake[s]man; SPORT brake[s]man

Bremsfallschirm *m* brake parachute, drogue [parachute] **Bremsflüssigkeit** *f* brake fluid **Bremshebel** *m* brake lever **Bremsklappe** *f* LUFT air brake **Bremsklotz** *m* AUTO brake pad **Bremskraftverstärker** *m* AUTO power brake [unit], brake servo **Bremsleuchte** *f* AUTO brake [*or* BRIT *a.* stop] light [*or* lamp] **Bremslicht** *nt* stop light [*or* lamp] **Bremspedal** *nt* brake pedal **Bremspreis** *m* ÖKON curbing [*or* checking] price **Bremsrakete** *f* retrorocket **Bremsscheibe** *f* AUTO brake disc **Bremsschlauch** *m* AUTO brake hose **Bremsspur** *f* skid marks *pl*

Bremsung <-, -en> *f* braking *no art*

Bremsvorrichtung *f* (*geh*) brake mechanism [*or* gear *no pl*] **Bremsweg** *m* braking [*or* stopping] distance

brennbar *adj* combustible, [in]flammable

Brenndauer *f einer Glühbirne* life

Brennelemente *pl* NUKL fuel elements *pl*

brennen <brannte, gebrannt> **I.** *vi* ❶ (*in Flammen stehen*) to be on fire; **lichterloh ~** to be ablaze; **zu ~ anfangen** to start burning, to catch fire; ■ **~d** burning ❷ (*angezündet sein*) to burn; *Streichholz* to strike [*or* light]; *Feuerzeug* to light ❸ ELEK (*fam: an sein*) to be on; *Lampe a.* to be burning; ■ **etw ~ lassen** to leave sth on ❹ (*schmerzen*) to be sore; **auf der Haut/in den Augen ~** to burn [*or* sting] the skin/eyes ❺ (*auf etw sinnen*) ■ **auf etw** *akk* **~** to be bent on [*or* dying for] sth; ■ **darauf ~, etw zu tun** to be dying to do sth ❻ (*ungeduldig sein*) ■ **vor etw**

dat ~ to be burning [*or* bursting] with sth; **vor Neugier** ~ to be bursting with curiosity **II.** *vi impers* ***es brennt!*** fire! fire!; ***in der Fabrik brennt es*** there's a fire in the factory; ***wo brennt's denn?*** (*fig*) where's the fire?; (*fig fam*) what's the panic? **III.** *vt* ① (*rösten*) ■**etw** ~ to roast sth ② (*destillieren*) ■**etw** ~ to distil [*or* AM -ll] sth; **etw schwarz** [*o* **illegal**] ~ to moonshine sth AM ③ (*härten*) ■**etw** ~ to fire [*or* bake] sth ④ (*auf~*) ■**einem Tier etw auf die Haut** ~ to brand an animal's hide with sth; ■**etw auf etw** *akk*/**in etw** *akk* ~ to burn sth into sth ⑤ INFORM ■**etw** [**auf etw**] ~ to burn sth [into sth] **IV.** *vr* ■**sich** *akk* [**an etw** *dat*] ~ to burn oneself [on sth]

brennend I. *adj* ① (*quälend*) scorching; **~er Durst** parching thirst ② (*sehr groß*) **~e Frage** urgent question; **~er Wunsch** fervent wish **II.** *adv* (*fam: sehr*) incredibly; ***ich wüsste ~ gern …*** I would dearly like to know …

Brenner[1] <-s, -> *m* TECH burner

Brenner(in)[2] <-s, -> *m(f)* (*Beruf*) distiller

Brennerei <-, -en> *f* distillery

Brennerin <-, -nen> *f fem form von* **Brenner**

Brennessel *f s.* Brennnessel **Brennglas** *nt* burning glass **Brennholz** *nt* firewood *no pl* **Brennkammer** *f* LUFT combustion chamber **Brennmaterial** *nt* [heating] fuel **Brennnessel**[RR] *f* stinging nettle **Brennofen** *m* kiln **Brennpunkt** *m* ① PHYS focal point ② MATH focus ③ (*Zentrum*) focus, focal point; **in den** ~ [**der Aufmerksamkeit/des Interesses**] **rücken** to become the focus [*or* focal point] [of attention/interest]; **im** ~ [**des Interesses**] **stehen** to be the focus [of interest] **Brennraum** *m* AUTO combustion chamber **Brennschere** *f* curling tongs *npl* **brenn|schneiden** *vt irreg* BAU ■**etw** ~ to flame-cut sth **Brennspiegel** *m* burning glass **Brennspiritus** *m* [mineralized *spec*] methylated spirit **Brennstab** *m* NUKL fuel rod

Brennstoff *m* fuel **Brennstoffkreislauf** *m* NUKL fuel cycle **Brennstoffzelle** *f* TECH, PHYS fuel cell **Brennstoffzellenauto** *nt* fuel cell car

Brennweite *f* PHYS focal length

brenzlig I. *adj* (*fam*) dicey *fam*, iffy *sl*; ***die Situation wird mir zu*** ~ things are getting too hot for me **II.** *adv* ~ **riechen** to smell of burning

Bresche <-, -n> *f* breach; **in etw** *akk* **eine** [**große**] ~ **schlagen** [*o* **reißen**] (*fig*) to make a [great] breach in sth; [**für jdn**] **in die** ~ **springen** (*fig*) to step in [for sb]; **eine** ~ **in etw** *akk* **schlagen** [*o* **schießen**] to breach sth; **für jdn/etw eine** ~ **schlagen** to stand up for sb/sth

Breslau <-s> *nt* Wrocław

Bressehuhn *nt* KOCHK Bresse chicken

Bretagne <-> [bre'tanjə, brə'tanjə] *f* ■**die** ~ Brittany

Bretone, Bretonin <-n, -n> *m, f* Breton; *s. a.* **Deutsche(r)**

Bretonisch *nt dekl wie adj* Breton; *s. a.* **Deutsch**

bretonisch *adj* Breton; *s. a.* **deutsch**

Bretonische <-n> *nt* ■**das** ~ Breton, the Breton language; *s. a.* **Deutsche**

Bretonische <-n> *nt* ■**das** ~ Breton, the Breton language; *s. a.* **Deutsche**

Brett <-[e]s, -er> *nt* ① (*Holzplatte*) [wooden] board; (*Planke*) plank; **etw mit ~ern vernageln** to board sth up; (*Sprungbrett*) [diving] board; (*Regalbrett*) shelf; **die ~er, die die Welt bedeuten** THEAT (*fig*) the stage; **auf den ~ern stehen** THEAT to be on the stage; **schwarzes** ~ noticeboard ② (*Spielbrett*) [game]board ③ *pl* (*Skier*) skis *pl*; **auf den ~ern stehen** [*o* **sein**] to be on skis; (*Boxring*) floor, canvas; **auf die ~er gehen** (*fig*) to hit the canvas *fam*; **jdn auf die ~er schicken** (*fig fam*) to floor sb ▸ WENDUNGEN: **ein** ~ **vorm Kopf haben** (*fam*) to be slow on the uptake *a. iron*; *s. a.* **Welt**

Brettchen <-s, -> *nt* [small] board

Bretterboden *m* board[ed] floor **Bretterbude** *f* booth

brettern *vi sein* (*fam*) to hammer *fam*; **die Straße entlang** ~ to tear up the road *fam*; **mit 200 Sachen über die Autobahn** ~ to be doing 125 along the motorway [*or* AM freeway]

Bretterwand *f* wooden wall **Bretterzaun** *m* wooden fence; (*an Baustellen*) hoarding

Brettspiel *nt* board game

Brevet <-s, -s> [bre've:, brə'vɛ] *nt* SCHWEIZ brevet

brevetieren* *vt* SCHWEIZ ■**jdn** ~ to brevet sb

Brevier <-s, -e> [bre'vi:ɐ] *nt* ① (*Leitfaden*) ■**ein** ~ **einer S.** *gen* a guide to sth ② REL breviary; **das** ~ **beten** to say one's breviary

Brezel <-, -n> *f* pretzel

bricht *3. pers pres von* **brechen**

brickettieren *vt* ■**etw** ~ KOCHK to briquet sth

Bridge <-> [brɪdʒ] *nt kein pl* bridge *no pl*; **eine Partie** ~ **spielen** to play a game of bridge

bridieren *vt* ■**etw** ~ KOCHK to truss sth

Bridieren *nt kein pl* KOCHK trussing

Brief <-[e]s, -e> *m* ① (*Poststück*) letter; **etw als** ~ **schicken** to send sth [by] letter post [*or* AM at [the] letter rate]; **jdm** ~ **und Siegel** [**auf etw** *akk*] **geben** to give sb one's word [on sth]; **blauer** ~ (*Kündigung*) letter of dismissal; SCH *school letter notifying parents that their child must repeat the year*; **ein offener** ~ an open letter; **mit jdm ~e wechseln** to correspond with sb ② (*in der Bibel*) epistle ③ ÖKON *s.* **Briefkurs**

Briefablage *f* letter [*or* in and out] tray **Briefbeschwerer** <-s, -> *m* paperweight **Briefblock** *m* writing [*or* letter] pad **Briefbogen** *m* [sheet of] writing [*or* letter] paper **Briefbombe** *f* letter bomb

Briefchen <-s, -> *nt* ① *dim von* **Brief** note ② (*flaches Päckchen*) packet; **ein** ~ **Streichhölzer** a book of matches

Briefdrucksache *f* printed material [sent in letter form] **Briefeinwurf** *m* (*geh*) letter box BRIT, mailbox AM; (*in Postamt*) postbox BRIT, mailbox AM **Brieffreund(in)** *m(f)* pen pal *fam*, BRIT *a.* penfriend **Brieffreundschaft** *f* correspondence [between pen pals [*or* BRIT *a.* penfriends]]; **eine** ~ **haben** to be penfriends **Briefgebühr** *f* letter rate **Briefgeheimnis** *nt* privacy [*or* secrecy] of correspondence **Briefgrundschuld** *f* JUR certificated land charge **Briefhypothek** *f* FIN certified mortgage

Briefing <-s, -s> *nt* MIL, ÖKON briefing

Briefkarte *f* correspondence card

Briefkasten *m* (*Hausbriefkasten*) letter box BRIT, mailbox AM; (*Postbriefkasten*) postbox BRIT, mailbox AM, BRIT *a.* pillar box; **elektronischer** ~ INFORM electronic mailbox; **ein toter** ~ a dead-letter box

Briefkastenadresse *f* accommodation address **Briefkastendomizil** *nt* SCHWEIZ seat of a letter-box company **Briefkastenfirma** *f* letter-box company

Briefkopf *m* letterhead **Briefkurs** *m* FIN selling rate [*or* price]

brieflich I. *adj* in writing *pred*, by letter *pred*; **in ~er Verbindung stehen** (*geh*) to be corresponding **II.** *adv* in writing, by letter

Briefmarke *f* [postage] stamp

Briefmarkenalbum *nt* stamp album **Briefmarkenautomat** *m* stamp[-dispensing] machine **Briefmarkenbogen** *m* sheet of stamps **Briefmarkenkunde** *f* philately **Briefmarkensammler(in)** *m(f)* philatelist, stamp collector **Briefmarkensammlung** *f* stamp collection **Briefmarkenstempel** *m* post[age] mark **Briefmarkenzahnung** *f* [stamp's] perforations *pl*

Brieföffner *m* letter opener, paper knife **Briefpapier** *nt* letter [*or* writing] paper **Briefpartner(in)** *m(f)* penfriend, pen pal **Briefporto** *nt* letter rate **Briefpost** *f kein pl* letter post, AM first mail **Briefroman** *m* epistolary novel **Briefschreiber(in)** *m(f)* [letter] writer **Briefschulden** *pl* arrears *pl* of correspondence *form* **Brieftasche** *f* wallet, AM *a.* billfold **Brieftaube** *f* carrier [*or* homing] pigeon **Briefträger(in)** *m(f)* postman *masc*, postwoman *fem* **Briefumschlag** *m* envelope **Briefwaage** *f* letter scales; *pl* balance **Briefwahl** *f* postal vote BRIT, absent[ee] ballot [*or* voting] AM; **seine Stimme durch** ~ **abgeben** to vote by post [*or* AM mail] **Briefwahlantrag** *m* POL application for a postal vote [form] **Briefwähler(in)** *m(f)* postal [*or* AM absentee] voter

Briefwahlunterlagen *f* POL postal vote forms

Briefwahlunterlagen *f* POL postal vote forms

Briefwechsel *m* correspondence; **mit jdm in** ~ **stehen, einen** ~ **mit jdm führen** (*geh*) to be corresponding [*or* in correspondence] with sb **Briefwerbeaktion** *f* HANDEL mail[ing] shot **Briefwerbung** *f* direct mail [advertising] **Briefzusteller(in)** *m(f)* (*geh*) postman *masc*, postwoman *fem*

Bries <-es, -e> *nt* KOCHK sweetbreads *pl*

briet *imp von* **braten**

Brigade <-, -n> *f* MIL brigade

Brigadegeneral(in) *m(f)* brigadier **Brigadekommandeur** *m* brigadier, AM *a.* brigadier general

Brigg <-, -s> *f* NAUT brig

Brigitte® <-> *f German women's magazine*

Brikett <-s, -s *o selten* -e> *nt* briquette

Brikettzange *f* fire tongs *npl*

brillant [brɪl'jant] *adj* brilliant

Brillant <-en, -en> *m* brilliant, [cut] diamond

Brillantenschliff *m* brilliant cut

Brillantine <-, -n> *f* brilliantine

Brillantkollier *nt* diamond necklace **Brillantring** *m* diamond ring (*brilliant-cut*) **Brillantschmuck** *m kein pl* diamonds *pl*

Brillanz <-> [brɪl'jants] *f kein pl* ① (*meisterliche Art*) brilliance ② (*von Lautsprecher*) bounce, brilliancy ③ (*Bildschärfe*) quality

Brille <-, -n> *f* ① (*Sehhilfe*) glasses *npl*, spectacles *npl*, specs *npl fam*; ■**eine** ~ a pair of glasses [*or* spectacles] [*or fam* specs]; [**eine**] ~ **tragen** to wear glasses; **etw durch eine rosa[rote]** ~ **sehen** (*fig*) to see sth through rose-coloured [*or* AM -ored] [*or* rose-tinted] glasses; **alles durch eine schwarze** ~ **sehen** (*fig*) to take a gloomy [*or* pessimistic] view [of things]; **etw durch seine** [**eigene**] ~ **sehen** [*o* **betrachten**] (*fig*) to take a subjective view of sth, to see sth as one wants to [see it] ② (*Toilettenbrille*) [toilet] seat

Brillenbär *m* ZOOL (*Tremarctos ornatus*) spectacled bear **Brillenetui** *nt* glasses [*or* spectacles] case **Brillengestell** *nt* spectacles frame **Brillenglas** *nt* lens **Brillenschlange** *f* ① ZOOL [spectacled] cobra ② (*pej fam*) sb wearing glasses, four-eyes *pej fam*, BRIT *a. pej fam* specky four-eyes **Brillenträger(in)** *m(f)* person wearing glasses [*or* spectacles] *pl*; ***sie ist ~ in*** she wears glasses

brillieren* [brɪl'ji:rən] *vi* (*geh*) ■[**mit etw** *dat*] ~ to scintillate [with sth] *liter*

Brimborium <-s> *nt kein pl* (*pej fam*) fuss, ado; **ein** ~ [**um etw** *akk*] **machen** to make a fuss [about [*or* over] sth]

Brimsenkäse *m* ÖSTERR (*Schafskäse*) sheep's cheese

bringen <brachte, gebracht> *vt* ① (*tragen*) ■[**jdm**] **etw** ~ to bring [sb] sth, to bring sth [to sb]; **den Müll nach draußen** ~ to take [*or* bring] out the rubbish [*or* AM garbage]; **etw an sich** *akk* ~ (*fam*) to get sth; **etw hinter sich** *akk* ~ to get sth over and done with; **etw mit sich** ~ to involve [*or* entail] sth; ***seine Unaufrichtigkeit brachte viele Probleme mit sich*** his dishonesty caused a lot of troubles; **es nicht über sich ~, etw zu tun** not to be able to bring oneself to do sth ② (*servieren*) ■**jdm etw** ~ to bring sb sth; **sich** *dat* **etw ~ lassen** to have sth brought to one ③ (*mitteilen*) ■**jdm eine Nachricht** ~ to bring sb news ④ (*befördern*) **jdn in die Klinik/zum Bahnhof/nach Hause** ~ to take sb to the clinic/to the station/home; **die Kinder ins Bett** ~ to put the children to bed ⑤ (*begleiten*) ■**jdn nach Hause** ~ to accompany sb home ⑥ (*darbieten*) ■**etw** ~ (*von Kino, Nachtlokal*) to show sth; (*von Artist, Tänzerin, Sportler*) to perform sth; *s. a.* **Opfer** ⑦ (*senden*) ■**etw** ~ to broadcast sth; TV to show [*or* broadcast] sth; ***das Fernsehen bringt nichts darüber*** there's nothing on television about it; ***um elf Uhr ~ wir Nachrichten*** the news will be at eleven o'clock ⑧ (*aufführen*) ■**etw** ~ to perform sth ⑨ (*veröffentlichen*) ■**etw** ~ to print [*or* publish] sth; ***die Zeitung***

brachte nichts/einen Artikel darüber there was nothing/an article in the paper about it; ***alle Zeitungen brachten es auf der ersten Seite*** all the papers had it on the front page ❿ (*bescheren*) ■ **jdm etw ~ [jdm] Glück/Unglück ~** to bring [sb] good/bad luck; ***so ein großer Rasen kann einem schon eine Menge Arbeit ~*** such a large lawn can mean a lot of work for one ⓫ (*versetzen*) **jdn in Bedrängnis ~** to get sb into trouble; **jdn ins Gefängnis ~** to put [*or* land] sb in prison; **jdn vor Gericht ~** to bring sb before the court; **jdn ins Grab ~** to be the death of sb; **jdn in Schwierigkeiten ~** to put [*or* get] sb into a difficult position; ***das bringt dich noch in Teufels Küche!*** you'll get into [*or* be in] a hell of a mess if you do that! *fam*; **jdn zur Verzweiflung/Weißglut ~** to make sb desperate/livid; **jdn zum Nervenzusammenbruch ~** to give sb a nervous breakdown ⓬ (*rauben*) ■ **jdn um etw ~** to rob sb of sth; **jdn um den Verstand ~** to drive sb mad; ***das Baby bringt die Eltern um den Schlaf*** the baby is causing the parents sleepless nights ⓭ (*lenken*) **die Diskussion/das Gespräch auf jdn/etw ~** to bring the discussion/conversation round to sb/sth ⓮ (*ein~*) ■ **[jdm] etw ~** to bring in sth [for sb]; ***das bringt nicht viel Geld*** that won't bring [us] in much money; (*er~*) to produce, to yield ⓯ (*fam: bekommen*) ***ob wir den Schrank noch weiter an die Wand ~?*** I wonder whether we can get the cupboard closer to the wall?; ***ich bringe die Füße einfach nicht in diese Stiefel!*** I simply can't get my feet in these boots!; ***alleine bringe ich die schwere Vase nicht von der Stelle*** I can't move this heavy vase alone; ***bringst du den Korken aus der Flasche?*** can you get the cork out of the bottle? ⓰ (*bewegen*) ■ **jdn dazu ~, etw zu tun** [*o* **dass jd etw tut**] to get sb to do sth; ***er fährt nicht gerne in kalte Länder, du bringst ihn nie dazu mitzukommen*** he doesn't like going to cold countries, you'll never get him to come along! ⓱ *mit substantiviertem Verb* (*bewerkstelligen*) **jdn zum Laufen/Singen/Sprechen ~** to make sb run/sing/talk; **jdn zum Schweigen ~** to silence sb; **etw zum Brennen/Laufen ~** to get sth to burn/work; **etw zum Stehen ~** to bring sth to a stop; **jdn so weit** [*o* **dahin** [*o* **dazu**]] **bringen, dass ...** to force sb to ...; ***mit seinen ständigen Mäkeleien bringt er mich noch dahin, dass ich kündige*** his incessant carping will make me hand in my notice [one day]; ***du wirst es noch so weit ~, dass man dich rauswirft!*** you'll make them throw you out; **jdn außer sich** *akk* **~** to exasperate sb ⓲ (*fam: erreichen*) **es auf ein gutes Alter ~** to reach a ripe old age; ***der Motor brachte es auf 500.000 km*** the engine kept going for 500,000 km; ***er brachte es in der Prüfung auf 70 Punkte*** he got 70 points in the exam; ***der Wagen bringt es auf 290 km/h*** this car can do 290 kph ⓳ (*erfolgreich werden*) **es zum Millionär/Firmenleiter ~** to become a millionaire, to become [*or* make it to] company director; **es zum Präsidenten ~** to become [*or* make] president; ■ **es zu etwas/nichts ~** to get somewhere/nowhere ⓴ (*fam: leisten*) ***für das Gehalt muss einer aber schon ganz schön was*** [***an Leistung***] ***~!*** you really have to perform to get this salary!; ***wer hier zu wenig bringt, fliegt!*** if you're not up to form, you're out!; ***was bringt der Wagen denn so an PS?*** what's the top HP of this car? ㉑ (*sl: machen*) **einen Klops ~** NORDD to put one's foot in it *fam*; **einen Hammer ~** (*fam*) to drop a bombshell *fam*; ***das kannst du doch nicht ~!*** you can't [go and] do that! ㉒ (*sl: gut sein*) ***sie/es bringt's*** she's/it's got what it takes; ***meinst du, ich bring's?*** do you think I can do it?; ***das bringt er nicht*** he's not up to it; ***na, bringt dein Mann es noch*** [***im Bett***]? well, can your husband keep it up [in bed]? *fam*; ***der Motor bringt's nicht mehr!*** the engine's had it [*or* done for] *fam*; ***die alte Kiste wird es noch für 'ne Weile ~*** there's still some life left in the old crate *fam*; **das bringt nichts** (*fam*) it's pointless; **das bringt's nicht** (*fam*) that's useless

Bringschuld *f* ❶ JUR *obligation which the debtor has to perform at the creditor's place of business or residence* ❷ (*moralische Verpflichtung*) moral obligation

Briocheform [bri'ɔʃ-] *f* brioche tin

brisant *adj* ❶ (*geh*) explosive ❷ (*explosiv*) explosive, high-explosive *attr*; **~er Sprengstoff** high explosive

Brisanz <-, -en> *f* ❶ (*geh*) explosive nature ❷ (*Explosivität*) explosive power, brisance *spec*

Brise <-, -n> *f* breeze; **eine frische/leichte/steife ~** a fresh/light/stiff breeze

Bristolkarton *m* Bristol [*or* ivory] board

Britannien <-s> [-niən] *nt* HIST Britannia; (*Großbritannien*) Britain; *s. a.* **Deutschland**

britannisch *adj* HIST Britannic

Brite, Britin <-n, -n> *m, f* Briton, Brit *fam*; ***wir sind ~n*** we're British; *s. a.* **Deutsche(r)**

britisch *adj* British, Brit *attr fam*; *s. a.* **deutsch**

bröckelig *adj* ❶ (*zerbröckelnd*) crumbling *attr*; **~ werden** to [start to] crumble ❷ (*leicht bröckelnd*) crumbly

Bröckelkohl *m* DIAL *s.* **broccoli**

bröckeln *vi* ❶ *haben* (*in kleine Brocken zerfallen*) to crumble; *s. a.* **zerbröckeln** ❷ *sein* (*in kleinen Brocken abfallen*) ■ **von/aus etw** *dat* **~** to crumble [away] from [*or* out of] sth

Brocken <-s, -> *m* ❶ (*Bruchstück*) chunk; **jdm ~** *pl* **an den Kopf werfen** (*fam: jdn beschimpfen*) to fling [*or* hurl] insults at sb; **ein harter** [*o* **dicker**] **~** [**für jdn**] **sein** (*fam*) to be a tough nut [for sb]; ***das ist ein harter ~*** that's a toughie *fam* ❷ *pl* **ein paar ~ Russisch** a smattering of Russian; ***ich habe nur ein paar ~ vom Gespräch aufgeschnappt*** I only caught a few words of the conversation ❸ (*fam: massiger Mensch*) hefty bloke [*or* AM guy] *fam*; ***das Baby ist ein ganz schöner ~*** the baby is a right little dumpling *fam*

brockenweise *adv* bit by bit

brodeln *vi* ❶ (*aufwallen*) to bubble; (*von Lava a.*) to seethe ❷ (*liter: wallen*) to swirl

Brodem <-s, -> *m kein pl* (*liter*) noxious vapour [*or* AM -or]; (*aus dem Boden a.*) miasma *no pl, no indef art*

Broiler <-s, -> *m* fried chicken

Brokat <-[e]s, -e> *m* brocade

Broker(in) <-s, -> *m(f)* FIN broker

Brokerdienste *pl* BÖRSE broker services *pl* **Brokerfirma** *f* BÖRSE broking house **Brokergeschäft** *nt* BÖRSE brokerage

Brokkoli *pl* broccoli *no pl, no indef art*

Brokkoliröschen *pl* broccoli florets *pl*

Brom <-s> *nt kein pl* bromine *no pl*

Brombeere *f* ❶ (*Strauch*) blackberry [*or* bramble[berry]] bush ❷ (*Frucht*) blackberry, bramble[berry]

Brombeerstrauch *m s.* **Brombeere 1**

bronchial [-'çia:l] *adj* bronchial

Bronchialasthma *nt* bronchial asthma **Bronchialkarzinom** *nt* MED bronchial carcinoma **Bronchialkatarrh** *m* bronchial catarrh, bronchitis

Bronchie <-, -n> [-çiə, *pl* -çiən] *f meist pl* bronchial tube, bronchus *spec*

Bronchitis <-, Bronchitiden> [-çi-] *f* bronchitis *no art*

Bronchoskopie <-, -n> *f* MED bronchoscopy

Brontosaurus <-, Brontosaurier> *m* brontosaur[us]

Bronze <-, -n> ['brõ:sə] *f* ❶ (*Metall*) bronze ❷ (*Skulptur aus Bronze*) bronze

bronzefarben *adj* bronze-coloured

Bronzemedaille [-medaljə] *f* bronze medal

bronzen ['brõ:sn] *adj* ❶ (*aus Bronze 1.*) bronze *attr*, of bronze *pred* ❷ (*von ~er Farbe*) bronze[-coloured [*or* AM -ored]]

Bronzerelief *nt* KUNST bronze relief **Bronzezeit** *f* ■ **die ~** the Bronze Age

Brosche <-, -n> *f* brooch

broschiert *adj* paperback *attr*

Broschur <-, -en> *f* ❶ *kein pl* (*Broschieren*) cut flush [*or* paperback] binding ❷ TYPO (*nicht gebundene Druckschrift*) paperback, brochure; **Schweizer ~** Swiss brochure

Broschüre <-, -n> *f* brochure

Broschureinband *m* TYPO cut flush binding

Broschüreninhalt *m* TYPO brochure body [*or* content]

Brösel <-s, -> *m* DIAL ❶ (*Krümel*) crumb ❷ *pl* breadcrumbs *pl*

brös(e)lig *adj* DIAL crumbly

bröseln *vi* DIAL ❶ (*bröckeln*) to crumble ❷ (*zerbröseln*) to make crumbs

Brot <-[e]s, -e> *nt* bread *no pl*; **alt[backen]es ~** stale bread; **schwarzes ~** black [*or* rye] bread; ***unser tägliches ~ gib uns heute!*** REL give us this day our daily bread; ***das ist unser täglich[es] ~*** (*fig*) that's our stock-in-trade; (*Laib*) loaf [of bread]; (*Butterbrot*) slice of bread and butter; **ein ~ mit Honig/Käse** a slice of bread and honey/cheese; **belegtes ~** open sandwich; **sich** *dat* **sein ~** [**als etw**] **verdienen** to earn one's living [*or hum* daily bread] [as sth]; **ein hartes** [*o* **schweres**] **~ sein** to be a hard way to earn a living; **wes ~ ich ess, des Lied ich sing** (*prov*) never quarrel with your bread and butter, he who pays the piper calls the tune *prov*; *s. a.* **Mensch**

Brotaufstrich *m* [sandwich] spread **Brotbelag** *m* topping, sandwich filling **Brotbeutel** *m* haversack

Brötchen <-s, -> *nt* [bread] roll ▶ WENDUNGEN: **sich** *dat* **seine ~ verdienen** (*fam*) to earn one's living [*or hum* daily bread]; **kleine[re] ~ backen müssen** (*fam*) to have to set one's sights lower

Brötchengeber *m* (*hum fam*) provider *hum*

Broteinheit *f* MED carbohydrate unit **Broterwerb** *m* [way of earning one's] living **Brotfrucht** *f* BOT, KOCHK breadfruit **Brotfruchtbaum** *m* breadfruit [tree] **Brotkasten** *m* bread bin **Brotknörzel** *m* SÜDD [bread] crust **Brotkorb** *m* bread basket; **jdm den ~ höher hängen** (*fig fam*) to keep sb short BRIT, to put the squeeze on sb AM **Brotkrume** *f* breadcrumb **Brotkrümel** *m* breadcrumb **Brotkruste** *f s.* Brotrinde **brotlos** *adj* out of work *pred*, unemployed; **jdn ~ machen** to put sb out of work; *s. a.* **Kunst** **Brotmaschine** *f* bread slicer **Brotmesser** *nt* bread knife **Brotrinde** *f* [bread] crust **Brotröster** <-s, -> *m s.* Toaster **Brotschneidemaschine** *f* bread slicer **Brotschnitte** *f* slice of bread **Brotschrift** *f* body type, bread-and-butter face **Brotsuppe** *f* bread soup **Brotteig** *m* [bread] dough, no pl **Brotteller** *m* side plate **Brotvermehrung** *f* **die wunderbare ~** REL the feeding of the five thousand **Brotzeit** *f* DIAL ❶ (*Pause*) tea break; **~ machen** to have a tea break ❷ (*Essen*) snack, sandwiches *pl*

browsen ['brauzən] *vi* INFORM (*im Internet suchen*) to browse

Browser <-s, -> ['brauzə] *m* INFORM (*Software*) browser; **Internetb~** Internet browser

brr *interj* ❶ (*Befehl an Zugtiere*) whoa ❷ (*Ausruf bei Kälte*) brr

Bruch[1] <-[e]s, Brüche> *m* ❶ (*das Brechen*) ***die Kutsche blieb wegen des ~s einer Achse liegen*** the coach stopped because of a broken axle; (*in Damm, Staudamm*) breach ❷ (*das Brechen*) violation, infringement; **~ eines Eides** violation of an [*or* breach of] oath; **~ des Gesetzes** violation [*or* breach] of the law; **~ eines Vertrags** infringement [*or* violation] of a contract, breach of contract; **~ des Vertrauens** breach of trust ❸ (*von Beziehung, Partnern*) rift; ***es kam zum ~ zwischen ihnen*** a rift developed between them; **~ mit Tradition/der Vergangenheit** break with tradition/the past; **in die Brüche gehen** to break up, to go to pieces; ***unsere Freundschaft ging in die Brüche*** our friendship went to pot *fam* ❹ MED (*Knochenbruch*) fracture; **ein komplizierter ~** a compound fracture; (*Eingeweidebruch*) hernia, rupture; **ein eingeklemmter ~** an incarcerated [*or* strangulated] hernia *spec*; **einen ~ haben** to have [got] a hernia, to have ruptured oneself; **sich** *dat* **einen ~ heben** to give oneself a hernia, to rupture oneself ❺ MATH fraction ❻ (*zerbrochene Ware*) breakage; **zu ~ gehen** to get broken ❼ (*sl: Einbruch*) break-in; ***der Ganove wurde beim ~ gefasst*** the crook was

caught breaking in; **einen ~ machen** (*sl*) to do a break-in, AM *a.* to bust a joint *sl* ❽ TYPO (*Falz*) fold
Bruch[2] <-[e]s, Brüche> *m o nt* bog, marsh
Bruchband *m* MED truss, surgical belt **Bruchbude** *f* (*pej fam*) dump *pej fam*, hole *pej fam* **bruchfest** *adj inv* unbreakable **Bruchfläche** *f* surface of the break **Bruchhefe** *f* flocculating yeast
brüchig *adj* ❶ (*bröckelig*) friable; **~es Leder** cracked [*or* brittle] leather; **~e Nägel** brittle nails; **~er Papyrus/~es Pergament** brittle papyrus/parchment ❷ (*von Stimme: rau*) cracked, hoarse ❸ (*ungefestigt*) fragile, shaky
Bruchlandung *f* crash-landing; **eine ~ machen** to crash-land, to make a crash-landing **Bruchpresse** *f* curd press **Bruchrechnen** *nt* fractions *pl* **Bruchrechnung** *f* MATH ❶ (*Aufgabe mit Brüchen*) sum with fractions ❷ *s.* **Bruchrechnen** **Bruchreis** *m* broken rice **Bruchschaden** *m* FIN breakage; **gegen Bruch- und Transportschäden versichert sein** to be insured against breakage and damage in transit **Bruchschadenversicherung** *f* FIN insurance against breakage **Bruchschokolade** *f* broken chocolate **bruchsicher** *adj inv* unbreakable **Bruchstelle** *f* break; (*von Knochen a.*) fracture **Bruchstrich** *m* MATH fraction line **Bruchstück** *nt* ❶ (*abgebrochenes Stück*) fragment ❷ (*von Lied, Rede etc: schriftlich*) fragment; (*mündlich*) snatch **bruchstückhaft** I. *adj* fragmentary II. *adv* in fragments; (*mündlich*) in snatches; ***ich kann mich nur noch ~ daran erinnern*** I can only remember parts of it **Bruchtee** *m* broken tea
Bruchteil *m* fraction; ***ein gebrauchtes Auto kostet nur einen ~ eines neuen*** a second-hand car is only a fraction of the cost of a new one; **im ~ eines Augenblicks/einer Sekunde** in the blink of an eye/in a split second **Bruchteilseigentum** *nt* JUR fractional ownership **Bruchteilseigentümer(in)** *m(f)* JUR owner of a fractional share **Bruchteilsgemeinschaft** *f* JUR community of part-owners
Bruchzahl *f* MATH fraction
Brücke <-, -n> *f* ❶ (*Bauwerk*) bridge; **jdm goldene ~n/eine goldene ~ bauen** (*fig*) to smooth the way for sb; **alle ~n hinter sich** *dat* **abbrechen** (*fig*) to burn [all] one's bridges [*or* boats] behind one; **eine ~ über etw** *akk* **schlagen** (*liter*) to build [*or* lay] [*or* throw] a bridge across sth; **eine ~ [zwischen Völkern/Nationen] schlagen** (*fig*) to forge links [between peoples/nations] ❷ NAUT [captain's] bridge ❸ (*Zahnbrücke*) [dental] bridge ❹ (*Teppich*) rug, runner ❺ SPORT bridge
Brückenbau <-bauten> *m* ❶ *kein pl* (*die Errichtung einer Brücke*) bridge-building *no art* ❷ (*Brücke*) bridge **Brückenbogen** *m* arch [of a/the bridge] **Brückenechse** *f* ZOOL (*Sphenodon punctatus*) tuatara **Brückengebühr** *f* [bridge] toll **Brückengeländer** *nt* parapet **Brückenkopf** *m* MIL bridgehead; **einen ~ bilden** [*o* **errichten**] (*fig*) to form a bridgehead, to get a toehold **Brückenpfeiler** *m* [bridge] pier **Brückenrampe** *f* approach to a bridge **Brückenschlag** *m kein pl* bridging *no art*; ***das war der erste ~*** that forged the first link **Brückenspringen** *nt* bridge-jumping *no art* **Brückentag** *m extra day off to bridge single working day between a bank holiday and the weekend* **Brückenträger** *m* bridge girder **Brückenzufahrt** *f* approach to a bridge
Bruder <-s, Brüder> *m* ❶ (*Verwandter*) brother; ■**die Brüder Schmitz/Grimm** the Schmitz brothers/the Brothers Grimm; **der große ~** (*fig*) Big Brother; **unter Brüdern** (*fam*) between friends ❷ (*Mönch*) brother; **~ Cadfael** Brother Cadfael; (*Gemeindemitglieder*) ■**Brüder** brothers, brethren ❸ (*pej fam: Kerl*) bloke BRIT *fam*, guy AM *fam*; **ein warmer ~** (*pej*) a fairy [*or* queer] [*or* BRIT *a.* poof[ta]] *pej*; **ein zwielichtiger ~** a shady character [*or* customer]
Brüderchen <-s, -> *nt* ❶ (*kleiner Bruder*) little [*or* baby] brother ❷ (*veraltet: als Anrede*) friend
Bruderherz *nt* (*hum*) dear [*or* beloved] brother; ***na ~?*** well, dear brother [*or* brother dear?] **Bruderkrieg** *m* war between brothers, fratricidal war **Bruderkuss**[RR] *m* fraternal [*or* brotherly] kiss **Bruderland** *nt* brother [*or* sister] nation
Brüderlein <-s, -> *nt* (*liter*) *s.* **Brüderchen**
brüderlich I. *adj* fraternal, brotherly II. *adv* like brothers; **~ teilen** to share and share alike
Brüderlichkeit <-> *f kein pl* fraternity, brotherliness
Bruderliebe *f* brotherly [*or* fraternal] love **Brudermord** *m* fratricide **Brudermörder(in)** *m(f)* fratricide **Bruderpartei** *f* brother party
Bruderschaft <-, -en> *f* REL fraternity, brotherhood
Brüderschaft <-, -en> *f* intimate [*or* close] friendship; **mit jdm ~ schließen** to make close friends with sb; **mit jdm ~ trinken** to agree to use the familiar "du" [over a drink]
Brudervolk *nt* sister people; ***unser ~ in Kuba*** our Cuban brothers [*or* cousins] *pl* **Bruderzwist** *m* fraternal feud [*or* strife]
Brügge <-s> *nt* Bruges
Brühe <-, -n> *f* ❶ (*Suppe*) [clear] soup, broth ❷ (*fam: Flüssigkeit*) **schmutzige ~** sludge, slop; (*Schweiß*) sweat ❸ (*pej fam: Getränk*) slop *pej*, swill *pej*
brühen *vt* (*auf~*) **[jdm/sich] einen Kaffee/Tee ~** to make coffee/tea [for sb/oneself], to make [sb/oneself] a coffee/tea
Brühkartoffeln *pl* DIAL bouillon potatoes *pl* **Brühsieb** *nt s.* **Küchensieb** **brühwarm** I. *adj* (*fam*) **~e Neuigkeiten** [*o* **Nachrichten**] *pl* hot news + *sing vb* II. *adv* (*fam: alsbald*) **etw ~ weitererzählen** to immediately start spreading sth around **Brühwürfel** *m* stock [*or* bouillon] cube **Brühwurst** *f* sausage for boiling
Brüllaffe *m* ❶ (*Tier*) howling [*or* howler] monkey ❷ (*pej fam: Schreihals*) loudmouth *pej fam*
brüllen I. *vi* ❶ (*schreien*) to roar, to bellow, to howl; (*weinen*) to bawl; ***brüll doch nicht so!*** don't shout like that!; **vor Lachen/Schmerzen/Wut ~** to roar [*or* bellow] [*or* howl] with laughter/pain/rage; ***du siehst ja zum B~ aus*** (*fam*) you don't half look a sight *fam* ❷ (*von Löwe*) to roar; (*von Stier*) to bellow; (*von Affe*) to howl II. *vt* ■**jdm etw ins Ohr/Gesicht ~** to shout [*or* bellow] [*or* bawl] sth in sb's ear/face; ***Sie brauchen mir das nicht ins Ohr zu ~!*** you don't need to shout [it] in my ear!
Brummbär *m* (*fam*) ❶ (*kindersprache: Bär*) teddy bear ❷ (*brummiger Mann*) crosspatch *fam*, grouch, fam **Brummbass**[RR] *m* (*fam*) deep [*or* rumbling] bass
brummeln I. *vi* (*fam*) to mumble II. *vt* (*fam*) ■**etw ~** to mumble sth
brummen I. *vi* ❶ (*von Insekt, Klingel*) to buzz; (*von Bär*) to growl; (*von Wagen, Motor*) to drone; (*von Bass*) to rumble; (*von Kreisel*) to hum ❷ (*beim Singen*) to drone ❸ (*fam: in Haft sein*) to be doing time *fam*; **drei Jahre ~** to be doing three years *fam* ❹ (*murren*) to grumble II. *vt* ■**etw ~** to mumble sth
Brummer <-s, -> *m* (*fam*) ❶ (*Insekt*) *Fliege* bluebottle; *Hummel* bumble-bee ❷ (*Lastwagen*) juggernaut
Brummi <-s, -s> *m* (*fam*) lorry BRIT, truck AM
brummig *adj* (*fam*) grouchy *fam*; **ein ~er Kerl** a grouch *fam*
Brummkreisel *m* (*fam*) humming top **Brummschädel** *m* (*fam*) headache; (*durch Alkohol a.*) hangover, thick head; **einen ~ haben** to be hung over, to have [got] a hangover
Brunch <-[e]s, -[e]s *o* -e> [brʌntʃ] *nt* brunch
brunchen [brʌntʃən] *vi* to brunch
Brunei Darussalam <-s> *nt*, **Brunei** <-s> *nt* ÖSTERR, SCHWEIZ Brunei; *s. a.* **Deutschland**
Bruneier(in) <-s, -> *m(f)* Bruneian; *s. a.* **Deutsche(r)**
bruneiisch *adj* Bruneian; *s. a.* **deutsch**
brünett *adj* brunet[te], dark[-haired]; ***sie ist ~*** she is [a] brunette
Brünette(r) *f dekl wie adj* brunet[te]
Brunft <-, Brünfte> *f* (*~zeit*) rutting season; **in der ~ sein** to be rutting, to be on [*or* AM in] heat
brunftig *adj* rutting
Brunftplatz *m* rutting ground **Brunftschrei** *m* rutting [*or* mating] call **Brunftzeit** *f* rut[ting season]
Brunnen <-s, -> *m* ❶ (*Wasserbrunnen*) well; **einen ~ bohren** to sink [*or* bore] a well; **artesischer ~** artesian well ❷ (*ummauertes Wasserbecken*) fountain, fount *liter* ► WENDUNGEN: **den ~ erst zudecken, wenn das Kind hineingefallen ist** (*prov*) to lock the stable door after the horse has bolted *prov*
Brunnenbauer(in) <-s, -> *m(f)* well-digger **Brunnenbecken** *nt* basin [of a fountain] **Brunnenfigur** *f* sculpture [*or* figure] on a fountain **Brunnenhaus** *nt* well house, pump room **Brunnenkresse** *f* watercress **Brunnenkur** *f* mineral water treatment *no indef art* **Brunnenschacht** *m* well shaft **Brunnenvergifter(in)** <-s, -> *m(f)* (*pej*) [political] muckraker *pej* **Brunnenvergiftung** *f* ❶ (*Wasservergiftung*) well poisoning ❷ (*pej*) [political] muckraking *pej* **Brunnenwasser** *nt* well water
Brünnlein <-s, -> *nt* (*poet*) *dim von* **Brunnen**
Brunst <-, Brünste> *f s.* **Brunft**
brünstig *adj* ❶ (*von männlichem Tier*) rutting; (*von weiblichem Tier*) on [*or* AM in] heat *pred* ❷ (*hum: sexuell begierig*) horny
Brunstschrei *m s.* Brunftschrei **Brunstzeit** *f s.* **Brunftzeit**
brüsk *adj* brusque
brüskieren* *vt* ■**jdn ~** to snub sb
Brüskierung <-, -en> *f* ❶ *kein pl* (*das Brüskieren*) snub ❷ (*barscher Akt*) rebuff
Brüssel <-s> *nt* Brussels
Brüsseler *adj* Brussels; **der ~ Bürgermeister** the Mayor of Brussels; **~ Spitzen** Brussels lace *no pl*, *no art*
Brüsseler(in) <-s, -> *m(f)* inhabitant of Brussels; ***sind Sie etwa ~?*** do you come from Brussels?
Brust <-, Brüste> *f* ❶ (*Brustkasten*) chest; **~ [he]raus!** chest out!; **es auf der ~ haben** (*fam*) to have chest trouble; **schwach auf der ~ sein** (*hum fam: eine schlechte Kondition haben*) to have a weak chest; (*an Geldmangel leiden*) to be a bit short *fam*; **sich** *dat* **an die ~ schlagen** (*fig*) to beat one's breast; **sich** *akk* **an jds ~ ausweinen** to cry on sb's shoulder; **~ an ~** face to face ❷ (*weibliche ~*) breast; **eine flache ~** a flat chest; **einem Kind die ~ geben, ein Kind an die ~ legen** to nurse [*or* breastfeed] a baby ❸ KOCHK breast; (*von Rind*) brisket ❹ SPORT (*sl*) breast-stroke ► WENDUNGEN: **einen zur ~ nehmen** to have a quick drink [*or fam* quickie]; **[sich** *dat***] jdn zur ~ nehmen** (*fam*) to take sb to task; ***die werde ich mir zur ~ nehmen!*** just wait till I get my hands on her!; **sich** *akk* **[vor jdm] in die ~ werfen** to puff oneself up [in front of sb]
Brustbein *nt* ANAT breastbone, sternum **Brustbeutel** *m* money bag [worn round the neck] **Brustbild** *nt* KUNST head-and-shoulders [*or* half-length] portrait; FOTO head-and-shoulders [*or* half-length] photo **Brustdrüse** *f* mammary gland
brüsten *vr* ■**sich** *akk* **[mit etw** *dat*] **~** to boast [*or* brag] [about sth]; ***das ist nichts, womit Sie sich ~ könnten!*** that's nothing to boast about!
Brustentzündung *f* MED inflammation of the breast, mastitis *spec*
Brustfell *nt* ANAT pleura **Brustfellentzündung** *f* pleurisy, pleuritis **Brustflosse** *f* pectoral fin **Brustgegend** *f* thoracic region **Brusthöhe** *f* **in ~** chest-high **Brusthöhle** *f* chest cavity **Brustkasten** *m* (*fam*) chest **Brustknoten** *m* MED lump in the/a breast, breast lump **Brustkorb** *m* ANAT chest, thorax *spec* **Brustkrebs** *m* breast cancer, mastocarcinoma *spec* **Brustmuskel** *m* pectoral muscle **Brustoperation** *f* breast operation **Brustplastik** *f* MED plastic surgery for the breast **Brustprothese** *f* breast implant **Brustschmerz** *m* pain in the chest, chest pain[s] **Brustschwimmen** *nt* breast-stroke **Brustschwimmer(in)** *m(f)* breast-stroke swimmer **Brustspitz(e)** *m*,

Brustkern *m* KOCHK ÖSTERR (*vom Rind*) top flank **Bruststimme** *f* chest voice **Bruststück** *nt* KOCHK breast; (*von Rind*) brisket **Brusttasche** *f* breast pocket; **innere** ~ inside [breast] pocket **Brustton** <-töne> *m* chest note; **im** ~ **der Überzeugung** in a tone of utter [*or* with the greatest] conviction **Brustumfang** *m* chest measurement; (*von Frau*) bust measurement; ***darf ich mal Ihren ~ nehmen?*** may I take your chest [*or* bust] measurement?

Brüstung <-, -en> *f* ❶ (*Balkonbrüstung etc*) parapet, balustrade ❷ (*Fensterbrüstung*) breast

Brüstungswand *f* BAU breast wall

Brustwarze *f* nipple **Brustwehr** *f* ❶ MIL breastwork ❷ HIST parapet **Brustweite** *f s.* Brustumfang **Brustwirbel** *m* thoracic [*or* dorsal] vertebra

Brut <-, -en> *f* ❶ *kein pl* (*das Brüten*) brooding *no pl* ❷ (*die Jungen*) brood; (*von Hühnern*) clutch; (*von Bienen*) nest ❸ *kein pl* (*pej: Gesindel*) mob *pej*, pack *pej*

brutal I. *adj* ❶ (*roh*) brutal; **ein ~er Kerl** a brute ❷ (*fam: besonders groß, stark*) bastard *attr sl;* **~e Kopfschmerzen haben** (*fam*) to have a throbbing [*or* BRIT *sl a.* bastard] headache; **ein ~er Fehler** a big mistake *a. iron;* **eine ~e Niederlage** a crushing defeat; **~e Ungerechtigkeit** gross injustice; ***das ist ja ~!*** what a bastard! *sl* II. *adv* ❶ (*roh*) brutally ❷ (*ohne Rücksicht*) *sagen, zeigen* brutally; **jdm etw ganz ~ sagen** to be brutally [*or* cruelly] frank with sb ❸ (*fam: sehr*) ***das tut ~ weh*** it hurts like hell [*or* buggery] *fam;* ~ **wenig verdienen** to be earning peanuts *fam* [*or sl* chickenshit]; ***das war ~ knapp/gut!*** that was damned close/good! *fam;* ~ **viel[e]** a hell of a lot *fam;* ***der weiß echt ~ wenig*** he knows damn all *fam*, he don't know shit *hum sl*

brutalisieren* *vt* ■**jdn** ~ to brutalize sb

Brutalisierung <-> *f kein pl* brutalization

Brutalität <-, -en> *f* ❶ *kein pl* (*Rohheit*) brutality ❷ *kein pl* (*Schonungslosigkeit*) brutality, cruelty ❸ (*Gewalttat*) brutal act; ■**~en** brutalities, brutal acts

Brutapparat *m* incubator

brüten *vi* ❶ (*über den Eiern sitzen*) to brood; (*von Hühnern a.*) to sit ❷ (*lasten*) ■**[über etw** *dat*] ~ to hang heavily [over sth]; **~d heiß** (*fam*) boiling [hot] *fam* ❸ (*grübeln*) ■**[über etw** *dat*] ~ to brood [over sth]; *s. a.* **Hitze 1**

brütendheiß *adj attr s.* **brüten 2**

Brüter <-s, -> *m* NUKL [nuclear] breeder; **schneller** ~ fast breeder

Bruthitze *f* (*fam*) stifling heat **Brutkasten** *m* MED incubator; ***hier ist es so heiß/hier herrscht eine Hitze wie in einem ~!*** (*fam*) it's like an oven in here **Brutknospe** *f* BOT bulbil **Brutkolonie** *f* ZOOL nesting colony **Brutpflege** *f* care of the brood; ~ **betreiben** to care for the brood **Brutplatz** *m* breeding place; (*von Hühnern*) hatchery **Brutreaktor** *m* [nuclear] breeder **Brutstätte** *f* ❶ (*Nistplatz*) breeding ground (+*gen* for) ❷ (*geh: Herd*) breeding ground (+*gen* for), hotbed (+*gen* of) **Brutstoff** *m* NUKL high-temperature reactor's self-generated fuel

brutto *adv* [in the] gross; **3800 DM ~ verdienen** to have a gross income of 3800 DM; ~ **1450 Mark** 1450 marks gross

Bruttoaufschlag *m* ÖKON gross markup **Bruttobeitrag** *m* ÖKON gross contribution **Bruttoeinkommen** *nt* gross [*or* before-tax] income [*or npl* earnings] **Bruttoeinnahmen** *pl* ÖKON gross receipts **Bruttoergebnis** *nt* ÖKON gross operating result **Bruttofinanzierung** *f* ÖKON gross financing **Bruttogehalt** *nt* gross salary [*or* pay] **Bruttogewicht** *nt* gross weight **Bruttogewinn** *m* gross profit **Bruttoinlandsprodukt** *nt* gross domestic product, GDP **Bruttoladefähigkeit** *f* deadweight cargo **Bruttolohn** *m* gross wage [*or* pay] **Bruttomarge** *f* ÖKON gross margin **Bruttomonatseinkommen** *nt* gross monthly income **Bruttomonatsentgeld** *nt* gross monthly remuneration **Bruttonießbrauch** *m* JUR gross usufruct **Bruttopreis** *m* gross price **Bruttoproduktionswert** *m* ÖKON gross output value **Bruttoraumzahl** *f* gross tonnage **Bruttoregistertonne** *f* register [*or form* gross registered] ton **Bruttosatz** *m* ÖKON gross rate **Bruttosozialprodukt** *nt* gross national product, GNP **Bruttoumsatz** *m* ÖKON gross sales *pl* [*or* turnover] **Bruttoumsatzerlös** *m* ÖKON yields *pl* on gross sales **Bruttoverdienst** *m* ÖKON gross income **Bruttoverdienstspanne** *f* ÖKON gross merchandising margin **Bruttowert** *m* ÖKON gross value **Bruttowertschöpfung** *f* ÖKON gross product, gross value added **Bruttozuwachs** *m* gross increase

brutzeln I. *vi* (*braten*) ■**[in etw** *dat*] ~ to sizzle [away] [in sth] II. *vt* ■**[sich** *dat*] **etw** ~ to fry [oneself] sth

BSE *f* MED *Abk von* **bovine spongiforme Enzephalopathie** BSE

BSP *nt Akr von* **Bruttosozialprodukt** GNP

Btx *Abk von* **Bildschirmtext** Vtx

Bub <-en, -en> *m* SÜDD, ÖSTERR, SCHWEIZ boy, lad, BRIT *a.* cock

Bubble-Jet-Drucker [ˈbʌbldʒet-] *m* INFORM bubble-jet printer **Bubble-Jet-Karte** [ˈbʌbldʒet-] *f* INFORM bubble board [*or* card]

Bube <-n, -n> *m* (*Spielkarte*) jack, knave

Bubenstreich *m* childish prank **Bubenstück** *nt* (*veraltend*) knavish trick *dated*

Büberei *f* (*veraltend*) knavish trick *dated*

Bubikopf *m* bob, bobbed hair *no pl, no indef art;* **sich** *dat* **einen ~ schneiden lassen** to have [*or* get] one's hair bobbed [*or* cut in a bob]

Buch <-[e]s, Bücher> *nt* ❶ (*Band*) book; **ein schlaues ~** (*fam*) a clever book; **über den Büchern sitzen** to pore [*or* sit] over one's books; **ein ~ mit sieben Siegeln** (*fig*) a closed book; **das Goldene ~ [der Stadt]** distinguished visitors' book; ***du bist für mich ein offenes ~*** I can read you like a book; ***du redest wie ein ~*** (*fam*) you never stop talking; **ein [richtiger] Gentleman, wie er im ~e steht** the very model of a gentleman ❷ *meist pl* ÖKON (*Geschäftsbuch*) books *pl*, accounts *pl;* **die Bücher fälschen** to cook the books *fam;* **[jdm] die Bücher führen** to keep sb's accounts [*or* books]; **über etw** *akk* **~ führen** to keep a record of sth; **über die Bücher gehen** SCHWEIZ to balance the books; **[mit etw** *dat*] **[sehr] zu ~[e] schlagen** to make a [great] difference [with sth]; ***das schlägt mit 4500 DM zu ~e*** that gives you 4500 DM ❸ REL (*Schrift*) Book; **die Bücher Mose** the Pentateuch; **das erste/zweite/dritte/vierte/fünfte ~ Mose** Genesis/Exodus/Leviticus/Numbers/Deuteronomy; **das ~ der Bücher** (*geh*) the Book of Books

Buchabschluss[RR] *m* FIN closing [*or* balancing] the books **Buchaushänger** *m* TYPO drop-[*or* hang-]out **Buchausstattung** *f* TYPO book design **Buchauszug** *m* FIN statement of account **Buchbesprechung** *f* book review **Buchbinden** <-s> *nt kein pl* bookbinding **Buchbinder(in)** <-s, -> *m(f)* bookbinder **Buchbinderei** <-, -en> *f* ❶ (*Betrieb eines Buchbinders*) bookbindery ❷ *kein pl* (*das Buchbinden*) ■**die** ~ bookbinding *no pl* **Buchbindergaze** *f* bookbinding gauze **Buchbinderin** <-, -nen> *f fem form von* **Buchbinder** **Buchblock** <-blöcke> *m* inner book **Buchdecke** *f* TYPO book case **Buchdeckel** *m* book cover, cover board **Buchdruck** *m kein pl* letterpress printing *no art* **Buchdrucker(in)** *m(f)* [letterpress] printer **Buchdruckerei** *f* ❶ (*Betrieb eines Buchdruckers*) printing works *npl* ❷ *kein pl* (*das Buchdrucken*) ■**die** ~ printing **Buchdruckerin** *f fem form von* **Buchdrucker** **Buchdruckerkunst** *f* art of printing

Buche <-, -n> *f* ❶ (*Baum*) beech [tree] ❷ (*Holz*) beech [wood]

Buchecker <-, -n> *f* beechnut

Bucheinsicht, Büchereinsicht *f* FIN inspection of books of account

buchen *vt* ❶ (*vorbestellen*) **etw [bei einem Reisebüro]** ~ to book [*or* reserve] sth [at a travel agent] ❷ ÖKON (*ver~*) ■**etw [als etw** *akk*] ~ to enter sth [as sth] ❸ (*registrieren*) ■**etw** ~ to register sth ❹ (*fam: sich zurechnen*) ■**etw als Erfolg/Sieg** ~ to mark [*or fam* chalk] up a success/victory [for oneself]

Buchenholz *nt* beech[wood]

Bücher *pl* FIN [account] books, books and records **Bücherbord** <-e> *nt*, **Bücherbrett** *nt* bookshelf **Bücherbus** *m* mobile library, library van **Bücherdienst** *m* book service

Bücherei <-, -en> *f* [lending] library

Bücherfreund(in) *m(f)* book-lover, bibliophile **Büchernarr, -närrin** *m, f* book-fan, bookworm **Bücherregal** *nt* bookshelf; **im** ~ on the bookshelf **Bücherschaft** *m* SCHWEIZ (*Bücherregal*) bookshelf; (*Bücherschrank*) bookcase **Bücherschrank** *m* bookcase **Büchersendung** *f* ❶ (*Paket mit Büchern*) consignment of books ❷ (*Versendungsart*) book post *no indef art* **Bücherverbrennung** *f* burning of books **Bücherwand** *f* wall of bookshelves **Bücherweisheit** *f* (*pej*) book-learning **Bücherwurm** *m* (*hum*) bookworm **Buchfadenheftmaschine** *f* book-sewing machine **Buchfertigungsstraße** *f* book flow line

Buchfink *m* chaffinch

Buchforderung *f* FIN account receivable, outstanding account **Buchform** *f* **in** ~ in book form **Buchformat** *nt* book format [*or* size]

Buchführung *f* bookkeeping *no pl*, accounting *no pl;* **einfache/doppelte** ~ single-/double-entry bookkeeping **Buchführungsmängel** *pl* FIN accounting deficiencies **Buchführungspflicht** *f* FIN bookkeeping duty **Buchführungsvorschriften** *pl* bookkeeping rules; **handelsrechtliche** ~ commercial accounting standards

Buchgeld *nt* FIN bank deposit money, money in account **Buchgemeinschaft** *f* book club **Buchgewinn** *m* FIN book profit **Buchgrundschuld** *f* JUR registered land charge **Buchhalter(in)** *m(f)* bookkeeper, accountant **buchhalterisch** *adj* bookkeeping *attr* **Buchhalterseele** *f* (*pej*) pernickety [*or* fussy] git BRIT **Buchhaltung** *f* ❶ (*Rechnungsabteilung*) accounts [*or* bookkeeping] department ❷ *s.* **Buchführung** **Buchhaltungsbeleg** *m* FIN [bookkeeping] voucher **Buchhaltungsunterlagen** *pl* FIN accounts, bookkeeping records **Buchhandel** *m* book trade; **im ~ erhältlich** available [*or* on sale] in bookshops **Buchhändler(in)** *m(f)* bookseller **buchhändlerisch** I. *adj* bookseller's *attr;* **eine ~e Ausbildung haben** to be a trained bookseller II. *adv* **sich** *akk* **~ betätigen/~ tätig sein** to be [*or* work as] a bookseller **Buchhandlung** *f* bookshop **Buchherstellung** *f* book production **Buchhülle** *f* dust cover [*or* jacket] **Buchhypothek** *f* FIN uncertificated mortgage **Buchklub** *m* book club **Buchladen** *m* bookshop

Büchlein <-s, -> *nt dim von* **Buch** little book, booklet

Buchmacher(in) *m(f)* bookmaker, bookie *fam*

Buchmalerei *f* ❶ *kein pl* (*Kunsthandwerk*) ■**die** ~ [book] illumination ❷ (*einzelnes Bild*) illumination

Buchmarkt *m* book market

buchmäßig I. *adj* FIN book[keeping] *attr*, accounting *attr* II. *adv* FIN as shown by the books **Buchmesse** *f* book fair **Buchpreis** *m* ❶ (*Kaufpreis*) book price ❷ (*Auszeichnung*) book prize **Buchpreisbindung** *f* net book agreement **Buchprüfer(in)** *m(f)* auditor **Buchprüfung** *f* audit

Buchrücken *m* spine [of a book] **Buchrückenbeleimung** *f* book spine gluing **Buchrückenform** *f* book spine shape

Buchs <-es, -e> *m* BOT box [tree]

Buchsaldo *m* FIN balance

Buchsbaum [ˈbʊks-] *m* box[-tree]

Buchschulden *f pl* FIN accounts payable

Buchse <-, -n> [ˈbʊksə] *f* ❶ ELEK jack ❷ TECH bushing

Büchse <-, -n> [ˈbʏksə] *f* ❶ (*Dose*) tin BRIT, can AM; (*Konservenbüchse*) tin BRIT, can AM ❷ (*Sammelbüchse*) collecting-box ❸ (*Jagdgewehr*) rifle

Büchsenfleisch *nt* tinned [*or* AM canned] meat **Büchsengemüse** *nt* canned [*or* BRIT *a.* tinned] vegetables **Büchsenmacher(in)** *m(f)* gunsmith **Büchsenmilch** *f* evaporated milk *no pl* **Büch-**

senöffner *m* can-opener, BRIT *a.* tin-opener

Buchstabe <-n[s], -n> *m* character, letter; **fetter ~** bold character [*or* letter]; **in großen ~n** in capitals, in upper case; **in kleinen ~n** in small letters, in lower case; **in ~n** in words; ***den Betrag bitte in ~n vermerken*** please write the amount out [in words] ▶ WENDUNGEN: **nach dem ~n des Gesetzes** according to the letter of the law; **sich** *akk* **auf seine vier ~n setzen** (*hum fam*) to sit oneself down; **dem ~n nach** to the letter

buchstabengetreu I. *adj* literal; ***er bestand auf der ~en Einhaltung der Vorschriften*** he insisted that the regulations be followed to the letter II. *adv* **etw ~ befolgen** to follow sth to the letter **Buchstabenkette** *f* INFORM alphabetic string **Buchstabenkombination** *f* combination of letters **Buchstabenrätsel** *nt* anagram puzzle **Buchstabenschloss**[RR] *nt* combination lock [using letters] **Buchstabenschrift** *f* alphabetic script **Buchstabenumschaltung** *f* INFORM case change, shift key

buchstabieren* *vt* ■**etw ~** to spell sth

buchstäblich I. *adj* literal; ***bei ~er Auslegung des Gesetzes ergäbe sich ein ganz anderer Sinn*** if one were to interpret the law literally a completely different sense would be revealed II. *adv* (*geradezu*) literally

Buchstütze *f* book-end

Bucht <-, -en> *f* ① (*im Meer*) bay; **die Deutsche ~** the Heligoland [*or* AM Helgoland] Bight ② (*kleiner Koben*) pen ③ (*Parkbucht*) parking bay

Buchtel <-, -n> *f meist pl* ÖSTERR *a yeast pastry filled with jam or similar*

buchtenreich *adj* with many bays *pred;* ***nach Süden hin wird die Küste ~er*** to the south the coast has more bays

Buchtitel *m* ① (*Titel*) book title ② (*Buch*) title **Buchumschlag** *m* book cover [*or* jacket]

Buchung <-, -en> *f* ① (*Reservierung*) booking; ***denke bitte an die rechtzeitige ~ des Fluges!*** please remember to book the flight in time! ② FIN (*Verbuchung*) posting

Buchungsanzeige *f* FIN advice note **Buchungsbeleg** *m* bookkeeping voucher, accounting supporting record **Buchungscomputer** *m* reservation computer, computer for reservations **Buchungsfehler** *m* FIN bookkeeping error **Buchungskarte** *f* TELEK telephone card, *for the use of which one is billed later* **Buchungskontrolle** *f* FIN accounting control **Buchungstag** *m* FIN accounts day **buchungstechnisch** *adj* FIN bookkeeping *attr,* accounting *attr;* **aus ~en Gründen** for bookkeeping reasons **Buchungsvorgang** *m* FIN accountable event [*or* condition]

Buchweizen *m* buckwheat

Buchwert *m* FIN book value

Buchwertabfindung *f* FIN compensation at book value **Buchwertfortführung** *f* FIN continuation at book value **Buchwertklausel** *f* JUR book value clause **Buchwesen** *nt kein pl* book trade *no pl*

Buckel <-s, -> *m* ① (*fam: Rücken*) back; **einen [krummen] ~ machen** to arch one's back ② (*fam: kleine Bergkuppe*) hill ③ (*fam*) hunchback, humpback ④ (*kleine Wölbung*) bump ⑤ HIST (*eines Schildes*) boss ▶ WENDUNGEN: **den ~ voll Schulden haben** (*fam*) to be up to one's neck in debt; **etw auf dem ~ haben** (*fam*) to have been through sth *fam;* ***noch mehr Arbeit kann ich nicht bewältigen, ich habe schon genug auf dem ~!*** I can't cope with any more work – I've done enough already!; ***das Auto hat schon einige Jahre auf dem ~*** the car has been around for a good few years; **den ~ voll kriegen** (*fam*) to get a [good] hiding [*or* AM licking] *fam;* **rutsch mir [doch] den ~ runter!** (*fam*) get off my back! [*or* case!]

buck(e)lig *adj* (*fam*) ① (*mit einem Buckel 2.*) hunchbacked, humpbacked ② (*fam: uneben*) bumpy **Buck(e)lige(r)** *f(m) dekl wie adj* hunchback, humpback

buckeln *vi* ① (*einen Buckel machen*) ■**ein Tier buckelt** an animal arches its back ② (*pej: sich devot verhalten*) ■**[vor jdm] ~** to crawl [to sb] *pej fam* ▶ WENDUNGEN: **nach oben ~ und nach unten treten** to crawl to the bigwigs and bully the underlings BRIT *pej fam,* to suck ass and kick ass AM *pej fam!*

Buckelpiste *f* [ski slope with] moguls, mogul field **Buckelrind** *nt* zebu **Buckelwal** *m* ZOOL (*Megaptera Novae-Angliae*) humpback whale

bücken *vr* ■**sich** *akk* **[nach etw** *dat***] ~** to bend down [to pick sth up]

Bückling <-s, -e> *m* ① (*Fisch*) smoked herring ② (*hum fam: Verbeugung*) bow; **[vor jdm] einen ~ machen** to bow before [*or* to] sb

Budapest <-s> *nt* Budapest

buddeln I. *vi* (*fam: graben*) ■**[irgendwo] ~** to dig [up] [somewhere] II. *vt* DIAL (*ausgraben*) ■**etw ~** to dig sth [out]

Buddha <-s, -s> ['bʊda] *m* Buddha

Buddhismus <-> [bʊ'dɪsmʊs] *m kein pl* Buddhism *no pl*

Buddhist(in) <-en, -en> [bʊ'dɪst] *m(f)* Buddhist

buddhistisch *adj* Buddhist

Bude <-, -n> *f* ① (*Hütte aus Brettern*) [wooden] cabin [*or* hut]; (*Baubude*) [builder's] hut BRIT, trailer [on a construction site] AM; (*Kiosk*) kiosk ② (*fam: Studentenbude*) [student] digs *npl* [*or* AM pad]; (*Wohnung*) digs *npl* BRIT, pad AM; **[eine] sturmfreie ~ haben** (*fam*) to have the place to oneself, to be able to do as one pleases (*without interference or objection from parents or landlord/-lady*) ③ (*fam: Etablissement etc*) shop *fam;* **die ~ dichtmachen** to shut up [*or* close] shop ▶ WENDUNGEN: **jdm fällt die ~ auf den Kopf** (*fam*) sb feels claustrophobic; **[jdm] die ~ auf den Kopf stellen** (*fam bei einer Feier*) to have a good old rave-up [in sb's house] BRIT *sl,* to trash sb's house AM *sl;* (*beim Durchsuchen*) to turn the house upside-down; **jdm die ~ einrennen** [*o* **einlaufen**] (*fam*) to buy everything in sight in sb's shop BRIT *fam,* to clear out sb's store AM *fam;* **jdm auf die ~ rücken** to drop in on sb [unannounced and unwanted]; *s. a.* **Leben**

Budget <-s, -s> [by'dʒeː] *nt* ① (*Haushaltsplan*) budget ② (*fam: Finanzen*) budget

Budgetabweichung *f* budget variance **Budgetausschuss**[RR] *m* ÖKON budget commission [*or* committee] **Budgetbedarf** *m kein pl* ÖKON budgetary requirements **Budgetbegrenzung** *f* ÖKON bugetary limits *pl* **Budgetberatung** *f* budget discussion

budgetieren* *vt* ÖKON ■**etw ~** to budget sth

budgetieren* *vt* ■**etw ~** to draw up a budget for sth

Budgetierung *f* ÖKON budgeting

Budgetjahr *nt* ÖKON budget [*or* fiscal] year **Budgetkontrolle** *f* ÖKON budgetary control **Budgetkürzung** *f* ÖKON budget cut **Budgetmittel** *pl* ÖKON budgetary means **Budgetpolitik** *f* ÖKON policy on the budget **Budgetrecht** *nt* JUR *constitutional right of parliament to decide on the budget* **Budgetüberwachung** *f* ÖKON budgetary control

Büdnerrecht *nt* JUR small holders' right

Büfett <-[e]s, -e *o* -s> [by'feː] *nt* ① (*Anrichte*) sideboard, buffet, AM *usu* hutch ② (*Verkaufstisch*) counter ③ (*Schanktisch*) bar ④ (*Essen*) buffet; **kaltes ~** cold buffet ⑤ SCHWEIZ (*Bahnhofsrestaurant*) station restaurant [*or* buffet]

Büffel <-s, -> *m* buffalo

Büffelei <-, -en> *f* (*fam*) swotting [up] BRIT, cramming AM; ***das Pauken von Geschichtszahlen ist eine einzige ~*** memorizing dates is one hard slog

Büffelherde *f* herd of buffalo **Büffelleder** *nt* buffalo leather

büffeln I. *vi* (*fam: pauken*) to swot BRIT, to cram AM; ***vor jeder Klassenarbeit muss wieder [schwer] gebüffelt werden*** we/you/they etc. have to swot [up] before every test; ***so spät am Abend bist du immer noch am B~? — ja, ich muss Formeln/ Geschichtszahlen/ Vokabeln pauken!*** you're still studying so late in the evening? — yes, I need to learn formulas/history dates/vocab II. *vt* (*fam: pauken*) ■**etw ~** to swot up on [*or* AM cram for] sth

Buffer <-s, -> ['bʌfəʳ] *m* INFORM buffer storage [*or* store]

Buffet, Büffet <-s, -s> [by'feː] *nt* ① ÖSTERR, SCHWEIZ (*Büfett*) buffet ② SCHWEIZ (*Bahnhofsgaststätte*) buffet, station restaurant

Buffo <-s, -s *o* Buffi> *m* buffo

Bug <-[e]s, Büge *o* -e> *m* ① NAUT bow; LUFT nose ② KOCHK (*Rind*) shoulder, blade; (*Schwein*) hand of pork

Bügel <-s, -> *m* ① (*Kleiderbügel*) coat hanger ② (*Griff einer Handtasche*) handle ③ (*Griff einer Säge*) frame ④ (*Einfassung*) edging ⑤ (*Brillenbügel*) leg [of glasses] ⑥ (*Steigbügel*) stirrup ⑦ (*beim Schlepplift*) grip ⑧ (*Abzugsbügel*) trigger guard

Bügelbrett *nt* ironing board **Bügeleisen** <-s, -> *nt* iron **Bügelfalte** *f* crease **bügelfrei** *adj* crease free, easy-care **Bügelgriff** *m* AUTO bow-type door handle **Bügelmaschine** *f* ironing machine

bügeln I. *vt* ■**etw ~** to iron sth II. *vi* to iron; ■**[das] B~** [the] ironing

bügeltrocken *adj inv* iron-dry

Buggy <-s, -s> ['bagi] *m* (*faltbarer Kinderwagen*) pushchair BRIT, buggy BRIT, stroller AM

Bugrad *nt* nose wheel

Bugschaufelstück *nt* KOCHK (*vom Rind*) top shoulder

bugsieren* I. *vt* ① (*fam: mühselig bewegen*) ■**etw irgendwohin ~** to shift sth somewhere ② (*fam: drängen*) ■**jdn irgendwohin ~** to shove [*or* drag] [*or* propel] sb somewhere ③ NAUT (*schleppen*) ■**etw irgendwohin ~** to tow [*or* tug] sth somewhere II. *vi* ① NAUT (*schleppen*) to tow ② (*fam: hantieren*) to manouevre BRIT, to maneuver AM

Bugspriet <-[e]s, -e> *nt* bowsprit **Bugstück** *nt* **dickes ~** KOCHK prime shoulder **Bugwelle** *f* bow wave

buh *interj* boo

Buh <-s, -s> *nt* (*fam*) boo

buhen *vi* (*fam*) to boo

buhlen *vi* (*pej veraltet*) ■**um etw** *akk* **~** to court sth; **um Anerkennung ~** to seek recognition; **um jds Gunst ~** to court sb's favour [*or* AM -or]

Buhmann <-männer> *m* (*fam*) scapegoat, AM *sl a.* fall guy; **jdn zum ~ [für jdn/etw] machen** to make sb into a scapegoat [*or* AM *sl a.* fall guy] [for sb/sth]

Bühne <-, -n> *f* ① (*Spielfläche der Bühne 2.*) stage; **zur ~ gehen** to go on the stage; **auf der ~ stehen** to be on the stage; **von der ~ abtreten, von der ~ verschwinden** (*fam*) to leave [*or* disappear from] the scene; **hinter der ~** behind the scenes ② (*Theater*) theatre [*or* AM -er] ③ (*Tribüne*) stand ④ (*Hebebühne*) hydraulic lift ⑤ DIAL (*Dachboden*) attic, loft ▶ WENDUNGEN: **etw über die ~ bringen** (*fam*) to get sth over with; **über die ~ gehen** (*fam: abgewickelt werden*) to take place; (*aufgeführt werden*) to be staged [*or* performed]; ***das Stück ist schon über mehrere ~n gegangen*** the play has already been performed several times

Bühnenanweisung *f* stage direction **Bühnenarbeiter(in)** *m(f)* stagehand **Bühnen(aus)sprache** *f* ≈ received pronunciation (*standard pronunciation used in German theatre*) **Bühnenausstattung** *f* props *pl* **Bühnenbearbeitung** *f* stage adaptation **Bühnenbeleuchtung** *f* stage lighting **Bühnenbild** *nt* scenery **Bühnenbildner(in)** <-s, -> *m(f)* scene-painter **Bühnendarsteller(in)** *m(f)* performer **Bühneneffekt** *m* stage effect **Bühnenerfahrung** *f* stage experience **bühnenreif** *adj* ① THEAT fit for the stage ② (*iron: theatralisch*) dramatic **Bühnensprache** *f* standard pronunciation **Bühnenstück** *nt* [stage] play **bühnenwirksam** THEAT I. *adj* dramatically effective II. *adv* in a dramatically effective manner; ***das Schauspiel kann durchaus ~ umgestaltet werden*** the play can definitely be made dramatically effective

Buhruf *m* [cry of] boo **Buhrufer(in)** <-s, -> *m(f)* person who cries boo

buk (*veraltet*) *imp von* **backen**

Bukarest <-s> *nt* Bucharest

Bukett <-s, -s *o* -e> *nt* ① (*geh: Strauß*) bouquet ② (*Duft*) Wein bouquet

Buklee[RR] *nt s.* **Bouclé**[1], **Bouclé**[2]

bukolisch *adj (geh)* idyllic

Bulette <-, -n> *f* DIAL KOCHK meat ball ► WENDUNGEN: **ran an die ~n!** *(fam)* let's get down to it! *fam*

Bulgare, Bulgarin <-n, -n> *m, f* Bulgarian; *s. a.* Deutsche(r)

Bulgarien <-s> [-riən] *nt* Bulgaria; *s. a.* **Deutschland**

Bulgarin <-, -nen> *f fem form von* **Bulgare**

bulgarisch *adj* Bulgarian; *s. a.* **deutsch 1, 2**

Bulgarisch *nt dekl wie adj* Bulgarian; *s. a.* **Deutsch**

Bulgarische <-n> *nt* ■**das** ~ Bulgarian, the Bulgarian language; *s. a.* **Deutsche**

Bulimie <-> *f kein pl* bulimia [nervosa] *no pl*

bulimisch *adj inv* bulimic

Bulkladung *f* bulk cargo

Bullauge *nt* porthole **Bulldogge** *f* bulldog **Bulldozer** <-s, -> ['bʊldoːzɐ] *m* bulldozer

Bulle[1] <-n, -n> *m* ❶ *(männliches Tier)* bull ❷ *(sl: Polizist)* cop[per] *fam;* ■**die ~n** *pl* the [Old] Bill + *sing/pl vb* BRIT *sl,* the cops *pl* AM *sl* ❸ *(fam: starker Mann)* hulk

Bulle[2] <-, -n> *f* REL bull; HIST bulla; **die Goldene ~** the Golden Bull

Bullenhitze *f kein pl (fam)* stifling heat *no pl*

bullenstark *adj* beefy, as strong as an ox *pred*

Bullerei *f (pej)* cops *pl sl*

Bulletin <-s, -s> [bʏl'tɛ̃ː] *nt* bulletin

bullig *adj (fam)* ❶ *(massig)* hulking ❷ *(drückend)* stifling; ***hier ist es ~ heiß*** it's stiflingly hot here

Bullterrier *m* bull terrier

bum *interj* bang; **es macht ~** there is a [*or* it goes] bang

Bumerang <-s, -s *o* -e> *m* ❶ *(Wurfholz)* boomerang ❷ *(Eigentor)* own goal BRIT, goal scored against your own team AM; **sich für jdn als ein ~ erweisen** [*o* **auf jdn wie ein ~ zurückfallen**] to boomerang [*or* backfire] on sb

Bumerangeffekt *m* boomerang effect

Bummel <-s, -> *m* stroll; **einen ~ machen** to go for a stroll

Bummelant(in) <-en, -en> *m(f) (pej fam)* slowcoach BRIT *fam,* slowpoke AM *fam*

Bummelei <-> *f kein pl (pej fam)* dilly-dallying *fam*

bumm(e)lig *adj (fam)* slow

bummeln *vi* ❶ *sein (spazieren gehen)* ■**[irgendwo]** ~ to stroll [somewhere]; ~ **gehen** to go for a stroll ❷ *haben (fam: trödeln)* to dilly-dally *fam*

Bummelstreik *m* go-slow **Bummelzug** *m (fam)* local [passenger] [*or* non-express] train

Bummler(in) <-s, -> *m(f)* ❶ *(Spaziergänger)* person out on a stroll ❷ *(fam: Trödler)* slowcoach BRIT *fam,* slowpoke AM *fam*

bums *interj* bang; ~ **machen** to go bang; ***auf dieser viel befahrenen Straße macht es öfter mal*** ~ on this busy street you often hear crashes

Bumsbomber *m (pej derb)* *aeroplane which flies to a sex tourist resort*

bumsen **I.** *vi impers haben (fam)* ❶ *(dumpf krachen)* ■**es bumst** there is a bang; ***was bumst da so?*** what's that banging?; ***hörst du es nicht ~?*** can't you hear that/the banging?; AUTO *(aufprallen)* there is a crash; ***jede Woche bumst es an dieser Kreuzung mehrmals*** there are several crashes at this crossroads every week ❷ *(gleich gibt's eine Ohrfeige!)* ■**es bumst!** you'll get what for [*or* AM you're going to get it] in a minute! **II.** *vi* ❶ *sein (prallen, stoßen)* ■**[mit etw** *dat*] **auf/gegen etw** *akk* ~ to bang [one's sth] against/into sth ❷ *haben (derb: koitieren)* ■**[mit jdm]** ~ to screw *fam!* [*or vulg* fuck] sb, BRIT *a.* to have it off [with sb]; ■**[das] B~** screwing, BRIT *a.* having it off **III.** *vt haben (derb: beschlafen)* ■**jdn** ~ to screw *fam!* [*or vulg* fuck] sb; ***was habe ich sie gebumst!*** I gave her a good screwing!; ■**[von jdm] gebumst werden** to be screwed *fam!* [*or vulg* fucked] [by sb]

Bumslokal *nt (pej fam)* dive *fam* **Bumsmusik** *f (pej fam)* oompah oompah *fam*

BUND *m Akr von* **Bund für Umwelt und Naturschutz** environment and nature protection agency

Bund[1] <-[e]s, Bünde> *m* ❶ *(Vereinigung, Gemeinschaft)* association; **mit jdm im ~e stehen** [*o* **sein**] to be in cahoots with sb *fam* ❷ *(Verband)* ■~ **der ... gen** association of ... ❸ *(die Bundesrepublik Deutschland)* ■**der** ~ the Federal Republic of Germany; ~ **und Länder** the Federation and the Länder; SCHWEIZ *(Eidgenossenschaft)* confederation ❹ *(Konföderation)* confederation ❺ *(fam: Bundeswehr)* ■**der** ~ the [German] army; **beim ~ sein** to be doing one's military service ❻ *(Einfassung)* waistband ❼ *(Querleiste)* fret ► WENDUNGEN: **den ~ der Ehe eingehen** *(geh),* **den ~ fürs Leben schließen** *(geh)* to enter into wedlock *dated form*

Bund[2] <-[e]s, -e> *nt* bundle; KOCHK bunch

Bündchen <-s, -> *nt (Abschluss am Ärmel)* cuff; *(Abschluss am Halsausschnitt)* neckband

Bündel <-s, -> *nt* ❶ *(Packen)* bundle, sheaf ❷ *(eine Menge)* bunch *fam;* **ein ~ von Fragen** a set [*or* cluster] of questions ❸ *(fam: ein Wickelkind)* little bundle *fam* ► WENDUNGEN: **sein ~ schnüren** [*o* **packen**] *(hum fam)* to pack one's bags; **jeder hat sein ~ zu tragen** we all have our cross to bear

bündeln *vt* ❶ *(zusammenschnüren)* ■**etw** ~ to tie sth in[to] bundles; **Karotten/Radieschen etc.** ~ to tie carrots/radishes etc. in[to] bunches ❷ ORN *(konzentrieren)* to concentrate sth

Bündelpatent *nt* batch patent

bündelweise *adv* by the bundle [*or* bunch]

Bundesamt *nt* federal office **Bundesangestelltentarif** *m* salary scale for government employees [*or* civil servants] **Bundesanleihe** *f* federal loan **Bundesanstalt** *f* federal institute; ~ **für Arbeit** Federal Employment Office **Bundesanwalt, -anwältin** *m, f* JUR federal attorney **Bundesanwaltschaft** *f* JUR Federal Public Prosecutor's Office **Bundesanzeiger** *m* BRD Federal Gazette **Bundesarbeitsgericht** *nt kein pl* JUR Federal Labour [*or* AM -or] Court *(highest labour court in Germany)* **Bundesarbeitsminister(in)** *m(f)* German minister of labour [*or* labour minister] **Bundesarchiv** *nt* federal archives *pl* **Bundesaufsichtsamt** *nt* FIN Federal Supervisory Office; ~ **für das Kreditwesen** Federal Banking Supervisory Office; ~ **für das Versicherungswesen** Federal Supervisory Office for Insurance Companies **Bundesauftragsverwaltung** *f* JUR Länder administration on behalf of the Federation **Bundesausbildungsförderungsgesetz** *nt federal law concerning the promotion of education and training* **Bundesausgaben** *pl* ÖKON federal expenditure *no pl* **Bundesaußenminister(in)** *m(f)* German minister of foreign affairs [*or* foreign minister] **Bundesautobahn** *f* federal motorway [*or* AM highway] **Bundesbahn** *f* **die [Deutsche]** ~ German Federal Railway, ≈ British Rail BRIT, ≈ Amtrak AM **Bundesbahndirektion** *f* Regional Railway [*or* AM Railroad] **Bundesbank** *f kein pl* Federal Bank of Germany **Bundesbeamtenrecht** *nt* JUR law governing the German federal civil service **Bundesbeauftragte(r)** *f(m)* JUR federal commissioner; ~ **für Ausländerfragen** Federal Commissioner for Foreign Nationals **Bundesbehörde** *f* JUR federal authority [*or* agency]; **Oberste** ~ Supreme Federal Authority **Bundesbürger(in)** *m(f)* German citizen **Bundesdatenschutzgesetz** *nt* JUR Federal Data Protection Act

bundesdeutsch *adj* German, of the Federal Republic of Germany *pred*

Bundesdeutsche(r) *f(m) dekl wie adj* German

Bundesdisziplinargericht *nt* JUR supreme federal disciplinary court **Bundesdisziplinarordnung** *f* JUR federal disciplinary rules **Bundesdurchschnitt** *m kein pl* ■**im** ~ on average in Germany **Bundesebene** *f* federal level; **auf ~** at [*or* on a] federal level

bundeseigen *adj* JUR federally owned

Bundesfinanzhof *m* JUR Federal Fiscal Court **Bundesfinanzminister(in)** *m(f)* German minister of finance [*or* finance minister] **Bundesfinanzministerium** *nt* German ministry of finance [*or* finance ministry] **Bundesfinanzverwaltung** *f* JUR federal revenue administration **Bundesgebiet** *nt* BRD federal [*or* German] territory **Bundesgenosse, -genossin** *m, f* ally **Bundesgericht** *nt* JUR federal court **Bundesgerichtshof** *m* JUR Federal Supreme Court of Justice **Bundesgeschäftsführer(in)** *m(f)* federal manager

Bundesgesetz *nt* federal law **Bundesgesetzblatt** *nt* JUR Federal Law Gazette **Bundesgesetzgebung** *f* JUR federal legislation; **ausschließliche/konkurrierende** ~ exclusive/concurrent legislative power of the Federal Parliament

Bundesgesundheitsamt *nt* German Department of Public Health **Bundesgesundheitsminister(in)** *m(f)* German minister of health [*or* health minister] **Bundesgrenzschutz** *m* BRD German Border Police **Bundeshauptstadt** *f* federal capital **Bundeshaus** *nt* ❶ BRD Bundestag building ❷ SCHWEIZ federal parliament [building] **Bundeshaushalt** *m* ÖKON federal budget **Bundeshaushaltsgesetz** *nt* JUR Federal Budget Act **Bundeshaushaltsordnung** *f* JUR Federal Budget Code **Bundesheer** *nt* ÖSTERR Austrian Armed Forces **Bundes-Immissionsschutzgesetz** *nt* JUR Federal Pollution Control Act **Bundesinnenminister(in)** *m(f)* German [*or* Federal] Minister of the Interior

Bundesinnenministerium *nt* German ministry of the interior [*or* interior ministry] **Bundeskabinett** *nt* BRD German [*or* Federal] Cabinet **Bundeskanzler(in)** *m(f)* BRD German [*or* Federal] Chancellor; ÖSTERR Austrian [*or* Federal] Chancellor; SCHWEIZ Head of the Federal Chancellery **Bundeskanzleramt** *nt* POL Federal Chancellor's Office *(responsible for planning, control and coordination of the Bundeskanzler's functions and duties)* **Bundeskanzlerin** *f fem form von* **Bundeskanzler** **Bundeskartellamt** *nt* Federal Cartel Office **Bundeskartellamt** *nt kein pl* Federal Cartel Office **Bundeskriminalamt** *nt* Federal Criminal Police Office *(central organization for combatting and investigating crime)*

Bundeslade *f* REL Ark of the Covenant

Bundesland *nt* federal state; *(nur BRD)* Land; **die alten/neuen Bundesländer** former West/East Germany

Bundesliga *f kein pl* German football [*or* AM soccer] league **Bundesligaklub** *m* club in the German football league [*or* division] **Bundesligaspiel** *nt* German football league game **Bundesligaverein** *m* club in the German football league **Bundesligist** <-en, -en> *m* team in the German football [*or* AM soccer] league

Bundesminister(in) *m(f)* BRD, ÖSTERR federal minister [of Germany/Austria] **Bundesministerium** *nt* BRD, ÖSTERR federal ministry **Bundesmittel** *pl* JUR federal funds **Bundesnachrichtendienst** *m* BRD Federal Intelligence Service [of Germany] **Bundesnaturschutzgesetz** *nt* JUR Federal Nature Protection Act **Bundesnotarordnung** *f* JUR national rules and regulations for German notaries **Bundesoberbehörde** *f* JUR federal superior authority **Bundesobligationen** *pl* ÖKON federal obligations **Bundesorgane** *pl* JUR constitutional organs of the Federal Government **Bundesparteitag** *m* federal party conference **Bundespatentgericht** *nt* JUR Federal Patent Court **Bundespersonalausschuss**[RR] *m* JUR Federal Civil Service Commission **Bundespflegesatzverordnung** *f* BRD *German ordinance setting the rate [payable by medical insurance companies] for patient care* **Bundespost** *f kein pl* Federal Post Office *(German Postal Service)* **Bundespräsident(in)** *m(f)* BRD, ÖSTERR President [*or* Head of State] of the Federal Republic of Germany/Austria; SCHWEIZ President of the Confederation **Bundesprüfstelle** *f* JUR federal review board; ~ **für jugendgefährdende Schriften** Federal Review Board for Publications Harmful to Young Persons **Bundesrat** *m* ❶ BRD, ÖSTERR Bundesrat *(Upper House of Parliament)* ❷ *kein pl* SCHWEIZ Federal Council *(executive body)* **Bundesrat, -rätin** *m, f* ÖSTERR Member of the Bundesrat/Upper House of Parliament; SCHWEIZ Member of the Federal Council **Bundesrechnungshof** *m kein* *pl* Federal Audit Office (*responsible for examining the income and expenditure of the government*) **Bundesrecht** *nt kein pl* JUR federal law **Bundesrechtsanwaltskammer** *f* JUR German Federal Lawyers' Association **Bundesrechtsanwaltsordnung** *f* JUR Rules and Regulations for the German Bar **Bundesregierung** *f* federal government

Bundesrepublik *f* federal republic; **die ~ Deutschland** the Federal Republic of Germany **bundesrepublikanisch** *adj* German **Bundesrichter(in)** *m(f)* JUR federal judge (*judge at one of the Federal German supreme courts*)

Bundesschatzbrief *m* federal treasury bill

Bundessortenamt *nt* FIN Federal Office for Plant Varieties **Bundessozialgericht** *nt* JUR Federal Court for Social Security (*Federal German supreme court for social security matters*) **Bundessozialhilfegesetz** *nt* JUR Federal Social Assistance Act **Bundesstaat** *m* ❶ (*Staatenbund*) confederation ❷ (*Gliedstaat*) federal state; ***im ~ Kalifornien*** in the state of California **Bundesstatistikgesetz** *nt* JUR Federal Statistics Act **Bundesstraße** *f* BRD, ÖSTERR ≈ A road BRIT, ≈ interstate [highway] AM

Bundestag *m kein pl* BRD Bundestag (*Lower House of Parliament*) **Bundestagsabgeordnete(r)** *f(m) dekl wie adj* Member of the Bundestag, German member of parliament **Bundestagsdebatte** *f* Bundestag debate **Bundestagsfraktion** *f* parliamentary group [*or* party] in the Bundestag **Bundestagsmitglied** *nt* Member of the Bundestag, German member of parliament **Bundestagspräsident(in)** *m(f)* President of the Bundestag **Bundestagswahl** *f* Bundestag election **Bundestagswahlkampf** *m* electoral campaign for the Bundestag

Bundestrainer(in) *m(f)* BRD [German] national coach **Bundesumweltminister(in)** *m(f)* German minister of the environment [*or* environment minister] **Bundesumweltministerium** *nt* German ministry of the environment [*or* environment ministry] **Bundesverband** *m* [con]federation **Bundesverdienstkreuz** *nt* BRD Order of Merit of the Federal Republic of Germany, ≈ OBE BRIT **Bundesvereinigung** *f* [con]federation **Bundesverfassung** *f kein pl* federal constitution **Bundesverfassungsgericht** *nt* JUR Federal Constitutional Court **Bundesverkehrsminister(in)** *m(f)* German minister of transport [*or* transport minister] **Bundesverkehrsministerium** *nt* German ministry of transport [*or* Transport Ministry] **Bundesversammlung** *f* POL ❶ BRD Federal Assembly ❷ SCHWEIZ Parliament **Bundesversicherungsanstalt** *f* **~ für Angestellte** Federal Insurance Office for Salaried Employees **Bundesverteidigungsminister(in)** *m(f)* German minister of defence [*or* defence minister] **Bundesverteidigungsministerium** *nt* German ministry of defence [*or* defence ministry] **Bundesverwaltung** *f* JUR federal administration **Bundesverwaltungsgericht** *nt* JUR Federal Administrative Court **Bundesvorsitzende(r)** *f(m) decl wie adj* federal chairwoman *fem,* federal chairman *masc* **Bundesvorstand** *m* federal board **Bundeswahlgesetz** *nt* JUR Federal Electoral Act **Bundeswahlleiter(in)** *m(f)* JUR federal returning officer **Bundeswaldgesetz** *nt* JUR Federal Forestry Act

Bundeswehr *f* Federal [*or* German] Armed Forces **Bundeswehrsoldat, -soldatin** *m, f* member of the German armed forces **Bundeswehrverwaltung** *f* JUR Federal Armed Forces Administration

bundesweit I. *adj* throughout [the whole of] [*or* all over] Germany *pred;* ***nach der Katastrophe erfolgte ein ~er Spendenaufruf*** after the catastrophe there was an appeal for donations throughout [the whole of] Germany II. *adv* throughout [the whole of] [*or* all over] Germany

Bundeswirtschaftsminister(in) *m(f)* Federal minister of economics [*or* economics minister] **Bundeswirtschaftsministerium** *nt* Federal ministry of economics [*or* economics ministry] **Bundeszentralregister** *nt* JUR Federal Central Register; **Auszug aus dem ~** extract from the Federal Central Register; **Eintragung im ~** entry in the Federal Central Register

Bundfalte *f* pleat **Bundfaltenhose** *f* trousers [*or* AM *a.* pants] *pl* with a pleated front **Bundfalz** *m* TYPO back fold **Bundhose** *f* breeches *npl,* knickerbockers *pl* BRIT, knickers *npl* AM

bündig *adj* ❶ (*bestimmt*) concise; ***danke, das war ~, ich gehe!*** thanks, you've made yourself clear – I'm off!; *s. a.* **kurz** ❷ (*schlüssig*) conclusive ❸ (*in gleicher Ebene*) level

Bündigkeit <-> *f kein pl* conciseness *no pl*

Bündnis <-ses, -se> *nt* alliance; **~ 90** Bündnis 90 (*political party comprising members of the citizens' movements of former East Germany*)

Bündnisblock <-blöcke> *m* group of allied countries *pl* **Bündnisfreiheit** *f* POL non-alignment **Bündnisgrüne** *pl* Green party alliance **Bündnispartner** *m* POL, ÖKON alliance partner, ally **Bündnispolitik** *f* alliance politics + *sing/pl vb,* alliance policy **Bündnissystem** *nt* system of alliance **Bündnistreue** *f* loyalty to a/the alliance

Bundsteg *m* TYPO (*Zwischenschlag*) gutter

Bundweite *f* waist size

Bungalow <-s, -s> ['bʊŋgalo:] *m* bungalow

Bungeejumping <-s> ['bandʒidʒampɪŋ] *nt kein pl* bungee jumping *no pl*

Bungee-Seil, Bungeeseil^RR *nt* bungee [cord [*or* rope]]

Bunker <-s, -> *m* ❶ (*Schutzraum*) bunker; (*Luftschutzbunker*) air-raid shelter ❷ (*beim Golf*) bunker ❸ (*sl: Gefängnis*) slammer

bunkern *vt* ■**etw ~** ❶ (*in Bunkern lagern*) to store sth; **Kohle ~** to bunker coal ❷ NAUT (*Brennstoff an Bord nehmen*) to bunker fuel ❸ (*sl: verstecken*) to stash [away] sth *fam* ❹ (*pej: horten*) ■**etw ~** to hoard sth

Bunsenbrenner <-s, -> *m* Bunsen burner

bunt I. *adj* ❶ (*farbig*) colourful BRIT, colorful AM ❷ (*ungeordnet*) muddled; (*vielfältig*) varied II. *adv* ❶ (*farbig*) colourfully BRIT, colorfully AM; **~ bemalt** colourful[ly painted]; **~ gestreift** with colourful [*or* coloured] stripes *pl;* ***ein ~ gestreiftes Hemd*** a colourfully-striped shirt; **~ kariert** with a coloured check [pattern] ❷ (*ungeordnet*) in a muddle; **~ gemischt** (*abwechslungsreich*) diverse; (*vielfältig*) varied ▶ WENDUNGEN: **es zu ~ treiben** (*fam*) to go too far; **jdm wird es zu ~** (*fam*) sb has had enough

Buntaufbau *m* TYPO chromatic composition **buntbemalt** *adj attr s.* **bunt II 1** **Buntfarbendruck** *m* colour [*or* AM -or] printing **buntgemischt** *adj attr s.* **bunt II 2** **buntgestreift** *adj s.* **bunt II 1**

Buntheit <-> *f kein pl* colourfulness *no pl* BRIT, colorfulness *no pl* AM; ***sie liebt Kleider von auffallender ~*** she loves strikingly colourful clothes

buntkariert *adj s.* **bunt II 1** **Buntmetall** *nt* nonferrous heavy metal **Buntpapier** *nt* coloured [gummed] paper **Buntsandstein** *m* ❶ BAU red sandstone ❷ GEOL Bunter **Buntspecht** *m* great spotted woodpecker **Buntstift** *m* coloured pencil **Buntwäsche** *f* colour wash, coloureds *pl*

Bürde <-, -n> *f* (*geh*) ❶ (*Last*) load; ***die Zweige bogen sich unter der ~ des Schnees*** the branches bent under the weight of the snow ❷ (*Beschwernis*) burden

Bure, Burin <-n, -n> *m, f* Boer

Burg <-, -en> *f* ❶ (*au Stein*) castle ❷ (*Sandburg*) sand[-]castle ❸ (*Biberbau*) lodge

Burganlage *f* castle buildings *pl* [*or* complex]

Bürge, Bürgin <-n, -n> *m, f* guarantor; **jdm ~ für etw** *akk* **sein** to be sb's guarantee for sth; [**jdm**] **einen ~n stellen** [*o* **bringen** *fam*] to provide [sb] with a guarantor

bürgen *vi* ❶ (*einstehen für*) ■[**jdm**] **für etw** *akk* **~** to act as guarantor [for sb] for sth; ■**für jdn ~** to act as sb's guarantor ❷ (*garantieren*) ■**für etw** *akk* **~** to guarantee sth

Burgenland *nt* Burgenland

Bürger(in) <-s, -> *m(f)* citizen

Bürgerbegehren *nt* BRD public petition for a referendum **Bürgerbeteiligung** *f* public participation [*or* involvement] **Bürgerbewegung** *f* citizens' movement **Bürgerentscheid** *m* [local] referendum **bürgerfern** *adj* non-citizen-friendly, not in touch with the people *pred,* aloof **Bürgerhaus** *nt* ❶ (*Gemeindehaus*) municipal hall ❷ (*Haus eines Bürgers*) town house ❸ (*veraltend: bürgerliche Familie*) bourgeois family *pej*

Bürgerin <-, -nen> *f fem form von* **Bürger**

Bürgerinitiative *f* citizens' group **Bürgerkomitee** *nt* citizens' committee **Bürgerkrieg** *m* civil war **bürgerkriegsähnlich** *adj* similar to civil war *pred,* as in civil war *pred* **Bürgerkriegsflüchtling** *m* civil war refugee

bürgerlich *adj* ❶ *attr* (*den Staatsbürger betreffend*) civil; **~e Pflicht** civic duty ❷ (*dem Bürgerstand angehörend*) bourgeois *pej*

Bürgerliche(r) *f(m) dekl wie adj* commoner

bürgerlich-rechtlich *adj inv, attr* JUR civil-law *attr*

Bürgermeister(in) *m(f)* mayor; ***der regierende ~ von Hamburg*** the governing Mayor of Hamburg

Bürgermeisterstück *nt* KOCHK top rump, thick flank

bürgernah *adj* citizen-friendly, in touch with the people *pred* **Bürgernähe** *f kein pl* citizen-friendliness *no pl* **Bürgerpflicht** *f* civic duty **Bürgerrecht** *nt meist pl* civil right **Bürgerrechtler(in)** <-s, -> *m(f)* civil rights activist **Bürgerrechtsbewegung** *f* civil rights *pl* movement **Bürgerrechtsgesuch** *nt* SCHWEIZ (*Einbürgerungsgesuch*) application for naturalization

Bürgerschaft <-, -en> *f* POL ❶ (*die Bürger*) citizenry ❷ (*Bürgervertretung*) ≈ city-state parliament (*in the Länder of Bremen and Hamburg*)

Bürgerschaftsabgeordnete(r) *f(m) decl wie adj* member of the city parliament **Bürgerschaftsfraktion** *f* parliamentary group [in the city parliament] **Bürgerschaftswahl** *f* elections to the city-state parliament

Bürgerschreck *m a person who frightens or provokes other people by behaving in a consciously unconventional manner* **Bürgersprechstunde** *f* surgery, advice session **Bürgersteig** <-[e]s, -e> *m* pavement BRIT, sidewalk AM

Bürgertum <-s> *nt kein pl* bourgeoisie + *sing/pl vb*

Bürgerversammlung *f* citizen's meeting

Burgfestspiele *pl open-air theatre festival that takes place within the grounds of a castle* **Burgfriede(n)** *m* truce; ■**einen ~ schließen** to call a truce **Burggraben** *m* [castle] moat **Burgherr(in)** *m(f)* lord of a/the castle

Bürgin <-, -nen> *f fem form von* **Bürge**

Burgruine *f* castle ruin

Bürgschaft <-, -en> *f* JUR ❶ (*gegenüber Gläubigern*) guaranty; **~ [für jdn/etw] leisten** ((*für jdn/etw*) *bürgen*) to act as a guarantor [for sb/sth]; **die ~ für jdn übernehmen** to act as sb's guarantor ❷ (*Haftungssumme*) security

Bürgschaftsbestellung *f* JUR granting of a security **Bürgschaftserklärung** *f* FIN declaration of guarantee **bürgschaftsfähig** *adj inv* JUR bailable **Bürgschaftsgeber(in)** *m(f)* JUR surety **Bürgschaftsklausel** *f* JUR guarantee clause **Bürgschaftskredit** *m* FIN guaranteed [*or* secured] credit **Bürgschaftsnehmer(in)** *m(f)* FIN guarantee, guaranteed creditor **Bürgschaftsprovision** *f* FIN guarantee commission **Bürgschaftsrisiko** *nt* JUR guarantee risk **Bürgschaftsübernahme** *f kein pl* FIN giving bail **Bürgschaftssumme** *f* FIN amount of guarantee, BRIT caution money **Bürgschaftsurkunde** *f* JUR, FIN security bond **Bürgschaftsverhältnis** *nt* FIN principal and surety **Bürgschaftsverpflichtungen** *pl* FIN guarantees **Bürgschaftsvertrag** *m* JUR contract of guarantee [*or* suretyship]

Burgund <-[s]> *nt* Burgundy

Burgunder <-s, -> *m* (*Wein aus Burgund*) burgundy

Burgunder(in) <-s, -> *m(f)* ■**ein ~/eine ~in sein** to come from Burgundy

Burgunderkelch *m* Burgundy glass **Burgunder-**

pfanne *f* KOCHK *heavy metal casserole for meat fondue* **Burgundertrüffel** *m* Burgundy truffle
burgundisch *adj* Burgundy
Burgverlies *nt* castle dungeon
Burin <-, -nen> *f fem form von* **Bure**
Burkina Faso <-s> *nt* Burkina Faso; *s. a.* **Deutschland**
Burkiner(in) <-s, -> *m(f)* Burkinan; *s. a.* **Deutsche(r)**
burkinisch *adj* Burkinabe, Burkinan; *s. a.* **deutsch**
burlesk *adj* burlesque
Burleske <-, -n> *f* MUS burlesque
Burma <-s> *nt s.* **Myanmar**
Burnout <-s, -s> ['bœrnaut] *m* burnout
Burnus <- *o* -ses, -se> *m* burnous[e] BRIT, burnoose AM
Büro <-s, -s> *nt* office
Büroangestellte(r) *f(m) dekl wie adj* office worker **Büroanwendung** *f* INFORM office-based application **Büroarbeit** *f* office work **Büroausstattung** *f* ÖKON (*Inventar*) office equipment *no pl* **Büroautomation** *f* office automation **Bürobedarf** *m* office supplies *pl* **Bürocomputer** *m* INFORM desktop computer **Büroeinrichtung** *f* ÖKON office equipment *no pl* **Bürofläche** *f* office space [*or pl* premises] **Bürogebäude** *nt* ÖKON office building **Bürohaus** *nt* office block **Bürohengst** *m* (*pej fam*) pen pusher *pej* **Büroinventur** *f* office inventory **Bürokaufmann, -kauffrau** *m, f* office adminstrator [with commercial training] **Büroklammer** *f* paper clip **Bürokommunikation** *f* office communication **Bürokommunikationssystem** *nt* office communications system **Bürokomplex** *m* ÖKON office block **Bürokraft** *f* office worker
Bürokrat(in) <-en, -en> *m(f)* (*pej*) bureaucrat *pej*
Bürokratie <-, -n> [*pl* -'tiːən] *f* bureaucracy
Bürokratin <-, -nen> *f fem form von* **Bürokrat**
bürokratisch I. *adj* ① *inv, attr* (*verwaltungsmäßig, der Bürokratie gemäß*) bureacratic ② (*pej*) bureacratic, involving a lot of red tape II. *adv inv* bureaucratically, using a lot of red tape
Bürokratismus <-> *m kein pl* (*pej*) bureaucracy
Büromaschine *f* piece of office equipment **Büromaterial** *nt* stationery and office supplies **Büropersonal** *nt kein pl* ÖKON office [*or* clerical] staff + *sing/pl vb* **Büroräume** *pl* ÖKON office space [*or* accomodation] **Büroschluss**RR *m* end of office hours **Bürostuhl** *m* office chair **Bürostunden** *pl* office hours *pl* **Büroturm** *m* office block **Bürovorsteher(in)** *m(f)* ÖKON head clerk **Bürozeit** *f* ÖKON office hours *pl*; **außerhalb der ~en** out of [office] hours
Bürschchen <-s, -> *nt dim von* Bursche (*pej: junger Bursche*) [young] fellow; **mein ~!** my boy!
Bursche <-n, -n> *m* ① (*Halbwüchsiger*) adolescent; ***warte nur, mein ~, ich werde dich erwischen!*** just you wait young man – I'll catch you! ② (*fam: Kerl*) so-and-so BRIT *fam*, character AM ③ (*fam: Exemplar*) specimen
Burschenschaft <-, -en> *f* SCH ≈ fraternity (*student's duelling association with colours*)
Burschenschaft(l)er <-s, -> *m* SCH member of a fraternity
burschikos I. *adj* (*salopp*) casual; (*Mensch*) laidback; **~es Mächen** tomboy; **~e Ausdrucksweise** slangy [*or* casual] way of talking II. *adv* casually; **sich** *akk* **~ benehmen** to behave in a laid-back manner; **sich** *akk* **~ ausdrücken** to express oneself using slang
Bürste <-, -n> *f* brush
bürsten *vt* ① (*mit einer Bürste reinigen*) ■**etw ~** to brush sth ② (*abbürsten*) ■**etw von etw** *dat* **~** to brush sth off [of AM *a.*] sth
Bürsten(haar)schnitt *m* crew cut **Bürstenmacher(in)** *m(f)* brush maker **Bürstenmassage** [-masaːʒə] *f* brush massage **Bürstenschnitt** *m* crew cut
Burunder(in) <-s, -> *m(f)* Burundian; *s. a.* **Deutsche(r)**
Burundi <-s> *nt* Burundi; *s. a.* **Deutschland**
Burundier(in) *m(f) s.* **Burunder**
burundisch *adj* Burundi; *s. a.* **deutsch**
Bürzel <-s, -> *m* ORN tail; KOCHK parson's nose
Bus <-ses, -se> *m* AUTO bus; (*Reisebus*) coach, AM *usu* bus; INFORM bus
Busarchitektur *f* INFORM bus topology
Busbahnhof *m* bus station
Busch <-[e]s, Büsche> *m* ① (*Strauch*) shrub, bush ② (*Buschwald*) bush ③ (*Strauß*) bunch; (*selten: Büschel*) tuft ▶ WENDUNGEN: **mit etw** *dat* **hinter dem ~ halten** (*fam*) to keep sth to oneself; **im ~ sein** (*fam*) ■**da ist etw im ~** sth is up; **bei jdm auf den ~ klopfen** (*fam*) to sound sb out; **sich** *akk* [**seitwärts**] **in die Büsche schlagen** (*fam*) to sneak away
Buschbohne *f* dwarf [*or* AM bush] bean
Büschel <-s, -> *nt* tuft
büschelweise *adv* in tufts ***der Flachs wurde ~ zum Trocknen ausgelegt*** the flax was laid out in bundles to dry
Buschenschenke *f* ÖSTERR (*Straußwirtschaft*) *temporary bar in which new local wines are sold*
Buschfeuer *nt* bush fire
buschig I. *adj* bushy II. *adv* ■**~ wachsen** to spread
Buschmann <-männer *o* -leute> *m* Bushman **Buschmannfrau** *f* Bushman woman **Buschmesser** *nt* machete **Buschwerk** *nt kein pl* thicket **Buschwindröschen** [-røːsçən] *nt* wood anemone
Buselektronik *f* INFORM bus electronics + *sing vb*
Busen <-s, -> *m* ① (*weibliche Brust*) bust ② (*Oberteil eines Kleides*) top ③ (*geh: Innerstes*) breast *liter*
Busenfreund(in) *m(f)* ① (*enger Freund*) buddy *fam*, best friend ② (*iron: Intimfeind*) bosom friend *iron*, mortal enemy
Busfahrer(in) *m(f)* bus driver **Bushaltestelle** *f* bus stop **Bushäusle** *nt* SÜDD (*fam*) bus shelter
Businessclass *f* business class **Businessgrafik** *f* INFORM *für Diagramme* business graphics + *sing vb* **Businessplan** *m* ÖKON business plan **Business-TV** ['bɪzbɪs-] *nt* business TV
Buslänge *f* INFORM bus length
Buslinie *f* bus route
Bussard <-s, -e> *m* buzzard
Buße <-, -n> *f* ① *kein pl* (*Reue*) repentance; (*Bußauflage*) penance *no pl*; **~ tun** to do penance; **jdn zu einer ~ verurteilen** to sentence sb to penance; **zur ~** as a penance; *s. a.* **Sakrament** ② JUR (*Schadenersatz*) damages *npl* ③ SCHWEIZ (*Geldbuße*) fine
büßen I. *vt* ① (*bezahlen*) ■**etw** [**mit etw** *dat*] **~** to pay for sth [with sth]; **das wirst** [*o* **sollst**] **du mir ~!** I'll make you pay for that! ② SCHWEIZ (*mit einer Geldbuße belegen*) ■**jdn ~** to fine sb II. *vi* (*leiden*) ■[**für etw** *akk*] **~** to suffer [because of sth]; ***dafür wird er mir ~!*** I'll make him suffer [*or* I'm going to get him back] for that!
Büßer(in) <-s, -> *m(f)* penitent
Büßergewand *nt* REL penitential garment ▶ WENDUNGEN: **keineswegs im ~** without the slightest trace of remorse
Büßerin <-, -nen> *f fem form von* **Büßer**
Busse(r)l <-s, -[n]> *nt* SÜDD, ÖSTERR (*fam: Kuss*) kiss
busse(r)ln *vt, vi* SÜDD, ÖSTERR (*fam: küssen*) ■**jdn ~** to kiss sb; ■**~** to kiss
bußfertig *adj* penitent **Bußgang** *m* ▶ WENDUNGEN: **einen ~** [**zu jdm**] **antreten** (*geh*) to beg [sb's] forgiveness *no pl* **Bußgebet** *nt* penitential prayer
Bußgeld *nt* (*Geldbuße*) fine, BRIT *a.* penalty (*imposed for traffic and tax offences*)
Bußgeldbescheid *m* notice of a fine, BRIT *a.* penalty notice **Bußgeldbestimmungen, Bußgeldvorschriften** *pl* JUR fine regulations **Bußgeldkatalog** *m* JUR schedule of penalties **Bußgeldsache** *f* JUR summary offence **Bußgeldstelle** *f* [traffic] fine payment office **Bußgeldtatbestand** *m* JUR fine offence **Bußgeldverfahren** *m* JUR monetary fine proceedings *pl* **Bußgeldverhängung** *f* fining
Bussi *nt* SÜDD, ÖSTERR (*Kuss*) kiss
Bußpredigt *f* penitential sermon
Busspur *f* bus lane
Bußtag *m* day of repentance; **Buß- und Bettag** day of prayer and repentance (*on the Wednesday before Advent*)
Bussystem *nt* INFORM bus system **Bustaktfrequenz** *f* INFORM bus frequency rate
Büste <-, -n> *f* ① (*Skulptur von Kopf und Schultern*) bust ② (*euph: Busen 1*) bust ③ (*Schneiderpuppe*) tailor's dummy
Büstenhalter *m* bra[ssiere]
Büstier <-s, -s> [bys'ti̯eː] *nt* bustier
Bustreiber *m* INFORM bus driver
Busverbindung *f* bus service
Butan <-s, -e> *nt* butane
Butangas *nt* butane gas
Butike <-, -n> *f* boutique
Butt <-[e]s, -e> *m* butt
Bütt <-, -en> *f* DIAL *a barrel-like platform from which speeches are given at carnivals*; **in die ~ steigen** to take the floor [at a carnival]
Butte <-, -n> *f* ① (*Tragebehälter*) hod ② *s.* **Bütte**
Bütte <-, -n> *f* DIAL tub
Büttel <-s, -> *m* (*pej veraltet*) ① (*Handlanger*) servant ② (*Gerichtsbote*) bailiff
Bütteldienst *m* (*pej*) servant's job; ***für solche ~e bin ich mir zu schade!*** that kind of job's beneath me!
Bütten <-s> *nt*, **Büttenpapier** *nt kein pl* handmade paper
Büttenkarton *m* handmade board
Büttenrand *m* deckle edge
Büttenrede *f* DIAL humorous speech (*made from the barrel-like platform at a carnival*)
Butter <-> *f kein pl* butter *no pl*; **braune ~** nut butter; **gute ~** quality butter ▶ WENDUNGEN: **jdm nicht die ~ auf dem Brot gönnen** (*fam*) to begrudge sb everything; **sich** *dat* [**von jdm**] **nicht die ~ vom Brot nehmen lassen** (*fam*) to stand up for oneself [against sb]; **wie ~ in der Sonne dahinschmelzen** to evaporate *fig*; **weich wie ~** as soft as can be; ***nach außen zeigt er Härte, aber innerlich ist er weich wie ~*** he looks tough on the outside but he's a real softie at heart; **alles** [**ist**] **in ~** (*fam*) everything is hunky-dory
Butterberg *m* [EU] butter mountain **Butterblume** *f* buttercup **Butterbohne** *f* butter bean **Butterbrot** *nt* slice of buttered bread ▶ WENDUNGEN: **jdm etw aufs ~ schmieren** (*fam*) to rub sth in; ***das schmiere ich dem aber aufs ~!*** I won't let him forget that!; **für ein ~** (*fam*) for a song [*or* AM peanuts *pl*]; ***da arbeitest du ja für ein ~!*** you're working for peanuts there! **Butterbrotpapier** *nt* greaseproof paper **Buttercreme** *f* butter cream **Buttercremetorte** *f* butter cream gateau [*or* AM cake] **Butterdose** *f* butter-dish **Butterfahrt** *f* (*fam*) boat trip to buy duty-free goods, duty-free cruise **Butterfass**RR *nt* butter churn
Butterfly <-s, -> *m*, **Butterflystil** *m s.* **Schmetterlingsstil**
Butterflymesser ['bʌtəflaɪ] *nt* (*Waffe*) butterfly knife
Butterfrucht *f* (*selten*) avocado **Butterglasur** *f* butter icing **Butterkeks** *m* butter biscuit [*or* AM cookie], BRIT *a.* Rich Tea® *biscuit* **Butterkohl** *m s.* **Schnittkohl** **Buttermilch** *f* buttermilk
buttern I. *vt* ① (*mit Butter bestreichen*) ■**etw ~** to butter sth ② (*fam: investieren*) ■**etw in etw** *akk* **~** to plough [*or* AM plow] sth into sth II. *vi* (*Butter herstellen*) to produce butter
ButternussRR *f* American white walnut **Butternusskürbis**RR *m* butternut squash **Butterpilz** *m* boletus lutens **Butterroller** *m* butter curler **Buttersalat** *nt* BOT, KOCHK young green lettuce **Buttersauciere** *f* butter boat **Buttersäure** *f* CHEM butyric acid **Butterschmalz** *nt* clarified butter **butterweich** I. *adj* really soft II. *adv* softly
Büttner(in) <-s, -> *m(f)* DIAL (*Böttcher*) cooper
Button <-s, -s> ['batən] *m* badge
Button-down-Kragen <-s, -> ['bʌtndaʊn-] *m* button-down collar
Butzenglas *nt* BAU bull's eye glass **Butzenschei-**

be *f* bullion point sheet
BVerfG *nt Abk von* **Bundesverfassungsgericht** Federal Constitutional Court
b.w. *Abk von* **bitte wenden** PTO
B-Waffe *f* biological weapon
BWL *f Abk von* **Betriebswirtschaftslehre**
Bypass <-es, Bypässe> ['baipas] *m* bypass
Bypassoperation *f* bypass operation
Byte <-s, -s> [bait] *nt* byte
byzantinisch *adj* Byzantine
Byzanz <-> *nt* Byzantium
bzgl. *präp +gen Abk von* **bezüglich**
bzw. *adv Abk von* **beziehungsweise**

C

C, c <-, - *o fam* -s, -s> *nt* ❶ *(Buchstabe)* C, c; ~ **wie Cäsar** C for [*or* AM as in] Charlie; *s. a.* **A 1** ❷ MUS C, c; **das hohe** ~ top [*or* high] c; *s. a.* **A 2**
C *Abk von* **Celsius** C
CA INFORM *Abk von* **computer aided** CA
ca. *Abk von* **circa** approx., ca.
Cabrio <-s, -s> *nt s.* **Kabrio**
Cabriolet <-[s], -s> *nt s.* **Kabriolett**
Cache <-, -s> [kæʃ] *m* INFORM cache
Cache-Speicher [kæʃ-] *m* INFORM cache memory
CAD <-s, -s> *nt Abk von* **computer-aided design** CAD
CAD/CAM *nt* INFORM *Akr von* **computer aided design and manufacturing** CAD/CAM
Caddie <-s, -> ['kɛdi] *m* ❶ *(Mensch)* caddie, caddy ❷ *(Wagen)* caddie [*or* caddy] car
Cadmium <-s> *nt kein pl* cadmium *no pl*
CAEU *f Abk von* **Council for Arab Economic Unity** CAEU
Café <-s, -s> *nt* café
Café complet <- -, -s -s> [kafekõ'plɛ] *m* SCHWEIZ *white coffee, roll and jam*
Cafeteria <-, -s> *f* cafeteria
Cafetiere [kafe'ti̯e:rə] *f* cafetiere
cal *f kurz für* **kalorie** cal.
Calcium <-s> *nt kein pl s.* **Kalzium**
Caldera <-, Calderen> *f* GEOL caldera
Californium <-s> *nt kein pl* californium *no pl*
Call <-s, -s> [kɔ:l] *m o nt* BÖRSE call
Callboy ['kɔ:lbɔɪ] *m male version of a call girl*
Callcenter ['kɔ:lsɛntɐ] *nt* TELEK call centre **Callcenteragent** *m* TELEK call centre adviser
Callgeld *nt* BÖRSE call money **Callgirl** <-s, -s> [-gœrl] *nt* call girl
Call-Option <-, -s> ['kɔ:lɔpʃn̩] *f* BÖRSE call option **Call-Rendite** *f* BÖRSE returns *pl* on call
CAM TECH *Abk von* **computer aided manufacturing** CAM
Camarguepferd [ka'marg-] *nt* horse reared in the Camargue
Camcorder <-s, -> ['kamkɔrdɐ] *m* camcorder
Camembert <-s, -s> ['kamәmbɛ:ɐ̯] *m* Camembert [cheese]
Camionneur <-s, -e> ['kami̯õnøɐ̯] *m* SCHWEIZ *(Spediteur)* haulage contractor, haulier BRIT, hauler AM
Camp <-s, -s> [kɛmp] *nt* MIL ❶ *(Lager)* camp ❷ *(Gefangenenlager)* prison camp
campen ['kɛmpn̩] *vi* ■ [irgendwo] ~ to camp [*or* go camping] [somewhere]
Camper(in) <-s, -> ['kɛmpɐ] *m(f)* camper
campieren* *vi* ❶ *s.* **kampieren** ❷ ÖSTERR, SCHWEIZ *(campen)* to camp, to go camping
Camping <-s> ['kɛmpɪŋ] *nt kein pl* camping
Campingartikel *m* piece of camping equipment **Campingausrüstung** *f* camping equipment **Campingbus** *m* camper **Campingführer** *m* camping guide **Campingplatz** *m* campsite, camping [*or* AM camp] ground **Campingzubehör** *nt* camping equipment *no pl*

Campus <-, -> *m* campus
Canasta <-s> *nt kein pl* KARTEN [game of] canasta
Canberra <-s> *nt* Canberra
Cancan <-s, -s> [kã'kã:] *m* cancan
cand. *Abk von* **candidatus** final year student, BRIT *a.* graduand
Canellino *f* KOCHK canellino bean
Cannabis <-> *m kein pl* cannabis *no pl*
Cannelloni *pl* cannelloni *npl*
Cañon <-s, -s> ['kanjɔn] *m* canyon
Canossa <-[s]> *nt s.* **Kanossa**
Canyoning ['kænjənɪŋ] *nt* SPORT canyoning *no pl, no indef art*
CAP *f Abk von* **Gemeinsame Agrarpolitik** CAP, Common Agricultural Policy
Cape <-s, -s> [ke:p] *nt* cape
Cappuccino <-[s], -[s]> [kapʊ'tʃi:no] *m* cappuccino
Capriccio <-s, -s> [ka'prɪtʃo] *nt* MUS capriccio, caprice
Caps-Lock-Modus [kæps'lɒk-] *m* caps lock mode **Caps-Lock-Taste** [kæps'lɒk-] *f* caps lock key
Caravan <-s, -s> ['ka(:)ravan] *m* caravan
Caravanspiegel ['ka:ravan-] *m* AUTO trail-view mirror
Carepaket ['kɛə-] *nt* care package
Cargosprinter <-s, -> *m* BAHN *high-speed freight train*
Caritas <-> *f,* **Deutscher Caritasverband** *German charitable organization*
Carnaroli *m kein pl* KOCHK carnaroli rice *no pl*
Carolina *m kein pl* KOCHK Carolina rice *no pl*
Carport <-s, -s> ['ka:pɔ:t] *m* carport
Car-Sharing, Carsharing <-s> ['ka:ʃɛərɪŋ] *nt kein pl* car sharing
Carte blanche <- -, -s -s> [kartə'blã:ʃ] *f (geh)* carte blanche
Cartoon <-s, -s> [kar'tu:n] *m* cartoon
Cartoonist(in) <-en, -en> *m(f)* cartoonist
Carving ['ka:ɐ̯vɪŋ] *nt* SKI carving **Carving-Ski** *m* carving ski
Casanova <-s, -s> *m* Casanova
Cäsar[1] <-s> ['tsɛ:zar] *m* Caesar
Cäsar[2] <-saren, -saren> *m* emperor
Cäsarenwahn(sinn) *m* megalomania
Cascading [kæs'keɪdɪŋ] *nt* SPORT cascading
Cash <-s> [kæʃ] *nt kein pl* FIN *(fam)* cash
cash [kæʃ] *adv* cash
Cashewnuss[RR] ['kɛʃu-] *f* cashew nut
Cashflow[RR] <-s, -s> ['kæʃfloʊ] *m* cash flow
Cashflow-Steuer *f* FIN cash flow tax
Cashgeschäft *nt* FIN cash transaction
Cash-Management-System, Cashmanagementsystem ['kæʃmænɪdʒmənt] *nt* cash management system
Cäsium <-s> ['tsɛ-] *nt kein pl* caesium BRIT *no pl,* cesium AM *no pl*
Cassette <-, -n> *f s.* **Kassette**
casten ['ka:stn̩] *vt* FILM ■ **jdn** ~ to cast sb
Casting <-s, -s> ['ka:stɪŋ] *nt* FILM, THEAT casting [session] **Casting-Agentur** *f* FILM casting agency
CASTOR *m Akr von* **cask for storage and transport of radioactive material** CASTOR
Catch-as-catch-can <-> ['kætʃəz'kætʃkæn] *nt kein pl* catch-as-catch-can *no pl,* all-in wrestling *no pl*
catchen ['kɛtʃn̩] *vi* ■ **gegen jdn** ~ to wrestle catch-as-catch-can against sb
Catcher(in) <-s, -> ['kɛtʃɐ] *m(f)* catch-as-catch-can [*or* all-in] wrestler
Catering <-[s]> ['kəɪtərɪŋ] *nt kein pl* catering *no pl*
Cateringservice *m* catering service
Catsuit <-s, -s> ['kɛtsju:t] *m* catsuit
Cayennepfeffer [ka'jɛn-] *m* cayenne pepper
CB-Funk *m* CB radio
CB-Funker(in) [tse:'be:-] *m(f)* CB user [*or* fan]
cbm *m Abk von* **Kubikmeter** m^3
cc INET *(Kopie an) Abk von* **carbon copy** cc
CCD *nt* INFORM *(ladungsgekoppeltes Gerät) Abk von* **charge coupled device** CCD
ccm *m Abk von* **Kubikzentimeter** cm^3, cc

CD <-, -s> *f Abk von* **Compact Disc** CD
CD-Brenner *m* CD rewriter [*or* burner] **CD-I** *nt* INFORM *Abk von* **compact disc-interactive** CD-I **CD-Laufwerk** *nt* CD drive **CD-Player** <-s, -> [-ple:ɐ] *m* CD player **CD-R** *f Abk von* **CD-Recordable** CD-R **CD-Recordable** <-, -s> [-rɪ'kɔ:dəbl̩] *f (einmal beschreibbare CD)* CD-Recordable, recordable CD **CD-ReWritable** <-, -s> [-rɪ'raɪtəbl̩] *f* CD-ReWritable, rewritable CD **CD-ROM** <-, -s> [tse:de:'rɔm] *f* CD-ROM; ■ **auf CD-ROM** on CD-ROM **CD-ROM-Brenner** *m* CD-ROM burner **CD-ROM-Laufwerk** *nt* CD-ROM drive [*or* player] **CD-Spieler** *m s.* **CD-Player CD-Ständer** *m* CD rack
CDU <-> *f Abk von* **Christlich-Demokratische Union** CDU
CD-Video *nt* video disc **CD-Videogerät** *nt* video disc player **CD-Wechsler** *m* CD selector
CE *pl Abk von* **Consumer Electronics** CE
Cefalosporin <-s, -e> *nt* PHARM cephalosporin
Celebessee [tse'le:bɛs] *f* Celebes Sea
Celebrity-Center [sə'lebrəti,sentə] *nt von Scientology* celebrity center
Celli [tʃ-] *pl von* **Cello** cellos *pl*
Cellist(in) <-en, -en> [tʃɛ'lɪst] *m(f)* cellist
Cello <-s, -s *o* Celli> ['tʃɛlo] *nt* cello
Cellophan® <-s> [tsɛlo'fa:n] *nt kein pl* cellophane
Cellophanieren <-s> *nt kein pl* TYPO film [*or* acetate] laminating
cellophaniert *adj inv* ~**er Karton** film-laminated board
Cellulite <-> *f kein pl* cellulite
Celsius ['tsɛl-] *no art, inv* Celsius
Celsiusskala *f* celsius scale
Cembalo <-s, -s *o* Cembali> ['tʃɛmbalo] *nt* cembalo
Centronics-Schnittstelle [tʃ-] *f* INFORM centronics interface
Cepheiden [ts-] *pl* ASTRON Cepheids *pl,* Cepheid variables *pl*
CERN <-s> *m kein pl Akr von* **Conseil Européen pour la Recherche Nucléaire** CERN
Cervelatwurst [sɛrvə'la:t-] *f* cervelat [sausage]
Ces, ces <-, -> [tsɛs] *nt* MUS C flat
Cessio legis [ts-] *nt* JUR assignment by operation of law
Ceylon ['tsailɔn] *nt früher für* **Sri Lanka** Ceylon
cf. *Abk von* **confer** cf.
Cha-Cha-Cha <-[s], -s> ['tʃa'tʃa'tʃa] *m* cha-cha[-cha]
Chagrinleder [ʃa'grɛ̃-] *nt* shagreen
Chalkolithikum <-s> *nt kein pl (Kupferzeit)* chalcolithic period
Chamäleon <-s, -s> [ka-] *nt* chameleon; **ein** ~ **sein** *(pej)* to be [like] a chameleon
Champagner <-s, -> [ʃam'panjə] *m* champagne
Champagnerschere *f* champagne tongs *npl*
Champignon <-s, -s> ['ʃampɪnjɔn] *m* mushroom
Champion <-s, -s> ['tʃɛmpi̯ən] *m (Spitzensportler)* champion; *(Spitzenmannschaft)* champions *pl*
Champions League <-> ['tʃɛmpi̯əns 'li:g] *f kein pl* FBALL Champions League; **in der** ~ **spielen** to play in the Champions League
Chance <-, -n> ['ʃã:sə] *f* ❶ *(Möglichkeit)* chance; **eine/keine** ~ **ungenutzt lassen** to [not] pass up an opportunity; **jdm eine** ~ **geben** to give sb a chance; **jdm eine letzte** ~ **geben** to give sb one last chance; [**gegen jdn**] **keine** ~ **haben** to have no chance [against sb]; **die** ~**n** *pl* **stehen gut/schlecht** there's a good chance/there's little chance; **wie stehen die** ~**n?** *(fam)* what are the odds? ❷ *pl (Aussichten)* prospects *pl;* [**bei jdm**] ~**n haben** *(fam: Aussicht auf Erfolg haben)* to have a chance [with sb]; *(beim Arbeitgeber etc)* to have prospects [with an employer, etc.]
Chancengleichheit *f* JUR equality of opportunity **Chancenkapital** *nt* FIN venture capital
chancenlos *adj* no chance; ~ **gegen jdn/etw sein** to not stand a chance against sb/sth
changieren* [ʃã'ʒi:rən] *vi* to shimmer
Channel-Hopping, Channelhopping <-s>

[tʃænl-] *nt kein pl* TV channel hopping
Chanson <-s, -s> [ʃãˈsõ:] *nt* chanson
Chanson(n)ette <-, -n> [ʃãsɔˈnɛt] *f* chanteuse
Chansonsänger(in) *m(f)* singer of chansons, chansonnier
Chanukka <-> [x-] *f kein pl* REL (*das jüdische Lichterfest*) Chanukah, Hanuka, Hanukkah, Hanukka, Feast of Dedication [*or* of Lights]
Chaos <-> [ˈka-] *nt kein pl* chaos *no pl;* **irgendwo herrscht** [**ein einziges**] ~ there is [complete [*or* absolute]] chaos somewhere
Chaostheorie *f* MATH chaos theory
Chaot(in) <-en, -en> [ka-] *m(f)* (*pej*) ❶ (*Radikale(r)*) anarchist ❷ (*sl: verworrener Mensch*) chaotic [*or* muddle-headed] person
chaotisch [ka-] **I.** *adj* chaotic; ~ **aussehen/klingen** to look/sound chaotic **II.** *adv* chaotically
Chapeau claque, **Chapeau Claque**^RR^ <- -, -x -s> [ʃapoˈklak] *m* opera hat
Charakter <-s, -tere> [ka-] *m* ❶ (*Wesen*) character; ~ **haben** to have strength of character; **den ~ prägen** [*o* **formen**] to form [*or* BRIT mould] [*or* AM mold] the character; **jd von ~** sb with strength of character ❷ (*Eigenart*) character; *eines Gesprächs, einer Warnung* nature *no indef art* ❸ (*liter*) character
Charakteranlage *f* characteristic **Charakterdarsteller(in)** *m(f)* character actor **Charaktereigenschaft** *f* characteristic **Charakterfehler** *m* character defect **charakterfest** *adj* with strength of character *pred;* ~ **sein** to have strength of character **Charakterfestigkeit** *f* strength of character
charakterisieren* *vt* ■**etw** ~ to characterize sth; ■**jdn/etw** [**als etw** *akk*] ~ to characterize sth/sb [as sth]
Charakterisierung <-, -en> *f* characterization
Charakteristik <-, -en> *f* ❶ (*treffende Schilderung*) characterization ❷ TECH (*typische Eigenschaft*) feature
Charakteristikum <-s, -ristika> *nt* (*geh*) characteristic
charakteristisch *adj* characteristic, typical; ■~ [**für jdn/etw**] **sein** to be characteristic [*or* typical] [of sb/sth]
charakteristischerweise *adv* characteristically
Charakterkopf *m* face with striking [*or* distinctive] features; **einen ~ haben** to have striking features, to have an expressive face
charakterlich **I.** *adj* of sb's character *pred;* **~es Merkmal** characteristic; **~e Stärke** strength of character **II.** *adv* in character, as far as sb's character is concerned *pred;* **jdn ~ stark/negativ prägen** to have a strong/negative effect on sb's character
charakterlos **I.** *adj* despicable **II.** *adv* despicably **Charakterlosigkeit** <-, -en> *f* ❶ (*Niedertracht*) despicableness *no pl* ❷ (*schändliche Tat*) despicable act; ***es ist einfach eine ~ von ihr*** it is simply despicable of her **Charaktermerkmal** *nt s.* **Charaktereigenschaft**
Charakterologie <-> *f kein pl* characterology *no pl*
charakterologisch *adj* characterological
Charakterrolle *f* character part **Charakterschauspieler(in)** *m(f)* character actor **Charakterschwäche** *f* weakness of character **Charakterschwein** *nt* (*fam*) bad lot **Charakterstärke** *f* strength of character **Charakterstudie** *f* character study **charaktervoll** **I.** *adj* ❶ (*anständig*) decent ❷ (*ausgeprägt*) pronounced **II.** *adv* decently **Charakterzug** *m* characteristic
Charge <-, -n> [ˈʃarʒə] *f* ❶ (*Dienstgrad*) rank; **die höheren/unteren ~n** the upper/lower ranks ❷ (*Nebenrolle*) supporting role ❸ PHARM batch
Charisma <-s, Charismen *o* Charismata> [ˈça:rɪsma] *nt* (*geh*) charisma
Charismatiker(in) <-s, -> *m(f)* charismatic person
charismatisch *adj* charismatic
Charleston <-, -s> [ˈtʃarlstn̩] *m* Charleston
Charm <-s, -s> [tʃa:m] *nt* PHYS (*Eigenschaft eines Quark*) charm
charmant [ʃarˈmant] **I.** *adj* charming **II.** *adv* charmingly
Charme <-s> [ʃarm] *m kein pl* charm; ~ **haben** to have charm
Charmeur(in) <-s, -e> [ʃarˈmø:ɐ̯] *m(f)* charmer
Charta <-, -s> [ˈkarta] *f* charter; **Magna ~** Magna Carta [*or* Charta]
Chart-Analyst [tʃartˈænəlɪst] *m* FIN chart analyst
Charter <-s, -s> [ˈtʃartɐ] *m* charter
Charterer *m* ÖKON charterer
Charterflug [ˈtʃartɐ-] *m* charter flight **Charter(flug)gesellschaft** *f* charter company
Charterflugzeug *nt* charter plane **Chartermaschine** *f* charter [aeroplane [*or* AM airplane]]
chartern [ˈtʃartɐn] *vt* ❶ (*mieten*) ■**etw** ~ to charter sth ❷ (*fam: anheuern*) ■[**sich** *dat*] **jdn** ~ to hire sb
Charterpartie *f* ÖKON chartering party **Chartervertrag** *m* JUR (*Schifffahrt*) contract of affreightment
Charts [tʃa:ts] *pl* charts *pl*
Chassis <-, -> [ʃaˈsi:] *nt* chassis
Chasuble <-s, -s> [ʃaˈzybl̩] *nt* MODE chasuble
Chat <-s, -s> [tʃæt] *m* INET chat
Chateaubriand <-[s], -s> [ʃatobriˈã:] *nt* KOCHK chateaubriand
Chatforum *nt* (*sl*) chat forum
Chat-Modus *m* chat mode
Chatroom <-s, -s> [ˈtʃætru:m] *m* INET chat room
chatten [ˈtʃætən] *vi* INET (*fam*) ■[**mit jdm**] ~ to chat [with sb]
Chauffeur(in) <-s, -e> [ʃɔˈfø:ɐ̯] *m(f)* (*Fahrer*) driver; (*persönlicher Fahrer*) chauffeur
Chauffeuse <-, -n> [ʃɔˈfø:zə] *f* SCHWEIZ *fem form von* **Chauffeur** female professional driver
chauffieren* [ʃɔˈfi:rən] **I.** *vt* (*geh o veraltend*) ■**jdn** [**irgendwohin/zu jdm**] ~ to drive sb [somewhere/to sb] **II.** *vi* (*geh o veraltend*) to drive
Chaussee <-, -n> [ʃɔˈse:] *f* (*in Straßennamen*) Avenue; (*veraltend*) country road
Chauvi <-s, -s> [ˈʃo:vi] *m* (*sl*) [male] chauvinist [pig] *pej*
Chauvinismus <-> [ʃo-] *m kein pl* ❶ POL (*pej*) chauvinism *no pl pej* ❷ (*männlicher ~*) [male] chauvinism *no pl pej*
Chauvinist(in) <-en, -en> [ʃo-] *m(f)* ❶ POL (*pej*) chauvinist *pej* ❷ (*Chauvi*) [male] chauvinist [pig] *pej*
chauvinistisch [ʃo-] **I.** *adj* (*pej*) ❶ POL chauvinistic ❷ (*männlich ~*) chauvinistic *pej* **II.** *adv* (*pej*) chauvinistically *pej*
Chayote <-, -n> [tʃaˈjo:tə] *f* BOT, KOCHK chayote, vegetable pear
checken [ˈtʃɛkn̩] *vt* ❶ (*überprüfen*) ■**etw** ~ to check sth; ■~, **ob** to check whether ❷ (*sl: begreifen*) ■**etw** ~ to get sth *fam* ❸ SPORT (*anrempeln*) ■**jdn** ~ to check sb
Checkliste *f* checklist **Checkpoint** <-s, -s> *m* checkpoint **Check-up** <-s, -s> [ˈtʃɛkap] *m* check-up
Chef(in) <-s, -s> [ʃɛf] *m(f)* head; (*Leiter einer Firma*) manager, boss *fam;* ~ **des Stabes** MIL chief of staff
Chefarzt, -ärztin *m, f* head doctor **Chefetage** *f* management floor **Chefideologe, -login** *m, f* chief ideologist [*or* ideologue]
Chefin <-, -nen> *f* ❶ *fem form von* **Chef** ❷ (*fam: Frau des Chefs*) boss's wife *fam*
Chefingenieur(in) *m(f)* chief engineer **Chefkoch, -köchin** *m, f* chief [*or* head] cook **Chefredakteur(in)** *m(f)* editor-in-chief **Chefredaktion** *f* ❶ (*Aufgabe*) chief editorship ❷ (*Büro*) editor-in-chief's office **Chefsache** *f pl selten* (*fam*) matter for the boss [to take care of], management matter; **etw zur ~ machen** to make sth a matter for the management; ***Erklären Sie den Fall zur ~!*** that's a matter for the boss! **Chefsekretär(in)** *m(f)* manager's secretary **Chefunterhändler(in)** *m(f)* POL head [*or* chief] negotiator **Chefzimmer** *nt* executive's [*or* AM boss's] office
chem. *Abk von* **chemisch**
Chemie <-> [çeˈmi:] *f kein pl* ❶ (*Wissenschaft*) chemistry ❷ ÖKON (*Branche*) chemical industry ❸ (*fam: chemische Zusatzstoffe*) chemicals *pl fam*
Chemiearbeiter(in) *m(f)* chemical worker **Chemiefaser** *f* (*Kunstfaser*) man-made fibre [*or* AM -er] **Chemieingenieur(in)** *m(f)* chemical engineer **Chemiekonzern** *nt* chemical manufacturer [*or* company] **Chemielaborant(in)** *m(f)* laboratory chemist **Chemielehrer(in)** *m(f)* chemistry teacher **Chemiemüll** *m kein pl* chemical waste **Chemieunfall** *nt* chemical accident **Chemieunterricht** *m* chemistry lesson **Chemiewaffen** *pl* chemical weapons *pl* **chemiewaffenfrei** *adj* free of chemical weapons *pred*
Chemikalie <-, -n> [çemi-] *f meist pl* chemical
Chemiker(in) <-s, -> [ˈçe:mikɐ] *m(f)* chemist
chemisch [ˈçe:mɪʃ] SÜDD *bes* **I.** *adj* chemical **II.** *adv* chemically; **etw ~ reinigen** to dry-clean sth
Chemotechnik [çemo-] *f kein pl* chemical engineering *no pl* **Chemotechniker(in)** *m(f)* chemical engineer **Chemotherapeutikum** <-s, -ka> *nt* chemotherapeutical remedy **chemotherapeutisch** *adj* chemotherapeutic **Chemotherapie** *f* chemotherapy
Cherimoya <-, -[s]> [tʃ-] *f* BOT cherimoya
Cherokee <-[s], -[s]> [tʃɛrəˈki:] *m* (*Indianer*) Cherokee
Cherub <-s, -im *o* -inen> [ˈçe:rʊp] *m* cherub
Chiasmus <-, -men> [ˈç-] *m* LING chiasmus
chic [ʃɪk] *adj s.* **schick**
Chick <-s, -s> [tʃɪk] *m* (*pej*) chick
Chicorée <-s> [ˈʃikore] *m kein pl* chicory
Chiemsee *m* Chiemsee
Chiffon <-s, -s> [ˈʃɪfõ] *m* chiffon
Chiffre <-, -n> [ˈʃɪfrə] *f* ❶ (*Kennziffer*) box number ❷ (*Zeichen*) cipher
Chiffreanzeige *f* box number advertisement
Chiffretelefon *nt* scrambler telephone
chiffrieren* [ʃɪˈfri:rən] *vt* ■**etw** ~ to [en]code sth; ■**chiffriert** [en]coded
Chiffriermaschine *f* cipher machine, coder **Chiffrierschlüssel** *m* cryptographic [*or* cipher] key **Chiffrierverfahren** *nt* INFORM cryptographic process, encoding
Chihuahua <-s, -s> [tʃiˈu̯au̯a] *m* (*Hunderasse*) Chihuahua
Chile <-s> [ˈtʃi:le] *nt* Chile; *s. a.* **Deutschland**
Chilekrabbe *f* ZOOL langostino
Chilene, Chilenin <-n, -n> *m, f* Chilean; *s. a.* **Deutsche(r)**
chilenisch *adj* Chilean; *s. a.* **deutsch**
Chili <-s> [ˈtʃi:li] *m kein pl* ❶ (*Pfefferschote*) chilli BRIT, chili AM ❷ (*Pfeffersoße*) chilli sauce
Chilischote *f* chilli, hot pepper
Chilisoße *f* chil[l]i sauce
Chill-Out, Chillout <-s> [tʃɪlau̯t] *nt* (*sl*) chill-out
Chimäre <-, -n> [ç-] *f* ❶ BIOL (*Knorpelfisch*) chimera ❷ (*geh: Trugbild*) illusion
China <-s> [ˈçi:na] *nt* China; *s. a.* **Deutschland**
Chinakohl *m* Chinese cabbage **Chinapfeffer** *m* anise pepper **Chinarestaurant** *nt* Chinese restaurant **Chinasalat** *m* Chinese leaf [*or* cabbage] **Chinawurzel** *f* chinaroot
Chinchilla^1^ <-, -s> [tʃɪnˈtʃɪla] *f* chinchilla
Chinchilla^2^ <-s, -s> [tʃɪnˈtʃɪla] *nt* chinchilla
Chinese, Chinesin <-n, -n> [çi-] *m, f* Chinese [person]; *s. a.* **Deutsche(r)**
chinesisch *adj* Chinese ▸ WENDUNGEN: ~ **für jdn sein** (*fam*) to be double Dutch to sb; *s. a.* **deutsch**
Chinesisch *nt dekl wie adj* Chinese; *s. a.* **Deutsch**
Chinesische <-n> *nt* ■**das ~** Chinese; *s. a.* **Deutsche**
Chinin <-s> [çiˈni:n] *nt kein pl* quinine *no pl*
Chinolon <-s, -e> *nt* PHARM quinolone
Chip <-s, -s> [tʃɪp] *m* ❶ INFORM [micro]chip ❷ (*Jeton*) chip ❸ *meist pl* KOCHK crisp *usu pl* BRIT, chip *usu pl* AM
Chipkarte *f* smart card **Chipkontakt** *m* INFORM chip contact
Chippendale <-[s]> [ˈ(t)ʃɪpəndeɪl] *nt kein pl* (*Möbelstil*) Chippendale style

C

Chipsatz *m* INFORM chip set

Chi-Quadrat [çi:-] *nt* (*Wahrscheinlichkeitsverteilung*) chi-square[d] distribution

Chiropraktik [çiro-] *f kein pl* chiropractic *no pl* **Chiropraktiker(in)** *m(f)* chiropractor

Chirurg(in) <-en, -en> *m(f)* surgeon

Chirurgie <-, -n> [çirʊrˈgi:] *f* ❶ *kein pl* (*Fachgebiet*) surgery ❷ (*chirurgische Abteilung*) surgery ward

Chirurgin <-, -nen> *f fem form von* **Chirurg**

chirurgisch I. *adj* surgical; ■**die ~e Abteilung** the surgery ward II. *adv* surgically; ~ **tätig sein** to practise [*or* AM -ce] surgery

Chisinau <-s> [kiʃiˈnəʊ] *nt* Chişinău

Chitin <-s> [çiˈti:n] *nt kein pl* chitin *no pl*

Chlor <-s> [klo:ɐ̯] *nt kein pl* chlorine

Chlorakne *f* chloracne *no pl*

Chloramphenicol <-s, -e> *nt* PHARM chloramphenicol

chloren *vt* ■**etw** ~ to chlorinate sth

chlorfrei *adj inv* chlorine-free **Chlorgas** *nt* chlorine [gas] **chlorhaltig** *adj* containing chlorine, chlorinated

Chlorid <-s, -e> *f* CHEM chloride

chlorieren* *vt* ■**etw** ~ to chlorinate sth; *s. a.* **Kohlenwasserstoff**

chlorig *adj* chlorous

Chlorit <-s, -e> *nt* CHEM chlorite

Chloroform <-s> *nt kein pl* chloroform *no pl* **chloroformieren*** *vt* ■**jdn** ~ to chloroform sb **Chlorophyll** <-s> *nt kein pl* chlorophyll *no pl* **Chloroplast** <-en, -en> *meist pl m* BIOL chloroplast

Chlorwasserstoff *m* hydrogen chloride

Choke <-s, -s> [tʃoʊk] *m* choke

Chokerkette [tʃo:kə-] *f* choker

Cholera <-> [ˈko:lera] *f kein pl* cholera *no pl*

Choleraepidemie *f* cholera epidemic

Choleriker(in) <-s, -> [ko-] *m(f)* choleric person

cholerisch *adj* choleric

Cholesterin <-s> [çolɛsteˈri:n] *nt kein pl* cholesterol *no pl*

Cholesterinspiegel *m* cholesterol level

Chondrit <-s, -e> *m* (*Steinmeteorit*) chondrite

Chor[1] <-[e]s, Chöre> [ko:ɐ̯] *m* ❶ (*Gruppe von Sängern*) choir ❷ MUS chorus; **im** ~ in chorus

Chor[2] <-[e]s, -e *o* Chöre> *m* ARCHIT ❶ (*Altarraum*) choir ❷ (*Chorempore*) choir gallery

Choral <-s, Choräle> [ko-] *m* chorale

Chordatier *nt* ZOOL chordate

Choreograf(in)RR <-en, -en> *m(f)* choreographer

ChoreografieRR <-, -n> [ko-] *f* choreography

ChoreografinRR <-, -nen> *f fem form von* **Choreograf**

choreografischRR *adj* choreographic

Choreograph(in) <-en, -en> *m(f) s.* **Choreograf**

Choreographie <-, -n> *f s.* **Choreografie**

Choreographin <-, -nen> *f fem form von* **Choreograf**

choreographisch *adj s.* **choreografisch**

Chorgesang *m* choral singing *no pl*

Chorgestühl *nt* choir stalls *pl*

Chorknabe *m* choirboy **Chorleiter(in)** *m(f)* choirmaster **Chorsänger(in)** *m(f)* chorister

Chose <-, -n> [ˈʃo:zə] *f* (*fam*) ❶ (*Angelegenheit*) thing *fam*, affair, matter ❷ (*Zeug*) stuff *fam*; ■**die** [**ganze**] ~ the whole lot *fam*

Chr. *Abk von* **Christus, Christi** Christ

Christ(in) <-en, -en> [krɪst] *m(f)* Christian

Christbaum *m* DIAL (*Weihnachtsbaum*) Christmas tree **Christbaumschmuck** *m kein pl* DIAL Christmas tree decorations *pl* **Christdemokrat(in)** *m(f)* Christian Democrat **christdemokratisch** *adj* Christian democratic

Christenheit <-> *f kein pl* Christendom *no pl*

Christenpflicht *f* Christian duty

Christentum <-s> *nt kein pl* Christianity *no pl*

Christenverfolgung *f* persecution of [the] Christians

Christfest *nt* DIAL (*Weihnachtsfest*) Christmas

Christi *gen von* **Christus**

christianisieren* *vt* ■**jdn/etw** ~ to convert sb/sth to Christianity, to christianize sb/sth

Christianisierung <-, -en> *f* christianization, conversion to Christianity

Christin <-, -nen> *f fem form von* **Christ**

Christkind *nt* ❶ (*Jesus*) infant [*or* baby] Jesus, Christ child ❷ (*weihnachtliche Gestalt*) Father Christmas BRIT, Santa Claus AM; **ans ~ glauben** to believe in Father Christmas ❸ *bes* SÜDD, ÖSTERR (*Weihnachtsgeschenk*) Christmas present

christlich I. *adj* Christian; **C~-Demokratische Union** [*o* **CDU**] Christian Democratic Union, CDU; **C~-Soziale Union** [*o* **CSU**] Christian Social Union; **C~er Verein Junger Männer** Young Men's Christian Association II. *adv* in a Christian manner; *s. a.* **Seefahrt, Verein**

Christmesse *f*, **Christmette** *f* REL Christmas mass

Christnacht *f* Christmas Eve, the night before Christmas

Christoph *m* Christopher **Christrose** *f* Christmas rose **Christstollen** *m cake made of yeast dough, raisins, candied citrus fruits and often marzipan that is traditionally eaten at Christmas*

Christus <Christi, *dat* – *o geh* Christo, *akk* – *o geh* Christum> [ˈkrɪstʊs] *m* Christ; (*Christusfigur*) figure of Christ; **nach ~, nach Christi Geburt** AD; **vor ~, vor Christi Geburt** BC; **Christi Himmelfahrt** Ascension

Chrom <-s> [kro:m] *nt kein pl* chrome *no pl*

Chromatik <-> [kro-] *f kein pl* ❶ MUS chromaticism ❷ ORN chromatics + *sing vb*

chromatisch *adj* MUS, ORN chromatic

ChromatografieRR <-> *f kein pl s.* **Chromatographie**

Chromatographie <-> *f kein pl* CHEM chromatography

chromblitzend *adj* gleaming [*or* shiny] with chrome

Chromoduplexkarton *m* TYPO chromo duplex board **Chromoersatzkarton** *m* TYPO imitation chromo board **Chromokarton** *m* TYPO chromo board

Chromosom <-s, -en> [kro-] *nt* chromosome

Chromosomensatz *m* chromosome number

Chromstahl *m* chrome [*or* chromium] steel

Chronic <-s> *nt kein pl* (*Droge*) chronic AM *fam*

Chronik <-, -en> [ˈkro:nɪk] *f* chronicle

chronisch [ˈkro:nɪʃ] *adj* ❶ MED chronic ❷ (*fam: dauernd*) chronic; ■**etw ist bei jdm** ~ sb has [a] chronic [case of] sth; **ein ~ kranker Mensch** a chronically ill person; ■~ **sein/werden** to be/become chronic

Chronist(in) <-en, -en> *m(f)* chronicler

Chronobiologie *f* chronobiology **Chronofotografie**RR *f* FILM chronophotography **Chronograf**RR *m s.* **Chronograph** **Chronograph** *m* chronograph **Chronologie** <-> [kro-] *f kein pl* ❶ (*geh: zeitliche Abfolge*) sequence ❷ (*Zeitrechnung*) chronology **chronologisch** I. *adj* chronological II. *adv* chronologically, in chronological order

Chronometer <-s, -> [krono-] *nt* chronometer

Chrysalide <-, -n> *f* ZOOL (*Schmetterlingspuppe*) chrysalis, chrysalid

Chrysantheme <-, -n> [kryzanˈte:mə] *f* chrysanthemum

Chur *nt* Chur

Chuzpe <-> [ˈxʊtspə] *f kein pl* (*pej fam*) gall

CI [si:aɪ] *f Abk von* **Corporate Identity** Corporate Identity

CIA <-> *f o m Abk von* **Central Intelligence Agency** CIA

c.i.c. *f* JUR *Abk von* **culpa in contrahendo** c.i.c.

Cicero[1] <-s> [ˈtsɪtsero] *m* HIST Cicero

Cicero[2] <-> *f o m kein pl* TYPO cicero

Cicerone <-[s], -s *o geh* Ciceroni> *m* (*veraltend*) ❶ (*Fremdenführer*) tourist guide ❷ (*Reiseführer*) guide[book]

Cidre <-s> [ˈsi:drə] *m kein pl* French cider

Cie. SCHWEIZ *Abk von* **Kompanie**

cif *Abk von* **cost, insurance, freight** c.i.f.

CIM *m* INFORM *Abk von* **computer integrated manufacture** CIM

Cineast(in) <-en, -en> [sine-] *m(f)* (*geh*) cinéaste, cineast[e]

cineastisch *adj* cinematic

circa *adv s.* **zirka**

Circe <-, -n> [ˈtsɪrtsə] *f* ❶ HIST Circe ❷ (*geh: verführerische Frau*) Circe *form*, temptress

Cis, cis <-, -> [tsɪs] *nt* C sharp

ciselieren [tsɪ-] *vt* KOCHK ■**etw** ~ to score [*or* gash] sth

City <-, -s> [ˈsɪti] *f* city [centre] BRIT, city center AM, downtown AM

Citybike [ˈsɪtibaɪk] *nt* citybike

Citytrip <-s, -s> [ˈsɪtitrɪp] *m* (*Städtereise*) city break

cl *m Abk von* **Zentiliter** cl

Clan <-s, -s> [kla:n] *m* ❶ (*Stamm*) clan ❷ (*pej: Clique*) clique *pej*

Claqueur <-s, -e> [klaˈkø:ɐ̯] *m* (*pej geh*) claqueur BRIT, [a member of a] studio audience AM

clausula rebus sic stantibus *f* JUR contract of affreightment

Clavicembalo <-s, -s *o* -cembali> [klaviˈtʃɛmbalo] *nt* clavicembalo

clean [kli:n] *adj pred* (*sl*) ■~ **sein** to be clean

Clearing [ˈklɪərɪŋ] *nt* FIN clearing

Clearingabkommen *nt* FIN clearing agreement **Clearingbank** *f* FIN clearing bank **Clearingspitzen** *pl* FIN peak clearing rates **Clearingstelle** *f* FIN clearing house **Clearingteilnehmer(in)** *m(f)* FIN clearing member

clever [ˈklɛvɐ] I. *adj* (*fam*) ❶ (*aufgeweckt*) smart, bright ❷ (*pej: raffiniert*) cunning II. *adv* (*fam*) ❶ (*geschickt*) artfully ❷ (*pej*) cunningly

ClevernessRR, **Cleverneß** <-> *f kein pl* ❶ (*Aufgewecktheit*) brightness *no pl* ❷ (*pej: Raffinesse*) cunningness *no pl*

Clinch <-[e]s> [klɪntʃ] *m kein pl* clinch; (*fig a.*) dispute; [**mit jdm**] **in den ~ gehen** to get into a clinch [with sb]; (*fig a.*) to start a dispute [with sb]; **sich** *akk* **aus dem ~ lösen** to free oneself from [*or* get out of] the clinch; [**mit jdm**] **im ~ sein** [*o* **liegen**] (*fig*) to be in dispute [with sb]

Clip <-s, -s> [klɪp] *m* ❶ (*Klemme*) clip ❷ (*Haarklemme*) hair slide [*or* clip], barrette AM ❸ (*Ohrschmuck*) clip-on [earring] ❹ (*Videoclip*) video

Clips <-, -e> *m s.* **Clip 3**

Clique <-, -n> [ˈklɪkə] *f* ❶ (*Freundeskreis*) circle of friends ❷ (*pej*) clique *pej*

Cliquen(un)wesen *nt* (*pej*) cliquism *pej* **Cliquenwirtschaft** *f* (*pej fam*) cliquism *pej*

Clochard <-s, -s> [klɔˈʃa:ɐ̯] *m* tramp, AM *fam a.* bum

Clou <-s, -s> [klu:] *m* ❶ (*Glanzpunkt*) highlight ❷ (*Kernpunkt*) crux ❸ (*Pointe*) punch line

Clown(in) <-s, -s> [klaun] *m(f)* clown ► WENDUNGEN: **sich** *akk*/**jdn zum ~ machen** to make a fool of oneself/sb; **den ~ spielen** to play the clown

Club <-s, -s> *m s.* **Klub**

Clubber(in) <-s, -> [ˈklʌbɐ] *m(f)* [night]clubber

Clubsteak [klʌb-] *nt* club steak

cm *Abk von* **Zentimeter** cm

Co. *Abk von* **Kompagnon, Kompanie** Co.

Coach <-[s], -s> [koʊtʃ] *m* coach

Coca <-[s], -s *o wenn f* -, -s> *nt o f* (*fam*) Coke® *fam*

Cockerspaniel *m* cocker spaniel

Cockpit <-s, -s> [ˈkɔkpɪt] *nt* LUFT, AUTO cockpit

Cocktail <-s, -s> [ˈkɔkte:l] *m* ❶ (*Getränk*) cocktail ❷ (*Party*) cocktail party ❸ (*Mischung*) wild mixture

Cocktailbar *f* cocktail bar **Cocktailkleid** *nt* cocktail dress **Cocktailparty** *f* cocktail party

Coco-Bohne *f* broad bean

Cocooning <-s> [kəˈku:nɪŋ] *nt* cocooning

Code *m* INFORM code; **maschinenlesbare ~s** machine-readable codes

Code <-s, -s> *m s.* **Kode**

Codecracker <-s, -> *m* code crack[er] **Code-**

Größe *f* code size **Codepage** <-, -s> *f* code sheet
Codex <-es *o* -, -e *o* Codices> *m s.* **Kodex**
Code-Zeichen *nt* code character
codieren* *vt* ① INFORM, TECH ■**etw** ~ to code sth ② LING *s.* **kodieren**
Coeur-Dekolletee[RR] [kø:ɐdekɔl'te:] *nt* sweetheart neckline
Cognac® <-s, -s> ['kɔnjak] *m* cognac
Coiffeuse <-, -n> [koa'føzə] *f* SCHWEIZ *fem form von* **Coiffeur** hairdresser, [hair] stylist
Coitus <-, -> *m* (*geh*) coitus *form*, coition *spec; s. a.* **Koitus**
Cola <-[s], -s *o wenn f* -, -s> *nt o f* (*fam*) Coke® *fam*
Colchicin <-s> [kɔlçi'tsi:n] *nt kein pl s.* **Kolchizin**
Coldcreme[RR] ['koʊld-] *f* cold creme
Collage <-, -n> [kɔ'la:ʒə] *f* KUNST, MUS collage
Collagen <-s> *nt s.* **Kollagen**
College <-[s], -s> ['kɔlɪdʒ] *nt* college
Collegemappe *f* briefcase (*without a handle*)
Collegering *m* class ring
Collider <-s, -> [kə'laɪdə] *m* PHYS collider
Collie <-s, -s> *m* (*Hunderasse*) collie
Collier <-s, -s> *nt s.* **Kollier**
Coloniakübel *m* ÖSTERR (*große Mülltonne*) dustbin BRIT, garbage [*or* trash] can AM
Colorfilm *m* colour [*or* AM -or] film
Colt® <-s, -s> *m* Colt; **zum ~ greifen** to go for one's gun
Combo <-, -s> *f* combo
Come-back[RR], **Comeback** <-[s], -s> [kam'bɛk] *nt* comeback; **ein/sein ~ feiern** to enjoy a comeback; **jdm gelingt ein ~** sb makes a successful comeback
COMECON, **Comecon** <-> *m o nt kurz für* **Council for Mutual Economic Assistance/Aid** COMECON
Comer See *m* Lake Como
Comic <-s, -s> ['kɔmɪk] *m meist pl* comic
Coming-out <-[s], -s> [kamɪŋ'ʔaut] *nt* coming-out
Community <-, -ties> [kə'mju:nəti] *f* INET community
Compactdisc[RR] <-, -s> [kɔm'pɛkt-] *f* compact disc
Compiler <-s, -> [kɔm'paile] *m* INFORM compiler
Compilersprache *f* INFORM compiler language
Computer <-s, -> [kɔm'pju:tɐ] *m* computer; **den ~ programmieren** to program the computer; **[etw] auf ~ umstellen** to computerize [sth]; **mobiler [*o* tragbarer] ~** portable computer
Computeranalyse *f* computer analysis **Computeranimation** *f* INFORM computer animation **Computerarbeitsplatz** *m* computerized workstation **Computerbetrug** *m* JUR computer-related fraud **Computerbörse** *f* ÖKON computerized stock market [*or* exchange] **Computerdatei** *f* INFORM [computer] file **Computerdiagnose** *f* computer diagnosis **Computerdiagnostik** *f* computer diagnosis **Computerentwurfsdaten** *pl* INFORM computer design data + *sing/pl vb* **computererzeugt** *adj inv* computer-generated; **~es Modell** computer-generated model **Computerfehler** *m* INFORM computer error **Computerfreak** <-s, -s> *m* computer freak **computergesteuert** I. *adj* computer-controlled II. *adv* under computer control; ***die Montage erfolgt*** ~ the assembly is controlled by computer **computergestützt** *adj* computer-aided [*or* -assisted] **Computergrafik**[RR] *f* computer graphics *npl*
Computerhacker <-s, -> *m* computer hacker
computerisieren* *vt* ■**etw** ~ to computerize sth
Computerisierung <-> *f kein pl* computerization
Computerkasse *f* computerized [cash] till **Computerkriminalität** *f* computer crime **Computerladen** *m* computer shop [*or* AM store] **Computerlaie** *m* computer layperson [*or* novice] **computerlesbar** *adj* computer-[*or* machine-]readable **Computerlinguist(in)** *m(f)* computer linguist **Computerlinguistik** *f* computer linguistics + *sing vb* **Computermanipulation** *f* JUR falsification of documents **Computernetz(werk)** *nt* computer network **Computerprogramm** *nt* INFORM [computer] program **Computerregister** *nt* INFORM [computer] register **Computersabotage** *f* JUR computer sabotage **Computersimulation** *f* computer simulation **Computerspiel** *nt* computer game **Computerspionage** *f kein pl* INFORM computer espionage **Computersprache** *f* INFORM programming [*or* computer] language **Computerstrahlung** *f kein pl* computer emissions *pl*, EMF radiation **Computersucht** *f kein pl* PSYCH computer addiction, addiction to computers **Computersystem** *nt* computer system
Computer-Telephony-Integration[RR], **Computer Telephony Integration** *f* TELEK computer telephony integration
Computerterminal *nt* INFORM [computer] terminal
Computertisch *m* computer table
Computertomogramm *nt* computer-aided tomogram **Computertomograph** *m* computerized tomography [*or* CT] scanner **Computertomographie** *f* computerized tomography, CT **computerunterstützt** *adj* computer-aided [*or* -assisted] **Computerverbindung** *f* computer link **Computervirus** *m* computer virus **Computerwesen** *nt* ① (*computererzeugtes Wesen*) computer[-generated] being [*or* creature] ② *kein pl* (*selten: Computerwissenschaft, -wirtschaft*) world of computers, computer industry **Computerwissenschaft** *f* computer science **Computerwürmer** *pl* computer viruses *pl* that clog up memory by copying **Computerzeitschrift** *f* computer magazine
Comtesse <-, -n> [kõ'tɛs] *f* countess
COM-Verfahren *nt* INFORM COM process
Conceptart[RR] <-> ['kɔnsɛptɑ:t] *f kein pl* KUNST conceptual art
condictio JUR action; **~ sine causa** claim for causeless enrichment; **~ indebiti** *action for the recovery of money or property handed over by mistake*
conditio sine qua non JUR absolute condition precedent
Conférencier <-s, -s> [kõferã'sie:] *m* compère
Confiserie <-, -n> *f* SCHWEIZ (*Konditorei*) *s.* **Konfiserie**
Connections [kɔ'nɛkʃəns] *pl* connections *pl*
constitutum possessorium *nt* JUR contract of affreightment
Consultant <-s, -s> [kən'sʌltənt] *m* FIN (*Unternehmensberater*) consultant
Consulting [kən'sʌltɪŋ] *nt* consulting
Consultingfirma [kən'sʌltɪŋ-] *f* consulting firm
Consumermesse [kən'sju:mə-] *f* consumer [trade] fair
Container <-s, -> [kɔn'te:nɐ] *m* ① (*Behälter*) container ② (*Müll~*) skip BRIT, dumpster AM ③ (*Wohn~*) Portakabin®
Containerbahnhof *m* container depot **Containerdorf** *nt* village of prefab huts **Containerschiff** *nt* container ship **Containerterminal** *m o nt* container terminal **Containerverkehr** *m* container traffic
Containment <-s, -s> *nt* containment shell
Contenance <-> [kõntə'nã:s] *f kein pl* (*geh*) composure *no pl*
Contergan® <-s> *nt* thalidomide
Contergankind *nt* (*fam*) thalidomide child
contra legem *adv inv* JUR contrary to the wording of the law
Contrefilet ['kõntrə-] *nt* KOCHK (*vom Rind*) rump
Controller(in) <-s, -> *m(f)* controller
Controlling <-s> [kən'troʊlɪŋ] *nt kein pl* controlling *no pl*, controllership *no pl* BRIT
Controlling-Abteilung *f* ÖKON controlling department
Convenience Food <- -> [kən'vi:njənsfʊd] *nt kein pl* convenience food
Cookie <-s, -s> ['kʊkɪ] *nt* INET cookie
Cookinseln <-> [kʊk-] *pl* ■**die** ~ the Cook Islands *pl; s. a.* **Falklandinseln**
cool [ku:l] *adj* (*sl*) ① (*gefasst*) calm and collected ② (*sehr zusagend*) cool *fam*
Copilot(in) *m(f)* co-pilot
Coprozessor <-s, -oren> *m* INFORM coprocessor; **arithmetischer** ~ arithmetic coprocessor **Coprozessorkarte** *f* INFORM coprocessor board
Copyright <-s, -s> ['kɔpirait] *nt* copyright
Copyrightvermerk *m* copyright imprint
Copyshop ['kɔpiʃɔp] *m* copyshop
coram publico *adv* (*geh*) coram populo *form*, publicly
Cord <-s> *m kein pl* cord[uroy]
Cordhose *f* cords *npl*, corduroy trousers [*or* AM pants] *npl*
Cordon bleu <- -, -s -s> [kɔrdõ'blø] *nt veal cutlet filled with boiled ham and cheese and covered in breadcrumbs*
Corner <-s, -> ['kɔ:nə] *m* ÖSTERR, SCHWEIZ (*Eckball*) corner
Cornflakes®[RR] ['ko:nfleɪks] *pl* cornflakes *pl*
Cornichon <-s, -s> [kɔrni'ʃõ:] *nt* pickled gherkin, AM *a.* cornichon
Corporate Banking <-s> ['kɔ:pərət 'bænkɪŋ] *nt kein pl* FIN corporate banking **Corporate Fashion**[RR] <-> ['kɔ:pərɪt'fɛʃn] *f kein pl* MODE corporate fashion **Corporate Identity** <- -, - -s> ['kɔ:pərɪtar'dɛntətɪ] *f* Corporate Identity
Corps <-, -> [ko:ɐ] *nt s.* **Korps**
Corpus <-, Corpora> *nt s.* **Korpus**[2]
Corpus Delicti[RR] <- -, Corpora -> *nt* ① JUR (*Tatwerkzeug*) [material] evidence [of a crime]; **das ~ vorlegen** to present the evidence ② (*hum: Beweisstück*) evidence
Cortison <-s> *nt kein pl s.* **Kortison**
cos *kurz für* **Kosinus**
Costa Rica <-s> *nt* Costa Rica; *s. a.* **Deutschland**
Costa-Ricaner(in) <-s, -> *m(f)* Costa Rican; *s. a.* **Deutsche(r)**
costa-ricanisch *adj* Costa Rican; *s. a.* **deutsch**
Côte d'Ivoire <-s> [kotdi'vwa:r] *nt* Ivory Coast, Côte d'Ivoire; *s. a.* **Deutschland**
Couch <-, -es *o* -en> [kautʃ] *f o* SÜDD *m* couch, sofa, settee
Couchdecke *f* throw **Couchgarnitur** *f* three-piece suite, AM *a.* couch set **Couchpotato** <-, -es> ['kautʃpə'teɪtoʊ] *f* (*pej sl*) couch potato *esp* AM *sl* **Couchtisch** *m* coffee table
Couleur <-, -s> [ku'lø:ɐ] *f* ① (*geh: Anschauung*) persuasion; ■**einer bestimmten** ~ of a certain hue ② SCH colours [*or* AM -ors] *pl*; **~ tragen** to wear one's colours
Count-down[RR], **Countdown** <-s, -s> ['kauntdaun] *m o nt* (*a. fig*) countdown
Coup <-s, -s> [ku:] *m* coup; **einen ~ [gegen jdn/etw] landen** to score a coup [against sb/sth]
Coupé <-s, -s> [ku'pe:] *nt* ① (*Sportlimousine*) coupé ② ÖSTERR (*Zugabteil*) compartment
Coupon <-s, -s> [ku'põ:] *m* ① (*abtrennbarer Zettel*) coupon ② (*Zinscoupon*) [interest] coupon
Courage <-> [ku'ra:ʒə] *f kein pl* (*geh*) courage *no pl*
couragiert I. *adj* (*geh*) bold II. *adv* boldly, courageously
Courtage <-, -n> [kʊr'ta:ʒə] *f* brokerage *no pl*
Courtagerechnung *f* BÖRSE brokerage statement [*or* account]
Cousin, **Cousine** <-s, -s> [ku'zɛ̃:] *m, f* cousin
Cover <-s, -s> ['kavɐ] *nt* ① (*Titelseite*) [front] cover ② (*Plattenhülle*) [record] sleeve
Covergirl [-gø:ɐl] *nt* cover girl
covern ['kavɐn] *vt* MUS ■**etw** ~ *Song, Musiktitel* to remix sth
Cowboy <-s, -s> ['kaubɔy] *m* cowboy
CPU *f* INFORM *Abk von* **Central Processing Unit** CPU
CPU-Bridge [tʃe:pe:'u:brɪdʒ] *f* INFORM CPU bridge
Crabnebel ['kræb-] *m* ASTRON (*Rest einer Supernova*) Crab Nebula
Crack[1] <-s, -s> [krɛk] *m* (*ausgezeichneter Spieler*)

C

ace

Crack² <-s> *nt kein pl* (*Rauschgift*) crack *no pl*

Cracker <-s, -[s]> *m* cracker

Crashkurs^RR ['krɛʃ-] *m* crash course

Crawler <-s, -> ['krɔːɐ̯] *m* INET (*Indexprogramm*) crawler

Credo <-s, -s> *nt s.* **Kredo**

Creme <-, -s> [kreːm, krɛːm] *f* ❶ (*Salbe*) cream ❷ (*Sahnespeise*) mousse

Crème <-, -s> [krɛːm] *f* cream; ~ **fraîche** crème fraîche; **die** ~ **de la** ~ (*geh*) the crème de la crème

cremefarben *adj* cream **Creme-Rouge** <-> ['krɛmruːʃ] *nt* cream rouge **Cremespülung** *f* cream rinse **Cremetorte** *f* cream cake

cremig I. *adj* creamy II. *adv* ▪**etw** ~ **rühren/schlagen** to stir/beat sth till creamy, to cream sth

Crêpe <-s, -e *o* -s> *m s.* **Krepp¹**

Crêpe de Chine <- - -, -s - -> [krɛpdə'ʃin] *m* crêpe-de-chine

Crescendo <-s, -s *o* Crescendi> [krɛ'ʃɛndo] *nt* crescendo

Creuzfeld-Jakob-Krankheit *f* MED Creutzfeldt-Jakob disease, CJD

Crew <-, -s> [kruː] *f* ❶ (*Besatzung*) crew ❷ (*Arbeitsgruppe*) team

Crispsalat *m* crisp lettuce

Croissant <-s, -s> [kro̯a'sãː] *nt* croissant

Cromagnonmensch [kroman'jõ-] *m* Cro-Magnon man

Cromargan® <-s> *nt kein pl* stainless steel [made of chrome-nickel] *no pl*

Cross-Promotion <-> ['krɔsprəmoʊʃən] *f kein pl* cross-promotion

Croupier <-s, -s> [kru'pi̯eː] *m* croupier

CRT *m* INFORM *Abk von* **cathode ray tube** CRT

CRT-Bildschirm *m* INFORM CRT screen

Crux <-> *f kein pl* (*geh*) ❶ (*Schwierigkeit*) crux; **die** ~ **bei der Sache** the crux of the matter ❷ (*Last*) burden; ▪**mit jdm ist es eine** ~, ▪**mit jdm hat man seine** ~ sb is a burden [to sb]

C-Schlüssel *m* C clef

CSU <-> *f Abk von* **Christlich-Soziale Union** CSU

c.t. SCH *Abk von* **cum tempore** fifteen minutes later [than the given time]; ***die Vorlesung beginnt um 9 Uhr*** ~ the lecture starts at 9:15 a.m.

CTI *f* INFORM *Abk von* **Computer Telefony Integration** CTI

culpa in contrahendo *f* JUR (*Verschulden bei Vertragsabschluss*) culpa in contrahendo, negligence in contracting

cum grano salis *adv* (*geh*) with a pinch [*or* grain] of salt

cum laude *adv* with distinction

cum tempore *adv* fifteen minutes later [than the given time]

Cunnilingus <-, -lingi> *m* (*geh*) cunnilingus *form*

Cup <-s, -s> [kap] *m* ❶ (*Siegespokal*) cup ❷ (*Pokalwettbewerb*) cup [competition] ❸ MODE cup

Cupido <-s> *m* Cupid

Curare <-> *nt kein pl* BIOL curare *no pl*

Curie <-, -> *nt* curie

Curium <-s> *nt kein pl* curium *no pl*

Curling <-s> ['kəːlɪŋ] *nt kein pl* SPORT curling

Curlingstein *m* SPORT curling stone

Curriculum <-s, Curricula> *nt* (*geh*) syllabus, curriculum

Curry <-s, -s> ['kœri] *m o nt* curry

Currywurst *f a sausage served with curry-flavoured ketchup and curry powder*

Cursor <-s, -[s]> ['kəːsə] *m* INFORM cursor

Cursorblock *m* INFORM cursor [control] pad **Cursorsteuerung** *f* INFORM cursor [control] key **Cursortaste** *f* INFORM arrow key

Cut <-s, -s> [kœt] *m* morning coat

Cutaway <-s, -s> ['kœtəve] *m* cutaway, cutaway coat

Cuticula *f s.* **Kutikula**

cutten ['kat̮n̩] *vt, vi* ▪[**etw**] ~ to cut [*or* edit] [sth]

Cutter(in) <-s, -> *m(f)* cutter, editor

CVJM <-s> *m kein pl Abk von* **Christlicher Verein Junger Männer** YMCA

CVP *f* SCHWEIZ *Abk von* **Christlichdemokratische Volkspartei** Christian-Democratic People's Party

C-Waffe *f* chemical weapon

Cw-Wert *m* AUTO Cd value

Cyanobakterium <-s, -ien> *nt* BOT cyanobacterium

Cyber- ['sai̯bɐ-] *in Komposita* cyber-

Cyberbekanntschaft *f* cyber aquaintance **Cybercafé** *nt* cyber café **Cybercash** <-s> ['sai̯bɐkæʃ] *nt* INET cyber cash *no pl* **Cybercoins** ['sai̯bɐkɔɪnz] *pl* cybercoins *pl* **Cyberpunk** <-[s], -s> [-paŋk] *m* (*Mailboxkommunikation*) cyberpunk **Cybersex** <-> *m kein pl* cybersex *no pl* **Cyberspace** <-, -s> [-spaɪs] *m kein pl* cyberspace *no pl*

Cytoplasma [ts̮y-] *nt kein pl* BIOL cytoplasm *no pl*

Cytoskelett [ts̮y-] *nt* BIOL cytoskeleton

D

D, d <-, - *o fam* -s, -s> *nt* ❶ (*Buchstabe*) D, d; ~ **wie Dora** D for David BRIT, D as in Dog AM; *s. a.* **A 1** ❷ MUS D, d; *s. a.* **A 2**

d.Ä. *Abk von* **der Ältere** Sr.

da I. *adv* ❶ (*örtlich: dort*) there; ***Athen?*** ~ ***möchte ich auch einmal hin!*** Athens? I'd like to go there too!; ***die Straße*** ~ ***ist es*** it's the street over there; ~ ***bist du ja!*** there you are!; ~ **drüben/hinten/vorne** over there; ~ **draußen/drinnen** out/in there; (*hier*) here; **der/die/das ...** ~ this/that ... [over here/there]; ***geben Sie mir bitte ein halbes Pfund von dem*** ~**!** I'd like half a pound of this/that [here/there] please!; ~ **und dort** here and there; ~, **wo ...** where; ***sie macht am liebsten*** ~ ***Urlaub, wo es warm ist*** she prefers to go on holiday in warm places; ~, ***wo sie ist, will auch ich sein!*** wherever she is I want to be too!; **ach,** ~ **...!** oh, there ...!; ***ach,*** ~ ***bist du!*** oh, there you are!; ***ach,*** ~ ***lag/stand das!*** oh, that's where it was!; *s. a.* **sein 2** ❷ (*zeitlich: dann*) then; ***vor vielen, vielen Jahren,*** ~ ***lebte ein König*** (*liter*) many, many years ago there lived a king; (*nun*) now ❸ (*daraufhin*) and [then] ❹ (*fam: in diesem Fall*) in such a case (*usually not translated*); ***die Sache ist todernst, und*** ~ ***lachst du noch?*** the matter is dead[ly] serious and you're still laughing? II. *interj* here!; [**he,**] **Sie** ~**!** [hey,] you there! III. *konj* ❶ *kausal* (*weil*) as, since ❷ *temporal* (*geh*) when; *s. a.* **jetzt, nun**

DAAD *nt* SCH *Akr von* **Deutscher Akademischer Austauschdienst** *independant organization of institutions of higher education that arranges international exchanges for students*

da|behalten* *vt irreg* ▪**jdn** ~ to keep sb here/there

dabei *adv* ❶ (*örtlich: mitgegeben*) with [it/them]; ***ein kleines Häuschen mit einem Garten*** ~ a little house with a garden; ***die Rechnung war nicht*** ~ the bill was not enclosed; ***ist der Salat bei dem Gericht*** ~**?** does the meal come with a salad?, is there a salad with the meal?; **direkt/nahe** ~ right next/near to it ❷ (*zeitlich: währenddessen*) at the same time, while doing so; ***Arbeit am Computer? aber*** ~ ***muss man doch immer so viel tippen!*** working on the computer? but that involves so much typing!; (*dadurch*) as a result ❸ (*außerdem*) on top of it all, to boot BRIT, besides AM; ***sie ist schön und*** ~ ***auch noch klug*** she is beautiful and clever to boot ❹ (*während einer Verrichtung*) while doing it; ***er wollte helfen und wurde*** ~ ***selbst verletzt*** he wanted to help and in doing so got hurt himself; ***wir haben ihn*** ~ ***ertappt, wie er über den Zaun stieg*** we caught him [while he was] climbing over the fence; ***die*** ~ ***entstehenden Kosten sind sehr hoch*** the resulting costs are very high; **das Dumme/Schöne** ~ **ist, ...** the stupid/good thing about it is ...; **interessant/wichtig** ~ **ist, ...** the interesting/important thing about it is ... ❺ *einräumend* (*doch*) even though ❻ (*damit verbunden*) through it/them; ***das Geschäft ist riskant,*** ~ ***kann man aber reich werden*** it's a risky business but it can make you rich; ***nimm meine Bemerkung nicht so ernst, ich habe mir nichts*** ~ ***gedacht*** don't take my remark so seriously – I didn't mean anything by it; ***was hast du dir denn*** ~ ***gedacht?*** what were you thinking of?; **nichts** ~ **finden[, etw zu tun/wenn jd etw tut]** to not see the harm in [doing/sb doing] sth; **es ist nichts** ~[, **wenn man/jd etw tut**] there is no harm in [one/sb doing] sth; **da ist [doch] nichts** ~ (*das ist doch nicht schwierig*) there's nothing to it; (*das ist nicht schlimm*) there's no harm in it; **was ist schon** ~ what does it matter ❼ (*wie gesagt*) *s.* **belassen, bleiben, lassen**

dabei|bleiben *vi irreg sein* (*Tätigkeit fortsetzen*) ▪**bei jdm** ~ to stay with sb; ▪**bei etw** *dat* ~ to carry on [*or* stick] with sth; *s. a.* **dabei 7 dabei|haben** *vt irreg, Zusammenschreibung nur bei infin und pp* ▪**etw** ~ to have sth on oneself; ▪**jdn** ~ to have sb with oneself; ***sie wollten ihn nicht*** ~ ***haben*** they didn't want [to have] him around **dabei|sein** *vi irreg sein s.* **dabei 1, 2, 6 dabei|sitzen** *vi irreg* ▪[**bei etw**] [**mit**] ~ to be there [for sth]; **bei einer Konferenz** ~ to sit in on a conference **dabei|stehen** *vi irreg* ▪[**bei etw**] [**mit**] ~ to be there; (*untätig a.*) to stand there; **dicht** ~ to be/stand close by

da|bleiben *vi irreg sein* to stay [on]; ***halt, bleib da!*** stop where you are!, wait!; ***bleiben Sie noch einen Moment da*** wait just one [*or* a] moment; ▪**dageblieben!** [just] stay right there!

da capo *adv* ❶ (*Zugabe*) ▪~**!** encore! ❷ MUS da capo

Dach <-[e]s, Dächer> *nt* ❶ (*Gebäudeteil, Schutz~*) roof; **ein steiles** ~ a steep [*or spec* high-pitched] roof; **ein** ~ **mit Schiefer decken** to slate a roof; [**mit jdm**] **unter einem** ~ **wohnen** [*o* **leben**] to live under the same roof [as sb]; **unterm** ~ in an/the attic; **unterm** ~ **wohnen** to live in an attic room/flat [*or* AM *a.* apartment]; (*im obersten Stock*) to live [right] on the top floor; [**k**]**ein** ~ **über dem Kopf haben** (*fam*) to [not] have a roof over one's head; **jdm das** ~ **überm Kopf anzünden** (*fam*) to burn down sb's house, to raze sb's house to the ground; ▪**das** ~ **der Welt** the Roof of the World ❷ (*Auto~*) roof; (*aus Stoff*) top ► WENDUNGEN: **unter** ~ **und Fach sein** to be all wrapped up [*or fam* in the bag]; *Vertrag a.* to be signed and sealed; *Ernte* to be safely in; **etw unter** ~ **und Fach bringen/haben** to get/have got [*or* AM gotten] sth all wrapped up; ***wir haben den Vertrag unter*** ~ ***und Fach gebracht*** we've got the contract signed and sealed; [**von jdm**] **eins aufs** ~ **bekommen** [*o* **kriegen**] (*fam: geohrfeigt werden*) to get a clout round [*or* AM slap upside] the head [from sb] *fam;* (*getadelt werden*) to be given a talking-to [by sb], to get it in the neck [from sb] *fam;* **jdm eins aufs** ~ **geben** (*fam: jdm eine Ohrfeige geben*) to give sb a clout [*or* AM slap]/to clout [*or* AM slap] sb round [*or* AM upside] the head *fam;* (*jdn tadeln*) to give sb a good talking to *fam* [*or* BRIT *fam!* a bollocking] [*or* AM a reprimand]; **jdm aufs** ~ **steigen** (*fam*) to jump down sb's throat *fam;* **unter dem** ~ **einer S.** *gen* in the broader context of sth

Dachabschluss^RR *m* BAU (*bei Flachdach*) gravel stop **Dachabschlussprofil^RR** *nt* BAU end profile **Dachantenne** *f* roof [*or* outside] aerial [*or* AM *a.* antenna] **Dachaufbauten** *pl* BAU roof superstructures *pl* **Dachbahn** *f* BAU roof sheeting **Dachbalken** *m* roof joist [*or* beam] **Dachboden** *m* attic, loft; **auf dem** ~ in the attic [*or* loft] **Dachbodenklappleiter** *f* foldaway ladder **Dachdecker(in)** <-s, -> *m(f)* roofer; (*mit Ziegeln*) tiler ► WENDUNGEN: **das kannst du halten wie ein** ~ (*fam*) whatever/whenever/however you like **Dachdeckung** *f* BAU roofing, roof finishing **Dachdichtungsbahn** *f* BAU moisture-proof roofing sheet **Dachfenster** *nt* skylight **Dachfirst** *m* BAU [roof] ridge **Dachgarten** *m* ❶ (*Garten auf einem Flachdach*) roof garden ❷ DIAL *s.* **Dachterrasse** **Dachgepäckträger** *m* roof rack **Dachge-**

schoss^RR^ *nt* attic storey [*or* AM story]; (*oberster Stock*) top floor [*or* storey] **Dachgesellschaft** *f* holding [*or* parent] company **Dachgesims** *nt* BAU roof cornice **Dachgleiche(nfeier)** <-, -n> *f* ÖSTERR *s.* **Richtfest** **Dachhaut** *f* BAU roof skin [*or* deck] **Dachkammer** *f* attic room **Dachkännel** <-s, -> *m* SCHWEIZ *s.* **Dachrinne** **Dachlast** *f* AUTO roof load **Dachlatte** *f* roof [*or* tile] batten **Dachlawine** *f* ***sein Auto ist von einer ~ verschüttet worden*** his car was buried by snow that fell from the roof **Dachluke** *f* skylight **Dachneigung** *f* BAU roof pitch **Dachorganisation** *f* holding [*or* parent] organization **Dachpappe** *f* roofing felt **Dachpfanne** *f* pantile **Dachreling** *f* AUTO roof rails *pl* **Dachrinne** *f* gutter

Dachs <-es, -e> *m* ① (*Tier*) badger ② (*fig: Person*) [so] **ein frecher ~!** (*fam*) cheeky beggar! *fam;* **ein junger ~** a young whippersnapper [*or* pup] *hum*

Dachsbau <-baue> *m* [badger's] sett

Dachschaden *m* damage to the roof *no pl* ▶ WENDUNGEN: **einen ~ haben** (*fam*) to have a screw loose *hum fam* **Dachschräge** *f* slant [*or* slope] of a/the roof

Dächsin *f fem form von* **Dachs** [female [*or* she-]] badger

Dachsparren *m* rafter **Dachständer** *m* AUTO roof rack **Dachstein** *m* Dachstein Mountains **Dachstube** *f* DIAL *s.* **Dachkammer** **Dachstuhl** *m* roof truss

dachte *imp von* **denken**

Dachterrasse *f* roof terrace **Dachträger** *m* roof rack **Dachtraufe** *f* BAU eave **Dachverband** *m* umbrella organization **Dachwohnung** *f* attic flat [*or* AM *a.* apartment] **Dachziegel** *m* [roofing] tile; **~ legen** to lay tiles **Dachzimmer** *nt s.* **Dachkammer**

Dackel <-s, -> *m* ① (*Hund*) dachshund, sausage dog *fam* ② DIAL (*fam: Blödmann*) clot *fam,* ninny *dated fam;* ***ich ~!*** silly me!

Dadaismus <-> *m kein pl* ■[**der**] **~** Dadaism

Dadaist(in) <-en, -en> *m(f)* Dadaist; ■**die ~en** the Dadaists, the Dada group + *sing/pl vb*

dadurch *adv* ① *örtlich* through [it/them]; (*emph*) through there ② *kausal* (*aus diesem Grund*) so, thus *form;* ***du kannst versuchen, etwas zu tun, aber ~ wird es nicht besser*** you can try doing something, but it won't make it better; (*auf diese Weise*) in this way ③ (*deswegen*) ■**~, dass ...** because ...; ***~, dass er es getan hat, hat er ...*** by doing that he has ..., because he did that, he has ...; ***~, dass das Haus isoliert ist, ist es viel wärmer*** the house is much warmer because it's insulated [*or* for being insulated]; ***~, dass er den zweiten Satz gewonnen hat, sind seine Chancen wieder gestiegen*** his chances improved again with him [*or form* his] winning the second set

DA-Fuge *f* BAU permanent elastic joint

dafür I. *adv* ① (*für das*) for it/this/that; **ein Beispiel ~** an example; ***wir haben kein Geld ~*** we've no money for it; ***ich hätte ~ nicht so viel ausgegeben*** I would never have spent so much on it; ***warum ist er böse? er hat doch keinen Grund ~*** why's he angry? he has no reason to be [*or* there's no reason for it]; ***es ist ein Beweis ~, dass ...*** it's proof that ...; ***ich bin nicht ~ verantwortlich, was mein Bruder macht*** I'm not responsible for my brother's doings [*or* for what my brother does]; ***~ bin ich ja da/Lehrer*** that's what I'm here for [*or* why I'm here]/that's why I'm a teacher; ***ich bezahle Sie nicht ~, dass Sie nur rumstehen!*** I'm not paying you just to stand around; ***er ist ~ bestraft worden, dass er frech zum Lehrer war*** he was punished for being cheeky to the teacher; *s. a.* **Grund** ② (*als Gegenleistung*) in return; ***ich repariere dir ~ deine Türklingel*** in return, I'll fix your doorbell; ***wenn du mir das verrätst, helfe ich dir ~ bei den Hausaufgaben*** if you tell me, I'll help you with your homework [in return] ③ (*andererseits*) ***in Mathematik ist er schlecht, ~ kann er gut Fußball spielen*** he's bad at maths, but he makes up for it at football; ***zwar bin ich darüber nicht informiert, ~ weiß ich aber, wer Ihnen weiterhelfen kann*** although I haven't been informed, I do know who can help you further; ***er ist zwar nicht kräftig, ~ aber intelligent*** he may not be strong, but he's intelligent for all that ④ (*im Hinblick darauf*) ■**~, dass ...** seeing [*or* considering] [that] ...; ***~, dass sie einen Abschluss hat, ist sie aber nicht besonders clever*** seeing [*or* considering] [that] she's got a degree, she's not particularly clever, she's not particularly clever, seeing [*or* considering] [that] she's got a degree ⑤ (*für einen solchen*) ***er ist zwar kein Professor, aber er geht ~ durch*** although he isn't a professor, he can pass off as [being] one; ***sie ist keine wirkliche Wahrsagerin, aber im Dorf gilt sie ~*** she isn't a real fortune teller, but the village consider her to be one; ***es ist zwar kein Silber, man könnte es aber auf den ersten Blick ~ halten*** although it's not silver, it could be taken for it at first glance ⑥ *in Verbindung mit vb etc siehe auch dort* ***ich kann mich nicht ~ begeistern*** I can't get enthusiastic about it; ***er kann sich nicht ~ interessieren*** he is not interested [in it/that]; ***ich werde ~ sorgen, dass ...*** I'll make sure that ...; **etw ~ können** ***ich kann doch nichts ~!*** I can't help it! II. *adj pred* ■**~ sein** to be for it/that [*or* in favour [*or* AM -or] [of it/that]]; ***wer ist ~ und wer dagegen?*** who's for it [*or* in favour] and who against?; ***nur wenig Leute sind ~, dass die Todesstrafe wieder eingeführt wird*** only a few people are for [*or* in favour of] bringing back the death penalty; ***ich bin [ganz] ~, dass wir/Sie es machen*** I'm [all] for [*or* in favour of] doing/your doing that; ***er will wieder nach Italien – ich bin nicht ~*** he wants to go to Italy again – I don't think he should; *s. a.* **stimmen**

dafür|halten *vi irreg* (*geh*) ■**~, dass ...** to be of the opinion [*or form* to opine] that ... **Dafürhalten** *nt kein pl* (*geh*) ■**nach jds ~** in sb's opinion; ***nach meinem ~, ...*** if it was up to me [*or* in my opinion], ... **dafür|können** *vt irreg* ***er kann nichts dafür*** it's not his fault, he can't help it; ***er kann doch nichts dafür, wenn/dass es regnet*** he can't help it raining, it's not his fault [that] it's raining; ***kann ich [vielleicht] etwas dafür, wenn/dass ...?*** do you think it's my fault that ...?; ***keiner kann etwas dafür, dass ...*** it's nobody's fault that ... **dafür|stehen** *vi irreg* SÜDD, ÖSTERR (*sich lohnen*) to be worth it [*or* worthwhile]

DAG <-> *f* ■**die ~** *Abk von* **Deutsche Angestelltengewerkschaft** *s.* **Angestelltengewerkschaft**

dagegen I. *adv* ① (*gegen etw*) against it; ***es stand ein Baum im Weg und der Wagen prallte ~*** there was a tree in the way and the car crashed into it; ***die Tür war verschlossen, also pochte er ~*** the door was locked, so he hammered on it; ***mach das Licht an, und halte das Dia ~*** switch on the light and hold the slide up to [*or* against] it ② (*als Einwand, Ablehnung*) against it/that; ***~ müsst ihr was tun*** you must do something about it; ***auch wenn Sie es nicht waren, die Beweise sprechen ~*** even if it wasn't you, the evidence speaks against you; **etwas/nichts ~ haben** to object/to not object; ***haben Sie was ~, wenn ich rauche?*** do you mind if I smoke?, would you mind [*or* object] if I smoked?; ***ich habe sehr viel ~, wenn du über Nacht wegbleiben würdest!*** I strongly object to you staying out all night; ***was hat er ~, dass wir früher anfangen?*** what's he got against us starting earlier?, why does he object to us starting earlier?; ***ich habe/hätte nichts ~ [einzuwenden]*** that's fine [*or fam* okay] by me; ***ich hätte nichts ~, wenn er nicht käme*** I wouldn't mind at all if he didn't come ③ (*als Gegenmaßnahme*) ***das ist gut/hilft ~*** it's good for it; ***ich habe Halsschmerzen, haben Sie ein Mittel ~?*** my throat hurts, do you have anything for it?; ***~ lässt sich nichts machen*** nothing can be done about it; ***es regnet herein, aber ich kann nichts ~ machen*** the rain comes in, but I can't do anything to stop it [*or* anything about it] ④ (*verglichen damit*) compared with it/that/them, in comparison; ***die Stürme letztes Jahr waren furchtbar, ~ sind die jetzigen nicht so schlimm*** the gales last year were terrible, compared with them [*or* those], these aren't so bad [*or* these aren't so bad in comparison] ⑤ (*als Ersatz, Gegenwert*) for it/that/them; ***ich setze DM 500 ~*** I'll bet DM 500 it/you etc. doesn't/won't etc. II. *adv pred* against; ■**~ sein** to be against it [*or* opposed [to it]]; ***34 waren dafür und 12 ~*** 34 were in favour and 12 against; ***ich bin ~, dass er Vorsitzender wird*** I am against [*or* opposed to] him [*or form* his] becoming chairman; **etw ~ halten** (*vergleichen*) to compare it/them with sth; ***um das Original von der Fälschung zu unterscheiden, muss man es ~ halten*** in order to tell apart the original and the forgery, you have to compare them; **etw ~ lehnen** to lean sth against it; **~ stimmen** to vote against III. *konj* ***er sprach fließend Französisch, ~ konnte er kein Deutsch*** he spoke French fluently, but [on the other hand] he could not speak any German; ***er ist mit der Arbeit schon fertig, sie ~ hat erst die Hälfte geschafft*** he's already finished the work, whereas she has only just finished half of it

dagegen|halten *vt irreg* ① (*vergleichen*) *s.* **dagegen II** ② (*einwenden*) ***ich habe nichts dagegenzuhalten*** I have no objection[s] [to it]; ■**~, dass ...** to put forward the objection that ... **dagegenlehnen** *vt s.* **dagegen II** **dagegen|setzen** *vt* ***ich kann nichts ~*** I have no objection[s]; ***das einzige, was ich ~ könnte, wäre ...*** the only objection I could put forward would be... **dagegen|sprechen** *vi irreg* to be against it; ***es spricht nichts dagegen*** there's no reason not to; ***was spricht dagegen, dass wir das so machen?*** what is there against us [*or form* our] doing it that way?; ***spricht etwas dagegen, dass wir es so machen?*** is there a reason for us not to do it? **dagegen|stellen** *vr* ■**sich** *akk* **~** to oppose it/this **dagegen|stemmen** *vr* ■**sich ~** ① (*lit*) to put one's shoulder to [*or* lean into] it ② (*fig*) to oppose it/this **dagegen|stimmen** *vi s.* **dagegen II**

da|haben *vt irreg, Zusammenschreibung nur bei infin und pp* ① ■**etw ~** (*vorrätig haben*) to have sth in stock; (*zur Hand haben*) to have sth; (*betont*) to have sth here/there ② (*zu Besuch haben*) ■**jdn ~** to have sb come to visit; (*unerwünscht a.*) to have sb here/there

daheim *adv* SÜDD, ÖSTERR, SCHWEIZ (*zu Hause*) at home; (*nach Präposition*) home; ***ich bin für niemanden ~*** I'm not at home to anybody; ***wo bist du ~?*** where's your home?; [**in Augsburg**] **~ sein** to be at home [in Augsburg]; ■**bei jdm ~** back home [where sb comes from]; **sich** *akk* **bei jdm ~ treffen** to meet at sb's home [*or* place]

Daheim <-s> *nt kein pl* SÜDD, ÖSTERR, SCHWEIZ home

daheimgeblieben I. *pp von* **daheim bleiben** II. *adj inv* ■**die D~en** those who stayed at home **Daheimgebliebene(r)** *f(m) dekl wie adj* ■**die/alle ~n** those/all those at home

daher I. *adv* ① (*von dort*) from there; ***~ haben wir nichts zu befürchten*** we have nothing to fear from that quarter; ■**von ~** from there; ■**~ sein** to be [*or* come] from here/there ② (*aus diesem Grunde*) ■[**von**] **~ ...** that's why ...; [***von***] ***~ hat er das*** that's where he got it from; [***von***] ***~ weißt du es also!*** so that's how [*or* why] you know that; **~ kommt es, dass ...** that is [the reason] why ...; **das/etw kommt ~, dass ...** that is because .../the cause of sth is that ... ③ DIAL (*hierher*) here/there II. *konj* (*deshalb*) [and] that's why

daher|bringen *vt irreg* ÖSTERR ■**etw ~** to bring along sth *sep* **dahergelaufen** *adj* **ein ~er Hund** (*Kreuzung*) an indefinable breed *hum;* **ein ~er Kerl** (*pej*) some guy who comes/came along; **ein ~er Schnösel** (*pej*) a jumped-up busybody *fam;* **jede/jeder D~e/jeder ~e Kerl** (*pej*) any [old] Tom, Dick or Harry [*or* guy who [just] comes/came along] **daher|kommen** *vi irreg sein* ① (*herankommen*) to come along ② (*fam: sich zeigen*) to go around; ***wie kommst du denn daher!*** just look at you!, you look as though you've been dragged backwards through a bush! ③ (*auftreten*) to come along; **arro-**

gant ~ to put on airs **daher|reden** I. *vi* to talk away; ***red doch nicht so*** [***dumm***] ***daher!*** don't talk such rubbish! II. *vt* ■**etw** ~ to say sth without thinking; ***was du alles daherredest!*** the things you come out with!; ***das war nur so dahergeredet!*** that was just empty talk!

daherum *adv* around [*or* BRIT *a.* round] there

dahin I. *adv* ❶ (*an diesen Ort*) there; ***kommst du mit ~?*** are you coming too?; ~ ***gehe ich nie wieder*** I'm never going there again; ~ **und dorthin blicken** to look here and there; **Schläge ~ und dorthin verteilen** to strike about one; ***ist es noch weit bis ~?*** is it still a long way [to go]?, is there still far to go?; ***bis ~ müssen Sie noch eine Stunde zu Fuß laufen*** it'll take an hour to walk there; ***wie komme ich*** [***hier***] [***am besten***] ***~?*** how do I [best] get there [from here]? ❷ (*in dem Sinne, in die Richtung*) ***er äußerte sich ~ gehend, dass ...*** he said something to the effect that ...; **eine ~ gehende Aussage** a statement to that effect; ***wir sind ~ gehend verblieben, dass ...*** we agreed that ...; ***er hat den Bericht ~*** [***gehend***] ***interpretiert, dass ...*** he has interpreted the report as saying that ...; ***wir haben uns ~ geeinigt/abgesprochen, dass ...*** we have agreed that ...; ***alle meine Hoffnungen/Bemühungen gehen ~, dass ich dieses Ziel bald erreiche*** all my hopes/efforts are directed towards [my] reaching this goal soon ❸ (*soweit*) **es** [**noch**] **~ bringen, dass ...** to carry matters to such a point that ...; ***du bringst es noch ~, dass ich mich vergesse!*** you'll soon make me forget myself!; ***es ist ~ gekommen, dass ...*** things have got to the stage where ...; ***ich sehe es schon ~ kommen, dass wir es noch bereuen*** I can see us regretting that; ***es kommt noch ~, dass ich dir eine scheuere!*** I'll give you one in a minute!; *s. a.* **stehen** ❹ (*zeitlich*) ■**bis ~** until then; ***bis ~ haben Sie es bestimmt fertig*** you're bound to have finished it by then II. *adj pred* (*geh: kaputt*) ■**~ sein** to be lost; (*zerbrochen*) to be broken/smashed [beyond repair]

dahinab *adv s.* dorthinab **dahinauf** *adv s.* dorthinauf **dahinaus** *adv s.* **dorthinaus**

dahin|dämmern *vi sein o haben* to lie/sit there in a stupor; (*dösen*) to doze

dahinein *adv s.* **dorthinein**

dahin|fallen *vi irreg sein* SCHWEIZ (*geh*) *s.* **entfallen** **dahin|fliegen** *vi irreg sein* ❶ (*geh: sich pfeilschnell bewegen*) to fly along; **vor den Augen ~** to fly past [one's eyes]; (*eilends vergehen*) to fly past [*or* by] ❷ (*liter: wegfliegen*) to fly off **dahin|geben** *vt irreg* (*liter*) ■**etw ~** to give away sth *sep;* **das Leben für etw ~** to sacrifice [*or* give] one's life for sth **Dahingegangene(r)** *f(m) dekl wie adj* (*liter*) ■**der/die ~** the departed

dahingegen *adv* (*geh*) on the other hand, however

dahin|gehen *vi irreg sein* (*geh*) ❶ (*vergehen*) to pass, to go by ❷ (*einhergehen*) ■[**an/auf etw** *dat*] ~ to go/walk along [sth] ❸ (*euph: sterben*) to pass away [*or* on] **dahingehend** *adv s.* dahin I 3 **dahingestellt** *adj* ■**~ sein/bleiben** to be/remain an open question; ■**es ~ sein lassen**[**, ob .../solange ... nicht ...**] to leave it open [whether/until ...] **dahin|raffen** *vt* (*liter*) ■**jdn ~** to carry off sb *sep* **dahin|sagen** *vt* ■**etw** [**nur so**] ~ to say sth without [really] thinking; ***das war nur so dahingesagt*** that was just empty talk **dahin|scheiden** *vi irreg sein* (*geh*) *s.* **dahingehen 3** **dahin|schleppen** *vr* ■**sich ~** ❶ (*sich vorwärts schleppen*) to drag oneself along [*or* on] ❷ (*schleppend vorangehen*) to drag on [and on *fam*] **dahin|schwinden** *vi irreg sein* (*geh*) ❶ (*weniger werden*) *Geld, Kräfte, Vorräte* to dwindle [away]; *Gefühle* to dwindle; *Interesse a.* to fade ❷ (*vergehen*) to pass by **dahin|siechen** *vi* (*geh*) to waste away **dahin|stehen** *vi irreg* ■[**noch**] ~ ***das steht noch dahin*** that remains to be seen **dahin|stellen** *vt* (*fam: an einen bestimmten Ort stellen*) ■**etw ~** to put sth there

dahinten *adv* over there; (*hinter dem Angesprochenen/Sprecher*) back there; **ganz ~** right over [*or fam* way back/over] there

dahinter *adv* ❶ (*hinter dem/der*) behind it/that/them etc.; ***was sich wohl ~ verbirgt?*** I wonder what's behind that? ❷ (*anschließend*) beyond ❸ (*fig*) ***es ist nichts ~*** there's nothing behind [*or* to] it; ***es ist da was ~*** there's more to it/him/her etc. than meets the eye; **~ kommen**[**, was/wie/warum ...**] to find out [what/how/why ...]; (*begreifen*) to figure it out, to get it *fam,* to figure out what/how/why ...; **~ stecken** (*zugrunde liegen*) to be behind it; ***was steckt ~?*** what's behind it [all]?; ***es steckt gar nichts ~*** there's nothing at all behind it; ***wer steckt ~?*** who's behind it?; **~ stehen** (*zugrunde liegen*) to underlie it/them etc.; (*unterstützen*) to be behind it/that; (*befürworten a.*) to back it/that; ***du musst bei allem, was du tust, ~ stehen*** you must stand up for everything you do ❹ (*fig: mit Nachdruck*) **sich ~ klemmen** [*o* **knien**] to buckle down, BRIT *a.* to get [*or* pull] one's finger out *fam;* (*körperlich a.*) to put one's back into it; ■**sich ~ klemmen, dass jd etw tut** [*o* **knien**] to buckle down into getting sb to do sth

dahinterher *adj* (*fam*) ■**~ sein** to see to it; (*jdm auf die Finger schauen*) to breathe down sb's/one's neck *pej;* ■**~ sein, dass ...** to see to it that ...

dahinter|klemmen, **dahinter|knien** *vr* (*fam*) *s.* **dahinter 4** **dahinter|kommen** *vi irreg sein* (*fam*) *s.* **dahinter 3** **dahinter|stecken** *vi* (*fam*) *s.* **dahinter 3** **dahinter|stehen** *vi irreg s.* **dahinter 3**

dahinunter *adv s.* **dorthinunter**

dahin|vegetieren* [-ve-] *vi sein* to vegetate, to veg out *fam*

Dahlie <-, -n> ['daːliə] *f* dahlia

DAK *f Abk von* **Deutsche Angestelltenkrankenkasse** *health insurance company for private-sector employees in Germany*

Dakapo <-s, -s> *nt* encore

Daktylo <-, -s> *f* SCHWEIZ typist, stenographer *dated*

da|lassen *vt irreg* ❶ (*verweilen lassen*) ■**jdn ~** to leave sb here/there ❷ (*überlassen*) ■**jdm etw ~** to leave sb sth **da|liegen** *vi irreg* ❶ (*hingestreckt liegen*) to lie there ❷ (*hingelegt sein*) to lie there; (*da sein*) to be there ❸ (*geh: sich erstrecken*) to spread out

dalli *adv* (*fam*) [**nun**] **mach mal ~!** get a move on!, be quick about it!; **..., aber ~!** ..., and be quick about it! [*or fam* make it snappy]; ***hau ab, aber ~!*** get lost, go on, quick!; **~, ~!** on the double *fam,* BRIT *fam a.* look smart!

Dalmatien <-s> *nt* Dalmatia

Dalmatiner *m* ❶ BIOL dalmation ❷ KOCHK dalmation dessert wine

damalig *adj attr* at that [*or* the] time *pred;* **das ~e Rome** Rome at that time; **die ~en Sitten** the customs of those days; **der ~e Bürgermeister** the then mayor, the mayor at that time

damals *adv* then, at that time; ■**seit ~** since then; ■**von ~** of that time

Damaskus <-> *nt* Damascus

Damast <-[e]s, -e> *m* damask

damasten *adj attr* (*geh*) damask

Dämchen <-s, -> *nt dim von* **Dame 1.** little lady *a. hum;* **ein richtiges ~** a proper little madam *hum*

Dame <-, -n> *f* ❶ (*geh*) lady; ***guten Abend, die ~n!*** good evening, ladies!; ■**meine ~!** madam *form;* **eine vornehme ~** a lady, a gentlewoman *form;* **die ~ des Hauses** the lady [*or dated* mistress] of the house; **meine** [**sehr verehrten** *geh*] **~n und Herren!** ladies and gentlemen!; **die ~ jds Herzens** sb's sweetheart; **eine ~ von Welt** a mondaine *liter;* **jds alte ~** (*fam*) sb's [*or* the] old lady *fam;* **eine ältere ~** an old [*or euph* elderly] lady; **ganz ~** [**sein**] [to be] the perfect [*or* quite a] [*or* every inch a] lady; **die große ~ spielen** to play the fine lady; **junge ~** young lady; ***„~n"*** "Ladies"; ***wo ist hier für ~n?*** where's the lady's room? *euph* ❷ (*Begleiterin*) lady; (*auf einen Herrn bezogen*) partner; (*auf eine Party*) [lady] companion ❸ SPORT woman, lady; **die Schwimmmeisterschaft der ~n** the women's [*or* ladies'] swimming championships ❹ (*~spiel*) draughts + *sing vb* BRIT, checkers + *sing vb* AM; (*Doppelstein*) king; **~ spielen** to play draughts ❺ (*bei Schach*) queen; **die ~ nehmen** to take the queen ❻ KARTEN queen

Damebrett *nt* draught[s]board

Damenbart *m* facial hair *no pl, no art* **Damenbegleitung** *f* female company, company of a lady; **~ *erwünscht*** please bring a lady; **in ~** in the company of a lady **Damenbekanntschaft** *f* lady friend, female acquaintance *a. euph;* **~en haben** to enjoy the company of ladies *euph;* **eine ~ machen** to make the acquaintance of a lady/young lady **Damenbesuch** *m* lady visitor[s]; **~ haben** to have a lady visitor **Damenbinde** *f* sanitary towel [*or* AM napkin] **Damendoppel** *nt* SPORT ■**das ~** the women's [*or* ladies'] doubles + *sing vb* **Dameneinzel** *nt* SPORT ■**das ~** the women's [*or* ladies'] singles + *sing vb* **Damenfahrrad** *nt* lady's bicycle **Damenfriseur** *m* ladies' hairdresser **Damenfußball** *nt* women's football **Damengesellschaft** *f* ladies' gathering

damenhaft I. *adj* ladylike *a. pej;* **eine ~e Bluse** a blouse fit for a lady II. *adv* like a lady

Damenkränzchen *nt* ladies' social [*or* AM klatsch] **Damenmannschaft** *f* ladies' team **Damenmode** *f* ladies' fashion[s] **Damenoberbekleidung** *f kein pl* ladies' wear **Damenparfüm** <-s, -s> *nt* women's fragrance **Damenrad** *nt* lady's bicycle **Damensattel** *m* sidesaddle; **im ~ reiten** to ride sidesaddle **Damenschneider** *m* dressmaker **Damensitz** *m* **im ~** [**reiten**] [to ride] side-saddle **Damenslip** *m* bikini briefs *pl* **Damenstrumpf** *m* stocking **Damentoilette** *f* ladies, ladies' toilet[s *pl*] [*or* AM [rest]room] **Damenunterwäsche** *f* ladies' [*or* women's] underwear **Damenwahl** *f* ladies' choice **Damenwäsche** *f kein pl* lingerie, ladies' underwear

Damespiel *nt* ■[**das**] ~ [a game of] draughts BRIT + *sing vb* **Damestein** *m* king

Damhirsch *m* fallow deer; (*männliches Tier*) fallow buck

damisch SÜDD, ÖSTERR I. *adj* (*fam*) ❶ (*dämlich*) stupid, daft BRIT *fam,* dozy BRIT *fam,* dumb AM *fam* ❷ *pred* (*schwindelig*) dizzy, giddy; ***mir wird ~*** [***im Kopf***] my head's spinning II. *adv* (*fam: sehr*) terribly *fam;* ***das tut ~ weh!*** it hurts like hell! *fam*

damit I. *adv* ❶ (*mit diesem Gegenstand*) with it/that; ***was soll ich ~?*** what am I supposed [*or* meant] to do with that?; ***was will er ~?*** what does he want that for? [*or* with that?]; ***sie hatte zwei Koffer und stand ~ am Bahnhof*** she had two cases and was standing there with them in the station; ***sie hat Ärger mit der Waschmaschine — ~ habe ich auch Probleme!*** she has trouble with her washing machine — I've got problems with mine too ❷ (*mit dieser Angelegenheit*) ***meint er mich ~?*** does he mean me?, is he talking to me?; ***weißt du, was sie ~ meint?*** do you know what she means by that?; ***haben Sie darüber nachgedacht? und was ist nun ~?*** have you thought about it? so what do you say?; **~ *sieht es heute schlecht aus*** today is a bad day for it; ***er konnte mir nicht sagen, was es ~ auf sich hat*** he couldn't tell me what it was all about; ***ist Ihre Frage ~ beantwortet?*** has that answered your question?; ***musst du immer wieder ~ ankommen?*** must you keep on about it?; ***ich habe nichts ~ zu tun*** I have nothing to do with it; ***hör auf ~!*** pack it in!, lay off! *fam;* **~ *hat es noch Zeit*** there's no hurry for that ❸ *bei Verben* ***was willst du ~ sagen?*** what's that supposed [*or* meant] to mean?; **~ *will ich nicht sagen, dass ...*** I don't mean to say that ...; ***sind Sie ~ einverstanden?*** do you agree to that?; **~ *hatte ich nicht gerechnet*** I hadn't reckoned on [*or* with] that; ***er hatte nicht ~ gerechnet, dass sie mitkommen würden*** he hadn't reckoned on them [*or form* their] coming; ***sie fangen schon ~ an, das Haus abzureißen*** they're already starting to pull down the house; **~ *fing alles an*** everything started with that ❹ (*bei Befehlen*) with it; ***weg ~!*** away [*or* off] with it!; ***her ~!*** give it to me! [*or fam* here!]; ***genug*** [*o* ***Schluss***] ***~!*** that's enough [of that]! ❺ (*so-*

mit) with that, thereupon *form* **II.** *konj* so that; ~ ***sie ihn nicht verriet, ...*** so that she wouldn't betray him ..., lest she betrayed him ... *liter*

dämlich I. *adj* (*pej fam*) ① (*dumm*) stupid, dumb *fam* ② (*ungeschickt*) annoying **II.** *adv* (*pej fam*) ~ **fragen** to ask stupid [*or* AM *fam a.* dumb] questions/a stupid question; ***guck nicht so ~!*** don't give me that stupid look! *fam;* **jdm ~ kommen** to act the idiot [with sb]; **sich ~ anstellen** to be awkward

Dämlichkeit <-, -en> *f* (*pej fam*) ① *kein pl* (*dummes Verhalten*) stupidity ② (*dumme Bemerkung*) stupid [*or* AM *fam a.* dumb] remark

Damm <-[e]s, Dämme> *m* ① (*Stau~*) dam; (*Deich*) dyke; (*Erdwall*) bank, wall ② (*fig*) barrier (**gegen** *+akk* to/against); ***wenn wir das kleinste bisschen nachgeben, werden alle Dämme brechen*** if we give way at all, the floodgates will open wide ③ MED perineum *spec* ▸ WENDUNGEN: **wieder auf dem ~ sein** to be up on one's legs [*or fam* out and about] again; **nicht [ganz] auf dem ~ sein** to not feel up to the mark, to be out of sorts

Dammbruch *m* breach in a/the dam [*or* dyke]

dämmen *vt* ■**etw ~** to insulate sth; **Schall ~** to absorb sound

dämm(e)rig *adj* ① (*gering leuchtend*) dim, faint ② (*dämmernd*) ■**~ sein/werden** to be/get dark

Dämmerlicht *nt* half-light, gloom

dämmern I. *vi* ① (*geh*) *Tag, Morgen* to dawn, to break *liter; Abend* to approach; *s. a.* **heraufdämmern** ② (*fig fam: begreifen*) ■**jdm ~** to [gradually] dawn on sb; ***eine Ahnung dämmerte mir*** a suspicion arose [with|in me ③ (*im Dämmerzustand sein*) ■**vor sich hin~** to vegetate; (*dösen*) to doze **II.** *vi impers* ■**es dämmert** (*morgens*) dawn is breaking; (*abends*) dusk is falling; ***[na,] dämmert es [dir] jetzt?*** (*fig fam*) now is it dawning on you?

Dämmerschlaf *m* stupor; ■**im ~** in a stupor **Dämmerstündchen** *nt* (*fam*) dusk; **ein ~ machen** to watch the sun go down

Dämmerung <-, -en> *f* twilight; (*Abend~*) dusk; (*Morgen~*) dawn; ■**in der** [*o* **bei**] **~** at dawn/dusk; *s. a.* **Einbruch**

Dämmerzustand *m* ① (*Halbschlaf*) semi[un]consciousness; ■**im ~** in a stupor; ■**im ~ sein** to be semiconscious ② MED (*Bewusstseinstrübung*) twilight [*or* dream] state *spec*

Dämmplatte *f* BAU softboard, insulation board

dämmrig *adj s.* **dämmerig**

Dammriss^RR *m* MED rupture of the perineum *spec,* perineal tear *spec* **Dammschnitt** *m* MED episiotomy *spec*

Dämmstoff *m* insulating material, insulant *spec*

Dämmstreifen *m* BAU insulation strip

Dämmung <-, -en> *f* insulation; *von Schall* absorption

Damnationslegat *nt* JUR civil-law legacy

Damnum <-s> *nt* FIN (*Darlehensabgeld*) loan discount [*or* premium]

Damoklesschwert *nt* (*geh*) sword of Damocles; **wie ein ~ über jdm/über jds Haupt hängen/schweben** to hang over sb/sb's head like a sword of Damocles

Dämon <-s, Dämonen> *m* ① (*böser Geist*) demon; **ein böser ~** an evil spirit, a demon; **von einem [bösen] ~ besessen** possessed [by an evil spirit] ② (*unheimlicher Antrieb*) **der ~ der Ausschweifung/Lust etc.** the demon of dissipation/lust etc.

dämonisch I. *adj* ① (*unheimlich*) demonic ② (*teuflisch*) evil, demoniac[al] *form* **II.** *adv* demonically; ~ **lächelnd** with a demonic grin

Dampf <-[e]s, Dämpfe> *m* ① (*Wasser~*) steam *no pl;* (*unter dem Siedepunkt*) water vapour [*or* AM -or]; **unter ~ sein** [*o* **stehen**] to be under steam, to have its steam up; ~ **draufhaben** (*a. fig*) to be going at full steam; ~ **ablassen** (*a. fig*) to let off steam ② *pl* (*Ausdünstungen*) fumes *pl,* vapours [*or* AM -ors] *pl* ▸ WENDUNGEN: ~ **in den Fäusten haben** to pack quite a punch; ~ **aufsetzen,** ~ **dahinter machen** SCHWEIZ to get a move on; **jdm ~ machen** (*fam*) to make sb get a move on *fam;* ~ **hinter einer S.** *akk* **machen** SCHWEIZ to hurry on with sth

Dampfaufsatz *m* KOCHK pan attachment for steaming

Dampfbad *nt* ① (*Schwitzbad in dampfhaltiger Luft*) steam bath ② (*Raum*) hot room **Dampfbügeleisen** *nt* steam iron

Dampfdruck *m* steam pressure

dampfdruck|garen *vt* ■**etw ~** to pressure-cook sth **Dampfdruckgaren** *nt* pressure cooking **Dampfdruckkochtopf** *m* pressure cooker

Dampfeinsatz *m* KOCHK pan inset for steaming

dampfen *vi* ① *haben* (*Dampf abgeben*) to steam; *Kopftoch a.* to give off steam; **ein ~des Bad/Essen** a steaming-hot bath/meal; *Pferd* to be in a lather ② *sein* (*sich unter Dampf fortbewegen*) to steam; *Zug a.* to puff

dämpfen *vt* ■**etw ~** ① (*mit Dampf kochen*) to steam sth ② (*mit Dampf glätten*) to press sth with a steam iron ③ (*akustisch abschwächen*) to muffle [*or* deaden] [*or* dampen] sth; **seine Stimme ~** to lower one's voice; ■**gedämpft** muffled, deadened, dampened; (*abgedunkelt*) muted, subdued ④ (*mindern*) to cushion [*or* absorb] sth ⑤ (*mäßigen*) to dampen sth; **seinen Wut ~** to curb one's anger; ■**jdn [in etw** *dat*] ~ to subdue sb['s sth]; ■**gedämpft** subdued; **die Konjunktur ~** to restrain the boom; **eine Krise ~** to ease a crisis

dampfentsaften *vt* KOCHK to juice using steam

Dampfer <-s, -> *m* steamer, steamship, steamboat ▸ WENDUNGEN: **auf dem falschen ~ sein** [*o* **sitzen**], **sich auf dem falschen ~ befinden** (*fig fam*) to have got [*or* AM gotten] the wrong idea [*or* hold of the wrong end of the stick], to be barking up the wrong tree

Dämpfer <-s, -> *m* ① MUS mute; *von Klavier* damper ② TECH damper ▸ WENDUNGEN: **jdm einen ~ aufsetzen** to dampen sb's spirits; **einer S.** *dat* **einen ~ aufsetzen** to put a damper [*or* throw cold water] on [sb's] sth

Dampferlinie *f* steamship line

Dampfheizung *f* steam heating

dampfig *adj* steamy; **eine ~e Wiese** a meadow shrouded in mist *liter*

Dampfkessel *m* [steam] boiler **Dampfkochtopf** *m* pressure cooker **Dampfkraft** *f kein pl* steam power; **mit ~ angetrieben** steam-driven, driven by steam *pred* **Dampfkraftwerk** *nt* steam[-driven] power station **Dampflok(omotive)** *f* steam engine [*or* locomotive] **Dampfmaschine** *f* steam engine **Dampfnudel** *f* KOCHK SÜDD *sweet or savoury yeast dumpling* **Dampfnudelpfanne** *f pan for cooking steamed yeast dumplings* **Dampfschiff** *nt s.* **Dampfer Dampfschiffahrt, Dampfschifffahrt**^RR *f kein pl* steam navigation **Dampfsperre** *f* BAU vapour barrier

Dämpftopf *m* KOCHK steamer

Dampfturbine *f* steam turbine

Dämpfung <-, -en> *f* ① TECH damping; *Schall, Trittschall, Geräusch a.* deadening ② ÖKON *Konjunktur, Preisauftrieb* curbing; ~ **des Preisauftriebs** curbing the rise in prices ③ (*fig*) *Freude/Leidenschaft, Begeisterung* tempering; *Wut* calming

Dampfventil *nt* steam valve **Dampfwalze** *f* steamroller **Dampfwolke** *f* cloud of steam

Damwild *nt* fallow deer

Dan <-, -> *m* SPORT (*beim Judo*) dan

danach *adv* ① *zeitlich* after it/that, after *fam;* (*nachher a.*) afterwards; ***ich habe einen Whisky getrunken, ~ fühlte ich mich schon besser*** I had a whisky and after that [*or* afterwards] I felt better, I had a whisky and felt better after that [*or* afterwards] [*or fam* after]; ***ich las das Buch zu Ende, erst ~ konnte ich einschlafen*** only when I had finished reading the book could I get to sleep; ***ein paar Minuten ~ war er schon wieder da*** a few minutes later he was back ② *örtlich* behind [her/him/it/them etc.]; ***als Erster ging der Engländer durchs Ziel und gleich ~ der Russe*** the Englishman finished first, immediately followed by the Russian, and the Russian immediately after him ③ (*in bestimmte Richtung*) towards it/them; ~ **greifen** to [make a] grab at it; ~ **schlagen** to strike at it; ***hinter ihm war etwas, aber er hat sich nicht ~ umgesehen*** there was something behind him, but he didn't look round to see what it was ④ (*dementsprechend*) accordingly; (*laut dem*) according to that; ***wir haben hier einen Bericht, ~ war die Stimmung damals ganz anders*** we have a report here, according to which the atmosphere at the time was quite different ⑤ (*fam: zumute*) ■**jdm ist ~/nicht ~** sb feels/doesn't feel like it; ***manchmal ist mir so ~, da könnte ich alles hinschmeißen*** sometimes I feel like chucking it all in *fam; s. a.* **zumute** ⑥ *in Verbindung mit subst, vb etc siehe auch dort* ***sie sehnte sich ~*** she longed for it/that; ***es geht nicht ~, was wir gerne hätten*** it doesn't work the way we would like it to ⑦ (*fam: so*) ***er hat den Aufsatz in zehn Minuten geschrieben — ~ ist er*** he wrote the essay in ten minutes — it looks like it too; ***nur Frauen sollen sich bewerben! — natürlich, die Bedingungen sind auch ~*** only women are allowed to apply — of course, the conditions make that clear; ***wir sollten besser einen Schirm mitnehmen — du hast recht, das Wetter ist auch ~*** we had better take an umbrella — you're right, it does look as if it's going to rain; ***die Sitzung wurde vorzeitig beendet, die Stimmung der Anwesenden war auch ~*** the session was concluded early, a move welcomed by those present

Danaergeschenk *nt* (*geh*) Greek gift *liter*

Dancefloor <-s, -> ['dɑːnsflɔː] *m* (*fam*) dance floor

Dandy <-s, -s> ['dɛndi] *m* (*pej*) dandy, fop, peacock *dated or pej*

Däne, Dänin <-n, -n> *m, f* Dane

daneben *adv* ① (*neben jdm/etw*) next to her/him/it/that etc.; **links/rechts ~** (*neben Gegenstand*) to the left/right of it/them; (*neben Mensch*) to [*or* on] her/his etc. left/right; ***ich stand direkt ~, als der Unfall passierte*** the accident happened right next to me; ***wir wohnen [im Haus] ~*** we live [in the house] next door; ***~!*** missed! ② (*verglichen damit*) compared with her/him/it/that etc., in comparison ③ (*außerdem*) besides that, in addition [to that] ④ (*unangemessen*) ~ **sein** to be inappropriate

daneben|benehmen* *vr irreg* (*fam*) ■**sich ~** to make an exhibition of oneself **daneben|gehen** *vi irreg sein* ① (*das Ziel verfehlen*) to miss; *Pfeil, Schuss a.* to miss its/their mark [*or* target] ② (*fam: scheitern*) to go wrong **danebengeraten** *adj* (*fam*) *Person* gone [to the] bad [*or fam* to the dogs]; *Ding* gone wrong **daneben|greifen** *vi irreg* ① (*an etw vorbeigreifen*) to miss [it], to grab at empty air; (*auf Musikinstrumenten*) to play a wrong note/some wrong notes ② (*fam: falsch liegen*) ■**jd greift [mit etw] daneben** sb['s sth] is way out *fam* [*or* AM *fam* off] [*or* wide of the mark] **daneben|halten** *vt* (*fam*) *irreg* ■**jdn/etw ~** to compare sb/sth; ***die diesjährigen Ergebnisse sind gut, wenn man die vom letztem Jahr danebenhält*** this year's results are positive compared to last year's **daneben|hauen** *vi irreg* ① (*an etw vorbeihauen*) ■**jd haut [mit etw] daneben** sb misses [the [*or* one's] mark], sb's sth misses the [*or* its] mark ② (*fam*) *s.* **danebengreifen 2 daneben|liegen** *vi irreg* (*fam*) ■**jd liegt [mit etw] daneben** sb['s sth] is way out *fam* [*or* AM *fam* off] [*or* wide of the mark] **daneben|schießen** *vi irreg* ① (*das Ziel verfehlen*) to miss [the target [*or* mark]] ② (*absichtlich vorbeischießen*) to shoot to miss **daneben|treffen** *vi irreg* ■**jd trifft [mit etw] daneben** ① (*vorbeitreffen*) sb misses [the [*or* one's] mark], sb's sth misses the [*or* its] mark ② (*mit Antwort*) sb['s sth] is way out *fam* [*or* AM *fam* off] [*or* wide of the mark]

Dänemark <-s> *nt* Denmark

danieder|liegen *vi irreg* SÜDD, ÖSTERR, SCHWEIZ (*geh*) ① (*krank sein*) to be laid low ② ÖKON *Handel, Wirtschaft* to be depressed

Dänin *f s.* **Däne**

dänisch *adj* Danish; **die ~e Hauptstadt/~en Küsten** the capital/coasts of Denmark; **die ~e Sprache**

Danish
Dänisch *nt dekl wie adj* Danish; ■**das ~e** Danish; **auf ~** in Danish
dank *präp +gen o dat* (*a. iron*) thanks to *a. iron*
Dank <-[e]s> *m kein pl* ❶ (*Anerkennung für Geleistetes*) ■**jds ~** sign of sb's gratitude ❷ (*Dankbarkeit*) gratitude, thankfulness; **der ~ des Vaterlandes ist dir gewiss** (*hum*) you'll get a medal for that *hum;* **mit bestem ~ zurück!** returned with thanks!; **besten/herzlichen/schönen/tausend/vielen ~** thank you very much, many thanks *form,* thanks a lot *fam;* ***das war ein schlechter ~*** that is/was poor thanks; ***hab/haben Sie ~!*** (*geh*) thank you!; (*für Hilfe a.*) I'm much obliged to you *form;* **etw mit ~ annehmen** to accept sth with thanks; **jdm für etw ~ sagen** (*geh*) to express one's thanks to [*or* thank] sb for sth; REL to give thanks to sb for sth; **jdm ~ schulden, jdm zu ~ verpflichtet sein** (*geh*) to owe sb a debt of gratitude; **jdm ~ für etw wissen** (*geh*) to be indebted to sb for sth; **jdm ~ dafür wissen, dass ...** to be indebted to sb that ...; **als ~ für etw** in grateful recognition of sth; **zum ~** [**dafür**] (*iron*) as a way of saying thank you; [**das ist**] **der** [**ganze**] **~ dafür!** that is/was all the thanks one gets/got!
Dankadresse *f* (*geh*) official letter of thanks
dankbar **I.** *adj* ❶ (*dankend*) grateful; (*erleichert*) thankful; ■**jdm ~** [**für etw**] **sein** to be grateful to sb [for sth]; **sich** [**jdm gegenüber**] **~ erweisen** [*o* **zeigen**] to show one's gratitude [to sb] ❷ (*lohnend*) rewarding, profitable ❸ (*anspruchslos*) appreciative; **ein ~er Stoff** a hard-wearing material; **eine ~e Pflanze** a plant which doesn't need much attention ❹ (*verbunden*) obliged; ***ich wäre dir/Ihnen ~, wenn ...*** I would be obliged [*or* grateful] [*or* I would appreciate it] if you ... **II.** *adv* gratefully; (*erleichtert*) thankfully
Dankbarkeit <-> *f kein pl* gratitude; (*Erleichterung*) thankfulness; **jdm seine ~** [**für etw**] **erweisen** [*o* **zeigen**] to express one's thanks to sb [for sth]
danke *interj* thank you, thanks, BRIT *fam a.* ta; (*nicht nötig*) no thank you [*or fam* thanks]; ***wie geht's? — ~, ich kann nicht klagen*** how's it going? — [I] can't complain; ***kann ich helfen? — ~, ich glaube, ich komme allein zurecht*** can I help? — thanks [all the same], but I think I can manage; **jdm für etw ~ sagen** (*geh*) to say thank you [to sb]; **~ schön/sehr** thank you [*or fam* thanks] very much; **~ vielmals** (*iron*) thanks a million *fam;* **~ ja, ja, ~** yes[,] please, yes[,] thank you; **~ nein, nein, ~** no[,] thank you [*or* thanks]; *s. a.* **Nachfrage**
danken **I.** *vi* ■[**jdm**] [**für etw**] **~** to express ones thanks [to sb] [*or* thank sb] [for sth]; ■[**ich**] **danke** yes please; (*nicht nötig*) no thank you [*or* thanks]; **jdm mit einem Blumenstrauß ~** to express one's thanks with a bunch of flowers; ***ich danke dir dafür, dass du an mich gedacht hast*** thank you for thinking of me; **jdm ~ lassen** to send sb one's thanks; ***bestellen Sie bitte Ihrer Frau, ich lasse herzlich ~!*** please give your wife my thanks; ***na, ich danke*** [***bestens***]! (*iron*) well, thank you very much! *iron;* (*stärker*) not on your life! [*or* BRIT *hum a.* nelly], no[t a] chance!; ■**man dankt** (*fam*) thanks a million *iron* [*or fam* for nothing]; **nichts zu ~** don't mention it, not at all, you're welcome **II.** *vt* ❶ (*lohnen*) ■**jdm etw ~** to repay sb for sth; ***man wird es dir nicht ~/zu ~ wissen*** you won't be thanked for it/it won't be appreciated; ***sie werden es mir später einmal ~, dass ich das getan habe*** they'll thank me for doing it one day; ***man hat es mir schlecht gedankt, dass ich es getan habe*** I got small [*or* didn't get a lot of] thanks for doing it; ***wie kann ich Ihnen das jemals ~?*** how can I ever thank you? ❷ (*geh: verdanken*) ■**jdm/etw ~, dass ...** to owe it to sb/sth that ...; ***nur dem rechtzeitigen Erscheinen der Feuerwehr ist es zu ~, dass ...*** it was only thanks to the prompt turnout of the fire brigade that ...
dankend *adv* with thanks; **~ erhalten** received with thanks
dankenswert *adj* commendable; **seine ~e Hilfe** his kind help
dankenswerterweise *adv* kindly; (*mit Erleichterung*) thankfully
dankerfüllt *adj* (*geh*) grateful, filled with [*or* full of] gratitude *pred;* (*erleichtert*) thankful
Dankeschön <-s> *nt kein pl* ❶ (*ein Wort als Dank*) thank you; **ein herzliches ~** a heartfelt [*or* big] thank you; [**jdm**] **ein herzliches ~ sagen** to express heartfelt thanks to sb ❷ (*Geste des Dankes*) thank you, token of one's gratitude
Dankesworte *pl* (*geh*) words of thanks; *von Redner* vote of thanks
Dankgottesdienst *m* thanksgiving service, service of thanksgiving **Danksagung** *f* note of thanks **Dankschreiben** *nt* letter of thanks
dann *adv* ❶ (*danach*) then; ***sie sprang zuerst ins Wasser, ~ sprangen die anderen*** she jumped first of all into the water, [and] then the others; ***wenn das gemacht ist, ~ kannst du gehen*** when that's done, you can go; ***noch eine Woche, ~ ist Weihnachten*** another week till [*or* until] [*or* and [then] it's] Christmas; ■**~ und wann** now and then; *s. a.* **bis²** ❷ (*zu dem Zeitpunkt*) ■**immer ~, wenn ...** always when ... ❸ (*unter diesen Umständen*) then; ■**wenn ..., ~ ...** if ..., [then] ...; **etw nur ~ tun, wenn ...** to do sth only when ...; ***ich habe keine Lust mehr — ~ hör doch auf!*** I'm not in the mood any more — well stop then!; ***also ~ bis morgen*** right then, see you tomorrow, see you tomorrow then; ■**~ eben nicht** [well,] in that case [there's no more to be said]; ~ ***erst recht nicht!*** in that case no way! [*or* not a chance!] *fam;* ■**selbst ~** even then; ***ja, selbst ~!*** yes, even then; ***nein, selbst ~ nicht!*** no, not even then; *s. a.* **erst, wenn, ja** ❹ (*sonst*) ***wenn dir auch dieser Vorschlag nicht zusagt, was/welcher ~?*** if you can't agree to this proposal, what can you agree to?; ***wenn man nicht einmal in Schottland echten Whiskey bekommt, wo ~?*** if you can't get real whisky in Scotland, where can you expect to find it?; ***wenn er seine Gedichte selbst nicht versteht, wer ~?*** if he can't understand his own poems, who else can [understand them]?; ***und falls das so nicht klappt, wie ~?*** and if it doesn't work, what then? ❺ (*außerdem*) ■**... und ~ auch noch ...** on top of that, to boot; ***... und ~ will er auch noch sein Teil haben*** and, on top of that, he wants his share, and he wants his share to boot; ***strohdumm und ~ auch noch frech*** as thick as they come and cheeky into the bargain [*or* to boot]
dannen *adv* ■**von ~** (*veraltet*) thence *dated form*
dannzumal *adv* SCHWEIZ (*geh*) then
Danzig *nt* Gdansk
daran *adv* ❶ (*räumlich*) on it/that; ***halt deine Hand ~!*** put your hand against [*or* on] it; **etw ~ kleben/befestigen** to stick/fasten sth to it; **etw ~ lehnen/stellen** to lean/place it against sth; **~ riechen** to smell it; **~ stehen** to stand next to it; **nahe** [*o* **dicht**] **~** right up against it, [right] up close to it; **~ vorbei** past it ❷ (*zeitlich*) ***erst fand ein Vortrag statt, ~ schloss sich eine Diskussion*** [***an***] first there was a lecture, which was followed by a discussion [*or* and after that a discussion]; **im Anschluss ~** [*o* **~ anschließend**] following that/this; ***im Anschluss ~ gibt es einen Imbiss*** it/that/this will be followed by a snack ❸ *in Verbindung mit subst, adj, vb siehe auch dort* **kein Interesse ~** no interest in it/that; **ein Mangel ~** a lack of it; **arm/reich ~** lacking/rich in it; ***kein Wort ist wahr ~!*** there isn't a word of truth in it, not a word of it is true; **~ sein** to be working on it; ***es ändert sich nichts ~*** it won't change, nothing will change; **~ arbeiten/ersticken** to work/choke on it/that; **sich ~ beteiligen/~ interessiert sein** to take part/be interested in it/that; ***denk ~!*** bear it/that in mind; ***denk ~ dass du deine Schwester anrufen musst*** don't forget [you have] to ring your sister; **sich ~ erinnern/~ zweifeln** to remember/doubt it/that; **~ kauen** to chew [on] it; **~ *sieht man, dass ...*** there you [can] see that ...; **~ sitzen** to sit over it; **~ sterben** to die of it ❹ **das Dumme/Gute/Schöne ~ ist, dass ...** the stupid/good/nice thing about it is that ...; *s. a.* **nahe, tun**
daran|geben *vt irreg* (*geh*) ■**etw** [**für jdn**] **~** to sacrifice sth [for sb] **daran|gehen** *vi irreg sein* to set about it; ■**~, etw zu tun** to set about doing sth **daran|machen** *vr* (*fam*) ■**sich ~** to set about [*or* get down to] it; ■**sich ~, etw zu tun** to get down to/set about doing sth **daran|setzen** **I.** *vt* **alles ~, etw zu tun** to spare no effort [*or* do one's utmost] to do sth; ***sie setzte einiges daran, ihn doch noch umzustimmen*** she took [*or* was at] pains to persuade him **II.** *vr* ■**sich ~** to set about it **daran|wenden** *vt* (*geh*) to exert; ***er hat viel Energie darangewandt, sein Ziel zu erreichen*** he spared no effort in reaching his goal
darauf *adv* ❶ (*räumlich*) on it/that/them etc.; **~ folgend** following; **der ~ folgende Wagen** the car behind; **etw ~ legen** to lay [*or* put] sth on top; **~ schlagen** to hit it; **~ losfahren/schießen/zielen** to drive/shoot/aim at it/them; **~ losschwimmen** to swim towards it; **sich ~ beziehen/~ zurückführen** to refer/lead back to it/that/this ❷ (*zeitlich*) after that; ***zuerst kam der Wagen des Premiers, ~ folgten Polizisten*** the prime minister's car came first, followed by policemen; ***die Tage, die ~ folgten*** the days which followed; (*danach*) afterwards, after *fam;* **bald** [*o* **kurz**] **~** shortly afterwards [*or fam* after]; **am Abend ~** the next evening; **im Jahr ~** [in] the following year, a year later; **tags** [*o* **am Tag**] **~** the next [*or* following] day; **~ folgend** following, ensuing *form;* **die ~ folgende Frage** the next question; **der ~ folgende Tag** the following [*or* next] day ❸ (*infolgedessen*) because of that, consequently, whereupon *form;* ***er hat gestohlen und wurde ~ von der Schule verwiesen*** he was caught stealing, whereupon he was expelled from the school ❹ (*auf das*) **~ antworten/reagieren** to reply/react to it; **etw ~ sagen** to say sth to it/this/that; **ein Gedicht ~ schreiben** to write a poem about it; **~ *steht die Todesstrafe*** that is punishable by death; **~ *wollen wir trinken!*** let's drink to it/that! ❺ *in Verbindung mit subst, adj, vb siehe auch dort* **einen Anspruch ~ erheben** to claim it; ***Hand ~!*** let's shake on it; **ein Recht ~** a right to it; ***wir müssen ~ Rücksicht nehmen/~ Rücksicht nehmen, dass ...*** we must take that into consideration/take into consideration that ...; ***Sie haben mein Wort ~!*** you have my word [on it]; **~ bestehen** to insist [on it]; **~ bestehen/hoffen/wetten, dass ...** to insist/hope/bet [that] ...; **sich ~ freuen** to look forward to it; **~ reinfallen** to fall for it; **stolz ~ sein** to be proud of it/that; **sich ~ verlassen** to rely on her/him/you etc.; **sich ~ vorbereiten** to prepare for it; ***sagen Sie es, ich warte ~!*** say it, I'm waiting!; **nur ~ aus sein, etw zu tun** to be only interested in doing sth; **~ *wolltest du hinaus!*** [so] that's what you were getting at!; ***wir kamen auch ~ zu sprechen*** we talked about that too; ***ein merkwürdiges Thema, wie kamen wir ~?*** a strange subject, how did we arrive at it?; ***ich weiß noch nicht, aber ich komme schon ~!*** I don't know yet, but I'll soon find out
darauffolgend *adj attr s.* **darauf 1, 2**
daraufhin¹ *adv* ❶ (*infolgedessen*) as a result [of this/that] ❷ (*nachher*) after that
daraufhin² *adv* (*im Hinblick darauf*) with regard to this/that; ***der Wagen wurde auch ~ untersucht, ob ein Unfall vorgelegen hatte*** the car was also inspected for signs of a past accident
daraus *adv* ❶ (*aus Gefäß o Raum*) out of it/that/them; **etw ~ entfernen** to remove sth from it ❷ (*aus diesem Material*) from [*or* out of] it/that/them; **~ *wird Wein gemacht*** wine is made from it/that ❸ *in Verbindung mit subst, vb siehe auch dort* **sich ~ ergeben** to result; **~ *ergibt sich/folgt, dass ...*** the result of which is that ...; ***wie Sie ~ ersehen, ...*** as you can see [from this] ...; ***was ist ~ geworden?*** what's become of it? ▶ WENDUNGEN: **~ wird nichts!** that's [perfectly] out of the question!
darben *vi* (*geh*) to live in [*or* suffer] want *form*
dar|bieten *irreg* **I.** *vt* (*geh*) ❶ (*vorführen*) ■[**jdm**]

etw ~ to perform sth [before sb]; (*vortragen*) to present sth [to sb]; **ein Gedicht** ~ to recite a poem ❷ (*anbieten*) ■**jdm etw** ~ to offer sb sth; (*servieren*) to serve sb sth; **eine Gabe/die Hand** ~ to offer [*or form* proffer] a gift/one's hand **II.** *vr* ■**sich jdm** ~ to present itself [to sb], to be faced with sth; *Gelegenheit, Möglichkeit* to offer itself to sb

Darbietung <-, -en> *f* ❶ (*Vorführung*) performance; (*das Dargebotene*) act ❷ *kein pl* (*geh: das Anbieten*) serving

dar|bringen *vt irreg* (*geh*) ❶ (*zuteil werden lassen*) **jdm [seine] Glückwünsche** ~ to offer [sb] one's best wishes; **jdm eine Ovation** ~ to give sb an ovation; **jdm ein Ständchen** ~ to serenade sb ❷ (*bringen*) ■**[jdm] ein Opfer** ~ to offer [up *sep*] a sacrifice [to sb]; **jdn einem Gott zum Opfer** ~ to sacrifice sb to a god, to offer [up *sep*] sb as a sacrifice to a god

darein *adv* (*geh*) ❶ (*in das hinein*) in there; (*in vorher Erwähntes*) in/into it/them, therein *form* ❷ (*veraltend: in diesen Umstand*) to it/that; ***sie mussten sich ~ fügen*** they had to accept [*or* bow to] that

darein|finden *vr irreg* (*geh*) to come to terms with [*or* learn to accept] it; (*resigniert a.*) to become resigned [*or* reconciled] to it; ■**sich ~, etw zu tun** to come to terms with [*or* learn to accept] doing sth

darein|fügen *vr* (*geh*) to resign oneself [to sth]

darein|reden *vi* (*unterbrechen*) to interrupt; (*sich einmischen*) to interfere, to meddle

darein|setzen *vt* (*geh*) to put into [*or* devote to] it; **seine ganze Energie ~, etw zu tun** to put all one's energy into [*or* devote all one's energy to] doing sth

Daressalam <-s> *nt* Dar es Salaam

darin *adv* ❶ (*in dem/der*) in there; (*in vorher Erwähntem*) in it/them; ***was steht ~ [geschrieben]?*** what does it say? ❷ (*in dem Punkt*) in that respect; **~ übereinstimmen/~ übereinstimmen, dass...** to agree [in that respect]/to agree that ...; ~ ***liegt ein Widerspruch*** there's a contradiction in that; ~ **ganz groß/perfekt sein** (*fam*) to be very good/perfect at it/that; ~ **ein Talent sein** (*fam*) to be born for it *fam*

dar|legen *vt* ■**[jdm] etw** ~ to explain sth [to sb]; **[jdm] seine Ansichten/einen Plan/eine Theorie** ~ to explain [*or form* expound] one's views/a plan/a theory [to sb]; **etw ausführlich** ~ to explain sth in detail, to elaborate on sth; **etw kurz** ~ to give a brief explanation of sth

Darlegung <-, -en> *f* explanation

Darlegungslast *f* JUR onus of presentation **Darlegungspflicht** *f* JUR obligation to present the case to the court

Darleh(e)n <-s, -> *nt* loan; **abgeschriebenes/befristetes/eingefrorenes** ~ amortized/term/frozen loan; **jederzeit kündbares/unkündbares** ~ call loan/irredeemable loan; **kurzfristiges/langfristiges** ~ short-term/long-term loan; **ungesichertes** ~ unsecured loan; **zinsfreies** ~ [interest-]free [*or* soft] loan; **als** ~ on [*or* as a] loan; ~ **mit einer Laufzeit von ...** loan with a term [*or* life] of ...; **ein ~ über/[in Höhe] von DM 100.000** a loan [to the amount] of [*or* amounting to] DM 100,000; **ein ~ beantragen** to apply for a loan; **[jdm] ein ~ gewähren** to grant [sb] a loan; **[jdm] ein ~ über DM 50.000 gewähren** to grant [sb] a loan of [*or* loan [AM *a.* out] [sb]] DM 50,000; **ein ~ sichern** to secure a loan

Darlehensantrag *m* FIN application for a loan **Darlehensbetrag** *m* FIN principal **Darlehensfonds** *m* FIN loan funds *pl* **Darlehensforderung** *f* FIN claim in respect of a loan **Darlehensgeber(in)** *m(f)* lender, loaner **Darlehensgeschäft** *nt* FIN lending [*or* loan] business **Darlehenshypothek** *f* FIN loan mortgage **Darlehensnehmer(in)** *m(f)* borrower, receiver [of a/the loan], loanee *spec* **Darlehensschuld** *f* FIN loan debt, borrowings *pl* **Darlehenssumme** *f* ■**die** ~ the amount of a/the loan; ■**eine** ~ a loan **Darlehensverlauf** *m* FIN loan scheme **Darlehensversprechen** *nt* FIN promise to grant a loan **Darlehensvertrag** *m* JUR loan undertaking **Darlehenszinsen** *pl* JUR loan interest

Darling <-s, -s> *m* ■**jds** ~ sb's darling [*or fam* heartthrob]

Darm <-[e]s, Därme> *m* ❶ (*Verdauungstrakt*) bowels *npl*, intestine[s *npl*], gut[s *npl*] *fam;* **bei jdm auf den ~ schlagen** to give sb stomach trouble ❷ (*Wursthülle aus Darm*) [sausage] skin [*or* case]; **Wurst in echtem/künstlichem** ~ sausage in real/synthetic skin; (*für Saiten, Schlägerbespannung*) [cat]gut

Darmausgang *m* anus, anal orifice *form;* **ein künstlicher** ~ an artificial [*or spec* a preternatural] anus **Darmblutung** *f* intestinal bleeding **Darmbruch** *m* enterocele *spec* **Darmentleerung** *f* bowel movement, defecation *form,* evacuation of the bowels *form* **Darmerkrankung** *f* intestinal disease **Darmflora** *f* intestinal flora *spec* **Darmgrippe** *f* gastric [*or* intestinal] flu [*or form* influenza] **Darminfektion** *f* intestinal [*or* bowel] infection **Darmkrebs** *m* intestinal [*or* bowel] cancer, cancer of the intestine [*or* bowel] **Darmparasit** *m* BIOL intestinal parasite **Darmsaite** *f* [cat]gut string **Darmspülung** *f* irrigation of the bowels *form,* intestinal lavage *spec* **Darmtätigkeit** *f* ■**die** ~ peristalsis *spec;* **die ~ fördern/regulieren** to stimulate/regulate the movement of the bowels **Darmträgheit** *f* underactivity of the intestines; (*Verstopfung*) constipation **Darmverschlingung** *f* twisting of the intestine [*or* bowels], volvulus *spec* **Darmverschluss**RR *m* intestinal obstruction, obstruction of the bowels [*or* intestine], ileus *spec*

darnieder|liegen *vi irreg* ❶ (*geh: krank im Bett liegen*) ■**[mit etw]** ~ to be laid up [with sth], to be down with sth ❷ (*sich in einem schlechten Zustand befinden*) to stagnate, to languish

darob *adv* (*veraltet*) ***er war ~ erstaunt/sehr verärgert*** he was very surprised by that/very annoyed at that; ***sie wurde ~ sehr bewundert*** she was much admired for that [*or* on that account]

Darre <-, -n> *f* ❶ (*Vorrichtung zum Darren*) oast ❷ (*Trockengestell*) drying frame

dar|reichen *vt* (*geh*) *s.* **darbieten 2**

darren *vt* ■**etw** ~ to dry [*or* oast-dry] sth

darstellbar *adj* ❶ (*zu berichten*) ***das ist nicht in wenigen Worten*** ~ this cannot be described in a few words; **kaum/leicht** ~ hard/easy to describe [*or* express] [*or* portray] ❷ (*wiederzugeben*) ***diese Kurven sind grafisch*** ~ these curves can be represented in graphic form; ***sämtliche Schritte sind auf dem Bildschirm*** ~ all steps can be shown [*or form* depicted] on [the] screen

dar|stellen I. *vt* ❶ (*wiedergeben*) ■**jdn/etw** ~ to portray [*or form* depict] sb/sth; **etw blau/rot** ~ to depict sth in blue/red *form;* ***was sollen diese Zeichen ~?*** what do these symbols mean? [*or* stand for] ❷ THEAT ■**jdn** ~ to portray [*or* play the part of] sb; ■**etw** ~ to portray sth; (*interpretieren*) to interpret sth; **eine Rolle** ~ to play a role ❸ (*beschreiben*) ■**etw** ~ to describe [*or sep form* set forth] sth; **etw ausführlich/kurz [o knapp]** ~ to give a detailed/brief description of sth ❹ (*bedeuten*) ■**etw** ~ to represent [*or form* constitute] sth; **etwas** ~ to be impressive; *Mensch a.* to cut a fine figure; **nichts** ~ to be a nobody; **nichts im Leben** ~ to be nothing in life **II.** *vr* ❶ (*zeigen*) ■**sich [jdm]** ~ to appear [to sb]; ***die Sache stellt sich als sehr schwierig dar*** the matter appears [to be] very difficult ❷ (*ausgeben als*) ■**sich als jd** ~ to show oneself to be sth

Darsteller(in) <-s, -> *m(f)* actor; ■**~in** actress; **die ~in der Lady Macbeth** the actress playing Lady Macbeth

darstellerisch I. *adj attr* acting; ***diese Rolle erfordert ~es Talent*** this role demands a talented actor; ***seine ~e Leistung war ausgezeichnet*** his performance was outstanding **II.** *adv* ***das Stück wies ~ einige Schwächen auf*** the acting in the play showed some weakness

Darstellung <-, -en> *f* ❶ *kein pl* (*das Wiedergeben im Bild*) portrayal, depiction; **die ~ von Perspektiven/mathematischen Modellen** the depiction of perspectives/mathematical models ❷ *kein pl* THEAT (*das Gestalten*) performance; **die ~ eines Charakters/einer Rolle** the interpretation of a character/role ❸ (*das Schildern*) representation *no pl;* (*Bericht*) account ❹ (*Bild*) depiction

Darstellungsbildschirm *m* TYPO preview terminal **Darstellungsfläche** *f* display space **Darstellungsform** *f* THEAT form of expression **Darstellungsformat** *nt* display format **Darstellungsgröße** *f* display attribute **Darstellungsmittel** *nt* means of representation, technique [of representation] **Darstellungsmöglichkeit** *f* ❶ *auf einem Bildschirm* possibility of displaying, ability to display ❷ (*Umsetzungsmöglichkeit*) *im Roman, auf der Bühne* possibility of portraying, ability to portray **Darstellungsqualität** *f* display quality **Darstellungswahlrecht** *nt* FIN (*zur Bilanzierung*) accounting option **Darstellungsweise** *f* way of expression

Darts <-> [da:ts] *nt kein pl* darts + *sing vb*

Dartscheibe *f* dartboard

dar|tun *vt irreg* (*geh*) *s.* **darlegen**

darüber *adv* ❶ (*räumlich*) over it/that/them; (*direkt auf etw*) on top [of it/that]; (*oberhalb von etw*) above [it/that/them]; (*über etw hinweg*) over [it/that/them]; ***mein Mantel hängt dort, hänge deinen einfach*** ~ my coat's over there, just put yours on top; **mit der Hand ~ fahren** to run one's hand over it/that; **mit einem Tuch ~ fahren** to wipe over it/that with a cloth; **~ liegen** (*bedecken*) to lie over it; **~ stehen** (*a. fig*) to be above it [all] ❷ (*hinsichtlich einer Sache*) about it/that/them; **sich ~ beklagen/streiten, dass ...** to complain/argue about ...; **sich ~ wundern, was ...** to be surprised at what ...; **~ brüten/sitzen/wachen** to brood/sit/watch over it/that/them; ~ ***spricht man nicht!*** one doesn't [*or* you don't] talk about such things!; **~ hinweggehen/hinwegsehen** to pass over [*or* ignore] it; **~ Stillschweigen bewahren** to maintain silence on [*or* keep silent about] it; ~ ***besteht kein Zweifel*** there is no doubt about it ❸ (*währenddessen*) in the meantime; (*dabei und deswegen*) in the process ❹ (*über diese Grenze hinaus*) above [*or* over] [that]; ***10 Stunden oder*** ~ 10 hours and/or longer [*or* more]; ***die Teilnehmer waren alle 50 oder*** ~ the participants were all 50 or above [*or* older] ❺ (*höher*) **mit dem Angebot/Preis ~ liegen** to have made a higher offer/to have offered a higher price ❻ (*anfangen*) **sich ~ machen** to get to work on [*or* BRIT *fam* get stuck into] [*or* AM *fam* get going on] it ► WENDUNGEN: **~ hinaus [o hinweg] sein** to have got [*or* AM gotten] over it/that; **jdm ~ hinweghelfen** to help sb get over it/that; **~ hinaus** over and above [that], higher

darüber|fahren *vi irreg sein s.* **darüber 1 darüber hinaus** *adv s.* **darüber** in addition [to that/this]; (*obendrein*) what is more **darüber|liegen** *vi irreg s.* **darüber 1, 5 darüber|machen** *vr* (*fam*) *s.* **darüber 6 darüber|stehen** *vi irreg s.* **darüber 1**

darum *adv* ❶ (*deshalb*) that's why; **~?** because of that?, really?; **~!** (*fam*) [just] because! *fam;* **ach ~!** oh, that's why!, oh, I see!; **eben** ~ for that very reason, that's exactly why; **~, weil ...** because ... ❷ *in Verbindung mit subst, vb siehe auch dort* **~ bitten** to ask for it/that/them; **jdn ~ bitten/sich ~ bemühen, etw zu tun** to ask sb/to try [hard] to do sth; ***es geht uns ~, es richtig zu tun*** we are trying do it right; ***es geht nicht ~, wer zuerst kommt*** it's not a question of who comes first; ~ ***geht es ja gerade!*** that's just it! [*or* the point!]; ~ ***geht es nicht!*** that's not [*or* beside] the point!; ***wir kommen nicht ~ herum*** there's no avoiding it/that, it can't be helped; **~ herumreden** to beat around the bush; **sich ~ streiten** to argue over it/that ❸ (*räumlich: um diesen Ort, Gegenstand herum*) ■**~ [herum]** around it, BRIT *a.* round it; *s. a.* **drum**

darunter *adv* ❶ (*räumlich*) under it/that, underneath [it/that]; (*unterhalb von etw*) below [it/that]; **~ gehen** (*fam*) to go underneath; **~ hervorgucken/-springen/-sprudeln** to look/jump/gush out [from underneath]; **etw ~ setzen** to put sth to it;

seine Unterschrift [*o geh* **Paraphe**] ~ **setzen** to put one's signature to it/that, to sign ❷ (*unterhalb diese(r) Grenze*) lower; ***Schulkinder im Alter von 12 Jahren und*** ~ schoolchildren of 12 years and younger; ***keine Mark*** ~ not a mark less; ~ **gehen** to go lower; *Temperatur* to fall [below it/that]; ~ **liegen** to be less; **mit dem Angebot/Preis** ~ **liegen** to make a lower offer/to offer a lower price ❸ (*dazwischen*) among[st] them; **etw** ~ **mischen** to mix in; **sich** ~ **mischen** to mingle in [with sb]; **etw** ~ **rühren** KOCHK to stir in sth *sep;* **etw** ~ **schlagen** KOCHK to fold in sth *sep;* **etw** ~ **ziehen** KOCHK to fold in sth *sep* ❹ *in Verbindung mit subst, vb siehe auch dort* (*unter dieser Angelegenheit*) ~ **leiden** to suffer under it/that; ***was verstehst du ~?*** what do you understand by it/that?; ~ ***kann ich mir nichts/nicht viel vorstellen*** it doesn't mean anything/very much to me ❺ (*dazu*) ~ **fallen** to fall [*or* come] under it/that ► WENDUNGEN: **es nicht** ~ **machen** [*o* **tun**] (*fam*) to not do it for less

darunter|fallen *vi irreg sein s.* **darunter 5** **darunter|gehen** *vi irreg sein s.* **darunter 1, 2** **darunter|liegen** *vi irreg haben s.* **darunter 2** **darunter|mischen** *vt, vr s.* **darunter 3** **darunter|rühren** *vt s.* **darunter 3** **darunter|schlagen** *vt s.* **darunter 3** **darunter|setzen** *vt s.* **darunter 1** **darunter|ziehen** *vt s.* **darunter 3**

Darwinfink *m* BIOL Darwin's finch

das *art, pron* the; *s. a.* **der**

DASA *f Akr von* **Daimler-Benz Aerospace AG** DASA

da|sein *vi irreg sein s.* **da 1, 2, 5**

Dasein <-s> *nt kein pl* ❶ (*das menschliche Leben*) life, existence; **ein jämmerliches** ~ **fristen/führen** to eke out a miserable existence/to lead a miserable life; **jdm das** ~ **erleichtern** to make sb's life easier ❷ (*geh: Existenz*) existence ❸ (*Anwesenheit*) presence; *s. a.* **Kampf**

Daseinsberechtigung *f* right to exist *no pl;* **eine** ~ **haben** to justify one's existence; *von Menschen a.* right to live *no pl* **Daseinsfreude** *f* (*geh*) zest for life, joie de vivre **Daseinsfürsorge** *f* FIN earning one's keep **Daseinskampf** *m* (*geh*) *s.* **Existenzkampf** **Daseinsvorsorge** *f* FIN providing for one's life

daselbst *adv* (*veraltet*) in that [*or old* said] place; ***geboren 1698 zu Paris, gestorben 1745*** ~ born 1698 in Paris, died there 1745

da|sitzen *vi irreg* ❶ (*an einer Stelle sitzen*) to sit there; **noch/nicht mehr/schon** ~ to be still/no longer/already sitting there; **gelangweilt/müde/traurig/zitternd** ~ to sit there bored/tiredly/sadly/shivering ❷ (*fam: zurechtkommen müssen*) to be left on one's tod BRIT *fam* [*or* AM own]; **ohne Geld/Hilfe** ~ to be left without [any] money/help

dasjenige *pron dem s.* **derjenige**

dass[RR], **daß** *konj* ❶ *mit Subjektsatz* that; ~ ***wir einmal alle sterben müssen, ist nun mal gewiss*** [the fact] that we all have to die is certain *liter,* it is certain [that] we all have to die, we all have to die one day ❷ *mit Objektsatz* [that]; ***ich habe gehört,*** ~ ***du Vater geworden bist*** I've heard [that] you've become a father; **nicht verstehen,** ~ **...** to not understand how ...; ***entschuldigen Sie bitte,*** ~ ***ich mich so verspätet habe*** please excuse my [*or* me] arriving so late ❸ *mit Attributivsatz* [that]; ***gesetzt den Fall,*** ~ **...** assuming [that] ...; ***vorausgesetzt,*** ~ **...** providing [that] ...; ***die Tatsache,*** ~ **...** the fact that ...; ***[nur] unter der Bedingung,*** ~ **...** on [the] condition that ...; ***ungeachtet dessen,*** ~ **...** regardless of the fact that .. ❹ *mit Kausalsatz* that; ***ich war böse,*** ~ **...** I was angry that ...; ***sie freut sich darüber,*** ~ **...** she is pleased [that] ...; **das kommt daher** [*o* **davon**]**/das liegt daran,** ~ **...** that's because ...; **dadurch,** ~ **...** because ... ❺ *mit Konsekutivsatz* that; ***sie fuhr so schnell,*** ~ ***sie die rote Ampel übersah*** she drove so fast [that] she failed to see the red light ❻ *als Einleitung eines Instrumentalsatzes* ***er verbringt seine Freizeit damit,*** ~ ***er Telefonkarten sammelt*** he spends his free time collecting phonecards ❼ *mit Wunschsatz* (*geh*) if only, would that *liter;* ~ ***du nur Recht hast!*** if only you were right! ❽ (*in Warnungen*) ***sieh/seht zu,*** ~ **...!** see that ...; (*nachdrücklicher*) see to it [that] ... ❾ (*in Ausrufen des Bedauerns*) that; ~ ***es ausgerechnet mir passieren sollte!*** that it should happen to me of all people!; *s. a.* **als, auf, außer, ohne, so, [an]statt, kaum**

dasselbe, dasselbige *pron dem s.* **derselbe**

Dasselfliege *f* ZOOL bot fly

da|stehen *vi irreg* ❶ (*untätig an einer Stelle stehen*) to stand there; **nur so/einfach** ~ to be just/simply standing there; **dumm/wie ein begossener Pudel** ~ to stand there stupidly/sheepishly [*or* with a stupid/sheepish expression [on one's face]]; **konsterniert/verblüfft/verwundert** ~ to stand there scandalized/stunned/astonished; **wie der Ochs vorm Berg** ~ to be at a [dead] loss ❷ (*erscheinen*) **ohne Geld** [*o* **Mittel**] ~ to be left penniless [*or* with nothing]; **mit leeren Händen** ~ to stand there [*or* be left] empty-handed; **als Dummkopf/Lügner** ~ to be left looking like an idiot/a liar; **allein** ~ to be left [all *fam*] alone [in the world]; **besser/anders/gut/schlecht** ~ to be in a better/different/good/bad position; **einzig** ~ to be unique [*or* in a class of its own] ► WENDUNGEN: **na, wie stehe ich jetzt da?** (*selbst lobend*) well, wasn't I just wonderful?; (*Vorwurf*) what a fool I must look now!

DAT *nt* INFORM *Akr von* **digital audio tape** DAT; ~-**Streamer** DAT streamer

Data Mining <-s> ['deɪtəmaɪnɪŋ] *nt kein pl* data mining **Data Warehousing** <-[s]> ['deɪtə,weəhaʊzɪŋ] *nt kein pl s.* **Data Mining** data warehousing

Date <-s, -s> [deɪt] *nt* (*sl*) date

Datei <-, -en> *f* INFORM [data] file; **angehängte** ~ attachment; **gesicherte** ~ backup; **permanente/temporäre** ~ permanent/temporary file; **eine** ~ **aufrufen/abspeichern/anlegen/löschen** to call [up]/save/create/delete a [data] file

Dateiabfrage *f* INFORM file inquiry **Dateiattribut** *nt* INFORM file attribute **Dateiaufbereitung** *f* INFORM file editor

Dateienverwaltung *f kein pl* file manager

Dateiformat *nt* INFORM file format **Dateigröße** *f* INFORM file size **Dateikatalog** *m* INFORM catalog file **Dateikomprimierung** *f* INFORM file compression **Dateiliste** *f* INFORM file list **Dateimanager** *m* INFORM file manager **Dateiname** *m* INFORM filename **Dateioperation** *f* INFORM file operation **Dateioptimierer** *m* INFORM file optimizer **Dateischutz** *m* INFORM file protection **Dateisystem** *nt* INFORM file system; **hierarchisches** ~ hierarchical file system **Dateitabelle** *f* INFORM file table **Dateitransfer** *m* INFORM file transfer **Dateiunterverzeichnis** *nt* INFORM subdirectory **Dateiverwaltung** *f* INFORM file management system **Dateiverzeichnis** *nt* INFORM directory **Dateiverzeichnisstruktur** *f* INFORM directory structure **Dateivolumen** *nt* INFORM file size

Daten[1] *pl von* **Datum**

Daten[2] *pl* data; ~ **zur Person** particulars *npl;* **technische** ~ specifications, specs *fam;* ~ **erfassen/verarbeiten** to collect [*or* capture]/process data

Datenabgleich *m* INFORM comparison of data **Datenabruf** *m* data retrieval **Datenanzug** *m* INFORM data suit **Datenaufbereitung** *f kein pl* data editing **Datenaufzeichnung** *f* INFORM data recording **Datenausgabe** *f* INFORM data output **Datenausgabesteuerung** *f* data output control **Datenaustausch** *m* INFORM data exchange, DX **Datenaustauschformat** *nt* INFORM data exchange format **Datenauswertung** *f* INFORM data analysis **Datenautobahn** *f* information highway **Datenbank** <-banken> *f* database; **Archiv der** ~ database file **Datenbankabfrage** *f* database enquiry **Datenbankadministrator** *m* INFORM database administrator, DBA **Datenbankbeauftragte(r)** *f(m) dekl wie adj* database consultant **Datenbankbetriebssystem** *nt* INFORM database operational, operating system **Datenbankbenutzer(in)** *m(f)* INFORM database user **Datenbankmodell** *nt* INFORM database model; **hierarchisches/relationales** ~ hierarchical/relational database model **Datenbankprogramm** *nt* INFORM database manager **Datenbankprogrammierer(in)** *m(f)* INFORM database [*or* applications] programmer **Datenbanksystem** *nt* INFORM database management system, DBMS **Datenbankverwaltung** *f* database management, DBM **Datenbankverwaltungssystem** *nt* INFORM database administrator, DBA **Datenbasis** *f* database **Datenbearbeitung** *f* INFORM data processing **Datenbereitstellung** *f* INFORM data supply **Datenbestand** *m* INFORM data stock **Datenbibliothek** *f* library of data **Datenbit** *nt* INFORM data bit **Datenbus** *m* INFORM data bus **Datendurchlauf** *m* INFORM throughput **Dateneingabe** *f* INFORM data entry **Dateneingabesteuerung** *f* data input control **Datenerfassung** *f* ■**die** ~ data collection [*or* capture] **Datenerhalt** *m* receival of data **Datenexport** *m* INFORM data export **Datenfernleitung** *f* remote data line **Datenfernübertragung** *f* remote data transmission, data telecommunication **Datenfernverarbeitung** *f kein pl* teleprocessing **Datenfluss**[RR] *m kein pl* information [*or* data] flow **Datenflut** *f* flood of data **Datenformat** *nt* INFORM data format **Datenfunkgerät** *nt* police radio unit **Datengeheimnis** *nt* JUR data secrecy **Datenhandschuh** *m* INFORM data glove **Datenhighway** <-s, -s> *m* INET data highway **Datenimport** *m* INFORM data import **Dateninfobahn** *f* information highway **Datenintegrität** *f* INFORM data integrity **Datenkarte** *f* data card **Datenklau** <-s> *m kein pl* JUR, INFORM, INET (*fam*) data theft **Datenkommunikation** *f* INFORM data communication **Datenkommunikationsschnittstelle** *f* data communications interface **Datenkompatibilität** *f* INFORM data compatibility **Datenkompression** *f* INFORM data compression **Datenleitung** *f* INFORM dataline **Datenmanagement** *m* INFORM data management **Datenmenge** *f* INFORM data volume **Datenmissbrauch**[RR] *m* data abuse, misuse of data **Datennetz** *nt* ❶ (*Netzwerk*) data [*or* information] network ❷ (*Datenfernübertragungsnetz*) data transmission network **Datenorganisation** *f* INFORM data preparation **Datenpaket** *nt* INFORM data packet **Datenquelle** *f* INFORM data source **Datenrettung** *f* INFORM rescue dump **Datensatz** *m* INFORM data record **Datenschrott** *m* corrupt data, [electronic] garbage AM **Datenschutz** *m* JUR data [privacy] protection **Datenschutz(aufsichts)behörde** *f* JUR data protection authority **Datenschutzbeauftragte(r)** *f(m) dekl wie adj* controller for data protection; (*Bundes~*) Federal Commissioner for Data Protection **Datenschützer(in)** *m(f)* (*fam*) data watchdog *fam* **Datenschutzgesetz** *nt* JUR Data Protection Act **datenschutzrechtlich** *adj* **aus ~en Gründen** for reasons of data protection **Datensicherheit** *f* data security **Datensicherung** *f* [data] backup; ~ **[auf Diskette] machen** to backup [data] [to floppy disk] **Datensichtgerät** *nt* [visual] display unit, VDU **Datenspeicher** *m* INFORM data storage (*large quantity of data*), data register (*temporary storage before processing*) **Datenspeicherschicht** *f* data storage layer **Datenspeicherung** *f* INFORM data storing **Datenstrom** *m* INFORM data streaming **Datenstruktur** *f* INFORM data format **Datenterminal** *nt* data [communication] terminal **Datenträger** *m* INFORM data medium [*or* carrier] **Datentransfer** *m* INFORM data transmission **Datentransport** *m* INFORM data transport **Datentypist(in)** *m(f)* keyboarder **Datenübermittlung** *f kein pl s.* Datenfernübertragung **Datenübertragung** *f* data transmission **Datenübertragungsrate** *f* INFORM data transfer rate **Datenübertragungszeit** *f* INFORM data transfer time **Datenverarbeitung** *f* INFORM data processing *no pl, no art;* **elektronische** ~ [*o* **EDV**] electronic data processing, EDP **Datenverarbeitungsanlage** *f* data processing [*or* DP] equipment **Datenverbund** *m* data network **Datenver-**

kehr *m kein pl* data traffic [*or* communication] **Datenverlust** *m* INFORM data loss; **unerklärlicher ~** line gremlin **Datenverschlüsselung** *f* data encryption **Datenverwaltung** *f* data management **Datenverwaltungssystem** *nt* INFORM database manager **Datenzentrale** *f,* **Datenzentrum** *nt* data centre [*or* AM -er] **Datenzwischenspeicher** *m* INFORM buffer

datieren* I. *vt* ① (*mit Datum versehen*) ■**etw ~** to date sth; ***auf den Wievielten war der Brief datiert?*** when was the letter dated?, what was the date on the letter?; **etw falsch ~** to date sth incorrectly, to misdate sth *form;* **etw zurück/im Voraus ~** to postdate/predate sth ② (*zeitlich einordnen*) ■**etw [auf einen bestimmten Zeitraum] ~** to date sth [back to a certain period] II. *vi* ① (*stammen, bestehen*) ■**aus einem bestimmten Zeitraum ~** [*o* **seit einem bestimmten Zeitraum/-punkt ~**] to date from [*or* back to] a certain period ② (*mit Datum versehen sein*) ***dieser Brief datiert vom 12. Februar*** this letter is dated 12th Febuary

Datierung <-, -en> *f* dating; **absolute ~** absolute dating

Datierungshilfe *f* GEOL dating aid

Dativ <-s, -e> *m* LING dative [case]; **im ~ stehen** to be in the dative [case]; **den ~ regieren** to govern [*or* take] the dative [case]

Dativobjekt *nt* LING indirect [*or* dative] object

dato *adv* (*geh*) **bis ~** to date

Datowechsel *m* JUR after-date bill

Datscha, Datsche <-, Datschen> *f* da[t]cha

Dattel <-, -n> *f* date

Dattelpalme *f* date [palm]

Datum <-s, Daten> *nt* date; **~ des Poststempels** date as postmark; **älteren ~s** ***ein Wagen älteren ~s*** an older model of a car; ***ein Wörterbuch älteren ~s*** an older edition of a dictionary; **das gestrige/heutige/morgige ~** yesterday's/today's/tomorrow's date; **neueren ~s** ***eine Ausgabe neueren ~s*** a more recent issue; ***das Auto ist erst neueren ~s*** the car is still [pretty *fam*] new; **sich im ~ irren** to get the date wrong; ***was für ein/welches ~ haben wir heute?*** what's the date today?; ***ein Brief ohne ~*** an undated letter; ***der Brief trägt das ~ vom 7. Mai/von letztem Sonntag*** the letter is dated 7 May/last Sunday, the letter bears the date 7 May/of Sunday last *form*

Datumsänderung *f* date change **Datumsanzeige** *f* date display **Datumsgrenze** *f* [international] date line **Datumsstempel** *m* ① (*Gerät zum Stempeln eines Datums*) dater ② (*eingestempeltes Datum*) date stamp

Daube *f* ① (*Seitenbrett eines Fasses*) stave ② (*Zielwürfel beim Eisschießen*) tee (*larger version of an ice-hockey puck*)

Dauer <-> *f kein pl* duration (+*gen* of); *von Aufenthalt* length; **von langer/kurzer ~ sein** to last long [*or* a long time]/to not last long [*or* a long time]; **von begrenzter ~ sein** to be of limited duration; **keine ~ haben** to not live long, to be short-lived; **von ~ sein** to be long-lasting [*or* long-lived]; ***die Wetterbesserung wird für die nächsten Tage von ~ sein*** the improvement in the weather will remain constant for the next few days; **nicht von ~ sein** to be short-lived; **auf ~** permanently; **auf die ~** in the long run [*or* term]; ***diesen Lärm kann auf die ~ keiner ertragen*** nobody can stand this noise for any length of time; ***das kann auf die ~ nicht so weitergehen!*** it can't go on like that forever!; **für die ~ von** for the duration of; ***für die ~ Ihres Aufenthaltes bei uns*** for [the duration [*or* length] of] your stay with us

Dauerarbeitslose(r) *f(m) dekl wie adj* long-term unemployed person; ■**die ~n** the long-term unemployed **Dauerarbeitslosigkeit** *f kein pl* long-term unemployment **Dauerarbeitsplatz** *m* permanent job **Dauerauftrag** *m* standing order; **per ~** by [*or* with a] standing order; **einer Bank einen ~ erteilen** to place a standing order at a bank **Dauerausweis** *m* season [*or* AM commutation] ticket **Dauerbehandlung** *f* MED long-term therapy, prolonged treatment **Dauerbelieferungsvertrag** *m* HANDEL permanent supply contract **Dauerbeschäftigung** *f* ÖKON permanent employment *no pl* **Dauerbetrieb** *m kein pl* continuous operation **Dauerbrenner** *m* (*fam*) ① (*Ofen*) slow-burning stove ② (*dauerhaft Interessantes*) long runner *fam;* ***dieses Thema wird noch zum ~*** this topic will be the talk of the town for a long time to come *fam* ③ (*langer Kuss*) long, impassioned kiss, BRIT *sl a.* snog **Dauerdelikt** *nt* JUR continuing offence **Dauereinrichtung** *f* ① (*ständige Institution*) permanent institution ② (*ständige Übung*) **zu einer ~ werden** to become [a] regular practice **dauerelastisch** *adj inv* BAU permanently elastic **Daueremission** *f* BÖRSE constant issue **Daueremittent** *m* FIN constant issuer **Dauererfolg** *f* continuous success **Dauerfeuer** *nt* MIL sustained [*or* continuous] fire **Dauerflug** *m* endurance flight **Dauergast** *m* regular client (**in** +*dat* of), permanent fixture *hum* (**in** +*dat* at); (*im Hotel*) permanent guest [*or* resident]; **sich [bei jdm] als ~ einrichten** (*iron fam*) to grace sb's house with one's permanent presence *iron;* ***er ist in diesem Lokal ~*** he's one of the regulars **Dauergeschwindigkeit** *f* cruising speed

dauerhaft I. *adj* ① (*haltbar, strapazierfähig*) durable, resistant ② (*beständig*) lasting; ***das darf kein ~er Zustand werden*** that shouldn't be allowed to become permanent II. *adv* permanently; **sich ~ einigen** to come to a lasting [*or* permanent] agreement; **~ schädigen/geschädigt werden** to inflict/suffer permanent damage **Dauerhaftigkeit** <-> *f kein pl* ① (*Haltbarkeit, Strapazierfähigkeit*) durability ② (*Beständigkeit*) permanence; *von Wetter* constancy; ***der Versailler Frieden war nicht von großer ~*** the treaties of Versailles did not last **Dauerkarte** *f* season ticket; **im Besitz einer ~ sein** to have [*or* be in hold of] a season ticket **Dauerkarteninhaber(in)** *m(f)* season ticket holder **Dauerkunde** *m* standing [*or* regular] customer **Dauerlauf** *m* [endurance] run, jog; **einen ~ machen** to go for a run [*or* jog]; **im ~** at a run [*or* jog], at a running [*or* jogging] pace **Dauerlutscher** *m* lollipop, BRIT *fam a.* lolly

dauern¹ *vi* ① (*währen, anhalten*) to last; **eine Stunde/einen Tag/lang/länger ~** to last an hour/a day/a long time/longer; ***dieser Krach dauert jetzt schon den ganzen Tag*** this racket has been going on all [*or* the whole] day now; ***der Film dauert 3 Stunden*** the film is 3 hours long ② (*Zeit erfordern*) to take; **lange/zu lange ~** to take long [*or* a long time]/to take too long; **nicht mehr lange ~** to not take much longer; ***das dauert wieder, bis er endlich fertig ist!*** he always takes such a long time to get ready; ***warum dauert das bei dir immer so lange?*** why does it always take you so long?, why do you always take so long?; ***vier Stunden? das dauert mir zu lange*** four hours? that's too long for me; ***es dauert alles seine Zeit*** everything takes its time, Rome wasn't built in a day *prov;* **das dauert und dauert!** (*fam*) it's taking ages [and ages] [*or* years] [*or* forever] *fam* ③ (*geh: dauerhaft sein, Bestand haben*) to last, to endure *liter*

dauern² *vt* (*veraltend geh*) ① (*reuen*) ■**jdn [sehr] ~** to be a cause of [deep] regret for sb; ■**es dauert mich [sehr], dass ...** I regret [deeply] that ...; ***jeder Pfennig dauert mich*** every penny hurts ② (*Mitleid wecken bei*) ■**jdn ~** (*veraltend*) to arouse [*or* awaken] pity in sb; ***der zerlumpte Bettler dauerte sie sehr*** they took pity on [*or* pitied] the ragged beggar

dauernd I. *adj* (*ständig*) constant, unceasing; (*anhaltend*) lasting; **eine ~e Freundschaft** a lasting [*or* long-lived] friendship; **~er Wohnsitz** permanent [*or* fixed] address II. *adv* ① (*ständig*) constantly; ***mit diesen Neuen hat man ~ Ärger!*** these newcomers are always causing trouble! ② (*immer wieder*) always; **etw ~ tun** to keep [on] doing sth

Dauernutzungsrecht *nt* JUR registered perpetual lease **Dauerobst** *nt* fruit that keeps well **Dauerparker(in)** *m(f)* (*Langzeitparker*) long-term [*or* all-day] parker; ***„Parkplatz [nur] für ~"*** "long-term carpark"; (*regelmäßiger, befugter Parker*) permit parker **Dauerpflegschaft** *f* JUR permanent curatorship **Dauerproduktion** *f* ÖKON long-term production **Dauerprüfungsfahrt** *f* endurance test **Dauerrechtsverhältnis** *nt* JUR permanent contract **Dauerredner(in)** *m(f)* (*pej*) windbag *pej fam* **Dauerregen** *m* continuous rain **Dauerschaden** *m* MED long-term damage **Dauerschleife** *f* TECH continuous [*or* endless] playback **Dauerschleife** *f* TECH continuous [*or* endless] playback **Dauerschulden** *pl* FIN permanent [*or* long-term] debts **Dauerschuldverhältnis** *nt* FIN continuous obligation **Dauerschuldverschreibung** *f* FIN perpetual debenture **Dauerschuldzinsen** *pl* FIN interest on permanent debt **Dauerspeicher** *m* INFORM non-volatile memory **Dauerstellung** *f* (*feste Anstellung*) permanent post; **in ~ [beschäftigt]** in permanent employment **Dauerstraftat** *f* JUR continuing offence **Dauerstress**[RR] *m* continuous stress **Dauerthema** *nt* permanent topic **Dauerton** *m* continuous [*or* sustained] tone **Dauerverfügung** *f* JUR permanent injunction **Dauervertrag** *m* JUR continuing agreement **Dauerware** *f* KOCHK foods *pl* with long shelf life **Dauerwelle** *f* perm[anent wave *form*]; **sich *dat* eine ~ machen lassen** to have one's hair permed; **jdm eine ~ machen/legen** to perm[anent-wave *form*] sb's hair **Dauerwirkung** *f* long-lasting effect **Dauerwohnrecht** *nt* JUR permanent right of residence **Dauerwurst** *f salami-style sausage* **Dauerzustand** *m* (*anhaltender Zustand*) permanent state of affairs; **zum ~ werden** to become a permanent state of affairs; **[bei jdm] ein ~ sein/zum ~ werden** to be/become a habit [of sb's] *iron;* ***ich hoffe, das wird bei dir nicht zum ~!*** I hope that this isn't getting to become a habit of yours!

Däumchen <-s, -> *nt dim von* **Daumen** (*kindersprache*) [little] thumb ▶ WENDUNGEN: **~ drehen** (*fam*) to twiddle one's fingers [*or* thumbs]

Daumen <-s, -> *m* thumb, pollex *spec;* **am ~ lutschen** to suck one's thumb ▶ WENDUNGEN: **jdm die ~ drücken** [*o* **halten**] to keep one's fingers crossed [for sb]; **den ~ auf etw *akk* halten** [*o* **auf etw *dat* haben**] (*fam*) to keep [*or* have] a tight hold on sth; **den ~ in den Wind halten** (*fam: per Anhalter reisen*) to stick one's thumb out *fam;* **etw über den ~ peilen** to estimate sth by rule of thumb

Daumenabdruck *m* thumbprint **daumenbreit** *adj* as wide as a [*or* one's] thumb *pred,* ≈ inch-wide *attr* **Daumenlutscher(in)** *m(f)* (*pej*) thumbsucker **Daumennagel** *m* thumbnail **Daumenprobe** *f* TYPO thumb test **Daumenregister** *nt* thumb-index **Daumenschraube** *f* HIST thumbscrew; **jdm die ~n anlegen** (*fig*) to put the thumbscrews on sb; **die ~n anlegen** (*fig*) to put on [*or* tighten] the thumbscrews

Däumling <-s, -e> *m* ① (*Schutzkappe für den Daumen*) [thumb] cap [*or* ring]; (*Fingerhut*) thimble ② (*winzige Märchengestalt*) ■**der ~** Tom Thumb

Daune <-, -n> *f* down *no pl;* **weich wie ~n** [as] soft as down

Daunendecke *f* duvet, quilt **Daunenjacke** *f* quilted jacket **Daunensteppdecke** *f* continental quilt, duvet **daunenweich** *adj* downy *attr,* [as] soft as down *pred*

Daus *m* **ei der ~!** (*veraltend*) well I'll be damned! [*or* BRIT *dated a.* blowed!]

David(s)stern *m* Star of David

Daviscup[RR] <-[s]> ['de:viskap] *m,* **Davispokal**[RR] *m* (*Tennispokal*) ■**der ~** the Davis Cup

davon *adv* ① (*von diesem Ort/dieser Person* (*entfernt*)) away; (*von dieser Stelle weg*) from there; **etw ~ lösen/trennen** to loosen/separate sth from it/that; **~ abgehen/loskommen** to come off it/that; **jdn ~ heilen** to heal sb of it/that; **rechts/links ~ abgehen** [*o* **abzweigen**] to branch off to the right/left [of it]; ***du bist zu weit ~ entfernt, um es deutlich zu sehen*** you're too far away to see it clearly; **links/rechts ~** to the left/right of it/that/them; ***er will erwachsen sein? er ist noch weit ~ entfernt!*** he thinks he's grown up? he's got

D

far [*or* a long way] [*or fam* a hell of a way] to go yet! ❷ *in Verbindung mit subst, vb siehe auch dort* (*von diesem Umstand als Ausgangspunkt*) from it/that; **etw ~ ableiten** to derive sth from it/that; **~ absehen, etw zu tun** to refrain from doing sth; **~ ausgehen, dass ...** to presume that ...; **sich ~ erholen** to recover from it/that; **etwas/nichts ~ haben** to have something/nothing of it; ***sie unterscheiden sich ~ nur in diesem kleinen Detail*** they differ from that only in this small detail; ***das Gegenteil ~*** the opposite of it/that; ***was hast du denn ~, dass du so schuftest? nichts!*** what do you get out of working so hard? nothing!; ***soll sie doch das Geld behalten, ich hab nichts ~!*** let her keep the money, it's no use to me!; ***das hast du nun ~, jetzt ist er böse!*** now you've [gone and] done it, now he's angry!; ***das kommt ~!*** you've/he's etc. only got yourself/himself etc. to blame! ❸ (*durch diesen Umstand* (*verursacht*)) as a consequence [*or* result]; ***es hängt ~ ab, ob/dass ...*** it depends on whether ...; ***man wird ~ müde, wenn man zuviel Bier trinkt*** drinking too much beer makes you tired; ***es ist nur eine Prellung, ~ stirbst du nicht!*** it's only a bruise, it won't kill you! *hum* ❹ (*mittels dieser Sache als Grundlage*) **sich ~ ernähren** to subsist on it/that; **~ leben** to live on it/that *liter,* to live off it/that *fig* ❺ ((*als Anteil*) *aus dieser Menge*) [some] of it/that/them; ((*als Anteil*) *aus diesem Behälter*) from it/that; **~ essen/trinken** to eat/drink [some] of it/that/them; **die Hälfte/ein Teil/ein Pfund ~** half/a part/a pound of it/that/them; **das Doppelte/Dreifache ~** twice/three times as much; ***die Milch ist schlecht, ich hoffe, du hast nicht ~ getrunken*** the milk is sour, I hope you didn't drink any [of it]; ***es ist genügend Eis da, nimm nur ~!*** there's enough ice cream, please take [*or* have] some; ***ist das Stück Wurst so recht, oder möchten Sie mehr ~?*** will this piece of sausage be enough, or would you like [some] more [of it]?; ***wie viel Äpfel dürfen es sein? — 6 Stück ~, bitte!*** how many apples would you like? — six, please! ❻ *in Verbindung mit vb siehe auch dort* (*über diese Angelegenheit*) **~ hören/sprechen/wissen** to hear/speak/know of it/that/them; ***was hältst du ~?*** what do you think of it/that/them?; ***ich verstehe gar nichts ~*** I don't understand any of it/that, it/that doesn't mean anything to me; *Fachgebiet* I know nothing about it; ***~ weiß ich nichts*** I don't know anything about [*or hum* plead ignorance of] that; ***genug ~!*** enough [of this/that]!; ***kein Wort mehr ~!*** not another word!

davon|eilen *vi sein* (*geh*) to hurry [*or liter* hasten] away **davon|fahren** *vi irreg sein* ❶ (*geh: wegfahren, sich entfernen*) **in einem Auto ~** to drive off in a car; **auf einem Fahrrad ~** to ride off on a bicycle ❷ (*fahrend hinter sich lassen, abhängen*) ■**jdm ~** to draw ahead of sb, to leave sb behind **davon|fliegen** *vi irreg sein* (*geh*) ■**[jdm] ~** to fly away [from sb]; *Vögel a.* to fly off [*or liter* take to flight] [before sb] **davon|gehen** *vi irreg sein* (*geh*) to go [away], to depart *form* **davon|jagen** I. *vt haben* (*vertreiben, verscheuchen*) ■**jdn ~** to drive sb away [*or* off]; **Kinder/Katzen/Vögel ~** to chase away [*or* off] children/cats/birds II. *vi sein* ❶ (*stürmisch davoneilen*) to flee, to take flight *liter* ❷ (*schnell wegfahren, wegfliegen*) to roar off [*or* away] **davon|kommen** *vi irreg sein* **mit dem Leben ~** to escape with one's life; **mit einem blauen Auge/einem Schock ~** to come away with no more than a black eye/a shock; **glimpflich/mit einer Geldstrafe ~** to get off lightly/with a fine; **ungeschoren/mit heiler Haut/knapp ~** to get away scot-free/intact/by the skin of one's teeth *fam* **davon|lassen** *vi irreg haben s.* **Finger davon|laufen** *vi irreg sein* ❶ (*weglaufen*) ■**jdm ~** to run off [*or* away] from sb ❷ (*laufend hinter sich lassen, abhängen*) ■**jdm ~** to run ahead of sb; ***lauf mir nicht davon!*** don't run so fast! ❸ (*fam: überraschend verlassen*) ■**jdm ~** to run out on sb *fam,* to desert sb ❹ (*außer Kontrolle geraten*) ■**jdm/einer Sache ~** to run away from sb/to outpace sth ▶ WENDUNGEN: **zum D~ sein** (*fam*) [to be enough] to drive one mad [*or fam* mental]; ***das stinkt hier ja zum D~!*** it stinks here to high heaven! *fam* **davon|machen** I. *vr* (*sich unauffällig entfernen*) ■**sich ~** to slip away; ***los, macht euch davon, hier habt ihr nichts mehr zu suchen!*** be off with you, you won't find anything here! II. *vi* (*fam: abhauen, fliehen*) to scarper *fam* **davon|schleichen** *irreg* I. *vi sein* (*leise und langsam weggehen*) to creep [*or* slink] away II. *vr haben* ■**sich ~** (*sich leise und heimlich entfernen*) to steal away, to go tiptoeing off *hum* **davon|sein** *vi irreg* (*fam*) *s.* **auf davon|stehlen** *vr irreg* (*geh*) *s.* **davonschleichen davon|tragen** *vt irreg* ❶ (*weg-/fortbringen*) ■**jdn/etw ~** to take sb/sth away ❷ (*geh: erringen, bekommen*) **den Preis ~** to carry off [*or* win] the prize; **Ruhm ~** to achieve [*or* win] glory; **einen Sieg ~** to score [*or* win] a victory ❸ (*geh: erleiden*) **Prellungen/Verletzungen/Knochenbrüche ~** to suffer bruising/injury/broken bones **davon|ziehen** *vi irreg sein* ❶ (*geh: weggehen*) to move on; *Prozession* to move off ❷ SPORT (*fam: einen Vorsprung gewinnen*) ■**[jdm] ~** to move ahead [of sb], to pull away [from sb]; (*Punktdifferenz erhöhen*) to increase the lead

davor *adv,* **davor** *adv* (*emph*) ❶ (*vor einer Sache/einem Ort/etc.*) in front [of it/that/them], before [it/that/them] *form; mit vorerwähntem Bezugsobjekt* in front of [*or form* before] [it/that/them/etc.]; ***~ musst du links abbiegen*** you have to make a left turn before it; **~ liegen** to lie in front of [*or form* before] it/that/etc.; **~ stehen** to be in front of [*or form* before] it/that/etc.; *Mensch a.* to stand in front of [*or form* before] it/that/etc. ❷ (*vor eine Sache/einen Ort/etc.*) in front of [it/that/them etc.]; ***sie stand direkt ~*** she stood directly in front of it ❸ (*zeitlich vorher*) before [it/that/them/etc.] ❹ *mit Verben* (*in Hinblick auf*) ***ich ekel mich ~*** I'm disgusted by it; ***er hat Angst ~*** he's afraid of it/that; ***er hatte mich ~ gewarnt*** he warned me about that

davor|liegen *vi irreg s.* **davor 1**

davor|sein *vi irreg sein s.* **davor 1, 4**

davor|stehen *vi irreg s.* **davor 1**

davor|stellen *vt s.* **davor 2**

D/A-Wandler *m* INFORM digital to analog converter, DAC

DAX <-> *m kein pl Akr von* **Deutscher Aktienindex** DAX, German share index

DAX *m* BÖRSE *Akr von* **Deutscher Aktienindex** DAX

Daybag <-, -s> ['deɪbæg] *f* daybag

dazu *adv,* **dazu** *adv* (*emph*) ❶ (*zu dem gehörend*) with it ❷ (*außerdem*) at the same time, into [*or* AM in] the bargain, to boot; *s. a.* **noch** ❸ (*zu diesem Ergebnis*) to it/that; ***wie konnte es nur ~ kommen?*** how could that happen?; ***wie ist er ~ gekommen?*** how did he come by it?; ***wie komme ich ~?*** (*fam*) why on earth should I?; ***~ reicht das Geld nicht*** we/I haven't enough money for that; **im Gegensatz ~** contrary to this; **im Vergleich ~** in comparison to that; *s. a.* **führen, Weg** ❹ (*zu der Sache*) ***ich würde dir ~ raten*** I would advise you to do that; ***ich bin noch nicht ~ gekommen*** I haven't got round to it/to doing it yet ❺ (*dafür*) for it/that/this; ***ich bin ~ nicht bereit*** I'm not prepared to do that; ***er war ~ nicht in der Lage*** he wasn't in a position to do so; ***es gehört viel Mut ~*** that takes a lot of courage; ***~ ist es da*** that's what it's there for; ***~ habe ich keine Lust*** I don't feel like it; ***~ habe ich schon Zeit*** I do have time for that; **die Erlaubnis/die Mittel/das Recht ~** the permission/the means/the right to do it; **kein Recht ~ haben, etw zu tun** to have no right to do sth ❻ (*darüber*) about it/that/this; ***er hat sich noch nicht ~ geäußert*** he hasn't commented on it yet; ***was meinst du ~?*** what do you think about it/that?; ***das ist meine Meinung ~*** that's my opinion of it ❼ NORDD (*fam*) ***da habe ich keine Zeit zu*** I haven't the time [for it/that]; ***da komme ich heute nicht mehr zu*** I won't be able to get round to it today; *s. a.* dazu 5

dazu|gehören* *vi* ❶ (*zu der Sache gehören*) to belong [to it/etc.] ❷ (*im Preis eingeschlossen sein*) to be included [in it] ❸ (*nicht wegzudenken sein*) be a part of it

dazugehörig *adj attr* to go with it/them *pred,* which [*or* that] goes/go with it/them *pred;* **die ~en Schlüssel** the keys fitting [*or* belonging to] it/them

dazu|gesellen* *vr* ■**sich ~** to join them/her/him/you/us/etc.

dazu|kommen *vi irreg sein* ❶ (*hinzukommen*) to arrive; (*zufällig*) to happen to arrive, to arrive on the scene *fam,* to turn up *fam* ❷ (*hinzugefügt werden*) to be added; ***kommt noch etwas dazu?*** is there [*or* will there be] anything else?

dazu|legen I. *vt* ■**[jdm/sich] etw ~** to add sth [to it]; **jdm noch ein Stück Fleisch/Kuchen/etc. ~** to give sb another piece of meat/cake/etc.; **sich** *dat* **noch ein Stück ~** to take another piece II. *vr* ■**sich ~** to lie down next to [*or* with] sb

dazu|lernen *vt* ■**etw ~** to learn sth; **einiges ~** to learn a few [new] things; **etwas ~** to learn something new; ***man kann immer etwas ~*** there's always something [new] to learn; ***schon wieder was dazugelernt!*** you learn something [new] every day!

dazumal *adv* (*veraltend*) in those days; *s. a.* **anno**

dazu|rechnen *vt* ■**etw ~** ❶ (*hinzurechnen*) to add on sth ❷ (*in Betracht ziehen*) to consider sth, to take sth into consideration

dazu|setzen I. *vt* ❶ (*zu jdm setzen*) ***kann ich mich ~?*** do you mind if I join you? ❷ (*dazuschreiben*) ■**etw ~** to add sth; **seinen Namen ~** to add [*or form* append] one's name II. *vr* ■**sich [zu jdm] ~** to sit down [at sb's table]

dazu|tun *vt irreg* (*fam*) ■**etw ~** ❶ (*hinzufügen*) to add sth ❷ (*zusätzlich schenken*) to add [*or* contribute] sth; **noch etw ~** to add [*or* contribute] another sth

Dazutun <-> *nt kein pl* ■**ohne jds ~** without sb's intervention [*or* help]

dazwischen *adv* ❶ (*räumlich: zwischen zwei Dingen*) between them, [in] between; (*darunter*) among[st] them ❷ (*zeitlich*) in between

dazwischen|fahren *vi irreg sein* ❶ (*eingreifen*) to intervene, to step in [and sort things out] ❷ (*unterbrechen*) to interrupt, to break in; *nicht Angesprochene a.* to butt in *fam;* ■**jdm ~** to interrupt sb; *nicht Angesprochene a.* to butt in on sb *fam*

dazwischen|funken *vi* (*fam*) ■**[jdm] ~** to mess sth up [for sb] *sep fam;* (*seinen Senf dazugeben*) to put [*or* stick] one's oar in *pej fam;* (*unaufgefordert in einem Gespräch*) to butt in [on sb] *fam*

dazwischen|kommen *vi irreg sein* ❶ (*zwischen etw geraten*) ■**mit etw ~** to get sth caught [in sth] ❷ (*als Unterbrechung eintreten*) ***wenn nichts dazwischenkommt!*** if all goes well! [*or* to plan]; ***leider ist [mir] etwas dazwischengekommen*** I'm afraid something has come [*or fam* cropped] up

dazwischen|reden *vi* ■**[jdm] ~** to interrupt [sb]; *nicht Angesprochene a.* to butt in [on sb]; ■**das D~** interruptions *pl*

dazwischen|rufen *vt, vi irreg* ■**[etw] ~** to interrupt [sth] loudly [with sth], to yell out [sth] *sep,* to shout [out] interruptions; ■**das D~** [noisy] interruptions *pl*

dazwischen|schlagen *vi irreg* ■**[mit etw] ~** to wade in [with sth]

dazwischen|stehen *vi irreg* ❶ (*zwischen zweien stehen*) to be between them; *Mensch a.* to stand between them ❷ (*unentschieden sein*) to be [in] between; **[politisch] ~** to sit on the fence [politically]; **mit seiner Meinung ~** to be noncommittal ❸ (*geh: trennend sein*) to be in the way

dazwischen|treten *vi irreg sein* ❶ (*schlichtend eingreifen*) to intervene; ■**das/jds D~** the/sb's intervention ❷ (*geh: störend auftreten*) to get in the way; *störender Mensch, Exfreund, etc.* to come between [two people/etc.]

DB <-> *f Abk von* **Deutsche Bundesbahn** ≈ BR BRIT, ≈ Amtrak AM

DBAG *f Abk von* **Deutsche Börse AG** German Stock Exchange

DCC <-> *f Abk von* **Digital Compact Cassette** DCC

DDR <-> *f* HIST *Abk von* **Deutsche Demokratische Republik:** ■**die** ~ East Germany, the GDR, the German Democratic Republic *form;* **die ehemalige** ~ [the] former East Germany
DDR-Bürger(in) *m(f)* HIST East German [citizen], citizen of the German Democratic Republic *form*
DDT <-> *nt Abk von* **Dichlordiphenyltrichloräthan** DDT
Deal <-s, -s> [di:l] *m (sl)* deal; **[mit jdm] einen ~ machen** to make [*or* do] a deal [with sb]
dealen ['di:lən] *vi (sl)* ■**[mit etw]** ~ to deal sth *sl,* to push sth *fam*
Dealer(in) <-s, -> ['di:lɐ] *m(f) (fam)* dealer *sl,* pusher *fam*
Debakel <-s, -> *nt (geh)* debacle *form,* fiasco; (*Niederlage a.*) whitewash BRIT, shutout AM
Debatte <-, -n> *f* ❶ (*Streitgespräch*) debate; (*schwächer*) discussion; **sich auf [k]eine ~ [über etw** *akk*] **einlassen** to [not] enter into a discussion [about sth]; **zur ~ stehen** to be under [*or* up for] discussion; ***das steht hier nicht zur*** ~ that's not the issue here, that's beside the point; **etw zur ~ stellen** to put sth up [*or form* forward] for discussion; **etw in die ~ werfen** to throw sth into the discussion ❷ (*Erörterung*) debate (+*gen* on)
debattieren* I. *vt* ■**etw** ~ to debate sth; (*schwächer*) to discuss sth II. *vi* ■**[mit jdm] [über etw** *akk*] ~ to discuss [sth] [with sb]
Debet <-s, -s> *nt* FIN debit column [*or* side]; **mit DM 10.000 im ~ stehen** to have run up a debt [*or* debts] of DM 10.000
Debetseite *f* FIN debit side
debil *adj* MED feeble-minded
Debilität <-> *f kein pl* MED feeble-mindedness *no pl*
debitieren* *vt* FIN ■**jdn/etw** ~ to debit sb/sth
Debitor, Debitorin <-s, Debitoren> *m, f meist pl* FIN debtor
Debitorenbuch *nt* sales ledger [*or* [day]book] **Debitorenziehung** *f* FIN bill drawn on a debtor
Debitverfahren *nt* FIN direct debit
Debugger <-s, -s> [di:'bʌgɐ] *m* INFORM debugger
Debüt <-s, -s> [de'by:] *nt* debut; **[mit etw] sein ~ geben** to [make one's] debut [with sth]
Debütalbum *nt* debut album
Debütant(in) <-en, -en> *m(f)* ❶ (*Anfänger*) novice, debutante *fem* ❷ (*gesellschaftlicher Neuling*) ■**~in** debutante, deb *fam*
debütieren* *vi* ❶ (*erstmals auftreten*) ■**als jd** ~ to [make one's] debut as sb ❷ (*geh: erstmals in Erscheinung treten*) ■**mit etw** ~ to [make one's] debut with sth
Debütroman *m* debut [*or* first] novel
Dechant(in) <-en, -en> [dɛ'çant, 'dɛçant] *m(f)* REL dean
dechiffrieren* [deʃɪ'fri:rən] *vt* ■**etw** ~ to decipher sth, to decode sth
Dechiffrierung <-, -en> *f* decoding, deciphering
Deck <-[e]s, -s> *nt* ❶ (*Abschluss des Schiffsrumpfs*) deck; **Aufbauten auf dem** ~ superstructure *no pl, no indef art* ❷ (*Schiffsebene*) deck; **an ~ gehen** to go on deck; **an/unter** ~ on/below deck ❸ (*Parkdeck*) level, storey
Deckadresse *f* accommodation address BRIT, mail drop AM **Deckanstrich** *m* BAU finish [*or* top] coat **Deckaufbauten** *pl* superstructure *no pl, no indef art* **Deckbett** *nt* ❶ (*Bettdecke*) feather quilt, eiderdown ❷ SCHWEIZ bedding *no indef art* **Deckblatt** *nt* ❶ BOT bract *spec* ❷ (*von Zigarre*) wrapper ❸ KARTEN top card
Deckchen <-s, -> *nt dim von* **Decke** ❶ (*kleines Stoffstück*) small cloth ❷ (*Tisch~, bes aus Spitze*) doily
Decke <-, -n> *f* ❶ (*Zimmerdecke*) ceiling ❷ (*Tischdecke*) tablecloth ❸ (*Wolldecke*) blanket; (*Bettdecke*) cover, duvet BRIT ❹ (*Belag*) surface, surfacing *spec* ❺ (*Reifendecke*) outer tyre [*or* cover] [*or* casing] ► WENDUNGEN: **jdm fällt die ~ auf den Kopf** (*fam*) sb feels really cooped in [*or* up] [*or* shut in]; **an die ~ gehen** (*fam*) to blow one's top, to hit [*or* go through] the roof; **[vor Freude] an die ~ springen** (*fam*) to jump for joy; **mit jdm unter einer ~ stecken** to be in league [*or fam* cahoots] with sb, to be hand in glove with sb; **sich nach der ~ strecken** to cut one's coat according to one's cloth
Deckel <-s, -> *m* ❶ (*Verschluss*) lid; (*aus Folie*) top; *von Glas, Schachtel a.* top; *einer Uhr* cover ❷ (*Buchdeckel*) cover ► WENDUNGEN: **jdm eins auf den ~ geben** (*fam*) to give sb a clip round the earhole; **[von jdm] eins auf den ~ kriegen** (*fam: geschlagen werden*) to get a crack [*or* clout] on the head [from sb]; (*gerügt werden*) to be given a bollocking *fam!* [*or fam* a good talking-to] [off sb]
Deckeltasche *f* pocket with flap
decken I. *vt* ❶ (*breiten*) ■**etw über jdn/etw** ~ to cover sb/sth with sth, to spread sth over sth ❷ (*bedecken*) ■**etw** ~ to cover sth; *s. a.* **gedeckt** ❸ (*eindecken*) **ein Dach mit Schiefer/Ziegeln** ~ to roof a building with slate/tiles, to slate/tile a roof; **ein Dach mit Kupfer** ~ to line a roof with copper; **ein Dach mit Reet/Stroh** ~ to thatch a roof [with reeds/straw]; **ein Haus [mit etw]** ~ to roof a house [with sth] ❹ (*zurechtmachen*) **den Tisch** ~ to set [*or* lay] the table; **den Tisch für zwei** ~ to set [*or* lay] the table for two; **es ist gedeckt!** dinner/lunch etc. is ready! [*or form* being served] ❺ (*verheimlichen*) ■**jdn** ~ to cover up for sb; ■**etw** ~ to cover up sth *sep* ❻ (*abschirmen*) ■**jdn** ~ to cover sb, to give sb cover; (*mit dem eigenen Körper*) to shield sb; **einen Spieler** ~ to mark [*or* AM cover] an opponent ❼ ÖKON (*befriedigen*) **die Nachfrage** ~ to meet [*or* satisfy] the demand; *s. a.* **Bedarf** ❽ FIN (*absichern*) ■**etw** ~ to cover sth; **Kosten** ~ to cover [*or* meet] [*or form* defray] costs; **einen Wechsel** ~ to meet [*or* honour] a bill of exchange; ***der Scheck war nicht gedeckt*** the cheque wasn't covered, the cheque bounced *fam* ❾ (*wieder ausgleichen*) ■**etw** ~ to make good sth, to offset sth ❿ (*begatten*) **ein Tier** ~ to cover [*or form* service] an animal; **eine Stute** ~ to serve a mare II. *vi* ❶ (*überdecken*) to cover; ***diese Farbe deckt besser*** this paint gives a better cover [*or* covering], this paint has a better body *spec;* ■**[gut] ~d** opaque; *s. a.* **gedeckt** ❷ SPORT to mark [*or* AM cover] one's opponent III. *vr* ■**sich** ~ ❶ (*übereinstimmen*) to coincide (**in** +*dat* in); *Aussagen* to correspond, to agree; *Meinungen* to coincide; *Geschmäcker* to match; *Zahlen* to tally; **sich ~de Dreiecke** MATH congruent triangles *spec* ❷ (*sich schützen*) to cover oneself (**gegen** +*akk* against)
Deckenbalken *m* BAU joist **Deckenbeleuchtung** *f* ceiling [*or* overhead] lights *pl* **Deckenblende** *f* BAU valance
deckend *adj inv* (*Farbe, Papier*) opaque
Deckenfeld *nt* BAU ceiling section **Deckenfertigung** *f* TYPO (*Buch*) casemaking **Deckenfluter** *m* ceiling floodlight **Deckengemälde** *nt* ceiling painting **Deckengewölbe** *nt* ARCHIT vaulting *no indef art* **Deckenlampe** *f* ceiling light **Deckenmalerei** *f* ceiling fresco
Decker <-s, -> *m* TYPO mask, overlay
Deckertransparent *nt* TYPO overlaid tracing
Deckfähigkeit *f* (*Farbe*) coverage properties *pl,* opaqueness **Deckfarbe** *f* opaque colour [*or* AM *a.* -or], body colour [*or* AM *a.* -or] **Deckflügel** *m* ZOOL wing case, elytron *spec* **Deckhaar** *nt kein pl* ZOOL outer coat **Deckhengst** *m* stud [horse], [breeding] stallion **Decklack** *m* AUTO ❶ (*Material*) finishing enamel ❷ (*Schicht*) top coat **Deckmantel** *m* (*fig*) mask, blind, mantle *liter;* ■**unter dem ~ einer S.** *gen* under the guise [*or* cloak] of sth **Deckname** *m* assumed name, code name, alias; **unter dem ~n „Rudi" auftreten** to go under the alias of "Rudi" **Deckoffizier** *m* HIST [naval] warrant officer
Deckung <-, -en> *f* ❶ (*Feuerschutz*) cover ❷ FBALL marking BRIT, covering AM ❸ (*schützende Haltung*) guard; **seine ~ vernachlässigen** to drop [*or* lower] one's guard ❹ (*Schutz*) cover; **volle ~!** take cover!; ~ **suchen** [*o* **in ~ gehen**] to take cover; **jdm ~ geben** to give sb cover, to cover sb ❺ (*Protektion*) backing *no pl* ❻ ÖKON covering, meeting; *von Kosten a.* defrayment *form; von Nachfrage* meeting, satisfaction; **zur ~ der Nachfrage** to meet [*or* satisfy] the demand ❼ (*finanzielle Absicherung*) cover; *von Darlehen* security; ***der Scheck ist ohne*** ~ the cheque is not covered; **ein Wechsel ohne** ~ an unsecured bill, a bill without cover; (*Ausgleich*) offset *no indef art* (+*gen* for); **zur ~ einer S.** *gen* to offset [*or* make good] sth; **zur ~ der Schäden** to meet the cost of the damage ❽ (*Übereinstimmung*) **etw zur ~ bringen** to make sth coincide; *Zahlen* to be made to tally
Deckungsauflage *f* break-even quantity (*number of sold publications needed to cover the printing costs*) **Deckungsbeitrag** *m* HANDEL variable gross margin **deckungsfähig** *adj inv* FIN eligible to serve as cover; **nicht** ~ ineligible to serve as cover **Deckungsgeschäft** *nt* BÖRSE hedging transaction, hedge **deckungsgleich** *adj* ❶ MATH congruent *spec* ❷ (*übereinstimmend*) concurring, concurrent; **~e Zeugenaussagen** agreeing [*or form* concordant] testimonies; ■**~ sein** to coincide **Deckungsgleichheit** *f* ❶ MATH congruence *spec* ❷ (*Übereinstimmung*) **die ~ der Zeugenaussagen** the agreement between testimonies; **wegen der ~ der Ansichten/Aussagen** because of the degree to which these views coincide/these statements agree **Deckungskapital** *nt* covering funds *npl* **Deckungskauf** *m* HANDEL covering purchase; BÖRSE [short] covering **Deckungsklausel** *f* JUR, FIN cover clause **Deckungslücke** *f* JUR insurance loophole, gap in provision **Deckungsrücklage** *f* FIN unearned premium reserve **Deckungsrückstellung** *f* FIN cover[ing] reserves *pl* **Deckungsschutz** *m* JUR insurance protection; **vorläufiger** ~ provisional cover **Deckungsstock** *m* FIN guarantee stock; (*Versicherung*) unearned premium reserve **Deckungssumme** *f* JUR amount insured **Deckungsverhältnis** *nt* FIN reserve [*or* cover] ratio **Deckungsverkauf** *m* BÖRSE hedging sale **Deckungsvorsorge** *f* JUR provisions *pl* for sufficient cover **Deckungszusage** *f* FIN (*Versicherung*) cover note; **vorläufige** ~ provisional cover
Deckweiß *nt* opaque white **Deckwort** <-wörter> *nt* code word
Decoder <-s, -> [de'ko:dɐ] *m* decoder
decodieren* *vt* ■**etw** ~ to decode sth
Decodierer <-s, -> *m* INFORM decoder
Décolleté <-s, -s> [dekɔl'te:] *nt s.* **Dekolletee**
Decrescendo <-s, -s *o* Decrescendi> [dekrɛ'ʃɛndo] *nt* MUS diminuendo, decrescendo
Dedikationsexemplar *nt* presentation copy [containing a dedication]
Deduktion <-, -en> *f* deduction
deduktiv *adj* deductive
deduzieren* *vt* ■**etw** ~ to deduce sth
Deern <-, -s> *f* NORDD (*fam*) lass[ie] BRIT DIAL
Deeskalation [de:ʔɛs-] *f* MIL de-escalation
deeskalierend *adv* (*beschwichtigend, beruhigend*) calmingly; ***Frauen wirken in Reibereien meist*** ~ women tend to have a pacificatory effect amidst friction
de facto *adv* de facto
De-facto-Abwertung *f* ÖKON de facto devaluation
De-facto-Anerkennung *f* JUR de facto recognition
Defätismus <-> *m kein pl (geh)* ■**[der]** ~ defeatism *a. pej*
Defätist(in) <-en, -en> *m(f) (geh)* defeatist *a. pej*
defätistisch *adj (geh)* defeatist *a. pej*
defekt *adj* faulty, defective *form*
Defekt <-[e]s, -e> *m* ❶ (*Funktionsstörung*) fault, defect; **einen ~ haben** to be faulty [*or* defective] ❷ (*Missbildung*) defect; **ein geistiger/angeborener** ~ mental deficiency/a congenital defect; **einen geistigen ~ haben** to be mentally deficient, to suffer from mental deficiency
Defektursache *f* cause of a/the defect [*or* fault]
defensiv I. *adj* ❶ (*auf Abwehr bedacht*) defensive ❷ (*auf Sicherheit bedacht*) safety-conscious; **eine ~e Fahrweise** non-aggressive [*or* defensive] driving II. *adv* defensively; ~ **spielen** to adopt a defensive line of play
Defensive <-, -n> [-və] *f kein pl* ❶ (*Verteidigung*)

defence [*or* AM -se]; **für die** ~ for defence [purposes]; **sich in die** ~ **begeben** [*o* **in die** ~ **gehen**] to go on the defensive; **in der** ~ **bleiben** to remain on the defensive; **jd in die** ~ **drängen** to force sb on[to] the defensive ② SPORT defensive [line of play]; **aus der** ~ **zum Angriff übergehen** to switch [*or* change] from the defensive to the offensive, to go over to the offensive

Defensivkrieg *m* defensive war, defensive warfare *no art* **Defensivspiel** *nt* defensive game **Defensivwaffe** *f* defensive weapon

defilieren* *vi haben o sein* MIL ■**[vor jdm/etw]** ~ to march [past sb/sth], to parade [before sb/sth]

definierbar *adj* definable; ■**nicht** ~ **[sein]** [to be] indefinable [*or* AM undefinable]; **leicht** ~ **[sein]** [to be] easy to define *pred;* **schwer** ~ **[sein]** [to be] difficult to define *pred;* (*subtil a.*) [to be] elusive

definieren* *vt* ① (*genau erklären*) ■**[jdm] etw** ~ to define sth [for sb]; **[jdm] etw kurz** ~ to give [sb] a brief definition of sth ② (*beschreiben*) ■**etw** ~ to define [*or* describe] sth; **nicht zu** ~ **sein** to defy [*or* evade] definition [*or* description]; **schwer zu** ~ **sein** to be difficult to define [*or* describe]; (*subtil a.*) to be elusive ③ INFORM (*bestimmen*) ■**etw** ~ to define sth; **etw neu** ~ to redefine sth

definiert I. *pp von* **definieren** II. *adj inv* defined; **eine klar ~e Aufgabe** a clearly defined task

Definition <-, -en> *f* definition; **[jdm] eine** ~ **von etw geben** to give [sb] a definition of sth, to define sth [for sb]

definitiv I. *adj* (*genau*) definite; (*endgültig a.*) definitive II. *adv* (*genau*) definitely; (*endgültig a.*) definitively

Defizit <-s, -e> *nt* ① (*Fehlbetrag*) deficit; ~ **des öffentlichen Sektors** public-sector deficit; ~ **durch Steuersenkung** deficit without spending; **ein** ~ **abdecken/ausgleichen** to cover/make good a deficit; **[mit etw] ein** ~ **machen** to make a loss [with sth] ② (*Mangel*) ■**ein** ~ **an etw** *dat* a lack of sth; **ein** ~ **an etw** *dat* **haben** to suffer from a lack of sth

defizitär I. *adj* ① (*mit Defizit belastet*) in [the] deficit *pred* ② (*zu Defiziten führend*) **eine ~e Haushaltspolitik führen** to follow an economic policy that can only lead to deficit; **die ~e Entwicklung [der Organisation/Firma/etc.]** the trend [in the organization/firm/etc.] to run to a deficit II. *adv* **sich** ~ **entwickeln** to develop a deficit

Defizitfinanzierung *f* ÖKON deficit financing **Defizithaushalt** *m* ÖKON adverse budget **Defizitländer** *pl* ÖKON deficit countries **Defizitware** *f* ÖKON deficit product **Defizitwirtschaft** *f kein pl* ÖKON deficit financing

Deflation <-, -en> *f* ÖKON deflation

deflationär *adj* ÖKON deflationary

deflationistisch *adj* deflationary

Deflationsrate *f* ÖKON rate of deflation **Deflationstendenzen** *pl* deflationary tendencies [*or* trends] *pl*

Defloration <-, -en> *f* (*fachspr liter: Entjungferung*) defloration *liter*

deflorieren* *vt* (*fachspr liter: entjungfern*) ■**jdn** ~ to deflower sb *liter*

Deformation <-, -en> *f* ① (*Verunstaltung*) deformation; (*Missbildung*) deformity; (*Entstellung*) disfigurement ② (*Verformung*) deformation; (*Verzerrung*) distortion

deformieren* *vt* ■**etw** ~ ① (*verunstalten*) to deform sth; (*entstellen*) to disfigure sth; ■**deformiert** deformed, disfigured; **eine deformierte Nase** a misshapen nose ② (*verformen*) to deform sth; (*verzerren*) to distort sth

Deformierung <-, -en> *f* ① (*Verunstaltung*) deformity; (*Entstellung*) disfigurement ② (*Verformung*) deformation; (*Verzerrung*) distortion

Defragmentierprogramm *nt* INFORM defragmentation utility

Defroster <-s, -> *m* de-icer

Defrosterdüse *f* AUTO defroster nozzle

deftig I. *adj* ① (*herzhaft*) good and solid *pred;* **~e Mahlzeit** substantial [*or* [good] solid] meal; **ein ~er Eintopf** a hearty stew ② (*anständig, gehörig*) **eine ~e Ohrfeige** a good whack round the ear *fam;* **eine ~e Tracht Prügel** a mother of a beating *fam,* a good hiding ③ (*urwüchsig*) earthy; **ein ~er Witz** a coarse [*or* crude] joke II. *adv* ~ **danebenhauen** (*fam*) to drop a clanger BRIT *fam;* **sich** ~ **ins Zeug legen** (*fam*) to really get going *fam;* ~ **reinhauen** [*o* **zulangen**] (*fam*) to really get stuck in *fam*

Deftigkeit <-, -en> *f* ① *kein pl* (*Herzhaftigkeit*) solidness, substantialness; *von Eintopf a.* thickness; *von Wurst* solidness ② (*Derbheit*) earthiness; *Witz* crudeness, coarseness

Degen <-s, -> *m* ① SPORT ((*Sport-*)*Waffe*) epée; HIST rapier, sword; **den** ~ **ziehen** to draw one's sword [*or* rapier]; **mit bloßem** [*o* **nacktem**] ~ with one's sword [*or* rapier] drawn; **jdn auf** ~ **fordern** HIST to challenge sb to a duel (*with rapiers*) ② (*Degenfechten*) [epée] fencing

Degeneration <-, -en> *f* ① (*geh*) degeneration ② MED, BIOL degeneration; **eine/die** ~ **von Zellen** cellular degeneration

Degenerationserscheinung *f* sign of degeneration

degenerieren* *vi* to degenerate

degeneriert *adj* degenerate

Degenfechten *nt* ■**das** ~ epée fencing

degorgieren [-'ʒiː-] *vt* ■**etw** ~ KOCHK to disgorge sth

degradieren* *vt* ■**jdn [zu etw]** ~ ① MIL to demote sb [to sth]; (*mit Entlassung*) to cashier sb; **jdn zum einfachen Soldaten** ~ to demote sb to the ranks ② (*pej geh*) to degrade sb, to reduce sb to [the level of] sth

Degradierung <-, -en> *f* ■**jds** ~ **[zu etw]** ① MIL sb's demotion [to sth] ② (*geh*) sb's degradation [to sth]

Degression <-, -en> *f* POL degression

Degressionsregelung *f* POL degression rule (*whereby political parties receive a state subsidy of 1,30 DM per vote for the first 5 million votes and 1 DM thereafter*)

degressiv *adj* ÖKON degressive; **~e Abschreibung** degressive depreciation

Degustation <-, -en> *f bes* SCHWEIZ (*geh*) tasting session

degustieren* *vt bes* SCHWEIZ (*geh*) ■**etw** ~ to taste sth

dehnbar *adj* ① (*flexibel*) elastic; **~er Stoff** elastic [*or* stretch] [*or fam* stretchy] material ② (*interpretierbar*) flexible, open to interpretation *pred*

Dehnbarkeit <-> *f kein pl* ① (*Flexibilität*) elasticity; *von Stoff a.* stretchiness *fam* ② (*Interpretierbarkeit*) flexibility

dehnen I. *vt* ■**etw** ~ ① (*ausweiten*) to stretch sth ② MED to dilate [*or* stretch] sth ③ (*gedehnt aussprechen*) to lengthen sth; (*schleppend*) to drawl sth; *s. a.* **gedehnt** II. *vr* ■**sich** ~ ① (*sich ausdehnen*) to stretch ② (*sich strecken*) to stretch

Dehnung <-, -en> *f* ① (*das Dehnen*) stretching ② MED dilation ③ (*Laut- o Silben~*) lengthening; (*schleppend*) drawling

Dehnungsfuge *f* BAU expansion joint

Dehydradation <-, -en> *f* dehydration

dehydratisieren* *vt* ■**etw** ~ to dehydrate sth

dehydrieren* *vt* CHEM ■**etw** ~ to dehydrogenate [*or* dehydrogenize] sth *spec;* (*zur Gewinnung von Sauerstoff*) to dehydrate sth

Dehydrierung <-, -en> *f* CHEM dehydrogenation *spec,* dehydrogenization *spec;* (*zur Gewinnung von Sauerstoff*) dehydration

Deibel <-s, -> *m* NORDD (*fam*) *s.* **Teufel**

Deich <-[e]s, -e> *m* dyke, dike; **einen** ~ **durchbrechen** to breach a dyke [*or* dike]

Deichrecht *nt* JUR dike law **Deichschleuse** *f* floodgate, sluice [gate]

Deichsel <-, -n> [-ks-] *f* shaft; (*Doppeldeichsel*) shafts *pl;* **Ochsen an die ~n spannen** to yoke oxen into [*or* between] the shafts

Deichselbruch *m* broken shafts *pl*

deichseln *vt* (*fam*) ■**etw** ~ to wangle sth *fam;* ■**es [so]** ~, **dass ...** to so wangle it that ... *fam*

Deichverband *m association of owners of dyked land*

dein I. *pron poss* ① *adjektivisch* your; ***herzliche Grüße, ~e Anita*** with best wishes, yours/love Anita ② *substantivisch* (*veraltend*) yours, thine *old;* ***behalte, was*** ~ ***ist*** keep what is yours [*or old* thine] II. *pron pers gen von* **du** (*veraltet poet*) of thee; ***ich werde ewig ~er gedenken*** I shall remember thee forever *dated*

Deindustrialisierung <-> *f kein pl* ÖKON deindustrialization

deine(r, s) *pron poss, substantivisch* ① (*der/die/das dir Gehörende*) yours ② (*geh*) ■**der/die** ~ [*o* **D~**] yours; ***stets und immer der*** ~ yours ever ③ (*Angehörige*) ■**die ~n** [*o* **D~n**] your family + *sing/pl vb* [*or* people], your folks; **du und die ~n** [*o* **D~n**] you and yours ④ (*das in deiner Macht Stehende*) ■**das** ~ [*o* **D~**] what is yours; ***tu du das*** ~ you do your bit; ***kümmere du dich um das*** ~ you mind your own affairs [*or* what is yours]

deiner *pron pers gen von* **du** (*geh*) ***wir werden uns*** ~ ***erinnern*** we will remember you

deinerseits *adv* ① (*auf deiner Seite*) for your part ② (*von dir aus*) on your part

deinesgleichen *pron inv* ① (*pej*) the likes of you *pej,* your sort + *pl vb pej;* **du und** ~ you and your sort *pej* ② (*geh*) ***an Schönheit ist keine*** ~ in beauty there is none to equal you *liter*

deinethalben *adv* (*veraltend*), **deinetwegen** *adv* (*wegen dir*) because of you, on your account, on account of you; (*dir zuliebe*) for your sake **deinetwillen** *adv* ■**um** ~ for your sake; (*als Erwiderung auf Bitte*) seeing that it's you *hum*

deinige *pron poss, substantivisch* (*veraltend geh*) ① (*der/die/das dir Gehörende*) ■**der/die/das** ~ [*o* **D~**] yours, thine *old* ② (*deine Angehörigen*) ■**die ~n** [*o* **D~n**] your family + *sing/pl vb* [*or* people] [*or dated* kin] ③ ■**das ~e** [*o* **D~e**] (*das dir Zukommende*) ***tu du das ~e*** you do your bit

deins *pron poss* yours

Deinstallation <-, -en> *f* INFORM deinstalling

Deinstallationsfunktion *f* INFORM deinstalling function

deinstallieren *vt* INFORM ■**etw** ~ to deinstall sth

Deismus <-> *m kein pl* PHILOS ■**der** ~ deism

deistisch *adj* deistic

Déjà-vu-Erlebnis [deʒa'vyː-] *nt* PSYCH déjà vu

de jure *adv* JUR de jure, by right, legally

De-jure-Anerkennung *f* JUR de jure [*or* legal] recognition

Deka <-[s], -> *nt* ÖSTERR *s.* **Dekagramm**

Dekade <-, -n> *f* decade

dekadent *adj* decadent

Dekadenz <-> *f kein pl* decadence

Dekaeder <-s, -> *m* decahedron

Dekagramm *nt* ÖSTERR ten gram[me]s *pl,* decagram[me] *spec*

Dekalog <-[e]s> *m* REL **der** ~ the Ten Commandments, the Decalogue *spec*

Dekan(in) <-s, -e> *m(f)* SCH dean

Dekanat <-[e]s, -e> *nt* ① (*Amtszeit eines Dekans*) deanship ② SCH (*Amtssitz*) office of a/the dean; REL deanery

Dekanin <-, -nen> *f fem form von* **Dekan**

Dekartellisierung <-> *f kein pl* ÖKON decartelization

Dekartellisierungsgesetz *nt* JUR decartelization act **Dekartellisierungsrecht** *nt* JUR decartelization law

Deklamation <-, -en> *f* ① (*geh: Vortrag*) recitation ② (*pej: Leerformel*) [empty] rhetoric *no pl*

deklamatorisch *adj* ① *inv* (*ausdrucksvoll im Vortrag*) rhetorical ② (*übertrieben im Ausdruck*) rhetorical, declamatory ③ MUS declamatory

deklamieren* (*geh*) I. *vt* ■**etw** ~ to recite sth II. *vi* to recite; **gut** ~ **können** to be good at reciting

Deklaration <-, -en> *f* ① (*geh*) declaration ② (*Zollerklärung*) declaration

deklarieren* *vt* ■**etw** ~ ① (*geh*) to declare sth ② (*angeben*) to declare sth; ***haben Sie etwas zu ~?*** do you have anything to declare?; **seine Einkünfte** ~ to file one's income-tax return

deklariert I. *pp von* **deklarieren** II. *adj inv* declared; ■**als etw** ~ declared to be sth
Deklarierung <-, -en> *f* declaration
deklassieren* *vt* ❶ (*als drittklassig erscheinen lassen*) ■**jdn/etw** ~ to downgrade sb/sth ❷ SPORT ■**jdn** ~ to outclass sb; (*vernichtend schlagen a.*) to humiliate sb
Deklassierung <-, -en> *f* SPORT outclassing; (*durch vernichtenden Schlag a.*) humiliation
Deklination <-, -en> *f* ❶ LING declension ❷ PHYS [magnetic] declination *spec*
deklinierbar *adj* LING declinable; **nicht** ~ indeclinable
deklinieren* *vt* LING ■**etw** ~ to decline sth; ■**das D~** the declinations *pl*
dekodieren* *vt s.* **decodieren**
Dekodierung <-, -en> *f* INFORM decoding
Dekolletee[RR], **Dekolleté** <-s, -s> [dekɔl'te:] *nt* ❶ (*Körperpartie*) cleavage ❷ MODE low-cut [*or* decolleté] neckline, decolletage; **ein Kleid mit einem gewagten/tiefen** ~ a daringly/very low-cut [*or* decolleté] dress
Dekolleteecreme[RR] *f* neckline cream
dekolletiert [dekɔl'ti:ɐt] *adj* low-cut, decolleté; **gewagt/tief** ~ daringly/very low-cut [*or* decolleté]
Dekompression *f* decompression
Dekompressionskammer *f* decompression chamber
dekomprimieren *vt* INFORM ■**etw** ~ to decompress sth
Dekomprimierung <-, -en> *f* INFORM decompression
Dekontamination *f* decontamination, decon *spec sl*
dekontaminieren* *vt* ■**jdn/etw** ~ to decontaminate sb/sth
Dekonzentration <-, -en> *f*, **Dekonzentrierung** <-, -en> *f* JUR deconcentration
Dekor <-s, -s *o* -e> *m o nt* ❶ (*Muster*) pattern ❷ THEAT, FILM decor, scenery
Dekorateur(in) <-s, -e> [dekora'tø:ɐ̯] *m(f)* (*Innenraum~*) interior designer; (*Schaufenster~*) window dresser; (*für Theater- o Filmkulissen*) set designer
Dekoration <-, -en> *f* ❶ *kein pl* (*das Ausschmücken*) decoration *no pl, no indef art* ❷ (*Auslage*) [window] display ❸ (*Ausschmückung*) decoration[s *pl*] ❹ (*Bühnenbild*) decor, scenery
dekorativ I. *adj* decorative; **rein** ~ purely ornamental II. *adv* decoratively
dekorieren* *vt* ❶ (*ausgestalten*) ■**etw** [**mit etw**] ~ to decorate sth [with sth]; (*mit Girlanden a.*) to drape sth [with sth]; **ein Schaufenster** ~ to dress a shop window ❷ (*auszeichnen*) ■**jdn** [**mit etw**] ~ to decorate sb [with sth], to award sb [sth]; **vielfach dekoriert** highly decorated
Dekoriermesser *nt* KOCHK decorating knife **Dekorierzucker** *m* decorating sugar
Dekostoff *m* furnishing fabric; (*für Vorhänge a.*) drapery
Dekret <-[e]s, -e> *nt* decree *form;* **ein** ~ **erlassen** to issue [*or form* pass] a decree
dekretieren *vt* (*geh*) ■**etw** ~ to decree sth
Dekubitusbett *nt* ripple bed
dekuvrieren* (*geh*) I. *vt* ■**jdn/etw** [**als etw**] ~ to expose sb/sth [as sth], to uncover sth [as sth] II. *vr* ■**sich als etw** ~ to reveal oneself as sth
Deleatur(zeichen) <-s, -> *nt* TYPO deletion [mark]
Delegation <-, -en> *f* delegation; **eine aus 25 Mitgliedern bestehende** ~ a body of 25 delegates
Delegationsbefugnis *f* ADMIN power of delegation **Delegationschef(in)** *m(f)* head of a/the delegation **Delegationsleiter(in)** *m(f)* head of [the] delegation **Delegationspsychologe, -login** *m, f psychotherapist who is designated as a psychologist for the purposes of medical insurance*
delegieren* *vt* ■**etw** [**an jdn**] ~ to delegate sth [to sb]
Delegierte(r) *f(m) dekl wie adj* delegate
Deletion <-, -en> *f* BIOL deletion
Delfin[RR] <-s, -e> *m s.* **Delphin**

Delfter *adj attr* Delft; [**das**] ~ **Porzellan** Delft, delftware
delikat *adj* ❶ (*wohlschmeckend*) delicious, exquisite ❷ (*geh: behutsam*) discreet, tactful ❸ (*geh: heikel*) delicate, sensitive ❹ (*geh: empfindlich*) delicate, sensitive
Delikatesse <-, -n> *f* ❶ (*Leckerbissen*) delicacy, tasty morsel *a. fig* ❷ (*geh: Besonderheit*) exquisite example (**für** *+akk* of) ❸ *kein pl* (*geh: Feinfühligkeit*) delicacy, sensitivity, tact
Delikatessengeschäft *nt* delicatessen, deli *fam*
Delikt <-[e]s, -e> *nt* JUR ❶ (*Vergehen*) offence [*or* AM -se], tort *spec*, delict *esp* AM *spec;* **ein geringfügiges** ~ a petty offence ❷ (*Straftat*) crime, penal offence [*or* AM -se]; **ein schweres** ~ a serious crime
Delikthaftung *f* JUR liability in tort **Deliktrecht** *nt kein pl* JUR law of torts **deliktsfähig** *adj* JUR capable of tortious liability **Deliktsfähigkeit** <-> *f kein pl* JUR capacity for tortious liability **Deliktstatus** *m* JUR tort status **Deliktstatut** *nt* JUR torts act **Delikttäter(in)** *m(f)* JUR tortfeasor
Delinquent(in) <-en, -en> *m(f)* (*geh*) offender; **jugendliche ~en** juvenile delinquents
Delirien *pl von* **Delirium** deliriums [*or* deliria] *pl*
delirieren* *vi* MED (*geh*) to be delirious [*or* in a state of delirium]
Delirium <-s, -rien> *nt* delirium; **ins** ~ **verfallen** to become delirious; (*Alkoholpsychose a.*) alcoholic delirium *form;* ~ **tremens** MED delirium tremens *form,* the DTs *pl fam;* (*physische Symptome*) the shakes *pl fam;* **im** ~ **sein** (*stark betrunken*) to be paralytic *fam;* (*im Wahn*) to be delirious [*or* in a state of delirium]
Delkredere <-, -> *nt* ❶ HANDEL del credere [guarantee] ❷ JUR provision for contingent losses, surety; **ein** ~ **anbieten** to offer guarantee; **ein** ~ **übernehmen** to stand surety
Delkredereagent(in) *m(f)* HANDEL del credere agent **Delkrederefonds** *f* FIN contingent fund **Delkrederehaftung** *f* JUR del credere liability **Delkredereprovision** *f* HANDEL *des Handelsvertreters* del credere commission **Delkredererisiko** *nt* HANDEL collection risk **Delkrederevertrag** *m* JUR del credere agreement **Delkrederewertberichtigung** *f* JUR write-down of uncollectible receivables
Delle <-, -n> *f* dent; **jdm eine** ~ **hineinfahren** to make a dent in sb's car
delogieren* [delo'ʒi:rən] *vt* ÖSTERR ■**jd** ~ to evict [*or sep* turn out] sb
Delphin[1] <-s, -e> *m* dolphin
Delphin[2] <-s> *nt,* **Delphinschwimmen** <-s> *nt kein pl* butterfly [stroke]; **500 Meter** ~ the 500-metre butterfly
Delta <-s, -s *o* Delten> *nt* delta
deltaförmig *adj* delta-shaped, deltoid, delt[a]ic
Deltagleiter <-s, -> *m* hang-glider; **mit einem** ~ **fliegen** to hang-glide, to go hang-gliding **Deltamündung** *f* delta estuary **Deltastrahlen** *pl* delta rays
De-Luxe-Ausführung [də'lyks-] *f* de luxe version; ■**in** ~ in the de luxe version
dem I. *pron dat von* **der, das** ❶ *siehe auch Verben* to the; *mit Präposition* the ❷ **ist es an ~?** is it the case?; **es ist** [**nicht**] **an** ~ that's [not] the case [*or* how it is]; **wenn** ~ **so ist** if that's the way it is [*or* the case]; **wie** ~ **auch sei** be that as it may II. *pron dem dat von* **der, das** ❶ *attr* (*diesem*) to that ❷ *mit Präposition* (*emph: diesem*) that; **hinter** ~ **Baum** behind that tree ❸ *substantivisch* (*jenem Mann*) him, to him; (*unter mehreren*) that one III. *pron rel dat von* **der, das** *siehe auch Verben* ■**der,** ~ **...** the one/man/etc. that/[to etc.] which/who/[to etc.] whom ...
Demagoge, -gogin <-n, -n> *m, f* (*pej*) demagogue [*or* AM *a.* -og] *pej*
Demagogie <-, -n> [*pl* -'gi:ən] *f* (*pej*) demagog[uer]y, demagoguism
Demagogin <-, -nen> *f fem form von* **Demagoge**
demagogisch (*pej*) I. *adj* demagogic, rabble-rousing *pej* II. *adv* **die Tatsachen** ~ **verzerren** to twist the facts to [suit] [one's] demagogic ends
Demarche <-, -n> [de'marʃ] *f* POL diplomatic representation, démarche *spec;* **eine** ~ **unternehmen** to lodge a diplomatic protest
Demarkation <-, -en> *f* (*geh*) demarcation
Demarkationsabkommen *nt* demarcation agreement **Demarkationsabrede** *f* JUR demarcation agreement **Demarkationslinie** *f* POL, MIL demarcation line, line of demarcation **Demarkationsvertrag** *m* JUR demarcation contract
demaskieren* (*geh*) I. *vt* ■**jdn** [**als etw**] ~ to expose [*or* unmask] sb [as sth] II. *vr* ■**sich** [**als etw**] ~ to reveal [*or* show] oneself [to be sth]
Dementi <-s, -s> *nt* [official] denial, disclaimer *form*
dementieren* I. *vt* ■**etw** ~ to deny [*or form* disclaim] sth II. *vi* to deny [*or form* disclaim] it; ■~ **lassen** to issue a denial [*or* disclaimer]
Dementierung <-, -en> *f* denial, denying
Dementimaschinerie *f* POL *party machine producing continual denials*
dementsprechend I. *adj* appropriate; **eine ~e Bemerkung** a remark to that effect; **ein ~es Gehalt** a commensurate salary *form;* **ein ~es Verhalten** fitting conduct *no pl, no indef art* II. *adv* correspondingly; (*demnach*) accordingly; **sich** ~ **äußern** to utter words to that effect; ~ **bezahlt werden** to be paid commensurately *form*
Demenz <-, -en> *f* MED dementia
Demerarazucker *m* demerara sugar
Demeter (**Verband**)® *m* AGR, KOCHK *soil association promoting produce cultivated using organic methods*
demgegenüber *adv* in contrast **demgemäß** *adj s.* **dementsprechend**
demilitarisieren* *vt* ■**etw** ~ to demilitarize sth; **eine demilitarisierte Zone** a demilitarized zone
Demilitarisierung <-, -en> *f* demilitarization
Demission <-, -en> *f* POL resignation; **jdn zur** ~ **zwingen** to force sb to resign
demissionieren* *vi* POL SCHWEIZ to resign; *Minister a.* to resign from the cabinet
demnach *adv* therefore, hence *form* **demnächst** *adv* soon, shortly, before long; ***„~ im Kino/in diesem Kino"*** "coming soon to a cinema near you/coming soon"
Demo <-, -s> *f* (*fam*) demo *fam; s. a.* **Demonstration**
demobilisieren* *vt* ■**jdn/etw** ~ to demobilize [*or fam* demob] sb/sth
Demografie[RR] <-, -en> *f s.* **Demographie**
demografisch[RR] *adj s.* **demographisch**
Demographie <-, -en> *f* ❶ (*Zusammensetzung der Bevölkerung*) demography ❷ *kein pl* (*Fachbereich*) ■[**die**] ~ demography
demographisch *adj* demographic
Demokrat(in) <-en, -en> *m(f)* ❶ POL democrat; **ein überzeugter** ~ a staunch democrat ❷ (*Mitglied der Demokratischen Partei*) Democrat
Demokratie <-, -n> *f* democracy
Demokratiebewegung *f* democracy movement **Demokratieprinzip** *nt* JUR principle of democracy **Demokratieverständnis** *nt* understanding [*or* concept] of democracy
Demokratin <-, -nen> *f fem form von* **Demokrat**
demokratisch I. *adj* ❶ POL democratic; **eine ~e Staatsform** a democratic state, a democracy ❷ (*die Partei betreffend*) Democratic; **Freie D~e Partei** [*o* FDP] *centre German political party supporting liberal views;* **ein ~er Abgeordneter** a Democrat[ic representative] II. *adv* democratically
Demokratische Volksrepublik Korea *f* BRD, ÖSTERR *s.* **Nordkorea**
Demokratische Volksrepublik Laos *f* BRD, ÖSTERR *s.* **Laos**
demokratisieren* *vt* ■**etw** ~ ❶ (*zur Demokratie umwandeln*) to democratize sth, to make sth [more] democratic ❷ (*nach demokratischen Prinzipien gestalten*) to democratize sth, to organize sth along

D

[more] democratic lines

Demokratisierung <-, -en> *f* ■die ~ ① (*Umwandlung zur Demokratie*) democratization, the democratic process ② (*demokratische Gestaltung*) democratization

DemokratisierungsprozessRR *m* democratization process

demolieren* *vt* ■etw ~ to wreck [*or sep* smash up] [*or fam* trash] sth; *Rowdy a.* to vandalize sth; [völlig] demoliert sein to be [completely] wrecked; *Auto a.* to be a [complete] wreck [*or* BRIT write-off]

Demonstrant(in) <-en, -en> *m(f)* demonstrator

Demonstration <-, -en> *f* ① POL demonstration, demo *fam* (für/gegen +*akk* in support of/against) ② (*geh: Bekundung*) demonstration; **eine ~ der Macht** a show of force ③ (*geh: Veranschaulichung*) presentation, demonstration

Demonstrationsaufruf *m* call for a demonstration **Demonstrationsmaterial** *nt* presentation aids *pl* **Demonstrationsrecht** *nt kein pl* ■das ~ the right to demonstrate [*or* hold demonstrations] **Demonstrationsverbot** *nt* ban on democracy **Demonstrationszug** *m* demonstration, [protest] march

demonstrativ I. *adj* demonstrative; **~er Beifall** acclamatory applause *form;* **das ~e Fehlen/ein ~er Protest** the pointed absence/a pointed protest II. *adv* demonstratively; **jdm/etw ~ Beifall spenden** to give sb/sth acclamatory applause *form;* **den Saal ~ verlassen** to pointedly leave the room, to walk out

Demonstrativpronomen *nt* LING demonstrative pronoun

demonstrieren* I. *vi* ■[für/gegen jdn/etw] ~ to demonstrate [*or* hold a demonstration/demonstrations] [in support of/against sb/sth]; **eine ~de Menge** a crowd of demonstrators; **~de Studenten** student demonstrators II. *vt* (*geh*) ■etw ~ to demonstrate [*or* give a demonstration of] sth

Demontage <-, -n> [demɔn'taːʒə] *f* ① (*das Demontieren*) dismantling *no pl* ② (*geh: Abbau*) dismantling

demontierbar *adj inv* AUTO removable

demontieren* *vt* ① (*abmontieren*) ■etw ~ to dismantle [*or sep* take apart] sth; *Maschine* to dismantle, to take apart *sep,* to break up *sep; Reifen* to take off *sep* ② (*geh: abbauen*) ■etw/jdn ~ to dismantle sth/sb['s statue]

Demoralisation <-, *selten* -en> *f* demoralization

demoralisieren* *vt* ■jdn ~ ① (*entmutigen*) to demoralize sb ② (*geh*) to corrupt [*or form* deprave] sb

Demoskop(in) <-en -en> *m(f)* [opinion] pollster

Demoskopie <-, -n> *f* ① (*Meinungsumfrage*) public opinion survey [*or* poll] ② *kein pl* (*Meinungsforschung*) ■die ~ [public] opinion research

Demoskopin <-, -nen> *f fem form von* **Demoskop**

demoskopisch *adj* [public] opinion research *attr;* **eine ~e Erhebung** a public opinion survey [*or* poll]; **die ~en Voraussagen** the predictions in the opinion polls

demotiviert *adj* PSYCH demotivated, not motivated

demoulieren *vt* ■etw ~ KOCHK to unmould sth, to turn out *sep* sth

Demoversion *f* INFORM demonstration release **Demoware** *f* INFORM demonstration program

demselben *pron dat von* **derselbe, dasselbe** *siehe auch Verben* the same [one]; (*Person*) the same [person]

Demut <-> *f kein pl* humility *no pl* (**gegenüber** +*dat* before); ■in ~ with humility

demütig I. *adj* humble; **ein ~er Mensch** a humble person; (*in der Kirche a.*) a supplicant *liter* II. *adv* humbly

demütigen I. *vt* ■jdn ~ to humiliate sb II. *vr* ■sich [vor jdm] ~ to humiliate [*or form* abase] oneself [before sb]; (*den Stolz überwinden*) to humble oneself [before sb]

demütigend *adj* humiliating

Demütigung <-, -en> *f* humiliation *no pl, no indef art;* **jdm eine ~ zufügen** (*geh*) to humiliate sb

Demutshaltung *f* BIOL submission posture

demzufolge I. *konj* (*laut dem*) according to which; (*aufgrund dessen*) owing to which II. *adv* therefore, so, consequently, hence *form*

den I. *pron* ① *akk von* **der** *siehe auch Verben* the ② *dat pl von* **der, die, das** *siehe auch Verben* the II. *pron dem akk von* **der** *attr, siehe auch Verben* (*jenen Gegenstand/Mensch*) ~ **da** [**drüben**] that one [over] there; (*Mann a.*) him [*or* the man] [over] there; ~ **da hinten/vorne** the one behind/in front III. *pron rel akk von* **der** *siehe auch Verben* (*Gegenstände*) that, which; (*Mensch*) that, who[m *form*]

denaturieren* *vt* CHEM ■etw ~ to denature sth *spec*

Denaturierung <-, -en> *f* BIOL, CHEM denaturization *spec*

Dendrit <-en, -en> *m* ① MED dendrite *spec,* dendron *spec* ② GEOL dendrite

denen I. *pron dem dat pl von* **der, die, das** *siehe auch Verben* to them; *mit Präposition* them II. *pron rel dat pl von* **der, die, das** *siehe auch Verben* to whom; (*von Sachen*) to which, that, which

dengeln *vt* ■etw ~ to sharpen [*or* hone] sth (*by hammering*)

Den Haag <-s> *m* The Hague

Denim <-s, -s> *m o nt* denim

Denkansatz *m* starting point [for thought] **Denkanstoß** *m* sth to get one thinking [*or* make one think]; **etw als ~ betrachten** to consider sth worth thinking about; **jdm einen ~/Denkanstöße geben** [*o* **vermitteln**] to give sb food for thought [*or* something to think about] **Denkaufgabe** *f* problem; (*Rätsel a.*) [brain-]teaser; **eine schwierige ~** a real poser *fam*

denkbar I. *adj* conceivable, imaginable; **es ist [nicht] ~, dass ...** it's [in]conceivable that ...; **es ist durchaus ~, dass ...** it's very possible [*or* likely] that ... II. *adv* extremely, rather; **das ~ beste/schlechteste Wetter** the best/worst weather imaginable, the best/worst possible weather

Denke <-> *f* (*sl*) way of thinking, mindset, mentality *a. pej*

denken <dachte, gedacht>

I. INTRANSITIVES VERB

① (*überlegen*) to think; ***wo ~ Sie hin!*** whatever are you thinking of?; **ich denke, also bin ich** I think, therefore I am; **hin und her ~** (*unschlüssig*) to go over and over sth in one's mind; (*angestrengt*) to rack one's brains; **langsam/schnell ~** to be a slow/quick thinker; **laut ~** to think aloud [*or* out loud]; **jdm zu ~ geben** to give sb food for thought [*or* something to think about]; ***das gab mir zu ~*** that made me think ② (*meinen*) to think, to reckon *fam;* ***was denkst du?*** what do you say [*or* think] [*or fam* reckon]?; ***ich denke nicht*** I don't think so [*or fam* reckon]; ***ich denke schon*** I think [*or fam* reckon] so; ***an wie viel hatten Sie denn gedacht?*** how much were you thinking of?; **bei sich ~ [, dass...]** to think to oneself [that...] ③ (*urteilen*) ■[**über jdn/etw** [*o* **von jdm/etw**]] **~** to think [about/of sb/sth]; **wie ~ Sie darüber?** what's your view [of it] [*or* opinion [of [*or* on] it]]?, what do you think [of [*or* about] it]?; **anders über etw ~** to hold a different view of sth, to think differently about sth; ***ich denke genauso darüber*** that's exactly what I think, I think exactly the same; **gut/schlecht/das Beste/das Schlechteste über jdn** [*o* **von jdm**] **~** to think well/ill/the best/the worst of sb; ***denk nicht immer so negativ!*** don't be so negative about everything! ④ (*eingestellt sein*) **edel/engstirnig/kleinlich/liberal ~** to be noble-/narrow-/petty-/liberal[ly] minded ⑤ (*sich vorstellen*) ■**an jdn/etw ~** to think of sb/sth; ***die viele Arbeit, ich darf gar nicht daran ~*** all that work, it doesn't bear thinking about; ■**daran ~, was ...** to think of what ... ⑥ (*sich erinnern*) to think; ***solange ich ~ kann*** [for] as long as I can remember; ■**an jdn/etw ~** to think of sb/sth; ***denk an die Telefonrechnung!*** remember [*or* don't forget] [to pay] the telephone bill!; ***die wird noch an mich ~!*** she won't forget me in a hurry!; ***wenn ich so an früher denke*** when I think [*or* cast my mind] back; ■**daran ~, was ...** to think of what ...; ***ich denke mit Entsetzen daran, was damals war*** I shudder to think what it was like then ⑦ (*beachten*) ■**an etw ~** to bear in mind sth, to think of sth ⑧ (*beabsichtigen*) ■**an etw** *akk* **~** to think of [*or* consider] [*or* contemplate] sth; ***daran ist gar nicht zu ~*** that's [quite] out of the question; ***ich denke [gar] nicht daran!*** [I'll be] damned if I will!, not on your life! *fam,* no way [José *hum*]! *fam;* ■**daran ~, etw zu tun** to think of [*or* consider] [*or* contemplate] doing sth; ***ich denke [gar] nicht daran, es zu tun*** I don't have the least intention of doing that/it; (*nicht im Traum*) I wouldn't dream of doing that ⑨ (*im Sinn haben*) ■[**nur**] **an jdn/etw/sich** *akk* **~** to [only] think of sb/sth/oneself, to only have sb/sth/oneself in mind; **nur an seinen Vorteil ~** to always look out for number one

II. TRANSITIVES VERB

① (*überlegen*) ■**etw ~** to think [*or* conceive] of sth; ***was denkst du jetzt?*** what are you thinking [of]?; (*nachgrüblerisch a.*) a penny for your thoughts?; ***es ist kaum zu ~*** it's hard to imagine; ***das wage ich kaum zu ~*** I hardly dare think [about it]; ***das habe ich [mir] schon lange gedacht*** I've suspected as much for quite some time ② (*annehmen, glauben*) to think; ***wer hätte das [von ihr] gedacht!*** who'd have thought [*or* believed] it [of her]?; ***was sollen bloß die Leute ~!*** what will people think!; ***ich habe das ja gleich gedacht!*** I [just] knew it!; ***da weiß man nicht, was man ~ soll*** what is one supposed to make of it?; ***denkste!*** (*fam*) that's what you think!; **Gutes/Schlechtes/das Beste/das Schlechteste von jdm ~** to think well/ill/the best/the worst of sb ③ (*bestimmen*) ■**für jdn/etw gedacht sein** to be meant [*or* intended] for sb/sth; ***so war das [aber] nicht gedacht*** that wasn't what I/he/she etc. had in mind ④ (*sich vorstellen*) ■**sich** *dat* **etw ~** to imagine sth; ***das kann ich mir ~[, dass ...]*** I can imagine [that ...]; ***den Käse musst du dir ~!*** (*hum fam*) cheese would go down well with that, but we'll have to do without; ***ich habe mir das so gedacht: ...*** this is what I had in mind: ...; ***das habe ich mir gleich gedacht!*** I thought as much [from the start]!; ***dachte ich mir's doch!*** I [just] knew it!, I thought as much!; ***das hast du dir [so] gedacht!*** that's what you think!; ***wie denkst du dir das [eigentlich]?*** what's the big idea?; *s. a.* **Teil** ⑤ (*beabsichtigen*) ■**sich** *dat* **etw bei etw ~** to mean sth by sth; ***ich habe mir nichts Böses dabei gedacht[, als ...]*** I meant no harm [when ...]; ***sie denkt sich nichts dabei*** she doesn't think anything of it

Denken <-s> *nt kein pl* ① (*das Überlegen*) thinking *no pl* ② (*Denkweise*) [way of] thinking, reasoning, thought, train of thought ③ (*Gedanken*) thoughts *pl;* **positives ~** positive thinking ④ (*Denkvermögen*) understanding; **zu klarem ~ kommen** to start thinking clearly

Denker(in) <-s, -> *m(f)* thinker; (*Philosoph a.*) philosopher; *s. a.* **Volk**

Denkerfalte *f meist pl* (*hum*) furrow on one's brow; **die Stirn in ~n ziehen** to furrow one's brow [thinking]

Denkerin <-, -nen> *f fem form von* **Denker**

Denkerstirn *f* (*hum*) lofty brow *liter*

Denkfabrik *f* think tank **denkfaul** *adj* [mentally] lazy, too lazy to think *pred a. hum;* ***sei nicht so ~!*** use your brain! *fam* **Denkfaulheit** *f* [mental] laziness **Denkfehler** *m* error in one's/the logic, flaw in one's/the reasoning, fallacy *spec;* **einen ~ begehen** [*o* **machen**] to make an error in one's logic, to commit a fallacy *spec* **Denkfigur** *f* (*geh*) conceived idea **Denkgesetz** *nt* JUR rule of logic **Denkhilfe** *f* clue, hint; **jdm eine ~ geben** to give sb a clue; **jdm einen Hinweis** [*o* **Tip**] **als ~ geben**

to give sb a clue; (*Gedächtnisstütze*) reminder

Denkmal <-s, Denkmäler *o liter* -e> *nt* ① (*Monument*) monument (+*gen*/**für** +*akk* to), memorial; (*Statue*) statue; **jdm ein ~ errichten** [*o* **setzen**] to erect [*or sep* put up] a memorial/statue to sb, to erect a memorial in sb's honour [*or* AM -or] [*or* in honour of sb]; **einer S.** *dat* **ein ~ errichten** [*o* **setzen**] (*fig*) to erect a monument to sth; **sich** *dat* **[selbst] [mit etw** *dat*] **ein ~ errichten** [*o* **setzen**] (*fig*) to leave a memorial [to oneself] [with [*or* in the form of] sth] ② (*Zeugnis*) monument (+*gen* to)

denkmalgeschützt *adj inv* ARCHIT under a preservation order BRIT, listed for preservation AM **Denkmalschützer(in)** *m(f)* [architectural] conservationist **Denkmal(s)pflege** *f* preservation of [historical] monuments **Denkmal(s)pfleger(in)** *m(f)* curator of monuments **Denkmal(s)schutz** *m* protection of historical monuments; **unter ~ stehen** to be listed, BRIT *a.* to be under a preservation order; *Gebäude a.* to be a listed [*or* AM landmarked] building; **etw unter ~ stellen** to classify sth as a historical monument

Denkmodell *nt* hypothesis; (*Vorstufe zur Realisierung*) working hypothesis **Denkpause** *f* pause for thought; (*bei Verhandlungen etc. a.*) break; (*länger*) adjournment; **eine ~ einlegen** to have [*or* take] a break to think things over, to adjourn for further thought *form* **Denkprozess**[RR] *m* thought process **Denkschema** *nt* thought pattern **Denkschrift** *f* memorandum *form* **Denksport** *m* mental exercise [*or hum* acrobatics + *sing vb*] **Denksportaufgabe** *f s.* **Denkaufgabe**

denkste *interj s.* **denken II 2**

Denkübung *f* mental exercise *no pl, no indef art* **Denkvermögen** *nt kein pl* intellectual capacity *no art,* capacity for thought **Denkweise** *f* way of thinking, mindset, mentality *a. pej;* ***was ist denn das für eine ~!*** what kind of attitude is that? **denkwürdig** *adj* memorable, notable, noteworthy *form;* **ein ~er Tag** a memorable [*or* red-letter] day **Denkwürdigkeit** *f* memorability, notability, noteworthiness *form* **Denkzettel** *m* (*fam*) [unpleasant] warning; **jdm einen ~ geben** [*o* **verpassen**] to give sb a warning [he/she/etc. won't forget in a hurry *fam*]; ***das soll dir ein ~ sein!*** let that be a warning to you!

denn I. *konj* ① (*weil*) because, for *liter;* **~ sonst** otherwise ② (*jedoch*) ■ **es sei ~, [dass]** ... unless ... ③ (*geh: als*) than; **kräftiger/schöner/etc. ~ je** stronger/more beautiful/etc. than ever **II.** *adv* NORDD (*fam: dann*) then; ***... und so passierte es ~ auch*** ... and so it happened **III.** *part* ① *gewöhnlich nicht übersetzt* (*eigentlich*) ***hast du ~ immer noch nicht genug?*** have you still not had enough?; ***wie geht's ~ so?*** how are you [*or* things [then]]?, how's it going [then]?; ***wo bleibt sie ~?*** where's she got to?; ***was soll das ~?*** what's all this [then]?; ■ **wann/was/wer/wie/wieso/wo/etc. ~?** when/what/who/how/why/where/etc.?; (*ungläubig, trotzig*) when/what/how/who/how/why/where then?; ***wieso ~?*** why?, how come? [*or* so?]; ***wieso ~ nicht?*** why not?; (*trotzig*) why not then? ② *verstärkend* (*sonst*) ■ **was/wen/wo/wohin ~ sonst?** what/who[m *form*]/where/where else?; (*ungläubig, trotzig a.*) what/who[m *form*]/where/where else then?

dennoch *adv* still, nevertheless *form,* nonetheless *form;* ***~ hat sie es versucht*** yet [*or* but] she still tried, she tried nonetheless [*or* nevertheless] *form;* **und ~, ...** [and] yet ...

denselben I. *pron akk von* **derselbe** the same [one]; *auf männliche Personen bezogen a.* the same man/boy/etc. **II.** *pron dat von* **dieselben** the same [ones] + *pl vb; auf männliche Personen bezogen a.* the same men/boys/etc. **III.** *pron dem akk von* **derselbe** the same ... **IV.** *pron dem dat von* **dieselben** the same ...

dental *adj* ① LING dental *spec;* (*im Englischen a.*) alveolar *spec* ② MED dental

Dental <-s, -e> *m* LING dental [consonant] *spec;* (*im Englischen a.*) alveolar [consonant] *spec*

Dentalhygieniker(in) *m(f)* [dental [*or* oral]] hygienist **Dentallabor** *nt* dental laboratory

Denunziant(in) <-en, -en> *m(f)* (*pej*) informer *pej,* stool pigeon *sl*

Denunziantentum <-s> *nt kein pl* (*pej*) ■ **das ~** informing *a. pej;* (*Denunzianten*) informers *pl pej*

Denunziation <-, -en> *f* (*pej*) ① (*das Anschwärzen*) informing *no pl a. pej* ② (*denunzierende Anzeige*) denunciation

denunzieren* *vt* ① (*pej: anzeigen*) ■ **jdn [bei jdm] [als etw** *akk*] **~** to denounce sb [as sth] [to sb], to inform on [*or* against] sb ② (*geh: brandmarken*) ■ **etw als etw** *akk* **~** to condemn [*or* denounce] sth as [being] sth

Deo <-s, -s> *nt* (*fam*) deodorant

Deodorant <-s, -s *o* -e> *nt* deodorant

deodorierend I. *adj* deodorizing, deodorant *attr* **II.** *adv* **~ wirken** to have a deodorizing [*or* deodorant] effect

Deoroller *m* roll-on [deodorant] **Deospray** *nt o m* deodorant spray **Deostift** *m* deodorant stick

Departement <-s, -s> [departəˈmɑ̃:] *nt* (*in Frankreich*) département *spec;* (*in der Schweiz*) department; (*Bundesverwaltung*) ministry

Dependance <-, -n> [depɑ̃ˈdɑ̃:s] *f* ① (*Nebengebäude*) annexe BRIT, annex AM ② (*geh: Zweigstelle*) branch

Depesche <-, -n> *f* (*veraltet*) telegram BRIT, wire AM

deplaciert [-ˈsi:ɐt] *adj,* **deplaziert** *adj s.* **deplatziert**

Deplasmolyse <-, -n> *f* BIOL flaccidity

deplatziert[RR] *adj* misplaced; **sich [vollkommen] ~ fühlen** to feel [completely] out of place

Depolarisation <-, -en> *f* SCI depolarization

depolarisieren *vt* ■ **etw ~** depolarize sth

Deponie <-, -n> [*pl* -ˈni:ən] *f* dump, disposal site

deponieren* *vt* ① (*hinterlegen*) ■ **etw [bei jdm/in etw** *dat*] **~** to deposit sth [with sb/in sth] ② (*hinstellen*) **etw auf/vor etw** *dat* **~** to deposit [*or sep* put down] sth on/in front of sth

Deportation <-, -en> *f* deportation

Deportgeschäft *nt* BÖRSE backwardation business

deportieren* *vt* ■ **jdn ~** to deport sb

Deportierte(r) *f(m) dekl wie adj* deportee

Deportkurs *m* BÖRSE backwardation rate

Depositar *m* JUR depositary

Depositen *pl* FIN deposits *pl;* **kurzfristige ~** deposits at short notice

Depositeneinlagen *pl* ÖKON consigned [*or* trust] money, deposit **Depositengeschäft** *nt* FIN deposit business **Depositenkasse** *f* FIN [urban [*or* city]] branch **Depositenkonten** *pl* FIN deposit accounts **Depositenquittung** *f* FIN deposit receipt **Depositenschein** *m* FIN deposit certificate

Depot <-s, -s> [deˈpo:] *nt* ① (*Lager*) depot, depository ② (*Stahlkammer*) [bank's] strongroom ③ (*Sammelstelle für öffentliche Verkehrsmittel*) [bus/tram] depot ④ (*Bodensatz*) deposit, dregs *npl* ⑤ SCHWEIZ (*Flaschenpfand*) deposit

Depotabrede *f* FIN portfolio agreement **Depotbesitz** *m* FIN securities portfolio **Depotbuch** *nt* FIN securities [*or* security deposit] ledger **Depotgeschäft** *nt* FIN deposit banking, custodian business **Depotgesetz** *nt* JUR Securities Deposit Act **Depotstimmrecht** *nt* FIN proxy vote **Depotverpfändung** *f* FIN pledging of deposited securities **Depotvertrag** *m* FIN safe-custody contract **Depotverzeichnis** *nt* FIN memorandum of deposits, AM deposit list **Depotwechsel** *m* FIN deposited [*or* collateral] bill

Depp <-en *o* -s, -e[n]> *m* SÜDD, ÖSTERR, SCHWEIZ (*fam*) twit *fam*

deppert SÜDD, ÖSTERR I. *adj* (*fam*) stupid; **ein ~er Kerl** a dopey [*or* stupid] guy, a dope **II.** *adv* (*fam*) stupidly; **sich ~ anstellen** to be stupid [*or* dopey]

Depression <-, -en> *f* ① (*seelische Gedrücktheit*) depression *no pl, no indef art;* ■ **~en** fits of depression ② FIN, POL, ÖKON depression, slackness of business

depressiv I. *adj* depressive; (*deprimiert*) depressed **II.** *adv* **~ gestimmt/veranlagt sein** to be depressed/be prone to depression

deprimieren* *vt* ■ **jdn ~** to depress sb; **jdn richtig ~** to really get sb down

deprimierend *adj* depressing; **~e Aussichten** black [*or* depressing] prospects

deprimiert *adj* depressed; ***sei nicht so ~!*** don't look so down!; **in ~er Stimmung sein** to be depressed [*or* in low spirits]

Deputat <-[e]s, -e> *nt* SCH teaching load

Deputation <-, -en> *f* (*veraltet*) deputation + *sing/pl vb*

deputieren *vt* ■ **jdn ~** to depute sb

Deputierte(r) *f(m) dekl wie adj* deputy

der[1] I. *art def, maskulin, Nom Sing* ① (*auf eine Person, ein männliches Tier bezogen*) the; ***~ Nachbar/Freund*** the neighbour/friend; ***~ Eber/Hengst*** the boar/stallion ② (*allgemein auf ein Tier, eine Sache bezogen*) the; ***~ Hund/Wellensittich*** the dog/budgerigar; ***~ Käse/Salat*** the cheese/salad; ***~ Tisch/Schlüssel*** the table/key; ***~ Mai*** [the month of] May ③ (*bei verallgemeinernden Aussagen*) ***~ Franzose isst gern gut*** the French like to eat well ④ (*fam: in Verbindung mit Eigennamen*) ***~ Papa hat's mir erzählt*** dad told me; ***~ Andreas lässt dich grüßen*** Andreas sends his love **II.** *art def, feminin, gen sing von* **die**[1], **I.** ① (*auf eine Person, ein weibliches Tier bezogen*) ***die Hände ~ Frau/Freundin*** the woman's/friend's hands; ***das Fell ~ Katze/Bärin*** the cat's/bear's fur ② (*allgemein auf ein Tier, eine Sache bezogen*) ***die Augen ~ Maus*** the eyes of the mouse; ***die Augen ~ Katze*** the cat's eyes; ***die Form ~ Tasse*** the cup's shape; ***die Form ~ Schüssel*** the shape of the bowl; ***eine Frage ~ Ethik*** a question of ethics ③ (*bei verallgemeinernden Aussagen*) ***die Trinkfestigkeit ~ Engländerin*** the ability of the Englishwoman to hold her drink ④ (*fam: in Verbindung mit Eigennamen*) ***die Eltern/Schuhe ~ Barbara*** Barbara's parents/shoes **III.** *art def, feminin, dat sing von* **die**[1], **I.** ① ***mit/von ~ Nachbarin sprechen*** to speak with/about the neighbour; ***an ~ Tür klopfen*** to knock at the door; ***an ~ Decke hängen*** to hang from the ceiling; ***sie folgte ~ Frau/Menge*** she followed the woman/crowd; ***er gab ~ Großmutter den Brief*** he gave his grandmother the letter, he gave the letter to his grandmother ② (*fam: in Verbindung mit Eigennamen*) ***ich werde es ~ Anette sagen*** I'll tell Anette **IV.** *art def, gen pl von* **die**[1], **II.** des; ***die Wohnung ~ Eltern*** my/his/her etc parents' flat; ***das Ende ~ Ferien*** the end of the holidays

der[2] I. *pron dem, maskulin, Nom Sing* ① (*auf eine Person, ein männliches Tier bezogen*) that; ***~ Mann/Junge [da]*** that man/boy [there]; ***~ Hengst [da]*** that stallion [there]; ***~ weiß das doch nicht!*** he doesn't know that!; ***~ Angeber!*** that show-off!; ***~ mit den roten Haaren*** the man [*or* one] with the red hair, that red-haired man; ***dein Freund, ~ war nicht da*** (*fam*) your boyfriend, he wasn't there; ***~ und joggen?*** him, jogging?; ***~ hier/da*** this/that man [*or* one], he; ***~, den ich meine*** the man [*or* one] I mean, so-and-so ② (*allgemein auf ein Tier, eine Sache bezogen*) that; ***~ Hund/Wellensittich [da]*** that dog/budgerigar [there]; ***~ Pullover/Tisch [da] gefällt mir*** I like that sweater/table [there]; ***~ Baum [da]*** that tree [there]; ***beißt ~?*** does he bite? **II.** *pron rel, maskulin, Nom Sing* who, that; ***der Mann, ~ es eilig hatte*** the man who [*or* that] was in a hurry; ***ein Film, ~ gut ankommt*** a much-acclaimed film; ***der Kandidat, ~ gewählt wurde*** the candidate who was chosen; ***ein Roman, ~ von Millionen gelesen wurde*** a novel [that has been] read by millions **III.** *pron dem, feminin, gen sing von* **die**[2], **I.** ① (*auf eine Person, ein weibliches Tier bezogen*) ***die Hände ~ Frau [da]*** that woman's hands; ***das Fell ~ Katze [da]*** that cat's fur ② (*allgemein auf ein Tier, eine Sache bezogen*) ***die Augen ~ Katze [da]*** that cat's eyes; ***die Form ~ Tasse [da]*** the shape of that cup [over there] **IV.** *pron dem, feminin, dat sing von* **die**[2], **I.:** ***das Fahrrad gehört ~ Frau [da]*** the bike belongs to that woman [over] there; ***man muss ~ Frau** [**da**] **die Eintrittskarte vorzeigen*** you have to show that woman [over] there the tickets; ***mit ~ Freundin verstehe ich mich gut*** I get on well with that friend; ***glaub ~ bloß nicht!*** don't believe her [of all people]! **V.** *pron dem, gen pl von* **die**[1], **II.**: ***das Verhalten ~ Leute** [**da**]* the behaviour of those people [over] there; ***die Farbe ~ Blüten** [**da**]* the colour of those flowers [over] there **VI.** *pron dem o rel, maskulin, Nom Sing* ***~ dafür verantwortlich ist*** the man who [*or form* he who] is responsible for that; ***~ mir das erzählt hat, hat gelogen*** the man who told me that lied **VII.** *pron rel, feminin, dat sing von* **die**[2], **III.**: ***die Kollegin, ~ ich den Brief geben soll*** the colleague to whom I was supposed to give the letter; ***die Freundin, mit ~ ich mich gut verstehe*** the friend who I get on with so well, the friend with whom I get on so well; ***die Katze, ~ er zu fressen gibt*** the cat which he feeds; ***die Hitze, unter ~ sie leiden*** the heat they're suffering from

derart *adv* ❶ *vor vb* ■ **etw ~ tun, dass ...** to do sth so much [*or* to such an extent] that ...; **sich ~ benehmen, dass ...** to behave so badly that ...; ***~ vorbereitet trat sie zuversichtlich die Prüfung an*** thus prepared[,] she confidently began the exam ❷ *vor adj* **~ ekelhaft/heiß/etc. sein, dass ...** to be so disgusting/hot/etc. that ...; ***sie ist eine ~ unzuverlässige Frau, dass ...*** she is such an unreliable woman that ...

derartig I. *adj* such; **eine ~e Frechheit** such impertinence; **bei ~en Versuchen** in such experiments [*or* experiments of that kind]; ■ **[etwas] D~es** something/things like that [*or* of the kind]; ***[etwas] D~es habe ich noch nie gesehen*** I've never seen anything like it [*or* the like] **II.** *adv* such; **eine ~ hohe Summe, dass ...** such a high sum [that ...]; **ein ~ schönes Wetter[, dass/wie ...]** such beautiful weather [that/as ...]

derb I. *adj* ❶ (*grob*) coarse, rough; **~e Manieren** rough [*or pej* uncouth] manners; **~e Ausdrucksweise/Sprache** earthy [*or pej* crude] choice of words/language; **~er Witz** earthy [*or pej* crude] joke ❷ (*fest*) strong; **~es Material** tough [*or* strong] material; **~e Schuhe** stout [*or* strong] shoes ❸ (*einfach und kräftig*) coarse **II.** *adv* ❶ (*heftig*) roughly; **jdn ~ anfahren** to snap at sb, to bite sb's head off *fam;* **jdn ~ anfassen** to handle sb roughly, to manhandle sb; **jdn ~ behandeln** to treat sb roughly, to give sb rough treatment ❷ (*grob*) crudely; **sich ~ ausdrücken** to be crude; ***um es ~ auszudrücken...*** to put it crudely,...

Derbheit <-, -en> *f* ❶ (*Grobheit*) coarseness, roughness; *von Manieren a.* uncouthness *pej; von Witz* earthiness *no pl,* crudeness *no pl pej; von Ausdrucksweise, Sprache a.* roughness *no pl,* earthiness *no pl* ❷ *kein pl* (*feste Beschaffenheit*) strength, toughness *no pl; von Schuhen a.* stoutness *no pl*

Derby <-s, -s> ['dɛrbi] *nt* derby (*horse race for three-year-olds*)

deregulieren* *vt* POL, ÖKON ■ **etw ~** *Markt, Arbeitsverhältnisse* to deregulate sth

Deregulierung *f* deregulation

dereinst *adv* (*geh*) one [*or* some] day

Dereliktion <-, -en> *f* JUR (*Eigentumsaufgabe*) dereliction

derelinquieren *vt* JUR to abandon movable goods

deren I. *pron dem gen pl von* **der, die, das** their; **~ Hintermänner** the men behind them **II.** *pron* ❶ *rel gen sing von* **die** whose; *auf Gegenstand bezogen a.* of which ❷ *gen pl von rel pron* **der, die, das** *auf Personen bezogen* whose; *auf Sachen bezogen a.* of which

derenthalben *adv* (*veraltet*), **derentwegen** *adv* on whose account [*or form* account [*or* because] of whom]; *auf Sachen bezogen* because [*or* on account] of which **derentwillen** *adv* ■ **um ~** *auf Person bezogen* for whose sake [*or form* the sake of whom]; *auf Sachen bezogen* for the sake of which

derer *pron gen pl von dem pron* **der, die, das** ❶ (*derjenigen*) ■ **~, die ...** of those who ... ❷ (*geh: der Herren und Frauen*) ■ **das Geschlecht ~ von Werringen** the von Werringen family

dergestalt *adv* (*geh*) thus *form;* ■ **etw ~ tun, dass ...** to do sth so much [*or* to such an extent] that ...

dergleichen *pron dem, inv* ❶ *adjektivisch* such, like that *pred,* of that kind *pred* ❷ *substantivisch* that sort of thing; **nichts ~** nothing like it [*or* of that kind]; ***~ ist mir noch nicht passiert*** I've never seen the like; ***ich will nichts ~ hören!*** I don't want to hear any of it; ■ **und ~ [mehr]** and suchlike

Derivat <-[e]s, -e> [-'va:t] *nt* CHEM, LING derivative

derivativ *adj* JUR derivative

Derivativ <-s, -e> *nt* LING derivative

derjenige, diejenige, dasjenige <*gen* desjenigen, derjenigen, desjenigen, *pl* dergenigen; *dat* demjenigen, derjenigen, demjenigen, *pl* denjenigen; *akk* denjenigen, diejenige, dasjenige, *pl* diejenigen> *pron dem* ❶ *substantivisch* (*nominativ*) ■ **~, der/den .../diejenige, die ...** *auf Personen bezogen* the one [*or* he/she] who [*or* that]/who[m *form*] [*or* that] ...; *auf Sachen bezogen* the one that [*or* which] ...; ■ **diejenigen/denjenigen, die ...** *auf Personen bezogen* the ones [*or* they] who [*or* that]/who[m *form*] [*or* that] ...; *auf Gegenstände bezogen* the ones which [*or* that] ...; ***ist das ~, welcher .../diejenige, welche ...?*** (*fam*) is[n't] that the one who ...?; ***ach, ~, welcher!*** oh, him!; ***etwa diejenige, welche?*** you mean her? ❷ *adjektivisch* (*geh*) that; ***derjenige Mann, der ...*** that man who ...

derlei *pron inv* such, that kind of, like that *pred;* ***~ Worte sollte man für sich behalten*** such words should be kept to oneself

Dermabrasion <-> *f* (*Hautabschürfung*) dermabrasion

dermaßen *adv* **eine ~ lächerliche Frage** such a ridiculous question; **~ schön, dass ...** so beautiful that ...; **jdn ~ unter Druck setzen, dass ...** to put sb under so much pressure that ...; **jdn ~ misshandeln, dass ...** to abuse sb so badly that ...

Dermatologe, -login <-n, -n> *m, f* dermatologist

Dermatologie <-> *f kein pl* ■ **die ~** dermatology

Dermatologin <-, -nen> *f fem form von* **Dermatologe**

dermatologisch *adj* **~ getestet** dermatologically tested

Derogation <-, -en> *f* JUR (*teilweise Aufhebung eines Gesetzes*) derogation, part-repeal of a statute

derogieren* *vt* JUR ■ **etw ~** to derogate sth, to repeal parts of a statute

derselbe, dieselbe, dasselbe <*gen* desselben, derselben, desselben, *pl* derselben; *dat* demselben, derselben, demselben, *pl* denselben; *akk* denselben, dieselbe, dasselbe, *pl* dieselben> *pron dem* ❶ (*ebender, ebendie, ebendas*) ■ **~ + noun** the same + *noun* ❷ *substantivisch* (*fam*) the same; **ein und ~** one and the same; ***nicht schon wieder dasselbe!*** not this [stuff *fam*] again!; ***sie fallen immer auf dasselbe rein*** they're always falling for the same things; ***immer dieselben kriegen den Ärger*** it's always the same people who get into trouble; ***noch mal dasselbe, bitte!*** (*fam*) [the] same again please!; **es sind immer dieselben, die ...** it's always the same ones [*or* people] who [*or* that] ...

derweil(en) I. *adv* meanwhile, in the meantime **II.** *konj* (*veraltend*) while, whilst

Derwisch <-es, -e> *m* dervish

Derwischbund *m* HIST, REL dervish group

derzeit *adv* SÜDD, ÖSTERR at present [*or* the moment]

derzeitig *adj attr* present; (*aktuell a.*) current

DES *m Abk von* **Data Encryption Standard** DES

des[1] *pron def gen von* **der, das** *siehe auch Substantive* **das Aussehen ~ Kindes/Mannes** the child's/man's appearance; **ein Zeichen ~ Unbehagens** a sign of uneasiness; **das ständige Krähen ~ Hahnes** the constant crowing of the cock [*or* cock's constant crowing]

des[2] <-> *nt,* **Des** <-> *nt kein pl* MUS ■ **das ~** D flat

Desaster <-s, -> *nt* disaster, calamity; **mit einem ~ enden** to end in disaster [*or* calamity]

desaströs *adj* (*geh*) disastrous, catastrophic

desensibilisieren* *vt* MED ■ **jdn [gegen etw] ~** to desensitize sb [against sth]

Deserteur(in) <-s, -e> [dezɛr'tø:ɐ] *m(f)* MIL deserter

desertieren* *vi sein o selten haben* MIL ■ **[von etw] ~** to desert [sth]; ■ **zu jdm ~** to desert [*or* go over] to sb

Desertifikation <-, -en> *f* GEOL desertification

Desertion <-, -en> *f* MIL desertion

desgleichen *adv* likewise, also; ***er ist Mitglied dieser Kirche, seine Verwandten ~*** he's a member of this church, as are his family

deshalb *adv* ❶ (*daher*) therefore ❷ (*aus dem Grunde*) because of it; ***~ frage ich ja*** that's why I'm asking; ***also ~!, ~ also!*** so that's why! [*or* the reason!]; ***ich bin ~ hergekommen, weil ich dich sprechen wollte*** what I came here for was to speak to you, the reason I came here was that I wanted to speak to you

Design <-s, -s> [di'zain] *nt* design; MODE *a.* cut

designen* *vt* ■ **etw ~** to design sth

Designer(in) <-s, -> *m(f)* designer

Designerdroge *f* designer drug

Designerin <-, -nen> *f fem form von* **Designer**

Designermöbel *nt meist pl* designer furniture *no pl* **Designermode** *f kein pl* designer fashion

designiert *adj attr* designated

desillusionieren* [dɛsʔɪluzio'ni:rən, dezɪlu-] *vt* ■ **jdn ~** to disillusion sb

Desillusionierung <-, -en> *f* disillusion[ment]

Desinfektion <-, -en> [dɛsʔɪn-, dezɪn-] *f* disinfection

Desinfektionsmittel *nt* disinfectant; (*für Wunden a.*) antiseptic **Desinfektionsspray** *nt* disinfectant spray

desinfizieren* *vt* ■ **etw ~** to disinfect sth; **Instrumente ~** to sterilize instruments

Desinfizierung <-, -en> *f s.* **Desinfektion**

Desinformation *f* disinformation *no pl, no indef art*

Desinformationskampagne *f* disinformation campaign, campaign of disinformation

Desintegration *f* (*geh*) disintegration

Desinteresse *nt* lack of interest, indifference; ■ **jds ~ [an jdm/etw]** sb's lack of interest [for sb/in sth] [*or* indifference [towards sb/sth]]; **sein ~ an etw *dat* bekunden** [*o* **zeigen**] to demonstrate one's indifference to [*or* lack of interest in] sth; **auf ~ stoßen** to meet with indifference

desinteressiert *adj* uninterested, indifferent; **ein ~es Gesicht** a bored face; ■ **an jdm/etw ~ sein** to be uninterested in [*or* indifferent to] sb/sth

Desinvestment *nt* disinvestment

Desktopcomputer *m* desktop computer

Desktop-Publishing[RR] <-> ['dɛsktɔp-pablɪʃɪŋ], **Desktoppublishing**[RR] *nt kein pl* ■ **[das] ~** desktop publishing, DTP

desodorieren* *vt s.* **desodorisieren**

desolat *adj* (*geh*) ❶ (*trostlos*) bleak ❷ (*verzweifelt*) wretched, desperate

desorientiert [dɛsʔɔriɛn'ti:rt, dezɔ-] *adj inv* disorientated

Desorientierung [dɛsʔɔ-, dezɔ-] *f* ❶ (*Verwirrung*) disorientation, confusion ❷ (*Störung der Orientierungsfähigkeit*) disorientation

Desoxyribonukleinsäure [dɛsʔɔksyribonukle'i:n-, dezɔksy-] *f* ■ **die ~** deoxyribonucleic acid *spec,* DNA *spec*

despektierlich *adj* (*geh*) disrespectful; (*stärker*) contemptuous

Desperado <-s, -s> *m* (*geh*) desperado

Despot(in) <-en, -en> *m(f)* despot, tyrant

despotisch I. *adj* despotic, tyrannical **II.** *adv* despotically, tyrannically; **sich ~ aufführen** to domineer

desselben *pron gen von* **derselbe, dasselbe**

dessen I. *pron dem gen von* **der**[2], **das** his/its; **~ ungeachtet** (*geh*) nevertheless *form,* nonetheless *form,* notwithstanding this *form* **II.** *pron rel gen von* **der**[2], **das** whose; (*von Sachen a.*) of which

dessentwillen *adv* **um ~** for whose sake [*or form* the sake of whom]

dessenungeachtet adv (geh) s. **dessen I**
Dessert <-s, -s> [dɛ'seːɐ, dɛ'sɛːɐ] nt dessert; *was gibt es zum ~?* what's for dessert? [or BRIT a. pudding] [or BRIT fam a. afters]
Dessertteller m dessert plate
Dessin <-s, -s> [dɛ'sɛ̃ː] nt MODE pattern, design; *von Vorhängen a.* print
Dessous <-, -> [dɛ'suː, pl dɛ'suːs] nt meist pl undergarment, underwear no pl, no art
destabilisieren vt ■etw ~ to destabilize sth
Destabilisierung <-, -en> f (geh) destabilization
Destillat <-[e]s, -e> nt CHEM distillation, distillate spec
Destillation <-, -en> f ❶ (Brennen) distillation ❷ CHEM distillation
destillieren* vt CHEM ■etw ~ to distil [or AM -ll] sth
Destillierkolben m CHEM distilling [or distillation] flask [or retort] **Destilliersäule** f CHEM fractionating column
desto konj ~ **besser** all the better; ~ **eher** the earlier; ~ **schlimmer!** so much the worse!; s. a. **je**
destruktiv adj destructive
deswegen adv s. **deshalb**
Deszendent <-en, -en> m ASTROL descendant; JUR descendant
Detail <-s, -s> [de'tai, de'taːj] nt detail; ■**die ~s** the details [or particulars]; **im ~** in detail; ***die Schwierigkeiten liegen im ~*** it's the details that are most difficult; **in allen ~s** in the greatest detail; **etw mit allen ~s berichten** to report sth in full detail, to give a fully detailed account of sth; **ins ~ gehen** to go into detail[s]; (sich daranmachen) to get down to details
Detailfrage f question of detail **detailgenau** adj down to the last detail
Detailhandel m HANDEL retail trade **Detailkenntnisse** pl detailed knowledge no pl, no indef art
detaillieren* vt COMM ■**etw ~** to sell sth by retail, to retail sth
detaillieren* vt ■**[jdm] etw ~** to give [sb] full details [or particulars] of [or to specify] sth; **[jdm] etw genauer** [o **näher**] **~** to give [sb] more [or fuller] details of sth, to specify sth more precisely, to expand [up]on sth
detailliert [deta'jiːɐt] **I.** adj detailed; **~e Angaben** details, particulars; **nicht ~ genug sein** to be lacking in detail **II.** adv in detail; **etw ~ beschreiben** to describe sth in detail, to give a detailed description of sth; **etw ~ erklären** to explain sth in detail, to expound sth form
Detailliertheit <-> f kein pl detail; **in aller ~** in the greatest detail; **etw in aller ~ berichten** to report sth in full detail
Detaillist(in) <-en, -en> [deta'jɪst] m(f) SCHWEIZ s. **Einzelhändler**
Detailplanung f detailed planning
Detailzwischenhändler(in) m(f) HANDEL retail middleman
Detektei <-, -en> f [private] detective agency, firm of [private] investigators; ***„~ Schlupps & Partner"*** "Schlupps & Partners, Private Investigators"
Detektiv(in) <-s, -e> m(f) ❶ (Privat~) private investigator [or detective] [or fam eye], AM a. gumshoe fam ❷ (Zivilfahnder) plain-clothes policeman
Detektivbüro nt s. **Detektei** **Detektivfilm** m detective film
Detektivin <-, -nen> f fem form von **Detektiv**
detektivisch **I.** adj **~e Kleinarbeit** detailed detection work; **~er Scharfsinn** a detective's keen perception **II.** adv like a detective
Detektivroman m detective novel; (bes. mit Mörder) whodun[n]it fam
Detektor <-s, -oren> m TECH, PHYS detector
Determinante <-, -n> f (geh) determinant
determinieren* vt (geh) ■**etw ~** to determine sth; **etw [im Voraus] ~** to [pre]determine sth form
Determinismus <-> m kein pl PHILOS ■**der ~** determinism
deterministisch adj PHILOS deterministic spec
Detonation <-, -en> f explosion; (nur hörbar vernommen a.) blast; **die ~ der Bombe** the bomb blast; **etw zur ~ bringen** to detonate sth
detonieren* vi sein to explode, to detonate
Detritus <-> m kein pl BIOL detritus no pl
Detritusfresser m BIOL deposit feeder
Deubel <-s, -> m DIAL s. **Teufel**
deucht (veraltet) 3. pers sing von **dünken**
Deus ex Machina[RR] <- - -, Dei - -> m (geh) deus ex machina liter
Deut m (bisschen, das Geringste) meist in Verbindung mit Verneinung **keinen** [o **nicht einen**] **~ wert sein** to be not worth tuppence [or AM diddly] fam; **um keinen ~ [besser]** not one bit [or form whit] [or fam a jot] [better]; ***daran ist kein ~ wahr*** there's not a grain of truth in it; ***sie versteht nicht einen ~ davon*** she doesn't know the first thing about it
deutbar adj interpretable; **kaum/nicht ~ [sein]** [to be] difficult/impossible to interpret pred; ***es ist nicht anders [als so] ~*** it cannot be explained in any other way
deuteln vi (geh) ■**an etw** dat **~** to quibble over sth pej; ***daran gibt es nichts zu ~!*** there are no ifs and buts about it!
deuten **I.** vt ■**[jdm] etw ~** to interpret sth [for sb]; **die Zukunft/jdm die Zukunft ~** to read the/sb's future; **etw falsch ~** to misinterpret sth; ■**sich** dat **etw [von jdm] ~ lassen** to have sth interpreted [by sb]; **sich** dat **die Zukunft [von jdm] ~ lassen** to have one's future read [by sb], to get sb to read one's future **II.** vi ❶ (zeigen) ■**[mit etw] auf jdn/etw ~** to point [sth] at sb/sth; **mit dem [Zeige]finger auf jdn/etw ~** to point [one's finger] at sb/sth ❷ (hinweisen) ■**auf jdn/etw ~** to point to sb/sth; ***alles deutet auf Frost*** everything points to frost, all the signs are that there's going to be frost; **alles deutet darauf [hin], dass ...** all the indications are that ..., everything indicates that ..., there is every indication that ...
Deuterium <-s> nt kein pl CHEM deuterium
deutlich **I.** adj ❶ (klar) clear; **[un]~e Schrift** [il]legible writing; **~e Umrisse** distinct [or clear] [or sharp] outlines; **[jdm] ~ werden** to become clear [to sb] ❷ (eindeutig) clear; ***das war ~!*** that was clear [or plain] enough!; **~ werden** to make oneself clear [or plain], to use words of one syllable a. iron; ***muss ich ~er werden?*** have I not made myself clear [enough]?; ***ich hoffe, ich muss nicht ~er werden!*** I hope I won't have to spell it out **II.** adv ❶ (klar) clearly, plainly; **etw ~ fühlen** to distinctly feel sth; **~ sprechen** to speak clearly [or distinctly]; **etw ~ zeichnen** to draw sth in sharp detail/contrast ❷ (eindeutig) clearly, plainly; **sich ~ ausdrücken** to make oneself clear [or plain]; **~ fühlen, dass ...** to have the distinct feeling that ...
Deutlichkeit <-, -en> f ❶ kein pl (Klarheit) clarity; von Schrift legibility; von Zeichnung sharp contrast [or detail]; **in [o mit] aller ~** in all clarity [or its/their detail] ❷ (Eindeutigkeit) plainness; **[jdm] etw in [o mit] aller ~ sagen** [o **zu verstehen geben**] to make sth perfectly clear [or plain] [to sb]; **jdm in [o mit] aller ~ zu verstehen geben, dass ...** to make it perfectly clear [or plain] to sb that ...
deutsch adj ❶ (Deutschland betreffend) German; **~er Abstammung sein** to be of German origin; **~e Gründlichkeit** German [or Teutonic] thoroughness [or efficiency]; **die ~e Sprache** German, the German language; **die ~e Staatsbürgerschaft besitzen** [o **haben**] to have German citizenship, to be a German citizen; **das ~e Volk** the Germans, the German people[s pl]; **die ~e Wiedervereinigung** the reunification of Germany, German Reunification; **~ denken** to have a [very] German way of thinking; **typisch ~ sein** to be typically German ❷ LING German; **die ~e Schweiz** German-speaking Switzerland; **~ sprechen** to speak [in] German; **~ sprechen können** to [be able to] speak German; **etw ~ aussprechen** to pronounce sth with a German accent, to give sth a German pronunciation ▶ WENDUNGEN: **mit jdm ~ reden** [o **sprechen**] (fam) to be blunt with sb, to speak bluntly with sb
Deutsch nt dekl wie adj ❶ LING German; ***können Sie ~?*** do you speak/understand German?; **~ lernen/sprechen** to learn/speak German; ***er spricht akzentfrei ~*** he speaks German without an accent; ***sie spricht fließend ~*** she speaks German fluently, her German is fluent; ***er spricht ein sehr gepflegtes ~*** his German is very refined; **~ verstehen/kein ~ verstehen** to understand/not understand [a word of [or any]] German; **~ sprechend** German-speaking, who speak/speaks German; **auf ~** in German; **sich auf ~ unterhalten** to speak [or converse] in German; **etw auf ~ sagen/aussprechen** to say/pronounce sth in German; **in ~ abgefasst sein** (geh) to be written in German; **etw in ~ schreiben** to write sth in German; **zu ~** in German ❷ (Fach) German; **~ unterrichten** [o **geben**] to teach German ▶ WENDUNGEN: **auf gut ~ [gesagt]** (fam) in plain English; **nicht mehr ~** [o **kein ~ mehr**] **verstehen** (fam) to not understand plain English
Deutsche <-n> nt ■**das ~** German, the German language; **etw ins ~/aus dem** [o **vom**] **~n ins Englische übersetzen** to translate sth into German/from [the] German into English; **die Aussprache des ~n** German pronunciation, the pronunciation of German words
Deutsche(r) f(m) dekl wie adj German; ***er hat eine ~ geheiratet*** he married a German [woman]; ■**die ~n** the Germans; **~ sein** to be [a] German, to be from Germany; **[schon] ein halber ~r sein** to be German by formation
Deutsche Demokratische Republik f POL (hist) German Democratic Republic
Deutschenfeind(in) m(f) anti-German; (krankhaft a.) Germanophobe form; (im Krieg) enemy of the Germans [or Germany] **Deutschenfreund(in)** m(f) pro-German, Germanophile form, German-lover a. pej; (im Krieg) friend of the German people
deutsch-englisch adj ❶ POL Anglo-German ❷ LING German-English, English-German **Deutschenhass**[RR] m Germanophobia form, hatred of Germany [or the Germans] **Deutschenhasser(in)** <-s, -> m(f) German-hater, Germanophobe form
Deutscher Aktienindex® m German share index
deutschfeindlich adj anti-German, Germanophobic form **Deutschfeindlichkeit** f hostility to Germany, Germanophobia form **deutsch-französisch** adj ❶ POL Franco-German ❷ LING German-French, French-German **deutschfreundlich** adj pro-German, Germanophile form, German-loving attr a. pej **Deutschfreundlichkeit** f love of Germany, Germanophilia form
Deutschland <-s> nt Germany; **aus ~ kommen** to come from Germany; **in ~ leben** to live in Germany
Deutschlandfrage f HIST ■**die ~** the German question **Deutschlandlied** nt ■**das ~** the German national anthem **Deutschlandpolitik** f (innerdeutsche Politik) [German] home affairs [or AM domestic policy]; (gegenüber Deutschland) policy on [or towards] Germany **deutschlandpolitisch** adj inv related to intra-German affairs **deutschlandweit** adj inv, attr throughout Germany pred **Deutschlehrer(in)** m(f) German teacher
deutschnational adj HIST German National; ■**~ sein** to be a German National **Deutschordensritter** m HIST Teutonic Knight **deutsch-russisch** adj ❶ POL Russo-German ❷ LING Russian-German, German-Russian **Deutschschweiz** f ■**die ~** German-speaking Switzerland **Deutschschweizer(in)** m(f) German Swiss; ■**die ~** the German Swiss + pl vb **deutschschweizerisch** adj German-Swiss **deutsch-spanisch** adj German-Spanish, Spanish-German **deutschsprachig** adj ❶ (Deutsch sprechend) German-speaking attr; ■**~ sein** to speak German ❷ (in deutscher Sprache) German[-language] attr; **~e Literatur** German literature; **~er Unterricht** lessons given in German; ■**~ sein** to be in German; Unterricht a. to be given in German **deutschsprachlich** adj German attr; **der ~e Unterricht** German, the German lesson

deutschsprechend *adj attr s.* **Deutsch**

deutschstämmig *adj* of German origin [*or* stock] *pred* **Deutschstämmige(r)** *f(m) dekl wie adj* ethnic German

Deutschtum <-s> *nt kein pl* Germanness; (*Kultur*) German culture

Deutung <-, -en> *f* ❶ (*das Deuten*) interpretation; (*Erläuterung*) explanation; *von Horoskop, Zukunft* reading ❷ (*Interpretation*) interpretation; *von Text a.* exegesis *spec;* **eine falsche ~** a misinterpretation

Deutungshoheit *f kein pl* SOZIOL (*geh*) sovereignty of interpretation **Deutungsversuch** *m* attempt at an interpretation; **einen ~ machen** [*o geh* **unternehmen**] to attempt an interpretation

Devaluation <-, -en> *f,* **Devalvation** <-, -en> *f* ÖKON devaluation

Devise <-, -n> [-'vi:-] *f* ❶ (*Motto*) maxim, motto; ■**nach der ~...** according to the motto...; ***nach der ~: der Zweck heiligt die Mittel*** as the saying goes: the end justifies the means ❷ *pl* FIN currency; **blockierte/freie ~n** frozen [*or* blocked]/floating foreign exchange; **harte ~n** hard currency; **zahlbar in ~** payable in currency; **~n bringend** exchange-earning, producing foreign exchange *pred;* **~n bringender Bereich/~n bringende Branche** field/branch producing foreign exchange

Devisenanlage *f* FIN foreign exchange investments *pl* **Devisenausgaben** *pl* FIN foreign exchange spending **Devisenbedarf** *m* need for foreign currency **Devisenbeschaffer** *m* hard currency agent **Devisenbeschränkungen** *pl* foreign exchange [*or* currency-control] [*or* exchange-control] restrictions *pl* **Devisenbestimmungen** *pl* foreign exchange control regulations *pl* **Devisenbewirtschaftung** *f* FIN control of foreign exchange, currency restrictions *pl* **Devisenbewirtschaftungsmaßnahmen** *pl* FIN measures to control the foreign exchange **Devisenbilanz** *f* FIN foreign exchange balance **Devisenbörse** *f* FIN foreign exchange market **devisenbringend** *adj s.* **Devisen** **Devisenbringer** <-s, -> *m* (*fam*) foreign-exchange earner, earner of foreign exchange [*or* currency] **Devisenclearing** *nt* FIN foreign exchange clearing **Devisendefizit** *nt* FIN foreign exchange deficit **Devisenerwirtschaftung** *f* FIN returns *pl* on foreign exchange **Devisengegenwert** *m* FIN foreign exchange value **Devisengeschäft** *nt* ■**das ~** foreign exchange dealing **Devisengesetz** *nt* JUR foreign exchange act **Devisengesetzgebung** *f* JUR foreign exchange legislation **devisengünstig** *adj inv* FIN promoting foreign exchange *pred* **Devisenhandel** *m* ■**der ~** foreign currency [*or* exchange] dealings *npl,* sale and purchase of currencies *form* **Devisenhändler(in)** *m(f)* FIN cambist, dealer in foreign exchange **Devisenkassakurs** *m* FIN spot exchange rate **Devisenkassamarkt** *m* FIN spot exchange market **Devisenkaufoption** *f* FIN foreign exchange option **Devisenknappheit** *f* shortage of foreign exchange **Devisenkonto** *nt* FIN foreign currency account **Devisenkontrakt** *m* JUR foreign exchange deal **Devisenkontrolle** *f* FIN exchange control **Devisenkurs** *m* [foreign] exchange rate, rate of exchange **Devisenkurszettel** *m* FIN list of foreign exchange **Devisenmakler(in)** *m(f)* FIN foreign exchange broker **Devisenmarkt** *m* foreign exchange market **Devisenmarktkurs** *m* FIN middle rate **Devisenmittel** *pl* FIN foreign exchange currency **Devisenrechnung** *f* FIN exchange calculation **Devisenrecht** *nt kein pl* JUR currency law **Devisenregelung** *f* FIN currency regulation[s] **Devisenreglementierung** *f* FIN regulating foreign exchange **Devisenrentabilität** *f kein pl* FIN profitability of foreign exchange **Devisenreserve** *f* foreign exchange *pl* reserves [*or* currency] **Devisenreserven** *pl* foreign exchange reserves **Devisenschieber(in)** *m(f)* FIN (*pej*) currency [*or* foreign exchange] profiteer *pej* **Devisenschmuggel** *m kein pl* currency smuggling *no pl* **devisenschwach** *adj inv* FIN lacking currency reserves *pred;* **~es Land** deficit [*or* soft-currency] nation **Devisenspekulation** *f* foreign exchange [*or* currency] speculation **Devisensperre** *f* FIN exchange embargo **devisenstark** *adj* hard-currency *attr spec* **Devisenterminhandel** *m* FIN forward exchange rating **Devisenterminkontrakte** *pl* FIN currency futures **Devisenterminkurs** *m* FIN forward exchange market **Devisentransfer** *m* FIN foreign exchange transfer **Devisenumrechnungsfaktor** *m* FIN currency conversion factor **Devisenverbindlichkeiten** *pl* FIN currency liabilities **Devisenvergehen** *nt* breach [*or* violation] of exchange control regulations **Devisenwert** *m* FIN foreign exchange asset **Devisenzuteilung** *f* FIN currency allowance, allocation of foreign exchange

devot [-'vo:t] *adj* (*pej geh*) obsequious *pej form*

Devotionalien [devotsio'na:liən] *pl* REL devotional objects [*or* articles]

Dextrose <-> *f kein pl* CHEM dextrose *spec,* dextroglucose *spec*

Dezember <-s, -> *m* December; *s. a.* **Februar**

dezent I. *adj* ❶ (*unaufdringlich*) discreet; **~e Farbe** subdued [*or* discreet] colour [*or* AM -or]; **~e Kleidung** modest [*or* discreet] wear ❷ (*zurückhaltend*) discreet II. *adv* ❶ (*unaufdringlich*) discreetly; **sich ~ kleiden** to dress modestly [*or* discreetly] ❷ (*zurückhaltend*) discreetly

dezentral I. *adj* decentralized II. *adv* **etw ~ entsorgen** to send sth to a decentralized disposal system; **etw ~ versorgen** to supply sth from decentralized outlets; **etw ~ verwalten** to govern sth in a decentralized system

dezentralisieren* *vt* ■**etw ~** to decentralize sth

Dezentralisierung <-, -en> *f* decentralization; ■**die ~ einer S.** *gen* the decentralization of sth

Dezernat <-[e]s, -e> *nt* department

Dezernent(in) <-en, -en> *m(f)* department head

Dezibel <-s, -> *nt* PHYS decibel

dezidiert I. *adj bes* ÖSTERR (*geh*) determined, firm II. *adv bes* ÖSTERR (*geh*) firmly, with determination

Dezigramm *nt* decigram[me] **Deziliter** *m o nt* decilitre [*or* AM -er] *spec*

dezimal *adj* decimal

Dezimalbruch *m* decimal [fraction] **Dezimalrechnung** *f kein pl* MATH decimals *pl* **Dezimalstelle** *f* decimal place; **auf 5 ~n genau** correct to 5 decimal places **Dezimalsystem** *nt* ■**das ~** the decimal system **Dezimalzahl** *f* decimal number; (*zwischen 0 und 1 a.*) decimal fraction

Dezime <-, -n> *f* MUS tenth

Dezimeter *m o nt* decimetre [*or* AM -er] *spec*

dezimieren* *vt* ■**etw ~** to decimate sth

Dezimierung <-, -en> *f* decimation (+*gen* of), the decimation of sth

DFB *m Abk von* **Deutscher Fußball-Bund** German Football Association

DFÜ <-> *f kein pl Abk von* **Datenfernübertragung**

DFÜ-Einrichtung *f* TELE telecommunication facilities *pl*

DGB <-s> *m Abk von* **Deutscher Gewerkschaftsbund:** ■**der ~** the Federation of German Trade Unions

dgl. *pron Abk von* **dergleichen, desgleichen** the like

d. Gr. *Abk von* **der Große**

d.h. *Abk von* **das heißt** i.e.

Dhaka <-s> *nt* Dhaka, Dacca

Dia <-s, -s> *nt* slide, [positive *form*] transparency, diapositive *spec*

Diabetes <-> *m kein pl* MED diabetes [mellitus *spec*]

Diabetiker(in) <-s, -> *m(f)* MED diabetic

diabetisch MED I. *adj* diabetic; **ein ~er Mensch** a diabetic II. *adv* **~ bedingt [sein]** [to be] caused by diabetes *pred*

Diabetrachter *m* TYPO slide viewer

diabolisch (*geh*) I. *adj* ❶ (*boshaft*) evil, malicious ❷ (*teuflisch*) diabolical, diabolic, fiendish II. *adv* ❶ (*boshaft*) evilly, maliciously ❷ (*teuflisch*) diabolically, fiendishly

diachron(isch) [-'kro:-] *adj* LING diachronic

Diadem <-s, -e> *nt* diadem; (*für Frau a.*) tiara

Diadochen *pl* ■**die ~** ❶ HIST the Diadochi *spec* ❷ (*fig geh*) rivals in a power struggle

Diadochenkämpfe *pl* (*geh*) power struggle

Diagnose <-, -n> *f* diagnosis; **eine ~ stellen** to make a diagnosis

Diagnosezentrum *nt* diagnostic centre [*or* AM -er]

Diagnostik <-> *f kein pl* MED ■**die ~** diagnostics + *sing vb spec;* **die ~ von Tumoren** the diagnosis of tumours [*or* AM -ors]

diagnostisch *adj* MED diagnostic

diagnostizieren* *vt* ■**etw [bei jdm] ~** to diagnose sth [in sb]

diagonal *adj* diagonal; **eine ~e Gerade** a diagonal [line]

Diagonale <-, -n> *f* diagonal [line]

Diagonalreifen *m* AUTO cross ply tire **Diagonalschritt** *m* SPORT (*beim Langlauf*) diagonal walking

Diagramm <-s, -e> *nt* graph, chart, diagram

Diakon(in) <-s *o* -en, -e[n]> *m(f)* REL deacon

Diakonat <-[e]s, -e> *nt* REL diaconate

Diakonie <-> *f kein pl* REL **die ~** social welfare work

Diakonin <-, -nen> *f fem form von* **Diakon**

diakonisch *adj inv, attr* welfare and social

Diakonisse <-, -n> *f,* **Diakonissin** <-, -nen> *f* REL deaconess

diakritisch *adj* diacritic; **ein ~es Zeichen** a diacritical mark

Dialekt <-[e]s, -e> *m* dialect

dialektal *adj* dialectal

Dialektausdruck *m* dialect expression

Dialektik <-> *f kein pl* dialectic, dialectics + *sing vb*

dialektisch *adj* ❶ PHILOS dialectical ❷ LING *s.* **dialektal**

Dialog <-[e]s, -e> *m* (*geh*) dialogue [*or* AM -og]; **interessanter ~** interesting discussion; **in einen ~ [über etw] eintreten** to discuss [sth], to enter into discussion [about sth]; **mit jdm einen ~ führen** to have a discussion with sb

Dialogbereitschaft *f kein pl* openness to dialogue **Dialogbetrieb** *m* INFORM dialogue, interactive [*or* conversational] mode; **im ~** online **Dialogfähigkeit** *f kein pl* openness to dialogue

Dialyse <-, -n> *f* dialysis

Diamant <-en, -en> *f* diamond; **geschliffene/ungeschliffene ~en** cut/uncut diamonds

diamanten *adj attr* ❶ (*wie Diamanten funkelnd*) like diamonds; **in/mit ~em Glanz funkeln** to sparkle like diamonds ❷ (*mit Diamanten besetzt*) diamond, set with diamonds

Diamantring *m* diamond ring **Diamantschleifer(in)** *m(f)* diamond cutter **Diamantschliff** *m* diamond cutting **Diamantstaub** *m* diamond dust

diametral I. *adj* (*geh*) diametrical II. *adv* (*geh*) diametrically; **~ entgegengesetzt sein** to be diametrically opposed [*or* opposite]

Diaphragma <-s, -s> *nt* diaphragm, Dutch cap BRIT

Diapositiv *nt* slide **Diaprojektor** *m* slide projector **Diarahmen** *m* slide frame

Diarrhö <-, -en>, **Diarrhöe** <-, -n> [dia'rø:, -'rø:ən] *f* diarrhoea *no pl, no art* BRIT, diarrhea *no pl, no art* AM

Diaspora <-> [di'aspora] *f kein pl* ❶ REL Diaspora ❷ (*fig*) backwater, back of beyond BRIT

Diastole <-, -n> [di'astole, dia'sto:lə] *f* diastole

diastolisch *adj* diastolic

diät *adv s.* **Diät**

Diät <-, -en> *f* diet; **eine fettarme ~** a diet low in fat, a low-fat diet; **eine salzlose ~** a salt-free diet; **eine strenge ~** a strict diet; **~ halten** to keep to a diet; **~ kochen** to cook according to a diet; **~ leben** to keep to a diet; **auf ~ sein** (*fam*) to be on a diet, to diet; **mit einer ~ anfangen** to go on a diet; **nach einer ~ leben** to keep to a diet; **jdn auf ~ setzen** (*fam*) to put sb on a diet

Diätassistent(in) *m(f) sb trained to advise in and oversee the setting-up of diet programmes in hospitals and clinics* **Diätbier** *nt* lite [*or* BRIT *a.* diet] beer

Diäten *pl* POL [sessional] expenses *pl*

Diätenerhöhung *f* increase in [parliamentary] allowances

Diätetik <-, -en> *f* diatetics + *sing vb*

diätetisch *adj* dietetic

Diätfahrplan *m* (*fam*) diet, diet plan, regime[n] **Diätkost** *f* diet food **Diätkur** *f* dietary cure **Diätmargarine** *f* dietary margarine (*high in polyunsaturates*)

diatonisch *adj* diatonic; **die ~e Tonleiter** the diatonic scale

Diätwaage *f* food scale

Diavortrag *nt* slide show

DIB¹ *f Abk von* **Deutsche Industrievereinigung Biotechnologie** German Biotech Industry Association

DIB² *nt* INFORM *Akr von* **dual-independent bus** DIB

DIB-Architektur *f* DIB architecture

dich I. *pron pers akk von* **du** you II. *pron refl* yourself

dicht I. *adj* ❶ (*eng beieinander befindlich*) dense, thick; **~es Laub** dense foliage; **~es Haar** thick hair; **~es Gefieder** dense [*or* thick] layer of feathers; **ein ~es Gedränge/eine ~e Menschenmenge** a dense crowd [*or liter* throng] ❷ (*undurchdringlich*) thick, dense; **~er Verkehr** heavy traffic; **im ~en Verkehr festsitzen** to be stuck in a traffic jam ❸ (*undurchlässig: vor Wasser*) waterproof, watertight; ***die Fenster sind wieder*** ~ the windows are sealed again now; **~e Leitung** watertight pipe; **~e Rollläden/Vorhänge** thick blinds/curtains; **~er Stoff** thickly [*or* densely] woven material, material with a close weave; **nicht mehr ~ sein** to leak ▸ WENDUNGEN: **nicht ganz ~ sein** (*pej sl*) to be off one's head [*or* BRIT *fam* one's trolley], to be out of one's mind, to be out to lunch *sl* II. *adv* ❶ (*örtlich*) closely; **~ auffahren** to tailgate, to drive too closely to the next car; **~ gefolgt von etw** to be followed closely by; ***er gewann, ~ gefolgt von ...*** he won, closely followed by ...; **~ übersät** thickly strewn; **~ hinter jdm** just [*or* close] behind sb; **~ hinter jdm sein** to be hard [*or* hot] on sb's heels; **~ neben jdm** close beside [*or* just next to] sb; **~ über etw hängen** to hang thickly over sth; **~ vor jdm** just in front of sb; **~ an** close [*or* near] to; **~ unter** close [*or* near] to, just under; **~ beieinander/hintereinander** close together; **~ [an ~] stehen** to be [*or* stand] close together, to be packed together like sardines [in a tin] ❷ (*zeitlich*) **~ bevorstehen** to be coming up soon; ***Weihnachten steht ~ bevor*** it's not long till Christmas, Christmas is just around the corner; **an etw ~ dran sein** to be close to sth ❸ (*sehr stark*) densely; **~ behaart sein** to have a lot of hair, to be hirsute *liter;* **auf der Brust ~ behaart sein** to have a very hairy chest; ***in seiner Jugend war er noch ~ behaart*** he had a good head of hair in his youth; **~ besiedelt** densely populated; **~ bewaldet** thickly wooded, densely forested; **~ mit Efeu bewachsen sein** to be covered with ivy; **~ mit Rosen bepflanzt sein** to be full of roses ❹ (*fest*) **~ schließen** to close properly; **Gardinen ~ zuziehen** to close the curtains properly, to draw the curtains to; **~ verhängt** thickly draped; **~ gewebt** closely woven

dichtauf *adv* **~ folgen** to follow close behind **dichtbehaart** *adj attr s.* **dicht II 3 dichtbelaubt** *adj attr s.* **dicht II 3 dichtbesiedelt** *adj,* **dichtbevölkert** *adj attr s.* **dicht II 3 dichtbewölkt** *adj attr s.* **dicht II 3**

Dichte <-, -n> *f* ❶ *kein pl* density; **~ des Gedränges** dense crowd; **~ des Nebels** dense [*or* thick] fog ❷ PHYS density; **spezifische ~** specific gravity

Dichtegradient *m* SCI density gradient **Dichtegradientenzentrifugation** *f* SCI density gradient centrifugation

dichten¹ I. *vt* ■**etw [auf jdn/etw] ~** to write [*or form* compose] poetry [to sb/sth]; ***ich habe ein paar Verse zu deinem Geburtstag gedichtet*** I've written a few verses for your birthday II. *vi* to write poetry

dichten² *vt* (*dicht machen*) ■**etw [gegen etw] ~** to seal sth [against sth]; **Fugen ~** to grout cracks

Dichter(in) <-s, -> *m(f)* poet

dichterisch I. *adj* poetic[al]; *s. a.* **Freiheit** II. *adv* ❶ (*was die Dichtkunst betrifft*) poetically; **~ begabt sein** to have a flair [*or* talent] for writing [poetry] ❷ (*in Art eines Gedichtes*) in poetry [*or* a poem], poetically; **etw ~ darstellen/wiedergeben** to present sth in the form of a poem

Dichterlesung *f* reading (*by a poet from his own work*) **Dichterwort** <-worte> *nt* lines of a poem, piece of poetry

dichtgedrängt *adj attr s.* **dicht II 1 dicht|halten** *vi irreg* ❶ (*sl: den Mund halten*) to keep quiet [*or fam* one's mouth shut]; (*bei Verhör*) not to give away any information; **nicht ~** to spill the beans, to let the cat out of the bag ❷ (*dicht bleiben*) to not leak; (*Schuhe*) to be waterproof; **nicht ~** to begin to leak

Dichtkunst *f* poetic art, poetry

dicht|machen *vt, vi* (*fam*) ■**[etw] ~** ❶ (*schließen*) to close [*or* shut] [sth] ❷ (*den Betrieb einstellen*) to close [*or* shut] [sth] [down]

Dichtung¹ <-, -en> *f* ❶ *kein pl* (*Dichtkunst*) poetry; **die ~ der Renaissance** Renaissance poetry ❷ (*episches Gedicht*) epic poem; **~ und Wahrheit** fact and fiction

Dichtung² <-, -en> *f* seal, sealing; (*Dichtring*) washer; (*von Ventildeckel*) gasket; (*von Zylinderkopf*) head gasket

Dichtungsbahn *f* BAU sealing felt **Dichtungsmasse** *f* sealing compound; **Fugen mit ~ verschmieren** to smear grout in the cracks **Dichtungsmittel** *nt* sealant, sealing material **Dichtungsprofil** *nt* AUTO draught excluder BRIT, weatherstrip AM **Dichtungsring** *m,* **Dichtungsscheibe** *f* washer **Dichtungsschnur** *f* BAU sealing chord

dick I. *adj* ❶ (*einen großem Umfang aufweisend*) fat, stout BRIT, corpulent *form;* **~e Backen** chubby cheeks; **ein ~er Baum/Stamm** a thick tree/[tree] trunk; **ein ~es Buch/ein ~er Band** a thick book/volume; **eine ~e Zigarre** (*fam*) a fat [*or* big] cigar *fam;* **eine ~e Brieftasche** (*fam*) a fat wallet *fam;* **ein ~es Bündel Banknoten** (*fam*) a fat [*or* thick] [*or* big] bundle of bank notes; (*groß, schwer*) big, enormous; **eine ~e Limousine** a big limousine ❷ (*fam: beträchtlich*) big fat *fam;* **eine ~e Belohnung** a big fat reward; **etw macht [jdn] ~** sth makes [sb] fat, sth is fattening; **[von etw] ~ werden** to get fat *fam* [from sth] [*or* put on weight]; *s. a.* **Berta** ❸ *nach Maßangaben* (*stark*) **5 Meter ~** 5 metres thick; **eine 7 Kilometer ~e Schicht** a 7 kilometres thick layer [*or* a layer 7 kilometres thick] ❹ (*fam: schwer*) big; **ein ~er Tadel/Verweis** a severe [*or* sharp] reprimand; **ein ~es Lob [für etw] bekommen** to be praised highly [*or* to the high heavens] [for sth] ❺ (*geschwollen*) swollen; **~e Beule** big lump ❻ (*zähflüssig*) thick, viscous; **eine ~e Soße** a thick sauce ❼ (*fam: dicht*) thick ❽ (*dicht*) thick; **sich ins ~e Gewühl stürzen** to elbow one's way into the thick of the crowd ❾ (*fam: herzlich*) close ▸ WENDUNGEN: **mit jdm durch ~ und dünn gehen** to go through thick and thin with sb II. *adv* ❶ (*warm*) warmly; **sich ~ anziehen** to dress warmly ❷ (*fett*) heavily ❸ (*reichlich*) thickly; **etw zu ~ auftragen** to lay sth on with a trowel ❹ (*fam: sehr*) very; **jdm etw ~ ankreiden** to pay sb back [*or* to get sb] for sth; **mit jdm ~ im Geschäft sein** to be well in with sb; **mit jdm ~[e] befreundet sein** (*fam*) to be as thick as thieves with sb ▸ WENDUNGEN: **es ~[e] haben** (*sl: reich sein*) to be loaded *fam;* **es nicht so ~[e] haben** (*fam*) to be not that loaded *fam;* **jdn/etw ~[e] haben** (*fam*) to be sick of [*or* fed up with] [*or* fed up to the back teeth with] sb/sth; **die Faxen ~e haben** to be fed up with sth; **es kommt immer gleich ganz ~[e]** (*fam*) it never rains but it pours *prov;* **sich ~ machen** (*fam*) to spread oneself out; **~ auftragen** (*pej fam*) to lay it on thick [*or* with a trowel] *fam*

dickbauchig *adj* pot-bellied; **~er Krug** big jug **dickbäuchig** *adj* pot-bellied; ■**~ sein** to have a big belly *fam* [*or* stomach] **Dickdarm** *m* colon

dicke *adv* (*fam*) *s.* **dick II 5**

Dicke <-, -n> *f* ❶ (*Stärke*) thickness; **eine ~ von rund 3 Metern** a thickness of about 3 metres [*or* AM -ers] ❷ (*dicke Beschaffenheit*) size, stoutness BRIT, corpulence, obesity *form*

Dicke(r) *f(m) dekl wie adj* (*fam*) fatso *fam,* fatty *fam*

Dickerchen <-s, -> *nt* (*fam*) *s.* **Dicke(r)**

dickfellig *adj* (*pej fam*) thick-skinned *pej,* insensitive; ■**~ sein** to be thick-skinned *pej,* to be insensitive, to have a hide like a rhinoceros BRIT *pej* **Dickfelligkeit** <-> *f kein pl* (*pej fam*) insensitivity **dickflüssig** *adj* thick; **~es Öl** viscous oil **Dickhäuter** <-s, -> *m* (*hum fam*) ❶ (*Tier*) pachyderm ❷ (*fig*) **ein ~ sein** to have a thick skin

Dickicht <-[e]s, -e> *nt* ❶ (*dichtes Gebüsch*) thicket, brushwood ❷ (*unübersichtliches Konglomerat*) maze, labyrinth

Dickkopf *m* (*fam*) ❶ (*dickköpfiger Mensch*) stubborn [*or* obstinate] [*or* pigheaded] fool; **ein kleiner ~ sein** to be stubborn ❷ (*Starrsinn*) stubbornness, obstinacy, pigheadedness; **seinen ~ bekommen** [*o* **seinen ~ aufsetzen**] to dig one's heels in; **einen ~ haben** to be stubborn [*or* obstinate] [*or* pig-headed], to be as stubborn as a mule; **seinen ~ durchsetzen** to have one's way

dickköpfig *adj* stubborn, obstinate, pig-headed

dickleibig *adj* (*geh*) ❶ (*korpulent*) stout BRIT, corpulent, obese *form* ❷ (*gewichtig*) heavy, bulky

Dickleibigkeit <-> *f kein pl* (*geh*) corpulence, obesity *form,* stoutness BRIT

dicklich *adj* ❶ (*etwas dick*) plump, chubby, podgy BRIT *fam,* pudgy AM *fam;* **~es Kind** chubby child ❷ (*dickflüssig*) thick; SCI viscous; ■**~ werden** to get/become thick

dicklippig *adj* thick-lipped

Dickmadam <-, -s *o* -en> *f* (*pej*) fat lady **Dickmilch** *f* curds *pl* **Dickmittel** *nt* thickening agent **Dickschädel** *m* (*fam*) *s.* **Dickkopf dickschalig** *adj* with a thick skin; ■**~ sein** to have a thick skin **dickwandig** *adj* thick-walled; ■**~ sein** to be thick-walled, to have thick walls **Dickwanst** *m* (*pej fam*) fatso *pej fam,* fatty *pej fam,* butterball AM *usu pej fam*

Dictyosom <-s, -en> [dɪkty'so:m] *m* BIOL dictyosome

Didaktik <-, -en> *f* teaching methodology, didactics + *sing vb form*

didaktisch I. *adj* didactic *form* II. *adv* didactically *form*

die *art, pron* the; *s. a.* **der**

Dieb(in) <-[e]s, -e> *m(f)* (*Räuber*) thief; (*Bankräuber*) bank robber; (*Einbrecher*) burglar; **zum ~ werden** to become a thief, to take to stealing; **als ~ verurteilt werden** to be convicted as a thief; **sich wie ein ~ davonmachen** to creep away like a thief in the night; **haltet den ~!** "stop thief!"; *s. a.* **Gelegenheit** ▸ WENDUNGEN: **die kleinen ~e hängt man, die großen lässt man laufen** (*prov*) little thieves are hanged but great ones escape *prov old*

Dieberei <-, -en> *f* (*pej fam*) [constant] thieving; **kleine ~** petty theft, pilfering

Diebesbande *f* (*pej*) gang [*or* band] of thieves **Diebesfalle** *f* JUR thieves' snare **Diebesgesindel** *nt* thieving rabble; *s. a.* **Diebespack Diebesgut** *nt kein pl* stolen goods *npl* **Diebesnest** *nt* (*veraltend*) thieves' hideout [*or* den], nest of thieves BRIT **Diebespack** *nt kein pl* (*pej*) pack of thieves *pej*

Diebin <-, -nen> *f fem form von* **Dieb**

diebisch I. *adj* ❶ (*stehlend*) thieving ❷ (*fam: heimlich*) malicious, fiendish, diabolic; **mit ~er Freude** with fiendish joy II. *adv* (*schadenfroh*) maliciously, fiendishly; **sich ~ [über etw** *akk*] **freuen** to take a mischievous pleasure in sth

Diebstahl <-[e]s, -stähle> *m* theft, robbery; **geistiger ~** plagiarism; **schwerer ~** aggravated robbery; **einen ~ begehen** to commit a robbery [*or* theft]

Diebstahlsdelikt *nt* larceny offence, case of theft **Diebstahlsicherung** *f* AUTO anti-theft device **Diebstahlsvorsatz** *m* JUR intent to commit theft **Diebstahlversicherung** *f* insurance against theft

diejenige *pron dem s.* **derjenige**

Diele <-, -n> *f* ❶ (*Vorraum*) hall ❷ NORDD *central living room* ❸ (*Fußbodenbrett*) floorboard
Dielektrizitätskonstante *f* PHYS dielectric constant, relative permittivity
Dielenschrank *m* [hall] cupboard
dienen *vi* ❶ (*nützlich sein*) ■ **einer S.** *dat* ~ to be [important] for sth; **jds Interessen** ~ to serve sb's interests; **jds Sicherheit** ~ for sb's safety; **zum Verständnis einer S.** ~ to help in understanding sth; **einem guten Zweck** ~ to be for a good cause ❷ (*behilflich sein*) **jdm mit etw** ~ **können** to help sb with sth; ***womit kann ich Ihnen ~?*** how can I help you?; ***damit können wir im Moment leider nicht*** ~ I'm afraid we can't help you there; ■ **jdm ist mit etw gedient** sth is of use to sb; **jd ist mit etw nicht/kaum gedient** sth is of no/little use to sb, sth doesn't help sb/help sb much; ***wäre Ihnen vielleicht hiermit gedient?*** is this perhaps what you're looking for? ❸ (*verwendet werden*) ■ [**jdm**] **als etw** ~ to serve [sb] as sth; ***lassen Sie es sich als Warnung*** ~ let this be [*or* serve as] a warning to you ❹ (*herbeiführen*) ■ **zu etw** ~ to make for [*or* be conducive to] sth; **der allgemeinen Erheiterung** ~ to serve to amuse everyone; **einem Zweck** ~ to serve a purpose ❺ (*Militärdienst leisten*) ■ [**bei etw/unter jdm**] ~ to do military service [in sth/under sb]; *s. a.* **gedient** ❻ (*veraltet: Knecht sein*) ■ **jdm** [**als jd**] ~ to serve sb [as sb] ❼ (*angestellt sein*) ■ **bei jdm/etw** ~ to be in service to sb/sth
Diener <-s, -> *m* (*fam*) bow; [**vor jdm**] **einen** ~ **machen** to make a bow [to sb], to bow [to sb]
Diener(in) <-s, -> *m(f)* servant; ~ **Gottes** servant of God; **Ihr** [**treu**] **ergebener** ~ (*veraltet*) your [humble] servant *old*
dienern *vi* (*pej*) ■ [**vor jdm**] ~ to bow and scrape [to sb] *pej*
Dienerschaft <-, -en> *f* [domestic] servants *pl*
dienlich *adj* useful, helpful; ■ **jdm/einer S.** ~ **sein** to be useful [*or* of use] to sb/sth; ***das kann dir kaum ~ sein*** this can't be of much use for you; ***kann ich Ihnen noch mit irgendetwas ~ sein?*** can I do anything else for you?
Dienst <-[e]s, -e> *m* ❶ (*berufliche Tätigkeit*) work; ~ **haben** to be at work; ***wie lange hast du heute ~?*** how long do you have to work today?; **beim** ~ at work; **im** ~ at work; **außer** ~ retired; **nach** [**dem**] ~ after work; **vor dem** ~ before work; **zum** ~ **gehen/kommen** to go/come to work; **zum** ~ **müssen** to have to go to work ❷ (*Arbeitszeit*) **während/nach dem** ~ during/outside working hours; **jdn vom** ~ **befreien** to give [*or* grant] sb [paid] leave [*or* time off]; **jdn vom** ~ **beurlauben** [*o* **suspendieren**] to suspend sb [from work] ❸ (*für jdn arbeiten*) ~ **bei jdm als etw tun** to work for sb as sth, to be employed by sb as sth; **jdn in** [**seinen**] ~ [*o* **in seine** ~**e**] **nehmen** (*veraltet*) to take sb into service; **bei jdm in** ~[**en**] [*o* **in jds** ~[**en**]] **sein** [*o* **stehen**] (*veraltet*) to be in service to sb; **in jds** ~[**e**] **treten** to enter sb's service ❹ (*Amt*) **diplomatischer** [*o* **auswärtiger**] ~ diplomatic service; **der mittlere/gehobene/höhere** ~ *the clerical/higher/senior sections of the civil service;* **öffentlicher** ~ civil service; **jdn vom** ~ **suspendieren** to suspend sb from duty; **außer** ~ retired ❺ MIL service; **den** ~ **quittieren** to leave the army; **aus dem** ~ **ausscheiden** to leave the service[s]; **aus dem aktiven** ~ **ausscheiden** to leave active service; **außer** ~ retired; **im** ~ on duty; **nicht im** ~ off duty; **der Chef/der Unteroffizier vom** ~ duty editor/NCO in charge ❻ (*Bereitschaftsdienst*) on call [*or* standby]; ~ **haben** to be on call [*or* standby] ❼ *pl* (*unterstützende Tätigkeit*) services; ***danke für deine ~e!*** thanks for your help!; **jdm einen** [**guten**] ~ **erweisen** [*o* **tun**] to do sb a good turn, to render sb a valuable service *form;* **jdm einen schlechten** ~ **erweisen** to do sb a bad turn, to do sb a disservice *form;* **jdm gute** ~**e leisten** to stand sb in good stead; **jdm zu** ~**en** [*o* **zu jds** ~**en**] **stehen** to be at sb's service [*or* disposal]; **was steht zu** ~**en?** (*veraltend*) how may I be of service? *old;* **sich in den** ~ **einer S.** *gen* **stellen** to devote oneself to the service [*or* cause] of sth, to embrace a cause; **im** ~[**e**] **einer S. stehen** to be at the service of sth; **sich im** ~[**e**] **einer S. aufopfern** to sacrifice oneself in the service of sth; **etw in** ~ **stellen** to put sth into service; **ein Schiff in** ~ **stellen** to put a ship into commission; **seinen** ~ **versagen** to fail; ***seine Stimme versagte ihren ~*** his voice failed ❽ (*Service*) service; **einen** ~ **leisten** to perform [*or form* render] a service; ~ **am Kunden** service to the customer ▶ WENDUNGEN: ~ **ist** ~, **und Schnaps ist Schnaps** (*prov*) don't mix work and leisure
Dienstabteil *nt* staff compartment
Dienstag *m* Tuesday; ***wir haben heute*** ~ it's Tuesday today; ***treffen wir uns ~?*** shall we get together on Tuesday?; **in der Nacht** [**von Montag**] **auf** [*o* **zu**] ~ on Monday night, in the early hours of Tuesday morning; ~ **in acht Tagen** a week on Tuesday, Tuesday week BRIT; ~ **vor acht Tagen** a week last [*or* BRIT *a.* [ago] on] Tuesday, Tuesday before last; **diesen** [*o* **an diesem**] ~ this Tuesday; **eines** ~**s** one Tuesday; **den ganzen** ~ **über** all day Tuesday; **jeden** ~ every Tuesday; **letzten** [*o* **vorigen**] ~ last Tuesday; **seit letztem/letzten** ~ since last Tuesday; [**am**] **nächsten** ~ next Tuesday; **ab nächstem/nächsten** ~ from next Tuesday [on]; **am** ~ on Tuesday; [**am**] ~ **früh** early Tuesday [morning]; **an** ~**en** on Tuesdays; **an einem** ~ one [*or* on a] Tuesday; **am** ~, **den 4. März** (*Datumsangabe: geschrieben*) on Tuesday 4th March [*or* AM March 4]; (*gesprochen*) on Tuesday the 4th of March [*or* AM March 4th]
Dienstagabend^{RR} *m* Tuesday evening; *s. a.* **Dienstag** **dienstagabends**^{RR} *adv* [on] Tuesday evenings **Dienstagmittag**^{RR} *m* [around] noon on Tuesday; *s. a.* **Dienstag** **dienstagmittags**^{RR} *adv* [around] noon on Tuesdays **Dienstagmorgen**^{RR} *m* Tuesday morning; *s. a.* **Dienstag** **dienstagmorgens**^{RR} *adv* [on] Tuesday mornings **Dienstagnachmittag**^{RR} *m* Tuesday afternoon; *s. a.* **Dienstag** **dienstagnachmittags**^{RR} *adv* [on] Tuesday afternoons **Dienstagnacht**^{RR} *f* Tuesday night; *s. a.* **Dienstag** **dienstagnachts**^{RR} *adv* [on] Tuesday nights
dienstags *adv* [on] Tuesdays; ~ **abends/nachmittags/vormittags** [on] Tuesday evenings/afternoons/mornings
Dienstagvormittag^{RR} *m* Tuesday morning; *s. a.* **Dienstag** **dienstagvormittags**^{RR} *adv* [on] Tuesday mornings
Dienstalter *nt* length of service **Dienstälteste(r)** *f(m)* *dekl wie adj person who has been in service the longest* **Dienstantritt** *m* **bei/nach/vor** ~ as/after/before work begins [*or* starts]; (*Antreten eines Amtes*) taking up [of] office *form* [*or* a position] **Dienstanweisung** *f* [civil] service regulations **Dienstauffassung** *f* attitude to work; **nach jds** ~ according to sb's attitude to work [*or* how sb views work] **Dienstaufsicht** *f* supervisory authority; **die** ~ **über etw** *akk* **haben** to be the supervisory authority for sth **Dienstaufsichtsbeschwerde** *f* JUR disciplinary [*or* formal] complaint **Dienstaufsichtsverfahren** *nt* JUR disciplinary proceedings *pl* **Dienstaufwandsentschädigung** *f* ÖKON office allowance **Dienstausweis** *m* ADMIN official identity card
dienstbar *adj* **sich jdm** ~ **erzeigen** to show oneself willing to sb, to be assiduous to sb; **sich jdm/etw** ~ **machen** *dat* to make use of sb/sth, to make sth serve one's [own] purposes [*or* ends], to utilize sb/sth; *s. a.* **Geist**
Dienstbarkeit <-, -en> *f* JUR easement
dienstbeflissen *adj* diligent, assiduous **dienstbereit** *adj* ❶ (*im Bereitschaftsdienst*) on call; ~**er Arzt** doctor on call ❷ (*veraltend*) ready to be of service; ***ich bin gerne*** ~ I'm glad to be of service **Dienstbereitschaft** *f* ❶ (*Abrufbereitschaft*) standby duty; ~ **haben** to be on call; ***welche Apotheke hat dieses Wochenende ~?*** which is the emergency pharmacy this weekend?, which pharmacy is open after hours this weekend? ❷ (*Bereitschaft zur Hilfe*) willingness to help, helpfulness **Dienstbezüge** *pl* earnings *npl,* salary **Dienstbote, -botin** *m, f* (*veraltend*) [domestic] servant; **die** ~**n** the domestic staff **Dienstboteneingang** *m* (*veraltend*) tradesmen's [*or* servants'] entrance **Dienstbotin** *f fem form von* **Dienstbote** **Diensteid** *m* oath of service, official oath ▶ WENDUNGEN: **etw auf seinen** ~ **nehmen** to swear sth, to take an oath on sth **Diensteifer** *m* diligence, assiduousness **diensteifrig** *adj s.* **dienstbeflissen** **Diensteinkommen** *nt* FIN salary **Dienstenthebung** *f* JUR suspension from office; **vorläufige** ~ temporary suspension from office **Diensterfindung** *f* employee [*or* service] invention **dienstfrei** *adj* free; ~**er Tag** day off; ~ **bekommen** [*o* **haben**] to get [*or* have] time off; ~ **nehmen** to take time off **Dienstgebrauch** *m* official use; **nur für den** ~ for official use only **Dienstgeheimnis** *nt* ❶ (*dienstliche Angelegenheit*) official secret; ~**se ausplaudern** to disclose secret information ❷ *kein pl* (*Schweigepflicht*) official secrecy *no pl;* **Verletzung des** ~**es** breach of confidence; **das** ~ **verletzen** to cause a breach of confidence **Dienstgespräch** *nt* business call [*or* talks]; ADMIN official call [*or* talks] **Dienstgrad** *m* ❶ (*Rangstufe*) grade; MIL rank ❷ (*Mensch, Militär*) officer; **höherer** ~ higher rank; **unterer** ~ lower rank **Dienstgradabzeichen** *nt* insignia, badge of rank **diensthabend** *adj attr s.* **Dienst 6** **Diensthabende(r)** *f(m) dekl wie adj* **der** ~ [**Offizier**] MIL the officer on duty **Dienstherr(in)** *m(f)* ❶ (*Arbeitgeber*) employer ❷ (*vorgesetzte Dienstbehörde*) superior authority **Dienstjahr** *nt meist pl* year of service **Dienstjubiläum** *nt* anniversary [of employment]; **20-jähriges** ~ anniversary of 20 years' service **Dienstkleidung** *f* working clothes; **in** ~ in uniform **Dienstleister** *m* service provider **Dienstleistung** *f* ❶ *meist pl* ÖKON services *pl;* **industrielle** ~ industrial services ❷ (*Gefälligkeit*) favour [*or* AM -or] **Dienstleistungsabend** *m* (*hist*) late night shopping (*formerly Thursday nights when stores were open until 8.30 p.m.*) **Dienstleistungsabkommen** *nt* JUR service agreement **Dienstleistungsangebot** *nt* ÖKON range of services **Dienstleistungsbereich** *m* ÖKON service sector **Dienstleistungsberuf** *m* job [*or* career] in the service industries **Dienstleistungsbetrieb** *m* services business [*or* enterprise] **Dienstleistungsbilanz** *f* ÖKON balance of invisible trade **Dienstleistungsbündel** *nt* HANDEL service package **Dienstleistungserbringer** *m* HANDEL provider of services **Dienstleistungsfreiheit** *f kein pl* HANDEL freedom to provide services **Dienstleistungsgesellschaft** *f* ÖKON service economy **Dienstleistungsgewerbe** *nt,* **Dienstleistungsindustrie** *f* service industries *pl,* service industries sector **Dienstleistungsgewerkschaft** *f* ÖKON **vereinte** ~ combined trade union for the service industry **Dienstleistungskonzern** *m* service group **Dienstleistungsmarke** *f* JUR service badge [*or* mark] **Dienstleistungsmonopol** *nt* JUR service monopoly **Dienstleistungssektor** *m* service sector **Dienstleistungsunternehmen** *nt* service company **Dienstleistungsverkehr** *m kein pl* HANDEL service transactions *pl* **Dienstleistungsvertrag** *m* ÖKON service [*or* employment] contract **Dienstleistungszentrum** *nt* service centre [*or* AM -er] **Dienstleistungszone** *f* service zone [*or* sector] **dienstlich** I. *adj* official; ~**er Befehl/**~**es Schreiben/**~**e Zwecke** official order [*or* command]/letter/purposes; ~ **werden** (*fam*) to get official [*or* formal] *fam* II. *adv* officially, on business; ~ **unterwegs sein** to be away on business; ~ [**irgendwo**] **zu tun haben** to have business to attend to [somewhere]; **jdn** ~ **sprechen** to speak to sb about a business matter **Dienstmädchen** *nt* (*veraltend*) maid, servant *old* **Dienstmann** <-männer *o* -leute> *m* (*veraltend*) porter **Dienstmütze** *f* cap **Dienstpersonal** *nt kein pl* service personnel **Dienstpflicht** *f* ❶ (*Bürgerpflicht*) civic duty ❷ (*Pflicht im Dienstverhältnis*) [official] duty; **seine** ~**en verletzen** to not carry out one's work properly **Dienstplan** *m* [work] schedule, duty roster

Dienstprogramm *nt* INFORM utility [programm **Dienstrang** *m s.* **Dienstgrad Dienstreise** *f* business trip; ADMIN official trip; **auf ~ gehen** [*o* **sich** *akk* **auf ~ begeben**] to go on a business trip; ADMIN to go on an official trip **Dienstsache** *f* ÖKON official business **Dienstschluss**RR *m* closing time; ***wir haben jetzt ~!*** it's closing time!; **nach/vor ~** after/before closing time **Dienstsiegel** *nt* official seal **Dienststelle** *f* office, department; ***ich werde mich bei einer höheren ~ über Sie beschweren!*** I shall complain about you to a higher authority! **Dienststempel** *m* official stamp **Dienststrafgericht** *nt* JUR disciplinary tribunal **Dienststrafverfahren** *nt* JUR disciplinary proceedings *pl* **Dienststunden** *pl* office hours *npl* **diensttauglich** *adj* fit [for service], medically fit, able-bodied; **voll** [*o* **uneingeschränkt**] **~ sein** to be completely fit [for service]; **beschränkt** [*o* **eingeschränkt**] **~ sein** to be not completely fit [for service] **diensttuend** *adj s.* **Dienst 6 dienstunfähig** *adj* unfit for work/service **Dienstunfall** *m* occupational [*or* industrial] accident **dienstuntauglich** *adj* unfit for military service **Dienstvereinbarung** *f* JUR service agreement **Dienstvergehen** *nt* JUR disciplinary offence, neglect of duty **Dienstverhältnis** *nt* contract of employment; **ein ~ beenden** to terminate a contract of employment **Dienstverhinderung** *f* inability to carry out one's duties

dienstverpflichten* *vt* ■**jdn ~** to conscript sb; ■**dienstverpflichtet werden** to be conscripted **Dienstverpflichtete(r)** *f(m) dekl wie adj* party obliged to render a service **Dienstversäumnis** *nt* dereliction of duty **Dienstverschaffungsvertrag** *m* JUR contract for the procurement of services **Dienstvertrag** *m* service contract **Dienstvertragsklausel** *f* JUR service contract clause **Dienstvertragsrecht** *nt* JUR service contract law **Dienstvilla** *f* POL house used for official purposes **Dienstvorgesetzte(r)** *f(m) dekl wie adj* superior **Dienstvorschrift** *f* service regulations [*or* rules] *pl* **Dienstwagen** *m* ① ADMIN official car; ÖKON company car ② BAHN staff compartment **Dienstweg** *m* official channels *pl;* **auf dem ~** through official channels; **den ~ einhalten** to go through the official [*or* proper] channels **dienstwidrig** I. *adj* irregular, contrary to regulations *pred;* **~es Verhalten/~e Anordnung** irregularity/irregular order II. *adv* contrary to regulations; **sich** *akk* **~ verhalten** to go against the regulations **Dienstwohnung** *f* company flat [*or* AM apartment]; ADMIN government flat [*or* AM apartment] **Dienstzeit** *f* ① ADMIN length of service; **30-jährige ~** 30 years of service; **nach Ende der ~** after leaving the [civil] service; **während jds ~** during sb's time in the [civil] service ② (*Arbeitszeit*) working hours **Dienstzeugnis** *nt* testimonial, reference

dies *pron dem, inv* ① (*das hier*) this; **~ [hier] alles** all this ② (*das da*) that [one]; ***~es Benehmen gefällt mir ganz und gar nicht!*** I don't like that kind of behaviour at all!; **~ [da] alles** all that; **~ und das** this and that ③ *pl* (*diese hier*) these; ***~ sind mein Bruder und meine Schwester!*** this is my brother and my sister! ④ *pl* (*diese da*) those

diesbezüglich I. *adj* (*geh*) relating to [*or* concerning] this, in connection with this; ***ich lehne jede Aussage ~ ab!*** I refuse to make any statement about this matter!; **~e Recherchen** [*o* **Ermittlungen**] investigation[s] into this [matter] II. *adv* in this connection, with respect to this *form;* ***können Sie uns ~ nähere Angaben machen?*** could you give us more details about this?

diese(r, s) *pron dem* ① *substantivisch* (*der/die/das hier*) this one ② *substantivisch* (*der/die/das dort*) that one; ***kennst du ~n [Witz]?*** do you know [*or* have you heard] this one?; ***ich fragte einen Polizisten — ~r sagte mir…*** I asked a policeman and he told me… ③ *substantivisch, pl* (*die hier*) these [ones]; ■**~ [hier]** these [ones] [here] ④ *substantivisch, pl* (*die dort*) those [ones]; ■**~ [da]** those [ones] there ⑤ *attr, sing* (*der/die/das hier*) this; **bis Ende ~r Woche** by the end of the [*or* this] week; **[nur] ~es eine Mal** [just] this once ⑥ *attr, pl* (*die hier*) these; **~ Frauen/Männer** these women/these men ⑦ *attr, sing* (*der/die/das dort*) that; **~ und jenes** this and that; **~er verdammte Kerl** that wretched man; **~e Birgit!** that Birgit! ⑧ *attr, pl* (*die dort*) those; *s. a.* **Nacht, Tag**

Diesel[1] <-s> *nt kein pl* (*fam*) diesel

Diesel[2] <-s, -> *m* ① (*Wagen mit Dieselmotor*) car run on diesel BRIT, diesel *fam;* **einen ~ fahren** to drive a [car which runs on] diesel ② (*Motor*) *s.* **Dieselmotor**

Dieselantrieb *m* **mit ~** diesel-powered

dieselbe *pron,* **dieselbige** *pron dem* (*veraltend*) *s.* **derselbe**

Dieselkraftstoff *m kein pl* diesel fuel **Diesellok(omotive)** *f* diesel locomotive **Dieselmotor** *m* diesel engine, diesel *fam* **Dieselöl** *nt s.* **Diesel 1**

dieser *pron,* **dieses** *pron dem s.* **diese**

diesig *adj* misty; **leicht ~** hazy

diesjährig *adj attr* this year's **diesmal** *adv* this time; **für ~** this once **diesseitig** *adj* ① (*auf dieser Seite gelegen*) on this side; **am ~en Ufer** on the near bank ② (*geh: irdisch*) worldly, earthly

diesseits *präp* ■**~ einer S.** *gen* this side of sth

Diesseits <-> *nt kein pl* ■**das ~** earthly [*or* worldly] existence, this life; **im ~** here on earth

Dietrich <-s, -e> *m* picklock

dieweil I. *adv* (*veraltend*) meanwhile, in the meantime II. *konj* ① (*veraltend: während*) while ② (*all~*) because

diffamieren* *vt* ■**jdn/etw [als jdn/etw] ~** to blacken sb's/sth's name/reputation [as sb/sth], to malign [*or* vilify] sb; ■**jdn/etw ~** to drag sb's/sth's name [*or* reputation] through the mud

diffamierend *adj* injurious, defamatory; (*mündlich a.*) slanderous; (*schriftlich a.*) libellous, libelous AM; **sich über jdn ~ äußern** to speak [*or* write] about sb in injurious terms

Diffamierung <-, -en> *f* ① (*das Diffamieren*) defamation, vilification ② (*Verleumdung*) aspersion, slur, lies *pl,* calumny *form;* (*mündliche a.*) slander; (*schriftliche a.*) libel

Differential <-s, -e> *nt s.* **Differenzial**

Differentialsperre *f* AUTO differential lock

Differentiation <-, -en> *f s.* **Differenziation**

Differenz <-, -en> *f* ① (*Unterschied*) difference ② *meist pl* (*Meinungsverschiedenheit*) difference of opinion, disagreement

Differenzbetrag *m* difference; **für den ~ aufkommen** to pay the difference **Differenzgeschäft** *nt* BÖRSE margin business, gambling in futures

DifferenzialRR <-s, -e> *nt* ① MATH differential ② AUTO (*Getriebe*) differential [gear]

DifferenzialgetriebeRR *nt* differential [gear] **Differenzialgleichung**RR *f* MATH differential equation **Differenzialkalkül**RR *m* MATH differential calculus **Differenzialrechnung**RR *f* differential calculus **Differenzial- und Integralrechnung**RR *f* MATH calculus

DifferenziationRR <-, -en> *f* GEOL differentiation

differenzieren* I. *vt* (*geh: modifizieren*) ■**etw ~** to adjust [*or* modify] sth II. *vi* (*geh: Unterschiede machen*) ■**[bei etw] ~** to discriminate [*or* differentiate] [in doing sth]; **zwischen Dingen ~** to discriminate [*or* make a distinction] [*or* distinguish] between things III. *vr* (*sich vielfältig entwickeln*) ■**sich ~** to differentiate

differenziert I. *adj* (*geh: fein unterscheidend*) discriminating, differentiating II. *adv* (*geh*) **etw ~ beurteilen** to differentiate in making judgements; **etw ~ sehen** to see sth [more] discriminately; **die Dinge ~er sehen** to be more discriminating

Differenzierung <-, -en> *f* ① (*geh: Unterscheidung*) distinction, differentiation ② MATH differentiation

Differenztheorie *f* JUR balance theory **Differenzzahlung** *f* FIN marginal payment

differieren* *vi* (*geh: sich unterscheiden*) ■**~ [in etw** *dat*] to differ [in sth]; ■**um etw ~** to differ by sth

diffizil *adj* (*geh*) ① (*schwierig*) difficult, awkward, demanding ② (*kompliziert*) complicated; **ein ~er Mensch** a difficult [*or* BRIT *a.* contrary] [*or form* intractable] person; **ein ~es Problem** a tricky [*or* BRIT *fam* knotty] problem

Diffraktion <-, -en> *f* PHYS diffraction

diffus I. *adj* ① (*zerstreut*) diffuse[d] ② (*verschwommen*) diffuse, vague II. *adv* (*unklar*) diffusely; **sich ~ ausdrücken** to express oneself vaguely [*or* diffusely]

digital I. *adj* digital II. *adv* digitally; **etw ~ darstellen** to represent sth digitally, to digitize sth

Digital-Analog-Wandler *m* INFORM digital-to-analogue converter

Digitalarmbanduhr *f* digital watch **Digitalfernsehen** *nt* digital TV

digitalisierbar *adj* digitizable

digitalisieren* *vt* ■**etw ~** to represent sth digitally, to digitize sth; ■**digitalisiert** digitized

Digitalisiertablett *nt* INFORM digitizing tablet

Digitalisierung <-, -en> *f* digitilization

Digitalisierungsprogramm *nt* INFORM digitizing software

Digitalkamera *f* FOTO, FILM, INFORM digital camera **Digital-Oral-Wandler** *m* INFORM digital-to-speech converter **Digitalrechner** *m* (*veraltend*) digital calculator **Digitaluhr** *f* ① INFORM digital clock ② TECH digital watch **Digitalzeitalter** *nt* digital age

Diglossie <-, -n> *f* LING diglossia

Dikdik <-, -s> *nt* ZOOL dik-dik

Diktat <-[e]s, -e> *nt* ① (*in der Schule*) dictation; **ein ~ schreiben** to do [*or* write] a dictation ② (*Text für Stenotypistin*) dictation; **ein ~ aufnehmen** to take a dictation; **ein ~ auf Band sprechen** to dictate onto a tape; ***Fr. Schulze bitte zum ~!*** Ms. Schulze, please take a letter!; **nach ~ verreist** *on official communications indicating that the signatory is no longer available* ③ (*geh: Gebot*) dictate[s] *form;* **sich dem ~ [von jdm/etw] fügen** to follow the dictates [of sb/sth]; **~ der Vernunft** dictated by logic ④ POL despotism; **dem ~ der Sieger ausgeliefert sein** to be the mercy of the winner's bidding

Diktator, -torin <-s, -toren> *m, f* despot *form*

diktatorisch I. *adj* dictatorial; **mit ~en Vollmachten** with the authority of a dictator II. *adv* like a dictator

Diktatur <-, -en> *f* ① (*pej*) dictatorship ② **die ~ des Proletariats** the dictatorship of the proletariat

diktieren* *vt* ■**[jdm] etw ~** ① (*durch Diktat ansagen*) to dictate sth [to sb] ② (*pej: oktroyieren*) to dictate sth [to sb], to impose sth [on sb]

Diktiergerät *nt* Dictaphone

Diktion <-, -en> *f* (*geh*) diction, mode of expression

dilatorisch *adj inv* JUR dilatory

Dildo <-s, -s> *m* dildo *fam*

Dilemma <-s, -s *o* -ta> *nt* (*geh*) dilemma; **sich in einem ~ befinden** [*o* **in einem ~ stecken**] to be [*or* find oneself] in a dilemma, to be on the horns of a dilemma; **in ein ~ geraten** to run into a dilemma; **vor einem ~ stehen** to be faced with a dilemma

Dilettant(in) <-en, -en> *m(f)* ① (*pej: Stümper*) dilettante *pej,* bungler *fam;* **du ~!** you've bungled it! *fam* ② (*geh: Amateur*) amateur

dilettantisch I. *adj* (*pej*) dilettante, dilettantish *pej,* amateurish *fam;* **eine ~e Arbeit** a botched [*or* bungled] job *fam* II. *adv* (*pej*) amateurishly; **~ arbeiten** to make a real mess of sth, to do a sloppy job

Dilettantismus <-> *m kein pl* dilettantism, amateurism

Dill <-s, -e> *m* dill

Dimension <-, -en> *f* ① (*Ausdehnung*) dimension ② *pl* (*Ausmaße*) ■**~en** dimensions *pl;* **von gewaltigen ~en** of enormous proportions; **bestimmte ~en annehmen** to take on [*or* assume] particular dimensions; **epische ~en annehmen** to assume epic dimensions [*or* proportions]; **ungeahnte ~en annehmen** to take on unimagined dimensions

Diminutivform *f* diminutive

dimmen *vt* ■**etw ~** *Licht* to dim sth

D

Dimmer <-s, -> *m* dimmer [switch]

DIN ~ **A 4 hoch** A 4 portrait [*or* up[right]]; ~ **A 4 quer** A 4 broadside [*or* landscape] [*or* oblong]

DIN® <-> *f kein pl* ❶ (*Angabe*) *Akr von* **Deutsche Industrie-Norm[en]** DIN ❷ (*Organisation*) *Akr von* **Deutsches Institut für Normung** German Institute for Standardization

DIN-Norm *f meist pl* DIN Standards *pl*

Dinar <-s, -e> *m* dinar

Diner <-s, -s> [di'ne:] *nt* (*geh*) dinner, dinner party; ***er lud seine Gäste zu einem ~ ein*** he invited his guests to a banquet

DIN-Format *nt* DIN format [*or* size]

Ding <-[e]s, -e *o fam* -er> *nt* ❶ (*Gegenstand*) thing, object; **persönliche ~e** personal effects [*or* items]; **die ~e beim [rechten] Namen nennen** to call a thing by its proper name, to call a spade a spade ❷ (*Mädchen*) **ein junges ~/junge ~er** (*fam*) a young thing/young things ❸ (*fam: Zeug*) ■**~er** *pl* things *pl*, stuff; ***was sind denn das für ~er?*** what's that?; **krumme ~er** (*fam*) funny business *fam;* **krumme ~er machen** [*o* **drehen**] (*fam*) to do sth dodgy *fam;* **ein [krummes] ~ drehen** (*sl*) to do a job *sl* ❹ (*Angelegenheit*) matters *pl*, things *pl;* **~e des täglichen Lebens** routine [*or* everyday] matters; ***in diesen ~en bin ich eigen!*** I'm very particular in these matters!; **ein ~ der Unmöglichkeit sein** (*fam*) to be out of the question; **vor allen ~en** above all; **bei etw geht es nicht mit rechten ~en zu** there's something fishy [*or* funny] about sth; **unverrichteter ~e** without carrying out one's intention, without doing what one wanted to, without success; ***er musste unverrichteter ~e wieder gehen*** he had to leave without achieving what he'd wanted to; **der ~e, die da kommen [sollen], harren** wait and see [what happens/what fate brings]; **das ist [ja] ein ~!** (*fam*) that's a bit thick Brit [*or fam* much]!; **sich** *dat* **ein ~ leisten** (*fam*) to do a silly [*or fam* stupid] thing; **so wie die ~e liegen** as things stand [at the moment]; **wie ich die ~e sehe** as I see it; **über den ~en stehen** to be above it all [*or* detached] [*or* self-contained]; **guter ~e sein** to be in a good mood [*or* in good spirits], to be hopeful; **jdm ein ~ verpassen** (*sl*) to let sb have it *fam*, to give sb what for Brit *fam;* **in ~en der/des ...** in ... matters, where ... is concerned; ***in ~en des Geschmacks*** in matters of taste; **ein tolles ~** (*fam*) something fantastic/amazing ❺ (*sl: Spezialität*) ***das ist nicht so ganz mein ~*** that's not really my thing *fam* ❻ PHILOS matter, entity, the thing in itself ▸ Wendungen: **gut ~ will Weile haben** (*prov*) slow and steady wins the race, a thing done well cannot be done quickly; **aller guten ~e sind drei** all good things come in threes

Dingelchen <-s, -> *nt* (*fam*) knick-knack, bric-a-brac

dingen <dạng *o* dingte, gedungen> *vt* ❶ (*veraltend: anheuern*) ■**jdn ~** to hire sb ❷ (*pej geh*) **einen Mörder ~** to hire a killer

Dingens <-, -> *nt* DIAL (*fam*) *s.* **Dings[1]**

dingfest *adj* behind bars; **jdn ~ machen** to put sb behind bars

Dingi <-s, -s> ['dɪŋgi] *nt* dinghy

dinglich *adj* JUR in rem; **~es Recht** property right, right in rem

Dingo <-s, -s> *m* ZOOL dingo

Dings[1] <-> *nt kein pl* (*fam*) thing, whatchamacallit, whatsit Brit, thingamabob Brit, thingamajig

Dings[2] <-> *m o f kein pl* (*fam*) thingamabob; **Herr ~** Mr What's-his-name [*or* -face], Mr What-d'you-call-him; **Frau ~** Ms [*or* Mrs] What's-her-name [*or* -face], Ms [*or* Mrs] What-d'you-call-her; **die ~ Familie** the What's-their-name family, the What-d'you-call-them family

Dingsbums <-> *nt kein pl* (*fam*) *s.* **Dings[1]**

Dingsda[1] <-> *nt kein pl s.* **Dings[1]**

Dingsda[2] <-> *m o f kein pl s.* **Dings[2]**

dinieren* *vi* (*geh*) to dine *form;* ■**[bei/mit jdm] ~** to dine [at sb's/with sb]; **bei jdm zum D~ eingeladen sein** to have been invited to dine at sb's

Dinkel <-s> *m kein pl* spelt

DINO *f* INET *Akr von* **Deutsche Internet Organisation** German Internet Organization

Dinosaurier [-riɐ] *m* dinosaur

Diode <-, -n> *f* diode

diophantisch *adj inv* MATH **~e Gleichung** diophantine equation

Dioptrie <-, -n> [*pl* -'tri:ən] *f* dioptre [*or* Am -er]

Dioxid <-s, -e> *nt* dioxide

Dioxin <-s, -e> *nt* dioxin

dioxinhaltig *adj inv* containing dioxins

Dioxyd <-s, -e> *nt* CHEM dioxide

diözesan *adj inv* diocesan

Diözese <-, -n> *f* diocese

Diphtherie <-, -n> [dɪfte'ri:, *pl* -'ri:ən] *f* diphtheria

Diphthong <-s, -e> [dɪf'tɔŋ] *m* diphthong

Dipl. *Abk von* **Diplom**

Dipl.-Ing. *Abk von* **Diplomingenieur**

Dipl.-Kfm. *Abk von* **Diplomkaufmann**

diploid *adj* BIOL diploid

Diplom <-s, -e> *nt* ❶ (*Hochschulzeugnis*) degree; (*Zeugnis*) certificate, diploma; **ein ~ [in etw *dat*] machen** *Hochschulstudium* to get a degree [in sth]; *Ausbildung* to get a diploma [*or* certificate] [in sth] ❷ (*Ehrenurkunde*) diploma, certificate

Diplomarbeit *f* thesis [for a degree]

Diplomat(in) <-en, -en> *m(f)* ❶ (*Person im auswärtigen Dienst*) diplomat ❷ (*geschickter Taktierer*) diplomat, diplomatist *form*

Diplomatenkoffer *m* briefcase **Diplomatenlaufbahn** *f* diplomatic career, career as a diplomat

Diplomatie <-> *f kein pl* diplomacy

Diplomatin <-, -nen> *f fem form von* **Diplomat**

diplomatisch I. *adj* ❶ (*die Diplomatie betreffend*) diplomatic; **~e Beziehungen abbrechen/aufnehmen** to break off/establish diplomatic relations ❷ (*geh: taktisch geschickt*) diplomatic; **~es Vorgehen** diplomacy II. *adv* diplomatically; **~ vorgehen** to proceed diplomatically, to act with diplomacy; **einen Staat ~ anerkennen** to give a country official recognition

Diplombibliothekar(in) *m(f)* qualified librarian **Diplombiologe, -biologin** *m, f* graduate [*or* qualified] biologist

diplomieren* *vi* SCHWEIZ ■**in etw** *dat* **~** (*ein Diplom machen*) to take a diploma in sth; (*ein Hochschulexamen machen*) to take a degree in sth; ***sie diplomierte an der Universität Bern*** her degree was awarded by the University of Bern

diplomiert *adj* qualified; (*mit Hochschulabschluss*) graduate

Diplomierte(r) *f(m) decl wie adj* graduate

Diplomingenieur(in) *m(f)* graduate [*or* qualified] engineer; ***er ist ~*** he has a degree in engineering **Diplomkauffrau** *f fem form von* **Diplomkaufmann** [female] business school graduate **Diplomkaufmann** *m* [male] business school graduate **Diplomprüfung** *f* final exam[ination]s, finals *fam* **Diplomübersetzer(in)** *m(f)* graduate [*or* qualified] translator

Diplont <-s, -en> *m* BIOL diplont

DIR *nt* INFORM *Abk von* **directory** DIR

dir *pron* ❶ *pers dat von* **du** you; ***ich hoffe, es geht ~ wieder besser?*** I hope you feel better; *nach Präpositionen;* **hinter/neben/über/unter/vor ~** behind/next to/above/under/in front of you ❷ *refl dat von* **sich** you

Directmailing <-s> [dɪ'rɛkt'meɪlɪŋ] *nt kein pl* direct marketing

direkt I. *adj* ❶ (*durchgehende Verbindung*) direct; **eine ~e Flugverbindung/Zugverbindung** a direct flight/through train; ***Sie haben ~en Anschluss nach Paris*** you have a direct connection to Paris ❷ (*unmittelbar*) direct, immediate; **in ~er Verbindung mit jdm stehen** to be in direct contact with sb; **in ~er Verbindung zu etw stehen** to have directly to do with sth; ***er ging ~ nach Hause*** he went straight home [*or* home immediately]; **ein ~er Hinweis auf etw** a direct reference to sth ❸ (*unverblümt*) direct, straightforward, blunt *pej* ❹ (*Übertragung*) live; **eine ~e Übertragung** a live broadcast; *s. a.* **Rede** II. *adv* ❶ (*geradezu*) almost; ***das war ja ~ lustig*** that was actually funny for a change; ***die Bemerkung war ja ~ unverschämt*** the comment was really impertinent ❷ (*ausgesprochen*) exactly; **etw nicht ~ verneinen** to not really deny sth; **etw ~ zugeben** to admit sth outright; ***das war ja ~ genial!*** that was just amazing! ❸ (*unverblümt*) directly, plainly, bluntly *pej;* ***bitte sei etwas ~er!*** don't beat about the bush! ❹ (*mit Ortsangabe*) direct[ly], straight; **~ von A nach B fliegen** to fly direct from A to B; ***diese Straße geht ~ zum Bahnhof*** this road goes straight to the station ❺ (*übertragen*) live; **~ übertragen** to broadcast live ❻ (*unverzüglich*) immediately, directly, right away

Direktabbuchung *f* HANDEL direct debiting **Direktabnehmer** *m* HANDEL direct taker **Direktabsatz** *m* HANDEL direct marketing **Direktabschluss[RR]** *m* FIN direct contract **Direktanspruch** *m* FIN direct claim **Direktausfuhr** *f kein pl* ÖKON direct export **Direktbank** *f* direct bank **Direktbelieferung** *f* HANDEL direct supply **Direktbelieferungsvorbehalt** *m* HANDEL reservation concerning direct supply **Direktbesteuerung** *f* FIN direct taxation **Direkterfassung** *f* INFORM direct data entry, DDE **Direktflug** *m* direct flight **Direktgeschäft** *nt* HANDEL direct business **Direkthandel** *m kein pl* HANDEL direct commerce **Direktinvestition** *f* FIN direct investment

Direktion <-, -en> *f* ❶ (*Leitung*) management; **die ~ der Schule** the head of the school ❷ (*Direktoren, Vorstand*) board of directors ❸ (*fam: Büro des Direktors*) manager's [*or* director's] office ❹ SCHWEIZ (*Ressort*) department

Direktionsrecht *nt* JUR executive prerogative, right to issue instructions

Direktive <-n, -n> [-'ti:və] *f* (*geh*) directive *form*, instructions; **eine ~ ausgeben** to issue a directive *form*

Direktkandidat(in) *m(f)* POL direct[ly elected] candidate **Direktleitung** *f* **eine ~ zu jdm haben** to have a direct line to sb **Direktlieferung** *f* HANDEL drop [*or* direct] shipment **Direktmandat** *nt* ≈ direct mandate (*i.e. voted for directly by the electorate and not through party quotas as is possible in German parliamentary voting system*)

Direktor, -torin <-s, -toren> *m, f* ❶ SCH *einer Schule* principal, head Brit, headmaster *masc* Brit, headmistress *fem* Brit ❷ UNIV *einer Universität* principal, rector Brit, president Am ❸ (*Leiter eines Unternehmens*) manager; **der kaufmännische/leitende ~** the business/managing director; (*Mitglied der Leitung*) director; **der ~ der Konzernabteilung/Forschungsabteilung** the head of department/the research department ❹ (*Leiter einer öffentlichen Einrichtung*) head, director; **der ~ des Museums** the museum director; **der ~ der Haftanstalt** the prison director [*or* Am warden]

Direktorat <-[e]s, -e> *nt* SCH ❶ (*geh: Amt*) headship Brit, position of principal [*or* Brit *a.* head]; **jdm das ~ übertragen** to appoint sb as principal ❷ (*Amtszeit*) principalship, Brit *a.* headship ❸ (*Diensträume*) principal's [*or* Brit *a.* head's] office

Direktorin <-, -nen> *f fem form von* **Direktor**

Direktorium <-s, -rien> *nt* ❶ ÖKON board of directors, managing [*or* executive] board ❷ HIST Directoire, French Directorate

Direktrasterung *f* TYPO direct half-tone separation

Direktrice <-, -n> [-'tri:sə] *f manager in the clothing industry who is a qualified tailor and who designs clothes*

Direktübertragung *f* live broadcast **Direktverbindung** *f* direct train [*or* flight]; **eine ~ von A nach B haben** to have a direct train from A to B [*or* a non-stop flight from A to B] **Direktverkauf** *m* HANDEL direct selling **Direktversicherer** *m* FIN direct insurer **Direktvertrieb** *m* direct marketing **Direktwahl** *f* direct election **Direktwerbung** *f kein pl* HANDEL direct advertising **Direktzugriff** *m kein pl* INFORM direct memory access, DMA **Direktzugriffsspeicher** *m* random access memory, RAM, direct access storage device, DASD

Dirigent(in) <-en, -en> *m(f)* conductor

Dirigentenstab *m* conductor's baton

Dirigentin <-, -nen> *f fem form von* **Dirigent**
dirigieren* **I.** *vt* ❶ MUS **etw/ein Orchester** ~ to conduct sth/an orchestra ❷ (*einweisen*) ■**jdn/etw** ~ to direct sb/sth ❸ (*leiten*) ■**jdn/etw** ~ to lead [*or* steer] sb/sth; **Touristen durch etw** ~ to conduct tourists through sth; **die Unternehmenspolitik** ~ to steer [*or* control] company policy **II.** *vi* MUS to conduct
Dirigismus <-> *m kein pl* state-controlled [*or* planned] economy, dirigisme *form*
dirigistisch *adj* ÖKON dirigiste
Dirndl <-s, -> *nt* ❶ *s.* **Dirndlkleid** ❷ SÜDD, ÖSTERR (*Mädchen*) lass BRIT DIAL, gal AM
Dirndlkleid *nt* dirndl
Dirne <-, -n> *f* (*geh*) prostitute, call girl
Dirnenmilieu *nt* prostitution scene
dis <-, -> *nt*, **Dis** <-, -> *nt* D sharp
Disagio <-s, -s> [dɪs'ʔa:dʒo] *nt* discount
Disagiobetrag *m* FIN discount
Disagiogewinn *m* FIN profit resulting from discount purchase price
Disco <-, -s> *f* (*fam*) *s.* **Disko**
Discount- [dɪs'kaunt] *in Komposita* discount
Discountbroker [dɪs'kaunt-] *m* discount broker **Discountgeschäft** *nt* ÖKON (*Laden*) discount shop [*or* AM store] **Discountladen** [dɪs'kaunt-] *m* discount shop
Disharmonie *f* disharmony, discord; ~ **zwischen Freunden** discord among friends; ~ **in einer Familie** family discord, domestic strife
disharmonisch *adj* disharmonious, dissonant, discordant
disjunkt *adj inv* MATH disjunct
Diskant <-s, -e> *m* descant, treble; **eine ~blockflöte** a descant recorder; **eine ~flöte** a treble flute
Disken *pl s.* **Diskus** discuses [*or* disci] *pl*
Diskette <-, -n> *f* diskette, floppy [disk]; **eine ~ in das Laufwerk legen** to put a diskette into the driver
Diskettenaufkleber *m* diskette label **Diskettenbox** *f* diskette storage box **Diskettenetikett** *nt* diskette label, floppy disk label **Diskettenhülle** *f* floppy-disk jacket, protective envelope **Diskettenlaufwerk** *nt* disk drive **Diskettenversandhülle** *f* diskette mailer
Diskjockey ['dɪskdʒɔke, -dʒɔki] *m* disc jockey
Disko <-, -s> *f* (*fam*) disco
Diskografie[RR] <-, -ien> *f s.* **Diskographie**
Diskographie <-, -ien> *f* discography
Diskont <-s, -e> *m* ❶ (*Rabatt*) discount ❷ *s.* **Diskontsatz**
Diskontabrechnung *f* FIN discount note **diskontfähig** *adj* FIN discountable **Diskontgeschäft** *nt* JUR discount business
diskontieren* *vt* FIN ■**etw** ~ to discount sth; **einen Wechsel** ~ to discount a bill of exchange
Diskontierung <-, -en> *f* FIN discounting
Diskontprovision *f* FIN discount commission **Diskontsatz** *m* bank rate **Diskontsenkung** *f* ÖKON fall [*or* reduction] in the discount rate **Diskontspesen** *pl* FIN discount charges **Diskontumsatz** *m* FIN discount turnover **Diskontverbindlichkeiten** *pl* FIN discounts, bills discounted **Diskontwechsel** *m* FIN discounts *pl* **Diskontwert** *m* FIN discounted value
Diskothek <-, -en> *f* disco, discotheque BRIT
diskreditieren* *vt* (*geh*) ■**jdn/etw** ~ to discredit sb/sth; ■**diskreditiert** discredited
Diskrepanz <-, -en> *f* (*geh*) discrepancy; **eine Zeit~** a time lag
diskret **I.** *adj* ❶ (*vertraulich*) confidential; **in einer ~en Angelegenheit** on a confidential matter; **etwas D~es** something confidential ❷ (*unauffällig*) discreet; **ein ~er Mensch** a discreet [*or* tactful] person; **eine ~ Farbe** an unobtrusive [*or* quiet] colour [*or* AM -or] **II.** *adv* ~ **behandeln** to treat confidentially; **sich ~ verhalten** to behave discreetly
Diskretion <-> *f kein pl* (*geh*) discretion; [**in einer S.**] **äußerste** [*o* **strengste**] ~ **wahren** to exercise [*or* show] complete discretion [in a matter]; ~ [**ist**] **Ehrensache** you can count on my/our discretion
diskriminieren* *vt* (*geh*) ❶ (*benachteiligen*) ■**jdn** ~ to discriminate against sb ❷ (*herabwürdigen*) ■**jdn** ~ to belittle sb; ■**etw** ~ to disparage sth
diskriminierend *adj* ❶ (*benachteiligend*) discriminatory; **~e Behandlung** discrimination ❷ (*herabwürdigend*) discriminatory, disparaging
Diskriminierung <-, -en> *f* ❶ (*Benachteiligung*) discrimination; ~ **der Frau/des Mannes** sex[ual] discrimination, discrimination against women/men; ~ **anderer Rassen** racial discrimination; ~ **von Minderheiten** discrimination against minorities ❷ (*pej: Herabwürdigung*) disparagement, insult
Diskriminierungsverbot *nt* JUR discrimination ban
Diskurs <-es, -e> *m* (*geh*) discourse *form;* **mit jdm einen ~ haben** [*o* **führen**] to have a discussion with sb, to discuss [sth] with sb
Diskus <-, -se *o* Disken> *m* discus
Diskussion <-, -en> *f* ❶ (*Meinungsaustausch*) discussion, debate; (*Streitgespräch*) lively debate; (*emotionales Streitgespräch*) argument, fight, row BRIT; **zur ~ stehen** to be discussed; **etw zur ~ stellen** to put sth up for discussion; **keine ~/~en!** no arguments! ❷ (*öffentliche Auseinandersetzung*) discussion, debate
Diskussionsbeitrag *m* contribution to a discussion **Diskussionsforum** <-s, -foren> *nt* discussion forum, forum for discussion **Diskussionsrunde** *f* discussion[s] **Diskussionsteilnehmer(in)** *m(f)* participant in a discussion; *in Fernseh-/Rundfunksendung* panel member BRIT; **die ~ bei einer Debatte** the speakers in a debate **Diskussionsveranstaltung** *f* discussion
Diskuswerfen <-s> *nt kein pl* discus throwing **Diskuswerfer(in)** *m(f)* discus thrower
diskutabel *adj* (*geh*) worth considering [*or* thinking about], interesting; **nicht ~** out of the question; **etw für ~ halten** to consider sth worth discussing, to regard sth as worthy of discussion *form*
diskutieren* **I.** *vt* ■**etw** ~ to discuss sth; **etw abschließend ~** to discuss sth conclusively; **etw ausgiebig ~** to discuss sth at length; **etw erschöpfend ~** to have exhaustive discussions about sth; **etw zu Ende ~** to finish discussing sth **II.** *vi* ■[**über etw** *akk*] ~ to discuss sth, to have a discussion about sth; ***was gibt's denn da noch zu ~?*** what else is there [*or* what's left] to discuss?
Dismembration *f* JUR dismemberment
Dispache <-, -en> [dɪs'paʃə] *f* ÖKON average adjustment
Dispacheur <-s, -e> [dɪspa'ʃø:ɐ̯] *m*, **Dispatcher** <-s, -e> [dɪs'pɛtʃɐ] *m* ÖKON average adjuster
disparat *adj* (*geh*) disparate
Dispatcherdienst *m* ÖKON dispatch[ing] services *pl* **Dispatchersystem** *nt* ÖKON dispatch system
Dispens <-es, -e> *f* JUR dispensation, exemption
dispensieren* *vt* (*geh*) ■**jdn von etw** ~ to excuse sb from sth
Dispersion <-, -en> *f* dispersion
Dispersionsfarbe *f* emulsion paint **Dispersionskleber** *m* dipersion glue, water-based adhesive **Dispersionslack** *m* dispersion coating [*or* varnish]
Display <-s, -s> [dɪs'pleɪ] *nt* display
Dispokredit *m* (*fam*) *s.* **Dispositionskredit**
Disponent(in) <-en, -en> *m(f)* ÖKON managing clerk
disponibel *adj* ÖKON available, disposable; ***die Ware ist*** ~ the product is available
disponieren* *vi* (*geh*) ❶ (*verfügen*) ■[**frei**] **über etw** *akk* ~ to dispose [at will] of sth; **über ein Bankkonto** ~ to have access to a bank account; **über Geld ~** to have money at one's disposal, to spend money; **über seine Zeit ~** to dispose of one's time, to arrange one's time as one likes ❷ (*planen*) to organize oneself; ■**über etw** ~ to arrange sth
Disposition <-, -en> *f* disposal; ~ **über etw** *akk* **haben** (*geh*) to have sth at one's disposal; **jdn/etw zu seiner ~ haben** to have sb/sth at one's disposal; **zur ~ stehen** to be available; (*in Frage gestellt werden*) to be a matter of debate; ***diese Arbeitsstellen stehen zur*** ~ employees are needed for these jobs; **jdm zur ~ stehen** to be at sb's disposal; **etw zur ~ stellen** to put sth at sb's disposal; **sein Amt/eine Stelle zur ~ stellen** to stand down from one's position [as ...]; **seine ~en treffen** to make one's arrangements, to plan
Dispositionsbefugnis *f* HANDEL managerial powers **Dispositionsfreiheit** *f* HANDEL authority **Dispositionsgrundsatz** *m* JUR principle of party disposition **Dispositionskredit** *m* overdraft facility **Dispositionsmaxime** *f* JUR principle [*or* dictum] of party disposition **Dispositionsrecht** *nt kein pl* HANDEL managerial right
Disput <-[e]s, -e> *m* (*geh*) dispute; **einen ~** [**über etw** *akk*] **führen** to have a dispute [about [*or* over] sth]
disputieren* *vi* (*geh*) ■[**mit jdm**] [**über etw** *akk*] ~ to dispute [with sb] [about [*or* over] sth]; **endlos ~** to have a lengthy [*or* never-ending] dispute; **hitzig ~** to have a heated argument; **über ein Angebot ~** to discuss an offer; **über eine Streitfrage ~** to dispute an issue
Disqualifikation <-, -en> *f* disqualification; ■~ **wegen einer S.** *gen* disqualification on account of sth; ~ ***wegen Missachtung der Regeln*** disqualified for disregarding the rules
disqualifizieren* *vt* ❶ SPORT ■**jdn/etw** ~ [**wegen etw**] to disqualify sb/sth [for doing sth]; ***der Läufer wurde wegen Verlassens der Bahn disqualifiziert*** the runner was disqualified for running outside his lane ❷ (*geh*) ■**jdn/etw für etw** ~ to disqualify sb/sth for sth, to rule out sb/sth *sep* as sth
Disqualifizierung <-, -en> *f s.* **Disqualifikation**
dissen *vi* (*sl*) to diss *sl*
Dissens <-es, -e> *m* JUR lack of agreement, AM dissent; **offener/versteckter ~** open/latent lack of agreement
Dissertation <-, -en> *f* dissertation, thesis
Dissident(in) <-en, -en> *m(f)* ❶ (*Andersdenkende(r)*) dissident ❷ REL dissenter
Dissimilation <-, -en> *f* ❶ LING dissimilation ❷ BIOL dissimilation, catabolism
dissonant *adj inv* ❶ MUS dissonant ❷ (*geh: unstimmig, unschön*) dissonant
Dissonanz <-, -en> *f s.* **Disharmonie**
Distanz <-, -en> *f* ❶ (*Entfernung*) distance; **eine große ~** a good [*or* great] distance ❷ SPORT distance ❸ *kein pl* (*Zurückhaltung*) distance, reserve; **mit einer gewissen ~** with a certain amount of reserve; ~ **halten** [*o* **wahren**] (*geh*) to keep a [*or* one's] distance ❹ (*geh: Abstand*) detachment, distance; **aus der ~ betrachtet** with the benefit of hindsight; [**zu jdm/etw**] **auf ~ gehen** to distance [*or* dissociate] oneself [from sb/sth]
Distanzdelikt *nt* JUR offence committed under a different jurisdiction **Distanzgeschäft** *nt* HANDEL non-local business
distanzieren* *vr* ■**sich von jdm/etw** ~ to distance oneself from sb/sth; ***ich distanziere mich ausdrücklich davon*** I want nothing to do with this
distanziert **I.** *adj* (*geh: zurückhaltend*) reserved, distant, aloof **II.** *adv* distantly, aloofly; **sich ~ verhalten** to be reserved [*or* distant] [*or* aloof]
Distanzierung <-, -en> *f* distancing
Distanzscheck *m* JUR out-of-town cheque **Distanzwechsel** *m* FIN out-of-town bill
Distel <-, -n> *f* thistle
Distelfalter *m* ZOOL painted lady **Distelfink** *m* goldfinch **Distelöl** *nt* safflower oil
distinguiert [dɪstɪŋ'gi:ɐt] **I.** *adj* (*geh*) distinguished **II.** *adv* (*geh*) in a distinguished way [*or* fashion]
Distributionalismus <-> *m kein pl* PHILOS distributionalism
Distributionskosten *pl* HANDEL distribution costs
Distrikt <-[e]s, -e> *m* district
Disziplin <-, -en> *f* ❶ *kein pl* (*Zucht*) discipline; **eiserne ~** iron discipline; [**strikte**] ~ **halten** to maintain [strict] discipline ❷ (*Sportart*) discipline, event ❸ (*Teilbereich*) discipline, branch
Disziplinargericht *nt* JUR disciplinary court **Dis-**

ziplinargewalt *f* JUR disciplinary authority **disziplinarisch** I. *adj* disciplinary; ~**e Maßnahmen ergreifen** to take disciplinary measures II. *adv* ❶ (*wegen Verstoß gegen Dienstvorschriften*) **gegen jdn ~ vorgehen** to take disciplinary action against sb ❷ (*besonders hart*) **jdn ~ bestrafen** to discipline sb **Disziplinarmaßnahmen** *pl* JUR disciplinary action; ~ **ergreifen** to take disciplinary action **Disziplinarrecht** *nt* JUR disciplinary law **Disziplinarstrafe** *f* disciplinary action; **gegen jdn eine ~ verhängen** to take disciplinary action against sb **Disziplinarverfahren** *nt* disciplinary hearing **Disziplinarvorgesetzte(r)** *f(m)* JUR disciplinary superior of a public servant **Disziplinarvorschrift** *f* JUR disciplinary code

disziplinieren* *vt* (*geh*) ▪**jdn/sich** ~ to discipline sb/oneself

diszipliniert I. *adj* (*geh*) disciplined II. *adv* (*geh*) in a disciplined fashion [*or* way]

Diszipliniertheit <-> *f kein pl* (*geh*) discipline

Disziplinierung <-, -en> *f* disciplining

disziplinlos I. *adj* undisciplined, disorderly, unruly BRIT II. *adv* in an undisciplined [*or* a disorderly] [*or* BRIT *a.* an unruly] fashion [*or* way]; **sich ~ verhalten** to behave in an undisciplined [*or* unruly] [*or* a disorderly] fashion

Disziplinlosigkeit <-, -en> *f* ❶ (*undiszipliniertes Verhalten*) disorderliness, unruliness BRIT ❷ (*undisziplinierte Handlung*) indiscipline, lack of discipline, disorderly conduct

dito *adv* ditto *fam;* ***ich soll dir von Angelika schöne Grüße bestellen! — ihr ~!*** Angelika asked me to give you her love! — please give her mine back!; ***danke für das Gespräch! — ~!*** thanks for the call! — thank you too!

Diuretikum <-s, Diuretika> *nt* MED diuretic

Diva <-, -s *o* Diven> ['di:va, 'di:vən] *f* ≈prima donna (*actress or singer whose theatrical airs and graces make her a subject of discussion*)

Divergenz <-, -en> *f* ❶ (*geh: Abweichung*) divergence ❷ MATH divergence ❸ PHYS divergence

Divergenzrevision *f* JUR appeal on points of law due to conflicting precedents

divergieren* [-vɛr-] *vi* to diverge; ▪~**d** divergent; ▪**von etw** ~ to diverge from sth; ***ihre Sicht der Dinge divergiert stark von der meinen*** her way of looking at things was very different from [*or* to] mine

divers *adj attr* diverse; ~**e Fragen/Möglichkeiten/Ursachen** several [*or* various] questions/possibilities/reasons

Diverses *pl* ❶ (*Verschiedenes*) several [*or* various] things; ***ich muss noch ~ einkaufen*** I've still got to buy a few things ❷ (*auf Tagesordnung*) miscellaneous

Diversifikation <-, -en> *f* diversification

diversifizieren *vt* ÖKON ▪**etw** ~ to diversify sth

Diversion *f* JUR diversion

Dividend <-en, -en> [-vi-] *m* MATH dividend

Dividende <-, -n> [-vi-] *f* dividend

Dividendenaktie *f* FIN participating share **Dividendenanspruch** *m* FIN dividend claim; ~ **haben** to qualify for dividend **Dividendenausschüttung** *f* payment of a dividend [*or* dividends] **dividendenberechtigt** *adj inv* FIN entitled to a dividend **Dividendenerklärung** *f* FIN declaration of a dividend **Dividendenfähigkeit** *f* ability to pay a dividend **Dividendenkoupon** *m* FIN dividend warrant **Dividendenkürzung** *f* FIN dividend cut **Dividendenpapiere** *pl* FIN equity securities, dividend-bearing shares **Dividendenrendite** *f* FIN dividend yield **Dividendenschein** *m* FIN dividend coupon **Dividendenstripping** <-[s], -[s]> *nt* FIN dividend stripping **Dividendenvorschlag** *m* recommended dividend **Dividendenwerte** *pl* FIN dividend-bearing securities

dividieren* *vt, vi* ▪[**etw**] [**durch etw**] ~ to divide [sth] [by [*or* AM in] sth]

Divis <-es, -e> [di'vi:s] *nt* hyphen

Division <-, -en> [-vi-] *f* division

Divisionär(in) <-s, -e> *m(f)* SCHWEIZ (*Befehlshaber einer Division*) divisional commander

Divisionsstab *m* [staff] officers of a division

Divisor <-s, -en> [-'vi:-] *m* divisor

DIVX *m Abk von* **Digital Video Express** DIVX

Diwan <-s, -e> *m* (*veraltend*) divan

DJ <-s, -s> ['di:dʒeɪ] *m* (*fam*) DJ, deejay

d.J. ❶ *Abk von* **dieses Jahres** of this year ❷ *Abk von* **der Jüngere** the younger

DJH <-[s]> *nt Abk von* **Deutsches Jugendherbergswerk** ≈ YHA BRIT

Djibouti <-s> *nt* SCHWEIZ *s.* **Dschibuti**

djiboutisch *adj* SCHWEIZ *s.* **dschibutisch**

DKP <-> *f Abk von* **Deutsche Kommunistische Partei** *German communist party*

dl *m Abk von* **Deziliter** dl

DLP *nt o f Abk von* **digital light processing** DLP

DLR *nt Abk von* **Deutsches Forschungszentrum für Luft- und Raumfahrt** German Research Centre for Air and Space Travel

DLRG *f* SPORT *Abk von* **Deutsche Lebens-Rettungs-Gesellschaft** ≈ RNLI BRIT

DM <-, -> *kein art Abk von* **Deutsche Mark** Deutschmark, German mark

d.M. *Abk von* **dieses Monats** of this month

D-Mark <-, -> *f* D-mark

DMD *nt Abk von* **Digital Mirror Device** DMD

DMD-Projektor *m* TV DMD projector

DNA <-, -s> *f Abk von* **Desoxyribonukleinsäure** DNA

DNA-Identitätsfeststellung *f* JUR establishment of identity through DNA testing

D-Netz *nt network for mobile telephones throughout Europe*

DNS <-> *f Abk von* **Desoxyribonukleinsäure** DNA

DNS-Abschnitt *m* BIOL DNA section [*or* sequence] [*or* fragment] **DNS-Analyse** *f* DNA analysis **DNS-Chip** *nt* DNA chip **DNS-Diagnosechip** *nt* DNA diagnostic chip **DNS-Doppelhelix** *f* DNA double helix **DNS-Impfstoff** *m* DNA vaccine **DNS-Profil** *nt* DNA profile

Döbel <-s, -> *m* ZOOL, KOCHK chub

Dobermann <-s, -männer> *m* ZOOL Dobermann [pinscher]

doch I. *konj* (*jedoch*) but, however II. *adv* (*emph*) ❶ (*dennoch*) even so; ***zum Glück ist aber ~ nichts passiert*** fortunately, nothing happened ❷ (*einräumend*) ***ich wollte es ja nicht glauben, aber du hattest ~ recht*** I didn't want to believe it but you were right ❸ (*Widerspruch ausdrückend*) ***er hat das nicht gesagt — ~, ich weiß genau, dass er das gesagt hat*** he didn't say that — yes, he did, I know he did; ***du gehst jetzt ins Bett — nein! — ~!*** go to bed now — no! — yes! ❹ (*ja*) yes; ***hast du keine Lust, mit in die Spielbank zu kommen? — ~, schon, aber leider nicht genug Geld*** wouldn't you like to come with me to the casino? — yes, I would, but I haven't got enough money; ***hat es dir nicht gefallen? — ~***[, ~]! didn't you enjoy it? — yes, I did!; ***darf ich bei Ihnen rauchen? — ~, warum nicht?*** may I smoke here? — yes, sure [*or* certainly] III. *part* ❶ (*Nachdruck verleihend*) ***es war ~ nicht so wie du dachtest*** it turned out not to be the way you thought it was; ***du weißt ja ~ immer alles besser!*** you always know better!; ***das war ~ gar nicht schlimm, oder?*** it wasn't so bad, was it?; ***jetzt komm ~ endlich*** come on!; ***kommen Sie ~ bitte morgen wieder*** please could you come back tomorrow; ***seid ~ endlich still*** for goodness's sake, be quiet!; ***sei ~ nicht immer so geizig*** don't be so stingy; ***sie will dir kündigen! — soll sie ~, das macht mir auch nichts aus*** she's going to sack you! — let her, I don't care; ***du weißt ~, wie es ist*** you know how it is; ***wäre es ~ schon endlich Sommer!*** if only the summer would come; ***wenn er ~ nur endlich mal den Mund halten würde!*** if only he would shut up!; ***setzen Sie sich ~!*** won't you sit down!; ***nehmen Sie sich ~ bitte!*** do help yourself!; *s. a.* **nicht, wenn** ❷ (*Unmut ausdrückend*) ***es wäre ~ schön, wenn du mir endlich mal die Wahrheit sagen würdest*** it would be nice if you'd [finally] tell me the truth; ***das ist ~ gar nicht wahr*** that's not true!; ***das ist ~ wirklich eine Frechheit!*** what a cheek!; ***du hast ihr ~ nicht etwa von unserem Geheimnis erzählt?*** you haven't told her our secret?, you haven't gone and told her our secret? *fam; s. a.* **also, ja, nein** ❸ (*noch*) ***wie war ~ [gleich] Ihr Name?*** sorry, what did you say your name was?, what was your name again?; ***das ist Ihnen aber ~ bekannt gewesen, oder?*** but you knew that, didn't you?; *s. a.* **Höhe, Letzte(s)**

Docht <-[e]s, -e> *m* wick

Dock <-s, -s *o* -e> *nt* dock

Dockarbeiter *m* dockworker, docker, AM *a.* longshoreman

Docker(in) <-s, -> *m(f)* docker

dockingfähig *adj inv* INFORM dockable

Docking station <-, -s> [-'steɪʃn] *f* INFORM docking station [*or* unit]

Doge <-n, -n> ['do:ʒə] *m* (*hist*) doge

Dogge <-, -n> *f* mastiff

Dogma <-s, -men> *nt* ❶ REL dogma, doctrine, article of faith ❷ (*geh*) dogma *pej*, doctrine *pej;* **etw zum ~ erheben** [*o* **machen**] to make a dogma [*or* doctrine] out of sth

dogmatisch *adj* (*pej geh*) dogmatic *pej*

Dogmatismus <-> *m kein pl* (*pej*) dogmatism

Dogmen *pl von* **Dogma** dogmas [*or* dogmata] *pl*

Dohle <-, -n> *f* jackdaw

Doktor, -torin <-s, -toren> *m, f* ❶ (*Arzt*) doctor; ***ich hätte gerne [den] Herrn ~ gesprochen*** I'd like to speak to the doctor, please; ***guten Tag, Frau/Herr ~*** good afternoon, Doctor; **den ~ aufsuchen** to go to [*or* visit] the doctor ❷ (*Träger eines Doktortitels*) doctor; ***er ist ~ der Physik*** he's got a PhD in physics; **den ~ haben** to have a PhD [*or* Ph.D.] [*or form* Doctor of Philosophy]; **den** [*o* **seinen**] ~ **machen** to do one's doctorate

Doktorand(in) <-en, -en> *m(f)* doctoral candidate, doctorand

Doktorarbeit *f* doctorate, doctoral dissertation **Doktordiplom** *nt* doctor's diploma [*or* certificate] **Doktorexamen** *nt s.* **Doktorprüfung Doktorgrad** *m* doctorate; **den ~ erwerben** to earn a doctorate, to be awarded a PhD [*or* Ph.D.]; **jdm den ~ verleihen** to award sb a PhD [*or* Ph.D.], to confer a PhD [*or* Ph.D.] on sb *form* **Doktorhut** *m* doctoral cap; **den ~ erwerben** (*geh*) to be awarded a doctorate

Doktorin <-, -nen> *f fem form von* **Doktor**

Doktormutter *f fem form von* **Doktorvater** [female] supervisor [of a doctoral candidate] **Doktorprüfung** *f* doctorate examination **Doktorspiele** *pl* (*hum fam: Sexspiele*) sex games *pl* **Doktortitel** *m* doctorate; **den ~ führen** to be a Doctor of ..., to have a PhD [*or* Ph.D.]; **jdm den ~ verleihen** to award sb a doctorate, to confer a doctorate on sb **Doktorvater, -mutter** *m, f* supervisor [of a doctoral candidate] **Doktorwürde** *f* (*veraltend*) *s.* **Doktortitel**

Doktrin <-, -en> *f* doctrine, dogma *pej;* **die katholische ~** the Catholic doctrine [*or* faith]

doktrinär *adj* (*pej geh*) doctrinaire *pej form;* ~**e Ansichten vertreten** to apply doctrinaire principles

Dokument <-[e]s, -e> *nt* ❶ (*amtliches Schriftstück*) papers *pl*, document ❷ (*geh: Zeugnis*) proof, record ❸ INFORM (*Textdatei*) document

Dokumentar(in) <-s, -e> *m(f)* documentalist

Dokumentaraufnahme *f* documentary record **Dokumentarfilm** *m* documentary film **Dokumentarfilmer(in)** *m(f)* documentary [film] maker

Dokumentarin <-, -nen> *f fem form von* **Dokumentar**

dokumentarisch I. *adj* documentary II. *adv* (*mit Dokumenten*) by providing documentary evidence; **etw ~ beweisen** to prove sth by providing documentary evidence

Dokumentation <-, -en> *f* ❶ (*Sammlung von Nachweisen*) documentation ❷ (*Beschreibung*) documents *pl*, documentation ❸ (*geh: Zeugnis*) proof

Dokumentationsbestand *m* documentation inventory **Dokumentationsfernsehen** *nt* docu-

mentary TV **Dokumentationszentrum** *nt* documentation centre [*or* AM -er] **Dokumentenakkreditiv** *nt* FIN documentary letter of credit **dokumentenecht** *adj* indelible **Dokumenteninkasso** *nt* FIN collection of bills **Dokumentenmanagement** *m kein pl* document management **Dokumentenmappe** *f* document folder, portfolio
Dokumentformat *nt* INFORM document format **Dokumentgröße** *f* INFORM document size
dokumentieren* I. *vt* ❶ (*durch Dokumente belegen*) ■**etw** ~ to document sth ❷ (*fig: zeigen*) ■**etw** ~ to reveal [*or* demonstrate] sth II. *vr* (*zum Ausdruck kommen*) ■**etw dokumentiert sich in etw** *dat* sth reveals itself [*or* is revealed] [*or* is shown] in sth
Dokumentvorlage *f* INFORM document template
Dolby® <-s> *nt kein pl* TECH Dolby®
Dolce Vita[RR] <-> ['dɔltʃə'vi:ta] *nt o f kein pl* dolce vita, good life
Dolch <-[e]s, -e> *m* dagger *old*, knife; **einen ~ ziehen** to draw a dagger *old*, to pull a knife
Dolchstoß *m* ❶ (*Stoß mit dem Dolch*) stab wound; **jdm einen ~ versetzen** to stab sb ❷ (*hinterhältiger Anschlag*) stab in the back; **jdm einen ~ versetzen** to stab sb in the back
Dolchstoßlegende *f* (*hist*) ■**die ~** *widespread theory in Germany at the end of WWI that Germany lost the war not through military conquest but through treason*
Dolde <-, -n> *f* umbel
Doldenblütler <-s, -> *m* BOT umbellifer
Doldentraube *f* BOT corymb
doll I. *adj* (*fam*) ❶ (*schlimm*) dreadful *fam*, awful *fam*, terrible *fam* ❷ (*großartig*) fantastic *fam*, terrific *fam*, great *sl* ❸ (*unerhört*) outrageous; ***das ist ja ~!*** that's a bit much!, that's going a little overboard!; ***das wird ja immer ~er!*** it gets better and better! *iron*; ***das ist ja schon ein ~es Ding!*** that's incredible!; ■**das D~ste** the best [of it] *iron*; ***das D~ste kommt erst noch!*** the best is [yet] to come! *iron* II. *adv* DIAL (*sl*) like hell [*or* BRIT mad] *fam*; **sich über etw ~ freuen** to be delighted about sth; **sich ~ stoßen/wehtun** to knock/hurt oneself badly; ***es stürmt immer ~er*** the storm's getting worse and worse
Dollar <-[s], -s> *m* dollar; **der kanadische ~** the Canadian dollar
Dollaraufkommen *nt* FIN returns *pl* on dollar transactions **Dollarguthaben** *nt* FIN dollar balance **Dollarkurs** *m* dollar exchange rate **Dollarland** *nt*, **Dollarraum** *m* ÖKON dollar area; **Handel mit dem ~** commerce with the dollar area **Dollarreserven** *pl* FIN dollar reserves *pl* **Dollarverknappung** *f* ÖKON dollar shortage; **künstliche ~** artificially induced shortage of dollars **Dollarzeichen** *nt* dollar sign
Dolle <-, -n> *f* rowlock
Dolmen <-s, -> *m* ARCHÄOL dolmen
dolmetschen I. *vi* to interpret, to act as interpreter II. *vt* ■**etw** ~ to interpret sth
Dolmetscher(in) <-s, -> *m(f)* interpreter
Dolmetscherinstitut *nt*, **Dolmetscherschule** *f* school for interpreters
Dolomit <-s, -e> *m* ❶ (*Stein*) dolomite ❷ GEOL dolomite, magnesian limestone BRIT
Dolomiten *pl* ■**die ~** the Dolomites
dolos *adj* JUR dolose, malicious
Dolus <-> *m* JUR (*Vorsatz*) intent; (*Arglist*) malice; **~ eventualis** contingent intent
Dom <-[e]s, -e> *m* ❶ (*große Kirche*) cathedral ❷ ARCHIT dome, cupola
Domain <-, -s> [də'meɪn] *f* INET domain
Domäne <-, -n> *f* ❶ (*Staatsgut*) state property ❷ (*geh: Spezialgebiet*) domain, area
Domänenname *m* INFORM domain name
Domestikation <-, -en> *f* BIOL domestication
Domestizierung *f* domestication
Domestizierung *f* domestication
Domherr *m s.* **Domkapitular**
Domina <-, -s> *f prostitute specializing in masochism*
dominant *adj* dominant, assertive; **ein ~er Mensch** an assertive [*or usu pej* domineering] person; **ein ~es Merkmal** a dominant feature [*or* characteristic]
Dominante <-, -n> *f* ❶ MUS dominant ❷ (*vorherrschendes Merkmal*) dominant
Dominanz <-, -en> *f* ❶ (*geh: dominantes Wesen*) assertiveness, dominance *usu pej* ❷ BIOL dominance
Dominica <-s> *nt* Dominica; *s. a.* **Sylt**
dominieren* I. *vi* ❶ (*geh: vorherrschen*) to dominate, to be in control ❷ (*geh: überwiegen*) ■[**in etw** *dat*] ~ to prevail [*or* predominate] [*or* dominate] [in sth], to be dominant [*or* predominate] [in sth] II. *vt* (*geh: beherrschen*) ■**jdn/etw** ~ to dominate sb/sth, to be dominant over sb/sth
dominierend *adj* dominating *usu pej*, predominating, prevailing, dominant
Dominikaner(in) <-s, -> *m(f)* ❶ REL member of the Dominican order ❷ GEOG, POL Dominican; *s. a.* **Deutsche(r)**
Dominikanermönch *m* Dominican friar
dominikanisch *adj* Dominican; *s. a.* **deutsch**
dominikanisch *adj* Dominican
Dominikanische Republik *f* Dominican Republic; **in der Dominikanischen Republik** in the Dominican Republic; **in die ~ fahren** to go [*or* travel] to the Dominican Republic; **in der Dominikanischen Republik leben** to live in the Dominican Republic; *s. a.* **Sylt**
Domino[1] <-s, -s> *m* domino
Domino[2] <-s, -s> *nt* dominoes + *sing vb*; **~ spielen** to have a game of [*or* to play] dominoes
Dominospiel *nt s.* **Domino**[2] **Dominostein** *m* ❶ (*Spiel*) domino ❷ (*Weihnachtsgebäck*) *cube-shaped sweet made of Lebkuchen* [*a sort of gingerbread*], *filled with marzipan and jam and covered with chocolate*
Domizil <-s, -e> *nt* (*geh*) ❶ (*Wohnung*) residence, domicile *form*, abode *hum* ❷ (*Sitz*) residence
domizilieren* I. *vt* FIN ■**etw** ~ to make sth payable, to domicile sth; **einen Wechsel ~** to domicile a bill of exchange II. *vi* (*geh o hum: wohnen*) to domicile *form*
Domizilprinzip *nt* FIN domicile principle
Domizilwechsel *m* FIN domiciled bill
Domkapitel *nt* chapter [of a cathedral] **Domkapitular** <-s, -e> *m* canon **Dompfaff** <-en *o* -s, -en> *m* bullfinch
Dompteur(in) <-s, -e> [dɔmp'tø:ɐ] *m(f)*, **Dompteuse** <-, -n> [dɔmp'tø:zə] *f* animal trainer
Donator, -torin <-s, -toren> *m, f* SCHWEIZ (*Schenker*) donator
Donau <-> *f* ■**die ~** the Danube
Donaulachs *m* Danube salmon **Donaumonarchie** *f kein pl former Austro-Hungarian monarchy*
Döner <-[s], -> *m*, **Dönerkebab** <-[s], -s> *m* [doner] kebab
Don Juan <-[s], -[s]> [dɔn 'xu̯an] *m* Don Juan
Donjuanismus [dɔnxu̯a'nɪsmʊs] *m kein pl* Don Juan syndrome
Donner <-s, *selten* -> *m* thunder ▶ WENDUNGEN: **wie vom ~ gerührt sein** (*fam*) to be thunderstruck [*or* dumbfounded] [*or fam* flabbergasted]
Donnerbalken *m* MIL (*hum sl*) thunderbox BRIT *sl*, [portable] outhouse AM **Donnerbüchse** *f* ≈ blunderbuss **Donnergott** *m* Thor, god of thunder **Donnergrollen** *nt kein pl* (*geh*) roll [*or* rumble] [*or* peal] of thunder **Donnerkeil** *m* thunderbolt
donnern I. *vi impers haben* to thunder; ***hörst du, wie es donnert?*** can you hear the thunder? II. *vi* ❶ *haben* (*poltern*) ■[**mit etw** *dat*] **an etw** *akk/***gegen etw** ~ to bang *fam* [*or* hammer] [*or* pound] on/at sth [with sth] ❷ *sein* (*krachend prallen*) ■[**mit etw** *dat*] **gegen/in etw** *akk* ~ to crash into sth [with sth]; **genau** [*o* **direkt**] [*o* **voll**] **gegen/in etw** ~ to crash straight [*or* right] into sth; ■**auf/gegen etw** *akk* ~ to crash onto/against sth; ***der Fußball donnerte genau gegen die Schaufensterscheibe*** the football slammed into the shop window ❸ *sein* (*sich polternd bewegen*) to thunder; ■**an jdm vorbei~** to thunder past sb; ***ein schwerer Laster donnerte heran*** a heavy lorry came thundering by III. *vt haben* (*schleudern*) ■**etw** ~ to hurl [*or* slam] [*or fam* fling] sth ▶ WENDUNGEN: **jdm eine ~** (*sl*) to clout [*or* wallop] sb BRIT *fam*, to plaster sb AM *fam*
donnernd *adj* thundering
Donnerrollen *nt kein pl s.* **Donnergrollen** **Donnerschlag** *m* ❶ METEO clap of thunder ❷ (*Ausdruck des Erstaunens*) ■**~!** (*veraltend fam*) I'll be blowed! *dated*, blow me down! *dated* ▶ WENDUNGEN: **jdn wie ein ~ treffen** to hit sb out of the blue, to leave sb thunderstruck [*or* struck dumb [with astonishment/shock]]; **einen ~ loslassen** to unleash a thunderbolt
Donnerstag *m* Thursday; *s. a.* **Dienstag**
Donnerstagabend[RR] *m* Thursday evening; *s. a.* **Dienstag** **donnerstagabends**[RR] *adv* [on] Thursday evenings **Donnerstagmittag**[RR] *m* [around] noon on Thursday; *s. a.* **Dienstag** **donnerstagmittags**[RR] *adv* [around] noon on Thursdays **Donnerstagmorgen**[RR] *m* Thursday morning; *s. a.* **Dienstag** **donnerstagmorgens**[RR] *adv* [on] Thursday mornings **Donnerstagnachmittag**[RR] *m* Thursday afternoon; *s. a.* **Dienstag** **donnerstagnachmittags**[RR] *adv* [on] Thursday afternoons **Donnerstagnacht**[RR] *f* Thursday night; *s. a.* **Dienstag** **donnerstagnachts**[RR] *adv* [on] Thursday nights
donnerstags *adv* [on] Thursdays; **~ abends/nachmittags/vormittags** [on] Thursday evenings/afternoons/mornings
Donnerstagvormittag[RR] *m* Thursday morning; *s. a.* **Dienstag** **donnerstagvormittags**[RR] *adv* [on] Thursday mornings
Donnerwetter *nt* ❶ (*veraltend: Gewitter*) thunderstorm ❷ (*fam: Schelte*) unholy row BRIT *fam*, an awful bawling out AM; **ein ~ über sich ergehen lassen** to be bawled out AM, to get a dressing down BRIT, to be hauled over the coals BRIT ❸ (*fam: alle Achtung!*) I'll be damned! *fam*, gosh! BRIT *fam* ❹ (*in Ausrufen*) [**zum**] **~!** (*fam*) damn it! *fam*, bloody hell! BRIT *sl*
doof <doofer *o* döfer, doofste *o* döfste> *adj* (*fam*) ❶ (*blöd*) stupid, silly, brainless ❷ (*verflixt*) stupid, damn, bloody BRIT *sl*, fucking *vulg*; ■**jdm ist etw zu ~** sb finds sth stupid [*or* ridiculous]; ***das Ganze wird mir langsam zu ~*** I'm beginning to find the whole business ridiculous; **zu ~ [aber auch]!** oh no!, what a pain ! *sl*, what a nuisance BRIT *fam*
Doofheit <-, -en> *f* (*fam*) stupidity, brainlessness, silliness BRIT, foolishness
Doofi <-[s], -s> *m* (*fam*) dummy, twit, num[b]skull, BRIT silly nit; **Klein ~** ≈Simple Simon
Doofkopp <-s, -köppe> *m* (*sl*), **Doofmann** <-s, -männer> *m* (*sl*) twit, fool
Dope <-s, -s> [do:p] *nt* (*sl*) pot *sl*, hash *fam*
dopen ['dɔpn̩] *vt* ■**jdn/etw** ~ to dope sb/sth; ■[**sich**] ~ to dope [oneself]
Doping <-s, -s> ['dɔpɪŋ] *nt illicit use of drugs before sporting events*
Dopingkontrolle *f*, **Dopingtest** *m* drugs test **Dopingverdacht** *m* SPORT ***bei der Tennisspielerin besteht ~*** the tennis player is suspected of having taken drugs
Doppel <-s, -> *nt* ❶ (*Duplikat*) ■**das/ein ~ einer S.** *gen* [**zu etw** *dat*] the/a duplicate [*or* copy] [of sth] ❷ SPORT (*Spiel mit 4 Spielern*) doubles; (*Mannschaft von 2 Spielern*) doubles team; **gemischtes ~** mixed doubles
Doppelabtretung *f* JUR double assignment **Doppeladler** *m two-headed eagle on a coat of arms or coin* **Doppelagent(in)** *m(f)* double agent **Doppelband** *m* ❶ (*doppelter Umfang*) double volume ❷ (*zwei Bände*) set of two volumes **Doppelbegabung** *f* PSYCH, MUS double talent **Doppelbelastung** *f* double [*or* BRIT twofold] burden [*or* pressure] [*or* load] **Doppelbelichtung** *f* FILM double exposure **Doppelbeschluss**[RR] *m* MIL twin-track decision **Doppelbesteuerung** *f* double taxation **Doppelbesteuerungsabkommen** *nt* FIN dou-

D

ble taxation agreement [*or* treaty] **Doppelbett** *nt* double bed **Doppelbild** *nt* TYPO ghost image **Doppelbindung** *f* CHEM double bond **Doppelbock** *nt o m very strong German beer* **Doppelboden** *m* ARCHIT false bottom **Doppelbuchstabe** *m* double letter **Doppeldecker** <-s, -> *m* ❶ (*Flugzeug*) biplane ❷ (*fam: Omnibus*) double-decker [bus] ❸ (*fam: Butterbrot*) double-decker [sandwich] Brit

doppeldeutig *adj* ambiguous, equivocal **Doppeldeutigkeit** <-, -en> *f* ambiguity, equivocation, equivocalness **Doppelfehler** *m* double fault **Doppelfenster** *nt* double glazing **Doppelgänger(in)** <-s, -> *m(f)* double, look-alike; ■**jds** ~ sb's double [*or* look-alike]; **einen** ~ **haben** to have a double [*or* a look-alike] **Doppelgesellschaft** *f* FIN syndicate **Doppelgeviert** *nt* TYPO (*Satz*) two-em quad **Doppelgleis** *nt* double track **doppelgleisig** *adj* ❶ (*auf 2 Gleisen befahrbar*) double-tracked ❷ (*zwei Vorgehensweisen verfolgen*) ~ **fahren** to have two tactics **Doppelhaus** *nt* two semi-detached houses Brit, duplex house Am **Doppelhaushälfte** *f* semi-detached house Brit, duplex Am **Doppelhaushalt** *m* ÖKON two-family household **Doppelhelix** *f* BIOL double helix **Doppelkabine** *f* NAUT double-berth cabin **Doppelkinn** *nt* double chin; **ein** ~ **bekommen** [*o* **kriegen**]/**haben** (*fam*) to get/have a double chin **Doppelklick** *m* INFORM *Maus* double click **doppel|klicken** *vi* to double-click **Doppelkonsonant** *m* double consonant **Doppelkopf** *m kein pl card game with 4 players and two packs of 24 cards* **Doppelkorn** *m schnapps made out of grain, with 38% alcohol instead of the usual 32%* **Doppellaut** *m* ❶ (*Diphthong*) diphthong ❷ *s.* **Doppelkonsonant, Doppelvokal** **Doppelleben** *nt* double life; **ein** ~ **führen** to lead a double life **Doppelmoral** *f* double standards *pl* **Doppelmord** *m* double murder; **einen** ~ **begehen** [*o* **verüben**] (*geh*) to commit a double murder *form* **Doppelname** *m* (*Nachname*) double-barrelled [*or* Am hyphenated] [sur]name; (*Vorname*) double first [*or* Brit *a.* Christian] name **Doppelpack** *m* twin-pack **Doppelpass**[RR] *m kein pl* POL dual citizenship **Doppelpatentierung** *f* double patenting **Doppelpunkt** *m* colon **Doppelraffinade** *f* KOCHK [doubly-]refined sugar **Doppelrolle** *f* double role; **eine** ~ **spielen** to play a double role [*or* two roles] **Doppelrumpf** *m* twin fuselage **Doppelrumpfflugzeug** *nt* twin-boom aircraft **Doppelsanktion** *f* double sanction **doppelschalig** *adj inv* BAU *Wand* double-shell **Doppelschicht** *f* ÖKON (*in der Industrie*) double shift **Doppelschutz** *m* simultaneous protection **Doppelseite** *f* TYPO centre [*or* Am -er] spread **doppelseitig** *adj* ❶ (*beide Hälften betreffend*) double; **eine** ~**e Lungenentzündung haben** to have double pneumonia; ~**e Lähmung** diplegia ❷ (*beide Seiten betreffend*) double-paged; (*in der Zeitschriftenmitte*) centrefold Brit, centerfold Am **Doppelsinn** *m* double meaning, ambiguity, equivocation **doppelsinnig** *adj s.* **doppeldeutig** **Doppelsonde** *f* RAUM double probe **Doppelspiel** *nt* (*pej*) double-dealing *pej;* **mit jdm ein** ~ **treiben** to double-cross sb; (*jdn sexuell betrügen*) to two-time sb **Doppelspitze** *f* POL double [party] leadership **Doppelspitze** *f* POL dual [party] leadership **Doppelstaater** *m* JUR person of dual nationality **Doppelstecker** *m* twin socket **Doppelsternsystem** *nt* ASTRON double-star system **Doppelstockautotransportwagen** *m* BAHN double-deck car wagon [*or* Brit *a.* waggon] **Doppelstockbus** *m* double-decker **doppelstöckig** *adj* ❶ ARCHIT two-storeyed ❷ (*mit 2 Etagen versehen*) ~**es Bett** bunk beds; ~**er Bus** double-decker bus ❸ KOCHK (*fam*) double **Doppelstockschub** *m* SKI *shove with both ski sticks at the same time* **doppelstrahlig** *adj inv Flugzeug* twin-jet **Doppelstück** *nt* KOCHK (*vom Lamm*) [lamb] double **Doppelstunde** *f* double lesson [*or* period]

doppelt **I.** *adj* ❶ (*zweite*) second; **ein** ~**es Gehalt** a second [*or* Brit double] income; **eine** ~**e Staatsangehörigkeit haben** to have dual nationality ❷ (*zweifach*) double, twice; **der** ~**e Preis** double [*or* twice] the price; **aus** ~**em Grunde** for two reasons; **einem** ~**en Zweck dienen** to serve a dual purpose; **etw** ~ **haben** to have sth double [*or* two of sth]; ~ **so viel** [**von etw/einer S.** *gen*] (*fig*) twice as much/many [sth]; *s. a.* **Ausfertigung, Hinsicht, Boden, Moral, Verneinung** ❸ (*verdoppelt*) doubled; **mit** ~**em Einsatz arbeiten** to double one's efforts **II.** *adv* ❶ *direkt vor Adjektiv* (*zweimal*) twice; ~ **so groß/klein sein wie etw** to be twice as big/small as sth; ~ **so viel bezahlen** to pay double [*or* twice] the price, to pay twice as much ❷ (*zweifach*) twice; ~ **sehen** to see double; ~ **versichert sein** to have two insurance policies; ~ **und dreifach** doubly [and more]; ***dem habe ich's aber heimgezahlt, und zwar*** ~ ***und dreifach!*** I really gave it to him, with knobs on! *sl* ❸ (*um so mehr*) doubly; **sich** ~ **in Acht nehmen/vorsichtig sein** to be doubly careful; **sich** ~ **entschuldigen** to apologize twice ▶ Wendungen: ~ **gemoppelt sein** (*fam*) to be the same thing [said twice]; ~ **gemoppelt hält besser!** (*fam*) better [to be] safe than sorry *prov*

Doppelte(r) *m dekl wie adj* (*fam*) ***einen*** ~***n, bitte!*** a double, please!

Doppelte(s) *nt dekl wie adj* ■**das** ~ double, twice; ***ich will mindestens das*** ~ I want at least double [*or* twice] that [amount]; **das** ~ **wiegen** to weigh twice as much; **auf das** ~ **ansteigen** to double

Doppeltür *f* double door[s] **Doppelverdiener(in)** *m(f)* ❶ (*Person mit zwei Einkünften*) double wage earner ❷ *pl* (*Paar mit zwei Gehältern*) two-income [*or* double-income] couple **Doppelversicherung** *f* JUR double insurance **Doppelvertretung** *f* double representation **Doppelvokal** *m* diphthong **Doppelzentner** *m* ≈ 2 hundredweights Brit (*i.e. 100 kilos*) **Doppelzimmer** *nt* double [room]; ***ein*** ~ ***bitte!*** a double room, please!

doppelzüngig **I.** *adj* (*pej*) devious, two-faced, double-dealing **II.** *adv* (*pej*) ~ **reden** to speak with a forked tongue *fam,* to be two-faced

Doppelzüngigkeit <-, -en> *f kein pl* (*pej*) double-dealing, two-facedness, deviousness

Doppelzuständigkeit *f* JUR double competence [*or* jurisdiction]

Doppik <-> *f* FIN double-entry bookkeeping

Dopplereffekt *m* Doppler effect

Dorade <-, -n> *f* ZOOL, KOCHK gilthead

Dorado <-s, -s> *nt s.* **Eldorado**

Dorf <-[e]s, Dörfer> *nt* ❶ (*kleine Ortschaft*) village Brit, Am *usu* [small] town ❷ (*die Dorfbewohner*) village Brit, Am *usu* town, the villagers Brit, Am *usu* the town inhabitants; **das Olympische** ~ the Olympic village; **das Leben auf dem** ~ country [*or* Brit *a.* village] life; **auf dem** ~ in the country; **vom** ~ from the country; ***sie ist offenbar vom*** ~ she's obviously a country girl *fam* ▶ Wendungen: **für jdn böhmische Dörfer sein** to be all Greek [*or* Brit double Dutch] to sb; **Potemkinsche Dörfer** (*geh*) a façade, a sham

Dorfälteste(r) *f(m) dekl wie adj* ❶ (*Älteste(r) eines Dorfes*) ≈ oldest person in a village ❷ (*veraltend: Vorsteher eines Dorfes*) village elder[s] **Dorfbewohner(in)** *m(f)* villager, village inhabitant

Dörfchen <-s, -> *nt dim von* **Dorf** hamlet

Dorfjugend *f* village [*or* Am country] youth, young hicks *pej,* young people of the village [*or* Am in the country] **Dorfkrug** *m* NORDD (*Gaststätte in einem Dorf*) village pub Brit, local bar Am

dörflich *adj* rural, rustic *liter;* **eine** ~**e Landschaft** rural scenery, a rural landscape; **eine** ~**e Umgebung** a rural [*or* country] area; ■~ **sein** to be rural

Dorfplatz *m* town square, village square Brit **Dorfschaft** <-, -en> *f* SCHWEIZ village Brit, [small] town Am **Dorfschöne, Dorfschönheit** *f* (*euph, a. iron*) rustic beauty *euph* **Dorfschule** *f* village school **Dorfschulze** <-n, -n> *m* (*veraltet*) village elder **Dorftestament** *nt* JUR last will executed before a village mayor **Dorftrottel** *m* (*fam*) local [*or* village] idiot

dorisch *adj* ❶ (*Kunst der Dorer betreffend*) Doric, Dorian ❷ (*Musik*) Dorian; **die** ~**e Tonart** the Dorian mode

Dorn[1] <-[e]s, -en> *m* thorn; **ohne** ~**en** without thorns, thornless ▶ Wendungen: **jdm ein** ~ **im Auge sein** to be a thorn in sb's side, to be a pain in the neck [*or* Brit *vulg* arse] [*or* Am *vulg* ass]

Dorn[2] <-[e], -e> *m* ❶ (*Metallstift*) [hinged] spike ❷ (*Werkzeug*) awl

Dornbusch *m* thorn bush

Dornengestrüpp *nt* bramble[s], briar **Dornenhecke** *f* thorn hedge, hedge of thorns **Dornenkrone** *f* crown of thorns

Dornfortsatz *m* BIOL, MED neural spine

Dorngrasmücke *f* ORN whitethroat **Dornhai** *m* ZOOL, KOCHK spiny dogfish

dornig *adj* ❶ (*viele Dornen aufweisend*) thorny; ~**es Gestrüpp** brambles *pl* ❷ (*geh: schwierig*) thorny

Dornröschen <-> [-'røːsçən] *nt kein pl* Sleeping Beauty

Dornröschenschlaf *f* ≈ sleepy way of life Brit; **aus seinem** ~ **erwachen** [*o* **aufwachen**] to wake up, to be shaken out of a sleepy way of life; (*aufwachen aus der Lethargie*) to become aware of sth, to wake up and smell the coffee Am; **in einen** ~ **versinken** to fall into a deep sleep; **wieder in einen** ~ **versinken** to return to a sleepy way of life; (*lethargisch werden*) to fall into a stupor

Dornstrauchsavanne *f* thornbush savanna[h]

Dorothee *f* Dorothy

Dörrapparat *m* KOCHK dessicating machine **Dörrbohne** *f* KOCHK dried broad bean

dorren *vi sein* (*geh*) to dry [up]

dörren **I.** *vt haben* ■**etw** ~ to dry [out] sth *sep* **II.** *vi sein* to dry out, to wither

Dörrfisch *m* dried fish **Dörrfleisch** *nt* DIAL dried meat, [smoked] bacon **Dörrobst** *nt* dried fruit **Dörrpflaume** *f* prune

Dorsch <-[e]s, -e> *m* cod

Dorschen *m* BOT, KOCHK swede

dort *adv hinweisend* there; ***schau mal*** ~***!*** look at that!; ***hast du meine Brille gesehen? — ja, sie liegt*** ~ have you seen my glasses? — yes, they're over there; **jdn** ~ **behalten** to keep sb there; ~ **bleiben** to stay there; ~ **drüben** over there; **nach** ~ there; **von** ~ from there; **von** ~ **aus** from there; *s. a.* **da I 1**

dort|behalten* *vt irreg s.* **dort** **dort|bleiben** *vi irreg sein s.* **dort** **dorther** *adv* from there **dorthin** *adv* there; ***können Sie mir sagen, wie ich*** ~ ***komme?*** can you tell me how to get there?; **bis** ~ as far as there, up to there; ***wie weit ist es bis*** ~***?*** how far is it to there? **dorthinab** *adv s.* **dorthinunter** **dorthinauf** *adv* up there **dorthinaus** *adv* (*dahinaus*) there, that way, in that direction ▶ Wendungen: **bis** ~ (*fam*) really, dreadfully, awfully; ***das ärgert mich bis*** ~***!*** that makes me furious!, that drives me up the wall!, that really gets on my nerves! **dorthinein** *adv* over there **dorthinunter** *adv* down there

dortig *adj attr* local; **die** ~**en Verhältnisse kennen** to know the local situation [*or* the situation there]; **für** ~**e Verhältnisse** for the local circumstances

Dortmund <-s> *nt* Dortmund

DOS *nt* INFORM *Akr von* **disk operating system** DOS

DOS-Betriebssystem *nt* INFORM DOS operating system

Döschen <-s, -> ['døːsçən] *nt dim von* **Dose** little tin [*or* box] [*or* can]

Dose <-, -n> *f* ❶ (*Büchse*) box; (*Blech~*) tin Brit, can Am; **in** ~**n** in tins ❷ (*Steck~*) socket; (*Verteiler~*) distribution [*or* Am junction] box

Dosen *pl von* **Dosis**

dösen *vi* (*fam*) ■[**vor sich hin**] ~ to doze [away], to drowse

Dosenbier *nt kein pl* canned beer **Dosenlocher** *m* KOCHK can punch **Dosenmilch** *f* tinned [*or* evaporated] [*or* condensed] milk **Dosenmusik** *f* (*hum fam*) muzak®, canned [*or* piped] music *pej;* (*im Gegensatz zu Livemusik*) recorded music **Dosennahrung** *f* tinned food **Dosenöffner** *m* tin opener **Dosensuppe** *f* canned soup

dosierbar *adj* measurable; **eine genau ~e Menge von etw** an exact dose of sth

dosieren* *vt* ❶ *(abmessen)* ■**etw** ~ to measure out sth *sep;* **Arzneimittel** ~ to measure out medicine [in doses]; **etw sparsam** ~ to be sparing with sth ❷ *(zumessen)* ■**etw** ~ to measure [*or* hand] out sth, to hand out sth in measured doses

Dosierspender *m* dispenser

Dosierung <-, -en> *f* dose, dosage

dösig *adj (fam)* ❶ *(blöd)* dozy; ***stell dich nicht so ~ an*** don't be so dozy ❷ *(dösend)* sleepy, dozy, drowsy

Dosimeter <-s, -> *nt* dosimeter, dosemeter BRIT

Dosis <-, Dosen> *f* dose, dosage; **in kleinen Dosen** in small doses

Döskopp <-s, -köppe> *m* NORDD *(fam)* dozy nit BRIT *fam,* dope

Dossier <-s, -s> [dɔ'sie:] *nt* file, dossier

Dotation <-, -en> *f (geh: Schenkung)* present; *(für Wohltätigkeitszwecke)* donation; *(ein regelmäßiges Einkommen erzeugend)* endowment

Dotcom <-, -s> ['dɒtkɒm] *f* ÖKON, INET *(sl)* dotcom, dot com

Dotcom-Unternehmen *nt* INET *(sl)* dotcom [business [*or* company]] *sl*

dotieren* *vt* ❶ *(honorieren)* **eine Stelle [mit etw]** ~ to remunerate a position [with sth]; ■**dotiert** salaried ❷ *(ausstatten)* **mit … DM dotiert sein** to be worth … DM; ***der erste Preis war mit 25000 DM dotiert*** the first prize was 25,000 marks

dotiert I. *pp von* **dotieren** II. *adj inv* paid; **eine hoch ~e Stellung** a highly paid [*or* well-paid] job

Dotter <-s, -> *m o nt* yolk

Dotterblume *f s.* **Sumpfdotterblume**

doubeln ['du:bln] I. *vt* ■**jdn** ~ to double for sb; **sich von jdm ~ lassen** to let sb double one; ***Schauspieler lassen sich oft von Stuntmen*** ~ actors often let stuntsmen double for them; ■**etw [für jdn]** ~ to play sth [for sb]; ***ein Stuntman hat die Szene für ihn gedoubelt*** a stuntman played the scene for him II. *vi* to work as a double

Double <-s, -s> ['du:bl] *nt* ❶ FILM double, stand-in ❷ *(Doppelgänger)* double, doppelgänger

doublieren [du'bli:rən] *vt* KOCHK ■**etw** ~ to double sth; **Gebäckstücke** ~ to place pastries on top of eachother

Douglasfichte *f,* **Douglastanne** ['duglas-] *f* Douglas fir

Dow-Jones-Index ['daʊ'dʒo:nz-] *m* Dow Jones [Index]

Down <-s, -s> [daʊn] *nt* NUKL *(Elementarladung)* down

down [daʊn] *adj pred (sl)* down, miserable; ~ **sein/sich ~ fühlen** to feel down [*or* low] [*or* miserable]

Downhill-Mountainbiking ['daʊnhil'maʊntinbaɪkɪŋ] *nt* downhill mountain biking

Download <-s, -s> ['daʊnloʊd] *m* INET download

downloaden *vt* INFORM ■**etw [auf/von etw]** ~ to download sth [to/from sth]

Downloader <-s, -> *m* INFORM downloader

Downstreamgeschäft ['daʊnstri:m-] *nt* ÖKON downstream business

Downsyndrom *nt* MED Down's syndrome

Dozent(in) <-en, -en> *m(f)* ❶ *(Universität)* lecturer ❷ *(Lehrer an einer Volkshochschule)* teacher, instructor; ■~ **für etw sein** to be a teacher of sth

Dozentur <-, -en> *f (geh)* lectureship

dozieren* *vi* ❶ *(an der Universität)* to lecture, to deliver a lecture [*or* lectures]; ■**über etw** *akk* ~ to lecture about sth, to deliver a lecture on sth ❷ *(geh: belehren)* to lecture, to preach *pej;* ■**~d** lecturing; **in ~dem Ton** in a lecturing tone of voice

dpa <-> *f Abk von* **Deutsche Presse-Agentur** *leading German press agency*

DPG *f Abk von* **Deutsche Postgewerkschaft** German Postal Workers' Union

dpi TYPO *Abk von* **dots per inch** dpi

dpt *Abk von* **Dioptrie**

Dr. *Abk von* **Doktor** Dr

Drache <-n, -n> *m s.* **Drachen**

Drachen <-s, -> *m* ❶ *(Spielzeug)* kite; **einen ~ steigen lassen** to fly a kite ❷ *(Fluggerät)* hang-glider ❸ *(fam: zänkisches Weib)* dragon *fam*

Drachenfliegen *nt* hang-gliding **Drachenflieger(in)** *m(f)* hang-glider **Drachenkopf** *m* ZOOL, KOCHK scorpion fish

Drachme <-, -n> *f* drachma

Dragee, Dragée <-s, -s> [dra'ʒe:] *nt* ❶ PHARM dragée *form,* sugar-coated pill ❷ KOCHK sugar-coated sweet BRIT

Dragoner <-s, -> *m* ❶ *(Angehöriger einer leichten Reitertruppe)* dragoon ❷ *(derbe Frau)* battleaxe [*or* AM -ax] *fam,* dragon *fam*

Draht <-[e]s, Drähte> *m* wire; *(sehr dünn)* filament; *(Telefon~)* telephone cable ▶ WENDUNGEN: **zu jdm einen guten ~ haben** to be on good terms with sb; **der heiße ~** the hot line; **[schwer] auf ~ sein** *(fam)* to be on the ball *fam* [*or* on one's toes]

Drahtbespannung *f* wire grille **Drahtbürste** *f* wire brush **Drahtesel** *nt (fam)* bike **Drahtgeflecht** *nt* wire mesh **Drahtgitter** *nt* wire grating **Drahtglas** *nt* BAU wire glass **Drahtheftung** *f* TYPO wire-stitching

drahtig *adj* wiry

drahtlos *adj* wireless, cordless; **~es Telefon** mobile [tele]phone BRIT, mobile BRIT, cellular [tele]phone AM, cellphone AM

Drahtschere *f* wire cutters *npl*

Drahtseil *nt* wire cable; *s. a.* **Nerv**

Drahtseilakt *m (geh)* high wire act **Drahtseilbahn** *f* cable railway [*or* car], gondola AM

Drahtverhau *m* wire entanglement **Drahtzaun** *m* wire fence **Drahtzieher(in)** <-s, -> *m(f)* sb pulling the strings

Drainage <-, -n> [drɛ'na:ʒə] *f s.* **Dränage**

drainieren* [drɛ'ni:rən] *vt s.* **dränieren**

Draisine <-, -n> [drɛ'zi:nə] *f* HIST ❶ BAHN rail trolley ❷ *(zweirädriges Fahrzeug)* draisine, dandy-horse *hist*

drakonisch I. *adj (unbarmherzig hart)* Draconian, harsh; **~e Strafe** Draconian measure [as punishment]; **~e Strenge** harshness II. *adv* harshly

drall *adj* well-rounded, shapely; **ein ~es Mädchen** a buxom lass BRIT, shapely girl

Drall <-[e]s, -e> *m* ❶ *(Rotation)* spin, twist; **einen ~ nach links/rechts haben** to have a spin to the left/right ❷ *(bei Gewehr)* rifling, groove

Dralon® <-[s]> *nt kein pl* Dralon® *esp* BRIT

DRAM *nt* INFORM *Akr von* **dynamic RAM** DRAM

Drama <-s, -men> *nt* ❶ *(Bühnenspiel)* drama, play ❷ *(erschütterndes Ereignis)* drama, tragedy; ***es ist ein ~, dass …*** it is a disaster that…; **ein ~ aus etw machen** to make a drama out of sth [*or* mountain out of a molehill]

Dramatik <-> *f kein pl* ❶ *(fig: große Spannung)* drama; ***die letzten Minuten des Matches waren von großer ~*** the last minutes of the match were very dramatic [*or* full of drama] ❷ LIT *(dramatische Dichtkunst)* drama

Dramatiker(in) <-s, -> *m(f)* playwright, dramatist

dramatisch I. *adj* dramatic, drama-laden *form;* ***mach's nicht so ~!*** don't be so theatrical! II. *adv* dramatically

dramatisieren* *vt* ■**etw** ~ ❶ LIT *Stoff, Roman* to dramatize sth ❷ *(fig: übertreiben)* to express [*or* react to] sth in a dramatic way

Dramatisierung <-, -en> *f* dramatization; ***das ist doch wirklich kein Anlass zur ~!*** there is really no call for dramatization!

Dramaturg(in) <-en, -en> *m(f)* dramatic advisor, dramaturg

Dramaturgie <-, -en> [*pl* -'gi:ən] *f* ❶ *(Lehre des Dramas)* dramaturgy ❷ *(Bearbeitung eines Dramas)* dramatization ❸ *(Abteilung)* dramaturgy dept

Dramaturgin <-, -nen> *f fem form von* **Dramaturg**

dramaturgisch *adj* dramaturgic[al] *form;* **~e Gestaltung** dramatization

Dramen *pl s.* **Drama** dramas *pl*

dran *adv (fam)* ❶ *(daran)* **[zu] früh/spät ~ sein** to be [too] early/late; **gut ~ sein** to be well off [*or* AM sitting pretty] [*or* in a privileged position]; ***sie ist besser ~ als er*** she's better off than he is; **schlecht ~ sein** *(gesundheitlich)* to be off colour [*or* AM -or] [*or* BRIT poorly], to not be very well; *(schlechte Möglichkeiten haben)* to be in a bad position, to have a hard time [of it] ❷ *(an der Reihe sein)* ■~ **sein** to have a turn; ***jetzt bist du ~!*** now it's your turn!; ***wer ist als Nächster ~?*** whose turn is it next?, who's next?; ***ich war [zuerst] ~*** it's my turn [first]; **[bei jdm] ~ sein** ***heute ist Latein ~*** we've got Latin today ❸ *(fam: an den Kragen gehen)* ■~ **sein** to be for it *fam;* ***wenn ich ihr das nachweisen kann, dann ist sie ~!*** if I can prove it, then she'll really get it!; *(sterben müssen)* to be next ❹ *(vorhanden sein)* **nichts ~ sein an jdm** to be [very] thin [*or* nothing but skin and bones]; *(ohne Reize)* to be not very appealing, to not have much appeal; ■**etw ~ sein an jdm** to have sth [special]; ***was ist an ihm ~?*** what's so special about him?; **etw ~ sein an etw** to be sth to sth; ***an dieser Wachtel ist ja kaum was ~!*** there's hardly any meat to this quail! ❺ *(zutreffen)* ■**etw ~ sein an etw** *dat* to be sth in it; ***ob an diesem Gerücht doch etwas ~ sein könnte?*** could there be anything in this rumour?; **nichts ~ sein an etw** *dat* to be nothing in sth; *s. a.* **daran**

Dränage <-, -n> [drɛ'na:ʒə] *f* ❶ *(Entwässerungsleitung)* drainage [pipes] ❷ *(System von Entwässerungsgräben)* drainage [ditches]

dran|bleiben *vi irreg sein (fam)* ❶ *(dicht an jdm bleiben)* ■**an jdm** ~ to keep [*or* stay] [*or* stick] close to sb ❷ *(am Telefon bleiben)* to hold the line BRIT, to hold AM

drang *imp von* **dringen**

Drang <-[e]s, Dränge> *m* ❶ *(innerer Antrieb)* longing, desire; ■**jds ~, etw zu tun** sb's urge [*or* itch] [*or* longing] to do sth; **ein ~ nach Bewegung** urge to do some [physical] exercise; **~ nach Wissen** thirst for knowledge; **~ nach Freiheit** longing [*or liter* yearning] for freedom; **ein starker ~** a strong desire [*or* urge], a great longing; **einen ~ haben[, etw zu tun]** to feel an urge [to do sth], to have a desire [to do sth] ❷ *(Harn~)* urgent need [*or* urge] to go to the toilet; **einem ~ nachgeben** to answer a call of nature ❸ *(geh: Druck)* ■**der ~ einer S.** *gen* pressure of sth; **der ~ der Umstände** the force of circumstances

dran|gehen *vi irreg sein (fam)* ❶ *(sich zu schaffen machen)* ■**[an etw** *akk***]** ~ to touch [sth] ❷ *s.* **darangehen**

Drängelei <-, -en> *f (pej fam)* ❶ *(lästiges Drängeln)* pushing [and shoving], jostling ❷ *(lästiges Drängen)* nagging, pestering; ***hör auf mit dieser ~!*** stop pestering me!

drängeln I. *vi (fam)* to push [*or* shove]; ***drängle nicht!*** don't push!, stop pushing! II. *vt, vi (fam)* ■**[jdn]** ~ to pester [*or* badger] [sb]; ■**jdn** ~ to give sb a hard time *fam;* ***ich lasse mich von ihm nicht ~*** I will not be pestered [*or* badgered] by him; ■**das D~** pestering, nagging; **ständiges D~** constant pestering III. *vr (fam)* ❶ *(sich drängen) s.* **sich drängen III 1** ❷ *(sich bemühen)* ■**sich [darum] ~, etw zu tun** to push oneself forward to do sth, to be keen to do sth

drängen I. *vi* ❶ *(schiebend drücken)* to push [*or* shove] [*or* jostle]; **durch die Menge ~** to force [*or* elbow] [*or* BRIT shoulder] one's way through the crowd; **in die S-Bahn ~** to force [*or* elbow] [*or* BRIT shoulder] one's way into the train; **nach vorne ~** to push to the front, to force [*or* elbow] [*or* BRIT shoulder] one's way to the front [*or* forwards]; **zum Ausgang/zur Kasse ~** to force [*or* elbow] [*or* BRIT shoulder] one's way to the exit/the till [*or* BRIT cash desk] [*or* AM cash register] ❷ *(fordern)* ■**auf etw ~** to insist on [*or form* press for] sth; **auf eine baldige Entscheidung ~** to ask for a speedy decision; ■**bei jdm auf etw** *akk* ~ to press sb to do sth; ■**zu etw ~** to want to do sth; ***warum drängst du so zur Eile?*** why are you in such a hurry?; ■**darauf ~, dass jd etw tut/dass etw getan wird** to insist that sb does sth/that sth gets done ❸ *(pressieren)* to be short

D

[time]; **die Zeit drängt** time is running out [*or* short]; ***es drängt nicht*** there's no hurry **II.** *vt* ❶ (*schiebend drücken*) ■**jdn** ~ to push [*or* shove] [*or* thrust] sb; **jdn zur Seite** ~ to push [*or* shove] [*or* thrust] sb aside ❷ (*auffordern*) ■**jdn [zu etw]** ~ to pressurize [*or* AM pressure] sb [into sth], to twist sb's arm *fam;* ■**jdn ~, etw zu tun** to pressurize sb into doing sth, to apply pressure to [*or* put pressure on] sb to do sth ❸ (*treiben*) ■**jdn [zu etw]** ~ to force sb [to sth]; ***was drängt dich denn so?*** what's the hurry [*or* rush]?; ■**jdn ~, etw zu tun** to compel [*or* oblige] sb to do sth, to twist sb's arm to do sth *fam;* **sich [von jdm] gedrängt fühlen** to feel pressurized [*or* AM pressured] by sb, to feel sb is trying to pressurize [*or* AM pressure] one **III.** *vr* ❶ (*sich drängeln*) ■**sich** ~ to crowd [*or* press]; ***vor den Theaterkassen drängten sich die Leute nach Karten*** a throng of people in front of the box office were trying to get tickets; ■**sich irgendwohin** ~ to force one's way somewhere; **sich durch die Menschenmassen** ~ to force [*or* elbow] [*or* BRIT shoulder] one's way through the crowd; **sich in den Bus/in die S-Bahn** ~ to crowd [*or fam* pile] into the bus/train; **sich nach vorne** ~ to press forwards ❷ (*sich häufen*) ■**sich** ~ to pile [*or* mount] up ❸ (*unbedingt wollen*) ■**sich nach etw** ~ to put [*or* push] oneself forward for sth

Drängen <-s> *nt kein pl* pleading, begging, beseeching *form;* **auf jds ~ [hin]** because of sb's pleading [*or* begging]; (*Nörgelei*) pestering *fam;* ***schließlich gab er ihrem ~ nach*** he finally gave in to her

drängend *adj* ❶ (*dringend*) urgent, pressing ❷ (*dringlich*) insistent, urgent, compelling, forceful; **mit ~er Stimme** to speak in an insistent tone

Drangsal <-, -e> *f* (*geh*) suffering

drangsalieren* *vt* (*plagen*) ■**jdn [mit etw]** ~ to plague [*or* harass] sb [with sth]

dran|halten *irreg* **I.** *vt* (*fam: an etw halten*) ■**etw [an etw** *akk*] ~ hold sth up [to sth] **II.** *vr* (*fam: sich ranhalten*) ■**sich** ~ to keep at it [*or* sth], to not let up, to persevere

dran|hängen I. *vt* (*fam*) ❶ (*an etw hängen*) ■**etw [an etw** *akk*] ~ to hang sth [on sth] ❷ (*mehr aufwenden*) ■**[bei etw] etw** ~ to add on sth [to sth]; ***wir wurden nicht rechtzeitig fertig und mussten noch zwei Stunden ~*** we didn't finish in time and had to put in another two hours **II.** *vi irreg* (*fam: an etw hängen*) ■**[an etw** *dat*] ~ to hang [on sth]; ***es hing ein Zettel dran*** a tag was attached **III.** *vr* (*fam: verfolgen*) ■**sich [an jdn]** ~ to follow [sb], to stick close [to sb]

dränieren* *vt* ■**etw** ~ to drain sth

dran|kommen *vi irreg sein* (*fam*) ❶ (*an die Reihe kommen*) to be sb's turn; ***Sie kommen noch nicht dran*** it's not your turn yet; ***warte bis du drankommst*** wait your turn ❷ (*aufgerufen werden*) ■**[bei/mit etw]** ~ to be asked [sth]; ***bei der Lehrerin komme ich nie dran*** this teacher never asks me anything ❸ DIAL (*erreichen können*) ■**[an etw** *akk*] ~ to reach [*or* get at] [sth]; ***versuche mal, ob du drankommst*** see if you can reach it

dran|kriegen *vt* (*fam*) ❶ (*zu etw veranlassen*) ■**jdn** ~ to get sb to do sth, to make sb do sth; **jdn zur Arbeit** ~ to get sb working ❷ (*reinlegen*) ■**jdn** ~ to fool sb, to take sb in

dran|lassen *vt irreg* (*fam*) ❶ (*an etw belassen*) ■**etw [an etw** *dat*] ~ to leave sth [on sth] ❷ *s.* **ranlassen**

dran|machen I. *vr* (*fam: mit etw beginnen*) ■**sich [an etw** *akk*] ~ to get started [*or* cracking] with sth [*or* going] **II.** *vt* (*fam: befestigen*) ■**etw [an etw** *akk*] ~ to fix sth [to sth]; **einen Aufkleber/Etikett an etw** ~ to stick a sticker/a label on sth; **eine Steckdose** ~ to put in [*or* install] a socket

dran|nehmen *vt irreg* (*fam*) ■**jdn** ~ ❶ (*zur Mitarbeit auffordern*) to ask sb ❷ (*zur Behandlung nehmen*) to take sb; ***können Sie mich nicht vorher ~?*** can't you take me first?

Dränplatte *f* BAU drain tile

dran|setzen I. *vt* (*fam*) ❶ (*anfügen*) ■**etw [an etw** *akk*] ~ to add sth [on] [to sth]; **ein Stück/Teil an etw** *akk* ~ to add a piece/part [on] [to sth] ❷ (*einsetzen*) ■**etw** ~ to put [one's] sth into; ***seine ganze Kraft/sein gesamtes Vermögen ~, um sein Ziel zu erreichen*** to put all one's effort/fortune into reaching one's goal; ***wir müssen alles ~!*** we must do everything [*or* make every effort]! ❸ (*beschäftigen*) ■**jdn** ~ to put sb onto the job [*or* it] **II.** *vr* (*fam*) ❶ (*sich nahe an etw setzen*) ■**sich [an jdn/etw]** ~ to sit [down] [next to sb/sth] ❷ *s.* **dranmachen I**

dran|wagen *vr* (*fam*) ■**sich [an jdn/etw]** ~ to dare approach [*or fam* touch] sb

drapieren* *vt* ❶ (*aufwendig falten*) ■**etw [um etw]** ~ to drape sth [around sth]; **Stoffe** ~ to drape fabrics ❷ (*schmücken*) ■**etw [mit etw]** ~ to drape sth [with sth]

Drapierung <-, -en> *f* ❶ (*das Drapieren*) *Vorhang* draping ❷ (*Verzierung durch Stoff*) drape, drapery

drastisch I. *adj* ❶ (*einschneidend*) drastic ❷ (*eindeutig*) blunt **II.** *adv* ❶ (*einschneidend*) drastically ❷ (*deutlich*) bluntly; **~ demonstrieren/zeigen** to demonstrate/show clearly

drauf *adv* (*fam*) on it [*or* them]; ***zu dritt warfen sie sich auf ihn ~, um ihn zu verprügeln*** three of them launched themselves upon him in order to beat him up ▶ WENDUNGEN: **etw ~ haben** (*fam: mit etw fahren*) to do [*or* be doing] sth; ***der Sportwagen hatte bestimmt 250 Sachen/Kilometer ~!*** the sports car must have been doing at least 250!; ***zuviel ~ haben*** to be driving too fast; (*etw beherrschen*) to be well up on sth; ***Mathe hat er ~*** he's brilliant at maths; **~ und dran sein, etw zu tun** to be on the verge [*or* point] of doing sth; **immer feste ~!** let him have it!, give him what for! BRIT, show him who's boss AM; **gut/komisch/schlecht ~ sein** (*fam*) to feel good/strange/bad; *s. a.* **draufhaben**

drauf|bekommen* *vt irreg* (*fam*) ■**etw [auf etw** *akk*] ~ to fit sth on [to sth] ▶ WENDUNGEN: **eins ~** to get [*or* be given] a smack BRIT, to get it AM; (*geschimpft werden*) to get it in the neck BRIT *fam,* to get it AM

Draufgabe *f* ÖSTERR encore

Draufgänger(in) <-s, -> *m(f)* go-getter *fam*

draufgängerisch *adj* go-getting *fam*

drauf|gehen *vi irreg sein* (*sl*) ❶ (*sterben*) ■**[bei/in etw]** ~ to kick the bucket [during [*or* in] sth] *sl;* **im Krieg** ~ to fall [*or* be lost] in [the] war ❷ (*verbraucht werden*) ■**[bei etw]** ~ to be spent [on sth] ❸ (*kaputtgehen*) ■**[bei etw]** ~ to get [*or* be] broken [at sth]; ***ein paar Gläser gehen bei solchen Veranstaltungen immer drauf*** a few glasses always get [*or* are always] broken at functions like these

drauf|haben *vt irreg* (*fam*) ❶ (*Kenntnisse haben*) ■**etwas/nichts/viel** ~ to know something/nothing/a lot; ***sie hat zwar nicht soviel drauf, dafür ist sie ein herzensguter Mensch*** she may not be all that bright [*or fam* have that much up top], but she's a good-hearted soul ❷ (*von sich geben*) ■**etw** ~ to come out with sth; **dumme Sprüche** ~ to make [*or* BRIT *a.* come out with] stupid remarks; **Witze** ~ to tell jokes; ***sie hat immer einen flotten Spruch drauf*** she's always ready with a smart remark [*or* full of smart remarks] **drauf|halten** *irreg* **I.** *vt* (*fam*) ■**etw [auf etw** *akk*] ~ to hold sth [on sth] **II.** *vi* (*fam*) ■**[mit etw] [auf jdn/etw]** ~ to aim [at sb/sth] [with sth] **drauf|hauen** *vi irreg* (*fam*) ■**[auf jdn/etw]** ~ to hit [sb/sth]; **jdm eins** ~ to hit sb, to fetch sb a blow *dated fam* **drauf|kommen** *vi irreg sein* (*fam*) ❶ (*herausbekommen*) to get it *fam,* to figure it out *fam* ❷ (*sich erinnern*) to remember [*or* recall] **drauf|kriegen** *vt* (*fam*) *s.* **draufbekommen** **drauf|lassen** *vt irreg* (*fam*) ■**etw [auf etw** *dat*] ~ to leave sth on [sth] **drauf|legen** *vt* (*fam*) ❶ (*zusätzlich geben*) ■**etw** ~ to fork out sth more *fam;* ***wenn Sie noch 5000 ~, können Sie das Auto haben!*** for another 5,000 the car is yours! ❷ (*auf etw legen*) ■**etw [auf etw** *akk*] ~ to put sth on [sth]

drauflos *adv* **[nur] immer feste** [*o* **munter**] **~!** (*drauf*) keep it up!; (*voran*) [just] keep at it!; ***wir schaffen das schon, nur immer munter ~*** we'll manage [it], as long as we [just] keep at it!

drauflos|arbeiten *vi* (*fam*) to get straight down to work **drauflos|fahren** *vi* (*fam*) to start driving **drauflos|gehen** *vi irreg sein* (*fam: ohne Ziel*) to set off **drauflos|reden** *vi* (*fam*) to start talking **drauflos|schießen** *vi* (*fam*) to open fire blindly **drauflos|schlagen** *vi irreg* (*fam*) ■**[auf jdn/etw]** ~ to hit out [*or fam* let fly] [at sb/sth]

drauf|machen *vt* (*fam*) ■**etw [auf etw** *akk*] ~ to put sth on [sth]; ***den Deckel wieder auf die Flasche ~*** to put the lid back on the bottle ▶ WENDUNGEN: **einen ~** (*sl*) to paint the town red *fam* **drauf|sein** *vi irreg sein* (*fam*) *s.* **drauf 2** **drauf|setzen** *vt* (*fam*) ■**jdn/etw [auf ein Tier/etw]** ~ to put [*or* place] sb/sth on [an animal/sth]; ■**sich [auf ein Tier/etw** *akk*] ~ to sit [on an animal/sth] ▶ WENDUNGEN: **[noch] eins ~** (*sl: hinzufügen*) to add sth more [*or* else], to cap it all off **Draufsicht** *f* (*fachspr*) top view **drauf|stehen** *vi irreg* (*fam*) ❶ (*auf etw stehen*) ■**auf etw** *dat* ~ to stand on sth ❷ (*gedruckt/geschrieben stehen*) ■**auf etw** *dat* ~ to be on sth; ***ich kann nicht lesen, was da auf dem Etikett draufsteht*** I can't read what's [*or* what it says] on the label **drauf|stoßen** *irreg* **I.** *vi sein* (*fam*) to come to it; ***zum Bahnhof? — geradeaus, dann links, dann stoßen Sie genau drauf*** the station? — straight ahead, then left and you can't miss it [*or* it's right [there] in front of you] **II.** *vt haben* (*fam*) ■**jdn** ~ to point it out to sb **drauf|zahlen** *vi* (*fam*) (*drauflegen*) ■**etw [auf etw** *akk*] ~ to add sth [to sth]; ***der Teppich gehört Ihnen, wenn Sie noch zwei Hunderter ~*** the carpet is yours if you up [*or* improve] your offer by a couple of hundred ▶ WENDUNGEN: **~ müssen** (*eine Einbuße erleiden*) to make a loss; (*seelisch betroffen sein*) to suffer [the most]

draus *adv* (*fam*) *s.* **daraus**

draus|bringen *vt irreg* ÖSTERR, SCHWEIZ, SÜDD ■**jdn** ~ to distract sb, make sb lose their track [of thought] **draus|kommen** *vi irreg sein* ÖSTERR, SCHWEIZ, SÜDD to become distracted, to lose one's track [of thought]

draußen *adv* ❶ (*im Freien*) outside; **~ bleiben** to wait [*or* stay] outside; **nach ~** outside; **von ~** from outside; ***da ist doch jemand ~ am Fenster/vor der Tür*** there's sb [outside] at the window/door ❷ (*weit entfernt*) out there; ***ich wohne [weit] ~ auf dem Lande*** I live [way] out in the country; ***das Lokal liegt noch weiter ~*** the pub is even further away; ***~ auf dem Meer*** out at sea

Dreadlocks ['drɛd-] *pl* dreadlocks *pl*

drechseln [-ks-] **I.** *vt* ■**etw** ~ to turn sth; *s. a.* **gedrechselt II.** *vi* to turn

Drechsler(in) <-s, -> [-ks-] *m(f)* turner

Drechslerbank <-bänke> *f* lathe

Drechslerei <-, -en> [-ks-] *f* turner's workshop

Drechslerin <-, -nen> *f fem form von* **Drechsler**

Dreck <-[e]s> *m kein pl* ❶ (*Erde*) dirt; ***die Wege sind vom Regen aufgeweicht, du bleibst bestimmt im ~ stecken*** the roads have been softened by the rain, you'll most probably get stuck in the mud; (*Schmutz*) mess, dirt, muck BRIT *fam;* **~ machen** to make a mess; **vor ~ starren** to be covered in dirt [*or* muck] ❷ (*Schund*) rubbish BRIT, trash AM ▶ WENDUNGEN: **~ am Stecken haben** (*fam*) to have a skeleton in the cupboard [*or* AM *usu* closet]; **frech wie ~** (*fam*) a real cheeky monkey BRIT, a lippy little devil AM; **aus dem gröbsten ~ heraus sein** (*fam*) to be over the worst; **der letzte ~ sein** (*sl*) to be the lowest of the low; **jdn wie den letzten ~ behandeln** (*fam*) to treat sb like dirt; **jdn einen [feuchten] ~ angehen** (*fam*) to be none of sb's [damned] business; **sich einen ~ um jdn/etw kümmern** [*o* **scheren**] (*fam*) to not give a damn about sb/sth; **seinen ~ alleine machen** (*fam*) to do one's own dirty work; **im ~ sitzen** [*o* **stecken**] (*fam*) to be in a mess [*or* BRIT *a.* the mire]; **jdn/etw in** [*o* **durch**] **den ~ ziehen** (*fam*) to drag sb's name/sth through the mud; **mit jedem ~** (*fam*) with every little thing; **einen ~** (*sl*) fuck all *sl,* naff [*or* sod] all BRIT; **einen ~ verstehen/wert sein/wissen** to not understand/be worth/know a damn thing *fam!* [*or* BRIT sod [*or* naff] all]

Dreckarbeit *f* (*fam*) dirty work; (*pej a.*) menial work **Dreckfinger** *pl* (*fam*) dirty fingers [*or esp* AM hands] *pl* **Dreckfink** *m* ❶ (*fam: Kind*) mucky pup BRIT *fam*, grubby urchin AM ❷ (*fam: unmoralischer Mensch*) dirty [*or* filthy] beggar *sl*

dreckig **I.** *adj* ❶ (*schmutzig*) dirty; **sich [an etw** *dat*] ~ **machen** to make oneself dirty [*or* dirty oneself] [on sth] ❷ (*fam: gemein*) dirty; **~es Schwein** filthy swine; **~er Verbrecher/Verräter** low-down criminal/traitor ❸ (*fam: abstoßend*) dirty **II.** *adv* (*fam*) nastily ▶ WENDUNGEN: **jdm geht es** ~ (*fam*) sb feels bad [*or* terrible]; (*finanziell schlecht dastehen*) sb is badly off; (*Übles bevorstehen*) sb is [in] for it *fam*; ***wenn er erwischt wird, geht es ihm ~!*** if he's caught he'll be [in] for it!

Dreckloch *nt* (*pej sl*) hovel, dump *fam* **Drecknest** *nt* (*pej sl*) hole, dump *fam* **Dreckpfoten** *pl* (*sl*) dirty fingers *pl*, grubby paws *pl* **Drecksack** *m* (*pej*) bastard

Drecksarbeit *f* (*fam*) *s.* **Dreckarbeit**

Drecksau *m* (*pej sl*) filthy swine *pej sl* **Dreckschleuder** *f* (*pej*) ❶ (*verleumderische Person*) slanderer ❷ (*Umweltverschmutzer*) industrial polluter **Dreckschwein** *nt* (*fam*) *s.* **Drecksau**

Dreckskerl *m* (*fam*) *s.* **Drecksack**

Dreckspatz *m* (*fam Kind*) mucky [*or* messy] pup BRIT *fam*; (*pej Erwachsener*) filthy beggar

Dreckswetter *nt* (*pej fam*) foul [*or* BRIT *a.* filthy] weather

Dreh <-s, -s *o* -e> *m* ❶ FILM, TV shooting *no pl*; **mitten im** ~ in the middle of shooting ❷ (*fam*) trick ▶ WENDUNGEN: **den [richtigen]** ~ **heraushaben** (*fam*) to get the knack [*or fam* hang] of it; **[so] um den** ~ (*fam*) about then [*or* that]; ***wir treffen uns morgen Abend um acht, jedenfalls [so] um den*** ~ we're meeting at round about eight tomorrow evening

Dreharbeit *f meist pl* FILM shooting *no pl* **Drehbackofen** *m* revolving tray oven, reel oven **Drehbank** <-bänke> *f* TECH lathe

drehbar **I.** *adj* revolving; **~er Sessel/Stuhl** swivel chair **II.** *adv* revolving; ~ **gelagert** pivoted

Drehbewegung *f* rotation, rotary motion; **eine ~ machen** to turn [*or* rotate] **Drehbleistift** *m* propelling [*or* AM mechanical] pencil **Drehbrücke** *f* TECH swing bridge **Drehbuch** *nt* FILM screenplay **Drehbuchautor(in)** *m(f)* FILM screenplay writer **Drehbühne** *f* THEAT revolving stage

drehen **I.** *vt* ❶ (*herumdrehen*) ■**etw** ~ to turn sth ❷ (*verdrehen*) ■**etw** ~ to turn [*or* move] sth; **den Kopf** ~ to turn [*or* move] one's head ❸ (*durch Rollen zubereiten*) ■**[sich** *dat*] **etw** ~ to roll sth [for oneself] ❹ FILM (*aufnehmen*) ■**etw** ~ to shoot sth ❺ (*stellen*) ■**etw** ~ to turn sth; ***dreh bitte das Radio etwas lauter/leiser*** can you turn the radio up/down a bit, please ❻ (*sl: hinkriegen*) ■**etw** ~ to manage sth; ***keine Sorge, ich werde es schon irgendwie ~, dass wir unbeschadet aus dieser Affäre herauskommen*** don't worry, I'll make sure somehow that we get out of this affair unscathed; *s. a.* **Ding** ▶ WENDUNGEN: **wie man es auch dreht und wendet** however [*or* no matter how] you look at it, whichever way **II.** *vi* ❶ FILM (*Aufnahmen machen*) to shoot ❷ (*stellen*) ■**an etw** *dat* ~ to turn sth; ***wer hat an der Heizung gedreht?*** who's been fiddling with the heating? ❸ (*wenden*) to turn round ❹ (*umspringen*) ■**[auf etw** *akk*] ~ to change [*or* shift] ▶ WENDUNGEN: **daran ist nichts zu ~ und zu deuteln** there are no two ways about it **III.** *vr* ❶ (*rotieren*) to rotate [*or* revolve]; ■**sich [um etw]** ~ to turn [about sth]; ***die Erde dreht sich um die Sonne*** the earth turns about [*or* goes round] the sun; ***das Auto geriet bei Glatteis ins Schleudern und drehte sich mehrmals*** the car skidded on the ice and spun [round] several times; *s. a.* **Kreis** ❷ (*sich um~*) ■**sich** ~ to turn; **sich zur Seite/auf den Bauch/nach rechts** ~ to turn to the side/on to one's stomach/to the right ❸ (*betreffen*) ■**sich um etw** ~ to be about sth; ***das Gespräch dreht sich um Sport*** the conversation revolves around sport; ■**sich darum ~, dass** the point is that; ■**sich um jdn/etw** ~ to be about [*or* concern] sb/sth ▶ WENDUNGEN: **sich ~ und wenden** to try and get out of it; **alles dreht sich um jdn** everything revolves around sb, sb is always the centre [*or* AM -er] of attention; **jdm dreht sich alles** sb's head is spinning [*or* BRIT *a.* swimming]; *s. a.* **Tanz**

Dreher(in) <-s, -> *m(f)* lathe operator

Dreherlaubnis *f kein pl* FILM permission to film [*or* shoot]; **eine ~ erhalten** to be granted permission to film [*or* shoot] **Drehflügel** *m* BAU turn sash, casement **drehfreudig** *adj* AUTO free-revving, willing to rev *pred*, revving willingly *pred* **Drehgenehmigung** <-, -en> *f* FILM permission to film [*or* shoot]; **eine ~ erhalten** to be granted permission to film [*or* shoot] **Drehkartei** *f* rotary file **Drehkippfenster** *nt* BAU turn-and-tilt window **Drehkran** *m* TECH rotary [*or* BRIT slewing] [*or* AM sluing] crane **Drehkreuz** *nt* turnstile **Drehleiter** *f* turntable ladder **Drehmoment** *nt* AUTO, PHYS torque **Drehmomentwandler** *m* AUTO torque converter, TC **Drehorgel** *f* MUS barrel organ **Drehort** *m* FILM location **Drehpause** *f* FILM break in shooting **Drehrestaurant** *nt* revolving restaurant **Drehriegelverschluss**[RR] *m* BAU hasp lock **Drehschalter** *m* ELEK rotary switch **Drehschaltgriff** *m* rotary switch **Drehscheibe** *f* ❶ (*fig: Angelpunkt, Zentrum*) hub ❷ (*runde, sich drehende Vorrichtung*) revolving disc ❸ (*Töpferscheibe*) potter's wheel **Drehspieß** *m* spit **Drehstangenschloss**[RR] *nt* BAU cremone bolt lock **Drehstrom** *m* ELEK three-phase current **Drehstromgenerator** *m* AUTO alternator, ALT **Drehstuhl** *m* swivel chair **Drehtag** *m* day of shooting **Drehtür** *f* BAU revolving door **Dreh- und Angelpunkt** *m* key [*or* central] issue

Drehung <-, -en> *f* revolution; ***eine Pirouette besteht aus einer Vielzahl rascher ~en um die eigene Achse*** you perform a pirouette by spinning round quickly a number of times; **eine ~ machen** to turn

Drehwurm *m* ▶ WENDUNGEN: **einen [*o* den] ~ haben [*o* kriegen]** (*fam*) to feel giddy

Drehzahl *f* AUTO, PHYS [number of] revolutions [*or* revs] *pl*

Drehzahlbereich *m* AUTO rev [*or* [engine] speed] range; **hoher/niedriger** ~ high revs [*or* [engine] speed] **Drehzahlmesser** *m* AUTO rev[olution] counter

drei *adj* three; ***sie arbeitet für*** ~ she works for [*or* does the work of] three; ~ **viertel** three quarters; ~ **viertel ...** quarter to ... BRIT, quarter before ... AM; ***es ist ~ viertel vier*** it's quarter to four [*or* 3:45]; *s. a.* **acht**[1] ▶ WENDUNGEN: **aussehen, als könne man nicht bis ~ zählen** to look pretty empty-headed; **ehe man bis ~ zählen konnte** in the twinkling [*or* blink] of an eye, before you could say Jack Robinson [*or* AM lickety-split] *dated*

Drei <-, -en> *f* ❶ (*Zahl*) three ❷ KARTEN three; *s. a.* **Acht**[1] **4** ❸ (*auf Würfel*) **eine ~ würfeln** to roll a three ❹ (*Zeugnisnote*) C, satisfactory; ***er hat in Deutsch eine*** ~ he got a C in German ❺ (*Verkehrslinie*) ■**die** ~ the [number] three

Dreiachteltakt *m* MUS three-eight time **dreibändig** *adj inv* LIT in three volumes *pred*, three-volume *attr* **Dreibettzimmer** *nt* three-bed room **Dreibruchfalz** *m* TYPO three-directional fold **Dreibruch-Fensterfalz** *m* TYPO three-directional gatefold **Dreibruch-Kreuzfalz** *m* TYPO three-directional right-angle fold

Drei-D-Abbildung *f* three-dimensional picture **Drei-D-Darstellung** *f* three-dimensional display **dreidimensional** *adj* three-dimensional

Dreieck *nt* MATH triangle ▶ WENDUNGEN: **im ~ springen** (*fam*) to go off the deep end [*or* berserk] [*or* ballistic] *fam*

dreieckig, 3-eckig[RR] *adj* triangular

Dreiecksgeschäft *nt* ÖKON triangular transaction **Dreieckshandel** *m* triangular transaction **Dreieckstuch** *nt* ❶ MODE triangular shawl ❷ MED triangular bandage **Dreiecksverhältnis** *nt* love [*or* BRIT *a.* eternal] triangle, ménage à trois; **ein ~ haben** to be [involved] in an eternal triangle

dreieinhalb *adj* ❶ (*3,5*) three and a half ❷ (*fam*) three and a half grand *no pl sl*, three and a half thou *fam sl*; *s. a.* **achteinhalb**

dreieinig *adj s.* **dreifaltig**

Dreieinigkeit <-> *f kein pl s.* **Dreifaltigkeit**

Dreier <-s, -> *m* ❶ (*fam: drei Richtige im Lotto*) three winning numbers [in the lottery] ❷ SCH (*fam*) [a] satisfactory [mark [*or* AM grade]] ▶ WENDUNGEN: **ein flotter** ~ (*sl*) a threesome *fam*, three-in-a-bed sex BRIT *sl*

Dreierkonferenz *f* TELEK three-way conference

dreierlei *adj inv*, *attr* three [different]; *s. a.* **achterlei**

Dreierpack *m* pack of three **Dreierreihe** *f* row of three; ***die Ehrenkompanie war in ~ angetreten*** the guard of honour fell in three abreast

dreifach, 3fach **I.** *adj* threefold; **in ~er Ausführung** in triplet, three copies of; **die ~e Menge** three times [*or* BRIT *a.* treble] the amount **II.** *adv* threefold, three times over

Dreifache, 3fache *nt dekl wie adj* three times [*or* BRIT *a.* treble] the amount; *s. a.* **Achtfache**

Dreifachstecker *m* three-way adapter

dreifaltig *adj* REL triune

Dreifaltigkeit <-> *f kein pl* REL Trinity; **die Heilige** ~ the Holy Trinity

Dreifarbendruck *m* TYPO ❶ *kein pl* (*Verfahren*) three-colour [*or* AM -or] printing ❷ (*Bild*) three-colour print **Dreifelderwirtschaft** *f kein pl* AGR crop rotation [with three crops] **Dreifingerregel** *f* PHYS *direction of electromagnetic force, current and field* **Dreifuß** *m* ❶ (*Schemel*) three-legged stool ❷ (*Untergestell*) trivet, tripod **Dreiganggetriebe** *nt* three-speed gears *pl* **Dreigangschaltung** *f* three-speed; **ein Fahrrad mit** ~ a three-speed [bicycle] **Dreigespann** *nt* ❶ (*Troika*) troika, three-horse carriage ❷ (*fam*) threesome; ***dieser Verlag wird von einem ~ aus Vater und zwei Söhnen geleitet*** this publishing house is run by a father and his two sons **Dreigestirn** *nt* (*poet*) triple star **Dreigroschenheft(chen)** *nt* (*pej*) a Mills and Boone BRIT, a Harlequin romance novel AM **Dreigroschenoper** *f* (*pej*) threepenny opera

dreihundert *adj* three hundred; *s. a.* **hundert**

dreihundertjährig *adj* three-hundred-year-old *attr*; **das ~e Bestehen von etw feiern** to celebrate the tercentenary [*or* tercentennial] of sth

Dreijahresfrist *f* FIN three-year period

dreijährig, 3-jährig[RR] *adj* ❶ (*Alter*) three-year-old *attr*, three years old *pred*; *s. a.* **achtjährig 1** ❷ (*Zeitspanne*) three-year *attr*; *s. a.* **achtjährig 2**

Dreijährige(r), 3-Jährige(r)[RR] *f(m) dekl wie adj* three-year-old

Dreikampf *m* SPORT three-event [athletics] competition (*100-metre sprint, long jump and shot put*) **Dreikäsehoch** <-s, -[s]> *m* (*pej*) tiny tot, squirt **Dreiklang** *m* MUS triad **Dreikönige** *pl* REL Epiphany *no pl* **Dreikönigsfest** *nt* REL [feast of] Epiphany **Dreikönigstag** *m* REL Epiphany, Twelfth Night **dreiköpfig** *adj inv* three-headed; *s. a.* **achtköpfig** **Dreikorb** *m* REL (*Sammlung von Texten im Buddhismus*) Tripitaka **Dreiländereck** *nt* GEOG *region where three countries meet*

Drei-Liter-Auto *nt* three-litre [*or* AM -er] car (*extremely economical small car: 3 litres/100 km*)

Dreimächtepakt *m* HIST (*1940*) Axis pact (*pact between Germany, Italy and Japan*)

dreimal, 3-mal[RR] *adv* three times, thrice *dated*; *s. a.* **achtmal** ▶ WENDUNGEN: ~ **darfst du raten!** (*fam*) I'll give you three guesses; **jdm alles erst ~ sagen müssen** (*fam*) to always have to repeat everything to sb, to always have to tell sb twice

dreimalig, 3-malig *adj* three times over; *s. a.* **achtmalig**

Dreimaster <-s, -> *m* NAUT three-master **Dreimeilenzone** *f* JUR three-mile limit; **außerhalb/innerhalb der** ~ outside/inside the three-mile limit **Dreimesserautomat** *m* TYPO automatic three-knife trimmer **Dreimeterbrett** *nt* three-metre [*or* AM -er] board **Dreiminutenei** *nt* KOCHK soft-boiled

D

egg

dreimonatig *adj inv* three-monthly; *s. a.* **achtmonatig**

Dreimonatsgeld *nt* FIN three months [*or* ninety day] loan

drein *adv* (*fam*) *s.* **darein**

drein|blicken *vi* look **drein|fügen** *vr* ■ **sich** ~ to accept [*or* fit in with] it **drein|reden** *vi* DIAL ■ **jdm** [**bei etw**] ~ (1) (*dazwischenreden*) to interrupt sb [during/in sth] (2) (*sich einmischen*) to interfere in sb's else's business **drein|schauen** *vi s.* **dreinblicken** **drein|schlagen** *vi irreg* DIAL to restore order using [*or* by] force

Drei-Pass-Verfahren *nt* INFORM three pass scanner

Dreiphasenstrom *m* three-phase current

Dreipunkt(sicherheits)gurt *m* AUTO lap and shoulder [*or* AM diagonal] seatbelt **Dreirad** *nt* (*fam*) tricycle **dreiräd(e)rig** *adj* three-wheeled **Dreisatz** *m kein pl* MATH rule [*or* proportion] of three **Dreisatzrechnung** *f* MATH rule of three [calculation]

Dreiseitenbeschnitt *m* TYPO three-sided trimming **Dreispeichen-Lenkrad** *nt* AUTO three-spoke steering wheel **Dreispitz** <-es, -e> *m* HIST tricorn[e], three-cornered hat **Dreisprung** *m* SPORT *kein pl* triple jump **dreispurig** *adj inv* three-lane *attr,* having [*or* with] three lanes *pred*

dreißig *adj* (1) (*Zahl*) thirty; *s. a.* **achtzig 1** (2) (*fam: Stundenkilometer*) thirty [kilometres [*or* AM -meters] an hour]; *s. a.* **achtzig 2**

Dreißig <-, -en> *f* thirty

dreißiger, **30er** *adj attr, inv* **die** ~ **Jahre** the thirties [*or* '30s] *pl*; *s. a.* **achtziger**

Dreißiger[1] <-s, -> *m* ■ **ein** ~ a '30s vintage

Dreißiger[2] <-, -> *f* thirty-pfennig stamp

Dreißiger[3] *pl* **in den ~n/Mitte der** ~ **sein** to be in one's thirties/mid-thirties; *s. a.* **Achtziger**[3]

Dreißiger(in) <-s, -> *m(f)* (*Mensch in den Dreißigern*) thirty-year-old [man/woman]

Dreißigerjahre *pl* ■ **die** ~ the thirties [*or* '30s]

dreißigjährig, **30-jährig**[RR] *adj attr* (1) (*Alter*) thirty-year-old *attr,* thirty years old *pred* (2) (*Zeitspanne*) thirty-year *attr*

Dreißigjährige(r), **30-Jährige(r)**[RR] *f(m) dekl wie adj* thirty-year-old

Dreißigpfennigmarke *f*, **30-Pfennig-Marke** *f* 30-pfennig stamp

dreißigste(r, s) *adj* thirtieth; *s. a.* **achte(r, s)**

dreist *adj* (*pej*) brazen *pej*; ~**e Anspielung/Behauptung/Weise** barefaced [*or* shameless] allusion/claim/way; ■ ~ **sein/werden** to be/become bold [*or pej* brazen]

dreistellig, **3-stellig**[RR] *adj inv* three-figure *attr*

Dreistigkeit <-, -en> *f* (1) *kein pl* (*dreiste Art*) brazenness, shamelessness, barefacedness; **die** ~ **besitzen** [*o* **haben**], **etw zu tun** to have the audacity [*or* nerve] [*or* BRIT cheek] to do sth (2) (*dreiste Handlung*) brazen act

dreistöckig, **3-stöckig**[RR] *adj inv* three-storey *attr* [*or* AM -story], with three storeys

dreistufig *adj* (1) *Leiter, Treppe* with [*or* having] three steps (2) *Abschnitt* three-stage *attr* **dreistündig**, **3-stündig**[RR] *adj* three-hour *attr*; *s. a.* **achtstündig** **Dreitagebart** *m* designer stubble **dreitägig**, **3-tägig**[RR] *adj* three-day *attr* **Drei-Tasten-Maus** *f* INFORM three-buttoned mouse **dreitausend** *adj* (1) (*Zahl*) three thousand; *s. a.* **tausend 1** (2) (*fam: 3000 DM*) three grand *no pl,* three thou *no pl sl,* three G's [*or* K's] AM *sl* **Dreitausender** *m* mountain over 3,000 metres [*or* AM meters] **dreiteilig**, **3-teilig**[RR] *adj* FILM three-part; *Besteck* three-piece **Dreitürer** <-s, -> *m* AUTO (*fam*) three-door car [*or* model] **dreitürig** *adj* AUTO three-door *attr,* with three doors *pred*

dreiviertel *adj, adv inv s.* **drei 1**, **viertel**

Dreiviertel *nt* **in einem** ~ **...** in three-quarters ...; ***in einem ~ der Zeit*** in three-quarters [of] the time; ***ich könnte Ihnen das zu einem ~ der Summe anbieten*** I could offer you that at three-quarters [of] the price

Dreiviertelarm *m* three-quarter sleeve **Dreiviertelärmel** *m* MODE three-quarter [length] sleeve **dreiviertellang** *adj* MODE three-quarter [length] **Dreiviertelliterflasche** *f* three-quarter-litre [*or* AM -er] bottle **Dreiviertelmehrheit** *f* three-quarter[s] majority **Dreiviertelstunde** *f* three-quarters of an hour, AM *usu* 45 minutes **Dreivierteltakt** *m* MUS three-four [*or* AM three-quarter] time

Dreiwegekatalysator *m* AUTO three-way catalytic converter [*or* catalyst]

dreiwöchig *adj inv, attr* (1) (*3 Wochen dauernd*) three-week (2) (*3 Wochen alt*) three-week-old; *s. a.* **achtwöchig**

Dreizack <-s, -e> *m* trident **Dreizehenmöwe** *f* ORN kittiwake

dreizehn *adj* thirteen; ~ **Uhr** 1pm, 1300hrs *written,* thirteen hundred hours *spoken*; *s. a.* **acht**[1] ▶ WENDUNGEN: **jetzt schlägt's aber** ~ (*fam*) enough is enough

dreizehnjährig *adj inv, attr* thirteen-year-old; *s. a.* **achtjährig**

dreizehnte(r, s) *adj* thirteenth; *s. a.* **achte(r, s)**

Dreizehntel *nt a.* MATH thirteenth; *s. a.* **Achtel**

Dreizimmerwohnung *f* three-room flat [*or* AM appartment]

Drell <-s, -e> *m* NORDD (*Drillich*) drill

Drempelwand *f* BAU jamb wall

Dres. *pl Abk von* **doctores** Drs *pl* (*PhDs*)

Dresche <-> *f kein pl* (*fam*) thrashing, AM licking; ~ **bekommen** [*o* **kriegen**] to get a thrashing

dreschen <drischt, drosch, gedroschen> **I.** *vt* (1) AGR ■ **etw** ~ to thresh sth; *s. a.* **Phrase** (2) (*fam: prügeln*) ■ **jdn** ~ to thrash sb; **jd grün und blau** ~ to beat sb black and blue; **jdm eine** ~ (*fam*) to land sb one BRIT; ■ **sich** ~ to fight [one another] **II.** *vi* (1) AGR to thresh (2) (*fam: schlagen*) to hit out (3) (*fam: treten*) to kick out

Drescher(in) <-s, -> *m(f)* thresher

Dreschflegel *m* AGR flail **Dreschmaschine** *f* AGR threshing machine

Dresden <-s> *nt* GEOG Dresden

Dress[RR] <-es, -e> *m o* ÖSTERR *f*, **Dreß** <-sses, -sse> *m* SPORT [sports] kit; (*Fußball*) kit, BRIT *a.* strip

Dressierbeutel *m s.* **Spritzbeutel**

dressieren* *vt* (1) (*abrichten*) ■ **ein Tier** [**für etw**] ~ to train an animal [to do sth]; ■ **ein Tier** [**darauf**] ~, **etw zu tun** to train an animal to do sth; *s. a.* **Mann 1** (2) (*pej: disziplinierend zwingen*) ■ **jdn** ~ to drill sb (3) KOCHK (*mit Spritzbeutel auftragen*) ■ **etw** ~ to pipe sth (4) KOCHK (*bratfertig binden*) **einen Vogel/Braten** ~ to truss a bird/roast

Dressing <-s, -s> *nt* KOCHK (1) (*Salatsoße*) dressing (2) (*Kräuter- oder Gewürzmischung*) marinade

Dressman <-s, -men> ['drɛsmən] *m* MODE male model

Dressur <-, -en> *f* (1) (*das Dressieren*) training (2) (*eingeübte Fertigkeit*) trick (3) (*pej: das Abrichten*) disciplining, conditioning

Dressurreiten *nt* SPORT dressage

dribbeln *vi* SPORT to dribble

Dribbling <-s, -s> *nt* SPORT dribbling, dribble; **zu einem** ~ **ansetzen** to start dribbling, BRIT *a.* to set off on a dribble

driften *vi sein* (*a. fig*) to drift *a. fig*

Drill <-[e]s> *m kein pl* drill

Drillbohrer *m* drill

drillen *vt* ■ **jdn** ~ to drill sb; ■ **jdn auf etw** *akk* ~ to drill sb in sth [*or* sth into sb]; ■ **auf etw** *akk* **gedrillt sein** (*fam*) to be drilled in sth

Drillich <-s, -e> *m* MODE drill

Drillichanzug *m* MODE dungarees *npl* **Drillichzeug** *nt kein pl* MODE dungarees *npl,* overalls *npl*

Drilling <-s, -e> *m* (1) (*Geschwister*) triplet; ■ ~**e** [a set of] triplets; ~**e bekommen** to have triplets (2) JAGD triple-barrelled [*or* AM -eled] shotgun

Drillschraubenzieher *m* spiral screwdriver

drin *adv* (*fam*) (1) (*darin*) in it; ***im Krug ist noch etwas*** ~ there's still something left in the jug; *s. a.* **darin 1** (2) (*drinnen*) inside; ***ich bin hier*** ~ I'm in here; ***du bleibst ~, du warst unartig!*** you're staying indoors [*or* inside], you've been naughty! ▶ WENDUNGEN: **in etw** *dat* ~ **sein** to get into sth; **etw ist** [**bei jdm**] ~ (*fam*) sth is possible [from sb]; ***so viel ist bei mir nicht ~!*** I can't afford [to pay] that much!; **bei jdm ist alles** ~ anything is possible with sb; **für jdn ist noch alles** ~ anything is still possible for sb

dringen <drang, gedrungen> *vi* (1) *sein* (*stoßen*) ■ **durch/in etw** *akk* ~ to penetrate sth; **durch die Bewölkung/den Nebel/in den Nachthimmel** ~ to pierce the cloud/fog/the night sky (2) *sein* (*durch etw vorwärts kommen*) ■ **durch etw** ~ to force one's/its way through sth (3) *sein* (*vor~*) ■ **an etw** *akk*/**zu jdm** ~ to get through to [*or* reach] sth/sb; ***an die Öffentlichkeit*** ~ to leak to the public (4) *haben* (*auf etw bestehen*) ■ **auf etw** *akk* ~ to insist on sth; **auf mehr Gehalt** ~ to demand more pay [*or* a higher salary]; ■ **darauf** ~, **etw zu tun/dass etw getan wird** to insist on sth being done/that sth be done (5) *sein* (*bestürmen*) ■ [**mit etw**] **in jdn** ~ to press sb [with sth]; **mit Bitten/Fragen in jdn** ~ to bombard sb with requests/questions

dringend **I.** *adj* (1) (*schnell erforderlich*) urgent, pressing; **etw** ~ **machen** (*fam*) to make sth a priority; **ein ~er Fall/eine ~e Operation** MED an emergency (2) (*nachdrücklich, zwingend*) strong; ~**er Aufruf/~e Bitte** urgent call/request; ~**e Gründe** compelling reasons; ~**e Warnung** dire warning **II.** *adv* (1) (*schnellstens*) urgently (2) (*nachdrücklich*) strongly (3) (*unbedingt*) absolutely; ***ich muss dich ~ sehen*** I really need to [*or* must] see you

dringlich *adj s.* **dringend 1**

Dringlichkeit <-> *f kein pl* urgency

Dringlichkeitsanfrage *f* POL emergency question **Dringlichkeitsantrag** *m* POL emergency motion **Dringlichkeitsvermerk** *m* urgent note

drinhängen *vi irreg* (*fam*) *s.* **drinstecken 3, 4**

Drink <-s, -s> *m* drink; **jdm einen** ~ **machen** [*o* **mixen**] to make [*or* mix] [*or* AM *a.* fix] sb a drink

drinnen *adv* (*in einem Raum*) inside; **dort** [*o* **da**]/**hier** ~ in there/here; (*im Haus*) indoors, inside; ***ich gehe jetzt nach ~*** I'm going indoors [*or* inside] now; **von** ~ from [the] inside

drin|sein *vi irreg* (*fam*) *s.* **drin 3** **drin|sitzen** *vi irreg* ÖSTERR, SÜDD (*fam*) to be in [a bit of] a jam, to be in a real [*or* right] [*or* pretty] pickle BRIT, to be up the creek AM **drin|stecken** *vi* (*fam*) ■ **in etw** *dat* ~ (1) (*sich in etw befinden*) to be in sth (2) (*investiert sein*) to go into sth; ***man merkt, dass da viel Arbeit/Liebe drinsteckt*** you can see that a lot of work/love has gone [*or* been put] into that (3) (*direkt mit etw befasst sein*) to be involved in sth; *s. a.* **Ohr** (4) (*verwickelt sein*) to be involved [*or* mixed up] in sth **drin|stehen** *vi* (1) (*in etw stehen*) to be in it; ■ **in etw** *dat* ~ to be in sth (2) (*verzeichnet sein*) ■ **in etw** *dat* ~ to be in sth; ***es stand also in dieser Zeitung drin?*** it was in this paper, was it?

drisch *imper sing von* **dreschen**

dritt *adv* ■ **zu** ~ **sein** to be three together; ***wir waren zu*** ~ there were three of us

drittälteste(r, s) *adj* third oldest; ~**er Nachkomme** third eldest [*or* oldest] descendant

Drittanspruch *m* JUR third-party claim **Drittaufwand** *m* FIN third-party expenditure **Drittbegünstigte(r)** *f(m) dekl wie adj* JUR third-party beneficiary **Drittbegünstigung** *f* JUR third-party preference

dritte(r, s) *adj* (1) (*nach dem Zweiten kommend*) third; **die** ~ **Klasse** primary three BRIT, third grade AM; *s. a.* **achte(r, s) 1** (2) (*Datum*) third, 3rd; *s. a.* **achte(r, s) 2**

Dritte(r) *f(m) dekl wie adj* (1) (*dritte Person*) third; (*Unbeteiligter*) third party; **der** ~ **im Bunde sein** to make up a trio [*or* threesome]; *s. a.* **Achte(r) 1** (2) (*bei Datumsangaben*) ■ **der** ~ [*o geschrieben* **der 3.**] the third *spoken,* the 3rd *written*; *s. a.* **Achte(r) 2** (3) (*Namenszusatz*) **Ludwig der** ~ *gesprochen* Louis the Third; **Ludwig III.** *geschrieben* Louis III (4) SCH **die D**~ (*fam*) primary three BRIT, third grade AM ▶ WENDUNGEN: **der lachende** ~ [the] tertius gaudens *rare* (*a third party that benefits from a dispute between two others*); **wenn zwei sich**

streiten, freut sich der ~ (*prov*) when two people quarrel, a third rejoices *prov*
drittel *adj* third
Drittel <-s, -> *nt o* SCHWEIZ *m* third; *s. a.* **Achtel**
Drittelbeteiligung *f* FIN one-third interest
dritteln *vt* ▪**etw** ~ to divide [*or* split] sth three ways [*or* into three parts]
drittens *adv* thirdly
Dritte-Welt-Laden *m* Third World import store (*shop which sells products from the Third World countries to support them*) **Dritte-Welt-Land** *nt* Third World country
Drittgläubigeranspruch *m* FIN third-party creditor claim
drittgrößte(r, s) *adj* third-largest [*or* biggest]
Dritthaftung *f* FIN third-party liability **dritthöchste(r, s)** *adj* third-highest **drittklassig** *adj* (*pej*) third-rate *pej* **Drittklässler^{RR}(in)**, **Drittkläßler** <-s, -> *m* SCH (*fam*) primary three [*or* P3] pupil BRIT, third-grader AM **Drittländer** *pl* third [*or* non-member] countries *pl* **Drittlandsgebiet** *nt* HANDEL third country [territory] **drittletzte(r, s)** *adj* ▪**der/die/das** ~ the third [from] last **Drittmittel** *pl* third party funds *pl;* **etw aus ~n finanzieren** to fund sth from [*or* with] third party resources **Drittschaden** *m* JUR third-party damage **Drittschadensliquidation** *f* FIN third-party damage refund **Drittschuldner** *m* JUR third-party debtor **Drittschuldnerprozess** *m* JUR litigation involving a third-party debtor **Drittstaaten** *pl* third [*or* non-member] countries *pl* **Drittverwahrer** *m* FIN third-party depositary **Drittverwahrung** *f* FIN third-party custody **Drittwiderspruch** *m* JUR third-party opposition **Drittwiderspruchsklage** *f* JUR third-party counterclaim proceedings *pl* **Drittwirkung** *f* JUR effect on third party
Drive-in <-s, -s> ['draɪfɪn] *nt* drive-in [restaurant]
DRK <-> *nt Abk von* **Deutsches Rotes Kreuz** German Red Cross
droben *adv* (*geh*) up there; **dort** ~ up there
Droge <-, -n> *f* PHARM ① (*Rauschgift*) drug *a. fig;* ***für einen Arbeitswütigen ist die Arbeit eine ~*** work is like a drug for a workaholic; **~n nehmen** to take [*or sl* do] drugs; **unter ~n stehen** to be on drugs ② (*Arzneistoff*) drug
dröge *adj* NORDD ① (*trocken*) dry ② (*langweilig*) boring
Drögeler(in) <-s, -> *m(f)* SCHWEIZ drug addict
drogenabhängig *adj* addicted to drugs *pred;* ▪~ **sein** to be a drug addict; **jdn ~ machen** to get sb addicted to drugs; **Crack/ein Dealer hat ihn ~ gemacht** crack/a dealer got him addicted to [*or* hooked on] drugs [*or* turned him into a drug addict] **Drogenabhängige(r)** *f(m) dekl wie adj* drug addict **Drogenabhängigkeit** *f* drug addiction **Drogenbekämpfung** *f kein pl* war on [*or* BRIT *a.* fight against] drugs **Drogenberatungsstelle** *f* drug-advice centre [*or* AM -er] **Drogenboss^{RR}**, **Drogenboß** *m* drug baron, drugs boss **Drogendealer(in)** *m(f)* drug dealer **Drogengeschäft** *nt* drug dealing; **das ~** the drug business **Drogenhandel** *m* drug trafficking [*or* trade] **Drogenhändler(in)** *m(f)* drug dealer **Drogenhilfe** *f* drug advice **Drogenkonsum** *m* drug-taking **Drogenkonsument(in)** *m(f)* drug consumer [*or* AM user] **Drogenmafia** *f* drug mafia **Drogenmissbrauch^{RR}** *f kein pl* drug abuse **Drogenpolitik** *f kein pl* drug policy, policy on drugs **Drogenproblem** *nt* drug[-related] problem **Drogenstrich** *m* drug-related prostitution **Drogensucht** *f s.* Drogenabhängigkeit **drogensüchtig** *adj s.* drogenabhängig **Drogensüchtige(r)** *f(m) dekl wie adj s.* Drogenabhängige(r) **Drogenszene** *f* drug scene **drogentherapeutisch** *adj inv, attr* drug therapy *attr* **Drogentod** *m* death from an overdose [of drugs] **drogentot** *adj inv* dead from a drug overdose **Drogentote(r)** *f(m) dekl wie adj sb who died of drug abuse*
Drogerie <-, -n> [-'riːən] *f* chemist's [shop] BRIT, drug store AM
Drogist(in) <-en, -en> *m(f)* chemist

Drohbrief *m* threatening letter
drohen I. *vi* ① (*physisch und moralisch be~*) ▪[**jdm**] **mit etw** ~ to threaten [sb] with sth; ***die Arbeiter drohten mit Streik*** the union threatened to strike; ▪[**jdm**] **~, etw zu tun** to threaten to do sth [to sb] ② (*unangenehmerweise bevorstehen*) ▪[**jdm/einer S.**] ~ to threaten [sb/sth]; ***es droht ein Gewitter*** a storm is threatening [*or* about to break]; ***ein neuer Konflikt/Krieg droht*** there is the threat of renewed conflict/war; **jdm droht etw** sb is threatened by [*or* in danger of] sth; ***dir droht Gefahr/der Tod*** you're in danger/mortal danger [*or* danger of being killed]; **etw** *dat* **droht [etw]** sth threatens [sth]; ***vielen schönen Altbauten droht der Abriss*** a number of beautiful old buildings are under threat of being demolished II. *aux* ▪**~, etw zu tun** to be in danger of doing sth; ***die Zeitbombe drohte jeden Moment zu explodieren*** the time bomb was threatening to explode at any moment
drohend I. *adj* ① (*einschüchternd*) threatening, menacing ② (*bevorstehend*) impending, imminent II. *adv* threateningly
Drohgebärde *f* ① (*drohende Gebärde*) threatening gesture ② (*drohende Aktion*) threatening move
Drohne <-, -n> *f* ① (*männliche Biene*) drone ② (*pej: Schmarotzer*) parasite, sponger
dröhnen *vi* ① (*dumpf klingen*) to roar; *Donner* to roll, to rumble; *Lautsprecher, Musik, Stimme* to boom ② (*dumpf widerhallen*) **jdm dröhnt der Kopf** [*o* **Schädel**]/**dröhnen die Ohren** sb's head is/ears are ringing ③ (*dumpf vibrieren*) to reverberate
dröhnend *adj* reverberating; **~er Applaus** resounding [*or* echoing] applause; **~er Lärm** droning noise; **~es Gelächter** raucous laughter; **~e Stimme** booming voice
Drohung <-, -en> *f* threat; **eine leere/keine leere ~** an/no empty threat; **eine offene ~** an explicit [*or* overt] threat; **eine versteckte ~** a veiled [*or* an implicit] threat
drollig *adj* ① (*belustigend*) funny, amusing [*or* comical] ② (*niedlich*) sweet *esp* BRIT, cute *esp* AM ▸ WENDUNGEN: **werd' nicht ~!** don't get funny
Dromedar <-s, -e> *nt* ZOOL dromedary
Drops <-, – *o* -e> *m o nt* fruit drop; **saure ~** acid drop
drosch *imp von* **dreschen**
Droschke <-, -n> *f* (*veraltend*) ① (*Pferde~*) hackney cab [*or* carriage], coach ② (*veraltend: Taxi*) [taxi-]cab
Drosophila <-, -s> *f* ZOOL drosophila
Drossel <-, -n> *f* ORN thrush
Drosselklappe *f* AUTO throttle valve
drosseln *vt* ① (*kleiner stellen*) ▪**etw ~** to decrease sth; **die Heizung ~** to turn the heating [*or* AM heater] down ② (*verringern*) ▪**etw [auf/um etw** *akk*] ~ *Einfuhr, Produktion, Tempo* to reduce sth [to sth/by sth]
Dross(e)lung^{RR}, **Droßlung** <-, -en> *f* reduction, cutback; **eine ~ der Importe** a reduction [*or* cutback] in imports
Drosselventil *nt* throttle valve
drüben *adv* over there; **da ~** over there; **nach ~** over there; **von ~** from over there
drüber *adv* (*fam*) across [*or* over] [there]; ***ich muss da ~*** I must get across [*or* over] [that]; **~ hüpfen/springen** to hop/jump over [it]
drüber|hüpfen *vi* (*fam*) *s.* **drüber drüber|springen** *vi* (*fam*) *s.* **drüber**
Druck^{1} <-[e]s, Drücke> *m* ① PHYS pressure; **unter ~ stehen** to be under pressure ② *kein pl* (*Zwang*) pressure; **~ bekommen** (*fam*) to be put under pressure; **in ~ sein, unter ~ stehen** to be pressed for time; **~ [hinter etw** *akk*] **machen** (*fam*) to put some pressure [*or* bring some pressure to bear] on [sth]; **jdn unter ~ setzen** [*o* **~ auf jdn ausüben**] to put [*or* exert] pressure on sb, to pressurize sb ③ (*drückendes Gefühl*) pressure; ***ich habe so einen ~ im Kopf*** I have such a feeling of pressure in my head ④ (*das Drücken*) pressure; ***die Raketen werden durch einen ~ auf jenen Knopf dort gestartet*** the missiles are released by pressing this button; **~ auf etw** *akk* **ausüben** (*geh*) to put [*or* exert] pressure on sth ⑤ (*sl: Rauschgiftspritze*) fix *sl* ▸ WENDUNGEN: **~ erzeugt Gegendruck** pressure creates resistance
Druck^{2} <-[e]s, -e> *m* ① TYPO (*das Drucken*) printing; ***Satz und ~ von F. Schmidtmann & Söhne*** [type-]setting and printing by F. Schmidtmann & Sons; **in ~ gehen** to go into print [*or* to press]; **etw in ~ geben** to send sth to print [*or* press]; **im ~ sein** to be in print ② TYPO (*Druckwerk*) printed work, publication; (*Kunst~*) [art] print ③ TYPO (*Art des Drucks*) print ④ MODE (*bedruckter Stoff*) print
Druckabfall *m* PHYS pressure drop, fall [*or* drop] in pressure **Druckanstieg** *m* PHYS rise [*or* increase] in pressure **Druckanzug** *m* pressure suit **Druckauflage** *f* TYPO print [*or* production] run **Druckauftrag** *m* INFORM printing task; **Druckaufträge gruppieren** group printing **Druckausgleich** *m* PHYS pressure balance **Druckausübung** *f* exertion of pressure **Druckbehälter** *m* TECH pressure tank **Druckbereich** *m* INFORM print area **Druckbestäubungspuder** *nt* TYPO anti-set-off [*or* spray] powder **Druckbleistift** *m* propelling [*or* AM mechanical] pencil
Druckbogen *m* printed sheet **Druckbreite** *f* TYPO image [*or* printing] width **Druckbuchstabe** *m* printed letter; **in ~n** in block capitals; ***„das Blatt bitte in ~n ausfüllen"*** "please fill out the form in block capitals"
Drückeberger <-s, -> *m* (*pej fam*) shirker *pej*
Drückebergerei <-> *f kein pl* (*pej fam*) shirking *pej*
druckempfindlich *adj* sensitive to pressure *pred;* **eine ~e Frucht** a fruit that is easily bruised
Drücken <-s> *nt kein pl* SPORT (*Gewichtheben*) press
drucken I. *vt* ① (*vervielfältigen*) ▪[**jdm**] **etw ~** to print sth [for sb] ② (*auf~*) ▪**etw auf etw** *dat* **~** to print sth on sth; *s. a.* **gedruckt** II. *vi* TYPO to print
drücken, drucken DIAL I. *vt* ① (*pressen*) ▪**etw ~** to press sth; **einen Knopf ~** to push [*or* BRIT *a.* press] a button; ▪**etw aus etw ~** to squeeze sth from sth; **Saft aus Früchten ~** to squeeze juice from fruit ② (*umarmen*) ▪**jdn [an etw** *akk*] **~** to hug sb, to press sb [to sth]; ***ich will dich an meine Brust ~*** I want to hug you [*or* press you to my breast]; *s. a.* **Daumen, Hand** ③ (*schieben*) ▪**jdn ~** to push sb; ▪**etw ~** to push sth; ***er drückte den Hut in die Stirn*** he pulled his hat down over his forehead ④ (*ein Druckgefühl auslösen*) ▪**jdn ~** to be too tight for sb; ***die Schuhe ~ mich*** the shoes are pinching my feet; ***das fette Essen drückte ihn*** the fatty food lay heavily on his stomach BRIT; ***der Rucksack/Sack drückte ihn*** the backpack [*or* BRIT *a.* rucksack]/sack weighed him down ⑤ (*herabsetzen*) ▪**etw ~** to lower sth [*or* bring sth down] ⑥ (*be~*) ▪**jdn ~** to weigh heavily on sb II. *vi* ① (*Druck hervorrufen*) to pinch; ***der Rucksack drückt auf den Schultern*** the rucksack is weighing heavily on my shoulders; **im Magen ~** to lay heavily on one's stomach BRIT; *s. a.* **Blase** ② (*pressen*) ▪[**auf etw** *akk*] **~** to press [sth]; **auf einen Knopf ~** to push [*or* BRIT *a.* press] a button; ***„bitte ~"*** "push"; ▪**an etw** *dat* **~** to squeeze sth ③ METEO (*schwül sein*) to be oppressive ④ (*bedrückend sein*) to weigh heavily ⑤ (*negativ beeinträchtigen*) ▪**auf etw** *akk* **~** to dampen sth ⑥ (*Druck auf den Darm ausüben*) to push ⑦ (*sl: Rauschgift spritzen*) to shoot up *sl* III. *vr* ① (*sich quetschen*) ▪**sich ~** + *Ortsangabe* to squeeze; **sich an die Wand ~** to squeeze up against the wall; **sich in einen Hausgang ~** to huddle in a doorway; **sich aus einem Zimmer ~** to slip out of a room ② (*fam: sich einer S. entziehen*) ▪**sich [vor etw** *dat*] **~** to shirk [*or* dodge] [sth]; ▪**sich [um etw** *akk*] **~** to shirk [*or* get out of] [*or* avoid] [doing sth]
drückend *adj* ① (*lastend*) heavy; **~e Armut** grinding [*or* extreme] poverty *esp* AM; **~e Sorgen** serious [*or* grave] concerns; **~e Stimmung** oppressive

atmosphere ❷ METEO oppressive
Drucker <-s, -> *m* INFORM printer
Drucker(in) <-s, -> *m(f)* printer
Drücker <-s, -> *m* ❶ ELEK [push-]button ❷ (*Abzug*) trigger ❸ TECH (*Klinke*) handle; (*am Türschloss*) latch ▶ WENDUNGEN: **auf den letzten ~** (*fam*) at the last minute; **am ~ sein** [*o* **sitzen**] (*fam*) to be in charge
Drücker(in) <-s, -> *m(f)* (*fam*) door-to-door salesman for [*or* BRIT *a.* hawker of] newspaper/magazine subscriptions
Druckeranschluss^RR^ *m* INFORM printer connector **Druckerausgabe** *f* INFORM hard copy
Druckerei <-, -en> *f* printing house [*or* BRIT *a.* works], printer's, AM printery
Drückerfisch *m* ZOOL triggerfish **Drückergarnitur** *f* BAU door handle
Druckerin <-, -nen> *f fem form von* **Drucker**
Drückerin <-, -nen> *f fem form von* **Drücker**
Druckerkabel *nt* INFORM printer cable
Drückerkolonne *f* (*fam*) group of newspaper/magazine subscription salespeople [*or* BRIT *a.* hawkers]
Druckerlaubnis *f* MEDIA permission to print, imprimatur
Druckerport *m* INFORM printer port
Druckerpresse *f* printing press
Druckerschnittstelle *f* INFORM printerfacing **Druckerschwärze** *f* TYPO printer's [*or* printing] ink **Druckertreiber** *m* INFORM printer driver
Druckerzeugnis *nt* TYPO printing product **Druckfahne** *f* galley proof BRIT, galley AM **Druckfarbe** *f* printing colour [*or* AM -or] **Druckfehler** *m* MEDIA misprint, typographical [*or* printer's] error **druckfertig** *adj inv* TYPO ready to print [*or* for press] *pred*
Druckformat *nt* INFORM, TYPO printing format **Druckformmontage** *f* TYPO forme [*or* AM form] assembly **druckfrei** *adj inv* TYPO **~er Rand** image-free margin **druckfrisch** *adj* MEDIA hot off the press *pred* **Druckfunktion** *f* INFORM printing function
druck|garen *vt* ■**etw ~** KOCHK to pressure-cook sth
Druckgarer *m*, **Druckkochtopf** *m* pressure cooker **Druckgefühl** *nt* feeling of pressure **Druckindustrie** *f* printing industry **Druckkabine** *f* LUFT, RAUM pressurized cabin **Druckkalkulation** *f* TYPO printing estimating **Druckknopf** *m* MODE press stud BRIT, stud fastener AM **Druckknopfverschluss**^RR^ *m* press-stud fastener **Druckkorrektur** *f* TYPO machine [*or* press] proof **Druckkosten** *pl* MEDIA printing costs *pl* **Drucklegung** <-, -en> *f* ❶ VERLAG printing ❷ TYPO printing, press date
Druckluft *f kein pl* PHYS compressed air **Druckluftbohrer** *m* pneumatic drill **Druckluftbremse** *f* AUTO air brake
Druckmaschine *f* printing press **Druckmesser** *m* TECH pressure gauge **Druckmittel** *nt* means of bringing pressure to bear; **jdn/etw als ~ benutzen** [*o* **einsetzen**] to use sb/sth as a means of exerting pressure **Druckperforation** *f* TYPO in-line [*or* rule] perforation **Druckplatte** *f* printing plate **Druckpresse** *f s.* Druckmaschine **Druckprobe** *f* TYPO printing specimen, sample print **Druckpumpe** *f* pressure pump **Druckqualität** *f* INFORM, TYPO printer quality **Druckregler** *m* pressure regulator **druckreif** *adj* MEDIA ready for publication [*or* press] *pred* **Drucksache** *f* printed matter; **als ~ schicken** [*o* **versenden**] to send at printed matter rate [*or* as printed matter] **Druckschrift** *f* ❶ TYPO print type[s]; **in ~ ausfüllen/schreiben** to print ❷ (*geheftetes Druckerzeugnis*) pamphlet
drucksen *vi* (*fam*) to hum and haw BRIT, be indecisive
Druckstelle *f* mark [where pressure has been applied]; ***sie suchte sich nur Pfirsiche ohne ~n aus*** she chose only the peaches without bruises **Drucktaste** *f* INFORM print-screen key **Drucktype** *f* type **druckunempfindlich** *adj* insensitive to pressure *pred* **Druckverarbeitung** *f* TYPO finishing, paper converting **Druckverband** *m* MED pressure bandage **Druckverbot** *nt* JUR prohibition to print **Druckverfahren** *nt* printing process **Druckvermerk** *m* TYPO imprint **Druckvorlage** *f* INFORM, TYPO printing template **Druckwasserreaktor** *m* TECH pressurized water reactor **Druckweiterverarbeitung** *f* TYPO post-press processing **Druckwelle** *f* PHYS shock wave **Druckwerk** *nt* MEDIA printed work, publication **Druckwiedergabe** *f* TYPO printed reproduction **Druckzone** *f* TYPO contact aera, printing zone
Drudenfuß *m* HIST pentagram
druff *adv* DIAL (*fam*) *s.* **drauf**
Druide <-n, -n> *m* REL, HIST druid
drum *adv* (*fam*) that's why; ***... ~ frage ich ja! ...*** that's why I'm asking! ▶ WENDUNGEN: **das D~ und Dran** the whole works, everything to do with sth; **alles/das [ganze] D~ und Dran** all the details [*or* no beating about the bush]; **mit allem D~ und Dran** with all the trimmings; **~ rum** [*o* **herum**] all [a]round; **sei's ~!** be that as it may; *s. a.* **darum**
Drumherum <-s> *nt kein pl* (*fam*) ■**das [ganze] ~** all the trappings
Drummer(in) <-s, -> ['drame] *m(f)* MUS drummer
drunten *adv* DIAL (*da unten*) down there
drunter *adv* ❶ (*fam: unter einem Gegenstand*) underneath ❷ (*fam: unter einem Begriff*) ***da kann ich mir nichts ~ vorstellen*** that means nothing to me, I can't make head [n]or tail of it ▶ WENDUNGEN: **das D~ und Drüber** the confusion; **alles geht ~ und drüber** everything is at sixes and sevens [*or* in confusion], I'm [he's/she's/etc.] all at sea; *s. a.* **darunter**
Druse, **Drusin** <-n, -n> *m, f* Druse, Druze
Drüse <-, -n> *f* ANAT gland; **etw mit den ~n haben** (*fam*) to have sth wrong with one's glands [*or* gland trouble]
Drüsenzelle *f* BIOL glandular cell
DSB <-s> *m Abk von* **Deutscher Sportbund** *German umbrella organization for sports*
Dschibuti <-s> *nt* GEOG ❶ (*Republik in Ostafrika*) Djibouti, Jibouti, Jibuti ❷ (*Hauptstadt*) Djibouti, Jibouti, Jibuti
Dschibutier(in) <-s, -> *m(f)* Djiboutian; *s. a.* Deutsche(r)
dschibutisch *adj* BRD, ÖSTERR Djiboutian; *s. a.* deutsch
Dschihad <-s> *m* REL (*heiliger Krieg*) jihad, jehad
Dschingis Khan <-s> *m* HIST Genghis [*or* Jinghis] Khan
Dschungel <-s, -> *m* GEOG jungle ▶ WENDUNGEN: **der ~ der Großstadt** (*geh*) the city jungle BRIT; **der ~ der Paragraphen** (*geh*) the maze of legal bureaucracy
Dschunke <-, -n> *f* NAUT junk
DSR *nt Abk von* **Digitales Satellitenradio** DSR
dto. *adv Abk von* **dito** do.
DTP <-> *nt* INFORM *Abk von* **Desktoppublishing** DTP
DTP-Software *f* INFORM DTP software **DTP-System** *nt* INFORM DTP system
dt(sch). *adj Abk von* **deutsch** G
Dtzd. *Abk von* **Dutzend** doz.
du <*gen* deiner, *dat* dir, *akk* dich> *pron pers* ❶ *2. pers sing* you; ***he, ~ da!*** hey, you there!; ***~, kann ich dich mal was fragen?*** listen, can I ask you something?; ***~, der ~ es erlebt hast*** you, who have experienced it; ***~ bist es*** it's you; ***bist ~ das, Peter?*** is it you Peter?; ***mach ~ das doch gefälligst selber!*** do it yourself!; ***~, kannst ~ mir mal helfen?*** hey, can you help me?; ***~, ich muss jetzt aber gehen!*** look [*or* listen], I have to go now!; ■**... und ~?** what about you?; ■**~ ...!** you ...!; ***~ Idiot!*** you idiot!; **mit jdm per ~ sein** to use the "du" form [*or* familiar form of address] with sb; **~ [zu jdm] sagen** to use the "du" form [*or* familiar form of address] with sb; **~, ~!** (*fam*) watch it ❷ (*poet*) thou; ***sei mir gegrüßt, ~ meine Heimat/mein Vaterland!*** greetings, thou, my homeland/fatherland! ❸ (*man*) you; ***ob ~ willst oder nicht, ...*** whether you want to or not [*or* like it or not], ...
Du <-[s], -[s]> *nt* you, "du" (*familiar form of address*); **jdm das ~ anbieten** to suggest that sb uses the familiar form of address [*or* uses the "du" form]
dual *adj* dual
Dualbandgerät *nt* TELEK dual-channel machine
Dualismus <-> *m kein pl* PHILOS dualism
Dualmode <-[s], -s> ['dʒu̯əlmoʊd] *m* TELEK dual mode
Dualmodehandy *nt* dual-mode mobile [phone]
Dualrate <-, -s> ['djuːəlreɪt] *f* TELEK dual rate **Dualrategerät** *nt* dual-rate machine **Dualsystem** *nt* MATH binary system **Dual-Usegüter** ['djuːəl'juːs-] *pl* dual-use goods *npl* **Dualzahl** *f* binary number
Dübel <-s, -> *m* BAU dowel, plug
dübeln *vt* ■**etw [an etw** *akk*] **~** to fix [*or* attach] sth [to sth] using plugs [*or* dowels]
dubios *adj* (*geh*) dubious
Dubiosa *pl* FIN (*zweifelhafte Forderungen*) bad [*or* doubtful] debts
Dublee <-s, -s> *nt* rolled gold
Dublette <-, -n> *f* ❶ (*doppeltes Exemplar*) duplicate ❷ (*Edelsteinimitat*) doublet
Dublieren <-s> *nt kein pl* TYPO ghosting, slur
Dublin <-s> ['dablɪn] *nt* GEOG Dublin
ducken I. *vr* ❶ (*sich rasch bücken*) ■**sich [vor etw** *dat*] **~** to duck [sth]; **den Kopf ~** to duck [*or* lower] one's head; ***das Kind duckte sich ängstlich in eine Ecke*** the child cowered in a corner ❷ (*den Kopf einziehen*) ■**sich ~** to stoop ❸ (*pej: sich unterwürfig zeigen*) ■**sich ~** to humble oneself II. *vt* ❶ (*einziehen*) ■**etw ~** to duck sth; **den Kopf ~** to duck [*or* lower] one's head ❷ (*unterdrücken*) ■**jdn ~** to oppress sb III. *vi* (*pej*) to submit
Duckmäuser(in) <-s, -> *m(f)* (*pej*) yes-man
duckmäuserisch I. *adj* (*pej*) grovelling [*or* AM -l-], obsequious *form* II. *adv* (*pej*) grovellingly [*or* AM -l-], obsequiously *form*
Dudelei <-, -en> *f* (*pej*) racket *fam; von Flöte* tootling; *von Lautsprecher* blare
dudeln I. *vi* (*pej fam*) to drone [on]; *Drehorgel* to grind away; *Flöte* to tootle; *Lautsprecher* to blare II. *vt* (*pej fam*) ■**etw ~** to drone [sth] on and on; ***die Lautsprecher dudelten immer wieder die gleichen Lieder*** the loudspeakers blared out the same songs over and over again; (*auf der Flöte spielen*) to tootle sth [on the flute]
Dudelsack *m* MUS bagpipes *pl*
Dudelsackspieler(in) *m(f)* MUS bagpipe player, [bag]piper
Duell <-s, -e> *nt* duel; **ein ~ [mit jdm] austragen** to fight a duel [with sb]; **jdn zum ~ [heraus]fordern** to challenge sb to a duel
Duellant(in) <-en, -en> [duɛ'lant] *m(f)* duellist, duelist AM
duellieren* [duɛ'liːrən] *vr* ■**sich ~** to [fight a] duel; ■**sich [mit jdm] ~** to [fight a] duel [with sb]
Duett <-[e]s, -e> *nt* MUS duet; **[etw] im ~ singen** to sing [sth] as a duet
Duffinbohne *f* KOCHK lima bean
Dufflecoat <-s, -s> ['dʌflkoʊt] *m* MODE duffel [*or* duffle] coat
Duft <-[e]s, Düfte> *m* [pleasant] smell; *einer Blume* fragrance, scent, perfume; *von Parfüm* scent; *von Essen, Kaffee* aroma, smell; *von Gewürzen* aroma, fragrance
dufte *adj* DIAL (*sl: hervorragend*) great *fam*, smashing BRIT *fam*; ***guck mal, die Frau da, ist die nicht ~?*** look at her, isn't she a cracker? *fam*; ***das finde ich ~*** [I think] that's great [*or* smashing] *fam*
duften I. *vi* ■**[nach etw] duften** to smell [of sth]; ***hm, wie gut du duftest*** mmm, you smell nice II. *vi impers* ■**es duftet [nach etw]** it smells [*or* there is a smell] [of sth]
duftend *adj attr* fragrant
duftig *adj* MODE gossamer
Duftmarke *f* JAGD scent mark **Duftmischung** *f* potpourri **Duftnote** *f* ❶ (*Duft von besonderer Prägung*) [a particular type of] scent [*or* fragrance]; **eine schwere/etwas herbe/süßliche ~** a strong/slightly acrid/sweet scent [*or* fragrance] ❷ (*pej: Ausdünstung*) smell, odour [*or* AM -or] **Duftreis** *m* basmati rice **Duftsensation** *f* fragrant sensation

Duftstoff *m* ① CHEM aromatic substance ② BIOL scent, odour [*or* AM -or] **Duftstreifen** *m* fragrance strip **Duftwasser** *nt* (*hum*) perfume, scent, BRIT toilet water **Duftwolke** *f* cloud of perfume

Duisburg <-s> ['dy:s-] *nt* Duisburg

Dukaten <-s, -> *m* HIST ducat

Dukatengold *nt* fine [*or* ducat] gold **Dukatenscheißer** *m* ► WENDUNGEN: **einen ~ haben** (*sl*) to be [absolutely] loaded [*or* stinking rich] *fam;* **ein ~ sein** (*sl*) to be made of money [*or fam* loaded]

dulden I. *vi* (*geh*) to suffer; **klaglos/widerspruchslos ~** to suffer in silence II. *vt* ① (*zulassen*) ■**etw ~** to tolerate sth ② (*tolerieren*) ■**jdn ~** to tolerate sb; ***ich will dich für ein paar Tage ~*** I'll put up with [*or* tolerate] you for a few days ③ (*geh: er~*) ■**etw ~** to endure sth

Dulder(in) <-s, -> *m(f)* (*geh*) silent sufferer

Duldermiene *f* (*iron*) martyred expression; **eine ~ aufsetzen** to put on a martyred expression [*or* an air of silent suffering]; **mit ~** with a martyred expression [*or* an air of silent suffering]

duldsam *adj* ■**~ [jdm/einer S. gegenüber] sein** to be tolerant [of [*or* towards] sb/sth]

Duldsamkeit <-> *f kein pl* tolerance *no pl*

Duldung <-, *selten* -en> *f* toleration; **mit [*o* unter] [stillschweigender/offizieller] ~** with [tacit/official] permission

Duldungsbescheid *m* JUR sufferance note **Duldungspflicht** *f* JUR obligation to tolerate **Duldungsprokura** *f* JUR agency by estoppel **Duldungstitel** *m* JUR *judgement, deed or court settlement requiring sb to tolerate sth* **Duldungsvollmacht** *f* JUR authority by estoppel

Duma <-> *f kein pl* (*russische Parlament*) ■**die ~** the Duma

DumdumgeschossRR *nt* dumdum [bullet]

dumm <dümmer, dümmste> I. *adj* ① (*geistig beschränkt*) stupid, thick, dense ② (*unklug, unvernünftig*) foolish; ***wirklich kein ~er Vorschlag*** that's not a bad idea at all; ■**es wäre ~, etw zu tun** it would be foolish to do sth; ■**so ~ sein, etw zu tun** stupid enough to do sth; ■**etwas D~es** something foolish; ***so etwas D~es!*** how foolish!; *s. a.* **Gesicht** ③ (*albern*) silly; ■**jdm zu ~ sein/werden** to be/become too much for sb; ***diese Warterei wird mir jetzt zu ~, ich gehe!*** I've had enough of waiting around [*or* I've been waiting around long enough], I'm going [*or* off]! ④ (*ärgerlich, unangenehm*) *Gefühl* nasty; *Geschichte, Sache* unpleasant; **zu ~** (*fam*) ***es ist zu ~, dass er nicht kommen kann*** [it's] too bad that he can't come; ***zu ~, jetzt habe ich mein Geld vergessen!*** [oh] how stupid [of me], I've forgotten my money; [***es ist***] **~ [, *dass*]** it's a pity [that] II. *adv* stupidly; ***frag nicht so ~*** don't ask such stupid questions ► WENDUNGEN: **~ und dämlich** (*fam*) **sich ~ und dämlich reden** to talk until one is blue in the face; **sich ~ und dämlich suchen** to search high and low; **sich ~ und dämlich verdienen** to earn a fortune; **jdm ~ kommen** (*fam*) to be insolent [*or* BRIT *a.* cheeky] to sb; **~ dastehen** to look [*or* to be left looking] stupid, to not lift a little finger to help; **sich ~ stellen** to act stupid; **jdn für ~ verkaufen** (*fam*) to take sb for a ride

Dummchen <-s, -> *nt* (*fam*) *s.* **Dummerchen**

dummdreist *adj* impudent

Dumme(r) *f(m) dekl wie adj* (*fam*) idiot, fool *esp* BRIT, goof AM; ***der muss einer von den ganz ~n sein*** he must be a right [*or* prize] idiot BRIT; ***dann kannst du aber kein ganz ~r sein*** you can't be that [*or* completely] stupid; **einen ~n finden** to find some idiot [*or* BRIT a mug] *fam;* **der ~ sein** to be left holding the baby [*or* BRIT carrying the can] *fig,* take responsibility for a mistake ► WENDUNGEN: **die ~n sterben nicht aus, die ~n werden nicht alle** there's one born every minute

Dummejungenstreich *m* (*fam*) foolish [*or* silly] childish prank

Dummenfang *m kein pl* (*pej*) attempt to dupe gullible people; **auf ~ ausgehen [*o* sein]** to attempt to dupe gullible people

Dummerchen <-s, -> *nt* (*fam*) silly little boy *masc* [*or fem* girl], silly billy BRIT

dummerweise *adv* ① (*leider*) unfortunately ② (*unklugerweise*) stupidly, foolishly

Dummheit <-, -en> *f* ① *kein pl* (*geringe Intelligenz*) stupidity; **mit ~ geschlagen sein** to be stupid ② *kein pl* (*unkluges Verhalten*) foolishness *no pl;* ***so eine ~ [von dir]!*** such foolishness [on your part]!, you acted like a real goof there! ③ (*unkluge Handlung*) foolish [*or* stupid] action; ***das war eine große ~ von dir*** that was foolish of you; **eine ~ machen [*o* begehen]** to do sth foolish [*or* stupid]; **~en machen** to do sth foolish [*or* stupid]; ***mach bloß keine ~en!*** don't do anything foolish [*or* stupid]! ► WENDUNGEN: **~ und Stolz wachsen auf einem Holz** (*prov*) arrogance and stupidity go hand in hand *prov*

Dummkopf *m* (*pej fam: Trottel*) idiot, *esp* BRIT fool, goof[ball] AM; ***sei kein ~!*** don't be [such] an idiot

dümmlich I. *adj* simple-minded; **ein ~es Grinsen** a foolish grin II. *adv* simple-mindedly; ***sie grinste nur ~*** she just grinned foolishly [*or* like the village idiot], she gave a goofy grin

Dummschwätzer(in) *m(f)* (*pej*) blither

Dummy <-, -s> ['dami] *m* AUTO [crash-test] dummy

dümpeln *vi* NAUT to roll [gently]

dumpf I. *adj* ① (*hohl klingend*) dull; **~es Geräusch/~er Ton** muffled noise/sound ② (*unbestimmt*) vague; **~e Ahnung** sneaking [*or* vague] suspicion; **~e Erinnerung** vague [*or* hazy] recollection; **~s Gefühl** sneaking feeling; **~er Schmerz** dull pain ③ (*stumpfsinnig*) dulled, lifeless ④ (*feucht-muffig*) musty; **~e Atmosphäre/Luft** oppressive atmosphere/air II. *adv* ① (*hohl*) ***die Lautsprecher klingen ~*** the loudspeakers sound muffled; ***als sie gegen das leere Fass klopfte, klang es ~*** when she tapped the empty barrel, it sounded hollow ② (*stumpfsinnig*) dully, lifelessly

Dumpfbacke *f* (*pej*) bonehead **Dumpfheit** *f kein pl* ① (*von Geräusch*) muffledness ② (*von Luft*) stuffiness ③ (*von Geschmack, Geruch*) mustiness ④ (*von Mensch(en)*) torpor, apathy; (*Benommenheit*) numbness

dumpfig *adj* musty

Dumping <-s> [dʌ'mpɪŋ] *nt* ÖKON dumping; **~ betreiben** to dump, to practice dumping

Dumpingabwehr *f* ÖKON anti-dumping measure[s] **Dumpingbekämpfungszoll** *m* FIN anti-dumping tariff **Dumpingpreis** ['dampɪŋ-] *m* ÖKON dumping price; **zu ~en** at dumping prices **Dumpingverbot** *nt* JUR ban on dumping **Dumpingverfahren** *nt* JUR dumping proceedings *pl* **Dumpingwaren** *pl* HANDEL dumped goods

Düne <-, -n> *f* dune

Dünenbefestigung *f* dune fixation **Dünenbepflanzung** *f* dune plants **Dünengras** *nt* beach [*or* marram] grass **Dünensand** *m* dune [*or* drift] sand

Dung <-[e]s> *m kein pl* dung *no pl,* manure *no pl*

Düngemittel *nt* CHEM fertilizer

düngen I. *vt* ■**etw [mit etw] ~** to fertilize sth [with sth] II. *vi* ① (*mit Dünger versehen*) ■**[mit etw] ~** to fertilize [with sth] ② (*düngende Wirkung haben*) to fertilize; **gut/schlecht ~** to be a good/poor fertilizer

Dünger <-s, -> *m* fertilizer, manure *no pl*

Düngung <-, -en> *f* fertilizing, fertilization

dunkel I. *adj* ① (*ohne Licht*) dark; ■**~ sein/werden** to be/get dark ② (*düster in der Farbe*) dark; **dunkles Brot** brown bread; ***ein Dunkles, bitte!*** ≈ a dark beer, please!, ≈ a [pint/half of] bitter, please! BRIT ③ (*tief*) deep ④ (*unklar*) vague ⑤ (*pej: zwielichtig*) shady; **ein dunkles Kapitel der Geschichte** a dark chapter in history ► WENDUNGEN: **jdn im D~n lassen** to leave sb in the dark; **noch im D~n liegen** to remain to be seen; **im D~n ist gut munkeln** (*prov*) the dark is good for lovers; **im D~n tappen** to be groping around [*or* about] in the dark; **im D~n** in the dark II. *adv* darkly

Dunkel <-s> *nt kein pl* (*geh*) ① (*Dunkelheit*) darkness; **das ~ der Nacht** (*liter*) the darkness of the night *liter* ② (*Undurchschaubarkeit*) mystery ► WENDUNGEN: **im ~ der Vorzeit** in the mists of time [*or* dim and distant past]; **in ~ gehüllt sein** to be shrouded in mystery

Dünkel <-s> *m kein pl* (*pej*) arrogance

dunkelblau *adj* dark blue **dunkelblond** I. *adj* light brown II. *adv* light brown; **etw ~ färben** to dye sth [a] light brown [colour [*or* AM -or]] **dunkelbraun** *adj* dark brown **dunkelgrau** *adj* dark grey [*or* AM gray] **dunkelgrün** *adj* dark green **dunkelhaarig** *adj* dark-haired

dünkelhaft *adj* (*pej*) conceited

dunkelhäutig *adj* dark-skinned

Dunkelheit <-> *f kein pl* darkness *no pl;* **die ~ bricht herein** (*geh*) darkness is descending, night is falling; **bei einbrechender ~** at nightfall; *s. a.* **Einbruch, Schutz**

Dunkelkammer *f* FOTO darkroom **Dunkelmann** *m* (*pej*) shady character

dunkeln I. *vi* ① *haben impers* (*geh: Abend werden*) to grow dark ② *sein* (*nach~*) to become darker, to darken II. *vt haben* (*selten: künstlich nach~*) ■**etw ~** to darken sth

Dunkelreaktion *f* BIOL dark reaction **dunkelrot** *adj* dark red; ***sie wurde ~ vor Scham*** she went dark red [*or* blushed deeply] with shame **Dunkelziffer** *f* number of unreported cases

dünken <dünkte, gedünkt> I. *vt, vi impers* (*veraltend*) ■**jdn [*o* jdm] dünkt etw** sth seems to sb; **das dünkt mich [*o* mir] ...** this seems to me ...; ■**jdm dünkt, dass ...** it seems to sb that ...; ***mir dünkt, dass ...*** methinks that ... *old* II. *vr* ■**sich etw ~** to think [*or* imagine] oneself sth, to regard oneself as sth

Dünkirchen <-s> *nt* GEOG Dunkirk

dünn I. *adj* ① (*eine geringe Stärke aufweisend*) thin; **~es Buch** slim volume; **eine ~e Schneedecke** light covering of snow ② (*nicht konzentriert*) weak; **~es Bier** weak [*or* watery] beer; **~er Brei/~e Suppe** thin [*or* watery] pulp/soup ③ MODE (*fein*) light; **~er Schleier/~e Strümpfe** fine veil/tights ④ (*spärlich*) thin; ***sein Haarwuchs ist schon ~ geworden*** he's [already] gone a bit thin on top; ***das Land ist ~ besiedelt*** the countryside is sparsely populated ► WENDUNGEN: **sich ~ machen** (*sl*) to breathe in; ***he, mach dich mal ~, wir wollen mit dem Schrank da vorbei!*** hey, breathe in, we want to get past [you] with this cupboard!; ***wenn du dich ein bisschen ~ machst, passen wir auch noch auf die Bank*** if you squeeze up a bit, we'll [be able to] fit on the bench too II. *adv* sparsely; **~ besiedelt [*o* bevölkert]** sparsely populated; **~ gesät** thinly scattered; (*fig*) thin on the ground, few and far between; *s. a.* **dick, dünnmachen**

dünnbesiedelt *adj attr,* **dünnbevölkert** *adj attr s.* **dünn II** **Dünnbettverfahren** *nt* BAU thin-set application **Dünnbrettbohrer** *m* (*pej sl*) ① (*Drückeberger*) slacker; ***er ist ein richtiger ~*** he always chooses the path of least resistance ② (*unintelligenter Mensch*) idiot, fool *esp* BRIT **Dünndarm** *m* ANAT small intestine **Dünndruckausgabe** *f* MEDIA India paper edition **Dünndruckpapier** *nt* India [*or* airmail] paper, onion skin

dünne|machen *vr* (*fam*) ■**sich ~** to beat it [*or* BRIT *a.* scarper] *fam*

dünnflüssig *adj* runny; **~er Brei/~e Suppe** thin [*or* watery] pulp/soup; **~er Teig** liquid [*or* runny] dough **dünngesät** *adj s.* **dünn II** **dünnhäutig** *adj* ① (*mit dünner Haut versehen*) thin-skinned ② (*zart besaitet*) sensitive

dünn|machen *vr* (*sl: abhauen*) ■**sich ~** to make oneself scarce *fam*

Dünnpfiff <-[e]s> *m kein pl* (*fam*) the runs *npl fam* **Dünnsäure** *f* CHEM dilute acid **Dünnsäureverklappung** *f* dumping of dilute acids **dünnschalig** *adj* thin-skinned; **~e Nuss/~es Ei** thin-shelled nut/egg **Dünnschichtchromatographie** *f* BIOL thin-layer chromatography **Dünnschiss**RR, **Dünnschiß** *m* (*sl*) the runs *npl fam,* the shits *npl fam!* **dünnwandig** *adj* thin-walled; **aus ~em Glas** made from thin[-walled] glass; **ein**

~es Haus a house with thin walls; ■~ **sein** to have thin walls

Dunst <-[e]s, Dünste> *m* ❶ (*leichter Nebel*) mist, haze; (*durch Abgase*) fumes *npl* ❷ (*Dampf*) steam ❸ (*Geruch*) smell; (*Ausdünstung*) odour [*or* AM -or] ▶ WENDUNGEN: **keinen blassen ~ von etw haben** (*fam*) to not have the slightest [*or* faintest] [*or* BRIT *fam a.* foggiest] idea [*or* clue] about sth; **jdm blauen ~ vormachen** (*fam*) to pull the wool over sb's eyes [*or* BRIT throw dust in sb's eyes]

Dunstabzugshaube *f* TECH extractor hood

dünsten *vt* KOCHK ■**etw ~** to steam sth; **Fleisch ~** to braise meat; **Früchte ~** to stew fruit

Dünster *m* KOCHK steamer

Dunstglocke *f* pall [*or* AM blanket] of smog

dunstig *adj* ❶ METEO misty, hazy ❷ (*viele Ausdünstungen aufweisend*) stuffy; ***in dieser ~en Kneipe sah man kaum die Hand vor den Augen*** you could hardly see your hand in front of your face in that smoky pub

Dunstkreis *m* (*geh*) ■**jds ~** sb's entourage **Dunstobst** *nt* stewed fruit **Dunstschleier** *m* [thin] layer of mist [*or* haze] **Dunstwolke** *f* cloud of smog; (*in einem Raum*) fug BRIT *fam*

Dünung <-, -en> *f* NAUT swell

Duo <-s, -s> *nt* ❶ (*Paar*) pair, duo; ***Bonnie und Clyde waren ein berüchtigtes ~*** Bonnie and Clyde were an infamous [*or* a notorious] couple; **ein feines** [*o* **sauberes**] ~ (*iron*) a fine pair *iron* ❷ MUS duet; *s. a.* **Duett**

Duodezimalsystem *nt kein pl* duodecimal system

düpieren* *vt* (*geh*) ■**jdn ~** to dupe sb; ■**der/die Düpierte** the dupe

Duplikat <-[e]s, -e> *nt* duplicate

Dur <-, -> *nt* MUS major; **in ~** in a major key; ***die Symphonie ist in G-~*** the symphony is in G major

durch I. *präp +akk* ❶ (*räumlich hindurch*) ■~ **etw** through sth; ~ **den Fluss waten** to wade across the river; **direkt/quer ~ etw** right through [the middle of] sth; **mitten ~ etw** through the middle of sth ❷ (*sich hindurch bewegend*) ■~ **etw** through sth; ***auf seinen Reisen reiste er ~ das ganze Land*** on his travels he went all over the country; *s. a.* **Kopf, kreuz** ❸ (*per*) by sth/through sb; ***Sie werden von mir ~ meinen Anwalt hören!*** you will be hearing from [me through] my lawyer!; ~ ***die landesweite Fahndung konnten die Täter ausfindig gemacht werden*** thanks to a nationwide search the culprits were tracked down; ***er ist ~ das Fernsehen bekannt geworden*** he became famous through television; ~ ***Gottes Güte wurden sie gerettet*** they were saved by the grace of God; **jdm etw ~ die Post schicken** to send sth to sb by post [*or* AM mail] [*or* post sth to sb]; **etw ~ Beziehungen/Freunde bekommen** to get sth through connections/friends ❹ (*vermittels*) ■~ **etw** by sth, by [means of] sth; **Tod ~ Ertrinken/eine Giftinjektion/den Strang** death by drowning/lethal injection/hanging; ~ **[einen] Zufall** by chance; ***Tausende wurden ~ das Erdbeben obdachlos*** [***gemacht***] thousands were made homeless by the earthquake ❺ (*zeitlich hindurch*) ■~ **etw** throughout sth; ***sich ~s Leben schlagen*** to struggle through life; ***sie haben die ganze Nacht ~ gefeiert*** they partied through[out] the night; ***der Prozess ging ~ drei Instanzen*** the case lasted for [*or* took] three hearings; ***damit kommen wir nicht ~ den Winter*** we won't last [*or* get through] the winter with that ❻ MATH (*dividiert*) ***27 ~ 3 macht 9*** 27 divided by 3 is 9 II. *adv* ❶ (*fam: vorbei*) ■**es ist etw ~** *Uhrzeit* it's past [*or* BRIT *a.* gone] sth; ***es ist schon 12 Uhr ~*** it's already past [*or* BRIT *a.* gone] 12 [o'clock]; ~ **sein** to have already left [*or* passed through]; ***der Zug ist vor zwei Minuten ~*** the train went two minutes ago; ***Biberach? da sind wir schon lange ~!*** Biberach? we passed that a long time ago! ❷ (*fertig*) **durch** [*o* **mit**] **etw ~ sein** (*durchgelesen haben*) to have finished [with] sth, to be through with sth; ~ **sein** (*gar*) to be done; (*reif*) to be ripe; *Käse* to be mature ❸ (*kaputt*) ~ **sein** (*durchgescheuert*) to be worn out; (*durchgetrennt*) to be through ▶ WENDUNGEN: **jdm ~ und ~ gehen** to go right through sb; ***dieser Anblick ging mir ~ und ~*** this sight chilled me through and through; ~ **und ~** through and through; **jdn/etw ~ und ~ kennen** to know sb/sth like the back of one's hand [*or* through and through]; ~ **sein** (*fam: genehmigt sein*) to have gone [*or* got] [*or* come] through; *Antrag a.* to have been approved; ~ **und ~ überzeugt sein** to be completely [*or* totally] convinced; (*ganz und gar*) through and through; ***er ist ~ und ~ verlogen*** he is an out and out liar; ~ **und ~ nass** soaked, wet through BRIT

durch|ackern I. *vt* (*fam*) ■**etw ~** to plough [*or* AM plow] through sth II. *vr* (*fam*) ■**sich [durch etw] ~** to plough [*or* AM plow] one's way [through sth]

durch|arbeiten I. *vt* ■**etw ~** ❶ (*sich mit etw beschäftigen*) to go [*or* work] through sth ❷ (*durchkneten*) to knead [*or* work] sth thoroughly II. *vi* to work through III. *vr* ■**sich durch etw ~** ❶ (*durch Erledigung bearbeiten*) to work one's way through sth ❷ (*durchschlagen*) to fight one's way through sth

durch|atmen *vi* to breathe deeply, take deep breaths ▶ WENDUNGEN: **[wieder] ~ können** to be able to breathe freely [*or* relax] [again]

durchaus, durchaus *adv* ❶ (*unbedingt*) definitely; ***hat er sich anständig benommen? — ja ~*** did he behave himself [properly]? — yes, perfectly [*or* absolutely]; ***da beharrt sie ~ auf ihrer Meinung*** she is sticking absolutely [*or* resolutely] to her opinion; ***wenn Sie es ~ wünschen ...*** if you [really [*or* absolutely]] insist ... ❷ (*wirklich*) quite; ~ **möglich** quite [*or* perfectly] possible; ~ **richtig** quite [*or* absolutely] right; ~ **verständlich** completely [*or* totally] understandable; ***du hast ~ recht!*** you're quite [*or* absolutely] right!; ***das ließe sich ~ machen*** that sounds feasible [*or* possible], I'm sure we could swing that [somehow] *sl;* ***ich bin ja ~ Ihrer Meinung, aber ...*** I quite [*or* entirely] agree with you but ...; ***man muss ~ annehmen, dass ...*** it's highly likely [*or* we can assume] that ... ❸ (*völlig*) thoroughly; ~ **ernst** deadly serious; ~ **gelungen** highly successful; ~ **unerfreulich** thoroughly [*or* downright] unpleasant; ~ **zufrieden** completely [*or* perfectly] [*or* thoroughly] satisfied ❹ (*keineswegs*) ■~ **nicht** by no means; ~ **nicht [so] einfach/klug/schlecht** by no means [as] simple/clever/bad; ***er wollte seinen Irrtum ~ nicht einsehen*** he absolutely refused to [*or* there was no way he would] admit his mistake; ***wir konnten sie ~ nicht vom Gegenteil überzeugen*** we were completely unable to [*or* there was no way we could] convince her otherwise; ***wenn er das ~ nicht tun will ...*** if he absolutely refuses to do it ... [*or* there is no possibility of him doing it ...] ❺ (*sicherlich*) ■~ **kein ...** by no means; ~ ***kein schlechtes Angebot*** not a bad offer [at all]; ***sie ist ~ kein schlechter Mensch*** she is by no means a bad person [*or* far from being a bad person]; ***das ist ~ kein Witz*** that is no joking matter [*or* certainly no joke]

durch|beißen *irreg* I. *vt* ■**etw ~** to bite through sth II. *vr* (*fam*) ■**sich [durch etw] ~** to struggle one's way through [sth]

durch|bekommen* *vt irreg* (*fam*) ❶ (*durchtrennen*) ■**etw ~** to cut through sth ❷ *s.* **durchbringen**

durch|biegen *irreg* I. *vt* ■**etw ~** to bend sth; **den Rücken ~** to arch one's back II. *vr* ■**sich ~** to sag

durch|blasen *irreg* I. *vt* ■**etw ~** to clear sth by blowing [through it] II. *vi* to blows through sth

durch|blättern, durchblättern* *vt* ■**etw ~** to leaf [*or* flick] through sth; INFORM to scroll sth; **etw nach oben/unten ~** to scroll sth up/down

Durchblick *m* ❶ (*Ausblick*) ■**der/ein ~ auf etw** *akk* the/a view of sth; **ein malerischer/schöner ~** a picturesque/beautiful view ❷ (*fam*) overall view; **den ~ [bei etw] haben** (*fam*) to know what's going on [in sth]; ***ich habe den*** [***nötigen/völligen***] ***~*** I know [just/exactly] what's going on; **den ~ [bei etw] verlieren** to lose track of what's going on [in sth]; **sich** *dat* **einen ~ [bei etw** *dat*] **verschaffen** to get an idea of what's going on [in sth]

durch|blicken *vi* ❶ (*hindurchsehen*) ■**[durch etw] ~** to look through [sth] ❷ (*geh: zum Vorschein kommen*) to show [*or* peep through] ❸ (*fam: den Überblick haben*) to know what's going on, to make head or tail of it BRIT ❹ (*andeuten*) **etw ~ lassen** to hint at [*or* intimate] sth; ~ **lassen, dass** to intimate that

durchbluten* [1] *vt* ANAT ■**etw ~** to supply sth with blood; ■**durchblutet** supplied with blood; **mangelhaft/ungenügend durchblutet** with poor circulation

durch|bluten[2] *vi* to soak through; ***der Verband blutet durch*** the blood is soaking through the bandage

Durchblutung *f* ANAT circulation, supply [*or* flow] of blood

durchblutungsfördernd *adj inv* ■**etw ist ~** sth stimulates the circulation **Durchblutungsstörung** *f* MED circulatory problem, disturbance in blood supply [*or* flow]

durchbohren* [1] *vt* ■**jdn/etw [mit etw] ~** to run sb through/to pierce sth [with sth]; (*ganz durchdringen*) to go through sb/sth; *s. a.* **Blick** ▶ WENDUNGEN: **jdn ansehen, als wollte man ihn/sie ~** to look angrily at sb, to look daggers at sb BRIT

durch|bohren[2] I. *vt* ■**etw durch etw ~** to drill sth through sth; ***er bohrte ein kleines Loch durch die Wand durch*** he drilled a small hole right through the wall II. *vr* ■**sich durch etw ~** to go through sth; ***die Borkenkäfer bohren sich durch die Rinde von Bäumen durch*** bark beetles chew [their way] through the bark of trees

durchbohrend *adj* ~**e Blicke** piercing [*or* penetrating] looks

durch|boxen I. *vt* (*fam*) ■**etw [bei jdm] ~** to push [*or* force] sth through [with sb] II. *vr* (*fam*) ❶ (*sich boxend durchdrängen*) ■**sich [irgendwohin] ~** to fight one's way through [to somewhere] ❷ (*sich durchschlagen*) ■**sich ~** to fight *fig;* **sich nach oben/an die Spitze ~** to fight one's way up/to the top

durch|braten *irreg* I. *vt haben* ■**etw ~** to cook sth until it is well done [*or* thoroughly]; ■**durchgebraten** well-done II. *vi sein* KOCHK to cook until [sth is] well done

durch|brausen *vi sein* ■**[durch etw] ~** to speed [*or* tear] through [sth]; ***das Auto brauste*** [***durch die Sperre***] ***durch*** the car sped [*or* tore] through [the barrier]

durch|brechen[1] *irreg* I. *vt haben* ❶ (*in zwei Teile brechen*) ■**etw ~** to break sth in two ❷ KOCHK **Fleisch/Gemüse ~** to mince [*or* AM chop] meat/vegetables II. *vi sein* ❶ (*entzweibrechen*) ■**[unter etw** *dat*] ~ to break in two [under sth]; **unter dem Gewicht ~** to break in two under the weight [of sth] ❷ (*einbrechen*) ■**[bei etw] ~** to fall through [while doing sth] ❸ (*hervorkommen*) ■**[durch etw] ~** to appear [through sth]; *Zähne* to come through; *Sonne* to break through [the clouds] ❹ (*sich zeigen*) to reveal [*or* show] itself ❺ MED to burst [*or* rupture]

durchbrechen* [2] *vt irreg* ❶ (*gewaltsam durch etw dringen*) ■**etw [mit etw] ~** to crash through sth [with sth] ❷ (*überwinden*) ■**etw ~** to break through sth; **die Schallmauer ~** to break the sound barrier

Durchbrechung *f* breaking through *no pl;* ~ **der Schallmauer** breaking [of] the sound barrier

durch|brennen *vi irreg* ❶ *haben* (*weiterbrennen*) to stay alight [*or* keep burning] ❷ *sein* ELEK to burn out; ***die Sicherung ist durchgebrannt*** the fuse has blown ❸ *sein* (*fam*) ■**[jdm] ~** to run away [from sb]; ■**[jdm] ~** to run off [from sb] [*or* leave [sb]]; ***der arme Kerl, seine Frau ist ihm mit einem anderen Mann durchgebrannt!*** poor fellow, his wife has run off with [*or* has left him for] another man!

durch|bringen *vt irreg* ❶ (*durchsetzen*) ■**etw [bei jdm] ~** to push sth through [with sb]; **einen Änderungsantrag im Parlament ~** to have an amendment ratified in parliament; ***sie hat beim Chef ihre Gehaltserhöhung durchgebracht*** she managed to get the boss to approve her pay rise;

■ jdn ~ to get sb elected ② (*für Unterhalt sorgen*) ■ jdn ~ to support [*or* provide for] sb; ■ **sich** ~ to get by; **sich mehr schlecht als recht** [*o* **kümmerlich**] [*o* **mühsam**] ~ to scrape by ③ (*ausgeben*) ■ **etw** [**für etw**] ~ to get through [*or fam* blow] sth [on sth]

durchbrochen *adj* MODE open-work *attr;* **~e Schuhe/Stickerei/Spitzen/Strümpfe** open-work shoes/embroidery/lace/stockings

Durchbruch *m* ① (*entscheidender Erfolg*) ■ **der/jds** ~ [**zu etw**] the/sb's breakthrough [into sth]; **zum ~ kommen** *Idee, Sache* to be gaining acceptance; *Charaktereigenschaft, Naturell, Natur* to come to the fore BRIT [*or* reveal itself [for what it is]]; **jdm/einer S. zum ~ verhelfen** to help sb/sth on the road to success ② MIL breakthrough ③ (*das Hindurchkommen*) appearance; *Zahn* coming through *no pl* ④ MED rupture, bursting ⑤ (*durchgebrochene Öffnung*) opening

durch|checken *vt* ① (*fam*) ■ **jdn** ~ to screen sb; **sich ~ lassen** to have a checkup; ■ **etw** ~ to check through sth ② LUFT (*registrieren*) ■ **etw** ~ to check sth in

durchdacht *adj* thought-out; **eine gut ~e Idee** a well-thought-out idea; ■ **etwas D~** sth thought-out

durch|denken, durchdenken* *vt irreg* ■ **etw** ~ *irreg* to think sth through [*or* over]

durchdesignt [-di'zaɪnt] *adj* MODE (*sl: gestylt*) styled

durch|diskutieren* *vt* ■ **etw** [**mit jdm**] ~ to discuss sth thoroughly [*or* talk sth through] [with sb]

durch|drängeln *vr* (*fam*) ■ **sich** [**durch etw**] ~ to push [*or* force] one's way through [sth]; **sich nach vorn** ~ to push one's way [through] to the front [*or* push through to the front]

durch|drängen *vr* ■ **sich** [**durch etw**] ~ to push [*or* force] one's way through [sth]

Durchdrehen <-s> *nt kein pl der Räder* tyre spinning

durch|drehen I. *vi* ① AUTO to spin ② (*fam*) to crack up *fam,* lose it *sl;* **durchgedreht sein** to have cracked up *fam* [*or sl* lost it] **II.** *vt* KOCHK ■ **etw** ~ to mince sth; **Fleisch** ~ to mince [*or* AM grind] meat, to put meat through the mincer [*or* AM grinder]; **Obst/Gemüse** ~ to purée fruit/vegetables, to put fruit/vegetables through the blender

durch|dringen¹ *vi irreg sein* ① (*durch etw dringen*) ■ [**durch etw**] ~ to come through [sth] ② (*vordringen*) ■ [**bis zu jdm**] ~ to carry through [as far as sb]; ***ihre Stimmen drangen durch die dünne Wand bis zu den Nachbarn durch*** their voices carried through the thin wall as far as the[ir] neighbours [*or* reached the neighbours through the thin wall] ③ (*erreichen*) ■ **zu jdm** ~ to get as far as sb; ***der Präsident ist zu gut abgeschirmt, zu ihm kann kein Attentäter*** ~ the president is too well protected for any [potential] assassin to get close to him ④ (*sich durchsetzen*) ■ [**bei jdm/in etw** *dat*] **mit etw** *dat* ~ to get sth accepted [by sb/sth]

durchdringen*² *vt irreg* ① (*durch etw dringen*) ■ **etw** ~ to penetrate sth ② (*geh*) ■ **jdn** ~ to pervade sb

durchdringend *adj* piercing; **~er Blick/~es Geräusch/~e Stimme** piercing [*or* penetrating] gaze/noise/voice; **~er Geruch** pungent [*or* penetrating] smell; **~er Gestank** penetrating stench; **~e Kälte/~er Wind** biting cold/wind; **~er Schmerz** excruciating pain

Durchdringung <-> *f kein pl* ① (*Eindringen*) penetration ② (*Sättigung*) saturation ③ (*Erfassung*) grasp, understanding

durch|drücken *vt* ① ■ **etw** ~ (*erzwingen*) to push [*or* force] sth through; ■ [**es**] [**bei jdm**] ~, **dass** to get [it] accepted [by sb] that; ***wie hast du es denn [beim Chef] durchgedrückt, dass du eine Gehaltserhöhung bekommst?*** how did you manage to get a pay rise [out of the boss]? ② (*straffen*) to straighten sth

durchdrungen *adj pred* ■ **von etw ~ sein** to be imbued [*or* filled] with sth

durch|dürfen *vi irreg* (*fam*) to be allowed through; ***„entschuldigen Sie, darf ich mal durch?"*** "excuse me, can I get through [*or* past]?"

durcheinander I. *adj pred* (*fam*) ■ ~ **sein** ① (*nicht ordentlich*) to be in a mess [*or* BRIT *a.* muddle]; (*völlig unaufgeräumt*) to be very untidy [*or* in a complete mess] ② (*fam: verwirrt*) to be confused [*or* in a state of confusion] **II.** *adv* ① (*in Unordnung*) **etw ~ bringen** to get sth in a mess [*or esp* BRIT muddle]; (*verwechseln*) to mix [*or esp* BRIT muddle] up sth *sep,* to get sth mixed [*or esp* BRIT muddled] up; **~ geraten** [*o* **kommen**] to get mixed [*or esp* BRIT muddled] up; **~ liegen** to be all over the place; [**jdm**] **etw ~ werfen** to get sth [of sb's] in a mess [*or esp* BRIT muddle]; **etw ~ wirbeln** to scatter sth in all directions ② (*verwirrt*) **jdn/etw** [**mit etw**] **~ bringen** [*o* **werfen**] to confuse sb/sth [with sth]; **~ geraten** [*o* **kommen**] to get confused; **jdn/etw ~ wirbeln** (*fam: in Unruhe versetzen*) to shake sb/sth up ③ (*wahllos*) **etw ~ essen/trinken** to eat/drink sth indiscriminately; **~ laufen** to run about in all directions; **~ reden** to all talk at once [*or* the same time]; **~ schreien** to all shout at once [*or* the same time]; **alles ~ trinken** to mix one's drinks

Durcheinander <-s> *nt kein pl* ① (*Unordnung*) mess, BRIT *esp* muddle ② (*Wirrwarr*) confusion

durcheinander|bringen *vt irreg s.* **durcheinander II 1, II 2** **durcheinander|geraten*** *vi irreg sein s.* **durcheinander II 1, II 2** **durcheinander|kommen** *vi irreg sein* (*fam*) *s.* **durcheinander II 1, II 2** **durcheinander|laufen** *vi s.* **durcheinander II** **durcheinander|liegen** *vi irreg haben o sein s.* **durcheinander II 1** **durcheinander|reden** *vi s.* **durcheinander II 3** **durcheinander|schreien** *vi irreg s.* **durcheinander II 3** **durcheinander|werfen** *vt irreg* (*fam*) *s.* **durcheinander II 1 , II 2** **durcheinander|wirbeln** *vt s.* **durcheinander II 1, II 2**

durch|exerzieren* *vt* ■ **etw** [**mit jdm**] ~ ① (*wiederholend üben*) to practise [*or* AM -ice] [*or* go through] sth [with sb] ② (*durchspielen*) to rehearse [*or* go through] sth [with sb]

durch|fahren¹ *vi irreg sein* ① (*zwischen etw fahren*) ■ **zwischen etw** *dat* ~ to go [*or* drive] between [*or* through] sth ② (*fahrend durchbrechen*) ■ **durch etw** ~ to crash through sth ③ (*nicht anhalten*) ■ [**bei etw**] ~ to travel straight through; ***das Auto fuhr bei Rot durch*** the car drove [straight] through the red light [*or* ran the red light]; **die Nacht** ~ to drive through the night ④ (*unterqueren*) ■ **unter etw** *dat* ~ to travel [*or* pass] under sth; ***das hohe Fahrzeug kann unter dieser Brücke nicht*** ~ this high vehicle can't drive under the bridge

durchfahren*² *vt irreg* ■ **jdn** ~ ① (*plötzlich bewusst werden*) to flash through sb's mind ② (*von Empfindung ergriffen werden*) to go through sb

Durchfahrt *f* ① (*Öffnung zum Durchfahren*) entrance ② (*das Durchfahren*) thoroughfare; ***für Lkws ist hier keine*** ~ there's no access [*or* thoroughfare] for trucks here!; **~ bitte freihalten** please do not obstruct [*or* keep clear]; **~ verboten** no thoroughfare; **auf der ~ sein** to be passing through

Durchfahrtsrecht *nt* JUR right of way **Durchfahrtsstraße** *f* TRANSP through road **Durchfahrtsverkehr** *m* traffic in transit

Durchfall *m* ① MED diarrhoea BRIT, diarrhea AM; **~ haben** [*o* **an ~ leiden**] to have [an attack of] diarrhoea ② (*fam*) fail, failure

durch|fallen *vi irreg sein* ① (*durch etw stürzen*) ■ [**durch etw**] ~ to fall through [sth] ② (*fam*) ■ **bei** [*o* **in**] **etw** *dat* ~ to fail sth; **bei** [*o* **in**] **einer Prüfung** ~ to fail an exam ③ (*einen Misserfolg haben*) ■ [**bei jdm/etw**] ~ to [be a] failure [*or esp* BRIT flop] [with sb/sth]

durch|faulen *vi sein* to rot through

durch|fechten *vt irreg* ■ **etw** ~ to fight [*or* see] sth through [to the end]

durch|feiern¹ *vi* (*fam*) to celebrate [*or* party] non-stop

durchfeiern*² *vt* ■ **etw** ~ to celebrate sth without a break; ***wir haben die ganze Woche durchgefeiert*** the whole week was just one big party; **die Nacht** ~ to celebrate [*or* party] all night [*or* through the night]

durch|feilen *vt* ■ **etw** ~ to file through sth

durchfeuchten* *vt* ■ **etw** ~ to soak sth; ■ **von etw durchfeuchtet sein** to be soaked [through] with sth; **durchfeuchtete Wände** damp-ridden walls

durch|finden *vi, vr irreg* ■ [**sich**] [**durch etw** *akk*/**in etw** *dat*] ~ to find one's way [through sth/in sth]; ***durch dieses/bei diesem Durcheinander finde ich langsam nicht mehr durch*** I'm finding it increasingly hard to keep track in this chaos

durch|fliegen¹ *vi irreg sein* ① LUFT to fly non-stop [*or* direct] ② (*fam: nicht schaffen*) ■ **durch etw** *akk* ~ *Prüfung* to fail [*or* flunk] sth; ■ **in etw** *dat* ~ *Examen* to fail [*or* flunk] sth

durchfliegen*² *vt irreg* ■ **etw** ~ to fly through sth

durch|fließen¹ *vi irreg sein* to flow through

durchfließen*² *vt irreg* ■ **etw** ~ to flow through sth

Durchflug *m* LUFT ■ **der ~ durch etw** flying over *no pl* sth; **auf dem** ~ in transit

DurchflussRR *m,* **Durchfluß** *m* ① (*fließende Menge*) flow ② (*das Durchfließen*) flow ③ (*Öffnung zum Durchfließen*) opening, outlet

durchfluten* *vt* (*geh*) ① (*ganz erhellen*) ■ **etw** ~ to flood sth ② (*durchströmen*) ■ **jdn** ~ to flow through [*or* pervade] sb

durchforschen* *vt* ① (*durchstreifen*) ■ **etw** ~ to explore sth ② (*durchsuchen*) ■ **etw** [**nach etw**] ~ to search through sth [for sth]

durchforsten* *vt* (*fam*) ■ **etw** [**nach etw** *dat*] ~ to sift through sth [for sth]

durch|fragen *vr* ■ sich [**durch etw/zu jdm/zu etw**] ~ to find one's way [through sth/to sb/to sth] by asking

durch|fressen *irreg* **I.** *vr* ① (*korrodieren*) ■ **sich** [**durch etw**] ~ to corrode [*or* eat through] [sth] ② (*sich durch etw nagen*) ■ **sich** [**durch etw**] ~ *Tier* to eat [its way] through [sth] ③ (*pej fam: essend schmarotzen*) ■ **sich** [**bei jdm**] ~ to live on sb's hospitality, to eat sb out of house and home **II.** *vt* ■ **etw frisst durch etw durch** sth eats through sth; ***die Motten haben ein Loch durch das Gewebe gefressen*** the moths have eaten a hole through the fabric; *Rost, Säure, etc.* sth corrodes through sth

Durchfuhr *f* transit

durchführbar *adj* feasible, workable, practicable

Durchfuhrbeschränkung *f* restriction on transit

durch|führen I. *vt* ① (*abhalten*) ■ **etw** ~ to carry out sth; **eine Untersuchung** ~ to carry out [*or* conduct] an examination; **ein Experiment** ~ to carry out [*or* conduct] [*or* perform] an experiment; **eine Haussuchung** ~ to search a house, to conduct [*or* do] a house search BRIT; **eine Messung** ~ to take a measurement; **eine Sammlung** ~ to take up collecting sth ② (*verwirklichen*) ■ **etw** ~ to carry out sth ③ (*hindurchführen*) ■ **jdn** [**durch etw**] ~ to guide sb round [sth] [*or* show sb [a]round] ④ (*durchleiten*) ■ **etw durch/unter etw** *dat* ~ to pass [*or* run] sth through sth/under sth; ***eine neue Autobahn soll quer durch das Gebirge durchgeführt werden*** a new motorway is to be built straight through the mountains; ***die Gasleitung/das Kanalrohr/das Stromkabel wurde unter der Straße durchgeführt*** the gas pipe/sewage pipe/power cable was laid under the street **II.** *vi* ■ **durch etw** ~ to pass [*or* run] through sth

Durchfuhrerlaubnis *f* transit permit **Durchfuhrfreiheit** *f kein pl* HANDEL freedom of transit **Durchfuhrhandel** *m* HANDEL transit trade **Durchfuhrrecht** *nt* JUR right of passage

Durchführung *f* ① (*Verwirklichung*) carrying out *no pl;* **etw zur ~ bringen** (*geh*) to carry out sth; **ein Gesetz zur ~ bringen** to apply [*or* enforce] a law; **zur ~ kommen** [*o* **gelangen**] (*geh*) to come into force ② (*Abhaltung*) carrying out *no pl; Erhebung, Untersuchung a.* conducting *no pl; Experiment* performing; *Messungen* taking

Durchführungsabkommen *nt* JUR implementing agreement [*or* convention] **Durchführungs-**

D

befugnis *f* JUR implementing power[s] **Durchführungsbestimmungen** *pl* JUR implementing regulations **Durchführungsverordnung** *f* JUR implementing order **Durchführungsvorschrift** *f* JUR implementation rule

Durchfuhrverbot *nt* HANDEL prohibition of transit

durch|füttern *vt* (*fam*) ■**jdn** ~ to support sb; ■**sich von jdm** ~ **lassen** to live off sb

Durchgabe *f* ① (*das Durchgeben*) passing on *no pl; Telegramm* phoning in [*or* through] *no pl* ② (*Nachricht*) announcement; *Telefon* message; *Lottozahlen* reading

Durchgang *m* ① (*Passage*) path[way] ② (*das Durchgehen*) entry; **kein ~!, ~ nicht gestattet!** no thoroughfare [*or* right of way]!; (*an Türen*) no entry!, do not proceed beyond this point! ③ POL (*Phase*) round

durchgängig I. *adj* general, universal; **~e Besonderheit** constant exceptional [*or* unusual] feature II. *adv* universally, generally; ***diese Eigenart des Satzbaus ist in ihren Gedichten ~ feststellbar*** this characteristic syntax is evident [*or* to be found] throughout [all of] her poetry

Durchgangsbahnhof *m* through station **Durchgangsfracht** *f* HANDEL transit cargo [*or* freight] **Durchgangsfrachtbrief** *m* HANDEL through bill of lading **Durchgangsgebühr** *f* HANDEL transit charges [*or* costs] *pl* **Durchgangskonnossement** *nt* HANDEL through bill of lading **Durchgangslager** *nt* transit camp **Durchgangsmaß** *nt* BAU clear opening **Durchgangsprüfer** *m* continuity tester **Durchgangsstraße** *f* TRANSP through road, thoroughfare **Durchgangsverkehr** *m* TRANSP ① (*durchgehender Ortsverkehr*) through traffic ② (*Transitverkehr*) transit traffic

durchgearbeitet *adj* spent working *pred;* ***nach zwei ~en Nächten/Wochenenden*** after two [whole] nights/weekends spent working, after working through two [whole] nights/weekends

durch|geben *vt irreg* RADIO, TV ■**[jdm] etw** ~ to pass sth on [to sb]; **die Lottozahlen** ~ to read the lottery numbers; **eine Meldung** ~ to make an announcement; **die Wetteraussichten** ~ to give the weather forecast; ***Telegramme werden telefonisch durchgegeben*** telegraphs are [usually] phoned in; ***lass dir telefonisch die Wetteraussichten ~!*** ring up and get the weather report; ■**jdm ~, dass** to tell sb that

durchgefroren *adj* frozen stiff *pred*

durch|gehen *irreg* I. *vi sein* ① (*gehen*) ■**[durch etw** *akk*] ~ to go through [sth]; (*Aufruf des Busfahrers:*) ***„bitte ~!"*** „pass [*or* move] right down [to the back of the bus] please!" ② (*fam: durchpassen*) ■**[durch/zwischen etw** *akk*/**unter etw** *dat*] ~ to fit [*or fam* go] [through sth/between sth/under sth] ③ LUFT, BAHN (*ohne Unterbrechung verlaufen*) to go non-stop [*or* BRIT direct] ④ (*fam: ohne Unterbrechung andauern*) to last ⑤ (*durchdringen*) ■**durch jdn/etw** ~ to penetrate sth, to go through sb/sth ⑥ (*angenommen werden*) to go through; *Antrag* to be carried [*or* passed]; *Gesetz* to be passed ⑦ (*fam: weglaufen*) ■**[mit jdm/etw]** ~ to bolt [with sb/sth]; ■**[jdm] mit jdm/etw** ~ to run off [from sb] with sb/sth, to leave sb for sb [else]; ***seine Frau war ihm mit einem jüngeren Mann einfach durchgegangen*** his wife simply upped and left him for a younger man ⑧ (*außer Kontrolle geraten*) ■**mit jdm** ~ to get the better of sb ⑨ (*gehalten werden*) ■**für etw** ~ to be taken [*or* AM pass] for sth; ***du könntest für 30 ~*** you could be taken [*or* pass] for 30 ► WENDUNGEN: **[jdm] etw ~ lassen** to let sb get away with sth; ***diese Fehler können wir Ihnen auf Dauer nicht ~ lassen, Herr Lang!*** we can't tolerate [*or* overlook] these mistakes forever, Mr Lang!; ***für dieses eine Mal will ich Ihnen das noch mal ~ lassen!*** I'll let it pass [*or* overlook it] [just] this once! II. *vt sein o haben* ■**etw [mit jdm]** ~ to go through sth [with sb]

durchgehend I. *adj* ① (*nicht unterbrochen*) continuous; ***manche Kaufhäuser haben ~e Öffnungszeiten von 9 bis 18 Uhr 30*** some stores stay [*or* remain] open from 9am till 6:30pm ② BAHN through, direct, non-stop II. *adv* all the time; ***die Bereitschaftspolizei hat ~ Dienst*** the riot police are on call [a]round-the-clock [*or* 24 hours a day]; **~ geöffnet** open right through

durchgeistigt *adj* (*geh*) intellectual

durchgeknallt *adj* (*sl*) ■**~ sein** to have gone crazy [*or fam* cracked up] [*or sl* lost it]; ***jetzt ist sie völlig ~!*** she's gone completely crazy [*or sl* completely lost it] now! **durchgeknöpft** *adj inv* button-through

durch|gießen *vt irreg* ■**etw** ~ to pour through sth *sep;* ■**etw durch etw** ~ to pour sth through sth

durch|graben *irreg* I. *vt* ■**etw durch etw** ~ to dig sth through sth; **einen Tunnel durch etw** ~ to dig a tunnel through sth II. *vr* ■**sich** ~ to dig through *sep* one's way; ■**sich durch etw** *akk*/**unter etw** *dat* ~ to dig one's way [*or* a tunnel] through/under sth

durch|greifen *vi irreg* ① (*wirksam vorgehen*) to take drastic [*or* decisive] action; **hart** ~ to crack down [hard] ② (*hindurchfassen*) ■**[durch etw]** ~ to reach through [sth]

durchgreifend I. *adj* drastic II. *adv* drastically, radically

Durchgriff *m* FIN enforcement of liability

Durchgriffserinnerung *f* JUR exception to a ruling **Durchgriffswirkung** *f* FIN direct enforcement

durch|gucken *vi* (*fam*) *s.* **durchblicken 1, 2**

durch|haben *vt irreg* (*fam*) ■**etw** ~ ① (*durchgelesen haben*) to be through [*or* have finished] [reading] sth ② (*durchgearbeitet haben*) to have finished [*or* got through] sth ③ (*durchtrennt haben*) to have got through sth

durch|hacken *vt* ■**etw** ~ to chop [*or* hack] through sth

durch|halten *irreg* I. *vt* ■**etw** ~ ① (*ertragen*) to stand sth ② (*weiterhin durchführen*) to keep sth going ③ (*beibehalten*) to keep up sth *sep;* **das Tempo** ~ to be able to stand [*or* BRIT last] the pace ④ (*aushalten*) to [with]stand sth II. *vi* ① (*standhalten*) to hold out, to stick it out *fam* ② (*funktionieren*) *Maschine* to last

Durchhalteparole *f* appeal to stand firm **Durchhaltevermögen** *nt* stamina, staying power; **~ haben** to have stamina [*or* staying power]

durch|hängen *vi irreg haben o sein* ① (*nach unten hängen*) ■**[nach unten]** ~ to sag ② (*fam: erschlafft sein*) to be drained ③ (*fam: deprimiert sein*) to be down [*or* on a downer] *fam;* ***lass dich nicht so ~*** don't mope about like this

Durchhänger <-s, -> *m* **einen [totalen] ~ haben** (*fam*) to be on a [real] downer *fam*

durch|hauen *irreg* I. *vt* ① (*spalten*) ■**etw [mit etw]** ~ to chop [*or* hack] sth in two [with sth], to split sth [in two] [with sth] ② (*fam: verprügeln*) ■**jdn** ~ to give sb a good [*or fam* one hell of a] hiding [*or* thrashing] II. *vr* ■**sich [durch etw]** ~ to get by [through sth]

durch|hecheln *vt* (*pej fam*) ■**etw** ~ to gossip about sth; ***intime Details von Prominenten werden in den Klatschspalten immer durchgehechelt*** intimate details of prominent people are always picked over in the gossip columns

durch|heizen I. *vi* ① (*gründlich heizen*) to heat thoroughly ② (*kontinuierlich heizen*) to heat continuously [*or* day and night] II. *vt* ■**etw** ~ ① (*gründlich heizen*) to heat [up *sep*] sth thoroughly ② (*kontinuierlich heizen*) to heat sth continuously [*or* day and night]

durch|helfen *irreg* I. *vi* ① (*durch etw helfen*) ■**jdm [durch etw]** ~ to help sb through [sth] ② (*heraushelfen*) ■**jdm** ~ to help sb through; ■**jdm durch etw** ~ to help sb through [*or* out of] sth; **jdm durch eine schwierige Lage** ~ to help sb through [*or* out of] a difficult situation II. *vr* ■**sich** ~ to get by [*or* along], to manage

durch|hören *vt* ① (*heraushören*) ■**[bei jdm] etw** ~ to detect [*or* sense] sth [in sb] ② (*durch etw hören*) ■**etw [durch etw]** ~ to hear sth [through sth]

durch|ixen *vt* (*fam*) ■**etw** ~ to cross [*or* AM x] out sth *sep*

durch|kämmen[1] *vt* ■**etw** ~ to comb through sth *sep;* **sich/jdm die Haare** ~ to give one's/sb's hair a good comb[ing]

durchkämmen*[2] *vt* ■**etw [nach jdm]** ~ to comb sth [for sb]

durch|kämpfen I. *vt* ■**etw** ~ to force [*or* push] through sth *sep* II. *vr* ① (*mühselig durchackern*) ■**sich** ~ to battle [*or* fight] one's way through; ■**sich durch etw** ~ to battle [*or* fight] one's way through sth ② (*sich durchringen*) ■**sich zu etw** ~ to bring oneself to do sth; **sich zu einem Entschluss** ~ to bring oneself to make [*or* force oneself to [make]] a decision III. *vi* to fight continuously

durch|kauen *vt* ① (*gründlich kauen*) ■**etw** ~ to chew sth thoroughly ② (*fam: erschöpfend besprechen*) ■**etw [mit jdm]** ~ to discuss sth thoroughly [*or fam* have sth out] [with sb]

durch|klettern *vi sein* ■**[durch etw]** ~ to climb through [sth]

durch|klingen *vi irreg haben o sein Gemütszustand* to come across; **~ lassen, dass …** to intimate [*or* create the impression] that …

durch|kneten *vt* ① (*gründlich kneten*) ■**etw** ~ to knead sth thoroughly ② (*kräftig massieren*) ■**jdn/etw** ~ to give sb/sth a thorough massage

durch|kommen *vi irreg sein* ① (*durchfahren*) ■**[durch etw]** ~ to come through [*or* past] [sth]; ***nach 300 Metern kommen Sie durch einen Tunnel durch*** after 300 metres you go through a tunnel ② (*vorbei dürfen*) to come past [*or* through] ③ (*durchdringen*) ■**[durch etw]** ~ *Regen, Sonne* to come through [sth] ④ (*sichtbar werden*) ■**[durch etw]** ~ to show through [sth]; *Sonne* to come out [from behind sth] ⑤ (*in Erscheinung treten*) ■**[bei jdm]** ~ *Charakterzug* to become noticeable [*or* show through] [in sb]; ■**in jdm** ~ to come [*or* show] through in sb ⑥ (*Erfolg haben*) ■**[bei jdm] mit etw** ~ to get away with sth [with sb]; ***mit so einem Trick kommen Sie bei ihm nicht durch*** you won't get away with a dodge like that with him ⑦ (*gelangen*) ■**[mit etw]** ~ to get through [*sep* sth]; ■**[mit etw] durch etw** ~ to get [sth] through sth; ***ich komme mit meiner Hand nicht durch das Loch durch*** I can't get my hand through the hole; ■**kein D~ für jdn sein** to be no way through for sb ⑧ (*Prüfung bestehen*) ■**[bei jdm/in etw** *dat*] ~ to get through [sb's exam/sth], to pass [sb's exam/sth] ⑨ (*überleben*) to pull [*or* come] through, to survive; **nach einer Operation** ~ to survive an operation, to pull through ⑩ (*durchgesagt werden*) ■**[in etw** *dat*] ~ to be announced [on sth]

durch|können *vi irreg* (*fam*) ■**[durch etw]** ~ to be able to get through [sth]

durchkreuzen*[1] *vt* ■**etw** ~ ① (*vereiteln*) to foil [*or* frustrate] [*or* thwart] sth ② (*durchqueren*) to cross sth

durch|kreuzen[2] *vt* ■**jdn/etw** ~ to cross out sb/sth *sep;* **jdn aus der Liste** ~ to cross sb['s name] off the list

durch|kriechen *vi irreg sein* ■**[durch etw]** ~ to crawl [*or* creep] through [sth]; ■**[unter etw** *dat*] ~ to crawl [*or* creep] under[neath] [sth]

durch|kriegen *vt* (*fam*) *s.* **durchbekommen**

Durchlademöglichkeit *f* AUTO long-cargo channel

durch|laden *irreg* I. *vt* ■**etw** ~ to charge [*or* prime] sth II. *vi* to charge, to prime

durch|langen (*fam*) I. *vi* to reach through, to put through *sep* one's hand; ■**durch etw** ~ to reach [*or* put one's hand] through sth II. *vt* (*durchreichen*) ■**[jdm] etw** ~ to pass through *sep* sth [to sb]

Durchlass[RR] <-es, Durchlässe> *m,* **Durchlaß** <-sses, Durchlässe> *m* ① (*Durchgang*) passage[way]; (*Eingang*) way through [*or* in] ② (*Zugang*) access *no pl, no art;* **jdm/sich ~ verschaffen** to obtain permission for sb/oneself to pass, to gain admittance for sb/oneself; *mit Ausweis* to gain sb/oneself admittance; **sich** *dat* **mit Gewalt ~ verschaffen** to force one's way through [*or* in] *sep*

durch|lassen *vt irreg* ① *(vorbei lassen)* ■**jdn/etw [durch etw]** ~ to let [*or* allow] sb/sth through [sth]; ***er ließ jeden durch die Absperrung durch*** he let everybody through the barrier ② *(durchdringen lassen)* ■**etw** ~ to let through sth *sep* ③ *(fam: durchgehen lassen)* ■**jdm etw** ~ to let sb get away with sth

durchlässig *adj* ① *(porös)* porous, permeable (**für** *+akk* to) ② *(offen)* ■~ **sein** *Grenze* to be open ③ *(Veränderungen zulassend)* **etw** ~ **gestalten** *System* to make sth interchangeable

Durchlässigkeit <-> *f kein pl* ① *(Porosität)* porosity *no pl*, permeability *no pl* (**für** *+akk* to) ② *(Offenheit)* ■**seine** ~ one's open nature [*or* openness]

Durchlaucht <-, -en> *f* ■**Seine/Ihre/Euer** ~ His [Serene]/Your Highness

Durchlauf *m* ① INFORM run ② SKI heat

durch|laufen¹ *irreg* **I.** *vi* *sein* ① *(durcheilen)* ■**[durch etw]** ~ to run through [sth] ② *(durchrinnen)* ■**[durch etw]** ~ to run through [sth] ③ *(im Lauf passieren)* ■**[bei jdm]** ~ to pass by [*or* run past] [sb]; ■**durch etw** ~ to run through sth; *(passieren a.)* to pass through sth **II.** *vt* *haben* ■**etw** ~ to go through sth, to wear through sth *sep*; ■**durchgelaufen** worn [through]

durchlaufen*² *vt irreg* ① *(im Lauf durchqueren)* ■**etw** ~ to run through sth ② *(zurücklegen)* ■**etw** ~ to cover [*or* run] sth; ***sie durchlief die 100 Meter als Beste*** she was the fastest over the 100 metre ③ *(absolvieren)* ■**etw** ~ to go through sth; ■**das D~ einer S.** *gen/***von etw** *dat* the completion of sth, completing sth; ***das D~ einer 2-jährigen Schulung*** to completing a two-year training course ④ *(erfassen)* ■**jdn** ~ to run through sb; ***es durchlief mich siedend heiß*** I suddenly felt hot all over

durchlaufend *adj* continuous

Durchlauferhitzer <-s, -> *m* flow heater, continuous-flow water heater *form* **Durchlaufkonto** *nt* interim account **Durchlaufzeit** *f* HANDEL time from receipt of order till dispatch

durch|lavieren* *vr* *(fam)* ■**sich [durch etw** *akk*/ **in etw** *dat*] ~ to steer a course [*or* to manoeuvre [*or* Am maneuver] one's way] through sth

durchleben* *vt* ■**etw** ~ ① *(bis zu Ende erleben)* to go through sth ② *(durchmachen)* to experience sth; **schwere Zeiten** ~ to go [*or* live] through hard times

durchleiden* *vt irreg* ■**etw** ~ to endure [*or* suffer] sth

durch|leiten *vt* ■**etw [durch etw]** ~ to direct [*or* transmit] sth through [sth]

Durchleitung <-, -en> *f* PHYS, ELEK through [*or* onwards] transmission

Durchleitungsgebühr *f für Energiedurchleitung* through-[*or* onwards-]transmission charge **Durchleitungspflicht** *f kein pl* ELEK *bei Energieversorgung* obligation to provide through [*or* onwards] transmission

durch|lesen *vt irreg* ■**[sich** *dat*] **etw** ~ to read through sth *sep*; **[sich** *dat*] **ein Manuskript auf Fehler hin** ~ to read through *sep* a manuscript for errors, to proofread a manuscript

durchleuchten*¹ *vt* ① *(röntgen)* ■**jdn [auf etw** *akk* **hin]** ~ to X-ray sb [for sth]; **eine Lunge auf Krebs** ~ to X-ray a lung for cancer; ■**jdm etw** ~ to X-ray sb's sth; ■**sich [von jdm]** ~ **lassen** to be [*or* get] X-rayed [by sb]; ■**sich** *dat* **etw** ~ **lassen** to have [*or* get] one's sth X-rayed; ■**das D~ [von etw]** X-raying [sth], an/the X-ray examination [of sth] ② *(fam: kritisch betrachten)* ■**jdn/etw** ~ to investigate sb/sth, to probe into sb's records/sth

durch|leuchten² *vi* ■**[durch etw]** ~ to shine through [sth]

Durchleuchtung <-, -en> *f* ① *(das Röntgen)* X-ray [examination] ② *(Untersuchung)* investigation (*+gen* into); *von Bewerbern* vetting

durch|liegen *irreg* **I.** *vt* ■**etw** ~ to wear out *sep* sth [by lying on it]; ■**durchgelegen** worn out; **ein durchgelegenes Bett** a bed sagging in the middle **II.** *vr* ■**sich** ~ to develop [*or* get] bedsores; **ein durchgelegener Rücken** a back covered with [*or* in] bedsores; **einen durchgelegenen Rücken haben** to have bedsores on one's back

durchlöchern* *vt* ■**jdn/etw [mit etw]** ~ to riddle sb/sth [with sth]; ■**durchlöchert** full of holes

durch|lotsen *vt* *(fam)* ■**jdn [durch/bis zu etw]** ~ to guide sb [through/to sth]; *(als Reiseführer)* to give sb a guided tour [through/to [*or* finishing at] sth]

durch|lüften **I.** *vt* ■**etw** ~ to air sth thoroughly; **einen Raum** ~ to air out a room **II.** *vi* to air thoroughly

durch|machen **I.** *vt* ■**etw** ~ ① *(erleiden)* to go through sth; **eine Krankheit** ~ to have an illness; **harte Zeiten** ~ to go through hard times ② *(durchlaufen)* to undergo [*or* go through] sth; **eine Ausbildung** ~ to go through [*or* undergo] training **II.** *vi* *(fam)* ① *(durchfeiern)* **bis zum anderen Morgen/die ganze Nacht** ~ to make a night of it, to have an all-night party ② *(durcharbeiten)* to work right through

Durchmarsch *m* ① *(lit)* ■**jds** ~ **[durch etw]** sb's march through [sth]; **auf dem** ~ while [*or* when] marching through; **auf dem** ~ **sein** to be marching through ② *(fam: Sieg)* landslide [victory] ③ *(sl: Durchfall)* the runs *npl fam*; ~ **haben** *(sl)* to have the runs *fam*

durch|marschieren* *vi* *sein* ■**[durch etw]** ~ to march through [sth]

durchmessen* *vt irreg* *(geh)* ■**etw** ~ to cross [*or* stride across] sth; **ein Zimmer mehrmals** ~ to pace a room

Durchmesser <-s, -> *m* diameter; **im** ~ in diameter

durch|mischen¹ *vt* ■**etw** ~ to mix sth thoroughly

durchmischen*² *vt* ■**etw mit etw** ~ to mix sth with sth

durch|mogeln *(fam)* **I.** *vr* ■**sich** ~ to wangle [*or* Am finagle] one's way through *fam*; ■**sich durch etw** ~ to wangle one's way through sth *fam*; **sich an der Grenze** ~ to smuggle oneself across [*or* over] the border **II.** *vt* ■**jdn/etw** ~ to smuggle through sb/sth *sep*; ■**jdn/etw durch etw** ~ to smuggle sb/sth through sth; **Zigaretten durch die Grenzkontrolle** ~ to smuggle cigarettes over the border

durch|müssen *vi irreg* *(fam)* ① *(durchgehen müssen)* ■**[durch etw]** ~ to have to get [*or* go] through [sth]; ***machen Sie bitte Platz, ich muss hier durch!*** make way please, I have to get through here ② *(durchmachen müssen)* ■**durch etw** ~ to have to go through sth; **durch schwere Zeiten** ~ to have to go through hard times

Durchmusterung <-, -en> *f* ① *von Waren, Vorräten* thorough check, scrutinization ② PHYS *von Sternen mit Infrarot* close examination

durch|nagen *vt* ■**etw** ~ to gnaw through sth *sep*

durchnässen* *vt* ■**jdn/etw** ~ to drench [*or* soak] sb/sth

durchnässt[RR], **durchnäßt** *adj inv* soaked; **bis auf die Haut** ~ soaked to the skin

durch|nehmen *vt irreg* ■**etw [in etw** *dat*] ~ to do sth [in sth]; ***wir nehmen in Latein demnächst Cäsar durch*** we'll be doing Caesar soon in Latin

durch|numerieren* *vt* ■**etw [von X bis Y]** ~ to number sth consecutively [from X to Y]

durch|organisieren* *vt* ■**etw** ~ to organize sth thoroughly [*or* down to the last detail]; ■**durchorganisiert** thoroughly organized, well planned

durch|passieren *vt* ■**etw** ~ KOCHK to strain sth [through a sieve]

durch|pauken *vt* *(fam)* ① *(gründlich durchnehmen)* ■**etw** ~ to swot up on sth Brit *fam*; *(übereilt)* to cram for sth ② *(durchsetzen)* ■**jdn/etw** ~ to push [*or* force] through sb/sth *sep*; **ein neues Konzept** ~ to push [*or* force] through a new concept ③ *(heraushelfen)* ■**jdn** ~ to get sb off

durch|pausen *vt* ■**etw** ~ to trace sth

durch|peitschen *vt* ① *(auspeitschen)* ■**jdn** ~ to flog sb ② *(schnell durchbringen)* ■**etw** ~ to railroad [*or* Am push] through sth *sep*; **die [***o* **seine] eigenen Interessen** ~ to push through *sep* one's own interests

durchpflügen* *vt* ■**etw** ~ ① *(gründlich pflügen)* to plough [*or* Am plow] sth thoroughly ② *(durch etw pflügen)* to plough through sth ③ *(geh: genau prüfen)* to scour [through *sep*] sth

durch|plumpsen *vi* *sein* *(fam)* *s.* **durchfallen 2**

durchprobieren* *vt* ■**etw** ~ to try sth in turn [*or* one after the other]; **alle Möglichkeiten** ~ to go through all the possibilities

durch|prügeln *vt* ■**jdn** ~ to give sb a good thrashing, to beat sb [to a pulp *fam*]

durch|pusten *vt* *(fam)* *s.* **durchblasen**

durchqueren* *vt* ■**etw** ~ to cross [*or* *form* traverse] sth; **einen Wald** ~ to pass through a wood

durch|quetschen *(fam)* **I.** *vr* ■**sich [durch etw]** ~ to squeeze [a [*or* one's] way] through [sth] **II.** *vt* ■**etw** ~ to squeeze [*or* press] through sth *sep*; ■**etw durch etw** ~ to squeeze [*or* press] sth through sth

durch|rasen *vi* *sein* *(fam)* ■**[durch etw]** ~ to race [*or* tear] through [sth]

durch|rasseln *vi* *sein* *(sl)* *s.* **durchfallen 2**

durch|rechnen *vt* ■**etw** ~ to calculate sth [carefully]; *(überprüfen)* to check sth thoroughly

durch|regnen *vi impers* ① *(Regen durchlassen)* ■**[durch etw]** ~ to rain through [sth] ② *(ununterbrochen regnen)* to rain continuously

Durchreiche <-, -n> *f* [serving] hatch, pass-through Am

durch|reichen *vt* ■**etw** ~ to hand [*or* pass] through sth *sep*; ■**etw durch etw** ~ to hand [*or* pass] sth through sth; ■**jdm etw [durch etw]** ~ to hand [*or* pass] sb sth [*or* sth to sb] [through sth], to hand [*or* pass] through sth to sb *sep*

Durchreise *f* journey through; **auf der** ~ on the way through, while [*or* when] passing through; **auf der** ~ **sein** to be passing through

durch|reisen¹ *vi* *sein* ■**[durch etw]** ~ to pass [*or* travel] through [sth]; **bis Berlin** ~ to be travelling [*or* Am -eling] through to Berlin

durchreisen*² *vt* ■**etw** ~ to travel across [*or* through] sth; **die ganze Welt** ~ to travel all over the world

Durchreisende(r) *f(m)* *dekl wie adj* traveller [*or* Am traveler] [passing through], transient Am; ~ ***nach Bangkok*** through passengers to Bangkok; ■**ein ~r/eine** ~ **sein** to be travelling [*or* passing] through

Durchreisevisum *nt* transit visa

durch|reißen *irreg* **I.** *vt* *haben* ■**etw [mitten/in der Mitte]** ~ to tear sth in two [*or* in half] [*or* down the middle] **II.** *vi* *sein* ■**[mitten/in der Mitte]** ~ to tear [in half [*or* two]]; *Seil* to snap [*or* break] [in two]

durch|rieseln¹ *vi* *sein* ■**[durch etw]** ~ to trickle through [sth]; ■**etw zwischen etw** *dat* ~ **lassen** to let sth trickle through sth

durchrieseln*² *vt* *(geh)* ■**jdn** ~ to run through sb

durch|ringen *vr irreg* ■**sich zu etw** ~ to finally manage to do sth; **sich zu einer Entscheidung** ~ to force oneself to [make] a decision; ■**sich dazu ~, etw zu tun** to bring [*or* force] oneself to do sth

durch|rosten *vi* *sein* to rust through

Durchrostung <-, -en> *f* AUTO corrosion perforation

durch|rufen *vi irreg* *(fam)* to call, Brit *a.* to ring [up]; *(kurz Bescheid sagen)* to give sb a ring [*or* Am *usu* call]

durch|rühren *vt* ■**etw** ~ to stir sth well; *(durchmischen)* to mix sth thoroughly; **etw gut** ~ to give sth a good stir

durch|rutschen *vi* *sein* ① *(durchgleiten)* ■**[durch etw]** ~ to slip through [sth] ② *(fam)* **durch eine Prüfung** ~ to scrape through an exam[ination]

durch|rütteln *vt* ■**jdn** ~ ① *(gründlich rütteln)* to shake sb violently ② *(hin und her schaukeln)* to shake sb about

durchs *(fam)* = **durch das**

durch|sacken *vi* *sein* LUFT to lose height suddenly

Durchsage *f* message; *(Radioansage)* announcement; **eine** ~ **machen** to give an announcement; *(Telefonauskunft)* recorded message

durch|sagen *vt* ① *(übermitteln)* ■**etw** ~ to announce sth; **die Ergebnisse** ~ to give [*or* announce] the results ② *(mündlich weitergeben)* ■**etw [nach**

vorne] ~ to pass on *sep* sth [to the front]

durch|sägen *vt* ■**etw** ~ to saw through sth *sep*

durch|saufen *irreg* (*sl*) **I.** *vi* to booze continuously *fam,* to be on a bender *fam* [*or fam!* the piss]; **die ganze Nacht** ~ to booze all night *fam,* to piss away the night *sep fam!* **II.** *vr* ■**sich** [**bei jdm**] ~ to booze [at sb's expense] BRIT *fam,* to ponce [*or* AM mooch] drinks [off sb] *pej sl*

durch|sausen *vi sein* (*fam*) *s.* **durchfallen 2**

durchschaubar *adj* ❶ (*durchsichtig*) clear, transparent ❷ (*zu durchschauen*) obvious, transparent; **leicht** ~ easy to see through; **schwer** ~ enigmatic, inscrutable; **schwer** ~ **sein** to be an enigma

durchschauen*¹ *vt* ❶ (*erkennen*) ■**etw** ~ to see through sth ❷ (*jds Absichten erkennen*) ■**jdn** ~ to see through sb; ■**leicht/schwer zu** ~ **sein** to be easy/difficult to see through; **du bist durchschaut!** I know what you're up to!, you've been rumbled! BRIT *fam*

durch|schauen² *vt s.* **durchsehen**

durch|scheinen *vi irreg* ❶ (*durch etw scheinen*) *Licht, Sonne* to shine through ❷ (*sichtbar sein*) *Farbe, Muster* to show [through]; ■[**unter etw** *dat*] ~ to show through [under [*or* beneath] sth]

durchscheinend *adj* ~**es Papier** translucent paper

durch|scheuern I. *vt* ❶ (*verschleißen*) ■**etw** ~ to wear through sth *sep; **die Jacke war an den Ärmeln durchgescheuert*** the jacket was worn [through] at the elbows ❷ (*wund scheuern*) ■[**sich** *dat*] **etw** ~ to chafe [one's] sth **II.** *vr* (*verschleißen*) ■**sich** [**an etw** *dat*] ~ to wear through [at sth]

durch|schieben *vt irreg* ■**etw** ~ to push through sth *sep;* ■**etw durch etw/unter etw** *dat* ~ to push sth through/under sth; ■**jdm etw** ~ to push sth through to sb

durch|schießen¹ *vi irreg* ■**durch etw** ~ to shoot through sth

durchschießen*² *vt irreg* ❶ (*mit Kugeln durchbohren*) ■[**jdm**] **etw** ~ to shoot sb through sth; ***ihm wurde die Schulter durchschossen*** he was shot through the shoulder ❷ (*plötzlich einfallen*) ■**jdn** ~ to flash through sb's mind ❸ TYPO ■**etw** ~ to space [*or* set] out sth *sep*

durch|schimmern *vi* ■[**durch etw**] ~ to shimmer [*or* shine] through [sth]; *Farbe* to show through [sth]

durch|schlafen *vi irreg* to sleep through [it]; (*ausschlafen*) to get [*or* have] a good night's sleep

Durchschlag *m* ❶ (*Kopie*) copy ❷ (*Sieb*) colander, cullender; (*für Nudeln*) strainer

Durchschlagen <-s> *nt kein pl* TYPO (*Farbe*) show-[*or* strike]through

durch|schlagen¹ *irreg* **I.** *vt haben* ❶ (*durchbrechen*) ■**etw** ~ to chop sth in two, to split sth [in two]; **eine Wand** ~ to knock a hole [*or* an opening] through a wall ❷ (*durchtreiben*) ■**etw** ~ to knock through sth *sep;* ■**etw durch etw** ~ to knock sth through sth; **einen Nagel durch etw** ~ to knock a nail through sth **II.** *vi* ❶ *sein* (*durchkommen*) ■[**bei/in jdm**] ~ to show through [in sb]; ***in ihm schlägt der Lehrer durch*** you can see the teacher in him ❷ *sein* (*durchdringen*) ■[**durch etw**] ~ to come [*or* go] through [sth]; *Geschoss a.* to pierce sth ❸ *haben* (*fam: abführen*) ■[**bei jdm**] ~ to go [*or* run] straight through [sb] *fam* ❹ *sein* (*sich auswirken*) ■[**auf etw** *akk*] ~ to have an effect [*or* make one's/its mark [felt]] [on sth] **III.** *vr haben* ❶ (*Dasein fristen*) ■**sich** ~ to struggle along; **sich allein/irgendwie** ~ to struggle on alone/to get by somehow; **sich nur mit Mühe** ~ to only get by with difficulty ❷ (*ans Ziel gelangen*) ■**sich** ~ to make one's way through; (*durchkämpfen*) to fight through *sep* one's way; ■**sich durch etw** ~ to make/fight one's way through sth; **sich mit Müh und Not durch sein Leben** ~ to make one's way through life with great difficulty

durchschlagen*² *vt irreg* ❶ (*durchtrennen*) ■**etw** [**mit etw**] ~ to chop through sth [with sth] ❷ (*durchdringen*) ■**etw** ~ to penetrate [*or* pierce] sth; ***die Kugel durchschlug das Fenster*** the bullet smashed through the window

durchschlagend *adj* ❶ (*überwältigend*) sweeping; **ein ~er Erfolg** a huge [*or* resounding] [*or* tremendous] success; **eine ~e Wirkung haben** to be extremely effective ❷ (*überzeugend*) convincing; **ein ~es Argument** a convincing [*or* persuasive] argument; **ein ~er Beweis** conclusive evidence

Durchschlagpapier *nt* ❶ (*für Kopien*) copy paper ❷ (*Kohlepapier*) carbon paper

Durchschlagskraft *f* ❶ (*Wucht*) penetration ❷ (*fig*) effectiveness; **ohne ~ sein** to be ineffective

durchschlagskräftig *adj* decisive; ~**e Beweise** conclusive evidence

durch|schlängeln *vr* ■**sich** [**zu jdm/etw**] ~ *Mensch* to thread one's way through [to sb/sth]; **sich durch ein Tal** ~ *Fluss* to meander [*or* wind its way] through a valley

durch|schleppen *vt* ❶ (*durchhelfen*) ■**jdn** [**mit**] ~ to carry along *sep* sb [with one]; (*aktiv*) to help along sb *sep* ❷ (*unterhalten*) ■**jdn** [**mit**] ~ to support sb

durch|schleusen *vt* (*fam*) ■**jdn** ~ to smuggle through sb *sep;* ■**jdn durch etw** ~ to smuggle sb through sth; **jdn durch eine Ausstellung** ~ to hurry [*or* rush] sb through an exhibition

Durchschlupf <-[e]s, -schlüpfe> *m* way through [*or* in]; (*Spalte a.*) gap; (*Loch a.*) hole

durch|schlüpfen *vi sein* ❶ (*durch etw schlüpfen*) ■[**durch etw**] ~ to slip through [sth]; ■**unter etw** *dat* ~ to slip [through] under sth ❷ (*sich durchmogeln*) ■[**durch etw**] ~ to slip through [sth]; **durch die Polizeikontrollen** ~ to slip through the fingers of the police, to give the police the slip *fam*

durch|schmecken I. *vt* ■**etw** ~ to taste sth **II.** *vi* to come through

durch|schmuggeln *vt* ■**etw** ~ to smuggle through sth *sep;* ■**etw durch etw** ~ to smuggle sth through sth

durch|schneiden¹ *vt irreg* ■**etw** [**in der Mitte**] ~ to cut sth through [*or* down the middle], to cut sth in half [*or* two]

durchschneiden*² *vt irreg* ■**etw** ~ ❶ (*entzweischneiden*) to cut through sth *sep,* to cut sth in two ❷ (*durchziehen*) to cut through [*or* intersect] sth; (*willkürlich a.*) to criss-cross sth ❸ (*geh: durchpflügen*) to plough [*or* AM plow] [*or* slice] through sth ❹ (*geh: laut durchdringen*) to pierce sth

Durchschnitt *m* average; MATH *a.* [arithmetic *spec*] mean; **guter ~ sein** [*o* **zum guten ~ gehören**] to be a good average; **~ sein** to be average; **im ~** on average; **über/unter dem ~ liegen** to be above/below average

durchschnittlich I. *adj* ❶ (*Mittelwert betreffend*) average *attr,* mean *attr;* ■**~ sein** to be a mean [*or* an average] value ❷ (*mittelmäßig*) ordinary; ~**e Verhältnisse** modest circumstances **II.** *adv* ❶ (*im Schnitt*) on average; **~ verdienen** to earn an average wage ❷ (*mäßig*) moderately; **~ intelligent** of average intelligence

Durchschnittsalter *nt* average age **Durchschnittsbewertung** *f* FIN inventory valuation at average prices **Durchschnittsbürger(in)** *m(f)* average citizen; ■**der ~** the average citizen, Joe Bloggs BRIT *fam,* Joe Blow AM *fam* **Durchschnittseinkommen** *nt* average income **Durchschnittsgeschwindigkeit** *f* average speed, mean velocity *spec* **Durchschnittsgesicht** *nt* ordinary [*or* nondescript] face **Durchschnittsgröße** *f* medium size **Durchschnittskosten** *pl* FIN average costs **Durchschnittskurs** *m* BÖRSE market average **Durchschnittsmensch** *m* average person; ■**der ~** the average person, Joe Bloggs [*or* AM Blow] *fam* **Durchschnittsnotierung** *f* BÖRSE average quotation **Durchschnittspreis** *m* average price **Durchschnittsproduktivität** *f* ÖKON average productivity **Durchschnittsqualität** *f* standard quality **Durchschnittssatzbesteuerung** *f* FIN average rate method of tax computation **Durchschnittsschüler(in)** *m(f)* average pupil **Durchschnittssteuersatz** *m* FIN average rate of tax **Durchschnittstemperatur** *f* average [*or* mean] temperature **Durchschnittsumsatz** *m* FIN average turnover [*or* sales] *pl* **Durchschnittsverbrauch** *m* average consumption **Durchschnittsware** *f* standard [quality] article **Durchschnittswert** *m* average [*or* mean] value

durchschnüffeln*, durch|schnüffeln *vt* (*pej fam*) ■**etw** ~ to nose through sth BRIT *fam;* **jds Zimmer** ~ to nose [*or* poke] around [in] sb's room *fam*

Durchschreibeblock *m* duplicating pad

durch|schreiben *vi irreg* to print through

Durchschreibepapier *nt* self-copying [*or* carbon] paper

durchschreiten* *vt irreg* (*geh*) ■**etw** ~ to stride through sth; **ein Feld** ~ to stride across a field; (*bemessen*) to pace across a field

Durchschrift *f* [carbon] copy

Durchschuss^RR *m* ❶ (*durchgehender Schuss*) ***es war ein glatter*** ~ the shot had passed clean [*or* right] through ❷ TYPO (*Zwischenraum*) leading *spec*

durch|schütteln *vt* ❶ (*anhaltend schütteln*) ■**etw** ~ to shake sth thoroughly; **etw kurz** ~ to give sth a shake ❷ (*kräftig rütteln*) ■**jdn** ~ to give sb a good shaking, to shake sb till their teeth rattle *fam* ❸ (*durchrütteln*) ■[**in etw** *dat*] **durchgeschüttelt werden** to be shaken about [all over the place *fam*] [in sth]

durchschweifen* *vt* (*poet*) ■**etw** ~ to roam [*or* wander] through sth

durch|schwenken *vt* ■**etw** ~ KOCHK to toss in butter

durch|schwimmen¹ *vi irreg sein* ❶ (*hindurchschwimmen*) ■**unter/zwischen etw** *dat* ~ to swim [through] under/between sth; (*hindurch getragen werden*) to float [through] under/between sth ❷ (*ohne Pause schwimmen*) to swim without stopping

durchschwimmen*² *vt irreg* ■**etw** ~ to swim sth; **den Ärmelkanal** ~ to swim the Channel; **einen See** ~ to swim [across] a lake

durchschwitzen*, durch|schwitzen *vt* ■**etw** ~ to soak sth in sweat; ■**durchgeschwitzt** sweaty, soaked in sweat

durch|segeln *vi sein* ❶ (*lit*) ■**unter/zwischen etw** *dat* ~ to sail [through] between/under sth ❷ (*fam*) *s.* **durchfallen 2**

durch|sehen *irreg* **I.** *vt* ■**etw** ~ to go over [*or sep* look through] [*or sep* check through] sth; **einen Text auf Druckfehler** ~ to look over a text for printing errors, to proofread a text **II.** *vi* ❶ (*hin~*) ■[**durch etw**] ~ to look through [sth]; ***sieh mal hier durch!*** take [*or* have] a look through this/these; ■**zwischen etw** *dat* ~ to look out from between sth; **zwischen den Fingern** ~ to peep [out] [from] between one's fingers ❷ (*fam: durchblicken*) to grasp [*or fam* get] it; ***ich sehe da nicht mehr durch!*** I can't make any sense of it any more!

durch|seihen *vt* ■**etw** [**durch etw**] ~ to strain sth [through sth]

durch|sein *vi irreg sein* (*fam*) *s.* **durch II 1, II 2, II 3, II 4**

durchsetzbar *adj inv* JUR enforceable

Durchsetzbarkeit *f kein pl* JUR enforceability

durch|setzen¹ I. *vt* ❶ (*erzwingen*) ■**etw** ~ to get [*or* push] through sth *sep;* **Maßnahmen** ~ to impose measures; **Reformen** ~ to carry out [*or* effect] reforms; **seinen Willen** [**gegen jdn**] ~ to get one's own way [with sb], to impose one's will [on sb]; **seine Ziele** ~ to achieve [*or* accomplish] one's goals ❷ (*bewilligt bekommen*) ■**etw** [**bei jdm**] ~ to get sth through [sb], to get sb to agree to sth; **etw bei der Mehrzahl** ~ to get sth past the majority, to elbow through sth *sep;* ■[**es**] [**bei jdm**] **~, dass etw getan wird** to get sb to agree to [do] sth; ***er konnte ~, dass seine Ansprüche anerkannt wurden*** he was able to get his claims recognized **II.** *vr* ❶ (*sich Geltung verschaffen*) ■**sich** [**bei jdm/gegen jdn**] ~ to assert oneself [with/against sb]; ■**sich mit etw** ~ to be successful with sth; ***sie hat sich mit ihren verrückten Ideen nicht ~ können*** her crazy ideas didn't meet with much success ❷ (*Gültigkeit erreichen*) ■**sich** ~ to be accepted, to gain acceptance;

Trend to catch on

durchsetzen*[2] *vt* ■**etw mit etw** ~ to infiltrate sth with sth; ■**mit** [*o* **von**] **jdm durchsetzt sein** to be infiltrated by [*or* with] sb

Durchsetzung <-> *f kein pl* implementation; ■**die** ~ [**einer S.** *gen*/**von etw** *dat*] the implementation [of sth], implementing [*or sep* putting through] sth; **eine gerichtliche** ~ a legal enforcement

Durchsetzungsvermögen <-s> *nt kein pl* assertiveness

durchseuchen *vt* **ein Gebiet** ~ to heavily [*or* thoroughly] contaminate an area; **völlig durchseucht sein** to be heavily contaminated

Durchseuchung <-> *f kein pl* spread *no pl* of infection

Durchsicht *f* examination, inspection; **zur** ~ for inspection [*or* examination]; ***hier ist die Post zur*** ~ here's the post to look through

durchsichtig *adj* ❶ (*transparent*) transparent ❷ (*offensichtlich*) obvious, apparent

Durchsichtigkeit <-> *f kein pl* transparency

durch|sickern *vi sein* ❶ (*lit*) ■[**durch etw**] ~ to seep [*or* trickle] through [sth]; ■**etw** ~ **lassen** to let sth seep [*or* trickle] through; *Behälter* to leak [sth] ❷ (*allmählich bekannt werden*) ■[**zu jdm/in etw** *akk*] ~ to leak out [to sb/sth]; **Informationen** ~ **lassen** to leak information; ■~, **dass ...** to get out that ...

durch|sieben[1] *vt* ❶ (*lit*) ■**etw** ~ to sieve [*or* sift] sth ❷ (*ausmustern*) ■**jdn** ~ to sift through sb; (*genau überprüfen*) to screen sb

durchsieben*[2] *vt* (*fam*) ■**jdn/etw** [**mit etw**] ~ to riddle sb/sth [with sth]

durch|spielen *vt* ❶ **ein Musik-/Theaterstück** ~ to play/act through *sep* a piece/play once ❷ (*durchdenken*) ■**etw** ~ to go [*or* run] through [*or* over] sth

durch|sprechen *vt irreg* ■**etw** [**mit jdm**] ~ to discuss sth thoroughly [*or fam* have sth out] [with sb]

durch|spülen *vt* ■**etw** ~ to rinse [out *sep*] sth thoroughly; ■[**sich/jdm**] **etw** ~ to rinse [out *sep*] one's/sb's sth thoroughly

durch|starten *vi* ❶ LUFT to [pull up and] go round again ❷ AUTO to rev up

durch|stechen[1] *vt irreg* ■**etw** ~ to stick through sth *sep;* ■**etw durch etw** ~ to stick sth through sth

durchstechen*[2] *vt irreg* ■**etw** [**mit etw**] ~ to pierce sth [with sth]; **sich** *dat* **die Ohrläppchen** ~ **lassen** to have [*or* get] one's ears pierced

durch|stecken *vt* ■**etw** ~ to stick [*or* put] through sth *sep;* ■**etw durch etw** ~ to stick [*or* put] sth through sth

durch|stehen *vt irreg* ■**etw** ~ ❶ (*ertragen*) to get through sth; **Qualen** ~ to endure great pains; **Schwierigkeiten** ~ to cope with difficulties ❷ (*standhalten*) to [with]stand sth; **das Tempo** ~ to stand the pace, to hold out

durch|steigen *vi irreg sein* ❶ (*durch etw steigen*) ■[**durch etw**] ~ to climb through [sth] ❷ (*fam: verstehen*) to get it *fam;* ■**bei etw** ~ to get sth *fam;* ***da soll mal einer*** ~**!** just let someone try and understand that lot!

durch|stellen I. *vt* ■**jdn/etw** ~ to put through sb/sth *sep;* **ein Gespräch** ~ to put a call through; ***ein Augenblick bitte, ich stelle Sie durch*** one moment please, I'll just put you through II. *vi* ***soll ich*** ~**?** shall I put the call through?

Durchstieg <-[e]s, -e> *m* opening; (*Durchgang*) passage[way]

durchstöbern*, **durch|stöbern** *vt* ■**etw** [**nach etw**] ~ to rummage [*or* root] through sth [for sth]

Durchstoß *m* breakthrough

durchstoßen*[1] *vt irreg* ❶ (*durchbohren*) ■**jdn/etw** ~ to stab sb/sth; (*spitzer Gegenstand*) to go through sb/sth; (*Pfahl a.*) to impale sb/sth; ■**jdn/etw mit etw** ~ to stab sb/sth with sth; **jdn/ein Tier mit seiner Lanze/seinem Schwert** ~ to run sb/an animal through, to impale sb/an animal on one's lance/sword ❷ (*durchbrechen*) ■**etw** ~ to penetrate [*or* break through] sth; **die feindlichen Linien** ~ to break [*or* breach] the enemy lines

durch|stoßen[2] *irreg* I. *vi sein* ❶ (*durchdringen*) ■[**bis zu etw**] ~ to penetrate [as far as sth] ❷ (*vorstoßen*) ■[**bis zu etw/durch etw/zu etw**] ~ to advance [as far as/through/to sth] II. *vt haben* ■**etw** ~ to drive through sth *sep;* ■**etw durch etw** ~ to drive sth through sth; **einen Pfahl durch etw** ~ to drive a stake through sth

durch|streichen *vt irreg* ■**etw** ~ to cross out [*or* through] sth *sep,* to delete sth

durchstreifen* *vt* (*geh*) ■**etw** ~ to roam [*or* wander] through sth; **die Welt** ~ to rove the world

durch|strömen[1] *vi sein* ■[**durch etw/zu etw**] ~ to stream through [sth/to sth]

durchströmen*[2] *vt* (*geh*) ❶ (*durchfließen*) ■**etw** ~ to flow [*or* run] through sth ❷ (*durchdringen*) ■**jdn** ~ to flow [*or* run] through sb; **von neuer Hoffnung durchströmt** imbued with new hope *form*

durch|stylen *vt* (*sl*) ■**jdn/etw** ~ to give style to sb/sth; ■**durchgestylt** fully [*or* completely] styled

durchsuchen* *vt* ■**jdn** [**nach etw**] ~ to search sb [for sth], to frisk sb; ■**jdn nach Drogen/Waffen** ~ to search sb for drugs/weapons; ■**etw** [**nach jdm/etw**] ~ to search sth [for sb/sth]

Durchsuchung <-, -en> *f* search

Durchsuchungsbefehl *m* search warrant

durch|tanzen[1] *vi* to dance continuously; **die ganze Nacht** ~ to dance all night [long]

durchtanzen*[2] *vt* ■**etw** ~ to spend sth dancing; **eine durchtanzte Nacht** a night of dancing

durch|trainieren* [-treni:rən, -trɛ-] *vt* ■**etw** ~ to get sth into peak condition; ■[**gut**] **durchtrainiert** well conditioned; ***er hat einen gut durchtrainierten Körper*** his body is in peak condition

durchtrainiert *adj* thoroughly fit

durchtränken* *vt* ■**etw** ~ to soak sth [completely], to saturate sth; ■**etw mit etw** ~ to soak sth in sth; **ein Tuch mit Wasser** ~ to soak a cloth in water

durch|trennen, **durchtrennen*** *vt* ■**etw** ~ to cut [through *sep*] sth, to cut sth in two, to sever sth

durch|treten *irreg* I. *vt haben* ■**etw** ~ ❶ (*fest betätigen*) **die Bremse** ~ to step on the brakes; **das Gaspedal** ~ to step on the accelerator, to hit the gas AM *fam* ❷ (*abnutzen*) to wear through sth *sep* II. *vi sein* ❶ (*geh: durchgehen*) to go [*or* walk] through; ***bitte treten Sie*** [***hier***] ***durch, meine Herrschaften!*** ladies and gentlemen, please step this way! ❷ (*durchsickern*) ■[**durch etw**] ~ to come [*or* seep] through [sth]

durchtrieben *adj* (*pej*) cunning, crafty, sly

Durchtriebenheit <-> *f kein pl* (*pej*) cunningness *no pl,* craftiness *no pl,* slyness *no pl*

durch|tropfen *vi sein* ■[**durch etw**] ~ to drip through [sth]

durchwachen* *vt* ■**etw** ~ to stay awake through sth; **viele Nächte an jds Bett** ~ to spend many nights awake at sb's bedside

durch|wachsen[1] *vi irreg sein* ■[**durch etw**] ~ to grow through [sth]

durchwachsen[2] *adj* ❶ ~**er Speck** streaky bacon BRIT ❷ *pred* (*hum fam: mittelmäßig*) so-so *fam;* ***wie war das Wetter?*** **—** ~**!** what was the weather like? — mixed!; ***die Stimmung im Büro ist zur Zeit*** ~ the atmosphere at work is not always good

Durchwahl *f* ❶ (*fam:* ~*nummer*) extension number ❷ (*das Durchwählen*) direct dialling [*or* AM -ling] *no pl, no art*

durch|wählen I. *vi* to dial direct; **nach London** ~ to dial London direct II. *vt* ■**etw** ~ to dial sth direct

Durchwahlnummer *f* extension number

durch|wandern[1] *vi sein* ■[**bis zu etw**] ~ to continue [*or* carry on] hiking [as far as sth]; ■**durch etw** ~ to hike through sth

durchwandern*[2] *vt* ■**etw** ~ to hike [*or* walk] through sth; **die ganze/halbe Welt** ~ to wander [*or* walk] round/half way round the world

durch|waschen *vt irreg* (*fam*) ■**etw** ~ to give sth a thorough wash

durch|waten[1] *vi sein* ■[**durch etw**] ~ to wade through [sth]

durchwaten*[2] *vt* ■**etw** ~ to wade across sth

durchweben* *vt irreg* ❶ (*lit*) ■**etw mit etw** ~ to interweave sth with sth ❷ (*fig geh*) ■**mit** [*o* **von**] **etw durchwoben sein** to be interspersed with sth

durchweg *adv*, **durchwegs** *adv* ÖSTERR without exception; ~ **allen Anforderungen entsprechen** to meet [*or* match] all of the requirements

durchwehen* *vt* (*geh*) ■**etw** ~ to blow through sth

durch|weichen[1] *vi sein* to get drenched [*or* soaked]; ■**durchgeweicht sein** to be sodden BRIT

durchweichen[2] *vt* (*geh*) ■**etw** ~ to drench [*or* soak] sth

durch|wetzen *vt* ■**durchgewetzt** worn [through]; **ein durchgewetzter Kragen** a frayed collar

durch|winden *vr irreg* ❶ (*lit*) ■**sich durch etw** ~ to meander [*or* wind one's way] through sth; ■**sich zwischen etw** *dat* ~ to thread [*or* worm] one's way between sth ❷ (*fig*) ■**sich** [**durch etw**] ~ to find one's way through [sth]

durchwirken* *vt* (*geh*) *s.* **durchweben**

durch|wollen *vi* (*fam*) ■[**durch etw**] ~ to want to come/go [*or* get] through [sth]; ■**zwischen/unter etw** *dat* ~ to want to get [*or* go] between/under sth

durch|wühlen[1] I. *vt* ■**etw** [**nach etw**] ~ to rummage through [*or* about in] sth [in search of sth]; **ein Haus** ~ to ransack a house II. *vr* ❶ (*sich durcharbeiten*) ■**sich** [**durch etw**] ~ to plough [*or* AM plow] through [sth] ❷ (*durch Wühlen gelangen*) ■**sich** [**durch etw**] ~ to burrow through [sth]; ■**sich unter etw** *dat* ~ to burrow [through] under sth

durchwühlen*[2] *vt* ■**etw** [**nach etw**] ~ ❶ (*durchstöbern*) to comb sth [for sth] ❷ (*aufwühlen*) to churn [*or* dig] up sth [in search of sth] *sep*

durch|wurschteln, **durch|wursteln** *vr* (*sl*) ■**sich irgendwie** ~ to muddle through somehow BRIT

durch|zählen *vt, vi* ■[**etw**] ~ to count out [*or* up] sth *sep;* ■[**jdn**] ~ to count sb

durchzechen* *vt* (*fam*) ■**etw** ~ to drink [*or fam* booze] through sth; (*weiter trinken*) to carry on drinking [*or fam* boozing] through sth; **die ganze Nacht** ~ to drink all night [long], to piss away BRIT the night *sep fam!;* **eine durchzechte Nacht** a night of drinking, a night on the drink [*or* BRIT *fam!* piss]

durch|ziehen[1] *irreg* I. *vt haben* ❶ (*hin*~) ■**etw** ~ to pull [*or* draw] through sth *sep;* ■**etw durch etw** ~ to pull [*or* draw] sth through sth ❷ (*fam: vollenden*) ■**etw** ~ to see sth through; ■**durchgezogen werden** to be brought to a conclusion ❸ (*sl: rauchen*) ■**etw** ~ to smoke sth II. *vi sein* ❶ ■[**durch etw**] ~ to come/go [*or* pass] through [sth]; *Truppe a.* to march through [sth] ❷ KOCHK **gebratenes Fleisch** ~ **lassen** *to place fried meat in a preheated oven in order to re-soak escaped juices* III. *vr haben* ■**sich durch etw** ~ to occur throughout sth

durchziehen*[2] *vt irreg* ■**etw** ~ ❶ (*durchqueren*) to go [*or* pass] [*or* travel] through sth; **ganze Erdteile** ~ to travel across entire continents ❷ (*konsequent verwendet werden*) to run through sth ❸ (*durch etw verlaufen*) to criss-cross sth

durchzucken* *vt* ❶ (*geh: zuckend durchleuchten*) ■**etw** ~ to flash across sth ❷ (*plötzlich ins Bewusstsein kommen*) ■**jdn** ~ to flash through sb's mind

Durchzug *m* ❶ *kein pl* (*Luftzug*) draught BRIT, draft AM; ~ **machen** to create a through draught ❷ *von Truppen* march through ▶ WENDUNGEN: **auf** ~ **schalten** (*fam*) to let sth go in one ear and out the other *fam*

durchzugsstark *adj* ~**er Motor** powerful engine

dürfen I. *modal vb* <darf, durfte, dürfen> ❶ (*Erlaubnis haben*) ■**etw** [**nicht**] **tun** ~ to [not] be allowed to do sth; ***darf man hier parken?*** are you allowed [*or* is it permitted] to park here?; ***hier darf man nicht rauchen*** smoking is not allowed [*or* permitted] here ❷ *verneint* (*nicht sollen*) ■**etw nicht tun** ~ to ought not [to] do sth *form;* ***wir*** ~ ***den Zug nicht verpassen*** we mustn't [*or form* ought not [to]] miss the train; ***das darf nicht wieder vorkommen*** this mustn't happen again ❸ *verneint* (*nicht müs-*

D

sen) ■ **etw nicht tun** ~ to not have to do sth; ***du darfst ihm das nicht übel nehmen*** you mustn't hold that against him; ***man darf sich nicht wundern, wenn …*** it shouldn't come as a surprise when [*or* if] … (4) *fragend* ■ **darf/dürfte/dürften …?** may/might …?; ***darf/dürfte ich wohl wissen, warum …?*** may/might I know why …?; ***darf ich mir noch ein Stück Fleisch nehmen?*** may [*or* can] I help myself to another piece of meat?; ***dürfte ich wohl noch ein Stück Kuchen haben?*** I wonder if I might [*or* could] have another piece of cake? (5) (*Veranlassung haben*) ***ich darf wohl sagen, dass …*** I think I can say that …; ***du darfst mir das ruhig glauben*** you can [*or* may] take it from me (6) *im Konjunktiv* (*sollen*) ■ **das/es dürfte …** that/it should [*or* ought to] …; ***es dürfte eigentlich genügen, wenn ich dir sage, dass…*** suffice it to say that …; ***es klingelt, das dürfte Ulrike sein*** there's a ring at the door, that must be Ulrike; ***es dürfte wohl das Beste sein, wenn …*** it would probably be best when [*or* if] … ► WENDUNGEN: **was darf es sein?** what would you like?; **es darf nicht sein, dass …** it's not on that … *fam* **II.** *vi* <darf, durfte, gedurft> ***darf ich?*** may I?; ***darf ich nach draußen?*** may I go outside?; ***sie hat nicht gedurft*** she wasn't allowed to **III.** *vt* <darf, durfte, gedurft> ■ **etw** ~ to be allowed to do sth; ***darfst du das?*** are you allowed to?

dürftig I. *adj* (1) (*kärglich*) paltrey *a. pej,* meagre [*or* AM -er]; ~**e Unterkunft** poor accommodation (2) (*pej: schwach*) poor; **eine ~e Ausrede** a feeble excuse; ~**e Kenntnisse** scanty knowledge (3) (*spärlich*) sparse **II.** *adv* scantily; ~ **ausfallen** to be a poor outcome

Dürftigkeit <-> *f kein pl* meagreness *no pl* BRIT, meagerness *no pl* AM

Dürftigkeitseinrede *f* JUR plea of insufficient assets in an estate

dürr *adj* (1) (*trocken*) dry; ~**es Laub** withered leaves (2) (*a. fig: unfruchtbar*) barren; ~**e Jahre** arid [*or* lean] years (3) (*mager*) [painfully] thin, skinny *fam;* (*durch Krankheit*) gaunt (4) (*knapp*) meagre [*or* AM -er]; **die ~en Jahre** (*fig*) the lean years

Dürre <-, -n> *f* drought *no pl*

Dürrejahr *nt* year of drought **Dürrekatastrophe** *f* catastrophic [*or* disastrous] drought **Dürreperiode** *f* [period of] drought; (*fig*) barren period

Durst <-[e]s> *m kein pl* thirst *no pl;* ■ ~ **haben** to be thirsty; **jd bekommt** [*o fam* **kriegt**] [**von etw**] ~ sb gets thirsty [*or* a thirst] [from sth], sth makes sb thirsty; ~ **auf etw** *akk* **haben** to feel like drinking sth; ***ich hätte ~ auf ein kühles Bier*** I could do with a chilled beer; **seinen** [*o* **den**] ~ [**mit etw**] **löschen** [*o* **stillen**] to quench [*or* BRIT slake] one's thirst [with sth]; ***das macht ~*** that makes you thirsty [*or* gives you a thirst]; **einen** [*o* **ein Glas**] **über den ~ trinken** (*fam*) to have one too many

dursten *vi* (*geh*) to be thirsty; ~ **müssen** to have to go thirsty

dürsten (*geh*) **I.** *vt impers* (1) (*Durst haben*) ■ **jdn dürstet** [**es**] sb is thirsty, sb thirsts *liter* (2) (*ständig verlangen*) ■ **es dürstet jdn nach etw** sb thirsts for sth **II.** *vi* ■ **nach etw** ~ to be thirsty for sth; ■ **jds D~ nach etw** sb's thirst for sth

Durstgefühl *nt* feeling of thirst

durstig *adj* thirsty; ■ ~ **sein** to be thirsty; [**jdn**] ~ **machen** to make sb thirsty; ■ **jd wird** [**von etw**] ~ sb gets thirsty [*or* a thirst] [from sth], sth makes sb thirsty; ***von salzigen Speisen wird man ~*** salty food makes you thirsty

durstlöschend *adj inv* thirst-quenching **durststillend** *adj* thirst-quenching **Durststrecke** *f* lean period **Durststreik** *m* refusal of [*or* to take] liquid; **sich im ~ befinden** to refuse to take liquid

Durumweizen *m* durum wheat

Duschanbe <-s> [duʃam'bɛ] *nt* Dushanbe

Dusche <-, -n> *f* (1) (*Apparatur*) shower (2) (*das Duschen*) shower; **eine heiße/kalte ~** a hot/cold shower; **wie eine kalte ~ sein** [*o* [**auf jdn**] **wirken**] to pour cold water on sb; ***ihr plötzliches Nein wirkte auf ihn wie eine kalte ~*** her sudden no brought him down to earth; **unter die ~ gehen, eine ~ nehmen** to have [*or* take] a shower; **unter der ~ sein** [*o* **stehen**] to be in the shower, to be taking [*or* having] a shower

duschen I. *vi* to shower; **sich kalt/warm ~** to have [*or* take] a cold/hot shower **II.** *vr* ■ **sich ~** to have [*or* take] a shower **III.** *vt* ■ **jdn ~** to give sb a shower

Duschgel *nt* shower gel

Duschhaube *f* shower cap **Duschkabine** *f* shower cubicle [*or* cabin] **Duschraum** *m* shower room, showers *pl* **Duschvorhang** *m* shower curtain **Duschvorlage** *f* shower mat **Duschwanne** *f* shower tray [*or* pan] **Duschzelle** *f* BAU shower stall

Düse <-, -n> *f* (1) TECH nozzle (2) LUFT jet

Dusel <-s> *m kein pl* (*fam*) (1) (*unverdientes Glück*) ~ **haben** to be lucky; [**reiner**] ~ **sein** to be [pure] good fortune [*or* [sheer] luck]; ***es war reiner ~, dass …*** it was sheer luck that …; ***so ein ~!*** that was lucky!, what luck! (2) SCHWEIZ, SÜDD ■ **im** ~ (*benommen*) in a daze; (*schläfrig*) drowsy/drowsily; (*angetrunken*) tipsy; ***das hat er mir im ~ erzählt*** he told me that after he had had a few

dus(e)lig *adj* (*fam*) ■ ~ **sein/werden** (*schläfrig*) to be/get [*or* become] drowsy; (*angetrunken*) to be/get [*or* become] tipsy; ***mir wird ~*** I'm feeling dizzy, to become dizzy

duseln *vi* (*fam*) to doze

düsen *vi sein* (*fam: fliegen*) to jet; (*fahren*) to race; (*schnell gehen*) to dash; **nach Rom/zu einer Sitzung** ~ to jet/race/dash off to Rome/a meeting

Düsenantrieb *m* jet propulsion *no pl, no art;* **mit ~** with jet propulsion; **ein Flugzeug mit ~** a jet[-propelled] aircraft **Düsenflugzeug** *nt* jet [aircraft] **Düsenjäger** *m* jet fighter **Düsentriebwerk** *nt* jet engine

Dussel <-s, -> *m* (*fam*) twit *fam,* prat BRIT *fam,* dork AM *fam*

Düsseldorf <-s> *nt* Düsseldorf

dusselig, dussligRR, dußlig (*fam*) **I.** *adj* daft *fam,* stupid **II.** *adv* (1) (*dämlich*) stupidly; **sich ~ anstellen** to act stupidly [*or fam* stupid] (2) (*enorm viel*) **sich ~ arbeiten** to work oneself silly; **sich ~ verdienen** to earn a fantastic amount, to rake it in *fam*

Dusseligkeit <-, -en> *f,* **DussligkeitRR, Dußligkeit** <-, -en> *f* (*fam*) stupidity *no pl*

düster *adj* (1) (*finster*) dark, gloomy; **ein ~er Himmel** a gloomy [*or* an overcast] [*or* BRIT a heavy] sky; ~**es Wetter** dismal [*or* gloomy] weather (2) (*bedrückend*) gloomy, melancholy; ~**e Gestalten** melancholy figures; **eine ~e Ahnung** a foreboding; ~**e Prognosen** gloomy predictions; **ein ~es Szenario** a gloomy scenario (3) (*schwermütig*) black, gloomy, melancholy; **eine ~e Miene** a gloomy [*or* melancholy] face; ~**e Gedanken** black thoughts; **eine ~e Stimmung** a black [*or* melancholy] mood

Düsterkeit <-> *f kein pl* (1) (*Dunkelheit*) darkness, gloominess; **von ~ erfüllt** gloomy; ***der Himmel war von großer ~*** the sky appeared really gloomy (2) (*Schwermütigkeit*) gloominess; **Gedanken voller ~** gloomy thoughts

Dutt <-[e]s, -s *o* -e> *m* DIAL (*Haarknoten*) bun

Duty-free-Shop, DutyfreeshopRR <-s, -s> ['dju:ti'fri:ʃɔp] *m* duty-free shop

Dutzend <-s, -e> *nt* (1) (*zwölf Stück*) dozen; **ein ~** [*o* **d~**] **Mal** a dozen times; **zu einem ~ verpackt** packed in dozens; **ein halbes ~** half a dozen; **ein rundes ~** a full [*or* BRIT round] dozen; **im ~** (*fam*) by the dozen; ***die Eier sind im ~ billiger*** the eggs are cheaper by the dozen (2) *pl* (*fam: jede Menge*) dozens; ***kaum sagt jemand was von Freibier, kommen gleich ~e*** as soon as somebody mentions free beer dozens turn up; **zu ~en** in [their] dozens

dutzend(e)mal *adv* (*fam*) dozens of times

dutzendfach I. *adj* dozens of **II.** *adv* dozens of times

Dutzendgesicht *nt* (*pej*) ordinary [*or* run-of-the-mill] face **Dutzendware** *f* (*pej*) mass-produced [*or* mass-market] item

dutzendweise *adv* by the dozen, in dozens

duzen *vt* ■ **jdn ~** to address sb as [*or* with] "du", ≈ to be on Christian [*or* first] name terms with sb; ■ **sich** [**von jdm**] ~ **lassen** to allow sb to be on familiar [*or* first name] terms with one; ■ **sich ~** to be on familiar [*or* first name] terms with each other

Duzfreund(in) *m(f)* close [*or* good] friend; **alte ~e** old friends

DV <-> *f Abk von* **Datenverarbeitung** DP

DVD *f Abk von* **digital videodisc** DVD

DVD-Laufwerk *nt* INFORM DVD drive **DVD-PCRW** *nt* INFORM *Abk von* **DVD phase change rewritable disk** DVD-PCRW **DVD-Player** <-s, -> [-pleɪɐ] *m* DVD player **DVD-RAM** *nt* INFORM *Abk von* **DVD random access memory** DVD-RAM **DVD-ROM** *f* INFORM *Abk von* **DVD read only memory drive** DVD-ROM **DVD-ROM-Laufwerk** *nt* INFORM DVD-ROM drive

Dynamik <-> *f kein pl* (1) PHYS dynamics + *sing vb* (2) (*fig*) dynamism *no pl;* ***die ~ dieser Entwicklung war nicht mehr zu bremsen*** this development was too dynamic to be slowed down

dynamisch I. *adj* (1) (*schwungvoll*) dynamic (2) (*vorwärts drängend*) dynamic (3) (*regelmäßig angepasst*) index-linked **II.** *adv* dynamically

dynamisieren* *vt* (*geh*) ■ **etw ~** to index-link sth

Dynamisierung <-, -en> *f* (*geh*) index-linking *no pl;* ***das neue Gesetz erfordert die ~ der Renten*** the new act requires pensions to be index-linked

Dynamit <-s> *nt kein pl* (1) (*lit*) dynamite (2) (*fig*) dynamite; ***da steckt ~ drin!*** it's dynamite!

Dynamo <-s, -s> *m* dynamo

Dynamomaschine *f* dynamo **Dynamometer** *nt* dynamometer

Dynastie <-, -n> [*pl* -'sti:ən] *f* dynasty

Dysmenorrhö <-, -en> *f* MED (*schmerzhafte Monatsblutung*) dysmenorrhoea BRIT, dysmenorrhea AM

Dysprosium <-s> *nt kein pl* CHEM dysprosium *no pl*

D-Zug *m* (*veraltend*) express, fast train; ***lauf doch nicht so schnell, ich bin doch kein ~!*** (*hum fam*) not so fast, I can't run as fast as I used to!

D-Zug-Tempo *nt* ► WENDUNGEN: **im ~** (*fam*) like [*or* as quick as] a shot

E

E, e <-, - *o fam* -s, -s> *nt* (1) (*Buchstabe*) E, e; ~ **wie Emil** E for Edward BRIT, E as in Easy AM; *s. a.* **A 1** (2) MUS ■ **das ~** [the note] E; *s. a.* **A 2**

EAN *f Abk von* **europäische Artikelnummerierung** EAN

Eau de Cologne <- - -> ['o:dəko'lɔnjə] *nt kein pl* eau de cologne *no pl,* cologne *no pl*

Ebbe <-, -n> *f* ebb [*or* low] tide; (*Wasserstand*) low water; ~ **und Flut** the tides *pl;* ~ **sein** to be low tide; **bei ~** at low tide, when the tide goes out/has gone out; **mit der ~** with the ebb tide; **mit der ~ auslaufen** to leave on the ebb tide ► WENDUNGEN: **bei jdm herrscht** [*o* **ist**] ~ (*fam*) sb's finances are at a low ebb; ***in meinem Portmonee ist ~*** my finances are at a low ebb

ebd. *adv Abk von* **ebenda** ib., ibid.

eben1 I. *adj* (1) (*flach*) even, flat (2) (*glatt*) level **II.** *adv* evenly

eben2 I. *adv* (1) *zeitlich* just; ***der Zug ist ~ erst abgefahren*** the train has only just left; ***~ war sie noch hier*** she was here just a moment ago; ***was meintest du ~?*** what did you say just now? (2) (*nun einmal*) just, simply; ***das ist ~ so*** that's [just] the way it is [*or* things are] (3) (*gerade noch*) just [about]; ***das wird* [*so*] *~ noch reichen*** that'll just about be enough (4) (*kurz*) **mal ~** [*o* ~ **mal**] for a minute [*or* second]; ***komm mal ~ mit!*** come with me a second; ***entschuldigen Sie mich mal ~*** excuse me for a minute **II.** *part* ❶ (*genau das*) exactly, precisely; ***das ist es ja*** ~ that's precisely [*or* exactly] it; ***war es das, was du meintest? — nein, das ~ nicht*** was that what you meant? — no, not exactly [that]; ~ ***das wollte ich sagen*** that's precisely [*or* exactly] what I wanted to say; [**na**] ~! exactly ❷ (*Abschwächung von Verneinung*) ***das ist nicht ~ billig*** it's not exactly cheap

Ebenbild *nt* image; ■**jds** ~ sb's image; **jds** [**genaues**] ~ **sein** to be the [very [*or* spitting]] image of sb

ebenbürtig *adj* equal; ■**jdm** [**an etw** *dat*] ~ **sein** to be sb's equal [in sth]; **einander** [**nicht**] ~ **sein** [un]evenly matched

Ebenbürtigkeit <-> *f kein pl* equality *no pl*

ebenda *adv* ❶ (*genau dort*) exactly there; ***Bad Tölz? ja, ~ ist sie*** Bad Tölz? yes, that's exactly where she is ❷ (*bei Zitat*) ibidem; (*geschrieben a.*) ibid[.]

ebendahin *adv* ~ ***fahre ich ja*** that's exactly where I'm going **ebendarum** *adv* for that very reason; ~ ***frage ich ja!*** that is exactly why I'm asking **ebender** *pron,* **ebendie** *pron,* **ebendas** *pron* he/she/it; ***ist das deine Traumfrau? ebendie ist es*** is that the woman of your dreams? she is it **ebendeshalb** *adv,* **ebendeswegen** *adv s.* **ebendarum** **ebendiese**(**r**, **s**) *pron* (*geh*) he/she/it; ***der Mann da vorne? — du sagst es, ~r!*** that man up front there? — you've said it, the very one!

Ebene <-, -n> *f* ❶ (*Tief~*) plain; (*Hoch~*) plateau ❷ MATH, PHYS plane; **schiefe** ~ inclined plane ❸ (*Schicht*) level; **sich** [**nicht**] **auf jds** ~ **begeben** (*geh*) to [not] come down to sb's level; **auf wissenschaftlicher** ~ at the scientific level

ebenerdig *adj* ■~ **sein** to be at ground level [*or* level with the ground]; **eine ~e Wohnung** a residence at ground level; **ein ~er Hauseingang** an entrance level with the ground [*or* at ground level]

ebenfalls *adv* also, as well, likewise, too; ***ich hätte es ~ getan*** I would have done it too [*or* as well], I would also have done it; ***ich ~!*** me too!; ***danke, ~!*** thanks, [and] the same to you

Ebenholz *nt* ebony; **schwarz wie** ~ as black as ebony

ebenjene(**r**, **s**) *pron* (*geh*) *substantivisch* he/she/it; ***war er der Täter? — ja, ~r war es!*** was he the culprit? — yes, he was the very one!; *adjektivisch;* ~ ***Frau heiratete er*** that's the very woman he married

Ebenmaß *nt kein pl* (*geh*) evenness *no pl,* regularity; *von Gesichtszügen* regularity *no pl; des Körpers* perfect proportions *pl*

ebenmäßig **I.** *adj* regular, symmetrical, well proportioned, evenly proportioned; **von ~em Wuchs** of even proportions; **~e Zähne** evenly proportioned teeth **II.** *adv* proportionately, symmetrically

ebenso *adv* ❶ (*genauso*) just as; ***ich habe eine ~ schöne Wohnung*** I have just as nice a flat; ~ **gern** just as well/much; ***meinen Vater mag ich ~ gern wie meine Mutter*** I like my father just as much as my mother; ~ **gut** [just] as well; ***ich kann ~ gut darauf verzichten*** I can just as well go without it; ~ **lang**[**e**] just as long; ~ **oft** just as frequently [*or* often]; ~ **sehr** just as much; ***ich habe dich ~ sehr lieb wie du mich*** I'm just as much fond of you as you are of me; ~ **viel** just as much; ~ **wenig** ***das ist ~ wenig angebracht*** this is just as inappropriate ❷ (*auch*) also, likewise, as well; ***die Geschäfte sind geschlossen, ~ alle Kinos*** the shops are closed, as are all the cinemas; ***diese Waschmaschine ist ~ zu teuer*** that washing machine is too expensive as well

ebensogern *adv s.* **ebenso 1** **ebensogut** *adv s.* **ebenso 1** **ebensolang**(**e**) *adv s.* **ebenso 1** **ebensooft** [-zoʔɔft] *adv s.* **ebenso 1** **ebensosehr** *adv s.* **ebenso 1** **ebensoviel** *adv s.* **ebenso 1** **ebensowenig** *adv s.* **ebenso 1**

Eber <-s, -> *m* boar

Eberesche *f* BOT mountain ash [*or* rowan]

ebnen *vt* (*eben machen*) ■**etw** ~ to level [off] sth [*sep*], to make sth level ▶ WENDUNGEN: **jdm/einer S. den Weg** ~ to smooth [*or* pave] the way for sb/sth

Ebola-Virus *nt* MED Ebola virus

EBU <-> *f kein pl Akr von* **European Broadcasting Union** EBU

E-Business <-> ['iːˈbɪznɪs] *f kein pl* INET e-business

EC <-s, -s> *m* ❶ *Abk von* **Eurocity** Eurocity train ❷ *Abk von* **Euroscheck** eurocheque

E-Cash <-> [iːˈkæʃ] *nt kein pl* e-cash, electronic cash

echauffieren* [eʃɔˈfiːrən] *vr* (*veraltet*) ■**sich** [**über jdn/etw**] ~ to get worked up [*or form* to excite oneself] [about sb/sth]

Echo <-s, -s> *nt* ❶ (*Effekt*) echo ❷ (*Reaktion*) response (**auf** +*akk* to); **ein** [**großes**] ~ **finden** to meet with a [big] response ❸ (*Nachbeter*) echoer; **von jdm das** ~ [*o* **jds** ~] **sein** to echo sb's words

Echolot *nt* sonar, echo sounder

Echse <-, -n> ['ɛksə] *f* saurian *spec;* (*Eid~*) lizard

echt **I.** *adj* ❶ (*nicht künstlich*) real; (*nicht gefälscht*) genuine; **eine ~e Blondine** a natural blonde ❷ (*aufrichtig*) *Freundschaft, Schmerz* sincere ❸ (*typisch*) typical ❹ (*beständig*) **~e Farben** fast colours [*or* AM -ors] ❺ (*wirklich*) real; *s. a.* **Bruch** **II.** *adv* ❶ (*typisch*) typically ❷ (*rein*) pure; ***das Armband ist ~ Platin!*** the bracelet is pure platinum! ❸ (*fam: wirklich*) really

Echtfarbendarstellung *f* true colour [*or* AM -or] display

Echtheit <-> *f kein pl* ❶ (*das Echtsein*) authenticity, genuineness ❷ (*Aufrichtigkeit*) sincerity ❸ TYPO (*Farbe*) ■**~en** *pl* fastness properties *pl*

Echtheitsbeweis *m* JUR proof of authenticity **Echtheitsbürgschaft** *f* JUR warranty of genuineness **Echtheitsprüfung** *f* test of genuineness, authenticity test **Echtheitszeugnis** *nt* certificate of authenticity

Echtzeit *f* INFORM real time **Echtzeitspiel** *nt* INFORM real-time game

Eck <-[e]s, -e> *nt* ❶ ÖSTERR, SÜDD (*Ecke*) corner ❷ SPORT corner [of the goal]; **das kurze/lange** ~ the near/far corner [of the goal] ▶ WENDUNGEN: **über** ~ diagonally

EC-Karte *f Abk von* **Euroscheckkarte** Eurocheque card

Eckball *m* SPORT corner; **einen ~ geben/schießen** to award [*or* give]/take a corner; **einen ~ verwandeln** to score from a corner **Eckbank** *f* corner bench **Eckdaten** *pl s.* **Eckwert**

Ecke <-, -n> *f* ❶ (*spitze Kante*) corner; *eines Kragens* point; **sich an der ~ eines Tisches stoßen** to knock oneself on the edge of a table; **~n und Kanten** (*fig*) rough edges ❷ (*Straßen~*) corner; ***gleich um die ~*** just round [*or* AM around] the corner ❸ (*Zimmer~*) corner; **jdn in die ~ stellen** to make sb stand in the corner; ***ab in die ~!*** go and stand in the corner! ❹ (*Käse~*) wedge ❺ (*fam: Gegend*) area; ***wir kommen aus der gleichen ~*** we come from the same corner of the world ❻ (*fam: Entfernung*) distance, stretch; ***bis dahin ist es noch eine ganz schöne ~*** it's still a fair old distance away; **mit jdm um/über sieben ~n verwandt sein** (*fam*) to be distantly related to sb ❼ SPORT corner; **eine kurze/lange** ~ a short/long corner; **die neutrale** ~ the neutral corner ▶ WENDUNGEN: **jdn um die ~ bringen** (*fam*) to do sb in *fam;* **jdn in die ~ drängen** to push sb aside; **an allen ~n und Enden** (*fam*) everywhere; **eine ganze** ~ (*fam*) quite a bit; **mit ~n und Kanten** with a mind of one's own

Ecker <-, -n> *f* BOT beechnut

Eckfenster *nt* corner window **Eckhaus** *nt* corner house, house on [*or* at] the corner

eckig *adj* ❶ (*nicht rund*) square; (*verwinkelt*) angular; **ein ~es Gesicht** an angular face; *s. a.* **Klammer** ❷ (*ungelenk*) jerky; **mit ~en Bewegungen gehen** to walk jerkily [*or* with a jerk] ❸ KOCHK rough

Eckkneipe *f* corner pub [*or* AM bar], pub on the corner **Ecklohn** *m* standard [*or* basic] rate of pay **Eckpfeiler** *m* ❶ (*lit*) corner pillar ❷ (*fig*) cornerstone **Eckpfosten** *m* corner post **Eckpunkt** *m* corner **Eckregal** *nt* corner shelf [*or* shelving] **Eckrohrzange** *f* rib joint pliers *npl* **Eckschrank** *m* corner cupboard **Eckschutzleiste** *f* BAU corner bead **Eckschutzschiene** *f* BAU corner guard **Eckstein** *m* ❶ (*lit*) cornerstone ❷ (*fig*) *s.* **Eckpfeiler 2** **Eckstoß** *m s.* **Eckball** **Eckstunde** *f* first/last lesson [*or* AM class] of the day **Ecktisch** *m* corner table **Eckwert** *m meist pl* benchmark figure; (*fig*) basis **Eckwurf** *m* SPORT corner throw **Eckzahn** *m* eyetooth, canine [tooth]; (*Hauer*) fang **Eckzins** *m* FIN bank base rate

E-Commerce <-> ['iːˈkɑmɜːs] *m kein pl* INET e-commerce **E-Commerce-Karte** *f* e-commerce card

Economyclass, Economy-Klasse [ɪˈkɔnəmiklaːs] *f* LUFT economy class

ECOSOC <-> *m kein pl Akr von* **UN Economic and Social Council** ECOSOC

ecru [eˈkryː] *adj pred s.* **ekrü** raw, undyed, ecru

Ecstasy <-, -s> *f* ecstasy, E *fam*

Ecu <-[s], -[s]> [eˈkyː] *m,* **ECU** <-, -> *m* (*hist*) *Akr von* **European currency unit** ECU

Ecuador <-s> *nt* Ecuador; *s. a.* **Deutschland**

Ecuadorianer(**in**) <-s, -> *m*(*f*) Ecuadorean; *s. a.* **Deutsche**(**r**)

ecuadorianisch *adj* Ecuadorean; *s. a.* **deutsch**

ed. *Abk von* **edited** ed.

Edamer <-s, -> *m* Edam [cheese] *no pl, no art*

Edda <-> *f kein pl* LITER Edda

edel **I.** *adj* ❶ (*großherzig*) generous ❷ (*hochwertig*) fine, high-grade ❸ (*aristokratisch*) noble ❹ *attr* (*veraltend: vornehm*) noble; **von edler Abkunft sein** to be of noble origin **II.** *adv* nobly; ~ **geformte Züge** aristocratic features

Edelboutique, Edelbutike *f* high-class [*or fam* classy] boutique **Edelfaser** *f* high-grade fibre [*or* AM -er] **Edelfrau** *f* noblewoman **Edelgas** *nt* inert [*or* rare] [*or* noble] gas **Edelholz** *nt* high-grade [*or* precious] wood *no pl* **Edelkastanie** *f* sweet [*or* Spanish] chestnut **Edelkitsch** *m* (*iron*) ostentatious rubbish [*or* kitsch] **Edelklasse** *f* ■**die** ~ the crème de la crème **Edelmann** <-leute> *m* nobleman **Edelmetall** *nt* precious metal **Edelmut** *m kein pl* (*geh*) magnanimity *no pl form,* noblemindedness *no pl* **edelmütig** **I.** *adj* (*geh*) magnanimous *form,* noble-minded **II.** *adv* magnanimously *form* **Edelpilzkäse** *m* blue [vein] cheese **Edelrose** *f* prize rose **Edelschnulze** *f* (*iron*) sentimental ballad, pretentious sob stuff *no pl, no indef art* BRIT *pej* **Edelstahl** *m* stainless [*or* high-grade] steel **Edelstein** *m* precious stone **Edeltanne** *f* silver fir

Edelweiß <-[es], -e> *nt* BOT edelweiss

Eden <-s> *nt kein pl* (*geh*) Eden *no pl;* **ein blühendes** ~ a flowering paradise; *s. a.* **Garten**

edieren* *vt* ■**etw** ~ to publish sth

Edikt <-[e]s, -e> *nt* edict

Edinburg <-s> *nt* Edinburgh

editieren* *vt* INFORM (*Daten aufbereiten*) ■**etw** ~ to edit sth

Edition <-, -en> *f* ❶ (*das Herausgeben*) publication; (*die Ausgabe*) edition ❷ (*Verlag*) publishing house

Editor, -torin <-s, -toren> *m, f* ❶ (*geh*) publisher ❷ INFORM [text] editor

Editorial <-s, -s> [editoˈriaːl, ɛdiˈtɔːrɪəl] *nt* editorial

Editorin <-, -nen> *f fem form von* **Editor**

editorisch *adj* publishing *attr*

EDO-RAM *nt* INFORM *Akr von* **enhanced data out random access memory** EDO-RAM

Edutainment <-s> [ɛdjuˈteɪnmənt] *nt kein pl* edutainment

EDV <-> *f* INFORM *Abk von* **elektronische Datenverarbeitung** EDP

EDV-Anlage [eːdeːˈfau-] *f* computer system, EDP equipment **EDV-Branche** *f* computing business **EDV-Fachmann, -Fachfrau** *m, f* computer specialist **EDV-Freak** <-s, -s> *m* INFORM computer addict **EDV-gestützt** *adj* EDP-assisted [*or* -aided] **EDV-System** *nt* INFORM electronic information processing system

EEF *m* EU *Abk von* **Europäischer Entwicklungs-**

fonds EDF, European Development Fund

EEG <-s, -s> *nt* MED *Abk von* **Elektroenzephalogramm** EEG

EEPROM INFORM *Abk von* **electrically erasable programmable read-only memory** EEPROM

Efeu <-s> *m kein pl* ivy *no pl, no indef art*

Effeff <-> *nt kein pl* ▸ WENDUNGEN: **aus dem ~** (*fam*) inside out *fam;* **etw aus dem ~ beherrschen/kennen** to know sth backwards/inside out

Effekt <-[e]s, -e> *m* ① (*Wirkung*) effect; ***der ~ war gleich Null*** it had no effect whatsoever; **im ~** in the end ② (*Erscheinung*) effect; ■ **~e** effects, FX *sl;* (*in Film*) special effects [*or sl* FX]

Effekten *pl* securities *pl,* stocks and shares *pl*

Effektenabteilung *f* FIN securities department [*or* division] **Effektenbörse** *f* stock exchange **Effektenhandel** *m* stock trading *no art* **Effektenhaus** *nt* FIN securities trading house

Effekthascherei <-, -en> *f* (*fam*) cheap showmanship *no pl, no indef art*

effektiv I. *adj* ① (*wirksam*) effective ② *attr* (*tatsächlich*) actual *attr* II. *adv* ① (*wirksam*) effectively; **sich als ~ erweisen** [*o* **herausstellen**] to prove [*or* turn out to be] effective ② (*tatsächlich*) actually; **DM 5.000 ~ verdienen** to gross DM 5,000

Effektivgeschäft *nt* BÖRSE spot transaction

Effektivität <-> [-vi-] *f kein pl* effectiveness *no pl*

Effektivitätsprinzip *nt* JUR principle of de facto effectiveness

Effektivleistung *f* effective power **Effektivlohn** *m* ÖKON actual [*or* real] wage **Effektivpreis** *m* HANDEL cash price **Effektivverdienst** *m* actual earnings *pl* **Effektivzins** *m* FIN annualized percentage rate

effektvoll *adj* effective

Effiliermesser *nt* thinning razor **Effilierschere** *f* thinning scissors *npl*

effizient (*geh*) I. *adj* efficient II. *adv* efficiently

Effizienz <-, -en> *f* (*geh*) efficiency

Effusion <-, -en> *f* effusion

EFR *m* INFORM *Abk von* **Enhanced-Fullrate-Codec** EFR

EFRE *m Abk von* **Europäischer Fonds für regionale Entwicklung** EFRD, European Fund for Regional Development

EFTA <-> *f kein pl Akr von* **European Free Trade Association** EFTA *no pl*

EFWZ *m Abk von* **Europäischer Fonds für Währungszusammenarbeit** EFCC, European Currency Cooperation Fund

EG <-> *f* ① (*hist*) *Abk von* **Europäische Gemeinschaft** EC ② ÖKON *Abk von* **Eingetragene Genossenschaft** registered cooperative society

egal (*fam*) I. *adj* ① (*gleichgültig*) ■ **jdm ~ sein** to be all the same to sb; ***das ist mir ~*** I don't mind; (*unhöflicher*) I couldn't care less; ***es ist mir ~, ob/dass*** I don't care [*or* it makes no difference to me] whether/that; ***es kann dir doch nicht ~ sein!*** how can you not care?, it can't be a matter of indifference to you ② (*gleich aussehend*) identical; ■ **~ sein** to be identical [*or* the same] ▸ WENDUNGEN: **~, was/wie/wo/warum …** no matter what/how/where/why … II. *adv* ① DIAL (*gleich*) identically; **~ groß/lang** identical in size/length ② DIAL (*ständig*) constantly; ***in unserem Urlaub hat es ~ geregnet*** it rained continuously during our holiday

egalisieren *vt* **Gemüse/Obst ~** KOCHK to cut vegetables/fruit into equal-sized pieces

EG-Beitrittsvertrag *m* JUR EC membership agreement

Egel <-s, -> *m* leech

Egge <-, -n> *f* harrow

eggen I. *vt* ■ **etw ~** to harrow sth II. *vi* to do harrowing

EGKS *f Abk von* **Europäische Gemeinschaft für Kohle und Stahl** EDSC, European Coal and Steel Community

Ego <-s, -s> *nt* (*pej*) ego *a. pej*

Egoismus <-, -ismen> *m* ego[t]ism *pej*

Egoist(in) <-en, -en> *m(f)* ego[t]ist *pej*

egoistisch I. *adj* ego[t]istical *pej* II. *adv* ego[t]istically *pej*

Egomane, **Egomanin** <-n, -n> *m, f* egomaniac

Egomanie <-> *f* egomania *no pl, no art*

Egomanin <-, -nen> *f fem form von* **Egomane**

Egotrip <-s, -s> *m* ego trip *pej;* **auf dem ~ sein** (*fam*) to be on an ego trip *pej*

Egozentriker(in) <-s, -> *m(f)* (*geh*) egocentric

egozentrisch *adj* (*geh*) egocentric

eh[1] *interj* (*sl*) ① (*Anrede*) hey; **~, *du da!*** hey [*or* BRIT *fam* oy], you there! ② (*was?*) eh?

eh[2] I. *adv bes* ÖSTERR, SÜDD (*sowieso*) anyway; ***ich habe ~ keine Lust!*** I don't feel like it anyway! ▸ WENDUNGEN: **seit ~ und je** since time immemorial, for donkey's years BRIT *fam,* since the year dot BRIT *dated fam;* **wie ~ und je** as always II. *konj* (*ehe*) before

ehe *konj* before; ■ **~ … nicht** until …; **~ *es nicht aufhört zu regnen, setze ich keinen Fuß vor die Tür!*** I'm not stepping outside until it stops raining!

Ehe <-, -n> *f* marriage; **~ ohne Trauschein** common law marriage; **offene ~** modern marriage; **wilde ~** (*veraltend*) living together; **in wilder ~ leben** to be living together; **die ~ brechen** to commit adultery; **[mit jdm] die ~ eingehen** to marry [sb], to get married [to sb]; **[mit jdm] eine ~ führen** to be married [to sb]; **eine unglückliche ~ führen** to have an unhappy marriage; **die ~ schließen** to get married, to marry; **mit jdm die ~ schließen** (*geh*) to enter into marriage with sb *form;* **jdm die ~ versprechen** to promise to marry sb; **aus der/erster ~** from a/one's first marriage

eheähnlich *adj* similar to marriage; **[mit jdm] in einer ~en Gemeinschaft leben** to cohabit [with sb] *form* **Eheaufhebungsklage** *f* JUR petition to dissolve a marriage **Eheberater(in)** *m(f)* marriage guidance counsellor, AM *a.* marriage counselor **Eheberatung** *f* ① (*das Beraten*) marriage guidance [*or* AM counseling] ② (*Beratungsstelle*) marriage guidance council BRIT **Ehebett** *nt* double [*or form* matrimonial] bed **ehebrechen** *vi nur infin* to commit adultery **Ehebrecher(in)** <-s, -> *m(f)* adulterer *masc,* adulteress *fem* **ehebrecherisch** *adj* adulterous **Ehebruch** *m* adultery; **~ begehen** to commit adultery

ehedem *adv* formerly, in former times; ■ **von ~** (*geh*) of [*or* in] former times; ■ **wie ~** (*geh*) as in former times

Ehefähigkeit *f* JUR capacity to marry **Ehefähigkeitszeugnis** *nt* JUR certificate of no impediment **Ehefrau** *f fem form von* **Ehemann** wife **Ehegatte** *m* (*geh*) ① *s.* **Ehemann** ② *pl* (*Ehepartner*) ■ **die ~n** [married] partners *pl*

Ehegattenbesteuerung *f* FIN taxation of spouses [*or* husband and wife] **Ehegattensplitting** *nt* separate taxation for man and wife **Ehegattenzuschlag** *m* JUR premium for married couples **Ehegattin** *f* (*geh*) *fem form von* **Ehefrau** **Ehegesetz** *nt* JUR matrimonial law **Eheglück** *nt* married [*or hum* domestic] bliss **Ehegüterrecht** *nt* JUR matrimonial property regime **Eheherstellungsklage** *f* JUR petition for restitution of conjugal rights **Ehehindernis** *nt* impediment to marriage **Ehekrach** *m* (*fam*) marital row [*or* AM fight] **Ehekrise** *f* marriage crisis **Ehekrüppel** *m* (*fam*) casualty of married life *hum fam;* (*Pantoffelheld*) henpecked husband **Eheleben** *nt kein pl* married life **Eheleute** *pl* (*geh*) married couple + *sing/pl vb*

ehelich I. *adj* marital; **ein ~es Kind** a legitimate child II. *adv* legitimately; **~ geborene Kinder** legitimate children, children born in wedlock *old*

ehelichen *vt* (*hum*) ■ **jdn ~** to wed sb *liter*

Ehelichkeitsanfechtung *f* JUR denial of legitimacy

ehelos *adv* single, unmarried

Ehelosigkeit <-> *f kein pl* unmarried state *no pl;* (*Zölibat*) celibacy *no pl, no art*

ehemalig *adj attr* former; **jds E~er/E~e** (*hum fam*) sb's ex *fam;* ■ **die E~en** SCH the former pupils

ehemals *adv* (*geh*) formerly, previously

Ehemann <-männer> *m* husband

Ehename *m* married name **Ehenichtigkeit** *f* JUR nullity of marriage **Ehenichtigkeitsantrag** *m* JUR nullity suit **Ehenichtigkeitserklärung** *f* JUR annulment of marriage **Ehenichtigkeitsgrund** *m* JUR diriment impediment **Ehenichtigkeitsklage** *f* JUR petition for nullity of marriage **Ehenichtigkeitsurteil** *nt* JUR decree of nullity; **endgültiges/vorläufiges ~** decree absolute/nisi

Ehepaar *nt* [married] couple + *sing/pl vb;* ***das ~ Peisert*** Mr and Mrs Peisert + *pl vb* **Ehepartner(in)** *m(f)* husband *masc,* wife *fem,* spouse *form*

eher *adv* ① (*früher*) earlier, sooner; **je ~, desto besser** the sooner the better; **~ …, als …** earlier [*or* sooner] than … ② (*wahrscheinlicher*) more likely ③ (*mehr*) more; ***das lässt sich schon ~ hören!*** that sounds more like it! ④ (*lieber*) rather, sooner; ***soll ich ~ am Abend hingehen?*** would it be better if I went in the evening?; **~ …, als …** rather [*or* sooner] … than …

E-Herd *m kurz für* **Elektroherd**

Eherecht *nt kein pl* marriage law **Ehering** *m* wedding ring

ehern *adj* (*geh*) ① (*lit*) metal ② (*fig*) iron; **~ bleiben** to remain firm; **ein ~es Gesetz** an unshak[e]able law; **ein ~er Wille** an iron will

Ehescheidung *f* divorce

Ehescheidungsgesetz *nt* JUR Matrimonial Causes Act BRIT **Ehescheidungsklage** *f* JUR divorce petition; **eine ~ einleiten** to institute divorce proceedings **Ehescheidungsrecht** *nt kein pl* JUR divorce law

Eheschließung *f* (*geh*) marriage ceremony, wedding

ehest *adv* ÖSTERR (*baldigst*) as soon as possible

Ehestand *m kein pl* (*geh*) marriage *no pl, no art,* matrimony *no pl, no art form;* **in den ~ treten** to enter into matrimony *form*

eheste(r, s) I. *adj attr* earliest; **bei ~r Gelegenheit** at the earliest opportunity II. *adv* ■ **am ~n** ① (*am wahrscheinlichsten*) [the] most likely; ***das scheint am ~n möglich*** that seems [the] most likely ② (*zuerst*) the first; ***sie ist am ~n da gewesen*** she was the first here

ehestens *adv* ① (*frühestens*) at the earliest ② ÖSTERR (*baldigst*) *s.* **ehest**

Eheverkündigung *f* SCHWEIZ (*Aufgebot*) announcement of marriage **Ehevermittlung** *f* ① *kein pl* (*Gewerbe*) arrangement of marriages, matchmaking *no pl, no art;* **in der ~ tätig sein** to arrange marriages ② (*Büro*) marriage bureau BRIT **Ehevermittlungsinstitut** *nt* marriage bureau BRIT **Eheversprechen** *nt* promise of marriage **Ehevertrag** *m* marriage contract **Eheweib** *nt* (*hum fam*) wife, old woman [*or* AM lady] *fam;* ■ **mein ~** the wife, the missus BRIT *fam,* the old woman *fam* [*or* AM *fam* old lady]

Ehrabschneider(in) <-s, -> *m(f)* (*pej geh*) slanderer, calumniator *form*

ehrbar *adj* respectable

Ehrbegriff *m kein pl* sense of honour [*or* AM -or]

Ehre <-, -n> *f* ① *kein pl* (*Ansehen*) honour [*or* AM -or] *no pl;* **ein Fleck auf seiner ~** a stain on one's honour; **jdm zur ~ gereichen** (*geh*) to bring sb honour [*or* honour to sb]; **jdn in seiner ~ kränken** to wound sb's honour; **~/keine ~ im Leib** respect/not a shred of respect ② (*Anerkennung*) honour [*or* AM -or]; **zu jds ~n/zu ~n einer S.** *gen* in honour of sb/sth; **eine große ~** a great honour; **jdm eine ~/große** [*o* **besondere**] **~ sein** (*geh*) to be an honour/a great honour for sb; **mit militärischen ~n** with military honours; **sich** *dat* **etw als ~ anrechnen** to consider sth an honour; **jdm die letzte ~ erweisen** (*geh*) to pay sb one's last respects [*or* one's last respects to sb]; **sich** *dat* **die ~ geben, etw zu tun** (*geh*) to have the honour of doing sth; **etw in ~n halten** to cherish [*or* treasure] sth; **zu ~n kommen** to come back into favour [*or* AM -or]; **jdm ~/wenig ~ machen** to do sb credit/to not do sb any credit; ***was verschafft mir die ~?*** (*geh o iron*) to what do I owe the honour? *form or iron;* **jdm wird**

die ~ zuteil, etw zu tun sb is given the honour of doing sth ▶ WENDUNGEN: **in ~n ergraut sein** (*geh*) to have reached a venerable old age; **~, wem ~ gebührt** (*prov*) honour where honour is due *prov;* **auf ~ und Gewissen** on my/his etc. honour; **~ sei Gott in der Höhe** glory to God in the highest; **habe die ~!** ÖSTERR, SÜDD (*ich grüße Sie!*) [I'm] pleased to meet you; **mit wem habe ich die ~?** (*geh o iron*) with whom do I have the honour [of speaking]? *form or iron;* **… in allen ~n, aber …** I don't doubt …, but …; **jdn bei seiner ~ packen** to appeal to sb's sense of honour; **[das ist] zu viel der ~!** you do me too great an honour! *a. hum; s. a.* **Mann**

ehren *vt* ❶ (*würdigen*) ■**jdn [durch** [*o* **mit**] **etw] ~** to honour [*or* AM -or] sb [with sth] ❷ (*Ehre machen*) ■**jdn ~** to make sb feel honoured [*or* AM -ored]; ***dieser Besuch ehrt uns sehr*** we are very much honoured by this visit; *s. a.* **geehrt, Vater**

Ehrenamt *nt* honorary office [*or* post] **ehrenamtlich I.** *adj* honorary; **~e Tätigkeiten** voluntary work **II.** *adv* in an honorary capacity, on a voluntary basis **Ehrenannahme** *f* FIN (*bei Wechsel*) acceptance for honour [*or* supra protest] **Ehrenbürger(in)** *m(f)* freeman, honorary citizen; **jdn zum ~ der Stadt ernennen** to give sb the freedom of [*or* AM key to] the city **Ehrenbürgerrecht** *nt* freedom; **jdm das ~ verleihen** to award [*or* give] sb the freedom of the town **Ehrendoktor, -doktorin** *m, f* ❶ (*Titel*) honorary doctor ❷ (*Inhaber*) honorary doctor; ■**~ sein** to be an honorary doctor **Ehrendoktorwürde** *f* honorary doctorate; **jdm die ~ verleihen** to make sb an honorary doctor, to give sb an honorary doctorate **Ehreneintritt** *m* FIN (*bei Wechsel*) act of honour **Ehrenerklärung** *f* ❶ JUR formal apology ❷ (*Vertrauensausspruch*) declaration of confidence **Ehrenformation** *f* MIL guard of honour **Ehrengast** *m* guest of honour **Ehrengericht** *nt* JUR professional tribunal

ehrenhaft I. *adj* honourable [*or* AM -orable] **II.** *adv* honourably [*or* AM -orably]

Ehrenhaftigkeit <-> *f kein pl* honourableness [*or* AM -orableness] *no pl*

ehrenhalber *adv* ❶ (*als Ehrung*) as an honour [*or* AM -or]; **einen Titel ~ verleihen** to award an honorary title; **jdn ~ zum Vorsitzenden ernennen** to appoint sb honorary chairman ❷ (*ohne Bezahlung*) on a voluntary basis

Ehrenlegion *f* legion of honour **Ehrenloge** *f* VIP [*or* BRIT royal] box **Ehrenmal** *nt* [war] memorial **Ehrenmann** *m* man of honour **Ehrenmitglied** *nt* honorary member **Ehrenplatz** *m* ❶ (*bevorzugter Sitz*) place [*or* seat] of honour ❷ (*besonderer Platz*) special place **Ehrenpreis** *nt* BOT speedwell BRIT, veronica BRIT, consolation prize AM **Ehrenrechte** *pl* **bürgerliche ~** civil rights **Ehrenrettung** *f* retrieval of one's honour; **zu jds ~** in sb's defence [*or* AM defense]; ***zu seiner ~ sei gesagt, dass …*** let it be said in his defence that …; **zu jds ~ dienen** to serve to clear sb's name **Ehrenrunde** *f* ❶ SPORT lap of honour; **eine ~ drehen** to run a lap of honour ❷ SCH (*fam: Wiederholung einer Klasse*) resitting [*or* AM repeating] a year **Ehrensache** *f* matter of honour; **~!** (*fam*) you can count on me! **Ehrensalve** [-və] *f* salute **Ehrensold** *m* JUR honorary pension **Ehrentag** *m* (*geh*) special day **Ehrentor** *m* consolation goal **Ehrentribüne** *f* VIP stand [*or* rostrum] **Ehrenurkunde** *f* certificate of honour **ehrenvoll** *adj* ❶ (*ehrend*) honourable; **es als ~ betrachten, etw zu tun** to consider it an honour to do sth ❷ MIL **ein ~er Friede[n]** an honourable peace **Ehrenvorsitz** *m kein pl* POL, SOZIOL honourary [*or* AM honorary] chairmanship **Ehrenvorsitzende(r)** *f(m) dekl wie adj* honorary chair[person], honorary chairman *masc* [*or fem* chairwoman] **Ehrenwache** *f* guard of honour; **[an etw** *dat*] **die ~ halten** to keep vigil [at sth] **ehrenwert** *adj* (*geh*) *s.* **ehrbar Ehrenwort** <-worte> *nt* word of honour; **sein ~ brechen/halten** to break/keep one's word; **[jdm] sein ~ geben** to give [sb] one's word [of honour]; **~?** (*fam*) promise? *fam,* cross your heart [and hope to die]? *hum fam;* [**großes**] **~!** (*fam*) scout's honour! *hum fam;* **mein ~!** you have my word! **Ehrenzahler(in)** *m(f)* FIN (*bei Wechsel*) payer for honour **Ehrenzahlung** *f* FIN (*bei Wechsel*) payment for honour

ehrerbietig I. *adj* (*geh*) respectful, deferential **II.** *adv* (*geh*) respectfully, deferentially

Ehrerbietung <-, -en> *f* (*geh*) respect, deference

Ehrfurcht *f kein pl* respect; (*fromme Scheu*) reverence; ■**jds ~ vor jdm/etw** sb's respect [*or* reverence] for sb/sth; **vor jdm/etw ~ haben** to have [great] respect for sb/sth, to revere sb; **~ gebietend** awe-inspiring; **eine ~ gebietende Geste/Stimme** an imperious gesture/voice

ehrfurchtgebietend *adj s.* **Ehrfurcht**

ehrfürchtig, ehrfurchtsvoll I. *adj* reverent **II.** *adv* reverentially

Ehrgefühl *nt kein pl* sense of honour [*or* AM -or]

Ehrgeiz *m kein pl* ambition; **krankhafter ~** morbid ambition; **keinen ~ haben** to have no [*or* be lacking in] ambition; ***er ist ein Mann von sehr großem ~*** he is a man of boundless [*or* unbridled] ambition; **seinen ~ dareinsetzen, etw zu tun** to make it one's [sole] ambition to do sth

ehrgeizig *adj* ambitious

ehrlich I. *adj* honest; **~e Absichten** honourable intentions; **~e Besorgnis/Zuneigung** genuine concern/affection; **es ~ mit jdm meinen** to have good intentions towards [*or* mean well by] sb; ***ich hatte die ~e Absicht zu kommen*** I really did mean [*or* intend] to come; ***der ~e Finder wird einen Finderlohn erhalten*** anybody finding and returning it will receive a reward ▶ WENDUNGEN: **~ währt am längsten** (*prov*) honesty is the best policy *prov* **II.** *adv* ❶ (*legal, vorschriftsmäßig*) fairly; **~ spielen** to play fair; **~ verdientes Geld** honestly earned money ❷ (*fam: wirklich*) honestly ▶ WENDUNGEN: **~ gesagt …** [*o* **um ~ zu sein …**] to be [quite] honest …; **[also] ~!** honestly!, really!

ehrlicherweise *adv* in all honesty

Ehrlichkeit *f kein pl* ❶ (*Aufrichtigkeit*) sincerity, genuineness; ***sie zweifelte an der ~ seiner Absichten*** she doubted that his intentions were honourable ❷ (*Zuverlässigkeit*) honesty

ehrlos I. *adj* dishonourable [*or* AM -orable] **II.** *adv* dishonourably [*or* AM -orably]

Ehrlosigkeit <-> *f kein pl* dishonourableness [*or* AM -orableness]

Ehrung <-, -en> *f* ❶ (*Anerkennung*) recognition; **die ~ der Sieger** the presentation of medals to the winners, the presentation ceremony ❷ (*Beweis der Wertschätzung*) honour [*or* AM -or]; **mit ~en überhäuft werden** to be loaded with honours

Ehrwürden <*bei Voranstellung* **-[s]** *o bei Nachstellung -> m kein pl, ohne art* REL (*veraltend*) Reverend; **Euer/Eure ~** Reverend Father/Mother

ehrwürdig *adj* ❶ (*achtenswert*) venerable; **ein ~es Alter erreichen** to reach a grand [*or* ripe] old age ❷ REL (*verehrungswürdig*) reverend; **die ~e Mutter [Oberin]** the Reverend Mother [Superior]

Ehrwürdigkeit *f* venerability, venerableness

ei *interj* ❶ (*oha!*) well[, well]!, oho! ❷ (*brav!*) there, there; ***~, ~, so, jetzt tut es gar nicht mehr weh!*** there, there [*or* there now], now it's stopped hurting!; **bei einem Tier/jdm ~ [~] machen** (*kindersprache*) to stroke an animal/sb, to pet an animal

Ei <-[e]s, -er> *nt* ❶ (*Vogel~, Schlangen~*) egg; **faules ~** rotten egg; **ein hartes/hart gekochtes ~** a hard-boiled egg; **aus dem ~ kriechen** to hatch [out]; **ein ~ legen** to lay an egg; **pochierte/verlorene ~er** poached eggs; **russische ~er** egg mayonnaise, eggs Russian style; **ein weiches/weich gekochtes ~** a soft-boiled egg ❷ (*Eizelle*) ovum ❸ *pl* (*sl: Hoden*) balls *pl sl;* **jdm einen Tritt in die ~er geben** [*o* **versetzten**] to kick sb [*or* give sb a kick] in the balls *sl* ❹ *pl* (*sl: Mark*) marks, ≈ quid *no pl* BRIT *fam,* ≈ bucks *pl* AM *fam;* ***das kostet dich 500 ~er!*** that'll cost you 500 quid! ▶ WENDUNGEN: **das ~ will klüger sein als die Henne!** [don't] try and teach your grandmother to suck eggs!; **das ist das ~ des Kolumbus** that's just the thing; **das ist ein dickes ~!** (*fam*) that's a bit much!; **ach, du dickes ~!** (*fam*) damn [it]!; **jdn wie ein rohes ~ behandeln** to handle sb with kid gloves; **das sind doch noch ungelegte ~er**, **kümmere dich nicht um ungelegte ~r** we'll cross that bridge when we come to it; **wie auf ~ern gehen** (*fam: ungeschickt gehen*) to teeter around BRIT; (*vorsichtig, ängstlich gehen*) to walk carefully [*or* BRIT gingerly]; **sich** [*o* **einander**] **gleichen wie ein ~ dem anderen** to be as [a]like as two peas in a pod; **wie aus dem ~ gepellt** (*fam*) [to be] dressed up to the nines [*or* BRIT as smart as a guardsman]; **jdm die ~er polieren** (*sl*) to beat up sb *sep fam,* to give sb a good hiding *fam*

EIB *f Abk von* **Europäische Investitionsbank** EIB, European Investment Bank

Eibe <-, -n> *f* BOT yew [tree]

Eibisch <-[e]s, -e> *m* BOT marsh mallow

Eichamt *nt* ADMIN Office of Weights and Measures BRIT, Bureau of Standards AM

Eichblattsalat *m* KOCHK oak leaf lettuce

Eiche <-, -n> *f* ❶ (*Baumart*) oak [tree] ❷ *kein pl* (*Eichenholz*) oak

Eichel <-, -n> *f* ❶ BOT (*Frucht der Eiche*) acorn ❷ ANAT glans ❸ *pl* KARTEN ≈ clubs *pl* (*suit on old German playing cards equivalent to clubs*)

Eichelentzündung *f* MED inflammation of the glans [*or* balanus]

Eichelhäher *m* ORN jay

eichen¹ *adj* oak, oaken *dated*

eichen² *vt* ❶ (*einstellen*) ■**etw ~** to gauge sth; **ein Instrument/Messgerät/eine Waage ~** to calibrate an instrument/a gauge/scales; **Gewichte/Maße ~** to adjust [*or* gauge] weights/measures ❷ (*fam*) ■**auf etw** *akk* **geeicht sein** to be well up on sth *fam;* ***darauf ist er geeicht!*** that's [right] up his street!

Eich(en)baum *m* (*veraltend geh*) oak tree **Eichenblatt** *nt* oak leaf **Eichenholz** *nt* oak[wood] **Eichenlaub** *nt* ❶ BOT (*Laub der Eiche*) oak leaves *pl* ❷ MIL (*Auszeichnung*) oak-leaf garland, the Oak Leaves *pl* **Eichenwald** *m* oak wood [*or* forest]

Eichgewicht *nt* standard weight

Eichhörnchen *nt,* **Eichkätzchen** *nt* DIAL squirrel

Eichmaß *nt* standard measure **Eichrecht** *nt* JUR law on weights and measurements **Eichstrich** *m line showing the correct or standard measure*

Eichung <-, -en> *f* ADMIN gauging; *von Instrumenten, Messgeräten* calibration; *von Gewichten, Maßen* adjusting, gauging

Eid <-[e]s, -e> *m* oath; **ein feierlicher/heiliger ~** a solemn oath; **an ~es statt** JUR in lieu [*or* instead] of [an] oath; **an ~es statt erklären** [*o* **versichern**] to declare solemnly [*or* in lieu of [an] oath]; **eine Erklärung an ~es statt** an affirmation in lieu of [an] oath; ***ich erkläre an ~es statt, dass …*** I do solemnly declare that …; **einen falschen ~ schwören** to perjure oneself [*or* commit perjury]; **einen ~ ablegen** [*o* **leisten**] [*o* **schwören**] to swear [*or* take] an oath; **einen ~ auf jdn/etw leisten** to swear [*or* take] an oath of allegiance to sb/sth; **jdm einen ~ abnehmen** to administer an oath to sb [*or* swear sb in]; **etw auf seinen ~nehmen** to swear to sth; **jeden ~ schwören, dass…** to swear on one's mother's grave that…; **darauf kann ich einen ~ schwören** I would swear [an oath] to it; **es steht ~ gegen ~** it's one person's word against another's; **unter ~ [stehen]** [to be] under [*or* BRIT on] oath

Eidbruch *m* breach of [one's [*or* an]] oath, perjury; **einen ~ begehen** to break one's [*or* an] oath, to commit perjury

eidbrüchig *adj* oath-breaking; ■**~ werden** to break one's [*or* an] oath

Eidechse [-ɛksə] *f* lizard

Eidechsenhaut *f* lizard skin

Eiderente *f* eider [duck]

Eidesbelehrung *f* JUR caution concerning an oath **Eidesdelikt** *f* JUR offence of false swearing **eidesfähig** *adj* JUR eligible for swearing an oath **Eidesfähigkeit** *f kein pl* JUR eligibility for swearing an oath **Eidesformel** *f* JUR standard form of oath, wording [*or* form] of the oath; **jdm die ~ vorsprechen/nachsprechen** to say the oath for sb to re-

E

peat/repeat the oath to sb **eidesgleich** *adj* JUR solemn **Eidesleistende(r)** *f(m) dekl wie adj* JUR oath-maker, AM affiant **Eidesleistung** *f* JUR swearing of an oath; **nach ~** after an oath has been taken **Eidesmündigkeit** *f* JUR legal age to take an oath **Eidespflicht** *f* JUR legal duty to swear the oath **eidesstattlich** JUR I. *adj* in lieu of [an] oath; **~e Erklärung** [*o* **Versicherung**] affirmation in lieu of [an] oath, solemn affirmation II. *adv* **etw ~ erklären** to declare sth under oath **Eidesunfähigkeit** *f* JUR incapacity of taking an oath **Eidesverletzung** *f* JUR violation of an oath

Eidgenosse, -genossin *m, f* Swiss [citizen] **Eidgenossenschaft** *f* **Schweizerische ~** the Swiss Confederation **eidgenössisch** *adj* Swiss

eidlich I. *adj* [made] under [*or* BRIT on] oath *pred,* sworn *attr;* **~ Erklärung** statement under oath, sworn statement II. *adv* under [*or* BRIT on] oath; **~ gebunden** [*o* **verpflichtet**] **sein** to be bound by [an] oath

Eidotter *m o nt* egg yolk

Eierapfel *m* KOCHK aubergine BRIT, egg plant AM **Eierbecher** *m* egg cup **Eierbrikett** *nt* ovoid [of coal] **Eierflip** <-s, -s> *m* egg-nog **Eierhandgranate** *f* hand grenade, pineapple *sl,* Mills bomb *hist* **Eierkocher** *m* egg cooker **Eierkohle** *f* egg-[shaped] coal **Eierkopf** *m* (*meist pej sl*) egghead *pej fam* **Eierköpfer** *m* KOCHK egg cutter **Eierkorb** *m* egg basket **Eierkuchen** *m* pancake **Eier legend** *adj* egg-laying, oviparous *spec* **Eierlikör** *m* egg liqueur, advocaat **Eierlöffel** *m* egg spoon

eiern *vi* (*fam*) to wobble

Eierpfanne *m* KOCHK omelette pan **Eierpfannkuchen** *m* pancake **Eierprodukt** *nt* KOCHK egg product **Eiersalat** *m* egg salad **Eierschale** *f* egg-shell **Eierschneider** <-s, -> *m* egg slicer

Eierschwamm <-s, -schwämme> *m* ÖSTERR, **Eierschwammerl** <-s, -> *nt* ÖSTERR (*fam: Pfifferling*) chanterelle **Eierspeise** *f* egg dish **Eierstock** *m* ANAT ovary **Eierstockentzündung** *f* MED ovaritis, oophoritis **Eiertanz** *m* (*fam*) treading carefully *fig;* [**um etw**] **einen** [**regelrechten**] **~ aufführen** to tread [very] carefully [in sth] **Eierteigwaren** *pl* egg noodles *pl,* egg-based pasta + *sing vb* **Eierteiler** *m* egg slicer **Eieruhr** *f* egg timer **Eierwärmer** *m* egg cosy

Eifel <-> *f* ■**die ~** the Eifel

Eifer <-s> *m kein pl* enthusiasm; **mit ~** enthusiastically [*or* with enthusiasm]; **im ~** in one's excitement ▶ WENDUNGEN: **im ~ des Gefechts** (*fam*) in the heat of the moment; **blinder ~ schadet nur** (*prov*) more haste, less speed *prov*

Eiferer <-s, -> *m* zealot

Eiferin <-, -nen> *f fem form von* **Eiferer** zealot

eifern *vi* (*geh*) ① (*wettern*) ■**gegen etw ~** to rail [*or* BRIT inveigh] against sth ② (*veraltend: streben*) ■**nach etw ~** to strive for sth

Eifersucht *f kein pl* jealousy; ■**jds ~ auf jdn** sb's jealousy of sb [else]; **aus ~** out of jealousy

Eifersüchtelei <-, -en> *f* (*pej*) petty jealousy

eifersüchtig *adj* jealous; ■**~ [auf jdn/etw] sein** to be jealous [of sb/sth]; **jdn ~ machen** to make sb jealous

Eifersuchtsszene *f* scene [caused by jealousy], jealous scene ▶ WENDUNGEN: **jdm eine ~ machen** to make a scene [in a fit of jealousy]

Eiffelturm *m kein pl* Eiffel Tower

eiförmig *adj* egg-shaped, oval, ovoid

eifrig I. *adj* enthusiastic, keen; **ein ~er Leser/Sammler** an avid reader/collector; **~e Suche** assiduous [*or* industrious] searching II. *adv* eagerly; **sich ~ bemühen/beteiligen/an die Arbeit machen** to try hard/take part/set about one's work enthusiastically; **~ lernen/üben** to learn/practise assiduously [*or* industriously]

Eigelb <-s, -e *o bei Zahlenangabe* -> *nt* egg yolk; ***man nimmt 6 ~ ...*** take 6 egg yolks [*or* the yolks of 6 eggs] ...

eigen *adj* ① (*jdm gehörig*) own; **seine ~e Meinung/Wohnung haben** to have one's own opinion/flat; [*or* an opinion/a flat of one's own] **etw sein E~ nennen** (*geh*) to own sth ② (*separat*) separate; **mit ~em Eingang** with a separate entrance ③ (*typisch, kennzeichnend*) ■[**etw ist**] **jdm ~** [sth is] characteristic of sb; ***mit dem ihr ~en Optimismus ...*** with her characteristic optimism [*or* the optimism which is characteristic of her] ...; **sich** *dat* **etw zu E~ machen** to make sth a habit [*or* a habit of sth] ④ (*eigenartig*) peculiar; ***er ist ein ganz ~er Mensch*** he's a rather peculiar chap; *s. a.* **Ding**[1] ⑤ (*penibel*) ■**jd ist in etw** *dat* **~** sb is particular in sth; ***darin/was das angeht, bin ich*** [***sehr***] **~** I am [very] particular about that; *s. a.* **Bericht, Hand, Rechnung, Sache**

Eigenart *f* ① (*besonderer Wesenszug*) characteristic ② (*Flair*) individuality

eigenartig I. *adj* peculiar, strange; ***das ist aber ~!*** that's strange [*or* odd] [*or* unusual]! II. *adv* peculiarly, strangely; **~ aussehen** to look strange [*or* peculiar]

Eigenbau *m kein pl* (*selbst* (*an*)*gebaut*) **etw im ~ züchten** to grow sth oneself [*or* to grow one's own sth]; **Gemüse im ~** home-grown vegetables; **Bier Marke ~** home brew; **Wein Marke ~** home-made wine; **ein Fahrrad Marke ~** a home-made bicycle; *s. a.* **Marke Eigenbedarf** *m* ① (*der eigene Bedarf*) [one's own] personal needs; **zum** [*o* **für den**] **~** for one's [own] personal use ② JUR **jdm/eine Wohnung wegen ~s kündigen** to give sb notice because one needs a flat for oneself; **~ geltend machen** to declare [*or* state] that one needs a flat [*or* AM apartment]/house for oneself **Eigenbedarfsklage** *f* JUR action for self-possession **Eigenbedarfskündigung** *f* JUR notice on the grounds of self-possession **Eigenbericht** *m* report from a newspaper's own correspondent [*or* journalist] **Eigenbesitz** *m kein pl* JUR proprietary possession [*or* ownership] **Eigenbesitzer(in)** *m(f)* JUR proprietary possessor **Eigenbetrieb** *m* JUR, FIN owner-operated enterprise **Eigenbewegung** *f* ASTRON *von Sternen* proper motion **Eigenblut** *nt* MED one's own blood

Eigenbrötler(in) <-s, -> *m(f)* loner, lone wolf

eigenbrötlerisch *adj* reclusive; **~e Besonderheiten/Verhaltensweisen** eccentricities

Eigendynamik *f* momentum of its/their own; **eine ~ entfalten** [*o* **entwickeln**] to gather [a] momentum of its/their own **eigenerwirtschaftet** *adj* **~e Mittel** FIN internally generated funds **Eigenerzeugung** *nt* ÖKON domestic production **Eigenfinanzierung** *f* FIN, ÖKON self-financing **Eigengebrauch** *m* JUR own [*or* personal] use; **unrechtmäßiger ~** conversion **Eigengeschäft** *nt* FIN transaction on own account **Eigengesellschaft** *f* ÖKON proprietary company **eigengesetzlich** *adj* (*Dynamik*) autonomous, according to its own laws **Eigengewicht** *nt eines Fahrrades, Lkws* unladen [*or* service] weight; *von Waren* net weight **Eigengut** *nt* FIN fee simple, freehold **Eigenhaftung** *f* JUR owner's liability **Eigenhandel** *m kein pl* HANDEL private trade; FIN trading on [*or* for] own account **eigenhändig** I. *adj* personal; **ein ~er Brief** a handwritten letter; **ein ~es Testament** a holographic will; **eine ~e Widmung** a personally inscribed dedication II. *adv* personally; ***die Bäume habe ich ~ gepflanzt*** I planted the trees myself [*or* personally planted the trees] **Eigenhändler(in)** *m(f)* FIN trader on own account **Eigenhändlervertrag** *m* FIN exclusive dealer contract **Eigenheim** *nt* home of one's own; **die Besitzer von ~en** home-owners

Eigenheit <-, -en> *f s.* **Eigenart**

Eigeninitiative *f* (*jds eigene Initiative*) initiative of one's own; **auf** [*o* **in**] **~** on one's own initiative **Eigeninteresse** *nt* self-interest, own interest

Eigenkapital *nt* FIN (*einer Person*) one's own capital; (*einer Firma*) equity capital **Eigenkapitalbedarf** *m* FIN required equity **Eigenkapitalbeschaffung** *f* FIN raising equity capital **Eigenkapitalbildung** *f* FIN equity capital formation **Eigenkapitalersatzfinanzierung** *f* FIN equity-substitute finance **Eigenkapitalkonten** *pl* FIN proprietary accounts **Eigenkapitalminderung** *f* FIN decrease in equity

Eigenkreation *f* one's own creation **Eigenleben** *nt kein pl* (*Privatleben*) private life; (*selbstständige Existenz*) independent existence **Eigenleistung** *f* (*eigene kreative Leistung*) one's own work; (*eigene Arbeit*) one's own work; (*selbst finanzierte Arbeiten, Reparaturen*) one's own payment [*or* [personal] contribution] **Eigenlenkverhalten** *nt* AUTO self-steering effect **Eigenliebe** *f* PSYCH ① (*Liebe zu sich selbst*) self-love ② (*Eitelkeit, Egoismus*) love of one's self, amour propre **Eigenlob** *nt* self-praise, self-importance; **~ stinkt!** (*fam*) don't blow your own trumpet! *prov* **Eigenmacht** *f kein pl* JUR self-given authority **eigenmächtig** I. *adj* high-handed II. *adv* high-handedly **Eigenmächtigkeit** <-, -en> *f* ① *kein pl* (*Selbstherrlichkeit*) high-handedness ② (*eigenmächtige Handlung*) unauthorized act[ion] **Eigenmittel** *pl* FIN (*geh*) [one's] own resources; **aus ~n** from [*or* out of] one's own resources **Eigenmittelbeteiligung** *f* FIN stake in capital resources **Eigenmittelfinanzierung** *f* FIN financing one's own resources **Eigenname** *m* LING proper noun [*or* name] **Eigennutz** <-es> *m kein pl* self-interest; **aus ~** out of self-interest; **ohne** [**jeden**] **~** without [any] self-interest [*or* any thought for oneself] **eigennützig** I. *adj* selfish II. *adv* selfishly **Eigenproduktion** *f* **aus ~** home-produced; (*Obst, Gemüse*) home-grown

eigens *adv* ① (*extra*) [e]specially ② (*ausschließlich*) solely; ***das ist ~ für dich*** this is just [*or* [e]specially] for you

Eigenschaft <-, -en> *f* ① (*Charakteristik*) quality; **gute/schlechte ~en** good/bad qualities; **zugesicherte ~** JUR warrented quality ② CHEM, PHYS *etc.* (*Merkmal*) property ③ (*Funktion*) capacity; **in jds ~ als ...** in sb's capacity as ...; ***ich bin in amtlicher ~ hier*** I am here in an official capacity

Eigenschaftswort <-wörter> *nt* LING adjective **Eigenschaftszusicherung** *f* JUR, HANDEL warranty of assured quality **Eigensinn** *m kein pl* stubbornness, obstinacy; **aus ~** out of stubbornness [*or* obstinacy] **eigensinnig** I. *adj* stubborn, obstinate II. *adv* stubbornly, obstinately **eigenstaatlich** *adj* sovereign **Eigenstaatlichkeit** *f* sovereignty **eigenständig** I. *adj* independent II. *adv* independently **Eigenständigkeit** <-> *f kein pl* independence

eigentlich I. *adj* ① (*wirklich, tatsächlich*) real; **der ~e Wert** the real [*or* true] value; **jds ~es Wesen** sb's true nature ② (*ursprünglich*) original; **im ~en Sinne des Wortes** in the original meaning of the word; *s. a.* **Sinn** II. *adv* ① (*normalerweise*) really; ***das müsstest du doch ~ wissen!*** you really ought to [*or* should] know that!; ***da hast du ~ recht*** you may be right there; ***~ schon ...*** theoretically [yes] ② (*wirklich*) actually; ***ich bin ~ nicht müde*** I'm not actually tired III. *part* (*überhaupt*) anyway; ***was fällt dir ~ ein!*** what [on earth] do you think you're doing!; ***was wollen Sie ~ hier?*** what do you [actually] [*or* [exactly] do you] want here?; ***wie reden Sie ~ mit mir!*** how dare you talk to me like that!; ***was ist ~ mit dir los?*** what [on earth] is wrong [*or fam* up] with you?; ***wie alt bist du ~?*** [exactly [*or* just]] how old are you?

Eigentor *nt* SPORT own goal ▶ WENDUNGEN: **ein ~ schießen** to shoot oneself in the foot

Eigentum <-s> *nt* JUR ① JUR (*Gegenstand*) property; ■**jds ~** sb's property; ***wessen ~ ist diese Villa?*** who owns this villa?; ■**das ~ an einer S.** *dat* the ownership of sth; **das ~ an einem Konzern** the assets of a company; **bewegliches ~** chattels, movables; **geistiges/gewerbliches/kommerzielles ~** intellectual/industrial/commercial property; **gemeinschaftliches ~** joint ownership; **öffentliches ~** public property [*or* assets]; **~ an etw** *dat* **erwerben** JUR to acquire ownership of sth; **~ verletzen** to trespass upon [*or* infringe] sb's property; **in jds ~ vollstrecken** to distrain upon sb's property ② (*Recht*) title, ownership

Eigentümer(in) <-s, -> *m(f)* owner

Eigentümer-Besitzer-Verhältnis *nt* JUR owner-possessor relationship **Eigentümergebrauch** *m*

JUR proprietary use **Eigentümergemeinschaft** *f* JUR joint owners *pl* [*or* ownership] **Eigentümergrundschuld** *f* JUR owner's [land] charge **Eigentümerhypothek** *f* FIN owner's mortgage

eigentümlich I. *adj* ❶ (*merkwürdig*) strange, odd, peculiar; ■**jdm ist/wird** ~ sb has/gets a strange [*or* odd] feeling ❷ (*geh: typisch*) ■**jdm/einer S.** ~ characteristic of [*or* peculiar to] sb/sth; ***mit der ihm ~en Sorgfalt*** with characteristic care ❸ (*übel*) ■**jdm ist/wird** ~ sb feels strange [*or* odd] II. *adv* strangely, oddly, peculiarly; ~ **aussehen** to look odd, strange [*or* peculiar]

Eigentümlichkeit <-, -en> *f* ❶ (*Besonderheit*) characteristic ❷ (*Eigenheit*) peculiarity ❸ *kein pl* (*Merkwürdigkeit*) peculiarity, strangeness

Eigentumsableitung *f* JUR **gültige** ~ good root of title; **urkundliche** ~ root of title **Eigentumsanteil** *m* ownership interest **Eigentumsbeeinträchtigung** *f* JUR *eines Grundstücks* trespass **Eigentumsbeschränkung** *f* JUR restriction on title **Eigentumsbildung** *f kein pl* POL creation [*or* formation] of ownership **Eigentumsdelikt** *nt* JUR property offence [*or* AM -se] **Eigentumserwerb** *m* JUR acquisition of property **Eigentumsfeststellungsklage** *f* JUR title suit **Eigentumsfeststellungsverfahren** *nt* JUR title proceedings *pl* **Eigentumsfolge** *f* JUR devolution of title **Eigentumsförderung** *f* POL promotion of [private] ownership **Eigentumsgarantie** *f* JUR property guarantee **Eigentumsherausgabeanspruch** *m* JUR claim for possession based on ownership **Eigentumsklage** *f* JUR property [*or* ownership] suit **Eigentumsnachweis** *m* JUR proof of ownership, evidence of title **Eigentumsordnung** *f*, **Eigentumsregelung** *f* JUR property regime **Eigentumsrecht** *nt* JUR property right, right of ownership; ■**jds** ~ **an jdm/etw** sb's right of ownership of sb/sth; **dingliches/fehlerhaftes/verbrieftes** ~ absolute/bad/chartered title **Eigentumsschutz** *m kein pl* JUR [legal] protection of ownership **Eigentumsstörung** *f* JUR infringement of property rights; (*von Grundbesitz*) [land] trespass **Eigentumsstreuung** *f* disposal of ownership **Eigentumsübergang** *m* JUR passing [*or* devolution] of ownership; ~ **von Todes wegen** transfer by death **Eigentumsübertragung** *f* JUR transfer of ownership **Eigentumsverhältnis** *nt* JUR distribution of property, [pattern of] ownership **Eigentumsverletzung** *f* JUR trespass, violation of property rights **Eigentumsverlust** *m* JUR loss of property **Eigentumsvermutung** *f* JUR presumption of property **Eigentumsvorbehalt** *m* JUR reservation of ownership [*or* title] [*or* proprietary rights]; **erweiterter** ~ extended reservation of proprietary rights; ~ **machen** to reserve one's proprietary rights **Eigentumsvorbehaltskauf** *m* JUR conditional sale **Eigentumsvorbehaltsklausel** *f* JUR retention of title clause **Eigentumsvorbehaltsregister** *nt* JUR retention of title register **Eigentumswechsel** *m* JUR change of ownership **Eigentumswohnung** *f* JUR owner-occupied [*or* freehold] flat [*or* AM apartment], condominium AM

eigenverantwortlich I. *adj* with sole responsibility *pred;* **eine ~e Tätigkeit** a responsible job II. *adv* on one's own authority **Eigenverantwortlichkeit**, **Eigenverantwortung** *f* own responsibility, self-reliance **Eigenverantwortung** *f kein pl* self-responsibility, personal responsibility; ■**in** ~ on one's own authority **Eigenverbrauch** *m kein pl* HANDEL personal [*or* private] consumption **Eigenwechsel** *m* FIN promissory note

eigenwillig *adj* ❶ (*eigensinnig*) stubborn, obstinate ❷ (*unkonventionell*) unconventional, original

Eigenwilligkeit <-> *f kein pl* ❶ (*Eigensinn*) stubbornness, obstinacy ❷ (*unkonventionelle Art*) unconventionality, originality

eignen *vr* ■**sich für** [*o* **zu**] **etw** ~ to be suitable for [*or* suited to] sth; ■**etw eignet sich als** [*o* **zu**] **etw** sth can be of use [*or* could be used] as sth; ***dieses Buch eignet sich*** [***sehr gut***] ***zum Verschenken*** this book would make a [very] good [*or* suitable] present

Eigner(in) <-s, -> *m(f)* (*geh*) owner

Eignung <-, -en> *f* ■**jds** ~ **für** [*o* **zu**] **etw** sb's suitability for sth; ***er besitzt die ~ zum Übersetzer*** he would make a good translator; ■**die** ~ **einer S.** *gen* **für etw** the suitability of sth for sth

Eignungsanforderung *f* FIN required qualifications *pl* **Eignungsklausel** *f* JUR eligibility clause **Eignungsprüfung** *f*, **Eignungstest** *m* aptitude test

Eiklar <-s, -> *nt* ÖSTERR, SÜDD egg white

Eiland <-[e]s, -e> *nt* (*liter*) island, isle BRIT *liter*

Eilbote, **-botin** *m, f* express messenger; **per** [*o* **durch**] **~n** by express delivery, express **Eilbrief** *m* express letter; **als** ~ express, by express [delivery]

Eile <-> *f kein pl* haste; ***warum die ~?*** why such haste?, what's the hurry?; **~/keine** ~ **haben** to be in a/no hurry; **etw hat** ~ sth is urgent; **mit etw** ~ **haben** sth is [extremely] urgent; **in** ~ **sein** to be in a hurry; **jdn zur** ~ **mahnen/treiben** to hurry sb up [*or* urge sb to hurry [up]]; **in der/aller/jds** ~ in the hurry [*or* sb's haste]/in [the] great haste/in sb's haste; **in großer** ~ in great haste [*or* a great hurry]; **nur keine** ~! there's no rush!

Eileiter <-s, -> *m* ANAT Fallopian tube

Eileiterentzündung *f* MED salpingitis **Eileiterschwangerschaft** *f* MED ectopic [*or* tubal] pregnancy **Eileiterunterbindung** *f* MED salpingectomy

eilen I. *vi* ❶ *sein* (*schnell gehen*) ■**irgendwohin** ~ to hurry somewhere; *s. a.* **Hilfe, Weile** ❷ *haben* (*dringlich sein*) ■**etw eilt** sth is urgent; **eilt!** urgent! II. *vi impers haben* ■**es eilt** [**mit etw**] (*es hat Eile*) it's urgent, sth is urgent; ***eilt es?*** is it urgent?; ■**es eilt jdm** sb is in a hurry

eilends *adv* at once, immediately, staight away

eilfertig I. *adj* (*geh*) assiduous, zealous II. *adv* assiduously, zealously

Eilfertigkeit *f kein pl* (*geh*) assiduousness, zealousness

Eilgut *nt kein pl* express [*or* fast] freight *no pl*

eilig I. *adj* ❶ (*schnell, rasch*) hurried; ***nur nicht so ~!*** don't be in such a hurry [*or* rush]! ❷ (*dringend*) urgent; **in ~en Geschäften** on urgent business; **es** [**mit etw**] ~ **haben** to be in a hurry [*or* rush] [with sth]; **jd hat nichts E~eres zu tun, als ...** (*iron*) sb has nothing better to do than ... *iron* II. *adv* quickly; **sehr** ~ **verschwinden** to beat a hasty retreat

eiligst *adv* at once, immediately, straight away

Eilmarsch *m* fast march **Eilpäckchen** *nt* express parcel **Eilsendung** *f* express delivery, express mail [*or* BRIT post] *no pl* **Eiltempo** *nt* **im** ~ (*fam*) as quickly as possible **Eilverfahren** *nt* JUR accelerated proceedings *pl* **Eilzug** *m* BAHN ≈ fast stopping train **Eilzuständigkeit** *f* JUR competence for urgent matters **Eilzustellung** *f* express delivery

Eimer <-s, -> *m* bucket, pail; (*Milch~*) pail; (*Müll~*) [rubbish] bin BRIT, garbage can AM ▸ WENDUNGEN: **es gießt wie mit** [*o* **aus**] **~n** (*fam*) it's raining cats and dogs *fam,* it's bucketing down BRIT *fam;* **etw ist im** ~ (*sl*) sth is bust [*or* AM *fam* kaput]

eimerweise *adv* by the bucketful, in bucketfuls

ein[1] *adv* (*eingeschaltet*) on; **E~/Aus** on/off

ein[2], **eine**, **ein** I. *adj* one; ~ ***Pfennig ist heutzutage nicht mehr viel Geld*** one [*or* a] pfennig isn't worth very much [*or* doesn't go very far] nowadays; ***es ist genau ~ Uhr*** it's one [o'clock] on the dot [*or* exactly one [o'clock]] ▸ WENDUNGEN: ~ **für allemal** once and for all; **jds E~ und Alles sein** to be sb's all and everything BRIT, to mean everything to sb; ***meine Liebste, mein E~ und Alles!*** my love, my all and everything [*or* you mean everything to me]!; ~ **und derselbe/dieselbe/dasselbe** one and the same; *s. a.* **eins** II. *art indef* ❶ (*einzeln*) a, an; ~ ***Europäer/ Hotel/ Umschlag*** a European/a hotel/an envelope; ~ ***Mann/~e Frau*** a man/woman; ***was bist du doch für ~ Dummkopf!*** what an idiot!; ***das ist ~ interessanter Vorschlag*** that's an interesting suggestion; ***die Tochter ~es Pfarrers*** the daughter of a priest, a priest's daughter; ***~e Hitze ist das hier!*** it's very hot [*or* sweltering] [in] here!; ***was für ~ Lärm!*** what a noise! ❷ (*jeder*) a, an; ***~e Wüste ist immer trocken*** a desert is [*or* deserts are] always dry

einachsig [-aksɪç] *adj* TECH single-axle, two-wheel

Einakter <-s, -> *m* THEAT one-act play

einander *pron* each other, one another; ***die Aussagen widersprechen ~*** [***nicht***] the statements are [not] mutually contradictory

ein|arbeiten I. *vr* ■**sich** [**in etw** *akk*] ~ to get used to [sth], to familiarize oneself [with sth] II. *vt* ❶ (*praktisch vertraut machen*) ■**jdn** [**in etw** *akk*] ~ to train sb [for sth], to familiarize sb [with sth] ❷ (*einfügen*) ■**etw** [**in etw** *akk*] ~ to add sth in[to sth]; **eine Ergänzung/ein Zitat** [**in etw**] ~ to incorporate an amendment/quotation [in[to] sth] ❸ ÖSTERR (*nachholen, vorarbeiten*) ■**etw** ~ *Zeitverlust* to make up [for] sth

Einarbeitungszeit *f* training period

einarmig *adj* one-armed; *s. a.* **Bandit**

ein|äschern *vt* ❶ (*kremieren*) ■**jdn** ~ to cremate sb ❷ (*durch Feuer vernichten*) ■**etw** ~ to burn sth to the ground, to burn down sth *sep,* to reduce sth to ashes

Einäscherung <-, -en> *f* cremation

ein|atmen I. *vt* ■**etw** ~ to breathe in sth *sep,* to inhale sth II. *vi* to breathe in, to inhale

Einaufgabesystem *nt* INFORM single tasking system

einäugig *adj* one-eyed; ■**der/die E~e** the one-eyed man *masc*/woman *fem*

Einbahnstraße *f* one-way street

ein|balsamieren* *vt* ❶ ■**jdn** ~ to embalm sb ❷ (*hum fam: einreiben*) ■**sich** [**mit etw**] ~ to apply [sth] liberally; **sich mit Duftwasser** ~ to splash on the toilet water [*or* AM cologne] ▸ WENDUNGEN: **sich ~ lassen können** (*fam*) to be a dead loss

Einbalsamierung <-, -en> *f* embalming, embalmment

Einband <-bände> *m* [book] cover; **flexibler** ~ flexible binding [*or* cover]

einbändig *adj* VERLAG one-volume *attr,* in one volume *pred*

Einbandstoff *m* TYPO binding cloth

Einbau <-bauten> *m* ❶ *kein pl* (*das Einbauen*) fitting *no pl; einer Batterie, eines Getriebes, Motors* installation *no pl* ❷ *meist pl* (*eingebautes Teil*) fitting *usu pl*

ein|bauen *vt* ❶ ■**etw** [**in etw** *akk*] ~ to build sth in[to sth], to fit sth [in sth]; **eine Batterie** ~ to install [*or* BRIT fit] a battery; **ein Getriebe/einen Motor** ~ to install a transmission/an engine; ■**eingebaut** built-in ❷ (*fam: einfügen*) ■**etw** [**in etw** *akk*] ~ to incorporate sth [into sth]

Einbauherd *m* built-in oven **Einbauküche** *f* fitted kitchen

Einbaum *m* dugout [canoe]

Einbaumotor *m* built-in [*or* inboard] motor, built-in engine; (*Austauschmotor*) replacement engine **Einbauplatz** *m* INFORM slot **Einbauschrank** *m* fitted cupboard, built-in cupboard; (*im Schlafzimmer*) built-in wardrobe

ein|behalten* *vt irreg* ■**etw** ~ *Abgaben, Steuern etc.* to withhold sth

Einbehaltung <-, -en> *f* withholding

einbeinig *adj* one-legged

Einbenutzersystem *nt* INFORM single user system

ein|berufen* *vt irreg* ❶ (*zusammentreten lassen*) ■**etw** ~ to convene [*or* call] sth ❷ MIL ■**jdn** ~ to conscript [*or sep* call up] sb

Einberufene(r) *f(m) dekl wie adj* MIL conscript

Einberufung *f* ❶ (*das Einberufen*) convention, calling ❷ MIL call-up papers *pl* BRIT, draft card AM

Einberufungsbefehl *m* MIL call-up papers BRIT *pl,* draft card AM **Einberufungsbescheid** *m* MIL call-up papers *pl* BRIT, draft card AM

ein|betonieren* *vt* ■**jdn/etw** [**in etw** *akk*] ~ to concrete sb/sth in[to sth], to embed sb/sth in concrete

ein|betten *vt* ■**etw in etw** *akk* ~ to embed sth in sth

Einbettzimmer *nt* single room

E

ein|beulen I. *vt* ■ [**jdm**] **etw** ~ to dent sth [of sb's], to make [*or* put] a dent in sb's sth; **ein eingebeulter Hut** a battered hat II. *vr* ■ **sich** ~ to become dented

ein|beziehen* *vt irreg* ■ **jdn** [**in etw** *akk*] [**mit**] ~ to include sb [in sth]; **jdn in eine Aufführung/Diskussion** ~ to involve sb in a performance/discussion; ■ **etw** [**in etw** *akk*] [**mit**] ~ to include sth [in sth]

Einbeziehung <-> *f kein pl* inclusion; **stillschweigende** ~ JUR tacit inclusion; **unter** ~ **von etw** including sth

ein|biegen *vi irreg sein* ■ [**in etw** *akk*] ~ to turn [off] [into sth]; ***er bog [nach links] in eine Fußgängerpassage ein*** he turned [left] into a pedestrian precinct; ■ **in etw** *akk*/**nach** ... ~ to turn into sth/to bend to ...; ***diese Straße biegt in die Hauptstraße ein*** this street joins [up] [*or* links up] with the main road

ein|bilden *vr* ① (*fälschlicherweise glauben*) ■ **sich** *dat* **etw** ~ to imagine [*or* think] sth; ***was hast du dir eigentlich eingebildet!*** what were you thinking [of]!; ■ **sich** *dat* ~, **dass** to imagine [*or* think] that; ***du hast dir doch nicht etwa im Ernst eingebildet, dass ...*** did you [*or* you didn't] really think that ...; *s. a.* **steif, Schwachheit** ② (*fantasieren*) ■ **sich** *dat* **etw** ~ to imagine sth ③ (*stolz sein*) ■ **sich** *dat* **etw** *akk* **auf etw** *akk* ~ to be proud of sth; ***darauf brauchst du dir nichts einzubilden*** that's nothing to write home [*or* BRIT crow] about ▶ WENDUNGEN: **du bildest dir wohl viel ein!** you think a lot of yourself!, you fancy yourself a bit! BRIT *fam;* **was bildest du dir eigentlich ein?** (*fam*) what's got into your head?, what are you thinking [of]?

Einbildung *f* ① *kein pl* (*Fantasie*) imagination; ***das ist [bloße [o reine]] ~!*** it's all in the mind! ② *kein pl* (*Arroganz*) conceitedness ▶ WENDUNGEN: ~ **ist auch eine Bildung!** (*fam*) what arrogance!; **du leidest wohl an ~!** (*hum fam*) you must be joking!

Einbildungskraft *f kein pl* [powers of] imagination

ein|bimsen *vt* (*fam*) ■ **jdm etw** ~ to drum sth into sb

ein|binden *vt irreg* ① VERLAG ■ **etw** [**in etw** *akk*] ~ to bind sth [in sth]; **etw neu** ~ to rebind sth ② (*einbeziehen*) ■ **jdn/etw** [**in etw** *akk*] ~ to integrate sb/sth [into sth]

Einbindung *f kein pl* integration

ein|blasen *vt irreg* (*fam*) ■ **jdm etw** ~ to put sth into sb's head; **jdm Blödheiten** ~ to fill sb's head with nonsense

ein|bläuen[RR] *vt* (*fam*) ■ **jdm etw** ~ ① (*einschärfen*) to drum [*or* hammer] sth into sb['s head] ② (*einprügeln*) to beat sth into sb

ein|blenden I. *vt* FILM, TV, RADIO to insert; **Geräusche/Musik** ~ to dub in sounds/music; **eine Durchsage** [**in etw**] ~ to interrupt [sth] with an announcement II. *vr* TV, RADIO ■ **sich** [**in etw** *akk*] ~ (*sich einschalten*) to interrupt [sth]; (*sich dazuschalten*) to go over to [*or* link up with] [sth]

Einblendung *f* FILM, TV, RADIO ① (*das Einblenden*) *von Verkehrsdurchsagen, von Werbung* insertion ② (*eingeblendeter Teil*) insert

ein|bleuen *vt* (*fam*) *s.* **einbläuen**

Einblick *m* insight; ■ ~ **in etw** *akk* insight into sth; **etw eröffnet jdm** [...] **~e** sth provides sb with a/an [...] insight; **jdm ~ in etw** *akk* **gewähren** to allow sb to look at sth; (*fig*) to allow sb to gain an insight into sth; ~ **in etw** *akk* **gewinnen** to gain an insight into sth; ~ **in etw** *akk* **haben** to be able to see into sth; (*informiert sein*) to have an insight into sth; ~ **in etw** *akk* **nehmen** (*geh*) to look at sth

ein|brechen *irreg* I. *vi* ① *sein o haben* (*Einbruch verüben*) ■ [**bei jdm/in etw** *dat o akk*] ~ to break into sb's/sth; ***beim Juwelier ist eingebrochen worden*** the jeweller's has been broken into, there has been a break-in at the jeweller's; ***bei mir ist eingebrochen worden, man hat bei mir eingebrochen*** I've had a break-in, my house [*or* flat] has been broken into ② *sein* (*plötzlich beginnen*) *Dämmerung, Dunkelheit, Nacht* to fall ③ *sein* (*eindringen*) ■ [**in etw** *akk*] ~ *Wasser* to break through [into sth] ④ *sein* (*nach unten durchbrechen*) ■ [**auf etw** *dat*] ~ to fall through [sth] ⑤ *sein* (*einstürzen*) to fall [*or* cave] in ⑥ *sein* (*Misserfolg haben*) to come a cropper BRIT *sl,* to suffer a setback AM II. *vt haben* ■ **etw** ~ to break down sth *sep*

Einbrecher(in) <-s, -> *m(f)* burglar

Einbrenne *f* KOCHK roux

ein|brennen *irreg* I. *vt* ■ **etw** [**in etw** *akk*] ~ ① KOCHK to bind sth in a roux; **Mehl** ~ to brown flour; **eine Soße** ~ to make a roux ② (*mit einem Mal versehen*) ■ **jdm/etw etw** ~ to brand sth into sb/sth; **einem Tier ein Zeichen** ~ to brand an animal ③ INFORM (*Daten prägen*) to burn in sth *sep* [into sth] II. *vr* (*sich einprägen*) **sich** [**in jds Gedächtnis**] ~ to engrave [*or* etch] itself in sb's memory [*or* on sb's mind]

Einbrennlackierung *f* BAU baked enamel finish

ein|bringen *irreg* I. *vt* ① (*eintragen*) ■ [**jdm**] **etw** ~ to bring [sb] sth; **Zinsen** ~ to earn [*or* yield] interest ② (*einfließen lassen*) ■ **etw** [**in etw** *akk*] ~ to bring sth in[to sth], to bring sth to bear in sth; **Kapital in ein Unternehmen** ~ to contribute capital to a company; **seine Erfahrung** ~ to bring one's experience to bear in sth ③ AGR (*hineinbringen*) ■ **etw** ~ *Ernte* to bring [*or* gather] in sth ④ POL (*vorschlagen*) ■ **etw** [**in etw** *dat*] ~ to introduce [*or* propose] sth [in sth]; **einen Antrag** ~ to table a motion ⑤ (*aufholen, wettmachen*) **Zeit** [**wieder**] ~ to catch [*or* make] up [on] time II. *vr* ■ **sich** ~ to contribute

Einbringung <-> *f* FIN (*Einzahlung*) investment; JUR (*Beitragen*) contribution; ~ **der Arbeitskraft** contribution of labour; ~ **von Eigenkapital/Sachwerten** contribution to equity/in kind; ~ **in eine Gesellschaft** transfer to a company

Einbringungsaktie *f* FIN share (*in exchange for property transfer*) **Einbringungsbilanz** *f* FIN bringing-in balance sheet **Einbringungswert** *m* FIN bringing-in value

ein|brocken *vt* (*fam*) ■ **jdm etw** ~ to land sb in it [*or* BRIT the soup] *fam;* ■ **sich** *dat* **etw** ~ to land oneself in it [*or* BRIT the soup] *fam;* ***das hast du dir selber eingebrockt!*** you've only yourself to thank for that!, you brought that on yourself!

ein|bröseln *vt* KOCHK *s.* **panieren**

Einbruch *m* ① JUR (*das Einbrechen*) break-in; ■ **der/ein** ~ **in etw** *akk* the/a break-in somewhere; **ein ~ in die Bank** a break-in at the bank; **einen ~ [in etw** *akk*] **begehen** [*o* **verüben**] to break in [somewhere] ② (*das Eindringen*) penetration; **ein ~ von Kaltluft** an influx of cold air ③ (*Einsturz*) *Mauer etc.* collapse, caving in ④ BÖRSE, ÖKON slump, sharp fall [*or* drop] ⑤ (*plötzlicher Beginn*) onset; **bei ~ der Dunkelheit/Nacht** at nightfall; **vor ~ der Dunkelheit/Nacht** before nightfall

Einbruchfalz *m* TYPO one-directional fold

Einbruch(s)diebstahl *m* JUR burglary, breaking and entering; **einen ~ begehen** [*o* **verüben**] to commit [a] burglary **einbruch(s)sicher** *adj* burglar-proof **Einbruch(s)werkzeug** *nt* housebreaking tool[s]

ein|buchten *vt* (*sl*) ■ **jdn** ~ to put sb away *fam,* to lock [*or* BRIT *sl* bang] sb up

Einbuchtung <-, -en> *f* ① (*Delle*) dent ② (*Aussparung*) indentation ③ (*Bucht*) bay, inlet

ein|buddeln *vt* (*fam*) ■ **jdn/etw** ~ to bury sb/sth; ■ **sich** ~ to dig oneself in

ein|bunkern *vr* (*fig fam*) ■ **sich** ~ to cut oneself off from one's surroundings

ein|bürgern I. *vt* ① ADMIN (*eine Staatsangehörigkeit verleihen*) ■ **jdn** ~ to naturalize sb ② (*heimisch werden*) ■ **eingebürgert werden** to become established II. *vr* ① (*übernommen werden*) ■ **sich** ~ to become established ② (*zur Regel werden*) ■ **es hat sich [bei jdm/irgendwo] so eingebürgert** it has become a habit [*or* the practice] [*or* custom] [with sb/somewhere]

Einbürgerung <-, -en> *f* ① ADMIN (*das Einbürgern*) naturalization ② BOT *einer Pflanze, eines Tieres* naturalization ③ (*das Üblichmachen*) establishment; **die ~ einer Sitte** the adoption of a custom

Einbürgerungsurkunde *f* JUR certificate of naturalization

Einbuße *f* loss; [**mit etw**] **~n erleiden** to suffer [*or* sustain] [*or* incur] losses [on sth]; **etw tut jdm/einer S.** [**schwere**] ~ (*geh*) sth causes sb/sth to lose sth; ***der Skandal hat seinem Ansehen schwere ~ getan*** he lost a lot of respect because of the scandal

ein|büßen I. *vt* ■ **etw** ~ to lose sth II. *vi* ■ **an etw** *dat* ~ to lose sth; **nichts an Zuverlässigkeit** ~ to lose none of its reliability

ein|checken [-tʃɛkn] I. *vi* to check in; ■ **in etw** *dat* ~ to check into sth II. *vt* ■ **etw/jdn** ~ to check in sth/sb *sep*

ein|cremen *vt* ■ [**jdm**] **etw** ~ to put cream on [sb's] sth; ■ **sich** *dat* **etw** *akk* ~ to put cream on sth; ■ **sich** [**mit etw** *dat*] ~ to put cream on [oneself]

ein|dämmen *vt* ■ **etw** ~ to dam sth, to contain sth; **die Ausbreitung einer Krankheit/eines Virus** ~ to check [*or* stem] the spread of a disease/virus; **Inflation** ~ to curb [*or* control] inflation

Eindämmung *f* (*Verhinderung*) checking, stemming; (*das Eindämmen*) containment; **die ~ der Inflation** curbing [*or* controlling] inflation

Eindämmungspolitik *f* policy of containment

ein|decken I. *vr* ■ **sich** [**mit etw**] ~ to stock up [on sth]; **sich mit Holz/Kohle** ~ to lay [*or* get] in stocks [*or* supplies] of wood/coal II. *vt* ① BAU ■ **etw** [**mit etw**] ~ to cover sth [with sth]; **ein mit Stroh eingedecktes Dach** a thatched roof ② (*fam: überhäufen*) ■ **jdn mit etw** ~ to swamp sb with sth; ■ **mit etw eingedeckt sein** to be inundated [*or* BRIT snowed under] with sth

Eindecker <-s, -> *m* LUFT monoplane

ein|deichen *vt* BAU ■ **etw** ~ to dike [*or* dyke] sth; **einen Fluss** ~ to embank [*or* dike] [*or* BRIT dyke] a river

ein|dellen *vt* (*fam*) ■ [**jdm**] **etw** ~ *Auto, Hut* to dent sth [of sb's], to make a dent in sth [of sb's]

eindeutig I. *adj* ① (*unmissverständlich*) unambiguous, unequivocal; **die ~e Absicht** the clear [*or* definite] intention ② (*unzweifelhaft*) clear; **~er Beweis** clear [*or* definite] proof; **eine ~e Niederlage** a resounding defeat; **ein ~er Sieg** a clear [*or* resounding] victory; **ein ~er Umstand** an incontestable [*or* indisputable] fact II. *adv* ① (*unmissverständlich*) unambiguously; ***ich hoffe, ich habe mich ~ ausgedrückt!*** I hope I have made myself clear[ly understood]! ② (*klar*) clearly; ***das stimmt aber ganz ~ nicht!*** that's clearly [*or* obviously] not true [at all]!

Eindeutigkeit <-> *f kein pl* ① (*Unmissverständlichkeit*) unambiguity, unequivocalness ② (*Unzweifelhaftigkeit*) clarity; **die ~ der Beweise** the clarity [*or* definiteness] of the proof

Eindeutigkeitssatz *m* MATH uniqueness theorem

ein|deutschen *vt* ① (*dem Deutschen anpassen*) ■ **etw** ~ to Germanize sth; ■ **eingedeutscht** Germanized; ***Frisör ist eingedeutscht für Friseur*** Frisör is the Germanized version of Friseur ② (*deutsch machen*) ■ **jdn/etw** ~ to Germanize sb/sth

ein|dicken I. *vt haben* KOCHK ■ **etw** ~ to thicken sth II. *vi sein* to thicken

eindimensional *adj* ① MATH one-dimensional, unidimensional ② (*eingleisig*) one-dimensional

ein|dosen *vt* ■ **etw** ~ to tin [*or* AM can] sth

ein|dösen *vi sein* (*fam*) to doze [*or* drop] [*or fam* nod] off

ein|drängen *vi sein* ① (*bedrängen*) ■ **auf jdn** ~ to crowd around sb *fig* ② (*sich aufdrängen*) to crowd in on sb *fig*

ein|drecken I. *vi sein* (*fam*) to get dirty II. *vr* (*fam*) ■ **sich** ~ to get [oneself] dirty

ein|drehen *vt* ■ **etw** [**in etw** *akk*] ~ to screw sth in[to sth]; **jdm/sich die Haare** ~ to put sb's/one's hair in curlers [*or* rollers]

ein|dreschen *vi irreg* (*fam*) ■ **auf jdn** ~ to lay into sb *fam*

ein|dringen *vi irreg sein* ① (*einbrechen*) ■ **in etw** *akk* ~ to force one's way [*or* an entry] into sth ② (*vordringen*) ■ **in etw** *akk* ~ to force one's way into sth; MIL to penetrate [into] sth ③ (*hineindringen, hineinsickern*) ■ **in etw** *akk* ~ to penetrate [into] sth; ***Grundwasser drang in den Tunnel ein*** ground water got [*or* seeped] into the tunnel ④ (*sich *kundig machen*) ■**in etw** *akk* ~ to get to know sth ⑤ (*sich verbreiten*) ■**in etw** *akk* ~ to find its/their way into sth ⑥ (*bestürmen*) ■**[mit etw] auf jdn** ~ to besiege sb [with sth]

eindringlich I. *adj* (*nachdrücklich*) forceful, powerful; **eine ~e Schilderung** a vivid account II. *adv* strongly

Eindringlichkeit *f* forcefulness; **eine Schilderung von großer ~** a very vivid account [*or* an account of great vividness]

Eindringling <-s, -e> *m* intruder; (*in Gesellschaft etc*) interloper

Eindruck <-drücke> *m* ① (*Vorstellung*) impression; **den ~ erwecken, als [*o* dass ...]** to give the impression that; **sich des ~s nicht erwehren können, dass** (*geh*) to have the strong impression that; **[von jdm/etw] einen ~/den ~ gewinnen, dass** to gain an/the impression [from sb/sth] that; **den ~ haben, dass** to have the impression that; **ich habe nicht den/diesen ~** I don't have that impression; **[auf jdn] einen ... ~ machen** to give the impression of being ... [to sb]; ***sie machte einen nervösen ~*** she gave the impression of being [*or* seemed] nervous; **[auf jdn] den ~ eines ... machen** to give the impression of being a ... [to sb]; **[...] ~ auf jdn machen** to make a/an [...] impression on sb; **einen großen ~ auf jdn machen** to make a great [*or* big] impression on sb; **[bei jdm] ~ machen wollen [*o* *fam* schinden]** to be out to impress [sb]; **Eindrücke sammeln** to gain impressions; **unter dem ~ von etw stehen** to be under the effect of [*or* affected by] sth; **seinen ~ auf jdn nicht verfehlen** to have [*or* achieve] the desired effect on sb; **jdm einen ~ [von etw] vermitteln** to give sb an idea [about sth] ② (*selten: eingedrückte Spur*) impression, imprint

ein|drücken I. *vt* ① (*nach innen drücken*) ■**etw** ~ to push in sth *sep;* **das Auto/den Kotflügel** ~ to dent the car/[car] wing [*or* AM fender]; **den Damm** ~ to break through the dam; **die Fenster** ~ to break [*or* shatter] the windows; **die Mauer/Tür** ~ to break down the wall/door ② (*verletzen*) ■**jdm etw** ~ to crush sb's sth; **jdm den Brustkorb/Schädel** ~ to crush sb's chest/skull [*or* head]; **jdm die Nase** ~ to flatten sb's nose II. *vr* (*einen Abdruck hinterlassen*) ■**sich in etw** *akk* ~ to make an impression [*or* imprint] in sth

eindrücklich *adj* SCHWEIZ (*eindrucksvoll*) impressive

eindrucksvoll I. *adj* impressive; **ein ~er Appell** a stirring appeal II. *adv* impressively

eine(r, s) *pron indef* ① (*jemand*) someone, somebody; ***es hat geklingelt, ist da ~r?*** the doorbell rang, is there someone [*or* somebody] [*or* anybody]?; ***~s von den Kindern*** one of the children; ■**der/die/das** ~ [the] one; ***das ~ Buch habe ich schon gelesen*** I've already read one of the books [*or* the one book]; ***die ~n sagen das Eine, die anderen gerade das Gegenteil*** one lot [*or* some] say one thing, the other lot say [*or* [the] others [say]] exactly the opposite; *s. a.* **andere(r, s)** ② (*fam: man*) one; ***und das soll noch ~r glauben?*** and I'm [*or* we're] expected to swallow [*or* believe] that? ③ (*ein Punkt*) ■**~s [*o* eins]** one thing; ***~s gefällt mir nicht an ihm*** [there's] one thing I don't like about him; ***~s muss klar sein*** let's make one thing clear; ***~s sag ich dir*** I'll tell you one thing; ***halt, noch eins[, ehe ich's vergesse,]*** and there's one more [*or* other] thing[, before I forget]; *s. a.* **hinauslaufen** ► WENDUNGEN: **du bist mir [...] ~(r)!** (*fam*) you're a/an [...] one! BRIT; ***du bist mir aber/ja/vielleicht ~r!*** you're a right one!; **das ist ~r!** he's quite a man [*or* one]!; **~r für alle, alle für ~n** (*prov*) all for one and one for all *prov*

ein|ebnen *vt* ■**etw** ~ to level [*or* flatten] sth [off]

Einehe *f* monogamy *no pl, no art*

eineiig *adj* BIOL identical; **~e Zwillinge** identical twins

eineinhalb *adj* one and a half; *s. a.* **achteinhalb**

eineinhalbmal *adv* one and a half times; **~ schneller** one and a half times faster; **~ so viel** one and a half times as much

Einelternfamilie [-liə] *f* one-parent [*or* single-parent] family

einen *vt* (*geh*) ■**etw** ~ to unite sth

Einender <-s, -> *m* JAGD one-pointer

ein|engen *vt* ① (*beschränken*) ■**jdn in etw** *dat* ~ to restrict [*or* cramp] sb in sth ② (*drücken*) ■**jdn** ~ to restrict sb's movement[s] ③ (*begrenzen*) ■**etw [auf etw** *akk*] ~ to restrict [*or sep* narrow down] sth [to sth]

Einengung <-, -en> *f* ① (*Bedrängung*) cramping [of sb's style] *hum fam* ② (*Beschränkung*) restriction, limitation

einer *pron s.* **eine**

Einer <-s, -> *m* ① MATH unit ② SPORT (*einsitziges Ruderboot*) single scull

einerlei *adj pred* (*egal*) ■**jdm ~ sein** to be all the same to sb; ***das ist mir ganz ~*** it's all the same [*or* doesn't matter] to me, it makes no difference to me, I don't mind; ■**~, ob ...** it doesn't [*or* no] matter whether

Einerlei <-s> *nt kein pl* monotony; ***das ~ des [grauen] Alltags*** the monotony of daily [*or* everyday] life [*or* the daily grind]

einerseits *adv* **~ ... andererseits ...** on the one hand ..., on the other hand ...

eines *pron s.* **eine**

einesteils *adv* **~ ... ander[e]nteils** on the one hand ..., on the other hand ...

einfach I. *adj* ① (*leicht*) easy, simple; ***das hat einen ~en Grund*** there's a simple reason [*or* an easy explanation] for that; **es sich** *dat* **[mit etw** *dat*] **zu ~ machen** to make it too easy for oneself [with sth] ② (*unkompliziert*) straightforward, uncomplicated; ***warum ~, wenn's auch umständlich geht?*** (*iron*) why do things the easy way [when you can make them [*or* it] difficult]? ③ (*gewöhnlich*) simple; **~es Essen** plain [*or* simple] food; **ein ~es Hemd/eine ~e Hose** a plain shirt/plain trousers; **ein ~er Mensch** a simple [*or* an ordinary] person ④ (*nur einmal gemacht*) single; **eine ~e Fahrkarte** a one-way [*or* BRIT single] ticket; ***einmal ~ nach Regensburg*** a single [ticket] to Regensburg; **~er Fahrpreis** single fare [*or* ticket]; **in ~er Ausfertigung** a single copy [of sth]; **~e Buchführung** single-entry bookkeeping; **~er Faden** plain [*or* simple] stitch; **ein ~er Knoten** a simple knot II. *adv* ① (*leicht*) simply, easily; ***es ist nicht ~ zu verstehen*** it's not easy [*or* simple] to understand ② (*schlicht*) simply, plainly ③ (*einmal*) once; **~ zusammenfalten** to fold once III. *part* ① (*emph: geradezu*) simply, just; **~ herrlich/lächerlich** simply [*or* just] wonderful/laughable ② (*ohne weiteres*) simply, just; ***he, du kannst doch nicht ~ weggehen!*** hey, you can't just [*or* simply] leave [like that]! ③ *mit Verneinung* (*zur Verstärkung*) simply, just; ***ich kann es ~ nicht verstehen*** I just [*or* simply] can't understand it

Einfachfenster *nt* BAU single glazed window **Einfachheit** <-> *f kein pl* ① (*Unkompliziertheit*) straightforwardness ② (*Schlichtheit*) plainness, simplicity ► WENDUNGEN: **der ~ halber** for the sake of simplicity [*or* simplicity's sake] **Einfachnutzen** *m* TYPO one-up

ein|fädeln I. *vt* ① (*in etw fädeln*) ■**etw [in etw** *akk*] ~ to thread sth [through sth]; **eine Nadel** ~ to thread a needle; **einen Film** ~ to wind on a film; **ein Tonband** ~ to spool on a tape ② (*fam: anbahnen*) ■**etw** ~ to engineer sth *fig* II. *vi* SKI to become entangled in a gate III. *vr* AUTO ■**sich [in etw** *akk*] ~ to filter [*or* merge] in[to sth]

ein|fahren *irreg* I. *vi sein* ① (*hineinfahren*) ■**[in etw** *akk*] ~ to come [*or* pull] in[to sth]; **auf einem Gleis** ~ to arrive at [*or* come into] a platform; **in einen Hafen** ~ to sail into a harbour [*or* AM -or] ② BERGB (*hinunterfahren*) to go down; **in eine Grube/einen** ~ to go down a pit/shaft II. *vt haben* ■**etw** ~ ① (*kaputtfahren*) to [drive into and] knock down sth *sep* ② (*einziehen*) *Antenne, Objektiv etc.* to retract sth ③ (*einbringen*) to make sth; **einen Gewinn/Verlust** ~ to make a profit/loss ④ AGR (*einbringen*) to bring in sth; **das Heu/Korn** ~ to bring in [*or* harvest] the corn/hay

Einfahrt *f kein pl* ① (*das Einfahren*) entry; **die ~ in den Hafen** sailing [*or* coming] into the harbour; **bei der ~ in die Zielgerade** entering the final straight; **die ~ eines Zuges** the arrival of a train ② (*Zufahrt*) entrance; **~ *freihalten!*** [please] keep [entrance] clear!

Einfall *m* ① (*Idee*) idea; **auf den ~ kommen, etw zu tun** to have [*or* get] the idea of doing sth ② MIL (*das Eindringen*) ■**~ in etw** *akk* invasion of sth ③ (*das Eindringen*) incidence; **der ~ der Sonnenstrahlen** the way the sun's rays fall

ein|fallen *vi irreg sein* ① (*in den Sinn kommen*) ■**etw fällt jdm ein** sb thinks of sth; **sich** *dat* **etwas ~ lassen** to think of sth; ***was fällt Ihnen ein!*** what do you think you're doing! ② (*in Erinnerung kommen*) ■**etw fällt jdm ein** sb remembers sth; ***der Name will mir einfach nicht ~!*** the name just won't come to me! ③ (*einstürzen*) to collapse [*or* cave in] ④ (*eindringen*) ■**nach/in etw** *akk* ~ to invade; **in die feindlichen Reihen** ~ to penetrate enemy lines ⑤ (*hereinströmen*) ■**[in etw** *akk*] ~ to come in[to sth] ⑥ (*einsetzen*) ■**[in etw** *akk*] ~ *Chor, Instrument, Singstimmen* to join in [sth]; (*dazwischenreden*) to interrupt [sth] [*or* break in [on sth]] ⑦ (*einsinken*) to become sunken [*or* hollow]

einfallslos I. *adj* unimaginative II. *adv* unimaginatively **Einfallslosigkeit** <-> *f kein pl* unimaginativeness, lack of imagination **einfallsreich** I. *adj* imaginative II. *adv* imaginatively **Einfallsreichtum** *m kein pl* imaginativeness **Einfallswinkel** *m* angle of incidence

Einfalt <-> *f kein pl* (*arglose Naivität*) naivety ► WENDUNGEN: **[o/du] heilige ~!** what stunning naivety!, how naive can you be!, in sb's naivety

einfältig I. *adj* naive II. *adv* naively; ***tu doch nicht so ~*** don't act so naively

Einfaltspinsel *m* (*pej fam*) simpleton

Einfamilienhaus [-liən-] *nt* single family house, detached [family] house BRIT

ein|fangen *irreg* I. *vt* ① (*wieder fangen*) ■**jdn/ein Tier [wieder]** ~ to [re]capture sb/an animal ② (*wiedergeben*) ■**etw [in etw** *dat*] ~ to capture sth [in sth] *fig* II. *vr* (*fam*) ■**sich** *dat* **etw** *akk* ~ to catch sth; **eine Erkältung** ~ to catch a cold; **eine Grippe** ~ to come down with [the] flu

ein|färben *vt* ① (*neu färben*) ■**etw [...]** ~ *Haare, Stoff* to dye sth [...] ② TYPO (*mit Druckfarbe versehen*) ■**etw [mit etw]** ~ to ink sth [with sth]

einfarbig *adj* monochrome, all one colour [*or* AM -or], in [*or* of] one colour [*or* AM -or] *pred*

ein|fassen *vt* ■**etw [mit etw]** ~ ① (*umgeben*) to border [*or* edge] sth [with sth]; **einen Garten mit einer Hecke/einem Zaun** ~ to enclose [*or* surround] a garden with a hedge/fence ② (*umsäumen*) to hem sth [with sth] ③ (*fassen*) to set sth [in sth] ④ TYPO ■**etw** ~ *Rand* to border [*or* box] sth

Einfass- und FalzelmaschineRR *f* TYPO bordering and backlining machine

Einfassung *f* ① (*das Einfassen*) enclosure, enclosing ② (*Umgrenzung*) border, edging

ein|federn *vt* **ein Auto** ~ to tilt a car (*by compression of the suspension, as when swerving vigorously*)

ein|fetten *vt* ① (*mit Fett bestreichen*) ■**etw** ~ to grease sth; (*Leder mit Fett behandeln*) to dubbin sth ② (*eincremen*) ■**jdn** ~ to put [*or* rub] cream on sb, to cream sb BRIT; ■**sich** ~ apply [a] cream; ■**sich** *dat* **etw** *akk* ~ to rub [*or* apply] cream onto sth

ein|finden *vr irreg* (*geh*) ■**sich [irgendwo]** ~ to arrive [somewhere]

ein|flechten *vt irreg* ① (*einfließen lassen*) ■**etw [in etw** *akk*] ~ to work sth in[to sth] *sep;* ■**~, dass** to add that ② (*hineinflechten*) ■**etw [in etw** *akk*] ~ to plait [*or* braid] sth in[to sth]; **ein Muster ~ [in etw]** to weave a pattern in[to sth]

ein|fliegen *irreg* I. *vt haben* ① ■**jdn/etw [in etw** *akk*] ~ to fly sb/sth in[to sth]; ***die Militärtransporter flogen Munition/Nachschub ein*** the military transport planes flew [*or* airlifted] munitions/reinforcements in ② ■**etw** ~ to make sth; **einen Gewinn/Verlust** ~ to make a profit/loss II. *vi sein* to fly in

ein|fließen *vi irreg sein* ❶ (*als Zuschuss gewährt werden*) ■ **[in etw** *akk*] ~ to pour in[to sth]; ~ **lassen, dass** to let slip that ❷ METEO (*hineinströmen*) ■ **in etw** *akk*/**nach etw** *dat* ~ to move [*or* come] into sth

ein|flößen *vt* ❶ (*langsam eingeben*) ■ **jdm etw** ~ to give sb sth; **einem Kranken Essen** ~ to feed a patient; **jdm etw mit Gewalt** ~ to force-feed sb [with] sth ❷ (*erwecken*) ■ **jdm etw** ~ to instill sth in sb; **jdm Angst/Vertrauen** ~ to instill [*or* inspire] fear/confidence in sb; **jdm Ehrfurcht** ~ to instill respect in sb, to command sb's respect

Einflugschneise *f* LUFT approach path

Einfluss[RR] <-es, Einflüsse> *m*, **Einfluß** <-sses, Einflüsse> *m* ❶ (*Einwirkung*) ■ **jds** ~ [**auf jdn**] sb's influence [on sb]; ■ **der** ~ **einer S.** *gen* the influence of sth; **auf etw/jdn** ~ **haben** to have an influence on sth/sb; ~ **auf etw/jdn ausüben** to exert an influence on sth/sb; **auf etw** *akk* ~ **nehmen** to influence sth; **unter jds** ~ **geraten** to fall under sb's influence; **unter dem** ~ **von jdm/etw stehen** to be under sb's influence [*or* the influence of sb/sth]; **unter dem** ~ **von jdm/etw** under the influence of sb/sth ❷ (*Beziehungen*) influence, pull *fig*, sway; **seinen** ~ **geltend machen** to use one's influence [*or* pull] [*or* sway]; [...] ~ **besitzen** [*o* **haben**] to have [...] influence [*or* pull] [*or* sway]

Einflussbereich[RR] *m* ❶ POL sphere of influence ❷ METEO ***Frankreich liegt im ~ eines atlantischen Tiefs*** an Atlantic depression is affecting the weather over France **einflusslos**[RR] *adj* uninfluential, without [*or* lacking in] influence *pred* **Einflussnahme**[RR] <-, *selten* -n> *f* (*geh*) ■ **jds** ~ [**auf etw** *akk*] sb's exertion of influence [on sth] **einflussreich**[RR] *adj* influential **Einflusszone**[RR] *f* radius, zone of influence

ein|flüstern *vt* (*pej*) ■ **jdm etw** ~ (*suggerieren*) to put sth into sb's head; (*flüsternd vorsagen*) to whisper sth to sb

Einflüsterung <-, -en> *f* (*pej*) suggestion

ein|fordern *vt* (*geh*) ■ **etw** [**von jdm**] ~ to demand payment of [*or sep* call in] sth [from sb]; **von jdm ein Versprechen** ~, **etw zu tun** to keep sb to their promise to do sth

einförmig I. *adj* monotonous; ~**e Landschaft/Umgebung** uniform landscape/surroundings II. *adv* monotonously

Einförmigkeit <-, -en> *f* monotony; **die** ~ **der Landschaft/Umgebung** the uniformity of the landscape/surroundings

ein|frieden *vt* (*geh*) ■ **etw** [**mit etw**] ~ to enclose [*or* surround] sth [with sth]

Einfriedung <-, -en> *f* (*geh*) ❶ (*das Einfrieden*) enclosure, enclosing ❷ (*die Umzäunung*) means of enclosure

ein|frieren *irreg* I. *vi sein* ❶ (*zufrieren*) to freeze up ❷ (*von Eis eingeschlossen werden*) ■ **in etw** *dat* ~ to freeze into sth [*or* become ice-bound in sth] II. *vt haben* ■ **etw** ~ ❶ (*konservieren*) to [deep-]freeze sth ❷ (*suspendieren*) to suspend sth; **diplomatische Beziehungen** ~ to break off [*or* suspend] diplomatic relations; **ein Projekt/die Planung** ~ to shelve a project/the plans ❸ ÖKON (*festlegen*) to freeze sth

Einfrierung <-, -en> *f* ❶ (*Suspendierung*) suspension; *diplomatische Beziehungen* breaking off, suspension; *Projekt* shelving ❷ ÖKON (*die Festlegung*) freezing

Einfügemarke *f* INFORM cursor

ein|fügen I. *vt* ❶ (*einpassen*) ■ **etw** [**in etw** *akk*] ~ to fit sth [in[to] sth] [*or* insert sth [in sth]] ❷ (*einfließen lassen*) ■ **etw** [**in etw** *akk*] ~ to add sth [to sth]; ***lassen Sie mich gleich an dieser Stelle ~, ...*** let me just say ...; ***darf ich an dieser Stelle kurz ~, dass ...*** can I just quickly point out that ... II. *vr* ❶ (*sich anpassen*) ■ **sich** [**in etw** *akk*] ~ to adapt [oneself] [to sth] ❷ (*hineinpassen*) ■ **sich** [**in etw** *akk*] ~ to fit in [with sth]

Einfügetaste *f* INFORM insert key

Einfügung *nt* JUR insertion, embodiment

ein|fühlen *vr* ■ **sich in jdn** ~ to empathize with sb; ■ **sich in etw** *akk* ~ to get into the spirit of sth; **sich in einen Gedankengang** ~ to understand [*or* follow] a train of thought

einfühlsam I. *adj* sensitive; ~**e Worte** understanding [*or* sympathetic] words; **ein** ~**er Mensch** an empathetic person II. *adv* sensitively

Einfühlungsvermögen *nt* empathy

Einfuhr <-, -en> *f* ❶ (*das Importieren*) import, importing, importation ❷ (*das Eingeführte*) import

einführbar *adj* ÖKON importable

Einfuhrbedarf *m* ÖKON import requirements *pl* **Einfuhrbereiche** *pl* ÖKON import areas **Einfuhrbeschränkung** *f* import restriction, restriction on imports **Einfuhrbestimmungen** *pl* ÖKON import regulations *pl* **Einfuhrbewilligungsverfahren** *nt* JUR import licensing procedures *pl*

ein|führen I. *vt* ❶ ÖKON (*importieren*) ■ **etw** ~ to import sth ❷ (*bekannt machen*) ■ **etw** [**irgendwo**] ~ to introduce sth [somewhere]; **einen Artikel/eine Firma** [**auf dem Markt**] ~ to establish a product/company [on the market] ❸ (*in Gebrauch nehmen, verordnen*) ■ **etw** [**in etw** *dat*] ~ to introduce sth [in sth] ❹ (*vertraut machen*) ■ **jdn** [**in etw** *akk*] ~ to introduce sb [to sth] [*or* initiate sb [into sth]] ❺ (*hineinschieben*) ■ **etw** [**in etw** *akk*] ~ to insert [*or* introduce] sth [into sth] II. *vr* ■ **sich** [...] ~ to make a [...] start; ***sie hat sich gut eingeführt*** she's made a good start III. *vi* ■ **in etw** *akk* ~ to serve as an introduction [*or* insight] into sth; ■ ~**d** introductory; ~**de Worte** introductory words, words of introduction

Einfuhrerschwerung *f* ÖKON import difficulties *pl* **Einfuhrfreiheit** *f kein pl* ÖKON freedom to import **Einfuhrfreiliste** *f* ÖKON free list **Einfuhrgenehmigung** *f* import licence [*or* AM -se] [*or* permit] **Einfuhrgüter** *pl* import goods *npl*, imported articles *pl*, imports *pl* **Einfuhrhafen** *m* port of entry **Einfuhrkartell** *nt* ÖKON import cartel **Einfuhrkontingent** *nt* ÖKON import quota **Einfuhrkontingentierung** *f* ÖKON fixing of import quotas **Einfuhrland** *nt* ÖKON importing country **Einfuhrlizenz** *f* ÖKON import licence **Einfuhrmonopol** *nt* HANDEL import monopoly **Einfuhrrechte** *pl* HANDEL import rights; **ausschließliche** ~ exclusive import rights **Einfuhrregelungen** *pl* HANDEL import rules; **gemeinsame** ~ (*in der EU*) common import regime **Einfuhrsparten** *pl* ÖKON import categories **Einfuhrsperre** *f* ÖKON ban on imports, embargo **Einfuhrumsatzsteuer** *f* FIN turnover tax on imports, import sales tax

Einführung *f* ❶ (*das Einführen*) introduction; ■ **jds** ~ [**in etw** *akk*] sb's introduction [to sth] [*or* initiation [into sth]]; ~ **in ein Amt** installation in an office ❷ (*Einleitung*) introduction; **Worte zur** ~ words of introduction, introductory words

Einführungsgesetz *nt* JUR introductory act **Einführungskurs** *m* introductory course **Einführungslehrgang** *m* introductory course **Einführungspatent** *nt* introductory patent **Einführungspreis** *m* introductory price **Einführungsseminar** *nt* introductory seminar

Einfuhrverbot *nt* ban [*or* embargo] on imports **Einfuhrzoll** *m* ÖKON import duty

ein|füllen *vt* ■ **etw** [**in etw** *akk*] ~ to pour [*or* put] sth in[to sth]

Einfüllöffnung *f* filler opening [*or* inlet] **Einfüllstutzen** *m* AUTO filler neck [*or* pipe]

Eingabe <-, -en> *f* ❶ ADMIN (*Petition*) ■ ~ [**an jdn**] petition [to sb]; **eine** ~ [**an jdn**] **machen** to file a petition [with sb] [*or* present a petition [to sb]] ❷ *kein pl* (*das Verabreichen*) *Arznei* administration ❸ *kein pl* INFORM *Daten, Informationen* input, entry; **zeilenweise** ~ line input

Eingabeaufforderung *f* INFORM prompt character, [system] prompt **Eingabedaten** *pl* INFORM input data *usu + sing vb* **Eingabeeinheit** *f* INFORM input unit **Eingabegerät** *nt* INFORM input device **Eingabemedium** *nt* INFORM (*Eingabedatenträger*) input device [*or* medium] **Eingabemodus** *m* INFORM entry mode **Eingabetaste** *f* INFORM enter [*or* return] key

Eingang <-gänge> *m* ❶ (*Tür, Tor, Zugang*) entrance; *eines Waldes* opening; **„kein ~!"** "no entry!"; **jdm/sich** ~ **in etw** *akk* **verschaffen** to gain sb[/oneself] entry to sth; **in etw** *akk* ~ **finden** (*geh*) to find its way into sth ❷ *pl* (*eingetroffene Sendungen*) incoming mail [*or* BRIT post] *sing* ❸ *kein pl* (*Erhalt*) receipt; **beim** ~ on receipt ❹ *kein pl* (*Beginn*) start; ***gleich zu ~ möchte ich sagen ...*** I would like to start by saying [*or* say from the very outset] ... ❺ INFORM (*Dateneingabe*) ~ **für Audio und Video** audio and video entry [*or* input]

eingängig I. *adj* ❶ (*einprägsam*) catchy ❷ (*verständlich*) comprehensible; **eine** ~**e Erklärung** a clear [*or* comprehensible] explanation II. *adv* clearly

eingangs I. *adv* at the start [*or* beginning] II. *präp +gen* at the start [*or* beginning] of

Eingangsabgabe *f* FIN import duty **Eingangsbestätigung** *f* ADMIN acknowledgement [*or* confirmation] of receipt **Eingangsbilanz** *f* FIN balance of receipts **Eingangsdatum** *nt* date of receipt **Eingangsformel** *f* JUR preamble **Eingangsfracht** *f* carriage inward, freight in[ward] **Eingangshafen** *m* port of entry **Eingangshalle** *f* entrance hall; *eines Hotels* lobby, foyer **Eingangskapitel** *nt* first chapter **Eingangskontrolle** *f* HANDEL incoming examination **Eingangsprüfung** *f* HANDEL receiving inspection **Eingangsstempel** *m* date-stamp **Eingangssteuersatz** *m* basic tax rate **Eingangstür** *f* [entrance] door; *eines Hauses, einer Wohnung* front door **Eingangsvermerk** *m* notice of receipt

eingebaut I. *pp von* **einbauen** II. *adj Radio, Möbel* built-in

ein|geben *irreg vt* ❶ (*verabreichen*) ■ **jdm etw** ~ to give sb sth [*or* administer sth to sb] ❷ INFORM (*übertragen*) ■ **etw** [**in etw** *akk*] ~ to input sth [into sth], to enter sth [into sth]; **Daten in einen Computer** ~ to enter [*or* input] data into a computer; **etw erneut** ~ to enter sth again ❸ (*geh: inspirieren*) ■ **jdm etw** ~ to put sth into sb's head; **von Gott eingegeben** inspired by God

eingebildet *adj* ❶ (*pej: hochmütig*) conceited; ■ **auf etw** *akk* ~ **sein** to be conceited about sth ❷ (*imaginär*) imaginary; **eine** ~**e Schwangerschaft** a false pregnancy

eingeboren[1] *adj* native

eingeboren[2] *adj* REL **Gottes** ~**er Sohn** the only begotten Son of God

Eingeborene(r) *f(m) dekl wie adj* native

Eingeborenensprache *f* native language

Eingebung <-, -en> *f* (*Inspiration*) inspiration; ***einer plötzlichen ~ folgend*** acting on a sudden impulse ▶ WENDUNGEN: **göttliche** ~ divine inspiration

eingedenk *adj pred* (*geh*) (*in Anbetracht*) ■ ~ **einer S.** *gen* bearing in mind [*or* remembering] sth; ~ ***dessen, was vorgefallen war ...*** bearing in mind what had happened ... ▶ WENDUNGEN: **einer S.** *gen* ~ **sein/bleiben** (*etw im Gedächtnis behalten*) to be mindful of sth [*or* bear sth in mind]

eingefahren *adj* well worn

eingefallen *adj* hollow, sunken; **ein** ~**es Gesicht** a gaunt face

eingefleischt *adj attr* ❶ (*überzeugt*) confirmed; **ein** ~**er Junggeselle** a confirmed bachelor; **ein** ~**er Kommunist** a dyed-in-the-wool communist BRIT; **ein** ~**er Optimist** an incurable optimist ❷ (*zur zweiten Natur geworden*) deep-rooted, ingrained

eingefuchst *adj* DIAL *Student* initiated

eingegossen I. *pp von* **eingießen** II. *adj* cast en bloc

ein|gehen *irreg* I. *vi sein* ❶ (*Aufnahme finden*) ■ **in etw** *akk* ~ to find its/their way into sth; **in die Annalen/Geschichte** ~ to go down in the annals/history ❷ (*ankommen*) ■ [**irgendwo/bei jdm**] ~ to be received [somewhere/by sb] [*or* arrive [somewhere]]; ***sämtliche Bestellungen, die bei uns ~, werden sofort bearbeitet*** all orders which we receive [*or* are received by us] are processed immediately; ***soeben geht bei mir eine wichtige Meldung ein*** I am just receiving an important report, an important report is just coming in to me; ■ **~d** incoming ❸ FIN (*gutgeschrieben werden*) ■ **[auf etw** *dat*] ~ to be received [in sth]; ***die Miete für diesen Monat ist auf meinem Konto immer noch nicht eingegangen*** this month's rent has still not been paid into [*or* received in] my account yet ❹ (*(ab)sterben*) to die [off]; ■ **[an etw** *dat*] ~ to die [of [*or* from] sth]; ***das ist so schwül hier drinnen, ich geh noch ein!*** the closeness in here is killing me!; ***in dieser langweiligen Umgebung würde ich*** ~ I would die of boredom in this environment ❺ (*fam: sich wirtschaftlich nicht halten*) to fold [*or fam* go bust] ❻ (*aufgenommen werden*) ■ **jdm** ~ to be grasped by sb; ***diese Argumente gehen einem leicht ein*** these arguments can be easily absorbed [*or* grasped]; ***das Lob ging ihr offenbar ein*** the praise obviously had the right [*or* desired] effect on her; ***ihm will es nicht*** ~ he can't grasp [*or* fails to grasp] it; ***es will mir einfach nicht ~, wieso*** I just can't see why ❼ (*einlaufen*) to shrink; ***die Sofabezüge sind mir bei der Wäsche eingegangen*** the sofa covers shrank in the wash ❽ (*sich beschäftigen mit*) ■ **auf jdn/etw** ~ to deal with [*or* go into] sth, to pay some attention to sb; ***du gehst überhaupt nicht auf deine Kinder ein*** you don't pay your kids any attention; ***auf diesen Punkt gehe ich zum Schluss noch näher ein*** I would like to deal with [*or* go into] this point in more detail at the end ❾ (*zustimmen*) ■ **auf etw** *akk* ~ to agree to sth; (*sich einlassen*) to accept sth; *s. a.* **Ruhe, Frieden II.** *vt sein* ❶ (*sich einlassen*) ■ **etw** ~ to enter into sth; **ein Risiko** ~ to take a risk; **eine Wette** ~ to make a bet; ***ich gehe jede Wette ein, dass er wieder zu spät kommt*** I'll bet [you] anything [you like] that he'll arrive late again ❷ JUR (*abschließen*) ■ **[mit jdm] etw** ~ to enter into sth [with sb]; **einen Vergleich** ~ to reach a settlement

eingehend I. *adj* detailed; **ein ~er Bericht** a detailed [*or* an exhaustive] report; **eine ~e Erörterung** a lengthy discussion; **eine ~e Prüfung** an exhaustive [*or* extensive] [*or* a thorough] test; **~e Studien** detailed [*or* in-depth] [*or* thorough] studies; **~e Untersuchungen** comprehensive surveys **II.** *adv* in detail; ~ **besprechen/diskutieren/erörtern** to discuss at length; ~ **studieren** to study thoroughly

Eingehungsbetrug *m* JUR fraudulent representation to obtain a contract

eingekeilt *adj* hemmed [*or* wedged] in; ***das Auto ist ~ worden*** the car has been boxed in

Eingemachte(s) *nt dekl wie adj* KOCHK (*eingemachtes Obst*) preserved fruit ▶ WENDUNGEN: **ans ~ gehen** to draw on one's reserves; **es geht ans ~** (*fam*) the crunch has come

ein|gemeinden* *vt* ADMIN ■ **etw [nach/in etw** *akk*] ~ to incorporate sth [into sth]

Eingemeindung <-, -en> *f* ADMIN incorporation

eingenommen *adj pred* ❶ (*positiv beeindruckt*) ■ **von jdm/etw ~ sein** to be taken with sb/sth ❷ (*voreingenommen*) ■ **gegen jdn/etw ~ sein** to be biased [*or* prejudiced] against sb/sth ❸ (*überzeugt*) ■ **von sich** *dat* **[selbst]/von etw** *dat* **~ sein** to think a lot of oneself/sth ❹ (*eingebildet*) ■ **von sich ~ sein** to be conceited

eingerostet *adj* ❶ (*festsitzend*) rusted up ❷ (*fam: steif*) stiff ❸ (*hum: aus der Übung gekommen*) rusty

eingeschlechtig *adj* BOT unisexual

eingeschnappt *adj* (*pej fam*) cross; ■ **~ sein** to be miffed, to be in a huff BRIT *fam*

eingeschneit *adj* snowed in

eingeschränkt *adj* limited; ■ **[in etw** *dat*] **~ sein** to be limited [*or* restricted] [in sth]

eingeschrieben I. *adj* (*eingetragen*) registered; **~es Mitglied sein** to be enrolled [*or* registered] as a member; **eine ~e Sendung** registered mail **II.** *adv* **~ schicken** [*o* **versenden**] to send as [*or* by] registered post [*or* AM mail]

eingeschworen *adj* ❶ (*einander durch Schwur verpflichtet*) **~er Freund/Gegner** sworn friend/enemy ❷ (*fest zusammenhaltend*) close-knit ❸ (*festgelegt*) ■ **auf etw** *akk* **~ sein** to swear by sth

eingesessen *adj* old[*or* long]-established

eingesetzt *adj* **~e Tasche** inset pocket

Eingesottene(s) *nt dekl wie adj* ÖSTERR (*Eingemachte(s)*) preserved fruit

eingespannt *adj pred* ■ **[sehr] ~ sein** to be [very] busy

eingespielt *adj* operating well together; **ein ~es Ehepaar/Team** a [married] couple/team which work[s] well together; **eine ~e Mannschaft** a team that plays well together; ■ **aufeinander ~ sein** to be used to one another

eingestandenermaßen *adv* (*geh: wie zugegeben wird*) admittedly

Eingeständnis *nt* admission, confession

ein|gestehen* *irreg* **I.** *vt* ■ **[jdm] etw** ~ to admit sth [to sb]; **die Schuld/das Versagen** ~ to admit [*or* confess] one's guilt/failure **II.** *vr* ■ **sich** *dat* **~, dass** to admit to oneself that; **sich** *dat* **etw nicht ~ wollen** to be unable to accept sth; **sich** *dat* **nicht ~ wollen, dass** to refuse to accept [*or* admit] that

eingestellt *adj* ❶ (*orientiert, gesinnt*) **fortschrittlich/ökologisch** ~ progressively/environmentally minded; **jd ist kommunistisch/religiös** ~ sb is a Communist [*or* has Communist leanings]/religious [*or* religiously minded]; ■ **jd ist gegen jdn** ~ sb is set against sb ❷ ■ **auf etw** *akk* **~ sein** (*vorbereitet*) to be prepared for sth; ***ich war nur auf drei Personen*** ~ I was only expecting three people; (*ausgerichtet, interessiert*) to only be interested in [*or* only have time for] sth; (*spezialisiert, festgelegt*) to specialize in sth

eingetragen *adj Mitglied, Verein, Warenzeichen* registered; **amtlich/handelsgerichtlich** ~ registered, AM incorporated; **gerichtlich** ~ registered with the court; **nicht** ~ unregistered, AM unincorporated

Eingeweide <-s, -> *nt meist pl* ANAT entrails *npl*, innards *npl*; ***dieser Schnaps brennt einem ja richtig in den ~n!*** this schnapps certainly takes your breath away!

eingeweiht *adj* ❶ (*nach Fertigstellung feierlich übergeben*) christened, officially opened ❷ (*informiert*) initiated; **über etw ~ sein** to know all about sth

Eingeweihte(r) *f(m) dekl wie adj* ❶ (*Adept*) initiate ❷ (*Experte*) ***diese Theorien sind wohl nur etwas für ein paar/wenige*** ~ these teories can probably only be understood by a select [*or* chosen] few

ein|gewöhnen* *vr* ■ **sich [in etw** *akk*] ~ to settle in[to sth]

Eingewöhnung <-> *f kein pl* settling in

Eingewöhnungszeit *f* settling-in period

eingezogen *adj* **~e Marginalie** TYPO cut-in marginal notes *pl*

ein|gießen *vt irreg* ■ **[jdm] etw [in etw** *akk*] ~ to pour [sb] sth [into sth]; ***darf ich Ihnen noch Kaffee ~?*** can I pour you some more coffee?; ■ **sich** *dat* **[etw]** ~ to pour oneself [sth]

ein|gipsen *vt* ❶ MED (*mit Gips bestreichen*) ■ **[jdm] etw** ~ to put [*or* set] [sb's] sth in plaster ❷ BAU (*in Gips betten*) ■ **etw [in etw** *akk*] ~ to fix sth in[to sth] with plaster [*or* plaster sth in[to sth]]

eingleisig I. *adj* single-track **II.** *adv* ❶ (*auf einem Gleis*) single-track ❷ (*in einer Richtung*) narrow-mindedly

ein|gliedern I. *vt* ❶ (*integrieren*) ■ **jdn [wieder] [in etw** *akk*] ~ to [re]integrate sb [into sth] ❷ ADMIN, POL (*einbeziehen*) ■ **etw [in etw** *akk*] ~ to incorporate sth [into sth] **II.** *vr* ■ **sich [in etw** *akk*] ~ to integrate oneself [into sth]

Eingliederung *f* ❶ (*Integration*) integration ❷ ADMIN, POL (*Einbeziehung*) incorporation

Eingliederungsgeld *nt* integration money BRIT

Eingliederungshilfe *f* integration aid BRIT

ein|graben *irreg* **I.** *vt* ❶ (*vergraben*) ■ **jdn/etw [in etw** *akk*] ~ to bury sb/sth [in sth]; **einen Pfahl [in etw]** ~ to sink a post [*or* stake] [into sth] ❷ (*geh: einmeißeln*) ■ **etw [in etw** *akk*] ~ to carve sth [in sth] **II.** *vr* ❶ MIL (*sich verschanzen*) ■ **sich** ~ to dig [oneself] in ❷ (*durch Erosion eindringen*) ■ **sich [in etw** *akk*] ~ to carve a channel [in sth] ❸ (*sich einprägen*) ■ **sich** ~ to engrave itself; **sich in jds Gedächtnis** ~ to engrave itself on sb's memory ❹ (*eindringen*) ■ **sich in etw** *akk* ~ to dig into sth

ein|gravieren* [-vi:-] *vt* ■ **etw [in etw** *akk*] ~ to engrave sth [on sth]

Eingreifen <-> *nt kein pl* intervention, interference; ~ **einer Behörde/des Staates** official/state [*or* government] intervention; **gerichtliches** ~ judicial intervention

ein|greifen *vi irreg* ❶ (*einschreiten*) to intervene ❷ (*sich einschalten*) ■ **[in etw** *akk*] ~ to intervene [in sth] ❸ (*beschneiden*) ■ **in etw** *akk* ~ to intrude [up]on sth; **in jmds Rechte** ~ to infringe sb's rights ❹ TECH (*sich hineinschieben*) ■ **in etw** *akk* ~ to mesh with sth

Eingreifkriterien *pl* ÖKON, POL intervention criteria

Eingreiftruppe *f* strike [*or* intervention] force

ein|grenzen *vt* ■ **etw [auf etw** *akk*] ~ to limit [*or sep* narrow down] sth [to sth]

Eingriff *m* ❶ JUR (*Einschreiten*) intervention, interference; **mittelbarer/unmittelbarer** ~ indirect/direct intervention; **enteignender** ~ expropriatory intervention; **enteignungsgleicher** ~ inverse condemnation; ■ **ein ~ in etw** [an] intervention in sth; **restriktiver** ~ government interference ❷ JUR (*Übergriff*) [rights] encroachment; ■ **ein ~ in jds ...** an intrusion [up]on sb's ...; **ein ~ in jds Rechte** an infringement of sb's rights; **enteignungsgleicher** ~ inverse condemnation ❸ MED (*Operation*) operation; **sich einem medizinischen ~ unterziehen** to have [*or* undergo] an operation

Eingriffsbefugnis *f*, **Eingriffsermächtigung** *f* JUR power to intervene **Eingriffsklausel** *f* JUR intervention clause **Eingriffsrechte** *pl* JUR powers of intervention **Eingriffsverwaltung** *f* JUR executive administration

ein|gruppieren* *vt* ■ **jdn [in etw** *akk*] ~ to group sb [in sth]

Eingruppierung *f* grouping, classification

ein|haken I. *vt* ■ **etw [in etw** *akk*] ~ to hook sth in[to sth] **II.** *vi* (*fam*) ■ **[bei/an etw** *dat*] to butt in [on sth] *fam* **III.** *vr* ■ **sich [bei jdm]** ~ to link arms [with sb]; **eingehakt gehen** to walk arm in arm

Einhalt *m kein pl* **jdm/einer S. ~ gebieten** (*geh*) to put a stop to sb/sth

ein|halten *irreg* **I.** *vt* ■ **etw** ~ ❶ (*beachten*) to keep sth; **eine Diät/einen Vertrag** ~ to keep to a diet/treaty; **die Spielregeln/Vorschriften** ~ to obey [*or* observe] the rules; **einen Termin** ~ to keep an appointment/a deadline; **Verpflichtungen** ~ to meet commitments ❷ (*beibehalten*) to maintain **II.** *vi* (*geh*) ■ **[mit etw]** ~ to stop [doing sth]

Einhaltung <-, -en> *f* ❶ (*das Beachten*) keeping; *von Spielregeln, Vorschriften* obeying, observing; **die ~ von Verpflichtungen** meeting commitments ❷ (*Beibehaltung*) maintaining

ein|hämmern I. *vt* ■ **jdm etw** ~ to hammer [*or* drum] sth into sb['s head]; ■ **sich** *dat* **~, dass** to hammer [*or* drum] into oneself that **II.** *vi* ❶ (*einschlagen*) ■ **[mit etw** *dat*] **auf etw** *akk* ~ to hammer on sth [with sth]; ■ **auf jdn** ~ to pound sb ❷ (*dröhnend einwirken*) to pound [in] sb's ears

ein|handeln I. *vt* ■ **etw gegen** [*o* **für**] **etw** ~ to barter [*or* trade] sth for sth **II.** *vr* ■ **sich** *dat* **etw [für etw** *akk*] ~ (*fam*) to get sth [for sth]; **sich eine Krankheit** ~ to catch a disease

einhändig I. *adj* one-handed **II.** *adv* with one hand

ein|händigen *vt* (*geh*) ■ **jdm etw** ~ to hand over sth *sep* to sb

Einhandrohrzange *f* pipe wrench

Einhängeleiter *f* hook ladder **Einhängemaschine** *f* TYPO casing-in machine

ein|hängen I. *vt* ❶ (*einsetzen*) ■ **etw [in etw** *akk*] ~ to hang sth [on sth]; **ein Fenster** ~ to fit a window ❷ (*auflegen*) **den Hörer** ~ to hang up [the receiver] [*or* replace the receiver] **II.** *vi* TELEK to hang up **III.** *vr* ■ **sich [bei jdm]** ~ to link arms [with sb]

ein|hauchen *vt* (*geh*) ■ **jdm etw** ~ to breathe sth into sb

ein|hauen *irreg* **I.** *vt* ❶ (*einschlagen*) ■ **etw** ~ to smash in sth *sep;* **eine Tür** ~ to knock down a door

❷ (*einmeißeln*) ■**etw** [**in etw** *akk*] ~ to carve sth [in sth] **II.** *vi* ■**auf jdn/etw** ~ to lay into sb [*or* go at sth]

ein|heften *vt* ❶ (*einordnen, Ablegen*) ■**etw** [**in etw** *akk*] ~ to file sth [in sth] ❷ (*einnähen*) ■**etw** ~ to tack in sth *sep*

einheimisch *adj* ❶ (*ortsansässig*) local; **die ~e Bevölkerung** the local residents [*or* population]; (*in dem Land, der Gegend ansässig*) native, indigenous ❷ (*aus dem Lande stammend*) local ❸ BOT, ZOOL (*natürlich vorkommend*) native, indigenous

Einheimische(r) *f(m) dekl wie adj* (*Ortsansässige(r)*) local; (*Inländer*) native [citizen]

ein|heimsen *vt* (*fam: erlangen*) ■**etw** ~ to collect sth; **einen Auftrag** ~ to win [*or* clinch] an order; **[einen] Erfolg** ~ to score a success; **[einen] Gewinn** ~ to rake in profits

Einheirat *f* ■**jds** ~ **in etw** *akk* sb's marriage into sth

ein|heiraten *vi* ■**in etw** *akk* ~ to marry into sth

Einheit <-, -en> *f* ❶ (*Gesamtheit*) unity; **eine geschlossene** ~ an integrated whole ❷ (*Einigkeit*) unity; **die deutsche** ~ German reunification ❸ MIL (*militärische Formation*) unit ❹ PHARM (*Teilmenge*) unit ❺ (*Telefon~*) unit ❻ TECH unit; **einsteckbare** ~ plug-in unit ❼ JUR (*Einheitlichkeit*) unity; ~ **der Rechtsordnung** unity of the legal system; **[untrennbare] rechtliche** ~ separate legal unit

Einheitenanzeige *f* display of units used

einheitlich I. *adj* ❶ (*gleich*) uniform, standard; **in ~er Kleidung** dressed the same [*or* alike]; **die E~e Europäische Akte** the Single European Act ❷ (*in sich geschlossen*) integrated; **eine ~e Front** a united front **II.** *adv* the same; ~ **gekleidet** dressed the same [*or* alike]; ~ **gestaltet** designed along the same lines; ~ **handeln** [*o* **vorgehen**] to act in a similar way

Einheitlichkeit <-> *f kein pl* ❶ (*Gleichheit*) uniformity ❷ (*Geschlossenheit*) unity; *von Design, Gestaltung* standardization, homogeneity; ~ **der Erfindung** FIN unity of invention

Einheitsbedingung *f* JUR standard condition **Einheitsbewertung** *f* JUR standard evaluation **Einheitsfrachtsatz** *m* HANDEL standard freight rate **Einheitsgebühr** *f* standard [*or* fixed] charge **Einheitskleidung** *f* uniform **Einheitsliste** *f* POL single [*or* unified] list [of candidates] **Einheitsmaß** *nt* TECH unit measure **Einheitsmatrix** *f* unit matrix **Einheitsnotierung** *f* BÖRSE single quotation **Einheitspartei** *f* unity party **Einheitspreis** *m* standard [*or* uniform] price **Einheitsprivatrecht** *nt* JUR harmonized private law **Einheitsrecht** *nt* JUR harmonized law **Einheitssatz** *m* ÖKON flat rate **Einheitsschule** *f* comprehensive [school] BRIT **Einheitssteuer** *f* FIN unit [*or* specific] tax **Einheitssteuersatz** *m* FIN unit [*or* specific] tax rate **Einheitsstrafe** *f* JUR consolidated single penalty **Einheitstarif** *m* standard [*or* uniform] tariff, flat rate **Einheitsverpackung** *f* HANDEL standard packaging **Einheitsvertrag** *m* JUR standard form contract **Einheitswährung** *f* single currency **Einheitsware** *f* HANDEL standard article **Einheitswert** *m* FIN assessed [*or* rateable] value

ein|heizen *vi* ❶ (*gründlich heizen*) to turn the heater on, to put the heating on BRIT; **tüchtig** ~ to turn the heating [*or* AM heater] right up ❷ (*fam: die Meinung sagen*) ■**jdm** ~ to haul sb over the coals [*or* AM rake]; (*zu schaffen machen*) to cause sb a lot of trouble

Einheizer(in) *m(f)* heater

einhellig I. *adj* unanimous **II.** *adv* unanimously

Einhelligkeit <-> *f kein pl* unanimity

einher *adv* ÖSTERR (*herein*) in

einher|gehen *vi irreg sein* (*geh*) ■**mit etw** ~ to be accompanied by sth

ein|holen I. *vt* ❶ (*einziehen*) ■**etw** ~ to pull in sth *sep;* **eine Fahne/ein Segel** ~ to lower [*or sep* take down] a flag/sail ❷ (*anfordern*) ■**etw** ~ to ask for [*or* seek] sth; **eine Baugenehmigung** ~ to apply for planning permission [*or* AM a building permit] ❸ (*erreichen, nachholen*) ■**jdn/etw** ~ to catch up with sb/sth ❹ (*wettmachen*) ■**etw [wieder]** ~ to make up sth [again] **II.** *vt, vi* DIAL (*einkaufen*) ■**[etw]** ~ to go shopping [for sth]

Einholung <-, -en> *f* ❶ (*das Herunterziehen*) lowering, taking down; **die ~ der Flagge** the lowering of the flag ❷ (*das Anfordern*) seeking, asking for; **die ~ einer Genehmigung** obtaining permission

Einhorn *nt* unicorn

ein|hüllen *vt* (*geh*) ■**jdn/etw [in etw** *akk*] ~ to wrap [up] sb/sth [in sth]; ■**sich [in etw** *akk*] ~ to wrap oneself up [in sth]

einhundert *adj* (*geh*) one hundred; *s. a.* **hundred**

einhundertjährig *adj* one-hundred-year-old *attr;* **das ~e Bestehen von etw feiern** to celebrate the centenary [*or* centennial] of sth

einig *adj* ❶ (*geeint*) united ❷ *pred* (*einer Meinung*) ■**sich** *dat* [**über etw** *akk*] ~ **sein/werden** to be in/reach agreement [on sth]; ■**sich** *dat* [**darüber** [*o* **darin**]] ~ **sein, dass** to be in agreement [*or* agreed] that; **mit jdm [in etw** *dat*] ~ **gehen** to agree [*or* be agreed] with sb [on sth]

einige(r, s) *pron indef* ❶ *sing, adjektivisch* (*ziemlich*) some; **aus ~r Entfernung** [from] some distance away; **nach ~r Zeit** after some time [*or* a [little] while]; ***das wird ~s Geld kosten*** that will cost quite a [*or* a fair] bit of money; (*etwas*) a little; **mit ~m guten Willen** with a little goodwill ❷ *sing, substantivisch* (*viel*) ■**~s** quite a lot; ***ich könnte dir ~s über ihn erzählen*** I could tell you a thing or two about him; ***das wird aber ~s kosten!*** that will cost a pretty penny!; ***dazu gehört schon ~s an Mut*** that takes some [*or* more than a little] courage ❸ *pl, adjektivisch* (*mehrere*) several; ***mit Ausnahme ~r weniger*** with a few exceptions; ~ **Mal** several times; **an ~n Stellen** in some places; **in ~n Tagen** in a few days; **vor ~n Tagen** a few days ago, the other day ❹ *pl, substantivisch* (*Menschen*) some; ~ ***von euch*** some of you; ***er hat es ~n erzählt*** he has told some of them; (*Dinge*) some; **[nur]** ~ **davon** [only [*or* just]] a few of them; ~ **wenige** a few

ein|igeln *vr* ■**sich** ~ ❶ (*sich zusammenrollen*) to curl up into a ball ❷ (*sich zurückziehen*) to shut oneself away ❸ MIL *Einheit, Truppen* to take up a position of all-round defence [*or* AM -se]

einigemal *adv s.* **einige(r,s) 3**

einigen I. *vt* (*einen*) ■**etw** ~ to unite sth **II.** *vr* (*sich einig werden*) ■**sich [auf/über etw** *akk*] ~ *akk* to agree [*or* reach [an] agreement] [on sth]; ■**sich [dahingehend]** ~, **dass …** to agree that

einigermaßen I. *adv* ❶ (*ziemlich*) fairly; **mit etw ~ zufrieden sein** to be reasonably happy with sth; ***darin kenne ich mich ~ aus*** I know my way around this subject to some extent [*or* degree] ❷ (*leidlich*) all right, OK *fam*, okay *fam;* ***wie geht's dir? —*** ~ how are you? — all right [*or* okay] [*or* not [too] bad]; ***er hat die Prüfung so ~ geschafft*** he did reasonably well [*or* all right] in the exam **II.** *adj pred* (*fam: leidlich*) all right, OK *fam*, okay *fam;* ***dein Zeugnis ist immerhin*** ~ your report is at least not too bad

einiges *pron s.* **einige**

einig|gehen *vi irreg sein s.* **einig 2**

Einigkeit <-> *f kein pl* ❶ (*Eintracht*) unity ❷ (*Übereinstimmung*) agreement; **es herrscht ~ darüber, dass** there is agreement that ▶ WENDUNGEN: ~ **macht stark** (*prov*) unity is strength *prov*, strength through unity *prov*

Einigung <-, -en> *f* ❶ POL (*das Einigen*) unification ❷ (*Übereinstimmung*) agreement; (*Regelung*) settlement; **außergerichtliche** ~ JUR out-of-court settlement; **gütliche** ~ amicable settlement; JUR settlement out of court; **[eine]** ~ **[über etw** *akk*] **erzielen** to reach [an] agreement [*or* settlement] [on sth]

einigungsbedingt *adj* associated with [*or* due to] unification **Einigungsmangel** *m* JUR lack of agreement **Einigungsprozess**[RR] *m* unification process **Einigungsstelle** *f* JUR (*zur Schlichtung*) conciliation board **Einigungsverfahren** *nt* JUR conciliation proceedings *pl* **Einigungsvertrag** *m* POL Unification Treaty

ein|impfen *vt* ■**jdm etw** ~ to drum sth into sb; ■**jdm ~, dass** to drum into sb that

ein|jagen *vt* **jdm Angst/Furcht/Schrecken** ~ to scare/frighten/terrify sb

einjährig, 1-jährig[RR] *adj* ❶ (*Alter*) one-year-old *attr;* one year old *pred; s. a.* **achtjährig 1** ❷ BOT (*ein Jahr alt werdend*) annual ❸ (*Zeitspanne*) one-year *attr;* [of] one [*or* a] year *pred; s. a.* **achtjährig 2**

Einjährige(r), 1-jährige(r) [RR] *f(m) dekl wie adj* one-year-old

ein|kalkulieren* *vt* ❶ (*mit einbeziehen*) ■**etw [mit]** ~ to take sth into account; ■**[mit]** ~, **dass** to take into account that, to allow for the fact that ❷ (*mit einrechnen*) ■**etw [mit]** ~ to take sth into account, to include sth

Einkammersystem *nt* POL unicameral system

ein|kapseln I. *vt* PHARM ■**etw** ~ to encapsulate sth [*or* enclose sth in a capsule] **II.** *vr* MED ■**sich [in etw** *dat*] ~ *krankes Gewebe* to encyst itself [in sth]

ein|kassieren* *vt* ■**etw [bei/von jdm]** ~ ❶ (*kassieren*) to collect sth [from sb] ❷ (*fam: wegnehmen*) to confiscate sth [from sb]; ***he, wer hat meinen neuen Füller einkassiert?*** hey, who's pinched [*or* nicked] my new pen? *fam*

Einkauf *m* ❶ (*das Einkaufen*) shopping (**von** +*dat* of); ***ich muss noch einige Einkäufe erledigen*** I've still got a few [more] things to buy [*or* some [more] shopping to do]; **Einkäufe machen/tätigen** (*geh*) to do one's [*or* go] shopping ❷ (*eingekaufter Artikel*) purchase; ***ein günstiger ~!*** a good buy!; ***ich stelle gleich die Einkäufe in der Küche ab*** I'll take the shopping straight into the kitchen ❸ *kein pl* ADMIN (*Abteilung*) purchasing [*or* BRIT buying] [department]

ein|kaufen I. *vt* (*käuflich erwerben*) ■**etw** ~ to buy sth; **etw billig/günstiger/teuer** ~ to buy sth cheaply/at a more favourable price/at an expensive price [*or* to pay little/less/a lot for sth] **II.** *vi* ■**[bei jdm/in etw** *dat*] ~ to shop [at sb's/sth]; ~ **gehen** to go shopping **III.** *vr* (*einen Anteil erwerben*) ■**sich in etw** *akk* ~ to buy [one's way] into sth

Einkäufer(in) *m(f)* buyer, purchaser

Einkaufsbedingungen *pl* HANDEL conditions of purchase **Einkaufsbuch** *nt* purchase ledger **Einkaufsbummel** *m* shopping trip [*or* expedition] **Einkaufsgemeinschaft** *f* HANDEL buying group, purchasing combine **Einkaufsgenossenschaft** *f* ÖKON wholesale [*or* purchasing] cooperative **Einkaufsgutschein** *m* shopping voucher **Einkaufskartell** *nt* ÖKON purchasing cartel **Einkaufskommission** *f* JUR buying commission **Einkaufsleiter(in)** *m(f)* chief buyer [*or* purchaser] **Einkaufsmeile** *f* ÖKON shopping mile **Einkaufsmöglichkeit** *f* shopping facilities BRIT **Einkaufsnetz** *nt* string bag **Einkaufspassage** *f* shopping arcade BRIT **Einkaufspreis** *m* purchase price; **zum** ~ at cost [*or* price] **Einkaufsprofil** *nt* ÖKON shopping profile **Einkaufsquelle** *f* **eine gute ~ für etw** a good place to buy sth **Einkaufsselbstkosten** *pl* FIN cost price for purchases **Einkaufsstraße** *f* shopping [*or* pedestrian] precinct [*or* AM district] **Einkaufstasche** *f* shopping bag **Einkaufswagen** *m* [shopping] trolley [*or* AM cart] **Einkaufszeile** *f* row of shops [*or* AM *usu* stores]; (*Haupteinkaufsstraße*) high [*or* AM main] street **Einkaufszentrum** *nt* [out-of-town] shopping centre [*or* AM -er] [*or* mall] **Einkaufszettel** *m* shopping list

Einkehr <-> *f kein pl* (*geh*) reflection; **innere** ~ contemplation [of oneself]; **jdn zur ~ bringen** to make sb reflect; ~ **halten** to search one's soul [*or* heart]

ein|kehren *vi sein* ❶ (*veraltend: besuchen*) ■**[irgendwo/in etw** *dat*] ~ to stop off [somewhere/at sth] ❷ (*geh: sich einstellen*) ■**[bei jdm] [wieder]** ~ to reign [again] [at sb's]; ***hoffentlich kehrt bald [wieder] Ruhe ein*** hopefully peace will reign [again] soon; (*kommen*) to set in; ***der Herbst kehrt [wieder] ein*** autumn is setting in [again]

ein|keilen *vt s.* **eingekeilt**

einkeimblättrig *adj* BOT monocotyledonous

ein|kellern *vt* ■**etw** ~ to store sth in the/a cellar

ein|kerben *vt* ■ **etw** [**in etw** *akk*] ~ to cut [*or* carve] sth in[to sth]

Einkerbung *f* cutting, carving

ein|kerkern *vt* (*geh*) ■ **jdn** ~ to incarcerate sb

ein|kesseln *vt* MIL ■ **jd kesselt jdn/etw ein** sb surrounds [*or* encircles] sb/sth

Einkesselung <-, -en> *f* MIL encirclement, surrounding

einklagbar *adj* JUR actionable, AM suable, legally recoverable; **ein ~er Anspruch** a cause of action; **eine ~e Forderung** an actionable [*or* enforceable] claim; **selbstständig ~** actionable per se; **nicht ~** non-actionable

Einklagbarkeit <-> *f kein pl* JUR enforceability *no pl*, AM suability *no pl*

ein|klagen *vt* JUR ■ **etw** ~ to sew [*or* AM sue] for sth, to bring an action for [the recovery of] sth; **DM 100** ~ to sew [sb] for DM 100; **einen Anspruch** ~ to sew for a debt, to prosecute a claim

Einklagung <-, -en> *f* JUR action at law; ~ **der Vertragserfüllung** action for performance of contract

ein|klammern *vt* ■ **etw** ~ to bracket sth, to put brackets around sth, to put sth in brackets

Einklang *m* (*geh*) harmony; **etw** [**mit etw/miteinander**] **in** ~ **bringen** (*etw in Übereinstimmung bringen*) to harmonize sth [with sth/with each other]; **in** [*o* **im**] ~ **mit etw stehen** to be in accord with sth; **im** ~ **mit jdm/etw** in harmony with sb/sth

ein|kleben *vt* ■ **etw** [**in etw** *akk*] ~ to stick sth in[to sth]

ein|kleiden *vt* ❶ (*mit Kleidung ausstatten*) ■ **jdn/sich** [**neu**] ~ to fit [*or* BRIT kit] out sb/oneself [with a [new] set of clothes] ❷ (*geh: fassen*) ■ **etw in etw** *akk* ~ to couch sth in sth

Einkleidung *f* fitting [*or* BRIT kitting] out [with a [new] set of clothes]

ein|klemmen *vt* ❶ (*quetschen*) ■ **jdm etw** ~ *Daumen etc.* to catch sb's sth; ■ [**sich** *dat*] **etw** ~ to catch [one's] sth; ***die Fahrerin war hinter dem Steuer eingeklemmt*** the driver was pinned behind the [steering] wheel ❷ (*festdrücken*) ■ **etw** [**in etw** *akk*] ~ to clamp sth [in sth]; *s. a.* **Bruch, Schwanz**

ein|klicken *vr* INET (*fam*) ■ **sich in etw** *akk* ~ *Website* to click in sth *fam*

ein|klinken **I.** *vt* ❶ (*mit der Klinke schließen*) ■ **etw** ~ to latch sth ❷ (*einrasten lassen*) ■ **etw** [**in etw** *akk*] ~ *Sicherheitsgurt, Verschluss* to hook sth in[to sth] **II.** *vi* to latch **III.** *vr* ■ **sich in etw** *akk* ~ to work one's way into sth; INFORM to access sth

ein|knicken **I.** *vt haben* ❶ (*umbiegen, umknicken*) ■ **etw** [**an etw** *dat*] ~ to crease sth [at [*or* along] sth] ❷ (*fast zerbrechen*) ■ **etw** ~ to snap sth **II.** *vi sein* ❶ (*umknicken*) ■ [**mit** [*o* **in**] **etw**] ~ sth buckles [*or* gives way]; ***er knickte ständig in den Knien ein*** his knees were constantly buckling [*or* giving way]; (*sich einwinkeln*) to turn; ***mein Knöchel/Fuß knickt dauernd ein*** I'm always going over on [*or* turning] my ankle ❷ (*einen Knick bekommen*) ■ [**an etw** *dat*] ~ to crease [along sth]; **an der Ecke** ~ to crease [at] the corner ❸ (*nachgeben, umfallen*) to give way

einknöpfbar *adj* MODE button-in

ein|knöpfen *vt* ■ **etw** [**in etw** *akk*] ~ to button sth in[to sth]

ein|knüppeln *vi* ■ [**mit etw**] **auf jdn** ~ to beat [*or* club] [*or* cudgel] sb [with sth]

ein|kochen **I.** *vt haben* KOCHK ■ **etw** ~ to preserve sth **II.** *vi sein* KOCHK to thicken

Einkochtopf *m* preserving pan

ein|kommen *vi irreg sein* (*geh*) ■ [**bei jdm**] **um etw** ~ to apply [to sb] for sth

Einkommen <-s, -> *nt* income *no pl;* ~ **aus selbstständiger Tätigkeit** income arising from any employment of profit; ~ **vor Abzug der Steuern** pretax income; **beitragspflichtiges/nicht erarbeitetes** ~ income liable to subscription/unearned income; **festes/steuerpflichtiges** ~ regular/taxable income; **permanentes/persönliches** ~ permanent/personal income

Einkommensbeihilfe *f* FIN income support [*or* AM supplement] **Einkommenseinbuße** *f* loss of income [*or* earnings] **Einkommensentwicklung** *f* ÖKON growth of income **Einkommensermittlung** *f* ÖKON income determination **Einkommensgefälle** *nt* disparity of income **Einkommensgrenze** *f* FIN income limit **Einkommensgruppe** *f* income bracket **Einkommensquelle** *f* ÖKON source of income **Einkommensrealisierung** *f* ÖKON disposal of income **Einkommensrückgang** *m* ÖKON decline in [*or* of] income **Einkommensschichtung** *f* ÖKON income stratification **einkommensschwach** *adj* FIN low-income *attr* **einkommensstark** *adj* FIN high-income *attr* **Einkommensstufe** *f* ÖKON income bracket

Einkommensteuer *f* income tax

Einkommensteueranteil *m* FIN income tax component **Einkommensteuerbehörde** *f* FIN Inland Revenue Department BRIT, Internal Revenue Service AM **Einkommensteuerbescheid** *m* income tax assessment **Einkommensteuererklärung** *f* income tax return [*or* declaration] **Einkommensteuergruppe** *f* ÖKON income [tax] bracket **Einkommensteuerpflicht** *f* FIN liability for income tax; **beschränkte** ~ non-resident's income tax liability **einkommensteuerpflichtig** *adj* FIN liable to [pay] income tax **Einkommensteuersatz** *m* ÖKON income tax rate

Einkommensverbesserung *f* increased income **Einkommensverhältnisse** *pl* income levels *pl* **Einkommensverteilung** *f* ÖKON *kein pl* distribution of income **Einkommensverwendung** *f* ÖKON application of income **Einkommenszuschlag** *m* ÖKON income allowance

Einkorn <-[e]s> *nt kein pl* AGR single corn [wheat]

ein|kreisen *vt* ❶ (*einkringeln*) ■ **etw** ~ to [put a] circle [round] sth ❷ (*umschließen*) ■ **jdn/ein Tier** ~ to surround sb/an animal ❸ (*eingrenzen*) ■ **etw** ~ to circumscribe sth *form*

Einkreisung <-, -en> *f* surrounding, encirclement; *einer Frage, eines Problems* circumscription *form*

ein|kriegen *vr meist verneint* (*fam*) **sich nicht** [**mehr**] ~ [**können**] to not be able to contain oneself [any more]; ***krieg dich wieder ein!*** get a grip on yourself!

ein|kringeln *vt* ■ **etw** ~ to [put a] circle [round] sth

Einkünfte *pl* ÖKON income *no pl*, earnings; **außerordentliche/feste** ~ extraordinary/fixed income; **lohnsteuerpflichtige/steuerfreie** ~ income liable to PAYE tax BRIT/tax-exempt income; **steuerlich begünstigte** ~ preference income; **unerwartete** ~ windfall profits; ~ **aus selbstständiger/nicht selbstständiger Arbeit** self-employment/wage [*or* earned] income; ~ **aus Vermietung und Verpachtung** rental income; ~ **aus dem Personenverkehr** passenger revenues *npl*

Einkünfteerzielung *f* FIN earning

Einkunftsart *f* FIN type of income **Einkunftsquelle** *f* FIN source of income **Einkunftstabelle** *f* FIN income schedule

ein|kuppeln *vi* to engage the clutch

ein|laden[1] *irreg* **I.** *vt* ❶ (*zum Besuch auffordern*) ■ **jdn** [**zu etw** *dat*/**in etw** *akk*] ~ to invite sb [to sth]; ***ich bin zu meinem Cousin in die USA eingeladen*** my cousin [who lives] in the USA has invited me to stay with him; ***wir sind morgen eingeladen*** we've been invited out tomorrow ❷ (*kostenlos teilnehmen lassen*) ■ **jdn zu** [*o* DIAL **auf**] **etw** *akk*/**in etw** *akk* ~ to invite sb for/[out] to sth; **jdm zum Essen/ins Theater** ~ to take sb out to [*or* invite sb [out] for] dinner/the theatre [*or* AM -er]; ***ich lade dich ein*** it's my treat [*or* on me]; ***darf ich Sie zu einem Wein ~?*** can I get you a glass of wine?; ■ **eingeladen sein** to be invited [*or* asked] out; ***du bist eingeladen*** this is on me [*or* my treat] **II.** *vi* (*geh*) ■ **etw lädt zu etw ein** sth invites [*or* tempts] one to do sth

ein|laden[2] *vt irreg* (*in etw laden*) ■ **etw** [**in etw** *akk*] ~ to load sth in[to sth]

einladend **I.** *adj* ❶ (*auffordernd*) inviting *attr* ❷ (*appetitlich*) appetizing **II.** *adv* invitingly

Einladung *f* ❶ (*Aufforderung zum Besuch*) invitation; **einer ~ Folge leisten** (*geh*) to accept an invitation ❷ (*Einladungsschreiben*) [letter of] invitation

Einladungskarte *f* invitation [card] **Einladungsschreiben** *nt* [letter of] invitation

Einlage <-, -n> *f* ❶ *meist pl* (*eingezahltes Geld*) deposit; **~n in eine Gesellschaft** share of a company; **~n mit Kündigungsfrist** deposits at short notice; **verzinsliche ~n** interest-bearing deposits ❷ FIN investment ❸ (*Schuh~*) insole ❹ KUNST inlay, inlaid work; ***Elfenbein mit ~n aus Silber*** ivory inlaid with silver ❺ THEAT interlude ❻ KOCHK *solid ingredients* [*such as noodles, egg, vegetables etc.*] *added to soup* ❼ (*Beilage*) enclosure; **etw als ~ in einen Brief legen** to enclose sth in a letter ❽ (*provisorische Zahnfüllung*) temporary filling

Einlageminderung *f* FIN reduction of deposits

Einlagenbank *f* FIN deposits bank **Einlagengeschäft** *nt* FIN deposit banking **Einlagensätze** *pl* FIN deposit rates **Einlagensicherung** *f* FIN protection [*or* securing] of deposits, deposit insurance scheme **Einlagentermingeschäfte** *pl* FIN deposit futures *pl* **Einlagenvolumen** *nt* FIN total deposits *pl* **Einlagenzertifikat** *nt* FIN certificate of deposit, CD **Einlagenzufluss**[RR] *m* FIN inflow of deposits

ein|lagern *vt* ■ **etw** ~ to store sth, to put down a store of sth BRIT; ■ **eingelagert** stored

Einlagerung <-, -en> *f* ❶ (*das Einlagern*) *Kartoffeln* storing, storage ❷ CHEM, GEOL deposit ❸ HANDEL storage, warehousing; ~ **unter Zollverschluss** bonding

Einlagerungsgebühren *pl* FIN storage [*or* warehouse] charges **Einlagerungswechsel** *m* FIN storage [*or* warehouse] bill

ein|langen *vi sein* ÖSTERR (*eintreffen*) to arrive

Einlass[RR] <-es, Einlässe> *m*, **Einlaß** <-sses, Einlässe> *m* ❶ *kein pl* (*Zutritt*) admission; (*zu einem privaten Ort*) admittance; **jdm ~ verweigern** to refuse sb admission [*or* admittance]; ~ [**in etw** *akk*] **begehren** to seek admission [to sth]; ~ **finden** to be allowed in [*or* admitted], to gain admission; **auf ~ warten** to want to be let in; **jdm ~** [**in etw** *akk*] **gewähren** to allow [*or* let] sb in[to sth], to admit sb [to sth]; **sich** *dat* ~ [**in etw** *akk*] **verschaffen** to gain admission [to sth]; (*mit Gewalt*) to force one's way in[to sth] ❷ TECH inlet

ein|lassen *irreg* **I.** *vt* ❶ (*eintreten lassen*) ■ **jdn** ~ to let sb in, to admit sb ❷ (*einströmen lassen*) ■ **etw** ~ to let sth in ❸ (*einlaufen lassen*) ■ **etw in etw** *akk* ~ to run sth into sth; **jdm ein Bad** [*o* **das Badewasser**] ~ to run sb a bath, to run [*or dated form* draw] sb's bath ■ **sich** *dat* **etw** ~ *Bad* to run [oneself] sth ❹ (*einfügen*) ■ **etw** [**in etw** *akk*] ~ to set sth [in sth]; **einen Edelstein in etw** ~ to set [*or* mount] a stone in sth **II.** *vr* ❶ (*auf etw eingehen*) ■ **sich** *akk* **auf etw** *akk* ~ to get involved in sth; **sich** *akk* **auf ein Abenteuer** ~ to embark on an adventure; **sich auf ein Gespräch/eine Diskussion** ~ to get involved in [*or* enter into] a conversation/discussion; **sich** *akk* **auf einen Kompromiss** ~ to accept a compromise ❷ (*bes pej: Kontakt aufnehmen*) ■ **sich** *akk* **mit jdm** ~ to get involved [*or* mixed up] with sb ❸ JUR ■ **sich** *akk* [**zu etw** *dat*] ~ to make a statement about sth

Einlassgrund[RR] *m* BAU deep solvent primer

Einlassung <-, -en> *f* JUR statement, testimony; ~ **zur Hauptsache** plea to the merits of plaintiff's claim

Einlassungsfrist *f* JUR period for filing a defence

Einlassventil[RR] *nt* AUTO intake valve

Einlauf *m* ❶ MED enema; **jdm einen ~ machen** to give sb an enema ❷ *kein pl* SPORT run-in, finish; ***beim ~ in die Zielgerade*** entering the home [*or* finishing] straight

Einlaufblech *nt* BAU eaves flashing

ein|laufen *irreg* **I.** *vi sein* ❶ (*schrumpfen*) to shrink; ■ **eingelaufen** shrunk[en] ❷ (*hineinströmen*) to run; ***das Badewasser läuft schon ein*** the bathwater's running; [**jdm**] **ein Bad** [*o* **das Badewasser**] ~ **lassen** to run [*or form* draw] [sb] a bath ❸ (*eintreffen*) ■ [**bei jdm**] ~ *Bewerbungen, Spen-*

E

den to be received [by sb], to arrive [*or* come in] ❹ SPORT to run in; ■ **auf/in etw** *akk* ~ to run towards sth/into sth; **in die Zielgerade** ~ to enter [*or* come into] the finishing [*or* home] straight; **als Erster** ~ to finish [*or* come in] first ❺ (*einfahren*) ■ [**in etw** *akk*] ~ to enter [sth], to arrive; ***das Schiff läuft in den Hafen ein*** the ship is sailing [*or* putting] into harbour **II.** *vt haben* (*durch Tragen anpassen*) ■ **etw** ~ to wear sth in; ■ **eingelaufen** worn-in

ein|läuten *vt* ❶ (*durch Läuten anzeigen*) ■ **etw** ~ to ring sth in ❷ SPORT ■ **etw** ~ to sound the bell for sth

ein|leben *vr* ■ **sich** [**bei jdm/in etw** *dat o akk*] ~ to settle in [with sb/in sth], to feel at home [with sb/in sth] *fam*

Einlegearbeit *f* ❶ (*Möbelstück mit Intarsien*) furniture with marquetry [*or* inlaid work] ❷ (*Intarsie*) inlay, inlaid work *no pl*, marquetry *no pl* **Einlegeboden** *m* removable shelf

ein|legen *vt* ❶ (*hineintun*) ■ **etw** [**in etw** *akk*] ~ to put sth in [sth], to lay [*or form* place] sth in sth; **eine Kassette/eine CD** ~ to put on a cassette/a CD; **einen Film** [**in etw**] ~ to put a film in [sth], to insert a film [in sth]; **einen Film in die Kamera** ~ to put [*or* load] a film into the camera, to load the camera [with a film]; ■ **eingelegt** inserted *form* ❷ AUTO to engage *form*; **den zweiten Gang** ~ to engage second gear, to change [*or* put it] into second [gear]; ■ **eingelegt** engaged *form* ❸ KOCHK ■ **etw** [**in etw** *dat o akk*] ~ to pickle sth [in sth]; **eingelegte Heringe/Gurken** pickled herrings/gherkins ❹ (*zwischendurch machen*) **eine Pause** ~ to have [*or* take] a break [*or fam* breather]; **eine Mittagspause** ~ to have [*or* take] a lunch break; **ein Schläfchen** ~ to have forty winks ❺ (*einreichen*) **ein Veto** ~ to exercise [*or* use] a veto; **einen Protest** [**bei jdm**] ~ to lodge [*or* make] a protest [with sb]; **einen Vorbehalt** ~ to add a proviso; JUR to file sth; **etw bei einem Gericht** ~ to file sth at a court; **Berufung** ~ to [lodge an] appeal; ■ **eingelegt** filed ❻ FIN (*einzahlen*) ■ **etw** [**in etw** *akk*] ~ to deposit sth [in sth], to invest sth [in sth] ❼ (*intarsieren*) ■ **etw** ~ to inlay sth; ■ **eingelegt** inlaid

Einleger(in) <-s, -> *m(f)* FIN depositor

Einlegesohle *f* inner sole, insole

Einlegung <-, -en> *f* ❶ FIN (*von Geld*) deposit ❷ JUR lodging, filing; ~ **eines Rechtsmittels** lodging of an appeal

ein|leiten *vt* ❶ (*in die Wege leiten*) ■ **etw** [**gegen jdn**] ~ to introduce sth [against sb]; **Schritte** [**gegen jdn**] ~ to take steps [against sb]; JUR to initiate [*or* institute] sth [against sb]; **einen Prozess** [**gegen jdn**] ~ to start proceedings [against sb]; ■ **eingeleitet** initiated, instituted ❷ MED (*künstlich auslösen*) ■ **etw** ~ to induce sth ❸ (*eröffnen*) ■ **etw** [**mit etw**] ~ to open [*or* begin] [*or form* commence] sth [with sth] ❹ (*beginnen lassen*) ■ **etw** ~ to usher sth in, to introduce sth ❺ (*einleitend kommentieren*) ■ **etw** ~ *Buch, Werk* to preface sth ❻ (*hineinfließen lassen*) ■ **etw in etw** *akk* ~ to empty sth into sth; **Abwässer in einen Fluss** ~ to discharge effluent into a river

einleitend **I.** *adj* introductory, opening **II.** *adv* as an introduction [*or* opening]; ***wie ich ~ bereits bemerkte, ...*** as I have already said in my introduction, ...

Einleitung *f* ❶ JUR (*Einleiten*) introduction; ~ **eines gerichtlichen Verfahrens** [*o* **gerichtlicher Schritte**]/**Strafverfahrens** institution of legal proceedings/of a prosecution; **die ~ eines Konkursverfahrens beantragen** to file a petition in bankruptcy; **die ~ einer Untersuchung** the opening of an inquiry [*or* investigation] ❷ (*Vorwort*) introduction, preface ❸ ÖKOL ■ **die ~ von etw** [**in etw** *akk*] the discharge [*or* emptying] of sth [into sth]

Einleitungsformel *f einer Urkunde* caption, preamble

ein|lenken *vi* ❶ (*nachgeben*) ■ [**in etw** *dat*] ~ to give way [*or* in] [in sth], to make concessions [in sth], to capitulate *form*, to yield [in sth] *liter*; ■ **das E~** giving way [*or* in], concession-making, capitulation *form*, yielding *liter*; **jdn zum E~ bringen** to persuade sb to give way [*or* make concessions] ❷ (*in eine andere Richtung fahren*) ■ [**in etw**] ~ *Straße* to turn [*or* go] [into sth]

ein|lesen *irreg* **I.** *vt* INFORM ■ **etw** [**in etw** *akk*] ~ *Daten, Informationen* to read sth in[to sth] **II.** *vr* (*durch Lesen vertraut werden*) ■ **sich** *akk* **in etw** *akk* ~ to familiarize oneself with sth; **sich in ein Buch** ~ to get into a book

ein|leuchten *vi* ■ [**jdm**] ~ to be clear [*or* logical] [to sb], to make sense [to sb]; ***das leuchtet mir ein*** I can see [*or* understand] that; ■ **es leuchtet** [**jdm**] **ein, dass** it makes sense [to sb] that; ***es will mir einfach nicht ~, dass ...*** I just don't understand why ...

einleuchtend **I.** *adj* clear, logical, evident; **ein ~es Argument** a persuasive [*or* convincing] argument; **eine ~e Erklärung** a plausible explanation **II.** *adv* clearly, logically

ein|liefern *vt* ❶ (*stationär aufnehmen lassen*) ■ **jdn** [**in etw** *akk*] ~ *ins Gefängnis, Krankenhaus* to admit sb [to sth]; ■ **eingeliefert** admitted ❷ JUR **jdn in eine Haftanstalt** ~ to send [*or form* commit] sb to prison; ■ **eingeliefert** imprisoned ❸ (*aufgeben*) ■ **etw** [**bei etw**] ~ to hand sth in [at sth]

Einlieferung *f* ❶ MED admission ❷ JUR committal [to prison], internment ❸ (*von Sendungen*) *Brief, Paket etc.* handing-in

Einlieferungsschein *m* certificate of posting BRIT, postal receipt AM

ein|lochen *vt* ❶ (*sl: inhaftieren*) ■ **jdn** [**wegen etw**] ~ to lock sb up [*or* away] [for sth] *fam*, to put sb away [*or* behind bars] [for sth] *fam* ❷ SPORT *Golf* to hole [out] BRIT; *Billard, Snooker* to pot

ein|loggen **I.** *vi* ■ [**sich**] [**in etw** *akk*] ~ *System* to log in[*or* on][to sth] **II.** *vr* ■ **sich** [**in etw** *akk*] ~ to log in[*or* on][to] sth; **sich ins Internet** ~ to log into the internet

einlösbar *adj* redeemable; **ein ~er Gutschein** a [redeemable] coupon [*or* voucher]; ■ **etw ist** [**gegen etw**] ~ sth can be exchanged [for sth]; **etw ist gegen Geld** ~ sth can be cashed in

ein|lösen *vt* ❶ (*vergüten*) ■ **etw** ~ to honour [*or* AM -or] sth, to meet sth; **einen Scheck** ~ to honour a cheque BRIT, to honor [*or* cash] a check AM ❷ (*auslösen*) ■ **etw** [**bei jdm**] ~ to redeem sth [from sb]; **ein Pfand** ~ to redeem a pledge ❸ (*wahr machen*) ■ **etw** ~ to honour [*or* AM -or] sth; **ein Versprechen** ~ to keep a promise

Einlösung *f* ❶ (*das Vergüten*) payment; **einen Schuldschein/Scheck zur ~ vorlegen** to present a promissory note/cheque for payment ❷ (*Auslösung*) redemption; **die ~ eines Schmuckstücks** the redemption of a piece of jewellery ❸ (*das Wahrmachen*) ■ **die ~ von etw** the honouring [*or* AM -oring] of sth, the keeping of sth; ***muss ich dich erst an die ~ deines Wortes erinnern?*** do I have to remind you what you promised [*or* of your promise]?

Einlösungsfrist *f* FIN time of redemption **Einlösungskurs** *m* FIN redemption rate **Einlösungspflicht** *f* FIN obligation to convert **Einlösungsrecht** *nt* FIN right of redemption **Einlösungstermin** *m* FIN redemption date

ein|lullen *vt* ❶ (*schläfrig machen*) ■ **jdn** ~ to lull sb to sleep; ■ **~d** *als adj verwendet* lullaby-like; *als adv verwendet* like a lullaby ❷ (*willfährig machen*) ■ **jdn** [**mit etw**] ~ to lull sb into a false sense of security [with sth]

ein|machen **I.** *vt* ■ **etw** ~ to preserve sth; **Obst** ~ to can [*or* BRIT bottle] fruit; **Kompott/Marmelade** ~ to make fruit compôte [*or* marmalade]/jam; **etw in Essig** ~ to pickle sth; ■ **eingemacht** preserved, bottled **II.** *vi* to bottle up, to make jam, to preserve [sth]

Einmachglas *nt* [preserving] jar **Einmachring** *m* [rubber] seal **Einmachzucker** *m* preserving sugar

einmal[1], **1-mal**[RR] *adv* ❶ (*ein Mal*) once; *s. a.* **achtmal** ❷ (*ein einziges Mal*) once; ~ **am Tag/in der Woche/im Monat** once a day/week/month; ***wenn du auch nur ~ [o ein Mal] auf mich hören würdest*** if you would only listen to me, just once; ***das gibt's nur ~*** (*fam*) it's [really] unique, it's a one-off; ~ ***Hamburg und zurück, bitte*** one return to Hamburg, please; ~ ***Tee und zwei Kaffee, bitte!*** one tea and two coffees, please!; **auf** ~ all at once, suddenly, all of a sudden; (*an einem Stück*) all at once; ~ **mehr** once again; ~ [*o* **ein Mal**] **und nie wieder** once and once only [*or* and never again] ❸ (*mal*) first; ~ ***sagst du dies und dann wieder das*** first you say one thing and then another; *s. a.* **noch, schon** ❹ (*irgendwann, früher*) once, once upon a time *hum*; ***sie waren ~ glücklich*** they used to be happy [once]; **es war** ~ once upon a time; **das war ~!** that's over!, that's a thing of the past! ❺ (*irgendwann, später*) sometime, one of these days *fam*; ***du wirst ~ an meine Worte denken!*** you'll remember my words one day!; ***es kommt ~ der Tag, an dem...*** the day will come when...; ***ich will ~ Pilot werden*** I want to be a pilot [some day] ▸ WENDUNGEN: ~ **ist keinmal** (*prov*) just once doesn't count

einmal[2] *part* ❶ (*eben*) ***so liegen die Dinge nun ~*** that's the way things are; ***alle ~ herhören!*** listen, everyone!; ***sag ~, ist das wahr?*** tell me, is it true?; ***sei doch ~ so lieb und reiche mir die Kaffeekanne!*** could you just pass me the pot of coffee?; ***komm doch ~ her!*** come here a minute!; ***kannst du ~ halten?*** can you hold onto this for a minute?; ***kannst du mir ~ bitte den Zucker geben?*** could you please pass me the sugar?; *s. a.* **nun** ❷ (*einschränkend*) **nicht** ~ not even; ***er hat sich nicht ~ bedankt*** he didn't even say thank you; **wieder** ~ [once] again

Einmalaufwendungen *pl* one-off expenditure *no pl* **Einmalbesteck** *nt* disposable cutlery, plastic knives, forks and spoons

Einmaleins <-> *nt kein pl* ❶ ■ **das** ~ [multiplication] tables *pl*; ***er kann bereits das ~*** he already knows his tables; **das kleine/große** ~ the tables from one to ten/eleven to twenty, the one to ten/eleven to twenty times tables ❷ (*die Grundzüge*) basics *pl* ❸ (*Routinearbeit*) ***das tägliche ~ eines Anwalts*** a lawyer's routine [*or* bread-and-butter] work

Einmalgeschirr *nt* disposable crockery, paper [*or* plastic] plates etc. **Einmalhandschuh** *m* disposable glove **Einmalhandtuch** *nt* disposable towel

einmalig **I.** *adj* ❶ (*nicht wiederkehrend*) unique, unparalleled, unequalled; **ein ~es Angebot** a unique [*or* an exclusive] offer; **eine ~e Chance** [*o* **Gelegenheit**] **haben** to have a unique opportunity [*or* a once-in-a-lifetime chance] ❷ (*nur einmal getätigt*) once only, single; **eine ~e Zahlung** a one-off payment, payment of a lump sum; **eine ~e Anschaffung** a one-off [*or* non-recurring] purchase; *s. a.* **achtmalig** ❸ (*fam: ausgezeichnet*) unique, second to none, unsurpassed *form*; **eine ~e Leistung** an outstanding achievement; ■ **etwas E~es** something unique ❹ (*fam: göttlich, köstlich*) terrific *fam*, fantastic *fam*, far-out *sl*; ***der Kerl ist ~!*** the lad is quite a character [*or* really something]! **II.** *adv* (*besonders*) really; ~ **gut** exceptional; ***dieses Gericht schmeckt ~ gut*** this dish tastes out of this world *fam*; ~ **schön** of singular beauty *liter*, uniquely beautiful *form*, really fantastic [*or* superb] *fam*

Einmaligkeit <-> *f kein pl* uniqueness

Einmallinse *f* disposable lens **Einmalspritze** *f* disposable syringe **Einmalwindel** *f* disposable nappy [*or* AM diaper] **Einmalzahlung** *f* one-off payment

Einmannbetrieb *m* ❶ (*Einzelunternehmen*) one-man business [*or* company] [*or fam* show] ❷ TRANSP one-man operation **Einmannbus** *m* one-man bus, bus with a one-man crew **Einmanngesellschaft** *f* HANDEL one-man company [*or* AM corporation] **Einmannkapelle** *f* one-man band

Einmarkstück *nt* one-mark coin [*or* piece]

Einmarsch *m* ❶ (*das Einmarschieren*) invasion; ■ **jds ~ in etw** *akk* sb's invasion of sth ❷ (*Einzug*) entrance; ■ **jds ~** [**in etw** *akk*] sb's entrance [into sth]

ein|marschieren* *vi sein* ❶ (*in etw marschieren*)

■[in etw *akk*] ~ to invade [sth] ❷ (*einziehen*) ■in etw *akk* ~ to march into sth; ■~d marching
ein|massieren* *vt* ■etw ~ to rub sth in; ■[jdm] etw in etw *akk* ~ to rub sth into [sb's] sth; **Kurspülung in das Haar** ~ to work [*or* massage] conditioner into the hair; **Massageöl in die Haut** ~ to massage oil into the skin
ein|mauern *vt* ❶ (*einlassen*) ■etw [in etw *akk*] **mit** ~ to build [*or* embed] [*or* fix] sth [into sth] ❷ (*ummauern*) ■jdn/etw [in etw *akk*] ~ to wall sb/sth up [in sth], to immure sb/sth [in sth] *form*
Ein-Megabit-Chip *m* INFORM one-megabit chip
ein|meißeln *vt* ■etw [in etw *akk*] ~ to carve sth [into sth] [with a chisel]; ■**eingemeißelt** carved, chiselled BRIT, chiseled AM
ein|mengen *vr* (*einmischen*) ■sich [in etw] ~ to interfere [with sth]
Einmeterbrett *nt* one-metre [*or* AM -er] [diving] board
ein|mieten *vr* ■sich [bei jdm/in etw *dat*] ~ to move into accommodation [with sb/in sth]; **sich bei einer Familie** ~ to lodge with a family, to find lodgings [*or esp* BRIT *fam* digs] with a family
ein|mischen *vr* (*eingreifen*) ■sich [bei etw *dat*/in etw *akk*] ~ to interfere [in sth]; ***misch dich ja nicht ein!*** don't interfere [*or fam* meddle] [*or fam* poke your nose in [where it's not wanted]]!; (*um zu schlichten*) to intervene [in sth]
Einmischung *f* (*das Eingreifen*) ■**jds** ~ **in etw** *akk* sb's interference [*or fam* meddling] in sth; (*um zu schlichten*) sb's intervention in sth
einmonatig *adj attr* ❶ (*einen Monat dauernd*) one-month *attr,* lasting one month *pred;* **eine ~e Unterbrechung** a break [*or* an interval] of one month; **~e Dauer** one month's duration ❷ (*einen Monat alt*) one-month-old *attr,* one month old *pred*
einmonatlich I. *adj* monthly **II.** *adv* monthly, once a month
ein|montieren* *vt* ■etw ~ to install [*or* AM instal] sth; ■**etw in etw** *akk* ~ to put sth into sth, to mount sth in sth; ■**etw [in etw** *akk*] **wieder** ~ to replace sth [in sth]
einmotorig *adj Flugzeug* single-engined
ein|motten *vt* ❶ MIL ■etw ~ to mothball [*or* BRIT cocoon] sth; ■**eingemottet** mothballed, cocooned BRIT ❷ (*einlagern*) ■etw ~ to put sth in mothballs
ein|mumme(l)n *vt* (*fam: einhüllen*) ■jdn [in etw *akk*] ~ to wrap sb up [warm] [in sth]; ■**eingemummt** wrapped up, muffled; ■**sich** ~ to wrap up [warm]; **sich ganz dick/gut/warm** ~ to wrap up warmly [*or* well]
ein|münden *vi sein* ❶ (*auf etw führen*) ■**in etw** *akk* ~ to lead into sth, to join sth, to intersect with sth; ■~d ***achten Sie bitte auf die von rechts ~de Straße!*** please watch out for the road joining from the right! ❷ (*in etw münden*) ■**in etw** *akk* ~ to empty [*or* discharge] [*or* flow] into sth
Einmündung *f* ❶ (*Einfahrt*) entry, road leading up to a junction; **die ~ in die Autobahn** the sliproad to the motorway BRIT, the entrance to the highway AM ❷ (*Mündung*) *Fluss* confluence
einmütig I. *adj* unanimous **II.** *adv* unanimously, with one voice *liter;* ~ **zusammenstehen** to stand united
Einmütigkeit <-> *f kein pl* unanimity, solidarity
ein|nähen *vt* MODE ❶ (*in etw nähen*) ■etw [in etw *akk*] ~ to sew sth [into sth]; ■**eingenäht** sewn in ❷ (*enger machen*) ■etw ~ to take sth in
Einnahme <-, -n> *f* ❶ *meist pl* FIN earnings; *bei einem Geschäft* takings *npl* BRIT; *bei einem Konzern* receipts *pl; bei einem Individuum* income *no pl; bei dem Staat* revenue[s]; **~n und Ausgaben** income and expenditure; **außerordentliche** ~ extraordinary income ❷ *kein pl* (*geh: das Einnehmen*) *Arzneimittel, Mahlzeiten* taking ❸ (*Eroberung*) taking, capture
Einnahmeausfall *m* ÖKON loss of income **Einnahmeerwartung** *f* ÖKON expected income
Einnahmen *pl* income *no pl;* ~ **und Ausgaben** income and expenditure
Einnahmequelle *f* source of income; *des Staates* source of revenue; [**sich** *dat*] **zusätzliche ~n erschließen** to find additional sources of income **Einnahmerückgang** *m* ÖKON decline [*or* shortfall] in revenue; FIN drop in revenue **Einnahmeüberschuss**[RR] *m* JUR, FIN surplus revenue
ein|nehmen *vt irreg* ❶ ÖKON ■etw ~ *Geld* to take sth; *Steuern* to collect sth; ■**eingenommen** collected ❷ (*zu sich nehmen*) ■etw ~ to take sth; **die Antibabypille** ~ to be on the pill; **eine Mahlzeit** ~ to have a meal ❸ (*geh: besetzen*) ■etw ~ to take sth; ***bitte, nehmen Sie Ihre Plätze ein*** please take your seats [*or form* be seated] ❹ (*vertreten*) **einen Standpunkt** ~ to hold an opinion [*or* a view]; ■**jd nimmt den Standpunkt ein, dass ...** sb takes the view that ...; **eine Haltung** ~ to assume an attitude ❺ (*innehaben*) ■etw ~ to hold [*or* occupy] sth; **die Stelle des Chefs** ~ to take over the position of boss ❻ SPORT ■etw ~ to hold sth; ***Platz 5 in der Tabelle*** ~ to be lying fifth in the table ❼ (*erobern*) ■etw ~ to take [*or* capture] sth; ■**eingenommen** taken, captured ❽ (*beeinflussen*) **jdn für sich** *akk* ~ to win favour [*or* AM -or] with sb, to charm sb; **jdn gegen sich/jdn/etw** ~ to turn sb against oneself/sb/sth ❾ (*als Raum beanspruchen, ausfüllen*) to take up; **viel Platz** ~ to take up a lot of space ❿ NAUT (*veraltend: laden*) to load
einnehmend *adj* charming, engaging; **~er Charme** engaging charm; **~es Lächeln** winning [*or* engaging] smile; ***er war ein Mensch von ~em Wesen*** he was a person with charming [*or* engaging] manners [*or* with winning ways]; ***ihre Art war nicht sehr*** ~ she was rather unprepossessing; ■**etwas E~es** something charming [*or* engaging]
Einnehmer(in) <-s, -> *m(f)* ÖKON receiver
ein|nicken *vi sein* (*fam*) to doze [*or* drop] [*or* nod] off *fam*
ein|nisten *vr* ❶ (*sich niederlassen*) ■**sich bei jdm** ~ to ensconce oneself [*or* to settle in] [with sb] ❷ (*sich festsetzen*) ■**sich [bei jdm]** ~ *Ungeziefer* to nest [*or* build a nest] [in sb's home] ❸ (*einwachsen*) ■**sich** ~ *Eizelle, Parasiten* to lodge
Einöde *f* waste, wasteland; **eine menschenleere** ~ a deserted wasteland; ***er lebt in der ~ des schottischen Hochlands*** he lives in the wilds of the Scottish Highlands
Einödhof *m* isolated [*or* secluded] [*or* out-of-the-way] farm
ein|ölen *vt* (*mit Öl bestreichen*) ■etw [mit etw *dat*] ~ to oil [*or* lubricate] [*or* grease] sth [with sth]; ■**jd** ~ to put [*or* rub] oil on sb; ■**eingeölt** oiled, lubricated; ■**sich** *akk* ~ to put [*or* rub] oil on oneself, to rub oneself with oil; **sich mit Sonnenschutz** ~ to put suntan oil on [oneself], to rub suntan oil in[to one's skin]
ein|ordnen I. *vt* ❶ (*einsortieren*) ■etw [in etw *akk*] ~ to put sth [in sth] in order, to organize sth [in sth]; **etw alphabetisch** ~ to file sth alphabetically ❷ (*klassifizieren*) ■jdn/etw [unter etw *dat*] ~ to classify sb/sth [under sth], to categorize sb/sth [under sth], to pigeonhole sb/sth, to put sb/sth under a certain heading *fam;* **ein Kunstwerk zeitlich** ~ to date a work of art **II.** *vr* ❶ (*sich einfügen*) ■**sich [in etw** *akk*] ~ to fit in[to sth], to integrate [into sth] ❷ (*Fahrspur wechseln*) ■**sich links/rechts** ~ to get into the left-/right-hand lane, to move [over] [*or* get] into the correct lane; ***bitte*** ~ get in lane
ein|packen I. *vt* ❶ (*verpacken*) ■etw [in etw *akk*] ~ to wrap sth [in sth]; (*um zu verschicken*) to pack sth [*or* parcel sth up] [in sth]; (*um zu verkaufen*) to package sth; ■**etw ~ lassen** to have sth wrapped; ■**eingepackt** wrapped, packed, parcelled up, packaged ❷ (*einstecken*) ■[jdm] etw ~ to pack sth [for sb], to put sth in [for sb]; ■[**sich** *dat*] **etw** ~ to pack sth, to put sth in; ■**eingepackt** packed ❸ (*fam: einmummeln*) ■**jdn [in etw** *akk*] ~ to wrap sb up [in sth]; ■**sich [in etw** *akk*] ~ to wrap [oneself] up [in sth]; **sich in warme Kleidung** ~ to wrap [oneself] up warm ► WENDUNGEN: **sich [mit etw] ~ lassen können** (*sl*) to pack up and go home [after/because of/with sth] *fig fam,* to pack it [all] in [*or* forget it] *fam* **II.** *vi* (*Koffer etc. füllen*) to pack [one's things] [up] ► WENDUNGEN: ~ **können** (*sl*) to pack up and go home *fig fam,* to have had it *fam*
ein|parken I. *vi* ■[irgendwie] ~ to park [somehow]; **richtig** ~ to park correctly [*or* properly]; **rückwärts** ~ to back [*or* reverse] into a parking space BRIT; **vorwärts** ~ to pull into a parking space; ■**das E~** parking **II.** *vt* ■etw ~ to park sth; **etw rückwärts** ~ to back [*or* reverse] [sth] into a parking space BRIT; **etw vorwärts** ~ to pull into a parking space; ■**es lässt sich [irgendwie]** ~ it's ... to park; ***dieser Wagen lässt sich schlecht*** ~ this car's difficult to park
Einparteienregierung *f* one-party government **Einparteienstaat** *m* one-party state **Einparteiensystem** *nt* one-party system
ein|passen I. *vt* ■etw [in etw *akk*] ~ to fit sth [into sth] **II.** *vr* ■**sich [in etw** *akk*] ~ to integrate [into sth], to adjust [oneself] [to sth]
Ein-Pass-Scanner *m* INFORM single pass scanner **Ein-Pass-Verfahren** *nt* INFORM single pass method
ein|pauken *vt* (*fam*) ■**sich etw** ~ to cram [*or* BRIT *fam* bone up on] sth; ■**jdm etw** ~ (*veraltend*) to drum sth into sb's head
ein|pendeln *vr* ■**sich [auf etw** *akk*] ~ to level off, to even out [at sth]; **sich auf ein bestimmtes Niveau** ~ to find a certain level, to even out at a certain level
ein|pennen *vi sein* (*sl*) to drop [*or* doze] [*or* nod] off *fam*
Einpersonengesellschaft *f* HANDEL single-member company **Einpersonen-GmbH** *f* HANDEL sole trader private limited company **Einpersonenhaushalt** *m* (*geh*) one-person [*or* single-person] household **Einpersonenstück** *nt* one-person show
Einpfennigstück *nt* one-pfennig coin [*or* piece]
ein|pferchen *vt* to cram in; **Tiere [in etw** *akk*] ~ to pen animals [in] [in sth]; **Menschen [in etw** *akk*] ~ to coop people up [together] [in sth]; ■**eingepfercht** crammed in, penned [in], cooped up; **eingepfercht stehen/sitzen** to stand/sit packed together like sardines [in a can]
ein|pflanzen *vt* ❶ (*in etw pflanzen*) ■etw [in etw *dat*] ~ to plant sth [in sth]; **etw wieder** ~ to replant sth; ■**eingepflanzt** planted ❷ MED ■[jdm] etw ~ to implant sth [in sb]
Einphasenstrom *m* single-phase current
einphasig *adj* ELEK single-phase
ein|pinseln *vt* ❶ MED ■[jdm] etw [mit etw *dat*] ~ to swab [sb's] sth [with sth] ❷ KOCHK ■etw [mit etw *dat*] ~ to brush sth [with sth]
ein|planen *vt* ❶ (*einbeziehen*) to plan, to schedule; ■**etw [mit]** ~ to take sth into consideration, to allow for sth ❷ (*im Voraus planen*) ■**etw [mit]** ~ to plan sth [in advance]
ein|pökeln *vt* KOCHK (*zur Konservierung einsalzen*) ■etw ~ *Fleisch* to salt sth
ein|prägen I. *vr* ❶ (*sich etw einschärfen*) ■**sich** *dat* **etw** ~ to remember [*or* make a mental note of] sth, to fix sth in one's memory; **sich die Formeln gut** ~ to really learn [*or* memorize] the formulae ❷ (*im Gedächtnis haften*) ■**sich jdm** ~ *Bilder, Eindrücke, Worte* to be imprinted on sb's memory, to be engraved in sb's mind; ***die Worte haben sich mir unauslöschlich eingeprägt*** the words made an indelible impression on me, I'll remember those words till the end of my days **II.** *vt* ❶ (*einschärfen*) ■**jdm etw** ~ to drum [*or* get] sth into sb's head *fam,* to drive sth home [to sb], to impress sth on sb; ■**jdm ~, etw zu tun** to urge sb to do sth ❷ (*in etw prägen*) ■**etw [in etw** *akk*] ~ *Inschrift, Muster* to imprint sth [on sth]; **etw in Metall** ~ to engrave sth on metal
einprägsam *adj* easy to remember *pred;* **~e Melodie** catchy melody [*or* tune]
ein|programmieren* *vt* INFORM ■etw ~ *Daten* to progamme [*or* AM -am] sth in; ■**einprogrammiert** programmed
ein|prügeln I. *vt* (*fam*) ■**jdm etw** ~ to beat [*or* knock] sth into sb *fam* **II.** *vi* (*fam: immer wieder prü-*

E

geln) ■[mit etw *dat*] auf jdn ~ to beat up sb *sep* [with sth]

ein|pudern *vt* ■sich *dat* etw ~ to powder sth; sich die Nase ~ to powder one's nose; ■[jdm] etw ~ to powder [sb's] sth; dem Baby den Po ~ to powder the baby's bottom; ■eingepudert powdered

ein|quartieren* I. *vt* ❶ (*unterbringen*) ■jdn [bei jdm] ~ to put sb up [*or* house sb] [*or* find accommodation for sb] [with sb/at sb's] ❷ MIL ■jdn irgendwo ~ to billet sb somewhere II. *vr* ■sich bei jdm ~ to move in with sb

Einrad *nt* unicycle

ein|rahmen *vt* ❶ (*in Rahmen fassen*) ■[jdm] etw ~ to frame sth [for sb]; ein Foto ~ [lassen] to have a photo framed; ■eingerahmt framed ❷ (*fam: links und rechts begleiten*) ■jdn ~ to flank sb ▶ WENDUNGEN: das kannst du dir ~ lassen! (*fam*) you can hang that in the toilet! BRIT *fam*

ein|rammen *vt* ■etw [in etw *akk*] ~ to ram [*or* drive] sth in[to sth] [*or* home]

ein|rasten *vi sein* to click home [*or* into place], to engage *form*

ein|räumen *vt* ❶ (*in etw räumen*) ■etw [in etw *akk*] ~ to put sth away [in sth], to clear sth away [into sth]; die Möbel [wieder] ~ to move the furniture [back] in[to the room]; ■das E~ putting away ❷ (*füllen*) ■etw ~ to fill sth; ***der Schrank ist eingeräumt*** the cupboard is full [up] ❸ (*mit Möbeln füllen*) ■[jdm] etw ~ to arrange sth [for sb]; ***bei einem Umzug räumen einem die Packer das Haus gleich wieder ein*** when you move, the packers set up everything again in the new house for you ❹ (*zugestehen*) ■[jdm gegenüber] etw ~ to concede [*or* acknowledge] sth [to sb]; ■[jdm gegenüber] ~, dass to admit [*or* ackowledge] [*or* concede] [to sb] that ❺ (*gewähren*) ■jdm etw ~ *Frist, Kredit* to give [*or* grant] sb sth ❻ (*zugestehen*) ■jdm etw ~ *Freiheiten, Rechte etc.* to allow [*or* grant] sb sth

Einräumung <-, -en> *f* ❶ *kein pl* JUR (*Gewähren*) *eines Rechts* granting; ~ von Gewährleistungsrechten/von Nutzungsrechten granting of warranty rights/licences; die ~ eines Zahlungsziels verweigern to refuse credit ❷ (*Zugeständnis*) admission, concession; ~en machen to make allowances

ein|rechnen *vt* ❶ (*mit einbeziehen*) ■jdn [mit] ~ to include sb, to count sb; ***dich mit eingerechnet sind wir 9 Personen*** counting [*or* including] you, there'll be 9 of us; ■etw [mit] ~ to allow for [*or* include] sth; ***ich habe die Getränke noch nicht mit eingerechnet*** I haven't allowed for the drinks yet ❷ (*als inklusiv rechnen*) ■etw [mit] ~ to include sth; ***Steuer und Bedienung sind bereits mit eingerechnet*** tax and service included

Einrede <-, -n> *f* JUR (*Einspruch*) objection, plea, AM exception; aufschiebende [*o* dilatorische] ~ dilatory plea; peremptorische ~ peremtory plea; prozessbehindernde ~ legal objection to an action; ~ der Rechtskraft plea of res judicata; ~ der Verjährung plea that a/the claim is statute-barred

ein|reden I. *vt* (*durch Reden glauben machen*) ■jdm etw ~ to talk [*or* persuade] sb into thinking sth; ***wer hat dir denn diesen Unsinn eingeredet?*** who told you that nonsense?; ■jdm ~, dass to talk sb into thinking that; ***rede mir nicht immer ein, dass nur deine Meinung richtig sei!*** don't try and tell me that your opinion is the only right one! II. *vi* (*bedrängen*) ■auf jdn ~ to talk to sb in an insistent tone of voice, to keep on at sb *fam* III. *vr* (*sich etw immer wieder sagen*) ■sich *dat* etw ~ to talk [*or* persuade] oneself into thinking sth; ***rede dir doch so was nicht ein!*** put that idea out of your head!; ■sich ~, dass to talk [*or* persuade] oneself into thinking that

ein|regnen *vr impers* ■es hat sich eingeregnet the rain has set in

Einreibemittel *nt* embrocation, liniment, [medicinal] ointment, BRIT *a.* rub

ein|reiben *vt irreg* ❶ (*in etw reiben*) ■[jdm] etw irgendwo/irgendwohin ~ to rub sth in[to] somewhere [for sb] [*or* into [sb's] somewhere]; ***reibst du mir die Salbe hier am Rücken ein?*** could you rub this cream into my back for me? ❷ (*einmassieren*) ■jdn/sich [mit etw *dat*] ~ to massage sb/oneself [with sth]; jdn mit Sonnenöl ~ to put suntan oil on sb; sich mit Salbe ~ to rub cream in[to oneself]; sich mit Sonnenschutzöl ~ to put on suntan oil; ■sich *dat* etw mit etw *dat* ~ to put sth on sth, to rub sth into sth

Einreibung <-, -en> *f* (*Lotion, Salbe, Öl*) rubbing in, application by rubbing; (*Behandlung*) embrocation treatment

ein|reichen *vt* ❶ (*übersenden*) ■etw [bei jdm] ~ to submit [*or* present] sth [to sb], to send in sth *sep* [to sb]; etw schriftlich ~ to submit [*or* present] sth in writing; etw persönlich ~ to hand in sth *sep;* JUR to submit sth; ■eingereicht submitted ❷ (*darum bitten*) ■etw ~ to submit sth; seine Kündigung ~ to hand in [*or* tender] one's resignation; eine Pensionierung/Versetzung ~ to submit [*or* present] a request for retirement/a transfer

Einreichung <-, *selten* -en> *f* ❶ (*das Einreichen*) *Gesuch, Unterlagen* submission, presentation; JUR submission; ~ der Klage filing of the action; ~ von Schriftsätzen delivery of pleadings; ~ einer Strafanzeige bringing a criminal charge against sb ❷ (*die Beantragung*) submission, presentation; ***die ~ seines Rücktritts*** handing in [*or* offering] one's resignation

ein|reihen I. *vt* (*zuordnen*) ■jdn/etw irgendwie/unter etw *akk* ~ to classify [*or fam* put] sb/sth somehow/under sth II. *vr* (*sich einfügen*) ■sich in etw *akk* ~ to join [*or* get into] sth; sich in eine Schlange ~ to join a queue, to get into line

Einreiher <-s, -> *m* a single-breasted jacket

einreihig *adj* in a single row; (*Jackett*) single-breasted

Einreise *f* (*das Einreisen*) entry [into a country]; jdm die ~ verweigern to refuse sb entry, to be refused entry; ■jds ~ nach etw *akk*/in etw *akk* sb's entry into sth

Einreisebestimmungen *pl* entry requirements **Einreisebewilligung** *f* entry approval **Einreiseerlaubnis** *f* entry permit; eine/keine ~ haben to have/not have an entry permit **Einreisegenehmigung** *f* entry permit

ein|reisen *vi sein* (*geh*) ■[nach etw *akk*/in etw *akk*] ~ to enter [somewhere]; in ein Land ~ to enter a country

Einreiseverbot *nt* refusal of entry; ~ haben to have received a refusal of entry, to have been refused entry **Einreisevisum** *nt* [entry] visa

ein|reißen *irreg* I. *vi sein* ❶ (*einen Riss bekommen*) to tear; *Haut* to crack; ■eingerissen torn; eingerissene Haut cracked skin ❷ (*fam: zur Gewohnheit werden*) to become a habit; etw ~ lassen to make a habit of sth, to let sth become a habit; ***wir wollen das hier gar nicht erst ~ lassen!*** we don't want that kind of behaviour here! II. *vt haben* ❶ (*niederreißen*) ■etw ~ to tear [*or* pull] sth down, to demolish sth ❷ (*mit Riss versehen*) ■etw ~ to tear sth III. *vr haben* ■sich *dat* etw [an etw *dat*] ~ to tear the skin of sth [on sth]; die Haut an dem Finger ~ to cut [the skin on] one's finger

ein|reiten *irreg* I. *vt haben* ■ein Pferd ~ to break in a horse II. *vi sein* (*in etw reiten*) ■[in etw *akk*] ~ to ride in[to sth]

ein|renken I. *vt* ❶ MED (*wieder ins Gelenk drehen*) ■[jdm] etw ~ to set [*or spec* reduce] sth [for sb]; ***der Arzt hat ihm die Schulter [wieder] eingerenkt*** the doctor [re]set his shoulder ❷ (*fam: bereinigen*) ■etw [wieder] ~ to straighten sth out [again], to iron sth out *fig*, to put things right [again], to sort sth out, to get sth sorted *sl* II. *vr* (*fam: ins Lot kommen*) ■sich wieder ~ to sort itself out, to straighten itself out; ***das renkt sich schon wieder ein*** it'll be all right

ein|rennen *irreg* I. *vr* (*fam: sich anstoßen*) ■sich *dat* etw [an etw *dat*] ~ to knock [*or fam* bash] sth [on sth]; sich den Kopf/die Stirn an etw ~ to crack [*or* knock] one's head/forehead on sth II. *vt* (*veraltend fam: einstoßen*) ■etw ~ to break down sth *sep; s. a.* Tür

ein|richten I. *vt* ❶ (*möblieren*) ■[jdm] etw [irgendwie] ~ to furnish sth [somehow] [for sb]; ***die Wohnung war schon fertig eingerichtet*** the flat was already furnished; etw anders ~ to furnish sth differently; etw neu ~ to refurnish [*or* refit] sth; eine Apotheke/eine Praxis/ein Labor ~ to fit out *sep* [*or* equip] a pharmacy/surgery/laboratory; ■irgendwie eingerichtet sein to be furnished in a certain style, to have some kind of furniture; antik eingerichtet sein to have antique furniture; ■irgendwie eingerichtet somehow furnished; ein gut eingerichtetes Büro a well-appointed office *form* ❷ (*ausstatten*) ■[jdm] etw ~ to install sth [for sb]; ein Spielzimmer/Arbeitszimmer ~ to fit out [*or* furnish] a playroom/workroom ❸ (*gründen*) ■etw ~ to set up *sep* [*or* establish] [*or* open] sth; einen Lehrstuhl ~ to establish [*or* found] a chair; ■[neu] eingerichtet [newly] set-up [*or* established] [*or* opened]; ■einzurichtend to be set up [*or* established] [*or* opened] ❹ FIN ■[jdm] etw [bei jdm] ~ to open sth [for sb] [with sb]; ein Konto bei einer Bank ~ to open an account at a bank ❺ TECH, INFORM (*einstellen*) ■etw ~ to set up *sep* [*or* adjust] sth ❻ TRANSP ■etw ~ to open [*or* establish] [*or* start] sth ❼ (*arrangieren*) ■es ~, dass arrange [*or* fix] it so that; es lässt sich ~ that can be arranged [*or* BRIT fixed [up]]; ***wenn es sich irgendwie ~ lässt, dann komme ich*** if it can be arranged, I'll come ❽ (*bearbeiten*) *Musikstück* to arrange; *Theaterstück, Text* to adapt ❾ MED ■[jdm] etw ~ to set sth [for sb]; einen gebrochenen Arm ~ to set a broken arm ❿ (*vorbereitet sein*) ■auf etw *akk* eingerichtet sein to be prepared [*or* geared up] for sth; ***darauf war ich nicht eingerichtet*** I wasn't prepared for that II. *vr* ❶ (*sich möblieren*) ■sich [irgendwie] ~ to furnish sth [somehow]; ***ich richte mich völlig neu ein*** I'm completely refurnishing my home ❷ (*sich einbauen*) ■sich *dat* etw ~ to install sth; ***er richtet sich eine kleine Atelierwohnung ein*** he's putting in a small studio flat ❸ (*sich der Lage anpassen*) ■sich ~ to adapt [to a situation], to get accustomed to a situation ❹ (*sich einstellen*) ■sich auf etw *akk* ~ to be prepared for sth; sich auf eine lange Wartezeit ~ to be ready [*or* prepared] for a long wait

Einrichtezeit *f* set-up time

Einrichtung <-, -en> *f* ❶ (*Wohnungs~*) [fittings and] furnishings *npl;* (*Ausstattung*) fittings *npl* ❷ (*das Möblieren*) furnishing; die ~ eines Hauses the furnishing of a house; (*das Ausstatten*) fitting-out, equipping; ***die komplette ~ eines Labors*** the fitting-out of a complete laboratory ❸ (*das Installieren*) installation ❹ ADMIN (*Eröffnung*) opening; *eines Lehrstuhles* establishment, foundation ❺ FIN opening; die ~ eines Kontos opening an account ❻ TRANSP opening, establishment ❼ (*Institution*) organization, agency ❽ *Musikstück* arrangement; *Theaterstück, Text* adaptation

Einrichtungsgegenstand *m Wohnung* furnishings *npl*, fittings *npl; Labor, Apotheke, Praxis* piece of equipment **Einrichtungshaus** *nt* furniture shop [*or* store] **Einrichtungskosten** *pl* FIN installation costs; (*Gründungskosten*) initial capital expenditure

ein|riesen *vt* TYPO ■etw ~ *Papier* to pack sth in reams

ein|ritzen *vt* ■etw [in etw *akk*] ~ to carve [*or* scratch] sth [in sth]; seinen Namen [in einen Baum] ~ to scratch one's name [on a tree]

ein|rollen I. *vr haben* ■sich *akk* ~ to curl [*or* roll] up; ■eingerollt curled [*or* rolled] up; ■sich [auf etw *dat*] ~ to snuggle [*or* curl] up [on sth] II. *vi sein* (*einfahren*) to pull in; ***der Zug rollt gerade ein*** the train is just pulling in

ein|rosten *vi sein* ❶ (*rostig werden*) to rust [*or* go rusty]; ■eingerostet rusty ❷ (*ungelenkig werden*) to get stiff, to stiffen up; ■~ lassen to let sth get stiff [*or* stiffen up], to allow sth to get stiff [*or* to stiffen up]; ■eingerostet stiff

ein|rücken I. *vi sein* ❶ MIL ■[in etw *akk*] ~ to march [into sth], to enter [sth]; ***Panzer rückten in die Hauptstadt ein*** tanks moved into [*or* entered] the capital; ■**etw ~ lassen** *Truppen* to send sth ❷ *(zurückkehren)* ■**[wieder] [in etw** *akk*] ~ to move [back] [to [*or* into] somewhere]; ***die Feuerwehr rückte wieder ein*** the fire brigade returned to base ❸ *(eingezogen werden)* ■**[zu etw** *dat*] ~ to join up [to sth], to enlist [in sth]; **zum Militär** ~ to join the services [*or* BRIT forces] [*or* AM armed forces] **II.** *vt haben* ❶ *(vom Rand entfernen)* ■**etw** ~ to indent sth; **eine Zeile** ~ to indent a line ❷ VERLAG ■**[jdm] etw** ~ to print sth [for sb], to put sth in [for sb]; ***rücken Sie mir die Anzeige noch mal ein?*** could you put the advert in again for me?

Einrückung <-, -en> *f* TYPO, INFORM indent

ein|rühren *vt* ■**etw [in etw** *akk*] ~ to stir [*or* mix] in sth [to sth], to stir [*or* mix] sth in[to sth], to mix sth [with sth]; ■**eingerührt** stirred in, mixed in [*or* with]; KOCHK to stir [*or* mix] in sth [to sth], to stir [*or* mix] sth in[to sth], to mix sth [with sth], to add sth [to sth]; **etw mit einem Quirl** ~ to whisk [*or* beat] sth in[to sth]

Einrumpfboot *nt* monohull

ein|rüsten *vt* ■**etw** ~ *Gebäude* to put up scaffolding around sth *sep*

eins I. *adj* one; *s. a.* **acht**[1] ▶ WENDUNGEN: ~ **A** *(fam)* first class [*or* rate], first-class *attr,* first-rate *attr;* ~ ***A Ware*** first-class goods; ~, **zwei, drei** *(fam)* hey presto *fam,* in no time at all, as quick as a flash; ***halt mal fest und ~, zwei, drei habe ich den Dorn entfernt*** keep still and before you can say "ouch!" I'll have the thorn out; **es kommt** ~ **zum anderen** it's [just] one thing after another; **das kommt** [*o* **läuft**] **auf** ~ **hinaus** *(fam)* it doesn't make any difference, it all amounts to the same thing **II.** *adj pred* ❶ *(eine Ganzheit)* [all] one ❷ *(egal)* ■**etw ist jdm** ~ sth is all one to sb, sth makes no difference to sb ❸ *(einig)* ■~ **mit jdm/sich/etw sein** to be [at] one with sb/oneself/sth; **sich** ~ **mit jdm wissen/fühlen** to know/feel that one is in agreement with sb ▶ WENDUNGEN: **das ist alles** ~ *(fam)* it doesn't matter, it's all the same [thing]

Eins <-, -en> *f* ❶ *(Zahl)* one ❷ *(auf Würfel)* **lauter ~en würfeln** to throw nothing but ones ❸ *(Verkehrslinie)* ■**die** ~ the [number] one ❹ *(Zeugnisnote)* ■**eine** ~ **bekommen** to get [an] A, to get [an] excellent [mark]

ein|sacken[1] *vt (fam)* ❶ *(an sich bringen)* ■**etw** ~ to bag [*or* pocket] sth; **eine Menge Geld** ~ to rake in *sep* a lot of money ❷ *(einheimsen)* ■**etw** ~ to walk off with sth, to pocket [*or* claim] sth

ein|sacken[2] *vi sein* ■**[in etw** *akk*] ~ to subside [into sth]

ein|salben *vt (mit Salbe bestreichen/mit Öl salben)* ■**jdn [mit etw]** ~ to rub sb [with sth]; ■**[jdm] etw [mit etw** *dat*] ~ to put [sth] on [sb's] sth; ***kannst du mir die Füße ~?*** could you put some ointment on my feet?; ■**sich** *akk* ~ to rub ointment on [oneself]; ■**sich** *dat* **etw** ~ to put ointment on one's sth

ein|salzen *vt* ■**etw** ~ to salt sth; ■**eingesalzt** salted

einsam I. *adj* ❶ *(verlassen)* lonely, lonesome AM; **ein ~es Leben** a solitary life; ~ **und verlassen** lonely and forlorn; **ein ~es Gefühl** a feeling of loneliness; ■~ **sein** to be lonely; **es wird** ~ **um jdn** sb's becoming isolated *fig,* people are distancing themselves from sb *fig* ❷ *(allein getroffen)* **einen ~ Entschluss fassen** [*o* **treffen**] to make a decision on one's own [*or* without consultation] ❸ *(vereinzelt)* single, lone, solitary ❹ *(abgelegen)* isolated, remote; ***siehst du dort das ~e Haus?*** you see that house standing alone? ❺ *(menschenleer)* deserted, lonely, desolate *pej;* **eine ~e Insel** a desert island ❻ *(fam: absolut)* absolute, outright; ***es war ~e Spitze!*** it was absolutely fantastic!; ***sie ist ~e Klasse*** she's in a class of her own **II.** *adv (abgelegen)* ~ **leben** to live a solitary life; ~ **liegen** to be situated in a remote [*or* isolated] place; ***dieser Gasthof liegt doch etwas*** ~ this pub is right off the beaten track [*or* very remote]

Einsamkeit <-, *selten* -en> *f* ❶ *(Verlassenheit)* loneliness; ***er mag die*** ~ he likes solitude; **die** ~ **des Alters** the loneliness of old age; **in jds** ~ in sb's loneliness ❷ *(Abgeschiedenheit)* remoteness, solitariness, isolation

ein|sammeln *vt* ❶ *(sich aushändigen lassen)* ■**etw** ~ to collect [in *sep*] sth; **die Schulhefte** ~ to collect [in/up] the exercise books ❷ *(aufsammeln)* ■**etw** ~ to pick [*or* collect] [*or* gather] up sth *sep*

ein|sanden *vt* BAU ■**etw** ~ to embed sth in sand

ein|sargen *vt* ■**jdn** ~ to put [*or* place] sb in a coffin ▶ WENDUNGEN: **jd kann sich mit etw ~ lassen** *(sl)* sb can just as well give up [the ghost] with sth

Einsatz <-es, Einsätze> *m* ❶ *(eingesetzte Leistung)* effort; ~ **zeigen** to show commitment; **unter ~ aller seinen Kräfte** with a superhuman effort, using [*or* by summoning up] all his strength; **unter ~ ihres Lebens** by putting her own life at risk ❷ *beim Glücksspiel* bet, stake; ***bitte Ihre Einsätze!*** please make [*or* place] your bets! ❸ FIN *(Kapital~)* deposit ❹ *(Verwendung)* use; MIL employment; ***der ~ des Ersatztorwarts war erforderlich*** a replacement [goalie] had to be brought on; **zum ~ kommen** to be used [*or* employed] [*or* deployed]; ***Spezialeinheiten der Polizei kamen zum*** ~ special police units were deployed [*or* brought into action]; ■**der ~ von jdm/etw** *beim Militär* the deployment [*or* use] of sb/sth; ***unter massiertem ~ von Artillerie*** through massive use of artillery ❺ *(Aktion)* assignment, mission; **im ~ sein** to be on duty; ***die Feuerwehrleute waren rund um die Uhr im*** ~ the fire brigade worked [*or* were in action] round the clock; *(Aktion militärischer Art)* operation, campaign; **im ~ sein** to be in action; ***ich war damals auch in Vietnam im*** ~ I was also [in action] [*or* on active service] in Vietnam, I too saw action in Vietnam ❻ *(das musikalische Einsetzen)* entry; ***der ~ der Trompeten war verspätet*** the trumpets came in too late; **den ~ geben** to cue [*or* bring] in ❼ *(eingesetztes Teil)* inset; **Schubladen~** tray; **der Tisch~** the table extension leaf ❽ *(eingelassenes Stück)* insert, inserted part

Einsatz-Ausstoß-Analyse *f* FIN input-output analysis

Einsatzbefehl *m* order to go into action; MIL *a.* combat order; ***ohne ~ darf die Polizei nicht eingreifen*** without the order the police may not intervene; **den ~ geben** to give the order [to go into action] **einsatzbereit** *adj* ready for use *pred,* on standby *pred;* **jederzeit** [*o* **ständig**] ~ always on standby; *Menschen* ready for action [*or* duty] *pred;* MIL ready for combat *pred,* combat-ready *attr,* operational **Einsatzbereitschaft** *f (Bereitschaft)* willingness; ***ihre ~ bei diesem Projekt ist bewundernswürdig*** her willingness to work for this project is admirable; *(zur Aktion)* readiness for action; **die ~ der Truppen** the troops' readiness for action; ***die ~ der Maschinen sollte überprüft werden*** the machines' readiness for use should be checked; **in ~ sein** [*o* **sich in ~ befinden**] to be on standby; ***die Feuerwehr muss sich in ständiger ~ befinden*** the fire brigade must be on constant standby **einsatzfähig** *adj* ❶ SPORT able to play *pred;* **die ~en Spieler** the players still able to play [*or* the remaining fit players] ❷ *(im Einsatz verwendungsfähig)* serviceable, in working order *pred* ❸ *Mensch* fit for action *pred* **Einsatzfreude** *f* enthusiasm; ~ **erkennen lassen** to show enthusiasm; ***es ist ~ zu erkennen*** enthusiasm can be seen; ~ **vermissen lassen** to lack enthusiasm; ***es ist ~ zu vermissen*** enthusiasm is lacking **Einsatzkommando** *nt* task force; **mobiles** ~ mobile task force **Einsatzleiter(in)** *m(f)* officer in charge [of operations] **Einsatzmengen** *pl* input *no pl* **Einsatzvorbereitung** *f* preparations *pl* for deployment **Einsatzwagen** *m (speziell/zusätzlich eingesetzter Wagen)* special/extra carriage, special/extra [*or* relief] tram/bus; *Polizeifahrzeug* squad car **Einsatzzentrale** *f* centre [*or* AM -er] of operations

ein|saugen *vt* ■**etw [in etw** *akk*] ~ to inhale sth, to breathe in sth *sep,* to draw [*or* suck] sth into sth

Einscannen <-s> *nt kein pl* INFORM scanning

ein|scannen [-skɛnən] *vt* INFORM ■**etw** ~ to scan sth; **eine Zeichnung** ~ to scan an image

ein|schalten I. *vt* ❶ *(in Betrieb setzen)* ■**etw** ~ to switch [*or* turn] on *sep* sth; **den Computer** ~ to turn the computer on; **den Fernseher** ~ to put [*or* switch] [*or* turn] on *sep* the TV; **den ersten Gang** ~ to engage first gear *form,* to put the car in first gear; **den Motor** ~ to start the engine ❷ *(hinzuziehen)* ■**jdn [in etw** *akk*] ~ to call in sb *sep,* to call sb into sth; ***du solltest besser einen Anwalt*** ~ you'd better get a lawyer ❸ *(einfügen)* **eine Pause** ~ to take a break **II.** *vr* ❶ RADIO, TV ■**sich [in etw** *akk*] ~ to tune in[to sth]; ***es wird sich auch der österreichische Rundfunk*** ~ Austrian Radio will also be tuning in [*or* taking the broadcast] ❷ *(sich einmischen)* ■**sich [in etw** *akk*] ~ to intervene [in sth]; ***sie schaltet sich gern in Diskussionen ein*** she likes to join in discussions

Einschaltquote *f* [audience] ratings *npl*

Einschaltung *f* ❶ *(das Einschalten)* turning [*or* switching] on; ***die ~ der Alarmanlage erfolgt automatisch*** the alarm is switched on/goes off automatically ❷ *(Hinzuziehung)* calling in; **die ~ eines Anwalts** in a lawyer ❸ *(Eingreifung) von Organisationen, Personen* intervention, calling in

ein|schärfen I. *vt (zu etw ermahnen)* ■**jdm etw** ~ to impress on [*or* upon] sb the importance of sth, to stress to sb the importance of sth, to drum sth into sb's head *fam;* ***ich hatte dir doch absolutes Stillschweigen eingeschärft!*** I told you how important absolute confidentiality is!; ■**jdm ~, etw zu tun** to urge [*or* tell] [*or* form exhort] sb to do sth; ***wie oft muss ich dir noch ~, nicht immer so geschwätzig zu sein!*** how often do I have to tell you not to be so talkative! **II.** *vr* ■**sich** *dat* **etw** ~ to remember sth, to engrave sth on one's memory *form;* ***diese Regel musst du dir unbedingt*** ~ you must make a point of remembering this rule

ein|schätzen *vt* ■**jdn irgendwie** ~ to judge sb [*or* assess sb's character] somehow, to consider sb to be something, to think sb is something; **etw irgendwie** ~ to appraise [*or* assess] [*or* evaluate] sth somehow; ***Sie haben ihn richtig eingeschätzt*** your opinion of him was right; ***du solltest sie nicht falsch*** ~ don't misjudge her; **jdn/etw zu hoch** ~ to overrate sb/sth; **jdn/etw zu niedrig** ~ to underrate sb/sth; **jdn zur Steuer** ~ to assess sb for tax [purposes]

Einschätzung *f* appraisal, assessment, evaluation, opinion, view; *einer Person* opinion, appraisal [*or* assessment] of character; **zu einer bestimmten ~ [einer S.** *gen*] **kommen** to come to [*or* form] a particular opinion [about sth]; **nach jds** ~ in sb's opinion [*or* view], as far as sb's concerned; ***nach allgemeiner*** ~ the popular opinion is that …

ein|schenken *vt (geh: eingießen)* ■**jdm etw** ~ to give sb sth, to pour sb sth, to pour sth for sb, to help sb to sth *form;* ***schenkst du mir bitte noch etwas Kaffee ein?*** could you give me some more coffee?; ***darf ich Ihnen etwas Tee*** ~ can I help you to some tea? *form;* ■**sich** *dat* ~ **lassen** to let one's glass [*or* cup] be filled [*or* refilled]; *s. a.* **Wein**

ein|schicken *vt* ■**etw [an jdn/etw]** ~ to send sth in [to sb/sth]

ein|schieben *vt irreg* ❶ *(in etw schieben)* ■**etw [in etw** *akk*] ~ to insert [*or* push] sth [into sth]; **ein Backblech/einen Grillrost in den Backofen** ~ to put a baking tray/a grilling rack in the oven, to slide a baking tray/a grilling rack into the oven ❷ TRANSP ■**etw** ~ to run [*or sep* put on] sth ❸ *(zwischendurch drannehmen)* ■**jdn** ~ to fit [*or* slip] [*or* squeeze] sb in ❹ *(zwischendurch einfügen)* ■**etw** ~ to fit sth in; **eine Pause** [*o* **Unterbrechung**] ~ to have [*or* take] a break

Einschienenbahn *f* monorail, single-track railway

ein|schießen *irreg* **I.** *vt haben* ❶ *(zerschießen)* ■**etw [mit etw** *dat*] ~ to shoot sth to pieces [with sth]; **eine Tür mit einem Revolver** ~ to shoot down a door *sep;* **die Schaufensterscheibe mit dem Ball** ~ to kick the football through the shop window ❷ *(durch Schießen funktionssicher machen)* ■**etw** ~ *Gewehr, Pistole etc.* to test sth ❸ *(zwischendurch einheften)* ■**etw** ~ to insert sth

II. *vr haben* ① (*durch Schießen treffsicher werden*) ■ **sich** *akk* ~ to practise [*or* AM -ce]; ■ **sich** *akk* **auf jdn/etw** ~ to get [*or* find] the range of sb/sth ② (*sich jdn als Ziel wählen*) ■ **sich** *akk* **auf jdn/etw** ~ to get/have sb/sth in one's sights; ***die Presse hatte sich auf den korrupten Politiker eingeschossen*** the press had the corrupt politician in their sights **III.** *vi* ① *haben* (*ins Tor schießen*) ■ **zu etw** *dat* ~ to make the score sth, to bring the score to sth; ***er schoss zum 3:0 ein*** he made the score 3:0 ② *sein* MED ■ **[in etw** *akk*] ~ to flow into sth ③ *sein* (*hineinströmen*) ■ **in etw** *akk* ~ to pour [*or* shoot] into sth

ein|schiffen I. *vt* ■ **jdn/etw** ~ to take sb/sth on board **II.** *vr* (*an Bord gehen*) ■ **sich [in/nach etw** *dat*] ~ to embark [in/for sth]; **sich nach einem Ort** ~ to go on board a ship bound for a place

Einschiffung *f* (*von Personen*) boarding; (*von Waren*) loading

Einschiffungshafen *m* HANDEL port of embarkation

ein|schirren *vt* ■ **etw** ~ to harness [*or* put the harness on] sth

einschl. *präp Abk von* **einschließlich** inc[l].

ein|schlafen *vi irreg sein* ① (*in Schlaf fallen*) ■ **[bei** [*o* **über**] **etw** *dat*] ~ to fall asleep [during [*or* over] sth]; **schlecht** [*o* **schwer**] ~ **können** to have trouble getting off to sleep [*or* falling asleep]; ***ich kann nicht*** ~ I can't sleep; ***schlaf nicht ein!*** (*fam*) wake up! *fam;* ■ **das E~** falling asleep; ***die Tropfen sind vor dem E~ zu nehmen*** the drops are to be taken before going to sleep ② (*euph: sterben*) to pass away ③ (*taub werden*) to go to sleep, to be[come] numb; ***autsch, mir ist das Bein eingeschlafen!*** ow, my leg's gone to sleep [*or* I've got pins and needles in my leg]! ④ (*nachlassen*) to die a [natural] death, to peter out; ***wir wollen unsere Freundschaft nicht ~ lassen*** we don't want to let our friendship peter out [*or* tail off]

ein|schläfern *vt* ① (*jds Schlaf herbeiführen*) ■ **jdn** ~ to lull sb to sleep; **ein Kind** ~ to get a child off to sleep ② (*schläfrig machen*) ■ **jdn** ~ to send sb to sleep, to have a soporific effect on sb ③ MED (*narkotisieren*) ■ **jdn** ~ to put sb to sleep, to knock sb out *fam* ④ (*euph: [schmerzlos] töten*) ■ **ein Tier** ~ to put an animal to sleep *euph;* ■ **ein Tier ~ lassen** to have an animal put to sleep [*or* put down]

einschläfernd *adj* ① MED **ein ~es Mittel** a sleeping pill, a sleep-inducing drug ② (*langweilig*) ■ ~ **sein** to have a soporific effect; ■ **es ist ~, etw zu tun** doing sth has a soporific effect

Einschlafstörungen *pl* MED problems *pl* with falling asleep

Einschlag *m* ① METEO *eines Blitzes* striking ② MIL shot; *einer Granate* burst of shellfire ③ (*Schussloch*) hole; *einer Kugel* bullet hole; ***dieser Trichter ist der ~ einer Granate*** this crater is where a shell struck ④ (*Anteil*) strain; ***diese Sprache hat einen arabischen ~*** this language contains elements of Arabic ⑤ (*Drehung der Vorderräder*) lock

ein|schlagen *irreg* **I.** *vt haben* ① (*in etw schlagen*) ■ **etw** ~ to hammer [*or* drive] [*or* knock] in sth *sep* ② (*durch Schläge öffnen*) ■ **[jdm] etw** ~ to smash [sb's] sth in; **ein Tor/eine Tür** ~ to break [*or* beat] down *sep* a gate/door, to smash a gate/door in; ■ **eingeschlagen** smashed-in; **ein eingeschlagenes Fenster** a smashed-in window, a window which has been smashed in ③ (*zerschmettern*) ■ **jdm etw** ~ to break sb's sth, to smash sb's sth [in]; **jdm die Nase** ~ to smash sb's nose, to plaster sb's nose across [*or* over] their face *fam;* **jdm die Zähne** ~ to knock sb's teeth in/out; ■ **eingeschlagen** broken, smashed ④ (*einwickeln*) ■ **etw [in etw** *akk*] ~ to wrap sth [in sth], to do sth up [in sth]; **eingeschlagene Klappe** (*Buchumschlag*) folded-in flap, tipped-in card ⑤ (*wählen*) ■ **etw** ~ to take sth; **eine Laufbahn** ~ to choose a career; **eine bestimmte Richtung** ~ to go in [*or* take] a particular direction; **einen Weg** ~ to choose [*or* follow] a way [*or* path]; ■ **eingeschlagen** chosen; ***das Schiff änderte den eingeschlagenen Kurs*** the ship changed course ⑥ AUTO ■ **etw** ~ to turn sth; ■ **eingeschlagen** turned ⑦ MODE to take in/up ⑧ HORT to heel in **II.** *vi* ① *haben o sein* METEO ■ **[in etw** *akk*] ~ *Blitz* to strike [sth] ② *sein* MIL to fall; ■ **[in etw** *akk*] ~ to strike [sth]; ***rings um die Soldaten schlugen Granaten ein*** shells fell all round the soldiers ③ *haben o sein* (*eine durchschlagende Wirkung haben*) to have an impact; ***die Nachricht hat eingeschlagen wie eine Bombe!*** the news has caused a sensation [*or* an uproar]! ④ *haben* (*einprügeln*) ■ **auf jdn** ~ to hit sb; ■ **auf etw** ~ to pound [on] sth [with one's fists] ⑤ *haben* (*einen Handschlag geben*) to shake [hands] on it; ***lass uns ~, die Wette gilt*** you're on: shake hands, let's bet on it ⑥ *haben* (*Anklang finden*) to catch on, to be well received

einschlägig **I.** *adj* (*entsprechend*) relevant, respective, pertinent; **~e Literatur** relevant literature **II.** *adv* JUR in this connection; ~ **vorbestraft** previously convicted

ein|schleichen *vr irreg* ① (*in etw schleichen*) ■ **sich** *akk* **[in etw** *akk*] ~ to creep [*or* slip] [*or* sneak] in[to sth], to steal in[to sth] *form* ② (*unbemerkt auftreten*) ■ **sich** *akk* **[in etw** *akk*] ~ to creep in[to sth]; **der Verdacht schleicht sich ein, dass ...** one has a sneaking suspicion that ...

ein|schleifen *vt irreg* SCH ■ **etw** ~ to drill sth; **eine schlechte Gewohnheit ~ lassen** to let a bad habit become established

ein|schleppen *vt* ■ **etw [in/nach etw** *akk*] ~ *Krankheiten, Ungeziefer* to bring sth in[to sth]

ein|schleusen *vt* ① (*heimlich hineinbringen*) ■ **jdn [in/nach etw** *akk*] ~ *Agenten, Spione* to smuggle sb in[to sth], to infiltrate sb into sth ② (*illegal hineinbringen*) ■ **jdn/etw [in/nach etw** *akk*] ~ *Falschgeld, Personen* to smuggle sb/sth in[to sth]

ein|schließen *vt irreg* ① (*in einen Raum schließen*) ■ **jdn [in etw** *akk o dat*] ~ to shut [*or* lock] sb [up] in [sth]; ■ **sich irgendwo ~ lassen** to let oneself be [*or* to allow oneself to be] shut [*or* locked] in somewhere ② (*wegschließen*) ■ **etw [in etw** *akk*] ~ to lock sth up [*or* away] [in sth]; ■ **eingeschlossen** locked away [*or* up] ③ (*einbegreifen*) ■ **jdn [in etw** *akk*] ~ to include sb [in sth]; ■ **[in etw** *dat*] **eingeschlossen sein** to be included [in sth]; ***die Bedienung ist im Preis eingeschlossen*** service is included in the price ④ (*einkesseln*) ■ **jdn/etw** ~ to surround [*or* encircle] sb/sth

einschließlich **I.** *präp +gen* (*inklusive*) ■ ~ **einer S.** *gen* inclusive of [*or* including] sth **II.** *adv* (*inbegriffen*) inclusive, including; ***vom 5. Januar bis ~ 2. Februar geschlossen*** closed from 5th January until 2nd February inclusive

ein|schlummern *vi sein* (*geh*) ① (*einschlafen*) to doze [*or* drop] off ② (*euph: sterben*) to pass away; **friedlich** ~ to pass away peacefully

Einschluss[RR] <-es, -schlüsse> *m*, **Einschluß** <-sses, -schlüsse> *m* inclusion; **mit** [*o* **unter**] ~ **von etw** (*geh*) including sth

ein|schmeicheln *vr* (*sich durch Schmeicheln beliebt machen*) ■ **sich** *akk* **[bei jdm]** ~ to ingratiate oneself [with sb], to curry favour [*or* AM -or] [with sb], to butter sb up *fam*

einschmeichelnd *adj* fawning, ingratiating, obsequious; **eine ~e Stimme** a mellifluous [*or* seductive] voice; **mit einer ~en Stimme** in dulcet [*or pej* honeyed] tones

ein|schmeißen *vt irreg* (*fam: einwerfen*) ■ **[jdm] etw** ~ *Fenster* to smash [sb's] sth in *fam;* ■ **eingeschmissen** smashed in

ein|schmelzen *vt irreg* (*wieder schmelzen*) ■ **etw [zu etw** *dat*] ~ *Metall* to melt sth down [into sth]; ■ **eingeschmolzen** melted down; ■ **das E~** melting down

ein|schmieren *vt* ① (*einölen*) ■ **etw** ~ to lubricate [*or* grease] sth ② (*einreiben*) ■ **etw [mit etw** *dat*] ~ to rub sth [with sth]; *mit Öl* to oil sth; **etw mit Salbe** ~ to rub cream into sth, to put cream on sth ③ (*beschmieren*) ■ **sich [mit etw** *dat*] ~ to smear [*or* cover] oneself with sth; ***wo habt ihr euch denn wieder so eingeschmiert?*** where did you get [yourselves] so mucky?; ■ **sich** *dat* **etw** ~ to get [*or* make] one's sth mucky/greasy, to get covered in muck/grease

ein|schmuggeln *vt* ① (*einschleusen*) ■ **jdn [in etw** *akk*] ~ to smuggle sb in[to sth]; **Agenten in ein Land** ~ to infiltrate a country with spies, to infiltrate spies into a country; ■ **sich [irgendwo/in etw** *akk*] ~ to smuggle oneself in [somewhere/to sth] ② (*heimlich hineinschaffen*) ■ **etw [in etw** *akk*] ~ *Drogen, Zigaretten etc.* to smuggle sth in[to sth]

einschnappen *vi sein* ① (*ins Schloss fallen*) to click to [*or* shut] ② (*fam: beleidigt sein*) to get in a huff [*or* huffy] *fam,* to get het up *fam,* to be offended; ■ **eingeschnappt** in a huff *pred fam,* offended

ein|schneiden *irreg* **I.** *vt* ① (*einen Schnitt in etw machen*) ■ **etw** ~ *Papier, Stoff etc.* to snip sth, to make a cut [*or* an incision] in sth, to slash sth ② (*in etw schneiden*) ■ **etw [in etw** *akk*] ~ to carve [*or* cut] [*or* engrave] sth [in/into sth] ③ (*klein schneiden und hineintun*) ■ **etw in etw** *akk* ~ to chop sth and put it in sth [*or* add it to sth]; ***in den Kohl werden noch Apfelstücke eingeschnitten*** pieces of apple are chopped into the cabbage ④ ■ **in etw** *akk* **eingeschnitten sein** to be cut into sth; ■ **eingeschnitten** cut; **ein tief eingeschnittener Hohlweg** a deep cutting [*or* defile] **II.** *vi* (*schmerzhaft eindringen*) ■ **[in etw** *akk*] ~ to cut in[to sth]; ***die Ausgaben schneiden tief in unsere Finanzen ein*** expenses are cutting deeply into [*or* making deep holes in] our finances

einschneidend *adj* **von ~er Bedeutung** of great [*or* utmost] importance; **eine ~e Veränderung** a drastic [*or* marked] [*or* radical] change; **eine ~e Wirkung** a far-reaching [*or* dramatic] [*or* profound] effect

ein|schneien *vi sein* ■ **[in etw** *akk*] ~ to get snowed in [somewhere]; ***in dem Schneesturm wurden viele Fahrzeuge eingeschneit*** many vehicles were snowed in by the blizzard

Einschnitt *m* ① MED incision; **einen ~ [in etw** *akk*] **machen** to make an incision [in sth] ② (*eingeschnittene Stelle*) cut; **einen ~ [in etw** *akk*] **machen** to cut [into sth] ③ (*Zäsur*) watershed, turning point

ein|schnüren **I.** *vt* (*einengen*) ■ **jdn** ~ to constrict sb; ■ **jdm etw** ~ to constrict sb's sth; **jdm den Hals** ~ to choke [*or* strangle] sb; ***der Gürtel schnürte ihr die Taille ein*** the belt pulled in her waist tightly **II.** *vr* (*tief eindringen*) ■ **sich [in etw** *akk*] ~ to bite [*or* cut] in[to sth]

ein|schränken **I.** *vt* ① (*reduzieren*) ■ **etw** ~ to cut [back on] sth, to reduce sth; **Ausgaben** ~ to curtail spending; ■ **eingeschränkt** reduced; **in ~en Verhältnissen leben** to live in reduced circumstances ② (*beschränken*) ■ **etw** ~ to curb [*or* limit] [*or* restrict] sth, to impose a restriction on sth, to put a check on sth; ■ **jdn in etw** *dat* ~ to curb [*or* limit] [*or* restrict] sb's sth, to impose a restriction on sb's sth, to put a check on sb's sth; **jdn in seiner Bewegungsfreiheit** ~ to have limited freedom of movement **II.** *vr* ■ **sich [in etw** *dat*] ~ to cut back [*or* down] [on sth]; **sich im Konsum von etw** *dat* ~ to reduce one's consumption of sth *form;* **sich in den Ausgaben** ~ to curtail one's spending

einschränkend **I.** *adj* (*beschränkend*) restrictive; **ein ~er Satz** a qualifying sentence **II.** *adv* ***ich muss aber ~ bemerken/sagen, dass ...*** I have to qualify that and say that ... [*or* by saying that ...]

Einschränkung <-, -en> *f* ① (*Beschränkung*) limit, restriction; **ohne ~en** without restrictions; (*Beschränkung der Rechte*) restriction; **eine ~/~en machen** to impose a restriction/restrictions; **mit ~[en]** with restriction/restrictions ② (*Vorbehalt*) reservation; ***mit ~en musste ich gestehen, dass ...*** with certain reservations, I had to admit that ...; **ohne ~[en]** without reservation[s], unreservedly ③ (*das Reduzieren*) reduction

ein|schrauben *vt* ■ **etw** ~ to screw sth in

Einschreib(e)brief *m* registered letter; **als** ~ as registered post BRIT, as a registered letter **Einschreib(e)gebühr** *f* registration fee

ein|schreiben *irreg* **I.** *vt* ■ **etw** ~ to register sth;

■**eingeschrieben** registered **II.** *vr* ❶ (*sich eintragen*) ■**sich** *akk* **[in/für etw** *akk***]** ~ to put one's name down [*or* BRIT enrol] [*or* AM enroll] [in sth/for sth]; **sich in eine Liste** ~ to put one's name on a list; **sich für ein Kurs bei einem Verein** ~ to register [*or* put one's name down] for a course at an organization; **sich bei einem Verein** ~ to enrol [*or* AM -ll] in a club ❷ SCH (*sich immatrikulieren*) ■**sich** *akk* **[für etw** *akk***]** ~ to register [*or* BRIT enrol] [*or* AM enroll] [for sth]; **sich bei einer Universität** ~ to register at a university; **sich für ein Fach/einen Studiengang** ~ to put one's name down [*or* BRIT enrol] [*or* AM enroll] for a subject/course

Einschreiben *nt* (*eingeschriebene Sendung*) registered post [*or* AM letter]; ~ **mit Rückschein** *registered letter with reply to show receipt;* **etw als** [*o* **per**] ~ **schicken** to send sth by registered post; ***den Brief hier will ich per ~ schicken*** I want to send this as a registered letter

Einschreib(e)sendung *f* registered post [*or* AM mail]

Einschreibung *f* SCH registration, enrolment BRIT, enrollment AM

ein|schreien *vi irreg* ■**auf jdn** ~ to scream [*or* yell] [one's head off] at sb

ein|schreiten *vi irreg sein* ■**[gegen jdn/etw]** ~ to do sth [about sb/sth], to take steps [against sb/sth]; **energisch gegen etw** ~ to crack down on sth; ***die Polizei schritt mit Wasserwerfern und Tränengas gegen die Rowdies ein*** the police used water cannons and tear gas against the vandals

Einschreiten <-s> *nt kein pl* action; (*um etw zu verhindern*) intervention

ein|schrumpeln *vi sein* (*fam*) to shrivel [up]; ***ab 40 schrumpelt die Haut ein*** at 40 the skin begins to wrinkle; ■**eingeschrumpelt** shrivelled [up] BRIT, shriveled [up] AM

ein|schrumpfen *vi sein* ❶ (*schrumpfen*) to shrivel [up]; ■**eingeschrumpft** shrivelled [up] ❷ (*weniger werden*) to shrink; ***unsere Vorräte sind eingeschrumpft*** our supplies have shrunk

Einschub *m* insertion

ein|schüchtern *vt* ■**jdn [durch** [*o* **mit**] **etw]** ~ to intimidate [*or* scare] [*or* frighten] sb [with sth/by doing sth]; **jdn mit Gewalt** ~ to menace [*or* bully] sb

Einschüchterung <-, -en> *f* intimidation, browbeating

Einschüchterungsversuch *m* attempt to intimidate [*or* at intimidation]

ein|schulen *vt* to send to school, to enrol [*or* AM enroll] at [primary] school; ■**eingeschult werden** to be sent to [*or* enrolled at] school

Einschulung *f* enrolment [*or* AM enrollment] at [primary] school; ***die ~ erfolgt meist mit 6 Jahren*** most children start school at 6

Einschuss^RR <-es, Einschüsse> *m*, **Einschuß** <-sses, Einschüsse> *m* (*Schussloch*) bullet hole; (*Einschussstelle*) entry point of a bullet

Einschussloch^RR *nt* bullet hole **Einschussstelle**^RR *f* bullet hole, wound at point of entry

ein|schütten *vt* ■**[jdm] etw [in etw** *akk***]** ~ to pour [sb] sth [into sth]; ■**sich** *dat* **etw** ~ to pour oneself sth

ein|schweißen *vt* ❶ (*versiegeln*) ■**etw [in etw** *akk***]** ~ *Nahrungsmittel, Bücher etc.* to seal sth [in sth]; ■**eingeschweißt** sealed ❷ TECH (*durch Schweißen einfügen*) ■**etw irgendwo** ~ to weld sth [on/onto] somewhere

Einschweißfolie [-liə] *f* plastic [wrapping]

ein|schwören *vt irreg* ❶ (*verpflichten*) ■**jdn auf etw** *akk* ~ to bind sb to sth/to do sth; **jdn auf Geheimhaltung** ~ to swear sb to secrecy; **jdn auf die Parteilinie** ~ to persuade [*or* oblige] sb to take [*or* tow] the party line; **jdn** ~ JUR to swear sb in ❷ (*festgelegt sein*) ■**auf etw** *akk* **eingeschworen sein** to be a [confirmed] stalwart [*or* supporter] of sth; ***er ist auf Porsche eingeschworen*** he's a Porsche fan

ein|segnen *vt* REL ❶ (*konfirmieren*) ■**jdn** ~ to confirm sb ❷ (*weihen*) ■**etw** ~ to bless sth

Einsegnung *f* REL ❶ (*Konfirmation*) confirmation ❷ (*die Weihe*) blessing

einsehbar *adj Gelände, Raum* visible

ein|sehen *vt irreg* ❶ (*begreifen*) ■**etw** ~ to see [*or* understand] sth; ***das sehe ich nicht ein*** I don't see why [*or* accept that]; ■~, **dass** to realize that, to see [*or* understand] that; ***du solltest langsam ~, dass …*** it's time you realized [*or* saw] [*or* understood] that … ❷ (*geh: prüfen*) ■**etw** ~ to examine [*or* inspect] sth, to have a look at sth ❸ (*in etw hineinsehen*) ■**etw** ~ to look into sth [from outside]; ***unser Garten kann von den Nachbarn nicht eingesehen werden*** our garden is not overlooked, you cannot be overlooked in our garden

Einsehen <-> *nt kein pl* understanding; ***haben Sie doch ein ~!*** please understand!; ***so haben Sie doch ein ~!*** please be reasonable [*or fam* have a heart]!; **[mit/für etw] ein/kein ~ haben** to show [no] understanding [*or* consideration] [for sth]; ***dieser starrköpfige Kerl will einfach kein ~ haben*** the stubborn fool just doesn't want to understand

ein|seifen *vt* ❶ (*mit Seife einreiben*) ■**jdn** ~ to soap sb, to lather sb with soap; ■**sich** ~ to soap oneself, to lather oneself with soap; ■**jdm etw** ~ to soap sb's sth, to lather sb's sth with soap; **jdm den Kopf** ~ to shampoo sb's hair; **jdm [das Gesicht] mit Schnee** ~ to rub snow into sb's face [*or* sb's face with snow]; ■**sich von jdm ~ lassen** to have sb soap one [*or* lather one with soap]; ■**sich** *dat* **etw** ~ to soap one's sth; **sich gründlich den ganzen Körper** ~ to soap oneself thoroughly ❷ (*fam: hintergehen*) ■**jdn** ~ to take sb for a ride *fig;* ***der Verkäufer hat dich eingeseift*** the salesman ripped you off *fam*

einseitig **I.** *adj* ❶ (*nur eine von zwei Personen betreffend*) one-sided; ■**etwas E~es** something one-sided; JUR, POL one-sided, unilateral; **~e Erklärungen** declarations made by one party ❷ MED one-sided; **eine ~e Lähmung** paralysis of one side of the body ❸ (*beschränkt*) one-sided; **eine ~e Ernährung** an unbalanced diet ❹ (*voreingenommen*) bias[s]ed BRIT, biased AM, one-sided; ■~ **[in etw** *dat***] sein** to be biased [in sth] **II.** *adv* ❶ (*auf einer Seite*) on one side; ***die Folie ist ~ bedruckt*** the transparency is printed on one side ❷ (*beschränkt*) in a one-sided way; **jdn ~ ausbilden** to educate [*or* train] sb in a one-sided fashion; **sich ~ ernähren** to have an unbalanced diet ❸ (*parteiisch*) from a one-sided point of view, one-sidedly; ~ **informiert** to have heard only one side of the argument

Einseitigkeit <-, *selten* -en> *f* ❶ (*Voreingenommenheit*) one-sidedness, bias ❷ (*Beschränktheit*) one-sidedness; *Ernährung* imbalance

ein|senden *vt irreg* ■**etw [an jdn/etw]** ~ to send sth [in] [to sb/sth]

Einsender(in) *m(f)* sender

Einsendeschluss^RR *m* closing date [for entries]; **irgendwann ist** ~ the closing date is sometime

Einsendung *f* ❶ *kein pl* (*das Einsenden*) submission ❷ (*Zuschrift*) reply, answer

Einser <-s, -> *m* SCH (*fam*) grade one

einsetzbar *adj* applicable, usable

Einsetzen <-s> *nt kein pl* ❶ (*Hinzufügen*) insertion; ~ **einer Klausel** JUR insertion of a clause ❷ (*Ernennen*) nomination, appointment; ~ **eines Begünstigten** nomination of a beneficiary; ~ **der Geschworenen/eines Geschworenengerichts** panellation/array of a jury; **testamentarisches** ~ appointment by will

ein|setzen **I.** *vt* ❶ (*hineinschreiben*) ■**etw [in etw** *akk***]** ~ to write sth in [sth], to insert sth [in sth] ❷ (*einfügen*) ■**[jdm] etw [in etw** *akk***]** ~ to insert sth [in sth], to put sth in [sth]; ***für die zu Bruch gegangene Scheibe setzte ihnen der Glaser gleich eine neue ein*** the glazier replaced the broken pane for them ❸ (*einnähen*) ■**[jdm] etw [in etw** *akk***]** ~ to sew sth in[to sth] [for sb]; **einen Ärmel** ~ to set in a sleeve; ■**sich [von jdm] etw [in etw** *akk***] ~ lassen** to have sth sewn in[to sth] [by sb], to have [sb] sew sth in[to sth] ❹ (*ins Leben rufen*) ■**etw** ~ to establish sth, to set sth up ❺ (*ernennen*) ■**jdn [als etw]** ~ to appoint [*or* BRIT instal[l]] [*or* AM install] sb [as sth]; ***im Testament war sie als Alleinerbin eingesetzt worden*** in the will she was named [*or* appointed] the sole inheritor ❻ (*zum Einsatz bringen*) ■**jdn/etw [gegen jdn]** ~ to use sb/sth [*or* bring sb/sth in] [against sb]; ***dank der eingesetzten Helfer gelang es, den Katastrophenopfern schneller zu helfen*** thanks to the helpers who had been brought in, the victims of the catastrophe could be helped more quickly; **Schlagstöcke/Gummigeschosse/Gas** ~ to use truncheons/rubber bullets/gas; SPORT *Ersatzspieler* to bring on sb *sep,* to use sb ❼ (*zusätzlich fahren lassen*) ■**etw** ~ to put on sth, to run sth; ■**eingesetzt** put on *pred,* run *pred* ❽ (*aufbieten*) ■**etw** ~ to use [*or* employ] sth; **das Leben [für etw** *akk***]** ~ to put one's life at risk [*or* be ready to die] [for sth] ❾ KARTEN (*benutzen*) ■**etw** ~ to use [*or* employ] sth; (*aufwenden*) to use sth up; (*wetten*) to bet sth, to wager **II.** *vi* ❶ (*anheben*) to start [up], to begin, to commence; ***die Ebbe setzt oft ganz unmerklich ein*** the tide often starts to ebb quite imperceptibly; **die ~de Ebbe/Flut** the turning ebb tide/flood tide ❷ MED to begin; ■**etw setzt bei jdm ein** sb gets sth; ***gegen Abend hat bei ihm heftiges Fieber eingesetzt*** towards evening he was running a very high temperature; ***die Leichenstarre hat bereits eingesetzt*** rigor mortis has already set in; ***in tropischem Klima setzt bei Leichen die Verwesung oft schon nach zwei Tagen ein*** in tropical climates bodies often begin to decay after only two days ❸ MUS to begin to play, to start [up] **III.** *vr* ❶ (*sich engagieren*) ■**sich** ~ to make an effort, to exert oneself, to work hard; **sich besonders** ~ to make a special effort, to work particularly hard; **sich voll** ~ to make a whole-hearted effort [*or* every effort], to work whole-heartedly; ***Sie sollten sich intensiver ~*** you should make a bigger effort [*or* work harder] ❷ (*sich verwenden für*) ■**sich für jdn/etw** ~ to be active on sb's/sth's behalf, to stand up for [*or* support] sb/sth; ■**sich bei jdm für jdn/etw** ~ to intercede with sb on sb's/sth's behalf; ***ich werde mich bei Direktor Wengel für dich ~*** I'll have a word with Mr Wengel, the director, on your behalf; ■**sich dafür ~, dass** to speak out for [*or* in favour of] sth [so that]; ***sie hat sich immer öffentlich dafür eingesetzt, dass dieses Gesetz abgeschafft würde*** she has always spoken out in favour of getting rid of this law; ***er versprach, sich dafür einzusetzen, dass die Haftbedingungen erleichtert würden*** he promised to do what he could to make sure prison conditions were improved; ***kannst du dich nicht bei ihm dafür einsetzen, dass er mir den Betrag noch etwas stundet?*** can't you have a word with him so that he gives me time to pay?

Einsetzung <-, -en> *f* (*geh: Ernennung*) appointment, instal[l]ment BRIT, installment AM; ■**jds ~ in etw** *akk* sb's appointment to [*or* BRIT instal[l]ment in] [*or* AM installment in] sth

Einsicht *f* ❶ (*Erkenntnis*) insight; **jdn zur ~ bringen** to make sb see sense [*or* reason], to persuade sb; **zur ~ kommen** [*o* **gelangen**] to be reasonable, to see sense [*or* reason], to listen to reason; ***komm doch endlich zur ~!*** come on, be reasonable!; **zu der ~ kommen, dass** to see [*or* realize] that ❷ (*prüfende Durchsicht*) ■~ **[in etw** *akk***]** inspection [*or* examination] [of sth]; **jdm ~ in die Akten gewähren/verwehren** to grant/refuse sb access to the files; ~ **in etw** *akk* **nehmen** to have access to [*or* inspect] sth; ~ **in etw** *akk* **verlangen** to demand access to sth; **zur** ~ for inspection [*or* examination] ❸ (*Einblick*) view; ***der Zaun verwehrte Passanten die ~ in den Garten*** the fence stopped passers-by looking into the garden

einsichtig *adj* ❶ (*verständlich*) reasonable, understandable; **ein ~er Grund** a valid reason; ■**etw ist ~** sth is understandable; ***es müsste [Ihnen] ~ sein, dass …*** you must see that …; ■**es ist nicht ~, warum …** it is difficult [*or* not easy] to see why … ❷ (*vernünftig*) reasonable; ■~ **sein** to be reasonable; ■**so ~ sein, etw zu tun** to be reasonable enough to do sth

Einsichtnahme <-, -n> *f* (*geh: Einsicht 2.*) ■ **die/jds ~ in etw** *akk Akten* the/sb's inspection [*or* examination] of sth

Einsichtsfähigkeit *f* JUR *capacity to understand the wrongfulness of an act* **Einsichtsrecht** *nt* JUR **Einsichts- und Prüfungsrecht** right of inspection

ein|sickern *vi* (*Flüssigkeit*) to seep in

Einsiedler(in) *m(f)* hermit, recluse

einsiedlerisch I. *adj* solitary, hermit-like, reclusive II. *adv* like a hermit [*or* hermits], solitarily

Einsiedlerkrebs *m* ZOOL hermit crab

einsilbig *adj* ① LING monosyllabic; **ein ~es Wort** a monosyllable, a monosyllabic word ② (*wenig redselig*) monosyllabic, taciturn, quiet; ***er ist ein sehr ~er Mensch*** he's a man of few words ③ (*knapp und wenig aussagekräftig*) monosyllabic; **~e Antwort geben** to answer in monosyllables; ■ **etw ist zu ~** sth is too brief

Einsilbigkeit <-> *f kein pl Wort* monosyllabism; *Mensch* taciturnity, uncommunicativeness; *Reim* masculinity

ein|sinken *vi irreg sein* (*in etw sinken*) ■ **[in etw** *akk o dat*] ~ *Morast,Schnee etc.* to sink in[to sth]

ein|sitzen *vi irreg* (*geh*) to serve a [prison] sentence *form,* to be imprisoned *form*

ein|sortieren* *vt* (*in etw sortieren*) ■ **etw [in etw** *akk*] ~ to sort sth [out] [into sth]

ein|spannen *vt* ① (*heranziehen*) ■ **jdn [für etw** *akk*] ~ to rope sb in [for sth]; ***manche Leute verstehen es, andere für sich einzuspannen*** some people know how to get others to work for them [*or* to rope others in]; **sich für jdn/etw ~ lassen** to let oneself be roped in for sb/sth ② (*in etw spannen*) ■ **etw** ~ to insert sth; *in einen Schraubstock* to clamp [*or* fix] sth ③ (*ins Geschirr spannen*) ■ **Tiere** ~ to harness animals; ■ **eingespannt** harnessed ④ (*viel zu tun haben*) ■ **sehr eingespannt sein** to be very busy

Einspänner <-s, -> *m* ① (*einspännige Kutsche*) one-horse carriage ② KOCHK ÖSTERR *black coffee with whipped cream*

einspännig *adj* one-horse, harnessed with one horse *pred;* ■ **etw ist** ~ sth is with [*or* pulled by] one horse; ~ **fahren** to drive out in a carriage with one horse, to drive a one-horse carriage

ein|sparen *vt* ① (*ersparen*) ■ **etw** ~ to save sth ② (*kürzen*) ■ **etw** ~ to save [*or* cut down] on sth, to economize on sth

Einsparpotenzial^RR^ *nt* saving potential

Einsparung <-, -en> *f* ① (*das Einsparen*) saving, economizing; **die ~ von Rohstoffen/Strom** saving raw materials/electricity ② (*Kürzung*) cutting down/out, economizing, saving

Einsparungseffekt *m* FIN savings effect

ein|speichern *vt* ■ **etw [in etw** *akk*] ~ to store sth [in sth]; **Daten in einen Computer** ~ to feed [*or* input] data into a computer

ein|speisen *vt* ① (*einleiten*) ■ **etw [in etw** *akk*] ~ to feed sth in[to sth] ② (*einspeichern*) ■ **etw [in etw** *akk*] ~ to store sth [in sth]

Einspeisung <-, -en> *f* ELEK, INFORM feeding [in]

ein|sperren *vt* ① (*in etw sperren*) ■ **jdn/ein Tier [in etw** *akk*] ~ to lock [*or* shut] sb/an animal up [in sth] [*or* in [sth]]; ■ **eingesperrt sein** to be locked in [*or* up], to be shut in ② (*inhaftieren*) ■ **jdn** ~ to lock sb up, to put sb behind bars; ***er gehört eingesperrt*** he belongs behind bars

ein|spielen I. *vr* ① (*einstellen*) ■ **sich** ~ *Methode, Regelung* to get into full swing, to get going [properly], to get into one's stride [*or* it's [really] got going [properly]] [*or* it's got into its stride] ② (*sich aneinander gewöhnen*) ■ **sich aufeinander** ~ to get used to each other ③ SPORT (*sich warm spielen*) ■ **sich** ~ to warm up II. *vt* ① FILM ■ **etw** ~ to bring in sth; **die Aufwendungen/Produktionskosten** ~ to cover the expenses/production costs ② RADIO, TV ■ **etw** ~ *Wetter, Interview etc.* to start [*or* begin] sth; ■ **sich** *dat* **etw ~ lassen** to play sth ③ INFORM **Daten [in etw** *akk*] ~ to load data [into sth]

Einsprache *f* JUR SCHWEIZ (*Einspruch*) objection

einsprachig *adj* monolingual

ein|sprechen *vi irreg* ■ **auf jdn** ~ to speak to sb persuasively

Einsprechende(r) *f(m) dekl wie adj* JUR opponent; **unzulässig** ~ unauthorized opponent

ein|sprengen *vt* ■ **etw [mit etw** *dat*] ~ to sprinkle sth [with sth]; ■ **jdn mit etw** *dat* ~ to sprinkle sb with sth

ein|springen *vi irreg sein* (*fam*) ① (*vertreten*) ■ **[irgendwo/für jdn]** ~ to stand in [*or* help out] [*or* step into the breach] [somewhere/for sb] ② (*aushelfen*) ■ **[mit etw** *dat*] ~ to help out [with sth]

Einspritzanlage *f* fuel injection [system] **Einspritzdüse** *f* injection nozzle

ein|spritzen *vt* ① MED ■ **jdm etw** ~ to inject sb with sth; ■ **sich** *dat* **etw** ~ to inject oneself with sth ② AUTO ■ **etw** ~ to inject sth

Einspritzer <-s, -> *m* (*fam*) car with [a] fuel injection [system], fuel-injected car *fam*

Einspritzmotor *m* AUTO fuel injection [*or* fuel-injected] engine **Einspritzpumpe** *f* [fuel] injection pump, injector **Einspritzventil** *nt* AUTO injector **Einspritzverfahren** *nt* AUTO fuel injection

Einspruch *m* ① (*Protest*) objection ② JUR (*Einwand*) objection; **~!** objection!; **[gegen etw** *akk*] ~ **erheben** to lodge [*or* make] [*or* raise] an objection [against sth]; ***ich erhebe ~, euer Ehren!*** objection, your honour!; **einem ~ stattgeben** to uphold [*or* allow] an objection; ***dem ~ wird stattgegeben!*** objection sustained!; **einen ~ nicht gelten lassen** to overrule an objection; **~ *abgelehnt!*** objection overruled! ③ JUR (*Berufung*) appeal; **[gegen etw** *akk*] ~ **einlegen** *gegen Entscheidung, Urteil* to appeal [*or* lodge an appeal] [against sth]; **einen ~ verwerfen** to reject [*or* disallow] an appeal

Einspruchsabteilung *f des Patentamtes* opposition division **Einspruchsbegründung** *f* (*bei Patentverletzung*) grounds for opposition **Einspruchseinlegung** *f* JUR filing of the objection; (*Patentrecht*) notice of opposition **Einspruchsentscheid** *m* (*Patentrecht*) decision on an opposition **Einspruchserhebende(r)** *f(m) dekl wie adj* JUR objector **Einspruchserhebung** *f* JUR appeal **Einspruchserklärung** *f* JUR notice of opposition **Einspruchserwiderung** *f* JUR counterstatement in opposition proceedings; (*Patentrecht*) rejoinder to an opposition **Einspruchsfrist** *f* JUR period for objection; (*Patentrecht*) opposition period **Einspruchspartei** *f* JUR (*Patentrecht*) party in opposition **Einspruchsrecht** *nt* JUR right of appeal [*or* veto] **Einspruchsverfahren** *nt* JUR (*Patentrecht*) opposition proceedings *pl*

ein|sprühen *vt* ■ **etw** ~ to spray sth; **die Wäsche** ~ *to damp washing prior to ironing it*

einspurig I. *adj* ① TRANSP one-lane ② (*pej: eingleisig*) one-track; **~es Denken** one-track mind II. *adv* ① TRANSP ***die Straße ist nur ~ befahrbar*** only one lane of the road is open ② (*pej: eingleisig*) in a narrow-minded way; ***er denkt so*** ~ he's so blinkered

einst *adv* ① (*früher*) once ② (*geh: in Zukunft*) one [*or* some] day

ein|stampfen *vt* MEDIA ■ **etw** ~ to pulp sth

Einstand *m* ① *bes* SÜDD, ÖSTERR (*Arbeitsanfang*) start of a new job; ***wir müssen noch deinen ~ feiern*** we must celebrate your new job; **seinen ~ geben** to celebrate getting [*or* starting] a new job ② TENNIS deuce

Einstandspreis *m* HANDEL cost price

ein|stechen I. *vi irreg* ① (*mit einer Stichwaffe*) ■ **[mit etw** *dat*] **auf jdn** ~ to stab sb [repeatedly] [with sth] ② (*in etw hineinstechen*) ■ **[mit etw** *dat*] **in etw** *akk* ~ *Nadel* to insert [*or* stick] sth into sth; **mit der Gabel in die Kartoffeln** ~ to prick the potatoes [with a fork] ③ (*durch Stechen etw hervorbringen*) ■ **[mit etw** *dat*] **in etw** *akk* ~ to pierce [*or* make a hole in] sth [with sth] ④ KARTEN to [play a] trump II. *vt irreg* ■ **etw in etw** *akk* ~ to stick [*or* insert] sth into sth; **die Nadel in die Vene** ~ to insert the needle into the vein; ■ **etw [mit etw** *dat*] ~ KOCHK to prick sth [with sth]; **den Teig mehrmals mit einer Gabel** ~ to prick the dough several times with a fork

Einsteckbeilage *f* TYPO loose insert

ein|stecken *vt* ① (*in die Tasche stecken*) ■ **etw** ~ to put sth in one's pocket; ***er hat das Geld einfach eingesteckt!*** he's just pocketed the money!; ***hast du deinen Pass eingesteckt?*** have you got your passport?; ***stecken Sie Ihren Revolver mal wieder ein!*** put your revolver away! ② (*einwerfen*) ■ **etw** ~ to post [*or* mail] sth ③ (*fam: hinnehmen*) ■ **etw** ~ to put up with [*or* swallow] [*or* take] sth ④ (*verkraften*) ■ **etw** ~ to take sth ⑤ ELEK ■ **etw** ~ to plug in sth *sep*

Einsteckkarte *f* smart card **Einsteckklapppe** *f* TYPO flap **Einsteckmodul** *nt* TECH plug-in module **Einsteckschlitz** *m* TYPO flap slot **Einsteckschloss**^RR^ *nt* BAU mortise lock **Einstecktuch** *nt* pocket handkerchief

ein|stehen *vi irreg sein* ① (*sich verbürgen*) ■ **für jdn/etw** ~ to vouch for sb/sth; ***ich stehe [voll] für ihn ein, er wird Sie schon nicht enttäuschen*** I can guarantee that he won't disappoint you; ■ **[jdm] dafür ~, dass** to promise [*or* guarantee] [sb] that; ■ **dafür ~, dass** to vouch for the fact that ② (*aufkommen*) ■ **für etw** *akk* ~ to take responsibility for sth; **für Schulden** ~ to assume liability for debts

Einsteigekarte *f* boarding card [*or* AM pass]

Einsteigen <-s> *nt kein pl in das Flugzeug* boarding

ein|steigen *vi irreg sein* ① (*besteigen*) ■ **[in etw** *akk*] ~ to get on [sth]; **in ein Auto [*o* Taxi]** ~ to get in[to] a car [*or* taxi]; **in einen Zug** ~ to get on [*or* *form* board] a train; ■ **das E~** ***das E~ in den Zug*** getting onto the train; **~!** all aboard! ② (*fam: hineinklettern*) ■ **[in etw** *akk*] ~ to climb [*or* get] in[to sth] ③ ÖKON ■ **in etw** *akk* ~ to buy into [*or* take a stake in] sth ④ (*sich engagieren*) ■ **in etw** *akk* ~ to go into sth; **in eine Bewegung** ~ to get [*or* become] involved in a movement

Einsteinium <-s> *nt kein pl* einsteinium

einstellbar *adj* adjustable; ■ **auf jdn/etw** ~ adjustable [to sb/sth]

ein|stellen I. *vt* ① (*anstellen*) ■ **jdn [als etw]** ~ to employ [*or* take on] sb [as sth]; **Arbeitskräfte** ~ to take on employees; ***sie wurde als Redaktionsassistentin eingestellt*** she was given a job as [an] editorial assistant ② (*beenden*) ■ **etw** ~ to stop [*or* break off] sth; **eine Suche** ~ to call off [*or* abandon] a search; **eine Planung [*o* ein Projekt]** ~ to shelve a plan [*or* project]; ***die Firma hat die Arbeit eingestellt*** the company has closed ③ MIL ■ **etw** ~ to stop sth; **Feindseligkeiten** ~ to suspend hostilities; **das Feuer** ~ to cease fire; **Kampfhandlungen** ~ to cease hostilities [*or* fighting] ④ JUR ■ **etw** ~ to abandon sth ⑤ FOTO ■ **etw [auf etw** *akk*] ~ to adjust [*or* set] sth [to sth]; **etw auf eine Entfernung** ~ to focus sth ⑥ ELEK ■ **etw [auf etw** *akk*] ~ to set sth [at sth] [*or* adjust sth [to sth]] ⑦ TV, RADIO ■ **[jdm] etw [auf etw** *akk*] ~ to tune [sb's] sth [to sth]; ***der Videorekorder ist auf Aufnahme eingestellt*** the video recorder is programmed to record ⑧ AUTO ■ **[jdm] etw** ~ to adjust [sb's] sth; **die Zündung** ~ to set [*or* adjust] the [ignition] timing; ■ **sich** *dat* **etw ~ lassen** to have sth adjusted ⑨ TECH ■ **[jdm] etw [irgendwie]** ~ to adjust [sb's] sth [somehow]; **etw in der Höhe** ~ to adjust the height of sth; **die Lehnenneigung** ~ to adjust the angle of a rest ⑩ (*hineinstellen*) ■ **etw [in etw** *akk*] ~ to put sth away [in sth]; ***in den Carport können zwei Autos eingestellt werden*** the carport can accommodate two cars; **ein Buch ins Regal** ~ to put a book away [on the shelf] ⑪ SPORT (*egalisieren*) ■ **etw** ~ to equal sth; **den Rekord** ~ to equal the record II. *vr* ① (*auftreten*) ■ **sich** ~ *Bedenken* to begin; MED *Fieber, Symptome, Übelkeit etc.* to develop, to begin; ***Symptome haben sich eingestellt*** symptoms have appeared [*or* developed] ② (*sich anpassen*) ■ **sich auf jdn/etw** ~ to adapt to sb/sth; ■ **sich auf etw** ~ to adjust to sth ③ (*sich vorbereiten*) ■ **sich auf etw** *akk* ~ to prepare oneself for sth ④ (*geh: sich einfinden*) ■ **sich** ~ to arrive, to present oneself *form; s. a.* **eingestellt** III. *vi* (*beschäftigen*) to take on [*or* hire] people; ***wir stellen Maurer ein*** we have vacancies for bricklayers

einstellig *adj* single-digit *attr*

Einstellknopf *m* control knob; ■**die Einstellknöpfe** the controls [*or* control knobs] **Einstellplatz** *m* ❶ (*Platz zum Unterstellen*) carport ❷ (*Stellplatz*) parking space **Einstellrad** *nt* adjusting [*or* focussing] ring **Einstellschraube** *f* AUTO setting [*or* adjustment] screw

Einstellung *f* ❶ (*Anstellung*) taking on, employment; ***die ~ zusätzlicher Mitarbeiter*** taking on [*or* employing] extra staff; ***bei ihrer ~*** when she started the job ❷ (*Beendigung*) stopping, termination *form;* **~ einer Suche** abandoning [*or* abandonment] of a search ❸ JUR (*Aussetzung*) stay; (*Aussetzen*) suspension; (*Aufgabe*) abandonment; **~ eines Rechtsanspruchs** abandonment of a claim; **~ der Geschäftstätigkeit** suspension of business; **~ des Verfahrens** stay of proceedings; (*Strafprozess*) nolle prosequi; **einstweilige ~** provisional stay of the proceedings ❹ FOTO adjustment ❺ ELEK setting ❻ AUTO adjustment; **~ der Zündung** setting the timing ❼ TECH (*Regulierung*) adjustment ❽ TV, RADIO tuning; ***die ~ des Videorekorders*** programming the video recorder ❾ FILM shot, take ❿ (*Gesinnung, Haltung*) attitude; **die richtige ~ mitbringen** to have the right attitude; ***das ist nicht die richtige ~!*** that's not the right attitude!; **eine ganz andere ~ haben** to think [*or* see it] differently; **politische/religiöse ~en** political/religous opinions [*or* views]; **eine kritische ~** a critical stance; **kritische ~en** critical views; **keine ~ zu etw haben** to hold no opinion about sth

Einstellungsbedingung *f* conditions of employment *usu pl,* requirements for employment *usu pl* **Einstellungsbescheid** *m* JUR stoppage order **Einstellungsgespräch** *nt* interview **Einstellungspraktiken** *pl* ÖKON employment practices **Einstellungsstopp**RR *m* freeze on recruitment, stop to new appointments; **einen ~ verhängen** to impose a freeze on recruitment; **einen ~ für Lehrer anordnen** to order a stop to the appointment of new teachers **Einstellungstermin** *m* starting date **Einstellungstest** *m test to be passed as a condition of employment* **Einstellungsverfügung** *f* JUR writ of supersedeas [*or* AM of prohibition]

Einstich *m* ❶ (*das Einstechen*) insertion ❷ (*Einstichstelle*) puncture, prick

Einstieg <-[e]s, -e> *m* ❶ *kein pl* (*das Einsteigen*) getting in; ■**jds ~ in etw** *akk* sb's getting in[to] [*or form* entry into/to] sth; **jds ~ in einen Bus/Zug** sb's getting on[to] [*or form* entering] a bus/train; **~ nur mit Fahrausweis** all passengers are required to have a ticket; ***„hier kein ~!"*** "no entry!", "exit only!"; ***„~ nur vorn!"*** "Entry only at the front!" ❷ (*Tür zum Einsteigen*) *Bahn* door; *Bus a.* entrance; *Panzer* hatch ❸ (*Zugang*) ■**jds ~ in etw** *akk* sb's getting to grips with [*or fam* getting into] sth; ***ich habe bisher noch keinen ~ in diese schwierige Materie gefunden*** till now I've found no way of approaching [*or* getting to grips with] this difficult material ❹ (*Aufnahme*) start; **der ~ in einen Markt** the penetration of a market; ***der ~ in die Kernenergie*** adopting [*or* starting] a nuclear energy programme ❺ (*an einer Bergwand o. ä.*) ■**jds ~ in etw** *akk* sb's assault on sth

Einstiegluke *f* BAU access hatch **Einstiegsdroge** *f* soft drug (*which can supposedly lead on to harder drugs*)

einstig *adj attr* former *attr*

ein|stimmen I. *vi* ■**[in etw** *akk*] ~ to join in [sth]; **in ein Lied ~** to join in the singing; **in eine Klage** [*o* **Beschwerde**] ~ to join in [*or* add one's voice to] a protest [*or* a complaint] II. *vt* (*innerlich einstellen*) ■**jdn auf etw** *akk* ~ to get sb in the right mood [*or* in the right frame of mind] [*or fam* psyched up] for sth

einstimmig1 I. *adj* MUS **ein ~es Lied** a song for one voice II. *adv* MUS in unison, with one voice; **~ singen** to sing in unison

einstimmig2 I. *adj* unanimous II. *adv* unanimously; **etw ~ beschließen** to come to a unanimous decision on sth

Einstimmigkeit <-> *f kein pl* unanimity; **~ erzielen** to achieve unanimity, to come to a unanimous agreement

Einstimmigkeitsregel *f* ÖKON unanimity rule

Einstimmung *f kein pl* **zur ~ auf etw** *akk* to get in the right frame of mind [*or* the right mood] for sth; ***er sprach einige Worte zur ~ auf den Filmabend*** he said a few words as an introduction to the film evening

einstmals *adv* (*geh*) *s.* **einst**

einstöckig *adj* single-storey *attr* [*or* AM -story], one-storey *attr*

ein|stöpseln *vt* ELEK (*fam*) ■**etw ~** to plug sth in; ***wo kann ich den Stecker hier ~?*** where's the socket?

ein|stoßen *vt irreg* (*stoßend eindrücken*) ■**etw ~** to break sth down; **ein Fenster ~** to smash a window; **jdm die Zähne ~** to knock in sb's teeth [unintentionally] *sep;* **den Kopf ~** to bang one's head

Einstrahlung <-, -en> *f* METEO irradiation

ein|streichen *vt irreg* ❶ (*fam: einheimsen*) ■**etw ~** to pocket sth *fam;* ***in dem Geschäft streicht er Unsummen ein*** in that business he's raking it in [*or* BRIT he's coining it [in]] *fam* ❷ (*bestreichen*) ■**etw [mit etw** *dat*] ~ to paint [*or* coat] sth [with sth]; **Brot mit Butter ~** to butter [*or* spread butter on] a piece of bread

ein|streuen *vt* ❶ (*einflechten*) ■**etw [in etw** *akk*] ~ to work sth in[to sth]; **Zitate in ein Vortrag ~** to sprinkle a lecture with quotations; **geschickt eingestreute Bemerkungen** shrewdly placed remarks ❷ (*ganz bestreuen*) ■**etw [mit etw** *dat*] ~ to scatter [*or* strew] sth [with sth]; **die Rasenfläche mit Dünger ~** to scatter [*or* strew] fertilizer on the lawn

Einstrippen <-s> *nt kein pl* TYPO (*von Text*) stripping-in

ein|strömen *vi sein* ❶ METEO (*in etw strömen*) ■**[nach etw]** ~ to stream [*or* surge] [*or* pour] in[to sth] ❷ (*rasch hineinfließen*) ■**[in etw** *akk*] ~ to pour [*or* flood] in[to sth]

ein|studieren* *vt* ■**etw ~** to rehearse [*or* BRIT practise] [*or* AM -ce] sth; **etw vor dem Spiegel ~** to rehearse sth in front of the mirror; ■**einstudiert** rehearsed

ein|stufen *vt* ❶ (*eingruppieren*) ■**jdn [in etw** *akk*] ~ to grade sb [in sth]; ■**jdn in etw** *akk* ~ to put sb in sth; **jdn in eine bestimmte Steuerklasse ~** to assess sb as being in a particular tax bracket; **jdn in eine Gehaltsgruppe ~** to give sb a [salary] grade ❷ (*zuordnen*) ■**etw in etw** *akk* ~ to categorize [*or* grade] sth as sth

Einstufung <-, -en> *f* categorization, classification; **jds ~ in eine bestimmte Gehaltsklasse** sb's assessment as a particular salary grade

einstündig, 1-stündigRR *adj* one-hour *attr,* lasting one hour *pred; s. a.* **achtstündig**

ein|stürmen *vi sein* ❶ (*bestürmen*) ■**[mit etw** *dat*] **auf jdn ~** to bombard [*or* besiege] sb [with sth]; **mit Fragen/Bitten auf jdn ~** to bombard [*or* besiege] sb with questions/requests ❷ (*eindringen*) ■**auf jdn ~** to overwhelm sb; ***nach dem Urlaub stürmten eine Vielzahl von Verpflichtungen auf ihn ein*** after the holiday he was swamped [*or* inundated] with engagements

Einsturz *m* ❶ (*das Einstürzen*) collapse; *Decke a.* caving-in, falling-in; *Mauer* falling-down, falling-in ❷ **etw zum ~ bringen** to cause sth to collapse [*or* the collapse of sth]

ein|stürzen *vi sein* ❶ (*zusammenbrechen*) to collapse; *Decke a.* cave in, fall down ❷ (*heftig eindringen*) ■**auf jdn ~** to overwhelm [*or* swamp] [*or* crowd in on] sb ❸ **etw zum E~ bringen** to cause sth to collapse

Einsturzgefahr *f kein pl* danger of collapse; ***„Vorsicht ~!"*** "Building unsafe!"; **es besteht ~** sth is threatening to [*or* is in danger of] collapse; **wegen ~** because sth is threatening to [*or* is in danger of] collapse

einstweilen *adv* ❶ (*vorläufig*) for the time being; **jdn ~ auf freien Fuß setzen** to release sb temporarily ❷ (*in der Zwischenzeit*) in the meantime, meanwhile

einstweilig *adj attr* temporary; **eine ~e Anordnung** [*o* **Verfügung**] a temporary [*or* interim] order/injunction

ein|suggerieren* *vt* (*fam*) ■**jdm etw ~** to suggest sth to sb, to persuade sb of sth; ■**jdm ~, dass** to suggest to [*or* persuade] sb that

Ein-Tages-Engagement *nt* BÖRSE intra-day position

eintägig, 1-tägigRR *adj* one-day *attr,* lasting one day *pred*

Eintagsfliege *f* ❶ ZOOL mayfly ❷ (*von kurzer Dauer*) nine days' wonder; ***sein Erfolg war nur eine ~*** his success was just a flash in the pan

ein|tätowieren* *vt* ■**[jdm] etw ~** to tattoo sth [on sb]; ■**sich** *dat* **etw ~ lassen** to have a tattoo of sth; ***er ließ sich seine Initialien ~*** he had a tattoo of his initials; ■**eintätowiert** tattooed

ein|tauchen I. *vt haben* ■**jdn [in etw** *akk*] ~ to immerse sb [in sth]; ■**etw [in etw** *akk*] ~ to dip sth in [sth]; *Lebensmittel* to dip [*or fam* dunk] sth [in sth] II. *vi sein* ■**[in etw** *akk*] ~ to dive [*or* plunge] in[to sth], to dive [*or* submerge]

Eintausch *m* exchange; ***Hinweis: „~ von Gutscheinen"*** sign: "Vouchers exchanged here"; **im ~ gegen etw** *akk* in exchange [*or* return] for sth

ein|tauschen *vt* ❶ (*tauschen*) ■**etw [gegen/für etw] ~** to exchange sth [for sth]; **ein Gebrauchtwagen gegen einen neuen ~** to trade in a second-hand car for a new one ❷ (*umtauschen*) ■**etw [gegen etw] ~** to [ex]change sth [for sth]

eintausend *adj* one thousand; *s. a.* **tausend 1**

Eintausender <-s, -> *m* mountain over 1,000 metres [*or* AM -ers]

ein|teilen I. *vt* ❶ (*unterteilen*) ■**etw in etw** *akk* ~ to divide sth up into sth; ***ich habe die Pastete in sechs Stücke eingeteilt*** I've divided [*or* cut] the pie [up] into six pieces ❷ (*sinnvoll aufteilen*) ■**[sich** *dat*] **etw ~** *Geld, Vorräte, Zeit* to be careful with sth; ■**etw ~** to plan sth [out]; ***die Vorräte müssen so eingeteilt werden, dass sie uns zwei Wochen reichen*** we'll have to organize [*or* divide up] the supplies so that they last two weeks; **das Geld ~** to budget, to manage [*or* organize] one's money [*or* finances]; **die Zeit/den Urlaub ~** to arrange one's time/holiday; **die Zeit gut ~** to make good use of one's time, to use one's time well; **sich die Zeit ~** to plan [*or* organize] [*or* arrange] one's time; **sich die Arbeit ~** to arrange [*or* organize] one's work ❸ (*für etw verpflichten*) ■**jdn zu etw** *dat* ~ to assign sb to sth II. *vi* (*fam: haushalten*) to budget

Einteiler <-s, -> *m* (*Badeanzug*) one-piece [swimsuit]

einteilig, 1-teiligRR *adj* one-piece *attr*

Einteilung *f* ❶ (*Aufteilung*) management, planning, organization; ***bei besserer ~ deiner Zeit hättest du sicher mehr Freizeit*** if you organized your time better, you would have more free time ❷ (*Verpflichtung*) ■**jds ~ zu etw** *dat* sb's assignment to sth

ein|tippen *vt* ■**etw [in etw** *akk*] ~ to key [*or* type] sth in[to sth]

eintönig I. *adj* monotonous; **~e Arbeit** monotonous [*or* tedious] work; **~es Leben** humdrum [*or* dull] [*or* monotonous] life II. *adv* monotonously; **~ klingen** to sound monotonous; **~ vortragen** to read in a monotone

Eintönigkeit <-> *f kein pl* monotony; **die ~ einer bestimmten Arbeit** the monotony [*or* sameness] [*or* tedium] of a particular job; **die ~ einer bestimmten Art Leben** the monotony [*or* dullness] [*or* dreariness] of a particular way of life

Eintopf *m,* **Eintopfgericht** *nt* stew

Eintracht <-> *f kein pl* ❶ (*harmonisches Einvernehmen*) harmony, peace, concord *form;* **in [Frieden und] ~ zusammenleben** to live together in [peace and] harmony ❷ SPORT *part of the name of a sports club,* ≈ United

einträchtig I. *adj* harmonious, peaceful; **ein ~es**

E

Zusammenleben a harmonious [*or* peaceful] life together **II.** *adv* harmoniously, peacefully

Eintrag <-[e]s, Einträge> *m* ❶ *kein pl* (*Vermerk*) note, entry *form;* ~ **ins Logbuch** entry in the log book ❷ (*im Wörterbuch, Nachschlagewerk*) entry ❸ ADMIN registration, record; ~ **ins Handelsregister** record in the register of companies

ein|tragen *vt irreg* ❶ (*einschreiben*) ▪ **jdn [in etw** *akk*] ~ to enter [*or* record] sb's name [in sth], to put sb's name down [in sth], to enter sb [in sth]; ▪ **sich** *akk* **[in etw** *akk*] ~ to write one's name [in sth] ❷ (*amtlich registrieren*) ▪ **jdn/etw in etw** *akk* ~ to register sb/sth in sth; **ins Handelsregister** ~ to record in the register of companies [*or* commercial register]; ▪ **sich** ~ **lassen** to register ❸ (*einzeichnen*) ▪ **etw [auf etw** *dat*] ~ to note [*or* record] sth [on sth], to write sth in [on sth] ❹ (*geh: einbringen*) ▪ **jdm etw** ~ to bring [*or* earn] [*or* win] sb sth; ***sein Verhalten hat ihm allseits Achtung eingetragen*** his behaviour earned respect on all sides

einträglich *adj* profitable, lucrative, remunerative; **eine ~e Arbeit** a well-paid job

Eintragung *f* JUR (*form*) entry, registration; ~ **ins Handelsregister** entry into the commercial register, registration of the business name; ~ **in das Vereinsregister** entry in the Register of Associations; **amtliche** ~ registration; **beschleunigte** ~ **[eines Warenzeichens]** urgent registration [of a trademark] by summary proceedings; **handelsgerichtliche** ~ registration [*or* AM incorporation]

Eintragungsbescheinigung *f* JUR certificate of registration **Eintragungsbewilligung** *f* JUR grant of consent for entry in the register **Eintragungsbuch** *nt* register **eintragungsfähig** *adj* JUR registrable, recordable **Eintragungsgebühr** *f* FIN registration [*or* AM incorporation] fee **Eintragungshindernis** *nt* JUR bar to registration **Eintragungsnummer** *f* registration number **eintragungspflichtig** *adj* JUR *in Grundbuch, Register* subject to [*or* requiring] registration **Eintragungsverfahren** *nt* JUR registration procedure

eintrainiert *adj* (*einstudiert*) practised, rehearsed

ein|träufeln *vt* **jdm Tropfen in etw** *akk* ~ to put drops in sb's sth, to administer drops to sb's sth *form*

ein|treffen *vi irreg sein* ❶ (*ankommen*) ▪ **[irgendwo/bei jdm]** ~ to arrive [somewhere/at sb's]; **mit Verspätung** ~ to arrive late; **frisch eingetroffen** just arrived [*or* in] ❷ (*in Erfüllung gehen*) to come true, to be fulfilled; ***die Katastrophe traf doch nicht ein*** the catastrophe didn't happen after all

eintreibbar *adj* FIN recoverable, collectible; **nicht** ~ non-collectible

Eintreibbarkeit *f kein pl* FIN recoverability *no pl*

ein|treiben *vt irreg* ▪ **etw [bei/von jdm]** ~ to collect sth [from sb]; **Schulden** ~ to collect [*or* recover] debts; **die Unkosten** ~ to recover the costs

Eintreibung <-, -en> *f* collection; ~ **einer Schuld** collection [*or* recovery] of a debt

ein|treten *irreg* **I.** *vi* ❶ *sein* (*betreten*) ▪ **[in etw** *akk*] ~ to go in [*or* enter] [sth]; ***bitte treten Sie ein!*** please step this way!; ***wir treten in ein neues Zeitalter ein*** we are entering a new era; ▪ **beim E~** on [*or* when] [*or* while] going in [*or* entering] ❷ *sein* (*beitreten*) ▪ **[in etw** *akk*] ~ to join [sth] ❸ *sein* (*Mitarbeiter werden*) to start somewhere; ▪ **bei jdm/in etw** *akk o dat* ~ to start working for sb/somewhere; **bei einem Arbeitgeber** ~ to start working for sb; **bei einer Firma** ~ to join [*or* start working at] a company ❹ *sein* (*aufnehmen*) ▪ **in etw** *akk* ~ **in Diskussionen/Verhandlungen** ~ to enter into discussions/negotiations; **in Gespräche** ~ to hold talks ❺ *sein* (*sich ereignen*) to occur, to ensue; ***eine Katastrophe ist eingetreten*** a catastrophe has happened; ***es ist noch keine Besserung seines Zustandes eingetreten*** his condition has not improved; **sollte der Fall ~, dass ...** if it should happen that ...; **der Fall kann ~, dass ...** it may happen that ...; ***dieser Fall ist noch nie eingetreten*** that has never happened; ▪ **das E~** the occurrence ❻ *sein* (*auftreten*) to set in; ***das Tauwetter ist eingetreten*** the thaw has set in; ***dann trat urplötzlich Stille ein*** then there was a sudden silence [*or* silence fell] ❼ *sein* RAUM ▪ **in etw** *akk* ~ to enter [*or* move into] sth; ▪ **beim E~** on [*or* when] [*or* while] entering ❽ *sein* (*sich einsetzen*) ▪ **für jdn/etw** ~ to stand [*or fam* stick] up for sb/sth, to champion sb/sth *form* ❾ *haben* (*jdn/etw wiederholt treten*) ▪ **auf jdn/ein Tier** ~ to kick sb/an animal [repeatedly] **II.** *vt haben* ❶ (*durch Treten zerstören*) ▪ **etw** ~ to kick sth in ❷ (*sich durch Treten eindrücken*) ▪ **sich** *dat* **etw** ~ to get sth in one's foot; ***ich habe mir einen Glassplitter eingetreten*** I've trodden on a splinter of glass

Eintreten <-s> *nt kein pl* standing [*or fam* sticking] up (**für** *+akk* for), championing *form* (**für** *+akk* of)

Eintretende(r) *f(m) dekl wie adj* HANDEL incoming partner [*or* party]

ein|trichtern *vt* (*fam*) ▪ **jdm etw** ~ to drum sth into sb *fam;* ***du brauchst mir das nicht immer wieder einzutrichtern*** you don't need to keep on at me about it

Eintritt *m* ❶ (*geh: das Betreten*) ▪ **jds** ~ **in etw** *akk* sb's entrance into sth *form;* ~ **verboten** no admission ❷ (*Beitritt*) accession; ▪ **jds** ~ **in etw** *akk* sb's joining sth; ***wann hat er sich denn zum ~ in die Partei entschlossen?*** so when did he decide to join the party? ❸ (*Eintrittsgeld*) entrance fee, admission; ~ **frei** admission free ❹ (*Einlass*) ▪ **jds** ~ **[zu etw** *dat*/**in etw** *akk*] sb's admission [to sth]; ▪ **der** ~ **[zu etw** *dat*/**in etw** *akk*] admission [to sth] ❺ (*Beginn*) onset; **bei/vor** ~ **der Dunkelheit** when/before darkness falls [*or* nightfall]; **nach** ~ **der Dunkelheit** after dark, after darkness has fallen; **der** ~ **des Todes** (*geh*) death ❻ (*Erfüllen*) fulfilment [*or* AM -fill-]; ~ **einer Bedingung** fulfilment of a condition

Eintrittsgeld *nt* entrance [*or* admission] [fee [*or* charge]] **Eintrittskarte** *f* [admission [*or* entrance]] ticket **Eintrittsklausel** *f* JUR accession clause **Eintrittspreis** *m* admission [*or* entrance] [fee [*or* charge]] **Eintrittsrecht** *nt* JUR right of access; **befristetes** ~ option

ein|trocknen *vi sein Farbe, Blut* to dry; *Wasser* to dry up; *Obst* to dry out [*or* shrivel up]; ▪ **eingetrocknet** dried, dried-up

ein|trüben *vr impers* ▪ **sich** ~ to cloud over, to become overcast

Eintrübung *f* cloud, cloudy spell

ein|trudeln *vi sein* (*fam*) to roll [*or* show] [*or* turn] up *fam,* to drift [*or* wander] in *fam*

ein|tunken *vt* DIAL (*eintauchen*) ▪ **etw [in etw** *akk*] ~ to dunk sth [in sth] *fam,* to dip sth in sth; **einen Pinsel in Farbe** ~ to dip a [paint]brush in paint

ein|üben *vt* ▪ **etw** ~ to practise [*or* AM -ce] sth; **eine Rolle/ein Stück** ~ to rehearse a role/play; **gut eingeübt** well rehearsed, well studied

ein|verleiben* **I.** *vt* ❶ (*eingliedern*) ▪ **etw einer S.** *dat* ~ *Gebiet, Land* to incorporate sth into sth, to annex sth ❷ (*hinzufügen*) ▪ **etw einer S.** *dat* ~ to incorporate sth into sth, to feed sth with sth *fam* **II.** *vr* ❶ POL (*annektieren*) ▪ **sich** *dat* **etw** ~ to annex sth; ÖKON to incorporate sth ❷ (*hum fam: verzehren*) ▪ **sich** *dat* **etw** ~ to put sth away, to guzzle sth *hum fam;* ***ich habe mir soeben den ganzen Kuchen einverleibt*** I've just hoovered the whole cake up *hum fam*

Einverleibung <-, -en> *f* POL annexation; ÖKON incorporation, takeover

Einvernahme <-, -n> *f* JUR *bes* ÖSTERR, SCHWEIZ (*Vernehmung*) examination; (*durch die Polizei*) questioning; (*aggressive Vernehmung*) interrogation

ein|vernehmen* *vt irreg* JUR *bes* ÖSTERR, SCHWEIZ (*vernehmen*) to examine; ***die Polizei hat den Zeugen einvernommen*** the police questioned the witness; (*aggressiv vernehmen*) to interrogate

Einvernehmen <-s> *nt kein pl* agreement; JUR *a.* [good] understanding; ***bestand nicht immer ~ darüber, dass ...*** didn't we have an understanding that ...; **in gegenseitigem** [*o* **beiderseitigem**] ~ by mutual agreement; **in gutem** [*o* **bestem**] ~ **[mit jdm] stehen** to be on good [*or* the best] terms [with sb]; **im** ~ **mit jdm** in agreement with sb; **ein stillschweigendes** ~ a tacit agreement [*or* understanding]

Einvernehmenserklärung *f* JUR declaration of understanding

einvernehmlich **I.** *adj* (*geh*) mutual, joint; **zu einer ~en Regelung gelangen** to come to an agreed ruling **II.** *adv* (*geh*) by [*or* in] mutual agreement

einverstanden *adj pred* ▪ **[mit jdm/etw]** ~ **sein** to be in agreement [with sb/sth], to agree [with sb/sth]; ▪ **[damit]** ~ **sein, dass** to be in agreement that, to agree that; **sich** *akk* **mit etw** *dat* ~ **erklären** to agree with sth; ~**!** agreed!, OK! *fam*

Einverständnis *nt* ❶ (*Zustimmung*) approval, consent; **ohne jds** ~ without sb's consent; **sein** ~ **[mit etw** *dat*] **erklären** to voice one's approval [of sth], to give one's approval [*or* consent]; **mit Ihrem** ~ with your approval; **im** ~ **mit jdm** with sb's approval; **in** ~ **mit jdm handeln** to act with sb's approval [*or* consent] ❷ (*Übereinstimmung*) agreement; **völliges** ~ complete [*or* full] agreement; **mit Ihrem** ~ with your agreement; ***findet dieser Vorschlag auch Ihr*** ~ are you in agreement with this proposal?; **stillschweigendes** ~ tacit agreement; **in gegenseitigem** [*o* **beiderseitigem**] ~ by mutual agreement; **sein** ~ **mit etw** *dat* **erklären** to express one's agreement with sth; **im** ~ **mit jdm** in agreement with sb; ***zwischen uns herrscht*** ~ there is agreement between us *form,* we are in agreement

Einverständniserklärung *f* declaration of consent

Einwaage *f kein pl* ÖKON ❶ (*Reingewicht*) weight of the contents ❷ (*Gewichtsverlust*) loss of weight

ein|wachsen[1] [-ks-] *vt* ▪ **etw** ~ to wax sth

ein|wachsen[2] [-ks-] *vi irreg sein* ▪ **[jdm]** ~ to grow in; **eingewachsene Zehennägel** ingrowing [*or esp* AM ingrown] toenails

Einwand <-[e]s, Einwände> *m* objection; **einen** ~ **[gegen etw** *akk*] **haben** to object [*or* to have an objection] [to sth]; ***haben Sie einen ~?*** have you got any objections?; **einen** ~ **[gegen etw** *akk*] **machen** [*o* **vorbringen**] to make [*or* lodge] an objection [to sth]; **einen** ~ **[gegen etw** *akk*] **erheben** to raise an objection [to sth]; JUR to demur

Einwanderer, -wand(r)erin *m, f* immigrant

ein|wandern *vi sein* ❶ (*immigrieren*) ▪ **[nach/in etw** *akk*] ~ to immigrate [to/into sth] ❷ (*einziehen*) ▪ **[nach/in etw** *akk*] ~ to migrate [to/into sth]

Einwanderung <-, -en> *f* ▪ **jds** ~ **nach/in etw** *akk* sb's immigration to/into sth

Einwanderungsbehörde *f* immigration authorities *usu pl* **Einwanderungsgesetz** *nt* immigration laws *usu pl* **Einwanderungsland** *nt country which attracts a large number of immigrants;* ***die USA werden heute noch als begehrtes ~ betrachtet*** the USA is still seen today as a popular country to emigrate [*or* immigrate] to **Einwanderungspolitik** *f kein pl* POL immigration policy **Einwanderungsvisum** *nt* immigration visa

einwandfrei **I.** *adj* ❶ (*tadellos*) flawless, perfect; *Obst* perfect, without a blemish; *Fleisch a.* [perfectly] fresh; **~e Qualität** excellent [*or* superior] quality; **in einem ~en Zustand** in perfect condition; **~es Benehmen** impeccable [*or* model] behaviour [*or* AM -or]; **ein ~er Leumund** an excellent [*or* impeccable] character [*or* reputation] ❷ (*unzweifelhaft*) indisputable, irrefutable, undeniable, incontrovertible; **eine ~e Beweisführung** a conclusive [*or* compelling] [*or* line of argument] argumentation **II.** *adv* ❶ (*tadellos*) flawlessly, perfectly; **sich** ~ **verhalten** to behave impeccably ❷ (*unzweifelhaft*) indisputably, irrefutably, undeniably; ~ **beweisen** to prove conclusively [*or* beyond a shadow of a doubt]; ~ **nachweisen** to provide conclusive [*or* indisputable] [*or* irrefutable] evidence; ~ **feststehen** to be absolutely certain; ▪ **es steht** ~ **fest, dass ...** it is an indisputable [*or* irrefutable] [*or* undeniable] fact that ...; ~ **erfunden** [*o* **erlogen**] **sein** to be a downright [*or* complete] lie; ~ **Betrug sein** to be [a] complete [*or* a clear case of] fraud, to be a complete swindle

einwärts *adv* inwards, in

Einwärtsschielen *nt* cross-eye, BRIT *a.* convergent

squint

ein|wässern *vt* KOCHK *s.* **wässern**

ein|weben *vt irreg* ■**etw** [**in etw** *akk*] ~ to weave [*or* work] sth in[to sth]; ■**eingewebt** woven-in *attr*, worked-in *attr*

ein|wechseln [-ks-] *vt* ❶ FIN ■[**jdm**] **etw** [**in** [*o* **gegen**] **etw** *akk*] ~ to change sth [for sb] [into sth] ❷ SPORT ■**jdn** [**für jdn**] ~ to bring on sb [for sb] *sep*

ein|wecken *vt* DIAL ■**etw** ~ to bottle [*or* preserve] sth; ■**eingeweckt** bottled

Einweckglas *nt* KOCHK preserving [*or* AM canning] jar

Einwegerzeugnis *nt* throwaway [*or* disposable] [*or* BRIT *a.* one-way] product **Einwegflasche** *f* non-returnable bottle **Einweggeschirr** *nt* disposable tableware **Einwegrasierer** *m* disposable razor **Einwegspritze** *f* disposable needle [*or* syringe] **Einwegverpackung** *f* disposable packaging

ein|weichen *vt* ■**etw** [**in etw** *dat*] ~ to soak sth [in sth]; ■**eingeweicht** soaked

ein|weihen *vt* ❶ (*offiziell eröffnen*) ■**etw** ~ to open sth [officially], to inaugurate sth *form* ❷ (*vertraut machen*) ■**jdn** [**in etw** *akk*] ~ to initiate sb [into sth]; **jdn in ein Geheimnis** ~ to tell sb about [*or* let sb in on] a secret, to divulge a secret to sb; **jdn in einen Plan** ~ to outline [*or* unveil] [*or* present] a plan to sb

Einweihung <-, -en> *f* ❶ (*das Eröffnen*) [official] opening, inauguration ❷ (*das Vertrautmachen*) initiation

Einweihungsfeier *f* official opening, inauguration

ein|weisen *vt irreg* ❶ MED ■**jdn** [**in etw** *akk*] ~ to send sb [to sth]; **jdn ins Krankenhaus** ~ to send sb to hospital; ***der Patient wurde gestern eingewiesen*** the patient was admitted yesterday; **jdn in eine psychiatrische Klinik** ~ to commit sb to a mental hospital ❷ (*unterweisen*) ■**jdn** [**in etw** *akk*] ~ to brief sb [about sth], to show sb [what sth entails]; ***Ihre Kollegin wird Sie in Ihre neue Tätigkeit*** ~ your colleague will show you what your new job entails ❸ AUTO ■**jdn** [**in etw** *akk*] ~ to direct [*or* guide] sb [into sth]; ■**sich in etw** *akk* ~ **lassen** to have sb direct [*or* guide] one into sth; ***in enge Parklücken sollte man sich besser*** ~ ***lassen*** it's better to be guided into tight parking spaces

Einweisung *f* ❶ MED ■**jds** ~ **in etw** *akk* sb's admission to sth; ~ **in eine psychiatrische Klinik** committal to a mental hospital ❷ (*Unterweisung*) ■**jds** ~ [**in etw** *akk*] sb's briefing [*or* instruction] [about sth] ❸ AUTO ■**jds** ~/**die** ~ **einer S.** [**in etw** *akk*] sb's/the direction [*or* directing] [*or* guiding] of sth [into sth]; **die** ~ **in eine Parklücke** being guided into a tight parking space

ein|wenden *vt irreg* ■**etw** [**gegen jdn/etw**] ~ to object [*or* make [*or* raise] an objection] [to sb/sth]; ■[**dagegen**] ~, **dass** to point out [*or* add] that; **etwas** [**gegen jdn/etw**] **einzuwenden haben** to have an objection [to sb/sth]; ***du hast aber auch immer etwas einzuwenden!*** you're always raising some objection or other!; **nichts** [**gegen jdn/etw**] **einzuwenden haben** to have no objection [to sb/sth]; ***ich habe nichts*** [***dagegen***] ***einzuwenden*** I have no objection, I don't object, I have nothing against it; **dagegen lässt sich** ~, **dass** an objection could be made that, one could object that; **dagegen lässt sich einiges** ~ there are a number of things to be said against it/that; **dagegen lässt sich nichts** ~ there can be no objection to it/that

Einwendung *f* ❶ (*Einwand*) objection (**gegen** +*akk* to); **keine** ~**en machen** to have no objections, to not object ❷ JUR objection; **rechtsvernichtende** ~ plea in bar; ~**en** [**gegen etw** *akk*] **machen** to lodge an objection [to sth], to demur [to [*or* at] sth]

Einwendungsdurchgriff *m* JUR right to put up a/one's defence

ein|werfen *irreg* **I.** *vt* ❶ *eine Sendung* ■**etw** [**in etw** *akk*] ~ *Brief* to post [*or* AM mail] sth ❷ (*durch Wurf zerschlagen*) ■[**jdm**] **etw** [**mit etw** *dat*] ~ to break [sb's] sth [with sth]; **eine Fensterscheibe** ~ to smash a window ❸ SPORT ■**etw** ~ to throw sth in ❹ (*etw zwischendurch bemerken*) ■**etw** ~ to throw sth in; **eine Bemerkung** ~ to throw in a comment [*or* remark], to interject *form* **II.** *vi* ❶ SPORT to throw in ❷ (*zwischendurch bemerken*) ■~, **dass** to throw in [*or* interject] that

ein|wickeln *vt* ❶ (*in etw wickeln*) ■**etw** [**in etw** *akk*] ~ to wrap [up] sth in sth ❷ (*einhüllen*) ■**jdn** [**in etw** *akk*] ~ to wrap sb up [in sth]; ***wickle das Kind in diese Decke ein*** wrap the child [up] in this blanket; ■**sich** [**in etw** *akk*] ~ to wrap oneself up [in sth]; ***wickle dich schön warm ein!*** wrap yourself up warmly! ❸ (*fam: überlisten*) ■**jdn** [**durch etw** *akk*] ~ to fool sb [with sth]; (*fam*) to take sb in; **jdn durch Schmeicheleien** ~ to butter up to sb; ■**sich** [**von jdm/etw**] ~ **lassen** to be fooled [*or* taken in] [by sb/sth]

Einwickelpapier *nt* wrapping paper

ein|willigen *vi* ■[**in etw** *akk*] ~ to consent [*or* agree] [to sth]

Einwilligung <-, -en> *f* (*Zustimmung*) consent, agreement; ***ohne meine*** ~ without my consent; ■**jds** ~ **in etw** *akk* sb's consent [*or* agreement] to sth; **seine** ~ [**zu etw** *dat*] **geben** to give one's blessing [*or* consent] [to sth]

ein|wintern *vi* SCHWEIZ (*Winter werden*) to become winter

ein|wirken I. *vi* ❶ (*beeinflussen*) ■**auf jdn/etw** ~ to have an effect [*or* influence] on sb/sth; **etw auf sich** *akk* ~ **lassen** to let sth soak in; ***er ließ das Kunstwerk auf sich*** ~ he soaked the work in ❷ PHYS, CHEM (*Wirkung entfalten*) ■**auf etw** *akk* ~ to react to sth; **etw** ~ **lassen** to let sth work in; ***du musst die Creme auftragen und*** ~ ***lassen*** apply the cream and let it be absorbed **II.** *vt* (*fachspr: einweben*) ■**etw in etw** *akk* ~ **ein Muster in einen Stoff** ~ to work a pattern into a cloth

Einwirkung *f* ■**jds** ~ **auf jdn** sb's influence on sb; **unter** [**der**] ~ **von etw** *dat*/**einer S.** *gen* under the influence of sth; ***unter*** [***der***] ~ ***von Drogen*** under the influence of drugs; ***sie stand unter*** [***der***] ~ ***eines Schocks*** she was suffering from [the effects of] shock; ***nach*** ~ ***der Salbe*** when the ointment has worked in

Einwirkungsfaktor *m* influential factor **Einwirkungsmöglichkeit** *f* (*Möglichkeit der Einwirkung*) influence; ***ich sah da keinerlei*** ~***en meinerseits*** I had no influence on [*or* no say in] the matter, I didn't think there was anything I could do about; **eine** ~/~**en haben** to bring influence to bear [on sth]

einwöchig *adj* one-week *attr*, lasting one week *pred*

Einwohner(in) <-s, -> *m(f)* inhabitant

Einwohnerkontrolle *f* SCHWEIZ *s.* **Einwohnermeldeamt** **Einwohnermeldeamt** *nt* ADMIN *residents' registration office* **Einwohnerrat** *m* ADMIN SCHWEIZ ❶ (*Gemeindeparlament in einigen Kantonen*) *regional parliament in larges cantons* ❷ (*Mitglied des Gemeindeparlaments*) *member of the regional parliament*

Einwohnerschaft <-, -en> *meist pl f* (*geh*) population *no pl*, inhabitants

Einwohnerschwund *m* falling [*or* declining] number of inhabitants; *eines Landes* declining population; **ein starker** ~ a sharp [*or* drastic] drop in the number of inhabitants **Einwohnerzahl** *f* population, number of inhabitants

Einwurf *m* ❶ (*geh: das Hineinstecken*) *Münzen* insertion; *Briefe, Pakete* posting; ***denke bitte an den*** ~ ***des Briefes*** don't forget to post the letter; ~ **2 Mark** insert 2 marks [into the slot]; ~ **hier** [*o* **hier** ~] insert here ❷ SPORT throw-in; **falscher** ~ foul throw ❸ (*Zwischenbemerkung*) interjection ❹ (*schlitzartige Öffnung*) slit

ein|wurzeln *vi sein* FORST, HORT to take root

Einzahl *f* LING singular

ein|zahlen *vt* FIN ■**etw** [**auf etw** *akk*] ~ to pay sth [into sth]; ***die Spenden können auf ein Konto eingezahlt werden*** donations can be paid into an account

Einzahler(in) <-s, -> *m(f)* FIN depositor

Einzahlung *f* FIN (*das Einzahlen*) payment, deposit

Einzahlungsaufforderung *f* BÖRSE call letter; HANDEL request for payment **Einzahlungsbeleg** *m* FIN credit slip **Einzahlungsformular** *nt* FIN paying-in slip BRIT, deposit slip AM **Einzahlungsfrist** *f* FIN deadline for payment; BÖRSE subscription payment period **Einzahlungspflicht** *f* BÖRSE obligation to pay subscription **Einzahlungsschalter** *m* FIN paying-in [*or* AM deposit] counter **Einzahlungsschein** *m* ❶ FIN stub, counterfoil *esp* BRIT ❷ SCHWEIZ *s.* **Zahlkarte**

ein|zäunen *vt* ■**etw** ~ to fence sth in; ■**eingezäunt** fenced in

Einzäunung <-, -en> *f* ❶ (*Zaun*) fence ❷ (*das Einzäunen*) fencing

ein|zeichnen *vt* ■**etw** [**auf etw** *dat*] ~ to draw [*or* mark] sth in [on sth]; ■**eingezeichnet sein** to be drawn [*or* marked] in; ***ist der Ort auf der Karte eingezeichnet?*** is the place marked on the map?

Einzel <-s, -> *nt* TENNIS singles + *sing vb*; ***sie gewann das*** ~ ***gegen die Weltranglistendritte*** she won her singles against the world's number three; **im** ~ at singles

Einzelabrede *f* HANDEL special arrangement **Einzelabschreibung** *f* FIN individual depreciation **Einzelabteil** *nt* BAHN single compartment **Einzelaktionär(in)** *m(f)* single shareholder [*or* AM stockholder] **Einzelangebot** *nt* **im** ~ available singly **Einzelanmelder(in)** *m(f)* FIN (*Patent*) single [*or* individual] applicant **Einzelarbeitsvertrag** *m* JUR individual employment contract **Einzelaufstellung** *f* detailed statement **Einzelausgabe** *f* MEDIA separate edition, special edition **Einzelausgebot** *nt* JUR invitation of separate bids **Einzelband** *m* single volume **Einzelbefugnis** *f* JUR individual authority **Einzelbett** *nt* single bed **Einzelbilanz** *f* FIN individual balance sheet **Einzelblatt** *nt* single sheet **Einzelblatteinzug** *m* TYPO cut-sheet feed, single sheet feed **Einzelblattzuführung** *f* TYPO *s.* Einzelblatteinzug **Einzelerfinder(in)** *m(f)* sole inventor **Einzelermächtigung** *f* JUR individual authorization **Einzelfahrschein** *m* single ticket BRIT, one-way ticket AM **Einzelfall** *m* individual case; ***das Gericht muss jeden*** ~ ***prüfen*** the court must look at each case individually; **im** ~ in each case; **kein** ~ **sein** to be no exception, to not be an isolated case; ***damit bist du kein*** ~ you're not the only one **Einzelfallentscheidung** *f* JUR decision in an individual case **Einzelfallprüfung** *f* JUR individual case [study]; (*Asylrecht*) examination of each individual case **Einzelfrage** *f meist pl* detailed question **Einzelfundament** *nt* BAU footing **Einzelgänger(in)** <-s, -> *m(f)* (*Mensch, Tier*) loner, lone wolf **Einzelgeschäftsführung** *f* HANDEL individual conduct of business **Einzelgewerkschaft** *f* ÖKON single [trade] union **Einzelhaft** *f* JUR solitary confinement; **jdn in** ~ **halten** to keep sb in solitary confinement

Einzelhandel *m* ÖKON retail trade; ***das ist der Preis für den*** ~ that is the retail price; **im** ~ retail; ***diese Artikel sind nur im*** ~ ***erhältlich*** these items are only available retail; ***im*** ~ ***kostet die Uhr 4500 DM*** the watch retails at 4,500 marks

Einzelhandelsgeschäft *nt* ÖKON retail outlet [*or* shop] **Einzelhandelskaufmann, -kauffrau** *m, f* trained retail salesman *masc*, trained retail saleswoman *fem* **Einzelhandelspreis** *m* ÖKON retail price **Einzelhandelsspanne** *f* HANDEL retail profit margin **Einzelhandelsumsatz** *m* HANDEL retail sales *pl* **Einzelhandelsverband** *m* retail[ers'] association

Einzelhändler(in) *m(f)* ÖKON retailer, retail trader

Einzelhaus <-es, -häuser> *nt* detached house

Einzelheit <-, -en> *f* detail; ***ich kann nicht jede*** ~ ***behalten*** I can't remember all the details; ***in der Dunkelheit kann man keine*** ~***en sehen*** in the dark you cannot see anything in detail; **auf** ~**en eingehen** to go into detail[s]; **in allen** ~**en beschreiben** [*o* **schildern**] to describe in [great] detail; **bis in die kleinsten** ~**en** right down to the last detail; **sich in** ~**en verlieren** to get bogged down in detail

Einzelkabine *f* ❶ NAUT single cabin ❷ (*Umkleide-*

E

kabine) [individual] cubicle **Einzelkalkulation** *f* FIN unit calculation **Einzelkampf** *m* SPORT individual competition; MIL single combat **Einzelkaufmann** *m* HANDEL owner-manager, sole trader **Einzelkind** *nt* only child **Einzelkörperschaft** *f* JUR corporation sole **Einzelleistung** *f* individual performance

Einzeller <-s, -> *m* BIOL single-celled [*or* unicellular] organism

einzellig *adj* BIOL.single-cell[ed], unicellular

einzeln I. *adj* ① *(für sich allein)* separate, individual; *~e Teile des Geschirrs können nachgekauft werden* individual pieces of this crockery can be purchased at a later date; *ein ~er Mensch könnte alle Aufgaben erledigen* one person alone could do all the work ② *(detailed)* ■**E~es** some; *an E~es erinnere ich mich noch gut* I can remember some things very well ③ *(individuell)* individual; ■**der/die E~e** the individual; **als E~er** as an individual; **ein E~er/eine E~e** an individual, a single person; *was kann ein E~er schon dagegen ausrichten?* what can one person do on his own?; **jede[r, s] E~e** each individual; *ich erwarte von jedem E~en von Ihnen, dass er seine Pflicht tut* I expect [each and] every one of you to do your duty ④ *(allein stehend)* single, solitary; *im Feld stand eine ~e Eiche* a solitary oak tree stood in the field; *die ganzen Felder gehören zu dem ~en Gehöft dort* all the fields belong to that one farm ⑤ *pl (einige wenige)* some, a few, a handful; *erst waren es nur ~e Arbeiter* at the beginning there were only a few workers ⑥ *pl* METEO scattered; **~e Schauer** scattered showers II. *adv (separat)* separately; *wir kamen ~* we came separately; **im E~en** in detail; **etw ~ aufführen** to list sth separately; **bitte ~ eintreten!** please come in one at a time

Einzelperson *f (geh)* single person **Einzelprokura** *f* JUR sole power of attorney **Einzelradaufhängung** *f* AUTO independent suspension **Einzelrechner** *m* INFORM stand-alone [terminal] **Einzelrechnerbetriebssystem** *nt* single-user [operating] system, stand-alone system **Einzelrechtsnachfolge** *f* JUR singular succession **Einzelreisende(r)** *f(m) decl wie adj* individual passenger **Einzelrichter(in)** *m(f)* JUR single judge **Einzelstatut** *nt* JUR individual statute **Einzelstrafe** *f* JUR individual sentence **Einzelstück** *nt* unique object [*or* piece], individual item; *~e verkaufen wir nicht* we do not sell these items singly **Einzeltäter(in)** *m(f)* JUR lone operator **Einzelteil** *nt (einzelnes Teil)* separate [*or* individual] part; *ein Puzzle besteht aus vielen ~en* a jigsaw puzzle has many separate pieces; *Ersatzteil* spare [*or* replacement] part; **etw in seine ~e zerlegen** to take sth to pieces **Einzelteilfertigung** *f kein pl* manufacture of single parts **Einzeltherapie** *f* individual therapy **Einzelunternehmen** *nt* ÖKON single enterprise, sole proprietorship **Einzelvertretungsbefugnis** *f* JUR individual power of representation **Einzelwert** *m* individual value **Einzelzelle** *f* JUR, BIOL single cell **Einzelzimmer** *nt* MED, TOURIST single room **Einzelzuständigkeit** *f* JUR individual responsibility **Einzelzwangsvollstreckung** *f* JUR individual enforcement [*or* execution]

ein|zementieren* *vt* BAU ■**etw** [**in etw** *akk*] **~** to cement sth [into sth]; **etw in die Wand ~** to set sth into the wall; *der Safe ist einzementiert* the safe is built [*or* set] into the concrete

einziehbar *adj* recoverable, collectable; **~e Schulden/Steuern** recoverable debts/taxes

ein|ziehen *irreg* I. *vt haben* ① FIN *(kassieren)* ■**etw ~** *Beiträge, Gelder* to collect sth ② ADMIN *(aus dem Verkehr ziehen)* ■**etw ~** to withdraw sth, to call sth in; *die alten Banknoten wurden eingezogen* the old banknotes were withdrawn from circulation ③ ADMIN *(beschlagnahmen)* ■**etw ~** to take sth away; **Vermögen ~** to confiscate property; **einen Führerschein ~** to take away a driving licence ④ MIL *(einberufen)* **jdn** [**zum Militär**] **~** to conscript [*or* call up] [*or* AM draft] sb [into the army] ⑤ *(nach innen ziehen)* ■**etw ~** to take sth in; *der Kopierer zieht die Blätter einzeln ein* the photocopier takes in the sheets one by one ⑥ ZOOL *(zurückziehen)* ■**etw ~** to draw in [*or* retract] sth ⑦ *(in die Gegenrichtung bewegen)* ■**etw ~** to draw [*or* pull] in sth; **die Schulter ~** to hunch one's shoulder; **den Kopf ~** to duck one's head; *der Hund zog den Schwanz ein* the dog put its tail between its legs; *mit eingezogenem Schwanz (fig)* with his/her/its tail between his/her/its legs ⑧ AUTO, NAUT *(einfahren)* ■**etw ~** *Antenne, Periskop* to retract sth ⑨ *(beziehen)* ■**etw** [**in etw** *akk*] **~** to thread sth [in sth]; *(hineinstecken)* to put sth [into sth]; **ein Kissen in einen Bezug ~** to put a pillow in a pillowcase ⑩ BAU **eine Wand ~** to put in a wall ⑪ *(einsaugen)* ■**etw ~** to draw [*or* suck] up sth; **Luft ~** to breathe in II. *vi sein* ① *(in etw ziehen)* ■[**bei jdm/in etw** *akk*] **~** to move in [with sb/into sth]; *wer ist im dritten Stock eingezogen?* who has moved in on the third floor? ② POL ■**in etw** *akk* **~** to take office in sth; *er wurde gewählt und zog ins Parlament ein* he was elected and took his seat in parliament ③ SPORT *(einmarschieren)* ■**in etw** *akk* **~** to march [*or* parade] into sth; *die einzelnen Mannschaften zogen in das Olympiastadion ein* the individual teams marched [*or* paraded] into the Olympic stadium; MIL to march into sth ④ *(einkehren)* ■[**bei jdm**] **~** to come [to sb]; *nach dem Krieg zogen wieder Ruhe und Ordnung im Land ein* after the war law and order returned to the country ⑤ *(eindringen)* ■[**in etw** *akk*] **~** to soak [into sth]

Einziehung *f* ① *(Beschlagnahme)* confiscation, seizure ② *(Anfordern) Gelder, Steuern* collection; *Gebühren a.* recovery; *(aus dem Verkehr)* withdrawal; **~ einer Forderung** collection of a claim; *(Schulden)* recovery of a debt ③ MIL conscription, call-up, drafting AM; *Fahrzeug* requisitioning

Einziehungsbenachrichtigung *f* FIN advice of collection **Einziehungsbeschluss**[RR] *m*, **Einziehungsverfügung** *f* FIN sequestration order **Einziehungsverfahren** *nt* JUR judicial forfeiture proceedings

einzig I. *adj* ① *attr* only, sole; *wir haben nur eine ~e Möglichkeit* there is only one thing we can do, we have only one chance ② *(alleinige)* ■**der/die E~e** the only one; *du bist der E~e, dem ich vertraue* you are the only one I trust; *das ist das E~e, was zählt* that is the only thing that counts; *er hat als E~er das Ziel erreicht* he was the only one to reach the finish; *das ~ Gute wäre, das Auto zu verkaufen* the best thing to do would be to sell the car; *kein ~er Gast blieb nach dem Essen* not one solitary guest stayed behind after the meal; *nur noch ein ~er Apfel ist übrig geblieben* there is still one solitary apple left ③ *(fam: unglaublich)* ■**ein ~er/eine ~e/ein ~es ...** a complete/an absolute ...; *seine Wohnung ist eine ~e Sauerei* his flat is an absolute [*or* BRIT *fam!* bloody] disgrace; *12 Stunden täglich am Monitor, das ist eine ~e Quälerei* 12 hours a day at the computer is sheer murder; *die Situation ist ein ~er Schlamassel* the situation is a right [*or* an absolute] mess ④ *pred (einzigartig)* ■**~ sein** to be unique ⑤ **jds ~es Kind** sb's only child II. *adv (ausschließlich)* only, solely; *das hat er ~ dir zu verdanken* he owes that entirely to you; **die ~ mögliche Lösung** the only possible solution; **~ und allein** solely; *es liegt ~ und allein an Ihnen* it is entirely up to you

einzigartig I. *adj* unique; *das Bild war ~ schön* the painting was astoundingly beautiful II. *adv* astoundingly

Einzigartigkeit <-> *f kein pl* uniqueness

Einzimmerwohnung *f* one-room flat [*or* AM apartment]

einzonen *vt* ■**etw ~** ADMIN SCHWEIZ to divide into zones [*or* areas]

ein|zuckern *vt* ■**etw ~** to sugar sth

Einzug <-[e]s, Einzüge> *m* ① *(das Einziehen)* ■**der/jds ~** [**in etw** *akk*] the/sb's move [into sth]; **der ~ in ein Haus/eine Wohnung etc.** the/sb's move into a house/flat BRIT [*or* AM apartment] ② POL *bei dieser Wahl gelang der Partei der ~ ins Parlament* at this election the party won seats in Parliament ③ *(der Beginn)* **seinen ~ halten** to arrive; *der Winter hat ~ gehalten* winter arrived ④ MIL *(Einmarsch)* entry ⑤ FIN *(das Kassieren)* collection ⑥ TYPO indentation; **hängender ~** hanging indent

Einzüger *m* SCHWEIZ debt collector

Einzugsbereich *m* catchment area **Einzugsermächtigung** *f* FIN direct debit authorization **Einzugsgebiet** *nt* HANDEL *s.* **Einzugsbereich** **Einzugsgeschäft** *nt* FIN collection business **Einzugsverfahren** *nt* FIN direct debit[ing] **Einzugsverkehr** *m* ÖKON collecting business

ein|zwängen I. *vt* ① *(beengen)* ■**jdn ~** to constrain [*or* constrict] sb ② *(in etw zwängen)* ■**etw** [**in etw** *akk*] **~** to jam [*or* squeeze] [*or* wedge] sth [into sth] ③ *(hineinzwingen)* ■**jdn** [**in etw** *akk*] **~** to squeeze sb [into sth]; **jdn in ein Korsett ~** to squeeze sb into a corset II. *vr (sich hineinzwängen)* ■**sich in etw** *akk* **~** to squeeze oneself into sth; **sich** [**in etw** *dat*] **eingezwängt fühlen** to feel constricted [in sth]

Einzylindermotor *m* TECH one-[*or* single-]cylinder engine

Eis <-es> *nt kein pl* ① *(gefrorenes Wasser)* ice; **zu ~ gefrieren** to freeze [*or* turn] to ice ② *(Eisdecke)* ice; **aufs ~ gehen** to go onto the ice; **~ laufen** to ice-skate; **~ Laufen** ice skating ③ KOCHK *(Eiswürfel)* ice [cube]; *eine Cola mit ~, bitte!* a coke with ice, please; *einen Whisky mit ~, bitte!* a whisky on the rocks, please; *(Nachtisch)* ice [cream]; **~ am Stiel** KOCHK ice[d] lolly BRIT, Popsicle® AM ▶ WENDUNGEN: **das ~ brechen** to break the ice; **jdn aufs ~ führen** to take sb for a ride *fam*, to lead sb up the garden path; **etw auf ~ legen** *(fam)* to put something on ice; **auf ~ liegen** to be on hold

Eisbahn *f* SPORT ice rink **Eisbär** *m* ZOOL polar bear **Eisbecher** *m* KOCHK ① *(Pappbecher)* [ice-cream] tub; *(Metallschale)* sundae dish ② *(Eiscreme)* sundae **Eisbein** *nt* KOCHK knuckle of pork **Eisberg** *m* GEOG iceberg; *s. a.* **Spitze** **Eisbeutel** *m* ice pack **Eisblock** *m* block of ice **Eisblume** *f meist pl (an Fensterscheiben)* frost pattern [*or* work] *no pl*, BRIT *a.* ice ferns *pl* **Eisbombe** *f* KOCHK bombe glacée **Eisbrecher** *m* NAUT icebreaker **Eiscafé** *nt* ① *(Eisdiele)* ice cream parlour [*or* AM -or] ② *s.* **Eiskaffee** **Eischnee** *m* KOCHK beaten egg white **Eiscreme** [-kre:m], **Eiskrem** *f* KOCHK ice cream **Eisdecke** *f* sheet of ice **Eisdiele** *f* ice cream parlour [*or* AM -or]

Eisen <-s, -> *nt* ① *kein pl* CHEM, BERGB iron; *der Zaun ist aus ~* the fence is made of iron ② TECH *(Eisenbeschlag)* iron fitting ③ *(beim Golf)* iron ▶ WENDUNGEN: **noch ein/mehrere ~ im Feuer haben** *(fam)* to have another/more than one iron in the fire; **zum alten ~ gehören** [*o* **zählen**] *(fam)* to be on the scrap heap *fam*; **ein heißes ~** a hot potato; **ein heißes ~ anfassen** to take the bull by the horns; **man muss das ~ schmieden, solange es heiß ist** *(prov)* one must strike while the iron is hot *prov*

Eisenbahn *f* ① *(Zug)* train ② *(Spielzeug~)* train set ▶ WENDUNGEN: **es ist** [**aller**]**höchste ~** *(fam)* it is high time, there is no more time to waste

Eisenbahnabteil *nt* [train] compartment **Eisenbahnaktie** *pl* rails *pl*, railway shares [*or* stocks] *pl* **Eisenbahnanschluss**[RR] *m* rail connection **Eisenbahnarbeiter(in)** *m(f)* railway worker, BRIT *a.* railwayman **Eisenbahnbau** *m* railway construction [*or* engineering], AM *a.* railroading **Eisenbahnbeamte(r)** *f(m) decl wie adj* railway official **Eisenbahnbedienstete(r)** *f(m)* railway employee **Eisenbahnbenutzer(in)** *m(f)* railway user **Eisenbahnbetrieb** *m* railway operation **Eisenbahnbrücke** *f* railway bridge **Eisenbahndirektion** *f* railway management [*or* head office] **Eisenbahner(in)** <-s, -> *m(f) (fam)* railway employee, railroader AM **Eisenbahnergewerkschaft** *f* railway[men's] union BRIT, railroad brotherhood AM **Eisenbahnfähre** *f* train ferry **Eisenbahnfahrkarte** *f* railway [*or* train] ticket **Eisenbahnfernstrecke** *f* railway trunk line

Eisenbahnfracht *f* railway freight, rail carriage, railage **Eisenbahnfrachtbrief** *m* HANDEL rail[way] [*or* AM railroad] bill, waybill **Eisenbahnfrachtgeschäft** *nt* rail transport **Eisenbahngelände** *nt* railway property **Eisenbahngesellschaft** *f* railway company **Eisenbahngesetz** *nt* JUR Railways Act **Eisenbahngleis** *nt* railway track **Eisenbahngüterverkehr** *m* rail freight [*or* railway goods] traffic **Eisenbahnkesselwagen** *m* railroad tank car **Eisenbahnknotenpunkt** *m* railway junction

Eisenbähnler *m* SCHWEIZ (*fam*) *s.* **Eisenbahner**

Eisenbahnlinie *f* rail road, railway line **Eisenbahnnetz** *nt* rail[way] network [*or* BRIT *a.* system] **Eisenbahnoberbau** *f* roadbed, BRIT *a.* permanent way **Eisenbahnschaffner(in)** *m(f)* railway guard [*or* conductor], ticket inspector **Eisenbahnschiene** *f* [railway] rail **Eisenbahnschotter** *m* track ballast **Eisenbahnschranke** *f* [level-crossing] barrier [*or* gate] **Eisenbahnschwelle** *f* sleeper BRIT, tie AM **Eisenbahnstation** *f* railway station **Eisenbahnstrecke** *f* railway line, track section, AM *a.* track **Eisenbahntankwagen** *m* railroad tank car **Eisenbahntarif** *m* railway rates *pl;* (*für Güter*) railway tariff; (*für Personen*) railway fares *pl* **Eisenbahntechnik** *f* railway engineering **Eisenbahntransport** *f* rail transport, carriage by rail **Eisenbahntunnel** *m* railway tunnel **Eisenbahnüberführung** *f für Kfz* railway overpass; *für Fußgänger* footbridge, overbridge BRIT, overpass AM **Eisenbahnübergang** *f* railway [*or* BRIT level] [*or* AM grade] crossing **Eisenbahnunglück** *nt* railway disaster [*or* accident], train disaster [*or* crash] **Eisenbahnunterbau** *m* roadbed, railway substructure **Eisenbahnunterführung** *f* railway underpass, BRIT *a.* subway **Eisenbahnunternehmer** *m* railway contractor **Eisenbahnverbindung** *f* rail link [*or* connection] **Eisenbahnverkehr** *m* rail[way] traffic, rail transport [*or* service] **Eisenbahnversand** *m* rail transport **Eisenbahnverwaltung** *f* railway management **Eisenbahnwagen** *m* (*Personen~*) railway carriage BRIT, railroad [*or* passenger] car AM; (*Güter~*) goods [*or* railway] wagon BRIT, railroad [*or* freight] car AM **Eisenbahnwaggon** *m* railway car [*or* BRIT *a.* carriage]; (*für Personen*) railway coach; (*für Güter*) goods wagon, freight car **Eisenbahnzug** *m* [railway] train

Eisenbedarf *m* iron requirement **Eisenbeschlag** *m* iron band **eisenbeschlagen** *adj* with iron fittings; **~e Stiefel** steel-capped [*or* AM -toed] boots **Eisenblech** *nt* sheet iron **Eisendraht** *m* steel wire **Eisenerz** *nt* CHEM, BERGB iron ore **Eisengehalt** *m* CHEM iron content **Eisengießerei** *f* TECH iron foundry **Eisengitter** *nt* iron bars *pl,* iron grating [*or* BRIT *a.* railings *pl*] **eisenhältig** *adj* ÖSTERR *s.* **eisenhaltig eisenhaltig** *adj* CHEM iron -bearing [*or form* ferruginous] ▪ **~ sein** to contain iron

Eisenhut *m* ① HIST iron helmet ② BOT **blauer ~** monk's hood, aconite

Eisenhüttenwerk *nt* ironworks + *sing/pl vb,* iron foundry **Eisenindustrie** *f* ÖKON *s.* **Eisen- und Stahlindustrie Eisenkraut** *nt* BOT verbena **Eisenmangel** *m* MED iron deficiency **Eisenoxid** *nt* CHEM ferric oxide **Eisenpräparat** *nt* PHARM iron tablets **Eisenrahmenkonstruktion** *f* BAU steel frame construction **Eisenspäne** *pl* iron filings **Eisenstange** *f* iron bar

Eisentablette *f* iron tablet **Eisenträger** *m* BAU iron girder **Eisen- und Stahlindustrie** *f* ÖKON iron and steel industry **Eisenverbindung** *f* CHEM iron compound **Eisenwaren** *pl* ÖKON ironmongery *no pl, no art* BRIT, hardware *no pl, no art* **Eisenwarenhändler(in)** *m(f)* ÖKON ironmonger BRIT, hardware dealer AM **Eisenwarenhandlung** *f* ÖKON ironmonger's [shop] BRIT, hardware store AM

Eisenzeit *f kein pl* HIST Iron Age

eisern I. *adj* ① *attr* CHEM iron ② (*unnachgiebig*) iron, resolute; **~e Energie** unflagging [*or* indefatigable] energy; **~e Ruhe** unshakeable patience; ▪ **~ sein** [*o* **bleiben**] to be/remain resolute; ***und wenn du noch so bettelst, da bin/bleibe ich ~!*** however much you beg, I will not change my mind; **mit ~em Besen auskehren** (*fig*) to make a clean sweep ③ (*fest*) firm ④ *attr* (*für Notfälle*) iron; **jds ~e Reserve** sb's nest egg ▸ WENDUNGEN: **aber ~!** (*fam*) of course [*or* absolutely] II. *adv* resolutely; ***sie hat sich ~ an den Plan gehalten*** she stuck firmly [*or* steadfastly] to the plan

Eiseskälte *f* (*geh*) icy cold

Eisfläche *f* [surface of the] ice **eisfrei** *adj* METEO, GEOG free of ice; **~ bleiben** to remain ice-free **Eisgang** *m* ice drift **eisgekühlt** *adj* KOCHK ice-cold; ***ist das Bier ~?*** is that beer really cold [*or* out of the fridge]? **Eisglätte** *f* black ice **Eisheiligen** *pl* ▪ **die [drei] ~n** *days in May with supposedly an increased risk of frost — in N Germany 11–13th, in S Germany 12–15th* **Eishockey** *nt* SPORT ice hockey

eisig I. *adj* ① (*bitterkalt*) icy; **ein ~er Wind** an icy [*or* bitter] wind ② (*abweisend*) icy; **ein ~es Schweigen** a frosty [*or* chilly] silence; **eine ~e Ablehnung** cold rejection ③ (*jäh*) chilling; ***ein ~er Schreck durchfuhr sie*** a cold shiver ran through her ④ (*frostig*) icy, cold; **ein ~es Lächeln** a frosty smile II. *adv* coolly

Eiskaffee *m* KOCHK ① (*selten*) iced coffee ② (*Kaffee mit Vanilleeis und Schagsahne*) *chilled coffee with vanilla ice cream and whipped cream* **eiskalt** I. *adj* ① (*bitter kalt*) ice-cold; ***du hast ja ~e Füße*** your feet are ice-cold [*or fam* like blocks of ice] ② (*kalt und berechnend*) cold and calculating, cold-blooded; ***dieser ~e Mörder*** this cold-blooded murderer ③ (*dreist*) cool; **eine ~e Abfuhr bekommen** to be snubbed [*or* rebuffed] [by sb] II. *adv* (*kalt und berechnend*) coolly; **jdn ~ anblicken** to look coolly at sb; ***sie macht das ~*** she does it without turning a hair **Eiskappe** *f* GEOL ice cap **Eiskasten** *m* ÖSTERR refrigerator **Eisklettern** *nt* SPORT ice climbing **Eiskratzer** *m* AUTO ice scratch **Eiskristall** *nt* ice crystal **Eiskübel** *m* ice bucket **Eiskunstlauf** *m* SPORT figure skating **Eiskunstläufer(in)** *m(f)* SPORT figure skater **eis|laufen** *vi s.* **Eis 2 Eislaufen** <-s> *nt kein pl s.* **Eis 2 Eisläufer(in)** *m(f)* ice skater **Eismaschine** *f* KOCHK ice cream machine **Eismeer** *nt* GEOG polar sea; **Nördliches/Südliches ~** Arctic/Antarctic Ocean **Eismühle** *f* ice crusher **Eisnebel** *m* METEO freezing fog **Eispickel** *m* SPORT ice axe [*or* pick]

Eisprung *m* MED ovulation

Eisregen *m* METEO sleet **Eisrevue** *f* SPORT ice show **Eissalat** *m* iceberg lettuce **Eissalon** *m* DIAL (*veraltend*) *s.* **Eisdiele Eisschicht** *f,* **Eisschichte** *f* ÖSTERR layer of ice **Eisschießen** *nt* SPORT curling **Eisschnellauf** *m* SPORT *s.* **Eisschnelllauf Eisschnellaufbahn** *f s.* **Eisschenlllaufbahn Eisschnelläufer(in)** *m(f)* SPORT *s.* **Eisschnellläufer Eisschnelllauf**[RR] *m* SPORT speed skating **Eisschnelllaufbahn**[RR] *f* speed skating circuit **Eisschnellläufer**[RR]**(in)** *m(f)* SPORT speed skater **Eisscholle** *f* ice floe **Eisschrank** *m* (*veraltend*) *s.* **Kühlschrank Eisspeedway** [-spi:dweɪ] *nt* (*Sportdisziplin*) speedway ice racing; (*Bahn*) ice speedway **Eisspeedwayfahrer(in)** [-spi:dweɪ-] *m(f)* speedway ice racer **Eissport** *m* ice sports *pl* **Eisstadion** *nt* SPORT ice rink **Eisstoß** *m* ÖSTERR (*Eisstau*) *blockage in river caused by ice floes* **Eissturmvogel** *m* ORN northern fulmar **Eistorte** *f* KOCHK ice cream cake **Eisverkäufer(in)** *m(f)* ice cream man **Eisvogel** *m* ORN kingfisher; ZOOL (*Schmetterling*) white admiral **Eiswaffel** *f* ice cream wafer; (*Eistüte*) wafer cone **Eiswasser** *nt* icy water; ***ein Glas ~*** a glass of ice cold water **Eiswein** *m* KOCHK *wine made from grapes hardened by frost* **Eiswürfel** *m* ice cube; ***nehmen Sie ~ in die Cola?*** do you have ice in your coke? **Eiswürfelschale** *f* ice-cube tray **Eiszapfen** *m* METEO icicle **Eiszeit** *f* ① GEOL Ice Age, glacial epoch *form* ② POL cold war **eiszeitlich** *adj* GEOL Ice Age, of the Ice Age

eitel *adj* ① (*pej: selbstgefällig*) vain; (*eingebildet*) conceited; *s.a.* **Freude, Pfau** ② (*veraltend geh*) vain; ***seine Hoffnungen erwiesen sich als ~*** his hopes proved to be all in vain

Eitelkeit <-, -en> *f* (*pej*) vanity

Eiter <-s> *m kein pl* MED pus *no pl, no indef art*

Eiterbeule *f* ① MED boil ② (*fig: Übelstand*) canker *fig* **Eiterbildung** *f* MED pyosis **Eiterbläschen** *nt* MED pustule **Eitererreger** *m* MED pyogenic organism **Eiterherd** *m* MED suppurative focus

eit(e)rig *adj* MED *Ausfluss* purulent; *Geschwür, Pickel, Wunde* festering, suppurating; ▪ **~ sein** to fester, suppurate; (*mit Eiter getränkt*) pus-covered

eitern *vi* MED to fester, to discharge pus, to suppurate

Eiterpickel *m* MED pimple [with pus]

eitrig *adj s.* **eiterig**

Eiweiß *nt* ① CHEM protein ② KOCHK [egg] white, white of an egg; **~ schaumig** [*o* **steif**] [*o* **zu Schnee**] **schlagen** to beat the egg white until it is stiff

eiweißarm I. *adj* low in protein; **~e Kost** a low-protein diet II. *adv* (*mit zu wenig Protein*) low in protein; ***Sie ernähren sich zu ~*** you are not getting enough protein **eiweißhaltig** *adj* containing protein **eiweißreich** *adj* rich in protein *pred*

Eizelle *f* BIOL ovum, egg cell AM *fam*

Ejakulat <-[e]s, -e> *nt* MED ejaculate, ejaculated semen

Ejakulation <-, -en> *f* BIOL ejaculation; **zur ~ kommen** to ejaculate, to climax

Ejakulationsstörung *f* MED ejaculation disorder [*or* trouble]

ejakulieren* *vi* BIOL to ejaculate

Ekel[1] <-s> *m kein pl* disgust, revulsion; ***der ~ würgte ihn*** he was overcome by nausea [*or* felt nauseous] ; **~ erregend** nauseating, revolting, disgusting; **vor jdm/etw einen ~ haben** [*o* **empfinden**] to loathe sb/sth; **vor ~** in disgust [*or* revulsion]; ***sie musste sich vor ~ übergeben*** she was so nauseated that she vomited

Ekel[2] <-s, -> *nt* (*fam*) revolting person

ekelerregend *adj s.* **Ekel**[1]

ekelhaft I. *adj* ① (*widerlich*) disgusting, revolting; ***ich habe so einen ~en Geschmack im Mund*** I have got a nasty [*or* vile] taste in my mouth; ***so etwas E~ es wie diese Würmer*** such revolting things like these worms ② (*fam: unangenehm*) nasty; ***sei nicht so ~ zu ihr*** don't be so nasty to her II. *adv* ① (*widerlich*) disgusting; ***der Käse riecht ~*** the cheese smells awful ② (*fam: unangenehm*) horribly

ek(e)lig <-er, -ste> *adj s.* **ekelhaft 1**

ekeln I. *vt* ▪ **jdn ~** to disgust [*or* revolt] [*or* nauseate] sb II. *vt impers* ▪ **es ekelt jdn [vor jdm/etw]** sb/sth disgusts sth/sb; ***es ekelt mich vor diesem Anblick*** the sight of it disgusts me III. *vr* ▪ **sich [vor jdm/etw] ~** to find sth/sb disgusting [*or* revolting] [*or* nauseating]; ***sie ekelte sich vor seinen Frettchen*** she found his ferrets revolting

Ekelpaket *nt* (*pej*) mean bastard

EKG <-s, -s> *nt* MED *Abk von* **Elektrokardiogramm** ECG; **[sich** *dat*] **ein ~ machen lassen** to have an ECG; **jdm ein ~ machen** to do an ECG for sb

Eklat <-s, -s> [e'kla:] *m* (*geh*) sensation; **einen ~ verursachen** to cause a stir [*or* sensation]; ***es kam zu einem ~*** a dispute broke out

eklatant <-er, -este> *adj* (*geh*) **ein ~es Beispiel** a striking example; **ein ~er Fall** a spectacular [*or* sensational] case; **ein ~er Fehler** a glaring error

Eklektizismus <-> *m kein pl* KUNST, PHILOS eclecticism

Eklipse <-, -n> *f* ASTRON eclipse

ekrü *adj pred* ① (*ungebleicht*) raw, undyed ② (*gelblich weiß*) ecru

Ekstase <-, -n> *f* ecstasy; **[über etw** *dat*] **in ~ geraten** to go into ecstasies [over sth]; **jdn zur ~ treiben** to drive sb to the limits; (*jdn zum Orgasmus bringen*) to drive sb wild; **jdn in ~ versetzen** to send sb into ecstasies

ekstatisch *adj* (*geh*) ecstatic

Ekuador <-s> *nt kein pl s.* **Ecuador**

Ekuadorianer(in) <-s, -> *m(f) s.* **Ecuadorianer**

ekuadorianisch *adj s.* **ecuadorianisch**

Ekzem <-s, -e> *nt* MED eczema

Elaborat <-[e]s, -e> *nt* (*pej geh*) concoction

Elan <-s> *m kein pl* élan, zest, vigour [*or* AM -or]; **mit** ~ with élan [*or* vigour]; **etw mit viel ~ tun** to do sth vigorously

Elast <-[e]s, -e> *meist pl m o nt* SCHWEIZ elastic

elastisch I. *adj* ❶ (*flexibel*) elastic, flexible; *Federkern, Karosserieaufhängung, Lattenrost* springy; *Stoff, Binde* stretchy ❷ (*spannkräftig*) *Gelenk, Muskel, Mensch* supple; *Gang* springy; ***im Alter ist man nicht mehr so*** ~ when you are old you are no longer supple II. *adv* supply; ***der Bügel schnellte ~ zurück*** the safety catch sprang back easily

Elastizität <-, -en> *meist sing f* ❶ (*elastische Beschaffenheit*) elasticity; *Lattenrost, Federkern* spring[*or* felt nauseous] iness ❷ (*Spannkraft*) *Muskel, Mensch, Leder* suppleness; *Gang* springiness

Elba <-s> *nt* Elba

Elbe <-> *f* GEOG river Elbe

Elbsandsteingebirge *nt* Elbsandsteingebirge

Elch <-[e]s, -e> *m* ZOOL elk

Elchtest *m kein pl* AUTO moose accident test

Eldorado <-s, -s> *nt* eldorado; ***Las Vegas gilt als das ~ der Spieler*** Las Vegas is known as the gambler's paradise [*or* eldorado]

Electronic Banking <-> [ɪlɛk'trɔnɪk'bɛŋkɪŋ] *nt kein pl* electronic banking **Electronic Cash** [ɪlɛk'trɔnɪk 'kæʃ] *nt* electronic cash **Electronic Publishing** [ɪlɛk'trɔnɪk 'pʌblɪʃɪŋ] *nt* electronic publishing

Elefant <-en, -en> *m* ZOOL elephant ▶ WENDUNGEN: **wie ein ~ im Porzellanladen** (*fam*) like a bull in a china shop

Elefantenbaby [-be:bi] *nt* ❶ ZOOL baby elephant ❷ (*pej fam*) baby; ***er hat die Körpergröße eines Mannes, aber er ist das reinste*** ~ he is the size of a man but he is still only a baby **Elefantenbulle** *m* ZOOL bull elephant **Elefantenhochzeit** *f* ÖKON (*fam*) mega [*or* giant] merger, juggernaut marriage *fam* **Elefantenkuh** *f* ZOOL cow elephant **Elefantenrüssel** *m* ZOOL elephant's trunk

elegant I. *adj* ❶ (*vornehm*) elegant; **die ~e Welt** (*veraltet*) high society ❷ (*gewandt*) elegant; **die Probleme auf ~e Weise lösen** to find an elegant solution to the problems II. *adv* ❶ MODE elegantly ❷ (*geschickt*) nimbly; ***er zog sich ~ aus der Affäre*** he deftly extricated himself from the incident

Eleganz <-> *f kein pl* ❶ (*geschmackvolle Beschaffenheit*) elegance ❷ (*Gewandtheit*) deftness

Elegie <-, -ien> [*pl* -'gi:ən] *f* LIT elegy

elegisch *adj* ❶ LIT elegiac ❷ (*fig*) elegiac; *Stimmung* mood

Elektorat <-[e]s, -e> *nt* HIST (*Kurfürstenwürde, Kurwürde*) rank of elector, electoral prince

elektrifizieren* *vt* BAHN ■**etw** ~ to electrify sth

elektrifiziert *adj* **~e Eisenbahn** electric railway [*or* AM railroad]

Elektrifizierung <-, -en> *f* BAHN electrification

Elektrik <-, -en> *f* ❶ (*elektrische Ausstattung*) electrical system ❷ (*Elektrotechnik*) electrics

Elektriker(in) <-s, -> *m(f)* electrician; **~ sein** to be an electrician

elektrisch I. *adj* ❶ (*durch Strom bewirkt*) electric; **~e Entladung/~es Feld/~er Widerstand** electrical discharge/field/resistance; **~er Schlag/Strom** electric shock/current ❷ (*mit Strom betrieben*) electrical; **~e Geräte** electrical appliances ❸ (*Strom führend*) **~e Leitung/~es Kabel** electric wire/cable II. *adv* (*mit elektrischem Strom*) electric; ***er rasierte sich lieber ~ als nass*** he prefers an electric rasor to having a wet shave; **~ betrieben** powered by electricity; ***das geht alles ~*** it's all automatic; **~ geladen** electrified; *s. a.* **Stuhl, Strom**

elektrisieren* I. *vt* ❶ (*fig*) to electrify ❷ (*aufladen*) to charge with electricity ❸ MED ■**jdn** ~ to treat sb with electricity II. *vr* (*einen elektrischen Schlag bekommen*) ■**sich [an etw** *dat*] ~ to give oneself an electric shock; **wie elektrisiert** [as if one had been] electrified

Elektrizität <-> *f kein pl* electricity; **statische ~** static electricity

Elektrizitätsgesellschaft *f* ÖKON electric power company **Elektrizitätsversorgung** *f* ELEK [electric] power supply **Elektrizitätswerk** *nt* ❶ ELEK (*Anlage*) [electric] power station ❷ *s.* **Elektrizitätsgesellschaft**

Elektroakupunktur *f* electro-acupuncture **elektroakustisch** *adj* TECH acoustoelectronic, electroacoustic **Elektroantrieb** *m* AUTO electric drive **Elektroartikel** *m* ÖKON electrical appliance **Elektroauto** *nt* electric car **Elektrobus** *m* electric bus **Elektrochemie** *f* CHEM electrochemistry **elektrochemisch** *adj* CHEM electrochemical

Elektrode <-, -n> *f* electrode

Elektrodynamik *f* PHYS electrodynamics + *sing vb* **Elektroenzephalogramm** *nt* MED electroencephalogram, EEG **Elektrofahrzeug** *nt* AUTO electric vehicle **Elektrofilter** *m* electrostatic filter **Elektrogerät** *nt* TECH electrical appliance **Elektrogeschäft** *nt* electrical [*or* AM store] shop **Elektrogroßhandel** *m* electrical wholesale **Elektroherd** *m* ELEK electric cooker **Elektroindustrie** *f* ÖKON electrical industry **Elektroingenieur(in)** *m(f)* electrical engineer **Elektroinstallateur(in)** *m(f)* electrician **Elektrokardiogramm** *nt* MED electrocardiogram, ECG **Elektrokarren** *m* AUTO small electric truck **Elektrokinetik** *f* PHYS electrokinetics + *sing vb* **Elektrolok** *f* electric locomotive

Elektrolyse <-, -n> *f* electrolysis

Elektrolyt <-en, -en> *m* CHEM, MED electrolyte

Elektrolytgetränk *nt* electrolytic drink

elektrolytisch *adj* electrolytic

Elektromagnet *m* electromagnet **elektromagnetisch** I. *adj* electromagnetic II. *adv* electromagnetically **Elektromagnetismus** *m* PHYS electromagnetism **Elektrometallurgie** *f kein pl* TECH electrometallurgy **Elektrometer** *nt* ELEK electrometer **Elektromobil** *nt* electric car **Elektromotor** *m* electric motor

Elektron <-s, -tronen> ['e:lɛktrɔn, e'lɛktrɔn, elɛk'tro:n] *nt* NUKL electron

Elektronenbeschleuniger <-s, -> *m* NUKL electron accelerator **Elektronenblitz** *m* TECH electronic flash **Elektronenblitzgerät** *nt* (*veraltend*) *s.* Elektronenblitz **Elektronenhülle** *f* NUKL electron shell [*or* cloud] **Elektronenmikroskop** *nt* SCI electron microscope **Elektronenrechner** *m* electronic computer **Elektronenröhre** *f* electron tube **Elektronenstrahl** *m* PHYS electron [*or* cathode] ray **Elektronentransport** *m* BIOL electron transport **Elektronenvolt** *nt* NUKL electronvolt **Elektronenwolke** *f* PHYS electron cloud

Elektronik <-, -en> *f* ❶ *kein pl* electronics + *sing vb* ❷ (*elektronische Teile*) electronics *pl*

Elektronikabhängigkeit *f kein pl* dependency on electronics; **~ der Medizin** electronic dependency in medicine **Elektronikindustrie** *f* electronics industry **Elektronikmulti** <-s,-s> *m* ÖKON electronics multinational [*or* giant] **Elektronikschrott** *m* ÖKOL electronic scrap [*or* junk]

elektronisch I. *adj* electronic II. *adv* electronically

Elektronneutrino *nt* NUKL electron neutrino

Elektrophorese <-> *f kein pl* PHYS electrophoresis *no pl*, cataphoresis *no pl* **Elektrorasierer** *m* electric razor [*or* BRIT shaver] **Elektroschock** *m* MED electroshock **Elektroschockbehandlung** *f* MED electric shock [*or* electroshock] treatment **elektroschwach** *adj* PHYS **~e Wechselwirkung** electroweak interaction **Elektroschweißen** <-s> *nt kein pl* arc welding **Elektroskop** <-s, -e> *nt* PHYS electroscope **Elektrosmog** *m* ÖKOL electrosmog **Elektrostatik** *f* PHYS electrostatics + *sing vb* **elektrostatisch** PHYS I. *adj* electrostatic II. *adv* electrostatically **Elektrotechnik** *f* electrical engineering **Elektrotechniker(in)** *m(f)* ❶ (*mit Hochschulabschluss*) electrical engineer ❷ (*Elektriker(in)*) electrician **elektrotechnisch** *adj* ELEK electrical, electrotechnical *rare* **Elektrotherapie** *f* MED electrotherapy

Element <-[e]s, -e> *nt* ❶ BAU, CHEM element ❷ (*geh: Komponente*) element ❸ *pl* (*geh: Naturgewalten*) ■**die ~e** the elements; **die tobenden ~e** the raging elements; **das nasse ~** (*geh*) water; [**ganz**] **in seinem ~ sein** (*fig*) to be in one's element ❹ (*pej: Person*) **kriminelle/subversive ~e** criminal/subversive elements

elementar *adj* ❶ (*wesentlich*) elementary ❷ (*urwüchsig*) elemental; **~er Hass/~e Leidenschaft** violent [*or* strong] hate/passion

Elementarbegriff *m* elementary concept **Elementargewalt** *f* (*geh*) elemental force **Elementarkenntnisse** *pl* elementary knowledge *no pl* **Elementarschule** *f* (*Grundschule*) primary school BRIT, elementary school BRIT *dated or* AM **Elementarteilchen** *nt* NUKL elementary particle

Elementbau <-s> *m kein pl* SCHWEIZ *s.* **Fertigbau**

Elementbeziehung *f* MATH element-set relation

elementfremd *adj* MATH disjunct

Elenantilope *f* ZOOL (*Taurotragus oryx*) eland

elend I. *adj* ❶ (*beklagenswert*) wretched, miserable; **ein ~es Leben führen** to lead a miserable life ❷ (*krank*) awful, wretched; **sich ~ fühlen** to feel wretched [*or* awful] [*or* miserable]; **~ aussehen** to look awful; **es geht jdm ~** [*o* **jdm ist ~ [zumute]**] ***mir wird ganz ~, wenn ich daran denke*** I feel ill when I think about it, just thinking about it makes me feel sick ❸ (*erbärmlich*) dreadful, awful; **sich in einer ~en Verfassung befinden** to be in a dreadful state; ***in dieser ~en Hütte sollen wir leben?*** are we supposed to live in this dump? ❹ (*pej: gemein*) miserable, mean; ***du ~es Schwein!*** you miserable scumbag! *fam!* ❺ (*fam: sehr groß, schlecht*) awful [*or* dreadful]; ***ich habe selten so ein ~es Wetter erlebt!*** I have rarely seen such awful weather II. *adv* (*fam*) awfully, dreadfully; **~ heiß/kalt** awfully [*or* dreadfully] hot/cold

Elend <-[e]s> *nt kein pl* (*Not*) misery [*or* distress]; ***es gibt ja so viel ~ auf dieser Welt*** there is so much misery in the world; **ins ~ geraten** to become destitute, to fall into poverty, *form* be reduced to penury; **im [bitteren/schrecklichen] ~ leben** to live in [abject] poverty [*or* squalor] [*or* misery]; **jdn/sich selbst ins ~ stürzen** to plunge sb/oneself into misery [*or* poverty]; *s. a.* **Bild** ▶ WENDUNGEN: **das heulende ~** (*fam*) the blues *pl*; ***da kann man das heulende ~ kriegen*** it's enough to make you scream; **ein ~ sein, dass** (*fam*) to be heart-breaking that…; ***es ist einfach ein ~ mit ihm*** he makes you want to scream [*or* he is hopeless]

elendig *adj* DIAL *s.* **elend**

elendiglich *adv* (*geh*) wretchedly; **~ zugrunde gehen** to come to a dismal [*or* miserable] [*or* wretched] end

Elendsquartier *nt* (*pej*) slum [dwelling] [*or* squalid dwelling] **Elendsviertel** *nt* slums *pl*, slum area

Eleve, Elevin <-n, -n> *m, f* ❶ (*veraltend geh*) student ❷ (*Schauspiel-, Ballettschüler*) drama/ballet student ❸ AGR, FORST farming/forestry trainee

elf *adj* eleven; *s. a.* **acht**[1]

Elf[1] <-, -en> *f* ❶ (*Zahl*) eleven ❷ (*Verkehrslinie*) ■**die ~** the [number] eleven ❸ FBALL team [*or* eleven]

Elf[2] <-en, -en> *m*, **Elfe** <-, -n> *f* LIT elf

Elfenbein *nt* ivory **elfenbeine(r)n** *adj* ivory [*or* made of ivory]; *s. a.* **Turm elfenbeinfarben** *adj* ivory-coloured [*or* AM -ored] **Elfenbeinküste** *f* Ivory Coast; **die Republik ~** the Ivory Coast, Republic of the Ivory Coast [*or* Côte d'Ivoire] **Elfenbeinturm** *m* (*geh*) ivory tower *fig*

Elfer <-s, -> *m* FBALL (*fam*) penalty [kick]

elfmal, 11-mal[RR] *adv* eleven times

Elfmeter *m* FBALL penalty [kick]; **einen ~ schießen** to take a penalty; **einen ~ verschießen** to miss a penalty; **einen ~ verwandeln** to score from a penalty

Elfmetermarke *f* FBALL penalty spot **Elfmeterpunkt** *m* FBALL penalty spot **Elfmeterschießen** *nt* FBALL penalty; **durch ~ entscheiden** to decide a game on penalties [*or* in a penalty shoot-out]

elfte(r, s) *adj* ❶ (*nach dem Zehnten kommend*) eleventh; **die ~ Klasse** fifth year (*secondary school*), fifth form; *s. a.* **achte(r, s) 1** ❷ (*bei Datumsangabe*) eleventh, 11th; *s. a.* **achte(r, s) 2**

Elfte(r) *f(m) dekl wie adj* ❶ eleventh; *s. a.* **Achte(r)**

1 ② (*bei Datumsangabe*) ■**der** ~ [*o geschrieben* **der 11.**] the eleventh *spoken*, the 11th *written*; *s. a.* **Achte(r) 2** ③ SCH **die E~** (*fam*) fifth year (*secondary school*), fifth form

eliminieren* *vt* ① (*liquidieren*) ■**jdn** ~ to eliminate sb [*or fam* to get rid of sb] ② (*beseitigen*) ■**etw** ~ to eliminate sth; **Unklarheiten** ~ to sort [*or* smooth] out uncertainties

Eliminierung <-, -en> *f* ① (*Liquidierung*) *von Feinden, Konkurrenten* elimination ② (*Beseitigung*) *Fehler* elimination, eradication; *Unklarheiten* smoothing [*or* sorting] out; ***sorgen Sie für die ~ dieser Probleme*** sort these problems out, get these problems sorted out

Elisabeth *f* Elizabeth

elisabethanisch *adj* Elizabethan

elitär **I.** *adj* ① (*eine Elite betreffend*) elitist ② (*pej: arrogant*) elitist **II.** *adv* (*im Sinne der eigenen Elite*) in an elitist way

Elite <-, -n> *f* elite

Elitedenken *nt kein pl* elitism **Eliteeinheit** *f* MIL elite troops *pl*; ***die Marines sind eine ~*** the marines are an elite unit **Elitetruppe** *f* MIL crack [*or* elite] troops *pl*

Elixier <-s, -e> *nt* elixir

ellbögeln *vi* SCHWEIZ (*sich rücksichtslos durchsetzen*) to be ruthless

Ellbogen <-s, -> *m* ① ANAT elbow; ***er bahnte sich seinen Weg mit den ~ durch die Menge*** he elbowed his way through the crowd ② **die/seine ~ gebrauchen** to be ruthless; **keine ~ haben** to be soft-hearted **Ellbogenfreiheit** *f* elbow room; ***als Angestellte hatte sie wenig ~*** as an employee she had little room to manoeuvre **Ellbogengesellschaft** *f* dog-eat-dog society **Ellbogenmensch** *m* ruthless [*or fam* pushy] person **Ellbogenschützer** *m* elbow pad, elbow protector

Elle <-, -n> *f* ① ANAT ulna ② (*Maßstock*) yardstick ③ HIST (*altes Längenmaß*) cubit ▸ WENDUNGEN: **alles mit der gleichen** [*o* **mit gleicher**] ~ **messen** to measure everything by the same yardstick

Ellenbogen <-bogen> *m s.* Ellbogen **Ellenbogenfreiheit** *f kein pl s.* Ellbogenfreiheit **Ellenbogengesellschaft** *f s.* Ellbogengesellschaft **Ellenbogenmensch** *m s.* Ellbogenmensch **Ellenbogenschützer** *m s.* Ellbogenschützer **ellenlang** *adj* (*fam: überaus lang*) incredibly long; **eine ~e Liste** a list a mile long [*or* as long as my arm]; ***dieser Roman ist ~*** this novel is interminable [*or* lengthy]; **ein ~er Kerl/Mensch** an incredibly tall bloke/person

Ellipse <-, -n> *f* MATH ellipse; LING ellipsis

elliptisch *adj* ① MATH elliptic[al]; **~e Funktion** elliptic function; **~e Galaxie** ASTRON elliptical galaxy ② LING (*unvollständig*) *Satz* elliptic[al]

E-Lok <-, -s> *f s.* **elektrische Lokomotive** electric locomotive [*or* engine]

eloquent **I.** *adj* (*geh*) eloquent **II.** *adv* (*geh*) eloquently

Eloquenz <-> *f kein pl* (*geh*) eloquence

El Salvador <-s> *nt* El Salvador; *s. a.* **Deutschland**

Elsass[RR] <- *o* -es> *nt*, **Elsaß** <- *o* -sses> *nt* GEOG ■**das** ~ Alsace

Elsässer(in) <-s, -> *m(f)* GEOG Alsatian, inhabitant of Alsace

elsässisch *adj* ① GEOG Alsatian ② LING Alsatian

Elsass-Lothringen[RR] *nt* GEOG Alsace-Lorraine

Elster <-, -n> *f* ORN magpie; **eine diebische ~ sein** to be a thief; **geschwätzig wie eine ~ sein** to chatter like a magpie, to be a chatterbox; **wie eine ~ stehlen** to have sticky fingers *fam*

elterlich *adj* parental

Eltern *pl* parents *pl* ▸ WENDUNGEN: **nicht von schlechten ~ sein** (*fam*) to be quite a good one *fam*; ***dieser Wein ist nicht von schlechten ~*** (*fam*) this wine is a bit of alright [*or* quite a good one] *fam*

Elternabend *m* SCH parents' evening BRIT, parent-teacher conference AM **Elternbeirat** *m* SCH parent's council BRIT, parent-teacher association AM **Elterngeneration** *f* BIOL parental generation, P generation **Elternhaus** *nt* ① (*Familie*) family; ***er kommt*** [*o* ***stammt***] ***aus gutem ~*** he comes from a good home ② (*Haus*) [parental] home **Elternliebe** *f* parental love **elternlos** **I.** *adj* orphaned, parentless **II.** *adv* as an orphan **Elternrecht** *nt* JUR parental right

Elternschaft <-> *f kein pl* (*geh*) parents *pl*

Elternsprechstunde *f* SCH consultation hour [for parents] **Elternsprechtag** *m* SCH parents' evening **Elternteil** *m* parent **Elternurlaub** *m paid leave given to a new mother or father*

E-Mail <-, -s> *f* INFORM e-mail, email

Email <-s, -s> [eˈmai, eˈmaːj] *nt* enamel

E-Mail-Account <-s, -s> *nt* INFORM e-mail account **E-Mail-Adresse** *f* INFORM e-mail address **E-Mail-Benutzer(in)** *m(f)* e-mail user **E-Mail-Kommunikation** *f* communication by e-mail

Emaillack *m* enamel paint

Emaille <-, -n> [eˈmaljə, eˈmai, eˈmaːj] *f s.* **Email**

emaillieren* [emaˈjiːrən, emalˈjiːrən] *vt* ■**etw** ~ to enamel sth

E-Mail-Programm *nt* e-mail program **E-Mail-Software** *f* e-mail software

Emanze <-, -n> *f* (*fam*) women's libber

Emanzipation <-, -en> *f* ① (*Gleichstellung der Frau*) emancipation ② (*Befreiung aus Abhängigkeit*) liberation

Emanzipationsbewegung *f* emancipation movement

emanzipatorisch *adj* (*geh*) emancipatory

emanzipieren* *vr* ■**sich** [**von etw** *dat*] ~ to emancipate oneself [from sth]; ***es wird Zeit, dass sich nun auch die Männer ~*** it's time men became emancipated

emanzipiert *adj* SOZIOL ① (*Gleichberechtigung anstrebend*) emancipated ② (*pej veraltet: unweiblich*) butch

Embargo <-s, -s> *nt* embargo; **ein ~** [**über ein Land**] **verhängen** to impose [*or* place] an embargo [on a country]; **ein ~ aufheben/nicht beachten** to lift/to defy an embargo

Emblem <-[e]s, -e> [ɛmˈbleːm, ãˈbleːm] *nt* ① (*Zeichen*) emblem ② (*Sinnbild*) symbol

Embolie <-, -n> [*pl* -ˈliːən] *f* MED embolism

Embryo <-s, -s *o* -bryonen> *m o* ÖSTERR *nt* embryo

Embryologie <-> *f kein pl* embryology *no pl, no indef art*

embryonal *adj* ① MED, BIOL embryonic; (*unterentwickelt*) embryonic ② (*in Ansätzen*) embryonic

Embryonalentwicklung *f kein pl* BIOL, ZOOL embryonic development **Embryonenforschung** *f kein pl* BIOL, MED embryo research **Embryonentransfer** *m* BIOL, MED embryo transfer

Embryosplitting <-s, -s> *nt* BIOL, MED embryo splitting

emeritieren* *vt* ■**jdn** ~ to confer emeritus status on sb; ***er ist emeritierter Professor*** he is a professor emeritus [*or* an emeritus professor]

E-Meter *nt Abk von* **Elektrometer** electrometer

Emigrant(in) <-en, -en> *m(f)* ① (*Auswanderer*) emigrant ② (*politischer Flüchtling*) emigré

Emigration <-, -en> *f* ① (*das Emigrieren*) emigration; **in die ~ gehen** to emigrate; **in die innere ~ gehen** (*geh*) *to withdraw from current political or religious life in order to express one's opposition* ② *kein pl* (*die Emigranten*) emigrant community

emigrieren* *vi sein* to emigrate

eminent **I.** *adj* (*geh*) eminent; **von ~er Bedeutung sein** to be of great significance; **von ~er Wichtigkeit sein** to be of paramount [*or* the utmost] importance; **ein ~er Unterschied** a considerable difference **II.** *adv* extremely

Eminenz <-, -en> *f* REL **Seine/Eure** ~ His/Your Eminence ▸ WENDUNGEN: **graue** ~ éminence grise, grey eminence

Emir <-s, -e> *m* emir

Emirat <-[e]s, -e> *nt* emirate; **die Vereinigten Arabischen ~e** the United Arab Emirates, UAE

Emission <-, -en> *f* ① (*von Abgasen*) emission; ***Filteranlagen können die ~ von CO2 verringern*** filters reduce CO2 emissions ② FIN (*Wertpapier*) security; **die ~ von Wertpapieren** the issue [*or* issuing] of securities

Emissionär *m* FIN issuer

Emissionsanzeige *f* BÖRSE tombstone advertising **Emissionsbank** *f* FIN issuing bank **Emissionsgeschäft** *nt* FIN issuing [*or* underwriting] business **Emissionskosten** *pl* FIN cost of issue **Emissionskredit** *m* FIN *credit granted by issuing bank to issuer* **Emissionskurs** *m* FIN initial offering [*or* issue] price **Emissionsmarkt** *m* FIN new issue market **Emissionsmodalitäten** *pl* FIN terms of an issue **Emissionsmonopol** *nt* FIN monopoly on issues **Emissionspause** *f* FIN pause before a new issue **Emissionsprämie** *f* FIN issue premium **Emissionsquelle** *f* ÖKOL source of the/an emission **Emissionsrecht** *nt* ① FIN right of issue ② ÖKOL waste emission right **Emissionsreserve** *f* FIN potential stock **Emissionsvermeidung** *f* avoidance of emissions **Emissionswert** *m* FIN declared value **Emissionszertifikat** *nt* ÖKOL waste emissions certificate

Emittent *m* FIN issuer

emittieren *vt* ■**etw** ~ ① FIN (*Wertpapiere ausgeben*) to issue sth ② ÖKOL (*ausstoßen*) to emit sth ③ PHYS to emit sth

Emmentaler <-s, -> *m* Emment[h]al[er] [cheese]

Emmer <-s> *m kein pl* AGR Emmer

Emotion <-, -en> *f* emotion

emotional **I.** *adj* emotional; ■~ **sein** to be emotional; **eine ~e Reaktion** an emotive reaction **II.** *adv* emotionally

emotionalisieren* *vt* (*geh*) ■**etw** ~ *Diskussion, Thema* to emotionalize sth

emotionell *adj s.* **emotional**

emotionsgeladen *adj* emotionally charged

emotionslos *adj* emotionless, unemotional

Empfang <-[e]s, Empfänge> *m* ① TV, RADIO reception; **ein Sprechfunkgerät auf ~ schalten** to switch a radiotelephone to "receive" ② (*das Entgegennehmen*) receipt; **zahlbar nach/bei ~** payable on receipt; **etw in ~ nehmen** to take receipt [*or* delivery] of sth, to receive sth ③ (*Hotelrezeption*) reception [desk] ④ (*Begrüßung*) reception; **einen ~ geben** [*o* **veranstalten**] to give [*or* hold] a reception; **jdn in ~ nehmen** to greet [*or esp form* receive] sb

empfangen <empfing, empfangen> *vt* ① (*auffangen*) ■**etw** ~ to receive sth; ■**etw lässt sich** ~ sth can be received; ***das 4. Programm lässt sich nicht gut ~*** channel 4 is difficult to receive ② (*begrüßen*) ■**jdn** ~ to welcome [*or* greet] [*or form* receive] sb; ■**jdn mit etw** *dat* ~ to receive sb with sth; ***sie empfingen den Sprecher mit lauten Buhrufen*** they greeted the speaker with loud boos ③ (*geh: schwanger werden*) **ein Kind** ~ to conceive a child

Empfänger(in) <-s, -> *m(f)* ① (*Adressat*) addressee, consignee; ~ **unbekannt** not known at this address; ~ **verzogen** gone away; **Fracht zahlt ~** HANDEL charges forward ② FIN payee ③ MED recipient

Empfängerabschnitt *m* FIN receipt slip **Empfängerland** *nt* HANDEL receiving country

empfänglich *adj* ① (*zugänglich*) ■**für etw** *akk* ~ **sein** to be receptive to sth ② (*beeinflussbar, anfällig*) ■**für etw** *akk* ~ **sein** to be susceptible to sth

Empfangnahme <-> *f kein pl* receipt

Empfängnis <-> *f pl selten* conception; **die Unbefleckte** [*o* **Mariä**] [*o* **Mariens**] ~ the Immaculate Conception

empfängnisverhütend **I.** *adj* contraceptive **II.** *adv* ~ **wirken** to have a contraceptive effect, to act as a contraceptive **Empfängnisverhütung** *f* contraception **Empfängnisverhütungsmittel** *nt* contraceptive

Empfangsbekenntnis *nt* JUR acknowledgement of receipt **empfangsberechtigt** *adj* authorized to receive sth **Empfangsberechtigte(r)** *f(m)* *dekl wie adj* authorized recipient; ***diese Lieferung darf nur an ~ ausgehändigt werden*** this delivery can only be handed over to an authorized person **Empfangsbereich** *m* reception area **Emp-**

E

fangsbescheinigung *f*, **Empfangsbestätigung** *f* HANDEL [confirmation [*or* acknowledgment] of] receipt **Empfangsbevollmächtigte(r)** *f(m) dekl wie adj* JUR receiving agent, person authorized to take delivery **Empfangsbote** *m* JUR receiving agent **Empfangschef(in)** *m(f)* head receptionist **Empfangsdame** *f* receptionist **Empfangsermächtigung** *f* JUR authorization to receive **Empfangsgerät** *nt* RADIO, TV receiver **Empfangskonnossement** *nt* HANDEL received-for-shipment bill of lading **Empfangsschüssel** *f* TV satellite dish **Empfangsspediteur(in)** *m(f)* receiving agent **Empfangsstation** *f* ➊ (*Bestimmungsort*) destination ➋ RADIO, TV receiving station **Empfangsvermerk** *m* HANDEL receipt note **Empfangszimmer** *nt* reception room

empfehlen <empfahl, empfohlen> **I.** *vt* ➊ (*vorschlagen*) ■[**jdm**] **etw** ~ to recommend sth to sb; ■**zu** ~ **sein** to be recommended; ***dieses Hotel ist zu*** ~ this hotel is [to be] recommended; ■**jdm jdn** [**als etw**] ~ to recommend sb to sb [as sth]; ***ich empfehle Ihnen diese junge Dame*** [***als neue Mitarbeiterin***] I recommend this young lady to you [as a colleague]; ■~, **etw zu tun** to recommend [*or* advise] doing sth; ■**jdm** ~, **etw zu tun** to recommend [*or* advise] sb to do sth; ***ich*** ~ ***Ihnen, sofort zum Arzt zu gehen*** I recommend [*or* advise] you to go to the doctor at once ➋ (*veraltend geh: anvertrauen*) ■**jdn jdm/einer S.** ~ to entrust sb to sb/sth; ***er empfahl seine Kinder der Obhut seines Bruders*** he entrusted his children to the care of his brother ▸ WENDUNGEN: ~ **Sie mich/uns ...!** (*geh*) give my regards [*or form* convey my respects] to...!; ***bitte,*** ~ ***Sie mich Ihrer Frau Gemahlin!*** please give my regards to your wife **II.** *vr impers* ■**es empfiehlt sich, etw zu tun** it is advisable to do sth; ***es empfiehlt sich immer, einen Experten hinzuzuziehen*** it is always a good idea to bring in an expert **III.** *vr* ➊ (*sich anempfehlen*) ■**sich** [**jdm**] **als etw** ~ to recommend oneself [to sb] as sth; ***er empfahl sich uns als Experte für Autoreparaturen*** he offered us his services as an expert in car repairs ➋ (*geh*) ■**sich** ~ to take one's leave

empfehlenswert *adj* ➊ (*wert, empfohlen zu werden*) recommendable, to be recommended *pred;* ***das ist ein sehr*** ~***es Hotel*** that is a highly recommendable hotel; ***die Ausstellung is wirklich*** ~ the exhibition is really to be recommended ➋ (*ratsam*) ■**es ist** ~, **etw zu tun** it is advisable to do sth; ***es ist*** ~, ***einen Schutzhelm zu tragen*** it is a good idea to wear a protective helmet

Empfehlung <-, -en> *f* ➊ (*Vorschlag*) recommendation ➋ (*Referenz*) reference, testimonial; **auf** ~ **von jdm** [*o* **auf jds** ~] on the recommendation of sb [*or* on sb's recommendation] ➌ (*geh*) **mit den besten** ~**en** with best regards; **meine/unsere** ~ **an jdn** my/our [best] regards to sb

Empfehlungsschreiben *nt* letter of recommendation, testimonial **Empfehlungsverbot** *nt* JUR prohibition to issue recommendations

empfiehl *imper sing von* **empfehlen**

empfinden <empfand, empfunden> *vt* ➊ (*fühlen*) ■**etw** [**bei etw** *dat*] ~ to feel [*or* experience] sth [when doing/seeing] sth etc]; **Abscheu/Furcht vor etw** ~ to loathe/fear sth; **Freude an etw** ~ to derive pleasure from sth; **große Freude** ~ to be filled with happiness; **Liebe/Hass für jdn** ~ to feel love/hate for sb, to love/hate sb; **viel für jdn** ~ to like sb a great deal, to be very fond of sb ➋ (*auffassen*) ■**jdn/etw als etw** ~ to feel sb/sth to be sth, to find sb/sth sth; ***ich empfinde das als Beleidigung*** I feel that to be insulting, I find that insulting; ***sie empfanden ihn als Störenfried*** they felt him to be [*or* thought of him as] a trouble-maker; ***wie empfindest du das?*** how do you feel about it?

Empfinden <-s> *nt kein pl* feeling; **meinem** ~ **nach** [*o* **für mein** ~] to my mind

empfindlich *adj* ~**e Haut** delicate [*or* sensitive] skin

empfindungslos *adj* ➊ (*taub*) numb, without sensation *pred* ➋ (*gefühllos*) unfeeling [*or* insensitive]

Empfindungslosigkeit <-> *f kein pl* ➊ (*körperliche Gefühllosigkeit*) *der Glieder* numbness ➋ (*Gefühlskälte*) insensitivity **Empfindungsvermögen** *nt* (*geh*) ➊ (*Gefühl*) faculty of sensation, sensory perception ➋ (*fig*) sensitivity

empfohlen **I.** *pp von* **empfehlen** **II.** *adj* **sehr** [*o* **besonders**] ~ highly recommended

Emphase <-, -n> *f* (*geh*) emphasis

emphatisch **I.** *adj* (*geh*) emphatic; ***er hielt eine*** ~***e Rede*** he made a vigorous speech **II.** *adv* (*geh*) emphatically; ***sie brachte es sehr*** ~ ***zum Ausdruck*** she expressed it very vigorously

Empire[1] <-[s]> [ã'pi:r] *nt kein pl* ➊ HIST the French Napoleonic Empire ➋ KUNST *Stilepoche* Empire [style]

Empire[2] <-[s]> ['ɛmpaɪə] *nt kein pl* (*das britische Weltreich*) [British] Empire

Empirie <-> *f kein pl* (*geh*) ➊ (*Methode*) empirical method ➋ (*Erfahrungswissen*) empirical knowledge

empirisch **I.** *adj* (*geh*) empirical **II.** *adv* (*geh*) empirically

Empirismus <-> *m kein pl* PHILOS empiricism

empor *adv* (*geh*) upwards, up; ***zu den Sternen*** ~ up to the stars

empor|arbeiten *vr* (*geh*) ■**sich** [**zu etw** *dat*] ~ to work one's way up [to become sth]; ***er hat sich zum Millionär emporgearbeitet*** he worked his way up to become a millionaire **empor|blicken** *vi* ■[**zu jdm/etw**] ~ to look up [at sb/sth]

Empore <-, -n> *f* ARCHIT gallery

empören* **I.** *vt* ■**jdn** ~ to outrage [*or* incense] sb, to fill sb with indignation **II.** *vr* ➊ (*sich entrüsten*) ■**sich** [**über jdn/etw**] ~ to be outraged about [*or* by] sb/sth, to be incensed by sb/sth, to be filled with indignation by sb/sth; ***sie empörte sich über sein Benehmen*** his behaviour outraged her ➋ (*veraltet: rebellieren*) ■**sich** [**gegen jdn/etw**] ~ to rebel against sb/sth

empörend *adj* outrageous, scandalous

empor|heben *vt irreg* (*geh*) ■**jdn/etw zu jdm/etw** ~ to raise sb/sth to sb/sth, to lift sb/sth up to sb/sth **empor|kommen** *vi irreg sein* (*geh*) ➊ (*vorankommen*) ■[**in etw** *dat*] ~ to get on [*or* rise] in sth; ***wer*** [***im Beruf***] ~ ***will, muss mehr leisten als andere*** if you want to get on in your profession you have to do more than the others ➋ (*an die Oberfläche kommen*) to rise [up]

Emporkömmling <-s, -e> *m* (*pej*) upstart, parvenu

empor|lodern *vi sein* (*geh*) to blaze up **empor|ragen** *vi haben o sein* (*geh*) ■[**über etw** *akk*] ~ to tower above sth **empor|schwingen** *vr irreg* (*geh*) ■**sich** ~ to swing upwards [*or liter* aloft] *fig;* ■**sich zu etw** ~ to achieve sth; ***sie schwang sich zum Chefsessel empor*** she rose right up to take over the boss's chair **empor|steigen** *irreg* **I.** *vi sein* (*geh*) to rise; ***Zweifel stiegen in ihm empor*** doubts rose in his mind; (*aufsteigen*) to rise [up]; ***der Rauch stieg in die Luft empor*** the smoke rose up into the air **II.** *vt sein* (*geh*) ■**etw** ~ to climb [up] sth

empört **I.** *adj* outraged, scandalized; ■[**über jdn/etw**] ~ **sein** to be scandalized by sb/sth, to be highly indignant about sb/sth; **mit** ~**er Stimme** in a tone of outrage **II.** *adv* indignantly

Empörung <-, -en> *f* ➊ *kein pl* (*Entrüstung*) ■~ **über jdn/etw** outrage [*or* indignation] about sb/sth; [**über etw** *akk*] **in** ~ **geraten** to become indignant about sth; **vor** ~ **zittern** to tremble with indignation ➋ (*liter: Rebellion*) ■**jds** ~ **gegen jdn/etw** sb's rebellion [*or* uprising] against sb/sth

empor|ziehen *vt irreg* (*geh*) ■**jdn/etw** ~ to draw [*or* pull] sb/sth up

emsig **I.** *adj* busy, industrious; ~**e Ameisen** hard-working ants; ~**er Fleiß** diligence **II.** *adv* industriously; ***überall wird*** ~ ***gebaut*** they are busy building everywhere

Emsigkeit <-> *f kein pl* industriousness, industry; **unermüdliche** ~ untiring zeal

Emu <-s, -s> *m* ORN emu

Emulation <-> *f kein pl* INFORM emulation

Emulgator <-s, -en> *m* CHEM emulsifier, emulsifying agent

emulgieren* *vt* CHEM ■**etw** [**in etw** *dat*] ~ to emulsify sth [in sth]

emulieren *vt* INFORM ■**etw** ~ to emulate sth

Emulsion <-, -en> *f* CHEM emulsion

E-Musik ['e:-] *f* (*ernste Musik*) serious music

Enantiomer <-s, -e> *nt* CHEM enantiomer

en bloc [ã'blɔk] *adv* en bloc

Endabnehmer *m* end customer [*or* purchaser], ultimate buyer **Endabrechnung** *f* final account [*or* invoice] **Endausscheidung** *f* final qualification round **Endbahnhof** *m* terminus **endbehandeln*** *vt* BAU ■**etw** ~ to finish-treat sth **Endbenutzer(in)** *m(f)* end user **Endbestand** *m* final [*or* closing] inventory **Endbetrag** *m* final amount [*or* sum] **Endbilanz** *f* closing [*or* final] balance **Enddarm** *m* ANAT rectum

Ende <-s, -n> *nt* ➊ (*Schluss*) end; ~ **August/des Monats/**~ **2001** the end of August/the month/2001; ***sie kommt*** ~ ***August*** she's coming at the end of August; ***sie ist*** ~ ***1948 geboren*** she was born at the end of 1948; **das** ~ **des Jahrhunderts** the end [*or* close] of the century; **das** ~ **eines Projekts** the conclusion of a project; ~ **20 sein** to be in one's late 20s; **ein böses** ~ **nehmen** to come to a bad end; **kein rühmliches** ~ **finden** [*o* **nehmen**] to come to an unfortunate end; **ein unrühmliches** [*o* **böses**] ~ **finden** to come to a bad [*or fam* sticky] end; **bei** [*o* **mit**] **etw** *dat* **kein** ~ **finden** (*fam*) to not stop doing sth; **das** ~ **nahen fühlen** to feel the end approaching; **dem** ~ **zu gehen** to draw to a close; **ein** ~ **einer S. ist noch nicht abzusehen** there's no end in sight to sth; **damit muss es jetzt ein** ~ **haben** this must stop now; **einer S. ein** ~ **machen** [*o* **bereiten**] to put an end to sth; **ein** ~ **nehmen** (*fam*) to come to an end; ***das nimmt gar kein*** ~ there's no end to it; **am** ~ (*fam*) finally, at [*or* in] the end; **am** ~ **sein** (*fam*) to be at the end of one's tether; **mit etw** *dat* **am** ~ **sein** to run out of sth; ***er war bei dieser Frage mit seinem Wissen am*** ~ this question baffled him; ***ich bin mit meiner Weisheit am*** ~ I've run out of ideas; **ohne** ~ without end, endless; **Fehler ohne** ~ any number of mistakes; **Qualen ohne** ~ suffering without end, endless suffering; **sich ohne** ~ **freuen** to be terribly pleased, to be delighted; **zu** ~ finished, over; **etw zu** ~ **bringen** [*o* **führen**] to complete sth; **etw zu einem guten** ~ **bringen** [*o* **führen**] to complete sth successfully; **etw zu** ~ **lesen** to finish reading sth; **zu** ~ **sein** to be finished; **es geht** [**mit jdm**] **zu** ~ sb is nearing the end; **etw geht zu** ~ sth is nearly finished; **alles geht mal zu** ~ [*o* **alles hat mal ein** ~] nothing lasts forever, all things must come to an end; (*angenehme Sachen*) all good things must come to an end [some time] ➋ FILM, LIT (*Ausgang*) ending ➌ (*räumliches Ende*) end; ***das Telefon befindet sich am*** ~ ***des Zuges*** the telephone is at the end [*or* rear] of the train; **ans** ~ at the end; ***er setzte sich ganz ans*** ~ ***des Tisches*** he sat down at the far end of the table ➍ (*Stückchen*) **ein** ~ **Brot** a crust of bread ➎ (*Strecke*) way; ***von hier bis zum See ist es ein ganzes*** ~ it's quite a way from here to the lake; ***wir haben noch ein schönes*** ~ ***Weges vor uns*** we have a considerable way [*or* a pretty long way] to go yet ➏ JAGD (*Geweih*~) point, tine *spec;* ***das Geweih dieses Hirsches hat zwölf*** ~***n*** this stag's antlers have twelve points ▸ WENDUNGEN: **das** ~ **der Fahnenstange** (*fam*) as far as one can go, the limit; **das** ~ **vom Lied** (*fam*) the outcome [*or* upshot]; **lieber ein** ~ **mit Schrecken als ein Schrecken ohne** ~ (*prov*) it's better to end with a short, sharp shock than to prolong the agony; **am** ~ **der Welt** (*fam*) at the back of beyond, in the middle of nowhere; **das** ~ **der Welt is nahe!** the end of the world is nigh!; **das dicke** ~ (*fam*) the worst; ~ **gut, alles gut** (*prov*) all's well that ends well; **letzten** ~**es** when all is said and done, in the last analysis

Endeffekt *m* ■**der** ~ **einer S.** *gen* the final result [*or* outcome] of sth; **im** ~ (*fam*) in the final analysis, in the end

Endemie <-, -n> *f* MED endemic disease

endemisch *adj* MED, BIOL endemic
Endemit <-s, -en> *m* BIOL endemic species
endemitisch *adj* MED endemic
enden *vi* ① *haben* (*nicht mehr weiterführen*) stop, end; ***die Straße endete nach 40 Kilometern*** after 40 kilometres the road came to an end; ***der Rock endet knapp oberhalb des Knies*** the skirt ends just above the knee ② *haben* (*auslaufen*) expire, run out, end; ***die Frist endet morgen*** tomorrow is the deadline ③ *haben* (*nicht mehr weiterfahren*) end, stop; ***dieser Zug endet hier!*** this train terminates here! ④ *haben* LING (*ausgehen*) ■**auf** [*o* **mit**] **etw** *akk* ~ to end with sth; ***das Wort endet auf ein „o"*** the word ends with an "o" ⑤ *sein* (*fam: landen*) end [up] ⑥ *haben* (*zu etw führen*) ■**in etw** *dat*/**irgendwo** ~ to end up in sth/somewhere; **das wird böse ~!** that will end in tears [*or* disaster]!; **jd wird schlimm ~** sb will come to a bad end, sb will come to no good; **nicht ~ wollend** endless; ***es endete damit, dass sie sich verprügelten*** they ended up fighting, in the end they came to blows; **wie soll/wird es mit jdm noch mal ~?** what will happen to sb?, whatever will come of sb?
Endergebnis *nt* final result; **im ~** in the final analysis
endergonisch *adj* MED endergonic
en détail [ãde'taj] *adv* HANDEL retail
En-détail-Handel *m kein pl* HANDEL retail trade
Endetaste *f* INFORM end key
Endgehalt *nt* final salary **Endgerät** *nt* TECH terminal **Endgeschwindigkeit** *f* ① TECH terminal velocity ② (*erreichbare Höchstgeschwindigkeit*) top speed **endgültig I.** *adj* final; **eine ~e Antwort** a definitive answer; **ein ~er Beweis** conclusive evidence; ■**etwas/nichts E~es** something/nothing definite **II.** *adv* finally; **~ entscheiden** to decide once and for all; **sich ~ trennen** to separate for good; **~ aus** [*o* **vorbei**] **sein** to be over [and done with] **Endgültigkeit** <-> *f kein pl* finality; **die ~ einer Entscheidung** the conclusiveness of a decision **Endhaltestelle** *f* final stop [*or* terminus] **Endhandlung** *f* BIOL consummatory action
Endivie <-, -n> [-viə] *f* endive
Endiviensalat *m* endive
Endkampf *m* ① SPORT final ② MIL final battle **Endlager** *nt* ÖKOL permanent disposal [*or* storage] site **end|lagern** *vt* ÖKOL ■**etw [irgendwo]** ~ to permanently store sth [somewhere] **Endlagerung** *f* permanent disposal [*or* storage]
endlich I. *adv* ① (*nunmehr*) at last; **~ *kommt der Bus!*** there's the bus at last!; ***lass mich ~ in Ruhe!*** can't you leave me in peace!; ***hör ~ auf!*** will you stop that!; ***komm doch ~!*** come on!, get a move on! ② (*schließlich*) finally; **na ~!** (*fam*) at [long] last! **II.** *adj* ASTRON, MATH, PHILOS finite
endlos I. *adj* ① (*lange dauernd*) endless, interminable ② (*unbegrenzt*) infinite, endless **II.** *adv* interminably; **~ lange** interminably long; ***ich musste ~ lange warten*** I had to wait ages
endlos|falzen *vt* TYPO ■**etw** ~ to fan-fold sth **Endlosformular** *nt* INFORM continuous form **Endlosformulardruck** *m* TYPO continuous forms printing **Endlosigkeit** <-> *f kein pl* endlessness, infinity **Endlospapier** *nt* INFORM continuous paper **Endlosperlenkette** *f* rope **Endlostext** *m* TYPO unjustified [*or* endless] text
Endlösung *f* HIST ■**die ~** the Final Solution (*extermination of the European Jews by the Nazis*) **Endmoräne** *f* GEOL terminal moraine
Endocytose <-, -n> *f* BIOL endocytosis
endogen *adj* endogenous
Endokarp <-[e]s, -e> *nt* BOT endocarp
endokrin *adj* MED endocrine, endocrinal
endoplasmatisch *adj* BIOL, MED endoplasmic; **~es Retikulum** endoplasmatic reticulum
Endorphin <-s, -e> *nt meist pl* endorphin
Endoskop <-s, -e> *nt* MED endoscope
Endoskopie <-, -n> *f* MED endoscopy
Endosperm <-s, -e> *nt* BOT endosperm
Endotoxin *nt* BIOL, MED endotoxin
Endphase *f* final stage; **sich in der/seiner ~ befinden** to be in its final stage[s]; **in die/seine ~ eintreten** to enter its final stage[s] **Endpreis** *m* final price **Endprodukt** *nt* end [*or* final] product **Endpunkt** *m* ① (*äußerster Punkt*) end; **der ~ einer Rundfahrt** the last stop of a tour ② (*Endhaltestelle*) terminus; **der ~ einer Eisenbahnlinie** the end of a railway line **Endreim** *m* end rhyme **Endresultat** *nt* final result **Endrunde** *f* SPORT **die ~ einer Fußballmeisterschaft** the finals of a football championship; **die ~ eines Boxkampfes** the final round of a boxing match; **die ~ eines Autorennens** the final lap of a motor race **Endsaldo** *m* FIN closing balance **Endsieg** *m* final [*or* ultimate] victory **Endsilbe** *f* final syllable **Endspiel** *nt* SPORT final; **das ~ erreichen** [*o* **ins ~ kommen**] to reach [*or* get into] the final; SCHACH endgame **Endspurt** *m* SPORT final spurt, finish; **zum ~ ansetzen** to start the final spurt **Endstadium** *nt* final stage; MED terminal stage; **Krebs im ~** the final stages of cancer **Endstand** *m* SPORT final result [*or* score] **Endstation** *f* ① TRANSP terminus ② (*letztliche Bestimmung*) the end of the line; ***für ihn heißt es: ~ Krankenhaus!*** he's going to end up in hospital! **Endsumme** *f* [sum] total **Endtermin** *m* HANDEL deadline
Endung <-, -en> *f* ending
Enduro <-, -s> *f* SPORT endurance
Enduro-Rennen *nt* SPORT (*Motorradsport*) endurance race
Endurteil *nt* final verdict [*or* judgement]; **eine Entscheidung dem ~ vorbehalten** to reserve the decision for the final judgment **Endverbraucher(in)** *m(f)* consumer, end-user **Endverbraucherpreis** *m* fixed retail price **Endverkaufspreis** *m* HANDEL final sales price **Endvermögen** *nt* FIN (*bei Konkurs*) ultimate net worth **Endvierziger(in)** *dekl wie adj m(f)* a man/woman in his/her late forties **Endzeile** *f* TYPO (*Satz*) break **Endzeit** *f* REL last days of the world **endzeitlich** *adj attr* REL apocalyptic **Endzeitstimmung** *f* apocalyptic mood **Endziel** *nt* ① (*einer Reise*) destination ② (*Zweck*) ultimate goal [*or* aim] [*or* objective] **Endziffer** *f* final number **Endzustand** *m* final state; **im ~** in its final state **Endzweck** *m* ultimate aim [*or* purpose] [*or* object]
Energie <-, -n> [*pl* -'giːən] *f* ① PHYS energy; **~ sparend** energy-saving; **kinetische ~** kinetic energy; **potenzielle ~** potential energy ② (*Tatkraft*) energy, vigour [*or* AM -or], vitality; **viel ~ haben** to be full of energy; **wenig ~ haben** to lack energy; **etw mit aller** [*o* **ganzer**] **~ tun** to throw all one's energy into doing sth
Energieaufwand *m kein pl* expenditure of energy **energieaufwändig**[RR], **energieaufwendig** *adj* using a lot of energy *pred;* **~e Herstellungsmethode/Produktion** manufacturing method/production which uses a lot of energy; **etw ~/zu ~ produzieren** to produce sth using a lot/using too much energy **Energieausbeute** *f* energy yield **Energiebedarf** *m* energy requirement[s] **energiebewusst**[RR] **I.** *adj* energy-conscious; **~es Verhalten** energy-conscious [*or* energy-aware] behaviour [*or* AM -or] **II.** *adv* **~ bauen/kochen** to build/cook saving energy **Energiebilanz** *f* overview of energy consumption **Energiebinnenmarkt** *m* internal [*or* domestic] market for energy, single marget for energy **Energiecharta** *f* energy charter **Energiedurchleitung** *f* through transmission of energy **Energieeffizienz** *f* energy efficiency **Energieeinsparung** *f* saving of energy **Energieerzeugung** *f* power generation, generation of energy **Energiegewinnung** *f kein pl* generation of energy **Energiehaftungsrecht** *nt* JUR energy liability law **Energiehaushalt** *m* ANAT energy balance **Energieintensität** *f* energy intensity **energieintensiv** *adj* energy-intensive *attr;* **~e Herstellungsmethode/Produktion** energy-intensive manufacturing method/production **Energiekartellrecht** *nt* JUR energy cartel law **Energiekrise** *f* energy crisis **Energielieferant** *m* energy supplier **Energielieferungsvertrag** *m* JUR energy supply contract **Energiemarkt** *m* ÖKON energy market **Energieministerium** *nt* Ministry [*or* AM Department] of Energy **Energieniveau** *nt* energy level **Energieordnung** *f* ÖKON energy regime **Energiepolitik** *f* energy policy **energiepolitisch** *adj* related to energy policy *pred* **Energiequelle** *f* energy source, source of energy; **regenerative ~n** regenerative energy sources **Energierecht** *nt* JUR energy law **Energiesektor** *m* energy sector **Energiesparen** *nt* energy saving, saving of energy **energiesparend** *adj* ÖKOL *s.* **Energie 1 Energiesparlampe** *f* low-energy [*or* energy-saving] [electric] bulb **Energiesparmaßnahme** *f* energy-saving measure **Energiesparpotenzial**[RR] *nt* energy-saving potential **Energiesparprogramm** *nt* energy-saving programme [*or* AM -am] **Energiesteuer** *f* energy tax **Energieträger** *m* energy source **Energieumwandlung** *f* energy conversion **Energieverbrauch** *m* energy consumption **Energievergeudung** *f* wasting of energy **Energieverschwendung** *f kein pl* energy waste **Energieversorger** *m* energy supplier **Energieversorgung** *f* supply of energy, energy supply **Energieversorgungsunternehmen** *nt* energy supplying company, public utility
Energievorkommen *nt* energy source **Energievorräte** *pl* energy supplies *pl* **Energiewirtschaft** *f* energy industry [*or* sector] **Energiewirtschaftsgesetz** *nt* JUR Energy Industry Act **Energiewirtschaftsrecht** *nt* JUR energy industry law **Energiezufuhr** *f kein pl* energy supply
energisch I. *adj* ① (*Tatkraft ausdrückend*) energetic; **ein ~er Griff** a vigorous [*or* firm] grip; **ein ~er Mensch** a vigorous person ② (*entschlossen*) firm; ■**jd ist ~** sb is firm; **~e Maßnahmen** vigorous [*or* firm] measures; **~e Proteste** strong protests; **~e Worte** forceful words; ■**jd wird ~** sb puts his/her foot down **II.** *adv* vigorously; **etw ~ betonen** to stress sth vigorously; **etw ~ dementieren** to hotly [*or* vigorously] deny sth; **~ durchgreifen** to take firm [*or* vigorous] action
Energy-Drink ['enədʒi-] *m* energy drink
Enfant terrible <-, – *o* -s, -s> [ãfãtɛ'ribl] *nt* (*geh*) enfant terrible
eng I. *adj* ① (*schmal*) narrow ② (*knapp sitzend*) tight [*or* close-fitting]; ■**etw ist [jdm] zu ~** sth is too tight for sb ③ (*beengt*) cramped; ■**bei jdm ist es sehr ~** sb's home [*or* room] is too cramped ④ (*beschränkt*) narrow, restricted ⑤ (*wenig Zwischenraum habend*) close together *pred* ⑥ (*intim*) close ⑦ (*eingeschränkt*) limited, restricted; **im ~eren Sinn** in the stricter sense; **in die ~ere Wahl kommen** to get on to the shortlist, to be shortlisted; ***die Hochzeit fand in ~em Familienkreis statt*** the wedding was attended by close relatives only ▸ WENDUNGEN: **es wird ~ [für jdn]** (*fam*) sb faces problems **II.** *adv* ① (*knapp*) closely; **~ anliegen** [*o* **sitzen**] to fit closely; **ein ~ anliegendes Kleid** a close-fitting dress; **eine ~ anliegende Hose** very tight trousers; **[jdm] etw ~er machen** *Kleidungsstück* to take sth in [for sb] ② (*dicht*) densely; **~ bedruckt** closely printed, densely printed; **~ beschrieben** closely written; **~ nebeneinander** right next to each other; **~ nebeneinander/beisammen/zusammenstehen** to stand close to each other ③ (*intim*) closely; **~ befreundet sein** to be close friends ④ (*akribisch*) narrowly; **etwas zu ~ sehen** to take too narrow a view of sth; ***du siehst das zu ~*** there's more to it than that
Engadin <-s> *nt* Engadine
Engagement <-s, -s> [ãgaʒə'mãː] *nt* ① (*Eintreten*) commitment (**für** *+akk* to) ② THEAT (*Anstellung*) engagement
engagieren* [ãga'ʒiːrən] **I.** *vt* ■**jdn [für etw/als jdn]** ~ to engage sb [for sth/as sb]; ***sie engagierte einen Privatdetektiv für die Aufgabe*** she engaged a private detective for the task; ***wir engagierten ihn als Leibwächter*** we took him on as a bodyguard **II.** *vr* ■**sich [für jdn/etw]** ~ to be [*or* become] committed [to sb/sth], to commit oneself [to sth]; **sich in der Öffentlichkeit für etw ~** to speak out [in public] in favour [*or* AM -or] of sth; ■**sich da-**

E

für ~, **dass** to support the idea that

engagiert [ãga'ʒi:ɐt] *adj* (*geh*) **politisch/sozial** ~ politically/socially committed; **christlich** ~ **sein** to be a committed Christian; **politisch** ~ **sein** to be [heavily] involved in politics; **ökologisch** ~ **sein** to be involved in ecological matters

ẹnganliegend *adj attr s.* **eng II 1** **ẹngbedruckt** *adj attr s.* **eng II 2** **ẹngbefreundet** *adj attr s.* **eng II 3** **ẹngbeschrieben** *adj attr s.* **eng II 2**

Ẹnge <-, -n> *f* ❶ *kein pl* (*schmale Beschaffenheit*) narrowness ❷ *kein pl* (*Beschränktheit: räumlich*) crampedness, confinement; **in großer räumlicher** ~ in very cramped conditions; (*geistig*) narrowness; (*zeitlich*) closeness; **aufgrund der** ~ **eines Termins** because a deadline is so close; **jdn in die** ~ **treiben** to drive sb into a corner

Ẹngel <-s, -> *m* angel; **ein gefallener** ~ a fallen angel; **ein guter** [*o* **rettender**] ~ a rescuing angel; **ein** ~ **sein** (*fam*) to be an angel; **nicht gerade ein** ~ **sein** (*fam*) to be no angel ► WENDUNGEN: **ich hörte die** ~ **im Himmel singen** (*fam*) it hurt like mad [*or* hell] *fam*

Ẹngelmacher(in) *m(f)* (*euph fam*) backstreet abortionist

Ẹngel(s)geduld *f* **eine** [**wahre**] ~ **haben** [*o* **zeigen**] to have [*or* display] the patience of Job [*or* a saint] **Ẹngel(s)zungen** *pl* [**wie**] **mit** ~ **reden** to use all one's powers of persuasion

Ẹngelwurz *f* [root] angelica

Ẹngerling <-s, -e> *m* ZOOL cockchafer grub

ẹngherzig *adj* (*pej*) ■[**in etw** *dat*] ~ **sein** to be petty [about sth]

Ẹngherzigkeit <-> *f kein pl* (*pej*) pettiness

engl. *adj Abk von* **englisch** Eng.

Ẹngland <-s> *nt* ❶ (*Teil Großbritanniens*) England ❷ (*falsch für Großbritannien*) Great Britain; *s. a.* **Deutschland**

Ẹngländer <-s, -> *m* TECH adjustable spanner, monkey wrench

Ẹngländer(in) <-s, -> *m(f)* Englishman *masc*, Englishwoman *fem*; ~ **sein** to be English; ■**die** ~ the English; *s. a.* **Deutsche(r)**

ẹnglisch *adj* ❶ (*Sprache*) English; **auf** ~ in English; ~ **können** to [be able to] speak English; *s. a.* **deutsch 1** ❷ KOCHK (*Garstufe*) underdone; **sehr** ~ bloody ❸ TYPO ~**e Anführungszeichen** inverted commas

Ẹnglisch *nt dekl wie adj* ❶ LING English; *s. a.* **Deutsch 1** ❷ (*Fach*) English; *s. a.* **Deutsch 2**

Ẹnglische <-n> *nt* ■**das** ~ English; *s. a.* **Deutsche**

ẹnglischsprachig *adj* English-speaking

ẹnglischsprechend *adj s.* **Englisch 1**

ẹngmaschig *adj* close-meshed

Ẹngpass[RR] *m* ❶ GEOG [narrow] pass, defile ❷ (*Fahrbahnverengung*) bottleneck ❸ (*Verknappung*) bottleneck; ***es besteht bei dieser Ware derzeit ein*** ~ these goods are at present in short supply

Ẹngpassfaktor[RR] *m* ÖKON bottleneck factor **Ẹngpassmaterial**[RR] *nt* material in short supply

en gros [ã'gro] *adv* ÖKON wholesale

Engrosabnehmer(in) *m(f)* HANDEL wholesale buyer [*or* customer]

ẹngstirnig **I.** *adj* (*pej*) ■**jd ist** ~ sb is narrow-minded [*or* insular]; ■**es ist** ~, **etw zu tun** it is narrow-minded to do sth **II.** *adv* (*pej*) narrow-mindedly; ~ **denken/handeln** to think/act in a narrow-minded way [*or* fashion]

Ẹngstirnigkeit <-> *f kein pl* narrow-mindedness

Enhanced Mode [ɪn'hɑ:nstməʊd] *m* INFORM enhanced mode

Enjambement <-s, -s> [ãʒãbə'mã:] *nt* enjambement

Ẹnkel(in)[1] <-s, -> *m(f)* ❶ (*Kind des Kindes*) grandchild ❷ (*später Nachfahr*) descendant; **politischer** ~ political heir

Ẹnkel[2] <-s, -> *m* DIAL (*Fußknöchel*) ankle

Ẹnkelkind *nt* grandchild **Ẹnkelsohn** *m* (*geh*) grandson **Ẹnkeltochter** *f* (*geh*) *fem form von* **Enkelsohn** granddaughter

Enklave <-, -n> [-və] *f* enclave

en masse [ã 'mas] *adv* (*fam*) en masse

enọrm **I.** *adj* ❶ (*groß*) enormous; ~**e Anstrengung/Belastung** immense [*or* massive] effort/strain; ~**e Geschwindigkeit/Hitze/Kälte** tremendous speed/heat/cold; **eine** ~**e Summe** a vast sum ❷ *pred* (*fam: herrlich, toll*) fantastic **II.** *adv* (*fam*) tremendously; ~ **viel/viele** a tremendous amount/number, an enormous amount/number

en passant [ãpa'sã:] *adv* en passant, in passing

Enquete <-, -n> [ã'ke:tə, ã'kɛ:tə] *f* ❶ (*Umfrage*) survey ❷ ÖSTERR (*geh: Arbeitstagung*) symposium

Enquetekommission [ã'kɛ:t(ə)-] *f* POL commission of enquiry, select [*or* BRIT inquest] committee

Ensemble <-s, -s> [ã'sãbl] *nt* ensemble

entarten* *vi sein* ■[**zu etw** *dat*] ~ to degenerate [into sth]; *s. a.* **Kunst**

Entartung <-, -en> *f* degeneration

entäußern* *vr* (*geh*) ■**sich einer S.** *gen* ~ to relinquish [*or* divest oneself of] sth

ẹntbarten *vt* KOCHK **Schaltiere** ~ to debeard shellfish

entbehren* **I.** *vt* ❶ (*ohne auskommen*) ■**jdn/etw** ~ **können** to be able to do [*or* manage] without sb/sth, to be able to spare sb/sth ❷ (*geh: vermissen*) ■**jdn/etw** ~ to miss sb/sth ❸ (*überflüssig sein*) ■**zu** ~ **sein** to not be necessary; ***er ist wirklich nicht zu*** ~ I really can't do without him **II.** *vi* (*geh*) ❶ (*Not leiden*) to go without ❷ (*ohne etw sein*) ■**etw entbehrt einer S.** *gen* sth is lacking sth; ***die Darstellung entbehrt jeden Reizes*** the performance is lacking any charm

entbehrlich *adj* dispensable, unnecessary

Entbehrung <-, -en> *f meist pl* deprivation, privation; ~**en auf sich** *akk* **nehmen** to make sacrifices

entbehrungsreich *adj* (*geh*) ~**e Jahre** years of privation

entbieten* *vt irreg* (*geh*) ■[**jdm**] **etw** ~ to offer [sb] sth; **jdm seine Grüße** ~ to present one's compliments to sb

entbinden* *irreg* **I.** *vt* ❶ MED ■**jdn** [**von einem Kind**] ~ to deliver sb, to deliver sb's baby [*or* child]; ■[**von einem Kind**] **entbunden werden** to give birth to a baby [*or* child] ❷ JUR (*dispensieren*) ■**jdn** [**von etw**] ~ to release sb [from sth], to discharge sb [of sth]; ***er wurde von seinem Amt entbunden*** he was relieved of his duties; **jdn von einer Pflicht entbinden** to discharge sb of their duty **II.** *vi* give birth

Entbindung *f* ❶ MED delivery, birth; ***sie wurde zur*** ~ ***ins Krankenhaus eingeliefert*** she went to hospital to have the baby ❷ (*Befreiung*) ■~ **von etw** release from sth; ***er bat um*** ~ ***von seinem Versprechen*** he asked to be released from his promise

Entbindungsklinik *f* maternity clinic

entblättern* *vr* ❶ (*die Blätter abwerfen*) to shed its leaves ❷ (*hum fam: sich ausziehen*) ■**sich** [**vor jdm**] ~ to strip [off] [in front of sb]

entblöden* *vr* **sich** *akk* **nicht** ~, **etw zu tun** (*pej geh*) to have the effrontery [*or* audacity] to do sth

entblößen* *vt* (*geh*) ■**etw** ~ to expose sth; **einen Arm** ~ to uncover an arm; **den Kopf** ~ to bare one's head; **die Gedanken** ~ to reveal one's thoughts; ■**sich** *akk* ~ to take one's clothes off; ■**sich** *akk* **vor jdm** ~ (*geh*) to expose oneself to sb

entblößt **I.** *adj* (*geh*) bare, exposed; **mit** ~**er Brust/**~**em Kopf** with bared breast/bared head **II.** *adv* (*geh*) ~ **umhergehen** to walk around with no clothes on

entbrẹnnen* *vi irreg sein* (*geh*) ❶ (*ausbrechen*) break out; **ein Streit entbrennt** a quarrel flares up ❷ (*Leidenschaft empfinden*) ■**für jdn** ~ (*geh*) to fall passionately in love with sb ❸ ■**vor etw** *dat* ~ (*geh*) to be inflamed with sth

entbürokratisieren* *vt* ■**etw/jdn** ~ to free sth/sb of bureaucracy

Entbürokratisierung <-> *f kein pl* cutting red tape

Ẹntchen <-s, -> *nt* ZOOL *dim von* **Ente** duckling

entdẹcken* **I.** *vt* ❶ (*zum ersten Mal finden*) ■**etw** ~ to discover sth ❷ (*ausfindig machen*) ■**jdn/etw** ~ to find sb/sth; **einen Fehler** ~ to spot a mistake ❸ (*veraltend: offenbaren*) ■**jdm etw** ~ to reveal sth to sb **II.** *vr* (*geh o veraltend*) ■**sich** *akk* **jdm** ~ to reveal oneself to sb

Entdẹcker(in) <-s, -> *m(f)* discoverer; **der berühmte** ~ **Captain Cook** the famous explorer Captain Cook

Entdẹckung *f* discovery; ***er zeigte uns seine neueste*** ~ he showed us his latest find

Entdẹckungsreise *f* voyage of discovery; ***sie machten eine*** ~ ***ins Landesinnere*** they went on an expedition into the interior [of the country]; **auf** ~ **gehen** (*hum fam*) to go exploring

Ẹnte <-, -n> *f* ❶ ORN duck ❷ (*fam: Zeitungs~*) spoof, canard ❸ AUTO (*fam: Citroen 2 CV*) "deux-chevaux" ► WENDUNGEN: **lahme** ~ (*fam*) slowcoach

entehren* *vt* ■**jdn/etw** ~ to dishonour [*or* AM -or] sb/sth; ■~**d** degrading; **eine** ~**de Anschuldigung** a defamatory accusation

Entehrung <-, -en> *f* dishonouring BRIT, dishonoring AM

enteignen* *vt* JUR ■**jdn** ~ to dispossess sb, to seize sb's possessions; ■**etw** ~ to expropriate sth

enteignend *adj* JUR expropriatory

enteignet **I.** *pp von* **enteignen** **II.** *adj Grundstück* expropriated

Enteignung <-, -en> *f* JUR ■~ **von jdm** dispossession of sb; ■~ **von etw** expropriation [*or* seizure] of sth, BRIT compulsory purchase of sth; **de-facto** ~ de facto expropriation; **direkte/indirekte** ~ direct/indirect expropriation; **drohende/entschädigungslose** ~ threat of expropriation/expropriation without compensation

Enteignungsbefugnis *f* JUR *staatlich* eminent domain **Enteignungsbeschluss**[RR] *m* JUR expropriation [*or* compulsory purchase] order **Enteignungsentschädigung** *f* FIN compensation for expropriation, AM condemnation award **Enteignungsgesetz** *nt* JUR Compulsory Purchase Act BRIT **enteignungsgleich** *adj* JUR expropriatory, equivalent to expropriation **Enteignungsrecht** *nt* JUR *des Staates* eminent domain **Enteignungsschutz** *m* JUR protection against expropriation **Enteignungsverbot** *nt* JUR ban on expropriation **Enteignungsverfahren** *nt* JUR expropriation proceedings **Enteignungsverfügung** *f* JUR compulsory purchase order

enteilen* *vi sein* (*geh*) to hurry [*or* hasten] away

enteisen* *vt* ■**etw** ~ to de-ice sth; **eine Gefriertruhe** ~ to defrost a freezer

Enteisung <-, -en> *f* de-icing

Ẹntenbraten *m* roast duck **Ẹntenei** *nt* duck's egg **Ẹntengrütze** *f* BOT duckweed **Ẹntenküken** *nt* duckling

Entente <-, -n> [ã'tãtə] *f* entente

Ẹntenvögel *pl* KOCHK, ZOOL (*fachspr*) fowl, wildfowl

enterben* *vt* ■**jdn** ~ to disinherit sb

Enterbung <-, -en> *f* JUR disinheritance

Ẹnterhaken *m* HIST, NAUT grappling iron [*or* hook]

Ẹnterich <-s, -e> *m* ORN drake

ẹntern **I.** *vt haben* board; **ein Schiff** ~ to board a ship [with violence] **II.** *vi sein* board; **den Befehl zum E~ geben** to give the order to board

Entertainer(in) <-s, -> [ɛntə'teɪnɐ] *m(f)* entertainer

Ẹntertaste *f* INFORM enter key

entfachen* *vt* (*geh*) ❶ (*zum Brennen bringen*) ■**etw** ~ to kindle [*or* light] sth; **ein Feuer** ~ to kindle a fire; **einen Brand** ~ to start a fire ❷ (*entfesseln*) ■**etw** ~ to provoke [*or* start] sth; **eine Leidenschaft** ~ to arouse a passion

entfahren* *vi irreg sein* ■**etw entfährt jdm** sth slips out, sth escapes sb's lips; ***das Wort ist ihm nur so*** ~ the word just escaped his lips, he just used the word inadvertently

entfallen* *vi irreg sein* ❶ (*dem Gedächtnis entschwinden*) ■**jdm** ~ to escapes sb, to slip sb's mind, to forget sth; ***der Name ist mir gerade*** ~ the name escapes me, the name has slipped my mind ❷ (*wegfallen*) to be dropped; ***dieser Punkt der Tagesordnung entfällt*** this point has been dropped from the agenda ❸ (*als Anteil zustehen*) ■**auf jdn** ~ to be allotted to sb; ***auf jeden entfällt DM 50*** each person will receive/pay 50 marks; ***auf diese Partei ~ 5 Sitze*** this party receives 5 seats ❹ *(geh: herunterfallen)* ■ **jdm** ~ to slip [*or* fall] from sb's hand[s]

entfalten* I. *vt* ❶ *(auseinander falten)* ■ **etw** ~ *Landkarte, Brief* to unfold [*or* open [out]] sth ❷ *(beginnen, entwickeln)* ■ **etw [zu etw** *dat*] ~ to develop sth [into sth] ❸ *(darlegen)* ■ **etw [vor jdm]** ~ to set sth forth, to expound sth ❹ *(zur Geltung bringen)* ■ **etw** ~ to display sth II. *vr* ❶ *(sich öffnen)* ■ **sich [zu etw** *dat*] ~ *Blüte, Fallschirm* to open [into sth] ❷ *(zur Geltung bringen)* ■ **sich** ~ to develop ❸ *(sich voll entwickeln)* ■ **sich** ~ to develop to the full

Entfaltung <-, -en> *f* ❶ *(das Entfalten)* unfolding; ~ **einer Blüte** opening of a flower ❷ *(Entwicklung)* development; **Recht auf freie ~ der Persönlichkeit** JUR right to the free development of one's personality; **etw zur ~ bringen** to help [sb] develop sth; **zur ~ kommen** [*o* **gelangen**] to develop ❸ *(Darstellung)* presentation ❹ *(Demonstration)* display

entfärben* I. *vt* ■ **etw** ~ to remove the colour [*or* AM -or] from sth, to take the colour [*or* AM -or] out of sth II. *vr* ■ **sich** ~ to lose its colour [*or* AM -or], to fade

Entfärber <-s, -> *m* dye remover

Entfärbungsmittel *nt s.* **Entfärber**

entfernen* I. *vt* ❶ *(beseitigen)* ■ **etw [aus/von etw]** ~ to remove sth [from sth] ❷ MED *(herausoperieren)* ■ **[jdm] etw** ~ to take out sb's sth; **jdm den Blinddarm entfernen** to take out [*or* remove] sb's appendix ❸ ADMIN *(geh)* ■ **jdn aus** [*o* **von**] **etw** *dat* ~ to remove sb from sth; **jdn aus der Schule** ~ to expel sb [from school] ❹ *(weit abbringen)* ■ **jdn von etw** *dat* ~ to take sb away from sth; ***das entfernt uns vom Thema*** that takes us off the subject II. *vr* ❶ *(weggehen)* ■ **sich [von/aus etw]** ~ to go away [from sth], to leave [sth]; **sich vom Weg** ~ to go off the path ❷ *(nicht bei etw bleiben)* ■ **sich von etw** ~ to depart from sth

entfernt I. *adj* ❶ *(weitläufig)* distant; **ein ~er Verwandter** a distant relative ❷ *(gering, leise)* slight, vague; **eine ~e Ähnlichkeit** a slight similarity; **eine ~e Ahnung** a vague idea; **ein ~er Verdacht** a remote suspicion ❸ *(abgelegen)* remote; **ein ~er Teil eines Landes** a remote part of a country; ■ **von jdm ~ sein** to be [far] away from sb; **[...] ~ [von etw] liegen** [*o* **sein**] to be [...] [away] from [sth]; ***7 Kilometer von hier ~*** 7 kilometres [away] from here; **zu weit** ~ too far [away] II. *adv* vaguely; ***sie erinnert mich ~ an meine Tante*** she vaguely reminds me of my aunt; **nicht im E~esten** not in the least [*or* slightest]; **nicht ~ so ...** nothing like as ... BRIT; **weit davon ~ sein, etw zu tun** to not have the slightest intention of doing sth; *s. a.* **verwandt**

Entfernung <-, -en> *f* ❶ *(Distanz)* distance; **auf eine bestimmte ~** from a certain distance; **auf eine ~ von 30 Metern** [*o* **auf 30 Meter ~**] from a distance of 30 metres [*or* AM -ers]; **aus der ~** from a distance; **aus kurzer/einiger ~** from a short/considerable distance; **in beträchtlicher ~** at some [considerable] distance; **in einer ~ von 1 000 Metern** at a distance [*or* range] of 1,000 metres [*or* AM -ers], 1,000 metres [*or* AM -ers] away ❷ ADMIN *(geh: Ausschluss)* ~ **aus/von der Schule** expulsion [from school]; ~ **aus dem Amt** removal from office ❸ JUR removal, expulsion; ~ **des Angeklagten aus der Hauptverhandlung** removal of the defendant from the trial proceedings ❹ MIL **unerlaubte ~ [von der Truppe]** absence without leave, AWOL

Entfernungsmesser <-s, -> *m* rangefinder

entfesseln* *vt (auslösen)* ■ **etw** ~ to unleash sth

entfesselt *adj* unleashed; **~e Elemente** raging elements; **~e Leidenschaft** unbridled passion

entfetten* *vt* ■ **etw** ~ KOCHK to remove the grease from sth

Entfettungskur *f (fam)* weight-reducing diet

entflammbar *adj* ❶ *(leicht zu entflammen)* inflammable ❷ *(fig fam)* easily roused

entflammen* I. *vt haben* ❶ *(anzünden, in Flammen setzen)* ■ **etw** ~ to light sth; **ein Streichholz ~** to light [*or* strike] a match ❷ *(entfachen)* ■ **etw** ~ *Leidenschaft* to [a]rouse sth ❸ *(geh: begeistern)* ■ **jdn für etw** ~ to arouse sb's enthusiasm for sth ❹ *(verliebt machen)* ■ **jdn [für jdn]** ~ to enrapture sb II. *vr haben* ❶ *(sich entzünden)* ■ **sich** *akk* **[an etw** *dat*] ~ ***das Gasgemisch hat sich entflammt*** the gas mixture burst into flames ❷ *(sich begeistern)* ■ **sich** *akk* **für etw** *akk* ~ ***sie entflammte sich für seine Idee*** she was filled with enthusiasm for his idea III. *vi sein (geh: plötzlich entstehen)* ***ein Kampf um die Macht ist entflammt*** a struggle for power has broken out

entflechten* *vt irreg* ■ **etw** ~ to decartelize sth; **ein Kartell** ~ to break up a cartel; **Interessen** ~ to disentangle interests; **Verkehr** ~ to ease the traffic flow

Entflechtung <-, -en> *f* decartelization, demerger; *eines Kartells* break[ing] up

Entflechtungsanordnung *f* JUR *von Kartellen* divesting order **Entflechtungsbehörde** *f* JUR decartelization agency **Entflechtungsgesetz** *nt* JUR demerger act **Entflechtungsverhandlungen** *pl* JUR disengagement negotiations

entfliegen* *vi irreg sein (geh)* ■ **ein Vogel entfliegt [jdm/aus etw]** a bird flies away [from sb/sth]; **ein entflogener Papagei** an escaped parrot

entfliehen* *vi irreg sein* ❶ *(geh: fliehen)* ■ **[aus etw** *dat*] ~ [*o* **einer S.** *dat* ~] to escape [*or* flee] from sth ❷ *(vergehen) Jugend, Zeit etc.* to fly by; ***die Zeit entflieht so rasch*** time flies by so fast

entfremden* I. *vt* ■ **etw entfremdet sie einander** sth estranges them [from each other]; ***die lange Trennung hat sie [einander] entfremdet*** the long separation has estranged them [from each other]; ■ **etw seinem Zweck** *dat* ~ to use sth for a different purpose; *(falscher Zweck)* to use sth for the wrong purpose II. *vr* ■ **sich jdm** ~ to become estranged from sb; ***er hat sich seiner Frau ganz entfremdet*** he has become estranged from his wife, he and his wife have grown apart

entfremdet I. *pp von* **entfremden** II. *adj* alienated

Entfremdung <-, -en> *f* estrangement, alienation

entfrosten* *vt* AUTO ■ **etw** ~ to defrost sth

Entfroster <-s, -> *m* defroster

entführen* *vt* ❶ *(mit Gewalt fortschaffen)* ■ **jdn** ~ to abduct [*or* kidnap] sb; **ein Fahrzeug/Flugzeug** ~ to hijack a car/plane ❷ *(fam: wegnehmen)* ■ **jdm jdn/etw** ~ to steal sth/sb from sb, to make off with sb's sth/sb; ***darf ich Ihnen eben mal Ihre Kollegin ~?*** can I just steal your colleague for a moment?

Entführer(in) *m(f)* kidnapper, abductor; *Fahrzeug/Flugzeug* hijacker

entführt I. *pp von* **entführen** II. *adj Person* abducted, kidnapped; *Fahrzeug, Flugzeug* hijacked

Entführung *f* kidnapping, abduction; *Fahrzeug/Flugzeug* hijacking

entgegen I. *adv (geh)* ■ **einer S.** *dat* ~ towards sth; **neuen Abenteuern/Ufern** ~ on to new adventures/shores II. *präp +dat* against; ~ **meiner Bitte** contrary to my request; ~ **allen Erwartungen** against [*or* contrary to] all expectations

entgegen|arbeiten *vt* ■ **einer S.** *dat* ~ to oppose sth, to work against sth **entgegen|bringen** *vt irreg (bezeigen)* ■ **jdm etw** ~ to show sth for sb, to display sth towards [*or* for] sb; **jdm Vertrauen** ~ to put one's trust in so; **einer Idee/einem Vorschlag Interesse** ~ to show [*or* display] interest in an idea/a suggestion; **jdm viel Liebe/Verständnis** ~ to show [*or* display] much love/understanding for [*or* towards] sb **entgegen|eilen** *vi sein (geh)* ■ **jdm** ~ to rush [*or* hurry] to meet sb; ■ **jdm entgegengeeilt kommen** to rush [*or* hurry] to meet sb; ■ **einer S.** *dat* ~ to rush towards sth **entgegen|fahren** *vi irreg sein* ■ **jdm** ~ to go [*or* come] to meet sb; **jdm mit dem Auto/Fahrrad** ~ to go [*or* come] to meet sb by car/bicycle; ■ **jdm entgegengefahren kommen** to drive [*or* go] to meet sb **entgegen|fiebern*** *vi* ■ **einer S.** *dat* ~ to feverishly look forward to sth **entgegen|gehen** *vi irreg sein* ■ **jdm** ~ to go to meet sb; **dem Ende/seiner Vollendung** ~ to near [*or* approach] an end/completion; ■ **jdm entgegengegangen kommen** to walk [*or* come] to meet sb; **seinem Untergang** ~ to go to one's death; **dem sicheren Tod** ~ to face certain death **entgegengesetzt** I. *adj* ❶ *(gegenüberliegend, umgekehrt)* opposite; **am ~en Ende des Tisches** at the opposite end of the table; **in der ~en Richtung** in the opposite direction ❷ *(einander widersprechend)* opposing, conflicting; **~e Auffassungen/Interessen/Meinungen** conflicting views/interests/opinions *pred,* opposed II. *adv* ~ **denken/handeln** to think/do the exact opposite; ~ **reagieren** to react in exactly the opposite way **entgegen|halten** *vt irreg* ❶ *(in eine bestimmte Richtung halten)* ■ **jdm/einer S. etw** ~ to hold out sth towards sb; ***er hielt ihr die Hand entgegen*** he held out his hand to her ❷ *(einwenden)* **jdm/einer S. eine Einwand** ~ to express an objection to sb/sth; **einem Vorschlag einen anderen** ~ to counter one suggestion with another; ■ **jdm ~, dass ....** to object to sb that ... **entgegen|hoppeln** *vi* ■ **jdm/etw** ~ *Kaninchen* to hop towards sth/sb **entgegen|kommen** *vi irreg sein* ❶ *(in jds Richtung kommen)* ■ **jdm** ~ to come to meet sb ❷ *(entgegenfahren)* ■ **jdm** ~ to drive towards sb; ***der uns ~de Wagen*** the car coming in the opposite direction ❸ *(Zugeständnisse machen)* ■ **jdm/einer S.** ~ to accommodate sb/sth; **jds Bitte/Wunsch** ~ to comply with sb's request/wish, to accede to sb's request/wish; **jdm auf halbem Wege** ~ to meet sb halfway ❹ *(entsprechen)* ■ **jdm/einer S.** ~ to fit in with sb/sth; ***das kommt unseren Plänen entgegen*** that fits in with our plans **Entgegenkommen** <-s, -> *nt* ❶ *(gefällige Haltung)* cooperation, willingness to cooperate ❷ *(Zugeständnis)* concession; ***er ist zu einem gewissen ~ bereit*** he is willing to make certain concessions **entgegenkommend** *adj* obliging, accommodating **entgegenkommenderweise** *adv* obligingly **entgegen|laufen** *vi irreg sein* ❶ *(in jds Richtung laufen)* ■ **jdm** ~ to run to meet sb; ■ **jdm entgegengelaufen kommen** to run towards sb ❷ *(im Gegensatz stehen)* ■ **einer S.** *dat* ~ to run contrary [*or* counter] to sth **Entgegennahme** <-, -n> *f (geh)* receipt; ~ **eines Schmiergelds** acceptance of a bribe **Entgegennahmepflicht** *f* HANDEL obligation to accept, duty to take delivery **entgegen|nehmen** *vt irreg* ■ **etw [von jdm/für jdn]** ~ *Lieferung* to receive sth [from sb/for sb] **entgegen|schlagen** *vi irreg sein* ■ **jdm** ~ to confront [*or* meet] sb; ***die Flammen schlugen ihnen entgegen*** the flames leapt to meet them; ***ihm schlug eine Welle der Begeisterung entgegen*** he was met by a wave of enthusiasm **entgegen|sehen** *vi irreg* ❶ *(geh: erwarten)* ■ **einer S.** *dat* ~ to await sth; ***ich sehe Ihrer Antwort entgegen*** I look forward to receiving your reply, I await your reply; ***er sieht der Entscheidung mit Skepsis entgegen*** he doesn't expect much from the decision ❷ *(in jds Richtung sehen)* ■ **jdm/etw** ~ to watch sb; ***er sah dem ankommenden Schiff entgegen*** he watched the ship approaching **entgegen|setzen** I. *vt* ■ **einer S.** *dat* **etw** ~ to oppose sth with sth; **Anklagen etw** ~ to reply to accusations; **einer Forderung etw** ~ to counter a claim; **einer S. Alternativen** ~ to put forward alternatives to sth; **einer S. Widerstand** ~ to resist sth, to offer resistance to sth II. *vr* ■ **sich einer S.** *dat* ~ to resist [*or* oppose] sth **entgegen|stehen** *vi irreg* ■ **einer S.** *dat* ~ to stand in the way of sth; ***dem steht nichts entgegen*** there's no obstacle to that, there's nothing against that **entgegen|stellen** *vr* ■ **sich jdm/einer S.** ~ to resist [*or* oppose] sb/sth **entgegen|strecken** *vt* ■ **jdm etw** ~ to hold sth out to[wards] sb **entgegen|treten** *vi irreg sein* ❶ *(in den Weg treten)* ■ **jdm** ~ to walk up to sb; **einem Feind/Gegner** ~ to go into action against an enemy/opponent ❷ *(sich zur Wehr setzen)* ■ **einer S.** *dat* ~ to counter sth **entgegen|wirken** *vi* ■ **einer S.** *dat* ~ to oppose [*or* counteract] sth

entgegnen* *vt* ■ **[jdm] etw [auf etw** *akk*] ~ to reply sth [to sb/sth]; **auf eine Anschuldigung/Vorwurf** ~ to respond to an accusation/criticism; **jdm ärgerlich** ~ to retort to sb; ***sie entgegnete [ihm] nichts*** she didn't respond [to him]; ***er wusste darauf nichts zu*** ~ he didn't know what to reply

Entgegnung <-, -en> *f* reply; **eine offizielle** ~ an official response

entgehen* *vi irreg sein* ❶ (*entkommen*) ■**jdm** ~ to escape [*or form* elude] sb ❷ (*entrinnen*) ■**einer S.** *dat* ~ to escape [*or* avoid] sth; **dem Tod** ~ to escape death ❸ (*nicht bemerkt werden*) ■**etw entgeht jdm** [*o* **es entgeht jdm etw**] sth escapes sb['s notice], sb fails to notice sth; ***mir ist kein einziges Wort entgangen*** I haven't missed a single word; ■**es entgeht jdm nicht, dass ...** it hasn't escaped sb's notice that ...; ***dir entgeht aber auch gar nichts!*** you really don't miss a trick, do you? ❹ (*versäumen*) ■**sich** *dat* **etw** ~ **lassen** to miss sth; ***schade, dass du dir dieses Konzert hast ~ lassen müssen*** [it's a] pity that you had to miss this concert

entgeistert I. *adj* dumbfounded, thunderstruck, flabbergasted *fam* II. *adv* in amazement [*or* astonishment]

Entgelt <-[e]s, -e> *nt* ❶ (*Bezahlung*) payment, remuneration *form;* **als** [*o* **zum**] ~ (*Anerkennung*) as a reward; (*Entschädigung*) as compensation [*or* recompense] ❷ (*Gebühr*) **gegen** ~ for a fee; **ohne** ~ for nothing

Entgeltaufkommen *nt* FIN amount of compensation

entgelten* *vt irreg* (*geh*) ❶ (*vergüten*) ■**jdm etw** ~ to recompense sb for sth ❷ (*büßen*) ■**etw** ~ to pay [*or form* atone] for sth

entgeltlich *adj* FIN for a consideration; HANDEL against payment; ~ **oder unentgeltlich** gratuitously or for a consideration

entgiften* *vt* ■**etw** ~ ❶ ÖKOL (*von Giften befreien*) to decontaminate sth ❷ MED to detoxicate [*or* detoxify] sth; **Blut** ~ to purify blood

Entgiftung <-, -en> *f* ❶ ÖKOL (*das Entgiften*) decontamination ❷ MED (*Befreiung von Stoffwechselgiften*) detoxication, detoxification, detox *fam*

Entgiftungsanlage *f* decontamination plant **Entgiftungsmittel** *nt* ❶ ÖKOL decontamination agent ❷ MED detoxi[fi]cation agent

entgleisen* *vi sein* ❶ (*aus den Gleisen springen*) to be derailed; **etw zum E~ bringen** [*o* **etw ~ lassen**] to derail sth ❷ (*geh: ausfallend werden*) to make a gaffe [*or* faux-pas], to drop a clanger BRIT *fam*

Entgleisung <-, -en> *f* ❶ (*das Entgleisen*) derailment ❷ (*Taktlosigkeit*) gaffe, faux pas, clanger BRIT *fam*

entgleisungssicher *adj* non-derailable; **~er Zug** non-derailable train

entgleiten* *vi irreg sein* ❶ (*geh: aus den Händen gleiten*) ■**etw entgleitet jdm** sb loses their grip on sth, sth slips out of [*or* from] sb's grip [*or* grasp] ❷ (*verloren gehen*) ■**jdm** ~ to slip away from sb

entgräten* *vt* ■**etw** ~ to fillet [*or* bone] sth

enthaaren* *vt* ■**etw** ~ to remove unwanted hair from sth, to depilate sth

Enthaarung <-, -en> *f* the removal of unwanted hair, depilation

Enthaarungscreme *f* depilatory cream **Enthaarungsmittel** *nt* hair remover, depilator **Enthaarungswachs** *nt* depilatory wax

Enthaftung <-, -en> *f* JUR disclaimer of liability

Enthalpie <-, -n> *f* CHEM enthalpy

enthalten* *irreg* I. *vt* ■**etw** ~ ❶ (*in sich haben*) to contain sth ❷ (*umfassen*) to include sth; ■**in etw** *dat* [**mit**] ~ **sein** to be included in [with] sth II. *vr* ❶ POL (*nicht abstimmen*) ■**sich** *akk* ~ to abstain; *s. a.* **Stimme** ❷ (*geh: verzichten*) ■**sich** *akk* **einer S.** *gen* ~ to refrain from sth; **sich des Alkohols/Rauchens/etc** ~ to abstain from alcohol/smoking/etc; **sich [nicht]** ~ **können, etw zu tun** [not] to be able to refrain from doing sth

enthaltsam I. *adj* [self-]restrained; (*genügsam*) abstinent, abstemious; (*keusch*) chaste, abstinent II. *adv* in an abstinent manner; **völlig** ~ **leben** to live a completely abstinent life

Enthaltsamkeit <-> *f kein pl* abstinence, abstention, abstemiousness; (*sexuelle Abstinenz*) abstinence, chastity

Enthaltung *f* POL abstention

enthärten* *vt* ■**etw** ~ to soften sth

Enthärter <-s, -> *m* softener

enthaupten* *vt* ■**jdn** ~ (*durch Scharfrichter*) to behead [*or* guillotine] [*or* execute] sb; (*durch Unfall*) to decapitate sb

Enthauptung <-, -en> *f* (*durch Scharfrichter*) beheading, execution; (*durch Unfall*) decapitation

enthäuten* *vt* ■**etw** ~ ❶ KOCHK (*von der Haut befreien*) to skin sth ❷ JAGD (*abhäuten*) to skin sth

entheben* *vt irreg* ■**jdn einer S.** *gen* ~ ❶ (*suspendieren*) to relieve sb of sth ❷ (*geh: entbinden*) to release sb from sth

enthemmen* I. *vt* (*von Hemmungen befreien*) ■**jdn** ~ to make sb lose [*or* to free sb from] their inhibitions; ■**~d** disinhibitory, disinhibiting II. *vi* (*enthemmend wirken*) to have a disinhibitory [*or* disinhibiting] effect

enthemmend *adj* disinhibiting, making one lose one's inhibitions

enthemmt I. *adj* ❶ (*von Hemmungen befreit*) disinhibited; ■~ **sein** to have lost one's inhibitions ❷ TECH (*von einer Blockierung befreit*) uninhibited II. *adv* (*von Hemmungen befreit*) uninhibitedly

Enthemmung *f kein pl* loss of inhibitions

enthüllen* I. *vt* ■**[jdm] etw** ~ ❶ (*aufdecken*) to reveal sth [to sb] ❷ (*von einer Bedeckung befreien*) to unveil [*or* reveal] sth [to sb] II. *vr* (*sich erweisen*) ■**sich jdm** ~ to reveal oneself to sb; ***endlich hat sich mir sein wahrer Charakter enthüllt*** his true character was finally revealed to me

Enthüllung <-, -en> *f* ❶ (*die Aufdeckung*) disclosure; *von Skandal, Lüge* revelation, exposure *no pl, no indef art* ❷ (*das Enthüllen*) *von Denkmal, Gesicht* unveiling, revealing

Enthüllungsjournalismus <-> *f kein pl* investigative journalism

Enthusiasmus <-> *m kein pl* enthusiasm; **jds** *akk* ~ **bremsen** [*o* **dämpfen**] [*o* **zügeln**] to dampen sb's enthusiasm

Enthusiast(in) <-en, -en> *m(f)* enthusiast

enthusiastisch I. *adj* enthusiastic II. *adv* enthusiastically

entjungfern* *vt* ■**jdn** ~ to deflower sb

Entjungferung <-, -en> *f* defloration

entkalken* *vt* ■**etw** ~ to decalcify sth

entkeimen* *vt* ■**etw** ~ to sterilize sth

entkernen* *vt* ■**etw** ~ ❶ (*von Kernen befreien*) to stone sth; **einen Apfel** ~ to core an apple; **Trauben** ~ to remove the pips from grapes ❷ ARCHIT to remove the core of sth

entkernt I. *pp von* **entkernen** II. *adj* denucleated; **~e Eizelle** denucleated egg cell

entkleiden* *vt* (*geh*) ■**jdn** ~ to undress sb; ■**sich** ~ to get undressed, to undress [oneself]

entknoten* *vt* ■**etw** ~ to untie [*or* undo] sth

entkoffeiniert *adj* decaffeinated

entkolonialisieren* *vt* to decolonialize

Entkolonialisierung *f* decolonialization

entkommen* *vi irreg sein* ■**[jdm/aus etw** *dat*/**irgendwohin]** ~ to escape [from sb/sth/to somewhere]; ***sie konnte über die Grenze*** ~ she was able to escape across the border; ■**jdm** ~ to escape from sb; ***der Hirsch entkam den Jägern*** the deer escaped [from] the hunters

Entkommen <-> *nt kein pl* escape; **es gibt [für jdn] kein** ~ **aus** [*o* **von**] **etw** there is no escape [for sb] from sth

entkomprimieren *vt* INFORM ■**etw** ~ to decompress sth

Entkomprimierung <-, -en> *f* INFORM decompression

entkoppeln* *vt* ■**etw** ~ to decouple sth

Entkopplung <-, -en> *f* decoupling

entkorken* *vt* ■**etw** ~ to uncork sth

entkräften* *vt* ❶ (*kraftlos machen*) ■**jdn** ~ (*durch Anstrengung*) to weaken sb; (*durch Krankheit*) to debilitate sb *form* ❷ (*widerlegen*) ■**etw** ~ to refute [*or* invalidate] sth

Entkräftung <-, -en> *f* ❶ (*Erschöpfung*) weakening, debilitation *form*, exhaustion ❷ (*fig: Widerlegung*) refutation, invalidation

entkrampfen* I. *vt* ■**etw** ~ ❶ (*lockern*) to relax sth ❷ (*entspannen*) to ease sth; **in entkrampfter Atmosphäre** in a relaxed atmosphere II. *vr* ■**sich** ~ ❶ MED (*sich lockern*) to relax ❷ (*sich entspannen*) *Krise, Situation* to ease

Entkrampfung <-, -en> *f* ❶ (*Lockerung*) relaxation ❷ (*Entspannung*) easing

entkriminalisieren* *vt* ■**etw** ~ to decriminalize sth

Entlad <-[e]s> *m kein pl* SCHWEIZ (*Ausladen*) unloading

entladen* *irreg* I. *vt* ■**etw** ~ ❶ (*Ladung herausnehmen*) to unload sth ❷ ELEK (*Ladung entnehmen*) to drain sth ❸ (*Munition entfernen*) to unload sth II. *vr* ❶ (*zum Ausbruch kommen*) ■**sich [über jdm/etw]** ~ *Gewitter, Sturm* to break [over sb/sth] ❷ ELEK (*Ladung abgeben*) ■**sich** ~ *Akku, Batterie* to run down ❸ (*fig: plötzlich ausbrechen*) ■**sich [über jdm]** ~ *Begeisterung, Zorn etc.* to be vented [on sb]

Entladung *f* ❶ (*das Entladen*) unloading ❷ ELEK discharge

Entladungshafen *m* port of discharge

entlang I. *präp* (*längs*) ■~ **einer S.** *dat* along sth; ■**etw** ~ along sth; **den Fluss** ~ along the river II. *adv* ■**an etw** *dat* ~ along sth; ***sie wanderten am Fluss*** ~ they wandered along the river; **hier** ~ this/that way

entlang|fahren *vt irreg sein* ❶ (*eine Länge abfahren*) **eine Straße/einen Weg etc.** ~ to drive along a road/a path etc.; **an einem Fluss/einem Wald etc.** ~ to drive along a river/[the edge of] a wood etc. ❷ (*eine Linie nachziehen*) ■**[an] etw [mit dem Finger]** ~ to trace [*or* go along] sth [with a finger] **entlang|gehen** *irreg* I. *vt sein* (*zu Fuß folgen*) ■**etw** ~ to go [*or* walk] along sth II. *vi sein* ■**an etw** *dat* ~ ❶ (*parallel zu etw gehen*) to go [*or* walk] along the side of sth ❷ (*parallel zu etw verlaufen*) to run alongside sth

entlarven* *vt* (*enttarnen*) ■**jdn/etw [als etw]** ~ *Dieb, Spion* to expose [*or* unmask] sb/sth [as sth]; ***das verlockende Angebot wurde als Falle entlarvt*** the tempting offer was revealed to be a trap; ■**sich** ~ to reveal one's true character [*or* BRIT colours] [*or* AM colors]; ■**sich [selbst] als etw** ~ to show oneself to be sth; ***sie entlarvte sich als Lügnerin*** she showed herself to be a liar

Entlarvung <-, -en> *f* (*Enttarnung, Aufdeckung*) exposure, unmasking; ■**jds** ~ **als etw** sb's exposure as sth

entlassen* *vt irreg* ❶ (*kündigen*) ■**jdn** ~ (*Stellen abbauen*) to make sb redundant; (*gehen lassen*) to dismiss sb ❷ (*geh: gehen lassen*) ■**jdn** ~ to dismiss sb; MED, MIL to discharge sb; SCH to expel sb; ***die Schüler wurden ins Berufsleben*** ~ the pupils left school to start working life ❸ (*geh: entbinden*) ■**jdn aus etw** *dat* ~ to release sb from sth

Entlassung *f* (*von der Arbeit*) dismissal, discharge; (*aus der Haft*) release; **bedingte/bedingungslose** ~ conditional/absolute discharge; **fristlose** [*o* **sofortige**] ~ instant dismissal, dismissal without notice; **grundlose** ~ dismissal without cause; **widerrechtliche** [*o* **unrechtmäßige**] ~ wrongful dismissal; **seine** ~ **einreichen** to tender one's resignation

Entlassungsabfindung *f,* **Entlassungsausgleich** *m,* **Entlassungsentschädigung** *f* ÖKON severance [*or* dismissal] pay **Entlassungsgesuch** *nt* [letter of] resignation **Entlassungsgrund** *m* ÖKON grounds *pl* for dismissal [*or* discharge] **Entlassungsverbot** *nt* JUR ban on dismissal **Entlassungsverfahren** *nt* JUR discharge proceedings *pl* **Entlassungsverfügung** *f* JUR release order **Entlassungszeugnis** *nt* SCH *last report before leaving school*

entlasten* *vt* ❶ JUR (*vom Verdacht befreien*) ■**jdn [von etw** *dat*] ~ to exonerate sb [from sth], to clear sb [of sth] ❷ (*von einer Belastung befreien*) ■**jdn** ~

to lighten sb's load, to relieve sb; **den Vorstand** ~ to discharge the board ❸ FIN (*ausgleichen*) ■**etw** ~ to settle sth; **ein Konto** ~ to credit an account ❹ (*Geschäftsführung genehmigen*) ■**jdn** ~ to approve sb's activities [*or* actions]

Entlastung <-, -en> *f* ❶ JUR (*Verdachtsbefreiung*) exoneration; **zu jds** ~ in sb's defence [*or* AM -se] ❷ (*das Entlasten*) relief; **zu jds** ~ in order to lighten sb's load ❸ (*Genehmigung der Geschäftsführung*) approval ❹ FIN grant of discharge; (*von Schulden*) acquittance; ~ **des Vorstands/des Geschäftsführers** discharge of the board of managers/chief executive

Entlastungsantrag *m* JUR petition of discharge **Entlastungsbeweis** *m* JUR exculpatory [*or* exonerating] evidence **Entlastungsmaterial** *nt* JUR evidence for the defence [*or* AM -se] **Entlastungsstraße** *f* bypass **Entlastungszeuge, -zeugin** *m, f* JUR defence [*or* AM -se] witness, witness for the defence [*or* AM -se] **Entlastungszug** *m* relief train

entlauben* I. *vt* (*von den Blättern befreien*) ■**etw** ~ to strip sth of leaves, to defoliate sth *spec* II. *vr* (*das Laub verlieren*) ■**sich** ~ to shed its leaves; ■**entlaubt** stripped of leaves; **entlaubte Äste** bare branches

entlaufen*[1] *vi irreg sein* (*weglaufen*) ■**jdm** ~ to run away from sb; ***„Hund entlaufen, 50 DM Belohnung"*** "missing dog, 50 marks reward"

entlaufen[2] *adj* (*entflohen*) escaped; (*weggelaufen*) on the run

entlausen *vt* ■**jdn/sich** ~ to delouse sb/oneself

entledigen* *vr* ❶ (*euph: umbringen*) ■**sich jds** ~ to dispose of sb ❷ (*geh: ablegen*) ■**sich einer S.** *gen* ~ to put sth down; *Kleidungsstück* to remove sth; ***wo kann ich mich hier meiner Tasche ~?*** where can I leave my bag here? ❸ (*loswerden*) ■**sich einer S.** *gen* ~ to carry out [*or* discharge] sth

entleeren* *vt* ■**etw** ~ ❶ (*vom Inhalt befreien*) to empty sth ❷ PHYSIOL (*leer machen*) to evacuate sth

Entleerung *f* ❶ (*das Entleeren*) emptying ❷ PHYSIOL (*das Entleeren*) evacuation

entlegen *adj* ❶ (*abgelegen*) remote ❷ (*eigenartig*) *Idee, Vorschlag* odd

entlehnen* *vt* LING ■**etw aus etw** *dat* ~ to borrow sth from sth

Entlehnung <-, -en> *f* LING ❶ (*das Entlehnen*) borrowing ❷ (*Lehnwort*) loan word

entleiben* *vr* (*geh*) ■**sich** *akk* ~ to commit suicide; ***die Grünen haben sich auf politischer Bühne entleibt*** the Greens have committed political suicide

entleihen* *vt irreg* ■**etw** [**von jdm/aus etw**] ~ to borrow sth [from sb/sth]

Entleiher(in) <-s, -> *m(f)* (*geh*) borrower

Entleihung <-, -en> *f* borrowing

Entlein <-s, -> *nt* duckling

entloben* *vr* ■**sich** ~ to break off one's engagement

Entlobung <-, -en> *f* breaking off of one's engagement

entlocken* *vt* ❶ (*herausholen*) ■**jdm etw** ~ to elicit sth from sb; **jdm ein Geheimnis** ~ to coax a secret out of sb; **jdm Geld** ~ to worm money out of sb ❷ (*hum: zu etw veranlassen*) ■**einer S.** *dat* **etw** ~ to entice sth out of sth; ***versuch mal, ob du dem Spielautomaten nicht noch ein paar Märker ~ kannst!*** see if you can squeeze a few more quid out of the fruit machine

entlohnen* *vt* ❶ (*bezahlen*) ■**jdn** [**für etw** *akk*] ~ to pay sb [for sth] ❷ (*entgelten*) to reward sb [for sth]

entlöhnen* *vt* SCHWEIZ (*entlohnen*) to pay

Entlohnung <-, -en> *f* FIN (*form*) payment, remuneration *form*, AM compensation

Entlöhnung <-, -en> *f* SCHWEIZ (*Entlohnung*) payment

entlüften* *vt* ❶ (*verbrauchte Luft herauslassen*) ■**etw** ~ to ventilate sth ❷ (*Luftblasen entfernen*) ■**etw** ~ to bleed sth

Entlüftung <-, -en> *f* TECH ❶ (*Ventilation*) ventilation ❷ (*Entfernung von Luftblasen*) bleeding

Entlüftungshaube *f* BAU vent hood **Entlüftungskanal** *m* BAU ventilation duct

entmachten* *vt* ■**jdn/etw** ~ to deprive sb/sth of power, to disempower sb/sth

Entmachtung <-, -en> *f* deprivation of power, disempowerment

entmannen* *vt* (*geh: kastrieren*) ■**jdn** ~ to castrate [*or* emasculate] sb

entmenscht *adj* bestial, inhuman

entmilitarisieren* *vt* ■**etw** ~ to demilitarize sth

Entmilitarisierung *f* demilitarization

Entmonopolisierung *f* ÖKON demonopolization

entmündigen* *vt* JUR ■**jdn** [**wegen etw** *gen*] ~ to declare sb legally incapable [on account of sth]; ■**jdn** ~ **lassen** to have sb declared legally incapable

Entmündigte(r) *f(m) dekl wie adj* JUR person deprived of legal capacity

Entmündigung <-, -en> *f* ❶ JUR (*Entzug des Selbstbestimmungsrechts*) ■**jds** ~ [**wegen etw**] sb's legal incapacitation [on account of sth] ❷ (*Bevormundung*) deprivation of the right of decision-making

entmutigen* *vt* ■**jdn** ~ to discourage sb; ■**sich** ~ **lassen** to be discouraged

Entmutigung <-, -en> *f* discouragement

Entnahme <-, -n> *f* ❶ FIN (*geh: das Abheben*) withdrawal ❷ MED *von Blut* extraction; *von Gewebe* removal

Entnahmeliste *f* picking list **Entnahmerecht** *nt* JUR drawing right

Entnazifizierung <-> *f kein pl* denazification

entnehmen* *vt irreg* ❶ (*herausnehmen*) ■[**einer S.** *dat*] **etw** ~ to take sth [from sth] ❷ FIN (*abheben*) ■**etw** [**aus etw** *dat*] ~ to withdraw sth [from sth] ❸ MED (*abnehmen*) ■**jdm etw** ~ to extract sth from sb; **jdm eine Gewebeprobe** ~ to remove a tissue sample from sb ❹ (*fig: aus etw schließen*) ■**etw aus etw** *dat* ~ to infer *form* [*or* gather] sth from sth; ■**aus etw ~, dass ...** to gather from sth that ...

entnerven* *vt* (*pej*) ■**jdn** ~ (*der Nerven berauben*) to be nerve-[w]racking for sb; (*der Kraft berauben*) to enervate sb

entnervend *adj* (*der Nerven beraubend*) nerve-[w]racking; (*der Kraft beraubend*) enervating

entnervt I. *adj* (*der Nerven beraubt*) nerve-[w]racked; (*der Kraft beraubt*) enervated II. *adv* out of nervous exhaustion

entölen *vt* ■**etw** ~ to remove the fat from sth; **entölter Kakao** fat-reduced cocoa

Entomologie <-> *f kein pl* (*Insektenkunde*) entomology

entpuppen* *vr* (*sich enthüllen*) ■**sich** [**als etw**] ~ to turn out to be [sth]

entrahmen* *vt* ■**etw** ~ to skim sth

entrahmt *adj Milch* skimmed

enträtseln* *vt* ■**etw** ~ ❶ (*ein Geheimnis lösen*) to unravel [*or* solve] sth ❷ (*einen Sinn herausfinden*) to work out sth *sep* ❸ (*eine Schrift entschlüsseln*) to decipher sth

entrechten* *vt* ■**jdn** ~ to deprive sb of their rights

Entrechtete(r) *f(m) dekl wie adj, meist pl* person deprived of their rights

Entrechtung <-, -en> *f* deprivation of rights

entreißen* *vt irreg* ❶ (*wegreißen*) ■**jdm etw** ~ to snatch sth [away] from sb ❷ (*geh: retten*) ■**jdn einer S.** *dat* ~ to rescue sb from sth; ***in letzter Minute wurde er dem Tode entrissen*** at the last moment he was snatched from the jaws of death

entrichten* *vt* (*form: zahlen*) pay; **Beiträge an die Sozialversicherung** ~ to pay contributions into the scheme; **eine Gebühr** ~ to pay a fee; **Zoll auf etw** ~ to pay duty on sth

Entrichtung *f* JUR (*geh*) payment

entringen* *vt irreg* (*geh*) ■**jdm etw** ~ to wrest sth from sb *liter*

Entrinnen *nt* **es gab kein ~ mehr** there was no escape

entrinnen* *vi irreg sein* (*geh: entkommen*) ■**jdm/einer S.** ~ to escape from sb/sth; **es gibt** [**für jdn**] **kein E~** [**vor etw** *dat*] there's no escape [for sb] [from sth]

entrollen* I. *vt haben* ■**etw** ~ to unroll sth; **eine Fahne** ~ to unfurl a flag II. *vr haben* (*geh: sich zeigen*) ■**sich** ~ to unfold, to reveal [itself]

Entropie <-, -n> *f* PHYS entropy

entrosten* *vt* ■**etw** ~ to remove the rust from sth, to derust sth

entrücken* *vt* (*geh*) ■**jdn einer S.** *dat* ~ to carry sb away from sth, to transport sb away from sth; **der Realität ganz entrückt sein** to be totally removed from reality, to be on another planet *fam*

entrückt *adj* (*geh*) enraptured, transported

entrümpeln* *vt* ■**etw** ~ ❶ (*von Gerümpel befreien*) to clear sth out *sep* ❷ (*fig: von Unnützem befreien, revidieren*) to tidy sth up *sep*, to overhaul sth

Entrümp(e)lung <-, -en> *f* (*das Entrümpeln*) clearing out

entrüsten* I. *vt* (*empören*) ■**jdn** ~ to make sb indignant, to fill sb with indignation; (*stärker*) to outrage sb II. *vr* (*sich empören*) ■**sich über jdn/etw** ~ to be indignant about [*or* at] sb/sth; (*stärker*) to be outraged by sb/sth

entrüstet I. *adj* indignant (**über** +*akk* about/at) II. *adv* indignantly

Entrüstung *f* indignation; ■**jds ~ über jdn/etw** sb's indignation about [*or* at] sb/sth; **voller** ~ indignantly; ***er stand voller ~ auf*** he stood up filled with indignation; *s. a.* **Sturm**

entsaften* *vt* KOCHK ■**etw** ~ ❶ (*auspressen*) to extract the juice from sth ❷ (*auskochen*) to boil sth

Entsafter <-s, -> *m* juicer, BRIT *a.* juice extractor

entsagen* *vi* (*geh*) ■**einer S.** *dat* ~ to renounce [*or form* forgo] sth; ***dem Weine kann ich nicht ~*** I cannot forgo wine

Entsagung <-, -en> *f* (*geh*) renunciation *form*; **voller** ~ full of self-denial

entsagungsvoll *adj* (*geh*) ❶ (*Irdischem entsagend*) full of self-denial ❷ (*Verzicht ausdrückend*) full of resignation

entsalzen* *vt* ■**etw** ~ to desalinate sth

Entsalzung <-, -en> *f* desalination

entschädigen* *vt* ❶ (*Schadensersatz leisten*) ■**jdn** [**für etw** *akk*] ~ to compensate sb [for sth]; ■**etw** [**durch etw/mit etw**] ~ to compensate for sth [with sth] ❷ (*ein lohnender Ausgleich sein*) ■**jdn** [**für etw** *akk*] ~ to make up to sb [for sth]

entschädigt *adj* FIN compensated, indemnified; **nicht** ~ unrecompensed

Entschädigung <-, -en> *f* (*das Entschädigen*) compensation *no pl, no indef art*, indemnification; **angemessene** ~ just compensation; ~ **für Verdienstausfall** compensation for loss of earnings; **jdm eine ~ zahlen** to pay sb compensation; (*Leistung*) [compensation] payment [*or* settlement]

Entschädigungsangebot *nt* JUR offer of compensation **Entschädigungsanspruch** *m* claim for compensation **entschädigungsberechtigt** *adj* JUR entitled to compensation **Entschädigungsberechtigte(r)** *f(m)* JUR indemnitee **Entschädigungsbetrag** *m* FIN indemnity, amount of compensation **Entschädigungsfonds** *m* compensation fund **Entschädigungsforderung** *f* claim for compensation **Entschädigungsgesetz** *nt* JUR indemnification act **Entschädigungsklage** *f* JUR action for compensation **Entschädigungsleistung** *f* compensation payment [*or* settlement] **Entschädigungspflichtige(r)** *f(m) dekl wie adj* JUR party liable to pay compensation **Entschädigungsprämie** *f* FIN indemnification premium **Entschädigungssumme** *f* [amount of] compensation **Entschädigungsträger(in)** *m(f)* JUR indemnifying party **Entschädigungsverfahren** *nt* JUR compensation proceedings *pl* **Entschädigungszahlung** *f* JUR compensatory payment **Entschädigungszeitraum** *m* FIN compensation period

entschärfen* *vt* ■**etw** ~ ❶ (*den Zünder entfernen*) to defuse sth ❷ (*weniger kritisch machen*) to defuse sth; (*weniger anstößig machen*) to tone sth down *sep*

Entscheid <-[e]s, -e> *m* (*geh*) *s.* **Entscheidung**

entscheiden* *irreg* I. *vt* ❶ (*beschließen*) ■**~, dass/ob/was/wann/wie** to decide that/whether/what/when/how; (*gerichtlich*) to rule that/whether/what/when/how ② (*endgültig klären*) ■ **etw** ~ to settle sth; ■ **etw [für jdn [o zugunsten einer Person]]** ~ to settle sth [in sb's/a person's favour [*or* AM -or]]; ■ **entschieden sein** to be decided; ***noch ist nichts endgültig entschieden*** nothing has been finally decided yet ③ (*gewinnen*) ■ **etw für sich** *akk* ~ to win sth; ***die Mannschaft konnte drei Spiele für sich*** ~ the team secured victory in three games **II.** *vi* (*beschließen*) to decide; ***hier entscheide ich!*** I make the decisions here!; ■ **für/gegen jdn/etw** ~ to decide in favour [*or* AM -or] / against sb/sth; (*gerichtlich*) to rule in favour [*or* AM -or] /against sb/sth; ■ **über etw** *akk* ~ to decide on sth **III.** *vr* ① (*eine Entscheidung treffen*) ■ **sich** ~ to decide, to reach [*or* come to] a decision; ■ **sich [dazu] ~, etw zu tun** to decide to do sth; ***ich habe mich dazu entschieden, das Angebot anzunehmen*** I have decided to accept the offer; ■ **sich für/gegen jdn/etw** ~ to decide in favour [*or* AM -or] / against sb/sth ② (*sich herausstellen*) ■ **sich ~, ob/wann/wer/wie/wieviel** to be decided whether/when/who/how/how much/how many; ***es hat sich noch nicht entschieden, wer die Stelle bekommen wird*** it hasn't been decided who will get the job

entscheidend I. *adj* ① (*ausschlaggebend*) decisive; ■ **für jdn/etw ~ sein** to be crucial for sb/sth ② (*gewichtig*) big, crucial **II.** *adv* (*in entschiedendem Maße*) decisively

Entscheidung *f* ① (*Beschluss*) decision; ~ **am grünen Tisch** armchair decision; **es geht um die ~, ob/wer/wie** the decision will be whether/who/how; **zu einer ~ kommen** [*o* **gelangen**] to reach [*or* come to] [*or* arrive at] a decision; **die/eine ~ liegt bei jdm** it is for sb to decide; ***die ~ liegt beim Chef*** it's up to the boss to decide; **vor einer ~ stehen** to be confronted with a decision; **jdn vor eine ~ stellen** to leave a decision to sb; **eine ~ treffen** to make [*or* take] a decision ② JUR decision; (*gerichtlich*) ruling; (*richterlich*) judgment; (*Votum der Geschworenen*) verdict; ***die ~ fiel zugunsten der Angeklagten aus*** the verdict was in favour of the accused; **außergerichtliche ~** out-of-court decision; **rechtskräftige ~** irreversible ruling; **eine ~ anfechten** to contest a decision; **eine ~ in der Berufungsinstanz aufheben/bestätigen** to squash a sentence/to uphold a decision on appeal; **eine ~ fällen** to render judgment; **einen Fall zur weiteren ~ Entscheidung zurückweisen** to remit a case for further prosecution; **bis zu einer weiteren ~** pending a further decision ③ SPORT (*Ausgang eines Spiels*) result; **um die ~ spielen** to play the deciding match [*or* BRIT decider]

Entscheidungbegründung *f* JUR legal findings of the court **Entscheidungsbefugnis** *f* decision-making powers *npl;* **die ~ haben** to have the power to make decisions **Entscheidungsbehörde** *f* decision-making authority **Entscheidungsbereich** *m* decision area, scope of decision **Entscheidungsebene** *f* decision-making level **Entscheidungserheblichkeit** *f* JUR relevance to the issues of the case **Entscheidungsfindung** *f* decision-making **Entscheidungsfreiheit** *f kein pl* discretion, freedom of decision-making **entscheidungsfreudig** *adj* willing to make a decision **Entscheidungsgewalt** *f* JUR power of decision, jurisdiction **Entscheidungsgrund** *m* JUR ratio decidendi, reason for the decision **Entscheidungskompetenz** *f* decision-making powers *pl* **Entscheidungskriterium** *nt* decision factor, criterion **Entscheidungsprozess**RR *m* JUR decision-making process **Entscheidungsrecht** *nt s.* Entscheidungskompetenz **entscheidungsreif** *adj* ready for the decision process *pred;* **~e Projekte** projects ready for the decision process **Entscheidungsschlacht** *f* ① MIL decisive battle ② (*Kraftprobe*) showdown *fam* **Entscheidungsspiel** *nt* decider BRIT, deciding match **Entscheidungsspielraum** *m* scope for making a decision **Entscheidungsträger(in)** *m(f)* decision-maker **Entscheidungsverfügung** *f* JUR decision, award **Entscheidungsvorbehalt** *m* JUR reservation with regard to decisions **Entscheidungszuständigkeit** *f* JUR decision-making competence

entschieden I. *pp von* **entscheiden II.** *adj* ① (*entschlossen*) determined, resolute; **ein ~er Befürworter** a staunch supporter; **ein ~er Gegner** a resolute opponent ② (*eindeutig*) definite **III.** *adv* ① (*entschlossen*) firmly, resolutely; ***den Vorschlag lehne ich ganz ~ ab*** I categorically reject the proposal ② (*eindeutig*) definitely; ***diesmal bist du ~ zu weit gegangen*** this time you've definitely gone too far

Entschiedenheit <-, -en> *f* determination, resolution; **mit [aller] ~** in the strongest possible way; **etw mit [aller] ~ ablehnen** to refuse sth flatly; **mit ~ dementieren** to deny categorically

entschlacken* **I.** *vt* MED (*von Schlacken befreien*) ■ **etw** ~ to purify [*or* cleanse] sth **II.** *vi* MED (*entschlackend wirken*) to have a purifying [*or* cleansing] effect

Entschlackung <-, -en> *f* MED purification, cleansing

Entschlackungskur *f* detox treatment

entschlafen* *vi irreg sein* (*euph geh: sterben*) to pass away [*or* over] [*or* on] *euph*

Entschlafene(r) *f(m) dekl wie adj* (*euph geh: gestorbene Person*) ■ **der/die ~/die ~n** the deceased, the departed

entschleiern* *vt* (*geh*) ■ **etw** ~ to uncover [*or* reveal] sth

entschließen* *vr irreg* (*sich entscheiden*) ■ **sich [für etw/zu etw]** ~ to decide [on sth]; ■ **sich [dazu] ~, etw zu tun** to decide to do sth; **sich zu nichts ~ können** to be unable to make up one's mind; ***ich kann mich so auf die Schnelle zu nichts ~!*** I can't make up my mind about anything so quickly!

Entschließung *f* (*geh: Entschluss*) decision; **zu einer ~ gelangen** (*geh*) to come to [*or* reach] a decision; **eine ~ einbringen** POL to propose a resolution; **eine ~ annehmen** POL to pass a resolution

Entschließungsantrag *m* resolution proposal

entschlossen I. *pp von* **entschließen II.** *adj* (*zielbewusst*) determined, resolute, determined [*or* resolute] measures; **fest ~** absolutely determined; **kurz ~ sein** to decide without hesitating [*or* a moment's hesitation]; **etw kurz ~ tun** [to decide] to do sth straight away [*or* on the spur of the moment]; ***sie ist immer kurz ~*** she always decides without a single hesitation; **wild ~** (*fam*) fiercely determined, with fierce determination; **zu allem ~** determined to do anything **III.** *adv* resolutely, with determination

Entschlossenheit <-> *f kein pl* determination, resolution; **mit wilder ~** (*fam*) with fierce determination

entschlummern* *vi sein* ① (*euph geh: sterben*) to go to sleep *euph* ② (*veraltend geh*) to fall asleep

entschlüpfen* *vi sein* ① (*entkommen*) ■ **[jdm]** ~ to escape [from sb] ② (*fig: entfahren*) ■ **jdm ~** Bemerkung, Worte to let sth slip

EntschlussRR <-es, Entschlüsse> *m*, **Entschluß** <-sses, Entschlüsse> *m* decision, resolution; **aus eigenem ~ handeln** to act on one's own initiative; **jds fester ~ sein, etw [nicht] zu tun** to be sb's firm intention [not] to do sth; **ein löblicher/weiser ~** a commendable/wise decision; **seinen ~ ändern** to change one's mind; **einen ~ fassen** to make [*or* take] a decision; **zu einem ~ kommen** [*o* **gelangen**] to reach [*or* come to] a decision; **zu keinem ~ kommen** [*o* **gelangen**] to be unable to come to a decision

entschlüsseln *vt* ■ **etw** ~ to decode [*or* decipher] sth

entschlüsseln* *vt* ■ **etw** ~ to decipher [*or* decode] sth

Entschlüsselung <-, -en> *f* deciphering, decoding

Entschlüsselungsgerät *nt* TV decoder, set-top box

EntschlussfähigkeitRR *f* decision-making capability **entschlussfreudig**RR *adj* decisive **Entschlussfreudigkeit**RR <-> *f kein pl* decisiveness **Entschlusskraft**RR *f kein pl* decisiveness; ~ **besitzen** [*o* **haben**] to be decisive; **es fehlt** [*o* **mangelt**] **jdm an [genügend] ~** sb is not decisive [enough] **entschlusslos**RR **I.** *adj* indecisive **II.** *adv* indecisively

entschoten *vt* ■ **etw** ~ KOCHK to pod sth

entschuldbar *adj* excusable, pardonable

entschuldigen* **I.** *vi* (*als Höflichskeitformel*) ~ ***Sie, können Sie mir sagen, wie ich zum Bahnhof komme?*** excuse me, could you tell me how to get to the station?; ~ ***Sie bitte, was sagten Sie da gerade?*** sorry, what were you just saying there? **II.** *vr* ① (*um Verzeihung bitten*) ■ **sich [bei jdm] [für etw** *akk*/**wegen etw** *dat*] ~ to apologize [to sb] [for sth], to say sorry [to sb] [for sth]; ***ich muss mich bei Ihnen wegen meines Zuspätkommens ~*** I'm terribly sorry I'm so late ② (*eine Abwesenheit begründen*) ■ **sich [bei jdm]** ~ to ask [sb] to be excused; ***ich möchte mich für die nächste Schulstunde ~*** may I be excused from the next lesson?; ■ **sich [bei/von jdm] ~ lassen** to send one's apologies [*or* BRIT excuses], to [ask sb to] convey one's apologies [*or* BRIT excuses] **III.** *vt* ① (*als verzeihlich begründen*) ■ **etw mit etw** *dat* ~ to use sth as an excuse for sth; ***Ihr Verhalten ist durch nichts zu ~!*** nothing can excuse your behaviour! ② (*eine Abwesenheit begründen*) ■ **jdn/etw [bei jdm]** ~ to ask [sb] to excuse sb/sth; ***ich möchte meine Tochter für morgen*** ~ I'd like to ask if my daughter can be excused tomorrow; ■ **jdn** ~ to excuse sb; ***ich bitte mich zu ~*** please excuse me ③ (*als verständlich erscheinen lassen*) ■ **etw** ~ to excuse sth; ***das kann Ihr Zuspätkommen nicht ~!*** that is no excuse for your late arrival!; (*einen Regelverstoß hinnehmen*) to excuse [*or* forgive] sth; ***bitte ~ Sie die Störung*** please excuse [*or* forgive] the interruption

entschuldigend *adj* apologetic

Entschuldigung <-, -en> *f* ① (*Bitte um Verzeihung*) apology; **[jdn] [wegen etw** *dat*] **um ~ bitten** to apologize [to sb] [for sth]; **ich bitte um ~, aber ...?** excuse me, ...; **um ~ bitten, dass/weil ...** to apologize for being .../because ...; ***ich bitte vielmals um ~, dass ich mich verspätet habe!*** I do apologize for being late! ② (*Begründung, Rechtfertigung*) **als** [*o* **zur**] **~ für etw** *akk* as an excuse for sth; **zu jds ~** in one's defence [*or* AM -se]; ***was haben Sie zu Ihrer ~ zu sagen?*** what have you got to say in your defence? ③ (*als Höflichkeitsformel*) **~!** sorry!; ***o, ~, ich habe Sie angerempelt!*** oh! sorry for bumping into you!; **~, ...?** excuse me, ...? ④ SCH (*Schreiben*) note, letter of excuse *form;* **jdm eine ~ schreiben** to write sb a note; **ohne ~** without an excuse

Entschuldigungsbrief *m* letter of apology

Entschuldung <-, -en> *f* FIN disencumbrance, debt clearance [*or* relief]

entschweben* *vi sein* (*hum geh*) to float away *hum*

entschwefeln* *vt* ■ **etw** ~ to desulphurize sth

Entschwefelung <-, -en> *f* desulphurization

Entschwefelungsanlage *f* desulphurization plant

entschwinden* *vi irreg sein* (*geh*) ① (*verschwinden*) to disappear [*or* vanish] ② (*rasch vergehen*) to pass quickly

entseelt I. *adj* (*geh*) lifeless, dead **II.** *adv* (*geh*) lifelessly

Entseelte(r) *f(m) dekl wie adj* (*geh*) ■ **der/die ~/die ~n** the deceased, the departed

entsenden* *vt irreg o reg* ① (*abordnen*) ■ **jdn in etw** *akk* ~ [*o* **zu etw** *dat*] to send sb to sth ② (*schicken*) ■ **jdn [zu jdm]** ~ to send [*or form* dispatch] sb [to sb]

Entsendung *f* ① POL (*von Abgeordneten*) dispatch ② (*das Wegschicken*) sending, dispatch *form*

entsetzen* **I.** *vt* (*in Grauen versetzen*) ■ **jdn** ~ to horrify sb **II.** *vr* (*die Fassung verlieren*) ■ **sich [über jdn/etw]** ~ to be horrified [at sb/sth]

Entsetzen <-s> *nt kein pl* (*Erschrecken*) horror, dismay; **voller ~** filled with horror [*or* dismay], horror-struck [*or* -stricken]; **mit ~** horrified, dismayed; [**bleich/kreideweiß/versteinert**] **vor ~** [pale/as white as a sheet/petrified] with horror; **zu jds** [**großen** [*o* **größten**]] **~** to sb's [great] horror [*or* dismay]

Entsetzensschrei *m* cry of horror

entsetzlich I. *adj* ❶ (*schrecklich*) horrible, awful, dreadful, terrible; ***wie ~!*** how dreadful [*or* terrible] [*or* awful]! ❷ (*fam: sehr stark*) awful, terrible; ***ich habe einen ~en Durst!*** I am terribly thirsty! II. *adv* ❶ (*in furchtbarer Weise*) awfully, terribly; **~ aussehen** to look awful [*or* terrible] ❷ *intensivierend* (*fam*) awfully, terribly; ***diese Bluse ist ~ bunt*** this blouse is awfully garish

entsetzt I. *adj* horrified; ■**~** [**über jdn/etw**] **sein** to be horrified [*or* appalled] [at [*or* by] sb/sth] II. *adv* (*großes Entsetzen zeigend*) in a horrified manner; ***sie schrie ~ auf*** she let out a horrified scream

entseuchen* *vt* ÖKOL ■**etw ~** to decontaminate [*or* disinfect] sth

entsichern* *vt* ■**etw ~** to release the safety catch on sth; **eine entsicherte Pistole** a pistol with the safety catch off

Entsiegelung *f* JUR taking off the seal/seals

entsinnen* *vr irreg* (*geh*) ■**sich** [**einer S.** *gen*/**jds** [*o* **an jdn/etw**]] **~** to remember [sth/sb]; **wenn ich mich recht entsinne** if I remember correctly, if my memory serves me right

entsorgen* *vt* ÖKOL ■**etw ~** ❶ (*wegschaffen*) to dispose of sth ❷ (*von Abfallstoffen befreien*) ■**eine Industrieanlage/eine Stadt ~** to dispose of an industrial site's/a town's waste [*or* refuse and sewage]

Entsorger *m* waste remover

Entsorgung <-, -en> *f* (*das Entsorgen*) waste disposal; **die ~ von Schmutzwasser** the disposal of waste water

Entsorgungsbetrieb *m* waste disposal plant **Entsorgungsleistung** *f* ÖKON waste disposal service **Entsorgungspark** *m* waste disposal site **Entsorgungspflicht** *f* ÖKOL disposal requirement **Entsorgungsproblematik** *f* problems *pl* of waste disposal **Entsorgungsstelle** *f* [waste] disposal [*or* recycling] point **Entsorgungsunternehmen** *nt* ÖKON waste disposal company **Entsorgungsverfahren** *nt* ÖKOL disposal method **Entsorgungsvertrag** *m* JUR disposal agreement **Entsorgungswirtschaft** *f kein pl* ÖKOL waste management, refuse disposal industry

entspannen* I. *vr* ■**sich ~** ❶ (*relaxen*) to relax, to unwind ❷ (*sich glätten*) to relax, to release, to untighten; ***ihre Gesichtszüge entspannten sich*** her features relaxed ❸ POL *a.* (*sich beruhigen*) to ease II. *vt* ■**etw ~** ❶ (*lockern*) to relax sth ❷ (*die kritische Spannung beseitigen*) to ease sth; ***das Friedensangebot entspannte die Lage*** the peace offer eased the situation

entspannt I. *pp von* **entspannen** II. *adj* relaxed ❶ *politische Lage* calm ❷ *Verhältnis* relaxed ❸ *Atmosphäre* relaxed, easy-going

Entspannung *f* ❶ (*innerliche Ruhe*) relaxation; **zur ~** for relaxation; ***nach der Arbeit sehe ich zur ~ etwas fern*** I watch a bit of television to unwind [*or esp* AM *fam* chill out] after work ❷ POL (*Abbau von Spannungen*) easing of [*or* reduction in] tension

Entspannungsmethode *f* relaxation method **Entspannungsmittel** *nt* means + *sing vb* of relaxation, relaxation medium **entspannungsorientiert** *adj* FIN geared to ease the financial situation *pred;* **~e Geldpolitik** monetary policy geared to ease the financial situation **Entspannungspolitik** *f* policy of détente **Entspannungstechnik** *f* relaxation technique **Entspannungstherapie** *f* relaxation therapy **Entspannungsübung** *f meist pl* relaxation exercise

Entspiegelung *f* anti-reflection

entspinnen* *vr irreg* (*sich ergeben*) ■**sich** [**aus etw** *dat*] **~** to develop [*or* arise] [from sth]

entsprechen* *vi irreg* ■**einer S.** *dat* **~** ❶ (*übereinstimmen*) to correspond to [*or* tally with] sth; ***der Artikel in der Zeitung entsprach nicht ganz den Tatsachen*** the article in the newspaper wasn't quite in accordance with the facts ❷ (*genügen*) to fulfil [*or* AM *usu* -ll] [*or* meet] [*or* answer] sth; ***die wenigsten der Bewerber entsprachen den Anforderungen*** very few of the applicants fulfilled the requirements ❸ (*geh: nachkommen*) to comply with sth; ***der geäußerten Bitte können wir nicht ~*** we cannot comply with the request made

entsprechend I. *adj* ❶ (*angemessen*) appropriate, corresponding; *s. a.* **Umstand** ❷ (*zuständig*) relevant II. *präp* +*dat* in accordance with, according to, corresponding to; **den Bestimmungen ~** in accordance with regulations

Entsprechung <-, -en> *f* correspondence, equivalence

entspringen* *vi irreg sein* ■**einer S.** *dat* **~** ❶ GEOG (*seine Quelle haben*) to rise from sth ❷ (*seinen Ursprung haben*) to arise [*or* spring] from sth

entstammen* *vi sein* ■**einer S.** *dat* **~** ❶ (*aus etw stammen*) to come [*or* stem] from sth; **einer wohlhabenden Familie ~** to come from an affluent family ❷ (*aus einer bestimmten Zeit stammen*) to originate from sth; (*abgeleitet sein*) to be derived from sth; ***die Skulptur entstammt der viktorianischen Epoche*** the sculpture originates from the Victorian era

entstanden I. *pp von* **entstehen** II. *adj* **~e Unkosten** costs incurred

entstauben* *vt* ■**etw ~** to remove the dust from sth, to dust sth

entstehen* *vi irreg sein* ■[**aus etw/durch etw**] **~** ❶ (*zu existieren beginnen*) to come into being [from sth], to be created [from sth]; ***aus diesem kleinen Pflänzchen wird ein großer Baum ~*** a great tree will grow from this sapling; ***das Haus war in nur 8 Monaten entstanden*** the house was built in only eight months; **im E~ begriffen sein** (*geh*) to be in the process of development [*or* emerging] ❷ (*verursacht werden*) to arise [*or* result] [from sth]; ***beträchtliche Unruhe entstand unter der Bevölkerung*** considerable unrest arose amongst the people ❸ CHEM (*sich bilden*) to be produced [from/through/via] ❹ (*sich ergeben*) to arise [*or* result] [from sth]; ***~ mir irgendwelche Verpflichtungen?*** am I committing myself to anything?

Entstehung <-, -en> *f* ❶ (*das Werden*) creation; *des Lebens* origin; *eines Gebäudes* construction, building ❷ (*Verursachung*) creation, cause; ***die Nachrichten sorgten für die ~ von Unruhe*** the news created unrest ❸ CHEM (*Bildung*) formation

Entstehungsgeschichte *f* genesis, history of the origins of sth **Entstehungsort** *m* place of origin

entsteigen* *vi irreg sein* (*geh*) ■**einer S.** *dat* **~** ❶ (*aussteigen*) to alight from sth *form;* **dem Bad/Wasser ~** to emerge from the bath/water *form* ❷ (*aufsteigen*) *Dampf, Rauch* to rise from sth

entsteinen* *vt* ■**etw ~** to stone sth

Entsteiner *m* pitting machine

entstellen* *vt* ■**etw ~** ❶ (*verunstalten*) to disfigure sth; **jds Gesicht ~** to disfigure sb's face; *s. a.* **Unkenntlichkeit** ❷ (*verzerren*) to contort [*or* distort] sth; ***der Schmerz entstellte ihre Züge*** her features were contorted with pain ❸ (*verzerrt wiedergeben*) **etw entstellt wiedergeben** to distort [*or* misrepresent] sth

entstellend *adj* (*Narbe*) disfiguring

Entstellung *f* ❶ (*entstellende Narbe*) disfigurement ❷ (*Verzerrung*) *der Tatsachen, Wahrheit* distortion

entsticken *vt* CHEM ■**etw ~** to denitrify [*or* denitrate] sth

Entstickung <-, -en> *f* CHEM denitrification, denitration

entstören* *vt* ■**etw ~** ❶ TELEK (*von Störungen befreien*) to eliminate interference in sth, to free sth from interference ❷ ELEK (*von Interferenzen befreien*) to fit a suppressor to sth; **entstörte** [**Elektro**]**geräte** [electrical] appliances fitted with a suppressor

Entstörung *f* ❶ TELEK (*das Entstören*) fault clearance, freeing from interference ❷ ELEK fitting of a suppressor

Entstörungsstelle *f s.* **Störungsstelle**

Entstrickung *f* JUR release from attachment

entströmen* *vi sein* (*geh*) ■**einer S.** *dat* **~** to pour [*or* gush] out of sth; *Gas, Luft* to escape [*or form* issue] from sth

enttabuisieren* *vt* (*geh*) ■**etw ~** to free sth from taboos

enttarnen* *vt* ■**jdn** [**als etw**] **~** to expose sb [as sth]

enttäuschen* I. *vt* ❶ (*Erwartungen nicht erfüllen*) ■**jdn ~** to disappoint sb ❷ (*nicht entsprechen*) ■**etw ~** to dash [*or* betray] sth; **jds Hoffnungen ~** to dash sb's hopes; **jds Vertrauen ~** to betray sb's trust II. *vi* (*enttäuschend sein*) to be disappointing; ***die Mannschaft hat sehr enttäuscht*** the team was very disappointing

enttäuschend *adj* disappointing

enttäuscht I. *adj* disappointed (**über** +*akk*/**von** +*dat* in/with); **~ aussehen** to look disappointed II. *adv* disappointedly, full of disappointment

Enttäuschung *f* disappointment; **eine große ~** a big disappointment; **jdm eine ~ bereiten** to disappoint sb; **zu jds ~** to sb's disappointment; ***zu ihrer großen ~ erhielt sie die Stelle nicht*** to her great disappointment she didn't get the job

entthronen* *vt* (*geh*) ■**jdn ~** to dethrone sb

entvölkern* I. *vt* (*menschenleer machen*) ■**etw ~** to depopulate sth; ***durch die Epidemie wurden ganze Gebiete entvölkert*** whole areas became depopulated as a result of the epidemic; (*hum*) to clear of people; ***der strömende Regen hatte die Innenstadt praktisch entvölkert*** pouring rain had practically cleared the town centre of people II. *vr* (*hum: menschenleer werden*) ■**sich ~** to become deserted

Entvölkerung <-> *f kein pl* depopulation

entwachsen* [-ks-] *vi irreg sein* (*geh*) ■**einer S.** *dat* **~** to grow out of sth, to outgrow sth; *s. a.* **Kinderschuh**

entwaffnen* *vt* ■**jdn ~** ❶ (*die Waffen abnehmen*) to disarm sb ❷ (*fig: mild stimmen*) to disarm sb

entwaffnend I. *adj* disarming II. *adv* disarmingly

Entwaffnung <-, -en> *f* disarming; (*eines Landes*) disarmament

Entwaldung <-, -en> *f* GEOL deforestation

entwarnen* *vi* to give [*or* sound] the all-clear

Entwarnung *f* all-clear; **~ geben** to give [*or* sound] the all-clear

entwässern* *vt* ■**etw ~** ❶ AGR (*trockenlegen*) to drain sth ❷ BAU (*leer pumpen*) to drain [*or* pump out] sth ❸ MED (*von Wasseransammlung befreien*) to dehydrate sth

Entwässerung <-, -en> *f* ❶ (*Entwässern*) drainage ❷ (*Kanalisation*) drainage [system] ❸ *kein pl* TYPO dehydration, dewatering

Entwässerungsgraben *m* drainage ditch **Entwässerungsmittel** *nt* (*für Körpergewebe*) dehydrating agent **Entwässerungssystem** *nt* drainage system

entweder *konj* **~ ... oder ...** either ... or; **~ oder!** yes or no!; ***entscheide dich jetzt endlich – ~ oder!*** will you finally make a decision – one way or the other!

Entweder-oder[RR] <-, -> *nt* alternative; ***du hast keine Wahl, es gibt kein ~!*** you have no choice, there are no two ways about it!

entweichen* *vi irreg sein* ❶ (*sich verflüchtigen*) ■[**aus** [*o* **durch**] **etw**] **~** to leak [*or* escape] [from sth]; ***entweicht da Gas aus der Leitung?*** is gas escaping from the pipe there? ❷ (*geh: fliehen*) ■[**aus etw**] **~** to escape [*or* run away] [from sth]

entweihen* *vt* ■**etw ~** to desecrate [*or* profane] sth

Entweihung *f* desecration

entwenden* *vt* (*geh*) ❶ (*stehlen*) ■[**jdm**] **etw ~** to purloin sth [from sb] *form* ❷ (*hum: an sich nehmen*) ■**jdm etw ~** to purloin sth from sb *hum form,* to steal [*or* BRIT *fam* nick] sth from sb

entwerfen* *vt irreg* ❶ (*zeichnerisch gestalten*) to sketch; ■[**jdm**] **etw ~** to design sth [for sb] ❷ (*designen*) ■**etw ~** to design sth ❸ (*im Entwurf erstellen*) ■**etw ~** to draft [*or* draw up] sth

entwerten* *vt* ■**etw ~** ❶ (*ungültig machen*) to cancel [*or* invalidate] sth; **Banknoten ~** to demonetize banknotes ② (*weniger wert machen*) **Preise** ~ to devalue prices ③ (*fig: im Wert mindern*) **ein Argument** ~ to undermine an argument

Entwerter <-s, -> *m* ticket-cancelling machine

Entwertung *f* ① (*das Entwerten*) cancellation, invalidation; (*Wertminderung*) devaluation ② (*fig: Wertminderung*) undermining

entwickeln* I. *vt* ■ **etw** ~ ① (*erfinden*) to develop sth ② (*entwerfen*) to develop sth; **einen Plan** ~ to develop [*or* devise] a plan ③ FOTO **einen Film** ~ to develop a film ④ CHEM (*entstehen lassen*) to produce sth II. *vr* ① (*zur Entfaltung kommen*) ■ **sich [zu etw]** ~ to develop [into sth]; ***Ihre Tochter hat sich zu einer bemerkenswerten jungen Dame entwickelt*** your daughter has turned out to be a remarkable young lady ② (*pej fam: sich entpuppen*) ■ **sich** ~ to turn out [*or* show oneself] to be ③ (*vorankommen*) ■ **sich [irgendwie]** ~ to progress [*or* evolve] [in a certain manner]; ***na, wie entwickelt sich euer Projekt?*** well, how is your project coming along? ④ POL (*zivilisatorisch fortschreiten*) ■ **sich [zu etw]** ~ to develop [into sth] ⑤ CHEM (*entstehen*) ■ **sich** ~ to be produced

Entwickler <-s, -> *m* FOTO developer

Entwicklung <-, -en> *f* ① (*das Entwickeln*) development; **[noch] in der** ~ **sein** [*o* **sich befinden**] to be [still] in the development stage; **in der** ~ in one's [*or* during] adolescence ② (*das Entwerfen*) *eines Plans, einer Theorie* evolution, development ③ FOTO development, processing ④ (*das Vorankommen*) progress, progression; ***die ~ der Verhandlungen wird positiv beurteilt*** the negotiations are judged to be progressing positively ⑤ ÖKON, POL (*Fortschritt*) development; **die ~ eines Landes** the development of a country ⑥ CHEM (*Entstehung*) production, generation; **die ~ entzündlicher Flüssigkeiten** the production of inflammable liquids ⑦ ÖKON, POL trend; **eine rückläufige ~ der Arbeitslosenzahlen** a falling trend in unemployment figures

Entwicklungsabschnitt *m* phase [*or* stage] of sb's career **Entwicklungsdienst** *m* development aid service, ≈ Voluntary Service Overseas BRIT **entwicklungsfähig** *adj* capable of development **Entwicklungsgeschichte** *f* BIOL evolution **entwicklungsgeschichtlich** *adj* evolutionary **Entwicklungshelfer(in)** *m(f)* development aid worker, ≈ VSO worker BRIT **Entwicklungshilfe** *f* ① POL (*Unterstützung unterentwickelter Länder*) development aid ② FIN (*finanzielle Zuwendungen an Staaten*) foreign aid **Entwicklungsjahre** *pl* adolescence *no pl, no indef art;* **in den ~n sein** [*o* **sich in den ~ befinden**] to be in adolescence [*or* the teenage years] **Entwicklungskosten** *pl* ÖKON development cost[s] **Entwicklungsland** *nt* developing country **Entwicklungsmaßnahme** *f* development measure **Entwicklungsphysiologie** *f* developmental physiology **Entwicklungsplanung** *f* development planning **Entwicklungspolitik** *f* development policy **entwicklungspolitisch** *adj* related to development policy **Entwicklungsprognose** *f* ÖKON economic forecast **Entwicklungsprogramm** *nt* development programme [*or* AM -am]; **das ~ der Vereinten Nationen** the United Nations Development Programme **Entwicklungsrückstand** *m* MED delayed development, underdevelopment **entwicklungsschwach** *adj* ÖKON suffering from underdevelopment *pred;* **~e Region** region suffering from underdevelopment **Entwicklungsstadium** *nt* development stage **Entwicklungsstand** *m* stage of development **Entwicklungsstufe** *f* stage of development **Entwicklungstempo** *nt* pace of development **Entwicklungsverfahren** *nt* method of development **Entwicklungsvorhaben** *nt* JUR development project **Entwicklungszeit** *f* ① (*Entwicklungsjahre*) adolescent years ② FOTO developing time

entwinden* *irreg* I. *vt* (*geh: aus jds Griff winden*) ■ **jdm etw** ~ to wrest sth from sb *liter* II. *vr* (*geh: sich herauswinden*) ■ **sich jdm/einer S.** *dat* ~ to free oneself from sb/from sth

entwirren* *vt* ■ **etw** ~ ① (*auflösen*) to disentangle [*or* unravel] sth ② (*klar machen*) to sort sth out *sep*

entwischen* *vi sein* ■ **[jdm/aus etw** *dat***]** ~ to escape [from sb/sth]

entwöhnen* *vt* ① ■ **jdn** ~ to wean sb; **einen Säugling** ~ to wean an infant ② (*nicht mehr gewöhnt sein*) ■ **[einer S.** *dat***] entwöhnt sein** to be weaned off [*or* from] sth, to lose the habit [of doing sth]; ***er war jeglicher Ordnung völlig entwöhnt*** he had grown unaccustomed to any kind of order

Entwöhnung <-> *f kein pl* ① *bei Sucht* weaning, curing ② *eines Babys* weaning

Entwöhnungskur *f* anti-addiction course [of treatment]

entwürdigen* *vt* ■ **jdn** ~ to degrade sb

entwürdigend I. *adj* degrading II. *adv* degradingly

Entwürdigung *f* degradation

Entwurf *m* ① (*Skizze*) sketch ② (*Design*) design ③ (*schriftliche Planung*) draft; **im** ~ in the planning stage; ***das neue Gesetz ist im ~*** the new act is being drafted ④ INFORM (*Entwicklung*) **computerunterstützter** ~ computer aided design, CAD; **computerunterstützter ~ und Fertigung** computer aided design and manufacturing, CAD/CAM

entwurzeln* *vt* ① (*aus dem Boden reißen*) ■ **etw** ~ to uproot sth ② (*heimatlos machen*) ■ **jdn** ~ to uproot sb

Entwurzelte(r) *f(m) dekl wie adj* displaced person

Entwurzelung <-, -en> *f* ① (*das Entwurzeln*) uprooting ② (*das Entwurzeltsein*) rootlessness

entzaubern* *vt* ① (*den romantischen Glanz nehmen*) ■ **jdn/etw** ~ to deprive sb/sth of their/its mystique; ***ihre romantischen Vorstellungen wurden durch die harte Realität entzaubert*** her romantic notions were shattered by harsh reality ② (*geh: von einem Bann befreien*) ■ **jdn** ~ to free sb from a spell, to break the spell on sb

entzerren* *vt* ■ **etw** ~ ① (*zeitlich auseinander ziehen*) to stagger sth ② TRANSP (*nicht überlappen lassen*) to regulate the flow of sth; **die Verkehrsströme** ~ to regulate the flow of traffic ③ TECH (*verständlicher machen*) to rectify sth

Entzerrung *f* ① (*zeitliche Auseinanderziehung*) staggering ② TRANSP regulation of traffic ③ TECH (*Verständlichmachung*) rectification

entziehen* *irreg* I. *vt* ① ADMIN (*aberkennen*) ■ **jdm etw** ~ to withdraw [*or* take away] sth from sb; **jdm den Führerschein** ~ to revoke sb's driving licence [*or* AM -se] ② (*nicht länger geben*) ■ **jdm etw** ~ to withdraw sth from sb; *s. a.* **Wort** ③ (*fern halten*) ■ **jdn einer S.** *dat* ~ to remove sb from sth ④ (*wegziehen*) ■ **jdm etw** ~ to remove sth from sb; ***sie entzog ihm ihren Arm*** she removed her arm from him ⑤ AGR, FORST (*aus etw entnehmen*) ■ **einer S.** *dat* **etw** ~ to remove sth from sth; ***dieses Getreide entzieht dem Boden viele Nährstoffe*** this grain removes a lot of nutrients from the soil ⑥ CHEM (*extrahieren*) ■ **einer S.** *dat* **etw** ~ to extract sth from sth II. *vr* ① (*sich losmachen*) ■ **sich jdm/einer S.** ~ to evade sb/sth; ***sie wollte ihn streicheln, doch er entzog sich ihr*** she wanted to caress him, but he resisted her ② (*nicht berühren*) ■ **sich einer S.** *dat* ~ to be beyond sth; ***das entzieht sich meiner Kenntnis*** that's beyond my knowledge

Entziehung *f* ① JUR (*Aberkennung*) withdrawal, revocation; ~ **des Besitzes** dispossession; ~ **einer Konzession/der Fahrerlaubnis** withdrawal of a licence/of the driving licence; ~ **der Staatsangehörigkeit** expatriation ② (*Entzug*) withdrawal ③ MED (*Entziehungskur*) withdrawal treatment, cure for an addiction; **eine ~ machen** to undergo withdrawal treatment

Entziehungsanstalt *f* drug rehabilitation centre [*or* AM -er] **Entziehungskur** *f* cure for an addiction; **eine ~ machen** to undergo a cure for an addiction

entzifferbar *adj* decipherable; **nicht** ~ indecipherable

entziffern* *vt* ■ **etw** ~ ① (*mühsam lesen*) to decipher sth ② (*entschlüsseln*) to decipher [*or* decode] sth

Entzifferung <-, -en> *f* ① (*das Entziffern*) deciphering ② (*das Entschlüsseln*) deciphering, decoding

entzücken* *vt* (*begeistern*) ■ **jdn** ~ to delight sb; ***ich muss sagen, das entzückt mich*** I must say, I find that delightful; ■ **[von jdm/etw** [*o* **über jdn/etw**]] **entzückt sein** to be delighted [by [*or* at] sb/sth]; **[von etw] wenig entzückt sein** (*iron*) not to be very pleased [about sth] *iron*

Entzücken <-s> *nt kein pl* (*Begeisterung*) delight; **[über etw** *akk***] in ~ geraten** to go into raptures [over sth]; **zu jds [größten] ~** to sb's great delight [*or* joy]

entzückend *adj* delightful; **das ist ja ~!** (*iron*) that's charming!

Entzug <-[e]s> *m kein pl* ① ADMIN (*das Entziehen*) withdrawal, revocation ② MED (*das Entziehen*) withdrawal; (*Entziehungskur*) withdrawal treatment, cure for an addiction; **kalter** ~ (*sl*) cold turkey *sl;* **auf ~ sein** (*sl*) to go [through] cold turkey *sl*

Entzugserscheinung *f* withdrawal symptom *usu pl* **Entzugsschmerzen** *pl* withdrawal pains *pl* **Entzugssymptom** *nt* (*selten*) withdrawal symptom

entzündbar *adj* inflammable; **leicht** ~ highly inflammable

entzünden* I. *vt* ■ **etw** ~ ① MED (*infizieren*) to inflame sth ② (*geh: anzünden*) to light sth II. *vr* ① MED (*sich infizieren*) ■ **sich** ~ to become inflamed ② (*in Brand geraten*) ■ **sich** ~ to catch fire ③ (*fig: aufflackern*) ■ **sich an etw** *dat* ~ to be sparked off by sth; *Begeisterung* to be kindled by sth

entzündet *adj* MED inflamed; (*Augen a.*) sore

entzündlich *adj* ① MED (*infektiös*) inflammatory; (*sich leicht entzündend*) inflammatory; ***die Mandeln sind leicht ~*** the tonsils become easily inflamed ② (*entzündbar*) inflammable

Entzündung *f* MED inflammation

entzündungshemmend *adj* MED anti-inflammatory **Entzündungsherd** *m* MED focus of inflammation **Entzündungsprozess**^RR^ *m* MED inflammation [process]

entzwei *adj pred* in two [pieces], in half; (*zersprungen*) broken; (*zerrissen*) torn

entzweibrechen *irreg* I. *vi sein* (*zerbrechen*) to break into pieces II. *vt haben* (*zerbrechen*) ■ **etw** ~ to break sth into pieces, to break sth in two [*or* half]

entzweien* I. *vt* (*auseinander bringen*) ■ **jdn** ~ to divide people, to set people against each other; ***sie entzweiten sich wegen einer Frau*** they fell out [with each other] over a woman II. *vr* (*sich überwerfen*) ■ **sich mit jdm** ~ to fall out with sb

entzweigehen *vi irreg sein* to break [in two [*or* half]]

Entzweiung <-, -en> *f* ① (*Bruch*) split, break ② (*Streit*) quarrel

Environment <-s, -s> [ɛnˈvaɪərənmənt] *nt* KUNST environment

en vogue [ãˈvoːk] *adj pred* (*geh*) in vogue [*or* fashion]

Enzephalitis <-, -tiden> *f* MED encephalitis

Enzephalogramm <-gramme> *nt* MED encephalogram

Enzian <-s, -e> *m* ① BOT gentian ② KOCHK (*Schnaps*) *spirit distilled from the roots of gentian*

Enzyklika <-, Enzykliken> *f* REL encyclical

Enzyklopädie <-, -n> [*pl* -ˈdiːən] *f* encyclopaedia, encyclopedia *esp* AM

enzyklopädisch I. *adj* encyclopaedic, encyclopedic *esp* AM II. *adv* encyclopaedically, encyclopedically *esp* AM

Enzym <-s, -e> *nt* enzyme

Enzymaktivität *f* BIOL enzyme activity **Enzymregulation** *f* BIOL enzyme regulation

Epakte <-, -n> *f* ASTRON (*Mondphase*) epact

Epen *pl von* **Epos**

EPG *m Abk von* **elektronischer Programmführer** EPG

Epidemie <-, -n> [*pl* -ˈmiːən] *f* MED epidemic

Epidemiologe, -login <-n, -n> *m, f* MED epide-

miologist
Epidemiologie <-> *f kein pl* MED epidemiology
Epidemiologin <-, -nen> *f* MED *fem form von* **Epidemiologe**
epidemiologisch *adj* MED epidemiological
epidemisch *adj* MED epidemic; (*fig: seuchenartig*) epidemic; **sich** *akk* ~ **verbreiten** to spread like an epidemic
epidermal *adj* MED epidermal
Epidermis <-, -men> *f* BIOL epidermis
Epigenese <-, -n> *f* BIOL epigenesis
Epigone <-n, -n> *m* epigone *liter,* imitator
Epigramm <-gramme> *nt* ❶ LIT epigram ❷ KOCHK (*Bruststück vom Lamm*) [lamb] epigramme [*or* AM -am]
Epik <-> *f kein pl* epic poetry
Epikureer(in) <-s, -> *m(f)* ❶ (*geh: Genussmensch*) epicurean *form* ❷ PHILOS Epicurean
Epilation <-, -en> *f* MED epilation
Epilepsie <-, -n> [*pl* -'psi:ən] *f* epilepsy
Epileptiker(in) <-s, -> *m(f)* epileptic
epileptisch **I.** *adj* epileptic **II.** *adv* inclined to have epileptic fits, having a tendency towards epileptic fits
epilieren *vi haben* (*Körperhaare entfernen*) ■**sich etw** ~ to epilate one's sth
Epiliergerät *nt* depilator
Epilog <-s, -e> *m* epilogue
Epiphanias <-> *nt* REL (*Dreikönigsfest*) Epiphany
Epiphyse <-, -n> *f* MED epiphysis
Epiphyt <-en, -en> *m* BOT epiphyte
Epirogenese <-, -n> *f* GEOL ep(e)irogeny, epeirogenesis
episch *adj* ❶ (*das Epos betreffend*) epic ❷ (*geh: endlos ausschmückend*) of epic proportions; ~ **werden** to take on epic proportions; *s. a.* **Breite**
Episkopat <-[e]s, -e> *m o nt* REL ❶ *kein pl* (*Amt des Bischofs*) episcopate ❷ (*Gesamtheit der Bischöfe*) episcopate, episcopacy
Episode <-, -n> *f* episode
episodenhaft *adj* (*kurzzeitig*) short-lived; **~e Erscheinung** brief appearance
Epistel <-, -n> *f* REL Epistle; **apostolische ~n** apostolic Epistles
Epistemologie <-> *f kein pl* PHILOS (*Theorie des Wissens*) epistemology
Epitaph <-s, -e> *nt* (*geh*) ❶ (*Gedenktafel*) memorial plaque ❷ (*Grabinschrift*) epitaph
Epizentrum *nt* epicentre [*or* AM -er]
epochal *adj s.* **epochemachend**
Epoche <-, -n> *f* epoch; ~ **machen** to be epoch-making; ~ **machend** epoch-making
epochemachend *adj s.* **Epoche**
Epos <-, Epen> *nt* epic
EPR *m Abk von* **Europäischer Druckwasserreaktor** EPR
EPROM INFORM ❶ *Abk von* **electrically programmable read-only memory** EPROM ❷ *Abk von* **erasable programmable read-only memory** EPROM
Epstein-Barr-Virus *nt* Epstein-Barr [*or* EB] virus
Equipe <-, -n> *f* team
er <*gen* seiner, *dat* ihm, *akk* ihn> *pron pers* ❶ (*männliche Person bezeichnend*) he; ***sie ist ein Jahr jünger als*** ~ she is a year younger than him; ***nicht möglich,*** ~ ***ist es wirklich!*** unbelievable, it really is him!; ***wer hat das gemacht? —*** ~***!*** who did that? — he did!; ***ich war's doch gar nicht,*** ~ ***da war's!*** it certainly wasn't me, it was him there!; ***wenn ich*** ~ ***wäre, …*** if I were him,… ❷ (*Sache bezeichnend*) it; ***kauf dir doch auch einen Computer,*** ~ ***ist ein nützliches Hilfsmittel*** do buy yourself a computer, it's a useful aid ❸ (*Tier bezeichnend*) it; (*bei männlichen Tieren*) he; ***das ist mein Rabe,*** ~ ***heißt Fridolin*** that's my raven, he's called Fridolin; **ein E~ und eine Sie** (*hum fam*) a he and a she *hum fam*
ER <-s> *nt kein pl Abk von* **Endoplasmatisches Retikulum** ER *no pl*
erachten* *vt* (*geh*) ■**es als etw** ~ to consider [*or form* deem] it to be sth; ***ich habe es als meine Pflicht erachtet, dir das mitzuteilen*** I deemed it [to be] my duty to inform you about that
Erachten <-s> *nt kein pl* **meines ~s** [*o* **nach meinem** ~] in my opinion
erahnen* *vt* (*geh: ahnen*) ■**etw** ~ to guess [*or* imagine] sth; ■**etw** ~ **lassen** to give an idea of sth; ***der Marmorblock lässt die Proportionen des späteren Kunstwerks*** ~ the marble block gives an idea of the size of the eventual work of art; ■**sich** ~ **lassen** to be sensed
erarbeiten* *vt* ❶ (*durch Arbeit erwerben*) ■[**sich** *dat*] **etw** ~ to work for sth ❷ (*erstellen*) ■**etw** ~ to work out sth; **einen Plan** ~ to work out a plan
Erarbeitung <-, -en> *f meist sing* preparation, drawing up
Erbadel *m* hereditary nobility **Erbanfall** *m* JUR inheritance, hereditary succession **Erbanfallsteuer** *f* FIN inheritance tax **Erbanlage** *f meist pl* hereditary factor [*or* characteristic] *usu pl* **Erbanspruch** *m* JUR claim to an inheritance **Erbanteil** *m* FIN share in an estate, portion **erbanteilsberechtigt** *adj* JUR ~ **sein** to have an interest in an estate **Erbanteilssteuer** *f* FIN legacy duty **Erbanteilsveräußerung** *f* FIN disposal of an inheritance **Erbantritt** *m* JUR succession to an estate, assumption of succession
erbarmen* **I.** *vt* (*leid tun*) ■**jdn** ~ to arouse sb's pity, to move sb to pity; ■**es erbarmt mich, wenn…** I feel pity when[ever]… **II.** *vr* ❶ (*Mitleid haben*) ■**sich jds/einer S.** *gen* ~ to take pity on sb/sth; ***Herr, erbarme Dich unser*** Lord, have mercy upon us ❷ (*hum fam: sich annehmen*) ■**sich** [**einer S.** *gen*] ~ to take care of sth *hum fam;* ***ein Stück Kuchen ist noch übrig, wer erbarmt sich und isst es?*** there's a piece of cake left over, who's going to take care of it?
Erbarmen <-s> *nt kein pl* pity, compassion; ■~ **mit jdm/etw** [**haben**] [to have] pity for sb/[to show] compassion for sth; **kein** ~ [**mit jdm**] **kennen** [*o* **haben**] to show [sb] no mercy; **aus** ~ out of pity; **voller** ~ full of pity; **ohne** ~ pitiless, merciless; ***dieser Killer tötete ohne das geringste*** ~ this murderer kills without showing the slightest [sign of] pity; **zum E~** (*fam*) pitiful, pathetic; ***Mund zu, du singst ja zum*** ~***!*** keep your mouth shut, your singing is pitiful!; ~**!** mercy!
erbarmenswert *adj* (*geh*) pitiful, wretched
erbärmlich **I.** *adj* (*pej*) ❶ (*fam: gemein*) miserable, mean; ***du ~es Schwein!*** you miserable swine!; ***ich hätte nie gedacht, dass einer so*** ~ ***sein kann*** I would never have thought that anyone could be so mean ❷ (*furchtbar*) terrible; **~e Angst haben** to be terribly afraid ❸ (*jämmerlich*) miserable, wretched; **sich in einem ~en Zustand befinden** to be in a wretched condition; [**in etw** *dat*] ~ **aussehen** (*fam*) to look terrible [in sth] **II.** *adv* (*pej*) ❶ (*gemein*) wretchedly, abominably; ***er hat sich*** ~ ***verhalten!*** he behaved abominably! ❷ (*fam: furchtbar*) terribly; ***draußen ist es*** ~ ***kalt!*** it's terribly cold outside; ***die Wunde tut*** ~ ***weh!*** the wound hurts terribly!
Erbärmlichkeit <-> *f kein pl* ❶ (*Gemeinheit*) meanness, wretchedness ❷ (*Jämmerlichkeit*) awfulness, wretchedness
erbarmungslos **I.** *adj* pitiless, merciless **II.** *adv* pitilessly, mercilessly, without mercy
erbarmungsvoll **I.** *adj* compassionate, full of pity **II.** *adv* compassionately
erbauen* **I.** *vt* ❶ (*errichten*) ■**etw** ~ to build sth ❷ (*seelisch bereichern*) ■**jdn** ~ to uplift sb ❸ (*fam: begeistert sein*) ■[**von etw** [*o* **über etw**]] **erbaut sein** to be enthusiastic [about sth]; ■[**von etw** [*o* **über etw**]] **nicht** [**besonders**] **erbaut sein** not to be [particularly] pleased [about sth] [*or* delighted [by sth]] **II.** *vr* (*sich innerlich erfreuen*) ■**sich an etw** *dat* ~ to be uplifted by sth
Erbauer(in) <-s, -> *m(f)* architect
erbaulich *adj* (*geh*) edifying *form;* **nicht gerade** [*o* **sehr**] ~ (*iron*) not exactly [*or* very] encouraging *iron*
Erbauseinandersetzung *f* JUR partition of an inheritance **Erbauseinandersetzungsklage** *f* JUR petition to distribute an estate **Erbausgleich** *m* JUR settlement of claims on the estate **Erbausschlagung** *f* JUR repudiation of an inheritance **Erbausschließung** *f* JUR exclusion from an inheritance
erbaut **I.** *pp und 3. pers sing von* **erbauen** **II.** *adj* edified ▸ WENDUNGEN: **von** [*o* **über**] **etw nicht gerade** ~ **sein** (*fam*) to not be particularly thrilled by [*or* about] sth
Erbauung <-, -en> *f* ❶ (*Errichtung*) building ❷ (*seelische Bereicherung*) edification; **zur** ~ for one's edification
Erbbaugrundbuch *nt* JUR land register for building leases **Erbbaurecht** *nt* JUR building lease [in perpetuity], AM mixed estate **Erbbauzins** *m* JUR ground rent **erbberechtigt** *adj* entitled to [inherit] the/an inheritance **Erbberechtigte(r)** *f(m) dekl wie adj* JUR sb entitled to inherit; **nächster** ~ first heir **Erbberechtigung** *f* JUR right to inheritance **Erbbiologie** *f* genetics + *sing vb, no art* **erbbiologisch** *adj* genetic; **ein ~es Gutachten** a genetic test report
Erbe <-s> *nt kein pl* ❶ (*Erbschaft*) inheritance *no pl;* **das** ~ **ausschlagen** to turn down [*or form* waive] an inheritance ❷ (*fig: Hinterlassenschaft*) legacy
Erbe, Erbin <-n, -n> *m, f* JUR heir *masc,* heiress *fem;* **alleiniger** ~ the sole heir; **direkter** ~ direct heir; **gesetzlicher** ~ rightful heir; **die lachenden ~n** (*hum*) the joyful heirs; **leiblicher** ~ blood-related heir; **pflichtteilsberechtigter** ~ heir entitled to a compulsory portion; **jdn/ein Tier als ~n einsetzen** to appoint sb/an animal as heir
erbeben* *vi sein* (*geh*) ❶ (*beben*) to shake, to tremble, to shudder ❷ (*zittern*) ■[**vor etw** *dat*] ~ to shake [*or* tremble] [with sth]; ***ihre Stimme erbebte vor Wut*** her voice was shaking with anger
Erbeinsetzung *f* JUR appointment of an heir
erben **I.** *vt* ❶ (*als Erbe erhalten*) ■**etw** [**von jdm**] ~ to inherit sth [from sb] ❷ (*fam: geschenkt bekommen*) ■**etw** [**bei/von jdm**] ~ to be given sth [by sb] ❸ (*als Erbanlage bekommen*) ■**etw von jdm** ~ to inherit sth from sb **II.** *vi* (*Erbe sein*) to receive an inheritance; ***die müssen im Lotto gewonnen oder geerbt haben!*** they must have either won the lottery or have been left some money!
Erbengemeinschaft *f* community of joint heirs **Erbenhaftung** *f* JUR liability of an heir **Erbenlosigkeit** *f* JUR default of heirs **Erbenmehrheit** *f* JUR plurality of heirs
Erbersatzanspruch *m* JUR substituted inheritance right **Erbersatzsteuer** *f* FIN surrogate estate duty **Erberschleichung** *f* JUR legacy-hunting
erbetteln* *vt* (*durch Bitten erhalten*) ■[**sich** *dat*] **etw** ~ to obtain [*or* get] sth by begging; ***sie ließen nicht nach, bis sie sich von ihren Eltern den Kinobesuch erbettelt hatten*** they didn't give up until they had wheedled their parents into taking them to the cinema; **sich eine Mahlzeit** ~ to beg for a meal
erbeuten* *vt* ■**etw** ~ ❶ (*als Beute erhalten*) to get away with sth ❷ (*als Kriegsbeute bekommen*) to capture [*or* take] sth ❸ (*als Beute fangen*) to carry off sth *sep*
Erbfaktor *m* hereditary factor [*or* gene] **Erbfall** *m* JUR succession, devolution of an inheritance **Erbfehler** *m* hereditary defect **Erbfeind(in)** *m(f)* arch enemy **Erbfolge** *f* JUR [line of] succession; **gesetzliche** ~ intestate succession; **vorweggenommene** ~ advance settlement of rights of succession; **die** ~ **aufheben** to dock the entail; **jdn von der** ~ **ausschließen** to bar sb from succession **Erbgut** *nt kein pl* genotype, genetic make-up **Erbgutschäden** *pl* genetic abnormality **erbgutschädigend** *adj* genetically harmful
erbieten* *vr irreg* (*geh*) ■**sich** ~**, etw zu tun** to offer [*or* volunteer] to do sth
Erbin <-, -nen> *f fem form von* **Erbe** heiress
Erbinformation *f* genetic information
erbitten* *vt irreg* (*geh*) ■**etw** [**von jdm**] ~ to ask for [*or form* request] sth [from sb]
erbittern* *vt* ■**jdn** ~ to enrage [*or* incense] sb

E

erbittert I. *adj* bitter; ~**en Widerstand leisten** to put up a bitter resistance; ~**e Gegner** bitter opponents II. *adv* bitterly; ***sie wehrten sich ~ bis zu ihrem Untergang*** they fought to the bitter end

Erbitterung <-> *f kein pl* ① (*entschlossene Wut*) bitterness ② (*selten: Heftigkeit*) fierceness

Erbium <-s> *nt kein pl* CHEM erbium

Erbkrankheit *f* hereditary disease

erblassen* *vi sein* (*erbleichen*) ▪[**vor etw** *dat*] ~ to go [*or* turn] pale [with sth]; ***sie erblasste vor Schreck*** she turned pale with fright; ▪**jdn ~ lassen** to make sb go [*or* turn] pale; *s. a.* **Neid**

Erblasser(in) <-s, -> *m(f)* JUR testator **Erblast** *f* (*fig: Hinterlassenschaft*) legacy; ***der radioaktive Müll ist eine gefährliche*** ~ radioactive waste is a dangerous legacy

erbleichen* *vi sein* (*geh*) ▪[**vor etw** *dat*] ~ to go [*or* turn] pale [with sth]; ***er erbleichte vor Zorn*** he turned pale with anger

erblich I. *adj* hereditary; **eine ~e Krankheit** a hereditary disease II. *adv* by inheritance; ~ **weitergeben** to pass on as a hereditary condition; ***Krampfadern sind ~ bedingt*** varicose veins are inherited; ~ **belastet** MED having a hereditary disease; ~ [**vor**]**belastet sein** (*hum*) to run in the family

erblicken* *vt* (*geh*) ① (*plötzlich sehen*) ▪**jdn/etw** ~ to see [*or* catch sight of] [*or* spot] sb/sth ② (*fig: erkennen*) ▪**in jdm/einer S. etw** ~ to see sb/sth as sth

erblinden* *vi sein* ▪[**von etw/durch etw**] ~ to go blind [as a result of sth]

Erblindete(r) *f(m) dekl wie adj* blind person

Erblindung <-, -en> *f* loss of sight; **die ~ auf einem Auge** the loss of sight in one eye; **zur ~/zu einer bestimmten ~ führen** to lead to blindness/to a certain type of blindness

erblühen* *vi sein* (*geh*) to bloom [*or* blossom]; ***der Kirschbaum war voll erblüht*** the cherry tree was in full blossom

Erbmasse *f* genotype, genetic make-up **Erbnachlasssteuer**^RR^ *f* FIN estate duty **Erbonkel** *m* (*hum fam*) rich uncle *hum fam*

erbosen* I. *vt* (*geh: wütend machen*) ▪**jdn** ~ to anger [*or* infuriate] sb; ▪**erbost** [**über jdn/etw**] **sein** to be furious [*or* infuriated] [with sb/about sth] II. *vr* (*geh: wütend werden*) ▪**sich über jdn/etw** ~ to become furious [*or* infuriated] with sb/about sth

erbost *adj* furious, infuriated

Erbpacht *f* hereditary lease **Erbpachtrecht** *nt* JUR right of inheritable tenancy

erbrechen[1] *irreg* I. *vt* (*ausspucken*) ▪**etw** ~ to bring up sth *sep;* **etw bis zum E~ tun** (*pej fam*) to do sth ad nauseam; ***ich habe mir deine ewigen Klagen bis zum E~ mit anhören müssen!*** I'm absolutely sick of listening to your constant moaning; **etw ist zum E~** (*fam*) sth is disgusting [*or* revolting] II. *vi* (*den Mageninhalt erbrechen*) to throw up *sl* III. *vr* (*sich übergeben*) ▪**sich** ~ to be sick; ***ich muss mich ~!*** I'm going to be sick!

erbrechen*[2] *irreg vt* (*geh o veraltet*) ▪**etw** ~ to break open sth *sep;* **ein Türschloss** ~ to force a lock ▶ WENDUNGEN: **etw bis zum E~ tun** (*sl*) to do sth ad nauseam

Erbrecht *nt* law of inheritance

erbringen* *vt* ▪**etw** ~ *irreg* ① (*aufbringen*) to raise sth; **eine hohe Leistung** ~ to perform well ② FIN (*als Erlös erzielen*) to raise sth ③ (*als Resultat zeitigen*) to produce [*or* yield] sth ④ JUR (*beibringen*) to produce sth

Erbringung <-> *f* performance; ~ **von Dienstleistungen** performance of services

Erbrochene(s) *nt dekl wie adj* vomit

Erbschaft <-, -en> *f* inheritance; **eine ~ machen** to come into an inheritance

Erbschaftsannahme *f* JUR acceptance of an inheritance **Erbschaftsanspruch** *m* JUR claim to an inheritance **Erbschaftsanteil** *m* share in the inheritance; **gleicher** ~ coparceny **Erbschaftsausschlagung** *f* JUR renunciation of inheritance, disclaimer [of an estate] **Erbschaftsgegenstände** *pl* items of property in the estate; **bewegliche/unbewegliche** ~ corporeal/incorporeal hereditaments **Erbschaftsklage** *f* JUR inheritance suit **Erbschaft(s)steuer** *f* estate [*or* death] duty [*or* duties], death tax AM **Erbschaftssteuerveranlagung** *f* FIN assessment for inheritance tax [*or* estate duty] **Erbschaftsübergang** *m* JUR devolution of an estate **Erbschaftsverfahren** *nt* JUR probate proceedings *pl* **Erbschaftsverwalter(in)** *m(f)* JUR executor

Erbschein *m* JUR grant of probate, certificate of inheritance; **jdm einen ~ ausstellen** to grant probate of will, to issue sb with a certificate of inheritance **Erbscheinerteilung** *f* JUR granting of probate **Erbschleicher(in)** <-s, -> *m(f)* (*pej*) legacy-hunter *pej* **Erbschleicherei** *f* legacy-hunting

Erbse <-, -n> *f* pea; **gelbe** ~ yellow pea

erbsengroß *adj* pea-size, the size of a pea **Erbsensuppe** *f* pea soup **Erbsenzähler(in)** *m(f)* (*pej sl*) pedant

Erbstück *nt* heirloom **Erbsünde** *f* REL original sin **Erbtante** *f* (*hum fam*) rich aunt *hum fam* **Erbteil** *nt* ① JUR (*Anteil an einer Erbschaft*) share of an inheritance ② MED, PSYCH (*Veranlagung*) inherited trait [*or* characteristics] **Erbteilsübertragung** *f* JUR conveyance of an estate **Erbvermögen** *nt* JUR estate **Erbvertrag** *m* JUR contract of inheritance **Erbverzicht** *m* JUR relinquishment of an inheritance, disclaimer [of an estate]

Erdachse [-ks-] *f* earth's axis

erdacht *adj* invented, made-up

Erdaltertum *nt* GEOL Palaeozoic [*or* AM Paleozoic] [era] **Erdanziehung** *f kein pl* gravitational pull of the earth **Erdapfel** *m* SÜDD, ÖSTERR (*Kartoffel*) potato **Erdarbeiten** *pl* excavation work **Erdarbeiter(in)** *m(f) im Bahn- und Straßenbau* navvy BRIT, ditchdigger AM **Erdatmosphäre** *f* earth's atmosphere

erdauern *vt* SCHWEIZ ▪**etw** ~ ① (*gründlich prüfen*) to consider [*or* examine] sth thoroughly ② (*durch Warten verdienen*) to have one's patience rewarded by sth

Erdaushub *m* BAU excavation **Erdbahn** *f* earth's orbit **Erdbahnkreuzer** *m* ASTRON asteroid that crosses the orbit of the earth **Erdball** *m* (*geh*) *s.* **Erdkugel**

Erdbeben *nt* earthquake

Erdbebenherd *m* seismic focus centre [*or* AM -er] **erdbebensicher** *adj* earthquake-proof **Erdbebenvorhersage** *f* earthquake forecast **Erdbebenwarte** *f* seismological station

Erdbeere *f* ① (*Pflanze und Frucht*) strawberry ② (*Erdbeereis*) strawberry ice-cream

erdbeerfarben *adj* strawberry-coloured [*or* AM -ored] **Erdbeersirup** *m* strawberry syrup

Erdbeschleunigung *f* acceleration of free fall [*or* gravity] **Erdbestattung** *f* burial, interment **Erdbevölkerung** *f* population of the earth, earth's population **Erdbewegung** *f* motion of the earth in its orbit **Erdbewohner(in)** *m(f)* inhabitant of the earth **Erdboden** *m* ground; **etw dem ~ gleichmachen** to raze sth to the ground; **als hätte ihn/sie der ~ verschluckt** as if the earth had swallowed him/her up

Erde <-, -n> *f* ① *kein pl* (*Welt*) earth; **der Planet ~** the planet Earth; **auf der ganzen ~** in the whole world; **auf der ganzen ~ bekannt** known throughout the world ② (*Erdreich*) earth, soil; **in fremder/heimatlicher ~ ruhen** (*geh*) to be buried in foreign/one's native soil *form* ③ (*Grund, Boden*) ground; **auf der ~** on the ground; **zu ebener ~** at street level; [**mit etw** *dat*] **unter die ~ gehen** BAU to build sth below ground; **etw aus der ~ stampfen** (*fam*) to produce sth out of thin air *fam;* ***die neuen Wohnblocks wurden in einem Jahr buchstäblich aus der ~ gestampft*** the new blocks of flats were literally thrown up in a year ④ (*Art des Bodens*) soil; **feuchte/fruchtbare ~** damp/fertile soil ⑤ ELEK (*Erdung*) earth ⑥ CHEM earth; **seltene ~n** rare earths ▶ WENDUNGEN: **jdn unter die ~ bringen** to be the death of sb

erden *vt* ELEK ▪**etw** ~ to earth sth

Erdenbürger(in) *m(f)* mortal; **ein neuer ~** (*hum*) a new member of the human race *hum*

erdenken* *vt irreg* ▪**etw** ~ to devise [*or* think up] sth

erdenklich *adj attr* (*nur denkbar*) conceivable, imaginable; [**jdm**] **alles ~ Gute/Schlechte/Böse** [**wünschen**] [to wish sb] all the very best/every conceivable misfortune/ill; **alles E~e tun** to do everything conceivable [*or* imaginable]

Erderkundung *f* reconnaisance of the earth [from space] **erdfarben** *adj* earth-coloured [*or* AM -ored] **Erdferkel** *nt* ZOOL aardvark **Erdfunkstelle** *f* ground radio station **Erdgas** *nt* natural gas **Erdgasgewinnung** *f* gas production **Erdgasleitung** *f* [natural] gas pipeline **Erdgasversorgung** *f kein pl* gas supply **Erdgeist** *m* earth spirit **Erdgeruch** *m* earthy smell **Erdgeschichte** *f kein pl* geological history, history of the earth **erdgeschichtlich** I. *adj attr* geological II. *adv* geologically **Erdgeschoss**^RR^ *nt* ground [*or* AM first] floor; **im ~** on the ground [*or* AM first] floor **Erdhaufen** *m* mound of earth

erdichten* *vt* (*geh*) ▪**etw** ~ to fabricate sth, to make sth up *sep;* **das E~ von Geschichten** the fabrication of stories

erdig I. *adj* ① (*nach Erde riechend/schmeckend*) earthy ② (*mit Erde beschmutzt*) muddy II. *adv* earthily; ~ **schmecken** to have an earthy taste

Erdinnere(s) *nt dekl wie adj* interior [*or* bowels *npl*] of the earth

Erdkabel *nt* underground cable **Erdkarte** *f* map of the earth **Erdkern** *m* earth's core **Erdklumpen** *m* clod of earth **Erdkreis** *m* [entire] world, globe **Erdkröte** *f* ZOOL common toad **Erdkruste** *f* earth's crust **Erdkugel** *f* globe, world

Erdkunde *f* geography

erdkundlich *adj* geographical

Erdmagnetismus *m* geomagnetism, terrestrial magnetism **Erdmantel** *m* mantle **Erdmittelalter** *nt* GEOL Mesozoic [era] **Erdmittelpunkt** *m* centre of the earth **erdnah** I. *adj* close to the Earth *pred* II. *adv* close to the Earth; ~ **stationierter Satellit** satellite in low earth orbit

Erdnuss^RR^ *f* (*Pflanze und Frucht*) peanut

Erdnussbutter^RR^ *f* peanut butter **Erdnussöl**^RR^ *nt* peanut oil

Erdoberfläche *f* earth's surface, surface of the earth

Erdöl *nt* oil, petroleum; ~ **exportierende Länder** oil-exporting countries

erdolchen* *vt* (*geh*) ▪**jdn** ~ to stab sb [to death]

Erdölembargo *nt* oil embargo **erdölexportierend** *adj attr s.* **Erdöl** **Erdölgebiet** *nt* oil field **Erdölgewinnung** *f* oil production **Erdölindustrie** *f* oil industry **Erdölleitung** *f* oil pipeline **Erdölraffinerie** *f* oil refinery **Erdölverarbeitung** *f* processing of crude oil **Erdölvorkommen** *nt* oil deposit **Erdölzone** *f* oil belt

Erdreich *nt* earth, soil

erdreisten* *vr* ▪**sich** ~ to take liberties; ***was erdreistest du dich?*** how dare you!; ▪**sich ~, etw zu tun** to have the audacity to do sth

Erdrinde *f s.* **Erdkruste**

erdröhnen* *vi sein* ① (*dröhnend widerhallen*) ▪[**von etw** *dat*] ~ to resound [with sth]; ***die ganze Disko erdröhnte von dem Lärm*** the whole disco resounded with the noise ② (*dröhnen*) *Lautsprecher* to boom; *Wand, Decke* to resound

erdrosseln* *vt* ▪**jdn** ~ to strangle [*or* throttle] sb

Erdrosselte(r) *f(m) dekl wie adj* strangled person

Erdrosselungssteuer *f* FIN prohibition tax

erdrücken* *vt* ① (*zu Tode drücken*) ▪**jdn/ein Tier** ~ to crush sb/an animal to death ② (*fam: Eigenständigkeit nehmen*) ▪**jdn** [**mit etw** *dat*] ~ to stifle sb [with sth]; ***merkst du nicht, dass du dein Kind mit deiner Liebe fast erdrückst?*** can't you see that you're almost stifling the child with love? ③ (*sehr stark belasten*) ▪**jdn** ~ to overwhelm sb; ***die Schulden drohten ihn zu ~*** he was weighed down with guilt

erdrückend *adj* overwhelming; ~**e Beweise**

overwhelming evidence

Erdrutsch *m* (*fig a.: überwältigender Wahlsieg*) landslide **erdrutschartig** *adj* landslide; **ein ~er Wahlsieg** a landslide election victory **Erdrutschsieg** *m* landslide victory

Erdsatellit *m* earth satellite **Erdschatten** *m* shadow of the earth **Erdschicht** *f* ❶ (*eine Schicht Erde*) layer of earth ❷ GEOL stratum **Erdscholle** *f* clod [of earth] **Erdspalte** *f* crevice **Erdspross**[RR] *m* BOT underground shoot **Erdstation** *f* ground station **Erdstoß** *m* seismic shock **Erdstrahlen** *pl* lines *pl* of energy **Erdstrom** *m* PHYS earth current **Erdteil** *m* continent **Erdtrabant** *m* satellite of the earth, moon

erdulden* *vt* ■**etw [von jdm] ~** *Kränkungen, Leid* to endure [*or* suffer] sth [from sb]

Erdumdrehung *f* rotation [*or* revolution] of the earth **Erdumfang** *m* circumference of the earth **Erdumkreisung** *f* orbit around the earth **Erdumlauf** *m* revolution of the earth **Erdumlaufbahn** *f* [earth] orbit **Erdumsegelung** *f* sailing round the world, circumnavigation of the earth

Erdung <-, -en> *f* ELEK ❶ (*das Erden*) earthing [*or* AM grounding] ❷ (*Strom leitende Verbindung*) earth

Erdwall *m* earth embankment **Erdwärme** *f* geothermal heat **Erdzeitalter** *nt* geological era

ereifern* *vr* ■**sich [über etw** *akk*] **~** to get excited [*or* worked up] [about [*or* over] sth]

ereignen* *vr* ■**sich ~** to occur [*or* happen]

Ereignis <-ses, -se> *nt* event, occurrence, incident; (*etw Besonderes*) occasion; **der Gang der ~se** the course of events; **das ~ des Jahrhunderts** the event of the century; **bedeutendes/historisches ~** important/historical incident; **ein freudiges ~** a happy event; **unabwendbares ~** unavoidable accident, inevitable event

ereignislos I. *adj* uneventful II. *adv* uneventfully

Ereignisprogramm *nt* programme [*or* AM -am] of events

ereignisreich *adj* eventful, a life full of incident

ereilen* *vt* (*geh*) ■**jdn ereilt etw** sth overtakes sb *form*; ***plötzlich ereilte ihn der Tod*** he was suddenly overtaken by death

Erektion <-, -en> *f* erection; **eine ~ haben** to have an erection

Erektionsstörung *f* erectile dysfunction

Eremit(in) <-en, -en> *m(f)* hermit

erfahren[1] *irreg* I. *vt* ❶ (*zu hören bekommen*) ■**etw [von jdm] [über jdn/etw] ~** *Nachricht, Neuigkeit etc.* to hear [*or* find out] sth [from sb] [about sb/sth]; ■**etw ~** to learn of sth; ***darf man Ihre Absichten ~?*** might we enquire as to your intentions? ❷ (*geh: erleben*) ■**etw ~** to experience sth; ***in seinem Leben hat er viel Liebe ~*** he experienced a lot of love in his life ❸ (*geh: mit sich geschehen lassen*) ■**etw ~** to undergo sth II. *vi* (*Kenntnis erhalten*) ■**von etw** *dat*/**über etw** *akk* **~** to learn of [*or* about] sth

erfahren[2] *adj* (*versiert*) experienced; ■[**in etw** *dat*/**auf einem Gebiet**] **~ sein** to be experienced [in sth/in a field]

Erfahrenheit <-> *f kein pl* (*geh*) experience

Erfahrung <-, -en> *f* ❶ (*prägendes Erlebnis*) experience; ***ich bin wieder um eine ~ reicher!*** I'm the wiser for it!; ■**jds ~en mit jdm/etw** sb's experience of sb/sth; **die/diese ~ machen, [dass ...]** to have the/that experience [of ...]; **die ~ machen, dass ...** to find that ...; **[seine] ~en machen** [*o* **sammeln**] to gain experience [for oneself]; **nach meiner ~** in my experience ❷ (*Übung*) experience; **jahrelange ~** years of experience; **aus ~ sprechen** to speak from experience; **mit [entsprechender] ~** with [the appropriate] experience ❸ (*Kenntnis*) **etw in ~ bringen** to learn [*or sep* find out] sth ► WENDUNGEN: **durch ~ wird man klug** (*prov*) one learns by experience

Erfahrungsaustausch *m* exchange of experiences **erfahrungsgemäß** *adv* in sb's experience; **~ ist ...** experience shows ... **Erfahrungswert** *m meist pl* empirical value

erfassbar[RR], **erfaßbar** *adj* ❶ (*begreifbar*) conceivable ❷ (*zu ermitteln*) ascertainable, detectable

erfassen* *vt* ❶ (*mitreißen*) ■**etw/jdn ~** *Auto, Strömung* to catch sth/sb ❷ (*befallen*) ■**jdn ~** to seize sb; ***sie wurde von Furcht erfasst*** she was seized by fear; ***eine tiefe Traurigkeit erfasste ihn*** he was overcome with great sadness ❸ (*begreifen*) ■**etw ~** to understand [*or* grasp] sth; ***genau, du hast's erfasst!*** exactly, you've got it! ❹ ADMIN (*registrieren*) ■**etw ~** to record sth; **etw statistisch ~** to record statistically ❺ INFORM (*eingeben*) ■**etw ~** to capture sth; **etw erneut ~** to recapture sth; *Daten, Text* to enter sth

Erfassung <-, -en> *f* ❶ ADMIN (*Registrierung*) recording ❷ INFORM (*das Erfassen*) *Daten, Text* entry

Erfassungsbereich *m* scope

erfinden* *vt irreg* ■**etw ~** ❶ (*neu hervorbringen*) to invent sth ❷ (*erdichten*) to invent [*or sep* make up] sth; **frei erfunden sein** to be completely fictitious

Erfinder(in) *m(f)* inventor

Erfindereigenschaft *f* inventorship, inventive skill **Erfindergeist** *m kein pl* inventive genius

Erfinderin <-, -nen> *f fem form von* **Erfinder**

erfinderisch *adj* inventive; *s. a.* **Not**

Erfindernennung *f* identification of the inventor **Erfindernennungsprinzip** *nt* first-to-invent system **Erfinderschein** *m* inventor's certificate **Erfinderschutz** *m* JUR protection of inventors **Erfindervergütungssystem** *nt* FIN inventor award system

Erfindung <-, -en> *f* ❶ *kein pl* (*das Erfinden*) invention; **eine ~ machen** to invent sth ❷ (*etwas Erfundenes*) invention; **Recht an der ~** right to exploit the invention; **eine sensationelle ~** a sensational invention; **eine ~ zum Patent anmelden** to file a patent application for an invention; **eine ~ patentieren lassen** to take out a patent for an invention ❸ (*Erdichtung, Lüge*) fabrication, fiction; ***das Ganze ist doch reine ~!*** the whole lot is pure fiction!

Erfindungsgabe *f s.* Erfindungsgeist **Erfindungsgedanke** *m* inventive idea **Erfindungsgegenstand** *m* subject matter of the invention **Erfindungshöhe** *f* JUR (*Patentrecht*) level of invention, inventive level; **Einspruch wegen mangelnder ~** allegation of obviousness, **Erfindungspatent** *nt* patent for an invention **Erfindungsreichtum** *m* ingenuity, invention, inventiveness **Erfindungswert** *m* JUR invention value

erflehen* *vt* (*geh*) ■**etw [von jdm] ~** to beg [*or liter* beseech] [sb] for sth

Erfliegen <-s> *nt kein pl* **~ eines Leitstrahls** bracketing

Erfolg <-[e]s, -e> *m* ❶ (*positives Ergebnis*) success; **~ versprechend** promising; **äußerst ~ versprechend sein** to be extremely promising; **wenig ~ versprechend sein** to promise little; **etw ist ein voller** [*o* **durchschlagender**] **~** sth is a complete success; **etw als ~ buchen** [*o* **verbuchen**] to chalk sth up as a success; **~ [mit etw** *dat*] **haben** to be successful [with sth]; **~ bei jdm haben** to have success [*or* be successful] with sb; **mit ~** successfully; **viel ~!** good luck!; **keinen ~ [mit etw/bei jdm] haben** to have no success [*or* be unsuccessful] [with sth/sb]; **ohne ~** without success, unsuccessfully ❷ (*Folge*) result, outcome; **mit dem ~, dass ...** with the result that ...

erfolgen* *vi sein* (*geh*) to occur, to take place; ***bisher ist auf meine Anfrage keine Antwort erfolgt*** so far there has been no reply to my enquiry

erfolglos *adj* ❶ (*ohne Erfolg*) unsuccessful, without success ❷ (*vergeblich*) futile; **unsere ~en Bestrebungen** our futile efforts

Erfolglosigkeit <-> *f kein pl* ❶ (*mangelnder Erfolg*) lack of success ❷ (*Vergeblichkeit*) futility; ***sie sah die ~ ihrer Bestrebungen*** she saw the futility of her efforts; **[etw ist] zur ~ verdammt** [sth is] condemned to failure

erfolgreich *adj* successful

Erfolgsanteilsystem *nt* FIN bonus [*or* profit-sharing] system **Erfolgsaussichten** *pl* prospects *pl* of success **Erfolgsautor(in)** *m(f)* successful [*or* best-selling] author **Erfolgsbilanz** *f* success record

Erfolgsdelikt *nt* JUR objective crime

Erfolgsdenken <-s> *nt kein pl* positive thinking **Erfolgserlebnis** *nt* PSYCH sense of achievement; **ein ~ haben** to have a sense of achievement; **etw ist ein ~** sth is an achievement **Erfolgsgeheimnis** *nt* secret of [*or* to] success **Erfolgsgeschichte** *f* success story **Erfolgshaftung** *f* JUR strict liability **Erfolgshonorar** *nt* contingent fee **Erfolgskontrolle** *f* ÖKON performance review; FIN cost-revenue control **Erfolgsmeldung** *f* news of success *no pl, no indef art* **Erfolgsmensch** *m* successful person **Erfolgsort** *m* JUR place of performance **Erfolgsrezept** *nt* (*fam*) recipe for success **erfolgversprechend** *adj* promising; **äußerst ~ sein** to be extremely promising; **wenig ~ sein** to promise little

erforderlich *adj* ❶ (*notwendig*) necessary; ■**es ist ~, dass ...** it is necessary that ...; **etw ~ machen** to make sth necessary; **alles E~e veranlassen** to do everything necessary [*or* required] ❷ (*bereitzustellen*) necessary; **die ~en Mittel** the necessary resources

erfordern* *vt* ■**etw ~** to require sth

Erfordernis *f* JUR requirement; **gesetzliche/zwingende ~se** legal formalities/binding requirements; **technische ~se** technical requirements; **den ~sen entsprechen** to conform to [*or* satisfy] the requirements; **allen ~sen genügen** to meet all requirements

erforschen* *vt* ■**etw ~** ❶ (*durchstreifen und untersuchen*) to explore sth ❷ (*prüfen*) to investigate sth; **sein Gewissen ~** to examine one's conscience

Erforschung *f* ❶ (*das Erforschen*) exploration ❷ (*das Prüfen*) investigation

erfragen* *vt* ■**etw [von jdm] ~** to ask [sb] about sth, to enquire [about] sth [from [*or form* of] sb]; **den Weg ~** to ask the way; **Einzelheiten ~** to obtain [*or form* ascertain] details

erfreuen* I. *vt* (*freudig stimmen*) ■**jdn ~** to please [*or* delight] sb II. *vr* ❶ (*Freude haben*) ■**sich an etw** *dat* **~** to enjoy [*or* take pleasure in] sth ❷ (*geh: genießen*) ■**sich einer S.** *gen* **~** to enjoy sth, to take pleasure in sth

erfreulich I. *adj Anblick* pleasant; *Nachricht* welcome; ***das ist wirklich ~!*** that's really nice!; ■**es ist/wäre ~, dass/falls/wenn ...** it is/would be nice [*or* good] that/if...; **etw ist alles andere als ~** sth is not welcome news by any means; **wie ~!** how nice! II. *adv* happily; ***an meinem Vortrag hat sie ~ wenig kritisiert*** fortunately enough for me she didn't criticize my paper too much

erfreulicherweise *adv* happily

erfreut I. *adj* pleased, delighted (**über** +*akk* about); **ein ~er Blick** a pleased look; **sehr ~!** (*geh*) pleased to meet you!, delighted! *form* II. *adv* delightedly

erfrieren* *vi irreg sein* ❶ (*durch Frost eingehen*) to be killed by frost ❷ (*durch Frost absterben*) *Gliedmassen* to get frostbitten; ■**erfroren** frozen ❸ (*an Kälte sterben*) *Person/Tier* to freeze to death, to die of exposure

Erfrierung <-, -en> *f meist pl* frostbite; *s. a.* **Tod**

erfrischen* I. *vt* ■**jdn ~** ❶ (*abkühlen*) to refresh sb ❷ (*beleben*) to refresh sb II. *vi* (*abkühlen*) to be refreshing III. *vr* (*sich abkühlen*) ■**sich ~** to refresh oneself

erfrischend *adj* refreshing

Erfrischung <-, -en> *f* ❶ (*Abkühlung, Belebung*) refreshment *no pl* ❷ KOCHK (*erfrischendes Getränk*) refreshment; **zur ~** as refreshments; ***zur ~ wurde eisgekühlter Tee gereicht*** iced tea was served as a refreshment

Erfrischungscreme *f* toning cream **Erfrischungsgetränk** *nt* refreshment **Erfrischungsraum** *m* snack bar, refreshment room **Erfrischungsstand** *m* refreshment stand [*or* BRIT *a.* stall] **Erfrischungstuch** *nt* tissue wipe

erfüllen* I. *vt* ❶ (*ausführen*) ■**etw ~** to fulfil [*or* AM *usu* -ll] [*or* carry out] sth; ***welche Funktion erfüllt sie im Betrieb?*** what is her function in the company?; ***mein altes Auto erfüllt seinen Zweck*** my old car serves its purpose ❷ (*durchdringen*) ■**jdn** ~ to come over sb; ***von Ekel erfüllt wandte sie sich ab*** filled with disgust she turned away ❸ (*anfüllen*) ■**etw** ~ to fill sth; ***das Giftgas erfüllte das ganze Gebäude*** the poisonous gas filled the whole building **II.** *vr* (*sich bewahrheiten*) ■**sich** ~ to be fulfilled, to come true; ***möge sich dein Wunsch ~!*** may your wish come true!

Erfüllung *f* ❶ JUR (*die Ausführung*) realization; *von Amtspflichten* execution; *eines Vertrages* fulfilment [*or* AM -fill-], [contract] performance; **vergleichsweise** ~ accord and satisfaction; ~ **einer Bedingung** fulfilment of a condition; ~ **Zug um Zug** contemporaneous performance; **etw bis zur ~ einer Vertragsbedingung hinterlegen** to place sth in escrow; **in ~ einer S.** *gen* (*geh*) in the performance of sth ❷ (*innere Befriedigung*) fulfilment BRIT [*or* AM -fill-]; **etw geht in ~** sth is fulfilled [*or* comes true] ❸ (*Wahrwerden*) *von Traum* fulfilment BRIT [*or* AM -fill-]

Erfüllungsanspruch *m* JUR claim to performance **Erfüllungsbetrug** *m* JUR fraud in the performance **Erfüllungsbürgschaft** *f* JUR performance warranty **Erfüllungsgegenstand** *m* JUR object of performance **Erfüllungsgehilfe, -gehilfin** *m, f* JUR accomplice, vicarious agent; **sich zum ~n einer Person/einer S. machen** (*pej geh*) to become the instrument [*or* henchman] of a person/agent for sth *pej form* **Erfüllungsgeschäft** *nt* JUR transaction in fulfilment of an obligation **Erfüllungshaftung** *f* JUR liability for performance **erfüllungshalber** *adv* JUR on account of performance **Erfüllungsinteresse** *nt* JUR positive interest **Erfüllungsklage** *f* JUR action of assumpsit **Erfüllungsmangel** *m* JUR failure of performance **Erfüllungsort** *m* JUR place of performance **Erfüllungstermin** *m* JUR compliance date **Erfüllungsverweigerung** *f* JUR repudiation [of a contract] **Erfüllungszeitpunkt** *m* JUR time [*or* date] of performance

erfunden I. *pp von* **erfinden II.** *adj* fictitious, made up; **frei** ~ completely fictitious

Erg <-s, -> *nt* PHYS erg

ergänzen* *vt* ❶ (*auffüllen*) ■**etw [um etw** *akk*] ~ to replenish sth [with sth], to fill in sth *sep;* (*vollenden*) to complete sth ❷ (*vervollständigen, bereichern*) ■**etw durch etw** *akk* ~ to replenish sth with sth; **eine Sammlung durch etw** ~ to complete a collection with sth ❸ (*erweitern*) ■**etw um etw** *akk* ~ to complete sth with sth ❹ (*ausgleichen*) ■**sie ~ sich** [*o* **einander**] they complement each other [*or* one another] ❺ INFORM (*anfügen*) ■**etw [an etw** *akk*] ~ to append sth [to sth]

ergänzend I. *adj* additional; **ein ~er Satz** an additional sentence; **eine ~e Bermerkung** a further comment **II.** *adv* additionally

ergänzt I. *pp und 1., 2. pers sing von* **ergänzen II.** *adj* expanded; *Ausgabe, Liste* supplemented

Ergänzung <-, -en> *f* ❶ (*das Auffüllen*) replenishment ❷ (*Bereicherung, Vervollständigung*) replenishment; *einer Sammlung* completion; **zur ~ einer S.** *gen* for the completion of sth ❸ (*das Ergänzen, Hinzufügen*) supplementing ❹ (*Zusatz*) addition ❺ LING (*Objekt*) complement ❻ INFORM appendix

Ergänzungsabgabe *f* ❶ FIN, POL supplementary tax ❷ JUR special levy **Ergänzungsanspruch** *m* JUR notice of performance **Ergänzungsband** <-bände> *m* supplementary volume **Ergänzungsbescheid** *m* JUR supplementary ruling **Ergänzungsbilanz** *f* FIN supplementary statement **Ergänzungshaushalt** *m* ÖKON supplementary budget **Ergänzungsrichter(in)** *m(f)* JUR substitute judge **Ergänzungsschöffe, -schöffin** *m, f* JUR substitute lay judge **Ergänzungsstatut** *nt* JUR bylaw, bye-law **Ergänzungssteuer** *f* FIN additional tax **Ergänzungsurteil** *nt* JUR supplementary judgement **Ergänzungsvertrag** *m* JUR complemental agreement **Ergänzungsvorlage** *f* JUR amending bill **Ergänzungszuweisung** *f* JUR additional grant

ergattern* *vt* (*fam*) ■**etw** ~ to get hold of sth *fam*

ergaunern* *vt* (*fam*) ■[**sich** *dat*] **etw** ~ to obtain sth by underhand [*or* dishonest] means, to scrounge sth *fam*

ergeben*[1] *irreg* **I.** *vt* ❶ MATH (*ausmachen*) ■**etw [für jdn]** ~ to amount [*or* come] to sth [for sb] ❷ (*als Resultat haben*) ■**etw ergibt etw** sth produces sth; ***die Nachforschungen haben bisher nichts ~*** the investigations have produced nothing so far; ■ ~, **dass ...** to reveal that ... **II.** *vr* ❶ MIL (*kapitulieren*) ■**sich [jdm]** ~ to surrender [to sb] ❷ (*sich fügen*) ■**sich in etw** *akk* ~ to submit to sth; **sich in sein Schicksal** ~ to resign oneself to one's fate ❸ (*sich hingeben*) ■**sich einer S.** *dat* ~ to take to sth; **sich dem Glücksspiel** ~ to take to gambling; **einer S.** *dat* ~ **sein** to be addicted to sth ❹ (*daraus folgen*) ■**sich aus etw** *dat* ~ to result [*or* arise] from sth **III.** *vr impers* (*sich herausstellen*) ■**es ergibt sich, dass ...** it transpires [*or* turns out] that ...

ergeben[2] *adj* ❶ (*demütig*) humble ❷ (*treu*) devoted; **Ihr/Ihre [sehr] ~er/~e ...** (*veraltend*) your [most] obedient servant *dated*

Ergebenheit <-> *f kein pl* ❶ (*Demut*) humility ❷ (*Treue*) devotion

Ergebnis <-ses, -se> *nt* (*Ausgang, Resultat*) result, outcome; **zu einem/keinem ~ führen** to produce a result/lead nowhere; ***die Verhandlungen führten bisher zu keinem ~*** negotiations have been inconclusive so far; **zu dem ~ führen, dass ...** to result in ...; **zu einem/keinem ~ kommen** to reach/fail to reach a conclusion; **im ~** ultimately, in the final analysis; **ohne ~** without result [*or* unsuccessful]; SPORT result

Ergebnisermittlung *f* determination of results **Ergebnisfußball** *m* SPORT kill-the-clock football [*or* AM soccer] **ergebnislos I.** *adj* unsuccessful, without result; ~ **bleiben** to come to nothing **II.** *adv* without result **Ergebnisrechnung** *f* ÖKON profit and loss accounting; (*Bilanz*) profit and loss statement **Ergebnisverbesserung** *f* FIN profit [*or* performance] improvement **Ergebnisverschlechterung** *f* FIN deterioration of profits [*or* performance]

ergehen* *irreg* **I.** *vi sein* ❶ (*geh: abgesandt werden*) ■[**an jdn**] ~ to be sent [to sb] ❷ (*offiziell erlassen*) ■**etw ~ lassen** to issue sth ❸ (*geduldig hinnehmen*) **etw über sich** *akk* ~ **lassen** to endure sth **II.** *vi impers sein* (*widerfahren*) ■**es ergeht jdm in einer bestimmten Weise** sb gets on in a certain way; ***und wie ist es euch im Urlaub so ergangen?*** how did you fare on your holidays?; ***wehe, du verrätst etwas, dann wird es dir schlecht ~!*** woe betide you if you reveal anything, you'll be for it then! **III.** *vr haben* ❶ (*sich auslassen*) ■**sich in etw** *dat* [**gegen jdn/etw**] ~ to pour forth sth [against sb/sth]; ***er erging sich in Schmähungen*** he poured forth a tirade of abuse ❷ (*geh: spazieren gehen*) ■**sich irgendwo** ~ to go for a walk [*or* stroll] somewhere

ergiebig *adj* ❶ (*sparsam im Verbrauch*) economical ❷ (*nützlich*) productive, fruitful

Ergiebigkeit <-> *f kein pl* (*Sparsamkeit im Verbrauch*) economicalness; ***dank neuer Inhaltsstoffe konnte die ~ unseres Shampoos weiter gesteigert werden*** thanks to new ingredients our shampoo goes even further

ergießen *irreg* **I.** *vt* (*geh: verströmen*) ■**etw** ~ to pour forth sth *liter;* ■**etw über etw** ~ to pour sth over sth **II.** *vr* (*in großer Menge fließen*) ■**sich** ~ to pour [out]; ■**sich in etw** ~ to pour forth [*or* out] in sth; ***der Nil ergießt sich ins Mittelmeer*** the Nile flows into the Mediterranean; ■**sich über jdn/etw** ~ to pour down on sb/sth; ***ein Schwall von Schimpfwörtern ergoss sich über ihn*** (*fig*) he was subjected to a torrent of abuse

erglänzen* *vi sein* (*geh*) to gleam [*or* shine]

erglühen* *vi sein* (*geh*) ■[**vor etw** *dat*] ~ to flush [with sth]; ***sie erglühte feuerrot vor Freude*** she went bright red with joy

ergo *konj* ergo, therefore

Ergometer <-s, -> *nt* MED ergometer **Ergonomie** <-> *f kein pl* ergonomics + *sing vb* **ergonomisch I.** *adj* ergonomic **II.** *adv* ergonomically **Ergotherapeut(in)** <-en, -en> *m(f)* *specialist for the rehabilitation of the physically disabled* **Ergotherapeut(in)** *m(f)* ergotherapist **Ergotherapie** *f* ergotherapy

ergötzen* **I.** *vt* (*geh: vergnügen*) ■**jdn** ~ to amuse sb; **zu jds E~** [*o* **zum E~**] to sb's amusement [*or* delight] **II.** *vr* (*sich vergnügen*) ■**sich [an etw** *dat*] ~ to take delight [in sth], to derive pleasure [from sth]

ergrauen* *vi sein* (*grauhaarig werden*) to turn [*or* go] grey

ergreifen* *vt irreg* ❶ (*fassen*) ■**etw** ~ to grab [*or* seize] sth ❷ (*dingfest machen*) ■**jdn** ~ to apprehend sb ❸ (*übergreifen*) ■**etw** ~ *Feuer* to engulf sth ❹ (*fig: wahrnehmen*) ■**etw** ~ to seize sth ❺ (*in die Wege leiten*) ■**etw** ~ to take sth; ***es müssen dringend Maßnahmen ergriffen werden*** measures must urgently be taken!; *s. a.* **Beruf, Macht** ❻ (*gefühlsmäßig bewegen*) ■**jdn** ~ to seize sb; (*Angst*) to grip sb

ergreifend *adj* moving, touching

Ergreifung <-, -en> *f* ❶ (*Festnahme*) capture ❷ (*Übernahme*) seizure

ergriffen *adj* moved, touched

Ergriffenheit <-> *f kein pl* emotion

ergründen* *vt* ■**etw** ~ to discover [*or* unearth] [*or form* ascertain] sth; (*verstehen*) to fathom sth [out]

Erguss[RR] <-es, Ergüsse> *m,* **Erguß** <-sses, Ergüsse> *m* ❶ (*Ejakulation*) ejaculation; **vorzeitiger** ~ premature ejaculation; **einen ~ haben** to have an ejaculation ❷ MED bruise

erhaben *adj* ❶ (*feierlich stimmend*) *Gedanken* lofty; *Anblick* awe-inspiring; *Augenblick* solemn; *Schönheit* sublime ❷ (*würdevoll*) illustrious ❸ TYPO (*die Fläche überragend*) embossed ❹ (*über etw stehend*) ■**über etw** *akk* ~ **sein** to be above [*or* beyond] sth; **über jede Kritik/jeden Vorwurf ~ sein** to be above [*or* beyond] criticism/reproach

Erhabenheit <-> *f kein pl* grandeur; *eines Augenblicks* solemnity; *von Schönheit* sublimity

Erhalt <-[e]s> *m kein pl* (*geh*) ❶ (*das Bekommen*) receipt; **zahlbar bei ~** payable on receipt; **den ~ von etw** *dat* **bestätigen** (*geh*) to confirm receipt of sth; **nach/vor ~ einer S.** *gen* on/before receipt of sth ❷ (*das Aufrechterhalten*) maintenance; **der ~ der Macht** the maintenance of power

erhalten* *irreg* **I.** *vt* ❶ (*bekommen*) ■**etw [von jdm]** ~ to receive sth [from sb]; *Antwort, Brief, Geschenk* receive; *Befehl* to be issued with [*or* receive]; **den Auftrag ~, etw zu tun** to be given [*or* assigned] the task of doing sth; **eine Nachricht ~** to receive [*or* get] a message; **einen Orden ~** to be decorated ❷ (*erteilt bekommen*) ■**etw [für etw** *akk*] ~ to receive sth [for sth]; **ein Lob/eine Rüge/eine Strafe [für etw** *akk*] ~ to be praised/reprimanded/punished [for sth]; **einen neuen Namen ~** to be given a new name [*or* renamed]; ***er erhielt 3 Jahre Gefängnis*** he got [*or* was sentenced to] 3 years in prison; ■**etw [von jdm] ~** *Aufenthaltsgenehmigung, Erlaubnis* to be granted sth [by sb] ❸ (*eine Vorstellung gewinnen*) **einen Eindruck [von jdm/etw] ~** to gain an impression [of sb/sth] ❹ (*bewahren*) ■**etw ~** to maintain sth; *Vitamine, Wirkstoffe* to retain sth; [**durch etw**] ~ **bleiben** to be preserved [by sth]; ■[**sich** *dat*] **etw ~** to keep sth; ***ich sehe, du hast dir deinen Optimismus ~*** I see you're still an optimist ❺ BAU (*bewahren*) ■**etw ~** to preserve sth; ■**etw ist ~** sth is preserved; **gut ~ sein** (*hum fam*) to be well preserved *hum fam;* [**durch etw** *akk*] ~ **bleiben** to remain preserved [by means of sth]; **jdm ~ bleiben** to be with sb; (*iron*) to be with sb, to not lose sb ❻ (*ausgestattet werden*) **eine andere** [*o* **neue**] **Fassung ~** to be adapted [*or* reworked] **II.** *vr* ❶ (*sich halten*) ■**sich irgendwie ~** to keep [oneself] in a certain way; **sich gesund ~** to keep [oneself] healthy ❷ (*bewahrt bleiben*) ■**sich ~** to remain preserved

erhältlich *adj* obtainable; ■**irgendwo/bei jdm ~ sein** to be obtainable/from sb somewhere; ***wissen Sie, bei welcher Firma dieser Artikel ~ ist?*** do you know which company stocks this article?; ***„jetzt ~!"*** "out now!" BRIT, "now available!" AM

Erhaltung *f kein pl* (1) *(das Erhalten)* preservation, maintenance (2) *(Aufrecht~)* maintenance (3) *(Versorgung)* support; ***sein Lohn reichte nicht aus für die ~ der Großfamilie*** his wage was not enough to support his large family

Erhaltungsaufwand *m*, **Erhaltungsaufwendungen** *pl* FIN maintenance costs *pl* [*or* expenditures] *pl* **Erhaltungsinvestition** *f* ÖKON maintenance investment **Erhaltungsmaßnahme** *f* conservation measure **Erhaltungspflicht** *f* JUR preservation duty

erhängen* I. *vt* ■**jdn** ~ to hang sb; **durch E~** by hanging II. *vr* ■**sich** ~ to hang oneself

erhärten* I. *vt* ■**etw** ~ to support [*or* strengthen] sth II. *vr* ■**sich** ~ to be reinforced

Erhärtung <-, -en> *f* (1) *(Bekräftigung)* support; **die ~ eines Verdachts** the confirmation of sb's suspicions (2) *(das Erhärten) Beton* hardening

erhaschen* *vt (geh)* (1) *(ergreifen)* ■**etw** ~ to grab (2) *(wahrnehmen)* ■**etw** ~ to catch sth

erheben* *irreg* I. *vt* (1) *(hochheben)* ■**etw** ~ to raise sth; **ein Messer [gegen jdn]** ~ to pull a knife [on sb]; **eine Schusswaffe [gegen jdn] erheben** to draw a gun [on sb] (2) *(hochrecken)* **den Arm/die Hand/die Faust [zum Gruß]** ~ to raise an arm/a hand/a fist [in greeting] (3) *(einfordern)* ■**etw [auf etw** *akk*/**von jdm]** ~ to levy sth [on sth/sb] (4) *(sammeln)* ■**etw** ~ to collect sth, to gather sth (5) *(machen)* ■**etw zu etw** *dat* ~ to render sth sth; **etw zu einem Prinzip** ~ to make sth into a principle (6) *(zum Ausdruck bringen)* **ein Geschrei/Gejammere** ~ to kick up [*or* to make] a fuss/to start whing[e]ing BRIT; *Protest* voice; *Einspruch* raise II. *vr* (1) *(aufstehen)* ■**sich [von etw** *dat*] ~ to get up [from sth] (2) *(sich auflehnen)* ■**sich [gegen jdn/etw]** ~ to rise up [against sb/sth] (3) *(aufragen)* ■**sich [über etw** *dat*] ~ to rise up [above sth] (4) *(geh: sich erhöhen)* ■**sich über jdn** ~ to believe oneself above sb; ***Luzifer hatte sich über Gott erhoben*** Satan raised himself above God (5) *(entstehen, aufkommen)* ■**sich** ~ to start; ***eine Brise erhebt sich*** a breeze is coming up; ***ein Wind erhebt sich*** a wind is picking up; ***ein Sturm erhebt sich*** a storm is blowing up; ***ein großes Geschrei/eine Wehklage erhob sich*** a cry/wail arose; ***es erhebt sich aber immer noch die Frage, ...*** the question still remains ...

erhebend *adj (geh)* uplifting

erheblich I. *adj* (1) *(beträchtlich)* considerable; *Nachteil, Vorteil* great, major; *Stau* huge; *Störung, Verspätung* major; *Verletzung* serious (2) *(relevant)* relevant II. *adv* (1) *(beträchtlich)* considerably; ***bei dem Unfall wurde das Auto ~ beschädigt*** the accident caused considerable damage to the car (2) *(deutlich)* considerably

Erhebung[1] *f* (1) *(Aufstand)* uprising; **eine bewaffnete** ~ an armed revolt (2) *(das Erheben) von Abgaben, Steuern etc.* levying (3) *(amtliche Ermittlung)* collection, gathering; **eine ~ [über etw** *akk*] **machen** [*o* **anstellen**] [*o* **durchführen**] to collect [*or* gather] statistics [about sth], to carry out a survey [on sth]

Erhebung[2] *f (Boden~)* elevation

Erhebungsform *f* FIN mode of collection **Erhebungsverfahren** *nt* FIN taxation system, collection method; ~ **für Zölle und Belastungen** method of levying duties and charges

erheitern* I. *vt (belustigen)* ■**jdn** ~ to amuse sb II. *vr (heiter werden)* ■**sich** ~ to light up; *(Wetter)* to brighten up

erheiternd *adj* entertaining, amusing

Erheiterung <-, *selten* -en> *f* amusement; **zu jds** ~ for sb's amusement

erhellen* I. *vt* ■**etw** ~ (1) *(hell machen)* to light up sth (2) *(klären)* to throw light on sth II. *vr* ■**sich** ~ to clear

Erhellung <-, *selten* -en> *f* explanation, insight; **die ~ der Gründe einer S.** *gen* the explanation of/insight into the reasons for sth

erhitzen* I. *vt* (1) *(heiß machen)* ■**etw [auf etw** *akk*] ~ to heat sth [to sth] (2) *(zum Schwitzen bringen)* ■**jdn** ~ to make sb sweat; ■**erhitzt** sweaty; ■**[von etw** *dat*] **erhitzt sein** to be sweaty [from sth] II. *vr (sich erregen)* ■**sich [an etw** *dat*] ~ to get excited [about sth]

Erhitzung <-, *selten* -en> *f* (1) *(das Erhitzen)* heating (2) *(Erregung)* excitement

erhoffen* *vt* ■**[sich** *dat*] **etw [von jdm/etw]** ~ to hope for sth [from sb/sth]

erhöhen* I. *vt* (1) *(höher machen, aufstocken)* ■**etw [um etw** *akk*] ~ to raise sth [by sth]; ***die Mauern wurden um zwei Meter erhöht*** the walls were raised by two metres (2) *(anheben)* ■**etw [auf etw** *akk*/**um etw** *akk*] ~ to increase sth [to sth/by sth] (3) *(verstärken)* ■**etw** ~ to heighten sth (4) MUS ■**etw** ~ to sharpen sth II. *vr* (1) *(steigen)* ■**sich [auf etw** *akk*/**um etw** *akk*] ~ to increase [to sth/by sth] (2) *(sich verstärken)* ■**sich** ~ to increase

erhöht *adj* (1) *(verstärkt)* high; *Ausscheidung* increased; *Herzschlag, Puls* rapid (2) *(gesteigert)* increased

Erhöhung <-, -en> *f* (1) *(Steigerung)* increase; ***die ~ der Mehrwertsteuer*** the increase of VAT (2) *(Anhebung)* raising; ***die ~ des Zaunes wurde von den Nachbarn missbilligt*** the neighbours objected to the fence being raised higher (3) *(Verstärkung)* heightening, increase

Erhöhungszeichen *nt* MUS sharp sign

erholen* *vr* (1) *(wieder zu Kräften kommen)* ■**sich [von etw** *dat*] ~ to recover [from sth] (2) *(ausspannen)* ■**sich [von etw** *dat*] ~ to take a break [from sth]; ***nach dem Urlaub sah sie erholt aus*** after the holiday she looked relaxed (3) BÖRSE ■**sich** ~ to rally (4) HORT ■**sich** ~ to recover

erholsam *adj* relaxing

Erholung <-> *f kein pl* (1) *(das Schöpfen neuer Kräfte)* relaxation; ***gute ~!*** have a good holiday!; **zur ~ da sein** to be for relaxation; **zur ~ irgendwo sein/hinfahren** to be/go somewhere to relax; **jdm etw zur ~ verschreiben** to prescribe sb sth for stress [*or* relaxing] (2) BÖRSE rallying

Erholungsaufenthalt *m* break **erholungsbedürftig** *adj* in need of relaxation *pred* **Erholungsfläche** *f* recreation area **Erholungsgebiet** *nt* recreation area **Erholungsheim** *nt* rest [*or* convalescent] home **Erholungskur** *f* [relaxation] cure; **eine ~ machen** to take a relaxation cure **Erholungsort** *m* [holiday [*or* AM vacation]] resort **Erholungspause** *f* break; **eine ~ machen** [*o* **einlegen**] to take a break **Erholungsurlaub** *m* holiday BRIT, vacation AM **Erholungswert** *m kein pl* recreational value

erhören* *vt (geh)* (1) *(nachkommen) Bitte* grant; *Flehen, Gebete* answer (2) *(sich hingeben)* ■**jdn** ~ to give oneself to sb

erigieren* *vi* to become erect

erigiert *adj* erect

Erika <-, Eriken> *f* heather

erinnerlich *adj pred (geh)* ■**etw ist jdm** ~ somebody remembers sth; **soviel mir ~ ist** as far as I can remember, if my memory serves me right *form*

erinnern* I. *vt* (1) *(zu denken veranlassen)* ■**jdn an etw** *akk* ~ to remind sb about sth; ■**jdn daran ~, etw zu tun** to remind sb to do sth (2) *(denken lassen)* ■**jdn an jdn/etw** ~ to remind sb of sb/sth II. *vr (sich entsinnen)* ■**sich an jdn/etw** ~ to remember sb/sth; **wenn ich mich recht erinnere, ...** if I remember correctly..., if my memory serves me correctly *form;* **soweit ich mich ~ kann** as far as I can remember III. *vi* (1) *(in Erinnerung bringen)* ■**an jdn** ~ to be reminiscent of sb *form;* ■**an etw** ~ to call sth to mind, to be reminiscent of sth *form* (2) *(ins Gedächtnis rufen)* ■**daran ~, dass** to point out that

Erinnerung <-, -en> *f* (1) *(Gedächtnis)* memory; **jds ~ nachhelfen** to jog sb's memory; **sich [bei jdm] [mit etw** *dat*] **in ~ bringen** to remind [sb] of oneself [with sth]; **jdn/etw in bestimmter ~ haben** [*o* **behalten**] to have certain memories of sth; ***behalte mich in guter ~*** remember the good times; **zur ~ an etw** *akk* in memory of sth; **eine/keine ~ an jdn/etw haben** to have memories/no memory of sb/sth (2) *pl (Eindrücke von Erlebnissen)* memories *pl;* **~en austauschen** to talk about old times (3) *pl (Memoiren)* memoirs *npl* (4) *(geh: Mahnung)* reminder

Erinnerungslücke *f* gap in one's memory **Erinnerungsstück** *nt* memento **Erinnerungsvermögen** *nt kein pl* memory

Eritrea <-s> *nt* Eritrea; *s. a.* **Deutschland**

Eritreer(in) <-s, -> *m(f)* Eritrean; *s. a.* **Deutsche(r)**

eritreisch *adj* Eritrean; *s. a.* **deutsch**

Eriwan <-s> *nt* Yerivan, Erivan

erkalten* *vi sein* (1) *(kalt werden)* to become cold (2) *(abkühlen)* to cool [down] (3) *(geh: nachlassen)* to wane

erkälten* I. *vr (eine Erkältung bekommen)* ■**sich** ~ to catch a cold II. *vt (unterkühlen)* ■**sich** *dat* **etw** ~ to catch a chill in one's sth

erkältet I. *adj* with a cold *pred;* ■**[irgendwie]** ~ **sein** to have a [...] cold II. *adv* as if [*or* like] one has a cold *pred;* ***du hörst dich ziemlich ~ an*** you sound as if [*or* like] you've got quite a bad cold

Erkältung <-, -en> *f* cold; **eine ~ bekommen** [*o* **kriegen**] to catch a cold; **eine ~ haben** to have a cold; **sich** *dat* **eine ~ zuziehen** *(geh)* to catch a cold

Erkältungskrankheit *f* cold

erkämpfen* *vt (erringen)* ■**[jdm] etw** ~ to obtain sth [for sb] [with some effort]; ■**[sich** *dat*] **etw** ~ to obtain sth [with some effort], to fight tooth and nail for sth; ■**etw [für jdn/etw]** ~ to win sth [for sb/sth] [by fighting/trying hard]; ■**irgendwie erkämpft ...** won; ***es war ein hart erkämpfter zweiter Platz*** it was a hard-won second place

erkaufen* *vt* (1) *(durch Bezahlung erhalten)* ■**etw** ~ to buy sth (2) *(durch Opfer erlangen)* ■**etw [irgendwie]** ~ to pay for sth [somehow]; ***die Stellung hat sie teuer [genug] erkauft*** she paid dearly for the post

erkennbar *adj* (1) *(sichtbar)* discernible (2) *(wahrnehmbar)* ■**für jdn/etw ~ sein** to be perceptible to sb/sth; ■**an etw** *dat* **~ sein, dass** to be perceptible from sth that; ***an seiner Gereiztheit ist ~, dass irgendetwas Unangenehmes vorgefallen sein muss*** you can tell from his touchiness that something unpleasant must have happened

erkennen* *irreg* I. *vt* (1) *(wahrnehmen)* ■**jdn/etw** ~ to discern sb/sth; ***er ist der Täter, ich habe ihn gleich erkannt!*** he's the culprit, I recognized him straight away; **etw ~ lassen** to show sth; **jdm zu ~ geben, dass** to make it clear to sb that (2) *(identifizieren)* ■**jdn/etw [an etw** *dat*] ~ to recognize sb/sth [by sth]; **sich [jdm] [als jd] zu ~ geben** to reveal one's identity [to sb], to reveal [to sb] that one is sb; ***er gab sich als ihr Vater zu ~*** he revealed that he was her father; ■**sich [selbst]** ~ to understand oneself (3) *(einsehen)* ■**etw** ~ to recognize; **einen Fehler/Irrtum** ~ to realize one's mistake; ■**etw [als etw]** ~ to recognize [*or* realize] sth [as being sth] (4) *(feststellen)* ■**etw** ~ to detect sth; ■**sich durch etw ~ lassen** to be detectable using sth ▶ WENDUNGEN: **du bist erkannt!** I know what you're up to! II. *vi* (1) *(wahrnehmen)* ■ **~ ob/um was/wen ...** to see whether/what/who ... (2) *(einsehen)* ■ **~ dass/wie ...** to realize that/how ...; **~ lassen, dass** to show that (3) JUR *(durch Urteil verhängen)* ■**auf etw** *akk* ~ to pronounce sth; ***der Richter erkannte auf Freispruch*** the judge pronounced an acquittal (4) SPORT ■**auf etw** *akk* ~ to award sth; ***der Schiedsrichter erkannte auf Freistoß*** the referee awarded a free kick

erkenntlich *adj* appreciative, grateful; ■**sich [jdm] [für etw] ~ zeigen** to show [sb] one's appreciation [*or* gratitude] for sth

Erkenntlichkeit <-, -en> *f kein pl* token of appreciation [*or* gratitude]

Erkenntnis *f* (1) *(Einsicht)* insight; **eine gesicherte ~** a certain insight; **zu der/einer ~ kommen** [*o* **gelangen**] to realize sth; ***bist du schon zu einer ~ gelangt?*** have you managed to gain some insight?;

E

zu der ~ kommen [o gelangen], dass to realize that ❷ PHILOS, PSYCH (*das Erkennen*) understanding
Erkenntnisstand *m kein pl* (*geh*) status of the investigation **Erkenntnisverfahren** *nt* JUR contentious proceedings
Erkennung <-> *f kein pl* recognition
Erkennungsdienst *m* police identification [*or* AM records] department **erkennungsdienstlich** I. *adj* belonging [*or* related] to the police identification *pred* department [*or* AM records]; **~e Arbeit** identification work II. *adv* by the police identification *pred* department [*or* AM records] **Erkennungsmarke** *f* identification [*or* ID] tag *fam* **Erkennungsmelodie** *f* signature tune **Erkennungsrate** *f* INFORM recognition rate **Erkennungszeichen** *nt* identification mark
Erker <-s, -> *m* oriel
Erkerfenster *nt* oriel window, bay window **Erkerzimmer** *nt* oriel, room with a bay window
erklärbar *adj* explicable
erklären* I. *vt* ❶ (*erläutern*) ■**[jdm] etw [an etw** *dat*] ~ to explain sth [to sb] [using sth]; ■**jdm ~, dass/wieso ...** to explain to sb that/why ❷ (*interpretieren*) ■**[jdm] etw ~** to interpret sth [to sb] ❸ (*klar machen*) ■**etw ~** to explain sth ❹ (*bekannt geben*) ■**etw ~** to announce sth; ***ich erkläre hiermit mein Einverständnis*** I hereby give my consent; ■**etw für etw** *akk* ~ to declare sth sth; ***die Ausstellung wurde von der Königin für eröffnet erklärt*** the queen declared the exhibition open ❺ JUR **etw für [null und] nichtig ~** to declare sth nul and void; **etw eidlich ~** to state sth under oath; **etw eidesstattlich ~** to make a solemn declaration on [*or* about] sth; **etw für rechtsgültig/ungültig ~** to validate/invalidate [*or* repeal] sth ❻ (*offiziell bezeichnen*) ■**jdn für etw** *akk* ~ to pronounce sb sth; **jdn für vermisst ~** to declare sb missing; ■**etw für etw** *akk* ~ to declare sth sth II. *vr* ❶ (*sich deuten*) ■**sich** *dat* **etw ~** to understand sth; **wie ~ Sie sich, dass ...** how do you explain that ... ❷ (*sich aufklären*) ■**sich ~** to become clear, to understand ❸ (*sich bezeichnen*) ■**sich irgendwie ~** to declare oneself sth
erklärend I. *adj* explanatory II. *adv* as an explanation *pred*; ***ich muss ~ bemerken, dass*** I should explain that
erklärlich *adj* explainable, understandable; ■**etw ist jdm ~** sb can explain sth, sb can understand sth
erklärt *adj attr* declared
Erklärung *f* ❶ (*Darlegung der Zusammenhänge*) explanation; ***sie bemühte sich um eine ~*** she attempted to explain; **es gibt für etw eine/keine ~** there is an/no explanation for sth; **es gibt für alles eine ~** there is an explanation for everything; **eine/keine ~ für etw haben** to be able/not be able to explain sth; **für alles eine ~ haben** to be able to explain everything ❷ (*Mitteilung*) statement; **eine ~ [zu etw** *dat*] **abgeben** (*geh*) to make a statement [about sth] ❸ JUR (*unter Eid*) deposition; **dem Eid gleichgestellte ~** solemn affirmation equivalent to an oath; **eidliche/gesetzliche ~** deposition on oath/statutory declaration; **eidesstattliche ~** [*o* **~ an Eides statt**] affidavit
Erklärungsbote *m* JUR communicating messenger **Erklärungsfrist** *f* JUR deadline for reply **Erklärungspflicht** *f* JUR obligation to plead
erklettern *vt* **einen Berg/Felsen/eine Mauer ~** to scale a mountain/rock/wall; **einen Gipfel ~** to climb to [*or* reach] the summit
erklimmen* *vt irreg* (*geh*) ■**etw ~** ❶ (*ersteigen*) to climb sth, to ascend sth *form* ❷ (*erreichen*) to reach sth
erklingen* *vi irreg sein* (*geh*) to sound
erkranken* *vi* ❶ (*krank werden*) ■**[an etw** *dat*] ~ to be taken ill [with sth]; ***sie ist plötzlich an Krebs erkrankt*** she suddenly contracted cancer; ***die Stadt hat viele an Aids erkrankte Einwohner*** the town has many inhabitants with Aids ❷ HORT (*befallen werden*) ■**an etw** *dat* ~ to be diseased [with sth]
Erkrankung <-, -en> *f* ❶ (*Krankheitsfall*) illness ❷ FORST, HORT (*Befall*) disease
erkühnen* *vr* (*geh*) ■**sich ~, etw zu tun** to dare to do sth; **was ~ Sie sich!** how dare you!
erkunden* *vt* ■**etw ~** ❶ (*auskundschaften*) to scout out sth *sep* ❷ (*in Erfahrung bringen*) to discover sth
erkundigen* *vr* ■**sich [bei jdm] [nach jdm/etw] ~** to ask [sb] [about sb/sth]; ***du musst dich vorher ~*** you have to find out beforehand; ■**sich [bei jdm] über jdn/etw ~** to make enquiries [*or* AM inquiries] [of sb] about sb/sth
Erkundigung <-, -en> *f* enquiry BRIT, inquiry AM; **[bei jdm] ~en [über jdn/etw] einholen** [*o* **einziehen**] (*geh*) to make enquiries [*or* AM inquiries] [of sb] [about sb/sth]
Erkundung <-, -en> *f* MIL reconnoissance, scouting
erküren* <erkor, erkoren> *vt* ■**jdn zu etw** *dat* ~ ❶ (*veraltend geh: auswählen*) to choose sb to be sth ❷ (*hum: machen*) to make sb sth
Erlagschein *m* ÖSTERR (*Zahlkarte*) postal money order
erlahmen* *vi sein* ❶ (*kraftlos werden*) to tire; *Kräfte* ebb [away] ❷ (*nachlassen*) to wane
erlangen* *vt* (*geh*) ■**etw ~** to obtain sth; **jds Freistellung ~** to secure sb's release
Erlass[RR] <-es, -e *o* ÖSTERR Erlässe> *m*, **Erlaß** <-sses, -sse *o* ÖSTERR Erlässe> *m* ❶ JUR (*Verfügung*) decree, AM mandate, decree, remission; **~ eines Urteils** rendering a judgment; **~ eines Gesetzes** promulgation of a law; **~ einer Verfügung** issue of a writ; **~ einer einstweiligen Verfügung** grant of an injunction ❷ JUR (*Erlassung*) remission, release
erlassen* *vt irreg* ❶ (*verfügen*) ■**etw ~** to issue sth ❷ (*von etw befreien*) ■**jdm etw ~** to remit sb's sth
Erlassjahr[RR] *nt* **~ 2000** (*Schuldenerlass der Dritten Welt*) Jubilee 2000
Erlassung <-, -en> *f* JUR waiving, remitting
Erlassvertrag[RR] *m* JUR release agreement
erlauben* I. *vt* ❶ (*gestatten*) ■**jdm etw ~** to allow [*or* permit] sb to do sth; ***du erlaubst deinem Kind zu viel*** you let your child get away with too much; ■**jdm ~, etw zu tun** to allow [*or* permit] sb to do sth; ■**etw ist [nicht] erlaubt** sth is [not] allowed, permitted; ■**es ist [nicht] erlaubt, etw irgendwo zu tun** it is [not] permissible to do sth somewhere; ■**etw ist jdm erlaubt** sb is allowed [*or* permitted] sth; **~ Sie/erlaubst du, dass ich etw tue?** would you allow [*or* permit] me to do sth?; ***~ Sie, dass ich mich vorstelle*** allow me to introduce myself; ***~ Sie?, Sie ~ doch?*** (*geh*) may I/we, etc.? ❷ (*geh: zulassen*) ■**[jdm] etw ~** to allow [*or* permit] [sb] sth; ***~ deine Finanzen noch ein Abendessen zu zweit?*** are you sure you have enough money for a dinner for two?; ■**es jdm ~, etw zu tun** to permit sb to do sth; ***ich komme, soweit es meine Zeit erlaubt*** if I have enough time, I'll come ► WENDUNGEN: **~ Sie mal!** what do you think you're doing? II. *vr* ❶ (*sich gönnen*) ■**sich** *dat* **etw ~** to allow oneself sth ❷ (*geh: wagen*) ■**sich** *dat* **etw ~** to venture to do sth *form*; ***wenn ich mir die folgende Bemerkung ~ darf*** if I might venture to make the following comment ❸ (*sich herausnehmen*) ■**sich** *dat* **~, etw zu tun** to take the liberty of doing sth; ***was die Jugend sich heutzutage alles erlaubt!*** the things that young people get up to nowadays!; ***was ~ Sie sich [eigentlich]!*** what do you think you're doing!
Erlaubnis <-, *selten* -se> *f* ❶ (*Genehmigung*) permission; **[jdn] um ~ bitten** [*o* **fragen**] to ask [sb's] permission; **jdm die ~ geben** [*o* **erteilen**] **[zu etw/etw zu tun]** (*geh*) to give [*or* grant] sb permission [to do sth]; **jds/die ~ haben, etw zu tun** to have [sb's] permission to do sth; **mit jds ~** with sb's permission; **mit Ihrer [freundlichen/gütigen] ~** (*geh*) if you don't mind; **ohne jds ~** without sb's permission ❷ (*genehmigendes Schriftstück*) permit
Erlaubnisantrag *m* JUR application for permission **Erlaubniskartell** *nt* ÖKON authorized cartel **Erlaubnispflicht** *f* JUR statutory permission **Erlaubnisschein** *m* JUR permit **Erlaubnisscheininhaber(in)** *m(f)* JUR permit holder **Erlaubnisvorbehalt** *m* JUR reservation with regard to granting permission
erlaubt I. *pp und 1. pers sing von* **erlauben** II. *adj* allowed, permitted
erlaucht *adj* (*illuster*) illustrious
erläutern* *vt* ■**[jdm] etw ~** to explain sth [to sb]
erläuternd I. *adj* explanatory II. *adv* as an explanation; ***... zuerst will ich aber folgende Dinge ~ bemerken ...*** but first I want to explain the following points
Erläuterung <-, -en> *f* explanation; **[jdm] ~en [zu etw** *dat*] **geben** to give [sb] explanations [of sth], to explain [sth] [to sb]; **nähere ~en geben** to give detailed explanations; **ohne ~** without explanation; **zur ~** by way of explanation; ***zur ~ meiner Idee habe ich einige Materialien zusammengestellt*** in order to better illustrate my point I've put together some physical examples
Erle <-, -n> *f* ❶ (*Baum*) alder [tree] ❷ *kein pl* (*Holz*) alder; **aus** [*o* **in**] **~** made from alder *pred*
erleben* *vt* ❶ (*im Leben mitmachen*) ■**etw ~** to live to see sth; ***dass ich das [noch] ~ muss!*** couldn't I have been spared that? ❷ (*erfahren*) ■**etw ~** to experience sth; **wunderschöne Tage/einen wunderschönen Urlaub irgendwo ~** to have a wonderful time/holiday somewhere; ***was hast du denn alles in Dänemark erlebt?*** what did you do/see in Denmark?; ***unser Land hat schon bessere Zeiten erlebt*** our country has seen better times; **[mal] etw ~ wollen** to want to do sth exciting [for once]; ***wenn Sie hier was ~ wollen, müssen Sie in die Stadt fahren*** if you're looking for some excitement here, you have to go into town ❸ (*pej: durchmachen*) ■**etw ~** to go through sth; **eine [große] Enttäuschung ~** to be [bitterly [*or* sorely]] disappointed; **einen Misserfolg ~** to experience failure; **eine Niederlage ~** to suffer defeat ❹ (*mit ansehen*) ■**es ~, dass/wie** to see that/how ❺ (*kennen lernen*) ■**jdn ~** to get to know sb; *Musiker, Redner* hear; *Schauspieler* to see sb; ■**jdn irgendwie ~** to see sb a certain way; ***so wütend habe ich ihn noch nie erlebt*** I've never seem him so furious ► WENDUNGEN: **hat man so [et]was schon [mal] erlebt!** (*fam*) well, I'll be damned! *sl*, well, I never! BRIT *fam*; **der/die kann was ~!** (*fam*) he/she'll get what for! BRIT [*or* really get it AM *fam*]; **das möchte ich ~!** (*fam*) that'll be the day! *fam*; **das muss man erlebt haben!** you have to see it [to believe it]!
Erlebnis <-ses, -se> *nt* ❶ (*Geschehen*) experience ❷ ((*beeindruckende*) *Erfahrung*) experience
Erlebnisaufsatz *m* essay (*with the aim of practising clearly relating personal experiences*) **Erlebnisbereich** *m* zone of experience (*in the Millennium Dome*) **Erlebnispark** *m* TOURIST amusement park **Erlebniswelt** *f* PSYCH **die ~ eines Kindes** the world of a child
erledigen* I. *vt* ❶ (*ausführen*) ■**etw ~** to carry out sth; **Besorgungen ~** to do some [*or* the] shopping; **Formalitäten ~** to complete formalities; **wird erledigt!** (*fam*) I'll/we'll, etc. get on [*or* BRIT on to] it [right away]!; ■**erledigt** done; ***die erledigte Post kommt in die Ablage*** the post which has been dealt with goes in the tray; **zu ~** to be done ❷ (*fam: erschöpfen*) ■**jdn ~** to tire sb out, to wear sb out ❸ (*sl: umbringen*) ■**jdn ~** to do away with sb, to bump sb off ❹ (*sl: k.o. schlagen*) ■**jdn mit etw** *dat* **~** to knock sb out with sth II. *vr* ■**etw erledigt sich [von selbst]** sth sorts itself out [on its own]
erledigt *adj pred* ❶ (*fam: erschöpft*) shattered *fam*, worn out ❷ (*sl: am Ende*) ■**erledigt sein** to have had it *fam* ❸ (*abgehakt*) ■**jd ist [für jdn] ~** to be history [as far as sb is concerned]; ■**etw ist [für jdn] erledigt** something is over and done with [as far as sb is concerned]; (*schon vergessen*) sth is forgotten [*or* dead and buried] [as far as sb is concerned]
Erledigung <-, -en> *f* ❶ (*Ausführung*) execution, carrying out, conducting, dealing with; **die ~ der Korrespondenz** dealing with the correspondence; **in ~ einer S.** *gen* (*geh*) further to sth *form*; ***in ~ Ihrer Anfrage vom 17. Mai ...*** further to your inqui-

ry dated 17th May … ② (*Besorgung*) purchase; ***ich habe noch ein paar ~en zu machen*** I still have to buy a few things ③ JUR arrangement, settlement; **gütliche** ~ amicable arrangement

Erledigungsgebühr *f* JUR fee for out-of-court settlement

erlegen* *vt* ① (*zur Strecke bringen*) ■ **ein Tier ~** to bag an animal *spec,* to kill an animal; ■ **erlegt** bagged *spec,* killed ② ÖSTERR (*bezahlen*) ■ **etw ~** to pay sth

erleichtern* **I.** *vt* ① (*ertragbarer machen*) ■ **[jdm] etw ~** to make sth easier [for sb], to make sth more bearable [for sb]; *s. a.* **Gewissen, Herz** ② (*innerlich beruhigen*) ■ **jdn ~** to be of relief to sb; ***es hat mich sehr erleichtert, zu erfahren, dass …*** I was greatly relieved to hear that … ③ (*fam: beklauen*) ■ **jdn um etw** *akk* **~** to relieve sb of sth *hum* ④ (*hum fam: erbitten*) ■ **jdn um etw** *akk* **~** to borrow sth from sb **II.** *vr* (*euph geh*) ■ **sich ~** to relieve oneself

erleichtert **I.** *adj* relieved; ***er stieß einen ~en Seufzer aus*** he gave a sigh of relief **II.** *adv* in a relieved manner; ~ **aufatmen** to breathe a sigh of relief

Erleichterung <-, -en> *f* ① (*Linderung*) relief; **jdm ~ verschaffen** to bring/give sb relief ② *kein pl* (*Beruhigung*) relief; **mit [o voller] ~** with [great] relief; **zu jds ~** to sb's relief ③ (*Vereinfachung*) simplification; ***zur ~ der Aufgabe gebe ich euch einige Tipps*** to simplify the task I'll give you a few hints

erleiden* *vt irreg* ■ **etw ~** ① (*hinnehmen müssen*) to suffer [*or* put up with] sth; *s. a.* **Schiffbruch** ② (*geh: erdulden*) to suffer [*or* endure] sth

erlernbar *adj* learnable; ■ **[irgendwie] ~ sein** to be learnable [in a certain way]; ***diese Tricks sind ohne weiteres ~*** you can [easily] learn these tricks; ***im Kindesalter sind fremde Sprachen leichter ~*** children can learn to speak a foreign language more easily than adults

erlernen* *vt* ■ **etw ~** to learn sth

erlesen *adj* exquisite

erleuchten* *vt* ① (*erhellen*) ■ **etw ~** to light [up] sth, to illuminate sth *form;* ■ **erleuchtet** lit, illuminated *form* ② (*inspirieren*) ■ **jdn ~** to inspire sb; ■ **erleuchtet** inspired

Erleuchtung <-, -en> *f* (*Inspiration*) inspiration; **eine ~ haben** to have an inspiration

erliegen* *vi irreg sein* ① (*verfallen*) ■ **einer S.** *dat* **~** to fall prey to sth ② (*geh: zum Opfer fallen*) ■ **einer S.** *dat* **~** to fall victim to sth ► WENDUNGEN: **etw zum E~ bringen** to bring sth to a standstill; ***der Generalstreik hatte die Wirtschaft zum E~ gebracht*** the general strike had brought the economy to its knees; **zum E~ kommen** to come to a standstill

erlischt *3. pers pres von* **erlöschen**

Erlös *m* FIN proceeds *npl,* returns *pl;* ~ **aus Kapitalvermögen** returns *pl* on capital assets; ~ **des Geschäftes** proceeds *pl* from business; ~ **eines Patents** royalties *pl* on a patent; ~**e aus Veräußerungen** sales returns

Erlösabführungsverpflichtung *f* JUR obligation to transfer proceeds **Erlösanspruch** *m* JUR claim to proceeds **Erlösbindung** *f* JUR tying up proceeds

Erlöschen <-s> *nt kein pl* JUR expiry BRIT, expiration AM; *einer Firma* extinction; *eines Patents* [patent] expiry, lapse; *einer Schuld* extinguishment; ~ **der Ansprüche** expiration of claims; ~ **der Zollschuld** extinction of customs debt; **bei ~** on expiry

erlöschen <erlischt, erlosch, erloschen> *vi sein* ① (*zu brennen aufhören*) to stop burning, to go out; ***dieser Vulkan ist vor 100 Jahren erloschen*** the volcano became dormant 100 years ago ② (*vergehen*) to fizzle out ③ (*seine Gültigkeit verlieren*) to expire; *Ansprüche* to become invalid; *s. a.* **Geschlecht 2**

erlösen* *vt* ① (*befreien*) ■ **jdn [aus/von etw] ~** to release sb [from sth] ② REL ■ **jdn [aus/von etw] ~** to redeem sb [from sth] ③ (*einnehmen*) ■ **etw [aus etw] ~** to make [*or* earn] sth [from sth]

erlösend **I.** *adj* relieving **II.** *adv* (*befreiend*) in a liberating manner *pred,* in a relieving manner *pred*

Erlöser(in) <-s, -> *m(f)* ■ **der ~** the Redeemer

Erlösung *f* ① (*Erleichterung*) relief ② REL redemption

ermächtigen* *vt* ■ **jdn [zu etw** *dat***] ~** to authorize sb [to do sth], to empower sb [to do sth]; ■ **jdn dazu ~, etw zu tun** to authorize sb to do sth, to empower sb to do sth; ■ **zu etw ermächtigt sein** to be authorized to do sth, to be empowered to do sth

Ermächtigung <-, -en> *f* authorization, empowerment; ~ **zum Erlass von Rechtsverordnungen** delegated powers to issue legal regulations

Ermächtigungsgesetz *nt* JUR, POL enabling act; ■ **~e** enabling legislation **Ermächtigungsrecht** *nt* JUR empowering law **Ermächtigungsverfahren** *nt* JUR empowering procedure

ermahnen* *vt* ① (*warnend mahnen*) ■ **jdn ~** to warn sb; ***sei doch artig, muss ich dich denn immer ~?*** be a good child, why do I have to scold you constantly?; ■ **jdn ~, etw zu tun** to tell sb to do sth ② (*anhalten*) ■ **jdn zu etw** *dat* **~** to admonish sb to do sth

Ermahnung *f* warning

ermangeln *vi* (*geh*) ■ **einer S./etw ~** to lack sth

Ermang(e)lung <-> *f kein pl* **in ~ eines Besseren** in the absence of a better alternative; **in ~ einer S.** *gen* (*geh*) in the absence of sth *form*

ermannen* *vr* ■ **sich ~** to pull oneself together; ■ **sich zu etw** *dat* **~** to summon up [the] courage to do sth

ermäßigen* **I.** *vt* ■ **[jdm] etw [auf etw** *akk***/um etw** *akk***] ~** to reduce sth [to sth/by sth] [for sb]; ■ **ermäßigt** reduced; **~er Steuersatz** rate of relief **II.** *vr* ■ **sich [auf etw** *akk***/um etw** *akk***] ~** to be reduced [to sth/by sth]; ***bei Kindern unter 12 Jahren ermäßigt sich der Eintritt*** there is a reduction for children under the age of 12

ermäßigt **I.** *pp und 1. pers sing von* **ermäßigen** **II.** *adj* reduced; **~e Eintrittskarte** reduced-price ticket

Ermäßigung <-, -en> *f* reduction; **~ haben** to be entitled to a reduction

ermatten* **I.** *vt haben* (*geh*) ■ **jdn ~** to exhaust sb, to wear sb out; ■ **[von etw** *dat***] ermattet sein** to be exhausted [*or* worn out] [by sth] **II.** *vi sein* (*geh*) to tire; ***die Bewegungen des Schwimmers ermatteten*** the swimmer's movements slowed down

ermattet *adj* (*geh*) exhausted

ermessen* *vt irreg* ■ **etw ~** to comprehend sth

Ermessen <-s> *nt kein pl* discretion; **nach jds ~** in sb's estimation; **nach freiem [o eigenem] ~** at one's [own] discretion; **nach menschlichem ~** as far as one can tell; **in jds ~ liegen [o stehen]** to be at [*or* left to] sb's discretion; ***es steht in Ihrem eigenen ~, ob sie bleiben oder gehen wollen*** it's up to you whether you stay or go; **etw in jds ~ stellen** to leave sth to sb's discretion; ***die Entscheidung stelle ich ganz in Ihr ~*** I leave the decision completely up to you [*or* at your discretion]

Ermessensentscheidung *f* FIN discretionary decision, AM decision ex aequo et bono **Ermessensfehler** *m* JUR abuse of discretion **Ermessensfrage** *f* matter of discretion **Ermessensfreiheit** *f kein pl* JUR discretionary powers *pl;* **eingeschränkte ~** bounded discretion; **die ~ missbrauchen** to abuse one's discretionary powers **Ermessensgebrauch** *m* JUR exercise of discretion **ermessensmäßig** *adj* JUR discretionary **Ermessensmissbrauch**[RR] *m* JUR abuse of discretion **Ermessensrecht** *nt* JUR discretionary powers *pl* **Ermessensspielraum** *m* powers *pl* of discretion, discretionary powers *pl* **Ermessensüberschreitung** *f* JUR exceeding one's scope of discretion

ermitteln* **I.** *vt* ■ **etw ~** ① (*herausfinden*) to find out sth *sep,* to establish sth; ■ **jdn ~** to establish sb's identity; ***der Täter konnte durch die Polizei ermittelt werden*** the police were able to establish the culprit's identity ② (*errechnen*) to determine [*or* calculate] sth; ■ **jdn ~** to decide on sb; *den Gewinner* decide [on] sb **II.** *vi* (*eine Untersuchung durchführen*) ■ **[gegen jdn] [wegen etw** *dat***] ~** to investigate [sb] [for sth]

Ermittler(in) <-s, -> *m(f)* investigator; **verdeckter ~** (*geh*) plain-clothes investigator

Ermittlung <-, -en> *f* ① *kein pl* (*das Ausfindigmachen*) determining ② (*Untersuchung*) investigation; **~en durchführen [o anstellen]** to carry out [*or* to conduct] investigations

Ermittlungsarbeit *f* FIN detection **Ermittlungsausschuss**[RR] *m* committee of enquiry **Ermittlungsbeamte(r)** *f(m) dekl wie adj* investigator, investigating official **Ermittlungsbehörde** *f* investigating authority **Ermittlungsergebnis** *nt* JUR result of the investigations **Ermittlungsgrundsatz** *m* JUR principle of ex-officio enquiries **Ermittlungskommission** *f* committee of enquiry **Ermittlungsrichter(in)** *m(f)* leader of a judicial inquiry, examining magistrate BRIT **Ermittlungsschritt** *m* JUR step of inquiry **Ermittlungsverfahren** *nt* preliminary proceedings; **ein ~ gegen jdn einleiten** to institute preliminary [*or* initiate] proceedings against sb **Ermittlungszeitraum** *m* investigating period

ermöglichen* *vt* ■ **jdm etw ~** to enable sb to do sth; ***sie hat jahrelang gespart, um ihrem Sohn das Studium zu ~*** she saved for years so that her son could go to university; ■ **es jdm ~, etw zu tun** to enable sb to do sth; ■ **es ~, etw zu tun** (*geh*) to make it possible for sth to be done; ***können Sie es ~, um 9 Uhr an unserem Stand auf der Buchmesse zu sein?*** can you be at our stand at the book fair at 9 o'clock?

ermorden* *vt* ■ **jdn ~** to murder sb

Ermordete(r) *f(m) dekl wie adj* victim of murder, murder victim

Ermordung <-, -en> *f* murder

ermüden* **I.** *vt haben* ■ **jdn ~** to tire sb [out] **II.** *vi sein* ① (*müde werden*) to become tired ② (*Spannung verlieren*) to wear, to fatigue

ermüdend *adj* tiring

Ermüdung <-, *selten* -en> *f* ① (*das Ermüden*) tiredness, fatigue; **vor ~** from tiredness ② TECH (*Verlust der Spannung*) wearing, fatigue

Ermüdungserscheinung *f* sign of fatigue *form* [*or* tiredness]

ermuntern* *vt* ① (*ermutigen*) ■ **jdn [zu etw] ~** to encourage sb [to do sth]; ***dieser Erfolg ermunterte ihn zu weiteren Versuchen*** this success encouraged him to make further attempts ② (*beleben*) ■ **jdn ~** to perk sb up; **sich ermuntert fühlen** to feel perked up

Ermunterung <-, -en> *f* encouragement; **zu jds ~** to encourage sb

ermutigen* *vt* ■ **jdn [zu etw] ~** to encourage sb [to do sth]; ***dieser Erfolg ermutigte sie zur Weiterarbeit an dem Projekt*** this success encouraged her to continue working on the project

ermutigend **I.** *adj* encouraging **II.** *adv* encouragingly

Ermutigung <-, -en> *f* encouragement; ***dieser unerwartete Erfolg war eine ~ für alle*** this unexpected success gave everybody renewed hope

ernähren* **I.** *vt* ① (*mit Nahrung versorgen*) ■ **jdn/ein Tier ~** to feed sb/an animal; ***sie ernährt ihre Kinder rein vegetarisch*** she gives her children vegetarian food only ② (*unterhalten*) ■ **jdn ~** to provide for sb, to support sb; ***die Schriftstellerei allein kann keinen ~*** writing on its own doesn't bring in enough to live on **II.** *vr* ① (*sich speisen*) ■ **sich von etw ~** to eat sth, to feed on sth, to live on sth; ■ **sich irgendwie ~** to eat in a certain manner; ***du musst dich vitaminreicher ~!*** you need more vitamins in your diet! ② (*sich unterhalten*) ■ **sich [von etw] ~** to support oneself [by doing/on sth]; ***sie muss sich von Gelegenheitsjobs ~*** she has to support herself by doing odd jobs

Ernährer(in) <-s, -> *m(f)* provider, breadwinner

Ernährung <-> *f kein pl* ① (*das Ernähren*) feeding ② (*Nahrung*) diet; **falsche/richtige ~** incorrect/correct diet; **pflanzliche ~** plant-based diet ③ (*Unterhalt*) support; ***von einem so dürftigen Gehalt ist die ~ einer Familie nicht möglich*** it's impossible to support a family on such a meagre salary

Ernährungsforschung *f* nutritional research **Ernährungsgewohnheiten** *pl* eating habits *npl*, nutritional habits *npl* **Ernährungsgüter** *pl* foodstuffs *pl* **Ernährungslehre** *f* nutritional science, dietetics *spec* **Ernährungsstörung** *f* eating disorder **Ernährungsweise** *f* diet; **eine gesunde ~** a healthy diet **Ernährungswissenschaft** *f* nutritional science, dietetics *spec* **Ernährungswissenschaftler(in)** *m(f)* dietitian [*or* dietician], nutritionist, nutritional scientist

ernennen* *vt irreg* ■**jdn [zu etw] ~** to appoint sb [as sth]

Ernennung *f* appointment (**zu** +*dat* as); **~ eines Stellvertreters** nomination of a deputy; ***mit seiner ~ zum Parteivorsitzenden hatte keiner gerechnet*** nobody had counted on his being appointed head of the party

Ernennungsschreiben *nt* letter of appointment

Ernennungsurkunde *f* certificate of appointment

erneuerbar *adj* ❶ (*sich erneuern lassend*) renewable, replaceable ❷ (*regenerativ*) renewable; **~e Energien** renewable energy [sources]

Erneuerer, Erneuerin <-s, -> *m, f* modernizer, revivalist; **~ einer Institution/Organisation** modernizer of an institution/organization

erneuern* *vt* ❶ (*auswechseln*) ■**etw ~** to change sth, to replace sth ❷ (*renovieren*) to renovate sth; *Fenster, Leitungen* repair; ■**etw ~ lassen** to have sth renovated [*or* repaired] ❸ (*verlängern*) ■**etw ~** to renew sth ❹ (*restaurieren*) ■**etw ~** to restore sth

erneuert I. *pp und 1. pers sing von* **erneuern** II. *adj* renewed; **rundum ~** completely renewed

Erneuerung *f* ❶ (*das Auswechseln*) changing ❷ (*Renovierung*) renovation; **~ der Heizung/Leitungen** repair to the heating system/pipes ❸ (*Verlängerung*) *Pass, Vetrag etc.* renewal ❹ (*Restaurierung*) *Gebäude* restoration ❺ (*Wandel*) rejuvenation; ***in diesem Urlaub erlebte sie eine regelrechte ~*** she was completely rejuvenated as a result of that holiday

erneuerungsfähig *adj* renewable **Erneuerungsprogramm** *nt* renovation programme [*or* AM -am], programme of renovation **Erneuerungsschein** *m* FIN renewal certificate [*or* coupon]

erneut I. *adj attr* repeated II. *adv* again

erniedrigen* *vt* ❶ (*demütigen*) ■**jdn/sich ~** to degrade sb/oneself, to demean sb/oneself ❷ MUS ■**etw ~** to give sth a flatter tone, to play sth less sharp

Erniedrigung <-, -en> *f* ❶ (*Demütigung*) degradation, humiliation, abasement ❷ MUS flattening

Erniedrigungszeichen *nt* MUS flat sign

ernst *adj* ❶ (*gravierend*) serious; **es steht ~ um jdn** sb is seriously ill; ***diesmal ist es etwas E~es*** it's serious this time; **nichts E~es** (*keine ernste Erkrankung*) nothing serious; (*keine ernsthafte Beziehung*) not serious ❷ (*Ernst zeigend*) serious; **~ bleiben** to keep a straight face ❸ (*aufrichtig, wahr*) genuine, sincere, true; ***ich bin der ~en Ansicht/Überzeugung, dass ...*** I genuinely [*or* sincerely] [*or* truly] believe/am genuinely convinced that; **~ gemeint** serious, genuine; ***„bitte nur ~ gemeinte Zuschriften!"*** "genuine replies only please!"; **es ~ [mit jdm/etw] meinen** to be serious [about sb/sth]; **jdn/etw ~ nehmen** to take sb/sth seriously ❹ (*bedeutungsvoll*) solemn

Ernst <-[e]s> *m kein pl* ❶ (*ernster Wille, aufrichtige Meinung*) seriousness; ■**etw ist jds ~** sb is serious about sth; ***ist das dein ~?*** are you serious [about it/that]?, do you mean it/that [seriously]?; **das kann doch nicht dein/Ihr ~ sein!** you can't be serious!, you must be joking!; **allen ~es** in all seriousness; **feierlicher ~** dead seriousness; **jds voller [o völliger] ~ sein** to be completely serious about sth; **etw ist ~** sth is serious; **jdm ist es ~ mit etw** sb is serious about sth; **im ~** seriously; ***das kannst du doch nicht im ~ glauben!*** you can't seriously believe that! ❷ (*Ernsthaftigkeit*) seriousness; ■**jds ~/der ~ einer S.** sb's seriousness/the seriousness of sth; **mit ~ bei der Sache sein** to take it seriously ❸ (*Bedrohlichkeit*) serious, gravity; ■**der ~ einer S.** *gen* the seriousness [*or* gravity] of sth; **der ~ des Lebens** the serious part of life; **~ mit etw machen** to be serious about sth

Ernstfall *m* emergency; **den ~ proben** to practise [*or* AM *a.*-ice] for an emergency; **im ~** in an emergency, in case of emergency **ernstgemeint** *adj attr s.* **ernst 3**

ernsthaft I. *adj* ❶ (*gravierend*) serious ❷ (*aufrichtig*) genuine, sincere II. *adv* ❶ (*wirklich*) seriously ❷ (*gravierend*) seriously; ***im Urlaub erkrankte er ~*** he became seriously ill on holiday ❸ (*eindringlich*) urgently

Ernsthaftigkeit <-> *f kein pl* seriousness

Ernstkampf *m* BIOL *s.* **Beschädigungskampf**

ernstlich I. *adj attr* serious; **die ~e Absicht haben, etw zu tun** to seriously intend to do sth II. *adv s.* **ernsthaft II**

Ernte <-, -n> *f* AGR, HORT ❶ (*Ertrag*) harvest; **die ~ einbringen** (*geh*) to bring in the harvest ❷ (*das Ernten*) harvest

Ernte(dank)fest *nt* harvest festival, Thanksgiving AM *a.* **Erntedanktag** *m* harvest festival [day] **Ernteertrag** *m* AGR, ÖKON crop, yield **Erntefläche** *f* AGR, ÖKON area for harvesting

ernten *vt* ❶ (*einbringen*) ■**etw ~** to harvest sth; **Äpfel ~** to pick [*or* harvest] apples ❷ (*erzielen*) ■**etw ~** to earn sth; **Anerkennung ~** to gain [*or* receive] recognition; **Applaus ~** to win [*or* get] applause; **die Früchte seiner Arbeit ~** to reap the fruits of one's labour [*or* AM -or]; **Lob/Spott ~** to earn praise/scorn; **Undank ~** to get little thanks

Ernteschäden *pl* crop damage *no pl*

ernüchtern* *vt* ■**jdn ~** ❶ (*wieder nüchtern machen*) to sober up sb *sep* ❷ (*in die Realität zurückholen*) to bring sb back to reality [*or* back [*or* [back] down] to earth]; ■**~d** sobering; ■**~d [für jdn] sein** to be sobering [for sb]

Ernüchterung <-, -en> *f* disillusionment; ***auf den Erfolg folgte schnell die ~*** he/she etc. experienced disillusionment shortly after success

Eroberer, Erob[r]erin <-s, -> *m, f* conqueror

erobern* *vt* ❶ (*mit Waffengewalt besetzen*) ■**etw ~** to conquer sth ❷ (*durch Bemühung erlangen*) ■**etw ~** to win sth [with some effort] ❸ (*für sich einnehmen*) ■**jdn/etw ~** to win sb/sth over

Eroberung <-, -en> *f* ❶ (*das Erobern*) conquest ❷ (*erobertes Gebiet*) conquered territory ❸ (*fam: eroberte Person*) conquest *hum*; **eine ~ machen** to make a conquest

Eroberungskrieg *m* war of conquest

eröffnen* I. *vt* ❶ (*zugänglich machen*) ■**etw ~** to open sth ❷ (*in die Wege leiten*) ■**etw ~** to open sth, to institute sth; *s. a.* **Testament** ❸ (*beginnen*) ■**etw ~** to open sth; **etw für eröffnet erklären** (*geh*) to declare sth open *form* ❹ (*hum: mitteilen*) ■**jdm etw ~** to reveal sth to sb *hum*, to tell sb sth ❺ (*bieten*) ■**jdm etw ~** to open up sth to sb ❻ (*beginnen*) ■**etw ~** to commence sth; **das Feuer [auf jdn] eröffnen** to open fire [on sb] II. *vr* (*sich bieten*) ■**sich jdm [durch etw** *akk*] **~** to open up to sb [through sth] III. *vi* FIN ■**irgendwie ~** to be a certain way at the start of trading; ■**mit etw** *dat* **~** to open at sth

eröffnet I. *pp und 1. pers sing von* **eröffnen** II. *adj* open[ed]; **etw für ~ erklären** to declare sth open

Eröffnung *f* ❶ (*das Eröffnen*) opening; ***bei der ~ der Galerie herrschte großer Andrang*** many people came to the opening of the gallery ❷ JUR (*Einleiten*) opening, institution; **~ der Gesamtvollstreckung/des Konkursverfahrens** commencement of enforcement proceedings/bankruptcy proceedings; **~ des Hauptverfahrens** committal for trial ❸ (*Beginn*) opening; **bei ~ der Börse** at the opening of the stock exchange ❹ (*Beginn*) commencing; **die ~ des Feuers** the opening of fire ❺ (*geh: Mitteilung*) revelation; **jdm eine ~ machen** to reveal something to sb

Eröffnungsansprache *f* opening address, opening speech **Eröffnungsantrag** *m* JUR petition to institute proceedings **Eröffnungsbeschluss**^RR^ *m* JUR committal for trial; (*bei Konkurs*) bankruptcy order, AM adjudication in bankruptcy; **jdm einen gerichtlichen ~ zustellen** to serve a process on sb **Eröffnungsbestand** *m* FIN opening stock **Eröffnungsbetrag** *m* FIN opening value **Eröffnungsbilanz** *f* FIN opening balance [sheet] **Eröffnungsbuchung** *f* FIN opening entry **Eröffnungsgebot** *nt* FIN opening bid **Eröffnungskurs** *m* BÖRSE opening price **Eröffnungsperiode** *f* MED first stage of labour [*or* AM -or] **Eröffnungssitzung** *f* FIN opening session **Eröffnungstermin** *m* HANDEL **~ für Angebote** opening day for offers

erogen *adj* erogenous

erörtern* *vt* ■**etw ~** to discuss sth [in detail], to examine sth

Erörterung <-, -en> *f* discussion, examination; **rechtliche ~** legal discussion

Eros <-> *m* Eros

Eroscenter <-s, -> *nt* (*euph*) brothel

Erosion <-, -en> *f* erosion

Erosionsschutz *m* protection against erosion, erosion control [*or* prevention]

Erotik <-> *f kein pl* eroticism

Erotika *pl* erotica

Erotikblatt *nt* erotica magazine **Erotikkanal** *m* TV erotica channel

erotisch *adj* ❶ (*die Erotik betreffend*) erotic ❷ (*sexuell erregend*) erotic

Erpel <-s, -> *m* drake

erpicht *adj* ■**auf etw** *akk* **~ sein** to be after sth; ■**[nicht] darauf ~ sein, etw zu tun** to [not] be interested in doing sth

erpressen* *vt* ❶ (*durch Drohung nötigen*) ■**jdn ~** to blackmail sb ❷ (*abpressen*) ■**etw [von jdm] ~** to extort sth [from sb]

Erpresser(in) <-s, -> *m(f)* blackmailer, extortioner [*or* extortionist]

Erpresserbrief *m* blackmail letter

erpresserisch I. *adj* (*Mensch*) blackmailing, extortive; **~es Verhalten [o Vorgehen]** blackmail II. *adv* in an extortive manner

Erpressung <-, -en> *f* blackmail; (*unter Anwendung der Gewalt*) extortion; **~ im Amt** JUR extortion by public officials; **räuberische ~** JUR extortionary robbery, larceny by extortion

Erpressungsversuch *m* attempted blackmail *no pl*, attempted extortion

erproben* *vt* ■**etw ~** to test sth; ■**etw [an jdm/an einem Tier] ~** to test sth [on sb/on an animal]

erprobt *adj* ❶ (*erfahren*) experienced ❷ (*zuverlässig*) reliable

Erprobung <-, -en> *f* testing, test, trial

erquicken* *vt* (*geh*) ■**jdn ~** to refresh sb; **sich erquickt fühlen** to feel refreshed

erquickend *adj* (*geh*) refreshing

erquicklich *adj* (*iron geh*) joyous *iron liter*

Erquickung <-, -en> *f* (*geh*) refreshment; **zur ~/zu jds ~** for refreshment/to refresh sb

Errata *pl* errata *npl*

erraten* *vt irreg* ■**etw ~** to guess sth, to work sth out [by guessing]; ***das war nicht schwer zu ~!*** it wasn't difficult to work that out!; ***du hast's ~!*** (*fam*) you guessed [*or* AM *fam* got] it!

errechnen* *vt* ■**etw ~** to calculate sth

erregbar *adj* ❶ (*leicht aufzuregen*) excitable ❷ (*sexuell zu erregen*) ■**[irgendwie] ~ sein** to be able to be aroused [in a certain way]

Erregbarkeit <-> *f kein pl* excitability

erregen* I. *vt* ❶ (*aufregen*) ■**jdn ~** to irritate sb, to annoy sb ❷ (*sexuell anregen*) ■**jdn ~** to arouse sb ❸ (*hervorrufen*) ■**etw ~** to engender *fam*, to cause II. *vr* ■**sich über jdn/etw ~** to get annoyed about sb/sth

Erreger <-s, -> *m* (*Krankheits~*) pathogen, causative organism

erregt I. *adj* ❶ (*aufgeregt geführt*) heated ❷ (*aufgeregt*) irritated, annoyed II. *adv* in an irritated/annoyed manner

Erregung *f* ❶ (*erregter Zustand*) irritation, annoyance; **in ~ geraten** to become irritated, to get annoyed; **jdn in ~ versetzen** to irritate sb, to annoy sb; **vor ~** with anger ❷ (*sexuell erregter Zustand*)

arousal; ***bereits ihr Anblick versetzte ihn in*** ~ the sight of her alone was enough to give him an arousal ③ *kein pl* (*Erzeugung*) engendering, causing; ~ **öffentlichen Ärgernisses** public indecency

erreichbar *adj* ① (*telefonisch zu erreichen*) ▪[**für jdn**] ~ **sein** to be able to be reached [*or* contacted] [by sb] ② (*zu erreichen*) ▪[**irgendwie**] ~ **sein** to be reachable [in a certain way]; ***die Hütte ist zu Fuß nicht*** ~ the hut cannot be reached on foot

Erreichbarkeit <-> *f kein pl* accessibility, reachability; *telefonisch* contactability

erreichen* *vt* ① (*rechtzeitig hinkommen*) ▪**etw** ~ to catch sth ② (*hingelangen*) ▪**etw** ~ to get to sth ③ (*antreffen*) ▪**jdn** ~ to reach sb, to contact sb, to get hold of sb, fam; ***Ihr Brief/Ihre Nachricht hat mich nicht rechtzeitig erreicht*** your letter/message didn't reach me on time, I didn't receive your message/letter on time ④ (*eintreffen*) ▪**etw** ~ to reach sth; ***wir werden Paris in einer halben Stunde*** ~ in half an hour we will arrive in Paris ⑤ (*erzielen*) ▪**etw** ~ to reach sth; ***ich weiß immer noch nicht, was du*** ~ ***willst*** I still don't know what you want to achieve ⑥ (*einholen*) ▪**jdn** ~ to catch sb up BRIT, to catch up with sb ⑦ (*bewirken*) ▪**etw** [**bei jdm**] ~ to get somewhere [with sb]; ***hast du beim Chef etwas*** ~ ***können?*** did you manage to get anywhere with the boss? ⑧ (*an etw reichen*) ▪**etw** [**mit etw**] to reach sth [with sth]

Erreichung <-> *f kein pl* (*geh*) ① (*das Erreichen*) reaching ② (*das Erleben*) reaching; ***bei*** ~ ***des 60. Lebensjahres*** on one's 60th birthday/when one turns 60/at 60

erretten* *vt* (*geh*) ① (*befreien*) ▪**jdn** [**aus etw** *dat*] ~ to rescue sb [from sth], to deliver sb [from sth] *form* ② (*retten*) ▪**jdn vor etw** *dat* ~ to save sb from sth

Erretter(in) *m(f)* (*geh*) deliverer *form*

Errettung *f kein pl* (*geh*) ▪**jds** ~ [**aus etw** *dat*] rescue, deliverance *form*

errichten* *vt* ▪**etw** ~ ① (*aufstellen*) to erect sth *form*, to put sth up *sep* ② (*erbauen*) to erect sth *form*, to construct sth; ▪**etw** ~ **lassen** to have sth erected ③ (*begründen*) to found sth, to set up sth *sep*

Errichtung *f* ① (*Aufstellung*) *Barrikade, Gerüst, Podium* erection *form*, putting up ② (*Erbauung*) *Denkmal, Gebäude* erection *form*, construction ③ (*Begründung*) *Gesellschaft, Stiftung* foundation, setting up

Errichtungskosten *pl* ÖKON costs of construction

erringen* *vt irreg* ▪**etw** ~ to win sth [with a struggle]

error in persona JUR offender's mistake about the identity of his victim

erröten* *vi sein* ▪[**vor etw** *dat*] ~ to blush [with sth]; **jdn zum E~ bringen** to make sb blush

Errungenschaft <-, -en> *f* ① (*bedeutender Erfolg*) achievement; **geistige** ~ JUR intellectual achievement ② (*hum fam: Anschaffung*) acquisition, investment *fam*

Ersatz <-es> *m kein pl* ① (*ersetzender Mensch*) substitute; (*ersetzender Gegenstand*) replacement; **als** ~ **für jdn** as a substitute for sb; **als** ~ [**für etw** *akk*] as a replacement [for sth] ② (*Entschädigung*) compensation; ~ **für etw** *akk* **leisten** to pay compensation for sth

Ersatzanspruch *m* JUR right to [recover] damages; **Ersatzansprüche geltend machen** claim for damages, compensation claim **Ersatzaussonderung** *f* JUR substitutional segration **Ersatzbedarf** *m* surrogate need **Ersatzbefriedigung** *f* vicarious satisfaction **Ersatzbeschaffung** *f kein pl* ÖKON replacement **Ersatzbrille** *f* spare pair of glasses **Ersatzdienst** *m* non-military service for conscientious objectors **Ersatzdroge** *f* ① MED (*Ersatzrauschmittel*) substitute drug ② (*fam*) substitute **Ersatzerbe, -erbin** *m, f* JUR substitute heir [*or fem* heiress] **Ersatzerzeugnis** *nt* ÖKON substitute **ersatzfähig** *adj* ÖKON substitutable **Ersatzfahrzeug** *nt* AUTO replacement vehicle **Ersatzforderung** *f* JUR claim for compensation, damage claim **Ersatzfreiheitsstrafe** *f* JUR imprisonment in default of payment of fine **Ersatzgeld** *nt* JUR token money **ersatzgeschwächt** *adj* SPORT *Mannschaft* weakened by substitute players *pred* **Ersatzinsulin** *nt kein pl* surrogate insulin **Ersatzinvestition** *f* ÖKON replacement investment **Ersatzkasse** *f* substitute health insurance scheme **Ersatzland** *nt* JUR lieu land[s] **Ersatzlieferung** *f* ÖKON replacement, substitute delivery; **kostenlose** ~ replacement free of charge **Ersatzlieferungsanspruch** *m* JUR claim to substitute delivery **ersatzlos** *adj* without replacement; **etw** ~ **streichen** to cancel sth **Ersatzlösung** *f* alternative solution **Ersatzmann** <-männer *o* -leute> *m* ① (*Vertreter*) substitute ② *s.* **Ersatzspieler Ersatzmine** *f* refill **Ersatzmittel** *nt* substitute **Ersatzpflicht** *f* JUR liability to pay damages; **die** ~ **ausschließen** to preclude liability for damages **ersatzpflichtig** *adj* JUR liable to pay damages **Ersatzpräparat** *nt* surrogate preparation **Ersatzrauschmittel** *nt* drug surrogate **Ersatzrecht** *nt kein pl* JUR substitute law **Ersatzreifen** *m* spare wheel **Ersatzrevision** *f* JUR writ of error in lieu of appeal **Ersatzschlüssel** *m* spare key **Ersatzspieler(in)** *m(f)* substitute **Ersatzteil** *nt* spare [*or* replacement] part **Ersatzteillager** *nt* spare parts storeroom [*or* warehouse], BRIT *a.* [spares] store **Ersatzteilliste** *f* AUTO parts list **Ersatztorwart(in)** *m(f)* substitute goalkeeper **Ersatzurkunde** *f* JUR substitute document **Ersatzvermächtnis** *nt* FIN substitutional legacy **Ersatzvornahme** *f* JUR substitute performance **Ersatzwaren** *pl* ÖKON equivalent [*or* substitute] goods **ersatzweise** *adv* as a replacement [*or* an alternative] **Ersatzzustellung** *f* ÖKON substituted service

ersaufen* *vi irreg sein* (*sl*) to drown

ersäufen* *vt* ① (*ertränken*) ▪**jdn/ein Tier** ~ to drown sb/an animal ② (*fam: betäuben*) ▪**etw in etw** *dat* ~ to drown sth in sth

erschaffen *vt irreg* (*geh*) ▪**jdn/etw** ~ to create sb/sth

Erschaffung *f* creation

erschallen *vi sein* (*geh*) to sound; ***aus dem Saal erschallten fröhliche Stimmen/erschallte fröhliches Lachen*** joyful voices/laughter could be heard coming from the hall

erschaudern* *vi sein* (*geh*) ▪[**vor etw** *dat*] ~ to shudder [with sth]

erschauern* *vi sein* (*geh*) ▪[**vor etw** *dat*] ~ to shiver [with sth]; ▪**einen** ~ **lassen** to make one shiver

erscheinen* *vi irreg sein* ① (*auftreten*) to appear; ***du sollst sofort beim Chef ~!*** the boss wants to see you straight away!; ***sie war des öfteren unpünktlich erschienen*** she had often arrived late ② (*sichtbar werden*) to be able to be seen; ***am sechsten Tag erschien endlich Land am Horizont*** on the sixth day we/they etc. finally sighted land ③ (*veröffentlicht werden*) to come out ④ (*sich verkörpern*) ▪**jdm** ~ to appear to sb; ***manchmal*** ~ ***einem im Traum die seltsamsten Dinge*** one sometimes sees the strangest things in dreams ⑤ (*scheinen*) ▪**jdm irgendwie** ~ to seem a certain way to sb; ***diese Hypothese erscheint mir recht weit hergeholt*** this hypothesis seems quite far-fetched to me; ▪**jdm wie etw** ~ to seem like sth to sb

Erscheinen <-s> *nt kein pl* ① *a.* JUR (*das Auftreten*) appearance; ***sie dankte den Gästen für ihr*** ~ she thanked the guests for coming; ***um rechtzeitiges*** ~ ***wird gebeten!*** please be punctual!; **persönliches** ~ **der Parteien** personal appearance of the parties; ~ **vor Gericht** appearance in court; **Anordnung persönlichen ~s vor Gericht** judicial order to appear in court; ~ **von Zeugen** attendance of witnesses ② (*die Verkörperung*) appearance ③ (*die Veröffentlichung*) publication

Erscheinung <-, -en> *f* ① (*Phänomen*) phenomenon ② (*Persönlichkeit*) ▪**eine bestimmte** ~ a certain figure ③ (*Vision*) vision; **eine** ~ **haben** to have a vision ▸ WENDUNGEN: **in** ~ **treten** to appear

Erscheinungsbild *nt* appearance **Erscheinungsform** *f* manifestation **Erscheinungsjahr** *nt* year of publication **Erscheinungsort** *m* place of publication

erschießen* *irreg vt* ▪**jdn** ~ to shoot sb dead; ▪**sich** ~ to shoot oneself [dead]; *s. a.* **Tod**

Erschießung <-, -en> *f* shooting; **standrechtliche** ~ shooting by order of a court martial

Erschießungskommando *nt* firing squad

erschlaffen* *vi sein* ① (*schlaff werden*) to become limp; ▪**etw** ~ **lassen** to let sth go limp [*or* relax] ② (*die Straffheit verlieren*) to become loose ③ (*welk werden*) to wither, to become withered

Erschlaffung <-> *f* becoming limp [*or* slack], limpness, slackness

erschlagen*[1] *vt* ▪**jdn** ~ *irreg* ① (*totschlagen*) to beat sb to death ② (*durch Darauffallen töten*) to fall [down] and kill sb [in the process]; ***die Säule fiel um und erschlug ihn*** the pillar fell down and killed him ③ (*überwältigen*) to overwhelm sb ▸ WENDUNGEN: **du kannst mich ~, aber ...** (*fam*) you can do what you want to me but …

erschlagen[2] *adj* (*fam*) ▪~ **sein** to be dead beat *sl*, BRIT *sl a.* to be knackered

erschleichen* *vr irreg* ▪**sich** *dat* **etw** ~ to fiddle sth; ***es gelang ihr, sich seine Gunst/sein Vertrauen zu*** ~ she managed to gain his favour/trust by tricking him

Erschleichen <-s> *nt kein pl* JUR subreption, obtaining under false pretences; ~ **von Beihilfen** subreption of support; ~ **einer Erbschaft** subreption of a legacy

erschließbar *adj* (*Märkte*) capable of being opened up

erschließen* *irreg* **I.** *vt* ① (*mit Installationen versehen*) ▪**etw** ~ to develop sth; ▪**erschlossen** developed ② (*nutzbar machen*) ▪[**jdm**] **etw** ~ to exploit sth [for sb] **II.** *vr* ▪**sich** *dat* **jdm** ~ to reveal oneself to sb, to be revealed to sb

Erschließung *f* ① BAU, ÖKON, ADMIN (*das zugänglich Machen*) opening up; *eines Gebiets* development ② GEOL, ÖKON (*das nutzbar Machen*) tapping ③ LING (*Schlußregel*) inference

Erschließungskosten *pl* FIN development costs *pl* **Erschließungsvertrag** *m* FIN development contract **Erschließungswert** *m* FIN development value

erschöpfbar *adj* (*Reserven*) finite

erschöpfen* **I.** *vt* ① (*ermüden*) ▪**jdn** ~ to exhaust sb ② (*aufbrauchen*) ▪**etw** ~ to exhaust sth; ▪**erschöpft sein** to be exhausted **II.** *vr* ① (*zu Ende gehen*) ▪**sich** ~ to run out; ***das Interesse der Bevölkerung erschöpfte sich schnell*** the people quickly lost interest ② (*etw umfassen*) ▪**sich in etw** *dat* ~ to consist only of sth; ▪**sich darin ~, dass jd etw tut** to only go as far as sb doing sth; ***meine Möglichkeiten*** ~ ***sich darin, dass ich versuchen kann, für Sie zu intervenieren*** the only thing I can do is try to intervene on your behalf

erschöpfend **I.** *adj* ▪~ **sein** ① (*zur Erschöpfung führend*) exhausting ② (*ausführlich*) exhaustive **II.** *adv* exhaustively

erschöpft **I.** *pp und 1. pers sing von* **erschöpfen** **II.** *adj* exhausted; **völlig** [*o* **restlos**] [*o* **zu Tode**] ~ completely [*or* absolutely] exhausted [*or* BRIT *fam a.* knackered]

Erschöpfung <-, *selten* -en> *f* ① (*völlige Ermüdung*) exhaustion; **bis zur** [**völligen**] ~ **arbeiten** to work until one is [completely] exhausted [*or* ready to drop] *fam*; **vor** ~ with exhaustion ② (*das Aufbrauchen*) *Mittel, Vorräte* running out, exhaustion ③ JUR (*Ausschöpfen*) exhaustion; ~ **des Patentrechts/der Rechtsmittel** exhaustion of patent rights/legal remedies

Erschöpfungseinrede *f* JUR plea of depletion of the estate **Erschöpfungszustand** *m* **sich in einem** ~ **befinden** to be in a state of exhaustion; **an Erschöpfungszuständen leiden** to suffer from exhaustion

erschossen *adj* (*fam*) bushed *fam*, BRIT *fam a.* knackered; ▪[**völlig**] ~ **sein** to be [completely] bushed [*or* BRIT *sl a.* knackered]

Erschossene(r) *f(m)* *dekl wie adj* victim of shooting

erschrecken I. *vt* <erschreckte, erschreckt> *haben* ① *(in Schrecken versetzen)* ■ **jdn** ~ to give sb a fright ② *(bestürzen)* ■ **jdn** ~ to alarm sb, to shock sb II. *vi* <erschrickt, erschreckte *o* erschrak, erschreckt *o* erschrocken> *sein* ■ **[vor jdm/etw/bei etw]** ~ to get a fright [from sb/sth/on account of sth]; ~ ***Sie nicht, ich bin's nur!*** don't get a fright, it's only me! III. *vr* <erschrickt, erschreckte, erschreckt *o* erschrocken> *haben (fam: einen Schrecken bekommen)* ■ **sich [über etw** *akk***]** ~ to be schocked [by sth]

Erschrecken *nt kein pl* fear, terror

erschreckend I. *adj* alarming; ■ ~ **sein** to be alarming II. *adv* ① *(schrecklich)* terrible ② *(fam: unglaublich)* incredibly

erschrickt *3. pers pres von* **erschrecken**

erschrocken I. *pp von* **erschrecken II, III** II. *adj* alarmed, shocked; ■ ~ **sein** to be alarmed III. *adv* with a start *pred*

erschüttern* *vt* ① *(zum Beben bringen)* ■ **etw** ~ to shake sth ② *(in Frage stellen)* ■ **etw** ~ to shake sth; *Ansehen* damage; *Glaubwürdigkeit* undermine ③ *(tief bewegen)* ■ **jdn** ~ to shake sb, to distress sb; **jdn kann nichts mehr** ~ nothing can shake [*or* distress] sb anymore; **sich durch nichts ~ lassen** to let nothing shake [*or* distress] oneself

erschütternd *adj* distressing

erschüttert *adj* shaken, distressed; ■ **[über etw** *akk***] erschüttert sein** to be shaken [*or* distressed] [by sth]

Erschütterung <-, -en> *f* ① *(erschütternde Bewegung)* shake ② *(Destabilisierung)* destabilization *no pl;* ***dieses skandalöse Urteil bewirkte eine ~ der gesamten Rechtsprechung*** this scandalous judgement has given the whole justice system a shake-up ③ *(das Erschüttern) Vertrauen* shaking ④ *(seelische Ergriffenheit)* distress; ***ihre ~ war ihr deutlich anzumerken*** it was easy to see that she was in distress

erschweren* *vt* ■ **[jdm] etw** ~ to make sth more difficult [for sb]; ***das Problem erschwerte ihm die Aufgabe*** the problem complicated the task for him

erschwerend I. *adj* complicating II. *adv* ■ **sich ~ auswirken** to make things difficult; ~ ***kommt noch hinzu ...*** to make matters [*or* things] worse…

Erschwernis <-, -se> *f (geh)* [additional] difficulty

Erschwerniszulage *f* JUR extra pay for difficult working conditions

Erschwerung <-, -en> *f* ■ **die ~ einer S.** *gen* the hindrance to sth

erschwindeln* *vt* ■ **[sich** *dat***] etw von jdm** ~ to con sth [for oneself] out of sb

erschwinglich *adj* affordable; ■ ~ **sein** to be affordable

ersehen* *vt irreg (geh)* ■ **etw aus etw** *dat* ~ to see sth from sth; ***alles weitere können Sie aus meinem Lebenslauf ~*** you'll find additional information in my CV; ■ **aus etw** *dat* **~, dass** to see from sth that

ersehnen* *vt (geh)* ■ **etw** ~ to long for sth, to yearn for sth; ■ **ersehnt** longed for, yearned for

ersetzbar *adj* replaceable; ■ ~ **sein** to be replaceable

ersetzen* *vt* ① *(austauschen)* ■ **etw [durch etw]** ~ to replace sth [with sth] ② *(vertreten)* ■ **[jdm] jdn/etw** ~ to replace [sb's] sb/sth; ***er ersetzt dem Kind den Vater*** he's a replacement father to the child ③ *(erstatten)* ■ **jdm etw** ~ to reimburse sb for sth

ersetzend *adj* JUR substitute

Ersetzung <-, -en> *f* JUR *(Ersatz)* replacement, substitution; **dingliche** ~ physical substitution

Ersetzungsbefugnis *f* JUR right to offer alternative performance

ersichtlich *adj* apparent; ■ **aus etw** *dat* **~ sein, dass** to be apparent [*or* clear] from sth that

ersinnen* *vt irreg (geh)* ■ **etw** ~ to concoct sth; *Plan* devise

ersitzen* *vt irreg* JUR ■ **etw** ~ to acquire sth by adverse possession

Ersitzung <-, -en> *f* JUR adverse possession, [acquisitive] prescription

Ersitzungsrecht *nt* JUR title by prescription; **~e geltend machen** to prescribe

erspähen* *vt* ■ **jdn/etw [unter etw** *dat***]** ~ to spot sb/sth [among sth]

ersparen* *vt* ① ■ **jdm etw** ~ to spare sb sth; ***ich kann Ihnen die Wartezeit leider nicht ~*** I'm afraid you'll have to wait; **jdm bleibt etw/nichts erspart** sb is spared sth/not spared anything; ***schon wieder dieser Ärger, mir bleibt aber auch nichts erspart!*** not this again! the things I have to put up with!; ■ **sich** *dat* **etw** ~ to save oneself sth; ***den Ärger hättest du dir ~ können*** you could have spared yourself this trouble ② *(durch Sparen erwerben)* ■ **[sich** *dat***] etw** ~ to save up [to buy] sth

Ersparnis <-, -se *o* ÖSTERR -ses, -se> *f o* ÖSTERR *nt* ① *kein pl (Einsparung)* ■ **die/eine ~ an etw** *dat* the/a saving in [*or* of] [*or* on] sth ② *meist pl (erspartes Geld)* savings *npl*

Ersparte(s) *nt dekl wie adj* savings *npl*

ersprießlich *adj (geh)* useful, helpful; *Zusammenarbeit* successful; ■ **irgendwie ~ sein** to be useful [*or* helpful] in some way

erst I. *adv* ① *(zuerst)* [at] first; ~ ***sagst du ja, dann wieder nein!*** first you say yes, then you say no again!; ~ ***schien noch die Sonne, aber dann fing es bald an zu regnen*** at first it was sunny but it soon started to rain; ***mach ~ [ein]mal die Arbeit fertig*** finish your work first; ***wenn du das ~ einmal hinter dir hast*** once you've got that over with ② *(nicht früher als)* only; ***wecken Sie mich bitte ~ um 8 Uhr!*** please don't wake me until 8 o'clock!; ***er hat mich ~ darauf aufmerksam gemacht, als es schon zu spät war*** he didn't draw my attention to it until it was too late; ***ich brauche die Rechnung ~ in 5 Wochen zu bezahlen*** I don't need to pay the bill for another 5 weeks; ~ **gestern/heute/morgen** only yesterday/today/tomorrow; ***der nächste Zug fährt ~ morgen*** the next train doesn't leave until tomorrow; ~ **jetzt** only now; **eben/gerade ~** [only] just; ~ **vor kurzem** only recently, only just; ~ **als ...** only when…; ~ **wenn** only if; ~ **..., wenn** only…if ③ *(bloß)* only II. *part (verstärkend)* ***an deiner Stelle würde ich ~ gar nicht anfangen*** if I was in your shoes I wouldn't even start; ***wenn wir zu Hause sind, dann kannst du ~ was erleben!*** when we get home you'll be in real trouble! ▶ WENDUNGEN: ~ **recht** all the more; **jetzt ~ recht/recht nicht!** ***jetzt zeigst du es ihr ~ recht!*** now you can really show her!; ***tu, was man dir sagt! — nein, jetzt ~ recht nicht!*** do what you're told! no, now I definitely won't do it!; *s. a.* **gar**

Erstanmeldedatum *nt* JUR *(Patentrecht)* original filing date **Erstanmelder(in)** *m(f)* JUR *eines Patents* first applicant **Erstanmeldung** *f* JUR *eines Patents* original application [*or* filing]

erstarken* *vi sein (geh)* ① *(stärker werden)* to gain strength ② *(intensiver werden)* to become stronger; *(von Hoffnung/Zuversicht)* to increase

erstarren* *vi sein* ① *(fest werden)* to harden, to solidify; ***bei 0° C erstarrt Wasser zu Eis*** at 0° C water freezes and becomes ice ② *(wie gefroren sein)* to freeze; ***Dracula bot einen Anblick, der jedem das Blut in den Adern ~ ließ*** the sight of Dracula made everybody's blood freeze [in their veins] ③ *(vor Kälte steif werden)* to freeze ④ *(starr werden)* ■ **[vor etw** *dat***]** ~ to freeze [with sth]

Erstarrung <-> *f kein pl* ① *(Starrwerden)* solidification; *Blut* congealment, congelation ② *(Starrsein, Starrheit)* numbness, stiffness

erstatten* *vt* ① *(ersetzen)* ■ **[jdm] etw** ~ to reimburse [sb] for sth ② *(geh: mitteilen)* **Anzeige ~** to report a crime; **Anzeige gegen jdn ~** to report sb; **jdm Bericht/Meldung [über etw** *akk***] erstatten** to report to sb/notify sb [about sth]

Erstattung <-, -en> *f von Auslagen, Unkosten* reimbursement

Erstattungsanspruch *m* JUR claim for reimbursement **Erstattungsbeschluss**[RR] *m* JUR restitution order **Erstattungsbetrag** *m* HANDEL refund, amount refunded **erstattungsfähig** *adj* JUR refundable, recoverable, repayable; **~er Betrag/~e Ausgaben** recoverable sum/expenses; **nicht ~** nonrefundable **Erstattungsgesetz** *nt* JUR Recovery of Public Funds Act **erstattungspflichtig** *adj* JUR reimbursable

erstaufführen *vt nur infin, pp* to première; ■ **erstaufgeführt** premièred **Erstaufführung** *f* première **Erstauflage** *f* first print[-run] **Erstauftrag** *m* ÖKON initial [*or* first] order

erstaunen* I. *vt haben* ■ **jdn** ~ to amaze sb; ***dieses Angebot erstaunt mich*** I find this offer amazing II. *vi sein* ■ **über etw** *akk* ~ to be amazed by sth

Erstaunen *nt* amazement; **voller ~** full of amazement; **jdn in ~ versetzen** to amaze sb; **zu jds ~** to sb's amazement

erstaunlich I. *adj* amazing, astonishing; ■ **~ sein, dass/was/wie** to be amazing that/what/how; ■ **E~es** something amazing, amazing things *npl* II. *adv* amazingly, astonishingly

erstaunlicherweise *adv* astonishingly [*or* amazingly] [enough]

erstaunt I. *adj* amazed; ***du machst so ein ~es Gesicht*** you look so amazed; ■ **[über jdn/etw] ~ sein** to be amazed [by sb/sth] II. *adv* in amazement

Erstausfertigung *f* original **Erstausgabe** *f* ① *(erste Veröffentlichung)* first edition ② *(Buch)* first edition **Erstausgabepreis** *m* BÖRSE issue price **Erstberechtigung** *f* JUR first title **erstbeste(r, s)** *adj attr* first; ■ **der/die/das E~** the first one sees [*or* comes across], the next best **Erstbesteigung** *f* first ascent **Erstdelinquent** *m* first offender

erste(r, s) *adj* ① *(an erster Stelle kommend)* first; ***die ~n fünf/die fünf ~n Bäume*** the first five trees; **das E~, was ...** the first thing that; **die ~ Klasse** [*o fam* **die E~**] primary one BRIT, first grade AM; *s. a.* **achte(r, s) 1** ② *(Datum)* first, 1st; *s. a.* **achte(r, s) 2** ③ *(führend)* leading, number one, top; ***das ~ Haus am Platz*** *(Hotel)* the best [*or* finest] hotel in town; *(Laden)* the top [*or* best] store in town; *s. a.* **Klasse, Wahl** ▶ WENDUNGEN: **der/die/das ~ Beste** the first one sees [*or* comes across], the next best; **fürs E~** to begin with, for the time being, for starters *fam;* **zum E~n, zum Zweiten, zum Dritten** going once, going twice, sold

Erste(r) *f(m) dekl wie adj* ① first; *s. a.* **Achte(r) 1** ② *(bei Datumsangabe)* ■ **der ~** [*o geschrieben* **der 1.**] the first *spoken*, the 1st *written; s. a.* **Achte(r) 2** ③ *(Namenszusatz)* **Ludwig der ~** *geschrieben* Louis the First; **Ludwig I.** *geschrieben* Louis I ④ *(beste(r))* the best, the leader; ***in Mathematik war sie die ~ in der Klasse*** she was top of the class in maths; ***der Porsche ist wieder ~r geworden*** the Porsche won again ▶ WENDUNGEN: ~ **unter Gleichen** first among equals

erstechen* *vt irreg* ■ **jdn [mit etw** *dat***]** ~ to stab sb to death [with sth]

erstehen* *irreg* I. *vt haben (fam)* ■ **etw** ~ to pick up sth *sep* II. *vi sein* ① *(geh: neu entstehen)* to be rebuilt ② *(geh: erwachsen)* ■ **jdm [aus etw** *dat***]** ~ to arise for sb [from sth]; ***daraus würden Ihnen nur Unannehmlichkeiten ~*** it would only cause you difficulties

Erste-Hilfe-Kasten *m* first-aid box **Erste-Hilfe-Kurs** *m* first-aid course **Erste-Hilfe-Leistung** *f* first aid *no pl*

ersteigen* *vt irreg* ■ **etw** ~ to climb sth; ***die höchsten Stufen des Ruhmes ~*** to rise to the dizzy heights of fame

ersteigern *vt* ■ **etw** ~ to buy sth [at an auction]

Ersteigung *f Berg* climbing

Ersteingabe *f* first entry **Ersteinsatz** *m* first use, first deployment

Erste-Klasse-Abteil *nt* first class compartment **Erste-Klasse-Wagen** *m* first class carriage

erstellen* *vt* ① *(geh: errichten)* ■ **etw [in etw** *dat***]** ~ to build sth [in sth] ② *(anfertigen)* ■ **[jdm] etw** ~ to draw up, to write, to produce; ■ **sich** *dat* **etw [von jdm] ~ lassen** to have sth drawn up/written/produced [by sb] ③ TECH, INFORM ■ **etw** ~ to create [*or* construct] sth

Erstellung <-, -en> *f* ① (*geh: Errichtung*) *Gebäude, Wohnungen* building ② (*Anfertigung*) drawing up, writing, production; **die ~ eines genauen Konzeptes** to draw up an exact plan
erstemal *adv s.* **Mal**
erstenmal *adv s.* **Mal**
erstens *adv* firstly
erstere(r, s) *adj* ■ **der/die/das E~** the former; ***fliegen Sie mit der Maschine um 9:00 oder um 14:00? — mit E~r*** are you taking the plane at 9 AM or 2 PM? — the one at 9 [*or* the former]
erstgebärend *adj* primigravida *spec* **Erstgebärende** *f dekl wie adj* first-time mother [*or* primipara] *spe* **erstgeboren** *adj attr* first-born; ■ **der/die E~e** the first-born [child] **erstgenannt** *adj attr* first, first mentioned **Ersthypothek** *f* FIN first [*or* senior] mortgage
ersticken* I. *vt haben* ① (*durch Erstickung töten*) ■ **jdn ~** to suffocate sb ② (*erlöschen lassen*) ■ **etw ~** to extinguish sth ③ (*dämpfen*) ■ **etw ~** to deaden sth ④ (*unterdrücken*) ■ **etw ~** to crush sth II. *vi sein* ① (*durch Erstickung sterben*) ■ **an etw** *dat* **~** to choke to death on sth, to be suffocated by sth; ***das Kind ist an einer Fischgräte erstickt*** the child choked to death on a fish bone; **zum E~** (*fam*) suffocating *fam*, stifling ② (*erlöschen*) to go out ③ (*übermäßig viel haben*) ■ **in etw** *dat* **~** to drown in sth; ***Deutschlands Städte ~ im Verkehr*** Germany's towns are overflowing with traffic
Ersticken *nt kein pl* choking, suffocating
erstickt *adj* stifled; ***sie sprach mit halb von Tränen ~er Stimme*** she could hardly speak through all her tears
Erstickte(r) *f(m) dekl wie adj* victim of suffocation [*or* choking]
Erstickung <-> *f kein pl* ① (*von Lebewesen*) suffocation *no pl* [*or* choking] ② (*von Feuer*) suffocation; ***die ~ der Flammen gelang ihnen nur mit Mühe*** they were able to put out the flames only with difficulty
Erstickungsanfall *m* choking fit
Erstinstallation *f* INFORM new installation, setting up **erstinstanzlich** *adj* of first instance *pred* **erstklassig** I. *adj* first-class II. *adv* first-class, excellently **Erstklässler**^RR^**(in)**, **Erstkläßler** <-s, -> *m* SÜDD, SCHWEIZ, **Erstklasser(in)** <-s, -> *m(f)* ÖSTERR primary one pupil BRIT, first grader AM **Erstkommunikant(in)** *m(f)* REL first communicant **Erstkommunion** *f* first communion **Erstkonsument(in)** *m(f) von Drogen* first-time user **Erstkontakt** *m* ÖKON initial approach [*or* contact] **Erstkunde, kundin** *m, f* HANDEL first customer **Erstlagerung** *f* initial storage
Erstling <-s, -e> *m* ① (*erstes Werk*) first work ② (*erstgeborenes Kind*) first[-born *dated*] child
Erstlingsschühchen <-s, -> *nt* bootees *pl* **Erstlingswerk** *nt* first book [*or* work]
erstmalig I. *adj* first II. *adv* (*geh*) *s.* **erstmals**
erstmals *adv* for the first time
Erstochene(r) *f(m) dekl wie adj* victim of fatal stabbing
erstrahlen* *vi sein* (*geh*) ■ **[in etw** *dat***] ~** to be aglow [with sth]
erstrangig *adj* ① (*sehr wichtig*) major ② (*erstklassig*) first-class, first-rate
erstreben* *vt* (*geh*) ■ **etw ~** to strive for sth
erstrebenswert *adj* worth striving for *pred;* ■ **[für jdn] ~ sein** to be worth striving for [in sb's opinion]; ■ **es ist ~, etw zu sein** it is worth striving to be sth; ■ **etwas E~es** something worth striving for
erstrecken* I. *vr* ① (*sich ausdehnen*) ■ **sich [in etw** *akk***/über etw** *akk***] ~** to extend [in sth/over sth] ② (*betreffen*) ■ **sich auf etw** *akk* **~** to include sth II. *vt* SCHWEIZ (*verlängern*) ■ **etw ~** to extend sth
erstreiten* *vt irreg* ■ **etw ~** to fight to get sth
Erstschlag *m* first strike **Erstschlagoption** *f* MIL first-strike option; *s. a.* **Abschreckungsszenario** **Erststimme** *f* first vote (*given for a candidate in the voter's constituency in the first round of the Bundestag elections*) **Ersttagsbrief** *m* first-day cover
Ersttäter(in) *m(f)* first offender
erstunken *adj* ▶ WENDUNGEN: **das ist ~ und erlogen** (*fam*) that's [*or* a pack of lies] the biggest lie I've ever heard BRIT
erstürmen* *vt* ① MIL (*durch einen Sturmangriff einnehmen*) ■ **etw ~** to storm sth ② (*fig o selten: ein Ziel erreichen*) ■ **etw ~** to conquer sth
Erstvermietung *f kein pl* first-time letting **Erstveröffentlichung** *f* first publication **Erstveröffentlichungsrecht** *nt* first publication rights *pl* **Erstwähler(in)** *m(f)* first-time voter **Erstzulassung** *f* AUTO initial registration
ersuchen* *vt* (*geh*) ① (*auffordern*) ■ **jdn um etw** *akk* **~** to request sth from sb; ■ **jdn [darum] ~, etw zu tun** to request sb to do sth ② (*bitten*) ■ **[jdn [o bei jdm]] um etw** *akk* **~** to request sth [from sb]
Ersuchen <-s, -> *nt* JUR (*geh*) request; **förmliches ~** requisition; **richterliches ~** letters rogatory; **ein ~ an jdn richten** [*o* **stellen**] to file a request with sb, to submit a request to sb; **auf ~ der/des ...** at the request of the...
ertappen* I. *vt* ■ **jdn [bei etw** *dat***] ~** to catch sb [doing sth]; *s. a.* **in flagranti, Tat** II. *vr* ■ **sich bei etw** *dat* **~** to catch oneself doing sth
erteilen* *vt* (*geh*) ■ **[jdm] etw ~** to give [sb] sth
Erteilung <-, -en> *f* JUR (*Übertragen*) grant; (*Ausstellen*) issue; **~ eines Auftrags** placing of an order; **~ einer Auskunft** provision of information; **Ersuchen auf ~ eines Patents** petition for the grant of a patent; **~ der Handlungsvollmacht** conferring power of attorney
Erteilungsantrag *m* (*für Patent*) request for a grant **Erteilungsbeschluss**^RR^ *m* (*für Patent*) decision of grant **Erteilungsgebühr** *f* (*für Patent*) patent fee **Erteilungsverfahren** *nt* (*Patentrecht*) granting procedure
ertönen* *vi sein* (*geh*) ① (*zu hören sein*) to sound; ***vom Nachbarhaus her ertönte laute Musik*** loud music was coming from the neighbouring house; ■ **etw ~ lassen** to let sth sound ② (*widerhallen*) ■ **von etw** *dat* **~** to resound with sth
Ertrag <-[e]s, Erträge> *m* ① (*Ernte*) yield; **~ bringen** [*o* **abwerfen**] to bring yields ② *meist pl* revenue; **~ bringen** [*o* **abwerfen**] to bring in revenue
ertragen* *vt irreg* ■ **etw ~** to bear sth; **nicht zu ~ sein** to be unbearable
ertragfähig *adj* ① AGR *Boden* fertile, productive ② FIN *Geldanlage* [potentially] profitable
Ertragfähigkeit <-> *f kein pl* ① AGR fertility, productivity ② FIN [potential] profitability, earning potential [*or* capacity]
erträglich *adj* bearable; ■ **[irgendwie] ~ sein** to be bearable [in a certain way]; **schwer ~ sein** to find it difficult to cope with sth
ertraglos *adj* FIN unprofitable; **~es Geschäft** unprofitable transaction **ertragreich** *adv* productive; *Land* fertile
Ertragsanteil *m* FIN share of earnings **Ertragsausschüttung** *f* dividend distribution **Ertragsaussichten** *pl* FIN prospects for making a profit **Ertragsbesteuerung** *f* FIN taxation of earnings **Ertragsbilanz** *f* FIN net earning power **Ertragseinbruch** *m* FIN sharp drop in earnings **Ertragsentwicklung** *f* FIN trend of earnings, development of profits **Ertragserwartungen** *pl* FIN earnings [*or* profit] expectations **ertragsfähig** *adj* FIN productive, profitable; **~e Geldanlage** profitable investment of money **Ertragsgrenze** *f* FIN profit margin **Ertragskraft** *f* FIN earning power, profitability **Ertragslage** *f* FIN profitability, profit situation **Ertragsleistung** *f* FIN earnings performance **Ertragsminderung** *f* ÖKON decrease in profits **Ertragsniveau** *nt* FIN profit situation **Ertragsrückgang** *m* ÖKON drop in earnings **ertragsschwach** *adj* FIN low-yield *attr,* weak in earning power **Ertragsspanne** *f* margin of return **ertragsstark** *adj* FIN high-yield *attr,* highly profitable **Ertragssteigerung** *f* profits increase **Ertragssteuer** *f* FIN profits tax, tax on profits **ertragssteuerbegünstigt** *adj* FIN income tax-privileged **Ertragsteuerbilanz** *f* FIN earnings-tax balance sheet
Ertragswert *m* FIN capitalized earning power [*or* value of potential revenue] **Ertragswertansatz** *m* FIN income value appraisal method **Ertragswertverfahren** *nt* FIN gross rental method **Ertragszinsen** *pl* FIN interest *kein pl* received
ertränken* I. *vt* ① (*ersäufen*) ■ **jdn/ein Tier ~** to drown sb/an animal ② (*betäuben*) ■ **etw [in etw** *dat***] ~** to drown sth [in sth] II. *vr* ■ **sich ~** to drown oneself
erträumen* *vt* ■ **[sich** *dat***] jdn/etw ~** to dream about [*or* of] sb/sth
ertrinken* *vi irreg sein* ■ **[in etw** *dat***] ~** to drown [in sth]
Ertrinken <-s> *nt kein pl* drowning
ertrotzen* *vt* (*geh*) ■ **[sich** *dat***] etw ~** to obtain by forceful means
Ertrunkene(r) *f(m) dekl wie adj* victim of drowning
ertüchtigen* I. *vt* (*geh*) ■ **jdn ~** to strengthen sb II. *vr* ■ **sich ~** to strengthen oneself
Ertüchtigung <-, -en> *f* strengthening; **körperliche ~** physical strengthening
erübrigen* I. *vr* ■ **sich ~** to be superfluous; ■ **es erübrigt sich, etw zu tun** it is not necessary to do sth II. *vt* (*aufbringen*) **etw ~ können** *Geld, Zeit* to spare sth
eruieren* *vt* (*geh*) ① (*in Erfahrung bringen*) ■ **etw ~** to find out sth *sep;* ■ **[bei jdm] ~, wann/wer ...** to find out [from sb] when/where ... ② ÖSTERR, SCHWEIZ (*ausfindig machen*) ■ **jdn ~** to find sb
Eruption <-, -en> *f* eruption
Eruptivgestein *nt* GEOL eruptive [*or* extrusive] [*or* igneous] rock
Erwachen *nt kein pl* (*geh*) awakening
erwachen* *vi sein* ① (*geh: aufwachen*) ■ **[aus etw** *dat***] ~** to wake up [from sth]; **aus der Narkose ~** to come round from the anaesthetic [*or* anesthetic] AM *esp;* **aus einer Ohnmacht ~** to come to; ■ **von etw** *dat* **~** to be woken by sth ② (*sich regen*) **Gefühle ~ in jdm** to awaken feelings in sb ▶ WENDUNGEN: **ein böses E~** a rude awakening
erwachsen*[1] [-ks-] *vi irreg sein* (*geh*) ■ **jdm ~** to arise for sb; ■ **etw erwächst jdm aus etw** sth causes sth for sb; **jdm ~ Kosten [aus etw** *dat***]** sb incurs costs [as a result of sth]
erwachsen[2] [-ks-] *adj* adult, grown-up
Erwachsene(r) *f(m) dekl wie adj* adult, grown-up
Erwachsenenbildung [-ks-] *f* adult education **Erwachsenentaufe** *f* adult christening
erwägen* *vt irreg* ① (*in Betracht ziehen*) consider ② (*überlegen*) ■ **etw ~** to consider sth; ■ **~, etw zu tun** to consider doing sth
Erwägung <-, -en> *f* consideration; **etw in ~ ziehen** to give sth one's consideration, to consider sth; **in ~ ziehen, etw zu tun** to consider doing sth; **aus bestimmten ~en [heraus]** for certain reasons
erwähnen* *vt* ■ **jdn/etw ~** to mention sb/sth; ■ **[jdm gegenüber] ~, dass ...** to mention [to sb] that ...
erwähnenswert *adj* worth mentioning *pred,* noteworthy; ***ich hielt es nicht für ~*** I didn't think it worth mentioning
Erwähnung <-, -en> *f* mentioning; **~ finden** (*geh*) to be mentioned
erwärmen* I. *vt* ① (*warm machen*) ■ **etw ~** to warm sth [up] ② (*begeistern*) ■ **jdn für etw** *akk* **~** to arouse [*or* kindle] enthusiasm in sb for sth II. *vr* ① (*warm werden*) ■ **sich [auf etw** *akk***] ~** to warm up [to sth] ② (*sich begeistern*) ■ **sich für jdn/etw ~** to work up enthusiasm for sb/sth
Erwärmung <-, -en> *f* warming, heating up
erwarten* I. *vt* ① (*entgegensehen*) ■ **jdn/etw ~** to expect sb/sth ② (*dem Eintritt von etw entgegensehen*) ■ **etw ~** to wait for [*or* to await] sth *form* ③ (*voraussetzen*) ■ **etw von jdm ~** to expect sth from sb; ■ **von jdm ~, dass** to expect sb to do sth; **von jdm zu ~ sein** to be expected from sb; ***von ihr ist bestimmt keine Hilfe zu ~*** she definitely won't [want to] help ④ (*mit etw rechnen*) ■ **etw erwartet einen** sth awaits one; **zu ~ sein** [*o geh* **stehen**], **dass** to be expected; **etw war zu ~** sth was to be ex-

pected; **wider E~** contrary to [all] expectation[s] ❺ (*bekommen*) ■**etw [von jdm]** ~ to expect [sb's] sth; ***sie erwartet ein Baby von ihm*** she's expecting his baby **II.** *vr* (*sich versprechen*) ■**sich** *dat* **etw von jdm/etw** ~ to expect sth from [*or* of] sb/sth

Erwartung <-, -en> *f* ❶ *kein pl* (*Ungeduld*) anticipation; **in gespannter** ~ in eager anticipation ❷ *pl* (*Hoffnung*) expectations *pl;* **jds ~en gerecht werden** to live up to sb's expectations; **seine ~en zu hoch spannen** to raise one's hopes too high; **voller** ~ full of expectation; **zu bestimmten ~en berechtigen** to give grounds for certain expectations; **hinter jds ~en zurückbleiben** to not come up to sb's expectations; **den ~en entsprechen** to fulfil [*or* AM *usu* fulfill] the expectations; **jds ~en enttäuschen** to not come [*or* AM live] up to sb's expectations; **große ~en an etw** *akk* **knüpfen** to place high hopes on sth; **alle ~en übertreffen** to exceed all expectations, to go beyond all expectations ❸ (*Entgegensehen*) ■**in** ~ **einer S.** *gen* (*geh*) in anticipation of sth

Erwartungsdruck <-[e]s> *m kein pl* **unter** ~ **stehen** to be under pressure to perform **erwartungsgemäß** *adv* as expected **Erwartungshaltung** *f* expectation **Erwartungshorizont** *m* level of expectations **erwartungsvoll I.** *adj* expectant, full of expectation *pred;* ***ich fürchte, du bist zu*** ~ I fear you're expecting too much **II.** *adv* expectantly **Erwartungswert** *m* ÖKON expectation [value]

erwecken* *vt* ❶ (*hervorrufen*) ■**etw** ~ to arouse sth; **den Eindruck ~, ...** to give the impression ..., to create the impression ...; **Zweifel** ~ to raise doubts ❷ (*geh: aufwecken*) ■**jdn [aus etw** *dat*] ~ to wake sb [from sth]

erwehren* *vr* (*geh*) ■**sich jds/einer S.** ~ to fight off sb/sth *sep;* **sich einer S.** *gen* **nicht/kaum** ~ **können** to not/hardly be able to hold back sth; **sich eines Eindrucks/einer Vorstellung nicht** ~ **können** to not be able to help thinking sth

erweichen* *vt* ❶ (*umstimmen*) ■**jdn** ~ to make sb change their mind; **sich** ~ **lassen** to let oneself be persuaded ❷ KOCHK (*weich machen*) ■**etw** ~ to soften sth

erweisen* *irreg* **I.** *vt* ❶ (*nachweisen*) ■**etw** ~ to prove sth; ■**~, dass** to prove that; ■**erwiesen** proved ❷ (*zeigen*) ■**etw wird ~, dass/ob ...** sth will show that/whether ... ❸ (*geh: entgegenbringen*) ■**[jdm] etw** ~ to express sth [to sb]; **jdm einen Dienst/Gefallen tun** to do somebody a service/favour [*or* AM -or] **II.** *vr* ❶ (*sich herausstellen*) ■**sich [als etw]** ~ to prove oneself [sth]; ***dieser Mitarbeiter hat sich als zuverlässig erwiesen*** this employee has proved himself reliable; ■**es erweist sich, dass** it is evident that ❷ (*sich zeigen*) ■**sich [gegen jdn [*o* jdm gegenüber]] als etw** ~ to be sth [to sb]; ***sie sollte sich eigentlich dankbar [gegen ihn/ihm gegenüber]*** ~ she should really be grateful [to him]

erweiterbar *adj* expandable; INFORM *a.* extensible

erweitern* **I.** *vt* ❶ (*verbreitern*) ■**etw [auf etw** *akk*/**um etw** *akk*] ~ to widen sth [to sth/by sth] ❷ (*vergrößern*) ■**etw [auf etw** *akk*/**um etw** *akk*] ~ to expand [*or* enhance] sth [to sth/by sth] ❸ (*weiter machen*) ■**etw [um etw** *akk*] ~ to widen sth [by sth]; ■**sich** *dat* **etw** ~ **lassen** to have sth widened ❹ (*umfangreicher machen*) ■**etw [auf etw** *akk*/**um etw** *akk*] ~ to increase [*or* expand] [by sth/to sth] **II.** *vr* ❶ (*sich verbreitern*) ■**sich [auf etw** *akk*/**um etw** *akk*] ~ to widen [to sth/by sth] ❷ MED, ANAT ■**sich** ~ to dilate

erweitert I. *pp und 1. pers sing von* **erweitern II.** *adj* extended; **ein krankhaft ~es Herz** a dangerously distended heart; **~e Poren** dilated pores; **ein Wort im ~en Sinne verwenden** to use a word in a broad [*or* extended] sense

Erweiterung <-, -en> *f* ❶ (*Verbreiterung*) *Anlagen, Fahrbahn* widening ❷ (*Vergrößerung*) expansion, enhancement, extension ❸ (*Ausweitung*) increase ❹ MED, ANAT dilation

Erweiterungsbau *m* extension **Erweiterungsbus** *m* INFORM expansion bus **erweiterungsfähig** *adj* expandable **Erweiterungsinvestition** *f* FIN capital expenditure on extension **Erweiterungskarte** *f* INFORM expansion card **Erweiterungsspeicher** *m* INFORM extension memory **Erweiterungsspeichermanager** *m* INFORM extended memory manager **Erweiterungsverbot** *nt* JUR extension ban

Erwerb <-[e]s, -e> *m* ❶ *kein pl* (*geh: Kauf*) ■**der** ~ **einer S.** *gen* acquisition *form,* purchase; **gutgläubiger** ~ bona fide purchase, acquisition in good faith ❷ (*berufliche Tätigkeit*) ■**jds** ~ sb's occupation; **einem/keinem** ~ **nachgehen** (*geh*) to have an/no occupation

erwerben* *vt irreg* ❶ (*kaufen*) ■**etw [für etw** *akk*] ~ to acquire sth [for sth], to purchase sth [for sth] ❷ (*an sich bringen*) ■**etw [durch etw** *akk*] ~ to acquire sth [through sth]; **einen Titel** ~ to receive a title ❸ (*gewinnen*) ■**[sich** *dat*] **etw** ~ to earn sth; **jds Vertrauen** ~ to win sb's trust

Erwerber(in) *m(f)* JUR (*Käufer*) purchaser; (*durch Übertragung*) transferee; (*von Grundbesitz*) grantee

Erwerbermodell *nt an investment plan in which sb purchases property and pays a reduced amount of tax through amortisation*

Erwerbsarbeit *f* gainful employment, waged work **Erwerbsbeschränkung** *f* ÖKON partial disablement; ■**~en** occupational restrictions **Erwerbsbevölkerung** *f* working population **erwerbsfähig** *adj* (*geh*) fit for gainful employment *form pred,* able to participate in gainful employment *form pred,* fit for work *pred,* able to work *pred* **Erwerbsfähigkeit** *f kein pl* ÖKON ability [*or* capacity] to work; **eingeschränkte/verminderte** ~ restricted earning power/partial disability **Erwerbsgenossenschaft** *f* JUR **Erwerbs- und Wirtschaftsgenossenschaft** commercial cooperative **Erwerbsgeschäft** *nt* ÖKON commercial undertaking **Erwerbsgesellschaft** *f* HANDEL acquisitive society, [firm] purchase association **Erwerbsgrundlage** *f* ÖKON means *pl* of livelihood **Erwerbsleben** *nt* working life; **im** ~ **stehen** to lead a working life **erwerbslos** *adj* (*geh*) unemployed **Erwerbslose(r)** *f(m) dekl wie adj* unemployed person **Erwerbslosigkeit** *f kein pl* ÖKON unemployment **Erwerbsminderungsrente** *f* ÖKON, POL limited incapacity benefit **Erwerbsmöglichkeiten** *pl* ÖKON job opportunities **Erwerbspersonen** *pl* ÖKON gainfully employed **Erwerbssteuer** *f* FIN profit tax, earned income tax **erwerbstätig** *adj* working, gainfully employed; **die ~e Bevölkerung** the working population **Erwerbstätige(r)** *f(m) decl wie adj* ÖKON gainfully employed [person], BRIT *a.* person in work; **selbstständig** ~ self-employed [person] **Erwerbstätigkeit** *f kein pl* ÖKON gainful employment, remunerative occupation; **selbstständige** ~ self-employment **erwerbsunfähig** *adj* (*geh*) unfit for gainful employment *form pred,* unable to participate in gainful employment *form pred,* unfit for work *pred,* unable to work *pred;* **jdn** ~ **machen** to render sb unfit for work/unable to work **Erwerbsunfähigkeit** <-> *f kein pl* ÖKON inability to work, total disability; ~ **oder Minderung der Erwerbsfähigkeit** total disability or reduced earning capacity **Erwerbsunfähigkeitsklausel** *f* JUR disability clause **Erwerbsunfähigkeitsrente** *f* FIN invalidity pension BRIT, disability [pension [*or* pay]] AM **Erwerbszweig** *m* line of business

Erwerbung *f* ❶ (*Kauf*) acquisition, purchase ❷ (*erworbener Gegenstand*) acquisition

erwidern* *vt* ❶ (*antworten*) ■**[jdm] etw [auf etw** *akk*] ~ to give [sb] a reply [to sth]; ■**[auf etw** *akk*] ~ to reply [to sth]; ***... erwiderte sie frech ...*** she replied cheekily; ***was haben Sie zu diesen Vorwürfen zu ~?*** what do you have to say in response to these accusations?; ■**[auf etw** *akk*] **~, dass** to reply [to sth] by saying [that]; ***auf meine Frage erwiderte sie ...*** she replied to my question by saying ... ❷ (*zurückgeben*) ■**etw** ~ to return sth; *s. a.* **Feuer**

Erwiderung <-, -en> *f* ❶ (*Antwort*) reply ❷ (*das Erwidern*) returning; **die** ~ **jds Liebe** returning of sb's love ❸ JUR (*Duplik*) *des Beklagten* rejoinder; *des Klägers* replication

Erwiderungsrecht *nt* JUR right of reply

erwiesenermaßen *adv* as has been proved

erwirken* *vt* (*geh*) ■**etw [gegen jdn]** ~ to obtain sth [against sb]

erwirtschaften* *vt* ■**etw** ~ to make

erwischen* *vt* (*fam*) ❶ (*ertappen*) ■**jdn [bei etw** *dat*] ~ to catch sb [doing sth] ❷ (*ergreifen, erreichen*) ■**jdn/etw** ~ to catch sb/sth; ***hast du den Bus noch erwischt?*** did you manage to catch the bus? ❸ (*treffen*) ■**jdn [an etw** *dat*] ~ to hit sb/[sb's sth] ▶ WENDUNGEN: **jdn hat's erwischt** (*sl: total verliebt sein*) sb has got it bad; (*plötzlich erkrankt sein*) sb has really come down with it *fam;* (*unerwartet umgekommen sein*) sb has snuffed it, fam

erworben *adj* acquired

erwünscht *adj* ❶ (*gewünscht*) desired ❷ (*willkommen*) welcome, desirable; **eine ~e Gelegenheit** a welcome opportunity; ***Ihre Anwesenheit ist zwar kein Muss, aber durchaus*** ~ your presence is not compulsory though definitely desirable; ***Sie sind hier nicht ~!*** you are not welcome here!; ***Rauchen nicht ~!*** smoking not permitted!

erwürgen* *vt* ■**jdn** ~ to strangle sb

Erwürgte(r) *f(m) dekl wie adj* victim of strangling

Erythromycin <-s> [-tsi:n] *nt* MED erythromycin

Erythrozyt <-s, -en> *m* BIOL, MED erythrocyte

Erz <-es, -e> *nt* ore

Erzader *f* vein of ore

erzählen **I.** *vt* ❶ (*anschaulich berichten*) explain ❷ (*sagen*) tell, relate; ■**[jdm] etw** ~ to tell [sb sth]; **[jdm] seine Erlebnisse** ~ to tell [sb] about one's experiences; ■**[jdm] ~, was/wie/wer** to tell [sb] what/how/who; ***was erzählst du da?*** what are you saying?; **es wird erzählt, dass** they say that, there is a rumour [*or* AM -or] that ▶ WENDUNGEN: **das kannst du anderen ~!** (*fam*), **das kannst du sonst wem [*o* einem anderen]** ~ (*fam*) you can tell that to the marines!, tell me another! BRIT; **mir kannst du viel** ~ (*fam*) say what you like!; **dem/der werd' ich was ~!** (*fam*) I'll give him/her a piece of my mind!; **wem** ~ **Sie/erzählst du das!** (*fam*) you're telling me! **II.** *vi* to tell a story/stories

Erzähler(in) *m(f)* ❶ (*jd, der erzählt*) storyteller ❷ (*Schriftsteller*) storyteller, author; (*Romanperson*) narrator

erzählerisch *adj* narrative

Erzählung *f* ❶ (*Geschichte*) story ❷ *kein pl* (*das Erzählen*) telling; ***darf ich jetzt in meiner ~ fortfahren?*** may I continue telling my joke/story now?

Erzbergwerk *nt* ore mine

Erzbischof, -bischöfin *m, f* archbishop **erzbischöflich** *adj attr* archiepiscopal **Erzbistum** *nt* archbishopric **Erzdiakon, -diakonisse** *m, f* archdeacon *masc,* archdeaconess *fem* **Erzdiözese** *f* archdiocese **Erzengel** *m* archangel

erzeugen* *vt* ■**etw** ~ ❶ *bes* ÖSTERR (*produzieren*) to produce sth ❷ CHEM, ELEK, PHYS to generate sth ❸ (*hervorrufen*) to create sth; **Ärger** ~ to cause trouble; ■**etw bei jdm** ~ to result in sb's sth; **Langeweile** ~ to result in sb's becoming bored

Erzeuger(in) <-s, -> *m(f)* ❶ *bes* ÖSTERR (*geh: Produzent*) producer ❷ (*hum fam: Vater*) father

Erzeugergemeinschaft *f* ÖKON producers' [*or* manufacturers'] association [*or* cooperative] **Erzeugerland** *nt* ÖKON country of origin **Erzeugermarkt** *m* ÖKON producers' market **Erzeugermindestpreis** *m* ÖKON minimum producer price **Erzeugermitgliedstaat** *m* POL *der EU* producer member state **Erzeugerpreis** *m* ÖKON manufacturer's price **Erzeugerrisiko** *nt* ÖKON producer's risk

Erzeugnis *nt* HANDEL product; ~ **mit Warenzeichen** trademark[ed] product; **branchenfremdes/branchentypisches** ~ nonengineering/nontextile/etc./engineering/textile/etc. product; **einheimisches** ~ domestic product; **handelsübliches** ~ commercially available product

Erzeugnisselbstkosten *pl* FIN manufacturer's direct [prime] costs **Erzeugnissortiment** *nt* HANDEL product range **Erzeugnisvorkalkulation** *f*

FIN product cost accounting
Erzeugung <-, -en> *f* ❶ *kein pl* CHEM, ELEK, PHYS generation ❷ (*Produktion*) production
Erzeugungsdefizit *nt* FIN production deficit **Erzeugungsquote** *f* ÖKON production quota
Erzfeind(in) *m(f)* arch enemy **Erzgauner** *m* (*pej*) out-and-out rogue
Erzgebirge *nt* Erzgebirge
Erzgewinnung *f* ore mining
Erzherzog(in) *m(f)* archduke *masc,* archduchess *fem*
erziehbar *adj* educable; ■**irgendwie ~ sein** to be educable in a certain way; ***Kinder sind nicht immer leicht*** ~ bringing children up isn't always easy
erziehen* *vt irreg* ❶ (*aufziehen*) ■**jdn** ~ to bring up *sep;* ***meinen Mann werde ich schon noch ~!*** (*hum*) I'll get my husband trained, don't you worry!; **gut/schlecht erzogen sein** to be well/badly brought-up ❷ (*anleiten*) ■**jdn zu etw** *dat* ~ to teach sb to be sth; ***ihre Eltern hatten sie zur Pünktlichkeit erzogen*** her parents had taught her to be punctual
Erzieher(in) <-s, -> *m(f)* educator, teacher
erzieherisch *adj* educative
Erziehung *f kein pl* ❶ (*das Erziehen*) education *no pl,* teaching; ■**jds ~ zu jdm/etw** teaching sb to be sb/sth ❷ (*Aufzucht*) upbringing ❸ (*anerzogene Manieren*) manners *npl;* ***wo ist deine gute ~ geblieben?*** where are your manners?; **keine ~ haben** [*o* **jdm fehlt die** ~] to not be brought up properly, to not have any manners
Erziehungsaufgabe *f* job [*or* task] of educating [*or* bringing up] **Erziehungsbeihilfe** *f* education grant; *für Lehrlinge* training allowance BRIT **Erziehungsbeistand** *m* JUR educational supervisor **erziehungsberechtigt** *adj* acting as legal guardian *pred* **Erziehungsberechtigte(r)** *f(m) dekl wie adj* legal guardian, parent or legal guardian; ***Unterschrift des/der ~n*** signature of parent or legal guardian **Erziehungsgeld** *nt* child benefit (*paid for at least 6 months after the child's birth to compensate the parent who takes time off work to look after the child*) **Erziehungsgewalt** *nt* JUR parental authority **Erziehungsheim** *nt* community home **Erziehungsjahr** *nt year taken off work after the birth of a child to look after the child* **Erziehungsmaßregel** *f* JUR disciplinary measure[s] for juvenile delinquents **Erziehungsmethode** *f* method of education **Erziehungsrecht** *nt* JUR right of care and custody **Erziehungsurlaub** *m time taken off to look after a newborn child,* maternity [*or* paternity] leave **Erziehungswesen** *nt kein pl* education system **Erziehungswissenschaft** *f kein pl* education, educational studies *npl* **Erziehungswissenschaftler(in)** *m(f)* educationalist BRIT, educational theorist AM; (*Pädagoge*) educator
erzielen* *vt* ❶ (*erreichen*) ■**etw** ~ to reach sth, to achieve sth; ***es konnte bisher noch keine Einigung erzielt werden*** no agreement has been reached yet; **einen Erfolg erzielen** to achieve success; ***sie erzielte den ersten Preis*** she won the first prize ❷ SPORT ■**etw [gegen jdn]** ~ to score sth [against sth]; **eine Bestzeit/einen Rekord** ~ to establish a personal best/record
Erzielung *f* making, realization; ~ **eines Gewinns** profitmaking
erzittern* *vi sein* (*geh*) ❶ (*zu zittern beginnen*) ■**[vor etw** *dat*] ~ to start trembling [with sth] ❷ (*erbeben*) to shake; ■**etw ~ lassen** to make sth shake
Erzkonkurrent(in) *m(f)* (*pej*) arch-rival **erzkonservativ** *adj* ultra-conservative **Erzlager** *nt* ore deposit **Erzpriester(in)** *m(f)* arch-priest *masc,* arch-priestess *fem* **erzreaktionär** *adj* POL, SOZIOL (*pej*) ultrareactionary **Erzrivale, -rivalin** *m, f* (*pej*) arch-rival **Erzschurke, -schurkin** *m, f* (*pej*) arch-villain
erzürnen* (*geh*) **I.** *vt* ■**jdn** ~ to anger sb; **jdn sehr** ~ to anger sb greatly, to incense sb **II.** *vr* ■**sich über jdn/etw** ~ to get [*or* become] angry at sb/about [*or* at] sth
Erzverbrecher(in) *m(f)* (*pej*) arch-villain *masc,* arch-villainess *fem*
Erzvorkommen *nt* ore deposit
erzwingbar *adj* JUR *gerichtlich* enforceable
erzwingen* *vt irreg* ■**etw [von jdm]** ~ [*o* [**jds**] **etw** ~] to get [*or* obtain] sth [from sb] by force, to force sth from [*or* out of] sb; **jds Einverständnis** ~ to make sb [*or* force sb to] agree, to make sb see reason; **eine Entscheidung** ~ to force an issue; **jds Zuneigung** ~ to force sb's affections; **ein Geständnis/eine Unterschrift [von jdm]** ~ to make sb confess/sign, to force sb to confess/sign; **[von jdm] ein Zugeständnis** ~ to wring [*or liter* wrest] a concession [from sb]
Erzwingung <-> *f* JUR enforcement
Erzwingungsgeld *nt* FIN contempt fine **Erzwingungshaft** *f* JUR arrest to enforce a court order **Erzwingungsstrafe** *f* JUR punishment to enforce a court order
erzwungen **I.** *pp von* **erzwingen** **II.** *adj* forced; **~es Geständnis** a confession made under duress
es <*gen* seiner, *dat* ihm, *akk* es> *pron pers, unbestimmt* ❶ (*das, diese(r, s): auf Dinge bezogen*) it; ***wo ist mein Buch? — ~ liegt auf dem Tisch*** where's my book? — it's [lying] on the table; ■ ~ **ist jd/etw** it's sb/sth; ***wer ist da? — ich bin*** ~ who's there? — it's me [*or dated form* it is I]; ***ich höre jemanden klopfen, ~ sind die Kinder*** I hear somebody knocking, it's the children ❷ *auf vorangehenden Satzinhalt bezogen* it; ***alle fanden das Urteil ungerecht, aber niemand sagte*** ~ everyone found the verdict unjust, but nobody said so; ***kommt er auch? — ich hoffe*** ~ is he coming too? — I hope so ❸ *rein formales Subjekt* **jdm gefällt ~, etw zu tun** sb likes doing sth; ~ ***gefällt mir*** I like it; ~ ***friert mich*** I am cold; ~ ***freut mich, dass ...*** I am glad [*or* pleased] that ...; ~ ***interessiert mich, warum du das getan hast*** I'm interested to know why you did that; ~ ***scheint ihr egal zu sein*** she doesn't seem to care; ~ ***ist kalt/7 Uhr/28° Celsius*** it's cold/7 o'clock/28° celsius; ~ ***ist zu dumm, aber ...*** it's too bad, but ...; ~ ***ist schade, dass ...*** it's a pity [*or* shame] that ... ❹ *rein formales Objekt* ***er hat ~ gut*** he's got it made; ***wir haben ~ schon längst kommen sehen*** we saw it coming for a long time; ***sie hat ~ an der Blase*** she has bladder trouble ❺ *Subjekt bei unpersönlichen Ausdrücken* ~ ***klopft*** there's a knock [*or* there's somebody knocking] [*or* somebody's knocking] at the door; ***hat ~ geklingelt?*** did somebody ring?; ~ ***regnet*** it's raining; ~ ***wurde getanzt*** there was dancing; ~ ***wird immer noch nicht genug getan*** there's still not enough being done ❻ *Einleitewort mit folgendem Subjekt* ~ ***geschah ein Unglück*** there was an accident; ~ ***geschieht manchmal ein Wunder*** a miracle happens sometimes; ~ ***kamen alle*** everybody came; ~ ***waren Tausende*** there were thousands
Es <-, -> *nt* MUS E flat
ESA <-> *f kein pl Abk von* **European Space Agency** ESA
Escapetaste *f* INFORM *s.* **ESC-Taste**
Esche <-, -n> *f* ❶ (*Baumart*) ash [tree] ❷ (*Holz*) ash; **ein Tisch in** ~ an ash table
Eschenholz *nt* ash
ESC-Taste *f* INFORM escape key
Escudo <-[s], -[s]> *m* escudo
Esel(in) <-s, -> *m(f)* ❶ (*Tier*) donkey, ass *old,* she-ass *fem old,* jenny [ass] *fem old* ❷ *nur masc* (*fam: Dummkopf*) idiot; **ich ~!** I'm an idiot!, silly [old] me! *a. hum;* [**du**] ***alter ~!*** [you] idiot!
Eselsbrücke *f* (*fam*) aide-mémoire; (*gereimt*) jingle; **jdm/sich eine ~ bauen** to give sb a hint [*or* clue]/to use a mnemonic device **Eselsohr** *nt* dog-ear, turned-down corner; ***das Buch hat ja lauter ~en!*** the book has dog-eared pages all over the place!
ESF *m* EU *Abk von* **Europäischer Sozialfonds** ESF, European Social Fund
Eskalation <-, -en> *f* escalation
eskalieren* **I.** *vi* ■**[zu etw** *dat*] ~ to escalate [into sth]; ***der Wortwechsel eskalierte schnell zum Streit*** the exchange of words quickly escalated into an argument **II.** *vt* ■**etw** ~ to escalate sth
Eskapade <-, -n> *f* ❶ (*geh: mutwillige Unternehmung*) escapade ❷ (*Dressursprung beim Pferd*) caprice
Eskimo, -frau <-s, -s> *m, f* Eskimo; ■**die ~s** the Eskimo[s]
Eskimofrau *f fem form von* **Eskimo** [female] Eskimo, Eskimo woman
eskomptieren* *vt* HANDEL ■**etw** ~ to discount sth
Eskorte <-, -n> *f* escort
eskortieren* *vt* ■**jdn** ~ to escort sb; ■**etw** ~ to convoy [*or* escort] sth
ESO *f kein pl Abk von* **Europäische Südsternwarte** ESO
Esoterik <-> *f kein pl* ■**die** ~ esotericism
esoterisch *adj* esoteric
ESP *nt* AUTO *Abk von* **elektronisches Stabilitätsprogramm** ESP
Espadrille <-, -s> [-ˈdriːj] *f* espadrille
Espe <-, -n> *f* aspen, trembling poplar
Espenlaub *nt* aspen leaves *pl;* **zittern wie** ~ to be shaking like a leaf
Esperanto <-s> *nt kein pl* Esperanto
Espresso <-[s], -s *o* Espressi> *m* espresso
Espressomaschine *f* espresso [machine]
Esprit <-s> [ɛsˈpriː] *m kein pl* (*geh*) wit; **eine Frau/ein Mann von** ~ a [woman/man of] wit, a spirited woman/man
Essay <-s, -s> [ˈɛse, ɛˈseː] *m o nt* essay
essbar[RR], **eßbar** *adj* edible; **nicht** ~ inedible; ■**etwas E~es** something to eat
Essbesteck[RR] *nt* cutlery set **Ess-Brech-Sucht**[RR] *f kein pl* bulimia; **an ~ leiden** to suffer from bulimia
Essen <-s> *nt* Essen
essen <isst, aß, gegessen> **I.** *vt* (*Nahrung zu sich nehmen*) ■**etw** ~ to eat sth; ~ ***Sie gern Äpfel?*** do you like apples?; ***ich esse am liebsten Schokoladeneis*** I like chocolate ice-cream most [*or* best] of all; **etw zum Nachtisch** ~ to have sth for dessert ► WENDUNGEN: **gegessen sein!** (*fam*) to be dead and buried **II.** *vi* to eat; (*dinieren*) to dine *form;* ■**von etw** *dat* ~ to eat some of sth, to eat of sth *old;* (*probieren*) to try sth, to have some of sth; **in der Kantine/einem Restaurant** ~ to eat in the canteen/a restaurant, to take one's meals/a meal in the canteen/a restaurant; **von einem Teller** ~ to eat off a plate; **griechisch/italienisch** ~ to have a Greek/an Italian meal; ***lass uns chinesisch*** ~ let's have a Chinese *fam;* **gutbürgerlich** ~ to eat good plain food; **kalt/warm** ~ to have a cold/hot meal; ~ **gehen** (*zum E~ gehen*) to go to eat; ***ich geh' jetzt erst mal*** ~ (*fam*) I'm just going for something to eat now; (*im Lokal speisen*) to eat [*or form* dine] out; **[gerade] beim E~ sein** to be in the middle of eating [*or* a meal]; ***in diesem Restaurant kann man gut*** ~ this restaurant does good food; ***ich habe noch nirgends so schlecht gegessen*** nowhere have I had such a poor meal; ***ich bin*** ~ (*fam*) I've gone to eat, tuck in! *fam,* get stuck in! *fam;* ~ ***kommen!*** come and eat!
Essen <-s, -> *nt* ❶ (*zubereitete Mahlzeit, Speise*) meal, repast *form;* (*Arbeits~*) working lunch/dinner; (*Fest~*) dinner; (*offizielles Dinner*) banquet, formal [*or* official] dinner; ~ **auf Rädern** meals on wheels; **zum ~ bleiben** to stay for [*or* BRIT to] lunch/dinner, to stay for a meal; **das ~ auf den Tisch bringen** to serve up [lunch/dinner] *sep;* **jdn zum ~ einladen** to invite sb to [*or* for] lunch/dinner, to invite sb for a meal; ~ **fassen** MIL to draw rations; (*fam*) to come and get one's meal; **ein ~ [für jdn] geben** to give [*or* throw] a banquet [for sb]; **das ~ kochen** [*o fam* **machen**] to cook [*or fam* get] the meal; **zum ~ kommen** to come and eat ❷ (*Nahrung*) food *no pl, no indef art;* **fettes** ~ fatty food
Essen(s)ausgabe *f* ❶ (*Schalter*) serving counter ❷ *kein pl* (*Verteilung einer Mahlzeit*) serving of meals; ***die ~ ist morgens um 7*** meals are served every morning at 7 **Essen(s)marke** *f* meal [*or* AM ticket] voucher **Essenszeit** *f* mealtime
Essentialismus <-> *m kein pl s.* **Essenzialismus**

essentiell *adj, adv s.* **essenziell**

Essenz <-, -en> *f* KOCHK, CHEM essence

Essenzialismus[RR] <-> *m kein pl* PHILOS essentialism

essenziell[RR] I. *adj* ① (*geh: wesentlich*) essential; **von ~er Bedeutung sein** to be of vital importance ② BIOL, CHEM, MED essential II. *adv* PHILOS essentially

Esser(in) <-s, -> *m(f)* mouth to feed; **ein guter/schlechter ~/eine gute/ schlechte ~in sein** to be a big [*or* BRIT great]/poor eater; ***auf einen ~ mehr kommt es auch nicht an*** one more person won't make any difference

Essgeschirr[RR] *nt* (*Service*) dinner service; MIL (*Besteck*) mess tin [*or* AM kit] **Essgewohnheiten**[RR] *pl* eating habits *pl*

Essig <-s, -e> *m* (*saure Flüssigkeit*) vinegar, acetum *spec* ▸ WENDUNGEN: **mit etw** *dat* **ist es ~** (*fam*) it's all up with sth *fam;* ***damit ist es nun ~*** it's all off; ***mit dem neuen Auto ist es ~*** we/they etc. can forget the new car

Essigessenz *f* vinegar concentrate [*or* essence] **Essiggurke** *f* [pickled] gherkin **essigsauer** *adj* CHEM acetic; **essigsaure Tonerde** [basic] aluminium acetate **Essigsäure** *f* acetic [*or spec* ethanoic] acid

Esskastanie[RR] [-kasta:niə] *f* sweet chestnut, marron **Esskultur**[RR] *f kein pl* gastronomic culture **Esslöffel**[RR] *m* ① (*Essbesteck*) dessert spoon; (*zum Suppe essen*) soup spoon ② (*Maßeinheit beim Kochen*) tablespoon; ***man nehme einen ~ Zucker*** take a tablespoon of sugar **esslöffelweise**[RR] *adv* by the spoonful **Essstäbchen**[RR] *nt meist pl* chopstick **Essstörung**[RR] *f meist pl* eating disorder **Esssucht**[RR] *f kein pl* compulsive eating **Esstisch**[RR] *m* dining table **Esswaren**[RR] *pl* food *no pl, no indef art,* provisions **Esszimmer**[RR] *nt* dining room

Establishment <-s, -s> [ɪs'tɛblɪʃmənt] *nt* ■**das ~** the Establishment

Este, Estin <-n, -n> *m, f* Estonian; *s. a.* **Deutsche(r)**

Ester <-s, -> *m* CHEM ester

Estland <-s> *nt* Estonia; *s. a.* **Deutschland**

estnisch *adj* Estonian; *s. a.* **deutsch**

Estragon <-s> *m kein pl* tarragon

Estragonessig *m* tarragon vinegar **Estragonöl** *nt* tarragon oil

Estremadura *f* Estremadura

Estrich <-s, -e> *m* ① (*Fußbodenbelag*) concrete floor ② SCHWEIZ (*Dachboden*) attic, loft

Eszett <-, -> *nt* eszett, [the letter] ß

etablieren* (*geh*) I. *vt* ■**etw ~** to establish sth II. *vr* ① (*einen festen Platz gewinnen*) ■**sich** [**fest**] **~** to become [firmly] established, to establish oneself ② (*sich niederlassen*) ■**sich ~** to settle down ③ (*ein Geschäft gründen*) ■**sich als etw ~** to set oneself up as sth

etabliert *adj* (*geh*) established; **die ~e Oberschicht** the ruling class

Etablissement <-s, -s> [etablɪsə'mã:] *nt* (*geh*) ① (*Lokal*) establishment ② (*euph: Bordell*) house of pleasure *euph,* bordello *liter*

Etage <-, -n> [e'ta:ʒə] *f* floor; **auf** [*o* **in**] **der 5. ~** on the 5th floor BRIT, on the 6th floor AM

Etagenbett [e'ta:ʒən-] *nt* bunk bed **Etagenheizung** *f* single-storey heating system **Etagenwohnung** *f* flat BRIT, apartment AM, *occupying a whole floor*

et al. *Abk von* **et alii** et al.

Etappe <-, -n> *f* ① (*Abschnitt*) phase; **in ~n arbeiten** to work in stages ② (*Teilstrecke*) leg, stage ③ MIL communications zone

Etappensieg *m* SPORT stage-win; (*fig*) partial victory **Etappensieger(in)** *m(f)* SPORT stage-winner

Etat <-s, -s> [e'ta:] *m* POL budget; **einen ~ aufstellen** to prepare [*or sep* draw up] a budget; **den ~ kürzen** to trim the budget

Etatentwurf *m* budgetary estimates *pl* **Etatjahr** *nt* ÖKON financial year **etatmäßig** *adj* ÖKON budgetary; **~e Ausgaben** budget spending **Etatüberschuss**[RR] *m* ÖKON budget surplus

etc. [ɛt'tse:tera] *Abk von* **et cetera** etc.

etepetete *adj pred* (*fam*) finicky *fam,* pernickety *fam*

Eternit® <-s> *m* asbestos cement

Ethik <-> *f kein pl* ① (*Wissenschaft*) ethics + *sing vb* ② (*moralische Haltung*) ethics *npl* ③ (*bestimmte Werte*) ethic; **christliche ~** Christian ethic

Ethikunterricht *m kein pl* SCH (*Unterricht*) ethics teaching, teaching of ethics; (*Stunden*) ethics lessons [*or* classes] *pl*

ethisch *adj* ethical

ethnisch *adj* ethnic

Ethnografie[RR] <-, -n> *f s.* **Ethnographie**

Ethnographie <-, -n> [*pl* -'fi:ən] *f* ethnography

Ethnologe, -login <-n, -n> *m, f* ethnologist

Ethnologie <-, -n> [*pl* -'gi:ən] *f kein pl* ethnology *no pl*

Ethnologin *f* ethnologist

Ethogramm <-s, -e> *nt* BIOL ethogram

Ethologie <-> *f kein pl* ethology *no pl*

Ethos <-> ['e:tɔs] *nt kein pl* (*geh*) ethos; **berufliches ~** professional ethics *npl*

Etikett <-[e]s, -e> *nt* ① (*Preisschild*) price tag ② (*Aufnäher*) label ③ (*Aufkleber*) external label

Etikette <-, -n> *f* (*geh*) etiquette; **gegen die ~ verstoßen** to offend against etiquette

Etikettenschwindel *m* ① (*Etiketten vertauschen*) fraudulent exchange of labels ② (*fig: Augenwischerei*) conmanship; ***was dieser Politiker redet ist reinster ~*** this politician is purely juggling with names

etikettieren* *vt* ■**etw ~** to label sth; *Preis* to price-tag sth

Etikettierung <-, -en> *f* HANDEL labelling

etliche(r, s) *pron indef* ① *adjektivisch, sing/pl* quite a lot of; **~ Mal** (*geh*) several [*or* quite a few] times ② *substantivisch, pl* quite a few ③ *substantivisch, sing* ■**~s** quite a lot; **um ~s älter/größer als jdn** quite a lot older/bigger than sb

etlichemal *adv* (*geh*) *s.* **etliche(r, s) 1**

Etrusker(in) <-s, -> *m(f)* Etruscan [*or* Etrurian]

etruskisch *adj* Etruscan [*or* Etrurian]

Etruskisch <-en> *nt* LING ■**~/ das ~e** Etruscan [*or* Etrurian]

Etüde <-, -n> *f* MUS étude

Etui <-s, -s> [ɛt'vi:, e'tyi:] *nt* case; (*verziert a.*) etui **Etuikleid** *nt* MODE box dress [*or* sheath] **Etuirock** *m* sheath skirt

etwa I. *adv* ① (*ungefähr, annähernd*) about; **in ~** more or less; **so ~** [*o* **~ so**] roughly [*or* more or less] like this; ***so ~ könnte es passiert sein*** it could have happened roughly like this ② (*zum Beispiel*) for instance; ***wie ~ mein Bruder*** like my brother for instance II. *part* ① (*womöglich*) ***ist das ~ alles, was Sie haben?*** are you trying to tell me [*or* do you mean to say] that's all you've got?; ***soll das ~ heißen, dass ...?*** is that supposed to mean [that] ...?; ***willst du ~ schon gehen?*** [surely] you don't want to go already!; ***das haben Sie wohl nicht mit Absicht gesagt, oder ~ doch?*** you didn't say that on purpose — or did you?; ***bleibst du nun hier oder kommst du ~ doch mit?*** do you want to stay here, or are you coming after all? ② (*Verstärkung der Verneinung*) ***ist das ~ nicht wahr?*** do you mean to say it's not true?

etwaig *adj attr* any

Etwapreis *m* HANDEL approximate price

etwas *pron indef* ① *substantivisch* (*eine unbestimmte Sache*) something; ***hast du nicht eben auch ~ gehört?*** didn't you hear something then as well?; ***hast du ~?*** are you feeling all right?; ***merken Sie ~?*** do you notice anything?; **~ sein** to be something; ***das ist doch schon mal ~!*** that's nothing to sniff at! *fam;* ***das will ~ heißen*** that's saying something; ***sein Wort gilt ~ beim Chef*** his word counts for something with the boss; **~ miteinander haben** to have something going for each other ② *adjektivisch* (*nicht näher bestimmt*) something; **~ Anderes** [*o* **anderes**] something else; **~ Dummes/Neues** something stupid/new; ***dass ich das vergessen konnte, so ~ Dummes!*** I'm an idiot for forgetting that; ***~ Schöneres habe ich noch nie gesehen*** I have never seen anything more beautiful; (*ein bisschen*) a bit; [**noch**] **~ Geld/Kaffee** some [more] money/coffee; ***nimm dir ~ von dem Kuchen*** have a bit of cake ③ *adverbial* (*ein wenig*) a little, somewhat; ***du könntest dich ruhig ~ anstrengen*** you might make a bit of an effort; ***kannst du dich nicht ~ beeilen?*** can't you hurry up a little?; ***sie scheint ~ sauer zu sein*** she seems to be somewhat [*or* a little] annoyed; ***~ seltsam ist das schon, oder?*** that's a little strange, don't you think?

Etwas <-> *nt kein pl* **ein hartes/spitzes/... ~** something hard/sharp/...; **das gewisse ~** that certain something [*or liter* je ne sais quoi]; **ein winziges ~** a tiny little thing

Etymologie <-, -n> [*pl* -'gi:ən] *f* ① *kein pl* (*Wissenschaft*) ■**die ~** etymology *no pl* ② (*Herkunft*) etymology *no pl;* ***die ~ dieses Wortes ist unklar*** the etymology of this word is unclear

etymologisch *adj* etymological

EU *f Abk von* **Europäische Union** EU

EU-Behörde *f* EU authority **EU-Beitritt** *m* joining of the EU **EU-Bürger(in)** *m(f)* EU citizen, citizen of the EU **EU-Bürgerschaft** *f* EU citizenship

euch I. *pron pers akk, dat von* **ihr** you; ***wie ist das bei ~ in Frankreich mit den Ferien?*** what are your holidays like in France?; **ein Freund/eine Freundin von ~** a friend of yours II. *pron refl* ***beeilt ~!*** hurry [up]!; ***macht ~ fertig!*** get [*fam* yourselves] ready!; ***wascht ~!*** get [*fam* yourselves] washed!; ***putzt ~ die Zähne!*** brush your teeth!

Eucharistie <-> *f kein pl* REL Eucharist *no pl, no indef art*

EU-einheitlich *adj* EU-standard

euer I. *pron poss* your; ***es ist ~/eu[e]re/~[e]s*** it's yours; ***viele Grüße, ~ Martin!*** best wishes, [yours,] Martin; **E~** [*o* **Eu[e]re**] **Eminenz/Gnaden/Majestät** your Eminence/Grace/Majesty II. *pron pers gen von* **ihr** (*geh*) ***wir werden ~ gedenken*** we will think of you

euere(r, s) *pron poss s.* **eure(r, s)**

EU-Führerschein *m* EU driving licence [*or* AM driver's license]

Eugenik <-> *f kein pl* MED eugenics + *sing vb*

eugenisch *adj* MED eugenic

EuGH *m Abk von* **Europäischer Gerichtshof** European Court of Justice

EU-Gipfel *m* EU summit

Eukalyptus <-, -lypten> *m* ① (*Baum*) eucalyptus [tree] ② (*Öl*) eucalyptus [oil]

Eukalyptusbonbon [-bɔŋbɔŋ, -bõbõ:] *m o nt* eucalyptus lozenge **Eukalyptushonig** *m* eucalyptus honey

EU-Kartellrecht *nt* JUR EU cartel law

Eukaryont <-en, -en> *m meist pl* BIOL eukaryote

euklidisch *adj* MATH **~e Geometrie** Euclidean geometry

EU-Kommissar(in) *m(f)* EU commissioner **EU-Kommission** [e:'u:-] *f* EU Commission **EU-Land** *nt* ÖKON EU country

Eule <-, -n> *f* ① (*Vogel*) owl ② (*pej: Frau*) **alte ~** old crow [*or pej* crone] ▸ WENDUNGEN: **~n nach Athen tragen** (*prov*) to carry coals to Newcastle BRIT *prov*

Eulenspiegel *m* joker; ***unser Sohn ist ein richtiger ~*** our son is a right little rascal; **Till ~** Till Eulenspiegel *liter* **Eulenspiegelei** <-, -en> *f* caper, trick

EU-Ministerrat *m* EU Council of Ministers **EU-Mitgliedsland** *nt* EU member-state **EU-Norm** *f* EU-guideline

Eunuch <-en, -en> *m* eunuch

Euphemismus <-, -mismen> *m* euphemism

euphemistisch *adj* euphemistic

Euphorie <-, -n> [*pl* -'ri:ən] *f* euphoria

euphorisch *adj* euphoric

euphorisierend *adj* MED euphorigenic, euphoriant, euphoretic

Euratom <-> *f Akr von* **Europäische Atomgemeinschaft** Euratom

eure(r, s) *pron poss* (*geh*) ■[**der/die/das**] **E~** yours; [**stets** [*o* **immer**]] **der/die E~** yours [ever];

Onkel August, immer der E~ yours ever, Uncle August; ***tut ihr das E~*** you do your bit; ***kümmert ihr euch um das Eu[e]re!*** you attend to your own business

EU-Recht *nt* JUR EU law

Eureka <-> *f Akr von* **European Research Coordination Agency** Eureka

euerseits *adv* (*soweit es euch angeht*) for your part; (*von eurer Seite aus*) on your part

euresgleichen *pron* (*pej*) your like [*or pej* sort]

euretwegen *adv* (*wegen euch*) because of you, on your account; (*euch zuliebe*) for your sake[s]

euretwillen *adv* for your sake

Eurhythmie <-> *f kein pl* eurhythmics + *sing vb*

EU-Richtlinie *f* EU guide-line

eurige *pron* (*geh*) yours

Euro <-[s], -[s]> *m* Euro

Euroanleihe *f,* **Eurobond** *m* Eurobond **Eurocheque** *m s.* **Euroscheck** **Eurocity, Eurocityzug**RR [-sɪti-] *m* Eurocity train (*connecting major European cities*) **Euro-Devisen** *pl* FIN Eurocurrencies **Eurodollar** *m* Eurodollar **Eurogeldhändler(in)** *m(f)* FIN Eurocurrency dealer **Eurogeldmarkt** *m* FIN Eurocurrency market **Euro-II-Norm** *f* Euro-II-standard (*exhaust emission standard*) **Eurokapitalmarkt** *m* FIN Eurocapital market **Eurokorps** <-> *nt kein pl* MIL Eurocorps + *sing/pl vb*

Eurokrat(in) <-en, -en> *m(f)* Eurocrat

Eurokredit *m* FIN Eurocredit **Euroland** *nt* ÖKON EU country

Europa <-s> *nt* Europe

Europaabgeordnete(r) *f(m) dekl wie adj* Member of the European Parliament, MEP **Europacup** [-kap] *m s.* **Europapokal**

Europäer(in) <-s, -> *m(f)* European

Europafan *m* Europhile **Europafrage** *f* European question **Europagegner(in)** *m(f)* Europhobe

europäisch *adj* European; **E~e Atomgemeinschaft** [*o* **EURATOM**] European Atomic Energy Community, EURATOM; **E~e Kommission** European Commission; **E~e Einheitswährung** single European currency, euro; **E~er Entwicklungsfonds** European Development Fund; **E~er Fonds für Währungszusammenarbeit** European Monetary Co-operation Fund; **E~er Fonds für währungspolitische Zusammenarbeit** European Monetary Cooperation Fund, EMCF; **E~e Freihandelszone** European Free Trade Area; **E~e Freihandelsgemeinschaft** European Free Trade Association, EFTA; **E~e Gemeinschaft** [*o* **EG**] European Community, EC; **E~e Gemeinschaft für Kohle und Stahl** European Coal and Steel Community; **E~er Gerichtshof** European Court of Justice; **E~er Gewerkschaftsbund** European Trade Union Confederation; **E~e Kommission** European Commission; **E~e Marktordnung** European market regulations *pl;* **E~e Menschenrechtskommission** European Commission for Human Rights; **E~e Organisation für wirtschaftliche Zusammenarbeit** Organization for European Economic Cooperation; **E~es Parlament** European Parliament; **E~er Rat** European Council; **E~e Rechnungseinheit** European Unit of Account; **E~er Sozialfonds** European Social Fund; **E~e Union** European Union, EU; **E~e Verteidigungsgemeinschaft** European Defence [*or* AM -se] Council; **E~es Währungsabkommen** European Monetary Agreement; **E~e Währungseinheit** European Currency Unit, ECU; **E~er Währungsfonds** European Monetary Fund, EMF; **E~es Währungssystem** [*o* **EWS**] European Monetary System, EMS; **E~e Währungsunion** [*o* **EWU**] European Monetary Union, EMU; **E~er Wechselkursverbund** Currency Snake; **E~e Weltraumbehörde** European Space Agency; **E~e Wirtschaftsgemeinschaft** [*o* **EWG**] European Economic Community, EEC, [European] Common Market; **E~er Wirtschaftsrat** European Economic Council; **E~er Wirtschaftsraum** [*o* **EWR**] European Economic Area, EEA; **E~e Zentralbank** [*o* **EZB**] European Central Bank, ECB; **E~e Zollunion** European Customs Union

Europäische Investitionsbank *f* JUR European Investment Bank **Europäische Union** *f* European Union **Europäische Währungsunion** *f* European Monetary Union **Europäische Zentralbank** *f* JUR European Central Bank

europäisieren* *vt* ■**etw/jdn** ~ to Europeanize sth/sb

Europaliga *f* European League **Europameister(in)** *m(f)* (*als Einzelner*) European champion; (*als Team, Land*) European champions *pl* **Europameisterschaft** *f* European championship **Europaminister(in)** *m(f)* minister for European affairs **Europaparlament** *nt* ■**das** ~ the European Parliament **Europapass**RR *m* European passport **Europapokal** *m* European cup **Europapolitik** *f* European policy, policy on Europe **Europapolitiker(in)** *m(f)* Euro MP BRIT **Europarat** *m kein pl* Council of Europe *no pl, no indef art* **Europarecht** *nt kein pl* JUR European law **Europaskala** *f* TYPO European colour [*or* AM -or] scale, Euroscale **Europastraße** *f main European arterial route* **Europavertrag, EU-Vertrag** *m* JUR Treaty of Rome **Europawahl** *f* European elections *pl* **europaweit** *adj* Europe-wide, Pan-European, throughout Europe *pred*

Europium <-s> *nt kein pl* europium

Europol *f* Europol **Euroscheck** *m* Eurocheque **Euroscheckkarte** *f* Eurocheque card **Eurosignal** *nt* TELEK European call signal **Euroskeptiker(in)** *m(f)* Eurosceptic **Euro-Stoxx** <-> *m kein pl* (*Aktienindex*) Euro-Stoxx **Eurotunnel** *m* Channel tunnel **Eurovision** [-vi-] *f* Eurovision **Eurovisionssendung** [-vi-] *f* Eurovision broadcast [*or* BRIT programme], AM program **Euro-Währung** *f* European currency **Eurowährungsmarkt** *m* ÖKON Eurocurrency market

eurozentrisch *adj* SOZIOL, POL, PHILOS Eurocentric

EU-Staat *m* EU country

Euter <-s, -> *nt o m* udder

Euthanasie <-> *f kein pl* euthanasia *no pl, no art,* mercy killing *fam*

eutroph *adj* ÖKOL eutrophic

Eutrophierung <-, -en> *f* ÖKOL eutrophication

EU-Wettbewerbsrecht *nt kein pl* JUR EU competition law

ev. *adj Abk von* **evangelisch**

e.V., E.V. *m Abk von* **eingetragener Verein** registered association

Eva <-s> ['e:fa, 'e:va] *f* ❶ (*Frauenname*) Eve ❷ (*hum fam: Frau*) ***eine richtige kleine ~*** a proper little madam BRIT *hum*

Evakostüm *nt s.* **Evaskostüm**

evakuieren* [-va-] *vt* ❶ (*an sicheren Ort bringen*) ■**jdn/etw** ~ to evacuate sb/remove sth (**aus** +*dat* from, **in/auf** +*akk* to); **jdn aufs Land** ~ to evacuate sb to the country ❷ (*auslagern*) ■**etw** ~ to remove sth (**in** +*akk* to)

Evakuierte(r) *f(m) dekl wie adj* evacuee

Evakuierung <-, -en> [-va-] *f* evacuation

evangelisch [evaŋ'ge:lɪʃ] *adj* Protestant; ■~ **sein** to be a Protestant

evangelisch-lutherisch *adj* Lutheran-Protestant

Evangelisierung <-> *f kein pl* evangelizing

Evangelist <-en, -en> [evaŋge'lɪst] *m* evangelist

Evangelium <-s, -lien> [evaŋ'ge:liʊm, -liən] *nt* Gospel; (*fig*) gospel

Evaporation <-, -en> *f* evaporation

Eva(s)kostüm *nt* **im** ~ (*hum*) in her birthday suit *hum,* in the altogether BRIT *hum*

Event <-s, -s> [ɪ'vɛnt] *m* event

Eventbereich [ɪ'vent-] *m* events area; (*Präsentationsräume*) presentation rooms *pl;* (*Partyräume*) party rooms *pl*

Eventualantrag *m* POL secondary motion **Eventualaufrechnung** *f* JUR cautionary setting-off **Eventualbudget** *nt s.* **Eventualhaushalt** **Eventualfall** [-vɛn-] *m* eventuality, contingency; **für den ~ gerüstet sein** to be ready for the eventuality [*or* contingency]; **im** ~ in the eventuality **Eventualhaushalt** *m* FIN, POL emergency [*or* contingency] budget

Eventualität <-, -en> [-vɛn-] *f* eventuality, contingency; **für alle ~en gerüstet sein** to be ready for all eventualities

Eventualmaxime *f* JUR alternative pleading **Eventualverbindlichkeit** *f,* **Eventualverpflichtung** *f* FIN contingent [*or* secondary] liability, contingency **Eventualvertrag** *m* JUR aleatory contract

eventuell [-vɛn-] **I.** *adj attr* possible; ***bei ~en Rückfragen wenden Sie sich bitte an die Direktion*** if you have any queries please contact the management **II.** *adv* possibly, perhaps; ***ich komme ~ etwas später*** I might [possibly] come a little later; ***könntest du mir ~ 500 Mark leihen?*** could you lend me 500 marks, by any chance?

Evergreen <-s, -s> ['ɛvegri:n] *m* evergreen

evident [-vi-] *adj* (*geh*) obvious, patent *attr form;* ■~ **sein, dass ...** to be obvious that ...

Eviktion <-, -en> *f* JUR (*Gewährleistung*) eviction

ev.-luth. *adj Abk von* **evangelisch-lutherisch**

Evolution <-, -en> [-vo-] *f* evolution

Evolutionsfaktor *m* BIOL evolution factor **Evolutionstheorie** *f* BIOL theory of evolution; **darwinsche** ~ Darwinian theory [of evolution], Darwinism

EVP *m* HANDEL *Abk von* **Endverbraucherpreis** fixed retail price

evtl. *adj, adv Abk von* **eventuell**

EVU *nt Abk von* **Energieversorgungsunternehmen** energy supply company

E-Werk *nt s.* **Elektrizitätswerk**

EWG <-> *f Abk von* **Europäische Wirtschaftsgemeinschaft** EEC

EWI *nt Abk von* **Europäisches Währungsinstitut** EMI, European Monetary Institute

ewig **I.** *adj* ❶ (*immer während*) eternal; **~es Eis/~er Schnee** perpetual ice/snow; **das ~e Leben** eternal [*or* everlasting] life; **~e Liebe** undying love ❷ (*pej fam: ständig*) **~es Gejammer** never-ending [*or* non-stop] moaning and groaning **II.** *adv* ❶ (*dauernd*) eternally; (*seit jeher*) always; **[schon] ~ bestehen** to have always existed; (*für immer*) for ever, forever; **jdm ~ dankbar sein** to be eternally grateful to someone; **schwören, jdn ~ zu lieben** to swear one's undying love to sb; **auf ~** for ever ❷ (*fam: ständig*) always; ***in der Kantine gibt es ~ denselben Fraß*** (*fam*) the cantine always dishes up the same [old] grub *fam* ❸ (*fam: lange Zeitspanne*) for ages; ***den habe ich schon ~ nicht mehr gesehen*** I haven't seen him in [*or fam* for] ages; ***das dauert [ja] ~!*** it's taking ages [and ages]! *fam* ▶ WENDUNGEN: **drum prüfe, wer sich ~ bindet** (*prov*) marry in haste, repent at leisure *prov*

Ewiggestrige(r) *f(m) dekl wie adj* (*pej*) stick-in-the-mud *pej*

Ewigkeit <-, -en> *f* eternity *no pl, no def art,* everlastingness *no pl, no def art;* **eine [halbe] ~ dauern** (*hum fam*) to last an age [*or* an eternity]; **in die ~ eingehen** (*geh*) to pass into eternity *liter,* to enter into eternal life *liter;* **bis in alle ~** (*für alle Zeit*) for ever [*or liter* all eternity]; (*wer weiß wie lange*) for ever [and ever]; ***soll ich vielleicht bis in alle ~ warten?*** am I supposed to wait for ever?; **seit ~en** [*o* **einer ~**] (*fam*) for ages *fam*

Ewigkeitsgarantie *f kein pl* POL *des Grundgesetzes* guarantee in perpetuity

EWS <-> *nt kein pl Abk von* **Europäisches Währungssystem** EMS

EWU <-> *f Abk von* **Europäische Währungsunion** EMU

Ex <-> *m o f* ex *fam*

ex *adv* ❶ (*vorüber*) ■**mit etw** *dat* **ist es** ~ it's [all] over with sth; ■~ **sein** (*fam*) to be done for *fam* ❷ (*auf einmal*) **etw [auf] ~ trinken** to down sth in one; **[*aber*] [*trink*] ~!** bottoms up!, down the hatch! *fam* ▶ WENDUNGEN: ~ **und hopp** (*fam*) here today, gone tomorrow

exakt **I.** *adj* exact; ***das ist ~, was ich gemeint habe*** that's precisely [*or* exactly] what I meant **II.** *adv* exactly; ~ **arbeiten** to be accurate [*or* exact] in one's work

Exaktheit <-> *f kein pl* exactness *no pl,* precision

E

no pl

exaltiert *adj* (*geh*) effusive *form*

Examen <-s, – *o* Examina> *nt* final exam[ination]s *pl,* finals *npl;* **mündliches ~** oral exam[ination]; **schriftliches ~** [written] exam[ination]; **das** [*o* **sein**] **~ bestehen** to pass one's finals; **das** [*o* **sein**] **~ mit Auszeichnung bestehen** to pass one's finals with distinction; **das** [*o* **sein**] **~ mit Eins bestehen** [*o* **machen**] ≈ to get a First Brit [*or* Am an A]; **durch das ~ fallen** to fail [in] one's finals; **~ machen** to do [*or* take] one's finals

Examensangst *f* pre-exam anxiety; **unter ~ leiden** to suffer from pre-exam anxiety **Examensarbeit** *f prior written work as part of an examination* **Examenskandidat(in)** *m(f)* examinee, [examination] candidate

examinieren* *vt* (*geh*) ① (*prüfen*) ■**jdn** [**in etw** *dat*] **~** to examine sb [in sth]; **jdn über ein Thema ~** to examine sb in a subject; **eine examinierte Krankenschwester** a qualified nurse ② (*ausforschen*) **jdn** [**streng**] **~** to grill sb *fam,* to question sb closely

Ex-Dividende *f* Börse ex dividend

Exegese <-, -n> *f* (*geh*) exegesis

exekutieren* *vt* (*geh*) ■**jdn ~** to execute sb; **jdn durch Erhängen ~** to hang sb; **jdn durch Erschießen ~** to execute sb by firing squad

Exekution <-, -en> *f* (*geh*) execution; **eine ~ vollziehen** to carry out an execution; **~ durch Erschießen** execution by firing squad

Exekutionskommando *nt* (*geh*) firing [*or* execution] squad

Exekutive <-n, -n> [-'tiːvə] *f* Jur executive authority [*or* power]

Exempel <-s, -> *nt* ① (*geh: Beispiel*) [warning] example; **an jdm/mit etw ein ~ statuieren** to make an example of sb/use sth as a warning ② (*veraltet: Übungsaufgabe*) [mathematical] problem

Exemplar <-s, -e> *nt* ① (*einzelnes Stück*) specimen; **ein besonders schönes/gut erhaltenes/seltenes ~** a particularly lovely/well-preserved/rare specimen; ***Marc ist ein merkwürdiges ~*** Marc is a funny character ② (*Ausgabe*) *Buch, Heft* copy; *Zeitung* issue, number

exemplarisch **I.** *adj* ① (*beispielhaft*) exemplary, model *attr* ② (*typisch*) ■**~ für jdn/etw sein** to be typical [*or* characteristic] of sb/sth **II.** *adv* as an example; **jdn ~ bestrafen** to punish sb as an example [to others]

Exemption <-, -en> *f* Jur (*Freistellung*) exemption

Exequaturverfahren *nt* Jur (*Völkerrecht*) exequatur procedure

exerzieren* Mil **I.** *vi* to drill **II.** *vt* (*geh*) ■**etw ~** to practise [*or* Am -ice] sth

Exerzierplatz *m* Mil parade ground

Exerzitien [-tsiən] *pl* Rel spiritual exercise[s *pl*]

Exfrau *f fem form von* **Exmann** ex[-wife] **Exfreund** *m* ex[-boyfriend] **Exfreundin** *f fem form von* **Exfreund** ex[-girlfriend]

Exhibitionismus <-> *m kein pl* exhibitionism *no pl*

Exhibitionist(in) <-en, -en> *m(f)* exhibitionist, flasher *pej sl*

exhumieren* *vt* (*geh*) ■**jdn ~** to exhume [*or form* disinter] sb

Exhumierung <-, -en> *f* (*geh*) exhumation *form,* disinterment *form*

Exil <-s, -e> *nt* exile; **ins ~ gehen** to go into exile; **ins amerikanische ~ gehen** to be exiled to America; [**in Amerika**] **im ~ leben** to live in exile [in America]

Exilliteratur *f* literature written in exile **Exilregierung** *f* government in exile

existent *adj* (*geh*) existent

Existentialismus <-> *m kein pl s.* **Existenzialismus**

Existentialist(in) <-en, -en> *m(f) s.* **Existenzialist**

existentialistisch *adj s.* **existenzialistisch**

existentiell *adj* (*geh*) *s.* **existenziell**

Existenz <-, -en> *f* ① *kein pl* (*das Vorhandensein*) existence *no pl;* ■**die ~ von jdm/etw** [*o* **jds ~/die ~ einer S.**] *gen* the existence of sb/sth ② (*Lebensgrundlage, Auskommen*) livelihood; **eine gesicherte ~** a secure livelihood ③ (*Dasein, Leben*) life; **eine gescheiterte** [*o fam* **verkrachte**] **~** a failure [in life]; **sich eine neue ~ aufbauen** to create a new life for oneself; **eine kärgliche ~ fristen** to eke out a meagre [*or* Am -er] existence

Existenzangst *f* (*geh*) angst, fear for one's existence **Existenzberechtigung** *f kein pl* right to exist **Existenzgründer(in)** *m(f)* Ökon founder of a new business, person starting up a new business **Existenzgrundlage** *f* basis of one's livelihood **Existenzgründung** *f* setting up of self-employed business activities **Existenzgründungsberatung** *f* Ökon [business] start-up advice **Existenzgründungsbörse** *f* Ökon *forum for forging and promoting relations between established and start-up businesses* **Existenzgründungsseminar** *nt* Ökon *workshop for those wishing to set up on their own in business*

Existenzialismus[RR] <-> *m kein pl* existentialism *no pl*

Existenzialist[RR]**(in)** <-en, -en> *m(f)* existentialist

existenzialistisch[RR] *adj* existential[ist]

existenziell[RR] *adj* (*geh*) existential; **von ~er Bedeutung/Wichtigkeit** of vital significance/importance

Existenzkampf *m* struggle for survival **Existenzminimum** *nt* subsistence level, bread line Brit **Existenzsatz** *m* Math existance theorem

existieren* *vi* ① (*vorhanden sein*) to exist, to be in existence ② (*sein Auskommen haben*) ■[**von etw** *dat*] **~** to live [on sth], to keep alive [on sth] *iron*

Exitus <-> *m kein pl* Med (*fachspr*) death, exitus *spec*

Exklave <-, -n> [-və] *f* Pol exclave

exklusiv *adj* exclusive, select

Exklusivbericht *m* exclusive [report [*or* story]] **Exklusivbindung** *f* Ökon exclusive dealing

exklusive [-və] **I.** *präp +gen* Ökon exclusive of, excluding **II.** *adv* (*geh*) exclusively

Exklusivhandel *m* Ökon exclusive dealership

Exklusivität <-> [-vi-] *f kein pl* (*geh*) exclusiveness, selectness

Exklusivrecht *nt* exclusive rights *pl,* exclusivity *no pl,* sole right **Exklusivvereinbarung** *f* Jur exclusive [*or* sole contractor] agreement **Exklusivverkaufsrecht** *nt* Handel dealer franchise **Exklusivvermarktung** *f* Handel exclusive dealing **Exklusivvertrag** *m* Jur exclusive agreement, tying [*or* full requirements] contract

Exkommunikation *f* Rel excommunication

exkommunizieren* *vt* Rel ■**jdn ~** to excommunicate sb

Exkrement <-[e]s, -e> *nt meist pl* (*geh*) excrement *no pl,* excreta *npl form*

Exkulpation *f* Jur exculpation

Exkurs *m* digression, excursus

Exkursion <-, -en> *f* (*geh*) study trip Brit; Sch field trip

Exlibris <-, -> *nt* ex libris, bookplate

Exmann *m* ex[-husband]

Exmatrikulation <-, -en> *f removal of sb's name from the university register*

exmatrikulieren* **I.** *vt* ■**jdn ~** to take sb off the university register **II.** *vr* ■**sich ~** to have one's name taken off the university register

Ex-nunc-Wirkung *f* Ökon ex-nunc effect

Exocytose <-, -n> *f* Biol exocytosis

Exodus <-, -se> *m* (*geh*) exodus

ex officio Jur ex officio

exogen *adj* Med, Bot, Geol exogenous

Exon <-s, -s> *nt* Biol exon

exorbitant *adj* (*geh*) exorbitant

Exorzist(in) <-en, -en> *m(f)* exorcist

Exot(in) <-en, -en> *m(f)* ① (*aus fernem Land: Mensch*) exotic foreigner; (*Pflanze oder Tier*) exotic [plant/animal] ② (*fam: Rarität, ausgefallenes Exemplar*) rarity; (*Person*) eccentric; **wie ein ~ wirken** (*euph*) to look like something from outer space *hum,* to look out of place ③ *pl* (*Wertpapiere*) exotics *npl*

exotisch *adj* ① (*aus fernem Land*) exotic ② (*fam: ausgefallen*) unusual, bizarre

Expander <-s, -> *m* chest-expander

expandieren* *vi* to expand

Expansion <-, -en> *f* expansion

Expansionsperiode *f* Ökon period of expansion **Expansionsplan** *m* Ökon expansion plan **Expansionspolitik** *f kein pl* expansionism, expansionist policies *pl* **Expansionsrate** *f* Ökon rate of expansion **Expansionsschwäche** *f* low growth [rates] **Expansionsspeicher** *m* Inform expanded memory **Expansionsstrategie** *f* Ökon strategy of expansion; **forsche ~** energetic expansion strategy **Expansionstempo** *nt* Ökon pace of expansion

expansiv *adj* expanding; (*weit reichend*) far-reaching; **~e Einflüsse** far-reaching influence

Expedition <-, -en> *f* ① (*Forschungsreise*) expedition ② (*Versandabteilung*) forwarding department

Experiment <-[e]s, -e> *nt* experiment; **ein ~/~e machen** to carry out [*or* do] an experiment/experiments

experimentell **I.** *adj* experimental **II.** *adv* by [way of] experiment; **etw ~ nachweisen** to prove sth by [way of] experiment

experimentieren* *vi* ■[**an/mit etw** *dat*] **~** to experiment [on/with sth]

experimentierfreudig *adj* keen to experiment

Experte, Expertin <-n, -n> *m, f* expert

Expertenanhörung *f* specialist hearing **Expertenauffassung** *f* expert opinion; **nach ~** according to the opinion of experts **Expertenausschuss**[RR] *m,* **Expertengruppe** *f* panel of experts **Expertenbefragung** *f* consultation with experts **Experteneinschätzung** *f* estimates *pl* by experts **Expertengruppe** *f* panel of experts **Expertengutachten** *nt* expert's report **Expertenhearing** *nt* specialist hearing **Expertenrat** *m* brains trust, think tank **Expertenstab** *m* professional staff **Expertensystem** *nt* Inform expert system **Expertentreffen** *nt* meeting of experts

Expertin <-, -nen> *f fem form von* **Experte**

Expertise <-, -n> *f* expert's report

explizit *adj* (*geh*) explicit

explodieren* *vi sein* to explode *a. fig,* to detonate; **die Kosten/Preise ~** (*fig*) costs/prices are rocketing

Explorer <-s, -> [ɛk'splɔːrər] *m* Inform explorer

Explosion <-, -en> *f* detonation, explosion *a. fig;* **etw zur ~ bringen** to detonate [*or* explode] sth

explosionsartig *adv* explosively **Explosionsgefahr** *f* danger of explosion

explosiv *adj* explosive

Explosiv <-s, -e> *m,* **Explosivlaut** *m* Ling plosive

Explosivstoff *m* explosive

Exponat <-[e]s, -e> *nt* exhibit

Exponent <-en, -en> *m* Math exponent

Exponent(in) <-en, -en> *m(f)* exponent, advocate

Exponentialfunktion *f* Math exponential function

exponieren *vt* ① (*geh: aussetzen*) ■**jdn** [**einer S.** *dat*] **~** to expose sb [to sth] ② (*voranstellen*) ■**etw ~** to introduce sth

Export <-[e]s, -e> *m* ① *kein pl* (*Ausfuhr*) export ② (*ausgeführte Ware*) exports *npl* ③ Inform (*Übertragung von Daten*) export

Exportabteilung *f* export department **Exportakkreditiv** *nt* Fin export letter of credit **Exportartikel** *m* exported article [*or* item]; *pl* exports **Exportausführung** *f* export model [*or* version] **Exportbeihilfe** *f* export subsidy **Exporterstattung** *f* Ökon export restitution

Exporteur(in) <-s, -e> [ɛkspɔr'tøːɐ] *m(f)* exporter

Exportfilter *m* Inform export filter **Exportfinanzierung** *f* Fin export financing **Exportfirma** *f* exporter, export house **Exportförderung** *f* Ökon export promotion **Exportförderungskredit** *m* Fin export promotion credit **exportfreudig** *adj* export-minded **Exportgemeinschaft** *f* Ökon export association **Exportgenehmigung** *f* export permit [*or* BRIT licence] [*or* AM license] **Exportgeschäft** *nt* export business **Exporthafen** *m* port of exportation **Exporthandel** *m* export trade [*or* business]

exportieren* *vt* ❶ (*ausführen*) ■**etw** ~ to export sth; **Arbeitslosigkeit in ein Land** ~ to bring unemployment to a country; **Baumwolle/Bananen/Kaffee in ein Land** ~ to export cotton/bananas/coffee to a country ❷ INFORM (*überspielen*) ■**etw** ~ to export sth

exportintensiv *adj* ÖKON *Wirtschaftszweig, Branche* exporting *attr* **Exportkartell** *nt* ÖKON export cartel **Exportkauffrau** *f fem form von* **Exportkaufmann** exporter, export trader **Exportkaufmann, -kauffrau** *m, f* exporter, export merchant **Exportkontingent** *nt* ÖKON export quota **Exportkredit** *m* FIN export credit **Exportkreditversicherung** *f* export credit guarantee **Exportkundendienst** *m* ÖKON services *pl* for export customers **exportlastig** *adj* ÖKON topheavy in exports *pred;* ~**er Wirtschaftszweig/**~**e Branche** sector of the economy/line of business in which exports predominate **Exportlizenz** *f* JUR export licence **Exportnation** *f* exporting nation [*or* country] **exportorientiert** **I.** *adj* ÖKON export-oriented; ~**er Wirtschaftszweig/**~**e Branche** exporting industry/line **II.** *adv* ÖKON geared [*or* directed] to exports; ~ **vorgehen/produzieren** to proceed with a view to exports/to run production geared to exports **Exportpreisliste** *f* HANDEL price index of exports **Exportquote** *f* ÖKON export quota **Exportregelung** *f* ÖKON control of exports **Exportrentabilität** *f kein pl* FIN export profitability **Exportschlager** *m* (*fam*) export hit **Exportsendung** *f* HANDEL export consignment **Exportsperre** *f* ÖKON export ban, embargo on exports **Exporttratte** *f* HANDEL export draft **Exportüberhang** *m* ÖKON export surplus **Exportüberschuss**RR *m* export surplus **Exportverbot** *nt* export ban, prohibition of [*or* ban on] exports **Exportvertrag** *m* export contract **Exportware** *f* ❶ (*eine bestimmte Ware*) export commodity [*or* article] [*or* item] ❷ *kein pl* (*alle für den Export bestimmten Waren*) exports *pl*

Exposé <-s, -s> *nt s.* **Exposee**

ExposeeRR <-s, -s> *nt* memo[randum]

Exposition <-, -en> *f* exposition

ExpressRR <-es> *m kein pl,* **Expreß** <-sses> *m kein pl* ❶ (*Eilzug*) express [train] ❷ (*schnell*) **etw per** ~ **senden** [*o* **schicken**] to send sth [by] express [delivery]

ExpressgutRR *nt* express goods *npl* [*or* parcels] *pl;* **etw als** ~ **versenden** [*o* **verschicken**] to send sth [by] express [delivery]

ExpressgutabfertigungRR *f* express goods office **Expressgutdienst**RR *m* express freight service **Expressgutverkehr** *m* HANDEL express delivery service

Expressionismus <-> *m kein pl* expressionism *no pl, no indef art*

Expressionist(in) <-en, -en> *m(f)* expressionist

expressionistisch *adj* expressionist[ic]

Expressionsvektor *m* BIOL expression vector

expressis verbis [-'vɛr-] *adv* (*geh*) explicitly, expressly

expressiv *adj* (*geh*) expressive

ExpresszugRR *m* express train

exquisit (*geh*) **I.** *adj* exquisite, choice *attr* **II.** *adv* exquisitely; ~ **essen** [*o geh* **speisen**] to have an exquisite [*or* choice] meal

Extension <-, -en> *f* (*geh*) extension

extensiv *adj* (*geh*) extensive

extern *adj* external; **ein** ~**er Schüler/eine** ~**e Schülerin** a day boy/girl BRIT, a non-residential pupil

Externe(r) *f(m) dekl wie adj* SCH day boy/girl BRIT, non-residential pupil

Externspeicher *m* INFORM external memory

exterritorial *adj* JUR ex[tra]territorial

Exterritorialität <-> *f kein pl* POL, JUR exterritoriality *no pl,* extraterritoriality *no pl*

extra *adv* ❶ (*besonders*) extra, [e]specially ❷ (*zusätzlich*) extra, to boot; ***ich gebe Ihnen noch ein Exemplar*** ~ I'll give you an extra copy [*or* a copy to boot] ❸ (*eigens*) just, [e]specially; ***du brauchst mich nicht*** ~ ***anzurufen, wenn du ankommst*** you don't need to call me just to say you've arrived ❹ (*fam: absichtlich*) on purpose, deliberately; ***etw*** ~ ***machen*** to do sth on purpose ❺ (*gesondert*) separately; **etw** ~ **berechnen** to charge sth separately; **etw** ~ **legen** to put sth in a separate place

Extra <-s, -s> *nt* extra; *car* optional extra

Extraausgabe *f* ❶ MEDIA (*Sonderausgabe*) special edition ❷ FIN (*Zusatzkosten*) sundry expenses *npl* **Extraausstattung** *f* extras *pl* **Extrablatt** *nt* special supplement **Extrafahrt** *f* SCHWEIZ (*Sonderfahrt*) special excursion **extrafein** *adj* superfine; (*fam*) really nice *fam*

extragalaktisch *adj* ASTRON extragalactic; ~**es Universum** extragalactic universe

extrahieren* *vt* ❶ MED (*entfernen*) ■**etw** ~ to extract sth ❷ CHEM, PHARM ■**etw** [**aus etw** *dat*] ~ to extract sth [from sth] ❸ (*aus einem Text herausarbeiten*) ■**etw** [**aus etw** *dat*] ~ to extract sth [from sth]

extrakorporal *adj* MED extracorporeal

Extrakt <-[e]s, -e> *m o nt* extract

Extranet <-s, -s> *nt* INFORM extranet

extrauterin *adj* MED extrauterine

extravagant [-va-] **I.** *adj* extravagant; ~**e Kleidung** extravagant [*or* flamboyant] clothes **II.** *adv* extravagantly; ~ **angezogen** flamboyantly dressed

Extravaganz <-, -en> [-va-] *f* extravagance; *von Kleidung a.* flamboyance

extravertiert [-vɛr-] *adj* extrovert[ed]

Extrawurst *f* ❶ (*fam: Sonderwunsch*) **jdm eine** ~ **braten** to make an exception for sb; **immer eine** ~ [**gebraten haben**] **wollen** to always want special treatment ❷ ÖSTERR (*Lyoner*) pork [*or* veal] sausage

extrazellulär *adj* BIOL extracellular

Extrazug *f* SCHWEIZ (*Sonderzug*) special train

extrem **I.** *adj* extreme; ~**e Anforderungen** excessive demands; **eine** ~**e Belastung für jdn darstellen** to be an exessive burden on someone **II.** *adv* (*sehr*) extremely; ~ **links/rechts** POL ultra-left/right; ~ **sinken/sich** ~ **verschlechtern** to drop/deteriorate drastically; ~ **steigen/sich** ~ **verbessern** to rise/improve considerably

Extrem <-s, -e> *nt* extreme; **von einem** ~ **ins andere fallen** to go from one extreme to another [*or* the other]

Extremfall *m* extreme [case]; **im** ~ in the extreme case

Extremismus <-, *selten* -men> *m* extremism *no pl, no indef art*

Extremist(in) <-en, -en> *m(f)* extremist

extremistisch *adj* extremist

Extremitäten *pl* extremities *npl*

Extremsport *m* extreme sport, X-sport **Extremsportart** *f* adventure sport **Extremtourismus** *m* extreme sports tourism **Extremwert** *m* extreme [value], extremum

Ex-und-Hopp <-s> *nt kein pl* (*fam*) **die** ~-**Mentalität** the mentality of the throwaway society

Ex-und-Hopp-Verpackung *f* (*fam*) throwaway [*or* disposable] packaging

exzellent (*geh*) **I.** *adj* excellent, superior *form* **II.** *adv* excellently; **sich** ~ **fühlen** to feel on top form; ~ **speisen** to eat very well; ~ **schmecken** to taste delicious [*or* divine]

Exzellenz <-, -en> *f* Excellency; **Seine/Euer** [*o* **Eu[e]re**] ~ His/Your Excellency; ***ganz wie Euer*** ~ ***wünschen!*** as Your Excellency wishes!

exzentrisch *adj* (*geh*) eccentric

exzerpieren* *vt* (*geh*) ■**etw** [**aus etw** *dat*] ~ to extract [*or* select] sth [from sth]; *Textstelle* to excerpt [*or* extract]

Exzerpt <-[e]s, -e> *nt* (*geh*) excerpt

ExzessRR <-es, -e> *m meist pl,* **Exzeß** <-sses, -sse> *m meist pl* ❶ (*Ausschweifung*) excess, extremes *pl;* **etw bis zum** ~ **treiben** to take sth to extremes ❷ (*Ausschreitung*) excess, violence *no pl*

exzessiv *adj* (*geh*) excessive

Eyeliner <-s, -> ['aɪlaɪne] *m* eyeliner

EZB *f* FIN *Abk von* **Europäische Zentralbank** ECB, Central European Bank

EZU *f Abk von* **Europäische Zahlungsunion** EPU, European Payments Union

F

F, f <-, – *o fam* -s, -s> *nt* ❶ (*Buchstabe*) F, f; ~ **wie Friedrich** F for Frederick BRIT, F as in Fox AM; *s. a.* **A 1** ❷ MUS [the note] F; *s. a.* **A 2**

Fa. *Abk von* **Firma** Co.

Fabel <-, -n> *f* ❶ LIT fable ❷ (*fam*) tale, story

fabelhaft **I.** *adj* marvellous, AM marvelous, fabulous; ***das ist ja*** ~**!** (*fam*) that's marvellous **II.** *adv* marvellously

fabeln **I.** *vt* ■**etw** ~ to fabricate [*or sep* make up] sth **II.** *vi* ■[**von etw** *dat*] ~ to fantasize [about sth]

Fabeltier *nt,* **Fabelwesen** *nt* mythical creature

Fabrik <-, -en> *f* factory; **in die** ~ **gehen** (*fam*) to work in a factory

Fabrikabfälle *pl* industrial waste *no pl* **Fabrikabsatz** *m* HANDEL direct sale to the public **Fabrikangestellte(r)** *f(m) dekl wie adj* ÖKON factory worker **Fabrikanlage** *f* [manufacturing] plant

Fabrikant(in) <-en, -en> *m(f)* ❶ (*Fabrikbesitzer*) industrialist, factory owner ❷ (*Hersteller*) manufacturer, maker

Fabrikarbeit *f* factory work **Fabrikarbeiter(in)** *m(f)* industrial [*or* factory] worker

Fabrikat <-[e]s, -e> *nt* ❶ (*Marke*) make; *bes. von Autos* marque ❷ (*Produkt*) product; (*Modell*) model

Fabrikation <-, -en> *f* production, manufacture

Fabrikationsbetrieb *f* production plant **Fabrikationsfehler** *m* manufacturing defect [*or* fault] **Fabrikationsnummer** *f* HANDEL serial number **Fabrikbesitzer(in)** *m(f)* industrialist, factory owner [*or* proprietor] **Fabrikdirektor(in)** *m(f)* plant manager **Fabrikerzeugnis** *nt* manufactured article, product **fabrikfertig** *adj* BAU factory-assembled **Fabrikgebäude** *nt* factory [building] **Fabrikgelände** *nt* factory site [*or pl* premises] **Fabrikhalle** *f* factory building; **in der** ~ in the workshop **fabrikmäßig** *adj* mass-; **ein** ~ **hergestelltes Auto** a mass-produced car **fabrikneu** *adj* brand-new **Fabrikschiff** *nt* factory ship **Fabrikschornstein** *m* [factory] smokestack, factory chimney **Fabrikverkauf** *m* factory outlet **Fabrikware** *f* manufactured [*or* machine-made] goods *pl;* ***das ist reine*** ~ it's all machine-made

fabrizieren* *vt* (*fam*) ■**etw** ~ ❶ (*anfertigen*) to manufacture sth ❷ (*anstellen*) **Blödsinn** ~ to do sth silly; ***was hast du denn da fabriziert?*** what have you [gone and] done now?, what have you managed to do now?

fabulieren *vi* (*geh: erzählen*) to spin a yarn [*or* yarns]

Facelifting <-s, -s> ['feɪslɪftɪŋ] *nt* (*fig*) facelift

Facette <-, -n> [fa'sɛtə] *f* facet

Facettenauge [fa'sɛtn-] *nt* compound eye

facettieren* *vt* (*geh*) ■**etw** ~ dissect [*or* scrutinize] sth

Fach <-[e]s, Fächer> *nt* ❶ (*Unterteilung*) *Tasche, Brieftasche, Portmonnee* pocket; *Schrank, Regal* shelf; (*Ablegefach*) pigeonhole; *Automat* drawer ❷ (*Wissens-, Sachgebiet*) subject; **vom** ~ **sein** to be a specialist; **sein** ~ **verstehen** to understand one's subject, to know one's stuff [*or* BRIT onions] *fam;* ***das ist nicht mein*** ~**/*ich bin nicht vom*** ~ that's not my line

Fachabteilung *f* technical department **Facharbeiter(in)** *m(f)* skilled worker **Facharbeiterbrief** *m* certificate of proficiency **Facharzt, -ärztin** *m, f* specialist, [medical] consultant (**für** +*akk* in) **fachärztlich** **I.** *adj* specialist *attr;* **ein** ~**es**

Gutachten a specialist's report; **ein ~es Attest** a [medical] certificate from a specialist; **eine ~e Untersuchung** an examination by a specialist **II.** *adv* **sich ~ behandeln/untersuchen lassen** to be examined/treated by a specialist **Fachaufsicht** *f* specialist [*or* expert] supervision **Fachaufsichtsbehörde** *f* ÖKON industry regulator **Fachausdruck** *m* technical [*or* specialist] term; **juristischer/medizinischer ~** legal/medical term **Fachausschuss**^RR *m* panel [*or* committee] of experts **Fachberater(in)** *m(f)* [technical] consultant **Fachberatung** *f* expert advice **Fachbereich** *m* ① (*Sachgebiet*) [specialist] field ② (*Fakultät*) faculty **Fachbereichsleiter(in)** *m(f)* head of section **Fachbesucher(in)** *m(f)* HANDEL *auf Messe* specialist visitor **fachbezogen** *adj* specialized **Fachbibliothek** *f* specialist library **Fachblatt** *nt* ① (*Zeitschrift*) specialist journal ② (*Industriezweig*) trade ③ *Ärzte, Rechtsanwälte usw.* professional **Fachbuch** *nt* reference book; (*Lehrbuch*) textbook; **ein juristisches/medizinisches ~** a specialist book on law/medicine **Fachbuchhandlung** *f* specialist bookshop; **~ für Medizin/Naturwissenschaften** bookshop specializing in medicine/the natural sciences

fächeln (*geh*) **I.** *vt* ■**etw ~** to fan sth; **sich/jdm den Kopf/die Stirn ~** to fan one's/sb's head/forehead **II.** *vi* to fan; **sich/jdm [mit Fächern/Palmwedeln] ~** to fan oneself/sb [with fans/palm leaves]

Fächer <-s, -> *m* fan; **ein zusammenklappbarer ~** a folding fan

Fächerpalme *f* fan palm

fächerübergreifend *adj* interdisciplinary

Fachfrau *f fem form von* **Fachmann fachfremd** **I.** *adj* **~e Aufgaben** tasks outside the/one's field; **~e Mitarbeiter** untrained staff, staff with no background in the field; **~en Unterricht erteilen** to give lessons in a subject other than one's own **II.** *adv* **jdn ~ beschäftigen/einsetzen** to employ sb in a field not his/her own; **~ unterrichten** to give lessons in a subject other than one's own **Fachgebiet** *nt s.* **Fachbereich 1 Fachgebietsleiter(in)** *m(f)* HANDEL line manager **fachgebunden** *adj* related [to the/one's field *pred*]; **ein ~es Studium** course of study related to a specialist field **fachgerecht** **I.** *adj* expert, professional **II.** *adv* expertly, professionally; **etw ~ ausführen** to make a professional [*or* an expert] job of sth **Fachgeschäft** *nt* specialist shop, stockist **Fachgruppe** *f* team of specialists **Fachhandel** *m* specialist shop [*or* trade] **Fachhändler(in)** *m(f)* specialist supplier **Fachhochschule** *f* ≈ technical college of higher education **Fachidiot(in)** *m(f)* (*pej*) nerd, blinkered specialist BRIT (*a specialist who is not interested in anything outside his/her field*) **Fachjargon** *m* jargon, lingo *fam* **Fachkenntnisse** *pl* specialized knowledge **Fachkraft** *f* qualified employee **Fachkreise** *pl* specialist circles *pl,* experts *pl;* **medizinische ~** medical experts; **in [maßgeblichen/wissenschaftlichen] ~n** among [leading/scientific] experts **fachkundig** **I.** *adj* informed; ■**~ sein** to be an expert **II.** *adv* **jdn ~ beraten** to give sb informed [*or* specialist] advice **fachkundlich** *adj* specialist *attr;* **~en Unterricht geben** to teach specialized subjects **Fachlehrer(in)** *m(f)* specialist [subject] teacher **Fachlehrgang** *m* technical course **Fachleiter(in)** *m(f) Gymnasium* course supervisor; *Studienseminare* head of department, department head AM **Fachleute** *pl* experts *pl*

fachlich **I.** *adj* ① (*fachbezogen*) specialist ② (*kompetent*) informed; **ein ~er Rat** informed advice **II.** *adv* professionally; **~ qualifizierte Mitarbeiter** staff [members] who are qualified in their field; **~ auf dem Laufenden bleiben** to keep up to date in one's field; **sich ~ qualifizieren** to gain qualifications in one's/the field

Fachliteratur *f* specialist literature, specialized literature; **die ~ durcharbeiten** to work through the relevant specialist literature **Fachmann, -frau** <-leute *o selten* -männer> *m, f* expert, specialist **fachmännisch** **I.** *adj* expert; **~e Ausführung** expert workmanship **II.** *adv* professionally; **jdn ~ beraten** to give sb expert advice; **etw ~ betrachten** to appraise sth with an expert's eye **Fachmesse** *f* trade [*or* AM show] fair **Fachorgan** *nt* MEDIA trade paper **Fachplanung** *nt* JUR sector planning **Fachpresse** *f* specialist publications *pl* **Fachprüfung** *f* professional [*or* qualifying] examination **Fachrichtung** *f* subject area **Fachschaft** <-, -en> *f* students *pl* of a/the department **Fachschule** *f* technical college **Fachschulreife** *f leaving certificate awarded to students at a vocational training school*

Fachsimpelei *f* (*fam*) shoptalk *no pl*

fachsimpeln *vi* (*fam*) ■**[mit jdm] ~** to talk shop [with sb]

fachspezifisch **I.** *adj* subject-specific **II.** *adv* **~ arbeiten** to work as a specialist; **jdn ~ ausbilden** to train sb in the field; **sich ~ weiterbilden** to gain further qualifications in one's/the field **Fachsprache** *f* technical jargon; **die mathematische ~** the jargon of mathematics **fachsprachlich** *adj* technical, in [*or* with regard to] technical language **Fachstudium** *nt* specialized studies *npl* **Fachtagung** *f* specialist conference, trade convention **Fachtext** *m* technical [*or* specialist] text **fachübergreifend** *adj* interdisciplinary; **~er Unterricht** interdisciplinary lessons [*or* classes] **Fachverband** *m* ① (*Industrieverband*) trade association ② (*Berufsverband*) professional association **Fachvokabular** *nt* technical [*or* specialist] vocabulary **Fachwelt** *f kein pl* ① (*Berufsexperten*) profession, [professional] experts *pl* ② (*Industrieexperten*) trade, [trade] experts *pl*

Fachwerk *nt kein pl* half-timbering; **in ~ ausgeführt sein** to be half-timbered

Fachwerkhaus *nt* half-timbered house

Fachwissen *nt* specialized knowledge [of one's/the subject] **Fachwort** *nt* technical [*or* specialist] word [*or* term] **Fachwörterbuch** *nt* specialist [*or* AM technical] dictionary; **ein medizinisches ~** a dictionary of medical terms **Fachzeitschrift** *f* specialist journal; **eine medizinische ~** a medical journal; (*für bestimmte Berufe*) trade journal

Fackel <-, -n> *f* torch

fackeln *vi* (*fam*) to dither [about], to faff about [*or* BRIT around] *fam*

Fackelschein *m* torchlight; **im ~** by torchlight **Fackelzug** *m* torchlight procession

Factoring <-s> ['fɛktərɪŋ, 'fɛktorɪŋ] *nt kein pl* FIN factoring; **echtes/verdecktes ~** non-recourse/non-notification factoring

Factoring-Vertrag *m* FIN factoring contract

Factory-outlet^RR, **Factoryoutlet**^RR <-s, -s> ['fæktərɪ'aʊtlət] *nt* factory outlet

fad *adj* SÜDD, ÖSTERR insipid, tasteless

Fädchen <-s, -> *nt dim von* **Faden** [small] thread

fade *adj* ① (*nach nichts schmeckend*) **~es Essen** bland [*or* tasteless] food; **~r Geschmack** insipid taste ② (*langweilig*) dull, colourless BRIT, colorless AM

fädeln *vt* ■**etw durch/auf etw** *akk* **~** to thread sth through/onto sth; **einen Faden in eine Nadel ~** to thread a needle

Faden <-s, Fäden> *m* ① (*Woll~, Zwirn~*) thread; *Marionette* string; **dünner/dicker ~** fine/coarse thread ② MED stitch, suture *spec;* **die Fäden ziehen** to remove [*or sep* take out] the stitches [*or spec* sutures] ③ (*von Raupe, Spinne*) thread, filament; *s. a.* **Leben** ④ (*geh: einzelnes Haar*) strand ► WENDUNGEN: **alle Fäden [fest] in der Hand halten/behalten** to hold/hold on to the reins; **alle Fäden laufen in jds Hand zusammen** sb pulls all the strings; **keinen trockenen ~ am Leib haben** to be soaked to the skin; **keinen guten ~ an jdm/etw lassen** (*fam*) to tear sb/sth to pieces [*or* shreds], to rip into sb/sth; **der rote ~** the central [*or* recurrent] theme; **den ~ verlieren** to lose the thread

Fadenheftung <-, -en> *f* TYPO sewing, thread-stitching **Fadenkreuz** *nt* cross hairs *pl;* **jdn mit dem ~ anvisieren** to focus one's cross hairs on sb; **ins ~ geraten** (*fig*) to come under fire *fig;* **jdn/etw im ~ haben** (*fig*) to have sb/sth in one's sights **Fadennudeln** *pl* vermicelli + *sing/pl vb*

fadenscheinig *adj* ① (*pej: nicht glaubhaft*) poor, full of holes *pred;* **eine ~e Ausrede** a poor [*or* lame] excuse ② (*abgetragen*) threadbare

Fadenschneider *m* KOCHK canelle knife **Fadenwurm** *m* threadworm, nematode *spec* **Fadenzähler** *m* TYPO linen tester, magnifier

Fadheit <-> *f kein pl* (*pej: Fadesein*) insipidness; (*fig*) dullness, banality

Fagott <-[e]s, -e> *nt* bassoon

Fagottbläser(in) *m(f)* bassoonist

Fagottist(in) <-en, -en> *m(f)* bassoonist

fähig *adj* able, competent; ■**[nicht] ~ sein, etw zu tun** [not] to be able to do sth; (*imstande*) capable; ■**zu etw [nicht] ~ sein** to be [in]capable of sth; **zu allem ~ sein** to be capable of anything

Fähigkeit <-, -en> *f* ability *no pl;* **schauspielerische ~en** acting talent [*or* ability] *no pl;* **die ~ haben, etw zu tun** to be capable of doing sth; **bei deinen ~en ...** with your talents ...

fahl *adj* (*geh*) pale, wan *liter*

Fähnchen <-s, -> *nt* ① *dim von* **Fahne** [little] flag ② (*Wimpel*) pennant ③ (*pej fam: Kleid*) flimsy dress ► WENDUNGEN: **sein ~ nach dem Wind hängen** to swim with the tide BRIT, to howl with the wolves BRIT, to go with the flow AM

fahnden *vi* ■**nach jdm/etw ~** to search [*or* hunt] for sb/sth

Fahnder(in) <-s, -> *m(f)* investigator

Fahndung <-, -en> *f* search (**nach** + *dat* for), hunt (**nach** + *dat* for); **eine ~ nach jdm einleiten** to conduct a search for sb, to put out an APB on sb AM; **jd ist zur ~ ausgeschrieben** a warrant for sb' arrest has been issued

Fahndungscomputer *m* police computer **Fahndungsdruck** *m kein pl* police efforts *pl* [*or* pressure] (*to apprehend suspected criminals*) **Fahndungserfolg** *m* police success (*in apprehending suspected criminals*) **Fahndungsfoto** *nt* photo of a wanted person, mug-shot *sl* **Fahndungsliste** *f* wanted [persons] list; **auf der ~ stehen** to be on the wanted [persons] list

Fahne <-, -n> *f* ① (*Banner, National~*) flag, standard; MIL *a.* colours [*or* AM -ors] *npl* ② (*fig fam: Alkoholgeruch*) smell of alcohol; (*von Bier a.*) beery breath *no indef art;* **eine ~ haben** to smell of alcohol [*or* BRIT the bottle] ③ TYPO galley [proof]; **~n lesen** to proofread ► WENDUNGEN: **mit fliegenden ~n zu jdm [über]wechseln** [*o* **wehenden**] to go over to sb quite openly; **etw auf seine ~ schreiben** to take up the cause of sth

Fahnenabzug *m* TYPO galley [proof] **Fahneneid** *m* MIL oath of allegiance; **den ~ schwören** to take the oath [of allegiance] **Fahnenflucht** *f kein pl* MIL desertion; **~ begehen** to desert, to be a deserter **fahnenflüchtig** *adj* MIL **ein ~er Soldat** a deserter; **~ sein** to be a deserter; **~ werden** to desert **Fahnenflüchtige(r)** *f(m) dekl wie adj* MIL deserter **Fahnenhalter** *m* (*Halterung*) flag holder **Fahnenkorrektur** *f* TYPO proof **Fahnenmast** *m* flagpole, [flag]staff **Fahnenstange** *f* [flag]staff; *s. a.* **Ende Fahnenträger(in)** *m(f)* standard-bearer, colour-bearer [*or* AM color-]

Fähnlein <-s, -> *nt* ① (*selten*) *dim von* **Fahne** [little] flag ② MIL, HIST troop

Fähnrich <-s, -e> *m* MIL sergeant; **~ zur See** petty officer

Fahrausweis *m* ① (*geh: Fahrkarte*) ticket; ***„Kontrolle, die ~e bitte!"*** "tickets please!" ② SCHWEIZ (*Führerschein*) driving licence [*or* AM -se] **Fahrbahn** *f* road; **von der ~ abkommen** to leave the road **Fahrbahnbenutzer(in)** *m(f)* road user **Fahrbahnverengung** *f* lane closure

fahrbar *adj* mobile, on castors *pred;* **ein ~er Büroschrank** an office cabinet on castors; *s. a.* **Untersatz**

Fahrbereich *m* driving [*or* cruising] range, action radius **fahrbereit** *adj* in running order *pred;* **in einem ~en Zustand sein** to be in good running condition [*or* order] **Fahrbereitschaft** *f* motor pool

Fährbetrieb *m* ferryboat [*or* ferry] service **Fährboot** *nt* ferryboat

Fahrdamm *m* road[way], carriageway BRIT, pavement AM
Fährdampfer *m* steam ferry
Fahrdienst *m* ❶ (*der Dienst*) [train] crew duty ❷ (*die Diensttuenden*) crew on duty
Fährdienst *m* ferryboat [*or* ferry] service
Fahrdienstleiter(in) *m(f)* BAHN train controller
Fahrdynamik *m kein pl* AUTO drivability, driving characteristics *pl*
Fähre <-, -n> *f* ferry; **fliegende** ~ flying bridge
Fahreigenschaften *pl* roadability, road performance, driving properties *pl*

fahren <fährt, fuhr, gefahren>

I. INTRANSITIVES VERB II. TRANSITIVES VERB
III. REFLEXIVES VERB

I. INTRANSITIVES VERB

❶ *sein* [*sich fortbewegen: als Fahrgast*] to go [by vehicle]; **mit dem Auto/Bus/Zug** ~ to go by car/bus/train; ***wie fährt man am besten zum Bahnhof?*** what's the best way to the station?; (*als Fahrer*) to drive; **mit dem Auto** ~ to drive, to go by car; **links/rechts** ~ to drive on the left/right; **gegen etw** *akk* ~ to drive into sth; ~ ***Sie nach Heidelberg?*** are you going to Heidelberg?; ***wie lange fährt man von hier nach Basel?*** how long does it take to get to Basel from here?; ***dieser Wagen fährt sehr schnell*** this car can go very fast, this car is a real goer *fam;* ***das Auto hier fährt ruhig*** this car is a quiet runner; ***mein Auto fährt nicht*** my car won't go; ***heutzutage ~ alle Bahnen elektrisch*** all railways are electrified these days; ***die Rolltreppe fährt bis in den obersten Stock*** the escalator goes up to the top floor; *s. a.* **Anhalter, Aufzug, Himmel, Hölle, Teufel** ❷ *sein* [*losfahren*] to go, to leave; ***wir ~ in 5 Minuten*** we'll be going [*or* leaving] in 5 minutes ❸ *sein* [*verkehren*] to run; ***der nächste Bus fährt [erst] in 20 Minuten*** the next bus [only] leaves in twenty minutes; ***die Bahn fährt alle 20 Minuten*** the train runs [*or* goes] every 20 minutes; ***diese Fähren ~ zwischen Ostende und Dover*** these ferries run [*or geh* ply] between Ostend and Dover ❹ *sein* [*reisen*] to go; **in [den] Urlaub** ~ to go on holiday; ***fährst du mit dem Auto nach Italien?*** are you taking the car to Italy?, are you going to Italy by car? ❺ *sein* [*blitzschnell irgendwohin bewegen*] **aus dem Bett** ~ to leap out of bed; **aus dem Schlaf** ~ to wake with a start; **in seine Kleidung** ~ to dress quickly; ***blitzartig fuhr es ihm durch den Kopf, dass ...*** the thought suddenly flashed through his mind that ...; ***diese Idee fuhr mir durch den Kopf, als ...*** I suddenly had this inspiration as ...; ***der Schreck fuhr ihr in alle Glieder*** the shock made her tremble all over; ***was ist denn in dich gefahren?*** what's got into you? ❻ *sein o haben* [*mit hastiger Bewegung streichen*] **sich** *dat* **mit der Hand über die Stirn** ~ to pass one's hand over one's brow; ***er fuhr mit der Hand/einem Tuch über den Tisch*** he ran his hand/a cloth over the table ❼ *sein* [*zurechtkommen*] [**mit** [*o* **bei**] **etw** *dat*] **gut/schlecht** ~ to do well/badly [with sth]; **mit jdm gut** ~ to get on all right [*or* to fare well] with sb; **mit jdm schlecht** ~ to not fare [*or* get on] very well with sb

II. TRANSITIVES VERB

❶ *haben* [*lenken*] ■**etw** ~ to drive sth; **ein Fahrrad/Motorrad** ~ to ride a bicycle/motorbike ❷ *haben o sein* [*am Fahrzeug haben, verwenden*] ■**etw** ~ to use sth; **Sommerreifen** ~ to use [*or* drive on] normal tyres ❸ *haben* [*befördern, mitnehmen*] ■**jdn/etw** ~ to take sb/sth, to drive sb/transport sth; ***ich fahr' dich nach Hause*** I'll take [*or* drive] you home, I'll give you a lift home ❹ *sein* [*eine bestimmte Geschwindigkeit haben*] ■**eine bestimmte Geschwindigkeit** ~ to be doing a certain speed; **90 km/h** ~ to be doing 55 m.p.h.; ***was/wie viel fährt der Wagen denn Spitze?*** what's the car's top speed? ❺ *haben o sein* SPORT **die beste Zeit** ~ to do [*or* clock] the best time; ***mit nur 4 Stunden fuhr er Bestzeit*** his time of only four hours was the best; ***die Rennfahrerin fuhr einen neuen Weltrekord*** the racing driver set a new world record; ***die Wagen ~ jetzt die achte Runde*** the cars are now on the eighth lap ❻ *haben* [*fachspr: betreiben, organisieren*] ■**etw** ~ to operate sth; (*durchführen*) **die Produktion mit 50%** ~ to run production at 50%; **die Produktion nach oben/unten** ~ to step up/cut down production; **ein neues Programm** ~ to start [*or* launch] a new programme; **eine Sonderschicht in der Fabrik** ~ to put on an extra shift at the factory; **ein Angebot/Sortiment nach oben/unten** ~ to increase/reduce an offer/a product range; **Überstunden** ~ to do overtime ❼ [*loslassen*] **etw/jdn** ~ **lassen** to let go of sth/sb; (*verzichten, aufgeben*) to abandon sth/sb ▸ WENDUNGEN: **einen** ~ **lassen** (*fam*) to let [one] off *fam; s. a.* **Bruch, Schrott, schrottreif**

III. REFLEXIVES VERB

haben ■**sich** ~ ***der Wagen/das Fahrrad fährt sich gut*** it's nice to drive this car/to ride this bicycle; ■**es fährt sich ...** it's ... to drive; ***mit einer Servolenkung fährt es sich viel leichter*** it's much easier to drive with power steering

fahrend *adj* itinerant, wandering, peripatetic *form;* **ein ~es Volk** a wandering people + *pl vb*
Fahrenheit *kein art* Fahrenheit
fahren|lassen* *vt irreg s.* **fahren II 7**
Fahrensmann <-leute *o* -männer> *m* DIAL sailor; **ein alter** ~ an old salt [*or* BRIT *fam* tar]
Fahrer(in) <-s, -> *m(f)* ❶ (*Auto~*) driver, motorist; (*Motorrad~*) motorbike rider, motorcyclist, biker *fam;* (*Renn~*) racing driver; (*Radrenn~*) racing cyclist ❷ (*Chauffeur*) driver, chauffeur *masc,* chauffeuse *fem*
Fahrerei <-, -en> *f* (*pej*) driving [about]; (*Fahren langer Strecken*) long hours of driving
Fahrerflucht *f* hit-and-run offence [*or* AM -se]; ~ **begehen** to fail to stop after being involved in an accident, to be a hit-and-run driver; **wegen** ~ **verurteilt werden** to be convicted on a hit-and-run charge **fahrerflüchtig** *adj* absconding, hit-and-run **Fahrerhaus** *nt* [driver's] cab[in] **Fahrerlager** *nt* SPORT racer's quarters *npl* **Fahrerlager** *nt* SPORT racer's quarters *npl*
Fahrerlaubnis *f* (*geh*) driving licence BRIT, driver's license AM
Fahrersitz *m* driver's seat
Fahrgast *m* passenger
fahrgastarm *adj* (*geh*) not busy *pred;* **~e Zeiten** off-peak hours [*or* times] **Fahrgastaufkommen** *nt* (*geh*) number of passengers **Fahrgastkapazität** *f* passenger capacity **Fahrgastschiff** *nt* passenger ship [*or* vessel], liner **Fahrgastzahlen** *pl* (*geh*) number of passengers **Fahrgastzelle** *f* AUTO occupant cell *spec,* passenger compartment *spec*
Fährgeld *nt* ferry dues *pl,* ferriage
Fahrgeld *nt* fare; ***„bitte das ~ passend bereithalten"*** "please tender the exact fare" *form,* "please have the exact fare ready" **Fahrgeldeinnahmen** *pl* fare receipts *pl* **Fahrgelegenheit** *f* lift **Fahrgemeinschaft** *f* **eine** ~ **bilden** to share a car to work, to car pool AM **Fahrgeräusch** *nt eines Zugs* rail noise **Fahrgeschwindigkeit** *f* speed; *Auto a.* driving [*or* running] speed **Fahrgestell** *nt s.* **Fahrwerk Fahrgestellnummer** *f* AUTO vehicle identification number, VIN
Fährhaus *nt* ferry house
fahrig *adj* jumpy, jittery *fam;* **~e Bewegungen** nervous movements; (*unkonzentriert*) distracted
Fahrkarte *f* ticket (**nach** + *dat* to); **eine ~ erster/zweiter Klasse** a first-/second-class ticket
Fahrkartenausgabe *f s.* **Fahrkartenschalter**
Fahrkartenautomat *m* ticket machine **Fahrkartenblock** *m* book of tickets **Fahrkartenheft** *nt* book of tickets **Fahrkartenkontrolle** *f* ticket control [*or* inspection] **Fahrkartenkontrolleur(in)** *m(f)* ticket inspector; (*an der Sperre*) ticket collector **Fahrkartenschalter** *m* ticket office **Fahrkartenzange** *f* ticket punch
Fahrkilometer *m* kilometre [*or* AM -er] of driving distance, mileage covered **Fahrkomfort** *m* [driving] comfort **Fahrkosten** *pl* fare, travel expenses *pl* **Fahrkunst** *f* art of driving; (*eines Fahrers*) driving skill
fahrlässig I. *adj* negligent; **~e Körperverletzung** negligent bodily injury; **~e Tötung** negligent homicide, involuntary manslaughter; **grob** ~ grossly negligent, reckless **II.** *adv* negligently; ~ **handeln** to act with negligence
Fahrlässigkeit <-, -en> *f* JUR negligence *no pl;* **bewußte** ~ concious negligence; **grobe** [*o* **schwere**] ~ recklessness, gross negligence; **leichte** ~ ordinary negligence; **schuldhafte/strafbare** ~ culpable/criminal negligence
Fahrlässigkeitsdelikt *nt* JUR act [*or* tort] of negligence **Fahrlässigkeitsgrad** *m* JUR degree of negligence **Fahrlässigkeitstat** *f* JUR act of negligence
Fahrlehrer(in) *m(f)* driving instructor **Fahrleistung** *f* ❶ *eines Autos* road performance *no pl* ❷ *von Kraftstoff* economy
Fährmann <-männer *o* -leute> *m* ferryman
Fahrmotor *m* traction motor
Fahrnis <-, -se> *f* JUR personal property
Fahrpedal *nt* accelerator [pedal], AM *a.* gas pedal
Fahrpersonal *nt* train [*or* bus] crew **Fahrplan** *m* ❶ (*Ankunfts-/Abfahrtstabelle*) timetable, schedule AM ❷ (*fam: Programm*) plans *pl* **Fahrplanauszug** *m* train timetable **Fahrplanjahr** *nt* TRANSP yearly timetable **fahrplanmäßig I.** *adj* scheduled; **bei ~er Abfahrt/Ankunft des Zuges** if the train departs/arrives on time [*or* schedule] **II.** *adv* as scheduled; (*rechtzeitig a.*) on time [*or* schedule] **Fahrplansystem** *nt* TRANSP network timetable **Fahrplanverzeichnis** *nt* list of timetables **Fahrpraxis** *f kein pl* driving experience *no pl* **Fahrpreis** *m* fare; ~ **für eine einfache Fahrt** single fare **Fahrpreisermäßigung** *f* fare reduction **Fahrpreiszone** *f* fare stage [*or* AM zone] **Fahrprüfung** *f* driving test
Fahrrad *nt* [bi]cycle, bike *fam;* [**mit dem**] ~ **fahren** to ride a bicycle [*or fam* bike], to cycle
Fahrradfahrer(in) *m(f)* cyclist, bicyclist *form*
Fahrradhändler(in) *m(f)* ❶ (*Geschäftsmann/-frau*) bicycle dealer ❷ (*Laden*) bicycle shop [*or* AM *usu* store] **Fahrradhelm** *m* [bi]cycle helmet **Fahrradkette** *f* bicycle [*or fam* bike] chain **Fahrradklingel** *f* [bicycle] bell **Fahrradkurier(in)** *m(f)* bicycle courier **Fahrradpumpe** *f* bicycle [*or* AM tire] pump **Fahrradständer** *m* [bi]cycle [*or fam* bike] stand, kick stand AM **Fahrradweg** *m* [bi]cycle [*or fam* bike] path, cycleway
Fahrrichtung *f* SCHWEIZ (*Fahrtrichtung*) direction of travel **Fahrrinne** *f* shipping [*or* navigable] channel, fairway **Fahrschein** *m* ticket; ***„Kontrolle, ~e bitte!"*** "tickets please!" **Fahrscheinautomat** *m* ticket machine **Fahrscheinentwerter** *m* ticket stamping machine
Fährschiff *nt s.* **Fähre**
Fahrschule *f* ❶ (*Firma eines Fahrlehrers*) driving school; **in die** [*o* **zur**] ~ **gehen** to take driving lessons ❷ (*Fahrunterricht*) driving lessons *pl;* ***ich habe heute ~*** I have a driving lesson today **Fahrschüler(in)** *m(f)* ❶ (*Schüler einer Fahrschule*) learner [*or* AM student] driver ❷ SCH *pupil who commutes to school* **Fahrsicherheit** *f kein pl* safe driving, road safety; (*eines Autos*) roadworthiness
Fahrsimulator *m* ride simulator **Fahrspur** *f* [traffic] lane **Fahrstil** *m* style of driving **Fahrstraße** *f* [paved] road; (*eines Zugs*) [running] line **Fahrstrecke** *f* ❶ (*Distanz*) distance to be covered ❷ (*Schienenverlauf*) *eines Zugs* route ❸ (*Reiseweg*) route **Fahrstuhl** *m* lift BRIT, elevator AM
Fahrstuhlführer(in) *m(f)* lift-boy [*or fem* -girl] BRIT, lift-man [*or fem* -woman] BRIT, elevator operator AM, elevator boy [*or fem* girl] AM, elevator man [*or fem* woman] AM **Fahrstuhlschacht** *m* lift [*or* AM elevator] shaft **Fahrstunde** *f* driving lesson; **eine**

~/~n **nehmen** to take a driving lesson/driving lessons

Fahrt <-, -en> *f* ❶ (*das Fahren*) journey; ***„während der ~ nicht hinauslehnen"*** "do not lean out of the window while the train is in motion"; **freie ~** BAHN "go" signal, green light; AUTO clear run; (*fig*) green light, go-ahead ❷ NAUT (*Fahrgeschwindigkeit*) speed; **halbe/volle/wenig ~ machen** to sail at half/full/reduced speed; **volle/halbe ~ voraus!** full/half speed ahead!; **~ aufnehmen** to pick up speed; **~ machen** to make headway; **mit voller ~** AUTO, BAHN at full [*or* top] speed ❸ (*Reise*) journey; ***gute ~!*** bon voyage!, [have a] safe journey!; **eine einfache ~** a single [*or* AM one-way] [ticket [*or fare*]]; ***was kostet eine ~/eine einfache ~ nach Stuttgart?*** how much is it/a single [ticket] to Stuttgart?, what is the fare/the single fare to Stuttgart?; **eine ~/~en machen** to go on a trip/trips; **eine ~ ins Blaue** a mystery tour ❹ (*Kamera~*) tracking shot ► WENDUNGEN: **jdn in ~ bringen** (*fam*) to get sb riled [up] *fam*, to wind sb up *fam*; **in ~ kommen** [*o* **geraten**]/**sein** (*fam: wütend werden/sein*) to get/be riled [up] *fam*; (*in Schwung kommen*) to get/have got going

fährt *3. Person Präsens von* **fahren**

Fahrtantritt *m* (*geh*) start of a/the journey **fahrtauglich** *adj* fit [*or* able] to drive *pred* **Fahrtauglichkeit** *f* fitness [*or* ability] to drive **Fahrtausweis** *m* ticket **Fahrtdauer** *f* journey time, duration of the journey; **eine ~ von drei Stunden** a three-hour journey, a journey of three hours

Fährte <-, -n> *f* trail, tracks *pl*, spoor *spec*; **jdn auf die richtige ~ bringen** (*fig*) to put sb on the right track *fig*; **jdn auf eine falsche ~ locken** (*fig*) to throw sb off the scent *fig*; **auf der falschen ~ sein** (*fig*) to be on the wrong track *fig*, to be barking up the wrong tree *fig fam*; **auf der richtigen ~ sein** (*fig*) to be on the right track *fig*; **eine ~ verfolgen** (*a. fig*) to follow a trail *a. fig*

Fahrtechnik *f* driving technique

Fahrtenbuch *nt* driver's log; (*Tagebuch*) diary of a trip **Fahrtenmesser** *nt* sheath knife **Fahrtenschreiber** *m* tachometer, *esp* BRIT tachograph

Fahrtest *m* AUTO road test

Fahrtkosten *pl* travelling [*or* AM traveling] expenses *npl* **Fahrtmesser** *m im Flugzeug* airspeed indicator; (*beim Schiff*) speedometer **Fahrtrichtung** *f* direction of travel; **ein Sitz in ~** a forward facing seat; **die Züge in ~ Norden/Süden** the northbound/southbound trains; ***die Autobahn ist in ~ Norden gesperrt*** the northbound carriageway [*or* section] of the motorway is closed; **entgegen der/in ~ sitzen** *Bus* to sit facing backwards/the front; *Zug* to sit with one's back to the engine/facing the engine **Fahrtrichtungsänderung** *f* change of direction **Fahrtrichtungsanzeiger** *m* AUTO (*Blinker*) direction indicator, trafficator BRIT, turn [signal] light AM **Fahrtstunde** *f* hour's travel; ***bis Berlin müssen Sie von hier aus mit drei ~n rechnen*** you should allow three hours for the journey from here to Berlin

fahrtüchtig *adj* **~er Wagen** roadworthy car; **~er Mensch** person who is fit [*or* able] to drive

Fahrtüchtigkeit *f Wagen* roadworthiness; *Mensch* fitness [*or* ability] to drive

Fahrtunterbrechung *f* stop, break **Fahr(t)wind** *m* headwind

Fahrunterricht *m* driving instruction [*or pl* lessons] **fahruntüchtig** *adj* **~er Mensch** person who is unfit [*or* unable] to drive; **~es Fahrzeug** unroadworthy vehicle **Fahruntüchtigkeit** *f* JUR unfit state to drive **Fahrverbot** *nt* driving ban; **befristetes ~** suspension of one's driving licence [*or* AM driver's license]; [**gegen jdn**] **ein** [**dreijähriges**] **~ verhängen** to ban [*or* disqualify] sb from driving [for three years] **Fahrverhalten** *nt kein pl* ❶ AUTO, TRANSP *eines Fahrers* driving behaviour [*or* AM -or] ❷ *eines Fahrzeugs* road behaviour [*or* AM -or], vehicle dynamics *pl* **Fahrwasser** *nt* NAUT *s.* **Fahrrinne** ► WENDUNGEN: **in ein ganz anderes ~ geraten** to get on[to] a completely different tack; **in gefährliches ~ geraten** to get on to dangerous ground, to tread on thin ice; **in politisches ~ geraten** to get involved in politics; **in jds ~** *dat* **schwimmen** [*o* **segeln**] to follow in sb's wake **Fahrweg** *m* roadway **Fahrweise** *f* ■**jds ~** sb's driving, the way sb drives **Fahrwerk** *nt* ❶ LUFT landing gear *no pl*, undercarriage; **das ~ ausfahren/einfahren** to let down *sep*/retract the landing gear [*or* undercarriage] ❷ AUTO chassis **Fahrwiderstand** *m* ❶ (*Luftwiderstand*) wind resistance ❷ (*Straßenreibung*) road resistance **Fahrzeit** *f s.* **Fahrtdauer**

Fahrzeug <-s, -e> *nt* vehicle

Fahrzeugbau *m kein pl* ❶ (*Industrie*) automobile [*or* automotive] industry ❷ (*Tätigkeit*) car manufacturing **Fahrzeugbrief** *m* registration document **Fahrzeughalter(in)** *m(f)* vehicle owner **Fahrzeugindustrie** *f* AUTO automobile [*or* car] industry **Fahrzeugkolonne** *f* column [*or* line] of vehicles **Fahrzeuglenker(in)** *m(f)* SCHWEIZ (*Fahrer*) driver of a/the vehicle **Fahrzeugmotor** *m* car [*or* automotive] engine **Fahrzeugnummer** *f* vehicle identification number, VIN **Fahrzeugpapiere** *pl* registration papers *npl* **Fahrzeugpark** *m* (*geh*) [vehicle] fleet **Fahrzeugschein** *m* AUTO registration document BRIT [*or* AM card] **Fahrzeugschlange** *f* column [*or* line] of vehicles **Fahrzeugsegment** *nt* vehicle section **Fahrzeugverkehr** *m* vehicular [*or* wheeled] traffic **Fahrzeugzubehör** *m* car accessories *pl* **Fahrzeugzubehörteil** *nt* car accessory **Fahrzeugzulassung** *f* AUTO ❶ (*Schein*) road licence ❷ *kein pl* (*Zulassen*) vehicle registration

Faible <-s, -s> ['fɛ:bl] *nt* (*geh*) liking, foible *liter*; ■**jds ~ für jdn/etw** sb's liking [*or liter* foible] for sb/sth; **ein ~ für jdn/etw haben** to be partial to sb/sth

fair [fɛ:ɐ] *adj* fair; ■[**jdm gegenüber**] **~ sein** to be fair [to sb]; ***das ist nicht ~!*** that's not fair!

FairnessRR, **Fairneß** <-> ['fɛ:ɐnɛs] *f kein pl* fairness *no pl*; ■**aus ~** [**jdm gegenüber**] in fairness [to sb]

fair-trial-Grundsatz [feəʳtraɪəl-] *m* JUR fair trial principle

Fairway <-s, -s> ['feəweɪ] *nt* GOLF fairway *spec*

Fäkalien [-liən] *pl* faeces BRIT, feces AM

Fakir <-s, -e> *m* fakir

Faksimile <-s, -s> *nt* facsimile

Faksimileausgabe *f* facsimile edition **Faksimilestempel** *m* JUR signature stamp

Fakten *pl* facts *pl*; *s. a.* **Faktum**

faktisch I. *adj* ❶ *attr* real, effective ❷ JUR actual, de facto **II.** *adv* basically, effectively, practically

Faktor <-s, -toren> *m* factor; **ein wesentlicher ~** an essential factor

Faktorenmatrix *f* ÖKON production-factor matrix

Faktorgeschäft *nt* ÖKON factoring business

Faktorisierung <-, -en> *f* MATH factorization

Faktorkosten *pl* ÖKON factor costs **Faktorproportionentheorem** *nt* MATH factor proportion theorem

Faktotum <-s, -s *o* Faktoten> *nt* ❶ (*Arbeitskraft*) factotum *a. hum* ❷ (*fam: älterer Mensch*) funny old bird *fam*

Faktum <-s, Fakten> *nt* (*geh*) [proven] fact

fakturieren* *vt* ÖKON ■**etw ~** to invoice [*or* bill] sth

Fakultas <-, Fakultäten> *f* (*geh: Lehrbefähigung*) ■**~** [**in etw** *dat*] qualification to teach [sth]; **die ~ für etw** *akk* **haben** to be qualified to teach sth

Fakultät <-, -en> *f* (*zusammengehörende Wissenschaftsgebiete*) faculty; **medizinische ~** faculty of medicine ► WENDUNGEN: **von der anderen ~ sein** (*hum: von anderer Weltanschauung sein*) to be from the other camp *iron*; (*homosexuell*) to be queer *pej*, to be one of them *pej*

fakultativ *adj* (*geh*) optional

Falange <-> [fa'laŋge] *f kein pl* HIST (*Staatspartei Spaniens*) Falange

Falbe <-n, -n> *m* BIOL dun [horse]

Falbkatze *f* ZOOL African wild cat

Falke <-n, -n> *m* falcon, hawk

Falklandinseln *pl* ■**die ~** the Falklands *pl*, the Falkland Islands *pl*; **auf den ~** on the Falklands; **auf die ~ fahren** to go to the Falklands; **auf den ~ leben** to live on the Falklands; **von den ~ stammen** to come from the Falklands

Falkner(in) <-s, -> *m(f)* falconer

Fall¹ <-[e]s, Fälle> *m* ❶ *kein pl* (*das Hinunterfallen*) fall; **der freie ~** free fall; **im freien ~** in free fall ❷ (*Sturz*) fall; **jdn zu ~ bringen** (*geh*) to make sb fall, to trip up sb *sep*; **zu ~ kommen** (*geh*) to fall; **sich bei einem ~ verletzen** to fall and injure oneself, to injure oneself [when] falling ❸ (*Untergang*) downfall; *Festung* fall; **Aufstieg und ~** rise and fall; **etw zu ~ bringen** to bring down sth *sep*; **ein Gesetz zu ~ bringen** to defeat a bill; **jds Pläne zu ~ bringen** to thwart sb's plans; **eine Regierung zu ~ bringen** to bring down [*or* overthrow] a government

Fall² <-[e]s, Fälle> *m* ❶ (*Umstand, Angelegenheit*) case, circumstance, instance; **ein hoffnungsloser/schwieriger ~ sein** to be a hopeless/difficult case; **klarer ~!** (*fam*) you bet! *fam*; **sollte der ~ eintreten, dass ...** if the case should arise that ...; [**nicht**] **der ~ sein** [not] to be the case; ***sollte es der ~ sein, dass ...*** if it's true that ...; **auf alle Fälle** in any case; (*unbedingt*) at all events; **auf jeden** [*o* **in jedem**] **~** always; **auf keinen** [*o* **in keinem**] **~** never, under no circumstances; **für alle Fälle** just in case; **für den ~ einer Notlage** in case of emergency [*or pl* emergencies]; **für den ~ meines/seines Todes** in case I die/he dies; **für den ~, dass jd etw tut** in case sb does sth; **gesetzt den ~, dass ...** assuming [*or* supposing] [that]...; **im äußersten ~[e]** at the worst; **im günstigsten/schlimmsten** [*o* **ungünstigsten**] **~[e]** at best/worst; **im ~e eines ~es** if it comes [down] to it; **in diesem/dem ~** in this/that case; **in so einem ~** in a case like that; **von ~ zu ~** from case to case, as the case may be ❷ JUR (*Rechtssache*) case; **schwebender ~** pending case, lis pendens; **vorliegender ~** case at issue; **einen ~ übernehmen** to take on a case; **einen ~ verhandeln** to hear [*or* try] a case; **seinen ~ vortragen** to plead one's case ❸ MED case ❹ LING (*Kasus*) case; **der erste/zweite ~** the nominative/genitive case ► WENDUNGEN: [**nicht**] **jds ~ sein** (*fam*) [not] to be to sb's liking, [not] to be sb's cup of tea *fam*

Fallbeil *nt* guillotine; **jdn durch das ~ hinrichten** to guillotine sb

Fallbeispiel *nt* example [for a particular case]

Falle <-, -n> *f* ❶ (*Fangmechanismus*) trap; **~n legen** [*o* **stellen**] to lay [*or* set] traps *a. fig*; **eine ~ aufstellen** to set a trap *a. fig*; **jdm in die ~ gehen** [*o* **in jds ~ geraten**] [*o* **gehen**] to fall [*or* walk] into sb's trap *a. fig*, to get caught in sb's trap *a. fig*; **jdn in eine ~ locken** to lure sb into a trap *a. fig*; **in der ~ sitzen** to be trapped *a. fig*; **jdm eine ~ stellen** to set a trap for sb *a. fig*; **in eine ~ tappen** (*a. fig*) to blunder into a trap *a. fig* ❷ (*sl: Bett*) bed, pit BRIT *sl*; ***ab in die ~!*** off to bed!; **in die ~ gehen** to turn in, to hit the sack *fam*; **in der ~e liegen** [*o* **sein**] to be [lying] in bed [*or* BRIT *sl* one's pit]

fallen <fällt, fiel, gefallen> *vi sein* ❶ (*herunterfallen*) *Person* to fall; ***Achtung, auf dem nassen Boden kann man leicht ~!*** be careful, it's easy to slip on the wet floor; *Gegenstand* to drop; **jdn/etw ~ lassen** (*nicht mehr halten können*) to let go of sb/sth, to drop sth; (*versehentlich verlieren*) to drop sth; ***Sie haben Ihren Geldbeutel ~ gelassen*** you've dropped your purse; **sich aufs Bett/auf einen Stuhl ~ lassen** to flop onto the bed/flop down onto a chair ❷ (*niederkommen, -gehen*) *Beil* to fall; *Klappe, Vorhang* to drop; (*Hammer*) to come down ❸ (*stolpern*) ■**über etw** *akk* **~** to trip over [*or* on] sth ❹ (*fam: nicht bestehen*) ■**durch etw** *akk* **~** to fail [*or* AM *fam* flunk] sth; **jdn durch eine Prüfung ~ lassen** to fail sb in an exam ❺ (*sinken*) *Barometer, Preise* to fall; *Temperatur* to drop [*or* fall]; *Fieber, Wasserstand* to go down, to subside ❻ (*im Krieg ums Leben kommen*) to fall, to be killed ❼ (*erobert werden*) to fall; ***nach langem Kampf fiel die Stadt schließlich*** after a prolongued fight the town finally fell ❽ (*treffen*) ■**auf jdn ~** to fall [*or form* light] on sb; ***der Verdacht fiel auf den Gärtner*** the suspicion fell on the gardener; ***die Wahl der Chefin fiel auf den ersten Bewerber*** the boss chose the first applicant ⑨ *(durchdringen)* ■**auf/durch/in etw** *akk* ~ *[Sonnen]strahlen* to shine on[to]/through/into sth ⑩ *(stattfinden, sich ereignen)* ■**auf etw** *akk* ~ to fall on sth; ***der 1. April fällt dieses Jahr auf einen Montag*** April 1st falls on a Monday this year ⑪ *(jdm zukommen, übergehen auf)* ■**an jdn** ~ to be annexed by sb; ***nach dem Krieg fielen viele Teile Ostdeutschlands an Polen*** after the war many parts of East Germany were annexed by Poland; *(nach Verhandlungen)* to go to sb, to devolve on sb *form;* ***nach seinem Tod fiel die Versicherungssumme an die Bank*** after his death the insurance money went to the bank ⑫ *(einbezogen werden)* ■**in etw** *akk* ~ to be channelled into sth; ***sein Privatvermögen fällt nicht in das gemeinschaftliche Vermögen*** his private means is not channelled into the collective property ⑬ *(ergehen)* to be reached; *Urteil, Beschluss a.* to be passed ⑭ SPORT to be scored; ***das zweite Tor fiel fünf Minuten vor Spielende*** the second goal was scored five minutes before the end ⑮ *(abgegeben werden)* *Schuss* to be fired; ***sie hörten, wie die Schüsse fielen*** they heard the shots being fired ⑯ *(verlauten)* to be spoken [*or* uttered]; ***sein Name fiel während der Sitzung mehrere Male*** his name was mentioned several times during the meeting; ***bei dem Treffen seiner geschiedenen Eltern fiel kein einziges böses Wort*** when his divorced parents met, not a single harsh word was said; **etw ~ lassen** *(äußern)* to let drop sth *sep;* **eine Bemerkung ~ lassen** to drop a remark ⑰ *(aufgeben)* **jdn/etw ~ lassen** to abandon [*or* drop] sb/sth

fällen *vt* ■**etw** ~ ① *(umhauen)* to fell sth ② *(entscheiden)* to reach [*or* come to] sth; **ein Urteil** ~ to reach [*or* pass] a verdict; *s. a.* **Lot[1] 4**

fallen|lassen* *vt irreg s.* **fallen 16, 17** **Fallenschloss[RR]** *nt* BAU latch lock **Fallensteller(in)** *m(f)* trapper

Fallfrist *f* JUR set period **Fallgeschwindigkeit** *f* speed [*or* rate] of fall **Fallgesetz** *nt* PHYS law of falling bodies **Fallgrube** *f* pit[fall]

fällig *adj* ① *(anstehend)* due *usu pred;* FIN *a.* payable; ***die Zahlungen sind am 23.*** ~ the payments are due on 23rd *form;* **~e Beträge/Zahlungen** *pl* amounts/payments due; **längst** ~ long overdue ② *(fam: dran sein, geliefert sein)* ■~ **sein** to be [in] for it *fam*

Fälligkeit <-, -en> *f* JUR maturity, settlement [*or* due] date; ~ **der Annahme** acceptance due date; **Zahlung vor Eintritt der** ~ payment before due date; **bei/nach** ~ **zahlen** to pay by/after the settlement date; **vor** ~ **zahlen** to pay in advance

Fälligkeitsanspruch *m* JUR maturity claim **Fälligkeitsklausel** *f* FIN accelerating [*or* acceleration] clause **Fälligkeitssteuern** *pl* FIN taxes payable by operation of law **Fälligkeitstag** *m,* **Fälligkeitstermin** *m* FIN due date, date of maturity **Fälligkeitszinsen** *pl* FIN interest after due date

Falliment <-s, -e> *nt* JUR *(veraltet)* bankruptcy

Fallobst *nt kein pl* windfall

Fall-out[RR], Fallout <-s, -s> ['fɔ:lʔaʊt] *m* fall[-]out

Fallreep <-s, -s> *nt* NAUT rope ladder

Fallrohr *nt* BAU downspout

falls *konj* if; ~ **möglich/nötig** if possible/necessary

Fallschirm *m* parachute, chute *fam;* **mit dem** ~ **abspringen** to parachute, to make a parachute jump; **etw mit dem** ~ **abwerfen** to drop sth by parachute

Fallschirmabsprung *m* parachute jump **Fallschirmjäger(in)** *m(f)* paratrooper; ■**die** ~ the paratroop[er]s **Fallschirmspringen** *nt* parachuting **Fallschirmspringer(in)** *m(f)* parachutist **Fallsicherung** *f* SPORT security rope **Fallstrick** *m* trap, snare; **jdm ~e legen** to set a trap [*or* snare] for sb, to ensnare sb **Fallstudie** *f* case study

fällt *3. pers pres von* **fallen**

Falltritt *m* SPORT *im Rugby* punt **Falltür** *f* trapdoor

Fällung <-, -en> *f* ① *(Fällen von Bäumen)* felling ② CHEM *(Ausfällen)* precipitation

Fallwind *m* fall [*or spec* katabatic] wind

Falsa Demonstratio JUR false description

falsch I. *adj* ① *(verkehrt)* wrong; **einen ~en Ton anschlagen** to hit a wrong note; **~e Vorstellung** wrong idea, misconception; **bei jdm an den F~en/die F~e geraten** to pick the wrong person in sb; **mit seiner Meinung** ~ **liegen** *(fam)* to bark up the wrong tree with one's opinion; [**mit etw** *dat*] [**bei jdm**] ~ **liegen** *(fam)* to be wrong [about sb/in sth]; ***Sie sind hier falsch*** *(Ort)* you are in the wrong place; *(am Telefon)* you have the wrong number; ***wie man's macht, ist es ~!*** *(fam)* [regardless of] whatever I/you etc. do, it's [bound to be] wrong! ② *(unzutreffend)* false; **eine ~e Anschuldigung** a false accusation; **einen ~en Namen angeben** to a give a false name ③ *(unecht, nachgemacht)* fake, imitation *attr;* **~er Schmuck** fake [*or* paste] jewellery [*or* AM jewelry]; *(gefälscht)* forged, fake; **~es Geld** counterfeit money; **~e Würfel** loaded dice ④ *(pej: hinterhältig)* two-faced; **ein ~er Hund/eine ~e Schlange** a snake in the grass, two-faced git [*or* AM scumbag]; *s. a.* **Spiel** ⑤ *(unaufrichtig, unangebracht)* false; **~es Pathos** *(geh)* false pathos, bathos; **~er Scham** false shame II. *adv* wrongly, etw ~ *aussprechen/schreiben/verstehen,* to pronounce/spell/understand sth wrongly, to mispronounce/misspell/misunderstand sth; **jdn** ~ **informieren** to misinform sb, to give sb wrong information; **alles** ~ **machen** to do everything wrong; ~ **singen** to sing out of tune; ~ **spielen** to cheat

Falschaussage *f* JUR **eine** [**uneidliche**] ~ false testimony; **uneidliche** ~ unsworn false testimony **Falschbeurkundung** *f* JUR making false entry, false certification **Falschbezeichnung** *f* HANDEL *von Waren* misbranding of goods **Falschbuchung** *f* false [*or* fraudulent] entry **Falschdarstellung** *f* JUR misrepresentation; **fahrlässige/unwissentliche/wissentliche** ~ negligent/innocent/fraudulent misrepresentation **Falscheid** *m* JUR false oath

fälschen *vt* ■**etw** ~ to forge [*or* fake] sth; **gefälschte Papiere** forged [*or* fake] papers; ÖKON to falsify sth; **die Bücher** ~ to falsify [*or* BRIT *fam* cook] the books; **Geld** ~ to counterfeit money

Fälscher(in) <-s, -> *m(f)* forger; *Geld* counterfeiter

Falschfahrer(in) *m(f)* *person driving on the wrong side of the road* **Falschgeld** *nt kein pl* counterfeit [*or* forged] money *no pl* **Falschgeldherstellung** *f kein pl* counterfeiting

Falschheit <-> *f kein pl* falseness, falsity; *(pej)* *Charakter* falseness, deceitfulness

falschlaufend *adj* **~es Material** TYPO *(Papier)* cross-grained material

fälschlich I. *adj* ① *(irrtümlich)* mistaken, erroneous ② *(unzutreffend)* false II. *adv s.* **fälschlicherweise**

fälschlicherweise *adv* ① *(irrtümlicherweise)* mistakenly, erroneously ② *(zu Unrecht)* wrongly

Falschlieferung *f* HANDEL misdelivery **Falschmeldung** *f* false report **Falschmünzer(in)** <-s, -> *m(f)* counterfeiter, forger **Falschmünzerei** <-> *f kein pl* counterfeiting *no pl,* forgery **Falschparker(in)** *m(f)* parking offender **falsch|spielen** *vi s.* **falsch II** **Falschspieler(in)** *m(f)* cheat; *(professioneller ~)* [card]sharp[er] BRIT, card shark AM

Fälschung <-, -en> *f* ① *kein pl* *(das Fälschen)* counterfeiting, forgery; ***die ~ von Banknoten ist verboten*** the counterfeiting of banknotes is forbidden ② *(gefälschte Sache)* forgery, fake

fälschungssicher *adj* forgery-proof

Falsett <-[e]s, -e> *nt* falsetto; ~ **singen** to sing falsetto

Falsifikat <-[e]s, -e> *nt* *(geh)* forgery, fake

Falsifikation <-, -en> *f* JUR *(geh)* falsification

Falsifizierbarkeit *f* PHILOS falsification

falsifizieren* *vt* JUR *(geh)* ■**etw** ~ to counterfeit [*or* falsify] sth

Falsus Procurator JUR attorney-in-fact without proper authority

Faltblatt *nt* leaflet **Faltboot** *nt* collapsible boot

Fältchen <-s, -> *nt* fine wrinkle [*or* line]; ~ **um die Augen** crow's feet

Faltdach *nt* *(Verdeck)* convertible top, soft top; *(textiles Schiebedach)* sun roof top

Falte <-, -n> *f* ① *(in Kleidung: Knitter~, Bügel~)* crease; *(Rock~)* pleat; **~n bekommen** to get [*or* become] creased; **etw in ~n legen** to pleat sth ② *(in Stoff, Vorhang)* fold; **~n werfen** to fall in folds, to drape ③ *(Linie in der Haut)* wrinkle; **die Stirn in ~n legen** [*o* **ziehen**] to furrow [*or* BRIT knit] one's brows; **kaum/viele ~n haben** to have scarcely any/many wrinkles; **tiefe ~n** deep lines [*or* furrows]; **~n bekommen** to get wrinkles

falten *vt* ① *(zusammen~)* ■**etw** ~ to fold sth; **die Hände** ~ to fold one's hands ② *(in Falten legen)* **die Stirn** ~ to furrow [*or* BRIT knit] one's brow

faltenfrei *adj* skintight, clinging; ~ **sitzen** to fit tightly [*or* snugly] **Faltengebirge** *nt* GEOL fold mountains *pl* **faltenlos** *adj* unlined; **~e Haut** unlined [*or* smooth] skin **faltenreich** *adj* ① *Stirn* wrinkled ② *Gewand* with many pleats **Faltenrock** *m* pleated skirt **Faltentiefe** *f* wrinkle depth **Faltenunterspritzung** *f* subinjection of wrinkles **Faltenwurf** *m* MODE fall of the folds

Falter <-s, -> *m* *(Tag~)* butterfly; *(Nacht~)* moth

faltig *adj* ① *(zerknittert)* creased, crumpled ② *(das Gesicht voller Falten)* wrinkled

Faltkarton [-kartɔŋ, -kartõ:, -karto:n] *m* collapsible [*or* folding] box **Faltprospekt** *m* fold-out brochure **Faltschachtel** *f* folding box

Falz <-es, -e> *m* ① TYPO *(Buchdeckel)* joint; *(Papier)* fold ② TECH join, [lock] seam

Falzbogen *m* TYPO folded section [*or* sheet]

falzen *vt* BAU ■**etw** ~ to fold [*or* rebate] sth

Falzkleben <-s> *nt kein pl* TYPO fold gluing

Fam. *Abk von* **Familie**

familiär I. *adj* ① *(die Familie betreffend)* family *attr;* **aus ~en Gründen** for family reasons ② *(zwanglos)* familiar; **in ~er Atmosphäre** in an informal atmosphere II. *adv* **mit jdm** ~ **verkehren** to be on close [*or* familiar] terms with sb

Familie <-, -n> [-liə] *f* family; **aus guter** ~ **sein** to come from [*or* to be of] a good family, to be of good stock *form;* **eine kinderreiche** ~ a large family, a family with many children; **eine vierköpfige** ~ a family of four; **in[nerhalb] der** ~ **bleiben** to stay in the family; **zur** ~ **gehören** to be one of the family; **eine** ~ **gründen** *(geh)* to start a family; ~ **haben** *(fam)* to have a family; **das liegt in der** ~ it runs in the family; ***das kommt in den besten ~n vor*** *(fam)* it can happen in the best of families; ***„~ Lang"*** "The Lang Family", "Mr and Mrs Lang and family"

Familienähnlichkeit *f* family resemblance **Familienalbum** *nt* family album **Familienangehörige(r)** *f(m)* *dekl wie adj* relative **Familienanschluss[RR]** *m kein pl* **eine Unterkunft mit** ~ *accommodation with a family where one is treated as a member of the family* **Familienanzeige** *f* personal announcement **Familienausweis** *m* family pass **Familienberatung** *f* family planning **Familienberatungsstelle** *f* family planning clinic **Familienbesitz** *m* family property; **in** ~ **sein** [*o* **sich in** ~ **befinden**] to be owned by the family **Familienbesteuerung** *f* FIN family taxation **Familienbetrieb** *m* family concern [*or* business] **Familienbuch** *nt* genealogical register **Familiendiebstahl** *m* JUR larceny from members of the family **Familienfeier** *f* family party [*or* BRIT *fam* do] **Familienfest** *nt* family celebration **Familienform** *f* type of family **Familienfragen** *pl* family issues *pl* **Familiengericht** *nt* JUR family court **Familiengesellschaft** *f* ÖKON family-owned company [*or* AM corporation], family partnership **Familienglück** *nt* domestic bliss **Familien-GmbH** *f* ÖKON family-owned Ltd **Familiengrab** *nt* family grave [*or* AM plot] **Familiengruft** *f* family vault **Familienhandelsgesellschaft** *f* ÖKON family-owned trading company **Familienheimgesetz** *nt* JUR law on family accommodation **Familienhilfe** *f* family assistance *(afforded by health insurance)* **Familienkapitalgesellschaft** *f* ÖKON family-owned limited company **Familienkreis** *m* family circle; ***die Beerdigung fand im engsten ~ statt*** only the immediate family were present at the funeral **Familienleben** *nt kein pl* family [*or* domestic] life *no pl* **Familienminister(in)** *m(f)* minister for family affairs BRIT **Familienministerium** *nt* Ministry for Family Affairs BRIT **Familienmitglied** *nt* member of the family; **ein neues ~ bekommen/bekommen haben** to be getting/to have had a new addition to the family **Familiennachzug** *m* joining one's family **Familienname** *m* surname, last name **Familienoberhaupt** *nt* head of the family, pater familias *masc form* **Familienpackung** *f* family[-size] pack **Familienplanung** *f* family planning *no art* **Familienpolitik** *kein pl f* family policy **Familienrecht** *nt* JUR family law **Familienrechtsänderungsgesetz** *nt* JUR Family Law Alteration Act **Familienrichter(in)** *m(f)* JUR family court judge **Familienroman** *m* [family] saga **Familienschmuck** *m* family jewels *pl* **Familienseelsorge** *f* family pastoral care **Familienserie** *f* family series **Familiensitz** *m* family estate [*or* seat] **Familienstand** *m* marital status **Familienstück** *nt* family heirloom **Familientragödie** *f* family tragedy **Familienunternehmen** *nt* family[-owned] business [*or* enterprise] **Familienunterstützung** *f s.* Familienzulage **Familienvater** *m* father [of a/the family] **Familienverhältnisse** *pl* family background *no pl;* **aus geordneten/zerrütteten ~n kommen** to come from a well-ordered background/broken home **Familienvertrag** *m* JUR family contract **Familienvorstand** *m* (*geh*) *s.* Familienoberhaupt **Familienwappen** *nt* family coat of arms, family arms *npl* BRIT **Familienzulage** *f* family allowance **Familienzusammenführung** *f* organized family reunion **Familienzusatzdarlehen** *nt* JUR additional loan for a family **Familienzuschlag** *m* JUR additional family allowance **Familienzuwachs** *m* addition to the family; **~ erwarten/bekommen** [*o fam* **kriegen**]/**bekommen haben** to be expecting/getting/have had an addition to the family

famos *adj* (*veraltend fam*) capital *dated fam;* **ein ~er Mensch** a brick *dated fam*

Famulus <-, Famuli> *m* MED (*veraltend geh*) *medical student doing practical work in a clinic*

Fan <-s, -s> [fɛn] *m* fan; (*Fußball~ a.*) supporter

Fanal <-s, -e> *nt* (*geh*) signal; **mit etw** *dat* **ein ~ setzen** to send a signal by doing sth

Fanatiker(in) <-s, -> *m(f)* fanatic; **ein politischer ~** an extremist; **ein religiöser ~** a religious fanatic, a [religious] zealot

fanatisch I. *adj* fanatical; **ein ~er Anhänger** a fanatical [*or pej* rabid] supporter II. *adv* fanatically

fanatisiert *adj* fanaticized

Fanatismus <-> *m kein pl* fanaticism

Fanclub ['fɛnklʊb] *m s.* **Fanklub**

Fanfare <-, -n> *f* ❶ (*Trompete*) ceremonial trumpet, fanfare ❷ (*Trompetensignal aus Dreiklangtönen*) fanfare; **eine ~ schmettern** to play a fanfare ❸ (*Musikstück*) fanfare ❹ (*zusätzliche Hupe im Auto*) multi-tone horn

Fang[1] <-[e]s, Fänge> *m* ❶ *kein pl* (*das Fangen*) catching, trapping; **zum ~ auslaufen** to go fishing ❷ *kein pl* (*Beute*) catch; *Fisch* haul ▶ WENDUNGEN: [**mit jdm/etw**] **einen guten ~ machen** to make a good catch [with sb/sth]

Fang[2] <-[e]s, Fänge> *m meist pl* (*Kralle*) talon; (*Reißzahn*) fang ▶ WENDUNGEN: **jd in seinen Fängen haben** (*fam*) to have sb in one's clutches

Fangarm *m* tentacle

Fangemeinde *f* fan club, supporters *pl*

fangen <fängt, fing, gefangen> I. *vt* ❶ (*festnehmen*) ■**jdn ~** to catch [*or* apprehend] sb; **einen Dieb ~** to catch a thief ❷ (*erjagen*) ■**etw ~** to catch sth ❸ (*erhaschen*) ■**etw ~** to catch sth II. *vi* ❶ (*erhaschen*) to catch ❷ (*Spiel*) **F~ spielen** to play catch III. *vr* ❶ (*ver~*) ■**sich in etw** *dat* **~** to be caught in sth ❷ (*das Gleichgewicht wiedererlangen*) ■**sich ~** to catch oneself; (*seelisch*) to pull oneself together [again]

Fangflotte *f* fishing fleet **Fangfrage** *f* trick [*or* BRIT catch] question; [**jdm**] **eine ~ stellen** to ask [sb] a trick question **fangfrisch** *adj* **~e Fische** fresh fish **Fanggründe** *pl* fishing grounds *npl* **Fangheuschrecke** *f* ZOOL mantis **Fangleine** *f* NAUT hawser

Fanglomerat <-[e]s, -e> *nt* GEOL fanglomerate

Fangnetz *nt* [fishing] net **Fangquote** *f* [fishing] quota **Fangschaltung** *f* interception circuit **Fangschiff** *nt* fishing boat **Fangschuss**[RR] *m* finishing shot, coup de grâce

fängt *3. pers pres von* **fangen**

Fangvorrichtung *f* ❶ (*Fangschaltung*) intercepting device ❷ (*Einrichtung in Aufzügen*) gripping device, safety catch **Fangzahn** *m* fang

Fanklub ['fɛn-] *m* fan club **Fanpost** *f* fan mail

Fantasie[RR1] <-, -n> [*pl* -'zi:ən] *f* ❶ *kein pl* (*Einbildungsvermögen*) imagination *no pl;* **eine lebhafte** [*o* **blühende**]/**krankhafte/schmutzige ~ haben** to have a wild imagination/sick/filthy mind [*or* filthy imagination] ❷ *meist pl* (*Fantasterei*) fantasy

Fantasie[2] <-, -n> [*pl* -'zi:ən] *f* MUS fantasia

fantasiebegabt[RR] *adj* (*geh*) *s.* **fantasievoll** **Fantasiegebilde**[RR] *nt* fantastic form **fantasielos**[RR] *adj* unimaginative; ■**~ sein** to be unimaginative, to be lacking in imagination **Fantasielosigkeit**[RR] <-> *f kein pl* unimaginativeness *no pl,* lack of imagination *no pl* **Fantasiepreis**[RR] *nt* (*fam*) outrageous[ly high] price **Fantasiereise**[RR] *f* fantasy trip [*or* journey]

fantasieren[RR]* I. *vi* ❶ (*fabulieren*) ■[**von jdm/etw**] **~** to fantasize [about sb/sth] ❷ MED to be delirious II. *vt* ■**etw ~** to imagine sth, to dream sth up

fantasievoll[RR] *adj* [highly] imaginative

Fantast[RR]**(in)** <-en, -en> *m(f)* dreamer

Fantasterei[RR] <-, -en> *f* (*geh*) fantasy

Fantastin[RR] <-, -nen> *f fem form von* **Fantast**

fantastisch[RR] I. *adj* ❶ (*fam: toll*) fantastic ❷ (*fam: sagenhaft*) fantastic ❸ *attr* (*unglaublich*) incredible ❹ (*geh*) unreal II. *adv* ❶ (*fam: toll, sagenhaft*) wonderfully, fantastically ❷ (*unglaublich*) incredibly; ***das klingt ~*** that sounds incredible

Fantasyroman *m* fantasy novel

Fanzine <-s, -s> ['fɛnzi:n] *nt* fanzine

FAO *f Abk von* **Food and Agriculture Organization** [**of the UN**] FAO

FAQ *f* INET *Abk von* **Frequently Asked Questions** FAQ

Farad <-[s], -> *nt* PHYS farad

Farbabfall *m* TYPO gradual ink fade, ink fading **Farbabstimmung** *f* TYPO colour matching **Farbabzug** *m* FOTO colour print **Farbaufnahme** *f* colour photo[graph] **Farbaufsichtsbild** *nt* TYPO colour reflection original, colour print **Farbauftrag** *m* TYPO ink application, inking **Farbauswahl** *f* colour option **Farbauszüge** *pl* TYPO (*Repro*) colour separation *no pl,* separation films *pl* **Farbband** <-bänder> *nt* typewriter ribbon **Farbbandkassette** *f* typewriter ribbon cassette **Farbbeutel** *m* paint bomb **Farbbildschirm** *m* colour screen **Farbbrillanz** *f* FOTO brilliant colours **Farbdarstellung** *f* colour display **Farbdisplay** *nt* colour display **Farbdruck** *m* (*Druckverfahren*) colour printing; (*Bild*) colour print **Farbdrucker** *m* colour printer

Farbe <-, -n> *f* ❶ (*Farbton*) colour [*or* AM -or]; **in ~** in colour [*or* AM -or]; **sanfte ~n** soft hues ❷ (*Anstreichmittel*) paint; (*Färbemittel*) colour [*or* AM -or], dye ❸ *pl* (*optisches Symbol*) colours [*or* AM -ors] ❹ KARTEN suit; **~ bedienen** to follow suit ▶ WENDUNGEN: **etw in den schwärzesten ~n malen** [*o* **schildern**] to paint a black [*or* gloomy] picture of sth; **~ bekennen** to come clean, to put one's cards on the table; **~ bekommen** to get a [sun]tan

farbecht *adj* colourfast **Farbechtheit** *f* colour fastness

Färbemittel *nt* dye

färben I. *vt* ❶ (*andersfarbig machen*) ■**etw ~** to dye sth; **sich** *dat* **die Haare blond ~** to bleach one's hair blond; **sich** *dat* **die Haare schwarz ~** to dye one's hair black ❷ (*etw eine bestimmte Note geben*) **etw humoristisch/politisch/rassistisch ~** to give sth humorous/political/racist overtones; ■**politisch/rassistisch gefärbt sein** to have political/racist overtones II. *vi* (*ab~*) to run III. *vr* ■**sich ~** to change colour [*or* AM -or]; *Himmel* to turn colour [*or* AM -or]; ***die Blätter ~ sich gelb*** the leaves are turning yellow

farbenblind *adj* colour blind **Farbenblindheit** *f* BIOL colour blindness **Farbendruck** *m* multi-colour printing **farbenfreudig** *adj* ❶ (*bunt*) colourful ❷ (*kräftige Farben bevorzugend*) loving bright colours **farbenfroh** *adj* colourful **Farbenkasten** *m* paintbox **Farbenlehre** *f* theory of colour **Farbenmischen** <-s> *nt kein pl* TYPO blending of colours, ink mixing **Farbenpalette** *f* ❶ KUNST palette ❷ (*Farbauswahl*) colour range **Farbenpasser** <-s, -> *m* TYPO colour register **Farbenpracht** *f* (*geh*) blaze of colour **farbenprächtig** *adj* (*geh*) *s.* farbenfroh **Farbenreichtum** *m* wealth of colours **Farbenspiel** *nt* play of colours

Färber(in) <-s, -> *m(f)* dyer

Färberei <-, -en> *f* dye-works

Farbfächer *m* TYPO specimen book of coloured ink **Farbfernsehen** *nt* colour television [*or* TV] **Farbfernseher** *m* (*fam*) colour television [set] [*or fam* TV] **Farbfernsehgerät** *nt* colour television [*or* TV] set **Farbfilm** *m* colour film **Farbfilter** *m* SCI colour filter **Farbfolge** *f* TYPO colour [*or* ink] sequence **Farbfoto** *nt* colour photograph **Farbfotografie** *f* colour photography **Farbgraphikadapter** *m* INFORM colour graphics adapter, CGA **Farbhaftung** *f* BAU adhesion of paint

farbig I. *adj* ❶ (*bunt*) coloured, colourful; (*für Farbabbildungen*) colour; **eine ~e Postkarte** a colour postcard; **ein ~es Passbild** a colour passport photo ❷ (*anschaulich*) colourful ❸ *attr* (*Hautfarbe betreffend*) coloured; **die ~e Bevölkerung** coloured people II. *adv* ❶ (*bunt*) in colour ❷ (*anschaulich*) colourfully

färbig *adj* ÖSTERR *s.* **farbig 1**

Farbige(r) *f(m) dekl wie adj* coloured person, non-white

Farbkasten *m* paint box **Farbkissen** *nt* inkpad **Farbkopierer** *m* colour copier **Farbkorrektur** *f* TYPO (*Druck*) inking correction; (*Repro*) colour [*or* AM -or] editing [*or* retouche] **Farbladung** *f* NUKL colour [*or* AM -or] charge **Farblaserdrucker** *m* colour laser printer

farblich I. *adj* colour II. *adv* in colour; ***sie stimmte die Vorhänge ~ auf die Tapete ab*** she matched the colours of the curtains and the carpet

farblos *adj* ❶ (*ohne Farbe*) colourless; **ein ~er Lippenstift** a clear lipstick ❷ (*unauffällig, langweilig*) dull; **eine ~ Frau** a drab woman

Farbmonitor *m* colour monitor **Farbnorm** *f* TYPO colour standard **Farbnuance** *f* colour shade **Farbpalette** *f* gamut of colours **Farbprägefolie** *f* TYPO colour stamping foil **Farbroller** *m* paint roller **Farbsättigung** *f* colour saturation **Farbscanner** *m* INFORM colour scanner **Farbskala** *f* colour range **Farbstift** *m* coloured pen [*or* pencil] **Farbstoff** *m* ❶ (*Färbemittel*) dye; (*in Nahrungsmitteln*) artificial colouring ❷ (*Pigment*) pigment **Farbtabelle** *f* INFORM colour display **Farbtiefe** *f* colour depth **Farbtintenstrahldrucker** *m* colour ink-jet printer **Farbton** *m* shade **Farbtonregister** *nt* BAU colour chart **Farbtönung** *f* hue, shade, tint **Farbtrennung** *f* TYPO (*Repro*) colour separation **Farbtupfer** *m* splash of colour

Färbung <-, -en> *f* ❶ *kein pl* (*das Färben*) colouring ❷ (*Tönung*) shade; (*von Blättern*) hue ❸ (*Einschlag*) bias, slant *fig*

Farbwert *m* chromatic [*or* colour] [*or* AM -or] value **Farbwertkorrektur** *f* TYPO colour value correction

Farce <-, -n> ['farsə] *f* ❶ (*Lustspiel*) farce ❷ (*lächerliche Karikatur*) farce; **eine einzige ~ sein** it's just a farce! ❸ KOCHK stuffing, filling

farcieren *vt* KOCHK ■**etw ~** to stuff [*or* fill] sth

Farinzucker *m s.* **Rohrzucker**

Farm <-, -en> *f* ❶ (*Bauernhof*) farm ❷ (*Zuchtbe-*

trieb) farm

Farmer(in) <-s, -> *m(f)* farmer

Farmhaus *nt* farmhouse

Farn <-[e]s, -e> *m,* **Farnkraut** *nt* fern

Farnpflanze *f* BOT fern

Färse <-, -n> *f* heifer

Fasan <-s, -e[n]> *m* pheasant

Fasanerie <-, -n> *f* ① (*Gehege*) pheasant run ② (*Gebäude*) pheasant house

faschieren* *vt* ÖSTERR (*durch den Wolf drehen*) ■**etw** ~ to mince [*or* AM grind] sth

Faschierte(s) *nt dekl wie adj* ÖSTERR (*Hackfleisch*) mince, minced [*or* AM ground] meat

Fasching <-s, -e *o* -s> *m* SÜDD (*Fastnacht*) carnival

Faschingsdienstag *m* Shrove Tuesday **Faschingskrapfen** *m* jam [*or* AM jelly] doughnut

Faschismus <-> *m kein pl* fascism

Faschist(in) <-en, -en> *m(f)* fascist

faschistisch *adj* POL, HIST ① (*den Faschismus betreffend*) fascist ② (*pej: vom Faschismus geprägt*) fascist

faschistoid *adj* POL (*pej*) fascistic *pej*

Faselbohne *f s.* **Helmbohne**

Faselei <-, -en> *f* (*pej fam*) drivel *pej fam*

faseln I. *vi* (*pej fam*) to babble *pej fam;* ***hör auf zu ~!*** stop babbling on! II. *vt* (*pej fam*) ■**etw** ~ to spout on about sth *pej fam;* ***was faselt er da ständig?*** what's he going on about?

fasen *vt* BAU ■**etw** ~ to chamfer sth

Faser <-, -n> *f* ① (*synthetisch erzeugter Faden*) fibre [*or* AM -er] ② (*Gewebezelle*) fibre [*or* AM -er]

fas(e)rig *adj* fibrous

fasern *vi* to fray

Faserrichtung *f* (*Papier*) grain [direction] **Faserrohstoff** *m* (*Papier*) fibre [*or* AM -er] raw material **Faserschreiber** *m* felt-tip [pen] **Faserstift** *m* felt-tip [pen] **Faserstoffbleichung** *f* (*Papier*) pulp bleaching

Fasnacht *f kein pl s.* **Fastnacht**

fasrig *adj s.* **faserig**

Fass^RR^ <-es, Fässer> *nt,* **Faß** <-sses, Fässer> *nt* (*Gefäß*) barrel, vat, cask; **etw in Fässer füllen** to barrel sth, to put sth into barrels; **vom ~** on draught [*or* AM draft], on tap; **Bier vom ~** draught [*or* AM draft] beer; **Wein vom ~** wine from the wood ▶ WENDUNGEN: **ein ~ ohne Boden** a bottomless pit; **das schlägt dem ~ den Boden aus!** that really is the limit!; **das ~ zum Überlaufen bringen** to be the final [*or* last] straw, the straw that broke the camel's back

Fassade <-, -n> *f* ① (*Vorderfront eines Gebäudes*) façade, front ② (*äußerer Schein*) façade, front; **nur ~ sein** to be just [a] show

fassbar^RR^ *adj,* **faßbar** *adj* ① (*konkret*) concrete, tangible ② (*verständlich*) comprehensible

Fassbier^RR^ *nt* draught [*or* AM draft] beer

Fässchen^RR^ <-s, -> *nt dim von* **Fass** cask, keg

fassen I. *vt* ① (*ergreifen*) ■**etw** ~ to grasp sth; **jds Hand ~** to take sb's hand; ■**jdn an/bei etw** *dat* ~ to seize sb by sth; **jdn am Arm ~** to seize sb's arm [*or* sb by the arm]; **jdn bei der Hand ~** to take sb by the hand; ■**etw an etw** *dat* ~ to take hold of sth by sth ② (*festnehmen*) ■**jdn** ~ to apprehend [*or* seize] [*or* catch] sb; ***die Täter konnten bisher nicht gefasst werden*** so far the culprits have not been apprehended ③ (*zu etw gelangen*) ■**etw** ~ to take sth; **einen Entschluss ~** to make a decision; **einen Vorsatz ~** to make [*or* come to] a resolution; **keinen klaren Gedanken ~ können** not able to think clearly ④ (*begreifen*) ■**etw** ~ to comprehend sth; ***er konnte sein Glück kaum fassen*** he could scarcely believe his luck; ***ich fasse es einfach nicht!*** I just don't believe it!; **es nicht ~ können[, dass ...]** not to be able to understand [*or* believe] [that ...]; **[das ist] nicht zu ~!** it's incredible [*or* unbelievable!] ⑤ (*etw enthalten*) ■**etw** ~ to contain sth; ***wieviel Liter Öl fasst der Tank?*** how many litres of oil does the tank hold? ⑥ (*ein~*) ■**etw [in etw** *akk*] ~ to mount [*or* set] sth [in sth]; *s. a.* **Wort** II. *vi* ① (*greifen*) to grip, to grasp; *Zahnrad, Schraube* to bite; ***die Reifen fassen nicht in dem tiefen Schnee*** the tyres won't grip in the deep snow ② (*berühren*) ■**an etw** *akk*/**in etw** *akk* ~ to touch sth/to feel inside sth; ***sie fasste in das Loch*** she felt inside the hole ③ (*schnappen*) *von Hund* to bite; ***fass!*** get [*or* grab] [him/her]! III. *vr* ■**sich** ~ to pull oneself together; **sich kaum mehr ~ können** to scarcely be able to contain oneself

fässerweise *adv* by the barrel[ful] [*or* gallon]

Fassette^RR^ <-, -n> *f s.* **Facette**

fasslich^RR^ *adj,* **faßlich** *adj* (*begreifbar*) comprehensible

Fasson <-, -s> [fa'sõ:] *f* (*normale Form*) shape; **aus der ~ geraten** (*fam*) to let oneself go *fam* ▶ WENDUNGEN: **jeder soll nach seiner [*o* auf seine] ~ selig werden** (*prov*) each must live as he sees fit

Fassreif(en)^RR^ *m* [barrel] hoop

Fassung <-, -en> *f* ① (*Rahmen*) mounting, setting ② (*Brillengestell*) frame; **eine Brille mit einer goldenen ~** a pair of glasses with gold frames ③ ELEK socket ④ (*Bearbeitung*) version ⑤ *kein pl* (*Selbstbeherrschung*) composure; **die ~ bewahren** to maintain one's composure, to keep one's cool *sl;* **jdn aus der ~ bringen** to unsettle [*or* disconcert] [*or* throw] sb; **außer ~ geraten** to lose one's composure [*or* self-control], to become rattled *fam;* **etw mit ~ tragen** to bear [*or* take] sth calmly; ***trag es mit ~*** don't let it get to you; **die ~ verlieren** to lose one's self-control, to lose one's cool *sl*

Fassungskraft *f kein pl* comprehension, understanding **fassungslos** I. *adj* staggered, stunned II. *adv* in bewilderment; **~ zusehen, wie ...** to watch in shocked amazement as ... **Fassungslosigkeit** <-> *f kein pl* complete bewilderment

Fassungsvermögen *nt* capacity

Fasswein^RR^ *m* wine from the wood

fassweise^RR^ *adv* by the barrel[ful]

fast *adv* almost, nearly; ***ich konnte ~ nichts sehen*** I almost couldn't see anything; **~ *nie*** hardly ever

fasten *vi* to fast

Fastenkur *f* diet; **eine ~ machen** to go on a diet **Fastenspeise** *f* KOCHK, REL fasting [*or* Lenten] food **Fastenzeit** *f* REL Lent, period of fasting

Fast Food^RR^, **Fastfood**^RR^ <-> ['fa:stfu:d] *nt kein pl* fast food

Fastfoodkette ['fa:stfu:d-] *f* chain of fast food restaurants

Fastnacht *f kein pl* DIAL carnival

Fastnachtsdienstag *m* Shrove Tuesday **Fastnachtskrapfen** *m* jam [*or* AM jelly] doughnut **Fastnachtszeit** *f* carnival season

Fasttag *m* day of fasting; **einen ~ einlegen** to go on a day of fasting; **einen ~ machen** to fast for a day

Faszination <-> *f kein pl* fascination; **[eine] ~ auf jdn ausüben** to fascinate sb

faszinieren* I. *vt* ■**jdn** ~ to fascinate sb; ***was fasziniert dich so an ihn?*** why do you find him so fascinating?; ***er war von ihrem Lächeln fasziniert*** he was captivated by her smile II. *vi* to fascinate

faszinierend *adj* fascinating

fatal *adj* (*geh*) ① (*verhängnisvoll*) fatal; **sich ~ [auf etw** *akk*] **auswirken** to have fatal repercussions; **~e Folgen haben** to have fatal repercussions ② (*peinlich*) embarrassing, awkward; **ein ~es Gefühl** an awkward feeling; **in eine ~e Lage geraten** to be in an awkward position

Fatalismus <-> *m kein pl* (*geh*) fatalism

Fatalist(in) <-en, -en> *m(f)* fatalist

fatalistisch *adj* (*geh*) fatalistic

Fata Morgana <- -, – Morganen *o* -s> *f* ① (*Luftspiegelung*) mirage ② (*Wahnvorstellung*) fata morgana, hallucination

Fatzke <-n *o* -s, -n> *m* (*pej fam*) pompous twit

fauchen *vi* ① (*Tierlaut*) to hiss ② (*wütend zischen*) to spit

faul *adj* ① (*nicht fleißig*) idle, lazy; **~er Sack** (*pej*) lazy slob ② (*verfault*) rotten [*or* bad]; (*verrottet*) decayed, rotten; **~e Blätter** dead leaves; (*faulig*) foul ③ (*pej fam: nicht einwandfrei*) feeble; **ein ~er Kompromiss** a shabby compromise; **ein ~er Kredit** a bad credit; **ein ~er Kunde** a shady customer; ■**an etw** *dat* **ist etw** ~ sth is fishy about sth; ***an diesem Angebot ist irgendwas ~*** there's something fishy about this offer ④ (*ohne zu zögern*) **nicht ~** not slow ▶ WENDUNGEN: **etw ist ~ im Staate Dänemark** (*prov*) there's something rotten in the State of Denmark

Faulbaum *m* BOT black alder, alder buckthorn

Fäule <-> *f kein pl* (*geh: Fäulnis*) rot; (*Zahn~*) decay

faulen *vi sein o haben* to rot; *carcass* to decay; *Wasser* to stagnate; *Gemüse, Obst* to rot

faulenzen *vi* to laze about [*or* around] BRIT, to loaf around [*or* BRIT about] *pej sl;* ■**das F~** lazing about

Faulenzer(in) <-s, -> *m(f)* (*pej*) layabout BRIT *pej fam,* lazybones *fam,* loafer *pej sl,* idler

Faulenzerei <-, *selten* -en> *f* (*pej*) idleness

Faulgas *nt* sludge [*or* fermentation] gas

Faulheit <-> *f kein pl* idleness, laziness; **vor ~ stinken** (*pej fam*) to be bone idle BRIT *pej fam*

faulig *adj* rotten; **ein ~er Geruch** a foul smell; **ein ~er Geschmack** a foul taste; **~es Wasser** stagnant water; **~ riechen/schmecken** to smell/taste foul

Fäulnis <-> *f kein pl* decay, rot; ***man muss das Holz gegen ~ schützen*** the wood must be protected from rotting; **im Zustand der ~** in a state of decay

Fäulnisprozess^RR^ *m* decomposition, rotting

Faulpelz *m* (*pej fam*) layabout BRIT *pej fam,* loafer *pej sl,* lazybones **Faulschlamm** *m* sludge **Faultier** *nt* ① (*Tier*) sloth ② (*fam*) *s.* **Faulpelz**

Faun <-[e]s, -e> *m* faun

Fauna <-, Faunen> *f* fauna

Faust <-, Fäuste> *f* (*geballte Hand*) fist; **die [Hand zur] ~ ballen** to clench one's fist ▶ WENDUNGEN: **wie die ~ aufs Auge passen** (*nicht passen*) to clash horribly; (*perfekt passen*) to be a perfect match; (*passend sein*) to be [very] convenient; **jds ~ im Nacken spüren** to have sb breathing down your neck; **die ~/Fäuste in der Tasche ballen** to hold [*or* choke] back [*or* bottle up] one's anger; **mit der ~ auf den Tisch schlagen** to bang [*or* thump] the table with one's fist; **auf eigene ~** off one's own bat BRIT, on one's own initiative [*or* under our own steam]; **mit eiserner ~** with an iron fist [*or* hand]

Faustball *m kein pl* fistball (*team game in which the ball is hit over a cord with the fist or forearm*)

Fäustchen <-s, -> *nt dim von* **Faust** little fist ▶ WENDUNGEN: **sich** *dat* **ins ~ lachen** (*fam*) to laugh up one's sleeve *fam*

faustdick *adj* (*fam*) ① (*dick wie eine Faust*) *s.* **faustgroß** ② (*fam: unerhört*) whopping; ***das ist eine ~e Lüge!*** that's a real whopper!, that's a whopping lie! ▶ WENDUNGEN: **~ auftragen** (*fam*) to lay it on thick *fam;* **es ~ hinter den Ohren haben** to be crafty, to be a sly dog

Fäustel <-s, -> *m* mallet

Faustfeuerwaffe *f* handgun **faustgroß** *adj* the size of [*or* as big as] a fist **Fausthandschuh** *m* mitten **Faustkeil** *m* hand-axe

Fäustling <-s, -e> *m s.* **Fausthandschuh**

Faustpfand *nt* security **Faustpfandrecht** *nt* JUR law of pledge **Faustrecht** *nt kein pl* law of the jungle **Faustregel** *f* rule of thumb **Faustschlag** *m* blow, punch

Fautfracht *f* HANDEL dead freight

Fauvismus <-> [fo'vɪsmʊs] *m kein pl* KUNST Fauvism

Fauxpas <-, -> [fo'pa] *m* (*geh*) faux pas, gaffe; **einen ~ begehen** to make a gaffe, to make [*or* commit] a faux pas

Fave <-, -n> *f* KOCHK young broad bean

favorisieren* [-vo-] *vt* (*geh*) ■**jdn** ~ to favour [*or* AM -or] sb

Favorit(in) <-en, -en> [-vo-] *m(f)* ① (*Liebling*) favourite [*or* AM -orite] ② SPORT favourite [*or* AM -orite]

Fax <-, -e> *nt* ① (*Schriftstück*) fax ② (*Gerät*) fax [machine]; ***schick mir den Vertrag per ~ zu*** send me the contract by fax

faxen I. *vi* ■**[jdm]** ~ to fax [sb], to send a fax to sb II. *vt* ■**etw** ~ to fax sth; ■**etw an jdn [*o* jdm etw]** ~ to fax sth to sb [*or* sb sth], to send a fax to sb

Faxen *pl* ① (*Unsinn, Albereien*) clowning around; ***lass die ~!*** stop clowning around!; **nichts als**

[dumme] ~ **im Kopf haben** to still fool around; ~ **machen** (*sl: Schwierigkeiten machen*) to give sb trouble ❷ (*fam: Grimassen*) grimaces *pl*; ***lass die ~!*** stop pulling [*or* making] faces!; ~ **machen** to make [*or* BRIT pull] faces ► WENDUNGEN: **die ~ dick[e] haben** (*fam*) to have had it up to here *sl*

Faxgerät *nt* fax machine **Faxkarte** *f* INFORM fax card [*or* board] **Faxmodem** *nt* INFORM fax modem **Faxpost** *f kein pl* TELEK fax, facsimile **Faxrolle** *f* fax roll

Fayence <-, -n> [fa'jã:s] *f* faïence

FAZ *f Abk von* **Frankfurter Allgemeine Zeitung** *broadsheet daily newspaper*

Fazit <-s, -s *o* -e> *nt* result, upshot, summary, conclusion *fam;* **das ~ aus etw** *dat* **ziehen** to sum up sth *sep;* (*Bilanz ziehen*) to take stock of sth

FC *m Abk von* **Fußballclub** FC, Football Club

FCKW <-s, -s> *m Abk von* **Fluorchlorkohlenwasserstoff** CFC

FCKW-frei *adj* CFC-free

FDP <-> *f Abk von* **Freie Demokratische Partei** FDP

Feature <-s, -s> ['fi:tʃɐ] *nt* feature programme [*or* AM -am]

Feber <-s, -> *m* ÖSTERR (*Februar*) February

Februar <-[s], *selten* -e> *m* February; **Anfang/Ende ~** at the beginning/end of February; **Mitte ~** in the middle of February, mid-February; **~ sein** to be February; **~ haben** to be February; ***jetzt haben wir*** [*o* ***ist es***] ***schon ~ und ich habe noch immer nichts geschafft*** it's February already and I still haven't achieved anything; **im ~** in February; **im Laufe des ~s** [*o* **des Monats ~**] during the course of February, in February; **im Monat ~** in [the month of] February; **in den ~ fallen/legen** to be in February/to schedule for February; **diesen** [*o* **in diesem**] **~** this February; **jeden ~** every February; **bis in den ~** [**hinein**] until [well] into February; **den ganzen ~ über** for the whole of February; **am 14. ~** (*Datumsangabe: geschrieben*) on [the] 14th February [*or* February 14th] BRIT, on February 14 AM; (*gesprochen*) on the 14th of February [*or* AM February the 14th]; ***am Freitag, dem*** [*o* ***den***] ***14. Februar*** on Friday, February [the] 14th; ***Dorothee hat am 12. ~ Geburtstag*** Dorothee's birthday is on February 12th; **auf den 14. ~ fallen/legen** to fall on/to schedule for February 14th; ***Hamburg, den 14. ~ 2000*** Hamburg, 14th February 2000 BRIT, Hamburg, February 14, 2000 *esp* AM

fechten <fechtet *o* ficht, focht, gefochten> *vi* ❶ SPORT ■[**mit etw** *dat*] **~** to fence [with sth]; ■**gegen jdn ~** to fence against sb ❷ (*geh: kämpfen*) ■[**für jdn/etw/unter jdm**] **~** to fight [for sb/sth/under sb]

Fechten <-s> *nt kein pl* fencing

Fechter(in) <-s, -> *m(f)* fencer

Fechtmeister(in) *m(f)* fencing master **Fechtsaal** *m* fencing hall **Fechtsport** *m* fencing

Feder <-, -n> *f* ❶ (*Teil des Gefieders*) feather; (*lange Hut~*) long feathers, plume; **leicht wie eine ~** as light as a feather ❷ (*Schreib~*) nib, quill; **eine spitze ~ führen** to wield a sharp pen; **zur ~ greifen** to put pen to paper; **aus jds ~ stammen** to come from sb's pen ❸ (*elastisches Metallteil*) spring ❹ (*Bett*) **noch in den ~n liegen** (*fam*) to still be in bed; ***raus aus den ~n!*** (*fam*) rise and shine! *fam* ► WENDUNGEN: **sich mit fremden ~n schmücken** to take the credit for sb else's efforts; **~n lassen müssen** (*fam*) not to escape unscathed

Federball *m* ❶ *kein pl* (*Spiel*) badminton; **~ spielen** to play badminton ❷ (*leichter Gummiball*) shuttlecock **Federballschläger** *m* badminton racket **Federbein** *nt* TECH, AUTO suspension strut **Federbett** *nt* continental quilt BRIT, duvet BRIT, comforter AM **Federboa** *f* feather boa **Federbusch** *m* ❶ (*Federn auf Vogelkopf*) crest ❷ (*Federn auf Kopfbedeckung*) plume **Federdecke** *f s.* **Federbett Federflügel** *m* spring wing **Federfuchser(in)** <-s, -> *m(f)* (*pej*) petty pen pusher *pej* **federführend** *adj* in charge; ■[**bei etw/für etw**] **~ sein** to be in charge [of sth]; HANDEL to act as central coordinator [of sth] **Federführung** *f* overall control; HANDEL central coordination; **unter der ~ von jdm/etw ...** under the overall control of sb/sth ... **Federgewicht** *nt* SPORT ❶ *kein pl* (*niedrige Körpergewichtsklasse*) featherweight ❷ (*Sportler*) *s.* **Federgewichtler Federgewichtler(in)** <-s, -> *m(f)* SPORT featherweight **Federhalter** *m* fountain pen, pen holder **Federkernmatratze** *f* interior sprung mattress, innerspring mattress AM **Federkiel** *m* ❶ (*Teil einer Feder*) quill ❷ (*Schreibgerät*) quill **Federkissen** *nt* feather pillow **federleicht** *adj* as light as a feather *pred* **Federlesen** *nt* **ohne langes ~** without further ado; **ohne viel ~s** without much ceremony; **nicht viel ~s mit jdm/etw machen** to waste no time on sb/sth **Federmäppchen** <-s, -> *nt* pencil case

federn I. *vi* ❶ (*nachgeben*) to give slightly, to be springy ❷ SPORT to flex; [**in den Knien**] **~** to bend [at the knees] II. *vt* ■**etw ~** to fit sth with suspension

federnd *adj* flexible, springy; **einen jugendlich~en Gang haben** to have a youthful spring in one's step

Federring *m* spring washer **Federstahl** *m* spring steel **Federstrich** *m* stroke of the pen; **mit einem ~** with a single stroke of the pen

Federung <-, -en> *f* springing; (*für Auto a.*) suspension

Federvieh *nt* (*fam*) poultry

Federweiße(r) *m dekl wie adj* new wine

Federwild *nt* feathered game **Federzeichnung** *f* pen-and-ink drawing

Fee <-, -n> [-e:ən] *f* fairy; **die gute/böse ~** the good/bad fairy

Feed-back^RR^, Feedback <-s, -s> ['fi:dbɛk] *nt* feedback *no indef art, no pl;* **jdm** [**ein**] **~ geben** to give sb feedback

Feeling <-s> ['fi:lɪŋ] *nt kein pl* ❶ (*Gefühl*) feeling ❷ (*Gefühl für etw*) feel; **ein ~ für etw** *akk* **haben** to have a feel for sth; **ein ~ für etw** *akk* **entwickeln** to develop a feel for sth

feenhaft *adj* fairylike

Fegefeuer *nt* ■**das ~** purgatory **Fegeleiste** *f* BAU molding

fegen I. *vt haben* ❶ (*kehren*) ■**etw ~** to sweep sth; ■**etw von etw** *dat* **~** to sweep sth off sth ❷ (*fortschieben*) ■**etw ~** to sweep sth away ❸ SCHWEIZ (*feucht wischen*) ■**etw irgendwohin ~** to wipe sth [with a damp cloth] II. *vi* ❶ *haben* (*ausfegen*) to sweep up ❷ *haben* SCHWEIZ (*feucht wischen*) to wipe ❸ *sein* (*fam: schnell fahren*) to sweep, to tear; ***er kam um die Ecke gefegt*** he came tearing round the corner ❹ (*stark wehen*) to sweep; ***der Sturm fegte durch das Geäst*** the storm swept through the boughs of the trees

Fehde <-, -n> *f* ❶ (*Konflikt*) feud; **eine ~ mit jdm austragen** [*o* **fechten**] (*geh*) to carry on a feud with sb; **mit jdm in ~ liegen** (*geh*) to be feuding with sb ❷ HIST (*privater Krieg im Mittelalter*) feud

Fehdehandschuh *m* gauntlet; **jdm den ~ hinwerfen** (*fig geh*) to throw down the gauntlet to sb *fig;* **den ~ aufheben** [*o* **nehmen**] (*fig geh*) to pick up the gauntlet *fig*

fehl *adj* **~ am Platz[e]** [**sein**] [to be] out of place

Fehl *m* **ohne ~** [**und Tadel**] (*geh*) to be immaculate; **ein Mensch ohne ~ und Tadel** a person without blemish or blame

Fehlalarm *m* false alarm **Fehlanpassung** *f* maladjustment **Fehlanzeige** *f* (*fam*) dead loss *fam;* ■**~!** wrong! **fehlbar** *adj* fallible **Fehlberechnung** *f* miscalculation **Fehlbesetzung** *f* wrong appointment; **eine ~ machen** [*o* **vornehmen**] to make a wrong appointment; (*bei Schauspielern*) miscasting; ***als Hamlet ist er eine totale ~*** he was totally miscast in the role as Hamlet **Fehlbestand** *m* HANDEL deficiency, shortage **Fehlbetrag** *m* ❶ FIN (*fehlender Betrag*) shortfall ❷ ÖKON (*Defizit*) deficit **Fehlbildung** *f* malformation, abnormality **Fehlbildungssyndrom** *nt* MED malformation [*or* deformity] syndrome **Fehlbogen** *m* TYPO imperfect [*or* spoil] sheet **Fehldatierung** *f* incorrect dating **Fehldiagnose** *f* wrong [*or* false] diagnosis **Fehldisposition** *f* misplanning **Fehldruck** *m* TYPO misprint, imperfect impression **Fehleinschätzung** *f* misjudgement, false estimation

fehlen I. *vi* ❶ (*nicht vorhanden sein*) ■**etw fehlt** [**jdm**] sth is missing [for sb]; ***mir ~ noch einige Münzen*** I'm still missing a few coins; ***wie immer, das Zitat deiner Mutter, das durfte ja nicht ~!*** (*iron*) you couldn't leave that out, you had to quote your mother! ❷ (*abhanden gekommen sein*) ■**jdm fehlt etw** sb is missing sth; ***mir ~ 100 Mark*** I'm missing 100 marks; ***sie stellte fest, dass einige Bücher fehlten*** she discovered that some books were missing ❸ (*abwesend sein*) ■[**in etw** *dat*] **~** to be missing [from sth]; **entschuldigt/unentschuldigt ~** *bes* MIL authorized/unauthorized absence; (*in Schule*) to be absent with/without an excuse ❹ (*schmerzlich vermissen*) ■**jd fehlt jdm** sb misses sb; ***du fehlst mir*** I miss you ❺ (*an etw leiden*) ***ich glaube, mir fehlt etwas*** I think there is something wrong with me; ***wenn ich nur wüsste, was mir fehlt*** if I only knew what was wrong with me; ***nein, mir fehlt wirklich nichts*** no, there is nothing the matter with me; ***fehlt Ihnen etwas?*** is there anything wrong with you? II. *vi impers* ❶ (*abhanden gekommen sein*) to be missing; ***es ~ 500 Mark aus der Kassette*** 500 marks are missing from the cashbox ❷ (*mangeln*) ■**jdm fehlt es an etw** *dat* sb is lacking sth; ***jetzt fehlt es sogar an Brot*** there's even a lack of bread now; ***das Haus müsste mal wieder gestrichen werden, aber es fehlt eben an Geld*** the house should be repainted, but we just don't have enough money; **jdm fehlt an** [**gar**] **nichts** (*geh*) sb wants for nothing; ***während unserer Reise fehlte es uns an nichts*** during our journey we wanted for nothing ► WENDUNGEN: **es fehlte nicht viel, und ... ...** almost ...; ***es hat nicht viel gefehlt, und du hättest die Kaffeekanne umgestoßen!*** you almost knocked the coffee pot over; **weit gefehlt!** way off the mark!, far from it!; **wo fehlt es** [*o* **'s**]**?** what's the matter?, what's wrong? *fam*

Fehlen <-s> *nt kein pl* lack; **~ der zugesicherten Eigenschaft** JUR lack of promised quality

Fehlentscheidung *f* wrong decision **Fehlentwicklung** *f* mistake, wrong turn

Fehler <-s, -> *m* ❶ (*Irrtum*) error, mistake; **einen ~ auffangen** to trap an error; **einen ~ beheben** to remove a mistake; **einen ~ machen** [*o* **begehen**] to make a mistake; **jds ~ sein** to be sb's fault; **jdm ist ein ~ unterlaufen** sb has made a mistake ❷ SCH error, mistake ❸ JUR *a.* (*Mangel*) defect; **einen ~ haben** to have a defect, to be defect ❹ (*schlechte Eigenschaft*) fault; **jeder hat** [**seine**] **~** everyone has [their] faults; **den ~** [**an sich** *dat*] **haben, etw zu tun** to have the fault of doing sth; ***du hast den ~, dass du immer mehr verlangst*** the trouble with you is, you're always asking for more ❺ SPORT fault; **auf ~ erkennen** [*o* **entscheiden**] to indicate a foul

Fehleranalyse *f* INFORM error analysis **fehleranfällig** *adj* prone to errors *pred;* ***das ist ein sehr ~es Computerprogramm*** this computer program is prone to errors **Fehleranzeige** *f* INFORM error message **Fehlerbehandlungsroutine** *f* INFORM error handling routine **Fehlerbehebung** *f* TECH error correction [*or* management] **Fehlerbeseitigung** *f kein pl von Mäkeln* elimination of errors; *von Betriebsstörungen* troubleshooting **Fehlerdiagnose** *f* TECH error diagnosis **Fehlereingrenzung** *f* localization of an error **Fehlererkennung** *f* INFORM error detection; **~ und -behebung** error detection and correction, EDAC **Fehlererkennungsprogramm** *nt* INFORM error-detecting [*or* diagnostic] program **fehlerfrei** *adj s.* **fehlerlos Fehlergrenze** *f* margin of error

fehlerhaft *adj* ❶ (*mangelhaft*) poor, imperfect, substandard; (*bei Waren*) defective; **~es Exemplar** TYPO defective [*or* imperfect] copy ❷ (*falsch*) incorrect **Fehlerhaftigkeit** <-> *f kein pl* JUR faultiness, defective condition **Fehlerhäufigkeit** *f* INFORM error rate **Fehlerkontrolle** *f* INFORM error check **Fehlerkorrektur** *f* INFORM error correction **Feh-**

lerkorrekturmodus *m* INFORM error correction mode, ECM **fehlerlos** *adj* faultless, perfect **Fehlermeldung** *f* INFORM error message **Fehlerquelle** *f* source [*or* cause] of error **Fehlerquote** *f* error rate **Fehlerrate** *f* INFORM error rate **Fehlersuche** *f* INFORM troubleshooting; INFORM debugging **Fehlersuchprogramm** *nt* INFORM debugger **Fehlertoleranz** *f* INFORM error tolerance **Fehlerursache** *f* INFORM error cause **Fehlerwahrscheinlichkeit** *f kein pl* error probability

Fehlfabrikat *nt* HANDEL defective product **Fehlfarbe** *f* ❶ KARTEN missing suit ❷ (*Zigarre*) *cigar with a discoloured wrapper* **Fehlfunktion** *f* defective function **Fehlgeburt** *f* miscarriage; **eine ~ haben** [*o* **erleiden**] to have a miscarriage **fehl|gehen** *vi irreg sein* (*geh*) ❶ (*sich irren*) to be mistaken, to err; ■ **in etw ~** to be mistaken [*or* wrong] about sth; **fehl in der Annahme gehen, dass ...** to be mistaken [*or* wrong] in assuming that ... ❷ (*sich verlaufen*) to go wrong ❸ (*das Ziel verfehlen*) to go wide, to miss **Fehlgewicht** *nt kein pl* HANDEL underweight **Fehlgriff** *m* mistake; **einen ~ tun** to make a mistake **Fehlinformation** *f* incorrect [*or* false] information *no indef art, no pl* **Fehlinterpretation** *f* misinterpretation **Fehlinvestition** *f* bad investment **Fehlkalkulation** *f* miscalculation; **eine schwerwiegende ~** a grave miscalculation **Fehlkonstruktion** *f* (*pej*) flawed product; **eine totale ~ sein** to be extremely badly designed **Fehlleistung** *f* mistake, slip; **freudsche ~** Freudian slip **fehlleiten** *vt* to misdirect **Fehlleitung** *f* misdirection, misrouting **Fehlmenge** *f* HANDEL deficit, shortage **Fehlpass**RR *m* SPORT bad pass **Fehlplanung** *f* bad planning **Fehlprodukt** *nt* HANDEL defective product **Fehlrippe** *f* KOCHK rib **Fehlschaltung** *f* faulty circuit **Fehlschlag** *m* failure **fehl|schlagen** *vi irreg sein* to fail; ***alle Bemühungen, den Streik zu verhindern, schlugen fehl*** all efforts to avert the strike came to nothing **Fehlschluss**RR *m* wrong [*or* false] conclusion **Fehlspekulation** *f* bad [*or* unlucky] speculation [*or* misplaced] **Fehlstart** *m* ❶ LUFT faulty launch ❷ SPORT false start **Fehltritt** *m* (*geh*) ❶ (*Fauxpas*) lapse, slip ❷ (*Ehebruch*) indiscretion **Fehlurteil** *nt* ❶ JUR miscarriage of justice ❷ (*falsche Beurteilung*) misjudgement; **ein ~ fällen** to form [*or* come to] [*or* make] an incorrect judgement **Fehlverhalten** *nt* ❶ (*falsches Verhalten*) inappropriate behaviour [*or* AM -or] ❷ PSYCH, SOZIOL aberrant [*or* abnormal] behaviour [*or* AM -or] **Fehlzündung** *f* misfiring; **~ haben** to misfire

Feier <-, -n> *f* ❶ (*festliche Veranstaltung*) celebration, party; **zur ~ einer S.** *gen* to celebrate sth ❷ (*würdiges Begehen*) ceremony; **zur ~ des Tages** in honour [*or* AM -or] of the occasion

Feierabend *m* ❶ (*Arbeitsschluss*) end of work, closing time *fam*; ***hoffentlich ist bald ~*** I hope it's time to go home soon; ***so, für mich ist jetzt ~*** OK, (it's) time for me to go!, OK, I think I'll call it a day!; ■ **~!** that's it for today!; **~ haben** to be time for sb to finish work; **~ machen** to finish work for the day; **nach ~** after work ❷ (*Zeit nach Arbeitsschluss*) evening; ***schönen Feierabend!*** have a nice evening! ► WENDUNGEN: **jetzt ist [damit] aber ~!** (*fam*) that's enough! *fam* **Feierabendhaus** *nt* old people's home, residential home for the elderly

feierlich I. *adj* ❶ (*erhebend*) ceremonial, formal; **ein ~er Akt** a ceremonial act; **ein ~er Anlass** a formal occasion ❷ (*nachdrücklich*) solemn; **~e Beteuerungen** solemn declaration; **ein ~er Schwur** a solemn oath ► WENDUNGEN: **nicht mehr ~ sein** (*fam*) to go beyond a joke, to be no longer funny *fam* II. *adv* ❶ (*würdig*) formally; **etw ~ begehen** to celebrate sth ❷ (*nachdrücklich*) solemnly

Feierlichkeit <-, -en> *f* ❶ *kein pl* (*würdevolle Beschaffenheit*) solemnity, festiveness ❷ *meist pl* (*Feier*) celebrations, festivities

feiern I. *vt* ❶ (*festlich begehen*) ■ **etw ~** to celebrate sth; **seinen Geburtstag ~** to celebrate one's birthday; **eine Party ~** to have a party; *s. a.* **Abschied, Wiedersehen** ❷ (*umjubeln*) ■ **jdn ~** to acclaim sb II. *vi* to celebrate, to have a party

Feierschicht *f* (*ausgefallene Schicht*) cancelled [*or* AM canceled] shift; **eine ~ fahren** [*o* **einlegen**] to miss [*or* cancel] a shift **Feierstunde** *f* ceremony

Feiertag *m* holiday; **gesetzlicher ~** bank holiday; **kirchlicher ~** church festival

feiertags *adv* on holidays **Feiertagszulage** *f* ÖKON holiday pay

feig(e) I. *adj* cowardly; ***los, sei nicht ~!*** come on, don't be a coward!; **~r Hund** (*pej*) cowardly dog II. *adv* cowardly

Feige <-, -n> *f* ❶ (*Baum*) fig tree ❷ (*Frucht*) fig

Feigenbaum *m* fig tree **Feigenblatt** *nt* ❶ (*Blatt des Feigenbaums*) fig leaf ❷ (*dürftige Tarnung*) front; **etw als ~ benutzen** to use sth as a front [to hide sth] **Feigenkaktus** *m* BOT prickly pear, opuntia

Feigheit <-, -en> *f kein pl* cowardice; **~ vor dem Feind** cowardice in the face of the enemy

Feigling <-s, -e> *m* (*pej*) coward *pej*

feil *adj präd* (*veraltend o pej geh: käuflich*) [up] for sale, can be bought *pred;* (*verkäuflich*) saleable; **etw ist jdm für eine bestimmte Summe ~** sth can be had for a [certain] price

feil|bieten *vt irreg* (*geh*) ■ **etw ~** to offer sth for sale

Feilblock *m* sanding block

Feile <-, -n> *f* file

feilen I. *vt* ■ **etw ~** to file sth; **seine Fingernägel ~** to file one's nails II. *vi* ■ **an etw** *dat* **~** ❶ (*mit einer Feile bearbeiten*) to file sth ❷ (*verbessern, vervollkommnen*) to polish, to make improvements, to improve; ***ich muss noch etwas an meinem Referat ~*** I have to polish up my oral presentation

Feilhalten *nt* HANDEL (*geh*) *von Ware* offering for sale

feilschen *vi* (*pej*) ■ **[mit jdm] [um etw** *akk***] ~** to haggle [with sb] [over sth]

Feilstaub *m* fine filings *pl*

fein I. *adj* ❶ (*nicht grob*) fine; (*zart*) delicate; **~es Haar** fine hair ❷ (*vornehm*) distinguished; **~e Dame/~er Herr** a distinguished lady/gentleman; **~er Pinkel** (*pej fam*) a person who gives himself airs BRIT; **sich** *dat* **für etw** *akk* **zu ~ sein** sth is beneath one; **sich ~ machen** to get dressed up, to do oneself up *fam* ❸ (*von hoher Qualität*) exquisite, excellent, choice; **das F~ste vom F~en** the best [of the best], the creme de la creme; **vom F~sten** of the highest quality; (*rein*) pure; **aus ~em Gold/Silber** made out of pure gold/silver ❹ (*fam: anständig*) decent; (*iron*) fine *iron;* ***du bist mir ja ein ~er Freund!*** you're a fine friend! *iron* ❺ (*scharf, ~sinnig*) keen, acute, sensitive; **ein ~es Gehör haben** to have an acute sense of hearing; **eine ~e Nase haben** to have a very keen [*or* acute] sense of smell ❻ (*dezent*) delicate; **~er Humor** delicate sense of humour [*or* AM -or]; **~e Ironie** subtle irony ❼ (*fam: erfreulich*) fine, super, perfect, great; **~!** great!; **~, dass ...** it's great that ... ► WENDUNGEN: **~ heraus** [*o* **raus**] **sein** (*fam*) to be in a nice position; *s. a.* **säuberlich** II. *adv* ❶ *vor adj, adv* (*kindersprache: hübsch*) nice and ..., just *childspeak;* ***seid ~ artig!*** just be good now! ❷ (*genau*) fine, precise; **~ säuberlich** accurate ❸ (*zart, klein*) finely; **~ gemahlen** fine-ground, finely ground ❹ (*elegant*) **~ angezogen sein** to be dressed up; **sich ~ machen** to dress up

Feinabstimmung *f* TECH fine tuning **Feinanteil** *m* KOCHK fines *npl* **Feinarbeit** *f* precision work **Feinauflösung** *f kein pl* fine resolution **Feinauszeichnung** *f* HANDEL additional classification **Feinbäckerei** *f* patisserie, cake [*or* pastry] shop **Feinchemikalie** *f* fine chemical

Feind(in) <-[e]s, -e> *m(f)* ❶ (*Gegner*) enemy, foe; **jdn zum ~ haben** to have sb as an enemy; **sich** *dat* **jdn zum ~ machen** to make an enemy of sb; **sich** *dat* **~e schaffen** to make enemies ❷ (*Opponent*) opponent; ■ **ein ~ einer S.** *gen* an opponent of sth ► WENDUNGEN: **viel ~ viel Ehr** the greater the opposition, the greater the prestige; **liebet eure ~e** REL love thine enemies; **ran an den ~!** (*fam*) up and at them! *fam*

Feindbild *nt* concept of an/the enemy

Feindesland *nt* (*geh*) enemy territory

feindlich I. *adj* ❶ (*gegnerisch*) enemy *attr;* **Stellung** enemy position ❷ (*feindselig*) hostile; **eine ~e Haltung gegenüber jdm/etw einnehmen** to be hostile towards [*or* to] sb/sth; **jdm/einer S. ~ gegenüberstehen** to be hostile to sb/sth II. *adv* **jdm/etw gegenüber ~ eingestellt sein** to have a hostile attitude towards [*or* to] sb/sth

Feindschaft <-, -en> *f kein pl* animosity, hostility; **mit jdm in ~ leben** to be at daggers drawn with sb *fam*

feindselig I. *adj* hostile II. *adv* hostilely; **sich ~ verhalten** to behave in a hostile manner

Feindseligkeit <-, -en> *f* ❶ *kein pl* (*feindselige Haltung*) hostility ❷ *pl* (*Kampfhandlungen*) hostilities *npl*

Feineinstellung *f* fine tuning **feinfühlend** *adj* sensitive, delicate **feinfühlig** *adj* sensitive **Feingefühl** *nt kein pl* sensitivity, delicacy, tact; **etw mit viel ~ behandeln** to handle sth with a great deal of tact; **etw verlangt viel ~** this requires [*or* demands] a great deal of tact **Feingehalt** *m* fineness **feingemahlen** *adj attr s.* **fein II 3** **feinglied(e)rig** *adj* delicate, slender; **von ~er Gestalt sein** to have a slender figure **Feingold** *nt* pure gold

Feinheit <-, -en> *f* ❶ (*Feinkörnigkeit*) fineness; (*Zartheit*) delicacy; (*von Stoff*) superior quality ❷ (*Scharfsinnigkeit*) acuteness, keenness ❸ (*Dezentheit*) subtle ❹ *pl* (*Nuancen*) subtleties, nuances *pl;* ***das sind eben die gewissen ~en, die man beachten muss*** it's the little things that make the difference

feinkörnig *adj* ❶ (*aus kleinen Teilen*) fine-grained; **~er Sand** fine sand ❷ FOTO fine-grain **Feinkost** *f* delicacies **Feinkostgeschäft** *nt* delicatessen **fein|machen** *vr s.* **fein II 4** **feinmaschig** I. *adj* fine; *Netz* with a fine mesh, fine-meshed; ***ein ~er Pullover*** a finely knitted sweater, sweater made of a fine knit II. *adv* finely knitted **Feinmechanik** *f* precision engineering **Feinmechaniker(in)** *m(f)* precision engineer **feinmotorisch** *adj* ANAT finemotor *attr spec*

Feinputz *m* BAU finish plaster **Feinschmecker(in)** <-s, -> *m(f)* gourmet **Feinsilber** *nt* pure silver **feinsinnig** *adj* (*geh*) sensitive **Feinsteuerung** *f* TECH ❶ (*Gerät*) fine control system ❷ (*Steuern*) fine control **Feinstrumpfhose** *f* fine-mesh tights *npl* **Feinunze** *f* (*31,10 g*) troy ounce **Feinwäsche** *f* delicates *npl* **Feinwaschmittel** *nt* mild detergent

feist *adj* fat

feixen *vi* (*fam*) to smirk

Felchen <-s, -> *m* whitefish

Feld <-[e]s, -er> *nt* ❶ (*offenes Gelände, unbebautes Land*) field; **freies** [*o* **offenes**] [*o* **weites**] **~** open country; **auf freiem ~** in the open country; *s. a.* **Wald** ❷ (*Acker*) field; **das ~/die ~er bestellen** to cultivate [*or* till] the land ❸ (*abgeteilte Fläche*) section, field; **die ~er in einem Formular ausfüllen** to fill out all the fields in a form; (*auf Spielbrett*) square; (*Hintergrund*) background; INFORM field ❹ (*Spiel~*) field ❺ (*Öl~*) oilfield ❻ *kein pl* (*Schlacht~*) [battle]field; **im ~** in battle ❼ (*Bereich*) area, field; **ein weites ~ sein** to be a broad subject ❽ SPORT (*Gruppe*) field; **das ~ anführen** to lead the field ❾ PHYS field; **ein elektromagnetisches ~** an electromagnetic field ❿ INFORM (*Datenfeld*) array; **dynamisches ~** dynamic array ► WENDUNGEN: **das ~ behaupten** to stand one's ground; **etw ins ~ führen** (*geh*) to put sth forward; **das ~ räumen** (*weggehen*) to quit the field, to leave; (*seine Stellung aufgeben*) to give up, to quit; **jdn aus dem ~ schlagen** to get rid of sb; **jdm/einer S. das ~ überlassen** to leave the field open to a thing/sb; **gegen jdn/etw zu ~e ziehen** (*geh*) to campaign against sb/sth

Feldahorn *m* common maple **Feldarbeit** *f* work in the fields **Feldbahn** *f* narrow-gauge railway **Feldbett** *nt* camp bed **Feldblume** *f* wild flower **Feldflasche** *f* canteen, water bottle **Feldflur** *f agricultural land of a community* **Feldforschung**

f field research; ~ **betreiben** to carry out field research **Feldfrüchte** *pl* arable products *pl* **Feldgeistliche(r)** *f(m) decl wie adj* (*veraltet: Militärpfarrer*) army chaplain **Feldgraswirtschaft** *f kein pl* AGR ley farming **Feldgrille** *f* ZOOL field cricket **Feldhase** *m* ZOOL hare **Feldherr(in)** *m(f)* MIL, HIST general, strategist **Feldhockey** *nt* hockey BRIT, field hockey AM **Feldhuhn** *nt* partridge **Feldjäger(in)** *m(f)* ❶ *pl* (*Truppe*) military police + *sing/pl vb* ❷ (*Truppenangehöriger*) military policeman **Feldküche** *f* MIL field kitchen **Feldlager** *nt* HIST (*Heerlager*) encampment, camp **Feldlazarett** *nt* MIL field hospital **Feldlerche** *f* ORN skylark **Feldmarschall(in)** *m(f)* field marshall [*or* AM marshal] **Feldmaus** *f* field mouse **Feldmesser** *nt* (*veraltet*) [land] surveyor **Feldpost** *f* MIL [*or* AM armed] forces' postal service **Feldsalat** *m* lamb's lettuce **Feldspat** *m* feldspar **Feldstärke** *f* field strength **Feldstecher** <-s, -> *m* binoculars *npl;* (*beim Militär a.*) field glasses *npl* **Feldstudie** *f* field study **Feldtheorie** *f* PHYS, PSYCH, LING field theory **Feldthymian** *m* wild thyme **Feldversuch** *m* field trial

Feldwebel(in) <-s, -> *m(f)* sergeant-major

Feldweg *m* field path, country lane **Feldzug** *m* ❶ MIL campaign ❷ ((*Werbe-*)*Kampagne*) campaign

Felge <-, -n> *f* rim

Felgenbremse *f* rim brake **Felgengröße** *f* AUTO rim size

Fell <-[e]s, -e> *nt* (*Tierhaut*) fur; (*abgezogener Tierpelz*) hide; **einem Tier das ~ abziehen** to skin an animal ▶ WENDUNGEN: **jdm das ~ über die Ohren ziehen** (*fam*) to take sb to the cleaners; **ein dickes ~ haben** (*fam*) to be thick-skinned, to have a thick skin; **sich** *dat* **ein dickes ~ anschaffen** (*fam*) to grow a thick skin; **jdm das ~ gerben** [*o* **versohlen**] (*fam*) to give sb a good hiding [*or* spanking] *sl;* **jdn** [*o* **jdm**] **juckt das ~** (*fam*) sb's asking for it [*or* a good hiding]; **jdm schwimmen alle** [*o* **die**] **~e weg** (*fam*) [all] one's hopes are dashed

Fellache, Fellachin <-n, -n> *m, f* fellah

Fellatio <-> *f kein pl* fellatio *no pl*

Fels <-en, -en> *m* ❶ (*geh*) *s.* **Felsen** cliff ❷ (*Gestein*) rock; *s. a.* **Brandung**

Felsblock <-blöcke> *m* boulder **Felsbrocken** *m* lump of rock

Felsen <-s, -> *m* cliff

Felsenbeere *f* juneberry **felsenfest I.** *adj* firm, rock solid, steadfast, solid as a rock **II.** *adv* firmly, steadfastly; ~ **von etw** *dat* **überzeugt sein** to be firmly convinced of sth **Felsengebirge** *nt* rocky mountain range **Felsenhahn** *m* ORN cock-of-the-rock **Fels(en)riff** *nt* rocky reef **Fels(en)schlucht** *f* rocky gorge [*or* ravine] **Felsentaube** *f* ORN rock dove **Felsenwand** *f* rock face

Felsgestein *nt* rock

felsig *adj* rocky

Felsmalerei *f* rock painting **Felsmassiv** *nt* rock massif **Felsspalte** *f* cleft [*or* crevice] in the rock **Felsvorsprung** *m* ledge **Felswand** *f* rock face

Feme <-, -n> *f* (*mittelalterliches Gericht*) vehme

Fem(e)gericht *nt* (*mittelalterliches Gericht*) vehmic court (*a court in mediaeval West Phalia famous for executing those accused immediately after finding them guilty*) **Fememord** *m* murder committed under the vehmic system, sectarian killing

Feminat <-[e]s, -e> *nt* female committee

feminin *adj* ❶ LING feminine ❷ (*geh: fraulich*) feminine ❸ (*pej: weibisch*) effeminate *pej*

Femininum <-s, Feminina> *nt* LING feminine noun

Feminismus <-> *m kein pl* feminism

Feminist(in) <-en, -en> *m(f)* feminist

Feministin <-, -nen> *f fem form von* **Feminist** feminist

feministisch *adj* feminist

Fenchel <-s> *m kein pl* BOT fennel

Fenchelöl *nt* fennel oil **Fenchelsamen** *m* fennel seed

Fennek <-s, -s> *m* ZOOL fennec

Fenster <-s, -> *nt* ❶ (*zum Hinausschauen*) window ❷ INFORM window; **aktives ~** active window ▶ WENDUNGEN: **weg vom ~ sein** (*fam*) to be out of the running; *s. a.* **Geld**

Fensterbank <-bänke> *f* window-sill **Fensterbrett** *nt* window-sill **Fensterbriefumschlag** *m* window envelope **Fensterbrüstung** *f* BAU breast **Fensterfalz** *m* TYPO [double] gatefold **Fensterflügel** *m* casement **Fensterfront** *f* glass façade **Fenstergitter** *nt* BAU window bars *pl* **Fensterglas** *nt* window glass, window pane **Fensterheber** <-s, -> *m* window regulator [*or* lift] **Fensterkitt** *m* window putty **Fensterkreuz** *nt* mullion and transom **Fensterkurbel** *f* window crank [handle], *window handle for winding car windows* **Fensterladen** *m* [window] shutter **Fensterleder** *nt* shammy (leather), chamois (leather)

fensterln *vi* SÜDD, ÖSTERR to climb in one's lover's window

fensterlos *adj* windowless

Fensternische *f* [window] niche **Fensterplatz** *m* window seat **Fensterputzer(in)** <-s, -> *m(f)* window cleaner [*or* washer] **Fensterrahmen** *m* window frame **Fensterrede** *f* SOZIOL, POL (*pej fam*) soapbox speech **Fensterscheibe** *f* window pane **Fenstersims** *m o nt* window ledge **Fensterstock** *m* ÖSTERR (*Fensterrahmen*) window frame **Fenstersturz** *m* ❶ ARCHIT [window] lintel ❷ (*Sturz aus einem Fenster*) fall from a window ▶ WENDUNGEN: **der Prager ~** HIST the Defenestration of Prague **Fenstertechnik** *f* INFORM windowing

Ferien [-riən] *pl* ❶ (*Schulferien*) [school] holidays *pl* BRIT, [school] summer vacation AM; **die großen ~** the summer holidays BRIT; ~ **haben** to be on holiday [*or* AM vacation] ❷ (*Urlaub*) holidays *pl,* vacation AM; ***habt ihr schon irgendwelche Pläne für die ~?*** have you made any plans for the holidays [*or* your vacation] ?; **in die ~ fahren** to go on holiday [*or* AM vacation]; ~ **machen** to have [*or* take] a holiday, to go on vacation

Feriendorf *nt* holiday resort BRIT, resort [complex] AM **Feriengast** *m* holiday-maker **Ferienhaus** *nt* holiday home, cottage **Ferienheim** *nt* holiday [*or* AM vacation] home **Ferienkurs** *m* vacation course BRIT, summer school AM **Ferienlager** *nt* [children's] holiday camp; **in ein ~ gehen** [*o* **an einem ~ teilnehmen**] to join a summer [*or* BRIT *a.* holiday] camp **Ferienort** *m* holiday resort **Ferienreise** *f* holiday BRIT, vacation AM **Feriensache** *f* JUR vacation business **Ferientag** *m* holiday, day off work; ***morgen ist der letzte ~*** tomorrow is the last day of the holidays **Ferienwohnung** *f* holiday flat BRIT, vacation apartment AM **Ferienzeit** *f* holiday period [*or* season]

Ferkel <-s, -> *nt* ❶ (*junges Schwein*) piglet ❷ (*pej fam: unsauberer Mensch*) pig, mucky pup BRIT *fam* ❸ (*pej fam: obszöner Mensch*) filthy pig *pej fam*

Ferkelei <-, -en> *f* (*pej fam*) ❶ (*Unsauberkeit*) mess; (*unordentliches Benehmen*) filthy behaviour [*or* AM -or] ❷ (*obszöner Witz*) dirty joke

ferkeln *vi* ❶ (*Ferkel werfen*) to litter ❷ (*Dreck machen*) to make a mess ❸ (*pej fam: sich unanständig benehmen*) to be acting like a pig, to be dirty [*or* disgusting] [*or* filthy]

Fermate <-, -n> *f* MUS pause

Ferment <-s, -e> *nt* (*veraltend*) enzyme

Fermium <-s> *nt kein pl* CHEM fermium

fern I. *adj* ❶ (*räumlich entfernt*) faraway, far off, distant; *Länder* distant lands; **von ~ beobachtet** to observe from afar [*or* a distance]; **von ~ betrachtet** viewed from a distance; **jdn von jdm/etw ~ halten** to keep sb away from sb/sth; **sich von jdm/etw ~ halten** to keep away from sb/sth; ***halte dich lieber von mir fern, ich habe eine Erkältung!*** you better not come too close, I've got a bad cold ❷ (*zeitlich entfernt*) distant; **in nicht allzu ~er Zeit** in the not too distant future ❸ (*außer Frage*) **etw liegt jdm ~** sth is far from sb's mind; **jdm liegt es ~, etw zu tun** to be far from sb's thoughts; **jdm nicht ~ liegen** to not be far from one's thoughts ❹ (*distanziert*) **jdm/einer S. ~ stehen** (*geh*) to have no contact with sb/a thing ▶ WENDUNGEN: **das sei ~ von mir!** by no means!, far be it from me! **II.** *präp + dat* far [away] from; ~ **einem Menschen/ einer S.** far [away] from a person/thing; *s. a.* **Heimat**

Fernabfrage *f* remote access [*or* call-in] **Fernamt** *nt* telephone exchange **Fernbahn** *f* mainline service, long-distance train **Fernbedienung** *f* remote control **Fernbefund** *m* MED remote diagnosis, diagnosis from a distance **Fernbeziehung** *f* SOZIOL long-distance relationship **fern|bleiben** *vi irreg sein* (*geh*) ■**[jdm/einer S.] ~** to stay away [from sb/sth] **Fernbleiben** *nt kein pl* absence; ***sein ~ von dem Vortrag wurde nicht bemerkt*** nobody noticed his non-attendance of the lecture **Fernblick** *m* vista, distant view, panorama

ferne *adv* (*poet, geh*) *s.* **fern**

Ferne <-, *selten* -n> *f* ❶ (*Entfernung*) distance; **aus der ~** from a distance; **in der ~** in the distance ❷ (*geh: ferne Länder*) distant lands [*or* distant climes] *form;* **in die ~ ziehen** to seek out distant climes [*or* far-off shores]; **aus der ~** from abroad; **in der ~** abroad ❸ (*längst vergangen*) [**schon**] **in weiter ~ liegen** it already happened such a long time ago ❹ (*in ferner Zukunft*) [**noch**] **in weiter ~ liegen** there is still a long way to go

Fernempfang *m* RADIO, TV long-distance reception

ferner I. *adj* ❶ *comp von* **fern** more distant ❷ (*künftig, weiter*) in [the] future; **in der ~en Zukunft** in the long-term, in the distant future ▶ WENDUNGEN: **unter ~ liefen** (*fam*) to be amongst the also rans BRIT, to be a runner-up AM **II.** *adv* in the future; ■**... auch ~ etw tun werden** to continue to do sth in the future; ***ich werde auch ~ zu meinem Versprechen stehen*** I shall continue to keep my promise **III.** *konj* furthermore, in addition; ***~ möchte ich daran Sie erinnern, dass ...*** furthermore I would like to remind you that ...

fernerhin I. *adv* (*veraltend geh*) *s.* **ferner II II.** *konj* (*veraltend geh*) *s.* **ferner III**

Fernfahrer(in) *m(f)* long-distance lorry [*or* AM truck] driver **Fernfahrt** *f* long-distance trip; *mit Zug, LKW* long-distance journey; *mit Auto, Motorrad* long-distance drive; *mit Schiff* cruise **Fernflug** *m* long-distance flight **Ferngas** *nt* gas from the national grid BRIT **ferngelenkt** *adj* remote-controlled, radio-controlled **Ferngespräch** *nt* long-distance call **ferngesteuert** *adj* remote-controlled, radio-controlled **Fernglas** *nt* [pair of] binoculars **fern|gucken** *vi* (*fam: fernsehen*) to watch TV [*or* BRIT *fam a.* telly] **fern|halten** *irreg vt, vr s.* **fern I 1 Fernheizung** *f* district heating **Fernkopie** *f s.* **Telefax fern|kopieren** *vt* (*faxen*) ■**etw ~** to fax [*or* send sth by] sth **Fernkopierer** *m* (*Faxgerät*) fax machine **Fernkurs** *m* correspondence course **Fernlaster** *m* (*fam*) long-distance lorry [*or* AM truck] **Fernlastverkehr** *m* long-distance commercial haulage **Fernlastwagen** *m* long-distance lorry BRIT, long haul truck AM **Fernlastzug** *m* long-distance road train **Fernleihe** <-, -> *f* SCH ❶ *kein pl* (*Leihverkehr zwischen Bibliotheken*) inter-library loan ❷ *s.* **Fernleihverkehr Fernleitung** *f* TELEK long-distance line, BRIT *a.* trunk line **Fernleitungsnetz** *nt* TELEK long-distance network **fern|lenken** *vt* ■**etw ~** to operate sth by remote control **Fernlenkung** *f* remote control; **eine Rakete mit ~** a remote-controlled rocket **Fernlicht** *nt* full beam BRIT, high beams AM; **mit ~ fahren** to drive on full beam BRIT, to drive with your high beams on AM; **[das] ~ an haben** to be on full beam BRIT, to have your high beams on AM

fern|liegen *vi irreg s.* **fern I 3**

Fernmeldeamt *nt* telephone exchange **Fernmeldedienst** *m* telecommunications service **Fernmeldegeheimnis** *nt* confidentiality [*or* secrecy] of telecommunications; **das ~ verletzen/wahren** to infringe/maintain the confidentiality of telecommunications **Fernmeldegesellschaft** *f* telecommunications company **Fernmeldesatellit** *m* communications satellite **Fernmeldetechnik** *f kein pl* telecommunications engineering **Fernmel-**

detruppe *f* signals [*or* AM signal] corps **Fernmeldeturm** *m* telecommunications tower [*or* mast] **Fernmeldewesen** *nt kein pl* telecommunications + *sing vb*

fernmündlich I. *adj* (*geh*) by telephone II. *adv* (*geh*) by telephone; ***wir haben uns ~ für den 18. verabredet*** we set a date on the [tele]phone to meet on the 18th

Fernost *kein art* **aus/in/nach ~** from/in/to the Far East

fernöstlich *adj* Far Eastern

Fernrohr *nt* telescope **Fernruf** *m* (*geh*) telephone number; ***Fernruf: 555–129*** Telephone: 555 129 **Fernschnellzug** *m* long-distance express [train] **Fernschreiben** *nt* telex [message] **Fernschreiber** *m* telex [machine] **Fernschreibnetz** *nt* telex network **fernschriftlich** *adj* by telex

Fernsehansager(in) *m(f)* television announcer **Fernsehanstalt** *f* broadcasting company **Fernsehantenne** *f* television aerial **Fernsehapparat** *m* (*geh*) *s.* Fernseher **Fernsehaufnahme** *f* television recording **Fernsehbeitrag** *m* (*Bericht*) TV comment **Fernsehbild** *nt kein pl* television picture; **ein gutes/schlechtes ~** a good/poor picture

fern|sehen *vi irreg* to watch television; **stundenlang ~** to watch television for hours on end

Fernsehen <-s> *nt kein pl* ❶ (*die Technik der Bildübertragung*) television ❷ (*die Sendeanstalten, das Programm*) television; ***das ~ bringt nur Wiederholungen*** they're only showing repeats [*or* reruns] on the TV; **beim ~ arbeiten** [*o* **sein**] to work [*or* be] in television; **~ gucken** (*fam*) to watch the boob tube AM; **im ~ kommen** to be on television; ***was kommt heute im ~?*** what's on telly [*or* TV] today?; **etw im ~ sehen** to see sth on television ❸ (*fam: Fernsehapparat*) **~ haben** to have television

Fernseher <-s, -> *m* (*fam*) television [set]; **vor dem ~ hocken** [*o* **sitzen**] to sit in front of the television

Fernsehfilm *m* television [*or* TV] movie **Fernsehfritze** *m* guy on the t.v., t.v. bloke BRIT **Fernsehgebühr** *f* television licence [*or* AM -se] fee **Fernsehgerät** *nt* (*geh*) television set **Fernsehgesellschaft** *f* television company **Fernsehhaushalt** *m* ❶ (*Haushalt mit Fernseher*) household with TV ❷ *kein pl* ÖKON (*selten*) TV budget **Fernsehinterview** *nt* television interview **Fernsehjournalist(in)** *m(f)* television reporter **Fernsehkamera** *f* television camera **Fernsehkanal** *m* television channel **Fernsehkommissar** *m detective or policeman in a TV series* **Fernsehmagazin** *nt* [television] magazine programme [*or* AM -am] **Fernsehnachrichten** *pl* television news + *sing vb* **Fernsehnetz** *nt* television network **Fernsehprediger(in)** *m(f)* televangalist AM **Fernsehpreis** *m* ❶ (*Auszeichnung*) television prize ❷ (*Preis eines Fernsehgerätes*) price of a TV **Fernsehprogramm** *nt* ❶ (*Programm im Fernsehen*) television programme [*or* AM -am] ❷ (*Kanal*) [television] channel **Fernsehprojektor** *m* television projector **Fernsehrechte** *pl* JUR television rights **Fernsehsatellit** *m* television satellite **Fernsehsender** *m* television station **Fernsehsendung** *f* television programme [*or* AM -am] **Fernsehserie** *f* television series **Fernsehsperrfrist** *f* delay before a cinema film can be shown on TV **Fernsehspiel** *nt* television play, made-for-TV movie **Fernsehstudio** *nt* television studio **Fernsehteam** *nt* television team **Fernsehtechnik** *f* TV technology **Fernsehtechniker(in)** *m(f)* TV engineer **Fernsehteilnehmer(in)** *m(f)* (*form*) television viewer **Fernsehtruhe** *f* TV television cabinet **Fernsehturm** *m* television tower **Fernsehübertragung** *f* television broadcast **Fernsehüberwachungsanlage** *f* CCTV, closed circuit TV **Fernsehwerbung** *f* TV commercials *pl* **Fernsehzeitschrift** *f* television [*or* TV] guide **Fernsehzuschauer(in)** *m(f)* viewer

Fernsicht *f* view; **gute/keine/schlechte ~ haben** to have a good/no/poor [*or* bad] view; **bei guter ~** by good visibility

Fernsprechamt *nt* (*form*) telephone office [*or* exchange] **Fernsprechanlage** *f* (*geh*) telephone **Fernsprechansagedienst** *f* telephone information [*or* announcement] service **Fernsprechanschluss**^RR^ *m* (*geh*) telephone connection **Fernsprechapparat** *m* (*form: Telefonapparat*) telephone **Fernsprechauftragsdienst** *m* automatic telephone answering service **Fernsprechauskunft** *f* TELEK (*form*) directory enquiries [*or* AM assistance] *pl* **Fernsprecher** *m* ADMIN telephone **Fernsprechgebühr** *f* (*geh*) telephone charges *pl* **Fernsprechgeheimnis** *nt* right to telephone privacy, BRIT *a.* secrecy of the telephone **Fernsprechnetz** *nt* telephone network **Fernsprechteilnehmer(in)** *m(f)* (*form*) telephone customer [*or* subscriber]; (*Besitzer eines Telefons*) telephone owner **Fernsprechverkehr** *m kein pl* TELEK telephone service **Fernsprechwesen** *nt* telephony **Fernsprechzelle** *f* (*form*) telephone booth [*or* BRIT *a.* box] **Fernsprechzentrale** *f* telephone switchboard

fern|stehen *vi irreg s.* **fern I 4**

fern|steuern *vt* ■**etw ~** to operate sth by remote control; *s. a.* **ferngesteuert** **Fernsteuerung** *f* ❶ (*das Fernsteuern*) remote control ❷ (*Gerät*) remote-control system; **~ haben** to be remote-controlled; **ein Fernseher mit ~** a TV with a remote control **Fernstraße** *f* arterial road, highway, motorway BRIT, freeway AM, interstate AM; ***auf den Autobahnen und ~n liegen keine Störungen vor*** there are no delays on any motorways or major roads **Fernstrecke** *f* railway [*or* AM railroad] trunk line **Fernstudium** *nt* correspondence course **Ferntransport** *m* long-distance [*or* long-haul] transport **Fernüberwachung** *f* remote monitoring **Fernuniversität** *f* Open University **Fernverbindung** *f* long-distance traffic, AM *a.* long hauls *pl* **Fernverkehr** *m* long-distance traffic **Fernverkehrsflugzeug** *nt* long-range aircraft **Fernverkehrsomnibus** *m* long-distance coach [*or* bus], cross-country bus **Fernverkehrsstraße** *f* arterial [*or* trunk] [*or* main] road, motorway BRIT, freeway AM **Fernwärmeversorgung** *f* district heating, supply of long-distance thermal energy **Fernweh** <-[e]s> *nt kein pl* (*geh*) wanderlust **Fernwirkung** *f* (*zeitlich*) long-term effect; PHYS long-distance effect **Fernziel** *nt* long-term objective **Fernzug** *m* long-distance [express] train

Ferromagnetismus *m* PHYS ferromagnetism

Ferse <-, -n> *f* (*Teil des Fußes*) heel ▶ WENDUNGEN: **sich jdm an die ~n hängen** to stick close to sb; **sich an jds ~n heften** to stick hard on [*or* to dog] sb's heels; **jdm [dicht] auf den ~n sein** [*o* **bleiben**] to be [hot] on sb's tail

Fersenbein *nt* calcaneum, heel bone **Fersengeld** *nt* ▶ WENDUNGEN: **~ geben** (*fam*) to take to one's heels *fam* **Fersenriemen** *m* ankle-strap

fertig I. *adj* ❶ (*abgeschlossen, vollendet*) finished; ***das Essen ist in ein paar Minuten ~*** the food will be done [*or* ready] in a few minutes; **etw ~ haben** to have finished sth; ***haben Sie die Briefe schon ~?*** have you finished the letters yet?; **etw ~ kaufen** to buy a finished product; **~ montierte Seite** TYPO fully assembled sheet; **mit etw** *dat* **~ sein** to be finished with sth; **mit etw** *dat* **~ werden** to finish sth ❷ (*bereit*) ready; ***ich bin schon lange ~!*** I've been ready for ages!; ***ich bin ~, wir können gehen*** I'm ready, let's go ❸ (*ausgebildet*) trained; **Lehrer** qualified ❹ (*fam: erschöpft*) exhausted, shattered BRIT *fam,* knackered BRIT *sl,* dog-tired; (*verblüfft*) amazed, gobsmacked BRIT, shocked by surprise BRIT *fam* ❺ (*fam: Beziehung beendet*) ■**mit jdm ~ sein** to be through [*or* finished] with sb ❻ (*fam: in der Hand haben, verarbeiten können*) **mit jdm/etw ~ werden** to cope with sb/sth ❼ (*fam: basta*) **~!** that's that [*or* the end of it]! II. *adv* ❶ (*zu Ende*) **etw ~ bekommen** [*o* **bringen**] [*o fam* **kriegen**] (*vollenden*) to complete [*or* finish] sth; **etw ~ machen** [*o* **tun**] to finish sth; ***lass mich wenigstens noch in Ruhe ~ frühstücken!*** let me at least finish breakfast in peace; **etw ~ stellen** to finish [*or* complete] sth; **~ gestellt** completed ❷ (*tatsächlich ausführen*) **etw ~ bekommen** [*o* **bringen**] [*o fam* **kriegen**] to carry out sth; (*etw schaffen*) to be capable of sth; **es ~ bekommen** [*o* **bringen**], **etw zu tun** to manage to do sth; ***der bringt es ~ und verlangt auch noch Geld dafür!*** and he even has the cheek [*or* audacity] to ask for money ❸ (*bereit*) [**jdm**] **etw ~ machen** to have sth ready [for sb]; **etw rechtzeitig ~ machen** to finish sth [*or* have sth ready] on time; **sich** [**für etw** *akk*] **~ machen** to get ready [for sth] ❹ (*fam: kaputt*) **etw macht jdn ~** (*zermürben*) sth wears out sb *sep;* **jdn ~ machen** (*schikanieren*) to wear sb down *sep;* (*sl: zusammenschlagen*) to beat up sb *sep* ▶ WENDUNGEN: **auf die Plätze, ~, los!** on your marks, get set, go!, ready, steady, go!

Fertigbau <-bauten> *m* ❶ *kein pl* (*Bauweise*) prefabricated construction ❷ (*Gebäude*) prefab **Fertigbauweise** *f kein pl* prefabricated building **Fertigbearbeitung** *f* finish[ing] **fertig|bekommen*** *vt irreg* (*fam*) *s.* **fertig II 1, II 2** **Fertigbeschnitt** *m* TYPO final trim [*or* cut] **Fertigbeton** *m* ready-mixed concrete **fertig|bringen** *vt irreg s.* **fertig II 1, II 2**

fertigen *vt* (*geh*) ■**etw ~** to manufacture sth; **etw ~ lassen** to have sth manufactured

Fertigerzeugnis *nt* HANDEL finished product **Fertigfabrikat** *nt* finished product **Fertigfußboden** *m* BAU finished floor **Fertiggericht** *nt* instant meal, ready-to-eat meal **Fertighaus** *nt* prefabricated house, prefab *fam*

Fertigkeit <-, -en> *f* ❶ *kein pl* (*Geschicklichkeit*) skill ❷ *pl* (*Fähigkeiten*) competence, skills; ***dafür braucht man besondere ~en*** this requires special skills

fertig|kriegen *vt* (*fam*) *s.* **fertig II 1, II 2**

fertig|machen *vt s.* **fertig II 3, II 4**

Fertigmontage *f* TECH final assembly **Fertigmörtel** *m* BAU ready mix mortar **Fertigprodukt** *nt* finished product **fertig|stellen** *vt s.* **fertig II 1**

Fertigstellung *f* completion

Fertigstellungsgarantie *f* HANDEL completion guarantee **Fertigstellungspflicht** *f* JUR duty to complete **Fertigstellungsphase** *f eines Projekts* completion stage [*or* phase] **Fertigstellungstermin** *m* HANDEL completion date

Fertigteil *nt* prefabricated component [*or* part]

Fertigung <-, -en> *f* manufacture

Fertigungsabschnitt *m* production stage **Fertigungsanlagen** *pl* production plant *no pl* **Fertigungsberuf** *m* ÖKON production job **Fertigungsbetrieb** *m* production plant, factory **Fertigungskosten** *pl* production costs *pl* **Fertigungsmaß** *nt* BAU construction measurements *pl* **Fertigungsmuster** *nt* production pattern **Fertigungsserie** *f* line, run **Fertigungsstandort** *m* production [*or* manufacturing] site **Fertigungsstraße** *f* production line **Fertigungsteil** *nt* production part **Fertigungsverfahren** *nt* manufacturing [*or* production] process

Fertigware *f* HANDEL finished product

Fes <-, -> *nt* MUS F flat

fesch *adj* ❶ SÜDD, ÖSTERR (*fam: flott*) smart; **ein ~er Kerl** a smart-looking fellow ❷ ÖSTERR (*fam: nett*) **sei ~!** be a sport!

Fessel <-, -n> *f* ❶ (*Schnur*) bond, fetter; (*Kette*) shackles *npl;* **eiserne ~n** iron shackles; **jdm ~n anlegen** *aus Schnur* to tie sb up; **jdn in ~n legen** [*o liter* **schlagen**] to put sb in chains *fig;* **seine ~n sprengen** to throw off one's chains *fig* ❷ ANAT (*geh: von Mensch*) ankle; (*von Huftier*) pastern

Fesselballon [-balɔŋ, -balo:n, -balõ:] *m* captive balloon

fesseln *vt* ❶ (*Fesseln anlegen*) ■**jdn** [**mit etw** *dat*] **~** to bind [*or* tie [up *sep*]] sb [with sth]; ■**jdn an etw** *akk* **~** to bind [*or* tie] sb to sth; ■**jdn an etw** *dat* **~** to bind [*or* tie [up *sep*]] sb with sth, to shackle, to handcuff; ***er wurde mit gefesselten Händen vorgeführt*** he was brought in with his hands tied ❷ (*geh: binden*) ■**jdn an sich** *akk* **~** to tie sb to oneself ❸ (*faszinieren*) ■**etw fesselt jdn** [**an jdm/etw**] sb is captivated [by sb/sth]; (*in Bann halten*) to captivate

fesselnd *adj* captivating, spellbinding

fest I. *adj* ❶ (*hart, stabil*) strong, tough; *Schuhe* sturdy ❷ (*nicht flüssig*) solid; *Nahrung* solid; (*erstarrt*) solidified ❸ (*sicher, entschlossen*) firm; *Absicht* firm; *Zusage* definite; ***wir treffen uns also morgen, ist das ~?*** we'll meet tomorrow then, is that definite?; *s. a.* **Stimme** ❹ (*kräftig*) firm; **ein ~er Händedruck** a sturdy handshake ❺ (*nicht locker*) tight; *s. a.* **Schlaf** ❻ (*konstant, ständig*) permanent; **eine ~e Anstellung** a permanent job; **~e Mitarbeiter** permanent employee *no pl;* (*~gesetzt*) fixed; **~e Kosten** fixed costs; (*eng, dauerhaft*) lasting; *Freund, Freundin* steady; *s. a.* **Redewendung** II. *adv* ❶ (*kräftig*) firmly; **~ an-/zupacken** to firmly grasp; **jdn ~ an sich drücken** to give someone a big hug ❷ (*nicht locker*) tightly; **etw ~ anziehen** to screw in sth tightly; **etw ~ treten** to tread [*or* trample] sth down *sep;* **sich ~ treten** to become trodden down; ***geht nicht quer durch das Beet! die Erde tritt sich sonst fest!*** don't walk across the flowerbed, otherwise the earth will get trodden down!; **etw ~ ziehen** (*zusammenziehen*) to tighten sth; (*festdrehen*) to tighten; **etw ~ zurren** to lash sth down [*or* together]; ***du musst den Sicherheitsgurt ~ zurren*** you must tighten your seat-belt; *s. a.* **verankern** ❸ (*mit Nachdruck*) definitely; **~ an etw** *akk* **gebunden sein** to be firmly tied to sth; **jdm etw ~ versprechen** to make sb a firm promise; **etw ~ zusagen** to promise firmly; *s. a.* **entschlossen, schlafen** ❹ (*dauernd*) permanently; **Geld ~ anlegen** to invest in a fixed term deposit; **~ angestellt** permanently employed; **~ angestellt sein** to have a permanent job ❺ (*präzise*) **~ umrissen** clearly defined ► WENDUNGEN: **das tritt sich ~!** (*hum sl*) don't worry, you'll get used to it!

Fest <-[e]s, -e> *nt* ❶ (*Feier*) celebration; **ein ~ geben** to have [*or* throw] a party ❷ (*kirchlicher Feiertag*) feast, festival; **bewegliches/unbewegliches ~** movable/immovable feast; **frohes ~!** Happy [*or* Merry] Christmas/Happy Easter, etc.; **ein kirchliches ~** a religious festival [*or* feast] ► WENDUNGEN: **man soll die ~e feiern, wie sie fallen** (*prov*) one should make hay while the sun shines *prov*

Festakt *m* ceremony

Festangebot *nt* HANDEL firm [*or* binding] offer

festangestellt *adj s.* **fest II 4** **Festangestellte(r)** *f(m) dekl wie adj* permanent employee

Festansprache *f s.* **Festrede**

Festanstellung *f* steady employment **Festauftrag** *m* HANDEL firm [*or* standing] order **fest|beißen** *vr irreg* ❶ (*sich verbeißen*) ■**sich [an jdm/etw]** ~ to get a firm grip [on sb/sth] with one's teeth ❷ (*nicht weiterkommen*) ■**sich [an etw** *dat*] ~ to get stuck [on sth]

Festbeleuchtung *f* ❶ (*festliche Beleuchtung*) festive lighting [*or* lights] ❷ (*hum fam: zu helle Beleuchtung*) bright lights

Festbetrag *m* HANDEL fixed sum **Festbewertung** *f* FIN permanent evaluation, stating of an item at a fixed value over time **Festbezüge** *pl* ÖKON emoluments **fest|binden** *vt irreg* ■**jdn/etw/ein Tier [an etw** *dat*] ~ to tie [*or* fasten] sb/sth/an animal [to sth] **fest|bleiben** *vi irreg sein* to stand one's ground

feste *adv* (*fam*) like mad; **immer ~ drauf!** let him/them, etc. have it!

Feste <-, -n> *f* (*veraltet*) *s.* **Festung**

Festessen *nt* banquet

fest|fahren I. *vr irreg* ■**sich [in etw** *dat*] ~ to get stuck [in sth]; ■**sich [an etw** *dat*] ~ to get stuck [on sth] II. *vi irreg* to get stuck; ***das Auto ist im Schlamm festgefahren*** the car got stuck in the mud **fest|frieren** *vi irreg sein* ■**[an etw** *dat*] ~ to freeze [solid] [to sth] **festgaren** *vt* ■**etw** ~ to boil sth until firm **festgefahren** I. *pp von* **festfahren** II. *adj* ❶ *Verhandlungen* in [a] deadlock, deadlocked ❷ *Situation* in an impasse ❸ *Ansichten* set, intransigent, hard-line

Festgelage *nt* (*geh*) banquet, feast

Festgeld *nt* FIN fixed-term deposit

Festgeldanlagen *pl* FIN fixed-term [*or* time] deposit investments **Festgeldkonto** *nt* ÖKON, FIN term account, time deposit account **festgenommen** I. *pp von* **festnehmen** II. *adj* arrested, detained **Festgeschäft** *nt* HANDEL, BÖRSE firm deal [*or* bargain] **festgesetzt** *adj* **~er Termin** fixed date **festgewurzelt** *adj* **er stand wie ~ da** he stood rooted to the spot **fest|haken** I. *vt* (*mit einem Haken befestigen*) ■**etw [an etw** *dat*] ~ to hook sth [to sth] II. *vr* (*hängenbleiben*) ■**sich an/in etw** *dat* ~ to get caught on/in sth

Festhalle *f* [festival] hall

fest|halten *irreg* I. *vt* ❶ (*fest ergreifen*) ■**jdn [an etw** *dat*] ~ to grab [*or* seize] sb [by sth]; ***er hielt sie am Ärmel fest*** he grabbed her by the sleeve ❷ (*gefangen halten*) ■**jdn** ~ to detain [*or* hold] sb ❸ (*konstatieren*) ■**~, dass ...** to record the fact that ...; ■**etw** ~ to record [*or* make a note of] sth; ***diesen Punkt sollten wir unbedingt ~*** we should certainly make a note of this point II. *vi* ■**an etw** *dat* ~ to adhere [*or* stick] to sth; **hartnäckig an etw ~** to stubbornly cling to sth III. *vr* ■**sich [an jdm/etw]** ~ to hold on [to sb/sth]

festigen I. *vt* ■**etw** ~ to strengthen sth; *Freundschaft* to establish; *Stellung* secure; *s. a.* **gefestigt** II. *vr* (*sich stabilisieren*) ■**sich** ~ to become more firmly established

Festiger <-s, -> *m* setting lotion

Festigkeit <-> *f kein pl* ❶ (*Stabilität*) strength ❷ (*Unnachgiebigkeit, Entschlossenheit*) resoluteness, steadfastness; **mit ~ auftreten** to appear resolute ❸ (*Standhaftigkeit*) firmness; **die ~ von jds Glauben** sb's firm belief

Festigung <-, -en> *f* consolidation

Festival <-s, -s> ['fɛstivəl, 'fɛstival] *nt* festival

fest|klammern I. *vt* (*mit Klammern befestigen*) ■**etw [an etw** *dat*] ~ to clip sth [to sth] II. *vr* (*nicht mehr loslassen*) ■**sich [an jdm/etw]** ~ to cling [*or* hang on] [to sb/sth] **fest|kleben** I. *vt haben* (*durch Kleben befestigen*) ■**etw** ~ to stick sth [on]; **festgeklebt sein** to be stuck on [*or* to] II. *vi sein* (*klebend haften*) ■**[an etw** *dat*] ~ to stick [to sth] **Festkörper** *m* PHYS solid **Festkosten** *pl* ÖKON overhead expenses **fest|krallen** *vr* ■**sich [an jdm/etw]** ~ to cling [on] [to sb/sth]; ***die Katze krallte sich an ihrem Pullover fest*** the cat dug its claws into her pullover

Festland *nt kein pl* ❶ (*Kontinent etc.*) continent, mainland; ***nach Wochen auf See tauchte endlich das ~ auf*** after weeks at sea land was finally sighted ❷ (*feste Erdoberfläche*) dry land

Festland(s)sockel *m* continental shelf

fest|legen I. *vt* ❶ (*bestimmen*) ■**etw** ~ to determine [*or* establish] [*or* define] sth; ■**~, dass ...** to stipulate that ...; ***die Rechte der Bürger sind im Bürgerlichen Gesetzbuch festgelegt*** the rights of every citizen are laid down in the Civil Code ❷ FIN (*unkündbar anlegen*) *Geld* to tie up *sep* ❸ (*bindend verpflichten*) ■**jdn [auf etw** *akk*] ~ to tie sb down [to sth]; ***er will sich nicht ~ lassen*** he does not want to commit himself to anything II. *vr* (*sich verpflichten*) ■**sich [auf etw** *akk*] ~ to commit oneself [to sth]

Festlegung <-, -en> *f* determining, establishing, fixing, laying down; ***er war zuständig für die ~ der Tagesordnung*** he was responsible for creating [*or* defining] the agenda

festlich I. *adj* ❶ (*feierlich*) festive ❷ (*glanzvoll*) magnificent, splendid; *Beleuchtung* festive II. *adv* festively; **etw ~ begehen** (*geh*) to celebrate sth; **~ gekleidet sein** to be dressed up

Festlichkeit <-, -en> *f* celebration, festivity, festive atmosphere

fest|liegen *vi irreg* ❶ (*festgesetzt sein*) to be determined [*or* established]; ***die Termine liegen jetzt fest*** the schedules have now been fixed ❷ (*nicht weiterkönnen*) to be stranded [*or* stuck] ❸ FIN (*fest angelegt sein*) to be tied up

festliegend *adj* locked, tied up; **~e Gelder** tied-up funds; **~es Kapital** frozen capital **fest|machen** I. *vt* ❶ (*befestigen*) ■**etw [an etw** *dat*] ~ to fasten [*or* secure] sth [to sth] ❷ (*vereinbaren*) ■**etw** ~ to arrange sth; **ein Geschäft ~** to close a deal ❸ (*ableiten, herleiten*) ■**etw an etw** *dat* ~ to link sth to sth II. *vi* NAUT (*anlegen*) ■**[an etw** *dat*] ~ to tie up [to sth], to moor

Festmahl *nt* (*geh*) feast, banquet

Festmeter *m o nt* AGR cubic metre [*or* AM -er]

fest|nageln *vt* ❶ (*mit Nägeln befestigen*) ■**etw [an etw** *dat*] ~ to nail sth [to sth] ❷ (*fam: festlegen*) ■**jdn [auf etw** *akk*] ~ to nail [*or* pin] sb down [to sth]

Festnahme <-, -n> *f* arrest, apprehension; **~ auf frischer Tat** apprehension in the very act; **vorläufige ~** provisional [*or* temporary] detention, summary arrest

fest|nehmen *vt irreg* **jdn ~** to take sb into custody; **jdn vorläufig ~** to take sb into [temporary] custody, to detain sb provisionally [*or* temporarily]; ***Sie sind [vorläufig] festgenommen*** I'm arresting you

Festnetz *nt* TELEK ground[-based] [*or* terrestrial] network **Festnetzbetreiber** *m* TELEK terrestrial network operator

Festplatte *f* INFORM hard disk; **etw auf ~ sichern** to back-up sth on disk **Festplattengeschwindigkeit** *f* INFORM hard disk velocity **Festplattenkapazität** *f* INFORM hard disk capacity **Festplattenkomprimierungsprogramm** *nt* INFORM hard disk compression program **Festplattenlaufwerk** *nt* INFORM hard disk drive

Festplatz *m* fairground

Festpreis *m* HANDEL fixed price

Festpreisabrede *f* HANDEL fixed-price agreement **Festpreisgarantie** *f* HANDEL, JUR fixed-price guarantee **Festpreiskartell** *nt* ÖKON fixed-price cartel **Festpreisvereinbarung** *f* HANDEL fixed-price agreement [*or* arrangement] **Festpreisvertrag** *m* JUR fixed-price contract

Festrede *f* official speech; **die ~ halten** to give a formal address **Festredner(in)** *m(f)* official speaker **Festsaal** *m* banquet hall

fest|saugen *vr* ■**sich an jdm/etw** ~ to cling to [sb/sth], to attach to sb/sth firmly **fest|schnallen** I. *vt* ■**jdn/etw** ~ to strap [*or* buckle] in sb/sth *sep; Kleinkind* to strap up sb/sth *sep* BRIT II. *vr* ■**sich** ~ to fasten one's seat belt, AM *a.* to buckle up; **schnallen Sie sich bitte fest!** fasten your seat belt, please! **fest|schrauben** *vt* ■**etw** ~ to screw on sth tightly *sep* **fest|schreiben** *vt irreg* ■**etw** ~ to establish sth; ***das Abkommen schreibt den genauen Verlauf der Grenze zwischen den beiden Ländern fest*** the treaty defines the exact borders between the two countries **Festschreibung** *f* establishment

Festschrift *f* commemorative publication

fest|setzen I. *vt* (*bestimmen*) ■**etw** ~ to determine [*or* define] sth II. *vr* (*fest anhaften*) ■**sich** ~ to collect, to settle; ***in den Ritzen hat sich Dreck festgesetzt*** dirt has collected in the cracks

Festsetzung <-, -en> *f* determination, fixing

Festsetzungsfrist *f* FIN assessment period

fest|sitzen *vi irreg* ❶ (*sich nicht bewegen lassen*) to be stuck; ***die Halterung muss richtig ~*** the bracket must be secure ❷ (*festkleben*) to be stuck on ❸ (*stecken geblieben sein*) to be stuck

Festspeicher *m* INFORM read only memory, ROM

Festspiel *nt* ❶ (*einzelnes Stück*) festival production ❷ ■**~e** (*Festival*) festival **Festspielhaus** *nt* festival theatre [*or* AM -er]

fest|stecken I. *vt* ■**etw** ~ to pin sth; **sich** *dat* **die Haare ~** to pin up one's hair II. *vi sein s.* **festsitzen 3** **fest|stehen** *vi irreg* ❶ (*festgelegt sein*) to be certain [*or* fixed]; ***steht das genaue Datum schon fest?*** has the exact date been fixed already? ❷ (*sich entschlossen haben*) to be firm; ***mein Entschluss steht fest*** my decision is firm [*or* final] ❸ (*sicher sein*) ■**~, dass ...** to be certain that ...; ***eines steht jedenfalls fest — ...*** one thing is for certain [*or* sure] ... **feststehend** *adj attr* established, fixed **feststellbar** *adj* ❶ (*herauszufinden*) ■**~ sein** to be ascertainable ❷ (*arretierbar*) lockable **Feststellbremse** *f* AUTO parking brake **fest|stellen**

vt ❶ (*ermitteln*) ▪ **jdn/etw** ~ to identify sb/sth; **jds Personalien** ~ to ascertain sb's personal data; **den Täter** ~ to identify the guilty party ❷ (*bemerken*) ▪ **etw** ~ to detect sth ❸ (*diagnostizieren*) ▪ [**bei jdm**] **etw** ~ to diagnose sb with sth; ***haben Sie irgendetwas Ungewöhnliches festgestellt?*** did you notice anything unusual?; ▪ **~, dass ...** to see that ...; ***zu meinem Erstaunen muss ich ~, dass ...*** I am astounded to see that ... ❹ (*arretieren*) ▪ **etw** ~ to lock sth **Feststeller** *f* BAU door stop, stay roller **Feststellriegel** *m* BAU fixing bolt **Feststelltaste** *f* INFORM caps [*or* shift] lock

Feststellung *f* ❶ (*Bemerkung*) remark; ***erlauben Sie mir die ~, dass ..*** allow me to comment that ... ❷ JUR (*Ermittlung*) ascertainment, establishment ❸ (*Wahrnehmung, Beobachtung*) observation; **~en machen** to make observations; **die ~ machen, dass ...** (*geh*) to see that ..., to notice that ... ❹ (*Ergebnis*) **zu der ~ kommen** [*o* **gelangen**], **dass ...** to come to the conclusion that ... ❺ JUR *des Gerichts* finding, declaration; ~ **eines Zeugen** identification of a witness; ~ **eines Rechts/Rechtsanspruchs** proof of a right/of title; **gerichtliche/rechtliche** ~ court/legal finding[s]; **rechtskräftige** ~ non-appealable declaratory judgment

Feststellungsanspruch *m* JUR entitlement to a declaratory judgment **Feststellungsbescheid** *m* FIN [tax] notice of assessment **Feststellungsbeschluss**RR *m* JUR declaratory decision **Feststellungsfrist** *f* FIN declaratory deadline **Feststellungsinteresse** *nt* JUR interest to seek a declaratory judgment **Feststellungsklage** *f* JUR declaratory action; **negative/positive** ~ negative/positive declaratory action **Feststellungsurteil** *nt* JUR declaratory judgment **Feststellungsverfahren** *nt* JUR declaratory proceedings *pl* **Feststellungsverjährung** *f* JUR limitation of prescription **Feststellungswirkung** *f* JUR declaratory effect; ~ **ausländischer Urteile** declaratory effect of foreign judgments

Feststimmung *f* festive atmosphere; **in ~ sein** to be in a festive mood **Festtafel** *f* (*geh*) banquet table *form* **Festtag** *m* ❶ (*Ehrentag*) special day ❷ (*Feiertag*) holiday; ***wir sind die ~e über verreist*** we're away for the holiday period; **frohe ~e!** (*Ostern*) Happy Easter; (*Weihnachten*) Merry [*or* Happy] Christmas **festtags** *adv* on holidays **Festtagsstimmung** *f s.* **Feststimmung**

fest|treten *vt, vr irreg s.* **fest II 2, II 6**

festumrissen *adj attr s.* **fest II 5**

Festung <-, -en> *f* fortress

festverzinslich *adj* FIN fixed-interest *attr,* at a fixed rate of interest *pred;* **~e Wertpapiere** fixed-interest securities **Festwährung** *f* FIN fixed currency **Festwert** *m* fixed value **Festwertspeicher** *m* INFORM read only memory, ROM

Festwiese *f s.* Festplatz **Festwoche** *f* festival [week] **Festzelt** *nt* marquee

fest|ziehen *vt irreg s.* **fest II 2**

Festzins *m* fixed interest

Festzug *m* procession, parade

fest|zurren *vt s.* **fest II 2**

Fete <-, -n> ['fe:tə, 'fɛ:tə] *f* party; **eine ~ machen** [*o* **feiern**] to have [*or* throw] a party

Fetisch <-[e]s, -e> *m* fetish

Fetischismus <-> *m kein pl* fetishism *no def art*

Fetischist(in) <-en, -en> *m(f)* fetishist

fett *adj* ❶ (~*haltig*) fatty; *Essen, Speisen* fatty ❷ (*pej: dick*) fat ❸ TYPO bold; ~ **gedruckt** in bold [type] *pred;* **~e Schrift** bold face; *Überschrift* printed in bold ❹ (*üppig*) fertile, rich; *Ackerboden* fertile; **Beute** (*fam*) rich; **die ~en Jahre** the fat years; *Weide* rich ❺ (*von Auto*) rich; ***wow, ist das ein fetter Wagen!*** wow, what a car!

Fett <-[e]s, -e> *nt* ❶ (~*gewebe*) fat; ~ **ansetzen** *Mensch* to gain weight; *Tier* to put on fat ❷ (*zum Schmieren*) grease; **pflanzliches/tierisches** ~ vegetable/animal fat; **etw in schwimmendem ~ backen** to deep-fry sth ▸ WENDUNGEN: **sein ~ abbekommen** [*o* **abkriegen**] (*fam*) to get one's comeuppance *fam;* **sein ~ [weg]haben** (*fam*) to get what is coming to you *fam*

Fettansatz *m* layers of fat; **zu ~ neigen** to tend to put on weight [easily] **fettarm I.** *adj* low-fat **II.** *adv* low-fat; ~ **essen** to eat low-fat foods **Fettauge** *nt* fatty globule **Fettbacke** *f* (*pej*) fat slob **Fettbauch** *m* (*pej fam*) ❶ (*fetter Bauch*) paunch ❷ (*fetter Mann*) fatso *pej fam* **Fettcreme** *f* skin cream with oil **Fettdruck** *m* bold [type] **Fettembolie** *f* MED fat embolism

fetten I. *vt* (*ein~*) to grease **II.** *vi* (*Fett absondern*) to become greasy

Fettfilm *m* greasy film **Fettfleck(en)** *m* grease mark [*or* spot], smudge **Fettgebackenes** *nt* choux pastries *pl* **fettgedruckt** *adj attr s.* **fett 3** **Fettgehalt** *m* fat content **Fettgewebe** *nt* fatty tissue **Fettgriebe** *f* crackling **fetthaltig** *adj* fatty **Fetthenne** *f* BOT stonecrop

fettig *adj* greasy

Fettkiller *m* PHARM (*fam: mittel zur Reduzierung des Gewichts*) slimming product [*or* aid] **Fettkloß** *m* (*pej*) fatso *pej fam,* fatty *pej fam* **Fettklumpen** *m* lump of fat **Fettkraut** *nt* BOT butterwort **Fettleber** *f* fatty liver **fettleibig** *adj* (*geh*) corpulent *form,* obese **Fettleibigkeit** *f* (*geh*) corpulence *form,* obesity **fettlöslich** *adj* fat-soluble; **~e Vitamine** fat-soluble vitamins **Fettnäpfchen** *nt* ▸ WENDUNGEN: [**bei jdm**] **ins ~ treten** (*fam*) to put one's foot in it [with sb] **Fettpfännchen** *nt* butter pan **Fettpolster** *nt* (*fam*) cushion of fat **Fettpresse** *f* grease gun **fettreich I.** *adj* rich **II.** *adv* richly; ~ **essen** to eat foods with a very high fat content **Fettsack** *m* (*sl*) fat slob *pej fam!,* fatso *pej fam!;* ***he, ~!*** hey, fatso! **Fettsalbe** *f* fat-based ointment **Fettsäure** *f* fatty acid **Fettschicht** *f* layer of fat **Fettschwein** *nt* porker **Fettstoffwechsel** *m* lipid metabolism **Fettsucht** *f kein pl* obesity **fetttriefend** *adj* dripping with fat **Fettwanst** *m* (*pej*) fatso *pej fam*

Fetus <-[ses], Feten *o* -se *o* Föten> *m* foetus, fetus AM

fetzen I. *vt haben* ❶ (*reißen*) ▪ **etw** [**von etw**] [**irgendwohin**] ~ to rip [*or* tear] sth [off sth] [and put it somewhere else] ❷ (*fam: prügeln*) ▪ **sich** ~ to tear apart; ***hört auf, euch zu ~!*** stop tearing each other apart! **II.** *vi* ❶ *sein* (*fam: rasen, rennen*) ▪ **davon** ~ to tear off ❷ *haben* (*sl: mitreißen*) ▪ **das fetzt** this is mind-blowing

Fetzen <-s, -> *m* ❶ ((*abgerissenes*) *Stück*) scrap, shred; *Haut* patch, piece; **Papier/Stoff** scrap, piece; **etw in ~ reißen** to tear sth to pieces [*or* shreds] ❷ (*zusammenhangsloser Ausschnitt*) snatches *pl* BRIT, fragments AM; ***ab und zu drang ein ~ des Gesprächs an sein Ohr*** now and again he heard snatches [*or* bits and pieces] of the conversation ❸ (*sl: billiges Kleid*) rag ▸ WENDUNGEN: **... dass die ~ fliegen** (*fam*) ... like mad; ***die beiden haben sich gestritten, dass die ~ flogen*** the two of them had a row and the sparks flew

fetzig *adj* (*sl: mitreißend*) fantastic; *Musik* hot; (*schick, flott*) trendy; *Typ* cool

feucht *adj* ❶ (*leicht nass*) damp; *Hände, Stirn* clammy, sweaty; ***ihre Augen wurden ~*** her eyes were misty [*or* moist] ❷ (*humid*) humid; *Klima, Luft* humid ❸ (*nicht angetrocknet*) ▪ **noch ~ sein** to still be wet [*or* damp]; ***Achtung, die Farbe ist noch ~!*** Attention, wet paint!

Feuchtbiotop *f* damp biotope **Feuchtboden** *m* damp ground **Feuchtdehnung** *f* TYPO moisture [*or* wet] expansion **feuchtfröhlich I.** *adj* (*hum fam*) merry **II.** *adv* (*hum fam*) merrily; ~ **feiern** to have a booze up BRIT, to go out drinking AM **Feuchtgebiet** *nt* marshland **feuchtheiß** *adj* hot and humid

Feuchtigkeit <-> *f kein pl* ❶ (*leichte Nässe*) dampness ❷ (*Wassergehalt*) moisture, humidity; **die ~ der Luft** humidity [in the air]

Feuchtigkeitsaufnahme *f* TYPO (*von Papier*) moisture pick-up **feuchtigkeitsbeständig** *adj* TECH *Isolierung, Verpackung, Material* moisture-resistant **Feuchtigkeitscreme** [-kre:m] *f* moisturizing cream **feuchtigkeitsempfindlich** *adj* hygroscopic, moisture-sensitive **Feuchtigkeitsemulsion** *f* moisturizing emulsion **Feuchtigkeitsfaktor** *m* **natürlicher** ~ natural moisturizing factor **feuchtigkeitsfest** *adj* moisture-proof **Feuchtigkeitsgehalt** *m* moisture content; **der ~ der Luft** the humidity in the air **Feuchtigkeitslotion** *f* moisturizing lotion **Feuchtigkeitspflege** *f* moisturizing care **feuchtigkeitsregulierend** *adj Creme* moisture-regulating **feuchtigkeitssicher** *adj* TECH *Isolierung, Verpackung, Material* moisture-proofed, protected from moisture *pred* **feuchtigkeitsspeichernd** *adj Creme* moisture-retaining **feuchtigkeitsspendend** *adj Creme* moisturizing **Feuchtigkeitsverlust** *m* moisture loss

feuchtkalt *adj* damp and cold **feuchtwarm** *adj* warm and humid **Feuchtwasser** *nt* TYPO damping [*or* fountain] water **Feuchtwasserkasten** *m* TYPO damping water fountain

feudal *adj* ❶ HIST feudal ❷ (*fam: prächtig*) magnificent; *Essen* sumptuous; *Wohnung* plush, exclusive, luxurious

Feudalherr *m* feudal lord

Feudalherrschaft *f* feudalism

Feudalismus <-> *m kein pl s.* **Feudalherrschaft**

Feudel <-s, -> *m* NORDD floorcloth

feudeln *vt* NORDD ▪ **etw** ~ *Boden* to wipe sth

Feuer <-s, -> *nt* ❶ (*Flamme*) fire; **bengalisches** ~ Bengal light (*a thick sparkler with a wooden stem that burns with a green or red light*)*;* **das olympische** ~ the Olympic flame; ~ **speien** to spit fire; GEOL *Vulkan* to spew out fire; LIT *Drachen* to breathe fire; ~ **speiend** GEOL *Vulkan* spewing fire *pred;* LIT *Drachen* fire-breathing *attr;* ~ **machen** to make a fire; **am ~** by the fire ❷ (*für Zigarette*) **jdm ~ geben** to give sb a light; ~ **haben** to have a light; ***Entschuldigung, haben Sie mal ~?*** excuse me please, have you got a light? ❸ (*Kochstelle, Herd*) **etw auf offenem ~ kochen** to cook sth on an open fire; **etw vom ~ nehmen** to take sth off the heat; **etw aufs ~ stellen** to put sth on to cook ❹ (*Brand*) fire; **~!** fire!; ~ **fangen** to catch [on] fire; ~ [**an etw** *akk*] **legen** to set alight [*or* fire] [to sth] [*or* to set sth on fire] ❺ MIL (*Beschuss*) fire; **jdn unter ~ nehmen** to open fire on sb/sth; ~ **frei!** open fire!; **das ~ einstellen** to cease fire; ***„~ einstellen!“*** "cease fire!"; **das ~ eröffnen** to open fire; ~ **geben** to open fire; ***„[gebt] ~!“*** "fire!" ❻ (*Schwung*) ardour [*or* AM -or]; **jugendliches ~** youthful vigour [*or* AM -or] ❼ (*geh: Glanz*) *Augen* sparkle ▸ WENDUNGEN: ~ **und Flamme** [**für jdn/etw**] **sein** (*fam*) to be enthusiastic [about sb/sth]; **jdm ~ unter dem Hintern** *fam* [*o* **Arsch** *sl*] **machen** to put a rocket under sb *fam;* **wie ~ und Wasser sein** to be as different as night and day, to be as different as chalk and cheese BRIT; **wie ~ brennen** to sting like mad, to burn; [**bei jdm**] ~ **fangen** to be smitten [by sb]; **für jdn durchs ~ gehen** to go through hell and high water for sb; **mit dem ~ spielen** to play with fire; **jdn/etw unter ~ nehmen** (*fam*) to blast [*or* BRIT *fam* slate] sb/sth

Feueralarm *m* fire alarm; ~ **geben** to give out the fire alarm **Feueranzünder** *m* firelighter, AM *usu* fire starter **Feuerball** *m* fireball **Feuerbefehl** *m* MIL order to fire; **den ~ geben** to give the order to fire **feuerbeständig** *adj* fireproof [*or* -resistant] **Feuerbestattung** *f* cremation **Feuerbohne** *f* scarlet runner bean **Feuereifer** *m* zeal[ousness]; **mit [wahrem] ~** with [true] zest **Feuereinstellung** *f* MIL cease-fire **feuerfest** *adj* fireproof; **~es Geschirr** ovenproof [*or* heat-resistant] dishes **Feuergasse** *f* fire lane [*or* break] **Feuergefahr** *f* fire hazard; ***bei ~ benutzen Sie den Notausgang*** please use the emergency exit in the event of fire **feuergefährlich** *adj* [highly] [in]flammable [*or* combustible]; **~e Ladung** inflammable cargo **Feuergefecht** *nt* MIL gun fight **Feuerglocke** *f* (*veraltet*) fire bell **Feuerhaken** *m* poker **feuerhemmend** *adj* BAU fire-retardant **Feuerholz** *nt kein pl* firewood *no pl* **Feuerland** *nt* Tierra del Fuego **Feuerleiter** *f* ❶ (*Fluchtweg*) fire escape ❷ (*auf ei-*

nem Feuerwehrauto) [fire engine's] ladder **Feuerlöscher** *m* fire extinguisher **Feuerlöschfahrzeug** *nt* fire-fighting vehicle, fire engine; *(beim Flugzeug)* fire tender **Feuermal** *nt* MED *a red or blue-red mark* **Feuermelder** <-s, -> *m* fire alarm

feuern I. *vi* ■**[auf jdn/etw]** ~ to fire [at sb/sth] II. *vt (fam)* ① *(werfen)* ■**etw irgendwohin** ~ to fling [*or* sling] sth [somewhere] *fam* ② *(fam: entlassen)* ■**jdn** ~ to fire [*or* sack] sb; ■**gefeuert werden** to be fired, to get the sack

Feuerpatsche *f* fire-beater **Feuerpause** *f* MIL cease-fire **Feuerprobe** *f* acid test; **die/eine ~ bestehen** to pass the acid test **Feuerqualle** *f* stinging jellyfish **feuerrot** *adj* ① *(Farbe)* fiery red, scarlet; **~es Haar** flaming [red] hair ② *(sich schämen)* ■**~ werden** to turn crimson [*or* scarlet] **Feuersalamander** *m* [European] fire salamander **Feuersäule** *f* pillar of fire

Feuersbrunst *f (geh)* conflagration

Feuerschaden *m s.* Brandschaden **Feuerschein** *m* glow of [a/the] fire **Feuerschiff** *nt* lightship **Feuerschlucker(in)** <-s, -> *m(f)* fire-eater **Feuerschutzbestimmungen** *pl* JUR fire prevention regulations **Feuerschutzsteuer** *f* FIN fire protection tax

Feuersgefahr *f* fire hazard, danger [*or* risk] of fire

feuersicher *adj* ① *(widerstandsfähig gegen Feuer)* fireproof ② *(geschützt vor Feuer)* safe from fire *pred* **feuerspeiend** *adj attr s.* Feuer 1 **Feuerspritze** *f* fire hose **Feuerstein** *m* ① *(Zündstein)* flint ② GEOL flint, chert *spec* **Feuerstelle** *f* fireplace; *(draußen)* campfire site **Feuersturm** *m kein pl* MIL *(fam)* firestorm **Feuertaufe** *f kein pl* MIL *(fig a.)* baptism of fire **Feuertod** *m* ■**der ~** [death at] the stake; **den ~ sterben** to be burned at the stake **Feuertreppe** *f* BAU fire escape **Feuertür** *f* fire door

Feuerung <-, -en> *f* ① *kein pl (Brennstoff)* fuel ② *(Heizung)* heating system, heater AM

Feuerversicherung *f* fire insurance **feuerverzinkt** *adj* galvanized **Feuerwache** *f* fire station **Feuerwaffe** *f* firearm **Feuerwasser** *nt (fam)* firewater *hum fam*

Feuerwehr <-, -en> *f* ① *(zur Feuerbekämpfung)* fire brigade + *sing/pl vb;* **die freiwillige ~** the voluntary fire brigade + *sing/pl vb* ② *(Nothelfer)* rescue; ***jetzt kann ich wieder ~ spielen*** now I'm supposed to come to the rescue again ▶ WENDUNGEN: **wie die ~ fahren** *(fam)* to drive like the clappers BRIT *fam*

Feuerwehrauto *nt* fire engine **Feuerwehrleiter** *f* fire ladder **Feuerwehrleute** *pl von* **Feuerwehrmann** fire-fighters, firemen **Feuerwehrmann, -frau** <-leute *o* -männer> *m, f* firefighter, fireman **Feuerwehrschlauch** *m* fire hose **Feuerwehrübung** *f* firefighting exercise

Feuerwerk *nt* fireworks *npl* [display]; **ein ~ veranstalten** to have [*or* BRIT let off] [*or* AM set off] a fireworks display **Feuerwerker(in)** <-s, -> *m(f)* firework-maker **Feuerwerkskörper** *m* firework **Feuerzange** *f* fire tongs *npl* **Feuerzangenbowle** *f a hot red wine punch with a sugar cone soaked in rum lit above it* **Feuerzeug** *nt* [cigar/cigarette/pipe] lighter **Feuerzeugbenzin** *nt* lighter fuel **Feuerzeuggas** *nt* lighter gas

Feuilleton <-s, -s> [fœjəˈtõː, ˈfœjətõ] *nt (Zeitungsteil)* culture [*or* feature] section [*or pl* pages]

Feuilletonist(in) <-en, -en> [fœjətõˈnɪst] *m(f)* feature writer

feurig *adj* ① *(temperamentvoll)* fiery ② *(veraltend: glühend)* glowing

Fez <-[es], -[e]> *m* fez

ff. *Abk von* **folgende Seiten:** [**auf** ***Seite 200*** ~ from page 200, pages [*or* pp[.]] 200 ff[.]

FH *f Akr von* **Fachhochschule**

Fiaker <-s, -> *m* ÖSTERR ① *(Kutsche)* [BRIT hackney] cab ② *(Kutscher)* cab driver, cabby *fam*

Fiasko <-s, -s> *nt (fam)* fiasco; [**mit etw** *dat*] **ein ~ erleben** to end [up] in a fiasco [over sth]

Fibel¹ <-, -n> *f (Lesebuch)* primer; *(Leitfaden)* introduction; **„~ für Gartenfreunde"** "Introduction to Gardening"

Fibel² <-, -n> *f* ARCHÄOL fibula

Fiber <-, -n> *f* ① *(Faser)* fibre [*or* AM -er] ② *kein pl (Kunstfaser)* [synthetic] fibre [*or* AM -er] ▶ WENDUNGEN: **mit jeder ~ ihres/seines Herzens** *(geh)* with every fibre [*or* AM -er] of her/his heart

Fiberglasgewebe *nt* BAU fiber-glass fabric

FIBOR *m* FIN *(deutscher Referenzzinssatz) Akr von* **Frankfurt interbank offered rate** FIBOR

Fibrin <-s> *nt kein pl* MED fibrin *spec*

Fibrom <-s, -e> *nt* MED fibroma *spec*

Fibrose <-, -n> *f* MED fibrosis

ficel(l)ieren *vt* KOCHK ■**etw** ~ to secure sth with kitchen string

Fiche <-s> [fiːʃ] *m o nt* [micro]fiche

ficht *3. pers pres von* **fechten**

Fichte <-, -n> *f* spruce

fichten *adj* spruce[wood]

Fichtenholz *nt* spruce[wood] **Fichtenkreuzschnabel** *m* ORN red crossbill, common crossbill **Fichtennadelextrakt** *m* pine essence **Fichtenzapfen** *m* spruce cone

Fick <-s, -s> *m (vulg)* fuck *vulg*

ficken *(vulg)* I. *vi* ■**[mit jdm]** ~ to fuck [sb] *vulg;* ■**das F~** fucking *vulg* II. *vt* ■**jdn** ~ to fuck sb *vulg;* ■**gefickt werden** to get [*or* be] fucked *vulg;* ■**sich ~ lassen** to [let oneself] get fucked *vulg*

fick(e)rig DIAL I. *adj* fidgety II. *adv* in a fluster [*or* flutter]

Fideikommiss[RR] *nt* JUR entail, entailed estate; **einen ~ auflösen** to break an entail; **etw als ~ besitzen** to hold sth in trust

fidel *adj (fam)* merry, jolly *a. hum*

Fidibus <- *o* -ses, – *o* -se> *m* spill

Fidschi <-s> *nt* Fiji; *s. a.* **Sylt**

Fidschianer(in) <-s, -> *m(f)* Fijian; *s. a.* **Deutsche(r)**

fidschianisch *adj* Fijian; *s. a.* **deutsch**

Fidschiinseln *pl* Fiji Islands *pl*

fiduziarisch *adj* JUR fiduciary; **~es Geschäft** fiduciary transaction

Fieber <-s, -> *nt* ① *(erhöhte Temperatur)* fever; **~ haben** to have a temperature, to be feverish [*or* running a fever [*or* temperature]]; [**jdm**] **das ~ messen** to measure [*or* take] sb's temperature ② *(geh: Besessenheit)* fever

Fieberanfall *m* bout [*or* attack] of fever, pyrexia *spec* **Fieberfantasien**[RR] *pl* fevered dreams *pl,* feverish wanderings [*or* ravings] *npl* **fieberfrei** *adj* free of [*or* from] fever *pred,* apyretic *spec;* ■**~ sein** to not have a fever **Fieberfrost** *m* feverish chill [*or* shivering *no art, no pl*], ague *spec*

fieberhaft I. *adj* ① *(hektisch)* feverish, febrile *liter* ② *(fiebrig)* feverish, febrile *form* II. *adv* feverishly

fieb(e)rig *adj* ① *(krank)* feverish, febrile *form;* ***du siehst so ~ aus*** you look as though you might have a temperature ② *(aufgeregt)* feverish

fieberkrank *adj* feverish **Fieberkurve** *f* temperature curve **Fiebermesser** *m s.* **Fieberthermometer** **Fiebermittel** *nt* anti[-]fever drug, antipyretic [drug [*or* agent]] *spec*

fiebern *vi* ① *(Fieber haben)* to have a temperature [*or* fever] ② *(aufgeregt sein)* **vor Erregung/Ungeduld ~** to be in a fever of excitement/impatience ③ *(geh: sehnsüchtig verlangen)* ■**nach etw** *dat* ~ to long feverishly for sth

Fieberphantasien *pl s.* **Fieberfantasien** **fiebersenkend** *adj* fever-reducing, antipyretic *spec;* **~es Medikament** medicine to reduce [*or sep* bring down] fever, antipyretic [drug [*or* agent]] *spec* **Fieberthermometer** *nt* [clinical] thermometer

fiebrig *adj s.* **fieberig**

Fiedel <-, -n> *f (veraltet)* fiddle *fam*

fiedeln *vt, vi (hum, pej)* ■**[etw]** ~ to fiddle *fam,* to play [sth] on the fiddle *fam*

Fiederblatt *nt* BOT compound leaf

fiepen *vi* ① *(kläglich tönen)* to whimper; *Vogel* to cheep ② *Pieper* to b[l]eep

fies *adj (pej fam)* ① *(abstoßend)* horrible, horrid *fam,* nasty; *(gemein)* mean, nasty; ***sei nicht so ~!*** don't be so mean [*or fam* horrid] ② *(ekelhaft)* horrible, disgusting

Fiesling <-s, -e> *m (fam)* [mean] bastard *fam!*

Fifa, FIFA <-> *f kurz für* **Fédération Internationale de Football Association** Fifa

FIFO-Verfahren *nt* ÖKON FIFO [*or* first-in, first-out] method

fifty-fifty [ˈfɪftɪˈfɪftɪ] *adv (fam)* fifty-fifty; **~ [mit jdm] machen** to go fifty-fifty [with sb]; **~ stehen** to be fifty-fifty; ***es steht*** ~ it is [*or* the chances are] fifty-fifty

Figaro <-s, -s> *m (hum: Friseur)* hairdresser

fighten [ˈfaɪtn̩] *vi* to fight

Figur <-, -en> *f* ① *(Bildwerk)* figure ② *(Karikatur)* figure ③ *(Gestalt)* figure, physique; **auf seine ~ achten** to watch one's figure; *(sl: Typ)* character *fam* ④ FILM, LIT *(Charakter)* character ⑤ SPORT figure ▶ WENDUNGEN: **eine gute/schlechte/jämmerliche ~ abgeben** [*o* **machen**] to cut a good/bad/sorry figure

figurativ I. *adj* figurative II. *adv* figuratively

figurbetont *adj* figure-hugging

Figürchen <-s, -> *nt dim von* **Figur** figure; **ein reizendes ~** a nice little figure

figürlich *adj* ① *(figurbezogen)* regarding the/his/her figure ② *(übertragen)* figurative

Fiktion <-, -en> *f* ① *(geh: Erfundenes)* fiction ② JUR fiction; **~ des Kennens** imputed knowledge; **gesetzliche/juristische ~** legal fiction/fiction of jurisprudence

Fiktionstheorie *f* JUR legal fiction theory

fiktiv *adj (geh)* fictitious

Fiktivkaufmann, -kauffrau *m, f* HANDEL fictitious merchant

File <-s, -s> [faɪl] *nt* INET file

Filet <-s, -s> [fiˈleː] *nt* fillet; **falsches ~** clod, shoulder

Filetbraten *m* fillet roast **Filetsteak** [fiˈleːsteːk, -ʃteːk] *nt* fillet steak

Filettiermesser *nt* filleting knife

File-Virus [faɪl-] *nt* INFORM file virus

Filia <-, -s> *f (hum) fem form von* **Filius**

Filialabteilung *f* ÖKON branch office **Filialbank** *f* ÖKON branch bank

Filiale <-, -n> *f* branch

Filialgeneration *f* BIOL *(in der Genetik Nachkommen aus der Kreuzung reinerbiger Eltern)* F1 generation **Filialgeschäft** *nt* ÖKON *(Niederlassung)* branch; *einer Kette* chain store **Filialleiter(in)** *m(f)* branch manager **Filialnetz** *nt* branch network **Filialprokura** *f* JUR branch signing power

filieren *vt* KOCHK ■**etw** ~ to fillet sth

Filiermesser *nt s.* **Filetiermesser**

Filigran <-s, -e> *nt* filigree

filigran *adj* filigree *attr*

Filigranarbeit *f* filigree work *no pl,* piece of filigree work

Filipino, Filipina <-s, -s> *m, f* Filipino; *s. a.* **Deutsche(r)**

Filius <-, -se> *m (hum)* offspring *hum,* son

Film <-[e]s, -e> *m* ① *(Spiel~)* film, motion picture, movie AM; **in einen ~ gehen** to go and see [*or* to go to] a film; ***im Fernsehen läuft ein guter*** ~ there's a good film on television ② FOTO film; **einen ~ entwickeln lassen** to get [*or* have] a film developed ③ *(~branche)* film industry; **beim ~ arbeiten** [*o* **sein**] to work in the film industry [*or* in films]; **zum ~ gehen** to go into films ④ *(dünne Schicht)* film; ***ein Fett-/Öl-/Staub~*** a film of grease/oil/dust ▶ WENDUNGEN: **bei jdm reißt der ~** *(fam: sich nicht erinnern)* sb has a mental blackout; *(ausflippen)* something snaps [in sb] *fam*

Filmarchiv *nt* film archives *pl* **Filmatelier** *nt* film studio **Filmaufnahme** *f* film recording, recording on film **Filmautor(in)** *m(f)* screenwriter **Filmdecker** *m* TYPO film overlay **Filmdiva** *f* screen goddess [*or* diva]

Filmemacher(in) *m(f) (sl)* film-maker

Filmempfindlichkeit *f* FOTO film speed

filmen I. *vt* ■**jdn/etw** ~ to film sb/sth II. *vi* to film; ■**das F~** filming

Filmer(in) *m(f)* film-maker

Filmfest *nt* film festival **Filmfestival** *nt* film festival **Filmfestspiele** *nt pl* film festival *nsing* **Filmförderung** *f kein pl* film promotion **Filmgeschäft** *nt kein pl* film business **Filmgeschichte** *f* ❶ *(Handlung eines Films)* plot ❷ *kein pl (Geschichte der Filmkunst)* history of cinema[tography] **Filmheld(in)** *m(f)* screen [*or* AM movie] hero **Filmindustrie** *f* film industry

filmisch I. *adj* cinematic II. *adv* from a cinematic point of view; ~ **ausgezeichnet** superb from a cinematic point of view

Filmkamera *f* film [*or* AM movie] camera **Filmkante** *f* TYPO film edge **Filmkarriere** *f* career as an actor/actress **Filmkassette** *f* film cassette **Filmkleber** *m* TYPO film glue **Filmkommentar** *m* voice-over **Filmkontaktraster** *m* TYPO *(Repro)* film contact screen **Filmkorn** *nt* film grain **Filmkritik** *f* film review **Filmkritiker(in)** *m(f)* film critic **Filmkunst** *f kein pl* cinematic art **filmlos** *adj* ~**e Plattenkopie** TYPO computer to plate, filmless platemaking **Filmmaterial** *nt* film [coverage] *no pl* **Filmmontage** *f* film assembly [*or* paste-up] **Filmmuseum** *nt* film museum, museum of cinema[tography] **Filmmusik** *f* film music, soundtrack **Filmpaket** *nt* film package **Filmpreis** *m* film award **Filmproduktion** *f* film production **Filmproduzent(in)** *m(f)* film [*or* AM movie] producer **Filmprojektor** *m* film projector **Filmprüfstelle** *f* film censorship office **Filmrechte** *nt pl* film rights *npl* **Filmregisseur(in)** *m(f)* film [*or* AM movie] director **Filmreportage** *f* film report

Filmriss[RR] *m (sl)* mental blackout; ■**einen ~ haben** to have a mental blackout **Filmrolle** *f* ❶ *(Part)* [film] part [*or* role], part [*or* role] in a/the film ❷ *(Spule)* roll [*or* spool] of film **Filmschaffende(r)** *f(m) dekl wie adj* film-maker **Filmschauspieler(in)** *m(f)* film [*or* AM movie] actor *masc* [*or fem* actress] **Filmsequenz** *f* sequence **Filmspule** *f* film reel **Filmstanze** *f* film punch **Filmstar** *m* film [*or* AM movie] star **Filmstudio** *nt* film [*or* AM movie] studio **Filmtag** *m* film festival **Filmteam** *nt* crew **Filmtheater** *nt (geh)* cinema, movie theater AM **Filmtransport** *m* film wind on **Film- und Fernsehindustrie** *f* entertainment industry **Filmverarbeitung** *f* film handling [*or* processing] **Filmverleih** *m* film distributors *pl* **Filmvorführer(in)** *m(f)* projectionist **Filmvorführgerät** *nt (geh)* projector **Filmvorführung** *f* film showing **Filmvorschau** *f* [film] preview **Filmvorstellung** *f* film show **Filmwirtschaft** *f kein pl* film business [*or* industry] **Filmzensur** *f* film censorship

Filofax® <-, -e> ['faɪləʊfæks] *nt* filofax®, personal organizer

Filou <-s, -s> [fi'lu:] *m (fam)* devil *fam*

Filovirus *nt* MED filovirus

Filter <-s, -> *nt o m* ❶ TECH filter ❷ *(Kaffee-/Tee~)* filter ❸ *(Zigaretten~)* filter

Filteranlage *f* filter **Filtereinsatz** *m* filter element, filter pad; AUTO strainer screen **Filterkaffee** *m* filter [*or* AM drip] coffee **Filtermundstück** *nt* filtertip

filtern *vt* ■**etw** ~ to filter sth

Filterpapier *nt* filter paper **Filtertüte** *f* filter bag **Filterzigarette** *f* filter[-tipped] cigarette

Filtrat <-[e]s, -e> *nt* filtrate

Filtration <-, -en> *f* filtration

filtrieren* *vt* ■**etw** ~ to filter sth

Filz <-es, -e> *m* ❶ *(Stoff)* felt ❷ *(verwobene Masse)* felt ❸ *(fam: Bierdeckel)* beermat BRIT, coaster AM ❹ POL *(pej)* spoils system

filzen I. *vi* to felt, to go felty II. *vt (fam: durchsuchen)* ■**jdn/etw** ~ to search sb/sth, to frisk sb; ■**etw nach etw** *dat* ~ to go through sth for sth

Filzhut *m* trilby, felt hat

filzig *adj* felty, feltlike

Filzlaus *f* crab [*or* pubic] louse

Filzokratie <-, -n> *f* POL web of patronage and nepotism, spoils system AM

Filzpantoffel *m* carpet slipper **Filzschreiber** *m s.* Filzstift **Filzseite** *f (Papier)* felt side **Filzstift** *m* felt-tip [pen], BRIT *a.* fibre-tip [pen]

Fimmel <-s, -> *m (fam)* mania, obsession; **einen ~ haben** to have a screw loose *hum fam,* to be crazy [*or esp* BRIT mad] *fam;* **den ~ haben, etw zu tun** to have a thing about doing sth *fam*

final *adj (geh)* final

Finale <-s, -s *o* -> *nt* ❶ *(Endkampf)* final ❷ MUS finale

Finalsatz *m* LING final clause

Financier <-s, -s> [finan'tsie:] *m (geh) s.* **Finanzier**

Finanz <-> *f kein pl* ÖKON ❶ *(Finanzwesen)* financial world ❷ *(Fachleute)* financial people

Finanzabkommen *nt* FIN financing agreement **Finanzabteilung** *f* FIN finance department **Finanzamt** *nt* tax [and revenue] office; ■**das** ~ the Inland Revenue BRIT, Internal Revenue Service AM **Finanzanlagen** *pl* FIN investments **Finanzausgleich** *m* *redistribution of revenue between the government, Länder and local authorities,* ≈ revenue sharing AM **Finanzausschuss**[RR] *m* FIN finance committee **Finanzausstattung** *f* FIN funding **Finanzautonomie** *f* FIN financial autonomy **Finanzbeamte(r), -beamtin** *m, f* tax official **Finanzbedarf** *m* financial requirements [*or* needs] *pl* **Finanzbehörde** *f* tax authority **Finanzberater(in)** *m(f) s.* **Steuerberater** **Finanzbericht** *m* FIN financial report **Finanzbuchhaltung** *f* accounts [*or* AM accounting] department **Finanzchef(in)** *m(f)* FIN director [*or* head] of finance **Finanzdienstleister** *m* financial service provider **Finanzdienstleistung** *f* FIN financial service

Finanzen *pl* ❶ *(Einkünfte)* finances *npl* ❷ *(Geldmittel)* ■**jds** ~ sb's means *npl;* **jds ~ übersteigen** to be beyond sb's means

Finanzerträge *pl* FIN financial income **Finanzexperte, -expertin** *m, f* financial expert, expert in financial management **Finanzgebaren** *nt kein pl* FIN management of finances **Finanzgenie** *nt* financial genius [*or* wizard]; ■**ein ~ sein** to be a financial genius [*or* wizard], to have a genius for finance **Finanzgericht** *nt* tax [*or form* fiscal] court **Finanzgerichtsbarkeit** *f* JUR fiscal jurisdiction **Finanzgerichtsordnung** *f* JUR code of procedure for fiscal courts **Finanzgeschäfte** *pl s.* **Geldgeschäfte** **Finanzgesetz** *nt* JUR Finance Act **Finanzgruppe** *f* financial syndicate **Finanzhaushalt** *m* FIN financial budget **Finanzhilfe** *f* financial assistance [*or* support], financing aid **Finanzhoheit** *f* financial sovereignty *form* **Finanzholding-Gesellschaft** *f* JUR financial holding company

finanziell I. *adj* financial; ~**e Schwierigkeiten** financial difficulties; ~**e Unterstützung** financial aid; ~**e Verhältnisse** financial situation; ~**e Zusicherungen machen** to promise financial support II. *adv* FIN financially; ~ **gesund/leistungsfähig** financially sound/able; ~ **schlecht gestellt sein** to be in a weak financial position; **jdn ~ unterstützen** to back sb financially

Finanzier <-s, -s> [finan'tsie:] *m (geh)* financier

finanzierbar *adj* FIN, ÖKON suitable for funding, fundable, able to be financed

finanzieren* *vt* ■**etw** ~ ❶ *(bezahlen)* to finance sth; *(sich leisten können)* to be able to afford sth; **frei finanziert** privately financed ❷ *(durch Kredit)* to pay sth with credit; ■**finanziert sein** to be bought on credit

Finanzierung <-, -en> *f* ■**die** ~ [**einer S.** *gen* [*o* **von etw** *dat*]] financing [sth]; ***für die ~ eines Eigenheimes braucht man erhebliche Fremdmittel*** considerable outside means are necessary to finance buying a house

Finanzierungsabwicklung *f* funding **Finanzierungsaufwand** *m kein pl* FIN financial expenditure **Finanzierungsbank** *f* FIN issuing [*or* financing] house **Finanzierungsbeitrag** *m* JUR financial contribution **Finanzierungsdefizit** *nt* FIN financing deficit **Finanzierungsform** *f* FIN method of financing **Finanzierungsfunktion** *f* FIN finance function **Finanzierungsgeschäft** *nt* FIN ❶ *(Leistung)* financing transaction ❷ *(Institut)* financing business **Finanzierungsgesellschaft** *f,* **Finanzierungsinstitut** *nt* FIN finance company **Finanzierungsinstrument** *nt* FIN financing instrument [*or* vehicle] **Finanzierungsleasing** *f* FIN finance leasing **Finanzierungsleasingvertrag** *m* FIN finance leasing contract **Finanzierungsmittel** *pl* FIN funds **Finanzierungsmöglichkeit** *f* FIN source of finance **Finanzierungspaket** *nt* FIN financial package **Finanzierungsplan** *m* financing scheme [*or* AM plan] **Finanzierungsquelle** *f* FIN ❶ *(Institut)* financing source ❷ *(Ressource)* source of finance **Finanzierungssaldo** *m* ÖKON financing balance **Finanzierungsvereinbarung** *f* FIN financing [*or* funding] agreement

Finanzinstitut *nt* FIN financial institution **Finanzinstrumente** *pl* financial instruments *pl* **Finanzjahr** *nt* financial [*or spec* fiscal] year **Finanzkalkül** *nt* FIN financial calculations **Finanzkonsortium** *nt* FIN finance syndicate **Finanzkontrolle** *f* FIN budgetary control **finanzkräftig** *adj* financially strong; **sehr** ~ financially very strong **Finanzkreislauf** *m* monetary [*or* financial] circulation **Finanzkrise** *f* financial crisis **Finanzlage** *f* financial situation **Finanzlast** *f* FIN financial burden **Finanzmakler(in)** *m(f)* FIN finance broker **Finanzmanager(in)** *m(f)* FIN manager of finances **Finanzmarkt** *m* FIN financial market **Finanzmarktförderung** *f* boost to the finance [*or* money] market **Finanzminister(in)** *m(f)* finance minister, chancellor of the exchequer BRIT, secretary of the treasury AM **Finanzministerium** *nt* tax and finance ministry, treasury BRIT, Department of the Treasury AM **Finanzmittel** *pl* financial resources *pl,* funds *pl* **Finanzmonopol** *nt* FIN fiscal [*or* financial] monopoly **Finanznot** *f* financial straits *npl* [*or pl* difficulties] **Finanzplan** *m* JUR finance plan **Finanzplanung** *f* financial planning [*or* forecasting], fiscal planning **Finanzplanungsrat** *m* JUR Financial Planning Council **Finanzplatz** *m* FIN financial centre [*or* AM -er]; **internationaler** ~ centre for international finance **Finanzpolitik** *f kein pl* ❶ *(Teil der Politik)* financial [*or* fiscal] policy [*or* policies] ❷ *(Wissenschaft)* politics + *sing vb* of finance **finanzpolitisch** I. *adj* FIN financial [*or* fiscal] policy; ~**e Maßnahmen** fiscal measures II. *adv* FIN ~ ***gesehen, ist diese Reform richtig*** this reform is in line with fiscal policy; **unter ~en Gesichtspunkten** from a financial point of view; **mit ~en Kriterien** with the criteria of financial policy; **ein ~ falscher Kurs** a course contrary to financial policy; **etw ~ betrachten** to consider sth from a financial point of view **Finanzprodukt** *nt* financial product **Finanzprognose** *f* FIN financial forecasting **Finanzprüfung** *f* FIN financial review **Finanzrecht** *nt* JUR fiscal [*or* financial] law **Finanzressort** *nt* finance department **finanzschwach** *adj* financially weak; **sehr** ~ financially very weak **Finanzsenator(in)** *m(f)* senator responsible for financial issues **Finanzspritze** *f* cash infusion [*or* injection], injection of fresh funds [*or* capital]; ***die Firma könnte eine ~ vertragen*** the business could do with a shot in the arm *fam* **finanzstark** *adj s.* **finanzkräftig** **finanztechnisch** *adj* FIN financial; **aus ~en Gründen** for financial reasons **Finanztermingeschäft** *nt* financial future **Finanztermingeschäft** *nt* JUR financial futures **Finanztransfer** *m* FIN transfer of finance **Finanzübersicht** *f* FIN financial statement **Finanzverfassung** *f* FIN financial system **Finanzverfassungsrecht** *nt* FIN financial constitution law **Finanzverhältnisse** *pl* FIN financial conditions **Finanzverwalter(in)** *m(f)* FIN treasurer **Finanzverwaltung** *f* FIN fiscal [*or* financial] administration, tax and revenue authorities *pl,* Board of Inland Revenue BRIT, Finance Department AM **Finanzverwaltungsrecht** *nt* FIN fiscal administrative law **Finanzvorstand** *m* financial manager [*or* executive] **Finanzwelt** *f* FIN financial community **Finanzwesen** *nt kein pl* financial system **Finanzwirtschaft** *f kein pl* public finance **finanzwirt-**

F

schaftlich *adj* FIN financial; ~**e Kennzahlen** financial ratios **Finanzwissenschaft** *f* FIN public finance **Finanzzusammenbruch** *m* financial collapse

Findelkind *nt* (*veraltet*) foundling

finden <fand, gefunden> **I.** *vt* ❶ (*entdecken*) ▪**jdn/etw** ~ to find sb/sth; ***es muss doch [irgendwo] zu ~ sein!*** it has to be [found] somewhere!; ***ich finde das [richtige] Wort nicht*** I can't find [*or* think of] the [right] word ❷ (*heraus~*) ▪**etw** ~ to find sth; **einen Anlass/Grund/Vorwand [für etw** *akk*] ~ to find an occasion/reason/excuse [for sth] ❸ (*feststellen*) ▪**etw** ~ to find sth; **eine Ursache** ~ to find a cause; ▪**etw an jdm** ~ to see sth in sb; ***in letzter Zeit finde ich unerklärliche Veränderungen an ihm*** I see inexplicable changes in him recently ❹ (*vor~*) ▪**jdn/etw** ~ to find sb/sth; **jdn müde/bewusstlos/tot** ~ to find sb tired/unconscious/dead; ***sie fanden ihre Wohnung durchwühlt*** they found their appartment turned upside down ❺ *in Verbindung mit subst siehe auch dort* (*erhalten*) ▪**etw [bei jdm]** ~ to find sth [with sb]; ***bei ihrem Vater fand sie immer Verständnis*** she always found understanding with her father; **[großen/reißenden] Absatz** ~ to sell [well/like hot cakes]; **Berücksichtigung** ~ to be taken into consideration; **Unterstützung** ~ to receive [*or* win] [*or* get] support; **Zustimmung [bei jdm]** ~ to meet with approval [from sb] [*or* sb's approval]; ***dieser Vorschlag fand bei den Delegierten breite Zustimmung*** this suggestion met widespread support from the delegates ❻ (*aufbringen*) ▪**etw** ~ to find sth; **den Mut/die Kraft** ~, **etw zu tun** to find the courage/strength to do sth ❼ (*einschätzen, empfinden*) **jdn blöd/nett/angenehm** ~ to think [that] sb is stupid/nice/pleasant; ***wie findest du das?*** what do you think [of that]?; **etw gut/unmöglich/billig** ~ to think sth is [*or* to find sth] good/impossible/cheap; ***ich finde es nicht richtig, dass Frauen weniger verdienen*** I don't think it's right that women earn less; ***ich finde, die Ferien sind zu kurz*** I find that the holidays are too short; **es kalt/warm** ~ to find it cold/warm; ***ich finde das Wetter gar nicht mal so übel*** I find the weather is not too bad, I don't think the weather is all that bad; ***ich fände es dumm, jetzt nachzugeben*** I think it would be silly to give up now; ***findest du es richtig, dich so zu verhalten?*** do you think it's right for you to behave like this?; ***das ist teuer, finde ich*** that's expensive, I think ▶ WENDUNGEN: <u>**nichts**</u> **an etw** *dat* ~ to not think much of sth; <u>**nichts**</u> **dabei** ~, **etw zu tun** to think nothing of doing sth **II.** *vi* ❶ (*den Weg* ~) ▪**zu jdm/etw** ~ to find one's way to sb/sth; **zu sich selbst** ~ to find oneself, to sort oneself out ❷ (*meinen*) to think; ▪~, **[dass]** … to think that …; ***ich fände es besser, wenn …*** I think it would be better when [*or* if] …; ***Sie?*** [do] you think so? **III.** *vr* ▪**sich** ~ ❶ (*wieder auftauchen*) to turn up; ***es wird sich wieder*** ~ it will turn up again ❷ (*zu verzeichnen sein*) to be found; ***es fand sich niemand, der es tun wollte*** there was nobody to be found who wanted to do it, nobody was willing to do it ❸ (*in Ordnung kommen*) to sort itself out; ***es wird sich schon alles*** ~ it will all sort itself out [in time]

Finder(in) <-s, -> *m(f)* finder; **der ehrliche** ~ the honest finder

Finderlohn *m* reward for the finder

Fin de Siècle[RR] <-> [fɛ̃d'sjɛkl] *nt kein pl* fin de siècle *no pl;* **die Kunst/Literatur des** ~ fin de siècle art/literature

findig *adj* resourceful

Findigkeit <-> *f kein pl* resourcefulness

Findling <-s, -e> *m* GEOL erratic [boulder] *spec*

Finesse <-, -n> *f* (*geh*) ❶ *pl* (*Kunstgriffe*) finesse *nsing* ❷ *pl* (*Ausstattungsdetails*) refinement *nsing;* **mit allen** ~**n** with every refinement ❸ *kein pl* (*Schläuheit*) finesse *no pl*

Finger <-s, -> *m* finger, digit[us] *spec;* **der kleine** ~ the [*or* one's] little finger, the [*or* one's] pinkie AM *fam;* ***[nimm/lass die]*** ~ ***weg!*** [get/take your] hands off!; ~ ***weg davon!*** hands off [it]!; **den** ~ **am Abzug haben** to hold the trigger; **jdm mit dem** ~ **drohen** to wag one's finger at sb; **jdm was** [*o* **eins**] **auf die** ~ **geben** to rap sb's [*or* sb across [*or* on] the] knuckles, to give sb a rap across [*or* on] the knuckles; [**sich** *dat*] **den** ~ **in den Hals stecken** to stick one's finger down one's throat; **den** ~ **heben** to lift one's finger; **jdm auf die** ~ **klopfen** (*fig fam*) to give sb a rap across [*or* on] the knuckles, to rap sb's knuckles; **mit den** ~**n knipsen** [*o* **schnippen**] [*o* **schnackeln**] (*fam*) to snap one's fingers; **mit dem** ~ **auf jdn/etw zeigen** to point [one's [*or* a] finger] at sb/sth; **mit [den]** ~**n auf jdn zeigen** (*fig*) to point [one's finger] at sb ▶ WENDUNGEN: **ich hätte es mir/du hättest es dir etc. an den fünf** [*o* **zehn**] ~**n** <u>**abzählen**</u> **können!** (*fam*) a five-year-old could have worked that out! *fam;* **etw in die** ~ <u>**bekommen**</u> [*o fam* <u>**kriegen**</u>] to get one's fingers on sth; **jdn in die** ~ <u>**bekommen**</u> [*o fam* <u>**kriegen**</u>] to get one's hands on sb, to get a hold of sb; **der** <u>**elfte**</u> ~ (*hum*) one's third leg *hum fam;* **jdm in** [*o* **zwischen**] **die** ~ <u>**geraten**</u> to fall into sb's hands; **einen** [*o* **zehn**] **an jedem** ~ <u>**haben**</u> (*hum fam*) to have a woman/man for every day of the week; **überall seine** ~ **im Spiel** [*o sl* **drin**] <u>**haben**</u> (*pej*) to have a finger in every pie *fam;* **wenn man ihm den** <u>**kleinen**</u> ~ **gibt, [dann] nimmt er [gleich] die ganze** <u>**Hand**</u> (*prov*) give him an inch and he'll take a mile; **jdn** [*o* **jdm**] <u>**juckt**</u> [*o* <u>**zuckt**</u>] **es in den** ~**n[, etw zu tun]** (*fam*) sb is dying [*or fam* itching] to do sth; **keinen** ~ <u>**krumm**</u> **machen** (*fam*) to not lift a finger; <u>**lange**</u> ~ **machen** (*hum fam*) to be light-[*or* nimble-]fingered; **die** ~ **von jdm/etw** <u>**lassen**</u> (*fam*) to keep away from sb/sth; **sich** *dat* **die** [*o* **alle**] ~ **nach etw** <u>**lecken**</u> (*fam*) to kill for sth; **für jdn keinen** ~ <u>**rühren**</u> to not lift a finger for sb; **sich** *dat* **etw aus den** ~**n** <u>**saugen**</u> (*fam*) to conjure up sth *sep;* **sich** *dat* **nicht die** ~ <u>**schmutzig**</u> **machen** to not get one's hands dirty; **jdm [scharf] auf die** ~ <u>**sehen**</u> (*fam*) to keep a watchful eye [*or* an eye] on sb; **etw mit** <u>**spitzen**</u> ~**n anfassen** to pick up sth with two fingers; **sich** *dat* **bei** [*o* **an**] **etw** *dat* **die** ~ <u>**verbrennen**</u> (*fam*) to get one's fingers burnt over sth; **jdn um den [kleinen]** ~ <u>**wickeln**</u> (*fam*) to wrap sb [a]round one's little finger; **sich** *dat* **die** ~ <u>**wund**</u> **schreiben** to write one's fingers to the bone

Fingerabdruck *m* fingerprint; **jds** [*o* **von jdm die**] **Fingerabdrücke nehmen** to fingerprint sb, to take sb's fingerprints; **genetischer** ~ genetic fingerprint, GWB **Fingerbowle** *f* finger basin **Fingerbreit** <-, -> *m* finger['s]breadth ▶ WENDUNGEN: <u>**keinen**</u> ~ not an [*or* one] inch **fingerdick I.** *adj* as thick as a finger *pred* **II.** *adv* fingerthick **Fingerfarbe** *f* finger paint **fingerfertig** *adj* nimble-[*or* quick-]fingered, dexterous **Fingerfertigkeit** *f* dexterity **Fingergelenk** *nt* finger joint; (*Knöchel*) knuckle **Fingerglied** *nt* phalanx [of a/the finger] *spec* **Fingerhakeln** *nt* finger-wrestling **Fingerhandschuh** *m* glove **Fingerhut** *m* ❶ (*fürs Nähen*) thimble; **ein** ~ **[voll]** a thimbleful ❷ BOT foxglove **Fingerknöchel** *m* knuckle **Fingerknochen** *m* finger bone, phalanx *spec* **Fingerkraut** *nt* BOT cinquefoil **Fingerkuppe** *f* fingertip

Fingerling <-s, -e> *m* fingerstall

fingern I. *vi* ▪**an/mit etw** *dat* ~ to fiddle with sth; ▪**in etw** *dat* **[nach etw** *dat*] ~ to fumble around in sth [for sth] **II.** *vt* ❶ (*hervorholen*) ▪**etw aus etw** *dat* ~ to fish sth out of sth ❷ (*fam: tricksen*) ▪**etw** ~ to fiddle sth *fam*

Fingernagel *m* fingernail; **an den Fingernägeln kauen** to bite [*or* chew] one's nails **Fingernagelprobe** *f* TYPO fingernail test **Fingerspitze** *f* fingertip ▶ WENDUNGEN: **das muss man in den** ~**n** <u>**haben**</u> you have to have a feel for it; **jdm** <u>**juckt**</u> [*o* <u>**kribbelt**</u>] **es in den** ~**n, etw zu tun** sb is itching to do sth *fam* **Fingerspitzengefühl** *nt kein pl* fine feeling *no pl,* instinctive feel *no pl,* tact [and sensitivity] *no pl;* ***das fordert sehr viel*** ~ that demands a lot of tact; ~**/kein** ~ **haben** to be tactful/tactless **Fingerübung** *f* MUS finger exercise; (*Etüde*) étude **Fingerzeig** <-s, -e> *m* hint, pointer; **von jdm einen** ~ **bekommen** [*o* **erhalten**] to get [*or* receive] a hint from sb; **jdm einen** ~ **geben** to give sb a hint; **etw als [einen]** ~ **[Gottes/des Schicksals] empfinden** to regard sth [meant] as a sign [from God/of fate]

fingieren* [fɪŋ'giːrən] *vt* ▪**etw** ~ to fake [*or* fabricate] sth; ▪**fingiert** bogus, fictitious

Finish <-s, -s> ['fɪnɪʃ] *nt* ❶ (*Politur*) finish ❷ SPORT finish

Fink <-en, -en> *m* finch

Finne <-, -n> *f* ❶ ZOOL (*Stadium des Bandwurms*) bladder worm, cysticercus *spec* ❷ MED (*Mitesser*) pimple ❸ (*Flosse*) fin

Finne, Finnin <-n, -n> *m, f* Finn, Finnish man/woman/boy/girl; ▪~ **sein** to be Finnish

finnisch *adj* Finnish; **auf** ~ in Finnish; *s. a.* **Meerbusen**

Finnisch *nt dekl wie adj* Finnish; ▪**das** ~**e** Finnish, the Finnish language; **auf** ~ in Finnish; **ins** ~**e/aus dem** ~**en übersetzen** to translate into/from Finnish [*or* the Finnish language]

Finnland <-s> *nt* Finland

Finnwal *m* finback, rorqual

finster *adj* ❶ (*düster*) dark; **im F~en** in the dark ❷ (*mürrisch*) grim; ~ **entschlossen sein** to be grimly determined ❸ (*schrecklich*) dark; **das** ~**e Mittelalter** the Dark Ages *npl* ❹ (*unheimlich*) sinister, shady ▶ WENDUNGEN: ~ **[für jdn]** <u>**aussehen**</u> to look bleak [for sb]

Finsterling <-s, -e> *m* (*pej*) sinister character

Finsternis <-, -se> *f* ❶ *kein pl* (*Dunkelheit*) darkness *no pl* ❷ (*Sonnen~*) eclipse; **partielle/totale** ~ partial/total eclipse

Finte <-, -n> *f* subterfuge, trick

Firewall <-, -s> ['faɪəwɔːl] *f* INET firewall

Firlefanz <-es> *m kein pl* (*fam*) ❶ (*Krempel*) trumpery ❷ (*Quatsch*) nonsense *no art, no pl*

firm *adj pred* ▪**in etw** *dat* ~ **sein** to have a sound knowledge of sth

Firma <-, Firmen> *f* ❶ (*Unternehmen*) company, firm, business; **erloschene** ~ dissolved firm ❷ (*Handelsname*) company name

Firmament <-s> *nt kein pl* (*poet*) ▪**das** ~ the firmament *liter,* the heavens *npl*

firmen *vt* ▪**jdn** ~ to confirm sb

Firmen *pl von* **Firma**

Firmenänderung *f* HANDEL change of a firm's name **Firmenangaben** *pl* company particulars *npl* **Firmenanmeldung** *f* HANDEL company registration **Firmenansehen** *nt kein pl* goodwill *no pl, no indef art,* company reputation **Firmenausschließlichkeit** *f kein pl* JUR exclusive right to a company's [*or* firm's] name **Firmenchef(in)** [-ʃɛf] *m(f)* head of a/the company [*or* firm] [*or* business] **firmeneigen** *adj* company *attr;* ▪~ **sein** to belong to the company **Firmeneindruck** *m* company name imprint **Firmeneinsatz** *m* ❶ (*Einsatz einer Firma*) use of a company ❷ (*Einsatz von Geräten in einer Firma*) deployment in a/the company **Firmeneintragung** *f* JUR company registration **Firmenerwerb** *m* HANDEL acquisition of a company **Firmenfortführung** *f* HANDEL continued existence [of a firm] **Firmengründer(in)** *m(f)* company founder **Firmengründung** *f* formation [*or* establishment] of a/the business [*or* company] **Firmengruppe** *f* group of firms [*or* companies] **Firmeninhaber(in)** *m(f)* owner [*or* proprietor] of a/the company **Firmenkonzept** *nt* corporate concept **Firmenkopf** *m* business [*or* company] letterhead **Firmenleiter** *m s.* **Geschäftsleiter** **Firmenleitung** *f* company management [*or* direction] **Firmenlogo** *nt* company [*or* business] logo **Firmenmantel** *m* shell company **Firmenname** *m* company name **Firmennetzwerk** *nt* network of companies **Firmenpleite** *f* ÖKON business failure **Firmenrechner** *m* INFORM company computer system **Firmenrechte** *pl* JUR trade rights **Firmenregister** *nt* HANDEL company register **Firmenschild** *nt* company [*or* firm] [*or* business] plaque **Firmenschutz** *m kein pl* JUR legal protection of trade [*or* firm] names **Firmensiegel** *nt* common [*or* company's] seal **Firmensignet** [-zɪn'jeː] *nt* company logo **Firmensitz** *m* company seat, company headquarters

AM **Firmensprecher(in)** *m(f)* company spokesperson [*or masc* spokesman] [*or fem* spokeswoman] **Firmenstempel** *m* company stamp **Firmenübernahme** *f* ÖKON company takeover **Firmenverbindlichkeiten** *pl* company liabilities *pl* **Firmenverletzung** *f* JUR violation of the rights of a firm's name **Firmenvermögen** *nt* FIN company assets *pl* **Firmenvorstand** *m* ADMIN board of directors **Firmenwagen** *m* company car **Firmenwert** *m kein pl* goodwill *no pl, no indef art* **Firmenzeichen** *nt* company logo, trademark **Firmenzugehörigkeit** *f* length [*or* period] of employment; ***in seiner 12-jährigen ~ ...*** during [*or* in] his twelve years with the firm ... **Firmenzusammenschluss**RR *m* company merger **Firmenzusatz** *m* HANDEL addition to a company's name; **täuschender/unterscheidender ~** deceptive [*or* misleading]/distinguishing addition to a company's name

firmieren* *vi* ■**als** [*o* **mit**] **XYZ ~** to trade under the name of XYZ

Firmling <-s, -e> *m* candidate for confirmation

Firmung <-, -en> *f* comfirmation

Firmware *f* INFORM firmware

Firn <-[e]s, -e> *m* firn *spec*, névé *spec*

Firnis <-ses, -se> *m* [oil-]varnish

firnissen *vt* ■**etw ~** to varnish [*or* BRIT oil] sth

First <-[e]s, -e> *m* roof ridge, crest of a/the roof

Firstbalken *m* BAU ridge pole **Firstziegel** *m* ridge tile

Fis <-, -> *nt* MUS F sharp

Fisch <-[e]s, -e> *m* ❶ (*Tier*) fish; **~ verarbeitend** fish-processing *attr* ❷ *kein pl* ASTROL Pisces, no art, no pl; **[ein] ~ sein** to be [a] Pisces ▸ WENDUNGEN: **weder ~ noch Fleisch sein** (*fam*) to be neither fish nor fowl, to be in fine fettle BRIT; **ein großer** [*o* **dicker**] **~** a big fish; **ein kleiner ~** one of the small fry; **das sind kleine ~e** that's child's play; **ein [kalter] ~ sein** to be a cold fish; **stumm wie ein ~ sein** [*o* **bleiben**] to be as silent as a post; **munter wie ein ~ im Wasser sein** to be as happy as a pig in mud *fam*

Fischadler <-s, -> *m* osprey **fischarm** *adj* low in fish *pred* **Fischauge** *nt* ❶ (*Auge*) fish eye ❷ FOTO fish-eye lens **Fischbein** *nt kein pl* whalebone *no pl* **Fischbestand** *m* fish population; (*kommerziell*) fish stock[s *pl*] **Fischbesteck** *nt* fish knife and fork **Fischblase** *f* air [*or* swim] bladder **Fischdampfer** *m* trawler

fischen I. *vi* to fish; ■**das F~** fishing II. *vt* ❶ (*fangen*) ■**etw ~** to catch sth ❷ (*herausnehmen*) ■**etw [aus/von etw** *dat*] **~** to fish sth out of/from sth

Fischer(in) <-s, -> *m(f)* fisher, fisherman *masc*, fisherwoman *fem*

Fischerboot *nt* fishing boat **Fischerdorf** *nt* fishing village

Fischerei <-> *f kein pl* fishing *no art, no pl*

Fischereiamt *nt* fishing office **Fischereibetrieb** *m* fishery, fish farm **Fischereierlaubnis** *f* fishing permit [*or* license] **Fischereihafen** *m* fishing port **Fischereipachtvertrag** *m* JUR fishing lease **Fischereistreit** *m* POL fishing dispute **Fischereiwesen** *nt* fishing *no art, no pl* **Fischereizone** *f* POL fishing zone

Fischernetz *nt* fishing net

Fischfang *m kein pl* fishing *no art, no pl*; **zum ~ auslaufen** to set off for the fishing grounds; **auf ~ gehen** to go fishing; **vom ~ leben** to live from [*or* by] fishing **Fischfangflotte** *f* fishing fleet **Fischfanggebiet** *nt* fishing grounds *npl* **Fischfilet** [-file:] *nt* fillet of fish **Fischfutter** *nt* fish food **Fischgeruch** *m* fishy smell, smell of fish **Fischgeschäft** *nt* fish shop BRIT, fishmongers' [shop] BRIT, fish dealer [*or* store] AM **Fischgräte** *f* fish bone **Fischgrätenmuster** *nt* herringbone [pattern] **Fischgrund** *m meist pl* NAUT fishery **Fischgründe** *pl* fisheries *npl*, fishing grounds *npl*

Fischhandel *m kein pl* HANDEL fish trade **Fischhändler(in)** *m(f)* ÖKON fishmonger BRIT, fish dealer AM; *wholesaler* fish merchant **Fischheber** *m* fish lifter **Fischkessel** *m* fish steamer **Fischkonserve** *f* canned [*or* BRIT *a.* tinned] fish **Fischkutter** *m* fishing cutter **Fischlaich** *m* fish spawn, fish roe **Fischmarkt** *m* fish market **Fischmehl** *nt* fish meal **Fischmesser** *nt* fish knife **Fischnetz** *nt* fishing net **Fischotter** *m* otter **Fischpfanne** *f* fish frying pan **fischreich** *adj* **~e Gewässer** rich fishing grounds **Fischreichtum** *m kein pl* abundance of fish **Fischreiher** *m* grey heron **Fischreuse** *f* weir basket, fish trap **Fischrogen** *m* fish [*or spec* hard] roe **Fischschuppe** *f* [fish] scale **Fischschwarm** *m* shoal of fish **Fischstäbchen** *nt* fish-finger BRIT, fish stick AM **Fischsterben** *nt* dying [*or* death] of fish; (*als Statistik*) fish mortality *no indef art, no pl spec* **Fischsud** *m* fish stock **Fischsuppe** *f* fish soup **Fischteich** *m* fish pond **fischverarbeitend** *adj attr s.* **Fisch 1** **Fischvergiftung** *f* fish poisoning **Fischwilderei** *f* JUR fish poaching **Fischwirtschaft** *f kein pl* ÖKON fishing industry **Fischzucht** *f* fish-farming **Fischzug** *m* raid; **einen [guten] ~ machen** to make a [good] foray

Fisimatenten *pl* (*fam*) ❶ (*Umstände*) fuss *nsing*; **~ machen** to make [*or* create] [*or fam* kick up] a fuss, to mess about; ***mach keine ~!*** don't make [*or fam* kick up] [such] a fuss! ❷ (*Albernheiten*) nonsense *nsing*

fiskalisch *adj* FIN fiscal, financial; **~er Anreiz** financial incentive

Fiskaljahr *nt* FIN fiscal year **Fiskalpolitik** *f* FIN fiscal policy

Fiskus <-, -se *o* Fisken> *m* ■**der ~** the treasury, BRIT exchequer

Fisole <-, -n> *f* ÖSTERR (*grüne Bohne*) French [*or* green] beans *pl*

Fissur <-, -en> *f* crack

Fistel <-, -n> *f* MED fistula *spec*

Fistelstimme *f* piping voice, falsetto [voice]

fit *adj pred* fit; **sich ~ halten/machen** to keep/get fit

Fitis <-, -se> *m* ORN willow warbler

FitnessRR, **Fitneß** <-> *f kein pl* ❶ (*Leistungsfähigkeit*) fitness *no art, no pl* ❷ BIOL fitness *no pl*, adaptive value

FitnesscenterRR [-sɛntɐ] *nt* health [*or* fitness] centre [*or* AM -er] **Fitnessraum**RR *m* fitness room **Fitnessstudio**RR *m s.* **Fitnesscenter** **Fitnesstraining**RR *nt* fitness training

Fittich <-[e]s, -e> *m* (*liter*) wing ▸ WENDUNGEN: **jdn unter die** [*o* **seine**] **~e nehmen** (*hum*) to take sb under one's wing

Fitzel *m o nt*, **Fitzelchen** <-s, -> *nt* DIAL (*Stückchen*) little bit

fix I. *adj* ❶ (*feststehend*) fixed ❷ (*fam: flink*) quick, nippy BRIT *fam*; ***~ sein*** to be quick [*or* BRIT *fam* nippy]; **~ gehen** to not take long [doing [*or* to do] sth]; **~ machen** to hurry up; ***mach aber ~!*** hurry up!, don't take your time about it! ▸ WENDUNGEN: **~ und fertig sein** (*erschöpft*) to be exhausted [*or fam* shattered] [*or* BRIT *sl a.* knackered]; (*am Ende*) to be at the end of one's tether; **jdn ~ und fertig machen** (*fam: zusammenschreien*) to do in sb *sep fam*; (*erschöpfen*) to wear [*or* BRIT *fam* fag] out sb *sep*; **~ und foxi sein** (*sl*) to be worn out [*or* BRIT *fam* shattered]; *s. a.* **Idee II.** *adv* quickly

Fixa *pl von* **Fixum**

Fixbelastung *f* FIN fixed burden

fixen *vi* (*sl*) to fix *sl* [*or* to shoot] *sl*

Fixer(in) <-s, -> *m(f)* ❶ (*sl: Drogenabhängiger*) fixer BRIT *sl*, junkie AM ❷ BÖRSE (*Spekulant*) short seller

Fixerbesteck *nt* fixing tools *pl* BRIT *sl* **Fixerstube** *f* fixers' club (*informal name for a clean, [state-]controlled environment where addicts can inject themselves*)

Fixgeschäft *nt* HANDEL, BÖRSE firm deal [*or* bargain] (*transaction for delivery by a fixed date*), time bargain

Fixierbad *nt* FOTO fixer

fixieren* *vt* ❶ (*anstarren*) ■**jdn/etw ~** to fix one's eyes [*or* one's gaze] on sb/sth, to stare [at sb/sth] ❷ PSYCH (*auf jdn/etw völlig ausgerichtet sein*) ■**auf jdn/etw fixiert sein** to be fixated on sb/sth; ■**darauf fixiert sein, etw zu tun** to be fixated with doing sth ❸ FOTO ■**etw ~** to fix sth ❹ (*geh: festlegen*) ■**etw ~** to fix sth ❺ (*schriftlich niederlegen*) ■**etw ~** to record sth; ***ich habe die Besprechung auf Montag fixiert*** I've fixed the appointment for Monday ❻ SCHWEIZ (*befestigen*) ■**etw ~** to fix sth

Fixiermittel *nt* FOTO fixative **Fixierspray** *nt o m* holding spray

Fixierung <-, -en> *f* ❶ (*Festlegung*) specification, specifying, recording, setting out *sep* ❷ PSYCH (*Ausrichtung*) fixation; ■**jds ~ auf jdn/etw** sb's fixation on sb/sth

Fixigkeit <-> *f kein pl* (*fam*) speed

Fixing <-s, -s> *nt* fixing *no art, no pl*

Fixkauf *m* ❶ HANDEL fixed-date purchase ❷ BÖRSE time bargain **Fixkosten** *pl* fixed costs *pl* **Fixpreis** *m* fixed [*or* set] price **Fixpreissystem** *nt* fixed price system **Fixpunkt** *m s.* **Festpunkt** **Fixstern** *m* fixed star

Fixum <-s, Fixa> *nt* basic salary; (*Zuschuss*) fixed allowance

Fjord <-[e]s, -e> *m* fjord, fiord

FKK *kein art Abk von* **Freikörperkultur**

FKK-Anhänger(in) *m(f)* naturist, nudist; **~ sein** to be a naturist [*or* nudist] **FKK-Strand** *m* nudist beach

flach *adj* ❶ (*eben, platt*) flat; (*nicht hoch*) low; (*nicht steil*) gentle; **~ [zu etw** *dat*] **abfallen** to slope down gently [into [*or* towards] sth]; **sich ~ hinlegen** to lie [down] flat; **~ liegen** [*o* **schlafen**] to sleep without a pillow ❷ (*nicht tief*) shallow; **~ atmen** to take shallow breaths ❸ (*oberflächlich*) shallow ❹ TYPO **~e Gradation** soft gradation; **~es Negativ** soft negative

Flachbandkabel *nt* INFORM flat cable **Flachbau** *m* low building **Flachbettdruckmaschine** *f* TYPO flat-bed printing press **Flachbett-Offsetandruckmaschine** *f* TYPO flat-bed offset proofpress **Flachbettplotter** *m* INFORM flatbed plotter **Flachbettscanner** *m* INFORM flatbed scanner **Flachbettstanzen** <-s> *nt kein pl* TYPO flat-bed die-cutting **Flachbildschirm** *m* flat screen **flachbrüstig** *adj* flat-chested **Flachdach** *nt* flat roof; (*Terrasse*) terrace **Flachdraht** *m* flat wire **Flachdruck** *m* TYPO ❶ *kein pl* (*Verfahren*) planography *no pl spec* ❷ (*Produkt*) planograph *spec*

Fläche <-, -n> *f* ❶ (*flache Außenseite*) surface; (*Würfel~*) face; **versteckte ~** INFORM hidden surface ❷ (*Gebiet*) expanse; (*mit Maßangaben*) area

Flacheisen *nt* ❶ (*flaches Metall*) flat bar, flat *spec* ❷ (*Werkzeug*) flat-bladed chisel

Flächenausdehnung *f* surface area **Flächenbeanspruchung** *f* (*form*) land use **Flächenbrand** *m* wildfire; **sich zu einem ~ ausweiten** to spread to a large-scale fire; (*fig*) to spread like wildfire **flächendeckend** *adj* covering the needs *pred*; ***in unterentwickelten Ländern ist keine ~e medizinische Versorgung gewährleistet*** there is no sufficient coverage of medical supplies in undeveloped countries **Flächendeckung** *f* TYPO aera coverage, dot aera **Flächendeckungsgrad** *m* TYPO dot percentage, percent dot aera **Flächendruck** *m* TYPO aera [*or* large-image] printing **Flächenertrag** *m* ÖKON yield per unit of area **Flächengewicht** *nt* (*Papier*) grammage **flächengleich** *adj* equal in area *pred* **Flächeninhalt** *m* [surface] area **Flächenland** *nt large-area land with a low population density* **Flächenmaß** *nt* [unit of] square measure **Flächennutzung** *f* land use, land utilization **Flächennutzungsgesetz** *nt* JUR Town and Country Planning Act BRIT, Zoning Law AM **Flächennutzungsplan** *m* land utilization [*or* development] plan; (*in einer Stadt*) local [*or* AM zoning] plan **Flächenpreis** *m* FIN land price **Flächenrecycling** *nt* ÖKOL land recycling **Flächenstaat** *m* state **Flächenstillegungsprogramm** *nt* area reduction programme [*or* AM -am] **Flächentarifvertrag** *m* JUR local union agreement **flächenvariabel** *adj* **flächenvariabler Tiefdruck** TYPO halftone gravure [process]

flach|fallen *vi sep irreg sein (fam)* to not come off *fam*

Flachglas *nt* sheet glass *no pl*

Flachhang *m* gentle slope

Flachheit <-> *f kein pl* flatness *no pl,* planeness *no pl spec*

flächig *adj* ① *(breit)* flat ② *(ausgedehnt)* extensive

Flachkopfschraube *f* TECH *(Blechschraube)* pan head screw AM *spec; (Senkschraube)* countersunk bolt/screw *spec* **Flachküste** *f* flat coast **Flachland** *nt* lowland, plain **flach|legen** *(fam)* **I.** *vt* ■ **jdn** ~ to knock out sb *sep,* to floor sb BRIT **II.** *vr* ■ **sich** ~ *(sich hinlegen)* to lie down; *(flach hinfallen)* to fall flat [on one's face] **flach|liegen** *vi irreg (fam)* to be laid up [in bed] **Flachmann** *m (fam)* hipflask **Flachmeißel** *m* flat [*or spec* cold] chisel **Flachrücken** *m (Buch)* flat spine, square back

Flachs <-es> *m kein pl* ① *(Pflanze)* flax *no art, no pl* ② *(fam: Witzelei)* kidding *no art, no pl fam,* joke; ~ **machen** to kid around *fam;* [**jetzt mal ganz**] **ohne** ~ joking aside

flachsblond *adj* flax-coloured [*or* AM -ored], flaxen *liter*

Flachschlitzschraubendreher *m* [slotted] screwdriver **Flachschlitzschraubenzieher** *m* slotted[-head] screwdriver, plain slot [*or* AM flat tip] screwdriver

Flachse <-, -n> *f* SÜDD, ÖSTERR tendon

flachsen [-ks-] *vi (fam)* to kid around *fam;* ■ [**mit jdm**] ~ to kid sb on *fam*

Flachsinn *m kein pl* shallowness *no pl* **Flachstahl** *m* BAU flat steel **Flachwagen** *m* flat wagon [*or* BRIT *a.* waggon]; *(eines Zugs)* flat car **Flachzange** *f* flat[-nosed] pliers *npl*

flackern *vi* to flicker

Fladen <-s, -> *m* ① KOCHK round flat dough-cake ② *(fam: breiige Masse)* flat blob; *(Kuh~)* cowpat

Fladenbrot *nt* round flat loaf [of bread], ≈ Turkish bread, no art, no pl

Flageolettbohne *f* flageolet bean

Flagge <-, -n> *f* flag; **die englische/französische** ~ **führen** to fly the English/French flag [*or* BRIT colours] [*or* AM colors]; **die** ~ **streichen** to strike the flag ▶ WENDUNGEN: ~ **zeigen** to nail one's colours [*or* AM -ors] to the mast

flaggen *vi* to fly a flag/flags

Flaggenalphabet *nt* semaphore *no art, no pl* **Flaggenmast** *m* flagpole, flagstaff

FlaggenmissbrauchRR *m* JUR misuse of flag **Flaggensignal** *nt* flag signal; **ein** ~ **geben** to give a flag signal

Flaggschiff *nt* flagship

flagrant *adj (geh)* flagrant; *s. a.* **in flagranti**

Flair <-s> [flɛːɐ] *nt o selten m kein pl (geh)* aura

Flak <-, – *o* -s> *f kurz für* **Flugabwehrkanone** ① *(Kanone)* anti-aircraft [*or hist* ack-ack] gun ② *(Einheit)* anti-aircraft [*or hist* ack-ack] unit

Flakhelfer(in) *m(f)* HIST anti-aircraft auxiliary

Flakon <-s, -s> [fla'kõː] *nt o m (geh)* [small] bottle, flacon *spec*

flambieren* *vt* ■ **etw** ~ to flambé[e] sth

Flambierpfanne *f* flaming [*or* flambéing] pan

Flame, Flamin *o* **Flämin** <-n, -n> *m, f* Fleming, Flemish man/woman/boy/girl

Flämin <-, -nen> *f fem form von* **Flame**

Flamingo <-s, -s> [fla'mɪŋgo] *m* flamingo

flämisch *adj* Flemish; **auf** ~ in Flemish

Flämisch *nt dekl wie adj* Flemish; ■ **das** ~**e** Flemish; **auf** ~ in Flemish, the Flemish language

Flamme <-, -n> *f* ① *(Feuer)* flame; **in** ~**n aufgehen** to go up in flames; **mit ruhiger/flackernder** ~ **brennen** to burn with a steady/flickering flame; **etw auf großer/kleiner** ~ **kochen** to cook sth on a high/low heat; **in** [**hellen**] ~**n stehen** to be ablaze/in flames ② *(veraltend fam: Geliebte)* flame *dated*

flammend *adj (lit)* flaming

Flammenmeer *nt (geh)* sea of flames [*or* fire] **Flammenschutz** *m* flame prevention **Flammentod** *m (geh)* ■ **der** ~ death by burning; **den** ~ **erleiden** to be burned [*or* burnt] to death; *(auf dem Scheiterhaufen)* to be burned [*or* burnt] at the stake **Flammenwerfer** <-s, -> *m* flamethrower

Flandern <-s> *nt* Flanders + *sing vb*

flandrisch *adj* Flemish

Flanell <-s, -e> *m* flannel

flanieren* *vi haben o sein* to stroll; *(bummeln)* to go for a stroll; **an den Schaufenstern entlang** ~ to go window-shopping

Flanke <-, -n> *f* ① ANAT flank ② AUTO *(selten)* side ③ FBALL cross ④ MIL *einer Stellung* flank; **eine offene** ~ an open flank

flanken *vi* FBALL to centre [*or* AM -er]

Flankenschutz *m* MIL protection on the flank; **jdm** ~ **geben** to give sb added support

flankieren* *vt* ① *(begleiten)* ■ **jdn** ~ to flank [*or* accompany] sb ② *(seitlich begrenzen)* ■ **etw** ~ to flank sth ③ *(ergänzen)* ■ **etw** [**mit etw** *dat*] ~ to support sth [with sth]

Flansch <-[e]s, -e> *m* TECH flange

Flappe <-, -n> *f* DIAL pout; **eine** ~ **ziehen** to pout, to look petulant

flapsig *(fam)* **I.** *adj* cheeky BRIT; **eine** ~**e Bemerkung** an offhand [*or* a flippant] remark **II.** *adv* cheekily BRIT

Fläschchen <-s, -> *nt dim von* **Flasche** [small] bottle

Fläschchenständer *m* bottle storage rack

Flasche <-, -n> *f* ① *(Behälter)* bottle; **etw in** ~**n füllen** to bottle sth, to fill sth into bottles; **einem Kind die** ~ **geben** to bottle-feed a child, to give [*or* feed] a child its bottle; **aus der** ~ **trinken** to drink straight from [*or* out of] the bottle; **Bier/Wein auf** ~**n ziehen** to bottle beer/wine ② *(fam: Versager)* dead loss BRIT *fam,* loser AM *fam; (einfältiger Mensch)* pillock BRIT *pej fam,* dork AM *pej fam* ▶ WENDUNGEN: **zur** ~ **greifen** to take to [*or fam* hit] the bottle

Flaschenbier *nt* bottled beer **Flaschenbürste** *f* bottle-brush **Flaschengärung** *f* fermentation in the bottle, secondary fermentation *spec* **Flaschengestell** *nt* bottle rack **flaschengrün** *adj* bottle-green **Flaschenhals** *m* ① *(Teil einer Flasche)* bottleneck, neck [of a/the bottle] ② *(fig)* bottleneck **Flaschenkind** *nt* bottle-fed baby **Flaschenkürbis** *m* bottle gourd, calabash **Flaschenmilch** *f* bottled milk, milk [sold] in bottles **Flaschennahrung** *f* baby milk, formula AM **Flaschenöffner** *m* bottle-opener **Flaschenpfand** *m* deposit [*or* refund] on a/the bottle **Flaschenpost** *f* message in a bottle **Flaschenregal** *nt* wine rack **Flaschentomate** *f* plum tomato **Flaschenverschluss**RR *m* bottle top **flaschenweise** *adv* by the bottle **Flaschenzug** *m* TECH block and tackle [*or* pulley]

Flaschner(in) <-s, -> *m(f)* SÜDD, SCHWEIZ *(Klempner)* plumber

Flashback <-s, -s> ['flæʃbæk] *nt o m* FILM flashback

Flash-Speicher *m* INFORM flash memory

Flatter *f* **die** ~ **machen** *(sl)* to beat it *fam*

Flatterbinse *f* BOT soft rush

flatterhaft *adj (pej)* fickle *pej*

Flatterhaftigkeit <-> *f kein pl (pej)* fickleness *no pl pej*

Flattermann <-männer> *m (hum fam)* chicken

Flattermarke *f* TYPO collating mark

flattern *vi* ① *haben (mit den Flügeln schlagen)* to flap [*or* flutter] [its wings] ② *haben (vom Wind bewegt)* ■ [**im Winde**] ~ to flutter [*or* flap] [in the wind]; *lange Haare* to stream [in the wind] ③ *sein (durch die Luft getragen)* ■ **irgendwohin** ~ to fly [*or* float] [*or* be blown] somewhere ④ *sein (fam: zugestellt werden)* ■ **jdm** [**irgendwohin**] ~ to land [*or* turn up] [*or* arrive] somewhere; ***heute flatterte eine Rechnung ins Haus*** a bill landed on the mat today ⑤ *haben* AUTO *(hin und her schlagen)* to wobble, to shimmy AM

Flattersatz *m* unjustified text [*or* print] *no art, no pl*

flau *adj* ① *(leicht unwohl)* queasy; **jdm ist** ~ [**im Magen**] sb feels queasy; ***mir wurde ganz ~ im Magen*** I started to feel queasy ② *(träge)* slack; ***heute war das Geschäft sehr ~*** business was very slack today ③ TYPO ~**es Original** faint [*or* low-contrast] original

Flauheit <-> *f kein pl* ① *(Geschmacksarmut)* insipidness, insipidity ② *(Übelkeit)* queasiness ③ ÖKON *(Marktbewegung)* slackness

Flaum <-[e]s> *m kein pl* down *no art, no pl*

Flaumfeder *f* down feather

flaumig *adj* downy

Flausch <-[e]s, -e> *m* fleece *no pl*

flauschig *adj* fleecy, soft

Flausen *pl (fam)* ① *(Unsinn)* nonsense *nsing; (Illusionen)* fancy [*or* crazy] ideas *pl;* ~ **im Kopf haben** to have crazy ideas; **jdm die** ~ **austreiben** to get sb to return to reality, to knock some sense into sb *fam* ② *(Ausflüchte)* excuses *pl;* ***verschone mich mit deinen ~!*** save [*or* spare me] your excuses!

Flaute <-, -n> *f* ① *(Windstille)* calm *no pl;* ■ ~**n** calm periods *pl* ② *(mangelnde Nachfrage)* lull, period of slackness [*or* reduced activity]

fläzen *vr (fam)* ■ **sich** [**auf/in etw** *akk*] ~ to sprawl [oneself *fam*] [on/in sth] *a. pej*

Flechse <-, -n> *f (Sehne)* tendon

Flechte <-, -n> *f* ① BOT lichen ② MED lichen *no pl; (Herpes)* herpes *no pl; (Ekzem)* eczema *no pl* ③ *(gch)* plait, *esp* AM braid

flechten <flocht, geflochten> *vt* ■ **etw** ~ to plait [*or esp* AM braid] sth; **sich/jdm die Haare** [**zu Zöpfen** [*o* **in Zöpfe**]] ~ to plait [*or esp* AM braid] one's/sb's hair; **einen Korb/Kranz/eine Matte** ~ to weave [*or* make] a basket/wreath/mat; ■ **etw zu etw** *dat* ~ to plait [*or* weave] sth into sth; **Blumen zu einem Kranz** ~ to weave flowers into a garland; ■ **geflochten** woven

Flechtwerk *nt kein pl* wickerwork *no art, no pl*

Fleck <-[e]s, -e *o* -en> *m* ① *(Schmutz~)* stain; ~**en machen** to stain ② *(dunkle Stelle)* mark; *(auf Stirn vom Pferd)* blaze; **ein blauer** ~ a bruise; ~**en haben** to be bruised; *Apfel a.* to be blemished ③ *(Stelle)* spot, place; **sich nicht vom** ~ **rühren** to not move [*or fam* budge] [an inch]; ***rühr dich nicht vom ~, ich bin sofort wieder da!*** stay where you are, I'll be right back! ▶ WENDUNGEN: **einen** ~ **auf der** [**weißen**] **Weste haben** to have blotted one's copybook BRIT; **der blinde** ~ the blind spot; [**mit etw** *dat*] **nicht vom** ~ **kommen** to not get any further [with sth]; **vom** ~ **weg** on the spot; *s. a.* **Herz**

Fleckchen <-s, -> *nt* ① *dim von* **Fleck** mark, stain ② *(Gegend)* **ein schönes** [*o* **herrliches**] ~ **Erde** a nice [*or* lovely] little spot

Flecken <-s, -> *m* ① *(veraltet: Markt~)* small town ② *s.* **Fleck 1, 2**

Fleck(en)entferner *m* stain-remover **Fleckenfalter** *m* ZOOL fritillary **fleckenlos** *adj* spotless

Fleckentferner <-s, -> *m* stain remover

Fleckenwasser *nt* stain remover

Fleckerlteppich *m* SÜDD, ÖSTERR rag rug

Fleckfieber *nt* typhus [fever], fleckfieber *spec*

fleckig *adj* ① *(befleckt)* marked, stained ② *(voller dunkler Stellen)* blemished; ~**e Haut** blotchy skin

Flecktyphus *m* MED typhus fever

fleddern *vt* ① *(pej fam: durchwühlen)* ■ **etw** ~ to rummage through sth; ■ **jdn/etw** ~ to harm sb/sth ② **eine Leiche** ~ to rob a dead body

Fledermaus *f* ① ZOOL bat ② KOCHK ÖSTERR *(Fleischstück)* round steak

Fledermausärmel *m* batwing sleeve

Fleece <-> *nt kein pl* fleece

Fleet <-[e]s, -e> *nt* NORDD canal

Flegel <-s, -> *m (pej: Lümmel)* lout *fam,* yob[bo] BRIT *fam; (ungezogenes Kind)* brat *pej fam*

Flegelalter *nt* adolescence *no indef art, no pl;* ■ **im** ~ **sein** to be [an] adolescent [*or* in one's adolescence]

Flegelei <-, -en> *f (pej)* uncouthness *no art, no pl,* uncouth [*or fam* loutish] behaviour [*or* AM -or] *no pl*

flegelhaft *adj (pej)* uncouth, loutish *fam*

Flegeljahre *pl* awkward age

flegeln *vr (fam)* ■ **sich** [**auf/in etw** *akk*] ~ to sprawl [oneself *fam*] on [*or* [all] over] sth *a. pej*

flehen *vi (geh)* ■ [**bei jdm**] [**um etw** *akk*] ~ to beg [sb] [for sth]

Flehen *nt (geh)* plea, entreaty

flehentlich I. *adj* (*geh*) pleading, imploring II. *adv* pleadingly; **jdn ~ bitten, etw zu tun** to implore [*or* entreat] sb to do sth

Fleisch <-[e]s> *nt kein pl* ❶ (*Nahrungsmittel*) meat *no art, no pl;* ~ **fressend** carnivorous, meat-eating *attr;* ~ **fressende Pflanze** carnivorous plant, carnivore ❷ (*Gewebe, Muskel~*) flesh *no indef art, no pl* ❸ (*Frucht~*) flesh *no indef art, no pl* ❹ TYPO (*Satz*) *Schrift* beard ▶ WENDUNGEN: **jds eigen[es] ~ und Blut** (*geh*) sb's own flesh and blood; **jdm in ~ und Blut übergehen** to become sb's second nature; **sich** *dat o akk* [**mit etw** *dat*] **ins eigene ~ schneiden** to cut off one's nose to spite one's face, to harm one's own interests; **vom ~[e] fallen** to lose a lot of weight

fleischarm *adj* low-meat *attr,* containing little meat *pred,* with a low meat content *pred;* [**sehr**] ~ **essen** to eat [very] little meat **Fleischbeschau** *f* ❶ ADMIN meat inspection ❷ (*hum fam*) cattle market *hum, pej,* meat market *hum, pej* **Fleischbeschauer(in)** <-s, -> *m(f)* meat inspector **Fleischblutmagen** *m* blood sausage **Fleischbratling** *m* rissole, burger **Fleischbrühe** *f* ❶ (*Bouillon*) bouillon, beef stock ❷ (*Fond*) stock cube **Fleischbrühwürfel** *m* stock [*or* AM bouillon] cube **Fleischdauerware** *f kein pl* preserved meats *pl* **Fleischdünnung** *f* flank **Fleischeinwaage** *f* meat content

Fleischer(in) <-s, -> *m(f)* butcher

Fleischerbeil *nt* [meat] cleaver

Fleischerei <-, -en> *f* butcher's [shop BRIT]

Fleischerin <-, -nen> *f fem form von* **Fleischer**

Fleischermesser *nt* butcher's knife

Fleischesser(in) *m(f)* meat eater **Fleischextrakt** *m* meat extract **fleischfarben** *adj* flesh-coloured [*or* AM -ored] **Fleischfarce** *f* meat filling **Fleischfondue** *nt* meat fondue **fleischfressend** *adj s.* Fleisch 1 **Fleischfresser** <-s, -> *m* carnivore, meat-eater **Fleischgabel** *f* meat fork **Fleischgelee** *nt* meat jelly **Fleischglace** *nt s.* Jus **Fleischhauer(in)** <-s, -> *m(f)* ÖSTERR (*Fleischer*) butcher's [shop BRIT] **Fleischhauerei** <-, -en> *f* ÖSTERR (*Fleischerei*) butcher's [shop BRIT] **Fleischhygienegesetz** *nt* JUR meat hygiene law

fleischig *adj* fleshy

Fleischjus *m s.* Jus **Fleischkäse** *m* meatloaf **Fleischklopfer** <-s, -> *m* steak hammer **Fleischkloß** *m* ❶ KOCHK meatball ❷ (*fam: fetter Mensch*) mountain of flesh **Fleischklößchen** *nt* [small] meatball **Fleischknepp** *m* meat ball (*flavoured with herbs*) **Fleischkraut** *nt* BOT winter chicory

fleischlich *adj attr* ❶ (*von Fleisch*) consisting of/containing meat *pred;* ~**e Genüsse** meat delicacies ❷ (*liter: sexuell*) carnal, of the flesh *pred;* ~**e Begierden** carnal desires, desires of the flesh

fleischlos I. *adj* vegetarian, meatless II. *adv* ~ **kochen** to cook vegetarian

Fleischnockerl *pl* SÜDD meat balls (*poached in pigs' stomach*) **Fleischpastete** *f* meat vol-au-vent [*or* BRIT pasty] **Fleischsaft** *m* meat juices *pl* **Fleischsalat** *m a salad of diced sausage or ham, gherkins and mayonnaise* **Fleischspieß** *m* (*Stab*) meat skewer; (*Gericht*) skewered meat, meat on a skewer [*or* stick], shish kebab **Fleischstück(chen)** *nt* piece of meat **Fleischtee** *m* beeftea, Bovril® **Fleischthermometer** *nt* meat thermometer **Fleischtomate** *f* beef[steak] tomato **Fleischtopf** *m* meat pan **Fleischvergiftung** *f* food poisoning (*from meat*), meat poisoning BRIT **Fleischvogel** *m* SCHWEIZ (*Roulade*) beef olive **Fleischwaren** *pl* meat produce *nsing* [*or pl* products] **Fleischwolf** *m* mincer BRIT, grinder AM; **etw durch den ~ drehen** to mince [*or* AM grind] sth ▶ WENDUNGEN: **jdn durch den ~ drehen** (*fam*) to put sb through the mill **Fleischwunde** *f* flesh wound **Fleischwurst** *f* ≈ pork sausage

Fleiß <-[e]s> *m kein pl* hard work *no art, no pl,* diligence *no art, no pl,* industriousness *no art, no pl,* application *no art, no pl form* ▶ WENDUNGEN: **mit ~** SÜDD on purpose; **ohne ~ kein Preis** (*prov*) success doesn't come easily; SPORT no pain, no gain!

Fleißarbeit *f* laborious task; **eine** [**reine**] ~ (*pej*) a grind BRIT *fam*

fleißig I. *adj* ❶ (*hart arbeitend*) industrious, hard-working ❷ (*Fleiß zeigend*) diligent, painstaking; **eine ~e Leistung** a painstaking effort ❸ (*fam: eifrig*) keen II. *adv* ❶ (*arbeitsam*) diligently, industriously ❷ (*fam: unverdrossen*) assiduously

flektieren* I. *vt* LING ■**etw** ~ (*deklinieren*) to decline sth; (*konjugieren*) to conjugate sth *spec* II. *vi* to inflect; ■**schwach/stark** ~ to be [conjugated as] a weak/strong verb

flennen *vi* (*pej fam*) to blubber *pej,* to blub BRIT *pej fam*

Flensburg <-s> *nt N.German town, location of traffic offenders' index*

fletschen *vt* **die Zähne** ~ to show [*or* bare] one's/its teeth

fleucht (*veraltet poet*) *3. pers sing von* **fliegen** *s.* **kreucht**

Fleurop® <-> ['flɔɪrɔp, 'flø:rɔp, -'rɔp] *f kein pl* Interflora® *no art, no pl*

flexibel *adj* ❶ (*anpassungsfähig*) flexible ❷ (*nicht fest*) flexible ❸ (*elastisch*) pliable

flexibilisieren *vt* ■**etw** ~ to adapt sth [to sth]; **die Arbeitszeit** ~ to introduce flexible working hours

Flexibilisierung <-, -en> *f* **die ~ der Altersgrenze/Arbeitszeit/Ladenschlusszeiten** the transition to a flexible age limit/to flexible opening/working hours

Flexibilität <-> *f kein pl* ❶ (*Anpassungsfähigkeit*) flexibility *no art, no pl* ❷ (*Elastizität*) pliability *no art, no pl*

Flexion <-, -en> *f* (*Deklinieren*) inflection; (*Konjugieren*) conjugation *spec*

Flexionsendung *f* inflectional ending [*or* suffix]

Flexodruck *m* TYPO flexo[graphic] printing, flexography

flicht *imper sing und 3. pers sing pres von* **flechten**

Flickarbeit *f* mending

flicken *vt* ■**etw** [**mit etw** *dat*] ~ to mend sth [with sth]; **einen Fahrradschlauch** ~ to patch [up *sep*] a bicycle tube; *s. a.* **Zeug**

Flicken <-s, -> *m* patch

Flickenteppich *m* rag rug

Flickschuster(in) *m(f)* (*pej fam*) bungler, bungling idiot *pej* **Flickwerk** *nt kein pl* (*pej*) **ein ~ sein** to have been carried out piecemeal **Flickwort** *nt* (*Füllwort*) filler **Flickzeug** *nt kein pl* ❶ (*für Fahrräder*) [puncture] repair kit [*or* outfit] ❷ (*Nähzeug*) sewing kit

Flieder <-s, -> *m* lilac

Fliederbusch *m* lilac **fliederfarben** *adj* lilac

Fliege <-, -n> *f* ❶ (*Insekt*) fly ❷ MODE bow tie [*or* dickie [*or* dick[e]y] bow] BRIT *fam* ▶ WENDUNGEN: **zwei ~n mit einer Klappe schlagen** (*fam*) to kill two birds with one stone; **jdn stört die ~ an der Wand** sb is irritated by every little thing; **wie die ~n umfallen** to go down like ninepins BRIT, to drop [off] like flies; **die** [*o sl* **'ne**] ~ **machen** to beat [*or* leg] it *fam;* ***he, mach die ~!*** get lost!, piss off! BRIT *fam!;* **wie die ~n sterben** to fall [*or* drop [off]] like flies

fliegen <flog, geflogen> I. *vi sein* ❶ (*mit Flügeln*) to fly ❷ (*im Flugzeug*) ■[**irgendwohin**] ~ to fly [somewhere]; ***wann fliegt die nächste Maschine*** [***nach Paris***]? when is the next flight [to Paris]? ❸ (*sl: hinausgeworfen werden*) ■[**aus etw** *dat*] ~ to get kicked [*or fam* chucked] out [of sth]; **aus einer Firma** ~ to get [*or* be given] the sack [*or fam* the boot] ❹ (*fam: schnell fallen*) ■**jdm aus/von etw** *dat* ~ to fall out of/off sb's sth ❺ (*fam: fallen*) to fall; **von der Leiter** ~ to fall off a ladder; **die Treppe hinunter** ~ to go flying down the stairs *fam* ❻ (*wehen*) to fly ❼ (*eilen*) to fly ❽ (*geworfen werden*) to fly, to be flung; ***die Schneebälle flogen wild hin und her*** snowballs were flying about all over the place ▶ WENDUNGEN: **auf jdn/etw ~** (*fam*) to go for sb/sth *fam;* **ich kann doch nicht ~!** (*fam*) I can't fly [*or fam* haven't got wings], you know! II. *vt* ❶ *haben o sein* (*steuern*) ■**etw** ~ to fly sth ❷ *haben* (*befördern*) ■**jdn/etw irgendwohin** ~ to fly sb/sth somewhere ❸ *haben o sein* (*zurücklegen*) ■**etw** ~ to fly sth; ***wir sind heute eine weite Strecke geflogen*** we flew a long way today

fliegend *adj* ❶ *attr* mobile; **die ~e Pommesbude** the chippie van BRIT *fam,* the roach coach AM; *s. a.* **Fisch, Personal, Start, Untertasse** ❷ TYPO ~**er Vorsatz** fly-leaf, inner endpaper; ~**er Rollenwechsel** flying reelchange

Fliegendreck *m* fly spot/spots, fly droppings *npl* **Fliegenfänger** *m* flypaper **Fliegenfenster** *nt* [window with a] fly screen **Fliegengewicht** *nt* ❶ *kein pl* (*Gewichtsklasse*) flyweight *no indef art, no pl* ❷ (*Sportler*) flyweight **Fliegengewichtler(in)** <-s, -> *m(f)* flyweight **Fliegengitter** *nt* flyscreen BRIT, screen AM **Fliegenklatsche** *f* fly swatter, BRIT *a.* fly swat **Fliegenpatsche** *f* [fly] swatter, BRIT *a.* swat **Fliegenpilz** *m* fly agaric *no indef art, no pl spec* **Fliegenschutzgitter** *nt* BAU insect screen

Flieger[1] <-s, -> *m* (*sl*) plane, bird *sl*

Flieger(in)[2] <-s, -> *m(f)* ❶ (*Pilot*) pilot, airman *masc,* airwoman *fem* ❷ (*Dienstgrad*) aircraftman BRIT, airman basic AM ❸ (*fam: Luftwaffe*) ■**die** ~ the air force + *sing/pl vb*

Fliegeralarm *m* air-raid warning **Fliegerangriff** *m* air raid

Fliegerei <-> *f kein pl* flying *no art, no pl*

Fliegerhorst *m* military airfield [*or* BRIT *a.* aerodrome]

fliegerisch *adj attr* aeronautical

Fliegerstaffel *f* MIL (*Einheit der Luftwaffe*) air force squadron

fliehen <floh, geflohen> I. *vi sein* ❶ (*entkommen*) to escape, to flee; **aus dem Gefängnis** ~ to escape from prison ❷ (*davoneilen*) to flee; **von der Polizei/vor einem Sturm** ~ to flee from the police/before a storm II. *vt haben* (*liter*) ■**etw** ~ to shun sth, to flee [*or* get away] from sth; **jds Gegenwart/Nähe** ~ to avoid sb

fliehend *adj* receding; **ein ~es Kinn** a receding chin; **eine ~e Stirn** a sloping forehead

Fliehkraft *f kein pl* centrifugal force **Fliehkraftregler** *m* TECH centrifugal control

Fliese <-, -n> *f* tile; **etw mit ~n auslegen** to tile sth; **~n legen** to lay tiles

fliesen *vt* ■**etw** ~ to tile sth; ■**gefliest** tiled

Fliesenboden *m* tiled floor **Fliesen(fuß)boden** *m* tiled floor **Fliesenleger(in)** <-s, -> *m(f)* tiler **Fliesenspiegel** *m* BAU tiled section

Fließband <-bänder> *nt* assembly [*or* production] line; (*Förderband*) conveyer [belt]; **am ~ arbeiten** [*o fam* **stehen**] to work on a/the production line

Fließbandarbeit *f* work on a production [*or* assembly] line **Fließbandfertigung** *f* belt production, assembly line production

fließen <floss, geflossen> *vi sein* ❶ (*strömen*) to flow; ***es fließt kein Wasser aus dem Hahn*** there's no water coming from the tap; (*sich dahinbewegen*) to flow, to move; **alles fließt** PHILOS all is in a state of flux; METEO (*einströmen*) to move ❷ (*eingehen*) ***aus China ~ die Informationen immer spärlicher*** the flow of information from China is getting minimal

fließend I. *adj* ❶ (*flüssig*) fluent; **eine ~e Rede** a fluent speech; **ein ~es Französisch sprechen** to speak fluent French [*or* French fluently] ❷ (*übergangslos*) fluid II. *adv* ❶ (*bei Wasser*) ~ **warmes und kaltes Wasser** running hot and cold water ❷ (*ohne zu stocken*) fluently; ~ **Französisch sprechen** to speak fluent French [*or* French fluently]

Fließfertigung *f* ❶ (*Anlage*) continuous production line ❷ (*Verfahren*) assembly line production **Fließheck** *nt* AUTO fastback **Fließkommaprozessor** *m* INFORM floating point unit [*or* processor] **Fließpapier** *nt* (*Löschpapier*) blotting paper **Fließsatz** *m* TYPO classified ad matter, composition of classified ads **Fließzement** *m* BAU cement slurry

flimmerfrei *adj* flicker-free **Flimmerkiste** *f* (*fam*) TV, telly BRIT *fam;* ■**die** ~ the box BRIT *fam,* boob tube AM *fam*

F

flimmern *vi* ① (*unruhig leuchten*) to flicker ② (*flirren*) to shimmer; *s. a.* **Auge**

flink *adj* quick, nippy BRIT *fam;* **eine ~e Zunge/ein ~es Mundwerk haben** to have a quick [*or* BRIT ready] tongue/mouth

Flinte <-, -n> *f* ① (*Schrot~*) shotgun ② (*veraltet: Gewehr*) gun ▸ WENDUNGEN: **die ~ ins Korn werfen** (*fam*) to throw in the towel; **jdn/etw vor die ~ bekommen** (*fam*) to get hold of sb/sth

Flintenweib *nt* (*a. pej*) gunwoman

Flipchart <-, -s> ['flɪptʃa:t] *f* flipchart

Flipper <-s, -> *m* pinball machine

Flipperautomat *m* pinball machine

flippern *vi* to play pinball

flippig *adj* (*fam*) hip *fam*

flirren *vi* to whirr [*or esp* AM whir]; **~de Luft/Hitze** shimmering air/heat

Flirt <-s, -s> [flœrt, flø:ɐt] *m* flirt[ation]

flirten ['flœrtn, 'flø:ɐtn] *vi* ■ **[mit jdm]** ~ to flirt [with sb]

Flittchen <-s, -> *nt* (*pej fam*) slut *pej,* hussy *a. hum*

Flitter <-s, -> *m* ① (*Pailletten*) sequins *pl* ② *kein pl* (*pej: Tand*) trash *no art, no pl pej fam,* trumpery *no pl*

Flittergold *nt* gold foil **Flitterwochen** *pl* honeymoon *nsing;* **in die ~ fahren** to go on [one's] honeymoon; **in den ~ sein** to be on [one's] honeymoon; **die ~ in Paris verbringen** to [spend one's] honeymoon in Paris

Flitz(e)bogen *m* (*fam*) bow and arrow[s *pl*] ▸ WENDUNGEN: **gespannt wie ein ~ sein** to be dying with suspense

flitzen *vi sein* ① (*sich schnell bewegen*) ■ **[irgendwohin]** ~ to dash [*or fam* whizz [*or esp* AM whiz]] [somewhere] ② (*fam: abhauen*) to run off, to leg it *fam* ③ (*fam: nackt laufen*) to streak

Flitzer <-s, -> *m* (*fam*) snappy [*or* AM sharp] little sportscar *fam*

floaten ['flo:tn] *vi* ÖKON to float

Floater <-s, -> ['floʊtə] *m* floater

Floating <-> ['flo:tɪŋ] *nt kein pl* ■ **das ~ [einer S.** *gen* [*o* **von etw** *dat*]] floating [sth]

Flöckchen <-s, -> *nt* ① *dim von* **Flocke** flake ② **ein ~ Butter** a knob [*or* AM hunk] of butter

Flocke <-, -n> *f* ① (*Schnee~*) snowflake ② (*Staub~*) ball of fluff

Flockenblume *f* BOT knapweed

flockig *adj* fluffy

Floh <-[e]s, Flöhe> *m* ① (*Tier*) flea; **Flöhe haben/knacken** to have/squash fleas ② *pl* (*sl: Geld*) dough *nsing dated fam,* bread *nsing fam,* dosh BRIT *sl* ▸ WENDUNGEN: **jdm einen ~ ins Ohr setzen** (*fam*) to put an idea into sb's head; **die Flöhe husten hören** to imagine things

Flohkraut *nt* BOT pennyroyal **Flohkrebs** *m* ZOOL sand hopper **Flohmarkt** *m* flea market, jumble [*or* AM rummage] sale **Flohzirkus** *m* flea circus

Flokati <-s, -s> *m* (*griechischer Teppich*) flokati

Flom(en) <-s> *m kein pl* DIAL (*Schweineschmalz*) lard *no art, no pl*

Flooding <-[s], -s> ['flʌdɪŋ] *nt* INFORM flooding

Flop <-s, -s> *m* (*fam*) flop *fam;* **mit etw** *dat* **einen ~ landen** to suffer [*or* land] a flop with sth *fam*

floppen *vi* ÖKON (*fam*) *Projekt, Film, CD* to flop *fam*

Floppy Disk[RR], **Floppydisk**[RR] *f* INFORM floppy disk

Flor <-s, -e *o selten* Flöre> *m* ① (*dünnes Gewebe*) gauze ② (*Teppich-/Samt~*) pile

Flora <-, Floren> *f* flora *npl spec*

Florenreich *nt* BOT floral region

Florentiner <-s, -> *m* ① (*Gebäck*) Florentine ② MODE (*Strohhut*) picture hat

Florenz <-> *nt kein pl* Florence

Florett <-[e]s, -e> *nt* foil; (*Sport*) foil-fencing

Florettfechten *nt* foil-fencing

Florfliege *f* ZOOL lacewing

florieren* *vi* to flourish; ■ **~d** flourishing

Florist(in) <-en, -en> *m(f)* florist

Floskel <-, -n> *f* set phrase; (*klischeehaft*) cliché; ***eine höfliche/abgedroschene ~*** a polite but meaningless phrase, a hackneyed phrase *pej*

Floß <-es, Flöße> *nt* raft

Flosse <-, -n> *f* ① (*Fisch~*) fin ② (*Schwimm~*) flipper ③ (*sl: Hand*) paw *hum fam,* mitt *pej fam*

Flösselhecht *m* ZOOL bichir

flößen *vt* ① ■ **etw** ~ to raft sth ② (*ein~*) **jdm die Suppe/Medizin in den Mund ~** to give sb his/her soup/medicine

Flößer(in) <-s, -> *m(f)* raftsman *masc,* raftswoman *fem*

Flöte <-, -n> *f* ① (*Musikinstrument*) pipe; (*Quer~*) flute; (*Block~*) recorder; (*Pan~*) panpipes *npl;* **~ spielen** [*o* **blasen**] to play the pipe/flute/recorder/panpipes ② (*Kelchglas*) flute [glass] *spec*

flöten I. *vi* ① (*Flöte spielen*) to play the flute ② (*trillern*) to whistle ③ (*hum fam: süß sprechen*) to warble, to flute ▸ WENDUNGEN: **etw geht jdm ~** sb loses sth **II.** *vt* ■ **etw** ~ ① (*mit der Flöte*) to play sth on the flute ② (*pfeifen*) to whistle sth

Flötenbläser(in) *m(f)* piper; (*Quer~*) flautist, flutist; (*Block~*) recorder player

flöten|gehen *vi irreg sein* (*sl*) *s.* **flöten I 4**

Flötenkessel *m* whistling kettle **Flötenspiel** *nt* piece for the pipe/flute/recorder/panpipes **Flötenspieler(in)** *m(f)* piper; (*Quer~*) flute player, flautist *form;* (*Block~*) recorder player **Flötenton** *m* sound of a/the flute/of flutes; **jdm die Flötentöne beibringen** (*fam*) to tell [*or* teach] sb what's what *fam*

Flötist(in) <-en, -en> *m(f)* flautist *form*

flott I. *adj* ① (*zügig*) quick, nippy BRIT *fam;* **eine ~e Fahrt** a fast drive; **ein ~es Tempo** [a] high speed; **eine ~e Bedienung** quick [*or* speedy] service; ***aber ein bisschen ~!*** (*fam*) make it snappy! *fam* ② (*schwungvoll*) lively ③ (*schick*) smart, chic ④ (*verschwenderisch*) fast-living; **ein ~es Leben führen** to live life in the fast lane ⑤ *pred* (*manövrierfähig*) in working order *pred;* **ein Auto wieder ~ machen** (*fam*) to get a car back on the road ⑥ (*flüssig*) racy ⑦ KOCHK **~e Lotte** mouli-légumes, food mill; *s. a.* **Otto, Heinrich II.** *adv* ① (*zügig*) fast; (*hurtig a.*) quickly ② (*schick*) smartly, chic

flott|bekommen* *vt irreg* ■ **etw** ~ to get sth working; **ein Schiff ~** to float off *sep* a ship; **ein Auto ~** to get a car on the road

Flotte <-, -n> *f* NAUT, LUFT fleet

Flottenabkommen *nt* naval treaty **Flottenstützpunkt** *m* naval base **Flottenverband** *m* naval unit

Flottille <-, -n> [flɔ'tɪlə] *f* ① MIL flotilla ② NAUT fleet

flott|kriegen *vt* (*fam*) *s.* **flottbekommen**

flott|machen *vt* ■ **etw** ~ to get sth back in working order; **ein Schiff [wieder] ~** to [re]float a ship; **ein Auto ~** to get a car back on the road; **eine Firma [wieder] ~** to get a company [back] on its feet

flottweg *adv* (*fam*) non-stop

Flöz <-es, -e> *nt* BERGB seam

Fluch <-[e]s, Flüche> *m* ① (*Schimpfwort*) curse, oath *dated* ② (*Verwünschung*) curse ▸ WENDUNGEN: **das [eben] ist der ~ der bösen Tat** (*prov*) evil begets evil *prov*

fluchbeladen *adj* (*geh*) cursed

fluchen *vi* ① (*schimpfen*) ■ **[auf/über jdn/etw] ~** to curse [*or* swear] at sb/sth ② (*geh: verwünschen*) ■ **jdn/etw ~** to curse sb/sth

Flucht[1] <-, -en> *f* escape; **jdm glückt die ~** sb escapes [successfully]; **die ~ vor der Realität/Verantwortung** an escape from reality/responsibility; ■ **die ~ in etw** *akk* refuge in sth; **die ~ in den Selbstbetrug** a resort to self-defiance; **die ~ ergreifen** (*geh*) to take flight, to flee; **auf der ~ erschossen werden** to be shot trying to escape [*or* on the run]; **auf der ~ sein** [*o* **sich auf der ~ befinden**] to be on the run [*or* on the run]; **jdn in die ~ schlagen** to put sb to flight, to chase away sb *sep;* **jdm zur ~ verhelfen** to help sb [to] escape; **auf der ~ vor jdm sein** to be fleeing [*or* on the run] from sb; **in kopfloser/wilder ~** in a stampede; **die ~ nach Ägypten** REL the flight to Egypt; **die ~ nach vorn antreten** to take the bull by the horns

Flucht[2] <-, -en> *f* ① (*~linie*) alignment; (*Häuser~*) row ② (*geh: Zimmer~*) suite

fluchtartig I. *adj* hasty, hurried **II.** *adv* hastily, hurriedly, in a hurry **Fluchtauto** *nt* getaway car *fam,* escape vehicle

flüchten I. *vi sein* to flee, to get away; (*aus der Gefangenschaft, einer Gefahr*) to escape **II.** *vr haben* ① (*Schutz suchen*) ■ **sich [vor etw** *dat*] **irgendwohin ~** to seek refuge [from sth] somewhere; **sich vor einem Unwetter in eine Scheune ~** to [seek] shelter from a storm in a barn ② ■ **sich in etw** *akk* ~ to take refuge in sth; **sich in Ausreden ~** to resort to excuses

Fluchtfahrzeug *nt* getaway car *fam,* escape vehicle **Fluchtgefahr** *f* JUR danger of absconding; **bei jdm besteht ~** sb is always trying [*or* attempting] to escape **Fluchtgelder** *pl* FIN flight [*or* runaway] capital *no pl* **fluchtgerecht** *adj* BAU truly aligned **Fluchthelfer(in)** *m(f)* accomplice in an/the escape **Fluchthilfe** *f* escape aid

flüchtig I. *adj* ① (*geflüchtet*) fugitive *attr;* ■ **~ sein** to be a fugitive [*or* on the run] [*or* at large] ② (*kurz*) fleeting, brief; **ein ~er Blick** a fleeting glance, a glimpse; **ein ~er Kuss/Gruß** a brief [*or* passing] [*or* perfunctory] kiss/hello ③ (*oberflächlich*) cursory, sketchy; **eine ~e Arbeit** a hurried piece of work; **eine ~e Bekanntschaft** a passing aquaintance ④ (*schnell verdunstend*) volatile **II.** *adv* ① (*kurz*) briefly, perfunctorily ② (*oberflächlich*) cursorily; **~ arbeiten** to work hastily; **etw ~ erwähnen** to mention sth in passing; **jdn ~ kennen** to have met sb briefly; **etw ~ lesen** to skim through sth *sep*

Flüchtige(r) *f(m) dekl wie adj* fugitive; JUR absconder

Flüchtigkeit[1] <-> *f kein pl* ① (*Kürze*) briefness *no pl,* brevity *no pl* ② (*Oberflächlichkeit*) cursoriness *no pl,* sketchiness *no pl;* **mit ~ arbeiten** to work hastily [*or* with hastiness] ③ CHEM volatility *no pl*

Flüchtigkeit[2] <-, -en> *f* (*Unachtsamkeit*) carelessness *no pl;* ■ **~en** careless mistakes *pl*

Flüchtigkeitsfehler *m* careless mistake; **einen ~ machen** to make a careless mistake, to slip up

Fluchtkapital *nt* FIN flight [*or* runaway] capital *no pl*

Flüchtling <-s, -> *m* refugee

Flüchtlingsausweis *m* refugee's identity card **Flüchtlingscamp** <-s, -s> *nt* refugee camp **Flüchtlingsheim** *nt* refugee hostel **Flüchtlingshilfswerk** *nt* refugee relief organization **Flüchtlingslager** *nt* refugee camp **Flüchtlingsstrom** *m* flood of refugees

Fluchtpunkt *m* vanishing point

Fluchtverdacht *m* JUR suspicion of absconding **Fluchtversuch** *m* attempted [*or* attempt to] escape, escape attempt [*or* bid] **Fluchtweg** *m* escape route; (*fig*) means of escape + *sing vb*

fluffig *adj* (*fam*) fluffy

Flug <-[e]s, Flüge> *m* ① (*durch die Luft*) flight ② (*mit einem Flugzeug*) flight; ***ich hoffe, ihr hattet einen angenehmen ~?*** I hope you had a good flight; **einen ~ [nach ...] buchen** to book a flight [to ...]; **einen ~ stornieren** to cancel a booking; **der ~ zum Mond/Mars/zu den Sternen** a/the journey to the moon/to Mars/to the stars ▸ WENDUNGEN: **wie im ~[e]** in a flash *fam*

Flugabkommen *nt* air agreement **Flugabstand** *m* spacing between aircraft **Flugabwehr** *f* air defence [*or* AM -se] **Flugabwehrkanone** *f* anti-aircraft [*or hist* ack-ack] gun **Flugabwehrkörper** *m* air defence missile **Flugabwehrrakete** *f* anti-aircraft missile

Flugangst *f* fear of flying **Flugasche** *f* flue ash **Flugaufkommen** *nt kein pl* air traffic **Flugbahn** *f* flight path; (*Kreisbahn*) orbit; *einer Kugel/Rakete* trajectory **flugbegeistert** *adj* air-minded **Flugbegleiter(in)** *m(f)* steward *masc,* stewardess *fem,* air-hostess *fem* **Flugbegleitpersonal** *nt* flight attendant **Flugbenzin** *nt* aviation fuel **Flugberatung** *f* briefing, flight information **Flugbereich** *m* flying [*or* maximum] range **flugbereit** *adj* ready to take off [*or* for take-off] **Flugbereitschaft** *f* LUFT preparation of plane[s] for take-off **Flugbe-**

trieb *m kein pl* air traffic *no pl* **Flugbewegung** *f* aircraft movement **Flugblatt** *nt* leaflet, flyer, handbill **Flugboot** *nt* flying boat **Flugbuch** *nt* logbook; (*des Piloten*) air log; (*über Flugablauf*) flight log **Flug(daten)schreiber** *m* flight recorder **Flugdauer** *f* duration of a/the flight, flying time **Flugdeck** *nt* flight deck **Flugdienst** *m* air[line] service, flying duty **Flugdrache** *m* ZOOL flying dragon **Flugdrachen** *m* hang-glider **Flugechse** *f* pterodactyl **Flugeigenschaft** *f* flight characteristic

Flügel <-s, -> *m* (1) (*zum Fliegen*) wing; **mit den ~n schlagen** to flap its wings; (*größer a.*) to beat its wings; (*Hubschrauber~*) rotor, blade (2) TECH sail *spec,* vane *spec;* **Ventilator~** blade (3) (*seitlicher Trakt*) wing, side; *eines Altars* sidepiece; *eines Fensters* casement (4) ANAT (*Lungen~*) lung (5) ARCHIT (*seitlicher Teil*) wing (6) MIL (*seitlicher Truppenteil*) wing; SPORT (*Flanke*) wing (7) POL (*extreme Gruppierung*) wing (8) (*Konzert~*) grand piano, grand *fam;* **auf dem ~ spielen** to play the piano; **am ~: ...** at the piano: ... ▶ WENDUNGEN: **jdm die ~ beschneiden** [*o* **stutzen**] to clip sb's wings; **die ~ hängen lassen** (*fam*) to lose heart; **jdm ~ verleihen** (*geh*) to lend sb wings

Flügelaltar *m* winged altar **Flügelbohne** *f* goa bean **Flügelerbse** *f* asparagus pea **Flügelfenster** *nt* casement window **Flügelhemd** *nt* vest with short, wide sleeves **Flügelhorn** *nt* flugelhorn **Flügelkämpfe** *pl* factional disputes *pl* **flügellahm** *adj* injured at the wing(s) **Flügelmann** <-männer *o* -leute> *m* (1) FBALL wing forward (2) MIL flank man (3) POL person on the wing of a party **Flügelmutter** <-muttern> *f* butterfly nut **Flügelschlag** *m* beat of its wings **Flügelschraube** *f* wing bolt; (*Mutter*) wing nut **Flügelspannweite** *f* wing-spread [*or* -span] **Flügelspitze** *f* wing tip **Flügeltür** *f* double door, French door **Flügelturbine** *f* propeller-type turbine

Flugentfernung *f* air distance, distance to be flown **Flugerprobungsstadium** *nt* flight-testing stage **flugfähig** *adj* airworthy **Flugfeld** *nt* airfield **Flugfernmeldedienst** *m* aeronautical telecommunication service **Flugfernmeldestelle** *f* aeronautical telecommunication station **Flugfrosch** *m* flying frog **Flugfunkleitstelle** *f* air-ground control radio station **Flugfunkverkehr** *m* air-ground communication **Fluggast** *m* passenger **Fluggastaufkommen** *nt* passenger figures *pl* **Fluggastkapazität** *f* passenger capacity **Fluggastkilometer** *m* passenger kilometre [*or* AM -er] **Fluggastraum** *m* passenger cabin

flügge *adj pred* fledged; ▪ **[noch nicht] ~ sein** (*fig fam*) to be [not yet] ready to leave the nest

Fluggelände *nt* flying terrain [*or* ground] **Fluggepäck** *nt* luggage **Fluggerät** *nt* flying machine **Fluggerätemarkt** *m* aircraft market **Fluggeschwindigkeit** *f* (*von Flugzeug*) flying speed; (*von Rakete, Geschoss*) velocity; (*von Vögeln*) speed of flight **Fluggesellschaft** *f* airline **Fluggewicht** *nt* take-off weight

Flughafen *m* airport; **auf dem ~ landen** to land at the airport **Flughafenbetreiber** *m* airport operator **Flughafenhotel** *nt* airtel **Flughafen-Vorfeld** *nt* apron **Flughalle** *f* hangar **Flughöhe** *f* altitude; ***„unsere ~ beträgt derzeit 32.000 Fuß"*** "we are currently flying at an altitude of 32,000 feet" **Flughörnchen** *nt* ZOOL flying squirrel **Flughund** *m* flying fox **Flugkapitän(in)** *m(f)* captain **Flugkarte** *f* (1) (*Ticket*) flight ticket (2) (*Landkarte*) aeronautical map **Flugkatastrophe** *f* air disaster **Flugkilometer** *m* air kilometre [*or* AM -er] **flugklar** *adj* ready for take-off **Flugkörper** *m* projectile **Flugkorridor** *m* air lane **Flugkraft** *f* power of flight **Fluglage** *f* flying attitude **Fluglärm** *m* aircraft noise **Fluglärmmessung** *f* aircraft noise measurement **Fluglehrer(in)** *m(f)* flying instructor **Flugleistung** *f* flying performance **Flugleiter(in)** *m(f)* air-traffic controller **Flugleitsystem** *nt* flight control system **Flugleitung** *f* flight [*or* air-traffic] control **Fluglinie** *f* (1) (*Strecke*) air route; festgelegte ~ air corridor (2) (*Fluggesellschaft*) airline **Fluglotse, -lotsin** *m, f* flight controller, air traffic controller **Flugmechanik** *f* aeromechanics + *sing vb* **Flugmeile** *f* passenger mile **Flugmeilen** *pl* passenger mileage **Flugmeldedienst** *m* aircraft reporting service **Flugmotor** *m* aircraft engine, aero-engine **Flugmotorenhersteller** *m* aircraft [*or* aero] engine maker

Flugmuskel *m* ZOOL pectoralis

Flugnavigation *f* air navigation **Flugnavigationseinrichtungen** *pl* air navigation facilities *pl* **Flugnavigationshilfe** *f* aid to air navigation **Flugnetz** *nt* network of air routes **Flugnummer** *f* flight number **Flugobjekt** *nt* **unbekanntes ~** unidentified flying object, UFO **Flugpassagier(in)** *m(f)* air passenger **Flugpersonal** *nt* aircrew **Flugplan** *m* flight plan **Flugplatz** *m* airfield **Flugpraxis** *f* (1) (*Training*) flying practice (2) (*Erfahrung*) flying experience **Flugpreis** *m* [air] fare **Flugraum** *m* air space **Flugrechte** *pl* air rights *pl* **Flugregler** *m* automatic pilot, autopilot **Flugreise** *f* flight, air journey [*or* travel]; **eine ~ machen** to travel by air **Flugreisende(r)** *f(m) decl wie adj* air passenger, person travelling by air [*or* plane] **Flugrichtung** *f* (1) (*Richtung*) direction of flight (2) (*Kurs*) heading **Flugrost** *m* AUTO flash rust **Flugroute** *f* air corridor

flugs *adv* (*veraltend*) at once, immediately

Flugsand *m* shifting sand

Flugsaurier *m* ARCHÄOL pterosaur

Flugschalter *m* flight desk **Flugschein** *m* (1) (*Pilotenschein*) pilot's licence [*or* AM -se] (2) (*Ticket*) [plane] ticket **Flugschneise** *f* air corridor [*or* lane], flight lane **Flugschreiber** *m* flight recorder, black box *fam*

Flugschrift *f* leaflet, flyer, flier

Flugschule *f* flying school **Flugschüler(in)** *m(f)* pupil pilot **Flugsicherheit** *f kein pl* air safety, aviation security **Flugsicherung** *f* flight control, air traffic control **Flugsicherungsdienst** *m* air traffic control [service] **Flugsicherungsradaranlage** *f* air traffic control radar system **Flugsicht** *f* flight visibility **Flugsimulator** *m* flight simulator **Flugsteig** <-s, -e> *m* gate **Flugstraße** *f* air corridor **Flugstrecke** *f* (1) (*Distanz*) flight [*or* air] route, flying distance (2) (*Etappe*) leg (3) (*Route*) route **Flugstunde** *f* (1) (*Flugzeit von einer Stunde*) hour's flight; **drei ~n entfernt sein** to be three hours away by air (2) (*Unterricht*) flying lesson; **[bei jdm] ~n nehmen** to take flying lessons [with sb] **Flugsystem** *nt* aircraft **Flugtagebuch** *nt* logbook; (*des Piloten*) air log; (*über Flugablauf*) flight log **flugtauglich** *adj* fit to fly *pred* **Flugtauglichkeit** *f* (1) *von Personen* fitness for flying (2) *des Flugzeugs* airworthiness **Flugtaxi** *nt* air taxi, taxiplane **Flugtechnik** *f* (1) (*Fertigkeit*) flying technique (2) (*Technik*) **angewandte ~** aircraft engineering **Flugtechniker(in)** *m(f)* aeronautical engineer **flugtechnisch** *adj* aeronautical **Flugticket** *nt* [plane] ticket **flugtüchtig** *adj* airworthy **Flugtüchtigkeit** *f* airworthiness **Flugüberwachung** *f* air-traffic control; (*an Bord*) flight supervision **Flugunfall** *m* flying accident **Flugunfallentschädigung** *f* air accident compensation **Flugunterbrechung** *f* break in flight **Flugverbindung** *f* [flight [*or* air]] connection **Flugverbotszone** *f area with a flying ban*

Flugverkehr *m* air traffic **Flugverkehrsdienst** *m* air traffic service **Flugverkehrsdienststelle** *f* air traffic services unit **Flugverkehrsleitdienst** *m* air traffic control service **Flugverkehrsleiter(in)** *m(f)* air traffic controller **Flugverkehrsleitstelle** *f* air traffic control unit **Flugverkehrslinie** *f* airway, airline

Flugversuch *m* (1) (*bei Vögeln*) attempt to fly (2) (*beim Flugzeug*) flight experiment **Flugwaffe** *f* SCHWEIZ (*Luftwaffe*) Swiss Air Force **Flugweg** *m* air route, flight path **Flugwegschreiber** *m* flight recorder **Flugwesen** *nt kein pl* (1) (*Luftfahrt*) flying, aviation (2) (*Wissenschaft*) aeronautics + *sing vb* **Flugwetter** *nt* flying weather **Flugwetterdienst** *m* aviation weather service **Flugwetterwarte** *f* aeronautical meteorological office **Flugwiderstand** *m* air [*or* aviation] drag **Flugwild** *nt kein pl* feathered game **Flugzeit** *f* flight time **Flugzettel** *m* ÖSTERR leaflet

Flugzeug <-[e]s, -e> *nt* [aero]plane BRIT, [air]plane AM; **einmotoriges/zweimotoriges/dreimotoriges ~** single/twin/three engine[d] [aero]plane; **im ~** in an/the aeroplane; **mit dem ~** by [aero]plane

Flugzeugabsturz *m* plane [*or* BRIT air] crash **Flugzeugantennenfehler** *m* aeroplane effect **Flugzeugbau** *m kein pl* aircraft construction **Flugzeugbauer(in)** *m(f)* (1) (*Firma*) aircraft manufacturer (2) (*Person*) aircraft engineer [*or* builder] **Flugzeugbesatzung** *f* flight [*or* air] crew **Flugzeugdüngung** *f* airplane fertilizing **Flugzeugentführer(in)** *m(f)* [aircraft] hijacker **Flugzeugentführung** *f* [aircraft] hijacking **Flugzeugerkennung** *f* aircraft recognition and identification **Flugzeugfabrik** *f* aircraft factory, aircraft construction works *pl* **Flugzeugführer(in)** *m(f)* [aircraft] pilot **Flugzeughalle** *f* hangar **Flugzeugindustrie** *f* aircraft industry **Flugzeugkanzel** *f* cockpit **Flugzeugkaskoversicherung** *f* aircraft hull insurance **Flugzeugkatastrophe** *f* air disaster **Flugzeugkonstrukteur(in)** *m(f)* aircraft designer **Flugzeugladung** *f* aircraft cargo **Flugzeuglärmbekämpfung** *f* aircraft noise abatement **Flugzeugmechaniker(in)** *m(f) im Flugzeug* aircraft mechanic; *am Boden* ground mechanic **Flugzeugmodell** *nt* model aircraft [*or* plane] **Flugzeugmotor** *m* aero-engine, aircraft engine **Flugzeugträger** *m* aircraft carrier **Flugzeugtreibstoff** *m* aircraft fuel **Flugzeugtyp** *m* model of aircraft **Flugzeugunglück** *nt* plane [*or* BRIT air] crash **Flugzeugwart** *m* aircraft mechanic **Flugzeugwrack** *nt* aircraft wreckage *no pl*

Flugziel *nt* [flight] destination **Flugzustand** *m* flying condition

Fluidum <-s, Fluida> *nt Stadt, Ort* atmosphere; *Person* aura

Fluktuation <-, -en> *f* (*geh*) fluctuation; **die ~ der Mitarbeiter** the turnover of staff

Fluktuationsarbeitslosigkeit *f kein pl* ÖKON frictional unemployment **Fluktuationskosten** *pl* FIN fluctuation costs

Fluktuieren *nt* fluctuation

fluktuieren* *vi* (*geh*) to fluctuate; ***die Zahl der Beschäftigten fluktuiert sehr stark*** there is a very high turnover of employees

Flunder <-, -n> *f* (*Fisch*) flounder ▶ WENDUNGEN: **platt wie eine ~ sein** (*fam*) to be [completely] flabbergasted *fam*

Flunkerei <-, -en> *f* (*fam*) (1) *kein pl* (*das Flunkern*) fibbing *fam* (2) (*kleine Lüge*) fib *fam*

flunkern *vi* (*fam*) to fib *fam*

Flunsch <-[e]s, -e> *m* (*fam*) pout; **einen ~ ziehen/machen** to pout

Fluor <-s> *nt kein pl* fluorine

Fluorchlorkohlenwasserstoff [kloːɐ] *m* chlorofluorocarbon, CFC

Fluoreszenz <-> *f kein pl* fluorescence

fluoreszieren* *vi* to fluoresce

fluoreszierend *adj* fluorescent

Fluorgel *nt* fluoric gel

Fluorid <-[e]s, -e> *nt* fluoride

Fluorkohlenwasserstoff *m* flurocarbon **Fluorlack** *m* fluoric varnish **Fluortablette** *f* fluoric tablet

Flur¹ <-[e]s, -e> *m* corridor; (*Hausflur*) entrance hall

Flur² <-, -en> *f* (1) (*im Bebauungsplan festgelegtes Gebiet*) plot (2) (*geh: freies Land*) open fields *pl;* **durch Feld, Wald und ~ schweifen** to roam the open countryside ▶ WENDUNGEN: **allein auf weiter ~ sein** to be [all] on one's tod BRIT, fam; **mit etw** *dat* **allein auf weiter ~ stehen** to be all on one's own with sth

Flurbereinigung *f* land consolidation, reallocation of agricultural land **Flurbuch** *nt* cadastral survey register **Flurhüter** *m s.* **Feldhüter** **Flurname** *m*

plot name **Flurschaden** *m* damage to [fields and] crops

Fluse <-, -n> *f* TYPO piece of fluff

flusenfrei *adj* **~es Schneiden** TYPO fluff-free cutting

FlussRR <-es, Flüsse> *m*, **Fluß** <-sses, Flüsse> *m* (1) (*Wasserlauf*) river; **den ~ aufwärts/abwärts fahren** to travel upriver/downriver [*or* upstream/downstream]; **jdn/etw über den ~ setzen** to ferry sb/sth across the river; **am ~** next to the river (2) (*kontinuierlicher Verlauf*) flow; **Verkehrs~** flow of traffic; **sich im ~ befinden** to be in a state of flux; **etw [wieder] in ~ bringen** to get sth going [again]; **[wieder] in ~ kommen, geraten** to get going [again]; **[noch] im ~ sein** (*sich verändern*) to be [still] in a state of flux; (*im Gange sein*) to be in progress

flussab(wärts)RR *adv* downriver, downstream **FlussarmRR** *m* arm [*or* branch] of a river **flussaufwärtsRR** *adv* upriver, upstream **FlussbarschRR** *m* ZOOL common [*or* river] perch **FlussbeckenRR** *nt* river basin **FlussbegradigungRR** *f* river straightening [*or* channelization] **FlussbettRR** *nt* riverbed **FlussbiegungRR** *f* bend in a/the river

FlüsschenRR <-s, -> *nt dim von* **Fluss 1** stream

FlussdampferRR *m* steamboat, steamer **FlussdeltaRR** *nt* delta **FlussdiagrammRR** *nt* flow chart, flow diagram **FlussebeneRR** *f* flood plain **FlussfischRR** *m* freshwater fish **FlussgabelungRR** *f* bifurcation **FlusshafenRR** *m* river [*or* close] port **FlusshechtRR** *m* ZOOL northern pike

flüssig I. *adj* (1) (*nicht fest*) liquid; **~es Glas** molten glass; **~er Stahl** molten steel; **etw ~ machen** to melt sth; **~ werden** to melt (2) (*fließend*) flowing; **ein ~er Stil** a flowing [*or* fluid] style; **~er Verkehr** moving traffic (3) FIN (*fam*) liquid; **[nicht] ~ sein** [not] to have a lot of money **II.** *adv* flowingly; **~ lesen** to read effortlessly; **etw ~ machen** (*fam*) to mobilize sth; **~ sprechen** to speak fluently; **~ Französisch sprechen** to speak fluent French

Flüssigei *nt* egg mixture **Flüssigerdgas** *nt* liquid natural gas **Flüssiggas** *nt* liquid gas

Flüssigkeit <-, -en> *f* (1) (*flüssiger Stoff*) liquid, fluid (2) *kein pl* (*fließende Beschaffenheit*) liquidity, liquidness; *Rede, Sprache* fluency

Flüssigkeitsbremse *f* hydraulic brake **Flüssigkeitsersatz** *m* substitute for fluids **Flüssigkeitsmaß** *nt* fluid [*or* liquid] measure **Flüssigkeitsmenge** *f* amount of fluid [*or* liquid] **Flüssigkeitsthermometer** *nt* liquid thermometer

Flüssigkleber *m* liquid adhesive **Flüssigkristall** *m* liquid crystal **Flüssigkristallanzeige** *f* liquid crystal display, LCD **Flüssigkristallbildschirm** *m* liquid crystal display, LCD **Flüssigkristallbrille** *f* LCD-goggles *npl*

flüssig|machen *vt* (*fam*) *s.* **flüssig II**

Flüssig-Make-up *nt* liquid make-up **Flüssigseife** *f* liquid soap **Flüssigwaschmittel** *nt* liquid detergent

FlusskraftwerkRR *nt* power station by a river **FlusskrebsRR** *m* crayfish **FlusslandschaftRR** *f* (1) (*Gebiet*) riverside [area] (2) (*Bild*) riverside scene **FlusslaufRR** *m* course of a river **FlussmündungRR** *f* river mouth **FlussnetzRR** *nt* river system, network of rivers **FlussneunaugeRR** *nt* ZOOL lamprey **FlussniederungRR** *f* fluvial plain **FlusspferdRR** *nt* hippopotamus **FlussregulierungRR** *f* river control **FlusssandRR** *m* river-sand **FlussschiffRR** *nt* river boat **Flussschiffahrt** *f s.* Flussschifffahrt **FlussschifffahrtRR** *f* river navigation, shipping traffic **FlussseeschwalbeRR** *f* ORN common tern **FlussspatRR** *m* fluorite, fluorspar **FlussübergangRR** *m* (1) (*Überquerung*) river crossing (2) (*Furt*) ford **FlussuferRR** *nt* river bank

flüstern I. *vi* to whisper; **miteinander ~** to whisper to one another; **sich ~d unterhalten** to talk in whispers [to one another]; (*fig poet*) **II.** *vt* (1) (*sehr leise sprechen*) ■**etw ~** to whisper sth (2) (*munkeln, sich erzählen*) ■**man flüstert [*o* es wird geflüstert], dass ...** it is whispered that ..., rumour [*or* AM -or] [*or* word] has it that ... ► WENDUNGEN: **das kann ich dir ~!** (*fam: darauf kannst du dich verlassen*) that's a promise!; (*na und ob!*) you bet!; **jdm [et]was flüstern** (*fam*) to give sb a good talking-to; ***dem werde ich was ~!*** I'll give him a piece of my mind!

Flüsterpropaganda *f* underground propaganda **Flüsterstimme** *f* whispered voice; **mit [leiser] ~** in a [soft] whisper **Flüsterton** *m* whisper; **im ~** in whispers **Flüstertüte** *f* (*hum fam*) megaphone

Flut <-, -en> *f* (1) (*angestiegener Wasserstand*) high tide; (*ansteigender Wasserstand*) incoming tide; **die ~ geht zurück** the tide is going out; **es ist [*o* herrscht] ~** the tide's in; **die ~ kommt [*o* steigt]** the tide is coming in; **bei ~** at high tide; *s. a.* **Ebbe** (2) *meist pl* (*geh: Wassermassen*) torrent; **sich in die [kühlen] ~en stürzen** (*hum geh*) to jump in the water (3) (*große Menge*) ■**eine ~ von etw** *dat* a flood of sth

fluten I. *vi sein* (*geh*) **über die Dämme/in den Keller ~** to flood the banks/cellar **II.** *vt haben* ■**etw ~** to flood sth

Flutkatastrophe *f* flood disaster **Flutlicht** *nt kein pl* floodlight **Flutlichtanlage** *f* floodlights *pl;* **die ~ anschalten** to turn on the floodlights

flutschen I. *vi sein* (*fam: rutschen*) ■**[aus der Hand/ins Wasser] ~** to slip [out of one's hand/into the water] **II.** *vi impers haben o sein* (*fam*) to go smoothly

Flutwelle *f* tidal wave

fluvial *adj* GEOL fluvial

Fly-and-driveRR, fly and drive [flaɪən'draɪv] *nt* fly-and-drive [holiday]

Flyer <-s, -> ['flajɐ] *m* flyer

fob HANDEL *Abk von* **free on board** f.o.b.; **~ Hamburg** f.o.b. Hamburg

fob-Kalkulation *f* HANDEL f.o.b. calculations *pl* **fob-Klausel** *f* HANDEL f.o.b. clause **fob-Lieferung** *f* HANDEL f.o.b. delivery **fob-Preis** *m* HANDEL f.o.b. price

Fock <-, -en> *f* NAUT foresail

Fockmast *m* foremast **Focksegel** *nt* NAUT foresail

föderal *adj s.* **föderativ** federal

Föderalismus <-> *m kein pl* federalism *no pl*

föderalistisch *adj* federalist

Föderation <-, -en> *f* federation

föderativ *adj* federative, federal

fohlen *vi* to foal

Fohlen <-s, -> *nt* foal; (*männlich a.*) colt; (*weiblich a.*) filly

Föhn <-[e]s, -e> *m* (1) (*Wind*) föhn [*or* foehn]; **bei ~** during a föhn wind (2) (*Haartrockner*) hair-dryer [*or* drier]

föhnenRR *vt* **[jdm/sich] die Haare ~** to dry [sb's/one's] hair with a hair drier [*or* dryer], to blow-dry [sb's/one's] hair

FöhnfestigerRR *m* setting [*or* styling] lotion [*or* AM gel] **FöhnfrisurRR** *f* blow-dry style

föhnig *adj* ■**es ist ~** there is a föhn [*or* foehn]

Föhre <-, -n> *f* DIAL pine tree

Fokus <-, -se> *m* focus

Folge <-, -n> *f* (1) (*Auswirkung*) consequence; **für die ~n aufkommen** to suffer [*or* take] the consequences; **ohne ~n bleiben** to have no [negative] consequences; **nicht ohne ~n bleiben** not to be without consequences, to have repercussions; **etw zur ~ haben** to result in sth; **an den ~n einer S.** *gen* **sterben, den ~n einer S.** *gen* **erliegen** (*geh*) to die as a result of sth; **böse/unangenehme ~n nach sich ziehen** to have nasty/unpleasant consequences; **als ~ von etw** *dat* as a consequence/result of sth (2) (*Abfolge*) series; *von Bildern, Tönen a.* sequence; **in rascher ~** in quick succession (3) (*Teil einer TV-/Radio-Serie*) episode; **ein Spielfilm in drei ~n** a film in three parts (4) (*geh: einer Aufforderung nachkommen*) **einer S.** *dat* **~ leisten** to comply with sth; **einer Einladung ~ leisten** to accept an invitation; **einer Vorladung ~ leisten** to answer a summons (5) (*im weiteren*) **in der [*o* für die] ~** subsequently

Folgeauftrag *m* HANDEL follow-up order **Folgebedarf** *m kein pl* ÖKON following demand **Folgebescheid** *m* FIN follow-up notice **Folgeerscheinung** *f* consequence **Folgegeschäft** *nt* FIN follow-up deal [*or* transaction] **Folgeinvestition** *f meist pl* FIN follow-up investment **Folgekosten** *pl* FIN follow-up [*or* resulting] costs *pl* **Folgelasten** *pl* resulting [*or* consequential] costs **Folgeminute** *f* TELEK ensuing [*or* following] minute **Folgemission** *f* MIL follow-up mission

folgen *vi* (1) *sein* (*nachgehen/-fahren*) ■**jdm/etw ~** to follow sb/sth; **~ *Sie mir unauffällig!*** follow me quietly (2) *sein* (*als nächstes kommen*) ■**[auf etw/jdn] ~** to follow [sth/sb]; ***es folgt die Ziehung der Lottozahlen*** the lottery draw will follow; ■**auf etw** *akk* **~** to come after sth; **wie folgt** as follows; ***wir werden wie folgt vorgehen*** we will proceed as follows (3) *haben* (*gehorchen*) ■**[jdm] ~** to be obedient [to sb]; **einer Anordnung/einem Befehl ~** to follow [*or* obey] an order (4) *sein* (*verstehen*) ■**jdm ~** to follow sb; **jdm/einer S. ~ können** to be able to follow sb/sth (5) *sein* (*sich richten nach*) ■**einer S.** *dat* **~** to follow sth; **jds Kurs/einer Politik ~** to follow sb's line/pursue a policy; **einem Vorschlag ~** to act on a suggestion (6) *sein* (*hervorgehen*) ■**es folgt, dass ...** it follows that; ■**aus etw folgt, dass ...** the consequences of sth are that...

Folgenbeseitigung *f* (*form*) elimination of consequential effects **Folgenbeseitigungsanspruch** *m* JUR claim to remedial action

folgend *adj* following; ***weitere Angaben entnehmen Sie bitte den ~en Erklärungen*** for further information please refer to the following explanations; ■**F~es** the following; ■**im F~en** in the following [speech/text]

folgendermaßen *adv* as follows **folgenderweise** *adv* as follows, like this

folgenlos *adj pred* without consequence; **~ bleiben** not to have any consequences [*or* repercussions]; **nicht ~ bleiben** to have consequences [*or* repercussions] **folgenreich** *adj* momentous; **eine ~e Entscheidung** a momentous decision **folgenschwer** *adj* serious; **eine ~e Entscheidung treffen** to make a momentous decision

Folgeprämie *f* ÖKON renewal premium **Folgeprodukt** *nt* follow-up product **Folgeprovision** *f* FIN (*bei Versicherung*) instalment [*or* AM -ll-] commission **Folgerecht** *nt* JUR droit de suite **folgerichtig** *adj* logical **Folgerichtigkeit** *f* logical consistency; (*einer Handlung*) consistency

folgern I. *vt* ■**etw [aus etw** *dat*] **~** to conclude sth [from sth]; ■**[aus etw** *dat*] **~, dass ...** to conclude [from sth] that ... **II.** *vi* to draw a conclusion [*or* conclusions]; **vorschnell ~** to jump to conclusions

Folgerung <-, -en> *f* conclusion; **eine ~ aus etw** *dat* **ziehen** to draw a conclusion from sth

Folgesachen *pl* JUR ancillary proceedings **Folgesatz** *m* consecutive clause **Folgeschaden** *m* JUR consequential damage [*or* loss] **Folgeschreiben** *nt* ADMIN follow-up letter **Folgevertrag** *m* JUR follow-up contract **folgewidrig** *adj* (*geh*) illogical; *Verhalten* inconsistent **Folgezeit** *f* (*Zukunft*) future; (*darauf folgende Zeit*) following period; **für die ~** for the future; **in der ~** (*in der Zukunft*) in [the] future; (*in der darauf folgenden Zeit*) afterwards

folglich *adv* therefore, consequently

folgsam *adj* obedient

Folgsamkeit <-> *f kein pl* obedience *no pl*

Foliant <-en, -en> *m* tome

Folie <-, -n> ['fo:liə] *f* (1) (*Plastikfolie*) [plastic] film; (*Metallfolie*) foil; **Kartoffeln/Fisch in der ~** potatoes/fish baked in foil (2) (*Projektorfolie*) [projector] slide (3) (*geh: geistiger Hintergrund*) backdrop

Folienbeschichtung *f* foil coating **Folienkaschierung** *f* film [*or* foil] laminating **Folienprägung** *f* foil stamping **Folienschweißgerät** [liən] *nt* sealing device **Folientastatur** *f* INFORM touch pad

Folio <-s, -s *o* Folien> [*pl* -liən] *nt* folio

Folklore <-> *f kein pl* folklore; (*folkloristische Tänze, Lieder etc.*) folk dance/songs etc.

folkloristisch *adj* folkloristic [*or* folklorist]

Folksänger(in) ['fo:k] *m(f)* folk singer **Folksong** *m* folk song

Follikel <-s, -> *m* follicle

Follikelsprung *m* ovulation

Folsäure *f kein pl* folic acid, folacin

Folter <-, -n> *f* torture; **die reinste ~ sein** (*fig*) to be sheer torture *fig;* [**bei jdm**] **die ~ anwenden** to use torture [on sb] ▸ WENDUNGEN: **jdn auf die ~ spannen** to keep sb on tenterhooks

Folterbank <-bänke> *f* rack

Folterer, Folterin <-s, -> *m, f* torturer

Folterinstrument *nt* instrument of torture **Folterkammer** *f* torture chamber **Folterkeller** *m* torture chamber [in a cellar] **Folterknecht** *m* torturer **Foltermethode** *f* method of torture

foltern I. *vt* **jdn ~** to torture sb **II.** *vi* to use torture

Folteropfer *nt* victim of torture

Folterung <-, -en> *f* ① *kein pl* (*das Foltern*) torture *no pl* ② (*das Gefoltertwerden*) torture *no pl*

Folterwerkzeug *nt* instrument of torture

Fon *nt* (*fam*) *kurz für* **Telefon** phone

Fon[RR] <-s, -s *o nach Zahlenangabe* -> *nt s.* **Phon**

Fön®, **Föhn**[RR] <-[e]s, -e> *m* hair-dryer [*or* drier]

Fond <-s, -s> [fõ:] *m* ① (*Hintergrund*) background ② (*Untergrund bei Stoffen*) base, background ③ (*Fleischsaft*) meat juice ④ AUTO (*geh*) rear compartment

Fonds <-, -> [fõ:] *m* ① FIN (*Geldreserve für bestimmten Zweck*) fund; (*Kapital*) funds *pl* ② (*geh: geistiger Grundstock*) wealth; **ein ~ an Erfahrung** a wealth of experience

Fondsertrag *m* FIN income of a fund **Fondsgesellschaft** *f* FIN investment company **Fondsmanager(in)** *m(f)* ÖKON, BÖRSE fund manager **Fondstyp** [fõ-] *m* FIN type of fund

Fondue <-s, -s> [fõ'dy:] *nt* fondue

Fonem[RR] <-s, -e> *nt s.* **Phonem**

fönen *vt s.* **föhnen**

Fonetik[RR] <-> *f s.* **Phonetik**

fonetisch[RR] *adj s.* **phonetisch**

Fönlotion *f* blow-drying lotion

Fonologie[RR] <-> *f s.* **Phonologie**

fonologisch[RR] *adj s.* **phonologisch**

Fonotypist[RR]**(in)** <-en, -en> *m(f) s.* **Phonotypist**

Fonotypistin[RR] <-, -nen> *f fem form von* **Phototypistin**

Font <-s, -s> *m* INFORM fount, font AM

Fontäne <-, -n> *f* fountain

Fontanelle <-, -n> *f* fontanel[le]

foppen *vt* (*fam*) **jdn** [**mit etw** *dat*] **~** to pull sb's leg [about sth] *fam*

Fora *pl von* **Forum**

Force majeure <- -> [fɔrsma'ʒœ:r] *f* JUR (*höhere Gewalt*) force majeure

forcieren* [-'si:-] *vt* (*geh*) **etw ~** to push ahead with sth; **den Export/die Produktion ~** to boost exports/production

forciert [-'si:-] *adj* (*geh*) forced

Förde <-, -n> *f* firth

Förderanlage *f* conveyor **Förderband** <-bänder> *nt* conveyor belt

Förderer, Förderin <-s, -> *m, f* sponsor

förderfähig *adj* FIN subsidizable

Fördergebiet *nt* POL development area **Fördergelder** *pl* ADMIN development funds **Förderklasse** *f* SCH special class **Förderkorb** *m* hoisting cage **Förderkosten** *pl* development costs *pl;* BERGB hauling [*or* winning] costs *pl* **Förderkreis** *m* sponsors' association, support group **Förderkurs** *m* SCH remedial course; (*für Schüler*) special classes *pl* **Förderland** *nt* (*im Bergbau*) coal producing country; (*für Ölförderung*) oil producing country **Förderleistung** *f* BERGB ① (*Ertrag*) yield ② (*Kapazität*) *einer Transportanlage* carrying capacity ③ (*Produktion*) production

förderlich *adj* useful; **einer S.** *dat* **~ sein** to be useful [*or* good] for sth

Fördermaschine *f* hoist **Fördermenge** *f* BERGB output **Fördermittel** *pl* means of conveyance, promotional funds *pl*

fordern I. *vt* ① (*verlangen*) **etw** [**von jdm**] **~** to demand sth [from sb] ② (*erfordern*) **etw** [**von jdm**] **~** to require sth [of [*or* from] sb] ③ (*kosten*) **etw ~** to claim sth; ***der Flugzeugabsturz forderte 123 Menschenleben*** the [aero]plane crash claimed 123 lives ④ (*Leistung abverlangen*) **jdn/ein Tier ~** to make demands on sb/an animal ⑤ (*herausfordern*) **jdn** [**zu etw** *dat*] **~** to challenge sb [to sth]; **jdn zum Duell/Kampf ~** to challenge sb to a duel/fight **II.** *vi* (*verlangen*) to make demands; [**von jdm**] **~, dass ...** to demand [of sb] that ...; **mit allem Nachdruck ~, dass ...** to insist that ...

fördern *vt* ① (*unterstützen*) **etw ~** to support sth; **den Handel ~** to promote trade; **jds Karriere/Talent ~** to further sb's career/talent; **jdn ~** *Gönner, Förderer* to sponsor sb; *Eltern, Verwandte* to support sb ② (*förderlich sein*) **etw ~** to help sth along; MED to stimulate; **den Stoffwechsel/die Verdauung ~** to aid the metabolism/digestion ③ (*steigern*) **etw ~** to promote sth; **die Konjunktur/den Umsatz ~** to boost the economy/turnover ④ (*aus der Tiefe abbauen*) **etw ~** to mine for sth; **Erdöl ~** to drill for oil

fordernd I. *adj* overbearing, domineering *fam* **II.** *adv* in a domineering [*or* an overbearing] manner *pred*

Förderniveau *nt* BERGB production level **Förderpreis** *m* promotion prize **Förderprogramm** *nt* ÖKON development [*or* promotion] programme [*or* AM -am] **Förderschacht** *m* winding shaft **Förderseil** *nt* winding cable [*or* rope] **Förderstufe** *f* transition stage (*from junior to senior school*) **Förderturm** *m* winding tower

Forderung <-, -en> *f* ① (*nachdrücklicher Wunsch*) demand; **jds ~ erfüllen** to meet sb's demands; **einer ~ nachkommen** to act as requested; **eine ~/~en nach etw** *dat* **erheben** to demand sth; **~en** [**an jdn**] **haben** to demand sth [of sb]; **~en** [**an jdn/etw**] **stellen** to make demands [on sb/sth] ② ÖKON, JUR (*Anspruch*) claim, debt [claim [*or* due]]; **ausstehende ~en** active debts; **unpfändbare ~** ungarnishable third-party debts; **eine ~ anmelden/abtreten** to file/to assign a claim; **eine ~ einklagen** [*o* **eintreiben**] to sue for a debt; **~en** [**an jdn**] **haben** to have claims against sb; **eine ~ regulieren/zurückweisen** to settle/to repudiate a claim ③ (*Erfordernis*) requirement ④ (*hist: Herausforderung zum Duell*) challenge to a duel

Förderung <-, -en> *f* ① (*Unterstützung*) promotion, support ② (*das Fördern*) promotion ③ MED (*Anregung*) stimulation ④ BERGB mining; **die ~ von Erdöl** drilling for oil

Forderungsabtretung *f* JUR assignment of a claim [*or* debt] **forderungsberechtigt** *adj* entitled to assert a claim **Forderungsberechtigte(r)** *f(m) dekl wie adj* JUR rightful claimant **Forderungseinziehung** *f,* **Forderungseinzug** *m* FIN debt collection, collection of accounts receivables **Forderungsenteignung** *f* JUR entry of a claim **Forderungserlass**[RR] *m* JUR relinquishment of a claim

Förderungsgebiet *nt* POL development area

Forderungsgläubiger(in) *m(f)* FIN garnisher, creditor **Forderungskatalog** *m* catalogue [*or* AM -og] of demands [*or* requirements] **Forderungskauf** *m* JUR purchase of accounts receivable

Förderungsmaßnahmen *pl* assistance, supportive measures *pl* **Förderungsmittel** *pl* aid *no pl,* funds for financial support

Forderungspfandrecht *nt* JUR right of attachment **Forderungspfändung** *f* JUR attachment of debts, equitable garnishment; **eine ~ durchführen** to garnish

Förderungsprogramm *nt* aid [*or* financial support] programme [*or* AM -am]

Forderungssurrogat *nt* JUR substitute claim **Forderungsübergang** *m* JUR subrogation, assignment of a claim; **gesetzlicher ~** legal subrogation **Forderungsübertragung** *f* JUR assignment [*or* transfer] of a claim **Forderungsverletzung** *f* JUR breach of an obligation; **positive ~** breach of an obligation other than by delay or impossibility **Forderungsverzicht** *m* JUR remission [*or* waiver] of a claim **Forderungsverzichtsklausel** *f* JUR waiver clause

förderungswürdig *adj* worthy of aid [*or* financial support]

Förderunterricht *m kein pl* special tuition **Förderverein** *m* aid [*or* support] association

Förderwagen *m* BERGB mine car, tram

Forelle <-, -n> *f* trout

Forellenbarsch *m* black bass, moss bass AM **Forellenteich** *m* trout pond **Forellenzucht** *f* trout farming

Foren *pl von* **Forum**

forensisch *adj* forensic

forfaitieren* [fɔrfɛ'ti:rən] *vt* HANDEL **etw ~** to forfait sth

Forfaitierung <-, -en> [fɔrfɛ'ti:rʊŋ] *f* HANDEL forfaiting, non-recourse financing

Forfaitiervertrag *m* JUR forfaiting agreement

Forke <-, -n> *f* NORDD pitch fork

Form <-, -en> *f* ① (*äußere Gestalt*) shape; **etw in ~ bringen** to knock sth into shape; **eine bizarre/eigenwillige ~ haben** to have a bizarre/unconventional shape; **seine ~ verlieren** [*o* **aus der ~ geraten**] to lose shape ② *pl* (*Rundungen*) curves *pl* ③ (*Kunst~*) form ④ (*Substanz, Ausmaße*) **~ annehmen** to take shape; **allmählich/langsam ~ annehmen** to be slowly/gradually taking shape; **in ~ einer S.** *gen,* **in ~ von etw** *dat* in the form of sth ⑤ (*Art und Weise*) form; ***welche ~ der Zusammenarbeit schlagen Sie vor?*** what form of co-operation do you suggest?; **in mündlicher/schriftlicher ~** verbally/in writing ⑥ *pl* (*Manieren*) manners ⑦ (*fixierte Verhaltensweise*) conventions *pl;* **in aller ~** formally; **sich in aller ~ entschuldigen** to apologize formally, to make a formal apology; **um der ~ zu genügen** for form's sake, as a matter of form; **die ~ wahren** (*geh*) to remain polite; **der ~ wegen** [*o* **halber**] for form's sake, as a matter of form ⑧ (*Kondition*) form, shape *fam;* **in ~ bleiben/kommen** to stay in form/get into form, to stay in shape/get into shape *fam;* [**nicht**] **in ~ sein** to be out of shape *fam;* **in guter/schlechter ~** in good/bad shape *fam;* ***ich bin heute nicht gut in ~*** I'm not really on form today ⑨ (*Gussform*) mould, mold AM ⑩ (*Förmlichkeit*) form; **in der vom Gesetz vorgeschriebenen ~** in the manner specified by law; **~ der Geltendmachung/der Klage** form of claim/suit

formal I. *adj* ① (*die Gestaltung betreffend*) formal; **der ~e Aufbau eines Gedichts** the formal structure of a poem ② (*Formsache betreffend*) technical; ***der Antrag wurde aus rein ~en Gründen abgelehnt*** the application was refused for purely technical reasons **II.** *adv* ① (*der äußeren Gestaltung nach*) formally ② (*nach den Vorschriften*) formally, technically

Formalbeleidigung *f* JUR verbal insult

Formaldehyd <-s> *m kein pl* formaldehyde *no pl*

Formaleinwand *nt* JUR technical traverse, special exception **Formalerfordernisse** *pl* JUR formal requirements

Formalie <-, -n> [-liə] *f meist pl* formality

Formalismus[1] <-> *m kein pl* (*Überbetonung der Form*) formalism *no pl*

Formalismus[2] <-, -men> *m* (*Formalität*) formality

Formalität <-, -en> *f* ① (*Formsache*) formality; ***der Rest ist eine reine ~*** the rest is a pure formality ② JUR (*Vorschrift*) formality, form; **gerichtliche/gesetzliche ~en** forms of court/legal formalities; **die/alle ~en erledigen** to complete [*or* go through] the/all the formalities; **ohne ~en** summarily

formaljuristisch I. *adj* legalistic, technical **II.** *adv* by the letter of the law

Formalprüfung *f* JUR examination as to formal requirements

Format <-[e]s, -e> *nt* ① (*Größenverhältnis*) format; **im ~ DIN A 4** in A 4 format ② (*Bedeutung*) distinction; **ein Komponist/eine Komponistin**

F

von ~ a composer of distinction ❸ (*Niveau*) quality; **ein Politiker/eine Politikerin von** ~ a politician of stature; **internationales** ~ internatinal standing; [**kein**] ~ **haben** to have [no] class

Formatbogen *m* TYPO trimmed sheet **Formatbuch** *nt* TYPO dummy, sample binding [*or* volume]

formatieren* *vt* INFORM ■**etw** ~ to format sth; **eine Diskette/eine Festplatte/einen Text** ~ to format a disc/a hard disc/a text

Formatierung <-, -en> *f* INFORM formatting

Formatierungsprogramm *nt* INFORM formatter

Formation <-, -en> *f* ❶ (*Gruppierung*) formation; **geschlossene** ~ close formation; **in gestaffelter** ~ in staggered formation ❷ GEOL formation

Formationsspringen *nt* SPORT formation sky-diving

Formatpapier *nt* TYPO paper cut to size, sheet paper

formbar *adj* malleable

Formbarkeit <-> *f kein pl* (*a. fig*) malleability

formbeständig *adj* dimensionally stable **Formblatt** *nt* HANDEL form, blank **Formbügel** *m* shaped [clothes] hanger

Formel <-, -n> *f* ❶ (*Kürzel*) formula ❷ (*Wortlaut*) wording ❸ (*kurz gefasster Ausdruck*) set phrase; **etw auf eine einfache** ~ **bringen** to reduce sth to a simple formula

Formel-1-Pilot(in) *m(f)* Formula One driver **Formel-1-Rennen** *nt* Formula One racing **Formel-1-Wagen** *m* Formula One racing car

formelhaft I. *adj* stereotyped II. *adv* in a stereotyped manner; ~ **klingen** to sound stereotyped

Formelkram *m kein pl* (*pej fam*) stupid formulae [*or* formulas] *pl pej*

formell I. *adj* ❶ (*offiziell*) official; **eine ~e Stellungnahme** an official statement ❷ (*förmlich*) formal II. *adv* ❶ (*offiziell*) officially; **zu etw** *dat* ~ **Stellung nehmen** to comment officially on sth ❷ *s.* **formal 2**

Formelsammlung *f* MATH formulary **Formelsatz** *nt* TYPO composition of scientific formulae, maths setting

formen I. *vt* ❶ (*modellieren*) ■**etw** [**aus etw** *dat*] ~ to mould [*or* AM mold] sth [from sth]; **hübsch/wohl geformt** beautifully/well formed ❷ (*bilden*) ■**etw** ~ to form sth; **Sätze** ~ to form sentences ❸ (*prägen*) ■**jdn/etw** ~ to mould [*or* AM mold] sb/sth II. *vr* ■**sich** ~ to form

Formenlehre *f* ❶ LING morphology ❷ MUS musical form **formenreich** *adj* with a great variety of forms **Formenreichtum** *m* variety of forms **Formensinn** *m* sense of form

Formentera *nt* Formentera; *s. a.* **Sylt**

Former(in) <-s, -> *m(f)* TECH moulder, molder AM

Formerei <-, -en> *f* TECH moulding [*or* AM molding] shop

Formerfordernis *nt* JUR formal requirement, requisite of form **Formfehler** *m* ❶ (*Verstoß gegen formale Vorschriften*) irregularity; JUR formal defect ❷ (*Verstoß gegen Etikette*) breach of etiquette, faux pas **Formfreiheit** *f kein pl* JUR freedom of form **Formgebung** *f* design **formgerecht** *adj* JUR in due form; **form- und fristgerecht** in due form and time **Formhandelsgesellschaft** *f* HANDEL pro-forma trading company

formieren* I. *vr* ❶ (*sich ordnen*) ■**sich** [**zu etw** *dat*] ~ to form up [into sth] ❷ (*sich bilden/zusammentun*) ■**sich** ~ to form II. *vt* ■**etw** ~ to form sth; **eine Mannschaft** ~ SPORT to position the players of a team

Formierung <-, -en> *f* formation

Formkaufmann *m* JUR merchant by legal form

Formkrise *f* SPORT loss of form, slump AM

förmlich I. *adj* ❶ (*offiziell*) official, formal; **~e Bitte/Entschuldigung** an official/a formal request/apology ❷ (*steif, unpersönlich*) formal II. *adv* ❶ (*steif, unpersönlich*) formally ❷ (*geradezu*) really

Förmlichkeit <-, -en> *f* ❶ *kein pl* (*förmliche Art*) formality ❷ *meist pl* (*gesellschaftliche Umgangsformen*) formality *usu pl*

formlos *adj* ❶ (*gestaltlos*) formless; (*nur die äußere Gestalt betreffend*) shapeless ❷ (*zwanglos*) informal; **~e Begrüßung/Zeremonie** informal greeting/ceremony; ***schicken Sie uns einfach einen ~en Antrag*** just simply send us an informal application

Formlosigkeit <-> *f kein pl* ❶ (*Gestaltlosigkeit*) formlessness; (*nur der äußeren Gestalt*) shapelessness ❷ (*Zwanglosigkeit*) informality

Formmangel *m* JUR insufficiency of [*or* deficiency in] form **Formsache** *f* formality; **eine** [**reine**] ~ **sein** to be a [mere] formality **formschön** *adj* well-shaped, well-designed **Formschwäche** *f* ■**eine** ~ **haben** to be in [*or* on] poor form **formstabil** *adj* AUTO stiff **Formtief** *nt* low; **sich in einem** ~ **befinden** (*geh*), **ein** ~ **haben** to experience a low

Formular <-s, -e> *nt* form

Formulararbeitsvertrag *m* JUR model form of employment contract **Formulardruck** *m* business forms [*or* stationary] printing **Formularsteuerung** *f* form feed **Formularvertrag** *m* JUR standard[-form] contract

formulieren* I. *vt* ■**etw** ~ to formulate sth; ***... wenn ich es mal so ~ darf...*** if I might put it like that II. *vi* to express oneself

Formulierung <-, -en> *f* ❶ *kein pl* (*das Formulieren*) wording; ***kannst du mir mal bei der ~ dieses Briefes helfen?*** can you help me with the wording of this letter? ❷ (*textlicher Ausdruck*) formulation, phraseology; ***welche ~ würden Sie hier wählen?*** what phraseology would you choose here?

Formung <-, -en> *f kein pl* shaping; ~ **des Charakters/der Persönlichkeit** moulding [*or* AM molding] [*or* shaping] of the character/personality

formvollendet I. *adj* perfect[ly shaped] II. *adv* perfectly **Formvorschriften** *pl* JUR formal requirements **formwidrig** I. *adj* JUR *Verhalten, Vorgehen, Praktik* irregular, contrary to form *pred* II. *adv* incorrectly; **einen Vertrag** ~ **abfassen** to commit irregularities in preparing a contract; **sich** ~ **verhalten** to commit irregularities

forsch I. *adj* bold II. *adv* boldly, in a bold manner; ~ **daherreden** to waffle confidently; ~ **klingen** to sound bold

forschen *vi* ❶ (*Forschung betreiben*) to research, to conduct [*or* carry out] research ❷ (*suchen*) ■**nach jdm/etw** ~ to search for sb/sth; (*versuchen herauszufinden*) to investigate sb/sth

forschend I. *adj* inquiring II. *adv* inquiringly

Forscher(in) <-s, -> *m(f)* ❶ (*Wissenschaftler*) researcher ❷ (*Forschungsreisender*) explorer

Forscherdrang *m* urge to research **Forscherteam** *nt* research team, team of researchers

Forschheit <-> *f kein pl* boldness *no pl*

Forschung <-, -en> *f* ❶ *kein pl* (*die forschende Wissenschaft*) scientific research; **die moderne** ~ modern research ❷ (*Untersuchung*) research; ~ **und Lehre** research and teaching; **~en betreiben** to conduct [*or* carry out] research

Forschungsabteilung *f* research and development department, R & D department **Forschungsanstalt** *f* research institution **Forschungsarbeit** *f* ❶ (*Tätigkeit*) research [work] ❷ (*Veröffentlichung*) research paper **Forschungsauftrag** *m* research assignment **Forschungsbereich** *m s.* Forschungsgebiet **Forschungsbericht** *m* research report **Forschungsbudget** *nt* FIN research budget **Forschungseinrichtung** *f* research facility [*or* institution] **Forschungsergebnis** *nt* result of the research; **nach neuesten ~sen** according to the latest research **Forschungsfonds** *m* FIN research fund; **betrieblicher** ~ internal research fund **Forschungsgebiet** *nt* area of research **Forschungsgemeinschaft** *f* research council [*or* group] **Forschungsgruppe** *f* research group **Forschungsinstitut** *nt* research institute **Forschungsinvestitionen** *pl* FIN investments in research **Forschungskooperation** *f* cooperation on research **Forschungslabor** *nt* research laboratory **Forschungslaboratorium** *nt* research laboratory **Forschungsmethode** *f* research method **Forschungsminister(in)** *m(f)* Minister for Research BRIT, Research Secretary AM **Forschungsministerium** *nt* Ministry of Research and Development BRIT **Forschungsmittel** *pl* means for research **Forschungsmodul** *nt* research module **Forschungsökonomie** *f* ÖKON research funds management **Forschungsplattform** *f* RAUM research platform **Forschungsprogramm** *nt* research programme [*or* AM -am] **Forschungsprojekt** *nt* research project **Forschungsrakete** *f* research rocket **Forschungsreaktor** *m* research [*or* test] reactor **Forschungsreise** *f* expedition **Forschungsreisende(r)** *f(m) dekl wie adj* explorer **Forschungsrichtung** *f* branch of research **Forschungssatellit** *m* research satellite **Forschungsschiff** *nt* research vessel **Forschungssektor** *m* research sector **Forschungssemester** *nt* sabbatical term, sabbatical *fam* **Forschungsstation** *f* research station **Forschungsstätte** *f* research establishment **Forschungsstelle** *f* research post **Forschungsstipendium** *nt* research grant **Forschungsurlaub** *m* sabbatical leave **Forschungsvorhaben** *nt* research project **Forschungszentrum** *nt* research centre [*or* AM -er] **Forschungszweck** *m* purpose of the research **Forschungszweig** *m* branch of research

Forst <-[e]s, -e[n]> *m* [commercial] forest

Forstamt *nt* forestry office, forestry service AM **Forstamtschef(in)** *m(f)* head of a/the local forestry office; ***der Murrhardter*** ~ head of the Murrhardt Forestry Office **Forstarbeiter(in)** *m(f)* forest labourer **Forstaufseher(in)** *m(f)* forest attendant **Forstbeamte(r), -beamtin** *m, f* forestry official **Forstbewirtschaftung** *f* forestry *no pl, no indef art*

Förster(in) <-s, -> *m(f)* forester, forest warden

Försterei <-, -en> *f* forest warden's [*or* AM forest ranger's] lodge

Forstfrevel *m* JUR *offence against the forest laws* **Forsthaus** *nt* forester's house **Forstrecht** *nt kein pl* forest law **Forstrevier** *nt* forestry district **Forstschaden** *m* forest damage **Forstschädling** *m* forest pest **Forstverwaltung** *f* forest management **Forstwesen** *nt kein pl* forestry *no pl* **Forstwiderstand** *m* JUR obstruction of a forestry officer **Forstwirt(in)** *m(f)* forester **Forstwirtschaft** *f kein pl* forestry *no pl*, silviculture *no pl* **Forstwissenschaft** *f* forestry *no pl*, forest science **Forstwissenschaftler(in)** *m(f)* forestry scientist

Forsythie <-, -n> [fɔrˈzyːtsiə] *f* Forsythia

fort *adv* ❶ (*weg*) ***nur ~ von hier!*** (*geh*) let's get away!; (*verreist*) away; ***er wird noch eine Woche ~ sein*** he will be away for another week; ■~ **sein** DIAL (*nicht zu Hause*) to be gone ❷ (*weiter*) **und so** ~ and so on; **in einem** ~ constantly; ***gestern hat mein Telefon in einem ~ geklingelt*** my telephone rang non-stop yesterday

Fort <-s, -s> [foːɐ] *nt* fort

fortan *adv* (*geh*) from now on, henceforth *form*

fort|begeben* *vr irreg* (*geh*) ■**sich** [**von irgendwo**] ~ to depart [from somewhere] *form*, to leave [somewhere] **Fortbestand** *m kein pl* continued existence *no pl*, survival *no pl* **fort|bestehen*** *vi irreg* (*weiterhin bestehen*) to survive; (*andauern*) to continue **Fortbestehen** <-s> *nt kein pl* ÖKON continuance, continuation; ~ **des Erfüllungsanspruchs/des Zahlungsanspruchs** continuation of the claim to performance/for payment **fort|bewegen*** I. *vt* ■**etw** ~ to move sth, to convey sth II. *vr* ■**sich** ~ to move **Fortbewegung** *f kein pl* movement, locomotion **Fortbewegungsmittel** *nt* means of locomotion

fort|bilden *vt* ■**sich** ~ to take [*or* go on] [further] education courses, to take [*or* go on] [further] training courses; ■**jdn** ~ to provide sb with further education, to provide sb with further training

Fortbildung *f* further education; **berufliche** ~ advanced vocational training; **betriebliche** ~ inhouse

training
Fortbildungskonzept *nt* further education programme **Fortbildungskurs** *m* further education course; (*beruflich*) training course **Fortbildungskurs(us)** *m* [further] training course **Fortbildungslehrgang** *m* [re]training course **Fortbildungsseminar** *nt* further vocational training course

fort|bleiben *vi irreg sein* ■[**von irgendwo**] ~ to stay away [from sth [*or* somewhere]], to stay out [of sth] **Fortbleiben** <-s> *nt kein pl* absence **fort|bringen** *vt irreg* ■**jdn/etw** ~ ❶ (*wegbringen*) to take away sb/sth *sep;* (*zur Reparatur*) to take in sth *sep;* **einen Brief/ein Paket** ~ to post [*or esp* AM mail] a letter/a parcel ❷ (*bewegen*) to move sb/sth **Fortdauer** *f* continuation, continuance **fort|dauern** *vi* to continue **fortdauernd** I. *adj* continuous II. *adv* continuously, constantly **Fortdruck** *m* TYPO final [*or* production] run, production printing **Fortdruckbogen** *m* TYPO production sheet **fortdruckgerecht** *adj* TYPO ~**er Andruck** production-true print proof

forte *adv* ❶ MUS forte ❷ PHARM extra

fort|entwickeln* I. *vt* ■**etw** ~ to develop sth [further] II. *vr* ■**sich** ~ to develop [further] **Fortentwicklung** *f kein pl* development **fort|fahren** I. *vi* ❶ *sein* (*wegfahren*) to go [*or* drive] [away/off]; ***diesmal fahren wir im Urlaub nicht fort*** we're not going away on holiday this time ❷ *sein o haben* (*weiterreden*) to continue ❸ *sein o haben* (*weitermachen*) ■~, **etw zu tun** [*o* **mit etw** *dat* ~] to continue to do [*or* doing] sth, to keep [on] doing sth II. *vt haben* ■**jdn/etw** ~ to drive sb/sth away **Fortfall** *m* (*Wegfall*) discontinuation, ending **fort|fallen** *vi irreg sein* ■**etw fällt** [**für jdn**] **fort** sth does not apply [to sb] **fort|fliegen** *vi sein* to fly away **fort|führen** *vt* ❶ (*fortsetzen*) ■**etw** ~ to continue sth; **fortgeführter Anschaffungspreis** FIN unchanged purchase price ❷ (*wegführen*) ■**jdn** ~ to lead sb away **Fortführung** *f* continuation **Fortführungsinvestition** *f* going concern investment **Fortgang** *m kein pl* ❶ (*weiterer Verlauf*) continuation *no pl;* ***der ~ der Verhandlungen ist noch völlig offen*** it cannot yet be estimated how the negotiations will continue [*or* progress]; **seinen ~ nehmen** (*geh*) to progress ❷ (*Weggang*) departure **fort|geben** *vt irreg s.* **weggeben** **fort|gehen** *vi sein* to leave, to go away **fort|gelten** *vi* JUR to continue to be valid **Fortgeltung** *f* JUR continued validity **fortgeschritten** *adj* advanced; **im ~en Alter** at an advanced age; *s. a.* **Stunde** **Fortgeschrittene(r)** *f(m) dekl wie adj* advanced student **Fortgeschrittenenkurs(us)** *m* advanced course **fortgesetzt** *adj* constant **fort|jagen** I. *vt haben* ■**jdn/ein Tier** ~ to chase sb/an animal away II. *vi sein* to scarper BRIT *sl,* run away **fort|kommen** *vi sein* ❶ (*fam: wegkommen*) ■[**aus/von etw** *dat*] ~ to get out of/away from sth; ***mach, dass du fortkommst!*** (*fam*) get lost! *fam* ❷ (*abhanden kommen*) to go missing, to get lost ❸ (*beruflich vorankommen*) to get on **Fortkommen** *nt* progress, career [*or* professional] advancement; **jdn an jds ~ hindern** to hinder sb's career [*or* professional] advancement **fort|können** *vi irreg* to be able to go, to be able to leave; ***du kannst jetzt nicht fort, draußen gießt es in Strömen!*** you can't leave now, it's pouring down outside **fort|lassen** *vt irreg* ❶ (*weggehen lassen*) ■**jdn** ~ to let sb go ❷ (*weg-/auslassen*) ■**etw** ~ to leave sth out, to omit sth **fort|laufen** *vi irreg sein* to run away; **von zu Hause** ~ to run away from home; ■**jdm** ~ to go missing; ***uns ist unsere Katze fortgelaufen*** our cat has gone missing; (*verlassen*) to leave sb; ***ihm ist seine Frau fortgelaufen*** his wife has left him **fortlaufend** I. *adj* (*ständig wiederholt*) continual; (*ohne Unterbrechung*) continuous II. *adv* (*ständig*) constantly; (*in Serie*) consecutively **fort|leben** *vi* (*liter*) to live on; ■**in jdm/etw** ~ to live on in sb/sth **fort|loben** *vt* ■**jdn** ~ to get rid of sb by praising them **fort|müssen** *vi irreg* ❶ (*weggehen müssen*) to have to go [*or* leave] ❷ (*weggebracht werden müssen*) to have to go **fort|nehmen** *vt irreg* ■[**jdm**] **etw** ~ to take sth away [from sb]

fort|pflanzen *vr* ■**sich** ~ ❶ (*sich vermehren*) to reproduce ❷ (*sich verbreiten*) to spread

Fortpflanzung *f kein pl* reproduction *no pl*

fortpflanzungsfähig *adj* able to reproduce *pred,* capable of reproduction *pred;* **im ~en Alter sein** to be at an age where reproduction is possible **Fortpflanzungsfähigkeit** *f* capacity of reproduction, ability to reproduce, reproductiveness **Fortpflanzungsgeschwindigkeit** *f* PHYS velocity of propagation **Fortpflanzungsmedizin** *f* reproductive medicine **Fortpflanzungsorgan** *nt* (*geh*) reproductive organ **Fortpflanzungstechnologie** *f* reproductive technology **fortpflanzungsunfähig** *adj* incapable of reproduction *pred;* **~e Männer/Frauen** men who cannot have children/women who cannot conceive

fort|räumen *vt* ■**etw** ~ to clear away sth *sep*

fort|reißen *vt irreg* ■**jdn/etw mit sich** *dat* ~ to sweep away sb/sth *sep;* **sich von seinen Gefühlen ~ lassen** to allow oneself to get swept away by one's emotions **fort|rennen** *vi irreg sein* (*fam*) to run away **Fortsatz** *m* ANAT process **fort|schaffen** *vt* ■**jdn/etw** ~ to get rid of sb/sth **fort|scheren** *vr* (*veraltet fam*) ■**sich** [**von irgendwo**] ~ to clear off [from somewhere]; ***scher dich fort von hier!*** get lost! **fort|schicken** *vt* ■**jdn/etw** ~ to send sb/sth away **fort|schreiben** *vt irreg* ■**etw** ~ ❶ (*fortlaufend ergänzen*) to update sth ❷ (*weiterführen*) to continue sth **Fortschreibung** *f* ❶ (*das Ergänzen*) updating ❷ (*Weiterführung*) continuation **fort|schreiten** *vi irreg sein* to progress **fortschreitend** *adj* progressive

Fortschritt *m* ❶ (*Schritt nach vorn*) step forward; [**gute**] **~e machen** to make progress *no pl* ❷ (*Verbesserung*) improvement

fortschrittlich I. *adj* progressive II. *adv* progressively; **eine ~ eingestellte Person** a person with a progressive attitude, a forward-thinking person

Fortschrittlichkeit <-> *f kein pl* progressiveness

fortschrittsfeindlich *adj* anti-progressive, opposed to progress *pred* **Fortschrittsglaube** *m* belief in progress **fortschrittsgläubig** *adj* having belief in progress *pred*

fort|setzen I. *vt* ■**etw** ~ to continue [*or sep* carry on] sth II. *vr* (*zeitlich, räumlich*) ■**sich** ~ to continue, to carry on

Fortsetzung <-, -en> *f* ❶ *kein pl* (*das Fortsetzen*) continuation; ***die Zeugen wurden zur ~ der Gerichtsverhandlung in den Saal gerufen*** the witnesses were summoned to the courtroom for the continuation of the proceedings; **~ der mündlichen Verhandlung** JUR resumption of the hearing ❷ (*darauf folgender Teil*) **die ~ eines Buches/Films** the sequel to [*or* of] a book/film; **eine ~ einer Fernsehserie/eines Hörspiels** an episode of a television series/radio play; **„~ folgt"** "to be continued"; **ein Roman in drei ~en** a novel in three parts

Fortsetzungsbeschluss^{RR} *m* ÖKON decision to continue proceedings **Fortsetzungsgeschichte** *f* serial **Fortsetzungsklausel** *f* JUR **automatische ~** automatic renewal clause **Fortsetzungsreihe** *f* series **Fortsetzungsroman** *m* serialized novel **Fortsetzungsserie** *f* series

fort|stehlen *vr irreg* ■**sich** ~ to steal away; ***sie stahl sich leise fort*** she slipped away quietly

fort|tragen *vt irreg* ■**jdn/etw** ~ to carry away sb/sth *sep* **fort|treiben** *irreg* I. *vt haben* ❶ (*verjagen*) ■**jdn/ein Tier** ~ to chase sb/an animal away ❷ (*an einen anderen Ort treiben*) ■**jdn/etw** ~ to sweep sb/sth away; ***der Sturm hat das Boot fortgetrieben*** the storm swept the boat away II. *vi sein* to drift away

Fortuna <-> *f kein pl* Fortune

Fortüne <-> *f kein pl* (*geh*) [good] fortune [*or* luck]; **~ haben** to be lucky; **keine ~ haben** to be unlucky, to be out of luck

fortwährend I. *adj attr* constant II. *adv* constantly; ***bitte unterbrich mich nicht ~*** please don't keep interrupting me

fort|werfen *vt irreg* ■**etw** ~ to throw away sth *sep*

fort|wirken *vi* to continue to have an effect

fort|wollen *vi* ■[**aus/von etw** *dat*] ~ to want to leave [sth], to want to go [away from somewhere]

fort|ziehen *irreg* I. *vt haben* ■**jdn/etw** ~ to pull sb/sth away II. *vi sein* to move [away]

Forum <-s, Foren *o* Fora> *nt* ❶ (*Personenkreis*) audience; **vor einem ~ sprechen** to speak in front of an audience ❷ *pl* (*öffentliche Diskussion*) public discussion ❸ (*Ort für öffentliche Diskussion*) forum ❹ (*Platz in altrömischen Stätten*) forum; **das ~ Romanum** the Forum

Forumsdiskussion *f* forum discussion **Forumsgespräch** *nt* public discussion

fossil *adj attr* fossil

Fossil <-s, -ien> [*pl* -liən] *nt* ❶ (*Versteinerung*) fossil ❷ (*überalterte Person*) dinosaur

Föten *pl von* **Fötus**

Foto <-s, -s> *nt* photograph, photo *fam;* **ein ~ [von jdm/etw] machen** to take a photo [of sb/sth]

Fotoalbum *nt* photo album **Fotoamateur(in)** *m(f)* amateur photographer **Fotoapparat** *m* camera **Fotoarchiv** *nt* photo archives **Fotoartikel** *m* item of photographic equipment **Fotoatelier** *nt* photographic studio **Fotoausstellung** *f* exhibition of photography **Fotobiologie**^{RR} *f s.* **Photobiologie** **Foto-CD** *f* photo CD **Fotochemie**^{RR} *f s.* Photochemie **fotochemisch**^{RR} *adj s.* **photochemisch** **Fotodesign** *nt* photo design **Fotoecke** *f* mounts *pl* **Fotoeffekt**^{RR} *m* PHYS *s.* **Photoeffekt** **Fotoelektrizität** *f* photoelectricity **Fotoelement**^{RR} *nt s.* **Photoelement** **Fotofinish** [fɪnɪʃ] *nt* photo finish

fotogen *adj* photogenic

Fotograf(in) <-en, -en> *m(f)* photographer

Fotografie <-, -n> [*pl* -'fiːən] *f* ❶ *kein pl* (*Verfahren*) photography *no pl* ❷ (*Bild*) photograph

fotografieren* I. *vt* ■**jdn/etw** ~ to take a photograph/photographs of sb/sth; **sich [von jdm] ~ lassen** to have one's photograph taken [by sb] II. *vi* to take photographs

fotografisch I. *adj* photographic; **~e Effekte/Tricks** photographic effects/trick photography II. *adv* photographically; **etw ~ abbilden** [*o* **darstellen**] to illustrate sth with photographs

Fotohalbleiterschicht *f* TYPO photo semi-conductor coating **Fotoindustrie** *f* photographic industry **Fotokopie** *f* photocopy **fotokopieren*** *vt* (*geh*) ■**etw** ~ to photocopy sth **Fotokopierer** *m* (*fam*) photocopier, copier *fam* **Fotokopiergerät** *nt* photocopier **Fotolabor** *nt* photographic [processing] laboratory **Fotomaterial** *nt* photographic material **fotomechanisch** *adj* photomechanical **Fotomodell** *nt* photographic model **Fotomontage** *f* photo montage

Foton^{RR} <-s, -tonen> *nt s.* **Photon** **Fotopapier** *nt* photographic paper **Fotoreportage** *f* photo report **Fotoreporter(in)** *m(f)* press photographer **Fotosafari** *f* photographic safari **Fotosatz** *m* INFORM filmsetting, phototypesetting; *s. a.* **Filmsatz** **Fotosatzschrift** *f* photocomposition typeface, phototypesetting font **Fotosetzmaschine** *f* TYPO phototypesetting machine, phototypesetter **Foto-Shooting** <-s, -s> [-ʃuːtɪŋ] *nt* (*Fototermin*) photo call [*or* shoot] **Fotosphäre**^{RR} *f* ASTRON *s.* **Photosphäre** **Fotosynthese** *f* photosynthesis **Fototermin** *m* photo session

Fotothek <-, -en> *f* photographic library **Fotovoltaik**^{RR} <-> *f s.* **Photovoltaik**

Fotozeitschrift *f* photographic magazine

Fotozelle^{RR} *f s.* **Photozelle**

Fötus <-[ses], Föten *o* -se> *m* foetus BRIT, fetus AM

Fotze <-, -n> *f* (*vulg*) cunt *vulg*

Foul <-s, -s> [faul] *nt* foul; **ein ~ begehen** to commit a foul

Foulelfmeter ['faul-] *m* penalty

foulen ['faulən] I. *vt* ■**jdn** ~ to foul sb II. *vi* to foul

Foulspiel [faul-] *nt* SPORT foul play

Foxtrott <-s, -e *o* -s> *m* foxtrot

Foyer <-s, -s> [foa'jeː] *nt* foyer

FPÖ *f* ÖSTERR *Abk von* **Freiheitliche Partei Österreichs** Austrian Freedom Party

FPU *m* INFORM *Abk von* **Fließkommaprozessor** FPU

Fr. *Abk von* **Frau** Mrs, Ms (*feminist address*)

Fracht <-, -en> *f* ❶ (*Ladung*) cargo, freight; (*giftig, gefährlich*) load ❷ (*Beförderungspreis*) carriage, freight[age]; ~ **bezahlt Empfänger** freight forward; ~ **vorausbezahlt** carriage paid

FrachtabschlussRR *m* freight fixing **Frachtanspruch** *m* freight claim **Frachtaufseher(in)** *m(f)* cargo superintendant **Frachtausschuss**RR *m* freight bureau **Frachtbeförderung** *f* carriage of goods **Frachtbrief** *m* HANDEL bill of freight, consignment note **Frachtbuch** *nt* cargo book **Frachtbuchung** *f* freight booking **Frachtdampfer** *m* cargo boat [*or* vessel] **Frachtempfänger** *m* HANDEL consignee

Frachtenausgleich *m* ÖKON equalization of freight rates **Frachtenbahnhof** *m* ÖSTERR (*Güterbahnhof*) goods depot

Frachter <-s, -> *m* cargo boat [*or* ship], freighter

Frachtflug *m* cargo flight **Frachtflugzeug** *nt* cargo plane, air freighter **frachtfrei** **I.** *adj* HANDEL *Lieferung, Zustellung* carriage [pre]paid **II.** *adv* carriage [pre]paid [*or* free]; **etw ~ liefern** (*ohne Frachtkosten*) to deliver sth carriage free **Frachtführer(in)** *m(f)* HANDEL carrier, [vehicle] haulage contractor **Frachtgarantie** *f* HANDEL freight guarantee **Frachtgebühr** *f* HANDEL freight [*or* carriage] [charge] **Frachtgeld** *nt* carriage **Frachtgeschäft** *nt* HANDEL carriage [*or* freight] business **Frachtgewerbe** *nt* carrying trade **Frachtgut** *nt* freight **Frachtkahn** *m* barge **Frachtkonsortium** *nt* cargo syndicate **Frachtkosten** *pl* HANDEL freight charges, freightage, carriage; **Fracht- und Löschungskosten** freight and landing charges; **durchgehende/volle ~** through freight/full cargo; **etw in ~ nehmen** to freight sth **Frachtliste** *f* cargo list, tally **Frachtlohn** *m* cartage **Frachtluftfahrt** *f* air freight [*or* cargo] transport

Frachtmakler(in) *m(f)* freight broker **Frachtmaklergebühr** *f* freight brokerage **Frachtmaklergeschäft** *nt* freight broking **Frachtnachnahme** *f* HANDEL carriage forward **Frachtraum** *m* *Schiff* cargo hold; *Flugzeug* cargo compartment **Frachtraumzuteilung** *f* space allocation **Frachtrecht** *nt* JUR carriage of goods law **Frachtschiff** *nt* cargo boat; (*groß*) cargo ship, freighter; ~ **für Bulkladung** bulk carrier **Frachtschiffahrt** *f* *s.* Frachtschifffahrt **Frachtschifffahrt**RR *f* freight shipping **Frachtspediteur** *m* cargo agent **Frachtstück** *nt* piece of freight **Frachttarif** *m* freight rate **Frachttonne** *f* cargo ton **Frachttransportunternehmen** *nt* freight company [*or* forwarder], cargo shipper **Frachtverkehr** *m* goods traffic **Frachtvermerk** *m* freight clause **Frachtversender** *m* HANDEL consignor; (*auf See*) shipper **Frachtversicherer** *m* cargo underwriter **Frachtversicherung** *f* ÖKON freight [*or* cargo] insurance **Frachtversicherungspolice** *f* cargo policy **Frachtvertrag** *m* HANDEL freight contract, contract of carriage **Frachtzuschlag** *m* HANDEL primage, excess freight

Frack <-[e]s, Fräcke *o* -s> *m* tails *npl;* **einen ~ tragen** to wear tails; **im ~** in tails

Fracksausen <-s> *nt* ~ **haben/bekommen** (*fam*) to be/become scared stiff **Frackzwang** *nt* *kein pl* obligation to wear tails; ***es herrscht ~*** tails must be worn

Frage <-, -n> *f* ❶ (*zu beantwortende Äußerung*) question; **das ist die [große] ~!** that's the [sixty-four thousand dollar] question; **gute ~!** [that's a] [very] good question!; **eine ~ zu etw** *dat* **haben** to have a question about [*or* concerning] sth; **eine ~/~n [an jdn] haben** to have a question/questions [for sb]; **mit einer ~/mit ~n kommen** to come with a question/questions; **jdm eine ~ stellen** [*o* **eine ~ an jdn stellen**] [*o geh* **richten**] to ask sb a question, to put a question to sb ❷ (*Problem*) question, problem, issue; **das ist eine ~ des Anstandes/des Geldes/der Zeit** this is a question of decency/money/time; **keine ~** no problem; **ohne ~** without doubt; **etw steht** [*o* **ist**] **außer ~** [**für jdn**] there is no question [*or* doubt] about sth [as far as sb is concerned]; **die großen ~en unserer Zeit** the great issues of our time; **eine strittige ~** a contentious issue; **ungelöste ~en** unsolved issues; **~en aufwerfen** to prompt [*or* raise] questions ❸ (*Betracht*) [**für jdn/etw**] **in ~ kommen** to be worthy of consideration [for sb/sth]; ***für diese schwierige Aufgabe kommt nur eine Spezialistin/ein Spezialist in ~*** only an expert can be considered for this difficult task; [**für jdn/etw**] **nicht in ~ kommen** to be out of the question [for sb/sth]; [***das***] ***kommt nicht in ~!*** that's [completely] out of the question!; **es steht** [*o* **ist**] **außer ~, dass ...** there is no question [*or* doubt] that ... ▸ WENDUNGEN: **auf eine dumme ~ gibt es [immer] eine dumme Antwort** (*prov*) ask a silly question[, get a silly answer]

Fragebogen *m* questionnaire **Fragebogenaktion** *f* poll [using questionnaires], survey **Fragefürwort** *nt* LING interrogative pronoun

fragen **I.** *vi* ❶ (*eine Frage stellen*) to ask; ***da fragst du mich zuviel*** (*fam*) you've got me there *fam;* ***da müssen Sie woanders ~*** you'll have to ask someone else; ***man wird ja wohl noch ~ dürfen*** (*fam*) I was only asking; **ohne [lange] zu ~** without asking [a lot of] questions; **ohne nach etw** *dat* **zu ~** without bothering about the consequences of sth ❷ (*sich erkundigen*) ■**nach jdm ~** to ask for sb; ***hat während meiner Abwesenheit irgendwer nach mir gefragt?*** did anyone ask for me while I was away?; ■**nach etw** *dat* ~ to enquire [*or* ask] about sth; **nach der Uhrzeit ~** to ask the time; **nach dem Weg ~** to ask for directions; **nach jds Gesundheit ~** to enquire [*or* ask] about [*or* BRIT *a.* after] sb's health; ***dürfte ich Sie wohl nach Ihrem Alter/Beruf ~?*** may I enquire how old you are/what you do for a living?; ■**nicht nach etw** *dat* ~ to not be bothered about sth **II.** *vr* ■**sich ~, ob/wann/wie ...** to wonder whether/when/how ...; ■**es fragt sich, ob ...** it is doubtful whether ... **III.** *vt* ■[**jdn**] **etwas ~** to ask [sb] sth; ■**jdn ~, ob/wann/...** to ask sb whether/when ...

Fragepronomen *nt* interrogative pronoun **Fragerecht** *nt* JUR right to interrogate

Fragerei <-, -en> *f* (*pej*) questions *pl;* ***deine ~ geht mir auf die Nerven!*** your stupid questions get on my nerves!

Fragesatz *m* LING interrogative clause **Fragesteller(in)** <-s, -> *m(f)* questioner **Fragestellung** *f* ❶ (*Formulierung*) formulation of a question ❷ (*Problem*) problem **Fragestunde** *f* question time **Fragewort** *nt* LING interrogative particle **Fragezeichen** *nt* question mark; **ein ~ setzen** to write [*or* put] a question mark; **ein [dickes/großes] ~ hinter etw** *akk* **setzen** (*fig*) to call sth into question; **etw ist mit einem [dicken/großen] ~ versehen** (*fig*) a [big] question mark hangs over sth *fig*

fragil *adj* (*geh*) fragile

Fragilität <-> *f kein pl* (*geh*) fragility

fraglich *adj* ❶ (*fragwürdig*) **eine ~e Angelegenheit** a suspect matter ❷ (*unsicher*) doubtful; ***es ist ~, ob sie überhaupt noch kommen wird*** it's doubtful [*or* I doubt] whether she's going to come at all ❸ *attr* (*betreffend*) in question *pred;* **zur ~en Zeit** at the time in question

fraglos *adv* unquestionably, undoubtedly

Fragment <-[e]s, -e> *nt* fragment

fragmentarisch **I.** *adj* fragmentary **II.** *adv* in fragments

fragwürdig *adj* (*pej*) dubious, shady *fam*

Fragwürdigkeit <-, -en> *f* (*pej*) dubiousness, dubious nature

fraktal *adj* MATH fractal; **~e Geometrie** fractal geometry

Fraktion <-, -en> *f* ❶ POL parliamentary party [*or* BRIT *a.* group], congressional faction AM ❷ (*Sondergruppe*) faction *pej*

FraktionsausschussRR *m* parliamentary party committee **Fraktionsbeschluss**RR *m* resolution adopted by a parliamentary party **Fraktionsbildung** *f* formation of a parliamentary party **Fraktionschef(in)** *m(f)* *s.* Fraktionsvorsitzende(r) **Fraktionsführer(in)** *m(f)* *s.* Fraktionsvorsitzende(r) **Fraktionsgeschäftsführer(in)** *m(f)* secretary of a/the parliamentary party **fraktionslos** *adj* POL independent **Fraktionsmitglied** *nt* member of a parliamentary party **Fraktionsordnung** *f* parliamentary party rules **Fraktionssitzung** *f* parliamentary party meeting **Fraktionssprecher(in)** *m(f)* parliamentary party [*or* group] spokesperson [*or fem* spokeswoman] [*or masc* spokesman] **Fraktionsstärke** *f* ❶ (*Größe in Mitgliederzahlen*) party membership ❷ (*zur Parteibildung benötigte Mitgliederzahl*) *numerical strength required to form a parliamentary party* **Fraktionsstatus** *m* parliamentary party status **fraktionsübergreifend** *adj* all-party; **~e parlamentarische Initiative** all-party parliamentary initiative **Fraktionsversammlung** *f* *s.* Fraktionssitzung **Fraktionsvorsitzende(r)** *f(m)* *dekl wie adj* chairman [*or* leader] of a parliamentary party [*or* caucus] **Fraktionsvorstand** *m* parliamentary party [*or* group] executive **Fraktionszwang** *m* three-line whip BRIT (*obligation to vote according to parliamentary party policy*)**; Abstimmung ohne ~** free vote

Fraktur <-, -en> *f* ❶ TYPO Gothic type ❷ MED fracture ▸ WENDUNGEN: **mit jdm ~ reden** (*fam*) to talk straight to sb

Franc <-, -s *o bei Zahlenangabe* -> [frã:] *m* franc

Franchise <-, -n> ['frɛntʃaɪz] *f* franchise

Franchisebasis *f* ÖKON **etw auf ~ vergeben** to franchise sth **Franchisegeber(in)** *m(f)* HANDEL franchiser, franchisor **Franchisegebühr** *f* HANDEL franchise fee **Franchisegeschäft** *nt* HANDEL franchising **Franchisekonzept** *nt* ÖKON franchising concept **Franchisemakler(in)** *m(f)* FIN franchise broker **Franchisenehmer(in)** *m(f)* ÖKON franchisee **Franchiseprodukt** *nt* ÖKON franchised product **Franchisevertrag** *m* FIN franchise [*or* franchising] agreement

Franchising <-s> ['frɛntʃaɪzɪŋ] *nt kein pl* franchising

Francium <-s> *nt kein pl* francium *no pl*

frank *adv* frank; ~ **und frei antworten** to give a frank answer

Franken <-s, -> *m* franc

Frankfurt <-s> *nt* Frankfurt

Frankfurter <-, -> *f* Frankfurter [sausage]

Frankfurter-Kranz-Form *f* savarin tin

frankieren* *vt* ■**etw ~** to stamp sth; (*mit Frankiermaschine*) to frank sth; ***könnten Sie mir bitte diesen Brief ~?*** could you frank this letter for me?; ***„bitte mit 1 DM ~"*** "please put a one mark stamp on this"

Frankiermaschine *f* franking machine

Frankierung <-, -en> *f* ❶ (*das Frankieren*) franking ❷ (*Porto*) postage

Fränkin <-, -nen> *f fem form von* **Franke**

fränkisch *adj* Franconian, Frankish *hist;* **die F~e Alb** *scenic hilly area in Franconia;* **die F~e Schweiz** *natural park in Franconia*

franko *adv* ÖKON prepaid; ~ **Fracht und Zoll** carriage and duty prepaid

Frankobrief *m* free-paid letter

Frankokanadier(in) [-diɐ] *m(f)* French-Canadian **frankokanadisch** *adj* French-Canadian **frankophil** *adj* (*geh*) Francophile **Frankophilie** <-> *f kein pl* (*geh*) francophilia **frankophon** *adj* (*geh*) francophone

Frankopreis *m* charge prepaid by sender **Frankovermerk** *m* note of prepayment

Frankreich <-s> *nt* France; *s. a.* **Deutschland**

Franse <-, -n> *f* fringe

fransen *vi* to fray

fransig *adj* frayed

Franz *m* Francis

Franzbranntwein *m* alcoholic liniment BRIT, rubbing alcohol AM

Franziskaner(in) <-s, -> *m(f)* Franciscan

Franziskanerorden *m* Franciscan Order

Franzose¹ <-n, -n> *m* adjustable spanner

Franzose, Französin² <-n, -n> *m, f* Frenchman *masc,* Frenchwoman *fem;* ~ **sein** to be French [*or* from France]; ▪**die ~n** the French; *s. a.* **Deutsche(r)**

Franzosenkrankheit *f* (*veraltet*) French pox *old*

französisch *adj* ① (*Frankreich betreffend*) French; **~es Bett** double bed; *s. a.* **deutsch 1, Revolution** ② LING French; **die f~e Schweiz** French Switzerland; *s. a.* **deutsch 2** ③ (*sl: Oralsex betreffend*) **~er Verkehr** Frenching *sl,* oral sex; **es jdm ~ machen** *Mann* to give sb a blow job *vulg sl; Frau* to go down on sb *vulg sl* ▸ WENDUNGEN: **sich ~ empfehlen** [*o* **verabschieden**] to leave without saying goodbye

Französisch *nt dekl wie adj* ① LING French; *s. a.* **Deutsch 1** ② (*Fach*) French; *s. a.* **Deutsch 2** ▸ WENDUNGEN: **sich auf ~ empfehlen** [*o* **verabschieden**] to leave without saying goodbye

französischsprachig *adj* French-speaking

frappant *adj* (*geh*) frappant *form,* striking; **eine ~e Wendung nehmen** to take a surprising turn

Frappé <-s, -s> [fʀa'pe] *nt s.* **Frappee**

Frappee^RR <-s, -s> [fʀa'pe] *nt* SCHWEIZ milk shake

frappieren* *vt* ① (*geh: überraschen*) ▪**jdn ~** to amaze sb; (*stärker*) to stun sb ② KOCHK to cool sth rapidly with crushed ice

frappierend *adj* ① (*verblüffend*) amazing... ② *s.* **frappant**

Fräse <-, -n> *f* TECH mortising machine

fräsen *vt* ▪**etw ~** to mill sth; **Holz ~** to sink wood

Fräser <-s, -> *m* milling cutter

Fräser(in) <-s, -> *m(f)* milling worker

Fräsmaschine *f s.* **Fräse Fräsrand** *m* TYPO routing edge

Fraß <-es, *selten* -e> *m* ① (*pej fam: schlechtes Essen*) muck *fam;* **einem Tier jdn/etw zum ~ vorwerfen** to feed sb/sth to an animal ② (*Schaden durch Insekten*) damage by insects

fraternisieren* *vi* (*geh*) ▪**mit jdm ~** to fraternize with sb

Fraternisierung <-> *f kein pl* (*geh*) fraternization

Fratz <-es, -e *o* ÖSTERR -en, -en> *m* ① (*fam: niedliches Kind*) little sweetie [*or* cutie] ② *bes* ÖSTERR, SÜDD (*pej: lästiges Kind*) little brat

Fratze <-, -n> *f* ① (*ekelhaft hässliches Gesicht*) grotesque face ② (*pej sl: Typ*) [ugly] mug *pej sl* ③ (*Grimasse*) grimace; **[jdm] eine ~ schneiden** to pull a face [at sb]

frau *pron* one (*feminist alternative to the German masculine form man*); ***das sollte man/~ nicht so ernst nehmen*** it should not be taken so seriously

Frau <-, -en> *f* ① (*weiblicher Mensch*) woman; ***sie ist die ~ meines Lebens*** she's the woman of my dreams; **selbst ist die ~!** self-reliance is the thing!; **eine ~ schneller Entschlüsse/der Tat** a woman who is quick to decide/act; **junge ~!** young lady!; **Unsere Liebe ~** REL our Lady; **eine verheiratete ~** a married woman; **eine ~ von Format** a woman of stature; **eine ~ mit Grundsätzen** a woman with principles, a principled woman; **die ~ von heute** today's woman; **eine ~ von Welt** a woman of the world; **jdn zur ~ machen** (*fig*) to take sb's virginity; **zur ~ werden** to become a woman ② (*Ehefrau*) wife; ***darf ich vorstellen — meine ~!*** may I introduce my wife; **jds [ehemalige/zukünftige] ~** sb's [ex- [*or* former]/future] wife; **jdn zur ~ haben** to be married to sb; **jdn zur ~ nehmen** to take sb for one's wife; ***willst du meine ~ werden?*** will you be my wife? ③ (*Anrede*) Mrs, Ms (*feminist version of Mrs*); **~ Doktor** Doctor; **Ihre ~ Gemahlin** (*geh*) your lady wife BRIT *form;* **Ihre ~ Mutter** (*geh*) your mother; **gnädige ~** (*geh*) my dear lady *form;* **die gnädige ~** (*veraltend*) the lady of the house *dated*

Frauchen <-s, -> *nt* (*fam*) *dim von* **Frau** ① (*fam: Kosename*) wifie *fam* ② (*Haustierbesitzerin*) mistress; ***komm zu ~!*** come to your mistress

fraudulös *adj* JUR fraudulent

Frauenanteil *m* proportion of women **Frauenarbeit** *f* women's work; **schlecht bezahlte ~** poorly paid jobs for women **Frauenarzt, -ärztin** *m, f* gynaecologist BRIT, gynecologist AM **Frauenbeauftragte(r)** *f(m) dekl wie adj* women's representative (*official responsible for woman's affairs*) **Frauenberatungsstelle** *f* women's advice centre [*or* AM -er] **Frauenberuf** *m* female profession **frauenbewegt** *adj* feminist **Frauenbewegung** *f kein pl* women's movement *no pl* **Frauenchor** *m* female voice choir **Frauencollege** *nt* (*in USA*) women's college **Frauenemanzipation** *f* women's [*or* female] emancipation **Frauenerwerbsquote** *f* ÖKON proportion of women in employment, gender balance **Frauenfeind** *m* woman hater, misogynist **frauenfeindlich** *adj* anti-women, misogynist[ic] **Frauenförderung** *f* promotion of women **Frauenforschung** *f kein pl* research into women's issues **Frauenfrage** *f* women's issue, question of women's rights **Frauenfunk** *m* radio programmes [*or* AM programs] for women **Frauengefängnis** *nt* women's prison **Frauengeschichten** *pl* affairs **Frauengruppe** *f* women's group

Frauenhaar *nt* ① (*Haar von Frauen*) woman's hair ② (*Moos*) **Goldenes ~** haircap moss, golden maidenhair **Frauenhand** *f* (*geh*) **von [zarter] ~** by the [delicate] hand of a woman **Frauenhandel** *m* [illegal] trafficking of women **Frauenhasser** *m s.* **Frauenfeind Frauenhaus** *nt* women's refuge **Frauenheilkunde** *f* gynaecology BRIT, gynecology AM **Frauenheld** *m* ladies' man **Frauenkenner** *m* connoisseur of women **Frauenkleidung** *f* women's [*or* ladies'] clothing **Frauenklinik** *f* gynaecological [*or* AM gynecological] clinic **Frauenkloster** *nt* convent **Frauenkrankheit** *f* female disease, gynaecological disorder **Frauenleiden** *nt s.* **Frauenkrankheit Frauenminister(in)** *m(f)* Minister for Women; BRIT Secretary for Women's Affairs AM **Frauenministerium** *nt* Ministry for Women's Affairs BRIT **Frauenmörder** *m* murderer of women **Frauenorden** *m* REL women's order **Frauenpolitik** *f kein pl* feminist politics *pl,* policy on women's issues **frauenpolitisch** *adj* pertaining [*or* relating] to women's issues *pred;* (*feministisch*) feminist **Frauenprojekt** *nt* women's project **Frauenquote** *f* proportion of women (*working in a certain sector*) **Frauenrechtler(in)** <-s, -> *m(f)* women's rights' activist **Frauenschuh** *m kein pl* lady's slipper **Frauenstimme** *f* ① (*Stimme einer Frau*) female voice ② (*weibliche Wählerstimme*) woman's vote **Frauentag** *m* women's festival **Frauentaxi** *nt* women's taxi (*driven by female taxi drivers for women only*) **Frauenüberschuss^RR** *m* surplus of women **Frauenuniversität** *f* women's university **Frauenverband** *m* women's association **Frauenverein** *m s.* **Frauenverband Frauenwahlrecht** *nt* women's suffrage **Frauenzeitschrift** *f* women's magazine **Frauenzentrum** *nt* woman's centre [*or* AM -er] **Frauenzimmer** *nt* ① (*veraltet: weibliche Person*) woman ② (*pej: Frau*) bird

Fräulein <-s, - *o* -s> *nt* (*fam*) ① (*veraltend: unverheiratete weibliche Person*) young [unmarried] woman; **ein altes** [*o* **älteres**] **~** an old maid [*or pej* spinster] ② (*veraltend: Anrede*) Miss; **mein hochverehrtes ~** my dear Miss; **Ihr ~ Tochter** your daughter; **das ~ Braut** the [young] bride; *s. a.* **Frau** ③ (*veraltend: Verkäuferin*) assistant; (*Kellnerin*) waitress; **~!** excuse me!, Miss!; **~, *bitte zahlen!*** excuse me, I'd/we'd/etc. like to pay, please; **das ~ vom Amt** the girl on the switchboard

fraulich *adj* womanly

Fraulichkeit <-> *f kein pl* womanliness

frdl. *adj Abk von* **freundlich: mit ~ Grüßen** best wishes

Freak <-s, -s> [fri:k] *m* (*fam*) freak

freakig ['fri:kɪç] *adj* (*ausgeflippt*) freaky

frech I. *adj* ① (*dreist*) cheeky BRIT, fresh AM; ***werd bloß nicht ~!*** don't get cheeky [*or* fresh]!; **eine ~e Lüge** a barefaced lie; *s. a.* **Oskar** ② (*kess*) daring; **eine ~e Frisur** a peppy hairstyle **II.** *adv* ① (*dreist*) cheekily BRIT, freshly AM; **jdn ~ anlügen** to tell sb a barefaced lie/barefaced lies; **jdm ~ kommen** to be cheeky [*or* AM fresh] to sb ② (*kess*) daringly; **~ angezogen sein** to be provocatively dressed; **~ frisiert sein** to have a peppy hairstyle

Frechdachs *m* (*fam*) cheeky [little] monkey BRIT *fam,* cheeky chops + *sing vb* BRIT *fam*

Frechheit <-, -en> *f* ① *kein pl* (*Dreistigkeit*) impudence, cheekiness BRIT; (*Unverfrorenheit*) barefacedness; **die ~ haben** [*o* **besitzen**]**, etw zu tun** to have the nerve [*or* BRIT cheek] to do sth, to be cheeky enough to do sth BRIT ② (*freche Äußerung*) cheeky remark BRIT; (*freche Handlung*) insolent [*or* BRIT *a.* cheeky] behaviour [*or* AM -or]; **sich einige ~en erlauben** to be a bit cheeky BRIT [*or* AM fresh]

freeclimben^RR, **free-climben** [fri:'klaɪmən] *vi* SPORT to free-climb

Free-Flyer [fri:'flaɪə] *m* SPORT freeflyer

Free-Flying *nt* freeflying (*type of skydiving where the parachute is opened very late in the descent*)

Freesie <-, -n> [-ziə] *f* freesia

Freeware <-, -s> ['fri:weəʳ] *f* INFORM freeware

Fregatte <-, -n> *f* frigate

Fregattenkapitän *m* MIL (*Marineoffizier*) commander

frei I. *adj* ① (*nicht gefangen, unabhängig*) free; **~er Autor** freelance writer; **~e Kirche** free church; **ein ~er Mann/eine ~e Frau** a free man/woman; **[Recht auf] ~e Meinungsäußerung** [right to] freedom of speech; **ein ~er Mensch** a free person; **~er Mitarbeiter/~e Mitarbeiterin** freelance[r]; **aus ~em Willen** [*o* **~en Stücken**] of one's own free will; ***es war sein ~er Wille auszuwandern*** he emigrated of his own free will; **~ und ungebunden** footlose and fancy-free; **sich von etw** *dat* **~ machen** to free oneself from sth ② (*freier Tag*) free; ***nächsten Donnerstag ist ~, da ist Feiertag*** we've got next Thursday off – it's a holiday; **drei Tage/eine Woche ~ haben** to have three days/a week off; **drei Tage/eine Woche ~ machen,** [**sich** *dat*] **drei Tage/eine Woche ~ nehmen** to take three days/a week off, **er hat sich ~ genommen, da seine Tochter krank ist,** he's taken [some] time off because his daughter is ill ③ (*verfügbar*) available; ***es sind noch Mittel ~ für kulturelle Veranstaltungen*** there are still funds available for cultural events; **sich [für jdn/etw] ~ machen** to make oneself available [for sb/sth]; ▪**~ [für jdn] sein** to be free [to see/speak to sb] ④ (*nicht besetzt/belegt*) free; **eine ~e Stelle/Toilette** a vacant position/toilet; **ein ~es Zimmer** a vacant room; ***ist dieser Platz noch ~?*** is this seat [already] taken?; ***haben Sie noch ein Zimmer ~?*** do you still have a room available?; **einen Platz ~ lassen** to keep a seat free; **einen Platz ~ machen** to vacate a seat *form* ⑤ (*kostenlos*) free; ***der Eintritt ist ~*** entrance is free; **„Eintritt ~"** "admission free"; **„Lieferung ~ Haus"** free home delivery ⑥ (*ohne etw*) ▪**~ von etw** *dat* **sein** to be free of sth; **~ von Konservierungsstoffen** free from preservatives; **~ von Schuld** blameless ⑦ (*ohne Hilfsmittel*) off-the-cuff; **~e Rede/~er Vortrag** impromptu speech/lecture ⑧ (*auslassen*) **eine Zeile ~ lassen** to leave a line free ⑨ (*offen*) open; **~es Gelände** open country ⑩ (*ungezwungen*) free and easy; ***ihre Auffassungen sind mir doch etwas zu ~*** her views are a little too liberal for me; ***ich bin so ~*** (*geh*) if I may; ***ich bin so ~ und nehme mir noch ein Stück*** I'll have another piece if I may ⑪ (*unbekleidet*) bare; **sich ~ machen** to get undressed; ***machen Sie bitte Ihren Arm ~*** please roll up your sleeve; ***machen Sie bitte ihren Bauch ~*** please uncover your stomach ⑫ (*ungefähr*) **~ nach ...** roughly quoting... **II.** *adv* ① (*unbeeinträchtigt*) freely; ***der Baum sollte jetzt ~ gestellt werden*** a space should be cleared around the tree now; ***das Haus steht ganz ~*** the house stands completely on its own; ***die Mörderin läuft immer noch ~ herum!*** the murderess is still on the loose!; **~ atmen** to breathe easy ② (*uneingeschränkt*) casually; **sich ~ bewegen können** to be able to move in an uninhibited manner ③ (*nach eigenem Belieben*) **~ erfunden** to be completely made up ④ (*ohne Hilfsmittel*) **~ sprechen** to speak off-the-cuff; **~ in der Luft schweben** to hover unsupported in the air ⑤ (*nicht* *gefangen)* ~ **laufend** *Tiere* free-range; ~ **lebend** living in the wild

Freibad *nt* outdoor swimming pool, lido **frei|bekommen*** *vt irreg* ❶ *(fam: nicht arbeiten müssen)* **einen Tag/eine Woche** [**von jdm**] ~ to be given a day/a week off [by sb] ❷ *(befreien)* ▪**jdn** ~ **bekommen** to have sb released **Freiberufler(in)** <-s, -> *m(f)* freelance[r] **freiberuflich I.** *adj* freelance **II.** *adv* freelance **Freibetrag** *m* ÖKON, FIN [tax] allowance **Freibeuter(in)** <-s, -> *m(f)* buccaneer **Freibeuterei** <-> *f kein pl* piracy **Freibeweis** *m* JUR moral evidence **Freibier** *nt* free beer

freibleibend HANDEL **I.** *adj* subject to change; ~**es Angebot** conditional offer **II.** *adv* without engagement; **etw** ~ **anbieten** to offer sth without engagement **Freibrief** *m* *(Urkunde)* charter ▸ WENDUNGEN: **jdm einen** ~ **für etw** *akk* **ausstellen** to give sb carte blanche to do sth; **etw als einen** ~ **für etw** *dat* **betrachten** [*o* **ansehen**] to see sth as carte blanche to do sth; **kein** ~ **für jdn sein** to not give sb carte blanche

Freiburg <-s> *nt* ❶ *(in Deutschland)* Freiburg ❷ *(in der Schweiz)* Fribourg

Freidemokrat(in) *m(f)* Free Democrat, member of the Free Democratic Party

Freidenker(in) *m(f)* freethinker

Freie(r) *f(m) dekl wie adj* freeman

Freie(s) *nt dekl wie adj* **jdn ins** ~ **befördern** to throw sb out; **im** ~**n** in the open air; ***bei schönem Wetter findet die Party im*** ~ ***statt*** the party takes place outdoors when the weather is fine; **ins** ~ outside

freien *(veraltet)* **I.** *vt* ▪**jdn** ~ to marry sb **II.** *vi* ▪**um jdn** ~ to court [*or dated* woo] sb; *s. a.* **jung**

Freier <-s, -> *m* ❶ *(euph: Kunde einer Hure)* punter BRIT, John AM ❷ *(veraltet: Bewerber)* suitor

Freiersfüße *pl* ▸ WENDUNGEN: **auf** ~**n wandeln** [*o* **gehen**] *(hum)* to be on the lookout for a wife

Freiexemplar *nt* free copy **Freifahrkarte** *f* free ticket **Freifahrschein** *m s.* Freifahrkarte **Freifahrt** *f* *(kostenlose Fahrt)* free trip [*or* journey]; **eine** ~ **haben** to travel free **freifinanziert** *adj* privately-financed **Freifläche** *f* ❶ *(offene Fläche)* open space ❷ *(unbebaute Fläche)* unbuilt land **Freifrau** *f fem form von* Freiherr baroness

Freigabe *f* release; FIN unblocking, unfreezing; ~ **des Wechselkurses** floating of the exchange rate; ***die*** ~ ***der Preise*** the lifting of price controls

Freigabeanspruch *m* JUR release claim **Freigabeantrag** *m* JUR *(bei Pfand)* replevin **Freigabefiktion** *f* JUR fictitious release **Freigabeklausel** *f* JUR release clause **Freigabeverfügung** *f* FIN *(bei Pfand)* replevy, replevin **Freigabeversprechen** *nt* HANDEL release undertaking

Freigang *m* day-release from imprisonment *(the prisoner may go out to work during the day but has to return for the night)*

Freigänger(in) <-s, -> *m(f)* prisoner on day-release *(allowed to go out to work during the day but obliged to return at night)*

frei|geben *irreg* **I.** *vt* ❶ *(nicht mehr zurückhalten)* ▪**etw** ~ to unblock [*or* unfreeze] sth; **Wechselkurs[e]** ~ to float the exchange rate[s]; *(zur Verfügung stellen)* to make accessible; ***die Straße wurde wieder freigegeben*** the street was opened up again ❷ *(Urlaub geben)* ▪**jdm einen Tag/eine Woche etc.** ~ to give sb a day/a week etc. off ❸ JUR, FIN *(herausgeben)* **ein Pfand** ~ to replevy [*or* replevin] a security ❹ INFORM *(Sperre aufheben)* ▪**etw** ~ to release [*or* deallocate] sth **II.** *vi* ▪**jdm** ~ to give sb time off

freigebig *adj* generous

Freigebigkeit <-> *f kein pl* generosity

Freigehege *nt* open-air enclosure **Freigeist** *m s.* Freidenker **Freigelassene(r)** *f(m) decl wie adj* released person; *(aus der Sklaverei)* freedman, freedwoman **Freigepäck** *nt* luggage allowance **Freigrenze** *f* exemption limit **Freigut** *nt* duty-free goods **frei|haben** *vi irreg* to have time off, to be off; ***ich habe heute frei*** I've got the day off today **Freihafen** *m* free port [area] **Freihafengebiet** *nt* free port area **Freihafenlager** *nt* free port warehouse **frei|halten** *vt irreg* ❶ *(nicht versperren)* ▪**etw** ~ to keep sth clear; ***„Einfahrt*** ~ ***"*** "do not obstruct the entrance", " private entrance — no parking" ❷ *(reservieren)* [**jdm/für jdn**] **einen Platz** ~ to save [*or* reserve] [sb] a seat, to save [*or* reserve] a seat [for sb] ❸ *(jds Zeche begleichen)* ▪**jdn** ~ to pay for sb; **sich** ~ **lassen** to have one's bill paid; **sich von jdm** ~ **lassen** to let sb pay for one **Freihandel** *m* free trade **Freihandelsabkommen** *nt* free trade agreement **Freihandelszone** *f* free trade area; **die Europäische** ~ European Free Trade Area

freihändig I. *adj* ❶ *(ohne Hände)* with no hands *pred* ❷ *(ohne Hilfsmittel)* freehand; ~**es Zeichnen** to draw freehand; ~**es Schießen** offhand shooting **II.** *adv* ❶ *(ohne Hände)* without the use of one's hands; ~ **Rad fahren** to cycle with no hands ❷ *(ohne Hilfsmittel)* freehand; ~ **zeichnen** to draw freehand; ~ **schießen** to shoot offhand

freihändiger *adj* HANDEL by private contract; ~**er Verkauf** FIN direct offering [*or* sale]

Frei-Haus-Lieferung *f* HANDEL carriage-free delivery

Freiheit <-, -en> *f* ❶ *kein pl* *(das Nichtgefangensein)* freedom *no pl*, liberty *no pl form*; ~, **Gleichheit, Brüderlichkeit** liberty, equality, fraternity; **jdm/einem Tier die** ~ **schenken** to free sb/an animal; **in** ~ **lebende Tiere** animals living in the wild; **in** ~ **sein** to have escaped ❷ *(Vorrecht)* liberty, privilege; **sich** *dat* ~**en erlauben** to take liberties; **besondere** ~**en genießen** to enjoy certain liberties; **sich** *dat* **die** ~ **nehmen** [*o* **herausnehmen**], **etw zu tun** to take the liberty of doing sth *form* ❸ *(nach eigenem Willen handeln können)* freedom *no pl*; **dichterische** ~ poetic licence [*or* AM -se]; **sich in seiner persönlichen** ~ **eingeschränkt fühlen** to feel one's personal freedom is restricted; **alle** ~**en haben** to be free to do as one pleases; **die** ~ **haben** [*o geh* **genießen**], **etw zu tun** to be at liberty to do sth *form* ❹ *(Recht)* liberty, freedom; **wirtschaftliche** ~ economic freedom; ~ **des Wettbewerbs** ÖKON free competition; ~ **des Zahlungsverkehrs** FIN freedom of financial transaction

freiheitlich *adj* liberal; *s. a.* **Grundordnung**

Freiheitsberaubung *f* false imprisonment, unlawful detention **Freiheitsdrang** *m* urge to be free, urge for freedom **Freiheitsentzug** *m* imprisonment **Freiheitskampf** *m* struggle for freedom **Freiheitskämpfer(in)** *m(f)* freedom fighter **Freiheitskrieg** *m* HIST war of independence [*or* liberation]; ▪**die** ~**e** the Wars of Liberation **Freiheitsliebe** *f* love of freedom **freiheitsliebend** *adj* freedom-loving **Freiheitsraum** *m* sphere of freedom [*or* liberty] **Freiheitsrecht** *nt* JUR civil rights and liberties **Freiheitsschutz** *m* JUR *kein pl* guarantee of freeedom **Freiheitsstatue** *f* ▪**die** [**amerikanische**] ~ the [American] Statue of Liberty **Freiheitsstrafe** *f* JUR prison sentence, imprisonment; **Aussetzung der** ~ **zur Bewährung** suspension of sentence on probation; **kurzfristige** ~ short term of imprisonment; **lebenslange** ~ life sentence; **zeitige** ~ determinate sentence **Freiheitsverbürgung** *f* JUR security for freedom to ... **Freiheitsvermutung** *f* JUR assumption of freedom

freiheraus *adv* frankly **Freiherr** *m* baron **freiherrlich** *adj attr* baronial **Freikarte** *f* *(kostenlose Eintrittskarte)* free ticket **frei|kaufen** *vt* ❶ *(loskaufen)* ▪**jdn** ~ to pay for sb's release; **eine Geisel** ~ to pay for the release of a hostage; ▪**sich** ~ to buy one's freedom ❷ *(entledigen)* ▪**sich von etw** *dat* ~ to buy one's way out of sth **Freikirche** *f* free church **Freiklettern** *nt* cliff hanging **frei|kommen** *vi irreg sein* ▪[**aus etw** *dat*] ~ to be freed [from sth], to be released [from sth] **Freikörperkultur** *f kein pl* nudism *no pl* **Freikorps** *nt* volunteer corps

Freiland *nt* open land; **auf/im/ins** ~ outdoors, in the open

Freilandgemüse *nt* vegetables grown outdoors **Freilandhuhn** *nt* free-range hen **Freilandkultur** *f* cultivation of outdoor crops **Freilandmuseum** *nt* open-air museum **Freilandpflanze** *f* plant grown outdoors **Freilandversuch** *m* AGR, SCI field trial

frei|lassen *vt irreg* ❶ *(befreien)* ▪**jdn/ein Tier** ~ to free [*or* release] sb/an animal ❷ JUR *(aus der Haft entlassen)* ▪**jdn** ~ to release sb; **jdn bedingt** ~ to release sb conditionally **Freilassung** <-, -en> *f* release **Freilauf** *m* *Fahrrad* free-wheeling mechanism; *Maschinen* free-running mechanism **freilaufend** *adj s.* **frei II 5** **freilebend** *adj s.* **frei II 5**

frei|legen *vt* ▪**etw** ~ *Grundmauern* to uncover [*or* unearth] sth; **ein Organ** ~ to expose organ **Freilegung** <-, -en> *f* *Grundmauern* uncovering, unearthing; *Organ* exposing **Freileitung** *f* overhead line

freilich *adv* ❶ *(allerdings)* though, however; ***bei dem Preis kannst du*** ~ ***keine Spitzenqualität erwarten*** at that price, though, you can't really expect to get top quality ❷ *bes* SÜDD *(natürlich)* [**ja**] ~! [but] of course

Freilichtbühne *f* open-air theatre [*or* AM -er] **Freilicht-Disco, Freilicht-Disko** *f* open-air disco **Freilichtkino** *nt* open-air cinema **Freilichtmuseum** *nt* open-air exhibition **Freilichtspiele** *pl* open-air theatre *no pl* **Freilichttheater** *nt s.* **Freilichtbühne**

Freilos *nt* free draw

Freiluftbehandlung *f* MED fresh air [and exercise] therapy **Freiluftkonzert** *nt* open-air concert **Freiluftschach** *nt* outdoor chess **frei|machen** **I.** *vt* ▪**etw** ~ to stamp sth; *(without stamping)* to frank sth **II.** *vi* *(fam)* to take time off **III.** *vr* *(fam)* ▪**sich** *akk* ~ to take time off; ***kannst du dich morgen für ein paar Stunden*** ~***?*** can you take a couple of hours off tomorrow?

Freimaurer *m* Freemason

Freimaurerei <-> *f kein pl* Freemasonry *no pl*

freimaurerisch *adj* Masonic

Freimaurerloge *f* Masonic lodge

Freimut *m kein pl* frankness; **mit allem** ~ in all frankness

freimütig *adj* frank

Freimütigkeit <-> *f kein pl* frankness

Freiplastik *f* outdoors sculpture **Freiplatz** *m* ❶ *(kostenloser Platz)* free seat ❷ *(Stipendium)* scholarship **frei|pressen** *vt* ▪**jdn** ~ to secure sb's release by menaces **Freiraum** *m* freedom; **mehr** ~ **brauchen** to need more freedom; **jdm viel** ~ **geben** to give sb a lot of freedom; **jdm den** ~ **nehmen** to invade sb's personal space **freireligiös** *adj* non-denominational **freischaffend** *adj attr* freelance **Freischaffende(r)** *f(m) dekl wie adj* freelance[r] **Freischärler(in)** <-s, -> *m(f)* guerilla **frei|schaufeln** *vt* ▪**etw** ~ to shovel sth free **frei|schieben** *vt* KOCHK **Brot** ~ *to bake bread loaves freely spaced out to form dark crusts along the sides* **frei|schießen** *vt irreg* ▪**jdn** ~ to free sb in a shootout **frei|schwimmen** *vr irreg* ▪**sich** ~ to get one's swimming certificate *(certificate for which one must swim for 15 minutes)* **Freischwimmer(in)** *m(f)* ❶ *(jd mit einem* ~*)* person who has his/her swimming certificate *(swimming certificate for which one must swim for 15 minutes)* ❷ *(fam: Bescheinigung) swimming certificate for which one must swim for 15 minutes;* **den** ~ **haben** to have one's swimming certificate; **den** ~ **machen** to do the test for the swimming certificate **Freischwimmerzeugnis** *nt* swimming certificate **frei|setzen** *vt* ❶ *(entfesseln)* ▪[**bei jdm**] **etw** ~ to release sth [in sb] ❷ CHEM ▪**etw** ~ to release sth ❸ *(euph: entlassen)* ▪**jdn** ~ to make sb redundant, to have to let sb go *euph* **Freisetzung** <-, -en> *f* ❶ *(Entfesselung)* release ❷ CHEM release ❸ *(euph: Entlassung)* redundancy **freisinnig** *adj* *(veraltet)* liberal **Freisprecheinrichtung** *f* TELEK hands-free kit [*or* equipment] **frei|sprechen** *vt irreg* ❶ JUR ▪**jdn** ~ to acquit sb; ***sie wurde im Urteil in allen Punkten der Anklage freigesprochen*** she was acquitted on all accounts ❷ *(lossprechen)* ▪**jdn von etw** *dat* ~ to clear sb of sth ❸ *(zum Gesellen etc. erklären)* ▪**jdn** ~ to present sb with his/

her skilled trades certificate etc. **Freisprechmikrofon**RR *nt,* **Freisprechmikrophon** *nt* TECH wireless headset **Freispruch** *m* JUR acquittal; ~ **aus Mangel an Beweisen** discharge; ~ **wegen erwiesener Unschuld** honourable acquittal; ~ **beantragen** to apply for an acquittal; **auf** ~ **plädieren** to plead for an acquittal **Freistaat** *m* (*veraltend*) free state; **der** ~ **Bayern** the Free State of Bavaria **Freistatt** *f,* **Freistätte** *f* (*geh*) sanctuary **frei|stehen** *vi irreg* ❶ (*überlassen sein*) ■**jdm steht es frei, etw zu tun** sb is free to do sth; ***wenn du gehen willst, bitte, das steht dir völlig frei*** if you want to go that's completely up to you ❷ (*leer stehen*) to be [*or* stand] empty **frei|stellen** *vt* ❶ (*selbst entscheiden lassen*) ■**jdm etw** ~ to leave sth up to sb ❷ (*euph: entlassen*) ■**jdn** ~ to make sb redundant ❸ (*befreien*) ■**jdn** [**von etw** *dat*] ~ to exempt [*or* release] [*or* excuse] sb [from sth]; ■**jdn für etw** *akk* ~ to release sb [for sth]; **jdn vom Wehrdienst** ~ to exempt sb from military service ❹ TYPO ■**etw** ~ to cut [*or* mask] out *sep* [*or* isolate] sth **Freisteller** <-s, -> *m* TYPO mask, overlay

Freistellung *f* ❶ (*das Ausnehmen*) exemption; ~ **vom Wehrdienst** exemption from military service; ~ **von Haftung** indemnity against liability ❷ (*Freigeben*) release, exemption; ~ **abgestimmter Verhaltensweisen** exemption of collusive behaviour; *von Mitteln, Arbeitern* release; *von Arbeitskräften* lay-offs *pl,* BRIT *a.* redundancies *pl;* **jds** ~ **erbitten** request sb's release

Freistellungsanspruch *m* JUR right of indemnity **Freistellungsbescheid** *m* FIN notice of non-liability for tax **Freistellungserklärung** *f* FIN declaration of exemption **Freistellungsklausel** *f* FIN exemption clause **Freistellungsregelung** *f* FIN exemption [*or* release] regime **Freistellungsschein** *m* FIN exemption note **Freistellungsverpflichtung** *f* FIN indemnity obligation **Freistellungsvoraussetzung** *f* FIN exemption requirement **Freistellungszeitraum** *m* FIN exemption period

Freistempel *m* postmark **Freistil** *m kein pl* SPORT ❶ (*Freistilschwimmen*) freestyle ❷ (*Freistilringen*) freestyle, all-in wrestling **Freistilringen** *nt* freestyle wrestling **Freistilschwimmen** *nt* freestyle [swimming] **Freistoß** *m* free kick; **einen** ~ **verhängen, auf** ~ **entscheiden** to award a free kick; **einen** ~ **verwandeln** to put a free kick away; **direkter/indirekter** ~ direct/indirect free kick **Freistück** *nt s.* **Freiexemplar Freistunde** *f* SCH free period; **eine** ~/~**n haben** to have a free period/free periods

Freitag <- [e]s, -e> *m* Friday; *s. a.* **Dienstag**

FreitagabendRR *m* Friday evening; *s. a.* **Dienstag freitagabends**RR *adv* [on] Friday evenings

freitägig *adj* on Friday

freitäglich *adj* [regular] Friday *attr*

FreitagmittagRR *m* [around] noon on Friday; *s. a.* **Dienstag freitagmittags**RR *adv* [around] noon on Fridays **Freitagmorgen**RR *m* Friday morning; *s. a.* **Dienstag freitagmorgens**RR *adv* [on] Friday mornings **Freitagnachmittag**RR *m* Friday afternoon; *s. a.* **Dienstag freitagnachmittags**RR *adv* [on] Friday afternoons **Freitagnacht**RR *f* Friday night; *s. a.* **Dienstag freitagnachts**RR *adv* [on] Friday nights

freitags *adv* [on] Fridays; ~ **abends/nachts/vormittags** on Friday evenings/nights/mornings

FreitagvormittagRR *m* Friday morning; *s. a.* **Dienstag freitagvormittags**RR *adv* [on] Friday mornings

Freitod *m* (*euph*) suicide; **den** ~ **wählen** to commit suicide **Freitodhilfe** *f* assisted suicide **freitragend** *adj* self-supporting **Freitreppe** *f* flight of stairs **Freiübung** *f* SPORT exercise; ~**en machen** to exercise **Freiumschlag** *m* stamped addressed envelope **Freiverkehr** *m kein pl* BÖRSE (*geregelt*) over-the-counter market; (*ungeregelt*) unofficial dealing [*or* trading] **Freiverkehrsbescheinigung** *f* free circulation certificate **Freiverkehrshändler(in)** *m(f)* BÖRSE dealer in unlisted securities

freiweg *adv* (*fam*) cooly

Freiwild *nt* fair game

freiwillig **I.** *adj* voluntary; ~**er Helfer** voluntary helper; ~**e Versicherung** voluntary insurance; *s. a.* **Feuerwehr II.** *adv* voluntarily; **etw** ~ **tun** to do sth voluntarily; **sich** ~ **versichern** to take out voluntary insurance

Freiwillige(r) *f(m) dekl wie adj a.* MIL volunteer; ~**e vor!** volunteers one pace forwards!

Freiwilligenagentur *f* voluntary agency

Freiwilligkeit <-> *f kein pl* voluntary nature

Freiwurf *m* free throw **Freizeichen** *nt* ringing tone **Freizeichnung** *f* JUR non-liability **Freizeichnungsklausel** *f* JUR [guarantee] non-warranty clause **Freizeichnungsverbot** *nt* JUR non-warranty ban

Freizeit *f* ❶ (*arbeitsfreie Zeit*) free time, leisure [time] ❷ (*Zusammenkommen einer Gruppe*) weekend/holiday course; **auf eine** ~ **gehen** to attend a weekend/holiday course; **eine** ~ **veranstalten** to organize a weekend/holiday course

Freizeitaktivitäten *pl* leisure time activities *pl* **Freizeitanzug** *m s.* **Freizeitkleidung Freizeitausgleich** *m* time off in lieu **Freizeitbekleidung** *f* casual clothes *npl* **Freizeitbeschäftigung** *f s.* **Freizeitgestaltung Freizeitblock** *m bei Ganztagsarbeit in Teilzeitstelle* block of free time [*or* time off] **Freizeitboom** *m* leisure boom **Freizeiteinrichtung** *f* leisure [*or* recreational] facility; (*Freizeitzentrum*) leisure centre, recreation center AM **Freizeitgesellschaft** *f* leisure society **Freizeitgestaltung** *f* free-time activities, leisure activities **Freizeithemd** *nt* casual shirt **Freizeitindustrie** *f* leisure industry **Freizeitkleidung** *f* leisure wear **freizeitpädagogisch** *adj* recreationally instructive **Freizeitpark** *m* amusement park **Freizeitwert** *m* value in terms of leisure

Freizone *f* ÖKON free zone

freizügig *adj* ❶ (*großzügig*) liberal, generous ❷ (*moralisch liberal*) liberal, tolerant, permissive; (*offenherzig*) revealing *a. hum;* ~**er Ausschnitt** a revealing[ly low] [*or* daring] neckline ❸ (*frei in der Wahl des Wohnsitzes*) free to move [*or* roam]

Freizügigkeit <-> *f kein pl* ❶ (*großzügige Beschaffenheit*) liberalness, generosity ❷ (*moralisch lockere Einstellung*) liberalness, permissiveness ❸ (*Freiheit in der Wahl des Wohnortes*) freedom of movement

fremd *adj* ❶ (*anderen gehörig*) somebody else's; ***ich schlafe nicht gern in*** ~***en Betten*** I don't like sleeping in strange beds; ~**es Eigentum** somebody else's property, property of another *form; s. a.* **Hilfe, Ohr** ❷ (*fremdländisch*) *Gegend, Länder, Sitten* foreign; *bes* ADMIN alien ❸ (*unbekannt*) strange, unfamiliar, alien; ***ich bin hier*** ~ I'm not from round here [*or* these parts]

fremdartig *adj* (*ungewöhnlich*) strange, outlandish; (*exotisch*) exotic

Fremdartigkeit <-> *f kein pl* (*Ungewöhnlichkeit*) strangeness, outlandishness; (*exotische Art*) exoticism

Fremdaufwendungen *pl* FIN extraneous expenses **Fremdbeeinflussung** *f* external [*or* outside] influence **Fremdbeleg** *m* FIN external voucher **Fremdbestäubung** *f* cross-pollination [*or* -fertilization] **fremdbestimmmt** **I.** *adj* nonautonomous, directed by others; *Land* heteronomous **II.** *adv* ~ **handeln** to act under orders; ***sein Handeln war*** ~ he acted under orders **Fremdbezug** *m* HANDEL external purchase; ~ **von Handelsware** purchase of goods from outside suppliers

Fremde <-> *f kein pl* (*geh*) ■**die** ~ foreign [*or* distant] parts *npl;* **in die** ~ **gehen** to go abroad; **in der** ~ **sein** to be abroad [*or* BRIT in foreign parts]

Fremde(r) *f(m) dekl wie adj* stranger; (*Ausländer*) foreigner

Fremdeinwirkung *f* outside [*or* external] influence **Fremdeiweiß** *nt* foreign protein

fremde(l)n *vi* to be shy [*or* frightened] of strangers **fremden** *vi* SCHWEIZ (*fremdeln*) to be scared of strangers

fremdenfeindlich *adj* hostile to strangers *pred,* xenophobic; **ein** ~**er Anschlag** a racist [*or* racially-provoked] attack **Fremdenfeindlichkeit** *f* hostility to strangers, xenophobia **Fremdenführer(in)** *m(f)* [tourist] guide **Fremdenhass**RR *m* xenophobia **Fremdenlegion** *f kein pl* ■**die** ~ the [French] Foreign Legion; **zur** ~ **gehen** to join the Foreign Legion **Fremdenlegionär** *m* Foreign Legionnaire **Fremdenrecht** *nt* JUR aliens law

Fremdentsorger *m* (*Entsorgungsfirma*) waste disposal firm

Fremdenverkehr *m* ■[**der**] ~ tourism *no indef art, no pl,* [the] tourist trade **Fremdenverkehrsamt** *nt* tourist office **Fremdenverkehrsbüro** *nt* tourist office **Fremdenverkehrsgewerbe** *nt* tourist trade **Fremdenverkehrssteuer** *f* FIN tourist tax **Fremdenverkehrsverein** *m* tourist association **Fremdenverkehrszentrum** *nt* tourist centre **Fremdenzimmer** *nt* ❶ *s.* **Gästezimmer** ❷ (*veraltend: Zimmer in Pension*) room; „~" "vacancies"

fremd|finanzieren* *vt* FIN ■**etw** ~ to borrow sth **Fremdfinanzierung** *f* outside [*or spec* debt] financing **Fremdfirma** *f* outside company **fremd|gehen** *vi irreg sein* (*fam*) to be unfaithful, to two-time sb *fam* **Fremdgeld** *nt* FIN trust fund **Fremdgen** *nt* BIOL (*Gen, welches einem anderen Organismus übertragen worden ist*) heterologous gene **Fremdhaftung** *f* JUR third-party liability

Fremdheit <-, *selten* -en> *f* strangeness, foreignness

Fremdherrschaft *f kein pl* foreign rule [*or* domination] **Fremdinvestition** *f* FIN external investment **Fremdkapital** *nt* outside [*or* borrowed] capital **Fremdkörper** *m* ❶ MED foreign body; **einen** ~ **im Auge haben** to have a foreign body in one's eye ❷ (*fig: jd der sich nicht dazugehörig fühlt*) alien element; **sich als** [*o* **wie ein**] ~ **fühlen** to feel out of place **fremdländisch** *adj* foreign, exotic

Fremdling <-s, -e> *m* (*veraltend geh*) stranger

Fremdmittel *pl* FIN outside [*or* borrowed] funds **Fremdnutzer** *m* INFORM host user **Fremdrente** *f für Aussiedler* foreign pension **Fremdsprache** *f* foreign language; ~**n studieren/unterrichten** to study/teach [modern] languages **Fremdsprachenkorrespondent(in)** *m(f)* bilingual [*or* multilingual] secretary **Fremdsprachensatz** *m* TYPO composition of foreign language work **Fremdsprachenunterricht** *m* language teaching; ~ **geben** [*o geh* **erteilen**] to give language classes **fremdsprachig** *adj* foreign-language *attr;* ~**e Literatur** foreign literature; ~**e Texte** foreign-language texts **fremdsprachlich** *adj* foreign-language *attr;* ~**er Unterricht** teaching in a foreign language **Fremdvergleich** *m* FIN dealing at arm's-length rule **Fremdvermutung** *f* FIN non-property presumption **Fremdverschulden** *nt* third-party responsibility **fremdverschuldet** *adj* caused by another person

Fremdwährung *f* FIN foreign currency **Fremdwährungskonto** *nt* FIN foreign exchange account **Fremdwährungsschuld** *f* FIN foreign currency debt **Fremdwährungsverbindlichkeiten** *pl* FIN foreign currency liabilities **Fremdwort** *nt* borrowed [*or* foreign] word, borrowing; ***Höflichkeit ist für dich wohl ein*** ~***!*** politeness isn't part of your vocabulary!, I see you never went to charm school! *iron* **Fremdwörterbuch** *nt* dictionary of borrowed [*or* foreign] words

frenetisch **I.** *adj* frenetic, frenzied; ~**er Beifall** wild applause **II.** *adv* frenetically; **jdn/etw** ~ **beklatschen** to applaud sb/sth wildly, to give sb/sth wild applause

frequentieren* *vt* (*geh*) ■**etw** [**häufig**] ~ *Kneipe, Local, etc* to [often] frequent sth [*or* patronize]

Frequenz *f* ❶ (*Häufigkeit*) frequency ❷ PHYS frequency ❸ (*Zahl des Puls- o Herzschlags*) [pulse] rate ❹ (*Verkehrsstärke*) volume of traffic

Frequenzmodulation *f* RADIO frequency modulation, FM **Frequenzverteilung** *f* allotment of frequencies **Frequenzzuteilung** *f* assignment of frequencies **Frequenzzuweisung** *f* allocation of frequencies

Fresko <-s, Fresken> *nt* fresco

Freskomalerei *f* fresco wall-painting

Fressalien *pl* (*fam*) grub *no indef art, no pl fam,* nosh *no indef art, no pl fam*

Fresse <-, -n> *f* (*derb*) ❶ (*Mund*) gob BRIT *sl,* trap *sl,* cakehole BRIT *sl* ❷ (*Gesicht*) mug *fam,* phiz[og] BRIT *sl* ▶ WENDUNGEN: **eine große ~ haben** to shoot one's mouth off *sl,* to be a loudmouth *fam;* **die ~ halten** to shut one's gob BRIT *sl* [*or sl* face] [*or sl* mouth]; ***halt die ~!*** shut your face!; **jdm eins [*o* was] in die ~ hauen, jdm die ~ polieren** to smash sb's face in *fam;* **ach du meine ~!** Jesus [*or hum sl* Jesus H.] Christ!

fressen <fraß, gefressen> **I.** *vi* ❶ (*Nahrung verzehren*) ■[**aus/von etw** *dat*] ~ *Tiere* to eat [*or* feed] [out of/from sth] ❷ (*pej derb: in sich hineinschlingen*) [**gierig**] ~ to guzzle *fam,* to scoff *fam;* **für drei ~** to eat enough for a whole army *fam* ❸ (*fig: langsam zerstören*) ■[**an etw** *dat*] ~ to eat away at sth [*or* into], to attack sth ❹ (*fig geh: an jdm nagen*) ■**in jdm ~** to eat [*or* gnaw] at sb **II.** *vt* ■**etw ~** ❶ (*Nahrung verzehren*) *Tiere* to eat sth; (*sich ernähren von*) to feed on sth; **etw leer ~** to lick sth clean; **etw zu ~ bekommen** [*o* **kriegen**] (*pej fam: bei Menschen*) to get [*or* be given] sth to eat ❷ (*pej derb: in sich hineinschlingen*) to scoff [*or* guzzle] sth *fam* ❸ (*fig: verbrauchen*) to gobble up sth *sep fam;* **Benzin/Öl ~** to gobble up *sep* [*or* guzzle] petrol/oil *fam;* [**viel**] **Geld ~** *Anschaffungen, Vorhaben* sth is swallowing [up *sep*] [a lot of] money ▶ WENDUNGEN: **jdn zum F~ gern haben** (*fam*) sb is good enough to eat *fam;* **jdn/etw gefressen haben** (*fam*) to have had one's fill with sb/sth, to have had just about as much as one can take of sb/sth; **endlich hat sie/er... es gefressen!** (*fam*) she/he... got there [*or* it] at last!, at last the penny's dropped! BRIT; **jdn ansehen, als ob man ihn/sie ~ will** (*fam*) to look daggers at sb BRIT, to give sb a murderous look; **ich werd' dich schon nicht gleich ~** (*fam*) I'm not going to eat you *fam* **III.** *vr* ❶ (*fig: sich vorarbeiten*) ■**sich in/durch etw** *akk* **~** to work into/through sth ❷ (*fig: langsam zerstören*) ■**sich durch etw** *akk* **~** to eat through sth ❸ (*Nahrung aufnehmen*) **sich satt** [*o* **voll**] **~** to eat one's fill, to gorge oneself; (*Menschen a.*) to stuff oneself

Fressen <-s> *nt kein pl* ❶ (*Tierfutter*) food ❷ (*pej sl: Fraß*) muck *fam,* yuk BRIT *fam;* (*Festessen*) blowout *fam,* nosh-up BRIT *fam* ▶ WENDUNGEN: **ein gefundenes ~ für jdn sein** (*fam*) to be handed to sb on a plate

Fresser(in) <-s, -> *m(f)* (*fig sl*) glutton, greedyguts BRIT, bottomless pit AM *fam;* **ein unnützer ~** an idle mouth to feed

Fresserei <-, -en> *f* (*pej sl*) guzzling *fam,* gluttony

FressgierRR *f* (*pej*) greediness, gluttony **Fresskorb**RR *m* (*fam*) food hamper [*or* AM basket]; (*für Picknick*) [picnic] basket [*or* BRIT hamper] **Fressnapf**RR *m* [feeding] bowl **Fresspaket**RR *nt* (*fam*) food parcel **Fresssack**RR *m* (*fam o pej*) hog *fam,* greedyguts BRIT *fam* **Fresssucht**RR *f* gluttony; **an ~ leiden** to suffer from a craving for food, to be a compulsive eater

fresstRR, **freßt** *imper pl von* **fressen**

FresswerkzeugeRR *pl* mouthparts **Fresszelle**RR *f* MED phagocyte

Frettchen <-s, -> *nt* ferret

Freude <-, -n> *f* ❶ *kein pl* (*freudige Gemütsverfassung*) pleasure, joy, delight; ***was für eine ~, dich wiederzusehen!*** what a pleasure to see you again!; ***es ist mir eine ~, Ihnen behilflich sein zu können*** it gives me [great [*or* real]] pleasure to be of help [to you]; **nur** [*o* **bloß**] **die halbe ~ sein** to be only half the pleasure; **seine helle ~ an etw** *dat* **haben** to get sheer pleasure out of sth; ***sie hatte ihre helle ~ daran*** she got sheer pleasure out of it; **keine reine ~ sein, etw zu tun, aber ...** to be not exactly a pleasure to do sth, but ... *a. iron;* **eine wahre** [*o* **die reinste**] **~ sein, etw zu tun** it is a real joy [*or* pleasure] to do sth; **~ an etw** *dat* **haben** to derive pleasure from sth; **~ am Leben haben** to enjoy life; **keine ~ am Leben haben** to get no joy out of life; **da kommt ~ auf** it's a joy to see [*or* behold]; **jdm eine** [**große**] **~ machen** [*o geh* **bereiten**] to make sb [very] happy, to be a [great] joy to sb; **etw macht jdm ~** sb enjoys [doing] sth; ***das macht mir keine ~*** I don't enjoy it at all; **von ~ erfüllt werden** to be filled with pleasure [*or* joy] [*or* delight]; ■**jds ~ an etw** *dat* the joy [*or* pleasure] sb gets from sth; **aus ~ an der Sache** (*fam*) for the love of it; ■**jds ~ über etw** *akk* sb's joy [*or* delight] at sth; **vor ~** with joy [*or* delight]; **vor ~ in die Luft springen können** to want ot jump for joy; **vor ~ weinen** to weep for [*or* with] joy; **zu unserer großen ~** to our great delight; ***zu meiner*** [***aller***]***größten ~ kann ich Ihnen mitteilen ...*** it gives me the greatest of pleasure to be able to inform you ... ❷ *pl* (*Vergnügungen*) **die ~n des Ehelebens/der Liebe** the pleasures [*or* joys] of married life/of love; **die kleinen ~n** [**des Lebens**] the little pleasures [in life]; **mit ~n** with pleasure; **herrlich und in ~n leben** to live a life of ease [*or* in the lap of luxury]; **etw herrlich und in ~n genießen** to enjoy sth to the full ▶ WENDUNGEN: **Freud und Leid mit jdm teilen** to share one's joys and sorrows with sb; **in Freud und Leid zueinander halten** to stand by each other through thick and thin

Freudenbotschaft *f* (*geh*) good news *no pl, no indef art,* glad tidings *npl liter* **Freudenfest** *nt* [joyful] celebration **Freudenfeuer** *nt* bonfire **Freudengeschrei** *nt* cries of joy, cheering *no indef art, no pl;* **ein ~ erheben** (*geh*) to give a cheer **Freudenhaus** *nt* (*euph veraltend*) brothel **Freudenmädchen** *nt* (*euph veraltend*) prositute, lady of the night *dated* **Freudenschrei** *m* joyful cry, cry of joy; **in ~e ausbrechen** to start cheering [for joy] **Freudensprung** *m* joyful leap; **Freudensprünge/einen ~ machen** to jump for joy **Freudentag** *m* happy [*or* joyful *liter*] day, red-letter day BRIT **Freudentanz** *m* dance of joy; **Freudentänze/einen ~ aufführen** [*o* **vollführen**] to dance with joy; **wilde Freudentänze aufführen** [*o* **vollführen**] to dance with wild abandon **Freudentaumel** *m* ecstasy [of joy], raptures *npl* [*or* euphoria]; **in einen** [**wahren**] **~ verfallen** to become [absolutely] euphoric, to go into raptures [*or* transports of delight] **Freudentränen** *pl* tears of joy; **~ weinen** [*o* **vergießen**] to cry for joy, to shed tears of joy

freudestrahlend I. *adj nicht pred* beaming [with delight], radiant **II.** *adv* joyfully, with great joy

freudig I. *adj* ❶ (*voller Freude*) joyful, happy; **in ~er Erwartung** looking forward to sth with great pleasure, in joyful expectation *form;* **ein ~es Gefühl** a delightful feeling ❷ (*erfreulich*) pleasant, joyful *liter;* **eine ~e Entwicklung** a happy [*or* pleasing] development; *s. a.* **Ereignis II.** *adv* with joy [*or* delight]; **~ erregt** excited; **~ überrascht** pleasantly surprised

freudlos *adj* (*pej*) cheerless, joyless, bleak

Freudlosigkeit *f kein pl* cheerlessness, joylessness

freuen I. *vr* ❶ (*voller Freude sein*) ■**sich** [**über etw** *akk*] **~** to be glad [*or* pleased] [about sth]; **sich über ein Geschenk ~** to be pleased with a present; **sich sehr** [**über etw** *akk*] **~** to be delighted [with sth]; ■**sich für jdn ~** to be pleased [*or* glad] for sb['s sake]; ■**sich mit jdm ~** to share sb's happiness; **sich ~, etw tun zu dürfen/können** to be pleased to be able to do sth ❷ (*freudig erwarten*) ■**sich auf jdn ~** to look forward to seeing sb; ■**sich auf etw** *akk* **~** to look forward to [doing] sth ▶ WENDUNGEN: **sich zu früh ~** to get one's hopes up too soon; ***freu dich nicht zu früh!*** don't get your hopes up too soon!, don't count your chickens before they're hatched! *fig* **II.** *vt* ❶ (*erfreuen*) ■**jdn ~** to please sb, to be a cause of pleasure to sb *form* ❷ *impers* ■**es freut mich, dass ...** I'm pleased [*or* glad] that ...; ***es freut mich, dir helfen zu können*** I'm pleased to be able to help you; [***das***] ***freut mich für dich*** I'm pleased [*or* happy] for you, that's great; **freut mich** [**, Ihre Bekanntschaft zu machen**] [I'm] pleased to meet you

Freund(in) <-[e]s, -e> *m(f)* ❶ (*Kamerad*) friend; ***ist das ein ~ von dir?*** is that a friend of yours?; ***du bist mir ja ein schöner ~*** (*iron fam*) a fine friend you are *iron;* ***mein lieber ~!*** (*iron*) my dear fellow! *iron dated;* ***sie sind alte ~e*** they're old friends; **~ und Feind** friend and foe; **jdn zum ~ gewinnen** to gain sb's friendship [*or* sb as a friend]; **mit jdm gut ~ sein** to be good friends with sb; **unter ~en** (*fam*) among friends ❷ (*intimer Bekannter*) boyfriend; (*intime Bekannte*) girlfriend; **jdn zum ~ haben** to be [going out] with sb ❸ (*fig: Anhänger*) lover; **ein ~ der Natur** a nature-lover, a lover of nature; **kein ~ von etw** *dat* **sein** to not be one for sth; **kein ~ von vielen Worten sein** to not be one for talking much, to be a man/woman of few words

Freundchen <-s, -> *nt* (*fam*) my [fine] friend *iron,* sonny [Jim] BRIT *iron;* **~!** watch it, pal! [*or* BRIT mate] *fam*

freundeidgenössisch *adj* SCHWEIZ (*geh*) ≈ [politically] reconciliatory (*what is deemed proper for friends – Freunde – and politically responsible citizens – Eidgenossen – to promote unity between the disparate Swiss cantons*)

Freundeskreis *m* circle of friends; **im engsten ~** with one's closest friends

Freund-Feind-Denken *nt* attitude of "if you're not for us, you're against us"

freundlich I. *adj* ❶ (*liebenswürdig*) kind; ■**~** [**zu jdm**] **sein** to be kind [to sb], to be good to sb; ***das ist sehr ~ von Ihnen*** that's very kind [*or* good] of you; ***würden Sie so ~ sein, mir zu helfen?*** would you be so kind [*or* good] as to help me?; *s. a.* **Gruß** ❷ (*hell, heiter*) pleasant; **ein ~er Himmel** a beckoning sky; **~es Wetter** pleasant [*or* fine] weather; ***bitte recht ~!*** smile please!, say cheese! *fam;* (*ansprechend*) cheerful; **ein ~es Ambiente** a friendly [*or* congenial] atmosphere; **~e Farben** cheerful colours [*or* AM -ors] ❸ (*wohlwollend*) friendly; **eine ~e Einstellung gegenüber etw/jdm haben** to have a friendly [*or* an obliging] attitude towards sb/sth **II.** *adv* in a friendly way, kindly; **jdn ~ behandeln** to treat sb in a friendly [*or* kindly] way, to be friendly to[wards *form*] [*or* kind to] sb

freundlicherweise *adv* kindly; ***er trug uns ~ die Koffer*** he was kind enough to carry our cases [for us]

Freundlichkeit <-, -en> *f* ❶ *kein pl* (*liebenswürdige Art*) friendliness *no pl, no indef art* ❷ (*liebenswürdige Handlung*) kindness; ***danke für die ~!*** thank you for your kindness!; ***würden Sie*** [***wohl***] ***die ~ haben, das zu tun?*** would you be kind [*or* good] enough to do that? *form,* would you be so kind [*or* good] as to do that? *form* ❸ *meist pl* (*freundliche Bemerkung*) kind word [*or* remark]

Freundschaft <-, -en> *f kein pl* friendship; ***da hört die ~ auf!*** (*fam*) friendship doesn't extend that far!; **auf gute ~ trinken** to drink to a lasting friendship; [***prost,***] ***auf gute ~!*** [cheers,] here's to good friends [*or* a lasting friendship]!; **jdm die** [*o* **seine**] **~ anbieten** to offer sb one's friendship; **jdm die ~ kündigen** to break off [*or liter* sever] one's friendship with sb; **eine ~ pflegen** to cultivate a friendship; [**mit jdm**] **~ schließen** to make [*or* become] friends [with sb], to form a friendship [with sb]; **in aller ~** in all friendliness

freundschaftlich I. *adj* friendly; **~e Gefühle** feelings of friendship **II.** *adv* **jdm ~ auf die Schulter klopfen** to give sb a friendly slap on the back; **jdm ~ gesinnt sein** to be well-disposed towards sb; **mit jdm ~ verbunden sein** to be close friends with sb; **mit jdm ~ verkehren** to be on friendly terms with sb

Freundschaftsbande *pl* (*geh*) ties [*or* bonds] of friendship **Freundschaftsbesuch** *m* POL goodwill visit **Freundschaftsdienst** *m* favour [*or* AM -or] [*or* good turn] to a friend; **jdm einen ~ erweisen** to do sb a favour [*or* AM -or] [*or* good turn] **Freundschaftspreis** *m* [special] price for a friend; ***ich mache dir einen ~*** seeing as we're friends, I'll let you have it for a special price **Freundschaftsspiel** *nt* friendly match [*or* game], friendly *fam* **Freundschaftsvertrag** *m* POL treaty of friendship

Frevel <-s, -> *m* (*geh*) ❶ (*Verstoß gegen menschliche Ordnung*) heinous crime, outrage; **einen ~ begehen** to commit a heinous crime [*or* an outrage] ❷ REL sacrilege, desecration; **einen ~ begehen** to commit an outrage

frevelhaft *adj* (*geh: schändlich*) flagrant, outrageous; **~er Leichtsinn** wanton carelessness; **eine ~e Tat** an outrageous [*or* a disgraceful] deed; **~e Verschwendung** wanton extravagance

Frevelhaftigkeit <-> *f kein pl* (*geh*) ❶ (*schändliche Handlung*) outrageousness, wantonness *liter* ❷ REL sinfulness *no pl, no indef art*

freveln *vi* (*geh*) ■**[gegen jdn/etw] ~** ❶ (*eine schändliche Tat begehen*) to commit a crime [*or* an outrage] [against sb/sth] ❷ REL to sin [against sb/sth]

Freveltat *f* (*geh*) ❶ (*schändliche Tat*) outrage, wicked deed; **~en/eine ~ begehen** to commit outrages/an outrage ❷ REL sacrilege; **~en/eine ~ begehen** to commit [a] sacrilege

Frevler(in) <-s, -> *m(f)* REL (*geh*) sinner

frevlerisch *adj* (*veraltend*) *s.* **frevelhaft**

Friede <-ns, -n> *m* (*veraltend*) peace; **~ seiner/ihrer Asche** God rest his/her soul; **~ sei mit euch!** peace be with [*or old* unto] you! ▸ WENDUNGEN: **~, Freude, Eierkuchen** (*hum*) and everybody was happy *hum*

Frieden <-s, -> *m* ❶ (*Gegenteil von Krieg*) peace; **dauerhafter ~** lasting [*or* enduring] peace; **sozialer ~** social harmony; **[mit jdm] ~ schließen** to make peace [with sb]; **im ~** in peacetime, in time[s] of peace, in ~ **leben,** to live in peace ❷ (*Friedensschluss*) peace treaty; **den ~ diktieren** to dictate the peace terms; **über den ~ verhandeln** to hold peace negotiations; **der Westfälische ~** HIST the Peace of Westphalia ❸ (*Harmonie*) peace, tranquillity; **in ~ und Freundschaft** [*o* **Eintracht**] **leben** to live in peace and harmony; **der häusliche ~** domestic harmony; **seinen ~ mit jdm machen** (*geh*) to make one's peace with sb; **~ [zwischen jdm] stiften** to bring about peace [between sb], to reconcile sb ❹ (*Ruhe*) peace [and quiet], peace of mind; **um des lieben ~s willen** (*fam*) for the sake of peace and quiet; **seinen ~ finden** to be at peace; **jdn in ~ lassen** to leave sb in peace; ***lasst mich mit eurem Klatsch in ~!*** spare me your gossip!; **[er/sie] ruhe in ~!** [may he/she] rest in peace, RIP, requiescat in pace *form;* ***ich traue dem ~ nicht*** (*fam*) there's something fishy going on *fam,* I smell a rat *fam*

Friedensabkommen *nt* peace agreement **Friedensaktivist(in)** *m(f)* peace campaigner, peacenik *sl* **Friedensbedingungen** *pl* peace terms; **~ aushandeln** to negotiate [the] terms of peace **Friedensbereitschaft** *f* readiness for [*or* openness to] peace **Friedensbewegung** *f* peace movement **Friedensbruch** *m* POL violation of the peace **Friedensbüro** *nt* **Internationales ~** International Peace Bureau **Friedensdiktat** *nt* dictated peace, peace dictate **Friedensfahne** *f* white flag **Friedensforscher(in)** *m(f)* peace researcher **Friedensforschung** *f* peace studies + *sing vb* **Friedensforschungsinstitut** *nt* peace studies institute **Friedensgespräch** *nt meist pl* peace talks *pl* **Friedensgespräche** *pl* POL peace talks *pl* **Friedensgrenze** *f* (*ehem. DDR*) *frontier serving as guarantee of peace, esp. Oder-Neisse-Linie* **Friedensinitiative** *f* peace initiative **Friedenskonferenz** *f* peace conference **Friedenskuss**RR *m* REL kiss of peace, pax **Friedensliebe** *f* love of peace **Friedensmarsch** *m* peace march **Friedensmission** *f* peace mission **Friedensnobelpreis** *m* Nobel peace prize **Friedensordnung** *f* keeping of the peace **Friedenspfeife** *f* peace pipe, pipe of peace; **mit jdm/miteinander die ~ rauchen** (*hum fam*) to make [one's] peace with sb, to bury the hatchet **Friedenspflicht** *f* ÖKON *obligation of the parties involved in a collective agreement to keep industrial peace;* **die ~ verletzen** to violate the obligation to keep industrial peace **Friedensplan** *m* peace plan **Friedenspolitik** *f* policy of peace; **eine aktive ~ verfolgen** [*o* **betreiben**] to pro-actively pursue a policy of peace

Friedenspreis *m* peace prize **Friedensprozess**RR *m* peace process **Friedensrichter(in)** *m(f)* ❶ (*Einzelrichter in USA, Großbritannien*) justice of the peace, JP ❷ SCHWEIZ (*Laienrichter*) lay justice **Friedensschluss**RR *m* peace agreement [*or* treaty] **Friedenssicherung** *f* keeping of the peace **Friedensstärke** *f* MIL peacetime strength **frieden(s)stiftend** *adj* peacemaking **Friedensstifter(in)** *m(f)* peacemaker **Friedenstaube** *f* dove of peace **Friedenstruppen** *pl* peacekeeping force[s *npl*] **Friedensverhandlungen** *pl* POL peace negotiations [*or* talks] *pl* **Friedensverrat** *m kein pl* JUR treasonably endangering the pacific status **Friedensvertrag** *m* peace treaty; **[mit jdm] einen ~ schließen** to sign a peace treaty [with sb] **Friedensvorschlag** *m* peace proposal, proposal for peace **Friedenswille** *m* desire [*or* wish] for peace **Friedenszeit** *f* period of peace; **in ~en** in peacetime, in times of peace

friedfertig *adj* peaceable, peace-loving

Friedfertigkeit *f kein pl* peaceableness

Friedhof *m* graveyard; (*in Städten*) cemetery; **auf den ~ gehen** to go to [*or* visit] the graveyard [*or* cemetery]; **auf dem ~ [liegen]** [to be buried] in the graveyard [*or* cemetery]

Friedhofskapelle *f* cemetery chapel **Friedhofsruhe** *f* (*liter*) peace of the graveyard [*or* cemetery]; (*fig*) deathly quiet [*or* silence]

friedlich I. *adj* ❶ (*gewaltlos*) *Lösung* peaceful; **die ~e Nutzung von Kernenergie** the utilization of nuclear energy for peaceful purposes ❷ (*friedfertig*) peaceable, peace-loving; ***er ist eigentlich ein ganz ~er Mensch*** he's really a very amiable person; *Tier* placid, docile; ***sei doch ~!*** take it easy!, calm down!; ***wirst du wohl ~ sein!*** will you give it a rest!; *s. a.* **Weg** ❸ (*friedvoll, ruhig*) peaceful; **eine ~e Gegend** a peaceful area II. *adv* ❶ (*gewaltlos*) peacefully; **~ demonstrieren** to demonstrate peacefully; **einen Konflikt ~ lösen** to settle a conflict amicably ❷ (*friedvoll, in Ruhe*) **~ sterben** [*o euph* **einschlafen**] to die in peace [*or* peacefully]

friedliebend *adj* peace-loving

Friedrich <-s> *m* Frederick; **~ der Große** Frederick the Great; **seinen ~ Wilhelm unter etw** *akk* **setzen** (*fam*) to put one's signature to [*or* one's John Hancock at the bottom of] sth AM *sl*

frieren <fror, gefroren> I. *vi* ❶ *haben* (*sich kalt fühlen*) ■**jd friert** [*o* **jdn friert es**] sb is cold; ■**jd friert** [*o* **jdn friert es**] **an etw** *dat* sb's sth is cold; ***mach das Fenster zu, mich friert es am ganzen Körper!*** shut the window, I'm cold all over! [*or* through and through] ❷ *sein* (*gefrieren*) to freeze II. *vi haben impers* ■**es friert** it's freezing; ***heute nacht hat es gefroren*** it was below zero [*or* freezing] last night

Fries <-es, -e> *m* ARCHIT frieze

Friesland *nt* Friesland

frigid(e) *adj* frigid

Frigidität <-> *f kein pl* frigidity

Frikadelle <-, -n> *f* KOCHK rissole BRIT, meatball AM

Frikassee <-s, -s> *nt* fricassee

Frikativ <-s, -e> *m,* **Frikativlaut** *m* LING fricative, spirant

Friktion <-, -en> *f* (*a. fig geh*) friction *no pl*

Frisbee® <-, -s> *nt,* **Frisbee-Scheibe** ['frɪzbiː-] *f* frisbee

frisch I. *adj* ❶ (*noch nicht alt*) fresh; **~e Brötchen** fresh[ly baked] rolls; **~es Obst** fresh[-picked] fruit; **~ bedruckt** TYPO freshly printed, hot off the press ❷ (*neu, rein*) *Handtuch, Wäsche* fresh, clean; **ein ~es Blatt Papier** a new [*or* blank] sheet [of paper]; **sich ~ machen** to freshen up ❸ (*noch nicht getrocknet*) *Farbe* wet ❹ (*gesund*) *Hautfarbe* fresh, healthy; **~ und munter sein** (*fam*) to be [as] fresh as a daisy ❺ (*unverbraucht*) *Luft* fresh; **mit ~en Kräften** with fresh [*or* renewed] strength [*or* vigour [*or* AM -or]] ❻ (*gerade erst entstanden*) *Fleck, Wunde* fresh; ***die Erinnerung ist noch ~*** the memory is still fresh in my mind ❼ (*kühl*) *Brise, Wind* fresh, cool; *s. a.* **Luft** II. *adv* ❶ (*gerade erst, neu*) freshly; **die Betten ~ beziehen** to change the beds, to make the beds with fresh sheets; **~ gebacken** freshly-baked; **eine ~ gebackenee Ehefrau** (*fig*) a newly married wife; **ein ~ gebackenerer Lehrer/Rechtsanwalt** (*fig*) a teacher/lawyer straight [*or* fresh] from university; **~ gefallener Schnee** freshly [*or* newly] fallen snow; **~ geschlachtet** freshly slaughtered; *Geflügel* freshly killed; **~ gestrichen** newly painted; ***„~ gestrichen!"*** "wet paint"; **~ gewaschene Hände** clean hands; **ein ~ gewaschenes Hemd** a clean [*or* freshly washed [*or* laundered]] shirt; **Bier ~ vom Fass** beer on tap, beer [straight] from the barrel ❷ (*immer weiter*) ***immer ~ drauflos!*** keep at it!, don't hold back! ▸ WENDUNGEN: **~ gewagt ist halb gewonnen** (*prov*) a good start is half the battle *prov; s. a.* **Erinnerung**

Frische <-> *f kein pl* ❶ (*frische Beschaffenheit*) *Backwaren, Obst, etc* freshness ❷ (*Feuchtigkeit*) *von Farbe* wetness ❸ (*Kühle*) *der Luft, des Waldes, etc* freshness, coolness ❹ (*Sauberkeit, gutes Gefühl*) freshness, cleanness; **ein Gefühl von ~** a feeling of freshness, a fresh feeling ❺ (*volle körperliche und geistige Fitness*) health, vigour [*or* AM -or]; **in alter ~** (*fam*) as always; **in geistiger/körperlicher ~** with perfect mental clarity/in perfect physical health; **in voller körperlicher und geistiger ~** in perfect physical and mental health

Frischei *nt* fresh [*or* newly laid] [*or* new-laid] egg **Frischfisch** *m* fresh fish **Frischfleisch** *nt* fresh meat **frischgebacken** *adj s.* **frisch II 1** **Frischgemüse** *nt* fresh vegetables *pl* **Frischhaltebeutel** *m* airtight bag **Frischhaltebox** *f* airtight box **Frischhaltedose** *f* airtight container **Frischhaltefolie** *f* cling film **Frischhaltepackung** *f* airtight pack; **in einer ~** vacuum-packed **Frischkäse** *m* cream cheese

Frischling <-s, -e> *m* JAGD young wild boar (*of less than one year*)

Frischluft *f* fresh air **Frischmilch** *f* fresh milk **Frischwarenmarkt** *m* HANDEL fresh market **Frischwasser** *nt* fresh [*or* drinking] water

frischweg *adv* straight out [*or* off] *fam*

Frischwurst *f unsmoked, undried sausage* **Frischzelle** *f* MED live cell **Frischzellentherapie** *f* MED embryonal fresh cell therapy, Niehans' therapy *spec*

Friseur(in) <-s, -e> [fri'zøːɐ] *m(f),* **Friseuse** <-, -n> [fri'zøːzə] *f* ❶ (*Haarschneider*) hairdresser; (*Herrenfriseur*) barber; **zum ~ gehen** to go to the hairdresser's/barber's ❷ (*Friseursalon*) hairdresser's, barber's

Friseursalon [fri'zøːɐzalõː, -zalɔŋ] *m* hairdresser's, hairdressing salon

Friseuse <-, -n> [fri'zøːzə] *f fem form von* **Friseur 1**

frisieren* *vt* ❶ (*formend kämmen*) ■**jdn/sich ~** to do sb's/one's hair; **[jdm] das Haar** [*o* **die Haare**] [*o* **den Kopf**] **~** to do sb's hair; **elegant frisiert sein** to have an elegant hairstyle [*or* hairdo] *fam;* ***sie ist stets gut frisiert*** her hair is always beautifully done ❷ (*fig fam: fälschen*) ■**etw ~** to fiddle sth; **einen Bericht/den Beweis ~** to doctor a report/the evidence *fam;* **die Bilanzen ~** to cook the books *fam* ❸ AUTO **ein Auto/Mofa ~** to soup up a car/moped *sep;* **den Motor ~** to hot up [*or* AM soup up] an engine *sep*

Frisierkommode *f* dressing table **Frisiermantel** *m* [hairdressing] cape **Frisiersalon** *m* hair stylist['s]; (*für Damen*) hairdresser's, hairdressing salon BRIT, beauty salon [*or* parlor] AM; (*für Herren*) barber's [shop] **Frisierspiegel** *m* dressing [table] mirror

Frisör <-s, -e> *m,* **Frisöse** <-, -n> *f fem form von* **Friseur**

frissRR, **friß** *imper sing von* **fressen**

Frist <-, -en> *f* ❶ (*festgelegte Zeitspanne*) period [of time], time [limit]; **~ zur Klageerhebung/zur Klageerwiderung** time for commencement of action/for defence; **festgesetzte ~** fixed time; **gesetzliche ~** statutory period; **nach/vor Ablauf der gesetzlich festgelegten ~** on/prior to expiry of the statutory period of time; **gerichtliche ~** period of

F

time for the taking of any procedural step; **innerhalb kürzester** ~ (*geh*) without delay; **innerhalb einer** ~ **von zwei Wochen/Monaten** within [a period of] two weeks/months *form;* **eine** ~ **einhalten** to pay within the stipulated period; **eine** ~ **verstreichen lassen** to not pay within the stipulated period ❷ (*Aufschub*) respite, period of grace; (*bei Zahlung*) extension; **jdm eine letzte** ~ **einräumen** to grant sb a final extension

Fristablauf *m* deadline, expiration of [a period of] time **Fristbeginn** *m* beginning of [a period of] time, dies a quo **Fristberechnung** *f* calculation of the time allowed **Fristbestimmung** *f* setting a deadline **Fristeinhaltung** *f* meeting the deadline, compliance with a period of time **Fristeinlagen** *pl* FIN term shares [*or* deposits]

fristen *vt* **sein Dasein** [*o* **Leben**] ~ to eke out an existence [*or* a living]; **ein kümmerliches Dasein** ~ to eke out a miserable existence, to scrape a living

Fristende *nt* time limit, termination of a period

Fristenkalender *m* JUR timetable **Fristenlösung** *f*, **Fristenregelung** *f* JUR *law permitting an abortion within the first three months of pregnancy*

fristgemäß, fristgerecht I. *adj* in due course, on the due date; (*innerhalb vorgegebener Frist*) within the stipulated period *pred;* (*pünktlich*) punctual; **~e Entlassung** instant dismissal; **nicht ~e Lieferungen** late deliveries; **frist- und formgerecht** in due course and time **II.** *adv* in due course, on the due date; (*innerhalb vorgegebener Frist*) within the stipulated period; (*pünktlich*) punctually, on time; **etw** ~ **bearbeiten** to process sth to meet [*or* for] the deadline [*or* on time] **Fristklausel** *f* JUR deadline clause **fristlos I.** *adj* instant, without notice *pred;* **~e Kündigung** instant dismissal **II.** *adv* at a minute's warning, without notice; **jdn** ~ **entlassen** [*o* **jdm** ~ **kündigen**] to fire sb on the spot; ***Sie sind ~ entlassen!*** you're fired! **Fristsetzung** *f* JUR appointment of a date, fixing of a time limit; **gerichtliche** ~ peremptory order of time **Fristverlängerung** *f* extension **Fristversäumnis** *nt*, **Fristversäumung** *f* default [in respect of time], failure to observe the time limit **Fristwahrung** *f* JUR compliance with the time-limit, observance of the deadline **Fristwechsel** *m* FIN time bill

Frisur <-, -en> *f* hairstyle, hairdo *fam*

Friteuse <-, -n> [fri'tøːzə] *f s.* **Fritteuse**

fritieren* *vt s.* **frittieren**

Fritten *pl* (*fam*) chips BRIT, fries AM *fam*

Frittenbude *f* (*fam*) chippie BRIT *fam*

FritteuseRR <-, -n> [fri'tøːzə] *f* deep [*or* BRIT *a.* deep-fat] fryer

frittieren*RR *vt* ■**etw** ~ to [deep-]fry sth

FrittierpaletteRR *f* frying pallet

FrittüreRR <-, -n> *f* ❶ (*Fritteuse*) deep-fat fryer ❷ (*heißes Fett*) fat ❸ (*im Fett Gebackenes*) fried food

Fritüre <-, -n> *f s.* **Frittüre**

frivol [fri'voːl] *adj* ❶ (*anzüglich*) suggestive, lewd, risqué ❷ (*leichtfertig*) irresponsible, frivolous; **in ~er Weise** irresponsibly, frivolously

Frivolität <-, -en> [-vo-] *f* ❶ *kein pl* (*anzügliches Verhalten*) lewdness, suggestiveness ❷ *kein pl* (*anzügliche Bemerkung*) suggestive remark ❸ (*Bedenkenlosigkeit*) irresponsibility, frivolousness

Frl. *nt Abk von* **Fräulein** (*veraltend*) Miss

froh *adj* ❶ (*erfreut*) happy; ■~ [**über etw** *akk* [*o* SÜDD, ÖSTERR, SCHWEIZ **um etw** *akk*]] **sein** to be pleased [with/about sth]; ■~ [**darüber**] **sein, dass ...** to be pleased [*or* glad] that ...; ~ **gelaunt** [*o geh* **gestimmt**] cheerful, joyful *liter* ❷ (*erfreulich*) pleasing, joyful *liter;* **die F~e Botschaft** the Gospel; **eine ~e Nachricht** good [*or* pleasing] [*or liter* joyful] news ❸ (*glücklich*) ***~e Feiertage!*** have a pleasant [*or* nice] holiday!; ***~e Ostern!*** Happy Easter!; ***~e Weihnachten!*** Merry [*or* Happy] Christmas!

Frohbotschaft *f* (*veraltend*) ■**die** ~ the Gospel **frohgelaunt** *adj s.* **froh 1 frohgestimmt** *adj* (*geh*) *s.* **froh 1**

fröhlich I. *adj* ❶ (*von heiterem Gemüt*) cheerful, merry; **ein ~er Mensch** a cheerful [*or* happy] person ❷ (*vergnügt*) merry; *Lieder, Musik* cheerful, jolly *dated;* **~es Treiben** merry-making *liter,* merriment, gaiety *dated* ❸ (*glücklich*) *s.* **froh 3 II.** *adv* (*fam*) merrily, cheerfully

Fröhlichkeit <-> *f kein pl* cheerfulness, happiness

frohlocken* *vi* (*geh*) ■[**über etw** *akk*] ~ ❶ (*Schadenfreude empfinden*) to gloat [over sth] ❷ (*jubeln*) to rejoice [over [*or* at] sth] *liter*

Frohnatur *f* (*geh*) ❶ (*fröhliche Wesensart*) cheerful [*or* happy-go-lucky] [*or liter* blithe] nature ❷ (*fröhlicher Mensch*) cheerful [*or* happy] soul

Frohsinn *m kein pl s.* **Frohnatur 1**

fromm <frömmer *o* -er, frömmste *o* -ste> *adj* ❶ (*gottesfürchtig*) religious, practising [*or* AM -icing], devout; **ein ~er Katholik** a devout Catholic ❷ (*religiös*) religious; *s. a.* **Betrug, Lüge, Wunsch**

Frömmelei <-, -en> *f* (*pej*) false piety, pietism *pej*

frömmeln *vi* (*pej*) to affect piety, to act piously

Frömmigkeit <-> *f kein pl* devoutness, piety

Frömmler(in) *m(f)* (*pej*) sanctimonious hypocrite

Fron <-, -en> *f* ❶ (*geh*) drudge[ry] ❷ *s.* **Frondienst 2**

Fronarbeit *f* ❶ SCHWEIZ unpaid voluntary work ❷ *s.* **Frondienst 2**

Fronde <-, -n> ['frõːndə] *f* (*politische Opposition*) faction

Frondienst *m* ❶ *s.* **Fronarbeit 1** ❷ HIST soccage *no pl, feudal tenure of lands by service fixed and determinate in quality*

fronen *vi* (*geh*) to toil, to drudge

frönen *vi* (*geh*) ■**einer S.** *dat* ~ to indulge in sth; **seiner** [**eigenen**] **Eitelkeit** ~ to indulge one's [own] vanity

Fronleichnam <-[e]s> *m kein pl, meist ohne art* [the Feast of] Corpus Christi

Fronleichnamsfest *nt* ■**das** ~ the Feast of Corpus Christi **Fronleichnamsprozession** *f* Corpus Christi procession

Front <-, -en> *f* ❶ (*Vorderseite*) *Gebäude* face, front, frontage; **die hintere** [*o* **rückwärtige**] ~ the back [*or* rear] ❷ MIL front; **auf breiter** ~ along a wide front; **die gegnerische** ~ the opposing front; **in vorderster** ~ **stehen** to be in the front line; **jdn/etw an die** ~ **schicken** to send sb/sth to the front [lines] ❸ (*politische Opposition*) front; **eine geschlossene** ~ **bilden** to put up a united front; [**geschlossen**] ~ **gegen jdn/etw machen** to make a [united] stand against sb/sth ❹ METEO (*Wetterlage*) front ❺ SPORT (*Führung*) **in** ~ **liegen/gehen** to be in/go into [*or* take] the lead ► WENDUNGEN: **klare ~en schaffen** to clarify the/one's position; **die ~en verhärten sich** [the] attitudes are hardening; **eine** [**geschlossene**] ~ **bilden** to form a [continuous] front

Frontabschnitt *m* MIL section of the front

frontal I. *adj attr* frontal; **ein ~er Zusammenstoß** a head-on collision **II.** *adv* frontally; ~ **zusammenstoßen** to collide head-on; **jdn** ~ **angreifen** to make a frontal attack on sb; **etw** ~ **darstellen** to depict sth from the front

Frontalangriff *m* frontal attack **Frontalaufprall** *m* AUTO front-end impact **Frontalunterricht** *m* SCH didactic teaching, chalk and talk *fam* **Frontalzusammenstoß** *m* head-on collision

Frontantrieb *m* AUTO front-wheel drive, FWD *spec;* **mit** ~ with front-wheel drive **Frontbericht** *m* report from the front **Fronthaube** *f* AUTO bonnet BRIT, hood AM

Frontispiz <-es, -e> *nt* ARCHIT, TYPO frontispiece

Frontmotor *m* front[-mounted] engine **Frontpassagier(in)** *m(f)* front[-seat] passenger **Frontscheibe** *f* AUTO windscreen BRIT, windshield AM **Frontsitz** *m* AUTO front seat; (*geschrieben a.*) f/seat **Frontsoldat(in)** *m(f)* front-line soldier **Frontspoiler** *m* AUTO front spoiler **Fronturlaub** *m* leave [of absence] [*or spec* furlough] from the front **Frontwand** *f* frontage **Frontwechsel** *m* (*fig*) about-turn, volte-face *liter*

Frosch <-[e]s, Frösche> *m* ❶ ZOOL frog ❷ (*Feuerwerkskörper*) [fire]cracker, jumping jack ► WENDUNGEN: **einen** ~ **im Hals haben** (*fam*) to have a frog in one's throat; **sei kein** ~**!** (*fam*) be a sport!, don't be a spoilsport! [*or fam* party-pooper]

Froschauge *nt* ❶ (*Auge des Frosches*) frog's eye; (*fig: Glupschaugen*) pop-eye ❷ AUTO frogeye *fam,* bugeye AM **Froschbiss**RR *m* BOT frogbit **Froschkönig** *m* Frog Prince **Froschlaich** *m* frogspawn **Froschmann** *m* (*Taucher*) frogman **Froschperspektive** *f* worm's-eye view; **etw aus der** ~ **betrachten** to have a worm's-eye view of sth; **etw aus der** ~ **fotografieren** to photograph sth from a worm's-eye view **Froschschenkel** *m* frog's leg

Frost <-[e]s, Fröste> *m* frost; ***es herrscht strenger*** ~ there's a heavy [*or* hard] frost; **bei eisigem** ~ in heavy frost; ~ **abbekommen** to get [*or* become] frostbitten; ~ **vertragen können** to be able to stand [the] frost

Frostbeule *f* chilblain **Frostboden** *m* frozen ground; (*ständig*) permafrost

fröst(e)lig *adj* (*fam*) chilly; **sie ist ein ~er Mensch** she's a chilly soul, she feels the cold

frösteln I. *vi* ■[**vor Kälte**] ~ to shiver [with cold] **II.** *vt impers* ■**jdn fröstelt es** sb is shivering; **jdn fröstelt es vor Angst** sb is trembling with fear; **jdn fröstelt es vor Entsetzen** sb is shuddering with horror

Froster *nt* freezer compartment

frostfrei I. *adj* frost-free, free of [*or* from] frost; ***die Nacht war*** ~ there was no frost overnight **II.** *adv* **Fundamente** ~ **gründen** to sink foundations to a frost-free depth; **Pflanzen** ~ **halten** to keep plants protected against [*or* from] [the] frost **Frostgefahr** *f* danger of frost; **bei** ~ with frost expected

frostig *adj* (*a. fig geh*) frosty, chilly; **ein ~er Wind** an icy [*or liter* a chill] wind

Frostigkeit <-> *f kein pl* (*a. fig geh*) frostiness, chilliness; (*von Wind*) iciness

frostklar *adj* clear and frosty **Frostsalbe** *f* frost ointment **Frostschaden** *m* frost damage **Frostschutzmittel** *nt* AUTO antifreeze **Frostwetter** *nt* frost[y weather]

Frottee <-s, -s> *nt o m* (*Stoffart*) terry towelling [*or* AM cloth]

Frotteehandtuch *m* terry [*or* AM terry-cloth] towel **Frotteekleid** *nt* towelling [*or* AM toweling] dress **Frotteewindel** *f* terry nappy

frottieren* *vt* ■**jdn/sich** [**mit etw** *dat*] ~ to rub down *sep* sb/oneself [with sth]; (*massieren*) to massage sb [with sth]; ■**etw** [**mit etw** *dat*] ~ to rub sth [with sth]; (*massieren*) to massage sth [with sth]

Frottierhandtuch *nt* terry towel

Frotzelei <-, -en> *f* (*fam*) ❶ *kein pl* (*anzügliches Necken*) [constant] ribbing [*or* teasing] ❷ (*anzügliche Bemerkung*) sniggering [*or* barbed] remark

frotzeln *vi* (*fam*) ■[**über jdn/etw**] ~ to tease [*or* rib] [sb/sth], to make fun of sb/sth

Frucht <-, Früchte> *f* ❶ (*Teil von Pflanze*) fruit; ■**Früchte** (*Obst*) fruit *no pl, no indef art;* **kandierte Früchte** candied fruit *no pl, no indef art;* SÜDD, SCHWEIZ (*Getreide*) crops *pl;* ***die ~ steht gut*** the crops are looking good; **Früchte tragen** to bear [*or* yield] fruit *no pl* ❷ (*fig geh: Ergebnis*) fruit, product; **Früchte tragen** to bear fruit ► WENDUNGEN: **verbotene Früchte** forbidden fruit[s *pl*]

Fruchtansatz *m* BOT fruit buds *pl*

fruchtbar *adj* ❶ (*vermehrungsfähig*) fertile, prolific ❷ (*ertragreich*) fertile, fecund *form* ❸ (*künstlerisch produktiv*) prolific, voluminous *form* ❹ (*fig: nutzbringend*) fruitful, productive; **eine ~e Aussprache** a fruitful discussion; **etw für jdn/etw** ~ **machen** to use sth for the benefit of sb/sth

Fruchtbarkeit <-> *f kein pl* ❶ (*Vermehrungsfähigkeit*) fertility ❷ (*Ertragreichtum*) fertility, fecundity *form* **Fruchtbarkeitsziffer** *f* ÖKON fertility index

Fruchtbecher *m* ❶ BOT cup[ule] ❷ (*Eisbecher mit Früchten*) fruit sundae **Fruchtblatt** *nt* BOT (*Bestandteil des Fruchtknotens*) carpel

Früchtchen <-s, -> *nt* (*fam*) good-for-nothing; ***du bist mir ja ein sauberes*** ~ (*iron*) you're a [right] one BRIT

Früchtebecher *m s.* **Fruchtbecher 2 Früchtebrot** *nt* fruit loaf

fruchten *vi meist negiert* ■[**bei jdm**] ~ to be of use [to sb]; **nichts/wenig** ~ to be of no/little use [*or* avail]
Früchtetee *m* fruit tea **Früchteziehung** *f* FIN (*bei Zahlungsverzug*) reaping the benefits
Fruchtfleisch *nt* [fruit] pulp [*or* flesh] **Fruchtfliege** *f* fruit fly **Fruchtfolge** *f* AGR rotation of crops **Fruchtgummi** *nt* (*Bonbon*) fruit gum
fruchtig *adj* fruity; ~ **schmecken** to taste fruity
Fruchtjoghurt *m o nt* fruit yogurt **Fruchtkapsel** *f* BOT capsule **Fruchtknoten** *m* BOT ovary **fruchtlos** *adj* (*fig*) fruitless **Fruchtlosigkeit** *f kein pl* fruitlessness **Fruchtmark** *nt* [concentrated] [fruit] pulp **Fruchtnektar** *m fruit drink with 50% fruit juice* **Fruchtpresse** *f* fruit press **Fruchtsaft** *m* fruit juice **Fruchtsäure** *f* fruit acid **Fruchtstand** *m* BOT multiple fruit, syncarp *spec* **Fruchtwasser** *nt* MED amniotic fluid, the waters *pl* **Fruchtwasserspiegelung** *f* MED amniocentesis **Fruchtwasseruntersuchung** *f* MED amniocentesis *spec* **Fruchtwechsel** *m* AGR crop rotation, succession of crops **Fruchtzucker** *m* fructose
frugal I. *adj* (*geh*) frugal II. *adv* frugally
früh I. *adj* ❶ (*nicht spät*) early; ~ **am** [*o* **am ~en**] **Morgen** early in the morning; **in ~er/~[e]ster Kindheit** in one's early childhood/very early in one's childhood ❷ (*vorzeitig*) early; **ein ~er Tod** an early [*or* untimely] death ❸ (*am Anfang stehend*) *Person* young; **der ~e Goethe** the young Goethe; *Werke* early; **ein ~er Picasso** an early Picasso; **ein Werk des ~en Mozart** an early work by Mozart, a work by the young Mozart II. *adv* early; **Montag** ~ Monday morning; ~ **genug** in good time; ***daran wirst du dich noch ~ genug gewöhnen müssen*** there's no two ways about it. you'll just have to get used to it; **etw nicht ~ genug tun** to not do sth soon enough; **sich zu ~ freuen, zu ~ jubeln** to crow too soon; ***freu' dich bloß nicht zu ~!*** don't count your chickens before they're hatched *prov;* **von ~ bis spät** from morning till night, from dawn till dusk; *s. a.* **heute, morgen**
Früh <-> *f kein pl* SÜDD, ÖSTERR [early] morning; **in der ~** [early] in the morning
Frühantike *f* early classical period **frühauf** *adv* **von ~** from early childhood, from childhood on **Frühaufsteher(in)** <-s, -> *m(f)* early riser [*or hum* bird] **Frühbeet** *nt* cold frame
Frühchen *nt* premature baby
frühchristlich *adj* early Christian **Frühdiagnose** *f* early diagnosis **Frühdienst** *m* early duty; (*in der Fabrik*) morning [*or* early] shift; ~ **haben** to be on early duty; (*in der Fabrik*) to do [*or* have] [*or* be on] the morning shift
Frühe <-> *f kein pl* **in aller ~, gleich in der ~** at the crack of dawn, at the break of day; SÜDD, ÖSTERR **in der ~** early in the morning; **um sieben in der ~** at seven in the morning
früher I. *adj* ❶ (*vergangen*) earlier; **in ~en Jahren** [*o* **Zeiten**] in the past, in former times ❷ (*ehemalig*) former, previous; **~e Adresse** previous [*or* last] address, *~e Freundin,* ex[-girlfriend] II. *adv* ❶ (*eher*) earlier; ~ ***als 6 Uhr kann ich nicht kommen*** I can't come before [*or* earlier than] 6 o'clock; ~ ***geht's nicht*** it can't be done [*or* I/he/she etc. can't make it] any earlier; ~ **oder später** sooner or later ❷ (*ehemals*) ***ich habe ihn ~ [mal] gekannt*** I used to know him; ~ ***hast du so etwas nie gemacht*** you never used to do that kind of thing [before]; ~ ***war das alles anders*** things were different in the old days; **Bekannte von ~** old acquaintances; **Erinnerungen an ~** memories of times gone by [*or* of bygone days *liter*]; **genau wie ~, als ...** exactly as it/he etc. used to [be/do] as ...; **von ~** from former times [*or* days]; ***ich kenne sie von ~*** I've known her for some time
Früherkennung *f* MED early diagnosis [*or* recognition]
frühestens *adv* at the earliest; ~ **in drei Wochen** in three weeks at the soonest [*or* earliest]
frühestmöglich *adj attr* earliest possible
Frühgeburt *f* ❶ (*zu frühe Geburt*) premature birth; **eine ~ haben** to give birth prematurely ❷ (*zu früh geborenes Kind*) premature baby; **eine ~ sein** to be premature [*or* born prematurely] **Frühgemüse** *nt* early vegetables *pl* **Frühgeschichte** *f* ❶ *kein pl* (*Zeitabschnitt der Geschichte*) early [*or* ancient] history ❷ (*frühe Phase*) early stages *pl* **Frühgotik** *f* early Gothic period **Frühherbst** *m* early autumn [*or* AM fall] **frühherbstlich** *adj* early autumn [*or* AM fall] *attr;* **~e Stimmung** an atmosphere of early autumn **frühindustriell** *adj* ÖKON early industrial
Frühjahr *nt* spring; **im späten/zeitigen ~** in [the] late/early spring
Frühjahrskollektion *f* MODE spring collection **Frühjahrsmüdigkeit** *f* springtime lethargy **Frühjahrsputz** *m* spring-clean[ing]; [**den**] ~ **machen** to do the spring-cleaning
Frühkapitalismus *m* early capitalism **Frühkartoffel** *f* new [*or* early] potato **frühkindlich** *adj* **~e Entwicklung/Sexualität** development/sexuality in early childhood; **~e Erlebnisse/Traumen** experiences/traumas from early childhood **Frühkultur** *f* early culture
Frühling <-s, -e> *m* spring[time]; ***es wird*** ~ spring is coming; **im ~** in [the] spring[time]; **seinen zweiten ~ erleben** (*hum*) to go through one's second adolescence
Frühlingsanfang *m* first day of spring; **bei/nach ~** on/after the first day of spring; **vor ~** before [the] spring **Frühlingsgefühl** *nt meist pl* (*Gefühl der Gelöstheit*) spring feeling ▶ WENDUNGEN: **~ haben** [*o* **bekommen**] (*hum fam*) to be [*or* get] frisky *fam* **frühlingshaft** *adj* springlike **Frühlingsrolle** *f* KOCHK spring [*or* AM egg] roll **Frühlingssuppe** *f* spring vegetables soup **Frühlingszeit** *f kein pl* (*geh*) spring[time], springtide *liter*
Frühmensch *m* SCI early man **frühmorgens** *adv* early in the morning **Frühnebel** *m* early morning mist [*or* fog] **Frühobst** *f* early fruit **Frühpension** *f* early retirement; ~ **nehmen, in ~ gehen** to take early retirement **Frühpensionierung** *f* early retirement **frühreif** *adj* precocious; (*körperlich*) [sexually] mature [at an early age *pred*]; **~es Früchtchen** (*pej*) a precocious little thing *pej;* (*Mädchen*) a proper little madam BRIT *pej* **Frühreife** *f* (*frühe Entwicklung*) early maturity; (*geistig*) precocity, precociousness **Frührentner(in)** *m(f) person who has retired early;* ***er ist*** ~ he has retired early **Frühromantik** *f* early Romanticism **Frühschicht** *f* early [*or* morning] shift; ~ **haben** to do [*or* have] [*or* be on] the morning shift **Frühschoppen** *m* morning pint BRIT, eye-opener AM *fam* **Frühsommer** *m* early summer; **im ~** in [the] early summer **frühsommerlich** *adj* early summer *attr;* ***draußen ist es schon so richtig schön*** ~ there's already a real feel of early summer in the air **Frühsport** *m* [early] morning workout [*or* exercise]; ~ **treiben** [*o* **machen**] to have a[n early] morning workout, to get some [early] morning exercise **Frühstadium** *nt* early stage; **im ~** in the early stages *pl* **Frühstart** *m* SPORT false start; ~ **begehen** [*o* **machen**] to jump the gun
Frühstück <-s, -e> *nt* breakfast; ***um 8 Uhr gibt's*** ~ breakfast is at 8 o'clock; **zum ~** for breakfast; ***die ganze Familie saß beim*** ~ the whole family were having breakfast; ***der Preis versteht sich inklusive*** ~ the price includes breakfast; **zweites ~** midmorning snack, elevenses *npl* BRIT *fam;* **das zweite ~ einnehmen** to have [one's] elevenses BRIT *fam*
frühstücken I. *vi* to have [one's] breakfast, to breakfast *form;* ***sie ~ immer um 8 Uhr*** they always have breakfast at 8 o'clock II. *vt* ■**etw ~** to have sth for breakfast, to breakfast on sth *form*
Frühstücksbrett *nt* wooden board, *on which breakfast is eaten* **Frühstücksbrot** *nt* sandwich, *for one's morning snack* **Frühstücksbüfett** *nt* breakfast buffet **Frühstücksfernsehen** *nt* breakfast television [*or* TV] **Frühstücksfleisch** *nt* luncheon [*or* AM lunch] meat **Frühstückspause** *f* morning [*or* coffee] break; ~ **machen** to have a morning [*or* coffee] break **Frühstückszimmer** *nt* breakfast room
Frühverrentung *f* early retirement **Frühwarnsystem** *nt* early warning system **Frühwerk** *nt kein pl eines Künstlers* early work **Frühzeit** *f* early days; **die ~ einer Kultur** the early period of a culture; **die ~ des Christentums** early Christian times; **die ~ menschlicher Zivilisation** the early days of human civilization **frühzeitig** I. *adj* early; *Tod* early, untimely II. *adv* ❶ (*früh genug*) in good time; **möglichst ~** as soon as possible ❷ (*vorzeitig*) prematurely
Frust <-[e]s> *m kein pl* (*fam*) frustration *no indef art, no pl;* **einen ~ haben/bekommen** [*o fam* **kriegen**] to be/become [*or* get] frustrated
frusten *vt* (*fam*) ■**jdn frustet es** sth is frustrating sb; ***das hat mich total gefrustet*** I found that very frustrating
Frustration <-, -en> *f* frustration
frustrieren* *vt* (*fam*) ■**jdn frustriert etw** sth is frustrating sb; ■**~d** frustrating
frustrierend *adj* frustrating
frustriert I. *pp und 3. pers sing von* **frustrieren** II. *adj* frustrated; **sich ~ fühlen** to feel frustrated
frz. *adj Abk von* **französisch** Fr., French
F-Schlüssel ['ɛf-] *m* MUS F [*or* bass] clef
FTP *nt* INET *Abk von* **File Transfer Protocol** FTP
Fuchs, Füchsin <-es, Füchse> *m, f* ❶ (*Tier*) fox; (*weibliches Tier*) vixen ❷ (*Fuchspelz*) fox [fur] ❸ (*Pferd*) chestnut; (*mit hellerem Schwanz und hellerer Mähne*) sorrel ❹ (*fam: schlauer Mensch*) cunning [old] devil [*or* fox] *fam;* **ein alter** [*o* **schlauer**] ~ (*fam*) a cunning [old] devil [*or* fox] *fam,* a sly one ▶ WENDUNGEN: **wo sich Hase und ~ gute Nacht sagen** [*o* **wo sich die Füchse gute Nacht sagen**] (*hum*) at the back of beyond BRIT, out in the sticks [*or* AM boondocks] *fam*
Fuchsbau *m* [fox's] earth
fuchsen [-ks-] *vt* (*fam*) ■**jdn fuchst etw** sth is riling sb *fam,* to piss off sb *sep sl*
Fuchsie <-, -n> ['fʊksiə] *f* fuchsia
Füchsin [-ks-] *f fem form von* **Fuchs** vixen
Fuchsjagd *f* fox-hunt[ing]; **auf die ~ gehen** to go fox-hunting **Fuchspelz** *m* fox [fur] **fuchsrot** *adj* (*Haare*) ginger, auburn; (*Fell*) red, red-brown, reddish-brown; (*Pferd*) chestnut **Fuchsschwanz** *m* ❶ (*Schwanz des Fuchses*) [fox's] tail [*or* brush] BRIT ❷ (*Säge*) [straight back] handsaw **Fuchsschwanzgras** *nt* BOT foxtail
fuchsteufelswild *adj* (*fam*) mad as hell *fam,* hopping mad *fam;* **jdn ~ machen** to make sb mad [as hell] *fam,* to piss off sb *sl*
Fuchtel <-, -n> *f* ÖSTERR, SÜDD (*fam*) shrew *pej;* **unter jds ~ stehen** to be [well] under sb's control
fuchteln *vi* (*fam*) ■**mit etw** *dat* ~ to wave sth about [wildly] *fam;* (*drohend*) to brandish sth; [**mit den Händen**] ~ to wave one's hands about [wildly] *fam*
fuchtig *adj* (*fam*) [hopping] mad *fam,* pissed off *sl*
Fuder <-s, -> *nt* ❶ (*Wagenladung*) cartload; **ein ~ Heu** a [cart]load of hay ❷ (*Hohlmaß für Wein*) tun [of wine]
fuderweise *adv* (*hum fam*) by the cartload; ~ **belegte Brote vertilgen** to polish off tons of sandwiches *fam*
Fuerteventura *nt* Fuerteventura; *s. a.* **Sylt**
Füessli <-, -s> *nt* SCHWEIZ (*Schweinefuß*) pig's trotter
fuffzig (*fam*) *s.* **fünfzig**
Fuffziger <-s, -> *m* DIAL fifty-pfenning piece; **ein falscher ~ sein** (*pej sl*) to be a real crook *fam,* to be [as] bent as they come BRIT *sl*
Fug *m* **mit ~ und Recht** (*geh*) with complete justification
Fuge¹ <-, -n> *f* join, gap; **aus den ~n geraten** (*fig*) *Menschheit* to go awry *liter; Welt* to be out of joint; **in allen ~n krachen** to creak at the joints [*or* in every joint]
Fuge² <-, -n> *f* MUS fugue
fügen I. *vt* ❶ (*geh: anfügen*) ■**etw an etw** *akk* ~ to add sth to sth; ■**etw auf etw** *akk* ~ to lay sth on sth; **Wort an Wort ~** to string words together, to cast a

F

sentence ❷ (*geh: bewirken*) ■ **etw fügt etw** sth ordains sth; ***der Zufall fügte es, dass wir uns wiedersahen*** coincidence had it that we met [*or* saw each other] again **II.** *vr* ❶ (*sich unterordnen*) to toe the line; ■ **sich jdm/einer S. ~** to bow to sb/sth; **sich den Anordnungen ~** to obey instructions ❷ (*geh: akzeptieren*) ■ **sich in etw** *akk* **~** to submit to [*or* accept] sth ❸ (*(hinein)passen*) ■ **sich in etw** *akk* **~** to fit into sth ❹ *impers* (*geh: geschehen*) ■ **es fügt sich** it so happened; ***sei getrost, es wird sich schon alles ~*** never fear, it'll all work out in the end

Fugenband *nt* BAU joint tape **Fugenfüller** *m* BAU caulking **Fugenkelle** *f* joint filler **fugenlos I.** *adj* smooth **II.** *adv* without gaps [*or* BRIT joins]/a gap [*or* BRIT a join]

fügsam *adj* (*geh*) obedient; *Kind a.* tractable *form*

Fügsamkeit <-> *f kein pl* obedience, docility

Fügung <-, -en> *f* ❶ (*Bestimmung*) stroke of fate; **eine ~ Gottes/des Schicksals** an act of divine providence/of fate; **eine göttliche ~** divine providence *no indef art, no pl;* **eine glückliche ~** a stroke of luck [*or* good fortune] ❷ LING (*Wortgruppe*) construction

fühlbar *adj* (*merklich*) perceptible, noticeable, marked

fühlen I. *vt* ❶ (*körperlich spüren, wahrnehmen*) ■ **etw ~** to feel sth ❷ (*seelisch empfinden*) to feel sth; **Achtung/Verachtung für jdn ~** to feel respect/contempt for sb; **Erbarmen/Mitleid mit jdm ~** to feel pity/sympathy for sb; ■ **~, dass ...** to feel [that] ... ❸ ■ **etw ~** to feel sth; **jds Puls ~** to take sb's pulse **II.** *vi* ■ **nach etw** *dat* **~** to feel for sth **III.** *vr* ■ **sich [in einer bestimmten Art] ~** to feel [in a particular way] ❶ (*das Empfinden haben*) ***wie ~ Sie sich?*** how are you feeling [*or* how do you feel]?; **sich besser/benachteiligt/schuldig/unwohl/verantwortlich ~** to feel better/disadvantaged/guilty/unwell/responsible ❷ (*sich einschätzen*) ■ **sich als jd ~** to regard [*or* consider] oneself as sb; ***wie ~ Sie sich jetzt als Direktorin?*** how do you feel now [that] you're director? *fam* ❸ (*stolz sein*) ■ **sich [wunder wie** [*o* **was**]] **~** to think the world of oneself *fam*

Fühler <-s, -> *m* ❶ (*Tastorgan*) antenna, feeler; (*von Schnecke*) horn; **die ~ ausstrecken/einziehen** to put out [*or* extend]/retract its horns [*or* AM feelers] ❷ (*Messfühler*) sensor, probe ► WENDUNGEN: **seine** [*o* **die**] **~ [nach etw** *dat*] **ausstrecken** (*fam*) to put out [one's] feelers [towards sth]

Fühlung <-, -en> *f* contact; **mit jdm in ~ bleiben/stehen** to stay [*or* remain]/be in touch [*or* contact] with sb; **mit jdm ~ aufnehmen** to contact sb, to get in touch with sb

Fühlungnahme <-, -n> *f* [an initial] contact

Fuhre <-, -n> *f* ❶ (*Wagenladung*) [cart]load; **zwei ~n Stroh** two [cart]loads of straw ❷ (*Taxifahrt*) fare

führen I. *vt* ❶ (*geleiten*) ■ **jdn [durch/über etw** *akk*] **~** to take sb [through/across sth]; (*vorangehen*) to lead sb [through/across sth]; **eine alte Dame über die Straße ~** to help an old lady across [*or* over] the road; **jdn durch ein Museum/Schloss ~** to show sb round a museum/castle; ■ **jdn zu jdm ~** to take sb to sb; ***was führt Sie zu mir?*** (*geh*) what brings you to me? *form* ❷ (*leiten*) ■ **etw ~** *Betrieb, Geschäft* to run sth; *Armee* to command; *Expedition, Gruppe* to lead, to head ❸ (*in bestimmte Richtung lenken*) ■ **jdn auf etw** *akk* **~** to lead sb to sth; ***der Hinweis führte die Polizei auf die Spur des Diebes*** the tip put the police on the trail of the thief; ***das führt uns auf das Thema ...*** that brings [*or* leads] us on[to] the subject ...; **jdn auf Abwege ~** to lead sb astray ❹ (*registriert haben*) **jdn/etw in einem Verzeichnis/auf einer Liste ~** to have a record of sb/sth in a register/on a list; ***wir ~ keinen Schmidt in unserer Kartei*** we have no [record of a] Schmidt on our files ❺ (*heranbringen, handhaben*) **einen Bogen [über die Saiten] ~** to wield a bow [across the strings]; **die Kamera [an etw** *akk*] **~** to guide the camera [towards sth]; (*durch Teleobjektiv*) to zoom in [on sth]; **die Kamera ruhig ~** to operate the camera with a steady hand; **etw zum Mund[e] ~** to raise sth to one's mouth; **einen Pinsel [über etw** *akk*] **~** to wield a brush [over sth] ❻ (*entlangführen*) ■ **etw durch etw** *akk/***über etw** *akk* **~** to lay sth through sth/across [*or* over] sth; ***er führte das Satellitenkabel durch die Wand*** he laid [*or* fed] the satellite cable through the wall ❼ (*geh: steuern*) **ein Kraftfahrzeug/einen Zug ~** to drive a motor vehicle/a train ❽ (*geh: einen Titel o. Namen tragen*) ■ **etw ~** to bear sth; ***verheiratete Frauen ~ oft ihren Mädchennamen weiter*** married women often retain [*or* still go by] their maiden name; **einen Titel ~** to bear [*or* hold] a title ❾ (*geh: haben*) **Gepäck bei** [*o* **mit**] **sich** *dat* **~** to be carrying luggage; **seine Papiere/eine Schusswaffe bei** [*o* **mit**] **sich ~** to carry one's papers/a firearm on one's person, to carry around *sep* one's papers/a firearm ❿ (*im Angebot haben*) ■ **etw ~** to stock [*or spec* carry] sth **II.** *vi* ❶ (*in Führung liegen*) **mit drei Punkten/einer halben Runde ~** to have a lead of [*or* to be in the lead by] three points/half a lap ❷ (*verlaufen*) *Weg, etc* to lead, to go; ***wohin führt dieser Weg?*** where does this path lead [*or* go] to?; ***die Brücke führt über den Rhein*** the bridge crosses [over] [*or* spans] the Rhine; ■ **durch etw** *akk/***über etw** *akk* **~** *Straße, Weg* to lead [*or* go] through/over sth; *Kabel, Pipeline* to run through/over sth; *Spuren* to lead through/across sth ❸ (*als Ergebnis haben*) ■ **zu etw** *dat* **~** to lead to sth, to result in sth; ■ **dazu ~, dass ...** that will lead to ... + *gerund;* ***das führte zu dem Ergebnis, dass er entlassen wurde*** this led to [*or* resulted in] his [*or* him] being dismissed; [***all***] ***das führt*** [***doch***] ***zu nichts*** (*fam*) that will [all] come to nothing [*or* get you/us etc. nowhere] **III.** *vr* (*geh: sich benehmen*) ■ **sich ~** to conduct oneself *form;* **sich gut/schlecht ~** to conduct oneself well/badly [*or* to misbehave]

führend *adj* leading *attr;* ***diese Firma ist im Stahlbau ~*** this is one of the leading companies in steel construction; **eine ~e Persönlichkeit/Rolle** a prominent [*or* leading] personality/role; **der ~e Wissenschaftler auf diesem Gebiet** the most prominent scientist in this field

Führer <-s, -> *m* guide[book]; **ein ~ durch Deutschland** a guide to Germany

Führer(in) <-s, -> *m(f)* ❶ (*Leiter*) leader; (*Oberhaupt einer Bewegung etc.*) head [honcho AM *fam*]; ■ **der ~** HIST (*Hitler*) the Führer [*or* Fuehrer] ❷ (*Fremdenführer, Bergführer*) guide ❸ (*geh: Lenker*) driver; (*von Kran*) operator

Führerausweis *m* SCHWEIZ (*Führerschein*) driving licence BRIT, driver's license AM **Führerflucht** *m* SCHWEIZ (*Fahrerflucht*) a hit-and-run [accident] **Führerhaus** *nt* AUTO [driver's] cab; (*von Kran*) cabin **führerlos I.** *adj* ❶ (*ohne Führung*) leaderless, without a leader *pred* ❷ (*geh: ohne Lenkenden*) driverless, without a driver *pred;* (*auf Schiff*) with no one at the helm **II.** *adv* without a driver; (*auf Schiff*) with no one at the helm **Führerschein** *m* driving licence BRIT, driver's license AM; **jdm den ~ entziehen** to take away [*or form* withdraw] sb's driving licence, to disqualify sb from driving; **den** [*o* **seinen/ihren**] **~ machen** (*das Fahren lernen*) to learn to drive; (*die Fahrprüfung ablegen*) to take one's driving test **Führerscheinentzug** *m* driving ban, disqualification from driving **Führerscheinprüfung** *f* driving test **Führerscheinrecht** *nt kein pl* JUR driving licence [*or* AM -se] law **Führerstand** *m* BAHN [driver's] cab

Fuhrgeld *nt* carriage, cartage **Fuhrgeschäft** *nt* carriage **Fuhrmann** <-leute> *m* ❶ (*Lenkender*) carter; (*Kutscher*) coachman ❷ ASTRON ■ **der ~** the Charioteer, Auriga **Fuhrpark** *m* fleet [of vehicles]

Führung <-, -en> *f* ❶ *kein pl* (*Leitung*) leadership; MIL command; **innere ~** MIL morale; **unter jds ~** under sb's leadership of, led [*or* headed] by sb; MIL under command of sb, commanded by sb ❷ *kein pl* (*die Direktion*) management, directors *pl;* MIL commanding officers *pl* ❸ (*Besichtigung*) guided tour (**durch** +*akk* of) ❹ *kein pl* (*Vorsprung*) lead; (*in einer Liga o. Tabelle*) leading position; **seine ~ ausbauen** to increase one's lead; (*in einer Liga o. Tabelle*) to strengthen [*or* consolidate] one's leading position; **in ~ gehen** [*o* **die ~ übernehmen**] to go into [*or* take] the lead; **in ~ liegen** to be in the lead [*or* the leading position] ❺ *kein pl* (*Betragen*) conduct; **bei** [*o* **wegen**] **guter ~** on/for good conduct; **wegen guter ~ vorzeitig entlassen werden** to get a couple of years'/a few months' etc. remission for good conduct ❻ *kein pl* (*geh: Lenkung*) ***der Führerschein berechtigt zur ~ eines Kraftfahrzeuges der angegebenen Klasse*** to be licensed to drive a motor vehicle of a given class ❼ TECH (*Schiene*) guide ❽ *kein pl* (*das fortlaufende Eintragen*) **die ~ der Akten/Bücher** keeping the files/books ❾ *kein pl* (*das Tragen eines Namens o. Titels*) use; ***die ~ des Doktortitels ist erst nach Erhalt der Urkunde erlaubt*** only after the awarding of the certificate is one permitted to have the title of doctor

Führungsanspruch *m* claim to leadership **Führungsaufgabe** *f* executive duty [*or* function] **Führungsaufsicht** *f* JUR supervision of conduct; *bei Bewährungsstrafe* probationary supervision **Führungsbereich** *m* ÖKON management sector **Führungsebene** *f* top level [management] **Führungseigenschaften** *pl* managerial qualities

Führungselite *f* POL governing elite; **die albanische ~** the elite leaders *pl* of Albania **Führungselite** *f* POL leadership [*or* governing] elite **Führungsetage** *f* management level **Führungsgeschick** *nt* leadership skill **Führungsgremium** *nt* controlling [*or* governing] body **Führungskraft** *f kein pl* leadership, executive [officer] **Führungskrise** *f* crisis of leadership **Führungsmacht** *f* leading power **Führungsmannschaft** *f* ADMIN management team **Führungsoffizier** *m* supervising [*or* controlling] officer **Führungsposition** *f* ADMIN managerial [*or* leadership] position **Führungsqualitäten** *pl* leadership qualities *pl* **Führungsrolle** *f* leading role; **[in etw** *dat*] **eine ~ spielen** to play a leading role [in sth] **Führungsschicht** *f* the ruling classes *pl* **Führungsschiene** *f* (*an Maschinen*) guide rail **Führungsschwäche** *f* weak leadership **Führungsspitze** *f* higher echelons *pl;* (*von Unternehmen*) top[-level] management **Führungsstab** *m* MIL operations staff + *sing/pl vb* **Führungsstärke** *f* strong leadership **Führungsstil** *m* style of leadership; (*in einer Firma*) management style **Führungsstruktur** *f* ÖKON management [and control] structure **Führungswechsel** *m* change of leadership; (*in einer Firma*) change of management **Führungszeugnis** *nt* good-conduct certificate; **polizeiliches ~** clearance certificate BRIT

Fuhrunternehmen *nt* haulage business BRIT, hauliers *pl* BRIT, trucking company AM **Fuhrunternehmer(in)** *m(f)* haulage contractor BRIT, haulier BRIT, trucking company AM, trucker AM **Fuhrwerk** *nt* wag[g]on; (*mit Pferden*) horse and cart; (*mit Ochsen*) oxcart **fuhrwerken** *vi* (*fam: ungestüm hantieren*) ■ **[mit etw** *dat*] **~** to wave sth about

Fülle <-> *f kein pl* ❶ (*Körperfülle*) corpulence *form,* portliness *hum* ❷ (*Intensität*) richness, ful[l]ness BRIT, fullness AM; (*Volumen*) *Haar* volume ❸ (*Menge*) wealth, abundance; ■ **eine ~ von etw** *dat* a whole host of sth; **in [Hülle und] ~** in abundance

füllen I. *vt* ❶ (*voll machen*) ■ **etw [mit etw** *dat*] **~** to fill sth [with sth]; **halb gefüllt** half-full ❷ KOCHK (*eine Speise mit Füllung versehen*) ■ **etw [mit etw** *dat*] **~** to stuff sth [with sth] ❸ (*einfüllen*) ■ **etw in etw** *akk* **~** to put sth into sth, to fill sth with sth; **etw in Flaschen ~** to bottle sth; **etw in Säcke ~** to put sth into sacks, to sack sth ❹ (*Platz in Anspruch nehmen*) ■ **etw ~** to fill sth; ***meine Bücher ~ ganze drei Regale*** my books take up the whole of three shelves **II.** *vr* ■ **sich [mit etw** *dat*] **~** to fill [up] [with sth]; **sich [mit Menschen] ~** to fill [up] [with people]

Füllen <-s, -> *nt* (*veraltend*) *s.* **Fohlen**

Füller <-s, -> *m* fountain pen; (*mit Tintenpatrone*) cartridge pen; AUTO primer surfacer, filler

Füllfederhalter *m s.* **Füller**

Füllgewicht *nt* ❶ ÖKON net weight ❷ (*Fassungs-*

vermögen einer Waschmaschine) maximum load, capacity **Füllhorn** *nt* cornucopia
füllig *adj* ❶ (*von Mensch: rundlich*) plump, corpulent *form*, portly *hum;* **ein ~er Busen/eine ~e Figur** an ample [*or* a generous] bosom/figure ❷ (*voluminös*) **eine ~e Frisur** a bouffant hairstyle
Füllmaterial *nt* ❶ (*allgemein*) filling; (*für Kissen*) stuffing ❷ TYPO spacing material **Füllmenge** *f* quantity when filled **Fullrate-Übertragung** ['fʊlreɪt-] *f* TELEK fullrate transmission
Füllsel *nt* filler *no indef art, no pl*, padding *no indef art, no pl*
Füllung <-, -en> *f* ❶ KOCHK (*Masse in einer Speise*) stuffing ❷ (*ausfüllende Masse*) *von Matrazen, Federbetten* stuffing; (*von Kissen a.*) filling ❸ (*Türfüllung*) panel ❹ (*Zahnfüllung*) filling
Füllwort <-wörter> *nt* filler [word], expletive *spec*
fulminant *adj* (*geh*) brilliant
Fummel <-s, -> *m* (*sl*) cheap frock, rag *pej*
Fummelei <-, -en> *f* (*fam*) fumbling, fiddling
fummeln *vi* (*fam*) ❶ (*hantieren*) ■**[an/mit etw** *dat*] ~ to fumble [around], to fiddle [about BRIT] [*or* fumble [around]] with sth ❷ (*Petting betreiben*) to pet, to grope *fam*
Fun <-s> [fʌn] *m* fun
Fund <-[e]s, -e> *m* ❶ *kein pl* (*geh: das Entdecken*) discovery ❷ (*das Gefundene*) find; **einen ~ machen** (*geh*) to make a find
Fundament <-[e]s, -e> *nt* ❶ (*tragfähiger Untergrund*) foundation[s *npl*] ❷ (*fig: geistige Grundlage*) basis, foundation[s *npl*]; **das ~ für etw** *akk* **sein** to form a basis for sth; **das ~ zu etw** *dat* **legen, das ~ für etw** *akk* **schaffen** to lay the foundations for sth
fundamental I. *adj* fundamental II. *adv* fundamentally; **sich ~ irren** to make a fundamental error; **sich ~ unterscheiden** to make a fundamental decision
Fundamentalismus <-> *m kein pl* fundamentalism *no indef art, no pl*
Fundamentalist(in) <-en, -en> *m(f)* fundamentalist
fundamentalistisch *adj* fundamentalist
Fundamentbeton *m* BAU foundation concrete
fundamentieren* *vi* to lay the foundations
Fundamentplatte *f* BAU foundation slab
Fundbüro *nt* lost property office BRIT, lost-and-found office AM **Fundeigentum** *nt* JUR title by discovery **Fundgrube** *f* treasure trove
Fundi <-s, -s> *m* POL fundamentalist, hard-liner, *of the Green Party*
fundieren *vt* ■**etw ~** ❶ (*finanziell sichern*) to strengthen sth financially ❷ (*untermauern*) to underpin sth; **eine Politik ~** to back up a policy ❸ (*geh: festigen*) to sustain sth
fundiert *adj* sound; **gut ~** well founded; **schlecht ~** unsound; **~e Staatsanleihe** FIN funds *pl*, BRIT Consols *pl*
fündig *adj* **~ werden** to discover what one is looking for
Fundort *m* ■**der ~ von etw** *dat* [the place] where sth is/was found **Fundsache** *f* found object; (*in Fundbüro*) piece [*or* item] of lost property; ■**~n** lost property *no pl, no indef art* **Fundstätte** *f* (*geh*) *s.* **Fundort Fundstück** *nt* find **Fundunterschlagung** *f* JUR larceny by finder
Fundus <-, -> *m* ❶ (*geistiger Grundstock*) fund *a. fig;* **einen reichen ~ an Erfahrungen haben** to have a wealth of experience ❷ THEAT basic [*or* general] equipment
fünf *adj* five; *s. a.* **acht**[1] ▶ WENDUNGEN: **es ist ~ [Minuten] vor zwölf** it's almost too late, it's high time; **[alle] ~[e] gerade sein lassen** (*fam: etw nicht so genau nehmen*) to turn a blind eye, to look the other way
Fünf <-, -en> *f* ❶ (*Zahl*) five ❷ (*Karten*) five; *s. a.* **Acht**[1] **4** ❸ (*Verkehrslinie*) ■**die ~** the [number] five ❹ (*Zeugnisnote*) "unsatisfactory" (*the lowest examination grade signifying a pass in the German school system*), ≈ "F" BRIT
fünfbändig *adj* five-volume *attr*, of five volumes *pred* **Fünfeck** *nt* pentagon **fünfeckig** *adj* pentagonal, five-cornered **fünfeinhalb** *adj* ❶ (*Bruchzahl*) five and a half; *s. a.* **anderthalb** ❷ (*fam: Kurzform für: 5500 DM*) five and a half thousand [*or* grand] [*or* K] [*or* AM G's] *fam*
Fünfer <-s, -> *m* (*fam*) ❶ SCH (*Note: mangelhaft*) "unsatisfactory", ≈ "E" BRIT ❷ (*Lottogewinn*) [score of] 5 correct ❸ (*Fünfpfennigstück*) five-pfenning piece
fünferlei *adj attr* five [different]; *s. a.* **achterlei**
Fünferpack *m* pack of five, five-pack
fünffach, 5fach I. *adj* fivefold; **die ~e Menge/Summe** five times the amount/sum II. *adv* fivefold, five times; **~ ausgefertigt** issued in five copies [*or form* quintuplicate]
Fünffache, 5fache *nt dekl wie adj* ■**das ~** five times as much [*or* that amount]; *s. a.* **Achtfache**
Fünffüßer <-s, -> *m* ZOOL pentapedal **fünffüßig** *adj* (*liter: Versmaß*) pentametrical; **~er Jambus** iambic pentameter **Fünfganggetriebe** *nt* five-speed gearbox [*or* transmission] **Fünfgang-Schaltung** *f* TECH [vehicle] gearbox with five gears
fünfhundert *adj* five hundred; *s. a.* **hundert**
fünfhundertjährig *adj* five hundred-year-old *attr*
fünfjährig, 3-jährig[RR] *adj* ❶ (*Alter*) five-year-old *attr*, five years old *pred; s. a.* **achtjährig 1** ❷ (*Zeitspanne*) five-year *attr; s. a.* **achtjährig 2 Fünfjährige(r), 5-Jährige(r)**[RR] *f(m) dekl wie adj* five-year-old **Fünfkampf** *m* pentathlon; **Moderner ~** modern pentathlon **fünfköpfig** *adj* five-person *attr; s. a.* **achtköpfig**
Fünfling <-s, -e> *m* quin[tuplet]
fünfmal, 5-mal[RR] *adv* five times; *s. a.* **achtmal**
fünfmalig *adj* fifth; *s. a.* **achtmalig Fünfmarkschein** *m* five-mark note **Fünfmarkstück** *nt* five-mark piece **Fünfmeterbrett** *nt* five-metre [*or* AM -er] [diving] board **Fünfprozenthürde** *f* POL five-percent hurdle **Fünfprozentklausel** *f* POL five-percent rule [*or* clause] **fünfseitig** *adj* five-sided, pentagonal; (*von Brief*) five-page *attr*, of five pages *pred* **fünfspaltig** *adj* five-column *attr*, [extending] over five columns *pred* **fünfstellig** *adj* five-digit *attr;* **ein ~es Einkommen** a five-figure income **fünfstöckig** *adj* five-storey *attr* [*or* AM -story], with five storeys **fünfstündig, 5-stündig**[RR] *adj* five-hour *attr; s. a.* **achtstündig fünfstündlich** *adj* every five hours *pred*
fünft *adv* **zu ~ sein** to be a party of five
fünftägig, 5-tägig[RR] *adj* five-day *attr* **fünftausend** *adj* ❶ (*Zahl*) five thousand; *s. a.* **tausend 1** ❷ (*fam: 5000 DM*) five grand *no pl*, five thou *no pl sl*, five G's [*or* K's] *no pl* AM *sl* **Fünftausender** *m* five-thousand-metre [*or* AM -er] peak [*or* mountain]
fünfte(r, s) *adj* ❶ (*nach dem vierten kommend*) fifth; **die ~ Klasse** [*o fam* **die ~**] primary, elementary AM; *s. a.* **achte(r, s) 1** ❷ (*Datum*) fifth, 5th; *s. a.* **achte(r, s) 2**
Fünfte(r) *f(m) dekl wie adj* ❶ (*Person*) fifth; *s. a.* **Achte(r) 1** ❷ (*bei Datumsangabe*) ■**der ~/am ~en** [*o geschrieben* **der 5./am 5.**] the/on the fifth *spoken*, the 5th *written; s. a.* **Achte(r) 2** ❸ (*Namenszusatz*) **Ludwig der ~** *gesprochen* Louis the Fifth; **Ludwig V.** *geschrieben* Louis V
fünfteilig *adj* five-part [*or* -piece] *attr;* **~ sein** to be in five parts, to consist of five pieces
fünftel *adj* fifth
Fünftel <-s, -> *nt o* SCHWEIZ *m* fifth; *s. a.* **Achtel**
fünftens *adv* fifth[ly], in [the] fifth place
fünftürig *adj* five-door; **ein ~es Auto** a five-door car *attr;* **~ sein** to have five doors **Fünfuhrtee** *m* [afternoon] tea **Fünfunddreißigstundenwoche, 35-Stunden-Woche** *f* thirty-five-hour week **fünfwertig** *adj* CHEM pentavalent **fünfwöchig** *adj* five-week; **von ~er Dauer sein** to take [*or* last] five weeks **fünfzehn** *adj* fifteen; **~ Uhr** 3pm, 1500hrs *written*, fifteen hundred hours *spoken; s. a.* **acht**[1] **fünfzehnte(r, s)** *adj* fifteenth; *s. a.* **achte(r, s) Fünfzeiler** *m* LITER five-line poem/stanza, pentastich *spec* **fünfzeilig** *adj* LITER five-line *attr*, of five lines *pred*
fünfzig *adj* ❶ (*Zahl*) fifty; *s. a.* **achtzig 1** ❷ (*Stundenkilometer*) thirty [kilometres [*or* AM -meters] an hour]; *s. a.* **achtzig 2**
Fünfzig <-, -en> *f* fifty
fünfziger *adj,* **50er** *adj attr, inv* ■**die ~ Jahre** the fifties
Fünfziger[1] <-s, -> *m* ❶ (*fam: Fünfzigpfennigstück*) fifty-pfennig piece ❷ (*Wein aus dem Jahrgang -50*) fifties vintage
Fünfziger[2] <-, -> *f* (*fam: Fünfzigpfennigbriefmarke*) fifty-pfennig stamp
Fünfziger(in)[3] <-s, -> *m(f)* person in their fifties, fifty-year-old
Fünfzigerjahre *pl* ■**die ~** the fifties [*or* '50s] **fünfzigjährig, 50-jährig**[RR] *adj attr* ❶ (*Alter*) fifty-year-old *attr*, fifty years old *pred* ❷ (*Zeitspanne*) **~er Frieden** fifty years of peace; **nach ~er Besatzung** after a/the fifty-year occupation **Fünfzigjährige(r), 50-Jährige(r)**[RR] *f(m) dekl wie adj* fifty-year-old **Fünfzigmarkschein** *m* fifty-mark note **Fünfzigpfennigstück** *nt* fifty-pfennig piece
fünfzigste(r, s) *adj* fiftieth; *s. a.* **achte(r, s)**
fungibel *adj* HANDEL fungible, marketable; **fungible Waren** fungibles, fungible goods; **fungible Wertpapiere** marketable securities
fungieren* [fʊŋ'giːrən] *vi* ■**etw fungiert als etw** sth functions as sth; **als Dach ~** to serve [*or* make do] as a roof; **als Mittelsmann ~** to function as a middleman
Fungizid <-s, -e> [fʊŋgi'tsiːt, 'tsiːde] *nt* fungicide
Funk <-s> *m kein pl* radio; **etw über ~ durchgeben** to announce sth on the radio
Funkamateur(in) [-amatøːɐ] *m(f)* radio ham, amateur radio enthusiast **Funkausstellung** *f* radio and television exhibition
Fünkchen <-s, -> *nt* ❶ *dim von* **Funke** [tiny] spark ❷ (*geringes Maß*) **es besteht ein/kein ~ Hoffnung** there's a glimmer of hope; **es besteht kein ~ Hoffnung** there's not a scrap of hope; **ein/kein ~ Wahrheit** a grain/not a shred of truth
Funke <-ns, -n> *m,* **Funken** <-s, -> *m* ❶ (*glimmendes Teilchen*) spark *a. fig;* **~n sprühen** to emit [*or sep* send out] sparks, to spark; **~n sprühend** emitting sparks *pred*, sparking; **der zündende ~** (*fig*) the vital [*or* igniting] spark ❷ (*geringes Maß*) scrap; **ein ~ [von] Anstand** a scrap of decency; **ein ~ Hoffnung** a gleam [*or* glimmer] [*or* ray] of hope; **ein/kein ~ Wahrheit** a grain/not a shred of truth ▶ WENDUNGEN: **etw [so] tun, dass die ~n fliegen** (*fam*) to work like mad [*or* crazy] *fam;* **der ~ springt [zwischen zwei Menschen/den beiden] über** (*fam*) something clicked [between two people/the two] *fam*
funkeln *vi* to sparkle; *Sterne a.* to twinkle; *Edelsteine* to glitter, to flash; *Gold* to glitter, to gleam; **vor Freude ~** *Augen* to gleam [*or* sparkle] with joy; **vor Zorn ~** to glitter [*or* flash] with anger
funkelnagelneu *adj* (*fam*) brand-new, spanking-new
funken I. *vt* ■**etw ~** to radio sth; **SOS ~** to send out *sep* [*or* radio] an SOS II. *vi* ❶ (*senden*) to radio; **um Hilfe ~** to radio for help ❷ (*Funken sprühen*) to emit [*or sep* send out] sparks, to spark ❸ (*fam: richtig funktionieren*) to work; ***das Radio funkt wieder*** the radio's going again ❹ (*sich verlieben*) to click; ***zwischen den beiden hat's gefunkt*** there's a special chemistry between those two, those two have really clicked III. *vi impers* (*fam*) ❶ (*Prügel geben*) to be in for it; ***noch eine Bemerkung und es funkt!*** another remark and you'll be in for it ❷ (*verstehen*) to click; ***endlich hat es bei ihm gefunkt!*** it finally clicked [with him] *fam*
Funken <-s, -> *m s.* **Funke**
Funkenflug *m* flying sparks *pl* **funkensprühend** *adj s.* **Funke 1**
funkentstört *adj* with noise suppression *pred*
Funker(in) <-s, -> *m(f)* radio operator
Funkfeuer *nt* radio beacon **Funkgerät** *nt* ❶ (*Sende- und Empfangsgerät*) RT unit ❷ (*Sprechfunkgerät*) radio set, walkie-talkie **funkgesteuert** *adj* ELEK, TECH radio-controlled **Funkhaus** *nt* studios *pl*, broadcasting centre [*or* AM -er] **Funk-**

F

kolleg *nt* educational [*or* BRIT ≈ Open University] radio broadcasts **Funkkontakt** *m* radio contact **Funknavigation** *f* radio navigation **Funknetz** *nt* radio network **Funkpeilung** *f* [radio] direction finding **Funksignal** *nt* radio signal **Funksprechgerät** *nt* walkie-talkie **Funksprechverkehr** *m* radiotelephony **Funkspruch** *m* radio message **Funkstation** *f* radio station **Funkstille** *f* radio silence; **bei jdm herrscht ~** (*fig*) sb is [completely] incommunicado; ***und dann herrschte ~*** (*fig*) and then there was silence **Funkstreife** *f* [police] radio patrol **Funkstreifenwagen** *m* (*veraltend*) [police] radio patrol [*or* squad] car **Funktaxi** *nt* radio taxi [*or* cab] **Funktechnik** *f* radio technology **Funktelefon** *nt* cordless [tele]phone

Funktion <-, -en> *f* ① *kein pl* (*Zweck, Aufgabe*) function; **eine bestimmte ~ haben** to have a particular function ② (*Stellung, Amt*) position; **in ~ treten** *Gremium etc.* to come into operation; *Person* to begin [*or* take up] work; **in jds ~ als etw** in sb's capacity as sth ③ MATH function ④ (*Benützbarkeit*) function; **außer/in ~ sein** not to be working [*or* to be out of order] [*or* functioning]/to be working; *Stromkreis* not to be/to be switched on [*or* activated]; **etw außer/in/wieder in ~ setzen** *Stromkreis* to deactivate [*or sep* switch off]/activate [*or sep* switch on]/reactivate sth

funktional *adj s.* **funktionell**

Funktionalismus <-> *m kein pl* PHILOS functionalism

Funktionär(in) <-s, -e> *m(f)* functionary *form*, official; **ein hoher ~** a high-ranking official; **die [politischen] ~e** the [political] machine

funktionell *adj* ① MED functional; **~e Gruppe** CHEM functional group; **eine ~e Störung** a dysfunction *spec* ② (*funktionsgerecht*) practical, functional

Funktionenlehre *f* JUR doctrine of functions

funktionieren* *vi* ① (*betrieben werden, aufgebaut sein*) to work; ***wie funktioniert dieses Gerät?*** how does this device work?; *Maschine a.* to operate, to function ② (*reibungslos ablaufen, intakt sein*) to work out; *Organisation* to run smoothly ③ (*fam: gehorchen*) to obey [without question] ④ (*fam: möglich sein*) ***wie soll denn das ~?*** how [on earth] is that going to work?

Funktionsbild *nt* job profile **Funktionserweiterung** *f* expansion of functions **funktionsfähig** *adj* in working order *pred; Anlage* operative; *Maschinen, Schusswafen* in working order; **voll ~** fully operative, in full working order **funktionsgerecht** *adj* functional **Funktionsnachfolge** *f* JUR succession in governmental functions **Funktionspalette** *f* INFORM palette of functions **Funktionsstörung** *f* MED functional disorder, dysfunction *spec* **Funktionstaste** *f* INFORM function key; **frei belegbare ~** programmable function key **funktionstüchtig** *adj s.* **funktionsfähig** **Funktionsweise** *f* functioning *no pl;* **die ~ des Gehirns** the functioning of the brain

Funkturm *m* radio tower **Funkuhr** *f* radio clock **Funkverbindung** *f* radio contact; **mit jdm/etw in ~ stehen** [*o* **sein**] to have [*or* be in] radio contact with sb/sth **Funkverkehr** *m* radio communication [*or* traffic] *no art* **Funkwagen** *m* radio car

Funzel <-, -n> *f* (*pej fam*) dim light

für *präp +akk* ① (*Nutz, Zweck o Bestimmung betreffend*) ■**~ jdn/etw** for sb/sth; ***kann ich sonst noch etwas ~ Sie tun?*** will there be anything else?; ***sind Sie ~ den Gemeinsamen Markt?*** do you support the Common Market?; **~ *was ist denn dieses Werkzeug?*** DIAL what's this tool [used] for?; **~ *was soll es gut sein?*** DIAL what good is that? *fam;* **~ ganz** SCHWEIZ (*für immer*) for good; **~ sich [allein]** for oneself; **~ sich bleiben** to remain by oneself ② (*als jd, in der Funktion als*) for; **~ *ihr Alter ist sie noch erstaunlich rüstig*** she's still surprisingly sprightly for her age; **~ jdn** (*jds Ansicht nach*) in sb's opinion, for sb ③ MED (*gegen*) for; **gut ~ Migräne** good for migraine ④ (*zugunsten*) for, in favour [*or* AM -or] of; ***was Sie da sagen, hat manches ~ sich*** there's something in what you're saying; **~ jdn stimmen** to vote for sb ⑤ (*zahlend, in Austausch mit*) for; ***er hat es ~ 45 Mark bekommen*** he got it for 45 marks ⑥ (*statt*) for, in place of, instead of ⑦ (*als etw*) ***ich halte sie ~ intelligent*** I think she is intelligent ⑧ *in Kombination mit* „*was*" ***was ~ ein Blödsinn!*** what nonsense!; ***was ~ ein Pilz ist das?*** what kind [*or* sort] of mushroom is that? ▸ WENDUNGEN: **~ einmal** SCHWEIZ (*ausnahmsweise*) for once; (*einstweilen*) for the time being

Für <-> *nt* **das ~ und Wider [einer S.** *gen*] the pros and cons [of sth], the reasons for and against [sth]

Furan <-s, -e> *nt* CHEM fur[fur]an

Fürbitte *f* REL *a.* intercession, plea; **[bei jdm] für jdn ~ einlegen** to intercede [*or* plead] [with sb] for [*or* on behalf of] sb

Furche <-, -n> *f* ① (*Ackerfurche*) furrow; **~n ziehen** to plough [*or* AM plow] furrows ② (*Wagenspur*) rut ③ (*Gesichtsfalte*) furrow

furchen *vt* (*geh*) ■**etw ~** ① (*in Falten legen*) *Stirn* to furrow sth ② (*mit Furchen versehen*) to furrow sth

Furcht <-> *f kein pl* fear; **jdm sitzt die ~ im Nacken** sb's frightened out of his/her wits; **~ [vor jdm/etw] haben** [*o geh* **empfinden**] to be afraid of sb/sth, to fear sb/sth; ***hab' keine ~!*** don't be afraid!, fear not! *hum;* ***sei ohne ~!*** (*geh*) do not fear! *form*, fear not! *hum;* **~ einflößend** [*o* **erregend**] terrifying; **jdn in ~ versetzen** to frighten sb; **jdm ~ einflößen** to strike fear into sb *form;* **vor ~ zittern** to tremble with fear; **aus ~ vor jdm/etw** for fear of sb/sth

furchtbar I. *adj* terrible, dreadful; **einen ~en Durst/Hunger haben** to be parched/famished *form* [*or fam* terribly thirsty/hungry]; **~ aussehen** to look awful [*or* dreadful] II. *adv* ① (*äußerst*) terribly; **~ kalt/unangenehm** terribly cold/unpleasant ② (*schrecklich*) terribly, horribly; **~ durstig/hungrig sein** to be terribly thirsty/hungry

furchteinflößend *adj s.* **Furcht**

fürchten I. *vt* ① (*sich ängstigen*) ■**jdn/etw ~** to fear [*or* be afraid of] sb/sth; ■**gefürchtet sein** to be feared; **jdn das F~ lehren** to teach sb the meaning of fear ② (*befürchten*) ■**etw ~** to fear sth; ■**~, dass ...** to fear that ...; ■**zum F~** (*furchtbar*) frightful; **zum F~ aussehen** to look frightful [*or fam* a fright]; ***das ist ja zum F~*** that's really frightful II. *vr* ■**sich [vor jdm/etw] ~** to be afraid [of sb/sth]; **sich im Dunkeln ~** to be afraid of the dark; ***fürchtet euch nicht!*** don't be afraid!, fear not! *old* III. *vi* ■**um jdn/etw ~** (*geh*) to fear for sb/sth *form*

fürchterlich *adj s.* **furchtbar**

furchterregend *adj s.* **Furcht**

furchtlos I. *adj* fearless, dauntless *liter;* (*von Mensch a.*) intrepid II. *adv* **~ kämpfen/einer S.** *dat* **~ standhalten** to fight/withstand sth fearlessly [*or* without fear]

Furchtlosigkeit <-> *f kein pl* fearlessness

furchtsam *adj* (*geh*) timorous *liter*, fearful

Furchtsamkeit <-, *selten* -en> *f* (*geh*) timorousness *liter*, fearfulness

fürderhin *adv* (*veraltet*) in [the] future, hereafter *form*

füreinander *adv* for each other [*or form* one another]; **~ einspringen** to help each other [*or* one another] out

Furie <-, -n> ['fuːriə] *f* ① (*pej: wütende Frau*) hellcat, termagant *pej* ② (*mythisches Wesen*) fury; **... wie von ~n gejagt** [*o* **gehetzt**] ... as if the devil himself were after him/her etc.; ***sie gingen wie ~n aufeinander los*** they went for each other['s throats] like [wild]cats

furios <-er, -este> *adj* ① (*hitzig*) *Mensch* hot-headed ② (*mitreißend*) *Vorstellung* rousing, passionate

Furnier <-s, -e> *nt* veneer

furnieren* *vt* ■**etw ~** to veneer sth; **mit Walnussholz furniert** with [a] walnut veneer

Furore ▸ WENDUNGEN: **~ machen** [*o* **für ~ sorgen**] (*fam*) to cause a sensation

Fürsorge *f kein pl* ① (*Betreuung*) care ② (*fam: Sozialamt*) welfare services *npl*, welfare *no art fam* ③ (*fam: Sozialhilfe*) social security *no art*, welfare AM; **von der ~ leben** to live on benefits

Fürsorgeamt *nt* SCHWEIZ (*Sozialamt*) welfare services *npl* **Fürsorgepflicht** *f* JUR duty in respect of care and supervision; **~ des Arbeitgebers/Dienstherrn** employer's duty of care (*employer's obligation to provide welfare services*) **Fürsorgeprinzip** *nt* JUR welfare principle

Fürsorger(in) <-s, -> *m(f)* (*veraltet*) *s.* **Sozialarbeiter**

fürsorglich I. *adj* considerate (**zu** *+dat* towards); (*von Mensch a.*) solicitous *form* (**zu** *+dat* of) II. *adv* with [solicitous *form*] care

Fürsorglichkeit <-> *f kein pl* care; (*von Mensch a.*) solicitude *form*

Fürsprache *f* recommendation; **[bei jdm] ~ für jdn einlegen** to recommend sb [to sb], to put in a word for sb [with sb] *fam;* **auf jds ~** on sb's recommendation **Fürsprech** <-s, -e> *m* SCHWEIZ (*Rechtsanwalt*) lawyer, solicitor BRIT, attorney AM **Fürsprecher(in)** *m(f)* ① (*Interessenvertreter*) advocate ② JUR SCHWEIZ (*Anwalt*) barrister BRIT, attorney AM

Fürst(in) <-en, -en> *m(f)* ① (*Adliger*) prince; **~ Bismarck** Prince Bismarck; **wie ein ~/die ~en leben** to live like a lord [*or* king]/lords [*or* kings] ② (*Herrscher*) ruler; **der ~ der Finsternis** [*o* **dieser Welt**] (*euph geh: Satan*) the Prince of Darkness *liter;* **geistlicher ~** prince bishop

Fürstengeschlecht *nt*, **Fürstenhaus** *nt* house [*or* dynasty] of princes

Fürstentum *nt* principality; **das ~ Monaco** the principality of Monaco

Fürstin <-, -nen> *f fem form von* **Fürst** (*Adlige*) princess; (*Herrscherin*) ruler

fürstlich I. *adj* ① (*den Fürsten betreffend*) princely; **eine ~e Kutsche/ein ~es Schloss** a prince's coach/castle; **eure ~e Durchlaucht/Gnaden** Your Highness ② (*fig: prächtig*) lavish; *Gehalt, Trinkgeld* lavish, handsome *form* II. *adv* (*prächtig*) lavishly; **jdn ~ bewirten** to entertain sb lavishly [*or* [right] royally]; **~ leben/speisen** to live/eat like lords [*or* kings]/a lord [*or* king]

Furt <-, -en> *f* ford

furtum usus JUR larceny for temporary use

Furunkel <-s, -> *nt o m* MED boil, furuncle *spec*

fürwahr *adv* (*veraltet*) forsooth *old liter*, in truth

Fürwort <-wörter> *nt* LING pronoun; *s. a.* **Pronomen**

Furz <-[e]s, Fürze> *m* (*derb*) fart *fam!;* **einen ~ lassen** to [let off a] fart *fam!*

furzen *vi* (*derb*) to fart *fam!*

Fusel <-s, -> *m* (*pej*) rotgut *sl*, bad liquor, hooch AM *fam*

Fusion <-, -en> *f* ① ÖKON merger, amalgamation ② PHYS fusion

fusionieren* *vi* ÖKON ■**[zu etw** *dat*] **~** to merge [*or* amalgamate] [into sth]; ■**mit etw** *dat* **~** to merge [*or* amalgamate] with sth

Fusionierung <-, -en> *f* ÖKON merger, consolidation

Fusionsbilanz *f* FIN merger [*or* consolidated] balance sheet **Fusionskontrolle** *f* JUR, ÖKON merger control; **europäische/präventive ~** European/pre-emptive merger control **Fusionskontrollorgan** *nt* JUR, ÖKON merger control body **Fusionsreaktor** *m* PHYS fusion reactor **Fusionsrichtlinien** *pl* ÖKON merger guidelines [*or* directives] **Fusionsverbot** *nt* ÖKON merger ban **Fusionsvereinbarung** *f* JUR, ÖKON merger accord **Fusionsvertrag** *m* JUR, FIN consolidation [*or* merger] agreement **Fusionswelle** *f* wave of mergers

Fuß <-es, Füße> *m* ① (*Körperteil*) foot; **gut/schlecht zu ~ sein** to be steady/not so steady on one's feet; *Wanderer* to be a good/poor walker; **trockenen ~es** without getting one's feet wet; **etw ist zu ~ zu erreichen** sth is within walking distance; **an den Füßen** [*o* **die Füße**] **frieren** SÜDD to freeze one's feet off; **zu ~ gehen/kommen** to walk, to go/come on foot; **den ~ auf festen Boden/die**

Erde/den Mond setzen to set foot on solid ground/the earth/the moon; **den ~ in** [*o* **zwischen**] **die Tür stellen** to put [*or* get] one's foot in the door; **über seine** [**eigenen**] **Füße stolpern** to trip [*or* fall] over one's own feet; **jdm auf die Füße treten** to stand on sb's feet; (*fig: jdn beleidigen*) to step on sb's toes; **so schnell/weit ihn die** [*o* **seine/ihre**] **Füße trugen** as fast/far as his/her legs could carry him; **bei ~!** (*Befehl für Hunde*) heel! ❷ SÜDD, ÖSTERR (*Bein*) leg ❸ (*Sockel*) base; (*vom Schrank, Berg*) foot; (*Stuhl-, Tischbein*) [chair/table] leg ❹ LITER (*Versfuß*) [metrical] foot ❺ (*Teil eines Strumpfes*) foot ❻ *kein pl* (*Längenmaß*) foot, sie ist sechs ~ *groß*, she's six feet [*or* foot] tall; **ein sechs ~ großer Mann** a six-foot man, a six-footer *fam* ❼ KOCHK (*Schwein*) trotter; (*Lamm*) foot ▸ WENDUNGEN: **mit einem ~ im Grabe stehen** to have one foot in the grave; **die Füße unter jds Tisch strecken** to have one's feet under sb's table; **keinen ~ vor die Tür setzen** to not set foot outside; **auf eigenen Füßen stehen** to stand on one's own two feet; **wie eingeschlafene** Füße **schmecken** (*sl*) to taste of nothing; **jdn auf dem falschen ~ erwischen** to catch sb unprepared; **sich auf freiem ~**[**e**] **befinden** to be free; *Ausbrecher* to be at large; **jdn** [**wieder**] **auf freien ~ setzen** to release sb, to set sb at liberty; **auf großem ~**[**e**] **leben** to live the high life; **mit jdm auf gutem ~ stehen** to be on good terms with sb; **kalte Füße bekommen** to get cold feet; **auf schwachen** [*o* **tönernen**] [*o* **wackligen**] **Füßen stehen** to rest on shaky foundations; **stehenden ~es** (*geh*) forthwith *form;* **sich** *dat* **die Füße wund laufen** (*fam*) to run one's legs off *fam;* **jdm zu Füßen fallen** [*o* **sinken**] to go down on one's knees to [*or* before] sb; [**immer wieder**] **auf die Füße fallen** to fall one's feet [again]; [**festen**] **~ fassen** to gain a [firm] foothold; **jdm/einer S. auf dem ~e folgen** to follow sb/sth closely; (*fig*) to follow hard on sb/sth *fig;* **sich auf die Füße getreten fühlen** to feel offended; **jdm zu Füßen liegen** to lie at sb's feet; **jdm auf die Füße treten** (*fam*) to step [*or* tread] on sb's toes; **jdn/etw mit Füßen treten** (*fig*) to trample all over sb, to treat sb/sth with contempt; **sich** *dat* **die Füße vertreten** to stretch one's legs; **sich jdm zu Füßen werfen** to throw oneself at sb's feet, to prostrate oneself before sb

Fußabdruck <-abdrücke> *m* footprint **Fußabstreifer** <-s, -> *m,* **Fußabtreter** <-s, -> *m* foot scraper [*or* grating]; (*Matte*) doormat **Fußamputation** *f* MED foot amputation **Fußangel** *f* mantrap **Fußbad** *nt* ❶ (*das Baden der Füße*) footbath; **ein ~ nehmen** to take a footbath, to wash one's feet ❷ (*Wasser zum Baden der Füße*) footbath ❸ (*hum fam: verschütteter Tee o. Kaffee*) tea/coffee spilt in the saucer

Fußball *m* ❶ *kein pl* (*Spiel*) football BRIT, soccer AM; **~ spielen** to play football ❷ (*Ball*) football BRIT, soccer ball AM

Fußballer(in) <-s, -> *m(f)* (*fam*) footballer

Fußballfan *m* football fan **Fußballklub** *m* football club **Fußballmannschaft** *f* football team **Fußballmeisterschaft** *f* football league championship **Fußballplatz** *m* football pitch BRIT, soccer field AM **Fußballprofi** *m* professional footballer **Fußballrowdy** *m* football hooligan **Fußballspiel** *nt* football match **Fußballspieler(in)** *m(f)* football player **Fußballstadion** *nt* football stadium **Fußballtoto** *m o nt* the [football] pools *npl;* **~ spielen** to play the pools **Fußballübertragung** *f* TV football coverage **Fußballübertragungsrechte** *pl* TV football broadcasting rights *pl* **Fußballverband** *m* football association **Fußballverein** *m* football club **Fußballweltmeisterschaft** *f* football world championship

Fußbank <-bänke> *f* footrest **Fußbeschnitt** *m* TYPO tail trim[ming] **Fußboden** *m* floor **Fußbodenbelag** *m* floor covering **Fußbodenheizung** *f* [under]floor heating **Fußbreit** <-> *m kein pl* ❶ (*Breite des Fußes*) width of a foot, foot ❷ (*fig: Bisschen*) inch *fig;* **keinen ~ weichen** to not budge an inch **Fußbremse** *f* footbrake

fusselig *adj* fluffy *attr,* full of fluff *pred;* **ein ~er Stoff** a fluffy material; *s. a.* **Mund**

fusseln *vi* to get fuzzy; (*von Wolle a.*) to pill *spec*

fußen *vi* ■ **auf etw** *dat* ~ to rest [*or* be based] on sth

Fußende *nt* foot [of a/the bed] **Fußfesseln** *pl* shackles

Fußgänger(in) <-s, -> *m(f)* pedestrian

Fußgängerampel *f* pedestrian [*or* BRIT pelican] crossing **Fußgängerbrücke** *f* footbridge, pedestrian bridge **Fußgängerstreifen** *m* SCHWEIZ, **Fußgängerüberweg** *m* pedestrian crossing **Fußgängerübergang** *m* ❶ (*Überweg*) pedestrian crossing BRIT, crosswalk AM ❷ (*Überführung*) pedestrian bridge **Fußgängerzone** *f* pedestrian precinct

Fußgelenk *nt* ankle **Fußhebel** *m* TECH [foot] pedal **fußhoch** I. *adj* ankle-deep II. *adv* ankle-deep **fußkalt** *adj* ~ **sein** *Boden* to be cold on one's/the feet; *Wohnung* to have a cold floor **Fußkettchen** <-s, -> *nt* anklet **Fußlappen** *m* footcloth **fußläufig** *adj* (*zu Fuß*) on foot **Fußleiste** *f* skirting [board] BRIT, baseboard AM

fusslig^RR^, **fußlig** *adj s.* **fusselig**

Fußmarsch *m* ❶ MIL march ❷ (*anstrengender Marsch*) long hike **Fußmatte** *f* doormat **Fußnagel** *m* toenail **Fußnagelschere** *f* foot nail [*or* toenail] scissors *npl* **Fußnote** *f* LITER footnote **Fußpfad** *m* footpath **Fußpflege** *f* care of one's/the feet; (*professionell*) pedicure **Fußpfleger(in)** *m(f)* chiropodist **Fußpilz** *m kein pl* athlete's foot **Fußpuder** *m* foot powder **Fußreflexzonenmassage** *f* reflexology massage **Fußschalter** *m* foot[-operated] switch **Fußschaltung** *f* foot gear-change control **Fußschweiß** *m* foot sweat; **an ~ leiden** to suffer from sweaty feet **Fußsohle** *f* sole [of a/the foot] **Fußspitze** *f* toes *pl;* ***passen die Schuhe? — nein, ich stoße mit der ~ an*** do the shoes fit? No, my toes are pressing at the end **Fußspur** *f meist pl* footprints *pl* **Fußstapfen** <-s, -> *m* footprint; **in jds ~ treten** (*fig*) to follow in sb's footsteps *fig* **Fußstütze** *f* ❶ (*Stütze beim Sitzen*) footrest ❷ (*in Schuhen*) arch support **Fußtritt** *m* kick; **einen ~ bekommen** [*o fam* **kriegen**] to get kicked [*or* a kick]; **jdm einen ~ geben** [*o geh* **versetzen**] to give sb a kick, to kick sb **Fußvolk** *nt kein pl* ❶ MIL (*veraltet*) infantry, foot soldiers *pl* ❷ (*pej: bedeutungslose Masse*) ■ **das ~** the rank and file **Fußweg** *m* ❶ (*Pfad*) footpath ❷ (*beanspruchte Zeit zu Fuß*) ***es sind nur 15 Minuten ~*** it's only 15 minutes [*or* a 15-minute] walk **Fußzeile** *f* INFORM footer, footing

Futon <-s, -s> *m* futon

Futonbett *nt* futon bed **Futongestell** *nt* futon frame

futsch *adj pred* bust *fam;* **~ sein** to have had it *fam; verspieltes Geld a.* to be blown *fam*

Futter[1] <-s, -> *nt* ((*tierische*) *Nahrung*) [animal] feed; **dem Hund/der Katze ~ geben** to feed the dog/cat; *von Pferd, Vieh a.* fodder ▸ WENDUNGEN: **gut im ~ sein** [*o* **stehen**] to be well-fed [*or* -fattened]

Futter[2] <-s> *nt kein pl* ❶ (*Innenstoff, Auskleidung*) lining ❷ BAU (*Fenster~*) casement; (*Tür~*) jamb ❸ (*Spannfutter*) chuck

Futteral <-s, -e> *nt* case

Futtergetreide *nt* fodder [*or* forage] cereal **Futterkrippe** *f* (*Futterbehälter*) manger ▸ WENDUNGEN: **an der ~ sitzen** (*fam*) to have got it easy **Futtermais** *m* forage maize [*or* AM corn]

Füttern <-s> *nt kein pl* (*mit der Flasche*) *Baby* bottle feeding

futtern I. *vi* (*hum fam*) to stuff oneself *fam* II. *vt* (*hum fam*) ■ **etw ~** to scoff sth

füttern[1] *vt* ■ **jdn** [**mit etw** *dat*] **~** to feed sb [with [*or* on] sth]; ■ **ein Tier** [**mit etw** *dat*] **~** [*o* **einem Tier etw ~**] to feed an animal on sth, to give an animal sth [to eat]; ***„F~ verboten“*** "do not feed the animals"; **Hafer/Klee ~** to feed an animal with [*or* on] oats/clover

füttern[2] *vt* (*mit einem Stofffutter versehen*) ■ **etw** [**mit etw** *dat*] **~** to line sth [with sth]; **etw neu ~** to re[-]line sth

Futternapf *m* [feeding] bowl **Futterneid** *m* ❶ ZOOL envy of another animal's food ❷ PSYCH jealousy; **~ haben** (*fig*) to be jealous **Futterpflanze** *f* fodder crop, forage plant [*or* crop] **Futterrohr** *nt* BAU sleeve pipe **Futterrübe** *f* fodder beet, mangold **Futtersack** *m* nosebag **Futterstoff** *m* lining [material] **Futtertrog** *m* feeding trough

Fütterung <-, -en> *f* feeding

Futur <-s, -e> *nt* LING future [tense]

Futurebörse ['fju:tʃə-] *f* futures market

Futures ['fju:tʃəz] *pl* FIN futures *pl*

Futures-Markt ['fju:tʃəʳz-] *m* BÖRSE futures market

futurisch *adj* LING future *attr*

Futurismus <-> *m kein pl* KUNST futurism

futuristisch *adj* futurist[ic]

Futurologe, Futurologin <-n, -n> *m, f* futurologist

Futurologie <-> *f kein pl* futurology *no pl*

Fuzzi <-s, -s> *m* (*pej*) stupid little idiot

Fuzzy Logic^RR^, **Fuzzylogic**^RR^ <-> ['fʌzɪlɒdʒɪk] *nt kein pl* INFORM fuzzy logic

G

G, g <-, - *o fam* -s, -s> *nt* ❶ (*Buchstabe*) G, g; **~ wie Gustav** G for [*or* AM as in] George; *s. a.* **A 1** ❷ MUS G, g; *s. a.* **A 2**

g g; *Abk von* **Gramm** g, gram, gramme BRIT

G-8 *f* ÖKON, POL (*Gemeinschaft führender Industrienationen*) G-8, Group of Eight; **~-Gipfel** G-8 summit; **~-Treffen** meeting of the G-8 members

Gabardine <-s> ['gabardi:n] *m kein pl* gabardine, gaberdine

Gabe <-, -n> *f* ❶ (*geh: Geschenk*) gift, present; REL offering; **eine milde ~** alms *pl,* a small donation *hum* ❷ (*Begabung*) gift; ■ **die ~ einer S.** *gen* **haben** to have a gift for sth; **die ~ des Erzählens/der Überredungskunst** the gift of the gab *fam*/of persuasion; **die ~ haben, etw zu tun** to have a [natural] gift of doing sth ❸ *kein pl* MED (*das Verabreichen*) administering *no indef art, no pl* ❹ SCHWEIZ (*Preis, Gewinn*) prize

Gabel <-, -n> *f* ❶ (*Essens~*) fork ❷ (*Heu~, Mist~*) pitchfork ❸ (*~deichsel*) shafts *pl;* (*Rad~*) fork ❹ TELEK cradle, rest; ***du hast den Hörer nicht richtig auf die ~ gelegt*** you haven't replaced the receiver properly ❺ JAGD spire

Gabelbissen *m* ❶ (*Heringsfilet*) rollmops ❷ (*Appetithappen*) canapé **Gabelfrühstück** *nt* mid-morning snack, elevenses + *sing/pl verb* BRIT *fam*

gabeln *vr* ■ **sich ~** to fork; ***hier gabelt sich der Weg*** the path [*or* road] forks here

Gabelringschlüssel *m* combination spanner [*or* AM wrench] **Gabelschlüssel** *m* open end spanner [*or* AM wrench] **Gabelstapler** <-s, -> *m* forklift truck

Gabelung <-, -en> *f* fork

Gabentisch *m table for laying out presents*

Gabun <-s> *nt* Gabun, Gabon; *s. a.* **Deutschland**

Gabuner(in) <-s, -> *m(f)* Gabonese; *s. a.* **Deutsche(r)**

gabunisch *adj* Gabonese; *s. a.* **deutsch**

gackern *vi* ❶ *Huhn* to cluck ❷ (*fig fam*) to cackle *fig*

Gadolinium <-s> *nt kein pl* CHEM gadolinium *no pl, no art*

gaffen *vi* (*pej*) ■ [**nach jdm/etw**] **~** (*fam*) to gape [*or* BRIT *pej fam* gawp] [at sb/sth], to stare [at sb/sth]; ***was gaffst du so?*** what are you gawping [*or* gaping] at!

Gaffer(in) <-s, -> *m(f)* (*pej*) gaper, gawper BRIT *pej*

Gag <-s, -s> [gɛk] *m* (*fam*) joke, gag; **~s über jdn/etw machen** to do gags about sb/sth; (*Spaß*) stunt, gag

gaga *adj prädikativ, inv* (*pej fam*) gaga *pej fam*
Gage <-, -n> ['ga:ʒə] *f bes* THEAT fee
gähnen *vi* ❶ (*Müdigkeit, Langeweile*) yawn; ■**ein G~** a yawn; **das G~ unterdrücken** to stop oneself [from] yawning, to stifle a yawn; **zum G~ [langweilig] sein** to be one big yawn ❷ (*geh: sich auftun*) to yawn; **ein ~es Loch** a gaping hole
GAL <-> *f kein pl Abk von* **Grün-Alternative-Liste** *electoral pact of green and alternative parties*
Gala <-, -s> *f* ❶ *kein pl* formal [*or* festive] dress *no pl*; **sich in ~ werfen** [*o fam* **schmeißen**] to get all dressed up [to the nines] *fam*, to put on one's Sunday best *fam* ❷ *s.* **Galavorstellung**
Galaabend *m* gala evening **Galaanzug** *m kein pl* ❶ (*festliche Kleidung*) formal [*or* evening] dress ❷ MIL ceremonial dress **Galadiner** [dine:] *nt* formal dinner **Galaempfang** *m* formal reception
galaktisch *adj* ASTRON galactic; **~e Scheibe** galactic plane
galant *adj* (*veraltend*) ❶ (*betont höflich gegenüber Damen*) chivalrous *dated* ❷ (*amourös*) amorous; **ein ~es Abenteuer** an amorous adventure
Galapagosfink *m s.* **Darwinfink**
Galapagosinseln *pl* GEOG ■**die ~** the Galápagos Islands *pl*
Galauniform *f* ceremonial [*or* full dress] uniform **Galavorstellung** *f* THEAT gala performance
Galaxie <-, -n> *f* ASTRON galaxy
Galaxienhaufen *m* ASTRON galactic cluster
Galaxis <-, Galaxien> *f* ASTRON ❶ (*Galaxie*) galaxy ❷ *kein pl* (*Milchstraße*) ■**die ~** the Galaxy, the Milky Way System
Galeere <-, -n> *f* galley
Galeerensklave, -sklavin *m, f* galley slave **Galeerensträfling** *m* galley slave
Galeone <-, -n> *f* HIST galleon
Galerie <-, -n> ['ri:ən] *f* ❶ ARCHIT gallery ❷ (*Gemälde~*) art gallery; (*Kunsthandlung*) art dealer's ❸ (*a. hum: Menge, Reihe*) collection; ***meine Oma besitzt eine ganze ~ hässlicher Vasen*** my granny has quite a collection of ugly vases ❹ (*Geschäftspassage*) arcade ❺ ÖSTERR, SCHWEIZ (*Tunnel mit fensterartigen Öffnungen*) gallery
Galerist(in) <-en, -en> *m(f)* proprietor of an art dealer's [shop], proprietor of a gallery
Galgen <-s, -> *m* ❶ (*zum Erhängen*) gallows + *sing vb*, gibbet; **jdn an den ~ bringen** to send sb to the gallows; **jdn am ~ hinrichten** to hang sb [from the gallows] ❷ FILM (*galgenähnliche Vorrichtung, an der etwas aufgehängt werden kann*) boom
Galgenfrist *f* (*fam*) stay of execution, reprieve; **eine ~ erhalten** to receive a stay of execution; **jdm eine ~** [*o geh* **einräumen**] **geben** to grant sb a reprieve [*or* stay of execution] **Galgenhumor** *m* gallows humour [*or* AM -or] **Galgenvogel** *m* (*pej veraltend*) gallows bird *old*, rogue *dated*
Galicien *nt* Galicia
Galicier(in) *m(f)* Galician
galicisch *adj* Galician
Galicisch *nt decl wie adj* Galician; *s. a.* **Deutsch**
Galicische <-n> *nt* ■**das ~** Galician, the Galician language; *s. a.* **Deutsche**
Galiläa <-s> *nt kein pl* Galilee
Galionsfigur *f* (*a. fig*) figurehead *a. fig*
Gälisch *nt decl wie adj* Gaelic; *s. a.* **Deutsch**
gälisch *adj* ❶ (*keltisch*) Gaelic; *s. a.* **deutsch 1** ❷ LING Gaelic; *s. a.* **deutsch 2**
Gälische <-n> *nt* ■**das ~** Gaelic, the Gaelic language; *s. a.* **Deutsche**
Galizier <-e, -s> *m*, **Galizierkrebs** *m* freshwater crayfish
Gallapfel *m* oak gall, oak apple, gallnut
Galle <-, -n> *f* ❶ (*~nblase*) gall-bladder ❷ (*Eichen~*) *s.* **Gallapfel** ❸ (*Gallenflüssigkeit*) bile, gall; **bitter wie ~** as bitter as gall [*or old* wormwood] ▸ WENDUNGEN: **jdm kommt die ~ hoch** sb's blood begins to boil; **jdm läuft die ~ über** sb is seething [*or* livid]; **~ verspritzen** to pour out one's venom
galle(n)bitter *adj* (*äußerst bitter*) as bitter as gall, extremely bitter, caustic; **~er Humor** a caustic sense of humour [*or* AM -or] **Gallenblase** *f* gall bladder **Gallengang** *m* bile duct **Gallengrieß** *m* small gallstones *pl* **Gallenkolik** *f* biliary colic **Gallenleiden** *nt* gall bladder complaint **Gallensäure** *f* bile acid; BOT gallic acid **Gallenstein** *m* gallstone
Gallert <-[e]s, -e> ['galɐt, ga'lɛrt] *nt*, **Gallerte** <-, -n> *f* jelly
gallertartig [ga'lɛrt] *adj* gelatinous
Gallien <-s> [liən] *nt* HIST Gaul
Gallier(in) <-s, -> [liɐ] *m(f)* HIST Gaul
gallig *adj* caustic; **eine ~e Bemerkung** a caustic remark; **~er Humor** a caustic sense of humour [*or* AM -or]
gallisch *adj* Gallic; *s. a.* **deutsch**
Gallium <-s> *nt kein pl* CHEM gallium *no pl*
Gallone <-, -n> *f* gallon
Gallwespe *f* ZOOL gall wasp
Galopp <-s, -s *o* -e> *m* ❶ (*Pferdegangart*) gallop; **in gestrecktem ~** at full gallop; **in ~ fallen** to break into a gallop; **im ~** (*a. fig*) at a gallop, at top [*or* full] speed *fig*; ***sie erledigte die Einkäufe im ~*** she did the shopping at top speed; **langsamer ~** canter ❷ (*Tanz*) galop
galoppieren* *vi haben o sein* to gallop; **~de Inflation** galloping inflation
Galvanisation <-, -en> *f* MED galvanization
galvanisch ['va:] *adj* galvanic
Galvaniseur(in) <-s, -e> *m(f)* electroplater, galvanizer [*or* BRIT *a.* -iser]
galvanisieren* [va] *vt* ■**etw ~** to electroplate sth, to galvanize sth
Galvanometer *nt* TECH galvanometer
Gamasche <-, -n> *f* (*veraltet*) gaiter *dated*; **kurze ~** spat; **Wickel~** puttee
Gambe <-, -n> *f* MUS viola da gamba
Gambia <-s> *nt* the Gambia; *s. a.* **Deutschland**
Gambier(in) <-s, -> *m(f)* Gambian; *s. a.* **Deutsche(r)**
gambisch *adj* Gambian; *s. a.* **deutsch**
Gameboy® <-s, -s> ['geɪmbɔɪ] *m* Gameboy®
Gameport <-s, -s> ['geɪm-] *nt* INFORM game port
Gamma <-[s], -s> *nt* gamma
Gammastrahlen *pl* PHYS, MED gamma rays *pl* **Gammastrahlung** *f* PHYS gamma radiation
gammelig *adj* (*pej fam*) ❶ (*ungenießbar*) bad, rotten; **ein ~es Stück Käse** a piece of stale cheese ❷ (*unordentlich*) scruffy; **ein ~es Auto** an old banger *fam*; **~e Kleidung** scruffy [*or* grotty] clothes BRIT; **~ herumlaufen** to walk around looking scruffy
gammeln *vi* ❶ (*ungenießbar werden*) to go off, to spoil ❷ (*fam: herumhängen*) to laze [*or fam* loaf] [*or sl* bum] around
Gammler(in) <-s, -> *m(f)* (*veraltend fam*) layabout *fam*, loafer *fam*
Gams <-, -[en]> *f* JAGD ÖSTERR, SÜDD (*Gemse*) chamois
Gamsbart, Gämsbart^RR *m* JAGD, MODE *tuft of chamois hair worn as a hat decoration* **Gamsbock, Gämsbock^RR** *m* chamois buck
Gämse^RR <-, -n> *f* chamois
Gamsleder *nt* chamois leather
GAN *nt* INFORM *Akr von* **global area network** GAN
gang *adj* **~ und gäbe sein** to be customary, to be the norm
Gang¹ <-[e]s, Gänge> *m* ❶ *kein pl* (*~art*) walk, gait, way of walking; ***ich erkenne ihn schon am ~*** I recognize him from the way he walks; ***sie beschleunigte ihren ~*** she quickened [*or* speeded up] her pace; ***er verlangsamte seinen ~*** he slowed down; **aufrechter ~** upright carriage; **einen federnden ~ haben** to have a spring in one's step; **einen hinkenden ~ haben** to walk with a limp; **einen schnellen ~ haben** to walk quickly; **einen unsicheren ~ haben** to be unsteady on one's feet ❷ (*Weg*) walk; ***sein erster ~ war der zum Frühstückstisch*** the first thing he did was to go to the breakfast table; ***ich traf sie auf dem ~ zum Arzt*** I bumped into [*or* met] her on the way to the doctor's; (*Besorgung*) errand; **einen ~ machen** [*o* **tun**] to go on an errand; ***ich muss heute in der Stadt einige Gänge erledigen*** I must do [*or* go on] a few errands in town today; ***machst du für mich einen ~ zur Bank?*** could you go to the bank for me?; **einen schweren ~ tun** to do sth difficult ❸ *kein pl* TECH (*Bewegung*) action, operation; **den Motor in ~ halten** to keep the engine running; ***ihre Uhr hat einen gleichmäßigen ~*** her clock operates smoothly; **etw in ~ bringen** [*o* **setzen**] to start [up *sep*] sth, to get sth going, to get sth off the ground [*or* running] *a. fig*; **den Motor wieder in ~ bringen** to get the engine going again; **in ~ kommem** to get off the ground; ***die Vorbereitungen sind endlich in ~ gekommen*** the preparations are finally underway; ***mit diesem Schalter wird die Anlage in ~ gesetzt*** this switch starts up the plant ❹ (*Ablauf*) course; **der ~ der Ereignisse** the course of events; ***er verfolgte den ~ der Geschäfte*** he followed the company's developments; **seinen gewohnten** [*o* **alten**] **~ gehen** to run its usual course; ***alles geht wieder seinen gewohnten ~*** everything is proceeding as normal; **im ~[e]** [*o* **in ~**] **sein** to be underway; *Handlung* [*einer Erzählung/eines Filmes etc.*] development [of a narration's/film's etc. plot] ❺ (*~ in einer Speisenfolge*) course ❻ AUTO gear; (*Fahrrad*) *a.* speed; **einen ~ einlegen** to engage a gear; ***vorsichtig den ersten ~ einlegen!*** carefully engage first gear!; ***hast du den zweiten ~ drin?*** (*fam*) are you in second gear?; **den ~ herausnehmen** to engage neutral, to put the car into neutral; **in den 2. ~ schalten** to change into 2nd gear; **einen ~ zulegen** (*fig*) to get a move on *fig* ❼ (*eingefriedeter Weg*) passageway; ***rings um das Atrium führte ein überdachter ~*** there was a covered walkway all around the atrium; (*Korridor*) corridor; ***bitte warten Sie draußen auf dem ~*** please wait outside in the corridor; *Theater, Flugzeug, Kirche, Laden, Stadion* aisle; (*Säulen~*) colonnade, passage; (*Bergwerk~*) tunnel, gallery ❽ (*Erz~*) vein ❾ ANAT duct; (*Gehör~*) meatus ▸ WENDUNGEN: **den ~ nach Canossa antreten** to eat humble pie *fam*; **in die Gänge kommen** (*fam*) to get going; ***er braucht 6 Tassen Kaffee, um morgens in die Gänge zu kommen*** he needs 6 cups of coffee to get going in the morning; **in [vollem] ~ sein** to be in full swing; **im ~[e] sein gegen jdn** to act against sb's interests; ***es ist etwas im ~e*** something's up *fam*
Gang² <-, -s> [gɛŋ] *f* gang
Gangart *f* ❶ (*Art des Gehens*) gait, walk, way of walking; (*bei Pferden*) gait, pace; ***er hat eine etwas schleppende ~*** he drags his feet when he walks; **in eine andere ~ fallen** to change pace; **eine harte ~ anschlagen** (*fig*) to take a tough stance [*or* line] *fig*; **eine schnellere ~ anschlagen** to quicken one's pace, to walk faster ❷ SPORT (*Verhaltensweise*) action
gangbar *adj* ❶ (*begehbar*) passable ❷ (*fig*) practicable; **etw für einen ~en Weg halten** to view sth as a practicable plan of action; **eine ~e Lösung** a practicable solution
Gängelband <-[e]s, *selten* -bänder> *nt* **jdn am ~ führen/haben/halten** (*pej*) to keep sb tied to one's apron strings *pej*
Gängelei <-, -en> *f* (*pej*) ≈ nagging *pej*
gängeln *vt* (*pej*) ■**jdn ~** to treat sb like a child *pej*
Ganggestein *nt* GEOL gangue [*or* gang] rock
gängig *adj* ❶ (*üblich*) common; **ein ~er Brauch** a common custom ❷ (*gut verkäuflich*) in demand, popular; **die ~ste Ausführung** the bestselling model ❸ (*im Umlauf befindlich*) current; **die ~e Währung** the currency in circulation, the accepted currency; (*im Ausland*) the local currency
Ganglien [-liən] *pl* ANAT ganglia *pl*
Ganglion <-s, -lien> *nt* MED ganglion
Gangschaltung *f* gears *pl*
Gangster <-s, -> ['gɛŋstɐ] *m* (*pej*) gangster *pej*
Gangsterbande *f* gang [*or* band] of criminals **Gangsterboss^RR** ['gɛŋstɐ-] *m* gangland boss **Gangstermethoden** *pl* (*pej*) gangster methods *pl pej*
Gangway <-, -s> ['gɛŋve:] *f* gangway
Ganove <-n, -n> [və] *m* ❶ (*pej fam: Verbrecher*) crook *pej fam* ❷ (*hum fam: listiger Kerl*) sly old devil *hum fam*

Ganovenehre *f* honour [*or* AM -or] among[st] thieves **Ganovensprache** *f* thieves' argot *no pl*

Gans <-, Gänse> *f* ❶ (*Tier*) goose; (*Gänsebraten*) roast goose ❷ (*Schimpfwort*) **blöde** [*o* **dumme**] ~ (*pej fam*) silly goose *pej fam*

Gansbraten *m* ÖSTERR (*Gänsebraten*) roast goose

Gänschen <-s, -> ['gɛnsçən] *nt dim von* **Gans** gosling

Gänseblümchen *nt* daisy **Gänsebraten** *m* roast goose **Gänsebräter** *m oval roasting tin for roasting goose* **Gänsebrust** *f* goose breast **Gänseconfit** *nt* goose confit **Gänsefeder** *f* goose feather [*or* quill] **Gänsefuß** *m* BOT goosefoot **Gänsefüßchen** *pl* (*fam*) inverted commas *pl*, quotation marks *pl*, quotes *pl fam* **Gänsegeier** *m* griffon vulture **Gänsehaut** *f kein pl* goose-pimples *pl*, goose flesh *no pl*, *esp* AM goose bumps *pl*; **eine ~ bekommen** [*o fam* **kriegen**] to go all goose-pimply, to get goose-pimples [*or esp* AM bumps] **Gänsekeule** *f* leg of goose **Gänsekiel** *m* goose-quill **Gänseklein** <-s> *nt kein pl* goose giblets *pl* **Gänseleber** *f* goose liver **Gänseleberpastete** *f* pâté de foie gras **Gänsemarsch** *m kein pl* single file; **im ~** in single file

Gänserich <-s, -e> *m* gander

Gänsesäger *m* ORN goosander, common merganser

Gänseschmalz *nt* goose dripping **Gänsewein** *m kein pl* (*hum veraltend: Wasser*) Adam's ale *hum dated*

Ganter <-s, -> *m* NORDD (*Gänserich*) gander

ganz **I.** *adj* ❶ (*vollständig*) all, entire, whole; **die ~e Arbeit** all the work; **die ~e Wahrheit** the whole truth; **die ~e Zeit** all the time, the whole time; ***es regnet schon den ~en Tag*** it's been raining all day; ***man hat mir die ~en 500 Mark geklaut!*** someone has pinched my entire 500 marks!; ***ist das Ihre ~e Auswahl an CDs?*** are those all the CDs you've got?; ***~ Berlin schaute zu, als das letzte Stück Mauer entfernt wurde*** the whole of [*or* all] Berlin looked on as the last piece of the wall was removed; ***diese Verordnung gilt in ~ Bayern*** this regulation applies to the whole of [*or* throughout] Bavaria; ***wir fuhren durch ~ Italien*** we travelled all over Italy; (*pej fam*) all; ***der ~e Schrott wanderte in den Müll*** all that rubbish ended up on the scrap heap; ***das ~e Theater wegen einer Frau*** all that fuss over a woman; *s. a.* **Ganze(s)** ❷ (*unbestimmtes Zahlwort*) **eine ~e Drehung** a complete turn; **eine ~e Menge** quite a lot; **eine ~e Note** a semibreve; **~e Zahl** whole number, integer ❸ (*fam: unbeschädigt*) intact; ***hoffentlich sind unsere guten Gläser noch ~*** I hope our good glasses are still in one piece; **etw wieder ~ machen** to mend sth; **wieder ~ sein** to be mended; ***das Auto ist wieder ~*** the car has been repaired ❹ (*fam: nicht mehr als*) no more than; ***sie verdient ~e 3200 DM im Monat*** she earns all of 3,200 marks a month **II.** *adv* ❶ (*sehr, wirklich*) really; ***das war ~ lieb von dir*** that was really kind of you; **etwas ~ Dummes** something really stupid; ***das hast du ja ~ toll hinbekommen!*** (*iron*) you've made a really good job of that! *iron*; ***der Kuchen ist dir ~ wunderbar gelungen*** you've made a really good job of this cake; **~ besonders** especially, particularly; ***das war ~ besonders ungeschickt von dir*** that was particularly careless of you!; ***ist das auch ~ bestimmt die Wahrheit?*** are you sure you're telling the whole truth? ❷ (*ziemlich*) quite; ***ich verdiene eigentlich ein ~ gutes Gehalt*** I earn quite a good salary really; ***der Vorschlag ist ~ interessant*** the proposal is quite interesting ❸ (*vollkommen*) completely; ***das Kind war ~ mit Schlamm bedeckt*** the child was completely covered in mud; ***du bist ~ nass*** you're all wet; ***er ist ~ der Vater*** he is just like his father; **~ gewiss** definitely; **~ und gar** completely, utterly; ***das ist ~ und gar etwas anderes*** that is something completely different; **~ und gar nicht** not at all, not in the least; **etw ~ oder gar nicht machen** to do sth properly or not at all; **etw ~ lesen** to read sth from cover to cover; ***ich habe die Zeitschrift noch nicht ~ gelesen*** I haven't finished reading the magazine yet; **~ Recht haben** to be quite [*or* absolutely] right; **~ allein sein** to be all alone; ***~ gleich, was passiert, ich bleibe bei dir*** no matter what happens, I stay with you; ***das ist mir ~ gleich*** it's all the same to me; ***ich muss diesen Wagen haben, ~ gleich, was er kostet!*** I must have this car, no matter what it costs; **~ wie Sie wünschen/meinen** just as you wish/think best ❹ KOCHK **~ durch** well-done ❺ (*extreme räumliche Position ausdrückend*) **~ hinten/vorne** right at the back/front; *s. a.* **gleich**

Ganzaufnahme *f* full-length photograph **Ganzbildschirm** *m* INFORM total screen

Ganze(s) *nt decl wie adj* ❶ (*alles zusammen*) whole; **etw als ~ sehen** to see sth as a whole; ***was macht das ~?*** how much is that all together?; **im ~n** on the whole, all in all; ***das Essen war im ~n gut*** on the whole the meal was good ❷ (*die ganze Angelegenheit*) the whole business; ***das ~ hängt mir zum Halse heraus*** I've had it up to here with everything!; ***das ist nichts ~s und nichts Halbes*** that's neither one thing nor the other ► WENDUNGEN: **aufs ~ gehen** (*fam*) to go for broke; **es geht [für jdn] ums ~** everything is at stake [for sb]; **im Großen und G~en** on the whole; **im großen ~n** all in all; **das ~ halt!** MIL company halt!

Gänze <-> *f kein pl* (*geh*) entirety; **in seiner/ihrer ~** in its entirety; **zur ~** completely, entirely

Ganzfabrikat *nt* finished product

ganzflächig *adj* all over

Ganzheit <-, *selten* -en> *f* (*Einheit*) unity; (*Vollständigkeit*) entirety; **in seiner/ihrer ~** in its entirety; ***man muss das Ökosystem in seiner ~ betrachten*** you have to look at the ecosystem as a whole

ganzheitlich **I.** *adj* integral *attr*; **eine ~e Betrachtungsweise** an integral way of viewing things **II.** *adv* all in all; **etw ~ betrachten** to look at sth in its entirety

Ganzheitskosmetik *f* integral cosmetics *pl* **Ganzheitsmedizin** *f kein pl* holistic medicine *no pl* **Ganzheitsmethode** *f kein pl* SCH "look and say" method **Ganzjahresreifen** *m* AUTO all-season tire **ganzjährig** *adj* all [the] year round **Ganzkörperbestrahlung** *f* whole [*or* total] body irradiation **Ganzlederband** *m* leather binding **Ganzleinen** *nt* pure linen **Ganzleinenband** *m* cloth binding

gänzlich **I.** *adj* (*selten*) complete, total **II.** *adv* completely, totally; **jdm/einer S. ~ zustimmen** to unreservedly agree with sb/to sth

Ganzseitenbelichtung *f* TYPO full-page exposure [*or* output] **Ganzseitenübertragung** *f* TYPO full-page transmission **Ganzseitenumbruch** *m* TYPO full-page make-up **ganzseitig** *adj* full-page **ganztägig** **I.** *adj* all-day; **~e Betreuung** round-the-clock supervision; **eine ~e Stelle** a full-time job **II.** *adv* all day; ***das Schwimmbad ist ~ geöffnet*** the swimming pool is open all day **Ganztagsschule** *f* full-time day school **Ganzton** *m* MUS whole tone

GAP *f Abk von* **Gemeinsame Agrarpolitik** CAP, Common Agricultural Policy

gar[1] *adj* ❶ KOCHK done, cooked; **etw ~ kochen** to cook [*or* boil] sth [until done]; **etw auf kleiner Flamme ~ kochen** to simmer sth until it's done; **~ sein/werden** to be done [*or* cooked]; **etw ~ schwenken** to sautée sth; **etw ~ ziehen** to poach sth ❷ (*bei Leder*) dressed, tanned

gar[2] *adv* ❶ (*überhaupt*) at all, whatsoever; **~ keine[r]** no one at all [*or* whatsoever]; ***~ keiner hat die Tat beobachtet*** no one whatsoever saw the crime; **~ keinen/keine/keines** none at all [*or* whatsoever]; ***hattest du denn ~ keine Angst?*** weren't you frightened at all?; **~ nicht** not at all; ***er hat sich ~ nicht gefreut*** he wasn't at all pleased; ***wir kommen ~ nicht voran*** we're not making any progress whatsoever; **~ nichts** nothing at all [*or* whatsoever]; ***du hast noch ~ nichts [dazu] gesagt*** you still haven't said anything at all [about it]; **~ nie** never ever; **~ niemand** not a soul, nobody [*or* no one] at all [*or* whatsoever]; **~ mancher** (*liter*) many a person; **~ manchmal** many a time; *s. a.* **ganz** ❷ ÖSTERR, SCHWEIZ, SÜDD (*sehr*) really; ***es war ~ so kalt*** it really was so cold; **ein ~ feinfühliger Mensch** a very sensitive person ❸ (*geh: etwa*) perhaps, by any chance; ***bin ich dir mit meiner Bemerkung ~ zu nahe getreten?*** did my remark offend you by any chance?; ***hast du eine Wohnung oder ~ ein eigenes Haus?*** have you a flat or even your own house? ❹ (*emph: erst*) even worse, even more so, to say nothing of; ***die Suppe schmeckte schon nicht und ~ das Hauptgericht!*** the soup didn't taste nice and the main course was even worse; ***sie ist schon hässlich genug, aber ~ ihr Mann!*** she's ugly enough, to say nothing of her husband!

Garage <-, -n> [ga'raːʒə] *f* garage

Garagengewerbe *nt* AUTO garage trade; **Tankstellen- und ~** petrol [*or* AM gas[oline]] station and garage trade

garagieren* [gara'ʒiːrən] *vt* ÖSTERR ■**etw ~** to put sth in the garage

Garagist(in) <-en, -en> ['garaʒɪst] *m(f)* SCHWEIZ garage owner

Garant(in) <-en, -en> *m(f)* guarantor

Garantenpflicht *f* JUR guarantor's obligation

Garantie <-, -n> ['tiːən] *f* ❶ ÖKON guarantee, warranty; **jdm ~ auf** [*o* **für**] **etw** *akk* **geben** to guarantee sth for sb; **~ haben** to be guaranteed; ***unsere Elektrogeräte haben ein Jahr ~*** our electrical appliances are guaranteed for a year [*or* have a year's guarantee]; **die ~ läuft ab** the guarantee expires [*or* runs out]; **auf ~** under guarantee ❷ (*Sicherheit*) guarantee; **für etw** *akk* **~ übernehmen** to give a guarantee for sth; **unter ~** (*fam: ganz bestimmt*) absolutely certain

Garantieabkommen *nt* JUR covenant of warranty, guarantee agreement **Garantiebetrag** *m* FIN amount guaranteed **Garantieempfänger(in)** *m(f)* JUR guarantee, warrantee **Garantieerklärung** *f* JUR warranty, guarantee bond **Garantiefonds** [-fõː] *m* FIN guarantee **Garantiefrist** *f* HANDEL warranty [*or* guarantee] period **Garantiehaftung** *f* JUR liability under a guarantee **Garantiekapital** *nt* FIN capital plus reserves **Garantieklausel** *f* JUR warranty clause **Garantiekonsortium** *nt* FIN underwriting syndicate **Garantiepflicht** *f* JUR, FIN guarantee, warranty; **einer ~ nachkommen** to implement a guarantee

garantieren* **I.** *vt* (*zusichern*) ■**[jdm] etw ~** to guarantee [sb] sth; ■**jdm ~, dass** to guarantee sb that **II.** *vi* (*für etw stehen*) ■**für etw** *akk* **~** to guarantee sth; **für die Qualität ~** to guarantee good quality

garantiert *adv* (*fam*) for sure; ***er hat den Termin ~ vergessen*** I bet he has forgotten the appointment *fam*

Garantieschein *m* guarantee [*or* warranty] [certificate] **Garantievereinbarung** *f* JUR indemnity contract **Garantieverletzung** *f* JUR breach of warranty **Garantieverpflichtung** *f* JUR guarantee obligation [*or* commitment]; **eine ~ eingehen** to enter into a surety bond **Garantievertrag** *m* JUR contract of indemnity [*or* guarantee] **Garantiewartung** *f* HANDEL maintenance under a warranty **Garantiewechsel** *m* FIN security bill **Garantiezusage** *f* HANDEL guarantee; **Garantie- und Gewährleistungszusage** warranty assurance

Garantin <-, -nen> *f fem form von* **Garant**

Garaus *m* ► WENDUNGEN: **jdm den ~ machen** (*fam*) to do sb in *fam*, to bump sb off *fam*; **einer S.** *dat* **den ~ machen** to put an end to [*or* stop] sth

Garbe <-, -n> *f* ❶ (*Getreidebündel*) sheaf ❷ MIL **eine ~ abgeben** to fire a short burst

Gardasee *m* Lake Garda

Garde <-, -n> *f* guard; **die königliche ~** the household troops; **die schweizer ~** the Swiss Guard; **bei der ~** in the Guards; **noch von der alten ~ sein** (*fig*) to be one of the old guard *fig*

Gardemaß *nt kein pl eligible height to join the Guards* ► WENDUNGEN: **~ haben** (*fam*) to be as tall as a tree *fam* **Gardeoffizier** *m* Guards officer **Garderegiment** *nt* Guards regiment

Garderobe <-, -n> *f* ❶ (*Kleiderablage*) hall-stand; (*Aufbewahrungsraum*) cloakroom ❷ *kein pl* (*geh: Kleidung*) wardrobe ❸ THEAT (*Ankleideraum*) dressing-room

Garderobenfrau <-, -frauen> *f fem form von* Garderobenmann **Garderobenhaken** *m* coat hook **Garderobenmann, -frau** <-s, -männer> *m, f* cloakroom attendant **Garderobenmarke** *f* cloakroom disc [*or* number] **Garderobenschrank** *m* hall cupboard **Garderobenständer** *m* hat-stand

Garderobier <-s, -s> [gardəro'bie:] *m* THEAT dresser

Garderobiere <-, -n> [gardəro'bie:rə] *f* ❶ THEAT dresser ❷ (*veraltend*) *s.* **Garderobenfrau**

Gardine <-, -n> *f* net curtain ▶ WENDUNGEN: **hinter schwedischen ~n** (*hum fam*) behind bars *fam*

Gardinenleiste *f* curtain rail **Gardinenpredigt** *f* (*hum fam*) telling-off *fam;* **jdm eine ~ halten** to give sb a telling-off [*or* dressing down] **Gardinenstange** *f* curtain rod

Gardist <-en, -en> *m* MIL guardsman

garen I. *vt* ■**etw ~** to cook sth II. *vi* to cook; **auf kleiner Flamme ~** to simmer

gären *vi haben o sein* ❶ (*sich in Gärung befinden*) to ferment ❷ (*fig*) to seethe; **etw gärt in jdm** sth is making sb seethe; ***die Wut hatte schon lange in ihm gegärt*** he had been seething with fury a long time

Garette <-, -n> *f* SCHWEIZ wheelbarrow

Garflüssigkeit *f* cooking liquids *pl* **Garfolie** *f* baking foil **gar|kochen** *vt s.* **gar¹ 1**

Garn <-[e]s, -e> *nt* ❶ (*Faden*) thread ❷ NAUT yarn; **ein ~ spinnen** to spin a yarn *fig* ▶ WENDUNGEN: **jdm ins ~ gehen** to fall [*or* walk] into sb's trap; **jdn ins ~ locken** to lure sb into a trap

Garnele <-, -n> *f* prawn

garni *s.* **Hotel ~**

garnieren* *vt* ■**etw [mit etw *dat*] ~** ❶ KOCHK (*verzieren*) to garnish sth [with sth] ❷ (*fig: aufbessern*) to embellish sth with sth

Garnierkamm *m* decorating scraper **Garniermesser** *nt* citrus zester **Garniertülle** *f* piping bag

Garnierung <-, -en> *f* ❶ *kein pl* (*das Garnieren*) garnishing ❷ (*Material zur ~*) garnish

Garnison <-, -en> *f* garrison; **in ~ liegen** [*o* **sein**]/ **legen** to be garrisoned

Garnison(s)stadt *f* garrison town

Garnitur <-, -en> *f* ❶ (*Satz*) set; **eine ~ Unterwäsche** a set of underwear; **eine Couch~** a three-piece suite ❷ (*fam: Klasse, Kategorie*) representative; **die erste ~** the pick of the bunch *fig;* **erste/ zweite ~ sein** to be first-rate/second-rate

Garnknäuel *m o nt* ball of thread [*or* yarn] **Garnrolle** *f* cotton reel, spool of cotton

Garotte, Garrotte <-, -n> *f* garrotte

gar|schwenken *vt s.* **gar¹ 1**

garstig *adj* (*veraltend*) ❶ (*ungezogen*) bad; **ein ~es Kind** a naughty child ❷ (*abscheulich*) horrible, nasty; **ein ~er Wind** a biting wind

Garten <-s, Gärten> *m* garden; **botanischer/zoologischer ~** botanical/zoological gardens; **im ~ arbeiten** to work in the garden, to do some gardening; **der ~ Eden** the Garden of Eden

Gartenanlage *f* gardens *pl*, park **Gartenarbeit** *f* gardening *no pl* **Gartenarchitekt(in)** *m(f)* landscape gardener [*or* architect] **Gartenbau** *m kein pl* horticulture *no pl* **Gartenblume** *f* garden [*or* cultivated] flower **Gartenerbse** *f* garden pea **Gartenfest** *nt* garden party **Gartengemüse** *nt* garden vegetable **Gartengerät** *nt* gardening implement [*or* tool] **Gartengestaltung** *f* landscaping, garden design **Gartenhag** <-häge> *m* SCHWEIZ (*Garteneinfriedung*) garden hedge [*or* fence] **Gartenhaus** *nt* ❶ (*kleines Haus im Garten*) summer house; (*Geräteschuppen*) [garden] shed ❷ (*fam: Hinterhaus mit Garten*) building at the back [*or* rear] **Gartenhecke** *f* garden hedge **Gartenkräuter** *pl* pot-herbs **Gartenkresse** *f* garden cress **Gartenlaube** *f* ❶ (*Geräteschuppen*) [garden] shed; (*kleines Haus im Garten*) summer house ❷ (*Pergola*) arbour [*or* AM -or], bower **Gartenlokal** *nt* open-air restaurant, beer garden **Gartenmesser** *nt* garden knife **Gartenmöbel** *pl* garden furniture **Gartenrotschwanz** *m* ORN redstart **Gartensalat** *m* round lettuce **Gartenschau** *f* horticultural [*or* gardening] show **Gartenschere** *f* garden [*or* pruning] shears *npl*, secateurs *npl* BRIT **Gartenschlauch** *m* garden hose **Gartensitzplatz** *m* SCHWEIZ (*Terrasse*) patio **Gartenstadt** *f* garden city BRIT **Gartentor** *nt* garden gate **Gartenzaun** *m* ❶ HORT (*den Garten abgrenzender Zaun*) garden [*or* picket] fence; **eine Unterhaltung über den ~ haben** to have a conversation across the garden fence ❷ SPORT (*Hindernis beim Pferdesprung*) picket fence ❸ INFORM hash [sign] **Gartenzwerg** *m* ❶ HORT garden gnome ❷ (*pej: Kleinwüchsiger*) little squirt *pej*

Gärtner(in) <-s, -> *m(f)* ❶ (*Berufs~*) horticulturist ❷ (*Freizeit~*) gardener; *s. a.* **Bock:¹**

Gärtnerei <-, -en> *f* ❶ (*Gartenfachbetrieb für Setzlinge*) nursery; (*für Obst, Gemüse, Schnittblumen*) market garden ❷ *kein pl* (*fam: Gartenarbeit*) gardening

gärtnerisch I. *adj attr* gardening; **eine ~e Ausbildung** horticultural training; **~e Gestaltung** landscaping; **~e Pflege** upkeep of the garden II. *adv* in terms of gardening

gärtnern *vi* (*fam*) to do [a bit of] gardening

Gärung <-, -en> *f* fermentation; **in ~ sein** (*a. fig*) to be fermenting, to be in turmoil *fig;* **in ~ übergehen** to start to ferment

gar|ziehen *vt s.* **gar¹ 1**

Gas <-es, -e> *nt* ❶ (*luftförmiger Stoff*) gas; **mit ~ kochen** to have gas [for cooking]; **jdn mit ~ vergiften** to gas sb ❷ (*fam: ~pedal*) accelerator; **~ geben** to accelerate; ***gib' ~!*** put your foot down! *fam;* **[das] ~ wegnehmen** to take one's foot off the accelerator, to decelerate

Gasalarm *m* warning of a gas attack **Gasangriff** *m* gas attack **Gasanzünder** *m* gas lighter **Gasauto** *nt* gas-powered car **Gasbehälter** *m* gasometer, gasholder **Gasbeleuchtung** *f* ❶ (*Licht*) gas light ❷ (*Beleuchten*) gas lighting **Gasbeton** *m* BAU aerated [*or* porous] concrete **gasbetrieben** *adj* gas-powered **Gasbrenner** *m* gas burner **Gasdruckstoßdämpfer** *m* AUTO gas shock [absorber] **Gasentwicklung** *f* generation of gas **Gaserzeugung** *f* gas production **Gasfeuerzeug** *nt* gas lighter **Gasflamme** *f* gas flame **Gasflasche** *f* gas canister, cylinder **gasförmig** *adj* gaseous **Gasgeruch** *m* smell of gas **Gashahn** *m* gas tap; **den ~ aufdrehen** (*euph*) to stick one's head in the [gas] oven *euph* **Gashebel** *m* accelerator [pedal] BRIT, gas pedal AM **Gasheizung** *f* gas heater; (*ganzes System*) gas heating **Gasherd** *m* gas cooker **Gashülle** *f* atmosphere **Gaskammer** *f* HIST gas chamber **Gaskocher** *m* camping stove **Gaskrieg** *m* gas warfare **Gaslampe** *f* gas lamp **Gaslaterne** *f* gas [street] lamp **Gasleitung** *f* gas pipe; (*Hauptrohr*) gas main **Gaslicht** *nt* gaslight **Gas-Luft-Gemisch** *nt* gas-air [*or* air-fuel] mixture **Gasmann** *m* (*fam*) gasman *fam* **Gasmaske** *f* gas mask **Gasmotor** *m* gas engine **Gasofen** *m* (*Heizungsofen*) gas-fired furnace; (*Backofen*) gas oven; (*Herd*) gas cooker [*or* stove]

Gasolin <-s> *nt kein pl* petroleum ether

Gasometer <-s, -> *m* (*veraltend*) gasometer

Gaspedal *nt* accelerator [pedal] **Gaspedalsperre** *f* AUTO accelerator interlock

Gaspeldorn *m* BOT gorse bush

Gaspistole *f* tear gas gun **Gasplanet** *m* gas[eous] planet **Gasrohr** *nt* gas pipe; (*Hauptleitung*) gas main

Gässchen^RR^, **Gäßchen** <-s, -> *nt dim von* Gasse small alley

Gasse <-, -n> *f* ❶ (*schmale Straße*) alley [*or* alleyway] ❷ (*Durchgang*) way through; **eine ~ bilden** to clear a path [*or* make way]; SPORT line-out; **sich *dat* eine ~ bahnen** to force one's way through ❸ (*die Bewohner einer ~*) street ❹ ÖSTERR (*Straße*) street; **auf der ~** on the street; **über die ~** to take away

Gassenhauer *m* (*Lied*) popular song; (*einfach*) ditty; (*Musik*) popular tune **Gassenjunge** *m* (*pej*) street urchin

Gassi [mit einem Hund] **~ gehen** (*fam*) to take a dog for a walk [*or* BRIT *a. fam* walkies]

Gast <-es, Gäste> *m* ❶ (*eingeladene Person*) guest; **ein willkommener** [*o* **gern gesehener**] **~ sein** to be a welcome guest; **geladener ~** invited guest; **ungeladener ~** uninvited guest, gatecrasher *fam;* ***betrachten Sie sich als mein ~!*** this one's on me! *fam;* **jdn zu ~ haben** (*geh*) to have sb staying [*or* BRIT round]; **bei jdm zu ~ sein** (*geh*) to be sb's guest[s]; **jdn zu ~[e] laden** [*o* **bitten**] (*geh*) to request the pleasure of sb's company *form;* (*~star*) special guest; **Ehren~** guest of honour [*or* AM -or]; **ein seltener ~** a rare visitor ❷ (*Besucher einer fremden Umgebung*) **~ in einer Stadt/einem Land sein** to be a visitor to a city/country ❸ (*Besucher eines Lokals, Hotels*) customer; ***wir bitten alle Gäste, ihre Zimmer bis spätestens 12 Uhr zu räumen*** all guests are kindly requested to vacate their rooms by midday; **einen ~ bedienen** to serve a customer

Gastarbeiter(in) *m(f)* guest worker **Gastdozent(in)** *m(f)* guest [*or* visiting] lecturer

Gästebuch *nt* visitors' [*or* guest] book **Gästehandtuch** *nt* towel [reserved] for guests **Gästehaus** *nt* guesthouse **Gästeseife** *f* soap [reserved] for guests **Gästetoilette** *f* toilet [reserved] for guests **Gästezimmer** *nt* guestroom, spare room

gastfrei *adj* (*gastfreundlich*) hospitable **gastfreundlich** *adj* hospitable **Gastfreundschaft** *f* hospitality; ***danke für deine ~!*** thanks for your hospitality [*or* having me] **Gastgeber(in)** <-s, -> *m(f)* host *masc*, hostess *fem* **Gastgeschenk** *nt* present for one's host **Gasthaus** *nt* inn **Gasthof** *m* inn **Gasthörer(in)** *m(f)* SCH observer, auditor AM

gastieren* *vi* to make a guest appearance

Gastkonzert *nt* guest concert **Gastland** *nt* host country

gastlich (*geh*) I. *adj* hospitable; **ein ~es Haus** a welcoming place II. *adv* hospitably; **jdn ~ empfangen** [*o* **aufnehmen**] to welcome sb into one's home

Gastmannschaft *f* visiting team, visitors *pl*

Gastod *m* death as a result of gas poisoning

Gastprofessor(in) *m(f)* visiting professor **Gastprofessur** *f* SCH guest professorship **Gastrecht** *nt kein pl* right to hospitality; **~ genießen** to be accorded the right to hospitality; **das ~ missbrauchen** to abuse sb's right to hospitality

Gastritis <-, Gastritiden> *f* gastritis

Gastrolle *f* THEAT guest part [*or* role]; **eine ~ geben** [*o* **spielen**] to make a guest appearance

Gastronom(in) <-en, -en> *m(f)* restaurateur, restaurant proprietor

Gastronomie <-,-n> ['mi:ən] *f* ❶ (*geh: Gaststättengewerbe*) catering trade ❷ (*geh: Kochkunst*) gastronomy

Gastronomieunternehmen *nt* gastronomical business [*or* firm]

gastronomisch *adj* gastronomic

Gastspiel *nt* ❶ THEAT guest performance; **auf ~reise sein** to be on tour; **ein ~ geben** to give a guest performance; (*fig fam: nur kurz angestellt sein*) to be with a company for a brief period ❷ SPORT (*Auswärtsspiel*) away game [*or* match] **Gaststätte** *f* restaurant **Gaststättenerlaubnis** *f* JUR licence to operate a bar [*or* restaurant] [*or* inn] **Gaststättengesetz** *nt* JUR Licensing Act BRIT **Gaststättengewerbe** *nt* restaurant business, catering trade **Gaststättenrecht** *nt* JUR catering laww **Gaststube** *f Bar* lounge; *Restaurant* restaurant

Gasturbine *f* gas turbine

Gastvorlesung *f* SCH guest lecture **Gastwirt(in)** *m(f)* (*Besitzer*) restaurant owner, proprietor; (*Pächter*) restaurant manager; *Kneipe* landlord *masc*, landlady *fem* **Gastwirtschaft** *f s.* Gaststätte

Gastzugang *m* INFORM guest access

Gasuhr *f* (*fam*) *s.* Gaszähler **Gasverbrauch** *m* gas consumption **Gasvergiftung** *f* gas poisoning

Gasversorgung *f* gas supply **Gaswerk** *nt* gasworks + *sing vb* **Gaswolke** *f* gas cloud **Gaszähler** *m* gas meter

GATT <-> *nt kein pl* ÖKON *(allgemeines Zoll- und Handelsabkommen) Akr von* **General Agreement on Tariffs and Trade** GATT

Gatte, Gattin <-n, -n> *m, f (geh)* spouse *form*

Gatter <-s, -> *nt* ❶ *(Holztor)* gate ❷ *(Holzzaun)* fence ❸ *(Rost)* grating, grid ❹ JAGD [game] preserve

Gattin <-, -nen> *f (geh) fem form von* **Gatte** wife

GATT-Liberalisierung *f* ÖKON GATT decontrol **GATT-Raum** *m* ÖKON GATT area

Gattung <-, -en> *f* ❶ BIOL genus ❷ KUNST, LIT category, genre

Gattungsbegriff *m* generic concept **Gattungskauf** *m* purchase by description **Gattungsname** *m* ❶ *(Name einer Gattung)* generic name ❷ LING appellative **Gattungsschenkung** *f* generic donation **Gattungsschuld** *f* FIN obligation in kind **Gattungsvermächtnis** *nt* JUR general legacy

GATT-Vereinbarungen *pl* ÖKON GATT agreements

Gau <-[e]s, -e> *m o nt* HIST ❶ *(Bezirk)* district *(administrative district during the Nazi period)* ❷ *(Siedlungsbereich eines germanischen Stammes)* region, area *(a tribal district in Germanic times)*

GAU <-s, -s> *m Akr von* **größter anzunehmender Unfall** MCA

Gaube <-, -n> *f* BAU dormer

Gaubenfenster *nt* BAU dormer window

Gauchheil *m* BOT pimpernel

Gaucho <-[s], -s> ['gautʃo] *m* gaucho

Gaudi <-> *f o nt kein pl* ÖSTERR, SÜDD *(fam: Spaß)* fun; ***das war eine ~!*** that was such good fun!; **sich** *dat* **eine ~ aus etw** *dat* **machen** to get a kick out of doing sth *fam*

Gaukler(in) <-s, -> *m(f)* ❶ *(veraltet: Artist, Akrobat, Erzähler)* travelling [*or* AM traveling] entertainer [*or* performer] ❷ ORN bateleur eagle

Gaul <-[e]s, Gäule> *m (pej: minderwertiges Pferd)* nag *pej*, hack *pej*; **Acker~** workhorse ▶ WENDUNGEN: **einem geschenkten ~ sieht** [*o* **schaut**] **man nicht ins Maul** *(prov)* never look a gift-horse in the mouth *prov*; *s. a.* **Schwanz**

Gauleiter(in) <-s, -> *m(f)* HIST *head of an administrative district during the Nazi period*

Gaullismus <-> [go'lɪsmʊs] *m kein pl* Gaullism *no pl*

Gaullist(in) <-en, -en> [go'lɪst] *m(f)* Gaullist

Gaumen <-s, -> *m* ANAT palate; **harter/weicher ~** hard/soft palate; **einen feinen ~ haben** to have a discerning palate, to enjoy good food; **etw für den** [*o* **seinen**] **verwöhnten ~** a delicacy for the gourmet [*or* connoisseur]

Gaumenfreude *f (geh)* culinary delight **Gaumenkitzel** *m (fam)* treat for the taste buds *fam* **Gaumenlaut** *m* LING palatal [sound] **Gaumensegel** *nt* soft palate **Gaumenzäpfchen** *nt* uvula

Gauner(in) <-s, -> *m(f) (pej)* ❶ *(Betrüger)* crook *pej*, rogue *pej*, scoundrel *pej* ❷ *(Schelm)* rogue, picaro *liter* ❸ *(fam: gerissener Kerl)* crafty customer

Gaunerei <-, -en> *f (pej)* cheating *no pl pej*, swindling *no pl pej*

Gaunersprache *f* thieves' argot

Gaupe <-, -n> *f s.* **Gaube**

Gautama <-> *m* REL *(Buddah)* Gautama

Gazastreifen ['ga:za] *m* Gaza Strip

Gaze <-, -n> ['ga:zə] *f* gauze

Gazelle <-, -n> *f* gazelle; **flink wie eine ~** as light-footed as a gazelle

Gazette <-, -n> *f (veraltet: Zeitung)* gazette

Gbyte <-s, -s> *nt Abk von* **Gigabyte** Gb

GDI *nt* INFORM *Abk von* **grafik device interface** GDI

GDI-Drucker *m* INFORM GDI printer

Geächtete(r) <-n, -n> *f(m) decl wie adj (a. fig)* outlaw, outcast *a. fig*

geädert *adj* ANAT, BOT veined

geartet *adj* ❶ *(veranlagt)* disposed, natured; **gut ~e Kinder** good-natured children ❷ *(beschaffen)* constituted; ***dieser Fall ist anders ~*** the nature of this problem is different

Geäst <-[e]s> *nt kein pl* boughs *pl*, branches *pl*

geb. *Abk von* **geboren** née

Gebäck <-[e]s, -e> *nt pl selten (Plätzchen)* biscuits *pl*; *(Teilchen)* pastries *pl*; *(kleine Kuchen)* cakes *pl*

Gebäckzange *f* pastry tongs *npl*

Gebälk <-[e]s, -e> *nt pl selten (Balkenwerk)* timberwork *no pl*, beams *pl* ▶ WENDUNGEN: **es knistert im ~** *(fam)* there's trouble brewing [*or* afoot]

geballt I. *adj* ❶ *(konzentriert)* concentrated; *s. a.* **Ladung** ❷ *(zur Faust gemacht)* **~e Fäuste** clenched fists II. *adv* in concentration; ***solche Probleme treten immer ~ auf*** these kinds of problems never occur singly

gebannt *adj (gespannt)* fascinated, spellbound; **mit ~em Interesse** with fascination; **vor Schreck ~** rigid with fear; **wie ~** as if spellbound

Gebärde <-, -n> *f* gesture, gesticulation; **eine drohende/beschwichtigende ~ machen** to make a threatening/soothing [*or* calming] gesture

gebärden* *vr haben* ■**sich ~** to behave

Gebärdensprache *f* LING sign language

Gebaren <-s> *nt kein pl* behaviour [*or* AM -or]; ***du legst ein sonderbares ~ an den Tag*** you are behaving strangely today; **geschäftliches ~** businesslike conduct; **ein weltmännisches ~ haben** to conduct oneself [*or* behave] like a man of the world

gebären <gebiert, gebar, geboren> I. *vt* ❶ *(zur Welt bringen)* ■**geboren werden** to be born; ***das Kind wurde einen Monat zu früh geboren*** the child was born four weeks premature; ■**[jdm] ein Kind ~** *(veraltend)* to bear [sb] a child *dated* ❷ *(eine natürliche Begabung haben)* ■**zu etw geboren sein** to be born to sth; ***er ist zum Schauspieler geboren*** he is a born actor; *s. a.* **geboren adj** II. *vi (ein Kind zur Welt bringen)* to give birth; ■**eine/die G~de** a woman/the one giving birth, a/the woman in labour [*or* AM -or]

gebärfähig *adj* capable of child-bearing; **im ~en Alter sein** to be of childbearing age

Gebärmutter <-mütter> *f* ANAT uterus, womb

Gebärmutterhals *m* cervix, neck of the uterus [*or* womb] **Gebärmutterkrebs** *m* cancer of the womb [*or* uterus], uterine cancer **Gebärmuttermund** *m* mouth of the uterus **Gebärmutterschleimhaut** *f* uterine mucous membrane

gebauchpinselt *adj (hum fam)* flattered; **sich ~ fühlen** to feel flattered

Gebäude <-s, -> *nt* ❶ *(Bauwerk)* building ❷ *(Gefüge)* structure; **ein ~ von Lügen** a web [*or* BRIT tissue] of lies; **ein ~ von fantastischen Ideen und Wahnvorstellungen** a mental edifice [*or* construct] of fantastic ideas and delusions

Gebäudebestand *m* housing stock, stock of buildings **Gebäudebewirtschaftung** *f kein pl* housing [*or* property] management **Gebäudeeigentum** *nt* [housing] property **Gebäudeeigentümer(in)** *m(f)* property owner **Gebäudeertragswert** *m* JUR annual value of buildings **Gebäudekomplex** *m* building complex **Gebäudereinigung** *f* ❶ *(das Reinigen)* industrial cleaning ❷ *(Betrieb)* cleaning contractors *pl* **Gebäudesanierung** *f* building renovation *no indef art, no pl* **Gebäudeteil** *m* part of a building **Gebäudeübereignung** *m* JUR conveyance [*or* transfer] of property **Gebäudeveräußerung** *f* FIN sale of property **Gebäudeversicherung** *f* building insurance **Gebäudewert** *m* FIN property value **Gebäudewertermittlung** *f* FIN determination of the property value **Gebäudezustand** *m* condition [*or* state] of a building

Gebäulichkeiten *pl* SÜDD, SCHWEIZ *(Gebäude)* buildings

gebaut *adj* built; ■**gut/stark ~ sein** to be well-built; **so wie jd ~ ist** *(hum fam)* sb like you/him/her

gebefreudig *adj* generous

Gebein <-[e]s, -e> *nt* ❶ *(Skelett)* skeleton ❷ *(Knochen)* ■**~e** *pl* bones *pl*, mortal remains *pl form*; *eines Heiligen* relics *pl* ▶ WENDUNGEN: **der Schreck fuhr ihm ins** [*o* **durchs**] **~** *(veraltet)* his body shook with fear

Gebell(e) <-s> *nt kein pl (pej fam)* incessant barking, bellowing

geben <gibt, gab, gegeben>

I. TRANSITIVES VERB II. INTRANSITIVES VERB
III. UNPERSÖNLICHES TRANSITIVES VERB
IV. REFLEXIVES VERB

I. TRANSITIVES VERB

❶ *(reichen)* ■**jdm etw ~** to give sb sth, to give sth to sb; ***gibst du mir bitte mal das Brot?*** could you give [*or* hand] me the bread, please? [*or* pass]; ***ich würde alles darum ~, ihn noch einmal zu sehen*** I would give anything to see him again; *(beim Kartenspiel)* to deal; ***du hast mir 3 Joker gegeben*** you've dealt me 3 jokers; ***wer gibt jetzt?*** whose turn is it to deal? ❷ *(schenken)* to give [as a present] ❸ *(mitteilen)* **jdm die** [*o* **seine**] **Telefonnummer ~** to give sb one's telephon number; ■**sich** *dat* **etw [von jdm] ~ lassen** to ask [sb] for sth number; ***er ließ sich die Speisekarte ~*** he asked for the menu ❹ ÖKON *(verkaufen)* ■**jdm etw ~** to get sb sth; *(bezahlen)* ■**[jdm] etw für etw** *akk* **~** to give [sb] sth for sth; **was darf ich Ihnen ~?** what can I get you?; ***darf ich Ihnen sonst noch was ~?*** can I get you anything else?; **~ *Sie mir bitte fünf Brötchen*** I'd like five bread rolls please; ***ich gebe Ihnen 500 Mark für das Bild*** I'll give you [*or* let you have] 500 Marks for the picture; **Preisnachlass/Skonto ~** to give a reduction/cash discount ❺ *(spenden)* ■**etw gibt jdm etw** sth gives [sb] sth; **Schutz/Schatten ~** to give [*or* provide] protection/shade ❻ *(verleihen)* **einen Preis ~** to award a prize; **Titel/Namen ~** to give a title/name; ***diese erfreuliche Nachricht gab ihr neue Zuversicht*** this welcome piece of news gave her new confidence; ***der Gedanke an eine Rettung gab uns immer wieder Kraft*** the thought of being rescued always gave us strength ❼ TELEK *(telefonisch verbinden)* ■**jdm jdn ~** to put sb through to sb; **~ *Sie mir bitte Frau Schmidt*** can I speak to Mrs Smith, please ❽ *(stellen)* ■**jdm etw ~** to give [*or* set] sb sth; **eine Aufgabe/ein Problem/ein Thema ~** to set a task/problem/topic ❾ *(abhalten)* ■**etw ~** to give sth; ***der Minister wird eine Pressekonferenz ~*** the minister will give [*or* hold] a press conference ❿ *(bieten, gewähren, zukommen lassen)* ■**jd gibt [jdm] etw** sb gives [*or* allows] [sb] sth; **jdm einen Namen ~** to name a person; **jdm ein Interview ~** to grant sb an interview; **jdm eine Verwarnung ~** to give sb a warning; SPORT to book sb; ***der Schiedsrichter gab dem Spieler eine Verwarnung wegen Foulspiels*** the referee booked the player for a foul; **einen Freistoß ~** FBALL to award a free-kick; *s. a.* **Bescheid, Nachricht** ⓫ *(aufführen)* **ein Theaterstück ~** to put on a play ⓬ *(feiern)* **ein Fest ~** to give a party ⓭ DIAL *(abgeben, vorübergehend weggehen)* ■**etw/jdn irgendwohin ~** *akk* to send sth/sb somewhere; **sein Auto in [die] Reparatur ~** to have one's car repaired; **sein Kind in ein Internat ~** to send one's child to boarding school; ***dürfen wir während unseres Urlaubs unsere Katze zu euch ~?*** can you take our cat while we're away? ⓮ KOCHK *(fam: tun)* ■**etw in/an etw** *akk* **~**, ■**etw zu etw** *dat* **~** to add sth to sth; **Wein in die Soße ~** to add wine to the sauce ⓯ *(ergeben)* ■**etw ~** to produce sth; ***sieben mal sieben gibt neunundvierzig*** seven times seven equals forty-nine, seven sevens are forty-nine; ***Rotwein gibt Flecken*** red wine stains [*or* leaves stains]; **keinen Sinn ~** that makes no sense; ***ein Wort gab das andere*** one word led to another ⓰ *(erteilen)* ■**etw ~** to teach sth; **Nachhilfestunden ~** to give private tuition; **Unterricht ~** to teach; **jdm etw zu tun ~** to give sb sth to do ⓱ *(äußern)* ■**etw von sich** *dat* **~** to utter sth; ***er gab wenig Worte von sich*** he said very little ⓲ *(euph fam: sich erbrechen)* ■**etw [wieder] von sich** *dat* **~** to throw up [sth], to bring up sth *sep* [again] *euph* ▶ WENDUNGEN: **jdm etw zu tun ~** to give sb sth to do; ***das wird ihm für die nächsten Monate zu***

tun geben! that'll keep him busy for the next few months!; ***das sollte der Firmenleitung zu denken*** ~ that should give the company management something to think about!; **jdm ist etw nicht gegeben** sth is not given to sb; ***nicht allen ist es gegeben, einem solchen Ereignis beizuwohnen*** not everybody gets the opportunity to be present at such an event; ***es war ihm nicht gegeben, seine Heimatstadt wiederzusehen*** he was not destined to see his home town again; **nichts auf etw** *akk* ~ to think nothing of sth; **viel/nicht viel auf etw** *akk* ~ to set great/not much store by sth; ***ich gebe nicht viel auf die Gerüchte*** I don't pay much attention to rumours; **es jdm** ~ (*fam*) to let sb have it *fam;* **gib's ihm!** let him have it!

II. INTRANSITIVES VERB

❶ KARTEN (*austeilen*) to deal; ***jetzt hast du genug gemischt, gib endlich!*** you've shuffled enough now, just deal them! ❷ SPORT (*Aufschlag haben*) to serve; ***du gibst!*** it's your serve

III. UNPERSÖNLICHES TRANSITIVES VERB

❶ (*gereicht werden*) ■ **es gibt etw** there is sth; ***hoffentlich gibt es bald was zu essen!*** I hope there's something to eat soon!; ***was gibt es zum Frühstück?*** what's for breakfast?; ***freitags gibt es bei uns immer Fisch*** we always have fish on Fridays ❷ (*eintreten*) ■ **es gibt etw** there is sth; ***heute gibt es noch Regen*** it'll rain today; ***hat es sonst noch etwas gegeben, als ich weg war?*** has anything else happened while I was away; ***was wird das noch geben?*** where will it all lead to?; ***gleich gibt es was*** (*fam*) there's going to be trouble ❸ (*existieren, passieren*) ■ **etw/jdn gibt es** there's sth/sb; ***das gibt es nicht!*** (*fam*) no way!, nothing doing!, forget it!; ***das gibt es nicht, dass du einfach meinen Wagen nimmst*** there's no way that you're taking [*or* using] my car; ***ein Bär mit zwei Köpfen? das gibt es nicht!*** a bear with two heads? there's no such thing!; ***das gibt es doch nicht!*** (*fam*) that's unbelievable; ***so was gibt es bei uns nicht!*** that's not on [as far as we're concerned]!; **was gibt es?** (*fam*) what's the matter, what's up *fam;* ***was es nicht alles gibt!*** (*fam*) well, I'll be damned! *fam,* stone me! *sl,* stone the crows BRIT *sl* ▸ WENDUNGEN: **da gibt es nichts!** (*fam*) there are no two ways about it; ***seine Lieder sind einmalig, da gibt es nichts!*** there's no doubt about it, his songs are unique

IV. REFLEXIVES VERB

❶ (*nachlassen*) ■ **etw gibt sich** sth eases [off] [*or* lets up]; **das gibt sich** it will sort itself out; ***die Kopfschmerzen werden sich*** ~ your headache will go off; ***diese Aufsässigkeit wird sich bald von ganz alleine*** ~ this rebelliousness will soon die down of its own accord; (*sich erledigen*) to sort itself out; ***manches gibt sich von selbst wieder*** some things sort themselves out; ***das wird sich schon*** ~ it will all work out [for the best] ❷ (*sich benehmen, aufführen*) ■ **sich als etw** ~ to behave in a certain way; ***sie gab sich sehr überrascht*** she acted very surprised; ***nach außen gab er sich heiter*** outwardly he behaved cheerfully; ***sie gibt sich, wie sie ist*** she doesn't try to be anything she isn't; **sich von der besten Seite** ~ to show one's best side ❸ (*sich finden, ergeben*) ■ **etw gibt sich** sth arises; ***es wird sich schon noch eine Gelegenheit*** ~ there's sure to be another opportunity

Gebenedeite <-n> *f kein pl* REL ■ **die** ~ the Blessed Virgin

Geber(in) <-s, -> *m(f)* ❶ KARTEN dealer ❷ TELEK transmitter

Geberland *nt* ÖKON donor country **Geberlaune** *f kein pl* generous mood; **in** ~ **sein** to be in a generous mood [*or* feeling generous]

Gebet <-[e]s, -e> *nt* (*religiöses Ritual*) prayer; **ein** ~ **sprechen** to say a prayer; **sein** ~ **sprechen** [*o* **verrichten**] to say one's prayers; **zum** ~ in prayer; **den Kopf zum** ~ **neigen** to lower one's head in prayer; **das** ~ **des Herrn** (*geh*) the Lord's Prayer ▸ WENDUNGEN: **jdn ins** ~ **nehmen** (*fam*) to give sb a good talking to, to take sb to task

Gebetbuch *nt* ❶ (*Büchlein mit Gebeten*) prayer book ❷ (*hum fam: Spielkarten*) pack of [playing] cards ▸ WENDUNGEN: **das falsche** ~ **haben** to belong to the wrong denomination

Gebetsmühle *f* prayer wheel

gebetsmühlenhaft I. *adj* (*pej fam*) constant, continual II. *adv* (*pej fam*) constantly, continually

Gebetsteppich *m* prayer mat [*or* rug]

gebeugt I. *adj* bowed, stooping; **ein** ~**er Kopf** a bowed head; ~**e Schultern** rounded shoulders II. *adv* in a stooping posture; ~ **sitzen** to sit hunched up

gebiert *3. pers pres von* **gebären**

Gebiet <-[e]s, -e> *nt* ❶ (*Fläche*) area; (*Region*) a. region; (*Staats~*) territory ❷ (*Fach*) field; ***auf dem ~ der Kernphysik ist er Spezialist*** he's a specialist in the field of nuclear physics

gebieten* *irreg* (*geh*) I. *vt* ❶ (*befehlen*) ■ [**jdm**] **etw** ~ to command [*or* order] [sb] to do sth; **Einhalt** ~ to put an end to [*or* stop] sth ❷ (*verlangen, erfordern*) ■ **etw** ~ to demand sth; **der Anstand/die Situation gebietet es** decency/the situation demands it; ***es ist Vorsicht geboten*** care must be taken II. *vi* ❶ (*herrschen*) ■ **über jdn/etw** ~ to have control over sb/sth *liter,* to have dominion over sb/sth ❷ (*verfügen*) ■ **über etw** *akk* ~ to have sth at one's disposal; **über Geldmittel** ~ to have financial resources at one's disposal; **über Wissen** ~ to have knowledge at one's command

Gebieter(in) <-s, -> *m(f)* (*veraltet geh*) lord *form,* master *form; s. a.* **Herr**

gebieterisch (*geh*) I. *adj* domineering, peremptory II. *adv* domineeringly, in a domineering manner

Gebietsabgrenzung *f* demarcation, zoning **Gebietsansässige(r)** *f(m) dekl wie adj* ADMIN [local] resident **Gebietsanspruch** *m* territorial claim; **einen** ~/**Gebietsansprüche haben** [*o* **erheben**] [*o* **geltend machen**] to make a territorial claim/ territorial claims **Gebietsaufteilung** *f* zoning **Gebietsentwicklungsplan** *m* JUR subregional development plan **Gebietsfremde(r)** *f(m) dekl wie adj* non-resident [person] **Gebietshoheit** *f kein pl* JUR territorial jurisdiction [*or* sovereignty]; ~ **besitzen** to have territorial jurisdiction **Gebietskartell** *nt* ÖKON regional cartel **Gebietskörperschaft** *f* JUR local [*or* regional] authority; ~**en** central, regional or local authorities **Gebietsleiter(in)** *m(f)* ADMIN area manager **Gebietsreform** *f* local government restructuring **Gebietsschutz** *m kein pl* territory protection **Gebietsschutzabkommen** *nt,* **Gebietsschutzabrede** *f* JUR district boundaries agreement **Gebietsverantwortliche(r)** *f(m) decl wie adj* area manager

gebietsweise *adv* locally, in places; ~ ***kann es auf einigen Strecken zu Glatteisbildung kommen*** icy roads could develop in some places

gebig *adj* SCHWEIZ ❶ (*praktisch*) practical ❷ (*prima*) terrific

Gebilde <-s, -> *nt* ❶ (*Ding*) thing, object ❷ (*Form*) shape; (*Struktur*) structure ❸ (*Muster*) pattern ❹ (*Schöpfung*) creation ❺ (*Staats~*) entity ❻ JUR entity; **nicht rechtsfähiges** ~ non-legal entity; **parafiskalisches** ~ auxiliary fiscal agent

gebildet *adj* educated, learned, erudite *form;* **ein** ~**er Mensch** a refined [*or* cultured] person; **vielseitig** ~ **sein** to have a broad education; **ein** ~**es Benehmen** to be well bred

Gebildete(r) *f(m) decl wie adj* educated person

Gebimmel <-s,> *nt kein pl* (*pej fam*) [continual] ringing

Gebinde <-s, -> *nt* (*geh*) bunch; **ein** ~ **aus Blumen und Zweigen** an arrangement of flowers and twigs; **ein großes** ~ **Möhren** a large bunch of carrots; (*Blumenkranz*) wreath; (*Getreide~*) sheaf

Gebirge <-s, -> *nt* mountains *pl,* mountain range

gebirgig *adj* mountainous

Gebirgsbach *m* mountain stream **Gebirgsbahn** *f* mountain railway **Gebirgsbewohner(in)** *m(f)* mountain dweller **Gebirgsbildung** *f* mountain formation **Gebirgsdorf** *nt* mountain village **Gebirgsjäger(in)** *m(f)* MIL ❶ (*einzelner ~ssoldat*) mountain soldier ❷ *pl* (*Einheit des Heeres*) mountain troops *npl* **Gebirgskamm** *m* mountain ridge [*or* crest] **Gebirgskette** *f* mountain chain [*or* range] **Gebirgslandschaft** *f* mountainous region **Gebirgsmassiv** *nt* massif **Gebirgsrücken** *m* mountain ridge **Gebirgsstraße** *f* mountain road **Gebirgszug** *m* mountain range

Gebiss[RR] <-es, -e> *nt,* **Gebiß** <-sses, -sse> *nt* ❶ (*Zähne*) [set of] teeth; **ein gesundes/kräftiges** ~ **haben** to have healthy/strong teeth ❷ (*Zahnprothese*) dentures *npl;* **künstliches** [*o fam* **falsches**] ~ false teeth *pl* ❸ (*Mundstück am Pferdezaum*) bit

Gebissabdruck[RR] <-abdrücke> *m* dental impression

Gebläse <-s, -> *nt* blower, fan

Geblödel <-s> *nt kein pl* (*pej fam*) twaddle *pej,* baloney; *von Komikern* patter

geblumt *adj* ÖSTERR *s.* **geblümt**

geblümt *adj* ❶ (*mit Blumenmuster*) flowered, floral; **eine** ~**e Tischdecke** a tablecloth with a floral pattern; ~**es Kleid** dress with a floral design ❷ (*fig: kunstvoll, blumenreich*) flowery; **ein** ~**er Stil** a flowery style

Geblüt <-[e]s> *nt kein pl* ❶ (*Abstammung*) descent, lineage; **von edlem** ~ of noble blood *form* ❷ (*Veranlagung*) **etw liegt jdm im** ~ sth is in sb's blood

gebogen I. *pp von* **biegen** II. *adj* bent; **ein** ~**es Kinn** a pointed chin, eine ~**e Nase,** a hooked [*or* Roman] nose

geboren I. *pp von* **gebären** II. *adj* ❶ (*gebürtig*) by birth; **ein** ~**er Prinz sein** to be a prince by birth, to be born a prince ❷ (*eine natürliche Begabung haben*) **der** ~**e Koch sein** to be a born cook

geborgen I. *pp von* **bergen** II. *adj* safe, secure; **sich** ~ **fühlen** [*o geh* **wissen**] to feel safe; **bei jdm** ~ **sein** to be safe and sound with sb

Geborgenheit <-> *f kein pl* security; **häusliche** ~ secure place

Gebot <-[e]s, -e> *nt* ❶ (*Regel, Vorschrift*) regulation, rule; **ein** ~ **missachten/befolgen** to break [*or* disregard]/obey [*or* observe] a rule ❷ REL (*moralische Regel o Gesetz*) commandment; **die zehn** ~**e** the ten commandments; **göttliches** ~ divine law; ~ **der Menschheit/Vernunft** law of humanity/reason; **das** ~ **der Nächstenliebe** the commandment to love one's neighbour [*or* AM -or] ❸ (*geh: Erfordernis*) requirement; **das** ~ **der Stunde** the dictates of the moment; **ein** ~ **der Vernunft** the dictates of reason ❹ ÖKON, HANDEL (*Angebot*) bid; ***gibt es ein höheres ~?*** does anyone bid more? ❺ (*Gesetz*) law; (*Verordnung*) decree ▸ WENDUNGEN: **jdm zu** ~[**e**] **stehen** to be at sb's disposal

geboten I. ❶ *pp von* **gebieten** ❷ *pp von* **bieten** II. *adj* (*geh: notwendig*) necessary; (*angebracht*) advisable; **dringend** ~ imperative; **bei aller** ~**en Achtung** with all due respect

Gebotsschild <-[e]s, -er> *nt* mandatory sign

Gebr. *Abk von* **Gebrüder** Bros.

Gebrabbel <-s> *nt kein pl* (*pej fam*) jabbering *pej fam*

gebrannt I. *pp von* **brennen** II. *adj* burned, burnt; ~**e Mandeln** roasted almonds; *s. a.* **Kalk, Kind**

Gebratene(s) *nt decl wie adj* fried food

Gebräu <-[e]s, -e> *nt* (*pej*) brew, concoction *pej*

Gebrauch <-[e]s, Gebräuche> *m* ❶ *kein pl* (*Verwendung*) use; (*Anwendung*) application; **zum äußerlichen/innerlichen** ~ to be applied externally/to be taken internally; **falscher** ~ improper use, misuse; **sparsam im** ~ economical; **etw in** [*o* **im**] ~ **haben** to use sth; **von etw** *dat* ~ **machen** to make use of sth; **etw in** ~ **nehmen** (*geh*) to start using sth; **vor** ~ **schütteln** shake well before use; **in** [*o* **im**] ~ **sein** to be used; *Auto* to be running; **in** ~ **kommen** to become fashionable; **außer/aus dem** ~ **kommen** to fall into disuse, to become outdated; **nach** ~ after use; LING usage ❷ *usu pl* (*Brauch, Ge-*

pflogenheit) custom; **Sitten und Gebräuche** manners and customs

gebrauchen* *vt* ❶ (*verwenden*) ■**etw** ~ to use sth; **ein gebrauchtes Auto** a used [*or* second-hand] car; **nicht mehr zu ~ sein** to be no longer [of] any use, to be useless; ***das kann ich gut*** ~ I can really use that, I can make good use of that; **zu nichts zu ~ sein** to be no use at all; **sich zu etw** *dat* ~ **lassen** to let oneself be used for sth ❷ (*fam: benötigen, brauchen*) ■**etw/jd könnte etw** ~ sth/sb could need sth; ***dein Wagen könnte eine Wäsche*** ~ your car could do with a wash again

gebräuchlich *adj* ❶ (*allgemein üblich*) customary, usual, common; (*in Gebrauch*) in use; LING in general use; ***„okay" ist ein sehr ~er Ausdruck*** "okay" is a very common expression ❷ (*herkömmlich*) conventional

Gebrauchsabnahme *f* HANDEL acceptance test, inspection and approval **Gebrauchsabnahmebescheinigung** *f* HANDEL acceptance certificate **Gebrauchsanleitung** *f* directions [*or* instructions] [for use]; *s. a.* Gebrauchsanweisung **Gebrauchsanweisung** *f* ❶ (*Beipackzettel*) directions [*or* instructions] [for use] ❷ (*Betriebsanleitung*) operating instructions **Gebrauchsartikel** *m* basic consumer item **Gebrauchsdiebstahl** *m* JUR stealing for temporary use **Gebrauchseigenschaften** *pl* useful properties **gebrauchsfertig** *adj* ready for use **Gebrauchsgegenstand** *m* basic commodity **Gebrauchsgrafik** *f* advertising [*or* commercial] art **Gebrauchsliteratur** *f literature published for a particular purpose* **Gebrauchslizenz** *f* JUR licence [*or* AM -se] for use

Gebrauchsmuster *nt* JUR utility model; **eingetragenes** ~ registered pattern **Gebrauchsmustergesetz** *nt* JUR Designs Act BRIT, Protection of Inventions Act AM **Gebrauchsmusterhilfsanmeldung** *f* JUR auxiliary utility model registration **Gebrauchsmusterrolle** *f* JUR register of utility models **Gebrauchsmusterschutz** *m* JUR protection of utility patents **Gebrauchsmusterstelle** *f* JUR utility model department **Gebrauchsmusterzertifikat** *nt* JUR utility certificate

Gebrauchsrecht *nt* JUR right of user **Gebrauchsregelung** *f* utilization arrangement **Gebrauchsüberlassung** *f* JUR loan [*or* transfer] of use **Gebrauchsüberlassungsvertrag** *m* JUR loan contract **Gebrauchswert** *m kein pl* utility value, value in use; HANDEL practical value **Gebrauchswert-Kostenanalyse** *f* HANDEL value-costs analysis **Gebrauchswertminderung** *f* FIN depreciation in utility value

gebraucht *adj* second-hand

Gebrauchtteil *nt* AUTO secondhand part **Gebrauchtwagen** *m* second-hand [*or* used] car **Gebrauchtwagenhändler(in)** *m(f)* AUTO used-car dealer **Gebrauchtwarenhandel** *m kein pl* HANDEL business in secondhand goods

gebrechen* *vi irreg haben* (*geh*) ■**jdm gebricht es an etw** *dat* sb is lacking sth; **jdm gebricht es an Geld/Mut** sb lacks money/courage

Gebrechen <-s, -> *nt* (*geh*) affliction; **ein körperliches/geistiges** ~ **haben** to have a physical/mental affliction

gebrechlich *adj* frail, infirm

Gebrechlichkeit <-> *f kein pl* frailty, infirmity

gebrochen I. *pp von* **brechen**: **~e Schrift** TYPO black letter II. *adj* ❶ (*völlig entmutigt*) broken, crushed; **ein ~er Mann** a broken man; **ein ~es Herz** (*fig*) a broken heart *fig* ❷ (*sehr fehlerhaft*) broken; **in ~em Englisch** in broken English ❸ MATH **~e Zahl** fraction III. *adv* imperfectly; ***sie sprach nur ~ Deutsch*** she only spoke broken German

Gebrüder *pl* (*veraltet*) brothers; **die ~ Grimm** the Brothers Grimm

Gebrüll <-[e]s> *nt kein pl* bellowing; *Esel* braying; *Löwe* roaring; (*pej*) *Kind* bawling; *Mensch* screaming; ***auf ihn mit ~!*** (*fam*) go get him! *fam*

Gebrumm(e) <-[e]s> *nt kein pl* (*fam*) humming; *Flugzeug* droning

gebückt I. *pp von* **bücken** II. *adj* bowed, stooped; **einen ~en Gang haben** to walk with a stoop III. *adv* with bad posture

gebügelt I. *pp von* **bügeln** II. *adj* (*sl: baff*) gobsmacked BRIT *fam*, speechless; *s. a.* **geschniegelt**

Gebühr <-, -en> *f* charge; (*Honorar, Beitrag*) fee; *für eine Vermittlung* commission; *für eine Postsendung* postage; (~ (*be*)*zahlt Empfänger*) postage to be paid by addressee; **amtliche/symbolische** ~ official/nominal fee; **fällige** ~ fee due; **ermäßigte** ~ reduced charges/fee; **eine ~ berechnen** to charge a fee; **eine ~ bezahlen** [*o* **entrichten**] to pay a charge/fee; **~en einziehen** to collect a fee; **eine ~ erheben** to levy [*or* make] a charge; **nach** ~ appropriately, suitably; **über** ~ excessively, unduly

gebühren* (*geh*) I. *vi* (*zukommen, zustehen*) ■**jdm/etw gebührt etw** sb/sth deserves [*or* is due] sth; ***ihm gebührt unsere Anerkennung*** he deserves our recognition II. *vr* ■**sich [für jdn]** ~ to be fitting [*or* proper] [for sb]; **wie es sich gebührt** as is fitting [*or* proper]

Gebührenansage *f* TELEK "advise duration and charge" call **Gebührenanzeiger** *m* call-charge indicator **Gebührenaufkommen** *nt* FIN fee [*or* brokerage] income

gebührend I. *adj* (*zustehend*) due, owed; (*angemessen*) appropriate, fitting, suitable; **etw in ~er Weise würdigen** to show suitable appreciation of sth II. *adv* (*angemessen*) appropriately, fittingly, suitably

Gebühreneinheit *f* TELEK [tariff] unit **Gebührenerhöhung** *f* increase in charges [*or* fees] **Gebührenerlass**[RR] *m* remission of charges [*or* fees] **Gebührenermäßigung** *f* reduction of charges [*or* fees] **gebührenfrei** *adj, adv* free of charge; **~er Anruf** freephone, AM toll-free call **Gebührenfreiheit** *f* JUR exemption from charges **Gebührenkalkulation** *f* ÖKON calculation of charges **Gebührenmarke** *f* revenue stamp **Gebührenordnung** *f* scale [*or* schedule] of charges [*or* fees], tariff, fee scale; **verbindliche** ~ fixed scale of charges **gebührenpflichtig** I. *adj* subject [*or* liable] to a charge; **~e Verwarnung** fine; **~e Straße** toll road II. *adv* **jdn ~ verwarnen** to fine sb **Gebührenpolitik** *f kein pl* HANDEL fee policy **Gebührenrückerstattung** *f* refund of charges **Gebührenstreitwert** *m* JUR litigation fee value **Gebührentabelle** *f* JUR scale of fees **Gebührenüberhebung** *f* JUR excessive rates **Gebührenumsatz** *m* ÖKON total fees received **Gebührenvereinbarung** *f* ÖKON fee arrangement **Gebührenverzeichnis** *nt* JUR fee schedule **Gebührenvorschuss**[RR] *m* JUR retaining fee **Gebührenzähler** *m* TELEK meter

gebunden I. *pp von* **binden** II. *adj* fixed, set; **~es Buch** hardcover, BRIT *a.* hardback; **~e Preise** controlled prices; **durch Verpflichtungen ~ sein** to be tied down by duties; **anderweitig ~ sein** to be otherwise engaged; **vertraglich ~ sein** to be bound by contract; **zeitlich ~ sein** to be restricted as regards time

Geburt <-, -en> *f* ❶ (*Entbindung*) birth; **bei der** ~ at the birth; **von ~ an** from birth ❷ (*Abstammung*) birth; **von ~ Deutscher sein** to be German by birth; **von niedriger/hoher ~ sein** to be of low/noble birth; **die Gnade der späten** ~ *to be lucky not to have been born at a certain time in history, e.g. World War Two* ▸ WENDUNGEN: **das war eine schwere ~!** (*fam*) that took some doing! *fam*

Geburtenanstieg *m* rise in the birth rate; **schlagartiger** ~ baby boom **Geburtenbeschränkung** *f* population control **Geburtenbuch** *nt* JUR register of births **Geburtenkontrolle** *f kein pl* birth control **Geburtenrate** *f* birth rate; **die ~ steigt** the birth rate is up; **die ~ fällt** the birth rate is falling **Geburtenregelung** *f kein pl* birth control **Geburtenrückgang** *m* decline [*or* drop] in the birth rate **geburtenschwach** *adj* with a low birth rate; **ein ~er Jahrgang** a year in which there is a low birth rate **geburtenstark** *adj* with a high birth rate **Geburtenüberschuss**[RR] *m* excess of births over deaths **Geburtenzahl** *f* birth rate **Geburtenziffer** *f* birth rate **Geburtenzuwachs** *f* birth increase

gebürtig *adj* by birth; ***er ist ~er Londoner*** he was born in London, he is a native Londoner; **aus Berlin ~ sein** to have been born in Berlin

Geburtsanzeige *f* birth announcement **Geburtsdatum** *nt* date of birth **Geburtseinleitung** *f* birth induction **Geburtsfehler** *m* congenital defect **Geburtshaus** *nt* birthplace; ***das ~ von Beethoven steht in Bonn*** the house where Beethoven was born is in Bonn **Geburtshelfer(in)** *m(f)* obstetrician **Geburtshelferkröte** *f* ZOOL midwife toad **Geburtshilfe** *f kein pl* obstetrics; ~ **leisten** to assist at a birth **Geburtsjahr** *nt* year of birth **Geburtsland** *nt* country of origin **Geburtsort** *m* birthplace, place of birth **Geburtsrate** *f* birth rate **Geburtsrecht** *nt* JUR ■**das ~** *right of a child born in Germany to claim German nationality irrespective of the parents' nationality* **Geburtsstadt** *f* hometown, native city [*or* town] **Geburtsstation** *f* obstetrics ward **Geburtsstunde** *f* time of birth

Geburtstag *m* birthday; (*Geburtsdatum*) date of birth; **herzlichen Glückwunsch zum** ~ happy birthday to you; **[seinen/jds] ~ feiern** to celebrate one's/sb's birthday; **ein runder** ~ *the number of years to be celebrated ends in a zero;* **jdm zum/zu jds ~ gratulieren** to wish sb many happy returns [*or* a happy birthday]; ~ **haben** to be one's birthday; ***wann hast du ~?*** when is your birthday?; **jdm etw zum ~ schenken** to give sb a present for his/her birthday

Geburtstagsfeier *f* birthday celebration *form* [*or* party] **Geburtstagsgeschenk** *nt* birthday present **Geburtstagskarte** *f* birthday card **Geburtstagskind** *nt* (*hum*) birthday boy/girl **Geburtstagskuchen** *m* birthday cake **Geburtstagsparty** *f* birthday party **Geburtstagstorte** *f* birthday cake

Geburtstermin *m* due date; **den ~ errechnen** [*o* **bestimmen**] to calculate the date of birth **Geburtsurkunde** *f* birth certificate **Geburtsvorbereitung** *f* ante-natal preparation **Geburtswehen** *pl* labour [*or* AM -or] pains *pl* **Geburtszange** *f* MED obstetric[al] forceps *npl*

Gebüsch <-[e]s, -e> *nt* bushes *pl;* (*Unterholz*) undergrowth

Geck <-en, -en> *m* (*pej*) dandy *pej old*, fop *pej old*, toff BRIT *pej sl*

Gecko <-s, -s> *m* gecko

Gedächtnis <-ses, -se> *nt* ❶ (*Informationsspeicherung im Gehirn*) memory; **ein gutes/schlechtes ~ [für etw** *akk*] **haben** to have a good/poor memory [for sth]; **ein kurzes ~ haben** (*fam*) to have a short memory; **sein ~ anstrengen** to make a real effort to remember sth; **etw im ~ behalten** [*o geh* **bewahren**] to remember sth; **jds ~ entfallen** to slip one's mind; **ein ~ wie ein Sieb haben** (*fam*) to have a memory like a sieve *fam;* **etw aus dem ~ hersagen** to recite [*or* quote] sth from memory; **wenn mich mein ~ nicht täuscht** [*o* **trügt**] if my memory serves me right; **sein ~ verlieren** to lose one's memory; **jdn/etw aus dem ~ verlieren** to erase sb/sth from one's memory; **jdm/sich etw ins ~ zurückrufen** to remind sb of sth/to recall sth ❷ (*Andenken, Gedenken*) memory, remembrance; **zum ~ der Toten** in memory [*or* remembrance] of the dead

Gedächtnishilfe *f* aide-mémoire, mnemonic; **jdm eine ~ geben** to jog sb's memory; **als ~** as a reminder **Gedächtnislücke** *f* gap in one's memory; **eine ~ haben** to not remember anything; MED localized amnesia **Gedächtnisprotokoll** *nt* minutes taken from memory **Gedächtnisschwund** *m* amnesia, loss of memory; **an ~ leiden** (*fam*) to suffer from amnesia, to suffer a loss of memory **Gedächtnisstütze** *f* memory aid **Gedächtnistraining** *nt kein pl* memory training **Gedächtnisverlust** *m kein pl* loss of memory

gedämpft I. *pp von* **dämpfen** II. *adj* ❶ *Geräusch* muffled, muted, low; **~er Aufprall** softened impact;

G

~**er Schall**/~**e Stimme** muffled echo/voice; **mit** ~**er Stimme** in a low voice ❷ *Farben, Licht, Stimmung* muted, subdued ❸ TECH *Schwingung* damped ❹ ÖKON ~**er Bedarf** checked demand

Gedanke <-ns, -n> *m* ❶ (*das Gedachte, Überlegung*) thought; **der bloße** ~ **an jdn/etw** the mere thought of sb/sth; **in** ~**n vertieft** [*o* **versunken**] [*o geh* **verloren**] deep [*or* sunk] [*or* lost] in thought; **sich mit einem** ~**n vertraut machen** to get used to an idea; **jdn auf andere** ~**n bringen** to take sb's mind off sth; **jdn auf einen** ~**n bringen** to put an idea into sb's head; **einen** ~**n fassen** to form an idea; ***ich kann keinen vernünftigen*** ~***n fassen*** I just can't think properly; **den** ~**n fassen, etw zu tun** to form [*or* have] the idea of doing sth; **jds** ~**n lesen** to read sb's thoughts; **sich** *dat* **über etw** *akk* ~**n machen** to be worried about sth; ***mach dir darüber keine*** ~***n*** don't worry [about it]; **sich** *dat* **so seine** ~**n machen** (*fam*) to begin to wonder; **jdn aus seinen** ~**n reißen** to interrupt sb's thoughts; **in** ~**n bei jdm/etw sein** to be in sb's thoughts/to have one's mind on sth; ***in*** ~***n bin ich stets bei dir*** my thoughts are with you; **ganz in** ~**n sein** to be lost in thought; **mit seinen** ~**en woanders sein** to have one's mind on sth else; ***wo hast du nur deine*** ~***n?*** whatever are you thinking about?; **etw ganz in** ~**n tun** to do sth while lost in thought [*or* while one's thoughts are far away]; ***kein*** ~ [***daran***]! certainly not!, no way!, out of the question! ❷ (*Einfall, Plan*) idea, plan; **einen** ~**n in die Tat umsetzen** to put a plan [*or* an idea] into action; **jdm kommt ein** ~ the thought occurs to sb, sb has [*or* hits upon] an idea; ***mir kommt da gerade ein*** ~**!** I've just had an idea!; **der rettende** ~ the idea that saves the day; ***plötzlich kam mir der rettende*** ~ suddenly I came up with an idea to save the day; **auf einen** ~**n kommen** to have an idea; **auf dumme** ~**n kommen** (*fam*) to get up to mischief *fam;* **mit dem Gedanken spielen, etw zu tun** [*o geh* **sich mit dem** ~ **tragen, etw zu tun**] to toy with the idea of doing sth ❸ (*Begriff*) concept; ***der europäische*** ~ ***ist die Idee von einem vereinten Europa*** the European idea is the concept of a united Europe

Gedankenassoziation *f* association of ideas **Gedankenaustausch** *m* exchange of ideas **Gedankenblitz** *m* (*hum fam*) brain wave *fam;* **einen** ~ **haben** to have a brain wave **Gedankenfreiheit** *f kein pl* freedom of thought *no pl* **Gedankengang** *m* thought process, train of thought; **einem** ~ **folgen** to follow a train of thought **Gedankengebäude** *nt* (*geh*) edifice of ideas; *einer Philosophie* concepts *pl* **Gedankengut** *nt kein pl* philosophy; **christliches** ~ Christian thinking; **braunes** ~ (*fig*) National socialist ideas **Gedankenkette** *f* chain of thought **Gedankenklarheit** *f* clarity of thought **gedankenlos** I. *adj* (*unüberlegt*) unconsidered, thoughtless II. *adv* thoughtlessly **Gedankenlosigkeit** <-, -en> *f* ❶ *kein pl* (*Unüberlegtheit*) lack of thought *no pl;* (*Zerstreutheit*) absent-mindedness *no pl* ❷ (*unüberlegte Äußerung*) thoughtlessness *no pl* **Gedankenschritt** *m* logical step **Gedankensprung** *m* jump from one idea to another, mental leap; **einen** ~/**Gedankensprünge machen** to jump from one idea to another **Gedankenstrich** *m* dash **Gedankenübertragung** *f* telepathy *no indef art,* thought transference **gedankenverloren** (*geh*) I. *adj* lost in thought II. *adv* lost in thought; ***sie rührte*** ~ ***ihren Kaffee um*** she stirred her coffee, completely lost in thought **gedankenvoll** I. *adj attr* pensive II. *adv* pensively **Gedankenwelt** *f* thought *no pl;* **jds eigene** ~ a world of one's own

gedanklich *adj* intellectual; **eine** ~**e Anstrengung** a mental effort; **die** ~**e Klarheit** the clarity of thought; **in keinem** ~**en Zusammenhang stehen** to be disjointed [*or* incoherent]

Gedärm <-[e]s, -e> *nt,* **Gedärme** *pl* intestines *pl,* bowels *pl,* entrails *pl old liter;* **es im** ~ **haben** to have bowel troubles; ***da drehen sich einem ja die*** ~***e um!*** it's enough to make your stomach turn!

Gedeck <-[e]s, -e> *nt* ❶ (*Tisch*~) cover, place; **die** ~**e abräumen** to clear the table; **ein** ~ **auflegen** to lay [*or* set] a place; **eine Tafel mit vier** ~**en** a table laid for four ❷ (*Menü*) set menu; **das** ~ **bestellen** to order the set menu ❸ (*obligates Getränk*) drink with a cover charge

gedeckt I. *pp von* **decken** II. *adj* ❶ (*matt*) muted; ~**e Farben** muted colours [*or* AM -ors] ❷ FIN secured, covered; ~**er Kredit** collateral credit

Gedeih ► WENDUNGEN: **auf** ~ **und Verderb** for better or [for] worse; ***ich bin der Bank auf*** ~ ***und Verderb ausgeliefert*** I am completely at the mercy of the bank

gedeihen <gedieh, gediehen> *vi sein* ❶ (*sich gut entwickeln*) to flourish, to thrive ❷ (*vorankommen*) to make headway [*or* progress]

Gedeihen <-s> *nt kein pl* (*geh*) ❶ (*gute Entwicklung*) flourishing, thriving ❷ (*Gelingen*) success; **jdm gutes** ~ **wünschen** to wish sb every success

gedeihlich *adj* (*geh*) successful; (*vorteilhaft*) advantageous, beneficial

Gedenkausgabe *f* commemorative edition **Gedenkausstellung** *f* commemorative exhibition

gedenken* *vi irreg* ❶ (*geh: ehrend zurückdenken*) ■**jds/einer S.** *gen* ~ to remember [*or* commemorate] sb/sth; (*lobend erwähnen*) to mention sb/sth in glowing terms ❷ (*beabsichtigen*) ■~, **etw zu tun** to intend [*or* propose] to do sth; ***was gedenkst du, jetzt zu tun?*** what are you going to do now?

Gedenken <-s> *nt kein pl* memory, remembrance; **in** ~ in memory [*or* remembrance]; **zum** [*o* **im**] ~ **an jdn/etw** in memory [*or* remembrance] of sb/sth; **jdn/etw in gutem** ~ **behalten** to treasure the memory of sb/sth

Gedenkfeier *f* commemorative ceremony **Gedenkgottesdienst** *m* commemorative [*or* memorial] service **Gedenkmarke** *f* commemorative stamp **Gedenkminute** *f* minute's silence **Gedenkmünze** *f* commemorative coin **Gedenkrede** *f* commemorative speech **Gedenkstätte** *f* memorial **Gedenkstein** *m* commemorative [*or* memorial] stone **Gedenkstunde** *f* hour of commemoration **Gedenktafel** *f* commemorative plaque **Gedenktag** *m* day of remembrance **Gedenkveranstaltung** *f* memorial [*or* commemorative] event

Gedicht <-[e]s, -e> *nt* poem; **ein** ~ **aufsagen** [*o geh* **vortragen**] to recite a poem; [**jdm**] **ein** ~ **schreiben** to write [sb] a poem; ~**e schreiben** to write poetry; **ein** ~ **sein** (*fig fam*) to be sheer poetry *fig*

Gedichtband <-bände> *m* volume of poems **Gedichtform** *f* poetic form; **in** ~ in verse **Gedichtinterpretation** *f* interpretation of verse [*or* the/a poem] **Gedichtsammlung** *f* (*eines Dichters*) collection of poems; (*verschiedener Dichter*) anthology of poetry [*or* verse]

gediegen *adj* ❶ (*rein*) pure; ~**es Gold** pure gold ❷ (*solide gearbeitet*) solidly constructed, high quality ❸ (*geschmackvoll*) tasteful ❹ (*gründlich, gut*) sound; ~**e Kenntnisse haben** to have sound knowledge ❺ (*gut und verlässlich*) **ein** ~**er Mensch** an upright person ❻ (*fam: lustig*) funny; (*wunderlich*) strange

Gediegenheit <-> *f kein pl* ❶ (*Solidität*) sound construction ❷ (*Gründlichkeit*) thoroughness

gedient I. *pp von* **dienen** II. *adj* having completed one's military service; **ein** ~**er Soldat** a former soldier

Gedöns <-es> *nt kein pl* NORDD (*fam*) ❶ (*Krempel*) stuff, things; **lauter** ~ **kaufen** to buy a load of knick-knacks ❷ (*Aufheben*) **viel** ~ [**um etw** *akk*] **machen** to make a lot of fuss [about sth]; ***was soll das ganze*** ~**?** what's all the fuss about?

gedoubelt [gə'du:blt] *adj* ~**e Szene** stunt

Gedränge <-s> *nt kein pl* ❶ (*drängende Menschenmenge*) crowd, crush; ***es herrscht ein*** ~ there is a crowd; **im** ~ **untertauchen** [*o* **verschwinden**] to disappear into the crowd ❷ (*das Drängen*) jostling; SPORT bunching; ***ein offenes*** ~ an open scrum[mage] ► WENDUNGEN: [**mit etw** *dat*] **ins** ~ **geraten** [*o* **kommen**] to get into [*or* a fix] difficulties [with sth]

Gedrängel <-s> *nt kein pl* (*fam*) crush

gedrängt I. *adj* ❶ (*kurz*) brief, concise, short ❷ (*voll*) packed II. *adv* ❶ (*kurz*) briefly, concisely ❷ (*voll*) packed; ~ **voll sein** to be packed full [*or fam* jam-packed]

Gedröhn(e) <-[e]s> *nt kein pl* (*fam*) droning; *Musik, Kanonen* booming

gedruckt *adj* (*als Druckwerk*) printed; **wie** ~ as if printed ► WENDUNGEN: **lügen wie** ~ to lie one's head off *fam*

gedrückt *adj* weak, dejected, depressed; ~**er Markt** BÖRSE depressed market; ~**er Stimmung sein** to be in low spirits [*or* depressed]

Gedrücktheit <-> *f kein pl* dejection, depression

gedrungen I. *pp von* **dringen** II. *adj* stocky, sturdy; **von** ~**em Wuchs** of stocky build

Gedrungenheit <-> *f kein pl* stockiness, sturdiness

geduckt I. *adj* crouching; **mit** ~**em Kopf** with his/her head bowed II. *adv* crouching

Gedudel <-s> *nt kein pl* (*pej fam*) [incessant] tootling

Geduld <-> *f kein pl* (*Ausdauer*) patience; **eine engelhafte** ~ **haben** to have the patience of a saint; **eine große** ~ **haben** to have great patience; **jds** ~ **ist erschöpft** sb has lost patience; **sich in** ~ **fassen** [*o* **üben**] (*geh*) to have patience *form;* ***Sie müssen sich etwas in*** ~ ***üben*** you must be patient for a while; ***hab'*** ~**!** be patient!; **mit jdm/etw** ~ **haben** to be patient with sb/sth; **keine** ~ [**zu etw** *dat*] **haben** to have no patience [with sth]; **jdm fehlt die** ~ sb's patience is wearing thin; **jdm reißt die** ~ (*fam*) sb runs out of patience; **gleich reißt mir die** ~ you're trying my patience; ~ **üben** [*o* **lernen**] (*geh*) to learn to be patient *form;* **die** ~ **verlieren** to lose one's patience; **sich mit** ~ **wappnen** (*geh*) to summon up one's patience; ~**!** be patient! ► WENDUNGEN: **mit** ~ **und Spucke fängt man eine Mucke** (*prov*) patience and snare catch many a hare *rare*

gedulden* *vr* ■**sich** ~ to be patient

geduldig *adj* patient; ~ **wie ein Lamm** meek as a lamb

Geduldsfaden *m* ► WENDUNGEN: **jdm reißt der** ~ (*fam*) sb is at the end of his/her tether **Geduldsprobe** *f* test of one's patience **Geduldsspiel** *nt* puzzle

gedunsen *adj* bloated

geehrt *adj* honoured [*or* AM -ored]; ***sehr*** ~***e Damen, sehr*** ~***e Herren!*** ladies and gentlemen!; (*Anrede in Briefen*) dear; ***sehr*** ~***e Damen und Herren!*** Dear Sir or Madam

geeignet *adj* (*passend*) suitable; ***jetzt ist nicht der*** ~***e Augenblick, darüber zu sprechen*** it's not the right time to talk about it; ■**für etw** *akk*/**zu etw** *dat* ~ **sein** to be suited to sth

Geest <-, -en> *f,* **Geestland** *nt sandy uplands on the German North Sea coast*

Gefahr <-, -en> *f* ❶ (*Bedrohung*) danger; **die** ~**en des Straßenverkehrs/Dschungels** the dangers [*or* perils] [*or* hazards] of the traffic/jungle; **eine** ~ **abwenden** to avert danger; **sich** ~**en** [*o* **einer** ~] **aussetzen** to expose oneself to danger; **jdn in** ~ **bringen** to endanger sb; **eine** ~ **darstellen** to constitute [*or* pose] a threat; **außer** ~ **sein** to be out of danger; **in** ~ **sein** [*o geh* **schweben**] to be in danger; **bei** ~ in case of emergency; (*Risiko*) threat, risk; **sich in** ~ **begeben** to put oneself at risk; **es besteht die** ~ **einer S.** *gen* there is a risk of sth; ~ **laufen, etw zu tun** to run the risk of doing sth; **auf die** ~ **hin, etw zu tun** at the risk of doing sth; ***ich werde es tun, auch auf die*** ~ ***hin, zu scheitern*** I'll do it even at the risk of failing ❷ JUR risk, hazard, peril; **auf** ~ **des Absenders/Eigentümers** at consignor's [*or* sender's]/owner's risk; ~ **im Verzug** increased danger in any delay; **dringende** ~ imminent danger; **gegenwärtige** ~ present danger; **gemeine** ~ common danger; **auf eigene** ~ at one's own risk ► WENDUNGEN: **wer sich in** ~ **begibt, kommt darin um** (*prov*) if you play with fire you get burnt *prov*

gefährden* *vt* ■**sich/jdn/etw** ~ to endanger oneself/sb/sth [*or* to jeopardize onself/sb/sth]; **jds Leben** ~ to endanger sb's life; **den Erfolg einer S.** *gen* ~ to jeopardize [*or* threaten] the success of sth

gefährdet *adj* endangered; **eine ~e Tierart** an endangered species [of animal]

Gefährdung <-, -en> *f* danger, threat, endangering

Gefährdungsdelikt *nt* JUR strict liability tort **Gefährdungshaftung** *f* JUR strict [*or* absolute] liability [*or* risk]

Gefahrenabwehr *f* protection against threats [to public safety] **Gefahrenerhöhung** *f* FIN (*Versicherung*) increase of risk, extended risk **Gefahrengebiet** *nt* danger zone **Gefahrengemeinschaft** *f* JUR community of risks **Gefahrenherd** *m* source of danger, danger area **Gefahrenklausel** *f* JUR (*Versicherung*) perils clause **Gefahrenmoment** *nt* potential danger **Gefahrenquelle** *f* source of danger **Gefahrenstelle** *f* danger spot **Gefahrenübertragung** *f* JUR passing of a risk **Gefahrenzone** *f* danger area [*or* zone] **Gefahrenzulage** *f* danger money BRIT, hazardous duty pay AM

Gefahrgut *nt* hazardous [*or* dangerous] material **Gefahrguttransport** *m* dangerous goods transport **Gefahrgutunfall** *m* accident involving hazardous goods

gefährlich I. *adj* dangerous; **für jdn/etw ~ sein** to be dangerous for sb/sth; **jdm ~ werden** (*eine Gefahr darstellen*) to be a threat to sb; (*fam: erotisch anziehend sein*) to fall for sb; **sich im ~en Alter befinden** (*a. fig, hum*) to be at a dangerous age *fig;* (*risikoreich*) risky; **ein ~er Plan** a risky plan II. *adv* dangerously; **~ aussehen** to look dangerous; **~ leben** to live dangerously

Gefährlichkeit <-> *f kein pl* danger, riskiness *no pl*

gefahrlos *adj* safe, harmless

Gefährt <-[e]s, -e> *nt* (*geh*) vehicle, wagon, carriage *old*

Gefährte, Gefährtin <-n, -n> *m, f* (*geh*) companion; **jds ~ sein** to be sb's companion; **ein treuer ~** a faithful companion; (*Lebens~*) partner [in life]; (*Spiel~*) playmate; **einen neuen ~n finden** to find a new friend

Gefahrtragung *f* JUR risk taking **Gefahrtragungsregeln** *pl* JUR risk taking rules **Gefahrübergang** *m* JUR passing of a risk **Gefahrübernahme** *f* JUR acceptance of the risk, assumption of risk; **gemeinschaftliche ~** pooling of risks **gefahrvoll** *adj* (*geh*) dangerous, fraught with danger

gefaket [gefeɪkt] *adj* (*sl*) fake

Gefälle <-s, -> *nt* ❶ (*Neigungsgrad*) gradient; **ein starkes ~** a steep gradient; *Land* slope; *Fluss* drop ❷ (*fig: Unterschied*) difference; **geistiges ~** difference in intellect; **soziales ~** difference in social class

Gefällebeton *m* BAU sloping concrete **Gefälleestrich** *m* BAU sloping topping

gefallen <gefiel, gefallen> I. *vi* ■**jdm ~** to please sb; ***gefällt dir mein Kleid?*** do you like my dress?; ■**durch etw** *akk* **~** to be popular as a result of sth; ■**etw könnte jdm ~** sb could fancy sth; ***so ein Sportwagen könnte mir auch ~*** I could fancy a sportscar like that; **du gefällst mir gar nicht** (*fig fam*) you don't look well; ***die Sache gefällt mir nicht*** (*fam*) I don't like the look of that; ***das gefällt mir schon besser!*** (*fam*) that's more like it! *fam;* **der Wunsch zu ~** the desire to please II. *vr* ❶ (*etw hinnehmen*) ■**sich** *dat* **etw ~ lassen** (*fam*) to put up with sth; (*etw akzeptabel finden*) to be happy with sth; ***das lasse ich mir ~*** there's nothing I like better, that'll do nicely, that's just the ticket ❷ (*sich mögen*) ■**sich** *dat* **[in etw** *dat*] **~** to fancy oneself [in sth] ❸ (*sich hervortun*) ■**sich** *dat* **in etw** *dat* **~** to like to play the part of sth; ***er gefällt sich in der Rolle des Märtyrers*** he likes to play the martyr

Gefallen[1] <-s, -> *m* favour [*or* AM -or]; **jdn um einen ~ bitten** to ask sb for a favour, to ask a favour of sb; **jdm einen ~ tun** [*o geh* **erweisen**] to do sb a favour

Gefallen[2] <-s> *nt kein pl* (*geh*) pleasure; **an etw** *dat* **~ finden** [*o* **haben**] to enjoy sth/doing sth, to derive pleasure from sth/doing sth *form;* **allgemein ~ finden** to go down well; **an jdm/aneinander ~ finden** [*o* **haben**] to become fond of sb/each other; **jdm/etw zu ~ tun** to do sth to please sb; **nach ~** arbitrarily

Gefallene(r) *f(m) decl wie adj* soldier killed in action

Gefallenendenkmal *nt* war memorial

gefällig *adj* ❶ (*hilfsbereit*) helpful, obliging; ■**jdm ~ sein** to help [*or form* oblige] sb; **sich jdm ~ zeigen** [*o geh* **erweisen**] to show oneself willing to help [*or form* oblige] ❷ (*ansprechend*) pleasant, pleasing; **~e Kleidung** smart clothes; **ein ~es Äußeres** a pleasant appearance ❸ (*gewünscht*) ***Zigarette ~?*** would you care for a cigarette? *form;* **wenn's ~ ist** (*iron*) if you don't mind *iron;* ***wir würden jetzt gerne gehen, wenn's ~ ist*** we would like to go now if you don't mind

Gefälligkeit <-, -en> *f* ❶ (*Gefallen*) favour [*or* AM -or]; **jdm eine ~ erweisen** to do sb a favour ❷ *kein pl* (*Hilfsbereitschaft*) helpfulness; **aus ~** out of the kindness of one's heart

Gefälligkeitsakzept *nt* JUR accommodation acceptance **Gefälligkeitsflagge** *f* courtesy gesture **Gefälligkeitsvereinbarung** *f* JUR accommodation **Gefälligkeitsverhältnis** *nt* JUR courtesy-relationship **Gefälligkeitswechsel** *m* FIN accommodation bill

gefälligst *adv* (*euph, pej fam*) kindly *euph;* ***sei ~ still!*** kindly be quiet!; ***würden Sie mich ~ ausreden lassen!*** would you kindly let me finish [speaking]!

Gefällstrecke *f* incline

gefälscht I. *pp von* **fälschen** II. *adj* forged, counterfeit; *Pass, Papiere* forged, false

gefälzelt *adj* TYPO *Buch* back-stripped, spine-lined

gefalzt *adj* folded; **~e Seiten** TYPO folded edge *no pl*

gefälzt *adj* BAU rebated

gefangen I. *pp von* **fangen** II. *adj* ❶ (*in Gefangenschaft*) **jdn ~ halten** to hold sb captive [*or* prisoner]; **ein Tier ~ halten** to keep an animal in captivity; **jdn ~ nehmen** MIL to take sb prisoner, to capture sb; JUR (*verhaften*) to arrest sb ❷ (*beeindruckt*) **jdn ~ halten** [*o* **nehmen**] to captivate sb; ***ihre Bücher nehmen mich ganz ~*** I find her books captivating [*or* riveting]

Gefangene(r) *f(m) decl wie adj* captive; (*im Gefängnis*) prisoner; (*im Krieg*) prisoner of war; **~ machen** to take prisoners; **keine ~n machen** (*euph, a. fig*) to take no prisoners [alive] *euph, a. fig*

Gefangenenarbeit *f kein pl* prison work, work in prison **Gefangenenaustausch** *m* exchange of prisoners **Gefangenenbefreiung** *f* JUR aiding and abetting a gaolbreak [*or* AM jailbreak] **Gefangenenlager** *nt* prisoner camp **Gefangenentransportwagen** *m* prisoner van, patrol wagon

gefangen|halten *vt irreg s.* **gefangen 1, 2**

Gefangennahme <-, -n> *f* ❶ MIL (*das Gefangennehmen*) capture ❷ JUR (*Verhaftung*) arrest **gefangen|nehmen** *vt irreg s.* **gefangen 1, 2**

Gefangenschaft <-, *selten* -en> *f* ❶ MIL (*Kriegs~*) captivity; **in ~ geraten** [*o* **kommen**] to be taken prisoner; **in ~ sein** to be held in captivity; **aus der ~ zurückkehren** [*o* **heimkehren**] to return home from captivity ❷ (*im Käfig*) captivity; **in ~ gehalten werden** to be kept in captivity

Gefängnis <-ses, -se> *nt* ❶ (*Haftanstalt*) prison, jail, gaol BRIT; **im ~ sein** [*o fam* **sitzen**] to be in prison, to be inside *sl;* **jdn ins ~ bringen** to have sb sent to prison, to get sb sent down *fam;* **ins ~ kommen** to be sent to prison, to go down *sl;* **aus dem ~ ausbrechen** to break out of prison ❷ *kein pl* (*Haftstrafe*) imprisonment *no pl;* **zwei Jahre ~ bekommen** to get two years imprisonment [*or* in prison]; **auf etw** *akk* **steht ~** sth is punishable by imprisonment; ***auf Mord steht lebenslänglich ~*** murder carries a life sentence; **jdn zu zwei Jahren ~ verurteilen** to sentence sb to two years imprisonment [*or* in prison]

Gefängnisaufseher(in) *m(f)* prison officer [*or* warder] BRIT, jailer *old,* corrections officer AM **Gefängnisdirektor(in)** *m(f)* prison governor BRIT, warden AM **Gefängnishof** *m* prison yard **Gefängnisinsasse, -insassin** *m, f* inmate **Gefängnismauer** *f* prison wall **Gefängnisrevolte** *f* prison riot **Gefängnisseelsorge** *f* pastoral care in prison **Gefängnisstrafe** *f* prison sentence; **eine ~ verbüßen** [*o fam* **absitzen**] to spend time in prison, to do time [*or* BRIT *fam* porridge]; **jdn zu einer ~ verurteilen** to give sb a prison sentence **Gefängniswärter(in)** *m(f) s.* **Gefängnisaufseher** **Gefängniszelle** *f* prison cell

Gefasel <-s> *nt kein pl* (*pej fam*) drivel *pej,* twaddle *pej*

Gefäß <-es, -e> *nt* ❶ (*kleinerer Behälter*) container, receptacle *form;* **etw in ein ~ füllen** to fill a container with sth ❷ (*Ader*) vessel

Gefäßchirurg(in) *m(f)* vascular surgeon **gefäßerweiternd** MED, PHARM I. *adj* vasodilatory II. *adv* vasodilatory **Gefäßerweiterung** *f* vasodilation **Gefäßinnenhaut** *f* internal membrane of a vessel **Gefäßkrankheit** *f* vascular disease **Gefäßoperation** *f* vascular operation **Gefäßpflanze** *f* BOT vascular plant **gefäßschädigend** *adj* causing vascular damage **Gefäßsystem** *nt* vascular system

gefasst[RR], **gefaßt** I. *adj* ❶ (*beherrscht*) composed, calm; **einen ~en Eindruck machen** to appear calm and collected ❷ (*eingestellt*) ■**auf etw** *akk* **~ sein** to be prepared for sth; **sich auf etw** *akk* **~ machen** to prepare oneself for sth; **sich darauf ~ machen, dass** to be prepared [*or* ready] for sth; **sich auf etwas** *akk* **~ machen können** (*fam*) to be in for it *fam* II. *adv* calmly, with composure

Gefasstheit[RR], **Gefaßtheit** <-> *f kein pl* composure, calmness

gefäßverengend MED I. *adj* vasoconstrictive II. *adv* **~ wirken** to have a vasoconstrictive effect **Gefäßverengung** *f* vascular constriction **Gefäßverkalkung** *f* vascular hardening [*or* sclerosis], arteriosclerosis **Gefäßverletzung** *f* vascular injury **Gefäßverschluss**[RR] *m* embolism **Gefäßverstopfung** *f* embolism **Gefäßwand** *f* vascular wall

Gefecht <-[e]s, -e> *nt* (*a. fig*) battle; MIL engagement, encounter; **in schwere ~e verwickelt werden** to be engaged in fierce fighting; **etw ins ~ führen** (*geh*) to bring sth into the argument [*or* equation]; **jdm ein ~ liefern** to engage sb in battle, to do battle with sb; **jdn außer ~ setzen** to put sb out of action; *s. a.* **Eifer, Hitze**

Gefechtsausbildung *f* MIL combat training **gefechtsbereit** *adj* ready for action [*or* battle]; **etw ~ machen** to get sth ready for action **gefechtsklar** *adj* NAUT cleared for action; **ein Schiff ~ machen** to clear a ship for action **Gefechtskopf** *m* MIL warhead **Gefechtspause** *f* MIL lull [*or* break] in [the] fighting **Gefechtsstand** *m* MIL command post

gefeiert *adj* celebrated

gefeit *adj* ■**gegen etw** *akk* **~ sein** to be immune to sth

gefestigt *adj* ❶ (*etabliert*) **~e Traditionen** established traditions ❷ (*sittlich stark*) staunch, steadfast

Gefiedel <-s> *nt kein pl* (*pej fam*) fiddling *fam,* scraping, sawing *pej*

Gefieder <-s, -> *nt* plumage *no indef art, no pl,* feathers *pl*

gefiedert *adj* ❶ BOT pinnate ❷ (*geh*) feathered; **unsere ~en Freunde** our feathered friends

Gefilde <-s, -> *nt* (*geh*) scenery; **heimatliche ~** (*hum*) home pastures

gefinkelt *adj* ÖSTERR (*schlau*) cunning, crafty, sly

Geflecht <-[e]s, -e> *nt* ❶ (*Flechtwerk*) wickerwork ❷ (*Gewirr*) tangle

gefleckt *adj* spotted; **ein ~es Gefieder** speckled plumage; **eine ~e Haut** blotchy skin

Geflimmer <-s> *nt kein pl* ❶ FILM, TV flickering ❷ (*flimmernde Luft*) shimmering

geflissentlich *adv* (*geh*) deliberately

Geflügel <-s> *nt kein pl* ❶ ORN poultry *no indef art, no pl,* fowl *no pl* ❷ KOCHK poultry *no indef art, no pl*

Geflügelbrühe *f* chicken/turkey etc. broth **Geflügelcremesuppe** *f* cream of chicken/turkey etc. soup **Geflügelfleisch** *nt* poultry [meat] **Geflügelhaltung** *f* poultry farming **Geflügelhändler(in)** *m(f)* poulterer, poultry dealer **Geflügelhandlung** *f* poulterer's **Geflügelklein** *nt* giblets *npl* **Geflügelleber** *f* chicken/turkey etc. liver **Geflügelpresse** *f* poultry press **Geflügelsalat** *m* chicken/turkey etc. salad **Geflügelschere** *f* poultry shears *npl*

geflügelt *adj* winged; *s. a.* **Wort**

Geflügelzucht *f* poultry farm[ing]

Geflunker <-s> *nt kein pl* (*pej fam*) fibbing *fam*

Geflüster <-s> *nt kein pl* whispering

Gefolge <-s, -> *nt* retinue, entourage; **etw im ~ haben** to lead to [*or* result in] sth; **im ~ einer S.** *gen* (*geh*) in the wake of sth

Gefolgschaft <-, -en> *f* ① (*Anhängerschaft*) followers *pl*, following *no pl* ② HIST retinue, entourage ③ *kein pl* (*veraltend: Treue*) loyalty, allegiance (**gegenüber** +*dat* to); **jdm ~ leisten** to obey sb; **jdm die ~ verweigern** to refuse to obey sb

Gefolgsmann, -frau <-[e]s, -leute> *m, f* follower

Gefrage <-s> *nt kein pl* (*pej*) questions *pl*

gefragt *adj* in demand *pred;* **nicht ~ sein** ***du bist jetzt nicht*** ~ I'm not asking you

gefräßig *adj* ① (*fressgierig*) voracious ② (*pej: unersättlich*) greedy, gluttonous

Gefräßigkeit <-> *f kein pl* ① (*Fressgier*) voracity, voraciousness ② (*pej: Unersättlichkeit*) gluttony

Gefreite(r) *f(m) decl wie adj* ① MIL *sb holding the second lowest rank in the armed forces,* ≈ lance corporal BRIT, private AM ② NAUT able seaman ③ LUFT leading aircraftman BRIT, airman first class AM

Gefrieranlage *f* freezing plant **Gefrierbeutel** *m* freezer bag

gefrieren* *vi irreg sein* to freeze; *s. a.* **Blut**

Gefrierfach *nt* freezer compartment **Gefrierfleisch** *nt* frozen meat **Gefriergemüse** *nt* frozen vegetables *pl* **gefriergetrocknet** *adj* freeze-dried **Gefrierladung** *f* frozen cargo **Gefrierpunkt** *m* freezing point; **über dem ~** above freezing [*or* BRIT zero]; **um den ~** around freezing [*or* BRIT zero]; **unter dem/den ~** below freezing [*or* BRIT zero] **Gefrierschrank** *m* upright freezer **gefriertrocknen** *vt* ■**etw ~** to freeze-dry sth **Gefriertrocknung** *f* freeze-drying **Gefriertruhe** *f* chest freezer

Gefuchtel <-s> *nt kein pl* (*pej*) gesticulating

Gefüge <-s, -> *nt* (*geh*) structure; ***das wirtschaftliche und soziale ~ eines Staates*** a country's economic and social fabric

gefügig *adj* submissive, compliant; [**sich** *dat*] **jdn ~ machen** to make sb submit [*or* bend] to one's will

Gefügigkeit <-> *f kein pl* submissiveness, compliance

Gefühl <-[e]s, -e> *nt* ① (*Sinneswahrnehmung*) feeling ② (*seelische Empfindung, Instinkt*) feeling; ■**ein ~ einer S.** *gen* a feeling [*or* sense] of sth; **das [...] ~ haben, dass/als ob** to have the [...] feeling that/as though; **das ~ nicht loswerden, dass** to not get rid of the feeling that; ***ich werde das ~ nicht los, dass*** I cannot help feeling that; **mit ~** with feeling [*or* sensitivity], carefully; **mit gemischten ~en** with mixed feelings; **mit widerstrebenden ~en** with [some] reluctance; **jds ~e erwidern** to reciprocate sb's feelings, to return sb's affections; **jds ~e verletzen** to hurt sb's feelings; **~[e] in jdn/etw investieren** (*fam*) to become emotionally involved with sb/sth; **etw im ~ haben** to feel sth instinctively; ***mein ~ täuscht mich nie*** my instinct is never wrong ③ (*Sinn*) sense; **ein ~ für etw** *akk* [**haben**] [to have] a feeling for [*or* sense of] sth; **ein ~ für Zahlen/Kunst/Musik** a feeling for figures/art/music; **ein ~ für Gerechtigkeit** a sense of justice; ***Tiere haben ein ~ dafür, wer sie mag*** animals can sense who likes them ▸ WENDUNGEN: **das ist ein ~ wie Weihnachten** (*hum fam*) it feels [just] like Christmas; **seinen ~en keinen Zwang antun** (*fam*) to not hide one's feelings; **das höchste der ~e** (*fam*) the maximum, the final offer

gefühllos I. *adj* ① (*ohne Sinneswahrnehmung*) numb ② (*herzlos*) insensitive, callous II. *adv* insensitively, callously

Gefühllosigkeit <-, -en> *f* ① (*Herzlosigkeit*) insensitivity, callousness ② (*physischer Zustand*) numbness

Gefühlsanwandlung *f* rush of emotion **Gefühlsausbruch** *m* outburst of emotion, emotional outburst **gefühlsbetont** *adj* emotional **Gefühlsduselei** <-, -en> *f* (*pej fam*) mawkishness, overweening sentimentality **gefühlsecht** *adj* ultrasensitive; **eine Packung Kondome „London ~"** a pack of "London ultrasensitive" condoms **Gefühlshaushalt** *m* emotional balance [*or* equilibrium] **gefühlskalt** *adj* ① (*frigide*) frigid ② (*eiskalt*) cold, unfeeling **Gefühlskälte** *f* ① (*Frigidität*) frigidity ② (*Gefühllosigkeit*) coldness, unfeelingness **Gefühlsleben** *nt kein pl* emotional life; **das ~ abstumpfen** to numb one's emotions **gefühlsmäßig** *adv* instinctively, by instinct **Gefühlsmensch** *m* person guided [*or* ruled] by emotion, emotionalist **Gefühlsregung** *f* [stirring of] emotion **Gefühlssache** *f* matter of feel [*or* instinct]; ***das ist reine ~*** you have to have a feel for it

gefühlvoll I. *adj* (*empfindsam*) sensitive II. *adv* expressively, with feeling

gefüllt *adj* ① (*mit einer Füllung versehen*) stuffed; **~e Paprikaschoten/Tomaten** stuffed peppers/tomatoes; **~e Kekse** biscuits with a filling; [**mit Kirschgeist, Weinbrand etc.**] **~e Pralinen** liqueur chocolates ② (*voll*) full; **eine gut ~e Brieftasche** a well-stuffed wallet

Gefummel <-s> *nt kein pl* (*fam*) ① (*lästiges Hantieren*) fiddling, fumbling ② (*sexuelle Berührung*) fumbling, groping *fam*, pawing *fam*

gefüttert *adj* lined

Gegacker <-s> *nt kein pl* cackling

gegeben I. *pp von* **geben** II. *adj* ① (*geeignet*) right; *s. a.* **Zeit** ② (*vorhanden*) given; **die ~en Tatsachen** the facts at hand; **unter den ~en Umständen** under [*or* in] these circumstances; **in diesem ~en Fall** in this case; **unter Berücksichtigung der ~en Lage** in view of [*or* given] the situation; **etw als ~ voraussetzen** to take sth for granted; *s. a.* **Anlass** ③ (*das Nächstliegende*) ■**das G~e sein** to be the right thing

gegebenenfalls *adv* if necessary [*or* need be], should the need [*or* occasion] arise; ***vielen Dank für Ihr Angebot, wir kommen ~ wieder darauf zurück*** thank you for your offer, we may possibly come back to you on it [*or* we will get back to you if applicable]

Gegebenheit <-, -en> *f meist pl* (*die Realitäten*) fact; **die wirtschaftlichen/sozialen ~en** the economic/social conditions; **die politischen ~en** the political reality

gegelt *adj* MODE *Haare, Frisur* gelled

gegen I. *präp* +*akk* ① (*wider*) against; ***ich brauche etwas ~ meine Erkältung*** I need sth for my cold ② SPORT ■**X ~ Y** X versus [*or* against] Y ③ (*ablehnend*) ■**~ jdn/etw sein** to be against [*or* opposed to] sb/sth ④ (*entgegen*) contrary to; **~ alle Vernunft** against all reason ⑤ JUR versus ⑥ (*an*) against; **der Regen klatscht ~ die Fenster** the rain beats against the windows; **~ die Wand stoßen** to run into the wall; **~ die Tür schlagen** to hammer on the door ⑦ (*gegenüber*) towards, to ⑧ (*für*) for; **~ Kaution/Quittung** against a deposit/receipt ⑨ (*verglichen mit*) compared with [*or* to], in comparison with ⑩ (*zum ... zu*) towards; **~ Morgen/Mittag/Abend** towards morning/afternoon/evening II. *adv* about, around; ***er kommt ~ drei Uhr an*** he's arriving around three o'clock

Gegenangebot *nt* counteroffer; **jdm ein ~ machen** to make sb a counteroffer **Gegenangriff** *m* counterattack **Gegenansicht** *f* opposite [*or* different] opinion **Gegenanspruch** *m* JUR counterclaim; **einen ~ geltend machen** to make a counterclaim **Gegenantrag** *m* ① (*im Parlament*) countermotion ② JUR counterclaim **Gegenanzeige** *f* MED contraindication **Gegenargument** *nt* counterargument **Gegenbehauptung** *f* counterclaim; **eine ~ machen** [*o* **aufstellen**] to make [*or* bring] [*or* enter] a counterclaim **Gegenbeispiel** *nt* counterexample; [**jdm**] **ein ~ bringen** to provide [sb with] an example to the contrary **Gegenberufung** *f* JUR cross-appeal; **~ einlegen** to cross-appeal **Gegenbesuch** *m* return visit; **jdm einen ~ machen** to return sb's visit **Gegenbewegung** *f* countermovement **Gegenbeweis** *m* counterevidence; [**jdm**] **den ~** [**zu etw** *dat*] **erbringen** [*o* **antreten**] to put forward counterevidence, to furnish [sb] with [*or* to offer sb] evidence to the contrary **Gegenbuchung** *f* FIN cross [*or* contra] entry **Gegenbürgschaft** *f* JUR countersecurity

Gegend <-, -en> *f* ① (*geographisches Gebiet*) region, area ② (*Wohngegend*) area, neighbourhood BRIT, neighborhood AM, district; **die ~ unsicher machen** (*fam*) to be on the loose [in the area], to paint the town red *fam* ③ (*fam: Richtung*) direction ④ (*Nähe*) area; **in der Münchner ~** [*o* **~ von München**] in the Munich area; **in der ~ um etw** *akk* (*sl*) in the region of sth, approximately; ***in der ~ um Ostern/um den 15.*** around about Easter/the 15th ⑤ ANAT region ⑥ (*Gebiet um jdn herum*) **in der ~ herumbrüllen** to yell one's head off; **durch die ~ laufen/fahren** (*fam*) to stroll about/drive around; **in die ~** (*fam*) anywhere; ***heb das Papier auf, das kannst du nicht einfach so in die ~ werfen*** pick that paper up, you can't just throw it anywhere

Gegendarstellung *f* ① MEDIA reply; ***nach dem Pressegesetz sind wir verpflichtet, eine ~ abzudrucken*** according to press law we are obliged to print a reply ② (*gegensätzliche Darstellung*) account [of sth] from an opposing point of view; **eine ~ machen** to dispute [sth] **Gegendarstellungsrecht** *nt* JUR right of counter-statement **Gegendemonstration** *f* counterdemonstration **Gegendienst** *m* favour [*or* AM -or] in return; **jdm einen ~ erweisen** to do sb a favour [*or* AM -or] in return **Gegendruck** *m* TECH counterpressure; (*fig*) resistance **Gegendruckzylinder** *m* TYPO impression cylinder

gegeneinander *adv* ① (*eine(r, s) gegen den anderen*) against each other [*or* one another]; **etwas ~ haben** (*fam*) to have sth against each other; ***habt ihr 'was ~?*** have you got something against each other?; **~ prallen** to collide; **~ stehen** to conflict; **~ stehende Aussagen** conflicting statements; **~ stoßen** to knock against one another, to collide ② (*für den anderen*) for each other [*or* one another] ③ (*nebeneinander*) **etw ~ halten** to hold up side by side [*or* together]

Gegeneinander <-s> *nt kein pl* conflict

gegeneinander|halten *vt irreg s.* **gegeneinander 3 gegeneinanderlaufend** *adj* **~e Walzen** counter-rotation rollers **gegeneinander|prallen** *vi sein s.* **gegeneinander 1 gegeneinander|stehen** *vi irreg s.* **gegeneinander 1 gegeneinander|stoßen** *vi irreg sein s.* **gegeneinander 1**

Gegeneinladung *f* return invitation **Gegeneinrede** *f* JUR counter-plea **Gegenerklärung** *f* JUR reply, counter statement [*or* declaration] **Gegenerwiderung** *f* JUR rejoinder; **~ des Beklagten** rejoinder from the applicant **Gegenfahrbahn** *f* oncoming carriageway BRIT; (*Fahrspur*) oncoming lane **Gegenfeuer** *nt* FORST backfire **Gegenfinanzierung** *f* FIN counter-finance, reverse financing [*or* funding] **Gegenforderung** *f* JUR *des Beklagten* counterdemand, counterclaim, set-off; **eine ~ erheben** to file a counterclaim, to counterclaim sth; **~en stellen** to counterclaim **Gegenfrage** *f* counter-question, question in return; **etw mit einer ~ beantworten** to answer a question with a[nother] question **Gegengebot** *nt* HANDEL counteroffer, counterbid **Gegengerade** *f* SPORT back straight, backstretch AM **Gegengeschäft** *nt* FIN return business, offsetting transaction; HANDEL buy-back deal, counterdeal **Gegengewalt** *f* counterviolence; **Gewalt mit ~ beantworten** to meet force with force [*or* violence with violence] **Gegengewicht** *nt* counterweight, counterbalance **Gegengift** *nt* antidote; **ein/kein ~ gegen etw** *akk* **sein** to be an/no antidote to sth **Gegengutachten** *nt* JUR counteropinion, opposing [*or* counter] opinion **gegen|halten** *vi irreg* ■ [**mit etw** *dat*] ~ to counter [with sth] **Gegenkampagne** *f* rival campaign **Gegenkandidat(in)** *m(f)* rival candidate; **jdn als ~en/~in [zu jdm] aufstellen** to put sb up [*or* nominate sb] as a rival candidate [to [*or* against] sb] **Gegenklage** *f* JUR countercharge **Gegenkläger(in)** *m(f)* JUR counterclaimer **Gegenkönig(in)** *m(f)* HIST rival claimant to the throne **Gegenkonto** *nt* FIN contra account **Gegenkultur** *f* counterculture **Gegenkurs** *m* opposite [*or* reciprocal] course; **einen ~ steuern** to take an oppposing course of action

gegenläufig *adj* ❶ TECH opposed, contra-rotating ❷ (*entgegengesetzt*) **eine ~e Entwicklung/Tendenz** an opposite [*or* reverse] development/trend

Gegenleistung *f* (*Dienstleistung*) service in return; (*Bezahlung*) payment in return, consideration; **erbrachte ~** service rendered in return; **eine/keine ~ erwarten** to expect something/nothing in return; **als ~ für etw** *akk* in return for sth **gegen|lenken** *vi* to countersteer, to steer into a skid **gegen|lesen** *vt irreg* to check through; **ein Manuskript ~** to check [through] a manuscript **Gegenlicht** *nt* light shining towards the viewer; **bei ~** against the light; **ein Foto bei ~ aufnehmen** to take a backlit [*or* contre-jour] photo[graph] **Gegenlichtaufnahme** *f* ❶ (*die Aufnahme*) contre-jour photograph ❷ (*das Aufnehmen*) taking a picture against the light **Gegenliebe** *f kein pl* **mit etw** *dat* **[bei jdm] keine/wenig ~ finden** to find no/little favour [*or* AM -or] [with sb] for sth; **[bei jdm] auf keine/wenig ~ stoßen** to meet with no/little approval [from sb] **Gegenmaßnahme** *f* countermeasure **Gegenmehr** <-s> *nt* SCHWEIZ votes against; **ohne ~** unanimously **Gegenmeinung** *f* opposite opinion **Gegenmittel** *nt* (*gegen Gift*) antidote; (*gegen Krankheit*) remedy; ■**ein ~ gegen etw** *akk* an antidote for [*or* to] [*or* a remedy for] sth **Gegenoffensive** *f s.* Gegenangriff **Gegenpapst** *m* HIST antipope **Gegenpartei** *f* other [*or* opposing] side; SPORT opposing team **Gegenpol** *m* opposite pole; ■**jds ~** sb's opposite; ■**der ~ zu jdm** the opposite of sb **Gegenprobe** *f* ❶ (*Überprüfung*) crosscheck; **die ~ zu etw** *dat* **machen** to carry out a crosscheck on sth, to crosscheck sth ❷ (*bei Abstimmung*) recount using the opposite motion **Gegenreaktion** *f* counter-reaction **Gegenrechnung** *f* contra account; **[jdm] die/eine ~ [für etw** *akk*] **aufmachen** [*o* **aufstellen**] to present the other side of the account [to sb] [*or* offset that against]; **etw durch ~ ausgleichen** FIN to counterbalance sth **Gegenrede** *f* ❶ (*Widerrede*) contradiction; (*Einspruch*) objection ❷ (*geh: Erwiderung*) rejoinder, reply **Gegenreform** *f* counterreform **Gegenreformation** *f* HIST Counter-Reformation **Gegenregierung** *f* rival government **Gegenrichtung** *f* opposite direction **Gegensaldo** *m* FIN counterbalance

Gegensatz *m* ❶ (*Gegenteil*) opposite; **einen [krassen] ~ zu etw** *dat* **bilden** to contrast [starkly] with sth, to be in stark contrast to sth; **im scharfen [*o* schroffen] ~ zu etw** *dat* **stehen** to conflict sharply with sth, to be in sharp conflict with sth; **der [genaue] ~ zu jdm sein** to be the [exact] opposite of sb; **im ~ zu jdm/etw** in contrast to [*or* unlike] sb/sth ❷ *pl* differences; **unüberbrückbare Gegensätze** irreconcilable differences ► WENDUNGEN: **Gegensätze ziehen sich an** (*prov*) opposites attract

gegensätzlich I. *adj* conflicting, differing; **den ~en Standpunkt vertreten** to represent the opposite point of view; **~e Menschen/Temperamente** different people/temperaments II. *adv* differently

Gegensätzlichkeit <-, -en> *f* difference[s]; **bei aller ~** in spite of all [the] differences

Gegenschlag *m* retaliation; **zum ~ ausholen** to prepare to retaliate **Gegenseite** *f* ❶ (*gegenüberliegende Seite*) other [*or* opposite] side ❷ (*gegnerische Partei*) other [*or* opposing] side

gegenseitig I. *adj* mutual; **in ~er Abhängigkeit stehen** to be mutually dependent; *s. a.* **Einvernehmen** II. *adv* mutually; **sich ~ beschuldigen/helfen/unterstützen** to accuse/help/support each other [*or* one another]

Gegenseitigkeit <-> *f kein pl* mutuality; **auf ~ beruhen** to be mutual; **ein Abkommen/Vertrag auf ~** a reciprocal agreement/treaty

Gegenseitigkeitsabkommen *nt* JUR reciprocity agreement **Gegenseitigkeitsgeschäft** *nt* HANDEL reciprocal deal, [barter] transaction **Gegenseitigkeitsgesellschaft** *f* HANDEL mutual company [*or* association] **Gegenseitigkeitsprinzip** *nt* reciprocity [*or* mutuality] principle **Gegenseitigkeitsvertrag** *m* JUR reciprocity contract [*or* treaty]

Gegensinn <-[e]s> *m kein pl* **im ~** in the opposite direction **Gegenspieler(in)** *m(f)* opposite number **Gegenspionage** *f* counterespionage **Gegensprechanlage** *f* two-way intercom, duplex system

Gegenstand <-[e]s, Gegenstände> *m* ❶ (*Ding*) object; **Gegenstände des täglichen Bedarfs** objects [*or* articles] of everyday use; **vererbliche Gegenstände** JUR corporeal hereditaments ❷ *a.* JUR (*Thema*) subject; **~ der Klage** substance of the action; **~ eines Vertrags** subject-matter of a contract ❸ (*Objekt*) ■**der ~ einer S.** *gen* the object of sth; **~ der Kritik** target of criticism; **sich zum ~ des Gespötts machen** (*geh*) to make oneself an object of ridicule [*or* a laughing stock]

gegenständlich KUNST I. *adj* representational II. *adv* representationally

Gegenstandpunkt *m* opposite point of view

gegenstandslos *adj* ❶ (*unbegründet*) unfounded, groundless ❷ (*hinfällig*) invalid; ***bitte betrachten Sie dieses Schreiben als ~, falls ...*** please disregard this notice if ... **Gegenstandswert** *m* JUR amount involved

gegen|steuern *vi s.* gegenlenken **Gegenstimme** *f* ❶ (*bei einer Abstimmung*) vote against; ***der Antrag wurde mit 323 Stimmen bei 142 ~n/ohne ~ angenommen*** the motion was carried by 323 votes to 142/unanimously ❷ (*kritische Meinungsäußerung*) dissenting voice **Gegenstoß** *m* counterattack; **einen ~ führen** to counterattack **Gegenströmung** *f* countercurrent, crosscurrent; (*entgegengesetzte Opposition*) current of opposition **Gegenstück** *nt* companion piece, counterpart; **jds ~ sein** to be sb's opposite **Gegenteil** *nt* opposite; **[mit etw** *dat*] **das [genaue [*o* genau das]] ~ bewirken** to achieve the [exact] opposite [*or* [exactly] the opposite] effect [by sth]; **im ~!** on the contrary!; **ganz im ~!** quite the reverse [*or* opposite]!; **ins ~ umschlagen** to change completely; **sich in sein ~ verkehren** to change to the opposite, to twist right round **gegenteilig** I. *adj* opposite; ■**etwas/nichts G~es** anything/nothing to the contrary II. *adv* to the contrary; **sich ~ entscheiden** to come to a different decision **Gegentor** *nt* SPORT goal for the other side; **ein ~ hinnehmen müssen** to concede a goal **Gegentreffer** *m* goal against; **einen ~ erzielen** to score; **einen ~ hinnehmen [*o fam* einstecken] müssen** to concede a goal **Gegentreuhänder(in)** *m(f)* JUR joint trustee, cotrustee

gegenüber I. *präp +dat* ❶ (*örtlich*) ■**jdm/einer S. ~** opposite sb/sth; ***er saß ihr genau/schräg ~*** he sat directly opposite [*or* facing] her/diagonally across from her ❷ (*in Bezug auf*) ■**jdm/einer S. ~** towards sb/sth; ***er ist allem Neuen ~ wenig aufgeschlossen*** he is not very open-minded about anything new ❸ (*vor ...*) ■**jdm ~** in front of sb ❹ (*im Vergleich zu*) ■**jdm ~** in comparison with [*or* compared to] sb; **jdm ~ im Vorteil sein** to have an advantage over sb II. *adv* opposite; **die Leute von ~** the people [from] opposite [*or* from across the road [*or* way]]

Gegenüber <-s, -> *nt* ■**jds ~** ❶ (*Mensch*) person opposite ❷ (*Terrain*) land opposite; ***wir haben einen freien Ausblick und kein ~*** we have an open view with no buildings opposite

gegenüber|liegen *irreg* I. *vi* ■**jdm/einer S. ~** to be opposite [*or* face] sb/sth II. *vr* ■**sich** *dat* **~** to face each other [*or* one another] **gegenüberliegend** *adj attr* opposite; **das ~e Gebäude** the building opposite **gegenüber|sehen** *vr irreg* ■**sich jdm/einer S. ~** to be faced with sb/sth; **sich einer Herausforderung/Aufgabe ~** to be confronted with a challenge/task **gegenüber|sitzen** *vi irreg* ■**jdm/sich ~** to sit opposite [*or* facing] sb/each other [*or* one another] **gegenüber|stehen** *irreg* I. *vi* ❶ (*zugewandt stehen*) ■**jdm ~** to stand opposite [*or* facing] sb; ■**sich** *dat* **~** to stand opposite [*or* facing] each other [*or* one another] ❷ (*eingestellt sein*) ■**jdm/einer S. [...] ~** to have a [...] attitude towards sth II. *vr* ❶ (*konfrontiert sein*) ■**sich** *dat* **als etw ~** to face [*or* confront] each other [*or* one another] as sth ❷ (*widerstreiten*) ■**sich** *dat* **~** to be in opposition to each other [*or* one another] **gegenüber|stellen** *vt* ❶ (*konfrontieren*) ■**jdm jdn ~** to confront sb with sb ❷ (*vergleichen*) ■**einer S.** *dat* **etw ~** to compare sth with sth **Gegenüberstellung** *f* ❶ (*Konfrontation*) confrontation ❷ (*Vergleich*) comparison **gegenüber|treten** *vi irreg sein* ■**jdm ~** to face sb

Gegenunterschrift *f* countersignature **Gegenverkehr** *m* oncoming traffic **Gegenverpflichtung** *f* JUR mutual promise, counterobligation **Gegenversprechen** *nt* JUR counterpromise **Gegenvormund** *m* JUR supervisory guardian **Gegenvorschlag** *m* counterproposal; **einen ~ haben/machen** to have/make a counterproposal **Gegenvorstellung** *f* JUR remonstration, remonstrance

Gegenwart <-> *f kein pl* ❶ (*jetziger Augenblick*) present; **[ganz] in der ~ leben** to live in [*or* for] the present [*or* for the day] ❷ (*heutiges Zeitalter*) present [time [*or* day]]; **unsere ~** the present day, this day and age; **die Literatur/Kunst/Musik der ~** contemporary literature/art/music ❸ LING present [tense] ❹ (*Anwesenheit*) presence; **in ~ der/des ...** in the presence of the ...; **in jds ~** in sb's presence, in the presence of sb

gegenwärtig I. *adj* ❶ *attr* (*derzeitig*) present, current ❷ (*heutig*) present[-day]; **zur ~en Stunde** at the present time; **der ~e Tag** this day ❸ (*geh: erinnerlich*) ■**etw ist jdm ~** to remember [*or* recall] sth; ***die Adresse ist mir im Augenblick nicht ~*** I cannot remember [*or* recall] the address at the moment ❹ (*präsent*) ■**irgendwo/in etw** *dat* **~ sein** to be ever-present somewhere/in sth; ***in diesen steinernen Zeugen ist die ruhmreiche Vergangenheit der Stadt stets ~*** these stones bear constant witness to the town's glorious past II. *adv* at present, currently

gegenwartsbezogen *adj* relevant to the present day; **ein ~er Mensch** a person whose life revolves around the present **Gegenwartsform** *f* LING present tense **gegenwartsnah** I. *adj* (*geh*) relevant to the present day, topical II. *adv* in a way that is relevant to the present [day], topically **Gegenwartssprache** *f* present-day language; **die deutsche ~** modern German

Gegenwechsel *m* FIN cross bill **Gegenwehr** *f* resistance; **[keine] ~ leisten** to put up [no] resistance **Gegenwert** *m* equivalent; ■**im ~ von etw** *dat* to the value of sth; **~ eines Schecks/Wechsels** countervalue of a cheque/bill; ***Dollar im ~ von 1000 DM*** 1000 marks' worth of dollars **gegenwertig** *adj* FIN equivalent; **~er Marktpreis/Marktwert** equivalent market price/value **Gegenwind** *m* headwind; ***sie hatten starken ~*** they had a strong headwind against them, there was a strong headwind **gegen|zeichnen** *vt* ■**etw ~** to countersign sth **Gegenzeichnung** *f* JUR counter-signature **Gegenzeuge, -zeugin** *m, f* ❶ JUR counter witness, witness for the other side ❷ (*Zeuge für gegenteilige Meinung*) sb who can witness to the contrary **Gegenzug** *m* ❶ (*Reaktion*) counter[move]; **im ~ [zu etw** *dat*] as a counter[move] [to sth] ❷ (*entgegenkommender Zug*) oncoming train; (*gleicher Zug*

G

in Gegenrichtung) corresponding train in the opposite direction

gegliedert I. *pp von* **gliedern** II. *adj* [sub]divided, structured ❶ (*eingeteilt*) divided; **in einzelne Abschnitte ~** divided into individual sections ❷ GEOG **eine reich ~e Küste** a heavily indented coast[line] ❸ (*unterteilt*) subdivided; **hierarchisch ~** classified according to a hierarchical system, organized in graded ranks

geglückt I. *pp von* **glücken** II. *adj* successful

Gegner(in) <-s, -> *m(f)* ❶ (*Feind*) enemy; ■ **ein ~/eine ~in einer S.** *gen* an opponent of sth ❷ (*Gegenspieler*) opponent, adversary, rival ❸ JUR adversary, opponent ❹ SPORT opponent, opposing team

gegnerisch *adj attr* ❶ MIL (*feindlich*) opposing, enemy *attr;* **die ~e Übermacht** the enemy's superior numbers ❷ JUR opposing, of the opposition [*or* opposing party] ❸ SPORT opposing; **das ~e Tor** the opponent's goal

Gegnerschaft <-, -en> *f* ❶ (*feindliche Einstellung*) opposition ❷ *kein pl* (*die Gegner*) opponents; ■ **die ~ einer S.** *gen* the opponents of sth

gegr. *adj Abk von* **gegründet** est.

Gegröle <-s> *nt kein pl* (*pej fam*) raucous bawling

Gehabe <-s> *nt kein pl* (*pej fam: Getue*) fuss; (*Gebaren*) affectation

gehackt *adj* KOCHK chopped

Gehackte(s) *nt decl wie adj* mince[d meat] BRIT, ground[meat] AM; **~s vom Schwein/Rind** minced [*or* AM ground] pork/beef

Gehalt¹ <-[e]s, Gehälter> *nt o* ÖSTERR *m* salary, pay *no indef art, no pl;* **festes ~** fixed [*or* stated] salary; **ein ~ beziehen** to draw [*or* receive] a salary

Gehalt² <-[e]s, -e> *m* ❶ (*Anteil*) content; ■ **der ~ an etw** *dat* the ... content; ***der ~ an Kohlendioxid*** the carbon dioxide content ❷ (*gedanklicher Inhalt*) content, meaning

gehalten I. *pp von* **halten** II. *adj* (*geh*) ■ **~ sein, etw zu tun** to be required [*or* obliged] to do sth

gehaltlos *adj* ❶ (*nährstoffarm*) non-nutricious ❷ (*oberflächlich*) insubstantial, lacking in substance, shallow, superficial

Gehaltsabrechnung *f* salary statement, pay slip **Gehaltsabzug** *m* salary deduction **Gehaltsanspruch** *m meist pl* salary [*or* pay] claim; **Gehaltsansprüche [an jdn] haben** to have salary outstanding [against sb]; **Gehaltsansprüche geltend machen** to negotiate a salary claim **Gehaltsaufbesserung** *f* pay [*or* salary] review **Gehaltsbescheinigung** *f* salary declaration **Gehaltsempfänger(in)** *m(f)* salaried employee, salary earner **Gehaltserhöhung** *f* salary increase, rise in salary, pay rise; **jährliche/regelmäßige ~en** annual/regular increments **Gehaltsforderung** *f* salary [*or* pay] claim **Gehaltsfortzahlung** *f* continued payment of salary (*during illness*) **Gehaltsgruppe** *f* salary bracket **Gehaltshöhe** *f* size of salary; **leistungsbedingte ~** performance-related pay **Gehaltskonto** *nt* account into which a salary is paid **Gehaltskürzung** *f* salary cut, cut in salary **Gehaltsnachzahlung** *f* deferred payment of salary **Gehaltspfändung** *f* JUR attachment [*or* garnishment] of a salary **Gehaltsrevision** *f* salary [*or* pay] review **Gehaltsscheck** *m* pay cheque **Gehaltsstufe** *f* salary bracket **Gehaltstabelle** *f* salary scale **Gehaltsverhandlungen** *pl* salary negotiations *pl* **Gehaltsvorrückung** *f* ÖSTERR (*Gehaltserhöhung*) salary increase, rise in salary **Gehaltsvorschuss**RR *m* advance on salary **Gehaltsvorstellung** *f* salary expectation **Gehaltswunsch** *m* salary requirement **Gehaltszahlung** *f* salary payment **Gehaltszulage** *f* salary bonus

gehaltvoll *adj* ❶ (*nahrhaft*) nutritious, nourishing ❷ (*gedankliche Tiefe aufweisend*) thought-provoking, stimulating

Gehämmer <-s> *nt kein pl* (*pej*) hammering

gehandikapt [gəˈhɛndikɛpt] *adj* handicapped; ■ **durch etw** *akk* **~ sein** to be handicapped by sth

Gehänge <-s, -> *nt* drop earring, ear pendant

Gehängte(r) *f(m) decl wie adj* hanged man/woman

Gehänsel <-s> *nt kein pl* (*fam*) [constant] teasing

geharnischt *adj* ❶ (*fig*) strong, sharply-[*or* strongly-]worded; *s. a.* **Abfuhr** ❷ HIST (*gepanzert*) armour [*or* AM -or] -clad; **~e Ritter** knights in armour

gehässig I. *adj* spiteful II. *adv* spitefully

Gehässigkeit <-, -en> *f* ❶ *kein pl* (*Boshaftigkeit*) spite[fulness] ❷ (*gehässige Bemerkung*) spiteful remark

gehäuft I. *adj* ❶ (*hoch gefüllt*) heaped ❷ (*wiederholt*) frequent, repeated II. *adv* in large numbers

Gehäuse <-s, -> *nt* ❶ (*Schale*) casing; *Kamera a.* body; *Lautsprecher-* cabinet ❷ (*Schneckengehäuse*) shell ❸ (*Kerngehäuse*) core ❹ INFORM case, casing; **flaches/normales/hochstehendes ~** slimline/desk-top/tower computer

gehbehindert *adj* with a mobility handicap; **leicht/stark ~ sein** to have a slight/severe mobility handicap

Gehege <-s, -> *nt* ❶ (*im Zoo*) enclosure ❷ (*Wildgehege*) preserve ► WENDUNGEN: **jdm ins ~ kommen** (*fam*) to get in sb's way [*or fam* under sb's feet]

geheiligt *adj* sacred

geheim I. *adj* ❶ (*verborgen*) secret; **im G~en** in secret, secretly ❷ (*nicht allen bekannt*) secret; **„Streng ~"** "Top secret" ❸ (*nicht geäußert*) secret; **meine ~sten Gedanken/Wünsche** my most secret [*or* innermost] thoughts/desires II. *adv* secretly; **~ abstimmen** to vote by secret ballot; **etw [vor jdm] ~ halten** to keep sth secret [from sb]; **~ gehalten** classified; **~ tun** (*fam*) to be secretive

Geheimabkommen *nt* secret agreement **Geheimagent(in)** *m(f)* secret agent **Geheimbund** *m* secret society **Geheimdienst** *m* secret service BRIT, intelligence service AM **Geheimdienstchef(in)** *m(f)* secret service chief **Geheimdienstler(in)** <-s, -> *m(f)* (*fam*) secret [*or* AM intelligence] service man/woman, spook *fam;* ■ **die ~** the secret service BRIT, the intelligence services AM **geheimdienstlich** *adj* secret service *attr* **Geheimfach** *nt* secret compartment **Geheimgang** *m* secret passage **geheim|halten** *vt irreg s.* **geheim** II **Geheimhaltung** *f* secrecy; **~ von Erfindungen** secrecy of inventions; **zur ~ verpflichtet werden** to be sworn to secrecy **geheimhaltungsbedürftig** *adj* JUR liable to secrecy **Geheimhaltungspflicht** *f* JUR duty of secrecy **Geheimklausel** *f* JUR secret clause **Geheimkonto** *nt* secret bank account

Geheimnis <-ses, -se> *nt* ❶ (*Wissen*) secret; **ein/jds ~ bleiben** to remain a/sb's secret; **vor jdm keine ~se haben** to have no secrets from sb; **aus etw** *dat* **ein/kein ~ machen** to make a [big]/no secret of sth; **ein offenes ~** an open secret ❷ (*Rätsel*) ■ **das ~ einer S.** *gen* the secret of sth; **das ~ des Lebens** the mystery of life; **das ganze ~ sein** (*fam*) to be all there is to it; **jdn in die ~se von etw** *dat* **einweihen** to initiate [*or* let] sb into the secrets of sth

Geheimniskrämer(in) <-s, -> *m(f)* (*fam*) *s.* **Geheimnistuer** **Geheimniskrämerei** *f* (*pej fam*) cloak and daggers *pej,* secretiveness **Geheimnisträger(in)** *m(f)* POL person cleared for classified information **Geheimnistuer(in)** <-s, -> *m(f)* (*fam*) mystery-monger **Geheimnistuerei** <-, -en> [tuːəˈrai] *f* (*fam*) secretiveness, secrecy **geheimnisumwittert** *adj* (*geh*) shrouded in mystery **Geheimnisverrat** *m* divulgence of official secrets **geheimnisvoll** I. *adj* mysterious II. *adv* mysteriously; **~ tun** to act mysteriously [*or* be mysterious]

Geheimnummer *f* ❶ TELEK ex-directory number ❷ FIN secret [account] number ❸ (*geheime Kombination*) secret combination **Geheimpatent** *nt* secret patent **Geheimpolizei** *f* secret police **Geheimpolizist(in)** *m(f)* member of the secret police **Geheimrat, -rätin** *m, f* HIST privy councillor [*or* AM councilor] **Geheimratsecken** *pl* (*hum fam*) receding hairline; ***er hat ~*** he's receding [*or* going bald at the temples] **Geheimrezept** *nt* secret recipe **Geheimsache** *f* JUR security matter; (*Informationen*) classified information; (*Daten*) restricted [*or* classified] data **Geheimschrift** *f* code, secret writing *no indef art, no pl* **Geheimschutz** *m kein pl* JUR classification; **unter ~ gestellte Informationen** classified information **Geheimsender** *m* secret transmitter **Geheimstellung** *f* JUR imposition of secrecy **Geheimtinte** *f* invisible ink **Geheimtip** *m* inside tip **geheim|tun** *vi irreg s.* **geheim** II **Geheimtür** *f* secret door **Geheimverfahren** *nt* JUR secret process **Geheimwaffe** *f* secret weapon **Geheimwettbewerb** *m* ÖKON secret competition **Geheimzahl** *f* FIN secret number [*or* code], PIN number **Geheimziffer** *f* secret number

Geheiß <-es> *nt kein pl* (*geh*) behest *form,* command; **auf jds ~** at sb's behest [*or* bidding]

gehemmt I. *adj* inhibited II. *adv* **sich ~ benehmen** to be inhibited, to act self-consciously; **~ sprechen** to speak with inhibitions

gehen <ging, gegangen>

I. INTRANSITIVES VERB	II. UNPERSÖNLICHES INTRANSITIVES VERB
III. TRANSITIVES VERB	IV. REFLEXIVES VERB

I. INTRANSITIVES VERB

sein ❶ (*sich fortbewegen*) ■ **[irgendwohin] ~** to go [somewhere]; (*zu Fuß*) to walk [somewhere]; **geh schon!** go on!; **~ wir!** let's go!; **~ *wir oder fahren wir mit dem Auto?*** shall we walk or drive?; ***ich gehe raus, frische Luft schnappen*** I'm going out for some fresh air; ***gehst du heute in die Stadt/auf die Post/zur Bank?*** are you going to town/to the post office/to the bank today?; ***wann geht er nach Paris/ins Ausland?*** when is he going to Paris/abroad?; **in Urlaub ~** to go on holiday [*or* AM vacation]; **auf die andere Straßenseite ~** to cross over to the other side of the street; ***ich gehe eben mal schnell auf den Dachboden*** I'm just going up to the loft quickly; **[im Zimmer] auf und ab ~** to walk up and down [*or* pace] [the room]; ■ **in/an etw** *akk* **~** to go into/to sth; **ans Telefon ~** to answer the telephone; ■ **über etw** *akk* **~** to go over [*or* cross] sth; ■ **zu jdm/etw ~** to go to sb/sth; ***wie lange geht man bis zur Haltestelle/zur Post?*** how far is it to the bus stop/post office?; ***kannst du für mich noch zum Metzger/Bäcker ~?*** can/could you go to the butcher['s]/baker['s] for me?; *s. a.* **Stelzen, Stock, weit** ❷ (*besuchen*) ■ **zu jdm ~** to go and visit [*or* see] sb; ■ **in etw** *akk* **~** to go to sth; **ins Theater/in die Kirche/Messe/Schule ~** to go to the theatre/to church/mass/school; ■ **zu etw** *dat* **~** to go to sth; **zu einem Vortrag/zu einer Messe/zur Schule ~** to go to a lecture/to a [trade] fair/to school; ■ **an etw** *akk* **~** to go to sth; **an die Uni ~** to go to university; ■ **auf etw** *akk* **~** to go to sth; **aufs Gymnasium/auf einen Lehrgang ~** to go to [a] grammar school/on a course; ■ **etw tun ~** to go to do sth; **schwimmen/tanzen/einkaufen/schlafen ~** to go swimming/dancing/shopping/to bed ❸ (*tätig werden*) ■ **in etw** *akk* **~** to go into [*or* enter] sth; **in die Industrie/Politik/Computerbranche ~** to go into industry/politics/computers; **in die Partei/Gewerkschaft ~** to join the party/union; ■ **zu etw** *dat* **~** to join sth; **zum Film/Radio/Theater/zur Oper ~** to go into films/radio/on the stage/become an opera singer; ■ **an etw** *akk* **~** to join sth; **ans Gymnasium/an die Uni ~** to join the grammar school/university [as a teacher/lecturer] ❹ (*weggehen*) to go; (*abfahren a.*) to leave; ***ich muss jetzt ~*** I have to be off [*or* must go]; ***wann geht der Zug nach Hamburg?*** when does the train to Hamburg leave?; ***heute geht leider keine Fähre mehr*** there are no more ferries today, I'm afraid; **jdn ~ lassen** (*davongehen lassen*) to let sb go; **von uns gegangen sein** (*euph: gestorben sein*) to have departed from us *euph; s. a.* **Licht, Weg** ❺ (*blicken*) ■ **auf etw** *akk*/**nach etw** *akk* **~** to look onto/towards sth; ***die Fenster ~ auf das Meer/den Strand*** the windows look [out] onto the sea/

beach; ***der Balkon ging nach Süden/auf einen Parkplatz*** the balcony faced south/overlooked a car park **6** (*führen*) ■**irgendwohin** ~ to go somewhere; ***die Brücke geht über den Fluss*** the bridge crosses the river; ***ist das die Straße, die nach Oberstdorf geht?*** is that the road [*or* way] to Oberstdorf?; ***wohin geht dieser Weg/Geheimgang?*** where does this path/secret passage go [*or* lead [to]]?; ***die Tür geht direkt auf unseren Parkplatz*** the door leads [*or* opens] directly onto our parking space; ■**von … bis/über etw** *akk* ~ to go from … to/via somewhere; ***die nach Biberach ~de Reise*** the trip to Biberach; ***dieser Rundweg geht über die Höhen des Schwarzwaldes*** this circular walk takes in the highest points [*or* peaks] of the Black Forest **7** (*ausscheiden*) ■**[zu jdm]** ~ to leave [for sb], to go [to sb]; ***er ist zu Klett gegangen*** he left to go to Klett; **gegangen werden** (*hum fam*) to be given the push [*or fam* the sack] **8** (*funktionieren*) to work; ***meine Uhr geht nicht mehr*** my watch has stopped **9** (*sich bewegen*) to move; ***ich hörte, wie die Tür ging*** I heard the door [go]; ***diese Schublade geht schwer*** this drawer is stiff; ***vielleicht geht das Schloss wieder, wenn man es ölt*** perhaps the lock will work again if you oil it **10** (*gelingen*) ■**[irgendwie]** ~ to go [somehow]; ***wie ist die Prüfung gegangen?*** how was the exam [*or* did the exam go]?; ***zur Zeit geht alles drunter und drüber*** things are a bit chaotic right now; ***versuch's einfach, es geht ganz leicht*** just try it, it's really easy; ***kannst du mir bitte erklären, wie das Spiel geht?*** can you please explain the rules of the game to me?; ***wie soll das denn bloß ~?*** just how is that supposed to work? **11** ÖKON (*laufen*) to go; ***das Geschäft geht vor Weihnachten immer gut*** business is always good before Christmas; ***wie ~ die Geschäfte?*** how's business?; ***der Export geht nur noch schleppend*** exports are sluggish; (*sich verkaufen*) to sell; ***diese teuren Zigarren ~ gut/nicht gut*** these expensive cigars sell/don't sell well; ***diese Pralinen ~ bei uns so schnell weg, wie sie reinkommen*** we sell these chocolates as soon as they come in **12** (*verlaufen*) ■**[irgenwie] vor sich** ~ to go on [*or* happen] [in a certain way]; ***erkläre mir mal, wie das vor sich ~ soll*** now just tell me how that's going to happen [*or* how it's going to work]; ***das kann auf verschiedene Arten vor sich ~*** it can procede in a variety of ways; ***kannst du mir mal erklären, wie das vor sich geht, wenn man die deutsche Staatsbürgerschaft annehmen will?*** can you explain the procedure for taking up German citizenship to me?; ***was geht hier vor sich?*** (*fam*) what's going on here? **13** (*hineinpassen*) ■**in etw** *akk*/**durch etw** *akk* ~ to go into/through sth; ***es ~ über 450 Besucher in das neue Theater*** the new theatre holds over 450 people; ***wie viele Leute ~ in deinen Wagen?*** how many people [can] fit in[to] your car?; *s. a.* **Kopf** **14** (*dauern*) to go on; ■**eine bestimmte Zeit** ~ to last a certain time; ***dieser Film geht drei Stunden*** this film goes on for [*or* lasts] three hours; ***der Film geht schon über eine Stunde*** the film has been on for over an hour already [*or* started over an hour ago] **15** (*reichen*) to go; ■**[jdm] bis zu etw** *dat* ~ to reach [sb's] sth; ***das Wasser geht einem bis zur Hüfte*** the water comes up to one's hips; ***der Rock geht ihr bis zum Knie*** the skirt goes down to her knee; ■**in etw** *akk* ~ to run into sth; **in die Hunderte** [*o* **hunderte**]/**Tausende** [*o* **tausende**] ~ to run into [the] hundreds/thousands **16** KOCHK *Teig* to rise **17** (*sich kleiden*) ■**in etw** *dat* ~ to wear sth; (*verkleidet sein*) ■**als etw** ~ to go as sth; (*gekleidet sein*) ■**mit/ohne etw** ~ to go with/without sth; ***bei dem Nieselregen würde ich nicht ohne Schirm ~*** I wouldn't go out in this drizzle without an umbrella; ***sie geht auch im Winter nur mit einer dunklen Brille*** she wears dark glasses even in winter; ***ich gehe besser nicht in Jeans dorthin*** I'd better not go there in jeans **18** (*ertönen*) to ring **19** (*möglich sein*) ■**[bei jdm]** ~ to be all right [*or fam* OK] [with sb]; ***haben Sie am nächsten Mittwoch Zeit? — nein, das geht [bei mir] nicht*** are you free next Wednesday? — no, that's no good [for me] [*or* I can't manage that]; ***das geht doch nicht!*** that's not on!; ***ich muss mal telefonieren – geht das?*** I have to make a phonecall – would that be alright?; **nichts geht mehr** (*beim Roulette*) no more bets; (*hoffnungslos sein*) there's nothing more to be done **20** (*lauten*) to go; ***weißt du noch, wie das Lied ging?*** can you remember how the song went [*or* the words of the song]?; ***wie geht nochmal der Spruch?*** what's that saying again?, how does the saying go? **21** (*anfassen*) ■**an etw** *akk* ~ to touch sth; ***um ihre Schulden zu bezahlen, musste sie an ihr Erspartes ~*** she had to raid her savings to pay off her debts; ***wer ist dieses Mal an meinen Computer gegangen?*** who's been messing around with my computer this time? **22** (*zufallen*) ■**an jdn** ~ to go to sb; ***das Erbe/der Punkt ging an sie*** the inheritance/point went to her; ***der Vorsitz ging turnusmäßig an H. Lantermann*** H. Lantermann became chairman in rotation **23** (*beeinträchtigen*) ■**[jdm] an etw** *akk* ~ to damage [sb's] sth; ***das geht [mir] ganz schön an die Nerven*** that really gets on my nerves; ***das geht an die Kraft*** [*o* ***Substanz***] that takes it out of you **24** (*fam: angreifen*) ■**auf etw** *akk* ~ to attack sth; ***das Rauchen geht auf die Lunge*** smoking affects the lungs; ***das Klettern geht ganz schön auf die Pumpe*** climbing really puts a strain on the old ticker **25** (*gerichtet sein*) ■**an jdn** ~ to be addressed to sb; ■**gegen jdn/etw** ~ to be directed against sb/sth; ***das geht nicht gegen Sie, aber die Vorschriften!*** this isn't aimed at you, it's just the rules!; ***das geht gegen meine Prinzipien/Überzeugung*** that is [*or* goes] against my principles/convictions **26** (*fam: liiert sein*) ■**mit jdm** ~ to go out with sb **27** (*urteilen*) ■**nach etw** *dat* ~ to go by sth; ***der Richter ging in seinem Urteil nach der bisherigen Unbescholtenheit des Angeklagten*** on passing sentence the judge took into account the defendant's lack of previous convictions; ***nach dem, was er sagt, kann man nicht ~*** you can't go by what he says **28** (*überschreiten*) **zu weit** ~ to go too far, to overstep the line; ***das geht zu weit!*** that's just too much! **29** (*übersteigen*) **über jds Geduld** ~ to exhaust sb's patience; **über jds Kräfte/Möglichkeiten** ~ to be too much for [*or* beyond] sb; ***das geht einfach über meine finanziellen Möglichkeiten*** I just don't have the finances for that **30** (*hum: werden zu*) **unter die Politiker/Künstler/Säufer** ~ to join the ranks of politicians/artists/alcoholics **31** (*fam: akzeptabel sein*) to be OK; ***er geht gerade noch, aber seine Frau ist furchtbar*** he's just about OK [*or* tolerable] but his wife is awful; ***wie ist das Hotel? — es geht [so]*** how's the hotel? — it's ok; ***ist das zu klein? — nein, das geht [so]*** is it too small? — no, it's ok like this **32** (*Altersangabe*) ■**auf die …** ~ + *Zahl* to be approaching …; ***er geht auf die dreißig*** he's approaching [*or* coming up for] thirty ▶ WENDUNGEN: **wo jd geht und <u>steht</u>** (*fam*) wherever [*or* no matter where] sb goes [*or* is]; **<u>in</u> sich** *akk* ~ to turn one's gaze inward, to take stock of oneself; ***Mensch, geh in dich!*** for heaven's sake, think again!; ~ **Sie [mir] <u>mit</u> …** (*fam*) spare [me] …; ~ ***Sie [mir] doch mit Ihren Ausreden!*** spare me your excuses, please!; **jdm <u>über</u> alles** ~ to mean more to sb than anything else; ***das Kind geht mir über alles!*** that child means the whole world to me!; **es geht nichts <u>über</u> jdn/etw** nothing beats sb/sth, there's nothing better than [*or* to beat] [*or* like] sb/sth; **[ach] geh, …!** (*fam*) [oh] come on, …!; ***ach geh, das kann doch nicht dein Ernst sein!*** oh come on, you can't be serious!; ***geh, so was kannst du sonst wem erzählen!*** go and tell that to the marines!; **geh!** ÖSTERR, SÜDD get away!; ***geh, was du nicht sagst!*** go on, you're kidding!; *s. a.* **Konto**

II. UNPERSÖNLICHES INTRANSITIVES VERB

sein **1** + *adv* (*sich befinden*) ■**jdm geht es …** sb feels …; ***wie geht es Ihnen? — danke, mir geht es gut/ausgezeichnet!*** how are you? — thank you, I am well/I'm feeling marvellous!; ***mir ist es schon mal besser gegangen!*** I have felt better!; ***nach der Spritze ging es ihr gleich wieder besser*** she soon felt better again after the injection; **wie geht's denn [so]?** (*fam*) how are things?, how's it going? **2** + *adv* (*verlaufen*) ■**irgendwie** ~ to go somehow; ***wie war denn die Prüfung? — ach, es ging ganz gut*** how was the exam? — oh, it went quite well; ***es ging wie geschmiert*** it went like clockwork **3** (*sich handeln um*) ■**[bei etw** *dat*] **um etw** *akk* ~ to be about sth; ***um was geht's denn?*** what's it about then?; ***worum geht's denn?*** what's it all about then?; ***in dem Gespräch ging es um die zugesagte Gehaltserhöhung*** the conversation was about the promised increase in salary; ***worum geht es in diesem Film?*** what is this film about?; ***hierbei geht es um meinen guten Ruf*** my reputation is at stake [*or* on the line] here; ***hierbei geht es um Millionen*** we're talking millions here *fam*, there are millions involved here; ***wenn es um mein Glück geht, lasse ich mir von niemandem dreinreden*** when it comes to my happiness I don't let anyone tell me what to do; ***es geht hier um eine wichtige Entscheidung*** there is an important decision to be made here; ***wenn es nur um ein paar Minuten geht, warten wir*** we'll wait if it's just a question [*or* matter] of a few minutes **4** (*wichtig sein*) ■**jdm geht es um etw** *akk* sth matters to sb; ***worum geht es dir eigentlich?*** what are you trying to say?; ***es geht mir nur ums Geld/um die Wahrheit*** I'm only interested in the money/truth; ***es geht mir ums Prinzip*** it's a matter [*or* question] of principle; *s. a.* **Leben** **5** (*ergehen*) ■**jdm geht es irgendwie** to be somehow with sb; ***mir ist es ähnlich/genauso/nicht anders gegangen*** it was the same [*or* like that]/just the same [*or* just like that]/no different with me, I felt the same/just the same/no different; ***warum soll es dir etwa besser ~ als mir?*** why should you have it better than me?; ***lass es dir/lasst es euch gut ~!*** look after [*or* take care of] yourself! **6** (*sich machen lassen*) to be all right; ***geht es, dass ihr uns zu Weihnachten besuchen kommt?*** will it be possible for you to visit us at Christmas?; ***das wird kaum ~, wir sind über Weihnachten verreist*** that won't be possible [*or* work], we're away for Christmas; ***ich werde arbeiten, solange es geht*** I shall go on [*or* continue] working as long as possible; ***geht es, oder soll ich dir tragen helfen?*** can you manage, or shall I help you carry it/them; **es geht einfach nicht mehr** it won't do any more **7** (*führen*) ■**nach/in etw** *akk* ~ to go [*or* lead] somewhere; ***erst fahren Sie über drei Ampeln, dann geht es rechts ab*** go past three traffic lights then turn right; ***wohin geht's eigentlich im Urlaub?*** just where are you off to on holiday?; ***auf, Leute, es geht wieder nach Hause*** come on people, it's time to go home; ***das nächste Mal geht's in die Berge/an die See*** we're off to [*or* heading for] the mountains/coast next time; ***im Sommer geht es immer in den Süden*** we always go [*or* head] south for the summer; ***gleich geht's ins Wochenende*** soon it'll be the weekend; ***wo geht's hier zum Flughafen?*** how do I get to the airport from here?; ***wo geht es hier raus?*** where is the exit?; *s. a.* **geradeaus** **8** (*nach jds Kopf* ~) ■**nach jdm** ~ to go by sb; **wenn es nach mir ginge** if it were up to me; ***es kann nicht immer alles nach dir ~*** you can't always have things your own way ▶ WENDUNGEN: **aber sonst geht's dir <u>gut</u>?** (*iron*) but you're OK otherwise?, are you feeling all right?, are you quite right in the head?; **<u>auf</u> geht's!** let's go!, come on!; **es geht das <u>Gerücht</u>/die <u>Sage</u>, dass …** rumour/legend has it that …; **geht's <u>noch</u>!?** SCHWEIZ (*iron*) are you crazy?!

III. TRANSITIVES VERB

sein ■**etw** ~ to walk sth; ***Sie haben aber noch drei Stunden/17 Kilometer zu ~!*** you've still got another three hours/17 kilometres to go!; ***ich gehe immer diesen Weg/diese Straße*** I always walk this way/take this road

G

IV. REFLEXIVES VERB

haben ❶ *impers* ■ **sich irgendwo/in etw** *dat* **irgendwie** ~ to walk somewhere/in sth somehow; ***es geht sich schlecht hier*** it's hard going [*or* hard to walk] here; ***in diesen Schuhen geht es sich bequem*** these shoes are very comfortable for walking [*or* to walk in] ❷ (*sich nicht beherrschen*) **sich ~ lassen** to lose control of oneself [*or* one's self-control]; (*nachlässig sein*) to let oneself go

Gehen <-s> *nt kein pl* ❶ (*Zu-Fuß~*) walking ❷ (*das Weggehen*) going, leaving; ***schon im ~, wandte sie sich noch einmal um*** she turned round once more as she left; **sein frühes/vorzeitiges** ~ his early departure ❸ SPORT race walking
Gehenkte(r) *f(m) decl wie adj s.* **Gehängte(r)**
gehenllassen* *vr, vt irreg s.* **gehen I 4, IV 2**
Geher(in) <-s, -> *m(f)* SPORT walker
gehetzt *adj* harassed
geheuer *adj* **[jdm] nicht [ganz] ~ sein** to seem [a bit] suspicious [to sb]; **jdm ist nicht ganz ~ [bei etw** *dat*] sb feels a little uneasy [about sth]; **irgendwo ist es jdm nicht [ganz]** ~ somewhere gives sb the creeps *fam;* **irgendwo ist es nicht** ~ somewhere is eerie [*or* spooky]
Geheul(e) <-[e]s> *nt kein pl* (*pej*) howling
Gehilfe, Gehilfin <-n, -n> *m, f* assistant, helper; **kaufmännischer** ~ (*geh*) commercial assistant
Gehilfenbrief *m* commercial assistant diploma **Gehilfenprüfung** *f* commercial assistant examination
Gehilfenschaft <-> *f kein pl* JUR SCHWEIZ (*Beihilfe*) aiding and abetting
Gehilfin <-, -nen> *f fem form von* **Gehilfe**
Gehirn <-[e]s, -e> *nt* brain ▶ WENDUNGEN: **kein ~ im Kopf haben** (*fam*) to have no sense; **sein ~ anstrengen** (*fam*) to use [*or* rack] [*or esp* AM wrack] one's brains
Gehirnakrobatik *f* (*fam*) mental acrobatics *pl* **gehirnamputiert** *adj* (*hum*) ■ ~ **sein** to be off one's head BRIT *fam* [*or* out of one's mind] **Gehirnblutung** *f* brain [*or* cerebral] haemorrhage [*or* AM hemorrhage] **Gehirnchirurgie** *f* brain surgery **Gehirndurchblutungsstörung** *f* MED disturbance of the cerebral blood supply **Gehirnerschütterung** *f* concussion **Gehirnflüssigkeit** *f* cerebral fluid **Gehirnhaut** *f* meninges *npl* **Gehirnhautentzündung** *f* meningitis **Gehirnprellung** *f* MED contusion of the brain **Gehirnschlag** *m* MED stroke; **einen ~ bekommen** [*o geh* **erleiden**] to have [*or form* suffer] a stroke **Gehirnsubstanz** *f* ANAT brain matter **Gehirntumor** *m* brain tumor **Gehirnwäsche** *f* brainwashing *no indef art, no pl;* **eine ~ mitmachen** to undergo brainwashing, to be brainwashed; **jdn einer ~ unterziehen** to brainwash sb **Gehirnzelle** *f* brain cell
gehoben I. *pp von* **heben** II. *adj* ❶ LING elevated, refined; **sich ~ ausdrücken** to use elevated language ❷ (*anspruchsvoll*) sophisticated, refined ❸ (*höher*) senior ❹ (*froh*) festive; **in ~er Stimmung sein** to be in a festive mood [*or* high spirits]
Gehöft, Gehöft <-[e]s, -e> *nt* farm[stead]
Gehölz <-es, -e> *nt* (*geh*) copse, wood
Gehör <-[e]s, *selten* -e> *nt* ❶ (*das Hören*) hearing; **oder täuscht mich mein ~?** or do my ears deceive me?; **das ~ verlieren** to go deaf; **[jdn] um ~ bitten** to ask [sb] for attention [*or* a hearing]; **[mit etw** *dat*] **[bei jdm] ~/kein ~ finden** to gain/not to gain a hearing [with sb] [for sth], to meet with [*or* get] a/no response [from sb] [to sth]; **ein gutes/schlechtes ~ haben** to have a good/bad hearing; **jdm zu ~ kommen** to come to sb's ears [*or* attention]; **jdm/einer S. ~/kein ~ schenken** to listen/not to listen to sb/sth, to lend/not to lend an ear to sb/sth; **sich** *dat* **[bei jdm] [mit etw** *dat*] **~ verschaffen** to make oneself heard [to sb] [with sth]; **nach dem ~ singen/spielen** to sing/play by ear ❷ MUS **absolutes** ~ absolute [*or fam* perfect] pitch ❸ MUS, THEAT (*geh: Vortrag*) **etw zu ~ bringen** to bring sth to the stage, to perform sth ❹ JUR **rechtliches** ~ full hearing, due process of law; **Anspruch auf rechtliches** ~ right to be heard, right to due process of law
gehorchen* *vi* ❶ (*gefügig sein*) ■ **[jdm/einer S.]** ~ to obey [sb/sth]; **aufs Wort** ~ to obey sb's every word ❷ (*reagieren*) ■ **jdm** ~ to respond to sb
gehören* I. *vi* ❶ (*jds Eigentum sein*) ■ **jdm** ~ to belong to sb, to be sb's; ***ihm ~ mehrere Häuser*** he owns several houses ❷ (*jdm zugewandt sein*) ■ **jdm/einer S.** ~ to belong to sb/sth; ***ihre ganze Liebe gehört ihrem Sohn*** she gives all her love to her son; ***mein Herz gehört einem anderen*** my heart belongs to another *poet* ❸ (*den richtigen Platz haben*) ■ **irgendwohin** ~ to belong somewhere; ***die Kinder ~ ins Bett*** the children should be in bed; ***wohin ~ die Hemden?*** where do the shirts go? ❹ (*angebracht sein*) ■ **irgendwohin** ~ to be relevant somewhere; ***dieser Vorschlag gehört nicht zum Thema/hierher*** this suggestion is not to [*or* off] the point/is not relevant here ❺ (*Mitglied sein*) ■ **zu jdm/einer S.** ~ to belong to sb/sth; **zur Familie** ~ to be one of the family; ~ ***sie wirklich alle zu unserer Verwandtschaft?*** are they really all relatives [*or* relations] of ours [*or* related to us]? ❻ (*Teil sein von*) ■ **zu etw** *dat* ~ to be part of sth; ***es gehört zu meiner Arbeit/meinen Pflichten*** it is part of my job/one of my duties; ***gehört zu der Hose denn kein Gürtel?*** shouldn't there be a belt with these trousers?; ***zu einem grauen Mantel gehört entweder ein grauer oder ein schwarzer Hut*** with a grey coat one should wear a grey or black hat, a grey or black hat goes with a grey coat ❼ (*Voraussetzung, nötig sein*) ■ **zu etw** *dat* ~ to be called for with sth; ***zu dieser Arbeit gehört viel Konzentration*** this work calls for [*or* requires] a lot of concentration; **es gehört viel Mut dazu, ...** it takes a lot of courage to ...; **dazu gehört nicht viel** that doesn't take much, that's no big deal *fam;* **dazu gehört [schon] einiges** [*o* **etwas**] that takes something [*or* some doing]; **dazu gehört [schon etwas] mehr** there's [a bit] more to it than that! ❽ DIAL (*muss ... werden*) ■ ... ~ to deserve ...; ***er meint, dass sie ganz einfach wieder zurückgeschickt*** ~ he thinks they ought simply to be sent back again II. *vr* ■ **sich** ~ to be fitting [*or* proper] [*or* right]; ***das gehört sich auch so*** that's as it should be; **wie es sich gehört** as is right and proper, as one should; **sich [einfach/eben] nicht** ~ to be [simply/just] not good manners; ***das gehört sich einfach nicht*** that's [*or* it's] just [*or* simply] not done
Gehörfehler *m* ■ **ein** ~ defective hearing, a hearing defect **Gehörgang** *m* ANAT auditory canal
gehörig I. *adj* ❶ *attr* (*fam: beträchtlich*) good *attr;* **eine ~e Achtung vor jdm haben** to have a healthy respect for sb; **jdm einen ~en Schrecken einjagen** to give sb a good [*or* BRIT *fam* right] fright; **jdm eine ~e Tracht Prügel verpassen** to give sb a good [*or* sound] thrashing ❷ *attr* (*entsprechend*) proper ❸ (*geh: gehörend*) ■ **zu etw** *akk* ~ belonging to sth; **nicht zur Sache ~ sein** to be irrelevant, to be irrelevant; **alle nicht zum Thema ~en Vorschläge** all suggestions not relevant to the topic II. *adv* (*fam*) good and proper *fam,* well and truly; **jdn ~ ausschimpfen** to tell sb off good and proper, to tell sb well and truly off; ***du hast dich ~ getäuscht*** you are very much mistaken
gehörlos *adj* (*geh*) deaf **Gehörlose(r)** *f(m) decl wie adj* (*geh*) deaf person
Gehörlosigkeit <-> *f kein pl* (*geh*) deafness **Gehörnerv** *m* auditory nerve
gehörnt *adj* ❶ (*mit Geweih*) horned, antlered ❷ (*veraltend: betrogen*) cuckolded; **ein ~er Ehemann** a cuckold
gehorsam I. *adj* obedient; ■ **[jdm] ~ sein** to be obedient [to sb] II. *adv* obediently; ***melde ~st, Befehl ausgeführt*** respectfully report, order carried out
Gehorsam <-s> *m kein pl* obedience; **sich** *dat* ~ **verschaffen** to gain [*or* win] obedience; **jdm den ~ verweigern** to refuse to obey sb
Gehorsamspflicht *f* JUR duty to obey
Gehörschaden *m* hearing defect **Gehörschutz** *m* ear protection, ear protectors *pl* **Gehörsinn** *m kein pl* sense of hearing
gehren *vt* BAU ■ **etw** ~ to miter sth
Gehrock *m* MODE frock coat
Gehrung <-, -en> *f* TECH ❶ (*das Gehren*) mitring [*or* AM -ering] ❷ (*Eckfuge*) mitre [*or* AM -er] [joint]
Gehrungsanschlag *m* mitre [*or* AM -er] gauge **Gehrungsnaht** *f* BAU mitered joint
Gehschlitz *m* MODE *von Rock, Kleid* back-slit **Gehsteig** *m s.* **Bürgersteig**
Gehtnichtmehr *nt kein pl* **bis zum** ~ ad nauseam; ***ich habe ihr das bis zum ~ erklärt*** I've explained it to her till I was blue in the face
Gehtraining *nt training for being able to walk again*
Gehupe <-s> *nt kein pl* (*pej*) honking, BRIT *a.* hooting
gehupft *pp von* **hupfen** ▶ WENDUNGEN: **etw ist ~ wie gesprungen** it makes no difference at all [*or* odds]
Gehweg *m* ❶ *s.* **Bürgersteig** ❷ (*Fußweg*) walk
Geier <-s, -> *m* vulture ▶ WENDUNGEN: **weiß der ~!** (*sl*) God [*or* Christ] knows! *sl*
Geifer <-s> *m kein pl* slaver, slobber *esp* AM
geifern *vi* ❶ (*sabbern*) to slaver, to slobber *esp* AM ❷ (*pej: Gehässigkeiten ausstoßen*) ■ **[gegen jdn/etw]** ~ to rail [against sb/sth], to rant [*or* rave] [at sb/sth], to revile [*or form* vilify] [sb/sth]
Geige <-, -n> *f* violin, fiddle *fam;* ~ **spielen** to play the violin; **etw auf der ~ spielen** to play sth on the violin; **die zweite ~ spielen** to play second violin ▶ WENDUNGEN: **die erste ~ spielen** to call the tune; **die zweite ~ spielen** to play second fiddle
geigen I. *vi* to play the violin, to [play the] fiddle *fam* II. *vt* ■ **etw** ~ to play sth on the violin [*or fam* fiddle]
Geigenbauer(in) <-s, -> *m(f)* violin-maker **Geigenbogen** *m* violin bow **Geigenkasten** *m* violin case
Geiger(in) <-s, -> *m(f)* violinist; **erster** ~ first violin
Geigerzähler *m* Geiger counter
geil I. *adj* ❶ (*lüstern*) lecherous; ■ ~ **auf jdn sein** to lust after sb, to have the hots for sb; **jdn ~ machen** to make sb horny [*or* BRIT randy] *fam* ❷ (*sl: toll*) wicked *sl,* outstanding *sl* ❸ DIAL (*veraltet: üppig wuchernd*) *Pflanzen* rank, luxuriant II. *adv* ❶ (*lüstern*) lecherously ❷ (*sl*) wicked *sl*
Geilheit <-, -en> *f* lecherousness, lechery
Geisel <-, -n> *f* hostage; **jdn als ~ nehmen** to take sb hostage; **[jdm] ~n/jdn als ~ stellen** to provide [sb with] hostages/sb as a hostage
Geiseldrama *nt* hostage drama [*or* crisis] **Geiselgangster** *m* [terrorist] hostage-taker **Geiselhaft** *f* captivity [as a hostage] **Geiselnahme** <-, -n> *f* hostage-taking **Geiselnehmer(in)** <-s, -> *m(f)* hostage-taker
Geisha <-, -s> ['ge:ʃa, 'gaiʃa] *f* geisha
Geiß <-, -en> *f* ❶ SÜDD, ÖSTERR, SCHWEIZ [nanny-]goat ❷ JAGD [roedeer, chamois or ibex] doe
Geißblatt *nt* honeysuckle, woodbine **Geißbock** *m* SÜDD, ÖSTERR, SCHWEIZ (*Ziegenbock*) billy goat
Geißel <-, -n> *f* ❶ (*Peitsche*) scourge, whip ❷ (*geh: Plage*) scourge ❸ BIOL flagellum
geißeln *vt* ❶ (*mit der Geißel schlagen*) ■ **jdn/sich** ~ to scourge [*or* flagellate] sb/oneself ❷ (*anprangern*) ■ **etw** ~ to castigate sth
Geißeltierchen *nt* BIOL flagellate
Geiß(e)lung <-, -en> *f* ❶ (*das Geißeln*) scourging, flagellation ❷ (*Anprangerung*) castigation
Geist <-[e]s, -er> *m* ❶ *kein pl* (*Vernunft*) mind; **der menschliche ~** [*o* **der ~ des Menschen**] the human mind; ***die Rede zeugte nicht von großem*** ~ the speech was no testament to a great mind ❷ *kein pl* (*Esprit*) wit; ***er sprühte vor*** ~ he was as witty as could be; **ein Mann von ~** a witty man; ~ **versprühen** to scintillate; ~ **haben** to have esprit ❸ (*Denker*) mind, intellect; **kleine ~er** (*pej*) small-minded people, people of limited intellect ❹ *kein pl* (*Wesen, Sinn, Gesinnung*) spirit; **in kameradschaftlichem** ~ in a spirit of camaraderie [*or* comradeship]; ***in diesem Büro herrscht ein kollegialer*** ~ there's a spirit of cooperation in this office; **wes**

~**es Kind jd ist** (*geh*) the kind of person sb is; **der ~ der Zeit** the spirit of the times, age ❺ (*körperloses Wesen*) spirit, ghost; **der ~ der Finsternis** (*geh*) the Prince of Darkness; **der ~ Gottes** the Spirit of God; **der gute ~ des Hauses** (*geh*) the moving [*or* guiding] spirit of the household; **der böse ~** (*geh*) the Evil One; **dienstbarer ~** ministering angel; **gute/böse ~er** good/evil spirits; **der Heilige ~** the Holy Ghost [*or* Spirit] ▶ WENDUNGEN: **der ~ ist willig, aber das Fleisch ist schwach** (*prov*) the spirit is willing, but the flesh is weak; **von allen guten ~ern verlassen sein** (*fam*) to have taken leave of one's senses; **ein unruhiger ~** (*fam*) a restive spirit, a restless creature; **verwandte ~er** kindred spirits; **jdm auf den ~ gehen** (*fam*) to get on sb's nerves; **seinen** [*o* **den**] **~ aufgeben** (*fig fam*) to give up the ghost *a. fig fam;* **seinen ~ aushauchen** (*euph geh*) to breathe one's last; **da** [*o* **hier**] **scheiden sich die ~er** opinions differ here; **etw im ~e vor sich** *dat* **sehen** to see sth in one's mind's eye, to picture sth; **ich bin** [*o geh* **weile**] **im ~e bei euch** I am with you in spirit

Geisterbahn *f* ghost train **Geisterbeschwörer(in)** *m(f)* ❶ (*Herbeirufer*) necromancer ❷ (*Austreiber*) exorcist **Geisterbilder** *pl* TV ghosts, ghost images **Geisterfahrer(in)** *m(f)* (*fam*) *sb driving down a road* [*often a motorway*] *in the wrong direction* **Geisterglaube** *m* belief in the supernatural

geisterhaft I. *adj* ghostly II. *adv* eerily

Geisterhand *f* ▶ WENDUNGEN: **wie von** [*o* **durch**] **~** as if by magic

geistern *vi sein* ❶ (*herumgehen*) ■**durch etw** *akk* **~** to wander through sth like a ghost; ***was geisterst du denn im Dunkeln durchs Haus?*** what are you doing wandering about [*or* round] the house in the dark like a ghost? ❷ (*spuken*) ■**durch etw** *akk* **~** to haunt sth; ***es geistert immer noch durch die Köpfe*** it still haunts people's minds

Geisterseher(in) *m(f)* seer, visionary **Geisterstadt** *f* ghost town **Geisterstimme** *f* ghostly voice **Geisterstunde** *f* witching hour

geistesabwesend I. *adj* absent-minded II. *adv* absent-mindedly **Geistesabwesenheit** *f* absent-mindedness **Geistesblitz** *m* (*fam*) brainwave *fam,* brainstorm AM *fam,* flash of inspiration **Geistesgegenwart** *f* presence of mind **geistesgegenwärtig** I. *adj* quick-witted II. *adv* with great presence of mind **Geistesgeschichte** *f kein pl* intellectual history **geistesgestört** *adj* mentally disturbed [*or* deranged]; [**wohl**] **~ sein** (*fam*) to be not quite right in the head *fam* **Geistesgestörte(r)** *f(m) decl wie adj* mentally disturbed person **Geistesgröße** *f(m)* ❶ *kein pl* (*überragende Fähigkeit*) greatness of mind, intellectual genius ❷ (*Genie*) genius, great mind **Geisteshaltung** *f* attitude [of mind] **geisteskrank** *adj* mentally ill; ■**~ sein** to be mentally ill; [**wohl**] **~ sein** (*fam*) to be crazy [*or fam* mad] **Geisteskranke(r)** *f(m) decl wie adj* mentally ill person, mental patient; **wie ein ~r/eine ~** (*fam*) like a madman/madwoman *fam* **Geisteskrankheit** *f* mental illness **Geistesleben** *nt* intellectual life **Geistesstörung** *m* mental disorder **geistesverwandt** *adj* spiritually akin; **~ sein** to be kindred spirits **Geistesverwirrung** *f* mental aberration **Geisteswissenschaft** *f* arts [subject], humanities *pl* **Geisteswissenschaften** *pl* arts, humanities **Geisteswissenschaftler(in)** *m(f)* ❶ (*Wissenschaftler*) arts [*or* humanities] scholar ❷ (*Student*) arts [*or* humanities] student **geisteswissenschaftlich** *adj* arts **Geisteszustand** *m* mental condition, state of mind; **jdn auf seinen ~ untersuchen** to examine sb's mental state; ***du solltest dich*** [***mal***] ***auf deinen ~ untersuchen lassen!*** (*fam*) you need your head looking at! *fam!*

Geistheiler(in) *m(f)* spiritual healer

geistig I. *adj* ❶ (*verstandesmäßig*) intellectual, mental; **~es Eigentum** JUR intellectual property ❷ (*nicht leiblich, spirituell*) spiritual II. *adv* ❶ (*verstandesmäßig*) intellectually, mentally; **~ anspruchslos/anspruchsvoll** intellectually undemanding/demanding, low-brow/high-brow *fam* ❷ MED mentally; **~ auf der Höhe sein** to be mentally [fighting] fit; **~ behindert/zurückgeblieben** mentally handicapped/retarded, with learning difficulties

geistig-moralisch *adj* spiritual and moral

geistlich I. *adj* ❶ (*religiös*) religious ❷ (*kirchlich*) ecclesiastical; **~es Amt** religious office; **der ~e Stand** the clergy; **~er Beistand** spiritual support II. *adv* spiritually

Geistliche(r) *f(m) decl wie adj* clergyman *masc,* minister, priest, woman priest *fem*

Geistlichkeit <-> *f kein pl* clergy

geistlos *adj* ❶ (*dumm*) stupid, witless ❷ (*einfallslos*) inane

Geistlosigkeit <-, -en> *f* ❶ *kein pl* (*geistlose Art*) inanity ❷ (*geistlose Äußerung*) inanity, stupid remark

geistreich *adj* ❶ (*intellektuell anspruchsvoll*) intellectually stimulating ❷ (*voller Esprit*) *Mensch* witty ❸ (*iron: dumm*) bright *iron;* ***das war sehr ~*** [***von dir***]! that was very bright [of you]! **geisttötend** *adj* (*pej fam*) soul-destroying **geistvoll** *adj* ❶ (*scharfsinnig*) astute, sagacious ❷ (*intellektuell anspruchsvoll*) intellectual[ly stimulating]

Geiz <-es> *m kein pl* meanness BRIT, miserliness

geizen *vi* ❶ (*knauserig sein*) ■**mit etw** *dat* **~** to be mean [*or* BRIT stingy] with sth ❷ (*zurückhaltend sein*) ■**mit etw** *dat* **~** to be sparing with sth

Geizhals *m* (*pej*) miser, skinflint *fam*

geizig *adj* mean BRIT, stingy *fam,* tight-fisted *fam,* miserly, cheap AM

Geizkragen *m* (*fam*) *s.* **Geizhals**

Gejammer <-s> *nt kein pl* (*pej fam*) yammering, *fam*

Gejohle <-s> *nt kein pl* (*pej*) howling; **unter lautem ~** with loud howls

Gekeife <-s> *nt kein pl* (*pej*) nagging, scolding

gekennzeichnet I. *pp von* **kennzeichnen** II. *adj Stelle* marked, labelled

Gekicher <-s> *nt kein pl* (*pej fam*) giggling, tittering

Gekläffe <-s> *nt kein pl* (*pej*) yapping

Geklapper <-s> *nt kein pl* (*pej fam*) clatter[ing]

gekleidet *adj* (*geh*) dressed; **eine weiß ~e Dame** a lady dressed in white; ■**... ~ sein** to be ... dressed

Geklimper <-s> *nt kein pl* (*pej fam*) ❶ (*auf dem Klavier*) plonking *fam* ❷ (*mit Saiteninstrument*) twanging, twanking *fam*

Geklingel <-s> *nt kein pl* (*pej*) ringing

Geklirr(e) <-[e]s> *nt kein pl* clinking

geklont *adj* cloned

Geknatter <-s> *nt kein pl* (*pej*) racket *fam*

geknickt *adj* (*fam*) glum, dejected

Geknister <-s> *nt kein pl* ❶ (*Papier*) rustling ❷ (*Feuer*) crackling

gekocht I. *pp von* **kochen** II. *adj* boiled, cooked ▶ WENDUNGEN: **es wird nichts so heiß gegessen, wie** [**es**] **gekocht wird** (*prov*) things are never as bad as they seem [*or* first appear]

gekonnt I. *pp von* **können** II. *adj* masterly, accomplished; **ein ~er Schuss** an excellent shot

Gekrächz(e) <-es> *nt kein pl* ❶ (*eines Vogels*) cawing ❷ (*eines Menschen*) croaking

Gekrakel <-s> *nt kein pl* (*pej fam*) ❶ (*krakelige Schrift*) scrawl, scribble ❷ (*lästiges Krakeln*) scrawling, scribbling

Gekreuzigte(r) *f(m) decl wie adj* (*gekreuzigter Mensch*) crucified person; [**Jesus**] **der ~** [Jesus] the Crucified

Gekritzel <-s> *nt kein pl* (*pej*) ❶ (*Gekritzeltes*) scribble, scrawl ❷ (*lästiges Kritzeln*) scribbling, scrawling

Gekröse <-s, -> *nt* ANAT mesentery

gekünstelt I. *adj* (*pej*) artificial; **~es Lächeln** forced smile; **~e Sprache/~es Benehmen** affected language/behaviour [*or* AM -or] II. *adv* (*pej*) artificially, affectedly

gekürzt *pp von* **kürzen**: **~e Ausgabe** abridged version

Gel <-s, -e> *nt* gel

Gelaber(e) <-s> *nt kein pl* (*pej fam: andauerndes Reden*) blabbering, rabbiting BRIT *fam;* ***Schluss jetzt mit dem ~*** stop blabbering [*or* BRIT rabbiting [on]]; (*dummes Gerede*) babbling [*or* babble], blather[ing], prattling [*or* prattle]

Gelächter <-s, -> *nt* laughter; **in ~ ausbrechen** to burst into laughter [*or* out laughing]; **jdn dem** [*o geh* **jds**] **~ preisgeben** to make sb a/the laughing stock

gelackmeiert *adj* (*fam*) ■**~** [*o* **der/die G~e**] **sein** to be the one who has been conned [*or* duped] [*or* had] *fam*

geladen I. *pp von* **laden**[1], **laden**[2] II. *adj* (*fam*) ■**~ sein** [**auf jdn**] to be furious [*or* livid] [with sb]

Gelage <-s, -> *nt* blowout *fam,* binge *fam*

gelagert I. *pp von* **lagern** II. *adj* **in so ~en Fällen** in such cases; ***der Fall ist etwas anders ~*** the case is somewhat different

gelähmt I. *pp von* **lähmen** II. *adj* paralyzed; **ganzseitig/halbseitig ~** totally paralyzed down one side [*or* hemiplegic]; **spastisch ~ sein** to suffer from spastic paralysis

Gelähmte(r) *f(m) decl wie adj* person who is paralyzed, paralytic

Gelände <-s, -> *nt* ❶ (*Land*) ground, terrain; **das ~ fällt sanft/steil ab/steigt sanft/steil an** the ground falls [away]/rises gently/steeply; **bebautes/unbebautes ~** built-up/undeveloped land; **freies** [*o* **offenes**] **~** open terrain [*or* country] ❷ (*bestimmtes Stück Land*) site; **das ~ erkunden** to check out the area [*or* lie of the land]

Geländeabschnitt *m* grounds section **Geländeaufnahme** *f* land survey **Geländefahrt** *f* cross-country [*or* off-road] drive **Geländefahrzeug** *nt* all-terrain vehicle, ATV, off-road vehicle **Geländegang** *m* AUTO crawler gear **geländegängig** *adj* suitable for off-road driving **Geländegängigkeit** *f* AUTO off-road ability **Geländelauf** *m* cross-country run

Geländer <-s, -> *nt* railing[s]; (*Treppengeländer*) banister[s]

Geländereifen *m* cross-country [*or* all-terrain] tyre [*or* AM tire] **Geländerennen** *nt* cross-country run; (*Wettbewerb*) cross-country race **Geländeritt** *m* cross-country riding

Geländerpfosten *m* BAU baluster

Geländestreifen *m* strip of land **Geländeübung** *f* MIL field exercise **Geländewagen** *m* all-terrain vehicle, ATV, off-road vehicle

gelangen* *vi sein* ❶ (*hinkommen*) ■**irgendwohin ~** to reach somewhere; **ans Ziel/an den Bestimmungsort ~** to reach one's destination; **in die falschen Hände ~** to fall into the wrong hands ❷ (*erwerben*) ■**zu etw** *dat* **~** to achieve [*or* acquire] sth; **zu hohem Ansehen ~** to attain high standing; **zu hohen Ehren/zu Ruhm und Reichtum ~** to gain great honour [*or* AM -or] /fame and fortune ❸ (*geh: getan werden*) ■**zu etw** *dat* **~** to come to sth; **zum Abschluss ~** to come to an end [*or* reach a conclusion]; **zum Einsatz ~** to be deployed; **zur Aufführung/Ausführung ~** to be performed/carried out ❹ SCHWEIZ ■[**mit etw** *dat*] **an jdn ~** to turn to [*or* consult] sb [about sth]

gelangweilt I. *adj* bored II. *adv* **~ dasitzen** to sit there bored; ***er gähnte ~*** he gave a bored yawn, he yawned with boredom

gelassen I. *pp von* **lassen** II. *adj* calm, composed III. *adv* calmly, with composure

Gelassenheit <-> *f kein pl* calmness, composure

Gelatine <-> [ʒela'ti:nə] *f kein pl* gelatin[e]

geläufig *adj* common, familiar; ***dieser Ausdruck ist mir leider nicht ~*** I'm afraid I'm not familiar with this expression

gelaunt *adj pred* ■**... ~ sein** to be in a ... mood

Geläut(e) <-[e]s> *nt kein pl* pealing, chiming

gelb *adj* yellow; ***die Blätter werden ~*** the leaves are turning yellow; *s. a.* **Post, Seite**

Gelb <-s, - *o* -s> *nt* ❶ (*gelbe Farbe*) yellow; **ein schreiendes/grelles ~** a loud/garish yellow ❷ (*bei Verkehrsampel*) amber; ***die Ampel stand auf ~*** the lights were amber

G

Gelbauszug *m* TYPO yellow separation **gelbbraun** *adj* yellowish brown

Gelbe(s) *nt dekl wie adj* ▸ WENDUNGEN: **nicht das ~ vom Ei sein** (*fam*) to be nothing to write home about, to not be exactly the bee's knees BRIT *fam*

Gelber Fluss[RR] *m s.* **Huang-he**

Gelbfieber *nt* yellow fever **Gelbfilter** *m* FOTO yellow filter **gelbgrün** *adj* yellowish-green

gelblich *adj* yellowish, yellowy; **eine ~e Gesichtsfarbe** a sallow complexion

Gelbpflaume *f* hog plum **gelbstichig** *adj* ▪ **~ werden** to go [rather] yellow **Gelbsucht** *f kein pl* jaundice, icterus **gelbsüchtig** *adj* jaundiced; ▪ **~ sein** to have jaundice **Gelbwurz(el)** *f kein pl* turmeric

Geld <-[e]s, -er> *nt* ① *kein pl* (*Zahlungsmittel*) money; ***für ~ ist alles zu haben*** anything can be bought with money; **gegen bares ~** for cash; ***das ist bares ~!*** that's worth hard cash!; **falsches** [*o* **gefälschtes**] **~** counterfeit money; **großes/kleines ~** notes *pl*/change; ***das ist doch hinausgeworfenes ~!*** that is a waste of money [*or fam* money down the drain]!; **~ wie Heu haben** (*fam*) to have money to burn [*or fam* stacks of money]; **das große ~ verdienen** to earn big money *fam;* **schnelles ~** (*fam*) easy money *fam;* **etw für teures ~ kaufen** to pay a lot [of money] for sth; **nicht mit ~ zu bezahlen sein** (*fam*) to be priceless; **ins ~ gehen** [*o* **laufen**] (*fam*) to cost a pretty penny *fam;* **nicht für ~ zu haben sein** (*fam*) not to be had for money, not to be bought; **hinterm ~/hinter jds ~ her sein** (*fam*) to be a money-grabber/after sb's money; **nicht mit ~ umgehen können** not to be able to handle money, to be hopeless with money *fam;* [**mit etw** *dat*] **~ machen** (*fam*) to make money [from sth]; **etw zu ~ machen** (*fam*) to turn sth into money [*or* cash], to cash on sth; **~ aufnehmen** to raise money; **um ~ spielen** to play for money ② *pl* (*Mittel*) money, funds, capital; **ausstehende ~er** outstanding debts, accounts receivable, money due; **fremde ~er** third-party [*or* borrowed] funds; **effektives/flüssiges/hartes ~** effective money/liquid funds/hard currency; **~ einfrieren** to freeze funds; **~er veruntreuen** to misappropriate funds; **~ zuschießen** to contribute money ▸ WENDUNGEN: **das ~ zum Fenster hinauswerfen** (*fam*) to throw money down the drain *fam;* **jdm das ~ aus der Tasche ziehen** (*fam*) to squeeze money out of sb; **~ regiert die Welt** (*prov*) money makes the world go round *prov;* **nicht für ~ und gute Worte** (*fam*) not for love or money; **~ allein macht nicht glücklich** (*prov*) money isn't everything *prov;* **gutes ~ dem Schlechten nachwerfen** to throw good money after bad; **in** [*o* **im**] **~ schwimmen** (*fam*) to be rolling in money [*or* it] *fam;* **~ stinkt nicht** (*prov*) money has no smell, there's nothing wrong with money, money is not to be sniffed at; **mit ~ um sich werfen** [*o fam* **schmeißen**] to throw [*or fam* chuck] one's money about [*or* around]

Geldabfluss[RR] *m* ÖKON efflux of funds **Geldabwertung** *f* currency devaluation **Geldadel** *m kein pl* financial aristocracy, plutocracy **Geldakkumulation** *f* ÖKON accumulation of funds **Geldangelegenheit** *f meist pl* financial [*or* money] matter; ▪ **jds ~en** sb's financial affairs; **in ~en** when it comes to matters of money **Geldanlage** *f* [financial] investment **Geldanleihe** *f* FIN loan **Geldanweisung** *f* remittance; (*Postanweisung*) postal order; **telegrafische ~** cable transfer **Geldaristokratie** *f s.* Geldadel **Geldaufwertung** *f* currency revaluation **Geldautomat** *m* cashpoint, cash dispenser, automated teller machine, ATM **Geldbedarf** *m* FIN cash requirements *pl* **Geldbeschaffung** *f* obtaining [of] money **Geldbeschaffungskosten** *pl* FIN cost of finance **Geldbestand** *m* FIN monetary holdings *pl* **Geldbetrag** *m* amount [*or* sum] [of money] **Geldbeutel** *m* SÜDD *s.* Geldbörse **Geldbewegung** *f* ÖKON currency movement **Geldbombe** *f* ≈ night-safe box **Geldbörse** *f* ÖSTERR (*sonst geh: Portmonee*) purse, wallet **Geld-Brief-Schlusskurs**[RR] *m* BÖRSE bid-ask close **Geldbriefträger(in)** *m(f) postman who delivers items containing money or COD items* **Geldbuße** *f* JUR [administrative] fine; **eine hohe/saftige** *fam* **~** a heavy/hefty fine; **jdn zu einer ~ verurteilen/jdm eine ~ auferlegen** to fine sb/to impose a pecuniary penalty on sb **Geldeingang** *m* FIN money received **Geldeinlage** *f* FIN money invested; (*eines Einzelnen*) cash contribution **Geldemission** *f* ÖKON issue, emission **Geldempfänger(in)** *m(f)* payee **Geldentschädigung** *f* JUR monetary [*or* pecuniary] compensation **Geldentwertung** *f* currency depreciation, inflation

Gelder *pl* moneys *pl;* **über die nötigen ~ verfügen** to have the necessary means

Gelderwerb *m* acquisition of money; **einem ~ nachgehen** to pursue an occupation, to work **Geldflüssigkeit** *f kein pl* FIN (*Zahlungsfähigkeit*) liquidity; (*von Geldmarkt*) ease in money rates **Geldforderung** *f* pecuniary [*or* financial] claim, demand for money; ▪ **eine ~ an jdn haben** to have a claim against sb **Geldgeber(in)** <-s, -> *m(f)* [financial] backer, sponsor **Geldgeschäft** *nt* financial transaction **Geldgeschenk** *nt* gratuity, gift of money **Geldgier** *f* avarice **geldgierig** *adj* avaricious, greedy for money **Geldgründe** *pl* ▪ **aus ~n** for reasons of money, for [*or* because of] the money **Geldgürtel** *m* money belt **Geldhahn** *m* ▸ WENDUNGEN: **jdm/einer S. den ~ zudrehen** to cut off sb's/sth's supply of money **Geldhandel** *m kein pl* FIN money trading [*or* dealing] **Geldhändler(in)** *m(f)* FIN money dealer **Geldhaus** *nt* financial institution **Geldheirat** *f* (*pej*) marriage for money **Geldherrschaft** *f* plutocracy **Geldinstitut** *nt* financial institution **Geldkarte** *f* FIN money [*or* cash] card (*debit card with a limit of 400 DM that can be replenished via a terminal*) **Geldkassette** *f* cash box **Geldknappheit** *f* shortage of money **Geldkrach** *m* ÖKON monetary collapse **Geldkreislauf** *m* ÖKON circulation of money **Geldkrise** *f* ÖKON monetary crisis **Geldkurs** *m* FIN buying [*or* bid] price; BÖRSE bid price; **Geld- und Briefkurs** bid and asked quotations **Geldleistung** *f* HANDEL payment; **Geld- und Sachleistungen** payment in cash and kind

geldlich *adj* financial

Geldmangel *m* lack [*or* shortage] of money

Geldmarkt *m* money [*or* financial] market **Geldmarktfonds** *m* FIN money market fund **Geldmarktpolitik** *f kein pl* ÖKON monetary policy; **~ der Bundesnotenbank** Federal Reserve monetary policy AM **Geldmarktsätze** *pl* ÖKON money market rates **Geldmarktschwankungen** *pl* ÖKON fluctuations in the money market **geldmarkttechnisch** *adj* **~e Erleichterungen** FIN easing *no pl* of monetary policy

Geldmenge *f* ① (*Geldsumme*) amount [*or* sum] of money ② (*Geldumlauf*) money supply **Geldmengenaggregate** *pl* FIN aggregated money supply **Geldmengenausweitung** *f* FIN expansion of the money supply **Geldmengenindikator** *m* FIN indicator of money supply **Geldmengenpolitik** *f kein pl* FIN policy of money supply **Geldmengenwachstum** *nt* growth in the money supply **Geldmengenziel** *nt* FIN monetary target

Geldmittel *pl* funds *pl,* cash resources *pl;* **fehlende ~** lack of funds **Geldnachfrage** *f* ÖKON demand for money **Geldnot** *f* lack of money, financial straits *npl* [*or* difficulties] *pl* **Geldpolitik** *f* financial [*or* monetary] policy **geldpolitisch** *adj* ÖKON monetary; **~e Maßnahmen** monetary policy devices; *des Finanzministeriums* treasury directives BRIT **Geldprämie** *f* [cash] bonus **Geldpreis** *m* cash prize, prize money **Geldquelle** *f* financial source, source of income **Geldrente** *f* FIN annuity **Geldreserve** *f* ÖKON money reserve **Geldrolle** *f* roll of coins [*or* money] **Geldrückgabe** *f* (*an Automaten*) returned [*or* rejected] coins **Geldschein** *m* banknote, bill AM **Geldschöpfung** *f* ÖKON creation of money **Geldschrank** *m* safe **Geldschuld** *f* FIN money debt **Geldschwierigkeiten** *pl* pecuniary [*or* financial] difficulties *pl;* **in ~ sein** [*o fam* **stecken**] to be hard up [*or* pushed for money] **Geldsegen** *m kein pl* (*emph fam*) welcome sum; (*unerwartet a.*) windfall **Geldsorgen** *pl* money troubles *pl,* financial worries *pl;* **~ haben** [*o* **in ~ sein**] to have money troubles [*or* financial worries] **Geldsorte** *f* FIN denomination **Geldspende** *f* [monetary] donation [*or* contribution] **Geldspielautomat** *m* slot machine **Geldspritze** *f* injection of money, cash injection **Geldstrafe** *f* fine; **jdn zu einer ~ verurteilen** [*o* **jdn mit einer ~ belegen**] to fine sb, to impose a fine on sb **Geldstrom** *m* ÖKON monetary flow **Geldstück** *nt* coin **Geldsumme** *f* sum of money **Geldtasche** *f* money bag [*or* pouch] **Geldtransfer** *m* FIN transfer of funds **Geldtransporter** *m* security van BRIT, armored car AM **Geldüberfluss**[RR] *m* ÖKON glut [*or* abundance] of money **Geldüberhang** *m* ÖKON surplus money **Geldumlauf** *m* circulation of money, money supply **Geldumtausch** *m* exchange of money, foreign exchange **Geldverdiener(in)** <-s, -> *m(f)* money earner; ***solange ich der einzige ~ in der Familie bin …*** as long as I'm the only one in the family earning any money … [*or* the only breadwinner in the family …] **Geldverkehr** *m kein pl* money transactions *pl* **Geldverknappung** *f* FIN money shortage, monetary squeeze **Geldverlegenheit** *f* financial embarrassment *no pl;* **in ~en sein** to be short of money, to have a cash-flow problem *euph* **Geldverleiher(in)** <-s, -> *m(f)* moneylender **Geldvermehrung** *f* ÖKON increase of the currency **Geldvermögensbildung** *f* ÖKON monetary wealth formation **Geldvermögensneubildung** *f* ÖKON monetary wealth reorganization **Geldverschwendung** *f* waste of money **Geldvolumen** *nt* ÖKON money supply [*or* volume] **Geldvorrat** *m* ÖKON money supply; FIN cash reserve **Geldwaschanlage** *f* money-laundering operation [*or* outfit] **Geldwäsche** *f* money-laundering **Geldwäscher(in)** <-s, -> *m(f)* money launderer **Geldwäschestandort** *m* money laundering location **Geldwechsel** *m* exchange of money, foreign exchange; **„~“** bureau de change **geldwert** *adj* **~er Vorteil** perk *fam,* perquisite **Geldwert** *m* ① (*Kaufkraft*) value of a currency ② (*eines Gegenstandes*) cash value **Geldwesen** *nt kein pl* FIN monetary system; **Geld- und Kreditwesen** monetary and credit system **geldwirtschaftlich** *adj* ÖKON monetary, according to monetary economics *pred* **Geldzuwendungen** *pl* allowance

geleckt *adj* ▸ WENDUNGEN: **wie ~ aussehen** *Mensch* to be spruced up [*or* BRIT look spruce]; *Zimmer, Boden* to be [*or* look] spick and span

Gelee <-s, -s> [ʒeˈleː, ʒəˈleː] *m o nt* jelly

Gelée royale <-> [ʒələrɔaˈjal] *nt kein pl* royal jelly

Gelege <-s, -> *nt* [clutch of] eggs

gelegen I. *pp von* **liegen** II. *adj* (*passend*) convenient, opportune; **jdm gerade ~ kommen** (*iron*) ***du kommst mir gerade ~*** your timing is brilliant *iron,* you do pick your time *iron;* **jdm ~ kommen** to come at the right time for sb; ***diese Rechnung kommt mir nicht sehr ~*** this bill comes just at the wrong time for me

Gelegenheit <-, -en> *f* ① (*günstiger Moment*) opportunity; **bei der nächsten** [*o* **ersten** [**besten**]] **~** at the first opportunity; **bei nächster ~** at the next opportunity; **bei passender ~** at an opportune moment, when the opportunity arises; **jdm die ~ bieten** [*o* **geben**], **etw zu tun** to give sb the opportunity of doing [*or* to do] sth; **die ~ haben, etw zu tun** to have the opportunity of doing [*or* to do] sth; **bei ~** some time ② (*Anlass*) occasion; **bei dieser ~** on this occasion ③ (*günstiges Angebot*) bargain ▸ WENDUNGEN: **~ macht Diebe** (*prov*) opportunity makes a thief; **die ~ beim Schopf[e] ergreifen fassen** [*o fam* **packen**] [*o geh* **ergreifen**] to seize [*or* grab] the opportunity with both hands

Gelegenheitsarbeit *f* casual work **Gelegenheitsarbeiter(in)** *m(f)* casual labourer [*or* AM -orer] **Gelegenheitsdieb(in)** *m(f)* occasional thief **Gelegenheitsgeschäft** *nt* HANDEL bargain, occasional deal **Gelegenheitskauf** *m* bargain

[purchase]

gelegentlich I. *adj attr* occasional; **von ~en Ausnahmen abgesehen** apart from the odd exception II. *adv* ① (*manchmal*) occasionally ② (*bei Gelegenheit*) some time; **wenn Sie ~ in der Nachbarschaft sind ...** if you happen to be around here ...

gelehrig I. *adj* quick to learn II. *adv* **sich ~ anstellen** to be quick to learn

Gelehrigkeit <-> *f kein pl* ability to learn quickly

gelehrsam *adj* ① (*geh*) *s.* **gehlehrig** ② (*veraltet*) *s.* **gelehrt**

Gelehrsamkeit <-> *f kein pl* (*geh*) *s.* **Gelehrtheit**

gelehrt *adj* ① (*gebildet*) learned, erudite ② (*wissenschaftlich*) scholarly

Gelehrte(r) *f(m) decl wie adj* scholar; **darüber sind sich die ~n noch nicht einig, darüber streiten sich die ~n noch** (*hum*) the experts cannot agree on that, that's a moot point, the jury's still out on that one *fam*

Gelehrtheit <-> *f kein pl* learning, erudition, scholarship

geleimt *adj* **~e Pappe** TYPO pasteboard, size board; **~es Papier** TYPO sized paper

Geleise <-s, -> *nt* ÖSTERR, SCHWEIZ (*geh: Gleis*) platform

Geleit <-[e]s, -e> *nt* **freies** [*o* **sicheres**] **~** safe-conduct; **jdm das ~ geben** (*geh*) to escort [*or* accompany] sb; **jdm das letzte ~ geben** (*fig geh*) to pay one's last respects to sb

geleiten* *vt* (*geh*) ■**jdn** [**irgendwohin**] **~** to escort [*or* accompany] sb [somewhere]

Geleitschutz *m* MIL escort; **jdm/einer S. ~ geben** to escort sb/sth **Geleitwort** <-s, -e> *nt* preface **Geleitzug** *m* convoy

Gelenk <-[e]s, -e> *nt* ANAT, TECH joint

Gelenkbus *m* articulated bus **Gelenkentzündung** *f* MED arthritis **Gelenkfahrzeug** *nt* articulated vehicle **Gelenkfehlstellung** *f* malposition of a/the joint, articular malposition **Gelenkflüssigkeit** *f* articular fluid

gelenkig *adj* agile, supple

Gelenkigkeit <-> *f kein pl* agility, suppleness

Gelenkkapsel *f* joint capsule **Gelenkkopf** *m s.* Gelenkkugel **Gelenkkugel** *f* ANAT head [of a bone], condyle *spec* **Gelenkpfanne** *f* ANAT socket, glenoid *spec* **Gelenkprobleme** *pl* MED problems *pl* with a/the joint[s], arthralgia *spec* **Gelenkrheumatismus** *m* MED rheumatic fever, acute [*or* articular] rheumatism **Gelenkschmiere** *f* ANAT synovial fluid, synovia **Gelenkwelle** *f* TECH propeller [*or* drive] shaft, cardan shaft BRIT

gelernt *adj* skilled *attr;* (*qualifiziert*) trained *attr*

Gelichter <-s> *nt kein pl* (*pej geh*) riff-raff + *pl vb pej*

geliebt *adj* dear; **ihr ~er Mann** her dear [*or form a.* beloved] husband

Geliebte(r) *f(m) decl wie adj* lover, sweetheart

geliefert *adj* (*fam*) ■**~ sein** to have had it *fam,* to be history *fam*

gelieren* [ʒe'li:rən, ʒə'li:rən] *vi* to gel

Gelierzucker *m* gelling sugar

gelind(e) *adj* ① (*geh: mäßig, mild*) mild, light; **ein ~es Klima** a mild [*or* gentle] climate; **ein ~er Regen/Frost** a light rain/frost ② (*fam: heftig*) awful ▸ WENDUNGEN: **~ gesagt** to put [*or* putting] it mildly

gelingen <gelang, gelungen> *vi sein* ■**jdm gelingt es, etw zu tun** sb succeeds in doing sth, sb manages to do sth; ■**jdm gelingt es nicht, etw zu tun** sb fails to do sth; *s. a.* **gelungen**

Gelingen <-s> *nt kein pl* (*geh*) success; *Projekt* successful outcome; **auf gutes ~!** to success!

gell(e) *interj* SÜDD, SCHWEIZ (*gelt?*) right?

gellen *vi* ■[**laut**] **~** to ring [loudly]

gellend I. *adj* piercing, shrill II. *adv* piercingly, shrilly; **~ um Hilfe schreien** to scream for help

geloben* *vt* (*geh*) ■[**jdm**] **etw ~** to vow [*or* pledge] sth [to sb]; **jdm Gefolgschaft ~** to swear [*or* pledge] [*or* vow] [one's] allegiance to sb; **ein einsichtigeres Verhalten ~** to swear to behave more reasonably; ■[**jdm**] **~, etw zu tun** to swear [*or* vow] [to sb] that one will do sth

Gelöbnis <-ses, -se> *nt* ① (*geh*) vow; **ein ~ ablegen** to take a vow ② MIL vow; **das ~ ablegen** to be sworn in

gelockt *adj* curly; **ein ~es Kind** a curly-haired child

gelöst *adj* relaxed

Gelse <-, -n> *f* ÖSTERR gnat; (*größer*) mosquito

gelt *interj* SÜDD, ÖSTERR, SCHWEIZ (*nicht wahr?*) right?

Gelte <-, -n> *f* SCHWEIZ (*Bütte*) vat, tub

gelten <gilt, galt, gegolten> I. *vi* ① (*gültig sein*) ■[**für jdn**] **~** *Regelung* to be valid [for sb]; *Bestimmungen* to apply [to sb]; *Gesetz* to be in force; *Preis, Gebühr, Satz, Angebot* to be effective; *Geld* to be legal tender; **nicht mehr ~** to be no longer valid; *s. a.* **Wette** ② (*bestimmt sein für*) ■**jdm/einer S. ~** to be meant for sb/sth; *Buhrufe* to be aimed at sb/sth; *Frage* to be directed at sb; ***der Applaus gilt dir!*** the applause was for you! ③ (*geh: betreffen*) ■**jdm/einer S. ~** to be for sb/sth; ***seine ganze Liebe galt der Kunst*** art was his greatest love ④ (*zutreffen*) ■**für jdn ~** to go [*or* hold] for sb; ***das gleiche gilt auch für mich*** the same goes for [*or* is true of] me too ⑤ (*gehalten werden*) ■**als** [*o selten* **für**] **etw ~** to be regarded as sth; ***er gilt als absolut zuverlässig*** he is regarded as being absolutely reliable ▸ WENDUNGEN: **etw ~ lassen** to accept sth, to let sth stand; ***für diesmal werde ich es ausnahmsweise ~ lassen*** I'll let it go this time; **etw nicht ~ lassen** to disallow sth, to cease to apply II. *vi impers* (*geh*) ■**es gilt, etw zu tun** it is necessary to do sth; ***jetzt gilt es zusammenzuhalten*** it is now a matter of sticking together; **es gilt!** you're on!; **jetzt gilt's!** this is it!; **das gilt nicht!** that's not allowed!; **was gilt's?** what shall we bet for?, what do you bet?

geltend *adj attr* (*gültig*) current; (*vorherrschend*) prevailing; ***es ist die ~e Meinung, dass ...*** it's the prevailing opinion that ...; **etw ~ machen** (*form*) to assert sth; (*vor Gericht*) to claim sth; **einen Einwand ~ machen** to raise an objection; **Ansprüche/Forderungen ~ machen** to make claims/demands; **sich ~ machen** to make itself noticeable [*or* felt]

Geltendmachen *nt kein pl,* **Geltendmachung** *f* (*form*) assertion, enforcement; **~ eines Anspruchs** assertion of a claim

Geltendmachung <-> *f kein pl* JUR assertion, claiming; **~ von Ansprüchen** assertion of claims

Geltung <-, -en> *f* ① (*Gültigkeit*) validity *no indef art, no pl;* **allgemeine ~ haben** to have general application; **unmittelbare ~** immediate validity; **~ erlangen/haben** to become/be valid ② (*Ansehen*) prestige *no indef art, no pl;* **etw zur ~ bringen** to show off *sep* sth to [its] advantage; **~ haben** [*o* **besitzen**] to have influence; [**voll**] **zur ~ kommen** to be shown to [one's/its fullest] advantage; **sich/einer S.** *dat* **~ verschaffen** to establish one's position/to enforce sth

Geltungsanspruch *m* JUR assertive claim **Geltungsbedürfnis** *nt kein pl* need for admiration **geltungsbedürftig** *adj* needing admiration *pred;* (*stärker*) desperate for admiration *pred;* ■**~ sein** to need to be admired/to be desperate for admiration **Geltungsbereich** *m Fahrkarte* zone [*or* area] of validity; *Gesetz* scope, purview *form;* **in den ~ eines Gesetzes fallen** to come within the purview of a law **Geltungsdauer** *f* [period of] validity **Geltungsdrang** *m kein pl* PSYCH need for recognition **Geltungssucht** *f kein pl* PSYCH craving for recognition [*or* admiration] *no pl* **Geltungstrieb** *m s.* **Geltungsbedürfnis**

Gelübde <-s, -> *nt* (*geh*) vow; **ein/sein ~ ablegen** to take a/one's vow

gelungen I. *pp von* **gelingen** II. *adj attr* successful; ***das ist doch eine ~e Überraschung, oder?*** wasn't that a great surprise?

Gelüst <-[e]s, -e> *nt,* **Gelüste** <-s, -> *nt* (*geh*) craving; **ein ~** [**auf etw** *akk*/**nach etw** *dat*] **haben** to have a craving [for sth]

gelüsten* *vt impers* (*geh*) ■**jdn gelüstet es nach etw** *dat* sb craves for sth; (*schwächer*) sb fancies sth BRIT; ■**jdn gelüstet es, etw zu tun** sb is tempted to do sth

GEMA *f Akr von* **Gesellschaft für musikalische Aufführungen und mechanische Vervielfältigungsrechte** *society for musical copyright enforcement*

gemach *interj* (*liter*) no rush!, take it easy!

Gemach <-[e]s, Gemächer> *nt* (*liter*) chamber[s *pl*] *old;* **sich in seine Gemächer zurückziehen** (*hum*) to repair to bed *hum old,* to retire to one's chamber[s] *hum old*

gemächlich I. *adj* leisurely, unhurried; **ein ~es Leben** a quiet life II. *adv* leisurely; **~ *frühstücken*** to have a leisurely breakfast

gemacht I. *pp von* **machen** II. *adj* (*fertig*) *Bett* made, finished ▸ WENDUNGEN: **ein ~er Mann sein** to be a made man; **sich ins ~e Bett legen** to have everything handed to one on a plate

Gemahl(in) <-s, -e> *m(f)* (*geh*) spouse *form,* husband *masc,* wife *fem;* ■**ihr Herr ~/Ihre Frau ~in** your husband/wife

gemahlen *adj Kaffee* ground

gemahnen* *vt* (*geh*) ① (*denken lassen*) ■**jdn an etw** *akk* **~** to remind sb of sth ② (*ernst erinnern*) ■[**jdn**] **an jdn ~** to [cause sb to] remember sb

Gemälde <-s, -> *nt* painting

Gemäldeausstellung *f* exhibition of paintings **Gemäldegalerie** *f* picture gallery **Gemäldesammlung** *f* art collection, collection of paintings

Gemarkung <-, -en> *f* district

gemasert *adj* grained

gemäß I. *präp +dat* in accordance with; **~ *§ 198*** according to § 198; **~ *Ihrem Wunsch, Ihrem Wunsch*** ~ as per your wish II. *adj* ■**jdm/einer S. ~** appropriate to sb/sth; **einem Anlass ~e/~ere Kleidung** clothes suitable for the occasion; **ein ~es Benehmen** appropriate behaviour [*or* AM -or]; **eine seinen Fähigkeiten ~e Beschäftigung** a job suited to one's abilities; **das einzig G~e** the only fitting thing

gemäßigt *adj* ① METEO **ein ~es Klima** a temperate climate ② (*moderat*) moderate

Gemäuer <-s> *nt kein pl* (*geh*) masonry *no indef art, no pl,* walls *pl;* (*Ruine*) ruins *pl*

Gemecker, Gemeck(e)re <-s> *nt kein pl* (*pej*) ① ((*lästiges*) *Meckern*) bleating[s *pl*] ② (*fam: Nörgelei*) moaning, whining *pej,* whinging *no pl* BRIT *pej fam*

gemein I. *adj* ① (*niederträchtig*) mean, nasty; ***das war*** **~** [**von dir**]! that was nasty [*or* mean] [of you]! ② (*fam: unfair*) mean; ***das ist ~!*** that's so mean! ③ (*böse*) nasty ④ *attr, kein comp/superl* BOT, ZOOL common ⑤ *pred* (*geh: gemeinsam*) ■**jdm/einer S. ~ sein** to be common to sb/sth; **etw mit jdm/etw ~ haben** to have sth in common with sb/sth ▸ WENDUNGEN: **sich mit jdm ~ machen** to be in cahoots with sb *fam* II. *adv* (*fam*) awfully *fam,* AM *a.* awful *fam,* horribly

Gemeinbesitz *m* common property; **etw in ~ überführen** to place sth in common property

Gemeinde <-, -n> *f* ① (*Kommune*) municipality ② (*fam: ~bewohner*) community + *sing/pl vb* ③ (*Pfarr~*) parish; (*Gläubige a.*) parishioners *pl* ④ (*Anhängerschaft*) following

Gemeindeabgaben *pl* [local [*or* county]] rates *pl* BRIT *hist,* municipal taxes *pl* AM **Gemeindeammann** *m* SCHWEIZ (*Gemeindevorsteher*) community spokesperson [*or masc* spokesman] **Gemeindeamt** *nt* local authority **Gemeindebann** *m* SCHWEIZ (*Gemeindegebiet*) district **Gemeindebau** *m* ÖSTERR council house BRIT, town hall AM **Gemeindebeamte(r), -beamtin** *m, f* local government official [*or* officer] **Gemeindebezirk** *m* [community [*or* municipal]] district, borough BRIT; ÖSTERR district **gemeindeeigen** *adj* local authority *attr* **Gemeindefinanzen** *pl* local authority finances *pl* **Gemeindehaus** *nt* REL parish rooms *pl* **Gemeindehaushaltsrecht** *nt* JUR municipal budget law **Gemeindehelfer(in)** *m(f)* REL parish worker **Gemeindeland** *nt* JUR common land [*or* ground] **Gemeindemitglied** *nt* REL parishioner

Gemeindeordnung *f* by[e-]laws *pl* BRIT, municipal ordinance *no pl* AM **Gemeindepflegestation** *f home nursing organized by one or more parishes* **Gemeindepräsident(in)** *m(f)* SCHWEIZ mayor, *fem a.* mayoress BRIT **Gemeinderat¹** *m* district council **Gemeinderat, -rätin²** *m, f* (*~smitglied*) district councillor BRIT, councilman AM **Gemeinderatsfraktion** *f* political group within a/the municipal authority **Gemeinderecht** *nt* JUR local government law **Gemeindesaal** *m* REL church hall **Gemeindeschwester** *f* REL *parish nun operating as visiting nurse to the elderly and sick* **Gemeindesteuer** *f* local tax **Gemeindetestament** *nt* JUR last will executed before the mayor **Gemeindeverband** *m* JUR association of local authorities **Gemeindeversammlung** *f* SCHWEIZ community meeting **Gemeindeverwaltung** *f* district council **Gemeindevorstand** *m* ① (*Verwaltungsgremium*) aldermen *pl* BRIT *hist* (*elected members of a local government*) ② (*Bürgermeister*) mayor **Gemeindevorsteher(in)** *m(f) s.* Gemeindevorstand 2 **Gemeindewahl** *f* local election **Gemeindewirtschaft** *f kein pl* HANDEL municipal trading *no pl* **Gemeindezentrum** *nt* REL parish rooms *pl*

Gemeineigentum *nt* JUR common property, public ownership **Gemeingebrauch** *m* JUR common use **gemeingefährlich** *adj* (*pej*) constituting a public danger *pred form;* **ein ~er Krimineller** a dangerous criminal; ■**~ sein** to be [*or form* constitute] a danger to the public **Gemeingut** *nt kein pl* common heritage [*or* property] *no pl*

Gemeinheit <-, -en> *f* ① *kein pl* (*Niedertracht*) meanness *no art, no pl* ② (*niederträchtiges Handeln*) meanness *no art, no pl;* ***so eine ~!*** that was a mean thing to do!; (*Bemerkung*) mean remark ③ (*fam: ärgerlicher Umstand*) nuisance

gemeinhin *adv* generally

Gemeinkosten *pl* overheads *npl* BRIT, overhead AM **Gemeinnutz** *m* ■**der ~** the common good ▸ WENDUNGEN: **~ geht vor Eigennutz** (*prov*) service before self *prov* **gemeinnützig** *adj* charitable **Gemeinnützigkeit** <-> *f kein pl* charitable benefit, non-profit-making character **Gemeinplatz** *m* commonplace

gemeinsam I. *adj* ① (*mehreren gehörend*) common, mutual; **G~er Europäischer Markt** ÖKON European Economic Community, *hist* Common Market; **ein ~es Konto** a joint account; **ein ~er Freund** a mutual friend ② (*von mehreren unternommen*) joint *attr;* **eine ~e Wanderung machen** to go on a hike together; ■**das G~e** common ground; **etw ~ haben** to have sth in common; **jdm ist etw ~** sb has sth in common II. *adv* jointly, together

Gemeinsamkeit <-, -en> *f* ① (*gemeinsame Eigenschaft*) common ground *no art, no pl* ② *kein pl* (*Einvernehmen*) agreement *no pl*

Gemeinschaft <-, -en> *f* ① POL (*Zusammenschluss*) community; **in ~ mit jdm/etw** together [*or* jointly] with sb/sth; **~ unabhängiger Staaten** Commonwealth of Independent States ② *kein pl* (*gegenseitige Verbundenheit*) sense of community *no pl* ③ JUR community, association; **~ nach Bruchteilen** community of part-owners; **eheliche ~** matrimony *form;* **häusliche ~** common household ④ REL **die ~ der Heiligen/Gläubigen** the communion of saints/the faithful

gemeinschaftlich *adj s.* **gemeinsam**

Gemeinschaftsantenne *f* TELEK block [*or* community] aerial BRIT **Gemeinschaftsarbeit** *f* teamwork *no art, no pl;* **in ~** with teamwork **Gemeinschaftsaufgabe** *f* JUR joint task **Gemeinschaftseigentum** *nt* collective property **Gemeinschaftsentwicklung** *f* community development **Gemeinschaftserziehung** *f kein pl* coeducation, no art, no pl **Gemeinschaftsfinanzierung** *f* FIN (*Leistung*) joint [*or* group] financing; (*Abkommen*) co-financing deal **Gemeinschaftsgefühl** *nt kein pl* sense of community *no pl* **Gemeinschaftsgeist** *m kein pl* community spirit *no pl* **Gemeinschaftsgenehmigung** *f* JUR (*EU*) Community authorization **Gemeinschaftsgenehmigungsverfahren** *nt* JUR (*EU*) Community permit procedure **Gemeinschaftsinstrument** *nt* JUR (*EU*) Community instrument **Gemeinschaftsinteressen** *pl* JUR joint interests **Gemeinschafts-Kartellrecht** *nt* FIN (*EU*) Community cartel law **Gemeinschaftskonto** *nt* FIN joint account **Gemeinschaftskunde** *f kein pl* SCH social studies + *sing vb* **Gemeinschaftsleben** *nt kein pl* community life *no pl* **Gemeinschaftspatent** *nt* jointly owned patent **Gemeinschaftspatentübereinkommen** *nt* JUR (*EU*) Community Patent Convention **Gemeinschaftspraxis** *f* MED joint practice [*or* AM *a.* -se] **Gemeinschaftsproduktion** *f* ① *kein pl* joint production; **eine deutsch-französische ~** a joint Franco-German production ② RADIO, TV, FILM co-production *spec* **Gemeinschaftsraum** *m* common room **Gemeinschaftsrecht** *nt* JUR (*EU*) Community law **Gemeinschaftsschule** *f* inter-denominational school **Gemeinschaftssteuer** *f* FIN (*EU*) Community tax **Gemeinschaftsübereinkommen** *nt* JUR (*EU*) Community accord [*or* agreement] **Gemeinschaftsunternehmen** *nt* ÖKON joint venture [*or* undertaking] **Gemeinschaftsverfahren** *nt* JUR (*EU*) Community procedure **Gemeinschaftsvertrag** *m* JUR (*EU*) joint contract **Gemeinschaftswährung** *f* ÖKON common currency **Gemeinschaftszelle** *f* communal cell

Gemeinsinn *m kein pl* public spirit *no pl* **Gemeinsprache** *f* LING standard language **gemeinverständlich** *adj s.* **allgemeinverständlich** **Gemeinwesen** *nt* community **Gemeinwirtschaft** *f kein pl* FIN non-profit-making sector **Gemeinwohl** *nt kein pl* ■**das ~** the public [*or* general] welfare; **dem ~ dienen** to be in the public interest

Gemenge <-s, -> *nt* ① (*Mischung*) mixture; ■**ein ~ aus etw** *dat* a mixture of sth ② (*Gewühl*) crowd, bustle ③ (*Durcheinander*) jumble *no pl* ▸ WENDUNGEN: **mit jdm ins ~ kommen** to come to blows with sb

gemessen I. *pp von* **messen** II. *adj* (*geh*) proper; (*würdig langsam*) measured

Gemetzel <-s, -> *nt* massacre, bloodbath

Gemisch <-[e]s, -e> *nt* ① (*Mischung*) mixture; ■**ein ~ aus etw** *dat* a mixture of sth ② *kein pl* (*Durcheinander*) jumble *no pl* ③ AUTO [air/fuel [*or* A/F]] mixture *spec;* **ein mageres/fettes ~** a lean/rich mixture

gemischt *adj* mixed; *s. a.* **Gesellschaft, Gefühl**

gemischtsprachig *adj* multilingual

Gemischtwarenhandlung *f* (*veraltend*) [grocery and] general shop [*or* AM store]

Gemme <-, -n> *f* cameo

gemoppelt *adj* ▸ WENDUNGEN: **doppelt ~** (*fam*) saying the same thing twice over

Gemotze <-s> *nt kein pl* (*fam*) nagging *fam*

Gemsbock *m s.* **Gämsbock**

Gemse <-, -n> *f s.* **Gämse**

Gemunkel <-s> *nt kein pl* rumour [*or* AM -or]; (*dauerndes Mukeln*) gossip

Gemurmel <-s> *nt kein pl* murmuring; (*unverständlich*) mumbling

Gemüse <-s, *selten* -> *nt* vegetables *pl;* ■**ein ~** a vegetable; **frisches ~** fresh vegetables *pl* ▸ WENDUNGEN: **junges ~** (*hum fam*) whippersnappers *pl hum dated*

Gemüseanbau *m* growing of vegetables **Gemüseaushöhler** *m sharp serrated knife for hollowing out cucumbers and courgettes etc.* **Gemüsebanane** *f* cooking banana, plantain **Gemüsebeilage** *f* vegetables *pl* **Gemüsebohne** *f* butter bean **Gemüsefach** *nt* vegetable compartment **Gemüsefrau** *f fem form von* Gemüsemann **Gemüsegarten** *m* vegetable garden, kitchen garden ▸ WENDUNGEN: **quer durch den ~** (*hum fam*) everything but the kitchen sink *hum* **Gemüsegärtner(in)** *m(f)* vegetable gardener **Gemüsehändler(in)** *m(f)* greengrocer BRIT, fruit and vegetable retailer **Gemüsehobel** *m* vegetable grater **Gemüsekarde** *f* cardoon **Gemüsekonserve** *f* canned [*or* BRIT *a.* tinned] vegetables *pl* **Gemüseladen** *m* fruit and vegetable store, greengrocer's BRIT **Gemüsemann** *m* vegetable seller **Gemüsemesser** *nt* vegetable knife **Gemüseplatte** *f* assorted vegetables *pl* **Gemüsesaft** *m* vegetable juice **Gemüsesorte** *f* type of vegetable **Gemüsesuppe** *f* vegetable soup [*or* broth] **Gemüsezwiebel** *f* onion

gemustert *adj* patterned; **grün und braun ~ sein** to have a green and brown pattern

Gemüt <-[e]s, -er> *nt* ① (*Seele*) soul ② (*Mensch*) soul ③ (*Emotionen*) feelings *pl;* **ein sonniges ~ haben** (*iron fam*) to be gullible; **jds ~ bewegen** (*geh*) to stir sb's emotions [*or* heart]; **die ~er erregen** [*o* **erhitzen**] to cause a stir; **sich** *dat* **etw zu ~[e] führen** (*hum: etw einnehmen*) to indulge in sth; (*etw beherzigen*) to take sth to heart; **viel ~ haben** [*o* **besitzen**] [*o* **zeigen**] to be sentimental; **jdm aufs ~ schlagen** to get to sb *fam;* **etwas fürs ~** (*hum*) something sentimental [*or* to tug at one's/sb's heartstrings]

gemütlich I. *adj* ① (*bequem*) comfortable, comfy *fam,* cosy BRIT, AM *usu* cozy; **es sich/jdm ~ machen** to make oneself/sb comfortable, to get [oneself]/sb cosy *fam* ② (*gesellig*) pleasant; (*ungezwungen*) informal II. *adv* ① (*gemächlich*) leisurely ② (*behaglich*) comfortably

Gemütlichkeit <-> *f kein pl* comfortableness *no art, no pl,* snugness *no art, no pl,* cosiness *no art, no pl* BRIT, coziness *no art, no pl* AM *usu;* (*Ungezwungenheit*) informality *no art, no pl;* **in aller ~** at one's leisure ▸ WENDUNGEN: **da hört doch die ~ auf!** (*fam*) that's going too far!

Gemütsart *f* disposition *form,* nature; **von stiller/heiterer/sanfter ~ sein** to have a quiet/happy/soft disposition [*or* nature] **Gemütsbewegung** *f* [signs *pl* of] emotion **gemütskrank** *adj* emotionally disturbed **Gemütskranke(r)** *f(m)* emotionally disturbed person **Gemütskrankheit** *f* emotional disturbance *no pl* **Gemütslage** *f* mood; **je nach ~** depending on one's mood, as the mood takes me/him etc. **Gemütsmensch** *m* (*fam*) good-natured person; **du bist vielleicht ein ~!** (*iron*) you're a fine one! BRIT *fam* **Gemütsregung** *f s.* **Gemütsbewegung** **Gemütsruhe** *f* calmness *no pl;* **in aller ~** (*fam*) in one's own time, leisurely; **deine ~ möchte ich haben!** (*iron*) I'd like [to have] your cool! **Gemütsverfassung** *f,* **Gemütszustand** *m s.* **Gemütslage**

gemütvoll *adj* sentimental

gen *präp +akk* (*veraltend*) towards

Gen <-s, -e> *nt* gene

genarbt *adj* grained

genau I. *adj* ① (*exakt*) exact; ***haben Sie die ~e Uhrzeit?*** have you got the right [*or* exact] time?; ■**G~es/G~eres** particulars *npl*/further details *pl;* ***man weiß noch nichts G~es*** nobody knows any details as yet ② (*gewissenhaft*) meticulous; ■[**in etw** *dat*] **~ sein** to be meticulous [in sth] II. *adv* ① (*exakt*) exactly, precisely; ***~!*** (*fam*) exactly!, precisely!, quite!; **~ in der Mitte** right in the middle; **~ genommen** strictly speaking; **etw ~er betrachten** to take a closer look at sth; **~ *das Gegenteil trifft zu*** just [*or* exactly] the opposite is true; **~estens, aufs ~este** [*o* **G~este**] [right] down to the last detail; **etw [nicht] ~ wissen** to [not] know sth for certain [*or* sure]; ***so ~ wollte ich es* [*nun auch wieder*] *nicht wissen!*** (*iron*) [you can] spare me the details!; **auf den Millimeter ~** accurate to the millimetre BRIT, dead nuts AM *sl;* **auf die Minute ~** exactly [*or* dead] on time ② (*eben, gerade*) just; ***sie ist ~ die richtige Frau für diesen Job*** she's just the right woman for the job ▸ WENDUNGEN: **es [mit etw** *dat*] **[nicht] ~ nehmen** to [not] be very particular [about sth]; **wenn man es ~ nimmt** strictly speaking

genaugenommen *adv s.* **genau II 1**

Genauigkeit <-> *f kein pl* exactness, precision; *Daten* accuracy; (*Sorgfalt*) meticulousness

genauso *adv* just [*or* exactly] the same; ***mir geht es ganz*** ~ I feel exactly the same; ~ **frech/kalt/klein etc. wie ...** just as cheeky BRIT /cold/small etc. as ...; ~ **gut** just as well; ~ **viel** just as much; ~ **wenig** just as little; *s. a.* ebenso

genausogut *adv s.* genauso **genausoviel** *adv s.* genauso **genausowenig** *adv s.* **genauso**

Genbank *f* gene bank

Gendarm <-en, -en> [ʒan'darm, ʒã'darm] *m* ÖSTERR (*Polizist*) gendarme

Gendarmerie <-, -n> [ʒandarmə'ri:, ʒãdarmə'ri:, 'ri:ən] *f* ÖSTERR (*Polizeistation*) gendarmerie

Genealoge, Genealogin <-n, -n> *m, f* genealogist

Genealogie <-> ['gi:ən] *f kein pl* genealogy

genealogisch *adj* genealogical

genehm *adj* (*geh*) suitable, acceptable; ■**jdm** ~[**er**] **sein** to suit sb [better]; ■**jdm** [**nicht**] ~ **sein** to [not] be agreeable to sb; **wenn es** ~ **ist** if that is agreeable, if you don't mind

genehmigen* **I.** *vt* ■[**jdm**] **etw** ~ to grant [sb] permission for sth, to approve sth; **„genehmigt"** "approved"; **das Protokoll** ~ ADMIN to approve the minutes **II.** *vr* ■**sich** *dat* **etw** ~ to indulge in sth; **sich** *dat* **etw von seinem Geld** ~ to splash out on sth BRIT, to spend money freely; **sich** *dat* **einen** ~ (*hum fam*) to have a little drink *a.* *hum*

genehmigt **I.** *pp von* **genehmigen** **II.** *adj Verfahren* approved, authorized; **nicht** ~ unofficial, unapproved

Genehmigung <-, -en> *f* ❶ (*das Genehmigen*) approval *no art, no pl;* ~ **von Investitionsprojekten** approval of investment projects ❷ (*Berechtigungsschein*) permit, permission *no indef art, no pl,* licence [*or* AM -se]; (*Ermächtigung*) authorization; **eine** ~ **beantragen/einholen** to seek permission/ to take out a licence; **eine** ~ **erhalten** to obtain permission; **mit amtlicher** ~ by authority

Genehmigungsantrag *m* JUR application for a permit **genehmigungsbedürftig** *adj* JUR subject to approval **Genehmigungsbehörde** *f* JUR approving authority, authorizing body [*or* agency] **Genehmigungserfordernisse** *pl* JUR licensing requirements **Genehmigungskartell** *nt* ÖKON licensing cartel **Genehmigungspflicht** *f* licence [*or* AM -se] requirement **genehmigungspflichtig** *adj* requiring a licence [*or* AM -se] *pred;* ■~ **sein** to need [*or* require] a licence **Genehmigungsstelle** *f* JUR licensing authority [*or* agency] **Genehmigungsverfahren** *nt* authorization process; JUR licensing procedure, AM licensure **Genehmigungszertifikat** *nt* JUR permit, certificate of approval

geneigt *adj* (*geh*) kind, friendly; ■**jdm** ~ **sein** to be well [*or* favourably] [*or* AM favorably] disposed towards sb; ■~ **sein, etw zu tun** to be inclined to do sth; **sich jdm** ~ **zeigen** to show sb kindness

Geneigtheit <-> *f kein pl* (*geh*) ❶ (*Wohlwollen*) goodwill; ■**jds** ~ **jdm gegenüber** sb's goodwill towards sb ❷ (*Bereitwilligkeit*) willingness; ■**jds** ~, **etw zu tun** sb's willingness to do sth

Genera *pl von* **Genus**

General(**in**) <-[e]s, -e *o* Generäle> *m(f)* general; **der kommandierende** ~ the general in command

Generalamnestie *f* general amnesty **Generalanwalt, -anwältin** *m, f* JUR (*am EU-Gerichtshof*) Advocate General **Generalbevollmächtigte**(**r**) *f(m) decl wie adj* general agent **Generalbundesanwalt, -anwältin** *m, f* Federal Public Prosecutor BRIT, Chief Federal Prosecutor AM **Generaldirektor**(**in**) *m(f)* president, director general **Generalhandlungsvollmacht** *f* JUR general power of attorney **Generalinspekteur**(**in**) *m(f)* MIL inspector general **Generalintendant**(**in**) *m(f)* THEAT, MUS director

generalisieren* *vi* (*geh*) to generalize

Generalist(**in**) <-en, -en> *m(f)* generalist

Generalität <-, *selten* -en> *f* MIL generals *pl*

Generalklausel *f* JUR comprehensive clause **Generalkonsul**(**in**) *m(f)* consul general **Generalkonsulat** *nt* consulate general **Generalleutnant**(**in**) *m(f)* lieutenant general **Generalmajor**(**in**) *m(f)* major general BRIT, brigadier general AM **Generalprävention** *f* JUR crime prevention **Generalprobe** *f* THEAT dress rehearsal; MUS final rehearsal **Generalsekretär**(**in**) *m(f)* general secretary; (*höchster Beamter*) Secretary-General **Generalstaatsanwalt, -anwältin** *m, f* ≈ district attorney AM (*chief public prosecutor at a provincial high court*) **Generalstaatsanwaltschaft** *f* public prosecutor's office **Generalstab** *m* MIL general staff + *sing/pl vb* **Generalstabschef**(**in**) *m(f)* general chief of staff **Generalstabskarte** *f* ordnance survey map **generalstabsmäßig** *adv* meticulously **Generalstreik** *m* general strike **generalüberholen*** *vt nur infin und pp* ■**etw** ~ to completely overhaul sth; ■**generalüberholt werden** to have a complete overhaul; ■**etw** ~ **lassen** to take sth in for a complete overhaul; ■**generalüberholt** completely overhauled **Generalüberholung** <-> *f kein pl* TECH complete overhaul **Generalunternehmervertrag** *m* JUR lead management contract **Generaluntersuchung** *f* complete check-up **Generalversammlung** *f* general meeting; ~ **der UNO** General Assembly, GA **Generalvertreter**(**in**) *m(f)* general representative **Generalvertretung** *f* ÖKON sole [*or* general] agency **Generalvollmacht** *f* general [*or* full] power of attorney

Generation <-, -en> *f* ❶ (*Menschenalter*) generation; **seit ~en** for generations ❷ (*Menschen einer* ~) generation + *sing/pl vb;* **die ältere** ~ the older generation + *sing/pl vb;* **die heranwachsende** ~ the adolescent generation + *sing/pl vb;* **die junge/ jüngere** ~ the young/younger generation + *sing/pl vb* ❸ SOZIOL generation ❹ TECH, INFORM generation

Generationenprinzip *nt* INFORM generation method **Generationenvertrag** *m younger generation's commitment to provide for the older generation, i.e. in form of pensions* **Generationenwechsel** *m* new generation; BIOL alternation of generations

Generationskonflikt *m* generation gap **Generationswechsel** *m* ❶ SOZIOL change of generation ❷ BIOL alternation of generations

Generator <-s, -toren> *m* TECH generator

generell **I.** *adj* general **II.** *adv* generally; ~ ***kann man sagen, ...*** generally one can say, ...

generieren* *vt* INFORM ■**etw** ~ to generate sth

Generierung <-> *f kein pl* generation

Generikum <-s, -ka> *nt* PHARM generic [drug]

generös *adj* (*geh*) generous, munificent *form*

genervt **I.** *pp von* **nerven** **II.** *adj* (*fam*) ■~ **sein** ❶ (*nervlich strapaziert*) to be stressed out ❷ (*gereizt*) to be irritated

Genese <-, -n> *f* MED genesis *no pl form*

genesen <genas, genesen> *vi sein* (*geh*) ■[**nach/von etw** *dat*] ~ to recover [after/from sth], to convalesce

Genesende(**r**) *f(m) decl wie adj* convalescent

Genesis <-> *f kein pl* REL ■**die** ~ [the Book of] Genesis

Genesung <-, *selten* -en> *f* (*geh*) convalescence *no pl,* recovery *no pl;* **auf dem Wege der** ~ on the road to recovery; [**jdm**] **baldige** ~ **wünschen** to wish [sb] a speedy recovery

Genesungsurlaub *m* MIL convalescent leave

Genetik <-> *f kein pl* genetics + *sing vb*

Genetiker(**in**) <-s, -> *m(f)* geneticist

genetisch *adj* genetic; **~er Code** genetic code; **~er Fingerabdruck** genetic [*or* DNA] fingerprint

Genf <-s> *nt* Geneva

Genfer *adj* Genevan, Genevese; ~ **Konvention** Geneva Convention; ~ **See** Lake Geneva

Genfer See *m* Lake Geneva

Genforscher(**in**) *m(f)* genetic researcher **Genforschung** *f* genetic research

genial *adj* ❶ (*überragend*) brilliant; (*erfinderisch*) ingenious ❷ (*erfindungsreich*) inspired

Genialität <-> *f kein pl* ❶ (*überragende Art*) genius *no pl* ❷ (*Erfindungsreichtum*) ingenuity *no art, no pl*

Genick <-[e]s, -e> *nt* neck; **ein steifes** ~ (*fam*) a stiff neck; **jdm/sich das** ~ **brechen** to break sb's/ one's neck ► WENDUNGEN: **jdm das** ~ **brechen** (*fig*) to finish sb

GenickschussRR *m* shot in the neck **Genickstarre** *f* stiffness of the neck; ~ **haben** (*fam*) to have a stiff neck; MED [cerebral] meningitis *no pl*

Genie <-s, -s> [ʒe'ni:] *nt* ❶ (*Mensch*) genius; **ein verkanntes** ~ an unrecognized genius ❷ *kein pl* (*Fähigkeit*) genius *no art, no pl*

Genien ['ge:niən] *pl von* **Genius**

genieren* [ʒe'ni:rən] *vr* ■**sich** [**vor jdm**] ~ to be embarrassed [*or* shy] [in front of sb]; ~ ***Sie sich nicht!*** don't be shy!; ■**sich für etw** *akk* ~ to be embarrassed about sth; ■**sich** ~, **etw zu tun** to not like doing sth

genießbar *adj* (*essbar*) edible; (*trinkbar*) drinkable; **nicht** ~ **sein** (*fam*) to be unbearable

genießen <genoss, genossen> *vt* ❶ (*auskosten*) ■**etw** ~ to enjoy [*or* relish] sth; (*bewusst kosten*) to savour [*or* AM -or] sth ❷ (*essen*) ■**etw** ~ to eat sth; ■**nicht zu** ~ **sein** to be inedible; (*trinken*) to drink ❸ (*geh: erfahren*) ■**etw** ~ to enjoy sth ► WENDUNGEN: **nicht zu** ~ **sein** (*fam*) to be unbearable

Genießer(**in**) <-s, -> *m(f)* gourmet; **ein stiller** ~ sb who knows how to enjoy life in his own quiet way [*or* BRIT on the quiet]; **ein stiller** ~ **sein** to know how to enjoy life on the quiet [*or* in one's quiet way]; **ein stiller** ~ **von etw** *dat* **sein** to know how to enjoy sth in one's quiet way

genießerisch **I.** *adj* appreciative **II.** *adv* with pleasure [*or* relish]

Geniestreich [ʒe'ni:] *m* (*iron fam*) a stroke of genius *a. iron* **Genietruppe** *f* MIL SCHWEIZ engineer corps

genital **I.** *adj* genital **II.** *adv* ***sie wurde*** ~ ***untersucht*** her genitals were examined

Genitalbereich *m* genital area

Genitalien *pl* genitals *npl,* genitalia *npl spec*

Genitiv <-s, -e> *m* LING genitive [case]

Genius <-, Genien> ['ge:niən] *m* ❶ (*Genie*) genius ❷ (*schöpferischer Geist*) genius

Gen-Kode *m* genetic code **Genlebensmittel** *nt* genetically altered [*or* engineered] food **Genmanipulation** *f* genetic manipulation **genmanipuliert** *adj* genetically engineered [*or* modified]

Genom <-s, -e> *nt* genome *spec*

Genomanalyse *f* BIOL, MED genome analysis, Human Genome Project

genoppt *adj* nubbly; **~es Garn** knopped yarn *spec*

genormt *adj* standardized

Genosse, Genossin <-n, -n> *m, f* comrade; **... und ~n** (*pej*) ... and his/her posse *fam* [*or pej* cronies]

Genossenschaft <-, -en> *f* cooperative, co-op; **eingetragene** ~ registered cooperative society

Genossenschaft(**l**)**er**(**in**) <-s, -> *m(f)* member of a cooperative

genossenschaftlich **I.** *adj* cooperative **II.** *adv* ~ **organisiert** organized as a cooperative

Genossenschaftsbank <-banken> *f* cooperative [*or* AM mutual savings] bank **Genossenschaftseigentum** *nt* HANDEL cooperative property **Genossenschaftsrecht** *nt* JUR law of cooperative societies **Genossenschaftsregister** *nt* JUR Register of Co-operative Societies **Genossenschaftsverband** *m* JUR cooperative union

Genossin *f fem form von* **Genosse**

genötigt *adj* forced; ■~ **sein, etw zu tun** to be forced [*or* obliged] to do sth; **sich** ~ **sehen, etw zu tun** to feel obliged [*or* compelled] to do sth

Genotyp <-s, -en> *m* BIOL genotype

Genozid <-[e]s, -e *o* -ien> [diən] *m o nt* (*geh*) genocide *no art, no pl;* ■~ **an jdm** genocide against sb

Genpatent *nt* gene patent **Genpool** <-s, -e> *m* BIOL gene pool

Genre <-s, -s> ['ʒãrə] *nt* KUNST, LITER genre *spec;* **nicht jds** ~ **sein** to not be sb's thing

Genrebild ['ʒãrə] *nt* genre painting **Genremalerei** *f* genre painting *no art, no pl*

Genschutzinitiative *f* gene protection initiative (*attempt by 30 Swiss environmental organizations*

to limit genetic engineering experiments)
Gensonde *f* BIOL, MED DNA probe
Gent <-s> *nt* Ghent
Gentechnik *f* genetic engineering *no art, no pl* **Gentechniker(in)** *m(f)* genetic engineer **Gentechnikgegner(in)** *m(f)* opponent of genetic engineering **Gentechnikgesetz** *nt* JUR law on genetic engineering **gentechnisch** I. *adj* ~**e Methoden** methods in genetic engineering II. *adv* using genetic engineering; **etw ~ manipulieren** to genetically manipulate sth, to manipulate sth by means of genetic engineering **Gentechnologie** *f* genetic engineering *no art, no pl* **Gentest** *m* genetic test **Gentherapie** *f* MED gene [*or* genetic] therapy
Gentlemen's Agreement <- -, - -s> ['dʒentlmənz ə'gri:mənt] *nt* JUR gentlemen's agreement
Gentransfer *m* BIOL, MED gene transfer **Gentransport** *m* transport [*or* transfer] of genes
Genua <-s> *nt* Genoa
genuesisch *adj* Genoese, Genovese
genug *adv* enough; ~ ***jetzt/davon!*** enough of that!; ***es ist noch ~ Zeit*** there's still enough [*or* sufficient] time; **groß etc. ~** big etc. enough; ■**~ einer S.** *gen* enough of sth; ***ich kann davon einfach nicht ~ bekommen*** [*o fam* ***kriegen***]***!*** I just can't get enough of it; **~ haben** to have [got] enough; **[von etw** *dat*] **~ haben** to have had enough [of sth]; **jetzt ist['s] aber ~!** that's enough!, that does it!; **sich** *dat* **selbst ~ sein** to be happy with one's own company; *s. a.* **damit, schlimm, wenig**
Genüge <-> *f kein pl* **einer S.** *dat* **~ tun** (*geh*) to satisfy [*or* meet [with]] sth; **zur ~** [quite] enough; (*oft genug*) often enough
genügen* *vi* ❶ (*ausreichen*) ■**[jdm] ~** to be enough [*or* sufficient] [for sb]; ■**für jdn ~** to be enough for sb ❷ (*gerecht werden*) ■**einer S.** *dat* **~** to fulfil [*or* AM *usu* -ll] sth
genügend *adv* enough, sufficient
genügsam I. *adj* (*bescheiden*) modest; (*pflegeleicht*) undemanding II. *adv* modestly
Genügsamkeit <-> *f kein pl* modesty, simple needs *pl*
Genugtuung <-, *selten* -en> *f* ❶ (*Befriedigung*) satisfaction ❷ (*geh: Wiedergutmachung*) compensation; **für etw** *akk* **~ leisten** to make amends for sth
genuin (*geh*) I. *adj* ❶ MED (*angeboren*) *Krankheit* congenital ❷ (*geh: rein, unverfälscht*) authentic, genuine II. *adv* genuinely
Genus <-, Genera> *nt* LING gender *spec*
Genuss[RR] <-es, Genüsse> *m*, **Genuß** <-sses, Genüsse> *m* ❶ (*Köstlichkeit*) [culinary] delight ❷ *kein pl* (*geh: das Zusichnehmen*) consumption *no art, no pl;* ***der übermäßige ~ von Tabak ist gesundheitsschädlich*** excessive smoking is damaging to one's health ❸ (*das Genießen*) enjoyment; **in den ~ einer S.** *gen* [*o fam* **von etw** *dat*] **kommen** to enjoy sth; (*aus etw Nutzen ziehen a.*) to benefit from sth; **mit ~** with relish; **etw mit ~ tun** to do sth with relish, to relish sth; **ein ~ sein, etw zu tun** to be a pleasure doing/to do sth
genüsslich[RR], **genüßlich** I. *adj* pleasurable II. *adv* with relish
Genussmensch[RR] *m* hedonist **Genussmittel**[RR] *nt* luxury foods, alcohol and tobacco **Genussrecht**[RR] *nt* JUR, FIN right of enjoyment, participating right **Genussschein**[RR] *m* FIN [profit] participating certificate *spec* **Genusssucht**[RR] *f kein pl* (*pej*) hedonism *no art, no pl* **genusssüchtig**[RR] *adj* (*pej*) hedonistic
genussvoll[RR], **genußvoll** I. *adv* appreciatively; *essen, trinken* with relish II. *adj* (*genüsslich*) appreciative; (*erfreulich*) highly enjoyable
genverändert *adj* genetically manipulated
Geobotanik *f* BOT plant geography **Geochemie** *f* geochemistry **geocodieren*** *vt* ■**etw ~** to code sth geographically **Geo-Dreieck, Geodreieck**® *nt* MATH (*fam*) set square **Geodynamik** *f* GEOL geodynamics + *sing vb*
geöffnet I. *pp von* **öffnen** II. *adj* open; **bis 1 Uhr ~** open till 1 a.m.
Geograf[RR](in) <-en, -en> *m(f) s.* **Geograph**
Geografie[RR] <-> *f kein pl s.* **Geographie**
geografisch[RR] *adj s.* **geographisch**
Geograph(in) <-en, -en> *m(f)* geographer
Geographie <-> *f kein pl* geography *no art, no pl*
geographisch *adj* geographic[al]
Geologe, Geologin <-n, -n> *m, f* geologist
Geologie <-> *f kein pl* geology *no art, no pl*
geologisch *adj* geological; ~**e Datierung** geological dating
Geomarketing *nt kein pl* geomarketing **Geometer** <-s, -> *m* MATH geometer
Geometrie <-> *f kein pl* geometry *no art, no pl*
geometrisch *adj* geometric
Geomorphologie *f* geomorphology, geomorphogeny **Geoökologie** *f* geoecology **Geophysik** *f* geophysics *no art, + sing vb* **Geopolitik** *f* geopolitics *no art, + sing vb* **geopolitisch** *adj* geopolitical
geordnet I. *pp von* **ordnen** II. *adj* ❶ (*in einer bestimmten Weise angeordnet*) arranged; **nach Größe ~ sein** to be ordered [*or* arranged] according to size ❷ (*in angemessener Weise geregelt*) orderly, [well-] organized; **einen ~en Geschäftsablauf sichern** to insure an orderly course of business; **in ~en Verhältnissen leben** to live an orderly life; **ein ~er Rückzug** MIL an orderly retreat
Georg *m* George
Georgetown <-s> ['dʒɔ:dʒtaʊn] *nt* George Town
Georgien <-s> *nt* Georgia; *s. a.* **Deutschland**
Georgier(in) <-s, -> *m(f)* Georgian; *s. a.* **Deutsche(r)**
georgisch *adj* Georgian; *s. a.* **deutsch**
Georgisch *nt decl wie adj* Georgian; *s. a.* **Deutsch**
georgisch *adj* Georgian; *s. a.* **deutsch**
Georgische <-n> *nt* ■**das ~** Georgian, the Georgian language; *s. a.* **Deutsche**
geostationär *adj* ASTRON ~**er Satellit** geostationary satellite **Geothermie** <-> *f kein pl* GEOL natural heat of the earth **Geothermik** *f* geothermal studies *pl* **geothermisch** *adj* geothermal **Geowissenschaft** *f* geoscience *no art, no pl spec* **Geowissenschaftler(in)** *m(f)* geoscientist *spec* **geozentrisch** *adj* ASTRON geocentric
Gepäck <-[e]s> *nt kein pl* luggage *no pl*, baggage *no pl esp* AM
Gepäckabfertigung *f* ❶ *kein pl* (*Vorgang*) luggage [*or esp* AM baggage] check-in *no pl* ❷ (*Schalter*) luggage [*or esp* AM baggage] check-in **Gepäckablage** *f* luggage rack **Gepäckabteil** *nt* baggage compartment **Gepäckanhänger** *m* baggage label [*or* tag] **Gepäckannahme** *f* ❶ *kein pl* (*Vorgang*) checking-in of luggage [*or esp* AM baggage] *no pl* ❷ (*Schalter*) luggage [*or esp* AM baggage] check-in **Gepäckannahmeschalter** *m* left-luggage office [*or* counter] BRIT, baggage room AM **Gepäckaufbewahrung** *f* ❶ (*das Aufbewahren*) looking after left-luggage ❷ (*Schalter*) left-luggage office BRIT, baggage room AM **Gepäckaufbewahrungsschein** *m* left-luggage ticket BRIT, baggage check AM **Gepäckaufgabe** *f* BAHN ❶ *kein pl* (*Aufgeben des Reisegepäcks*) handing in of unaccompanies baggage ❷ (*Schalter*) [in-counter of the] luggage [*or* baggage] office; (*das Aufgeben*) checking of baggage [*or* BRIT *a.* luggage] **Gepäckaufkleber** *m* luggage [*or* AM *a.* baggage] sticker [*or* label] **Gepäckausgabe** *f* ❶ *kein pl* (*Vorgang*) giving out of left-luggage ❷ (*Schalter*) luggage reclaim BRIT, baggage pickup AM **Gepäcketikett** *nt* baggage tag **Gepäckkarren** *m* luggage trolley BRIT, baggage cart AM **Gepäckkontrolle** *f* luggage [*or* AM *esp* baggage] check [*or* control] **Gepäcknetz** *nt* luggage rack **Gepäckraum** *m* LUFT, NAUT baggage hold; BAHN luggage compartment **Gepäckschalter** *m* cloakroom, left-luggage office BRIT, baggage room AM **Gepäckschein** *m* luggage [*or esp* AM baggage] ticket **Gepäckschließfach** *nt* baggage [*or* BRIT *a.* luggage] locker **Gepäckstück** *nt* piece [*or* item] of luggage [*or* AM *esp* baggage] **Gepäckträger**[1] *m* (*am Fahrrad*) carrier **Gepäckträger(in)**[2] *m(f)* porter, baggage handler **Gepäckversicherung** *f* baggage [*or* BRIT *a.* luggage] insurance **Gepäckwagen** *m* luggage van BRIT, baggage car AM
gepanzert I. *pp von* **panzern** II. *adj Fahrzeug* armoured BRIT, armored AM
Gepard <-s, -e> *m* cheetah
gepfeffert *adj* (*fam*) ❶ (*überaus hoch*) steep *fam* ❷ (*schwierig*) tough
gepflegt I. *adj* ❶ (*nicht vernachlässigt*) well looked after; **ein ~es Aussehen** a well-groomed appearance; **ein ~er Garten** a well-tended garden; **ein ~er Park** a well-kept park ❷ (*fam: kultiviert*) civilized; **eine ~e Atmosphäre** a sophisticated atmosphere; **eine ~e Ausdrucksweise/ein ~es Gespräch** a cultured expression/conversation ❸ (*erstklassig*) first-rate, excellent; **ein ~es Restaurant** a first-rate Restaurant; **~e Weine** excellent [*or* select] wines II. *adv* ❶ (*kultiviert*) in a civilized way; **sich ~ ausdrücken** to have a cultured way of speaking; **sich ~ unterhalten** to have a civilized conversation ❷ (*erstklassig*) **~ essen gehen** to go to a first-rate restaurant; **~ wohnen** to live in style
Gepflegtheit <-> *f kein pl* well-groomed appearance
Gepflogenheit <-, -en> *f* (*geh*) habit
gepiercт [-pɪəst] *adj* pierced
Geplänkel <-s> *nt kein pl* ❶ MIL (*veraltend: leichtes Gefecht*) skirmish ❷ (*harmlose Auseinandersetzung*) squabble *fam*
geplant I. *pp von* **planen** II. *adj Rücktritt* planned
Geplapper <-s> *nt kein pl* chatter[ing] *no pl*, babblings *npl pej*
Geplärr <-[e]s> *nt*, **Geplärre** <-s> *nt kein pl* (*pej fam*) bawling *no def art, no pl*
Geplätscher <-s> *nt kein pl* splashing *no def art, no pl*
Geplauder <-s> *nt kein pl* chatt[er]ing
Gepolter <-s> *nt kein pl* banging; (*stumpf*) thudding *no pl*
Gepräge <-s> *nt kein pl* (*geh*) character *no pl*
geprüft *adj* ❶ JUR examined; (*auf Richtigkeit*) verified ❷ FIN audited
gepunktet *adj* ❶ (*aus Punkten bestehend*) dotted ❷ (*mit Punkten versehen*) spotted, polka-dot *attr*
gequält I. *adj* forced II. *adv* **~ lachen/seufzen** to give a forced [*or* to force a] smile/sigh
Gequassel <-s> *nt kein pl* (*pej fam*) yacking *fam*, rabbiting BRIT *pej fam*
Gequatsche <-s> *nt kein pl* (*pej sl*) chattering, gabbing *no pl*, fam
gerade I. *adj* ❶ (*nicht krumm, aufrecht*) straight; (*aufrecht*) upright; **etw ~ biegen** to straighten out sth *sep;* **etw ~ halten** to hold [*or* keep] sth straight; **sich ~ halten** to hold oneself [up] straight; **~ sitzen** to sit up straight; ***sitz ~!*** sit up straight!; **~ stehen** to stand up straight ❷ (*opp: ungerade*) even ❸ (*aufrichtig*) honest; **ein ~r Mensch** an upright [*or* honest] person II. *adv* (*fam*) ❶ (*im Augenblick, soeben*) just; ***haben Sie ~ einen Moment Zeit?*** do you have time just now?; ***da du ~ da bist, …*** just while you're here, …; ***ich wollte mich ~ ins Bad begeben, da…*** I was just about to get into the bath when …; ***der Bus ist uns ~ vor der Nase weggefahren!*** we've just missed the bus!; ***da wir ~ von Geld sprechen, …*** talking of money, …; ***über was unterhaltet ihr euch denn da ~?*** what are you talking about just now? ❷ (*knapp*) just; ***sie verdient ~ so viel, dass sie davon leben kann*** she earns just enough for her to live on; ***sie hat die Prüfung ~ so bestanden*** she only just passed the exam; ***ich kam ~ [noch] rechtzeitig*** I came just in time ❸ (*genau*) just; ***~ heute hab' ich an dich gedacht*** I was thinking of you only today; ***es war ~ umgekehrt!*** it was just [*or* exactly] the opposite III. *part* (*ausgerechnet*) ***warum ~ er/ich?*** why him/me of all people?; **~ heute/morgen** today/tomorrow of all days; ***warum ~ jetzt?*** why now of all times?; (*speziell*) ***~ du solltest dafür Verständnis haben*** you of all people should have understanding for that, ***~ du kannst dich beklagen;*** (*iron*) what are you complaining about?; ***~ deswegen*** that's precisely why ▶ WENDUNGEN: **das hat ~ noch gefehlt!** (*iron*) that's all I need!; **so ist es ~ nicht!** that's just the

way it isn't'!; **nicht ~ billig etc.** not exactly cheap etc.; ~, **weil ...** especially because ..., for the very reason that ...

Gerade <-n, -n> *f* ① MATH straight line ② SPORT straight ③ (*beim Boxen*) straight; **eine linke/rechte ~** a straight left/right

geradeaus *adv* straight ahead; **~ fahren** to drive straight on **gerade|biegen** *vt irreg* ■**etw ~** ① (*in gerade Form biegen*) *s.* **gerade I 1** ② (*fam: in Ordnung bringen*) to straighten [*or* sort] out sth *sep* **gerade|halten** *vt, vr irreg s.* **gerade I 1** **geradeheraus** I. *adj pred* (*fam*) straightforward, frank, plain-spoken II. *adv* (*fam*) frankly

gerädert *adj* (*fam*) ▶ WENDUNGEN: **wie ~ sein, sich wie ~ fühlen** to be [*or* feel] completely [*or* absolutely] exhausted [*or* BRIT whacked] *fam*

gerade|sitzen *vi irreg s.* **gerade I 1** **geradeso** *adv s.* **ebenso** **geradesoviel** *adv s.* **ebenso 1** **gerade|stehen** *vi irreg* ① (*aufrecht stehen*) *s.* **gerade I 1** ② (*einstehen*) ■**für jdn/etw ~** to answer for sb/sth **geradewegs** *adv* straight; **~ nach Hause** straight home **geradezu** *adv* really, absolutely; **~ lächerlich etc.** really [*or* absolutely] [*or* nothing short of] ridiculous etc.

Geradheit <-> *f kein pl* straightforwardness, sincerity

geradläufig *adj* BAU straight **geradlinig** I. *adj* ① (*in gerader Richtung*) straight ② (*aufrichtig*) straight II. *adv* straight; **~ verlaufen** to run in a straight line **Geradlinigkeit** *f* ① (*Verlaufen in gerader Richtung*) straightness ② (*fig: Aufrichtigkeit*) straightness, straight-laced nature

gerammelt *adv* **~ voll** (*fam*) jam-packed, chock-a-block BRIT *fam*

Gerangel <-s> *nt kein pl* ① (*Balgerei*) scrapping *no art, no pl;* (*Geschubse*) tussle ② (*Auseinandersetzung*) quarrelling [*or* AM *usu* quarreling] *no art*

Geranie <-, -n> [niə] *f* geranium

Gerant(in) <-en, -en> *m(f)* SCHWEIZ (*Gastwirt*) restaurant proprietor

Gerassel <-s> *nt kein pl* (*fam*) rattling

gerastert *adj* **~er Vierfarbsatz** TYPO four colour [*or* AM -or] halftone set

Gerät <-[e]s, -e> *nt* ① (*Vorrichtung*) device, gadget; (*Garten~*) tool ② ELEK, TECH piece of equipment, appliance; ■**~e** equipment *nsing;* (*Fernseh~, Radio~*) set ③ SPORT (*Turn~*) [piece of] apparatus ④ *kein pl* (*Ausrüstung*) equipment *no pl;* *eines Handwerkers* tools *pl*

geraten¹ <gerät, geriet, geraten> *vi sein* ① (*zufällig gelangen*) ■**irgendwohin ~** to get to somewhere; **in schlechte Gesellschaft/eine Schlägerei/einen Stau ~** to get into bad company/a fight/a traffic jam; **an einen Ort ~** to come to a place ② (*unbeabsichtigt kommen*) ■**[mit etw *dat*] an/in/unter etw *akk* ~** to get [sth] caught in/under sth; **unter einen Lastwagen ~** to fall under a lorry [*or* AM truck]; **in einen Sturm ~** to get caught in a storm ③ (*sich konfrontiert sehen mit*) ■**in etw *akk* ~** to get into sth; **in Armut ~** to end up in poverty; **in eine Falle ~** to fall into a trap; **in Gefangenschaft ~** to be taken prisoner; **in Schulden/Schwierigkeiten/eine Situation ~** to get into debt[s]/difficulties/a situation ④ (*erfüllt werden von*) ■**in etw *akk* ~** to get into sth; **in Furcht/Verlegenheit/Wut ~** to get scared/embarrassed/angry; **in Panik ~** to start to panic ⑤ *Funktionsverb* (*beginnen, etw zu tun*) ■**in etw *akk* ~** to begin to do sth; **in Bewegung ~** to begin to move; **in Brand ~** to catch fire; **ins Schleudern ~** to get into a skid; **ins Schwärmen/Träumen ~** to fall into a rapture/dream; **ins Stocken ~** to come to a halt; **in Vergessenheit ~** to fall into oblivion ⑥ (*ausfallen*) ***der Pulli ist mir zu groß ~*** my jumper turned out too big; ***das Essay ist zu kurz ~*** the essay turned out too short ⑦ (*gelingen*) ***das Soufflé ist mir ~/mir nicht ~*** my souffle turned/didn't turn out well; ***alle meine Kinder sind gut ~*** all my children turned out well ⑧ (*fam: kennen lernen*) ■**an jdn ~** to come across sb ⑨ (*arten*) ■**nach jdm ~** to take after sb ▶ WENDUNGEN: **[vor etw *dat*] [über jdn/etw] außer sich ~** to be beside oneself [with sth] [over sb/sth]

geraten² I. *pp von* **raten** II. *adj* (*geh*) advisable

Geräteraum *m* equipment room **Geräteschuppen** *m* tool shed **Gerätesicherheitsgesetz** *nt* JUR Equipment Safety Law **Gerätesteuerung** *f* INFORM device control **Geräteturnen** *nt* gymnastics + *sing vb* (*on apparatus*); (*Schulübung a.*) apparatus work *no pl*

Geratewohl [gəra:tə'vo:l, gə'ra:təvo:l] *nt* ▶ WENDUNGEN: **aufs ~** (*fam: auf gut Glück*) on the off-chance; (*willkürlich*) randomly; ***wir schlugen aufs ~ diesen Weg ein*** we decided to trust our luck and came this way

Gerätschaften *pl* tools *pl,* equipment *sing*

Geratter <-s> *nt kein pl* (*pej fam*) clatter[ing], rattle, rattling

Geräucherte(s) *nt decl wie adj* smoked meat *no pl*

geraum *adj attr* (*geh*) some *attr;* **vor ~er Zeit** some time ago; **seit ~er Zeit** for some time

geräumig *adj* spacious, roomy, capacious *form*

Geräumigkeit <-> *f kein pl* spaciousness, roominess, capaciousness *form*

Geräusch <-[e]s, -e> *nt* sound; (*unerwartet, unangenehm a.*) noise

geräuscharm *adj* quiet, low-noise *spec* **geräuschdämmend** *adj Wand* sound-damping **geräuschempfindlich** *adj* sensitive to noise *pred;* TECH sound-sensitive **Geräuschkulisse** *f* ① (*Lärm*) background noise *no pl;* (*verschiedenartig a.*) background noise[s *pl*] ② FILM, RADIO, TV sound effects *pl* **geräuschlos** I. *adj* silent II. *adv* silently, noiselessly **Geräuschminderung** *f* noise reduction **Geräuschpegel** *m* noise level[s *pl*] **geräuschvoll** I. *adj* loud; (*unangenehm a.*) noisy II. *adv* loudly; (*unangenehm a.*) noisily

Geräusper <-s> *nt kein pl* throat-clearing

gerben *vt* ■**etw ~** to tan sth; **eine gegerbte Haut** a tanned hide; *eines Menschen* a weather-beaten skin; ■**das G~** tanning

Gerber(in) <-s, -> *m(f)* tanner

Gerberei <-, -en> *f* tannery

Gerbsäure *f* tannic acid

gerecht I. *adj* ① (*rechtgemäß*) just; ■**~ [gegen jdn] sein** to be fair [to sb], to be just; ■**die G~en** the just + *pl vb old* ② (*verdient*) just, fair; **einen ~en Lohn** (*Geld*) a fair wage; (*Anerkennung*) a just reward; ***es ist doch nur ~*** it's only fair [*or* right] [*or* just] ③ (*berechtigt*) just, legitimate; **eine ~e Sache** a just cause; **in ~em Zorn** with righteous anger *form* ④ (*angemessen beurteilen*) ■**jdm/einer S. ~ werden** to do justice to sb/sth ⑤ (*eine Aufgabe erfüllen*) ■**einer S. *dat* ~ werden** to fulfil [*or* AM *usu* -ll] sth; **den Anforderungen** [*o* **Bedingungen**] **~ werden** to fulfil the demands; **Erwartungen ~ werden** to fulfil/meet/come up to expectations II. *adv* justly, fairly

gerechterweise *adv* justifiably; **~ *muss gesagt/zugestanden werden, ...*** to be fair, ...

gerechtfertigt *adj* justified

Gerechtigkeit <-> *f kein pl* ① (*das Gerechtsein*) justice *no art, no pl;* *eines Urteils* justness *no art, no pl* ② (*Unparteilichkeit*) fairness *no art, no pl* ▶ WENDUNGEN: **die ~ nimmt ihren Lauf** justice takes its course; **ausgleichende ~** poetic justice

Gerechtigkeitsgefühl *nt* sense of justice **Gerechtigkeitsliebe** *f* love of justice **gerechtigkeitsliebend** *adj* just; **ein ~er Mensch** a lover of justice **Gerechtigkeitssinn** *m kein pl s.* **Gerechtigkeitsgefühl**

Gerede <-s> *nt kein pl* gossip *no indef art, no pl,* talk *no indef art, no pl;* ***kümmere dich nicht um das ~ der Leute*** don't worry about what [other] people say; **jdn ins ~ bringen** to get sb gossiped [*or* talked] about; **ins ~ kommen** [*o* **geraten**] to get oneself gossiped [*or* talked] about

geregelt *adj* regular; **ein ~es Leben** a well-ordered life; **~er Katalysator** AUTO computer-controlled catalytic converter

gereichen* *vi* (*geh*) **jdm zur Ehre ~** to do sb honour [*or* AM -or]; **jdm/einer S. zum Nachteil/Vorteil ~** to be an advantage to/a drawback for sb/sth; **jdm zum Nutzen/Schaden ~** to be beneficial/damaging to sb

gereizt I. *adj* (*verärgert*) irritated; (*nervös*) edgy; ***es herrschte eine ~e Stimmung*** there was a strained atmosphere II. *adv* irritably, touchily

Gereiztheit <-> *f kein pl* (*Verärgerung*) irritability, touchiness; *einer Stimmung* strainedness; (*Nervosität*) edginess

Geriater(in) <-s, -> *m(f)* geriatrician

Geriatrie <-> *f kein pl* geriatrics *no art, + sing vb*

geriatrisch *adj* geriatric

Gericht¹ <-[e]s, -e> *nt* (*Speise*) dish

Gericht² <-[e]s, -e> *nt* ① JUR (*Behörde*) court [of justice]; (*Gebäude*) court [house], law courts *pl;* **jdn/einen Fall vor ~ bringen** to take sb/a case to court; **~ erster/zweiter/letzter Instanz** court of first instance/appellate court/court of ultimate resort; **vor ~ erscheinen** to appear in court [*or* at the bar]; **vor ~ gehen** to litigate; **mit etw *dat* vor ~ gehen** (*fam*) to take legal action [*or* to go to court] about sth; **vor ~ kommen** to appear in [*or* come to] court, to appear [*or* come] before a/the court; *Fall* to come to court; **[etw] vor ~ aussagen** to testify in court; **[wegen etw *dat*] vor ~ stehen** to appear in [*or* before a/the] court [for sth]; **jdn/einen Fall vor ~ vertreten** to represent sb/a case in court; **bei ~** in court, at the bar; **vor ~** at law, on trial ② JUR (*die Richter*) court, bench ▶ WENDUNGEN: **Hohes ~!** My Lord! BRIT, Your Honor! AM; **das Jüngste ~** REL the last Judg[e]ment, Judg[e]ment Day; **mit jdm ins ~ gehen** to sharply criticize sb; **über jdn/etw ~ halten** to pronounce judg[e]ment on sb/sth; **über jdn zu ~ sitzen** to sit in judgement on sb

gerichtet I. *pp von* **richten** II. *adj* (*vorbereitet*) prepared, organized

gerichtlich I. *adj attr* judicial, jurisdictional, court *attr;* **laut ~en Beschlusses** [*o* **~em Beschluss**] according to a/the court decision [*or* decision of a/the court]; **eine ~e Klärung** a court settlement; **ein ~es Nachspiel** a court sequel; **auf ~em Wege** by legal steps; **etw ~ anordnen** to decree sth; **~ gegen jdn vorgehen** to take legal action against sb II. *adv* legally, in court; **etw ~ einklagen** to sue for sth; **Schulden ~ eintreiben** to recover debts through [a/the] court order; **~ belangt werden** to be legally prosecuted; **etw ~ klären** to settle sth in court; **~ gegen jdn vorgehen** to take sb to court, to take legal proceedings [*or* to litigate] against sb, to proceed against sb

gerichtsähnlich *adj* quasi-judicial **Gerichtsakte** *f* court record **Gerichtsakten** *pl* court records *pl* **Gerichtsarzt, -ärztin** *m, f* specialist in forensic medicine **Gerichtsassessor(in)** *m(f)* (*veraltet: Richter auf Probe*) trainee judge **Gerichtsbarkeit** <-, -en> *f* JUR ① *kein pl* (*Befugnis zur Rechtsprechung*) jurisdiction; **ausländische ~** foreign jurisdiction; **deutsche ~** German jurisdiction; **freiwillige ~** voluntary jurisdiction, non-contentious proceedings; **ordentliche ~** ordinary jurisdiction ② *pl* (*Ausübung der rechtsprechenden Gewalt*) jurisdiction **Gerichtsbescheid** *f* notification by the court **Gerichtsbeschluss**^RR *m* court decision [*or* order], decision of a/the court **Gerichtsbezirk** *m* court circuit, juridical district *form,* judicial circuit AM **Gerichtsdiener** *m* (*veraltet*) court usher **Gerichtsdolmetscher(in)** *m(f)* JUR court interpreter **Gerichtsentscheid** *m* court decision, judicial ruling **Gerichtsentscheidung** *f* court ruling, judicial decision **Gerichtsferien** *pl* court recess *sing,* vacation of the courts **Gerichtsgebühren** *pl* legal costs, court fees, court fees **Gerichtshof** *m* law court, court of justice, court of law *esp* AM; **der Europäische ~** the European Court of Justice; **der Internationale ~** the International Court of Justice; **der Oberste ~** the High Court of Justice BRIT, the Supreme Court [of Justice] AM; **der Ständige Internationale ~** the Permanent International Court [of Justice] **Gerichtshoheit** *f* jurisdiction **Gerichtskasse** *f* taxing master's office BRIT (*court office where court fees and fines are*

G

paid); (*Person*) court cashier **Gerichtskenntnis** *m* judicial notice; (*Kenntnisnahme*) cognizance **Gerichtskosten** *pl* court [*or* legal] fees [*or* costs] *pl;* **jdm die ~ auferlegen** (*geh*) to order sb to pay the court fees [*or* costs] **Gerichtskostengesetz** *nt* court fees act **gerichtskundig** *adj* known to the court **Gerichtsmedizin** *f* forensic medicine, no art, no pl, medical jurisprudence *no art, no pl form* **Gerichtsmediziner(in)** *m(f)* forensic scientist, medical examiner AM **gerichtsmedizinisch** I. *adj* forensic, medicolegal *form* II. *adv* ***die Leiche wurde ~ untersucht*** the body was examined by a forensic scientist **Gerichtsort** *m* venue, place of court, town/city with a court; **der zuständige ~** the venue AM *spec* **Gerichtsperson** *f* JUR court official **Gerichtsreferendar(in)** *m(f)* JUR judicial trainee **Gerichtssaal** *m* courtroom **Gerichtsschreiber(in)** *m(f)* clerk [of a/the court], keeper of the records **Gerichtssitzung** *f* court sitting [*or* hearing]; **~ unter Ausschluss der Öffentlichkeit** court in chambers [*or* camera]

Gerichtsstand *m* (*form*) [legal] venue, place [*or* court] of jurisdiction; (~ *ist Berlin*) any legal case arising from this contract shall be heard in Berlin; **~ Erfüllungsortes** jurisdiction at the place of performance; **allgemeiner ~** place of general jurisdiction; **ausschließlicher ~** exclusive jurisdiction; **dinglicher ~** in rem jurisdiction; **fliegender ~** itinerant tribunal; **unzuständiger ~** improper venue **Gerichtsstandklausel** *f* JUR choice of jurisdiction clause **Gerichtsstandvereinbarung** *f* JUR venue clause

Gerichtstermin *m* date of hearing, date of a/the trial **Gerichtsurteil** *nt* JUR [court] judgment **Gerichtsverfahren** *nt* legal [*or* court] proceedings *pl;* **ein ~ gegen jdn einleiten** to take [*or form* institute] legal proceedings against sb **Gerichtsverfassung** *f* JUR, FIN constitution of the courts **Gerichtsverfassungsgesetz** *nt* JUR Judicature Act **Gerichtsverhandlung** *f* trial; (*zivil*) hearing **Gerichtsverwaltung** *f* JUR court administration **Gerichtsvollzieher(in)** <-s, -> *m(f)* bailiff BRIT, U.S Marshal AM

gerieben I. *pp von* **reiben** II. *adj* (*fam: gerissen*) cunning, crafty; (*betrügerisch*) tricky

gering I. *adj* ① (*niedrig*) low; METEO low; **eine ~e Anzahl/Menge** a small number/amount; **~ere Liquidität** BÖRSE illiquidity; **~e Umsätze tätigen** BÖRSE to make little sales; **von ~em Wert** of little value; **~ gerechnet** at a modest estimate; **nicht das G~ste** nothing at all; **nicht im G~sten** not in the least [*or* slightest] [bit]; ***das stört mich nicht im G~sten*** it doesn't disturb me in the slightest [*or* least] [bit] ② (*unerheblich*) slight; **~e Abschwächung** BÖRSE slight decline; **~e Bedeutung** minor significance; **eine ~e Chance** a slim [*or* slight] [*or* small] chance; **~e Kursbewegung bei den Hauptwährungen** BÖRSE slight movements in the metropolitan currency rates; **~e Kursschwankungen aufweisen** BÖRSE to move in a narrow range; **~e Lohnunterschiede** slight disparity of wages ③ (*unzulänglich*) poor, low; **eine ~e Lebenserfahrung** little experience in life ▸ WENDUNGEN: **kein G~erer als ...** ..., no less *a. hum,* no less a person than ... *a. hum* II. *adv* ① (*schlecht*) poorly; **~ von jdm denken/sprechen** to have a poor opinion/speak badly of sb ② (*wenig, kaum*) **jdn/etw ~ achten** [*o* **schätzen**] (*verachten*) to think little of sb/sth, to have a low opinion of sb/to have little regard for sth, to place little/no importance on sth; **etw ~ achten** [*o* **schätzen**] (*missachten*) to disregard sth; (*unterschätzen*) to underestimate sth

gering|achten *vt s.* **gering II 2**

geringelt *adj* ringed; **~e Socken** hooped socks

geringfügig I. *adj* insignificant; **ein ~er Betrag/~es Einkommen** a small amount/income; **ein ~er Unterschied** a slight difference; **~e Verbesserungen** slight improvements; **ein ~es Vergehen/ein ~er Verstoß/eine ~e Verletzung** a minor [*or* trivial] offence/violation/injury II. *adv* slightly **Geringfügigkeit** <-, -en> *f* insignificance *no indef art, no pl,* slightness *no indef art, no pl,* triviality *no indef art, no pl;* **wegen ~ eingestellt werden** JUR to dismiss a case for want of sufficient ground *form*

gering|schätzen *vt s.* **gering II 2 geringschätzig** I. *adj* contemptuous; **eine ~e Bemerkung** a disparaging remark II. *adv* contemptuously, disparagingly; **~ über jdn/etw sprechen** to speak disparagingly of sb/sth, to deprecate sth **Geringschätzung** *f kein pl* disparagement *no indef art, no pl,* contempt[uousness] *no indef art, no pl;* (*Ablehnung*) disdain *no indef art, no pl;* **~ für jdn** a low opinion of sb **geringwertig** *adj* inferior; **~e Nahrung** poor [*or* low-value] food

gerinnen <gerann, geronnen> *vi sein* to coagulate; *Blut a.* to clot; *Milch a.* to curdle; (*fig geh*) ■**zu etw** *dat* **~** to develop into sth

Gerinnsel <-s, -> *nt* [blood] clot, coagulum *spec*

Gerinnung <-, *selten* -en> *f* coagulation *no pl; von Blut a.* clotting *no art, no pl; von Milch a.* curdling *no art, no pl*

Gerinnungsmittel *nt* coagulant, coagulator

Gerippe <-s, -> *nt* ① (*Skelett*) skeleton ② (*innere Struktur*) skeleton, frame ③ (*Grundplan*) framework

gerippt *adj* MODE ribbed

gerissen I. *pp von* **reißen** II. *adj* (*fam*) crafty, cunning

Gerissenheit <-> *f kein pl* (*fam*) craftiness *no art, no pl,* cunning *no art, no pl*

Germ <-s> *m kein pl* ÖSTERR (*Hefe*) yeast

Germane, Germanin <-n, -n> *m, f* HIST Teuton

Germania <-> *f* Germania (*symbol of the former German Reich: a female figure in armour*)

Germanien <-s> [niən] *nt* HIST Germania

Germanin *f fem form von* **Germane**

germanisch *adj* ① HIST Teutonic ② LING Germanic; ■**G~** [*o* **das G~e**] Germanic, the Germanic language

Germanist(in) <-en, -en> *m(f)* ① (*Wissenschaftler*) Germanist ② (*Student*) student of German, German student; ■**~ sein** to study German

Germanistik <-> *f kein pl* German [studies *npl*]

germanistisch *adj* German; **eine ~e Fachzeitschrift** a journal on German[ic] studies

Germanium <-s> *nt kein pl* CHEM germanium *no art, no pl spec*

gern(e) <lieber, am liebsten> *adv* ① (*freudig*) with pleasure; **~ gesehen** welcome; **jdn/sich ~ haben** [*o* **mögen**] to be fond of sb/one another; ***ich mag ihn sehr ~*** I like him a lot, I'm very fond of him; **etw ~ tun** to like doing/to do sth, to enjoy doing sth; ***das mache ich doch ~ für dich!*** of course I'll do it for you!; **seine Arbeit ~ machen** to enjoy one's work; **etw ~ essen** to like [eating] sth; ***er sieht das nicht ~*** he doesn't like that; ***ich hätte ~ gewusst, ...*** I would like to know ... ② (*ohne weiteres*) ***das kannst du ~ haben*** you're welcome to [have] it; ***das glaube ich ~!*** I can quite believe that!, I believe that straight away! ③ (*gewöhnlich, oft*) **etw ~ tun** to tend to do sth; ***morgens lässt sie sich ~ viel Zeit*** she likes to leave herself a lot of time in the mornings; **ein ~ gehörtes Lied** a popular song; **ein ~ gelesenes Buch** a popular book ▸ WENDUNGEN: **aber ~!** of course!, please do!; **~ geschehen!** don't mention it!, my pleasure!; **es ~ haben, wenn ...** to like it when ...; **wie hätten** [*o* **möchten**] **Sie es** [**denn**] **~?** how would you like that?; **ja, ~!** with pleasure!; **du kannst mich mal ~ haben!** (*iron fam*) you can go to hell! *hum* [*or* BRIT *hum fam* go and whistle]; **rasend ~!** (*fam*) I'd simply love to!; *s. a.* **sehen**

Gernegroß <-, -e> *m* (*hum fam*) somebody who likes to act big, wannabe *pej fam;* ■**ein ~ sein** to like to act big, to be a wannabe *pej fam*

gerngehört *adj s.* **gern 3 gerngelesen** *adj s.* **gern 3 gerngesehen** *adj attr s.* **gern 1**

Geröchel <-s> *nt kein pl* groaning, groans *pl*

Geröll <-[e]s, -e> *nt* scree *no pl spec,* talus AM; (*größer*) boulders *pl*

Geröllwüste *f* detritus waste

geronnen *adj* congealed, coagulated; (*Milchprodukte*) clotted

Gerontologe, Gerontologin <-n, -n> *m, f* MED gerontologist *spec*

Gerontologie <-> *f kein pl* MED gerontology *no art, no pl spec*

Gerste <-, -n> *f* BOT barley *no art, no pl*

Gerstenkorn *nt* ① BOT barleycorn ② MED (*Entzündung am Lid*) stye **Gerstensaft** *m kein pl* (*hum*) beer

Gerte <-, -n> *f* switch; **schlank wie eine ~ sein** to be as thin as a reed

gertenschlank *adj* slim, willowy

Geruch <-[e]s, Gerüche> *m* ① (*Duft*) smell, odour [*or* AM -or]; *einer Blume, eines Parfüms* scent; (*Gestank*) stench ② *kein pl* (*~ssinn*) sense of smell ▸ WENDUNGEN: **in dem ~ stehen, etw zu tun** (*geh*) to be rumoured [*or* AM -ored] to be doing sth

geruchlos *adj* odourless [*or* AM -orless] **Geruchsbekämpfung** *f* stench control **Geruch(s)belästigung** *f* ***das ist eine ~*** the smell is a real nuisance **Geruch(s)empfindung** *f s.* **Geruch[s]sinn Geruch(s)nerv** *m s.* **Riechnerv Geruch(s)organ** *nt s.* **Riechorgan Geruch(s)sinn** *m kein pl* sense of smell **Geruch(s)verschluss**[RR] *m* odour [*or* AM -or] trap, siphon *spec*

Gerücht <-[e]s, -e> *nt* rumour [*or* AM -or]; **etw für ein ~ halten** (*fam*) to have [one's] doubts about sth; **ein ~ in die Welt setzen** to start a rumour; **es geht das ~, dass ...** there's a rumour [going round] that ...

Gerüchteküche *f* rumour-mongers [*or* AM rumor-] *pl*

geruhen* *vt* (*geh*) ■**~, etw zu tun** to deign *a. pej* [*or hum a. form* condescend] to do sth

geruhsam I. *adj* peaceful; **ein ~er Abend am Kamin** a quiet evening in front of the fireplace; **ein ~er Spaziergang** a leisurely walk II. *adv* leisurely, peacefully; **~ essen** to eat in peace [and quiet]

Gerümpel <-s> *nt kein pl* (*pej*) junk *no indef art, no pl*

Gerundium <-s, -ien> [diən] *nt* LING gerund *spec*

Gerundiv <-s, -e> [-və] *nt,* **Gerundivum** <-s, -diva> *nt* LING gerundive *spec*

Gerüst <-[e]s, -e> *nt* ① BAU scaffold[ing *no pl*] ② (*Grundplan*) framework

Gerüstbau *m* ① *kein pl* BAU erection of scaffolding *no indef art, no pl* ② (*Firma*) scaffolders *pl* **Gerüstbauer(in)** <-s, -> *m(f)* scaffolder **Gerüstbaufirma** *f* scaffolders *pl*

gerüttelt *adj* ▸ WENDUNGEN: **~ voll** jam-packed, chock-a-block BRIT *fam*

ges, Ges <-, -> *nt* MUS G flat

gesalzen I. *pp von* **salzen** II. *adj* (*fam: überteuert*) steep *fam*

gesammelt *adj* ① *Werke* collected ② *Aufmerksamkeit, Kraft* collective

gesamt *adj attr* whole, entire; **die ~e Familie** the whole [*or* entire] family + *sing/pl vb;* **die ~en Kosten** the total costs; **die ~e Verwandtschaft** all the relatives

Gesamtaktiva *pl* FIN total assets **Gesamtanalyse** *f* full analysis **Gesamtangebot** *nt* ÖKON total supply **Gesamtansicht** *f* general view **Gesamtarbeitsvertrag** *m* SCHWEIZ (*Tarifvertrag*) collective agreement **Gesamtauflage** *f eines Buchs* total edition; *einer Zeitschrift, Zeitung* total circulation **Gesamtaufwand** *m kein pl* FIN total outlay **Gesamtausgabe** *f* complete edition **Gesamtbedarf** *m kein pl* ÖKON total demand [*or* requirements] *pl* **Gesamtbetrag** *m* total [amount] **Gesamtbetriebsrat** *m* central works council **Gesamtbevölkerung** *f kein pl* POL the entire [*or* whole] population, the population as a whole **Gesamtbilanz** *f* FIN overall [*or* consolidated] balance sheet **Gesamtbild** *nt* overall [*or* general] picture **Gesamtbruttoerlöse** *pl* HANDEL gross profit sales **Gesamtbürgschaft** *f* JUR comprehensive guarantee **Gesamtdeckungsprinzip** *nt* FIN total coverage principle **gesamtdeutsch** *adj* all-German; **die ~e Frage** the German Question **Gesamtdeutschland** *nt* HIST greater Germany **Gesamt-**

eigentum *nt* JUR total property, joint title **Gesamteigentümer(in)** *m(f)* JUR sole owner **Gesamteindruck** *m* overall [*or* general] impression **Gesamteinkünfte** *pl* FIN total income [*or* revenue] **Gesamtergebnis** *nt* total outcome [*or* result] **gesamteuropäisch** *adj* all-[*or* pan-]European **Gesamtgeschäftsführer(in)** *m(f)* HANDEL general manager **Gesamtgeschäftsführungsbefugnis** *f* HANDEL general management powers *pl* **gesamtgesellschaftlich** *adj* related to society as a whole *pred* **Gesamtgewicht** *nt* AUTO laden [*or form* gross vehicle] weight; **zulässiges** ~ gross vehicle weight rating *form*, GVWR *form* **Gesamtgewinn** *m* ÖKON total profit **Gesamtgläubiger** *pl* JUR joint and several creditors **Gesamtgrundschuld** *f* JUR collective [*or* comprehensive] land charge **Gesamtgut** *nt* JUR (*bei Gütergemeinschaft*) common [*or* joint] property **Gesamtgutsverwaltung** *f* JUR administration of joint marital property

Gesamthand *f* JUR collective [*or* joint] ownership **Gesamthänder** *pl* JUR joint holders of property **gesamthänderisch** *adj* JUR joint **Gesamthandlungsvollmacht** *f* JUR general power of attorney **Gesamthandseigentum** *nt* JUR joint property [*or* ownership] **Gesamthandseigentümer(in)** *m(f)* JUR joint owner **Gesamthandsgemeinschaft** *f* JUR joint ownership **Gesamthandsgläubiger(in)** *m(f)* JUR joint creditor **Gesamthandsschuld** *f* FIN joint debt **Gesamthandsschuldner(in)** *m(f)* FIN joint debtor **Gesamthandsverhältnis** *nt* JUR joint-property relationship **Gesamthandsvermögen** *nt* FIN joint property assets *pl*

Gesamtheit <-> *f kein pl* totality; ▪ **die ~ der ...** all the ...; **in seiner ~** as a whole, in its entirety

Gesamthochschule *f* amalgamated university, ≈ polytechnic BRIT *hist* **Gesamthypothek** *f* JUR aggregate [*or* AM consolidated] mortgage **Gesamtindex** *m* overall index **Gesamtinteresse** *nt* ▪ **das ~** the general interest **Gesamtjahr** *nt* whole year, year as a whole **Gesamtkonzept** *nt* overall concept **Gesamtkosten** *pl* total costs *pl* **Gesamtkunstwerk** *nt* synthesis of the arts **Gesamtnachfrage** *f* ÖKON overall demand **Gesamtnutzungsdauer** *f* overall term of use **Gesamtpersonalrat** *m* JUR combined works council **Gesamtplanung** *f* general layout **Gesamtpreis** *m* HANDEL overall price [*or* all-in] **Gesamtprodukt** *nt* HANDEL overall product **Gesamtproduktion** *f* HANDEL total output **Gesamtprokura** *f* HANDEL joint power of attorney **Gesamtrechnung** *f* ÖKON overall account[ing]; **volkswirtschaftliche ~** national income and product account **Gesamtrechnungsbetrag** *m* HANDEL invoice total **Gesamtrechtsnachfolge** *f* JUR universal succession **Gesamtrechtsnachfolger(in)** *m(f)* JUR universal successor **Gesamtrentenschuld** *f* FIN total annuity debt **Gesamtschaden** *m* total damage **Gesamtschuld** *f* JUR joint and several obligation **Gesamtschuldner(in)** *m(f)* JUR joint [and several] debtor; **als ~ haften** to be jointly and severally liable **gesamtschuldnerisch** *adj* JUR jointly and severally liable; **~ mit dem Schuldner** jointly and severally with the debtor **Gesamtschuldverhältnis** *nt* JUR joint indebtedness **Gesamtschule** *f* ≈ comprehensive school; **integrierte ~** ≈ comprehensive school **Gesamtseitenzahl** *f* total number of pages [*or* page count] **Gesamtsicherheit** *f* JUR comprehensive security **Gesamtsieger(in)** *m(f)* SPORT overall winner **Gesamtstrafe** *f* JUR overall [*or* compound] sentence (*covering individual sentences of several offences, but not exceeding maximum sentence*) **Gesamtsumme** *f* FIN total [amount], grand total; **~ der Aktiva/Passiva** total assets *pl*/liabilities *pl;* **~ des Eigenkapitals** total capital resources *pl;* **~ der laufenden Erträge** total current revenues **Gesamtüberschuss**RR *m* FIN total surplus **Gesamtübersicht** *f* general survey **Gesamtumfang** *m* ÖKON total volume **Gesamtumfangsregister** *nt* TYPO unit-to-unit register **Gesamtumsatz** *m* total turnover **Gesamturkunde** *f* JUR all-in document **Gesamtverbindlichkeiten** *pl* FIN overall debt burden [*or* exposure] **Gesamtverbrauch** *m kein pl* total consumption **Gesamtvereinbarung** *f* ① JUR (*Abkommen*) blanket agreement ② HANDEL (*Pauschalangebot*) package deal **Gesamtvergleich** *m* JUR full settlement **Gesamtvermögen** *nt* FIN total estate [*or* net worth] **Gesamtvertretung** *f* JUR collective representation **Gesamtverwaltung** *f* general administration **Gesamtverweisung** *f* JUR general referral **Gesamtvollstreckung** *f* JUR joint enforcement **Gesamtvolumen** *nt* ÖKON total volume **Gesamtvorrat** *m* total stock **Gesamtvorsatz** *m* JUR general intent **Gesamtwerk** *nt* complete works *pl* **Gesamtwert** *m* total value; **im ~ von ...** totalling [*or* AM *usu* totaling] ... [in value] **Gesamtwertung** *f* SPORT overall placings *pl;* **in der ~** in the overall placings **gesamtwirtschaftlich** *adj* ÖKON overall economic *attr,* of the economy as a whole; **~es Gleichgewicht** overall economic equilibrium; **~e Nachfrage** overall economic demand; **das ~e Wachstum** overall [economic] growth; **~ nicht vertretbar sein** not justifiable for the economy as a whole **Gesamtzahl** *f* total number **Gesamtzusammenhang** *m* general view

Gesandte(r) *f(m) dekl wie adj,* **Gesandtin** *f* envoy, legate; (*Botschafter*) ambassador; **bevollmächtigter ~r** POL minister plenipotentiary; **päpstlicher ~r** nuncio *spec*

Gesandtschaft <-, -en> *f* embassy

Gesang <-[e]s, Gesänge> *m* ① *kein pl* (*das Singen*) singing *no art, no pl* ② (*Lied*) song; **geistliche Gesänge** religious hymns; **ein Gregorianischer ~** a Gregorian chant ③ LIT book; *eines Gedichts* canto *spec*

Gesangbuch *nt* hymn book

gesanglich *adj* vocal, singing *attr*

Gesangstunde *f* singing lesson; **~n geben/nehmen** to give/take singing lessons **Gesangunterricht** *m* singing lessons *pl* **Gesangverein** *m* choral society, glee club AM

Gesäß <-es, -e> *nt* seat, bottom, posterior *hum*

Gesäßbacke *f* buttock, cheek, bun AM *fam* **Gesäßmuskel** *m* gluteal [*or* gluteus] muscle *spec* **Gesäßtasche** *f* back pocket

gesättigt *adj* CHEM saturated

Gesäusel <-s> *nt kein pl* ① (*anhaltendes Säuseln*) rustling *no pl,* rustle *no pl; des Windes* murmur[ing], whisper[ing], sigh[ing] ② (*iron: einschmeichelndes Reden*) sweet talk, no art, no pl *fam*

geschädigt I. *pp von* **schädigen** II. *adj Ruf* damaged

Geschädigte(r) *f(m) decl wie adj* victim

Geschäft <-[e]s, -e> *nt* ① (*Laden*) shop, AM *usu* store; (*Kaufhaus*) department store; **im ~** in the shop [*or* department store] ② (*Gewerbe, Handel*) business, trade; **[mit jdm] ~e machen** to do business [with sb]; (*Handel* (*mit jdm*) *betreiben*) to do a deal [with sb], to strike a bargain [with sb]; **mit etw** *dat* **~e machen** to trade in sth; (*Handel mit etw betreiben*) to do a deal in sth; **für jdn die ~e führen** to manage [*or* run] the business for sb; **im ~ sein** to be in business; **mit jdm ins ~ kommen** (*eine einmalige Transaktion*) to do a deal with sb; (*dauerhaftes Geschäft*) to do business with sb; ***wie gehen die ~e?*** how's business?; **das ~ mit der Angst** trading on [people's] fears; **~ ist ~** business is business; **sein ~ verstehen** to know one's onions [*or* AM stuff] *fam* ③ (*Geschäftsabschluss*) deal, transaction; **ein ~ machen** to do [*or esp* AM make] a deal; **ein gutes ~ machen** to get a good [*or* real] bargain; **für jdn ein/kein ~ sein** to be a good deal/not much of a deal for sb; **[mit jdm] ein ~ abschließen** to complete a transaction [*or* deal] [with sb]; **[mit jdm] ein ~ tätigen** to do a deal [with sb] ④ DIAL (*Firma*) work; ***ich gehe um 8 Uhr ins ~*** I go to work at 8 o'clock ⑤ DIAL (*große, mühsame Arbeit*) job *fam,* job and a half *fam* ⑥ (*Angelegenheit*) business, matter ▸ WENDUNGEN: **kleines/großes ~** (*kindersprache*) number one [*or* pee] /number two [*or* big job] [*or* pooh] *vulg* [*or* AM poop] *vulg or childspeak;* **sein ~ verrichten** to do a job BRIT *vulg,* to relieve oneself, to go to the toilet *euph*

geschäftehalber *adv* (*in Geschäften*) on business; (*wegen der Geschäfte*) because of business **Geschäftemacher(in)** *m(f)* (*pej*) profiteer, sb who is out for what he/she can get; ***er ist ein übler ~*** he'd sell his own grandmother **Geschäftemacherei** <-, -en> *f* (*pej*) profit-seeking, profiteering **Geschäftemacherin** <-, -nen> *f fem form von* **Geschäftemacher**

geschäftig I. *adj* busy, industrious; **ein ~es Treiben** bustling activity II. *adv* busily, industriously

Geschäftigkeit <-> *f kein pl* bustle; ***was herrscht hier für eine ~?*** what's all this hustle and bustle?

geschäftlich I. *adj* ① ÖKON business *attr;* **~er Aufschwung** business boom; **etwas G~es besprechen** to discuss business [matters] ② (*unpersönlich*) business-like; **ein ~er Ton** a business-like [*or* brisk] tone II. *adv* on business; **~ verreist** away on business; ***ich habe ~ hier zu tun*** I'm here on business

Geschäftsablauf *m* course of business **Geschäftsabschluss**RR *m* conclusion of a deal **Geschäftsabzeichen** *nt* HANDEL company badge **Geschäftsaktivitäten** *pl* HANDEL business activities *pl* **Geschäftsanteil** *m* share [in a business]; (*finanziell*) interest **Geschäftsanteilshaftung** *f* FIN pro-rate liability **Geschäftsanweisung** *f* HANDEL management instruction **Geschäftsaufgabe** *f* closing [*or* closure] of a/the business/shop **Geschäftsauflösung** *f* closing [*or* closure] of a/the business/shop; ***„Räumungsverkauf wegen ~"*** "closing down sale" **Geschäftsauto** *nt* company car **Geschäftsbank** *f* FIN commercial bank **Geschäftsbedingungen** *pl* trading conditions, terms and conditions of trade *pl;* **Allgemeine ~** general terms and conditions of business **Geschäftsbereich** *m* ① (*Zuständigkeitsbereich*) portfolio ② (*Sparte*) division **Geschäftsbericht** *m* company [*or* management] report **Geschäftsbesorgungsvertrag** *m* JUR agency agreement, mandate **Geschäftsbesuch** *m* HANDEL business call **Geschäftsbetrieb** *m* HANDEL conduct of business, business [establishment] **Geschäftsbezeichnung** *f* JUR trade [*or* firm] name **Geschäftsbeziehungen** *pl* business connections *pl;* **gute ~** good business relations; **~ pflegen** to keep up business relations **Geschäftsbrief** *m* business letter **Geschäftsbuch** *nt* accounts *pl,* books *pl* **Geschäftsentwicklung** *f* business development **Geschäftseröffnung** *f* opening of a shop [*or* store] **Geschäftsessen** *nt* business lunch/dinner **geschäftsfähig** *adj* legally competent, competent to contract BRIT; **beschränkt/unbeschränkt ~ sein** to have limited/unlimited legal competence [*or* capacity] **Geschäftsfähigkeit** *f* legal competence, capacity to contract BRIT **Geschäftsfeld** *nt* ÖKON (*Absatzfeld*) trading [*or* business] area, outlet **Geschäftsfortführung** *f* HANDEL continuation of the business **Geschäftsfrau** *f fem form von* **Geschäftsmann** businesswoman *fem* **Geschäftsfreund(in)** *m(f)* business associate **geschäftsführend** *adj attr* ① (*amtierend*) acting; **eine ~e Regierung** a caretaker government ② (*leitend*) **~er Direktor** managing [*or* executive] director; **~e Gesellschafterin** managing partner; **~er Teilhaber** active [*or* working] partner **Geschäftsführer(in)** *m(f)* ① ADMIN manager ② (*in einem Verein*) secretary ③ POL chairperson **Geschäftsführerhaftung** *f* JUR managerial liability **Geschäftsführervergütung** *f* FIN managment remuneration

Geschäftsführung *f s.* Geschäftsleitung **Geschäftsführungsbefugnis** *f* HANDEL management authority **Geschäftsführungspflicht** *f* HANDEL managerial obligation [*or* duty] **Geschäftsgang** *m* ① HANDEL (*Ablauf*) course of business; **ordnungsgemäßer ~** ordinary course of business ② (*Besorgung*) errand **Geschäftsgebaren** *nt* business practice [*or* policy], conduct of business; **betrügerisches ~** JUR fraudulent trading, business fraud; **unlauteres ~** JUR unfair trade practices **Ge-**

schäftsgebühr *f* JUR general fee for out-of-court work **Geschäftsgeheimnis** *nt* business [*or* trade] [*or* industrial] secret **Geschäftsgepflogenheit** *f meist pl* HANDEL business conventions *pl* [*or* practice], commercial custom **Geschäftsgewinn** *m* FIN commercial [*or* business] profit **Geschäftsgrundlage** *f* JUR contract [*or* business] basis; ***die ~ ist entfallen*** the contract has become frustrated; **Wegfall der ~** frustration of contract **Geschäftshaus** *nt* ❶ (*Gebäude*) office block ❷ (*Firma*) company **Geschäftsidee** *f* ÖKON business concept **Geschäftsinhaber(in)** *m(f)* owner, proprietor **Geschäftsinteresse** *nt* business interest **Geschäftsjahr** *nt* financial year; **im laufenden ~** in the current financial year **Geschäftskapital** *nt* working capital **Geschäftskonto** *nt* FIN business account **Geschäftskorrespondenz** *f* HANDEL business correspondence **Geschäftskosten** *pl* expenses *pl;* **auf ~** on expenses **Geschäftslage** *f* HANDEL state of business; **gute ~** encouraging state of business **Geschäftsleben** *nt* business life; **im ~ stehen** to be active in the business world; **sich aus dem ~ zurückziehen** to retire from the business world **Geschäftsleiter(in)** *m(f)* manager **Geschäftsleitung** *f* ADMIN ❶ *kein pl* management, managing board; **~ ohne Auftrag** spontaneous agency without authority ❷ (*Personen*) management, executive **Geschäftsleute** *pl von* Geschäftsmann/-frau businessmen/-women **Geschäftsliste** *f* SCHWEIZ (*Tagesordnung*) agenda **Geschäftslosigkeit** *f kein pl* ÖKON slackness in trade, stagnation of business **Geschäftsmann** *m* businessman **geschäftsmäßig** *adj* businesslike; (*Geschäft betreffend*) business *attr* **Geschäftsmethoden** *pl* business methods *pl* **Geschäftsneubauten** *pl* modern office buildings **Geschäftsordnung** *f* procedural rules [*or* rules of procedure] **Geschäftspartner(in)** *m(f)* business partner **Geschäftspolitik** *f kein pl* ÖKON business policy **Geschäftspraktiken** *pl* HANDEL business practice; **unlautere ~en** sharp practice; **wettbewerbsbeschränkende ~** restrictive trade practices **Geschäftsraum** *m* office [*or* floor] space, business premises *pl* **Geschäftsrecht** *nt* JUR management law **Geschäftsreise** *f* business trip; **auf ~ sein** to be on a business trip **Geschäftsreputation** *f* HANDEL commercial reputation **geschäftsschädigend** I. *adj* damaging to [the interests of] a/the company [*or* bad for business] II. *adv* in a way that may damage [the interests of] a/the company [*or* in a way that may be bad for business] **Geschäftsschädigung** *f* damage to [the interests of] a/the company **Geschäftsschluss**RR *m* ❶ (*Ladenschluss*) closing time ❷ (*Büroschluss*) **nach ~** after work [*or* [business] hours]; ***was machst du heute nach ~?*** what are you doing after work today? **Geschäftssinn** *m* business acumen [*or* sense] **Geschäftssitz** *m* place of business; (*offizieller Sitz*) registered office **Geschäftsstatut** *nt* JUR company statutes *pl* **Geschäftsstelle** *f* ❶ (*Büro*) office; (*einer Bank, einer Firma*) branch [office], registry ❷ JUR court office **Geschäftsstockung** *f* ÖKON slackness in trade, stagnation of business **Geschäftsstraße** *f* shopping street **Geschäftsstrategie** *f* business strategy **Geschäftsstunden** *pl* business hours; **~ eines Büros** office hours; **~ eines Ladens** opening hours **Geschäftstätigkeit** *f kein pl* HANDEL business activity; **eine rege ~** a flourishing business activity **Geschäftstendenz** *f* ÖKON business trend **Geschäftsträger(in)** <-s, -> *m(f)* chargé d'affairs **geschäftstüchtig** *adj* business-minded; **eine ~e Frau** a capable [*or* an able] businesswoman **geschäftsunfähig** *adj* JUR incapable of contracting, incompetent; **beschränkt ~e Person** person under a disability; **jdn für ~ erklären** to adjudge sb incompetent; **~ werden** to become legally incompetent **Geschäftsunfähige(r)** *f(m) dekl wie adj* JUR legally incapacitated [*or* incompetent] person **Geschäftsunfähigkeit** *f* JUR contractual incapacity, legal disability **Geschäftsunterlagen** *pl* HANDEL business records [*or* documents] **Geschäftsveräußerung** *f* HANDEL sale of a business **Geschäftsverbindung** *f s.* Geschäftsbeziehung **Geschäftsverkehr** *m kein pl* HANDEL business dealings *pl;* **im gewöhnlichen ~** in the ordinary course of business **Geschäftsvermittler(in)** *m(f)* HANDEL broker **Geschäftsverteilung** *f* HANDEL allocation of duties **Geschäftsverteilungsplan** *m* JUR distribution of business plan **Geschäftsverweigerung** *f* HANDEL refusal to trade **Geschäftsviertel** *nt* business district **Geschäftsvolumen** *nt* volume of business [*or* trade] **Geschäftsvorfall** *m* HANDEL commercial [*or* business] transaction; **Geschäftsvorfälle bearbeiten** to process transactions **Geschäftsvorgang** *m* HANDEL transaction; **abgewickelte Geschäftsvorgänge** transacted business **Geschäftswagen** *m* company car **Geschäftswelt** *f* business world, world of business **Geschäftswert** *m* ÖKON *einer Firma* goodwill; (*bei Gerichtsverfahren*) value of the subject matter at issue **Geschäftszeit** *f* opening [*or* business] hours **Geschäftszentrum** *nt* shopping centre [*or* AM -er] **Geschäftszimmer** *nt* office **Geschäftszweck** *m* JUR object of a business **Geschäftszweig** *m* branch [of the business], line of business

geschätzt I. *pp von* **schätzen** II. *adj* ❶ (*eingeschätzt, vermutet*) estimated ❷ (*sehr geachtet*) valued, esteemed; **mein ~er Kollege** (*iron fam*) my esteemed [*or* dearest] colleague; **Ihr ~es Schreiben** (*veraltet form*) your esteemed letter

Geschaukel <-s> *nt kein pl* rocking; **das ~ eines Busses/einer Kutsche/einer Straßenbahn** the bumpiness of a bus/a coach/a tram

gescheckt *adj* skewbald; **ein schwarz-weiß ~es Pferd** a piebald horse; **schwarz-weiß ~** black and white spotted

geschehen <geschah, geschehen> *vi sein* ❶ (*stattfinden*) to happen, to occur; ***es muss etwas ~*** something's got to be done; *s. a.* **Unglück, Wille, Wunder** ❷ (*ausgeführt werden*) to be carried out [*or* done]; **ein Mord geschieht** a murder is committed ❸ (*widerfahren*) ▪**jdm geschieht etw** sth happens to sb; ***es wird Ihnen nichts ~*** nothing will happen to you; ***das geschieht dir recht!*** it serves you right! ❹ (*verfahren werden*) ▪**mit jdm/etw ~** to happen to sb/sth; ***als sie ihn sah, war es um sie ~*** she was lost the moment she set eyes on him; **um etw** *akk* **~ sein** sth is shattered; **nicht wissen, wie einem geschieht** to not know what is happening [to one] [*or* whether one is coming or going]

Geschehen <-s, -> *nt* events *pl;* **der Ort des ~s** the scene [of the event]

Geschehnis <-ses, -se> *nt* (*geh*) event, happening, occurrence

gescheit *adj* clever, quick-witted, bright; **eine ~e Idee** a brilliant [*or* clever] [*or* ingenious] idea; **ein ~er Vorschlag** a pertinent suggestion; ▪**etwas/nichts G~es** sth/nothing sensible; ***du bist wohl nicht [recht] ~?*** (*fam*) are you off your head?, fam, have you lost your marbles? *fam;* **sei ~!** be sensible!; **~er sein** (*fam*) to be more sensible; **aus etw** *dat* **nicht ~ werden** to be unable to make head or [*or* nor] tail of sth

gescheitert I. *pp von* **scheitern** II. *adj* **etw für ~ erklären** to declare sth a failure; **eine ~e Existenz sein** to be a failure

Geschenk <-[e]s, -e> *nt* (*Gabe*) present, gift; **jdm ein ~ machen** to give sb a present [*or* gift]; **jdm etw zum ~ machen** to make sb a present [*or* gift] of sth, to give sb sth as a present [*or* gift] ► WENDUNGEN: **kleine ~e erhalten die Freundschaft** (*prov*) small gifts help keep a friendship alive; **ein ~ des Himmels sein** to be heaven sent; (*eine Rettung sein*) to be a godsend

Geschenkartikel *m* gift [article] **Geschenkboutique** *f* gift shop **Geschenkgutschein** *m* gift voucher **Geschenkpackung** *f* gift pack **Geschenkpapier** *nt,* **Geschenkspapier** *nt* ÖSTERR [gift] wrapping paper, gift wrap

Geschichte <-, -n> *f* ❶ *kein pl* (*Historie*) history; **in die ~ eingehen** to go down in [the annals of] history; **Alte/Mittlere/Neue ~** ancient/medieval/modern history; **~ machen** to make history ❷ (*Erzählung*) story; **eine wahre ~** a true story; **eine ~ erzählen** to tell a story; **~n erzählen** (*fam*) to talk nonsense [*or* rubbish]; **mach keine ~n!** don't do anything stupid [*or* silly] !; **mach keine langen ~n!** stop messing [*or* dithering] about [*or* AM around] ! ❸ (*fam: Angelegenheit, Sache*) business; **alte ~n sein** to be old hat [*or* water under the bridge]; **alte ~n wieder aufwärmen** to rake up old stories; **die ganze ~** the whole lot; **schöne ~n!** (*iron*) that's a fine state of affairs! *iron;* **~n mit jdm haben** to have an affair with sb

Geschichtenerzähler(in) *m(f)* storyteller

geschichtlich I. *adj* ❶ (*die Geschichte betreffend*) historical ❷ (*bedeutend*) historic; **ein ~es Ereignis/ein ~er Vorgang** a historic occasion/event II. *adv* historically; **~ bedeutsam** of historic importance

Geschichtsatlas *m* historical atlas **Geschichtsauffassung** *f* conception of history **Geschichtsbewusstsein**RR *nt* awareness of history **Geschichtsbuch** *nt* history book **Geschichtsepoche** *f* historical epoch **Geschichtsfälschung** *f* falsification of history **Geschichtsforscher(in)** *m(f)* historical researcher **Geschichtsforschung** *f* historical research **Geschichtskenntnis** *f* knowledge of history **Geschichtsklitterung** *f* historical misrepresentation **geschichtslos** *adj* ❶ (*ohne Geschichte*) with no past, without a history ❷ (*ohne Beziehung zur Vergangenheit*) with no sense of one's own history **Geschichtsphilosophie** *f* philosophy of history **geschichtsphilosophisch** *adj* **ein ~es Buch** a book on the philosophy of history **Geschichtsschreiber(in)** *m(f)* chronicler **Geschichtsschreibung** *f* historigraphy, writing of history **geschichtsträchtig** *adj* historic; **ein ~er Moment** a historic moment **Geschichtsunterricht** *m* (*das Unterrichten*) history teaching; (*Unterrichtsstunde*) history lesson **Geschichtswissenschaft** *f* [science of] history **Geschichtswissenschaftler(in)** *m(f)* historian **Geschichtszahl** *f* [historical] date

Geschick[1] <-[e]s> *nt kein pl* skill, expertise *no pl*

Geschick[2] <-[e]s, -e> *nt* (*Schicksal*) fate; **ein furchtbares [o grässliches] ~** a cruel fate; **ein schlimmes ~** a fate worse than death *usu iron*

Geschicklichkeit <-> *f kein pl* skill, skilfulness [*or* AM skillfulness] *no pl*, expertise *no pl*

geschickt I. *adj* skilled, skilful [*or* AM skillful], expert; ▪**mit den Händen ~ sein** to be clever with one's hands; **ein ~es Verhalten** diplomatic behaviour [*or* AM -or] II. *adv* cleverly, adroitly, skilfully

Geschicktheit <-> *f kein pl s.* **Geschick**[1]

geschieden I. *pp von* **scheiden** II. *adj* divorced; **jds ~e Frau/~er Mann** sb's ex-wife/husband

Geschiedene(r) *f(m) decl wie adj* divorcee; **ihr ~r/seine ~** (*fam*) her/his ex *fam*

Geschimpfe <-[e]s> *nt kein pl* cursing, scolding

Geschirr <-[e]s, -e> *nt* ❶ *kein pl* (*Haushaltsgefäße*) crockery *no pl*, dishes *pl;* **das benutzte ~** the dirty crockery [*or* dishes]; ***feuerfestes ~*** ovenware ❷ (*Service*) [tea/dinner] service; **das gute ~** the best china ❸ (*Riemenzeug*) harness; ▪**einem Tier ~ anlegen** to harness an animal, to put the harness on an animal

Geschirrablage *f* dish rack **Geschirraufzug** *m* dumb waiter **Geschirrschrank** *m* china cupboard **Geschirrspülen** *nt* washing-up **Geschirrspüler** <-s, -> *m* (*fam*) *s.* Geschirrspülmaschine **Geschirrspülmaschine** *f* dishwasher **Geschirrspülmittel** *nt* washing-up liquid BRIT, dish soap AM **Geschirrtuch** *nt* teatowel BRIT, drying-up cloth BRIT, dish cloth AM **Geschirrwaschmaschine** *f* SCHWEIZ (*Geschirrspülmaschine*) dishwasher

GeschissRR <-es> *nt,* **Geschiß** <-sses> *nt* (*Getue*) fuss; ***er macht um jede Kleinigkeit ein ~*** he makes a huge fuss about the slightest thing

Geschlecht <-[e]s, -er> *nt* ❶ *kein pl* BIOL sex, gender; **das andere** ~ the other [*or* opposite] sex; **beiderlei** ~**s** of both sexes; **männlichen/weiblichen** ~**s** (*geh*) male/female, of the male/female sex *form;* **das schwache/schöne/zarte** ~ (*hum*) the weaker/fairer/gentle sex; **das starke** ~ (*hum*) the stronger sex *iron* ❷ (*liter: Geschlechtsteile*) sex *liter* ❸ (*Sippe*) family, lineage *form;* ***er stammt aus einem adligen/alten*** ~ he comes from a noble/ancient family, he is of noble/ancient lineage; **das menschliche** ~ the human race; **zukünftige/spätere/die kommenden** ~**er** future generations ❹ LING gender

Geschlechterfolge *f* line **Geschlechterkampf** *m* battle of the sexes **Geschlechterkunde** *f* genealogy **Geschlechterrolle** *f* gender role **Geschlechtertrennung** *f* separation [*or* segregation] of the sexes **Geschlechterverhältnis** *nt* SOZIOL sex [*or* gender] ratio

geschlechtlich I. *adj* ❶ (*sexuell*) sexual; ~**e Aufklärung** sex education; ~**e Lust** lust; ~**es Verlangen** sexual desire ❷ BIOL sexual; ~**e Entwicklung** sexual development; ~**e Reifung** sexual maturation; ~**e Fortpflanzung** sexual reproduction II. *adv* sexually; ~ **verkehren** to have sexual intercourse; **sich** ~ **fortpflanzen** [*o* **vermehren**] to reproduce sexually

Geschlechtsakt *m* sex[ual] act, sexual intercourse *no pl*, coitus *no pl form;* [**mit jdm**] **den** ~ **vollziehen** (*geh*) to have [*or* enjoy] sexual intercourse [with sb] *hum* **Geschlechtsbestimmung** *f* sex determination **Geschlechtschromosom** *nt* sex chromosome **Geschlechtsdrüse** *f* sex gland **Geschlechtserziehung** *f* sex education **Geschlechtsgenosse, -genossin** *m, f* (*hum*) sb of the same sex [*or* gender] **Geschlechtshormon** *nt* sex hormone **geschlechtskrank** *adj* suffering from a sexually transmitted disease **Geschlechtskranke(r)** *f(m) decl wie adj* sb with a sexually transmitted disease **Geschlechtskrankheit** *f* MED sexually transmitted disease, STD **Geschlechtsleben** *nt kein pl* sexual habits, form, sex life *fam* **geschlechtslos** *adj* asexual, sexless **Geschlechtslust** *f kein pl* [sexual] lust **Geschlechtsmerkmal** *nt* sex[ual] characteristic **Geschlechtsorgan** *nt* sexual organ; **äußere** ~**e** external sex [*or* sexual] organs, genitals *npl*, genitalia *npl;* **innere** ~**e** internal sex [*or* sexual] organs **geschlechtsreif** *adj* sexually mature **Geschlechtsreife** *f* sexual maturity **geschlechtsspezifisch** *adj* gender-specific; ~**e Unterschiede** gender-specific differences **Geschlechtsteil** *nt* genitals *npl* **Geschlechtstrieb** *m* sex [*or* sexual] drive [*or* urge] **Geschlechtsumwandlung** *f* sex change **Geschlechtsverkehr** *m* sexual intercourse, sex *fam* **Geschlechtswort** *nt* LING article **Geschlechtszelle** *f* sexual cell

geschliffen I. *pp von* **schleifen**² II. *adj* polished, faultless; ~**e Manieren** faultless [*or* impeccable] manners

geschlossen I. *pp von* **schließen** II. *adj* ❶ (*gemeinsam*) united; ~**e Ablehnung** unanimous rejection ❷ (*zusammenhängend*) thick; **eine** ~**e Wolkendecke** [*o* ~**e Bewölkung**] cloudy skies; **eine** ~**e Schneedecke** a layer of snow; *s. a.* **Gesellschaft, Ortschaft** ❸ (*nicht geöffnet*) closed; **eine** ~**e Abteilung** a closed ward ❹ (*abgerundet*) eine ~ *Persönlichkeit,* a well-rounded character; **ein** ~**es Bild** a complete picture; **ein** ~**es Konzept** a [complete] concept III. *adv* (*einheitlich*) unanimously; ~ **für etw** *akk* **stimmen** to vote unanimously for sth

Geschlossenheit <-> *f kein pl* ❶ (*gemeinsame Haltung*) unity ❷ (*Einheitlichkeit*) uniformity

Geschluchze *nt* sobbing

Geschmack <-[e]s, Geschmäcke *o hum fam* Geschmäcker> *m* ❶ *kein pl* (*Aroma*) taste; **einen ...** ~ **haben** (*schmecken*) to have a ... taste ❷ *kein pl* (*Geschmackssinn*) sense of taste ❸ (*ästhetisches Empfinden*) taste; **mit** ~ **eingerichtet** tastefully furnished; **mit sicherem** ~ with unerring good taste; **einen guten/keinen guten** ~ **haben** to have good/bad taste; **etw ist nicht mein/nach meinem** ~ sth is not to my taste, sth is not my cup of tea *fam;* **an etw** *dat* ~ **finden** [*o* **einer S.** *dat* ~ **abgewinnen**] to develop [*or* acquire] a taste for sth; **auf den** ~ **kommen** to acquire a taste for sth, to grow to like sth; **für meinen** ~ for my taste; **etw ist im** ~ **...** the taste of sth is ...; **je nach** ~ according to taste; **die Geschmäcker sind verschieden** tastes differ ▶ WENDUNGEN: **über** ~ **lässt sich** [**nicht**] **streiten** (*prov*) there's no accounting for taste

geschmacklich I. *adj* as regards [*or* in terms of] taste; **ein** ~**er Unterschied** a difference in taste; **eine** ~**e Veränderung/Verbesserung** a change/an improvement in taste II. *adv* as regards [*or* in terms of] taste; **etw ist** ~ **hervorragend** the taste of sth is excellent; **etw** ~ **verbessern** to improve the taste of sth

geschmacklos *adj* ❶ KOCHK (*ohne Geschmack*) bland, tasteless ❷ (*taktlos*) tasteless, in bad taste; **ein** ~**er Mensch** a person lacking in good taste ❸ (*nicht ästhetisch*) in bad taste; ***wie*** ~**!** how tasteless!

Geschmacklosigkeit <-, -en> *f* ❶ *kein pl* (*Taktlosigkeit*) tastelessness, bad taste *no pl*, lack of good taste *no pl;* **ein Witz von seltener** ~ a particularly tasteless joke ❷ (*taktlose Bemerkung*) tasteless remark

Geschmacksfrage *f* **eine** ~ **sein** to be a matter [*or* question] of taste; **in** ~**n** in matters of taste **Geschmacksknospe** *f* taste bud **Geschmacksmuster** *nt* JUR (*bei Patent*) design patent **Geschmacksmusterrecht** *nt* JUR patent law **Geschmacksmusterschutz** *m* JUR registered design protection **Geschmacksnerv** *m* tastebud **Geschmacksrichtung** *f* flavour [*or* AM -or]; **jds** ~ **sein** (*fam*) to be sb's cup of tea *fam*, to be just the thing [for sb] *fam;* ***genau meine*** ~**!** my favourite! **Geschmackssache** *f* ~ **sein** to be a matter [*or* question] of taste **Geschmackssinn** *m* sense of taste **Geschmacksurteil** *nt* ■**sein** ~ [**in etw** *dat*] one's taste [in [*or* for] sth] **Geschmacksverirrung** *f* (*pej*) bad taste, eccentric taste *euph;* **unter** ~ **leiden** (*fam*) to have bad taste [*or* no idea of good taste]

geschmackvoll I. *adj* tasteful; ~**e Bemerkung** tasteful remark, remark in good taste II. *adv* tastefully

Geschmatze <-s> *nt kein pl* slurping, noisy eating

Geschmeide <-s, -> *nt* (*geh*) jewellery *no pl* BRIT, jewelery *no pl* AM

geschmeidig I. *adj* ❶ (*schmiegsam*) sleek; ~**es Haar/Fell** silky hair/coat; ~**e Haut** soft [*or* smooth] skin; ~**es Leder** supple leather; ~**e Masse/**~**er Teig/**~**es Wachs** smooth mass/pastry/wax ❷ (*biegsam*) supple, agile, lithe, lissom ❸ (*anpassungsfähig*) adaptable II. *adv* (*biegsam*) supply [*or* supplely], agilely, lithely

Geschmeidigkeit <-> *f kein pl* ❶ (*Schmiegsamkeit*) sleekness; *von Haar/Fell* silkiness; *von Leder* suppleness; *von Haut* smoothness, suppleness ❷ (*Biegsamkeit*) suppleness, agility ❸ (*Anpassungsfähigkeit*) adaptability

Geschmeiß <-es> *nt kein pl* (*pej*) ❶ (*ekliges Ungeziefer*) bugs *pl fam*, vermin *no pl pej* ❷ (*widerliche Menschen*) vermin *no pl*, scum *fam*

Geschmier(e) <-s> *nt kein pl* (*pej fam*) ❶ (*unleserliche Handschrift*) scribble, scrawl ❷ (*kritisierter Artikel*) rubbish *no pl*, trash *no pl*, drivel *no pl* ❸ (*schlechte Malerei*) rubbish *no pl*, mess *no pl*

Geschmorte <-es> *nt kein pl* (*fam*) braised meat

Geschmunzel <-es> *nt kein pl* smiling; ***der Witz löste allgemeines*** ~ ***aus*** the joke caused everyone to smile [*or* raised a smile from everyone]

Geschmus(e) <-es> *nt kein pl* (*fam*) kissing and cuddling *no pl*, canoodling *no pl* BRIT

Geschnatter <-s> *nt kein pl* (*pej fam: lästiges Schnattern*) cackle *no pl*, cackling *no pl;* ~ **der Menschen** chatter [*or* chattering] of people

Geschnetzelte(s) *nt decl wie adj thin strips of meat;* **Zür[i]cher** ~**s** *originating in Zurich, a way of preparing Geschnetzeltes in a sauce*

geschniegelt *adj* ~ **und gebügelt** (*pej fam*) [all] dressed-up, dressed to kill *pred*, dressed to the nines *pred*

geschnoben (*veraltend*) *pp von* **schnauben**

Geschöpf <-[e]s, -e> *nt* ❶ (*Lebewesen*) creature; **Gottes** ~**e** God's creatures ❷ (*Person*) creature; **ein dummes** ~ a silly [*or* stupid] [little] thing; **ein bezauberndes** ~ a fascinating creature ❸ (*Fantasiefigur*) creation; **jds** ~ **sein** to be sb's creation; (*jdm völlig ergeben sein*) to be sb's slave

Geschoss^RR1^ <-es, -e> *nt*, **Geschoß** <-sses, -sse> *nt* storey [*or* AM story], floor; **im ersten** ~ on the first [*or* AM second] floor

Geschoss^RR2^ <-es, -e> *nt*, **Geschoß** <-sses, -sse> *nt* ❶ MIL projectile; ~ **aus einer Pistole** bullet from a gun; **Hagel von** ~**en** hail of bullets; (*Granate*) grenade, shell ❷ (*Wurfgeschoss*) missile

Geschossbahn^RR^ *f* trajectory

geschraubt I. *adj* (*pej*) affected, pretentious II. *adv* affectedly, pretentiously, stiltedly

Geschrei <-s> *nt kein pl* ❶ (*Schreien*) shouting, yelling *no pl;* ***was ist denn da draußen für ein*** ~**?** what's all that shouting [*or* yelling] [going on] outside?; (*von Verletzten*) screaming; (*schrill*) shrieking ❷ (*fam: Lamentieren*) fuss *no pl;* [**wegen einer S.** *gen*] **ein** [**großes/riesiges**] ~ **machen** [*o geh* **erheben**] to make [*or* kick up] a [big] fuss [*or fam* to start squawking] [*or sl* to bellyache [a lot]] [about sth]; **viel** ~ **um nichts** a lot of fuss about nothing

geschult I. *pp von* **schulen** II. *adj* trained, schooled; **ein** ~**es Auge haben** to have a trained eye; **eine** ~**e Stimme haben** to have a trained voice; **psychologisch** ~ psychologically prepared

geschüttelt *adj* shaken (**von** +*dat* by); ***vom Jugendwahn*** ~ gripped in delusions of youth

Geschütz <-es, -e> *nt* gun, piece of artillery; **schweres** ~ big gun; **ein** ~ **auffahren** to bring a gun into position; **schweres** [*o* **grobes**] ~ **auffahren** (*a. fig*) to bring up the big guns [*or* the artillery]

Geschützbedienung *f* gun crew **Geschützbettung** *f* gun bed **Geschützdonner** *m* thunder of guns **Geschützfeuer** *nt* gunfire, artillery [*or* shell] fire **Geschützrohr** *nt* barrel of a gun, gun-barrel **Geschützstand** *m* gun emplacement

geschützt I. *adj* ❶ (*abgeschirmt*) sheltered ❷ (*unter Naturschutz stehend*) protected ❸ JUR protected; **gesetzlich** ~ protected by law; *Warenzeichen* registered [*or* patented]; **gesetzlich nicht** ~ unregistered; **urheberrechtlich** ~ protected by copyright; **nicht mehr** ~ **sein** to be in/pass into the public domain II. *adv* in a sheltered place; ~ **stehen** to stand in a sheltered place

Geschützturm *m* gun turret

Geschwader <-s, -> *nt* squadron

Geschwafel <-s> *nt kein pl* (*pej fam*) hot air *no pl pej fam*, waffle *no pl* BRIT *pej fam*, twaddle *no pl pej fam;* ***verschone mich bitte mit diesem dummen*** ~ spare me this stupid nonsense

Geschwätz <-es> *nt kein pl* (*pej fam*) ❶ (*dummes Gerede*) waffle *no pl* BRIT *pej fam*, hot air *no pl pej fam*, twaddle *no pl pej fam* ❷ (*Klatsch*) gossip *no pl*

geschwätzig *adj* (*pej*) ❶ (*redselig*) talkative, garrulous ❷ (*Klatsch verbreitend*) gossipy *pej fam;* **ein** ~**er Mensch** a gossipmonger; ~ **wie ein Marktweib sein** to be a real gossip

Geschwätzigkeit <-> *f kein pl* (*pej*) ❶ (*Redseligkeit*) talkativeness, garrulousness ❷ (*Neigung zu klatschen*) love of gossip

geschweift *adj* ❶ (*mit Schwanz*) *Stern, Tier* with a tail ❷ (*gebogen*) curved

geschweige *konj* ■ ~ [**denn**] never mind, let alone; ***ich erwarte von ihm kein Wort des Zuspruches,*** ~ ***denn, dass er mich finanziell unterstützt*** I don't expect a word of encouragement from him, never mind [*or* let alone] financial support

geschwind I. *adj* SÜDD (*alt: rasch*) quick, swift, fast; *s. a.* **Schritt** II. *adv* quickly, swiftly, fast; ~**!** quickly!, hurry up!

Geschwindigkeit <-, -en> *f* speed; **die** ~ **erhöhen** to speed up; **die** ~ **herabsetzen** to slow down;

die ~ steigern/verringern to increase/decrease speed; **an ~ zunehmen** to increase speed, to go faster; **mit affenartiger ~** (*fam*) at the speed of light, like lightning, at an incredible speed; **mit einer ~ von …** at a speed of …; **überhöhte ~** excessive speed; ***er hat wegen überhöhter ~ einen Strafzettel bekommen*** he was fined for exceeding the speed limit

Geschwindigkeitsbegrenzung *f*, **Geschwindigkeitsbeschränkung** *f* speed limit; **die ~ nicht einhalten** to exceed the speed limit **Geschwindigkeitskontrolle** *f* speed [*or* radar] trap **Geschwindigkeitsmesser** *m* tachometer, speedometer **Geschwindigkeitsregler** *m* AUTO cruise control **Geschwindigkeitsüberschreitung** *f* exceeding the speed limit

Geschwirr *nt* buzzing

Geschwister *pl* brothers and sisters *pl*, siblings *pl form or spec*; ***wir sind zu Hause drei ~*** there are three children in our family

geschwisterlich I. *adj* brotherly/sisterly II. *adv* like brother and sister; **etw ~ teilen** to divide sth fairly

Geschwisterliebe *f* brotherly/sisterly love [*or* affection] **Geschwisterpaar** *nt* brother and sister

geschwollen I. *pp von* **schwellen** II. *adj* (*pej*) pompous *pej*, high-flown *pej*, inflated *pej*; **~e Augenlider** puffy eyes III. *adv* in a pompous [*or* high-flown] [*or* an inflated] way; ***rede doch nicht so ~!*** don't talk in such a pompous way!

geschworen I. *pp von* **schwören** II. *adj attr* sworn *attr*; **ein ~er Feind/Gegner** a sworn enemy/opponent

Geschworene(r) *f(m) decl wie adj*, **Geschworne(r)** *f(m) decl wie adj* ÖSTERR member of the jury, juror; **die ~n** the jury

Geschworenenbank <-bänke> *f* jury box **Geschworenengericht** *nt court with a jury*; **vor ein ~ kommen** to be tried by a jury **Geschworenenliste** *f list of people from which the jurors are taken*

Geschwulst <-, Geschwülste> *f* tumor

geschwungen I. *pp von* **schwingen** II. *adj* curved; **~e Augenbrauen** arched eyebrows; **eine ~e Nase** an aquiline nose

Geschwür <-s, -e> *nt* abscess; (*Furunkel*) boil; **Magen~** stomach ulcer

gesegnet *adj* (*geh*) blessed; ■**~e(s) …!** happy [*or* blessed] …! *form*; **~ Mahlzeit!** enjoy your meal!; **~s Neues Jahr!** Happy New Year!

Geselchte(s) *nt decl wie adj* KOCHK SÜDD, ÖSTERR smoked meat

Geselle, Gesellin <-n, -n> *m, f* ① (*Handwerksgeselle*) journeyman, worker who has completed an apprenticeship ② (*Kerl*) chap BRIT, guy AM

gesellen* *vr* (*geh*) ① (*sich anschließen*) ■**sich zu jdm ~** to join sb; ***darf ich mich zu Ihnen ~?*** may [*or* do you mind if] I join you? ② (*hinzukommen*) ■**sich zu etw** *dat* **~** to add to sth

Gesellenbrief *m* certificate of completion of an apprenticeship **Gesellenprüfung** *f* examination at the end of an apprenticeship **Gesellenstück** *nt piece of practical work which has to be produced at the end of an apprenticeship*

gesellig I. *adj* sociable, gregarious; **ein ~er Abend** a convivial evening; **ein ~es Beisammensein** [*o* **eine ~e Runde**] a friendly get-together II. *adv* sociably; **~ zusammensitzen** to sit together and chat [*or* talk]

Geselligkeit <-, -en> *f* ① *kein pl* (*geselliges Leben*) **~ lieben** to enjoy company, to be a sociable sort of person ② (*geselliger Anlass*) social gathering, friendly get-together ③ (*gesellige Art*) gregariousness, friendly manner

Gesellin <-, -nen> *f fem form von* **Geselle**

Gesellschaft <-, -en> *f* ① (*Gemeinschaft*) society ② ÖKON company BRIT, corporation AM; **abhängige ~** dependent company; **~ mit beschränkter Haftung** limited liability company BRIT, close corporation AM; **~ des bürgerlichen Rechts** non-trading partnership, AM civil corporation, company constituted under civil law; **eine ~ handelsgerichtlich eintragen** to register [*or* AM incorporate] a company; **stille ~** partnership in commendam ③ (*Vereinigung*) society, association; **die ehrenwerte ~** (*Mafia*) the Cosa Nostra ④ (*Fest*) party; **eine ~ geben** to have [*or* give] [*or* throw] a party; **Schild: geschlossene ~** sign: private function ⑤ (*Oberschicht*) **jdn in die ~ einführen** to introduce sb to society life; **eine Dame der ~** a high-society lady ⑥ (*Kreis von Menschen*) group of people, crowd, bunch *fam*, lot *fam*; **eine bunte ~** a mixed crowd; **gemischte ~** (*pej*) bad crowd; **sich [mit etw** *dat*] **in guter ~ befinden** to be in good company [with sth]; **in schlechte ~ geraten** to get in [*or* fall in] with the wrong crowd, to get into bad company; **in zweifelhafter ~** in doubtful company; **jdm ~ leisten** to join sb; **in ~** with sb; **in ~ von jdm** in the company of sb ⑦ (*Umgang*) company

Gesellschafter(in) <-s, -> *m(f)* ① (*Unterhalter*) interesting [*or* good] company; (*euph: als Begleitung angestellt*) escort; **ein amüsanter/brillanter ~** an amusing/a brilliant conversationalist ② (*Teilhaber*) associate; (*in Personengesellschaft*) partner; (*in Kapitalgesellschaft*) shareholder BRIT, stockholder AM; **haftender ~** risk-bearing [*or* liable] partner; **beschränkt/unbeschränkt haftender ~** special [*or* limited]/general [*or* unlimited] partner; **persönlich haftender ~** general [*or* responsible] partner; **stiller ~** sleeping [*or* dormant] [*or* AM silent] partner

Gesellschafteranteil *m* ÖKON partner's interest; BÖRSE share, business interest **Gesellschafterausschuss**[RR] *m* HANDEL shareholder's committee **Gesellschafterbeschluss**[RR] *m* HANDEL resolution adopted by the partners; BÖRSE shareholders' resolution [*or* decision] **Gesellschafterbilanz** *f* FIN shareholders' accounts *pl* **Gesellschafterdarlehen** *nt* FIN shareholders' loan **Gesellschafterforderung** *f* FIN shareholders' demand **Gesellschafterliste** *f* HANDEL *einer AG* list of shareholders **Gesellschafterversammlung** *f* HANDEL general meeting of members; BÖRSE shareholders' meeting **Gesellschaftervertrag** *m* JUR deed of partnership **Gesellschafterwechsel** *m* HANDEL change of partners [*or* shareholders]

gesellschaftlich I. *adj* ① (*die Gesellschaft betreffend*) social; **~e Schicht** social class, class of society; **den ~en Aufstieg schaffen** to move up though the social classes; **ein ~er Missstand** a social evil ② (*in besseren Kreisen üblich*) socially acceptable; **~e Umgangsformen** [socially] acceptable manners II. *adv* (*in besseren Kreisen*) **sich ~ unmöglich machen** to behave outrageously, to be beyond the pale BRIT

Gesellschaftsabend *m* social evening **Gesellschaftsanteil** *m* JUR partner's interest, BRIT share, AM stock; BÖRSE share in a/the company **Gesellschaftsanzug** *m* dress suit, formal dress **Gesellschaftsauseinandersetzung** *f* HANDEL winding-up **Gesellschaftsbeschluss**[RR] *m* HANDEL corporate resolution **Gesellschaftsbilanz** *f* FIN company balance sheet **gesellschaftsfähig** *adj* socially acceptable **gesellschaftsfeindlich** *adj* anti-social **Gesellschaftsform** *f* ① (*Gesellschaftsordnung*) social system, form of society ② ÖKON type of company **Gesellschaftsgläubiger(in)** *m(f)* FIN partnership creditor, creditor of a partnership **Gesellschaftsgründung** *f* HANDEL company formation, incorporation **Gesellschaftskapital** *nt* corporate [*or* share] capital **Gesellschaftskleidung** *f* formal dress **Gesellschaftskonkurs** *m* JUR company bankruptcy **Gesellschaftskritik** *f* social criticism **Gesellschaftsmodell** *nt* POL, SOZIOL, PHILOS societal model **Gesellschaftsordnung** *f* social order **Gesellschaftsorgan** *nt* JUR company organ **Gesellschaftspolitik** *f* ① SOZIOL (*für die Gesellschaft*) social policy ② HANDEL (*einer Firma*) company [*or* corporate] policy **gesellschaftspolitisch** *adj* social policy *attr*, in terms of social policy *pred* **Gesellschaftsrecht** *nt kein pl* JUR law of partnership, Company Law BRIT **Gesellschaftsregister** *nt* HANDEL company [*or* stock] register **Gesellschaftsreise** *f* group tour **Gesellschaftsschicht** *f* social class **Gesellschaftsschulden** *pl* FIN corporate debts [*or* liabilities] **Gesellschaftsspiel** *nt* party game **Gesellschaftsstatuten** *pl* HANDEL articles of association [*or* AM incorporation] **Gesellschaftssteuer** *f* FIN company tax **Gesellschaftstanz** *m* ballroom dance **Gesellschaftsverbindlichkeiten** *pl* FIN company liabilities **Gesellschaftsvergleich** *m* JUR composition proceedings *pl* **Gesellschaftsverhältnis** *nt* HANDEL partnership **Gesellschaftsvermögen** *nt* FIN (*von Partnern*) partnership assets *pl*; (*von Kapital*) company [*or* corporate] assets *pl* **Gesellschaftsversammlung** *f* HANDEL company meeting **Gesellschaftsvertrag** *m* ① ÖKON partnership agreement, articles of partnership [*or* AM incorporation] ② PHILOS social contract **Gesellschaftswissenschaften** *pl* social sciences *pl* (*esp. sociology, political science, and economics*) **Gesellschaftszweck** *m* JUR objects of the company

gesengt *adj* **~e Sau** (*pej*) *someone who speeds like mad*

Gesetz <-es, -e> *nt* ① JUR (*staatliche Vorschrift*) law, Act BRIT, Law AM; **~ gegen unlauteren Wettbewerb** law against unfair competition, BRIT Fair Trading Act; **~ gegen Wettbewerbsbeschränkungen** antritrust act, BRIT Restrictive Trade Practices Act; **~ über Kapitalgesellschaften** Companies' Act; **formelles ~** formally enacted law; **geltendes ~** law in force; **dem ~ unterworfen** subject to the law; **ein ~ auslegen/umgehen** to construe/to evade the law; **das ~ beachten/einhalten** to observe/obey the law; **ein ~ brechen** to break [*or* violate] the law *form*; **ein ~ einbringen** to introduce a bill; **etw wird zum ~ erklärt** sth becomes law; **~e erlassen** to legislate [*or* enact legislation]; **das ~ hüten** to uphold the law; **das ~ missachten** to take the law into one's own hands; **nach dem ~** according to the law; **ein ~ verabschieden** to pass a law; **gegen das ~ verstoßen** to break the law; **zum ~ werden** to become law; **mit dem ~ in Konflikt geraten** to fall foul of the law; **kraft ~es** by law; **nach dem ~** under the law ② PHYS law; **Natur~** law of nature; **das ~ der Schwerkraft** the law of gravity ③ (*fam: ~buch*) statute book ▶ WENDUNGEN: **das ~ des Dschungels** the law of the jungle; **das ~ des Handelns** the need to act, the necessity for action; **das ~ der Serie** the probability that a recurring event occurs again; **vor dem ~ sind alle gleich** we are all equal in the eyes of the law; **jdm oberstes ~ sein** to be sb's golden rule; **ein ungeschriebenes ~** an unwritten law

Gesetzblatt *nt* law gazette **Gesetzbuch** *nt* statute book; **Bürgerliches ~** Civil Code **Gesetzentwurf** *m* bill, draft legislation; **einen ~ einbringen** to present [*or* BRIT table] a bill

Gesetzesänderung *f* JUR amendment [to a/the law], legislative amendment **Gesetzesanwendung** *f* JUR application of a law **Gesetzesauslegung** *f* JUR construction [*or* interpretation] of a law **Gesetzesbeschluss**[RR] *m* JUR enactment **Gesetzesbestimmungen** *pl* JUR provisions of a/the bill, statutory provision **Gesetzesbezeichnung** *f* JUR title of the law **Gesetzesblatt** *nt* JUR law gazette **Gesetzesbrecher(in)** <-s, -> *m(f)* lawbreaker **Gesetzesbruch** *m* (*geh*) violation of a/the law **Gesetzesentwurf** *m* JUR draft law, bill; **einen ~ vorlegen/einbringen** to table a bill **Gesetzesfiktion** *f* JUR legal fiction **Gesetzeshüter(in)** *m(f)* (*hum*) long arm *iron* [*or iron* BRIT guardian] of the law **Gesetzesinitiative** *f* legislative initiative **Gesetzeskonflikt** *m* JUR Conflict of Laws **Gesetzeskonkurrenz** *f* JUR concurrence of laws **Gesetzeskraft** *f kein pl* JUR force of law, legal force; **~ haben** [*o* **erlangen**] to be legal, to have legal force; **die volle ~** the full power of the law **Gesetzeslücke** *f* judicial loophole **Gesetzesnovelle** *f* amendment [to a/the law] **Gesetzespaket** *nt* JUR legislative package **Gesetzesrecht** *nt* JUR statute law **Gesetzessammlung** *f* legal digest; (*Gesetzbuch*) statute book BRIT, statutes at large AM; (*Korpus*) corpus **Gesetzestext** *m* text [*or* wording] of a law **gesetzestreu** *adj* law-abiding **Gesetzestreue** *f* law-abidance **Gesetzesübertretung** *f* JUR infringement of the law, lawbreaking **Gesetzesumgehung** *f* JUR evasion of a law **Gesetzesverletzung** *f* JUR violation of the law **Gesetzesverzeichnis** *nt* JUR statute book **Gesetzesvollzug** *m* JUR law enforcement **Gesetzesvorbehalt** *m* JUR legal reservation **Gesetzesvorlage** *f* JUR *s.* Gesetzentwurf **Gesetzesvorstoß** *m* impetus towards a new [*or* reformed] law **Gesetzeszweck** *m* JUR legal purpose

gesetzgebend *adj attr* legislative

Gesetzgeber <-s, -> *m* legislator, law-maker; (*Versammlung*) legislature, legislative body

gesetzgeberisch *adj* legislative

Gesetzgebung <-, -en> *f* legislation; **ausschließliche/konkurrierende** ~ exclusive/concurrent legislation **Gesetzgebungskompetenz** *f* JUR legislative authority **Gesetzgebungsnotstand** *m* JUR legislative state of emergency **Gesetzgebungsverfahren** *nt* legislative process

gesetzlich I. *adj* legal, lawful *form*, statutory; **~e Bestimmung** legal requirement; **~er Feiertag** statutory holiday; **~e Haftpflicht** legal [*or* statutory] liability; **~e Kündigungsfrist** statutory notice; **~e Regelung** legal regulation; **~e Verplichtung** statutory duty; **~e Vorschrift** public act; **~es Zahlungsmittel** legal tender; **~ geschützt** protected by law; *Patent* patented; **~ vorgeschrieben** statutory; **etw ~ verfügen** to enact [*or* decree] sth; *s. a.* **Unterhalt, Vertreter, Zahlungsmittel, Zinsen** II. *adv* legally; **~ erlaubt/geschützt** licit/proprietary; **~ verankert sein** to be established in law; **~ verpflichtet/vorgeschrieben** duty bound/statutory; **etw ~ verfügen** to enact sth

Gesetzlichkeit <-> *f kein pl* ❶ (*Rechtmäßigkeit*) legality ❷ (*Rechtsordnung*) legal system

gesetzlos *adj* lawless

Gesetzlosigkeit <-> *f kein pl* lawlessness

gesetzmäßig I. *adj* (*gesetzlich*) lawful; (*rechtmäßig*) rightful II. *adv* (*einem Naturgesetz folgend*) according to the law [*or* laws] of nature, according to natural law; (*rechtmäßig*) lawfully, legally

Gesetzmäßigkeit <-, -en> *f* (*Gesetzlichkeit*) legality; (*Rechtmäßigkeit*) legitimacy, lawfulness

gesetzt I. *adj* sober, dignified, staid *pej* II. *konj* (*angenommen, ...*) ■**~, ...** assuming that ...; (*vorausgesetzt, dass ...*) providing that ...; *s. a.* **Fall**

Gesetztheit <-> *f kein pl* sedateness

gesetzwidrig I. *adj* illegal, unlawful *form* II. *adv* illegally, unlawfully *form*

Gesetzwidrigkeit *f* illegality, unlawfulness *form*

ges. gesch. JUR *Abk von* **gesetzlich geschützt** protected by law; (*eingetragen*) registered

gesichert I. *pp von* **sichern** II. *adj* secure[d]; *Erkenntnisse* solid; *Fakten* indisputable, irrefutable; **~es Einkommen** fixed income; **~e Existenz** secure livelihood; **ein ~es Einkommen haben** to have a secure income

Gesicht[1] <-[e]s, -er> *nt* ❶ (*Antlitz*) face; **jdm ins ~ schauen** to look sb in the face; **jdm ins ~ scheinen** to shine in sb's eyes; **mitten im ~** in the middle of sb's face; ***er ist im ~ etwas mager geworden*** his face has got rather thin, he's got thin in the face; **jdm ins ~ spucken** to spit in sb's face; **das ~ verzerren** to contort one's face; **jdm [in] das ~ schlagen** to slap sb's face; **ein anderes ~ machen** (*fam*) to put on a different expression; ***mach doch ein anderes ~!*** stop looking like that!; **grün im ~ werden** (*fam*) to go green in the face; **ein langes ~** a long face; **ein langes ~ machen** [*o* **ziehen**] to pull a [long] face; **jdn/etw zu ~ bekommen** to set eyes on [*or* see] sb/sth; ***diese Unterlagen dürfen nur wenige zu ~ bekommen*** these papers are [intended] for the eyes of only a few; **jdm [...] ins ~ lachen** to laugh in sb's face; **jdm etw vom ~ ablesen** to see sth from sb's expression [*or* the expression [*or* look] on sb's face]; **jdm ins ~ lügen** to tell sb a downright [*or* an outright] lie; **ein ~ machen** [*o* **ziehen**] (*fam*) to make [*or* pull] a face; ***was machst du denn für ein ~?*** why are you looking like that?; **ein ... ~ machen** to look ...; **ein böses/trauriges/enttäuschtes ~ machen** to look angry/sad/disappointed; **jdm etw [direkt** [*o* **glatt**]] **ins ~ sagen** to say sth [straight] to sb's face; **jdm etw am ~ ansehen** to read from the expression on sb's face; **das ~ verziehen** to make [*or* pull] a face; **jdm das ~ zuwenden** to turn to sb, to look at sb; **über das ganze ~ strahlen** (*fam*) to be grinning like an idiot *fam*, to beam all over one's face ❷ (*Erscheinungsbild*) appearance; **die verschiedenen ~er Deutschlands** the different faces of Germany; **ein anderes ~ bekommen** to take on a different character ▸ WENDUNGEN: **ein ~ wie drei** [*o* **acht**] **Tage Regenwetter machen** (*fam*) to look as miserable as sin; **einer S.** *dat* **ein anderes ~ geben** [*o geh* **verleihen**] (*etw anders erscheinen lassen*) to make sth look different, to give sth a different character; **sein wahres ~ zeigen** [*o geh* **enthüllen**] to show one's true colours [*or* oneself in one's true colours], to show one's true character; **jdm wie aus dem ~ geschnitten sein** to be the spitting image of sb; **zwei ~er haben** to be two-faced; **einer S.** *dat* **ins ~ schlagen** to be a slap in the face for sth; **jdm im ~ geschrieben stehen** to be written on [*or* all over] sb's face; **das** [*o* **sein**] **~ verlieren** to lose face; **das** [*o* **sein**] **~ wahren** to keep up appearances, to save face

Gesicht[2] <-[e]s, -e> *nt* sight; **etw zu ~ bekommen** to have sight of sth *form*, to see sth; ***ich habe diese Unterlagen nie zu ~ bekommen*** I have never had sight of [*or* seen] these papers; **das zweite ~ haben** (*veraltet*) to have second sight

Gesichtsausdruck <-ausdrücke> *m* expression [*or* look] [on sb's face]; **jdn am ~ erkennen** to see from sb's expression [*or* the expression [*or* look] on sb's face] **Gesichtsbehandlung** *f* facial [treatment] **Gesichtscreme** *f* face cream **Gesichtsfarbe** *f* complexion; (*vorübergehende Farbe*) colour [*or* AM -or]; **eine blasse ~ haben** to look pale; **eine gesunde ~ bekommen** to acquire a healthy colour **Gesichtsfeld** *nt* ❶ (*Blickfeld*) field of vision ❷ MED [circular] visual field [*or* field of vision] **Gesichtshälfte** *f* side [*or* half] of the face **Gesichtskontrolle** *f* (*fam*) *visual check carried out by some bars and discos so that only appropriate guests are allowed in* **Gesichtskreis** *m* ❶ (*Umkreis*) field [*or* range] of vision ❷ (*geistiger Horizont*) horizon, outlook; **ein umfassender ~** a broad outlook, wide horizons **Gesichtslähmung** *f* facial paralysis **gesichtslos** *adj* characterless, nondescript, faceless **Gesichtsmaske** *f* face mask; (*kosmetisch*) face pack; SPORT (*Schutz für das Gesicht*) face guard **Gesichtsmilch** *f* moisturizing fluid *no pl*; (*zur Reinigung*) cleansing milk *no pl* **Gesichtspeeling** *nt* facial exfoliant **Gesichtspflege** *f* facial care **Gesichtsplastik** *f* cosmetic surgery **Gesichtspunkt** *m* point of view; **unter diesem ~ betrachtet** seen from this/that point of view **Gesichtsrose** *f* MED facial erysipelas **Gesichtsschleier** *m* [lace] veil; (*einer Moslemin a.*) yashmak **Gesichtsschnitt** *m* features *pl*; **ein ovaler ~** an oval face, oval features **Gesichtsstraffung** *f* face-lifting **Gesichtsverlust** *m* loss of face **Gesichtswahrung** *f kein pl* face-saving **Gesichtswasser** *nt* toner; (*zur Reinigung*) cleansing lotion **Gesichtswinkel** *m* ❶ (*Winkel*) visual angle ❷ (*Gesichtspunkt*) angle, point of view **Gesichtszug** *m meist pl* facial feature; **edle/feine/strenge Gesichtszüge** noble/fine/severe features

Gesims <-es, -e> *nt* cornice, ledge

Gesimsbrett *nt* BAU fascia board

Gesinde <-s, -> *nt* (*alt*) servants *pl*; (*vom Bauernhof*) farmhands *pl*

Gesindel <-s> *nt kein pl* (*pej*) riff-raff *no pl pej*, rabble *no pl pej*

gesinnt *adj meist pred* minded; **demokratisch ~** democratically minded; **sozial ~** socially minded, public spirited; (*gesonnen*) ■**jdm ... ~ sein** to feel ... towards sb; **jdm gut** [*o* **freundlich**] **~ sein** to be [*or* feel] well-disposed towards sb; **jdm übel** [*o* **feindlich**] **~ sein** to be [*or* feel] ill-disposed towards sb

Gesinnung <-, -en> *f* ❶ (*Einstellung*) conviction, attitude; **eine miese ~** a cavalier attitude; **wegen seiner ~ verfolgt werden** to be persecuted for one's convictions ❷ (*Charakter*) **seine wahre ~ zeigen** [*o geh* **enthüllen**] to show one's true colours [*or* AM -ors] [*or* oneself in one's true colours]

Gesinnungsgenosse, -genossin *m, f* like-minded person **gesinnungslos** *adj* (*pej*) immoral, unprincipled, profligate *form*; ■**sich ~ verhalten** to behave in an unprincipled fashion [*or* immorally] **Gesinnungsschüffelei** *f* snooping into people's political views **Gesinnungstäter(in)** *m(f)* *sb who breaks the law out of moral conviction* **Gesinnungswandel** *m* change of [*or* shift in] attitude **Gesinnungswechsel** *m s.* **Gesinnungswandel**

gesittet I. *adj* well-brought up, well-mannered II. *adv* **sich ~ aufführen** [*o* **benehmen**] to be well-behaved, to behave properly

G

gesmokt I. *pp von* **smoken** II. *adj* MODE smocked

Gesöff <-[e]s, -e> *nt* (*pej sl*) pigswill, muck *no pl*

gesondert I. *adj* separate; (*für sich*) individual; ***jeder Gewinner erhält eine ~e Benachrichtigung*** each winner is informed individually; **eine ~e und bevorzugte Behandlung** special, individual treatment *uncountable* II. *adv* separately; (*für sich*) individually

gesonnen I. *pp von* **sinnen** II. *adj* ❶ (*geh: gewillt*) ■**~ sein, etw zu tun** to feel inclined to do sth; **keineswegs ~ sein, etw zu tun** to have no intention of doing sth, to feel in no way inclined to do sth ❷ (*eingestellt*) *s.* **gesinnt**

Gespann <-[e]s, -e> *nt* ❶ (*Zugtiere*) team [of oxen/horses] ❷ (*Wagen und Zugtier*) horse and carriage [*or* cart] ❸ (*fam: Paar*) pair, couple

gespannt *adj* ❶ (*sehr erwartungsvoll*) expectant; **mit ~er Aufmerksamkeit** with rapt [*or* undivided] attention; **~e Erwartung** great [*or* high] expectations *pl*; ■**~ sein, ob/was/wie ...** to be anxious [*or* keen] to see [*or* to know] whether/what/how ...; ***ich bin sehr ~, wie er darauf reagiert*** I'm very keen [*or* I'm dying] [*or* I'm all agog] to see [*or* to know] how he reacts; ■**~ [auf etw** *akk*] **sein** ***ich bin auf seine Reaktion ~*** I wonder what his reaction will be *a. iron*; *s. a.* **Regenschirm, Flitzebogen** ❷ (*konfliktträchtig*) tense; **eine ~e Lage** a tense [*or* explosive] [*or* volatile] situation

Gespanntheit <-> *f kein pl* ❶ (*Erwartung*) curiosity, eagerness ❷ (*Gereiztheit*) tension, tenseness

gespeichert *pp von* **speichern** *Daten* stored

Gespenst <-[e]s, -er> *nt* ❶ (*Geist*) ghost, apparition, spook *fam*; **an ~er glauben** to believe in ghosts; **wie ein ~ aussehen** (*fam*) to look like a ghost ❷ (*Gefahr*) spectre [*or* AM -er]; ***das ~ eines neuen Krieges*** the spectre of a new war ▸ WENDUNGEN: **~er sehen** (*fam*) to imagine [*or* see] things

Gespenstergeschichte *f* ghost story

gespensterhaft *adj* ghostly, eerie, unearthly

gespenstig *adj* (*unheimlich*) ghostly, eerie

gespenstisch *adj* ❶ (*bizarr, unheimlich*) uncanny, weird, eerie; (*grausam*) grotesque ❷ *s.* **gespensterhaft**

gesperrt *pp von* **sperren** *Konto* blocked, frozen

gespielt *adj* feigned, assumed, pretended, sham *pej*; **mit ~er Heiterkeit** making a pretence of being cheerful

Gespinst <-[e]s, -e> *nt* gossamer; **~ [eines Insekts]** cocoon [of an insect]

gespornt *adj s.* **gestiefelt**

Gespött <-[e]s> *nt kein pl* mockery, ridicule; **jdn/sich zum ~ [der Leute] machen** to make sb/oneself a laughing stock; **zum ~ [der Leute] werden** to be/become a laughing stock

Gespräch <-[e]s, -e> *nt* ❶ (*Unterredung*) conversation, chat *fam*; **sich in ein ~ einmischen** to interfere in a conversation; **jdn in ein ~ einwickeln** to engage sb in conversation; **ein ~ mit jdm führen** to conduct [*or* hold] a conversation with sb, to converse with sb, to have a chat with sb *fam;* **das ~ auf etw** *akk* **bringen** to steer a conversation on to [the subject of] sth; **mit jdm ins ~ kommen** to get into conversation with sb; **[mit jdm] im ~ bleiben** to stay [*or* keep] in touch with sb; **ein ~ unterbrechen** to interrupt a conversation; **die Missverständnisse in einem ~ ausräumen** to overcome differences by talking about them; **ein ~ unter Frauen/Männern** a word [*or* chat] from woman to woman/man to man; **im ~ sein** to be under consideration [*or* still being considered]; **ein ~ unter vier Augen** a private conversation [*or fam* chat] ② (*Vorstellungsgespräch*) [job] interview ③ *pl* (*Verhandlungen*) talks *pl;* ***die ~e haben sich festgefahren*** the talks have reached a deadlock; **~e aufnehmen** to begin [*or* commence] talks *form;* **~e abbrechen** to break off talks; **mit jdm ins ~ kommen** to begin talks [*or* a dialogue] ④ (*Anruf*) [telephone/phone] call; **ein ~ führen** to make a [telephone/phone] call; ***ein ~ für dich!*** it's for you!, there's a call for you! ⑤ (*Gesprächsstoff*) **das ~ der Stadt/des Tages sein** to be the talk of the town/the subject of the day

gesprächig *adj* garrulous, talkative; ***du bist aber heute nicht sehr ~*** you haven't got much to say for yourself today; **jdn ~ machen** to loosen sb up, to make sb more expansive

Gesprächigkeit <-> *f kein pl* garrulousness, talkativeness

Gesprächsbasis *f kein pl* basis for talks [*or* discussions] **gesprächsbereit** *adj* ready to talk; (*bereit zu verhandeln*) ready to begin talks **Gesprächsbereitschaft** *f* (*geh*) readiness to talk, willingness to negotiate **Gesprächsdauer** *f* ① (*Dauer einer Unterredung*) dicussion time ② (*Dauer eines Telefonates*) length of a [telephone/phone] call **Gesprächseinheit** *f* TELEK unit **Gesprächsfaden** *m* thread of a conversation; **den ~ abreißen lassen** to break off a conversation **Gesprächsfetzen** *m* scrap [*or* snippet] of conversation **Gesprächsgebühr** *f* call charge **Gesprächsgegenstand(in)** *m(f)* topic [*or* subject] of conversation **Gesprächskontakt(in)** *m(f)* contact for talks [*or* discussions] **Gesprächskreis** *m* discussion group **Gesprächsnotiz** *f* telephone memo **Gesprächspartner(in)** *m(f)* **die ~ bei einer Fernsehdiskussion** the guests in a TV panel discussion; **ein angenehmer ~** a pleasant person to talk to **Gesprächspause** *f* break in a/the conversation **Gesprächsrunde** *f* round of talks **Gesprächsstoff** *m* topics of conversation, things to talk about *fam;* **viel ~** plenty to talk about **Gesprächsteilnehmer(in)** *m(f)* participant in a conversation [*or* discussion] **Gesprächsthema** *nt* conversation topic, subject of discussion **Gesprächstherapie** *f* discussion therapy **Gesprächsübernahme** *f kein pl* call transfer

gesprächsweise *adj* in conversation

gespreizt *adj s.* **affektiert**

gesprenkelt *adj* mottled; **ein ~es Vogelei** a speckled bird's egg; **~er Stoff** spotted cloth, cloth with spots [*or* dots] on it; **ein [rot, weiß und grün] ~es Kleidungsstück** a [red, white and green] spotted piece of clothing

Gespritzte(r) *m decl wie adj* SÜDD, ÖSTERR spritzer AM (*wine mixed with mineral water*)

Gespür <-s> *nt kein pl* instinct; **ein ~ für etw** *akk* **entwickeln** to develop a feel for sth; **ein gutes ~ für etw** *akk* **haben** to sense sth by intuition; **ein gutes ~ für Farben** a good feel for colours [*or* AM -ors]

gest. *adj Abk von* **gestorben** dec., deceased

Gestade <-s, -> *nt* (*liter*) shores *pl;* **unbekannte ~** foreign shores

gestaffelt I. *pp von* **staffeln** II. *adj* graded, stepped; **nach Dienstjahren ~e Gehälter** salaries graded according to length of service; **~e Rückzahlung** repayment by instalments [*or* AM installments]

Gestagen <-s, -e> *nt* gestagen, progestogen

Gestalt <-, -en> *f* ① (*Mensch*) figure; **eine verdächtige ~** a suspicious character ② (*Wuchs*) build; **eine ebenmäßige ~** an evenly proportioned build; **... von ~ sein** [*o* **von einer ... ~ sein**] to be of a ... build ③ (*Person, Persönlichkeit*) figure, character; **in ~ von jdm** [*o* **in jds ~**] in the form of sb ▶ WENDUNGEN: **sich in seiner wahren ~ zeigen** to show one's true character [*or* true colours] [*or* AM colors]; **[feste] ~ annehmen** to take [definite] shape; **einer S.** *dat* **~ geben** [*o geh* **verleihen**] to give shape and form to sth

gestalten* I. *vt* ■**etw irgendwie ~** ① (*einrichten*) to design; **einen Garten/einen Gartenteich/eine Terrasse ~** to lay out [*or* plan] a garden/a garden pond/a terrace; **ein Schaufenster ~** to dress a shop window; **etw neu/anders ~** to redesign sth ② (*darbieten, präsentieren*) to arrange; **ein Programm/einen Abend/Unterricht ~** to arrange [*or* organize] a progamme [*or* AM -am] /an evening/lesson [*or* lessons]; **einen Text ~** to formulate a text ③ (*organisieren*) to arrange, to organize ④ ARCHIT (*konstruieren*) to build; **eine Terrasse ~** to lay out a terrace; **einen Einrichtungsgegenstand/einen Gebrauchsgegenstand ~** to design a fitting [*or pl* furnishings]/an object of use; **ein Kunstwerk ~** to design a piece of art II. *vr* (*geh*) ■**sich irgendwie ~** to turn out [*or* prove] to be somehow

Gestalter(in) <-s, -> *m(f)* designer

gestalterisch I. *adj* (*Design betreffend*) **eine ~e Frage/ein ~es Problem** a question/problem of design; **eine ~ Begabung/ein ~es Talent** a creative [*or* an artistic] gift/talent II. *adv* (*Design betreffend*) from the point of view of design; **~ einmalig** uniquely designed; **~ gelungen** well-designed; **~ hervorragend** excellently designed; (*schöpferisch*) artistically, creatively

gestaltlos *adj* formless **Gestaltphilosophie** *f* PHILOS Gestalt philosophy **Gestaltpsychologie** <-> *f kein pl* Gestalt psychology

Gestaltung <-, -en> *f* ① (*das Einrichten*) planning, design; **die ~ eines Gartens** the laying-out of a garden; **die ~ eines Schaufensters** window dressing ② (*Darbietung*) arrangement, organization ③ (*das Organisieren*) organization ④ ARCHIT building ⑤ (*Design*) design

Gestaltungserklärung *f* JUR constitutive declaration **Gestaltungsklage** *f* JUR action for modification of rights **Gestaltungsmissbrauch**RR *m* JUR (*Vertrag*) abuse of a dispositive right **Gestaltungsrecht** *nt* JUR right to alter a legal relationship **Gestaltungsurteil** *nt* JUR judgment affecting a legal relationship

Gestammel <-s> *nt kein pl* stammering and stuttering

gestanden I. *pp von* **stehen, gestehen** II. *adj attr* experienced; **ein ~er Kämpfer/Parlimentarier** a seasoned campaigner/parliamentarian; **ein ~es Mannsbild** an older, more experienced man

geständig *adj* **ein ~er Täter** a culprit who has confessed [*or* admitted his/her crime]; ■**~ sein** to have confessed

Geständnis <-ses, -se> *nt* (*das Zugeben*) admission; (*das Zugeben eines Verbrechens*) confession; **[vor jdm] ein ~ ablegen, jdm ein ~ machen** to admit sth to sb, to confess [sth] [*or hum* to make a confession [about sth]] to sb

Gestänge <-s, -> *nt* (*Gerüst*) bars, struts, rods; (*Gerüst für Kletterpflanzen*) trellis[work]; **das ~ eines Himmelbetts** the posts of a four-poster bed

Gestank <-[e]s> *m kein pl* stench, stink *fam*

Gestapo <-> *f kein pl s.* **Geheime Staatspolizei** Gestapo

gestatten* I. *vt* ① (*geh: erlauben*) to allow, to permit *form;* ■**jdm etw ~** to allow [*or form* permit] sb sth; ■**jdm ~, etw zu tun** to allow [*or form* permit] sb to [*or* let sb] do sth; ■**etw ist jdm gestattet** sb is allowed [*or form* permitted] to do sth; ***das Fotografieren ist Unbefugten nicht gestattet*** no photographs are to be made without authorization ② (*geh: möglich machen*) ■**etw gestattet jdm etw** sth allows [*or form* permits] sb sth; ■**etw gestattet jdm, etw zu tun** sth allows [*or form* permits] sb to [*or* lets sb] do sth ③ (*geh: als Höflichkeitsformel*) **jdm eine Frage ~** to allow [*or form* permit] sb to [*or* let sb] ask [*or* put] a question; ***~ Sie mir den Hinweis, dass das Rauchen hier verboten ist*** may I point out that smoking is not allowed here; ■**jdm ~, etw zu tun** to allow sb to do sth II. *vi* (*geh*) to not mind; ***wenn Sie ~, das war mein Platz!*** if you don't mind, that was my seat! III. *vr* (*geh*) ① (*sich erlauben*) ■**sich** *dat* **etw ~** to allow oneself sth; **wenn ich mir eine Bemerkung/eine Frage ~ darf** if I may be so bold as to say something/ask a question *form,* if you don't mind me saying/asking *a. hum form;* ■**sich** *dat* **~, etw zu tun** to allow [*or* permit] oneself to do sth *form,* to take the liberty of doing sth *form* ② (*zu sich nehmen*) ■**sich** *dat* **etw ~** to allow oneself sth

gestattet I. *pp und 3. pers sing von* **gestatten** II. *adj* permitted, allowed; **„Rauchen nicht ~"** "Smoking [is] not permitted", "No smoking"

Geste <-, -n> ['gɛstə, 'ge:stə] *f* ① (*Körperbewegung*) gesture; **eine ablehnende/auffordende ~** a gesture of refusal/invitation; **eine eindringliche/warnende ~** an urgent/ a warning gesture ② (*Ausdruck von etw*) gesture; **eine ~ der Höflichkeit** a mark of politeness

Gesteck <-[e]s, -e> *nt* flower arrangement

gestehen <gestand, gestanden> I. *vi* to confess; ■**[jdm] ~, etw getan zu haben** to confess to having done sth [to sb] II. *vt* ① (*zugeben*) ■**[jdm] etw ~** to confess [*or* make a confession of] sth [to sb]; **eine Tat ~** to confess to having done sth, to confess to a deed *liter* ② (*offenbaren*) ■**[jdm] etw ~** to confess sth [to sb]; **jdm seine Gefühle ~** to reveal [*or* confess] one's feelings to sb; ■**[jdm] ~, dass ...** to confess to sb that ...

Gestehungskosten *pl* production costs

Gestein <-[e]s, -e> *nt* rock

Gesteinskunde *f* petrography **Gesteinsprobe** *f* rock sample **Gesteinsschicht** *f* rock stratum

Gestell <-[e]s, -e> *nt* ① (*Bretterregal*) rack, shelves *pl* ② (*Rahmen*) frame ③ (*Unter~*) frame; **das ~ eines Theodolites** the tripod of a theodolite ④ (*Fahr~*) chassis ⑤ (*Flugzeug~*) undercarriage, landing gear ⑥ (*hum fam: Beine*) legs *pl,* pins *pl*

gestellt *adj* arranged; (*nicht echt*) posed; ***die Szene wirkt so ~*** the scene seems very posed

gestelzt I. *pp von* **stelzen** II. *adj* stilted III. *adv* stiltedly

gestern *adv* (*der Tag vor heute*) yesterday; **~ vor einer Woche/acht Tagen** a week ago yesterday; **~ in einer Woche/acht Tagen** a week yesterday; **~ Abend/Morgen/Nachmittag** yesterday evening/morning/afternoon; **~ Mittag** yesterday lunchtime ② (*von früher*) yesterday's *attr,* of yesteryear *liter,* outdated; **nicht von ~ sein** (*fig fam*) to be not born yesterday; *s. a.* **Schnee**

Gestern <-> *nt kein pl* ■**das ~** yesterday, the past

gestiefelt *adj* (*Stiefel tragend*) booted, boot-clad *liter;* ■**~ sein** to have one's boots on ▶ WENDUNGEN: **~ und gespornt** (*fam*) ready and waiting, ready to go

gestiftet *pp von* **stiften** *Betrag* donated, endowed

Gestik <-> ['gɛstɪk, 'ge:stɪk] *f kein pl* gestures *pl;* **ausdrucksstarke ~** expressive body language

Gestikulation *f* gesticulation

gestikulieren* *vi* to gesticulate

gestimmt *adj* **heiter ~** cheerful, in a cheerful mood [*or* frame of mind]; ***du bist ja heute so froh ~!*** you're happy [*or* in a happy mood [*or* frame of mind]] today!

Gestirn <-[e]s, -e> *nt* (*geh: Himmelskörper*) heavenly body *form;* (*Stern*) star; (*Sternbild*) constellation

gestisch I. *adj* gesticulatory II. *adv* as a gesture; **eine Rede ~ untermalen** to underline a speech with gestures

gestochen I. *pp von* **stechen** II. *adj* (*sehr exakt*) exact; **eine ~e Handschrift** [extremely] neat handwriting III. *adv* **~ scharf** crystal clear; **wie ~ schreiben** to write [extremely] neatly

Gestöhn(e) <-s> *nt kein pl* groaning, moaning

gestört *adj* PSYCH ① (*beeinträchtigt*) disturbed; **eine ~e Ehe** an unhappy [*or fam* a rocky] marriage; **eine ~e Familie** a disturbed [*or* problematic] family background; **ein ~es Verhältnis** an uneasy [*or* unhappy] relationship; **geistig ~ sein** to be mentally unbalanced [*or* disturbed] ❷ (*fam: verrückt*) crazy *fam*, insane *fam*, nuts *fam pred*

Gestotter <-s> *nt kein pl* stammering, stuttering

Gesträuch <-[e]s, -e> *nt* bushes *pl*

gestreift I. *pp von* **streifen** II. *adj* ❶ (*mit Streifen versehen*) striped ❷ (*fam: Kleidung mit Streifen*) striped clothes; **ihr steht ~ gut** stripes suit her

gestreng *adj* (*veraltend*) stern, strict

gestresstRR, **gestreßt** *adj* stressed

gestrichelt *adj* **eine ~e Linie** a broken line

gestrichen I. *pp von* **streichen** II. *adj* ❶ (*bis zum Rand*) level; **ein ~er Löffel** a level spoon[ful] ❷ TYPO **~es Papier** coated paper; **zweiseitig ~es Papier** two-sided coated paper III. *adv* **~ voll** full to the brim ▸ WENDUNGEN: **die Nase ~ voll haben** to be fed up to the back teeth; **die Hose ~ voll haben** to be shaking in one's shoes

gestriegelt *adj* ▸ WENDUNGEN: **~ und gebügelt** *s.* **geschniegelt**

gestrig *adj attr* yesterday's *attr*, [of] yesterday *pred;* **das ~e Gespräch** yesterday's conversation; **unser ~es Telefonat** our phone call [of] yesterday; **der ~e Abend** yesterday evening; **der ~e Tag** yesterday; **die ewig G~en** those who [constantly] live in the past [*or* who refuse to live in the present]

Gestrüpp <-[e]s, -e> *nt* ❶ (*Strauchwerk*) undergrowth ❷ (*undurchsichtiger Wirrwarr*) maze

gestuft I. *pp von* **stufen** II. *adj* ❶ (*in Stufen*) terraced ❷ (*zeitlich abgestuft*) staggered, phased

Gestümper <-s> *nt* bungling; **~ auf dem Klavier** plonking away on the piano

gestürzt I. *pp von* **stürzen** II. *adj* ❶ (*abgesetzt*) *Diktator* deposed, toppled ❷ TYPO **~e Buchstaben** rotated characters [*or* types]

Gestüt <-[e]s, -e> *nt* stud farm

gestylt *adj* styled

Gesuch <-[e]s, -e> *nt* (*veraltend*) request; (*Antrag*) application; **[bei jdm] ein ~ [auf/um etw** *akk*] **einreichen** to hand in [*or* submit] an application [for sth] [to sb]; **einem ~ entsprechen** (*form*) to grant a request

gesucht *adj* (*gefragt*) in demand *pred*, much sought-after

Gesülze <-s> *nt kein pl* (*sl*) waffle BRIT *sl*, drivel *sl*, claptrap

Gesumm <-[e]s> *nt kein pl* buzzing, humming

gesund <gesünder, gesündeste> *adj* healthy; **geistig und körperlich ~** sound in mind and body; **~e Organe** healthy [*or* sound] organs; **~e Zähne** healthy [sound] teeth; **~ und munter** top fit, in fine fettle, in good shape, in the pink BRIT *fam;* **eine ~e Firma** a healthy [*or* viable] company; **wirtschaftlich ~** financially sound; ***Rauchen ist nicht ~*** smoking is unhealthy; ***sonst bist du ~?*** (*iron fam*) are you feeling OK? *fam*, have you lost your marbles? *sl*, are you off your chump? BRIT *sl;* **bleib [schön] ~!** take care [of yourself]!, look after yourself!; **jdn ~ pflegen** to nurse sb back to health; **jdn ~ schreiben** to pass sb as fit; **wieder ~ werden** to get well again, to get better

Gesunde(r) *f(m) decl wie adj* healthy person

gesunden* *vi sein* ❶ (*geh: genesen*) to recover, to get better, to regain one's health *form* ❷ (*sich erholen*) to recover, to bounce back

Gesundheit <-> *f kein pl* health; ***was macht die ~?*** how are you?; **sich ausgezeichneter/guter/bester ~ erfreuen** to be in excellent/good/the best of health; **eiserne/robuste ~** good/robust health; **zarte ~** frail health, schlechte **~**, poor [*or* ill] health; ***hoffentlich geht es mit deiner ~ bald wieder besser*** I hope you feel [*or* get] better soon; **bei bester/guter ~** in the best of/in good health; **eine ... ~ haben** to have a ... constitution; **eine eiserne ~ haben** to have an iron [*or* rugged] constitution; **eine unerschütterliche ~ haben** to have a strong constitution; **auf Ihre ~!** your health!; [***ich erhebe das Glas***] ***auf Ihre ~!*** [a toast] to your health!; **~!** bless you!

gesundheitlich I. *adj* **das ~e Befinden** the state of health; **ein ~es Problem** a health problem; **aus ~en Gründen** for health reasons [*or* reasons of health]; **in ~er Hinsicht** with regard to [one's] health II. *adv* (*hinsichtlich der Gesundheit*) as regards health; ***wie geht es Ihnen ~?*** how are you?

Gesundheitsamt *nt* local public health department [*or* BRIT office] **Gesundheitsapostel** *m* (*iron*) health freak [*or* fanatic] *pej* **Gesundheitsbehörde** *f* health authority **Gesundheitsbeschädigung** *f* JUR personal injury **gesundheitsbewusst**RR *adj* health conscious **Gesundheitsbewusstsein**RR *nt kein pl* health awareness **Gesundheitsdrink** *m* health drink **Gesundheitsexperte, -expertin** *m, f* health expert **gesundheitsfördernd** *adj* healthy, good for one's health *pred* **Gesundheitsfürsorge** *f* health care **Gesundheitsminister(in)** *m(f)* minister of health BRIT, health minister BRIT, Secretary of Health AM **Gesundheitsministerium** *nt* ministry of health BRIT, health ministry BRIT, Department of Health AM **Gesundheitspflege** *f* hygiene; **öffentliche ~** public health [care] **Gesundheitspolitik** *f* health policy **gesundheitspolitisch** *adj attr* health policy **Gesundheitsreform** *f* POL [national] health reform **gesundheitsschädlich** *adj* detrimental [*or* damaging] to one's health *pred;* ***Rauchen ist ~*** smoking damages your health **Gesundheitssenator** *m* senator responsible for health issues **Gesundheitssenatorin** *f fem form von* **Gesundheitssenator** [female] senator responsible for health issues **Gesundheitssystem** *nt* health service, healthcare system **Gesundheitswelle** *f* wave of health awareness **Gesundheitswesen** *nt* health system [*or* service] **Gesundheitszeugnis** *nt* certificate of health, health certificate **Gesundheitszustand** *m kein pl* state of health; **ein ausgezeichneter/guter ~** a clean bill of health; **der ~ eines Patienten** a patient's condition

gesund|schrumpfen I. *vt* ■**etw ~** to slim down sth *sep* [*or* streamline] II. *vr* ■**sich ~** to slim down

gesund|stoßen *vr irreg* (*sl*) ■**sich ~** to make some money (*to improve one's financial state or economic condition*)*;* **sich an jdm ~** to get rich [quick] at sb's expense

Gesundung <-> *f kein pl* recovery

getarnt I. *pp von* **tarnen** II. *adj* disguised, camouflaged; **gut ~** well camouflaged; **als etw ~** disguised as sth

Getier <-s> *nt kein pl* animals *pl;* (*Insekten*) creepy crawlies *pl fam*

getigert *adj* striped; **ein ~es Fell** fur striped like a tiger's

getönt *adj* **~e Tagescreme** tinted day cream

Getöse <-s> *nt kein pl* crash [*or* din]; *des Verkehrs* roar[ing], rumble, rumbling, thunder[ing]; *eines Wasserfalls* roar[ing], thunder[ing]; (*anhaltender Lärm*) racket; *einer Menschenmenge* roar[ing]; **mit ~** loudly, noisily; **eine Tür mit ~ zuschlagen** to slam a door noisily

getragen I. *pp von* **tragen** II. *adj* ❶ (*feierlich*) solemn; **ein ~es Tempo** a stately tempo ❷ (*gebraucht*) second-hand

Getrampel <-s> *nt kein pl* (*fam*) tramping; (*als Beifall*) stamping

Getränk <-[e]s, -e> *nt* drink, beverage *form;* **alkoholische** [*o geh* **geistige**] **~e** alcoholic drinks; **nichtalkoholische ~e** soft [*or* non-alcoholic] drinks

Getränkeabteilung *f* drinks department **Getränkeautomat** *m* drinks dispenser [*or* machine] **Getränkeindustrie** *f* drinks industry **Getränkekarte** *f* list of drinks [*or* beverages]; (*in einem Restaurant*) wine list **Getränkemarkt** *m* off licence [*or* AM -se] **Getränkesteuer** *f alcohol tax*

Getrappel <-s> *nt kein pl* clatter

Getratsch(e) <-[e]s> *nt kein pl* (*pej*) gossip[ing]

getrauen* *vr* (*wagen*) ■**sich ~, etw zu tun** to dare to do sth; (*wagen, etw Unangenehmes zu tun*) to face [up to] doing sth; ■**sich irgendwohin ~** to venture [*or* dare to go] somewhere

Getreide <-s, -> *nt* cereal; (*geerntet*) grain, corn, cereal

Getreide(an)bau *m kein pl* farming [*or* cultivation] [*or* growing] of cereal **Getreideart** *f* kind [*or* type] of cereal **Getreideernte** *f* grain [*or* corn] harvest **Getreidefeld** *nt* field of corn BRIT, cornfield BRIT, field of grain AM, grain field AM **Getreidehandel** *m* cereal trade **Getreidekaffee** *m* cereal coffee **Getreidekorn** *nt* grain, corn **Getreideland** *nt* ❶ (*Land, in dem viel Getreide angebaut wird*) cereal-producing country ❷ *kein pl* (*Acker*) cereal [*or* corn] land **Getreidemarktordnung** *f* JUR cereal regime **Getreidemühle** *f* mill [for grinding grain] **Getreideprodukt** *nt* cereal [product] **Getreidesilo** *nt o m* [grain] silo **Getreidespeicher** *m s.* Getreidesilo **Getreidevorrat** *m* cereal [*or* grain] supply, supply of cereal [*or* grain] [*or* corn]

getrennt I. *adj* separate; **~e Haushalte** separate [*or* independent] households II. *adv* separately; **~ leben** [*o* **wohnen**] to live apart [*or* to be separated] [from one another]; **~ schlafen** to sleep in separate rooms ▸ WENDUNGEN: **~ marschieren, vereint schlagen** united we stand, divided we fall

Getrenntschreibung *f* writing sth as two or more words **Getrenntveranlagung** *f* FIN separate assessment

getreu1 *adj* ❶ (*genau, entsprechend*) exact; **eine ~e Wiedergabe** a true [*or* faithful] reproduction ❷ (*geh: treu*) faithful, loyal; **ein ~er Freund** a true [*or* real] [*or* faithful] [*or* loyal] friend

getreu2 *präp +dat* (*gemäß*) ■**~ einer S.** *dat* in accordance with sth *form*, according to sth

Getreue(r) *f(m) decl wie adj* (*geh*) faithful [*or* loyal] follower

Getriebe <-s, -> *nt* ❶ TECH transmission, gear[s] *pl*, gearbox BRIT, trans AM; **automatisches ~** automatic transmission [*or* gears]; *Uhrwerk* movement, works; **das ~ umschalten** to change gear; ***da stimmt was nicht mit dem ~!*** there's something wrong with the gears!; *s. a.* **Sand** ❷ (*lebhaftes Treiben*) bustle, hustle and bustle, bustling activity

Getriebebremse *f* gear brake **Getriebeöl** *nt* gear[box] oil **Getrieberad** *nt* gearwheel **Getriebeschaden** *m* damage to the gear box [*or* transmission]

Getriller *nt* warbling

Getrippel *nt* pitter-patter

Getrommel <-s> *nt kein pl* drumming

getrost I. *adj* confident, sure, positive; ***sei ~*** never fear, look on the bright side II. *adv* ❶ (*geh: in ruhiger Gewissheit*) ■**~ etw tun** to have no qualms [*or* *sl* worries] about doing sth ❷ (*ruhig, ohne weiteres*) safely; ***du kannst dich ~ auf ihn verlassen*** take my word for it [*or* believe me], you can rely on him; **~ behaupten, dass ...** to safely say that ...

getrübt *adj* (*schlecht*) troubled; ***er hatte ein ~es Verhältnis zu seiner Chefin*** he had an unhappy relationship with his boss

Getto <-s, -s> *nt* ghetto

gettoisieren *vt* ■**jdn ~** to ghettoize

Getue <-s> *nt kein pl* (*pej*) fuss *pej;* **ein ~ machen** to make [*or* kick up] a fuss; **ein vornehmes ~ machen** to give oneself [*or* put on] airs

Getümmel <-s> *nt kein pl* commotion, hubbub; **ein dichtes ~** a dense mob [*or* crush] [*or* throng] [of people]; **sich ins ~ stürzen** (*hum*) to enter [*or* join] the fray *hum*

Getuschel <-s> *nt kein pl* whispering

geübt *adj* experienced; **ein ~es Auge/Ohr/~er Griff** a practised [*or* trained] eye/ear/touch; **ein ~er Pianist/Sportler/Koch** an accomplished pianist/sportsman/cook; **ein ~er Rhetoriker** a proficient speaker; **in einem Handwerk/einer Kunst ~ sein** to be accomplished in a craft/in an art form

Gevatter *nt* **~ Tod** the [grim] reaper

Geviert *nt* ❶ (*Raum*) square; **4 Meter im ~** 4 metres [*or* AM -ers] square ❷ TYPO (*Satz*) em [quad], space

Gew. *Abk von* **Gewerkschaft**

GEW <-> *f Abk von* **Gewerkschaft Erziehung und Wissenschaft** *trade union representing workers in education and science*

Gewächs <-es, -e> *nt* ❶ (*Pflanze*) plant ❷ (*Wein-*

sorte) wine ③ (*Geschwulst*) growth, tumor; **ein bösartiges/gutartiges** ~ a malignant/benign growth [*or* tumour] [*or* AM -or]

gewachsen [ks] **I.** *pp von* **wachsen¹** **II.** *adj* ① (*ebenbürtig*) equal; ■**jdm ~ sein** to be sb's equal; **einem Gegner ~ sein** to be a match for an opponent; ■**einer S.** *dat* **~ sein** to be up to [*or* be able to cope with] sth ② (*mit der Zeit entstanden*) **~e außenwirtschaftliche Beziehungen** matured foreign-trade relations

Gewächshaus *nt* greenhouse, glasshouse; (*Treibhaus*) hothouse

Gewackel <-s> *nt kein pl* (*pej fam*) rocking [backwards and forwards]; *Schwanz* wagging

gewagt *adj* ① (*kühn*) rash, audacious; (*gefährlich*) risky, dangerous ② (*freizügig*) risqué, daring

gewählt **I.** *adj* elegant, refined, polished **II.** *adv* in an elegant [*or* in a refined] way

Gewähltheit *f* elegance

gewahr *adj* (*geh: wahrnehmen*) ■**jdn** [*o* **jds**] **~ werden** to catch sight of [*or* become aware of] sb; ■**etw/einer S.** *dat o geh* **gen ~ werden** to become aware of [*or* notice] sth

Gewähr <-> *f kein pl* guarantee; **[jdm] die ~ [dafür] bieten** [*o* **geben**], **dass** to give [sb] a guarantee that, to guarantee [sb] that; **die ~ ist gegeben, dass** it is guaranteed that; **die ~ haben, dass** to have a guarantee that; **~ leisten** to guarantee; **keine ~ für etw** *akk* **übernehmen** to be unable to guarantee [*or* offer a guarantee for] sth; **„ohne ~“** subject to change; ***die Angaben erfolgen wie immer ohne ~!*** no responsibility can be taken for the correctness of this information

gewährbar *adj* JUR allowable

gewahren* *vt* (*liter*) ■**jdn** ~ to catch sight of [*or* become aware of] sb; ■**etw** ~ to become aware of sth

gewähren* *vt* ① (*einräumen*) ■**[jdm] etw** ~ to grant [sb] sth; **jdm einen Rabatt** ~ to give sb a discount; **ein Zahlungsziel** ~ to allow a credit period; **jdm einen Versuch** ~ to give sb [*or* let sb have] a go; **jdn ~ lassen** (*geh*) to let sb do [*or* allow sb to do] what he/she likes [*or* wants], to give sb free [*or* full] rein *form* ② (*zuteil werden lassen*) ■**[jdm] etw** ~ to grant [*or* give] [sb] sth; **Sicherheit** ~ to provide [*or* ensure] security; **Trost** ~ to afford [*or* offer] consolation

Gewährfrist *f* JUR period of guarantee

gewährleisten* *vt* (*sicherstellen*) ■**[jdm] etw** ~ to guarantee [sb] sth; ■**etw** ~ to ensure [*or* guarantee] sth; **Zahlung** ~ to guarantee [sb] payment

Gewährleistung *f* ① (*das Sicherstellen*) guarantee; **zur ~ einer Zahlung** as [a] guarantee of payment ② HANDEL (*Mängelhaftung*) liability for defects; ■**~ auf etw** *akk* guarantee against [*or* warranty for] sth; **~ für Sachmängel** warranty merchantable quality; **~ des Verkäufers** seller's warranty; **~ übernehmen** to provide warranty

Gewährleistungsanspruch *m* JUR warranty claim **Gewährleistungsausschluss^RR** *m* HANDEL exclusion of warranty **Gewährleistungsfrist** *f* HANDEL warranty period, liability period for defects **Gewährleistungshaftung** *f* JUR liability for breach of warranty **Gewährleistungsklage** *f* JUR action under a warranty **Gewährleistungsmonopol** *nt* HANDEL redhibitory defect AM **Gewährleistungspflicht** *f* JUR warranty obligation; *eines Vertragspartners* liability duty for defects; **Ablauf der ~** expiry of the warranty; **vertragliche oder gesetzliche ~** contractual or statutory obligation arising from a guarantee **Gewährleistungsrisiko** *nt* HANDEL risk entailed by warranty **Gewährleistungsverpflichtung** *f* HANDEL guarantee granted **Gewährleistungsvertrag** *m* JUR contract of indemnity **Gewährleistungszusage** *f* HANDEL warrantee assurance

Gewahrsam <-s> *m kein pl* ① (*Verwahrung*) place; **jdm** [*o* **bei jdm**] **etw in ~ geben** to give sb sth for safekeeping; **etw in ~ nehmen/haben** to take sth into/have sth in safekeeping; **in ~ sein, sich in ~ befinden** to be in safekeeping ② (*Haft*) custody; **jdn in ~ nehmen** to take sb into custody; **in ~ sein** to be in custody; **sich in ~ befinden** to find oneself [*or* be] in custody

Gewährsmann <-männer *o* -leute> *m* informant, source **Gewährszeichen** *nt* HANDEL guarantee mark

Gewährung <-, *selten* -en> *f* granting

Gewalt <-, -en> *f* ① (*Machtbefugnis, Macht*) power; **die oberste ~ im Staat** the highest authority [*or* power] in the country; **gesetzgebende ~** legislative power; **höhere ~** force majeure; **mit unbeschränkter ~ ausgestattet sein** to be vested with unlimited power[s] [*or* authority]; **~ ausüben** to exercise power [*or* authority]; **~ über etw** *akk* **ausüben** to exert power over sth, to hold sway [*or* dominion] over sth *liter;* **~ über Leben und Tod bei jdm haben** to decide whether sb should live or die; **mit aller ~** (*fam*) with everything in one's power; **etw mit aller ~ erreichen** to move heaven and earth [*or* do everything in ones power] [*or* do everything one can] to get sth to happen; **die drei ~en** *the executive, legislative and judicial powers;* **die vollziehende/gesetzgebende/richterliche ~** the executive/legislative/judicial power; **elterliche ~** parental authority; **höhere ~** force majeure, Act of God, circumstances beyond one's control; **jdn in seine ~ bringen** to catch sb; **ein Land/ein Gebiet in seine ~ bringen** to bring a country/a region under one's control, to seize power over a country/a region; **jdn in seiner ~ haben** to have sb in one's power; **~ über jdn haben** [*o* **besitzen**] to exercise [complete] power over sb, to have [complete] control over sb; **sich in der ~ haben** to have oneself under control; **in jds ~ sein** to be in sb's hands [*or* power]; **die ~ über etw** *akk* **verlieren** to lose control of sth ② *kein pl* (*gewaltsames Vorgehen*) force; (*Gewalttätigkeit*) violence; **nackte ~** brute force; **nackte** [*o* **rohe**] **~** [sheer] brute force; **mit sanfter ~** gently but firmly; **einer S.** *dat* **~ antun** to force sth; **den Tatsachen/der Wahrheit ~ antun** to distort the truth/the facts; **einer Frau ~ antun** (*geh*) to violate a woman *euph form;* **sich** *dat* **~ antun** to force oneself; **~ anwenden** to use force; **mit ~** (*heftig*) forcefully, with force; (*gewaltsam*) with force; (*fam: unbedingt*) desperately ③ *kein pl* (*Heftigkeit, Wucht*) vehemence, force; **die ~ der Brecher hat die Mauer zerstört** the force [*or* impact] of the waves has destroyed the wall

Gewaltakt *m* act of violence **Gewaltandrohung** *f* threat of violence; ***unter ~*** by threatening to use force **Gewaltanwendung** *f* use of violence [*or* force] **gewaltbereit** *adj* ready for forceful intervention, prone to violence **Gewaltbereitschaft** *f* willingness to use violence [*or* force] **Gewaltdelikt** *nt* violent offence **Gewalteinwirkung** *f* effect of violence [*or* force]

Gewaltenteilung *f* separation of powers, separation [*or* independency] of executive, legislative and judicial powers

gewaltfrei *adj* violence-free *attr,* free of violence *pred* **Gewaltfreiheit** *f* freedom from violence **Gewaltherrschaft** *f kein pl* tyranny, dictatorship, despotism **Gewaltherrscher(in)** *m(f)* tyrant, dictator, despot

gewaltig **I.** *adj* ① (*heftig*) enormous, tremendous; **ein ~er Orkan** a violent [*or* severe] hurricane; **eine ~e Überschwemmung** a raging flood ② (*wuchtig*) powerful; **ein ~er Anblick** a tremendous sight; **ein ~er Eindruck** a profound [*or* strong] impression; **eine ~e Last** a heavy load; (*riesig*) huge, tremendous, massive, colossal; **~e Bauwerke** monumental structures ③ (*fam: sehr groß*) enormous, tremendous, colossal; **eine ~e Hitze** intense [*or* extreme] heat *no pl;* **ein ~er Unterschied** a huge [*or* substantial] difference; **eine ~e Veränderung** a sweeping change ④ (*geh: mächtig*) powerful, mighty *form* **II.** *adv* (*fam: sehr*) considerably; **sich ~ ändern** to change drastically; **sich ~ irren** to be very much mistaken; **sich ~ in jdn verknallen** to fall head over heels in love with sb

Gewaltkriminalität *f kein pl* JUR violent crime

Gewaltkur *f* drastic treatment [*or pl* measures]

gewaltlos **I.** *adj* non-violent, without violence *pred* **II.** *adv* without violence, peaceably **Gewaltlosigkeit** <-> *f kein pl* non-violence **Gewaltmarsch** *m* route march, forced march **Gewaltmaßnahme** *f* violent measure **Gewaltmonopol** *nt* monopoly on [the use of] force **Gewaltpotenzial^RR** *nt* potential for violence

gewaltsam **I.** *adj* violent; **~es Aufbrechen** forced opening; **ein ~es Ende nehmen** to meet a violent death; **~e Vertreibung** forcible expulsion **II.** *adv* by force; **etw ~ aufbrechen** to break sth open by force, to force sth open; **~ vertrieben** to drive out by force [*or* to forcibly drive out]

Gewaltstreich *m* (*eigenmächtiger Gewaltakt*) coup [de force]; MIL storm **Gewalttat** *f* act of violence **Gewalttäter(in)** *m(f)* violent criminal **gewalttätig** *adj* violent; ■**~ werden** to become [*or* get] violent **Gewalttätigkeit** *f* ① (*Gewalttaten*) [acts *pl* of] violence; ***es kam zu ~en*** there were violent incidents ② *kein pl* (*Brutalität*) violence **Gewalttour** *f* route march **Gewaltverbrechen** *nt* violent crime [*or* crime of violence] **Gewaltverbrecher(in)** *m(f)* violent criminal **Gewaltverzicht** *m* non-aggression; **ein ~sabkommen** a treaty of non-aggression **Gewaltverzichtsabkommen** *nt* non-aggression treaty **Gewaltwelle** *f* wave of violence

Gewand <-[e]s, Gewänder> *nt* (*geh*) robe; **festliche Gewänder** ceremonial robes; *Akademiker* gown; **liturgisches ~** vestments *pl;* **in neuem ~** in a new look

gewandet *adj* (*hum geh*) clothed, clad *liter;* **in Seide ~** clad [*or* clothed] in silk; **ausgefallen ~** unusually dressed

gewandt **I.** *pp von* **wenden** **II.** *adj* skilful BRIT, skillful AM; **ein ~es Auftreten** a confident manner; **eine ~e Bewegung** a deft [*or* agile] movement; **ein ~er Redner** a good [*or* articulate] speaker [*or* an effective] **III.** *adv* skilfully BRIT, skillfully AM; **sehr ~** with great skill; **~ auftreten** to have a confident manner; **sich ~ ausdrücken** to express oneself articulately [*or* skilfully]; **sich ~ bewegen** to move agilely

Gewandtheit <-> *f kein pl* skill, skilfulness; **die ~ eines Redners** the articulateness [*or* skill] of a speaker; **die ~ einer Bewegung** the agility of a movement

gewärtig *adj pred* (*geh*) prepared; ■**einer S.** *gen* **~ sein** to be prepared for sth; ■**~ sein, dass etw passiert/jd etw tut** to be prepared for sth to happen/sb to do sth

gewärtigen* *vt* (*geh*) to expect, to anticipate; ■**etw/nichts [von jdm] ~** to expect sth/nothing [from sb]; **etw zu ~ haben** to be able to expect sth; **etw ~ müssen** to have to expect [*or* reckon with] sth

Gewäsch <-[e]s> *nt kein pl* (*pej fam*) rubbish *fam,* drivel *fam,* claptrap *fam*

Gewässer <-s, -> *nt* stretch of water; **Verschmutzung der ~** water pollution; **in internationalen ~n** in international waters; **ein fließendes/stehendes ~** a stretch of running/standing water; **ein geschlossenes ~** an enclosed stretch of water

Gewässeranalyse *f* analysis of bodies of water **Gewässerkunde** *f* hydrography *no pl, no article* **Gewässerreinhaltung** *f* keeping the rivers and lakes pure **Gewässerschutz** *m* prevention of water pollution *no pl* **gewässerverträglich** *adj* acceptable for bodies of water

Gewebe <-s, -> *nt* ① (*Stoff*) cloth, material, fabric ② ANAT, BIOL tissue

Gewebeentnahme *f* tissue removal; **eine ~ durchführen** to remove a sample of tissue **Gewebekultur** *f* BIOL, MED tissue culture **Gewebeprobe** *f* sample of tissue, tissue sample

Gewebsflüssigkeit *f* MED tissue fluid, lymph **Gewebstransplantation** *f* MED tissue graft

Gewehr <-[e]s, -e> *nt* rifle; (*Schrotflinte*) shotgun; **~ bei Fuß stehen** MIL to stand at order arms; (*fig*) to be ready [*or* at the ready], to be standing by; **präsen-**

tiert das ~! present arms!; ~ **ab!** order arms!; **an die ~e!** to arms!; **das ~ über!** shoulder [*or* BRIT slope] arms!

Gewehrkolben *m* butt of a rifle [*or* shotgun] **Gewehrkugel** *f* rifle bullet **Gewehrlauf** *m* barrel of a rifle [*or* shotgun] **Gewehrmündung** *f* muzzle of a rifle [*or* shotgun] **Gewehrschrank** *m* ≈ safe storage for guns etc

Geweih <-[e]s, -e> *nt* antlers *pl*, set of antlers

geweiht I. *pp von* **weihen** II. *adj* consecrated, ordained; **dem Tod[e]/Untergang ~** doomed [to die/fall]; **in ~er Erde** in consecrated ground

Gewerbe <-s, -> *nt* [commercial [*or* industrial]] business, commercial enterprise; (*Handwerk, Handel*) trade; ***in welchem ~ sind Sie beschäftigt*** [*o* ***tätig***]***?*** what line of business are you in?; **ein ~ anmelden** to register a business; **ein ~ [be]treiben** [*o* **ausüben**] to be in business/trade; **das älteste ~ [der Welt]** (*hum*), **das horizontale ~** (*hum*) the oldest profession [in the world] *hum*

Gewerbeabfall *m* industrial [*or* trade] waste *no pl* **Gewerbeanmeldung** *f* HANDEL registration of a trade **Gewerbeaufsicht** *f state enforcement of laws and regulations regarding working conditions and health and safety at work* **Gewerbeaufsichtsamt** *nt* trade supervisory office, ≈ health and safety executive (*office with responsibility for enforcing laws regarding working conditions and health and safety at work*) **Gewerbeaufsichtsbehörde** *f* JUR trade supervisory authority **Gewerbeausübung** *f* HANDEL pursuit of a trade **Gewerbebefugnis** *f*, **Gewerbeberechtigung** *f* HANDEL trading licence, AM concession **Gewerbeberechtigung** *f* JUR [business [*or* trade]] licence **Gewerbebetrieb** *m* business, business enterprise [*or* commercial]; **stehender ~** stationary enterprise **Gewerbeertrag** *m* HANDEL trading profit **Gewerbeertragssteuer** *f* FIN trade income [*or* earnings] tax [*or* business] **Gewerbefläche** *f floor space used for a business* **Gewerbefreiheit** *f freedom of trade* **Gewerbegebiet** *nt* industrial estate **Gewerbegeheimnis** *nt* JUR trade secret **Gewerbehof** *m* visitors' entrance **Gewerbekapitalsteuer** *f* FIN [trading [*or* trading]] capital tax (*levied by local authority*) **Gewerbelehrer(in)** *m(f)* vocational school teacher **Gewerbelizenz** *f* HANDEL trading licence, AM concession; **jdm eine ~ erteilen** to grant sb permission to trade **Gewerbenutzung** *f* HANDEL commercial use **Gewerbeordnung** *f* industrial code, laws regulating commercial and industrial business **Gewerbepark** *m* industrial park **Gewerbepolizei** *f* HANDEL factory inspectorarate BRIT **Gewerberecht** *nt* JUR industrial law **Gewerbeschein** *m* business [*or* trade] licence [*or* AM -se] **Gewerbeschule** *f* vocational school

Gewerbesteuer *f* trade tax **Gewerbesteueraufkommen** *nt* FIN trade tax yield **Gewerbesteuerbefreiung** *f* FIN trade tax exemption **Gewerbesteuerbescheid** *m* FIN trade tax assessment notice **Gewerbesteuerentlastung** *f* FIN trade tax relief **gewerbesteuerpflichtig** *adj* FIN subject to trade tax **Gewerbesteuerschuld** *f* FIN trade tax owed **Gewerbesteuerumlage** *f* FIN trade tax levy

gewerbetreibend *adj* ■**ein G~er** tradesman, [sole] trader, businessman **Gewerbetreibende(r)** *f(m) dekl wie adj* business person; HANDEL trader; (*Handwerker*) tradesperson **Gewerbeunternehmer(in)** *m(f)* HANDEL trader **Gewerbeverlust** *m* FIN trading loss **Gewerbezentralregister** *nt* JUR central register of trade and industrial offences **Gewerbezentrum** *nt* occupational centre [*or* AM -er] **Gewerbezweig** *m* branch of business [*or* trade]

gewerblich I. *adj* (*handwerkliches Gewerbe*) trade; (*kaufmännisches Gewerbe*) commercial; (*industrielles Gewerbe*) industrial; **~er Arbeitnehmer** industrial employee; **~e Kreditgenossenschaft** FIN industrial finance company; **~e Schutzrechte** JUR industrial property rights II. *adv* ***Wohnräume dürfen nicht ~ genutzt werden*** residential rooms are not to be used for commercial/trade/industrial purposes; **~ tätig sein** to work

gewerbsmäßig I. *adj* professional; **~e Unzucht** prostitution II. *adv* professionally, on a commercial basis, for gain

Gewerkschaft <-, -en> *f* [trade] union; **in die ~ gehen** to join a/the union; **~ Erziehung und Wissenschaft** *union representing workers in education and science;* **Gewerkschaft für Handel, Banken und Versicherungen** *union representing workers in commerce, banking and insurance*

Gewerkschaft(l)er(in) <-s, -> *m(f)* trade unionist

gewerkschaftlich I. *adj* [trade] union; **~er Organisationsgrad** level[s] of trade union membership II. *adv* **~ organisiert** unionized; **~ organisiert sein** to be a member of [*or* belong to] a [trade] union; **~ organisierte Beschäftigte** employees who are [trade] union members; **~ tätig** to work for a/the union

Gewerkschaftsbewegung *f* trade union movement **Gewerkschaftsboss**^RR^ *m* (*pej*) trade union boss **Gewerkschaftsbund** *m* federation of trade unions, Trades Union Congress BRIT **Gewerkschaftsführer(in)** *m(f)* trade union [*or* labour] [*or* AM -or] leader **Gewerkschaftsfunktionär(in)** *m(f)* [trade] union official **Gewerkschaftshaus** *nt* trade union offices *pl* **Gewerkschaftsmitglied** *nt* [trade] union member, member of a/the [trade] union **gewerkschaftsnah** *adj* close [*or* sympathetic] to a/the trade union **gewerkschaftspflichtig** *adj* **~er Betrieb** JUR closed [*or* union] shop **Gewerkschaftssekretär(in)** *m(f)* secretary of a/the [trade] union **Gewerkschaftstag** *m* trade union conference **Gewerkschaftsverband** *m* JUR federation of trade unions **Gewerkschaftsvorsitzende(r)** *f(m)* trade union chairperson **Gewerkschaftszeitung** *f* [trade] union journal

gewesen I. *pp von* **sein**[1] II. *adj attr* (*ehemalig*) former *attr*

Gewicht <-[e]s, -e> *nt* ❶ *kein pl* (*Schwere eines Körpers*) weight *no indef art, no pl, + sing vb;* **frachtpflichtiges ~** chargeable weight; **spezifisches ~** PHYS specific weight [*or* gravity]; **~ haben** to be heavy, to weigh a lot; **ein ~ von 100 kg haben** to weigh 100 kg; **ein großes ~ haben** to weigh a great deal, to be very heavy; **ein geringes ~ haben** to weigh little, to be very light; **etw nach ~ verkaufen** to sell sth by weight; **an ~ verlieren/zunehmen** to lose/put on [*or* gain] weight; **sein ~ halten** to stay [*or* remain] the same weight; **zu viel/zu wenig ~ auf die Waage bringen** to weigh in too heavy/too light; **unter dem ~ einer S.** (*a. fig*) under the weight of sth ❷ *kein pl* (*fig: Wichtigkeit, Bedeutung*) weight; **~ haben** to carry weight; **sein ganzes ~ [für jdn/etw] in die Waagschale werfen** to bring all one's influence to bear [for sb/sth], to put one's full weight [behind sb/sth]; **ins ~ fallen** to count, to make a difference; **[kaum/nicht] ins ~ fallen** to [hardly/not] count [*or* make a difference]; **auf etw** *akk* **[großes] ~ legen, einer S.** *dat* **[großes] ~ beimessen** to attach [great [*or* much]] significance [*or* importance] [*or* consequence] to sth, to set [great [*or* much]] store by sth; (*hervorheben*) to lay stress on sth; **[nicht] von ~** of [no] importance, [in]significant, [un]important, of [no] great consequence *form;* **eine Person von ~** a person who carries a lot of weight ❸ (*Metallstück zum Beschweren*) weight

gewichten* *vt* ■**etw ~** to weight sth; **etw anders/neu ~** to re-evaluate sth

Gewichtheben <-s> *nt* SPORT *kein pl* weightlifting *no pl* **Gewichtheber(in)** <-s, -> *m(f)* SPORT weightlifter

gewichtig *adj* ❶ (*bedeutsam*) weighty, significant ❷ (*veraltend: schwer u. wuchtig*) heavy, hefty

Gewichtsabnahme *f* loss of weight **Gewichtsangabe** *f* indication [*or* declaration] of weight **Gewichtsklasse** *f* SPORT weight category **Gewichtskontrolle** *f* weight check [*or* control]; **eine regelmäßige ~** a regular weight check **Gewichtsverlust** *m* weight loss, loss of weight **Gewichtszunahme** *f* increase [*or* gain] in weight

Gewichtung <-, -en> *f* evaluation; **eine andere ~** a re-evaluation

gewidmet *pp von* **widmen** *Buch* dedicated

gewieft I. *adj* (*fam*) crafty, cunning, wily II. *adv* (*fam*) with cunning

Gewieher <-s> *nt kein pl* ❶ (*Wiehern*) neighing ❷ (*pej: Gelächter*) braying laughter

gewillt *adj* ■**~ sein, etw zu tun** to be willing [*or* inclined] to do sth; (*entschlossen*) determined

Gewimmel <-s> *nt kein pl Insekten* swarm[ing mass]; *Menschen* milling crowd, throng

Gewimmer <-s> *nt kein pl Kranke, Verletzte, etc.* whimpering; (*fig: nervendes Klagen*) whining

Gewinde <-s, -> *nt* TECH [screw *spec*] thread; **ein ~ schneiden** to cut a thread, to tap *spec*

Gewindebohrer *m* TECH [screw-]tap **Gewindegang** *m* TECH thread, turn *spec* **Gewindeschaft** *m* threaded rod **Gewindeschneider** *m* TECH thread cutter, tap *spec*

Gewinn <-[e]s, -e> *m* ❶ ÖKON profit[s *pl*]; **~ aus Sachanlagen** income from real investments; **~ nach/vor Steuern** profit after taxes/profit before taxes [*or* pretax profit[s *pl*]]; **anfallender/effektiver ~** accruing/actual profit; **ausgeschüttete ~e** distributed profits; **nicht ausgewiesener ~** undisclosed [*or* unpublished] profit; **entgangener ~** lost profits; **am ~ beteiligt sein** to have an interest [*or* a share] in the profits; **~ bringend** profitable; **~ bringend investieren** to invest one's money to good account; **reiner ~** net profit; **steuerpflichtiger ~** taxable profit; **~e abschöpfen** to skim [*or* cream] off profits *sep;* **~ abwerfen** to return [*or* yield] a profit; **mit ~ arbeiten** to operate at a profit; **~ aufweisen** to show a profit; **~ bringen** [*o* **abwerfen**] to make a profit; **[mit etw** *dat*] **~e** [*o* **einen ~**] **erzielen** to make a profit [with sth]; **~e mitnehmen** to take profits; **mit ~ rechnen** to look to profit; **~ verbuchen** to register a profit; **etw mit ~ verkaufen** to sell sth at a profit; **eine Firma mit ~ wirtschaften** to manage a company profitably; *s. a.* **gewinnbringend** ❷ (*Preis*) prize; (*beim Lotto, Wetten*) winnings *npl;* **einen ~ machen** to win a prize; (*beim Lotto/Wetten*) to win; **einen großen ~ machen** to win a lot/a big prize ❸ *kein pl* ((*innere*) *Bereicherung, Vorteil*) gain; ***die neue Spielerin ist ein großer ~ für die Mannschaft*** the new player is a valuable addition to the team

Gewinnabführung *f* FIN profit transfer **Gewinnabführungsvertrag** *m* FIN profit transfer agreement **Gewinnabschöpfung** *f* FIN skimming off excess profits **Gewinnanspruch** *m* FIN entitlement to profits **Gewinnanspruch** *m* BÖRSE dividend right **Gewinnanteil** *m* ÖKON dividend **Gewinnanteilschein** *m* FIN dividend coupon [*or* warrant] **Gewinnausfall** *m* HANDEL loss of profit **Gewinnausschüttung** *f* ÖKON division [*or* distribution] of profit[s *pl*]; BÖRSE dividend payment; **verdeckte ~** disclosed channelling of profits **gewinnberechtigt** *adj* BÖRSE profit-sharing *attr,* entitled to a share of the profits *pred;* **~e Aktien** shares entitled to dividend **Gewinnberechtigung** *f* FIN entitlement to a dividend **Gewinnbesteuerung** *f* FIN taxation of profits **Gewinnbeteiligung** *f* ÖKON share of the profits **gewinnbezogen** *adj* FIN profit-related **Gewinnbezugsrecht** *nt* FIN profit-sharing right **gewinnbringend** *adj* profitable; **~es Unternehmen** profitable enterprise; **äußerst ~** extremely profitable, lucrative; **~ investieren** to invest one's money to good account; **etw ~ verkaufen** to sell sth at a profit **Gewinnchance** *f* chance of winning; ■**~n** chances of winning; (*beim Wetten*) odds **Gewinneinbruch** *m* profit crash **Gewinneinbußen** *pl* profit losses *pl* **Gewinneinkommen** *nt*, **Gewinneinkünfte** *pl* FIN profit income

gewinnen <gewann, gewonnen> I. *vt* ❶ (*als Gewinn erhalten*) ■**etw ~** to win sth ❷ (*für sich entscheiden*) ■**etw ~** to win sth; **ein Spiel gegen jdn ~** to beat sb in a game ❸ (*überzeugen*) ■**jdn [für etw** *akk*] **~** to win sb over [to sth]; **jdn als Freund ~** to win [*or* gain] sb as a friend; **jdn als Kunden ~** to

G

win [*or* gain] sb's custom ④ (*erzeugen*) to obtain; **Erz/Kohle/Metall** [**aus etw** *dat*] ~ to extract [*or spec* win] ore/coal/metal [from sth]; **recycelte Stoffe** ~ to reclaim [*or* recover] recyclable materials ▶ WENDUNGEN: **wie gewonnen, so zerronnen** (*prov*) easy come, easy go *prov* **II.** *vi* ① (*Gewinner sein*) ■[**bei/in etw**] ~ to win [at sth] ② (*Gewinn bringen*) to be a winner ③ (*profitieren*) ■[**bei etw** *dat*] ~ to profit [from sth] ④ (*zunehmen*) to gain; **an Einfluss/Gewicht/Selbstsicherheit** ~ to gain [in] influence/importance/self-confidence; **an Erfahrung/Weisheit/innerer Reife** ~ to gain in experience/wisdom/maturity, to become more experienced/wiser/more mature ⑤ (*besser wirken*) to improve; ***sie gewinnt durch ihre neue Frisur*** her new hairstyle does something for her

gewinnend *adj* captivating, charming, winning *attr*

Gewinner(in) <-s, -> *m(f)* winner; MIL *a.* victor

Gewinnermittlung *f* FIN determination of income

Gewinnerstraße *f* ■**auf der** ~ **sein** SPORT (*sl*) to be on the road to [*or* heading for] victory

Gewinnerwartungen *pl* HANDEL profit expectations **Gewinnerzielung** *f* FIN realization of profits **Gewinnerzielungsabsicht** *f* FIN intent to realize a profit **Gewinnfeststellung** *f* FIN net income determination **Gewinnfeststellungsbescheid** *m* FIN profit determination notice **Gewinngemeinschaft** *f* HANDEL profit pool **Gewinnherausgabeanspruch** *m* JUR profit surrender claim **Gewinnkartell** *nt* ÖKON profit cartel **Gewinnklasse** *f* prize category **Gewinnlage** *f* HANDEL profit situation **Gewinnlos** *nt* winning ticket **Gewinnmarge** <-, -n> [-ˈmarʒə] *f* ÖKON profit margin **Gewinnmaximierung** *f* maximization of profit[s *pl*], profit planning **Gewinnmitnahme** *f* FIN profit taking **Gewinnnummer**RR *f* winning number **Gewinnpotenzial**RR *nt* HANDEL profit potential **Gewinnquote** *f* ÖKON profit margin; (*bei Lotto*) dividend; (*bei Lotterie*) prize **Gewinnrealisierung** *f* FIN realization of a profit **Gewinnrückgang** *m* HANDEL drop in profits **Gewinnrücklage** *f* FIN retained income **Gewinnspanne** *f* profit margin **Gewinnstreben** *nt kein pl* profit aspirations *pl* **Gewinnsucht** *f* profit-seeking; **aus** ~ for motives of [financial/material] gain **gewinnsüchtig** *adj* profit-seeking *attr,* greedy for profit *pred* **Gewinnteilung** *f* HANDEL profit sharing [*or* pooling] **gewinnträchtig** *adj* profitable, profit-bearing *attr* **Gewinntransparenz** *f* HANDEL transparency of profits **Gewinnummer** *f s.* Gewinnnummer **Gewinnumverteilung** *f* HANDEL redistribution of profits **Gewinn- und Verlustrechnung** *f* ÖKON income statement, BRIT profit and loss account

Gewinnung <-, -en> *f pl selten* ① GEOL (*Gewinnen von Bodenschätzen*) *von Öl, Mineralien* extraction; *von Stein* quarrying ② CHEM ■**die** ~ **von etw** *dat* **aus etw** *dat* the extraction of sth from sth

Gewinnungsbetrieb *m* BERGB mining company

Gewinnverlagerung *f* FIN profit shifting **Gewinnverlust** *m* HANDEL loss [of profit] **Gewinnverteilung** *f* FIN profit distribution **Gewinnverteilungsabrede** *f* FIN profit distribution agreement **Gewinnverteilungsbeschluss**RR *m* FIN distribution of profits resolution **Gewinnverwirklichung** *f* FIN profit realization **Gewinnvortrag** *m* FIN surplus brought forward; HANDEL accumulated profit **Gewinnzahl** *f* winning number **Gewinnzone** *f* ÖKON break-even point, profit [area]; **in der** ~ **sein** to break even, to be in the black; **eine Firma wieder in die** ~ **bringen** to bring back *sep* a company into the black

Gewinsel <-s> *nt kein pl* (*pej*) [constant] whining *pej*

Gewirr <-[e]s> *nt kein pl Drähte, Fäden, etc.* tangle; *sense impressions* maze, confusion; *Stimmen* babble; *Straßen* maze

Gewisper <-s> *nt kein pl* whispering

gewissRR, **gewiß** **I.** *adj* ① *attr* (*nicht näher bezeichnet*) certain; **eine ~e Frau Schmidt** a [certain] Ms Schmidt; [**bis**] **zu einem ~en Grad**[**e**] to a certain degree ② (*sicher, ohne Zweifel*) certain, sure *pred;* ■**sich** *dat* **einer S.** *gen* ~ **sein** (*geh*) to be certain [*or* sure] of sth **II.** *adv* (*geh*) certainly, surely; **ganz** ~ quite [*or* most] certainly [*or* surely]; [***ja***] ***~!***, ***~ doch!***, ***aber ~!*** but of course!, *esp* AM sure!

Gewissen <-s> *nt kein pl* conscience; **ein reines** ~ **haben** to have a clear conscience; **etw ruhigen ~s** [*o* **mit gutem** ~] **tun** to do sth with an easy conscience; **ein schlechtes** ~ **haben** to have a bad conscience; **schwer auf jds** [*o* **dem**] ~ **lasten** to lie heavy [*or* weigh heavily] on sb's conscience; **etw mit seinem** ~ **ausmachen** to settle sth with one's conscience; [**etw**] **vor seinem** ~ **verantworten** to answer to one's own conscience [about sth]; **sein** ~ **erforschen** to examine [*or* search] one's conscience; **sein** ~ **erleichtern, sich** *dat* **das** ~ **erleichtern** to ease [*or* lighten] one's conscience; **jdn/etw auf dem** ~ **haben** to have sb/sth on one's conscience; **kein** ~ **haben** to have no conscience [*or*·*pl* qualms]; **sich** *dat* **aus etw** *dat* **kein** ~ **machen** to have no qualms [*or* scruples] where sth is concerned; **sich** *dat* **daraus kein** ~ **machen, etw zu tun** to have no qualms [*or* scruples] about doing sth; **jdm ins** ~ **reden** to appeal to sb's conscience ▶ WENDUNGEN: **ein gutes** ~ **ist ein sanftes Ruhekissen** (*prov*) a quiet conscience sleeps in thunder

gewissenhaft *adj* conscientious

Gewissenhaftigkeit <-> *f kein pl* conscientiousness

gewissenlos **I.** *adj* unscrupulous, unprincipled, without [a] conscience *pred;* ■~ **sein** to have no conscience; **~es Handeln** irresponsible acts *pl* **II.** *adv* without scruple[s *pl*]

Gewissenlosigkeit <-, -en> *f* ① *kein pl* (*skrupellose Einstellung*) unscrupulousness ② (*skrupellose Handlung*) unscrupulous act, act without scruple[s *pl*]

Gewissensbisse *pl* pangs [*or* qualms] of conscience; [**wegen einer S.** *gen*] ~ **bekommen/haben** to get/have a guilty conscience [about sth]; **sich** *dat* [**wegen einer S.** *gen*] ~ **machen** to blame oneself [for sth]; **ohne** [**die geringsten**] ~ without feeling [the slightest bit] guilty [*or form* [the slightest] compunction] **Gewissensentscheidung** *f* question of conscience, matter for one's conscience to decide **Gewissenserforschung** *f* examination [*or* searching] of [one's] conscience **Gewissensfrage** *f s.* Gewissensentscheidung **Gewissensfreiheit** *f* freedom of conscience **Gewissensgebot** *nt* moral reqirement **Gewissensgründe** *pl* conscientious reasons; **den Wehrdienst aus ~n verweigern** to be a conscientious objector **Gewissenskonflikt** *m* moral [*or* inner] conflict **Gewissenspflicht** *f* moral obligation

gewissermaßen *adv* so to speak, as it were

GewissheitRR, **Gewißheit** <-, -en> *f selten pl* certainty; ~ **haben** to be certain [*or* sure]; **sich** *dat* ~ [**über etw** *akk*] **verschaffen** to find out for certain [about sth]; ~ [**über etw** *akk*] **erlangen** to attain certainty [*or* certain knowledge] of sth; **jdm die** ~ **geben, dass ...** to convince sb that ...; [**volle** [*o* **absolute**]] ~ **über etw** *akk* **haben** to be [fully [*or* completely]] certain [*or* sure] about [*or* of] sth; **zur** ~ **reifen, sich zur** ~ **verdichten** (*geh*) to become a [*or liter* harden into] certainty; **mit** ~ with certainty; **etw mit** ~ **wissen** to know sth for certain [*or* sure]

Gewitter <-s, -> *nt* thunderstorm; **ein** ~ **braut sich zusammen** [*o* **zieht herauf**] a storm is brewing [*or* gathering]; ***es liegt ein ~ in der Luft*** there's a thunderstorm gathering; (*Streit*) storm

Gewitterfront *f* storm [*or* thundery] front **Gewitterhimmel** *m* stormy sky, thunderclouds *pl*

gewitterig *adj s.* **gewittrig**

gewittern* *vi impers* ■**es gewittert** it's thundering, there's a thunderstorm

Gewitterregen *m,* **Gewitterschauer** *m* thunder[y] shower **Gewitterstimmung** *f* thundery atmosphere; (*fig*) stormy atmosphere; **es herrscht** ~ there is thunder in the air *fig* **Gewitterwolke** *f* thundercloud, cumulonimbus *spec*

gewittrig **I.** *adj* thundery; **~e Luft** [*o* **Schwüle**] [thundery and] oppressive air; **~e Niederschläge** thundery showers **II.** *adv* ~ **drückend** [*o* **schwül**] [thundery and] oppressive; ***es ist ~ schwül*** it is thundery and oppressive

gewitzigt *adj pred* wiser [*or* wary] [from experience]; ■[**durch etw** *akk*] ~ **sein** to have learnt from experience [with sth]

gewitzt *adj* cunning, wily

Gewitztheit <-> *f kein pl* cunning, wiliness

gewogen **I.** *pp von* **wägen, wiegen**[2] **II.** *adj* (*geh*) well-disposed, favourably [*or* AM favorably] disposed [*or* inclined]; **ein mir ~er Mensch** a person favourably disposed [*or* inclined] toward[s] me; ■**jdm/einer S.** ~ **sein** to be well-disposed [*or* favourably disposed [*or* inclined]] toward[s] sb/sth

Gewogenheit <-> *f kein pl* (*geh*) favourable [*or* AM favorable] attitude; (*persönlicher*) affection; ■**jds** ~ [**jdm gegenüber**] sb's favourable attitude [toward[s] sb], sb's affection [for sb]

gewöhnen* **I.** *vt* ■**jdn an etw** *akk* ~ to make sb used [*or* accustomed] to [*or* accustom sb to] sth; **ein Tier an sich/etw** *akk* ~ to make an animal get used to one/sth; **ein Haustier an Sauberkeit** ~ to house-train a pet; ■**an jdn/etw gewöhnt sein,** ■**jdn/etw gewöhnt sein** (*fam*) to be used [*or* accustomed] to sb/sth **II.** *vr* ■**sich an jdn/etw** ~ to get [*or* become] used to sb/sth; *Mensch a.* to accustom oneself to sth; ■**sich daran ~, etw zu tun** to get used to doing sth; *Mensch a* to get accustomed to doing sth

Gewohnheit <-, -en> *f* habit; **die** ~ **haben, etw zu tun** to have a [*or* have got into the] habit of doing sth; **sich** *dat* **etw zur** ~ **machen** to make a habit of sth; **sich** *dat* **es** [*o* **es sich** *dat*] **zur** ~ **machen, etw zu tun** to make a [*or* get into the] habit of doing sth; **jdm zur** ~ **werden** to become a habit with sb; **aus** [**lauter** [*o* **reiner**]] ~ from [sheer] force of habit

gewohnheitsmäßig **I.** *adj* habitual **II.** *adv* habitually, out of habit **Gewohnheitsmensch** *m* creature of habit **Gewohnheitsrecht** *nt* JUR ① (*im Einzelfall*) established [*or* customary] right ② (*als Rechtssystem*) common law *no art* **gewohnheitsrechtlich** *adj* JUR in accordance with common law **Gewohnheitstier** *nt* creature of habit; **der Mensch ist ein** ~ (*hum fam*) we're all creatures of habit **Gewohnheitstrinker**(**in**) *m(f)* habitual drinker **Gewohnheitsverbrecher**(**in**) *m(f)* habitual offender [*or* criminal]

gewöhnlich **I.** *adj* ① *attr* (*gewohnt, üblich*) usual, customary; **zur ~en Stunde** at the usual hour ② (*durchschnittlich, normal*) normal, ordinary, everyday ③ (*pej: ordinär*) common, common as muck BRIT *pred pej fam,* a dime a dozen AM **II.** *adv* ① (*üblicherweise*) usually, normally; **für** ~ usually, normally; **wie** ~ as [per *fam*] usual ② (*pej: ordinär*) common *pred;* **sich** ~ **ausdrücken** to use common language, to talk common *fam*

gewöhnt **I.** *pp und 3. pers sing von* **gewöhnen** **II.** *adj* used to, accustomed; ■**an etw** ~ **sein** to be used to sth

gewohnt *adj* usual; **in ~er Umgebung** in familiar surroundings; **zu ~er Stunde/Zeit** at the usual hour/time; ■**etw** ~ **sein** to be used to sth; ■**es** ~ **sein, etw zu tun** to be used to doing sth; ■**es** ~ **sein, dass jd etw tut** to be used to sb['s] doing sth

gewohntermaßen *adv* usually

Gewöhnung <-> *f kein pl* habituation *form;* ■**jds** ~ **an etw** *akk* sb's habituation to sth *form;* ***das ist eine Sache der ~, das ist*** [***alles***] ~ it's [all] a question of habit

gewöhnungsbedürftig *adj* requiring getting used to **Gewöhnungssache** *f* matter of getting used to [it]

Gewölbe <-s, -> *nt* ① (*gewölbte Decke, a. fig: Firmament*) vault ② (*gewölbter Raum*) vault[s *pl*], camera *spec*

gewölbt *adj Brust* bulging; *Dach, Decke* vaulted; *Stirn* domed; **~er Rücken** *eines Buchs* rounded back

Gewölle <-s, -> *nt von Nachtraubvögeln* pellet, cast[ing]

gewollt I. *adj* (*gekünstelt*) forced, artificial; (*absichtlich*) deliberate II. *adv* (*gekünstelt*) artificially; (*absichtlich*) deliberately

Gewühl <-[e]s> *nt kein pl* ① (*Gedränge*) throng, crowd, crush; **sich ins ~ stürzen** to throw onseself into the throng ② (*pej: andauerndes Kramen*) rooting [*or* rummaging] around

gewunden I. *pp von* **winden**[1] II. *adj* ① (*in Windungen verlaufend*) winding, serpentine *liter* ② (*umständlich*) roundabout, tortuous

Gewürm <-[e]s, -e> *nt pl selten* (*pej*) worms *pl*

Gewürz <-es, -e> *nt* spice; (*Gewürzzubereitung*) condiment; (*Kräutersorte*) herb

Gewürzbord *m* spice rack **Gewürzbrot** *nt* spiced rye bread (*with coriander and/or caraway seed*) **Gewürzessig** *m* seasoned vinegar; (*mit Kräutern*) herb vinegar **Gewürzfenchel** *m* fennel seed **Gewürzgurke** *f* pickled gherkin **Gewürzhandel** *m* (*hist*) ■**der ~** the spice trade **Gewürzhering** *m* pickled, spiced herring **Gewürzkörner** *pl* spice seeds *pl* **Gewürzkraut** *nt* potherb **Gewürzkräuter** *pl* herbs *pl* **Gewürzkuchen** *m s.* **Lebkuchen** **Gewürzmischung** *f* mixed spices *pl;* (*Kräutersorte*) mixed herbs *pl* **Gewürznelke** *f* [mother *form*] clove **Gewürzöl** *nt* seasoned oil **Gewürzpaprika** *m* paprika **Gewürzpflanze** *f* spice plant; (*Kräutersorte*) herb **Gewürzplätzchen** *pl* ginger biscuits *pl* **Gewürzprinte** *f* hard ginger bread (*with herbs and sugar crystals*) **Gewürzsalz** *nt* seasoned salt **Gewürzschinken** *m* spiced, cured ham **Gewürzsenf** *m* German mustard **Gewürzständer** *m* spice rack; (*auf dem Tisch*) cruet [set] **Gewürzsträußchen** *nt* bouquet garni

gewürzt *adj* seasoned; **stark ~e Speisen** spicy dishes; ***das Fleisch ist gut*** ~ the meat is well seasoned

Gewusel <-s> *nt kein pl* DIAL milling mass, crush

Geysir <-s, -e> ['gaizɪr] *m* geyser

gez. *adj Abk von* **gezeichnet**

gezackt *adj* jagged; *Hahnenkamm* toothed; *Blatt* serrated, dentate *spec*

gezahnt, gezähnt *adj* ① BOT serrated, dentate *spec* ② TECH cogged, toothed ③ (*perforiert*) perforated

Gezänk, Gezanke <-s> *nt kein pl* (*pej fam*) quarrelling [*or* AM *a.* quarreling] *no pl,* squabbling

gezeichnet *adj* ① (*mit Spuren*) marked; **von etw** *dat* **~ sein** to be marked by sth ② FIN subscribed; **~es Stammkapital** subscribed capital

Gezeiten *pl* tide[s *pl*]

Gezeitenenergie *f* tidal energy **Gezeitenkraftwerk** *nt* tidal power station [*or* plant] **Gezeitenstrom** *m* tidal current **Gezeitenstromanlage** *f* tidal power station **Gezeitentafel** *f* tide table, table of [the] tides **Gezeitenwechsel** *m* turn of the tide; **beim ~** at the turn of the tide

Gezerre <-s> *nt kein pl* pulling [and tugging] *no pl* (**um** +*akk* at)

Gezeter <-s> *nt kein pl* (*pej fam*) rumpus *fam,* racket *fam,* commotion, clamour [*or* AM -or]; **in ~ ausbrechen** to set up a clamour, to start a commotion

gezielt I. *adj* ① (*zielgerichtet*) well-directed; **~e Fragen** specific questions ② MIL well-aimed; **~e Bombardierung** precision [*or spec* surgical] bombing ③ HANDEL selective; **~e Käufe** selective purchases II. *adv* ① (*zielgerichtet*) specifically; **etw ~ forschen** to research [the] specific aspects of sth; **~ fragen** to ask questions with a specific aim in mind; **jdm ~ helfen** to offer sb specific aid ② MIL **~ schießen** to shoot with great precision; (*mit Tötungsabsicht*) to shoot to kill [*or* with deadly accuracy]

geziemen* *vr* (*geh*) *impers* (*veraltend*) ■**es geziemt sich** it is proper [*or form* fitting] [*or form* seemly]; ■**es geziemt sich [nicht] [für jdn], etw zu tun** it is [not] fitting [for sb] to do sth *form,* it is [not] proper that sb does sth, it [ill] befits sb to do sth *dated form;* **wie es sich geziemt** as is proper; **wie es sich für ein artiges Kind geziemt** as befits a well-behaved child *form*

geziemend *adj* (*geh*) proper, due

geziert I. *adj* (*pej*) affected *pej,* la-di-da *pred fam* II. *adv* affectedly *pej*

Gezücht <-[e]s, -e> *nt* (*pej*) ① (*fam*) riffraff + *pl verb,* rabble + *pl verb* ② (*veraltend: widerliche Kriechtiere*) creepy-crawlies *pl fam*

Gezweig <-[e]s> *nt kein pl* (*geh*) branches *pl*

Gezwitscher <-s> *nt kein pl* twittering, chir[rup]ping

gezwungen I. *pp von* **zwingen** II. *adj* (*gekünstelt*) forced; *Atmosphäre* strained; *Benehmen* stiff, unnatural III. *adv* (*gekünstelt*) stiffly, unnaturally; **~ lachen** to give a forced [*or* force a] laugh; **sich ~ benehmen** to behave stiffly [*or* unnaturally]

gezwungenermaßen *adv* of necessity; ■**etw ~ tun** to be forced to do sth, to do sth of necessity

ggf. *adv Abk von* **gegebenenfalls** if need be, if necessary

Ghana <-s> *nt* Ghana; *s. a.* **Deutschland**

Ghanaer(in) <-s, -> *m(f)* Ghanaian; *s. a.* **Deutsche(r)**

ghanaisch *adj* Ghanaian; *s. a.* **deutsch**

Ghetto <-s, -s> *nt s.* **Getto**

ghettoisieren* *vt s.* **gettoisieren**

Ghettoisierung *f* (*pej*) ghettoization *pej*

Ghostwriter(in) <-s, -> ['go:straite] *m(f)* (*geh*) ghostwriter (+*gen* for)

gib *imper sing von* **geben**

Gibbon <-s, -s> *m* gibbon

Gibraltar <-s> *nt* Gibraltar; **die Straße von ~** the Strait of Gibraltar; **der ~felsen** the Rock of Gibraltar; *s. a.* **Sylt**

Gibraltarer(in) <-s, -> *m(f)* Gibraltarian; *s. a.* **Deutsche(r)**

gibraltarisch *adj* Gibraltarian; *s. a.* **Deutsch**

Gicht <-> *f kein pl* gout, arthrolithiasis *spec;* **die ~ haben** to suffer from gout

Gichtanfall *m* gout attack, attack of gout **Gichtknoten** *m* gouty node [*or* knot], tophus *spec* **gichtkrank** *adj* gouty, suffering from gout *pred* **Gichtkranke(r)** *f(m) decl wie adj* gout sufferer

Giebel <-s, -> *m* gable [end]

Giebeldach *nt* gable[d] roof **Giebelfenster** *nt* gable window **Giebelhaus** *nt* gabled house **Giebelseite** *f* gable[d] end **Giebelwand** *f* gable wall [*or* end] **Giebelzimmer** *nt* attic room; (*klein und ungemütlich*) garret *liter*

Gier <-> *f kein pl* greed *no pl* (**nach** +*dat* for); (*nach Reichtum a.*) avarice *no pl* (**nach** +*dat* for); (*nach etw Ungewöhnlichem*) craving (**nach** +*dat* for)

gieren[1] *vi* ■**nach etw** *dat* **~** to hunger for [*or* crave [for [*or* after]]] sth; **nach Macht/Reichtum ~** to crave [for] [*or* lust after] power/riches

gieren[2] *vi* NAUT to yaw

gierig I. *adj* greedy; **~ nach Macht/Reichtum sein** to crave [for] [*or* lust after] power/riches II. *adv* greedily; **etw ~ essen** [*o* **verschlingen**] to devour sth greedily, to guzzle [down *sep*] sth *fam;* **etw ~ trinken** to gulp down sth *sep*

Giersch <-es> *m kein pl* BOT goutweed *no pl,* ground elder

Gießbach *m* (*geh*) [mountain] torrent

gießen <goss, gegossen> I. *vt* ■**etw ~** ① (*bewässern*) to water sth ② (*schütten*) to pour sth; **ein Glas [nicht] voll ~** to [not] fill [up *sep*] a glass; **ein Glas halb voll/randvoll ~** to fill [up *sep*] a glass halfway [*or* to the halfway mark]/to the brim; ■**etw in etw** *akk* **~** to pour sth in[to] sth; ■**etw auf/über etw** *akk* **~** to pour sth on/over sth; (*verschütten*) to spill sth on/over sth; **etw [daneben] ~** to spill sth ③ TECH to cast sth; **etw [in Barren/Bronze/Wachs] ~** to cast sth [into bars/in bronze/in wax] II. *vi impers* (*stark regnen*) ■**es gießt** it's pouring; ***es gießt in Strömen*** it's pouring [down] [with rain] [*or fam* tipping it down]

Gießer(in) <-s, -> *m(f)* TECH caster, founder

Gießerei <-, -en> *f* foundry

Gießereiarbeiter(in) *m(f)* foundry worker **Gießereibetrieb** *m s.* **Gießerei**

Gießerin <-, -nen> *f fem form von* **Gießer**

Gießform *f* casting mould **Gießkanne** *f* watering can **Gießkannenprinzip** *nt kein pl* the principle of giving everybody an equal share [of sth]; **etw nach dem ~ verteilen** (*fam*) to give everybody an equal share of sth; **Subventionen nach dem ~ verteilen** to give everyone a slice of the budget

Gift <-[e]s, -e> *nt* ① (*giftige Substanz*) poison, toxin *spec;* (*Schlangengift*) venom; **jdm ~ geben** to poison sb; **ein schleichendes ~** a slow[-acting] poison; **[wie] ~ für jdn sein** (*fam*) to be very bad [*or liter* poisonous] for sb; **~ nehmen** to poison oneself; **darauf kannst du ~ nehmen** (*fig fam*) you can bet your life [*or* AM *a.* bottom dollar] on that *fig fam* ② (*fig: Bosheit*) venom; **~ und Galle spucken** [*o* **speien**] (*fam*) to vent one's rage [*or* spleen]; **sein ~ verspritzen** to be venomous [*or* vitriolic]

Giftampulle *f* poison ampoule [*or* AM *a.* ampul[e]] **Giftbecher** *m* cup of poison **Giftdrüse** *f* venom gland

giften *vi* (*fam*) ■**[gegen jdn/etw] ~** to rile [at sb/sth]

Giftflut *f* ÖKOL poisonous [*or* toxic] flood **Giftfracht** *f* toxic freight **Giftgas** *nt* poison gas **giftgrün** *adj* bilious [*or* garish] green **gifthaltig** *adj,* **gifthältig** *adj* ÖSTERR poisonous, toxic; **stark ~** highly poisonous [*or* toxic]

giftig I. *adj* ① (*Gift enthaltend*) poisonous; **~e Stoffe/Chemikalien** toxic [*or* poisonous] substances/chemicals ② (*boshaft*) venomous, vitriolic ③ (*grell*) garish, loud *fam,* bilious *liter* II. *adv* (*pej: boshaft*) viciously; **~ antworten** to give a catty [*or* an unkind] reply

Giftigkeit *f kein pl* ① (*mit Giftstoffen*) poisonousness ② (*boshaftes Verhalten*) nastiness

Giftküche *f* (*hum: Labor*) devil's workshop; (*pej: Gerüchteküche*) gossipmonger's **Giftmischer(in)** <-s, -> *m(f)* (*pej, a. fig*) preparer of poison **Giftmord** *m* [murder by] poisoning **Giftmörder(in)** *m(f)* poisoner

Giftmüll *m* toxic waste

Giftmülldeponie *f* toxic waste repository [*or* dump] **Giftmüllexport** *m* toxic waste export **Giftmüllverbrennungsanlage** *f* toxic waste incineration plant

Giftnotrufzentrale *f* emergency control centre for poisoning cases BRIT, poison control center AM **Giftnudel** *f* (*pej fam*) spiteful old devil [*or* BRIT *a.* git] *pej fam* **Giftpfeil** *m* poison[ed] arrow; (*in Blasrohr*) poison[ed] dart **Giftpflanze** *f* poisonous plant **Giftpilz** *m* poisonous fungus, toadstool **Giftproduktion** *f* production of poison **Giftschlange** *f* venomous [*or* poisonous] snake **Giftschrank** *m* ① (*in Apotheken und Krankenhäusern*) poison cupboard [*or* cabinet] ② (*hum veraltet fam*) the hidey-hole for porn [mags *pl*] *fam* **Giftspritze** *f* ① MED (*Injektion*) lethal injection ② (*pej fam: Person*) spiteful old devil [*or* BRIT *a.* git] *fam,* cynical [*or* venomous] git BRIT, cynic AM **Giftstoff** *m* toxic [*or* poisonous] substance, toxin *spec* **Giftunfall** *m accident causing the release of toxic substances into the environment* **Giftviper** *f* venomous viper **Giftwolke** *f* cloud of toxins **Giftzahn** *m* [poison] fang **Giftzwerg(in)** *m(f)* (*pej fam*) poison[ed] dwarf *pej fam*

Gigabyte <-[s], -[s]> [-'bait] *nt* INFORM gigabyte

Gigahertz *nt* PHYS gigahertz, GHz

Gigant(in) <-en, -en> *m(f)* giant; (*fig a.*) colossus

gigantisch *adj* gigantic, colossal

Gigantomanie <-> *f kein pl* (*geh*) craze for things big

Gigerl <-s, -[n]> *m o nt* SÜDD, ÖSTERR (*fam*) dandy *dated*

Gigolo <-s, -s> ['ʒi:golo, 'ʒɪgolo] *m* gigolo

Gigot <-s, -s> [ʒi'go:] *nt* KOCHK leg of lamb

gilben *vi sein* (*geh*) to [go [*or* become]] yellow

Gilde <-, -n> *f* guild

gilt *3. pers pres von* **gelten**

Gimmick <-s, -s> *m* gimmick *fam*

Gimpel <-s, -> *m* ① ORN bullfinch ② (*einfältiger Mensch*) dimwit *fam*

Gin <-s, -s> [dʒɪn] *m* gin; **~ Tonic** gin and tonic

Gingko <-s,-s> *m* BOT gingko, maidenhair tree

Ginseng <-s, -s> *m* BOT ginseng

Ginster <-s, -> *m* BOT broom

Gipfel <-s, -> *m* ❶ (*Bergspitze*) peak; (*höchster Punkt*) summit; DIAL (*Wipfel*) treetop ❷ (*fig: Zenit*) peak; **auf dem ~ der Macht/des Ruhms angelangt sein** to have reached the peak of one's power/fame; (*Höhepunkt*) height; **der ~ der Vollkommenheit sein** to be the epitome of perfection; **der ~ der Frechheit sein** to be the height of cheek; **der ~ der Geschmacklosigkeit/Perversion** the depths [*or* the height] of bad taste/perversion; ***das ist der ~!*** (*fam*) that's the limit, that [really] takes the biscuit [*or* AM cake] *fam* ❸ POL summit [conference]

Gipfelkonferenz *f* POL summit conference **Gipfelkreuz** *nt* cross on the summit [of a mountain]

gipfeln *vi* ■**in etw** *dat* ~ to culminate in sth

Gipfelpunkt *m* ❶ (*höchtes erreichbares Maß*) zenith, high point ❷ (*höchster Punkt eines Flugkörpers*) maximum altitude **Gipfeltreffen** *nt* POL summit [meeting]

Gips <-es, -e> *m* ❶ (*Baumaterial*) plaster; (*in Mineralform*) gypsum; (*zum Modellieren*) plaster of Paris ❷ (*Kurzform für Gipsverband*) [plaster] cast; **den Arm/Fuß in ~ haben** to have one's arm/foot in a [plaster] cast; **einen Arm/Fuß in ~ legen** to put an arm/foot in plaster [*or* in a [plaster] cast]

Gipsabdruck <-abdrücke> *m*, **Gipsabguss**[RR] <-abgüsse> *m* plaster cast **Gipsarm** *m* (*fam*) arm in plaster [*or* a cast] **Gipsbein** *nt* (*fam*) leg in plaster [*or* a cast] **Gipsbüste** *f* plaster [of Paris] bust

gipsen *vt* ■**etw ~** ❶ (*mit Gips reparieren*) to plaster sth ❷ MED to put sth in plaster [*or* a cast]

Gipser(in) <-s, -> *m(f)* plasterer

gipsern *adj attr* (*aus Gips*) plaster

Gipsfigur *f* plaster [of Paris] figure **Gipskartonplatte** *f* BAU gypsum board **Gipskopf** *m* (*pej*) dimwit **Gipskorsett** *nt* MED plaster [of Paris] jacket **Gipsverband** *m* MED plaster cast [*or* bandage]; **jdm einen ~ anlegen** to put a [plaster] cast on sb's arm/leg; **den Arm/Fuß im ~ tragen** to have one's arm/foot/etc. in plaster [*or* in a [plaster] cast]

Giraffe <-, -n> *f* giraffe

Giralgeld [ʒi-] *nt* FIN money in account

Girant(in) <-en, -en> [ʒi-] *m(f)* FIN endorser

girieren* [ʒi-] *vt* FIN ■**etw ~** *Scheck, Wechsel* to endorse sth

Girlande <-, -n> *f* garland (**aus** +*akk* of)

Girl Group <-, -s> ['gø:lgru:p] *f* MUS girl group

Girlie <-s, -s> ['gɜli] *nt* (*sl*) girlie *sl*, girly *sl*

Girlitz <-es, -e> *m* ORN canary

Girl Power <-> ['gø:lpaʊɐ] *f kein pl* (*sl*) girl power

Giro <-s, -s *o* Giri> ['ʒi:ro, 'ʒi:ri] *nt* FIN ÖSTERR [bank] assignment [*or* transfer]; **etw per ~ überweisen** to transfer sth; **~ fehlt** endorsement required

Giroauftrag *m* FIN credit transfer order **Giroeinlagen** *pl* FIN deposits **Girokonto** *nt* current [*or* AM checking] account **Giroscheck** ['ʒi:-] *m* giro cheque [*or* AM check] **Giroverband** *m* giro centre [*or* AM -er] association (*set up by savings banks/credit cooperatives*) **Giroverkehr** *m* bank giro credit system; (*Girogeschäft*) giro [credit] transfer **Girovertrag** *m* JUR bank giro contract **Girozentrale** *f* clearing house

girren *vi* (*a. fig liter: zwitschern*) to coo *a. fig*

Gis <-, -> *nt* MUS G sharp

Gischt <-[e]s, -e> *m pl selten* [sea] spray

Gitarre <-, -n> *f* guitar

Gitarre(n)spiel *nt* guitar-playing **Gitarre(n)spieler(in)** *m(f)* guitarist, guitar-player **Gitarrenverstärker** *m* guitar amplifier

Gitarrist(in) <-en, -en> *m(f)* guitarist

Gitter <-s, -> *nt* ❶ (*Absperrung*) fencing *no pl, no indef art;* (*vor Türen, Fenstern: engmaschig*) grille; (*grobmaschig*) grating; (*parallel laufende Stäbe*) bars *pl;* (*vor dem Kamin*) fireguard; (*für Gewächse*) lattice, trellis; (*am Rohrende*) grid, grating ❷ (*fig fam*) bars *fam;* **jdn hinter ~ bringen** to put sb behind bars, to lock sb up; **hinter ~ kommen** to land [*or* be put] behind bars; **hinter ~n sitzen** to be behind bars [*or* doing time] ❸ MATH grid ❹ PHYS, CHEM lattice

Gitterbett *nt* cot BRIT, crib AM **Gitterfenster** *nt* barred window **gitterförmig** *adj* lattice shaped **Gittergewebe** *nt* BAU coarse fabric **Gittermast** *m* ELEK [lattice *spec*] pylon **Gitterrost** *m* grating **Gitterstab** *m* bar **Gittertor** *nt* paled gate, iron-barred gate; (*Fallgatter*) barrier gate, portcullis **Gitterwerk** *nt* wrought-iron work **Gitterzaun** *m* lattice [*or* trellis] fence

Give-away <-s, -s> [gɪvə'weɪ] *nt* giveaway

givrieren *vt* KOCHK **einen Behälter/ein Glas** *~ to cool a container/glass with icecubes;* **eine Speise** *~ to cover a dish with grated, sugared ice;* **eine ausgehöhlte Orange** *~ to fill a hollowed orange with orange sorbet*

GKV *f Abk von* **gesetzliche Krankenversicherung** statutory health insurance company

Glace <-, -n> ['glasə] *f* SCHWEIZ ice cream, BRIT *a.* ice

Glaceehandschuh[RR] *m s.* **Glacéhandschuh**

Glacéhandschuh [gla'se:-] *m* kid glove; **jdn/etw mit ~en anfassen** to handle sb/sth with kid gloves [*or* very carefully]

glacieren* [gla'si:rən] *vt* KOCHK ■**etw ~** to glaze sth; **einen Kuchen ~** to frost [*or* ice] a cake

Glacis <-, -> [gla'si:, *pl* gla'si:s] *nt* MIL glacis

Gladiator <-s, -toren> *m* gladiator

Gladiole <-, -n> *f* BOT gladiolus

Glamour <-s> ['glɛmɐ] *m o nt kein pl* glamour [*or* AM *a.* -or]

Glamourgirl ['glɛmɐgœrl] *nt* glamour [*or* AM *a.* -or] girl

Glanz <-es> *m kein pl* ❶ (*das Glänzen*) gleam, shine; *Augen* sparkle, brightness; *Haar* glossiness, sheen; *Lack* gloss; *Perlen, Seide* sheen, lustre [*or* AM -er]; (*heller Schein*) light; **blendender ~** glare, dazzle ❷ (*herrliche Pracht*) splendour [*or* AM -or]; ***welch ~ in meiner Hütte!*** (*iron*) to what do I owe the honour [of this visit [to my humble abode]]? *iron;* **mit ~ und Gloria** (*iron fam*) in grand style *a. iron;* **ein Examen mit ~ und Gloria bestehen** to pass an exam with flying colours [*or* AM -ors]; **mit ~ und Gloria durch eine Prüfung fallen** (*iron*) to fail an exam miserably

Glanzabzug *m* FOTO gloss[y] print

glänzen *vi* ❶ (*widerscheinen*) to shine; (*von polierter Oberfläche*) to gleam; *Augen* to sparkle; *Nase* to be shiny; *Wasseroberfläche* to glint, to glisten; (*scheinen*) to shine; *Sterne* to twinkle ❷ (*sich hervortun*) to shine; *s. a.* **Abwesenheit**

glänzend I. *adj* ❶ (*widerscheinend*) shining; **~e Oberfläche** gleaming [*or* shiny] surface; **~e Augen** sparkling [*or* bright] eyes; **~es Haar** shiny [*or* lustrous] hair; **~es Papier** glossy [*or* shiny] paper; **~e Perlen** bright [*or* lustrous] pearls; **~e Seide** shining [*or* lustrous] silk; **~er See** glittering [*or* glistening] lake; **~ gestrichenes Papier** TYPO glossy coated paper ❷ (*blendend, hervorragend*) brilliant; **ein ~es Aussehen** dazzling looks *npl* II. *adv* (*hervorragenderweise*) brilliantly, splendidly; **sich ~ amüsieren** to have a great [*or* marvellous] time [of it]

Glanzfarbe *f* TYPO glossy ink **Glanzkarton** *m* TYPO glazed [*or* glossy] board **Glanzleder** *nt* patent leather **Glanzleistung** *f* brilliant achievement [*or* performance] *a. iron;* **eine literarische/wissenschaftliche ~** a brilliant literary/scientific achievement **Glanzlicht** *nt* highlight; **einer S.** *dat* **~er/ein ~ aufsetzen** to add highlights/a highlight to sth **glanzlos** *adj* dull, lacklustre [*or* AM -er]; **~es Haar** lustreless [*or* AM lusterless] hair **Glanznummer** *f* star attraction, pièce de résistance **Glanzpapier** *nt* glossy paper **Glanzpolitur** *f* polish for extra shine **Glanzüberdrucklack** *m* TYPO glossy overprint varnish **glanzvoll** *adj* brilliant; **~e Aufführung/Darstellung** sparkling [*or* brilliant] performance/depiction **Glanzzeit** *f* prime [of life]; ■**jds ~** sb's heyday [*or* prime]

Glarus <-> *nt* Glarus

Glas <-es, Gläser> *nt* ❶ (*Werkstoff*) glass *no indef art,* + *sing vb;* **buntes ~** stained glass; ***„Vorsicht ~!"*** "glass — handle with care"; **unter** [*o* **hinter**] **~** under [*or* behind] glass ❷ (*Trinkgefäß*) glass; **zwei ~ Wein** two glasses of wine; **ein ~ über den Durst trinken, zu tief ins ~ schauen** (*fam*) to have one too many [*or fam* one over the eight] ❸ (*Konservenglas*) jar, pot; **ein ~ Honig** a jar [*or* pot] of honey ❹ *kein pl* (*Maßeinheit*) glass ❺ (*Brillenglas*) lens; (*Fernglas*) binoculars *npl*, [field] glasses *npl;* (*Operngias*) lorgnette, opera glasses *npl*

Glasaal *m* ZOOL, KOCHK elver, silver eel **Glasauge** *nt* glass eye **Glasbaustein** *m* glass block [*or* brick] **Glasbläser(in)** *m(f)* glassblower **Glasbläserei** *f* glassworks + *sing/pl verb* **Glasbruch** *m kein pl* [glass] breakage

Gläschen ['glɛ:sçən] *nt dim von* **Glas 2** (*Maßeinheit o. Getränk*) nip, drop, tot, dram; ***darauf müssen wir ein ~ trinken*** we must drink to that, that calls for a little drink

Glascontainer [kɔnte:nɐ] *m* bottle bank BRIT, container for depositing bottles for recycling AM

Glasen *pl* NAUT bells *pl*

Glaser(in) <-s, -> *m(f)* glazier

Glaserei *f* glazier's workshop

Glaserin <-, -nen> *f fem form von* **Glaser**

gläsern *adj* ❶ (*aus Glas*) glass *attr,* [made] of glass *pred* ❷ (*fig: seine Einnahmequellen offen legend*) transparent ❸ (*fig: ausdruckslos*) **~e Augen/~er Blick** glassy eyes/gaze

Glasfabrik *f* glassworks + *sing/pl verb* **Glasfaser** *f meist pl* glass fibre [*or* AM -er]; (*als Isolierungsstoff*) fibreglass *no pl* BRIT, fiberglass *no pl* AM **Glasfaserkabel** *nt* TELEK fibre [*or* AM -er] optic cable **Glasfaserleitung** *f* optical fibre [*or* AM -er] cable **Glasfasernetz** *nt* fibre optics network **Glasfenster** *nt* [glass] window; **bemaltes ~** stained-glass window **Glasfiberstab** *m* SPORT glass fibre [*or* AM -er] pole **Glasgeschirr** *nt* glassware **Glasglocke** *f* (*Glocke aus Glas*) glass bell, glass dome; (*Käseglocke*) cheese cover; CHEM bell jar **Glashaus** *nt* greenhouse; (*in botanischen Gärten*) glass house ▸ WENDUNGEN: **wer [selbst] im ~ sitzt, soll nicht mit Steinen werfen** (*prov*) people living [*or* who live] in glass houses shouldn't throw stones *prov* **Glashersteller(in)** *m(f)* glass producer [*or* manufacturer] **Glasherstellung** *f* glass production **Glashütte** *f* glassworks + *sing/pl verb*

glasieren* *vt* ■**etw ~** ❶ (*Keramik: mit Glasur überziehen*) to glaze [*or spec* enamel] sth ❷ KOCHK *s.* **glacieren**

glasig *adj* ❶ (*ausdruckslos*) glassy ❷ KOCHK transparent

Glasindustrie *f* glass industry **Glaskasten** *m* glass case; (*fam: mit Glas abgeteilter Raum*) glass box **Glaskeramikkochfeld** *nt* ceramic hob **glasklar** I. *adj* ❶ (*durchsichtig*) transparent, [as] clear as glass *pred;* **~e Folie** highly transparent film ❷ (*fig: klar und deutlich*) crystal-clear II. *adv* (*klar und deutlich*) in no uncertain terms **Glasknochenkrankheit** *f* brittle bone disease **Glaskolben** *m* [glass] flask **Glaskörper** *m* ANAT vitreous body **Glaskörpertrübung** *f* opacity of the vitreous body **Glasmalerei** *f* glass painting

Glasnost <-> *f kein pl* POL, HIST glasnost

Glasnudeln *pl* Chinese noodles **Glasperle** *f* glass bead **Glasplatte** *f* glass top **Glasröhre** *f* glass tube **Glasschale** *f* glass bowl [*or* dish] **Glasscheibe** *f* ❶ (*dünne Glasplatte*) glass sheet, sheet of glass ❷ (*Fensterscheibe*) [glass] pane, pane of glass **Glasscherbe** *f* [glass] shard, shard of glass **Glasschleifer(in)** *m(f)* ❶ (*von Ornamenten*) glass cutter ❷ (*für optische Zwecke*) glass [*or* lens] grinder **Glasschneider(in)** *m(f)* glass cutter **Glasschrank** *m* vitrine, glass cabinet **Glasschüssel** *f* glass bowl **Glassplitter** *m* glass splinter, splinter of glass **Glastür** *f* glass door

Glasur *f* ❶ (*Keramik~*) glaze, glazing ❷ KOCHK icing, *esp* AM frosting

Glasversicherung *f* [plate-]glass insurance **Glasvlies** *nt* BAU glass fiber **Glaswaren** *pl* glassware *no pl* **Glaswolle** *f* glass wool

glatt <-er *o fam* glätter, -este *o fam* glätteste> I. *adj* ❶ (*eben*) *Fläche, Haut* smooth; *Fisch* slippery; **ein ~es Gesicht** an unlined face; **~es Haar** straight hair; **~e See** calm [*or* smooth] [*or* unruffled] sea; **~er**

Satz body [*or* straight] matter; **~er Stoff** uncreased fabric; **~ rasiert** clean-shaven; **etw ~ bügeln** to iron [out *sep*] sth, to iron sth smooth; **etw ~ feilen** to file sth smooth; **etw ~ hobeln/schmirgeln** to plane down/sand down sth; **sich die Haare ~ kämmen** to comb one's hair straight; **etw ~ pürieren/rühren** to purée/stir sth until smooth; **etw ~ schleifen** to grind sth smooth; **etw ~ stoßen** TYPO *Papier* to jog [*or sep* knock up] sth; **etw ~ streichen** to smooth out sth *sep; Haare* **~ streichen** to smooth [*or* pat] down one's hair *sep;* **~ rechts stricken** to knit garter stitch; **etw ~ walzen** to flatten sth; **etw ~ ziehen** to smooth out sth; *Betttuch a.* to straighten [out] sth 2 (*rutschig*) *Straße, Weg* slippery, icey 3 (*problemlos*) smooth; **ein ~er Bruch** MED a clean break; **eine ~e Landung** a smooth landing; **~ aufgehen** *Rechnung* to work out exactly; **~ gehen** [*o* **laufen**] (*fam*) to go smoothly [*or fam* OK] 4 *attr* (*fam: eindeutig*) outright, sheer; **eine ~e Lüge** a downright [*or* blatant] [*or* barefaced] lie; **~er Unsinn** sheer [*or* utter] nonsense; **eine ~e Eins/Fünf [schreiben]** SCH [to get] an A/E BRIT [*or* AM an A/F] 5 (*pej: aalglatt*) slick, smooth **II.** *adv* (*fam: rundweg*) clearly, plainly; (*ohne Umschweife*) straight out; *leugnen* flatly; **jdm etw ~ ins Gesicht sagen** to say sth [straight] to sb's face; **etw ~ ablehnen** to turn sth down flat; **etw ~ abstreiten** [*o* **leugnen**] to flatly deny sth; **etw ~ [und sauber] vergessen** to clean forget sth

glatt|bügeln *vt s.* **glatt II 1**

Glattbutt *m* ZOOL, KOCHK bonnet fluke, brill

Glätte <-> *f kein pl* 1 (*Ebenheit*) smoothness; *von Haar* sleekness 2 (*Rutschigkeit*) *von Straße, Weg, etc.* slipperiness 3 (*fig: aalglatte Art*) slickness, smoothness

Glatteis *nt* [thin sheet of] ice; ***„Vorsicht ~!"*** "danger, black ice" ► WENDUNGEN: **aufs ~ geraten, sich auf ~ begeben** to skate on thin ice; **jdn aufs ~ führen** to trip up sb *sep,* to catch sb out

Glatteisgefahr <-> *f kein pl* danger of black ice

glätten **I.** *vt* ■**etw ~** 1 (*glatt streichen*) to smooth out sth *sep,* to trowel-smooth sth; *sich die Haare ~* to smooth [*or* pat] down one's hair *sep* 2 (*besänftigen*) to allay sth *form;* **jds Zorn ~** to calm sb's anger; **jds aufgebrachte Stimmung ~** to smooth sb's ruffled feathers **II.** *vr* ■**sich ~** 1 (*glatt werden*) *Meer, Wellen* to subside, to become calm 2 (*fig: sich beruhigen*) *Wut, Erregung* to subside, to die down

glatt|feilen *vt s.* glatt II 1 **glatt|gehen** *vi irreg sein s.* glatt II 2 **Glatthafer** *m* BOT false oat grass **Glatthai** *m* smooth dogfish **glatt|kämmen** *vt s.* glatt II 1 **glatt|pürieren** *vt s.* glatt II 1 **glattrasiert** *adj s.* glatt II 1 **glatt|rühren** *vt s.* glatt II 1 **glatt|schleifen** *vt irreg s.* glatt II 1 **glatt|stoßen** *vt irreg s.* glatt II 1 **glatt|streichen** *vt irreg s.* **glatt II 1**

glattweg *adv* (*fam*) simply, just like that *fam;* **etw ~ ablehnen** to turn sth down flat [*or* AM *a.* flat out]; **etw ~ abstreiten** [*o* **leugnen**] to flatly deny sth

glatt|ziehen *vt s.* **glatt II 1**

Glatze <-, -n> *f* 1 (*ohne Haare*) bald head [*or hum* pate]; **eine ~ bekommen/haben** to go/be bald; **sich** *dat* **eine ~ schneiden** [*o fam* **scheren**] **lassen** to have one's head shaved; **mit ~** with a bald head, bald[-headed] 2 (*pej sl: Skinhead*) skinhead *pej*

Glatzenbildung *f* balding

Glatzkopf *m* (*fam*) 1 (*kahler Kopf*) bald head [*or hum* pate] 2 (*fam: Mann mit Glatze*) bald[-headed] man, baldie *fam,* baldy *fam*

glatzköpfig *adj* bald[-headed]

Glaube <-ns> *m kein pl* 1 (*Überzeugung*) belief (**an** +*akk* in); (*gefühlsmäßige Gewissheit*) faith (**an** +*akk* in); **der ~ versetzt Berge** [*o* **kann Berge versetzen**] faith can move mountains; **ein blinder/fanatischer/unerschütterlicher ~** an ardent/a fanatical/an unshakeable belief; **ein törichter ~** a false [*or* mistaken] belief; **den festen ~n haben, dass ...** to be of the firm belief [*or* conviction] that ...; **im guten ~n, in gutem ~n** in good faith; **guten ~ns sein, dass ...** to be convinced that ...; **den ~n aufgeben, dass** to give up [*or* stop] believing that ...; **jdn von seinem ~n abbringen** to dissuade sb, to shake sb's faith; **jdn bei** [*o* **in**] **dem ~n [be]lassen, dass ...** to leave sb in the belief [*or* let sb believe] that ...; **[bei jdm] ~n finden** to find credence [with sb]; **in dem ~n leben, dass ...** to live in the belief that ...; **des ~ns** [*o* **in dem ~n**] **sein, dass ...** to believe [*or* be of the opinion] that ...; **jdm/einer S. [keinen] ~n schenken** to [not] believe [*or form* give [no] credence to] sb/sth; **den ~n an jdn/etw verlieren** to lose faith in sb/sth; **jdn in dem ~n wiegen, dass ...** to make sb believe [wrongly] that ...; **sich in dem ~n wiegen, dass ...** to labour [*or* AM -or] under the illusion [*or* believe [wrongly]] that ... 2 REL [religious] faith [*or* belief]; **der christliche/jüdische/muslimische etc. ~** the Christian/Jewish/Muslim etc. faith; **ein Mensch muslimischen/etc ~ns** a person of the Muslim/etc. faith; **vom ~n abfallen** (*geh*) to renounce one's [*or* lapse from the] faith *form,* to apostatize *spec;* **seinen ~n bekennen** to profess one's faith; **für seinen ~n sterben müssen** to die for one's beliefs; **den ~n verlieren** to lose one's faith 3 JUR, HANDEL faith; **in gutem ~n handeln** to act in good faith; **böser/guter ~** bad/good faith, mala/bona fides *form*

glauben **I.** *vt* 1 (*für wahr halten*) ■**[jdm] etw ~** to believe sth [of sb's]; ***das glaubst du doch selbst nicht!*** you don't really believe that, do you! [*or* can't be serious!]; ***ob du es glaubst oder nicht, aber...*** believe it or not, but...; **jdm jedes Wort ~** to believe every word sb says; **kaum** [*o* **nicht**] **zu ~** unbelievable, incredible; **etw nicht ~ wollen** to not want to believe sth; **jdn etw ~ machen wollen** (*fam*) to try to make sb believe sth 2 (*wähnen*) **sich in der Mehrzahl/im Recht ~** to believe oneself in the majority/to think [that] one is right; **sich allein/unbeobachtet ~** to think [that] one is alone/nobody is watching one; *s. a.* **selig II.** *vi* 1 (*vertrauen*) ■**jdm ~** to believe sb; **jdm aufs Wort ~** to take sb's word for it; ■**an jdn/etw ~** to believe in sb/sth; **an jds Ehrlichkeit/das Gute im Menschen ~** to believe in sb's honesty/the good in people; **an sich selbst ~** to believe [*or* have faith] in oneself 2 (*für wirklich halten*) ■**an etw ~** to believe in sth; **an Gott/Gespenster/den Weihnachtsmann/Wunder ~** to believe in God/ghosts/Father Christmas [*or* AM Santa Claus]/miracles 3 (*gläubig sein*) **fest/unerschütterlich ~** to have a strong/an unshakeable faith ► WENDUNGEN: **dran ~ müssen** (*sl: sterben müssen*) to kick the bucket *sl,* to snuff [*or* AM buy] it *sl;* (*weggeworfen werden müssen*) to get chucked out *sl;* (*etw tun müssen*) to be stuck with it *sl;* (*getrunken/gegessen werden müssen*) to have to go [*or hum* be sacrificed]; **wer's glaubt wird selig** a likely story *iron,* only an idiot would buy it

Glauben <-s> *m kein pl s.* **Glaube**

Glaubensbekenntnis *nt* 1 (*Religionszugehörigkeit*) profession [of faith] 2 *kein pl* (*formelhafte Glaubenslehre*) creed, confession [of faith]; ■**das ~** The Creed **Glaubensfrage** *f* question of faith; **eine reine ~** purely a question of faith; **in ~n** in questions of faith **Glaubensfreiheit** *f* freedom of worship, religious freedom **Glaubensgemeinschaft** *f* denomination **Glaubenskrieg** *m* religious war **Glaubenskrise** *f* religious crisis **Glaubensrichtung** *f* religious persuasion **Glaubenszweifel** *m meist pl* religious doubt[s *pl*]

glaubhaft **I.** *adj* believable, credible; **eine ~e Ausrede/Story** a plausible excuse/story; **~e Informationsquellen** sound [*or* reliable] sources of information **II.** *adv* convincingly

Glaubhaftigkeit <-> *f kein pl* credibility

Glaubhaftmachung <-> *f kein pl* JUR substantiation

gläubig *adj* 1 (*religiös*) religious 2 (*vertrauensvoll*) trusting

Gläubige(r) *f(m) decl wie adj* believer; ■**die ~n** the faithful + *pl verb*

Gläubiger(in) <-s, -> *m(f)* ÖKON, JUR creditor, obligee *form*

Gläubigeranfechtung *f* JUR creditor's avoidance **Gläubigerantrag** *m* JUR creditor's petition **Gläubigerausgleich** *f* JUR arrangement with creditors **Gläubigerausschuss**RR *m* JUR committee of creditors **Gläubigerbank** *f* ÖKON creditor bank **Gläubigerbegünstigung** *f* JUR undue preference (*of a creditor*) **Gläubigerforderung** *f* JUR creditors' claim

Gläubigerin <-, -nen> *f fem form von* **Gläubiger**

Gläubigerinteresse *nt* JUR creditors' claim **Gläubigerland** *nt* creditor country **Gläubigerschutz** *m* JUR creditors' protection; **auf ~ klagen** to file for protection of creditors **Gläubigerversammlung** *f* JUR creditors' meeting **Gläubigervertrag** *m* JUR creditor's contract [*or* agreement] **Gläubigerverzeichnis** *nt* JUR schedule of creditors **Gläubigerverzug** *m* JUR creditors' delay (*in accepting performance*)

glaublich *adj* credible; **kaum** [*o* **wenig**] **~ klingen/scheinen/sein** to sound/seem/be scarcely [*or* scarcely sound/seem/be] credible

glaubwürdig *adj* credible

Glaubwürdigkeit *f kein pl* credibility

Glaukom <-s, -e> *nt* MED glaucoma

glazial *adj* GEOL glacial

Glaziallandschaft *f* glacial landscape

gleich **I.** *adj* 1 (*in allen Merkmalen übereinstimmend*) same; **der/die/das ~e wie ..** the same ... as you; ***zwei mal zwei* [*ist*] *~ vier*** two times two is [*or* equals] four; ■**der/die/das G~e/die G~en** the same [one/ones]; **~e Dreiecke** congruent triangles; **G~es mit G~em vergelten** to pay like with like, to give tit for tat *sl;* **~e Rechte/Pflichten** equal rights/responsibilities; **in ~er** [*o* **auf die ~e**] **Weise** in the same way; **zur ~en Zeit** at the same time; **~ alt** the same age; **~ groß/lang** equal in [*or* the same] size/length; **~ schwer** equally heavy, the same weight; **mit etw** *dat* **~ bedeutend sein** to be synonymous with sth; (*so gut wie*) to be tantamount to sth; **~ bezahlt werden** to be paid the same, to receive the same pay; **~ gelagert** comparable; **~ gesinnt** [*o* **denkend**] like-minded, of like minds; **~ gestimmte Seelen** kindred spirits [*or* souls]; **~ lautend** identical; **~ teuer** equally expensive; **ein Gleiches tun** (*iron geh*) to do the same 2 (*unverändert*) ■**der/die/das G~e [...] wie** the same [...] as; ***es ist immer das* [*ewig*] *G~e*** it's always the same [old thing]; **[sich** *dat*] **~ bleiben** to stay [*or* remain] the same [*or* unchanged]; **~ bleibend gut** consistent[ly] good; **aufs G~e hinauslaufen** [*o* **hinauskommen**] it comes [*or* boils] down [*or* amounts] to the same thing 3 (*gleichgültig*) ■**jdm ~ sein** to not care, to be all the same to sb; ■**ganz ~ wer/was [...]** no matter who/what [...] ► WENDUNGEN: **G~ und G~ gesellt sich gern** (*prov*) birds of a feather flock together *prov* **II.** *adv* 1 (*sofort, bald*) just, straightaway, in a minute; ***bis ~!*** see you then! [*or* later!]; (*sofort*) see you in a minute! [*or* moment!]; ***ich komme ~!*** I'm just coming!, I'll be right there!; ***habe ich es nicht ~ gesagt!*** what did I tell you?; ***warum nicht ~ so?*** why didn't you say/do that in the first place?; **~ danach** [*o* **darauf**] soon afterward[s]; (*sofort*) right away, straight [*or* right] afterward[s]; **~ jetzt** [right] now; **~ heute/morgen** [first thing] today/tomorrow; **~ nach dem Frühstück** right [*or* straight] after breakfast 2 (*unmittelbar daneben/danach*) immediately, right; ■**~ als** [*o* **nachdem**] **...** as soon as ...; **~ daneben** right beside [*or* next to] it; **~ danach** just [*or* immediately] after it 3 (*zugleich*) at once [*or* the same time]; ***sie kaufte sich ~ zwei Paar*** she bought two pairs! **III.** *part* 1 *in Aussagesätzen* (*emph*) just as well; ***du brauchst deswegen nicht ~ zu weinen*** there's no need to start crying because of that 2 *in Fragesätzen* (*noch*) again; ***wie war doch ~ Ihr Name?*** what was your name again? **IV.** *präp* +*dat* (*geh: wie*) like

gleichalt(e)rig *adj* [of] the same age *pred* **gleichartig** *adj* of the same kind *pred;* (*ähnlich*) similar **gleichauf** *adv* SPORT equal; **sie liegen/sind ~** (*wertungsgleich*) they're [lying] equal [*or* BRIT *a.* on level pegging]; (*auf gleicher Höhe*) they're neck and neck **gleichbedeutend** *adj s.* **gleich I 1**

Gleichbehandlung *f* equal treatment **Gleichbehandlungsgebot** *nt,* **Gleichbehandlungsgrundsatz** *m* principle of equal treatment **Gleichbehandlungsrichtlinie** *f* equal treatment guideline **gleichberechtigt** *adj* with equal [*or* the same] rights *pred;* ■~ **sein** to have equal rights **Gleichberechtigte(r)** *f(m) dekl wie adj* INFORM peer; **Verbindung unter ~n** peer coupled network **Gleichberechtigung** *f kein pl* equality *no pl,* equal rights + *sing/pl verb* **Gleichberechtigungsgesetz** *nt* JUR act according equal rights to women **gleich|bleiben** *vi, vr irreg sein s.* **gleich I 2 gleichbleibend** *adj, adv s.* **gleich I 2**

gleichen <glịch, geglịchen> *vt* ■**jdm/einer S.** ~ to be [just] like sb/sth; ■**sich** *dat* ~ to be alike [*or* similar]

gleichentags *adv* SCHWEIZ on the same day

gleichermaßen, gleicherweise *adv* equally; ■~ **... und ... sein** to be both ... and ...

gleichfalls *adv* likewise, also; ***danke ~!*** thank you, [and] the same to you *a. iron* **gleichfarbig** *adj* [of] the same colour [*or* AM -or] *pred* **gleichförmig** I. *adj* uniform; **~e Struktur** symmetrical structure II. *adv* uniformly; ~ **strukturiert sein** to have a symmetrical structure **Gleichförmigkeit** *f* uniformity **gleichgelagert** *adj s.* **gleich I 1 gleichgeschlechtig** *adj* same-sex *attr,* of the same sex *pred;* **~e Zwillinge** same-sex twins; **~e Pflanzen** homogamous plants *spec* **gleichgeschlechtlich** *adj* ❶ (*homosexuell*) homosexual ❷ *s.* **gleichgeschlechtig gleichgesinnt** *adj s.* **gleich I 1 gleichgestellt** I. *pp von* **gleichstellen** II. *adj* equal to, on a par with; **rechtlich** ~ equal before the law

Gleichgewicht *nt kein pl* ❶ *eines Körpers* balance, equilibrium; **sein** [*o* **das**] ~ **halten** to keep [*or* maintain] one's balance, to maintain one's equilibrium; **im ~ sein** to be balanced [*or form* in equilibrium]; **wieder im ~ sein, sich wieder im ~ befinden** to regain [*or* recover] one's balance, to restore one's equilibrium; **das ~ verlieren, aus dem ~ kommen** [*o* **geraten**] to lose one's balance ❷ (*Stabilität, Ausgewogenheit*) balance; ÖKON equilibrium; **außenwirtschaftliches** ~ external equilibrium; **militärisches/politisches** ~ military/political stability; **monetäres** ~ monetary equilibrium; **natürliches** ~ natural balance; ÖKOL balance of nature; **ökologisches** ~ ecological [*or* environmental] balance; **das ~ der Kräfte** the balance of power; **ein ~ zwischen ... und ... halten** to maintain a proper balance between ... and ... ❸ (*innere Ausgeglichenheit*) **das innere** [*o* **seelische**] ~ one's equilibrium [*or* emotional balance]; **im ~** in equilibrium; **jdn aus dem ~ bringen** to throw sb off balance; **aus dem ~ geraten, das ~ verlieren, aus dem ~ kommen** to lose one's equilibrium [*or* balance]

gleichgewichtig *adj* ❶ (*ausgeglichen*) balanced ❷ (*gleich schwer*) equal in weight *pred*

Gleichgewichtsorgan *nt* organ of equilibrium, vestibular organ *spec* **Gleichgewichtssinn** *m* sense of balance, vestibular sense *spec* **Gleichgewichtsstörung** *f* impaired balance *no pl,* vestibular disorder *spec*

gleichgültig I. *adj* ❶ (*uninteressiert*) indifferent (**gegenüber** +*gen* to[wards]), uninterested (**gegenüber** +*gen* to[wards]); (*apathisch*) apathetic (**gegenüber** +*gen* towards); **ein ~es Gesicht machen** to look impassive [*or* disinterested]; **~e Stimme** expressionless [*or* uninterested] voice ❷ (*unwichtig*) trivial, immaterial; ■**etw ist jdm ~** sb couldn't care [less] about sth; **jdm nicht ~ bleiben/sein** to not remain/be unimportant to sb II. *adv* (*uninteressiert*) with indifference [*or* a lack of interest]; (*apathisch*) with apathy, apathetically

Gleichgültigkeit *f kein pl* (*Desinteresse*) indifference; (*Apathie*) apathy; ■**jds ~ gegenüber jdm/etw** [*o* **gegen jdn/etw**] sb's indifference to[wards]/apathy towards sb/sth

Gleichheit <-, -en> *f* ❶ (*Übereinstimmung*) correspondence, similarity ❷ *kein pl* (*gleiche Stellung*) equality

Gleichheitsgrundsatz *m* JUR principle of equality **Gleichheitszeichen** *nt* MATH equals sign

gleich|kommen *vi irreg sein* ❶ (*Gleiches erreichen*) ■**jdm/einer S.** [**an etw** *dat*] ~ to equal [*or* match] [*or* be a match for] sb/sth [in sth] ❷ (*gleichbedeutend sein*) ■**einer S.** *dat* ~ to be tantamount [*or* equivalent] [*or* to amount] to sth **gleichlautend** *adj s.* **gleich I 1 gleich|machen** *vt* ■**etw/alles** ~ to make sth/everything the same **Gleichmacher(in)** *m(f)* (*pej*) egalitarian, leveller *pej,* AM *usu* leveler *pej* **Gleichmacherei** <-, -en> *f* (*pej*) egalitarianism, levelling [*or* AM *usu* leveling] down *pej* **Gleichmacherin** <-, -nen> *f fem form von* **Gleichmacher**

Gleichmaß *nt kein pl* ❶ (*Ebenmaß*) evenness; *von Proportionen* symmetry ❷ (*Regelmäßigkeit*) regularity, monotony *pej*

gleichmäßig I. *adj* regular, even; **~e Bewegungen** synchronized [*or* regular] movements; **~er Puls** steady [*or* regular] [*or* even] pulse; **mit ~en Schritten** at a steady pace; **in ~em Tempo** at a steady speed [*or* pace]; ~ **atmen** to breathe regularly; ~ **schlagen** *Herz, Puls, etc.* to beat steadily [*or* regularly] [*or* evenly] II. *adv* ❶ (*in gleicher Stärke/Menge*) evenly, equally; **Farbe ~ auftragen** to apply an even coat of paint [*or* paint evenly] ❷ (*ohne Veränderungen*) consistently

Gleichmäßigkeit *f* evenness, regularity; *von Puls, Herzschlag a.* steadiness; *von Bewegungen* regularity, synchronization; *von Tempo, Schritte* steadiness

Gleichmut *m* composure, serenity, equanimity *form* **gleichmütig** *adj* composed, serene **gleichnamig** *adj* of the same name *pred; Buch* of the same title *pred; s. a.* **Bruch**

Gleichnis <-ses, -se> *nt* allegory; (*aus der Bibel*) parable

Gleichordnungskonzern *m* ÖKON horizontal group

gleichrangig *adj* equal in rank *pred,* at the same level *pred*

Gleichrichter *m* (*Gerät*) rectifier

gleichsam *adv* (*geh*) so to speak, as it were; ■~, **als ob ...** [just] as if ...

gleich|schalten *vt* POL (*pej*) ■**etw** ~ to bring [*or* force] sth into line; **eine gleichgeschaltete Presse** a party mouthpiece **Gleichschaltung** *f* POL (*pej*) bringing [*or* forcing] into line; (*unter den Nazis a.*) Gleichschaltung *spec,* elimination of all opposition **gleichschenk(e)lig** *adj* MATH **~es Dreieck** isosceles triangle **Gleichschritt** *m kein pl* MIL marching *no pl* in step; **aus dem ~ kommen** [*o* **geraten**] to fall out of step; **im ~ marschieren** to march in step; **im ~, marsch!** forward, march! **gleich|sehen** *vi irreg* DIAL ❶ (*ähnlich sehen*) ■**jdm/etw** ~ to look like [*or* resemble] sb/sth ❷ (*fam*) ■**jdm** ~ to be typical of [*or* just like] sb **gleichseitig** *adj* equilateral **gleich|setzen** *vt* ■**etw** [**mit etw** *dat*] ~ to equate sth [with sth] **Gleichsetzung** *f* equating; (*Gleichstellung*) treating as equivalent **Gleichspannung** *f* direct voltage **Gleichstand** *m kein pl* SPORT tie; **den ~ erzielen** [*o* **herstellen**] to draw level BRIT, to tie up the score [*or* game] AM; (*im Fußball*) to score the equalizer [*or* AM tying goal] **gleich|stehen** *vi irreg haben o* SÜDD, ÖSTERR, SCHWEIZ *sein* ■**jdm/etw** ~ to be on a par with sb/sth **gleich|stellen** *vt* ■**jdn jdm** ~ to give sb the same rights as sb **Gleichstellung** *f kein pl* equality (+*gen* of/for) **Gleichstellungsbeauftragte(r)** *f(m) decl wie adj* equal rights representative **Gleichstellungsgesetz** *nt* parity [*or* equality] law **Gleichstrom** *m* ELEK DC, direct current **Gleichstromaggregat** *nt* ELEK DC system **Gleichstromgenerator** *m* AUTO generator **gleich|tun** *vt impers irreg* ❶ (*imitieren, sich ebenso benehmen*) ■**es jdm** ~ to copy [*or* follow] sb['s example], to follow suit ❷ (*gleichkommen*) ■**es jdm** [**in etw** *dat*] ~ to match [*or* equal] sb [in [*or* at] sth], to be a match for sb [in [*or* at] sth]

Gleichung <-, -en> *f* MATH equation; **eine ~ auflösen** to solve an equation; **eine ~ n-ten Grades** an equation of the nth degree; **eine ~ mit einer Unbekannten** an equation with one unknown

Gleichungssystem *nt* MATH system [*or* set] of equations

gleichviel *adv* (*geh: einerlei*) nonetheless, nevertheless, notwithstanding *form;* ~ **ob/wie/wie sehr/wohin** no matter whether [*or* if]/how/how much/where **gleichwarm** *adj* homeotherm **gleichwertig** *adj* equal; ■**jdm/etw ~ sein** to be a match for sb/sth; ■~ **sein** to be equally matched; **ein ~er Gegner** an equally [*or* evenly] matched opponent **Gleichwertigkeit** *f kein pl* equal value; *von Gegner, Armee* equivalence **gleichwie** *konj* (*geh*) ❶ (*ebenso wie*) as well as ❷ (*wie*) [just] as, [just] as if **gleichwink(e)lig** *adj* at the same angle; MATH equiangular **gleichwohl** *adv* (*geh: dennoch*) nonetheless, nevertheless, notwithstanding *form* **gleichzeitig** I. *adj* simultaneous, concurrent II. *adv* ❶ (*zur gleichen Zeit*) simultaneously, at the same time ❷ (*ebenso, zugleich*) also, at the same time **Gleichzeitigkeit** *f* simultaneity, concurrence **gleich|ziehen** *vi irreg* (*fam*) ■[**mit jdm**] ~ to catch up [*or* draw even [*or* level]] [with sb]

Gleis <-es, -e> *nt* EISENBAHN line, track, rails *pl;* (*einzelne Schiene*) rail; (*Bahnsteig*) platform; ~ **...** platform ..., AM *a.* track ...; **aus dem ~ springen** to jump the rails, to be derailed ▶ WENDUNGEN: **aufs falsche ~ geraten** to stray from the straight and narrow, to go astray; **jdn auf ein totes ~ schieben** to kick sb upstairs, to put sb out of harm's way; **etw auf ein totes ~ schieben** to shelve sth, to file sth away; **jdn** [**ganz**] **aus dem ~ bringen** [*o* **werfen**] to throw sb *fam,* to send sb off the rails *fam;* **etw ins** [**rechte**] **~ bringen** to straighten [*or* sort] sth out; [**völlig**] **aus dem ~ geraten** [*o* **kommen**] to go off the rails [*or* astray]; **aus dem ~ kommen** to go off the rails *fam;* **wieder ins** [**rechte**] **~ kommen** (*ins Lot kommen*) to sort oneself out again; (*auf die richtige Bahn kommen*) to get back on the right track; [**wieder**] **im ~ sein** to be all right [*or* back to normal] [*or* straightened out] [again]

Gleisabschnitt *m* track section **Gleisanlage** *f* track system **Gleisanschluss**[RR] *m* siding **Gleisarbeiten** *pl* line [*or* AM *a.* track] repairs *pl,* work on the line *no pl* **Gleisarbeiter(in)** *m(f)* tracklayer **Gleisbettung** *f* track bed course **Gleisbild** *nt* track diagram **Gleisbildstellwerk** *nt* track diagram signal-box **Gleisfahrzeug** *nt* tracklaying [*or* crawler-type] vehicle **Gleisgrundstück** *nt* BAHN land along which railway track runs **Gleiskörper** *m* track, BRIT *a.* permanent way **Gleisnetz** *nt* rail network **Gleisplan** *m* track diagram

gleißen *vi* (*poet: glänzen*) to blaze; **~des Licht** blinding light

gleißend *adj* glaring, dazzling

Gleisübergang *m* level [*or* AM railroad] crossing **Gleisverlegung** *f* tracklaying **Gleiswaage** *f* rail weighbridge

Gleitboot *nt* hydroplane **Gleitcreme** *f* lubricating cream

gleiten <glịtt, geglịtten> *vi* ❶ *sein* (*schweben*) ■[**durch/über etw** *akk o. dat*] ~ to glide [through/over sth]; *Wolke* to sail [through/over sth] ❷ *sein* (*sich leicht dahinbewegen*) ■[**durch/in/über etw** *akk*] **gleiten** to glide [through/into/over sth]; *Schlange a.* to slide [*or* slip] [through/into/over sth] ❸ *sein* (*streichen, huschen*) ■**über etw** *akk* ~ *Augen* to wander [*or* travel] over sth; *Blick* to pass [*or* range] over sth; *Finger* to explore sth; *Hand* to slide over sth; **die Finger/Hand über etw** *akk* **~ lassen** to glide [*or* slide] [*or* run] one's fingers/hand over [*or* across] sth ❹ *sein* (*rutschen*) to slide, to slip; **zu Boden ~** to slip to the floor/ground; **ins Wasser ~** to slip into the water; **etw ins Wasser ~ lassen** to let sth slip into the water; **jdm aus den Fingern/der Hand ~** (*fig a.*) to slip out of sb's fingers/hand; **jdm auf den Boden ~** to fall to the floor [on sb *hum fam*] ❺ *haben* (*fam*) to be on flexitime [*or* flexihours] *fam; s. a.* **Arbeitszeit**

Gleitflug *m* glide; LUFT *a.* power-off glide; **im ~ niedergehen** to glide [*or* plane] down; **im ~ schweben** to glide; **eine Landung im ~ versuchen** LUFT to attempt a landing from a glide **Gleitflugzeug** *nt* glider **Gleitklausel** *f* ÖKON escalator [*or* rise-and-fall] clause **Gleitkufe** *f* LUFT landing skid **Gleitlager** *nt* BAU roller, sliding bearing **Gleitmittel** *nt* TECH, MED lubricant **Gleitschiene** *f* slide rail **Gleitschirm** *m* hang-glider **Gleitschirmfliegen** *nt* hang-gliding, paragliding **Gleitschirmflieger(in)** *m(f)* [pilot of a] hang-glider [*or* paraglider] **Gleitschutz** *m* AUTO (*Bauteil*) anti-skid device; (*der Schutz*) anti-skid protection **Gleitzeit** *f* ADMIN ① (*fam*) flexitime, flexihours *pl* ② (*Zeitspanne außerhalb der Fixzeit*) *set periods outside fixed working hours in which an employee may choose to start/end work*

Glencheck <-[s], -s> ['glɛntʃɛk] *m* ((*schottisches*) *Karomuster*) glen check, Scottish check fabric

Gletscher <-s, -> *m* glacier

Gletscherbrand *m* glacier sunburn **Gletscherkunde** *f kein pl* glaciology *no pl* **Gletscherspalte** *f* crevasse

Glibber <-s> *m kein pl* NORDD (*fam*) slime

glibberig *adj* NORDD (*fam*) slimy

Glied <-[e]s, -er> *nt* ① (*Körperteil*) limb, member *form;* (*Fingerglied, Zehenglied*) joint; (*Fingerspitze*) fingertip; **seine ~er recken** to stretch [oneself]; **kein ~ mehr rühren können** to not be able to move a muscle; **etw in allen ~ern spüren** to feel sth in one's bones; **an allen ~ern zittern** [*o geh* **beben**] to be trembling in every limb [*or* all over], to be shivering [*or* shaking] all over ② (*euph: Penis*) penis, [male] member *form* ③ (*Ketten~*) link *a. fig* ④ (*Teil*) part, link ⑤ (*Mitglied*) member ⑥ (*Rang*) rank ⑦ (*Generation*) generation

Gliederfüßer <-s, -> *m* ZOOL arthropod

gliedern I. *vt* ■ **etw** [**in etw** *akk*] ~ (*unterteilen*) to [sub]divide sth [into sth]; (*ordnen*) to organize sth [into sth]; (*einordnen*) to classify sth [under sth]; ■ [**in etw** *akk*] **gegliedert sein** to be divided [into sth]; **eine straff gegliederte Hierarchie** a tight hierarchy; **ein wenig** [*o* **schwach**] **gegliedertes Unternehmen** a company with little structure II. *vr* ■ **sich in etw** *akk* ~ to be [sub]divided into sth

Gliederpuppe *f* jointed doll; (*Marionette*) [string] puppet **Gliederschmerz** *m meist pl* rheumatic pains *pl*

Gliederung <-, -en> *f* ① *kein pl* (*das Gliedern*) structuring *no pl* (**in** +*akk* into), organization (**in** +*akk* into); (*das Unterteilen*) subdivision (**in** +*akk* into); (*nach Eigenschaften a.*) classification ② (*Aufbau*) structure

Gliedmaßen *pl* limbs, arms and legs **Gliedstaat** *m* member [*or* constituent] state

glimmen <glomm *o selten* glimmte, geglommen *o selten* geglimmt> *vi* ① (*schwach glühen*) to glow; *Feuer, Asche a.* to smoulder, AM *usu* to smolder; **~de Asche** embers, hot ashes ② (*schwach vorhanden sein*) ■ **in jdm** ~ *Hoffnung, etc.* to glimmer within sb

Glimmer <-s, -> *m* ① GEOL mica ② (*selten: Schimmer*) [faint] gleam [*or* glow]

glimmern *vi* (*schimmern*) to glimmer

Glimmstängel^RR^, **Glimmstengel** *m* (*hum fam*) cig[gy] *fam*, smoke *fam*, coffin nail *hum sl*, BRIT *a.* fag *fam*

glimpflich I. *adj* ① (*ohne schlimmere Folgen*) without serious consequences *pred;* [**weniger**] ~ **sein** to be [more] serious, to have [*or form* entail] [more] serious consequences ② (*mild*) lenient, light, mild II. *adv* ① (*ohne schlimmere Folgen*) ~ **davonkommen** to get off lightly; **~/weniger ~/~er abgehen** [*o* **ablaufen**] [*o* **verlaufen**] to pass [off] without/with more/with less serious consequences ② (*mild*) **mit jdm ~ umgehen** [*o* **verfahren**] to treat sb leniently [*or* mildly]; **jdn ~ bestrafen** to give sb a mild [*or* lenient] sentence

glitschen *vi sein* (*fam*) ■ **aus etw** *dat*/**in etw** *akk*/**auf etw** *akk* ~ to slip out of/into/on[to] sth; **jdm aus der Hand ~** to slip out of sb's hand; **von der Hand ~** to slip out of sb's hand

glitschig *adj* (*fam*) slippery; **~er Fisch** slithery fish

Glitter <-s> *m kein pl* glitter

Glitzereffekt *m* glitter effect

glitzern *vi* to sparkle, to glitter; *Stern* to twinkle; ■ **das G~** the sparkle [*or* glitter]

Glitzerwelt *f* SOZIOL (*iron*) glitter world

global I. *adj* ① (*weltweit*) global, worldwide; **~e Steuerung** ÖKON political economic management ② (*umfassend*) **~e Vorstellung/~es Wissen** general idea/knowledge II. *adv* ① (*weltweit*) ~ **verbreitet** global, worldwide; ~ **vorhanden** found worldwide [*or* throughout the world] ② (*ungefähr*) generally; **sich etw ~ vorstellen** to have a general idea about sth

Globalabkommen *nt* JUR omnibus agreement **Globalbewertung** *f* JUR, FIN summary assessment **Globalentschädigung** *f* JUR, FIN lump-sum indemnification **Globalfunk** *m* global [satellite] communication **Globalfunknetz** *nt* global [satellite] communications network **Globalgenehmigung** *f* JUR general [*or* comprehensive] permit; FIN block appropriation

globalisiert *adj* globalized; ***die ~e Finanzwelt*** globalized finance

Globalisierung <-, -en> *f* globalization

Globalkredit *m* FIN blanket loan

Global player ['gloʊbl,pleɪə] *m* global player

Globalsteuerung *f* ADMIN overall control **Globalstrahlung** *f* global radiation **Globalzession** <-, -en> *f* JUR blanket assignment

Globen *pl von* **Globus**

Globetrotter(in) <-s, -> *m(f)* globetrotter

Globus <- *o* -ses, Globen *o* -se> *m* globe

Glöckchen <-s, -> *nt dim von s.* **Glocke** [little] bell

Glocke <-, -n> *f* ① (*Läutewerk*) bell; **die ~n läuten** to ring the bells; (*vor dem Feind*) to ring the tocsin ② (*glockenförmiger Deckel*) [glass] cover ▶ WENDUNGEN: **etw an die große ~ hängen** (*fam*) to shout sth from the rooftops, to broadcast sth loudly; **etw nicht an die große ~ hängen** (*fam*) to keep mum [*or* BRIT *a.* shtumm] about sth *fam*

Glockenbalken *m* [bell] yoke **Glockenblume** *f* bellflower, campanula **glockenförmig** *adj* bell-shaped; BOT *a.* campanulate *spec* **Glockengeläut(e)** *nt kein pl* bells *pl*, peal [*or* ringing] of bells **Glockengießer(in)** *m(f)* bell-founder **Glockenheide** *f* BOT cross-leaved heather **Glockenklang** *m* ringing [*or* pealing] [of bells] **Glockenläuten** *nt s.* **Glockengeläut(e)** **Glockenrock** *m* flared skirt **Glockenschlag** *m* stroke [of a/the bell]; **mit dem ~ kommen/gehen** to arrive/leave dead on time [*or* on the dot]; **auf den** [*o* **mit dem**] ~ on the dot, precisely **Glockenspiel** *nt* ① (*in Kirch- oder Stadttürmen*) carillon ② (*Musikinstrument*) glockenspiel **Glockenstuhl** *m* bell cage [*or* frame] **Glockentierchen** *nt* ZOOL vorticella **Glockenturm** *m* belfry, belltower; (*einzelnes Gebäude*) campanile

glockig *adj s.* **glockenförmig**

Glöckner(in) <-s, -> *m(f)* bellringer; (*Kirchendiener*) sexton; **„Der ~ von Notre-Dame"** "The Hunchback of Notre Dame"

Glorie <-> [-riə] *f kein pl* (*geh*) glory, splendour [*or* AM -or]

Glorienschein [-iən-] *m s.* **Heiligenschein**

glorifizieren* *vt* ■ **jdn/etw ~** to glorify sb/sth (**als** +*akk* as)

Glorifizierung <-, -en> *f* glorification

Gloriole <-, -n> *f* (*geh*) *s.* **Heiligenschein**

glorios *adj s.* **glorreich 1**

glorreich *adj* ① (*meist iron*) magnificent *a. iron;* **eine ~e Idee** a terrific idea *iron* ② (*großartig, ruhmreich*) glorious

Glossar <-s, -e> *nt* glossary

Glosse <-, -n> *f* ① (*knapper Kommentar*) gloss, commentary; (*polemisch*) ironic comment[ary]; (*schriftlich a.*) lampoon, squib ② *pl* (*fam: spöttische Bemerkung*) snide comments [*or* remarks]; **seine ~n über jdn/etw machen** to make snide comments [*or* remarks] about sb/sth

glossieren* *vt* ■ **etw** ~ ① (*kurz kommentieren*) to commentate on sth ② (*spöttische Bemerkungen machen*) to sneer at sth

Glotzauge *nt meist pl* (*fam*) goggle eye *fam;* **~n machen** to stare [goggle-eyed *fam*], to gawk *fam*, BRIT *a.* to gawp *fam;* **mit ~n auf etw** *akk* **starren** (*fam*) to stare at sth [goggle-eyed *fam*], to gawk [*or* BRIT *a.* gawp] at sth *fam*

Glotze <-, -n> *f* (*sl: Fernseher*) one-eyed monster *pej fam*, goggle-box BRIT *fam*, telly BRIT *fam*, boob tube AM *fam;* (*Computerbildschirm*) [computer] screen

glotzen *vi* (*pej fam*) ■ [**auf jdn/etw**] ~ to stare [*or* gape] [*or* BRIT *a. fam* gawp] [at sb/sth]; **in etw** *akk* [**hinein**] ~ to put [*or* stick] one's nose into sth

Glück <-[e]s> *nt kein pl* ① (*günstige Fügung*) luck; (*Fortuna*) fortune; ***ein ~!*** (*fam*) how lucky!, what a stroke of luck!; **ein ~, dass ...** it is/was lucky that ...; **jdm zum Geburtstag ~ wünschen** to wish sb [a] happy birthday; **ein Kind des ~s sein** (*geh*) to have been born under a lucky star; **jdm ~ und Segen wünschen** (*geh*) to wish sb every good fortune; **mehr ~ als Verstand** [*o* **als sonst was**] **haben** (*fam*) to have more luck than sense [*or* brains]; **~ bringend** lucky; **großes/seltenes ~** a great/rare stroke of luck; **~ verheißend** auspicious, propitious; **wahres ~ sein, dass ...** to be really lucky [*or* a good thing] that ...; **auf sein ~ bauen** to rely on [*or* trust to] one's good fortune; **jdm ~ bringen** to bring sb luck; **viel ~** [**bei/in etw**]! good [*or* the best of] luck [with/in sth]!; **~/kein ~ haben** to be lucky [*or* in luck]/unlucky [*or* to not be in luck]; ***~ gehabt!*** (*fam*) that was lucky! [*or* a close shave!]; **das ~ haben, etw zu tun** to be lucky enough [*or* have the good fortune] to do sth; ***das ist dein ~!*** (*fam*) lucky for you!; **~ bei jdm haben** to be successful with sb; **in sein ~ hineinstolpern** (*fam*) to have the luck of the devil, to be incredibly lucky; **dem ~ ein bisschen nachhelfen** to improve [*or* help] one's/sb's luck; (*mogeln*) to cheat a bit; **sein ~** [**bei jdm**] **probieren** [*o* **versuchen**] to try one's luck [with sb]; **von ~ reden** [*o* **sagen**] **können, dass ...** to count [*or* consider] oneself lucky [*or fam* thank one's lucky stars] that ...; **das ~ ist jdm gewogen** [*o* **hold**] (*geh*) luck was with them, fortune smiled upon [*or form* favoured [*or* AM -ored]] them; **sein ~ verscherzen** to throw away one's good fortune [*or* chance]; **auf sein ~ vertrauen** to trust to one's luck; **noch nichts von seinem ~ wissen** [*o* **ahnen**] (*iron*) to not know what's in store for one [*or* anything about it] yet; **jdm** [**viel**] **~** [**bei/zu etw** *dat*] **wünschen** to wish sb [good] luck [with/in sth]; **~ ab!** (*Fliegergruß*) good luck!, happy [*or* safe] landing!; **~ auf!** (*Bergmannsgruß*) good luck!; **zu jds ~** luckily [*or* fortunately] for sb; **zum ~** luckily, fortunately, happily; **zu seinem/ihrem etc. ~** luckily for/her etc. ② (*Freude*) happiness, joy; **jdm ~** [**und Zufriedenheit**] **wünschen** to wish sb joy; **in ~ und Unglück zusammenhalten** to stick together through thick and thin [*or* come rain or come shine]; **echtes/großes ~** true/great happiness; **eheliches/häusliches ~** marital [*or* wedded]/domestic bliss; **junges ~** young love; **kurzes ~** short-lived happiness; **ein stilles ~** bliss, a serene sense of happiness; **das vollkommene ~** perfect bliss; **tiefes ~ empfinden** to feel great [*or* deep] joy; **sein ~ genießen** to enjoy [*or* bask in] one's happiness; **jds ganzes ~ sein** to be sb's [whole] life, to mean the whole world to sb; **nach ~ streben** to pursue happiness ▶ WENDUNGEN: **sein ~ mit Füßen treten** to turn one's back on fortune; **~ und Glas, wie leicht bricht das!** (*prov*) glass and luck, brittle muck *prov;* **~ muss der Mensch** [*o* **man**] **haben!** (*fam*) this must be my/your/our etc. lucky day!, my/your/our etc. luck must be in!; **jeder ist seines ~es Schmied** (*prov*) life is what you make [of] it *prov*, everyone is the architect of his own fortune *prov;* **das war das ~ des Tüchtigen** he/she deserved his/her good luck [*or* fortune], he/she deserved the break *fam;* **~ im Unglück haben** it could have been much worse [for sb], to be quite lucky in [*or* under] the circumstances; **etw auf gut ~ tun** to do sth on the off-chance, to trust to chance; **jdm lacht das ~** fortune smiles on [*or* favours [*or* AM -ors]] sb; **sein ~**

G

machen to make one's fortune; **man kann niemanden zu seinem ~ zwingen** (*prov*) you can lead a horse to water but you cannot make him drink *prov; s. a.* **Pech**

glückbringend *adj s.* **Glück 1**

Glucke <-, -n> *f* ❶ (*brütende Henne*) sitting [*or* broody] hen ❷ (*fig: besorgte Mutter*) mother hen

glücken *vi sein* ❶ (*gelingen*) to be successful [*or* a success]; **nicht ~** to be a failure, to not be successful [*or* a success]; *Plan a.* to miscarry; ■**jdm glückt etw** sb succeeds in sth; ■**jdm glückt es, etw zu tun** sb manages to do sth; ■**geglückt** successful; **eine geglückte Überraschung** a real surprise ❷ (*vorteilhaft werden*) to turn out well; ■**etw ist jdm [gut] geglückt** sb's sth has turned out [very] well

gluckenhaft *adj* (*iron fam*) mollycoddling *pej fam*

gluckern *vi* ❶ (*Geräusch machen*) ■**[in etw** *dat*] **~** *Wasser* to glug [*or* gurgle] [in sth]; **~d fließen** to gurgle ❷ (*fließen*) ■**in etw** *akk* **~** *Wein* to gurgle [*or* glug] into sth

glücklich I. *adj* ❶ (*vom Glück begünstigt, erfolgreich*) lucky, fortunate; ***ihr G~en!*** lucky you! *a. iron;* **sich ~ schätzen können, dass .../etw getan zu haben** to consider [*or* count] oneself lucky that .../to have done sth ❷ (*vorteilhaft, erfreulich*) happy, fortunate; **ein ~es Ende** [*o* **~er Ausgang**] a happy ending; **eine ~e Nachricht** [some] good news + *sing vb;* **ein ~er Umstand** a fortunate circumstance; **ein ~er Zufall** a stroke of luck; **ein [wenig] ~er Zeitpunkt** a [not very] happy moment ❸ (*froh*) happy; ■**~ mit jdm/etw sein** to be happy with sb/sth; ■**~ über jdn/etw sein** to be happy about sb/sth; **wunschlos ~ sein** to be happy beyond all one's wishes; **jdn ~ machen** to make sb happy, to bring sb happiness ▶ WENDUNGEN: **dem G~en schlägt keine Stunde** time stands still for those who are happy **II.** *adv* ❶ (*vorteilhaft, erfreulich*) happily; **~ gelingen** to turn out happily [*or* a success] ❷ (*froh und zufrieden*) happily; **~ [mit jdm] liiert/verheiratet sein** to be happily united [with sb]/married [to sb] ❸ (*fam: zu guter Letzt*) after all

glücklicherweise *adv* luckily, fortunately

glücklos *adj* hapless, luckless

Glücksbringer <-s, -> *m* lucky charm

glückselig *adj* blissful[ly happy]; **~es Lächeln** rapturous smile

Glückseligkeit <-, -en> *f* ❶ *kein pl* (*überglücklicher Zustand*) bliss; **in ~ schwelgen** to float in bliss ❷ (*beglückendes Ereignis*) blissful occasion

glucksen *vi s.* **gluckern**

Glücksfall *m* stroke of luck; **durch einen ~** by a lucky chance **Glücksgefühl** *nt* ■**ein ~** [a feeling of] happiness **Glücksgöttin** *f* goddess of luck [*or* fortune], Fortune *no art,* + *sing vb* **Glückskind** *nt* (*fam*) a lucky person; **sie war ein ~** she was born lucky **Glücksklee** *m* four-leaf[ed] clover **Glückspfennig** *m* lucky penny **Glückspilz** *m* (*fam*) lucky devil [*or* BRIT *a.* beggar] *fam* **Glücksrad** *nt* wheel of fortune **Glücksritter** *m* adventurer, soldier of fortune **Glückssache** *f* ■**etw ist [reine] ~** sth's a matter of [sheer] luck **Glücksschwein(chen)** *nt* good-luck pig (*pig as a symbol of good luck*) **Glücksspiel** *nt* game of chance; ■**~e** gambling *no pl* **Glücksspieler(in)** *m(f)* gambler **Glückssträhne** *f* lucky streak, run of good luck **Glückstag** *m* lucky [*or* red-letter] day **glückstrahlend** *adj* radiant with happiness **Glückstreffer** *m* stroke of luck; (*beim Schießen*) lucky shot **Glückszahl** *f* ❶ (*Zahl, die Glück bringen soll*) lucky number ❷ (*Lottotreffer*) winning [lottery] number

glückverheißend *adj s.* Glück 1 **Glückwunsch** *m* congratulations *npl* (**zu** +*dat* on); **jdm seinen ~ zu etw** *dat* **aussprechen** to offer sb one's congratulations on sth; **herzlichen ~!, meinen ~!** congratulations!; **herzlichen ~ zum Geburtstag!** happy birthday, many happy returns [of the day] **Glückwunschkarte** *f* greetings [*or* AM greeting] card **Glückwunschtelegramm** *nt* greetings [*or* AM greeting] telegram

Glucose <-> *f kein pl s.* **Glukose**

Glühbirne *f* [electric] light bulb

glühen *vi* ❶ (*rot vor Hitze sein*) to glow ❷ (*sehr heiß sein*) to burn; *Wangen* to glow ❸ (*geh*) ■**vor etw** *dat* **~** to burn with sth; **vor Scham ~** to be flushed [*or* to burn] with shame

glühend I. *adj* ❶ (*rot vor Hitze*) glowing; **~de Kohlen** glowing [*or* [red-]hot] coals; **~es Metall** [red-]hot metal ❷ (*brennend, sehr heiß*) burning; **~e Hitze** blazing heat; **~e Wangen** burning [*or* flushed] cheeks; **~er Hass** (*fig*) burning hatred **II.** *adv* **~ heiß** scorching [hot]; **jdn ~ lieben** to love sb passionately; **jdn ~ hassen** to have a burning hatred for sb

Glühfaden *m* filament **Glühkerze** *f* AUTO glow plug **Glühlampe** *f* (*geh*) [electric] light bulb **Glühwein** *m* glühwein, [hot] mulled wine **Glühwürmchen** <-s, -> *nt* glow-worm; (*fliegend*) firefly

Glukagon <-s> *nt* BIOL glucagon *no pl*

Glukose <-> *f kein pl* glucose *no pl*

Gluon <-s, -en> *nt meist pl* PHYS gluon

Glupschauge *nt* NORDD (*fam*) goggle eye; **~n machen** [*o* **bekommen**] to stare goggle-eyed; ***sie hat ~n gemacht*** she stared goggle-eyed, her eyes nearly popped out of her head

Glut <-, -en> *f* ❶ (*glühende Masse*) embers *npl; Tabak* burning ash ❷ (*geh*) ardour [*or* AM -or] *form,* fervour [*or* AM -or] *form*

Glutamat <-[e]s, -e> *nt* [sodium] glutamate

Glutamin <-s, -e> *nt* glutamine

Glutaminsäure *f* glutam[in]ic acid

glutäugig *adj* (*geh*) fiery-eyed *attr,* with smouldering [*or* fiery] eyes *pred* **Gluthitze** *f* sweltering heat

glutrot *adj* fiery red

Glykogen <-s> *nt kein pl* BIOL glycogen *no pl*

Glykol <-s, -e> *nt* glycol

Glyzerin <-s> *nt kein pl* CHEM glycerin[e]

GmbH <-, -s> *f Abk von* **Gesellschaft mit beschränkter Haftung** ≈ Ltd BRIT; **~ & Co** *limited partnership;* **~ & Co KG** *limited partnership with a private limited ompany as general partner;* **GmbH & Still** *private limited company with a dormant partner*

GmbH-Geschäftsführer(in) *m(f)* ÖKON manager of a private limited company **GmbH-Gesetz** *nt* JUR, ÖKON private limited companies act **GmbH-Recht** *nt kein pl* JUR, ÖKON law on private limited companies **GmbH-Vertrag** *m* JUR, ÖKON articles *pl* of association

Gnade <-, -n> *f* ❶ (*Gunst*) favour [*or* AM -or]; **~ vor jds Augen finden** to find favour in sb's eyes [*or* with sb]; **von jds/Gottes ~n** by the grace of sb/God [*or* sb's/God's grace]; ***Euer ~n!*** Your Grace! ❷ (*Milde, Nachsicht*) mercy; **etw aus ~ und Barmherzigkeit tun** to do sth out of the kindness [*or* goodness] of one's heart [*or* out of Christian charity]; **~ vor Recht ergehen lassen** to temper justice with mercy; **um ~ bitten** to ask [*or* beg] [*or liter* crave] for mercy; **die ~ haben, etw zu tun** (*iron*) to graciously consent to do sth *iron;* **ohne ~** without mercy; **~!** mercy!, spare me!

Gnadenakt *m* act of mercy [*or* clemency] **Gnadenbrot** *nt kein pl* charity; **bei jdm das ~ bekommen** to be provided for by sb [in one's old age]; (*beim Pferd*) to have been put out to grass [by sb] **Gnadenerweis** *m* JUR act of pardon **Gnadenfrist** *f* [temporary] reprieve; **jdm eine ~ geben** [*o* **gewähren**] to give sb a [temporary] reprieve **Gnadengesuch** *nt* plea [*or* petition] for clemency; **ein ~ [bei jdm] einreichen** to present a plea [*or* petition] for clemency [to sb], to petition for clemency **gnadenlos I.** *adj* merciless; ■**~ [gegen jdn] sein** to be merciless [with sb] **II.** *adv* mercilessly, without mercy **Gnadenschuss**RR *m,* **Gnadenstoß** *m* coup de grâce; **einem Tier den ~ geben** to put an animal out of its misery, to kill an animal out of mercy **Gnadenweg** *m* JUR pardon; **auf dem ~** by a pardon

gnädig I. *adj* ❶ (*herablassend*) gracious *a. iron* ❷ (*Nachsicht zeigend*) merciful; ***Gott sei ihm ~*** [may] God have mercy on him ❸ (*veraltend: verehrt*) **~e Frau** madam, ma'am; **~es Fräulein** madam; (*jünger*) miss; **~er Herr** (*veraltet*) sir; **die ~e Frau/das ~e Fräulein/der ~e Herr** the lady/young lady/master [*or* [young] gentleman]; **meine G~ste** (*hum*) my dear madam, your ladyship *iron* **II.** *adv* ❶ (*herablassend*) graciously ❷ (*milde*) leniently; **~ davonkommen** to get off lightly; **mach es ~** don't be too hard

Gneis <-es, -e> *m* GEOL gneiss

Gnom <-en, -en> *m* (*pej*) gnome; (*kleiner Mensch*) dwarf, little squirt *pej fam;* (*Giftzwerg*) poison[ed] dwarf *pej fam*

Gnostik <-> *f kein pl* REL gnosticism

Gnostiker(in) <-s, -> *m(f)* REL gnostic

gnostisch *adj* REL gnostic

GNS *f Abk von* **Gesellschaft für Nuklearservice** *German nuclear waste diposal company*

Gnu <-s, -s> *nt* gnu, wildebeest

Goabohne *f* asparagus pea, winged bean

Goal <-s, -s> [goːl] *nt* FBALL ÖSTERR, SCHWEIZ goal

Goalgetter <-s, -> *m* FBALL ÖSTERR, SCHWEIZ scorer

Goalkeeper <-, -s> [kiːpɐ] *m,* **Goalmann** *m* FBALL ÖSTERR, SCHWEIZ goalkeeper, goalie *fam*

GoB *pl* FIN *Abk von* **Grundsätze ordnungsgemäßer Buchführung** GAAP

Gobelin <-s, -s> [gobəˈlɛ̃ː] *m* Gobelin [tapestry]

Gockel <-s, -> *m bes* SÜDD cock

Go-go-Tänzerin [ˈgoːgoː-] *f* go-go dancer [*or* girl]

Goingpublic <-s> [ˈgoɪŋ ˈpʌblɪk] *nt* going public

GokartRR, **Go-Kart** <-[s], -s> *m* go-cart [*or* -kart]

Golanhöhen *pl* ■**die ~** the Golan Heights

Gold <-[e]s> *nt kein pl* ❶ (*Edelmetall*) gold *no pl;* **etw mit ~ überziehen** to gold-plate sth, to plate sth with gold; **schwarzes ~** black gold, crude [oil]; **treu wie ~ sein** to be faithful and loyal; **nicht mit ~ zu bezahlen** [*o* **aufzuwiegen**] **sein** to be worth one's/its weight in gold; **aus ~** gold; **in ~** in gold; (*ungemünzt*) in bullion ❷ SPORT (*sl*) gold, a/the gold medal (**in** +*dat* in); **~ holen** (*sl*) to fetch gold [*or* a/the gold medal] ▶ WENDUNGEN: **es ist nicht alles ~, was glänzt** (*prov*) all that glitters [*or* glisters] is not gold *prov,* all is not gold that glitters *prov;* **~ in der Kehle haben** (*fig fam*) to have a golden voice, sb's voice is his/her fortune [*or* a goldmine]; **nicht für alles ~ der Welt** not for all the money in the world

Goldader *f* vein of gold; **eine ergiebige ~** a rich vein of gold, a bonanza **Goldammer** *f* yellowhammer **Goldamsel** *f* [golden] oriole **Goldarmband** *nt* gold bracelet **Goldbarren** *m* gold ingot **Goldbarsch** *m* redfish **Goldbestand** *m* gold reserves *pl* **goldbestickt** *adj* embroidered with gold [thread] *pred* **Goldbrasse** *f* ZOOL, KOCHK gilthead **Golddeckung** *f* FIN gold backing [*or* cover] **Golddistel** *f* BOT goldenrod **Golddublee** *nt* gold-plated metal

golden I. *adj attr* ❶ (*aus Gold*) gold[en *liter*] ❷ (*poet: goldfarben*) golden; *s. a.* **Herz, Hochzeit, Mitte, Wort II.** *adv* like gold

Goldesel *m* ❶ LIT ass which rained gold coins ❷ (*fig fam*) bottomless source of money **Goldfaden** *m* gold thread **goldfarben, goldfarbig** *adj* golden, gold-coloured **Goldfarn** *m* BOT golden fern **Goldfasan** *m* golden pheasant **Goldfisch** *m* gold fish **Goldfund** *m* discovery of gold **Goldgehalt** *m* gold content **goldgelb** *adj* golden yellow; KOCHK golden brown **Goldgier** *f* greed for gold **goldgierig** *adj* greedy for gold *pred* **Goldgräber(in)** <-s, -> *m(f)* gold-digger **Goldgräberstimmung** *f kein pl* SOZIOL, ÖKON euporia **Goldgrube** *f* ❶ (*fig: Fundgrube*) goldmine ❷ (*liter*) *s.* **Goldmine** **Goldhaar** *nt* ❶ (*geh: goldblondes Haar*) golden hair ❷ BOT (*Aster*) golden aster **Goldhafer** *m* golden oats *pl* **Goldhähnchen** *nt* ORN goldcrest **goldhaltig** *adj,* **goldhältig** *adj* ÖSTERR gold-bearing, auriferous *spec* **Goldhamster** *m* [golden] hamster

goldig *adj* ❶ (*fam: allerliebst*) sweet, cute ❷ *pred* DIAL (*fam: rührend nett*) frightfully nice *a. iron* ❸ DIAL (*iron fam*) ***du bist aber ~!*** you're a right one [*or* card][, you are]! BRIT *iron fam,* you're [*or* very] funny! AM *iron fam*

Goldjunge, -mädchen *m, f* (*fam*) ❶ (*Kind, das*

man besonders lieb hat) blue-eyed [*or* golden] boy, mother's little boy/girl 2 SPORT gold medallist **Gọldklumpen** *m* gold nugget **Gọldkrone** *f* gold crown **Gọldlack** *m* BOT wallflower, gillyflower **Gọldmädchen** *nt* (*fam*) *fem form von* **Goldjunge** **Gọldmakrele** *f* KOCHK, ZOOL dorado, dolphinfish **Gọldmark** *f* HIST [German] gold mark **Gọldmedaille** *f* SPORT gold [medal] **Gọldmedaillengewinner(in)** *m(f)* SPORT gold medallist **Gọldmine** *f* gold mine **Gọldmünze** *f* gold coin **Gọldnessel** *f* BOT yellow archangel **Gọldpapier** *nt* gold [*or* gilt] paper **Gọldplombe** *f* gold filling **Gọldprägung** *f* gold embossing **Gọldrahmen** *m* gilt frame **Gọldrand** *m* gold edge; (*auf Tassen*) gold [*or* gilt] rim; **mit/ohne ~** with/without a gold edge [*or* gold [*or* gilt] rim] **Gọldrausch** *m* gold fever **Gọldraute** *f* BOT spiked wormwood **Gọldregen** *m* 1 BOT laburnum, golden rain 2 (*Feuerwerkskörper*) Roman candle **Gọldregenpfeifer** *m* ORN golden plover **Gọldreif** *m* (*geh*) gold bracelet **Gọldreserve** *f* FIN gold reserves *pl* **gọldrichtig** *adj* (*fam*) 1 (*völlig richtig*) dead right [*or* on] *fam;* **sich ~ verhalten** to behave exactly right 2 *pred* (*in Ordnung*) all right *fam* **Gọldschatz** *m* 1 (*Schatz aus goldenen Gegenständen*) golden treasure 2 (*Kosewort*) treasure *fam*

Gọldschmied(in) *m(f)* goldsmith

Gọldschmiedearbeit *f* worked gold article **Gọldschmiedekunst** *f kein pl* goldsmith's art **Gọldschmiedekurs** *m* goldsmith[e]ry course

Gọldschmiedin <-, -nen> *f fem form von* **Goldschmied**

Gọldschnitt *m kein pl* gilt edging **Gọldschnitte** *f* KOCHK sweet french toast **Gọldstaub** *m* gold dust **Gọldstück** *nt* 1 (*veraltet*) gold coin [*or* piece], piece of gold *old* 2 *s.* **Goldschatz 2** **Gọldsucher(in)** *m(f)* gold prospector **Gọlduhr** *f* gold watch **Gọldvorkommen** *nt* gold deposit **Gọldwaage** *f* gold balance [*or* BRIT scales *pl*] [*or* AM scale]; **[bei jdm] jedes Wort [***o* **alles] auf die ~ legen müssen** to have to weigh one's words [with sb], to have to watch what one says [to sb]; ***du darfst [bei ihm] nicht jedes Wort auf die ~ legen*** you should take him with a pinch of salt, you shouldn't take what he says too seriously **Gọldwährung** *f currency tied to the gold standard* **Gọldwaren** *pl* gold articles **Gọldwäscher(in)** <-s, -> *m(f)* gold panner

Golem <-s> *m kein pl* golem

Gọlf¹ <-[e]s, -e> *m* GEOL gulf; **der ~ von Alaska/Genua/Guinea/Mexiko** the Gulf of Alaska/Genoa/Guinea/Mexico; **der ~ von Bengalen/Biskaya** the Bay of Bengal/Biscay; **der Persische ~, der ~** (*fam*) the [Persian] Gulf

Gọlf² <-s> *nt kein pl* SPORT golf *no pl;* **~ spielen** to [play] golf

Gọlfball *m* golf ball **Gọlfclub** *m* golf club

Gọlfer(in) <-s, -> *m(f)* (*fam*) *s.* **Golfspieler** golfer

Gọlfkanal *m* TV, SPORT golf channel **Gọlfkrieg** *m* gulf war; **der ~** the Gulf War **Gọlfkrise** *f* **die ~** the Gulf Crisis

Golf Open [-'oʊp(ə)n] *nt* Golf Open

Gọlfplatz *m* golf course [*or* links] + *sing/pl verb;* **ein ~ mit 18 Löchern** an 18-hole golf course

Gọlfpolitik *f* Gulf policies *pl*

Gọlfschläger *m* golf club **Gọlfspieler(in)** *m(f)* golfer, golf player; **~ sein** to play golf

Gọlfstaat *m* **die ~en** the Gulf States **Gọlfstrom** *m* GEOL **der ~** the Gulf Stream

Gọlftasche *f* golf bag

Gọlf von Alaska *m* Gulf of Alaska

Gọlf von Bengalen *m* Bay of Bengal

Gọlf von Guinea *m* Gulf of Guinea

Gọlf von Mẹxiko *m* Gulf of Mexico

Gọlgatha <-s> *nt* Golgotha

Gọlgi-Apparat *m* BIOL Golgi apparatus [*or* body]

Goliath <-[s], -s> *m* 1 (*Riese in der Bibel*) Goliath 2 (*fig fam*) giant, goliath 3 HIST *largest long-wave radio set between 1942 and 1945*

Gomera *nt* Gomera; *s. a.* **Sylt**

Gonade <-, -n> *f* BIOL gonad

Gọndel <-, -n> *f* 1 (*Boot in Venedig*) gondola 2 (*Seilbahn~*) [cable-]car 3 (*Ballon~*) gondola, basket

Gọndelbahn *f* SCHWEIZ cable railway

gọndeln *vi sein* (*fam*) **[mit etw *dat*] durch etw *akk* ~** (*per Boot reisen*) to go [*or* cruise] [leisurely] through sth [in sth], to cruise around sth

Gondoliere <-, Gondolieri> *m* gondolier

Gọng <-s, -s> *m* gong; SPORT bell

gọngen I. *vi impers* ***das Essen ist fertig, es hat schon gegongt!*** it's mealtime, the gong has already sounded! II. *vi* to sound the gong

Gọngschlag *m* sound [*or* stroke] of the gong

gọ̈nnen I. *vt* 1 (*gern zugestehen*) **jdm etw ~** not to begrudge sb sth; ***ich gönne ihm diesen Erfolg von ganzem Herzen!*** I'm absolutely delighted that he has succeeded 2 (*iron: es gern sehen*) **es jdm ~, dass** to be pleased [to see] that sb *iron;* ***ich gönne ihm, dass er auch mal reingefallen ist!*** I'm pleased [to see] that he's been taken for a ride for once II. *vr* **sich *dat* etw ~** to allow oneself sth; **sich ein Glas Wein/etwas Kaviar/ein paar Pralinen ~** to treat oneself to [*or* allow oneself] a glass of wine/some caviar/a few chocolates

Gönner(in) <-s, -> *m(f)* patron

gọ̈nnerhaft I. *adj* (*pej*) patronizing [*or* BRIT *a.* -ising]; **ein ~es Lächeln** a patronizing smile II. *adv* patronizingly [*or* BRIT *a.* -isingly]; **sich ~ geben, ~ tun** to play the big benefactor

Gọ̈nnerin <-, -nen> *f fem form von* **Gönner**

Gọ̈nnerlaune *f* generous mood; ***ich gebe heute Champagner aus, ich bin in ~*** the Champagne's on me today, I'm [feeling] in a generous mood [*or fam* feeling flush] **Gọ̈nnermiene** *f* (*pej*) patronizing expression [*or* air]; **eine ~ aufsetzen** to put on a patronizing expression [*or* air]; **mit ~** with a patronizing expression [*or* air]

Gonokọkkus <-, -kọkken> *m meist pl* MED gonococcus

Gonorrhö(e) <-, -en> [gɔno'røː] *f* MED gonorrhoea BRIT, gonorrhea AM

Goodwill <-s> ['gudwil] *m kein pl* 1 ÖKON (*Firmenwert*) goodwill *no pl* 2 (*Wohlwollen*) goodwill *no pl*

Goodwilltour ['gudwiltuːɐ] *f* goodwill trip

gọrdisch *adj s.* **Knoten**

Göre <-, -n> *f* (*fam*) [BRIT cheeky] little madam *fam,* brat *pej fam*

Gorgonzola <-s, -s> *m* KOCHK Gorgonzola [cheese]

Gorịlla <-s, -s> *m* 1 (*Menschenaffe*) gorilla 2 (*sl: Leibwächter*) heavy *sl*

Gọspel <-s, -s> *nt o m* gospel

Gospelsänger(in) *m(f)* gospel singer **Gọspelsong** <-s, -s> *m* gospel song

Gọsse <-, -n> *f* (*veraltend: Rinnstein*) gutter ▶ WENDUNGEN: **jdn aus der ~ auflesen [***o* **holen]** to drag [*or* pull] sb [up] out of the gutter; **in der ~ aufwachsen** to grow up in the gutter; **in der ~ enden [***o* **landen]** to end up in the gutter; **aus der ~ kommen [***o* **stammen]** to come from the gutter; **jdn [***o* **jds Namen] durch die ~ ziehen** to drag sb's name through the mud

Gote, Gotin <-n, -n> *m, f* Goth

Gotik <-> *f kein pl* ARCHIT, KUNST Gothic period

Gotin <-, -nen> *f fem form von* **Gote**

Gotisch <-> *f kein pl* TYPO black face [*or* letter], Gothil face, old black

gotisch *adj* 1 HIST, LING Gothic 2 ARCHIT, ART (*die Epoche der Gotik betreffend*) Gothic [style]; *s. a.* **Schrift**

Gotisch *nt* LING Gothic; **das ~e** [the] Gothic [language]

Gọtt, Gọ̈ttin <-es, Götter> *m, f* 1 *no pl* (*das höchste Wesen*) God; ***vor ~ sind alle Menschen gleich*** all men are equal before God; (*christlicher ~*) God; **~ *sei Dank!*** (*a. fig fam*) thank God! *a. fig;* **~ *im Himmel!*** (*emph fam*) heavens above!, goodness gracious!; **~ *sei gepriesen*** God be praised; ***was ~ zusammengefügt hat, soll der Mensch nicht scheiden*** those whom God hath joined together let no man put asunder; **~ der Allmächtige** Almighty God; **~ der Herr** the Lord; **~ [der] Vater[, der Sohn und der Heilige Geist]** God the Father[, Son and Holy Ghost]; **im Namen ~es** in the name of God; **der liebe ~** (*kindersprache*) the good Lord; **bete zu ~, dass ...!** (*a. fig*) pray to God that ...! *a. fig;* **zu ~ beten** to pray to God; **an ~ glauben** to believe in God; **bei ~ schwören** to swear by Almighty God; **so ~ will** (*geh*) God willing; **~ *steh' mir bei!*** (*emph fam*) God help me!; **~ *ist mein Zeuge*** (*geh*) as God is my witness; **~ *hab' ihn selig!*** God rest his soul!; **~ *sei mit dir/euch!*** (*veraltend*) God be with you! *dated;* ***da sei ~ vor!*** (*emph*) God [*or* Heaven] forbid!; ***vergelt's ~!*** (*veraltend*) God bless you!; ***großer [o gütiger] [o gerechter] ~!*** good Lord [*or* God]! 2 (*ein ~*) god ▶ WENDUNGEN: **wie ~ in Frankreich leben** (*fam*) to live in the lap of luxury; **den lieben ~ einen guten Mann sein lassen** (*fam*) to live for the day [*or* take things as they come]; **~es Mühlen mahlen langsam** (*prov*) the mills of the Lord grind slowly[, but they grind exceeding small] *prov;* **in ~es Namen!** (*fam*) in the name of God; ***halte dich in ~es Namen etwas zurück, wenn du mit ihnen sprichst*** for heaven's [*or* goodness] sake go easy on them when you speak to them; **über ~ und die Welt reden [***o* **sprechen], sich über ~ und die Welt unterhalten** (*fam*) to talk about everything under the sun; **ach du lieber ~!** oh heavens [*or* Lord]!; ***ach du lieber ~, wie siehst du denn aus?*** good heavens, what do you look like?; **~ behüte [***o* **bewahre]!** God [*or* Heaven] forbid!; **gebe ~, dass** pray [*or* please] God that; **[nackt,] wie ~ ihn/sie geschaffen hat** (*hum fam*) naked as the day he/she was born, in his/her birthday suit *hum fam* [*or fam* the altogether]; **gnade dir ~, wenn ..., ... dann gnade dir ~!** woe betide you, if...; **grüß ~!** *bes* SÜDD, ÖSTERR hello!, hallo!, good day [*or* morning] [*or* afternoon] [*or* evening]!; **jds ~ sein** to be sb's god; **~ weiß was/wie viel/wann ...** (*fam*) God knows what/how much/when ...; ***da kann man ~ weiß was finden*** one can find all sorts of [*or* God knows how many] things there; **weiß ~ nicht ...** (*fam*) certainly not ...; ***das ist weiß ~ nicht zu teuer*** that is certainly not too expensive; **das wissen die Götter** (*fam*) Heaven only knows; **ach ~** (*resignierend*) oh God [*or* Lord]!; (*tröstend*) oh dear; **bei ~** (*fam*) by God!; **leider ~es** (*emph*) unfortunately, I'm afraid; ***leider ~es, ja/nein!*** I'm afraid so/not!; **mein ~** (*emph fam*) [my] God!; **o ~** (*entsetzt*) oh God!; (*empört*) my God!; **um ~es willen!** (*emph: o je!*) [oh] my God!; (*bitte*) for God's [*or* Heaven's] sake!

Gọtte <-, -n> *f* SCHWEIZ *fem form von* **Götti** godmother

Gọtterbarmen *nt* ▶ WENDUNGEN: **zum ~** (*fam: Mitleid erregend*) pitifully, pathetically; (*pej: fürchterlich*) atrociously, dreadfully, terribly

Gọ̈tterbild *nt* idol **Gọ̈tterbote** *m* messenger of the Gods **Gọ̈tterdämmerung** *f* Götterdämmerung, twilight of the gods **Gọ̈ttergatte, -gattin** *m, f* (*hum fam*) **jds ~** sb's better half *hum*

gọttergeben I. *adj* meek II. *adv* meekly

Gọ̈tterspeise *f* KOCHK jelly BRIT

Gọttesacker *m* (*veraltet*) God's acre *dated no art,* graveyard **Gọttesanbeterin** *f* ZOOL praying mantis **Gọttesdienst** *m* REL [church] service; **zum ~ gehen** to go to church **Gọttesfurcht** *f kein pl* REL fear of God *no pl* **gọttesfürchtig** *adj* (*veraltend*) God-fearing *dated* **Gọtteshaus** *nt* REL house of God *esp liter, form,* place of worship, church **Gọtteslästerer, -lästerin** *m, f* blasphemer **gọtteslästerlich** *adj* blasphemous **Gọtteslästerung** *f* blasphemy **Gọttesmutter** *f kein pl* REL **[Maria,] die ~** [Mary,] Mother of God **Gọttessohn** *m kein pl* REL **[Jesus Christus,] der ~** [Jesus Christ,] Son of God **Gọttesurteil** *nt* HIST trial by ordeal

gọttgewollt *adj* REL willed by God, divinely ordained

Gọttheit <-, -en> *f* deity

Gọ̈tti <-s, -> *m* SCHWEIZ (*Pate*) godfather

Gọ̈ttin <-, -nen> *f fem form von* **Gott** goddess

gọ̈ttlich *adj* 1 (*von Gott gegeben*) divine; **~e Gna-**

G

de/Vorsehung divine mercy/providence ❷ (*einer Gottheit ähnlich*) divine, godlike ❸ (*fam: extrem gut*) divine *fam*
gottlob *adv* (*veraltend*) thank God [*or* goodness] [*or* heaven[s]]
gottlos *adj* godless **Gottlosigkeit** *f* godlessness **Gottseibeiuns** *m* (*euph veraltend*) ■**der** [**leibhaftige**] ~ the Evil One [himself], the devil [incarnate]
gottserbärmlich I. *adj* (*emph fam*) dreadful, terrible; **eine ~e Hitze** a dreadful [*or* terrible] heat II. *adv* terribly; ***du zitterst ja ~!*** you're shaking terribly!
Gottvater *m kein pl* God the Father *no pl* **gottverdammt** *adj attr* (*emph sl*) damn[ed] *sl,* goddamn[ed] *esp* AM *fam* **gottverlassen** *adj* (*emph fam*) god-forsaken *pej* **Gottvertrauen** *nt kein pl* trust in God *no pl*
Götze <-n, -n> *m* (*pej*) ❶ (*heidnischer Gott*) idol, false god ❷ *s.* **Götzenbild**
Götzenbild *nt* (*pej*) idol, graven image **Götzendiener(in)** *m(f)* (*pej*) idolater, worshipper of idols **Götzendienst** *m kein pl* idolatry *no art*
Götzzitat *nt* ■**das** ~ *the verbal equivalent of the V-sign vulg*
Gourmand <-s, -s> [gʊrˈmãː] *m* gourmand, glutton
Gourmet <-s, -s> [gʊrˈmeː] *m* gourmet
Gourmettempel *m* (*fam*) place of pilgrimage for gourmets
Gouvernante <-, -n> [guvɛrˈnantə] *f* (*veraltet*) governess *dated*
Gouvernement <-s, -s> [guvɛrnəˈmãː] *nt* HIST province
Gouverneur(in) <-s, -e> [guvɛrˈnøːɐ] *m(f)* governor
Grab <-[e]s, Gräber> *nt* (*letzte Ruhestätte*) grave; **ein ~ in fremder Erde finden** (*geh*) to be buried in foreign soil; **sein ~ in den Wellen finden, ein feuchtes** [*o* **nasses**] **~ finden** (*geh*) to go to a watery grave [*or liter* meet a watery end]; **das Heilige ~** REL the Holy Sepulchre [*or* AM *a.* -er] ► WENDUNGEN: **ein Geheimnis mit ins ~ nehmen** to carry a secret [with one] to the grave; **das bringt mich/dich noch ins ~!** (*fam*) it'll be the death of me/you yet!; **du bringst mich noch ins ~!** (*fam*) you'll send me to an early grave!; **sich** *dat* **sein ~ selbst schaufeln** [*o* **graben**], **sich** *dat* **sein eigenes ~ schaufeln** [*o* **graben**] to dig one's own grave; **etw mit ins ~ nehmen** to take sth [with one] to the grave; **schweigen können wie ein ~** to be [as] silent as the grave [*or* [be able to] keep quiet]; **jdn zu ~e tragen** (*geh*) to carry [*or* bear] sb to the grave, to bury sb; **jd würde sich im ~[e] umdrehen, wenn ...** (*fam*) sb would turn in their grave if ...; *s. a.* **Hoffnung**
Grabbeigabe *f* ARCHÄOL burial object
Grabbeltisch *m* DIAL (*fam*) counter with cheap goods
graben <grub, gegraben> I. *vi* ❶ (*Erde ausheben*) to dig ❷ (*durch Graben suchen*) ■**nach etw** *dat* ~ to dig for sth II. *vt* ❶ (*ausheben*) ■**etw** ~ to dig sth; *Loch etc. s. a.* **Grube** ❷ (*geh: versenken*) ■**etw in etw** *akk* ~ to sink sth into sth; ***sie grub mir ihre Fingernägel in den Arm*** she dug her fingernails into my arm III. *vr* ■**sich in etw** *akk* ~ to sink into sth; ***ihre Fingernägel gruben sich in seine Haut*** her nails dug into his skin
Graben <-s, Gräben> *m* ❶ (*Vertiefung in der Erde*) ditch ❷ MIL (*Schützen~*) trench ❸ HIST (*Festungsgraben*) moat ❹ GEOL rift valley; **der ~ der Marianen** the Marianas Trench
Grabenbruch *m* GEOL graben
Grabesrand *m* graveside **Grabesruhe** *f,* **Grabesstille** *f* (*geh*) deathly hush [*or* silence] **Grabesstimme** *f* ► WENDUNGEN: **mit ~** (*fam*) in a sepulchral voice
Grabgewölbe *nt* (*Krypta*) crypt, vault, tomb; (*Gruft*) tomb **Grabhügel** *m* ARCHÄOL barrow, grave-mound, tumulus **Grabinschrift** *f* epitaph, inscription on a/the gravestone **Grabkammer** *f* ARCHÄOL burial chamber **Grabkreuz** *nt* cross on a/the grave **Grabmal** <-mäler *o geh* -e> *nt* ❶ (*Grabstätte*) mausoleum ❷ (*Gedenkstätte*) memorial; **das ~ des Unbekannten Soldaten** the tomb of the Unknown Soldier [*or* BRIT Warrior] **Grabmilbe** *f* ZOOL mange mite **Grabplatte** *f* memorial slab **Grabräuber(in)** *m(f)* grave robber **Grabrede** *f* funeral speech **Grabschänder(in)** *m(f)* desecrator of a grave **Grabschändung** *f* desecration of a grave/[the] graves; **~ begehen** to desecrate a grave/[the] graves
grabschen *vt, vi s.* **grapschen**
Grabscher, Grapscher <-s, -> *m* SOZIOL (*pej fam*) groper *pej fam*
Grabstätte *f* (*geh*) grave, tomb, sepulchre [*or* AM *a.* -er] *dated* **Grabstein** *m* gravestone, tombstone **Grabstelle** *f* burial plot
Grabung <-, -en> *f* ARCHÄOL excavation
Grabwespe *f* ZOOL sand wasp
Gracht <-, -en> *f* canal (*a navigable canal in Dutch towns*)
Grad <-[e]s, -e> *m* ❶ SCI, MATH degree ❷ GEOG degree ❸ PHYS degree; **... ~ unter Null** [*o* **minus**] [*o* **Kälte**] degree/s below [zero]; **... ~ über Null** [*o* **plus**] [*o* **Wärme**] ... degree/s above zero [*or* freezing]; ***Wasser gefriert bei null ~/kocht bei 100 ~ Celsius*** water freezes at zero/boils at 100 degrees Celsius ❹ SCH degree; **akademischer ~** [university] degree ❺ (*Maß, Stufe*) level; **ersten/zweiten/dritten ~es** MED first-/second-/third-degree; **Verbrennungen ersten ~es** first-degree burns; **eine Tante/ein Onkel etc. ersten ~es** an immediate uncle/aunt etc.; **eine Tante/ein Onkel etc. zweiten/dritten ~es** an aunt/uncle etc. once/twice removed; **bis zu einem gewissen ~[e]** to a certain degree [*or* extent]; **im höchsten/in hohem ~[e]** extremely/to a great [*or* large] extent ► WENDUNGEN: **der dritte ~** (*euph*) the third degree *fam;* **um [ein]hundertachtzig ~** (*fam*) complete[ly]; ***die Regierung hat sich in Bezug auf ihre politische Linie um 180 ~ gedreht*** the government has made a u-turn in respect of their policies
Gradation <-, -en> *f* TYPO (*Repro*) gradation
grade *adj, adv* (*fam*) *s.* **gerade**
Gradeinteilung *f* MATH, SCI calibration, graduation
Gradient <-en, -en> *m* SCI (*Konzentrationsgefälle*) gradient
Gradmesser <-s, -> *m* gauge, yardstick; **ein ~ für etw** *akk* **sein** a yardstick for sth
Gradualismus <-> *m kein pl* ADMIN gradualism *no pl*
graduell *adj* ❶ (*gering*) slight ❷ (*allmählich*) gradual
graduiert *adj* SCH graduate; **ein ~er Betriebswirt** a business management graduate
Graf, Gräfin[1] <-en, -en> *m, f* count, earl BRIT ► WENDUNGEN: **~ Rotz** (*fam*) Lord Muck BRIT *hum fam*
Graf[RR2] <-en, -en> *m* SCI *s.* **Graph**
Graffito <-[s], Graffiti> *m o nt* ❶ KUNST graffito ❷ *pl* (*auf Mauerwerk aufgesprüht*) ■**Graffiti** graffiti
Grafik *f* ❶ *kein pl* KUNST (*grafische Technik*) graphic arts *pl* ❷ KUNST (*grafische Darstellung*) graphic ❸ (*Schaubild*) diagram ❹ INFORM **bildpunktorientierte ~** screen-oriented graphics + *sing vb*
Grafikadapter *m* INFORM graphics adapter **Grafikbildschirm** *m* graphics screen **Grafikchip** *m* INFORM graphics chip **Grafikdatei** *f* INFORM graphics file **Grafikdateiformat** *nt* INFORM graphics file format
Grafiker[RR]**(in)** <-s, -> *m(f)* graphic artist
Grafikkarte[RR] *f* INFORM graphics card **Grafikmodus** *m* INFORM graphics [*or* plotting] mode **Grafikprogramm** *nt* INFORM graphics software **Grafikprozessor** *m* INFORM graphics processor **Grafiksystem** *nt* INFORM graphics system **Grafiktablett** *nt* INFORM graphics tablet [*or* tray] **Grafiktablett** *nt* INFORM graphics tablet **Grafikverarbeitung** *f* INFORM graphic data processing; **dialogfähige ~** interactive graphics **Grafikzeichensatz** *m* INFORM graphics primitive
Gräfin <-, -nen> *f fem form von* **Graf** countess
grafisch I. *adj* graphic II. *adv* graphically
Grafit[RR] <-s, -e> *m* CHEM *s.* **Graphit**
gräflich *adj* count's *attr,* earl's *attr* BRIT, of [*or* belonging to] the count [*or* earl] *pred*
Grafologe[RR], **Grafologin** <-n, -n> *m, f s.* **Graphologe**
Grafologie[RR] <-> [ˈgiːən] *f kein pl s.* **Graphologie**
Grafologin[RR] <-, -nen> *f fem form von* **Graphologin** *s.* **Graphologe**
Grafschaft <-, -en> *f* ❶ HIST count's land, earldom BRIT ❷ (*Verwaltungsbezirk in Großbritannien*) county
Grahambrot *nt* graham bread (*type of wholemeal bread made from unbolted wheat flour*)
Gral <-s> *m kein pl* LIT ■**der** [**heilige**] ~ the [Holy] Grail
Gralshüter(in) *m(f)* ❶ LIT keeper of the [Holy] Grail ❷ (*Hüter*) guardian **Gralsritter** *m* LIT knight of the [Holy] Grail **Gralssage** *f* LIT legend of the [Holy] Grail
gram *adj pred* (*geh*) ■**jdm ~ sein** to have a grievance against sb, to bear sb ill-will
Gram <-[e]s> *m kein pl* (*geh*) grief, sorrow
grämen (*geh*) I. *vr* ■**sich** [**über/um jdn/etw**] ~ to grieve [over sb/sth] II. *vt* ■**jdn** ~ to worry [*or* trouble] sb
gramerfüllt *adj* (*geh*) sorrowful, grief-stricken
grämlich *adj* (*verdrießlich*) morose, sullen
Gramm <-s, -e *o bei Zahlenangaben* -> *nt* gram, BRIT *a.* gramme
Grammatik <-, -en> *f* ❶ (*Teil der Sprachwissenschaft*) grammar ❷ (*Lehrbuch der~*) grammar [book] ❸ PHILOS, LING (*gesetzmäßige Struktur*) framework
grammatikalisch *adj s.* **grammatisch**
Grammatikprüfprogramm *nt s.* **Grammatikprüfung** **Grammatikprüfung** *f* INFORM grammar checker **Grammatikregel** *f* grammatical rule, rule of grammar
grammatisch *adj* grammatical
Grammel <-, -n> *f* ÖSTERR ❶ (*Griebe*) crackling, greaves *pl* ❷ (*fam: Hure*) tart *fam,* slag BRIT *sl,* hooker AM *sl,* hustler AM *sl*
Grammofon[RR] <-s, -e> *nt* (*veraltet*) *s.* **Grammophon**
Grammophon <-s, -e> *nt* (*veraltet*) gramaphone *dated,* phonograph *old*
gramvoll *adj s.* **gramerfüllt**
Granat <-[e]s, -e *o* ÖSTERR -en> *m* garnet
Granatapfel *m* BOT pomegranate
Granate <-, -n> *f* MIL shell
Granatfeuer *nt* shellfire, shelling **Granatsplitter** *m* shell splinter **Granatwerfer** <-s, -> *m* MIL mortar
Gran Canaria *nt* Gran Canary; *s. a.* **Sylt**
Grande <-n, -n> *m* grandee
Grandhotel [ˈgrãː] *nt* luxury [*or* five-star] hotel
grandios *adj* magnificent; **ein ~er Erfolg** a brilliant [*or* tremendous] success; **eine ~e Idee** a grandiose [*or* brilliant] idea; **ein ~er Vorschlag** an excellent suggestion
Grand Prix, Grandprix[RR] <- -, - -> [grãˈpriː] *m* SPORT Grand Prix
Grandprix-Stimmung[RR] *f* ***trotz des Dauerregens herrschte weiterhin ~*** even the persistent rain couldn't dampen the crowd's enthusiasm for the Grand Prix
Granit <-s, -e> *m* GEOL granite ► WENDUNGEN: **bei jdm** [**mit etw** *dat*] **auf ~ beißen** (*fam*) to get nowhere with sb [with sth]
Granne <-, -n> *f* BOT awn, beard
granteln *vi* SÜDD (*fam*) to grumble
grantig *adj* (*fam*) grumpy
Granulat <-[e]s, -e> *nt* granules *pl;* **als ~** in granulated form
granulieren* *vt* ■**etw** ~ to granulate sth
Grapefruit <-, -s> [ˈgreːpfruːt] *f* grapefruit
Grapefruitmesser *nt* grapefruit knife **Grapefruitsaft** *m* grapefruit juice
Graph <-en, -en> *m* SCI graph

Graphik <-, -en> *f s.* **Grafik**
Graphiker(in) <-s, -> *m(f) s.* **Grafiker**
Graphikkarte *f* INFORM *s.* **Grafikkarte**
graphisch **I.** *adj* ❶ KUNST graphic ❷ *(schematisch)* diagrammatic **II.** *adv* diagrammatically
Graphit <-s, -e> *m* CHEM graphite
Graphologe, **Graphologin** <-n, -n> *m, f* graphologist
Graphologie <-> [ˈgiːən] *f kein pl* graphology *no pl*
Graphologin <-, -nen> *f fem form von* **Graphologe**
grapschen **I.** *vr (fam)* ❶ *(an sich raffen)* ■**sich** *dat* **etw** ~ to grab sth [for oneself] ❷ *(packen)* ■**sich** *dat* **jdn** ~ to grab hold of sb **II.** *vi (fam)* ■**nach etw** *dat* ~ to make a grab for sth
Gras <-es, Gräser> *nt* ❶ *kein pl (Gesamtheit von Gräsern)* grass ❷ *meist pl (~pflanze)* grass ▶ WENDUNGEN: **ins** ~ **beißen** *(sl)* to kick the bucket *sl*, to bite the dust; **das** ~ **wachsen hören** *(jdm entgeht nicht das Geringste)* to have a sixth sense; *(zu viel in etwas hineindeuten)* to read too much into things; **über etw** *akk* **wächst** ~ *(fam)* [the] dust settles on sth; [**wo der hinhaut**], **da wächst kein** ~ **mehr** *(fam)* he puts the kiss of death on everything he touches
grasbewachsen *adj* grass-covered, grassy **Grasbüschel** *nt* tuft of grass **Grasdecke** *f* covering of grass
grasen *vi* to graze
Grasfrosch *m* grass frog **grasgrün** *adj* grass-green **Grashalm** *m* blade of grass **Grashüpfer** <-s, -> *m (fam)* grasshopper **Grasland** *nt kein pl* grassland **Graslilie** *f* grass lily **Grasmücke** *f* ORN warbler **Grasnarbe** *f* grass sod, turf **Grasnelke** *f* BOT thrift **Graspflanze** *f* grass, gramin[ac]eous plant
Grass <-> *nt kein pl (sl)* grass *sl*
Grassamen *m* grass seed
grassieren* *vi* ❶ *(sich verbreiten)* to rage [*or* be rampant] ❷ *(um sich greifen)* to be rife
grässlich[RR], **gräßlich** **I.** *adj* ❶ *(furchtbar)* horrible, terrible, ein ~*es Verbrechen*, a heinous [*or* horrible] crime; ~**e Verwüstungen** complete [*or* total] [*or* utter] devastation; ~**e Kopfschmerzen haben** to have a splitting headache ❷ *(fam: widerlich)* horrible, beastly *fam*; ***was für ein ~es Wetter!*** what foul [*or fam* beastly] weather!; **einen** ~**en Geschmack haben** to have awful taste **II.** *adv (fam)* terribly; **sich** ~ **langweilen** to be bored stiff [*or* to death] [*or* to tears] *fam*; ~ **müde** dead tired, dog-tired *fam*
Grässlichkeit[RR], **Gräßlichkeit** <-, -en> *f* ❶ *kein pl (grässliche Art)* horribleness, terribleness; **die** ~ **eines Verbrechens** the heinousness [*or* horrible nature] of a crime ❷ *(grässliche Tat etc.)* atrocity
Grassteppe *f* [grassy] steppe, savanna[h]
Grat <-[e]s, -e> *m* ❶ *(oberste Kante)* ridge ❷ TECH *(scharfkantiger Rand)* burr ❸ ARCHIT *(Schnittlinie)* hip ❹ TYPO *(Papier)* burr
Gräte <-, -n> *f* [fish]bone ▶ WENDUNGEN: **sich** *dat* **die** ~**n brechen** *(sl)* to break sth; **jdm alle** ~**n [im Leib] brechen** *(sl)* I'll break every bone in your body!
gratfrei *adj* ~**es Schneiden** TYPO burr-free cutting
Gratifikation <-, -en> *f* FIN bonus; ~ **in bar** cash bonus
gratinieren* *vt* KOCHK ■**etw** ~ to brown [the top of] sth; **gratinierte Zwiebelsuppe** onion soup au gratin
Gratinpfanne *f* gratin dish
gratis *adv* free [of charge], gratis
Gratisaktie *f* BÖRSE bonus share [*or* AM stock] **Gratisanzeiger** *m* SCHWEIZ *(Wochenblatt)* free [weekly] advertiser **Gratiskarte** *f* free [*or* complimentary] ticket **Gratisprobe** *f* free sample
Grätsche <-, -n> *f* SPORT straddle-vault; **in die** ~ **gehen** to [adopt the] straddle [position]
grätschen **I.** *vi sein* SPORT to straddle[-vault]; ■**das** G~ [**der Beine**] straddle-vaulting; ■**über etw** *akk* ~ to straddle-vault over sth **II.** *vt haben* SPORT ■**etw** ~ to straddle sth; **die Beine** ~ to straddle one's legs
Grätschsprung *m* SPORT straddle-vault
Gratulant(in) <-en, -en> *m(f)* well-wisher
Gratulation <-, -en> *f* ❶ *(das Gratulieren)* congratulating ❷ *(Glückwunsch)* congratulations
gratulieren* *vi (Glück wünschen)* ■[**jdm**] [**zu etw** *dat*] ~ to congratulate [sb] [on sth]; **jdm zum Geburtstag** ~ to wish sb many happy returns; [**ich**] **gratuliere** [my] congratulations! ▶ WENDUNGEN: **sich** *dat* ~ **können** to be able to congratulate oneself, to be pleased [with oneself]
Gratwanderung *f* tightrope walk *fig*, balancing act
grau *adj* ❶ *(Farbe)* grey, AM *esp* gray; ■~ **werden/sein** to go [*or* turn]/be grey; ~ **gestreift** grey-striped; ~ **meliert** *(leicht ergraut)* greying; MODE *(grau und weiß)* flecked with grey *pred* ❷ *(trostlos)* dull, drab; **der** ~**e Alltag** the dullness [*or* drabness] [*or* dull monotony] of everyday life; **die** ~**e Realität** [*o* **Wirklichkeit**] the grim [*or* harsh] reality; ~ **in** ~ gloomy, bleak; **alles** [**nur noch**] ~ **in** ~ **sehen/malen** to [just] look on the black side BRIT /paint a gloomy picture of everything ❸ *(fam: nicht ganz legal)* grey, AM *esp* gray; ~**er Markt** ÖKON grey market
Grau <-s, -[s]> *nt* grey [*or* AM *esp* gray] [colour [*or* AM -or]]
grauäugig *adj* grey-eyed **Graubart** *m (fam)* grey-beard **graubärtig** *adj* grey-bearded, with a grey beard **graublau** *adj* grey-blue, greyish blue **graubraun** *adj* greyish-brown **Graubrot** *nt* DIAL *(Mischbrot) bread made from rye and wheat flour*
Graubünden <-s> *nt* GEOG the Grisons
Graubündner(in) <-s, -> *m(f)* GEOG inhabitant of the Grisons
Gräuel[RR] <-s, -> *m (geh: ~tat)* atrocity; **die** ~ **des Krieges** the horrors of war ▶ WENDUNGEN: **jdm ist es ein** ~, **etw zu tun** sb detests [*or* loathes] doing sth; **jdm ein** ~ **sein** to be detestable [*or* loathsome] [for sb]
Gräuelmärchen[RR] *nt (pej)* horror story **Gräuelpropaganda**[RR] *f (pej)* atrocity [*or* horror] propaganda *(using horror stories for propaganda purposes)* **Gräueltat**[RR] *f (pej)* atrocity
grauen[1] *vi (geh: dämmern)* to dawn; ***der Morgen/Tag graut*** morning is breaking/day is breaking [*or* dawning]; ■**es graut** it's getting light
grauen[2] *vi impers* ■**jdm vor jdm/etw** ~ to be terrified of sb/sth; ■**es graut jdm vor jdm/etw** sb is terrified of sb/sth
Grauen <-s> *nt kein pl* ❶ *(Entsetzen)* horror; ■**jds** ~ **vor jdm/etw** sb's dread of sb/sth; ~ **erregend** terrible ❷ *(grauenhaftes Ereignis)* horror; ***die ~ des Krieges*** the horrors of war
grauenerregend *adj s.* **Grauen 1**
grauenhaft, **grauenvoll** *adj* ❶ *(furchtbar)* terrible; **ein** ~**es Verbrechen** a terrible crime ❷ *(fam: schlimm)* terrible, dreadful; ***er hat eine ~e Aussprache*** his pronunciation is dreadful [*or* terrible] ❸ *s.* **Grauen 1**
grauer Star <-[e]s> *m kein pl* cataract
Graugans *f* ORN greylag [goose] **graugestreift** *adj s.* **grau 1** **graugrün** *adj* grey [*or esp* AM gray] -green, greyish green **grauhaarig** *adj* grey-haired; ■~ **werden** to go [*or* turn] grey
graulen **I.** *vi impers (fam)* ■**jdm** [*o* **jdn**] ~ **vor jdm/etw** to dread sb/sth; ***mir grault vor morgen*** I'm dreading tomorrow **II.** *vr (fam)* ■**sich vor jdm/etw** ~ to be scared [*or* frightened] [*or* afraid] of sb/sth **III.** *vt* ■**jdn aus etw** *dat* ~ to drive sb out of sth
gräulich[1] *adj* greyish, grayish *esp* AM
gräulich[RR2] *adj s.* **grässlich**
graumeliert *adj attr s.* **grau 1**
Graupe <-, -n> *f meist pl* KOCHK grain of pearl barley
Graupel <-, -n> *f meist pl* METEO soft hail pallet; ~**n** soft hail
Graupelschauer *m* METEO sleet shower
Graupensuppe *f* pearl barley soup [*or* broth]
Graureiher *m* ORN grey [*or esp* AM gray] [*or* common] heron
Graus <-es> *m kein pl* ▶ WENDUNGEN: **es ist ein** ~ [**mit jdm/etw**] sb/sth is terrible; ***es ist wirklich ein ~ mit dir!*** you're really terrible!; **o** ~**!** *(hum)* oh horror! *hum*
grausam **I.** *adj* ❶ *(brutal)* cruel ❷ *(furchtbar)* terrible ❸ *(fam: schlimm)* terrible; **eine** ~**e Hitze** a terrible heat **II.** *adv* cruelly
Grausamkeit <-, -en> *f* ❶ *kein pl (Brutalität)* cruelty ❷ *(grausame Tat)* act of cruelty
Grauschimmel *m* grey [*or esp* AM gray] [horse] **Grauschleier** *m* grey tinge
grausen *vi impers s.* **grauen**[2]
Grausen <-s> *nt kein pl (Entsetzen)* horror ▶ WENDUNGEN: **da kann man das große** [*o* **kalte**] ~ **kriegen** *(fam)* it's enough to give you the creeps! *fam*; **jdm kommt das** ~ *(fam)* sb is horrified
grausig *adj s.* **grauenhaft**
grauslich *adj bes* ÖSTERR *(grässlich)* terrible, horrible
Grauspecht *m* ORN grey [*or esp* AM gray] -headed woodpecker **Graustufe** *f* shade of grey **Grauwal** *m* ZOOL grey whale **Grauzone** *f* grey area *fig*
Graveur(in) <-s, -e> [graˈvøːɐ] *m(f)* engraver
Gravieranstalt *f* engraving establishment, engraver's **Gravierarbeit** *f* engraving
gravieren* [ˈviː] *vt* ❶ *(mit einer Gravur versehen)* ■**etw** ~ to engrave sth ❷ *(ein~)* ■**etw in etw** *akk* ~ to engrave sth on sth
gravierend [ˈviː] *adj* serious; ~**e Unterschiede** considerable [*or* marked] differences
Gravierinstrument *nt* engraving tool **Graviermaschine** *f* engraving machine **Graviernadel** *f* engraving needle
Gravierung <-, -en> [ˈviː] *f* ❶ *kein pl (das Gravieren)* engraving ❷ *(Eingraviertes)* engraving
Gravimeter <-s, -> *nt* PHYS gravimeter
Gravimetrie <-> *f kein pl* ❶ PHYS *(Schwerkraftmessung)* gravimetrics + *sing vb* ❷ CHEM *(Gewichtsanalyse)* gravimetric analysis
Gravis <-, -> [ˈgraːvɪs] *m* LING grave [accent]
Gravitation <-> [vi] *f kein pl* PHYS gravity, gravitation[al pull]
Gravitationsfeld [vi] *nt* PHYS gravitational field **Gravitationsgesetz** *nt* PHYS law of gravitation **Gravitationskontraktion** *f* PHYS gravitational contraction **Gravitationskraft** *f* gravitational force **Gravitationslinse** *f* PHYS gravitation lens
gravitätisch [vi] **I.** *adj* dignified, solemn **II.** *adv* ~ **einhergehen** [*o* **schreiten**] to move [about] with dignity
Graviton <-s, Gravitonen> *nt* NUKL graviton
Gravur <-, -en> [graˈvuːɐ] *f* engraving
Gravurplatte *f* engraved plate, nameplate
Graz <-> *nt* GEOG Graz
Grazie[1] <-> [ˈgraːtsi̯ə] *f kein pl (geh: Liebreiz)* grace[fulness]
Grazie[2] <-, -n> *f* ❶ *(hum: schöne junge Frau)* lovely *hum dated sl* ❷ *(eine der drei römischen Göttinnen der Anmut)* Grace; **die drei** ~**n** the Three Graces
grazil *adj (geh)* delicate
graziös *adj (geh)* graceful
Greencard[RR], **Green Card** <-, -s> [ˈgriːnkaːd] *f* ADMIN green card, Green Card
Greenfee <-s, -s> [ˈgriːnfiː] *nt* SPORT *Golf* green [*or* AM *a.* greens] fee
Greenkeeper <-s, -> [ˈgriːnkiːpəʳ] *m* GOLF greenkeeper, AM *a.* greenskeeper
Greenpeace <-> [ˈgriːnpiːs] *m kein pl* Greenpeace
Greenwicher Zeit [ˈgrenɪdʒ-] *f* ■[**die**] ~ Greenwich Mean Time, GMT
Gregor *m* Gregory
gregorianisch *adj* Gregorian; ~**er Gesang** Gregorian chant, plainsong; **der** ~**e Kalender** the Gregorian calendar
Greif <-[e]s *o* -en, -e[n]> *m* ■**ein/der** [**Vogel**] ~ a/the griffin [*or* gryphon]
Greifarm *m* TECH claw [*or* grip] arm **Greifbagger** *m* TECH grab dredger [*or* excavator]
greifbar *adj* ❶ *pred (verfügbar)* available; **etw** ~ **haben/halten** to have/keep sth to hand ❷ *(konkret)* tangible, concrete; ~**e Vorteile** genuine advantages

greifen <griff, gegriffen> **I.** *vt* (*nehmen, packen*) ■[**sich** *dat*] **etw** ~ to take hold of sth; ***er griff ein Buch*** he took hold of a book ► WENDUNGEN: **sich** [**mal**] **jdn** ~ (*fam*) to give sb a good talking-to *fam; s. a.* **nahe II.** *vi* ① (*fassen*) ■**vor/hinter/über/unter/neben etw/sich** *akk* ~ to reach in front of/behind/above/under/beside sth/one; ■**in etw** *akk* ~ to reach into sth; ■**jdn bei etw** *dat* ~ to grasp sb's sth; ***sie griff mich bei der Hand*** she took my hand; ***der Fahrlehrer griff ihr ins Steuer*** the driving instructor grabbed the wheel from her; ■**nach etw** *dat* ~ to reach for sth; ***er wollte nach dem Revolver ~, doch der andere war schneller*** he made a grab for his revolver, but the other person was quicker; ***hätte sie nicht nach seiner Hand gegriffen, wäre sie gestürzt*** if she hadn't grabbed his hand she would have fallen ② (*geh: er~*) ■**zu etw** *dat* ~ to reach for sth; ***in den Ferien greift sie gerne mal zum Buch*** during the holidays she occasionally enjoys reading a book ③ (*einsetzen*) **zu etw** *dat* ~ to resort to sth ④ (*festen Griff haben*) ■**etw greift** sth grips ⑤ (*wirksam werden*) to take effect ► WENDUNGEN: **um sich** ~ to spread

Greifer <-s, -> *m* TECH grab[-bucket]

Greiftrupp *m* riot squad **Greifvogel** *m* bird of prey

Greifzange *f* tongs *npl*

greinen *vi* (*pej fam*) to whine *pej,* to grizzle *pej*

greis *adj* (*geh*) very aged; **ein ~es Paar** a very old couple

Greis(in) <-es, -e> *m(f)* very old man

Greisenalter *nt* extreme old age

greisenhaft *adj* like [that of] a very old man/woman *pred*

Greisin <-, -nen> *f fem form von* **Greis** very old woman

Greiskraut *nt* BOT ragwort

grell I. *adj* ① (*sehr hell*) dazzling, glaring ② (*schrill klingend*) shrill, piercing ③ (*sehr intensiv*) bright, brilliant ④ (*Aufsehen erregend*) flashy, loud **II.** *adv* ① (*sehr hell*) dazzlingly; ~ **beleuchtet** dazzlingly lit ② (*schrill*) ~ **klingen** [*o* **tönen**] to sound shrill [*or* piercing]

grellbeleuchtet *adj attr s.* **grell II 1**

Grellheit *f* ① (*blendende Helligkeit*) dazzling brightness, glare ② (*Schrillheit*) shrillness ③ (*große Intensität*) brightness, brilliancy

grellrot I. *adj* bright red **II.** *adv* **etw ~ anmalen/lackieren/schminken** to paint sth bright red

Gremium <-s, -ien> [mi̯ən] *nt* committee

Grenada <-s> *nt* Grenada; *s. a.* **Sylt**

Grenader(in) <-s, -> *m(f)* Grenadian; *s. a.* **Deutsche(r)**

grenadisch *adj* Grenadian; *s. a.* **deutsch**

Grenzbahnhof *m* border [*or* frontier] [railway [*or* train]] station **Grenzbelastung** *f* TECH limit load [*or* stress] **Grenzbereich** *m* ① *kein pl* (*Umkreis der Grenze*) border [*or* frontier] area [*or* zone] ② (*äußerste Grenze*) fringe range, limit[s] **Grenzbewohner(in)** *m(f)* inhabitant of a border zone; **die ~** the people living near the border **Grenzbezirk** *m* border [*or* frontier] district

Grenze <-, -n> *f* ① (*Landes~*) border, frontier; **die ~ zwischen Spanien und Frankreich** the border between Spain and France, the Spanish-French border; **die ~ zu einem Land** the border with sth; **frei ~ Lieferland** HANDEL free till port/frontier of supplying country; **an der ~** on [*or* along] the border [*or* frontier]; **über die ~ gehen/fahren** to cross the border [*or* frontier] ② ADMIN, JUR (*Trennlinie*) border, boundary; **an der ~** at the boundary ③ (*natürliche Abgrenzung*) boundary; ***das Gebirge bildet eine natürliche ~ zwischen den beiden Ländern*** the mountain range forms a natural boundary between the two countries ④ (*äußerstes Maß*) limit; **eine zeitliche ~** a deadline; **die oberste/unterste ~** the upper/lower limit; **alles hat seine ~n** there is a limit [*or* are limits] to everything; **etw kennt keine ~n** sth knows no bounds; **seine ~n kennen** to know one's limitations; **an ~n stoßen** to come up against limiting factors; **die ~ des Machbaren/Möglichen/Sittlichen** the bounds of feasibility/possibility/morality; **jdm/einer S. sind** [**keine/enge**] **~n gesetzt** [no/tight] restrictions are placed on sb/a thing; ***eurer Fantasie sind keine ~n gesetzt*** your imagination knows no bounds ⑤ (*gedachte Trennlinie*) boundary, dividing line ► WENDUNGEN: **grüne ~** unguarded border [*or* frontier] area [*or* zone]; **nasse ~** river forming the/a border [*or* frontier], water border [*or* frontier]; **sich in ~n halten** to be limited, to keep within limits

grenzen *vi* ① (*angrenzen*) ■**an etw** *akk* ~ to border on sth ② (*beinahe sein*) ■**an etw** *akk* ~ to border [*or* verge] on sth *fig;* ***das grenzt ja an Wahnsinn!*** that borders on madness!

grenzenlos I. *adj* ① (*unbegrenzt*) endless; **eine ~e Weite** an endless expanse ② (*maßlos*) extreme; **~e Dummheit** extreme foolishness, sheer stupidity; **~e Verachtung** utter contempt; **~es Vertrauen** blind [*or* unquestioning] trust **II.** *adv* extremely

Grenzenlosigkeit <-> *f kein pl* ① (*ungeheure Weite*) immensity ② (*Maßlosigkeit*) extremeness

Grenzer(in) <-s, -> *m(f)* (*fam*) ① (*Zöllner*) customs officer ② (*Grenzsoldat*) border [*or* frontier] guard

Grenzerlös *m* FIN marginal proceeds *npl* **Grenzertrag** *m* FIN marginal revenue **Grenzfall** *m* borderline case **Grenzgänger(in)** <-s, -> *m(f)* regular cross-border commuter; **illegaler ~** illegal border [*or* frontier] crosser **Grenzgebiet** *nt* ① POL border [*or* frontier] area [*or* zone] ② (*marginales Sachgebiet*) adjacent field **Grenzkonflikt** *m* POL border [*or* frontier] conflict **Grenzkontrolle** *f* ① (*amtliche Kontrolle an der Grenze*) border [*or* frontier] control ② (*~ 1. ausübende Personengruppe*) border [*or* frontier] guards **Grenzkosten** *pl* ÖKON incremental [*or* marginal] cost **Grenzland** *nt s.* **Grenzgebiet 1** **Grenzlinie** *f* SPORT line [marking the edge of the playing area] **Grenzmauer** *f* border [*or* frontier] wall **grenznah** *adj* close to the border [*or* frontier] **Grenznutzenschule** *f* ÖKOL school of marginal utility **Grenzpfahl** *m* boundary post **Grenzposten** *m* border [*or* frontier] guard **Grenzscheidungsklage** *f* JUR petition to fix a boundary **Grenzschutz** *m* ① (*Sicherung der Landesgrenze*) border [*or* frontier] protection ② (*fam: Bundesgrenzschutz*) Federal Border Guard, border [*or* frontier] police **Grenzsicherung** *f kein pl der Staatsgrenze* border security **Grenzsituation** *f* borderline situation **Grenzsoldat** *m* border guard **Grenzstadt** *f* border town **Grenzstein** *m* ADMIN boundary stone **Grenzsteuersatz** *m* FIN marginal tax rate **Grenzstreit** *m,* **Grenzstreitigkeit** *f* boundary [*or* frontier] dispute; (*wegen einer Staatsgrenze*) border dispute **Grenztruppe** *f* border guards [*or* troops] *pl* **Grenzübergang** *m* ADMIN ① (*Stelle*) border [*or* frontier] crossing-point ② (*Überschreiten einer Grenze*) crossing of the border [*or* frontier] **grenzüberschreitend** *adj attr* JUR, HANDEL cross-border, transborder; (*international*) international; **~er Handel** international trade; **~e Produktion** international production; **~er Verkehr** cross-border [*or* cross-frontier] traffic **Grenzübertritt** *m* crossing of the border; **unerlaubter ~** illegal crossing of the border **Grenzverkehr** *m* [cross-]border [*or* [cross-]frontier] traffic; **kleiner ~** local [cross-]border [*or* [cross-]frontier] traffic **Grenzverlauf** *m* course of the border **Grenzverletzung** *f* border [*or* frontier] violation **Grenzwall** *m* border [*or* frontier] rampart **Grenzwert** *m* ① (*äußerster, nicht zu überschreitender Wert*) limiting value ② MATH (*Limes*) limit, limiting value; **oberer/unterer ~** upper/lower limit **Grenzzeichen** *nt* JUR land [*or* boundary] mark **Grenzzwischenfall** *m* border [*or* frontier] incident

Gretchenfrage *f kein pl* (*Gewissensfrage*) crucial [*or* crunch] [*or fam* sixty-four-thousand-dollar] question; **jdm die ~ stellen** to ask sb the crucial [*or fam* sixty-four-thousand-dollar] question, to put the crucial [*or fam* sixty-four-thousand-dollar] question to sb

Gretchenfrisur *f* [hair in] pigtails **Gretchenlook** *m kein pl* (*absichtlich naive Aufmachung*) little-girl look

Greuel <-s, -> *m s.* **Gräuel**

greulich *adj s.* **gräulich²**

Greyerzer <-s, -> ['graiɐtsɐ] *m* KOCHK ■~ [**Käse**] Gruyère [cheese]

Griebe <-, -n> *f meist pl* [bacon] crackling

Griebenschmalz *nt* lard with [bacon] crackling

Grieche, Griechin <-n, -n> *m, f* Greek

Griechenland <-s> *nt* Greece

Griechin <-, -nen> *f fem form von* **Grieche**

griechisch *adj* ① (*aus Griechenland*) Greek; **~e Kleidung/Tempel/Vasen** Greek [*or* Grecian] clothing/temples/vases ② LING Greek; **auf ~** in Greek

Griechisch *nt decl wie adj* LING Greek; **~ lernen/sprechen/studieren** to learn/speak/study Greek; ■**das G~e** [the] Greek [language]; **auf ~** in Greek

griechisch-orthodox I. *adj* REL Greek Orthodox **II.** *adv* REL **~ heiraten** to marry in the Greek Orthodox religion; **ein Kind ~ taufen** to baptize a child in the Greek Orthodox religion **griechisch-römisch** *adj* SPORT Graeco-Roman

grienen *vi* NORDD (*fam: grinsen*) to grin

Griesgram <-[e]s, -e> *m* (*pej*) grouch *pej*

griesgrämig *adj* grumpy, grouchy

Grieß <-es, -e> *m* semolina *no pl*

Grießbrei *m* semolina *no pl* **Grießklößchen** *nt* semolina dumpling **Grießpudding** *m* semolina pudding

Griff <-[e]s, -e> *m* ① (*Zu~*) grip, grasp; **mit festem ~** with a firm grip, firmly; **~ in die** [**Laden**]**kasse tun** (*fam*) to put one's hand in the till; **ein rascher/flinker ~** [**nach etw** *dat*] a quick/grab [at sth] ② (*Hand~*) movement; **mit einem ~** in a flash [*or* the twinkling of an eye]; **mit wenigen ~en** with very little effort ③ SPORT hold; **einen ~ ansetzen** to apply a hold ④ (*Öffnungsmechanismus*) *Tür, Fenster, Pistole, Revolver* handle; *Messer, Dolch, Schwert* hilt; (*Gewehr*) butt ► WENDUNGEN: **der ~ nach der Macht** the attempt to seize power; **mit jdm/etw einen glücklichen** [*o* **guten**] **~ tun** to make a good [*or* wise] choice with sb/sth; **etw in den ~ bekommen** [*o fam* **kriegen**] to get the hang [*or* knack] of sth *fam;* **jdn/etw im ~ haben** to have sb/sth under control; **~e kloppen** MIL (*fam*) to do rifle drill; **der ~ zu etw** *dat* (*euph: die Verwendung von etw*) to reach for sth; (*die Hinwendung zu etw*) to turn to sth; ***der ~ zur Droge/Flasche*** turning to drugs/the bottle

griffbereit *adj* ready to hand *pred;* **etw ~ haben** to have [*or* keep] sth ready to hand; **~ liegen** to be ready to hand **Griffbrett** *nt* MUS fingerboard

Griffel <-s, -> *m* ① SCH (*Schreibstift für Schiefertafeln*) slate-pencil ② BOT style ③ *meist pl* (*sl: Finger*) finger, mitt *sl,* paw *fam*

Griffelkasten *m* SCH pencil box [*or* case]

griffig *adj* ① (*festen Griff ermöglichend*) easy to grip *pred* ② (*Widerstand bietend*) non-slip; *Fußboden, Fahrbahn, Profil* non-skid, anti-skid ③ (*eingängig*) useful, handy; **ein ~er Slogan** a catchy slogan

Griffloch *nt* MUS finger-hole

Griffolive *f* BAU olive

Grill <-s, -s> *m* ① (*Gerät zum Rösten von Nahrungsmitteln*) grill ② (*~rost*) barbecue; **vom ~** grilled ③ AUTO (*Kühler~*) [radiator] grille

Grillbrikett *nt* grill [*or* barbecue] briquette

Grille <-, -n> *f* cricket ► WENDUNGEN: **nichts als ~n im Kopf haben** (*veraltend fam*) to have one's head full of silly ideas

grillen I. *vi* to have a barbecue; ■**das G~** having a barbecue **II.** *vt* ■**etw ~** to grill sth

Grillgericht *nt* grill[ed dish] **Grillhähnchen** *nt* grilled chicken **Grillkohle** *f* barbecue coal, charcoal **Grillpfanne** *f* grilling pan **Grillrestaurant** *nt* grill [room] **Grillwürstchen** *nt* barbecue sausage

Grimasse <-, -n> *f* grimace; **~n schneiden** [*o* **ziehen**] [*o* **machen**] to make [*or* pull] faces

Grimm <-[e]s> *m kein pl* (*veraltend geh*) fury; **voller ~** [**auf jdn**] **sein** to be furious [with sb]

grimmig I. *adj* ① (*zornig*) furious; **ein ~es Gesicht** an angry face; **ein ~es Lachen** grim laughter; *s. a.*

Humor (2) (*sehr groß, heftig*) severe; *Hunger* ravenous **II.** *adv* angrily; ~ **lächeln** to smile grimly

Grind <-[e]s, -e> *m* (1) MED (*krustiger Hautausschlag*) impetigo; (*Verkrustung von heilender Wunde*) scab (2) JAGD SÜDD, SCHWEIZ (*Kopf von Gämse oder Hirsch*) head

grinsen *vi* to grin; **frech** ~ to smirk; **höhnisch** ~ to sneer; **schadenfroh** [*o* **vor Schadenfreude**] ~ to gloat

Grinsen <-s> *nt kein pl* grin; **freches** ~ smirk; **höhnisches** ~ sneer

grippal *adj* MED influenzal

Grippe <-, -n> *f* influenza, flu *fam;* **mit ~ im Bett liegen** to be [laid up] in bed with [the] flu; (*fam grippaler Infekt*) flu bug *fam;* [**die/eine**] ~ **haben** to have [the] flu

Grippeepidemie *f* influenza [*or* flu] epidemic **Grippeimpfstoff** *m* influenza vaccine, flu vaccine *fam* **Grippemittel** *nt* influenza medicine, flu medicine *fam* **Grippeschutzimpfung** *f* influenza vaccination [*or* immunization], flu shot *fam* **Grippevirus** *nt o m* influenza virus **Grippewelle** *f* wave of influenza [*or fam* flu]

Grips <-es, -e> *m* (*fam*) intelligence *no pl,* brains *pl,* nous *fam no pl;* ~ **haben** to have plenty up top *fam;* **seinen ~ anstrengen** to use one's grey [*or esp* AM gray] matter *fam* [*or pl* brains]

Grislibär^RR^, **Grizzlybär** ['grɪsli] *m* grizzly bear

grob <gröber, gröbste> **I.** *adj* (1) (*nicht fein*) coarse; **~e Hände** coarse [*or* rough] hands; ■**das G~e** the dirty work (2) (*derb*) coarse, uncouth; **~e Manieren** coarse manners (3) (*ungefähr*) rough; **eine ~e Erklärung** an approximate explanation; **~e Schätzung** rough estimate; **in ~en Umrissen** [*o* **Zügen**] roughly (4) (*unhöflich*) rude; ■~ **werden** to become rude [*or* abusive] (5) (*unsanft, unsensibel*) rough; **ein ~er Mensch** a rough person (6) (*schlimm*) bad, serious; **eine ~e Lüge** a terrible lie ▶ WENDUNGEN: **aus dem Gröbsten heraus sein** to be over the worst [of it] [*or* able to see the light at the end of the tunnel] **II.** *adv* (1) (*nicht fein*) coarsely; ~ **gemahlen** coarsely ground *pred,* coarse-ground (2) (*in etwa*) roughly; ~ **gemessen** [*o* **gerechnet**] [*o* **geschätzt**] at a rough estimate; **etw ~ erklären** to give a rough explanation of sth [*or* explain sth roughly]; **etw ~ skizzieren** [*o* **umreißen**] to make a rough outline of sth [*or* outline sth roughly]; **etw ~ wiedergeben** to give a rough account of sth (3) (*unhöflich*) rudely; **jdn ~ zurechtweisen** to rudely reprimand sb (4) (*unsanft, unsensibel*) roughly; **jdn ~ behandeln** to treat sb roughly (5) (*schlimm*) **sich ~ täuschen** to be badly mistaken; **jdn ~ belügen** to lie barefaced to sb

Grobberechnung *f* rough calculation

gröber *Komp von* **grob** **grobfas(e)rig** *adj* coarse-fibred [*or* AM *usu*-ered]; **~es Holz** coarse-grained wood **grobgemahlen** *adj attr s.* **grob II 1**

Grobheit <-, -en> *f* (1) *kein pl* (*gefühllose Art*) rudeness *no pl* (2) (*grobe Äußerung*) rude remark (3) (*unsanfte Art, Behandlung*) roughness

Grobian <-[e]s, -e> *m* (*pej: ungehobelter Mensch*) boor; (*unsanfter Mensch*) rough person

grobknochig *adj* big-boned **grobkörnig** *adj* (1) (*von grober Körnung*) coarse-grained (2) FOTO **ein ~er Film** a coarse-grained film

gröblich **I.** *adj* (*geh, form*) gross; **~e Missachtung** willful disregard; **~e Verletzung einer S.** *gen,* **~er Verstoß gegen etw** *akk* brazen [*or* flagrant] violation of sth **II.** *adv* (*geh, form: in grober Weise, heftig*) grossly; ~ **missachten** to willfully disregard; **etw ~ verletzen, gegen etw** *akk* ~ **verstoßen** to brazenly [*or* flagrantly] violate sth

grobmaschig **I.** *adj* (1) (*mit weiten Maschen*) wide-meshed (2) MODE (*grob gestrickt*) loose-knit **II.** *adv* ~ **gehäkelt/gestrickt** loose-crocheted/knit **Grobrasterätzung** *f* TYPO coarse screen etching **grobschlächtig** *adj* (*pej*) heavily built

gröbste *Superl von* **grob**

Grobstruktur *f* basic structure

Grog <-s, -s> *m* grog

groggy ['grɔgi] *adj pred* (1) SPORT (*schwer angeschlagen*) groggy (2) (*fam: erschöpft*) exhausted, all in BRIT, knackered BRIT *sl*

grölen **I.** *vi* (*pej fam*) to shout [loudly]; ■**~d** raucous[ly]; ■**das G~** the bawling; ***unter lautem G~ zogen die angetrunkenen Fans durch die Straßen*** shouting loudly the drunken fans made their way through the streets **II.** *vt* (*pej fam*) ■**etw** ~ to bawl sth

Groll <-[e]s> *m kein pl* (*geh*) resentment, rancour [*or* AM -or] *form;* [**einen**] ~ **gegen jdn hegen** to bear [*or* harbour [*or* AM -or]] resentment [*or* a grudge] against sb

grollen *vi* (*geh*) (1) (*zürnen*) ■[**jdm**] [**wegen etw** *dat*] ~ to be resentful [of sb] [*or* angry [with sb]] [because of sth] (2) (*dumpf hallen*) to roll [*or* rumble]; ■**das G~** the rumbling

Grönland *nt* Greenland; *s. a.* **Deutschland**

Grönländer(in) <-s, -> *m(f)* Greenlander; *s. a.* **Deutsche(r)**

grönländisch *adj* Greenlandic; *s. a.* **deutsch**

Grönlandsee *f* Greenland Sea

grooven ['gru:vən] *vi* (*sl*) ■[**zu etw** *dat*] ~ to groove [to sth] *sl*

Groppe <-, -n> *f* (*Cottus*) bullhead

Gros <-, -> [gro:] *nt* ■**das** ~ the majority

Groschen <-s, -> *m* (1) ÖSTERR groschen (2) (*fam: deutsches Zehnpfennigstück*) ten-pfennig piece; **keinen ~** (*fam*) not a penny [*or* AM cent] ▶ WENDUNGEN: **der ~ fällt** [*o* **ist gefallen**] (*hum fam*) the penny has dropped BRIT *fam,* the big light has went on AM; **seine** [**paar**] ~ **zusammenhalten** to hang on to one's money; **sich** *dat* **ein paar ~** [**dazu**]**verdienen** to earn [oneself] a bit of [extra] pocket money

Groschenblatt *nt* (*pej*) tabloid, [cheap] rag BRIT *pej fam* **Groschengrab** *nt* (*hum veraltend: Parkuhr, Spielautomat etc.*) penny-eater BRIT *hum fam* **Groschenheft** *nt* (*pej veraltend*) penny dreadful BRIT *dated,* dime novel AM *dated* **Groschenroman** *m* (*pej*) cheap [*or* AM *a.* dime] novel

groß <größer, größte> **I.** *adj* (1) (*flächenmäßig, räumlich ausgedehnt*) large, big (2) (*~es Glas*) large, big; **ein ~es Bier** ≈ a pint [of beer] BRIT, *rare* a large beer; ***nach den drei ~en Bier war ich ziemlich angeheitert*** I felt quite merry *fam* [*or fam* tipsy] after three pints [of beer]; ■**ein G~es** ≈ a pint [of beer] BRIT, *rare* a large beer (3) (*lang*) long; **ein ~er Mast/Turm/Kirchturm** a high pylon/tower/church steeple (4) (*das Maß oder Ausmaß betreffend*) great; **in ~en/größeren Formaten/Größen** in large/larger formats/sizes; **mit ~er Geschwindigkeit** at high [*or* great] speed; **im G~ einkaufen** to buy in bulk (5) (*hoch, hoch gewachsen*) tall; ***du bist ~ geworden*** you've grown; ***er ist 1,78 m ~*** he is 5 foot 10 [*or* 1.78m] [tall]; **ein ~er Baum/eine ~e Vase** a tall tree/vase (6) (*älter*) big, elder, older; ■**die G~en** (*die Erwachsenen*) the grown-ups; (*ältere Kinder*) the older children; ■**jds G~e/jds G~er** (*fam*) sb's eldest [*or* oldest] [daughter/son]; ***das ist Anita, unsere G~e*** this is Anita, our eldest; ***wenn ich ~ bin*** when I'm grown up; ~ **und klein** young and old [alike]; **mit etw** *dat* ~ **geworden sein** to have grown up with sth (7) (*zeitlich ausgedehnt*) long, lengthy; **auf große[r] Fahrt** on a long journey (8) (*bevölkerungsreich*) large, big; (*zahlreich*) large; **die ~e Masse** most [*or* the majority] of the people; **ein ~er Teil der Bevölkerung** a large part of the population (9) (*erheblich*) great; **ein ~er Aufstieg** a meteoric rise; **ein ~er Durchbruch/Reinfall** a major breakthrough/disaster; **ein ~er Misserfolg** an abject [*or* a dismal] failure (10) (*hoch*) large; **ein ~er Betrag** a large amount; **eine ~e Preissteigerung** a massive price rise [*or* increase] (11) (*beträchtlich*) great; **~e Angst haben** [*o* **empfinden**] to be terribly afraid [*or* frightened]; **eine ~e Beeinträchtigung** a major impairment; **eine ~e Dummheit** sheer stupidity; [**eine**] **~e Enttäuschung** [a] great [*or* deep] [*or* profound] disappointment; **~es Leid** great [*or* deep] [*or* profound] sorrow; **~e Nachfrage** a big demand; **ein ~er Schrecken** a nasty fright; **~e Schwierigkeiten** serious [*or* real] trouble; **~e Wut** unbridled fury; **~er Zorn** deep [*or* profound] anger; ***was für eine ~e Freude!*** how delightful!; ***du redest ganz ~en Unsinn*** you're talking complete rubbish (12) (*bedeutend*) great; **ein ~er Konzern/Supermarkt/ein ~es Unternehmen** a leading [*or* major] group/supermarket/company; ■[**etwas/nichts**] **G~es** [something/nothing] great; ***sie hat in ihrem Leben nichts G~es geleistet*** she never achieved anything great [*or* major] in her life, she did not achieve great things in her life; ***mit diesem Gemälde hat sie etwas G~es geschaffen*** she has created something great [*or* profound] with this painting; *s. a.* **klein** (13) (*laut*) loud; ***was ist denn da auf der Straße für ein ~er Lärm?*** what's all that noise in the street?; ***wir bekamen ~en Beifall*** we received loud applause; ***macht doch nicht so einen ~en Lärm!*** don't make so much noise! (14) (*in Eigennamen*) ■... **der G~e** ... the Great; ***Friedrich der G~e*** Frederick the Great (15) (*besonders* (*gut*)) big; ***im Meckern ist sie ganz ~*** she's quite good at moaning; ***ich bin kein ~er Esser/ Trinker*** I'm not a big eater/drinker; ***ich bin kein ~er Redner*** I'm no [*or* not a] great speaker ▶ WENDUNGEN: **im G~en und Ganzen** [**gesehen**] on the whole, by and large; *s. a.* **Terz, Geld, Masse II.** *adv* (1) (*fam: besonders*) ***was ist da jetzt schon ~ dabei!*** big deal! *fam;* ***er hat sich aber nicht gerade ~ für uns eingesetzt!*** he didn't exactly do very much [*or* put himself out much] for us!; ***was soll man da schon ~ sagen?*** you can't really say very much; ***ich habe mich nie ~ für Politik interessiert*** I've never been particularly interested in politics; ~ **einsteigen** to go in for sth in a big way; ***sie ist ganz ~ in die Politik eingestiegen*** she's gone into politics in a big way; [**mit etw** *dat*] [**ganz**] ~ **rauskommen** to have a real success [*or* big hit] with sth (2) MODE **etw größer machen** to let out sth *sep* (3) (*von weitem Ausmaß*) ~ **angelegt** large-scale; **eine ~ angelegte Offensive** a full-scale offensive [*or* attack] (4) (*nicht klein*) ~ **kariert** MODE large-checked *attr* ▶ WENDUNGEN: ~ **und breit** (*fam*) at great length; ~ **machen** (*fam*) to do number two [*or* BRIT a poo] *fam or childspeak;* **etw wird** [**bei jdm**] ~ **geschrieben** (*fam*) to be high on the[/sb's] list of priorities; ***Pünktlichkeit wird bei Hahn & Haehnle ~ geschrieben*** punctuality is high on Hahn & Haehnle's [*or* the Hahn & Haehnle] list of priorities

Großabnehmer(in) *m(f)* bulk buyer [*or* purchaser] **Großaktionär(in)** *m(f)* major shareholder **Großalarm** *m* red alert; ~ **geben** [*o* **auslösen**] to sound a red alert **großangelegt** *adj attr s.* **groß II 3** **Großangriff** *m* large-scale attack **Großanlage** *f* INFORM mainframe

großartig **I.** *adj* (1) (*prächtig*) magnificent, splendid (2) (*hervorragend*) brilliant, superb; **ein ~es Angebot** a superb offer (3) (*wundervoll*) wonderful ▶ WENDUNGEN: ~ **tun** (*pej fam*) to put on airs [and graces] *pej* **II.** *adv* magnificently, splendidly

Großartigkeit <-> *f kein pl* magnificence, splendour [*or* AM -or]

Großaufnahme *f* FOTO, FILM close-up **Großauftrag** *m* (*von Produkt*) bulk order; (*von Dienstleistung*) major commission, major contract **Großbank** *f* big [*or* major] bank **Großbauer** *m* big [*or* large] farmer **Großbaustelle** *f* large building site **Großbehälter** *m* bulk container **Großbetrieb** *m* (*großer Gewerbe- oder Industriebetrieb*) large enterprise [*or* business]; AGR (*großer landwirtschaftlicher Betrieb*) large [*or* big] farm **Großbildleinwand** *f* MEDIA large-scale video display **Großbildschirm** *m* big [*or* BRIT *a.* large] screen **Großboot** *nt* NAUT longboat, launch **Großbramsegel** *nt* NAUT main-topgallant sail **Großbrand** *m* large fire [*or* blaze] **Großbrasse** <-, -n> *f* NAUT main brace

Großbritannien <-s> [bri'taniən] *nt* Great Britain; *s. a.* **Deutschland**

großbritannisch *adj* British

Großbuchstabe *m* capital [letter], upper-case letter *spec;* **in ~n** capitalized **großbürgerlich** *adj* SOZIOL upper [middle]-class, grand bourgeois **Groß-**

G

bürgertum *nt kein pl* upper classes *pl* **Großcomputer** *m* mainframe [computer] **Großdemonstration** *f* mass demonstration **großdeutsch** *adj* HIST Pan-German; *Idee, Bewegung* Greater-German

Größe <-, -n> *f* ❶ (*Flächeninhalt oder räumliche Ausdehnung*) size; **in voller ~** in full size ❷ ÖKON size ❸ (*Höhe, Länge*) height ❹ MODE (*Format, Maßeinheit*) size; ***ich suche einen Mantel ~ 56*** I'm looking for a size 56 coat ❺ *kein pl* (*Körper~*) height; **sich zu voller ~ aufrichten** to draw oneself up to one's full height ❻ MATH, PHYS (*Wert*) quantity; **unbekannte ~** (*a. fig*) unknown quantity *a. fig* ❼ *kein pl* (*Bevölkerungsreichtum*) population, size ❽ *kein pl* (*Erheblichkeit*) magnitude; *Problem* seriousness *no pl; Erfolg* extent *no pl* ❾ *kein pl* (*Bedeutsamkeit*) significance *no pl,* importance *no pl* ❿ (*bedeutender Mensch*) important figure, leading light BRIT *fam;* ***zu seiner Zeit war er eine der ~n des Showgeschäfts*** in his time he was one of the showbusiness greats ⓫ *kein pl* (*Höhe*) size ⓬ *kein pl* (*Beträchtlichkeit*) strength; *Interesse* a. keenness; *Kummer, Leid, Zorn* depth; *Schmerz* intensity ⓭ ASTRON **erster/zweiter/dritter/etc. ~** first/second/third/etc. magnitude

Großeinkauf *m* bulk purchase **Großeinsatz** *m* large-scale operation **großelterlich** *adj attr* [one's] grandparents', grandparental *form;* ***das ~e Vermögen betrug einst viele Millionen*** the grandparental estate was once worth several million **Großeltern** *pl* grandparents *pl*

Größendegression *f* ÖKON economies *pl* of scale

Großenkel(in) *m(f)* great-grandchild, great-grandson

Größenklasse *f* ASTRON *eines Sternes* magnitude **Größenordnung** *f* ❶ (*Dimension*) order of magnitude ❷ MATH, PHYS (*Zahlenbereich*) order [of magnitude]

großenteils *adv* largely, for the most part

Größenunterschied *m* ❶ (*Unterschied in der Länge*) difference in length ❷ (*Unterschied im Wuchs*) difference in height **Größenverhältnis** *nt* ❶ (*Maßstab*) scale; **im ~ von 1:100** on a/the scale of 1:100 ❷ (*Proportion*) proportions *pl* **größenverstellbar** *adj* adjustable **Größenwahn(sinn)** *m* (*pej*) megalomania; **an ~ leiden** to suffer from megalomania **größenwahnsinnig** *adj* (*pej*) megalomaniac[al]; ■ **~ sein** to be a megalomaniac

größer *adj comp von* **groß**

Großereignis *nt* major event [*or* occurrence]

größer(e)nteils *adv s.* **großenteils**

Großfahndung *f* large-scale search, manhunt **Großfamilie** *f* SOZIOL extended family **großflächig** *adj* ❶ (*sich über eine große Fläche erstreckend*) extensive; **~e Verwüstungen** widespread devastation *sing* ❷ (*eine große Fläche aufweisend*) large **Großflughafen** *m* major [*or* intercontinental] airport **Großflugzeug** *nt* giant aircraft **Großformat** *nt* TYPO large format [*or* broadsheet]; **im ~** in large format **großformatig** *adj* large-format **Großfürst(in)** *m(f)* HIST Grand Duke **Großfusion** *f* FIN jumbo merger **Großgemeinde** *f* ADMIN *municipality made up of several, formerly independent municipalities* **Großglockner** <-s> *m* GEOG Grossglockner Mountain **Großgrundbesitz** *m* large estate [holdings], extensive landed property **Großgrundbesitzer(in)** *m(f)* big landowner, owner of a large estate

Großhandel *m* wholesale trade; **etw im ~ kaufen** to buy sth wholesale; **im ~ einkaufen** to buy wholesale

Großhandelsbetrieb *m* HANDEL wholesale establishment **Großhandelskaufmann, -kauffrau** *m, f* wholesaler, wholesale trader **Großhandelspreis** *m* wholesale price **Großhandelsrabatt** *m* HANDEL wholesale discount

Großhändler(in) *m(f)* wholesaler, wholesale trader; **beim ~** at the wholesaler's **Großhandlung** *f* wholesale business [*or* firm] **großherzig** *adj* (*geh*) magnanimous *form,* generous **Großherzigkeit** <-> *f kein pl* (*geh*) magnanimity *form,* generosity **Großherzog(in)** *m(f)* Grand Duke **Großherzogtum** *nt* Grand Duchy **Großhirn** *nt* cerebrum, great brain **Großhirnrinde** *f* cerebral cortex **Großindustrie** *f* large-scale [manufacturing] industry **großindustriell** *adj* HANDEL major industrial *attr;* **~es Unternehmen** large-scale industrial concern **Großindustrielle(r)** *f(m)* big industrialist, industrial magnate **Großinquisitor** *m* HIST Grand Inquisitor

Grossist(in) <-en, -en> *m(f) s.* **Großhändler**

Großkapitalist(in) *m(f)* big capitalist, tycoon **großkariert** *adj s.* **groß II 4 Großkatze** *f* big cat **Großkind** *nt* SCHWEIZ (*Enkelkind*) grandchild **Großkonzern** *m* large enterprise, corporate group **Großkopfe(r)te(r)** *m decl wie adj* ÖSTERR, SÜDD (*pej*) bigwig *fam,* big gun [*or* fam] **großkotzig** *adj* (*pej sl*) swanky *pej fam* **Großkraftwerk** *nt* large power station **Großküche** *f* large kitchen **Großkunde** *m* major customer **Großkundgebung** *f* mass rally [*or* [public] meeting] **Großlager** *nt* bulk storage **Großmacht** *f* POL Great Power **Großmama** *f* (*fam*) *s.* **Großmutter Großmarkt** *m* central [*or* wholesale] market **Großmars** <-, -e> *m,* **Großmars** <-, -en> *f* NAUT maintop **Großmarssegel** *nt* NAUT main topsail **Großmast** *m* NAUT mainmast **Großmaul** *nt* (*pej fam*) bigmouth *pej fam,* loudmouth *pej fam* **großmäulig** *adj* (*pej fam*) big-mouthed *pej fam,* loudmouthed *pej fam* **großmehrheitlich** *adj* SCHWEIZ (*mit großer Mehrheit*) with a large majority *pred* **Großmeister(in)** *m(f)* grand master **Großmogul** *m* HIST Great [*or* Grand] Mogul **Großmufti** *m* HIST grand mufti **Großmut** *f s.* **Großherzigkeit großmütig** *adj s.* **großherzig Großmutter** *f* ❶ (*Mutter jds Vaters oder jds Mutter*) grandmother, grandma *fam,* granny *fam;* **jds ~ mütterlicherseits/väterlicherseits** sb's grandmother on one's mother's/father's side; **~ werden** to become a grandmother ❷ (*alte Frau*) grandma ► WENDUNGEN: **das kannst du deiner ~ erzählen!** (*fam*) [you can] tell that to the marines *fam* **großmütterlich** *adj attr* ❶ (*der Großmutter gehörend*) [one's] grandmother's *attr* ❷ (*in der Art einer Großmutter*) grandmotherly **Großneffe** *m* great-nephew **Großnichte** *f* great-niece **Großoffensive** *f* major offensive **Großonkel** *m* great-uncle, granduncle **Großpapa** *m* (*fam*) *s.* **Großvater großporig** *adj* **~e Haut** coarse [*or* large-pored] skin **Großprojekt** *nt* large[-scale] project **Großrat, -rätin** *m, f* SCHWEIZ ≈ Great Councillor [*or* AM *usu* Councilor] (*member of a [Swiss] cantonal [Great Council] parliament*)

Großraum *m* conurbation; **im ~ Berlin** in the Berlin conurbation [*or* area], in Greater Berlin, in Berlin and its environs [*or* the surrounding area]

Großraumbüro *nt* open-plan office **Großraumflugzeug** *nt* wide-bodied [*or* large-capacity] aircraft **großräumig I.** *adj* ❶ (*mit viel Platz, geräumig*) spacious, roomy; **~e Büros** spacious offices ❷ (*große Flächen betreffend*) extensive **II.** *adv* ***die Polizei empfiehlt, das Gebiet ~ zu umfahren*** the police recommend making a wide detour around the area **Großraumlimousine** *f* multi-purpose vehicle, mini van AM **Großraumtransporter** *m* bulk carrier **Großraumwagen** *m* ❶ EISENB open-plan carriage ❷ TRANSP (*Straßenbahnwagen*) articulated tram [carriage] BRIT **Großraumwaggon** *m* high-capacity wagon [*or* BRIT *a.* waggon]

Großrechner *m* INFORM mainframe [computer] **Großreinemachen** <-s> *nt kein pl* (*fam*) spring clean **Großschiffahrtsweg** *m* major waterway [*or* shipping lane] **Großschnauze** *f* (*fam*) bigmouth *fam,* loudmouth *fam* **Großschot** <-, -e[n]> *f* NAUT mainsheet **großschreiben** *vt irreg* ■ **etw ~** to write sth with a[n initial] capital letter; *s. a.* **groß II 5 Großschreibung** *f* LING, TYPO capitalization **Großsegel** *nt* NAUT mainsail **Großserienfertigung** *f* large-scale production **Großserienproduktion** *f* ÖKON large-scale series production **großspurig** *adj* (*pej*) boastful *pej* **Großstadt** *f* city, large town **Großstadtbevölkerung** *f* city population **Großstädter(in)** *m(f)* city-dweller **großstädtisch** *adj* big-city *attr* **Großstadtmensch** *m* city-dweller **Großstadtverkehr** *m* city traffic **Großtankstelle** *f* major service station **Großtante** *f* great-aunt, grand-aunt **Großtat** *f* great feat, achievement

größte(r, s) *adj superl von* **groß**

großtechnisch *adj* large-scale; **~e Anlage/Produktion/Erzeugung** large scale [*or* industrial] installations/production/manufacture **Großteil** *m* ❶ (*ein großer Teil*) ■ **ein ~** a large part ❷ (*der überwiegende Teil*) ■ **der ~** the majority; **zum ~** for the most part **Großteleskop** *nt* large telescope

größtenteils *adv* for the most part

größtmöglich *adj attr* greatest possible

Großtuerei *f kein pl* (*pej*) bragging, boasting **groß|tun** *irreg* **I.** *vi* (*pej*) to show off, to brag, to boast **II.** *vr* ■ **sich mit etw ~** to boast [*or* brag] [*or* show off] about sth **Großunternehmen** *nt s.* **Großbetrieb Großunternehmer(in)** *m(f)* big businessman *masc* [*or fem* businesswoman] **Großvater** *m* grandfather, grandpa *fam;* **~ werden** to become a grandfather **großväterlich** *adj* ❶ (*dem Großvater gehörend*) [one's] grandfather's *attr* ❷ (*in der Art eines Großvaters*) grandfatherly **Großveranstaltung** *f* big event **Großverbraucher(in)** *m(f)* large [*or* big] consumer **Großverdiener(in)** *m(f)* big earner **Großvertrieb** *m kein pl* HANDEL large-scale distribution **Großwesir** *m* HIST grand vizier **Großwetterlage** *f* general weather situation; (*fig*) **die politische ~** the general political climate **Großwild** *nt* big game **Großwildjagd** *f* big-game hunting; ■ **eine ~** a big-game hunt; **auf ~ gehen** to go big-game hunting **groß|ziehen** *vt irreg* ■ **ein Kind ~** to bring up *sep* [*or* raise] a child; ■ **ein Tier ~** to rear an animal

großzügig I. *adj* ❶ (*generös*) generous, ein **~es** *Trinkgeld,* a generous [*or* handsome] tip ❷ (*nachsichtig*) lenient ❸ (*in großem Stil*) grand; **ein ~er Plan** a large-scale plan **II.** *adv* ❶ (*generös*) generously ❷ (*nachsichtig*) leniently ❸ (*weiträumig*) spaciously

Großzügigkeit <-> *f kein pl* ❶ (*Generosität*) generosity ❷ (*Toleranz*) leniency ❸ (*Weiträumigkeit*) spaciousness *no pl; Park, Planung* large scale

grotesk *adj* grotesque

Grotesk <-> *f kein pl* TYPO grotesque, sanserif

Groteske <-, -n> *f* ❶ KUNST grotesquerie ❷ LIT grotesque tale

Groteskschriften *pl* grotesque [*or* sans serif] typefaces *pl*

Grotte <-, -n> *f* grotto

Grottenolm <-s, -e> *m* ZOOL olm

Groupie <-s, -s> ['gru:pi] *nt* (*sl*) groupie *sl*

Grübchen <-s, -> *nt* dimple

Grube <-, -n> *f* ❶ (*größeres Erdloch*) pit, [large] hole ❷ (*Bergwerk*) pit, mine ► WENDUNGEN: **in die ~ fahren** (*veraltet geh*) to give up the ghost; **wer andern eine ~ gräbt, fällt selbst hinein** (*prov*) you can easily fall into your own trap *prov*

Grübelei <-, -en> *f* brooding

grübeln *vi* ■ [**über etw** *dat o akk*] **~** to brood [over [*or* about] sth]; ■ **das G~** brooding; **ins G~ geraten** [*o* **kommen**] to begin to brood

Grubenarbeiter *m* pitman, miner, mineworker **Grubenausbau** *m* support of mine workings **Grubenbau** *m* excavation chamber **Grubenbetrieb** *m* BERGB (*Unternehmen*) mining company **Grubenbrand** *m* pit fire **Grubenexplosion** *f* pit [*or* mining] explosion **Grubenfeld** *nt* mining field **Grubenförderung** *f* BERGB (*Gewinnung*) mining operations *pl;* (*Gewonnenes*) output of a/the mine **Grubengas** *nt* firedamp, methane **Grubenholz** *nt* mine [*or* pit] props **Grubenkies** *m* BAU pit gravel **Grubenlampe** *f* miner's lamp **Grubenlicht** *nt s.* **Grubenlampe Grubenotter** *m* ZOOL pit viper **Grubenunglück** *nt* pit [*or* mining] disaster [*or* accident]

Grübler(in) <-s, -> *m(f)* brooder, broody person

grüblerisch *adj* broody

Gruft <-, Grüfte> *f* ❶ (*Grabgewölbe*) vault, tomb; (*Kirche*) crypt ❷ (*offenes Grab*) grave
Grufti <-s, -s> *m* (*sl*) old fogy [*or* fogey] *fam,* crumbly BRIT *fam*
grummeln *vi* (*fam*) ❶ (*brummeln*) to mumble [*or* mutter] ❷ (*leise rollen*) to rumble
Grummet *nt* AGR aftermath
grün *adj* ❶ (*die Farbe des Chlorophylls*) green ❷ (*unreif*) green; *Tomaten, Pflaumen* green, immature; **~er Junge** greenhorn; **~e Weihnachten** a snow-free Christmas ❸ POL green ▶ WENDUNGEN: **jdn ~ und blau schlagen** (*fam*) to beat sb black and blue; **sich ~ und blau ärgern** to be furious; **jdm nicht ~ sein** (*fam*) to dislike [*or* not like] sb; **sich** *dat* **nicht ~ sein** (*fam*) to dislike [*or* not like] each other; *s. a.* **Gesicht**
Grün <-s, - *o fam* -s> *nt* ❶ (*Farbe*) green; **ein grelles/schreiendes ~** a bright/garish green; **~ haben** to be [at [*or* on]] green; ***die Ampel zeigt ~*** the [traffic] lights are [at [*or* on]] green ❷ (*~flächen*) green spaces [*or* areas]; **ein ~ am Golfplatz** a green on a/the golf course ❸ (*grüne Pflanzen*) greenery; **das erste ~ nach dem Winter** the first green shoots of spring ❹ (*Spielfarbe im deutschen Kartenspiel*) spades *npl* ▶ WENDUNGEN: **das ist dasselbe in ~** (*fam*) it's one and the same [thing]
Grünalge *f* BOT *meist pl* green alga [*or* algae] **grünalternativ** *adj* POL green alternative; **Grün-Alternative-Liste** *electoral pact of green and alternative parties* **Grünanlage** *f* green space [*or* area] **grünäugig** *adj* green-eyed; ■**~ sein** to have green eyes **grünbärtig** *adj* ZOOL green-gilled **grünblau** *adj* greenish blue
Grund <-[e]s, Gründe> *m* ❶ (*Ursache, Veranlassung*) reason; ***jede Naturkatastrophe hat einen ~*** every natural disaster has a cause; ***habt ihr denn einen ~ zum Feiern?*** have you got [a] cause [*or* a reason] to celebrate?; ***der ~ des schlechten Wetters ist ein Tiefdruckgebiet*** the reason for [*or* cause of] the bad weather is an area of low pressure; **keinen/nicht den geringsten ~** no/not the slightest reason; ***eigentlich besteht kein ~ zur Klage*** there is no [real] cause for complaint; ***du hast keinen ~, dich zu beklagen*** you have no reason to complain; **zwingende Gründe** JUR compelling reasons; **jdm ~ [zu etw** *dat*] **geben** to give sb reason [*or* cause] [to do sth]; **sehr wohl ~ zu etw** *dat* **haben** to have every [*or* very good] reason [*or* good cause] to do sth; **ohne ~** without reason; ■**ein/kein ~ zu etw** *dat* [no] reason for sth; (*Beweg~, Motiv*) grounds *pl,* reason; ***Eifersucht ist schon oft der ~ für eine Bluttat gewesen*** jealousy is often the motive for a bloody deed; **~ zu der Annahme haben, dass** to have reason to believe [*or* grounds for believing] that; **Gründe und Gegengründe** pros and cons; **berechtigten/guten/keinen/nicht den geringsten ~ haben, etw zu tun** to have a legitimate/good/no/not the slightest reason for doing sth; ***du hast wirklich keinen ~, dich ihm gegenüber so ablehnend zu verhalten*** you have no real cause to be so stand-offish towards him; **aus dem einfachen ~, weil** for the simple reason that; **aus finanziellen Gründen** for financial reasons; **aus gesundheitlichen Gründen** for reasons of health, on health grounds; **aus gutem ~** with good reason; **aus unerfindlichen Gründen** for some obscure reason; ***sie hat die Gründe für ihre Entscheidung genau dargelegt*** she has detailed the reasons for her decision; **die Gründe für und wider genau abwägen** to closely weigh up the arguments for and against; **aus Gründen einer S.** *gen* for reasons of sth; **aus Gründen der Diplomatie** for reasons of diplomacy; **aus diesem ~[e]** for this reason; **aus welchem ~[e]** for what reason; **auf ~ einer S.** *gen* owing to [*or* because of] sth; *s. a.* **aufgrund** ❷ *kein pl* (*Erdboden*) ground; **etw bis auf den ~ abtragen** to raze sth to the ground; **ein Schiff auf ~ setzen** to scuttle a ship; **auf ~ laufen** [*o* **geraten**] NAUT to run aground ❸ DIAL (*Land, Acker*) land; **~ erwerben** to acquire land; **den ~ bewirtschaften** to cultivate [*or* work] the land; **~ und Boden** land ❹ (*veraltend: Erdreich*) soil; ***für solche Pflanzen muss der ~ sehr feucht sein*** the soil must be very moist for plants like these ❺ (*Boden eines Gewässers*) bed, bottom; ***am ~e des Sees*** on the seabed, at the bottom of the sea; ***ich habe keinen ~ mehr unter den Füßen*** I can't touch the bottom [*or* feel the bottom under my feet] any longer; **steiniger/felsiger ~** a stony/rocky bottom; **auf den ~ sinken** to sink to the bottom ❻ *kein pl* (*geh: Gefäßboden*) bottom; **sich auf dem ~ des Glases absetzen** to settle to the bottom of the glass; **etw bis auf den ~ auspumpen/austrinken/leeren** to pump sth out/drain/empty sth completely ❼ *kein pl* (*Unter~*) background; ***ein weißes Kreuz auf rotem ~*** a white cross on a red background ▶ WENDUNGEN: **in ~ und Boden** thoroughly; ***du solltest dich in ~ und Boden schämen!*** you should be thoroughly [*or* completely] ashamed of yourself; **jdn in ~ und Boden reden** to shoot sb's arguments to pieces *fam;* **im ~e jds Herzens** (*geh*) in one's heart of hearts; **einer S.** *dat* **auf den ~ gehen** [*o* **kommen**] to get to the bottom of sth; **den ~ zu etw** *dat* **legen** to lay the foundations *pl* of [*or* for] sth; **auf ~ von etw** *dat* [*o* **einer S.** *gen*] on the strength [*or* basis] of sth; **im ~e [genommen]** basically; **von ~ auf** [*o* **aus**] completely
Grundabgabe *f* FIN ground rent, land tax **Grundakkord** *m* MUS common chord, basic triad **grundanständig** *adj* thoroughly decent **Grundausbildung** *f* basic training **Grundausstattung** *f* basic equipment **Grundbedeutung** *f* basic [*or* fundamental] meaning; LING original meaning **Grundbedingung** *f* basic condition **Grundbegriff** *m meist pl* ❶ (*elementarer Begriff*) basic [*or* fundamental] notion [*or* concept] ❷ SCH (*Minimalvoraussetzung*) rudiments *npl* **Grundbesitz** *m* landed property; **landwirtschaftlicher/städtischer ~** agricultural holding/city real estate; **jdm den ~ entziehen** to dispossess sb **Grundbesitzabgabe** *f* FIN real estate levy **Grundbesitzer(in)** *m(f)* landowner **grundbesitzlos** *adj* landless **Grundbestand** *m* HANDEL basic stock **Grundbestandteil** *m* basis, basic element **Grundbetrag** *m* HANDEL basic amount
Grundbuch *nt* JUR land register
Grundbuchabschrift *f* JUR land certificate **Grundbuchabteilung** *f* JUR *für Grunddienstbarkeiten* register of land charges **Grundbuchamt** *nt* ADMIN Land Registry, Land Registration Office **Grundbuchauszug** *m* JUR land certificate BRIT, certificate of title AM **Grundbuchberichtigung** *f* JUR rectification of the land register **Grundbuchbezirk** *m* JUR Land Register district **Grundbucheinsicht** *f* JUR inspection of the land register **Grundbucheintragung** *f* JUR entry in the land register; **eine ~ vornehmen** to register a land charge **Grundbuchlöschung** *f* JUR cancellation of an entry in the land register **Grundbuchordnung** *f* JUR Land Registry Act
Grunddienstbarkeit *f* JUR easement **grundehrlich** *adj* (*emph*) thoroughly honest **Grundeigentümer(in)** *m(f) s.* **Grundbesitzer** **Grundeigentumsurkunde** *f* JUR title deeds *pl* **Grundeinstellung** *f* INFORM presetting, basic setting
gründen I. *vt* ❶ (*neu schaffen*) ■**etw ~** to found sth; **einen Betrieb/eine Firma ~** to establish [*or* set up] a business/firm; **eine Partei ~** to form [*or* establish] a party; **eine Universität ~** to found [*or* establish] a university ❷ (*fußen lassen*) ■**etw auf etw** *akk* **~** to base [*or* found] sth on sth; ***worauf gründet er seine Entscheidung?*** what does he base his decision on? II. *vr* ■**sich auf etw** *akk* **~** to be based [*or* founded] on sth
Grundentlastung *f* FIN absolute discharge
Gründer(in) <-s, -> *m(f)* founder
Gründeraktie *f* BÖRSE founder's share **Gründerhaftung** *f* JUR founder's liability **Gründerjahre** *pl,* **Gründerzeit** *f* HIST *period in the last third of the last century when many industrial firms were established in Germany*
Grundertragssteuer *f* FIN farmer's tax **Grunderwerb** *m* acquisition [*or* purchase] of land **Grunderwerbsteuer** *f* land transfer tax **grundfalsch** *adj* (*emph*) completely [*or* totally] wrong; *eine ~e Annahme* a completely false assumption **Grundfarbe** *f* ❶ (*Primärfarbe*) primary colour [*or* AM -or] ❷ (*als Untergrund aufgetragene Farbe*) ground colour [*or* AM -or] **Grundfesten** *pl* (*fig*) [very] foundations *pl;* **an den ~ von etw** *dat* **rütteln** to shake the [very] foundations of sth; **etw bis in die ~ [*o* in seinen ~] erschüttern** to shake sth to its [*or* the] [very] foundations **Grundfläche** *f* area **Grundforderung** *f* basic demand **Grundform** *f* ❶ (*elementare Form*) basic form ❷ LING basic form **Grundfrage** *f* fundamental question [*or* issue] **Grundfreibetrag** *m* FIN (*Steuern*) basic exemption, tax-free [*or* BRIT personal] allowance **Grundgebühr** *f* FIN basic charge **Grundgedanke** *m* basic idea **Grundgehalt** *nt* basic salary **Grundgesetz** *nt* ❶ (*Grundprinzip*) basic [*or* fundamental] law; **physikalische/chemische ~e** the fundamental laws of physics/chemistry ❷ (*deutsche Verfassung*) Basic Law **Grundgesetzänderung** *f* constitutional amendment, amendment to the Basic Law **grundgesetzwidrig** *adj* violating [*or* contrary to] the Basic Law **grundgütig** *adj* kind-hearted **Grundhaltung** *f* basic attitude **Grundhandelsgewerbe** *nt* HANDEL general commercial business **Grundherr** *m* HIST lord of the manor **Grundidee** *f* basic idea
grundieren* *vt* ■**etw ~** to prime sth
Grundierfarbe *f* BAU primer paint
Grundierung <-, -en> *f* ❶ *kein pl* (*das Grundieren*) priming; *beim Schminken* foundation ❷ (*erster Anstrich*) primary [*or* priming] coat
Grundimmunisierung *f* basic immunization **Grundinvestition** *f* FIN basic [*or* capital] project **Grundkapital** *nt* share capital BRIT, stock capital AM; **genehmigtes ~** authorized capital **Grundkenntnis** *f meist pl* basic knowledge **Grundkenntnisse** *pl* basic knowledge *no pl;* ***ihm fehlen die ~ in der Chemie*** he lacks [the] basic knowledge of chemistry **Grundkonsens** *m* SOZIOL, POL fundamental concensus **Grundkonzeption** *f* basic [*or* fundamental] conception [*or* idea] **Grundkosten** *pl* FIN besic costs **Grundkurs** *m* SCH basic course; (*Einführungskurs*) foundation course **Grundlage** *f* basis, foundation; **als ~ für etw** *akk* **dienen** to serve as a basis for sth; **jeder ~ entbehren** to be completely unfounded [*or* without foundation]; **auf der ~ von etw** *dat* on the basis of sth; **eine gute ~** (*fam*) a good lining for one's stomach **Grundlagenabkommen** *nt* basic agreement **Grundlagenforschung** *f* basic research **Grundlagenvertrag** *m* POL foundation agreement **Grundlast** *f* ELEK base load **grundlegend** I. *adj* ❶ (*wesentlich*) fundamental, basic ❷ (*die Grundlage bildend*) standard II. *adv* fundamentally; ***das hat sich ~ geändert*** that has fundamentally changed **Grundleistung** *f* FIN (*Versicherung*) standard [*or* flat-rate] benefit
gründlich I. *adj* ❶ (*gewissenhaft*) thorough ❷ (*umfassend*) thorough; **eine ~e Bildung** a broad education II. *adv* ❶ (*fam: total*) completely; **sich ~ täuschen** to be completely mistaken ❷ (*gewissenhaft*) thoroughly
Gründlichkeit <-> *f kein pl* thoroughness
Gründling <-s, -e> *m* ZOOL gudgeon
Grundlinie *f* ❶ MATH ground-line ❷ SPORT baseline ❸ TYPO baseline **Grundlinienspiel** *nt* SPORT baseline play **Grundlohn** *m* basic pay [*or* wage] **grundlos** I. *adj* ❶ (*unbegründet*) groundless, unfounded, *~es Lachen,* laughter for no reason [at all] ❷ (*ohne festen Boden*) bottomless II. *adv* groundlessly; **~ lachen** to laugh for no reason [at all] **Grundmauer** *f* (*Fundament*) foundation wall; **etw bis auf die ~n niederbrennen** to burn sth to the ground; **etw bis auf die ~n niederreißen/zerstören** to raze sth to the ground **Grundnahrungsmittel** *nt* basic food[stuff]
Gründonnerstag *m* REL Maundy Thursday
Grundordnung *f* basic [*or* fundamental] order

G

Grundpfandgläubiger(in) *m(f)* JUR mortgagee **Grundpfandrecht** *nt* JUR encumbrance, right in rem; **etw mit einem ~ belasten** to encumber sth with a mortgage **Grundpfeiler** *m* ① BAU (*tragender Pfeiler*) supporting pillar; *Brücke* supporting pier ② (*fig: wesentliches Element*) cornerstone **Grundprinzip** *nt* fundamental [*or* basic] principle **Grundprodukt** *nt* HANDEL basic product **Grundprogramm** *nt* INFORM basic program **Grundrechenart** *f* fundamental rule of arithmetic **Grundrecht** *nt* basic [*or* fundamental] right **Grundrechtsgarantien** *pl* JUR constitutional guarantees of civil rights **Grundrechtsgewährleistung** *f* JUR constitutional guarantee of civil rights **Grundrechtsverletzung** *f* JUR violation of basic rights **Grundregel** *f* basic [*or* fundamental] rule **Grundrente** *f* ① (*Mindestrente*) basic pension ② FIN (*Einkommen aus Eigentum von Grund und Boden*) ground rent **Grundriss**RR *m*, **Grundriß** *m* ① BAU ground-plan ② (*Abriss*) sketch, outline, summary **Grundrisszeichnung**RR *f* BAU floor [*or* ground] plan

Grundsatz *m* principle; **Grundsätze ordnungsgemäßer Buchführung** FIN generally accepted accounting principles; **es sich** *dat* **zum ~ machen, etw zu tun** to make it a matter of principle to do sth; **aus ~** on principle

GrundsatzbeschlussRR *m* POL policy decision **Grundsatzdiskussion** *f* debate on [fundamental] principles **Grundsatzentscheidung** *f* decision of general principle **Grundsatzerklärung** *f* POL declaration of principles **Grundsatzfrage** *f* fundamental [*or* pivotal] issue

grundsätzlich I. *adj* ① (*grundlegend*) fundamental; **~e Bedenken/Zweifel** serious [*or* strong] misgivings/doubts ② (*prinzipiell*) in principle *pred* II. *adv* ① (*völlig*) completely; **~ anderer Meinung sein** to be of a completely different opinion ② (*prinzipiell*) in principle ③ (*kategorisch*) absolutely

Grundsatzpapier *nt* written declaration of principles **Grundsatzprogramm** *nt* basic programme [*or* AM -am]; (*Parteiprogramm*) party manifesto **Grundsatzurteil** *nt* JUR leading decision **Grundsatzvereinbarung** *f* JUR agreement in principle **Grundsatzvertrag** *m* JUR agreement in principle; POL policy agreement

Grundschrift *f* TYPO base [*or* body] type **Grundschuld** *f* FIN, JUR land charge **Grundschuldbrief** *m* FIN land charge certificate **Grundschule** *f* primary [*or* AM elementary] [*or* AM grade] school **Grundschüler(in)** *m(f)* primary school [*or* AM elementary school] [*or* AM grade school] pupil **Grundschullehrer(in)** *m(f)* primary[-school] teacher BRIT **Grundsicherung** *f* basic [insurance] cover [*or* level of social protection], subsistence income **grundsolid(e)** *adj* very respectable **Grundstein** *m* foundation-stone; [**mit etw** *dat*] **den ~ zu etw** *dat* **legen** to lay the foundations for [*or* of] sth [with sth]; **der ~ zu etw** *dat* **sein** to form the foundations for [*or* of] sth **Grundsteinlegung** *f* laying of the foundation stone **Grundstellung** *f* ① SPORT (*Ausgangsstellung für eine Turnübung*) normal position ② (*Stellung der Schachfiguren am Spielanfang*) starting positions *pl*

Grundsteuer *f* FIN [local] property tax, ≈ council tax BRIT

Grundsteuerbemessungsbetrag *m* FIN property tax base **Grundsteuermessbescheid**RR *m* FIN property tax assessment **Grundsteuerpflicht** *f* FIN property tax liability **grundsteuerpflichtig** *adj* FIN rat[e]able BRIT **Grundsteuerpflichtige(r)** *f(m) dekl wie adj* FIN ratepayer BRIT **Grundsteuerveranlagung** *f* FIN property tax assessment **Grundstimmung** *f* prevailing mood **Grundstock** *m* basis, foundation **Grundstoff** *m* ① (*Rohstoff*) raw material ② CHEM (*Element*) element **Grundstoffindustrie** *f* basic industry

Grundstück *nt* ① (*Bau~*) plot [of land]; **bebaute ~e** developed plots [*or* sites] ② (*Anwesen*) estate, property

Grundstücksabschreibung *f* FIN depreciation on land **Grundstücksart** *f* type of real estate **Grundstücksaufbereitung** *f* land development **Grundstücksbelastung** *f* JUR encumbrance of property **Grundstücksbesitzer(in)** *m(f)* property owner **Grundstückseigentum** *nt* fee simple **Grundstückseigentümer(in)** *m(f)* property owner **Grundstückserwerb** *m* land purchase, acquisition of real estate **grundstücksgleich** *adj* JUR equivalent to real property **Grundstücksgröße** *f* size of the property **Grundstückskauf** *m* purchase of real estate **Grundstückslast** *f* FIN land charge **Grundstücksmakler(in)** *m(f)* estate agent **Grundstückspacht** *f* JUR ground lease **Grundstückspfandrecht** *nt* JUR hypothecary right **Grundstückspreis** *m* land price, real-estate price *usu pl* **Grundstücksrecht** *nt* JUR land law, law of property **Grundstücksübertragung** *f* JUR conveyance of property, transfer of land **Grundstücksübertragungsurkunde** *f* JUR full covenant deed **Grundstücksveräußerung** *f* JUR property disposal **Grundstücksverkehr** *m* JUR real estate transactions **Grundstückswert** *m* real estate value **Grundstückszubehör** *nt* JUR accessory to realty fixtures and fittings of the premises **Grundstückverkehrsgesetz** *nt* JUR Law on Real Estate Transactions

Grundstudium *nt* basic course **Grundstufe** *f* SCH *years 3 and 4 of primary/elementary school in Germany* **Grundsubstanz** *f* basic substance, base **Grundtarif** *m* JUR basic rate **Grundtext** *m* original [text] **Grundton** *m* ① MUS (*eines Akkords*) root; (*einer Tonleiter*) keynote ② (*Grundfarbe*) ground colour [*or* AM -or] **Grundübel** *nt* basic evil **Grundüberzeugung** *f* PHILOS, SOZIOL fundamental conviction **Grundumsatz** *m* MED basal metabolism

Gründung <-, -en> *f* ① (*das Gründen*) foundation, founding; *Betrieb* establishment, setting up; *Familie* [the] starting; *Schule, Universität* establishment, founding, foundation; **~ eines Unternehmens** formation of a company ② BAU (*Fundament*) foundation[s]; *kein pl* (*das Anlegen des Fundaments*) laying of the foundation[s]

Gründungsakt *f* act of foundation **Gründungsaktie** *f* BÖRSE founder's share **Gründungsbericht** *m* HANDEL *einer AG* formation [*or* statutory] report **Gründungsbilanz** *f* FIN [founders'] formation statement **Gründungseinlage** *f* FIN original investment **Gründungsfeier** *f* foundation ceremony **Gründungsgesellschaft** *f* HANDEL parent [*or* proprietary] company **Gründungsgesellschafter(in)** *m(f)* founder member **Gründungsinvestition** *f* FIN original investment **Gründungsjahr** *nt* year of [the] foundation **Gründungsjubiläum** *nt* anniversary of the foundation **Gründungskapital** *nt* FIN initial capital **Gründungskosten** *pl* FIN promotion costs, start-up expenditure **Gründungsmitglied** *nt* founding member **Gründungsphase** *f* HANDEL start-up period **Gründungsrecht** *nt* JUR law on company formation **Gründungsurkunde** *f*, **Gründungsvertrag** *m* JUR articles of association; (*von Kapitalgesellschaft*) memorandum of association [*or* AM incorporation] **Gründungsvertrag** *m* JUR foundation agreement **Gründungsvorgang** *m* HANDEL incorporation procedure

Grundvergütung *f* FIN basic remuneration **grundverkehrt** *adj* completely wrong **Grundvermögen** *nt* FIN real estate [*or* property], landed property **grundverschieden** *adj* (*emph*) completely different **Grundversorgung** *f* basic care **Grundvertrag** *m* JUR principal [*or* basic] contract **Grundwasser** *nt* ground water; **auf ~ stoßen** to come across underground water **Grundwasserspiegel** *m* ground-water level, water table **Grundwehrdienst** *m* national service BRIT; **den ~ leisten** to do one's national service **Grundwerkstoff** *m* TECH base [*or* parent] metal **Grundwert** *m* basic amount; (*Grundstückswert*) real-estate value **Grundwissen** *nt* basic knowledge **Grundwort** *nt* LING root, etymon *spec* **Grundwortschatz** *m* basic vocabulary **Grundzahl** *f* MATH *s.* **Kardinalzahl** **Grundzins** *m* FIN ground rent **grundzinspflichtig** *adj* JUR subject to ground rent *pred* **Grundzug** *m* ① (*wesentliches Merkmal*) essential feature; **etw in seinen Grundzügen darstellen/erläutern** to outline/explain the essentials of sth ② *pl* (*Abriss*) the basics [*or* fundamentals]

Grüne(r) *f(m) decl wie adj* POL [member of the] Green [Party]; ***die* ~n** the Green Party [*or* Greens]

Grüne(s) *nt decl wie adj* ① (*Schmuckreisig*) ■ **~s** greenery *sing* ② (*Gemüse*) ■ **~s** greens ▶ WENDUNGEN: **ins ~ fahren** (*fam*) to drive [*or* take a trip] into the country; **im ~n** in the country

grünen *vi* (*geh*) to become [*or* turn] green; ***ist es nicht schön, dass es wieder grünt und blüht?*** isn't it nice that spring is here again?

Grünfink *m* greenfinch **Grünfläche** *f* green [*or* open] space **Grünflächenamt** *nt* parks department **Grünfutter** *nt* green fodder *no pl, no indef art,* herbage [*or* soilage] *no pl, no indef art spec*

Grunge [grʌndʒ] *m* MUS grunge

Grüngürtel *m* green belt **Grünkern** *m* dried unripe spelt grain *no indef art* **Grünkohl** *m* [curly] kale *no pl, no indef art* **Grünland** *nt kein pl* AGR (*Wiesen*) meadowland, grassland; (*Weiden*) pastureland

grünlich *adj* greenish

Grünling *m s.* **Grünfink**

Grünpflanze *f* non-flowering plant **Grünschenkel** *m* ORN greenshank **Grünschnabel** *m* (*fam*) greenhorn *fam,* whippersnapper *fam* **Grünspan** *m kein pl* verdigris *no pl;* **~ ansetzen** to become covered with verdigris **Grünspecht** *m* green woodpecker **Grünstreifen** *m* central reservation, median strip AM; (*am Straßenrand*) grass verge

grunzen I. *vi* to grunt; ■ **das G~** grunting II. *vt* (*fam*) ■ **etw ~** to grunt sth

Grünzeug *nt* (*fam*) ① (*Kräuter*) herbs *pl* ② (*Salat*) green salad; (*Gemüse*) greens *pl* ③ (*hum: Jugendliche*) green young things *pl fam,* whippersnappers *pl fam*

Grüppchen <-s, -> *nt dim von* **Gruppe** (*bes pej*) small group [*or pej* clique]

Gruppe <-, -n> *f* ① (*Anzahl von Personen, Dingen*) group; **in ~n zu sechs** [**Leuten**] in groups of six ② (*Zusammenschluss*) group; HANDEL (*Konzern*) group ③ SPORT group ④ (*Kategorie*) category, class

Gruppenakkord *m* ÖKON group piecework *no pl, no indef art* **Gruppenarbeit** *f kein pl* teamwork *no pl, no indef art* **Gruppenaufnahme** *f*, **Gruppenbild** *nt* group photograph **Gruppenbewertung** *f* FIN group-of-assets valuation **Gruppenbildung** *f* group formation **Gruppenbuchung** *f* HANDEL block booking **Gruppendynamik** *f* PSYCH group dynamics + *sing/pl vb, no art* **gruppendynamisch** *adj Prozess* involving group dynamics **Gruppenfoto** *nt* group photo **Gruppenfreistellung** *f* FIN group exemption **Gruppenführer(in)** *m(f)* ① (*Leiter*) team [*or* group] leader ② HIST (*in der „SS"*) lieutenant-general **Gruppenidentität** *f* SOZIOL group identity **Gruppenklage** *f* JUR class action suit **Gruppenleiter(in)** *m(f)* team leader **Gruppenmoral** *f* ① (*sittliches Empfinden einer Gruppe*) group morals *pl,* morals of a/the group; **gegen die ~ verstoßen** to contravene group morals ② (*innere Haltung*) group morale *no pl, no indef art* **Gruppenreise** *f* group travel *no pl, no art* **Gruppensex** *m* group sex *no pl, no art* **Gruppensieg** *m* first place in the group **Gruppentarif** *f* HANDEL blanket rate **Gruppentherapie** *f* ① MED group treatment *no pl, no indef art* ② PSYCH group therapy *no pl, no indef art* **Gruppenunterricht** *m* group learning *no pl, no art* **gruppenweise** *adv* in groups **Gruppenzwang** *m* [peer] group pressure *no pl, no indef art*

gruppieren* I. *vt* ■ **etw** [**um etw**] **~** to group sth [around sth] II. *vr* ■ **sich** [**zu etw**] **~** to be grouped [into sth]

Gruppierung <-, -en> *f* ① (*Gruppe*) group ② *kein pl* (*Aufstellung*) grouping ③ INFORM cluster[ing]

Gruselfilm *m* horror film **Gruselgeschichte** *f*

horror story

grus(e)lig *adj* gruesome, spine-chilling; ~ **zumute werden** to have a creepy feeling

gruseln I. *vt, vi impers* ■**jdn** [*o* **jdm**] **gruselt es** sb gets the creeps; ■**das G~** fear; ***nachts in einem unheimlichen Schloss kann man das G~ lernen*** one learns what fear is in an eerie castle at night **II.** *vr* ■**sich** [**vor jdm/etw**] ~ to shudder [at the sight of sb/sth]

Gruß <-es, Grüße> *m* (1) (*Begrüßung/Verabschiedung*) greeting/farewell; MIL salute; **jdm Grüße übermitteln** [*o* **bestellen**] to pass on/give [one's] regards [*or* best wishes] to sb; ***einen*** [***schönen***] ***~ an Ihre Gattin*** [please] give my [best] regards to your wife; ***liebe Grüße auch an die Kinder*** give my love to the children, too; **jdm seine Grüße entbieten** (*geh*) to present one's compliments to sb *form;* **ohne** ~ without saying hello/goodbye; **zum** ~ as a greeting; ***sie reichten die Hände zum*** ~ they shook hands (2) ((*Floskeln am*) *Briefschluss*) regards; **mit besten Grüßen** [*o* **bestem Gruß**] Yours sincerely; **mit freundlichen Grüßen** [*o* **freundlichem** ~] Yours sincerely [*or* faithfully]; **mit kollegialen Grüßen** Yours sincerely; **herzliche Grüße** best wishes; ~ **und Kuss** (*fam*) love [and kisses] ▶ WENDUNGEN: **der Deutsche** ~ HIST the Nazi salute; **der Englische** ~ REL the Ave Maria; **viele Grüße aus Davos** (*hum*) they say Davos [in the Alps] is good for coughs *hum;* **viele Grüße vom Getriebe, Gang kommt nach!** (*hum*) greetings from the gearbox, how about using the clutch! *hum;* **Gruß und Kuss, dein Julius** (*hum*) time to close/go, with love from Rose/Joe *hum*

Grußadresse *f,* **Grußbotschaft** *f* message of greetings

grüßen I. *vt* (1) (*be~*) ■**jdn** ~ to greet sb; MIL to salute sb; ***sei*** [***mir***] ***gegrüßt!*** (*geh*) greetings! *form;* ***grüß dich!*** (*fam*) hello there! *fam* (2) (*Grüße übermitteln*) ■**jdn von jdm** ~ to send sb sb's regards; **jdn ~ lassen** to say hello to sb **II.** *vi* (1) (*einen Gruß sagen*) to say hello; ~ **lassen** to send one's regards; MIL to salute; ■**das G~** saluting (2) (*geh: locken, winken*) to greet; ***die Berge grüßten aus der Ferne*** the mountains greeted us from afar **III.** *vr* ■**sich** ~ to say hello to one another

Grußformel *f* salutation **grußlos** *adv* without a word of greeting/farewell; ***er ging ~ an mir vorbei*** he went past me without saying hello **Grußwort** <-worte> *nt* welcoming speech; **ein ~ an jdn richten** to address a few words of welcome to sb

Grütze <-, -n> *f* groats *npl,* grits *npl* AM; **rote** ~ *red fruit slightly stewed and thickened* ▶ WENDUNGEN: ~ **im Kopf haben** (*fam*) to have a bit of nous *sl*

Guam [gu̯am] *nt* Guam; *s. a.* **Sylt**

Guarkernmehl *nt,* **Guarmehl** *nt* guar gum [flour]

Guatemala <-s> *nt* Guatemala; *s. a.* **Deutschland**

Guatemala-Stadt <-> *nt* Guatemala City

Guatemalteke, Guatemaltekin <-n, -n> *m, f* Guatemalan; *s. a.* **Deutsche(r)**

guatemaltekisch *adj* Guatemalan; *s. a.* **deutsch**

Guave <-, -n> [və] *f* guava

gucken *vi* (1) (*sehen*) ■[**in/durch etw** *akk*/**aus etw**] ~ to look [in/through/out of sth]; ***was guckst du so dumm!*** take that silly look off your face!; ***ich habe schon Weihnachtsgeschenke gekauft, aber nicht ~!*** I've already bought the Christmas presents, so no peeping! (2) (*ragen*) ■**aus etw** ~ to stick out of sth; ***was guckt denn da aus der Tasche?*** what's that sticking out of your pocket?

Guckloch *nt* peephole

Guerilla[1] <-, -s> [ge'rɪlja] *f* guerilla war

Guerilla[2] <-[s], -s> *m* guerilla

Guerillakämpfer(in) [ge'rɪlja-] *m(f)* guerilla

Guerillakrieg *m* guerilla war

Guernsey <-[s]> *nt* Guernsey

Gugelhopf *m* SCHWEIZ, **Gugelhopfform** *f* SCHWEIZ, **Gugelhupf** *m* SÜDD, ÖSTERR, **Gugelhupfform** *f* SÜDD, ÖSTERR kugelhopf [tin]

Güggeli <-s, -> *nt* SCHWEIZ (*Brathähnchen*) fried chicken

Guillotine <-, -n> [gɪljo'tiːnə, gijo'tiːnə] *f* guillotine; **auf die ~ kommen** to go to the guillotine

guillotinieren* [gɪljoti'niːrən, gijoti'niːrən] *vt* ■**jdn** ~ to guillotine sb

Guinea <-s> [gi'neːa] *nt* Guinea; *s. a.* **Deutschland**

Guinea-Bissau <-s> *nt* Guinea-Bissau; *s. a.* **Deutschland**

Guinea-Bissauer(in) <-s, -> *m(f)* Guinea-Bissauan, Bissau Guinean; *s. a.* **Deutsche(r)**

guinea-bissauisch *adj* Guinea-Bissauan, Bissau Guinean; *s. a.* **deutsch**

Guineer(in) <-s, -> [-gi'neːɐ] *m(f)* Guinean; *s. a.* **Deutsche(r)**

guineisch [gi'neːɪʃ] *adj* Guinean; *s. a.* **deutsch**

Gulag <-[s]> *m kein pl* HIST Gulag

Gulasch <-[e]s, -e *o* -s> *nt o m* KOCHK goulash

Gulaschkanone *f* (*sl*) field kitchen **Gulaschsuppe** *f* goulash soup

Gulden <-s, -> *m* guilder; **niederländischer** ~ [the/a] Dutch guilder

gülden *adj* (*poet*) golden

Gülle <-> *f kein pl* liquid manure *no pl, no indef art,* slurry *no pl*

Güllefracht *f* cargo of slurry

Gully <-s, -s> ['gʊli] *m o nt* drain

gültig *adj* (1) (*Geltung besitzend*) valid; ***diese Fahrkarte ist zwei Monate*** ~ this ticket is valid for two months; **ein ~er Vertrag** a valid contract; ***der Sommerfahrplan ist ab dem 1.4.*** ~ the summer timetable comes into effect from 1.4. (2) (*allgemein anerkannt*) universal; **eine ~e Maxime** a universal maxim

Gültigkeit <-> *f kein pl* (1) (*Geltung*) validity *no pl;* ***der Ausweis besitzt nur noch ein Jahr*** ~ the identity card is only valid for one more year; **die ~ eines Angebots** the continuance of an offer; **allgemeine** ~ general acceptance, currency; **die ~ verlieren** to expire [*or* become invalid] (2) JUR (*gesetzliche Wirksamkeit*) legal force, validity *no pl;* ~ **ausländischen Rechts** validity of alien law; **volle** ~ [**eines Urteils**] full faith and credit; **die ~ eines Schiedsspruches anfechten** to contest the validity of an award

Gültigkeitsdauer *f* validity [period], period of validity **Gültigkeitserklärung** *f* JUR validation [certificate] **Gültigkeitsvermerk** *m* (*Scheck*) certification

Gummi <-s, -s> *nt o m* (1) (*Material*) rubber *no pl, no indef art* (2) (*fam: Radiergummi*) rubber (3) (*fam: ~band*) elastic [*or* rubber] band (4) (*~zug*) elastic *no pl, no indef art* (5) (*fam: Kondom*) rubber *sl*

Gummiball *m* rubber ball **Gummiband** <-bänder> *nt* elastic [*or* rubber] band **Gummibärchen** <-s, -> *nt* jelly bear ≈ jelly baby **Gummibaum** *m* (1) (*Kautschukbaum*) rubber tree (2) (*Zimmerpflanze*) rubber plant **Gummibund** <-[e]s, -bünde> *m* elastic waistband

gummieren* *vt* ■**etw** ~ (1) (*Klebstoffschicht auftragen*) to gum sth; **gummierte Etiketten/Briefumschläge** gummed labels/envelopes (2) (*Gummischicht* (*auf Textilien*) *auftragen*) to rubberize sth

Gummierung <-, -en> *f* (1) *kein pl* (*das Gummieren*) gumming *no pl;* (*von Textilien*) rubberizing *no pl* (2) (*Klebstoffschicht*) gummed surface; (*Gummischicht*) rubberized surface

Gummigeschoss[RR] *nt* rubber bullet **Gummihandschuh** *m* rubber glove **Gummihöschen** <-s, -> *nt* baby pants *npl* **Gummiknüppel** *m* rubber truncheon **Gummiparagraph** *m* (*fam*) flexible [*or* ambiguous] clause **Gummirakel** *f* TYPO rubber doctor blade, squeegee **Gummireifen** *m* rubber tyre [*or* AM tire] **Gummiring** *m* (1) (*Gummiband*) rubber band (2) *für Einmachgläser* rubber seal (3) (*Spielzeug*) rubber ring **Gummischuh** *m* rubber shoe **Gummisohle** *f* rubber sole **Gummistiefel** *m* rubber boot, wellington [boot], wellie BRIT *fam* **Gummistrumpf** *m* elastic stocking **Gummituch** *nt* TYPO [litho] [*or* printer's] blanket **Gummizelle** *f* padded cell **Gummizug** *m* elastic *no pl, no indef art;* **einen ~ einziehen** to insert a piece of elastic

Gundermann *m* BOT ground ivy

Günsel <-s> *m kein pl* BOT bugle

Gunst <-> *f kein pl* (1) (*Wohlwollen*) goodwill *no pl, no indef art;* **jds ~ besitzen** [*o* **genießen**] to enjoy sb's favour [*or* AM -or]; **in jds** *dat* **~ stehen** to be in sb's favour; **jdm eine ~ erweisen** (*geh*) to do [*or* grant] sb a favour; **sich** *dat* **jds ~ verscherzen** to lose sb's favour (2) (*Vergünstigung*) favour [*or* AM -or]; **zu jds ~en** in sb's favour; ***er schloss eine Lebensversicherung zu ~en seiner Tochter ab*** he took out a life assurance policy for the benefit of his daughter (3) (*günstige Konstellation*) ■**die ~ einer S.** *gen* the advantageousness of sth; ***er nutzte die ~ des Augenblicks aus*** he took advantage of the favourable moment

Gunstbeweis *m,* **Gunstbezeigung** *f* mark of favour

günstig I. *adj* (1) (*zeitlich gut gelegen*) convenient; ***Mittwoch ist nicht so*** ~ Wednesday is not so convenient (2) (*begünstigend*) favourable [*or* AM -orable]; **~e Gewinnchancen** good chances for profit; **~e Tendenzen in der wirtschaftlichen Entwicklung** favourable trends in economic growth (3) (*preis~*) reasonable **II.** *adv* (1) (*preis~*) reasonably (2) (*passend, geeignet*) favourably; **es trifft sich ~, dass** it's a stroke of luck that

günstigstenfalls *adv* at best

Günstling <-s, -e> *m* (*pej*) favourite [*or* AM -orite]

Günstlingswirtschaft *f kein pl* (*pej*) favouritism [*or* AM -oritism] *no pl pej*

Gupf <-[e]s, -e> *m* SÜDD, ÖSTERR, SCHWEIZ (*fam*) peak; (*Kuppe*) rounded hilltop

Guppy <-s, -s> ['gupi] *m* ZOOL guppy

Gurgel <-, -n> *f* throat; **jdm an die ~ gehen** [*o* **springen**] (*fam*) to go for sb's throat ▶ WENDUNGEN: **sich die ~ ölen** [*o* **schmieren**] (*hum fam*) to wet one's whistle *hum fam*

Gurgelmittel *nt* gargle

gurgeln *vi* (1) (*den Rachen spülen*) ■[**mit etw**] ~ to gargle [with sth]; ■**das G~** gargling (2) (*von ablaufender Flüssigkeit*) to gurgle; ■**~d** gurgling

Gurgelwasser *nt* gargle

Gürkchen <-s, -> *nt dim von* **Gurke** small [*or* cocktail] gherkin

Gurke <-, -n> *f* (1) (*Frucht*) cucumber; (*Essig~*) gherkin; **eingelegte** [*o* **saure**] **~n** pickled gherkins (2) (*Pflanze*) cucumber plant (3) (*hum fam: Nase*) conk BRIT *hum fam,* hooter BRIT *hum fam* (4) (*sl: Penis*) knob BRIT *sl,* dick *sl*

Gurkenhobel *m* cucumber slicer **Gurkensalat** *m* cucumber salad

Gurkentreiber *m* (*pej*) simpleton

gurren *vi Tauben* to coo; (*fam*) *Mensch* to purr

Gurt <-[e]s, -e> *m* (1) (*Riemen*) strap (2) (*Sicherheitsgurt*) seat belt (3) (*breiter Gürtel*) belt

Gürtel <-s, -> *m* (1) (*Hosen~*) belt (2) (*Ring, Zone*) belt ▶ WENDUNGEN: **den ~ enger schnallen** (*fam*) to tighten one's belt

Gürtellinie [liːniə] *f* waist[line] ▶ WENDUNGEN: **unter die ~ zielen** to aim below the belt; *s. a.* **Schlag**

Gürtelreifen *m* radial[-ply] tyre [*or* AM tire] **Gürtelrose** *f* MED shingles *no art, + sing/pl verb* **Gürtelschlaufe** *f* belt loop [*or* carrier] **Gürtelschnalle** *f* belt buckle **Gürteltier** *nt* armadillo

Gurtmuffel *m* (*fam*) *person who refuses or does not like to wear a seat belt* **Gurtpflicht** *f* compulsory wearing of seat belts **Gurtrohrzange** *f* strap wrench **Gurtschloss**[RR] *nt* AUTO buckle **Gurtspanner** *m* AUTO seat-belt tensioner **Gurtstraffer** *m* AUTO seat-belt tensioner

Guru <-s, -s> *m* guru

GUS <-> [gus, geːʔuː'ʔɛs] *f Akr von* **Gemeinschaft Unabhängiger Staaten** CIS

Guss[RR] <-es, Güsse> *m,* **Guß** <-sses, Güsse> *m* (1) (*fam: Regenguss*) downpour (2) (*Zuckerguss*) icing (3) *kein pl* TECH (*das Gießen*) casting (4) *kein pl* (*~eisen*) cast iron; **aus ~** made from cast iron (5) MED **kalte Güsse** cold affusions ▶ WENDUNGEN: [**wie**] **aus einem ~** forming a uniform and integrated whole

Gusseisen[RR] *nt* cast iron **gusseisern**[RR] *adj* cast-iron **Gussform**[RR] *f* mould [*or* AM mold] **gussge-**

G

strichenRR *adj* ~**es Papier** cast-coated paper **Gussstahl**RR *m* cast steel **Gussstück**RR *nt* BAU casting

Gusto <-s, -s> *m* ▶ WENDUNGEN: **nach** **eigenem** ~ to one's own taste; [**ganz**] **nach** ~ (*geh*) [just] as one pleases

gut <besser, beste> **I.** *adj* ❶ (*ausgezeichnet, hervorragend*) good; **eine** ~**e Ausbildung** a good education; **ein** ~**es Gedächtnis** a good memory; SCH (*zweitbeste Note*) "B"; **jdn/etw** ~ **finden** to think sb/sth is good; **jdm geht es** ~/**nicht** ~ sb is well/not well; **lass es dir** ~ **gehen!** (*fam*) look after yourself! ❷ (*fachlich qualifiziert*) good; ***den Rechtsanwalt kann ich dir empfehlen, der ist*** ~ I can recommend this lawyer to you, he's good ❸ *attr* (*lieb*) good; (*intim*) close, good; ***wir sind*** ~***e Bekannte*** we are close acquaintances ❹ *meist attr* (*untadelig*) good ❺ (*nicht übel, vorteilhaft*) good; **eine** ~**e Idee** a good idea; **ein** ~**es Angebot** a good offer; **mit jdm geht es** ~ to turn out well for sb; ***das geht auf die Dauer nicht*** ~ it won't turn out well in the long run; ***das kann nicht*** ~ ***gehen!*** that just won't work!, it has to go wrong! ❻ (*reichlich*) good; ***bis Mürzwiehlen gehen wir noch eine*** ~***e Stunde*** we've got another good hour's walk until we get to Mürzwiehlen ❼ (*in Wünschen*) good; **lass es dir gut** ~ (*fam*) have a great time; ~***e Fahrt/Reise*** have a good trip; ~***e Erholung/Besserung*** get well soon; ~***en Appetit*** enjoy your meal; ~***es Gelingen*** good luck; ***einen*** ~***en Rutsch ins neue Jahr*** happy New Year!; ***ein*** ~***es neues Jahr*** happy New Year!; ~***e Unterhaltung*** enjoy the programme; ***auf*** ~***e Zusammenarbeit!*** here's to our successful co-operation!; ***auf*** ~***e Nachbarschaft!*** here's to us as neighbours! ▶ WENDUNGEN: ~ **beieinander sein** SÜDD to be a bit tubby [*or* chubby] *fam;* ~ **und schön** (*fam*) well and good; **das ist ja alles** ~ **und schön, aber ...** (*fam*) that's all very well, but ...; **du bist** ~**!** (*iron fam*) you're a fine one! *iron fam;* **jdm wieder** ~ **sein** to be friends again with sb; ~ **draufsein** (*fam*) to be in good spirits; **für etw** ~ **sein** to be good for sth; **sich für etw zu** ~ **sein** to be too good for sth; ***manchmal packt der Chef auch mal selbst mit an, dafür ist er sich nicht zu*** ~ sometimes the boss lends a hand too, that's not beneath him; ~ **gegen** [*o* **für**] **etw sein** (*fam*) to be good for sth; ***trinke einen heißen Tee mit Rum, der ist*** ~ ***gegen Erkältung!*** drink hot tea with rum, it's good for colds; ~ **in etw** *dat* **sein** to be good at sth; ***in Mathematik bin ich immer*** ~ ***gewesen*** I have always been good at mathematics; **es ist ganz** ~**, dass** it's good that; **noch/nicht mehr** ~ **sein** to still be/no longer be any good; **es mit etw** ~ **sein lassen** to leave sth at that; ***mit dieser Verwarnung will ich es für heute*** ~ ***sein lassen!*** having warned you I'll leave it at that for today!; **lass mal** ~ **sein!** (*fam*) let's drop the subject!; **wer weiß, wozu es** ~ **ist** perhaps it's for the best; ~ **werden** to turn out all right; ***sind die Fotos*** ~ ***geworden?*** did the photos turn out all right?; **wieder** ~ **werden** to be all right; ***sorge dich nicht um die Zukunft, es wird alles wieder*** ~ don't worry about the future, everything will be all right; **also** [*o* **nun**] [*o* **na**] ~**!** well, all right then!; **schon** ~**!** (*fam*) all right!; ~ **so sein** to be just as well; ~ **so!** that's it!; ***fein gemacht,*** ~ ***so!*** well done, that's it!; **und das ist auch** ~ **so** and a good thing too; **sei so** ~ **und ...** would you be kind enough to; ***wenn du in die Stadt gehst, sei so*** ~ ***und nimm die Post mit*** if you're going into town would you be good enough to take my post?; [**aber**] **sonst geht's dir** ~**?** (*iron*) you must be mad [*or* AM crazy]! *iron;* **wozu ist das** ~**?** (*fam*) what's the use of that?; [**wie**] ~**, dass** it's a good job that; ***wie*** ~***, dass er das nicht gehört hat!*** it's a good job he didn't hear that!; ~**!** (*in Ordnung!*) good!, OK!; ~, ~**!** yes, all right! **II.** *adv* ❶ (*nicht schlecht*) well; ~ **aussehend** *attr* good-looking; ~ **bezahlt** *attr* well-paid; ~ **dotiert** *attr* (*geh*) well-paid; ~ **gehend** *attr* flourishing, thriving; ~ **gelaunt** in a good mood, cheerful; ~ **gemeint** *attr* well-meant, well-intentioned; ~ **situiert** *attr* well-to-do; ~ **unterrichtet** *attr* well-informed; ***du sprichst aber*** ~ ***Englisch!*** you can really speak good English; ~ **verdienend** *attr* high-income *attr* ❷ (*geschickt*) well ❸ (*reichlich*) good; ***es dauert noch*** ~ ***eine Stunde, bis Sie an der Reihe sind*** it'll be a good hour before it's your turn ❹ (*einfach, recht*) easily; ■**nicht** ~ not very well; ***ich kann ihn jetzt nicht*** ~ ***im Stich lassen*** I can't very well leave him in the lurch now ❺ (*leicht, mühelos*) well; ***hast du die Prüfung*** ~ ***hinter dich gebracht?*** did you get through the exam all right?; ~ **leserlich** *Schrift* very legible, well-legible BRIT ❻ (*angenehm*) good; ***hm, wonach riecht das denn so*** ~ ***in der Küche?*** hm, what's making the kitchen smell so lovely?; ***schmeckt es dir auch*** ~***?*** do you like it too? ❼ (*wohltuend sein*) ■[**jdm**] ~ **tun** to do [sb] good; ***das hat mir unheimlich*** ~ ***getan*** that did me a power [*or* world] of good; ■**es tut jdm** ~**, etw zu tun** it does sb good to do sth; ~ **tun** (*fam: sich einordnen*) to fit in ▶ WENDUNGEN: ~ **und gern** easily; **so** ~ **es geht** as best one can; ***wir haben den Vertrag übersetzt, so*** ~ ***es geht*** we translated the contract as best we could; [**das hast du**] ~ **gemacht!** well done!; **es** ~ **haben** to be lucky; ***er hat es in seiner Jugend nicht*** ~ ***gehabt*** he had a hard time when he was young; **das kann** ~ **sein** that's quite possible; **du kannst** [*o* **hast**] ~ **reden!** (*fam*) it's easy for you to talk!; **mach's** ~**!** (*fam*) bye!, cheerio! BRIT; **pass** ~ **auf!** be very careful!; **sich** ~ **mit jdm stellen** to get into sb's good books; ~ **daran tun, etw zu tun** to do well to do sth; ***du tätest*** ~ ***daran, vor dem Examen noch etwas zu lernen*** you would do well to learn something before the exam; *s. a.* **so**

Gut <-[e]s, Güter> *nt* ❶ (*Landgut*) estate ❷ (*Ware*) commodity; ■**Güter** (*Frachtgut*) goods *npl;* **bewegliche/unbewegliche Güter** JUR movables *npl*/immovables *npl;* **geistige Güter** intellectual wealth *no pl, no indef art;* **irdische Güter** (*geh*) worldly goods *npl;* **kurzlebige** [*o* **leicht verderbliche**] **Güter** HANDEL perishables, perishable goods ❸ *kein pl* (*das Gute*) good *no pl, no indef art;* ~ **und Böse** good and evil ▶ WENDUNGEN: **jenseits von** ~ **und Böse sein** (*iron*) to be past it *fam*

Gutachten <-s, -> *nt* [expert's] report; ~ **eines Sachverständigen** expert's report

Gutachter(in) <-s, -> *m(f)* expert

GutachterausschussRR *m*, **Gutachterkommission** *f* HANDEL panel [*or* committee] of experts

gutartig *adj* ❶ MED benign ❷ (*nicht widerspenstig*) good-natured **Gutartigkeit** *f eines Geschwürs* benignity, benignancy **gutbürgerlich** *adj* middle-class; KOCHK home-made; ~**e Küche** home-style cooking; ~ **essen** [**gehen**] to have some good home cooking **Gutdünken** <-s> *nt kein pl* discretion *no pl, no indef art;* **nach** [**eigenem**] ~ at one's own discretion

Gute(r) *f(m) decl wie adj* (*guter Mensch*) ■**der/die** ~ the good man/woman; **mein** ~**r/meine** ~ my dear fellow/my dear *fam;* **die** ~**n und die Bösen** the good and the bad, the goodies and the baddies BRIT *fam*

Gute(s) *nt decl wie adj* ❶ (*Positives*) ■~**s** good; ***man hört viel*** ~***s über ihn*** you hear a lot of good things about him; ■**etwas** ~**s** something good; ***ich habe im Schrank etwas*** ~***s für dich*** I've got something nice for you in the cupboard; ■**etwas/nichts** ~**s** (*eine gute/keine gute Tat*) something/nothing good; ***er tat in seinem Leben viel*** ~***s*** he did a lot of good in his life; [**auch**] **sein** ~**s haben** to have its good points [*or* good side] [too]; ***ein*** ~***s hat die Sache*** there is one good thing about it; **jdm schwant nichts** ~**s** sb has a nasty feeling about sth; **nichts** ~**s versprechen** to not sound very promising, to bode ill [*or* no good]; **jdm** ~**s tun** to be good to sb; ***was kann ich dir denn*** ~***s tun?*** how can I spoil [*or* what can I do for] you?; **sich zum** ~**n wenden** to take a turn for the better; **alles** ~**!** all the best!; ***alles*** ~ ***und viele Grüße an deine Frau!*** all the best and give my regards to your wife; **das** ~ **daran** the good thing about it ❷ (*friedlich*) **im** ~**n** amicably; ***lass dir's im*** ~***n gesagt sein, dass ich das nicht dulde*** take a bit of friendly advice, I won't put up with it!; **sich im** ~**n trennen** to part on friendly [*or* good] terms ❸ (*gute Charakterzüge*) **das** ~ **im Menschen** the good in man; ~**s tun** to do good ▶ WENDUNGEN: ~**s mit Bösem/**~**m vergelten** (*geh*) to return evil/good for good; **des** ~**n zuviel sein** to be too much [of a good thing]; ***das ist wirklich des*** ~***n zuviel!*** that's really overdoing things!; **alles hat sein** ~**s** (*prov*) every cloud has a silver lining *prov;* **im** ~**n wie im Bösen** (*mit Güte wie mit Strenge*) every way possible; (*in guten und schlechten Zeiten*) through good [times] and bad; ***ich habe es im*** ~***n wie im Bösen versucht, aber sie will einfach keine Vernunft annehmen*** I've tried to do everything I can, but she simply won't see sense

Güte <-> *f kein pl* ❶ (*milde Einstellung*) kindness; **die** ~ **haben, zu ...** (*iron geh*) to be so kind as to ... *iron form* ❷ (*Qualität*) [good] quality ▶ WENDUNGEN: **erster** ~ (*fam*) of the first order; **ach du liebe** [*o* **meine**] ~**!** (*fam*) oh my goodness! *fam;* **in** ~ amicably

Güteantrag *m* JUR petition for conciliation **Güteeigenschaften** *pl* TECH quality characteristics **Güteklasse** *f* grade, class **Gütemerkmal** *nt* JUR quality label, hallmark

Gutenachtgeschichte *f* bedtime story **Gutenachtkuß** *m*, **Gutenachtkuss**RR *m* goodnight kiss

Güteprüfung *f* HANDEL quality control

Güterabfertigung *f* ❶ *kein pl* (*das Abfertigen von Gütern*) dispatch of goods ❷ (*Abfertigungsstelle*) goods office, dispatch office **Güterabsatz** *m* HANDEL goods outlet **Güterannahme** *f* freight [*or* goods receiving] office **Güteraufkommen** *nt* FIN **Güter- und Leistungsaufkommen** receipts from goods and services; BAHN increased volume of freight **Güterausgabe** *f* freight delivery office **Güterbahnhof** *m* goods [*or* freight] depot **Güterbeförderung** *f* transport [*or* conveyance] of goods, goods transport; ~ **zur See** carriage by sea **Güterbeförderungsvertrag** *m* HANDEL transport contract **Güterfernverkehr** *m* long-distance haulage *no pl, no art* **Gütergemeinschaft** *f* JUR community of property; **fortgesetzte** ~ continued marital community of goods; **vertraglich vereinbarte** ~ conventional community; **in** ~ **leben** to have community of property **Güterhalle** *f* goods shed, warehouse

Guter Heinrich *m* BOT Good King Henry

Güterkraftverkehr *f* road haulage BRIT, trucking AM **Güterkraftverkehrsgesetz** *nt* JUR Road Haulage Act **Güternahverkehr** *m* short-distance haulage *no pl, no indef art* **Güterrecht** *nt* JUR real law; **eheliches** ~ law of matrimonial property **Güterrechtsregister** *nt* JUR marriage property register **Güterrechtsstatut** *nt* JUR law applicable to matrimonial property **Güterrechtsstatus** *m* JUR matrimonial property law status **Güterschiff** *nt* cargo ship **Güterschuppen** *f* goods shed, warehouse, freight depot AM *a.* **Güterstand** *m* JUR property regime, system of marital property; **gesetzlicher/vereinbarter** ~ statutory/agreed matrimonial property regime **Güterstatut** *nt* JUR property statute **Gütertarif** *m* goods [*or* AM freight] tariff **Gütertransport** *m* HANDEL transport [*or* conveyance] of goods, goods transport; ~ **per Bahn** rail transport, carriage by rail **Gütertransportversicherung** *f* cargo insurance **Gütertrennung** *f* JUR separation of property; **gerichtliche** ~ judicial separation of property; **in** ~ **leben** to have separation of property **Güterumlauf** *m kein pl* HANDEL circulation of goods; **freier** ~ free circulation of goods **Güterumschlag** *m* transshipment of goods, cargo handling **Güterumschlagstelle** *f* centre [*or* AM -er] of trade **Güterverkehr** *m* goods traffic *no pl, no indef art,* transportation of freight **Güterverkehrsfreiheit** *f kein pl* HANDEL freedom of transport **Güterversand** *m* shipment of goods **Güterwagen** *m* goods truck [*or* van], freight car [*or* wagon]; **offener** ~ open wagon [*or* BRIT *a.* waggon], gondola [car] AM **Güterwaggon** *m* freight

car; gedeckter ~ box waggon BRIT, boxcar AM **Güterzug** *m* goods [*or esp* AM freight] train
Güteschutz *m* JUR quality protection **Güteschutzgemeinschaft** *f* JUR quality protection association **Gütesiegel** *nt* seal [*or* mark] of quality, kite mark BRIT **Güteverfahren** *nt* JUR conciliatory proceedings *pl* **Güteverhandlung** *f* JUR conciliation proceedings **Gütevorschrift** *f* TECH quality specification **Gütezeichen** *nt* mark of quality, kite mark BRIT **Gütezeichengemeinschaft** *f* HANDEL quality marks association **Gütezeichenliste** *f* HANDEL register of quality labels
Gutglauben *m* JUR good faith, bona fides
Gutglaubenserwerb *m* FIN bona-fide acquisition **Gutglaubensschutz** *m* JUR protection of bona-fide purchaser
gutgläubig *adj* ① (*leichtgläubig*) trusting, gullible ② JUR (*in gutem Glauben*) in good faith [*or* bona fide]; **~er Besitzer/Erwerb** bona fide holder/bona fide [*or* innocent] purchase
Gutgläubigkeit *f* gullibility *no pl*
gut|haben *vt irreg* ■**etw bei jdm ~** to be owed sth by sb; ***du hast ja noch 125 Mark/ einen Gefallen bei mir gut*** I still owe you 125 marks/a favour
Guthaben <-s, -> *nt* credit balance; **eingefrorenes/gesperrtes ~** frozen assets *pl*/blocked credit balance
GuthabenüberschussRR *m* FIN surplus assets *pl*
gut|heißen *vt irreg* ■**etw ~** to approve of sth **gutherzig** *adj* (*geh*) kind-hearted
gütig *adj* kind; **würden Sie so ~ sein, zu ...** (*geh*) would you be so kind as to ... *form;* **[danke,] zu ~!** (*iron*) [thank you,] you're too kind! *iron*
gutleserlich *adj s.* **gut II 5**
gütlich I. *adj* amicable **II.** *adv* amicably ▶ WENDUNGEN: **sich an etw** *dat* **~ tun** to help oneself freely to sth
gut|machen *vt* ① (*in Ordnung bringen*) ■**etw ~** to put sth right; **etw an jdm gutzumachen haben** to have sth to make up to sb for ② (*entgelten*) ■**etw ~** to repay sth; ***wie kann ich das nur je wieder ~?*** how can I ever repay you? ③ (*wettmachen*) ■**etw mit etw ~** to make sth up again with sth; ■**etw bei etw ~** to make sth from sth
Gutmensch *m* (*pej fam*) starry-eyed idealist *usu pej*
gutmütig *adj* good-natured
Gutmütigkeit <-> *f kein pl* good-naturedness *no pl*
Gutsbesitzer(in) *m(f)* landowner
Gutschein *m* coupon, voucher
gut|schreiben *vt irreg* FIN ■**jdm etw ~** to credit sb with sth; ■**gutgeschrieben** credited; **nicht gutgeschrieben** uncredited
Gutschrift *f* ① *kein pl* (*Vorgang*) crediting *no pl* ② (*Bescheinigung*) credit note ③ (*Anlage zu einer ~ 4*) credit slip ④ (*im Haben gebuchter Betrag*) credit entry [*or* item]
Gutschriftsanzeige *f* FIN credit note
Gutshaus *nt* manor house **Gutsherr(in)** *m(f)* lord/lady of the manor **Gutsherrenart** *f kein pl* (*pej fam*) **nach ~** in the style of lord of the manor; **nach ~ regieren** to rule as one pleases **Gutshof** *m* estate, manor
Gutsverwalter(in) *m(f)* estate manager, steward, bailiff BRIT
guttural *adj* guttural
gutwillig I. *adj* (*entgegenkommend*) willing, obliging **II.** *adv* (*freiwillig*) voluntarily
Guyana <-s> *nt* Guyana; *s. a.* **Deutschland**
Guyaner(in) <-s, -> *m(f)* Guyanese; *s. a.* **Deutsche(r)**
guyanisch *adj* Guyanese; *s. a.* **deutsch**
G-Wagen *m* box waggon BRIT, boxcar AM
gymnasial *adj attr* ≈ grammar-school *attr* BRIT, ≈ high-school *attr* AM
Gymnasiallehrer(in) *m(f),* **Gymnasialprofessor(in)** *m(f)* ÖSTERR ≈ grammar-school [*or* AM ≈ high-school] teacher
Gymnasiast(in) <-en, -en> *m(f)* ≈ grammar-school pupil [*or* ≈ high-school student] AM
Gymnasium <-s, -ien> ['na:ziən] *nt* ≈ grammar school BRIT, ≈ high school AM; **humanistisches/mathematisch-naturwissenschaftliches ~** ≈ grammar school specializing in humanities/mathematics and natural science
Gymnastik <-> *f* gymnastics + *sing vb*
Gymnastikanzug *m* leotard **Gymnastikball** *m* gymnastic[s] ball **Gymnastikunterricht** *m* gymnastics + *sing vb*
gymnastisch *adj* gymnastic
Gymnosperme <-, -n> *f* BOT (*Nacktsamer*) gymnosperm
Gynäkologe, Gynäkologin <-n, -n> *m, f* gynaecologist BRIT, AM gynacelogist
Gynäkologie <-> *f kein pl* gynaecology *no pl, no art* BRIT, AM gynecology *no pl, no art*
Gynäkologin <-, -nen> *f fem form von* **Gynäkologe**
gynäkologisch *adj* gynaecological
GZT *m* ÖKON *Abk von* **Gemeinsamer Zolltarif** CCT

H

H, h <-, - *o fam* -s, -s> *nt* ① (*Buchstabe*) H [*or* h]; **~ wie Heinrich** H for [*or* AM as in] Harry [*or* AM How]; *s. a.* **A 1** ② MUS B; *s. a.* **A 2**
h *Abk von* **hora[e]** hr ① *gesprochen: Uhr* (*Stunde der Uhrzeit*) hrs; ***Abfahrt des Zuges: 9 h 17*** train departure: 9.17 a.m. ② *gesprochen: Stunde* (*Stunde*) h.; ***130 km/ h ist auf deutschen Autobahnen empfohlene Richtgeschwindigkeit*** 130 k.p.h. is the recommended speed on German motorways
ha¹ *Abk von* **Hektar** ha
ha² *interj* ① (*triumphierend*) ha!; ***~, wusste ich's doch!*** ha! I knew it! ② (*überrascht, erstaunt*) oh!; ***~, guck mal, was ich da entdeckt habe!*** oh! look what I've found here!
hä *interj* SÜDD, ÖSTERR, SCHWEIZ (*fam*) eh
Haag *m* ■**Den ~** The Hague
Haar <-[e]s, -e> *nt* ① (*einzelnes Körperhaar*) hair ② *sing o pl* (*gesamtes Kopfhaar*) hair *no pl, no indef art;* ***sie hat schönes, blondes ~*** she's got lovely blonde hair; **graue ~e bekommen** to go grey BRIT, *esp* AM gray; **sich** *dat* **die ~e legen lassen** to have one's hair set; **sich** *dat* **die ~e** [*o* **das ~**] **schneiden lassen** to get [*or* have] one's hair cut; *s. a.* **Schulden** ▶ WENDUNGEN: **die ~e zu Berge stehen** (*fam*) to make one's hair stand on end; **jdm die ~e vom Kopf fressen** (*fam*) to eat sb out of house and home *fam;* **ein ~ in der Suppe finden** (*fam*) to find fault with sth; **~e auf den Zähnen haben** (*fam*) to be a tough customer *fam;* **um kein ~ besser** not a bit better; **sich** *dat* **über etw** *akk* **keine grauen ~e wachsen lassen** not to lose any sleep over sth; **an jdm/etw kein** [*o* **nicht ein**] **gutes ~ lassen** to pick [*or* pull] sb/sth to pieces; **krauses ~, krauser Sinn** frizzy hair, muddled mind; **lange ~e, kurzer Verstand** long hair, stunted mind; **sich** *dat* **die ~e ausraufen** (*fam*) to tear one's hair out; **sich** *dat* [**über etw** *akk*] **in die ~e geraten** [*o fam* **kriegen**] to quarrel [*or* squabble] [about sth]; **jdm kein ~ krümmen** (*fam*) not to touch a hair on sb's head; **~e lassen müssen** (*fam*) not to escape unscathed; **sich** *dat* [**wegen etw**] **in den ~en liegen** (*fam*) to be at loggerheads [about sth]; **sich** *dat* **die ~e raufen** to tear one's hair; **da sträuben sich einem ja die ~e!** (*fam*) it's enough to make your hair stand on end!; **etw an den ~en herbeiziehen** (*fam*) to be far-fetched; **aufs ~** exactly; ***die Zwillinge gleichen sich aufs ~*** the twins are as alike as two peas in a pod; **um ein** [*o* **ums**] **~** within a hair's breadth
Haaransatz *m* hairline **Haaraufheller** *m* hair lightener **Haarausfall** *m* hair loss *no pl* **Haarband** *nt* hairband **Haarbreit** *nt* ▶ WENDUNGEN: **nicht** [**um**] **ein** [*o* **um kein**] **~** not an inch; ***er wollte um kein ~ zurückweichen*** he wouldn't give an inch **Haarbürste** *f* hairbrush **Haarbüschel** *nt* tuft of hair **Haarclip** *m* hair clip **Haarcurler** [-'kə:lɐ] *m* hair curler
haaren *vi* to moult BRIT, AM molt; ***haart der Pelzmantel?*** is the fur coat losing it's hair?
Haarentferner <-s, -> *m* hair remover **Haarentfernungsmittel** *nt* hair remover, depilatory
Haaresbreite *f* ▶ WENDUNGEN: [**nur**] **um ~** [only] by a hair's breadth [*or* a whisker]
Haarfarbe *f* colour [*or* AM -or] of one's hair **Haarfärbemittel** *nt* hair-dye **Haarfestiger** <-s, -> *m* setting lotion **Haargefäß** *nt* capillary **haargenau** *adj* exact; ***die Beschreibung trifft ~ auf ihn zu*** the description fits him to a T
haarig *adj* ① (*stark behaart*) hairy ② (*fam: heikel, vertrackt*) tricky *fam;* **eine ~e Angelegenheit** a tricky matter ③ (*riskant, gefährlich*) hairy *fam* ④ (*fam: extrem*) tough *fam;* ***das sind aber ~e Preise*** these prices are really steep
Haarklammer *f* hairclip **haarklein** *adv* in minute detail **Haarklemme** *f s.* **Haarklammer Haarknoten** *m* bun, knot **Haarlack** *m* hairspray, hair lacquer BRIT *a.* **Haarliftkamm** *m* pitchfork comb **haarlos** *adj* hairless **Haarnadel** *f* hairpin **Haarnadelkurve** *f* hairpin bend **Haarnetz** *nt* hairnet; **flüssiges ~** extra-hold hairspray **Haarpflege** *f* hair care; **zur ~** for the care of one's hair **Haarpracht** *f* splendid head of hair **Haarprobe** *f* hair analysis **Haarreif** *m* Alice band **Haarriß** *m s.* **Haarriss Haarriss**RR *m* hairline crack **haarscharf** *adv* ① (*ganz knapp*) by a hair's breadth ② (*sehr exakt*) exactly **Haarschere** *f* hair scissors *npl* **Haarschleife** *f* bow, hair ribbon **Haarschneidekamm** *m* barber comb **Haarschneider** *m* clippers *npl* **Haarschneideschere** *f* hair-cutting scissors *npl* **Haarschnitt** *m* ① (*Frisur*) hairstyle, haircut ② (*das Haareschneiden*) haircut **Haarschopf** *m* mop [*or* BRIT shock] of hair **Haarsieb** *nt* extra-fine sieve
Haarspalterei <-, -en> *f* (*pej*) splitting hairs *no pl, no art* **Haarspange** *f* hair slide **Haarspitze** *f* end of a hair; **gespaltene ~n** split ends **Haarspray** *nt o m* hairspray **Haarspülung** *f* hair conditioner [*or* rinse] **Haarstecker** *m* hair roller pin **Haarstern** *m* ZOOL feather star **Haarsträhne** *f* strand of hair **haarsträubend** *adj* (*pej*) hair-raising **Haarteil** *nt* hairpiece **Haartracht** *f* (*veraltend geh*) hairstyle **Haartrockner** *m* hair dryer **Haarwäsche** *f* hair wash **Haarwaschmittel** *nt* shampoo **Haarwasser** *nt* hair lotion **Haarwild** *nt kein pl* JAGD furred [*or* ground] game *no pl* **Haarwuchs** *m* growth of hair; **einen ... ~ haben** to have a ... head of hair; ***in meiner Jugend hatte ich einen dichteren ~ als heute*** I had a lot more hair in my youth than I have today **Haarwuchsmittel** *nt* hair restorer **Haarwurzel** *f* root of a/the hair
Hab *nt* **~ und Gut** (*geh*) belongings *npl,* possessions *pl*
Habachtstellung *f* MIL attention *no pl, no indef art;* **in ~ gehen** to stand to attention
Habe <-> *f kein pl* (*geh*) belongings *npl,* possessions *pl;* **bewegliche ~** movables *pl;* **persönliche/unbewegliche ~** personal belongings/immovables

haben <hatte, gehabt>

I. TRANSITIVES VERB II. REFLEXIVES VERB
III. UNPERSÖNLICHES REFLEXIVES VERB
IV. AUXILIAR VERB

I. TRANSITIVES VERB

① (*besitzen*) ■**etw/jdn ~** to have sth/sb; ***wir ~ zwei Autos*** we've got two cars; ***die/ wir haben's [ja]*** (*fam*) they/we can afford it; (*iron a.*) [well] what's that to them/us!; **wer hat, der hat** (*fam*) I'd/we'd rather have it than not; **~ *wir noch etwas Käse?*** have we still got some cheese?; ***er hat eine erwachsene Tochter*** he's got a grown-up daughter; ***sie hatte gestern Geburtstag*** it was her birthday yesterday; **jdm zur Frau/zum Mann ~**

H

wollen to want to make sb one's wife/husband ❷ (*erhalten*) ***ich hätte gern eine größere Wohnung*** I'd like a bigger flat; ***könnte ich mal das Salz haben?*** could I have the salt please?; ***ich hätte gern ein Pfund Zucker*** I'd like a pound of sugar, please, can I have a pound of sugar, please; ***ich hätte gern ein Bier*** I'd like a beer, please, can I have a beer, please; ***wie hätten Sie es gern?*** how would you prefer it?; ***woher hast du das?*** where did you get that? ❸ (*fam: bekommen*) ■**etw** ~ to have sth; ***wir ~ um zwei eine Besprechung*** we've got a meeting at two; ***ein Glück, wir ~ morgen keine Schule*** that's lucky, there's no school for us tomorrow; ***was hast du diesmal in Französisch?*** what did you get for French this time?; ***in der Schule hat sie immer gute Noten gehabt*** she always got good marks at school; ***wen habt ihr eigentlich in Mathe?*** who have you got for maths? ❹ (*aufweisen*) ■**etw** ~ to have sth; ***sie hat eine Narbe am rechten Kinn*** she has a scar on the right-hand side of her chin; ***leider hat der Wagen eine Beule*** unfortunately the car has a dent; ***hat das Haus einen Swimmingpool?*** has the house got a swimming pool?; ***er hat Beziehungen*** he's got connections ❺ (*zur Verfügung ~*) ■**etw** ~ to have sth; ***hast du heute abend ein Stündchen Zeit für mich?*** could you spare me a little time this evening?; ***ich habe morgen leider keine Zeit*** I'm afraid I don't have time tomorrow ❻ ÖKON (*führen*) ■**etw** ~ to have sth; ***bedauere, den Artikel ~ wir leider nicht*** sorry, unfortunately we don't have this item; ***das Buch ist noch zu ~*** the book is still available; ***dieser Artikel ist leider nicht mehr zu ~*** this item is unfortunately no longer available ❼ (*in Maßangaben*) ■**etw** ~ to have sth; ***ein Meter hat 100 Zentimeter*** there are 100 centimetres in a metre; ***die Kugel hat einen Inhalt von 600 Kubikmeter*** the sphere has a capacity of 600 cubic metres; ***das Grundstück dürfte über 4000 Quadratmeter ~*** the plot should be over 4,000 square metres ❽ (*von etw erfüllt sein*) ■**etw** ~ to have sth; ***ich habe Fieber/eine Erkältung*** I've got a temperature/a cold; ***ich habe doch noch einige Zweifel*** I've still got a few doubts; ***hast du Lust, mit ins Theater zu kommen?*** do you feel like coming to the theatre with us?; **Durst/Hunger** ~ to be thirsty/hungry; **gute/schlechte Laune** ~ to be in a good/bad mood; **Angst/Sorgen** ~ be afraid/worried; ***hast du was?*** is something [*or* what's] the matter [*or* wrong]?; ***ich hab nichts!*** nothing's the matter!; ***was hat er/sie denn [o bloß] [o nur]?*** what's up with him/her? *fam,* whatever's [*or fam* what on earth's] the matter with him/her? ❾ (*herrschen*) to be; ***wie viel Uhr ~ wir bitte?*** what time is it, please?; ***wir ~ heute den 13.*** it's the 13th today; ***in Australien ~ sie jetzt Winter*** it's winter now in Australia; ***morgen sollen wir über 35° C im Schatten ~*** it's supposed to be over 35 in the shade tomorrow; ***in Bayern ~ wir seit Tagen strengen Frost*** we've had a severe frost in Bavaria for days ❿ (*mit adj*) ■**es ...** ~ to be ...; ***ihr habt es sicher sehr angenehm in dieser Wohngegend*** it must certainly be very pleasant for you in this residential area; ***so hast du es bequemer*** you'll be more comfortable that way; ***ich habe es etwas kalt im Haus*** my house is a bit cold; **es bei jdm gut** ~ to be well off with sb; *s. a.* **leicht, schlecht, schwer** ⓫ *in Infinitivkonstruktion mit zu* (*tun müssen*) ■**etw zu tun** ~ to have to do sth; ***du hast zu tun, was ich sage!*** you're to do what [*or* as] I say!; ***Sie ~ hier keine Fragen zu stellen!*** it's not for you to ask questions here!; ***ich habe noch zu arbeiten*** I've still got work to do; ***als Rekrut ~ Sie sich nicht zu beschweren!*** as a recruit it's not your place to complain! ⓬ *in Infinitivkonstruktion mit Raumangabe* ***im Schlafzimmer hat er ein Bild hängen*** he's got a picture hanging in his bedroom; ***ich habe über 4000 Bücher in den Regalen stehen*** I've got over 4,000 books on the shelves ⓭ DIAL (*geben*) ■**es hat** there is/are; ***im Sommer hat es dort immer reichlich Obst*** there's always an abundance of fruit there in the summer; ■**jdm etw** ~ to have sth for sb; ***geh zu deinem Opa, der hat dir was*** go and see grandad, he's got something for you ⓮ *mit präp* ■**etw an sich** *dat* ~ to have sth about one; ***sie hat so etwas an sich, das sie sehr anziehend macht*** she has something about her that makes her very attractive; ***ich weiß nicht, was er an sich hat, dass alle ihn so mögen*** I don't know what it is about him that makes everyone like him so much; **das hat er/sie/es so an sich** *dat* that's [just] the way he/she/it is; ***das hat sie so an sich*** that's just the way she is; ■**etw an jdm** ~ ***jetzt weiß ich, was ich an ihr habe*** now I know how lucky I am to have her; ***an diesen Idioten habe ich doch nichts!*** these idiots are useless to me!; ***an den Kindern habe ich eine große Hilfe*** the children are a great help to me; **es an/in etw** *dat* ~ (*fam: leiden*) to have trouble with sth; ***ich habe es im Rücken!*** I've got trouble with my back; ***er hat es am Herz*** he's got heart trouble; **was hat es damit auf sich?** what's all this about?; **für etw zu haben/nicht zu ~ sein** to be/not to be keen on sth; ***für einen schönen Videoabend bin ich schon immer zu ~ gewesen*** I've always been keen on a nice video evening; ***er ist immer für einen Spaß zu ~*** he's always on for a laugh; **etwas für sich** ~ sth to be said for sth; ***keine schlechte Idee, sie hat etwas für sich*** not a bad idea, there's something to be said for it; **jdn/etw gegen sich** ~ to have sb/sth against one; ***jetzt hat sie die ganze Firma gegen sich*** now she's got the whole firm against her; **etw/nichts gegen jdn/etw** ~ to have sth/nothing against sb/sth; ***hast du was gegen mein neues Kleid?*** have you got something against my new dress?; **es in sich** ~ (*fam*) to be tough; ***der Trick hat es in sich!*** the trick's a tough one!; ***der Wein hat es aber in sich!*** the wine has really got some punch!; ***das Essen muss es wohl in sich gehabt*** ~ the food must have been really rich; **etwas mit jdm** ~ (*euph*) to have something [*or* a thing] going with sb *euph;* ***der Chef hat wohl etwas mit seiner Sekretärin*** there's something [going on] between the boss and his secretary; **es mit etw** ~ to have a thing about sth; ■**etw von jdm** ~ to have sth from sb; ***die blauen Augen hat sie vom Vater*** she has her father's blue eyes, she gets her blue eyes from her father; ***er hat etwas von einem Bengel [an sich]*** he's a bit of a rascal; ***ihre Skulpturen ~ etwas von Rubin*** her sculpture owe much to Rubin; ***von wem hast du deine schlechten Manieren?*** from whom did you get your bad manners?; **mehr/viel/wenig von jdm/etw** ~ to get more/a lot/little from [*or* out of] sb/sth; ***die Kinder ~ bisher wenig von ihrem Vater gehabt*** the children have seen little of their father so far; ■**etw von etw** ~ to get sth out of sth; ***das hast du nun von deiner Kompromisslosigkeit*** that's what comes of being unwilling to compromise; ***das Kleid hat etwas von Eleganz*** the dress has a certain elegance about it; **nichts davon** ~ not to gain anything from it; ***warum tut sie das? davon hat sie doch gar nichts!*** why does she do it? she doesn't gain anything from it; **das hast du jetzt davon [, dass ...]** (*fam*) that's what you get for ...; ***das hast du jetzt davon!*** now see where it's got you!; ***das hast du nun davon, dass du immer so schnell fährst!*** that's what you get for speeding all the time!; **jdn vor sich** *dat* ~ to deal with sb; ***wissen Sie überhaupt, wen Sie vor sich haben?*** have you any idea whom you are dealing with? ▶ WENDUNGEN: **das nicht ~ <u>können</u>** (*fam*) to not be able to stand that; ***hör auf mit diesen Ausdrücken, ich kann das nicht haben!*** stop using these expressions, I can't stand it!; **noch/nicht mehr zu ~ <u>sein</u>** (*fam*) to be still/no longer available; ***ich habe mich von meiner Freundin getrennt, ich bin jetzt wieder zu ~*** my girlfriend and I have split up, so now I'm available again; **<u>da</u> hast du/haben Sie ...** there you are; ***da hast du zehn Mark!*** there you are, there's ten marks!; ***also gut, da ~ Sie das Geld*** right, well there you are, there's the money; **<u>da</u> hast du's/haben wir's!** (*fam*) there you are [*or fam* go]!; ***da ~ wir's, genau wie ich es vorausgesagt hatte!*** there you go! exactly as I predicted!; **<u>ich</u> hab's!** (*fam*) I've got it! *fam;* ***lass mich nachdenken, ja, ich hab's!*** let me think, yes, I've got it!; **<u>wie</u> gehabt!** as usual; ***hat sich was geändert? — nein, es ist alles noch wie gehabt*** has anything changed? — no, it's still just as it was

II. REFLEXIVES VERB

(*fam*) ❶ (*sich aufregen*) ■**sich [mit/wegen etw]** ~ to make a fuss [about sth]; ***musst du dich immer so haben?*** must you always make such a fuss? ❷ (*sich streiten*) to argue; ***sie ~ sich mal wieder gehabt*** they have been arguing [*or* fighting] again

III. UNPERSÖNLICHES REFLEXIVES VERB

(*fam*) (*wieder in Ordnung sein*) ■**es hat sich wieder** it's all right again; ***er gab ihr einen Kuss, und es hatte sich wieder*** he gave her a kiss and it was all right again; ***hat es sich wieder, oder bist du immer noch wütend?*** is everything OK now or are you still furious? ▶ WENDUNGEN: **und <u>damit</u> hat es sich** (*fam*) and that's it! *fam;* ***hier sind noch mal 500 Mark, und damit hat es sich!*** here's another 500 marks, but that's it!; **hat sich <u>was</u>!** (*fam*) you must be joking!; ***Ihr Schirm? hat sich was, das ist meiner!*** your umbrella? don't make me laugh, that's mine!

IV. AUXILIAR VERB

■**etw getan** ~ to have done sth; ***ich habe das nicht getan, das war meine Schwester!*** I didn't do that, it was my sister!; ***hätten Sie das nicht voraussehen können?*** could you not have foreseen that?; ***du hättest den Brief früher schreiben können*** you could have written the letter earlier; ***also, ich hätte das nicht gemacht*** well, I wouldn't have done that; ■**etw getan ~ wollen** to claim to have done sth; ***sie will ihn in einem Laden gesehen ~*** she claims to have seen him in a shop; ***ich will nichts gesagt haben, verstanden?*** I didn't say anything, OK?

Haben <-s> *nt kein pl* credit; **mit etw im ~ sein** to be in credit by sth

Habenichts <-[es], -e> *m* (*fam*) have-not *usu pl,* pauper

Habenseite *f* credit side **Habenzinsen** *pl* credit interest, interest on credit [*or* received]

Habgier *f* (*pej*) greed *no pl,* avarice *no pl*

habgierig *adj* (*pej*) greedy, avaricious

habhaft *adj* (*geh*) ■**jds ~ werden** to catch sb; ■**einer S.** *gen* **~ werden** get hold of sth

Habicht <-s, -e> *m* ORN hawk

Habichtskraut *nt* BOT hawkweed

habil. *adj Abk von* **habilitatus** *qualified to lecture at a university*

Habilitation <-, -en> *f* habilitation (*qualification as a university lecturer*)

Habilitationsschrift *f postdoctoral thesis relating to qualification as a university lecturer*

habilitieren* **I.** *vr* ■**sich** ~ to qualify as a university lecturer **II.** *vt* ■**jdn** ~ to award sb the qualification of university lecturer

habilitiert *pp und 3. pers sing von* **habilitieren** with a post-doctoral qualification, qualified as a university lecturer

Habit <-s, -e> *nt o m* ❶ (*Ordenskleid*) habit ❷ (*geh: Aufzug*) attire *no pl, no indef art*

Habitat <-s, -e> *nt* habitat

Habitus <-> *m kein pl* ❶ (*gewohnheitsmäßiges Verhalten*) habit ❷ BIOL, MED *Anlage, Haltung, Körperbau* disposition

Habsburger(in) <-s, -> *m(f)* Hapsburg

habsburgisch *adj* Hapsburg *attr*

Habseligkeiten *pl* [meagre [*or* AM -er]] belongings *npl,* possessions *pl,* personal effects *npl*

Habsucht *f s.* **Habgier**

habsüchtig *adj s.* **habgierig**

hach *interj* huh

Hachel <-, -n> *f* ÖSTERR (*Küchenhobel*) slicer

hacheln *vt, vi* ÖSTERR (*hobeln*) ■[etw] ~ to chop [*or* slice] [sth]

Hachse <-, -n> *f* KOCHK DIAL (*Haxe*) knuckle [of lamb]

Hackbeil *nt* chopper, cleaver **Hackblock** *m s.* Hackklotz **Hackbraten** *m* meat loaf **Hackbrett** *nt* ① KOCHK chopping board ② MUS dulcimer

Hacke[1] <-, -n> *f* ① DIAL (*Ferse*) heel; **die ~n zusammenschlagen** [*o* **zusammenklappen**] MIL to click one's heels ② DIAL (*Ferse an Socken, Strümpfen*) heel ► WENDUNGEN: **sich** *dat* **die ~n [nach etw] ablaufen** (*fam*) to run [*or* walk] one's legs off [*or* wear oneself out] looking for something; **jdm nicht von den ~n gehen** to dog sb; **die ~n voll haben** [*o* **einen im ~n haben**] NORDD (*fam*) to be tanked up *fam*; **sich jdm an die ~n hängen** [*o* **heften**] to stick to sb's heels; **jdm [dicht] auf den ~n sein** [*o* **bleiben**] [*o* **sitzen**] (*fam*) to be [*or* stay] hard on sb's heels

Hacke[2] <-, -n> *f* ① (*Gartengerät*) hoe ② ÖSTERR (*Axt*) axe

Hackebeil *nt s.* **Hackbeil**

hacken I. *vt* ① (*zerkleinern*) ■**etw** ~ to chop [up *sep*] sth ② (*hackend lockern*) ■**etw** ~ to hoe sth ③ (*durch Hacken herstellen*) ■**etw [in etw** *akk*] ~ to hack sth [in sth] II. *vi* ① (*mit dem Schnabel schlagen*) ■[**nach jdm/etw**] ~ to peck [sb/sth] ② (*mit der Hacke arbeiten*) ■[**in/zwischen etw**] ~ to hoe [in/between sth] ③ INFORM (*sl*) ■**auf etw** *dat* ~ to sit at sth hacking away; ***er hackt schon seit Stunden auf seinem Computer*** he's been hacking away on his computer for hours; ■**das H~** hacking

Hacken <-s, -> *m s.* **Hacke[1] 1**

Hackepeter <-s, -> *m* ① NORDD (*Hackfleisch*) mince BRIT, AM ground, minced meat ② KOCHK *seasoned lean minced beef, eaten raw,* steak tartare

Hacker(in) <-s, -> ['hɛkɐ] *m(f)* INFORM (*sl: Computerpirat*) hacker; (*Computerfan*) computer freak

Hackerszene ['hɛkɐ-] *f* INFORM hacker scene

Hackfleisch *nt* mince, AM ground, minced meat ► WENDUNGEN: ~ **aus jdm machen** [*o* **jdn zu ~ machen**] (*sl*) to make mincemeat of sb *fam* **Hackfrucht** *f usu pl* AGR root crop **Hackklotz** *m* chopping block **Hackordnung** *f* (*fig a.*) pecking order

Häcksel <-s> *nt o m kein pl* chaff *no pl, no indef art*

Häcksler <-s, -> *m* chaff-cutter

Hacksteak [ste:k, ʃte:k] *nt* hamburger **Hackstock** *m* ÖSTERR (*Hackklotz*) chopping block

Hader <-s> *m kein pl* (*geh*) discord *no pl, no indef art form;* **mit jdm in ~ leben** to live in strife with sb

Haderlump *m* ÖSTERR, SÜDD (*pej*) waster BRIT *pej*, good-for-nothing *pej*

hadern *vi* (*geh*) ■[**mit etw**] ~ to quarrel [with sth]; **mit seinem Schicksal** ~ to rail against one's fate

Hades <-> *m kein pl* Hades *no pl, no art*

Hadrianswall *m* HIST Hadrian's Wall

hadronisch *adj* **~es Zeitalter** hadronic age

Hadsch <-> *m kein pl* REL (*Pilgerfahrt nach Mekka*) hajj, hadj

Hadschi <-s, -s> *m* REL (*Ehrentitel für einen Mekkapilger*) hajji, hadji

Hafen[1] <-s, Häfen> *m* ① (*größerer Ankerplatz*) harbour [*or* AM -or], port; ***ein Schiff läuft in den ~ ein/läuft aus dem ~ aus*** a ship enters/leaves port ② (*geh: Zufluchtsort*) [safe] haven ► WENDUNGEN: **den ~ der Ehe ansteuern** to be looking to get married; **in den ~ der Ehe einlaufen** (*hum fam*) to finally tie the knot *hum fam*; **im ~ der Ehe landen** (*hum fam*) to get married [*or* hitched] [*or* BRIT *hum fam* spliced]

Hafen[2] <-s, Häfen *o* -> *m o nt* DIAL, BES ÖSTERR ① (*größerer Topf*) pan, pot ② (*Nachttopf*) chamber pot, potty BRIT

Häfen <-s, -> *m* ÖSTERR ① *s.* **Hafen[2]** ② (*sl: Gefängnis*) clink *sl*

Hafenamt *nt* port [*or* harbour [*or* AM -or]] authority **Hafenanlagen** *pl* docks *pl* **Hafenarbeiter(in)** *m(f)* docker **Hafenbecken** *nt* harbour basin, dock **Hafenbehörde** *f* harbour [*or* port] authority **Hafeneinfahrt** *f* harbour entrance **Hafengebiet** *nt* docklands *pl*, harbour district **Hafenkneipe** *f* (*fam*) dockland [*or* harbour] bar [*or* BRIT pub] **Hafenkonnossement** *nt* HANDEL port bill of lading **Hafenliegegeld** *nt* HANDEL quayage **Hafenliegezeit** *f* NAUT laydays **Hafenmeister(in)** *m(f)* harbour-master **Hafenpolizei** *f* dock [*or* port] police + *sing/pl vb* **Hafenrundfahrt** *f* boat-trip round the harbour **Hafensperre** *f* embargo, blockade **Hafenstadt** *f* port **Hafenviertel** *nt* dock area, docklands *pl*

Hafer <-s, -> *m* oats *pl* ► WENDUNGEN: **jdn sticht der ~** (*fam*) sb is feeling his oats AM *sl*, sb has the wind up his tail BRIT *fam*

Haferbrei *m* porridge *no pl, no indef art* **Haferflocken** *pl* oat flakes *pl*, rolled oats *pl*; (*bes. feine*) porridge oats *pl* BRIT, oatmeal AM **Hafergrütze** *f* groats *npl*, grits *npl* AM **Haferkleie** *f* oat bran *no pl, no indef art* **Haferkorn** *nt* oat grain **Haferkümmel** *m* cumin **Hafermehl** *nt* oatmeal *no pl, no indef art* **Hafersack** *m* nosebag **Haferschleim** *m* gruel *no pl* **Haferwurz** *f* salsify, vegetable oyster

Haff <-[e]s, -s *o* -e> *nt* lagoon

Hafnium <-s> *nt kein pl* CHEM hafnium *no pl, no indef art*

Haft <-> *f kein pl* (*Strafe*) imprisonment *no pl*; (*Zeit*) prison sentence, term of imprisonment; **in ~ sein** [*o* **sich in ~ befinden**] to be in custody [*or* prison]; **aus der ~ entlassen werden** to be released from custody [*or* prison]; **jdn in ~ nehmen** to take sb into custody; **in die ~ zurückgesandt werden** to be remanded in custody

Haftanordnung *f* JUR arrest warrant; **verlängerte ~** detainer **Haftanstalt** *f* detention centre [*or* AM -er], prison **Haftaufschub** *m* JUR stay of imprisonment **Haftaussetzung** <-, -en> *f* parole *no pl, no art*

haftbar *adj* JUR liable; ■**für etw ~ sein** to be liable for sth; **beschränkt/unbeschränkt** ~ having [*or* with] limited liability/absolutely liable; **gesamtschuldnerisch** ~ jointly and severally liable; **jdn für etw ~ machen** to hold sb [legally] responsible [*or* liable] for sth

Haftbedingungen *pl* terms *pl* of responsibility [*or* liability] **Haftbefehl** *m* JUR [arrest] warrant; **einen ~ gegen jdn ausstellen** to issue a warrant for sb's arrest; **jdn mit ~ suchen** to have a warrant out for sb's arrest **Haftbefehlsantrag** *m* JUR application for a warrant of arrest **Haftbeschwerde** *f* JUR complaint against an order for arrest **Haft(breit)reifen** *m* AUTO low-section high-grip tyre [*or* AM tire] **Haftbrücke** *f* BAU bonding course [*or* layer] **Haftdauer** *f* term of imprisonment

Hafteinlage *f* JUR liability [*or* liable] capital; **nachrangige ~** second-ranking liable capital

Haftel <-s, -n> *nt* MODE ÖSTERR (*Häkchen und Öse*) hook and eye

Haftelmacher *m* ÖSTERR ► WENDUNGEN: **wie ein ~ aufpassen** to watch like a hawk

Haften <-s> *nt kein pl* TYPO adherence

haften[1] *vi* ① ÖKON ■[**mit etw**] ~ to be liable [with sth]; ***sie haftet mit ihrem ganzen Vermögen*** she is liable with the whole of her property; **auf Schadenersatz ~** to be liable for compensation; **beschränkt/unbeschränkt** ~ to have limited/unlimited liability for sth [*or* to be liable without limitation] ② (*die Haftung übernehmen*) ■**für jdn/etw ~** to be responsible [*or* liable] for sb/sth, to go guarantee; ***im Falle von Schäden ~ Eltern für Ihre Kinder*** parents are responsible for their children in cases of damage; **jdm dafür ~, dass** to provide sb with a guarantee that

haften[2] *vi* ① (*festkleben*) ■[**auf etw** *dat*] ~ to adhere [*or* stick] [to sth] ② (*sich festsetzen*) ■**an etw** *dat* ~ to cling to sth; ■[**an/auf etw** *dat*] ~ **bleiben** to adhere [*or* stick] [to sth] ③ (*hängen bleiben*) ■**an jdm ~** to stick to sb ④ (*verinnerlicht werden*) ■**bei jdm ~** to stick in sb's mind; ■[**in jdm**] ~ **bleiben** to stick [in sb's mind]; ***die Eindrücke des Krieges werden für immer in ihm ~*** the impressions of war will stay with him for ever

haften|bleiben *vi irreg sein s.* **haften[2] 2, 4**

Haftende(r) *f(m) dekl wie adj* JUR liable person, obligor; **beschränkt ~** limited partner; **persönlich ~** personally liable person; **selbstschuldnerisch ~** directly suable debtor

Haftentlassung *f* release from custody [*or* prison] **Haftentschädigung** *f* compensation for wrongful imprisonment

haftfähig[1] *adj* (*klebend*) adhesive

haftfähig[2] *adj* JUR fit for a custodial sentence

Haftfähigkeit[1] *f von Reifen* roadholding *no pl, no indef art*

Haftfähigkeit[2] *f* JUR fitness for a custodial sentence

Haftfortdauer *f* JUR remand [in custody] **Haftgrund** *m* ① BAU etching primer ② JUR reason for arrest

Häftling <-s, -e> *m* prisoner

Häftlingsverlegung *f* transfer of prisoners

Haftnotiz *f* self-adhesive note

Haftpflicht *f* ① (*Schadenersatzpflicht*) legal liability; ~ **des Frachtführers** carrier's liability; **gesetzliche ~** statutory legal liability; **in einer ~ sein** to be insured against third-party risks; **die ~ ausschließen/bestreiten/beweisen** to exclude/to deny/to establish liability ② (*fam: Haftpflichtversicherung*) personal [*or* AM public] liability insurance *no pl, no art*; AUTO third-party insurance *no pl, no art* **Haftpflichtgesetz** *nt* JUR Public Liability Act **haftpflichtig** *adj* liable **haftpflichtversichert** *adj* ■~ **sein** to have personal liability insurance; AUTO to have [*or* be covered by] third-party insurance **Haftpflichtversicherung** *f* personal [*or* AM public] liability insurance *no pl, no art*; AUTO third-party insurance *no pl, no art*

Haftprüfung *f* JUR review of remand **Haftprüfungstermin** *m* JUR date of review of the remand order **Haftprüfungsverfahren** *nt* JUR remand proceedings *pl*; **im ~ vorgeführt werden** to appear on remand **Haftrichter(in)** *m(f)* JUR [committing] magistrate **Haftschale** *f meist pl* contact lens **Haftstrafe** *f* JUR (*veraltend*) custodial [*or* prison] sentence; **eine ~ verbüßen** to serve a custodial sentence; *s. a.* **Freiheitsstrafe** **Haftsumme** *f* FIN amount guaranteed **haftunfähig** *adj* unfit for a custodial sentence

Haftung[1] <-, -en> *f* JUR liability, responsibility; ***für Garderobe übernehmen wir keine ~*** articles are left at the owner's risk; ~ **für Arbeitsunfälle** liability for industrial accidents; ~ **des Besitzers** occupier's liability; ~ **bei Mitverschulden** liability for contribe by negligence; ~ **gegenüber Dritten** third-party liability; **arbeitsrechtliche/deliktische ~** industrial/tortious liability; **außervertragliche ~** non-contractual liability; **beschränkte/unbeschränkte ~** limited/unlimited liability; **gesamtschuldnerische ~** joint and several liability; **persönliche ~** personal liability; **verschuldensunabhängige ~** liability without fault; **vertragliche ~** contractual liability; **vorvertragliche ~** pre-contractual liability

Haftung[2] <-> *f kein pl* roadholding *no pl, no indef art*

Haftungsabgrenzung *f* JUR demarcation of liability **Haftungsablehnung** *f* JUR denial of liability **Haftungsanspruch** *m* JUR liability claim **Haftungsausschluss[RR]** *m* JUR exclusion of liability **Haftungsausschlussklausel[RR]** *f* JUR non-liability clause **Haftungsbegrenzung** *f*, **Haftungsgrenze** *f* JUR limitation of liability **Haftungsbescheid** *m* JUR notice of liability **Haftungsbeschränkung** *f* JUR limitation of liability **Haftungsbeschränkungsklausel** *f* JUR exemption clause **Haftungsbestimmungen**, **Haftungsvorschriften** *pl* JUR liability provisions **Haftungsdurchgriff** *m* JUR piercing the corporate veil **Haftungsfähigkeit** *f* JUR liability **Haftungsfolge** *m* JUR ranking of liabilities **Haftungsfreistellung** *f* JUR *des Verkäufers* exemption from liability **Haftungsfreizeichnung** *f* JUR contracting out of liability **Haftungsfrist** *f* JUR liability period **Haftungsgrundsätze** *pl* JUR principles of liability **Haftungshöchstbetrag** *m*,

Haftungsobergrenze *f* JUR aggregrate limit of liability **Haftungsklage** *f* JUR liability action **Haftungsklausel** *f* JUR liability clause **Haftungsminderung** *f* JUR reduction of liability **Haftungsordnung** *f* JUR liability ranking **Haftungspflicht** *f* JUR statutory [*or* legal] liability **Haftungsprivileg** *nt* JUR liability privilege **Haftungsrisiko** *nt* JUR liability risk **Haftungsschuldner(in)** *m(f)* JUR indemnitor, person held liable **Haftungssystem** *nt* JUR liability system **Haftungsträger(in)** *m(f)* JUR liable party **Haftungsübergang** *m* JUR transfer of liability **Haftungsübernahme** *f* JUR assumption of liability **Haftungsübernahmevertrag** *m* JUR assumption of liability agreement **Haftungsumfang** *m* JUR extent of liability **Haftungsverbindlichkeiten, Haftungsverhältnisse** *pl* JUR contingent liabilities; **wechselseitiges** Haftungsverhältnis cross liability **Haftungszeitraum** *m* JUR liability period

Hafturlaub *m* parole *no pl, no art* **Haftverkürzung** *f* JUR shortened sentence

Haftverschluss[RR] *m* Velcro® *fastener*

Haftverschonung *f* JUR conditional discharge, refraining from enforcement of arrest **Haftvollzug** *m* JUR execution of a prison sentence **Haftzeit** *f* term of imprisonment

Hagebutte <-, -n> *f* rose hip

Hagebuttentee *m* rose-hip tea

Hagedorn *m* NORDD (*Weißdorn*) hawthorn

Hagel <-s> *m kein pl* ① METEO hail *no pl, no indef art* ② (*Schauer*) hail; ■**ein ~ von etw** a hail of sth ③ (*Kanonade*) torrent; ■**der/ein ~ von etw** the/a stream [*or* torrent] of sth; ~ **von Flüchen und Schimpfwörtern** [*o* **Beschimpfungen**] torrent of abuse

Hagelkorn <-körner> *nt* hailstone

hageln I. *vi impers* to hail II. *vt impers* (*fam*) ■**es hagelt etw** there is a hail of sth

Hagelschaden *m* damage caused by hail **Hagelschauer** *m* hail shower **Hagelschlag** *m* hailstorm **Hagelzucker** *m* white sugar crystals

hager *adj* gaunt, thin; **ein ~es Gesicht** a gaunt face; **~e Arme** thin arms

Hagestolz <-es, -e> *m* (*hum veraltend*) confirmed bachelor

Hagiographie, Hagiografie[RR] <-, -n> [*pl* ˈfiːən] *f* (*fachspr*) hagiography

haha *interj*, **hahaha** *interj* haha, ha, ha, ha

Häher <-s, -> *m* ORN jay

Hahn[1] <-[e]s, Hähne> *m* ① (*männliches Haushuhn*) cock, rooster AM; (*jünger*) cockerel ② (*Wetterhahn*) weathercock ► WENDUNGEN: [**bei jdm**] ~ **im Korbe sein** (*fam*) to be the only male in a group of females, to be cock of the walk *fam;* **der gallische** ~ the French cockerel; **ein guter ~ wird selten fett** a sexually active man remains fit; **jdm den roten ~ aufs Dach setzen** to set sb's house on fire; **nach etw kräht kein ~ mehr** (*fam*) no one cares two hoots about sth anymore *fam*

Hahn[2] <-[e]s, Hähne *o* -en> *m* ① (*Wasserhahn*) tap, faucet AM ② *pl* Hähne (*Vorrichtung an Schußwaffen*) hammer, cock ► WENDUNGEN: [**jdm**] **den ~ zudrehen** to stop sb's money supply

Hähnchen <-s, -> *nt* chicken

Hähnchenbrust *f* chicken breast

Hahnenfuß *m* BOT buttercup **Hahnenfußgewächs** *nt* BOT ranunculus **Hahnenkamm** *m* (*Frisur a.*) cockscomb **Hahnenkampf** *m* cockfight **Hahnenschrei** *m* cockcrow; **beim** [*o* **mit dem**] **ersten ~** at first cockcrow **Hahnentritt** *m* (*Muster*) dogtooth check BRIT, houndstooth [check] AM **Hahnentrittmuster** *nt* MODE dog-tooth check

Hahnium <-s> *nt kein pl* CHEM hahnium *no pl, no indef art*

Hahnrei <-s, -e> *m* (*hum veraltet*) cuckold *dated;* **jdn zum ~ machen** to cuckold sb *dated*

Hai <-[e]s, -e> *m* shark

Haifisch *m s.* **Hai**

Haifischflossensuppe *f* shark-fin soup

Hain <-[e]s, -e> *m* (*poet, geh*) grove; **ein heiliger ~** a sacred grove

Hainbuche *f* BOT hornbeam **Hainsimse** <-, -n> *f* BOT woodrush

Haiti <-s> *nt* Haiti; *s. a.* **Sylt**

Haitianer(in) <-s, -> *m(f)* Haitian; *s. a.* **Deutsche(r)**

haitianisch *adj* Haitian; *s. a.* **deutsch**

haitisch *adj s.* **haitianisch**

Häkchen <-s, -> *nt dim von s.* **Haken** ① (*kleiner Haken 1*) [small] hook ② (*v-förmiges Zeichen*) tick ③ LING (*fam*) diacritic ► WENDUNGEN: **was ein ~ werden will, krümmt sich beizeiten** (*prov*) there's nothing like starting young

Häkelarbeit *f* ① (*Handarbeit*) crochet[ing] ② (*gehäkelter Gegenstand*) [piece of] crochet [work] **Häkelgarn** *nt* crochet thread

hakeln I. *vi* DIAL to finger-wrestle II. *vt* SPORT ■**jdn ~** to hook sb

häkeln I. *vi* to crochet; ■**das H~** crocheting II. *vt* ■**etw ~** to crochet sth

Häkelnadel *f* crochet hook

haken I. *vi* ① (*fest~*) to have got caught [*or* stuck]; ***der Schlüssel hakt irgendwie im Schloss*** somehow the key's got stuck in the lock ② *impers* (*fam: schwierig sein*) ■**es hakt** [**bei jdm**] sb is stuck II. *vt* ① (*befestigen*) ■**etw an/auf/in etw** *akk* ~ to hook sth to/on[to]/in[to] sth ② SPORT to hook

Haken <-s, -> *m* ① (*gebogene Halterung*) hook ② (*beim Boxen*) hook ③ (*hakenförmiges Zeichen*) tick ④ (*fam: hindernde Schwierigkeit*) catch, snag; **einen ~ haben** (*fam*) to have a catch ► WENDUNGEN: **mit/ohne ~ und Ösen** with/with no strings attached; **mit ~ und Ösen** by hook or by crook; ~ **schlagen** to change tactics; **ein Hase schlägt einen ~** a hare doubles back [*or* darts sideways]

hakenförmig *adj* hooked, hook-shaped **Hakenkreuz** *nt* swastika **Hakennase** *f* hooked nose, hooknose **Hakenwurm** *m* MED hookworm **Hakenwurmkrankheit** *f* hookworm disease, ancylostomiasis *spec*

Halali <-s, -[s]> *nt* JAGD mort

halb I. *adj* ① (*die Hälfte von*) half; ***die ~e Flasche ist leer*** the bottle is half empty ② (*halbe Stunde der Uhrzeit*) ■**~ …** half past …; ***es ist genau ~ sieben*** it is exactly half past six; ■**… nach/vor ~ …** after/before half past; ***es ist erst fünf vor ~*** it's only twenty-five past ③ *kein art* (*ein Großteil von etw*) ■**~ …** half of …; ~ ***Deutschland verfolgt die Fußballweltmeisterschaft*** half of Germany is following the World Cup; ■**der/die/das ~e …** half the … ④ (*fam: fast*) ■**eine ~e/ein ~er/ein ~es …** something of a …; ***du bist ja ein ~er Elektriker*** you're something of an electrician; **~e Portion** (*pej*) sandwich short of a picnic ⑤ (*halbherzig*) half-hearted; *s. a.* **Weg** ⑥ KOCHK (*Garstufe*) half-done ► WENDUNGEN: **nichts H~es und nichts Ganzes** (*fam*) neither one thing nor the other II. *adv* ① *vor Verb* (*zur Hälfte*) half; ■**nur ~** only half; ***ich habe nur ~ verstanden, was sie sagte*** I only half understood what she said; **etw nur ~ machen** to only half do sth; **~ so … sein** to be half as …; ***er ist nicht ~ so schlau wie sein Vorgänger*** he's not nearly as crafty as his predecessor; **~ …, ~ …** half…, half…; ***diese Nachricht quittierte sie ~ lachend, ~ weinend*** she took this news half laughing, half crying ② *vor adj, adv* (*~wegs*) half; **~ nackt** half-naked; **~ offen** half-open; **~ voll** half-filled, half-full; **~ tot** (*fam*) half-dead; **~ wach** half-awake; ***der Braten ist erst ~ gar*** the roast is only half done; ***die Straße knickt hier ~ rechts ab*** the street forks off to the right here ► WENDUNGEN: [**mit jdm**] **~ und ~** [*o* **~e-~e**] **machen** (*fam*) to go halves with sb; **das ist ~ so schlimm** it's not as bad as all that; **~ und ~** (*fam*) sort of

Halbaffe *m* ① ZOOL prosimian ② (*pej sl: blödes Arschloch*) silly arse [*or* AM ass] *pej sl* **halbautomatisch** *adj* semi-automatic **Halbbildung** *f* (*pej*) superficial education **halbbitter** *adj Schokolade* plain **Halbblut** *nt kein pl* ① (*Mensch*) half-caste ② (*Tier*) crossbreed **Halbbruder** *m* half-brother **Halbdunkel** *nt* semi-darkness *no pl* **halbdurchsichtig** *adj* semitransparent

Halbe *f decl wie adj* (*fam*) ■**eine ~** half a litre [*or* AM -er] of beer

Halbedelstein *m* semi-precious stone

halber *präp +gen nachgestellt* (*geh*) ■**der … ~** for the sake of …

halberwachsen [ks] *adj attr* adolescent **Halberzeugnis** *nt s.* Halbfertigfabrikat **Halbfabrikat** *nt* ÖKON semi-finished product **halbfertig** *adj attr* half-finished **Halbfertigfabrikat** *nt* semifinished product **Halbfertigprodukt** *nt* semifinished product **halbfest** *adj attr* semi-solid **halbfett** I. *adj* ① TYPO semibold ② KOCHK medium-fat II. *adv* TYPO in semibold **Halbfinale** *nt* semi-final **halbflüssig** *adj Ei* very soft-boiled **halbgebildet** *adj attr* half-educated **Halbgeschwister** *pl* half-brother[s] and -sister[s] **Halbgott, -göttin** *m, f* demigod *masc*, demigoddess *fem*

Halbheit <-, -en> *f* (*pej*) half measure

Halbheiten *pl* (*pej*) half-measures *pl*

halbherzig *adj* half-hearted

Halbherzigkeit *f* half-heartedness *no pl*

halbieren* I. *vt* ① (*teilen*) ■**etw ~** to divide sth in half ② (*um die Hälfte vermindern*) ■**etw ~** to halve sth II. *vr* (*sich um die Hälfte verringern*) ■**sich ~** to halve

Halbierung <-, -en> *f* halving *no pl, no indef art*

Halbinsel *f* peninsula **Halbjahr** *nt* half-year **Halbjahresbericht** *m* half-yearly [*or* semiannual] report **Halbjahresumsatz** *m* FIN first-half turnover **halbjährig** *adj attr* ① (*ein halbes Jahr dauernd*) six-month *attr;* ***eine ~e Probezeit wurde vereinbart*** a six-month trial period was agreed ② (*ein halbes Jahr alt*) six-month-old *attr* **halbjährlich** I. *adj* half-yearly, six-monthly II. *adv* every six months, twice a year **Halbjude, -jüdin** *m, f* half Jew/Jewess; **~ sein** to be half Jewish **Halbkanton** *m* SCHWEIZ demicanton **Halbkreis** *m* semicircle; **im ~** in a semicircle **Halbkugel** *f* hemisphere; **nördliche/südliche ~** northern/southern hemisphere **halblang** *adj* MODE *Mantel, Rock* midcalf length; *Haar* medium-length ► WENDUNGEN: [**nun**] **mach mal ~!** (*fam*) cut it out! *fam*, stop exaggerating! **halblaut** I. *adj* quiet II. *adv* in a low voice, quietly **Halblederband** *m* VERLAG half-leather bound [*or* half-bound] edition **Halbleinenband** *m* VERLAG half-linen bound [*or* half-cloth] edition **Halbleiter** *m* ELEK semiconductor **halbmast** *adv* at half-mast; **auf ~** at half-mast **Halbmesser** *m s.* Radius **Halbmetall** *nt* CHEM semi-metal **Halbmond** *m* ① ASTRON half-moon ② (*Figur*) crescent ► WENDUNGEN: **der Rote ~** the Red Crescent **halbmondförmig** *adj* crescent-shaped **halbpart** *adv* [**mit jdm**] **~ machen** (*fam*) to go halves [with sb] **Halbpension** *f* half-board *no pl, no art* **halbrund** *adj* semicircular **Halbschatten** *m* half shade *no pl, no indef art;* ASTRON penumbra **Halbschlaf** *m* light sleep *no pl;* **im ~ sein** to be half asleep **Halbschuh** *m* shoe **Halbschwergewicht** *nt* SPORT ① *kein pl* (*Gewichtsklasse*) light-heavyweight *no pl, no art* ② (*Sportler*) light-heavyweight **Halbschwergewichtler(in)** *m(f) s.* Halbschwergewicht 2 **Halbschwester** *f* half-sister **halbseitig** I. *adj* ① MEDIA, TYPO (*eine halbe Seite umfassend*) half-page ② (*eine Seite betreffend*) on [*or* down] one side; MED hemiplegic; **~e Lähmung** hemiplegia II. *adv* ① MEDIA, TYPO in half-page format ② MED on [*or* down] one side; **~ gelähmt** hemiplegic **halbstaatlich** *adj* partly state-run [*or* state-owned] **halbstark** *adj präd* rowdy; ■**ein H~er** a [young] hooligan **Halbstarke(r)** *f(m) decl wie adj* (*veraltend fam*) [young] hooligan **Halbstiefel** *m* bootee **halbstündig** *adj attr* half-hour *attr*, lasting half an hour; **in ~en Intervallen** at half-hourly intervals **halbstündlich** I. *adj* half-hourly II. *adv* every half-hour **Halbstürmer(in)** *m(f) bes* FBALL attacking midfielder

halbtags *adv* on a part-time basis; ***sie arbeitet wieder ~ im Büro*** she's working half-day at the office again

Halbtagsarbeit *f* ① *kein pl* (*Arbeit an halben Tagen*) part-time work *no pl, no indef art* ② *s.* **Halb-**

tagsbeschäftigung **Halbtagsbeschäftigung** *f* half-day [*or* part-time] job, part-time employment *no pl, no indef art* **Halbtagsgrundschule** *f* half-day primary school **Halbtagskraft** *f* part-time workers [*or* employees] *pl*

Halbton *m* ① MUS semitone ② KUNST, FOTO halftone **Halbtonbild** *nt* ① TYPO continuos-tone [*or* cone-tone] picture ② INFORM halftone photograph [*or* image] **Halbtonfarbauszüge** *pl* TYPO continuous-tone separation *no pl* **halbtrocken** *adj* **~er Wein** medium dry wine **Halbvokal** *m* semivowel **Halbwahrheit** *f kein pl* half-truth **Halbwaise** *f* child without a father/mother; **~ sein** to be fatherless/motherless **Halbwaren** *pl* half-finished products **halbwegs** *adv* ① (*einigermaßen*) partly; ***jetzt geht es mir wieder ~ besser/gut*** I'm feeling a bit better/reasonably well again now ② (*nahezu*) almost ③ (*veraltend: auf halbem Wege*) halfway **Halbwelt** *f kein pl* demimonde **Halbwert(s)zeit** *f* PHYS half-life **Halbwissen** *nt* (*pej*) superficial knowledge *no pl*, smattering [of knowledge] **halbwüchsig** *adj* adolescent **Halbwüchsige(r)** *f(m) decl wie adj* adolescent **Halbwüste** *f* semi-desert **Halbzeit** *f* half-time

Halde <-, -n> *f* ① (*Müllhalde*) landfill, rubbish tip BRIT ② (*Kohlehalde*) coal tip; (*Abraumhalde*) slagheap ③ (*unverkaufte Ware*) stockpile; **etw auf ~ fertigen** [*o* **produzieren**] to manufacture sth for stock; **etw auf ~ legen** [*o* **lagern**] to stockpile sth ④ SÜDD (*Hang*) slope

Halfrate-Codec <-[s]> ['ha:freɪt'kaʊdək] *m kein pl* TELEK halfrate-codec **Halfrate-Technik** ['ha:freɪt-] *f* TELEK halfrate technology

Hälfte <-, -n> *f* (*der halbe Teil*) half; ***die ~ von dem, was sie sagt, ist frei erfunden*** half of what she says is pure invention; ■**eine/die ~ der/des ...** half [of] ...; ***wenn nur die ~ von dem, was man liest, stimmt, wäre das ja schon entsetzlich*** if only half of what one reads were true, that would be terrible enough; **die erste/zweite ~ einer S.** *gen* the first/second half of sth; **die kleinere/größere ~** the smaller/larger half; **die vordere/hintere ~** the front/back half; **um die ~** by half, 50 %; ***die Inflation ist um die ~ gestiegen*** inflation has increased by half [*or* by 50 %]; **zur ~** half, 50 %; ***wieso lässt du ein noch zur ~ volles Glas stehen?*** why are you leaving a glass that's half full? ► WENDUNGEN: **jds bessere ~** (*hum fam*) sb's better half *hum fam*; ***meine bessere ~ ist zu Hause geblieben*** my better half has stayed at home; **[von etw] die ~ abstreichen können** [*o* **müssen**] (*fam*) to disregard half of sth

hälften *vt* (*selten*) *s.* **halbieren**

Halfter¹ <-s, -> *m o nt* halter

Halfter² <-s, – *o* -, -n> *nt o f* holster

Hall <-[e]s, -e> *m* ① (*dumpfer Schall*) reverberation ② (*Widerhall*) echo

Halle <-, -n> *f* ① (*Ankunfts~*) hall ② (*Werks~*) workshop ③ (*Ausstellungs-, Messe~*) hall ④ (*Hangar*) hangar ⑤ (*Sport~*) sports hall; **in der ~** indoors, inside ⑥ (*großer Saal*) hall ► WENDUNGEN: **in diesen heiligen ~n** (*iron*) within these hallowed halls *iron*

halleluja *interj* ① REL hallelujah! ② (*fam: ein Glück!*) hurray! [*or hum fam* hallelujah!]

hallen *vi* ■**[durch/über etw** *akk*] **~** to echo [*or* reverberate] [through/across sth]

Hallenbad *nt* indoor swimming pool **Hallenkirche** *f church with nave and side aisles of equal height* **Hallensport** *m kein pl* indoor sport **Hallenturnen** *nt* indoor gymnastics + *sing vb, no art*

Hallig <-, -en> *f* small flat island (*esp off Schleswig-Holstein*)

Hallimasch <-[e]s, -e> *m* BOT honey agaric

hallo *interj* ① *betont: 'hallo* (*zur Begrüßung*) hello ② *betont: hal'lo* (*überrascht*) hello

Hallo <-s, -s> *nt* hello

Hallodri <-[s], -[s]> *m* ÖSTERR, SÜDD (*fam*) playboy *fam*

Halluzination <-, -en> *f* hallucination; **~en haben** to have hallucinations; **[wohl] an ~en leiden** (*iron fam*) to suffer from hallucinations

halluzinogen *adj* hallucinogenic

Halluzinogen <-s, -e> *nt* hallucinogen

Halm <-[e]s, -e> *m* ① (*Stängel*) stalk, stem; ***die Felder stehen hoch im ~*** the corn etc. is almost ready for harvesting ② (*Trinkhalm*) straw

Halo <-[s], -s *o* Halonen> *m* PHYS halo

Halogen <-s, -e> *nt* halogen

Halogenbirne *f* halogen bulb **Halogenlampe** *nt* halogen lamp **Halogenleuchte** *f* halogen lamp **Halogenscheinwerfer** *m* AUTO halogen headlamp **Halogenstrahler** *m* halogen light

Hals <-es, Hälse> *m* ① ANAT neck; *von Knochen* collum; (*von Gebärmutter*) cervix; **sich** *dat* **den ~ brechen** (*fam*) to break one's neck; **den ~ recken** to crane one's neck; **einem Tier den ~ umdrehen** to wring an animal's neck; **jdm um den ~ fallen** to fling one's arms around sb's neck; **~-Nasen-Ohren-Arzt** ear, nose and throat specialist ② (*Kehle*) throat; **jdm im ~ steckenbleiben** to become stuck in sb's throat; **es im ~ haben** (*fam*) to have a sore throat ③ KOCHK *vom Kalb, Rind* neck; *vom Lamm a.* scrag ④ (*Flaschen~*) neck ► WENDUNGEN: **~ über Kopf** in a hurry [*or* rush]; **etw in den falschen ~ bekommen** (*fam*) to go down the wrong way *fam*; (*etw missverstehen*) to take sth wrongly; **einen langen ~ machen** (*fam*) to crane one's neck; **aus vollem ~[e]** at the top of one's voice; **den ~ nicht voll [genug] kriegen können** (*fam*) not to be able to get enough of sth; **jdm mit etw vom ~[e] bleiben** (*fam*) not to bother sb with sth; **jdn auf dem** [*o* **am**] **~ haben** (*fam*) to be saddled [*or* BRIT lumbered] with sb *fam*; **etw zum ~e heraushängen** (*fam*) to be sick to death of sth; ***immer Spinat, langsam hängt mir das Zeug zum ~e heraus!*** spinach again! I'm getting sick to death of the stuff!; **jdn** [*o* **jdm**] **den ~ kosten** [*o* **jdm den ~ brechen**] (*fam*) to finish sb; **jdm/sich etw auf den ~ laden** (*fam*) to saddle [*or* BRIT lumber] sb/oneself with sth *fam*; **sich/jdm jdn vom ~ schaffen** (*fam*) to get sb off one's/sb's back; **jdm jdn auf den ~ schicken** [*o* **hetzen**] (*fam*) to get [*or* put] sb onto sb; ***dem hetze ich die Polizei auf den ~!*** I'll get the police onto him!; **sich** *dat* **nach jdm/etw den ~ verrenken** (*fam*) to crane one's neck to see sb/sth; **sich jdm an den ~ werfen** (*pej fam*) to throw oneself at sb; **jdm etw an den ~ wünschen** (*fam*) to wish sth upon sb; **bis über den ~** (*fam*) up to one's ears [*or* neck]; ***ich stecke bis über den ~ in Schulden*** I'm up to my ears in debt

Halsabschneider(in) *m(f)* (*pej fam*) shark *pej fam* **Halsausschnitt** *m* neckline **Halsband** *nt* ① (*für Haustiere*) collar ② (*Samtband*) choker **halsbrecherisch** *adj* breakneck *attr* **Halsbund** *m* neckband **Halsbündchen** *nt* neckband **Halsentzündung** *f* sore throat **Halsfalten** *pl* throat lines *pl* **Halskette** *f* necklace **Halskrause** *f* ① MODE, ZOOL ruff ② MED surgical collar **Hals-Nasen-Ohren-Arzt, -ärztin** *m, f* ear, nose and throat specialist **Halsschlagader** *f* carotid [artery] **Halsschmerzen** *pl* sore throat **Halsschmuck** *m* neck jewellery BRIT, AM jewelery [*or* adornment] **halsstarrig** *adj* (*pej*) obstinate, stubborn **Halsstarrigkeit** <-> *f kein pl* (*pej*) obstinacy *no pl*, stubbornness *no pl* **Halstuch** *nt* scarf, cravat, neckerchief **Hals- und Beinbruch** *interj* good luck!, break a leg! **Halsweh** *nt s.* Halsschmerzen **Halsweite** *f* neck size **Halswirbel** *m* ANAT cervical vertebra

halt¹ *interj* MIL halt!

halt² *adv* DIAL (*eben*) just, simply; ***du musst es ~ noch mal machen*** you'll just have to do it again

Halt <-[e]s, -e> *m* ① (*Stütze*) hold; **jdm/einer S. ~ geben** to support sb/sth; **an jdm ~/keinen ~ haben** to have support/no support from sb; **keinen ~ haben** not to be supported; **den ~ verlieren** to lose one's hold [*or* footing] ② (*inneres Gleichgewicht*) stability, security; ***sie ist sein moralischer ~*** she is his moral support ③ (*Stop*) stop; **ohne ~** without stopping; **~ machen** to stop, to pause; **vor nichts ~ machen** to stop at nothing; **vor niemandem ~ machen** to spare nobody

haltbar *adj* ① (*nicht leicht verderblich*) non-perishable; ■**~ sein** to keep; **nur begrenzt ~** perishable; **etw ~ machen** to preserve sth ② (*widerstandsfähig*) durable, hardwearing; ■**~ sein** to be durable [*or* hardwearing] ③ (*aufrechtzuerhalten*) tenable

Haltbarkeit <-> *f kein pl* ① (*Lagerfähigkeit*) shelf life ② (*Widerstandsfähigkeit*) durability **Haltbarkeitsdatum** *nt* sell-by date **Haltbarmachung** *f* preservation

Haltebügel *m* BAU securing clip **Haltegriff** *m* [grab] handle; (*an Badewanne*) bath handle [*or* rail]; (*am Gewehr*) grip; (*Riemen*) [grab] strap

halten <hielt, gehalten>

I. TRANSITIVES VERB II. INTRANSITIVES VERB
III. REFLEXIVES VERB

I. TRANSITIVES VERB

① (*fest~*) ■**[jdm] jdn/etw ~** to hold sb/sth [for sb] ② (*zum Bleiben veranlassen*) ■**jdn ~** to stop sb; ■**jdn irgendwo ~** to keep sb somewhere; ***warum bleibst du noch bei dieser Firma, was hält dich noch da?*** why do you stay with the firm, what's keeping you there? ③ (*in eine bestimmte Position bringen*) ■**etw irgendwohin/irgendwie ~** to put sth somewhere/in a certain position; ***er hielt den Arm in die Höhe*** he put his hand up ④ (*tragen, stützen*) ■**etw ~** to hold sth ⑤ (*zurück~*) ■**etw ~** to hold [*or* retain] sth; ***das Ventil konnte den Überdruck nicht mehr ~*** the valve could no longer contain the excess pressure ⑥ SPORT ■**etw ~** to save sth; ***der Tormann konnte den Ball nicht ~*** the goalkeeper couldn't stop the ball ⑦ (*angestellt haben*) ■**[sich** *dat*] **jdn ~** to employ [*or* have] sb; ■**[sich** *dat*] **etw ~** to keep sth; ***er hält sich ein Privatflugzeug, eine Segeljacht und ein Rennpferd*** he keeps a private aircraft, a yacht and a racehorse ⑧ (*behandeln*) ■**jdn irgendwie ~** to treat sb in a certain way; ***er hält seine Kinder sehr streng*** he is very strict with his children ⑨ (*weiter innehaben*) ■**etw ~** to hold on to sth; ***hoffentlich kann ich den Weltrekord noch ~*** hopefully I can still hold on to the world record; *s. a.* **Kurs, Melodie** ⑩ (*verteidigen*) ■**etw [gegen jdn] ~** to hold sth [in the face of sb]; ***die Verteidiger hielten ihre Stellungen weiterhin*** the defenders continued to hold their positions ⑪ (*in einem Zustand er~*) ■**etw irgendwie ~** to keep sth in a certain condition; ***die Fußböden hält sie immer peinlich sauber*** she always keeps the floors scrupulously clean; *s. a.* **besetzt** ⑫ (*handhaben*) ■**es [mit etw] irgendwie ~** to do sth in a certain way; ***wir ~ es ähnlich*** we do things in a similar way ⑬ (*gestalten*) ■**etw in etw** *dat* **~** to be done in sth; ***das Haus war innen und außen ganz in Weiß gehalten*** the house was completely white inside and out ⑭ (*ab~*) ■**etw ~** to give sth; ***er hielt eine kurze Rede*** he made a short speech; *s. a.* **Wache** ⑮ (*einhalten, erfüllen*) ■**etw ~** to keep sth; ***der Film hält nicht, was der Titel verspricht*** the film doesn't live up to its title ► WENDUNGEN: **nicht zu ~ sein** not to be able to stop sb; ***wenn sie etwas von Sahnetorte hört, ist sie nicht mehr zu ~*** if she hears cream gateau mentioned there's no holding her!; **das kannst du ~, wie du willst** that's completely up to you; **etwas/nichts/viel davon ~, etw zu tun** to think sth/nothing/a lot of doing sth; **jdn/etw für jdn/etw ~** to take sb/sth for sb/sth; ***ich habe ihn für seinen Bruder gehalten*** I mistook him for his brother; ***das halte ich nicht für möglich*** I don't think that's possible; **es [mehr/lieber/eher] mit jdm/etw ~** to like [*or* prefer] sb/sth; **etw von jdm/etw ~** to think sth of sb/sth; ***vom Sparen hält er scheinbar nicht viel*** he doesn't appear to think much of saving; **wofür ~ Sie mich?** who do you take me for!

II. INTRANSITIVES VERB

① (*fest~*) to hold; ***kannst du mal 'n Moment ~?*** can you hold that for a second? ② (*haltbar sein*) to keep [*or* last]; ***wie lange hält der Fisch noch?***

how much longer will the fish keep? ❸ [*stehenbleiben, anhalten*] to stop; ~ ***Sie bitte an der Ecke!*** stop at the corner, please; **etw zum H~ bringen** to bring sth to a stop [*or* standstill] ❹ SPORT to make a save; ***unser Tormann hat heute wieder großartig gehalten*** our goalkeeper made some great saves today ❺ [*zielen*] ■ **[mit etw] irgendwohin** ~ to aim at sth [with sth]; ***Sie müssen mit dem Bogen mehr nach links*** ~ you must aim the bow more to the left ▶ WENDUNGEN: **an sich** *akk* ~ to control oneself; ***ich musste an mich ~, um nicht zu lachen*** I had to force myself not to laugh; **auf etw** *akk* ~ to attach a lot of importance to sth; **auf sich** *akk* ~ to take [a] pride in oneself; **zu jdm** ~ to stand [*or* stick] by sb; **halt mal, ...** hang [*or* hold] on, ...

III. REFLEXIVES VERB

❶ [*sich festhalten*] ■ **sich an etw** *dat* ~ to hold on to sth ❷ [*nicht verderben*] ■ **sich** ~ to keep [*or* last]; ***im Kühlschrank hält sich Milch gut drei Tage*** milk keeps for a good three days in the fridge ❸ METEO [*konstant bleiben*] ■ **sich** ~ to last; ***manchmal kann der Nebel sich bis in die späten Vormittagsstunden*** ~ sometimes the fog can last until the late morning ❹ [*eine Richtung beibehalten*] ■ **sich irgendwo/nach ...** ~ to keep to somewhere/heading towards ...; ~ ***Sie sich immer in dieser Richtung*** keep going in this direction ❺ [*sich richten nach*] ■ **sich an etw** *akk* ~ to keep [*or* stick] to sth; ***ich halte mich immer an die Vorschriften*** I always stick to the rules ❻ [*haften*] ■ **sich** ~ to linger ❼ [*sich behaupten*] ■ **sich [noch] [mit etw]** ~ to prevail [with sth]; ***trotz der hauchdünnen Mehrheit hielt sich die Regierung noch über ein Jahr*** despite its wafer-thin majority the government lasted [*or* kept going for] over a year ❽ [*eine bestimmte Haltung haben*] ■ **sich irgendwie** ~ to carry [*or* hold] oneself in a certain manner; ***es ist nicht leicht, sich im Gleichgewicht zu*** ~ it's not easy to keep one's balance ▶ WENDUNGEN: **sich gut gehalten haben** (*fam*) to have worn well *fam*; ***für seine 50 Jahre hat er sich gut gehalten*** he has worn well for a 50-year-old; **sich gut/besser** ~ to do well/better; **sich nicht** ~ **können** not to be able to control oneself; **sich an etw** *akk* ~ (*befolgen*) to keep [*or* stick] to sth; (*bei etw bleiben*) to stay with [*or* stick to] sth; ***ich halte mich lieber an Mineralwasser*** I prefer to stay with mineral water; **sich an jdn** ~ (*sich wenden*) to refer to sb; (*sich richten nach*) to stay [*or* stick] with sb; **sich für jdn/etw** ~ to think one is sb/sth; ***er hält sich für besonders klug*** he thinks he's really clever

Halteplatz *m* stop; *für Taxis* taxi rank, taxi [*or* AM *a.* cab] stand **Haltepunkt** *m* stop

Halter <-s, -> *m* holder

Halter(in) <-s, -> *m(f)* ❶ AUTO [registered] keeper BRIT, owner ❷ (*Tier~*) owner

Halterhaftung *f* JUR liability of the registered user of a vehicle

Halterung <-, -en> *f* mounting, support

Halteschild *nt* stop sign **Halteschlaufe** *f* (*im Bus*) [hanging] strap; (*im Auto a.*) assist strap **Haltestelle** *f* stop **Halteverbot** *nt* ❶ *kein pl* no stopping; **hier ist** ~ this is a no stopping area; **im** ~ **parken** [*o* **stehen**] [*o* **halten**] to park [*or* wait] [*or* stop] in a no stopping area ❷ (*Verkehr*) **absolutes** [*o* **uneingeschränktes**] ~ strictly no stopping; **eingeschränktes** ~ limited waiting **Haltever-bot(s)schild** *nt* "no stopping" sign

haltlos *adj* ❶ (*labil*) weak; *Mensch* unsteady, unstable ❷ (*unbegründet*) groundless, unfounded

Haltlosigkeit <-> *f kein pl* ❶ (*Labilität*) instability ❷ (*Unbegründetheit*) groundlessness

Haltung¹ <-, -en> *f* ❶ (*Körperhaltung*) posture; *bes* SPORT (*typische Stellung*) stance, style; ***für schlechte ~ wurden ihr Punkte abgezogen*** she lost marks for poor stance ❷ (*Einstellung*) attitude ❸ *kein pl* (*Verhalten*) manner, behaviour [*or* AM -or], conduct ▶ WENDUNGEN: ~ **bewahren** to keep one's composure; ~ **annehmen** MIL to stand to [*or* at] attention

Haltung² <-> *f kein pl* keeping; ***der Mietvertrag untersagt die ~ von Haustieren*** the tenancy agreement forbids the keeping of pets

Haltungsfehler *m* bad posture **Haltungsschaden** *m* damaged posture

Halunke <-n, -n> *m* ❶ (*pej: Gauner*) scoundrel ❷ (*hum: Schlingel*) rascal

Hämatom <-s, -e> *nt* haematoma BRIT, AM hematoma

Hamburg <-s> *nt* Hamburg

Hamburger¹ <-s, -> *m* hamburger

Hamburger² *adj attr* Hamburg; ***Blankenese ist ein nobler ~ Stadtteil*** Blankenese is a posh Hamburg suburb

Hamburger(in) <-s, -> *m(f)* native of Hamburg

Häme <-> *f kein pl* malice

hämisch **I.** *adj* malicious, spiteful **II.** *adv* maliciously

Hämmchen <-s, -> *nt* KOCHK cured knuckle of pork

Hammel <-s, – *o selten* Hämmel> *m* ❶ (*kastrierter Schafbock*) wether ❷ *kein pl* (*~fleisch*) mutton ❸ (*pej: Dummkopf*) idiot, ass *pej*

Hammelbeine *pl* ▶ WENDUNGEN: **jdm die ~ langziehen** (*fam*) to give sb a good telling off [*or* dressing down]; **jdn bei den ~n kriegen** [*o* **nehmen**] (*fam*) to take sb to task **Hammelbraten** *m* roast mutton **Hammelfleisch** *nt* mutton **Hammelherde** *f* flock of wethers [*or* rams]; **wie eine ~ herumlaufen** (*pej*) to walk around like a flock of sheep **Hammelkeule** *f* leg of mutton **Hammelkotelett** *nt* mutton chop **Hammelrücken** *m* saddle of mutton **Hammelsprung** *m* POL division

Hammer <-s, Hämmer> *m* ❶ (*Werkzeug*) hammer ❷ SPORT (*Wurfgerät*) hammer ❸ ANAT hammer, malleus ❹ MUS hammer ❺ (*sl: schwerer Fehler*) howler, AM *esp* major error, clanger BRIT ❻ (*Unverschämtheit*) outrageous thing ▶ WENDUNGEN: **zwischen Amboss und ~ geraten** to be under attack from both sides; ~ **und Sichel** hammer and sickle; **du hast einen ~!** (*sl*) you must be round the bend! BRIT *sl*, you must be off your rocker! AM *sl*; **das ist ein ~!** (*sl*) that's fantastic!; **ein ~ sein** (*sl*) to be absurd; ***diese Unterstellung ist ja ein dicker ~!*** this insinuation is really absurd!; **unter den ~ kommen** (*fam*) to come under the hammer *fam*

Hämmerchen <-s, -> *nt dim von* **Hammer** small hammer

Hammerhai *m* ZOOL hammerhead [shark]

hämmern **I.** *vi* ❶ (*mit dem Hammer arbeiten*) to hammer, to forge; ■ **das H~** hammering ❷ (*wie mit einem Hammer schlagen*) to hammer, to pound ❸ (*wie Hammerschläge ertönen*) to make a hammering noise ❹ (*fam: auf dem Klavier spielen*) to hammer away at the piano; ■ **auf etw** *dat* ~ to hammer on sth ❺ (*rasch pulsieren*) to pound **II.** *vt* ❶ (*mit dem Hammer bearbeiten*) ■ **etw** ~ to hammer sth ❷ (*wiederholt schlagen*) ■ **jdm etw auf etw** *akk* ~ to pound a part of sb's body with sth; **jdm etw ins Bewusstsein** ~ to hammer [*or* knock] sth into sb's head

Hammerschlag *m* hammer blow **Hammerstiel** *m* shaft [*or* handle] of a hammer **Hammerwerfen** <-s> *nt kein pl* hammer-throwing **Hammerwerfer(in)** <-s, -> *m(f)* hammer-thrower **Hammerzehe** *f* MED hammertoe

Hammondorgel ['hɛmənd] *f* hammond organ

Hämoglobin <-s> *nt kein pl* haemoglobin BRIT, AM hemoglobin

Hämolyse <-, -n> *f* MED (*Auflösung roter Blutkörperchen*) haemolysis BRIT, AM hemolysis

Hämophilie <-, -n> [-'liːən] *f* haemophilia BRIT, AM hemophilia

Hämorride <-, -n> *f*, **Hämorrhoide** <-, -n> *f meist pl* haemorrhoids *pl* BRIT, hemorrhoids *pl* AM

Hampelmann <-männer> *m* ❶ (*Spielzeug*) jumping jack ❷ (*pej fam: labiler Mensch*) gutless person, spineless creature, puppet; ***ich bin doch nicht dein ~!*** I'm not your puppet!; **jdn zu einem ~ machen, aus jdm einen ~ machen** to make sb sb's puppet

hampeln *vi* (*fam*) to fidget

Hamster <-s, -> *m* hamster

Hamsterbacken *pl* (*fam*) chubby cheeks *fam*

Hamsterer, Hamsterin <-s, -> *m, f* (*fam*) hoarder

Hamsterkauf *m* panic-buying; **Hamsterkäufe machen** to panic-buy

hamstern *vt, vi* to hoard; ■ **[etw]** ~ to panic-buy [sth]

Hand <-, Hände> *f* ❶ ANAT hand; **die ~ zur Faust ballen** to clench one's fist; **die Hände in die Seiten stemmen** to put one's hands on one's hips; **eine ~/zwei Hände breit** six inches/a foot wide; ***es ist nur noch etwa eine ~ breit Wein im Fass*** there's only about six inches of wine left in the barrel; **mit der flachen ~** with the flat of one's hand; **Hände hoch!** hands up!; **eine hohle ~ machen** to cup one's hands; **aus der hohlen ~** from one's cupped hands; ***sie tranken an der Quelle aus der hohlen ~*** they drank at the spring from their cupped hands; **linker/rechter ~** on the left/right; ***links liegt der See, der Gutshof liegt rechter ~*** the lake is on the left and the estate on the right; **zur linken/rechten ~** on the left-hand/right-hand side; ***zur linken ~ sehen Sie das Rathaus*** on the left-hand side you can see the town hall; **eine ruhige/sichere ~** a steady hand; **mit sanfter ~** with a gentle hand; ***sie versteht es, ihre Abteilung mit sanfter ~ zu führen*** she knows how to run her department with a calm hand; **jdm die ~ drücken** [*o* **schütteln**] to shake sb's hand; **jdm etw in die ~ drücken** to press sth into sb's hand; **jdm die ~ geben** [*o geh* **reichen**] to shake sb's hand; **etw in Händen halten** (*geh*) to have sth in one's hands; ***das ist ein interessantes Buch, das Sie da gerade in Händen halten*** that's an interesting book that you've got there at the moment; **jdn an der** [*o* **bei der**] **~ haben** [*o* **nehmen**] [*o* **fassen**] to take hold of sb's hand; **etw aus der ~ essen** to eat sth out of one's hand; **in die Hände klatschen** to applaud [*or* clap]; **jdm die ~ küssen** to kiss sb's hand; **etw aus der ~ legen** to put down sth *sep*; ***lege jetzt die Zeitung aus der ~, wir frühstücken!*** put the paper down now, we're having breakfast; **jdm die ~ auflegen** to lay one's hand on sb; ***Jesus hat Kranke geheilt, indem er ihnen die ~ auflegte*** Jesus healed the sick by laying his hands on them; **etw in die ~ nehmen** to pick up sth *sep*; ***er nimmt niemals ein Buch in die ~*** he never picks up a book; (*sich darum kümmern*) to attend to sth; ***lass mich die Sache mal in die ~ nehmen*** let me take care of the matter; **jdm etw aus der ~ nehmen** to take sth from [*or* off] sb, to take sth out of sb's hand; ***sie nahm ihrem Kind das Messer aus der ~*** she took the knife away from her child; ***der Fall ist dem Richter aus der ~ genommen worden*** the judge has been relieved of the case; **sich** *dat* **die Hände reiben** to rub one's hands [together]; **jdm die ~ reichen** [*o geh* **bieten**] to give sb one's hand; ***sie reichten sich zur Begrüßung die Hände*** they greeted each other by shaking hands; **jdm etw aus der ~ schlagen** to knock sth out of sb's hand; **Hände weg!** hands off!; **die ~ nicht vor den Augen sehen können** not to be able to see one's hand in front of one's face ❷ *kein pl* SPORT (*~spiel*) handball; ***der Schiedsrichter erkannte auf ~*** the referee blew for handball ❸ (*Besitz, Obhut*) hands; ***der Besitz gelangte in fremde Hände*** the property passed into foreign hands ❹ POL **die öffentliche ~** (*der Staat*) [central] government; (*die Gemeinde*) local government; ***das Vorhaben wird durch die öffentliche ~ finanziert*** the project is being financed by the public sector ▶ WENDUNGEN: **mit seiner Hände Arbeit** with one's own hands; ***die Firma hat er mit seiner Hände Arbeit aufgebaut*** he built the firm up with his own hands; **seine Hände mit Blut beflecken** (*geh*) to have blood on one's hands; **für jdn/etw seine** [*o* **die**] **~ ins Feuer legen** (*fam*) to vouch for sb/sth; **~ und Fuß haben** to be purposeful; **weder ~ noch Fuß haben** to have no rhyme or reason, to make no sense; ***dieser***

Plan hat weder ~ noch Fuß there's no rhyme or reason to this plan; **mit Händen und Füßen** (*fam*) tooth and nail; ***gegen diese Pläne werde ich mich mit Händen und Füßen wehren*** I will fight these plans tooth and nail; **~ aufs Herz!** (*fam*) cross your heart, word of honour [*or* honor] AM; ***~ aufs Herz, hast du wirklich nichts davon gewusst?*** give me your word of honour, did you really know nothing about it?; **die Hände überm Kopf zusammenschlagen** to throw one's hands up in amazement; ***wenn man sieht, wie sie sich benimmt, kann man nur noch die Hände überm Kopf zusammenschlagen*** when you see how she behaves you can only throw your hands up in amazement [*or* horror]; **von der ~ in den Mund leben** to live from hand to mouth; **die Hände in den Schoß legen** to sit back and do nothing; **[bei etw] die [*o* seine] Hände im Spiel haben** to have a hand in sth; ***dieser Geschäftemacher hat überall seine ~ im Spiel!*** this wheeler dealer has his finger in every pie; **seine Hände in Unschuld waschen** to wash one's hands of a matter; ***ich hatte damit nichts zu tun, ich wasche meine Hände in Unschuld!*** I had nothing to do with it, I wash my hands of the matter; **bei jdm [mit etw] in besten Händen sein** to be in safe hands with sb [regarding sth]; ***bei ihr sind Sie damit in besten Händen*** you're in safe hands with her as far as that is concerned; **mit der bloßen ~** with one's bare hands; **aus erster/zweiter ~** first-hand/second-hand; ***Informationen aus zweiter ~ sind meist wenig verlässlich*** second-hand information is in most cases unreliable; (*vom ersten/zweiten Eigentümer*) with one/two previous owner[s]; ***er kauft Gebrauchtwagen, aber nur aus erster ~*** he buys second-hand cars but only with one previous owner; **in festen Händen sein** (*fam*) to be spoken for; ***bei der kannst du nicht mehr landen, die ist schon in festen Händen*** you won't get anywhere with her, she's already spoken for; **fleißige Hände** hard workers; **freie ~ haben** [*o* **jdm freie ~ lassen**] a free hand [*or* to give sb a free hand]; ***bei der Regelung dieser Angelegenheit will Ihnen unser Konzern freie ~ lassen*** our company will give you free reign in settling this matter; **von fremder ~** from a stranger; ***die Unterschrift stammt von fremder ~*** this is a stranger's signature; **in fremde Hände übergehen** to change hands; **bei etw eine glückliche ~ haben** to have the Midas touch with sth; ***sie hat bei all ihren Geschäftsabschlüssen immer eine glückliche ~ gehabt*** she has always had the Midas touch in all of her business deals; **von langer ~** well in advance; ***der Bankraub muss von langer ~ geplant gewesen sein*** the bank robbery must have been planned well in advance; **mit leeren Händen** empty-handed; **eine leitende** [*o* **lenkende**] **~** a guiding hand; **letzte ~ an etw** *akk* **legen** to put the finishing touches to sth; **eine lockere ~ haben** (*fam*) to let fly at the slighest provocation *fam;* ***gib ihn ja keine Widerworte, du weißt, er hat eine lockere ~!*** don't contradict him, you know he likes to let fly; **aus** [*o* **von**] **privater ~** privately; ***haben Sie den Leuchter aus einem Antiquitätengeschäft? — nein, aus privater ~*** did you get the candelabra from an antique shop? — no, from a private individual; **jds rechte ~ sein** to be sb's right-hand man; **mit etw schnell** [*o* **flink**] [*o* **gleich**] **bei der ~ sein** (*fam*) to be quick to do sth concerning sth; ***sie ist mit abfälligen Bemerkungen schnell bei der ~*** she's quick to make disparaging remarks; **eine starke** [*o* **feste**] **~** a firm hand; **jdm etw zu treuen Händen übergeben** to give sth to sb for safekeeping, to entrust sth to sb; **alle Hände voll zu tun haben** to have one's hands full; **mit vollen Händen** excessively, plentifully, lavishly; ***er gab das Geld mit vollen Händen aus*** he spent his money left, right and centre [*or* center] AM; ***sie verteilte das Geld mit vollen Händen unter den Bedürftigen*** she gave generously to the needy; **hinter vorgehaltener ~** in confidence; ***man erzählt sich hinter vorgehaltener ~ davon*** people are telling each other about it in confidence; **jdm/einer S. in die ~ arbeiten** to play into sb's hands/the hands of sth; **jdm in die Hände** [*o* **in jds Hände**] **fallen** to fall into sb's hands, to come across sth; ***schaut mal, was mir zufällig in die Hände gefallen ist!*** look what I came across by chance; **jdm aus der ~ fressen** (*fam*) to eat out of sb's hand; **jdm sind die Hände gebunden, jds Hände sind gebunden** sb's hands are tied; ***ich würde dir gerne helfen, aber meine Hände sind gebunden*** I would like to help you, but my hands are tied; **jdm zur** [*o* **an die**] **~ gehen** to lend sb a [helping] hand; **durch jds Hände** [*o* **~**] **gehen** to pass through sb's hands; **jdm ... von der ~ gehen** to be...for sb; ***am Computer gehen einem viele Textarbeiten leicht von der ~*** working with texts is easy on a computer; **[mit etw] ~ in ~ gehen** to go hand in hand [with sth]; ***das Ansteigen der Massenarbeitslosigkeit geht mit der Rezession ~ in ~*** the rise in mass unemployment goes hand in hand with the recession; **von ~ zu ~ gehen** to pass from hand to hand; **in jds Hände übergehen** to pass into sb's hands; **jdm etw auf die ~ geben** to promise sb sth faithfully; **etw aus der ~ geben** to let sth out of one's hands; ***Bücher gebe ich nicht aus der ~*** I don't lend people books; ***sie musste vorübergehend die Konzernleitung aus der ~ geben*** she had to relinquish the management of the group temporarily; **mit Händen zu greifen sein** to be as plain as the nose on your face [*or* BRIT as a pikestaff] *fam;* **die ~ auf etw** *akk* **halten** (*fam*) to keep a tight rein on sth; **um jds ~ anhalten** (*geh*) to ask for sb's hand in marriage *form;* **die** [*o* **seine** [**schützende**]] **~ über jdn halten** (*geh*) to protect sb; **die** [*o* **seine**] **~ hinhalten** [*o* **aufhalten**] (*fam*) to hold out one's hand [for money]; **jdn [für etw] an der ~ haben** (*fam*) to have sb on hand [for sth]; ***für Autoreparaturen habe ich jdn an der ~*** I've got someone on hand who can fix cars; **etw bei der** [*o* **zur**] **~ haben** to have sth to hand; ***ich möchte zu gerne wissen, welche Erklärung er diesmal bei der ~ hat!*** I'd like to know what explanation he's got to hand this time!; **etw in der ~ haben** to have sth in one's hands; ***ich habe diese Entscheidung nicht in der ~*** this decision is not in my hands; **etw gegen jdn in der ~ haben** to have sth on sb; ***die Staatsanwaltschaft hat gegen den Konzern nicht genügend Beweise in der ~*** the state prosecution didn't have sufficient evidence on the company; **jdn [fest] in der ~ haben** to have sb [well] in hand; **in jds Händen sein** to be in sb's hands; ***die Geiseln sind in den Händen der Terroristen*** the hostages are in the hands of the terrorists; ***der Vertrag wird morgen in Ihren Händen sein*** the contract will be in your hands tomorrow; **[bei jdm] in ... Händen sein** to be in...hands [with sb]; ***sie wird bei Ihnen in guten Händen sein*** she will be in good hands with you; ***bei uns ist Ihr Wagen in den richtigen Händen*** your car is in the right hands with us; **zur ~ sein** to be at hand; ***der Brief ist gerade nicht zur Hand*** the letter is not at hand at the moment; **jdn/etw in die ~** [*o* **Hände**] **kriegen** [*o* **bekommen**] to get one's hands on sb/sth; ***als Zollbeamter kriegt man so manche Waffe in die ~*** customs officers come across quite a few weapons in their job; **[bei etw] mit ~ anlegen** to lend a hand [with sth]; **~ an sich** *akk* **legen** (*geh*) to kill oneself; **[klar] auf der ~ liegen** (*fam*) to be [perfectly] obvious; **in jds ~ liegen** [*o* **sein**] (*geh*) to be in sb's hands; ***mein Schicksal liegt in Gottes ~*** my fate lies in God's hands; **jdm [etw] aus der ~ lesen** to read [sth] from sb's hand; ***die Wahrsagerin las ihm aus der ~*** the fortuneteller read his palm; **etw [alleine/selber] in die [eigene] ~ nehmen** to take sth in hand [oneself] [*or* into one's own hands]; ***ich muss die Sache selber in die ~ nehmen*** I'm going to have to take the matter into my own hands; **etw zur ~ nehmen** (*geh*) to pick up sth *sep;* ***nach dem Essen nahm er die Zeitung zur ~*** after the meal he picked up the paper; **sich** [*o geh* **einander**] **die Hände reichen können** to be two of a kind; ***was Schusseligkeit angeht, können die beiden sich die Hände reichen*** when it comes to be clumsy they're two of a kind; **sich die ~ reichen können** great; ***ach, du hältst das auch für das Beste? dann können wir uns ja die Hände reichen, ich nämlich auch!*** oh, you think that's for the best? well, great, so do I!; **keine ~ rühren** not to lift a finger; ***ich arbeite mich halb zu Tode, und er sitzt da und rührt keine ~*** I'm working myself half to death and he just sits there and doesn't lift a finger!; **die ~ ausrutschen** (*fam*) not to be able to resist slapping sb; ***wenn er gar zu frech ist, kann ihr schon mal die ~ ausrutschen*** if he gets too cheeky sometimes she can't resist slapping him; **jdm etw in die ~** [*o* **Hände**] **spielen** to pass sth on to sb; ***der Verräter spielte ihnen diese Unterlagen in die Hände*** the traitor passed these documents on to them; **in die Hände spucken** to roll up one's sleeves *sep;* ***so, jetzt heißt es in die Hände gespuckt und frisch an die Arbeit gegangen!*** okay, let's roll up our sleeves and get cracking!; **jdm unter der ~** [*o* **den Händen**] **wegsterben** to die while under sb's care; ***der Patient starb den Chirurgen unter den Händen weg*** the patient died while under the surgeons' care; **jdn auf Händen tragen** to fulfil [*or* AM fulfill] sb's every wish; **jdm etw in die ~ sprechen** to promise sb sth; **eine ~ wäscht die andere** you scratch my back I'll scratch yours; **sich nicht von der ~ weisen lassen, nicht von der ~ zu weisen sein** not to be able to deny sth; ***dieses Argument hat etwas für sich, es lässt sich nicht von der ~ weisen*** there's something in this argument, there's no denying it; ***die Erklärung klingt plausibel, sie ist also nicht von der ~ zu weisen*** the explanation sounds plausible, there's no getting away from it; **es ist nicht von der ~ zu weisen, dass** there's no getting away from the fact that; ***es ist nicht von der ~ zu weisen, dass die Verhandlungen in einer Sackgasse angelangt sind*** there's no getting away from the fact that the negotiations have reached an impass; **jdm unter den Händen zerrinnen** [*o* **wegschmelzen**] to slip through sb's fingers; **jdm zuckt es in der ~** sb's itching to hit sb; **an ~ einer S.** *gen* with the aid of; ***sie erklärte die Aufgabe an ~ eines Beispiels*** she explained the task with the aid of an example; **[bar] auf die ~** (*fam*) cash in hand; ***das Bestechungsgeld wurde ihm bar auf die ~ gezahlt*** the bribe was paid to him in cash; ***ich will die 10000 Mark aber auf die ~*** I want the 10,000 marks in cash; **aus der ~** offhand; ***aus der ~ weiß ich auch keine Antwort*** I don't know the answer offhand either; ***als Lehrerin muss man in der Lage sein, Schülern etwas aus der ~ erklären zu können*** as a teacher you have to be able to explain something to pupils straight off the bat; **~ in ~** hand in hand; ***sie gingen ~ in ~ spazieren*** they went for a walk hand in hand; **unter der ~** secretly, on the quiet *fam;* **etw unter der ~ erfahren** to hear sth through the grapevine; **von ~** by hand; **ein von ~ geschriebener Lebenslauf** a handwritten curriculum vitae; **von jds ~** (*geh*) at sb's hand *form;* **von jds ~ sterben** to die at sb's hand; **zu jds Händen, zu Händen von jdm** for the attention of sb, attn:; ***„An Fa. Duss & Dümmler GmbH & Co KG, zu Händen von Herrn Weissner"*** Duss & Dümmler GmbH & Co. KG. Attn: Mr. Weissner

Handakte *f* JUR reference file **Handapparat** *m* reference books **Handarbeit** *f* ❶ (*von Hand gefertigter Gegenstand*) handicraft, handiwork; **~ sein** to be handmade, to be made by hand; **in ~** by hand ❷ *kein pl* (*körperliche Arbeit*) manual labour [*or* AM -or] ❸ (*Nähen, Stricken etc*) sewing and knitting; ***neben dem Fernsehen mache ich immer irgendwelche ~en*** I always sew or knit in front of the television; SCH needlework; (*Gegenstand*) needlework **Handarbeiten** *nt kein pl* needlework **Handaufheben** <-s> *nt kein pl* show of hands; **durch ~** by a show of hands; ***abgestimmt wird durch ~*** voting takes place by a show of hands **Handauflegen**

<-s> *nt*, **Handauflegung** <-> *f kein pl* laying on of hands; **durch ~** by the laying on of hands **Handball** *m o fam nt* SPORT ❶ *kein pl* (*Spiel*) handball; *spielen* to play handball ❷ (*Ball*) handball **Handballen** *m* ball of the thumb **Handballer(in)** <-s, -> *m(f)* (*fam*) *s.* Handballspieler **Handballspiel** *nt* SPORT ❶ (*Spiel*) game of handball ❷ *kein pl* (*Sportart*) handball **Handballspieler(in)** *m(f)* handball player **Handbedienung** *f* manual operation; **mit ~** hand-operated **Handbetrieb** *m kein pl* manual operation **Handbewegung** *f* movement of the hand, motion, gesture; **eine ~ machen** to move one's hand **Handbibliothek** *f* reference library **Handbohrer** *m* gimlet **Handbrause** *f* hand shower **handbreit** I. *adj* a few centimetres [*or* AM -ers] wide II. *adv* a few centimetres [*or* AM -ers]; ***die Tür ließ sich nur ~ öffnen*** the door could only be opened a few centimetres **Handbreit** <-, -> *f* a few centimetres; ***das Wasser im Keller stand zwei ~ hoch*** there was a foot of water in the cellar **Handbremse** *f* handbrake **Handbremshebel** *m* AUTO hand brake lever **Handbuch** *nt* handbook, manual, guide, textbook

Händchen <-s, -> *nt dim von* **Hand** little hand; **~ geben** to shake hands; **für etw ein ~ haben** (*fam*) to have a knack for sth *fam*; **~ halten** (*fam*) to hold hands; **~ haltend** holding hands

Handcreme [kre:m] *f* hand cream **Handdiktiergerät** *nt* hand-held dictating machine

Händedruck <-drücke> *m* ❶ *kein pl* (*jds Art, jdm die Hand zu geben*) handshake; ***Sie haben aber einen kräftigen ~!*** you really have a firm handshake ❷ (*Handschlag*) handshake; ***die Gäste wurden jeweils mit ~ begrüßt*** each of the guests was greeted with a handshake ▶ WENDUNGEN: **nur einen warmen ~ bekommen** (*fam*) to get just a pat on the back *fam* **Händeklatschen** *nt* applause *no pl*, clapping *no pl*

Händel *pl* (*geh*) quarrel; **mit jdm ~ haben** to quarrel with sb

Handel[1] <-s> *m kein pl* ❶ (*Wirtschaftszweig der Händler*) commerce ❷ ÖKON (*Warenverkehr*) trade; **freier ~** free trade; **den ~ aussetzen** BÖRSE to discontinue trade; **den ~ behindern** to intercept trade ❸ (*fam: Abmachung, Geschäft*) deal, transaction; ***auf so einen unsicheren ~ würde ich mich nicht einlassen*** I wouldn't let myself in for such a risky deal ❹ (*das Handeln*) dealing, trading; ■ **der ~ mit etw** dealing [*or* trading] in sth; ***der ~ mit Drogen ist illegal*** drug trafficking is illegal; **[mit jdm/etw] ~ treiben** [*o* **betreiben**] to do business [with sb], to trade [in sb/sth] ❺ (*Laden*) business; **etw in den ~ bringen** to put sth on the market; **im ~ sein** to be on the market; **etw aus dem ~ ziehen** to take sth off the market

Handel[2] <-s, Händel> *m meist pl* argument, quarrel

händeln *vt* (*fam*) ■ **jdn/etw ~** to handle sb/sth

handeln I. *vi* ❶ (*kaufen und verkaufen*) ■ **mit/in etw** *dat* **~** to trade with/in sth; ***sie hat einen Laden, in dem sie mit Bioprodukten handelt*** she owns a shop selling natural foods; ***er soll mit Drogen gehandelt haben*** he is supposed to have been trafficking drugs; ■ **mit jdm ~** to trade in sb; ***die alten Ägypter haben mit Ländern des gesamten Mittelmeerraumes gehandelt*** the ancient Egyptians traded with countries throughout the Mediterranean area; ***im Orient soll immer noch mit Frauen gehandelt werden*** the Orient is still supposed to trade in women ❷ (*feilschen*) ■ **[um etw] ~** to haggle [over sth]; ***auf dem Basar wird um den Preis der Ware lange gehandelt*** a lot of haggling goes on at the bazaar over the price of goods; ***es ist immer peinlich, mit einem Verkäufer zu ~*** it's always embarrassing to haggle with a salesman; **mit sich [über etw** *akk*] **~ lassen** to be prepared to negotiate [sth]; ***wenn Sie alles nehmen, lasse ich auch noch mit mir über einen Rabatt ~*** if you take everything I'm prepared to negotiate a discount; ***über den Preis lasse ich nicht mit mir ~*** the price is not open to negotiation; ***meine Entscheidung steht, da lasse ich nicht mit mir ~*** my decision stands, I'm not open to any suggestions ❸ (*agieren*) to act; ***wir müssen ~, ehe es zu spät ist*** we must act before it is too late; ***er ist ein schnell ~der Mensch*** he is a quick-acting person; ■ **irgendwie ~** to act in a certain manner; ***die Regierung hätte entschlossener ~ müssen*** the government should have acted in a more decisive manner; ■ **aus etw ~** to act out of sth; ***die Frau handelte aus purer Eifersucht*** the woman acted out of pure jealousy; **rechtswidrig ~** to act illegally ❹ (*geh: sich verhalten*) ■ **irgendwie [an jdm/gegen jdn] ~** to act [*or* behave] [towards sb] in a certain manner; ***wie konntest du so übel an ihr ~*** how could you behave so badly towards her; ***sie hat barmherzig gegen ihn gehandelt*** she acted in a compassionate way towards him ❺ (*befassen*) ■ **von etw** *dat*/**über etw** *akk* **~** to be about sth, to deal with sth; ***der Zeitungsartikel handelte von dem Streik*** the newspaper article dealt with the strike; ***ein neues Buch? über was handelt es?*** a new book? what's it about? II. *vr impers* ❶ (*etw Bestimmtes sein*) ■ **sich um jdn/etw ~** to be a matter of sth, to concern sb/sth; ***hoffentlich ist Ihnen klar, dass es sich hier um etwas sehr Ernstes handelt*** hopefully you appreciate that something very serious is involved here; ***es handelt sich bei diesen angeblichen UFOs um optische Täuschungen*** these alleged UFOs are simply optical illusions; ***die Polizei vermutet, dass es sich nicht um Selbstmord handelt*** the police suspect that it was not suicide; ***bei den Tätern soll es sich um Angehörige einer Terrorgruppe ~*** the culprits are said to be members of a terrorist group ❷ (*betreffen*) ■ **sich um etw ~** to be about sth, to concern sth; ***worum handelt es sich, bitte?*** what's it about, please?; ***es handelt sich um einige Beobachtungen, die ich gemacht habe*** it's about some observations that I have made; ■ **sich darum ~, dass** to be a matter of; ***es handelt sich jetzt darum, dass wir die veranschlagten Kosten reduzieren*** it's a matter now of reducing the estimated costs ❸ (*darauf ankommen*) ■ **sich darum ~, etw zu tun** to be a question of doing sth; ***es handelt sich einzig und allein darum, über die Runden zu kommen*** it is purely and simply a question of getting by III. *vt* ❶ (*angeboten und verkauft werden*) ■ **[für etw] gehandelt werden** to be traded [at sth]; ***Silber wird für etwa 216 DM das Kilo gehandelt*** silver is trading at 216 DM a kilo; ***an den Börsen werden Aktien gehandelt*** shares are traded on the stock exchanges ❷ (*im Gespräch sein*) ■ **als jd/für etw gehandelt werden** to be touted as sb for sth; ***er wird schon lange als Nachfolger für Dr. Schlüter gehandelt*** he has been touted for a long time as Mr. Schlüter's successor

Handeln <-s> *nt kein pl* ❶ (*Feilschen*) haggling ❷ (*das Handeltreiben*) trading; ■ **das ~ mit etw** trading sth; ***das ~ mit Drogen ist verboten*** drug trafficking drugs is against the law ❸ (*Verhalten*) behaviour [*or* AM -or] ❹ (*das Tätigwerden*) action ❺ JUR (*Tun*) acting; **~ auf eigene Gefahr** acting at one's own risk; **~ im eigenen Namen** acting in one's own name; **~ in fremdem Namen** acting in the name of another; **~ unter fremdem Namen** acting under an assumed name; **~ auf eigene Rechnung** trading on one's own account; **~ unter falschem Recht** acting under false law; **fahrlässiges/gesetzeswidriges ~** acting negligently/unlawfully

Handelnde(r) *f(m) dekl wie adj* **rechtswidrig ~** JUR tortfeasor

Handelsabgaben *pl* FIN taxes on trade **Handelsabkommen** *nt* trade agreement **Handelsakademie** *f* ÖSTERR (*höhere Handelsschule*) ≈ business school **Handelsakzept** *nt* HANDEL trade [*or* commercial] acceptance **Handelsartikel** *m s.* Handelsware **Handelsattaché** *m* commercial attaché **Handelsauskunft** *f* trade reference **Handelsauskunftei** *f* commercial information agency **Handelsbank** *f* merchant bank **Handelsbedingungen** *pl* JUR trading conditions [*or* terms] **Handelsbeschränkung** *f*, **Handelsbeeinträchtigung** *f* trade restriction; **~en einführen** [*o* **verhängen**]/**aufheben** to impose/lift restrictions **Handelsbevollmächtigte(r)** *f(m) dekl wie adj* JUR authorized signatory, commercial agent **Handelsbeziehung** *f* business [*or* trade] relationship **Handelsbeziehungen** *pl* trade relations **Handelsbilanz** *f* ÖKON balance of trade; **aktive ~** balance of trade surplus; **passive ~** balance of trade deficit **Handelsbilanzdefizit** *nt* trade balance deficit **Handelsbilanzsaldo** *m* trade balance bottom line **Handelsbilanzüberschuss**[RR] *m* FIN trade balance surplus **Handelsblock** *m* HANDEL trade bloc **Handelsblöcke** *pl* trading blocks *pl* **Handelsbrauch** *m* HANDEL commercial custom, trade use; **internationaler ~** international commercial custom **Handelsbücher** *pl* HANDEL commercial books of account **Handelsdefizit** *nt* trade deficit **Handelseinbuße** *f* HANDEL loss of trade **handelseinig, handelseins** *adj pred* to agree terms, to come to an agreement; ■ **mit jdm ~ sein/werden** to agree terms with sb; ■ **[sich] ~ sein/werden** to agree terms [with each other] **Handelsembargo** *nt* ÖKON trade embargo; **ein ~ verhängen/lockern/aufheben** to lay/relax/lift an embargo on trade; **ein ~ gegen einen Staat verhängen** to impose a trade embargo on a state **handelsfähig** *adj* HANDEL marketable **Handelsfirma** *f* HANDEL commercial firm [*or* undertaking] **Handelsflagge** *f* merchant flag **Handelsflotte** *f* TRANSP, ÖKON merchant fleet **Handelsfreiheit** *f kein pl* ❶ ÖKON (*Möglichkeit, Recht zu uneingeschränktem Handel*) freedom of trade, free trade ❷ (*selten: Handlungsfreiheit*) freedom of action [*or* to act] **handelsgängig** *adj* HANDEL marketable **Handelsgebiet** *nt* HANDEL trading area **Handelsgehilfe, -in** *m, f* JUR clerk, commercial employee **Handelsgenossenschaft** *f* HANDEL traders' co-operative **Handelsgericht** *nt* JUR commercial court **Handelsgeschäft** *nt* HANDEL commercial transaction; **einseitiges/beiderseitiges ~** one-sided/bilateral commercial transaction **Handelsgesellschaft** *f* ÖKON commercial company, trading company, commercial partnership; **offene ~** general partnership **Handelsgesetz** *nt* commercial law **Handelsgesetzbuch** *nt* JUR Commercial Code **Handelsgewerbe** *nt* HANDEL commercial enterprise **Handelsgewinn** *m* HANDEL trading profit **Handelsgewohnheitsrecht** *nt* JUR law of commercial customs **Handelshafen** *m* trading [*or* commercial] port **Handelshaus** *nt* trading [*or* commercial] company **Handelshemmnis** *nt* HANDEL trade barrier, impediment to trade; **tarifäres/nicht-tarifäres ~** tariff/non-tariff barrier **Handelskammer** *f* ÖKON chamber of commerce **Handelskauf** *m* JUR mercantile sale **Handelskette** *f* ÖKON sales [*or* marketing] chain **Handelsklasse** *f* grade **Handelsklausel** *f* HANDEL trade clause [*or* term]; JUR trade stipulation; **internationale ~** international trade stipulation **Handelskonzern** *m* business group **Handelskrieg** *m* trade war **Handelsmakler(in)** *m(f)* HANDEL commercial broker **Handelsmarine** *f kein pl* TRANSP, ÖKON merchant navy [*or* AM marine] **Handelsmarke** *f* trademark, brand **Handelsmesse** *f* ÖKON trade fair **Handelsminister(in)** *m(f)* Minister for Trade BRIT, Trade Secretary BRIT, Secretary of Commerce AM **Handelsministerium** *nt* Trade Ministry BRIT, Department of Trade [*or* AM Commerce] **Handelsmission** *f* trade mission **Handelsmonopol** *nt* HANDEL trade monopoly **Handelsname** *m* HANDEL name of a firm **Handelsniederlassung** *f* branch **Handelsordnung** *f* HANDEL trading regime **Handelspartner(in)** *m(f)* (*Land*) trading partner **Handelspolitik** *f kein pl* ÖKON, POL [foreign] trade [*or* commercial] policy; **gemeinsame ~** *der EU* common commercial policy; **wettbewerbsbeschränkte ~** restrictive trade practices **Handelspraktiken** *pl* JUR, FIN trade [*or* commercial] practices; **unerlaubte** [*o* **unlautere**] **~** infringement of trade customs **Handelsrecht** *nt* JUR commercial law; **europäisches/internationales ~** European/

international commercial law **Handelsregeln** *pl* JUR business regulations **Handelsregister** *nt* Register of Companies [*or* Corporations], Registrar of business names BRIT; **Auszug aus dem ~** excerpt from the commercial register **Handelsregistereintragung** *f* JUR certificate of registration [*or* AM incorporation] **Handelsregisterführer** *m* JUR trade register index **Handelsreisende(r)** *f(m) dekl wie adj* FIN commercial traveller [*or* AM -l-] **Handelsrichter(in)** *m(f)* JUR judge in a commercial court **Handelssache** *f* JUR commercial case, trade dispute **Handelsschiedsgerichtsbarkeit** *f* JUR commercial arbitration **Handelsschiene** *f* trade [*or* trading] route **Handelsschiff** *nt* trading ship [*or* vessel] **Handelsschranke** *f meist pl* trade barrier *usu pl* **Handelsschule** *f* ÖKON business school; **höhere ~** commercial college BRIT **Handelsschüler(in)** *m(f)* student at a business school **Handelsspanne** *f* profit margin **Handelsstraße** *f* HIST trade route **Handelsstreit** *m* JUR trade dispute **Handelstag** *m* trade convention [*or* conference] **handelsüblich** *adj* standard commercial practice; *Erzeugnis, Produkt, Ware* commercially available; ***250 Gramm für Konservendosen ist eine ~e Größe*** 250 grammes is a standard size for tinned food **Handelsüblichkeit** *f* HANDEL trading practices *pl* **Handelsunternehmen** *nt* business [*or* commercial] enterprise **Handelsverband** *m* JUR trade association **Handelsverbot** *nt* POL trade embargo **Handelsverkehr** *m kein pl* HANDEL commerce, trade **Handelsvertrag** *m* JUR trade agreement

Handelsvertreter(in) *m(f)* ÖKON commercial agent

Handelsvertreterrecht *nt* JUR law of commercial agency **Handelsvertretervertrag** *m* JUR commercial agent's contract **Handelsvertretung** *f* trade mission

Handelsvolumen *nt* volume of trade, [foreign] trade volume **Handelsvorschriften** *pl* JUR business regulations **Handelswährungen** *pl* trading currencies *pl* **Handelsware** *f* commodity, merchandise, [commercial] article; ***ausländische ~n sind ziemlich billig*** foreign goods are fairly cheap **Handelswechsel** *m* FIN trade [*or* commercial] bill **Handelswert** *m* ÖKON market [*or* commercial] value **Handelszeichen** *nt* HANDEL trademark, brand **Handelszentrum** *nt* business [*or* trading] centre [*or* AM -er] **Handelszweig** *m* ÖKON branch [*or* sector] [of industry]

Handeltreibende(r) *f(m) decl wie adj* trader

Händeringen <-s> *nt kein pl* wringing of one's hands **händeringend** **I.** *adj* wringing one's hands **II.** *adv* ❶ (*die Hände ringend*) ***er flehte ~ um Gnade*** wringing his hands he pleaded for mercy ❷ (*fam: dringend*) desperately, urgently; ***ich brauche ~ Facharbeiter*** I urgently need skilled workers **Händeschütteln** *nt kein pl* handshaking *no pl, no indef art* **Händetrockner** *m* hand drier [*or* dryer] **Händewaschen** *nt kein pl* washing one's hands

Handfeger <-s, -> *m* hand brush **Handfertigkeit** *f* dexterity **handfest** *adj* ❶ (*deftig*) substantial; ■**etwas H~es** something substantial; ***ich bestelle mir etwas H~eres als einen Salat*** I'm ordering something more substantial than a salad ❷ (*robust*) sturdy; ■**etwas H~es** something well-built ❸ (*ordentlich*) proper, real; ***die Affäre wuchs sich zu einem ~en Skandal aus*** the affair turned into a full-blown scandal ❹ (*hieb- und stichfest*) well-founded; ***ich hoffe, Sie haben ~e Beweise für Ihre Behauptung*** I hope you've got solid proof for your allegation **Handfeuerlöscher** *m* (hand) fire extinguisher **Handfeuerwaffe** *f* hand-gun, portable firearm **Handfläche** *f* palm of one's hand **Handflächencomputer** *m* INFORM hand-held programmable **Handflächenpilot** *m* INFORM Palm Pilot (*personal digital assistant*) **Handfunkgerät** *nt* walkie-talkie **handgearbeitet** *adj* handmade **handgeknüpft** *adj Teppich* hand-knotted **Handgeld** *nt* ❶ SPORT signing-on fee [*or* transfer fee] ❷ HIST bounty **Handgelenk** *nt* (*Gelenk zwischen Hand und Unterarm*) wrist ▶ WENDUNGEN: **etw aus dem ~ schütteln** (*fam*) to do sth straight off, to do sth effortlessly; **aus dem ~** (*fam*) with the greatest of ease, just like that, off the cuff **handgemacht** *adj* handmade **handgemalt** *adj* hand-painted **handgemein** *adj* to come to blows; ■**[mit jdm] ~ werden** to come to blows [with sb]; ■**miteinander ~ werden** to come to blows with each other **Handgemenge** *nt* fight, scuffle **Handgepäck** *nt* hand luggage **Handgerät** *nt* ❶ (*handwerkliches o. ä. Gerät*) small [hand-held] device ❷ SPORT hand apparatus **handgeschöpft** *adj Papier* handmade **handgeschrieben** *adj* handwritten **handgestrickt** *adj* ❶ (*von Hand gestrickt*) hand-knitted ❷ (*amateurhaft gemacht*) homespun **Handgranate** *f* hand grenade

handgreiflich *adj* ❶ *Auseinandersetzung, Streit* violent; ■**[gegen jdn] ~ werden** to become violent [towards sb] ❷ (*offensichtlich*) clear

Handgreiflichkeit <-, -en> *f* ❶ (*konkrete Fassbarkeit*) obviousness *no pl*, palpability *no pl* ❷ *kein pl* (*Tätlichkeit*) fight *no pl*; ***bei dem Streit kam es zu ~en*** the argument became violent

Handgriff *m* ❶ (*Aktion*) movement; ***das ist mit ein paar ~en wieder in Ordnung gebracht*** that can be repaired with a few simple touches ❷ (*Griff*) handle; (*Tragegriff*) handle ▶ WENDUNGEN: **mit einem ~** with a flick of the wrist; ***das Fenster lässt sich mit einem ~ öffnen*** the window can be opened with a flick of the wrist; **mit ein paar ~en** in no time; ***das haben wir mit ein paar ~en wieder repariert*** we'll have that repaired again in no time

Handhabe *f* tangible evidence; **[gegen jdn] eine/keine ~ haben** to have sth/nothing on sb

handhaben *vt* ❶ (*bedienen*) ■**etw ~** to handle [*or* manage] sth; ***die Maschine lässt sich leicht ~*** the machine can be operated easily ❷ (*anwenden*) ■**etw ~** to apply sth; ***die Vorschriften müssen strenger gehandhabt werden*** the regulations must be applied more strictly ❸ (*verfahren*) ■**etw irgendwie ~** to manage in a certain way; ***so wurde es hier schon immer gehandhabt*** we've always dealt with it here in this way; **etw betrügerisch ~** to rig sth

Handhabung <-> *f kein pl* ❶ (*Bedienung*) operation ❷ (*Anwendung*) application

Handharmonika *f* accordion

Handheld <-[s], -s> ['hɛndhɛlt] *nt o m* INFORM hand-held [computer]

Handikap <-s, -s> *nt*, **Handicap** *nt* ❶ (*Behinderung, Nachteil*) handicap ❷ SPORT handicap

handikapen ['hɛndikɛpn] *vt*, **handicapen** *vt* ■**jdn ~** to handicap sb

händisch *adj* ÖSTERR (*manuell*) manual

Handkante *f* the side of the [*or* one's] hand **Handkantenschlag** *m* karate chop **Handkarren** *m* handcart **Handkäse** *m* DIAL *small flat round curd cheese formed by hand;* **Handkäs' mit Musik** *hand-formed small round cheese coated in marinade* **Handkauf** *m* HANDEL cash[-down] sale **Handkoffer** *m* small suitcase **handkoloriert** *adj* hand-coloured [*or* AM colored] **Handkreissäge** *f* circular saw **Handkuss^RR** *m*, **Handkuß** *m* (*angedeuteter Kuss auf dem Handrücken*) kiss on the hand ▶ WENDUNGEN: **etw mit ~ tun** (*fam*) to do sth with pleasure **Handlanger(in)** <-s, -> *m(f)* ❶ (*ungelernter Helfer*) labourer [*or* AM -orer] ❷ (*pej: Erfüllungsgehilfe*) stooge *pej* **Handlangerdienst** *m* dirty work; **jdm ~e leisten** to do sb's dirty work **Handlauf** *m* handrail

Händler(in) <-s, -> *m(f)* ❶ (*Fachhändler*) dealer ❷ AUTO (*Vertragshändler*) dealer ▶ WENDUNGEN: **fliegender ~** street trader

Händlermarke *f* HANDEL own [*or* private] brand **Händlerrabatt** *m* HANDEL dealer rebate; (*Vertriebsrabatt*) distributor discount

Handlesekunst *f* ■**[die] ~** palmistry *no pl, no art*

handlich *adj* ❶ (*bequem zu handhaben*) easy to handle, manageable ❷ (*leicht lenkbar*) manoeuvrable BRIT, maneuverable AM

Handlichkeit <-> *f kein pl* handiness, manageability; ***dieser Koffer lässt sich dank seiner ~ gut auf allen Reisen mitnehmen*** you can take this suitcase with you on any journey thanks to its convenient size

Handlinie [li:niə] *f* line on the palm of the hand **Handliniendeutung** [li:niən] *f* ■**[die] ~** *s.* Handlesekunst **Handlotion** *f* hand lotion

Handlung <-, -en> *f* ❶ (*Tat, Akt*) act; *kriegerische* an act of war ❷ (*Geschehen*) action, plot, story ❸ JUR act, willed conduct; **deliktsähnliche ~** quasi tort; **fortgesetzte ~** continued act; **notarielle/vorsätzliche ~** notarial/wilful [*or* voluntary] act; **rechtswidrige ~** unlawful [*or* illegal] act; **unerlaubte ~** tort; **selbständige unerlaubte ~** tort per se; **strafbare ~** criminal offence [*or* AM -se], punishable act; **unzüchtige ~** indecent act; **eine [gemeinschaftliche] unerlaubte ~ begehen** to commit a [joint] tort; **Recht der unerlaubten ~en** law of torts

Handlungsablauf *m* plot **Handlungsabsicht** *f* intension **Handlungsanweisung** *f* instruction **Handlungsbedarf** *m* need for action; **es besteht ~/kein ~** there is a need/no need for action **Handlungsbefugnis** *f* HANDEL authority, proxy **Handlungsbevollmächtigte(r)** *f(m)* authorized agent, proxy **Handlungseinheit** *f* JUR operating unit **handlungsfähig** *adj* ❶ (*fähig und in der Lage tätig zu werden*) capable of acting; **eine ~e Mehrheit** a working majority ❷ JUR having the capacity to act on one's own account **Handlungsfähigkeit** *f* ❶ (*Möglichkeit zu handeln*) ability to act ❷ JUR capacity to act on one's own account **Handlungsfreiheit** *f kein pl* freedom of action; **allgemeine ~** general freedom of action **Handlungsgehilfe, -gehilfin** *m, f* HANDEL commercial clerk **Handlungsintension** *f* intension of a play **Handlungslehre** *f* JUR doctrine of criminal responsibility; **finale ~** doctrine of criminal liability for intended wrongs only **Handlungslehrling** *m* HANDEL commercial apprentice **Handlungsmarge** *f* scope [of action] **Handlungsmöglichkeit** *f* opportunity [*or* possibility] for action **Handlungsort** *m* JUR lex loci contractus **Handlungspflicht** *f* JUR duty to act **Handlungsspielraum** *m* room for manoeuvre BRIT, AM maneuver **handlungsunfähig** *adj* ❶ (*nicht handlungsfähig*) incapable of acting ❷ JUR (*unfähig zu handeln*) not having the capacity to act on one's own account **Handlungsunfähigkeit** *f* ❶ ADMIN, POL inability [*or* incapacity] to act ❷ JUR without the capacity to act on one's own account **Handlungsvollmacht** *f* JUR power of attorney; **stillschweigende ~** proxy, authority **Handlungsvorgang** *m* plot **Handlungsweise** *f* conduct, way of acting

Handmixer *m* hand mixer **Handorgel** *f* SCHWEIZ (*Handharmonika*) accordion

Hand-out^RR, **Handout** <-s, -s> ['hændaut] *nt* handout

Handpflege *f* (*Maniküre*) care of the hands, manicure **Handpresse** *f* hand-press **Handpuppe** *f* glove [*or* AM hand] puppet **Handreichung** <-, -en> *f* ❶ (*Hilfe*) helping hand, assistance ❷ (*Instruktion, Richtlinien*) recommendation; (*Handout*) handout **Handrücken** *m* back of the [*or* one's] hand **Handrührer** *m s.* Handmixer **Handrührgerät** *nt* hand mixer [*or* blender] **Handsatz** *m kein pl* TYPO hand composition [*or* setting] **Handscanner** *m* INFORM hand scanner **Handschelle** *f meist pl* handcuffs *pl*; **jdm ~n anlegen** to handcuff sb; **in ~n** in handcuffs, handcuffed; **~n tragen** to be handcuffed [*or* in handcuffs]; **jdn in ~n abführen** to take sb [*or* lead] away in handcuffs **Handschlag** *m* (*Händedruck*) handshake; **mit [o durch] [o per] ~** with a handshake ▶ WENDUNGEN: **goldener ~** golden handshake; **einen ~ tun** (*fam*) to lend a hand; **keinen ~ tun** (*fam*) not to lift a finger *fam*; ***er hat im Garten gelegen und keinen ~ getan!*** he lay in the garden and didn't lift a finger! **Handschreiben** *nt* handwritten letter **Handschrift** *f*

(1) *(Schrift)* handwriting; **eine bestimmte ~ haben** to have a certain style of handwriting (2) *(Text)* manuscript ▸ WENDUNGEN: **jds ~ tragen** [*o* **jds ~ verraten**] to bear sb's (trade)mark **Handschriftendeutung** *f* ■ [die] ~ graphology *no art* **Handschrifterkennung** *f* INFORM handwriting recognition **handschriftlich** I. *adj* (1) *(von Hand geschrieben)* handwritten (2) *(als Handschrift 2 überliefert)* in manuscript form II. *adv* (1) *(von Hand)* by hand; ***die Korrekturen im Text waren ~ eingefügt worden*** the corrections to the text were entered by hand (2) *(in Form von Handschriften 2)* in manuscript form

Handschuh *m* glove ▸ WENDUNGEN: **den ~ aufheben** to take up the gauntlet **Handschuhfach** *nt*, **Handschuhkasten** *m* glove compartment **Handspiegel** *m* hand mirror **Handspiel** *nt kein pl* handball **Handstand** *m* handstand; **einen ~ machen** to do a handstand **Handstandüberschlag** *m* handspring; **einen ~ machen** to do a handspring **Handstreich** *m* coup de main; **in einem** [*o* **durch einen**] **~** in a surprise coup **handstreichartig** *adj* coup-style action **Handtasche** *f* handbag, purse AM **Handtaschenraub** *m* [hand]bag snatching **Handteller** *m* palm [of one's [*or* the] hand]

Handtuch <-tücher> *nt* towel ▸ WENDUNGEN: **das ~ werfen** [*o sl* **schmeißen**] SPORT to give up, to throw in the towel

Handtuchhalter *m* towel-rack **Handtuchspender** *m* towel dispenser **Handtuchstange** *f* towel rail

Handumdrehen *nt* ▸ WENDUNGEN: **im ~** in a jiffy, in no time [at all], in a trice BRIT

handverlesen *adj* (1) *(mit der Hand gepflückt)* hand-picked (2) *(sorgfältig überprüft)* hand-picked; ***nur ~e Gäste waren zugelassen*** only specially invited guests were admitted

Handvoll <-, -> *f* handful; **eine ~ Freiwilliger** a handful of volunteers **Handwagen** *m* handcart **handwarm** I. *adj* tepid, lukewarm; ***zum Spülen nimmt sie nur ~es Wasser*** she only uses lukewarm water for rinsing II. *adv* ***das darf nur ~ gewaschen werden*** this may only be washed in lukewarm water **Handwaschbecken** *nt* washbasin, sink **Handwäsche** *f* (1) *(Vorgang)* ***Wäsche waschen von Hand*** to wash sth by hand, hand wash (2) *kein pl (Wäschestücke)* item for hand washing

Handwerk *nt* (1) *(handwerklicher Beruf)* trade (2) *(Beschäftigung)* business (3) *kein pl (Berufsstand der Handwerker)* trade ▸ WENDUNGEN: **das ~ nährt seinen Mann** a trade will always provide; **jdm das ~ legen** to put an end to sb's game; **jdm ins ~ pfuschen** to encroach on sb's activities; **sein ~ verstehen** [*o* **beherrschen**] to know one's job [*or* stuff *sl*]

Handwerker(in) <-s, -> *m(f)* tradesman

Handwerkerinnung *f* HANDEL trade guild

handwerklich I. *adj* relating to a trade; **eine ~e Ausbildung machen** to undergo training for a skilled trade; **~es Können** craftsmanship II. *adv* concerning craftsmanship

Handwerksberuf *m* skilled trade **Handwerksbetrieb** *m* workshop **Handwerkskammer** *f* Chamber of Handicrafts **Handwerkskarte** *f* JUR craftsman's card **Handwerksmeister(in)** *m(f)* ÖKON master craftsman **Handwerksordnung** *f* JUR [handi]crafts code, trade guild rules *pl* **Handwerksrolle** *f* JUR Register of Craftsmen **Handwerkszeug** *nt kein pl* tools of the trade, equipment

Handwurzel *f* carpus, wrist

Handwurzelknochen *m* carpal bone

Handy <-s, -s> ['hɛndɪ] *nt* mobile [phone], cellular [tele]phone

Handzeichen *nt (Geste)* gesture, sign; **durch ~** by gesturing; ***sie konnten sich nur durch ~ verständigen*** they could only make themselves understood by using their hands **Handzeichnung** *f eines Künstlers* original drawing; *(Skizze)* sketch **Handzettel** *m* leaflet

hanebüchen *adj (veraltend geh)* outrageous

Hanf <-[e]s> *m kein pl* (1) *(Faser, Pflanze)* hemp (2) *(Samen)* hempseed

Hänfling <-s, -e> *m* (1) ORN linnet (2) *(fam: schwächlicher Mensch)* weakling *pej*

Hang <-[e]s, Hänge> *m* (1) *(Abhang)* slope; **schräg zum ~ fahren** SKI to ski at an angle to the slope (2) *kein pl (Neigung)* tendency; ■ **jds ~ zu etw** sb's tendency towards sth; **den ~ zu jdm/etw haben** to have a penchant for sb/sth; ***sie hat einen deutlichen ~ zu Übertreibungen*** she has a marked tendency to exaggerate; **den ~ haben, etw zu tun** to be inclined to do sth

Hangar <-s, -s> ['haŋgaːɐ, haŋ'gaːɐ] *m* hangar

Hängebacken *pl* flabby cheeks *pl* **Hängebahn** *f* suspension railway, cable car lift, cableway **Hängebirke** *f* BOT white birch, silver birch **Hängebrücke** *f* suspension bridge **Hängebrüste** *pl* hanging breasts *pl* **Hängegleiter** <-s, -> *m* hang-glider **Hängelampe** *f* pendant light, hanging lamp **Hängelid** *nt* drooping [*or* sagging] eyelid

hangeln *vi, vr vi: sein und haben* ■ **[sich] irgendwohin ~** to proceed hand over hand; ***er hangelte [sich] an einem Tau über den Abgrund*** he made his way across an abyss hand over hand along a rope

Hängemappe *f* suspension file **Hängematte** *f* hammock

hängen

I. INTRANSITIVES VERB **II.** TRANSITIVES VERB
III. REFLEXIVES VERB

I. INTRANSITIVES VERB

<hing, gehangen> (1) *(mit dem oberen Teil angebracht sein)* to hang; ***das Bild hängt nicht gerade*** the picture's not hanging straight; *(herab~)* ■ **an/über/von etw** *dat* **~** to hang on sth/over sth/from sth; ***hängt die Wäsche noch an der Leine?*** is the washing still hanging on the line?; ***die Spinne hing an einem Faden von der Decke*** the spider hung by a thread from the ceiling; ***die Lampe hing direkt über dem Tisch*** the lamp hung directly above the table; **voller ... hängen** to be full of...; ***warum muss die Wand nur so voller Bilder ~?*** why must there be so many pictures on the wall?; ***der Baum hängt voller Früchte*** the tree is laden with fruit; **[an etw** *dat*] **~ bleiben** *(befestigt bleiben)* to stay on [sth]; ***ob das Gemälde an dem Nagel ~ bleiben wird?*** I wonder if the painting will stay on that nail; *(kleben bleiben)* to stick to sth; ***der Kaugummi blieb an der Wand hängen*** the chewing gum stuck to the wall (2) *(gehenkt werden)* ■ **~ müssen/sollen** to have to be hanged/sb ought to be hanged; ***Mörder müssen ~!*** murderers must be hanged; ***an den Galgen mit ihm, er muss ~!*** to the gallows with him, he must hang!; ■ **das H~** hanging; ***der Richter verurteilt Verbrecher gerne zum H~*** the judge likes sentencing criminals to hang (3) *(sich neigen)* ■ **in eine bestimmte Richtung ~** to lean in a certain direction; ***das Bücherregal hängt nach vorne*** the bookshelf is tilting forwards; ***der Wagen hängt nach rechts*** the car leans to the right (4) *(befestigt sein)* ■ **an etw** *dat* **~** to be attached to sth; ***der an dem Wagen ~de Wohnwagen schlingerte bedenklich*** the caravan attached to the car swayed alarmingly (5) *(fam: angeschlossen, verbunden sein)* ■ **an etw** *dat* **~** to be connected to sth; ***der Patient hängt an allen möglichen Apparaturen*** the patient is connected to every conceivable apparatus (6) *(fam: emotional verbunden sein)* ■ **an jdm/etw ~** to be attached to sb/sth; ***die Schüler hingen sehr an dieser Lehrerin*** the pupils were very attached to this teacher (7) *(festhängen)* ■ **[mit etw** *dat*] **an etw** *dat* **~** to be caught [by sth] on sth; ***ich hänge mit dem Pullover an einem Haken!*** my pullover's caught on a hook; **[mit etw** *dat*] **an etw** *dat* **~ bleiben** to get caught on sth [by sth]; ***halt, nicht weiter, du bist mit dem Pullover an einem Nagel ~ geblieben!*** wait, stay there! you've got your sweater caught on a nail (8) *(fam: sich aufhalten)* ■ **an/vor etw** *dat* **~** to remain on/in front of sth; ***musst du stundenlang am Telefon ~!*** must you spend hours on the phone!; ***er hängt den ganzen Tag vorm Fernseher*** he spends all day in front of the television; **~ bleiben** to be kept down; ***bist du irgendwann in einer Klasse ~ geblieben?*** did you ever have to repeat a year of school at some stage? (9) *(fam: zu erledigen sein)* **an jdm ~ bleiben** to be down to sb; ***ja, ja, das Putzen bleibt wie üblich an mir ~!*** oh yes, the cleaning's down to me as usual! (10) *(sich festsetzen)* **[an jdm] ~ bleiben** to rest on sb; ***der Verdacht blieb an ihm ~*** the suspicion rested on him (11) *(fam: in der Erinnerung bleiben)* ■ **[bei jdm] ~ bleiben** to stick [in sb's mind]; ***vom Lateinunterricht ist bei ihm nicht viel ~ geblieben*** not much of the Latin registered in his case; ***ich hoffe, daß es nun ~ bleibt*** I hope that's sunk in now! ▸ WENDUNGEN: **mit H~ und Würgen** *(fam)* by the skin of one's teeth *fam;* ***die Klassenarbeit ist noch ausreichend, aber auch nur mit H~ und Würgen*** your test is satisfactory, but only just; **etw ~ lassen** to dangle sth; ***sie ließ die Beine ins Wasser ~*** she dangled her legs in the water; ***er war müde und ließ den Kopf etwas ~*** he was tired and let his head drop a little; **wo[ran] hängt es denn?** *(fam)* why is that then?; ***woran hängt es denn, dass du in Mathe immer solche Schwierigkeiten hast?*** how come you always have so much trouble in math?; *s. a.* **Kopf**

II. TRANSITIVES VERB

<hängte *o* DIAL hing, gehängt *o* DIAL gehangen> (1) *(anbringen)* ■ **etw an/auf etw** *akk* **~** to hang sth on sth; ***wir müssen noch die Bilder an die Wand ~*** we still have to hang the pictures on the wall; ***sie hängt die Hemden immer auf Kleiderbügel*** she always hangs the shirts on clothes-hangers; ***lass bitte die Wäsche nicht auf der Leine hängen!*** please don't leave the washing on the line; ***wir können die Gardinen doch nicht noch länger ~ lassen!*** we simply can't leave the curtains up any longer!; ■ **etw in etw** *akk* **~** to hang sth in sth; ***hast du die Jacke in den Kleiderschrank gehängt?*** have you hung your jacket in the wardrobe [*or* closet]? AM (2) *(henken)* ■ **jdn ~** to hang sb; ***die meisten Kriegsverbrecher wurden gehängt*** most of the war criminals were hanged (3) *(hängen lassen)* ■ **etw in etw** *akk* **~** to dangle sth in sth; ***er hängte den Schlauch in den Teich*** he dangled the hose in the pond; ***hoffentlich hast du deinen Schal nicht irgendwo ~ lassen*** I hope you haven't left your scarf behind somewhere (4) *(anschließen)* ■ **etw an etw** *akk* **~** to attach sth to sth (5) *(im Stich lassen)* ■ **jdn ~ lassen** to leave sb in the lurch, to let sb down

III. REFLEXIVES VERB

<hängte *o* DIAL hing, gehängt *o* DIAL gehangen> (1) *(sich festsetzen)* ■ **sich** *akk* **an jdn/jdm etw an~** to hang on to sb/sth; ***das Kind hängte sich ihr an den Arm*** the child hung on to her arm; ***Blutegel hatten sich ihr an Waden und Arme gehängt*** leeches had attached themselves to her calves and arms; ***diese Bettler ~ sich an einen wie die Blutsauger!*** these beggars latch on to you like leeches! (2) *(sich gefühlsmäßig binden)* ■ **sich an jdn/etw ~** to become attached to sb/sth (3) *(verfolgen)* ■ **sich an jdn/etw ~** to follow sb/sth (4) *(sl: sich einmischen)* ■ **sich in etw** *akk* **~** to meddle in sth; ***~ Sie sich nicht immer in fremder Leuten Angelegenheiten!*** stop meddling in other people's affairs!, I hope that's sunk in now! (5) *(sich gehen lassen)* ■ **sich ~ lassen** to let oneself go; ***nach ihrer Heirat began sie, sich ~ zu lassen*** after her marriage she began to let herself go

Hangen <-s> *nt* ▸ WENDUNGEN: **mit ~ und Bangen** *(geh)* with fear and dread

hängend *adj* hanging; ***er kam mit ~er Zunge an*** he arrived gasping for breath

Hängeohr *nt* lop ear, drooping ears **Hängepartie**

f (1) SCHACH adjourned game (2) (*hinausgezögerte Entscheidung*) long drawn out affair

Hänger <-s, -> *m* (1) AUTO (*fam: Anhänger*) trailer (2) (*sl: Formtief*) downer *sl*; ***ich hab' irgendwie gerade 'nen ~*** somehow I'm on a bit of a downer at the moment

Hängeschrank *m* wall-cupboard **Hängeschultern** *pl* round [*or* drooping] shoulders *pl*

hängig *adj* SCHWEIZ (1) JUR *s.* **anhängig** pending (2) (*geh: unerledigt*) unresolved

Hanglage *f* hillside location; **in ~** in a hillside location

Hannover <-s> *nt* Hanover

Hannoveraner <-s, -> [və] *m* AGR Hanoverian horse

Hannoveraner(in) <-s, -> [və] *m(f)* Hanoverian

hannoversch *adj attr* Hanoverian

Hanoi <-s> *nt* Hanoi

Hans <- *o* -ens> *m* (*Name*) Hans ▸ WENDUNGEN: **~ im Glück** (*fam*) lucky so-and-so *fam*; **der blanke ~** (*poet*) the North Sea

Hansa <-> *f kein pl s.* **Hanse** Hanseatic League

Hansaplast® <-[e]s> *nt kein pl* [sticking] plaster, Elastoplast®, Band-aid®

Hänschen <-s> ['hɛnsçən] *nt dim von* **Hans** ▸ WENDUNGEN: **was ~ nicht lernt, lernt Hans nimmermehr** (*prov*) you can't teach an old dog new tricks *prov*

Hansdampf <-[e]s, -e> *m* Jack-of-all-trades; **ein ~ in allen Gassen sein** (*fam*) to be a Jack-of-all-trades *fam*

Hanse <-> *f kein pl* HIST Hanseatic league

Hanseat(in) <-en, -en> *m(f)* (1) GEOG (*fam*) inhabitant of a Hanseatic city (2) HIST Hanseatic merchant

hanseatisch *adj* Hanseatic

Hansel <-s> *m* DIAL (*pej fam*) twit *pej fam*

Hänsel <-s> *m dim von* **Hans** ▸ WENDUNGEN: **~ und Gretel** Hansel and Gretel

Hänselei <-, -en> *f* [relentless] teasing

hänseln *vt* ■**jdn** [**wegen etw**] **~** to tease sb [constantly] [about sth]

Hansestadt *f* (1) (*Bremen, Hamburg und Lübeck*) Hanseatic city (2) HIST city of the Hanseatic league

Hanswurst <-[e]s, -e *o* -würste> *m* (*hum fam*) buffoon, clown

Hantel <-, -n> *f* SPORT dumbbell, barbell

hanteln *vi* SPORT to exercise with dumbbells; ■[**das**] **H~** exercising with dumbbells

hantieren* *vi* (1) (*sich beschäftigen*) ■[**mit etw**] **~** to be busy [with sth]; ***ich hörte ihn im Keller mit Werkzeug ~*** I heard him using tools in the cellar (2) (*herum~*) ■[**mit etw** *dat*] **an etw ~** to work on sth [with sth] (3) (*mit etw umgehen*) ■**das H~** working

hapern *vi impers* (*fam*) (1) (*fehlen*) ■**an etw** *dat* **~** to be lacking sth; ***es hapert bei uns etwas an Geld*** we're somewhat short of money (2) (*schlecht bestellt sein*) ■**es hapert** [**bei jdm**] **mit etw** sb has a problem with sth; ***leider hapert es bei uns im Augenblick mit der Ersatzteilversorgung*** unfortunately we have a problem at the moment with the supply of spare parts; ■**es hapert** [**bei jdm**] **mit/in etw** *dat* to be weak in sth; ***in Mathe hapert es bei ihr noch etwas*** she's still a bit weak in math

Häppchen <-s, -> *nt dim von* **Happen** morsel, titbit BRIT *fam*, AM tidbit

häppchenweise *adv* (*fam*) in small mouthfuls; (*nach und nach*) bit by bit

Happen <-s, -> *m* (*fam*) (*kleine Mahlzeit*) snack; ***ich habe heute noch keinen ~ gegessen*** I haven't eaten a thing all day! ▸ WENDUNGEN: **ein fetter ~** (*fam*) a good [*or* fine] catch

Happening <-s, -s> ['hɛpənɪŋ] *nt* happening; **ein ~ machen** [*o* **veranstalten**] to stage a happening

happig *adj* (1) (*fam: hoch*) steep; ***550 Mark für eine Bluse, das ist mir einfach zu ~*** 550 marks for a blouse, that's simply to expensive for me; ■[**ganz schön**] **~ sein** to be [pretty] steep (2) (*schwierig*) tough, difficult

happy ['hɛpi] *adj* (*fam*) happy

Happy End <-s, -s> *nt*, **Happyend** ['hɛpi'ʔɛnt] *nt* ÖSTERR happy ending **Happy Hour**[RR], **Happyhour**[RR] <-s, -s> ['hɛpi'aʊə] *f* happy hour

Harakiri <-[s], -s> *nt* harakiri; **~ begehen** to commit harakiri

Harass[RR] <-es, -e> *m*, **Haraß** <-sses, -sse> *m* SCHWEIZ (1) (*Lattenkiste*) crate (2) (*Getränkekiste*) crate

Härchen <-s, -> *nt dim von* **Haar** tiny hair

Hardcopy[RR], **Hard Copy** <-, -copys> ['hɑːdkɔpi] *f* hard copy

Hardcore(-Porno) <-s> ['haːdkɔːɐpɔrno] *m kein pl* hard-core [porn]

Hardcore-Streifen <-s,> *m* hard-core film

Hardcover[RR] <-s, -> ['haːd'kavə] *nt*, **Hard cover** *nt* hardback BRIT, hardcover AM

Harddisk[RR], **Hard Disk** <-s, -s> ['hɑːddɪsk] *f* INFORM hard disk

Hardliner(in) <-s, -> ['haːdlainə] *m(f)* hardliner

Hardrock[RR], **Hard Rock** <-, -s> ['hɑːdrɔk] *m* hard rock

Hardtop <-s, -s> ['haːdtɔp] *nt* AUTO (1) (*abnehmbares Dach*) hardtop (2) (*Cabrio mit ~*) Cabriolet [*or esp* AM convertible] with a hardtop

Hardware <-, -s> ['haːdweəʳ] *f* INFORM hardware

Hardwareausrüstung *f* INFORM hardware equipment **Hardwaredecoder** *m* INFORM hardware decoder **Hardwareeinheit** *f* INFORM hardware unit **Hardwarefehler** *m* INFORM hardware defect **Hardwarehersteller** *m* INFORM hardware firm [*or* manufacturer] **Hardwarekompatibilität** *f* INFORM hardware compatibility **Hardwarekonfiguration** *f* INFORM hardware configuration **Hardwaremonitor** *m* INFORM hardware monitor **Hardwareschnittstelle** *f* INFORM hardware interface **Hardwareverträglichkeit** *f* INFORM hardware compatibility

Harem <-s, -s> *m* harem

Häresie <-, -n> *f* heresy

Häretiker(in) <-s, -> *m(f)* heretic

häretisch *adj* heretical

Harfe <-, -n> *f* harp; [**auf der**] **~ spielen** to play the harp

Harfenist(in) <-en, -en> *m(f)* harpist

Harfenspiel *nt kein pl* harp-playing

Harke <-, -n> *f bes* NORDD (*Gerät zur Garten- und Feldarbeit*) rake ▸ WENDUNGEN: **jdm zeigen, was eine ~ ist** (*fam*) to show sb what's what

harken *vt bes* NORDD ■**etw ~** *Beet* to rake sth; *Laub* to rake sth [together]; ■**geharkt** raked

Harlekin <-s, -e> *m* Harlequin

härmen I. *vr* (*geh: sich grämen*) ■**sich** [**um etw**] **~** to grieve [over sth] II. *vt* (*veraltend: bekümmern*) ■**jdn ~** to trouble sb

harmlos I. *adj* (1) (*ungefährlich*) harmless (2) (*arglos*) innocent; *Frage* innocent; *Mensch* harmless II. *adv* (1) (*ungefährlich*) harmlessly (2) (*arglos*) innocently

Harmlosigkeit <-, -en> *f* (1) *kein pl* (*Ungefährlichkeit*) harmlessness (2) (*Arglosigkeit*) innocence; **in aller ~** in all innocence

Harmonie <-, -n> ['niːən] *f* (1) (*Zusammenklang mehrerer Töne oder Akkorde*) harmony (2) (*ausgewogenes Verhältnis*) harmony (3) (*Einklang*) harmony

harmonieren* *vi* (1) (*angenehm zusammenklingen*) to harmonize; ■**sie ~** they harmonize (2) (*zueinander passen*) ■[**mit etw**] **~** to go with sth, to match [sth] (3) (*gut zusammenpassen*) to get on well [with each other], to gel together BRIT *sl*; ■**sie ~** [**miteinander**] they get on well with each other

harmoniesüchtig *adj* seeking harmony

Harmonika <-, -s *o* Harmoniken> *f* accordion

harmonisch I. *adj* (1) (*wohlklingend*) harmonious (2) (*ausgewogen*) harmonious (3) (*einträchtig*) harmonious; **eine ~e Ehe** a harmonious marriage II. *adv* (1) MUS harmoniously (2) (*ausgewogen*) harmoniously (3) (*einträchtig*) harmoniously

harmonisieren* *vt* ■**etw ~** to harmonize sth

Harmonisierung <-, -en> *f* JUR harmonization; **~ der Rechtsvorschriften** harmonization of legal stipulations

Harmonisierungsrichtlinien *pl* JUR harmonization directives

Harmonium <-s, -ien> [niən] *nt* harmonium

Harn <-[e]s, -e> *m* urine; **~ lassen** (*geh*) to urinate

Harnblase *f* bladder **Harndrang** *m* (*geh*) urge to urinate

harnen *vi* (*veraltend geh*) to urinate

Harnisch <-[e]s, -e> *m* (*Ritterrüstung*) armour [*or* AM -or] ▸ WENDUNGEN: **jdn in ~ bringen** enrage, infuriate, to get sb's back up BRIT; [**wegen etw**] **in ~ sein** to be furious about sth, to be in a fury [about sth]

Harnlassen <-s> *nt kein pl* (*geh*) urination **Harnleiter** *m* ureter **Harnröhre** *f* urethra **Harnsäure** *f* uric acid **Harnstoff** *m* urea **harntreibend** I. *adj* (*geh*) diuretic II. *adv* (*geh*) having a diuretic effect **Harnvergiftung** *f* MED ureamia BRIT, AM uremia **Harnwege** *pl* urinary tract **Harnwegsinfektion** *f* MED urinary tract infection

Harpune <-, -n> *f* harpoon

Harpunier(in) <-s, -e> *m(f)* harpooner

harpunieren* *vt* ■**ein Tier ~** to harpoon an animal

harren *vi* (*geh*) (1) (*darauf warten*) ■**jds/einer S.** [*o* **auf jdn/etw**] **~** to await sb/a thing [*or* to wait for sb/a thing] (2) (*bevorstehen*) ■**jds** [*o* **auf jdn**] **~** to await sb

harsch *adj* (1) (*verharscht*) hard-frozen, hard-packed; *Schnee* frozen (2) (*selten: rau, eisig*) cutting, biting; *Wind* harsh, raw (3) (*geh: barsch*) *Worte* brusque, harsh

Harsch <-[e]s> *m kein pl* compacted snow

harschig *adj* hard-packed

hart <härter, härteste> I. *adj* (1) (*opp: weich*) hard; (*straff*) firm; ***ich schlafe auf einer härteren Matratze als du*** I sleep on a firmer mattress than you; ***dein Bett ist mir zu ~*** your bed is too hard for me; ***eine Decke auf dem Fußboden wird ein ~es Nachtlager sein*** a blanket on the floor will be are hard surface to sleep on; KOCHK (*fest im Zustand*) hard; ***diese Früchte haben eine sehr ~e Schale*** these fruits have a very hard skin; *s. a.* **Nuss** (2) (*heftig*) severe; **ein ~er Aufprall** a severe impact; **ein ~er Ruck** a severe jolt (3) (*unmelodisch*) harsh; ***er spricht mit einem ~en Akzent*** he has a harsh accent; *s. a.* **Konsonant** (4) (*vehement*) violent; ***die Konflikte werden immer härter*** the conflicts are becoming increasingly violent (5) (*drastisch*) strong; *Schnaps* strong; *Drogen* hard; *Pornografie* hard-core (6) (*brutal*) violent; ***das war der härteste Film, den ich je gesehen habe*** that was the most violent film I have ever seen (7) (*abgehärtet, robust*) tough; ***Söldner sind ~e Kerle*** mercenaries are tough fellows; ■**~ werden** to become tough (8) (*stabil, sicher*) stable; ***sie hat ihre Ersparnisse in ~en Währungen angelegt*** she invested her savings in hard currencies (9) (*streng, unerbittlich*) hard; ***seine Mutter ist immer eine ~e Frau gewesen*** his mother has always been a hard woman; ***das sind aber ~e Worte!*** those are harsh words!; *Regime* harsh; *Strafe* severe; *Gesetze* harsh; (*intensiv*) severe; *Winter* severe; ■**~ mit jdm sein** to be hard on sb (10) (*schwer zu ertragen*) cruel, hard; ***der Tod ihres Mannes war für sie ein ~er Schlag*** the death of her husband was a cruel blow for her; *Zeiten* hard; *Realität* harsh; *die ~e Wahrheit* harsh; ■**~ für jdn sein, dass** to be hard on sb that; ***es war sehr ~ für sie, dass ihr gekündigt worden war*** it was very hard on her that she had been handed her notice [*or* had been fired] (11) (*mühevoll*) hard, tough; **20 Jahre ~er Arbeit** 20 years of hard work; ***die Tarifverhandlungen werden härter als gewohnt werden*** wage negotiations will be tougher than usual ▸ WENDUNGEN: [**in etw** *dat*] **~ bleiben** to remain [*or* stand] firm [about sth]; **~ auf ~ gehen** [*o* **kommen**] to come to the crunch; ***wir werden keinen Deut nachgeben, auch wenn es ~ auf ~ geht*** we're not going to give an inch, even if it comes to the crunch; **~ im Nehmen sein** (*beim Boxen*) to be able to take a lot of punishment; ***dieser Boxer ist wirklich ~ im Nehmen!*** this boxer really can take a lot of punishment; (*mit Schicksalsschlägen*) to be

H

resilient **II.** *adv* (1) (*nicht weich*) hard; ~ **gefroren** *attr* frozen hard *pred,* frozen; ***der Boden ist bis in zwei Meter Tiefe ~ gefroren*** the ground is frozen solid to a depth of two metres; ~ **gekocht** *attr* hard-boiled; ***möchtest du ein weiches oder ein ~es Ei?*** would you like a soft-boiled or hard-boiled egg?; ~ **gesotten** hard-bitten; ***ich schlafe lieber ~*** I prefer to sleep on a firm surface (2) (*heftig*) ***bei dem Sturz ist er so ~ gefallen, dass er sich das Bein brach*** he had such a severe fall that he broke his leg; ***sie prallte ~ auf die Windschutzscheibe auf*** she hit the windscreen with tremendous force (3) (*rau*) harshly; ***die Sprache klingt in europäischen Ohren ganz ~*** the language sounds quite harsh to a European ear (4) (*streng*) severely; ***du verhältst dich ihr gegenüber zu ~*** you're behaving to harshly towards her (5) (*mühevoll*) hard; ***wir werden in Zukunft noch härter arbeiten müssen*** we'll have to work even harder in future (6) (*unmittelbar*) close; ■ ~ **an etw** *dat* close to sth; ***das Auto kam ~ an dem steilen Abhang zum Stehen*** the car came to a halt just before the steep slope; *s. a.* **Grenze, Wind** ► WENDUNGEN: **jdn ~ anfassen** to treat sb severely; ~ **aneinander geraten** to come to blows, to have a real set-to, to have a fierce argument; ~ **gesotten** hardened; ***er ist ein ~ gesottener Geschäftsmann, der alle Tricks kennt*** he's a hardened businessman who knows all the tricks; ~ **durchgreifen** to take tough [*or* rigorous] action; **jdn ~ ankommen** (*geh*) to be hard for sb; ***auch wenn es mich ~ ankommt, ich muss bei meiner Entscheidung bleiben*** even if I find it hard I must stick by [*or* to] my decision; **jdm ~ zusetzen** to press sb hard; **jdn ~ treffen** to hit sb hard; ***der Tod seiner Frau hat ihn doch ~ getroffen*** the death of his wife has hit him very hard

hartbedrängt *adj attr* hard-pressed

Härte <-, -n> *f* (1) (*Härtegrad*) hardness (2) *kein pl* (*Wucht*) force (3) *kein pl* (*Robustheit*) robustness (4) *kein pl* (*Stabilität*) stability (5) *kein pl* (*Strenge*) severity; (*Unerbittlichkeit*) relentlessness (6) (*schwere Erträglichkeit*) cruelty, harshness (7) (*Kalkgehalt*) hardness; **die ~ des Wassers** the hardness of the water (8) JUR hardship, severity ► WENDUNGEN: **soziale ~n** cases of social hardship; **die ~ sein** (*sl*) to be the absolute limit

Härteausgleich *m* JUR hardship allowance **Härtefall** *m* (1) JUR (*Fall von sozialer Belastung*) case of hardship (2) (*fam*) case of hardship **Härtefallklausel** *f* hardship clause **Härtefonds** *m* hardship fund **Härtegrad** *m* degree of hardness **Härteklausel** *f* JUR hardship clause

härten **I.** *vt* (*hart machen*) ■ **etw ~** to harden sth **II.** *vi* (*er~*) to harden

Härter <-s, -> *m* hardener, hardening agent

Härteskala *f* scale of hardness **Härtetest** *m* endurance test; **jdn/etw einem ~ unterziehen** to subject sb/sth to an endurance test

Hartfaserplatte *f* hardboard BRIT, fiberboard AM **Hartgeld** *nt* (*geh*) coins *pl* **Hartgeldwährung** *f* ÖKON coinage **Hartgummi** *nt* hard rubber **hartherzig** *adj* hard-hearted **Hartherzigkeit** <-> *f* (1) *kein pl* (*Gefühllosigkeit*) hard-heartedness (2) (*hartherzige Tat*) hard-hearted deed **Hartholz** *nt* hardwood **Hartkäse** *m* KOCHK hard cheese **Hartlaubwald** *m* BOT sclerophyllous forest **hartleibig** *adj* constipated **Hartleibigkeit** <-> *f kein pl* constipation

hartnäckig **I.** *adj* (1) (*beharrlich*) persistent (2) (*langwierig*) stubborn; ***der Schnupfen ist doch ~er als ich dachte*** the cold is more stubborn than I thought **II.** *adv* (*beharrlich*) persistently

Hartnäckigkeit <-> *f kein pl* (1) (*Beharrlichkeit*) persistence (2) (*Langwierigkeit*) stubbornness, obstinacy, doggedness

Hartplatz *m* TENNIS hard court **Hartpostpapier** *m* bank [*or* bond] paper **Hartriegel** *m kein pl* BOT dogwood **Hartschalenkoffer** *m* hard-top suitcase **Hartschaumdämmplatte** *f* BAU rigid foam insulation board

Härtung <-, -en> *f* hardening

Hartweizen *m* durum wheat **Hartwurst** *f* hard sausage

Harz[1] <-es, -e> *nt* resin

Harz[2] <-es> *m* ■ **der ~** the Harz mountains

harzen **I.** *vt* (*mit Harz versetzen*) ■ **etw ~** to resinate sth **II.** *vi* (*Harz absondern*) to tap for [*or* exude] resin

Harzer <-s, -> *m* Harz cheese; *s. a.* **Käse, Roller**

harzig *adj* resinous

Hasard <-s> *nt kein pl* [**mit etw**] ~ **spielen** (*geh*) to gamble [with sth]

Hasardeur(in) <-s, -e> [hazar'dø:ɐ] *m(f)* (*pej geh*) gambler

Hasardspiel *nt* (*geh*) game of chance, gamble

Hasch <-[s]> *nt kein pl* (*fam*) hash

Haschee <-s, -s> *nt* hash

haschen[1] *vi* (*veraltend geh*) ■ **nach etw ~** (1) (*greifen*) to make a grab for sth (2) (*streben*) to angle [*or* fish] for sth; **nach Lob ~** to fish for compliments

haschen[2] *vi* (*fam*) to smoke hash

Haschen <-s> *nt kein pl* DIAL (*Fangen*) catch

Häschen <-s, -> ['hɛ:sçən] *nt* (1) *dim von* **Hase** young hare, bunny, leveret (2) (*fam: Kosename*) sweetheart

Häscher <-s, -> *m* (*veraltend geh*) bailiff

Hascherl <-s, -[n]> *nt* ÖSTERR (*fam: bedauernswertes Wesen*) poor soul; **armes ~** poor little thing

haschieren *vt* KOCHK ■ **etw ~** to mince sth, to hash sth

Haschisch <-[s]> *nt o m kein pl* hashish, hash *no pl, no indef art*

Hase <-n, -n> *m* (1) (*wild lebendes Nagetier*) hare (2) KOCHK (~*nbraten*) roast hare (3) DIAL (*Kaninchen*) rabbit ► WENDUNGEN: **da liegt der ~ im Pfeffer** (*fam*) there's the rub BRIT, that's the crux of the matter, that's the real cause; **ein alter ~ sein** (*fam*) to be an old hand; **falscher ~** KOCHK meat loaf; **sehen, wie der ~ läuft** [*o* **wissen**] (*fam*) to see [*or* know] which way the wind blows

Hasel <-, -n> *f* hazel

Haselbusch *m* hazel [tree] **Haselhuhn** *nt* ORN hazel [*or* black] grouse **Haselkätzchen** *nt* hazel catkin, lamb's tail **Haselmaus** *f* ZOOL [common] dormouse **Haselnuss**[RR] *f,* **Haselnuß** *f* (1) (*Nuss*) hazelnut (2) (*Hasel*) hazel **Haselnussöl**[RR] *nt* haselnut oil **Haselnussstrauch**[RR] *m* hazel [tree] **Haselstrauch** *m s.* **Hasel**

Hasenbraten *m* roast hare **Hasenfuß** *m* (*fam*) chicken *sl,* coward **Hasenpanier** *nt* ► WENDUNGEN: **das ~ ergreifen** (*veraltend fam*) to take to one's heels **Hasenpfeffer** *m* jugged hare BRIT, Hasenpfeffer AM **Hasenscharte** *f* MED harelip

Häsin *f* doe, female hare

Häsling <-s, -e> *m* ZOOL dace

Haspel <-, -n> *f* windlass, winch; *Garn* reel

haspeln **I.** *vt* (*wickeln*) ■ **etw ~** to reel, to wind sth **II.** *vi* (*fam: hastig sprechen*) to gabble

Hass[RR] <-es> *m,* **Haß** <-sses> *m kein pl* hate, hatred, animosity, rancour [*or* AM -or], loathing; **einen ~ auf jdn haben/kriegen** (*fam*) to be/become angry with sb; **aus ~** out of hatred; **sich** *dat* **jds ~ zuziehen, jds ~ auf sich** *akk* **ziehen** to incur sb's wrath

hassen *vt* (1) (*voller Hass ablehnen*) ■ **jdn ~** to hate sb (2) (*nicht mögen*) ■ **etw ~** to hate sth, to loathe, to detest (3) (*widerwillig sein*) ■ **es ~, etw zu tun** to hate doing sth; *s. a.* **Pest**

hassenswert *adj* hateful, odious **hasserfüllt**[RR] **I.** *adj* full of hate, filled [*or* seething] with hatred **II.** *adv* full of hate

hässlich[RR], **häßlich** **I.** *adj* (1) (*unschön*) ugly, hideous; ***sie wohnten in einer ~en Gegend*** they don't live in a very nice area (2) (*gemein*) nasty; ■ ~ **zu jdm sein** to be nasty [*or* mean] to sb; ■ ~ **von jdm sein** to be nasty [*or* mean] of sb (3) (*unerfreulich*) nasty, ugly, unpleasant **II.** *adv* (*gemein*) nastily

Hässlichkeit[RR] <-, -en> *f* ugliness, nastiness, hideousness

Hassliebe[RR] *f* love-hate relationship **Hasstirade**[RR] *f* (*pej*) tirade of hate **hassverzerrt**[RR] *adj* twisted with hatred [*or* hate]

hast *2. pers sing pres von s.* **haben**

Hast <-> *f kein pl* (*Eile*) haste, hurry; **nur keine ~!** there's no rush!; **ohne ~** without rushing; **voller ~** in a great hurry [*or* rush]; ***sie zog sich voller ~ an*** she dressed in a great hurry ► WENDUNGEN: **in fliegender ~** in a tearing hurry

haste ► WENDUNGEN: **~ was, biste was** (*prov*) wealth brings status; [**was**] **~ was kannste** (*fam*) as quick as possible

hasten *vi sein* (*geh*) (1) (*hastig sein*) to hurry [*or* rush] (2) (*eilen*) ■ **irgendwohin ~** to hurry [*or* rush] somewhere

hastig **I.** *adj* hurried, rushed; **nicht so ~!** not so fast! **II.** *adv* (*eilends*) hastily, hurriedly; ***er schlang sein Essen ~ hinunter*** he bolted down his meal

hat *3. pers sing pres von s.* **haben**

hätscheln *vt* (1) (*liebkosen*) ■ **jdn ~** to caress sb, to cuddle sb (2) (*gut behandeln*) ■ **jdn ~** to pamper sb (3) (*gerne pflegen*) ■ **etw ~** to cherish sth; **eine gehätschelte Ideologie** a cherished ideology

hatschi *interj* atishoo, atchoo, AM ahchoo; **~ machen** (*kindersprache*) to sneeze

Hattrick <-s, -s> ['hɛttrɪk] *m* (1) SPORT (*Dreifachtreffer*) hat trick; (*dreifacher Gewinn*) hat trick (2) (*Dreifacherfolg*) third success

Hatz <-, -en> *f* (1) SÜDD, ÖSTERR (*Hetze*) rush; ***immer diese ~!*** this constant rushing around! (2) (*Hetzjagd*) hunt, chase; **die ~ auf Bären** bear hunting

Haube <-, -n> *f* (1) (*weibliche Kopfbedeckung*) bonnet (2) (*Trockenhaube*) hair dryer (3) (*Motorhaube*) bonnet (4) ÖSTERR, SÜDD (*Mütze*) cap (5) ÖSTERR (*Auszeichnung von Restaurants*) star (6) (*Büschel von Kopffedern*) crest (7) (*Aufsatz*) covering ► WENDUNGEN: **jdn unter die ~ bringen** (*hum fam*) to marry sb off; **unter der ~ sein** (*hum fam*) to be married; **unter die ~ kommen** (*hum fam*) to get married; ***es wird Zeit, dass du unter die ~ kommst*** it's time you got married

Haubenlerche *f* crested lark **Haubenmeise** *f* crested tit [*or esp* AM titmouse] **Haubentaucher** *m* ORN great crested grebe

Haubitze <-, -n> *f* MIL howitzer

Hauch <-[e]s, -e> *m* (*geh, poet*) (1) (*Atemhauch*) breath (2) (*Luftzug*) breath of air (3) (*leichter Duft*) waft, whiff (4) (*Flair*) aura (5) (*Andeutung, Anflug*) hint, trace, touch

hauchdünn **I.** *adj* (1) (*äußerst dünn*) wafer-thin (2) (*äußerst knapp*) extremely narrow; *Mehrheit* narrow; *Sieg* an extremely narrow **II.** *adv* extremely thin

hauchen **I.** *vi* (*sanft blasen*) ■ **auf/gegen/in etw** *akk* **~** to breathe on/against/into sth **II.** *vt* (1) (*blasen*) ■ **jdm etw in etw** *akk* **~** to blow sth into sb's... (2) (*flüstern*) ■ **etw ~** to whisper sth; ■ **jdm etw in etw** *akk* **~** to whisper sth in sb's...

Hauchlaut *m* LING aspirate

hauchzart *adj* (1) (*butterweich*) extremely delicate (2) MODE (*sehr leicht*) very light

Haudegen *m* old soldier [*or* warhorse]

Haue <-, -n> *f* (1) SÜDD, SCHWEIZ, ÖSTERR (*Hacke*) hoe (2) *kein pl* (*fam: Prügel*) thrashing; **~ kriegen** (*fam*) to get a good hiding, to get a thrashing; **es gibt ~** (*fam*) you'll get a good hiding

hauen <haute, gehauen *o* DIAL gehaut> **I.** *vt* (1) *pret:* hieb (*fam: schlagen*) ■ **etw auf etw** *akk*/ **gegen etw ~** to hit sth against sth (2) (*fam: verprügeln*) ■ **jdn ~** to hit [*or* clout] sb; ■ **sie ~ sich** they are fighting each other; ***bitte hau mich nicht, ich tu' es ja auch nicht wieder!*** don't hit me please, I won't do it again!; ***du blutest ja, hat dich einer von deinen Schulkameraden gehauen?*** you're bleeding, did one of your classmates hit you? (3) (*meißeln*) ■ **etw in etw** *akk* **~** to carve sth in sth; ***der Künstler hat diese Statue in Marmor gehauen*** the artist carved this statue in marble; ***um fischen zu können, mussten sie ein Loch ins Eis ~*** in order to fish they had to cut a hole in the ice; ***die Stufen waren von Hand in den harten Fels gehauen worden*** the steps had been hewn by hand in the hard rock (4) *pret:* hieb (*geh: schlagen*) ■ **jdm etw auf etw** *akk* **~** to hit sb with sth on sth; ***er hau-***

te ihm die Faust auf das Kinn he hit [*or* punched] him on the chin with his fist ⑤ (*fam: stoßen*) ■ **etw an/auf etw** *akk* ~ to hit sth on sth; ***au verdammt, ich habe mir das Knie an die Tischkante gehauen!*** ow damn it, I've hit my knee on the edge of the table **II.** *vi* ① *pret: hieb* (*fam: schlagen*) ■ **[mit etw] auf etw** *akk/***gegen etw** ~ to smash sth against sth; ***er nahm die Axt und hieb damit gegen das Türschloss*** he picked up the axe and smashed it against the door lock; ***hau doch nicht so auf die Klaviertasten!*** don't thump the piano keys like that!; ■ **jdm [mit etw] auf/in/gegen/vor etw** *akk* ~ to hit sb on sth/in sth [with sth]; ***sie hieb ihm mit der flachen Hand ins Gesicht*** she slapped his face; ***er hieb ihm mit dem Schlagstock auf den Kopf*** he hit him on the head with the baton ② (*fam: prügeln*) ***bitte nicht ~!*** please don't hit me! ③ *sein* (*fam: stoßen*) ■ **[mit etw] gegen etw** ~ to bang sth against [*or* on] sth; ***er ist mit dem Fuß gegen einen Stein gehauen*** he banged his foot on a rock **III.** *vr* (*fam: sich setzen, legen*) ■ **sich auf/in etw** *akk* ~ to throw oneself onto/into sth; ***hau dich nicht so aufs Sofa!*** don't throw yourself onto the sofa like that!

Hauer[1] <-s, -> *m* MED tusk *spec;* (*hum: großer Zahn*) fang

Hauer[2] <-s, -> *m* face-worker

Häufchen <-s, -> *nt* ① *dim von* **Haufen** small pile [*or* heap] ② (*fig fam: Person*) **[dastehen/aussehen] wie ein ~ Unglück** [stand there/look] like a picture of misery; **nur noch ein ~ Elend sein** (*fam*) to be a picture of misery ▶ WENDUNGEN: **ein ~ Elend** (*fam*) a picture of misery; **ein ~ machen** to do one's business BRIT, to go to the bathroom AM

häufeln *vt* ■ **etw** ~ *Erde* to hill up sth BRIT; *Essen* to heap [*or* pile] up sth

Haufen <-s, -> *m* ① (*Anhäufung*) heap, pile ② (*fam: große Menge*) load, accumulation, mass; *Arbeit* load; ***du erzählst da einen ~ Quatsch!*** what a load of rubbish! ③ (*Schar*) crowd ④ (*Gruppe, Gemeinschaft*) crowd, bunch ▶ WENDUNGEN: **einen ~ machen** (*euph*) to do one's business; ***Vorsicht, da hat ein Hund einen ~ gemacht!*** watch out for that dog poop [*or* poo] [*or* doo]; **jdn/ein Tier über den ~ rennen/fahren** (*fam*) to run over sb/an animal *sep;* **jdn/ein Tier über den ~ schießen** [*o* **knallen**] (*fam*) to shoot sb/an animal down; **etw über den ~ werfen** [*o* **schmeißen**] (*fam*) to throw out sth *sep;* **[jdm] etw über den ~ werfen** [*o* **schmeißen**] (*fam*) to mess up sth [for sb] *sep;* **auf einem ~** (*fam*) in one place

häufen **I.** *vt* (*auf~*) ■ **[jdm] etw auf etw** *akk* ~ to pile sth on sth [for sb]; *s. a.* **gehäuft I II.** *vr* ① (*zahlreicher werden*) ■ **sich** ~ to become more frequent, to accumulate, to multiply, to increase; *s. a.* **gehäuft II** ② (*sich türmen*) ■ **sich [irgendwo]** ~ to pile up [somewhere] ③ (*türmen*) ■ **sich** *dat* **etw auf etw** *akk* ~ to pile sth on sth

Haufendorf *nt* village that has evolved haphazardly

haufenweise *adv* ① (*in Haufen*) in heaps [*or* piles] ② (*fam*) in great quantities; **etw ~ haben** [*o* **besitzen**] to have loads [*or* piles] of sth; ***sie besitzt ~ Antiquitäten*** she owns loads of antiques

Haufenwolke *f* cumulus [cloud]

häufig **I.** *adj* frequent **II.** *adv* frequently, often

Häufigkeit <-, -en> *f* frequency; **abnehmende/zunehmende ~** decreasing/increasing frequency

Häufigkeitszahl, Häufigkeitsziffer *f* frequency

Häuflein <-s, -> *nt s.* **Häufchen**

Häufung <-, -en> *f* increasing number

Haupt <-[e]s, Häupter> *nt* (*geh*) ① (*Kopf*) head ② (*zentrale Figur*) head ▶ WENDUNGEN: **an ~ und Gliedern** totally, drastically; ***die gesamte Verwaltung dieses Staates ist verfault an ~ und Gliedern*** the entire administration of this state is totally corrupt; **entblößten ~es, mit bloßem ~** bareheaded; **gesenkten/erhobenen ~es** with one's head bowed/raised; **jdn aufs ~ schlagen** to vanquish sb; **zu jds Häupten** at sb's head

Hauptabteilung *f* main [*or* principal] department

Hauptabteilungsleiter(in) *m(f)* departmental director **Hauptakteur(in)** *m(f)* leading light, kingpin *pej* **Hauptaktionär(in)** *m(f)* principal [*or* main] shareholder **Hauptakzent** *m* LING (*stärkste Betonung*) main stress ▶ WENDUNGEN: **den ~ auf etw** *akk* **legen** to place the main emphasis on sth **Hauptaltar** *m* high altar **Hauptamt** *nt* principal [*or* full-time] occupation **hauptamtlich** **I.** *adj* full-time; (*im Hauptberuf ausgeübt*) full-time; ***neben ihrer ~en Tätigkeit als Lehrerin gibt sie noch Unterricht an Volkshochschulen*** in addition to her full-time job as a teacher she teaches at adult education centres **II.** *adv* on a full-time basis **Hauptangeklagte(r)** *f(m)* main [*or* principal] defendant **Hauptanliegen** *nt* main [*or* principal] concern **Hauptanmeldung** *f* FIN *eines Patents* parent [*or* main] application **Hauptanschluss**RR *m* TELEK main extension **Hauptanspruch** *m* JUR principal [*or* main] claim **Hauptantrag** *m* JUR main request **Hauptargument** *nt* main [*or* principal] argument **Hauptaufgabe** *f* main duty [*or* task] **Hauptaugenmerk** *f kein pl* **sein ~ auf etw richten** to pay particular attention to sth **Hauptausgang** *m* main exit **Hauptausschuss**RR *m* main committee **Hauptbahnhof** *m* central [*or* main] station **Hauptbedingung** *f* main condition **Hauptbelastungszeuge, -zeugin** *m, f* JUR chief witness for the prosecution **Hauptberuf** *m* chief [*or* main] occupation; **im ~** as one's main occupation **hauptberuflich** **I.** *adj* full-time; (*... im Hauptberuf*) full-time **II.** *adv s.* hauptamtlich II **Hauptberufung** *f* JUR main appeal **Hauptbestandteil** *m* main component **Hauptbetroffene(r)** *f(m) decl wie adj* main person affected [by sth] **Hauptbilanz** *f* FIN general balance sheet **Hauptbuch** *nt* ÖKON [general] ledger; **~ für Sachkonten** nominal [*or* general] ledger **Hauptdarsteller(in)** *m(f)* leading man [*or* actor] **Hauptdeck** *nt* main deck **Haupteingang** *m* main entrance **Haupteinnahmen** *pl* principal income **Haupteinnahmequelle** *f* ÖKON main [*or* principal] source of income

Häuptel <-s, -[n]> *nt* KOCHK ÖSTERR head; ***drei ~ Kopfsalat, bitte!*** three heads of lettuce, please

Häuptelsalat *m* ÖSTERR (*Kopfsalat*) lettuce

Haupterwerb *m* main paid occupation, principal income **Haupterwerbsbauer, -bäuerin** *m, f* AGR, ÖKON full-time farmer **Haupterzeugnis** *nt* ÖKON staple commodity

Haupteslänge *f* ▶ WENDUNGEN: **jdn um ~ überragen** (*geh*) to be a head taller than sb

Hauptfach *nt* SCH ① (*Studienfach*) main [*or* principal] subject, major AM; **etw im ~ studieren** to study sth as one's main subject, to major in (Am) ② SCH (*wichtigstes Schulfach*) major subject **Hauptfigur** *f* LIT central [*or* main] [*or* principal] character **Hauptfilm** *m* main [*or* feature] film **Hauptforderung** *f* JUR chief [*or* principal] demand **Hauptfriedhof** *nt* main cemetery **Hauptgang** *m* ① (*Hauptgericht*) main course; **im ~** as a main course ② (*zentraler Gang*) main corridor ③ (*Waschgang*) main wash **Hauptgebäude** *nt* main building **Hauptgefreiter** *m* lance corporal **Hauptgericht** *nt* main course **Hauptgeschäft** *nt* main branch **Hauptgeschäftsbereich** *m* HANDEL main business area **Hauptgeschäftsführer(in)** *m(f)* managing director, chief executive **Hauptgeschäftsstelle** *f* ÖKON head office, headquarters *npl* **Hauptgeschäftszeit** *f* peak shopping hours, main business hours **Hauptgesellschafter(in)** *m(f)* main [*or* principal] shareholder **Hauptgewicht** *nt* main emphasis; **das ~ auf etw** *akk* **legen** to place the main emphasis on sth **Hauptgewinn** *m* first prize **Hauptgläubige(r)** *f(m) dekl wie adj* FIN chief [*or* major] creditor **Hauptgrund** *m* main [*or* principal] reason

Haupthaar *nt kein pl* (*geh*) hair [on the head]

Haupthahn *m* main cock [*or esp* AM tap] **Haupthandelspartner** *m* ÖKON principal business [*or* trading] partner **Haupthandlung** *f* spine **Hauptinformant(in)** *m(f)* HANDEL key informant **Hauptintervention** *f* JUR interpleader **Hauptklage** *f* JUR main action **Hauptkläger(in)** *m(f)* JUR chief [*or* principal] plaintiff **Hauptkommissar(in)** *m(f)* chief commissioner [*or* inspector] **Hauptkundengruppe** *f* HANDEL key account group **Hauptlast** *f* main load; ***die ~ der Steuererhöhungen werden die mittleren Einkommensgruppen zu tragen haben*** the middle income groups will have to bear the main burden of tax increases **Hauptleitung** *f* mains *pl*

Hauptleute *pl von* **Hauptmann**

Hauptlieferant *m* HANDEL prinicipal supplier

Häuptling <-s, -e> *m* chief

Hauptmahlzeit *f* main meal **Hauptmangel** *m* JUR chief [*or* principal] defect

Hauptmann <-leute> *m* captain

Hauptmenü *nt* INFORM main menu **Hauptmerkmal** *nt* main feature **Hauptmieter(in)** *m(f)* main tenant **Hauptnahrungsmittel** *nt* KOCHK staple food **Hauptnenner** *m* common denominator **Hauptniederlassung** *f* HANDEL head office, headquarters *npl* **Hauptpachtvertrag** *m* JUR head lease **Hauptpatent** *nt* main [*or* principal] patent **Hauptperson** *f* ① (*wichtigste Person*) central figure, most important person ② (*die tonangebende Person*) centre [*or* AM -er] of attention; (*wichtigste Person*) main person; ***er ist eindeutig die ~ bei diesem Projekt*** he's the main person on this project **Hauptplatine** *f* INFORM motherboard **Hauptportal** *nt* main portal **Hauptpost** *f* (*fam*), **Hauptpostamt** *nt* main post office **Hauptpreis** *m* leading price **Hauptproblem** *nt* main [*or* principal] problem **Hauptprozess** *m* JUR main trial **Hauptquartier** *nt* headquarters **Hauptrechenchip** *nt* INFORM central processing unit **Hauptrechner** *m* INFORM host [*or* master] computer **Hauptreisezeit** *f* peak travel period **Hauptrolle** *f* leading [*or* main] role; **[in etw** *dat*] **die ~ spielen** to play the leading role [in sth] ▶ WENDUNGEN: **[bei etw] die ~ spielen** to play a leading part [in sth] **Hauptsache** *f* ① (*das Wichtigste*) main thing [*or* point]; **in der ~** in the main, mainly, on the whole; **~, ...** the main thing is...; ***~, du bist glücklich!*** the main thing is that you're happy! ② JUR substance of the case, case of action; **die ~ für erledigt erklären** to declare that the cause of action has been disposed of; **ohne der Entscheidung in der ~ vorzugreifen** without prejudice to its decision on the substance [of a case]; **in der ~ entscheiden** to give judgment on the main issue; **zur ~ verhandeln** to plead on the main issue

hauptsächlich **I.** *adv* mainly, principally, especially, essentially, above all **II.** *adj* main, principal, chief, most important, essential; ***in den ~en Punkten sind wir uns einig*** we agree on the main points

Hauptsaison [-zɛzõ:, -zɛzɔŋ] *f* peak season; **~ haben** to be one's peak season; ***vom 23.4. bis zum 15.9. haben wir ~*** 23/04 – 15/09 is our peak season **Hauptsatz** *m* LING main clause **Hauptschalter** *m* main [*or* master] switch **Hauptschiff** *nt* ARCHIT nave **Hauptschlagader** *f* aorta **Hauptschließanlage** *f* BAU master key system **Hauptschlüssel** *m* master key, passkey **Hauptschulabgänger(in)** *m(f)* SCH *school-leavers/graduates from a Hauptschule* **Hauptschulabschluss**RR *m* SCH [*certificate of*] *completion of compulsory basic secondary schooling* **Hauptschuld** *f kein pl* main blame; ■ **die/jds ~ an etw** *dat* the/sb's principal fault regarding sth **Hauptschuldige(r)** *f(m)* person mainly to blame, person mainly at fault, major offender **Hauptschuldner(in)** *m(f)* FIN principal debtor, primary obligor **Hauptschule** *f* ≈ secondary modern school BRIT, ≈ junior high school AM (*covering years 5 to 9 or the last 5 years of the compulsory nine years at school in Germany or years 5 to 8 in Austria*) **Hauptschüler(in)** *m(f)* ≈ secondary modern school pupil BRIT, ≈ junior-high student AM **Hauptschullehrer(in)** *m(f)* ≈ secondary modern [*or* AM ≈ junior high] school teacher **Hauptschwierigkeit** *f* main problem **Hauptseminar** *nt* seminar for advanced students **Hauptsendezeit** *f* TV, RADIO peak viewing time **Hauptsicherung** *f* ELEK, TECH, BAU main fuse **Hauptsitz** *m* headquarters + *sing/pl vb,* head office; **mit ~ in** headquartered in **Hauptspeicher** *m* INFORM main [*or* primary] memory [*or* storage] **Hauptspeise** *f* main dish **Hauptspiegel** *m* main; *eines Satelliten* main mirror **Hauptsponsor(in)** *m(f)* main [*or* principal] sponsor **Hauptstadt** *f* capital [city] **hauptstädtisch** *adj* capital[-city], metropolitan **Hauptstraße** *f* main street **Hauptstrecke** *f* main line, main route **Hauptstudium** *nt* SCH main [part of a university] course **Haupttäter(in)** *m(f)* JUR principal [*or* chief] offender, main culprit [*or* perpetrator] **Hauptteil** *m* main [*or* major] part **Hauptteilhaber(in)** *m(f)* ÖKON principal partner **Haupttermin** *m* JUR trial date **Hauptthema** *nt* principal [*or* main] theme **Haupttitel** *m* (*Buch*) full title, title page **Haupttreffer** *m* jackpot; **den ~ erzielen** to hit the jackpot **Hauptübertragungsweg** *m* MED principal means of transmission **Hauptursache** *f* main [*or* chief] [*or* principal] cause **hauptverantwortlich** *adj* JUR primarily [*or* mainly] responsible **Hauptverantwortlichkeit** *f* JUR prime responsibility **Hauptverband** *m* principal [*or* main] association **Hauptverfahren** *nt* JUR main proceedings *pl;* **Eröffnung des ~s** opening of the trial **Hauptverhandlung** *f* JUR main hearing, trial process **Hauptverkehrsstraße** *f* arterial road, main road [*or* highway] [*or* thoroughfare] **Hauptverkehrszeit** *f* rush hour **Hauptverpflichtete(r)** *f(m) dekl wie adj* JUR principal **Hauptverpflichtung** *f* JUR prime obligation **Hauptversammlung** *f* general meeting **Hauptversammlungsbeschluss**^RR^ *m* JUR shareholders' [*or* AM stockholders'] resolution **Hauptvertrag** *m* JUR main [*or* primary] contract **Hauptvertreter(in)** *m(f)* HANDEL general agent **Hauptverwaltung** *f* ADMIN head office, [administrative] headquarters + *sing/pl vb* **Hauptverzeichnis** *nt* INFORM main directory **Hauptvorstand** *m* ADMIN executive [*or* governing] board **Hauptwache** *f* main police station **Hauptwarengruppe** *f* HANDEL chief product group **Hauptwäsche** *f* main wash **Hauptwaschgang** *m* main wash **Hauptwaschmittel** *nt* strong-action detergent **Hauptwerk** *nt* 1 (*Kunst~*) major [*or* principal] work, magnum opus 2 (*Fabrik*) main factory **Hauptwohnsitz** *m* main place of residence **Hauptwort** *nt* noun **Hauptzeile** *f* headline, catchline **Hauptzeuge, -zeugin** *m, f* chief [*or* principal] witness **Hauptziel** *nt* main [*or* principal] objective, main goal **Hauptzollamt** *nt* main customs office

hau ruck *interj* heave; ***so, jetzt ziehen wir alle gemeinsam an dem Seil – ~! ~!*** right, let's all pull on the rope together – heave-ho! heave-ho!

Hauruck <-s, -s> *nt* heave ho

Hauruckverfahren *nt* any old how; ***die haben das Gebäude im ~ hochgezogen*** they just threw up the building any old how

Haus <-es, Häuser> *nt* 1 (*Gebäude*) house; ***das Internat bestand aus mehreren Häusern*** the boarding school consisted of several buildings; ***wie geht's zu ~e?*** how are things at home?; **das ~ Gottes** [*o geh* **des Herrn**] the house of God [*or form* the Lord]; **~ und Hof** (*geh*) house and home; **das Weiße ~** the White House; **für jdn ein offenes ~ haben** to keep open house for sb; **jdn nach ~e bringen** to see [*or* take] sb home; ***kannst du mich mit dem Auto nach ~e bringen?*** can you drive me home?; **jdn ans ~ fesseln** to confine sb to the house; ***seit sie krank ist, ist sie ans ~ gefesselt*** since she's been ill she's been confined to the house; **sich [irgendwo/bei jdm] wie zu ~e fühlen** to feel at home [somewhere/in sb's house]; ***fühlen Sie sich wie zu ~e!*** make yourself at home; **aus dem ~ gehen** to leave the house; **das ~ hüten müssen** to have to stay at home; ***ich muss wegen einer Grippe das ~ hüten*** I have to stay in due to a bout of flu; **außer ~ essen** to eat out; ***am Wochenende essen sie außer ~*** they eat out at weekends; **aus dem ~ sein** to have left home; **irgendwo zu ~[e] sein** to live [*or* come from] somewhere; ***wo sind Sie eigentlich zu ~e*** tell me, where are you from?; ***der Pandabär ist nur in China zu ~e*** the panda bear can only be found in China; **jdn nicht ins ~ kommen** to not allow sb/sth in the house; ***eine Katze kommt mir nicht ins ~!*** I'm not having a cat in the house!; **[etw] ins ~ liefern** to deliver [sth] to the door; ***liefern Sie ins ~?*** do you make home deliveries?; **frei ~ liefern** to deliver free of charge; **jdn ins ~ nehmen** to take sb in[to one's home]; **jdn nach ~e schicken** (*fam*) to send sb packing *fam,* to send sb home; ***ich habe den Vertreter gleich wieder nach ~e geschickt*** I sent the rep packing straight away; ***die Lehrerin schickte den Schüler nach ~e*** the teacher sent the pupil home; **jdm das ~ verbieten** to not allow sb in the house; **~ an ~** next door; ***wir wohnen ~ an ~*** we live next door to each other; **im ~[e]** in the house; ***bei der Kälte bleibe ich lieber im ~*** I prefer to stay indoors [*or* inside] when it's cold; **nichts mehr im ~ haben** to have nothing [left] [to eat/drink] in the house; **ins ~** into the house, indoors; ***es wird schon kühl, lass uns ins ~ gehen*** it's getting cool, let's go indoors [*or* inside]; ***meine Klavierlehrerin kommt immer ins ~*** my piano teacher always comes to our house; **nach ~e,** ÖSTERR, SCHWEIZ *a.* **nachhause**^RR^ home; ***komm nicht so spät nach ~e!*** don't come home so late!; ***es ist nicht mehr weit bis nach ~e!*** we're not far from home now!; ***ich muss nach ~e!*** I must [*or* have to] go home!; **von ~ zu ~ gehen/wandern/ziehen** to go/wander/roam from house to house [*or* door to door]; **zu ~e,** ÖSTERR, SCHWEIZ *a.* **zuhause**^RR^ at home; ***seid unbedingt vor Mitternacht wieder zu ~e!*** make sure you're back home before midnight!; ***wir können schon in drei Stunden zu ~e sein*** we can be home in three hours; **bei jdm zu ~e,** ÖSTERR, SCHWEIZ *a.* **zuhause** in sb's home; ***bei euch zu ~e ist es so gemütlich*** there's such a relaxed atmosphere in your home; ***bei uns zu ~e wurde vor dem Essen gebetet*** we always said prayers before a meal in our house 2 (*Villa, Pension*) house; ***„~ Talblick"*** "Talblick House"; **das erste ~ am Platze** the best hotel in town; **ein gepflegtes** [*o* **gut geführtes**] **~** a well-run restaurant 3 (*Familie*) household; ***er ist ein alter Freund des ~es*** he's an old friend of the family; **die Dame/der Herr des ~es** the lady/master of the house; **aus bürgerlichem/gutem/schlechtem ~e stammend** from a middle-class/good/bad family; **aus adligem ~e** from a noble family; **aus angesehenem ~e** from a respectable family; **von ~e aus** by birth; ***von ~e aus ist sie musikalisch*** she comes from a musical family 4 (*Dynastie*) house; ***die Kaiser von Österreich stammten aus dem ~e Habsburg*** the Emperor of Austria came from the House of the Hapsburgs 5 (*geh: Unternehmen*) firm, company; ***Rauchen ist im ganzen ~ verboten!*** smoking is not allowed anywhere in the company buildings; **das erste ~ am Platze** the best firm in the area; **im ~e sein** to be in; ***Sie können mich jederzeit im Büro erreichen, ich bin den ganzen Tag im ~e*** you can get me at the office any time, I'm in [*or* there] all day 6 (*geh: Saal, Publikum*) house; **das große/kleine ~** the large/small theatre; **vor vollem** [*o* **ausverkauftem**]/**leerem ~e spielen** to play to a full [*or* packed]/empty house 7 POL (*Kammer*) House; ***das Gesetz passierte das ~ ohne Gegenstimmen*** the act passed through the House without opposition; **Hohes ~!** (*geh*) honourable members! *form* 8 ZOOL (*Schnecken~*) house, shell 9 ASTROL (*Kraftfeld*) house 10 (*Haushalt*) **ein großes ~ führen** (*geh*) to entertain in style; **jdm das ~ führen** to keep house for sb ▶ WENDUNGEN: **~ und Herd verlassen** (*geh*) to leave one's home and family; **[du] altes ~!** (*fam*) old chap *dated;* **das europäische ~** the family of Europe; **sein ~ bestellen** to put [*or* set] one's house in order; **für jdn/niemanden zu ~ sein** to be at home to sb/nobody; **in etw** *dat* **zu ~e sein** to be at home in sth; ***in der Physik bin ich nicht so zu ~e wie Sie!*** I'm not as much at home in physics as you are; **jdm ins ~ schneien** (*fam*) to descend on sb; **[jdm] ins ~ stehen** to be in store [for sb]; ***vielleicht steht uns ein großer Lottogewinn ins ~*** perhaps we're in store for a big win on the lottery; **von ~e aus** originally

Hausa <-> *nt* 1 ■**die ~** (*Volksstamm*) Hausa 2 *kein pl* (*Sprache*) Hausa

Hausaltar *m* family altar **Hausangestellte(r)** *f(m)* domestic servant, domestic *esp fem* **Hausanschluss**^RR^ *m* private connection, mains [*or* AM utilities] connection **Hausanschlussraum**^RR^ *m* BAU utilities room **Hausantenne** *f* outside aerial [*or esp* AM antenna] **Hausanzug** *m* leisure suit **Hausapotheke** *f* medicine cabinet **Hausarbeit** *f* 1 (*Arbeit im Haushalt*) housework 2 SCH (*Schulaufgaben*) homework 3 SCH (*wissenschaftliche Arbeit*) [academic] assignment **Hausarrest** *m* 1 (*Verbot*) confinement to the house; **~ haben** to be grounded 2 (*Strafe*) house arrest **Hausarzt, -ärztin** *m, f* family doctor, GP **Hausaufgabe** *f* a piece of homework; ■**~n** homework *no pl;* **seine ~n machen** (*a. fig*) to do one's homework; **seine ~n nicht gemacht haben** (*a. fig*) not to have done one's homework **Hausaufgabenhilfe** *f* 1 (*Person*) [homework] tutor 2 *kein pl* (*Unterstützung*) homework support [*or* tutoring] **Hausaufsatz** *m* homework essay **hausbacken** *adj* plain, unadventurous **Hausbank** *f* house bank, principal banker **Hausbar** *f* 1 (*eine Bar zu Hause*) home bar 2 (*Inhalt*) range of drinks at home **Hausbau** *m* building of a/the house **Hausbesetzer(in)** <-s, -> *m(f)* squatter **Hausbesetzerszene** *f* SOZIOL, POL squatting fraternity **Hausbesetzung** *f* squatting **Hausbesitzer(in)** *m(f)* home-owner; (*Vermieter*) landlord **Hausbesorger(in)** <-s, -> *m(f)* ÖSTERR (*Hausmeister*) janitor **Hausbesuch** *m* home visit **Hausbewohner(in)** *m(f)* tenant, occupant of a house **Hausbibliothek** *f* library **Hausboot** *nt* houseboat **Hausbrand** *m* 1 (*Feuer*) house fire 2 (*Brennstoff*) domestic fuel **Hausbriefkasten** *m* letter-box

Häuschen <-s, -> ['hɔɪsçən] *nt* 1 *dim von* **Haus** little [*or* small] house, cottage 2 SCHWEIZ (*Kästchen auf kariertem Papier*) square ▶ WENDUNGEN: **jdn [ganz] aus dem ~ bringen** (*fam*) to drive sb wild with excitement; **[über etw** *akk*] **ganz aus dem ~ geraten** (*fam*) to go completely wild with excitement [about sth]; **ganz aus dem ~ sein** (*fam*) to be beside oneself

Hausdach *nt* roof **Hausdame** *f* housekeeper **Hausdetektiv(in)** *m(f)* store detective **Hausdiener(in)** *m(f)* domestic servant **Hausdrachen** *m* (*pej fam*) battle-axe *pej fam,* dragon *pej fam* **Hausdurchsuchung** *f* JUR house search **Hausdurchsuchungsbefehl** *m* JUR, ADMIN ÖSTERR (*Legitimation zu einer Haussuchung*) search-warrant **hauseigen** *adj* belonging to the establishment; ***die Gäste können den ~en Tennisplatz benutzen*** the guests can use the hotel's own tennis court; **~e Produktion** ÖKON company-owned production **Hauseigentümer(in)** *m(f)* (*geh*) *s.* **Hausbesitzer** **Hauseinfahrt** *f* drive[way] of a/the house **Hauseingang** *m* entrance [to a/the house]

hausen *vi* ■**irgendwo ~** 1 (*pej fam: erbärmlich wohnen*) to live [in poor conditions] somewhere 2 (*wüten*) to wreak havoc somewhere

Häuserblock *m* block [of houses] **Häuserfront** *f* terrace front **Häusermakler(in)** *m(f)* estate [*or* AM real-estate] agent **Häusermeer** *nt* (*geh*) sea of houses **Häuserreihe** *f* row of houses **Häuserwand** *f* wall of houses **Häuserzeile** *f* line of houses

Hausfarbe *f* TYPO brand [*or* house] colour [*or* AM -or] **Hausflur** *m* entrance hall **Hausfrau** *f* 1 (*nicht berufstätige Frau*) housewife 2 ÖSTERR, SÜDD (*Zimmerwirtin*) landlady **Hausfrauenart** *f* home-made style; ■**nach ~** in a home-made style **hausfraulich** *adj* housewifely; **~e Aufgaben** a housewife's duties **Hausfreund(in)** *m(f)* 1 (*Freund der Familie*) friend of the family 2 *nur m* (*euph fam: Liebhaber der Ehefrau*) man-friend *euph* **Hausfriede(n)** *m* domestic peace; (*zwischen Hausbewohnern*) harmonious relations between tenants **Hausfriedensbruch** *m* trespassing **Hausgebrauch**

m domestic use; **für den** ~ for domestic use; (*fam: für durchschnittliche Ansprüche*) for average requirements **Hausgeburt** *f* home birth **Hausgehilfe, -gehilfin** *m, f* home help **Hausgehilfin** *f fem form von* **Hausgehilfe** part-time maid, day maid, BRIT *a.* home help **hausgemacht** *adj* ❶ (*im eigenen Haushalt hergestellt*) home-made ❷ (*intern begründet*) created by domestic factors; ***Experten bezeichnen die Inflation als zum Teil*** ~ experts ascribe inflation partially to domestic factors **Hausgemeinschaft** *f* household; **mit jdm in ~ leben, in einer ~ mit jdm leben** to live together with sb **Hausgott** *m* household gods *pl*

Haushalt <-[e]s, -e> *m* ❶ (*Hausgemeinschaft*) household ❷ (*~sführung*) housekeeping; **[jdm] den ~ führen** to keep house [for sb] ❸ MED, BIOL (*Kreislauf*) balance ❹ FIN (*Etat*) budget; **kommunaler/öffentlicher** ~ municipal/government budget

haus|halten, Haus halten^{RR} *vi irreg* ❶ (*sparsam wirtschaften*) ■**[mit etw]** ~ to be economical [with sth] ❷ (*dosiert einsetzen*) ■**mit etw** ~ to conserve sth

Haushälter(in) <-s, -> *m(f)* housekeeper

Haushälterin <-, -nen> *f* housekeeper

haushälterisch I. *adj* economical, thrifty II. *adv* economically

Haushaltsabfall *m* domestic waste **Haushaltsabstriche** *pl* FIN budget cuts **Haushaltsartikel** *m* household article [*or* item] **Haushaltsausgaben** *pl* FIN budgetary expenditure **Haushaltsausgleich** *m* FIN budget balancing **Haushaltsausschuss**RR *m* budget[ary] committee **Haushaltsbelastung** *f* FIN budgetary pressure **Haushaltsberatung** *f* ❶ *kein pl* FIN (*das Beraten*) budget debate, budget[ary] consultations [*or* deliberations] *pl* ❷ (*beratende Stelle*) household advice centre [*or* AM -er] **Haushaltsbesteuerung** *f* FIN taxation of households, splitting system **haushaltsbezogen** *adj attr* budgetary **Haushaltsbuch** *nt* housekeeping book **Haushaltsdebatte** *f* budget debate **Haushaltsdefizit** *nt* POL, ÖKON budget[ary] deficit **Haushaltsentwurf** *m* FIN proposed [*or* draft] budget **Haushaltsexperte, -expertin** *m, f* budget[ary] expert **haushaltsfinanziert** *adj* FIN financed by the budget *pred* **Haushaltsführung** *f* housekeeping; **doppelte** ~ running two households **Haushaltsgeld** *nt* housekeeping money **Haushaltsgerät** *nt* household [*or* domestic] appliance **Haushaltsgesetz** *nt* FIN Budget Act, BRIT Finance Act **Haushaltsgrundsätzegesetz** *nt* JUR law on basic budgetary rules **Haushaltshilfe** *f* home help **Haushaltsjahr** *nt* financial [*or* fiscal] year **Haushaltskasse** *f kein pl* budget account **Haushaltskonsolidierung** *f* budget consolidation **Haushaltskosten** *pl* FIN budgetary costs **Haushaltslage** *f* budgetary position **Haushaltsloch** *nt* budgetary gap **Haushaltsmittel** *pl* ÖKON, ADMIN budget[ary] funds *pl* **Haushaltsnachtrag** *m* FIN supplementary budget **Haushaltspackung** *f* family[-size] pack **Haushaltsplan** *m* budget **Haushaltspolitik** *f* ÖKON budgetary policy **haushaltspolitisch** *adj* FIN *attr* on budgetary policy; ~ ***gesehen, ist diese Reform absolut notwendig*** this reform is crucial for the budgetary policy; **~e Entscheidung/Maßnahmen/Reform** decision on budgetary policy/budget policy measures/budgetary reform **Haushaltsraffinade** *f* granulated sugar **Haushaltsrecht** *nt* JUR budget[ary] law **Haushaltsreiniger** *m* CHEM household cleaner **Haushaltsreserve** *f* FIN budgetary provisions *pl* **Haushaltssaldo** *m* ÖKON budget[ary] balance **Haushaltssanierung** *f* overhaul of the budget **Haushaltsschere** *f* household scissors *npl* **Haushaltssperre** *f* freeze on public spending **Haushaltstechnik** *f kein pl* domestic automation **Haushaltsüberschuss**RR *m* FIN budget surplus **Haushaltsverfahren** *nt* FIN budgetary procedure **Haushaltsvorlage** *f* JUR finance bill **Haushaltsvorstand** *m* householder **Haushaltswaage** *f* kitchen scales *npl* **Haushaltswaren** *pl* household goods *npl* **Haushaltswirtschaft** *f* JUR budget management **Haushaltszugehörigkeit** *f* FIN membership of a household

Haushaltung *f* ❶ *kein pl* (*Haushaltsführung*) housekeeping *no pl, no indef art* ❷ *kein pl* (*der sparsame Einsatz*) ■**die ~ mit etw** economizing [*or* BRIT *a.* -ising] with sth ❸ (*geh: Haushalt 1*) household

Haus-Haus-Verkehr *m* HANDEL door-to-door delivery service **Hausherr(in)** <-en, -en> *m(f)* head of the household; (*der Gastgeber*) host **haushoch** I. *adj* ❶ (*euph: sehr hoch*) as high as a house; **haushohe Flammen** gigantic [*or* huge] flames; **haushohe Wellen** mountinous waves ❷ SPORT (*eindeutig*) clear, definite; **eine haushohe Niederlage** a crushing defeat; **ein haushoher Sieg** an overwhelming victory; **ein haushoher Favorit** a hot favourite [*or* AM -orite] II. *adv* (*eindeutig*) clearly, definitely; ***die gegnerische Mannschaft wurde ~ geschlagen*** the opposition was decisively defeated

hausieren* *vi* ■**[mit etw]** ~ to hawk [*or* peddle] [sth]; **H~ verboten!** no hawkers!; **mit etw ~ gehen** to peddle sth around; ***sie geht mit allen möglichen Gerüchten*** ~ she peddles every rumour possible around

Hausierer(in) <-s, -> *m(f)* hawker, peddler

hausintern *adj* in-house

Hausjacke *f* casual jacket **Hauskapelle** *f* private chapel **Hauskatze** *f* domestic cat **Hauskauf** *m* house-buying *no pl, no indef art,* house purchase **Hauskleid** *nt* house dress **Hauskonzert** *nt* concert given at home **Hauslehrer(in)** *m(f)* private tutor

Häuslerrecht *nt* JUR ancient agricultural tenancy right

häuslich *adj* ❶ (*die Hausgemeinschaft betreffend*) domestic; **der ~e Frieden** domestic peace; **~e Pflichten** domestic duties ❷ (*das Zuhause liebend*) homely, home-loving; **sich irgendwo ~ einrichten** to make oneself at home somewhere; **sich irgendwo ~ niederlassen** to settle down somewhere

Häuslichkeit <-> *f kein pl* domesticity *no pl*

Hausmacherart *f* home-made style; **nach** ~ home-made-style *attr* **Hausmacherkost** *f kein pl* home cooking *no pl, no indef art*

Hausmacht *f kein pl* ❶ (*fig: Macht*) power base ❷ HIST (*Territorien*) allodium **Hausmädchen** *nt* maid, BRIT *a.* home help **Hausmann** *m* househusband **Hausmannskost** *f kein pl* ❶ *s.* **Hausmacherkost** ❷ (*fam: durchschnittliche Leistung*) average performance **Hausmantel** *m* housecoat **Hausmarke** *f* ❶ (*Sekt eines Gastronomiebetriebes*) sparkling house wine ❷ (*bevorzugte Marke*) favourite [*or* AM -orite] brand **Hausmaus** *f* ZOOL house mouse **Hausmeister(in)** *m(f)* caretaker, janitor **Hausmitteilung** *f* ❶ (*firmeninterne Mitteilung*) [internal] memo ❷ (*periodische Druckschrift für Kunden*) company newsletter **Hausmittel** *nt* household remedy **Hausmüll** *m* domestic refuse *no pl, no indef art* **Hausmülltonne** *f* (*geh*) dustbin BRIT, garbage can AM (*for nonrecyclable and nontoxic waste*) **Hausmusik** *f* music within the family circle **Hausmutter** *f* house-mother; (*im Internat*) house-mistress **Hausmütterchen** *nt* (*pej*) little housewife *pej;* (*hum: Mädchen*) little mother *hum* **Hausnummer** *f* house number **Hausordnung** *f* house rules *pl* **Hauspflege** *f* MED home care [*or* help] **Hauspost** *f kein pl* internal post **Hausputz** *m* clean-out of the house **Hausrat** *m kein pl* household contents *pl* **Hausratersatzbeschaffung** *f* FIN home contents replacement **Hausratte** *f* ZOOL black rat **Hausratversicherung** *f* household contents insurance *no pl* BRIT, home owner's [*or* renter's] insurance AM **Hausrecht** *nt* authority as a householder *no pl;* JUR domiciliary right (*to deny sb entry*); **von seinem ~ Gebrauch machen** to ask sb to leave **Hausrotschwanz** *m* ORN black redstart **Haussammlung** *f* door-to-door [*or* house-to-house] collection **Hausschlachtung** *f* on-site domestic slaughtering **Hausschlüssel** *m* front-door key **Hausschuh** *m* slipper **Hausschwamm** *m* dry rot

Hausse <-, -n> ['ho:sə, o:s] *f* BÖRSE bull market; **auf ~ spekulieren** to bull

Haussegen *m* house blessing ▶ WENDUNGEN: **der ~ hängt [bei jdm] schief** (*hum fam*) there is a strained atmosphere [in sb's home]

Haussegeschäft *nt* BÖRSE bull transaction; **~e tätigen** to go for a rise **Haussespekulant(in)** *m(f)* BÖRSE bull

Haussier <-s, -s> [hos'i̯e:, os'i̯e:] *m* BÖRSE bull

Haussperling *m* ORN house sparrow **Hausstand** *m* (*geh*) household; **einen [eigenen] ~ gründen** to set up house [*or* home] [on one's own] **Hausstauballergie** *f* house-dust allergy **Haussuchung** <-, -en> *f s.* **Hausdurchsuchung** **Haussuchungsbefehl** *m* search warrant **Haustarif** *m* company wage structure **Haustarifvertrag** *m* company collective agreement **Haustelefon** *nt* internal telephone **Haustier** *nt* pet, domestic animal *form* **Haustür** *f* front door; **direkt vor der ~** (*fam*) right on one's doorstep **Haustürgeschäft** *nt* door-to-door selling **Haustürverkauf** *m* ÖKON door-to-door selling **Haustyrann(in)** *m(f)* (*pej fam*) tyrant at home, household tyrant **Haus- und Grundstücksverwaltung** *f* house and property administration **Hausvater** *m* house-father **Hausverbot** *nt* ban from entering a premises; **jdm ~ erteilen** to ban sb from entering a premises; **[irgendwo/bei jdm] ~ haben** to be banned [*or* barred] [from somewhere/sb's home] **Hausvermögen** *nt kein pl* JUR property in the form of houses **Hausverwalter(in)** *m(f)* manager of a tenement block **Hausverwaltung** *f* management of a tenement block **Hauswand** *f* wall of a/the building **Hauswart(in)** <-s, -e> *m(f) s.* **Hausmeister** **Hauswirt(in)** *m(f)* landlord **Hauswirtschaft** *f kein pl* domestic science *no pl, no indef art,* home economics + *sing vb* **Hauswirtschafter(in)** <-s, -> *m(f)* housekeeper **Hauswirtschafter(in)** <-s, -> *m(f)* housekeeper **hauswirtschaftlich** *adj* domestic **Hauswirtschaftsschule** *f* domestic science college **Hauszelt** *nt* frame tent **Haus-zu-Haus-Verkauf** *m* HANDEL door-to-door selling

Haut <-, Häute> *f* ❶ ANAT skin; **nass bis auf die ~** soaked to the skin; **viel ~ zeigen** (*hum*) to reveal a lot *hum;* (*gegerbtes Fell*) hide ❷ BOT, HORT (*dünne Schale*) peel, skin ❸ (*Außen~*) skin ❹ (*erstarrte Schicht*) skin ▶ WENDUNGEN: **mit ~ und Haar[en]** (*fam*) completely, totally; **nur ~ und Knochen sein** (*fam*), **nur noch aus ~ und Knochen bestehen** (*fam*) to be nothing but skin and bone; **[für jdn/etw] seine ~ zu Markte tragen** to risk one's neck [for sb/sth]; **eine ehrliche ~ sein** (*fam*) to be an honest sort; **auf der faulen ~ liegen** (*fam*), **sich auf die faule ~ legen** (*fam*) to laze around [*or* BRIT about]; **mit heiler ~ davonkommen** (*fam*) to escape unscathed; **seine ~ so teuer wie möglich verkaufen** (*fam*) to make things as difficult as possible; **sich nicht wohl in seiner ~ fühlen** (*fam*) not to feel too good; **jdm ist nicht wohl in seiner ~** (*fam*) sb is not feeling too good; **aus der ~ fahren** (*fam*) to hit the roof *fam;* **etw geht [jdm] unter die ~** (*fam*) sth gets under one's skin *fam;* **nicht aus seiner ~ heraus können** (*fam*) a leopard cannot change its spots *prov;* **seine [eigene] ~ retten** (*fam*) to save one's own skin; **jd möchte nicht in jds ~ stecken** sb would not like to be in sb's shoes; ***ich möchte nicht in seiner ~ stecken*** I wouldn't like to be in his shoes; **sich seiner ~ wehren** (*fam*) to stick up for oneself *fam*

Hautabschürfung *f* graze **Hautalterung** *f* cutaneous [*or* skin] ageing [*or* AM aging] **Hautatmung** *f* cutaneous respiration *no pl* **Hautausschlag** *m* [skin] rash **Hautbeschaffenheit** *f* skin texture

Häutchen <-s, -> *nt dim von* **Haut** ❶ (*dünne Haut*) thin skin; (*schuppend*) flaky skin; (*Nagelhaut*) cuticle ❷ ORN, ZOOL membrane ❸ (*erstarrte Schicht: auf Milch etc.*) skin

Hautcreme *f* skin cream

Haute Couture <- -> [o:tku'ty:ɐ] *f kein pl* haute couture *no pl, no art*

häuten I. *vt* ■**etw ~** to skin sth II. *vr* (*die Haut ab-*

streifen) ■**sich** ~ to shed its skin
hauteng I. *adj* skin-tight II. *adv* skin-tight
Hautentzündung *f* dermatitis
Hautevolee <-> *f kein pl* upper crust *no pl, no indef art fam*
Hautfarbe *f* skin colour [*or* AM -or] **hautfarben** *adj* flesh-coloured **Hautfleck** *m* blemish, blotch **hautfreundlich** *adj* kind to the skin **Hautgrieß** *m* grutum **Hautklärer** *m* clarifier **Hautklinik** *f* MED dermatological clinic [*or* hospital] **Hautkontakt** *m* physical contact **Hautkrankheit** *f* MED skin disease, dermatosis *spec,* dermatopathy *spec* **Hautkrebs** *m* MED skin cancer *no pl,* skin [*or* cutaneous] carcinoma *spec* **Hautlotion** *f* skin lotion **hautnah** I. *adj* ① *(sehr eng)* very close ② *(fam: wirklichkeitsnah)* vivid II. *adv* ① *(sehr eng)* very closely ② *(fam: wirklichkeitsnah)* vividly **Hautpflege** *f* skin care *no pl* **Hautpilz** *m* fungal skin disorder **Hautreinigung** *f kein pl* skin cleansing *no pl, no indef art* **Hautreizung** *f* skin [*or* cutaneous] irritation **hautschonend** *adj* MED kind to the [*or* one's] skin *pred* **Hautschutzmittel** *nt* skin protectant **Hauttalg** *m* sebaceous matter **Hauttransplantation** *f* skin-graft **Hauttyp** *m* PHARM, MED skin type
Häutung <-, -en> *f* ① *(das Häuten)* skinning, flaying ② *(das sich Häuten)* shedding of the skin *no pl*
Hautunreinheit *f* MED, PHARM skin blemish [*or* flaw] **Hautverbrennung** *f* burns to the skin **Hautverpflanzung** *f* skin-graft
Havanna <-, -s> [va] *f,* **Havannazigarre** *f* Havana [cigar]
Havarie <-, -n> [va, 'ri:ən] *f* ① *(Schiffsunglück)* accident ② ÖSTERR *(Autounfall)* [car] accident ③ JUR average; **besondere/große** ~ particular/general average
Havariegutachten *nt* JUR damage survey
havariert *adj* ① NAUT *(verunglückt)* wrecked ② ÖSTERR *(im Autounfall verunglückt)* damaged
Haverei *f* JUR average
Hawaii *nt* Hawaii; *s. a.* **Sylt**
Hawaii <-s> *nt* Hawaii *no pl, no art*
Hawaiigitarre *f* Hawaiian guitar
hawaiisch *adj* Hawaiian
Haxe <-, -n> *f* ① KOCHK SÜDD *(Beinteil von Kalb/Schwein)* leg ② *(fam: Fuß)* foot
Hazienda <-, -s> [ha'tsiɛnda] *f* hacienda
Hbf. *Abk von* **Hauptbahnhof**
H-Bombe ['ha:] *f* H-bomb
HBV *f* ÖKON *Abk von* **Gewerkschaft für Handel, Banken und Versicherungen** union for commerce, banking and insurance, German Banking and Insurance Union
h.c. *Abk von* **honoris causa** h.c.
HDE *m* JUR *Abk von* **Hauptverband des deutschen Einzelhandels** HDE, German Retailers Association
HDTV <-s> *nt kein pl Abk von* **High Definition Television** HDTV
he *interj (ärgerlicher Ausruf)* oi! BRIT *fam,* hey! AM *fam;* **~, *können Sie nicht besser aufpassen!*** oi! can't you be more careful!; *(erstaunter Ausruf)* cor!; *(Aufmerksamkeit erregend)* hey!
Headhunter(in) <-s, -> ['hedhʌntəʳ] *m(f)* ÖKON headhunter
Headline <-, -s> ['hɛdlaɪn] *f* headline
Headset <-s, -s> ['hɛd-] *nt* headset
Hearing <-[s], -s> ['hɪərɪŋ] *nt* hearing
heavy ['hɛvi] *adj pred (sl)* unbelievable *sl*
Heavymetal, Heavy Metal <- -> ['hɛvi'mɛtl] *nt kein pl* heavy metal *no pl, no indef art*
Heavymetalfan ['hɛvɪ'mɛtl] *m* headbanger
Hebamme <-, -n> *f* midwife
Hebebühne *f* hydraulic lift, lifting platform
Hebegebühr *f* JUR lawyer's collection fee
Hebel <-s, -> *m* ① *(Griff)* lever ② SPORT *s.* **Hebelgriff** ► WENDUNGEN: **alle ~ in Bewegung setzen** *(fam)* to move heaven and earth to do sth, to set all wheels in motion to do sth; **den ~ an der richtigen Stelle ansetzen** to set about [*or esp* AM tackle] sth in the right way; **am längeren ~ sitzen** *(fam)* to hold the whip hand; **an vielen ~n sitzen** to occupy several positions of power and influence; **[an etw] den ~ ansetzen** *(fam)* to tackle sth in such a way that ...; **am ~ sitzen** to be in charge [*or* control]
Hebelarm *m* PHYS lever arm **Hebelgriff** *m* SPORT lever hold ► WENDUNGEN: **[bei jdm] einen ~ ansetzen** to get a lever hold [on sb] **Hebelkraft** *f* leverage *no pl* **Hebelverschluss**[RR] *m* BAU lever latch **Hebelwirkung** *f* ① PHYS lever action, leverage ② *(fig)* leverage; **~ der Finanzpolitik** FIN leverage effect
heben <hob, gehoben> I. *vt* ① *(nach oben bewegen)* ■**etw** ~ to lift [*or* raise] sth; **den Kopf** ~ to raise [*or* lift] one's head; **den Arm/das Bein** ~ to raise one's arm/leg; **50 kg/eine Last** ~ to lift 50 Kg/load; ***sie griff zum Fernglas und hob es vom Tisch*** she picked the binoculars up off the table; ***hebt eure Füße!*** pick your feet up! ② *(liften)* ■**jdn/etw [aus/von/auf/in etw]** ~ to lift sb/sth [out of/onto/into sth] ③ *(ans Tageslicht befördern)* ■**etw** ~ to dig sth up; **ein Wrack** ~ to raise a wreck ④ *(verbessern)* ■**etw** ~ to improve sth; **jds Stimmung** ~ to lift [*or* improve] sb's mood, to cheer sb up *fam;* **ein Niveau** ~ to improve [*or* raise] a standard ⑤ SÜDD *(halten)* ■**etw** ~ to hold sth; ***kannst du mal schnell das Baby*** ~ can you hold the baby for a second? ⑥ *(Alkohol trinken)* **einen ~ gehen** *(fam)* to go for a drink; **einen [auf etw** *akk*] ~ *(fam)* to have a drink [to sth]; ***darauf müssen wir einen ~!*** we'll have to drink to that!; **gern einen** ~ *(fam)* to like to have a drink II. *vr (sich nach oben bewegen)* ■**sich** ~ to rise; ***der Vorhang hob sich*** the curtain rose III. *vi* ① *(Lasten hochhieven)* to lift loads; ***er musste den ganzen Tag schwer*** ~ he had to do a lot of heavy lifting all day ② SÜDD *(haltbar sein)* to keep [*or* last]; ***bei dem Wetter hebt die Milch halt nicht*** the milk won't keep in this weather
Heber <-s, -> *m* CHEM pipette
Heber(in) <-s, -> *m(f) (fam) s.* **Gewicht~**
Heberecht *nt* FIN *(von Steuern)* taxing power[s]
Heberfarbwerk *nt* TYPO ductor-type inking unit
Hebesatz *m* FIN *(von Steuern)* collection [*or* assessment] rate **Hebesatzerhöhung** *f* FIN *(von Steuern)* increase of local tax rates
Hebräer(in) <-s, -> *m(f)* Hebrew
hebräisch *adj* Hebrew; **auf** ~ in Hebrew
Hebräisch *nt decl wie adj* Hebrew; ■**das ~e** Hebrew
Hebung <-, -en> *f* ① *(das Hinaufbefördern)* raising *no pl* ② GEOL elevation *no pl* ③ *(Verbesserung)* improvement; **eine ~ des Lebensstandards** a rise in the standard of living ④ LIT *(betonte Silbe im Vers)* accented [*or* stressed] syllable
hecheln *vi* ① *(keuchen) Hund a.* to pant ② *(fam: herziehen)* ■**über jdn/etw** ~ to pick sb/sth to pieces
Hecht <-[e]s, -e> *m* pike ► WENDUNGEN: **der ~ im Karpfenteich sein** *(fam)* to create a stir; **ein toller** ~ *(fam)* an incredible bloke [*or* AM guy], a remarkable fellow
Hechtbarsch *m* pike-perch, AM *usu* walleye
hechten *vi sein* ■**von etw/in etw** *akk* ~ to dive off/into sth; ■**über etw** *akk* ~ to do a forward dive over sth; ■**irgendwohin** ~ to dive full-length somewhere
Hechtrolle *f* dive roll **Hechtsprung** *m* forward dive **Hechtsuppe** *f* ► WENDUNGEN: **es zieht wie** ~ *(fam)* there's a terrible draught [*or* AM draft]
Heck <-[e]s, -e *o* -s> *nt* AUTO back, rear; NAUT stern; LUFT tail
Heckablage *f* AUTO rear shelf **Heckantrieb** *m* rear-wheel drive *no pl;* **mit** ~ with rear-wheel drive
Hecke <-, -n> *f* hedge
Heckenbraunelle <-, -n> *f* ORN dunnock, house sparrow **Heckenkirsche** *f* BOT honeysuckle **Heckenrose** *f* dogrose **Heckenschere** *f* hedge clippers *npl* **Heckenschütze, -schützin** *m, f (pej)* sniper
Heckfenster *nt* AUTO rear window [*or* windscreen] **Heckflosse** *f* AUTO tail fin **Heckhaube** *f* AUTO boot BRIT, trunk AM **Heckklappe** *f* AUTO tailgate **hecklastig** *adj* tail-heavy; **ein ~es Boot** a boat weighed down at the stern
Heckmeck <-s> *m kein pl (fam)* fuss *no pl;* **keinen ~ machen** to not make [*or fam* kick up] a fuss
Heckmotor *m* AUTO rear engine **Heckscheibe** *f* AUTO rear window [*or* windscreen] **Heckscheibenheizung** *f* rear window heater **Heckscheibenwaschanlage** *f* AUTO liftgate washer system, rear window washer system **Heckscheibenwischer** *m* rear windscreen wiper **Heckspoiler** *m* rear spoiler **Hecktür** *f* tailgate
heda *interj (veraltet)* hey there
Hedgegeschäft ['hedʒ-] *nt* ÖKON hedge transaction
Hedging <-s> ['hɛdʒɪŋ] *nt kein pl* FIN hedging
Hedonismus <-> *m kein pl* hedonism *no pl*
hedonistisch *adj* hedonistic
Hedschra <-> *f kein pl (Beginn der islamischen Zeitrechnung)* Hegira, Hejira
Heer <-[e]s, -e> *nt* ① *(Armee)* armed forces *npl;* *(Bodenstreitkräfte)* ground forces *npl;* **stehendes** ~ standing army; **beim** ~ in the armed forces ② *(große Anzahl)* army; **ein ~ von Touristen** an army of tourists
Heeresbericht *m* military communiqué **Heeresleitung** *f* army command **Heer(es)zug** *m* ① *(Kolonne)* army on the march ② *(Feldzug)* campaign
Heerführer *m* HIST military leader **Heerlager** *nt* army camp; **einem ~ gleichen** to resemble a military camp **Heerschar** *f meist pl* ① MIL *(veraltet: Truppe)* troop[s]; **ganze ~en** *(fig)* horde ② REL **die himmlischen ~en** the heavenly host **Heerscharen** *pl* legions *pl* ► WENDUNGEN: **die himmlischen** ~ the heavenly host **Heerstraße** *f* HIST military road
Hefe <-, -n> *f* yeast ► WENDUNGEN: **die ~ [des Volkes]** *(pej geh)* the scum [of the earth] *pej*
Hefegebäck *nt kein pl* pastries *pl (made from yeast dough)* **Hefekuchen** *m* yeast cake **Hefepilz** *m* yeast fungus **Hefeteig** *m* yeast dough **Hefeteilchen** *nt* pastry *(made with yeast dough)*
Heft[1] <-[e]s, -e> *nt* ① *(Schreib~)* exercise book ② *(Zeitschrift)* magazine; *(Ausgabe)* issue, number ③ *(geheftetes Büchlein)* [stitched] booklet
Heft[2] <-[e]s, -e> *nt (Griffstück)* handle, grip ► WENDUNGEN: **das ~ in der Hand halten/behalten** *(geh)* to remain in control; **das ~ aus der Hand geben** *(geh)* to hand over control; **jdm das ~ aus der Hand nehmen** *(geh)* to seize control from sb
Heftapparat *m* sewing [*or* stitching] machine
Heftchen <-s, -> *nt dim von* **Heft**[1] ① *(kleinformatiges Schreibheft)* [small] note book, booklet ② *(Comic~)* comic
Heftdraht *m* stitching [*or* stapling] wire
heften I. *vt* ① *(befestigen)* ■**etw an etw** *akk* ~ to pin [*or* stick] sth to sth; ***er heftete einen Zettel an die Haustür*** he stuck a note on the front door; ■**jdm etw an etw** *akk* ~ to pin sth on sb ② *(nähen)* ■**etw** ~ to tack [up *sep*] sth; *Buch* to sew [*or* stitch] sth ③ *(klammern)* ■**etw** ~ to staple sth II. *vr* ① *(sich unverwandt richten)* ■**sich auf jdn/etw** ~ to fix one's eyes on sb/sth ② *(ständig verfolgen)* ■**sich an jdn** ~ to stay on sb's tail
Hefter <-s, -> *m* ① *(Mappe)* [loose-leaf] file ② *(Heftmaschine)* stapler
Heftfaden *m,* **Heftgarn** *nt* tacking thread
Heftgerät *nt* stapler
heftig I. *adj* ① *(stark, gewaltig)* violent; **ein ~er Aufprall/Schlag** a violent impact/blow; **~e Kopfschmerzen** an intense [*or* a splitting] headache; **~e Schneefälle** heavy snowfalls; **~e Seitenstiche** a severe stitch in one's side; **ein ~er Sturm** a violent storm; **eine ~e Tracht Prügel** *(fam)* a good thrashing *fam* ② *(intensiv)* intense; **~e Auseinandersetzungen** fierce arguments; **nach ~en Kämpfen** after heavy fighting; **eine ~e Sehnsucht/Leidenschaft** an intense longing/passion ③ *(unbeherrscht)* violent; *(scharf)* vehement; ***ich hatte eine ~ere Reaktion befürchtet*** I had feared a more vehement reaction; ■**~ werden** to fly into a rage II. *adv* violently; ***es schneite*** ~ it snowed

heavily; ***die Vorwürfe wurden ~ dementiert*** the accusations were vehemently denied

Heftigkeit <-> *f kein pl* ① (*Stärke*) violence *no pl;* ***im Tagesverlauf nahm die ~ des Sturmes noch zu*** the severity of the storm increased during the day ② (*Intensität*) intensity; *Diskussion* ferocity; *Widerstand* severity ③ (*Unbeherrschtheit*) violence; (*Schärfe*) vehemence; ***die ~ seiner Reaktion war überraschend*** the vehemence of his reaction was surprising ④ (*heftige Äußerung*) fierceness

Heftklammer *f* staple **Heftklammernentferner** *f* staple remover **Heftmaschine** *f* stapler

Heftpflaster *nt* [sticking] plaster

Heftrand *m* TYPO filing margin

Heftstreifen *m* subject divider **Heftzange** *f* stapling tongs **Heftzwecke** *f* drawing-pin

Hegemonie <-, -n> ['ni:ən] *f* hegemony *no pl*

hegen *vt* ① JAGD (*sorgsam schützen*) **Wild ~** to preserve wildlife ② HORT (*pflegen*) ■**etw ~** to tend sth ③ (*sorgsam bewahren*) ■**etw ~** to look after sth; **jdn hegen und pflegen** to lavish care and attention on sb ④ (*geh: empfinden, haben*) ■**etw gegen jdn ~** to feel sth towards sb; **Zweifel/Bedenken** [**an etw**] **~** to have doubts/misgivings [about sth]; ***diese Hoffnung habe ich schon lange gehegt*** I've cherished this hope for a long time

Hehl *nt o m* ▸ WENDUNGEN: **kein**[**en**] **~ aus etw machen** to make no secret of sth

Hehler(in) <-s, -> *m(f)* receiver [of stolen goods], fence *sl* ▸ WENDUNGEN: **der ~ ist schlimmer als der Stehler** (*prov*) the fence is worse than the thief

Hehlerei <-, -en> *f* receiving *no pl* stolen goods; **gewerbsmäßige ~** receiving of stolen goods for gain

Hehlerin <-, -nen> *f fem form von* **Hehler**

hehr *adj* (*veraltet geh*) ① (*erhaben*) noble; **~e Ideale** noble ideals ② (*erhebend*) impressive; **ein ~er Anblick** an impressive sight

hei *interj* wow

Heia <-> *f kein pl* (*Kindersprache*) beddy-bye[s], bye-bye[s]; **in die ~ gehen** to go beddy-bye[s]; **ab in die ~!** off to bye-bye[s]!

Heide <-, -n> *f* ① (*Heideland*) heath, moor; **die Lüneburger ~** the Lüneburg Heath ② (*Heidekraut*) heather

Heide, Heidin <-n, -n> *m, f* heathen, pagan

Heidehonig *m* heather honey **Heidekraut** *nt* heather **Heideland** *nt* heathland, moorland

Heidelbeere *f* bilberry; **amerikanische ~** huckleberry

Heidelerche *f* ORN woodlark

Heidenangst *f* mortal fear *no pl;* ■**eine ~ vor jdm/etw haben** to be scared stiff of sb/sth *fam* **Heidenarbeit** *f kein pl* (*fam*) a [*or* one] hell of a job *fam;* ■**eine ~** a devil of a job

Heidenbekehrung *f* conversion of pagans

Heidengeld *nt kein pl* (*fam*) **ein ~** a packet [*or* heck [*or fam* hell] of a lot of money] **Heidenlärm** *m* awful racket **Heidenschreck** *m* terrible fright **Heidenspaß** *m* (*fam*) terrific fun *no pl;* **einen ~ haben** to have terrific fun

Heidentum *nt kein pl* ■**das ~** paganism *no pl;* (*die Heiden*) heathens *pl,* pagans *pl*

Heidin <-, -nen> *f fem form von* **Heide**

heidnisch I. *adj* heathen, pagan II. *adv* in a pagan manner

Heidschnucke <-, -n> *f* German moorland sheep

heikel *adj* ① (*schwierig, gefährlich*) delicate, awkward; **eine heikle Angelegenheit** a delicate matter; **eine heikle Frage/Situation** a tricky [*or* delicate] question/situation ② DIAL ■**in etw** *dat* **~ sein** to be particular [*or fam* fussy] about sth

heil I. *adj* ① (*unverletzt, gesund*) unhurt, uninjured; ■**noch ~ sein** to not have broken any bones ② (*unbeschädigt*) intact; *Tasse* unbroken; ■**noch/wieder ~ sein** to be still intact/mended again; ***hoffentlich bleiben die Gläser bei dem Umzug ~*** I hope the glasses stay in one piece during the move; **etw ~ machen** (*fam*) to repair sth II. *adv* (*unverletzt*) uninjured, unscathed; (*unbeschädigt*) undamaged, intact

Heil I. *nt* <-s> *kein pl* welfare *no pl,* well-being; **sein ~ in der Flucht suchen** to seek refuge in flight; **jds seelisches ~** sb's spiritual well-being; **sein ~ in etw** *dat* **suchen** to seek one's salvation in sth ▸ WENDUNGEN: **sein ~ bei jdm versuchen** (*fam*) to try one's luck with sb II. *interj* **~ Hitler!** HIST heil Hitler!; **~!** hail!; **~ dem Kaiser!** hail to the emperor!; **~ dir!** hail to thee! *old*

Heiland <-[e]s, -e> *m* Saviour [*or* AM -or]

Heilanstalt *f* (*veraltet*) ① (*Trinker~*) sanatorium ② (*Irrenanstalt*) mental hospital **Heilbad** *nt* health spa

heilbar *adj* curable

Heilbarkeit <-> *f kein pl* MED curability

Heilbutt <-s, -e> *m* halibut

heilen I. *vi sein* (*gesund werden*) to heal [up] II. *vt* ① (*gesund machen*) ■**jdn** [**von etw**] **~** to cure sb [of sth]; ■**geheilt** cured; ■**etw ~** to cure sth ② (*kurieren*) ■**von jdm/etw geheilt sein** to have got over sb/sth

Heilerde *f* MED *dried mud used for its therapeutic properties* **Heilerfolg** *m* successful cure **Heilfasten** *nt kein pl* therapeutic fasting *no pl* **heilfroh** *adj pred* (*fam*) jolly [*or* AM really] glad *fam* **Heilgymnastik** *f s.* **Krankengymnastik** **Heilhaut** *f* **eine gute/keine gute ~ haben** to have skin that heals well/badly

heilig *adj* ① REL (*geweiht*) holy; **die ~e katholische Kirche** the Holy Catholic Church; **die ~e Kommunion** Holy Communion; ■**jdm ist etw ~** sth is sacred to sb; ■**jdm ist nichts ~** nothing is sacred to sb; **bei allem, was jdm ~ ist** by all that is sacred to sb; **jdn ~ sprechen** to canonize sb ② (*bei Namen von Heiligen*) saint; **der ~e Mathäus/die ~e Katharina** Saint Mathäus/Saint Katherine; **die H~e Jungfrau** the Blessed Virgin ③ (*ehrfürchtig*) awed; **etw ~ halten** to keep sth holy ④ (*fam: groß*) incredible; **ein ~er Zorn** incredible anger; **ein ~en Respekt** healthy respect ▸ WENDUNGEN: **etw ist jds ~e Pflicht** ***es ist deine ~e Pflicht, dich um deine alten Eltern zu kümmern*** it's your solemn duty to look after your old parents; *s. a.* **Ernst**

Heiligabend *m* Christmas Eve

Heilige(r) *f(m) decl wie adj* saint; **die ~n der letzten Tage** (*christliche Sekte*) the Latter-day Saints (*Mormons*) ▸ WENDUNGEN: **ein sonderbarer** [*o* **wunderlicher**] **~r** (*fam*) a funny customer *fam;* **nicht gerade ein(e) ~(r) sein** (*fam*) not to be exactly a saint *fam;* **bei allen ~n!** (*fam*) for heaven's sake! *fam*

heiligen *vt* ① (*weihen*) ■**etw ~** to hallow [*or* sanctify] sth; ■**geheiligt** hallowed ② (*heilig halten*) ■**etw ~** to keep sth holy

Heiligenbild *nt* picture of a saint **Heiligenbildchen** *nt small picture of a saint printed on paper detailing his/her life with a prayer on the back* **Heiligenschein** *m* halo; **seinen ~ einbüßen** to lose one's aura of respectability; **jdn/sich mit einem ~ umgeben** to paint a saintly picture of sb/oneself **Heiligenverehrung** *f* veneration [*or* no pl] of the saints

Heiligkeit <-> *f kein pl* holiness *no pl;* **Eure/Seine ~** your/his Holiness

Heiligsprechung <-, -en> *f* canonization

Heiligtum <-[e]s, -tümer> *nt* shrine; **jds ~ sein** (*fam*) to be sb's sanctuary

Heilklima *nt* healthy climate **Heilkraft** *f* healing power **heilkräftig** *adj* medicinal **Heilkraut** *nt meist pl* medicinal herb **Heilkunde** *f kein pl* medicine *no pl* **heilkundig** *adj* (*geh*) skilled in the art of healing **Heilkundige(r)** *f(m) decl wie adj* person skilled in the art of healing

heillos I. *adj* terrible II. *adv* hopelessly

Heilmittel *nt* remedy; **ein ~ gegen etw** a remedy for sth; (*Präparat*) medicine **Heilpädagoge, -pädagogin** *m, f* remedial teacher, teacher for maladjusted children **Heilpflanze** *f* medicinal plant **Heilpraktiker(in)** *m(f)* non-medical practitioner **Heilquelle** *f* medicinal [*or* mineral] spring

heilsam *adj* salutary

Heilsarmee *f kein pl* Salvation Army

Heilschlaf *m* MED hypnotherapy, healing sleep **Heilstätte** *f* (*geh*) sanatorium

Heilung <-, -en> *f* ① (*das Kurieren*) curing *no pl* ② (*Genesung*) recovery *no pl* ③ (*das Abheilen*) healing *no pl* ④ JUR (*Beseitigung*) cure; **~ der Nichtigkeit** curing of nullity; **~ von Formfehlern/Zustellungsmängeln** curing of formal defects/of defects in service; **~ des Formmangels** remedy of non-compliance with required form

Heilungskosten *pl* JUR medical expenses *pl* **Heilungsmöglichkeit** *f* curability; **~ von Fehlern** curability of defects **Heilungsprozess**[RR] *m* healing process

Heilverfahren *nt* [course of] treatment **Heilwasser** *nt* NATURMED mineral [spring] water; (*mit angeblich heilender Wirkung*) medicinal water

heim *adv* DIAL home; ***~ geht's!*** let's head home!; *s. a.* **Reich**

Heim <-[e]s, -e> *nt* ① (*Zuhause*) home ② (*Senioren~*) home ③ ADMIN (*Jugendanstalt*) home ④ (*Stätte eines Clubs*) club[house] ⑤ (*Erholungs~*) convalescent home

Heimabend *m* social evening **Heimarbeit** *f kein indef art* work at home, outwork BRIT; **in ~ angefertigt** manufactured by homeworkers **Heimarbeiter(in)** *m(f)* homeworker

Heimat <-, -en> *f* ① (*Gegend, Ort*) native country, home town; (*~land*) home; **jds engere ~** sb's immediate home town; **fern der ~** far from home; **jdm zur zweiten ~ sein/werden** to be/become one's second home ② BOT, ZOOL (*Herkunftsland*) natural habitat ③ (*Zugehörigkeit*) home; **jds geistige ~** sb's spiritual home

Heimatanschrift *f* home address **heimatberechtigt** *adj* SCHWEIZ (*mit Bürgerrecht*) having civil rights **Heimatdichter(in)** *m(f)* regional writer [*or* poet] **Heimatdorf** *nt* home village **Heimaterde** *f kein pl* native soil *no pl* **Heimatfilm** *m sentimental film in a regional setting* **Heimatfilmkanal** *m* romantic film channel **Heimatflughafen** *m* regional airport **Heimatgemeinde** *f* native town **Heimathafen** *m* home port **Heimatkunde** *f kein pl* local geography and history **Heimatland** *nt* native country

heimatlich I. *adj* ① (*zur Heimat gehörend*) native; **~es Brauchtum/~e Lieder** local customs/songs ② (*an die Heimat erinnernd*) native II. *adv* of home; ***die Landschaft mutet mich ~ an*** the countryside reminds me of home

Heimatliebe *f* love of one's native country **heimatlos** *adj* homeless; POL stateless **Heimatlose(r)** *f(m) decl wie adj* stateless person; (*durch den Krieg*) displaced person **Heimatmuseum** *nt* museum of local history **Heimatort** *m* home town [*or* village] **Heimatrecht** *nt kein pl* right of domicile *no pl* **Heimatschein** *m* SCHWEIZ certificate of citizenship **Heimatstadt** *f* home town **Heimatverein** *m* local history club **heimatvertrieben** *adj* displaced **Heimatvertriebene(r)** *f(m) decl wie adj* displaced person, expellee

heim|begeben* *vr irreg* (*geh*) ■**sich ~** to make one's way home

Heimbewohner(in) *m(f)* resident in a home, hostel resident

heim|bringen *vt irreg* DIAL ■**jdn ~** to see [*or* take] sb home

Heimchen <-s, -> *nt* cricket ▸ WENDUNGEN: **~ am Herd** (*pej*) little housewife *pej*

Heimcomputer *f* INFORM home computer

heimelig *adj* cosy

heim|fahren *irreg* DIAL I. *vi sein* to drive home II. *vt haben* ■**jdn ~** to drive sb home **Heimfahrt** *f* journey home, return journey

Heimfall *m* JUR reversion; **~ an den Staat** escheat; **~ durch Erbschaft** devolution

Heimfallanspruch *m* JUR right of reversion **Heimfallrecht** *nt* JUR escheatage, reversion **Heimfallsklage** *f* JUR writ of escheat **Heimfallsklausel** *f* JUR reversion clause

heim|finden *vi irreg* DIAL to find one's way home

heim|führen *vt* (*geh*) ① (*nach Hause geleiten*)

■**jdn** ~ to take sb home ❷ (*nach Hause ziehen*) ■**jdn** ~ to bring sb home ❸ (*veraltet: heiraten*) ■**jdn [als jdn]** ~ to take sb as one's wife **heim|gehen** *vi irreg sein* DIAL to go home; **es geht heim** we're going home **Heimindustrie** *f* cottage industry **Heiminsasse, -insassin** *m, f* resident of a home

heimisch *adj* ❶ (*einheimisch*) indigenous, native; **die ~en Bäche** the local streams; **die ~e Bevölkerung** the native population; **die ~e Tier- und Pflanzenwelt** the indigenous flora and fauna; **etw [in etw** *dat*] ~ **machen** to establish sth [in sth]; **sich irgendwo ~ fühlen/sein** to feel/be at home somewhere ❷ (*bewandert*) ■**in etw** *dat* ~ **sein** to be at home with sth; ***sie ist in diesem Fachgebiet recht*** ~ she's really at home in this specialist field

Heimkehr <-> *f kein pl* homecoming *no pl,* return home *no pl*

heim|kehren *vi sein* (*geh*) ■**[aus/von etw]** ~ to return home [from sth]

Heimkehrer(in) <-s, -> *m(f)* homecomer; (*Kriegs~*) repatriated prisoner of war; (*Gastarbeiter*) returnee

Heimkind *nt* child raised in a home; **als ~ aufwachsen** to grow up in a home **Heimkino** *nt* ❶ (*Filmvorführung zu Hause*) home movies *pl* ❷ (*Ausrüstung*) home movie kit **heim|kommen** *vi irreg sein* DIAL to come [*or* return] home **Heimleiter(in)** *m(f)* warden of a home [*or* hostel] **heim|leuchten** *vi* (*fam*) ■**jdm** ~ to give sb a piece of one's mind

heimlich I. *adj* ❶ (*geheim, verborgen*) secret; **ein ~es Treffen** a secret [*or* clandestine] meeting; **[mit etw] ~ tun** (*pej*) to be secretive [about sth] ❷ (*verstohlen*) furtive; ***sie tauschten ~e Blicke*** they exchanged furtive glances ❸ (*inoffiziell*) unofficial II. *adv* ❶ (*unbemerkt*) secretly ❷ (*verstohlen*) furtively; ~, **still und leise** (*fam*) on the quiet *fam*

Heimlichkeit <-, -en> *f* ❶ *kein pl* (*heimliche Art*) secrecy *no pl;* **in aller ~** secretly, in secret ❷ (*Geheimnis*) secret; **~en vor jdm haben** to keep something from sb

Heimlichtuer(in) <-s, -> *m(f)* (*pej*) secretive person **Heimlichtuerei** <-, -en> *f* (*pej*) secrecy *no pl,* secretiveness *no pl* **Heimlichtuerin** <-, -nen> *f fem form von* **Heimlichtuer**

heim|müssen *vi irreg* DIAL to have to go home; ***es wird mir zu spät, ich muss jetzt heim*** it's getting late for me, I must go home now **Heimniederlage** *f* SPORT home defeat; ***die Mannschaft erlitt eine*** ~ the team suffered a home defeat [*or* were beaten [*or* lost] at home] **Heimreise** *f* homeward journey, journey home **heim|reisen** *vi sein* (*geh*) to travel home **Heimsauna** *f* home sauna **heim|schicken** *vt* DIAL ■**jdn** ~ to send sb home **Heimsieg** *m* SPORT home win [*or* victory] **Heimspiel** *nt* SPORT home game [*or* match] **Heimstatt** *f* (*geh*) home **Heimstätte** *f* ❶ *pl selten* (*Heimstatt*) home ❷ (*Siedlung für Vertriebene*) homestead

heim|suchen *vt* ❶ (*überfallen*) ■**jdn/etw** ~ to strike sb/sth; **von Armut/Dürre heimgesucht** poverty-/drought-stricken ❷ (*pej fam: besuchen*) ■**jdn** ~ to descend on sb *fam* ❸ (*bedrängen*) ■**jdn** ~ to haunt sb; ***sie wurde von grässlichen Albträumen heimgesucht*** she was haunted by hideous nightmares

Heimsuchung <-, -en> *f* affliction

Heimtrainer [trɛːnɐ] *m* home exercise kit

heim|trauen *vr* DIAL ■**sich** ~ to dare to go home

Heimtücke *f kein pl* ❶ (*heimtückische Art*) malice *no pl,* treachery ❷ (*verborgene Gefährlichkeit*) insidiousness *no pl*

heimtückisch I. *adj* ❶ (*verborgen tückisch*) malicious; **eine ~e Aktion** a malicious operation; **ein ~er Kollege** an insidious colleague ❷ (*verborgen gefährlich*) insidious; ***Glatteis ist besonders*** ~ black ice is particularly treacherous II. *adv* maliciously

Heimvorteil *m kein pl* SPORT home advantage *no pl*

heimwärts *adv* (*geh*) homeward[s]; ***wir sollten uns langsam ~ begeben*** we should start making our way home **Heimweg** *m* way home; **auf dem ~** on the way home; **sich auf den ~ machen** to set out [*or* head] for home **Heimweh** <-[e]s> *nt kein pl* homesickness, no art, no pl; ~ **[nach jdm/etw] haben/bekommen** to be/become homesick [for sb/sth] **heimwehkrank** *adj* homesick

heim|werken *vi meist Inf und 1. Part* to do some DIY [*or* AM work around the house]

Heimwerker(in) *m(f)* DIY-enthusiast BRIT, *esp* AM handyman

heim|wollen *vi* DIAL to want to go home

heim|zahlen *vt* ■**jdm etw** ~ to pay sb back for sth, to get even with sb for sth; ***das werd' ich dir noch ~!*** I'm going to get you for that!

heim|ziehen *irreg* I. *vi sein* (*geh*) to return home II. *vt impers haben* (*geh*) ■**jdn** ~ to make sb want to go home

Heini <-s, -s> *m* (*fam*) fool, idiot

Heinzelmännchen *nt* brownie

Heirat <-, -en> *f* marriage

heiraten I. *vt* ■**jdn** ~ to marry sb; ■**sich** ~ to get married II. *vi* to get married; ***wir wollen nächsten Monat*** ~ we want to get married next month; ■**irgendwie** ~ to marry in a certain way; ***sie hat reich geheiratet*** she married into money; **„wir ~"** "we are getting married"; **irgendwohin** ~ to end up somewhere as a result of marriage; **in eine reiche Familie** ~ to marry into a rich family

Heiraten <-s> *nt kein pl* marriage *no pl,* getting married *no pl*

Heiratsabsichten *pl* marriage plans *pl;* ~ **haben** to intend to get married **Heiratsalter** *nt* JUR minimum age for marriage; **im besten ~ sein** (*fam*) to be at the prime age to marry **Heiratsantrag** *m* [marriage] proposal; **jdm einen ~ machen** to propose to sb **Heiratsanzeige** *f* ❶ (*Briefkarte*) announcement of a forthcoming marriage ❷ (*Annonce für Partnersuche*) lonely-hearts advertisement, advertisement for a marriage partner **Heiratsbuch** *nt* JUR register of marriages **heiratsfähig** *adj* (*veraltet*) of marriageable age; *s. a.* **Alter heiratsfreudig** *adj* keen [*or* eager] to get married **Heiratskandidat(in)** *m(f)* suitor **Heiratsschwindler(in)** *m(f) person who proposes marriage for fraudulent reasons* **Heiratsurkunde** *f* marriage certificate [*or* AM license] **Heiratsvermittler(in)** *m(f)* marriage broker **Heiratsvermittlung** *f* marriage bureau

heischen *vt* (*geh*) ■**etw** ~ to demand sth

heiser I. *adj* ❶ (*von rauer Stimme*) hoarse ❷ (*dunkel klingend*) husky, throaty II. *adv* hoarsely, in a hoarse voice

Heiserkeit <-, *selten* -en> *f* hoarseness *no pl*

heiß I. *adj* ❶ (*sehr warm*) hot; **[jdm] etw ~ machen** to heat [*or* warm] up sth *sep* [for sb]; ■**jdm ~ sein/werden** sb is/gets hot; **ist das ~!** it's so hot!; **~!** (*fam: beim Erraten*) you're getting warm *fam* ❷ (*heftig*) heated; **eine ~e Debatte** a heated debate; **ein ~er Kampf** a fierce fight; **~ umkämpfter Markt** hotly contested market ❸ (*innig*) fervent; **eine ~e Liebe** a burning love; **ein ~er Wunsch** a fervent wish ❹ (*fam: aufreizend*) hot; *Kleid* sexy ❺ (*fam: gestohlen*) hot *fam* ❻ (*brisant*) explosive; **ein ~es Thema** an explosive issue ❼ (*fam: konfliktreich*) hot *fam* ❽ *attr* (*fam: aussichtsreich*) hot *fam;* ***die Polizei ist auf einer ~en Fährte*** the police are on a hot trail ❾ (*sl: großartig*) fantastic; (*rasant*) fast ❿ (*fam: brünstig*) on [*or* AM in] heat ⓫ (*neugierig*) ■**auf etw** *akk* ~ **sein** (*fam*) to be dying to know about sth *fam;* **jdn ~ [auf etw** *akk*] **machen** (*fam*) to get sb really interested [in sth] ▸ WENDUNGEN: **was ich nicht weiß, macht mich nicht ~** (*prov*) what the eye does not see, the heart does not grieve over *prov* II. *adv* ❶ (*sehr warm*) hot; **~ laufen** (*fam*) to overheat ❷ (*innig*) ardently, fervently; **~ ersehnt** *attr* much longed for; **~ geliebt** dearly beloved; **mein ~ geliebter Mann** my dearly beloved husband ❸ (*erbittert*) fiercely; **~ umkämpft** *attr* fiercely contested; **~ umstritten** *attr* hotly disputed; (*Person*) highly controversial ▸ WENDUNGEN: **es geht ~ her** (*fam*) things are getting heated, sparks are beginning to fly; **jdn überläuft es ~ und kalt** sb feels hot and cold all over; **es wird nichts so ~ gegessen, wie es gekocht wird** (*prov*) things are not as bad as they first seem

heißa *interj* (*veraltet*) *s.* **hei**

heißblütig *adj* ❶ (*impulsiv*) hot-tempered ❷ (*leidenschaftlich*) ardent, passionate

heißen <hieß, geheißen> I. *vi* ❶ (*den Namen haben*) to be called; ***wie ~ Sie?*** what's your name?; ***ich heiße Schmitz*** my name is Schmitz; ***wie soll das Baby denn ~?*** what shall we call [*or* will we name] the baby?; ***so heißt der Ort, in dem ich geboren wurde*** that's the name of the place where I was born; ***ich glaube, der Bach heißt Kinsbeke oder so ähnlich*** I think the stream is called Kinsbeke or something like that; ***wie hieß die Straße noch, wo Sie wohnen?*** what did you say was the name of the street where you live?; ■**nach jdm** ~ to be named after sb; *s. a.* **wahr** ❷ (*bedeuten*) ■**etw** ~ to mean sth; ***ich kann die Schrift nicht lesen, was soll das ~?*** I can't read the script, what is that meant to read?; ***„ja" heißt auf Japanisch „hai"*** "hai" is Japanese for "yes"; ***was heißt eigentlich „Liebe" auf Russisch?*** tell me, what's the Russian for "love"? ❸ (*bedeuten, besagen*) ■**etw** ~ to mean sth; ***gut, er will sich darum kümmern, aber was heißt das schon*** good, he wants to take care of it, but that doesn't mean anything; ***heißt das, Sie wollen mehr Geld?*** does that mean you want more money?; **was soll das [denn] ~?** what does that mean?, what's that supposed to mean?; **soll** [*o* **will**] **~:** in other words; **das will nichts/nicht viel ~** that means nothing/doesn't really mean much; **das heißt, ...** that is to say ...; (*vorausgesetzt*) that is, ...; (*sich verbessernd*) or should I say, ..., or what I really mean is, ...; **was es heißt, ...** what it means; ***ich weiß, was es heißt, allein zu sein*** I know what it means to be alone ❹ (*lauten*) ■**irgendwie** ~ to go somehow; ***du irrst dich, das Sprichwort heißt anders*** you're wrong, the proverb goes something else; ***jetzt fällt mir wieder ein, wie der Spruch heißt*** now I remember how the motto goes ▸ WENDUNGEN: **dann will ich ... ~!** (*fam*) then I'm a Dutchman! II. *vi impers* ❶ (*zu lesen sein*) ■**irgendwo/in etw/bei jdm heißt es ...** it says somewhere/in sth/in sb's...; ***in ihrem Brief heißt es, dass sie die Prüfung bestanden hat*** it says in her letter that she's passed the exam; ***Auge um Auge, wie es im Alten Testament heißt*** an eye for an eye, as it says in the Old Testament; ***bisher hieß es doch immer, dass wir eine Gehaltserhöhung bekommen sollten*** it has always been said up to now that we were to get a pay rise; ***wie es im Faust heißt*** to quote from Faust; ***in der Firma heißt es, dass Massenentlassungen geplant sind*** there's talk in the company that mass redundancies are planned; **es soll nicht ~, dass** never let it be said that; ***hier hast du hundert Mark, es soll nicht ~, dass ich geizig bin*** here's a hundred marks for you, never let it be said that I'm tight-fisted ❷ (*als Gerücht kursieren*) ■**es heißt, dass ...** it seems that ..., there is a rumour that ... [*or* AM rumor] ❸ (*geh: nötig sein*) ■**es heißt, etw zu tun** I/we/you must do sth; ***nun heißt es handeln*** now is the time for action III. *vt* (*geh*) ❶ (*nennen*) ■**jdn irgendwie** ~ to call sb sth ❷ (*auffordern*) ■**jdn etw tun** ~ to tell sb to do sth; ***sie hieß ihn hereinkommen*** she asked him to come in; *s. a.* **willkommen**

Heißfolienprägung *f* TYPO hot foil stamping

Heißhunger *m* ravenous hunger *no pl;* **einen ~ auf etw haben/verspüren** to have/feel a craving for sth; **mit ~** ravenously **heißhungrig** I. *adj* ravenous II. *adv* ravenously, voraciously

Heißleim *m* hotmelt adhesive **Heißluft** *f kein pl* hot air *no pl* **Heißluftballon** *m* hot-air balloon **Heißluftdämpfer** *m* airo-steamer, combimatic oven **Heißluftgrill** *m* hot air grill **Heißluftheizung** *f* hot-air heating *no pl* **Heißluftherd** *m* fan-assisted [*or esp* AM convection] oven **Heißlufttrockner** *m* hot-air dryer

Heißmangel <-mangeln> *f* heated mangle *esp*

AM (*machine with heated rollers used to dry and press sheets and other fabrics*) **Heißsporn** *m* hothead **Heißstrahltriebwerk** *nt* thermal jet engine, thermojet **Heißwasseraustritt** *m* hot water outflow [*or* discharge] **Heißwasserbereiter** <-s, -> *m* water heater **Heißwasserspeicher** *m* hot water tank

heiter *adj* ❶ (*fröhlich*) cheerful; ***sie ist von Natur aus ein ~er Mensch*** she is a cheerful person by nature ❷ (*fröhlich stimmend*) amusing ❸ METEO (*wolkenlos und hell*) bright; ■**~ werden** to brighten up ▸ WENDUNGEN: **das kann ja ~ werden!** (*iron*) that'll be a hoot! *iron*

Heiterkeit <-> *f kein pl* ❶ (*heitere Stimmung*) cheerfulness *no pl* ❷ (*Belustigung*) amusement *no pl;* ***die Bemerkung rief allgemeine ~ hervor*** the remark caused general amusement

Heizanlage *f* BAU, TECH heating system, *esp* AM heater

heizbar *adj* ❶ (*beheizbar*) heated; **eine ~e Heckscheibe** a heated rear windscreen [*or* AM window] ❷ (*zu heizen*) able to be heated

Heiz(bett)decke *f* electric blanket

heizen I. *vi* ❶ (*die Heizung betreiben*) ■[**mit etw**] **~** to be heated [by sth]; ***„womit heizt ihr zu Hause?" — „wir ~ mit Gas"*** "how is your house heated?" — "it's gas heated" ❷ (*Wärme abgeben*) to give off heat II. *vt* ■**etw ~** ❶ (*be~*) to heat sth ❷ (*an~*) to stoke sth

Heizer(in) <-s, -> *m(f)* stoker

Heizgerät *nt* heater **Heizkessel** *m* boiler **Heizkissen** *nt* heating pad **Heizkörper** *m* radiator **Heizkosten** *pl* heating costs *pl* **Heizkraftwerk** *nt* [combined] heating and power station, thermal power station **Heizleistung** *f* TECH heating [*or* calorific] power **Heizlüfter** *m* fan heater **Heizmaterial** *nt* TECH fuel [for heating] **Heizofen** *m* heater **Heizöl** *nt* fuel oil **Heizregister** *nt* BAU convector radiator **Heizschlange** *f* BAU heating coil **Heizsonne** *f* electric fire **Heizspiegel** *m* ADMIN heating table [*or* breakdown] **Heizstrahler** *m* radiant heater

Heizung <-, -en> *f* ❶ (*Zentral~*) heating *no pl* ❷ (*fam: Heizkörper*) radiator

Heizungsanlage *f* heating system **Heizungskeller** *m* boiler room **Heizungsmonteur(in)** *m(f)* heating engineer **Heizungsrohr** *nt* heating pipe **Heizwerk** *nt* thermal power station **Heizwert** *m* calorific value

Hektar <-s, -e *o bei Maßangabe* -> *nt o m* hectare

Hektare <-, -n> *f* SCHWEIZ hectare

Hektik <-> *f kein pl* hectic pace *no pl*, mad rush *fam;* [**eine**] **~ verbreiten** [*o fam* **machen**] to do sth at a frantic pace; **mit einer** [**solchen**] **~** at [such] a hectic pace, in [such] a mad rush; **nur keine ~** take it easy

hektisch I. *adj* hectic; **nur mal nicht so ~!** (*fam*) take it easy! II. *adv* frantically; **~ leben** to lead a hectic life; ***du isst zu ~!*** you're bolting your food down

Hektograf *m s.* **Hektograph**

Hektografie *m s.* **Hektographie**

hektografieren *vt s.* **hektographieren**

Hektogramm *nt* hectogramme [*or* AM -am] **Hektograph, Hektograf**[RR] <-en, -en> *m* hectograph **Hektographie, Hektografie**[RR] <-, -n> *f* ❶ *kein pl* (*Verfahren*) hectography ❷ (*Vervielfältigung*) hectograph copy **hektographieren***, **hektografieren**[RR] *vt* ■**etw ~** to hectograph sth **Hektoliter** *m o nt* hectolitre [*or* AM -er] **Hektometer** *m o nt* hectometre [*or* AM -er] **Hektopascal** *nt* hectopascal **Hektowatt UST** *nt* hectowatt

helau *interj form of greeting during the carnival period*

Held(in) <-en, -en> *m(f)* ❶ (*kühner Recke*) hero; **in etw** *dat* **kein** [*o* **nicht gerade ein**] **~ sein** to be no great shakes at something BRIT, AM to not be very good at something; **den ~en spielen** (*fam*) to play the hero ❷ LIT, FILM (*Hauptperson*) hero, heroine *fem;* **der ~/die ~in des Tages sein** to be the hero/heroine of the hour ▸ WENDUNGEN: **die ~en sind müde** (*hum*) our heros have had enough *hum;* **du bist mir ein** [**...**] **~!** (*iron fam*) a fine one you are! *iron fam*

Heldendarsteller(in) *m(f)* actor/actress playing an heroic role **Heldendichtung** *f kein pl* epic [*or* heroic] poetry *no pl* **Heldenepos** *nt* heroic epic **Heldengedicht** *nt* heroic epic, epic poem

heldenhaft *adj* heroic, valiant

Heldenlied *nt* epic [*or* heroic] song **Heldenmut** *m* heroic courage *no pl*, valour *no pl* [*or* AM -or] **heldenmütig** *adj s.* heldenhaft **Heldenrolle** *f* part [*or* role] of a hero **Heldensage** *f* heroic saga **Heldentat** *f* heroic deed [*or* feat] **Heldentenor** *m* heroic tenor **Heldentod** *m* (*euph geh*) death in battle; **den ~ sterben** to die in battle

Heldentum <-s> *nt kein pl* heroism, no indef art, no pl

Heldin <-, -nen> *f fem form von* **Held**

helfen <half, geholfen> *vi* ❶ (*unterstützen*) ■**jdm** [**bei/in etw** *dat*] **~** to help sb [with/in sth]; ***warte mal, ich helfe dir*** wait, I'll help you; ***können/könnten Sie mir mal/bitte ~?*** could/would you help me please/a minute?; ■**jdm aus/in etw ~** to help sb out of/into sth; ***darf ich Ihnen in den Mantel ~?*** may I help you into your coat?; ■**jdm aus etw ~** to help sb out of sth; ***er half mir aus der schwierigen Lage*** he helped me out of the difficult situation ❷ (*dienen, nützen*) ■**jdm ~** to help sb, to be of help to sb; ■**jdm ist mit etw geholfen/nicht geholfen** sth is of help/no help to sb; ***damit ist mir nicht geholfen*** that's not much help to me; **da hilft alles nichts** [*o* **es hilft nichts**], **...** there's nothing for it ❸ MED (*heilen*) ■[**jdm**] **~** to help [sb]; ■**jdm ist nicht** [**mehr**] **zu ~** sb is beyond help; (*ein hoffnungsloser Fall*) sb is a hopeless case ❹ MED (*heilsam sein*) ■[**gegen/bei etw**] **~** to help [relieve sth]; ***Knoblauch soll gegen Arteriosklerose ~*** garlic is supposed to be good for arteriosclerosis ▸ WENDUNGEN: **ich kann mir nicht ~,** [**aber**] **...** I'm sorry, but...; **ich werde dir/euch/... ~, etw zu tun!** (*fam*) I'll teach you to do sth!; **man muss sich** *dat* **nur zu ~ wissen** (*prov*) you just have to be resourceful; **was hilft's?** what can I/we/you do about it?; *s. a.* **wissen**

Helfer(in) <-s, -> *m(f)* ❶ (*unterstützende Person*) helper; (*Komplize*) accomplice; **ein ~ in der Not** a friend in need ❷ (*fam: nützliches Gerät*) aid

Helfershelfer(in) *m(f)* accomplice

Helfersyndrom *nt* helpers' syndrome *no pl* **Helferzelle** *f* MED helper cell

Helgoland *nt* Heligoland *no pl*

Helicase <-, -n> *f* (*Enzym*) helicase

Helikopter <-s, -> *m* helicopter

Heliotrop <-s, -e> *nt* BOT heliotrope

Helium <-s> *nt kein pl* helium *no pl*

hell I. *adj* ❶ (*nicht dunkel*) light; **~ bleiben** to stay light; **es wird ~** it's getting light ❷ (*kräftig leuchtend*) bright ❸ (*gering gefärbt*) light-coloured [*or* AM -ored]; **~es Haar/~e Haut** fair hair/skin; **~es Holz** light-coloured wood ❹ (*hoch klingend*) clear; **eine ~e Stimme** a clear, high voice ❺ (*fam: aufgeweckt*) bright; ***du bist ein ~es Köpfchen*** you've got brains ❻ *attr* (*rein, pur*) sheer, pure; **~e Freude** sheer joy II. *adv* ❶ (*licht*) brightly; **~ leuchtend** *attr* bright; ***die Fenster des Hauses waren ~ erleuchtet*** the windows of the house were brightly lit ❷ (*hoch*) high and clear

Hellas *nt* Hellas *no pl*

hellauf *adv* extremely; **~ begeistert** extremely enthusiastic

hellblau *adj* light-blue **hellblond** I. *adj* blonde II. *adv* blonde; ***sind die Haare ~ gefärbt?*** is your hair dyed blonde? **Helldunkel** *nt* ❶ (*~malerei*) chiaroscuro ❷ (*Licht und Schatten*) light and shade

Helle <-> *f kein pl* (*geh*) *s.* **Helligkeit**

Helle(s) *nt decl wie adj* ≈ lager; **ein kleines ~s** half a lager

Hellebarde <-, -n> *f* HIST halberd

Hellene, Hellenin <-n, -n> *m, f* Hellene, Greek

hellenisch *adj* Hellenic

Hellenismus <-> *m kein pl* Hellenism *no pl*

hellenistisch *adj* Hellenistic

Heller <-s, -> *m* HIST heller ▸ WENDUNGEN: **auf ~ und Pfennig** (*fam*) down to the last penny; **bis auf den letzten ~** (*fam*) down to the last penny; ***seine Rechnung ist korrekt, bis auf den letzten ~*** his invoice is correct down to the last penny; **keinen roten** [*o* **lumpigen**] [*o* **nicht einen**] **~ wert sein** (*fam*) not to be worth tuppence [*or* AM a dime]; **keinen roten** [*o* **lumpigen**] **~ besitzen** [*o* **haben**] (*fam*) to not have a penny to one's name [*or* two pennies to rub together]

hellgrün *adj* light-green **hellhaarig** *adj* fair-haired **hellhäutig** *adj* fair-skinned **hellhörig** *adj* badly soundproofed ▸ WENDUNGEN: **~ werden** to prick up one's ears; **jdn ~ machen** to make sb prick up their ears

hellicht *adj attr s.* **helllicht**

Helligkeit <-, -en> *f* ❶ *kein pl* (*helles Licht*) lightness *no pl* ❷ (*Lichtstärke*) brightness *no pl* ❸ ASTRON (*Leuchtkraft*) luminosity *no pl*

Helligkeitsregler *m* brightness control **Helligkeitsverstärkung** *f* brightness magnification **Helligkeitswert** *m* INFORM brightness attribute

helllicht[RR] *adj attr* (*selten*) bright, pleasant; **es ist ~er Tag** it is broad daylight; **am ~en Tag** in broad daylight

Hellraumprojektor *m* SCHWEIZ (*Tageslichtprojektor*) overhead projector

hellrot *adj* bright red

hellsehen *vi nur infin* **~ können** to be clairvoyant, to have second sight; **du kannst wohl ~!** (*fam*) you must be clairvoyant!; **ich kann doch nicht ~!** (*iron fam*) I'm not clairvoyant! *iron fam* **Hellseher(in)** *m(f)* clairvoyant **Hellseherei** *f* (*pej*) clairvoyance **hellseherisch** I. *adj attr* clairvoyant II. *adv* using clairvoyant powers; ***dieser Mann muss ~ begabt sein!*** this man must have the gift of clairvoyance **hellsichtig** *adj* ❶ (*vorausahnend*) clairvoyant ❷ (*scharfsinnig*) shrewd, sharp **hellwach** *adj* wide-awake

Hellwerden <-s> *nt kein pl* daybreak *no pl*

Helm <-[e]s, -e> *m* helmet

Helmbohne *f* young runner bean **Helmbusch** *m* plume **Helmpflicht** *f* compulsory wearing of a helmet *no pl* **Helmschmuck** *m* crest

Helsinki <-s> ['hɛlzɪŋki] *nt* Helsinki *no pl, no art*

Helvetien <-s> *nt* GEOG Helvetia

Hemd <-[e]s, -en> *nt* shirt; (*Unter~*) vest; **nass bis aufs ~** soaked to the skin [*or* AM bone], wet through; (*Nacht~*) nightshirt ▸ WENDUNGEN: **das ~ ist jdm näher als der Rock** (*prov*) charity begins at home *prov;* **mach dir nicht** [**gleich**] **ins ~!** don't make such a fuss!; **jdn/etw wie das** [*o* **sein**] **~ wechseln** to change sb/sth with monotonous regularity; **jdn bis aufs ~ ausziehen** (*fam*) to have the shirt off sb's back; **sich bis aufs** [**letzte**] **~ ausziehen** (*fam*) to spend every last penny, to give the shirt off one's back [for sth] *fam*

Hemdbluse *f* shirt **Hemdblusenärmel** *m* shirt sleeve **Hemdblusenkleid** *nt* shirt-dress **Hemdblusenkragen** *m* shirt collar **Hemdbrust** *f* shirt-front, dickey

Hemdenknopf *m* shirt button **Hemdenmatz** <-es, Hemdenmätze> *m* (*hum fam*) bare bum [*or* AM butt] *hum fam* (*small child dressed only in a vest*) **Hemdenstoff** *m* shirt material *no pl*

Hemdhose *f* (*veraltend*) combinations *npl dated,* coms *npl dated* **Hemdkragen** *m* shirt collar

Hemdsärmel *m* shirt sleeve; **in ~n** (*fam*) in shirt sleeves

hemdsärmelig *adj* (*fam*) casual

Hemisphäre <-, -n> *f* ❶ (*Erdhalbkugel*) hemisphere; **die nördliche/südliche ~** the northern/southern hemisphere ❷ (*Gehirnhälfte*) hemisphere; **die linke/rechte ~** the left/right hemisphere

hemmen *vt* ❶ (*ein Hemmnis sein*) ■**etw ~** to hinder sth ❷ (*bremsen*) ■**etw ~** to stop sth ❸ PSYCH (*inhibieren*) ■**jdn ~** to inhibit sb

Hemmnis <-ses, -se> *nt* (*Hürde*) obstacle; (*Behinderung*) impediment, obstruction; **bürokratisches**

H

~ HANDEL bureaucratic barrier; **mittelbares/unmittelbares** ~ mediate/immediate impediment; **rechtliches** [*o* **gesetzliches**] ~ legal block

Hemmschuh *m* ❶ (*keilförmige Vorrichtung*) chock ❷ (*fig: Hemmnis*) obstacle **Hemmschwelle** *f* inhibition level; **seine ~ überschreiten** to overcome one's inhibitions

Hemmung <-, -en> *f* ❶ *kein pl* (*das Hemmen*) obstruction ❷ *pl* PSYCH inhibitions *pl* ❸ (*Bedenken, Skrupel*) inhibition, scruple; **~en haben** to have scruples; ***ich habe ein bisschen ~en, ihr das so ohne weiteres ins Gesicht zu sagen*** I feel a bit awkward about saying it straight to her face; **keine ~en kennen** to have no scruples; **nur keine ~en!** don't hold back!; ***es ist für jeden genug da, nur keine ~en!*** there's enough for everybody there, have as much as you like! ❹ JUR hindrance, obstruction; **~ der Verjährung** suspension of the statute of limitations

hemmungslos I. *adj* ❶ (*zügellos*) uncontrolled, unrestrained ❷ (*skrupellos*) unscrupulous II. *adv* ❶ (*zügellos*) unrestrainedly, without restraint ❷ (*skrupellos*) unscrupulously

Hemmungslosigkeit <-> *f kein pl* ❶ (*Zügellosigkeit*) lack of restraint ❷ (*Skrupellosigkeit*) unscrupulousness

Hendl <-s, -[n]> *nt* ÖSTERR (*Brathähnchen*) roast chicken

Hengst <-[e]s, -e> *m* stallion; (*Esel, Kamel*) male

Henkel <-s, -> *m* handle

Henkelglas *nt* glass with a handle **Henkelkorb** *m* basket with a handle **Henkelkrug** *m* jug [with a handle] **Henkelmann** *m* (*fam*) *portable set of stacked containers holding hot food* **Henkeltopf** *m* pot [*or* pan] with [a] handle[s]

henken *vt* (*veraltet*) ■**jd** ~ to hang sb

Henker <-s, -> *m* executioner ▸ WENDUNGEN: **scher dich** [*o* **geh**] **zum ~!** (*fam*) go to blazes! *dated;* **zum ~!** (*fam*) hang it all! *dated;* **hol's der ~!** (*veraltend*) damn [it]!; **was zum ~ …** (*fam*) what the devil… *fam*

Henker(s)beil *nt* executioner's axe **Henkersknecht** *m* executioner's assistant **Henkersmahl** *nt,* **Henkersmahlzeit** *f* ❶ (*letztes Essen*) last meal [before execution] ❷ (*hum fam: vor einem großen Ereignis*) final square meal, last slap-up meal BRIT

Henna <- *o* -[s]> *f o nt kein pl* henna *no pl*

Henne <-, -n> *f* hen

Hepatitis <-, Hepatitiden> *f* hepatitis *no pl*

her *adv* ❶ (*raus*) here, to me; **~ damit!** (*fam*) give it here! *fam;* **immer ~ damit!** (*fam*) keep it/them coming! *fam* ❷ (*herum*) ■**um jdn** ~ all around sb ❸ (*von einem Punkt aus*) ■**von etw** ~ *räumlich* from sth; **von weit** ~ from a long way away [*or* off]; ***wo kommst du so plötzlich her?*** where have you come from so suddenly?; **~ zu mir!** come here!; ■**irgendwo ~ sein** to come [*or* be] from somewhere; ■**von … ~** *zeitlich* from; ***ich kenne ihn von meiner Studienzeit ~*** I know him from my time at university; **lange/nicht lange/drei Wochen ~ sein** to be long/not so long/three weeks ago; ***unser letztes Treffen ist jetzt genau neun Monate her*** we last met exactly nine months ago; **längere Zeit ~ sein, dass** to be a long time [ago], since; **lang ~ sein, dass** to be long ago, since; **nicht** [**so**] **lange ~ sein, dass** to be not such a long [ago], since; ***wie lange ist es her, dass wir uns das letzte Mal gesehen haben?*** how long is it since we last saw each other?, how long ago did we last see each other?, when did we last see each other?; ■**von etw ~** *kausal* as far as sth is concerned [*or* goes]; ***von der Technik ~ ist dieser Wagen Spitzenklasse*** as far as the technology is concerned this car is top class ❹ (*verfolgen*) ■**hinter jdm/einem Tier/etw ~ sein** to be after sb/an animal/sth *fam* ❺ (*haben wollen*) ■**hinter jdm/etw ~ sein** to be after sb/sth *fig fam;* **hinter jdm ~ sein, etw zu tun** to keep on at sb to do sth, to keep an eye on it to see that sth is done ▸ WENDUNGEN: **es ist nicht weit ~ mit jdm/etw** (*fam*) sb/sth is not up to much *fam*

herab *adv* (*geh*) down

herab|blicken *vi* (*geh*) *s.* **herabsehen** **herab|fallen** *vi irreg* (*geh*) ■[**von etw**] ~ to fall down [from sth] **herab|flehen** *vt* (*geh*) ■**auf jdn ~** to call down on sb; ***der Pfarrer flehte den Segen Gottes auf seine Gemeinde herab*** the priest called down God's blessing on his congregation **herab|fließen** *vi irreg sein* ■[**von etw**] ~ to flow down [from sth] **herab|hängen** *vi irreg* ■[**von etw**] [**auf etw** *akk*] ~ to hang down [from sth] [on sth] **herab|lassen** *irreg* I. *vt* (*geh: herunterlassen*) ■**etw** [**von etw**] ~ to let down [*or* lower] sth [from sth]; ***den Schrank müssen wir aus dem Fenster ~*** we'll have to lower the cupboard from the window II. *vr* ■**sich** [**zu etw**] ~ to lower oneself [to sth]; ■**sich** [**dazu**] **~, etw zu tun** to condescend [*or* deign] to do sth **herablassend** I. *adj* condescending, patronizing; ■[**zu jdm**] ~ **sein** to be condescending [*or* patronizing] [towards sb] II. *adv* condescendingly, patronizingly **Herablassung** <-> *f kein pl* condescension *no pl* **herab|mindern** *vt* ■**etw** ~ ❶ (*schlechtmachen*) to belittle [*or* disparage] sth ❷ (*bagatellisieren*) to trivialize **herab|sehen** *vi irreg* ■**auf jdn/etw** ~ ❶ (*geh: heruntersehen*) to look down on sb/sth ❷ (*abschätzig betrachten*) to look down on sb/sth **herab|setzen** *vt* ■**etw** ~ ❶ (*reduzieren*) to reduce sth; **die Geschwindigkeit** ~ to reduce speed; **herabgesetzte Preise** reduced prices ❷ (*herabmindern*) to belittle [*or* disparage] sth **herabsetzend** *adj* disparaging

Herabsetzung <-, -en> *f* ❶ *kein pl* (*das Herabsetzen*) belittling *no pl,* disparagement *no pl* ❷ (*Kränkung*) slight, snub ❸ JUR (*Verringerung*) reduction; **~ des Schadensersatzes** reduction of damages; **~ des Strafmaßes** reduction of the sentence ❹ HANDEL *des Preises* [price] reduction, cut; *des Werts* [value] depreciation ❺ (*Verunglimpfung*) [reputation] disparagement; **~ der Ware des Konkurrenten** slander of goods; **~ von Mitbewerbern** disparagement of competitors **herab|steigen** *vi irreg sein* (*geh*) ■[**von etw**] ~ to climb down [*or* descend] [from sth] **Herabstufung** <-, -en> *f* ÖKON downgrading; **~ von Arbeitsplätzen** deskilling of jobs **herab|würdigen** I. *vt* ■**jdn/etw** ~ to belittle [*or* disparage] sb/sth II. *vr* ■**sich** ~ to degrade [*or* lower] oneself **Herabwürdigung** *f* belittling *no pl,* disparagement *no pl*

Heraklithplatte *f* BAU excelsior slab

Heraldik <-> *f kein pl* heraldry *no pl, no indef art*

heraldisch *adj* heraldic

heran *adv verstärkend* close up to, near; ***wir müssen ganz dicht an die Mauer ~*** we must go right up to the wall

heran|arbeiten *vr* ■**sich an jdn/etw** ~ to work one's way towards sb/sth **heran|bilden** I. *vt* ■**jdn** [**zu etw**] ~ to train sb [for a particular position] II. *vr* (*sich entwickeln*) ■**sich** ~ to develop **heran|bringen** *vt irreg* ❶ (*räumlich*) ■**jdn/etw an jdn/etw** ~ to bring sb/sth [up] to sb/sth ❷ (*vertraut machen*) ■**etw an jdn/etw** ~ to introduce sth to sb/sth **heran|fahren** *vi irreg sein* ■[**an etw** *akk*] ~ to drive up [to sth] **heran|führen** I. *vt* ❶ (*hinbringen*) ■**jdn/etw** [**an jdn/etw**] ~ to bring sb/sth [up to sb/sth]; ***er führte das Heer bis auf eine Meile an den Feind*** he brought the army to within a mile of the enemy ❷ (*einweihen in*) ■**jdn an etw** *akk* ~ to introduce sb to sth II. *vi* ■**an etw** *akk* ~ to lead to sth; ***der Weg führte fast bis an Haus heran*** the path lead almost up to the house **heran|gehen** *vi irreg sein* ❶ (*zu etw hingehen*) ■[**an jdn/etw**] ~ to go [up to sb/sth]; ***lass uns lieber nicht zu nahe ~!*** don't let's get too close! ❷ (*in Angriff nehmen*) ■**an etw** *akk* ~ to tackle sth; ***wir müssen anders an die Sache ~*** we'll have to tackle the matter differently

Herangehensweise *f* approach

heran|kommen *vi irreg sein* ❶ (*herbeikommen*) ■[**an jdn/etw**] ~ to come up [to sb/sth], to approach [sb/sth]; (*bis an etw kommen*) to get to sth; ***sie kamen nicht an die Stellungen heran*** they didn't get to the enemy positions ❷ (*herangelangen können*) ■**an jdn/etw** ~ to reach sb/sth; ***man kommt nur schwer an diese Stelle heran*** it's a difficult spot to reach ❸ (*sich beschaffen können*) ■**an etw** *akk* ~ to get hold of sth ❹ (*in persönlichen Kontakt kommen*) ■**an jdn** ~ to get hold of sb; (*näher kommen*) ***man kommt einfach sehr schwer an sie heran*** it's so difficult to really get to know her ❺ (*gleichwertig sein*) ■[**in etw** *dat*] **an jdn/etw** ~ to be up to the standard of sb/sth [in sth]; ***in Leistung kommt das Modell an das Konkurrenzfahrzeug fast heran*** the model is almost up to the standard of the competition in performance ▸ WENDUNGEN: **alles an sich ~ lassen** (*fam*) to cross a bridge when one comes to it; **nichts an sich ~ lassen** (*fam*) not to let anything get to one *fam;* ***sie lässt nichts an sich ~*** she doesn't let anything get to her **heran|machen** *vr* (*fam*) ■**sich an jdn** ~ to approach sb **heran|nahen** *vi sein* (*geh*) to approach **heran|reichen** *vi* ❶ (*gleichkommen*) ■**an jdn/etw** ~ to measure up to [the standard of] sb/sth ❷ (*bis an etw reichen*) ■**an etw** ~ to reach [as far as] sth **heran|reifen** *vi sein* (*geh*) ❶ (*allmählich reifen*) to ripen ❷ (*durch Wachstum werden*) ■[**zu jdm**] ~ to mature [into sb] ❸ (*sich langsam konkretisieren*) ■[**zu etw**] ~ to mature [into sth] **heran|rücken** I. *vi sein* ❶ (*sich nähern*) ■[**an jdn/etw**] ~ to approach [sb/sth] ❷ (*dicht aufrücken*) ■[**mit etw**] [**an jdn/etw**] ~ to bring [*or* draw] sth [up to sb/sth]; ***sie rückte mit ihrem Stuhl dicht an ihn heran*** she drew her chair right up to him II. *vt* (*an etw rücken*) ■**etw an jdn/etw** ~ to move sth closer [*or* nearer] to sb/sth **heran|schaffen** *vt* ■[**jdm**] **jdn/etw** ~ to bring sb/sth [to sb] **heran|schleichen** *vi, vr irreg vi: sein* ■[**sich**] [**an jdn/etw**] ~ to creep up [to [*or* on] sb/sth] **heran|tasten** *vr* ❶ (*sich tastend nähern*) ■**sich an jdn/etw** ~ to feel [*or* grope] one's way towards sb/sth ❷ (*sich vorsichtig heranarbeiten*) ■**sich an etw** *akk* ~ to approach sth cautiously **heran|tragen** *vt irreg* ❶ (*nahe an etw tragen*) ■**jdn/etw an etw** *akk* ~ to take [*or* bring] sth up to sb/sth ❷ (*geh: vorbringen*) ■**etw an jdn** ~ to approach sb with sth; ***dieser Wunsch ist schon verschiedentlich an die Regierung herangetragen worden*** the government has been approached with this request on several occasions **heran|treten** *vi irreg sein* ❶ (*in die Nähe treten*) ■**an jdn/etw** ~ to come [*or* go] up to sb/sth ❷ (*konfrontieren*) ■**an jdn** ~ to confront sb ❸ (*geh: sich wenden an*) ■[**mit etw**] **an jdn** ~ to approach sb [with sth]; ***sie ist schon mit dieser Bitte an uns herangetreten*** she has already approached us with this request **heran|wachsen** [ks] *vi irreg sein* (*geh*) ■[**zu jdm**] ~ to grow up [into sb]; ***sein Sohn war zu einem gut aussehenden jungen Mann herangewachsen*** his son had grown up into a handsome young man **Heranwachsende** [-ks-] *pl* adolescents *pl* **heran|wagen** *vr* ❶ (*heranzukommen wagen*) ■**sich an jdn/ein Tier** ~ to dare to come [*or* go] near sb/an animal ❷ (*sich zu beschäftigen wagen*) ■**sich an etw** *akk* ~ to dare to attempt sth **heran|ziehen** *irreg* I. *vt* ❶ (*näher holen*) ■**jdn/etw** [**an etw** *akk*/**sich/zu sich**] ~ to pull sb/sth [to sth/to oneself] ❷ (*einsetzen*) ■**jdn/etw** [**zu etw**] ~ to bring sb/sth in [for sth]; ***sie wurde in der Firma zu allen möglichen niedrigen Jobs herangezogen*** she was used to do all the menial jobs possible ❸ (*anführen*) ■**etw** [**für/zu etw**] ~ to consult sth [for sth]; ***für seine Promotion hat er griechische Zitate herangezogen*** he consulted Greek quotations for his PhD. ❹ (*aufziehen*) ■**jdn** [**zu etw**] ~ to raise sb [until he/she is/becomes sth]; **ein Tier** [**zu etw**] ~ to read an animal [to be sth]; ■**etw** [**zu etw**] ~ to grow sth [until it becomes sth]; ***den Baum habe ich mir aus einem kleinen Sämling herangezogen*** I grew the tree from a seedling; ■[**sich** *dat*] **jdn** ~ to raise sb to be sb II. *vi sein* MIL (*näher ziehen*) to advance

herauf I. *adv* ❶ (*in Richtung oben*) ■**von…** ~ from … up; ***was, von da unten soll ich den Sack bis oben ~ schleppen?*** what, I'm supposed to drag this sack from down here all the way up there? ② (*fam: in Richtung Norden*) up from; **vom Süden** ~ up from the south **II.** *präp +akk* up; ***sie ging die Treppe*** ~ she went up the stairs

herauf|beschwören* *vt irreg* ① (*wachrufen*) ■ **etw [in jdm]** ~ to evoke [*or* stir up] sth [in sb] ② (*herbeiführen*) ■ **etw** ~ to cause [*or* give rise to] sth **herauf|bringen** *vt irreg* ① (*nach oben tragen*) ■ **etw [zu jdm]** ~ to bring sth up [to sb]; ***vergiss nicht, die Zeitung mit heraufzubringen!*** don't forget to bring the newspaper up with you ② (*nach oben mitbringen*) ■ **jdn [zu jdm]** ~ to bring sb up [to sb]; ***bring doch deine Freunde mal mit herauf in die Wohnung!*** why don't you bring your friends up to the flat with you **herauf|führen** *vt* ■ **jdn** ~ to show sb up; ***führen Sie die Herren zu mir herauf*** please show the gentlement up to my office **herauf|holen** *vt* ■ **jdn/etw** ~ to bring up sb/sth *sep,* to fetch sb/sth **herauf|kommen** *vi irreg sein* ① (*von unten kommen*) ■ **[zu jdm]** ~ to come up [to sb]; ***komm doch später auf einen Kaffee zu mir herauf!*** come up [to my place] for a coffee later, if you like ② (*geh: aufziehen*) to approach [*or* gather]; *Nebel* to form **herauf|setzen** *vt* ■ **etw** ~ to put up *sep* [*or* increase] sth **herauf|steigen** *vi irreg sein* (*geh*) ① (*nach oben steigen*) ■ **zu jdm** ~ to climb up to sb; **einen Berg/eine Treppe** ~ to climb [up] a mountain/flight of stairs ② (*aufsteigen*) to rise; ***von der Niederung stiegen Nebelschwaden herauf*** veils of mist rose out of the depression **herauf|ziehen** *irreg* **I.** *vt haben* ■ **jdn/etw [zu sich]** ~ to pull up *sep* sb/sth [to one] **II.** *vi sein* (*aufziehen*) to approach, to gather

heraus *adv* ① (*nach draußen*) out; ■ **aus etw** ~ out of sth; ***sie betrank sich aus einem Gefühl der Einsamkeit*** ~ she got drunk out of a feeling of loneliness; ~ **da!** (*fam*) get out!; ~ **damit!** (*fam mit einer Antwort*) out with it!; (*mit Geld*) give it here!; ~ **mit ihm/ihr!** (*fam*) get him/her out! ② (*entfernt sein*) ■ ~ **sein** to have been taken out [*or* removed] ③ MEDIA (*veröffentlicht sein*) ■ ~ **sein** to be out ④ (*entschieden sein*) ■ ~ **sein** to have been decided ⑤ (*hinter sich haben*) ■ **aus etw** ~ **sein** to leave behind sth *sep;* ***aus dem Alter bin ich schon heraus*** that's all behind me ⑥ (*gesagt worden sein*) ■ ~ **sein** to have been said, to be out in the open; **die Wahrheit ist heraus** the truth has come out [*or* is out]

heraus|arbeiten **I.** *vt* ① (*plastisch hervorheben*) ■ **etw [aus etw]** ~ to carve sth [out of sth] ② (*hervorheben*) ■ **etw [deutlicher/besser]** ~ to bring out sth *sep* [more clearly/better] **II.** *vr* ■ **sich aus etw** ~ to work one's way out of sth **heraus|bekommen*** *vt irreg* ① (*entfernen*) ■ **etw [aus etw]** ~ to get sth out [of sth] ② (*herausziehen*) ■ **etw [aus etw]** ~ to get sth out [of sth], to remove sth [from sth] ③ (*herausfinden*) ■ **etw** ~ to find out sth *sep* ④ (*ausgezahlt bekommen*) ■ **etw** ~ to get sth back **heraus|bilden** *vr* ■ **sich [aus etw]** ~ to develop [*or* form] [out of sth] **Herausbildung** *f* formation, development **heraus|brechen** **I.** *vt haben* ■ **etw [aus etw]** ~ to knock sth out [of sth] **II.** *vi sein* ■ **aus jdm** ~ to errupt from sb **heraus|bringen** *vt irreg* ① (*nach draußen bringen*) ■ **[jdm] etw** ~ to bring sth out [to sb] ② (*auf den Markt bringen*) ■ **etw** ~ to launch sth ③ (*der Öffentlichkeit vorstellen*) ■ **etw** ~ to publish sth ④ (*hervorbringen*) ■ **etw** ~ to say [*or* utter] sth; ***sie brachte keinen Ton heraus*** she didn't utter a sound ⑤ (*fam: ermitteln*) *s.* **herausbekommen 3** **heraus|drehen** *vt* ■ **etw [aus etw]** ~ to unscrew sth [from sth] **heraus|drücken** *vt* ① (*durch Drücken hervorkommen lassen*) ■ **etw aus etw** ~ to squeeze sth out of sth ② (*durch Drücken vorwölben*) ■ **etw** ~ to stick out sth *sep* **heraus|fahren** *irreg* **I.** *vi sein* ① (*nach draußen fahren*) ■ **[aus etw]** ~ to drive out [of sth] ② (*entschlüpfen*) ■ **jdm** ~ to slip out **II.** *vt haben* ① (*nach draußen fahren*) ■ **etw [aus etw]** ~ to drive sth out [of sth] ② (*erzielen*) ■ **etw** ~ to achieve sth **heraus|fallen** *vi irreg* ■ **aus etw** ~ to fall [*or fig* drop] out of sth; **aus dem üblichen Rahmen** ~ (*fig*) to be different, to fall outside the usual parameters **heraus|filtern** *vt* ■ **etw [aus etw]** ~ ① (*durch Filtern entnehmen*) to filter sth out [of sth] ② (*als brauchbar aussondern*) to sift sth out [of sth] **heraus|finden** *irreg* **I.** *vt* ① (*dahinterkommen*) ■ **etw** ~ to find out [*or* discover] sth ② (*herauslesen*) ■ **etw [aus etw]** ~ to find sth [from amongst sth] **II.** *vi* ■ **[aus etw]** ~ to find one's way out [of sth]; ***ich begleite Sie noch zur Tür! — danke, ich finde selbst heraus*** I'll accompany you to the door — thank you, but I can find my own way out **heraus|fischen** **I.** *vt* (*fam*) ■ **etw [aus etw]** ~ to fish sth out [of sth] **II.** *vr* (*fam*) ■ **sich** *dat* **etw [aus etw]** ~ to pick out sth *sep* [from amongst sth] **heraus|fliegen** *irreg* **I.** *vi sein* ① (*nach draußen fliegen*) ■ **[aus etw]** ~ to fly out [of sth] ② SPORT (*fam: herausfallen*) ■ **[aus etw]** ~ to be thrown out [of sth] **II.** *vt haben* LUFT (*ausfliegen*) ■ **jdn/etw [aus etw]** ~ to fly sb/sth out [of sth]

Herausforderer, -ford[r]erin <-s, -> *m, f* challenger; **sich seinem** ~ **stellen** to take on one's [*or* the] challenger

heraus|fordern **I.** *vt* ① SPORT (*zum Kampf fordern*) ■ **jdn** ~ to challenge sb ② (*auffordern*) ■ **jdn zu etw** ~ to challenge sb to sth ③ (*provozieren*) ■ **jdn [zu etw]** ~ to provoke sb [into doing sth] ④ (*heraufbeschwören*) ■ **etw** ~ to invite sth; **Gefahr** ~ to court danger; **Kritik** ~ to invite [*or* provoke] criticism; **Schicksal** ~ to tempt fate **II.** *vi* ■ **zu etw** ~ to invite sth

herausfordernd **I.** *adj* provocative, challenging, inviting **II.** *adv* provocatively

Herausforderung *f* ① (*Aufforderung*) challenge ② *kein pl* SPORT (*das Herausfordern*) challenge ③ (*Provokation*) provocation, open defiance ④ (*Bewährungsprobe*) challenge; **sich** *akk* **einer** ~ **stellen** to take up [*or* respond to] [*or* accept] a challenge; **die** ~ **annehmen** to accept the challenge, to take up the gauntlet

heraus|führen **I.** *vt* ■ **jdn [aus etw]** ~ to lead sb out [of sth] **II.** *vi* ■ **[aus etw]** ~ to lead out [of sth]

Herausgabe <-, -n> *f* ① MEDIA (*Veröffentlichung*) publication ② (*Rückgabe*) return; *Wechselgeld* to give [back] ③ ADMIN issue, issuing; *neue Banknoten* to issue; (*von [Brief]marken*) issue, issuing ④ JUR (*Besitzübertragung*) surrender; ~ **der Ware** surrender of the goods; **vorläufige** ~ **gepfändeter Sachen an den Eigentümer** replevin; **auf** ~ **klagen** to replevin, to bring an action of detinue; **die** ~ **verlangen** to claim possession

Herausgabeanspruch *m* JUR claim for restitution; ~ **bei Zahlungsverzug** claim for restitution in the event of default **Herausgabeklage** *f* JUR action for possession **Herausgabepflicht** *f* JUR obligation to surrender possession

heraus|geben *irreg* **I.** *vt* ① MEDIA ■ **etw** ~ (*veröffentlichen*) to publish sth; (*editieren*) to edit sth ② (*zurückgeben*) ■ **jdn/etw [an jdn]** ~ to return [*or sep* hand back] sb/sth [to sb] [*or sep* give back], to surrender sb/sth [to sb] *usu form,* to hand over sb/sth [to sb] *sep;* ■ **jdm etw** ~ to give sb sth [back]; ***Sie haben mir nur 12 statt 22 Mark herausgegeben!*** you've only given me [back] DM 12 instead of 22 ③ (*herausreichen*) ■ **jdm etw** ~ to pass [*or* hand] out sth to sb, to pass [*or* hand] sb sth out **II.** *vi* ■ **[jdm] [auf etw** *akk***]** ~ to give [sb] change [out of sth]; ***können Sie mir auf 100 DM ~?*** can you give me change out of DM 100?; **falsch** ~ to give the wrong change [back]

Herausgeber(in) <-s, -> *m(f)* MEDIA (*Verleger*) publisher; (*editierender Lektor*) editor

herausgegeben *pp von* **herausgeben** *Buch* published

heraus|gehen *vi irreg sein* ① (*herauskommen*) ■ **[aus/von etw]** ~ to go out [of sth]; ***ich sah ihn um 19 Uhr [aus der Wohnung]*** ~ I saw him leave [the flat] at 7pm ② (*entfernt werden können*) ■ **[aus etw]** ~ to come out [of sth] ③ (*herausgezogen werden können*) ■ **[aus etw]** ~ to come out [of sth] ④ (*lebhaft werden*) ■ **aus sich** ~ to come out of one's shell **heraus|greifen** *vt irreg* ■ **[sich** *dat***] jdn [aus etw]** ~ to pick [*or* single] out *sep* [*or* select] sb [from sth]; ■ **[sich** *dat***] etw [aus etw]** ~ to choose sth [from sth]; ***morgens greife ich mir irgendetwas aus dem Schrank heraus*** in the morning[s] I just grab any old thing out of the wardrobe **heraus|gucken** *vi* (*fam*) ① (*heraussehen*) ■ **[aus etw]** ~ to look out [of sth] ② (*zu sehen sein*) *Unterhemd, Unterrock* to be showing; ***dein Hemd guckt aus der Hose heraus*** your shirt is hanging out of your trousers **heraus|haben** *vt irreg* (*fam*) ① (*entfernt haben*) ■ **etw [aus etw]** ~ to have got sth out [of sth] ② (*gekündigt haben*) ■ **jdn aus etw** ~ to get sb out of sth ③ (*begriffen haben*) ■ **etw** ~ to get [*or* have] the knack [*or* hang] of sth ④ (*herausgefunden haben*) ■ **etw** ~ to have solved sth; **ein Geheimnis/einen Namen/die Ursache** ~ to have found out a secret/name/the cause; ■ ~, **wann/wer/wie/warum/wo/wohin ...** to have found out when/who/how/why/where ... **heraus|halten** *irreg* **I.** *vt* ① (*nach draußen halten*) ■ **etw [aus etw]** ~ to hold [*or* put] sth out [of sth] [*or fam* stick] ② (*nicht verwickeln*) ■ **jdn/etw [aus etw]** ~ to keep sb/sth out [of sth] ③ (*fernhalten*) ■ **jdn/ein Tier [aus etw]** ~ to keep sb/an animal out [of sth] **II.** *vr* ■ **sich [aus etw]** ~ to keep [*or* stay] [*or* sth] out of sth; ***halt du dich [da] mal heraus!*** you [just] keep [*or* stay] out of it [*or* this]! **heraus|hängen** **I.** *vi* ■ **[aus etw]** ~ to hang out [of sth] ▶ WENDUNGEN: **jdm hängt die Zunge schon heraus** sb is completely exhausted **II.** *vt* ■ **etw [aus etw]** ~ ① (*nach außen hängen*) to hang out sth *sep,* to hang sth out of sth ② (*herauskehren, zeigen*) to show off; ***in solchen Situation, hängt sie immer die Akademikerin heraus*** she always shows [*or* likes to show] off about being an academic in such situations ③ DIAL (*protzen mit etw*) to show off; ***ich denke, er hängt sein Geld zu sehr heraus*** I think he shows his money off too much **heraus|hauen** *vt* ① (*entfernen*) ■ **etw** ~ *Baum* to chop down [and clear] sth; *Stein* to knock out sth *sep* ② (*meiseln, bildhauern*) ■ **etw [aus etw]** ~ to carve [*or* cut] sth [out of sth] ③ (*fam: befreien*) ■ **jdn [aus etw]** ~ to get sb out [of sth]; **jdn aus Schwierigkeiten** ~ to bail sb out of trouble

heraus|heben *irreg* **I.** *vt* ① (*räumlich*) ■ **etw [aus etw]** ~ to lift sth out [of sth] ② (*hervorheben*) ■ **etw [aus etw]** ~ to bring out *sep* [*or* emphasize] sth **II.** *vr* ① (*sich abheben*) ■ **sich [aus etw** *dat***]** ~ to pull oneself out [of sth]; *Masse, Hintergrund* to stand out from sth ② (*herausragen*) ■ **sich [durch etw]** ~ to stand out [because of sth] **heraus|helfen** *vi irreg* ■ **jdm [aus etw]** ~ ① (*auszusteigen helfen*) to help sb out [of sth]; **jdm aus dem Bus/Zug** ~ to help sb off the bus/train ② (*zu überwinden helfen*) to help sb out [of sth] **heraus|holen** *vt* ① (*nach draußen holen*) ■ **etw [aus etw]** ~ to bring [*or* get] out sth [of sth]; ■ **jdn [aus etw]** ~ to get sb out [of sth] ② (*als Aussage bekommen*) ■ **etw [aus jdm]** ~ to get sth out [of sb]; **eine Information aus jdm** ~ to extract a piece of information from sb ③ (*durch Bemühungen erreichen*) ■ **[bei etw] etw** ~ to get sth [out of sth] ④ SPORT (*durch körperlichen Einsatz erzielen*) ■ **etw** ~ to gain [*or* win] sth; **ein gutes Ergebnis** ~ to achieve a good result; **den dritten Platz** ~ to take third place; **eine gute Zeit** ~ to achieve [*or* record] a good time ⑤ (*fam: an Leistung abgewinnen*) ■ **[aus jdm/etw] etw** ~ to get sth out [of sb/sth] **heraus|hören** *vt* ① (*durch Hinhören wahrnehmen*) ■ **jdn/etw [aus etw]** ~ to hear sb/sth [in sth] ② (*abwägend erkennen*) ■ **etw [aus etw]** ~ to detect sth [in sth] **heraus|kehren** *vt* ■ **jdn/etw** ~ to play sb [*or* to parade] [*or* to act]; **den Chef/väterlichen Freund/reichen Gönner** ~ to play the boss/fatherly friend/rich patron **heraus|kitzeln** *vt* (*fam*) ■ **etw** ~ to provoke sth

heraus|kommen *vi irreg sein* ① (*nach draußen kommen*) ■ **[aus etw]** ~ to come out [of sth] ② (*nach außen dringen*) ■ **[irgendwo]** ~ to come out [somewhere] ③ (*etw ablegen können*) ■ **aus etw kaum/nicht** ~ to hardly/not have sth off [*or* be out of sth] ④ (*etw verlassen können*) ■ **aus etw**

H

~ to get out of sth; ***viele Bewohner sind noch nie aus diesem Dorf herausgekommen*** many of the residents have never [even] left [*or* been out of] this village ⑤ (*aufhören können*) ■ **aus etw kaum/nicht** ~ to hardly/not be able to stop doing sth; ***da kommt man aus dem Staunen/der Verwunderung kaum mehr heraus*** one can hardly get over one's astonishment/surprise ⑥ (*fam: überwinden können*) ■ **aus etw** ~ to get out of sth; **aus den Problemen** ~ to solve one's problems; **aus den Schulden** ~ to get out of debt, to settle [*or* to clear] one's debts; **aus Schwierigkeiten/Sorgen** ~ to get over one's difficulties/worries ⑦ (*auf den Markt kommen*) to come out [*or* be launched]; ■ **mit etw** ~ to come out with [*or sep* bring out] [*or* launch] sth; (*erscheinen*) to come out [*or* be published] ⑧ (*bekannt gegeben werden*) to be published; *Gesetz, Verordnung* to enact ⑨ (*bekannt werden*) to come out; ■ **es kam heraus, dass/warum/wer/wo ...** it came out that/why/who/where ... ⑩ (*zur Sprache bringen*) ■ **mit etw** ~ to come out with sth ⑪ (*Resultat haben*) ■ **bei etw** ~ to come of sth; ***und was soll dabei ~?*** and what good will that do? [*or* what good is supposed to come of that?]; **auf eins** [*o* **dasselbe**] ~, **auf das** [*o* **aufs**] **Gleiche** ~ to [all] amount to the same thing ⑫ (*fam: aus der Übung kommen*) ■ [**aus etw**] ~ to get out of practice [in sth], to get rusty ⑬ KARTEN (*die erste Karte ausspielen*) to lead ⑭ (*zur Geltung kommen*) ■ **irgendwie** ~ to show [off] somehow; ***bei Tageslicht kommt das Muster viel besser heraus*** you can see the pattern much better in the daylight ▶ WENDUNGEN: [**mit etw**] **groß** ~ (*fam*) to be a great success, to have a great success with sth

heraus|kriegen *vt* (*fam*) *s.* **herausbekommen, rauskriegen** **heraus|kristallisieren*** **I.** *vt* ■ **etw** [**aus etw**] ~ to extract sth [from sth] **II.** *vr* ■ **sich** ~ to crystallize **heraus|lassen** *vt irreg* ① (*aus etw fortlassen*) ■ **jdn/ein Tier** ~ to let out sb/an animal *sep;* ■ **jdn/ein Tier** [**aus etw**] ~ to let sb/an animal out [of sth] ② (*fam: weglassen*) ■ **etw** [**aus etw**] ~ to leave out sth *sep,* to leave sth out [of sth] ③ (*fam: mitteilen*) ■ **etw** ~ to announce sth **heraus|laufen** *irreg* **I.** *vi sein* ① (*nach draußen laufen*) ■ [**aus/durch etw**] ~ to run out [of/through sth] ② (*herausfließen*) ■ [**aus etw**] ~ to run out [of sth] **II.** *vt* SPORT ■ **etw** ~ to gain sth; **den ersten Platz** ~ to take first place, to come first; **einen Sieg** ~ to win a victory; **einen Vorsprung** ~ to build up a lead **heraus|lesen** *vt irreg* ① (*durch Lesen deuten*) ■ **etw aus etw** ~ to read sth into sth ② (*aussondern*) ■ **etw** [**aus etw**] ~ to pick out sth [from sth] *sep* **heraus|locken** *vt* ① (*nach draußen locken*) ■ **jdn/ein Tier** ~ to lure out sb/an animal *sep;* ■ **jdn/ein Tier aus etw** ~ to lure [*or* to entice] sb/an animal out of sth ② (*entlocken*) ■ **etw aus jdm** ~ to worm sth out of sb **heraus|lösen** *vt* ■ **etw** [**aus etw**] ~ ① (*loslösen*) to release sth [from sth] ② (*herausnehmen*) to remove sth [from sth]; **Wörter aus ihrem Zusammenhang** ~ to remove words from their context **Herauslösen** <-> *nt kein pl* detachment *no pl* **heraus|machen** **I.** *vt* (*fam*) ■ **etw** [**aus etw**] ~ to get sth out [of sth] [*or* remove sth [from sth]] [*or* [of [sb's] sth]] **II.** *vr* (*fam*) ■ **sich irgendwie** ~ to turn out [*or* develop] somehow; ***Ihre Tochter hat sich aber in den letzten Jahren herausgemacht*** your daughter has really blossomed in the last few years **heraus|müssen** *vi irreg* (*fam*) ① MED (*entfernt werden müssen*) to have to come out [*or* be removed] ② (*gesagt werden müssen*) to have to come out; ***das musste mal heraus!*** I had to get that off my chest! ③ (*nach draußen müssen*) ■ [**aus etw**] ~ to have to get out [of sth]; ***ab und zu muss ich einfach aus der Wohnung heraus*** sometimes I just have to get out of the apartment **herausnehmbar** *adj* removable; ■ [**aus etw**] ~ **sein** to be removable [from sth] **heraus|nehmen** *irreg* **I.** *vt* ① (*entnehmen*) ■ **etw** [**aus etw**] ~ to take sth out [of sth] ② MED (*fam: operativ entfernen*) ■ [**jdm**] **etw** ~ to take out *sep* [*or* remove] [sb's] sth; *Zahn* to pull [*or* take out] [*or* extract]; ■ **sich** *dat* **etw** ~ **lassen** to have one's sth taken out [*or* removed] ③ (*aus einer Umgebung entfernen*) ■ **jdn aus etw** ~ to take sb away [*or* remove sb] from sth **II.** *vr* ① (*pej: frech für sich reklamieren*) ■ **sich** *dat* **etw** ~ to take liberties; ***also, sie hat sich in letzter Zeit ja einiges herausgenommen!*** well, she's been taking some real liberties recently!; **sich zuviel** ~ to go too far ② (*sich erlauben*) ■ **sich** *dat* ~, **etw zu tun** to have the nerve to do sth **heraus|pauken** *vt* (*fam*) ■ **jdn** [**aus etw**] ~ to bail sb out [of sth] **heraus|picken** *vt* ■ [**sich** *dat*] **etw** [**aus etw**] ~ to pick sth out [of sth] **heraus|platzen** *vi sein* (*fam*) ① (*lachen*) to burst out laughing ② (*spontan sagen*) ■ **mit etw** ~ to blurt out sth *sep* **heraus|putzen** *vt* ■ **jdn** ~ to smarten up sb *sep;* ■ **etw** ~ to deck out sth *sep;* ■ **sich** ~ to dress [*or* spruce] oneself up **heraus|ragen** *vi s.* **hervorragen** **heraus|reden** *vr* ■ **sich** [**mit etw**] ~ to talk one's way out of it [by using sth as an excuse]; ■ **sich auf etw** *akk* ~ to use sth as an excuse **heraus|reißen** *vt irreg* ① (*aus etw reißen*) ■ **etw** [**aus etw**] ~ to tear out sth *sep,* to tear sth out [of sth]; **einen Baum/eine Wurzel** ~ to pull [*or* root] out a tree/root; **eine Seite** [**aus einem Buch/einer Zeitung**] ~ to tear [*or* rip] a page out [of a book/newspaper]; **einen Zahn** ~ to pull [*or* extract] a tooth ② (*ablenken*) ■ **jdn aus etw** ~ to tear sb away from sth; **jdn aus seiner Arbeit** ~ to interrupt sb in their work; **jdn aus seiner Konzentration** ~ to disrupt sb's concentation; **jdn aus seiner Meditation/seinen Träumen** ~ to startle sb out of their meditation/dreaming ③ (*fam: aus Bedrängnis befreien*) ■ **jdn** ~ to get sb out of it *fam,* to save sb ④ (*fam: wettmachen*) ■ **etw** ~ to save sth **heraus|rücken** **I.** *vt haben* (*fam*) ■ **etw** [**wieder**] ~ to hand over [*or* back] sth *sep;* ***komm, rück das Buch wieder heraus, das gehört mir!*** come on, give me back the book, it belongs to me! **II.** *vi sein* (*fam*) ■ **mit etw** ~ to come out with sth; *s. a.* **Sprache** **heraus|rutschen** *vi sein* ① (*aus etw rutschen*) ■ [**jdm**] [**aus etw**] ~ to slip out [of sth] ② (*fam: ungewollt entschlüpfen*) ■ **jdm** ~ to let slip out; ***entschuldige, das ist mir nur so herausgerutscht!*** sorry, it just slipped out! **heraus|schälen** **I.** *vt* ■ **etw** [**aus etw**] ~ ① (*aus etw schälen*) to scrape out sth [from sth] *sep* ② (*ausschneiden*) to cut out sth [from sth] *sep;* MED to cut away sth [from sth] *sep* **II.** *vr* ■ **sich** [**aus etw**] ~ to become evident [*or* apparent] [from sth], to crystallize **heraus|schauen** *vi* DIAL ① (*zu sehen sein*) ■ [**aus etw**] ~ to be showing [through sth] ② (*nach draußen schauen*) ■ [**aus etw**] ~ to look out [of sth] ③ (*fam: als Gewinn zu erwarten sein*) **etw schaut** [**für jdn**] **dabei heraus** sth is in it [for sb]; ***dabei schaut wenig/nichts heraus*** there's not much/nothing in it **heraus|schlagen** *irreg* **I.** *vt haben* ① (*aus etw schlagen*) ■ **etw** [**aus etw**] ~ to knock sth out [of sth] ② (*durch Schlagen entfernen*) ■ **etw** ~ to knock out sth *sep* ③ (*fam: geschickt erhandeln*) ■ [**bei jd/etw**] **etw** [**für sich**] ~ to make sth [out of sb/sth] [for oneself]; **Erlaubnis/Konzessionen** ~ to get permission/concessions; **Vorteile/Zeit** ~ to gain advantages/time; **möglichst viel** ~ **aus etw** to get the most out of sth **II.** *vi sein* ■ **aus/zu etw** ~ to leap out of sth **heraus|schleudern** *vt* ① (*aus etw schleudern*) ■ **etw** ~ to hurl [*or* fling] out sth *sep;* ■ **etw aus etw** ~ to hurl [*or* fling] sth out of sth; ■ [**aus etw**] **herausgeschleudert werden** to be thrown [*or* catapulted] from [*or* out of] sth; **aus einem Sitz/einer Kanzel herausgeschleudert werden** to be ejected from a seat/cockpit ② (*erregt aussprechen*) ■ **etw** ~ to hurl out sth *fig sep* **heraus|schlüpfen** *vi sein* ① (*aus etw schlüpfen*) ■ [**aus etw**] ~ to hatch [out of sth] ② (*herausrutschen*) ■ **jdm** ~ to [let] slip out *fig* **heraus|schmecken** **I.** *vt* ■ **etw** [**aus etw**] ~ to be able to taste sth [in sth] **II.** *vi* to taste; ***das Majoran schmeckt etwas zu stark heraus*** the marjoram tastes a bit too strong [*or* the taste of [the] marjoram is too strong] **heraus|schneiden** *vt irreg* ■ **etw** ~ to cut out sth *sep;* ■ **etw aus etw** ~ to cut sth out [of sth] **heraus|schreiben** *vt irreg* ■ **etw** [**aus etw**] ~ to copy out sth *sep* [from sth] **heraus|schreien** *vt irreg* ■ **etw** ~ to vent [*or* give vent to] sth

heraußen *adv* SÜDD, ÖSTERR (*hier draußen*) out here

heraus|springen *vi irreg sein* ① (*aus etw springen*) ■ [**aus etw**] ~ to jump [*or* leap] out [of sth] ② (*abbrechen*) ■ [**aus etw**] ~ to chip off [sth] ③ ELEK (*den Kontakt unterbrechen*) to blow ④ (*fam*) *s.* **herausschauen 3** **heraus|spritzen** *vi* to squirt out **heraus|sprudeln** **I.** *vi sein* ■ [**aus etw**] ~ to bubble out [of sth] **II.** *vt haben* ■ **etw** ~ to blurt out sth *sep* **heraus|stehen** *vi irreg* ■ [**aus etw**] ~ to stick out [of sth], to protrude [from sth] **heraus|stellen** **I.** *vt* ① (*nach draußen stellen*) ■ **etw** ~ to put out sth *sep,* to put sth outside ② (*hervorheben*) ■ **etw** [**irgendwie**] ~ to emphasize sth [somehow], to point out sth **II.** *vr* ■ **sich** ~ to come to light, to emerge, to become apparent; **jds Unschuld wird sich** ~ sb's innocence will be proven; **sich als etw** ~ to be shown [*or* proven] to be sth; ■ **es stellte sich heraus, dass ...** it turned out [*or* it was found] [*or* it became apparant] that ...; ***ob Sie im Recht sind, muss sich erst noch*** ~ we must wait and see whether you're right; ***hat sich eigentlich schon herausgestellt, wer der Täter war?*** have they already found out who the culprit was? **heraus|strecken** *vt* ■ **etw** ~ to stick out sth *sep;* ■ **etw aus/zu etw** ~ to stick sth out [of sth] **heraus|streichen** *vt irreg* ① (*aus etw tilgen*) ■ **etw** ~ to cross out sth *sep;* ■ **etw aus etw** ~ to delete sth [*or* cross sth out] from sth ② (*betonen*) ■ **etw** ~ to stress sth **heraus|stürzen** *vi sein* ■ [**aus etw**] ~ to rush out [of sth] **heraus|suchen** *vt* ■ [**jdm**] **etw** [**aus etw**] ~ to pick out sth *sep* [from sth] [for sb]; ***kannst du mir mal die Textstelle ~, wo ...*** can you find me the place [in the text] where ...; ■ **jdn** ~ to pick out sb *sep,* to choose [*or* select] sb **heraus|treten** *vi irreg sein* ① (*nach außen treten*) ■ [**aus etw**] ~ to step out [of sth]; ***jeder, der sich freiwillig meldet, ~!*** any volunteers, step forward! ② (*anschwellen*) to stand out **heraus|tröpfeln** *vi* to drip out **heraus|wagen** *vr* ■ **sich** [**aus etw**] ~ to venture out [of sth], to venture forth [from/into sth] **heraus|werfen** *vt irreg* ① (*räumlich*) ■ **etw** ~ to throw out sth *sep* ② (*fam: kündigen*) ■ **jdn** ~ to kick out sb *sep* **heraus|winden** *vr irreg* ■ **sich** [**aus etw**] ~ to wriggle [*or* AM wiggle] out [of sth] **heraus|wirtschaften** *vt* ■ **etw** ~ to make [*or* gain] sth by good management; **einen Gewinn aus der Firma** ~ to make a profit out of the firm **heraus|wollen** *vi* ■ [**aus etw**] ~ to want to get out [of sth]; *s. a.* **Sprache**

herb **I.** *adj* ① (*bitter-würzig*) sharp, astringent; *Duft, Parfüm* tangy; *Wein* dry ② (*schmerzlich*) bitter; *Erkenntnis* sobering ③ (*etwas streng*) severe; *Schönheit* austere ④ (*scharf*) harsh **II.** *adv* ~ **schmecken** to taste sharp, to have an astringent taste; ~ **duften/riechen** to smell tangy; ***der Wein schmeckt etwas*** ~ this wine tastes somewhat dry

Herbarium <-s, -ien> [riən] *nt* herbarium

herbei *adv* (*geh*) come [over] here [*or old* hither]

herbei|bringen *vt irreg* (*geh*) ■ **jdn/etw** ~ to bring over sb/sth *sep* **herbei|eilen** *vi sein* to rush [*or* hurry] over **herbei|führen** *vt* ■ **etw** ~ ① (*bewirken*) to bring about sth *sep* ② MED (*verursachen*) to cause sth, to lead to sth **Herbeiführung** *f* ~ **einer Straftat** JUR initiation of a crime **herbei|holen** *vt* (*geh*) ■ **jdn/etw** ~ to fetch sb/sth; ***holen Sie bitte einen Arzt herbei*** please call [*or* fetch] [*or* send for] a doctor **herbei|lassen** *vr irreg* ■ **sich zu etw** ~ to deign [*or* condescend] to do sth; ■ **sich dazu** ~, **etw zu tun** to bring oneself to do sth **herbei|reden** *vt* ■ **etw** ~ to talk sth into happening; **Panik** ~ to create panic; **den Tod** ~ to conjure up death; ***hör auf Probleme herbeizureden*** stop trying to find problems where there are none **herbei|rufen** *vt irreg* (*geh*) ■ **jdn** ~ to call sb [over]; ■ **etw** ~ to call for sth; ***rasch, rufen Sie einen Arzt/die Polizei herbei!*** call a doctor/the police at once! **herbei|schaffen** *vt* (*geh*) ■ **jdn/etw** ~ to bring sb/sth here; ***schnell, wir müssen einen Feuerlöscher*** ~ hurry, we need to get a fire extinguisher **herbei|sehnen** *vt* (*geh*) ■ **jdn/etw** ~ to long for sb/sth **herbei|strömen** *vi sein* to come flocking **herbei|winken** *vt* ■ **jdn** ~ to beckon [*or* motion] over sb *sep;* **ein Taxi** ~ to hail a taxi **herbei|wünschen** *vt* ■ **jdn/etw** ~ to long for sb/sth

her|bekommen* *vt irreg* (*fam*) ■ **etw** ~ to get hold of sth *fam* **her|bemühen*** **I.** *vr* (*geh*) ■ **sich** ~ to take the trouble to come [here]; ***ich habe mich schließlich extra herbemüht*** after all, I did take the trouble to come here **II.** *vt* (*geh*) ■ **jdn** ~ to trouble sb to come [here]; ***wir werden den Minister persönlich ~ müssen*** we will have to trouble the minister to come here in person

Herberge <-, -n> *f* ① (*Jugend~*) hostel ② *kein pl* (*veraltend: Unterkunft*) lodging, shelter *no pl* ③ (*veraltet: einfaches Gasthaus*) inn

Herbergseltern *pl* [youth] hostel wardens *pl* **Herbergsmutter** *f* female [youth] hostel warden **Herbergsvater** *m* male [youth] hostel warden

her|bestellen* *vt* ■ **jdn** ~ to ask sb to come, to send for sb, to summon sb

her|beten *vt* (*pej*) ■ **etw** ~ to recite sth mechanically, to reel [*or* rattle] sth off

Herbheit <-> *f kein pl* sharpness, tanginess, acerbity; **die ~ eines Dufts/Parfüms** the tanginess of a smell/perfume; ***der Wein ist von zu großer ~*** this wine is too dry

her|bitten *vt irreg* ■ **jdn** ~ to ask sb to come

herbivor *adj* (*Pflanzen fressend*) herbivorous

Herbivore <-s, -en> *m* ZOOL herbivore

Herbizid <-[e]s, -e> *nt* herbicide

her|bringen *vt irreg* ■ **jdn** ~ to bring sb [here]; ■ **jdm etw** ~ to bring sb sth

Herbst <-[e]s, -e> *m* autumn, fall AM; **im ~** in [the] autumn; **der ~ des Lebens** (*liter*) the autumn of [one's] life *liter*

Herbstanfang *m* beginning of autumn **Herbstaster** *f* BOT Michaelmas daisy **Herbstende** *nt* end of autumn **Herbstfarben** *pl* autumn [*or* autumnal] colours [*or* AM -ors] [*or* hues] [*or* tints] *pl* **Herbstferien** *pl* SCH [autumn] half-term holiday[s] BRIT, [fall] midterm vacation AM **Herbstkollektion** *f* MODE autumn collection **Herbstlaub** *nt* autumn leaves *pl*, fall foliage + *sing vb* AM

herbstlich *adj* autumn *attr,* autumnal; ■ ~ **sein/werden** to be/become autumnal

Herbstmode *f* autumn fashion **Herbstmonat** *m* autumn month **Herbststurm** *m* autumn storm **Herbsttag** *m* autumn day **Herbstwetter** *nt kein pl* autumn[al] weather *no pl* **Herbstzeitlose** <-n, -n> *f* BOT meadow saffron, autumn crocus

Herculaneum *nt* GEOG Herculaneum

Herd <-[e]s, -e> *m* ① (*Küchen~*) cooker, stove, range AM; **am heimischen ~** (*geh*) in the comfort of one's [own] home, by one's own fireside ② MED (*Krankheits~*) focus ③ GEOL (*Zentrum*) focus, epicentre [*or* AM -er] ▶ WENDUNGEN: **eigener ~ ist Goldes wert** (*prov*) there's no place like home *prov*

Herdabdeckplatte *f* hob cover

Herde <-, -n> *f* (*Anzahl von Tieren gleicher Art*) herd; *Schafe* flock ▶ WENDUNGEN: **mit der ~ laufen** (*pej*) to follow the crowd [*or pej* herd]

Herdenmensch *m* (*pej*) sheep **Herdentier** *nt* ① (*Tier*) gregarious animal ② (*pej: unselbstständiger Mensch*) sheep *pej,* person who follows the crowd [*or pej* herd] **Herdentrieb** *m* (*pej*) herd instinct *pej*

Herdplatte *f* hotplate, [electric] ring, burner, stove top

herein *adv* in [here]; ***„dort ~?" — „nein, diese Tür!"*** "in there?" — "no, it's this door!"; **nur** [*o* **immer**] **~!** come on in!; **~!** come in!

herein|bekommen* *vt irreg* ■ **etw** ~ to get in sth *sep* **herein|bitten** *vt irreg* ■ **jdn [zu sich]** ~ to ask sb [to come] in[to one's office], to invite sb in[to one's office]; ***darf ich Sie gleich zu mir ~*** would you like to come straight in [*or* into my office] **herein|brechen** *vi irreg sein* ① (*gewaltsam zusammenstürzen*) ■ **[über jdn/etw]** ~ to collapse [over sb/sth] ② (*hart treffen*) ■ **über jdn/etw** ~ *Katastrophe, Krieg, Unglück* to befall [*or* overtake] sb/sth ③ (*geh: anbrechen*) to fall; ***der Winter bricht herein*** winter is setting in **herein|bringen** *vt irreg* ① (*nach drinnen bringen*) ■ **jdn/etw** ~ to bring in sb/sth *sep* ② (*fam: wettmachen*) **etw wieder** ~ to recoup sth; **Verluste** ~ to recoup [*or* make up] losses **herein|dürfen** *vi irreg* (*fam*) to be allowed [to come] in; ***darf ich herein?*** can [*or* may] I come in? **herein|fahren** *irreg* **I.** *vi sein* to drive in **II.** *vt haben* ■ **etw [in etw** *akk*] ~ to drive sth in[to sth]; ***er fuhr das Auto in die Garage herein*** he drove the car into the garage **herein|fallen** *vi irreg sein* ① (*nach innen fallen*) ■ **[in etw** *akk*] ~ to fall in[to sth] ② (*fam: betrogen werden*) ■ **[auf jdn/etw]** ~ to be taken in [by sb/sth]; ■ **mit jdm/etw** ~ to be taken for a ride by sb/with sth **herein|führen** *vt* ■ **jdn [in etw** *akk*] ~ to lead [*or* bring] sb in[to sth] **herein|holen** *vt* ■ **jdn/etw** ~ to bring in sb/sth *sep* **herein|kommen** *vi irreg sein* ■ **[in etw** *akk*] ~ to come in[to sth]; ***wie bist du hier hereingekommen?*** how did you get in here? **herein|kriegen** *vt* (*fam*) *s.* **hereinbekommen** **herein|lassen** *vt irreg* ■ **jdn** ~ to let sb in **herein|laufen** *vi* to run in **herein|legen** *vt* ① (*fam: betrügen*) ■ **jdn [mit etw]** ~ to cheat [*or* swindle] sb [with sth], to take sb for a ride [with sth] ② (*nach drinnen legen*) ■ **[jdm] etw** ~ to put sth in sth [for sb] **Hereinnahme** <-> *f kein pl* FIN discounting; **~ von Wechseln** discounting of bills **herein|nehmen** *vt irreg* ① (*mit hereinbringen*) ■ **etw [mit]** ~ to bring sth in; ***nimm den Hund nicht mit ins Haus herein*** don't bring the dog into the house ② (*zusätzlich aufnehmen*) ■ **etw [in etw** *akk*] **[mit]** ~ to include sth [in sth] **herein|platzen** *vi sein* (*fam*) ■ **[bei jdm]** ~ to burst in [on sb]; ■ **bei etw** ~ to burst into sth **herein|poltern** *vi* to come crashing [*or* clattering] in **herein|regnen** *vi impers sep* ■ **es regnet herein** the rain's coming [*or* getting] in **herein|reiten** *irreg* **I.** *vt haben* (*fam*) ■ **jdn/sich [in etw** *akk*] ~ to land sb/oneself in it [*or fam* in the soup] **II.** *vi sein* ■ **[in etw]** ~ to ride in [to sth] **herein|rufen** *vt irreg* ① (*nach drinnen holen*) ■ **jdn [zu sich]** ~ to call sb in; ***ich rufe mal die Kinder zum Essen herein*** I'll call the children in to [*or* for] dinner ② (*zu jdm nach drinnen rufen*) ■ **[jdm] etw** ~ to call sth in[to sb] **herein|schauen** *vi* ① DIAL (*hereinsehen*) to look in ② (*fam: besuchen*) ■ **[bei jdm]** ~ to look in [on sb] [*or* drop in], to drop by [sb's place] **herein|schneien** **I.** *vi impers haben* ■ **es schneit herein** the snow's coming in **II.** *vi sein* (*fam*) ① (*unverhofft zu Besuch kommen*) to turn up out of the blue [*or* suddenly] [*or* unexpectedly] ② (*unverhofft angeliefert werden*) ■ **jdm** ~ to be received by sb out of the blue **herein|sehen** *vi irreg* ① (*nach drinnen sehen*) ■ **[in etw** *akk*] ~ to look [*or* see] in[to sth] ② *s.* **hereinschauen 2** **herein|spazieren*** *vi sein* (*fam*) ■ **[in etw** *akk*] ~ to walk [*or* breeze] in[to sth]; ■ **hereinspaziert!** come right in! **herein|stecken** *vt* ■ **etw [in etw** *akk*] ~ to put sth [into sth]; ***schau mal, wer da den Kopf zu uns hereinsteckt!*** look who's popped his/her head through [*or* round] the door! **herein|strömen** *vi sein* ■ **[in etw** *akk*] ~ ① (*geströmt kommen*) to pour [*or* flood] in[to sth] ② (*in etw gedrängt kommen*) to pour in[to sth/through sth] **herein|stürmen** *vi* to rush [*or* dash] in, to come rushing [*or* dashing] in; ***wütend kam er ins Zimmer hereingestürmt*** he stormed into the room angrily **herein|stürzen** *vi sein* ■ **[in etw** *akk*] ~ to rush [*or* burst] in[to sth] **herein|wagen** *vr* ■ **sich [in etw** *akk*] ~ to venture in[to sth], to dare to come in[to sth]; ***hast du dich schon zu ihm hereingewagt?*** have you ventured into his office yet? **herein|wollen** *vi* (*fam*) ■ **[in etw** *akk***/zu jdm]** ~ to want to come in[to sth/ to sb]

her|fahren *irreg* **I.** *vi sein* ① (*gefahren kommen*) to drive [*or* come] here; ***wir sind gestern erst hergefahren*** we only just drove here yesterday ② (*fahrend verfolgen*) ■ **hinter jdm/etw** ~ to follow sb/sth [by car], to drive behind sb/sth ③ (*entlangfahren*) ■ **vor jdm/etw** ~ to drive [along] in front of sb/sth **II.** *vt haben* ■ **jdn/etw** ~ to drive [*or* bring] sb/sth here

Herfahrt *f* journey [*or* trip] here; ***die ~ war ganz schön anstrengend*** it was [*or* I had] a tough journey getting here; **auf** [*o* **während**] **der ~** on the way [*or* journey] here

her|fallen *vi irreg sein* ① (*überfallen*) ■ **über jdn** ~ to attack sb ② (*bestürmen*) ■ **[mit etw] über jdn** ~ to besiege [*or* pounce upon] sb [with sth] ③ (*sich hermachen*) ■ **über jdn/etw** ~ to attack sb/sth ④ (*sich stürzen*) ■ **über etw** *akk* ~ to fall upon sth

her|finden *vi irreg* to find one's way here; ***hast du gut hergefunden?*** did you find your way here alright?

Hergang <-[e]s> *m kein pl* course of events; ***schildern Sie mir genau den ~ dieses Unfalls*** tell me exactly what happened in this accident

her|geben *irreg* **I.** *vt* ① (*weggeben*) ■ **etw** ~ to give away sth *sep,* to part with [*or* relinquish] sth ② (*überreichen, aushändigen*) ■ **[jdm] etw** ~ to hand over sth [to sb] *sep* ③ (*fam: erbringen*) ■ **etw** ~ to say sth *fam;* ***der Artikel gibt eine Fülle an Information her*** the article contains a lot of information ④ (*leihen*) ■ **etw für etw** ~ to lend sth to sth; **seinen guten Ruf** [*o* **Namen**] **für etw ~** to stake one's reputation [*or* name] on sth **II.** *vr* ■ **sich zu** [*o* **für**] **etw** ~ to have sth to do with sth

hergebracht *adj s.* **althergebracht**

her|gehen *irreg* **I.** *vi sein* ① (*entlanggehen*) ■ **[hinter/neben/vor jdm]** ~ to walk [along] [behind/beside/in front of sb] ② (*sich erdreisten*) ■ ~ **und ...** to just go and ...; ***du kannst doch nicht einfach ~ und meine Anweisungen ignorieren!*** you can't just go and ignore my instructions! ③ SÜDD, ÖSTERR (*herkommen*) to come [here] **II.** *vi impers sein* (*fam*) ① (*zugehen*) ***bei der Diskussion ging es heiß her*** it was a heated discussion [*or* sparks flew during the discussion]; ***bei ihren Feten geht es immer toll/ lustig her*** her parties are always great fun ② (*kritisiert werden*) **es geht scharf über jdn/ etw her** sb/sth is being pulled [*or* picked] to pieces *fam*

her|gehören* *vi s.* **hierhergehören**

hergelaufen *adj attr* (*pej*) *s.* **dahergelaufen**

hergestellt *pp von* **herstellen** produced, manufactured, made

her|haben *vt irreg* (*fam*) ■ **etw irgendwo** ~ to get sth [from] somewhere; ***wo haben Sie das her?*** where did you get that [from]?

her|halten *irreg* **I.** *vt* ■ **[jdm] etw** ~ to hold sth out [to sb] **II.** *vi* ■ **als etw ~ müssen** to be used [*or* serve] as sth; **als Prellbock ~ müssen** to act [*or* be used] as a buffer

her|holen *vt* (*fam*) ■ **jdn/etw** ~ to fetch [*or fam* get hold of] sb/sth; ***wo soll ich denn jetzt um Mitternacht noch Champagner und Kaviar ~?*** where am I supposed to get hold of champagne and caviar at midnight?; *s. a.* **weit**

her|hören *vi* (*fam*) to listen, to pay attention; **alle** [*o* **alles**] **mal ~!** listen everybody!

Hering <-s, -e> *m* ① ZOOL, KOCHK (*Fisch*) herring; **mager** [*o* **dünn**] **wie ein ~** (*fam*) as thin as a rake ② (*Zeltpflock*) [tent] peg

Heringshai *m* ZOOL, KOCHK porbeagle, beaumaris shark *esp* BRIT **Heringskönig** *m* KOCHK, ZOOL John Dory **Heringsmöwe** *f* ORN lesser black-headed gull **Heringssalat** *m* herring salad **Heringstopf** *m a dish of pickled herring, pickled gherkin, onion and apple, covered in a fresh cream sauce and traditionally served in a small earthenware pot*

herinnen *adv* SÜDD, ÖSTERR (*drinnen, innen*) in here

her|jagen **I.** *vt haben* ■ **jdn/ein Tier** ~ to drive [*or* chase] sb/an animal [here]; ■ **jdn vor sich** *dat* ~ to drive sb along in front of one **II.** *vi sein* ■ **hinter jdm/einem Tier** ~ to chase after sb/an animal

her|kommen *vi irreg sein* ① (*herbeikommen*) to come here; ***kannst du mal ~?*** can you come here a minute?; ***von wo kommst du denn so spät noch her?*** where have you come from at [*or* been until] this late hour? ② (*herstammen*) ■ **von irgendwo** ~ to come from somewhere ③ (*hergenommen werden können*) ■ **irgendwo** ~ to come from some-

H

where; ***ich weiß beim besten Willen nicht, wo das Ersatzteil so schnell ~ soll*** I honestly don't know where I'm going to get my hands on the spare part so quickly

herkömmlich *adj* traditional, conventional

Herkules <-, -se> *m* Hercules; **ein wahrer ~** a regular Hercules

Herkulesarbeit *f* herculean task **Herkuleskäfer** *m* ZOOL Hercules beetle

Herkunft <-, *selten* -künfte> *f* ❶ (*Abstammung*) origins *pl,* descent, background; ***ihrer ~ nach ist sie Baskin*** she is of Basque descent [*or* extraction]; **von ... ~ sein** [to be] of ... origin [*or* stock]; ***er ist von bäuerlicher ~*** he comes from a family of farmers ❷ (*Ursprung*) origin; **von ... ~ sein** (*Ursprung*) to have a[n] ... origin; ***dieses Wort ist von unklarer ~*** this word has an unclear origin

Herkunftsangabe *f* ÖKON indication of origin **Herkunftsbescheinigung** *f* JUR certificate of origin **Herkunftsbezeichnung** *f* ÖKON certificate [*or* mark] of origin **Herkunftsland** *nt* ÖKON country of origin **Herkunftsstaat** *m* JUR country of origin **Herkunftszeichen** *nt* ÖKON mark of origin **Herkunftszertifikat** *nt* JUR certificate of origin

her|laufen *vi irreg sein* ❶ (*entlanglaufen*) ■**irgendwo ~** to run along somewhere ❷ (*gelaufen kommen*) ■**zu jdm ~** to run over here to sb ❸ (*im Laufe begleiten*) ■**hinter/neben/vor jdm ~** to run [along] behind/beside/in front of sb

her|leiten I. *vt* ■**etw aus etw ~** ❶ (*ableiten*) to derive sth from sth ❷ (*folgern*) to deduce [*or* infer] [*or* conclude] sth from sth II. *vr* ■**sich von etw ~** to derive [*or* be derived] from sth

her|machen I. *vr* (*fam*) ❶ (*energisch beschäftigen*) ■**sich über etw** *akk* **~** to get stuck into sth *fam;* ***ich will mich doch gleich über den neuen Computer ~!*** I want to get my hands on the new computer right away! ❷ (*Besitz ergreifen*) ■**sich über etw** *akk* **~** to fall upon sth *fam;* ***er machte sich über die Kekse her, als hätte er seit Tagen nicht gegessen*** he fell upon the cookies as if he hadn't eaten in days ❸ (*herfallen*) ■**sich über jdn ~** to attack [*or* fall [up]on] sb II. *vt* (*fam*) to be impressive; ***das macht doch nichts/ nicht viel her!*** that's not very impressive!, that's not impressive at all!; ***in dem neuen Kleid machst du wirklich viel her*** you look great [*or* really good] in the new dress; **viel von sich ~** to be full of oneself *pej;* **wenig** [*o* **nichts**] **von sich ~** to be modest

Hermaphrodit <-en, -en> *m* MED, BIOL hermaphrodite

Hermaphroditismus, Hermaphrodismus <-> *m kein pl* BIOL (*Zwittrigkeit*) hermaphroditism

Hermelin[1] <-s, -e> *nt* ZOOL stoat, ermine

Hermelin[2] <-s, -e> *m* MODE ermine

Hermeneutik <-> *f kein pl* hermeneutics + *sing vb*

hermeneutisch *adj* hermeneutic[al]

hermetisch I. *adj* (*geh*) hermetic II. *adv* hermetically, air-tight; **~ verschlossen** hermetically sealed; **~ abgeriegelt** [*o* **abgeschlossen**] [*o* **geschlossen**] completely sealed [*or* shut] [*or* closed off]

her|müssen *vi irreg* (*fam*) to be needed urgently

hernach *adv* DIAL (*danach*) afterwards, after that

her|nehmen *vt irreg* ❶ (*beschaffen*) ■**etw irgendwo ~** to get [*or* find] sth somewhere; ***ich weiß nicht, wo ich so viel Geld ~ soll*** I don't know where I'm going to find [*or* get my hands on] that much money ❷ (*aufbringen*) ■**etw irgendwo ~** to find sth somewhere ❸ DIAL (*fam: stark fordern, belasten*) ■**jdn ~** to overwork sb ❹ DIAL (*fam: mitnehmen*) ■**jdn ~** to take it out of sb ❺ DIAL (*sich vornehmen*) ■[**sich** *dat*] **jdn ~** to give sb a good talking-to *fam* ▶ WENDUNGEN: **woher nehmen und nicht stehlen?** where on earth am I going to get hold of it?

hernieder *adv* (*liter*) down

Heroin <-s> *nt kein pl* heroin

Heroinabgabe *f* heroin hand-out; **kontrollierte ~** controlled handing out of heroin **heroinabhängig** *adj* heroin-dependent, addicted to heroin *pred*

Heroine <-, -n> *f* THEAT heroine

heroisch I. *adj* (*geh*) heroic II. *adv* (*geh*) heroically

Heroismus <-> *m kein pl* (*geh*) heroism

Herold <-[e]s, -e> *m* ❶ HIST (*Bote eines Fürsten*) herald ❷ (*Vorbote*) ■**der ~ einer S.** *gen* the harbinger of sth

Heros <-, Heroen> *m* ❶ (*geh: Held*) hero ❷ (*Halbgott*) demigod

Herpes <-> *m kein pl* herpes

Herpesvirus [vi:] *nt* herpes virus

her|plappern *vt* (*fam*) ■**etw ~** to say sth without thinking, to reel [*or* rattle] off sth *sep*

Herr(in) <-n, -en> *m(f)* ❶ *nur m* (*männliche Anrede: vor Eigennamen*) Mr.; ***die Herren Schmidt und Müller*** Messrs. Schmidt und Müller; **der ~ Botschafter/Professor** the Ambassador/Professor; **~ Doktor/Kollege ...** Dr./Mr. ...; ***tut mir Leid, der ~ Doktor ist heute nachmittag nicht in der Praxis*** I'm sorry, but the doctor is not in his office this afternoon; **~ Präsident/Vorsitzender** Mr. President/Chairman; **sehr geehrter ~ ...** Dear Mr. ...; **sehr geehrte ~en!** Dear Sirs; **gnädiger ~** (*veraltend*) Sir; **der ~ wünscht?** what can I do for you, sir?; **der ~** sir; ***hat der ~ schon gewählt?*** is sir ready to order? ❷ (*iron: sarkastisch*) sir *iron;* ***wenn sich der ~ für so etwas zu fein ist*** if this is beneath you, sir; **mein ~** (*geh*) sir *form;* ***bitte, mein ~, nach Ihnen*** after you, sir; **meine ~en** gentlemen; [**aber**] **meine ~en!** gentlemen, please!; **„~en"** "gentlemen", "men", "gents" BRIT ❸ *nur m* (*in Anrede ohne Namen*) **jds ~ Onkel/Vater/Sohn etc** sb's uncle/father/son etc; ***ach, das ist Ihr ~ Onkel auf dem Foto?*** oh, that's your uncle in the picture? ❹ *nur m* (*Tanzpartner, Begleiter*) [gentleman] companion, partner ❺ *nur m* (*geh: Mann*) gentleman; ***wir führen alles für den modebewussten ~n*** we stock everything for the well-dressed man; **ein geistlicher ~** (*geh*) a clergyman ❻ (*Herrscher*) ruler, sovereign; ■**~[in] über jdn/etw sein** to be ruler of sb/sth; (*Gebieter*) master, mistress *fem;* **~ über** [**jds**] **Leben und Tod sein** to have the power of life and death [over sb]; **der ~ des Hauses** the master of the house; **~ im eigenen Hause sein** to be master in one's own house; **der gnädige ~** (*veraltet*) the master [of the house]; **der junge ~** (*geh*) the young master; **~ der Lage sein** to be master of the situation, to have the situation under control; **nicht mehr ~ seiner Sinne sein** to no longer be in control of oneself; **sein eigener ~ sein** to be one's own master [*or* boss]; **nicht ~ über jdn werden** to not be able to control [*or* master] sb ❼ (*Besitzer*) master; ***sind Sie der ~ dieses Hundes?*** do you own this dog?, are you the owner of this dog?, does this dog belong to you?, is this your dog? ❽ REL (*Gott*) Lord; ■**der ~** the Lord God; **der ~ der Heerscharen** the Lord of hosts ▶ WENDUNGEN: **mein ~ und Gebieter** [*o* **Meister**] (*hum*) my lord and master *hum;* **wie der ~, so's Gescherr!** (*prov*) like master, like man! *prov;* **~ des Himmels!** (*emph*) good Lord!; **aus aller ~en Länder[n]** from all over the world, from the four corners of the earth; **die ~en der Schöpfung** (*hum*) their lordships *hum;* **jds alter ~** (*hum fam*) sb's old man *sl;* **den großen ~n spielen** [*o* **markieren**] (*fam*) to act like the lord of the manor; **man kann nicht** [*o* **niemand kann**] **zwei ~en dienen** (*prov*) no man can serve two masters *prov;* [**mein**] **~!** sir!

Herrchen <-s, -> *nt* (*fam*) [young] master

Herrenartikel *pl* ❶ (*Kleidung*) menswear ❷ (*Accessoire*) accessories *pl* for men **Herrenausstatter** <-s, -> *m* [gentle]men's outfitters **Herrenbegleitung** *f* (*geh*) **in ~** in the company of [*or* accompanied by] a gentleman, with a male companion **Herrenbekanntschaft** *f* gentleman acquaintance; **eine ~ machen** to make the acquaintance of a gentleman **Herrenbekleidung** *f* menswear **Herrenbesuch** *m* ❶ (*Besucher*) gentleman visitor [*or* caller] ❷ (*Besuch durch einen Herrn*) visit from a gentleman **Herrendoppel** *nt* TENNIS men's doubles *pl* **Herreneinzel** *nt* TENNIS men's singles *pl* **Herren(fahr)rad** *nt* men's bicycle [*or* bike]

Herrenfriseur, -friseuse *m, f* barber, men's hairdresser **Herrengesellschaft** *f* ❶ (*gesellige Runde von Herren*) all-male [*or* [gentle]men only] party [*or* gathering] ❷ (*Herrenbegleitung*) **in ~** in the company of [*or* accompanied by] a gentleman, with a male companion **Herrenhalbschuh** *m* oxford shoe **Herrenhaus** *nt* manor house **Herrenhemd** *nt* men's shirt **Herrenhose** *f* men's trousers [*or* AM pants] *npl* **Herrenhut** *m* men's hat **herrenlos** *adj* abandoned; *Hund, Katze* stray **Herrenmode** *f* men's fashion **Herrenparfüm** <-s, -s> *nt* men's fragrance **Herrensalon** *m* barber's, men's hairstylist **Herrensitz** *m* manor house **Herrenslip** *m* briefs *pl* **Herrenstrohhut** *m* boater **Herrentoilette** *f* men's toilet[s] [*or* AM restroom], gents BRIT **Herrenwitz** *m* dirty joke

Herrgott *m* (*fam*) SÜDD, ÖSTERR (*Gott*) ■**der/unser ~** God, the Lord [God] ▶ WENDUNGEN: **~ Sakrament!** SÜDD (*fam*), **~ noch mal!** (*fam*), **~!** (*fam*) for God's [*or* Heaven's] sake!

Herrgottsfrüh(e) *f* **in aller ~** (*fam*) at the crack of dawn, at an unearthly hour of the morning **Herrgottsschnitzer(in)** *m(f)* SÜDD, ÖSTERR (*Holzbildhauer für Kruzifixe*) carver of crucifixes **Herrgottswinkel** *m* SÜDD, ÖSTERR *corner of a room* [*decorated*] *with a crucifix and other devotional objects*

her|richten I. *vt* ❶ (*vorbereiten*) to arrange, to prepare; ■[**jdm/für jdn**] **etw ~** to get sth ready [for sb]; **den Tisch ~** to set the table ❷ (*in Stand setzen, ausbessern*) ■**etw ~** to repair [*or* fix] sth II. *vr* DIAL (*sich zurechtmachen*) ■**sich ~** to get [oneself] ready

Herrin <-, -nen> *f fem form von* **Herr** mistress, lady

herrisch I. *adj* domineering, overbearing; *Ton* imperious, commanding, peremptory II. *adv* imperiously, peremptorily

herrje(h), herrjemine *interj* goodness gracious!, cripes!

herrlich I. *adj* ❶ (*prächtig*) marvellous, AM marvelous; **eine ~e Aussicht** a beautiful [*or* magnificent] [*or* superb] view; **~er Sonnenschein** glorious sunshine; **~er Urlaub** delightful [*or* wonderful] holiday; (*wunderschön*) magnificent; ***ist das Wetter wieder ~ heute!*** what gorgeous [*or* excellent] weather we're having again today! ❷ (*köstlich*) delicious, exquisite ❸ (*iron*) wonderful *iron;* **das ist ja ~** (*iron*) oh great! *iron* II. *adv* ❶ (*prächtig*) **sich ~ amüsieren** to have a marvellous [*or* AM marvelous] [*or* excellent] time, to have great fun ❷ (*köstlich*) **~ munden** [*o* **schmecken**] to taste delicious

Herrlichkeit <-, -en> *f* ❶ *kein pl* (*Schönheit, Pracht*) magnificence, splendour [*or* AM -or], grandeur; **die ~ der Landschaft** the beauty [*or* magnificence] of the landscape; **die ~ Gottes** REL the glory of God; **ist das die ganze ~?** (*iron*) is that [all there is to] it?; **die ~ wird nicht lange dauern** [*o* **anhalten**] (*fam*) it's too good to last ❷ *meist pl* (*prächtiger Gegenstand*) treasure ❸ (*Köstlichkeit*) delicacy

Herrschaft <-, -en> *f* ❶ *kein pl* (*Macht, Kontrolle*) power, rule, reign; **eine totalitäre ~** totalitarian rule; **sich der ~ bemächtigen** [*o* **die ~ usurpieren**] to seize power; **an die ~ gelangen** [*o* **kommen**] to come to power; **die ~ über etw** *akk*/**sich verlieren** to lose control of sth/oneself; **unter der ~ der/des ...** under the rule of the ... ❷ *pl* (*Damen und Herren*) ■**die ~en** ladies and gentlemen; ***guten Abend, meine ~en!*** good evening, ladies and gentlemen!; ***darf ich den ~en sonst noch etwas bringen?*** can I bring sir and madam anything else? ▶ WENDUNGEN: **jds alte ~en** (*hum fam*) sb's old man and old woman *sl,* sb's folks *esp* AM

Herrschaften *pl* ❶ (*Damen und Herren*) ladies and gentlemen *pl;* **alte ~** (*hum fam*) old man and old woman [*or* lady] *fam,* parents *pl;* **ältere ~** (*fam*) old folks; **meine ~!** ladies and gentlemen! ❷ (*veraltend: Dienstherr*) master *no indef art;* (*hum*) lordship, ladyship; ***und wann gedenken die ~ wieder nach Hause zu kommen?*** and *when* do they [*or* his lord- and ladyship] expect to come home again?

herrschaftlich *adj* grand, elegant

Herrschaftsanspruch *m* claim to power; **der ~**

des Thronfolgers the heir to the throne's claim to the throne **Herrschaftsbereich** *m* territory, jurisdiction

herrschen I. *vi* ❶ (*regieren*) ■ **[über jdn/etw]** ~ to rule [*or* govern] [[over] sb/sth]; ***diese Partei herrscht seit 1918*** this party has been in power since 1918 ❷ (*walten, in Kraft sein*) to hold sway ❸ (*vorhanden sein*) to prevail, to be prevalent; *Ruhe, Stille* to reign; *Hunger, Krankheit, Not* to be rampant [*or* rife], to be raging; ***hoffentlich herrscht hier bald wieder Ruhe!*** we can have a bit of quiet here!; ***seit Tagen herrscht in Mitteleuropa eine drückende Hitze*** there has been an oppressive heatwave in central Europe for [some] days [now]; ***was herrscht hier wieder für eine schreckliche Unordnung!*** what a terrible mess this place is in again! **II.** *vi impers* ■ **es herrscht ...** there is ...; *Bedenken, Zweifel* to prevail; ***es herrscht Stille*** silence reigns; **es herrscht Unklarheit/Uneinigkeit, wann/warum/wer/wie/ob ...** there is [some] doubt/unanimity as to when/why/who/whether

herrschend *adj* ❶ (*regierend*) ruling, dominant ❷ (*Machthaber*) ■ **die H~en** the rulers, those in power ❸ (*in Kraft befindlich*) prevailing ❹ (*obwaltend*) prevailing, prevalent

Herrscher(in) <-s, -> *m(f)* ruler, sovereign, monarch; ■ ~ **über jdn/etw** ruler of sb/sth

Herrschergeschlecht *nt*, **Herrscherhaus** *nt* [ruling] dynasty

Herrscherin <-, -nen> *f fem form von* **Herrscher**

Herrschsucht *f* thirst [*or* lust] for power; PSYCH domineering nature

herrschsüchtig *adj* domineering

her|rufen *vt irreg* ❶ (*zu jdm rufen*) ■ **jdn/ein Tier [zu sich]** ~ to call [over *sep*] sb/an animal ❷ (*nachrufen*) ■ **etw hinter jdm** ~ to call sth after sb

her|rühren *vi* (*geh*) ■ **von etw** ~ to come from sth; **von einem Albtraum/einer Feindschaft/einem Gegensatz** ~ to stem from a nightmare/animosity/paradox

her|sagen *vt* ■ **etw** ~ to recite sth

her|schauen *vi* DIAL (*hersehen*) ■ **[zu jdm]** ~ to look over [at sb]; ***der Mann schaut schon die ganze Zeit zu uns her!*** that man has been looking over at us the whole time! ▸ WENDUNGEN: **da schau her!** ÖSTERR (*fam: sieh mal an!*) well, I never!

her|schicken *vt* ❶ (*zu jdm schicken*) ■ **jdn/etw [zu jdm]** ~ to send sb/sth [here [*or* over]] [to sb] ❷ (*nachschicken*) ■ **jdn/etw hinter jdm/etw** ~ to send sb/sth after sb/sth

her|schieben *irreg* **I.** *vt* (*schieben*) ■ **etw** ~ to pull sth towards [*or* over] [oneself] **II.** *vr* ❶ (*schieben*) ■ **etw vor sich** ~ *Kinderwagen* to push sth; ***er schob das Rad neben sich her*** he pushed his bike along ❷ (*fig: verschieben*) ■ **etw vor sich** ~ *Entscheidung, Problem* to put sth off; **eine Entscheidung vor sich** ~ to put off [*or* delay] a decision

her|sehen *vi irreg* ❶ (*in jds Richtung sehen*) ■ **[zu jdm]** ~ to look this way [*or* over here] [at sb]; ***sieh doch mal gerade her, ich will dir was zeigen!*** look this way [*or* over here], I want to show you something! ❷ (*nachsehen*) ■ **hinter jdm/etw** ~ to follow sb/sth with one's eyes

her|stammen *vi* ❶ (*herkommen*) ■ **irgendwo** ~ to come [*or* be] from somewhere ❷ (*herrühren*) ■ **von etw** ~ to come from sth ❸ (*herkommen*) ■ **von jdm/etw** ~ to come from sb/sth; ***diese Aussage stammt von der Geschäftsleitung*** that statement came from management

her|stellen *vt* ❶ (*erzeugen*) ■ **etw** ~ to produce [*or* manufacture] sth; ***die Schnitzereien sind alle von Hand hergestellt*** the carvings are all made [*or* produced] by hand; ~**de Industrie** producing industry ❷ (*zustande bringen*) ■ **etw** ~ to establish [*or* make] sth ❸ (*gesundheitlich*) ■ **jdn wieder** ~ to restore sb back to health; ***ich fühle mich noch etwas schlapp, sonst bin ich wieder einigermaßen hergestellt*** I still feel a little run-down, but other than that I feel much better ❹ (*irgendwohin stellen*) ■ **etw [zu jdm/etw]** ~ to put sth here [next to sb/sth]

Hersteller(in) <-s, -> *m(f)* ❶ (*Produzent*) manufacturer, producer ❷ (*Mitarbeiter der Herstellung*) production department employee [*or* worker]

Herstellerbescheinigung *f* manufacturer's certificate **Herstellerfirma** *f* manufacturer, manufacturing firm **Herstellerhaftung** *f* JUR manufacturer's liability

Herstellerin <-, -nen> *f fem form von* **Hersteller**

Herstellerpreis *m* HANDEL producer's cost **Herstellerwerbung** *f* HANDEL producer advertising

Herstellung *f kein pl* ❶ ÖKON (*das Herstellen*) production, manufacturing, making; (*Produktion*) production, manufacture; ***am Design merkt man gleich, dass die Schuhe aus italienischer ~ sind*** you can immediately tell from the design that the[se] shoes are [*or* were] made in Italy; **serienmäßige** ~ mass production; (*von Autos*) series production ❷ (*Aufbau*) establishing, establishment; **die ~ von Kontakten** establishing [*or* making] contacts; ***seine Reise nach China diente vornehmlich der ~ von Kontakten*** the main purpose of his trip to China was to establish new contacts ❸ (*Produktionsabteilung*) production department

Herstellungsaufwand *m kein pl* FIN production costs *pl;* (*Steuerrecht*) [tax]construction expenditure **Herstellungsfehler** *m* production defect **Herstellungsgang** *m* manufacturing process **Herstellungsgarantie** *f* HANDEL manufacturer's guarantee **Herstellungsklage** *f* JUR action for specific performance **Herstellungskosten** *pl* production [*or* manufacturing] costs *pl*, cost of production; **Erstattung der** ~ reimbursement of manufacturing costs **Herstellungsland** *nt s.* **Herkunftsland** **Herstellungslizenz** *f* JUR manufacturing licence [*or* AM -se] **Herstellungsmuster** *nt* preproduction model **Herstellungsprozess**[RR] *m* manufacturing process **Herstellungsrechte** *pl* JUR manufacturing rights

her|tragen *vt irreg* ❶ (*herbeitragen*) ■ **jdn/etw [zu jdm]** ~ to carry sth [over] here [to sb] ❷ (*entlangtragen*) ■ **etw hinter/neben/vor jdm** ~ to carry sth [along] behind/beside/in front of sb

her|trauen *vr* ■ **sich [zu jdm]** ~ to dare to come [here] [to sb]; ***er traut sich nicht mehr her*** he doesn't dare come here any more

Hertz <-, -> *nt* hertz

Hertzsprung-Russell-Diagramm *nt* ASTRON Hertzsprung-Russell diagram

herüben *adv* SÜDD, ÖSTERR (*auf dieser Seite*) over here

herüber *adv* over here; ***die Flussfähre fährt ans andere Ufer hinüber und dann wieder zu uns ~*** the river boat travels over to the other bank and then back over [*or* across] [here] to us

herüber|bitten *vt irreg* ■ **jdn [zu jdm/sich]** ~ to ask sb [to come] over [to sb] **herüber|bringen** *vt irreg* ■ **jdn/etw [zu jdm]** ~ to bring sb/sth over [to sb] **herüber|dürfen** *vi irreg* ■ **[zu jdm]** ~ to be allowed [to come] over [*or* across] [to sb]; ***darf ich zu Ihnen herüber?*** may I come over to you [*or* where you are]? **herüber|fahren** *irreg* **I.** *vi sein* ■ **[zu jdm]** ~ to drive [*or* come] over [*or* across] [to sb] **II.** *vt haben* ■ **jdn/etw** ~ to drive sb/sth over **herüber|geben** *vt irreg* ■ **etw [zu jdm]** ~ to pass [*or* hand] over sth *sep* [to sb] [*or* sth over [here]] **herüber|holen** *vt* ■ **jdn/etw [zu sich]** ~ to bring sb/sth over [to sb], to fetch sb/sth **herüber|kommen** *vi irreg sein* ■ **[zu jdm]** ~ ❶ (*hierher kommen*) to come over [here] [to sb] ❷ (*hierher gelangen*) to get over [*or* across] [to sb] **herüber|lassen** *vt irreg* ■ **jdn/etw** ~ to allow sb/sth [to come] over [*or* across] **herüber|laufen** *vi irreg sein* ■ **[zu jdm]** ~ to run over [here] [to sb] **herüber|reichen** **I.** *vt* (*geh*) *s.* **herübergeben** **II.** *vi* ■ **[irgendwohin]** ~ to extend [*or* reach] over [somewhere] **herüber|retten** *vt s.* **hinüberretten** **herüber|schicken** *vt* ■ **jdn/etw [zu jdm]** ~ to send sb/sth over [here] [to sb] **herüber|schwimmen** *vi irreg sein* ■ **[über etw *akk*] [zu jdm]** ~ to swim across [sth] [to sb] **herüber|sehen** *vi irreg* ■ **[zu jdm]** ~ to look over [*or* across] [here] [at sb] **herüber|werfen** *vt irreg* ■ **etw [zu jdm]** ~ to throw sth over [*or* across] [here] [to sb] **herüber|wollen** *vi* ■ **[zu jdm]** ~ to want to come over [*or* across] [to sb] **herüber|ziehen** *vt irreg* ■ **jdn/etw [zu sich *dat*]** ~ to pull sb/sth over [here] [to oneself]

herum *adv* ❶ (*um etw im Kreis*) ■ **um etw** ~ [a]round sth ❷ (*überall in jds Nähe*) ■ **um jdn** ~ [all] around sb; ■ **um jdn ~ sein** to be [a]round sb ❸ (*gegen*) ■ **um ...** ~ around [*or* about] ...; ***es mögen um 45.000 Zuschauer ~ im Stadion gewesen sein*** there must have been around [*or* about] 45,000 spectators in the stadium; (*um zirka*) [at] about [*or* around]; ***„wieviel Uhr mag es jetzt sein?" — „ich schätze, um 17 Uhr 30 ~"*** "what time is it?" — "I'd guess that it's about [*or* around] half past five" ❹ (*vorüber sein*) ■ **~ sein** to be over ❺ (*verbreitet worden sein*) ■ **herum** ~ to have got [a]round [*or* about]

herum|albern *vi* (*fam*) to fool [*or* clown] around [*or* about]; ■ **jds H~** sb's fooling around [*or* about] **herum|ärgern** *vr* (*fam*) ■ **sich mit jdm/etw** ~ to keep getting worked up about [*or* annoyed with] sb/sth, to have constant trouble with sb/sth *fam* **herum|bekommen*** *vt irreg* ■ **jdn [zu etw]** ~ to talk sb round [*or esp* AM around] [to sth] **herum|blättern** *vi* ■ **in etw *dat*** ~ to leaf through sth **herum|brüllen** *vi* (*fam*) to shout [*or* scream] one's head off *fam* **herum|bummeln** *vi* (*fam*) ❶ *haben* (*trödeln*) to dawdle ❷ *sein* (*herumspazieren*) ■ **[irgendwo]** ~ to stroll [*or* wander] [a]round [somewhere] **herum|doktern** *vi* (*fam*) ❶ (*zu kurieren versuchen*) ■ **an jdm/etw** ~ to try treating [*or* curing] sb/sth ❷ (*zu reparieren versuchen*) ■ **an etw *dat*** ~ to tinker [*or* fiddle] about with sth **herum|drehen I.** *vt* ❶ (*um die Achse drehen*) ■ **etw** ~ to turn sth ❷ (*wenden*) ■ **jdn/etw** ~ to turn sb/sth over **II.** *vr* ■ **sich [zu jdm]** ~ to turn [a]round [to sb] **herum|drücken I.** *vr* (*fam*) ❶ (*ohne Ziel aufhalten*) ■ **sich irgendwo** ~ to hang [a]round [*or* about] [*or* out] somewhere *fam* ❷ (*drücken*) ■ **sich um etw** ~ to dodge sth *fig;* ***wir können uns nicht länger um eine Entscheidung ~!*** we can't dodge making a decision any longer! **II.** *vi* ■ **an etw *dat*** ~ to [try and] squeeze sth **herum|drucksen** *vi* (*fam*) to hum and haw BRIT, to hem and haw AM **herum|erzählen*** *vt* (*fam*) ■ **etw** ~ to spread sth [a]round **herum|fahren** *irreg* **I.** *vi* ❶ *sein* (*umherfahren*) ■ **irgendwo** ~ to drive [a]round somewhere; ***ich bin ein bisschen in der Stadt herumgefahren*** I drove [*or* went] [a]round [the] town for a while ❷ *sein* (*im Kreis darum fahren*) ■ **um jdn/etw** ~ to drive [a]round sb/sth ❸ *sein* (*sich rasch umdrehen*) to spin [*or* turn] [a]round quickly ❹ *haben o sein* (*ziellos streichen, wischen*) ■ **[mit etw] auf/in etw *dat*** ~ to wipe sth [with sth]; ***er fuhr sich nervös mit den Händen im Haar herum*** he ran his hands nervously through his hair **II.** *vt haben* ■ **jdn** ~ to drive sb [a]round **herum|flegeln** *vr* (*fam*) ■ **sich [irgendwo]** ~ to loll [a]round [somewhere] **herum|fragen** *vi* (*fam*) to ask around, to make inquiries **herum|fuchteln** *vi* (*fam*) ■ **[mit etw]** ~ to wave sth around [*or* about], to fidget with sth **herum|führen I.** *vt* ❶ (*durch die Gegend führen*) ■ **jdn [in etw *dat*]** ~ to show sb [a]round [sth] ❷ *meist passiv* (*darum herum bauen*) ■ **etw um etw** ~ to build sth [a]round sth **II.** *vi* ■ **um etw** ~ to go [a]round sth **herum|fuhrwerken** *vi* (*fam*) ■ **[mit etw]** ~ to fiddle [*or fam* mess] about [*or* around] [with sth] **herum|fummeln** *vi* (*fam*) ❶ (*anhaltend hantieren*) ■ **[an etw *dat*]** ~ to fiddle [*or fam* mess] about [*or* around] [with sth] ❷ (*anfassen*) ■ **an jdm/etw** ~ to fiddle [*or* fumble] about with sb/sth; (*mit sexueller Absicht*) to touch [*or* AM feel] sb up *fam*, to grope sb AM **herum|geben** *vt irreg* ■ **etw** ~ to pass [*or* hand] sth [a]round, to circulate sth **herum|gehen** *vi irreg sein* (*fam*) ❶ (*einen Kreis gehen*) ■ **um jdn/etw** ~ to go [*or* walk] [a]round sb/sth ❷ (*ziellos umhergehen*) ■ **[in etw *dat*]** ~ to go for a walk [a]round [sth], to wander [*or* walk] around [sth] ❸ (*herumgereicht werden*) to be passed [*or* handed] [a]round; ■ **etw ~ lassen** to circulate sth ❹ (*weitererzählt werden*) to go [a]round; *s. a.* **Kopf** ❺ (*vorübergehen*) to pass, to go by **he·rụm|geistern** *vi sein* (*fam*) ■ **[in etw** *dat*] ~ ❶ (*ziellos umhergehen*) to wander [a]round [sth] ❷ *s.* **herumspuken** **herụm|hacken** *vi* (*fam*) ■ **auf jdm** ~ to pick on sb, to get [on] at sb *fam* **he·rụm|hängen** *vi irreg sein* (*sl*) ❶ (*ständig zu finden sein*) ■ **irgendwo/in etw** *dat* ~ to hang [a]round [*or* about] [*or* out] in sth/somewhere *fam* ❷ (*untätig sein*) to lounge [a]round [*or* about], to bum [a]round [*or* about] *fam* **herụm|horchen** *vi* (*fam*) to ask around, to keep one's ears open **he·rụm|huren** *vi* (*sl*) to sleep around *fam,* to go whoring *dated,* to put it about BRIT *sl;* ***die hurt doch mit jedem herum!*** she sleeps with anybody! **he·rụm|irren** *vi sein* to wander [a]round [*or* about] **herụm|kommandieren*** **I.** *vt* (*fam*) ■ **jdn** ~ to boss *pej fam* [*or* order] about [*or* around] **II.** *vi* (*fam*) to give orders

herụm|kommen *vi irreg sein* (*fam*) ❶ (*herumfahren können*) ■ **um etw** ~ to get [a]round sth; ***kommen Sie mit Ihrem Gepäckwagen um die Säule herum?*** are you able to get around this pillar with your luggage trolley? ❷ (*vermeiden können*) ■ **um etw** ~ to get out of sth; ***die Regierung kam um Steuererhöhungen nicht herum*** the government was unable to get [a]round raising taxes; ■ **darum ~, etw zu tun** to get out of doing sth; ***wir kommen um die Tatsache nicht herum, dass er nun mal einfach kompetenter ist*** we can't get [a]round the fact that he is simply more competent ❸ (*reisen*) ■ **[irgendwo]** ~ to get around [*or* about] [somewhere], to see a great deal, to do a lot of travel[l]ing; ***in Dänemark bin ich auf meinen Reisen viel herumgekommen*** I saw a lot of Denmark on my travels

herụm|kramen *vi* (*fam*) ■ **in etw** ~ to rummage about [*or* around] in sth **herụm|krebsen** *vi* (*fam*) to struggle [on] **herụm|kriegen** *vt* (*fam*) *s.* **herumbekommen** **herụm|kutschieren*** *vt* (*fam*) ■ **jdn [in etw** *dat*] ~ to drive sb [a]round [in sth] **he·rụm|laufen** *vi irreg sein* ❶ (*herumführen*) ■ **um etw** ~ to run [*or* go] [a]round sth ❷ (*Kreis laufen*) ■ **um etw** ~ to run [a]round sth ❸ (*fam: umherlaufen*) to go [a]round [*or* about]; ***um Gottes Willen, wie läufst du denn herum?*** for heaven's sake, what do you look like!; **[noch] frei** ~ to [still] be at large **herụm|liegen** *vi irreg* (*fam*) to lie about [*or* around]; ■ **etw ~ lassen** to leave sth lying about [*or* around] **herụm|lungern** *vi* (*fam*) ■ **irgendwo** ~ to loaf [*or* loiter] [*or* hang] about [*or* around] somewhere *fam* **herụm|machen** **I.** *vi* (*fam*) ❶ (*herumtasten*) ■ **an etw** *dat* ~ to fiddle [about [*or* around]] with sth, to monkey with sth ❷ (*herumnörgeln*) ■ **an etw** ~ to find fault with sth; ■ **an jdm** ~ to nag sb *fam* **II.** *vt* (*fam*) ■ **etw um etw** ~ to put sth [a]round sth **herụm|meckern** *vi* (*fam*) to moan, to grumble; ■ **an jdm** ~ to find fault with sb, to criticize sb **herụm|nörgeln** *vi* (*pej fam*) ■ **[an jdm]** ~ to nag [[at] sb]; ■ **an etw** ~ to find fault with sth **he·rụm|quälen** *vr* (*fam*) ❶ (*sich qualvoll befassen*) ■ **sich mit jdm/etw** ~ to battle against [*or* with] sb/sth, to struggle with sb/sth ❷ (*qualvoll leiden*) ■ **sich [mit etw]** ~ to be plagued [by sth] **he·rụm|rätseln** *vi* ■ **[an etw** *dat*] ~ to try to figure out [sth] *fam sep* **herụm|reden** *vi* (*fam*) ❶ (*ausweichend reden*) ■ **um etw** ~ to talk round [*or* AM around] sth, to dodge the issue, to beat about [*or* AM around] the bush ❷ (*belangloses Zeug reden*) ■ **[nur]** ~ to waffle on *pej* **herụm|reichen** *vt* ❶ (*geh*) *s.* **herumgeben** ❷ (*fam: allen möglichen Leuten vorstellen*) ■ **jdn** ~ to introduce sb to everybody [*or* everyone] **herụm|reisen** *vi sein* to travel about [*or* around] **herụm|reißen** *vt irreg* ■ **etw** ~ to pull sth round [*or esp* AM around] hard **he·rụm|reiten** *vi irreg sein* ❶ (*umherreiten*) ■ **[in etw** *dat*] ~ to ride around [*or* about] [[in] sth] ❷ (*reitend umgehen*) ■ **um etw** ~ to ride [a]round sth ❸ (*fam: herumhacken*) ■ **auf jdm** ~ to get at sb *fam;* ■ **auf etw** *dat* ~ (*pej*) to harp on about sth *pej fam,* to keep bringing sth up, to keep going on about sth *fam* **herụm|rennen** *vi irreg sein* ❶ (*fam: umherrennen*) to run around [*or* about] ❷ *s.* **herumlaufen 2** **herụm|scharwenzeln*** *vi sein* (*pej fam*) ■ **um jdn** ~ to dance attendance on sb BRIT, to grovel **herụm|schlagen** *irreg* **I.** *vt* (*geh*) *s.* **herumwickeln** **II.** *vr* (*fam*) ■ **sich mit jdm/etw** ~ to keep battling against [*or* with] sb/sth, to struggle with sb/sth **herụm|schleppen** *vt* (*fam*) ❶ (*umherschleppen*) ■ **etw [mit sich]** ~ to lug sth [a]round [*or* about] *fam* ❷ (*belastet sein*) ■ **etw mit sich** ~ to be worried [*or* troubled] by sth; **eine Krankheit/Infektion/ein Virus mit sich** ~ to go [a]round [*or* about] with an illness/cold/virus **he·rụm|schnüffeln** *vi* ❶ (*anhaltend schnüffeln*) ■ **[an etw** *dat*] ~ to sniff [a]round [sth] ❷ (*pej fam: spionierend wühlen*) ■ **[in etw** *dat*] ~ to snoop around [*or* about] [in sth] *pej fam* **herụm|schreien** *vi irreg* (*fam*) to scream and shout **herụm|sitzen** *vi irreg sein* ❶ (*fam: untätig dasitzen*) ■ **[nur]** ~ to sit [a]round [*or* about] *fam* ❷ (*sitzend gruppiert sein*) ■ **um jdn/etw** ~ to sit [a]round sb/sth; ***sie saßen um den Tisch herum*** they sat around the table **herụm|spielen** *vi* ■ **mit etw** ~ to keep playing about with sth BRIT, to play [*or* keep playing] around with sth AM **herụm|sprechen** *vr irreg* ■ **sich [bei jdm/in etw** *dat*] ~ to get [a]round [*or* about] [sth], to reach sb; ■ **es hat sich herumgesprochen, dass/was ...** it has got [a]round [*or* about] that/what ... **herụm|springen** *vi* (*fam*) to jump [*or* leap] around [*or* about] **herụm|spuken** *vi* ■ **irgendwo** ~ to go around somewhere; ***mir spukt da wieder so eine Idee im Kopf herum ...*** I've got this idea going [*or* floating] around in my head **herụm|stehen** *vi irreg sein* ❶ (*fam: in der Gegend stehen*) to stand [*or* loiter] [a]round [*or* about] ❷ (*stehend gruppiert sein*) ■ **um jdn/etw** ~ to stand [a]round sb/sth **herụm|stöbern** *vi* (*fam*) ❶ (*wahllos stöbern*) ■ **[in etw** *dat*] ~ to rummage around [*or* about] [in sth] ❷ *s.* **herumschnüffeln 2** **herụm|stochern** *vi* (*fam*) ■ **in etw** *dat* ~ to poke [a]round [*or* about] in sth; ***er stocherte im Essen herum*** he picked at [*or* poked around in] his food **herụm|stoßen** *vt irreg* (*fam*) ■ **jdn** ~ to push sb about [*or* [a]round] **herụm|streiten** *vr irreg* (*fam*) ■ **sich [mit jdm]** ~ to keep quarrelling [with sb], to wrangle with sb **herụm|streunen** *vi sein* (*pej*) to roam around [*or* about] **herụm|suchen** *vi* ■ **nach etw** ~ to keep rummaging around for sth **he·rụm|tanzen** *vi sein* ❶ (*umhertanzen*) ■ **[in/auf etw** *dat*] ~ to dance [a]round [*or* about] [sth] ❷ (*im Kreis um jdn/etw tanzen*) ■ **um jdn/etw** ~ to dance [a]round sb/sth; *s. a.* **Nase** **herụm|toben** *vi* (*fam*) ❶ *sein o haben* (*ausgelassen umherlaufen*) ■ **[irgendwo/in/auf etw** *dat*] ~ to romp around [*or* about] [somewhere/sth] ❷ *haben* (*wüst schimpfen*) to rant and rave **herụm|tragen** *vt irreg* ❶ (*bei sich tragen*) ■ **etw mit sich** ~ to carry [a]round [*or* about] sth *sep* ❷ (*weitererzählen*) ■ **etw** ~ to spread sth [a]round [*or* about] **he·rụm|trampeln** *vi sein* ❶ (*fam: umhertrampeln*) ■ **[irgendwo/auf etw** *dat*] ~ to trample around [*or* about] [somewhere/on sth]; *s. a.* **Kopf** ❷ (*mit Füßen treten*) ■ **auf jdm/etw** ~ to trample on sb/sth; ■ **auf jdm** ~ (*fig*) to walk all over sb *fig;* **auf jds Gefühlen** ~ to trample on sb's feelings **herụm|treiben** *vr irreg* ❶ (*ziellos aufhalten*) ■ **sich irgendwo** ~ to hang [a]round [*or* about] [*or* out] somewhere *fam;* ***wo er sich nur wieder herumtreibt?*** where's he got to now? ❷ (*müßig die Zeit verbringen*) ■ **sich mit jdm** ~ to hang [a]round [*or* about] [*or* out] with sb *fam*

Herụmtreiber(in) <-s, -> *m(f)* (*pej*) ❶ (*Mensch ohne feste Arbeit, Wohnsitz*) down-and-out, tramp, loafer, vagrant *esp dated* ❷ (*fam: Streuner*) layabout, good-for-nothing

herụm|trödeln *vi* (*fam*) to dawdle around [*or* about] **herụm|turnen** *vi sein* (*fam*) ■ **auf/in etw** *dat* ~ to climb around [*or* about] on/in sth **he·rụm|werfen** *irreg* **I.** *vt* ❶ (*achtlos umherstreuen*) ■ **etw [irgendwo]** ~ to throw sth [a]round [*or* about] [somewhere] ❷ (*herumreißen*) ■ **etw** ~ to pull sth round [*or esp* AM around] hard; ***schnell den Hebel ~!*** pull down the lever quickly! **II.** *vr* ■ **sich auf/in etw** *dat* ~ to toss and turn on/in sth **herụm|wickeln** *vt* ■ **etw [um jdn/etw]** ~ to wrap sth [a]round [sb/sth]; **eine Binde [um jdn]** ~ to wind [*or* wrap] a bandage [a]round [sb]; **Faden/Kordel/Schnur [um etw]** ~ to wind thread/cord/string [a]round [sth] **herụm|wieseln** *vi sein* (*fam*) to scurry [a]round [*or* about]; ■ **um jdn** ~ to scurry [a]round sb **herụm|wühlen** *vi* ■ **[in etw** *dat*] ~ to rummage [*or* BRIT root] around [*or* about] [in sth]; **in jds Vergangenheit** ~ (*fam*) to dig into sb's past **he·rụm|wursteln** *vi* (*fam*) ❶ (*ziellos vor sich hinarbeiten*) to potter about *fam;* ***ich habe den ganzen Morgen in der Küche herumgewurstelt*** I just pottered around the kitchen this morning ❷ (*herummachen*) to mess [*or* BRIT *fam* faff] around [*or* about]; ***hör jetzt endlich auf, in deinen Sachen herumzuwursteln!*** stop faffing around in your things! **herụm|zeigen** *vt* ■ **etw** ~ to show sth around **herụm|ziehen** *irreg* **I.** *vi sein* ❶ (*von Ort zu Ort ziehen*) ■ **[mit jdm/etw]** ~ to move about [*or* around] [with sb/sth] ❷ (*um etw ziehen*) ■ **um etw** ~ to go [a]round sth **II.** *vr haben* ■ **sich um etw** ~ to run [a]round sth

herụnten *adv* SÜDD, ÖSTERR (*hier unten*) down here

herụnter **I.** *adv* ❶ (*hinab*) down; ***sie liefen den Berg ~ bis zum Fluss*** they ran down the hill to the river; ~ **mit den Waffen/Händen!** drop your weapons/hands!; ~ ***mit dir!*** come [*or* get] down from there at once! ❷ (*heruntergeklettert sein*) ■ **[von etw]** ~ **sein** to be down [from sth]; ***bist du wohl bald vom Baum herunter!*** get down from that tree, now! ❸ (*heruntergelassen sein*) ■ ~ **sein** to be down ❹ (*reduziert sein*) ■ ~ **sein** to be down; ***wenn die 16 Kilogramm nur herunter wären*** if only I could lose these 16 kilogrammes **II.** *präp nachgestellt* ■ **etw** *akk* ~ down sth; ***den Berg ~ geht es leichter als hinauf*** it's easier to go down the hill than up it

herụnter|bekommen* *vt irreg* ❶ (*herunterschlucken können*) ■ **etw** ~ to get sth down, to be able to eat sth ❷ (*abbekommen*) ■ **etw** ~ to get sth off ❸ (*heruntertransportieren können*) ■ **etw** ~ to get sth down **herụnter|brennen** *vi irreg* ❶ *haben* (*intensiv herniederscheinen*) ■ **auf jdn/etw** ~ to burn [*or* beat] down on sb/sth ❷ *sein* (*völlig abbrennen*) to burn down; *Feuer* to burn out **herụn·ter|bringen** *vt irreg* ❶ (*nach hier unten bringen*) ■ **jdn/etw** ~ to bring down sb/sth *sep* ❷ (*fam*) *s.* **herunterbekommen 2** to get sth off **herụn·ter|drücken** *vt* ❶ (*nach unten drücken*) ■ **etw** ~ to press down sth *sep* ❷ (*auf ein niedrigeres Niveau zwingen*) ■ **etw [auf etw** *akk*] ~ to force down sth *sep* [to sth] **herụnter|fahren** *irreg* **I.** *vi sein* ■ **[zu jdm]** ~ to drive [*or* come] down [to sb]; ***wir sind zu meinen Eltern in den Schwarzwald*** ~ we drove down to see my parents in the Black Forest; ■ **[irgendwo] heruntergefahren kommen** to drive [*or* come] down [somewhere]; ***in einem höllischen Tempo kam sie die Piste heruntergefahren*** she came skiing down the piste at a hellish speed **II.** *vt haben* ❶ (*transportieren*) ■ **jdn/etw** ~ to bring [*or* drive] own sb/sth; ***die Seilbahn hat uns heruntergefahren*** we came down on the cable car ❷ (*drosseln*) ■ **etw** ~ to reduce [*or sep* cut back] sth ❸ INFORM (*ausschalten*) ■ **etw** ~ to power down [*or* off] sth **herụnter|fallen** *vi irreg sein* ■ **[von etw]** ~ to fall off [sth]; ***dass du mir bloß nicht von der Leiter herunterfällst!*** just [be careful that you] don't fall off the ladder!; ***mir ist der Hammer heruntergefallen*** I['ve] dropped the hammer **herụn·ter|geben** *vt irreg* ■ **[jdm] etw** ~ to pass [*or* hand] down sth *sep* [to sb]; ***gib mir den Eimer herunter*** pass [*or* hand] me down the bucket, hand [*or* pass] the bucket down to me **herụnter|gehen** *vi irreg sein* ❶ (*hierher nach unten gehen*) ■ **[etw]** ~ to go down [sth]; **die Treppen** ~ to go down the stairs ❷ (*aufstehen und weggehen*) ■ **von etw** ~ to get off sth; ***was machst du da auf der Mauer? geh da sofort herunter!*** what are you doing [up there] on the wall? get down [off [*or* from] it] at once! ❸ (*sinken*) to drop, to fall, to go down; **die Löhne/Preise gehen [auf etw] herunter** the wages/prices are dropping [*or* falling] [*or* coming down] [to sth] ❹ (*Flughöhe verringern*) to descend; **auf 5000 m** ~ to descend to 5000 m ❺ (*fam: abrücken*) ■**von etw** ~ to soften sth; ***kommt gar nicht in Frage, von den drei Millionen gehen wir nicht herunter!*** it's out of the question, we won't go any lower than three million! ❻ (*reduzieren*) to reduce, to lower; **mit der Geschwindigkeit/dem Tempo [auf etw]** ~ to slow down [*or* reduce [one's] speed] [to sth]; ***er ging mit dem Verkaufspreis noch auf DM 10.200 herunter*** he brought the sales price down to DM 10,200

heruntergekommen *adj* (*pej*) ❶ (*abgewohnt*) run-down, dilapidated ❷ (*verwahrlost*) down-at-[the-]heel BRIT, down-and-out

heruntergewirtschaftet *pp von* **herunterwirtschaften** *Hof* run-down

herunter|handeln *vt* (*fam*) ■**etw** ~ to knock down sth *sep;* **einen Preis von … auf …** ~ to knock down a price from … to …; ***ich habe noch DM 20 vom Verkaufspreis ~ können*** I managed to get DM 20 knocked off the sales price **herunter|hängen** *vi irreg* ■[**von etw/auf etw** *akk*] ~ to hang down [from sth/over sth], to dangle [from sth/over sth] **herunter|hauen** *vt irreg* (*fam*) ■**jdm eine** ~ to slap sb, to give sb a slap **herunter|holen I.** *vt* ❶ (*fam: abschießen*) **einen Vogel** ~ to shoot [*or* bring] down a bird *sep* ❷ (*von oben holen*) ■**etw [von irgendwo]** ~ to fetch down sth [from somewhere] *sep;* **eine Flagge** ~ to take down a flag; ***er hat die Katze vom Baum heruntergeholt*** he rescued the cat from [up] the tree **II.** *vr* (*vulg*) *s.* **runterholen herunter|klappen** *vt* ■**etw** ~ to put down sth *sep;* **einen Sitz** ~ to put [*or* fold] down a seat; **einen Kragen** ~ to turn down a collar; **einen Deckel** ~ to close a lid **herunter|klettern** *vi sein* ■[**von etw/irgendwohin**] ~ to climb down [from sth/somewhere] **herunter|kommen** *vi irreg sein* ❶ (*hierher nach unten kommen*) to come [*or fam* get] down; ***ohne Hilfe wird sie den steilen Weg wohl kaum*** ~ she will have trouble getting down this steep path on her own ❷ (*fam: verfallen*) to become run-down [*or* dilapidated] ❸ (*fam: verwahrlosen*) to become down-and-out [*or* BRIT down-at-heel]; ***sie sieht völlig heruntergekommen aus*** she looks completely down-and-out ❹ (*fam: wegkommen*) ■**von etw** ~ to get off [*or* give up] sth; **von einer Gewohnheit** ~ to kick a habit *sl;* **vom Rauchen** ~ to quit *fam* [*or* give up] smoking, to kick the habit *sl;* **von einer schlechten Zensur** ~ to improve on a bad mark **herunter|können** *vi irreg* ■[**von etw**] ~ to be able to get down [[from] sth]; ■**zu jdm** ~ to be able to come down to sb **herunter|kriegen** *vt* (*fam*) ■**etw** ~ *s.* **herunterbekommen herunter|kurbeln** *vt* ■**etw** ~ to wind down sth *sep*

herunterladbar *adj* INFORM downloadable

herunter|laden *vt* INFORM (*Daten übertragen*) ■**etw** ~ to download sth **herunter|lassen** *vt irreg* ❶ (*abseilen*) ■**jdn/etw [irgendwo]** ~ to lower [*or* let down] sb/sth [somewhere]; ■**sich [an etw** *dat*] ~ to lower oneself [on sth] *sep* ❷ (*nach unten gleiten lassen*) ■**etw** ~ to lower sth; *s. a.* **Hose herunter|laufen I.** *vt irreg* (*abwärts gehen*) ■**etw** ~ to walk down sth **II.** *vi* ■**jdm** ~ to run down; ***als sie sich verabschiedete, liefen ihr die Tränen die Wangen herunter*** tears were pouring down her cheeks when she said goodbye **herunter|leiern** *vt* (*pej fam*) ■**etw** ~ to drone out sth *sep,* to recite sth monotonously, to rattle [*or* BRIT reel] off sth **herunter|machen** *vt* (*fam*) ❶ (*schlechtmachen*) ■**jdn/etw** ~ to run down sb/sth; ***im Testbericht ist der Wagen sehr heruntergemacht worden*** the car received a terrible [*or* real] slating in the test report, the car was pulled to pieces in the test report ❷ (*zurechtweisen*) ■**jdn** ~ to tell sb off, to tear sb off a strip BRIT; ***der Chef machte sie so herunter, dass sie heulend aus dem Büro lief*** she received such a telling off from the boss that she ran from the office in tears **herunter|nehmen** *vt irreg* ■**etw [von etw]** ~ to take sth off [sth], to remove sth [from sth]; **jdn von der Schule** ~ (*fam*) to take sb out of school [*or* remove sb from] **herunter|purzeln** *vt* **die Treppe** ~ to tumble down the stairs; **vom Baum** ~ to fall out of [*or* down off] the tree **herunter|putzen** *vt* (*sl*) ■**jdn** ~ *s.* **heruntermachen 2 herunter|rasseln** *vt* (*fam*) ■**etw** ~ ❶ (*rasch aufsagen*) to rattle [*or* BRIT reel] off sth *sep* ❷ *s.* **herunterleiern herunter|reichen I.** *vt* (*geh*) ■[**jdm**] **etw** ~ *s.* **heruntergeben** to pass [*or* hand] down sth [to sb] *sep* **II.** *vi* ■[**bis zu jdm/etw**] ~ to reach down [to sb/sth] **herunter|reißen** *vt irreg* ❶ (*abreißen*) ■[**jdm**] **etw** ~ to pull off [sb's] sth *sep;* **ein Foto von der Wand** ~ to tear down a photo from the wall ❷ (*sl: absitzen*) ■**etw** ~ to get through sth **herunter|schalten** *vi* AUTO to change down; **in den zweiten etc Gang** ~ to change down [*or* AM down shift] into second gear **herunter|schießen** *vt irreg* **einen Vogel** ~ to shoot down a bird *sep* **herunter|schlucken** *vt* (*fam*) *s.* **hinunterschlucken herunter|schrauben** *vt* ❶ (*reduzieren*) ■**etw** ~ to lower sth ❷ *s.* **abschrauben herunter|sehen** *vi irreg* ❶ (*herabsehen*) ■[**zu jdm**] ~ to look down [at sb] ❷ (*mustern*) ■**an jdm** ~ to look sb up and down ❸ (*pej*) *s.* **herabsehen herunter|setzen** *vt* ❶ (*fam: reduzieren*) **die Preise** ~ to reduce the prices ❷ (*abwerten*) *s.* **herabsetzen 2 herunter|spielen** *vt* ■**etw** ~ ❶ (*lustlos spielen*) *Musikstück* to rattle through sth ❷ (*verharmlosen*) *Problem* to play down sth *sep* **herunter|springen** *vi irreg* ■[**von etw**] ~ to jump down from sth; **von einer Mauer** ~ to jump off [*or* down from] a wall **herunter|steigen** *vi irreg sein* ■[**von etw**] ~ to climb [*or* come] down [from sth]; **von einer Leiter** ~ to come down off a ladder **herunter|stufen** *vt* ■**jdn/etw** ~ to downgrade sb/sth **herunter|stürzen I.** *vi sein* (*herunterfallen*) ■[**von etw**] ~ to fall off [sth] **II.** *vt haben* ❶ (*hierher nach unten stürzen*) ■**jdn/etw [von etw]** ~ to push sb/sth off [sth] ❷ (*fam*) *s.* **hinunterstürzen** to dash [*or* rush] down **III.** *vr haben* ■**sich [von etw]** ~ to throw oneself off [sth] **herunter|werfen** *vt irreg* ■**etw [von etw/zu jdm]** ~ to throw down sth [from sth/to sb] *sep* **herunter|wirtschaften** *vt* (*pej fam*) ■**etw** ~ to ruin sth; ***die Firma ist durch schlechtes Management bis fast zum Konkurs heruntergewirtschaftet worden*** bad management has brought the firm to the brink of bankruptcy **herunter|wollen** *vi* (*fam*) ■[**von etw/zu jdm**] ~ to want to get [*or* come] down [from sth/to sb] **herunter|ziehen** *irreg* **I.** *vt* ■**etw** ~ ❶ (*abziehen*) to pull down sth; ■**etw von etw** ~ to pull sth off [*or* from] sth ❷ (*nach unten ziehen*) *Pullover, etc.* to pull down sth *sep;* **jdn auf sein Niveau** ~ (*fig*) to pull sb down to one's level ❸ (*herunterlaufen*) to move [*or* proceed] down sth; ***der Faschingszug zog die Straße herunter*** the Carneval procession proceeded down the street **II.** *vi sein* (*umziehen*) to move down

hervor *interj* ■~ **mit dir/euch!** (*geh*) out you come!, come on out!

hervor|bringen *vt irreg* ■**jdn/etw** ~ to produce sb/sth **hervor|gehen** *vi irreg sein* ❶ (*geh: entstammen*) ■**aus etw** ~ to come from sth; ***aus der Ehe gingen vier Kinder hervor*** the marriage produced four children; *s. a.* **siegreich, Sieger** ❷ (*sich ergeben, zu folgern sein*) to follow; **aus etw geht heraus …** it follows from sth …, sth proves that …; **aus etw geht heraus, wann/wer/wie/dass/ob** it is clear from sth when/who/how/that/whether **hervor|gucken** *vi* (*fam*) ■**unter etw** *dat* ~ to peep out from [*or* show] under sth; ***dein Unterrock guckt unterm Rock hervor*** your slip is showing under your dress **hervor|heben** *vt irreg* ❶ (*betonen*) ■**etw** ~ to emphasize sth, to stress sth; ■~, **wann/warum/wer/wie/dass/ob …** to emphasize [*or* stress] when/why/who/how/that/whether ❷ (*besonders kennzeichnen*) ■**etw** ~ to make sth stand out; ***die Einträge werden durch Fettdruck hervorgehoben*** the entries stand out in bold type **hervor|holen** *vt* ■**etw [aus etw]** ~ to take out sth [from sth] *sep* **hervor|kehren** *vt* (*geh*) *s.* **herauskehren hervor|kommen** *vi irreg sein* ■[**aus/hinter etw** *dat*] ~ to come out [of sth/from behind sth], to emerge [*or* appear] from **hervor|locken** *vt* ■**ein Tier [irgendwo]** ~ to entice [*or* lure] out *sep* an animal [from somewhere] **hervor|lugen** *vi* to look [*or* peep] out **hervor|ragen** *vi* ❶ (*sich auszeichnen*) ■[**unter ihnen**] [**durch etw**] ~ to stand out [among [*or* from] sb] [because of sth] ❷ (*weit vorragen*) ■[**aus etw**] ~ to jut out [*or* protrude] [from sth]

hervorragend I. *adj* excellent, outstanding, first-rate **II.** *adv* excellently

hervor|rufen *vt irreg* to evoke; ■[**bei jdm** [*o* **jds**]] **etw** ~ to arouse [*or* stir up] [sb's] sth; [**bei jdm**] **Bestürzung** ~ to cause consternation [in sb]; [**bei jdm**] **Unmut** ~ to incur [sb's] displeasure **hervor|sehen** *vi irreg* ■[**irgendwo**] ~ to peep out [from somewhere]; ***dein Unterrock sieht unterm Rock hervor*** your slip is showing under your dress **hervor|spähen** *vi* to look [*or* peep] out **hervor|springen** *vi irreg sein* ❶ (*mit einem Sprung hervorkommen*) ■[**hinter etw** *dat*] ~ to jump [*or* leap] out [from behind sth] ❷ *s.* **hervorragen 1 hervor|stechen** *vi irreg* ❶ (*vorstehen*) ■[**aus etw**] ~ to stick out [of sth]; ***durch die Haut ~de Knochen*** bones sticking out through the skin ❷ (*sich abheben*) ■[**aus etw**] ~ to stand out [of sth] ❸ (*auffallen*) to be striking [*or* eyecatching]; **~e Eigenschaften** striking features

hervorstechend *adj* ❶ (*spitz herausstehend*) protruding; ***sie ist ziemlich dürr und hat ~e Schulterblätter*** she's pretty skinny and has protruding shoulder-blades [*or* shoulder-blades which stick out] ❷ (*fig: sich abhebend*) *Schönheit, Brillianz* striking

hervor|stehen *vi irreg* SÜDD, ÖSTERR, SCHWEIZ ❶ (*abstehen*) to stick out ❷ (*herausragen*) to jut out **hervor|stoßen** *vt irreg* ■**etw** ~ to utter sth **hervor|treten** *vi irreg sein* ❶ (*heraustreten*) ■[**hinter etw** *dat*] ~ to step out [*or* emerge] [from behind sth] ❷ (*erhaben werden*) to stand out; *Wangenknochen, Kinn* to protrude ❸ (*erkennbar werden*) to become evident ❹ (*in Erscheinung treten*) to make a name for oneself, to distinguish oneself **hervor|tun** *vr irreg* (*fam*) ❶ (*sich auszeichnen*) ■**sich [mit etw]** ~ to distinguish oneself [with sth] ❷ (*sich wichtig tun*) ■**sich** ~ to show off **hervor|wagen** *vr* ■**sich** ~ to dare to come out, to venture forth **hervor|zaubern** *vt* ■**etw [aus etw]** ~ to conjure up *sep* [*or* produce] sth [from sth]; ***es braucht Zeit, so was lässt sich nicht einfach aus dem Ärmel ~!*** it'll take time, I can't just conjure up [*or* produce] something like that from nothing! **hervor|ziehen** *vt irreg* ■**jdn/etw [aus etw]** ~ to pull out sb/sth *sep;* ■**jdn/etw [hinter/zwischen etw]** ~ to pull sb/sth [from behind/from between sth]

her|wagen *vr* ■**sich** ~ to dare [*or* venture] to come here

Herweg *m* way here; **auf dem** ~ on the way here

Herz <-ens, -en> *nt* ❶ ANAT heart; **künstliches** ~ MED artificial heart; ***ihr ~ pochte/hämmerte*** her heart was pounding; **am offenen** ~ open-heart; **Chirurgie** [*o* **eine Operation**] **am offenen** ~ open-heart surgery ❷ KOCHK (*Gericht aus einem Tierherzen*) heart; ***zwei Kilo ~ [vom Ochsen] bitte!*** two kilos of [ox] heart, please! ❸ (*Gemüt, Gefühl*) heart; ***du regelst immer alles nur mit dem Verstand, wo bleibt das/dein ~?*** you always listen to the voice of reason, can't you ever let your heart rule [*or* can't you follow your heart]?; ***zeigen Sie mehr Verständnis, mehr ~!*** show more understanding, more sensitivity!; **mit ganzem ~en** whole-heartedly; ***wenn sie ein neues Projekt beginnt, ist sie immer mit ganzem ~en dabei*** when she starts a new project, she always puts her heart and soul into it!; **von ganzem ~en** sincerely; **etw mit ganzem ~en bejahen/unterstützen/zustimmen** to approve of/support/agree with sth whole-heartedly; **an/mit gebrochenem ~en** of/with a broken

H

heart; **von ~en gern!** with pleasure!, I'd love to!; **jdn von ~en gern haben** to love sb dearly; **etw von ~en gern tun** to love doing sth; **ein gutes ~ haben** to have a good heart, to be good-hearted; **ein hartes ~ haben** to have a hard heart, to be hard-hearted; **im Grunde seines ~ens** in his heart of hearts; **leichten ~ens** with a light heart, light-heartedly; **jdm wird leicht ums ~** sb has a load lifted from one's mind; **schweren** [*o* **blutenden**] **~ens** with a heavy heart; **jdm das ~ schwer machen** to sadden sb's heart; **jdm ist das ~ schwer** sb has a heavy heart [*or* is heavy-hearted]; **aus tiefstem ~en** (*geh*) with all one's heart; **traurigen ~ens** with a heavy heart; **ein weiches ~ haben** to have a soft heart; **jdm/sich sein ~ erleichtern** to get sth off one's chest *fam;* **jds ~ erweichen** to soften up sb *sep;* **jdm bis ins ~ gehen** [*o* **jdm zu ~en gehen**] to make sb's heart bleed; **ein ~ für jdn/Tiere haben** to have a love of sb/animals; ***er hat ein ~ für Kinder*** he loves children; **haben Sie doch ein ~!** have a heart!; **hast du denn kein ~?** haven't you got [*or* don't you have] a heart; **jdm ist irgendwie ums ~** to feel somehow; **von ~en kommen** to come from the heart; **ohne ~** without feeling ❹ KOCHK (*innerer Teil*) heart; ***von diesem Salat verwende ich nur die ~en*** I'll only use the heart of this lettuce ❺ (*Zentrum*) heart ❻ (*Schatz*) **mein ~** my dear, my love ❼ (*Nachbildung eines ~ens*) heart ❽ KARTEN hearts *pl;* (*~karte*) heart; ***ich habe ~ ausgespielt, du musst auch ~ bedienen!*** I led with hearts, [so] you have to follow suit [with hearts]! ❾ BOT **Tränendes ~** bleeding heart ► WENDUNGEN: **das ~ auf dem** [*o* **am**] **rechten Fleck haben** to have one's heart in the right place; **ein ~ aus Gold haben** to have a heart of gold; **jdm schlägt das ~ bis zum Hals** sb's heart is in one's mouth; **jdm rutscht** [*o* **fällt**] **das ~ in die Hose** (*fam*) sb's heart sank into his/her boots BRIT *fam;* **jdm lacht das ~ im Leibe** one's heart jumps for joy; **jdm dreht sich das ~ im Leib um, jdm tut das ~ im Leibe weh** one's heart turns over; **seinem ~en Luft machen** (*fam*) to give vent to one's feelings; **aus einem ~en keine Mördergrube machen** to speak frankly, to not make a secret of one's thoughts; **jdn/etw auf ~ und Nieren prüfen** (*fam*) to examine sb/sth thoroughly; **ein ~ und eine Seele sein** to be the best of friends; **ein ~ aus Stein haben** to have a heart of stone; **seinem ~en einen Stoß geben** to [suddenly] pluck up courage; ***jetzt gib deinem ~en einen Stoß, versöhn dich wieder mit ihm!*** go on, pluck up the courage and make up with him!; **alle ~en** [*o* **die ~en aller**] **im Sturm erobern** to capture everybody's heart; **das ~ auf der Zunge tragen** to speak one's mind; **jdm wird bang ums ~** sb's heart sinks; **jds ~ höher schlagen lassen** to make sb's heart beat faster; **jds ~ schlägt höher** sb's heart beats faster; **alles, was das ~ begehrt** (*geh*) everything one's heart desires; **jdm blutet das ~, jds ~ blutet** (*verspürt großes Mitleid*) sb's heart bleeds [for sb]; (*iron: verspürt da durchaus kein Mitleid*) sb's heart bleeds [for sb] *iron;* **jdm das ~ brechen** (*geh*) to break sb's heart; **etw nicht übers ~ bringen** to not have the heart [*or* be able to bring oneself] to do sth; **jdn an sein ~ drücken** to clasp sb to one's breast; **sich** *dat* **ein ~ fassen** [*o* **nehmen**] to pluck up courage [*or* take one's courage in both hands]; **jds ~ gehört jdm** (*geh*) sb's heart belongs to sb; **jds ~ gehört einer S.** *dat* (*geh*) sth is sb's first love; **jds ~ gewinnen** (*geh*) to win sb's heart; **etw auf dem ~en haben** to have sth on one's mind; **nicht das ~ haben, etw zu tun** to not have the heart to do sth, to not be able to bring oneself to do sth; **sein ~ an jdn/etw hängen** (*geh*) to devote oneself to sb/sth; ***häng dein ~ nicht an ihn, er spielt doch nur mit den Gefühlen der Frauen!*** don't give your heart to him, he only plays with women's feelings!; **jds ~ hängt an etw** *dat* sb is attached to sth; **jds ~ hängt an Geld** sb is preoccupied with money; **jdm etw ans ~ legen** to entrust sb with sth; **jdm ans ~ legen, etw zu tun** to strongly recommend sb to do sth; **jdm liegt etw am ~en** sth concerns [*or* troubles] sb; **sich** *dat* **etw zu ~en nehmen** to take sth to heart; **sich** *dat* **etw vom ~en reden** (*geh*) to get sth off one's chest *fam;* **jdm sein ~ schenken** (*liter*) to give sb one's heart; **jdn in sein ~ schließen** to take sb to one's heart; **jdm sein ~ ausschütten** (*geh*) to pour out one's heart to sb *sep;* **jdm aus dem ~en sprechen** to say just what sb was thinking; **sein ~ sprechen lassen** to listen to one's heart; **jdm ans ~ wachsen** sb grows fond of [*or* becomes attached to] sb; **jdm das ~ zerreißen** (*geh*) to break sb's heart

herzallerliebst *adj* (*geh*) beloved, darling; ***ist dieser süße Säugling nicht ganz einfach ~?*** isn't this sweet little baby simply adorable?; ***das ist mein ~es Spielzeug*** that's my most favourite toy **Herzallerliebste(r)** *f(m) decl wie adj* (*geh*) [my] darling [*or* beloved] **Herzanfall** *m* heart attack; **einen ~ haben** to have a heart attack **Herzass**[RR] *nt* KARTEN ace of hearts **Herzbeschwerden** *pl* heart trouble; **~ haben** to have heart trouble **Herzbeutel** *m* ANAT heart sac, pericardium *spec* **herzbewegend** *adj s.* **herzerweichend** **Herzblatt** *nt* ❶ HORT (*inneres Blatt einer Pflanze*) inner leaf ❷ (*fam: Schatz*) darling; ***mein ~!*** my darling! **Herzblut** *nt* ► WENDUNGEN: **sein ~ für jdn hingeben** (*poet*) to sacrifice [*or* give] one's life-blood [*or* all] for sb; **etw mit [seinem] ~ schreiben** to put one's heart and soul in one's writing *fig* **Herzbube** *m* KARTEN jack [*or* knave] of hearts

Herzchen <-s, -> *nt* (*fam*) darling

Herzchirurg(in) *m(f)* heart [*or* cardiac] surgeon

Herzchirurgie *f* heart [*or* cardiac] surgery

Herzchirurgin <-, -nen> *f fem form von* Herzchirurg **Herzdame** *f* KARTEN queen of hearts **Herzdruckmassage** *f* MED cardiac pressure massage

her|zeigen *vt* ■[jdm] **etw ~** to show [sb] sth [*or* sth [to sb]]; ***zeig doch mal her, was du da in der Hand hast!*** let me see what you've got in your hand!; ***zeig mal her!*** let me [*or* let's] see! *fam*

herzen *vt* (*geh*) ■**jdn ~** to cuddle sb, to embrace, to hug

Herzensangelegenheit *f* ❶ (*wichtiges Anliegen*) matter close to one's heart; **jdm eine ~ sein** to be a matter very close to one's heart ❷ (*Liebe betreffende Angelegenheit*) affair of the heart, affaire de coeur **Herzensbedürfnis** *nt* **jdm ein ~ sein** to be a matter very close to one's heart **Herzensbildung** *f kein pl* (*geh*) nobleness of heart *form* **Herzensbrecher(in)** *m(f)* heart-breaker, lady-killer *dated* **herzensgut** *adj* good-hearted, kind-hearted **Herzensgüte** *f kein pl* (*geh*) kind-heartedness, good-heartedness; ***er ist ein Mensch von großer ~*** he's a very kind-hearted [*or* good-hearted] person **Herzenslust** *f kein pl* **nach ~** to one's heart's content **Herzenswunsch** *m* dearest wish, heart's desire

herzerfrischend *adj* refreshing **herzergreifend** *adj* heart-rending **herzerweichend** I. *adj* heart-rending II. *adv* heart-rendingly **Herzerweiterung** *f* MED dila[ta]tion of the heart, cardiectasis *spec* **Herzfehler** *m* heart [*or* cardiac] defect **Herzflattern** *nt kein pl* MED ventricular flutter *usu pl spec* **Herzflimmern** *nt kein pl* ❶ MED (*Kontraktionsstörungen am Herzmuskel*) fibrillation [of the heart], cardiac fibrillation ❷ (*Erregung*) heart flutter; ***wenn ich ihn sehe, kriege ich ~*** when I see him my heart flutters **herzförmig** *adj* heart-shaped **Herzgeräusche** *nt pl* heart [*or* cardiac] murmurs *pl*

herzhaft I. *adj* ❶ (*würzig-kräftig*) tasty, savoury [*or* AM -ory]; **~es Essen** hearty [*or* substantial] meal; **~er Eintopf** hearty stew ❷ (*kräftig*) hearty; **ein ~er Kuss** a passionate kiss II. *adv* ❶ (*würzig-kräftig*) **~ schmecken** to be tasty ❷ (*kräftig*) heartily; **~ gähnen** to yawn loudly; **~ küssen** to kiss passionately

her|ziehen *irreg* I. *vt haben* ❶ (*heranziehen*) ■**jdn/etw [zu sich] ~** to pull [*or* draw] sb/sth closer [*or* nearer] ❷ (*mitschleppen*) ■**jdn/etw hinter/neben sich** *dat* **~** to pull [*or* drag] sb/sth [along] behind/beside one II. *vi* ❶ *sein* (*herlaufen*) ■**hinter/neben/vor jdm ~** to walk along behind/beside/in front of sb ❷ *sein* (*hierhin ziehen*) to move here ❸ *haben* (*fam: sich auslassen*) ■**über jdn/etw ~** to run sb/sth down, pull sb/sth to pieces

herzig *adj* sweet, dear, lovely, cute AM

Herzinfarkt *m* MED ❶ (*Verstopfung eines Herzkranzgefäßes*) heart attack, cardiac infarct[ion] *spec;* **einen ~ bekommen/haben** to have/suffer a heart attack ❷ (*sl: Patient*) heart attack [patient] **Herzinnenhaut** *f* ANAT endocardium **Herzinnenhautentzündung** *f* MED endocarditis **Herzinsuffizienz** *f* MED cardiac insufficiency **Herzjagen** *nt* MED tachycardia **Herzkammer** *f* ANAT ventricle; **linke/rechte ~** left/right ventricle **Herzkirsche** *f* HORT heart-cherry **Herzklappe** *f* heart [*or* cardiac] valve; **künstliche ~** artificial heart [*or* cardiac] valve **Herzklappenfehler** *m* MED valvular [heart] defect **Herzklopfen** *nt kein pl* pounding of the heart, palpitations *pl;* **mit ~** with a pounding heart **Herzkönig** *m* KARTEN king of hearts **herzkrank** *adj* suffering from a heart condition [*or* heart trouble] *pred;* ■**~ sein** to have a heart condition **Herzkrankheit** *f* heart [*or* cardiac] disease **Herzkranzgefäß** *nt meist pl* ANAT coronary vessel [*or* artery] **Herzkranzgefäßverkalkung** *f* MED sclerosis [*or* hardening] of the arteries **Herz-Kreislauf-Erkrankung** *f* MED cardiovascular disease [*or* complaint] **Herz-Kreislauf-System** *nt* MED cardiovascular system **Herzleiden** *nt* (*geh*) *s.* **Herzkrankheit**

herzleidend *adj* ■**~ sein** to have a heart condition

herzlich I. *adj* ❶ (*warmherzig*) warm; *Begrüßung* warm, friendly, cordial; **ein ~es Lächeln** sunny [*or* cheerful] [*or* happy] smile; **ein ~es Lachen** a hearty laugh; **ein ~es Willkommen** a warm [*or* hearty] welcome ❷ (*in Grußformeln: aufrichtig*) kind; *s. a.* **Dank, Gruß** II. *adv* ❶ (*aufrichtig*) warmly, with pleasure; **sich bei jdm ~ bedanken** to thank sb sincerely, to express one's sincere thanks to sb *form;* **jdn ~ Glück wünschen** to sincerely wish sb the best of luck; **jdn ~ gratulieren** to congratulate sb heartily [*or* sincerely] [*or* warmly]; ***... verbleibe ich als Ihr ~/~st grüßender A. Lang ...*** Yours Sincerely,/kind[est] regards, A. Lang ❷ (*recht*) thoroughly, really *fam;* **~ wenig** precious *fam* little

Herzlichkeit <-> *f kein pl* ❶ (*herzliches Wesen*) warmth ❷ (*Aufrichtigkeit*) sincerity, cordiality

herzlos *adj* heartless, unfeeling

Herzlosigkeit <-, -en> *f* heartlessness *no pl*

Herz-Lungen-Maschine *f* MED heart-lung machine **Herzmassage** *f* MED heart [*or* cardiac] massage **Herzmittel** *nt* MED cardiac stimulant; (*fam*) heart pills *pl* **Herzmuschel** *f* ZOOL common cockle, winkle AM **Herzmuskel** *m* ANAT heart [*or* cardiac] muscle, myocardium *spec* **Herzmuskelmasse** *f* cardiac muscle mass **Herzmuskelschwäche** *f* ANAT myocardial insufficiency

Herzog(in) <-s, Herzöge *o selten* -e> *m(f)* duke; **~ *Christian von Braunschweig*** Christian, Duke of Brunswick

herzoglich *adj attr* ducal, of the/a duke *pred*

Herzogtum <-s, -tümer> *nt* duchy, dukedom

Herzpatient(in) *m(f)* heart [*or* cardiac] patient **Herzrasen** *nt kein pl* MED ventricular tachycardia *no pl spec* **Herzrhythmus** *m* heart [*or* cardiac] rhythym **Herzrhythmusstörung** *f* MED deviation of the heart [*or* cardiac] rhythm, ar[r]hythmia *spec;* **~en haben** to suffer from heart rhythm [*or* cardiac] deviations [*or* ar[r]hythmia] **Herzscheidewand** *f* ANAT interventricular septum **Herzschlag** *m* MED ❶ (*Kontraktion des Herzmuskels*) heartbeat, beating of the heart; **einen ~ lang** (*geh*) for one [*or* a] fleeting moment ❷ (*Herzstillstand*) cardiac arrest, heart failure **Herzschrittmacher** *m* MED pacemaker **Herzschwäche** *f s.* **Herzinsuffizienz** **Herzspezialist(in)** *m(f)* MED heart specialist, cardialogist **herzstärkend** I. *adj* MED, PHARM stimulating to the heart II. *adv* **~ wirken** to have a stimulatory effect on the heart **Herzstich** *m meist pl* stabbing pain in the chest; MED cardialga *no pl spec,* cardiodynia *no pl spec;* **~e bekommen** [*o* **haben**] to get [*or* have] stabbing pains in the chest **Herzstillstand** *m* MED cardiac arrest **Herzstück** *nt* heart [*or* core] **Herztätigkeit** *f* MED activity of the heart, cardiac activity **Herztod** *m* MED death by heart [*or* cardiac] failure, cardiac death **Herzton** *m meist pl* heart [*or* cardiac] sound *usu pl* **Herztransplantation** *f* MED heart transplant **Herzverfettung** *f* MED fatty degeneration of the heart, cardiomyoliposis *spec* **Herzversagen** *nt kein pl* MED heart [*or* cardiac] failure *no pl* **Herzwand** *f* ANAT heart [*or* cardiac] wall **herzzerreißend** *adj s.* **herzerweichend**

Hesse <-, -n> *f* KOCHK [beef] shin

Hesse, Hessin <-n, -n> *m, f* GEOG Hessian

Hessen <-s> *nt* GEOG Hesse

Hessin <-, -nen> *f fem form von* **Hesse**

hessisch *adj* Hessian; ***ihre Aussprache klingt*** ~ she speaks with a Hessian accent, she sounds Hessian

Hetero <-s, -s> *m* (*sl*) hetero *fam*, heterosexual

heterogen *adj* (*geh*) heterogeneous

Heterogenität <-> *f kein pl* heterogeneity *no pl*

Heterosexualität <-> *f kein pl* heterosexuality *no pl*

heterosexuell *adj* heterosexual

heterozygot *adj* BIOL heterozygous

Hethiter(in) <-s, -> *m(f)* HIST Hittite

Hetzblatt *nt* MEDIA (*pej*) [political] smearsheet

Hetze <-, -n> *f* ❶ *kein pl* (*übertriebene Hast*) mad rush ❷ (*pej: Aufhetzung*) smear campaign; (*gegen Minderheiten*) hate campaign

hetzen I. *vi* ❶ *haben* (*sich abhetzen*) to rush about [*or* around] ❷ *sein* (*eilen*) ■[**irgendwohin**] ~ to rush [*or* race] [somewhere] ❸ *haben* (*pej: Hass schüren*) ■[**gegen jdn/etw**] ~ to stir up hatred [against sb/sth]; **gegen eine Regierung** ~ to agitate against a government II. *vt haben* ❶ JAGD (*jagen*) ■**ein Tier** ~ to hunt an animal ❷ (*losgehen lassen*) ■**jdn/einen Hund auf jdn** ~ to sick [*or* set] sb/a dog [up]on sb ❸ (*fam: antreiben*) ■**jdn** ~ to rush [*or* hurry] sb ❹ (*vertreiben*) ■**jdn von etw** ~ **lassen** to have sb chased off sth III. *vr* ■**sich** ~ to rush [*or* hurry]

Hetzer(in) <-s, -> *m(f)* (*pej*) agitator, rabble-rouser

Hetzerei <-, -en> *f* ❶ *kein pl* (*ständige Hetze 1*) mad rush, rushing around *fam*; ***immer diese ~ morgens – kannst du nicht eine halbe Stunde früher aufstehen?*** it's always a mad rush every morning – can't you wake up half an hour earlier ❷ (*ständiges Hetzen*) [continual] stirring up of hatred, malicious agitation

Hetzerin <-, -nen> *f fem form von* **Hetzer**

hetzerisch *adj* inflammatory, virulent, slanderous, incendiary

Hetzjagd *f* ❶ JAGD (*Wildjagd*) hunt ❷ (*pej: Hetze 2*) smear campaign; (*auf Minderheiten*) hate campaign; **zur ~ auf jdn blasen** to stir up a hate/smear campaign against sb ❸ (*übertriebene Hast*) mad rush **Hetzkampagne** *f* (*pej*) smear campaign, hate campaign

Heu <-[e]s> *nt kein pl* AGR hay; **ins ~ gehen** to harvest the hay; ~ **machen** to hay [*or* make hay] ▶ WENDUNGEN: **Geld wie ~ haben** to have heaps of money

Heuballen *m* AGR hay bale **Heuboden** *m* hayloft

Heuchelei <-, -en> *f* (*pej*) ❶ (*ständiges Heucheln*) hypocrisy ❷ (*heuchlerische Äußerung*) hypocritical remark

heucheln I. *vi* to play the hypocrite, to be hypocritic II. *vt* ■**etw** ~ to feign sth

Heuchler(in) <-s, -> *m(f)* (*pej*) hypocrite

heuchlerisch I. *adj* (*pej*) ❶ (*unaufrichtig*) insincere ❷ (*geheuchelt*) hypocritical II. *adv* (*pej*) hypocritically

heuen *vi* AGR DIAL (*Heu ernten*) to [make] hay; ■**das H~** haymaking [*or* haying]

heuer *adv* SÜDD, ÖSTERR, SCHWEIZ (*in diesem Jahr*) this year

Heuer <-, -n> *f* NAUT [sailor's] pay [*or pl* wages]

Heuernte *f* AGR ❶ (*das Einbringen des Heus*) harvesting of [the] hay, hay-harvest, haymaking ❷ (*Ertrag der ~ 1*) hay crop [*or* harvest]

Heuervertrag *m* JUR shipping articles

Heugabel *f* AGR hay-fork, pitchfork **Heuhaufen** *m* AGR (*angehäuftes Heu*) haystack, hay-rick ▶ WENDUNGEN: **eine Stecknadel im ~ suchen** to look for a needle in a haystack

Heulboje *f* NAUT whistling buoy

heulen *vi* ❶ (*fam: weinen*) to howl *fam*, to wail, to cry; **vor Enttäuschung** ~ to cry with disappointment; **es ist [einfach/wirklich] zum H~** (*fam*) it's enough to make you cry [*or* weep] ❷ (*langgezogene Laute produzieren*) to howl; *Motor* to wail; *Motorrad, Flugzeug* to roar; *Sturm* to rage

Heulen <-s> *nt kein pl* ❶ (*fam: das Weinen*) howling *fam*, wailing, crying, bawling ❷ (*das Geheul*) howling ▶ WENDUNGEN: ~ **und Zähneklappern** weeping and gnashing of teeth

Heuler <-s, -> *m* ZOOL (*junger Seehund*) seal pup ▶ WENDUNGEN: **das ist ja der letzte** ~ (*sl*) that's the last [*or* final] straw

Heulsuse <-, -n> *f* (*pej fam*) cry-baby *pej fam*

Heulton *m* wail[ing sound]

heurig *adj* SÜDD, ÖSTERR, SCHWEIZ (*diesjährig*) this year's; *Wein, Kartoffeln* new

Heurige(r) *m decl wie adj* ÖSTERR ❶ (*Weinlokal*) wine tavern ❷ (*Wein der letzten Lese*) new wine, wine of the latest vintage

Heuschnupfen *m* MED hayfever **Heuschober** <-s, -> *m* SÜDD, ÖSTERR, SCHWEIZ (*großer Heuhaufen*) haystack **Heuschrecke** <-, -n> *f* grasshopper, locust **Heuschreckenkrebs** *m* mantis shrimp, squill **Heustadel** <-s, -> *m* SÜDD, ÖSTERR, SCHWEIZ (*Scheune für Heu*) barn

heut *adv* (*fam*) *s.* **heute**

heute *adv* ❶ (*an diesem Tag*) today; ~ **abend** this evening, tonight; ~ **Morgen/Nachmittag** this morning/afternoon; ~ **Mittag** this lunchtime, today at noon, [at] midday today; ~ **Nacht** tonight; ~ **früh** [early] this morning; **bis** ~ until today; ***er hat die Rechnung leider bis ~ nicht bezahlt*** unfortunately, he still hasn't paid the bill to this day; **ab** ~ from today; ~ **in/vor acht Tagen** a week [from] today/ago today, BRIT today week; **von ~ auf morgen/nächste Woche** until tomorrow/next week; ***können wir das Gespräch nicht von ~ auf morgen verschieben?*** could we not postpone the talks until tomorrow?; **von ~ ab** [*o* **an**] from [*or* as of] today; **etw von** ~ today's sth; **das Brot/die Post/die Zeitung von** ~ today's bread/mail/newspaper ❷ (*der Gegenwart*) today; ***das Deutschland von*** ~ Germany [of] today; **lieber ~ als morgen** (*fam*) sooner today than tomorrow; **von ~ auf morgen** overnight, all of a sudden; ***von ~ auf morgen ändert er seine Meinung*** he changes his mind from one day to the next ❸ (*heutzutage*) nowadays, today ▶ WENDUNGEN: **was du ~ kannst besorgen, das verschiebe nicht auf morgen** (*prov*) never put off till tomorrow what you can do today *prov*

Heute <-> *nt kein pl* the present, today; ***viele Menschen leben ganz im H~*** many people live just for today [*or* the present]

heutig *adj attr* ❶ (*heute stattfindend*) today's; **die ~e Veranstaltung** today's event ❷ (*von heute*) *Zeitung, Nachrichten* today's; **der ~e Abend** this evening; **der ~e Anlass** this occasion; **der ~e Geburtstag** ***ich gratuliere zu deinem ~en Geburtstag recht herzlich*** congratulations on your birthday; **der ~e Tag** today; **am ~en Tag** today; **bis zum ~en Tag** to date, to this very day ❸ (*gegenwärtig*) **die ~e Zeit** nowadays; **der ~e Stand der Technik** today's level of technology ❹ (*von heute stammend*) **die ~e Jugend** the youth of today; *s. a.* **Sicht, Tag**

heutzutage *adv* nowadays, these days

Heuwagen *m* hay cart [*or liter* wain] **Heuwender** *m* AGR tedder, tedding machine

Hevea <-, Heveen> *f* BOT hevea

hex *adj Akr von* **hexadezimal** hex

Hexadezimalcode *m* INFORM hexadecimal code **Hexadezimalsystem** *nt* MATH hexadecimal system [*or* notation] **Hexadezimaltastatur** *f* INFORM hexadecimal pad, hex pad **Hexadezimalzahl** *f* MATH hexadecimal number **Hexaeder** <-s, -> *nt* hexagon **hexagonal** *adj* hexagonal **Hexameter** *m* hexameter

Hex-Buchstabe *m* INFORM hex, hexadecimal notation **Hex-Code** *m* INFORM *kurz für* **Hexadezimalcode** hex code

Hexe <-, -n> *f* ❶ (*böses Fabelwesen*) witch ❷ (*pej fam: bösartige Frau*) witch *pej*; (*schlecht gelaunte und zeternde Frau*) virago *pej*, shrew *pej*; **eine alte** ~ an old crone [*or* hag] [*or* bag] *pej*; **eine kleine** ~ a little minx, sexy little bitch

hexen I. *vi* to cast spells, to perform magic; ***ich kann doch nicht*** ~ (*fig fam*) I can't work miracles II. *vt* ■**jdn** ~ to cast a spell on sb; ***weicht von hinnen, oder ich hexe euch die Pest an den Hals!*** go or I will bring the plague down upon you!; ■**jdn irgendwohin** ~ to magic sb somewhere; ***die Hexe im Märchen hat ihn in die Wüste gehext*** the witch in the fairy tale magicked him to the desert; **wie gehext** like magic

Hexenhäuschen [hɔɪsçən] *nt sort of gingerbread in the shape of a witch's cottage* **Hexenjagd** *f* (*pej*) witch hunt *pej* **Hexenkessel** *m* (*pej*) madhouse *pej* **Hexenmeister** *m* (*veraltend*) *s.* **Zauberer** **Hexenprozess**[RR] *m* witch trial **Hexenschuss**[RR] *m kein pl* MED (*fam*) lumbago *no pl* **Hexenverbrennung** *f* burning [at the stake] of a witch/witches; ***Millionen unschuldiger Frauen wurden Opfer der kirchlichen ~en*** millions of innocent women were burnt at the stake by the church **Hexenwahn** *m irrational belief in the evil power of witches*

Hexer <-s, -> *m* sorcerer

Hexerei <-, -en> *f* magic, sorcery *pej*, witchcraft *pej*

Hex-Zeichen *nt* MATH hex character

Hg. *m Abk von* **Herausgeber** ed., editor

hg. *Abk von* **herausgegeben** ed.

HG <-, -s> *f Abk von* **Handelsgesellschaft**

HGB *nt* JUR *Abk von* **Handelsgesetzbuch** commercial code

Hibiskus <-, Hibisken> *m* hibiscus

hick *interj* (*Geräusch beim Schluckauf*) hic; ~ **machen** to hiccup

Hickhack <-s, -s> *m o nt* (*fam*) bickering, squabbling, wrangling

hie *adv* ▶ WENDUNGEN: ~ **und da** (*stellenweise*) here and there, in places; (*von Zeit zu Zeit*) now and then; ~ **Tradition, da Fortschritt** on the one hand tradition, on the other progress

Hieb <-[e]s, -e> *m* ❶ (*Schlag*) blow; (*Peitschen~*) lash [of a whip]; **jdm einen ~ versetzen** to deal sb a blow; (*mit einer Peitsche*) to lash sb with a whip; (*mit der Faust*) to punch sb ❷ *pl* (*Prügel*) beating *sing*, hiding *sing*; ***der Vater drohte ihm ~e an*** his father threatened him with a beating; ***noch ein so freches Wort, und es gibt/setzt ~e!*** one more cheeky remark like that and you'll get wallopped *fam* [*or* a beating] [*or* a hiding] ! ❸ DIAL (*veraltend: Schluck Alkohol*) a drop of; ***einen ~ Wein trinken*** to drink a drop of wine ❹ DIAL (*veraltend: leichter Alkoholrausch*) **einen ~ haben** to be tipsy ❺ *kein pl* FORST (*Fällen von Bäumen zur Verjüngung*) cut[ting], felling ❻ TECH DIAL (*an Feilen*) cut ▶ WENDUNGEN: **auf den ersten** ~ at the first attempt; **einen ~ haben** (*sl*) to be out of one's mind; **der ~ saß** the dig [*or* gibe] hit [*or* struck] home; **auf einen** ~ (*fam*) at [*or* in] one go

hieb- und stichfest *adj* conclusive, irrefutable, incontestable; **ein ~es Alibi** a cast iron [*or* watertight] alibi

Hiebwaffe *f* cutting weapon

Hieferscherzel *nt* KOCHK ÖSTERR (*Bürgermeisterstück*) topside, round AM **Hieferschwanzl** *nt* KOCHK ÖSTERR (*Kugel vom Rind*) silverside, round AM

hier *adv* ❶ (*an diesem Ort*) here; ***sehen Sie mal ~! entdecken Sie an dem Bild nichts Auffälliges?*** have a look at this! can you see anything strange about the picture?; ***wo sind wir denn ~? ich fürchte fast, wir haben uns verlaufen!*** where have we landed? I'm beginning to think we're lost!; ***er müsste doch schon längst wieder ~ sein!*** he should have been back ages ago!; ~ **draußen/drinnen** out/in here; ~ **entlang** this way; ~ **oben/unten** up/down here; ~ **vorn/hinten** here at the front/at the back; **jdn/etw ~ behalten** to keep sb/sth here; ~ **bleiben** to stay here; ▪**hiergeblieben!** you stay here!; ~ ***ist/spricht Dr. Dralle*** [this is] Dr. Dralle, Dr. Dralle speaking; **jdn/etw ~ lassen** to leave sb/sth here; **nach ~** here; **von ~ ab** from here on, from here on in *fam;* **von ~ aus** from here; ~! MIL, SCH here!, present! ❷ (*in diesem Land, in dieser Stadt*) here; ▪~ **sein** to be [*or* arrive] here; ***wann soll der Zug ~ sein?*** when is the train due?; ~ **bei uns/in Deutschland** here in this country/Germany; (*in dieser Gegend*) here; **von ~ sein** to be from here; **nicht von ~ sein** to be a stranger here, to not be from here; **es jdn nach ~ verschlagen** to end up [*or* land] here; ***irgendwie scheint es mir, als sei ich früher schon mal ~ gewesen*** somehow I have the feeling that I've been here before ❸ (*da!*) here; ***gib mal die Akten rüber! — ~! — danke!*** pass me the files! — here you are! — thanks! ❹ (*in diesem Moment*) at this point; ~ ***versagte ihm die Stimme*** at this point his voice failed him; ~ **und heute** (*geh*) here and now; **von ~ an** from now on, from here on in *fam* ▶ WENDUNGEN: ~ **und da** (*stellenweise*) here and there; (*gelegentlich*) now and then; **ein bisschen ~ sein** (*sl*) to be daft [*or* nuts] *fam,* to be off his/her trolley BRIT *sl;* **jdm bis ~ [oben] stehen** (*fam*) to be sick of [*or* fed up with] sth; **Herr/Frau … ~, Herr/Frau … da** (*iron*) Mr/Mrs … this, Mr/Mrs … that

hieran *adv* ❶ (*an diesem Gegenstand*) on here; ***ich erinnere mich, ~ schon früher mal vorbeigekommen/vorübergegangen zu sein*** I can remember passing this way [*or* being here once] ❷ (*an diesen Gegenstand*) on here; ***Sie können das Gerät ~ anschließen*** you can connect the machine here; **etw ~ werfen** to throw sth here ❸ (*an diesem Sachverhalt*) here; ~ ***kann es keinen Zweifel geben*** there can be no doubt of that ❹ (*an dieses Ereignis*) **sich ~ erinnern** to remember this; ***ein wundervolles Fest, ~ werde ich mich sicher noch lange erinnern*** a wonderful party, I won't forget it for a long time

Hierarchie <-, -n> [hierar'çiː, 'çiːən] *f* hierarchy

hierarchisch [hie'rarçɪʃ] **I.** *adj* hierarchical **II.** *adv* hierarchical; ***viele Großunternehmen sind streng ~ aufgebaut*** many large companies have a strict hierarchy

hierauf *adv* ❶ (*auf diesem Gegenstand herauf*) [on] here ❷ (*auf diesen Gegenstand obendrauf*) down here, down on this; ***setz dich doch einfach ~*** just sit yourself down on this [*or* here] *fam;* **etw ~ stellen** to put sth down here ❸ (*daraufhin*) as a result of this/that, thereupon, whereupon

hieraus *adv* ❶ (*aus diesem Gegenstand*) from [*or* out of] here ❷ (*aus diesem Material*) out of [*or* from] this ❸ (*aus dem Genannten*) from this; ~ **folgt/geht hervor …** it follows from this … ❹ (*aus diesem Werk*) from this

hierbei *adv* ❶ (*bei diesem Anlass, währenddessen*) while doing this [*or* that]; ***sei vorsichtig beim Holzhacken, ~ hat sich schon mancher verletzt!*** be careful when you're chopping wood, it's easy to hurt yourself doing it! ❷ (*nahe bei etw*) in the same place; ~ ***[bei den Akten] lag auch das Zeugnis, das ich jetzt suche*** the certificate I was looking for was in the same place ❸ (*dabei*) here; ***das ist also die Vorgehensweise — ~ sind gewisse Punkte besonders zu beachten*** so that's the procedure — particular attention should be paid to certain points here

hierdurch *adv* ❶ (*hier hindurch*) through here ❷ (*dadurch*) in this way; ***das waren meine Vorschläge — ich hoffe, ich konnte Ihnen ~ etwas weiterhelfen*** those were my suggestions — I hope they are of use to you

hierein **I.** *adv* (*in dieses Behältnis hinein*) in/into here **II.** *interj* (*in dieses Gebäude hinein*) in here

hierfür *adv* ❶ (*im Austausch für etw*) [in exchange] for this ❷ (*für diese Sache*) for this; ~ ***interessiere ich mich nicht*** I'm not interested in this

hiergegen *adv* ❶ (*gegen diesen Gegenstand*) against this; ***er ist ~, gegen diesen Pfeiler, gefahren*** he drove into this pillar ❷ (*gegen diesen Sachverhalt*) against this; ***diese Behauptung ist falsch, ~ muss ich mich ausdrücklich verwehren*** this allegation is false, I refuse to accept it ❸ (*im Vergleich zu diesem*) compared to this; ***wir haben auch einen Weinkeller, aber der ist ~ doch sehr bescheiden*** we have a wine cellar too but it's pretty modest compared to this

hierher *adv* here; ~**!** come here!; **jdn/etw ~ bringen** to bring sb/sth here; ~ **gehören** (*hier angestammt sein*) to belong here; (*hier an diese Stelle gehören*) to belong here; (*zum Thema gehören*) to be relevant; **jdn/etw ~ holen** to bring sb/sth here; ***ich habe Sie alle ~ holen lassen, um Ihnen eine erfreuliche Mitteilung zu machen*** I've had you all called here so that I can give you some good news; ~ **kommen** to come [over] here; **jdn/etw ~ schaffen** to bring sb/sth here, to get sb/sth here *pej;* ***schaffen Sie mir die Frau ~, die kann was erleben!*** get the woman here, she's in for it now!; **jdn/etw ~ schicken** to send sb/sth here; ▪**etw ~ setzen** to put sth here; ▪**sich ~ setzen** to sit here; ***setz dich mal ~ zu mir*** come and sit [here] next to me; ▪**etw ~ stellen** to put sth here; ***stell doch bitte mal die Leiter ~ an die Wand!*** please stand the ladder here against the wall!; ▪**sich ~ stellen** to stand here; ***musste der Laster sich ~ vor meine Einfahrt stellen?*** did the lorry have to park here in front of my drive?; **bis ~** up to here; (*soweit*) so far; **bis ~ und nicht weiter** this far and no further

hierherauf *adv* up here; **bis ~** up here

hierher|kommen *vi irreg sein s.* **hierher**

hierherum *adv* ❶ (*in diese Richtung*) round [*or esp* AM around] this way ❷ (*fam: in dieser Gegend*) around here **hierhin** *adv* here; ***setz dich ruhig ~ auf den Sessel!*** you sit [right] here in the armchair!; ~ **und dorthin** here and there; **bis ~** up to here [*or* to this point]; **bis ~ und nicht weiter** up to here [*or* this far] and no further **hierhinab** *adv* down here **hierhinauf** *adv* up here **hierhinaus** *adv* ❶ (*an dieser Stelle hinaus*) out here; ***zum Garten geht es ~*** this is the way to the garden ❷ (*aus etw hinaus*) from here; ***wo ist der Ausgang? — bitte ~!*** where is the exit? — this way out! **hierhinein** *adv* ❶ (*an dieser Stelle hinein*) in here; ***wir müssen ~*** we have to go in here ❷ (*in etw hinein*) in; ***der Umschlag ist zu klein, die Unterlagen passen nicht alle ~*** the envelope is too small, the documents won't all fit in **hierhinter** *adv* behind here **hierhinunter** *adv* ❶ (*unter diesen Gegenstand*) under here ❷ (*an dieser Stelle hinunter*) *s.* **hierhinab**

hierin *adv* ❶ (*in diesem Raum, Gegenstand*) in here ❷ (*was das angeht*) in this **hiermit** *adv* ❶ (*geh: durch dieses Schriftstück*) with this; ~ **erkläre ich, dass …** I hereby declare that …; ~ **wird bescheinigt, dass …** this is to certify that … ❷ (*mit diesem Gegenstand/diesen Gegenständen*) with this/these ❸ (*mit dieser Angelegenheit*) with this/these; ***das sind unsere Vorschläge, sind Sie ~ einverstanden?*** those are our proposals, are you in agreement with them? ❹ (*somit*) with this; ~ ***möchte ich dann auch die Konferenz beenden*** I declare this conference closed *form,* now I would like to bring this conference to a close; ~ **ist die Angelegenheit abgeschlossen/erledigt** that is the end of the matter **hiernach** *adv* after this

Hieroglyphe <-, -n> [hiero'glyːfə] *f* ❶ ARCHÄOL hieroglyph ❷ *pl* (*hum: schwer entzifferbare Schrift*) hieroglyphics *pl*

Hierro *nt* Hierro; *s. a.* **Sylt**

Hiersein *nt* (*geh*) ▪**jds ~** sb's presence, being here; ***ich hatte sie ausdrücklich um ihr ~ gebeten*** I expressly asked her to be here

hierüber *adv* ❶ (*hier über diese Stelle*) over here ❷ (*genau über dieser Stelle*) above here ❸ (*geh: über diese Angelegenheit*) about this [*or form* this matter] **hierum** *adv* ❶ (*um diese Angelegenheit*) about this; ~ ***geht es mir nicht*** that's not what I'm worried about ❷ *s.* **hierherum 1** **hierunter** *adv* ❶ (*unter diesem Gegenstand*) under here ❷ (*unter diesen Gegenstand*) under here ❸ (*in diese Gruppe*) among it/them; ~ **fallen** to fall into this category **hiervon** *adv* ❶ (*von diesem Gegenstand*) of this/these; ***wenn Sie diesen Teppichboden nehmen wollen, ~ habe ich noch reichlich*** if you would like this carpet, I've still got a lot [of it] ❷ (*davon*) among them **hiervor** *adv* ❶ (*vor dieser Stelle*) in front of here ❷ (*vor diese Stelle*) in front of here ❸ *s.* **davor** **hierzu** *adv* ❶ (*dazu*) with it; ***hmm, Lachs, ~ gehört eigentlich ein trockener Weißwein!*** hmm, salmon, you should really drink dry white wine with it! ❷ (*zu dieser Kategorie*) ~ **gehören** [*o* **zählen**] to belong to [*or* in] this category; ~ **gehört** [*o* **zählt**] **…** this includes … ❸ (*zu diesem Punkt*) to this; **sich ~ äußern** to say something/anything about this; ~ ***vergleichen Sie bitte die Anmerkung auf Seite 23*** please compare this to the note on page 23 **hierzulande, hie zu Lande** *adv* here in this area, here in these parts, round here [*or esp* AM around] *fam;* (*in diesem Land*) [here] in this country

hiesig *adj attr* ❶ (*hier heimisch*) local; **~e Freunde/Verwandte** friends/relatives [who live around] here ❷ (*hier herrschend*) local

Hiesige(r) *f(m) decl wie adj* local

hieven *vt* ❶ (*hochwinden*) ▪**etw [irgendwohin] ~** to hoist sth [somewhere]; **den Anker ~** to weigh anchor; **den Anker an Deck ~** to bring the anchor on deck ❷ (*hum fam: heben*) ▪**jdn irgendwohin ~** to heave sb somewhere *fam*

Hi-Fi ['haifi] *f* TECH *kurz für* **Highfidelity** hi-fi

Hi-Fi-Anlage ['haifi] *f* stereo [*or* sound] system *no pl,* hi-fi *no pl* **Hi-Fi-Fan** *m* hi-fi fan **Hi-Fi-Qualität** *f* hi-fi quality **Hi-Fi-Ton** *m* hi-fi sound **Hi-Fi-Turm** *m* hi-fi [*or* sound] system (*placed one on top of the other to form a tower*)

Hifthorn *nt hunting horn made out of a cattle horn*

high [haɪ] *adj pred* (*sl*) ❶ (*von Drogen berauscht*) high, as high as a kite *fig,* loaded *fam,* stoned *fig sl,* on a trip *fig fam* ❷ (*euphorisch*) euphoric, ecstatic, high *fig*

High Definition Television *nt* TV, TECH high definition television

Highflyer <-s, -> [haɪ'flaɪəʳ] *m* high flyer

HighheelsRR**, High Heels** [haɪ'hiːlz] *pl* high heels, stilettos

HighlifeRR**, High Life** <-s> [haɪ'laɪf] *nt kein pl* **irgendwo/bei jdm ist** [*o* **herrscht**] ~ (*fam*) somewhere/at sb's place they are living it up *fam* [*or* making merry] [*or fam* whooping it up]; ~ **machen** (*fam*) to live it up *fam,* to make merry, to whoop it up *fam*

Highlight <-s, -s> ['haɪlaɪt] *nt* MUS (*geh: Höhepunkt*) highlight

Highlighter <-s, -> ['haɪlaɪtɐ] *m* highlighter

HighsocietyRR**, High Society** <-> ['haɪsə-'saiəti] *f kein pl* high society

HightechRR <-[s]> ['haɪ'tɛk] *nt kein pl,* **High-Tech** <-[s]> *nt kein pl* high-tech *fam*

Hightech-AusrüstungRR ['haɪ'tɛk-] *f* high-tech equipment **Hightech-Gerät**RR ['haɪ'tɛk-] *nt* high-tech device **Hightech-Komponente**RR ['haɪ'tɛk-] *f* high-tech component **Hightech-Produkt**RR ['haɪ'tɛk-] *nt* high-tech product

hihi *interj* hee hee; ~**, *reingefallen!*** hee hee, got you!

hijacken ['haidʒɛkn] *vt* (*fam*) ▪**ein Flugzeug ~** to hijack a plane

Hijacker(in) <-s, -> ['haidʒɛkɐ] *m(f)* hijacker

hilf *imper sing von* **helfen**

Hilfe <-, -n> *f* ❶ *kein pl* (*Beistand, Unterstützung*) help *no pl,* assistance *no pl;* ***lauf und hole ~!*** go and get help!; **jds Gedächtnis zu ~ kommen** to jog sb's memory; **eine ~ für das Gedächtnis sein** to jog the memory; **jdm seine ~ anbieten** to offer sb one's help; **auf jds ~ angewiesen sein** to be dependent on sb's help; **jds ~ bedürfen** (*geh*) to need sb's help; **jdn um ~ bitten** to ask sb for help [*or* assistance]; **jdm eine [wertvolle] ~ sein** to be a [great] help to sb; **jdm zu ~ kommen** to come to sb's assistance; **[jdm] ~ leisten** (*geh*) to help [*or* assist] [sb]; **etw zu ~ nehmen** to use [*or* make use of] sth; **um ~ rufen** [*o* **schreien**] to call [*or* shout] for help; **jdn zu ~ rufen** to call sb [to help]; **sich ~ suchend umsehen** to look round for help; **sich ~ suchend an jdn/etw wenden, ein ~ suchender Blick** a pleading look; **ein ~ suchender Mensch** a person seeking help, to turn to sb/sth for help; **jdm seine ~ verweigern** to refuse to help sb; **mit jds ~** with sb's help [*or* assistance]; **mit ~ einer S.** *gen* with [the help of] something; **ohne [jds] ~** without [sb's] help; **[zu] ~!** help!; ***du bist mir eine schöne ~!*** (*iron*) well, you're a great help! *iron;* **ohne fremde ~** without outside help; **erste ~** first aid; **jdm erste ~ leisten** to give sb first aid ❷ (*Zuschuss*) **finanzielle ~** financial assistance; (*für Notleidende*) relief, aid; **Entwicklungs~** development aid; **wirtschaftliche ~** economic aid ❸ (*Hilfsmittel*) aid ❹ (*Haushalts~*) help

Hilfeaufruf *m* INFORM help call **Hilfefenster** *nt* INFORM help panel **Hilfefunktion** *f* INFORM help; **kontextbezogene ~** context-sensitive help

Hilfeleistung *f* (*geh*) help, assistance; **zur ~ verpflichtet** to be obliged to help [*or* give [*or form* render] assistance]; **unterlassene ~** JUR failure to render assistance in an emergency **Hilfemodus** *m* INFORM help mode **Hilferuf** *m* cry [*or* call] [*or* shout] for help **Hilfeschaltfläche** *f* INFORM help screen **Hilfeschrei** *m s.* Hilferuf **Hilfestellung** *f* ❶ (*Unterstützung bei einer Turnübung*) ***ohne ~ springe ich nicht über das Pferd!*** I'm not jumping over that horse without help!; **jdm ~ geben** to give sb a hand ❷ (*Mensch*) sb to help; **jdm ~ geben** to help sb, to give sb a hand **Hilfesuchende(r)** *f(m) decl wie adj* sb looking for [*or* seeking] help; ***als Pfarrer bin ich stets für ~ da*** as a priest, I'm always available for those seeking help **Hilfetaste** *f* INFORM help key

hilflos I. *adj* ❶ (*auf Hilfe angewiesen*) helpless ❷ (*ratlos*) at a loss *pred;* **ein ~er Eindruck** a confused [*or* helpless] [*or* nonplussed] impression; ***ich muss gestehen, ich bin etwas ~*** I must admit I don't know what to do [*or* I'm at a loss] [*or* I'm a bit nonplussed] II. *adv* ❶ (*schutzlos*) helplessly; **jdm/etw ~ ausgeliefert sein** to be at the mercy of sb/sth ❷ (*ratlos*) helplessly, at a loss; **offensichtlich [sehr] ~** obviously at a [complete] loss

Hilflosigkeit <-> *f kein pl* ❶ (*völlige Hilfsbedürftigkeit*) helplessness ❷ (*Ratlosigkeit*) helplessness, bafflement, perplexity; ***ich muss meine ~ eingestehen*** I have to confess I'm baffled [*or* at a loss]

hilfreich *adj* ❶ (*hilfsbereit*) helpful ❷ (*nützlich*) helpful, useful; ■**es wäre ~, wenn ...** it would be a help if ...

Hilfsaktion *f* aid [*or* relief] programme [*or* AM -am] **Hilfsangebot** *nt* offer of assistance [*or* help] **Hilfsanspruch** *m* JUR alternative claim **Hilfsantrag** *m* JUR precautionary motion **Hilfsarbeiter(in)** *m(f)* (*veraltend*) labourer [*or* AM -orer]; (*in einer Fabrik*) unskilled worker; **Hilfsarbeitskräfte** unskilled labour [*or* AM -or] **Hilfsaufrechnung** *f* JUR precautionary set-off **Hilfsbeamter, -in** *m, f* JUR auxiliary official; **~ der Staatsanwaltschaft** auxiliary official of the Public Prosecutor **hilfsbedürftig** *adj* ❶ (*auf Hilfe angewiesen*) in need of help *pred* ❷ FIN (*bedürftig*) needy, in need *pred,* on one's uppers *fam pred* BRIT, to be short of cash *esp* AM **Hilfsbedürftigkeit** *f* need, neediness, hardship, privation **Hilfsbegründung** *f* JUR precautionary argument in support of the claim **Hilfsbeleuchtung** *f* auxiliary illumination **hilfsbereit** *adj* helpful; **sich ~ zeigen** to be willing to help **Hilfsbereitschaft** *f* helpfulness, willingness to help **Hilfsbetrieb** *m* JUR ancillary plant **Hilfsdatei** *f* help file **Hilfsdienst** *m* emergency service; (*bei Pannen*) breakdown [*or* AM towing] service, emergency breakdown service; (*bei Katastrophen*) relief service **Hilfsfonds** *m* aid [*or* relief] fund **Hilfsgebrauchsmuster** *nt* JUR auxiliary utility model **Hilfsgeld** *nt* relief *pl* funds [*or* aid] **Hilfsgut** *nt* [material] aid, relief supplies *pl* **Hilfskasse** *f* FIN provident [*or* relief] fund **Hilfskonto** *nt* FIN subsidiary account **Hilfskonvoi** *m* relief [*or* aid] convoy **Hilfskraft** *f* help *no pl;* ***in der Hauptsaison beschäftigen wir mehrere Hilfskräfte*** in the high season we employ several extra staff; **~ im Haus** domestic help; **wissenschaftliche ~** (*Assistent eines Hochschullehrers*) assistant [lecturer] **Hilfslieferung** *f* [delivery of] relief supplies *pl* **Hilfslinie** *f* INFORM help line **Hilfsmaßnahme** *f* aid [*or* relief] measure *usu pl* **Hilfsmitglied** *nt* assistant member **Hilfsmittel** *nt* ❶ MED [health] aid ❷ *pl* (*Geldmittel zur Unterstützung*) [financial] aid [*or* relief] **Hilfsmotor** *m* auxiliary engine [*or* motor]; **ein Fahrrad mit ~** a motor-assisted bicycle **Hilfsorganisation** *f* aid [*or* relief] organization **Hilfspaket** *nt* aid parcel **Hilfsprogramm** *nt* ❶ POL, SOZIOL relief [*or* aid] programme [*or* AM -am] ❷ INFORM utility program **Hilfsquelle** *f* resource **Hilfsrichter(in)** *m(f)* JUR assistant judge **Hilfsschöffe, -in** *m, f* JUR reserve juror, deputy lay judge **Hilfsstoffe** *pl* auxiliary materials; **Hilfs- und Betriebsstoffe** (*Verfahrensmittel*) process materials; (*Produktionsstoffe*) operating supplies **Hilfstatsache** *f* JUR accessory fact **Hilfstransport** *m* relief [*or* back-up] transport **Hilfstriebwerk** *nt* auxiliary gear **Hilfstrupp** *m* troop of helpers; MIL reserve troop **Hilfsverb** *nt* auxiliary verb **hilfsweise** *adv* JUR by an alternative method **Hilfswerk** *nt* SOZIOL relief [*or* aid] organization **hilfswillig** *adj* helpful, willing to help *pred* **Hilfswillige(r)** *f(m) decl wie adj* [willing] helper, person/people willing to help

Himalaja, Himalaja <-s> *m* Himalaya, Himalayas *npl*

Himbeere *f* ❶ (*Strauch*) raspberry [cane] ❷ (*Frucht*) raspberry

Himbeergeist *m kein pl schnapps made out of raspberries* **Himbeergelee** *nt* raspberry jelly **Himbeersaft** *m* raspberry juice **Himbeersirup** *m kein pl* KOCHK raspberry syrup *no pl* **Himbeerstrauch** *m s.* **Himbeere 1**

Himmel <-s, *poet* -> *m* ❶ (*Firmament*) sky; **der ~ klärt sich auf** the sky is brightening up; **der ~ bezieht sich** the sky [*or* it] is clouding over; **der ~ hellt** [*o* **klärt**] **sich auf** the sky is clearing up; **zwischen ~ und Erde** between the earth and sky; **unter freiem ~** under the open sky, outdoors, in the open air; **am ~ stehen** to be [up] in the sky; ***ist das der Polarstern, der da oben am ~ steht?*** is that the pole-star up there [in the sky]?; **am ~** in the sky; **bei wolkenlosem/wolkenverhangenem ~** when the sky is clear/cloudy; **bei klarem/trübem/bedecktem ~** when the sky is clear/dull/overcast; **unter italienischem/südlichem ~** under the Italian/southern skies *liter;* **die Sonne steht hoch am ~** the sun is high in the sky; **den Blick gen ~ richten** (*geh*) to raise one's eyes towards the heavens; **der ~ lacht** (*geh*) the sun is shining brightly; **der ~ öffnet seine Schleusen** (*geh*) the heavens open ❷ (*Himmelreich*) heaven; **den ~ auf Erden haben** (*geh*) to be heaven [*or* paradise] on earth for sb; **der ~ ist** [*o* **sei**] **mein Zeuge** (*veraltend*) as heaven is my witness *old;* **zum ~ auffahren** [*o* **in den ~ fahren**] to ascend into heaven; **in den ~ kommen** to go to heaven; **im ~** in heaven; **dem ~ sei Dank** (*veraltend*) thank heaven/heavens; **jdm hängt der ~ voller Geigen** (*geh*) sb is in paradise [*or* is walking on air] [*or* is [walking] on cloud nine] [*or* is over the moon] ❸ (*Baldachin*) canopy ❹ AUTO [interior] roof ▶ WENDUNGEN: **~, Arsch und Zwirn!** (*sl*) bloody hell! BRIT *sl,* Christ almighty! *vulg;* **den ~ für eine Bassgeige** [*o* **einen Dudelsack**] **ansehen** DIAL (*fam: völlig betrunken sein*) to be three sails [*or* AM sheets] to the wind; **~ und Erde** KOCHK NORDD *north German dish of fried black pudding and liver sausage, puréed potato and apple;* **~ und Hölle** hopscotch; **~ und Hölle in Bewegung setzen** (*fam*) to move heaven and earth; **~ und Menschen** DIAL hordes of people; **gerechter** [*o* **gütiger**] **~!** good heavens!; **aus heiterem ~** (*fam*) out of the blue; **[ach] du lieber ~!** (*fam*) [oh] heavens!; **im sieb[en]ten ~ sein** [*o* **sich fühlen wie im siebenten ~**] (*fam*) to be in seventh heaven; **jdn/etw in den ~ heben** (*fam*) to praise sb/sth [up] to the skies; **nicht [einfach] vom ~ fallen** to not fall out of the sky; **zum ~ schreien** sth is scandalous [*or* a scandal]; **es schreit zum ~, wie ...** it's a scandal that ...; **zum ~ stinken** (*fam*) sth stinks to high heaven; **eher stürzt der ~ ein, als dass ... ...** won't happen in a million years; ***eher stürzt der ~ ein, als dass er das täte*** he wouldn't do that in a million years; **[das] weiß der ~!** (*fam*) heaven knows!; **um ~s willen** (*fam*) for heaven's [*or* goodness'] sake; **~ [noch mal]!** (*fam*) for heaven's [*or* goodness'] sake

himmelangst *adj pred* ■**jdm ist/wird ~** sb is scared to death; (*Angst in einer bestimmten Situation*) sb is shaking in their shoes **Himmelbett** *nt* four-poster [bed] **himmelblau** *adj* sky-blue, azure [blue]; **~e Augen** blue eyes **Himmeldonnerwetter** *interj* ▶ WENDUNGEN: **~ [noch [ein]mal]!** (*sl*) for heaven's sake!, for crying out loud! *sl* **Himmelfahrt** *f* ascension into heaven; **Christi ~stag** Ascension Day; *s.a.* **Christus, Mariä** **Himmelfahrtskommando** *nt* MIL (*fam*) ❶ (*selbstmörderisches Unternehmen*) suicide [*or* kamikaze] mission [*or* operation] ❷ (*Angehörige eines ~s 1*) suicide [*or* kamikaze] squad **Himmelfahrtsnase** *f* (*hum fam*) turned-up nose **Himmelfahrtstag** *m* Ascension Day; ■**der ~** Ascension Day **Himmelherrgott** *interj* ▶ WENDUNGEN: **~ [noch [ein]mal]!** (*sl*) God in heaven!, [God] give me strength!, for crying out loud! *fam* **himmelhoch** I. *adj* sky-high, soaring *pred,* sky-scraping II. *adv* **jdm/etw ~ überlegen sein** to be far superior to sb/sth, to be a million times [*or* BRIT miles] better than sb/sth *fam* ▶ WENDUNGEN: **~ jauchzend[, zu Tode betrübt]** on top of the world [*or* over the moon][, down in the dumps]; ***ihre Stimmung schwankt zwischen ~ jauchzend und zu Tode betrübt*** her moods change from being up one minute to down the next, one minute she's as high as a kite, the next she's down in the dumps **Himmelreich** *nt kein pl* REL heaven, paradise, kingdom of God; **ins ~ kommen** [*o* **eingehen**] (*geh*) to go to heaven ▶ WENDUNGEN: **ein ~ für etw** (*fam*) ***ein ~ für einen Schluck Wasser — ich sterbe vor Durst!*** I'd give my right arm [*or* my eye teeth] [*or* anything] for a drink of water! I'm dying of thirst! **himmelschreiend** *adj* ❶ (*unerhört*) downright *attr,* appalling, monstrous; ***das ist ein ~es Unrecht!*** it's just downright wrong! ❷ (*skandalös*) scandalous, appalling; ***die hygienischen Verhältnisse in den Lagern waren ~*** the standard of hygiene in the camps was disgraceful

Himmelskörper *m* heavenly [*or* celestial] body **Himmelsrichtung** *f* direction; **die vier ~en** the four points of the compass; **aus allen ~en** from all directions [*or liter* all four corners of the earth]; **in alle ~en** in all directions; **in alle ~en senden** to send to all four corners of the earth *liter* **Himmelsschlüssel** *m o nt s.* Schlüsselblume **Himmelszelt** *nt* (*poet*) dome of the sky *liter,* firmament *liter or dated*

himmelweit I. *adj* (*fam*) enormous; **ein ~er Unterschied** a considerable [*or* world of] [*or* vast] difference II. *adv* **sich ~ unterscheiden** to be completely different, to differ greatly [*or* considerably]; **~ voneinander entfernt** far apart from one another; **~ voneinander verschieden** to be completely different

himmlisch I. *adj* ❶ *attr* (*göttlich*) heavenly, divine; ***ich nehme das als ein ~es Zeichen!*** I take that as a sign from heaven! ❷ (*herrlich*) divine, heavenly; **einfach ~** perfectly divine [*or* heavenly]; ***der Urlaub war [einfach] ~*** the holiday was just heavenly [*or* divine]; *s.a.* **Geduld, Vater** II. *adv* divinely, wonderfully; **~ munden/schmecken** to taste divine [*or* wonderful]

Himmlische(r) *f(m) decl wie adj* ■**die ~n** the gods

hin *adv* ❶ *räumlich* (*dahin*) ***die Geschäfte schließen gleich, jetzt aber noch schnell ~!*** the shops will close soon, we'll have to get there quick!; ***wie kommen wir dorthin? — mit dem Fahrrad ~ und dann mit dem Dampfer zurück*** how are we going to get there? — there by bicycle and back by steamer; ***wo der so plötzlich ~ ist?*** where's he gone [*or fam* disappeared to] all of a sudden?; **bis/nach ... ~** to [*or* as far as] ...; ***bis zu euch ~ werde ich es heute nicht schaffen*** I won't make it to you [*or* as far as your place] today; ***er hat es bis München ~ geschafft*** he made it as far as [*or* to] Munich; **~ und her laufen** to run to and fro; **nach rechts ~** to the right; **bis zu dieser Stelle ~** up to here; **über etw** *akk* **~** over sth; ***von hier aus gesehen, erstreckt sich die Wüste noch über 200 Kilometer ~*** from here, the desert stretches another 200 kilometres; **zu jdm/etw ~** to sb/sth; ***der Balkon liegt zur Straße ~*** the balcony faces the street ❷ (*einfache Fahrt*) ***eine Fahrkarte nach Bärben-Lohe! — nur ~ oder auch zurück?*** a ticket to Bärben-Lohe! — just a single or a return [ticket]; **~ und zurück** there and back, a return [ticket]; ***was kostet eine Fahrkarte nach Bad Tiefenbleichen ~ und zurück?*** what does a return [ticket] to Bad Tiefenbleichen cost? ❸ *zeitlich* (*sich hinziehend*) ***das ist lange ~*** that's a long time; ***wann fährt der Zug? um 21 Uhr 13? das sind ja noch fast zwei Stunden ~!*** when does the train leave? at 9.13? that's almost another two hours [to wait]!; ***wie lange ist es noch ~ bis zu deiner Prüfung?*** how long [*or* much longer] is it to your exam [*or* before you take your exam] ?; **über etw** *akk* **~** over sth; **über die Jahre ~** over the years; **über eine Woche ~** for a week; ***es ist fraglich, ob sie sich über diese lange Zeit ~ noch daran erinnern wird*** it's doubtful whether she will remember that after all this time; **zu jdm/etw ~** towards sb/sth; ***zum Frühjahr ~ führen die Flüsse oft Hochwasser*** the rivers are often flooded as spring approaches ❹ (*fig*) **auf jds Bitte/Vorschlag ~** at sb's request/suggestion; **auf die Gefahr ~** at the risk of; **auf jds Rat ~** on sb's advice; ***auf das Versprechen ~, die Schuld in drei Wochen zurückzuzahlen, hat sie ihm das Geld geliehen*** she agreed to lend the money when he promised to repay it within three weeks; ■ **auf etw** *akk* **~** (*mit etw als Ziel*) **auf lange Sicht/einen langen Zeitraum ~ etw planen** to make long-term plans; **jdn/etw auf etw ~ prüfen/untersuchen** to test [*or* examine] sth for sth; ***du bist immer müde? vielleicht solltest du dich mal auf Eisenmangel ~ untersuchen lassen*** you're always tired? perhaps you should have tested yourself for iron deficiency ❺ (*fam: kaputt sein*) ■ **~ sein** to have had it *fam*, to be bust *sl;* (*mechanische Geräte*) to be a write-off *fam*, to be kaputt ❻ (*sl: tot sein*) ■ **~ sein** to have kicked the bucket *fam*, to have snuffed it *fam*, to have popped one's clogs *sl* ❼ (*verloren sein*) ■ **~ sein** to be gone [*or* a thing of the past] ❽ (*fasziniert sein*) ■ **[von jdm/etw] ~ sein** to be bowled over [by sb/sth], to be taken [with sb/sth]; ■ **von jdm ~ sein** to be smitten by sb ▶ WENDUNGEN: **das H~ und Her** (*Kommen und Gehen*) to-ing and fro-ing; ***ich wollte im Wartezimmer lesen, aber bei dem ständigen H~ und Her konnte ich mich nicht konzentrieren*** I wanted to read in the waiting room but with all the constant to-ing and fro-ing I couldn't concentrate; (*der ständige Wechsel*) backwards and forwards; **nach einigem/langem H~ und Her** after some/a lot of discussion; **auf Wirkung nach außen ~ bedacht sein** to be concerned about the impression one makes; **still vor sich ~** quietly to one's self; **nicht ~ und nicht her reichen** (*fam*) to be nowhere near [*or* nothing like] enough *fam;* **nach außen ~** outwardly; **nach außen ~ ruhig wirken** to appear calm; **~ oder her** (*fam*) more or less; ***auf einen Tag ~ oder her kommt es nun auch nicht mehr an*** one day [more or less] won't make any difference; **... ~, ... her** ... or not [*or* no ...]; ***Arbeit ~, Arbeit her, irgendwann musst du auch mal an etwas anderes denken!*** work is all very well, but you've got to think about other things some of the time; **nichts wie ~** (*fam*) let's go!, what are we/you waiting for!; **~ ist ~** (*fam*) what's bust is bust; **~ und wieder** from time to time, every now and then [*or* again]; **vor sich ~ stieren** to stare [vacantly] into space; **vor sich ~ trödeln** to wander along [absentmindedly]; **bis dahin noch [lange] ~** there's some/a long time to go until then

hinab *adv* (*geh*) *s.* **hinunter**

Hinajana, Hinayana <-> *nt kein pl* REL (*Buddhismus*) Hinayana

hin|arbeiten *vi* ■ **auf etw** *akk* **~** to work [one's way] towards sth; **auf ein Examen ~** to work for an exam; **gezielt auf etw ~** to expressly work towards sth; ■ **darauf ~, dass ...** to work with the aim of ...; ***wir sollten darauf ~, dass eine Einigung doch noch möglich wird*** we should work with the aim of making an agreement possible after all

hinauf *adv* up; **[die Treppe] ~gehen** to go up[stairs]; **den Fluss ~** up the river, upstream, up [to]; **bis ~ zu etw** (*im Rang nach oben bis zu etw*) up to

hinauf|begleiten* *vt* ■ **jdn ~** to go up [to the top] with sb; **jdn die Treppe ~** to go upstairs with sb, to accompany sb upstairs; ***schaffst du es alleine die Treppe hoch, oder soll ich dich ~?*** can you manage the stairs alone, or shall I come with you?

hinauf|blicken *vi* (*geh*) to look up; **hinauf zum Himmel blicken** to look [up] at the sky; **da/dort ~** to look up there; ■ **an jdm ~** to look up at sb **hinauf|bringen** *vt irreg* ■ **jdn ~** to take sb up; ■ **[jdm] etw ~** to take sth up [to sb], to take [sb] sth up **hinauf|fahren** *irreg* **I.** *vi sein* (*nach oben fahren*) ■ **[in etw** *dat*/**mit etw] ~** to go up [in sth/by sth]; **im Auto zur Burg ~** to drive up to the castle, to go up by car; **mit dem Aufzug in den 3.Stock ~** to go up in the lift [*or* AM elevator] up to the third [*or* AM second] floor; **beim ~** during the ascent, while sb/sth is going up; ■ **irgendwo ~** to go up somewhere; ***ob der Lastwagen es schafft, auf diese Rampe hinaufzufahren?*** do you think the lorry will manage to get [*or* drive] up this ramp? **II.** *vt haben* ■ **jdn [mit etw] ~** to take sb up [in sth] **hinauf|führen** **I.** *vi* ■ **[auf etw** *akk*/**irgendwo] ~** to lead [*or* go] up [to sth/somewhere]; **auf den Berg ~** to lead [*or* go] up the mountain; **aufs Dach ~** to lead [*or* go] up onto the roof **II.** *vt* (*geh*) ■ **jdn [irgendwo] ~** to take sb [up] somewhere, to accompany sb [somewhere] *form* **hinauf|gehen** *vi irreg sein* ❶ (*nach oben gehen*) ■ **[auf etw** *akk*/**irgendwo] ~** to go up [to something/somewhere]; **die Treppe ~** to go up the stairs [*or* upstairs] ❷ (*steigen*) to go up, to increase, to rise ❸ (*hochgehen*) ■ **mit etw ~** to put sth up; **mit dem Preis ~** to put the price up, to raise the price **hinauf|klettern** *vi sein* (*nach oben klettern*) ■ **[etw** *akk*/**auf etw** *akk*/**irgendwo] ~** to climb [up] [sth/onto sth/somewhere]; **an dieser Stelle/hier ~** to climb up here **hinauf|kommen** *vi irreg sein* ❶ (*nach oben kommen*) ■ **[etw** *akk*/**in etw** *akk*/**zu jdm] ~** to come up [sth/into sth/to sb] ❷ (*es nach oben schaffen*) ■ **[etw** *akk*] **~** [to manage] to get [*or* go/come] up [sth/to sth]; **die Treppe ~** to manage [*or* get up] [*or* manage to get up] the stairs **hinauf|laufen** *vi irreg sein* (*nach oben laufen*) ■ **[etw** *akk*/**zu jdm] ~** to run up [sth/to sb] **hinauf|reichen** **I.** *vi* ❶ (*nach oben reichen*) ■ **[mit etw] [bis zu etw] ~** to reach [up] [to sth] [with sth] ❷ (*sich erstrecken*) ■ **[bis zu etw] ~** to reach [up to sth] **II.** *vt* (*geh: nach oben angeben*) ■ **jdm etw [auf etw** *akk*] **~** to hand [*or* pass] sb up sth [on sth] **hinauf|schauen** *vi* (*geh*) *s.* **hinaufsehen** **hinauf|schrauben** **I.** *vt* (*konstant steigern*) ■ **etw ~** raise, increase; **Forderungen ~** to continue to increase demands **II.** *vr* to wind upwards **hinauf|sehen** *vi irreg* ■ **[zu jdm/etw] ~** to look up [to sb/sth] **hinauf|setzen** *vt* (*erhöhen*) *s.* **heraufsetzen** **hinauf|steigen** *vi irreg sein* ■ **[etw** *akk*/**auf etw** *akk*] **~** to climb [*or* go] up [sth/onto sth] **hinauf|tragen** *vt irreg* ■ **[jdm] etw [irgendwohin] ~** to carry [*or* take] sth up [somewhere] [for sb] **hinauf|treiben** *vt irreg* ■ **jdn/etw [irgendwo] ~** to drive sb/sth up [somewhere]

hinaus **I.** *interj* (*nach draußen!*) get out **II.** *adv* ❶ (*von hier nach draußen*) out; **hier/da/dort ~ bitte!** this/that way out, please!; **da hinten/vorne ~** out the back/front way!; ***die Hintertür ist verriegelt, also geht's nur da vorne ~*** the back door is locked so we'll have to go out the front [door/way]; ***zum Ausgang die zweite Tür links ~!*** the exit is out through the second door on the left; ■ **~ sein** to have gone outside; ■ **aus etw** *dat* **~** out of sth; ***er trat aus dem Haus ~ in den Garten*** he stepped out of the house into the garden; ■ **durch [o zu] ~** out of sth; ***die Katze muss durch das/zum Fenster ~ entwischt sein*** the cat must have got out of the window; **nach hinten/vorne ~ liegen** to be [situated] at the back/front [of a house]; ***das Schlafzimmer geht nach hinten*** the bedroom is at the back; **nach hinten/vorne ~ wohnen** to live at the back/front ❷ (*fig*) ■ **über etw** *akk* **~** (*weitergehend als etw*) including sth; ■ **über etw** *akk* **~ sein** (*hinter sich haben*) to be past sth; **über ein bestimmtes Stadium ~ sein** to have got beyond a particular stage; ■ **über etw** *akk* **~ sein** (*zu weit gefahren sein*) to have gone past sth; **über etw ~ reichen** to include sth; (*sich über etw erstreckend*) extending beyond sth; **sich über etw ~ hinziehen** to extend [*or fam* drag on] beyond sth; **über das Notwendigste ~** beyond what is immediately necessary; ***er hat darüber ~ nichts Neues zu sagen*** other than that he has nothing new to say ❸ (*zeitlich*) **auf Jahre ~** for years to come; ■ **über etw ~** **über Mittag ~** till after midday; **über die Zwanzig ~** well into the/one's twenties, well over twenty; (*etw übersteigend*) more than sth, well over sth; *s. a.* **darüber**

hinaus|befördern* *vt* (*fam: nach draußen befördern*) ■ **jdn [aus etw] ~** to propel [*or* throw] [*or fam* chuck] sb out of sth/outside; ■ **jdn ~ lassen** to have sb thrown [*or fam* chucked] out **hinaus|begleiten** *vt* ■ **jdn ~** to see sb out; ***bleiben Sie ruhig sitzen, Sie brauchen mich nicht hinauszubegleiten*** [you] stay where you are [*or* in your seat], you don't have to see me [*or* I can see myself] out **hinaus|beugen** *vr, vt* ■ **sich/etw [zu etw] ~** to lean out [of sth]; ***er beugte den Kopf zum Fenster hinaus*** he stuck the head out of the window **hinaus|blicken** *vi* (*geh*) *s.* **hinaussehen** **hinaus|bringen** *vt irreg* ❶ (*nach draußen begleiten*) ■ **jdn ~** to see sb out; **jdn zur Tür ~bringen** to see sb to the door; **jdn zum Haus/zur Wohnung ~bringen** to see sb out of the house/the flat ❷ (*nach draußen bringen*) ■ **etw ~** to take sth out **hinaus|drängen** **I.** *vt haben* (*nach draußen drängen*) ■ **jdn [aus etw] ~** to push [*or* propel] sb out [of sth] **II.** *vi sein* (*nach draußen drängen*) to push [*or* force] one's way out; (*hetzen*) to champ at the bit *fig* **hinaus|dürfen** *vi irreg* ❶ (*nach draußen dürfen*) ■ **[auf etw** *akk*/**in etw** *akk*] **~** to be able/allowed to go outside [to sth/in sth] ❷ (*nach draußen gebracht werden dürfen*) ■ **etw darf [auf etw** *akk*] **~** sth can be taken/put outside **hinaus|ekeln** *vt* (*fam*) ■ **jdn [aus etw] ~** to drive sb out [of sth] **hinaus|fahren** *irreg* **I.** *vi sein* ❶ (*nach draußen fahren*) ■ **[aus etw] ~** to drive out [of sth]; ■ **beim H~** when driving out; ***beim H~ aus der Garage solltest du erst gucken, ob die Straße frei ist*** when you drive out of the garage, you should look first to see if the road is clear ❷ (*irgendwohin fahren*) ■ **[auf etw** *akk*/**zu jdm/etw] ~** to drive [out] [to sth/to sb] ❸ (*überfahren*) ■ **über etw** *akk* **~** to drive over sth **II.** *vt haben* (*nach draußen fahren*) ■ **etw [aus etw] ~** to drive sth out [of sth] **hinaus|finden** *vi irreg* ■ **[aus etw] ~** to find one's way out [of sth]; ***finden Sie alleine hinaus?*** can you find your own way out? **hinaus|fliegen** *vi irreg sein* ❶ (*nach draußen fliegen*) ■ **[aus etw] ~** to fly out [of sth] ❷ (*fam: hinausfallen*) ■ **[aus etw] ~** to fall out [of sth] ❸ (*fam: hinausgeworfen werden*) to be kicked [*or fam* chucked] out **hinaus|führen** **I.** *vi* ❶ (*nach draußen führen*) ■ **[aus etw] ~** to lead out [of sth] ❷ (*überschreiten*) ■ **über etw** *akk* **~** to go [*or* extend] beyond sth **II.** *vt* (*hinausgeleiten*) ■ **jdn [aus etw] ~** to show sb out [of sth] **hinaus|gehen** *irreg*

I. *vi sein* ① (*nach draußen gehen*) ■ **[aus etw/auf etw** *akk***]** ~ to go out [of sth]; **aus einem Gebäude** ~ to go out of [*or* leave] a building; **auf die Straße** ~ to go out to the road ② (*führen*) ■ **zu etw** ~ to lead [out] to sth ③ (*abgeschickt werden*) ■ **[zu jdm]** ~ to be sent off [to sb] ④ (*gerichtet sein*) ■ **auf** [*o* **nach**] **etw** ~ to look out on/onto sth; **nach Osten** ~ to face east ⑤ (*überschreiten*) ■ **[mit etw] [weit] über etw** *akk* ~ to go [far] beyond sth **II.** *vi impers sein* ***wo geht es auf die Straße hinaus?*** which is the way out [*or* how can I get out] to the road?; ***es geht dort hinaus!*** that's the way out! **hinaus|geleiten*** *vt* (*geh*) ■ **jdn [aus/zu etw]** ~ to show sb out [of sth/to sth] **hinaus|gucken** *vi* (*fam*) *s.* **hinaussehen hinaus|halten** *vt irreg* ■ **jdn/etw [zu etw]** ~ to hold sb/sth out [of sth]; **den Kopf zum Fenster** ~ to put [*or fam* stick] one's head out of the window **hinaus|hängen** *vt* ■ **etw [zu etw/auf etw** *akk***]** ~ to hang sth out [of/on sth] **hinaus|jagen** **I.** *vt haben* ■ **jdn/ein Tier [aus etw/zu etw/auf etw** *akk***]** ~ to chase [*or* drive] sb/an animal out [of/to sth]; ■ **jdn [aus etw]** ~ **lassen** to have sb removed [*or* chased] [*or* driven] [from sth] **II.** *vi sein* to rush [*or form* hasten] out **hinaus|katapultieren*** *vt* POL (*sl*) ■ **jdn [aus etw]** ~ to catapult [*or* eject] sb [out of sth] **hinaus|klettern** *vi sein* ■ **[aus etw]** ~ to climb out [of sth] **hinaus|kommen** *vi irreg sein* ① (*nach draußen kommen*) to get out/outside; ■ **[zu jdm]** ~ to come out [to sb] ② (*gelangen*) ■ **über etw** *akk* ~ to get beyond sth ③ (*gleichbedeutend mit etw sein*) ■ **etw kommt auf etw** *akk* **hinaus** sth amounts to sth; ***das kommt auf dasselbe hinaus*** it's all the same **hinaus|komplimentieren*** *vt* ■ **jdn [aus etw]** ~ to bow sb out [of sth], to usher out sb *sep* **hinaus|lassen** *vt irreg* ■ **jdn/ein Tier [aus etw]** ~ to let sb/an animal out [of sth] **hinaus|laufen** *vi irreg sein* ① (*nach draußen laufen*) ■ **[durch etw/auf etw** *akk***]** ~ to run out [of/to sth]; ***hiergeblieben, lauf mir ja nicht auf die Straße hinaus!*** stay here, don't run out onto the road! ② (*gleichbedeutend mit etw sein*) ■ **auf etw** *akk* ~ to be [*or* mean] the same as sth, to amount [*or* come to] to the same thing; ***auf was soll das ~?*** what's that supposed to mean?; **auf dasselbe/aufs Gleiche** ~ to be [*or* mean] the same, to come to the same thing, to amount to; ■ **darauf ~, etw zu tun** to lead to sth being done **hinaus|lehnen** *vr* ■ **sich [aus etw]** ~ to lean out [of sth] **hinaus|posaunen*** *vt* (*fam*) *s.* **ausposaunen hinaus|ragen** *vi sein* ① (*nach oben ragen*) to rise; ■ **über etw** *akk* ~ to tower over sth ② (*nach außen ragen*) ■ **[auf etw** *akk***]** ~ to jut [*or fam* stick] out [onto sth] ③ (*überragen*) ■ **über jdn/etw** ~ to stand out over sb/sth; **über ein Zeitalter** ~ to stand out in a time **hinaus|reichen** **I.** *vt* (*geh*) ■ **[jdm] etw [durch etw/zu etw]** ~ to pass [*or* hand] out sth *sep* [to sb] [through sth], to pass [*or* hand] [sb] out sth [through sth]; **etw durch das Fenster** ~ to pass [*or* hand] hand sth out of [*or* through] the window **II.** *vi* ① (*bis nach draußen reichen*) to reach; ■ **bis zu etw** ~ to reach [*or* stretch] [as far as] sth ② (*weiterhin reichen*) ■ **über etw** *akk* ~ to be more than sth; ***der Betrag reicht weit über das hinaus, was ich kalkuliert hatte*** the amount is a lot more than what I had calculated; **über einen bestimmten Zeitraum** ~ to last beyond a particular period of time **hinaus|rennen** *vi irreg sein* (*fam*) to run [*or* rush] out **hinaus|schaffen** *vt* (*hinausbringen*) ■ **jdn/etw [aus etw/auf etw** *akk***]** ~ to take sb/sth out [of sth]; **eine lästige Person** ~ to get a troublesome person out **hinaus|schauen** *vi* (*geh*) *s.* **hinaussehen hinaus|schicken** *vt* (*nach draußen schicken*) ■ **jdn [aus etw/auf etw** *akk***/in etw** *akk***]** ~ to send sb out [of/to/into sth] **hinaus|schieben** *vt irreg* ① (*nach draußen schieben*) ■ **etw [aus etw/auf etw** *akk***]** ~ to push sth out [of/into/onto sth] ② (*hinausdrängen*) ■ **jdn [zu etw/auf etw** *akk***]** ~ to push [*or* force] sb out [of/into/onto sth] ③ (*auf später verschieben*) ■ **etw [bis irgendwann]** ~ to postpone sth [*or* put sth off] [until some time] **hinaus|schießen** *vi irreg sein* ① (*nach draußen schießen*) ■ **[aus etw]** ~ to fire [from sth] ② (*fam: hinausjagen*) ■ **[aus etw/auf etw** *akk***]** ~ to shoot out [of/onto/into sth]; *s. a.* **Ziel hinaus|schmeißen** *vt irreg* (*fam*) ■ **jdn/etw [aus etw/auf etw** *akk***]** ~ to throw [*or fam* chuck] sb/sth out [of/into/onto sth]

Hinausschmiss[RR] <-sses, -sse> *m s.* **Rausschmiss**[RR]

hinaus|schmuggeln *vt* ■ **jdn/etw [aus etw]** ~ to smuggle sb/sth out [of sth] **hinaus|schreien** *irreg* **I.** *vi* ■ **[zu etw]** ~ to scream [out of sth] **II.** *vt* (*geh: schreiend kundtun*) ■ **etw** ~ to cry out *form* **hinaus|schwimmen** *vi irreg sein* ■ **[zu etw]** ~ to swim out [to sth] **hinaus|sehen** *vi irreg* ■ **[zu etw/auf etw** *akk***/in etw** *akk***]** ~ to look [*or* take a look] out [of/at sth] **hinaus|setzen** **I.** *vt* ① (*nach draußen setzen*) ■ **jdn/etw** ~ to put sb/sth out ② (*hinauswerfen*) ■ **jdn** ~ to throw [*or fam* chuck] sb out **II.** *vr* (*sich nach draußen setzen*) ■ **sich [auf etw** *akk***/in etw** *akk***]** ~ to sit outside [on/in sth] **hinaus|stehlen** *vr irreg* (*geh*) ■ **sich** *akk* **[auf etw** *akk***/in etw** *akk***]** ~ to slip [*or liter* steal] [*or pej* sneak] out [to/in sth] **hinaus|steigen** *vi irreg sein* (*nach draußen steigen*) ■ **[durch/zu etw]** ~ to get out [through sth] **hinaus|stellen** *vt* ■ **[jdm/einem Tier] etw** ~ **[auf etw** *akk***]** to put out sth *sep* [in/on sth] [for sb/an animal] **hinaus|strecken** *vt* ■ **etw [aus/zu etw]** ~ to stretch out sth *sep* [out of sth], to stick sth out [of sth] *fam;* **den Kopf** ~ to put [*or fam* stretch] one's head out **hinaus|stürmen** *vi sein* ■ **[aus/zu/auf etw** *akk***]** ~ to rush out [of/to sth]; **zur Tür** ~ to rush out of the door; **in Wut** ~ to storm out **hinaus|stürzen** **I.** *vi sein* ① (*geh: hinausfallen*) to fall out; **zum Fenster** ~ to fall out of the window ② (*kopflos hinauseilen*) ■ **[aus/zu etw** *dat***/auf etw** *akk***/in etw** *akk***]** ~ to rush [*or* dash] out [of/to/into sth]; **zur Tür** ~ to rush [*or* dash] out of the door **II.** *vr haben* **sich zum Fenster** ~ to throw oneself out of the window **hinaus|tragen** *vt irreg* ① (*nach draußen tragen*) ■ **jdn/etw [aus/zu etw** *dat***/auf etw** *akk***]** ~ to carry sb/sth out [of/to sth]; **jdn/etw zur Tür** ~ to carry sb/sth out of the door ② (*geh: nach außen verbreiten*) ■ **etw** ~ to broadcast sth ③ (*weiter tragen, treiben*) ■ **jdn/etw über etw** ~ to carry sb/sth beyond sth; ***der Wagen wurde nach einer Rechtskurve über die Straßenmitte hinausgetragen*** after the right hand bend, the car was carried across the middle of the road **hinaus|treiben** *vt irreg* ① (*nach draußen treiben*) ■ **jdn/ein Tier [aus etw]** ~ to drive sb/an animal out [of sth] ② (*vom Ufer weg treiben*) ***das Kanu wurde langsam hinausgetrieben*** the canoe drifted gently away **hinaus|treten** **I.** *vi irreg sein* (*geh: nach draußen treten*) ■ **[aus/zu etw** *dat***/auf etw** *akk***/in etw** *akk***]** ~ to go out [of/into/onto/to sth]; **auf den Hof/in den Garten** ~ to go out into the yard [*or* garden]; **aus/zur Tür** ~ to go out of the door **II.** *vt* **einen Ball** ~ to kick a ball into touch **hinaus|wachsen** [ks] *vi irreg sein* ① (*durch Leistung übertreffen*) ■ **über jdn** ~ to surpass [*or* outstrip] [*or* outshine] sb ② (*überwinden*) ■ **über etw** *akk* ~ to rise above sth **hinaus|wagen** *vr* ■ **sich** *akk* **[aus/zu etw** *dat***/auf etw** *akk***/in etw** *akk***]** ~ to venture out[side] [of/to/into sth]; **sich auf den Hof/in den Garten** ~ to venture out into the garden; **sich auf die Straße** ~ to venture out onto the street/road; **sich aus der/zur Tür** ~ to venture out of the door; **sich aus einem Versteck** ~ to venture out of a hiding place; **sich in die Kälte** ~ to venture out into the cold **hinaus|werfen** *vt irreg* ① (*nach draußen werfen*) ■ **etw [aus etw** *dat***/auf etw** *akk***]** ~ to throw [*or fam* chuck] sth out [of/onto/into sth]; **zur Tür** ~ to throw sth out of the door ② (*fam: fristlos kündigen*) ■ **jdn [aus etw]** ~ to throw [*or fam* chuck] sb out [of sth]; (*entlassen*) to throw [*or fam* chuck] sb out [of sth], to sack sb [from sth] ► WENDUNGEN: **Geld zum Fenster** ~ to throw [*or* chuck] money out of the window [*or* down the drain] **hinaus|wollen** *vi* ① (*nach draußen wollen*) ■ **[aus etw** *dat***/auf etw** *akk***/in etw** *akk***/zu jdm]** ~ to want to go out [of/to sth]; **auf den Hof/in den Garten** ~ to want to go out into the yard/garden; **auf die Straße** ~ to want to go out to the street/road; **aus der/zur Tür** ~ to want to go out of the door; *s. a.* **hoch** ② (*etw anstreben*) ■ **[mit etw** *dat***] auf etw** *akk* ~ to get [*or* drive] at sth [with sth]; ***Sie haben recht, genau auf diesen Punkt wollte ich ja hinaus*** you're right, that's just what I was getting [*or* driving] at **hinaus|ziehen** *irreg* **I.** *vt haben* ① (*nach draußen ziehen*) ■ **jdn/ein Tier/etw [aus etw]** ~ to drag [*or* pull] sb/an animal out [of sth]; **jdn am Rockärmel** ~ to pull sb outside by their sleeve; **jdn sanft** ~ to draw sb outside; **ein Tier/ein Kind mit Gewalt** ~ to haul an animal/a child outside ② (*mit sich fort ziehen*) ■ **jdn [auf etw** *akk***]** ~ to carry sb out [to sth] **II.** *vi sein* ① (*nach draußen abziehen*) to get out; ***öffne die Fenster, damit der Rauch ~ kann!*** open the window so we can get rid of this smoke! ② (*nach außerhalb ziehen*) ■ **[auf etw** *akk***/in etw** *akk***]** ~ to go off [to/into sth]; **in die weite Welt** ~ to go out into the wide world; ***wir werden [aufs Land]*** ~ we will be moving out [to live in the country] **III.** *vr haben* (*sich verzögern*) ■ **sich** ~ to be delayed **IV.** *vt impers haben* ■ **es zieht jdn hinaus [in etw** *akk***]** sb feels an urge [*or* sb is driven] to go out [in sth]; ***bei dem schönen Wetter zog es sie förmlich hinaus*** the beautiful weather awakened a great urge [*or* desire] in her to go out, the beautiful weather positively drove her outside **hinaus|zögern** **I.** *vt* (*durch Verzögern hinausschieben*) ■ **etw** ~ to put off sth *sep,* to delay **II.** *vr* (*sich durch Verzögerung verschieben*) ■ **sich** ~ to be delayed

Hinauszögerung <-, -en> *f* delay

hin|bekommen* *vt irreg s.* **hinkriegen hin|bestellen*** *vt* ■ **jdn [irgendwo]** ~ to tell sb to go/be somewhere **hin|biegen** *vt irreg* (*fam*) ① (*bereinigen*) ■ **etw** ~ to sort out sth *sep;* **ein Problem** ~ to iron out a problem ② (*pej: drehen*) ■ **es so ~, dass ...** to manage [*or* BRIT *fam* wangle] [*or fam* work] it [*or* things] so that ... ③ (*entsprechend beeinflussen*) ■ **jdn** ~ to lick [*or* knock] sb into shape *fam* **hin|blättern** *vt* (*fam: hinzahlen*) ■ **etw** ~ to pay out sth; (*viel Geld bezahlen*) to shell [*or* fork] out sth *fam,* to stump up sth BRIT *fam*

Hinblick *m* ① (*angesichts*) **im** [*o* **in**] ~ **auf etw** *akk* in view of [*or* considering] sth ② (*in Bezug auf*) with regard to; **im ~ darauf, dass ...** in view of the fact that ...

hin|breiten *vt* (*geh*) ■ **etw [vor jdn]** ~ to spread out sth [in front of sth], to display sth [to sb] **hin|bringen** *vt irreg* ① (*bringen*) ■ **[jdm] etw** ~ to bring/take sth [to sb]; ■ **etw zu jdm ~ lassen** to have sth brought/delivered to sb ② (*begleiten*) ■ **jdn** ~ to take sb **hin|denken** *vi irreg* **wo denkst du/wo denken Sie hin!** what an idea!, what are you talking about?

hinderlich **I.** *adj* (*geh*) ① (*behindernd*) cumbersome; ■ **[bei etw]** ~ **sein** to be a hindrance [*or* a nuisance] [with sth/in doing sth], to get in sb's/the way [when doing sth]; ***die Stiefel sind beim schnellen Gehen doch zu ~!*** I can't walk fast in these boots! ② (*ein Hindernis darstellend*) ■ **jdm/für etw ~ sein** to be an obstacle for sb/sth **II.** *adv* (*geh: als Hinderungsgrund*) as an obstacle; **sich ~ auswirken** to prove to be an obstacle

hindern *vt* ① (*von etw abhalten*) ■ **jdn [an etw** *dat***/etw zu tun]** ~ to stop [*or* prevent] [*or* hinder] sb [from doing sth]; ***machen Sie, was Sie wollen, ich kann Sie nicht*** ~ do what you want, I can't stop you ② (*stören*) ■ **jdn [bei etw]** ~ to be a hindrance to sb [in sth/when sb is doing sth], to hamper [*or* hinder] sb [in sth/when sb is doing sth]

Hindernis <-ses, -se> *nt* ① (*Hemmnis*) obstacle, hindrance, stumbling block [*or* stone] *fig;* **ein ~ für etw** an obstacle [*or* a hindrance] to sth; **jdm ~se in den Weg legen** to put obstacles in sb's way; **gesetzliches** ~ legal impediment ② (*behindernder Gegenstand*) obstacle ③ SPORT (*Barriere beim Hindernislauf*) obstacle, jump; (*bei Leichtathletik*) hurdle; (*bei Jagdrennen*) fence; (*bei Hürdenrennen*) hurdle

Hindernislauf *m* hurdle race **Hindernisläu-**

fer(in) *m(f)* steeplechaser **Hindernisrennen** *nt* (*Jagdrennen*) steeplechase; (*Hürdenrennen*) hurdle [race]

Hinderung *f* JUR estoppel

Hinderungsgrund *m* ❶ (*allgemeiner Grund*) reason [why sth cannot happen] ❷ JUR impediment, objection; **gesetzlicher ~** statutory bar

hin|deuten *vi* (*vermuten lassen*) ■ **auf etw** *akk* ~ to suggest [*or* point to] sth; ■ **darauf ~, dass** to point to [*or* suggest] sth, to point to the fact [*or* suggest] that, to be suggestive of sth; ***alles deutet darauf hin, dass es zu einer baldigen Einigung kommen wird*** actually everything points to [*or* suggests] a speedy agreement

Hindi <-> *nt kein pl* LING Hindi; **auf ~** in Hindi

Hindin <-, -nen> *f* (*liter*) hind

hin|drehen I. *vt* (*fam: ausbügeln*) ■ **etw** ~ to sort out sth *sep*, to manipulate sth, to manage sth; ***wie hat sie das bloß wieder hingedreht?*** how on earth did she manage that? II. *vr* ■ **sich [zu jdm/etw]** ~ to turn [to sb/sth]

Hindu <-[s], -[s]> *m* Hindu

Hindugöttin *f* Hindu goddess

Hinduismus <-> *m kein pl* Hinduism *no art*

hinduistisch I. *adj* Hindu II. *adv* **ein Kind ~ erziehen** to bring a child up as a Hindu

Hindukalender *m* Hindu calendar **Hindumythologie** *f* ■ **die ~** Hindu mythology

hindurch *adv* ❶ *räumlich* (*ganz durch*) through; **durch etw ~** through sth; **durch ein Moor ~** across a moor; *s. a.* **mitten, quer** ❷ *zeitlich* ■ **etw ~** through [*or* throughout] sth; **all die langen Jahre ~** through [*or* throughout] all those long years; **das ganze Jahr ~** throughout the year; **Monate ~** for months; **die ganze/halbe Nacht ~** the whole night [*or* all night long]/half the night; **den ganzen Tag ~** the whole day [through], all day long; **die ganze Zeit ~** all the [*or* the whole] time

hindurch|gehen *vi irreg sein* ❶ (*durchschreiten*) ■ **irgendwo/durch etw** *akk*/**unter etw** *dat* ~ to go [*or* walk] [*or* get] through/under sth somewhere; ***ohne Sonderausweis dürfen Sie durch diesen Eingang nicht ~*** you are not allowed to go through [*or* use] this entrance without a special permit ❷ (*durchdringen*) ■ **durch jdn/etw ~** to go [*or* pass] through sb/sth ❸ (*durch etw passen*) ■ **[durch etw]** ~ to go through [sth]

hin|dürfen *vi irreg* ■ **irgendwo/zu jdm ~** to be able [*or* allowed] to go somewhere/to sb; ***morgen ist Kirmes, dürfen wir [auch] hin?*** it's the fair tomorrow, can [*or* are we allowed to] [*or form* may] we go? **hin|eilen** *vi sein* (*geh*) ❶ (*irgendwohin eilen*) ■ **[zu jdm]** ~ to hurry [*or* rush] somewhere [to sb]; ***ich bin sofort hingeeilt*** I hurried over there at once ❷ *s.* **dahineilen**

hinein *adv* ■ **irgendwo/in etw** *akk* ~ in somewhere/in sth; ***wo geht's entlang? — da/dort/drüben/hier ~, bitte!*** which way? — that way/over there/this way, please!; **~ mit dir!** (*fam*) in/into [somewhere] with you!; **nur ~!** (*fam*) come on in! *fam*; *s. a.* **bis II**

hinein|begeben* *vr irreg* (*geh: sich in etw begeben*) ■ **sich ~** to go [on] in [*or* inside]; ■ **sich** *akk* **in etw** *akk* ~ to go [on] into [*or* enter] sth **hinein|bekommen*** *vt irreg* (*fam*) ■ **etw [in etw** *akk*] ~ to get sth in, to get sth into sth **hinein|blicken** *vi* (*geh*) to look in; ■ **durch etw** *akk*/**in etw** *akk* ~ to look through sth/in/into sth, to have [*or* take] a look through sth/at sth; ***da sie keine Vorhänge haben, kann jeder in ihr Wohnzimmer ~*** since they haven't got any curtains, everyone can look [*or* see] into their living room; **in etw kurz ~** to have [*or* take] a quick look [*or* to glance] at sth **hinein|bringen** *vt irreg* ❶ (*hineintragen*) ■ **[jdm] etw [in etw** *akk*] ~ to bring/take sth in *sep* [sth] [to sb] ❷ *s.* **hineinbekommen hinein|bugsieren*** *vt* (*fam*) ■ **etw [in etw** *akk*] ~ to manoeuvre [*or* AM maneuver] sth [in/into sth] **hinein|denken** *vr irreg* ■ **sich in jdn ~** to put oneself in sb's position, to try to understand sb/sb's position; ■ **sich in etw ~** to think one's way into sth **hinein|deuten** *vt* ■ **etw** in etw *akk* ~ to look for sth in sth, to read sth into sth; **allzu viel in etw ~** to read too much into sth

hinein|drängen I. *vt haben* (*in etw drängen*) ■ **jdn [in etw** *akk*] ~ to push [*or fam* shove] sb [into sth] II. *vi sein* ■ **[in etw** *akk*] ~ to push one's way in[to sth] III. *vr haben* ■ **sich [irgendwo]** ~ to push one's way in [somewhere]; (*sich in eine Menschenschlange drängen*) to push in **hinein|fallen** *vi irreg sein* ■ **[in etw** *akk*] ~ to fall in[to sth] **hinein|finden** *irreg* I. *vi* ■ **[in etw** *akk*] ~ to find one's way [in] [into sth]; ***danke, ich finde alleine/selbst hinein!*** thanks, I can find my own way [in]! II. *vr* ❶ (*sich mit etw vertraut machen*) ■ **sich [in etw** *akk*] ~ to familiarize oneself [with sth]; ■ **sich** *akk* **in etw** *akk* ~ to make oneself familiar [*or* to get to grips] with sth; (*mit einer neuen Situation*) to get used to sth ❷ (*sich mit etw abfinden*) ■ **sich** *akk* **in etw** *akk* ~ to get used [*or* to become reconciled] to [*or* to come to terms with] sth **hinein|fressen** I. *vt irreg* ❶ (*fam: verschlingen*) ■ **etw in sich** *akk* ~ to gobble sth [up [*or* down]], to devour [*or* BRIT bolt] sth, to wolf sth down, to guzzle [*or* scoff] sth *fam* ❷ (*unterdrücken*) ■ **etw in sich** *akk* ~ to bottle up *sep* [*or* suppress] [*or* stifle] sth II. *vr* ■ **sich in etw ~** ***die Motten haben sich in den Pullover hineingefressen*** moths have eaten their way into the pullover **hinein|gehen** *vi irreg sein* ❶ (*etw betreten*) ■ **[in etw** *akk*] ~ to go in[to sth], to enter [sth]; ***geht bitte schon hinein, ich komme gleich nach*** please go on in, I'll follow in a minute ❷ (*fam: hineinpassen*) ■ **in etw** *akk* ~ to fit into sth; ***wie viel Leute gehen in den Bus hinein?*** how many people does the bus hold? **hinein|geraten*** *vi irreg sein* ■ **[in etw** *akk*] ~ to be drawn in[to sth]; **in eine Demonstration/Schlägerei/Unannehmlichkeit ~** to get into [*or* to find oneself in] a demonstration/a fight/difficulties **hinein|gießen** *vt irreg* ❶ (*in etw gießen*) ■ **etw [in etw** *akk*] ~ to pour sth [into sth]; **etw in den Abguss ~** to pour sth down the drain ❷ (*sl: sich mit etw abfüllen*) ■ **etw in sich** *akk* ~ to pour sth down one's throat, to gulp sth down **hinein|greifen** *vi irreg* ■ **[in etw** *akk*] ~ to put one's hand in[to sth] **hinein|gucken** *vi* (*fam*) *s.* **hineinsehen hinein|halten** *irreg* I. *vt* (*in etw halten*) ■ **etw [in etw** *akk*] ~ to put sth in[to sth]; ***sie hielt ihre Hand in das Badewasser, um zu fühlen, ob es richtig temperiert war*** she tested the temperature of the bathwater with her hand II. *vi* (*fam: in etw feuern*) ■ **[mit etw** *dat*] **in etw** *akk* ~ to fire into sth [with sth]; **mitten in die Menge ~** to fire into the crowd **hinein|interpretieren*** *vt* ■ **etw in etw** *akk* ~ to read sth into sth **hinein|klettern** *vi sein* (*in etw klettern*) ■ **[durch etw** *akk*] **[in etw** *akk*] ~ to climb [*or* get] in[to sth] [through sth] **hinein|knien** *vr* (*fam*) ■ **sich** *akk* **[in etw** *akk*] ~ to get stuck in[to sth], to get on [*or* BRIT *fig fam!* one's finger out] [with sth] **hinein|kommen** *vi irreg sein* ❶ (*hineingelangen können*) ■ **[in etw** *akk*/**auf etw** *akk*] ~ to get in[to sth] ❷ (*fam: in etw gehören*) ■ **irgendwo/in etw** *akk* ~ to go [*or* belong] in sth/somewhere; ***die Briefe kommen hier hinein*** the letters go in [*or* belong] here **hinein|komplimentieren*** *vt* (*höflich hineinbitten*) ■ **jdn [in etw** *akk*] ~ to welcome sb in[to sth] **hinein|kriegen** *vt* (*fam*) *s.* **hineinbekommen hinein|lachen** *vi* ■ **in sich** *akk* ~ to laugh to oneself **hinein|lassen** *vt irreg* ■ **jdn/ein Tier [in etw** *akk*] ~ to let sb/an animal in[to sth]; ***die Wachen werden Sie nicht ins Labor ~*** the guards won't allow [*or* let] you into the laboratory **hinein|laufen** *vi irreg sein* ❶ (*in etw laufen*) ■ **[in etw** *akk*] ~ to run/walk in[to sth]; **in etw genau ~** to run/walk straight into sth ❷ (*hineinfließen*) **etw in sich** *akk* **~ lassen** (*sl*) to knock back sth; **Bier in sich ~ lassen** to swill beer **hinein|legen** I. *vt* ❶ (*in etw legen*) ■ **etw [in etw** *akk*] ~ to put sth in[to sth/sth]; **etw wieder ~** to put sth back ❷ (*investieren*) ■ **etw in etw** *akk* ~ to put sth in[to sth] ❸ (*hineindeuten*) ■ **etw in etw** *akk* ~ to read sth into sth II. *vr* (*sich in etw legen*) ■ **sich** *akk* **[in etw** *akk*] ~ to lie down [in sth] **hinein|manövrieren*** *vt* ❶ (*in etw manövrieren*) ■ **etw [in etw** *akk*] ~ to manoeuvre [*or* AM maneuver] sth in[to sth] ❷ (*durch Ungeschicktheit bringen*) ■ **jdn/sich in etw** *akk* ~ to put sb/oneself in sth [*or* manage to get] **hinein|passen** *vi* ❶ (*in etw passen*) ■ **[in etw** *akk*] ~ to fit in[to sth], sth fits sb; **mit den Füßen in Schuhe ~** to get one's feet into shoes, shoes fit [sb] ❷ (*harmonieren*) ■ **irgendwo/in etw** *akk* ~ to fit in somewhere/with sth **hinein|pfuschen** *vi* (*fam*) ■ **jdm [in etw** *akk*] ~ to meddle [*or* interfere] with sb's sth, to poke [*or* stick] one's nose in sb's sth *fam* **hinein|platzen** *vi sein* (*fam*) ■ **[in etw** *akk*] ~ to burst in [on sth] **hinein|pressen** *vt* ■ **etw [in etw** *akk*] ~ to force sth in[to sth/sth] **hinein|pumpen** *vt* ■ **etw [in etw** *akk*] ~ to pump sth in[to sth/sth] **hinein|ragen** *vi sein* ❶ (*in etw ragen*) ■ **in etw** *akk* ~ to rise up into sth, to project ❷ (*sich in etw strecken*) to stick out into sth **hinein|reden** I. *vi* (*dreinreden*) ■ **jdm [in etw** *akk*] ~ to tell sb what to do [about sth], to interfere in sth II. *vr* (*sich durch Reden in etw versetzen*) **sich in Wut ~** to talk oneself [*or* work oneself up] into [a state of] fury

hinein|regnen *vi impers* ■ **es regnet [durch etw** *akk*/**in etw** *akk*] **hinein** the rain gets in [sth/through sth] **hinein|reichen** I. *vt* ■ **[jdm] etw [zu etw** *dat*/**durch etw** *akk*/**in etw** *akk*] ~ to pass [sb] sth [through sth/into/in sth]; **etw zum Fenster ~** to pass sth through the window II. *vi* ❶ (*lang genug ausreichen*) ■ **[bis] in etw** *akk* ~ to last [until] through sth; **bis in den Januar ~** to last into January ❷ (*sich bis hinein erstrecken*) ■ **[irgendwo/bis in etw** *akk*] ~ to extend [*or* reach] [somewhere/into sth] **hinein|reißen** *vt irreg* (*fam*) ■ **jdn [in etw** *akk*] ~ to drag sb in[to sth] **hinein|reiten** *irreg* I. *vi sein* ■ **[in etw** *akk*] ~ to ride in[to sth] II. *vt haben* (*fam*) ■ **jdn [in etw** *akk*] ~ to drag sb in[to sth] **hinein|rennen** *vi irreg sein* (*fam*) *s.* **hineinlaufen**

hinein|riechen *vi irreg* (*fam: Einblick gewinnen*) ■ **in etw ~** to get a taste of sth **hinein|schaffen** *vt* ■ **jdn/etw [in etw** *akk*] ~ to get sb/sth in[to sth]; ***schaffen Sie den Verletzten hier hinein!*** bring the injured man in here! **hinein|schauen** *vi* ❶ (*fam: kurz zu Besuch kommen*) ■ **[bei jdm]** ~ to look [*or* drop] in [on sb] ❷ DIAL (*hineinsehen*) to look into **hinein|schlagen** *vt irreg* ■ **etw [in etw** *akk*] ~ to knock [*or* drive] sth in[to sth] **hinein|schleichen** *vi, vr irreg vi: sein* ■ **[sich** *akk*] **[in etw** *akk*] ~ to creep [*or* steal] [*or fam* sneak] in[to sth] **hinein|schlingen** *vt irreg* (*in sich schlingen*) ■ **etw in sich** *akk* ~ to devour sth, to scoff sth down, to gobble sth [up [*or* down]] *fam* **hinein|schlittern** *vi sein* (*fam*) ❶ (*unversehens hineingeraten*) ■ **in etw** *akk* ~ to get [oneself] into sth; **in die Arbeitslosigkeit ~** to become [*or* find oneself] unemployed, to have one's job disappear ❷ (*schlitternd in etw gleiten*) ■ **in etw** *akk* ~ to slide [*or* slither] into sth **hinein|schlüpfen** *vi sein* ❶ (*sich rasch anziehen*) ■ **[in etw** *akk*] ~ to slip sth on, to slip into sth ❷ (*in etw schlüpfen*) ■ **[durch etw** *akk*/**in etw** *akk*] ~ to slip in[to sth/through sth]; **ins Loch/in den Bau ~** to disappear into the hole/warren **hinein|schmuggeln** I. *vt* (*in etw schmuggeln*) ■ **etw [in etw** *akk*] ~ to smuggle sth in[to sth] II. *vr* (*sich in etw schmuggeln*) ■ **sich** *akk* **[in etw** *akk*] ~ to worm one's way in[to sth], to infiltrate sth **hinein|schreiben** *vt irreg* ■ **[jdm] etw [in etw** *akk*] ~ to write sth [in sth] [for sb] **hinein|schütten** *vt* (*in etw schütten*) ■ **etw [in etw** *akk*] ~ to pour sth in[to sth] **hinein|sehen** *vi irreg* ■ **[in etw** *akk*] ~ to look in[to sth]; **in einen Garten/in ein Zimmer ~ können** to be able to look [*or* see] into a garden/a room **hinein|setzen** I. *vt* (*in etw setzen*) ■ **jdn [in etw** *akk*] ~ to put sb in[to sth/sth] II. *vr* (*sich in etw setzen*) ■ **sich** *akk* **[in etw** *akk*] ~ to sit down [in sth]; **sich in ein Fahrzeug ~** to get in/into a vehicle **hinein|spazieren*** *vi sein* (*fam*) ■ **[in etw** *akk*] ~ to walk in[to sth/sth]; **nur hineinspaziert!** just go [on] in! **hinein|spielen** I. *vi* (*bei etw zur Geltung kommen*) ■ **irgendwo/in etw** *akk* **[mit]** ~ to play a role [somewhere/in sth]; **etw spielt in etw hinein** sth is a contributory factor in sth; ***es spielen noch***

andere Aspekte in diese Entscheidung hinein other factors have also contributed to this decision **II.** *vt* SPORT ■**etw [in etw** *akk*] ~ **den Ball in den Strafraum** ~ to play the ball into the area **hinein|stecken** *vt* ❶ (*in etw stecken*) ■**etw [zu etw** *dat*/**durch etw** *akk*/**in etw** *akk*] ~ to put sth in[to sth/through sth/sth]; **eine CD/Videokassette** ~ to put on a CD/a video; **einen Füller in die Verschlusskappe** ~ to put the cap back on a [fountain] pen; **eine Injektionsnadel [durch etw/in etw]** ~ to stick a needle/an injection needle in[to sth/sth/through sth]; **den Kopf [zum Fenster]** ~ to stick [*or* put] one's head in the window; **ein Glied ins Wasser** ~ to stick [*or* put] a limb in[to] the water ❷ (*in etw investieren*) ■**etw [in etw** *akk*] ~ to put sth in[to sth/in sth] **hinein|steigern** *vr* ■**sich** *akk* **in etw** *akk* ~ to get into sth, to allow oneself to be overwhelmed by sth; **sich in Wut/Hysterie** ~ to work oneself [up] into a rage [*or* state of rage]/ into a state of hysteria **hinein|stopfen** *vt* ❶ (*in etw stopfen*) ■**etw [in etw** *akk*] ~ to stuff sth in[to sth/sth] ❷ (*in sich stopfen*) ■**etw in sich** *akk* ~ to stuff sth down, to gobble sth down [*or* up] **hinein|stoßen** **I.** *vt irreg* ❶ (*in etw stoßen*) ■**jdn [in etw** *akk*] ~ to push [*or fam* shove] sb in[to sth/sth] ❷ (*in etw schieben*) ■**etw [in etw** *akk*] ~ to put sth in[to sth]; **ein Messer in jds Leib** ~ to stab sb [with a knife]; **eine Waffe in die Scheide** ~ to sheath a weapon **II.** *vi sein* **in eine Lücke** ~ to steer smartly into a space; **in ein Gebiet** ~ to penetrate a region **hinein|strömen** *vi sein* ■**[durch etw** *akk*/**in etw** *akk*] ~ to pour in[to sth/sth/through sth] **hinein|stürzen** **I.** *vi sein* ❶ (*unversehens hineinfallen*) ■**[in etw** *akk*] ~ to fall in[to sth/sth] ❷ (*nach dort drin eilen*) to rush in[to sth/sth]; **in ein Zimmer** ~ to burst [*or* rush] into a room **II.** *vt haben* (*geh: hineinstoßen ROM I 1*) ■**jdn [in etw** *akk*] ~ to push [*or fam* shove] sb in[to sth/sth] **III.** *vr haben* (*sich in etw stürzen*) ■**sich** *akk* **[in etw** *akk*] ~ to throw oneself in[to sth/sth]; **sich in eine Menschenmenge** ~ to plunge into a crowd **hinein|tappen** *vi sein* (*fam*) ■**[in etw** *akk*] ~ to tread in sth; **in Pfützen** ~ to walk into/through puddles; **in Pfützen absichtlich** ~ to paddle in puddles; **in eine Falle** ~ to walk right into a trap **hinein|tragen** *vt irreg* ■**jdn/etw [in etw** *akk*] ~ to carry sb/sth in[to sth/sth] **hinein|tun** *vt irreg* ■**etw [in etw** *akk*] ~ to put sth in[to sth/sth]; **etw wieder [in etw]** ~ to put sth back in[to sth/sth]; *s. a.* **Blick** **hinein|versetzen*** *vr* ❶ (*sich hineindenken*) ■**sich in jdn** ~ to put oneself in sb's place [*or* position] [*or* shoes] ❷ (*sich hineindenken*) ■**sich** *akk* **in etw** *akk* ~ to acquaint oneself with sth, to familiarize oneself with sth; **sich in jds Lage** ~ to put oneself in sb's place [*or* position] [*or* shoes]; **sich** *akk* **in etw** *akk* **hineinversetzt fühlen** to feel as though [*or* if] one is in sth; **sich in frühere Zeiten/in das Zeitalter der Renaissance hineinversetzt fühlen** to feel one has been transported back in time/to the Renaissance **hinein|wachsen** [ks] *vi irreg sein* ❶ (*sich durch Wachstum in etw ausdehnen*) ■**in etw** *akk* ~ to grow in[to sth]; **ein in den Zeh hineingewachsener Nagel** an ingrowing toenail ❷ (*langsam mit etw vertraut werden*) ■**in etw** *akk* ~ to get used to sth **hinein|wagen** *vr* ■**sich** *akk* **[in etw** *akk*] ~ to dare to go in[to sth/sth]; ■**sich zu jdm** ~ to have the courage to go and see sb **hinein|wollen** *vi* (*fam*) ■**[in etw** *akk*] ~ to want to go in[to sth/sth], to want to enter [sth] *form* **hinein|ziehen** *irreg* **I.** *vt haben* ■**jdn mit [in etw** *akk*] ~ to involve sb [in sth]; ■**jdn mit in etw** ~ to drag sb into sth *fam;* ■**jd wird in etw hineingezogen** sb gets involved in sth, sb gets drawn [*or fam* dragged] into sth **II.** *vi sein* (*in etw dringen*) ■**[in etw** *akk*] ~ to drift [*or* get] in[to sth] **hinein|zwängen** **I.** *vt* (*in etw zwängen*) ■**etw [in etw** *akk*] ~ to force sth in[to sth/sth] **II.** *vr* (*sich in etw zwängen*) ■**sich** *akk* **[in etw** *akk*] ~ to push [one's way] in[to sth/sth], to squeeze in[to sth/sth]; **sich in ein Kleidungsstück** ~ to force [*or* squeeze] oneself into an item of clothing; ***obwohl der Saal schon überfüllt war, versuchten sich noch viele hineinzuzwängen*** although the hall was already overcrowded a lot of people were still trying to squeeze their way in **hinein|zwingen** *vt irreg* (*in etw zu gehen zwingen*) ■**jdn [in etw** *akk*] ~ to force sb to go in[to sth/sth]

hin|fahren *irreg* **I.** *vi sein* ■**[zu jdm/irgendwo]** ~ to go [to see sb/somewhere]; ■**irgendwo** ~ to go [*or* drive] somewhere; ***ich muss sofort zu ihr*** ~ I must go and see [*or* drive over to] her at once **II.** *vt haben* (*mit dem Auto hinbringen*) ■**jdn [zu jdm/irgendwo]** ~ to drive sb [to sb/somewhere]

Hinfahrt *f* drive, trip; (*lange* ~) journey; ***gute ~!*** have a good trip [*or* journey]!; **auf der** ~ on the way, during the drive [*or* trip] [*or* journey]

hin|fallen *vi irreg sein* ❶ (*zu Boden fallen*) to fall [over] ❷ (*auf den Boden fallen*) to fall; ■**jdm fällt etw hin** sb drops sth

hinfällig *adj* ❶ (*gebrechlich*) frail, *form* infirm ❷ (*ungültig*) invalid; **ein ~es Argument** a spurious argument; **etw** ~ **machen** to make [*or form* render] sth invalid

Hinfälligkeit <-> *f kein pl* infirmity *no pl,* frailness *no pl*

hin|finden *vi irreg* (*fam*) ■**[zu jdm/etw]** ~ to find one's/the way [to sb/sth]; ***finden Sie alleine hin?*** can you find your own way [*or* the way on your own]? **hin|fläzen** *vr,* **hin|flegeln** *vr* (*fam*) ■**sich** ~ [*o* **hinflegeln**] to flop [*or* plump] [*or* AM plop] down *fam* **hin|fliegen** **I.** *vi irreg sein* ❶ (*irgendwohin fliegen*) ■**[zu jdm/irgendwo]** ~ to fly [to see sb/somewhere] ❷ (*fam: hinfallen*) to fall; ■**jdm fliegt etw hin** sb drops sth **II.** *vt* ■**jdn/etw irgendwo** ~ to fly sb/sth somewhere **Hinflug** *m* flight; ***guten ~!*** have a good flight!; **auf dem** ~ on [*or* during] the flight **hin|führen** **I.** *vt* (*irgendwohin geleiten*) ■**jdn [zu jdm/irgendwo]** ~ to take sb [to sb/somewhere] **II.** *vi* (*in Richtung auf etw verlaufen*) ■**[zu etw]** ~ to lead [*or* go] [to sth] ▸ WENDUNGEN: **wo soll das ~?** where will it [all] end?, what will it [all] lead to?

Hingabe *f kein pl* (*rückhaltlose Widmung*) dedication; (*Widmung zu einem Mensch*) devotion; ***sie spielt die Flöte mit ~*** she plays the flute with passion [*or* all her soul]

hin|geben *irreg* **I.** *vt* (*geh*) ■**etw** ~ to give sth; **einen guten Ruf** ~ to sacrifice one's reputation [*or* one's good name] **II.** *vr* ❶ (*sich überlassen*) ■**sich** *akk* **etw** *dat* ~ to abandon oneself to sth; *s. a.* **Hoffnung, Illusion** ❷ (*euph geh: den Sexualakt vollziehen*) ■**sich jdm** ~ to give oneself to sb *euph form*

Hingebung <-> *f kein pl s.* **Hingabe**

hingebungsvoll **I.** *adj* dedicated; **mit ~em Blick** with a devoted look; **~e Pflege** devoted care **II.** *adv* with dedication; ~ **lauschen** to listen raptly [*or* with rapt attention]; **jdn ~ pflegen** to care for sb devotedly [*or* selflessly]; **sich einem Menschen ~ widmen** to devote oneself [selflessly] to a person

hingegen *konj* (*geh*) but, however; ***er raucht, seine Frau ~ nicht*** he smokes but his wife doesn't

hingegossen *adj* **wie** ~ (*fam*) draped; **auf etw wie ~ liegen/sitzen** to drape oneself over sth

hin|gehen *vi irreg sein* ❶ (*dorthin gehen*) to go ❷ (*geh: vergehen*) to pass, to go by, to elapse *form;* ***über eine Entscheidung können noch Monate*** ~ a decision could take months yet ❸ (*angehen*) ■**[noch]** ~ ***diesmal mag es noch*** ~ this time we'll let it pass [*or* go]; ■**nicht ~, dass** to not be all right [*or* acceptable] that ▸ WENDUNGEN: **[jdm] etw ~ lassen** to let [sb's] sth pass; **jdm etw ~ lassen** to let sb get away with sth; ***du lässt dem Kind zuviel ~!*** you let that child get away with too much! **hin|gehören*** *vi* (*fam*) ■**irgendwo** ~ to belong [*or* go] somewhere; ■**jd gehört irgendwo hin** sb belongs somewhere **hin|geraten*** *vi irreg sein* (*an einen bestimmten Ort geraten*) ■**irgendwo** ~ to land [*or* get] somewhere; ***wo ist meine Tasche ~?*** where has my bag got to?; ***wo bin ich denn hier ~?*** what [on earth] am I doing here?, what's going on here?

hingerissen **I.** *adj* spellbound; ***er war von der Geschichte*** ~ he was carried away by the story **II.** *adv* raptly, with rapt attention; ~ **lauschen** to listen spellbound [*or* raptly] [*or* with rapt attention]

hin|gucken *vi* (*fam*) to [take a] look at

hin|halten *vt irreg* ❶ (*entgegenhalten*) ■**jdm etw** ~ to hold sth out to sb ❷ (*aufhalten*) ■**jdn** ~ to hold sb up, to keep sb waiting; ■**sich von jdm [mit etw] ~ lassen** to be [*or* to let oneself be] fobbed off by sb [with sth]; **jdn mit faulen Ausreden** ~ to fob sb off with [glib] excuses

Hinhaltetaktik *f* delaying tactics

hin|hauen *irreg* **I.** *vi* (*fam*) ❶ (*gutgehen*) to work, to be all right; ***Sie halten das Werkzeug falsch, das haut so nicht hin*** you're holding the tool wrong, you won't manage it like that ❷ (*ausreichen*) to be enough ❸ (*zuschlagen*) to lash out, to take a swing; **mit einer Axt** ~ to take a swing with an axe, to swing an axe **II.** *vr* (*sl*) ❶ (*schlafen*) ■**sich [eine bestimmte Zeit]** ~ to lie down [for a certain length of time], to lie down and have a snooze [*or* BRIT *fam* kip], to turn in *fam,* to hit the sack *fam;* ***er schläft schon, er hat sich vor einer halben Stunde hingehauen*** he's already asleep, he went to bed [*or* turned in] half an hour ago ❷ (*sich hinflegeln*) ■**sich** ~ to plonk down **III.** *vt* (*fam: schlampig erledigen*) ■**etw** ~ to rush through sth; (*ein Schriftstück schlampig erledigen*) to dash off; ■**hingehauen** rushed through

hin|hören *vi* to listen; **genau** ~ to listen carefully

hin|kauern *vr* ■**sich [irgendwo]** ~ to crouch, to squat; (*ängstlich*) to cower

Hinkebein *nt,* **Hinkefuß** *m* (*fam*) ❶ (*hinkendes Bein*) gammy [*or* AM bum] leg [*or* foot] *fam* ❷ (*Mensch mit einem Hinkefuß*) person who walks with a limp

Hinkelstein *m* standing stone, menhir *form*

hinken *vi* ❶ *haben* (*das Bein nachziehen*) ■**[auf etw** *dat*/**mit etw** *dat*] ~ to limp [with sth]; **mit einem Bein** ~ to have a gammy leg [*or* a limp]; ■**~d** limping ❷ *sein* (*sich ~d fortbewegen*) ■**irgendwohin** ~ to limp [*or* hobble] somewhere ❸ *haben* (*nicht ganz zutreffen*) to not work; ***der Vergleich hinkt*** the comparison doesn't work, you can't compare them

hin|knallen **I.** *vi sein* (*fam*) to fall heavily, to come a cropper BRIT *fam;* (*ohnmächtig hinfallen*) to crash to the ground, to fall heavily on the ground; **der Länge nach** ~ to measure one's length on the ground *liter* **II.** *vt haben* (*fam*) ■**[jdm] etw** ~ to throw [*or* slam] sth down [in front of sb] **hin|knien** *vi, vr vi: sein* (*niederknien*) ■**[sich** *akk*] **[auf etw** *akk*/**vor jdn]** ~ to kneel down [on sth/before sb] **hin|kommen** *vi irreg sein* ❶ (*irgendwohin gelangen*) ■**irgendwo** ~ to get somewhere; ***wie komme ich zu euch hin?*** how do I get to you? ❷ (*verloren gehen*) ■**irgendwo** ~ to get to, to go; ***ich weiß nicht, wo die Brille hingekommen ist*** I don't know where the glasses have got to [*or* gone] ❸ (*an bestimmten Platz gehören*) ■**irgendwo** ~ to belong [*or* go] somewhere ❹ (*fam: auskommen*) ■**[mit etw]** ~ to manage [with sth] ❺ (*fam: stimmen*) to be [about] right ▸ WENDUNGEN: **wo kämen wir denn [da] hin, wenn ...!** (*fam*) where would we be [*or* finish up] if...!; ***gegessen wird erst, wenn alle am Tisch sitzen! wo kämen wir denn da hin!*** you can start when everybody is at the table! whatever are you thinking of! **hin|kriegen** *vt* (*fam*) ❶ (*richten*) ■**etw wieder** ~ to mend [*or* fix] sth, to put sth to rights ❷ (*fertig bringen*) ■**es/etw** ~ to manage it/sth; **etw gut** [*o sl* **toll**] ~ to make a good [*or* great] job of sth; ***es ist schon erstaunlich, was man so alles hinkriegt, wenn man nur will!*** it's amazing what you can do if you try!; ■**es ~, dass** to manage it/things so that ❸ (*kurieren*) ■**jdn wieder** ~ to put sb right **hin|langen** *vi* (*fam*) ❶ (*nach etw greifen*) to reach across/over ❷ (*zuschlagen*) to hit [*or* lash] out, to take a swipe ❸ (*sich bedienen*) to help oneself ❹ (*viel Geld verlangen*) ***da haben die aber ganz schön hingelangt!*** that's daylight robbery! ❺ (*ausreichen*) to be enough ❻ (*auskommen*) ■**mit etw** ~ to manage with sth; (*mit Geld auskommen*) to manage on sth

hinlänglich **I.** *adj* sufficient, adequate **II.** *adv* sufficiently, adequately; ~ **bekannt** sufficiently well-known

hin|lassen *vt irreg* ■**jdn** ~ to let sb [*or* allow sb to] go; (*in die Nähe*) to let sb near [*or* get near], to allow sb near [*or* to get near] **hin|laufen** *vi irreg sein* ① (*an eine bestimmte Stelle eilen*) ■[**irgendwo/zu jdm**] ~ to run [somewhere/to sb] ② DIAL (*fam: zu Fuß gehen*) ■**irgendwo** ~ to walk somewhere, to go somewhere on foot **hin|legen** I. *vt* ① (*niederlegen*) ■**jdn/etw** ~ to put sb/sth down, to leave sb/sth ② (*vorlegen*) ■**jdm etw** ~ to put sth [down] in front of sb ③ (*flach lagern*) ■**jdn** ~ to lay sb down ④ (*ins Bett bringen*) ■**jdn** ~ to put sb to bed ⑤ (*fam: bezahlen müssen*) ■**etw** [**für etw**] ~ to pay sth [for sth], to shell [*or* fork] out sth [for sth] *fam*, to stump up sth [for sth] BRIT *fam* ⑥ (*fam: eindrucksvoll darbieten*) ■**etw** ~ to do sth *fam;* **eine brilliante Rede** ~ to make [*or* do] a brilliant speech *fam;* **einen Solonummer** ~ to do a solo [number] **II.** *vr* ① (*schlafen gehen*) ■**sich** [**eine bestimmte Zeit**] ~ to have a lie-down [for a certain length of time] ② (*fam: hinfallen*) ■**sich** ~ to fall [over], to come a cropper BRIT ▸ WENDUNGEN: **da legst du dich** [**lang**] **hin!** (*fam*) ***rate mal was passiert ist! da legst du dich hin!*** guess what's happened! you won't believe your ears [*or* what I'm going to tell you]!; ~**!** MIL down [on the ground]! **hin|lümmeln** *vr* (*fam*) *s.* **hinflegeln**

hin|machen I. *vt* (*fam: anbringen*) ■[**jdm**] **etw** ~ to put [*or fam* stick] sth somewhere [for sb]; **ein Bild/eine Lampe** ~ to put [*or fam* stick] up a picture/a lamp; **irgendwo Farbe** ~ to put [*or fam* stick] paint on somewhere **II.** *vi* (*fam: Notdurft verrichten*) ■[**da**] ~ to do a job [there] [*or* one's business] [*or fam* a mess], to have [*or* AM take] a crap [*or vulg* piss]

hin|morden *vt* (*geh*) ■**jdn** ~ to butcher [*or* slaughter] sb; **viele Menschen** ~ to massacre a lot of people **hin|müssen** *vi irreg* to have to go [somewhere]

Hinnahme <-> *f kein pl* acceptance

hinnehmbar *adj* bearable, acceptable

hin|nehmen *vt irreg* ① (*ertragen*) ■**etw** [**als etw**] ~ to accept [*or* tolerate] [*or* to put up with] [*or* suffer] sth [as sth]; **etw als selbstverständlich** ~ to take sth for granted; **etw** ~ **müssen** to have to accept [*or* put up with] sth; **eine Niederlage** ~ to [have to] suffer a defeat; **einen Verlust** ~ to [have to] suffer [*or* sustain] a loss ② (*fam: irgendwohin mitnehmen*) ■**jdn/etw mit** ~ to take sb/sth [with one]; ***ich fahre jetzt dorthin, soll ich Sie mit ~?*** I'm going there now, shall I take you [*or* would you like to come] [with me]?

hin|neigen I. *vr* ■**sich** [**zu jdm**] ~ to lean [over to/towards sb [*or* in sb's direction]] **II.** *vt* (*in eine bestimmte Richtung neigen*) ■**etw zu jdm** ~ to incline sth to/towards sb; **den Kopf** [**zu jdm**] ~ to bend [*or* incline] one's head [towards sb [*or* in sb's direction]]; **den Körper** ~ to lean [over] **III.** *vi* ■**zu etw** ~ (*eine Neigung haben zu*) to incline towards sth

hinnen *adv* ▸ WENDUNGEN: **von** ~ **scheiden** (*veraltend geh*) to pass *euph* [*or* move] on; **von** ~ from here; ***wir müssen nun wieder von ~*** we have to leave here

hin|passen *vi* ① (*sich gut einfügen*) ■**irgendwo** ~ to go somewhere; ***die Vase würde hier gut/besser ~*** the vase would look good/better here; ■**irgendwo** ~, ■**jd passt irgendwo hin** sb fits in somewhere ② (*Platz haben*) ■**irgendwo** ~ to go [*or* fit] somewhere **hin|pfeffern** *vt* (*fam*) ① (*hinschleudern*) ■[**jdm**] **etw** ~ to fling [*or fam* chuck] sth down [in front of sb] ② (*in scharfer Form äußern*) ■[**jdm**] **etw** ~ **einen Artikel** ~ to write [*or* produce] a scathing [*or* withering] article; **jdm eine Kritik** ~ to level biting [*or* harsh] criticism at sb **hin|plumpsen** *vi sein* (*fam*) to plump [*or* AM plop] down, to fall with a thud; ■**etw** ~ **lassen** to drop sth with a thud [*or* clunk] [*or* thump], to plunk sth down; ■**sich** ~ **lassen** to plump BRIT down, to plunk [*or* AM plop] oneself down **hin|raffen** *vt s.* **dahinraffen** **hin|reichen** I. *vt* (*geh: angeben*) ■**jdm etw** ~ to pass [*or* hand] sth to sb **II.** *vi* (*geh: ausreichen*) to last, to hold out **hinreichend** I. *adj* sufficient; **ein ~es Gehalt/Einkommen** an adequate salary/income **II.** *adv* ① (*genügend*) ~ **lange/oft** long/often enough ② (*zur Genüge*) sufficiently, adequately **Hinreise** *f* trip [*or* journey] [somewhere], outward trip [*or* journey]; (*mit dem Auto*) drive; (*mit dem Schiff*) voyage; **auf der** ~ on the way [*or* trip [*or* journey] [*or* drive] [there]], during the trip [*or* journey] [*or* drive] there; **Hin- und Rückreise** both ways *fam,* [the journey] there and back *fam;* (*Fahrkarte*) return journey **hin|reißen** *vt irreg* ① (*begeistern*) ■**jdn** ~ to send sb into transports of delight *form,* to enchant [*or* captivate] [*or* enrapture] sb; ■[**von jdm/etw**] **hingerissen sein** to be enchanted [*or* captivated] [*or* enraptured] [by sb/sth]; ■**von jdm hingerissen sein** (*verliebt sein*) to be smitten [*or* infatuated] with sb; **hin- und hergerissen sein** to be unable to decide [*or* unable to make up one's mind]; ***was meinst du? — ich bin ganz hin- und hergerissen*** what do you think? — oh! I don't know [*or* I can't make up my mind] !; *s. a.* **hingerissen** ② (*spontan verleiten*) ■**jdn zu etw** ~ to drive sb to sth, to provoke sb into sth; **sich zu etw** ~ **lassen** to allow oneself to be [*or* to let oneself be] driven to sth/into doing sth [*or* provoked into doing sth]; **sich** ~ **lassen** to allow oneself to be carried away sth, to let oneself be carried away; **sich dazu** ~ **lassen, etw zu tun** to allow oneself to [*or* to let oneself] be provoked into [*or* be driven to] doing sth **hinreißend** I. *adj* enchanting, captivating; **von ~er Schönheit** of striking beauty **II.** *adv* enchantingly; ~ **aussehen** to look enchanting [*or* captivating] **hin|rennen** *vi irreg sein s.* **hinlaufen 1**

hin|richten *vt* ■**jdn** ~ to execute sb; **jdn durch den Strang** ~ to put to death by hanging; **jdn durch den elektrischen Stuhl** ~ to execute sb on the electric chair; ■**hingerichtet werden** to be executed

Hinrichtung *f* execution; **eine** ~ **vollziehen** (*geh*) to carry out an execution

hin|rotzen *vt* (*sl*) ■[**jdm**] **etw** ~ to dash sth off [for sb] [in a hurry] BRIT, to do sth [for sb] in a hurry **hin|schaffen** *vt* ■**etw** [**zu jdm**] ~ to get sth somewhere/there [to sb]; (*liefern*) to deliver sth [to sb]; ■**irgendwo hingeschafft werden** to be taken somewhere/there **hin|schauen** *vi* DIAL (*hinsehen*) to look **hin|scheiden** *vi irreg* (*geh*) to pass away **hin|schicken** *vt* ■**jdn** [**zu jdm**] ~ to send sb [to sb]

Hinschied <-s, -e> *m* SCHWEIZ (*geh: Tod*) passing *euph,* demise *form*

hin|schlagen *vi irreg* ① *sein* (*hinfallen*) to fall [flat on one's face *fam*], to collapse ② *haben* (*hinhauen 1*) to strike; **mit einem Gegenstand** ~ to strike out with an object **hin|schleichen** *vi, vr irreg vi: sein* ■[**sich**] ~ to creep [*or* sneak] over [there]/to somewhere **hin|schleppen** I. *vr* ① (*sich mühselig an einen bestimmten Ort bewegen*) ■**sich** ~ to drag oneself along; ■**sich irgendwo/zu jdm** ~ to drag oneself somewhere/to sb ② (*sich hinziehen*) ■**sich** ~ to drag on **II.** *vt* ① (*an einen bestimmten Ort schleppen*) ■**etw** [**zu jdm**] ~ to drag [*or fam* lug] [*or fam* cart] sth over [to sb]; ■**etw irgendwo** ~ to drag [*or fam* lug] [*or fam* cart] sth somewhere ② (*fam: mitnehmen*) ■**jdn mit** ~ to drag [*or fam* cart] sb along **hin|schludern** *vt* (*pej fam*) ■**etw** ~ to dash sth off; **einen Artikel** ~ to scribble off [*or* scrawl] [*or* BRIT dash] an article **hin|schmeißen** *vt irreg* (*fam*) *s.* **hinwerfen** **hin|schmelzen** *vi irreg sein* (*hum fam*) ■[**vor etw** *dat*] ~ to [practically] swoon [with sth]; **vor Rührung** ~ to be overcome with emotion; ***wenn er sie nur sieht, schmilzt er schon hin*** when he sees her, he practically swoons **hin|schmieren** *vt* (*fam*) ① (*an eine bestimmte Stelle schmieren*) ■[**jdm**] **etw** ~ to smear sth [somewhere]; ***schmier mir bloß diesen ganzen Dreck nicht an die Tapete*** don't [you dare] smear all that dirt on the wallpaper ② (*pej: flüchtig malen*) ■**etw** ~ to daub sth; **eine Parole an eine Wand** ~ to scrawl a slogan on a wall **hin|schreiben** *irreg* I. *vt* (*niederschreiben*) ■[**sich** *dat*] **etw** ~ to write [*or* note] sth down **II.** *vi* (*fam: an eine bestimmte Stelle schreiben*) to write [in]; ***vor einer Woche habe ich hingeschrieben, ob sie mir wohl bald zurückschreiben?*** it's a week since I wrote — I wonder if they'll write back soon? **hin|sehen** *vi irreg* to look; ***ich kann/mag gar nicht ~!*** I can't [bear to] look!; **vom bloßen H~** just the sight [of sth]; ***vom bloßen H~ wird mir schon übel!*** just the sight of it makes me feel sick!; **bei genauerem** [*o* **näherem**] **H~** on closer inspection

hin|setzen I. *vr* ① (*sich niederlassen*) ■**sich** ~ to sit down; ■**sich irgendwie** ~ to sit somehow ② (*fam: sich bemühen*) ■**sich** ~ to get down to it, to get one's finger out BRIT *fam!* **II.** *vt* ① (*absetzen*) ■**etw** ~ to put [*or dated* set] sth down ② (*niedersetzen*) ■**jdn** ~ to put [*or* sit] sb down

Hinsicht *f kein pl* **in bestimmter** ~ with regard to …, …-wise *fam;* **in beruflicher** ~ with regard to a career, career-wise *fam;* **in finanzieller** ~ financially, with regard to finances, finance-wise *fam;* **in anderer** ~ in other respects; **in gewisser** ~ in certain respects; **in jeder** ~ in every respect; **in mancher** ~ in some respects; **in sonstiger** ~ in other respects

hinsichtlich *präp +gen* (*geh*) with regard to

hin|sinken *vi irreg sein* (*geh*) to sink down/to the ground *liter* **hinsitzen** *vi irreg sein* SÜDD, SCHWEIZ (*hinsetzen I*) to sit [down]

Hinspiel *nt* first game [*or* leg] (*of a series of two games*)

hinstehen *vi irreg sein* SÜDD, SCHWEIZ (*hinstellen II*) to stand up straight **hin|stellen** I. *vt* ① (*an einen bestimmten Platz stellen*) ■[**jdm**] **etw** ~ to put [*or dated* set] sth [for sb]; **einen Sonnenschirm** ~ to put up a sun umbrella ② (*fam: bauen*) ■[**jdm**] **etw** ~ to put up sth [for sb] *fam* ③ (*abstellen*) ■**etw** ~ to park [*or fam* put] sth ④ (*charakterisieren*) ■**etw/jdn als etw/jdn** ~ to make sb out to be sth; **jdn als Beispiel** ~ to hold sb up as an example; ***er versucht, den Betrug als ein Versehen hinzustellen*** he's trying to make his fraud out to be a simple mistake **II.** *vr* ① (*sich aufrichten*) ■**sich** ~ to stand up straight ② (*sich an eine bestimmte Stelle stellen*) ■**sich vor jdn** ~ to plant oneself in front of sb **hin|steuern** *vi sein* ■[**mit etw** *dat*] **auf etw** *akk* ~ to aim at sth [with sth]; ■**auf etw** ~ to make [*or* head] for sth; ***worauf steuern Sie eigentlich*** [***mit Ihrer Argumentation***] ***hin?*** what are you getting at [with your argumentation]? **hin|strömen** *vi sein* ■[**zu etw**] ~ to flock [*or* swarm] somewhere; ***am Sonntag ist Pokalendspiel, da werden Zehntausende ~!*** on Sunday it's the Cup Final, there'll be thousands flocking [*or* swarming] to the game! **hin|stürzen** *vi sein* ① (*eilends hinlaufen*) to rush somewhere ② (*hinfallen*) to fall [heavily]

hintan|stellen *vt* (*geh*) ■**etw** ~ to put sth last [*or* at the bottom of the list]

hinten *adv* ① (*entfernt*) at the end; ***er sitzt ganz ~ in der vorletzten Reihe*** he's sitting at the back in the last row but one; ~ **im Buch** at the back of the book; **ein Buch von vorn[e] bis ~ lesen** to read a book from cover to cover; ~ **im Garten** at the bottom of the garden; **sich** ~ **anstellen** to join the back [of a queue [*or* AM line]]; **weit** ~ **liegen** to be tailed off BRIT; ***das wird weiter ~ erklärt*** that's explained further towards the end ② (*auf der abgewandten Seite*) at the back; ***hast du schon bemerkt, dass du ~ [an der Hose/am Hemd] einen Fleck hast?*** have you seen that there's a stain on the back [of your trousers/shirt]?; ~ **ein Geschwür haben** (*euph fam*) to have a boil on one's derrière *euph;* **ein Zimmer nach** ~ a room at the back; **nach** ~ **abgehen** THEAT to leave the stage; **nach** ~ **ausschlagen** (*Pferd*) to kick out; ~ **ein paar draufkriegen** (*fam*) to get a spanking; **nach** ~ **durchgehen** TRANSP to go the back; **von** ~ **kommen** to come from behind; **vorn[e] und** ~ **nichts haben** (*fam*) to be flat and skinny; **nach** ~ **wohnen** [*o* **gelegen sein**] to live [*or* be] at the back of the house ▸ WENDUNGEN: ~ **und vorn[e]** (*fam*) left, right and centre [*or* AM -er]; **jdn** ~ **und vorn[e] bedienen** to wait on sb hand and foot; **weder** ~ **noch vorn[e]**, ~ **und vorn[e]**

nicht (*fam*) no way *fam*; ***das reicht doch ~ und vorne nicht!*** that's nothing like enough!; ***das stimmt doch ~ und vorn[e] nicht/das stimmt weder ~ noch vorn[e]*** that can't [*or* there's no way that can] be right; **nicht mehr wissen, wo ~ und vorn[e] ist** to not know if one's on one's head or one's heels [*or esp* AM if one's coming or going]; **Frau/Herr ... ~, Frau/Herr ... vorn** (*fam*) it's Mrs/Mr ... this, Mrs/Mr ... that, it's yes Mrs/Mr ..., no Mrs/Mr ..., [three bags full, Mrs/Mr ...]; ~ **nicht mehr hochkommen** (*fam*) to be [utterly] shattered BRIT *fam* [*or* BRIT *sl* knackered] [*or* BRIT *fam* dead beat] [*or esp* AM exhausted]; **jdm ~ reinkriechen** (*fam*) to crawl *fam* [*or* grovel] to sb, to lick [*or* AM kiss] sb's arse [*or* AM ass] *vulg*; **jdn am liebsten von ~ sehen** (*fam*) to be glad to see the back of sb

hintendran *adv* (*fam*) on the back **hintendrauf** *adv* (*fam*) ① (*hinten auf der Ladefläche*) at the back ② *s.* **hintendran** ▸ WENDUNGEN: **jdm eins ~ geben** to smack sb's bottom [*or* behind]; **eins [von jdm] ~ kriegen** to be [*or* have one's bottom] smacked [by sb] **hintenherum** *adv* ① (*von der hinteren Seite*) round [*or esp* AM around] the back ② (*fam: auf Umwegen*) indirectly, in a roundabout way; ***ich habe es ~ erfahren*** a little bird told me *prov* ③ (*fam: illegal*) through the back door; ***diese Handtücher hat er ~ bekommen*** these towels fell off the back of a lorry *fig fam* **hintennach** *adv* ÖSTERR, SÜDD (*hinterdrein*) behind, at the back of **hintenrum** *adv* (*fam*) *s.* **hintenherum** **hintenüber** *adv* backwards

hinter I. *präp* ① +*dat räumlich* (*an der Rückseite von etw*) at the back of, behind ② +*akk räumlich* (*auf die Rückseite von etw*) behind; **etw fällt/rutscht ~ ein Sofa/einen Schrank** sth falls/slips behind [*or* down the back of] a sofa/a cupboard; **20 km ~ sich haben** to have covered 20 km ③ +*dat räumlich* (*jenseits von etw*) behind; ~ **diesem Berg/Hügel** on the other side of this mountain/hill; ~ **der Grenze** on the other side of [*or* beyond] the border ④ +*dat räumlich* (*am Schluss von etw*) after ⑤ +*dat zeitlich* (*nach*) after; ~ **jdm an die Reihe kommen** to come after sb; **das Studium ~ sich haben** to have completed one's studies; **5 Minuten hinter der Zeit sein** to be 5 minutes late; **etw ~ sich bringen** to get sth over with ⑥ +*akk* (*selten: zeitlich*) ***die Probleme reichten bis ~ den 2. Weltkrieg zurück*** the problems reached back to pre-war days ⑦ +*dat* (*in Rangfolge*) ~ **den Erwartungen/Anforderungen zurückbleiben** to not live up to expectations/requirements ⑧ +*dat* (*fig*) ~ **etw kommen** to find out about sth; **sich ~ jdn stellen** to back sb up II. *adv* SÜDD, ÖSTERR (*nach hinten*) ***wenn du ~ in den Garten gehst, bring ein paar Zwiebeln mit!*** when you go out to the garden, can you fetch a few onions? III. *part* (*fam*) *s.* **dahinter, wohinter**

Hinterachse [ks] *f* back [*or esp* AM rear] axle **Hinterausgang** *m* back [*or* rear] exit; (*zu einem privaten Haus*) back door **Hinterbacke** *f meist pl* (*fam*) (*Hälfte eines Gesäßes*) buttock; ■ **~n** buttocks, backside *fam*, bum BRIT *fam*, butt AM ▸ WENDUNGEN: **sich auf die ~n setzen** to get one's finger out BRIT *fam!*, to put one's shoulder to the wheel BRIT, to go all out **Hinterbänkler(in)** <-s, -> *m(f)* POL (*pej*) ≈ backbencher (*insignificant member of parliament*) **Hinterbein** *nt* ZOOL hind [*or fam* back] leg ▸ WENDUNGEN: **sich auf die ~e stellen** [*o* **setzen**] (*fam*) to put up a fight, to take a stand

Hinterbliebene(r) *f(m) decl wie adj* bereaved [family]; ***seine Tochter war die einzige ~*** his daughter was his only survivor; ■ **die/jds ~n** the/sbs surviving dependants

Hinterbliebenenrente *f* JUR surviving dependant's pension **Hinterbliebenenversorgung** *f* FIN provision for dependants

hinter|bringen* *vt irreg* (*geh: heimlich in Kenntnis setzen*) ■ **jdm etw ~** to tell sb sth confidentially, to whisper sth in sb's ear *fig*

Hinterdeck *nt* NAUT afterdeck

hinterdrein *adv* at the back, behind

hintere(r, s) *adj* ■ **der/die/das ~ ...** the rear ...; **der ~ Teil eines Käses/Schinkens** the back of a cheese/ham; **das ~ Stück eines Käses/Schinkens** the last part of a cheese/ham

hintereinander *adv* ① *räumlich* (*einer hinter dem anderen*) one behind the other; ~ **fahren** to go/drive/ride one behind [*or* after] the other; ~ **gehen** to go/walk one behind [*or* after] the other, to walk in single file; ~ **stehen** to stand one behind the other; ***die Kunden mussten stundenlang ~*** the customers had to queue for hours ② *zeitlich* (*aufeinanderfolgend*) one after the other; **drei/mehrere Tage/Wochen/Monate ~** three/several days/weeks/months running [*or* BRIT *fam* on the trot] [*or* in succession], on three/several consecutive *form* days/weeks/months

hintereinanderher *adv* one behind [*or* after] the other

Hintereingang *m* the rear [*or* back] entrance, tradesmen's entrance *old*; (*zu einem privaten Haus*) back door

hinterfotzig *adj* DIAL (*fam*) underhand, devious; **ein ~er Mensch** an underhand [*or* a devious] [*or* a shifty] person; **eine ~e Bemerkung** a snide remark

hinter|fragen* *vt* (*geh*) ■ **etw ~** to analyze [*or* question] sth

Hinterfuß *m* ZOOL hind [*or fam* back] foot **Hintergaumenlaut** *m* velar [*or* back] consonant **Hintergebäude** *nt building situated behind another*; ***die Pferde werden in dem ~ gehalten*** the horses are housed in the building at the rear [*or fam* out the back] **Hintergedanke** *m* ulterior motive; ***ich kann mir kaum vorstellen, dass sie ohne ~ auf einmal so zuvorkommend ist*** I can't imagine that she can be so obliging without [having] an ulterior motive

hinter|gehen* *vt irreg* ① (*betrügen*) ■ **jdn ~** to deceive sb, to go behind sb's back; (*jdn betrügen um Profit zu machen*) to cheat [*or* double-cross] sb; ***wie er mich hintergangen hat, und ihm habe ich so vertraut!*** I was so taken in [by him] and I really trusted him! ② (*sexuell betrügen*) ■ **jdn [mit jdm] ~** to be unfaithful to sb, to two-time sb *fam*

Hinterglasmalerei *f* KUNST ① (*Bild*) *pictures painted on the back of glass* ② *kein pl* (*Technik*) *technique of making ~*

Hintergrund *m* ① (*hinterer Teil des Blickfeldes*) background; **der ~ einer Bühne/eines Raums/eines Saals** the back of a stage/a room/a hall; **im ~** in the background; **im ~ eines Raums/eines Saals** at the back of a room/a hall; **im ~ bleiben** [*o* **sich halten**] to stay in the background; INFORM background ② (*Bedingungen und Umstände*) ■ **der ~ einer S.** *gen* the background to sth; **der ~ einer Geschichte** the backdrop *liter* [*or liter* setting] [*or* background] to a story; ***der Hexenwahn und der Teufelsglaube bildeten den ~ der Hexenverfolgungen*** fear of witches and belief in the devil led up to [*or* formed the background to] the witch hunts ③ *pl* (*verborgene Zusammenhänge*) ■ **die Hintergründe einer S.** *gen* the [true] facts [*or* story] about sth; **vor dem ~ einer S.** *gen* in/against the setting of sth, against the backdrop *liter* [*or* background] of sth ▸ WENDUNGEN: **jdn in den ~ drängen** [*o* **spielen**] to push [*or* thrust] sb into [*or* to relegate sb to] the background, to steal the limelight from sb; **im ~ stehen** to remain in the background, to be part of the furniture BRIT *fam*; **in den ~ treten** [*o* **geraten**] [*o* **rücken**] to fade [*or* recede] [*or* retreat] into the background

Hintergrundberieselung *f* INFORM background noise

hintergründig I. *adj* enigmatic, mysterious II. *adv* enigmatically, mysteriously

Hintergrundmusik <-> *f kein pl* background music *no pl*; FILM soundtrack **Hintergrundprogramm** *nt* INFORM background program **Hintergrundverarbeitung** *f* INFORM background processing

hinter|haken *vi* (*fam*) to question; ***mit dieser Antwort würde ich mich nicht zufriedengeben, da musst du ~*** I wouldn't be satisfied with that answer, you'll have to ask a few probing questions

Hinterhalt *m* (*pej*) ambush; **in einen ~ geraten** to be ambushed, to be the victim of an ambush; **im ~ liegen** [*o* **lauern**] to lie in wait [*or* ambush]; **jdn in einen ~ locken** to lure sb into an ambush; **aus dem ~ anfallen/angreifen** to attack without warning, to make a surprise attack

hinterhältig I. *adj* (*pej*) underhand, devious, shifty; **~e Methoden** underhand methods II. *adv* (*pej*) in an underhand [*or* devious] [*or* shifty] manner [*or* way]

Hinterhältigkeit <-, -en> *f* (*pej*) ① *kein pl* (*Heimtücke*) underhandedness, deviousness, shiftiness ② (*heimtückische Tat*) underhand [*or* devious] [*or* shifty] act [*or fam* thing to do]

Hinterhand *f* ZOOL hindquarters *npl* ▸ WENDUNGEN: **etw in der ~ haben** to have sth up one's sleeve [*or* in reserve] **Hinterhaus** *nt* back [part] of a building (*also a separate building at the back of another*)

hinterher *adv* ① *räumlich* after; ***da haut einer mit deinem Fahrrad ab, los, ~!*** there's someone stealing your bike, come on, after him!; ■ **jdm ~ sein** to be after sb ② *zeitlich* after that, afterwards; ***~ ist man immer schlauer!*** it's easy to be clever in retrospect [*or* after the event]! ③ (*intensiv suchen*) ■ **hinter etw** *dat* **~ sein** to be after [*or* look for] sth

hinterher|fahren *vi irreg sein* ■ **[jdm/einer S.] ~** to follow [*or* drive behind] [sb/sth]; ***fahren Sie hinter diesem Taxi hinterher!*** follow that taxi! **hinterher|hecheln** *vi* (*pej fam*) ■ **jdm/etw ~** to try to catch up with sb/sth *fig* **hinterher|hinken** *vi sein* ① (*hinter jdm/etw herhinken*) ■ **jdm/einer S. ~** to limp after sb/sth ② (*mit Verzögerung nachfolgen*) ■ **etw** *dat* **~** to lag behind sth **hinterher|kommen** *vi irreg sein* ① (*folgen*) ■ **[jdm] ~** to follow [behind] [sb], to come after [sb]; ***nicht so schnell, ich komme nicht hinterher!*** not so fast, I can't keep up! ② (*danach kommen*) to follow, to happen afterwards ③ (*als letzter kommen*) ■ **[noch] ~** to bring up the rear **hinterher|laufen** *vi irreg sein* ① (*im Lauf folgen*) ■ **jdm ~** to run [*or* chase] after sb ② (*fam: sich eifrig bemühen*) ■ **jdm/einer S. ~** to run [*or* chase] after sb/sth **hinterher|schicken** *vt* (*nachschicken*) ■ **jdm etw ~** to send sth [on] after sb

Hinterhof *m* courtyard, back yard; (*Garten*) back garden **Hinterindien** *nt* Indochina **Hinterklebung** *f* (*beim Buch*) backlining **Hinterkopf** *m* (*hinterer Teil des Kopfes*) back of one's/the head ▸ WENDUNGEN: **etw im ~ haben/behalten** (*fam*) to keep [*or* bear] sth in mind; ***ich habe noch im ~, dass wir damals ...*** I can vaguely remember that ... **Hinterlader** <-s, -> *m* breech-loading gun **Hinterland** *nt kein pl* hinterland

hinter|lassen* *vt irreg* ① (*vermachen*) ■ **jdm etw ~** to leave [*or form* bequeath] [*or* will] sb sth ② (*als Hinterbliebene übriglassen*) ■ **jdn ~** to leave sb; ***er hinterlässt eine Frau und drei Kinder*** he leaves a wife and three children, he is survived by a wife and three children ③ (*als Erbschaft übriglassen*) ■ **etw ~** to leave sth ④ (*als literarisches Vermächtnis übriglassen*) ■ **etw ~** to leave sth behind; **die ~e Werke** the posthumous works ⑤ (*hinterlegen*) ■ **[jdm] etw ~** to leave sth [for sb] ⑥ (*nach dem Verlassen zurücklassen*) ■ **etw irgendwie ~** to leave sth somehow; ***wie die Kinder ihr Zimmer ~!*** the way these children leave their room!; **etw in Unordnung ~** to leave sth in a mess [*or* a muddle] ⑦ (*übriglassen*) ■ **[bei jdm] etw ~** to leave [sb with] sth; **bei jdm einen Eindruck ~** to make an impression on sb

Hinterlassenschaft <-, -en> *f* ① (*literarisches Vermächtnis*) posthumous works ② (*fam: übriggelassene Dinge*) leftovers *pl* ③ JUR **jds ~ antreten** to inherit sb's estate

Hinterlassung <-> *f kein pl* **ohne ~ einer S.** *gen* (*geh*) without leaving sth; **unter ~ einer S.** *gen* (*geh*) leaving behind sth *sep*; ***er verstarb unter ~ einer Unmenge von unbezahlten Rechnungen*** he died, leaving behind a lot of unpaid bills

Hinterlauf *m* hind [*or* back] leg

hinter|legen* *vt* ■**etw [bei jdm]** ~ to leave sth [with sb]; **einen Betrag/eine Unterschriftsprobe/eine Sicherheitsleistung [bei jdm]** ~ to supply [sb with] an amount/a signature/security; **hinterlegte Kaution** JUR caution money

Hinterleger <-s, -> *m* JUR depositor, bailor

hinterlegt *adj* TYPO ~**er Raster** background [*or* laid] tint

Hinterlegung <-, -en> *f* leaving behind; JUR deposit, bailment; ***das Gericht setzte im Urteil die ~ einer Summe bei der Gerichtskasse fest*** the court ordered that an amount be deposited with the court cashier; ~ **bei Gericht** lodgment; ~ **einer Barsicherheit** cash deposit; **gegen ~ einer S.** *gen* against a deposit of sth; **jdn gegen ~ einer Kaution auf freien Fuß setzen** to release sb on bail

Hinterlegungsbeleg *m,* **Hinterlegungsbescheinigung** *f* JUR certificate of deposit **hinterlegungsfähig** *adj* JUR eligible to serve as collateral **Hinterlegungsgebühr** *f* JUR deposit fee **Hinterlegungskasse** *f* JUR deposit agency, lodgment office **Hinterlegungsordnung** *f* JUR Court Deposit Regulations *pl* **Hinterlegungsort** *m* JUR place of lodgment **Hinterlegungspflicht** *f* JUR obligatory deposit; ~ **bei Einfuhren** obligatory import deposit **Hinterlegungsrecht** *nt* JUR law as to depositing in court **Hinterlegungsschein** *m* JUR certificate of deposit **Hinterlegungsstelle** *f* JUR depository, custodian **Hinterlegungsverfügung** *f* JUR lodgment order **Hinterlegungsvertrag** *m* JUR contract of deposit **Hinterlegungszeit** *f* JUR term [*or* period] of bailment

Hinterlist *f kein pl* ❶ (*Heimtücke*) deceit *no pl, no art,* deception *no pl, no art,* craftiness *no pl, no art,* duplicity *no pl, no art* ❷ (*Trick, List*) trick, ploy, ruse

hinterlistig I. *adj* deceitful, deceptive, crafty, shifty II. *adv* deceitfully, deceptively, craftily, shiftily; **aufs ~ste** in the most deceitful [*or* deceptive] [*or* crafty] [*or* shifty] way [*or* manner]

hinterm = hinter dem *s.* **hinter**

Hintermann <-männer> *m* ❶ (*Mensch hinter jdm in der Reihe*) ■**jds** ~ the person behind sb ❷ *pl* (*pej fam*) person pulling the strings *pej,* brains [behind the operation]

Hintermannschaft *f* defence [*or* AM -se]

hintern = hinter den *s.* **hinter**

Hintern <-s, -> *m* (*fam*) (*Gesäß*) bottom, behind, backside, bum BRIT *sl;* **ein paar auf den ~ bekommen** to have one's bottom smacked; **[von jdm] den ~ voll bekommen** to have one's bottom [*or* behind] [*or* backside] [*or* hide] tanned; **sich auf den ~ setzen** (*fam*) to fall on one's bottom [*or* behind] [*or* backside]; **jdm den ~ versohlen** to tan sb's bottom [*or* behind] [*or* backside] [*or* hide] ▶ WENDUNGEN: **jd kann sich in den ~ beißen** (*sl*) sb can kick themselves; **jdm in den ~ kriechen** (*pej sl*) to grovel [*or fam* suck up] to sb, to lick [*or* AM kiss] sb's arse [*or* AM ass] *vulg;* **sich auf den ~ setzen** (*fam*) to get one's finger out BRIT *fam,* to knuckle down to [*or fam* get stuck into] sth

Hinterpfote *f* ZOOL hind [*or* back] paw **Hinterrad** *nt* rear [*or* back] wheel **Hinterradantrieb** *m* rear-wheel drive **Hinterreihe** *f* back row

hinterrücks *adv* ❶ (*von hinten*) from behind ❷ (*im verborgenen*) behind sb's back

hinters = hinter das *s.* **hinter**

Hinterschinken *m* KOCHK ham **Hinterseite** *f* ❶ (*Rückseite*) back, rear; **an der/zur ~ des Hauses** at/to the back [*or* rear] of the house ❷ *s.* **Hintern Hintersinn** *m* hidden [*or* deeper] meaning

hintersinnen* *vr irreg* SCHWEIZ ❶ (*grübeln*) ■**sich wo/wann/warum** ~ to rack [*or esp* AM wrack] one's brains where/when/why ❷ (*sich Gedanken machen*) ■**sich** ~ to think [*or* speculate] [about sth]; ***es hat keinen Wert, sich jetzt zu ~*** there's no point thinking [*or* speculating] about it now **hintersinnig** *adj* with a deeper [*or* profound] meaning; **eine ~e Bemerkung** a profound [*or* subtle] remark, a remark with a deeper meaning; (*Bemerkung mit verschleierter Gemeinheit*) a veiled remark; ***manchmal ist er sehr ~*** sometimes he's very profound; **ein ~er Sinn für Humour** a subtle sense of humour [*or* AM -or] **Hintersitz** *m* (*Rücksitz*) back seat

hinterste(r, s) *adj superl von* **hintere(r, s)** (*entlegenste*) farthest [*or* furthest], deepest *hum,* the wildest parts of *hum* ▶ WENDUNGEN: **das H~ zuvorderst kehren** (*fam*) to turn everything upside down

Hintersteven [vən] *m* ❶ NORDD (*Gesäß*) behind, bottom *fam* ❷ *s.* **Achtersteven Hinterteil** *nt* (*fam*) *s.* **Hintern 1 Hintertreffen** *nt kein pl* **[gegenüber jdm] ins ~ geraten** [*o* **kommen**] to fall behind [sb]; **[jdm gegenüber/im Vergleich mit jdm] im ~ sein** [*o* **sich befinden**] to be [*or* find oneself] at a disadvantage [to sb/in comparison to sb]

hinter|treiben* *vt irreg* ■**etw** ~ to thwart [*or* prevent] sth, to oppose sth successfully; **einen Plan ~** to foil [*or* frustrate] [*or* thwart] a plan

Hintertreppe *f* back stairs [*or* steps] **Hintertupfing(en)** <-s> *nt kein pl* (*fam: Topos für rückständigen Ort*) the back of beyond BRIT, Timbuctoo **Hintertür** *f,* **Hintertürl** <-s, -[n]> *nt* ÖSTERR ❶ (*hintere Eingangstür*) back entrance; (*zu einem privaten Haus*) back door ❷ (*fam: Ausweg*) back door, loophole *fig* ▶ WENDUNGEN: **sich** *dat* **[noch] eine Hintertür** [*o* **ein Hintertürchen**] [*o* **ein Hintertürl**] **offenhalten** [*o* **offenlassen**] to leave a back door open, to leave a loophole; **durch die Hintertür** by the back door **Hinterwäldler(in)** <-s, -> *m(f)* (*pej fam*) country bumpkin *pej fam,* yokel *pej fam*

hinterwäldlerisch *adj* (*pej fam*) country bumpkin, provincial BRIT; ~**e Ansichten** country bumpkin [*or* provincial] mentality BRIT; ■~ **sein** to be a country bumpkin [*or* provincial] BRIT

hinter|ziehen* *vt irreg* ■**etw** ~ to evade sth

Hinterziehung <-, -en> *f* FIN *von Steuern* tax evasion

Hinterzimmer *nt* ❶ (*nach hinten liegendes Zimmer*) back room, room at the back ❷ ÖKON back office

hin|tragen *vt irreg* ■**jdn/etw [zu jdm/etw]** ~ to carry sb/sth [to sb/sth] **hin|treten** *vi irreg sein* ❶ (*jdm gegenübertreten*) ■**vor jdn** ~ to go up to sb, to face [*or* confront] sb ❷ (*sich jdm nähern*) ■**zu jdm** ~ to go/come up to sb ❸ (*zutreten*) to kick, to put the boot in *sl* **hin|tun** *vt irreg* (*fam: hinlegen*) ■**[jdm] etw irgendwohin** ~ to put sth somewhere [for sb]; ***wer hat mir diesen Zettel hingetan?*** who's left this note for me?

hinüber *adv* ❶ (*nach drüben*) across, over; ***bis zu den Hügeln ~ war die Erde kahl und ausgetrocknet*** the earth up to the hills was bare and arid; **eine Mauer/einen Zaun** ~ over a wall/a fence; ~ **und herüber** back and forth, backwards and forwards; ■**[zu jdm] ~ sein** (*fam*) to go across [*or* over] [to sb]; ***Mutter ist nur kurz ~ zu Frau Lang*** mother has popped over to Mrs Lang's *fam* ❷ (*fam: verdorben sein*) ■~ **sein** to be [*or* have gone] off, to be bad ❸ (*fam: defekt sein*) ■~ **sein** to have had it; (*ruiniert sein*) to be done for ❹ (*fam: ganz hingerissen sein*) ■~ **sein** to be bowled over; **völlig ~ sein** to be completely bowled over ❺ (*fam: tot sein*) ■~ **sein** to have had it

hinüber|blicken *vi* (*von hier nach drüben blicken*) ■**[zu jdm/etw]** ~ to look [*or* have a look] across [*or* over] [at/to sb/sth] **hinüber|bringen** *vt irreg* ■**etw [zu jdm/etw] [über etw** *akk*] ~ to take across [*or* over] sth *sep* [to sb/sth] **hinüber|fahren** *irreg* I. *vt haben* ■**jdn/etw [auf etw** *akk*] ~ to drive [*or* take] sb/sth [to sth]; **jdn/etw mit der Fähre** ~ to take sb/sth by ferry II. *vi sein* (*nach drüben fahren*) ■**[nach etw** *akk*/**über etw** *akk*] ~ to drive [*or* go] across [*or* over] [to sth/the sth]; **über die Wolga** ~ to drive [*or* go] across [*or* over] the Volga; **über die Wolga mit einem Boot** ~ to go over [*or* across] [*or* to cross] the Volga by boat **hinüber|führen** I. *vt* (*nach drüben geleiten*) ■**jdn [auf etw** *akk*/**in/über etw** *akk*] ~ to take sb across [*or* over] [to sth/sth]; ***wenn Sie meinen Arm nehmen, führe ich Sie gerne auf die andere Straßenseite hinüber*** if you take my arm, I'll be happy to take you to the other side of the road II. *vi* (*nach drüben verlaufen*) ■**[auf etw** *akk*/**über etw** *akk*] ~ to go across [*or* over] [*or* to cross] [to sth/sth]; ***die Brücke führt über das Tal hinüber*** the bridge goes over [*or* across] [*or* the bridge crosses] a valley **hinüber|gehen** *vi irreg sein* (*nach drüben gehen*) ■**[auf etw** *akk*/**in/über etw** *akk*] ~ to go over [*or* across] [*or* to cross] [to sth/sth]; ***man darf erst bei Grün auf die andere Straßenseite*** ~ you have to wait for the green light before you cross the road **hinüber|helfen** *vi irreg* ■**jdm [auf etw** *akk*/**über etw** *akk*] ~ to help sb over [*or* across] [to sth/sth]; **jdn über die Straße** ~ to help sb over [*or* across] the road **hinüber|kommen** *vi irreg sein* ■**[zu jdm/auf etw** *akk*/**in etw** *akk*/**über etw** *akk*] ~ to come/go over [*or* across] [to sb/to sth/sth]; **über die Brücke** ~ to come/go over [*or* across] the bridge **hinüber|lassen** *vt irreg* ■**jdn [zu jdm/über etw** *akk*] ~ to let sb go/drive over [*or* across] [*or* to let sb cross] [to sb/sth] **hinüber|reichen** I. *vt* (*geh*) ■**[jdm] etw [über etw** *akk*] ~ to pass sth across [*or* over] [sth] [to sb] II. *vi* ■**[in etw** *akk*/**über etw** *akk*] ~ to reach over [to sth/sth]; ***der Ast reicht drei Meter in Nachbars Garten hinüber!*** the branch reaches three metres over the neighbours garden! [*or* overhangs the neighbours garden by three metres] **hinüber|retten** I. *vt* ❶ (*nach drüben in Sicherheit bringen*) ■**etw [nach etw** *akk*/**auf etw** *akk*/**über etw** *akk*] ~ to save sth by getting/taking it across [*or* over] [to sth/sth]; **die Habseligkeiten in ein anderes Land** ~ to save one's worldly goods by getting/taking them to another country ❷ (*erhalten und übernehmen*) ■**etw [in etw** *akk*] ~ to preserve [*or* keep] [*or* maintain] sth [in sth] II. *vr* ❶ (*sich in Sicherheit bringen*) ■**sich** *akk* **[über etw** *akk*] ~ to reach safety [*or* save oneself] [by crossing sth] ❷ (*sich erhalten und übernommen werden*) ■**sich** *akk* **[in etw** *akk*] ~ to survive [in sth] **hinüber|schwimmen** *vi irreg sein* ■**[zu etw** *dat*] ~ to swim across [*or* over] [to sth]; ■**über etw** *akk* ~ to swim over [*or* across] sth **hinüber|setzen** I. *vt* (*nach drüben setzen*) ■**jdn** ~ to seat sb over [there], to set [*or* move] sb over [there] II. *vi* (*hinüberspringen*) ■**[über etw]** ~ to jump across sth III. *vr* ■**sich** ~ to sit over [there]; ***sie hat sich zu ihm hinübergesetzt*** she went over and sat down beside him **hinüber|springen** *vi irreg* ❶ (*nach drüben springen*) ■**[über etw]** ~ to jump across sth ❷ (*fam: nach drüben laufen*) ■**[zu jdm/etw]** ~ to run across [to sb/sth] **hinüber|steigen** *vi irreg sein* ■**[auf/in/über etw** *akk*] ~ to climb over [onto sth/into sth/sth] **hinüber|werfen** *vt irreg* ■**etw [auf/in etw** *akk*] ~ to throw over sth *sep* [onto/into sth]; ■**[jdm] etw über etw** *akk* ~ to throw sth over sth [to sb]; ***er warf den Kindern den Ball über die Mauer hinüber*** he threw the ball over the wall to the children **hinüber|wollen** *vi* (*fam*) to want to cross, go across

hin- und herbewegen* *vt* ■**etw** ~ to move sth back and forth [*or* to and fro]; ■**sich** ~ to move back and forth; **sich** *akk* **zur Musik** ~ to rock [*or* move back and forth] to music/the music **hin- und herfahren** *irreg* I. *vi sein* to travel back and forth [*or* to and fro] II. *vt* ■**jdn** ~ to drive sb back and forth [*or* to and fro] **Hin- und Herfahrt** *f* journey there and back BRIT, round trip AM **Hinundhergerede, Hin-und-Her-Gerede** *nt* (*fam*) aimless chatter, argy-bargy BRIT *fam* **Hin- und Herreise** *f* return trip, journey there and back BRIT, round trip AM **Hin- und Herweg** *m* way there and back **Hin- und Rückfahrkarte** *f* return [*or* AM round-trip] ticket **Hin- und Rückfahrt** *f* return journey; ***einfache Fahrt oder ~?*** single or return? **Hin- und Rückflug** *m* return flight **Hin- und Rückreise** *f* return trip, journey there and back BRIT, round trip AM **Hin- und Rückweg** *m* round trip

hinunter *adv* down; ***die Treppe ~ ist es leichter als umgekehrt*** going down the stairs is easier than going up; ~ ***damit!*** get it down!; (*Bier a.*) get it down your neck! *fam; s. a.* **bis**

hinụnter|blicken *vi* (*geh*) to look down; ***vom Turm kann man schön in den Ort*** ~ you get a lovely view of the place looking down from the tower **hinụnter|bringen** *vt irreg* ❶ (*nach unten tragen*) ▪ **jdn/etw** ~ to take/bring down sb/sth *sep;* ***kannst du den schweren Sack alleine ~?*** can you bring/take that heavy sack down alone? ❷ (*fam: hinunterschlucken*) ***ich weiß nicht, ob ich das scheußliche Zeug hinunterbringe*** I don't know if I can get that hideous stuff down **hinụnter|fahren** *irreg* **I.** *vi sein* to go down; ***fährt der Fahrstuhl hoch oder hinunter?*** is the lift going up or down? **II.** *vt* ❶ *haben* ▪ **jdn/etw** [**irgendwohin**] ~ to drive [*or* take] down sb/sth *sep* [somewhere]; ***ich kann Sie in die Stadt*** ~ I can drive [*or* take] you down to town ❷ *sein* ▪ **etw** ~ to go down sth; ***diesen Abhang fahre ich nicht hinunter!*** I'm not going down that slope! **hinụnter|fallen** *irreg sein* **I.** *vi* ▪ **etw fällt** [**jdm**] **hinunter** sth falls down/off; (*aus den Händen*) sb drops sth; **aus dem 8. Stock/von der Fensterbank** ~ to fall from the 8th floor/off the windowsill **II.** *vt* ▪ **etw** ~ to fall down sth **hinụnter|fließen** *irreg sein* **I.** *vi* ▪ [**in etw** *akk*] ~ to flow down [into sth] **II.** *vt* ▪ **etw** ~ to flow down sth **hinụnter|gehen** *irreg sein* **I.** *vi* ❶ (*von hier nach unten gehen*) to go down; ***geh mal schnell hinunter und hol mir eine Flasche Wein aus dem Keller*** nip down and get me a bottle of wine from the cellar ❷ (*die Flughöhe verringern*) ▪ [**auf etw** *akk*] ~ to descend [to sth] **II.** *vt* ▪ **etw** ~ to go down sth **hinụnter|kippen** *vt* (*fam*) ▪ **etw** ~ to gulp down sth *sep;* **Schnaps** ~ to knock back schnapps *sep fam* **hinụnter|klettern** *sein* **I.** *vi* to climb down **II.** *vt* ▪ **etw** ~ to climb down sth **hinụnter|lassen** *vt irreg* ❶ (*nach unten hinablassen*) ▪ **jdn/etw** [**auf etw** *akk*/**zu jdm**] ~ to lower sb/sth [onto sth/down to sb] ❷ (*fam: nach unten gehen lassen*) ▪ **jdn** [**in etw** *akk*] ~ to let sb down [[in]to sth] ❸ (*fam: auf den Boden lassen*) ▪ **jdn** [**auf etw** *akk*] ~ to set down sb *sep* [onto sth] **hinụnter|laufen** *irreg sein* **I.** *vi* ▪ [**zu jdm/irgendwohin**] ~ to run down [to sb/somewhere] **II.** *vt* ▪ **etw** ~ to run down sth; **die Treppe** ~ to run downstairs; *s. a.* **Rücken hinụnter|reichen** **I.** *vt* ▪ **jdm etw** ~ to hand [*or* pass] down sth *sep* to sb **II.** *vi* ▪ [**jdm**] **bis zu etw** *dat* ~ to reach down to sb's sth; ***das Kleid reicht mir bis zu den Knöcheln hinunter*** the dress reaches down to my ankles **hinụnter|schalten** *vi* [**in den ersten/zweiten Gang**] ~ to change [*or* AM shift] down [into first/second gear] **hinụnter|schauen** *vi* DIAL *s.* **hinuntersehen hinụnter|schlingen** *vt irreg* (*fam*) ▪ **etw** ~ to devour sth; **Essen** ~ to gobble [*or* BRIT bolt] down food **hinụnter|schlucken** *vt* ▪ **etw** ~ ❶ (*ganz schlucken*) to swallow [down *sep*] sth, to swallow sth whole ❷ (*fam: sich verkneifen*) to suppress [*or* choke back] sth *sep;* **eine Erwiderung** ~ to stifle [*or sep* bite back] a reply **hinụnter|schmeißen** *vt irreg* (*fam*) ▪ [**jdm**] **etw** ~ to sling [*or fam* chuck] down *sep* sth [to sb] **hinụnter|schütten** *vt* (*fam*) ▪ **etw** ~ to gulp down sth *sep* **hinụnter|sehen** *vi irreg* ▪ [**zu jdm/auf etw** *akk*] ~ to look down [at sb/sth]; ***sieh doch mal hinunter, wer unten gerade bei uns klingelt!*** have a look down and see who's ringing our doorbell **hinụnter|spülen** *vt* ❶ (*nach unten wegspülen*) ▪ **etw** ~ to flush down sth *sep* ❷ (*mit einem Getränk hinunterschlucken*) ▪ **etw** [**mit etw** *dat*] ~ to wash down sth *sep* [with sth] ❸ (*fam: verdrängen*) ▪ **etw** [**mit etw** *dat*] ~ to ease sth [with sth] **hinụnter|stürzen** **I.** *vi sein* ❶ (*heftig hinunterfallen*) ▪ [**auf etw** *akk*/**von etw** *dat*] ~ to fall [down] [onto sth/from/off sth] ❷ (*eilends hinunterlaufen*) to dash [*or* rush] down; ***sie stürzte hinunter, um die Tür aufzumachen*** she rushed down[stairs] to answer the door **II.** *vt* ❶ *sein* (*schnell hinunterlaufen*) ▪ **etw** ~ to dash [*or* rush] down sth; **die Treppe** ~ to rush [*or* dash] down[the]stairs ❷ *haben* (*nach unten stürzen*) ▪ **jdn** ~ to throw down sb *sep* ❸ *haben* (*fam: in einem Zug hastig schlucken*) ▪ **etw** ~ to gulp down sth *sep;* **einen Schaps** ~ to knock back a schnapps *sep fam* **III.** *vr* ▪ **sich** ~ to throw oneself down/off; **sich** *akk* **eine Brücke/die Treppe** ~ to throw oneself off a bridge/down the stairs **hinụnter|werfen** *vt irreg* ▪ [**jdm**] **etw** ~ to throw down sth *sep* [to sb]; ***wirf mir den Schlüssel hinunter!*** throw me the key! **hinụnter|würgen** *vt* ▪ **etw** ~ to choke down sth *sep* **hinụnter|ziehen** *irreg* **I.** *vt haben* ▪ **jdn/etw** ~ to pull down sb/sth *sep* **II.** *vi sein* ❶ (*nach unten umziehen*) ▪ [**in etw** *akk*] ~ to move down [into sth]; ***ich ziehe in eine Einzimmerwohnung im zweiten Stock hinunter*** I'm moving down into a one-room flat on the second floor ❷ (*nach Süden ziehen*) to move [down] south **III.** *vr haben* (*abwärts verlaufen*) ▪ **sich** ~ to stretch [*or* extend] down; ***ihre Narbe zieht sich vom Oberschenkel bis zum Knie hinunter*** her scar stretches from the thigh down to the knee

hịn|wagen *vr* ▪ **sich** [**zu jdm/etw**] ~ to dare [to] go [up to sb/sth]; ▪ **sich** *akk* **zu einem Tier** ~ to dare [to] approach [*or* go up to] an animal

hinwẹg *adv* (*veraltend geh*) ▪ **~!** away with you!, begone! *liter or old;* ▪ **~ mit jdm/etw** away with sb/sth; **über jdn/etw ~ sein** to have got over sb/sth; **über etw** *akk* **~ sein** to be over sth; **über lange Jahre** ~ for [many [long]] years

Hịnweg *m* way there; ***der ~ wird zehn Stunden dauern*** the journey there will take ten hours; **auf dem** ~ on the way there; ***hoffentlich werden wir auf dem ~ nicht aufgehalten!*** hopefully we won't get held up on our way

hinwẹg|bringen *vt irreg* ▪ **jdn über etw** *akk* ~ to help sb [to] get over sth; **jdn über schwere Zeiten** ~ to help sb [[to] get] through difficult times **hinwẹg|gehen** *vi irreg sein* ▪ **über etw** *akk* ~ to disregard [*or* pass over] sth **hinwẹg|helfen** *vi irreg* ▪ **jdm über etw** *akk* ~ to help sb [to] get over sth; **jdm über schwierige Zeiten** ~ to help sb [[to] get] through difficult times **hinwẹg|kommen** *vi irreg sein* ▪ **über etw** *akk* ~ to get over sth; ▪ **darüber ~, dass ...** to get over the fact that ... **hinwẹg|raffen** *vt* (*geh*) ▪ **jdn** ~ to carry off sb *sep* **hinwẹg|sehen** *vi irreg* ❶ (*unbeachtet lassen*) ▪ **über etw** *akk* ~ to ignore [*or* overlook] sth; ▪ **darüber ~, dass jd etw** [**nicht**] **tut** to ignore [*or* overlook] the fact that sb is[n't] doing sth, to overlook sb's [not] doing sth *form* ❷ (*ignorieren*) ▪ **über jdn/etw** ~ to ignore sb/sth, to cut sb ❸ (*darüber sehen*) ▪ **über jdn/etw** ~ to see over [*or* past] sb['s head]/sth **hinwẹg|setzen** *vr* ▪ **sich** *akk* **über etw** *akk* ~ to disregard [*or* dismiss] sth **hinwẹg|täuschen** *vt* ▪ **jdn über etw** *akk* ~ to deceive [*or* mislead] sb about sth; ▪ **jdn darüber ~, dass ...** to blind sb to the fact that ...; ▪ **darüber ~, dass ...** to hide [*or* obscure] the fact that ...; ▪ **sich** *akk* [**nicht**] **darüber ~ lassen, dass ...** to [not] be blind to the fact that ... **hinwẹg|trösten** *vt* ▪ **jdn über etw** *akk* ~ to console sb [about sth]

Hịnweis <-es, -e> *m* ❶ (*Rat*) advice *no pl, no art,* piece of advice, tip; ***ich erlaube mir den ~, dass ...*** I must point out that ...; ***detaillierte ~e finden Sie in der Gebrauchsanleitung*** you will find detailed information in the operating instructions; **unter ~ auf etw** *akk* with reference to sth ❷ (*Anhaltspunkt*) clue, indication; ***für ~e, die zur Ergreifung der Täter führen, ist eine Belohnung in Höhe von 23.000,-- DM ausgesetzt*** there is a reward of 23,000.00 DM for information leading to the arrest of the perpetrators

hịn|weisen *irreg* **I.** *vt* ▪ **jdn auf etw** *akk* ~ to point out sth *sep* to sb; ▪ **jdn darauf ~, dass ...** to point out [to sb] that ... **II.** *vi* ▪ **auf jdn/etw** ~ to point to sb/sth; ▪ **darauf ~, dass ...** to indicate that ...; *s. a.* **Fürwort**

Hịnweispflicht *f* JUR duty to warn **Hịnweisschild** *nt* sign **Hịnweistafel** *f* information board

hịn|wenden *irreg* (*geh*) **I.** *vt* ▪ **etw zu jdm** ~ to turn sth to[wards] sb **II.** *vr* ▪ **sich** *akk* **zu jdm/etw** ~ to turn to[wards] sb/sth

Hịnwendung *f* **eine ~ zum Besseren** a turn for the better

hịn|werfen *irreg* **I.** *vt* ❶ (*zuwerfen*) ▪ **jdm/einem Tier etw** ~ to throw sth to sb/an animal ❷ (*irgendwohin werfen*) ▪ [**jdm**] **etw** ~ to throw down sth [to sb] *sep;* (*fallen lassen*) to drop sth ❸ (*fam: aufgeben*) ▪ **etw** ~ to give up sth *sep,* to chuck [in *sep*] sth *fam* ❹ (*flüchtig erwähnen*) ▪ **etw** ~ to drop sth *fam;* ***das war nur so hingeworfen*** that was just a casual remark ❺ (*flüchtig zu Papier bringen*) ▪ **etw** ~ to dash off sth *sep;* ▪ **hingeworfen** hurried **II.** *vr* ▪ **sich** [**vor jdn/etw**] ~ to throw oneself down [in front of [*or form* before] sb/sth]

hịn|wirken *vi* ▪ [**bei jdm**] **auf etw** *akk* ~ to work towards [getting sb to do] sth; ***ich werde darauf ~, dass du eingestellt wirst*** I'll work towards getting you appointed

hịn|wollen *vi* (*fam*) ▪ [**zu jdm/etw**] ~ to want to go [to sb/sth]

Hịnz *m* ▸ WENDUNGEN: **~ und Kunz** (*pej fam*) every Tom, Dick and Harry [*or* BRIT Harriet] *pej;* **von ~ zu Kunz** (*pej fam*) to wander around in a fruitless manner, from pillar to post BRIT

hịn|zählen *vt* ▪ **jdm etw** ~ to count out sth *sep* to sb **hịn|zaubern** *vt* (*fam*) ▪ [**jdm**] **etw** ~ to whip [*or* rustle] up sth *sep* [for sb]; **eine Mousse au Chocolat** ~ to conjure up a chocolate mousse

hịn|ziehen *irreg* **I.** *vt haben* ❶ (*zu sich ziehen*) ▪ **jdn/etw zu sich** ~ to pull [*or* draw] sb/sth towards one; *s. a.* **fühlen** ❷ (*anziehen*) ▪ **es zieht jdn zu etw** *dat* **hin** sb is attracted to sth; ***es hatte sie immer nach Köln hingezogen*** she had always been attracted to Cologne ❸ (*hinauszögern*) ▪ **etw** ~ to delay sth **II.** *vi sein* ❶ (*sich hinbewegen*) ▪ [**zu etw** *dat*] ~ to move [*or* go] [to sth]; ***da zieht sie hin, die Karawane!*** there goes the caravan! ❷ (*umziehen*) ▪ **zu jdm/nach etw** ~ to move in with sb/to move to sth; ***du könntest doch zu uns*** ~ you could move in with us **III.** *vr* ❶ (*sich verzögern*) ▪ **sich** ~ to drag on ❷ (*sich erstrecken*) ▪ **sich** *akk* **entlang einer S.** *gen* ~ to extend [*or* stretch] along sth

hịn|zielen *vi* ❶ (*zum Ziel haben*) ▪ **auf etw** *akk* ~ to aim at sth ❷ (*auf etw gerichtet sein*) ▪ **auf etw** *akk* ~ to be aimed at sth, to refer to sth ❸ (*entstehen lassen wollen*) ▪ [**mit etw** *dat*] **auf etw** *akk* ~ to aim at sth [using sth]

hinzu *adv* in addition, besides

hinzu̱|fügen *vt* ❶ (*beilegen*) ▪ [**etw** *dat*] **etw** ~ to add sth [to sth], to enclose sth [with sth]; **einen Scheck einem Brief** ~ to enclose a cheque [*or* AM check] in [*or* with] a letter ❷ (*zusätzlich bemerken*) ▪ [**etw** *dat*] **etw** ~ to add sth [to sth]; ***das ist meine Meinung, dem habe ich nichts mehr hinzuzufügen!*** that is my opinion, I have nothing further to add to it ❸ (*nachträglich hineingeben*) ▪ **etw** ~ to add sth

Hinzu̱fügung *f* addition; **unter ~ einer S.** *gen* (*geh*) with the addition of sth

hinzu̱|geben *vt* ❶ (*zusätzlich geben*) ▪ **jdm etw** ~ to add sth for sb ❷ (*beigeben*) ▪ [**etw** *dat*] **etw** ~ to add sth [to sth] **hinzu̱|gewinnen** *vt irreg* ▪ **jdn** ~ to gain sb **hinzu̱|kommen** *vi irreg sein* ❶ (*zusätzlich eintreffen*) to arrive; (*aufkreuzen*) to appear [on the scene]; ***die anderen Gäste kommen dann später hinzu*** the other guests are coming along [*or* arriving] later ❷ (*sich noch ereignen*) ▪ **es kommt** [**noch**] **hinzu, dass ...** there is also the fact that ... ❸ (*dazukommen*) ***die Mehrwertsteuer kommt noch hinzu*** that's not including v.a.t.; ***kommt sonst noch etwas hinzu?*** will there be anything else? **hinzu̱|rechnen** *vt* ▪ **etw** [**mit**] ~ to add on sth *sep,* to include sth; ***Bedienung nicht hinzugerechnet*** service not included **Hinzu̱rechnung** <-, -en> *f* FIN addition, inclusion **hinzu̱|setzen** **I.** *vt* (*hinzufügen*) ▪ **etw** ~ to add sth; **noch etw hinzuzusetzen haben** to have sth to add **II.** *vr* (*geh: dazusetzen*) ▪ **sich** [**zu jdm**] ~ to join [sb] **hinzu̱|zählen** *vt* ❶ (*als dazugehörig ansehen*) ▪ **jdn/etw** [**mit**] ~ to include sb/sth ❷ *s.* **hinzurechnen hinzu̱|ziehen** *vt irreg* ▪ **jdn/etw** [**mit**] ~ to consult sb/sth

Hinzu̱ziehung *f kein pl* consultation; **unter ~ einer Person/einer S.** *gen* by/after consulting a person/sth; ***ich kann mich zu der Angelegenheit nur unter ~ eines Sachverständigen äußern*** I can only comment on the matter after having consulted an expert

Hinzuziehungsklausel *f* JUR consultation clause

Hiobsbotschaft *f* bad news *no pl, no indef art*

hip *adj* (*sl*) hip *sl*

Hip-Hop <-s> *m kein pl* MUS, MODE hip-hop *no pl, no art*

hipp, hipp, hurra *interj* hip, hip, hurrah [*or* hurray]

hippe(r, s) *adj* (*emph sl*) hip *fam*

Hipphipphurra <-s, -s> *nt* cheer; **ein dreifaches ~ [auf jdn/etw]** three cheers *pl* [for sb/sth]

Hippie <-s, -s> *m* hippie

Hipster <-s, -> ['hɪpstəʳ] *m* (*fam*) ❶ (*cooler Typ*) hipster *fam*, hip cat *sl* ❷ MODE hipster ❸ (*Hip-Hopper*) hip hopper

Hirn <-[e]s, -e> *nt* ❶ (*Ge~*) brain; **jds ~ entspringen** [*o* **entstammen**] to be sb's idea ❷ (*~masse*) brains *pl* ❸ KOCHK brains *pl*

Hirnanhangdrüse *f* pituitary [gland] **Hirngefäß** *nt* cerebral blood vessel **Hirngespinst** *nt* fantasy; ■ **~e** figments of the imagination **Hirngewebe** *nt* brain tissue **Hirnhaut** *f* meninx *spec*, meninges *npl spec* **Hirnhautentzündung** *f* meningitis

Hirni <-s, -s> *m* (*pej*) brain

hirnlos *adj* (*fam*) brainless **Hirnmasse** *f* cerebral mass *spec* **Hirnrinde** *f* cerebral cortex *spec* **hirnrissig** *adj* (*pej fam*) harebrained, half-baked *pej fam*, half-arsed [*or* AM -assed] *fam!* **Hirnschlag** *m* stroke **Hirnstamm** *m* ANAT (*ursprünglicher, hinten/unten gelegener Hirnteil*) brainstem **Hirntod** *m* brain death *no pl, no art* **hirntot** *adj* brain dead **Hirntote(r)** *f(m) decl wie adj* brain dead person, brain death *spec sl;* ■ **ein ~r/eine ~ sein** to be brain dead **Hirntumor** *m* brain tumour [*or* AM -or] **hirnverbrannt** *adj* (*fam*) *s.* **hinrnrissig Hirnwindung** *f* convolution [of the brain] *spec*, gyrus *spec*

Hirsch <-es, -e> *m* ❶ (*Rot~*) deer ❷ (*Fleisch*) venison *no art, no pl*

Hirschbraten *m* roast venison *no art, no pl* **Hirschfänger** <-s, -> *m* hunting knife **Hirschfütterung** *f* deer feeding *no art, no pl;* ***„~ verboten!"*** "don't feed the deer" **Hirschgeweih** *nt* antlers *pl* **Hirschhorn** *nt* horn **Hirschjagd** *f* ❶ (*Blutsport*) ■ **die ~** deer [*or* stag] hunting ❷ (*einzelne Jagd*) deer [*or* stag] hunt **Hirschkäfer** *m* stag beetle **Hirschkalb** *nt* [male] fawn **Hirschkeule** *f* haunch of venison **Hirschkuh** *f* hind **Hirschleder** *nt* buckskin *no art, no pl*, deerskin *no art, no pl* **Hirschziegenantilope** *f* ZOOL blackbuck **Hirschzunge** *f* BOT hart's tongue

Hirse <-, -n> *f* millet *no pl, no art*

Hirsebrei *m* millet gruel *no pl* **Hirsekorn** *nt* millet seed

Hirt(in) <-en, -en> *m(f)* herdsman *masc;* (*Schaf~*) shepherd, shepherdess *fem* ► WENDUNGEN: **wie der ~[e], so die Herde** (*prov*) like master, like man *prov*

Hirte <-n, -n> *m* ❶ (*geh*) *s.* **Hirt** ❷ REL pastor ► WENDUNGEN: **der Gute ~** the Good Shepherd

Hirtenbrief *m* REL pastoral letter **Hirtenflöte** *f* shepherd's pipe **Hirtenhund** *m* sheepdog **Hirtenstab** *m* ❶ (*geh*) *eines Hirten* shepherd's crook ❷ *eines Bischofs* crosier, crozier **Hirtentäschel** <-s, -> *nt*, **Hirtentäschelkraut** *nt* BOT shepherd's-purse

Hirtin <-, -nen> *f s.* **Hirt** shepherd[ess]

his, His <-, -> *nt* MUS B sharp

Hisbollah <-> *f kein pl* Hezbollah *no pl, + sing/pl vb*

Hispanist(in) <-en, -en> *m(f)* Hispanist, Hispanicist, Spanish specialist

Hispanistik <-> *f kein pl* SCH Spanish [language and literature] *no pl*

hissen *vt* ■ **etw ~** to hoist [*or* fly] sth

Histamin <-s> *nt kein pl* histamine *no pl, no art*

Histaminvergiftung *f* MED histamine poisoning

Histologie <-> *f kein pl* histology *no pl, no art spec*

histologisch *adj* histological *spec*

Histon <-s, -e> *nt* BIOL histone

Historie <-> *f kein pl* (*geh*) history

Historiker(in) <-s, -> *m(f)* historian

Historikerstreit *m kein pl* POL disagreement [*or* dispute] among historians

Historiographie <-> *f kein pl*, **Historiografie**[RR] <-> *f kein pl* historiography *no pl, no art spec*

historisch I. *adj* ❶ (*die Geschichte betreffend*) historical ❷ (*geschichtlich bedeutsam*) historic ❸ (*geschichtlich belegt*) historical II. *adv* historically; **~ belegt sein** to be historically proven [*or* a historical fact]; **etw ~ betrachten** to look at sth from a historical perspective

historisieren* *vi* (*geh*) to historicize

Historismus <-, -men> *m* historicism

Historizismus <-, Historizismen> *m* PHILOS historicism

Hit <-s, -s> *m* (*fam*) ❶ (*erfolgreicher Schlager*) hit ❷ (*Umsatzrenner*) roaring success

Hitlergruß *m* HIST Nazi [*or* Hitler] salute **Hitlerjugend** *f* HIST ■ **die ~** the Hitler Youth **Hitlerzeit** *f* HIST Hitler era *no pl, no indef art*

Hitliste *f* charts *npl* **Hitparade** *f* ❶ (*Musiksendung*) chart show, top of the pops *no indef art* BRIT ❷ *s.* **Hitliste**

Hitze <-, -n> *f* ❶ (*große Wärme*) heat *no pl, no indef art;* **bei einer bestimmten ~** KOCHK at a certain oven temperature; **bei starker/mittlerer/mäßiger ~ backen** to bake in a hot/medium/moderate oven ❷ (*heiße Witterung*) heat *no pl, no indef art*, hot weather *no pl, no indef art;* ***eine ~ ist das!*** (*fam*) it's really hot!; **brütende** [*o* **sengende**] **~** sweltering [*or* scorching] heat; **vor ~ umkommen** (*fam*) to die of the heat ❸ ZOOL (*Zeit der Läufigkeit*) heat *no pl, no art* ► WENDUNGEN: **in der ~ des Gefecht[e]s** in the heat of the battle; **[leicht] in ~ geraten** to [easily] get heated [*or* worked up]

hitzebeständig *adj* heat-resistant **Hitzebeständigkeit** *f* heat resistance **Hitzebläschen** *nt* MED heat spot [*or* blister] **hitzeempfindlich** *adj* heat-sensitive, sensitive to heat *pred* **hitzefrei** *adj pred* SCH ***heute haben wir ~!*** school's out today because of the heat **Hitzeperiode** *f* ❶ METEO hot spell, spell [*or* period] of hot weather ❷ BIOL heat *no pl* **Hitzeschild** *m* heat shield **Hitzewallung** *f meist pl* hot flush **Hitzewelle** *f* heat wave

hitzig I. *adj* ❶ (*leicht aufbrausend*) hotheaded, quick-tempered; ■ **~ sein/werden** to be quick-tempered/to flare up; **eine ~e Reaktion** a heated reaction; **ein ~es Temperament** a fiery temperament ❷ (*leidenschaftlich*) passionate; **eine ~e Debatte** a heated [*or* passionate] debate ► WENDUNGEN: **nicht so ~!** don't get so excited! II. *adv* passionately

Hitzkopf *m* (*fam*) hothead **hitzköpfig** *adj* (*fam*) hotheaded; ■ **~ sein** to be hotheaded [*or* a hothead]

Hitzschlag *m* heat stroke; (*von der Sonne a.*) sunstroke; **einen ~ bekommen** [*o geh* **erleiden**] [*o fam* **kriegen**] to get heat stroke/sunstroke

HIV <-[s]> *nt Abk von* **Human Immunodeficiency Virus** HIV *no pl, no art*

HIV-Fall *m* HIV case **HIV-infiziert** [ha:ʔi:'fau] *adj* MED HIV positive **HIV-negativ** *adj* HIV-negative **HIV-positiv** *adj* HIV-positive **HIV-Test** *m* HIV test

Hiwi <-s, -s> *m* (*sl*) assistant

HKS-Farbsystem *nt* TYPO HKS matching system

hl. *adj Abk von* **heilig**: ***der hl. Petrus*** St[.] Peter

Hl. *Abk von* **Heilige(r)** St[.]

hm *interj* ❶ (*anerkennendes Brummen*) hm; ***~, das schmeckt aber gut*** hm, that really tastes good ❷ (*fragendes Brummen*) er[m] ❸ (*bejahendes Brummen*) hm; ***na, gefällt dir mein neues Kleid? — ~, nicht schlecht!*** well, do you like my new dress? — hm, not bad!

H-Milch ['ha:] *f* long-life milk

h-Moll ['ha:] *nt* MUS B minor

HNO *Abk von* **Hals, Nasen, Ohren** ENT

HNO-Arzt, -Ärztin [ha:ʔɛn'ʔo:] *m, f* ENT specialist **HNO-Praxis** *f* ENT practice [*or* AM *a.* -se]

Hobby <-s, -s> *nt* hobby; **etw als ~ betreiben** to do sth as [*or* for] a hobby

Hobbyfilmer(in) *m(f)* amateur film-maker **Hobbyfunker(in)** *m(f)* radio ham **Hobbygärtner(in)** *m(f)* amateur gardner **Hobbykeller** *m* hobby room in a cellar **Hobbykoch, -köchin** *m, f* amateur cook **Hobbymaler(in)** *m(f)* amateur artist **Hobbyraum** *m* hobby-room, workroom

Hobel <-s, -> *m* ❶ (*Werkzeug*) plane ❷ (*Küchengerät*) slicer

Hobelbank <-bänke> *f* carpenter's [*or* joiner's] bench

hobeln I. *vt* ■ **etw ~** ❶ (*mit dem Hobel glätten*) to plane sth ❷ (*mit dem Hobel schneiden*) to slice sth II. *vi* ■ **[an etw** *dat*] **~** to plane [sth]

Hobelspan *m* ❶ *meist pl* (*Holz, Metall*) [wood] shaving ❷ *pl* KOCHK ÖSTERR (*gebackene Süßspeise*) baked desserts *pl*

hoch <*attr* hohe(r, s), höher, *attr* höchste(r, s)> I. *adj* ❶ (*groß an vertikaler Ausdehnung*) high, tall; **ein hoher Turm** a tall [*or* high] tower; **ein hoher Baum/Mensch** a tall tree/person; **eine hohe Decke** a high ceiling; **eine hohe Schneedecke** deep snow; **[gut] 20 Meter ~ sein** to be [a good] 20 metres [*or* AM -ers] tall/high [*or* in height]/deep; *Aufhängung, Dach* to be [a good] 20 metres [*or* AM -ers] off the ground; **ein Mann von hohem Wuchs** (*liter*) a man of tall stature *a. form;* ***ein 125 Meter hoher Turm*** a 125 metre [high] tower ❷ (*beträchtlich*) high, large; **hohe Beträge** large amounts; **hohe Kosten** high costs; **ein hoher Lotteriegewinn** a big lottery win ❸ (*stark gesteigert*) high; **etw einem hohen Druck aussetzen** to expose sth to a high pressure; **hohes Fieber haben** to be running a high temperature ❹ (*erheblich*) extensive, severe; **hohe Verluste** severe losses; **ein hoher Sachschaden** extensive damage to property ❺ (*groß*) great, high; **ein hoher Lebensstandard** a high standard of living; ***du hast aber hohe Ansprüche!*** you're very demanding [*or form* exigent]!; **eine hohe Freude** a great pleasure; ***die Gesundheit ist ein hohes Gut*** health is a precious commodity ❻ (*bedeutend*) great, high; **hohe Ämter/ein hohes Amt bekleiden** to hold high office; **hohes Ansehen** great respect; **ein hoher Feiertag** an important public holiday; **ein hoher Funktionär/eine hohe Funktionärin** a high-level official; **hohe Offiziere** high-ranking officers; **ein hohe Position in der Firma** a senior position in the firm ❼ *pred* **jdm zu ~ sein** (*fam*) to be above sb's head; *s. a.* **Schule, C, Haus, Herrschaft** II. *adv* <höher, am höchsten> ❶ (*nach oben*) ***wie ~ kannst du den Ball werfen?*** how high can you throw the ball?; ***der Berg ragt 5000 Meter ~ empor*** the mountain towers to a height of 5000 metres; **etw ~ halten** (*in die Höhe halten*) to hold up sth *sep;* **~ zum Himmel zeigen** to point up at [*or* to] the sky; **~ gewachsen** tall; **einen Gang ~ schalten** AUTO to shift [up] gears; **[zu] ~ singen** MUS to sing [too] high ❷ (*in einiger Höhe*) ***~ auf dem Berg befindet sich eine Jagdhütte*** there's a hunting lodge high up on the mountain; ***die Sterne stehen ~ am Himmel*** the stars are high up in the sky; ***wir fliegen 4000 Meter ~*** we're flying at a height of 4,000 metres; **~ gelegen** high-lying [*or* -altitude] *attr;* **im ~ gelegenen Gebirgstal** high up in the mountains; **~ oben** high up; ***im Keller steht das Wasser 3 cm ~*** the water's 3 cm deep in the cellar; ***wie ~ steht das Thermometer?*** how high is the temperature?; *s. a.* **Ross** ❸ (*sehr*) highly; **~ angesehen** (*geh*) highly regarded [*or form* esteemed]; **~ beladen** heavily laden; **~ empfindlich** TECH highly sensitive; FOTO high-speed, fast *attr;* **~ entwickelt** (*weit fortgeschritten*) highly developed [*or* evolved]; **eine ~ entwickelte Kultur** a highly developed civilization; (*verfeinert*) sophisticated; **~ geehrt** (*geh*) highly honoured [*or* AM -ored]; ***~ geehrter Herr Präsident!*** dear Mr President!; **~ gelobt** highly praised; **~giftig** highly poisonous; **~ infektiös** highly infectious; **~ industrialisiert** highly industrialized; **~ kompliziert** highly complicated; **~ motiviert** highly motivated; **~ qualifiziert** highly qualified; **~ radioaktiv** highly radioactive [*or* highly thought]; **~ sensibel** highly sensitive; **~ stehend** advanced; **eine ~ stehende**

Kultur an advanced civilization; **wirtschaftlich/wissenschaftlich ~ stehend** economically/scientifically advanced; **gesellschaftlich ~ stehende Leute** people of high social standing; ■**jdn [als jdn/etw] ~ achten** to respect sb highly [*or* greatly] [as sb/sth]; ■**~ geachtet** highly [*or* greatly] respected; ■**etw ~ achten** to respect sth highly [*or* greatly]; **jdn/etw ~ einschätzen** to have a high opinion of sb/sth; **~ eingeschätzt werden** to be thought highly [*or* well] of; **jdn/etw zu ~ einschätzen** to overestimate sb/sth ④ (*äußerst*) extremely, highly, very; **~ begabt** highly gifted [*or* talented]; **~ empfindlich** extremely [*or* very] delicate; **~ favorisiert sein** to be the strong favourite [*or* AM -orite]; **~ qualifiziert** highly qualified; **jdn/etw ~ schätzen** to appreciate sb/sth very much, to value sb/sth highly; ***der Vorschlag ist mir ~ willkommen*** I very much welcome the suggestion; ***wie ~ bist du verschuldet?*** how much [*or* deep] in debt are you? ⑤ (*eine hohe Summe umfassend*) highly; **~ besteuert** highly taxed; **~ bezahlt** highly paid, well paid; **~ dotiert** highly remunerated *form*; **eine ~ dotierte Stelle** a highly remunerative position *form*; **~ gewinnen** to win a large amount; **~ rentabel** highly profitable; **~ versichert** heavily insured; **~ verschuldet** deep in debt *pred*; **~ wetten** to bet heavily ⑥ MATH (*Bezeichnung der Potenz*) ***2 ~ 4*** 2 to the power of 4 *spec*; ***x ~ 3*** x to the power of 3 *spec*, x cubed *spec* ▶ WENDUNGEN: **zu ~ gegriffen sein** to be an exaggeration; **~ und heilig** (*fam*) faithfully; **~ und heilig schwören, dass ...** to swear blind that ...; **etw ~ und heilig versprechen** to promise sth faithfully; **jdm etw ~ anrechnen** to give sb great credit for sth; **~ hergehen** (*fam*) to be lively; ***auf ihren Partys geht es immer ~ her*** there's always a lively atmosphere at her parties; **~ hinauswollen** (*fam*) to aim high; **jd ist ~ in den Fünfzigern/Sechzigern etc.** sb's in his/her late fifties/sixties etc.; **wenn es ~ kommt** (*fam*) at the most; **[bei etw] ~ pokern [*o* reizen]** (*fam*) to take a big chance [with sth]; **~ stehen** to be high up; ***er stand in der Rangordnung recht ~*** he was very high up in the hierarchy; **~!** get up!; ***~, ihr Faulpelze!*** [get] up, you lazy so-and-sos!

Hoch[1] <-s, -s> *nt* cheer; ***ein dreifaches ~ dem glücklichen Brautpaar*** three cheers for the happy couple; **ein ~ auf jdn ausbringen** to give sb a cheer

Hoch[2] <-s, -s> *nt* METEO high **Hochachtung** *f* deep respect; **mit vorzüglicher ~** (*veraltend geh*) your obedient servant *dated form*; **jdm seine ~ für etw zollen** to pay tribute to sb for sth; **bei aller ~ vor jdm/etw** with the greatest respect for sb/sth; ***bei aller ~, die ich vor Ihnen habe, ...*** with all due respect to you, ...; **meine ~!** my compliments!, well done! **hochachtungsvoll** *adv* (*geh*) your obedient servant *dated form* **Hochadel** *m* high/higher nobility **hochaktuell** *adj* ① (*äußerst aktuell*) highly topical ② MODE (*topmodern*) highly fashionable, all the rage *pred* **Hochaltar** *m* high altar **hochaltrig** *adj* very old (*over 80*) **Hochaltrige(r)** *f(m) decl wie adj* (*Person ab 80 Jahren*) very old person (*over 80*) **Hochamt** *nt* ■**das ~** High Mass **hochangereichert** *adj Uran* [highly] enriched **hochanständig** *adj* very decent; ■**~ von jdm sein** to be very decent of sb; **etw ~ von jdm finden** to find sth very decent of sb **hoch|arbeiten** *vr* ■**sich** *akk* **[bis zu etw** *dat*] **~** to work one's way up [to [the position of] sth] **hochauflösend** *adj* INFORM, TV high-resolution *attr*; ■**~ sein** to have a high resolution **Hochbahn** *f* elevated [*or* overhead] railway [*or* AM railroad], el AM *fam* **Hochbau** *m kein pl* structural engineering *no pl, no art* **Hochbauamt** *nt* building department, structural engineering department **hoch|bekommen*** *vt irreg* ■**etw ~** to [manage to] get [*or* lift] up sth *sep*; ***ich bekomme kaum mehr den Arm hoch*** I can scarcely lift my arm up any more **hochberühmt** *adj* very famous **hochbetagt** *adj* (*geh*) aged; **~ sterben** to die at an advanced age **Hochbetrieb** *m* intense activity *no pl*; ***abends herrscht bei uns immer ~*** we are always very busy in the evenings; **[einen] ~ haben** to be very busy **Hochbett** *nt* bunk [bed] **hochbezahlt** <höherbezahlt, höchstbezahlt> *adj attr s.* **hoch II 5** **hoch|binden** *vt irreg* ■**etw ~** to tie up sth *sep* **hoch|blicken** *vi* (*geh*) *s.* **hochsehen** **Hochblüte** *f* golden age; **seine ~ haben [*o* erleben]** to have its golden age, to be at its zenith **hoch|bocken** *vt* ■**etw ~** to jack up sth *sep* **hoch|bringen** *vt irreg* (*fam*) ① (*nach oben bringen*) ■**[jdm] jdn/etw ~** to bring/take up sb/sth *sep* [to sb] ② (*fam: hochheben können*) ■**etw ~** to manage to lift [up *sep*] sth ③ (*zuversichtlich machen*) ■**jdn [wieder] ~** to get sb [back] on his/her feet ④ (*sl: Erektion haben*) ***kriegt er denn [k]einen hoch?*** can['t] he get it up? *fam* **Hochburg** *f* stronghold **hochdeutsch** *adj* High [*or* standard] German **Hochdeutsch** *nt* High [*or* standard] German **hoch|drehen** *vt* ① AUTO ■**etw ~** to rev sth; **den Motor auf 7000 U/min ~** to rev the engine to 7000 rpm ② *s.* **hochkurbeln**

Hochdruck[1] *m kein pl* ① MED high blood pressure *no pl* ② PHYS high pressure ▶ WENDUNGEN: **mit ~ [an etw** *dat*] **arbeiten** to work flat out [on sth] *fam*; **etw mit ~ betreiben** to carry out sth *sep* at a terrific rate

Hochdruck[2] *m* TYPO *kein pl* letterpress [*or* surface] [*or spec* relief] printing *no pl, no art*

Hochdruckgebiet *nt* METEO area of high pressure, high-pressure area

Hochebene *f* plateau **hocherfreut** *adj* overjoyed, delighted **hocherhoben** *adj attr* raised high *pred*; **~en Hauptes** with [one's] head held high **hochexplosiv** *adj* highly explosive

hoch|fahren *irreg* **I.** *vi sein* ① (*in ein oberes Stockwerk fahren*) to go up; ***fahren Sie hoch oder nach unten?*** are you going up or down? ② (*nach oben fahren*) ■**[zu etw** *dat*] **~** to go up [to sth]; **mit der Bergbahn ~** to go up by mountain railway ③ (*sich plötzlich aufrichten*) **aus dem Schlaf ~** to start up from one's sleep, to wake up with a start ④ (*aufbrausen*) to flare up **II.** *vt sein* ■**etw ~** to go up sth; **etw mit dem Rad ~** to cycle up sth **III.** *vt haben* ① (*nach oben fahren*) ■**jdn/etw [zu jdm/irgendwohin] ~** to drive [*or* take] up sb/sth *sep* [to sb/somewhere]; ***können Sie uns nach Hamburg ~?*** can you drive us up to Hamburg? ② (*auf volle Leistung bringen*) ■**etw ~** to start [*or* power up] *sep* sth; **die Produktion ~** to raise [*or* increase] production; **einen Computer ~** to boot [up *sep*] a computer *spec*; **einen Computer neu ~** to re-boot a computer

hochfahrend *adj* ① (*geh: überheblich*) arrogant ② *s.* **hochfliegend**

Hochfinanz *f* high finance *no pl, no art* **Hochfläche** *f s.* **Hochebene** **hoch|fliegen** *vi irreg sein* ① (*in die Höhe fliegen*) to fly up [into the air]; *Vogel a.* to soar [up]; ***einige Wildenten flogen verschreckt hoch*** a few wild ducks flew off in alarm ② (*in die Luft geschleudert werden*) to be hurled upwards [*or* thrown up[wards]] **hochfliegend** *adj* (*geh*) ambitious **Hochform** *f* top [*or* peak] form; **in ~ sein, sich in ~ befinden** to be in top [*or* peak] form; **zur ~ auflaufen** (*fam*) to approach top [*or* peak] form **Hochformat** *nt* portrait [*or* vertical] format [*or* upright] [*or* size]; **im ~** in portrait format **Hochfrequenz** *f* PHYS high frequency **Hochfrisur** *f* upswept hairstyle; **eine ~ haben** to wear up one's hair *sep* **Hochgarage** *f s.* **Parkhochhaus** **Hochgebirge** *nt* high mountains *pl* **Hochgebirgsformation** *f* formation of mountains **Hochgebirgsvegetation** *f* alpine vegetation **Hochgefühl** *nt* elation; **ein ~ haben** to feel elated, to have a feeling of elation **hoch|gehen** *irreg sein* **I.** *vi* ① (*hinaufgehen*) to go up; ***ich gehe wieder hoch in mein Büro*** I'll go up to my office ② (*fam: detonieren*) to go off; ■**etw ~ lassen** to blow up sth *sep* ③ (*fam: wütend werden*) to blow one's top *fam* ④ (*fam*) *Preise* to go up; *s. a.* **Welle** ⑤ (*fam: enttarnt werden*) to get caught [*or* BRIT *fam* nicked]; ■**jdn/etw ~ lassen** to bust sb/sth *sl* **II.** *vt* ■**etw [zu etw** *dat*] **~** to go up sth [to sth] **hochgeistig** **I.** *adj attr* highly intellectual **II.** *adv* intellectually; ***der Schriftsteller schreibt mir zu ~*** the author writes in a way that is much too intellectual for me **hochgelehrt** *adj* (*geh*) erudite *form*, very learned **hochgelobt** *adj* highly praised, lauded **Hochgenuss**[RR] *m* real delight; **jdm einen ~ bereiten** to be a real [*or* great] [*or* special] treat for sb; **[jdm] ein ~ sein** to be a real delight [for sb] **hochgeschätzt** *adj* highly esteemed [*or* valued], prized **hochgeschlossen** *adj* MODE high-necked **Hochgeschwindigkeitscomputer** *m* high-speed computer **Hochgeschwindigkeitsmagnetschwebebahn** *f* high-speed magnetic suspension [*or* levitation] railway **Hochgeschwindigkeitstrasse** *f* EISENB high-speed track **Hochgeschwindigkeitszug** *m* high-speed train **hochgespannt** *adj* (*fam*) *Erwartungen* high, extreme; **~e Erwartungen haben [*o* hegen]** to have high expectations **hochgesteckt** **I.** *pp von* **hochstecken** **II.** *adj* ① *Haar* pinned up ② *Ziele* ambitious **hochgestellt** *adj attr* high-ranking, important **hochgestochen** **I.** *adj* (*pej fam*) ① (*geschraubt*) highbrow *pej*; ***dieser Autor schreibt einen sehr ~en Stil*** this author has a very highbrow style ② (*eingebildet*) conceited *pej*, stuck-up *pej fam* **II.** *adv* in a highbrow way [*or* manner] **hochgiftig** <höchstgiftig> *superl adj s.* **hoch II 3**

Hochglanz *m* FOTO high gloss; **etw auf ~ bringen [*o* polieren]** to polish sth till it shines; **ein Zimmer auf ~ bringen** to make a room spick and span

Hochglanzabzug *m* TYPO glossy print **hochglänzend** *adj* BAU full gloss **Hochglanzfoto** *nt* glossy print **Hochglanzkaschierung** *f* TYPO acetat [*or* high gloss] laminating **Hochglanzlack** *m* glossy varnish **Hochglanzpapier** *nt* high-gloss paper **Hochglanzpolitur** *f* ① (*Poliermittel*) furniture polish ② *einer Oberfläche* mirror polish [*or* finish]

hochgradig **I.** *adj* extreme **II.** *adv* extremely

hoch|gucken *vi* (*fam*) *s.* **hochsehen** **hochhackig** *adj* high-heeled; ■**~ sein** to have high heels

hoch|halten *vt irreg* ① (*in die Höhe halten*) ■**etw ~ halten** to hold up sth *sep* ② (*ehren*) ■**etw ~** to uphold sth **Hochhaus** *nt* high-rise [*or* multistorey] [*or* AM multistory] building **hoch|heben** *vt irreg* ① (*in die Höhe heben*) ■**jdn/etw ~** to lift up sb/sth *sep* ② (*emporstrecken*) ■**etw ~** to put [*or* hold] up sth *sep*, to raise [*or* lift] sth **hochherrschaftlich** *adj* palatial, grand

hochherzig *adj* (*geh*) generous, magnanimous *form*

Hochherzigkeit <-> *f kein pl* (*geh*) generosity *no pl, no art*, magnanimity *no pl, no art form* **hochinfektiös** <-, höchstinfektiös> *adj s.* **hoch II 3** **hochintelligent** *adj* highly intelligent **hochinteressant** *adj* most interesting **hoch|jagen** *vt* ① (*fam: sprengen*) ■**etw ~** to blow up sth *sep* ② (*fam: hochdrehen*) ■**etw ~** to rev up sth *sep* ③ (*aufwecken*) ■**jdn ~** to get sb up ④ (*aufscheuchen*) **Vögel ~** to scare [up *sep*] birds; JAGD to flush out birds *sep* **hoch|jubeln** *vt* TECH (*fam*) ■**jdn/etw ~** to hype sb/sth *fam*; **einen Motor ~** to rev up *sep* a motor

hochkant *adv* on end; **~ stehen** to stand on end; **etw ~ stellen** to stand sth on end

hochkantig *adv s.* **achtkantig**

hochkarätig *adj* ① (*mit einem hohen Karatgewicht*) high-carat ② (*mit einem hohen Feingewicht*) high-carat ③ (*fam: äußerst qualifiziert*) top-flight, top-notch *fam* **hochklappbar** *adj* folding *attr*, foldable; **ein ~er Sitz** a tip-up seat; ***die Luke ist hydraulisch ~*** the hatch is folded hydraulically **hoch|klappen** **I.** *vt haben* ■**etw ~** to fold up sth *sep*; **mit hochgeklapptem Kragen** with one's collar turned up **II.** *vi sein* to tip up **hochklassig** *adj* high-class **hoch|klettern** *sein* **I.** *vi* ■**[an etw** *dat*] **~** to climb up sth **II.** *vt* ■**etw ~** to climb up sth **hoch|kommen** *irreg sein* **I.** *vi* ① (*fam: nach oben kommen*) to come up ② (*hin-, heraufkommen*) ■**[zu jdm] ~** to come up [to sb] [*or* in]; ***kommen Sie doch zu mir ins Büro hoch*** come up to my office ③ (*an die Oberfläche kommen*) ■**[wieder] ~** to come up [again]; *Taucher a.* to [re]surface ④ (*fam: aufstehen können*) ■**[aus/von etw** *dat*] **~** to get up [out of/from sth] ⑤ (*fam*) ■**es kommt jdm hoch** it

H

makes sb sick; ***wenn ich nur daran denke, kommt es mir schon hoch!*** it makes me sick just thinking about it! ❻ (*in Erscheinung treten*) ■ [**in jdm**] ~ to well up [in sb]; *Betrug* to come to light ▶ WENDUNGEN: **niemanden neben sich** *dat* ~ **lassen** to allow no competition **II.** *vt* ■ **etw** ~ to come up sth **Hochkommissar(in)** *m(f)* high commissioner **Hochkommissariat** *nt* high commission **hochkompliziert** <höchstkompliziert> *superl adj s.* **hoch II 3** **Hochkonjunktur** *f* [economic] boom **hoch|können** *vi irreg* (*fam*) ❶ (*aufstehen können*) ***kannst du alleine hoch, oder soll ich dir helfen?*** can you get up on your own, or should I help you? ❷ (*hochklettern können*) ***ich kann nicht*** [***auf den Baum***] ***hoch*** I can't get up [the tree] **hochkonzentriert** *adj* highly concentrated **Hochkostenland** *nt meist pl* ÖKON high-cost country **hoch|krempeln** *vt* ■ [**sich** *dat*] **etw** ~ to roll up sth *sep;* **die Hemdsärmel** ~ to roll up one's shirt-sleeves; **mit hochgekrempelten Hosenbeinen** with one's trouser [*or* AM pant] legs rolled up **hoch|kriegen** *vt* (*fam*) *s.* **hochbekommen** **Hochkultur** *f* [very] advanced civilization [*or* culture] **hoch|kurbeln** *vt* ■ **etw** ~ to wind up sth *sep* **hoch|laden** *vt* INFORM ■ **etw** ~ to upload sth **Hochland** *nt* highland *usu pl;* **das schottische** ~ the Scottish Highlands *npl* **hoch|leben** *vi* **jd/etw lebe hoch!** three cheers for sb/sth!; **hoch lebe der/die ...!** three cheers for the ...!; ***hoch lebe der Kaiser!*** long live the emperor!; **jdn** ~ **lassen** to give three cheers for sb [*or* sb three cheers] **hoch|legen** *vt* ■ **etw** ~ ❶ (*höher lagern*) to put up sth *sep;* **die Beine** ~ to put up one's feet ❷ (*fam: nach oben legen*) to put sth high up; ■ **etw auf etw** *akk* ~ to put sth [up] on top of sth; ***ich habe die Geschenke auf den Schrank hochgelegt*** I've put the presents up on top of the cupboard

Hochleistung *f* top-class [*or* -rate] [*or* first-class] [*or* -rate] performance

Hochleistungschip *m* INFORM high-speed[*or* -performance] chip, superchip **Hochleistungsmotor** *m* high-performance engine **Hochleistungssport** *m* top-level sport **Hochleistungssportler(in)** *m(f)* top athlete **Hochleistungstraining** *nt* hard [*or* intensive] training *no pl, no art*

Hochlohnland *nt* country with high wage costs

hochmodern **I.** *adj* ultra-modern; ■ ~ **sein** to be the latest fashion **II.** *adv* in the latest fashion[s]; ~ **eingerichtet** furnished in the latest style **Hochmoor** *nt* [upland] moor **hochmotiviert** <höchstmotiviert> *superl adj s.* **hoch II 3** **Hochmut** *m* (*pej*) arrogance ▶ WENDUNGEN: ~ **kommt vor dem Fall** (*prov*) pride goes [*or* comes] before a fall *prov*

hochmütig *adj* (*pej*) arrogant

Hochmütigkeit <-> *f kein pl s.* **Hochmut**

hochnäsig **I.** *adj* (*pej fam*) conceited *pej,* stuck-up *pej fam,* snooty *fam* **II.** *adv* (*pej fam*) conceitedly *pej,* snootily *fam*

Hochnäsigkeit <-> *f kein pl* (*pej fam*) conceitedness *no pl, no art pej,* snootiness *no pl, no art fam*

Hochnebel *m* METEO [low] stratus *spec* **hoch|nehmen** *vt irreg* ❶ (*abheben*) ■ **etw** ~ to lift [up *sep*] sth ❷ (*nach oben heben*) ■ **jdn/etw** ~ to lift [*or* pick] up sb/sth *sep* ❸ (*fam: auf den Arm nehmen*) ■ **jdn** ~ to have [*or* AM put] sb on *fam* ❹ (*sl: verhaften*) ■ **jdn** ~ to pick up sb *sep* **Hochofen** *m* blast furnace **hoch|päppeln** *vt* (*fam*) ■ **jdn/ein Tier** ~ to feed up sb/an animal *sep* **Hochparterre** *nt* raised ground floor **Hochplateau** *nt s.* **Hochebene**

Hochpreisappartement *nt* apartment in the upper price bracket **Hochpreisauto** *nt* car in the upper price range, upmarket car **Hochpreismarkt** *m* upper price range of a/the market

hochprozentig *adj* ❶ (*Alkohol enthaltend*) high-proof ❷ (*konzentriert*) highly concentrated **hoch|puschen** *vt* (*sl*) ■ **etw** ~ to jack up sth *sep fam* **hochradioaktiv** *adj s.* **hoch II 3** **hoch|ragen** *vi sein o haben* to rise [*or* tower] [up]; ***die Berge ragen 4000 Meter hoch*** the mountains tower to a height of 4000 metres; ■ ~**d** towering **hochrangig** <höherrangig, höchstrangig> *adj attr* high-ranking **hoch|rechnen** *vt* ■ **etw** [**bis zu etw** *dat*] ~ to project sth [to sth] **Hochrechnung** *f* projection **Hochregal** *nt* ÖKON high shelf **hoch|reißen** *vt irreg* ■ **etw** ~ to lift sth quickly; ***sie riss blitzschnell die Arme hoch, um den Ball zu fangen*** her arms shot up to catch the ball; LUFT to put sth into a steep climb, to hoick sth *spec fam*

Hochrelief *nt* KUNST high relief **hochrentabel** <höchstrentabel> *adj s.* **hoch II 5** **Hochrippe** *f* KOCHK foreribs *pl* **hochrot** *adj* bright red; **mit ~em Gesicht** with a bright red face, with one's face as red as a beetroot [*or* AM beet] **Hochruf** *m* cheer **hoch|rüsten** *vt* ❶ (*aufrüsten*) ■ **etw** ~ to increase the weaponry of sth; **die Streitkräfte mit etw** ~ to equip the armed forces with sth ❷ INFORM (*ausstatten*) ■ **etw** ~ to upgrade sth **Hochrüstung** *f* arms build-up **hoch|rutschen** *vi sein* ❶ ■ [**jdm**] ~ *Kleidungsstück* to ride up; ***dein Hemd ist hochgerutscht*** your shirt has ridden up ❷ (*aufrücken*) to move up **Hochsaison** *f* ❶ (*Zeit stärksten Betriebes*) the busiest time; ***bei heißem Wetter haben die Eisdielen*** ~ the busiest time for ice-cream parlours is during hot weather ❷ (*Hauptsaison*) high [*or* peak] season **hoch|schalten** *vt s.* **hoch II 7** **hoch|schaukeln** **I.** *vt* ■ **etw** ~ to blow up sth *sep* **II.** *vr* ■ **sich** [**gegenseitig**] ~ to get [each other] worked up **hoch|schießen** *irreg* **I.** *vi sein* to shoot up [into the air] **II.** *vt haben* ■ **etw** ~ to send up sth *sep* **hoch|schlagen** *irreg* **I.** *vt haben* ■ **etw** ~ to turn up sth *sep;* **mit hochgeschlagenem Kragen** with one's collar turned up **II.** *vi sein* to surge; *Flammen* to leap up; ■ ~**d** surging/leaping **hoch|schnellen** *vi sein* ■ [**von etw** *dat*] ~ to leap up [from/out of sth]; *Sprungfeder* to pop up [out of sth] **Hochschrank** *nt* tall cabinet **hoch|schrauben** *vt* ■ **etw** ~ ❶ (*immer mehr steigern*) to force up sth *sep* ❷ (*immer größer werden lassen*) to raise sth; **seine Ansprüche** ~ to increase one's demands **hoch|schrecken** **I.** *vt haben* ■ **jdn** ~ to startle sb; (*aus dem Schlaf*) to wake sb rudely **II.** *vi irreg sein* to start up; (*aus dem Schlaf a.*) to awake with a start

Hochschulabschluss[RR] *m* degree; **mit/ohne** ~ with/without a degree **Hochschulabsolvent(in)** <-en, -en> *m(f)* SCH college [*or* university] graduate **Hochschulbau** *m* university building **Hochschulbildung** *f* university/college education; **mit/ohne** ~ with/without a university/college education

Hochschule *f* ❶ (*Universität*) university ❷ (*Fach~*) college [of higher education]; **pädagogische** ~ teacher training college

Hochschüler(in) *m(f)* student

Hochschulgebäude *nt* university/college building **Hochschulgesetz** *nt* law on higher education **Hochschulgruppe** *f* university group **Hochschullehrer(in)** *m(f)* university/college lecturer **Hochschulpolitik** *f* higher education policy, policy on higher education **hochschulpolitisch** *adj attr* higher education policy **Hochschulprofessor(in)** *m(f)* university/college professor **Hochschulrahmengesetz** *nt* framework law on higher education, basic university act **Hochschulreform** *f* university reform **Hochschulreife** *f entrance requirement for higher education;* **mit/ohne** ~ with/without the requirements for further education **Hochschulstudium** *nt* university/college [*or* higher] education; **ein naturwissenschaftliches** ~ a university science course; **mit/ohne** ~ with/without a university/college [*or* higher] education **Hochschulwesen** *nt kein pl* SCH [system of] higher education, university and college [system] **Hochschulzulassung** *f* SCH entrance requirement

hochschwanger *adj* in an advanced stage of pregnancy *pred,* well advanced in pregnancy *pred*

Hochsee *f kein pl* high sea[s *npl*]; **auf hoher See** on the high seas [*or* the open sea]

Hochseedampfer *m* ocean[going] steamer **Hochseefischerei** *f* deep-sea fishing *no pl, no art* **Hochseeflotte** *f* deep-sea fleet **Hochseeschifffahrt**[RR] *f* deep-sea shipping *no pl, no indef art;* **zur** ~ **geeignet sein** to be suitable for navigating the high seas **hochseetüchtig** *adj* ocean-going, seagoing; ■ ~ **sein** to be suitable for the high seas

hoch|sehen *vi irreg* to look up **Hochseil** *nt* high wire, tightrope **Hochseilakt** *m* high-wire [*or* tightrope] act

hochsensibel <höchstsensibel> *superl adj* highly sensitive **Hochsicherheitsgefängnis** *nt* high-security prison **Hochsicherheitslabor** *nt* high-security laboratory **Hochsicherheitstrakt** *m* high-security wing

Hochsitz *m* JAGD [raised] hide **Hochsommer** *m* high summer *no pl, no art,* height of summer *no pl, no indef art,* midsummer *no pl, no art;* **im** ~ in midsummer, at the height of summer **hochsommerlich** **I.** *adj* midsummer-like; **~e Temperaturen** midsummer-like temperatures **II.** *adv* as in midsummer; ***es ist fast* ~ *warm*** it's almost as hot as in midsummer

Hochspannung *f* ❶ ELEK high voltage; **„Vorsicht ~!“** "danger — high voltage" ❷ *kein pl* (*Belastung*) enormous tension; **mit** ~ with a great deal of tension

Hochspannungsleitung *f* high-voltage [*or form* high-tension] [transmission] line **Hochspannungsmast** *m* pylon **Hochspannungsprüfer** *m* high-voltage tester **Hochspannungstransformator** *m* high-voltage transformer

hoch|spielen *vt* ■ **etw** ~ to blow up [the importance of] sth; **etw künstlich** ~ to blow up sth *sep* out of all proportion **Hochsprache** *f* standard language **hoch|springen** *vi irreg sein* ❶ (*fam: aufspringen*) ■ [**von etw** *dat*] ~ to jump up [from/out of sth]; ■ **auf etw** *akk* ~ to jump up onto sth ❷ (*nach oben springen*) ■ **an jdm/etw** ~ to jump up at sb/sth ❸ *nur infin und pp* SPORT to do the high jump **Hochspringer(in)** *m(f)* high jumper **Hochsprung** *m* high jump

höchst **I.** *adj s.* **höchste(r, s)** **II.** *adv* most, extremely; **höchst erfreut** extremely delighted

Höchstalter *nt* maximum age

Hochstand *m s.* **Hochsitz**

Hochstapelei <-, -en> *f* (*pej*) fraud *no pl, no art*

hoch|stapeln *vi* (*pej*) to practise [*or* AM *usu* -ice] fraud; ***sie stapelt gerne hoch und gibt sich als Managerin aus*** she likes to deceive people and pass herself off as a manager

Hochstapler(in) <-s, -> *m(f)* (*pej*) con man *fam,* confidence trickster [*or* man] BRIT

Höchstbeanspruchung *f* TECH maximum load **Höchstbedarf** *m* ÖKON peak of demand **Höchstbeitrag** *m* maximum contribution **Höchstbetrag** *m* maximum amount **Höchstbetragshypothek** *f* FIN maximum-sum mortgage **Höchstbietende(r)** *f(m) decl wie adj* highest bidder

höchste(r, s) *attr* **I.** *adj superl von* **hoch** ❶ (*die größte Höhe aufweisend*) highest, tallest; **die ~n Bäume/Menschen** the tallest trees/people; **der** ~ **Berg** the highest mountain ❷ (*dem Ausmaß nach bedeutendste*) highest; **die ~n Profite** the biggest profits; **die bisher** ~ **zu zahlende Entschädigung** the largest amount of compensation payable to date; **aufs** ~ extremely, most; **das ~, was ...** the most [that] ...; **zu jds ~n/~r ...** to sb's great ...; ***zu meiner ~n Bestürzung*** to my great consternation; *s. a.* **Wesen** ❸ (*gravierendste*) severest, most severe; **die ~n Verluste** the highest [*or* greatest] losses ❹ (*dem Rang nach bedeutendste*) highest; **das** ~ **Amt** the highest office; **von ~m Ansehen** of the highest repute; **der** ~ **Feiertag** the most important public holiday; **der** ~ **Offizier** the highest-ranking officer; **die ~n Würdenträger** dignitaries of the highest level ❺ (*der Qualität nach bedeutendste*) greatest; **die ~n Ansprüche** the most stringent demands; **von ~r Bedeutung sein** to be of the utmost importance; ***die Freiheit ist das* ~ *Gut*** freedom is the most precious commodity **II.** *adv* ❶ (*in größter Höhe*) the highest; ***mittags steht die Sonne am ~n*** the sun is highest at midday ❷ (*in größtem Ausmaß*) the most, most of all; ***er war von den Bewer-***

bern am ~n qualifiziert he was the most qualified of the applicants ❸ (*die größte Summe umfassend*) the most; **die am ~n versicherten Firmen** the most heavily insured firms

hoch|stecken *vt* ■**etw** ~ to put [*or* pin] [*or* wear] up sth *sep;* **mit hochgesteckten Haaren** with one's hair pinned [*or* worn] up

hochstehend *adj* **~er Buchstabe** superior letter; **~e Ziffer** superior figure

hoch|steigen *irreg sein* **I.** *vt* (*hinaufsteigen*) ■**etw** ~ to climb up sth **II.** *vi* ❶ (*nach oben bewegen*) to rise ❷ (*fam: sich regen*) to stir; ■**in jdm** ~ *Wut, Angst, Freude* to well up in sb; ***Wut stieg in ihr hoch*** she got more and more furious **hoch|stellen** *vt* ■**etw** ~ to put up sth *sep;* TYPO to shift sth upwards **höchstens** *adv* ❶ (*bestenfalls*) at the most, at best; ***er besucht uns selten, ~ zweimal im Jahr*** he seldom visits us, twice a year at the most ❷ (*außer*) except **Höchstfall** *m* **im** ~ at the most, at best **Höchstform** *f* top form **Höchstfrist** *f* JUR maximum period **Höchstgebot** *nt* highest bid **Höchstgeschwindigkeit** *f* ❶ (*höchste mögliche Geschwindigkeit*) maximum speed; *eines Autos a.* top speed ❷ (*höchste zulässige Geschwindigkeit*) speed limit **Höchstgewicht** *nt* TECH maximum weight **Höchstgewinn** *m* HANDEL record profit **Höchstgrenze** *f* upper limit

hoch|stilisieren *vt* ■**etw** [**zu etw** *dat*] ~ to build up sth *sep* [into sth]; ■**hochstilisiert** souped-up *attr fam,* souped up *pred fam* **Hochstimmung** *f kein pl* high spirits *npl;* **in** ~ in high spirits; **in festlicher** ~ in a festive mood

Höchstkurs *m* BÖRSE maximum price **Höchstleistung** *f* maximum [*or* best] performance *no pl;* **etw auf ~ trimmen** to tune sth to maximum performance **Höchstmaß** *nt* maximum amount; **ein ~ an Bequemlichkeit** a maximum amount of comfort; **ein ~ an Verantwortung** a maximum degree of responsibility **Höchstmenge** *f* maximum amount [*or* quantity] **höchstpersönlich** *adv* personally, in person; ***es war die Königin*** ~ it was the Queen in person

Höchstpreis *m* maximum [*or* top] price

Höchstpreisbindung *f* FIN maximum price fixing **Höchstpreisvorschriften** *pl* JUR maximum price provision

höchstrichterlich *adj* of the supreme court *pred;* **ein ~es Urteil** a ruling of the supreme court **Höchstsatz** *m* maximum rate **höchstselbst** *pron nicht decl* (*veraltend o hum: höchstpersönlich*) highly personal **Höchststand** *m* ❶ (*höchstes Niveau*) highest level; **beim ~ der Flut** when the tide is at its highest ❷ ÖKON (*höchster Stand*) highest level; **absolute Höchststände verzeichnen** to be [at] an all-time high **Höchststeuersatz** *m* maximum tax rate **Höchststimmrecht** *nt* HANDEL maximum voting right **Höchststrafe** *f* maximum penalty **Höchsttemperatur** *f* maximum temperature **höchstwahrscheinlich** *adv* most likely [*or* probably] **Höchstwert** *m* maximum [*or* peak] value

hoch|stylen [-'staɪlṇ] *vt* ■**jdn/etw** ~ to style sb/sth to perfection

höchstzulässig *adj attr* maximum [permissible]; **das ~e Achsgewicht** the maximum [permissible] axle weight

Hochtechnologie *f* high technology **Hochtechnologie-Industrie** *f* TECH hitech industry **Hochtemperaturanlage** *f* high temperature plant **Hochtemperaturreaktor** *m* high temperature reactor **Hochtour** *f* ❶ SPORT (*Hochgebirgstour*) mountain climbing in a high mountain range [*or* area]; **eine ~ machen** to go mountain climbing in a high mountain range [*or* area] ❷ *pl* TECH (*größte Leistungsfähigkeit*) **auf ~en laufen** [*o* **arbeiten**] to operate [*or* work] at full speed; (*fig*) to be in full swing; ***die Werbekampagne lief auf*** ~ the election campaign was in full swing ▶ WENDUNGEN: **jdn auf ~ bringen** (*fam*) to get sb working flat out; **etw auf ~ bringen** (*fam*) to increase sth to full capacity **hochtourig** [tu:rɪç] **I.** *adj* high-revving **II.** *adv* at high revs **hochtrabend** (*pej*) **I.** *adj* pompous *pej* **II.** *adv* pompously *pej* **hoch|treiben** *vt irreg* ■**etw** ~ to drive up sth *sep;* **Kosten/Löhne/Preise** ~ to force [*or* drive] up costs/wages/prices *sep* **Hoch- und Tiefbau** *m* structural and civil engineering **hochverehrt** *adj attr* highly respected [*or form* esteemed]; ***~er Herr Vorsitzender!*** dear Mr Chairman!; ***meine ~en Damen und Herren!*** ladies and gentlemen! **Hochverrat** *m* high treason *no pl, no art* **hochverzinslich** *adj* yielding [*or* bearing] a high interest rate *pred* **Hochwald** *m* high forest

Hochwasser *nt* ❶ (*Flut*) high tide ❷ (*überhoher Wasserstand*) high [level of] water; **~ führen** [*o* **haben**] to be in flood ❸ (*Überschwemmung*) flood

Hochwasserdamm *m* dyke BRIT, AM dike **Hochwassergefahr** *f* danger of flooding *no pl, no indef art* **Hochwasserkatastrophe** *f* flood disaster **Hochwasserschaden** *m* flood damage *no pl, no indef art* **Hochwasserschutz** *m* flood protection *no pl* **Hochwasserstand** *m* METEO high-water level

hoch|werfen *vt irreg* ■[**jdm**] **etw** ~ to throw up sth *sep* [to sb] **hochwertig** *adj* ❶ (*von hoher Qualität*) [of *pred*] high quality; **~er Stahl** high-grade steel ❷ (*von hohem Nährwert*) highly nutritious **Hochwertrecycling** *nt* high value recycling (*recycling of valuable car components*) **Hochwild** *nt* big game *no pl, no art* **hochwillkommen** *adj attr* most [*or* very] welcome **Hochzahl** *f* exponent *spec*

Hochzeit[1] <-, -en> *f* wedding; **~ feiern** [*o veraltend* **halten**] to have a wedding; **~ haben** [*o* **machen**] to get married; **diamantene/eiserne/goldene/silberne** ~ diamond/65th/gold/silver wedding anniversary; **grüne** ~ wedding day ▶ WENDUNGEN: **man kann nicht auf zwei ~en tanzen** (*prov*) you can't have your cake and eat it; (*an zwei Orten gleichzeitig sein wollen*) you can't be in two places at once

Hochzeit[2] <-, -en> *f* (*geh: Blütezeit*) golden age

Hochzeitsfeier *f* wedding reception **Hochzeitsgast** *m* wedding guest **Hochzeitsgeschenk** *nt* wedding present [*or* gift] **Hochzeitskleid** *nt* ❶ FASHION wedding [*or* bridal] dress [*or* gown] ❷ ZOOL nuptial coloration; (*von Vögeln*) nuptial plumage, nuptial display **Hochzeitsnacht** *f* wedding night **Hochzeitsreise** *f* honeymoon *no pl;* **auf ~ sein** to be on [one's] honeymoon **Hochzeitsschuh** *m* wedding shoe **Hochzeitstafel** *f* wedding table **Hochzeitstag** *m* ❶ (*Tag der Hochzeit*) wedding day ❷ (*Jahrestag*) wedding anniversary

hoch|ziehen *irreg* **I.** *vt* ■**etw** ~ ❶ (*nach oben ziehen*) to pull up sth *sep;* ■**sich** *akk* [**an etw** *dat*] ~ to pull oneself up [on sth] ❷ (*höher ziehen*) to pull up sth *sep; s. a.* **Augenbraue, Nase** ❸ LUFT (*steil steigen lassen*) to pull up sth *sep* ❹ (*fam: rasch bauen*) to build sth [rapidly] **II.** *vr* (*pej sl: sich an etw aufgeilen*) ■**sich** *akk* **an etw** *dat* ~ to get a kick out of sth

Hochzinsphase *f* period of high interest [rates] **Hochzinspolitik** *f* high interest rate policy, policy of high interest rates [*or* of keeping interest rates high]

Hocke <-, -n> *f* ❶ (*Körperhaltung*) crouching [*or* squatting] position; **in die ~ gehen** to crouch [*or* squat] [*or* AM hunker] down; **in der ~ sitzen** to crouch, to squat ❷ SPORT (*Turnübung*) squat vault

hocken I. *vi* ❶ *haben* (*kauern*) ■[**an/vor etw** *dat*] ~ to crouch [*or* squat] [at sth/in front of sth]; ***sie hockte gebückt vor dem Feuer, um sich zu wärmen*** she crouched over the fire to get warm ❷ *haben* (*fam: sitzen*) ■[**an/auf/vor etw** *dat*] ~ to sit [at/on sth/in front of sth]; ***hock nicht so krumm am Tisch!*** don't slouch at the table! ❸ *sein* SPORT (*in der Hocke springen*) ■**über etw** *akk* ~ to squat-vault over sth **II.** *vr* DIAL (*fam: sich setzen*) ■**sich** *akk* [**an etw** *akk*/**zu jdm**] ~ to sit down [at sth/next to sb]; ***hock dich hin, hier ist noch Platz!*** plonk *fam* yourself down, there's room for you here

Hocker <-s, -> *m* ❶ (*Stuhl ohne Lehne*) stool; (*in einer Kneipe a.*) bar stool ❷ ARCHÄOL (*Sitzgrab*) seated burial ▶ WENDUNGEN: **jdn vom ~ hauen** (*fam*) to bowl sb over *fam*

Höcker <-s, -> *m* ❶ (*Wulst*) hump ❷ (*fam: Buckel*) hump ❸ (*kleine Wölbung*) bump

Höckerschwan *m* ORN mute swan

Hockey <-s> ['hɔki, 'hɔke] *nt kein pl* hockey *no pl, no art,* field hockey AM *no pl, no art*

Hockeyball *m* hockey ball **Hockeymannschaft** *f* hockey team **Hockeyschläger** *m* hockey stick **Hockeyschläger** ['hɔki, 'hɔke] *m* hockey stick **Hockeyspiel** *nt* game of hockey **Hockeyspieler** *m* hockey player **Hockeystadion** *nt* hockey stadium

Hode <-n, -n> *m* (*selten*) *s.* **Hoden**

Hoden <-s, -> *m* testicle

Hodenkrebs *m kein pl* MED testicular cancer *no pl*

Hodensack *m* MED scrotum

Hof <-[e]s, Höfe> *m* ❶ (*Innen~*) courtyard; (*Schul~*) schoolyard, playground; **auf dem/den ~** in/into the courtyard/on the playground ❷ (*Bauern~*) farm ❸ HIST (*Fürstensitz*) court; **bei** [*o* **am**] **~e** at court ❹ HIST (*~staat*) court ❺ (*Halo*) halo ❻ TYPO (*Raster*) fringe ▶ WENDUNGEN: **jdm den ~ machen** (*veraltend*) to woo sb *dated*

Hofarzt *m* HIST court physician **Hofausfahrt** *f* courtyard exit **Hofball** *m* HIST court ball **Hofdame** *f* lady of the court; (*der Königin*) lady-in-waiting **Hofeinfahrt** *f* courtyard entrance, entrance to a/the courtyard

hoffähig *adj* presentable, acceptable [at court]

hoffen I. *vi* ❶ (*von Hoffnung erfüllt sein*) to hope ❷ (*erwarten*) ■**~, dass ...** to hope [that] ... ❸ (*er~*) ■**auf etw** *akk* ~ to hope for sth ❹ (*auf jdn bauen*) ■**auf jdn** ~ to put one's trust in sb; **auf Gott** ~ to trust in God ▶ WENDUNGEN: **H~ und Harren macht manchen zum Narren** (*prov*) some people never give up hoping, he who lives in hope dances to an ill tune *prov;* (*als Antwort auf Unmögliches*) [and] pigs might fly *iron* **II.** *vt* ■**etw** ~ to hope for sth; ***ich hoffe es wenigstens*** at least I hope so; **es bleibt zu ~, dass ...** the hope remains that ...; **nichts mehr zu ~ haben** to have no hope left; **das will ich/wollen wir ~** I/let's hope so; *s. a.* **Beste**

Hoffenster *nt* courtyard window

hoffentlich *adv* hopefully; ■**~ nicht** I/we hope not; **~!** let's hope so!

Hoffnung <-, -en> *f* hope (**auf** +*akk* for/of); **seine ~en begraben** to abandon [*or form* relinquish] one's hopes; **es besteht noch ~** [**auf etw** *akk*] there is still hope [of sth]; **zu den besten ~en berechtigen** to give rise to the best hopes; **sich** *akk* **von der ~ auf etw** *akk* **blenden lassen** to be blinded by his/her hope for sth; **jds einzige** [*o* **letzte**] **~ sein** to be sb's only [*or* last] hope; **alle ~ fahrenlassen** to abandon all hope; **sich** *akk* **an eine falsche ~ klammern** to cling to a false hope; **in seinen ~en getäuscht** [*o* **getrogen**] **werden** to have one's hopes dashed; **~ auf etw** *akk* **haben** to have hopes of sth; ***hast du denn noch ~ auf ein Gelingen unserer Pläne?*** do you still have hopes that our plans will succeed?; **sich** *akk* **bestimmten ~en hingeben** to cherish certain hopes; **in der ~,** [**dass**] ... (*geh*) in the hope [that] ...; ***in der ~, recht bald wieder von Ihnen zu hören, ...*** hoping to hear from you again shortly, ...; **seine** [**letzte**] **~ auf jdn/etw setzen** to pin one's [last] hopes on sb/sth; **sich** *dat* **~en machen** to have hopes; **sich** *dat* **keine ~en machen** to not hold out any hopes; ***machen Sie sich keine großen ~en*** don't hold out any great hopes; **jdm ~ machen** to hold out hope to sb; ***die ersten Informationen machen mir*** ~ the initial information gives me reason to hope; **jdm ~ machen, dass ...** to hold out hope to sb that ...; **jdm ~ auf etw** *akk* **machen** to raise sb's hopes of sth; **jdm seine ~[en] nehmen** [*o* **rauben**] to rob sb of his/her hopes; **neue ~** [**aus etw**] **schöpfen** to find fresh hope [in sth], to draw new hope from sth; **die ~ sinken lassen** (*geh*) to lose hope; **sich** *akk* **in trügerischen ~en wiegen** to nurture false hopes; **die ~ verlieren** [*o* **aufgeben**] to lose [*or* give up] hope; **guter ~ sein** (*euph*) to be expecting

hoffnungsfroh *adj* (*geh*) hopeful

H

Hoffnungsfunke(n) *m s.* **Hoffnungsschimmer**

hoffnungslos I. *adj* hopeless; *s.a.* **Fall** II. *adv* ❶ (*ohne Hoffnung*) without hope ❷ (*völlig*) hopelessly; ~ **veraltet** hopelessly out of date, antediluvian *hum* ❸ (*fam: ausweglos*) hopelessly; **sich** *akk* ~ **in jdn verlieben** to fall hopelessly [*or* head over heels] in love with sb

Hoffnungslosigkeit <-> *f kein pl* hopelessness *no pl, no art;* (*Verzweiflung*) despair *no pl, no art* **Hoffnungsschimmer** *m* (*geh*) glimmer of hope **Hoffnungsträger(in)** *m(f)* sb's hope; ***sie ist unsere ~ in*** she's our hope, we've pinned our hopes on her **hoffnungsvoll** I. *adj* hopeful; **eine ~e Karriere** a promising career II. *adv* full of hope

Hofhund *m* watchdog

hofieren* *vt* ■**jdn** ~ to pay court to sb

höfisch *adj* courtly

Hofknicks *m* HIST court [*or* formal] curts[e]y **Hofleben** *nt* HIST court life *no pl, no art*

höflich I. *adj* courteous, polite II. *adv* courteously, politely; ***wir teilen Ihnen ~[st] mit, ...*** we beg to inform you ... *form*

Höflichkeit <-, -en> *f* ❶ *kein pl* (*höfliche Art*) courtesy *no pl, no art,* courteousness *no pl, no art,* politeness *no pl, no art;* **aus [reiner]** ~ out of [pure] courtesy [*or* politeness]; ***ich sage das nicht nur aus*** ~ I'm not just saying that to be polite; **mit aller** ~ courteously, politely, with the utmost politeness; ***er lehnte dankend und mit aller ~ ab*** expressing his thanks he politely declined ❷ (*höfliche Bemerkung*) compliment

Höflichkeitsbesuch *m* courtesy visit; **jdm einen ~ abstatten** to pay sb a courtesy visit **Höflichkeitsfloskel** *f* polite phrase

Hoflieferant *m* supplier [*or form* purveyor] to the court

Höfling <-s, -e> *m* ❶ HIST courtier ❷ (*pej: Schmeichler*) sycophant *pej form*

Hofmarschall *m* major-domo **Hofnarr** *m* HIST court jester **Hofrat** *m* ÖSTERR *honorary title conferred on a senior civil servant* **Hofstaat** *m kein pl* HIST [royal] court **Hoftor** *nt* courtyard gate

Höhe <-, -n> *f* ❶ (*Ausdehnung nach oben*) height; ***die Wand hat eine ~ von 3 Metern*** the wall is 3 metres high [*or* in height]; **er schätzte die Wand auf eine ~ von 3 Metern** to estimated the wall to be 3 metres [*or* AM -ers] high [*or* in height]; **aus der ~** from above; **auf halber ~** halfway up; **in einer ~ von** at a height of; **in der ~** up there; **in die ~** into the air; **in die ~ sehen** to look up; **in die ~ schießen** to shoot up *fam;* **in schwindelnder ~** at a dizzy[ing] height; **in die ~ wachsen** to grow tall ❷ (*Tiefe*) depth; ***diese Schicht hat eine ~ von 80 Zentimetern*** this layer is 80 centimetres deep ❸ (*vertikale Entfernung*) height; ***der Adler erhob sich in die ~*** the eagle rose into the air; **an ~ gewinnen** LUFT to gain height; **sich** *akk* **in die ~ schwingen** (*geh*) to soar up into the air ❹ (*Gipfel*) summit, top ❺ (*Ausmaß*) amount, level; **die ~ des Drucks** the amount of pressure; **die ~ seines Gehalts** the size of one's salary; **die ~ der Preise** [the] price levels; **die ~ des Schadens** the extent of the damage; ***Schulden in ~ von 45.000 DM*** debts of 45,000 DM; **in die ~ gehen** *Preise* to rise; **etw in die ~ schrauben** to push up sth *sep;* **seine Forderungen in die ~ schrauben** to increase one's demands; **Löhne/Preise in die ~ treiben** to force up wages/prices; **in unbegrenzter ~** of an unlimited amount; ***er hat bei uns Kredit in unbegrenzter ~*** there is no restriction on the amount of credit he has with us ❻ (*Größe*) level; **die ~ seines Lebensstandards** one's standard of living ❼ (*Ton~*) treble ❽ (*Breitenlage*) latitude; **auf der gleichen ~ liegen** to be located in the same latitude ▶ WENDUNGEN: **nicht ganz auf der ~ sein** to be a bit under the weather; **das ist doch die ~!** (*fam*) that's the limit!; **auf der ~ sein** to be in fine form; **die ~n und Tiefen des Lebens** the ups and downs in life; **auf der ~ der Zeit** up-to-date

hohe(r, s) *adj s.* **hoch**

Hoheit <-, -en> *f* ❶ (*Mitglied einer fürstlichen Familie*) member of a/the royal household [*or* family]; **Seine/Ihre Kaiserliche/Königliche ~** His/Your Imperial/Royal Highness ❷ *kein pl* (*oberste Staatsgewalt*) sovereignty *no pl, no art;* **die ~ über etw** *akk* **haben** to have sovereignty over sth

hoheitlich *adj* sovereign *attr*

Hoheitsadler *m* national eagle; **der deutsche ~** the German national eagle **Hoheitsakt** *m* JUR act of state **Hoheitsgebiet** *nt* sovereign territory **Hoheitsgewalt** *f* sovereignty *no pl, no art* **Hoheitsgewässer** *pl* territorial waters *npl;* **außerhalb der ~** outside territorial waters **Hoheitsrecht** *nt meist pl* POL sovereign right, rights of sovereignty **Hoheitsträger** *m* JUR public authority, organ of sovereign power **hoheitsvoll** *adj* (*geh*) majestic **Hoheitszeichen** *nt* national emblem

Höhenangabe *f* altitude reading; ***Wanderkarten sind immer mit genauen ~n versehen*** maps of trails always indicate the exact height of the land **Höhenangst** *f* fear of heights *no pl* **Höhenflug** *m* ❶ LUFT high-altitude flight ❷ (*Fantasiererei*) flight of fancy; **zu Höhenflügen ansetzen** to have lofty thoughts **Höhenkrankheit** *f* MED altitude sickness **Höhenleitwerk** *nt* LUFT tailplane **Höhenlinie** *f* contour [line] **Höhenmesser** *m* LUFT altimeter **Höhenruder** *nt* LUFT elevator **Höhensonne** *f* ❶ (*im Gebirge*) mountain sun ❷ (*UV-Strahler*) sun lamp **Höhenunterschied** *m* difference in altitude **höhenverstellbar** *adj* height-adjustable **Höhenverstellung** *f* AUTO height adjustment **Höhenzug** *m* range of hills; (*größer*) mountain range

Hohepriester(in) *m(f)* high priest, high priestess *fem*

Höhepunkt *m* ❶ (*bedeutendster Teil*) high point; *einer Veranstaltung* highlight ❷ (*Gipfel*) height, peak; **auf dem ~ seiner Karriere** at the height of one's career; **der ~ seiner Macht** the peak of one's power; **den/seinen ~ erreichen/überschreiten** to reach/pass the/its critical stage; ***bald hatte die Krise ihren ~ erreicht*** the crisis had soon reached its climax; (*Zenith*) zenith ❸ (*Orgasmus*) climax; **jdn zum ~ bringen** to bring sb to a climax; **zum ~ kommen** to reach a climax

höher I. *adj comp von* **hoch** ❶ (*größer an vertikaler Ausdehnung*) higher, taller; **~e Bäume/Menschen** taller trees/people; **eine ~e Decke** a higher ceiling ❷ (*dem Ausmaß nach bedeutender*) greater, larger; **ein ~er Druck** a greater pressure; **~e Forderungen** greater demands; **~e Gewinne** higher profits; **~e Preise** higher prices; **eine ~e Strafe** a severer [*or* more severe] fine; **~e Temperaturen** higher temperatures; **~e Verluste** greater losses ❸ (*dem Rang nach bedeutender*) higher; **eine ~e Funktionärin** a more senior official; **ein ~er Offizier** a higher-ranking officer; **~ gestellt** more senior ❹ (*der Qualität nach bedeutender*) higher; ***die Gesundheit ist ein ~es Gut als der Reichtum*** health is a more precious commodity than wealth ▶ WENDUNGEN: **sich** *akk* **zu H~em berufen fühlen** to feel destined for higher things II. *adv comp von* **hoch** ❶ (*weiter nach oben*) higher/taller; ■**etw ~ schrauben** to increase [*or sep* step up] sth; **seine Anforderungen ~ schrauben** to increase one's demands; **Preise ~ schrauben** to force up prices *sep;* ■**jdn [um etw** *akk*] **~ stufen** to upgrade sb [by sth] ❷ (*mit gesteigertem Wert*) higher; **sich** *akk* **~ versichern** to increase one's insurance

Höherstufung *f* ❶ (*Beförderung*) *eines Angestellten* promotion ❷ FIN **~ eines Versicherten** putting a policyholder into a higher insurance category

höherwertig *adj komp von* **hochwertig** higher-value *attr,* of higher value *pred,* more valuable

hohl I. *adj* ❶ (*leer*) hollow ❷ (*eine Mulde bildend*) hollow; **in der ~en Hand** in the hollow of one's hand; **mit der ~en Hand** with cupped hands; **~e Wangen** sunken cheeks; *s.a.* **Gasse** ❸ (*dumpf klingend*) hollow ❹ (*pej: nichts sagend*) empty, hollow; **~e Phrasen** empty phrases II. *adv* hollow; ***das Fass klingt ~*** the barrel sounds empty

hohläugig *adj* hollow-[*or* sunken-]eyed

Hohlblockmauerwerk *nt* BAU hollow-block masonry

Höhle <-, -n> *f* ❶ (*Fels~*) cave ❷ (*Tierbehausung*) cave, lair ❸ (*Höhlung*) hollow ❹ (*Augen~*) socket, orbit *spec* ▶ WENDUNGEN: **sich** *akk* **in die ~ des Löwen begeben** [*o* **wagen**] to venture into the lion's den

Höhlenbewohner(in) *m(f)* ❶ (*in Höhlen lebendes Tier*) cave-dwelling animal; ■**ein ~ sein** to live in caves ❷ *s.* **Höhlenmensch** **Höhlenforscher(in)** *m(f)* cave explorer, speleologist **Höhlenforschung** *f* cave exploration, speleology **Höhlengang** *m* underground passage **Höhlengestein** *nt* cave rock **Höhlenkunde** *f* speleology **Höhlenmalerei** *f* cave painting **Höhlenmensch** *m* cave dweller, caveman *masc,* cavewoman *fem,* troglodyte *spec*

Hohlheit <-> *f kein pl* ❶ (*pej: Geistlosigkeit*) emptiness *no pl, no art,* hollowness *no pl, no art,* vacuousness *no pl, no art form* ❷ (*selten: hohle Beschaffenheit*) emptiness *no pl, no art*

Hohlhippe *f* KOCHK *biscuit made of eggs, flour, almonds, cream, cinamon and sugar* **Hohlkehle** *f* BAU coving, concave profile **Hohlkopf** *m* (*pej fam*) blockhead *fam,* airhead AM *fam* **Hohlkopie** *f* TYPO undercutting **Hohlkörper** *m* hollow body **Hohlkreuz** *nt* MED hollow back; **ein ~ haben** to have a hollow back **Hohlkugel** *f* hollow sphere **Hohlmaß** *nt* ❶ (*Maßeinheit für Rauminhalt*) measure of capacity, cubic measure *spec* ❷ (*Messgefäß*) dry measure **Hohlrahmenkonstruktion** *f* BAU hollow metal frame **Hohlraum** *m* cavity, hollow space **Hohlraumkonservierung** *f* AUTO cavity sealing **Hohlraumversiegelung** *f* AUTO cavity sealing **Hohlsaum** *m* hemstich **Hohlspiegel** *m* concave mirror **Hohlstunde** *f* SCH free period **Hohltaube** *f* ORN stock dove **Hohltier** *nt* ZOOL coelenterate

Höhlung <-, -en> *f* hollow

hohlwangig *adj* hollow-[*or* sunken-]cheeked; ■**~ sein** to have hollow [*or* sunken] cheeks, to be hollow-[*or* sunken-]cheeked **Hohlweg** *m* narrow pass [*or liter* defile] **Hohlziegel** *m* perforated [*or* air] brick

Hohn <-[e]s> *m kein pl* scorn *no pl, no art,* derision *no pl, no art,* mockery *no pl, no art;* **das ist blanker** [*o* **der rein[st]e**] **~!** (*fam*) this is utterly absurd [*or* sheer [*or* utter] mockery]; **nur ~ und Spott ernten** to receive [*or* get] nothing but scorn and ridicule [*or* but derision]; **jdn mit ~ und Spott überschütten** to heap [*or* pour] scorn on sb; **~ lachen** to laugh scornfully; **jdm ~ sprechen** to mock [at] [*or* deride] sb; **etw** *dat* **~ sprechen** (*etw verballhornen*) to make a mockery of sth; (*einen krassen Gegensatz zu etw bilden*) to be contrary to sth; ***dieses Vorgehen spricht dem gesunden Menschenverstand ~*** this action is contrary to [*or* goes against] all common sense; **jeder Vernunft ~ sprechen** to fly in the face of all reason

höhnen *vi* to sneer; ■**das H~** sneering, jibes *pl,* AM *usu* gibes *pl*

Hohngelächter *nt* scornful [*or* derisive] [*or* sneering] laughter

höhnisch I. *adj* scornful, mocking, sneering II. *adv* scornfully, mockingly, sneeringly **Hohnlachen** *nt* scornful laughter *no pl;* **unter lautem ~** with loud scornful laughter

hoho *interj* oho

Hokaidokürbis *m* hubbard squash

Hokuspokus <-> *m kein pl* ❶ (*Zauberformel*) abracadabra; (*vor dem Schluss*) hey presto BRIT *fam;* **~ fidibus!** abracadabra!, hey presto! BRIT *fam* ❷ (*fam: fauler Zauber*) hocus-pocus ❸ (*fam: Brimborium*) fuss, palaver *fam;* **einen ~ veranstalten** to make [such] a fuss [*or fam* palaver]

hold *adj* ❶ (*hum: lieb*) dear, beloved, fair *hum* ❷ (*veraltend geh: anmutig*) sweet ❸ (*gewogen*) ■**jdm/etw ~ bleiben/sein** (*geh*) to be kind to sb/sth; ***mir ist Fortuna nie ~!*** [good] fortune never smiles on me!; **meine H~e** (*iron*) [my] dear *a. iron*

Holder <-s, -> *m* SCHWEIZ, SÜDD (*Holunder*) elder

Holding <-, -s> *f,* **Holdinggesellschaft** *f* ÖKON

holding company

holen I. *vt* ❶ (*hervor~*) ■**etw** [**aus/von etw**] ~ to get sth [out of/from sth] ❷ (*herein~*) ■**jdn** [**irgendwohin**] ~ to send sb [somewhere]; ***Sie können den Patienten jetzt holen*** you can send for the patient now; ■**jdn** ~ **lassen** to fetch sb ❸ (*herbeirufen*) ■**jdn/etw** ~ to send for sb/sth; **Hilfe** ~ to get help ❹ SPORT (*sl: erringen*) ■**etw** [**für etw**] ~ to win sth [for sth]; ***das Team hat ein olympisches Gold für Deutschland geholt*** the team won an olympic gold for Germany ▶ WENDUNGEN: **etwas/nichts bei jdm zu ~ sein** (*fam*) to get something/nothing out of sb; ***bei dem ist nichts mehr zu*** ~ you won't get any more out of him II. *vr* (*fam*) ❶ (*sich nehmen*) ■**sich** *dat* **etw** [**aus/von etw** *dat*] ~ to get oneself sth [out of/from sth]; (*selbstverständlich*) to help oneself to sth [out of/from sth] ❷ (*sich zuziehen*) ■**sich** *dat* **etw** [**an etw** *dat*/**bei etw** *dat*] ~ to get [*or* catch] sth [from/in sth]; ***bei dem kalten Wetter holst du dir eine Erkältung*** you'll catch a cold in this chilly weather; ***au verdammt, ich habe mir an dem blöden Gerät einen Schlag geholt!*** ow damn, I've got a shock from this stupid appliance!; *s. a.* **Tod** ❸ (*sich einhandeln*) ■**sich** *dat* **etw** [**von jdm**] ~ to get sth; ***er hat sich einen Anschnauzer vom Chef geholt*** he got a rollicking from the boss

holla *interj* ~, ***wen haben wir denn da?*** hallo, who have we here?; ~, ***nicht so hastig!*** hey, not so fast!

Holland <-s> *nt* ❶ (*Niederlande*) Holland, the Netherlands *npl; s. a.* **Deutschland** ❷ (*Provinz der Niederlande*) Holland

Holländer <-s> *m kein pl* Dutch cheese *no pl*

Holländer(in) <-s, -> *m(f)* Dutchman *masc,* Dutchwoman *fem;* ■**die** ~ the Dutch + *pl vb;* ~ **sein** to be Dutch [*or* a Dutchman/Dutchwoman]; **der Fliegende** ~ the Flying Dutchman; *s. a.* **Deutsche(r)**

holländisch *adj* ❶ (*Holland betreffend*) Dutch; **eine ~e Frau/ein ~er Mann** a Dutchwoman/Dutchman; *s. a.* **deutsch 1** ❷ LING Dutch; **auf** ~ in Dutch; *s. a.* **deutsch 2**

Holländisch *nt decl wie adj* Dutch; *s. a.* **Deutsch**

Hölle <-, *selten* -n> *f* Hell *no pl, no art;* **in die ~ kommen** to go to hell; **in der** ~ in hell; **jdn zur ~ jagen** (*pej fam*) to tell sb to go to hell *fam; s. a.* **Leben** ▶ WENDUNGEN: **die ~ auf Erden** hell on earth; **die grüne** ~ (*geh*) the tropical jungle; **jdm die ~ heiß machen** (*fam*) to give sb hell *fam;* **die ~ ist los** (*fam*) all hell has broken loose *fam;* **fahr zur ~!** (*geh*) go to hell [*or* the devil]! *fam;* **die** [**reinste**] ~ **sein** (*fam*) to be [sheer [*or* pure]] hell; **zur ~ mit jdm!** (*fam*) to hell with sb! *fam*

Höllenangst *f* (*fam*) awful [*or* terrible] fear; **jdm eine ~ einjagen** to frighten sb to death; **eine ~ haben** to be terribly afraid, to be shitting bricks *fam!* **Höllendurst** *m* (*fam*) raging thirst **Höllenfürst** *m* (*geh*) ■**der** ~ the Prince of Darkness *liter* **Höllengestank** *m* awful stench **Höllenhund** *m* hellhound **Höllenlärm** *m* hell of a noise *no pl, no def art fam,* terrible [*or* hellish] [*or* infernal] racket *no pl* **Höllenmaschine** *f* (*fam*) time bomb **Höllenqual** *f* (*fam*) agony *no pl, no art* **Höllenspektakel** *nt s.* Höllenlärm **Höllenstein** *m* CHEM silver nitrate *no pl, no art*

Holler <-s, -> *m* SÜDD, ÖSTERR (*Holunder*) elder; (*Früchte*) elderberries *pl*

höllisch I. *adj* ❶ *attr* infernal; **das ~e Feuer** the fires of hell *pl* ❷ (*fam: fürchterlich*) dreadful, terrible, hell *pred;* **eine ~e Angst haben** to be scared stiff; **ein ~er Lärm** a terrible racket II. *adv* (*fam*) dreadfully, terribly; ~ **brennen/schmerzen** to burn/hurt terribly [*or fam* like hell]

Hollywoodschaukel ['hɔliwʊd] *f* garden swing

Holm <-[e]s, -e> *m* ❶ SPORT (*Stange*) bar ❷ (*Rahmen*) side piece; *einer Leiter* upright ❸ (*Handlauf*) rail ❹ AUTO (*tragende Leiste*) cross-member; LUFT spar ❺ (*Stiel*) shaft

Holmium <-s> *nt kein pl* CHEM holmium *no pl, no art*

Holocaust <-s> ['ho:lokaust, holo'kaust] *m kein pl* holocaust

Holocaust-Mahnmal *nt* Holocaust memorial

Hologramm <-e> *nt* hologram

Holographie, Holografie[RR] <-, -n> [*pl* 'fi:ən] *f* holography *no pl, no art*

holp(e)rig *adj* ❶ (*sehr uneben*) bumpy, uneven ❷ (*ungleichmäßig*) clumsy, halting; **ein ~es Versmaß** a clumsy metre [*or* AM -er]; **in ~em Deutsch** in halting German

holpern *vi* ❶ *haben* (*holperig sein*) to bump, to jolt; ***auf der unebenen Straße hat es unterwegs sehr geholpert*** it was a very bumpy journey on the uneven road; **~d über etw** *akk* **fahren** to jolt across/over sth ❷ *sein* (*sich rüttelnd fortbewegen*) ■**durch/über etw** *akk* ~ to jolt [along] across/over sth

Holschuld *f* JUR debt lying in prender

holterdiepolter *adv* helter-skelter; ***die Blechdose fiel ~ die Treppe hinunter*** the tin can clattered down the stairs; **etw ~ hinunterfahren** to hurtle down sth

Holunder <-s, -> *m* elder

Holunderbeere *f* elderberry **Holunderblüte** *f* elder blossom **Holunderbusch** *m,* **Holunderstrauch** *m* elder bush **Holunderwein** *m* elderberry wine

Holz <-es, Hölzer> *nt* ❶ *kein pl* (*Substanz der Bäume*) wood *no pl, no art;* **neues** ~ fresh wood; ~ **verarbeitend** wood-processing *attr;* ~ **fällen** to cut down trees *sep;* ~ **sägen** to saw wood ❷ (*~art*) wood *no pl, no art;* **tropische Hölzer** tropical wood ❸ *pl* (*Bauhölzer*) timber; **aus** ~ wooden; **ein Haus ganz aus** ~ a completely wooden house; **massives** ~ solid wood ❹ SPORT *Golf* wood; ***ein Zweier*** ~ a [number] 2 wood ▶ WENDUNGEN: [**ordentlich**] ~ **vor der Hütte**[**n**] **haben** (*sl*) to have [really] big breasts [*or fam!* knockers]; **aus anderem/aus dem gleichen ~ geschnitzt sein** to be cast in a different/in the same mould [*or* AM mold]; **aus hartem** [*o* **härterem**] [*o* **grobem**] ~ **geschnitzt sein** to be a tough character

Holzapfel *m* BOT crab apple **Holzart** *f* type [*or* kind] of wood; **eine tropische** ~ a type [*or* kind] of tropical wood **Holzauge** *nt* ▶ WENDUNGEN: ~, **sei wachsam** (*fam*) better watch out [*or* be careful] **Holzbalkendecke** *f* BAU wooden joist floor **Holzbank** *f* wooden bench **Holzbau** *m* ❶ *kein pl* (*das Bauen mit Holz*) construction with timber ❷ (*Gebäude aus Holz*) wooden building **Holzbearbeitung** *f* wood processing, processing of wood **Holzbearbeitungsindustrie** *f kein pl* ÖKON woodworking industry **Holzbein** *nt* wooden leg, peg-leg *dated fam* **Holzbläser(in)** *m(f)* woodwind player **Holzblasinstrument** *nt* woodwind instrument **Holzblende** *f* BAU wooden valance **Holzbock** *m* ❶ (*Stützgestell*) wooden stand [*or* trestle] ❷ (*Bockkäfer*) wood [*or* dog] tick ❸ (*fam*) *s.* Zecke **Holzbohrer** *m* wood drill

Hölzchen <-s, -> *nt dim von s.* **Holz 3** small piece of wood ▶ WENDUNGEN: **vom ~ aufs Stöckchen kommen** (*fam*) to keep digressing

Holzdekor *nt o m* BAU wood decor

holzen *vi* FBALL (*pej*) to hack; ■**jdn umholzen** to hack down sb *sep pej;* ***beim Match wurde mächtig geholzt*** it was a dirty match

hölzern I. *adj* ❶ (*aus Holz*) wooden ❷ (*steif*) wooden II. *adv* awkwardly, woodenly; ~ **tanzen** to have two wooden legs *hum*

Holzerzeugung *f* timber production **Holzfällen** <-s> *nt kein pl* tree-felling *no pl, no art,* lumbering *no pl, no art* AM **Holzfäller(in)** <-s, -> *m(f)* woodcutter, lumberjack AM, woodsman *masc* **Holzfällerhemd** *nt* MODE lumberjack shirt **Holzfaser** *f* wood fibre [*or* AM -er] **Holzfaserplatte** *f* fibreboard BRIT, fiberboard AM **Holzfigur** *f* wooden figure **holzfrei** *adj* wood-free **Holzhacken** *nt kein pl* chopping wood *no pl, no art* **Holzhacker(in)** *m(f)* ÖSTERR *s.* **Holzfäller** **holzhaltig** *adj* woody; **~es Papier** mechanical paper [*or* wood-pulp] **Holzhammer** *m* mallet ▶ WENDUNGEN: **etw mit dem ~ abgekriegt haben** (*pej sl*) to be a bit touched *fam;* **jdm etw mit dem ~ beibringen** (*fam*) to hammer sth home to sb **Holzhammermethode** *f* (*fam*) sledgehammer approach **Holzhandel** *m* timber [*or* AM lumber] trade **Holzhändler** *m* timber merchant BRIT, lumber dealer AM **Holzhaufen** *m* woodpile **Holzhaus** *nt* wooden [*or* timber] house

holzig *adj* KOCHK stringy

Holzkelle *f* wooden ladle **Holzkitt** *m* wood cement **Holzklotz** *m* ❶ (*Klotz aus Holz*) wooden block, block of wood ❷ (*Spielzeug*) wooden brick **Holzkohle** *f* charcoal *no pl, no art* **Holzkohlengrill** *m* charcoal grill **Holzkopf** *m* ❶ (*pej fam: Schwachkopf*) blockhead *fam* ❷ *einer Spielfigur* wooden head **Holzkübel** *m* wooden pail **Holzladung** *f* load [consisting] of wood **Holzlager** *nt* timber yard BRIT, lumberyard AM **Holzlattung** *f* BAU furring, wooden lathing **Holzleim** *m* wood-glue **Holzleiste** *f* BAU wood lath, wooden batten **Holzpflock** *m* wooden stake; (*kleiner*) [wooden] peg **Holzscheit** *nt* log, piece of [fire]wood **Holzschnitt** *m* ❶ *kein pl* (*grafisches Verfahren*) wood-engraving *no pl, no art* ❷ (*Abzug*) woodcut **holzschnittartig** I. *adj* simplistic II. *adv* simplistically **Holzschnitzer(in)** *m(f)* wood carver **Holzschnitzerei** *f* wood carving **Holzschraube** *f* wood screw **Holzschuh** *m* clog, wooden shoe **Holzschutzmittel** *nt* wood preservative **Holzsplitter** *m* splinter [of wood]; (*größer*) sliver of wood **Holzstich** *m s.* Holzschnitt 2 **Holzstoß** *m* pile [*or* stack] of wood **Holzvertäfelung** *f* wood[en] panelling [*or* AM *usu* paneling] **Holzwaren** *pl* wooden articles *pl* **Holzweg** *m* ▶ WENDUNGEN: **auf dem ~ sein** (*fam*) to be on the wrong track, to be barking up the wrong tree *fam* **Holzwolle** *f* wood wool, excelsior *no pl, no art* AM **Holzwurm** *m* woodworm **Holzzuwachs** *m* FORST timber growth

Homecomputer ['hoʊm-] *m* homecomputer

Homepage <-, -s> ['hoʊmpeɪdʒ] *f* INET home page

homerisch *adj* Homeric

Hometrainer [həʊm-] *m* SPORT, MED *s.* **Heimtrainer**

Homilie <-, -ien> *f* REL homily

Hommage <-, -n> [ɔ'ma:ʃ] *f* (*geh*) homage *no pl*

Homo <-s, -s> *m* (*veraltend fam*) homo *fam*

homogen *adj* (*geh*) homogen[e]ous

homogenisieren* *vt* ■**etw** ~ to homogenize sth *spec*

Homogenität *f* (*geh*) homogeneity *no pl*

Homograph, Homograf[RR] <-s, -e> *nt* homograph *spec*

Homonym <-[e]s, -e> *nt* homonym *spec*

homonym *adj* LING homonym

Homöopath(in) <-en, -en> *m(f)* hom[o]eopath

Homöopathie <-> *f kein pl* hom[o]eopathy *no pl, no art; s. a.* **Facharzt**

homöopathisch *adj* hom[o]eopathic

Homöostase <-, -n> *f* MED hom[o]eostasis

homophob *adj* PSYCH homophobic

Homophon, Homofon[RR] <-s, -e> *nt* homophone *spec*

Homo sapiens <-, -> *m* Homo sapiens

Homosexualität *f* homosexuality *no pl, no art*

homosexuell *adj* homosexual

Homosexuelle(r) *f(m) decl wie adj* homosexual

Homosexuellenehe *f* homosexual marriage

Homunkulus <-, Homunkulusse *o* Homunkuli> *m* homunculus

Honduraner(in) <-s, -> *m(f)* GEOL Honduran

honduranisch *adj* GEOL Honduran

Honduras <-> *nt* GEOG Honduras; *s. a.* **Deutschland**

Hongkong *nt* Hong Kong; *s. a.* **Deutschland**

Honig <-s, -e> *m* honey *no pl, no art;* **türkischer** ~ halva[h] *no pl, no art* ▶ WENDUNGEN: **jdm ~ ums Maul** [*o* **um den Bart**] [*o* **Mund**] **schmieren** (*fam*) to butter up sb *sep fam*

Honigbiene *f* honeybee **honigfarben** *adj* honey-coloured [*or* AM -ored] **honiggelb** *adj* honey-yellow **Honiggras** *nt* BOT Yorkshire fog **Honigku-**

H

chen *m* honey cake **Honigkuchenpferd** *nt* simpleton ► WENDUNGEN: **wie ein ~ grinsen** (*hum fam*) to grin like a Cheshire cat **Honiglecken** *nt* ► WENDUNGEN: **kein ~ sein** (*fam*) to be no picnic, to not be a piece of cake *fam* **Honigmelone** *f* honeydew melon **honigsüß** (*pej*) **I.** *adj* honeyed; **mit ~er Stimme sprechen** to speak with [*or* in] honeyed [*or hum, liter* dulcet] tones **II.** *adv* as sweet as honey [*or* AM pie] *pej;* ***er lächelte ~*** he smiled as sweetly as honey **Honigtau** *m* honeydew **Honigtauhonig** *m* honeydew honey **Honigwabe** *f* honeycomb **Honigwein** *m* mead *no pl, no art*

Honorar <-s, -e> *nt* fee; *eines Autors* royalties *npl;* **gegen ~** on payment of a fee

Honorarabrede *f* fee arrangement **Honorareinbuße** *f* loss of fee [*or* royalty] **Honorargefüge** *nt* fee structure **Honorarkonsularbeamter, -in** *m, f* JUR honorary consul official **Honorarprofessor(in)** *m(f)* honorary professor **Honorarstufe** *f* fee grade **Honorarverdiener(in)** *m(f)* fee earner **Honorarvertrag** *m* JUR fee contract; *eines Anwalts* special retainer **Honorarvolumen** *nt* volume of fees [*or* royalties]

Honoratioren *pl* dignitaries *pl*

honorieren* *vt* ① (*würdigen*) ■**etw ~** to appreciate sth; ***sein Chef wusste seine Einsatzbereitschaft zu ~*** his boss appreciated his willingness to become involved ② (*bezahlen*) ■**jdm etw [mit etw** *akk*] ~ to pay sb [sth] for sth ③ ÖKON (*akzeptieren*) ■**etw ~** to honour [*or* AM -or] sth

honorig *adj* (*geh*) honourable [*or* AM -orable]

honoris causa *adv* honorary; **Dr. ~** honorary doctor

Hool <-s, -s> ['hu:l] *m* (*sl: Hooligan*) hooligan

Hooligan <-s, -s> ['hu:ligən] *m* hooligan

Hopfen <-s, -> *m* hop ► WENDUNGEN: **bei** [*o* **an**] **jdm ist ~ und Malz verloren** (*fam*) sb is a hopeless case [*or* dead loss]

Hopfenanbau *m* hop-growing *no pl, no art* **Hopfenstange** *f* hop pole ► WENDUNGEN: **eine [richtige] ~ sein** (*fam*) to be a [real] beanpole *hum fam* **Hopfenzusatz** *m* addition of hops

Hopi <-, -> *mf* (*Indianer*) Hopi

hopp (*fam*) **I.** *interj* jump to it!; **~, *auf! wir müssen los!*** get a move on, we must be off! **II.** *adv* ► WENDUNGEN: **bei jdm muss alles ~ ~ gehen** everything has to be done in a tearing hurry with sb BRIT *fam;* **mach mal ein bisschen ~!** put a sock in it! *hum fam;* ***mach mal ein bisschen ~, dass wir loskommen!*** put a sock in it, then we can get away!; **~, ~!** look lively!

hoppeln *vi sein* to lollop [along] *fam*

Hopper <-s, -> *m* hopper

hoppla *interj* ① (*o je!*) [wh]oops! *fam* ② (*Moment!*) hang on! *fam;* **~, *wer kommt denn da?*** hallo, who's this coming?

hops I. *interj* jump! **II.** *adj* (*fam*) ■**~ sein** to be lost

Hops <-es, -e> *m* (*fam*) short jump; (*auf einem Bein*) hop; **mit einem ~** with a hop

hopsala, hopsasa *interj* (*kindersprache*) [wh]oops-a-daisy *childspeak*

hopsen *vi sein* (*fam*) ■[**durch etw** *akk*] ~ to skip [through sth]; (*auf einem Bein*) to hop [through sth]; **auf einem Bein ~** to hop on one leg

Hopser <-s, -> *m* (*fam*) jump

hops|gehen *vi irreg sein* (*sl*) ① (*umkommen*) to snuff it BRIT, to kick the bucket AM *fam* ② (*verlorengehen*) to go missing

hörbar *adj* audible

Hörbrille *f* hearing-aid glasses *npl*

horchen *vi* ① (*lauschen*) ■[**an etw** *dat*] ~ to listen [at sth]; (*heimlich a.*) to eavesdrop [at sth] ② (*durch Hinhören achten*) ■**horch!** listen!; ■**auf etw** *akk* ~ to listen [out] for sth

Horcher(in) <-s, -> *m(f)* eavesdropper ► WENDUNGEN: **der ~ an der Wand hört seine eigne Schand** (*prov*) eavesdroppers always hear ill [*or* never hear any good] of themselves

Horchposten *m* MIL listening-post ► WENDUNGEN: **auf ~ sein** (*fam*) to keep one's ear cocked [*or* AM ears open], to be listening out for sth

Horde¹ <-, -n> *f* ① (*wilde Schar*) horde ② (*wandernder Volksstamm*) horde

Horde² <-, -n> *f* HORT rack

Höreindruck *m* audio impression [*or* feeling]

hören I. *vt* ① (*mit dem Gehör vernehmen*) ■**jdn/etw ~** to hear sb/sth; ■**jdn etw tun ~** to hear sb doing sth; ***ich habe dich ja gar nicht kommen ~!*** I didn't hear you coming at all; ■**etw tun ~** to hear sth being done; ***ich habe es sagen ~*** I've heard it said; **sich gern reden ~** to like the sound of one's own voice *iron,* to like to hear oneself talking *iron;* **etw ~ müssen, etw zu ~ bekommen** to [get to] hear about sth; ***was bekomme ich da zu ~?*** what are you telling me!; **nichts gehört haben wollen** (*fam*) to pretend not to have heard anything; ***das ist geheim, ich will nichts gehört haben!*** that's confidential, I'll pretend I didn't hear that!; **etwas nicht gehört haben wollen** to ignore sth; ***das will ich nicht gehört haben!*** I'll ignore that comment; ***sie behauptete, [von] nichts gehört zu haben*** she maintained that she didn't hear anything; **nie gehört!** (*fam*) never heard of him/her/it etc.!; **gehört werden wollen** to want to be heard; **nichts [davon] ~ wollen** to not want to hear anything [about it]; ***ich will nichts davon ~!*** I don't want to hear anything about it; **~ *Sie mich [noch]?/ können Sie mich [noch] ~?*** are you [still] able to hear me?; ***ich höre Sie nicht [gut]*** I can't understand [*or* hear] [very well] ② (*an~*) ■**etw ~** to listen to sth; **einen Vortrag ~** to hear a lecture ③ RADIO (*empfangen*) ■**etw ~** to get sth; **Radio Luxemburg/ausländische Stationen ~** to tune into Radio Luxemburg/to listen in to foreign stations ④ (*durch das Gehör feststellen*) ■**etw an etw** *dat* ~ to hear [*or* tell] sth from sth; ***schon an deinem Tonfall kann ich ~, dass du nicht die Wahrheit sagst!*** I can tell from the tone of your voice that you're lying ⑤ (*erfahren*) ■**etw [über jdn/etw] ~** to hear sth [about sb/sth]; ***so etwas habe ich ja noch nie gehört!*** I've never heard anything like that before; **..., wie ich höre** I hear ...; **wie man hört, ..., wie zu ~ ist, ...** I/we hear ...; **soviel man hört, ...** word has it ...; ***der neue Nachbar soll Arzt sein, soviel man hört*** our new neighbour is said to be a doctor, by all accounts ► WENDUNGEN: **etwas [von jdm] zu ~ bekommen** [*o fam* **kriegen**] to get a rollicking [from sb] BRIT *fam,* to get chewed out [by sb] BRIT *fam;* **ich kann das nicht mehr ~!** I'm fed up with it!; **etwas/nichts von sich ~n lassen** to get/to not get in touch; ***hat sie in letzter Zeit mal was von sich ~ lassen?*** has she been in touch recently?; **sich [schon eher] ~ lassen** (*fam*) to sound [*or* be] [a bit] more like it; ***180.000 p.a.? hm, das lässt sich ~*** 180,000 p.a.? hm, that sounds good; ***das lässt sich schon eher ~!*** that's a bit more like it! **II.** *vi* ① (*zu~*) to listen; ***jetzt hör doch endlich!*** just listen will you!; ***hör mal!, ~ Sie mal!*** listen [up *fam*]! ② (*vernehmen*) ■**~, was/wie ...** to hear what/how ...; ■**~, dass jd etw tut** to hear sb doing sth; **gut/schlecht ~** to have good/poor hearing ③ (*erfahren*) ■**~, dass ...** to hear [that] ...; ■**von jdm/etw ~** to hear of [*or* about] sb/sth ④ (*gehorchen*) to listen; ***ich sagte, herkommen! kannst du nicht ~?*** I said come here! can't you do as you're told? ⑤ (*sich nach jdm/etw richten*) ■**auf jdn/etw ~** to listen to sb/sth; ***auf dich hört er!*** he listens to you! ⑥ (*jds Worte befolgen*) ■**auf etw** *akk* ~ to answer to the name of sth ► WENDUNGEN: **du hörst wohl schwer** [*o* **schlecht**]! (*fam*) are you deaf or something?; **na hör/~ Sie mal!** (*euph*) now look here!; **wer nicht ~ will, muss fühlen** (*prov*) if he/she/you etc. won't listen, he/she/you must suffer the consequences; **hört, hört!** hear! hear!; **lass von dir/lassen Sie von sich ~!** keep in touch!; **von sich ~ lassen** to be in touch; ***ich lasse jedenfalls von mir ~*** I'll be in touch anyway; **man höre und staune!** would you believe it!; **Sie werden [noch] von mir ~!** you'll be hearing from me!

Hören <-s> *nt kein pl* ① (*das Vernehmen mit dem Gehör*) hearing *no pl, no art* ② (*das An~*) listening *no pl, no art* ► WENDUNGEN: **..., dass jdm ~ und Sehen vergeht** that sb doesn't/won't know what day it is

Hörensagen *nt* hearsay; **vom ~** from hearsay; **etw vom ~ wissen** to get to know sth from hearsay, to have heard sth on [*or* through] the grapevine

Hörer <-s, -> *m* (*Telefon~*) receiver; **den ~ auflegen** to replace the receiver, to hang up [on sb]; **den ~ auf die Gabel knallen** [*o fam* **schmeißen**] to slam down the phone *sep*

Hörer(in) <-s, -> *m(f)* ① (*Zu~*) listener ② (*Student in einer Vorlesung*) student

Hörerbrief *m* listener's letter, letter from a listener

Hörerschaft <-, -en> *f meist sing* audience; (*Radio~*) listeners *pl,* audience, listenership *rare*

Hörfehler *m* hearing defect; ***das habe ich nicht gesagt, das war ein ~!*** I didn't say that, you misheard [me] **Hörfolge** *f* RADIO (*Sendung*) radio series + *sing vb;* (*in Fortsetzungen*) radio serial **Hörfunk** *m* radio **Hörfunkbeitrag** *m* radio report [*or* commentary] **Hörfunkprogramm** *nt* radio programme [*or* AM -am] **Hörgerät** *nt* hearing aid

hörig *adj* ① (*sexuell abhängig*) sexually dependent; ■**jdm ~ sein** to be sexually dependent on sb; **sich** *dat* **jdn ~ machen** to make sb sexually dependent on one ② HIST (*an die Scholle gebunden*) in serfdom *pred*

Hörige(r) *f(m) decl wie adj* HIST serf

Hörigkeit <-, *selten* -en> *f* ① (*sexuelle Abhängigkeit*) sexual dependence *no pl* ② *kein pl* HIST (*Rechtsverhältnis Höriger*) bondage *no pl,* serfdom *no pl*

Horizont <-[e]s, -e> *m* horizon; **am ~** on the horizon; **künstlicher ~** LUFT artificial horizon; **ein begrenzter** [*o* **beschränkter**] **~** a limited horizon; **einen begrenzten** [*o* **beschränkten**] **~ haben** to have a limited horizon; **über jds** *akk* **~ gehen** to be beyond sb['s comprehension]

horizontal *adj* horizontal; **das ~e Gewerbe** (*hum fam*) the oldest profession in the world *hum*

Horizontalauflösung *f* INFORM horizontal resolution

Horizontale *f decl wie adj* horizontal [line]; **sich in die ~ begeben** (*hum fam*) to lie down, to have a [bit of a] lie down BRIT *fam*

Horizontalfrequenz *f* INFORM line frequency **Horizontalkonzern** *m* HANDEL horizontal group

Hormon <-s, -e> *nt* hormone

hormonal, hormonell I. *adj* hormone *attr,* hormonal **II.** *adv* hormonally; **~ gesteuert** controlled by hormones

Hormonausschüttung *f* hormone release **hormonbehandelt** *adj* hormone-treated, treated with hormones **Hormonbehandlung** *f* hormone treatment, hormonotherapy *spec* **Hormonersatztherapie** *f* hormone replacement therapy, HRT **Hormonfleisch** *nt* hormone-treated meat, meat that has been treated with hormones **Hormonhaushalt** *m* hormone [*or* hormonal] balance **Hormonkur** *f* hormone treatment **Hormonpräparat** *nt* MED, PHARM, CHEM hormone preparation **Hormonproduktion** *f* hormone production **Hormonspritze** *f* hormone injection [*or* BRIT *fam* jab] **Hormonsystem** *nt* MED hormonal system

Hörmuschel *f* TELEK earpiece

Horn <-[e]s, Hörner> *nt* ① (*Auswuchs*) horn; **das ~ von Afrika** the Horn of Africa; **das Goldene ~** the Golden Horn ② (*Material aus ~*) horn ③ MUS horn; **ins ~ stoßen** to sound the horn ④ AUTO (*Hupe*) hooter BRIT, horn; (*Martins~*) siren ► WENDUNGEN: **sich** *dat* **die Hörner abstoßen** (*fam*) to sow one's wild oats; **jdm Hörner aufsetzen** (*fam*) to cuckold sb *pej dated;* **ins gleiche ~ stoßen** (*fam*) to sing the same tune

Hornbläser(in) *m(f)* MUS horn player **Hornblende** *f* GEOL hornblende *spec* **Hornbrille** *f* horn-rimmed glasses [*or* spectacles] *npl*

Hörnchen <-s, -> *nt* ① *dim von s.* **Horn 1** small [*or* little] horn ② (*Gebäck*) *horn-shaped bread roll of yeast pastry;* (*aus Blätterteig*) croissant

Hörnerklang *m* (*geh*) sound of horns [*or* bugles]

Hörnerv *m* auditory nerve *spec*

Horngestell *nt* spectacle frames [made] of horn; **eine Brille mit ~** horn-rimmed glasses [*or* spectacles] *pl* **Horngriff** *m* horn handle

Hornhaut *f* ❶ (*des Auges*) cornea ❷ (*der Haut*) hard skin *no pl, no art,* callus

Hornhautbildung *f* MED hornification, callous formation, callosity **Hornhautentzündung** *f* inflammation of the cornea *no pl,* corneitis *no indef art,* keratitis *no pl, no art spec* **Hornhautfeile** *f* corneal file **Hornhauthobel** *m* MED callus clipper *usu pl,* callosity plane **Hornhauttransplantation** *f* corneal transplant [*or* grafting] *spec* **Hornhauttrübung** *f* corneal opacity *spec*

Hornhecht *m* ZOOL, KOCHK garfish, needlefish

Hornisse <-, -n> *f* hornet

Hornissennest *nt* hornets' nest **Hornissenschwarm** *m* swarm of hornets **Hornissenstich** *m* sting from a hornet

Hornist(in) <-en, -en> *m(f)* horn player

Hornkamm *m* horn comb **Hornklee** *m* BOT bird's foot trefoil **Hornochs(e)** *m* (*fam*) stupid [*or* blithering] idiot

Hörorgan *nt* hearing organ

Horoskop <-s, -e> *nt* horoscope; **jdm das ~ stellen** to cast sb's horoscope; **sich** *dat* **sein ~ erstellen lassen** to have one's horoscope cast

horrend *adj* horrendous; ■ **~ sein, was/wieviel ...** to be horrendous what/how much ...

Hörrohr *nt* ❶ (*früheres Hörgerät*) ear-trumpet ❷ (*veraltend*) *s.* **Stethoskop** **Hörroman** *m* audio book [*or* novel]

Horror <-s> *m kein pl* horror; **einen ~ vor jdm/etw haben** to have a horror of sb/sth

Horrorbild *nt* grisly scene **Horrorerlebnis** *nt* horrific experience **Horrorfilm** *m* horror film [*or* AM *a.* movie] **Horrorroman** *m* horror story **Horrorszene** *f* horrific [*or* horror] scene, scene of horror **Horrortrip** *m* ❶ (*grässliches Erlebnis*) nightmare ❷ (*negativer Drogenrausch*) bad trip **Horrorvision** *f* nightmare vision

Hörsaal *m* ❶ (*Räumlichkeit*) lecture hall [*or* BRIT theatre] ❷ *kein pl* (*Zuhörerschaft*) audience; ***der ~ tobte*** the audience went wild

Horsd'Oeuvre <-s, -s> [(h)ɔr'dø:vrə] *nt* hors d'oeuvre

Hörspiel *nt* RADIO ❶ *kein pl* (*Gattung*) radio drama, drama for radio ❷ (*Stück*) radio play, play for radio

Horst <-[e]s, -e> *m* ❶ (*Nest*) nest, eyrie [*or* AM *a.* aerie] ❷ MIL (*Fliegerhorst*) military airbase [*or* airfield] ❸ BOT thicket, shrubbery; (*Gras~, Bambus~*) tuft

Hörsturz *m* sudden deafness, acute hearing loss

Hort <-[e]s, -e> *m* ❶ (*Kinder~*) crèche BRIT, after school care center AM (*place for school children to stay after school if parents are at work*) ❷ (*geh: Zufluchtsort*) refuge, shelter; **ein ~ der Bedürftigen** a shelter for the poor and needy [*or* homeless]; **ein ~ des Lasters** a hotbed of vice; **ein ~ des Friedens** a haven of peace, a sanctuary ❸ (*Goldschatz*) hoard, treasure

horten *vt* ■**etw ~** to hoard sth; **Rohstoffe ~** to stockpile raw materials

Hortensie <-, -n> [-ziə] *f* hortensia, lacecap [hydrangea]

Hörvermögen <-s> *nt kein pl* MED hearing *no pl, no indef art;* ***durch laute Musik kann das ~ geschädigt werden*** one's hearing can be damaged by loud music, loud music can damage one's hearing **Hörweite** *f* hearing range, earshot; **in/außer ~** within/out of hearing range [*or* earshot]

Höschen <-s, -> ['hø:sçən] *nt dim von* **Hose** ❶ (*fam: Damenslip*) knickers *npl* BRIT, panties *npl* AM; **heiße ~** (*fam*) saucy knickers *npl* BRIT; (*Kinderhose*) [pair of] trousers *npl* [*or* AM pants]; (*Kinderunterhose*) pants *npl;* (*Strampel~*) [pair of] rompers *npl* ❷ ZOOL (*Bienen~*) pollen load

Höschenwindel ['hø:sçən] *f* disposable nappy BRIT, diaper AM

Hose <-, -n> *f* trousers *npl,* pants *npl* AM; (*Unterhose*) [under]pants *npl;* **eine enge ~** [a pair of] tight-fitting trousers; **kurze ~[n]** shorts *npl;* **die ~n voll haben** (*fam*) to have pooed [*or* AM *fam a.* pooped] one's pants ▸ WENDUNGEN: **jdm rutscht das Herz in die ~** (*fam*) his heart was in his mouth; **die ~n [gestrichen] voll haben** (*sl*) to be scared shitless *vulg,* to shit oneself *vulg,* to shit bricks *vulg;* **tote ~** (*sl*) dead boring *fam;* ***die Fete war tote ~*** the party was a washout [*or* dead loss]; **die ~n anhaben** (*fam*) to wear the trousers; **in die ~ gehen** (*sl*) to fail, to be a failure [*or* flop]; ***hoffentlich geht die Prüfung nicht in die ~!*** hopefully I/you, etc. won't make a mess [*or fam* cock-up] of the exam!; [**sich** *dat*] **in die ~[n] machen** (*Angst haben*) to wet oneself *sl,* to shit oneself *vulg;* **sich** *dat* **vor Lachen fast in die ~ machen** to nearly wet oneself laughing; **die ~[n] runterlassen [müssen]** (*fam*) to come clean *fam,* to put one's cards on the table; **jdm die ~n strammziehen** (*fam*) to give sb a [good] hiding *hum;* **die ~n voll kriegen** (*fam*) to get a [good] hiding; *s. a.* **hochkrempeln**

Hosenanzug *m* trouser suit **Hosenaufschlag** *m* turn-up, pants cuff AM **Hosenband** *nt* kneeband **Hosenbandorden** *m* the Order of the Garter **Hosenbein** *nt* trouser leg **Hosenboden** *m* (*Gesäßteil der Hose*) seat [of trousers] ▸ WENDUNGEN: **den ~ voll kriegen** (*fam*) to get a [good] hiding *hum;* **sich** *akk* **auf den ~ setzen** (*fam*) to buckle down, to pull one's socks up BRIT, to get stuck in BRIT *fam;* **jdm den ~ strammziehen** (*fam*) to give sb a [good] hiding *hum* **Hosenbügel** *m* trouser [*or* AM pants] hanger **Hosenbund** *m* [trouser] waistband **Hosengürtel** *m* [trouser] belt **Hosenklammer** *f* cycle clip **Hosenknopf** *m* [trouser] button **Hosenlatz** *m* ❶ (*Latz*) flap; *von Latzhosen* bib ❷ DIAL (*Hosenschlitz*) flies *npl,* fly **Hosenmatz** <-es, -mätze> *m* (*hum fam*) nipper *fam,* AM little nipper **Hosennaht** *f* [trouser] seam; **die Hände an die ~ legen** to stand to attention, thumbs on trouser seams **Hosenrock** *m* culottes *npl* **Hosenscheißer** *m* (*sl*) ❶ (*hum: kleines Kind*) ankle-biter ❷ (*pej: Feigling*) chicken, scaredy [cat] *pej sl,* wet blanket **Hosenschlitz** *m* flies *npl,* fly; ***dein ~ ist offen!*** your flies are down! **Hosenspanner** *m s.* Hosenbügel **Hosenstall** *m* (*hum fam*) *s.* Hosenschlitz **Hosentasche** *f* trouser [*or* AM pants] pocket ▸ WENDUNGEN: **etw aus der linken ~ bezahlen** to pay out of one's loose change; **etw wie seine ~ kennen** to know sth like the back of one's hand **Hosenträger** *pl* [a pair of] braces *npl* BRIT *a.,* suspenders *npl* AM **Hosentürchen** *nt* (*hum fam*) *s.* **Hosenschlitz**

hosianna *interj* hosanna

Hospital <-s, -e *o* Hospitäler> *nt* ❶ DIAL hospital ❷ (*veraltet: Pflegeheim*) old people's home

Hospitalismus <-> *m kein pl* ❶ (*psychische o physische Schädigung*) hospitalism, institutionalism ❷ MED *infection picked up during stay in hospital*

Hospitant(in) <-en, -en> *m(f)* ❶ SCH (*Referendar*) *PGCE student who sits in on sb's classes;* (*Gasthörer*) *student permitted to attend a course who is not enrolled at the university/institute* ❷ POL *independent member of parliament who is the guest of a parliamentary party*

hospitieren* *vi* ■**[bei jdm] ~** to sit in on [sb's] classes

Hospiz <-es, -e> *nt* ❶ (*Sterbeheim*) hospice ❷ (*christlich geführtes Hotel*) *hotel run by religious organization* ❸ (*Pilgerunterkunft in einem Kloster*) hospice, guests' hostel

Hostadapter <-s, -> ['houst-] *m* INFORM host adapter **Hostcomputer** <-s, -> ['houst-] *m* INFORM host computer

Hostess <-, -en> *f* ❶ (*Flugbegleiterin*) stewardess, flight attendant; (*Bodenpersonal*) airline representative ❷ TOURIST (*Reiseführerin*) [female] tour guide ❸ (*euph: Prostituierte*) hostess *euph*

Hostie <-, -n> ['hɔstiə] *f* REL host

HotdogRR, **Hot Dog** <- -s, - -s> ['hɔt'dɔk] *nt o m* hot dog

Hot-Dry-Verfahren *nt* GEOL (*bei Gesteinsspaltung*) hot-dry process

Hotel <-s, -s> *nt* hotel

Hotelbesitzer(in) *m(f)* hotel owner **Hotelbett** *nt* hotel bed **Hotelboy** *f* page[-boy] [*or* AM bellboy] [*or* AM bellhop] **Hoteleingang** *m* hotel entrance **Hotelfach** *nt kein pl s.* **Hotelgewerbe** **Hotelfachschule** *f* school of hotel management **Hotelfernsehen** *nt* hotel TV **Hotelführer** *m* hotel guide **Hotel garni** <--,-s-s> *nt* bed and breakfast [hotel] **Hotelgast** *m* hotel guest **Hotelgewerbe** *nt* hotel trade [*or* business] **Hotelhalle** *f* hotel foyer, lobby

Hotelier <-s, -s> [hotɛ'lie:, hotə'lie:] *m* hotelier

Hotelkette *f* hotel group [*or* chain] **Hotelrechnung** *f* hotel bill **Hotelrezeption** *f* hotel reception [desk] **Hotelschiff** *nt* flotel **Hotel- und Gaststättengewerbe** *nt* hotel and restaurant trade **Hotelzimmer** *nt* hotel room

Hotline <-, -s> ['hɔtlaɪn] *f* hotline

HotspotsRR, **Hot Spots** ['hɔtspɔt] *pl am* CASTOR hot spots *pl*

hott *interj* gee up! BRIT, giddyap! AM; **einmal hü und einmal ~ sagen** to chop and change BRIT, to hum and haw BRIT *fam,* to be indecisive

Hottentotte, Hottentottin <-n, -n> *m, f* Hottentot, Khoikhoi

House <-> [haʊs] *nt o m kein pl* MUS house [music]

Hr. *Abk von* **Herr**

HRG *nt Abk von* **Hochschulrahmengesetz**

Hrn. *dat und akk Abk von* **Herrn** *s.* **Herr**

hrsg. *Abk von* **herausgegeben** ed.

Hrsg. *Abk von* **Herausgeber** ed.

HTML *nt* INFORM *Abk von* **hypertext markup language** HTML

HTML-Dokument *nt* INFORM HTML document **HTML-Editor** *m* INFORM HTML editor

hu *interj* (*Ausruf des Schauderns*) ugh; (*Ausruf der Kälte*) brrr

hü *interj s.* **hott**

Huang-he <-s> *m* Huang He [*or* Ho] River, Yellow River

Hub <-[e]s, Hübe> *m* ❶ (*das Heben*) lifting capacity; **das Heben von Lasten** lifting [*or* hoisting] capacity of loads ❷ (*Kolben~*) [piston] stroke

Hub(b)el <-s, -> *m* DIAL (*fam*) bump

hubb(e)lig *adj* DIAL (*fam*) bumpy

Hubble-Teleskop *nt* Hubble telescope

Hubbrücke *f* lifting [*or* lift] bridge

hüben *adv* (*selten: auf dieser Seite*) over here, on this side; **~ wie** [*o* **und**] **drüben** both here and there, on both sides

Hubraum *m* cubic capacity

hübsch *adj* ❶ (*Aussehen*) pretty; **ein ~es Mädchen/Kleid** a pretty little girl/dress; **eine ~e Gegend** a lovely area; ***na, ihr zwei*** [*o* ***beiden***] ***H~en?*** (*fam*) well, my two lovelies? *fam;* **sich** *akk* **~ machen** to get all dressed up; **sich** *akk* **~ anziehen** (*fam*) to dress smartly; **ein ~es Lied** a pretty [*or* nice] song ❷ (*fam: beträchtlich*) really, pretty; **ein ~es Sümmchen** a pretty penny, a tidy sum; **ein ~es Stück Arbeit** pretty hard work ❸ (*fam: sehr angenehm*) nice and ...; ***fahr ~ langsam*** drive nice and slow[ly]; ***sind die Kinder auch ~ leise gewesen?*** were the children nice and quiet?; ***das wirst du ~ bleiben lassen*** you'll do no such thing; ***immer ~ der Reihe nach!*** everyone must wait his turn! ❹ (*iron fam: unschön*) fine *iron;* ***das ist ja eine ~e Geschichte*** that is a real [*or* fine] mess; ***da hast du dir etwas H~es eingebrockt!*** that's a fine mess [*or* pretty kettle of fish] you've got yourself into!

Hubschrauber <-s, -> *m* helicopter; **mit dem ~ befördern** to helilift

Hubschraubercockpit *nt* helicopter cockpit **Hubschrauberlandeplatz** *m* heliport, helipad **Hubschrauberlärm** *m* helicopter noise **Hubschrauberrotor** *m* helicoptor blades *pl*

Hubstapler <-s, -> *m* lifting device

huch *interj* (*Ausruf der Überraschung*) oh!; (*Ausruf bei unangenehmenen Empfindungen*) ugh!

Huchen <-s, -> *m* ZOOL, KOCHK Danube salmon, Huchen

Hucke <-, -n> *f* ▸ WENDUNGEN: **die ~ voll kriegen** to get beaten up, to get done over *fam;* **jdm die ~**

H

vollhauen to beat sb up *sep,* to give sb a thrashing [*or* hiding] *fam,* to beat the shit *fam!* [*or* living daylights] out of sb; **jdm die ~ voll lügen** to tell sb a pack of lies, to lie one's head off; **sich** *dat* **die ~ voll saufen** to get hammered [*or* plastered]

huckepack *adv* piggy back, pickaback BRIT; **etw/jdn ~ nehmen** [*o* **tragen**] to give sb/sth a piggy back [ride]; **bei** [*o* **mit**] **jdm ~ machen** to have sb give one a piggy back [ride]

Huckepackflugzeug *nt* pick-a-back plane, composite aircraft **Huckepackverfahren** *nt* piggy back system; CHEM piggy back process **Huckepackverkehr** *m kein pl* piggy back transport; **im ~** by means of piggy back transport

hudeln *vi bes* SÜDD, ÖSTERR (*fam: schlampen*) to work sloppily [*or* slipshod]; ***nur nicht ~!*** don't rush into things!, take your time!

Hudler(in) <-s, -> *m(f) bes* SÜDD, ÖSTERR (*fam*) sloppy worker

hudlig *adj bes* SÜDD, ÖSTERR (*fam*) sloppy, slipshod

Hudsonbai <-> ['hʌdsənbeɪ] *f* Hudson Bay

Huf <-[e]s, -e> *m* hoof; **einem Pferd die ~e beschlagen** to shoe a horse

Hufeisen *nt* horseshoe

hufeisenförmig *adj* horseshoe[-shaped], in [the shape of] a horseshoe

Hüferscherzel *nt* KOCHK ÖSTERR *s.* **Hieferscherzel**

Hüferschwanzl *nt* KOCHK ÖSTERR *s.* **Hieferschwanzl**

Huflattich <-s, -e> *m* coltsfoot, foalfoot

Hufnagel *m* horseshoe nail **Hufschlag** *m* ❶ (*Geräusch von Pferdehufen beim Gang*) clatter of hooves ❷ (*Stoß mit dem Huf*) kick [by a hoof]; ***der blaue Fleck stammt von einem ~*** the bruise is the result of being kicked by a horse **Hufschmied(in)** *m(f)* blacksmith, farrier **Hufschmiede** *f* blacksmith's [*or* farrier's] workshop, smithy **Hufschmiedin** *f fem form von* **Hufschmied**

Hüftbein *nt* hip bone

hüftbetont *adj* hip-hugging

Hüfte <-, -n> *f* ❶ (*Körperpartie*) hip; **die Arme in die ~n stemmen** to put one's hands on one's hips, to stand [with] arms akimbo; *Tier* haunch; **mit den ~n wackeln, die ~n wiegen** to wiggle one's hips; **aus der ~ schießen** to shoot from the hip; **bis an die ~en reichen** to come up to the waist; ***wir standen bis an die ~ im Wasser*** we stood waist-deep [*or* up to the waist] in water; *s. a.* **Arm** ❷ *kein pl* KOCHK (*Fleischstück*) topside; (*vom Rind*) top rump; (*Schinkenspeck*) back bacon

Hüftgelenk *nt* hip-joint **Hüftgürtel** *m* girdle **Hüfthalter** *m* girdle **hüfthoch** *adj* reaching to the hips *pred,* waist-high; ***das Wasser ist hier nur ~*** the water is only waist-high [*or* waist-deep] here

Huftier *nt* hoofed animal, ungulate *spec*

Hüftknochen *m s.* **Hüftbein** **Hüftleiden** *nt* hip complaint [*or* trouble] **Hüftpartie** *f* hip area **Hüftsteak** *nt* haunch steak, top rump, topside

Hügel <-s, -> *m* (*größere Anhöhe*) hill; (*kleiner a.*) a hillock; (*Erdhaufen*) mound

hüg(e)lig *adj* hilly; ***eine ~e Landschaft*** rolling [*or* undulating] countryside

Hügelland *nt* hilly land [*or* country]

Hugenotte, Hugenottin <-n, -n> *m, f* Huguenot

Hugenottenkriege *pl* HIST Huguenot Wars *pl*

huh *interj s.* **hu**

hüh *interj s.* **hü**

Huhn <-[e]s, Hühner> *nt* ❶ (*Haushuhn*) hen, chicken; **Hühner halten** to keep hens; **frei laufende Hühner** free-range chickens [*or* hens] ❷ (*Hühnerfleisch*) chicken; **gekochtes/gebratenes ~** boiled/roast chicken ❸ (*Person*) **dummes ~!** (*pej fam*) [you] silly [*or* stupid] idiot! *pej;* **armes ~** (*fam*) you poor little thing; **ein komisches** [*o* **verrücktes**] [*o* **ulkiges**] **~** (*fam*) a nutcase, a queer fish [*or* bird] BRIT ▶ WENDUNGEN: **mit den Hühnern aufstehen** (*fam*) to get up at the crack of the dawn; **mit den Hühnern zu Bett gehen** (*fam*) to go to bed [nice and] early; **ein blindes ~ findet auch einmal ein Korn** (*prov*) every dog has its day *prov;* **wie ein aufgescheuchtes ~ herumlaufen** to run round like a headless chicken; **da lachen ja die Hühner!** (*fam*) pull the other one, you must be joking!

Hühnchen <-s, -> *nt dim von* **Huhn**[1] spring chicken AM ▶ WENDUNGEN: **mit jdm ein ~ zu rupfen haben** (*fam*) to have a bone to pick with sb

Hühnchenbrust *f* chicken breast

Hühnerauge *nt* corn ▶ WENDUNGEN: **jdm auf die ~n treten** (*hum fam: an einer empfindlichen Stelle treffen*) to tread on sb's corns [*or* toes], to offend sb; (*jdm die Meinung sagen*) to give sb a talking-to **Hühneraugenpflaster** *nt* corn plaster **Hühnerbouillon** [-bʊl'jɔŋ] *f* chicken broth [*or* stock], consommé **Hühnerbrühe** *f* chicken broth **Hühnerbrust** *f* ❶ (*Fleisch*) chicken breast ❷ (*hum fam: sehr schmaler Brustkorb*) pigeon's chest [*or* breast]; **eine ~ haben** to be pigeon breasted ❸ MED pigeon breast **Hühnerei** *nt* chicken egg **Hühnerfarm** *f* chicken farm **Hühnerfeder** *f* chicken feather **Hühnerfleisch** *nt* chicken [meat] **Hühnerfond** *m* chicken stock **Hühnerfutter** *nt* chicken feed **Hühnerhabicht** *m* goshawk **Hühnerhof** *m* chicken run **Hühnerkeule** *f* chicken leg **Hühnerklein** <-s> *nt kein pl* chicken giblets and trimmings **Hühnerleiter** *f* ❶ (*am Hühnerstall*) chicken ladder ❷ (*schmale Treppe*) narrow stairs *pl* **Hühnerschenkel** *m* chicken thigh **Hühnerstall** *m* hen [*or* chicken] coop **Hühnerstange** *f* chicken roost, henroost, [henhouse] perch **Hühnersuppe** *f* chicken soup **Hühnertopf** *m* chicken casserole **Hühnerzucht** *f* chicken rearing [*or* farming]

hui *interj* (*lautmalerisch für schnelle Bewegung*) whoosh; **im** [*o* **in einem**] **H~** (*fam*) in a flash [*or* BRIT *fam* trice]; ***im H~ war sie fertig*** she was finished in no time at all; **oben ~, unten pfui** outside swank, inside rank, nice outside but filthy underneath

Huld <-> *f kein pl* (*veraltet: Gunst*) favour [*or* AM -or]; **jdm seine ~ erweisen** to bestow one's favour on sb; (*Güte*) graciousness, grace

huldigen *vi* (*geh*) ❶ (*anhängen*) ■**etw** *dat* **~** to subscribe to sth; *Glauben, Sitte* to embrace sth; *Verein* to be devoted to sth ❷ (*verfallen*) ■**etw** *dat* **~** to indulge in sth; ***er huldigt dem Alkohol*** (*iron*) he is addicted to alcohol ❸ (*veraltend: seine Reverenz erweisen*) ■**jdm ~** to pay homage to sb, to pay tribute to sb

Huldigung <-, -en> *f* (*veraltet*) homage, tribute; **jdm seine ~ darbringen** to pay homage to sb, to pay tribute to sb, to show one's respect to sb; ***ich möchte dieser Dame meine ~ darbringen*** I would like to pay my addresses to this lady; **jds ~ entgegennehmen** to accept sb's tribute

huldvoll **I.** *adj* (*veraltend geh*) gracious; (*a. iron*) patronizing [*or* BRIT *a.* -ising] **II.** *adv* (*geh*) graciously; **~ tun** (*iron*) to act patronizingly

Hülle <-, -n> *f* (*Umhüllung*) cover; *Ausweis* wallet; (*Plattenhülle a.*) sleeve; **jds sterbliche ~** (*geh*) sb's mortal remains *npl form* ▶ WENDUNGEN: **die** [**letzten**] **~n fallen lassen** (*fam*) to strip off one's clothes; **in ~ und Fülle** (*geh*) in abundance [*or* plenty]

hüllen *vt* (*geh*) ■**jdn/etw in etw** *akk* **~** to wrap sb/sth in sth; ***sie hüllte das Kind in eine Decke*** she wrapped the child up in a blanket; ■**in etw** *akk* **gehüllt** shrouded in sth; **in Dunkelheit gehüllt** shrouded in darkness; ■**sich** *akk* **in etw** *akk* **~** to wrap oneself [up] in sth; **sich** *akk* **in Schweigen ~** to maintain one's silence, to keep mum *fam*

hüllenlos *adj* ❶ (*nackt*) naked, in one's birthday suit *hum fam,* starkers BRIT *hum fam,* in the altogether BRIT *fam* ❷ (*unverhüllt, offen*) plain, clear; ***erst nach einer Weile trat sein Charakter ~ zu Tage*** only after a while was his true character revealed

Hüllwort <-wörter> *nt* euphemism

Hülse <-, -n> *f* ❶ BOT pod ❷ (*röhrenförmige Hülle*) capsule; (*Patronenhülle*) case; (*Film-, Zigarrenhülle*) container

Hülsenfrucht *f meist pl* pulse

Hülsrohr *nt* BAU sleeve pipe

human *adj* ❶ (*menschenwürdig*) humane; **eine ~e Behandlung** humane treatment; **eine ~ Strafe** lenient punishment ❷ (*nachsichtig*) considerate; **ein ~er Lehrer/Chef** a considerate teacher/boss ❸ (*Menschen betreffend*) human

Humangenetik *f* human genetics + *sing vb* **Humaninsulin** *nt* human insulin

Humanisierung <-> *f kein pl* humanization *no pl*

Humanismus <-> *m kein pl* (*geh*) humanism *no pl;* **sozialistischer ~** socialist humanism

Humanist(in) <-en, -en> *m(f)* ❶ (*Mensch*) humanist ❷ (*veraltend: humanistisch gebildete Person*) humanist, classicist

humanistisch *adj* ❶ (*im Sinne des Humanismus*) humanistic; **der ~e Geist** the spirit of humanism ❷ HIST (*dem Humanismus angehörend*) humanist ❸ (*altsprachlich*) humanistic, classical; **eine ~e Bildung** a classical education; *s. a.* **Gymnasium**

humanitär *adj* humanitarian

Humanität *f kein pl* (*geh*) humanity

Humanitätsduselei <-, -en> *f* (*pej*) sentimentalism

Humankapital *nt kein pl* ÖKON human resources *pl*

Humanmedizin *f kein pl* human medicine **Humanmediziner(in)** *m(f)* doctor of human medicine **Humanwissenschaften** *pl* humanities *npl*

Humbug <-s> *m kein pl* (*pej fam*) ❶ (*Unfug*) rubbish *no pl* BRIT, trash *no pl* AM; ***er redet nur ~*** he's talking rubbish ❷ (*Schwindel*) humbug *no pl;* ***Zauberei ist doch nur ~*** magic is a load of humbug [*or* [stuff and] nonsense]

Hummel <-, -n> *f* bumblebee ▶ WENDUNGEN: **~n im** [*o* **unterm**] **Hintern** [*o sl* **Arsch**] **haben** (*fam*) to have ants in one's pants *hum*

Hummer <-s, -> *m* lobster

Hummercocktail [kɔkte:l] *m* lobster cocktail **Hummergabel** *f* lobster fork **Hummerkopf** *m* lobster head **Hummerkrabbe** *f* freshwater [*or* giant river] prawn **Hummerpastete** *f* lobster vol-au-vent **Hummerschere** *f* lobster claw [*or* BRIT *pl* prongs] **Hummerschwanz** *m* lobster tail

Humor[1] <-s, *selten* -e> *m* ❶ (*Laune*) good humour [*or* AM -or], cheerfulness; **einen goldenen ~ haben** to be irrepressibly good-humoured ❷ (*Witz, Wesensart*) [sense of] humour [*or* AM -or]; **etw mit ~ nehmen** [*o* **tragen**] to take sth good-humoredly; **den ~ verlieren** to become bad-tempered [*or* ill-humoured]; **der rheinische ~** the Rhineland brand of humour; ***du hast*** [***vielleicht***] ***~!*** (*iron*) you're a funny one! *iron;* [**einen Sinn für**] **~ haben** to have a sense of humour; **keinen** [**Sinn für**] **~ haben** to not have a sense of humour, to be humourless; **schwarzer ~** black humour ▶ WENDUNGEN: **~ ist, wenn man trotzdem lacht** (*prov*) you've got to laugh

Humor[2] <-s,-es> *m* MED (*Körperflüssigkeit*) [cardinal] humour [*or* AM -or]

Humoreske <-, -n> *f* ❶ LIT (*kleine humoristische Erzählung*) humorous story [*or* sketch] ❷ MUS (*heiteres Musikstück*) humoresque

humorig *adj* humorous, funny, good-humoured [*or* AM -humored]; *Rede, Bemerkung* humorous, funny

Humorist(in) <-en, -en> *m(f)* ❶ (*Komiker*) comedian ❷ (*humoristischer Autor/Künstler*) humorist

humoristisch *adj* ❶ (*humorvoll*) humorous, amusing ❷ (*witzig*) comic; **eine ~e Geschichte/Darbietung** a funny [*or* humorous] story/sketch

humorlos *adj* humourless BRIT, humorless BRIT; **ein ~er Mensch** a cantankerous person, BRIT crosspatch *fam;* ***er hat recht ~ auf den Witz reagiert*** he didn't find the joke at all funny

Humorlosigkeit *f kein pl* humourlessness *no pl,* lack of a sense of humour

humorvoll *adj* humorous; ***er hat eine sehr ~e Art, Geschichten zu erzählen*** he has a very amusing way of telling stories

humpeln *vi* ❶ *haben o sein* (*hinken*) to limp, to hobble ❷ *sein* (*fam: sich hinkend fortbewegen*) ■**irgendwohin ~** to limp somewhere

Humpen <-s, -> *m* tankard; (*Ton~*) stein; **einen ~ Bier trinken** to drink a tankard of beer

Humus *m kein pl* humus

Humusboden *m,* **Humuserde** *f* humus soil

Hund <-[e]s, -e> *m* ❶ (*Tier*) dog; (*Jagd~*) hound; **zur Familie der ~e gehören** to be a canine; **flie-**

gender ~ flying fox; **„[Vorsicht,] bissiger ~!“** “Beware of the dog!”; **„~e müssen draußen bleiben“** “No dogs allowed”; **einen ~ auf jdn hetzen** to set [*or* AM *usu* sick] one's dog on sb; **einen ~ auf jds Spur** [*o* **Fährte**] **setzen** to put a dog on sb's trail; **ein ~ schlägt an** a dog gives a warning bark; **der Große/Kleine** ~ ASTROL Canis Major/Canus Minor, the Great Dog/the Little Dog ② (*Mensch*) swine, bastard *fam!;* **ein armer ~ sein** (*fam*) to be a poor soul *fam,* to be a poor sod *sl;* **blöder ~!** (*sl*) stupid idiot, dickhead *fam!;* **[du] falscher ~!** (*sl*) [you] dirty rat!; **[du] gemeiner** [*o sl* **räudiger**] ~ dirty [*or* low-down] dog; **krummer** ~ (*sl*) rogue, villain; **ein räudiger** ~ a mang[e]y dog; **wie einen räudigen** ~ like a mad dog; **ein scharfer** ~ a viscious dog; (*fam*) tough customer [*or* cookie]; **[du] schlauer** [*o* **gerissener**] ~ (*sl*) sly dog *sl,* crafty devil ▶ WENDUNGEN: **kein ~ nimmt ein Stückchen Brot von ihm** (*fam*) everyone avoids him like the plague; **viele ~e sind des Hasen Tod** (*prov*) as one against many you don't stand a chance; **wie ~ und Katze leben** (*fam*) to be at each other's throats, to fight like cats and dogs; **den Letzten beißen die ~e** the last one [out] has to carry the can BRIT; **mit etw** *dat* **keinen ~ hinterm Ofen hervorlocken können** (*fam*) to not be able to tempt a single soul with sth; **da wird der ~ in der Pfanne verrückt** (*fam*) it's enough to drive a person mad [*or* BRIT sb round the twist]; **bekannt sein wie ein bunter** ~ (*fam*) to be known far and wide; **das ist ja ein dicker** ~ (*sl*) that is absolutely outrageous; **[ja] zum Junge-~e-Kriegen sein** (*fam*) to be maddening, to be enough to drive one [*or* AM off of the deep end] around the bend; **schlafende ~e wecken** (*fam*) to wake sleeping dogs, to stir something up; **schlafende ~e soll man nicht wecken** one should let sleeping dogs lie; **da liegt der ~ begraben** (*fam*) that's the crux of the matter, that's what's behind it; **jdn wie einen ~ behandeln** (*fam*) to treat sb like a dog; **~e, die [viel] bellen, beißen nicht** (*prov*) sb's bark is worse than their bite *fam;* **jdn auf den ~ bringen** (*fam*) to be sb's ruin *fam,* to bring about sb's downfall; **vor die ~e gehen** (*sl*) to go to the dogs; **er ist mit allen ~en gehetzt** (*fam*) he knows all the tricks; **auf den ~ kommen** (*fam*) to go to the dogs

Hündchen <-s, -> *nt dim von* **Hund** (*kleiner Hund*) little dog; (*junger Hund*) puppy

Hụndebiss[RR] *m* dog bite **hụndeelend** *adj* (*fam*) **sich** *akk* **~ fühlen, jdm ist** ~ to feel [BRIT bloody] awful [*or* terrible] [*or* lousy] **Hụndefänger(in)** <-s, -> *m(f)* dog-catcher **Hụndefell** *nt* dog fur **Hụndefloh** *m* dog flea **Hụndefutter** *nt* dog food **Hụndegebell** *nt* barking **Hụndehaftpflichtversicherung** *f* dog owner's liability insurance **Hụndehalsband** *nt* dog collar **Hụndehalter(in)** *m(f)* (*geh*) dogowner **Hụndehaltung** *f* (*geh*) dog-owning, dog-keeping; ***die ~ ist in diesem Haus streng verboten*** dogs are not allowed to be kept in this house, it is forbidden to keep dogs in this house **Hụndehütte** *f* [dog] kennel **Hụndekälte** *f* (*fam*) bitter cold; ***eine ~ ist das draußen wieder!*** it's bloody cold again outside! *fam* **Hụndekorb** *m* dog basket **Hụndekuchen** *m* dog biscuit **Hụndekurve** *f* MATH dog curve **Hụndeleben** *nt* (*pej fam*) a dog's life; **ein ~ führen** to lead a dog's life **Hụndeleine** *f* dog lead [*or* leash] **Hụndelohn** *m* (*pej fam*) miserly wage[s] **Hụndemarke** *f* (*a. fig, hum*) dog tag **hụndemüde** *adj pred* (*fam*) dog-tired, dead beat BRIT **Hụnderasse** *f* breed of dog

hụndert *adj* ① (*Zahl*) [a [*or* one]] hundred; ***die Linie ~ fährt zum Bahnhof*** the No. 100 goes to the station; ***ich wette mit dir ~ zu eins, dass er verliert*** I'll bet you a hundred to one [*or* anything] that he loses; **~ [Jahre alt] sein** to be a hundred [years old]; **mit ~ [Jahren]** at the age of a hundred, at a hundred years of age, as a hundred-year-old; **über ~ sein** to be over [*or* older than] a hundred; **einige ~ Mark** several thousand marks; **einer von ~ Menschen** one in every hundred people; **von eins bis ~ zählen** to count from one to a hundred; **in ~ Jahren** in one hundred years [from now] ② (*fam: sehr viele*) hundreds of sth; ***sie macht ~ Dinge gleichzeitig*** she does a hundred [and one] things all at the same time ③ (*fam: Stundenkilometer*) [a] hundred [kilometres [*or* AM -ers] an hour]; *s. a.* **achtzig 2** ④ *pl, auch großgeschrieben* (*viele hundert*) hundreds *pl; s. a.* **Hundert**[1] **2** ▶ WENDUNGEN: **jdn auf ~ bringen** (*fam*) to drive sb up the wall; **auf ~ kommen** (*fam*) to blow one's top; **auf ~ sein** (*fam*) to be hopping mad [*or* livid]; *s. a.* **Sache**

Hụndert[1] <-s, -e> *nt* ① (*Einheit von 100*) hundred; **ein halbes ~** fifty; **mehrere ~** several hundred; **[zehn/zwanzig etc] vom ~** [ten/twenty etc] per cent [*or* out of every hundred]; **das ~ vollmachen** to round up to the next hundred ② *pl, auch kleingeschrieben* (*viele hundert*) hundreds *pl;* **einige/viele ~e ...** a few/several hundred ...; **~e von ...** hundreds of ...; ***~e von Fliegen, ~er Fliegen*** hundreds of flies; **einer unter ~en** one in a hundred; ***das kann von ~en nur einer*** only one out of all these hundreds can do that; **in die ~e gehen** (*fam*) *Kosten, Schaden* to run into the hundreds; **zu ~en** in [their] hundreds, by the hundred; **~e und aber ~e** hundreds upon hundreds

Hụndert[2] <-, -en> *f* [one [*or* a]] hundred

Hụnderter <-s, -> *m* ① (*fam: Banknote zu 100 DM*) hundred mark note; ***es hat mich einen ~ gekostet*** it cost me a hundred marks ② (*100 als Zahlenbestandteil*) hundred

hụnderterlei *adj* (*fam*) a hundred [different]; ***ich habe ~ zu tun heute*** I've a hundred and one things to do today; *s. a.* **achterlei**

hụndertfach, 100fach **I.** *adj* [a] hundredfold, a hundred times; *s. a.* **achtfach** **II.** *adv* hundredfold, a hundred times over

Hụndertfache, 100fache *nt decl wie adj* a hundred times the amount, the hundredfold *rare; s. a.* **Achtfache**

hundertfụ̈nfzigprozentig *adj* (*fam*) fanatical, out-and-out, overzealous; ***er ist ein ~er Tierschützer*** he's a fanatical animal rights activist; **ein H~er/eine H~e sein** to be a fanatic

Hụndertfüßer <-s, -> *m* ZOOL centipode **Hundertjahrfeier** *f* centenary [celebrations *pl*] **hụndertjährig, 100-jährig**[RR] *adj* ① (*Alter*) hundred-year-old *attr,* one hundred years old *pred; s. a.* **achtjährig 1** ② (*Zeitspanne*) hundred-year *attr; s. a.* **achtjährig 2, Kalender, Krieg** **Hụndertjährige(r), 100-Jährige(r)**[RR] *f(m) decl wie adj* hundred-year-old [person], centenarian

hụndertmal, 100-mal[RR] *adv* ① (*Wiederholung*) a hundred times; *s. a.* **achtmal** ② (*fam: sehr viel, sehr oft*) a hundred times; ***ich kann das ~ besser als du*** I can do that a hundred times better than you; ***das habe ich dir schon ~ gesagt*** if I've told you once I've told you a hundred times ③ (*fam: noch so sehr*) even if; ***auch wenn du ~ Recht hast, keiner wird dir glauben*** even if you are right, nobody will believe you

Hundertmarkschein *m* hundred-mark note **Hundertmeterlauf** *m* hundred-metre [*or* AM -er] race [*or* sprint] **hụndertprozentig** **I.** *adj* ① (*100% umfassend*) one hundred percent; (*Alkohol*) pure ② (*fam: typisch*) through and through; ***er ist ein ~er Bayer*** he's a Bavarian through and through, he's a true Bavarian; (*absolut, völlig*) absolute, complete; ***es gibt keine ~e Sicherheit*** there's no such thing as absolute security; ***du hast ~ recht*** you're absolutely right; ***er galt als ~*** he was thought to be totally reliable; **sich** *dat* **~ sicher sein** to be absolutely sure **II.** *adv* (*fam*) absolutely, completely; ***auf sie kannst du dich ~ verlassen*** you can always rely on her completely; ***das weiß ich ~*** I know that for certain, that's a fact **Hụndertsatz** *m* (*geh*) *s.* **Prozentsatz**

Hụndertschaft <-, -en> *f* a hundred-strong unit

hụndertste(r, s) *adj* [one] hundredth; *s. a.* **achte(r, s)**

Hụndertste(r, s) *nt* the [one] hundredth ▶ WENDUNGEN: **vom H~n ins Tausendste kommen** (*fam*) to get carried away

Hụndertstel <-s, -> *nt o* SCHWEIZ *m* hundredth

Hụndertstelsekunde *f* hundredth of a second

hunderttausend *adj* ① (*Zahl*) a [*or* one] hundred thousand; *s. a.* **tausend** ② *auch großgeschrieben* (*ungezählte Mengen*) hundreds of thousands; **H~e von jungen Menschen** [*o* **junger Menschen**] hundreds of thousands of young people

Hụndesalon *m* dog parlour [*or* AM -or], grooming salon [*or* parlour] for dogs **Hụndescheiße** *f* (*derb*) dog shit **Hụndeschlitten** *m* dog sleigh [*or* sled[ge]] **Hụndeschnauze** *f* muzzle; **kalt wie eine ~ sein** (*fam*) to be as cold as ice **Hụndesohn** *m* (*pej fam*) son of a bitch; LIT cur **Hụndesteuer** *f* dog licence [*or esp* AM -se] fee **Hụndewetter** *nt* (*fam*) *s.* **Sauwetter** **Hụndezwinger** *m* kennels *npl*

Hündin *f* bitch

hündisch *adj* (*pej*) ① (*unterwürfig*) sycophantic, fawning, grovelling, AM groveling; **mit ~em Gehorsam** with slavish obedience ② (*niederträchtig*) **eine ~e Gemeinheit** despicable meanness

Hündlein <-s, -> *nt* (*selten*) *dim von* **Hund** little dog, doggy

hundsgemein **I.** *adj* (*fam*) ① (*niederträchtig*) low-down, rotten *fam;* **eine ~e Lüge** a malicious lie; ***er kann ~ sein*** he can be really nasty ② (*sehr groß*) severe; **eine ~e Kälte** a biting [*or* bitter] cold **II.** *adv* (*fam*) ***es tut ~ weh*** it hurts like hell *fam* **hundsmiserabel** *adj* (*fam*) ① (*niederträchtig*) low-down, rotten; ***er ist ein hundsmiserabler Typ*** he's a nasty piece of work, he's a real bastard *fam!* ② (*äußerst schlecht*) awful; **jdm geht es ~, jdm ist ~ [zumute]** sb feels really lousy *sl;* **sich** *akk* **~ fühlen** to feel really lousy **Hụndstage** *pl* dog days *pl*

Hüne <-n, -n> *m* (*riesenhafter Mensch*) giant; **ein ~ von Mann** [*o* **Mensch**] (*fam*) a giant of a man

Hünengrab *nt* (*fam*) megalithic tomb

hünenhaft *adj* gigantic, colossal; **von ~er Gestalt** a Titanic [*or* colossal] figure

Hụnger <-s> *m kein pl* ① (*~gefühl*) hunger; **~ bekommen/haben** to get/be hungry; **keinen richtigen ~ haben** to not really be hungry; **~ auf etw** *akk* **haben** (*Appetit*) to feel like [eating] sth, to fancy [eating] sth; **~ leiden** (*geh*) to starve, to go hungry; **etw macht ~** sth makes sb hungry; ***Holzfällen macht ~!*** woodcutting helps you work up an appetite; **seinen ~ stillen** to satisfy one's hunger; **~ wie ein Wolf** [*o* **Bär**] **haben** (*fam*) to be ravenous[ly hungry]; **guten ~!** DIAL (*fam*) bon appetit!, enjoy your meal!; **vor ~ sterben** [*o fam* **umkommen**] to be starving, to die of hunger; **der ~ treibt es rein** [*o* **hinein**] if you're hungry enough you'll eat anything ② (*Hungersnot*) famine; ***es herrschte großer ~*** the area was stricken by famine ③ (*geh: großes Verlangen*) ■**jds ~ nach etw** sb's thirst for sth; ***ihr ~ nach Wissen war unstillbar*** her thirst for knowledge was insatiable ▶ WENDUNGEN: **~ ist der beste Koch** (*prov*) hunger is the best sauce *prov,* a hungry stomach will eat anything

Hụngergefühl *nt* feeling of hunger **Hụngerjahr** *nt* year of famine [*or* hunger] **Hụngerkünstler(in)** *m(f)* professional faster **Hụngerkur** *f* MED starvation diet **Hụngerleider(in)** <-s, -> *m(f)* (*fam*) starving wretch **Hụngerlohn** *m* (*pej*) starvation wage *pej,* pittance; **für einen ~ arbeiten** to work for a pittance

hụngern **I.** *vi* ① (*Hunger leiden*) to go hungry, to starve; **jdn ~ lassen** to let sb starve; (*fam: fasten*) to fast; ***nach Weihnachten muss ich erst einmal ein paar Wochen ~*** after Christmas I'll have to fast for a few weeks ② (*geh: dürsten*) ■**nach etw** *dat* **~** to thirst after [*or* for] sth *fig,* to hunger after [*or* for] sth; ***sie hungerte nach Aufmerksamkeit*** she yearned for attention; ***ihn hungert nach Macht*** he's hungry for power **II.** *vt impers* (*poet*) ■**es hungert jdn nach etw** *dat* sb hungers [*or* thirsts] after [*or* for] sth; ***es hungerte ihn nach Liebe*** he was hungry for love **III.** *vr* (*hungernd verbringen*) **sich** *akk* **durch etw** *akk* **~** to starve one's way through sth; **sich** *akk* **gesund ~** to go on a starvation diet; **sich** *akk* **zu Tode ~** to starve oneself to death; *s. a.*

schlank
Hungersnot *f* famine
Hungerstreik *m* hunger strike; **in den ~ treten** to go on hunger strike
hungerstreiken *vi* to go on hunger strike
Hungertod *m kein pl* death by starvation; **den ~ sterben** (*geh*) to starve to death **Hungertuch** *nt* ▶ WENDUNGEN: **am ~ nagen** (*hum fam*) to be starving [*or* on the breadline]
hungrig *adj* ❶ (*Hunger verspürend*) hungry; **~ sein** to be hungry; **ein ~es Kind** a hungry child; **~ ins Bett gehen müssen** to have to go to bed hungry; **~ machen** to work up an appetite; ***allein der Gedanke macht mich*** ~ just the thought [of it] makes me feel hungry; **~ nach** [*o* **auf**] **Süßigkeiten sein** to feel like eating sweets, to fancy some sweets ❷ (*geh: verlangend*) hungry; **nach Anerkennung/Erfolg ~ sein** to long [*or* yearn] for recognition/success
Hunne, Hunnin <-n -n> *m, f* Hun
Hunsrück <-s> *m* ■**der ~** the Hunsrück Mountains
Hupe <-, -n> *f* horn; **die ~ betätigen** (*geh*) to sound the [*or* one's] horn; **auf die ~ drücken** to beep [*or* press] the [*or* one's] horn
hupen *vi* to sound the [*or* one's] horn, to beep [*or* hoot] [*or* honk] the [*or* one's] horn; ■**das H~** horn-beeping
Hüpfburg *f* bouncy castle
hüpfen *vi sein* to hop; *Lamm, Zicklein* to frisk, to gambol; *Ball* to bounce; **vor Freude ~** to jump for joy; ***mein Herz hüpfte vor Freude*** (*liter*) my heart leapt for joy
hupfen *vi sein bes* SÜDD, ÖSTERR *s.* **hüpfen** ▶ WENDUNGEN: **das ist gehupft wie gesprungen** (*fam*) it's six of one and half a dozen of the other
Hüpfer *m*, **Hupfer** <-s, -> *m bes* SÜDD, ÖSTERR hop, skip; **einen ~ machen** to hop; ***mein Herz machte einen*** ~ my heart missed a beat
Hupkonzert *nt* (*fam*) cacophony of car horns; **ein ~ veranstalten** (*fig fam*) to honk like mad **Hupsignal** *nt* beep, hoot **Hupton** *m* sound of a horn [*or* BRIT hooter] **Hupzeichen** *nt* **jdm ein ~ geben** [*o* **machen**] to hoot [*or* sound one's horn] at sb
Hurde <-, -n> *f* SCHWEIZ, SÜDD fruit and vegetable rack
Hürde <-, -n> *f* ❶ (*Leichtathletik, Reitsport*) hurdle; **eine ~ nehmen** [*o* **überspringen**] to take [*or* clear] a hurdle; **110 Meter ~n laufen** to run the 110 metres [*or* AM -ers] hurdles ❷ (*tragbare Einzäunung für Tiere*) fold, pen ▶ WENDUNGEN: **eine ~ nehmen** to overcome an obstacle
Hürdenlauf *m* hurdling, hurdles *npl* **Hürdenläufer(in)** *m(f)* hurdler **Hürdenrennen** *nt* steeplechase
Hure <-, -n> *f* ❶ (*pej: Frau*) whore, loose woman ❷ (*veraltend: Prostituierte*) whore *vulg sl*
huren *vi* (*pej fam*) to whore, to go whoring, to sleep around *fam*
Hurenbock *m* (*pej vulg*) randy goat *dated fam*, randy bugger BRIT *vulg*, horny bastard AM *vulg* **Hurenkind** *nt* TYPO widow line **Hurensohn** *m* (*pej vulg*) son of a bitch, bastard
Huronsee ['hjʊərən-] *m* Lake Huron
hurra *interj* hurray [*or* hooray] [*or* hurrah]; **~ schreien** to yell hurray, to cheer
Hurra <-s, -s> *nt* cheer; **ein dreifaches ~** [**auf jdn/etw**] three cheers [for sb/sth]
Hurrapatriotismus *m* (*veraltend o pej*) flag-waving patriotism **Hurraruf** *m* cheer [*or* hooray] [*or* hurrah]
Hurrikan <-s, -e> [harikən] *m* hurricane
hurtig *adj* DIAL (*veraltend*) quick, nimble; **sich** *akk* **~ davonmachen** to make a speedy exit
Husar <-en, -en> *m* hussar
husch *interj* (*fam: los, fort!*) shoo; **~, *weg mit dir!*** shoo, get away with you; (*schnell*) whoosh; **~, *war er schon wieder verschwunden*** and whoosh he'd gone again; **etw geht ~ ~** it's done in a flash [*or fam* jiffy], to be done at the double *dated fam*
huschen *vi sein* to dart, to flit; *Maus* to scurry; *Licht* to flash; ***ein Lächeln huschte über ihr Gesicht*** a smile flitted across her face; ***die Katze huscht von Baum zu Baum*** the cat darts from tree to tree
Husky <-s, -s> ['haski] *m* (*Schlittenhund*) husky
hüsteln *vi* to cough [slightly]; **nervös ~** to clear one's throat
husten I. *vi* to cough; ***wie lange hustest du schon?*** how long have you had that cough?; **stark ~** to have a bad [*or* nasty] cough; ■**auf etw** *akk* **~** (*fam*) to not give a damn about sth II. *vt* (*auswerfen*) ■**etw ~** to cough up sth *sep*; **Schleim/Blut ~** to cough up mucus/blood ▶ WENDUNGEN: **jdm eins** [*o* **was**] **~** (*sl*) sb can get lost, sb can go jump in a lake *sl*; ***dem werde ich eins*** ~ he can go jump in a lake
Husten <-s> *m kein pl* cough; **~ stillend** cough-relieving; **~ stillend wirken** to relieve a cough
Hustenanfall *m* coughing fit **Hustenbonbon** *m o nt* cough drop [*or* BRIT sweet] **Hustenmittel** *nt* cough medicine **Hustenreiz** *m* tickly throat **Hustensaft** *m* cough syrup [*or* mixture] **Hustentee** *m herbal tea to relieve cough* **Hustentropfen** *pl* cough mixture
Hut[1] <-[e]s, Hüte> *m* ❶ (*Kopfbedeckung*) hat; **den ~ aufsetzen/abnehmen** to put on/take off one's hat ❷ BOT (*oberer Teil bei Hutpilzen*) cap ▶ WENDUNGEN: **mit dem ~[e] in der Hand kommt man durch das ganze Land** (*prov*) a little politeness goes a long way; **ein alter ~ sein** (*fam*) to be old hat; **vor jdm/etw den ~ abnehmen** [*o* **ziehen**] to take one's hat off to sb/sth; **~ ab** [**vor jdm**]! (*fam*) hats off to sb!, well done!, I take my hat off [to sb]; **etw unter einen ~ bringen** [*o* **kriegen**] (*fam*) to reconcile sth, to accommodate sth; (*Termine*) to fit in sth; ***man kann nicht alle Menschen unter einen ~ bringen*** you can't please everyone all of the time; **mit jdm/etw nichts/nicht viel am ~ haben** (*fam*) to not have anything in common with/to not[really] go in for sb/sth; **eins auf den ~ kriegen** (*fam*) to get a dressing down [*or* telling off] *fam*; **den** [*o* **seinen**] **~ nehmen müssen** (*fam*) to have to pack one's bags *fig*, to have to step [*or* stand] down, to be dismissed; **etw an den ~ stecken können** (*fam*) to stick [*or* keep] sth *sl*; **da geht einem ja der Hut hoch** it's enough to make you blow your top
Hut[2] <-> *f* (*geh*) protection; **irgendwo/bei jdm in bester** [*o* **sicherer**] **~ sein** to be in safe hands somewhere/with sb; ***ich habe die Diamanten in meiner*** ~ I have the diamonds in safe keeping; **auf der ~** [**vor jdm/etw**] **sein** to be on one's guard [against sb/sth]
Hutablage *f* hat shelf [*or* rack]; (*im Auto*) rear parcel shelf **Hutband** *nt* hatband
Hütchen <-s, -> *nt dim von* **Hut**[1] little hat
hüten I. *vt* ❶ (*beaufsichtigen*) ■**jdn/etw ~** to look after sb/sth, to mind sb/sth; **Schafe ~** to mind [*or* tend] sheep ❷ (*geh: bewahren*) ■**etw ~** to keep sth; **etw sorgsam ~** to look after sth carefully; **ein Geheimnis ~** to keep [*or* guard] a secret; *s. a.* **Bett, Haus** II. *vr* (*sich in Acht nehmen*) ■**sich** *akk* **vor jdm/etw ~** to be on one's guard against sb/sth; ***hüte dich vor unüberlegten Entscheidungen*** beware of making rash decisions; ■**sich** *akk* **~, etw zu tun** to take care not to do sth; ***ich werde mich [schwer] ~!*** (*fam*) not [bloody] likely! *sl*, I'll do nothing of the kind
Hüter(in) <-s, -> *m(f)* (*geh*) guardian; **~ des Schatzes** custodian of the treasure; **ein ~ des Gesetzes** (*hum*) a custodian of the law; **Vieh~** herdsman
Hutfeder *f* [hat] feather **Hutgeschäft** *nt* ÖKON hat shop; (*für Herren*) hat shop, hatter's; (*für Damen*) hat shop, milliner's **Hutkrempe** *f* brim [of a/the hat]
Hutle <-, -> *nt* (*pej*) simpleton **Hutmacher(in)** *m(f)* hatter, hat maker; *für Damen* milliner **Hutmaterial** *nt* [hat] fabric **Hutmutter** *f* acorn nut **Hutnadel** *f* hatpin **Hutschachtel** *f* hatbox
Hutsche <-, -n> *f* SÜDD, ÖSTERR (*fam*) ❶ (*Schaukel*) swing ❷ (*pej sl: alte Schlampe*) old tart *pej fam*, old floozie [*or* floosie] [*or* floozy] *pej fam*
hutschen I. *vi* SÜDD, ÖSTERR (*fam: schaukeln*) to swing II. *vr* (*verschwinden, weggehen*) ■**sich** *akk* **~** to disappear; ***hutsch dich!*** get lost!
Hutschnur *f* hat string [*or* cord] ▶ WENDUNGEN: **etw geht jdm über die ~** (*fam*) sth goes too far, sth oversteps the mark; ***das geht mir über die ~!*** now you've/she's, etc. really gone too far! **Hutständer** *m* hatstand
Hütte <-, -n> *f* ❶ (*kleines Haus*) hut; (*ärmliches Häuschen*) shack, humble abode *hum*; **eine ~ bauen** to build a hut; **die ~ der Eingeborenen** the natives' huts ❷ (*Berghütte*) [mountain] hut; (*Holzhütte*) cabin; (*Hundehütte*) kennel; (*Jagdhütte*) hunting lodge ❸ (*industrielle Anlage*) **Eisen~** iron and steel works; **Glas~** glassworks; **Ziegel~** brickworks
Hüttenarbeiter *m* worker in an iron and steel works **Hüttenindustrie** *f* iron and steel industry **Hüttenkäse** *m* cottage cheese **Hüttenkunde** *f* metallurgy **Hüttenschuh** *m* slipper-sock **Hüttenwerk** *nt* iron and steels works + *sing/pl vb*
hutz(e)lig *adj* (*fam*) shrivelled [*or* AM *usu* shriveled]; **~es Obst** shrivelled fruit; **ein ~es Gesicht** a wizened [*or* wrinkled] face [*or* wrinkly]
Hyäne <-, -n> *f* ❶ (*hundeähnliches Raubtier*) hy[a]ena ❷ (*pej fam: profitgieriger, skrupelloser Mensch*) unscrupulous rogue
Hyänenhund *m* ZOOL African hunting dog
Hyazinthe <-, -n> *f* hyacinth
hybrid[1] *adj* ❶ BIOL (*zwitterhaft*) hybrid, hermaphroditic ❷ LING hybrid ❸ INFORM (*analog und digital*) hybrid
hybrid[2] <-er, -este> *adj* (*geh: überheblich*) arrogant
Hybridantrieb *m* hybrid drive **Hybridauto** *nt* hybrid car
Hybride <-, -n> *f* hybrid
Hybridfahrzeug *nt* AUTO hybrid vehicle **Hybridrechner** *m* hybrid computer **Hybridzüchtung** *f* ❶ (*Vorgang der Züchtung*) hybrid breeding *no pl*, hybridizing [*or* BRIT *a.* -ising] ❷ (*Ergebnis der Züchtung*) hybrid
Hybris <-> *f kein pl* (*geh*) hubris *form*
Hydra[1] <-> *f* ❶ (*griechisches Fabelwesen*) Hydra ❷ *kein pl* (*fig: gefährliches Phänomen*) hydra; **die gefährliche ~ des Imperialismus** the treacherous hydra of imperialism ❸ (*Sternbild*) Hydra [the water serpent]
Hydra[2] <-, Hydren> *f* (*Süßwasserpolyp*) hydra
Hydrant <-en, -en> *m* hydrant
hydratisieren* *vt* ■**etw ~** to moisturize sth
Hydraulik <-> *f kein pl* ❶ (*hydraulisches System*) hydraulic system, hydraulics *npl*; **die ~ der Bremse** the brake's hydraulics ❷ (*wissenschaftliche Lehre*) hydraulics + *sing vb*
hydraulisch *adj* hydraulic
hydrieren *vt* CHEM ■**etw ~** to hydrogenate sth
Hydrierung <-, -en> *f* CHEM hydrogenation
Hydrodynamik <-> *f* PHYS hydrodynamics + *sing vb, no art* **hydroelektrisch** *adj* PHYS hydroelectric **Hydrokultur** *f* hydroponics + *sing vb spec* **Hydrolyse** <-, -n> *f* hydrolysis **Hydrometer** *f* hydrometer **hydrophil** *adj* BIOL, CHEM hydrophilic **hydrophob** *adj* BIOL, CHEM hydrophobic **Hydrotechnik** *f* hydraulic engineering **hydrotechnisch** *adj* hydraulic engineering *attr* **hydrotherapeutisch** *adj* hydrotherapeutic **Hydrotherapie** *f* hydrotherapy, hydrotherapeutics + *sing vb*
Hygiene <-> *f kein pl* hygiene *no pl*
Hygienepapier *nt* toilet tissue **Hygienevorschrift** *f* JUR health regulation **Hygienezone** *f* hygiene zone [*or* area]
hygienisch *adj* hygienic; **eine ~ Überwachung** hygienic precautions; ***eine ~ Aufbewahrung ist sehr wichtig*** this must be kept in hygienic conditions
Hygrometer <-s, -> *nt* hygrometer
Hymen <-s, -> *nt o m* (*fachspr*) hymen, maidenhead *liter*
Hymne <-, -n> *f* ❶ (*Loblied*) hymn ❷ (*feierliches Gedicht*) literary hymn; **eine ~ auf die Liebe** a literary hymn to love ❸ (*kurz für Nationalhymne*) national anthem; **die ~ spielen** to play the [national]

anthem

hymnisch *adj* hymn-like

Hype <-, -s> [haip] *f* hype

hyperaktiv *adj* hyperactive

Hyperbel <-, -n> *f* ① MATH hyperbola *spec* ② LING (*rhetorische Figur*) hyperbole

Hyperbelfunktion *f* MATH hyperbolic function

hyperbolisch *adj* ① MATH hyperbolic ② LING (*Hyperbeln aufweisend*) hyperbolic[al]; **eine ~e Wendung** a hyperbolic phrase [*or* expression]

hyperkorrekt *adj, adj* ① (*übertrieben korrekt*) hypercorrect, excessively correct ② LING hypercorrect

Hyperlink <-s, -s> ['haipəlɪŋk] *m* INFORM hyperlink **hypermodern** *adj* (*fam*) ultra-modern **hypersensibel** *adj* hypersensitive **Hypertext** ['haipə-] *m* INFORM hypertext

Hypertonie <-, -n> [ni:ən] *f* MED ① (*Bluthochdruck*) hypertension *spec,* high blood pressure ② (*gesteigerte Muskelspannung*) hypertonia ③ (*erhöhte Spannung im Augapfel*) hypertonia

hypertroph *adj* (*fachspr*) ① MED (*Hypertrophie aufweisend*) hypertrohpic[al] *spec;* **~es Gewebe** hypertrophic tissue ② (*geh: übersteigert, übermäßig*) hypertrophied *liter;* **ein ~es Geltungsbedürfnis** an excessive need to be admired

Hypertrophie <-, -n> ['fi:ən] *f* (*fachspr*) ① MED, BIOL hypertrophy *spec;* **~ der Muskeln** muscular hypertrophy ② (*geh: Übermaß*) excess; **eine ~ des Selbstbewusstseins** an enormous ego

Hyperventilation *f* MED hyperventilation

Hypnose <-, -n> *f* hypnosis; **in ~ fallen** to fall [*or* go] into a hypnotic trance; **unter ~ stehen** to be under hypnosis; **jdn in ~ versetzen** to hypnotize sb, to put sb under hypnosis; **in ~** under hypnosis; **aus der ~ erwecken** to come out of a hypnotic trance

Hypnotherapie *f* hypnotherapy

hypnotisch *adj* hypnotic; **ein ~er Schlaf** a hypnotic trance; **~e Kräfte** hypnotic powers; **die ~e Wirkung von Musik** the hypnotic effect of music

Hypnotiseur(in) <-s, -e> [hypnoti'zø:ɐ] *m(f)* hypnotist

hypnotisierbar *adj* hypnotizable [*or* BRIT *a.* -isable]; ***manche Menschen sind leichter ~ als andere*** some people are easier to hypnotize than others

hypnotisieren* *vt* ■**jdn ~** to hypnotize sb; **wie hypnotisiert** as if hypnotized; **hypnotisiert sein von etw** *dat* (*fig*) to be hypnotized by sth; ***sie war ganz hypnotisiert von seinen Worten*** she was hypnotized [*or* entranced] by his words

hypoallergen *adj* hypoallergenic

Hypochonder <-s, -> *m* hypochondriac

Hypochondrie <-, -n> *f* hypochondria *no art*

Hypoglykämie <-, Hypoglykämien> *f* MED hypoglycaemia BRIT, hypoglycemia AM

Hypophyse <-, -n> *f* ANAT pituitary gland *spec*

Hypotenuse <-, -n> *f* hypotenuse

Hypothalamus <-, Hypothalami> *m* ANAT hypothalamus

Hypothek <-, -en> *f* ① (*Grundpfandrecht*) mortgage [loan]; **~ auf Grund und Boden** mortgage [on real estate]; **die erste/zweite/dritte ~** the first/second/third mortgage; **mit ~en belastbar/belastet** mortgageable/mortgaged [*or* encumbered]; **formlose/nachstehende ~** equitable/puisne mortgage; **eine ~ auf seinem Haus haben** to have mortgaged one's house; **eine ~ [auf etw** *akk*] **aufnehmen** to take out a mortgage [on sth]; **etw mit einer ~ belasten** to encumber sth with a mortgage; **eine ~ eintragen** to register a mortgage; **eine ~ tilgen** to redeem a mortgage ② (*geh: Belastung*) burden; (*fig a.*) a millstone around one's neck

hypothekarisch I. *adj* mortgage *attr,* hypothecary; **~e Belastung von unbeweglichen Gütern** mortgage II. *adv* **etw ~ belasten** to mortgage [*or* encumber] sth

Hypothekenaufnahme *f* FIN taking out a mortgage **Hypothekenbank** <-banken> *f bank dealing primarily with mortgage business* **Hypothekenbankgesetz** *nt* JUR mortgage banks act **Hypothekenbelastung** *f* FIN encumbrance [by mortgage] **Hypothekenbeschaffung** *f* JUR mortgage assistance **Hypothekenbestellung** *f* creation of a mortgage; **formelle ~** charge by way of legal mortgage **Hypothekenbrief** *m* mortgage certificate [*or* deed] **Hypothekendarlehen** *nt* JUR mortgage loan **Hypothekenforderung** *f* JUR mortgage claim [*or* debt] **hypothekenfrei** *adj* JUR unmortgaged, unencumbered **Hypothekengläubiger(in)** *m(f)* JUR mortgagee, mortgage creditor **Hypothekenklage** *f* JUR foreclosure action **Hypothekenpfandbrief** *m* JUR mortgage bond **Hypothekenschuld** *f* mortgage [*or* hypothecary] debt **Hypothekenschuldner(in)** *m(f)* mortgagor **Hypothekenstelle** *f* JUR mortgage ranking **Hypothekentilgung** *f* JUR mortgage redemption; (*einzelne Zahlung*) mortgage payment [*or* repayment] **Hypothekenübernahme** *f* JUR acceptance of a mortgage **Hypothekenzinsen** *pl* JUR mortgage interest

Hypothermie <-, Hypothermien> *f* MED hypothermia

Hypothese <-, -n> *f* hypothesis; **eine ~ aufstellen/widerlegen** to advance/refute a hypothesis

hypothetisch *adj* hypothetical

Hypotonie <-, -n> *f* MED ① (*niederer Blutdruck*) hypotension ② (*bei Muskeln*) hypotonia, hypotonus ③ (*beim Augapfel*) hypotonia, deficient intra-ocular tension

Hysterie <-, -n> *f* ① MED hysteria ② (*Erregung*) hysteria; ***man spürte eine allgemeine ~*** there was a general air of hysteria

hysterisch *adj* ① MED hysterical; **einen ~en Anfall haben** to have hysterics ② (*nervös*) hysterical

I

Hz *nt Abk von* **Hertz**

I, i <-, – *o fam* -s, -s> *nt* (*Buchstabe*) I, i; **~ wie Ida** I for Isaac BRIT, I as in Item AM; *s. a.* **A 1** ► WENDUNGEN: **das Tüpfelchen auf dem ~** the final touch, the cherry on top

i [i:] *interj* ① (*fam: Ausdruck von Ablehnung, Ekel*) ugh; **~, wie ekelig** ugh, that's horrible ② (*abwertend*) **~ wo!** no way! *fam*

i.A. *Abk von* **im Auftrag** pp

IAA *f* IAA (*indoleacetic acid*)

IAEO *f Abk von* **internationale Atomenergie-Organisation** IAEO, International Atomic Energy Organization

iah *interj* hee-haw

IAO *f Abk von* **internationale Arbeitsorganisation** ILO

IATA *f Abk von* **International Air Transport Association** IATA

ib(d). *Abk von* **ibidem** ib.

iberisch *adj* Iberian

ibid. *Abk von* **ibidem** ibid.

IBIS *nt kurz für* **integriertes Börsenhandels- und Informationssystem** integrated German stock exchange trading and information system

Ibis <-, -se> *m* ORN ibis

IBIS-Handel *m kein pl* BÖRSE dealing via IBIS, Ibis trading **IBIS-System** *nt* IBIS system [*or* integrated German stock market trading and information system]

Ibiza *nt* Ibiza; *s. a.* **Sylt**

IC <-s, -s> *m Abk von* **Intercity**

ICAO *f Abk von* **International Civil Aviation Organization** ICAO

ICE <-s, -s> *m Abk von* **Intercity Express** *a high speed train*

ICE-Trasse *f* high-speed train route **ICE-Zuschlag** *m* Intercity Express surcharge

ich <*gen* meiner, *dat* mir, *akk* mich> *pron pers* I, me; **~ bin/war es** it's/it was me; **~ *bin es, dein Onkel Hans*** it's me, Uncle Hans; **~ nicht!** not me!; **~, der/die …** me, who …; **~, *der immer putzt …*** me, who always cleans …; **~ selbst** I myself; ***nicht einmal ~ selbst könnte die beiden Bilder auseinderhalten*** not even I could tell the difference between the two pictures; *s. a.* **meiner, mir, mich, immer**

Ich <-[s], -s> *nt* ① (*das Selbst*) self ② PSYCH (*Ego*) ego; **jds anderes** [*o* **zweites**] **~** sb's alter ego; **jds besseres ~** sb's better self

ichbezogen *adj* egocentric; *Äußerung* egotistic

Icherzählung *f* LIT first-person narrative **Ichform** *f* first person form; **in der ~** in the first person

Ichthyol® <-s> *nt kein pl* MED Ichthyol® (*dark brown or colourless liquid with antiseptic, anti-inflammatory and painkilling properties*)

Ichthyolsalbe *f* MED, PHARM Ichthyol ointment

Icon <-s, -s> ['aɪkən] *nt* INFORM icon

IC-Zuschlag [i:'tse:] *m* Intercity surcharge

IDA *f* JUR (*Internationale Entwicklungsvereinigung*) *Abk von* **International Development Association** IDA

ideal I. *adj* ideal; **eine ~e Lage** an ideal position; **~e Bedingungen** ideal conditions II. *adv* ideally; **~ wohnen** to live in an ideal location

Ideal <-s, -e> *nt* ① (*erstrebenswerte Idee*) ideal; **das künstlerische ~** the artistic ideal; [**noch**] **~e haben** to [still] have ideals; **keine ~e mehr haben** to no longer have any ideals ② (*Idealbild*) ideal; **das ~ einer Frau** the ideal woman; **das ~ der Schönheit** the ideal of beauty; **eine ~ an Gerechtigkeit** an ideal vision of justice

Idealbild *nt* ideal **Idealfall** *m* ideal case; **im ~[e]** ideally **Idealfigur** *f* ideal figure **Idealgewicht** *nt* ideal [*or* optimum] weight

idealisieren* *vt* ■**jdn/etw ~** to idealize sb/sth; **ein idealisierendes Bild von etw** *dat* **haben** to have an idealized picture of sth

Idealisierung <-, -en> *f* idealization

Idealismus <-> *m kein pl* idealism

Idealist(in) <-en, -en> *m(f)* idealist

idealistisch *adj* idealistic

Idealkonkurrenz *f* JUR nominal coincidence of offences **Ideallösung** *f* ideal solution **Idealmaß** *nt* ideal shape **Idealverein** *m* JUR non-profit-making association **Idealvorstellung** *f* ideal **Idealzustand** *m* ideal situation

Idee <-, -n> *f* ① (*Einfall, Vorstellung*) idea; **eine blendende** [*o* **glänzende**] **~** (*fam*) a bright idea; **eine fixe ~** obsession; **eine ~ haben** (*fig*) to have an idea; ***du hast manchmal ~en!*** the ideas [*or* things] you come up with!; **keine** [*o fam* **nicht die leiseste** [*o* **geringste**]] **~ haben** to have no idea, to not have the faintest idea; ***hast du eine ~, wo er sein könnte*** do you have any idea where he might be?; **jdn auf eine ~ bringen** to give sb an idea; **eine ~ aufgreifen/übernehmen** to pick up on an idea; ***wer hat Sie denn auf diese ~ gebracht?*** who put this idea into your head?; **jdn auf die ~ bringen, etw zu tun** to give sb the idea of doing sth; **jdn auf andere ~en bringen** to take sb's mind off of sth/it; **auf eine ~ kommen** to get [*or* hit upon] an idea, to come up with an idea; ***wie kommst du denn auf die ~?*** whatever gave you that idea?; **jdm kommt eine ~** sb gets an idea, sb comes up with an idea; ***mir kommt da gerade eine ~*** I've just had an idea; **auf die ~ kommen, etw zu tun** (*fam*) to decide to do sth, to come up with the idea of doing sth ② (*ideale Vorstellung, Leitbild*) ideal; **humanistische ~en** humanistic ideas; **für seine ~ kämpfen** to fight for one's ideals; **die ~ eines vereinten Europas** the idea of a united Europe [*or* European Union] ③ (*ein wenig*) **keine ~ besser sein** (*fam*) to be not one bit better; **eine ~ …** a touch …, a tad … *fam;* ***die Hose ist eine ~ zu eng*** these trousers are a bit too tight

ideell *adj* spiritual; **der ~e Wert zählt** the intrinsic value counts

ideenarm *adj* unimaginative **Ideengehalt** *m* ideal **Ideengut** *nt kein pl* set of ideas **ideenlos** *adj* unimaginative, devoid of ideas **Ideenlosigkeit** <-> *f kein pl* unimaginativeness *no pl,* lack of imagination **Ideenmanagement** *nt kein pl* ideas management **ideenreich** *adj* imaginative, full of ideas **Ideenreichtum** *m kein pl* imaginativeness *no pl,* inventiveness *no pl* **Ideenwelt** *f* world of ideas; **die ~ der Antike** the ideas of the ancient world

Iden *pl* Ides + *sing/pl vb;* **die ~ des März** the Ides of March

Identifikation <-, -en> *f* ❶ PSYCH identification; ■**jds ~ [mit jdm/etw]** sb's identification [with sb/sth] ❷ *s.* **Identifizierung**

Identifikationsausweis *m kein pl (bei E-Cash)* ID card **Identifikationsfigur** *f* role model

identifizieren* I. *vt* ❶ *(die Identität feststellen)* ■**jdn/etw [als etw] ~** to identify sb/sth [as sth]; ***bitte ~ Sie sich*** pleae identify yourself ❷ *(gleichsetzen)* ■**jdn mit etw** *dat* **~** to identify sb with sth II. *vr* ■**sich** *akk* **mit jdm/etw ~** to identify with sb/sth; **sich** *akk* **mit seinem Beruf ~** to be married to one's job; ***ich kann mich nicht mit den Idealen der Partei ~*** I can't relate to the party's ideals

Identifizierung <-, -en> *f* identification

identisch *adj* identical; ■**[mit jdm] ~ sein** to be identical [to sb]; ***die Bilder sind völlig ~*** the pictures are indistinguishable [*or* identical]

Identität <-> *f kein pl* ❶ *(Echtheit)* identity; **seine ~ suchen/finden** to look for/find one's identity ❷ *(Übereinstimmung)* identicalness

identitätsgeprüft *adj* INFORM, FIN whose identity has been checked [*or* vetted] **Identitätsirrtum** *m* JUR mistaken identity **Identitätskarte** *f bes* SCHWEIZ *(Personalausweis)* identity card **Identitätskrise** *f* PSYCH identity crisis **Identitätsnachweis** *m* proof of identity **identitätsstiftend** *adj* SOZIOL *(geh)* serving identity development **Identitätstäuschung** *f* JUR imposture, impersonation **Identitätsverlust** *m kein pl* PSYCH loss of identity *no pl*

Ideologe, Ideologin <-n, -n> *m, f* ❶ *(Vertreter einer Ideologie)* ideologist, ideologue ❷ *(veraltend: weltfremder Schwärmer)* hopeless idealist

Ideologie <-, -n> *f* ideology; **demokratische ~** democratic ideology; **politische ~n** political ideology *sing*

ideologiefrei *adj* POL, SOZIOL, PHILOS free of ideologies **Ideologiekritik** *f* ideological criticism **ideologiekritisch** *adj* critical of ideology

Ideologin <-, -nen> *f fem form von* **Ideologe**

ideologisch I. *adj* ❶ *(eine Ideologie betreffend)* ideologic[al]; **~e Vorgaben** ideological premises; **~ gefestigt sein** to be ideologically sound ❷ *(pej veraltend: weltfremden Theorien anhängend)* idealist II. *adv* ideologically

Idiom <-s, -e> *nt* ❶ *(geh: eigentümlicher Sprachgebrauch einer Gruppe)* idiom; **ein schwer verständliches ~** an almost incomprehensible idiom ❷ *(Redewendung)* idiom, saying

Idiomatik <-> *f kein pl* ❶ *(Wissenschaft)* idiomology ❷ *(Aufstellung von Redewendungen)* glossary of idioms

idiomatisch I. *adj* idiomatic II. *adv* idiomatically

idiomorph *adj* GEOL idiomorphic

Idiot(in) <-en, -en> *m(f)* ❶ *(pej fam: Dummkopf)* idiot, prat BRIT ❷ MED *(veraltet: Schwachsinniger)* idiot

Idiotenhügel *m (hum fam)* nursery [*or* beginner's] slope **idiotensicher** I. *adj (hum fam)* foolproof II. *adv (fam)* effortlessly

Idiotie <-, -n> *f* ❶ *(pej fam: dummes Verhalten)* idiocy ❷ MED *(veraltet: Schwachsinn)* idiocy

Idiotin <-, -nen> *f fem form von* **Idiot**

idiotisch *adj (fam)* idiotic, stupid; **etw ~ finden** to find sth idiotic; ***wie ~ von mir*** how stupid [*or* idiotic] of me

Idol <-s, -e> *nt* ❶ *(Vorbild)* idol; **in jdm ein ~ sehen** to see sb as one's idol; **zum ~ werden** to become an idol ❷ KUNST *(Götzenbild)* idol

Idyll <-s, -e> *nt* idyll; **ein ländliches ~** a rural [*or* pastoral] idyll

Idylle <-, -n> *f* ❶ LIT *(Darstellung)* idyll ❷ *(Zustand)* idyll, idyllic situation

idyllisch I. *adj* ❶ *(einem Idyll gemäß)* idyllic; **eine ~e Landschaft** an idyllic countryside ❷ LIT *(pastoral friedlich)* idyllic II. *adv* idyllically

IE, I.E. *f Abk von* **internationale Einheit** IU

IEA *f Abk von* **internationale Energieagentur** IEA

Ifo *nt* JUR *Akr von* **Institut für Wirtschaftsforschung** Institute for Economic Research

IG <-, -s> *f Abk von* **Industriegewerkschaft**

Igel[1] <-s, -> *m* ❶ *(Stacheltier)* hedgehog ❷ *(hum fam: sehr kurzer Haarschnitt)* crew cut

Igel[2] *pl kurz für* **individuelle Gesundheitsleistungen** individual medical payments *pl*

IGH *m Abk von* **internationaler Gerichtshof** ICJ, International Court of Justice

igitt(igitt) *interj* ugh, yuk, yuck

Iglu <-s, -s> *m o nt* igloo

Igluzelt *nt* igloo tent

Ignorant(in) <-en, -en> *m(f) (pej geh)* ignoramus *hum form;* **künstlerischer ~** sb with no idea about art

Ignoranz <-> *f kein pl (pej geh)* ignorance *no pl*

ignorieren* *vt* ■**jdn/etw ~** to ignore sb/sth; ■**~, dass** to ignore the fact that

IHK <-, -s> *f Abk von* **Industrie- und Handelskammer**

ihm *pron pers dat von* **er, es**[1] ❶ *(dem Genannten)* him; ***es geht ~ nicht gut*** he doesn't feel very well; *nach Präpositionen* him; ***ich war gestern bei ~*** I was at his place yesterday; ***das ist ein Freund von ~*** he's a friend of his ❷ *bei Tieren und Dingen (dem genannten Tier oder Ding)* it; *bei Haustieren* him

ihn *pron pers akk von* **er** ❶ *(den Genannten)* him; ***ich liebe ~*** I love him ❷ *bei Tieren und Dingen (das genannte Tier oder Ding)* it; *bei Haustieren* him

ihnen *pron pers dat pl von* **sie** them; *nach Präpositionen* them; ***ich war die ganze Zeit bei ~*** I was at their place the whole time

Ihnen *pron pers dat sg o pl von* **Sie** you; ***schönes Wochenende! — ~ auch*** have a nice weekend! — you too [*or* and you]; *nach Präpositionen* you

ihr[1] <*gen* euer, *dat* euch, *akk* euch> *pron pers 2.pers pl nomin von* **sie** you ❶ *(Anrede an Personen, die man duzt)* ***~ seid herzlich willkommen*** you're very welcome; ***~ Lieben!*** my dears! ❷ *(veraltet: Anrede an Einzelperson)* thou *hist*

ihr[2] *pron pers dat sing von* **sie** *(der Genannten)* her; ***ich habe ~ vertraut*** I trusted her

ihr[3] *pron poss, adjektivisch* ❶ *sing* her; **~ Kleid** her dress; **~ letzter Film** her last film ❷ *pl* their; **Eltern mit ~en Kindern** parents with their children

Ihr *pron poss, adjektivisch* ❶ *sing* your; ***~ Brief hat mich sehr berührt*** your letter was very touching ❷ *pl* your; ***wir freuen uns über ~ zahlreiches Erscheinen*** we are pleased to see so many of you here today

ihre(r, s) *pron poss, substantivisch* ❶ *sing (dieser weiblichen Person)* her; ***das ist nicht seine Aufgabe, sondern ~*** that isn't his task, it's hers; ■**der/die/das ~** hers ❷ *pl* theirs

Ihre(r, s)[1] *pron poss, substantivisch, auf Sie bezüglich* ❶ *sing* your; ■**der/die/das ~** yours; ***ich bin ganz/stets der ~*** I am always at your service ❷ *pl* your; ■**der/die/das ~** yours ❸ *sing und pl (Angehörige)* ■**die ~n** your loved ones ❹ *sing und pl (Eigentum)* ■**das ~** yours; *(was Ihnen zukommt)* what you deserve; ***Sie haben alle das ~ getan*** they have all done their bit

Ihre(r, s)[2] *pron poss, substantivisch, auf sie sing bezüglich* ❶ *(Angehörige)* ■**der/[die] ~[n]** her loved one[s]; ***sie dachte immer an die ~n*** she always thought of her family ❷ *(Eigentum)* ■**das ~** hers ❸ *(was ihr zukommt)* ***das ~ besteht darin, sich um die Korrespondenz zu kümmern*** its her job to deal with the correspondence

Ihre(r, s)[3] *pron poss, substantivisch, auf sie pl bezüglich* ❶ *(Angehörige)* ■**der/[die] ~[n]** their loved ones ❷ *(Eigentum)* ■**das ~** their things ❸ *(was ihnen zukommt)* ***nun müssen die Mitarbeiter das ~ tun*** now the workers have to do their bit

ihrer *pron pers gen von* **sie** ❶ *sing (geh)* her ❷ *pl (geh)* them; ***es waren ~ sechs*** there were six of them

Ihrer *pron pers (geh) gen von* **Sie** ❶ *sing* [of] you ❷ *pl* you

ihrerseits *adv* ❶ *sing* for her [*or* its] part ❷ *pl* for their part

Ihrerseits *adv sing o pl (von Ihrer Seite aus)* for your part

ihresgleichen *pron* ❶ *sing (Leute wie sie (sing f))* her [own] kind, people like her, her sort, the likes of her *pej;* ***sie pflegt nur Kontakte zu ~*** she only has contact with her own kind ❷ *pl (Leute wie sie (pl))* their [own] kind

Ihresgleichen *pron* ❶ *sing (Leute wie Sie)* people like you; ***Sie umgeben sich nur mit ~*** you are only surrounded by your own sort ❷ *pl (pej: Leute wie Sie)* your [own] kind ❸ *(solches Pack wie Sie)* your sort, the likes of you *a. pej;* ***ich kenne [Sie und] ~*** I know your kind!

ihrethalben *adv (veraltend) s.* **ihretwegen**

Ihrethalben *adv (veraltend) s.* **Ihretwegen**

ihretwegen *adv* ❶ *fem sing (wegen ihr)* as far as she is/was concerned; ***~ brauchen wir uns keine Sorgen zu machen*** we don't need to worry about her ❷ *pl (wegen ihnen)* as far as they are/were concerned; ***ich mache mir ~ schon Sorgen*** I'm starting to worry about them

Ihretwegen *adv sing/pl* because of you, for you; ***ich bin nur ~ hiergeblieben*** I've only stayed here for you

ihretwillen *adv* ■**etw um ~ tun** *(ihr zuliebe)* to do sth for her [sake]; *(ihnen zuliebe)* for them, for their sake

Ihretwillen *adv sing und pl* ■**etw um ~ tun** to do sth for you, for your sake; ***das tue ich nur um ~*** I'm only doing it because it's you

ihrige(r, s) <-n, -n> *pron poss (veraltend geh) s.* **ihre(r, s)**

Ihrige(r, s) <-n, -n> *pron poss (veraltend geh) s.* **Ihre(r, s)**

i.J. *Abk von* **im Jahre** in the year of

Ikon <-s, -> *nt* INFORM icon

Ikone <-, -n> *f* icon

Ikonenblick *m expression in the eyes of icons;* ***ein schwermütiger ~*** melancholy eyes typical of icons

Ikonenwand *f* KUNST iconostas[is]

IKRK *nt Abk von* **internationales Komitee vom Roten Kreuz** ICRC

Ikterus <-> *m kein pl* MED icterus

Ilex <-> *m kein pl* BOT holly

illegal *adj* illegal

Illegalität <-, -en> *f* ❶ *kein pl (Gesetzwidrigkeit)* illegality; **in der ~ leben** to lead a life of crime ❷ *(illegale Tätigkeit)* something illegal; ***ich beteilige mich nicht an ~en*** I'm not getting involved in anything illegal

illegitim *adj* ❶ *(unrechtmäßig)* unlawful, illegitimate; **eine ~ Thronfolge** an illegitimate line of succession ❷ *(unehelich)* illegitimate; **ein ~es Kind** an illegitimate child ❸ *(nicht berechtigt)* wrongful; **eine ~e Forderung** an unjust demand

illiquid *adj (fachspr)* illiquid *spec*

Illit *f* GEOL illite

illoyal I. *adj (geh)* disloyal; **eine ~e Einstellung gegenüber jdm/etw haben** to have a disloyal attitude towards sb/sth II. *adv* disloyally; **sich** *akk* **~ gegenüber jdm/etw verhalten** to behave disloyally towards sb/sth

Illoyalität <-, -en> *f pl selten (geh)* disloyalty

Illumination <-, -en> *f* ❶ *(Beleuchtung)* illumination *form* ❷ REL *(göttliche Erleuchtung)* enlightenment ❸ KUNST *(Buchmalerei)* illumination

illuminieren* *vt (geh)* ❶ *(festlich beleuchten)* ■**etw ~** to illuminate sth *form* ❷ KUNST *(mit Buchmalerei versehen)* to illuminate

Illusion <-, -en> *f* illusion; **kindliche ~en** childish illusions; **~en haben** to have illusions, to delude oneself; **sich** *akk* **einer ~ hingeben** to be under an illusion; **sich** *akk* **der ~ hingeben, [dass]** to be under the illusion [that]; **sich** *dat* **[über etw** *akk***] ~en machen** to harbour [*or* AM -or] illusions [about sth]; **einer ~ nachjagen** to chase dreams; **sich** *dat* **kei-**

ne ~en machen to not have any illusions; **jdm alle ~en nehmen** [*o* **rauben**] to dispel [*or* strip sb of] all of sb's illusions

illusionär *adj* (*geh*) ① (*auf Illusionen beruhend*) illusory *form;* ***er hat völlig ~e Vorstellungen vom Leben*** he has totally illusory conceptions of life ② KUNST illusionary

illusionslos *adj* without any illusions *pred,* having no illusions *pred*

illusorisch *adj* ① (*trügerisch*) illusory ② (*zwecklos*) pointless, futile

illuster *adj* (*geh*) illustrious *fam;* **ein illustrer Kreis** an illustrious circle

Illustration <-, -en> *f* ① (*Abbildung zu einem Text*) illustration ② (*Veranschaulichung*) illustration; **zur ~ von etw** to illustrate sth

Illustrationsdruck *m* illustration [*or* magazine] printing **Illustrationsprogramm** *nt* INFORM illustration program

illustrativ *adj* (*geh*) ① (*als Illustration dienend*) illustrative; **eine ~e Zeichnung** an illustrational drawing ② (*anschaulich*) illustrative, illustratory

Illustrator(in) <-s, -toren> *m(f)* illustrator

illustrieren* *vt* ① (*bebildern*) ■**etw** [**mit etw** *dat*] ~ to illustrate sth [with sth] ② (*geh: veranschaulichen*) ■[**jdm**] **etw** ~ to illustrate sth [to/for sb]

illustriert *adj* illustrated

Illustrierte <-n, -n> *f* magazine, illustrated *dated*

Illustrierung <-, -en> *f* illustration

ILO *f Abk von* **International Labour Organization** ILO

Iltis <-ses, -se> *m* ① (*Raubtier*) polecat ② (*Fell des ~*) polecat [fur], fitch; [**einen**] ~ **tragen** to wear [a] polecat fur

im = **in dem** ① (*sich dort befindend*) in the; ~ **Bett** in bed; ~ **Haus** at the house; ~ **Januar** in january; ~ **Begriff sein, etw zu tun** to be about to do sth; ~ **Prinzip** in principle; ~ **Bau sein** to be under construction ② (*dabei seiend, etw zu tun*) while; **etw ist ~ Kommen** sth is coming; **er ist noch ~ Wachsen** he is still growing; *s. a.* **in** [1]

IM <-s, -s> [iːˈɛm] *m o f Abk von* **inoffizieller Mitarbeiter** [Stasi] collaborator

Image <-[s], -s> [ˈɪmɪtʃ] *nt* image; **ein gutes/schlechtes ~ haben** to have a good/poor image; **jds ~ aufpolieren** to improve sb's image; **sein ~ pflegen** to be image-conscious

Imagepflege *f kein pl* image-making *no pl;* ~ **treiben** to maintain an image **Imageverlust** *m* blow to one's image, loss of face *fam*

imaginär *adj* (*geh*) imaginary

Imagination <-, -en> *f* (*geh*) imagination

Imam <-s, -e> *m* Imam

ImbissRR <-es, -e> *m,* **Imbiß** <-sses, -sse> *m* ① (*kleine Mahlzeit*) snack; **einen ~ zu sich nehmen** to have a snack; **einen ~ reichen** to offer a snack ② (*fam*) *s.* **Imbissstand**RR

ImbisshalleRR *f* fast food restaurant **Imbissstand**RR *m* fast food stall **Imbissstube**RR *f* snack bar, cafe

Imitat <-[e]s, -e> *nt* imitation, fake

Imitation <-, -en> *f* imitation

Imitator(in) <-s, -toren> *m(f)* imitator; (*von Personen*) impressionist

imitieren* *vt* ■**etw** ~ to imitate sth; ■**jdn** ~ to imitate sb; (*im Kabarett*) to impersonate sb; **imitierter Schmuck** imitation jewellery [*or* AM *usu* jewelry]

Imker(in) <-s, -> *m(f)* bee-keeper, apiarist

Imkerei <-, -en> *f* (*Betrieb*) apiary; (*Beruf, Bienenzucht*) beekeeping, apiculture

Imkerin <-, -nen> *f fem form von* **Imker**

immanent *adj* (*geh*) immanent

Immanenz <-> *f kein pl* (*geh*) immanence

Immaterialeigentum *nt* JUR immaterial property **Immaterialgüter** *pl* JUR intangibles, intangible assets *pl* **Immaterialgüterrecht** *nt* JUR law of incorporeal things **Immaterialschaden** *m* JUR nominal [*or* non-physical] damage

immateriell *adj* (*geh*) immaterial; JUR intangible

Immatrikulation <-, -en> *f* matriculation; (*an der Universität*) registration

immatrikulieren* **I.** *vt* ① (*einschreiben*) ■**jdn** ~ to matriculate [*or* register] sb; ■**immatrikuliert sein** to be matriculated *form,* to be registered ② SCHWEIZ (*zulassen*) **ein Fahrzeug** ~ to register a vehicle **II.** *vr* (*sich einschreiben*) ■**sich** *akk* ~ to matriculate, to register

Imme <-, -n> *f* (*poet: Biene*) bee

immens *adj* (*geh*) immense, huge

immer **I.** *adv* ① (*ständig, jedes Mal*) always, all the time; ***hier scheint ~ die Sonne*** the sun always shines here [*or* the sun shines all the time here]; ***das wollte ich ~ schon einmal tun*** I've always wanted to do that; **für ~** forever; **~ und ewig** for ever and ever; **wie ~** as usual; **~ weiter** just [you] carry on, go ahead; **~ langsam voran!** take your time!; **~ mit der Ruhe** take it easy; **nur ~ her damit** hand it over; **~, wenn** every time; ~, ***wenn ich spazieren gehen will, regnet es*** why does it always rain when I want to go for a walk?; **~ wieder** again and again, over and over [again]; **etw ~ wieder tun** to keep on doing sth ② (*zunehmend*) increasingly; **~ häufiger** more and more frequently; **~ mehr** more and more ③ (*fam: jeweils*) each; **~ am vierten Tag** every fourth day; ***er nahm ~ zwei Stufen auf einmal*** he took two steps at a time **II.** *part* [**nur**] **~ her damit!** (*fam*) let's have it/them then! *fam,* hand it/them over! *fam;* **~ mal** (*fam*) now and again; **~ noch** still; **~ noch nicht** still not; ***ist er denn ~ noch nicht zurück?*** is he still not back?; **wann/was/wer/wie/wo** [**auch**] **~** whenever/whatever/whoever/however/wherever

immerdar *adv* (*geh*) forever; **jetzt und ~** for now and ever more; ***„~ und in alle Ewigkeit, Amen!"*** "forever and ever, amen" **immerfort** *adv* continually, constantly **immergrün** *adj attr* evergreen **Immergrün** *nt* evergreen, periwinkle; **das große/kleine ~** the periwinkle/lesser periwinkle **immerhin** *adv* ① (*wenigstens*) at least ② (*schließlich*) after all; ***~ ist er älter als du*** after all he is older than you ③ (*allerdings, trotz allem*) all the same, at any rate, anyhow; **~!** all the same! **immerwährend** *adj attr* (*geh*) continuous; **ein ~er Kampf** a perpetual battle; *s. a.* **immer**[1], **Kalender immerzu** *adv s.* **immerfort**

Immigrant(in) <-en, -en> *m(f)* immigrant

Immigration <-, -en> *f* immigration

immigrieren* *vi sein* to immigrate

Immission <-, -en> *f* ÖKOL immission, pollution

Immissionsschaden *m* ÖKOL pollution damage **Immissionsschutz** *m* ÖKOL protection against pollution [*or* noxious intrusions]

immobil *adj* (*geh*) ① (*unbeweglich*) immobile; ÖKON (*bei Vermögen*) real, immovable ② MIL (*nicht kriegsbereit*) not on a war footing; **~e Truppe/Einheit** troops/unit unable to engage the enemy

Immobiliarbesitz *m* JUR landed property, real-estate holdings *pl* **Immobiliarklage** *f* JUR action concerning real estate **Immobiliarkredit** *m* FIN real-estate credit **Immobiliarvertrag** *m* JUR real estate contract

Immobilie <-, -n> *f meist pl* real estate *no pl;* ■**~n** property *no pl;* **eine ~ veräußern** to dispose of a property; **Geld in ~n anlegen** to invest money in property

Immobilienbesitz *m* JUR landed property, real-estate holdings *pl* **Immobilienbestand** *m* real estate **Immobilienfonds** *m* property fund **Immobiliengesellschaft** *f* JUR real estate [*or* property] company **Immobilienhändler(in)** *m(f)* property dealer, real estate dealer, realtor AM **Immobilienholding** *f* JUR real-estate holding **Immobilien-Leasingvertrag** *m* JUR real estate leasing contract **Immobilienmakler(in)** *m(f)* estate agent **Immobilienmarkt** *m* ÖKON property market **Immobilienverwaltung** *f* HANDEL property management

Immortelle <-, -n> *f* BOT immortelle, everlasting [flower]

immun *adj* ① (*gefeit*) ■[**gegen etw** *akk*] ~ **sein** (*a. fig*) to be immune [to sth] ② (*vor Strafverfolgung geschützt*) immune

Immunabwehr *f* immune defence [*or* AM -se] [system] **Immundefekt** *m* MED immunodeficiency, immune deficiency **Immundefekt-Virus** *nt* MED immunodeficiency virus **Immunglobulin** <-s, -e> *nt* MED, CHEM immunoglobin

immunisieren* *vt* ■**jdn** [**gegen etw** *akk*] ~ to immunize sb [against sth]

Immunisierung <-, -en> *f* immunization

Immunität <-, *selten* -en> *f* ① (*Unempfänglichkeit*) ■**die/eine/jds ~** [**gegen etw** *akk*] [sb's] immunity [to sth]; **~ gegen Krankheitserreger** immunity to pathogenes ② JUR (*Schutz vor Strafverfolgung*) immunity; **jds ~ aufheben** to withdraw sb's immunity; **diplomatische ~ genießen** to have [*or* enjoy] diplomatic immunity

Immunologe, **Immunologin** <-n, -n> *m, f* immunologist

immunologisch *adj* MED immunological

Immunreaktion *f* MED immune response **Immunschwäche** *f* immunodeficiency *spec* **Immunschwächekrankheit** *f* MED immunodeficiency syndrome **Immunsystem** *nt* immune system **Immuntherapie** *f* MED immunotherapy

Impactdrucker *m* INFORM impact printer

Impala <-, -s> *f* ZOOL impala

Impedanz <-, -en> *f* ELEK impedance

imperativ **I.** *adj* imperative; **~es Mandat** POL fixed mandate **II.** *adv* imperatively; **etw ~ verlangen** to demand sth peremptorily

Imperativ <-s, -e> *m* ① LING (*Verb in der Befehlsform*) imperative [form] *spec* ② PHILOS (*sittliches Gebot*) **kategorischer ~** categorical imperative

Imperator <-s, -en> *m* HIST imperator, emperor; **Imperator Rex** King Emperor

Imperfekt <-s, -e> *nt* imperfect [tense] *spec; s. a.* **Präteritum**

Imperialismus <-, *selten* -lismen> *m* imperialism

Imperialist(in) <-en, -en> *m(f)* (*pej*) imperialist

imperialistisch *adj* (*pej*) imperialist[ic]; **~e Machtpolitik** imperialistic power politics

Imperium <-s, -rien> *nt* ① HIST (*Weltreich, Kaiserreich*) empire ② (*geh: Machtbereich*) imperium *fig;* **das ~ der großen Konzerne** the imperium of the multinationals

impertinent *adj* (*geh*) impertinent, impudent

Impertinenz <-, -en> *f* (*geh*) ① *kein pl* (*Unverschämtheit*) impertinence, impudence ② (*selten: unverschämte Äußerung*) impertinent/impudent remark

Impetus <-> *m* (*geh: Schwungkraft*) verve, zest

Impfausweis *f* MED vaccination certificate

impfen *vt* ① (*mit Impfstoff spritzen*) ■**jdn** [**gegen etw** *akk*] ~ to inoculate sb [against] sth, to vaccinate sb [against sth]; ■**jdn/sich ~ lassen** to have sb/oneself inoculated/vaccinated; **jdm ist geimpft worden** (*fig*) sb has been indoctrinated ② BIOL (*Mikroorganismen einbringen*) ■**etw** [**mit etw** *dat*] ~ to inoculate sth [with sth]

Impfling <-s, -e> *m* (*geh*) *child who is to be or who has just been inoculated*

ImpfpassRR *m* vaccination card, vaccination certificate **Impfpflicht** *f kein pl* MED compulsory vaccination [*or* inoculation] **Impfpistole** *f* vaccination gun **Impfschaden** *m* adverse effect of vaccination **Impfschein** *m* MED vaccination [*or* inoculation] certificate **Impfstoff** *m* vaccine, serum

Impfung <-, -en> *f* inoculation, vaccination

Impfzwang *m kein pl* MED compulsory vaccination [*or* inoculation]

Implantat <-[e]s, -e> *nt* implant

Implantation <-, -en> *f* MED implantation

implantieren *vt* ■[**jdm**] **etw** ~ to implant sth [into sb]

implementieren *vt* INFORM ■**etw** [**auf etw**] ~ to implement sth [on sth]; **Branchensoftware auf PC ~** to implement software on PC

Implementierung <-, -en> *f* INFORM implementation

implizieren* *vt* (*geh*) ■**etw** ~ to imply sth

implizit *adj* (*geh*) implicit

implodieren* *vi sein* (*fachspr*) to implode *spec*

Implosion <-, -en> *f* (*fachspr*) implosion *spec*

Imponderabilien <-> *pl* (*geh*) imponderables *pl*

imponieren* *vi* ■[jdm] ~ to impress [sb]

imponierend *adj* impressive; **eine ~e Leistung** an impressive performance

Imponiergehabe *nt* ❶ ZOOL display pattern ❷ (*fig, pej*) show, exhibitionism *pej*; ***das ist bloßes/reines*** ~ that's all show

Import <-[e]s, -e> *m* ❶ *kein pl* (*Einfuhr*) import[ation]; **der ~ von Rohstoffen** raw material imports ❷ (*Importware*) import; **zollpflichtige ~e** dutiable imports ❸ INFORM ~ **von Daten** data import

Importabgaben *pl* ÖKON import surcharges [*or* duties] **Importartikel** *m* imported item, imported product **Import-Bardepot** *nt* ÖKON import cash depot **Importbeschränkung** *f* import restriction

Importeur(in) <-s, -e> [ɪmpɔrˈtøːɐ] *m(f)* importer

Importfilter *m* INFORM import filter **Importfinanzierung** *f* FIN financing of imports **Importgenehmigung** *f* JUR import permit **Importgut** *nt* import **Importhafen** *m* HANDEL port of entry **Importhandel** *m* import trade [*or* business]

importieren* *vt* ■**etw** ~ to import sth; **Daten ~ und exportieren** INFORM to import and export data

importiert I. *pp und 3. pers sing von* **importieren** II. *adj* ÖKON *Güter* imported

Importkapazität *f* ÖKON importing capacity **Importkartell** *nt* ÖKON import cartel **Importkonnossement** *nt* HANDEL inward bill of lading **Importkontingent** *nt* JUR import quota **importlastig** *adj* import-orientated **Importlizenz** *f* ÖKON import licence [*or* AM -se] **Importmonopol** *nt* ÖKON import monopoly **Importprämie** *f* HANDEL bounty on importation **Importquote** *f* JUR import quota **Importrestriktion** *f* JUR trade barrier, import restriction **Importsubvention** *f* ÖKON import subsidy **Importvertrag** *m* JUR import contract **Importware** *f* imported item, imported product **Importziffer** *f* ÖKON import figure **Importzoll** *m* import duty

imposant *adj* imposing, impressive; *Stimme* commanding; **eine ~e Figur** an imposing figure; ~ **wirken** to be imposing/impressive

impotent *adj* impotent; ~ **sein** to be impotent; **etw macht** ~ sth causes impotence; **jdn ~ machen** to render sb impotent

Impotenz <-> *f kein pl* impotence

imprägnieren* *vt* ■**etw [mit etw** *dat*] ~ ❶ (*wasserabweisend machen*) to waterproof sth [with sth] ❷ (*behandeln*) to impregnate sth [with sth]

Imprägniermittel *nt* BAU preserver

Imprägnierung <-, -en> *f* ❶ (*das Imprägnieren*) impregnation ❷ (*behandelter Zustand*) impregnated finish

Impression <-, -en> *f* (*geh*) impression; **~en wiedergeben/schildern** to recount/describe impressions

Impressionismus <-> *m* Impressionism

Impressionist(in) <-en, -en> *m(f)* Impressionist

impressionistisch *adj* Impressionist

Impressum <-s, Impressen> *nt* imprint

Imprimatur <-s> *nt kein pl* TYPO o.k. [*or* permission] to print, press ready

Improvisation <-, -en> *f* improvisation ❶ (*das Improvisieren*) improvisation ❷ (*Stegreifschöpfung*) improvisation, extemporization; **~en spielen** to play improvisations; **ein Essen** ~ to make an improvised meal; **eine Rede** ~ to give an improvised speech

Improvisator(in) <-s, -toren> *m(f)* improviser

improvisieren* I. *vi* to improvise II. *vt* ■**etw** ~ to improvise sth

Impuls <-es, -e> *m* ❶ (*Anstoß, Auftrieb*) stimulus, impetus; **etw aus einem ~ heraus tun** to do sth on impulse ❷ ELEK (*Stromstoß von kurzer Dauer*) pulse; **elektrischer/digitaler/akustischer** ~ electric/digital/acoustic impulse ❸ PHYS impulse, momentum

Impulsgenerator *m* PHYS, ELEK pulse generator

impulsiv *adj* impulsive; **ein ~er Mensch** an impulsive person

imstande *adj pred*, **im Stande** *adj pred* ■**zu etw** *dat* ~ **sein** to be capable of doing sth, to be able to do sth, to be in a position to do sth; ~ **sein, etw zu tun** to be able to do sth; ***er ist sehr wohl ~, sich zu benehmen*** he can behave when he wants to; **sich** *akk* ~ **fühlen, etw zu tun** to feel able to do sth, to feel capable of doing sth; **zu allem ~ sein** (*fam*) to be capable of anything; **zu nichts mehr ~ sein** (*fam*) to be shattered *fam*, to be knackered BRIT *sl*; **jd ist ~ und tut etw** (*iron fam*) you can bet sb will do sth; ***sie ist ~ und glaubt alles, was er sagt*** she is quite capable of believing everything he says

in[1] *präp* ❶ +*dat* (*darin befindlich*) in; ***sie wohnt ~ Berlin*** she lives in Berlin; ***bist du schon mal in New York gewesen?*** have you ever been to New York?; ***ich arbeite seit einem Jahr ~ dieser Firma*** I've been working for this company for a year; ***du siehst ~ diesem Kleid toll aus*** you look great in that dress; ***es stand gestern ~ der Zeitung*** it was in the newspaper yesterday ❷ +*akk* (*hin zu einem Ziel*) into; ***wir fahren ~ die Stadt*** we're going into town; ***er warf die Reste ~ den Mülleimer*** he threw the leftovers in the bin; ~ **die Kirche/Schule gehen** to go to church/school ❸ +*dat* (*innerhalb von*) in; ~ **diesem Sommer** this summer; ~ **diesem Augenblick** at the moment; ~ **diesem Jahr/Monat** this year/month; ~ ***einem Jahr bin ich 18*** in a year I'll be 18 ❹ +*akk* (*bis zu einer Zeit*) until; ***wir haben bis ~ die Nacht getanzt*** we danced until the early hours ❺ +*dat o akk* (*Verweis auf ein Objekt*) at; **es ~ sich haben** to have what it takes; ***der Schnaps hat es ~ sich*** the schnapps packs a punch, that's some schnapps!; **sich ~ jdm täuschen** to be wrong about sb; ***er ist Fachmann ~ seinem Beruf*** he is an expert in his field ❻ (*fachspr: mit*) in; ***er handelt ~ Textilien*** he deals in textiles ❼ +*dat* (*auf eine Art und Weise*) in; ~ **Schwierigkeiten sein** [*o* **stecken**] to be in dificulties; ~ **Wirklichkeit** in reality; ***haben Sie nichts ~ Blau?*** haven't you got anything in blue?; *s. a.* **im, ins**

in[2] *adj* (*fam*) in *fam*; ■~ **sein** to be in; ***diese Musik ist gerade ~*** this kind of music is really in at the moment

inaktiv *adj* inactive

Inaktivität *f kein pl* inactivity

inakzeptabel *adj* (*geh*) unacceptable

Inangriffnahme *f* commencement

Inanspruchnahme <-> *f kein pl* (*geh*) ❶ (*Nutzung*) use, utilization; ***nur durch die ~ eines Kredits kann ich das Projekt verwirklichen*** I can only realise the project if I can get a loan; **auf ~ seiner Rechte verzichten** to waive one's rights; **die ~ von Rechtsbeistand/Vergünstigungen/Sozialhilfe** claims for legal aid/privileges/social security ❷ (*Belastung, Beanspruchung*) demands *pl*; **die berufliche ~** the demands of one's job; ***die starke ~ führt zu hohem Verschleiß*** frequent use leads to rapid signs of wear and tear; ~ **fremder Leistungen** utilization of external services

Inaugenscheinnahme <-, -n> *f* JUR (*form*) inspection; **richterliche ~, ~ durch das Gericht** judicial survey

Inbegriff *m kein pl* epitome, embodiment, quintessence (+*gen* of); **der ~ von Eleganz** the epitome of elegance; **der ~ des Schreckens** the quintessence of terror; **der ~ von einem Spießer** the epitome of a square

inbegriffen *adj pred* inclusive; ■**in etw** *dat* ~ **sein** to be included in sth; ***die Bedienung ist im Preis ~*** service is included in the price

Inbesitzhalten *nt kein pl* JUR (*form*) possession **Inbesitznahme** *f* JUR (*form*) possession, occupation; **unerlaubte** [*o* **unrechtmäßige**] ~ unlawful occupation **Inbesitznahmerecht** *f* JUR right of entry

Inbetriebnahme <-, -n> *f* (*geh*) ❶ (*erstmalige Nutzung*) opening; **die ~ des neuen Supermarkts** the opening of the new supermarket ❷ TECH (*Einschaltung*) operation, putting into service; **die ~ des Kraftwerks** the commissioning of the power station; **die ~ einer Maschine** bringing a machine into service

Inbrunst <-> *f kein pl* (*geh*) fervour [*or* AM -or], ardour [*or* AM -or]; **mit ~** ardently; **voller ~** full of ardour

inbrünstig *adj* (*geh*) fervent, ardent

Inbusschlüssel *m* Allen key® *spec* **Inbusschraube** *f* Allen screw®

INCB *m Abk von* **internationaler Suchtstoffkontrollrat der UNO** INCB, International Narcotics Control Board

Incoterms *pl* JUR *Akr von* **International Commercial Terms** Incoterms

Indefinitpronomen *nt* LING indefinite pronoun

indem *konj* ❶ (*dadurch, dass*) by; ***ich halte mich gesund, ~ ich viel Sport treibe*** I stay healthy by doing lots of sport ❷ (*während*) while, whilst BRIT *form*

Indemität <-> *f kein pl* JUR indemnity

Indemnitätsbrief *m* JUR letter of indemnity

Indentgeschäft *nt* HANDEL indent

Inder(in) <-s, -> *m(f)* Indian; ~ **sein** to be Indian [*or* from India]; ■**die ~** the Indian; *s. a.* **Deutsche(r)**

indes, indessen I. *adv* ❶ (*inzwischen*) in the meantime, meanwhile ❷ (*jedoch*) however; ***einige Tierarten passen sich an, andere sterben ~ aus*** some species adapt but others die out [*or* become extinct] II. *konj* (*geh*) ❶ (*während* (*temporal*)) while ❷ (*wohingegen*) while; ***ich trinke gerne Bier, ~ meine Frau Wein bevorzugt*** I like to drink beer while my wife prefers wine

Index <-[es], -e *o* Indizes> *m* ❶ (*alphabetisches Verzeichnis*) index ❷ (*statistischer Messwert*) index; ***die Miete ist an den ~ der Lebenshaltungskosten gekoppelt*** the rent is linked to the cost-of-living index ❸ LING, MATH (*Hochzahl, Tiefzahl*) index ❹ REL index [librorum prohibitorum] [*or* [expurgatorius]]; **etw auf den ~ setzen** to put something on the index; **auf dem ~ stehen** to be on the blacklist

Indexbindung *f* ÖKON indexation **Indexdatei** *f* INFORM index file **Indexeintrag** *m* INFORM index word

indexieren *vt* INFORM (*mit einem Index versehen*) ■**etw** ~ to index sth

Indexierung <-, -en> *f* indexation

Indexlohn *m* ÖKON index wage **Indexregister** *m* INFORM index register

Indianer(in) <-s, -> *m(f)* Indian *esp pej*, Native American

Indianerbohne *f* kidney bean **Indianerstamm** *m* Indian [*or* Native American] tribe

indianisch *adj* Native American, Indian *esp pej*

Indianisch *nt decl wie adj* Indian; ■**das ~e** [the] Indian [language]

Indien <-s> *nt* India; *s. a.* **Deutschland**

indifferent *adj* (*geh*) indifferent; ■[**etw** *dat* **gegenüber**] ~ **sein** to be indifferent [towards sth]

Indifferenz <-, -en> *f* indifference

indigniert *adj* (*geh*) indignant; **sich ~ abwenden** to turn away indignantly

Indigo <-s, -s> *nt o m* indigo

indigoblau *adj* indigo [blue]

Indik <-> *m* Indian Ocean

Indikation <-, -en> *f* ❶ MED (*Heilanzeige*) indication *spec* ❷ JUR (*Grund für einen Schwangerschaftsabbruch*) grounds for the termination of a pregnancy; **ethische/medizinische/soziale ~** ethical/medical/social grounds for the termination of a pregnancy

Indikativ <-s, -e> *m* indicative [mood] *spec*

Indikator <-s, -toren> *m* ❶ (*geh: Anzeichen*) indicator, sign; **ein ~ für etw** *akk* **sein** to be an indicator/sign of sth ❷ CHEM (*Substanz*) indicator *spec* ❸ TECH indicator

Indio <-s, -s> *m* Indian (*from Central or Latin America*)

indirekt *adj* indirect; **einen ~en Freistoß ausführen** to take an indirect free kick; *s. a.* **Rede**

indisch *adj* ❶ (*Indien betreffend*) Indian; *s. a.* **deutsch 1** ❷ LING Indian; *s. a.* **deutsch 2**

Indisch *nt decl wie adj* ❶ LING Indian; *s. a.* **Deutsch 1** ❷ (*Fach*) Indian; *s. a.* **Deutsch 2**

Indische <-n> *nt* ■**das ~** Indian; *s. a.* **Deutsche**

indiskret *adj* indiscreet

Indiskretion <-, -en> *f* ① (*Mangel an Verschwiegenheit*) indiscretion; **eine gezielte ~** a deliberate/intentional indiscretion ② (*Taktlosigkeit*) tactlessness

indiskutabel *adj* (*geh*) unworthy of discussion; **eine indiskutable Forderung** an absurd demand; ***dieser Vorschlag ist einfach*** ~ this suggestion is simply not worth discussing

Indium <-s> *nt kein pl* indium *spec*

Individualabrede *f* HANDEL individual agreement **Individualanspruch** *m* JUR personal [*or* private] claim **Individualentscheidung** *f* ÖKON decision of the individual transactor

Individualismus <-> *m kein pl* individualism *no pl*

Individualist(in) <-en, -en> *m(f)* (*geh*) individualist

individualistisch *adj* (*geh*) individualistic

Individualität <-, en> *f* ① *kein pl* (*Persönlichkeit*) individuality *no pl;* **seine ~ aufgeben** to give up one's individuality; **seine ~ entfalten** to express one's individuality; **seine ~ verlieren** to lose one's individuality ② (*Persönlichkeitsstruktur*) personality, individual character

Individualschutz *m kein pl* JUR personal protection **Individualverkehr** *m* private transport **Individualvertrag** *m* JUR contract between individuals

individuell *adj* individual; ***Begabungen sind ~ verschieden*** people's gifts vary; **~e Lösungsansätze** individual ways of solving sth; **eine ~e Behandlung** individual treatment; **etw ~ gestalten** to give sth one's personal touch; **~es Eigentum** private property

Individuum <-s, Individuen> [vi, duən] *nt* (*a. pej geh*) individual; **ein verdächtiges ~** a suspicious individual [*or* character]

Indiz <-es, -ien> [tsiən] *nt* ① JUR (*Verdachtsmoment*) piece of circumstantial evidence ② (*Anzeichen*) ■**ein ~ für etw** *akk* **sein** to be a sign of sth [*or* an evidence [*or* indication] of sth]

Indizes *pl von* **Index**

Indizien *pl* JUR circumstantial evidence *no pl*

Indizienbeweis *m* circumstantial evidence *no pl* **Indizienkette** *f* chain of circumstantial evidence **Indizienprozess**RR *m* trial based on circumstantial evidence **Indizienurteil** *nt verdict based on circumstantial evidence*

indizieren* *vt* ■**etw ~** ① (*geh: erkennen lassen*) to indicate sth; ***der Erfolg indiziert ihre Kompetenz*** this success is an indication of her competence ② MED (*angezeigt sein lassen*) to indicate sth; ■[**bei etw** *dat*] **indiziert sein** to be indicated [for sth]; **etw für indiziert halten** MED to consider sth to be indicated ③ REL (*auf den Index setzen*) to put sth on the index [librorum prohibitorum] [*or* [expurgatorius]] ④ (*als moralisch bedenklich verbieten*) to ban sth on moral grounds; ***dieser Film ist indiziert*** this film has been banned on moral grounds

indiziert *adj* censored, placed on the Index *hist*

Indochina *nt* Indo-China

indoeuropäisch *adj* Indo-European

indogermanisch *adj* HIST Indo-European; **der ~e Sprachraum** the Indo-European language area

Indogermanisch *nt decl wie adj* Indo-Germanic, Indo-European; ■**das ~e** [the] Indo-Germanic [language]

Indogermanistik *f kein pl* Indo-Germanic [*or* AM -European] studies *pl, no art*

Indoktrination <-, -en> *f* (*pej*) indoctrination

indoktrinieren* *vt haben* (*pej*) ■**jdn ~** to indoctrinate sb

Indonesien <-s> *nt* Indonesia; *s. a.* **Deutschland**

Indonesier(in) <-s, -> *m(f)* Indonesian; *s. a.* **Deutsche(r)**

indonesisch *adj* Indonesian; *s. a.* **deutsch**

Indossament <-[e]s, -e> *nt* JUR, FIN endorsement, indorsement; **mit einem ~ versehen** endorsed; **gefälschtes/unbefugtes ~** forged/unauthorized endorsement

Indossant(in) *m(f)* FIN endorser, backer of a bill

Indossat(in) *m(f),* **Indossatar(in)** *m(f)* FIN endorsee

indossieren* *vt* FIN ■**etw ~** *Wechsel, Scheck* to endorse sth

in dubio pro reo JUR giving the accused the benefit of the doubt

Induktanz <-> *f kein pl* ELEK inductance

Induktion <-, -en> *f* induction

Induktionsherd *m* MED focus of a pulmonary [*or* lung] disease **Induktionskochfeld** *nt* induction hob

induktiv, induktiv *adj* PHILOS, ELEK inductive

Induktivität <-, -en> *f* ELEK inductiveness

industrialisieren* *vt* ■**etw ~** to industrialize sth

Industrialisierung <-, -en> *f* industrialization

Industrie <-, -n> *f* industry *no art;* **die britische ~** British industry; **in der ~ sein** [*o* **arbeiten**] to be [*or* work] in industry; **in die ~ gehen** to go into industry; **die chemische/pharmazeutische ~** the chemical/pharmaceutical industry

Industrieabfälle *pl* industrial waste *no pl, no indef art* **Industrieabwässer** *pl* ÖKOL, ÖKON industrial waste water *no pl, no indef art* [*or* effluent] *no pl, no indef art* **Industrieaktien** *pl* BÖRSE industrial equities [*or* shares] **Industriealkohol** *m* CHEM industrial alcohol **Industrieanlage** *f* industrial plant **Industrieanlagenvermietung** *f* HANDEL plant hire **Industrieanlagenvertrag** *m* HANDEL plant hire contract **Industrieansiedlung** *f* establishment of industries **Industriebahn** *f* industrial railway **Industriebereich** *m* industrial field **Industriebetrieb** *m* industrial plant [*or* enterprise], company **Industriebörse** *f* BÖRSE industrial exchange **Industriediamant** *m* industrial diamond **Industrieerzeugnis** *nt* industrial product, manufactured good **Industriefläche** *f* industrial area **Industriegebiet** *nt* industrial area [*or* region] **Industriegelände** *nt* industrial estate [*or* site] **Industriegesellschaft** *f* SOZIOL, POL, ÖKON industrial society **Industriegewerkschaft** *f* industrial trade union **Industriegrundstück** *nt* HANDEL industrial site [*or* property] **Industriehalle** *f* factory **Industriekauffrau** *f fem form von* **Industriekaufmann Industriekaufmann, -kauffrau** *m, f* industrial [*or* sales] [*or* purchase] clerk **Industriekomplex** *m* industrial complex **Industriekonzern** *m* industrial concern [*or* combine] **Industrieland** *nt* POL, ÖKON industrial[ized] country **Industrielandschaft** *f* industrial landscape

industriell *adj* industrial; **~e Fertigung/Produkte** industrial production/products; **die ~e Revolution** the Industrial Revolution

Industrielle(r) *f(m) decl wie adj* industrialist

Industriemacht *f* ÖKON industrial power **Industriemelanismus** *m* BIOL industrial melanism **Industriemesse** *f* HANDEL industrial fair **Industriemüll** *m* ÖKOL, ÖKON industrial waste **Industrienation** *f* industrial nation **Industrienorm** <-, -e> *m* industry standard **Industriepark** *m* HANDEL industrial park [*or* estate] **Industrieprodukt** *nt* industrial product **Industrieproduktion** *f* industrial production **Industrierecht** *nt* JUR industrial law **Industrieroboter** *m* TECH industrial [*or* production] robot **Industrieschuldverschreibung** *f* FIN corporate [*or* industrial] bond **Industriesektor** *m* industrial sector **Industriespionage** *f* industrial espionage **Industriestaat** *m* industrial nation [*or* country] **Industriestadt** *f* industrial town [*or* city] **Industriestandort** *m* industrial site **Industrie- und Handelsbank** *f* FIN bank of industry and commerce **Industrie- und Handelskammer** *f* Chamber of Industry and Commerce **Industrieunternehmen** *nt* industrial enterprise [*or* concern]; **große ~** large industrial concerns **Industrieverband** *m* JUR industrial association **Industrievereinigung** *f* JUR industrial association **Industriewirtschaft** *f* ÖKON industrial economy **Industriezentrum** *nt* ÖKON industrial centre [*or* AM -er] **Industriezone** *f* industrial zone **Industriezweig** *m* branch of industry

induzieren* *vt* MED, ELEK, PHILOS ■**etw ~** to induce sth

ineffektiv *adj* ineffective

ineffizient *adj* (*geh*) inefficient

Ineffizienz <-, -en> *f* (*geh*) inefficiency

ineinander *adv* in each other, in one another; **~ liegende Falzbögen** TYPO signatures inset, one into the other; **~ verliebt sein** to be in love with one another; **~ aufgehen** to complement each other perfectly; **~ fließen** to flow into one another, to merge; *Farben, Farbtönen* to run into each other; **~ greifen** to mesh; **etw ~ schieben** to telescope up sth *sep* BRIT, to telescope sth AM; **sich ~ schieben lassen** to be telescopic; **~ übergehen** to merge

Ineinanderfalzen <-s> *nt kein pl* TYPO insetting

ineinanderliegend *adj s.* **ineinander ineinanderschiebbar** *adj* telescopic **ineinanderlschieben** *vt irreg s.* **ineinander**

infam *adj* (*pej*) ① (*geh: bösartig*) malicious, vicious; **ein ~er Kerl** (*veraltend*) a nasty piece of work; **eine ~e Verleumdung** vicious slander ② (*fam: negative Sachverhalte verstärkend*) disgraceful; **~e Schmerzen** dreadful pain; ***heute ist es aber ~ heiß!*** today it's terribly [*or* awfully] hot

Infamie <-, -n> *f* (*pej geh*) ① *kein pl* (*niederträchtige Art*) maliciousness *no pl,* viciousness *no pl* ② (*Niederträchtigkeit*) infamy

Infanterie <-, -n> *f* infantry

Infanterieausrüstung *f* infantry equipment **Infanteriebataillon** *nt* infantry batallion **Infanteriebewaffnung** *f* infantry weapons *pl* **Infanteriedivision** *f* infantry division **Infanterieregiment** *nt* infantry regiment **Infanteriewaffe** *f* infantry weapon

Infanterist(in) <-en, -en> *m(f)* infantryman

infantil *adj* ① (*pej*) infantile *pej,* childish *pej* ② (*fachspr*) early; **eine ~e Entwicklungsstufe** an early stage in development

Infarkt <-[e]s, -e> *m* ① MED infarction *spec;* **ein ~ in der Lunge** an infarct in the lung ② (*Herzinfarkt*) coronary

Infekt <-[e]s, -e> *m* infection; **grippaler ~** influenza

Infektion <-, -en> *f* ① (*Ansteckung*) infection; **eine ~ der Nieren** a kidney infection ② (*fam: Entzündung*) inflammation; **eine ~ am Finger/Auge** inflammation of the finger/eye

Infektionsbehandlung *f* treatment [of an infection] **Infektionserreger** *m* causal agent of an infection **Infektionsgefahr** *f* risk [*or* danger] of infection **Infektionsherd** *m* focus [*or* seat] of [an] infection **Infektionskrankheit** *f* infectious disease, contagious disease **Infektionsprophylaxe** *f* prophylaxis **Infektionsrate** *f* rate of infection **Infektionsrisiko** *nt* risk of infection **Infektionsstadium** *nt* infectious stage **Infektionsvorbeugung** *f* prevention of infection

infektiös *adj* infectious, contagious

infernalisch *adj* (*pej geh*) ① (*teuflisch, höllisch*) infernal; **ein ~es Gelächter** demonic [*or* evil] laughter; **ein ~er Lärm** a dreadful [*or* awful] noise ② (*widerlich*) fetid *form,* foul-smelling; **~ stinken** to be foul-smelling, to stink something terrible *fam*

Inferno <-s> *nt kein pl* (*geh*) ① (*entsetzliches Geschehen*) calamity, disaster, cataclysm *liter;* **das ~ des Krieges** the ravages of war ② (*entsetzlicher Zustand*) predicament; **ein ~ der Gefühle durchmachen** to go through the whole gamut of emotions

Infiltration <-, -en> *f* infiltration

infiltrieren* *vt* (*geh*) ■**etw ~** to infiltrate sth

Infinitesimalrechnung *f* MATH [infinitesimal] calculus

Infinitiv <-s, -e> *m* infinitive *spec*

infizieren* **I.** *vt* ■**jdn** [**mit etw** *dat*] **~** to infect sb [with sth]; **mit einem Gedanken infiziert sein** to be infected by an idea **II.** *vr* ■**sich** *akk* [**an etw** *dat*/ **bei jdm**] **~** to catch an infection [from sth/sb]; ***er hat sich im Urlaub mit Malaria infiziert*** he caught malaria on holiday

in flagranti *adv* (*geh*) in flagrante

Inflation <-, -en> *f* ① ÖKON inflation; **eine fort-**

schreitende ~ growing inflation; **galoppierende/schleichende** ~ galloping [*or* runaway]/creeping [*or* persistent] inflation; **lohnkosteninduzierte** ~ cost-induced inflation; **die** ~ **bekämpfen/eindämmen** to fight/decrease inflation ❷ (*übermäßig häufiges Auftreten*) upsurge, proliferation

inflationär *adj* ❶ (*eine Inflation vorantreibend*) inflationary; ~**e Geldpolitik** inflationary financial policy; **eine** ~**e Preisentwicklung** an inflationary price increase; ~**e Tendenzen** inflationary tendencies ❷ (*übertrieben häufig*) excessive

inflationistisch *adj* inflationary, inflationist

Inflationsbarometer *nt* ÖKON inflation indicator **Inflationsbeherrschung** *f* ÖKON control of inflation **Inflationsbekämpfung** *f kein pl* ÖKON fight against inflation **inflationsbereinigt** *adj* adjusted for inflation, inflation-adjusted **Inflationsdruck** *m kein pl* ÖKON impact of inflation **Inflationserscheinung** *f* ÖKON symptom of inflation **Inflationsmarge** *f* ÖKON inflationary margin **Inflationsmodell** *nt* inflation model **Inflationsniveau** *nt* inflation level, level of inflation **Inflationsrate** *f* ÖKON inflation rate, rate of inflation; **die** ~ **steigt** the rate of inflation [*or* inflation rate] is rising [*or* increasing]; **die** ~ **sinkt** the rate of inflation [*or* inflation rate] is falling **Inflationsschutz** *m* ÖKON protection against inflation **inflationssicher** I. *adj* ÖKON *Kapitalanlage* inflation-proof II. *adv* ÖKON **sein Kapital** ~ **anlegen** to make inflation-proof investments **Inflationsspirale** *f* FIN, POL inflationary spiral, spiral of inflation

inflatorisch *adj* FIN, POL inflationary

inflexibel *adj* inflexible

Influenza <-> *f kein pl* MED influenza, flu

Influenzavirus *nt* MED influenza [*or fam* flu] virus

Influenzelektrizität *f* electrostatic induction

Info <-s, -s> *f* (*fam*) *kurz für* **Information** info *fam no pl*

Infoabend *m* (*fam*) information evening **Infobroker** <-s, -> *m* ÖKON, INET infobroker **Infobroschüre** *f* (*fam*) information brochure

infolge I. *präp +gen* owing to, consequently II. *adv* ■ ~ **von etw** *dat* as a result of sth; ~ ***von starken Schneefällen waren die Straßen unpassierbar*** owing to heavy snowfalls the roads were impassable

infolgedessen *adv* consequently, therefore

Infomaterial *nt* (*fam*) information material *no pl*

Informant(in) <-en, -en> *m(f)* informant

Informatik <-> *f kein pl* computing science

Informatiker(in) <-s, -> *m(f)* computer specialist

Information <-, -en> *f* ❶ (*Mitteilung, Hinweis*) [a piece of] information *no pl;* **die fehlenden** ~**en nachtragen** ADMIN to supply the missing data; ~**en liefern/sammeln** to give/collect [*or* gather] information; **analoge/digitale** ~ INFORM analog/digital information ❷ (*das Informieren*) informing; **zu Ihrer** ~ for your information ❸ (*Informationsstand*) information desk; ***melden Sie sich bitte bei der*** ~ please report to the information desk

informationell *adj* informational

Information Highway [ɪnfəˈmeɪʃn̩ˌhaɪwaɪ] *m* INFORM information highway

Information on demand <-> [ɪnfəˈmeɪʃn̩ˌɔndɪˈmaːnd] *f kein pl* TV information on demand

Informationsaustausch *m* exchange of information **Informationsblatt** *nt* MEDIA information sheet **Informationsdienst** *m* MEDIA information service **Informationseinheit** *f* INFORM information bit **Informationsfluss**[RR] <-es> *m kein pl* flow of information *no pl;* **mittlerer** ~ information rate **Informationsflut** *f* flood of information **Informationsfreiheit** *f* JUR freedom of information **Informationsgesellschaft** *f* SOZIOL information society **Informationsindustrie** *f* ÖKON information industry **Informationskartell** *nt* ÖKON price-reporting cartel **Informationsmaterial** *nt* informative material *no pl* **Informationsmonopol** *nt* monopoly of information **Informationspflicht** *f* JUR disclosure duty [*or* requirement] **Informationspolitik** *f* POL policy of disclosure **Informationsquelle** *f* source of information **Informationsrecherche** *f* information enquiry **Informationsrecht** *nt* JUR right to obtain information **Informationsstand** *m* ❶ (*Stand*) information stand ❷ *kein pl* (*Kenntnisstand*) the way things stand **Informationssystem** *nt* SCI, MED, INFORM information system **Informationstafel** *f* information board **Informationstechnik** *f*, **Informationstechnologie** *f* INFORM information technology, IT **Informationsträger** *m* information medium **Informationsveranstaltung** *f* information meeting **Informationsverarbeitung** *f* INFORM information processing **Informationsverarbeitungssystem** *nt* INFORM information processing system **Informationsverbreitung** *f kein pl* dissemination of information **Informationsverfahren** *nt* information procedure **Informationsvorsprung** *m* superior knowledge; **einen** ~ **haben** to be better informed **Informationszeitalter** *nt kein pl* Information Age

informativ (*geh*) I. *adj* informative; **ein** ~**es Gespräch** an informative talk II. *adv* in an informative manner *pred*

Informator(in) <-s, -en> *m(f)* informer

informatorisch *adj* (*geh*) informative, BRIT *a.* informatory

informell *adj* informal

informieren* I. *vt* ■**jdn** [**über etw** *akk*] ~ to inform sb [about/of sth]; **jd ist gut informiert** sb is well-informed II. *vr* ■**sich** *akk* [**über etw** *akk*] ~ to find out [about sth], to inform oneself

informiert I. *pp und 3. pers sing von* **informieren** II. *adj* informed; **gut/schlecht** ~ well/ill-informed

Informierung <-, *selten* -en> *f* process of informing

Infostand *m* (*fam*) information stand **Infotainment** <-s> [-teɪnmənt] *nt kein pl* MEDIA, TV infotainment *no pl* **Infoware** *f* INFORM infoware

infradian *adj* ~**er Rhythmus** biorhythm over a 24 hour period

infrarot *adj* infrared

Infrarotbestrahlung *f* MED infrared radiation *no pl, no indef art* **Infrarotfernbedienung** *f* infrared remote control **Infrarotgrill** *m* infrared grill **Infrarotkarte** *f* (*für Mautgebühr*) infrared card **Infrarotlampe** *f* infrared lamp **Infrarotlicht** *nt kein pl* PHYS, MED infra-red light *no pl* **Infrarotmaus** *f* INFORM infrared mouse **Infrarotscheinwerfer** *m* infrared searchlight **Infrarotsignal** *nt* PHYS infrared signal **Infrarotstrahl** <-s, -en> *m* infrared ray [*or* radiation] *no pl, no indef art* **Infrarotstrahler** *m* ELEK infrared radiator [*or* lamp] **Infrarotstrahlung** *f kein pl* PHYS infrared radiation *no pl, no indef art* **Infrarotteleskop** *nt* infrared telescope

Infraschall *m kein pl* PHYS infrasound *no pl* **Infrastruktur** *f* infrastructure

Infusion <-, -en> *f* infusion; **eine** ~ **bekommen** to receive a transfusion

Ing. *Abk von* **Ingenieur**

Ingangsetzungskosten *pl* FIN start-up costs

Ingenieur(in) <-s, -e> [ɪnʒeˈniøːɐ] *m(f)* engineer

Ingenieurbüro [ɪnʒeˈniøːɐ] *nt* engineering firm

Ingenieurin <-, -nen> *f fem form von* **Ingenieur**

Ingenieurschule *f* technical college

Ingrediens <-, -ienzien> *nt meist pl* PHARM, KOCHK ingredient

Ingredienz <-, -en> *f meist pl* PHARM, KOCHK ingredient

Ingwer <-s> *m kein pl* ginger

Inh. *Abk von* **Inhaber**

Inhaber(in) <-s, -> *m(f)* ❶ (*Besitzer*) owner ❷ (*Halter*) holder; *Scheck* bearer

Inhaberaktie *f* FIN bearer security **Inhabergrundschuld** *f* JUR bearer land charge **Inhaberhypothek** *f* JUR mortgage evidenced by bearer-certificate **Inhaberindossament** *nt* FIN endorsement made out to bearer **Inhaberscheck** *m* FIN cheque to bearer, negotiable cheque **Inhaberschuldverschreibung** *f* FIN bearer [*or* debenture] bond **Inhaberwechsel** *m* FIN bill [payable] to bearer

inhaftieren* *vt* ■**jdn** ~ to take sb into custody, to detain sb; ■**inhaftiert sein** to be in custody

Inhaftierung <-, -en> *f* ❶ (*das Inhaftieren*) arrest, detention ❷ (*Haft*) imprisonment, detention

Inhalation <-, -en> *f* inhalation

Inhalationsmittel *nt* inhalant

inhalieren* I. *vt* ■**etw** ~ to inhale sth II. *vi* to inhale

Inhalt <-[e]s, -e> *m* ❶ (*enthaltene Gegenstände*) contents *pl* ❷ (*Sinngehalt*) content ❸ (*wesentliche Bedeutung*) meaning, significance; *Leben* meaning ❹ MATH (*Flächeninhalt*) area; (*Volumen*) volume, capacity ❺ INFORM **aktiver** ~ active content

inhaltlich I. *adj* in terms of content II. *adv* with regard to content

Inhaltsanalyse *f* content analysis **Inhaltsangabe** *f* summary; *Buch, Film, Theaterstück* outline, synopsis **inhaltslos** *adj* (*geh*) lacking in content; ~**es Leben/**~**er Satz** meaningless [*or* empty] life/sentence **inhaltsreich** *adj Leben, Gespräch* full **inhaltsschwer** *adj* (*geh*) significant **Inhaltsstoff** *m* ingredient **Inhaltsübersicht** *f* ❶ (*Inhaltsverzeichnis*) table of contents ❷ (*Kurzfassung*) summary of the contents **Inhaltsverzeichnis** *nt* list [*or* table] of contents, contents *pl*

inhomogen *adj* (*geh*) inhomogeneous

inhuman *adj* ❶ (*menschenunwürdig*) inhumane; ~**e Zustände** inhumane conditions ❷ (*unmenschlich*) inhuman; ~**e Grausamkeit** inhuman cruelty; ■~ **sein, etw zu tun** to be inhuman to do sth

Inhumanität <-, -en> *f* ❶ *kein pl* (*inhumanes Wesen*) inhumanity *no pl* ❷ (*inhumane Handlung*) inhumane act

Initiale <-, -n> [iniˈt͡si̯aːlə] *f* (*geh*) initial [letter]

initialisieren *vt* INFORM (*Startzustand herstellen*) ■**etw** ~ to initialize sth

Initialisierung <-, -en> *f* INFORM initialization

Initialisierungsdatei *f* INFORM initialization file

Initialzündung *f* ❶ *eines Sprengstoffs* detonation ❷ (*fig: zündende Idee*) inspiration

Initiation <-, -en> *f* SOZIOL initiation

Initiationsritus *f* SOZIOL initiation rite

initiativ [init͡si̯aˈtiːf] *adj* ❶ (*Initiative besitzend*) with initiative; ■~ **sein** to be pro-active; ***Sie sollten nicht passiv, sondern*** ~ ***sein*** you should be pro-active rather than passive ❷ (*Schritte ergreifen*) ■[**in etw** *dat*] ~ **werden** to take the initiative [in sth]

Initiativbewerbung *f* speculative application [*or* letter]

Initiative <-, -n> [init͡si̯aˈtiːvə] *f* ❶ (*erster Anstoß*) initiative; **aus eigener** ~ on one's own initiative; [**in etw** *dat*] **die** ~ **ergreifen** to take the initiative [in sth]; **auf jds** *akk* ~ **hin** on sb's initiative ❷ *kein pl* (*Unternehmungsgeist*) drive, initiative ❸ (*Bürgerinitiative*) pressure group ❹ SCHWEIZ (*Volksbegehren*) demand for a referendum

Initiativrecht *nt* JUR right to initiate legislation

Initiator(in) <-s, -toren> [iniˈt͡si̯aːtɔːr] *m(f)* (*geh*) ■**der** ~**/die** ~**in einer S.** *gen* the initiator of a thing

initiieren* [init͡siˈiːrən] *vt* (*geh*) ■**etw** ~ to initiate sth; **ein Programm** ~ INFORM to initiate a program

Injektion <-, -en> *f* injection; **jdm eine** ~ **geben** [*o geh* **verabreichen**] to give sb an injection

Injektionsnadel *f* MED hypodermic needle **Injektionsspritze** *f* MED hypodermic needle [*or* BRIT *a.* syringe]

injizieren* *vt* (*geh*) ■[**jdm**] **etw** ~ to inject [sb with] sth

Inka <-[s], -s> *m* Inca

Inkarnation <-, -en> *f* incarnation

Inkasso <-s, -s *o* ÖSTERR Inkassi> *nt* FIN collection; (*gegen Bar*) encashment; **zum** ~ for collection

Inkassoakzept *nt* FIN acceptance for collection **Inkassoanspruch** *m* JUR right to collect **Inkassoauftrag** *m* FIN collection order **Inkassobeauftragte(r)** *f(m) dekl wie adj* [debt] collector **Inkassoberechtigung** *f* FIN power to collect **Inkassobevollmächtigte(r)** *f(m) dekl wie adj* FIN collection agent **Inkassobüro** *nt* HANDEL debt collection agency **Inkassoermächtigung** *f* FIN collection authority **Inkassofirma** *f* HANDEL debt recovery service **Inkassoforderungen** *pl* FIN (*Bilanz*) uncollected items **Inkassogemeinschaft** *f* FIN debt-collection association **Inkassoindossament** *nt* JUR "only for collection" endorsement **Inkassoprovision** *f* FIN collecting commission **Inkassovollmacht** *f* FIN collecting power **Inkassowechsel** *m* FIN bill for collection

Inkaufnahme <-> *f* acceptance; **bei ~ einer S.** *gen* (*geh*) with the acceptance of sth; **ohne ~ einer S.** *gen* (*geh*) without accepting sth; **unter ~ einer S.** *gen* (*geh*) [by] accepting sth

Ink-Jet-Drucker *m* INFORM ink-jet printer

inkl. *präp Abk von* **inklusive** incl.

Inklination <-, -en> *f* inclination

inklusive [ɪnklu'ziːvə] **I.** *präp +gen* inclusive [of]; **die genannten Preise sind** [*o* **verstehen sich**] **~ Transport und Verpackung** the prices quoted include [*or* are inclusive of] packing and transport **II.** *adv* including; **bis ~** up to and including; **vom 25. bis zum 28. ~** from 25th to 28th inclusive

Inklusivpreis *m* HANDEL inclusive charge

inkognito *adv* (*geh*) incognito

Inkognito <-s, -s> *nt* (*geh*) incognito; **sein ~ lüften** [*o* **preisgeben**] to reveal one's identity

inkohärent <-er, -este> *adj* (*geh*) incoherent

Inkohärenz <-, -en> *f* (*geh*) incoherence

inkompatibel *adj* MED, INFORM, JUR, LING incompatible

Inkompatibilität <-, -en> *f* TECH, INFORM incompatibility

inkompetent *adj* (*geh*) incompetent; ■**[in etw** *dat*] **~ sein** to be incompetent [at [*or* in] sth]; ***er ist in diesen Dingen völlig ~*** he is completely incompetent in these matters

Inkompetenz *f* (*geh*) incompetence

inkongruent ['ɪnkɔngruɛnt, ɪnkɔŋgru'ɛnt] *adj* MATH incongruent

inkonsequent *adj* (*geh*) inconsistent

Inkonsequenz *f* (*geh*) inconsistency

inkonsistent *adj inv* (*geh*) inconsistent

Inkonsistenz <-> *f kein pl* inconsistency

Inkontinenz <-,-en> *f* MED incontinence *no pl, no art*

inkorrekt *adj* (*geh*) incorrect

Inkraftsetzung *f* implementation

In-Kraft-TretenRR <-s> *nt kein pl,* **Inkrafttreten** <-s> *nt kein pl* coming into effect [*or* force]; ■**das ~ einer S.** *gen* the coming into effect [*or* force] of sth; **~ eines Gesetzes** entry into force of an Act; ***das ~ der neuen Vorschrift wurde für den 1.1. beschlossen*** 1st Jan[uary] has been decided as the date on which the new regulation comes into force

inkriminieren* *vt* JUR ■**jdn ~** to incriminate sb; **jdn eines Verbrechens ~** to incriminate sb with a crime

Inkubation <-, -en> *f* MED, BIOL, REL, HIST incubation

Inkubationszeit *f* incubation period

Inkubator <-s, -en> *m* MED, BIOL incubator

Inkurssetzung *f* ÖKON circulation

Inland *nt kein pl* ❶ (*das eigene Land*) home; **für das ~ bestimmte Waren** goods for the domestic market ❷ (*Binnenland*) inland, interior; ***an der Küste ist der Winter milder als weiter im ~*** the winter is milder on the coast than further inland

Inländerdiskriminierung *f* JUR discrimination of residents **Inländergleichbehandlung** *f* JUR equal treatment of residents **Inländerprivilegierung** *f* JUR preferential treatment for residents

Inlandflug *m* domestic [*or* internal] flight

inländisch *adj* domestic, home; **~e Industrie/Produkte** home industry/products

Inlandsabsatz *m* ÖKON domestic sales *pl* **Inlandsanleihe** *f* FIN domestic loan **Inlandsauftrag** *m* HANDEL domestic order **Inlandsbanken** *pl* ÖKON home banks **Inlandsbeteiligung** *f* FIN domestic trade investment **Inlandsgespräch** *nt* TELEK inland call **Inlandskartell** *nt* ÖKON domestic cartel **Inlandskreditschöpfung** *f* ÖKON creation of home bank credit **Inlandsmarkt** *m* ÖKON home [*or* domestic] market **Inlandsmonopol** *nt* ÖKON domestic monopoly **Inlandsnachfrage** *f* ÖKON domestic demand **Inlandsorder** *f* HANDEL domestic order **Inlandspaket** *nt* inland parcel **Inlandspatent** *nt* domestic patent **Inlandspreis** *m* domestic market price **Inlandsproduktion** *f kein pl* ÖKON domestic production *no pl* **Inlandsverbrauch** *m* ÖKON *kein pl* home consumption **Inlandsverschuldung** *f* ÖKON internal debt **Inlandsvertreter(in)** *m(f)* HANDEL resident agent **Inlandsware** *f* domestic commodity **Inlandswechsel** *m* ÖKON domestic bill of exchange

Inlaut *m* LING medial sound

Inlett <-[e]s, -e> *nt* MODE tick[ing]

inliegend *adj* ADMIN ÖSTERR enclosed

Inlinehockey ['ɪnlaɪn-] *nt* SPORT inline hockey

inlinen ['ɪnlaɪnən] *vi* to go inlining, to blade

Inliner <-s, -> ['ɪnlaɪnə] *m* in-line skate

Inlineskate <-s, -s> *m* inline skate **Inlineskater**RR <-s, -> ['ɪlaɪnskeɪtɐ] *m* ❶ (*Person*) in-line skater ❷ (*Rollschuh*) in-line [roller-] skate **Inlineskating** <-s> ['ɪnlaɪnskeɪtɪŋ] *nt kein pl* inline skating

inmitten **I.** *präp +gen* (*geh*) in the middle [*or* midst] of **II.** *adv* (*geh*) in the midst of; ■**~ von etw** in the midst of sth; ***das Haus lag ~ von Feldern und blühenden Wiesen*** the house was surrounded by fields and meadows in bloom

in natura *adv* ❶ (*in Wirklichkeit*) in real life; ***du siehst ~ ganz anders aus*** you look quite different in real life [*or* in the flesh] ❷ (*geh: in Naturalien*) in kind; **jdn ~ bezahlen** to pay sb in kind; (*hum mit Koseeinheiten*) to offer one's services as payment *euph*

inne|haben *vt irreg* (*geh*) ■**etw ~** to hold sth

inne|halten *vi irreg* (*geh*) ■**[in etw** *dat*] **~** to pause, to stop [doing sth] for a moment; ***er hielt in seinem Vortrag inne*** he paused in the middle of his lecture

innen *adv* ❶ (*im Inneren*) on the inside; ***das Haus ist ~ ganz mit Holz verkleidet*** the interior of the house has wood panelling throughout; **~ und außen** on the inside and outside; **nach ~** indoors, inside; ***die Tür geht nach ~ auf*** the door opens inwards; **von ~** from the inside; ***ein Computer von ~ ist recht verwirrend*** the inside of a computer is extremely confusing ❷ (*auf der Innenseite*) on the inside ❸ *bes* ÖSTERR (*drinnen*) inside

Innenansicht *f* interior view **Innenantenne** *f* TV indoor aerial [*or* AM *a.* antenna] **Innenarchitekt(in)** *m(f)* interior designer **Innenarchitektur** *f* interior design **Innenaufnahme** *f* FILM indoor [*or* interior] shot; FOTO indoor photo[graph] **Innenauftrag** *m* HANDEL internal order **Innenausbau** *m* BAU refinishing of the interior; (*Umbau*) conversion **Innenausschuss**RR *m* home affairs committee BRIT, committee on internal [*or* BRIT *a.* domestic] affairs **Innenausstattung** *f* ❶ (*Gestaltung eines Innenraums*) interior decor *no pl; Auto* interior fittings *npl* [*or no pl* trim] ❷ MODE *Jacke* inside **Innenbahn** *f* SPORT inside lane **Innenbehörde** *f* authority for domestic affairs BRIT, home affairs authority BRIT, Department of Domestic Affairs AM **Innenbeleuchtung** *f* interior lighting **Innendienst** *m* office work; **~ haben** to work in an office; **im ~** [**sein**] [to work] in an office **Inneneinrichtung** *f* ❶ (*das Einrichten*) interior furnishing *no pl* ❷ (*die Einrichtung*) interior fittings *pl* **Innenentwässerung** *f* BAU interior drainage **Innengesellschaft** *f* JUR undisclosed association [*or* partnership] **Innenhof** *m* inner courtyard **Innenkurve** *f* inside bend **Innenladung** *f* inboard cargo **Innenleben** *nt kein pl* ❶ (*fam: Seelenleben*) inner feelings *pl* ❷ (*fam: innere Struktur*) inner workings *pl*; ***das ~ eines Computers ist für Laien unverständlich*** the inner workings of a computer are incomprehensible to a layperson **Innenminister(in)** *m(f)* Minister [*or* AM Secretary] of the Interior, BRIT *a.* Home Secretary **Innenministerium** *nt* Ministry [*or* AM Department] of the Interior, BRIT *a.* Home Office **Innenohr** *nt* ANAT inner [*or* internal] ear **Innenpolitik** *f* home affairs *pl* BRIT, domestic policy AM **innenpolitisch** **I.** *adj* concerning home affairs [*or* AM domestic policy] **II.** *adv* with regard to home affairs [*or* AM domestic policy]; ***die Regierung hat ~ versagt*** the government has failed on the issue of home affairs **Innenraum** *m* ❶ ARCHIT interior ❷ AUTO (*Fahrgastraum*) interior **Innenschuh** *m* inner shoe **Innenseite** *f* ❶ (*die innere Seite*) inside ❷ ANAT inside **Innensenator(in)** *m(f)* senator responsible for domestic affairs **Innenskelett** *nt* BIOL endoskeleton **Innenslip** *m von Shorts* inner lining **Innenspiegel** *m* AUTO rear-view mirror **Innenstadt** *f* city/town centre [*or* AM -er] **Innenstadtverkehr** *m* inner city traffic **Innentasche** *f* inside pocket **Innentemperatur** *f* inside temperature **Innentitel** *m* TYPO fly-title, half title **Innenverhältnis** *nt* JUR *einer Gesellschaft* internal relationship **Innenverkleidung** *f* inner lining; *eines Wohnwagens* interior panelling [*or* AM paneling] **Innenverwaltung** *f* interior [*or* domestic affairs] administration **Innenwand** *f* interior [*or* inside] wall **Innenzelt** *nt* inner tent

innerbetrieblich **I.** *adj* in-house; ADMIN internal; **~e Angelegenheit/~er Konflikt** internal matter/conflict; **~e Ausbildung** inhouse training **II.** *adv* internally **innerdeutsch** *adj* German domestic; **eine ~e Angelegenheit** an internal German matter **innerdienstlich** *adj* internal; **~e Angelegenheiten** internal office matters

innere(r, s) *adj* ❶ *räumlich* (*das innen Gelegene betreffend*) inner; ***die ~n Wände wurden komplett entfernt*** the inner walls were completely removed ❷ MED, ANAT internal; *s.a.* **Abteilung, Station** ❸ (*innewohnend*) internal; *eines Konzerns* internal structure ❹ POL internal ❺ PSYCH inner; **~e Spannung/Ruhe** inner tension/calm

Innere(s) *nt decl wie adj* ❶ (*innerer Teil*) inside ❷ GEOL centre [*or* AM -er], middle ❸ PSYCH heart; **sein ganzes ~s ausbreiten** to bare one's soul; **in jds** *dat* **~n** in sb's soul; ***tief in seinem ~n war ihm klar, dass es nur so funktionieren konnte*** deep down he knew that it could only work in this way

Innereien *pl* KOCHK innards *npl*

innereuropäisch **I.** *adj attr* POL intra-European; **~er Warenverkehr** intra-European trade in goods **II.** *adv* POL **~ Handel treiben** to do business throughout Europe

innerhalb **I.** *präp +gen* ❶ (*in einem begrenzten Bereich*) inside, within; ***~ der Wohnung war es sehr dunkel*** it was very dark inside the flat ❷ (*binnen eines gewissen Zeitraums*) within; **~ einer Minute** within a minute **II.** *adv* ■**~ von etw** ❶ (*in einem begrenzten Bereich*) within sth ❷ (*binnen eines gewissen Zeitraums*) within sth; ***ich brauche diese Auskunft ~ von drei Tagen*** I need this information within three days

innerlich **I.** *adj* ❶ MED internal ❷ PSYCH inner **II.** *adv* ❶ (*im Inneren des Körpers*) internally; **etw ~ verabreichen** to administer sth internally ❷ PSYCH inwardly; ***~ war er sehr aufgewühlt*** he was in inner turmoil

Innerlichkeit <-> *f kein pl* (*geh*) inwardness

innerorts *adv* SCHWEIZ in a built-up area **innerparteilich** *adj* within the party **innerstädtisch** *adj* inner-city; *Verkehr* city-centre [*or* AM -er], inner-city

innerste(r, s) *adj superl von* **innere(r, s)** ❶ GEOL (*am weitesten innen befindlich*) *Stadtbezirk, Landesteil, etc* innermost ❷ PSYCH (*jds tiefes Inneres betreffend*) innermost; ***entspricht diese Äußerung deiner ~n Überzeugung?*** does this statement represent your innermost conviction?

Innerste(s) *nt decl wie adj* core being; ***tief in ihrem ~n wusste sie, dass er recht hatte*** deep down inside she knew he was right

innert *präp +gen o dat* ÖSTERR, SCHWEIZ ■**~ eines gewissen Zeitraums** within a certain period of time; **~ eines Jahres, ~ einem Jahr** within a year

inne|wohnen *vi* ■**jdm/einer S. ~** to be inherent in sb/a thing

innig **I.** *adj* ❶ (*tief empfunden*) deep, heartfelt; **unser ~er Dank** our heartfelt thanks; ***er verspürte für sie eine ~e Zuneigung*** he felt deep affection for her; **aufs I~ste** most sincerely ❷ (*sehr eng*) intimate; **eine ~e Beziehung** (*fig*) an intimate relationship **II.** *adv* deeply, intimately; **jdn ~ lieben** to love sb deeply

Innigkeit <-> *f kein pl* sincerity, warmth

inniglich *adv* (*geh*) deeply, sincerely; **jdm ~ verbunden sein** to be deeply attached to sb; **jdn treu und ~ lieben** to love sb truly and deeply

Innovation <-, -en> [inova'tsio:n] *f* innovation

innovationsfähig *adj* capable of innovation **Innovationsfähigkeit** *f kein pl* innovative capability **Innovationskraft** *f* innovation **Innovationstempo** *nt kein pl* speed of innovation

innovativ [inova'ti:f] **I.** *adj* innovative **II.** *adv* innovatively

innovatorisch *adj* innovatory BRIT, innovational AM

Innsbruck <-s> *nt* Innsbruck

Innung <-, -en> *f* ÖKON guild ► WENDUNGEN: **die ganze ~ blamieren** (*hum fam*) to let the whole side [*or* AM everyone] down *fam*

Innungsbetrieb *m business belonging to a guild* **Innungskrankenkasse** *f health insurance scheme for guild members*

inoffiziell [-tsiɛl] *adj* unofficial

inoperabel *adj* MED inoperable

inopportun *adj* (*geh*) inopportune, ill-timed; **es für ~ halten, etw zu tun** to consider it inappropriate to do sth

in petto *adv* **etw [gegen jdn] ~ haben** (*fam*) to have sth up one's sleeve [for sb] *fam*

in puncto *adv* (*fam*) concerning, with regard to; ■ **~ einer S.** *gen* concerning [*or* with regard to] sth, in so far as sth is concerned

Input <-s, -s> *m* ① INFORM (*eingegebenes Material*) input ② (*Anregung*) stimulus; (*Einsatz*) commitment; ***in unserer Beziehung ist mein ~ wesentlich größer als der seine*** I bring considerably more to the relationship than he does

Input-Output-Analyse *f* ÖKON input-output analysis

Inquisition <-> *f kein pl* HIST Inquisition *no pl*

Inquisitor <-s, -toren> *m* HIST inquisitor

inquisitorisch **I.** *adj* (*geh*) inquisitorial *form* **II.** *adv* (*geh*) in an inquisitorial manner *form*

Inquistionsmaxime *f* JUR principle of ex officio judicial investigation

ins = in das *s.* **in**

Insasse, Insassin <-n, -n> *m, f* ① (*Fahrgast*) passenger ② (*Heimbewohner*) resident ③ (*Bewohner einer Heilanstalt*) patient, resident ④ (*Gefängnis- o Lager~*) inmate

Insassenunfallschutz *m* accident coverage **Insassenunfallversicherung** *f* passenger accident insurance **Insassenversicherung** *f* passenger insurance

Insassin <-, -nen> *f fem form von* **Insasse**

insbesondere *adv* especially, in particular, particularly

Inschrift *f* inscription

Insekt <-[e]s, -en> *nt* insect

Insektenauge *nt* insect eye **Insektenbefall** *m* infestation of insects **Insektenbein** *nt* insect leg **Insektenbekämpfung** *f* insect control **Insektenbekämpfungsmittel** *f* insecticide **Insektenbestäubung** *f* BOT insect pollination **Insektenflügel** *m* insect wing **Insektenfresser** <-s, -> *m* insect-eater **Insektengift** *nt* insecticide **Insektenkunde** *f* entomology **Insektenplage** *f* plague of insects **Insektenpulver** *nt* insect powder **Insektenspray** *nt* insect spray **Insektenstaat** *m* BIOL insect society **Insektenstich** *m* insect sting; *Mücke, Moskitor etc.* insect sting **Insektenvernichtungsmittel** *f* insecticide **Insektenvertilgungsmittel** *nt* insecticide

Insektizid <-s, -e> *nt* insecticide

Insel <-, -n> *f* island; **Langerhansche ~n** islets of Langerhans

Inselanzeige *f* solus **Inselbewohner(in)** *m(f)* inhabitant of an island, islander; **~ sein** to be an islander

Inselchen <-s, -> *nt dim von* **Insel** small island, islet

Inselflughafen *m* island airport **Inselgrün** *nt* SPORT *Golf*island green **Inselgruppe** *f* archipelago, group of islands **Inseljugend** *f* ■ **die ~** the youth [*or* young people] + *pl vb* of an/the island **Inselküste** *f* island coast **Inselstrand** *m* island beach **Inselwelt** *f* islands *pl*

Insemination *f* BIOL insemination

Inserat <-[e]s, -e> *nt* advertisement, ad[vert] *fam*

Inseratenteil *f* advertisement section

Inserent(in) <-en, -en> *m(f)* advertiser

inserieren* **I.** *vi* (*annoncieren*) ■ **[in etw** *dat*] **~** to advertise [in sth]; ***sie inserierte in der Tageszeitung*** she placed an advert in the newspaper **II.** *vt* (*etw annoncieren*) ■ **etw [in etw** *dat*] **~** to advertise sth [in sth]; ***inseriere doch mal dein Auto in der Zeitung!*** why don't you advertise your car in the newspaper!

insgeheim *adv* in secret, secretly

insgesamt *adv* ① (*alles zusammen*) altogether ② (*im Großen und Ganzen*) all in all, on the whole

Insichgeschäft *f* JUR self-dealing, acting as principal and agent

In-sich-Prozess *m* JUR inter se proceedings

Insider(in) <-s, -> ['ɪnsaɪdə] *m(f)* ① (*Eingeweihter*) insider; ***der Witz war nur für ~ verständlich*** the joke could only be understood by those in the know ② BÖRSE insider

Insidergeschäft *nt* BÖRSE insider trading **Insiderhandel** *m kein pl* BÖRSE insider trading **Insiderhandelsrichtlinien** *pl* HANDEL insider trading guidelines

Insiderin <, -nen> *f fem form von* **Insider**

Insiderinformationen *pl* HANDEL insider information *no pl* **Insiderrecht** *nt* JUR law on insider dealings

Insigne <-s, -nien> *nt meist pl* insignia

insistieren* *vi* (*geh*) ■ **[auf etw** *dat*] **~** to insist [on sth]; ■ **darauf ~, dass** to insist that

Inskription <-, -en> *f* SCH ÖSTERR enrolment BRIT, enrollment AM

insofern **I.** *adv* in this respect; **~ ... als** inasmuch as, in that **II.** *konj* ÖSTERR (*vorausgesetzt, dass*) if; **~ *sie Zeit hat, hilft sie dir bestimmt*** if she's got time, she'll undoubtedly help you; **~ als** in so far [*or* as much] as

insolvent ['ɪnzɔlvɛnt, ɪnzɔl'vɛnt] *adj* insolvent

Insolvenz <-, -en> ['ɪnzɔlvɛnts, ɪnzɔl'vɛnts] *f* insolvency

insolvenzanfällig *adj* JUR, FIN insolvency-prone **Insolvenzrecht** *nt* JUR, FIN insolvency law **Insolvenzrisiko** *nt* FIN risk of insolvency **Insolvenzverfahren** *nt* JUR insolvency proceedings *pl;* **Einstellung des ~s** suspension of insolvency proceedings

insoweit **I.** *adv* in this respect; **~ *sind wir uns einig geworden*** we've reached agreement in this respect **II.** *konj bes* ÖSTERR **~ als** if

in spe *adj* (*fam*) future, to be; ■ **der/die/jds ... ~** the/sb's ... to be; ***das ist meine Braut ~*** this is my future bride [*or* bride to be]

Inspekteur(in) <-s, -e> [ɪnspɛk'tø:ɐ] *m(f)* MIL Chief of Staff

Inspektion <-, -en> *f* ① (*technische Wartung*) service ② (*Überprüfung*) inspection

Inspektionsöffnung *f* BAU access hole, porthole **Inspektionsrecht** *nt* JUR right of inspection **Inspektionsreise** *f* tour of inspection

Inspektor, Inspektorin <-s, -toren> *m, f* ① ADMIN (*unterste Rangstufe des gehobenen Dienstes*) executive officer; (*Kriminalpolizei Kriminalpolizei, angesagt* inspector ② (*Prüfer*) supervisor

Inspiration <-, -en> *f* (*geh*) inspiration

inspirieren* *vt* ■ **jdn [zu etw] ~** to inspire sb [to do sth]; ■ **sich von etw [zu etw] ~ lassen** to get one's inspiration from sth [to do sth]

Inspizient(in) <-en, -en> *m(f)* stage manager

inspizieren* *vt* (*geh*) ■ **etw ~** to inspect sth

instabil *adj* (*geh*) unstable

Instabilität <-, *selten* -en> *f* (*geh*) instability

Installateur(in) <-s, -e> [ɪnstala'tø:ɐ] *m(f)* (*Elektroinstallateur*) electrician; (*Klempner*) plumber

Installation <-, -en> *f* ① *kein pl* (*das Installieren*) installation; (*installierte Leitungen od. Anlage*) installations *pl* ② SCHWEIZ (*Amtseinsetzung*) installation

Installationsdiskette *f* INFORM set-up diskette **Installationsprogramm** *nt* INFORM install program **Installationsraum** *m* BAU utility room **Installationsvoraussetzung** *f* INFORM installation requirement **Installationswand** *f* BAU plumbing wall

installieren* *vt* ① TECH (*einbauen*) ■ **[jdm] etw ~** to install sth [for sb]; ■ **sich** *dat* **etw ~ lassen** to have sth installed ② INFORM (*einprogrammieren*) ■ **[jdm] etw [auf etw** *akk*] **~** to load sth [for sb] [onto sth]; ***der Computer wird von uns mit fertig installierter Software geliefert*** the computer is supplied by us with software already loaded

instand *adj,* **in Stand** *adj* in working order; **etw ~ halten** to keep sth in good condition; **ein Haus ~ besetzen** (*fam*) *illegally to occupy and renovate a house that is scheduled for demolition;* **etw ~ setzen** to repair sth

instand|besetzen* *vt s.* **instand**

Instandhaltung *f* (*geh*) maintenance; **~ des Programms** INFORM program maintenance; **laufende ~** routine maintenance

Instandhaltungsauftrag *m* maintenance contract **Instandhaltungskosten** *pl* maintenance costs *pl* **Instandhaltungspflicht** *f* maintenance duty

inständig **I.** *adj Bitte, etc* urgent **II.** *adv* urgently; **~ um etw bitten** to beg for sth

Instandsetzung <-, -en> *f* (*geh*) repair

Instandsetzungsarbeiten *pl* repairs **Instandsetzungsdauer** *f* repair time **Instandsetzungskosten** *pl* cost of repairs **Instandsetzungsvertrag** *m* repair contract

Instantkaffee *m* KOCHK instant coffee

Instanz <-, -en> *f* ① ADMIN authority ② (*Stufe eines Gerichtsverfahrens*) instance; **in erster/zweiter/oberster/letzter ~, in der ersten/zweiten/obersten/letzten ~** trial court/appellate court/supreme court of appeal/court of last instance

Instanzenweg <-[e]s, -e> *m meist sing* official channels *pl;* JUR stages of appeal; **den ~ durchlaufen** [*o* **nehmen**] to go through the official channels **Instanzenzug** *m* JUR stages of appeal

Instinkt <-[e]s, -e> *m* (*unbewusster Antrieb*) instinct; (*Gefühl der Gewissheit*) instinct, gut feeling *fam;* **[mit etw] [den richtigen] ~ beweisen** to show one's instincts [are correct] [about sth]

Instinkthandlung *f* BIOL instinct

instinktiv *adj* instinctive; **ein ~es Gefühl** an instinctive feeling, instinctive; **die ~en Verhaltensweise von Tieren** the instinctive behaviour [*or* AM -or] of animals

instinktmäßig *adj* instinctive

Institut <-[e]s, -e> *nt* ① (*öffentliche Anstalt*) institute ② (*geh: Internat*) boarding-school

Institution <-, -en> *f* institution; **die ~ der Ehe/Familie/etc.** the institution of marriage/of the family/etc.; **religiöse/wissenschaftliche ~** religious/scientific institution; **zu einer** [*o* **zur**] **~ werden** (*fig*) to become an institution *fig*

institutionell *adj* (*geh*) institutional

Institutsangehörige(r) *f(m) decl wie adj* member of the institute **Institutsanschrift** *f* institute address **Institutsbibliothek** *f* institute library **Institutsdirektor(in)** *m(f)* director of the institute **Institutsverwaltung** *f* administration of the institute

instruieren* *vt* ① (*in Kenntnis setzen*) ■ **jdn [über etw** *akk*] **~** to advise sb [about sth]; ■ **[über etw** *akk*] **instruiert sein** to be informed [about sth] ② (*Anweisungen geben*) ■ **jdn ~[, etw zu tun]** to instruct sb [to do sth]

Instruktion <-, -en> *f* (*Anweisung*) instruction; (*Anleitung*) instruction[s] *usu pl;* **laut ~** according to instructions

Instruktionsfehler *m* JUR mistake in the instructions **Instruktionspalette** *f* INFORM repertoire of instructions **Instruktionsrate** *f* INFORM instruction rate

instruktiv <-er, -ste> *adj* instructive

Instrument <-[e]s, -e> *nt* ❶ MUS instrument; (*Gerät für wissenschaftliche Zwecke*) instrument ❷ (*a. fig geh: Werkzeug*) tool; **sich** *akk* **zum ~ einer S.** *gen* **machen** (*fig geh*) to become the instrument of sth

instrumental I. *adj* instrumental; **~e Musik** instrumental music II. *adv* instrumentally

Instrumentalbegleitung *f* instrumental accompaniment; **mit/ohne ~** with/without instrumental accompaniment

instrumentalisieren* *vt* (*geh*) ■**etw/jdn ~** to instrumentalize sth/sb [*or* BRIT *a.* -ise]

instrumentalisieren* *vt* (*geh*) ■**etw ~** ❶ MUS to arrange [for instruments] ❷ (*fig: als Mittel zum Zweck benutzen*) to exploit sth

Instrumentalist, -in <-en, -en> *m, f* MUS, PHILOS instrumentalist

Instrumentalmusik *f* instrumental music **Instrumentalstück** *nt* MUS instrumental piece

Instrumentarium <-, -rien> [-riən] *nt* (*geh*) ❶ (*Gesamtheit der Ausrüstung*) instruments *pl*, apparatus, equipment; (*medical equipment*) equipment ❷ MUS range of instruments ❸ (*Gesamtheit von Mittel o Möglichkeiten*) range [*or* series] of measures

instrumentatorisch *adj attr, inv* MUS instrumental

Instrumentenanlage *f* AUTO instrument panel **Instrumentenflug** *m* LUFT instrument flight **Instrumententräger** *m* AUTO dash panel

instrumentieren* I. *vt* ■**etw ~** ❶ MUS to instrument sth; (*für Orchester*) to orchestrate sth ❷ TECH to instrument sth, to equip sth with instruments II. *vi* MED **bei einem Chirurgen ~** to assist a surgeon by handing him/her the instruments; ■**das I~** instrumentation

Insuffizienz <-, -en> *f* MED (*geh*) insufficiency

Insulaner(in) <-s, -> *m(f)* islander

Insulin <-s> *nt kein pl* insulin *no pl*

Insulinausschüttung *f kein pl* MED insulin distribution, distribution of insulin **Insulinpräparat** *nt* insulin preparation **Insulinproduktion** *f* MED insulin production, production of insulin **Insulinspiegel** *m* insulin level, level of insulin **Insulinspritze** *f* MED insulin injection [*or* AM *a.* shot] **Insulinverbrauch** *m* insulin consumption, consumption of insulin

inszenieren* *vt* ■**etw ~** ❶ (*dramaturgisch gestalten*) ■**etw ~** to stage sth ❷ (*pej*) to stage-manage [*or* engineer] sth

Inszenierung <-, -en> *f* ❶ FILM, MUS, THEAT production ❷ (*pej: Bewerkstelligung*) stage-managing, engineering

intakt *adj* ❶ (*unversehrt*) intact ❷ (*voll funktionsfähig*) in working order; ■**~ sein** to be one hundred percent

Intarsia <-, -> *f*, **Intarsie** <-, -n> [-ziə] *f meist pl* (*Einlegearbeit in Holz*) wood inlay [work], marquetry, intarsia

Intarsienmalerei *f* intarsia, marquetry

integer I. *adj* (*geh*) of integrity; ■**~ sein** to have integrity II. *adv* (*geh*) with integrity; **sich ~ verhalten** to behave with integrity

integral *adj attr* MATH integral

Integral <-s, -e> *nt* MATH integral

Integralhelm *m* integral [*or* full-face] helmet

Integralrechnung *f kein pl* MATH integral calculus

Integration <-, -en> *f* ❶ SOZIOL integration; ■**jds ~ [in etw** *akk*] sb's integration [into sth] ❷ (*Verbindung zu einer Einheit*) integration; ■**die ~ von etw [zu etw]** the integration of sth [into sth]; ***die wirtschaftliche ~ Osteuropas zu einer einheitlichen Gemeinschaft wird sich schwer gestalten*** the economic integration of Eastern Europe into a single community will prove difficult ❸ INFORM *Software, System* integration

Integrationsfigur *f* (*geh*) unifying figure **Integrationsfunktion** *f* INFORM integration function **Integrationssystem** *nt* INFORM integration system

integrativ *adj* integrative

integrieren* I. *vt* (*eingliedern*) ■**jdn/etw [in etw** *akk*] **~** to integrate sb/sth [into sth] II. *vr* (*sich einfügen*) ■**sich [in etw** *akk*] **~** to become integrated [into sth]

integriert *adj* integrated; **~e Soundkarte und Lautsprecher** integrated sound card and active boxes

Integrierung <-, -en> *f s.* **Integration**

Integrität <-> *f kein pl* (*geh*) ❶ (*untadeliger Charakter*) integrity ❷ POL, JUR (*Unverletzlichkeit*) integrity

Intellekt <-[e]s> *m kein pl* intellect

Intellektualismus <-> *m kein pl* PHILOS intellectualism

intellektuell *adj* intellectual; **eine ~e Diskussion** an intellectual discussion

Intellektuelle(r) *f(m) decl wie adj* intellectual

intelligent *adj* ❶ (*mit Verstand begabt*) intelligent; (*strategisch klug*) clever, smart; ■**~ [von jdm] sein [, etw zu tun]** to be clever [of sb] [to do sth]; ***das war nicht gerade sehr ~ von dir!*** that wasn't exactly very clever of you! ❷ INFORM intelligent; **eine ~e Bombe** an intelligent bomb

Intelligenz <-, -en> *f* ❶ *kein pl* (*Verstand*) intelligence *no pl* ❷ *kein pl* (*Gesamtheit der Intellektuellen*) intelligentsia *no pl* ❸ (*vernunftbegabtes Lebewesen*) intelligence; ***ständig suchen Radioteleskope nach Signalen außerirdischer ~ ab*** radio telescopes are constantly searching for signals from an extraterrestrial intelligence ❹ INFORM **künstliche ~** artificial intelligence, AI

Intelligenzbestie [-stiə] *f* (*fam*) brainbox *fam*

Intelligenzija <-> *f kein pl* Russian intelligentsia + *sing vb*

Intelligenzquotient [-kvotsiɛnt] *m* intelligence quotient **Intelligenztest** *m* intelligence test; **einen ~ machen** to sit an intelligence test; **jdn einem ~ unterziehen** to subject sb to an intelligence test

Intendant(in) <-en, -en> *m(f)* THEAT artistic director, theatre-manager [*or* AM theater-]; RADIO, TV director-general

Intendantur <-, -en> *f* (*veraltet*) ❶ (*Amt eines Intendanten*) THEAT artistic and business directorship; RADIO, TV director-generalship ❷ (*Verwaltungsbehörde eines Heeres*) army command

Intendanz <-, -en> *f* ❶ THEAT directorship; RADIO, TV director-generalship ❷ THEAT (*Büro des Intendanten*) director's office; RADIO, TV director-general's office

intendieren* *vt* (*geh: beabsichtigen*) ■**etw ~** to intend sth

Intensität <-, *selten* -en> *f* ❶ (*Stärke, Eindringlichkeit*) intensity, intenseness ❷ PHYS intensity

Intensitätssignal *nt* INFORM intensity signal

intensiv I. *adj* ❶ (*gründlich*) intensive ❷ (*eindringlich, durchdringend*) intense, strong; **~er Duft** strong fragrance; **~er Schmerz** strong pain II. *adv* ❶ (*gründlich*) intensively; **~ bemüht sein, etw zu tun** to make intense efforts to do sth ❷ (*eindringlich, durchdringend*) strongly, intensely; ***die Suppe schmeckt ~ nach Curry*** the soup has a strong taste of curry

Intensivbehandlung *f* MED intensive care treatment

intensivieren* [-'vi:-] *vt* ■**etw ~** to intensify sth

Intensivierung <-, *selten* -en> [-'vi:-] *f* intensification

Intensivkurs *m* intensive course **Intensivmedizin** *f kein pl* intensive care [*or* medicine] **Intensivstation** *f* MED intensive care unit **Intensivwirtschaft** *f kein pl* AGR intensive farming

Intention <-, -en> *f* (*geh*) intent, intention; **jds ~ geht dahin, dass...** it is sb's intention that...

intentional *adj* (*geh: zweckbestimmt*) intentional

interaktiv *adj* interactive; **~es Fernsehen** interactive TV

Interaktivität <-> *f kein pl* interactivity

Interbanken-Einlagen *pl* FIN interbank deposits

Intercity <-s, -s> *m*, **Intercityzug**^RR [ɪntɐ'sɪti] *m* inter-city [train]

Intercityexpress^RR *m*, **Intercity-Express** *m* EISENB inter-city express

Interdependenz <-, -en> *f* interdependence

interdisziplinär *adj* interdisciplinary

interessant I. *adj* ❶ (*Interesse erweckend*) interesting; ■**[für jdn] ~ sein** to be interesting [for sb]; ***gibt es in der Zeitung von heute irgendwas I~es?*** is there anything interesting in today's paper?; **sich [bei jdm] ~ machen** to attract [sb's] attention; ***sie will sich nur bei ihm ~ machen*** she's only trying to attract his attention; **wie ~!** how interesting! ❷ ÖKON **~es Angebot/Gehalt** attractive offer/salary II. *adv* interestingly; ***der Vorschlag hört sich ~ an*** the proposal sounds interesting; ***das liest sich äußerst ~*** that's extremely interesting to read

interessanterweise *adv* interestingly enough

Interesse <-s, -n> *nt* ❶ *kein pl* (*Aufmerksamkeit*) interest; **~ [an jdm/etw [*o* für jdn/etw]] haben** to have an interest [in sb/sth]; ***wir haben ~ an Ihrem Angebot*** we are interested in your offer; ***bedauere, ich habe kein ~!*** sorry, I'm not interested!; **~ daran haben, etw zu tun** to be interested in doing sth; ***hätten Sie ~ daran, für uns tätig zu werden?*** would you be interested in working for us? ❷ *pl* (*Neigungen*) interests *pl;* **aus ~** out of interest; **mit ~** with interest; ***sie lauschte dem Redner mit großem ~*** she listened to the speaker with great interest ❸ *pl* (*Belange*) interests *pl;* **berechtigtes ~** legitimate interest; **für jdn von öffentlichem/persönlichem ~ sein** to be a matter of public concern/to be of personal interest to sb, conflicting [*or* clashing] interests; **rechtlich geschützte ~n** protected interests; **rechtliches ~** legal interest; **versicherbares/versichertes ~** insurable/insured interest ❹ (*Nutzen*) interest; **[für jdn] von ~ sein** to be of interest [to sb]; **in jds [*o* sein]** *dat* **~ liegen** to be in sb's interest; **in jds** *dat* **~ liegen, etw zu tun** to be in sb's interest to do sth; **im ~ einer S.** *gen* in the interest of sth; ***im ~ des Friedens sollte weltweit abgerüstet werden*** in the interest of peace there shoulld be global disarmament; **in jds** *dat* **~** in sb's interest

interessehalber *adv* out of [*or* AM *a.* for the sake of] interest

interesselos *adj* indifferent; **jd ist [völlig] ~** sb is [completely] indifferent

Interesselosigkeit <-> *f kein pl* lack of interest

Interessenabwägung *f* weighing of interests **Interessenausgleich** *m* reconciliation [*or* coordination] of interests **Interessengebiet** *nt* area of interest **Interessengemeinschaft** *f* community of interests, syndicate **Interessenkollision** *f*, **Interessenskonflikt** *m* clash [*or* conflict] of interests **Interessenschutz** *m kein pl* protection of interests **Interessensphäre** *f* sphere of influence

Interessent(in) <-en, -en> *m(f)* ❶ (*an einer Teilnahme Interessierter*) interested party ❷ ÖKON (*an einem Kauf Interessierter*) potential buyer [*or* purchaser]

Interessenverband *m* POL, SOZIOL interest [*or* pressure] group **Interessenvereinigung** *f* community of interests; **wirtschaftliche ~** economic community of interests **Interessenvertretung** *f* ❶ POL, SOZIOL interest group ❷ *kein pl* JUR lobby, representation of interests **Interessenwahrnehmung** *f*, **Interessenwahrung** *f* JUR safeguarding [*or* protection] of interests

interessieren* I. *vt* ❶ (*jds Interesse hervorrufen*) ■**jdn ~** to interest sb; ***dein Vorschlag interessiert mich sehr*** your suggestion interests me greatly; ***das hat Sie nicht zu ~!*** that's no concern of yours! ❷ (*jds Interesse auf etw lenken*) ■**jdn für etw ~** to interest sb in sth II. *vr* (*mit Interesse verfolgen*) ■**sich für jdn/etw ~** to be interested in sb/sth

interessiert I. *adj* ❶ (*Interesse zeigend*) interested; ■**[irgendwie] ~ sein** to be interested [in sth] [in a certain way]; ***sie ist politisch ~*** she is interested in politics ❷ (*mit ernsthaften Absichten*) ■**an jdm/etw ~ sein** to be interested in sb/sth; ■**daran ~**

sein, etw zu tun to be interested in doing sth; ***ich bin sehr daran ~, mehr darüber zu erfahren!*** I'm very interested in learning more about it! **II.** *adv* with interest

Interface <-, -s> ['ɪntɐfeɪs] *nt* INFORM (*Computerschnittstelle*) interface

Interfacedesign [-dɪ'zaɪn] *nt* INFORM interface design

Interferenz <-, -en> *f* PHYS interference *no pl*

Interferometer <-s, -> *nt* PHYS interferometer

Interferon <-s, -e> *nt* BIOL interferon

interfraktionell *adj* inter-party *attr* **intergalaktisch** *adj* ASTRON intergalactic; **~er Stern** intergalactic star [*or* tramp]

Interieur <-s, -s *o* -e> [ɛ̃te'rjøːɐ] *nt* (*geh*) interior

Interim <-s, -s> *nt* (*geh*) interim

Interimsabkommen *nt* JUR temporary [*or* interim] agreement **Interimsaktie** *f* BÖRSE provisional share certificate **Interimshaushalt** *m* ÖKON tentative budget **Interimskonto** *nt* FIN suspense account **Interimskredit** *m* FIN interim loan **Interimslösung** *f* (*geh*) interim solution **Interimsregelung** *f* (*geh*) interim regulation **Interimsregierung** *f* (*geh: Übergangsregierung*) interim government **Interimsschein** *f* FIN interim certificate **Interimszahlung** *f* FIN interim payment

Interjektion <-, -en> *f* LING interjection

interkontinental *adj* GEOG intercontinental

Interkontinentalrakete *f* MIL intercontinental ballistic missile

interkulturell *adj* intercultural

interlokal *adj* JUR interregional

Intermezzo <-s, -s *o* -mezzi> *nt* ❶ MUS intermezzo ❷ (*geh*) incident

intern **I.** *adj* (*im eigenen Bereich liegend*) internal; (*innenpolitisch*) domestic, internal **II.** *adv* internally; **etw ~ regeln** [*o* **klären**] to resolve sth internally

Interna *pl* (*geh*) internal matters *pl*

Internalisierung <-, -en> *f* PSYCH, SOZIOL, LING internalization

Internat <-[e]s, -e> *nt* boarding-school

international **I.** *adj* international; **I~e Absatzwirts haftliche Vereinigung** International Marketing Assocation; **I~e Anwaltsvereinigung** International Bar Association; **I~e Arbeitgeberorganisation** International Organization of Employers; **I~le Gesellschaft für Menschenrechte** International Society for Human Rights; **~e Normenorganisation** international standards organization, ISO; **I~e Recherchenbehörde** International Searching Authority; **I~e Rechtskommission** International Law Commission; **I~es Rotes Kreuz** International Red Cross; **I~e Standardklassifikation der Berufe** International Standard Classification of Occupations; **I~es Patentinstitut** International Patent Institute; **I~es Währungssystem** International Monetary System **II.** *adv* internationally

Internationale <-, -n> *f* ■ **„die ~"** "the Internationale"; **die sozialistische ~** the Internationale

internationalisieren* *vt* ■ **etw ~** ❶ (*geh*) to internationalize sth ❷ JUR to internationalize sth; ■ **internationalisiert werden** to become internationalized

Internationalisierung *f kein pl* SOZIOL internationalization [*or* BRIT *a.* -isation]

internationalistisch *adj* internationalistic

Internatsleiter(in) *m(f)* principal of a boarding-school **Internatsschüler(in)** <-s, -> *m(f)* boarder, boarding school pupil [*or* AM student]

Internaut(in) <-en, -en> *m(f)* INET (*euph*) internaut *euph*

Internet <-s> *nt kein pl* INFORM, TELEK internet + *sing vb;* **im ~ surfen** to surf the internet [*or* web] [*or fam* net]; **im ~ Handel treiben** to trade via internet; **ins ~ kommen** to have access to the internet; **etw via ~ übertragen** to transfer sth via internet; **im ~ werben** to advertize in the internet

Internetadresse *f* INFORM internet e-mail address **Internetagentur** *f* INET Internet agency **Internetanbieter** *m* INFORM internet provider **Internetanschluss**RR *m* Internet connection **Internetanschluss**RR *m* INFORM internet connexion **Internetauftritt** *m* INET *presentation of a firm through an Internet website* **internetbasiert** *adj* Internet-based **Internetbenutzer(in)** *m(f)* INFORM internet user **Internetbrowser** *m* INFORM internet explorer **Internetbuchhändler(in)** *m(f)* Internet bookseller **Internetcafé** *nt* INFORM Cybercafé, electronic café **Internetchat** [-tʃæt] *m* Internet [relay] chat **Internetdienst** *m* internet service **Internetdiensteanbieter** *m* INFORM internet service provider **Internetdienstleister** *m* INFORM internet provider **Interneteinkäufer(in)** *m(f)* cybershopper **Internet-E-Mail-Adresse** *f* INFORM internet e-mail address **Internet-Kontaktbörse** *f* INET Internet personal ads **Internet-PC** *m* Internet PC **Internetprogramm** *nt* INFORM internet program **Internetserver** *m* INFORM internet server **Internetsurfer** *m* INFORM internet surfer **Internetteilnehmer** *m* INFORM internet client **Internetwerbung** *f* INFORM cyberpublicity **Internetzugang** *m* INFORM internet access

internieren* *vt* ■ **jdn ~** ❶ (*in staatlichen Gewahrsam nehmen*) to intern sb ❷ MED to isolate sb, to put sb into isolation

Internierte(r) *f(m) decl wie adj* internee

Internierung <-, -en> *f* ❶ (*Einsperrung*) internment ❷ MED isolation

Internierungslager *nt* internment camp

Internist(in) <-en, -en> *m(f)* MED internist

Internverbindung *f* TELEK internal connection

interparlamentarisch *adj* interparliamentary

Interpellationsrecht *nt* JUR right of interpellation

interplanetarisch *adj* interplanetary

Interpol <-> *f* Interpol

Interpolation <-, -en> *f* LING, MATH interpolation

interpolieren* *vt* LING, MATH ■ **etw ~** to interpolate sth

Interpret(in) <-en, -en> *m(f)* MUS, THEAT (*geh*) interpreter

Interpretation <-, -en> *f* ❶ LIT, MUS, THEAT (*inhaltliche Erläuterung*) interpretation ❷ JUR *von Gesetzen* construction [of the law]

interpretatorisch *adj* interpretative, AM *a.* interpretive

Interpretersprache *f* INFORM assembly language

interpretieren* *vt* ❶ LIT, MUS ■ [**jdm**] **etw ~** to interpret sth [for sb]; ***diesen Satz kann man unterschiedlich ~*** this sentence can be interpreted in different ways ❷ (*geh: auslegen*) ■ **etw irgendwie ~** to interpret sth in a certain way; ■ **etw ~** JUR *Gesetze* to construe sth; **etw falsch ~** to misconstrue sth ❸ INFORM (*erkennen*) ■ **etw ~** to interpret sth

Interpretierer <-s, -> *m* INFORM interpreter

interpunktieren* *vt* ■ **etw ~** to punctuate sth

Interpunktion <-, -en> *f* LING punctuation

Interpunktionsregel *f* punctuation rule **Interpunktionszeichen** *nt* punctuation mark

InterrailkarteRR ['ɪntereːl-] *f*, **Interrail-Karte** *f* inter-rail ticket

Interregio <-s, -s> *m* regional city stopper (*train that travels between regional centres*)

Interregnum <-s, -regnen *o* -regna> *nt* interregnum

interreligiös *adj* interreligious

Interrogativpronomen *nt* LING interrogative pronoun **Interrogativsatz** *m* interrogative sentence

interstellar [-stɛ-] *adj* ASTRON interstellar; **~e Materie** interstellar medium

interterritorial *adj* interterritorial; **~es Abkommen** interterritorial convention; **~er Kompensationsfonds** interterritorial compensation fund

Intervall <-s, -e> [-'val] *nt* (*geh*) interval

Intervallschaltung [-'val-] *f* AUTO intermittent wiper control **Intervalltraining** *nt* SPORT interval training

intervalutarisch *adj* BÖRSE intercurrency; **~er Devisenhandel** cross-exchange dealings

intervenieren* [-ve-] *vi* ❶ (*geh: protestierend einschreiten*) ■ [**bei jdm**] [**für jdn**] **~** to intervene [on sb's behalf] [with sb] ❷ POL ■ **irgendwo ~** to intervene somewhere

Intervention <-, -en> [-vɛ-] *f* ❶ (*geh*) intervention ❷ POL (*das aktive Intervenieren*) intervention; **militärische ~** military intervention

Interventionskauf *m* BÖRSE supporting purchase; **~ zur Stützung des US-Dollars** order to back the US dollar **Interventionsklage** *f* JUR action of replevin [*or* third-party opposition] **Interventionspflicht** *f* JUR obligation to intervene **Interventionspreis** *m* AGR intervention price **Interventionsrecht** *nt* JUR right of intervention **Interventionsstelle** *f* JUR intervention agency [*or* board] **Interventionsverbot** *nt* JUR exclusion of intervention **Interventionsverfahren** *nt* JUR interpleader proceedings *pl*

Interview <-s, -s> ['ɪntɐvjuː, ɪntɐ'vjuː] *nt* interview; [**jdm**] **ein ~/~s geben** [*o geh* **gewähren**] to give [*or* grant] [sb] an interview/interviews

interviewen* [ɪntɐ'vjuːən, 'ɪntɐvjuːən] *vt* ❶ (*durch ein Interview befragen*) ■ **jdn** [**zu etw**] **~** to interview sb [about sth]; ■ **sich** [**von jdm**] **~ lassen** to give [sb] an interview ❷ (*hum fam: befragen*) ■ **jdn ~** [**ob/wann/wo etc.**] to consult sb about [whether/when/where etc.]

Interviewer(in) <-s, -> [ɪntɐ'vjuːɐ, 'ɪntɐvjuːɐ] *m(f)* interviewer

Interzessionsverbot *nt* JUR exclusion of suretyship **Interzessionsversprechen** *nt* JUR undertaking of suretyship

Inthronisation <-, -en> *f* enthronement

Intifada <-> *f kein pl* intifada; ■ **die ~** the intifada

intim *adj* ❶ (*innig*) intimate; **~er Freund/Bekannter** close friend/acquaintance ❷ (*persönlich*) intimate; **~e Einzelheiten** intimate details ❸ (*geh: vertraut*) intimate; **aus ~er Kenntnis** from intimate knowledge ❹ (*sexuell liiert*) ■ **mit jdm ~ sein/miteinander ~ sein** to have intimate relations with sb [*or* to be intimate with sb]/to be intimate with each other; ■ [**mit jdm**] **~ werden** to become intimate [with sb] ❺ (*geh: tief innerlich*) intimate; **~e Gefühle** intimate feelings ❻ (*geh: gemütlich*) intimate; ***ich kenne ein kleines, sehr ~es Lokal*** I know a small, very intimate [*or* cosy] pub

Intima <-, Intimae> *f fem form von* **Intimus**

Intimbereich *m* ❶ (*euph: Bereich der Geschlechtsorgane*) private parts *pl euph* ❷ *s.* **Intimsphäre** **Intimfeind(in)** *m(f)* (*geh*) devil one knows **Intimhygiene** *f* (*euph*) feminine hygiene

Intimität <-, -en> *f* (*geh*) ❶ *kein pl* (*Vertrautheit*) intimacy *no pl* ❷ *pl* (*private Angelegenheit*) intimate affairs *pl* ❸ *usu pl* (*sexuelle Handlung o Äußerung*) intimacy ❹ *kein pl* (*gemütliche Atmosphäre*) *Kneipe, Lokal etc.* intimacy

Intimkontakt *m* intimate contact **Intimlotion** *f* feminine hygiene lotion **Intimpartner(in)** <-s, -> *m(f)* (*form*) sexual partner **Intimpflege** *f* feminie hygiene **Intimsphäre** *f* (*geh*) private life **Intimspray** *nt* feminine deodorant spray

Intimus, Intima <-, Intimi> *m, f* (*hum geh*) confidant *liter*

Intimverkehr *m kein pl* (*euph*) intimate relations *pl euph;* [**mit jdm**] **~ haben** to have intimate relations [with sb]

intolerant **I.** *adj* (*geh*) intolerant **II.** *adv* intolerantly

Intoleranz *f* (*geh*) intolerance

Intonation <-, -en> *f* LING, MUS intonation

intonieren* *vt* ■ **etw ~** MUS to begin singing sth

intrakutan *adj* intracutaneous

intramuskulär *adj* MED intramuscular

Intranet <-s, -s> *nt* INFORM intranet

intransitiv *adj* LING intransitive

intrauterin *adj* MED intrauterine

Intrauterinpessar <-s, -e> *nt* MED intrauterine device, IUD

intravenös [-ve-] *adj* intravenous

intrazellulär *adj* BIOL, MED intracellular

In-Treff *m* (*fam*) fashionable [*or* trendy] pub [*or* AM bar]

intrigant *adj* (*pej geh*) scheming; ■ **~ sein** to be a schemer *pej*

Intrigant(in) <-en, -en> *m(f)* (*pej geh*) schemer *pej*

Intrige <-, -n> *f* (*pej geh*) conspiracy, intrigue; **eine ~ einfädeln, eine ~ spinnen** to conspire, to intrigue, to hatch a plot

intrigieren* *vi* (*pej geh*) ■[**gegen jdn**] ~ to intrigue [*or* scheme] [against sb]

Introduktion <-, -en> *f* introduction

Introjektion <-, -en> *f* PSYCH introjection

Intron <-s, -s> *nt* BIOL intron

introvertiert [-vɛ-] *adj* introverted

Intrusion <-, -en> *f* GEOL intrusion

Intuition <-, -en> *f* intuition

intuitiv *adj* intuitive

intus *adj* ❶ (*fam: zu sich genommen haben*) **etw ~ haben** *Alkohol, Essen* to have had sth; **einen** [*o* **einiges**] **~ haben** (*fam*) to have had a few ❷ (*verstanden haben*) to have got sth into one's head; ***hast du es jetzt endlich ~?*** have you finally got that into your head now?

Inuit <-, -> *mf* (*Eskimo*) Inuit, Innuit

invalid(e) *adj* invalid

Invalide, Invalidin <-n, -n> [-va-] *m, f* invalid; ■**~ sein** to be an invalid

Invalidenrente *f* disability pension

Invalidität <-> [-va-] *f kein pl* disability

invariabel [-va-] *adj* invariable

Invariante <-, -n> *f* MATH invariant

Invasion <-, -en> [-va-] *f* ❶ MIL, POL (*kriegerischer Einfall*) invasion ❷ (*hum fam*) invasion *hum fam*

invasiv *adj* invasive; **~e Chirurgie** invasive surgery

Invasor, Invasorin <-s, -soren> [-va-] *m, f meist pl* (*geh*) invader

Inventar <-s, -e> [-vɛn-] *nt* ❶ FIN (*bilanziertes Firmenvermögen*) inventory; **das ~ erstellen** [*o* **aufstellen**] to draw up an inventory [*or* a list of assets and liabilities] ❷ HANDEL (*Bestand*) stock; **festes ~** fixtures; **lebendes ~** *Vieh* livestock; **totes ~** *Gegenstände, Mobiliar* fixtures and fittings ❸ JUR (*Verzeichnis des Nachlasses*) inventory ▶ WENDUNGEN: [**schon**] **zum ~ gehören** (*fam*) to be part of the furniture *hum fam*

Inventarerrichtung *f* JUR filing an inventory **Inventarfrist** *f* JUR inventory period

inventarisieren* *vt* HANDEL ■**etw ~** to take stock

Inventarrecht *nt* JUR legal provisions concerning inventories

Inventur <-, -en> [-vɛn-] *f* stocktaking; **~ machen** to stocktake, to do the stocktaking

Inventurbogen *m* stock sheet **Inventurdifferenzen** *pl* inventory discrepancies

Inverkehrbringen *nt kein pl* JUR putting into circulation; **~ von Falschgeld** uttering counterfeit money

Inversion <-, -en> *f* inversion

Inversionswetterlage [-vɛr-] *f* inverted atmospheric conditions *pl*

Invertzucker *m* inverted sugar

Inverzugsetzung *f* JUR giving notice of default

investieren* [-vɛs'ti:-] *vt* ❶ FIN (*anlegen*) ■**etw** [**in etw** *akk*] **~** to invest sth [in sth] ❷ (*fig fam: aufwenden*) ■**etw** [**in jdn/etw**] **~** to invest sth [in sb/sth]; ***er hat so viel Zeit in dieses Projekt investiert*** he has invested so much time in this project

Investition <-, -en> [-vɛst-] *f* FIN investment; (*Geldausgabe*) investment; **kurzfristige/langfristige ~** temporary investment/long-term capital investment; **laufende ~en** current investments; **risikofreie** [*o* **sichere**] **~** safe investment; **eine ~/~en vornehmen** [*o* **tätigen**] to invest

Investitionsanleihe [-vɛst-] *f* investment loan **Investitionsanreiz** *m* ÖKON incentive to invest, investment incentive; **~e schaffen** to create an incentive for investors **Investitionsausgaben** *pl* FIN capital expenditure [*or* investment] [*or* outlay] *no pl* **Investitionsbank** *f* investment bank **Investitionsbedarf** *m* capital expenditure requirements *pl* **Investitionsbereitschaft** *f* willingness to invest **investitionsfreudig** *adj* FIN inclined [*or* ready] to invest *pred;* ***das Unternehmen Ronge & Partner hat sich in den letzten Monaten ~ verhalten*** the last few months has seen Ronge & Partner willing to invest **Investitionsgüter** *pl* capital equipment *no pl* **Investitionsgüterindustrie** *f* HANDEL capital goods industry **Investitionsgütermarkt** *m* ÖKON capital goods sector **Investitionsgüternachfrage** *f* FIN demand for capital goods **Investitionsgüterwirtschaft** *f kein pl* capital goods economy **Investitionshochkonjunktur** *f* FIN investment boom **Investitionsklima** *nt* FIN climate for investment; **günstiges ~** climate favouring investment **Investitionskosten** *pl* investment costs *pl* **Investitionsneigung** *f* FIN propensity to invest **Investitionspolitik** *f* FIN capital investment policy **Investitionsprämie** *f* FIN investment premium; **steuerliche ~** investment tax credit **Investitionsprogramm** *nt* investment programme [*or* AM -am] **Investitionsquote** *f* ÖKON investment ratio **Investitionsrücklage** *f* FIN capital investment reserve **Investitionsschub** *m* FIN injection of fresh capital **Investitionsschutzvertrag** *m* JUR **bilateraler ~** bilateral investment protection convention **Investitionsschwerpunkt** *m* main focus of investment **Investitionsstau** *m* FIN slowdown in investment **Investitionssteuer** *f* FIN investment tax **Investitionstätigkeit** *f* FIN investment activity **Investitionsträger** *m* FIN investor **Investitionsvorhaben** *nt* FIN investment programme [*or* AM -am]; **ein ~ zurückstellen** to defer an investment programme **Investitionszulage** *f* FIN investment premium [*or* grant] [*or* bonus]

Investment <-s, -s> *nt* (*Geldanlage*) investment; (*Geldanlage in Investmentfonds*) investing in investment funds

Investmentbank *f* FIN investment bank, AM banker **Investmentberater(in)** *m(f)* ÖKON, BÖRSE investment adviser **Investmentfonds** [-'vɛst-] *m* BÖRSE investment fund **Investmentgesellschaft** *f* FIN investment trust **Investmentpapier** *nt* FIN investment fund certificate **Investmentsparen** *nt kein pl* FIN saving through investment companies **Investmenttrust** *m* ÖKON investment trust **Investmentzertifikat** *nt* FIN investment fund certificate

Investor(in) <-s, -oren> *m(f)* ÖKON investor

Investruine *f* ruinous investment

in vitro *adv* MED, BIOL in vitro

In-vitro-Fertilisation <-, -en> [-'vi:-] *f* MED, BIOL in vitro fertilization, I.V.F.

involvieren* *vt* (*geh*) ■**etw ~** to involve sth

inwendig I. *adv* inside; **jdn/etw in- und auswendig kennen** (*fam*) to know sb/sth inside out *fam* II. *adj* (*selten*) inside; ***der Mantel besitzt drei ~e Taschen*** the coat has three inside pockets

inwiefern *adv Interrogativpronomen* how, in what way; ***„Sie haben mich da falsch verstanden" — „~?"*** "you've misunderstood me" — "in what way?"

inwieweit *adv* how far, to what extent; ***Sie können selbst entscheiden, ~ Sie meinem Rat folgen wollen*** you can decide yourself how far you're going to follow my advice

Inzahlunggeben *nt kein pl* HANDEL giving in payment

Inzahlungnahme <-, -n> *f* HANDEL trade-in; ■**die ~ einer S.** *gen* the acceptance of a thing in part exchange [*or* payment]

Inzest <-[e]s, -e> *m* (*geh*) incest *no pl*

Inzidentfeststellungsklage *f* JUR petition for an interlocutory declaration

Inzucht *f* inbreeding ▶ WENDUNGEN: **verfluchte ~!** (*derb sl*) sod [*or* AM damn] it!, the hell with it AM *fam!*, BRIT *a.* bugger! *vulg*

inzwischen *adv* ❶ (*in der Zwischenzeit*) in the meantime, meanwhile; ***so, da bin ich wieder, waren ~ irgendwelche Anrufe?*** right, I'm back, have there been any calls in the meantime? ❷ (*mittlerweile*) in the meantime, since then; ***ich hoffe, du hast dich ~ wieder erholt*** I hope you've recovered in the meantime

IOK <-s> *nt kein pl Abk von* **Internationales Olympisches Komitee** IOC

Ion <-s, -en> *nt* PHYS, CHEM ion

Ionenbindung *f* CHEM ionic bond **Ionentherapie** *f* ion therapy

Ionisation <-, -en> *f* PHYS, CHEM ionization

ionisch *adj* ❶ ARCHIT, KUNST ionic ❷ MUS Ionian ❸ CHEM ionic; **~e Bindung** ionic [*or* electrovalent] bond

Ionisches Meer *nt* Ionian Sea

ionisieren* *vt* PHYS, MATH ■**etw ~** to ionize sth

Ionosphäre *f kein pl* PHYS, CHEM ionosphere

ipso iure, ipso juure JUR by operation of law

I-Punkt ['i:-] *m* (*I-Tüpfelchen*) dot on the "i" ▶ WENDUNGEN: **bis auf den ~** down to the last detail

IQ <-[s], -[s]> *m Abk von* **Intelligenzquotient** IQ

Ir *nt Abk von* **Iridium** Ir

i.R. *Abk von* **im Ruhestand** ret. (*retired*), BRIT *a.* retd. (*retired*)

IRA *f Abk von* **Irisch-Republikanische-Armee** IRA

Irak <-s> *m* ■[**der**] **~** Iraq; *s. a.* **Deutschland**

Iraker(in) <-s, -> *m(f)* *s.* **Iraki**

Iraki <-s, -s> *m fem form gleich* Iraqi; **~ sein** to be [an] Iraqi; *s. a.* **Deutsche(r)**

irakisch *adj* Iraqi; *s. a.* **deutsch**

Iran <-s> *m* ■**der ~** Iran; *s. a.* **Deutschland**

Iraner(in) <-s, -> *m(f)* Iranian; **~ sein** to be [an] Iranian; *s. a.* **Deutsche(r)**

iranisch *adj* ❶ (*den Iran betreffend*) Iranian; *s. a.* **deutsch 1** ❷ LING Iranian; **auf I~** in Iranian; *s. a.* **deutsch 2**

Iranisch *nt decl wie adj* Iranian; ■**das ~e** Iranian; *s. a.* **Deutsch**

IRC *nt Abk von* **internet relay chat** IRC

irden *adj* (*veraltend: aus Ton*) earthenware

irdisch *adj* earthly

Ire, Irin <-n, -n> *m, f* Irishman *masc,* Irishwoman *fem;* ■**die ~n** the Irish; [**ein**] **~ sein** to be Irish

irgend *adv* at all; **wenn ~ möglich** if at all possible; ***wenn ich ~ kann, werde ich Sie am Bahnhof abholen*** if I possibly can, I'll pick you up at the station; **~jemand/etw anderer/anderes** sb else/sth else; ***gib das ~jemand anderem*** give that to somebody else; **~ etwas** something; ***haben wir noch ~etwas zu essen im Kühlschrank?*** have we still got something to eat in the fridge?; ***gibt es ~etwas Neues zu berichten?*** is there anything new to report?; **~jemand** somebody, someone, anybody *after a negative,* anyone *after a negative;* ***hallo, ist dort ~jemand?*** hallo, is anybody there?; **nicht** [**einfach**] **~jemand/etwas** not just anybody/anything; ***wissen Sie überhaupt, mit wem Sie es zu tun haben? schließlich bin ich Direktor und nicht ~jemand!*** do you know who you're dealing with? I'm the director, not just anybody!; **~ so ein/e ...** some ... or other; ***„wer war am Apparat?" — „ach, wieder ~ so ein Spinner!"*** "who was that on the 'phone?" — "oh, some lunatic or other again"

irgendein, irgendeine(r, s), irgendeins *pron indef* ❶ *adjektivisch* (*was auch immer für ein*) some; ***haben Sie noch irgendeinen Wunsch?*** would you like anything else?; **nicht irgendein/e ...** *adjektivisch* not any [old] ...; ***ich will nicht irgendein Buch, sondern diesen Roman*** I don't just want any old book, I want this novel ❷ *substantivisch* (*ein Beliebiger*) any [old] one; ***welchen Wagen hätten Sie denn gern? — ach, geben Sie mir ~en, Hauptsache er fährt*** which car would you like then? — oh, [just] give me any old one, so long as it goes; **nicht irgendeine[r, s]** *substantivisch* not just anybody; ***ich werde doch nicht irgendeinen einstellen*** I'm not going to appoint just anybody

irgendeinmal *adv* sometime, some time or other; ***kommt doch ~ wieder vorbei!*** drop in again some time or other!

irgendwann *adv* sometime, some time or other; ***ich hoffe doch, wir sehen uns ~ einmal wieder?*** I hope we'll see each other again some time or other

irgendwas *pron indef* (*fam*) anything, something; ***hast du schon ~ Neues über diese Angelegenheit erfahren?*** have you learned anything new about this matter?; ***was soll ich ihr nur sagen,***

wenn sie mich fragt? — ach, erzähle ihr ~! what should I tell her if she asks me? — oh, tell her anything!

irgendwelche(r, s) *pron indef* 1 (*welche auch immer*) any, some; ***brauchst du noch irgendwelche Sachen aus der Stadt?*** do you need any bits and pieces from town? 2 (*irgendein, beliebig*) some; *substantivisch* anything; ***was für ein Rasierwasser soll ich dir mitbringen? — egal, irgendwelches!*** what sort of aftershave shall I get you? — it doesn't matter, anything!

irgendwer *pron indef* (*fam*) anybody, somebody; ***hat da nicht eben ~ gerufen?*** didn't somebody or other just call out?; ***hallo! aufmachen! hört mich denn nicht ~?*** hallo! open up! can no one hear me?; **nicht [einfach] ~** not just anybody; ***ich bin nicht ~, ich habe Beziehungen!*** I'm not just anybody, I have connections!

irgendwie *adv* somehow [or other]; ***~ kommt mir das komisch vor*** somehow or other I find that funny; ***Sie kommen mir ~ bekannt vor, haben wir uns früher schon mal getroffen?*** I seem to know you somehow, have we met before?

irgendwo *adv* 1 (*wo auch immer*) somewhere [or other]; ***~ muss der verdammte Schlüsselbund doch sein!*** the damned key ring must be somewhere [or other]! 2 (*in irgendeiner Weise*) somehow [or other]; ***~ versteh ich das nicht*** somehow I don't understand [that]

irgendwoher *adv* (*woher auch immer*) from somewhere [or other]; ***ich kenne Sie doch ~!*** I know you from somewhwere or other; **von ~** from somewhere [or other]; ***woher dieses Brummen nur kommt, von ~ muss es doch kommen!*** where's this humming coming from, it must be coming from somewhere or other

irgendwohin *adv* (*wohin auch immer*) somewhere [or other]; ***die Brille habe ich ~ gelegt*** I've put my glasses down somewhere [or other] ▸ WENDUNGEN: **~ müssen** (*euph fam*) to have to spend a penny [*or* pay a visit] BRIT *euph fam,* to have to go AM *euph fam*

Iriden *pl von* **Iris**

Iridium <-s> *nt kein pl* CHEM iridium *no pl*

Iridologie <-> *f kein pl* MED iridology

Irin <-, -nen> *f fem form von* **Ire** Irishwoman

Iris¹ <-, -> *f* BOT iris

Iris² <-, – *o* Iriden> *f* ANAT iris

Irisblende *f* FILM iris diaphragm

Irisch *nt decl wie adj* Irish; *s. a.* **Deutsch**

irisch *adj* 1 (*Irland betreffend*) Irish; *s. a.* **deutsch 1** 2 LING Irish; *s. a.* **deutsch 2**

Irisch *nt decl wie adj* Irish; *s. a.* **Deutsch**

Irische <-n> *nt* ■**das ~** Irish, the Irish language; *s. a.* **Deutsche**

IRK *nt Abk von* **Internationales Rotes Kreuz** IRC

Irland *nt* Ireland, Eire; *s. a.* **Deutschland**

Irokese, Irokesin <-n, -n> *m, f* (*Indianer*) Iroquois

Ironie <-, *selten* -n> [-iːən] *f* 1 (*gegenteilige Bedeutung einer Äußerung*) irony; ***ich sage das ganz ohne jede ~*** I'm not being at all ironic when I say that 2 (*Paradoxie*) irony; ■**die ~ einer S.** *gen* the irony of sth; ***es war eine der vielen ~n des Lebens*** it was one of life's many ironies

ironisch I. *adj* ironic[al]; ■**das I~e** [the] irony; ***das I~e in seinem Unterton war ihr keineswegs entgangen*** she did not fail to notice the ironical undertone in his voice; ***irgendwie hatte diese Äußerung etwas I~es*** somehow this statement had an ironical flavour about it II. *adv* ironically; **~ lächeln** to give an ironic smile

irr *adj s.* **irre**

irr(e) I. *adj* 1 (*verrückt*) crazy, insane, mad; ***der Kerl muss ~[e] sein!*** the bloke must be mad!; **jdn für ~[e] erklären** (*fam*) to call sb mad; **jdn für ~[e] halten** (*fam*) to think sb is mad 2 (*verstört*) crazy; ***so ein Blödsinn! du redest ~es Zeug!*** what nonsense! this is just crazy talk!; **jdn [noch] ganz ~ machen** (*fam*) to drive sb crazy *fam;* ***dieser Partylärm macht mich noch ganz ~*** the noise from this party is driving me crazy [*or* mad] 3 (*sl: toll*) fantastic, terrific ▸ WENDUNGEN: **an jdm/etw ~ werden** (*geh*) to lose one's faith in sb/sth II. *adv* 1 (*verrückt, verstört*) insanely, in a crazy way; ***was fällt dir ein, mitten in der Nacht so ~e rumzubrüllen!*** all this crazy yelling in the middle of the night, what [the hell] do you think you're doing!; **~[e] reden** (*geh*) to say crazy things; ***hör nicht auf ihn, der redet ~!*** don't listen to him, he comes out with all this crazy talk!; **wie ~** (*fam*) like crazy [*or* mad]; ***ich musste arbeiten wie ~*** I had to work like mad 2 (*sl: ausgeflippt*) wild, crazy, wacky *sl,* way-out *sl;* (*toll*) fantastically *fam,* terrifically *fam* 3 (*sl: äußerst*) incredibly; ***der Witz ist ja ~e komisch!*** the joke is incredibly funny!

irrational *adj* (*geh*) irrational; **~e Zahl** MATH irrational number

Irre <-> *f* **jdn in die ~ führen** to mislead sb, to lead sb up the garden path, to take sb for a ride; ***da geht es doch nie und nimmer nach Bremen, du führst uns in die ~!*** that's never the way to Bremen, you're taking us for a ride!; **in die ~ gehen** to go wrong; ***halt, die andere Richtung, Sie gehen sonst in die ~!*** stop, the other direction, otherwise you'll be going wrong!

Irre(r) *f(m) dekl wie adj* (*irrer Mensch*) lunatic, madman ▸ WENDUNGEN: **armer ~r** (*fam*) poor fool; ***du armer ~r, der Kerl hat dich reingelegt!*** you poor fool, the bloke's taken you for a ride!

irreal *adj* (*geh*) unreal; ***die Vorstellung, es würde sich irgendwie schon alles fügen, ist einfach ~*** this idea that everything is going to work out somehow is simply unrealistic

Irrealität <-> *f kein pl* (*geh*) unreality

irre|führen *vt* ■**jdn ~** to mislead sb; ■**sich von jdm/etw ~ lassen** to be misled by sb/sth

irreführend *adj* misleading

Irreführung *f* JUR deception, intentional misrepresentation; ***die bewusst mehrdeutige Erklärung stellt eine vorsätzliche ~ der Delegierten dar*** the intentionally ambiguous statement represents a deliberate attempt to mislead the delegates

irre|gehen *vi irreg sein* (*geh*) 1 (*sich irren*) ■**~, wenn** to be mistaken, if; ***gehe ich irre in der Annahme, dass Sie mein Angebot ablehnen?*** am I mistaken in assuming that you're declining my offer? 2 (*selten*) to go astray

irregulär *adj* (*geh*) irregular; **~e Galaxien** ASTRON irregular galaxies; **~e Methode** irregular method

Irregularität <-, -en> *f* irregularity

irre|leiten *vt* (*geh*) ■**jdn ~** 1 (*falsch leiten*) to misdirect sb; ***hier geht es ja gar nicht nach Ochsenhausen, man hat uns irregeleitet!*** this isn't the way to Ochsenhausen, we've been wrongly directed! 2 (*schlecht beeinflussen*) to lead sb astray; ***durch Propaganda sind viele schlecht unterrichtete Menschen irregeleitet worden*** many people who are ill-informed have been led astray by propaganda; ■**irregeleitet** misguided; ***die irregeleiteten Sektenmitglieder setzten sich für verlogene Werte ein*** the misguided members of the sect supported dishonest values

Irreleitung *f kein pl* JUR misdirection

irrelevant [-va-] *adj* (*geh*) irrelevant; ■**~ [für etw] sein** to be irrelevant [for [*or* to] sth]; ***zusätzliche Einwände sind für die Urteilsfindung des Gerichts ~*** additional objections are irrelevant to the verdict of the court

Irrelevanz [-va-] *f* (*geh*) irrelevance

irre|machen *vt* ■**jdn ~** to confuse sb; ■**sich [durch jdn/etw] nicht ~ lassen** not to be put off [by sb/sth]

irren¹ *vi sein* ■**durch/über etw** *akk* **~** to wander through/across sth

irren² I. *vi* (*geh*) (*sich täuschen*) to be mistaken [*or* wrong] ▸ WENDUNGEN: **I~ ist menschlich** (*prov*) to err is human *prov* II. *vr* (*sich täuschen*) ■**sich ~** to be mistaken [*or* wrong]; ***da irrst du dich*** you're wrong there; ***ich irre mich bestimmt nicht, ich weiß, was ich gesehen habe*** I'm definitely not wrong, I know what I saw; ■**sich in jdm/etw ~** to be mistaken [*or* wrong] about sb/sth; ***so kann man sich in jdm ~!*** it shows you how wrong you can be about someone!; **wenn ich mich nicht irre, ...** if I am not mistaken ...

Irrenanstalt *f* (*pej veraltend*) lunatic asylum, funny farm *pej sl,* loony bin *pej sl;* ***der Kerl spinnt ja, der gehört in die ~!*** the bloke's crackers, he should be locked up! **Irrenarzt, -ärztin** <-es, -e> *m, f* (*veraltet pej*) nut doctor *pej old* **Irrenhaus** *nt* (*veraltet o pej*) (*pej*) lunatic asylum, funny farm *pej sl,* loony bin *pej sl;* **wie im ~** (*fam*) like a madhouse *fam;* ***schreit nicht alle durcheinander, das ist ja hier wie im ~!*** don't all start shouting at once, it's like a madhouse in here! ▸ WENDUNGEN: **[bald] reif fürs ~ sein** (*fam*) to be cracking up *fam,* to need putting away *sl*

irreparabel I. *adj* (*geh*) irreparable; **~e körperliche/nervliche/seelische Schäden** irreparable physical/nerve/psychological damage; **irreparabler Maschinenschaden** engine damage beyond repair II. *adv* (*geh*) irreparably

irre|reden *vi* (*geh*) to rant, to rave; ***Blödsinn! rede nicht so irre!*** rubbish! stop ranting [on] like that!

Irr(e)sein *nt* insanity

irreversibel [-vɛr-] *adj* (*fachspr*) irreversible

Irrfahrt *f* wandering; ***warum kommt ihr erst so spät? — es war eine lange ~, bis wir zu eurem Haus gelangten*** why are you so late? — we've been all around the houses trying to get to your place; ***Odysseus erreichte Ithaka erst nach zehnjähriger ~*** Odysseus reached Ithaka after having wandered for ten years **Irrgang** *m meist pl* twists and turns *pl* **Irrgarten** *m* labyrinth, maze **Irrglaube(n)** *m* 1 (*falsche Annahme*) mistaken belief, misconception 2 (*veraltend: falscher religiöser Glaube*) heresy, heretical belief **irrgläubig** *adj* heretical; ■**die I~en** the heretics

irrig *adj* (*geh*) incorrect, wrong

irrigerweise *adv* erroneously

Irritation <-, -en> *f* (*geh*) 1 MED (*Reiz*) irritation, itch 2 (*das Erregtsein, Verärgerung*) irritation *no pl,* nuisance *no pl* 3 (*selten: auf jdn/etw ausgeübter Reiz*) irritation *no pl*

irritieren* *vt* ■**jdn ~** 1 (*verwirren*) to confuse sb 2 (*stören*) to annoy sb; ***lassen Sie sich von seinen Fragen nicht ~*** don't let his questions annoy you

Irrläufer *m* misdirected item; ***das ist hier ein ~, die Mappe ist für Abteilung A 13*** this file's for department A 13, it's been misdirected **Irrlehre** *f* false doctrine, heresy **Irrlicht** *nt* jack-o'-lantern, will-o'-the wisp

Irrsinn *m kein pl* 1 (*veraltet: psychische Krankheit*) insanity, madness *no pl* 2 (*fam: Unsinn*) lunacy, madness *no pl;* ***es wäre kompletter ~, ohne finanzielle Sicherheiten eine Luxusvilla bauen zu wollen*** it would be complete lunacy to try and build a luxury villa without financial security

irrsinnig I. *adj* 1 (*veraltet: psychisch krank*) insane, mad; **wie ein I~er/eine I~e** (*fam*) like a madman/madwoman; ***wir haben gearbeitet wie die I~en, um rechzeitig fertig zu werden*** we worked like crazy to get finished in time; ***er lief wie ein I~er, hat den Zug aber trotzdem verpasst*** he ran like crazy, but still missed the train 2 (*fam: völlig wirr, absurd*) crazy, mad; ***wer ist denn auf diese ~e Idee gekommen?*** who thought up this crazy idea?; ***völliger Quatsch, der Vorschlag ist ganz einfach ~*** utter rubbish, the suggestion is quite simply crazy; ■**~ sein/werden** to be/go crazy [*or* mad]; ***ich werde noch völlig ~ in diesem Haushalt!*** I'll go completely crazy in this household! 3 (*fam: stark, intensiv*) terrific, tremendous; **~ Hitze/Kälte** incredible heat/cold; *Kälte* incredible; ***um diese Zeit ist immer ein ~er Verkehr*** there's always an incredible amount of traffic around this time; ***ich habe ~e Kopfschmerzen*** I've got a terrible headache II. *adv* (*fam: äußerst*) terrifically, tremendously; ***draußen ist es wieder ~ heiß*** it's terrifically hot outside again; ***mit meinem dünnen Hemd habe ich ~ gefroren*** I was terribly cold with my thin shirt on; ***der Zahn tut ~ weh*** the tooth is hurting terribly; **wie ~** (*fam*) like crazy [*or*

mad]; ***das schmerzt wie ~!*** it's hurting like mad!
Irrsinnshitze *f* (*fam*) incredible heat **Irrsinnskälte** *f* (*fam*) incredible cold; ***was ist das heute wieder für eine ~!*** what incredible cold again today! **Irrsinnstat** *f* (*fam*) act of lunacy [*or* madness], insanity
Irrtum <-[e]s, -tümer> *m* ❶ (*irrige Annahme*) error, mistake; **[schwer] im ~ sein** [*o* **sich [schwer] im ~ befinden**] to be [badly] mistaken; **~!** (*fam*) wrong! *fam,* you're wrong there! ❷ (*fehlerhafte Handlung*) error, mistake; **einen ~ begehen** to make a mistake; ***diese Akte ist durch einen ~ auf meinem Tisch gelandet*** this file has landed on my desk by mistake; **~ vorbehalten!** ÖKON errors and omissions excepted! ❸ JUR mistake; **~ über die Person** error in persona, mistaken identity; **~ über Tatsachen** factual error; **gemeinsamer ~** (*Vertrag*) common mistake; **rechtlicher ~** mistake in law; **vermeidbarer ~** avoidable error
irrtümlich I. *adj attr* (*versehentlich*) erroneous, mistaken; ***ich muss meine Meinung als ~ korrigieren*** I'll have to alter my mistaken belief II. *adv* erroneously, mistakenly; ***ich habe Sie ~ für jemand anders gehalten*** I mistakenly took you for somebody else
irrtümlicherweise *adv* erroneously, mistakenly, in error, by mistake; ***ich bin ~ zu früh von der Autobahn abgefahren*** I turned off the motorway too early by mistake
Irrtumsanfechtung *f* JUR avoidance on account of mistake **Irrtumsvorbehalt** *m* JUR clause reserving errors
Irrweg *m* wrong track; ***für manche Studenten erweist sich das Studium als ~*** some students find that study is not the right course for them; ***diese Vorgehensweise ist ein ~*** we're not on the right track with this procedure; **auf einem ~ sein** [*o* **sich auf einem ~ befinden**] to be on the wrong track
Irrwisch <-es, -e> *m* (*fam*) little rascal
irrwitzig *adj* ridiculous, absurd
ISBN <-, -s> *f Abk von* **Internationale Standardbuchnummer** ISBN
Ischias <-> *m o nt kein pl* sciatica *no pl;* **~ haben** to suffer from sciatica
Ischiasnerv *m* sciatic nerve
ISDN <-s> *nt kein pl Abk von* **Integrated Services Digital Network** ISDN
ISDN-AnschlussRR *m* TELEK ISDN connection **ISDN-Box** *f* TELEK ISDN box **ISDN-Karte** *f* TELEK ISDN card **ISDN-Leistungsmerkmal** *nt* ISDN performance feature **ISDN-Netz** *nt* TELEK integrated services digital network
Islam <-s> *m kein pl* Islam; ■**der ~** Islam *no pl*
islamisch *adj* Islamic
islamisieren* *vt* GEOL, REL ■**jdn/etw ~** to Islamize sb/sth
Islamisierung *f* GEOL, REL Islamization
Islamist(in) <-en, -en> *m(f)* Islamist
islamistisch *adj* Islamist *attr*
Island *nt* Iceland; *s. a.* **Deutschland**
Isländer(in) <-s, -> *m(f)* Icelander; **~ sein** to be an Icelander; *s. a.* **Deutsche(r)**
Isländisch *nt decl wie adj* Icelandic; *s. a.* **Deutsch**
isländisch *adj* ❶ (*Island betreffend*) Icelandic; *s. a.* **deutsch 1** ❷ LING Icelandic; **auf I~** in Icelandic; *s. a.* **deutsch 2**
Isländisch *nt decl wie adj* LING Icelandic; ■**das ~e** Icelandic; *s. a.* **Deutsch**
ISO *f* TECH *Abk von* **International Standards Organisation** ISO
Isobare <-, -n> *f* PHYS isobar
Isolation <-, -en> *f* ❶ (*das Abdichten*) insulation; ***nach der Verlegung der Heizungsrohre erfolgt deren ~*** after the heating pipes have been laid they are insulated; (*isolierende Schicht*) insulation ❷ (*das Isolieren*) *Patienten, Häftlingen, etc.* isolation ❸ (*Abgeschlossenheit*) isolation; **~ von der Außenwelt** isolation from the outside world
Isolationismus <-> *m kein pl* POL isolationism
isolationistisch *adj* POL isolationist
Isolationshaft *f* solitary confinement; **jdn in ~ halten** to keep sb in solitary confinement
Isolator <-s, -toren> *m* TECH, PHYS insulator
Isolierband <-bänder> *nt* insulating tape **Isolierdecke** *f* BAU insulation ceiling
isolieren* I. *vt* ❶ TECH (*mit Isoliermaterial versehen*) ■**etw [gegen etw] ~** to insulate sth [against sth] ❷ JUR, MED ((*von anderen*) *absondern*) ■**jdn [von jdm/etw] ~** to isolate sb [from sb/sth]; ***die Virusträger wurden von den anderen Patienten isoliert*** the carriers of the virus were isolated from the other patients II. *vr* (*sich absondern*) ■**sich [von jdm/etw] ~** to isolate oneself [from sb/sth]; ***warum isolierst du dich von der Außenwelt?*** why do you cut yourself off from the outside world?
Isolierflasche *f* insulated [*or* thermos] flask **Isolierkanne** *f* thermos flask **Isoliermasse** *f* sealant **Isoliermaterial** *nt* insulating material **Isolierschicht** *f* insulating layer **Isolierstation** *f* isolation ward
isoliert I. *adj* (*aus dem Zusammenhang gegriffen*) isolated; ***eine ~e Betrachtungsweise von Problemen verleitet rasch zu Fehlschlüssen*** an isolated way of looking at problems quickly leads to wrong conclusions II. *adv* ❶ (*abgeschlossen, abgesondert*) isolated; ***so weit draußen auf dem Land wohnt ihr doch völlig ~!*** you're completely isolated so far out in the country! ❷ (*aus dem Zusammenhang gegriffen*) in an isolated way; ***diese Erscheinung darf man nicht ~ betrachten*** you shouldn't look at this phenomenon in an isolated way
Isolierung <-, -en> *f s.* **Isolation**
Isolierwolle *f* BAU fill-type insulation
Isomatte *f* insulating underlay
Isomer <-s, -e> *nt* CHEM isomer
Isomerie <-> *f kein pl* CHEM isomerism
Isometrie <-> *f kein pl* ❶ BOT isometrics ❷ MED isometry
isometrisch *adj* isometric
ISO-Norm *f* ISO standard
Isotherme <-, -n> *f* METEO isotherm
isotonisch *adj* CHEM isotonic
Isotop <-s, -e> *nt* PHYS isotope
Isotropie <-> *f kein pl* PHYS, CHEM isotropy
Israel <-s> ['ɪsraeːl] *nt* Israel; *s. a.* **Deutschland**
Israeli <-[s], -[s]> *m,* **Israeli** <-s, -[s]> *f* Israeli; *s. a.* **Deutsche(r)**
israelisch *adj* Israeli; *s. a.* **deutsch**
isstRR, **ißt** *3. pers sing pres von* **essen**
ist *3. pers sing pres von* **sein**[1]
Ist-Aufwand *m kein pl* FIN actual expenditure
Ist-Bestand, IstbestandRR *m an Waren* actual stocks; *an Geld* ready cash **Istbesteuerung** *f* FIN taxation of actual value **Ist-Bilanz** *f* FIN actual balance sheet **Ist-Einnahmen** *pl* FIN actual receipts **Ist-Gewinn** *m* FIN actual profit
IstGH *m Abk von* **internationaler Strafgerichtshof** international [criminal] tribunal
Isthmus <-, Isthmen> *m* GEOL (*Landenge*) isthmus
Istkaufmann, -kauffrau *m, f* FIN de facto merchant [*or* trader] **Iststärke**RR *f,* **Ist-Stärke** *f* MIL actual [*or* effective] strength **Ist-Zahlen** *pl* FIN actuals
IT *f Abk von* **Informationstechnik** IT, information technology
Italien <-s> [-iən] *nt* Italy; *s. a.* **Deutschland**
Italiener(in) <-s, -> *m(f)* Italian; **~ sein** to be [an] Italian; ■**die ~** the Italian; *s. a.* **Deutsche(r)**
italienisch *adj* ❶ (*Italien betreffend*) Italian; *s. a.* **deutsch 1** ❷ LING Italian; *s. a.* **deutsch 2**
Italienisch *nt decl wie adj* ❶ LING Italian; *s. a.* **Deutsch 1** ❷ (*Fach*) Italian; *s. a.* **Deutsch 2**
Italienische <-n> *nt* ■**das ~** Italian; *s. a.* **Deutsche**
Italowestern *m* spaghetti western
IT-Branche [aɪ'tiː'brãːʃə] *f* ÖKON IT sector
ITCY *nt Abk von* **internationales Strafgericht** international [UN] [war crimes [*or* criminal]] tribunal (*to deal with the former Yugoslavia*)
Iteration <-, -en> *f* MATH iteration
I-Tüpfelchen <-s, -> ['iː-] *nt* finishing touch; ***ein Kronleuchter über dem Esstisch, das wäre das ~!*** a chandelier over the dining room table, that would be the finishing touch! ▶ WENDUNGEN: **bis aufs ~** down to the last detail
Ius SoliRR, **Jus Soli**RR <-> *nt kein pl* JUR jus [*or* ius] soli *spec*
i.V. *Abk von* **in Vertretung** p.p.
IVF *f* MED *Abk von* **In-vitro-Fertilization** IVF
Ivorer(in) <-s, -> *m(f)* Ivorian; *s. a.* **Deutsche(r)**
ivorisch *adj* Ivorian; *s. a.* **deutsch**
IW *nt Abk von* **Institut der deutschen Wirtschaft** German institute for economics
Iwan <-s> *m kein pl* (*meist pej veraltend fam*) ■**der ~** the Russkies *pl*
IWF <-> *m kein pl Abk von* **Internationaler Währungsfonds** IMF

J

J, j <-, - *o fam* -s, -s> *nt* J, j; **~ wie Julius** J for Jack BRIT, J as in Jig AM; *s. a.* **A 1**
ja *part* ❶ (*bestätigend: so ist es*) yes; ***ist da wer? — ~, ich bin's*** is someone there? — yes, it's me; **~, bitte?** yes, hallo?; ***ist dort Prof. Schlüter am Apparat? — ~ bitte?*** is that Prof. Schlüter speaking? — yes, hallo?; ***einen Moment mal! — ~, bitte? — Sie haben da was fallen gelassen!*** just a moment! — yes, what is it? — you've dropped something!; **das sag' ich ~!** (*fam*) that's exactly what I say!; ***das sag' ich ~ die ganze Zeit!*** that's exactly what I've been saying the whole time!; **zu etw ~ sagen** to say yes to sth, to agree to sth; **aber ~!** yes, of course!; ***kommt ihr zu der Party von Wilhelm? — aber ~!*** are you coming to Wilhelm's party? — yes, of course! ❷ (*fragend: so? tatsächlich?*) really?; ***„ich habe die Nase voll, ich kündige!" — "~"?*** "I've had a bellyful, I'm handing in my notice" — "really?"; ***ach ~?*** really?; ***ich wandre aus — ach ~?*** I'm emigrating — really? ❸ (*warnend: bloß*) make sure; ***kommen Sie ~ pünktlich!*** make sure you arrive on time!; ***sei ~ vorsichtig mit dem Messer!*** do be careful with the knife!; ***geh ~ nicht dahin!*** don't go there whatever you do! ❹ (*abschwächend, einschränkend: schließlich*) after all; ***weine nicht, es ist ~ alles nur halb so schlimm!*** don't cry, after all it's not that bad; ***ich kann es ~ mal versuchen*** I can try it of course; ***das ist ~ richtig, doch sollten wir trotzdem vorsichtiger sein*** that's certainly true, but we should be more careful anyhow ❺ (*revidierend, steigend: und zwar*) in fact; ***ich muss das anerkennen, ~ mehr noch, es loben*** I have to recognize that, even praise it in fact ❻ (*anerkennend, triumphierend: doch*) of course; ***du bist ~ ein richtiges Schlitzohr!*** you really are a crafty devil!; ***siehst du, ich habe es ~ immer gesagt!*** what did I tell you? I've always said that, you know; ***es musste ~ mal so kommen!*** it just had to turn out like that!; ***auf Sie haben wir ~ die ganze Zeit gewartet*** we've been waiting for you the whole time, you know; ***wo steckt nur der verfluchte Schlüssel? ach, da ist er ~!*** where's the damned key? oh, that's where it's got to! ❼ (*bekräftigend: allerdings*) admittedly, certainly, to be sure; ***ach ~!*** oh yes!; ***„so war das doch damals, erinnerst du dich?" — „ach ~!"*** "that's how it was in those days, do you remember?" — "oh yes!"; ***was Sie mir da berichten, ist ~ kaum zu glauben!*** what you're telling me certainly is scarcely believable!; ***Ihr Mann ist bei einem Flugzeugabsturz ums Leben gekommen? das ist ~ entsetzlich!*** your husband died in a plane crash? why, that's just terrible!; ***ich verstehe das ~, aber trotzdem finde ich's nicht gut*** I understand that admittedly, even so, I don't think it's good; ***das ist ~ die Höhe!*** that's the absolute limit!; ***es ist ~ immer dasselbe*** it's always the same, you know ❽ (*na*) well; ***~, wenn das so ist, komme ich natürlich mit!*** well, if that's the

case, I'll surely come with you!; ~, ***was du nicht sagst, kaum zu glauben!*** well, you don't say! it's scarcely believable! ⑨ (*als Satzabschluss: nicht wahr?*) isn't it?; ***es bleibt doch bei unserer Abmachung, ~?*** our agreement does stand though, doesn't it?; ***aber du hältst zu mir, wenn es brenzlig wird, ~?*** but you'll stand by me when things get hot, won't you? ⑩ (*ratlos: nur*) ***ich weiß ~ nicht, wie ich es ihm beibringen soll*** I'm sure I don't know how I'm going to get him to understand that ⑪ (*beschwichtigend*) ***„he, wo bleibst du denn nur so lange?" — „ich komm ~ schon!"*** "hey, where have you been all this time?" — "all right! all right! I'm coming!"; ~ ***doch!*** yes, all right! ► WENDUNGEN: ~ **und amen** [*o* J~ **und Amen**] **zu etw sagen** (*fam*) to give sth one's blessing; ***wenn die Geschäftsleitung ~ und amen zu dem Plan sagt, können wir loslegen*** if the management gives it's blessing to the plan, we can get going; **nun** ~ well; ***„wie schmeckt das Essen?" — „nun ~, eigentlich gar nicht so übel"*** "how's the food?„ — "well, not bad at all really„; **wenn** [*o* **falls**] ~ if so; ***hoffentlich trifft das nicht zu, falls ~, werden wir noch einige Probleme bekommen*** hopefully that won't apply, if it does we'll have a few more problems; ~! ~! go on! go on!; ***~, ~, gib's ihm!*** go on! go on! let him have it!

Ja <-s, -[s]> *nt* yes; POL O DIAL aye; **mit ~ stimmen** to vote yes

Jabot <-s, -s> [ʒa'bo:] *nt* MODE jabot

Jacht <-, -en> *f* yacht

Jachtklub *m* yacht club

Jäckchen <-s, -> *nt dim von* **Jacke** small jacket

Jacke <-, -n> *f* (*Stoffjacke*) jacket; (*Strickjacke*) cardigan ► WENDUNGEN: **das ist ~ wie Hose** (*fam*) it makes no odds [either way], it's six of one and half a dozen of the other

Jackenärmel *m* jacket sleeve **Jackenfutter** *nt* jacket lining **Jackenknopf** *m* jacket button **Jackentasche** *f* jacket pocket

Jacketkrone ['dʒɛkɪt-] *f* MED jacket crown

Jackett <-s, -s> [ʒa'kɛt] *nt* jacket

Jacking-in <-> ['dʒækɪŋɪn] *nt kein pl* INFORM jacking-in

Jackpot <-s, -s> *m* ① KARTEN stake [money] ② (*im Lotto*) jackpot

Jacquard <-[s], -s> [ʒa'ka:r] *m* MODE jacquard

Jade <-> *m o f kein pl* jade

Jagd <-, -en> *f* ① (*das Jagen*) hunting; ■**die ~ auf ein Tier** hunting an animal; **auf die ~ [nach einem Tier] gehen** to go out hunting [an animal]; **hohe/niedere ~** big/small game hunting; **in wilder ~** in headlong flight [*or* a mad rush]; **zur ~ [auf ein Tier] blasen** to sound the horn for the start of the hunt; **auf der ~ sein** to be [out] hunting; **~ auf jdn/etw machen** (*pej*) to hunt for sb/sth *pej* ② (*Jagdrevier*) preserve, BRIT *a.* shoot ③ (*Verfolgung*) hunt; ■**die ~ auf jdn** the hunt for sb ④ (*pej: wildes Streben*) pursuit; ■**die ~ nach etw** the pursuit of sth; **die ~ nach Erfolg** the pursuit of success; **die ~ nach Gold** the quest for gold

Jagdaufseher(in) *m(f)* game warden **Jagdbehörde** *f* hunting authority **Jagdbeute** *f* bag BRIT, kill AM **Jagdbezirk** *m* hunting district **Jagdbomber** *m* MIL fighter-bomber **Jagdflieger(in)** *m(f)* MIL fighter pilot **Jagdflinte** *f* shotgun **Jagdflugzeug** *nt* MIL fighter plane [*or* aircraft] **Jagdgeschwader** *nt* MIL fighter squadron **Jagdgesellschaft** *f* hunting [*or* shooting] party **Jagdgewehr** *nt* hunting rifle **Jagdglück** *nt* good fortune [during the hunt]; ***ich hatte heute kein ~!*** I was out of luck today during the hunt **Jagdgründe** *pl* hunting grounds *pl* ► WENDUNGEN: **in die ewigen ~ eingehen** (*euph geh*) to go to the happy hunting-grounds *euph* **Jagdhaus** *nt* hunting lodge **Jagdhorn** *nt* hunting horn **Jagdhund** *m* hound, hunting dog **Jagdhütte** *f* shooting [*or* hunting] box **Jagdkleidung** *f* hunting attire **Jagdmesser** *nt* hunting knife **Jagdpächter(in)** <-s, -> *m(f)* game tenant **Jagdpachtvertrag** *m* JUR hunting lease **Jagdrevier** *nt* preserve, BRIT *a.* shoot **Jagdschein** *m* (*Berechtigung zur Jagd*) hunting licence [*or* AM -se]; **den ~ haben** to have a hunting licence; **den ~ machen** to prepare for a hunting licence exam ► WENDUNGEN: **einen ~ haben** (*hum sl*) to be certified **Jagdschloss**RR *nt* hunting lodge **Jagdsteuer** *f* FIN hunting tax **Jagdtasche** *f* game bag **Jagdzeit** *f* hunting [*or* shooting] season

jagen I. *vt haben* ① (*auf der Jagd verfolgen*) ■**ein Tier ~** to hunt an animal ② (*hetzen*) ■**jdn ~** to pursue sb ③ (*fam: antreiben, vertreiben*) ■**jdn aus etw** *dat*/**in etw** *akk* ~ to drive sb out of/into sth; ***los, aufstehen, oder muss ich euch erst aus dem Bett ~?*** come on, up! or do I have to chase you out of bed?; **etw jagt das andere** [*o* **nächste**] one thing comes after another; ***bei mir jagt im Augenblick ein Unglück das nächste*** I'm suffering one misfortune after another at the moment ④ (*fam: [in einen Körperteil] stoßen*) ■**jdm etw durch/in etw** *akk* ~ to stick sth through/in sb's sth; ***jeden Tag kriegte ich eine Spritze in den Hintern gejagt*** I got a syringe stuck in my backside everyday; ■**sich** *dat* **etw in etw** *akk* ~ to jab sth into one's sth *fam* ► WENDUNGEN: **jdn mit etw ~ können** (*fam*) to not be able to abide [*or* stand] sth; ***ich esse nie Hamburger, damit könnte man mich ~*** I never eat hamburgers, I wouldn't touch them with a barge pole *fam* II. *vi* ① *haben* (*auf die Jagd gehen*) to hunt, to go hunting ② *sein* (*rasen*) ■**aus etw** *dat*/**durch etw** *akk*/**in etw** *akk* ~ to race [*or* tear] out of sth/through sth/into sth; ***er kam plötzlich aus dem Haus gejagt*** he suddenly came racing out of the house

Jäger <-s, -> *m* MIL, LUFT fighter [plane]

Jäger(in) <-s, -> *m(f)* hunter

Jägerei <-> *f kein pl* ① (*das Jagen*) shooting, hunting ② (*Jagdwesen*) hunting

Jägerlatein *nt* (*fam*) hunter's jargon **Jägerschnitzel** *nt* KOCHK escalope chasseur (*with muschroom sauce*) **Jägerzaun** *m* forestmeister fencing (*fence made of crossed wooden slats*)

Jaguar <-s, -e> *m* jaguar

jäh I. *adj* (*geh*) ① (*abrupt, unvorhergesehen*) abrupt; **~e Bewegung** sudden movement ② (*steil*) sheer, steep II. *adv* (*geh*) ① (*abrupt, unvorhergesehen*) abruptly, suddenly ② (*steil*) steeply; ***der Abhang fiel ~ ab*** the slope fell steeply away

jählings *adv* (*geh*) ① (*abrupt*) suddenly ② (*steil*) steeply

Jahr <-[e]s, -e> *nt* ① (*Zeitraum von 12 Monaten*) year; **die 20er-/30er-~e etc.** the twenties/thirties etc. + *sing/pl vb;* **anderthalb ~e** a year and a half; **ein dreiviertel ~** nine months; **ein halbes ~** six months, half a year; **das ganze ~ über** throughout the whole year; **ein viertel ~** three months; **letztes** [*o* **im letzten**] ~ last year; **nächstes** [*o* **im nächsten**] ~ next year; **das neue ~** the new year; ***alles Gute zu Weihnachten und viel Glück im neuen ~!*** merry Christmas and a happy new year; **~ für** [*o* **um**] **~** year after year; **noch früh im ~ sein** to be at the beginning of the year; **im ~e ...** in [the year] ...; **... im** [*o* **pro**] **~** ... a year; ***ich gehe zweimal im ~ zum Arzt*** I go to the doctor's twice a year; **in diesem/im nächsten ~** this/next year; **in einem ~/in ... ~en** in a year/in ... years; **mit den ~en** as the years go by, over the years; **mit ... ~en** at ... [years of age]; **nach einem ~** after a year; **nach ~en** for years; **vor einem ~** a year ago; **vor [...] ~en** [...] years ago; **alle ... ~e** every ... years; ***alle hundert ~e ändert sich das Klima*** the climate changes every hundred years; **alle ~e wieder** every year; **der/die/das ... des ~es** the ... of the year; ***dieser Bestseller wurde zum Buch des ~es gekürt*** this bestseller was chosen as book of the year; **soziales ~** *year spent by young people doing work in the area of social services;* **auf ~e hinaus** for years to come ② (*Lebensjahre*) ... [years old]; **... ~e jung sein** (*hum*) ... years young *hum;* ***sie ist 80 ~e jung*** she's 80 years young ► WENDUNGEN: **im ~e des Heils** (*veraltet*) in the year of grace *old;* **im ~e des Herrn** anno domini, in the year of our Lord; **nach/seit ~ und Tag** (*geh*) after/for many years; **in den besten ~en [sein]** [to be] in one's prime; **das verflixte siebte ~** (*fam*) the seven-year itch; **in die ~e kommen** (*euph fam*) to be getting on [in years]

jahraus *adv* **jahrein,** ~ year in, year out

Jahrbuch *nt* yearbook

Jährchen <-s, -> *nt* (*hum fam*) *dim von* **Jahr** year

jahrelang I. *adj attr* lasting for years; ***das Ergebnis war die Frucht ~er Forschungen*** the result was the fruits of years of research II. *adv* for years; ***ich hoffe, es dauert nicht ~, bis ich an die Reihe komme*** I hope it won't take years before it's my turn

jähren *vr* (*geh*) ■**sich ~** to be the anniversary of; ***im Juni jährt sich sein Hochzeitstag*** it'll be his wedding anniversary in June

Jahresabonnement *nt* annual subscription

JahresabschlussRR *m* annual [*or* year-end] accounts; [**jdm**] **den ~ machen** [*o* **erstellen**] to produce annual [*or* year-end] accounts [for sb] **Jahresabschlussbericht**RR *m* FIN annual return [*or* report] **Jahresabschlussbilanz**RR *f* FIN annual balance sheet **Jahresabschlussprämie**RR *f* end-of-year bonus **Jahresabschlusszahlung**RR *f* FIN end-of-year payment

Jahresanfang *m,* **Jahresbeginn** *m* beginning of the year; **bei/nach/vor ~** at/after/before the beginning of the year **Jahresausgleich** *m* annual wage-tax adjustment **Jahresausstoß** *m* annual output **Jahresbasis** *f* annual basis **Jahresbeitrag** *m* annual subscription **Jahresbericht** *m* annual report **Jahresbestzeit** *f* SPORT fastest time for the year **Jahresbilanz** *f* ÖKON, BÖRSE annual balance sheet **Jahresbudget** *nt* annual budget **Jahresdurchschnitt** *m* annual [*or* yearly] average **Jahreseinkommen** *nt* annual income **Jahresende** *nt* end of the year, year's end; **es ist ~, wir haben ~** it's the end of the year; **bis zum/vor ~** by/before the end of the year **Jahresergebnis** *nt* FIN year's result **Jahresetat** *m* ÖKON annual budget **Jahresfrist** *f* **nach ~** after a period of one year; **vor** [*o* **geh binnen**] **~** within a period of one year, before the year is out **Jahresgebühr** *f* HANDEL annual fee; (*für Patent*) renewal fee **Jahresgehalt** *nt* annual salary **Jahreskarte** *f* ① (*ein Jahr gültige Eintrittskarte*) annual membership card, [annual] season ticket ② TRANSP (*ein Jahr gültige Fahrkarte*) [annual] season ticket **Jahresplaner** *m* annual planner **Jahresproduktion** *f* annual production **Jahresring** *m* BOT annual ring **Jahressteuer** *f* FIN tax assessed on a fiscal year basis **Jahressteuergesetz** *nt* FIN annual tax **Jahrestag** *m* anniversary **Jahrestagung** *f* annual conference **Jahresüberschuss**RR *m* annual [*or* end-of-year] surplus **Jahresumsatz** *m* annual turnover [*or* sales] **Jahresurlaub** *m* annual holiday [*or* leave]; **seinen ~ nehmen** to take one's annual holiday [*or* leave]; **seinen ~ [bei jdm] einreichen** to apply [to sb] for one's annual holiday [*or* leave] **Jahresvertrag** *m* one-year contract **Jahreswagen** *m car which can be bought by company employees at a discount and resold after one year* **Jahreswechsel** *m* turn of the year; **die besten Wünsche zum ~** best wishes for the New Year **Jahreswende** *f* turn of the year; **um die ~ 1968/1969** around the end of 1968/the beginning of 1969 **Jahreswirtschaftsbericht** *m* JUR Annual Economic Report **Jahreszahl** *f* year **Jahreszeit** *f* season **jahreszeitlich** *adj inv* seasonal **Jahreszeitraum** *m* whole year

Jahrgang <-gänge> *m* ① (*Personen eines Geburtsjahrs*) age-group; (*Gesamtheit der Schüler eines Schuljahres*) [school] year; **~ ... sein** to have been born in ...; ***ich bin ~ 1962*** I was born in 1962; **jds ~ sein** to be born in the same year as sb; **ein ~ sein** to be born in the same year; ***wir sind ein ~, beide 1974*** we were born in the same year, both 1974 ② VERLAG (*Erscheinungsjahr*) *Zeitschrift, Zeitung* year ③ (*Erntejahr*) vintage, year; (*Herstellungsjahr*) year

Jahrhundert <-s, -e> *nt* century; **~e, über ~e** for

centuries
jahrhundertealt *adj* centuries-old *pred;* ■**~ werden** to live to be centuries-old; ***Eichen werden*** ~ oaks live to be centuries-old **jahrhundertelang** **I.** *adj* [lasting] for centuries *pred;* ***es hat einer ~en Entwicklung bedurft*** centuries of development were required **II.** *adv* for centuries
Jahrhundertflut *f* GEOL flood of the century **Jahrhundertwechsel** *m* turn of the century **Jahrhundertwende** *f* turn of the century; **um die ~** at the turn of the century
jährig *adj inv* (*veraltet: ein Jahr alt*) *Fohlen* one-year-old
-jährig *in Komposita* -year [old]
jährlich *adj* annual, yearly
Jahrmarkt *m* [fun]fair
Jahrmarktsbude *f* fairground booth [*or* stall]
Jahrmillionen *pl* millions of years; **in/vor ~** in millions of years/millions of years ago
Jahrtausend <-s, -e> *nt* millennium; **das kommende ~** the coming millennium; ■**~e** thousands of years; ***die menschliche Zivilisation existiert erst seit wenigen ~en*** human civilization has only existed for a few thousand years
jahrtausendelang **I.** *adj* thousands of years of; ***nach einer ~en Entwicklung hat diese Kultur ihre höchste Blüte erreicht*** after thousands of years of development this civilization reached its highest peak **II.** *adv* for millennia, for thousands of years
Jahrtausendwechsel *m* millennium **Jahrtausendwende** *f* turn of the millennium
Jahrzehnt <-[e]s, -e> *nt* decade
jahrzehntelang **I.** *adj* decades of *attr;* **der ~e Konflikt** decades of conflict **II.** *adv* for decades
Jähzorn *m* outburst of anger [*or* temper], violent outburst; **im ~** in an outburst of temper [*or* rage]
jähzornig *adj* violent-tempered, irascible *form*
Jakob <-s> *m* Jacob ▸ WENDUNGEN: **ein billiger ~** (*fam*) a cheap-jack; **das ist [auch] nicht der wahre ~** (*fam*) that's no great shakes *fam*
Jakobiner(in) <-s, -> *m(f)* HIST Jacobin
Jakobinermütze *f* HIST liberty cap
Jakobskraut *nt* tansy ragwort **Jakobsleiter** *f* NAUT rope ladder **Jakobsmuschel** *f* ZOOL scallop shell
Jalousette <-, -n> [ʒalu-] *f,* **Jalousie** <-, -n> [ʒalu'ziː, -'ziːən] *f* venetian blind
Jalousienentlüfter *m* BAU ventilation louver **Jalousienklappe** *f* BAU shutter
Jamaika <-s> *nt* Jamaica; *s. a.* **Sylt**
Jamaikaner(in) <-s, -> *m(f)* Jamaican; *s. a.* **Deutsche(r)**
jamaikanisch *adj* Jamaican; *s. a.* **deutsch**
Jamaikapfeffer *m* allspice, pimento **Jamaikarum** *m* Jamaican rum
Jamaiker(in) <-s, -> *m(f) s.* **Jamaikaner**
Jambus <-, Jamben> *m* LIT iambus
Jammer <-s> *m kein pl* ❶ (*Kummer*) misery, sorrow; **es ist ein ~, dass/wie** (*fam*) it is a terrible shame that/how; (*skandalös*) disgraceful; ***es ist ein ~, wie wenig Zeit wir haben*** it's deplorable how little time we have ❷ (*das Wehklagen*) wailing, lamentation *form;* **in wilden ~ ausbrechen** to begin to sob uncontrollably, to burst into uncontrollable sobbing
Jammerbild *nt* (*geh*) picture of misery, wretched [*or* pitiful] sight **Jammergeschrei** *nt* (*geh*) wailing, lamentation *form* **Jammergestalt** *f* ❶ (*jämmerliche Gestalt*) pitiful figure ❷ *s.* **Jammerlappen** **Jammerlappen** *m* (*pej sl*) sissy *pej,* scaredy-cat *pej fam,* BRIT *a.* cowardy-custard *pej fam,* BRIT *a.* big [*or* great] girl's blouse *pej sl,* sissy, AM *a.* pussy
jämmerlich **I.** *adj attr* ❶ (*beklagenswert*) pitiful, wretched; ***das Haus war in einem ~en Zustand*** the house was in a wretched state ❷ (*kummervoll*) sorrowful ❸ (*fam: äußerst dürftig*) pathetic; **eine ~e Ausrede** a pathetic excuse ❹ (*pej fam: verächtlich*) miserable **II.** *adv* ❶ (*elend*) miserably, pitifully ❷ (*fam: erbärmlich*) terribly, awfully
jammern **I.** *vi* ❶ (*lamentieren*) ■**[über etw** *akk*/**wegen einer S.** *gen*] **~** (*a. pej*) to whine [about sth] *pej;* ***warum musst du wegen jeder Kleinigkeit immer so ~!*** why do you have to moan about every little thing!; ■**das J~** moaning, wailing; ***lass das J~*** stop moaning ❷ (*wimmernd verlangen*) ■**nach jdm/etw ~** to beg [*or* moan] [*or* plead] for sb/sth **II.** *vt* (*geh: dauern*) ■**jdn ~** to distress sb; ***so etwas kann einen wirklich ~*** something like that can be really distressing
jammerschade *adj* (*fam*) ■**~ [sein], dass/wenn/wie** to be a terrible pity that/if/how; ***es ist ~, wie er seinen Garten verwildern lässt*** it's a terrible pity how he's letting his garden go to rack and ruin; ■**es ist ~ um jdn** it is an awful pity about sb **jammervoll** *adj* (*geh*) *s.* **jämmerlich 4**
Jamswurzel *f* BOT yam
Jangtsekiang <-s> ['jaŋtsəkiaŋ] *m* Yangtze River
Janker <-s, -> *m* SÜDD, ÖSTERR ❶ (*dicke Strickjacke*) thick cardigan ❷ (*Trachtenjacke*) mountain jacket
Jänner <-s, -> *m* ÖSTERR January
Januar <-[s], -e> *m* January; *s. a.* **Februar**
Japan <-s> *nt* Japan; *s. a.* **Deutschland**
Japaner(in) <-s, -> *m(f)* Japanese; ■**die ~** the Japanese; **~ sein** to be Japanese; *s. a.* **Deutsche(r)**
japanisch *adj* ❶ (*Japan betreffend*) Japanese; *s. a.* **deutsch 1** ❷ LING Japanese; *s. a.* **deutsch 2**
Japanisch *nt decl wie adj* LING Japanese; *s. a.* **Deutsch 1**
Japanisches Meer *nt* Sea of Japan
Japankohl *m s.* **Chinakohl**
Japanologie <-> *f kein pl* Japanese [linguistic] studies
japsen *vi* (*fam*) ■**[nach etw] ~** to gasp [for sth]; ***er tauchte aus dem Wasser und japste nach Luft*** he surfaced gasping for air
Jargon <-s, -s> [ʒar'gõː, ʒar'gɔŋ] *m* ❶ (*Sondersprache von Gruppen*) jargon ❷ (*saloppe Sprache*) slang
Jasager(in) <-s, -> *m(f)* (*pej*) yes-man *pej;* **ein ~ sein** to be a [little] yes-man; **eine ~in sein** to be a [little] yes-girl
Jasmin <-s, -e> *m* jasmine; **echter ~** jasmine; **falscher ~** mock orange
Jaspis <-[ses], -se> *m* jasper
Jastimme *f* yes-vote; ***es gab 23 ~en und 17 Neinstimmen*** there were 23 votes in favour and 17 against
jäten **I.** *vt* ■**etw ~** ❶ (*aushacken*) to hoe sth; ***von Hand Unkraut zu ~ ist eine mühselige Angelegenheit*** pulling up weeds by hand is an arduous affair ❷ (*von Unkraut befreien*) to weed sth; ***die Beete müssen in regelmäßigen Abständen gejätet werden*** the flower-beds must be weeded at regular intervals **II.** *vi* to weed, to do the weeding
Jauche <-, -n> *f* liquid manure
Jauchegrube *f* liquid manure pit
jauchen **I.** *vt* (*mit Jauche düngen*) ■**etw ~** to manure sth **II.** *vi* to spread manure
jauchzen *vi* (*geh*) to rejoice *liter,* to shout with glee
Jauchzer <-s, -> *m* jubilant cheer
jaulen *vi* to howl
Jaunde <-s> [ja?'ʊnde] *nt* Yaoundé
Jause <-, -n> *f* ÖSTERR (*Imbiss*) snack; **zur ~ einladen** (*Nachmittagskaffee*) to invite sb for coffee
jausen *vi* ÖSTERR (*einen Imbiss einnehmen*) to have a snack
Java <-> ['dʒaːvə] *f* INET (*Internet-Programmiersprache*) Java
Javamensch *m* ARCHÄOL Java [*or* Trinil] man
jawohl *adv* yes; ***„stimmt das auch wirklich?" — „~, ganz sicher!"*** "is that really right?„ — "yes, absolutely!„
jawoll *interj* MIL (*a. hum*) yes, sir!, yes, sir?
Jawort *nt* **jdm das ~ geben** to say yes to sb's marriage proposal, to consent to marry sb; (*bei Trauung*) to say I do
Jazz <-> [dʒɛs, jats] *m kein pl* jazz *no pl*
Jazzfestival *nt* jazz festival **Jazzgymnastik** *f* ≈ jazz dance *no pl*
jazzig *adj inv* MUS jazzy; (*pej fam*) jazz-like
Jazzkapelle *f* jazz band **Jazzkeller** [dʒɛs-, jats-] *m* [cellar] jazz club **Jazztrompeter** *m* jazz trumpeter
je **I.** *adv* ❶ (*jemals*) ever ❷ (*jeweils*) each, every; ***die Mietshäuser haben ~ sechs Wohnungen*** the tenement blocks each have six flats **II.** *präp +akk* (*pro*) per; **~ *verkauftes Stück erhält er 50 Mark Provision*** he gets 50 marks commission per item sold **III.** *konj* **~ … desto** the more … the more; **~ *öfter du übst, desto besser kannst du dann spielen*** the more you practice the better you will be able to play; **~ nach …** according to …, depending on …; **~ *nach Belieben liefern wir sofort oder zum gewünschten Termin*** we'll deliver straight away or at the required time, just as you wish; **~ nachdem!** it [all] depends!; ***hast du morgen für mich Zeit? — ~ nachdem!*** can you spare me a bit of time tomorrow? — it depends!; **~ nachdem, wann/wie/ob …** depending on when/how/whether …; **~ *nachdem, wie lange die Konferenz dauert, bin ich um 19 Uhr zu Hause oder später*** I'll be back home at 7 p.m. or later depending on how long the conference lasts; *s. a.* **seit**
Jeans <-, -> [dʒiːnz] *f meist pl* jeans *npl*
Jeansanzug *m* denim suit **Jeanshemd** *nt* denim shirt **Jeanshose** *f* pair of jeans **Jeansjacke** [dʒiːnz-] *f* denim jacket **Jeansrock** *m* denim skirt
Jeck <-en, -en> *m* DIAL carnival jester
jede(r, s) *pron indef* ❶ *attr* (*alle einzelnen*) each, every; ***sie saß ~ Woche 60 Stunden am Computer*** she sat 60 hours each week in front of the computer ❷ *attr* (*jegliche*) any; ***es wäre abwegig, zu glauben, man könne das Ziel ohne ~ Anstrengung erreichen*** it would be a mistake to believe that the objective could be achieved without any effort ❸ *attr* (*in einem/einer beliebigen*) any; ***Sie können mich zu ~r Zeit anrufen*** you can call me at any time ❹ *substantivisch* everybody, everyone; ***von mir aus kannst du ~n fragen, du wirst immer das Gleiche hören*** as far as I'm concerned you can ask anyone, you'll get the same answer; ■**~r der** [*o* **~ von den**]/**meiner/seiner/etc.** each of the/my/his/her/etc.; ***ich kann doch nicht ~n meiner Angestellten rund um die Uhr kontrollieren!*** I can't supervise each one of my employees round the clock!; **ein ~r/eine ~** each one; ***das weiß doch ein ~r!*** everbody knows that!; DIAL (*jeweils der/die einzelne*) each [one]; **~r gegen ~n** dog-eat-dog; **~e[r, s] zweite/dritte/…** one in two/three …
jedenfalls *adv* ❶ (*immerhin*) anyhow, in any case, nevertheless; **~ *weiß ich davon!*** I know about it anyway! ❷ (*auf jeden Fall*) anyhow, at any rate; ***egal, was du als Entschuldigung vorbringst, es war ~ nicht richtig von dir*** it doesn't matter what excuse you've got, in any event it was wrong of you
jedermann *pron indef, substantivisch* everybody, everyone; (*jeder [beliebige]*) anyone, anybody; ***das kann doch ~*** anyone can do that; *s. a.* **Frau, Herr**
jederzeit *adv* ❶ (*zu jeder beliebigen Zeit*) at any time; ***ihr seid uns ~ willkommen*** you're welcome at any time ❷ (*jeden Augenblick*) at any minute [*or* moment]; ***wir erwarten ihn ~*** we're expecting him at any moment
jedesmal *adv* every [*or* each] time; ***es ist doch ~ das Gleiche*** it's the same every time; **~, wenn** whenever, each [*or* every] time that
jedoch *konj, adv* however
jedwede(r, s) *pron indef* (*veraltend*) each, every
Jeep® <-s, -s> [dʒiːp] *m* jeep; (*fam: irgendein Geländewagen*) jeep
jegliche(r, s) *pron indef* any
jeher *adv* **seit** [*o* **von**] **~** (*geh*) always; ***das ist von ~ nicht anders gewesen*** that has always been the same
jein *adv* (*hum*) yes and no
Jelängerjelieber <-s, -> *nt* BOT honeysuckle
jemals *adv* ever; ***hast du ihn ~ anders erlebt?*** have you ever known him to be any different?
jemand *pron indef* somebody, someone; (*bei Fragen, Negation, etc.*) anybody, anyone; ***da ist ~ für dich an der Tür*** there's somebody at the door for you; ***ist da ~?*** is anyone there?; **~ andere[r, s]** [*o*

J

anders] somebody [*or* someone] else

Jemen <-s> *m* ■**der** ~ Yemen; *s. a.* **Deutschland**

Jemenit(in) <-en, -en> *m(f)* Yemeni; *s. a.* **Deutsche(r)**

jemenitisch *adj* Yemeni; *s. a.* **deutsch**

jene(r, s) *pron dem (geh)* ❶ *(der/die/das Bewusste)* that *sing,* those *pl* ❷ *(der/die/das dort)* that, those *pl*

jenseitig *adj inv* opposite

jenseits **I.** *präp +gen (auf der anderen Seite)* ■~ **einer S.** *gen* on the other side of sth; ~ ***der Alpen beginnt Norditalien*** Northern Italy begins on the other side of the Alps; ~ **der zwanzig/dreißig/etc.** on the other side of twenty/thirty/etc. **II.** *adv (über ... hinaus)* ■~ **von etw** beyond sth; *s. a.* **gut**

Jenseits <-> *nt kein pl* hereafter, next world; ■**das/ein** ~ the/a hereafter [*or* next world], the beyond; **jdn/ein Tier ins ~ befördern** *(euph fam)* to dispatch sb/an animal *euph*

Jeremias <-> *m* REL Jeremiah

Jerewan <-s> *nt s.* **Eriwan**

Jersey <-[s], -s> [ˈdʒøːɐzi, ˈdʒœrzi] *m* MODE jersey

Jerusalem <-s> [je-] *nt* Jerusalem

Jesses *interj (fam)* good Lord!, Jesus! *fam!*

Jesu *m gen, dat, Anredeform von* **Jesus**

Jesuit <-en, -en> *m* Jesuit

Jesuitenorden *m* Jesuit Order **Jesuitenschule** *f* Jesuit school **Jesuitentum** <-s> *nt* Jesuitism, Jesuitry

Jesus <*gen o dat* Jesu, *akk* Jesum> *m* REL Jesus; ~ **Christus** Jesus Christ ▶ WENDUNGEN: ~ **Maria** [**und Josef**]! DIAL *(fam)* holy mother of God! *fam!;* **bin ich ~?, ich bin doch nicht ~!** *(fam)* I'm not the fount of all knowledge!; ***was soll ich nicht noch alles tun, bin ich ~?*** the things I have to do, I'm not a miracle worker!

Jesuskind *nt* ■**das** ~ the Christ Child, the Infant Jesus **Jesuslatschen** *pl (fam)* Jesus sandals *pl fam*

Jet <-[s], -s> [dʒɛt] *m* LUFT *(fam)* jet

Jetlag[RR] <-s, -s> [ˈdʒɛtlɛg] *m,* **Jet-Lag** <-s, -s> *m* jet lag

Jeton <-s, -s> [ʒəˈtõ] *m* chip

Jetset[RR], **Jet-Set** <-s, *selten* -s> [ˈdʒɛtsɛt] *m (fam)* jet-set *fam* **Jetski** *m* jet ski **Jetstream** <-[s], -s> [ˈdʒɛtstriːm] *m* METEO jet stream

jetten [ˈdʒɛtn] *vi sein (fam)* ■**irgendwohin** ~ to jet off somewhere *fam*

jetzig *adj attr* current, present; ***die ~e Situation ist kritisch*** the current situation is critical

jetzt *adv* ❶ *(zur Zeit)* now; ***es ist ~ genau 13 Uhr*** it's now exactly 1 p.m.; ~ **gleich** right now, straight away; ~ **oder nie!** [it's] now or never!; **von ~ auf nachher** momentarily, instantly; ~ **noch?** now?; ~ **schon?** already?; ***beeil dich, wir müssen los! — ~ schon?*** hurry up, we must be off! — what, already?; **bis** ~ so far, up till now; ***ich habe bis ~ gewartet*** I've been waiting up till now; **für** ~ for now, for the present; ***für ~ wollen wir erst mal Schluss machen!*** let's call it a day for now! ❷ *(verstärkend: nun)* now; ***habe ich ~ den Brief eingeworfen oder nicht?*** now, have I posted the letter or not?; ***hast du es ~ endlich kapiert?*** has it finally registered now?; ***wer ist das ~ schon wieder?*** who on earth is that now? ❸ *(heute)* now[adays], these days; ***wo sich früher die alte Schule befand, steht ~ ein Kaufhaus*** there's a department store now where the old school used to be; ***das Verfahren ist auch ~ noch das gleiche wie vor fünf Jahren*** the procedure these days is exactly the same as it was five years ago; ***das ist ~ nicht mehr der Fall*** that's no longer the case [now]

Jetzt <-> *nt kein pl (geh)* present; ■**das** ~ the present, the moment

Jetztzeit *f kein pl* present *no pl*

jeweilig *adj attr* current, prevailing; ***es gibt Geschichtswerke, in denen zu jeder Epoche Bilder der ~en Mode gezeigt werden*** there are historical works showing pictures of the prevailing fashions for each epoch

jeweils *adv* ❶ *(jedesmal)* each [*or* every] time; ***die Miete ist ~ monatlich im Voraus fällig*** the rent is due each month in advance; ***die ~ Betroffenen können gegen die Bescheide Einspruch einlegen*** each of the persons concerned can lodge an objection to the decisions taken ❷ *(immer zusammengenommen)* each; ***die Schulklassen haben ~ einen Klassensprecher zu wählen*** the classes must each elect a class spokesperson; ~ ***drei Pfadfinder mussten sich einen Teller Eintopf teilen*** in each instance three scouts had to share one plate of stew ❸ *(zur entsprechenden Zeit)* at the time; ***historische Uniformen wurden aus den ~ existierenden Staaten ausgestellt*** historical uniforms were exhibited from the states existing at the time

Jg. *Abk von* **Jahrgang** year

Jh. *Abk von* **Jahrhundert** century

JH *Abk von* **Jugendherberge** YH

jiddisch *adj* Yiddish; **auf J~** in Yiddish

Jiddisch *nt decl wie adj* Yiddish; ■**das ~e** Yiddish

JIT-Fertigung *f* JIT [*or* just-in-time] production

Jiu-Jitsu <-s> [ˈdʒiːuˈdʒɪtsu] *nt kein pl* j[i]u-jitsu

Job <-s, -s> [dʒɔp] *m* ❶ *(fam)* job; ([*vorübergehende*] *Beschäftigung*) job, work *no pl* ❷ INFORM *(Auftrag)* task

jobben [ˈdʒɔbn] *vi (fam)* ■[**irgendwo**] ~ to do casual work [somewhere]; ***in den Schulferien jobbe ich immer etwas*** I always do some sort of casual work in the school holidays

Jobbörse *f* ÖKON job market; *(Veranstaltung für Hochschulabsolventen)* [graduate] job fair **Jobhopping**[RR] <-s, -s> [ˈdʒɔbhɔpɪŋ] *nt* job hopping **Jobsharing**[RR] <-[s]> [-ʃɛːrɪŋ] *nt kein pl,* **Job-sharing** <-[s]> *nt kein pl* ÖKON jobsharing *no pl, no art* **Jobsuche** *f kein pl* ÖKON *(fam)* job-hunting *no pl, no art,* job-seeking *no pl, no art;* **auf ~ sein** to be looking for a job **Jobverlust** *m* job loss **Jobvermittlung** *f* ÖKON employment agency

Joch <-[e]s, -e> *nt* ❶ *(Teil des Geschirrs von Zugtieren)* yoke ❷ ARCHIT bay ❸ GEOL col, pass ▶ WENDUNGEN: **jds/das ~ einer S.** [*o* **abschütteln**] **abwerfen** *gen (liter)* to shake [*or* throw] off the yoke of sb/of sth *liter;* **sich** *akk* **jds** *dat* ~ **beugen** *(liter)* to submit to the yoke of sb *liter*

Jochbein *nt* ANAT cheek-bone

Jockei, Jockey <-s, -s> [ˈdʒɔke, ˈdʒɔki] *m* jockey

Jockeymütze *f* jockey cap

Jod <-s> *nt kein pl* iodine

jodeln *vi* to yodel

jodhaltig *adj inv* iodic, containing iodine *pred*

Jodler <-s, -> *m* yodel; ***er beendete das Liedchen mit einem ~*** he finished the short song with a yodel

Jodler(in) <-s, -> *m(f)* yodeller

Jodmangel *m kein pl* MED iodine deficiency *no pl* **Jodsalz** *nt kein pl* CHEM iodate; KOCHK, MED, PHARM iodized salt **Jodtinktur** *f* tincture of iodine

Joga <-[s]> *m o nt kein pl* yoga *no pl*

joggen [ˈdʒɔgn] *vi* ❶ *haben (als Jogger laufen)* to jog; ***ich halte mich fit, indem ich regelmäßig jogge*** I keep fit by jogging regularly ❷ *sein* ■**irgendwohin** ~ to jog somewhere

Jogger(in) <-s, -> [ˈdʒɔgɐ] *m(f)* jogger

Jogging <-s> [ˈdʒɔgɪŋ] *nt kein pl* jogging *no pl*

Jogginganzug [ˈdʒɔgɪŋ-] *m* tracksuit **Jogginghose** *f* tracksuit bottoms *pl* **Joggingschuh** *m* trainer BRIT, running shoe AM; ***meine ~e sind aus leichtem Material*** my trainers are made of a light material

Joghurt <-[s], -[s]> *m o nt* yog[h]urt, yoghourt

Joghurtgerät *nt,* **Jogurtgerät** *nt* yoghurt maker

Jogi <-s, -s> *m* yogi

Jogurt <-[s], -[s]> *m o nt s.* **Joghurt**

Jogurtbecher[RR] *m* yoghurt pot [*or* AM container]

Johanna <-> *f* Joanna; [**die heilige**] ~ **von Orléans** HIST Joan of Arc

Johannes <-> *m* John; ~ **der Täufer** John the Baptist

Johannesevangelium *nt* Gospel according to St. John

Johannisbeere *f* currant; **rote/schwarze** ~ redcurrant/blackcurrant

Johannisbeerstrauch *m* currant bush

Johannisbrot <-[e]s> *nt* BOT carob, St John's bread

Johannisbrotbaum *m* BOT carob, locust tree

Johanniskäfer *m (fam)* glow-worm **Johanniskraut** *nt* BOT St. John's wort **Johannistag** *f* Midsummer['s] Day, feast of St. John the Baptist

Johanniter <-s, -> *m* ❶ REL Knight of St. John [of Jerusalem] ❷ *pl (Orden)* ■**die** ~ the Order of St. John

johlen *vi* to yell

Joint <-s, -s> [dʒɔɪnt] *m (sl: Haschzigarette)* joint *sl*

Jointventure[RR] <-s, -s> [dʒɔɪntˈvɛntʃə] *nt,* **Joint-venture** <-s, -s> *nt* ÖKON joint venture

Jo-Jo <-s, -s> *nt* yo-yo

Jojobaöl *nt* jojoba oil

Jo-Jo-Effekt *m (erneute Gewichtszunahme nach Diät)* yo-yo effect

Joker <-s, -> [ˈjoːkɐ, ˈdʒoːkɐ] *m* ❶ KARTEN joker ❷ INFORM *(Stellvertreterzeichen)* joker, wild card

Jolle <-, -n> *f* NAUT ❶ *(Beiboot)* jolly [boat] ❷ *(kleines Segelboot mit Schwert)* small sailing yacht

Jongleur(in) <-s, -e> [ʒɔŋˈløːɐ] *m(f)* juggler

jonglieren* [ʒɔŋˈliːrən] *vi* ❶ *(werfen und auffangen)* ■[**mit etw**] ~ to juggle [with sth] ❷ *(geh: spielerisch umgehen)* ■**mit etw** ~ to juggle with sth

Joppe <-, -n> *f* DIAL jacket

Jordan <-s> *m* Jordan ▶ WENDUNGEN: **über den ~ gehen** *(euph fam)* to pass away *euph;* **jdn über den ~ gehen lassen** to have sb bumped off *fam*

Jordanien <-s> *nt* GEOG Jordan

Jordanier(in) <-s, -> *m(f)* GEOG Jordanian

jordanisch *adj inv* GEOG Jordanian

Josef, Joseph <-s> *m* Joseph

Jot <-, -> *nt* J, j

Jota <-[s], -s> *nt* iota ▶ WENDUNGEN: **kein** [*o* **nicht ein**] ~ *(geh)* not one iota [*or* a jot]; ***er ist nicht ein ~ anders als sein Bruder*** there's not a jot of difference between him and his brother

Joule <-[s], -> [ʒuːl] *nt* PHYS joule

Jour fixe <- -, -s -s> [ʒuːɐˈfɪks] *m (geh)* regular meeting

Journaille <-> [ʒʊrˈnaljə] *f kein pl (pej geh)* gutter [*or* yellow] press *pej*

Journal <-s, -e> [ʒʊrˈnaːl] *nt* ❶ *(Tagebuch)* journal ❷ *(geh: Zeitschrift)* magazine, periodical, journal *form*

Journalismus <-> [ʒʊrnaˈlɪsmʊs] *m kein pl* ❶ *(Pressewesen)* press ❷ *(journalistische Berichterstattung)* journalism *no pl*

Journalist(in) <-en, -en> [ʒʊrnaˈlɪst] *m(f)* journalist

Journalistik <-> [ʒʊrnaˈlɪstɪk] *f kein pl* journalism *no pl*

Journalistin <-, -nen> *f fem form von* **Journalist**

journalistisch [ʒʊrnaˈlɪstɪʃ] **I.** *adj (das Pressewesen betreffend)* journalistic **II.** *adv* journalistically; ***ich habe bisher freiberuflich ~ gearbeitet*** I've worked up till now as a freelance journalist

jovial [joviˈaːl] *adj (geh)* jovial; ■~ [**zu jdm**] **sein** to be jovial [towards sb]

Jovialität <-> [jovialiˈtɛːt] *f kein pl (geh)* joviality

Joystick <-s, -s> [ˈdʒɔɪstɪk] *m* joy-stick

jr. *adj Abk von* **junior** jnr., jr.

Jubel <-s> *m kein pl (Jubelrufe)* cheering *no pl* ▶ WENDUNGEN: ~, **Trubel, Heiterkeit** *(fam)* laughter and merriment

Jubelgeschrei *nt* cry of jubilation *liter,* shouting and cheering **Jubelhochzeit** *f (fam)* [silver, golden etc.] wedding anniversary **Jubeljahr** *nt (Jubiläumsjahr)* jubilee ▶ WENDUNGEN: **nur alle ~e** [**einmal**] *(fam)* once in a blue moon *fam*

jubeln *vi* ■[**über etw** *akk*] ~ to celebrate [sth]; ***„juhu! ich habe gewonnen!" jubelte sie freudestrahlend*** "yippee, I've won", she cheered, beaming with joy; **eine ~de Menge** a cheering crowd

Jubelruf *m* cheer; **unter ~en** accompanied by cheers

Jubilar(in) <-s, -e> *m(f) person celebrating an an-*

niversary

Jubiläum <-s, Jubiläen> *nt* anniversary

Jubiläumsessen *nt* anniversary dinner **Jubiläumsgast** *m* guest invited to the anniversary **Jubiläumskuchen** *m* anniversary cake

jubilieren* *vi* (*geh*) ■[**über etw** *akk*] ~ ① (*jubeln*) to celebrate [sth]; ***es besteht Anlass zu*** ~ this calls for a celebration ② (*frohlocken*) to rejoice *liter*

juchhe, juchheißa, juchhu *interj* (*fam*) hooray!, yippee!, hurrah!

Juchten <-s> *nt o m kein pl* ① (*wasserdichtes Leder*) Russia leather ② (*Parfümduft*) Russian leather

juchzen *vi* (*fam*) to shout with joy; ■**das J~** joyous shouts

jucken I. *vi* (*Juckreiz erzeugen*) to itch II. *vi impers* to itch; ***zeig mir mal genau, wo es juckt!*** show me where it's itching! III. *vt impers* ① (*zum Kratzen reizen*) ■**es juckt jdn** [**irgendwo**] sb has an itch [somewhere]; ***mich juckt's am Rücken*** my back's itching; ***genau da, da juckt es mich immer!*** right there, I always get an itch there! ② (*fam: reizen*) ■**jdn juckt es, etw zu tun** sb's itching to do sth; ***es juckte sie schon, ihn zu korrigieren*** she was itching to correct him IV. *vt* ① (*kratzen*) ■**jdn** ~ to make sb itch; ***das Unterhemd juckt mich*** the vest makes me itch ② (*reuen*) ■**jdn juckt etw** sb regrets sth; ■**jdn juckt es, etw getan zu haben** sb regrets having done sth; ***hinterher hat es ihn gehörig gejuckt, nichts gesagt zu haben*** afterwards he really regretted having said nothing [*or* not having said anything] ③ *meist verneint* (*fam: kümmern*) ■**jdn juckt etw** [**nicht**] sth is of [no] concern to sb; ***das juckt mich doch nicht*** I couldn't care less *fam;* ***die Firma will nach Leipzig umziehen! — na und, wen juckt das?*** the company intends to move to Leipzig! — so what, who cares about that? V. *vr* (*fam: sich kratzen*) ■**sich** *akk* [**an etw** *dat*] ~ to scratch [one's sth]; ***ich muss mich immer so am Kopf*** ~ I keep on having to scratch my head

Jucken <-s> *nt kein pl* itching *no pl*

Juckpulver [-fɐ, -vɐ] *nt* itching powder **Juckreiz** *m* itch[ing *no pl*] **juckreizlindernd** *adj* itch-relieving

Judas <-, -se> *m* ① REL Judas ② (*pej geh: Verräter*) Judas *pej*

Judaskuss^RR^ *m* Judas kiss **Judaslohn** *m* (*pej geh*) thirty pieces of silver

Jude, Jüdin <-n, -n> *m, f* Jew *masc,* Jewess *fem;* ■**die ~n** the Jews; **der Ewige** ~ (*geh*) the Wandering Jew; ~ **sein** to be a Jew/Jewess, to be Jewish

Judenhass^RR^ *m* anti-Semitism **Judenstern** *m* HIST star of David

Judentum <-s> *nt kein pl* ① (*Gesamtheit der Juden*) Jewry *no pl,* Jews *pl* ② (*jüdische Wesensart*) Jewishness

Judenverfolgung *f* HIST persecution of [the] Jews **Judenvernichtung** *f kein pl* POL, SOZIOL, REL extermination of the Jews; (*im 3. Reich*) Holocaust *no pl*

Judikatur <-, -en> *f* JUR judicature

Jüdin <-, -nen> *f fem form von* **Jude** Jewess

jüdisch *adj* Jewish

Judo <-s> *nt kein pl* judo *no pl*

Judoka <-s, -s> *m* judoist

Jugend <-> *f kein pl* ① (*Jugendzeit*) youth *no pl;* **frühe/früheste** ~ early/earliest youth; **in jds** *dat* ~ in sb's youth; ***in meiner*** ~ ***kostete ein Brötchen sechs Pfennige*** when I was young a roll cost six Pfennigs; **von ~ an** [*o* **auf**] from one's youth; ***wir haben schon von ~ auf immer zusammen gespielt*** we have always played together right from our youth ② (*Jungsein*) youthfulness ③ (*junge Menschen*) ■**die** ~ young people *pl;* **die europäische** ~ the youth [*or* young people] of Europe; **die ~ von heute, die heutige** ~ young people [*or* the youth of] today; **die reifere** ~ (*hum*) the young at heart *hum;* ***auch die reifere ~ war zugegen*** the older age-group were also present; **die studentische** ~ young students; **die weibliche/männliche** ~ (*geh*) young women/men *pl*

Jugendalkoholismus *m kein pl* youth alcoholism *no pl* **Jugendarbeit** *f* youth [welfare] work **Jugendarbeitslosigkeit** *f kein pl* youth unemployment *no pl* **Jugendarrest** *m* JUR detention of juvenile delinquents **Jugendaustausch** *m kein pl* SOZIOL student exchange programme [*or* AM -am] [*or* BRIT *a.* scheme] **Jugendbewegung** *f* HIST ■**die** ~ the German Youth Movement **Jugendbild** *nt* photograph of sb as a young person **Jugendbildnis** *nt* KUNST portrait of a young person **Jugendbuch** *nt* book for young readers **jugendfrei** *adj* (*veraltend*) *Film* U-cert[ificate] BRIT, [rated] G AM **Jugendfreund(in)** *m(f)* childhood friend **jugendgefährdend** *adj* morally damaging to juveniles **Jugendgericht** *nt* juvenile court **Jugendgerichtsgesetz** *nt* JUR Juvenile Court Act **Jugendgruppe** *f* youth group **Jugendhelfer(in)** *m(f)* youth worker **Jugendherberge** *f* youth hostel **Jugendherbergswerk** *m* **Deutsches** ~ *German youth hostelling association* **Jugendhilfe** *f kein pl* JUR *organization offering support and various services such as counselling to young people* **Jugendjahre** *pl* youth *sing;* ■**jds** ~ sb's youth **Jugendkammer** *f* JUR juvenile division of a criminal court **Jugendkriminalität** *f kein pl* juvenile delinquency *no pl* **Jugendkult** *m kein pl* youth cult *no pl*

jugendlich I. *adj* ① (*jung*) young ② (*durch jds Jugend bedingt*) youthful; **~er Leichtsinn** youthful carelessness ③ (*jung wirkend*) youthful II. *adv* youthfully

Jugendliche(r) *f(m) decl wie adj* young person

Jugendlichkeit <-> *f kein pl* ① (*jugendliches Alter*) youth *no pl* ② (*jugendliches Erscheinungsbild*) youthfulness *no pl*

Jugendliebe *f* childhood sweetheart **Jugendmannschaft** *f* youth team **Jugendpflege** *f* (*veraltend*) youth welfare **Jugendrichter(in)** *m(f)* magistrate in a juvenile court **Jugendschöffengericht** *nt* JUR juvenile court with lay assessors **Jugendschutz** *m kein pl* JUR protection of children and young persons **Jugendschutzgesetz** *nt* JUR Protection of Young Persons Act **Jugendsekte** *f* youth sect **Jugendstaatsanwalt, -anwältin** *m, f* JUR public prosecutor in juvenile court **Jugendstil** *m* KUNST, ARCHIT Art Nouveau **Jugendstrafanstalt** *f* JUR (*geh*) youth detention centre [*or* AM -er] **Jugendstrafe** *f* JUR sentence for young offenders **Jugendstrafrecht** *nt* JUR criminal law relating to young offenders **Jugendstrafsachen** *pl* JUR juvenile court cases **Jugendstraftäter(in)** *m(f)* JUR, SOZIOL young offender **Jugendstrafverfahren** *nt* JUR proceedings in juvenile court **Jugendstrafvollzug** *m* JUR execution of juvenile court sentences **Jugendsünde** *f* youthful misdeed **Jugendtheater** *nt* youth theatre [*or* AM -er] **Jugendtorheit** *f* youthful folly **Jugendtraum** *m* childhood dream **Jugendwahn** *m kein pl* SOZIOL (*pej fam*) youth obsession, obsession with youth **Jugendwohlfahrtsausschuss**^RR^ *m* JUR youth welfare committee **Jugendwohnheim** *nt* hostel for young workers **Jugendzeit** *f kein pl* youth *no pl* **Jugendzentrum** *nt* youth centre [*or* AM -er]

Jugoslawe, Jugoslawin <-n, -n> *m, f* Yugoslav

Jugoslawien <-s> [-viən] *nt* Yugoslavia

Jugoslawin <-, -nen> *f fem form von* **Jugoslawe**

jugoslawisch *adj* Yugoslav[ian]

Julei <-s, -s> *m bes* HANDEL (*Juli*) July; *s. a.* **Februar**

Juli[1] <-[s], -s> *m* July; *s. a.* **Februar**

Juli[2] <-s, -s> *m* POL *kurz für* **Jungliberale(r)** Young Liberal

Juliamenge *f* MATH Julia set

Jumbo(jet)^RR^ <-s, -s> [-dʒɛt] *m,* **Jumbo(-Jet)** <-s, -s> *m* jumbo [jet]

jun. *adj Abk von* **junior**

jung <jünger, jüngste> I. *adj* ① (*noch nicht älter*) young; ■**jünger** [**als jd**] **sein** to be younger [than sb]; ~ **und alt** young and old alike; *s. a.* **Jahr** ② (*jung wirkend*) youthful; ***das hält ~!*** it keeps you young! ③ (*später geboren*) young; ■**der/die Jüngere/der/die Jüngste** the younger/youngest ④ (*erst kurz existierend*) new ▸ WENDUNGEN: **~es Gemüse** (*pej*) fresh meat II. *adv* (*in jungen Jahren*) young; ~ **heiraten/sterben** to marry/die young; **von ~ auf** since one's youth, from an early age ▸ WENDUNGEN: ~ **gefreit, nie gereut** (*prov*) he who marries young won't regret it

Junganwalt, -anwältin *m, f* junior

Jungbrunnen *m* ① (*revitalisierender Umstand*) tonic; ***der Urlaub war ein wahrer*** ~ the holiday was a real tonic ② LIT fountain of youth

Junge <-n, -n> *m* ① (*männliches Kind*) boy ② (*Laufbursche*) errand boy ③ (*fam*) ■**Jungs,** ■**Jungens** *pl* (*veraltend fam: Leute*) lads *pl* BRIT, chaps *pl* BRIT, guys *pl* AM ▸ WENDUNGEN: **alter** ~ (*fam*) old chap [*or* AM fellow], BRIT *a.* [old] mate; **dummer** ~ wet behind the ears; **wie ein dummer** ~ like a child [*or* an idiot]; **ein schwerer** ~ (*fam*) big-time crook; **mein ~!** (*fam*) my dear boy!; **~, ~!** (*fam*) boy oh boy! *fam*

Junge(s) *nt decl wie adj* ① ZOOL (*Jungtier*) young ② ORN (*Jungvogel*) young

Jungengesicht *nt* boyish face

jungenhaft *adj* boyish

jünger *adj* ① *comp von* **jung** younger ② (*noch nicht allzu alt*) youngish ③ (*wenig zurückliegend*) recent

Jünger(in) <-s, -> *m(f)* ① REL (*Schüler Jesu*) disciple ② (*Anhänger*) disciple

Jüngere(r) *f(m) decl wie adj* ① (*jüngerer Mensch*) younger person ② (*Junior*) junior; ***Breughel der*** ~ Breughel junior [*or esp* BRIT the junior]

Jüngerin <-, -nen> *f fem form von* **Jünger**

Jungfer <-, -n> *f* (*veraltet*) mistress *hist;* **eine alte** ~ (*pej*) an old maid *pej*

Jungfernfahrt *f* NAUT maiden voyage **Jungfernflug** *m* LUFT maiden flight **Jungfernhäutchen** *nt* ANAT hymen **Jungferninseln** *pl* **die amerikanischen/britischen** ~ the US/British Virgin Islands; *s. a.* **Falklandinseln** **Jungfernrede** *f* POL maiden speech

Jungfrau *f* ① (*Frau vor ihrem ersten Koitus*) virgin; **die ~ Maria** the Virgin Mary; **die ~ von Orléans** Joan of Arc, the Maid of Orleans; **die Heilige** ~ the Holy [*or* Blessed] Virgin; **die Eiserne** ~ HIST the Iron Maiden ② ASTROL (*Tierkreiszeichen*) Virgo; ■~ **sein** to be a Virgo ▸ WENDUNGEN: [**zu etw kommen**] **wie die ~ zum Kind**[**e**] (*hum fam*) to fall into sb's lap; ***zu dem Job kam sie wie die ~ zum Kinde*** the job just fell into her lap

jungfräulich *adj* (*geh*) ① (*Zustand*) virgin ② (*noch unberührt*) virgin; **~er Schnee** virgin snow

Jungfräulichkeit <-> *f kein pl* (*geh*) ① (*Zustand*) virginity *no pl* ② (*Unberührtheit*) virginity *no pl,* purity *no pl*

Junggeselle, -gesellin *m, f* bachelor; **ein eingefleischter ~ sein** to be a confirmed bachelor

Junggesellenbude *f* (*fam*) bachelor pad *fam* **Junggesellendasein** *nt* bachelor existence **Junggesellenleben** *nt* bachelor life **Junggesellenwohnung** *f* bachelor flat **Junggesellenzeit** *f kein pl* bachelor days *pl*

Junggesellin <-, -nen> *f fem form von* **Junggeselle** a single woman

Jungliberale(r) *f(m) decl wie adj* POL Young Liberal

Jüngling <-s, -e> *m* (*geh*) (*junger Mann*) youth ▸ WENDUNGEN: [**auch**] **kein ~ mehr sein** to be no spring chicken anymore

Jungmasthähnchen *nt* young poulard[e] **Jungsozialist(in)** *m(f)* POL Young Socialist

jüngst *adv* (*geh*) recently

jüngste(r, s) *adj* ① *superl von* **jung** youngest; [**auch**] **nicht mehr der/die Jüngste sein** (*hum*) to be no spring chicken anymore [either] ② (*nicht lange zurückliegend*) [most] recent ③ (*neueste*) latest; *s. a.* **Gericht, Tag**

Jungsteinzeit *f* Neolithic period, New Stone Age

jüngstens *adv* (*veraltend geh*) *s.* **jüngst**

Jungtier *nt* ZOOL young animal

jungverheiratet *adj inv* newly-wed, newly married

Jungverheiratete(r) *f(m) decl wie adj* newly-wed; ■ **die ~n** the newly-weds **Jungvermählte(r)** *f(m) decl wie adj (geh) s.* **Jungverheiratete Jungvieh** *nt* young cattle + *pl vb* **Jungwähler(in)** *m(f)* young voter **Jungwild** *nt* young game **Jungwuchs** *m* FORST new growth

Juni <-[s], -s> *m* June; *s. a.* **Februar**

Junikäfer *m* June bug [*or* beetle]

junior *adj (geh)* junior

Junior, Juniorin <-s, -en> *m, f* ① ÖKON (*~chef*) son *masc*/daughter *fem* of the boss ② (*fam: Sohn*) junior ③ *pl* SPORT (*junge Sportler zwischen 18 und 23*) juniors *npl*

Juniorchef(in) *m(f)* ÖKON boss' [*or* owner's] son *masc*/daughter *fem*

Juniorenausweis *m* BAHN young persons' railcard BRIT

Juniorin <-, -nen> *f fem form von* **Junior**

Juniorpartner(in) *m(f)* junior partner **Juniorpass^RR** *m* BAHN young person's railcard BRIT

Junk-Bond <-s, -s> ['dʒaŋk] *m* FIN (*Risikoanleihe*) junk bond

Junker <-s, -> *m* HIST junker, young nobleman

Junkfood^RR <-s> ['dʒaŋkfu:d] *nt kein pl*, **Junk-food** <-s> *nt kein pl* junk food *no pl*

Junkie <-s, -s> ['dʒaŋki] *m (sl)* junkie *sl*

Junktim <-s, -s> *nt* POL package deal; **zwischen Dingen besteht ein ~** different things are dependent upon [*or* go hand-in-hand with] each other

Junktimklausel *f* JUR package deal clause, reciprocal clause

Juno <-s, -s> *m bes* HANDEL June; *s. a.* **Julei**

Junta <-, Junten> ['xʊnta, 'jʊnta] *f* POL junta

Jupe <-s, -s> [ʒy:p] *m* SCHWEIZ (*Rock*) skirt

Jupiter <-s> *m* Jupiter

jur. *adj Abk von* **juristisch**

Jura¹ *kein art* SCH law

Jura² <-s> *m* GEOL Jurassic [period/system]

Jura³ <-s> *nt kein pl* GEOG ① (*Gebirge in der Ostschweiz*) Jura Mountains *pl* ② (*schweizer Kanton*) Jura

Jurastudium *nt* law studies *pl*

Jurisdiktion <-, *selten* -en> *f (geh)* jurisdiction

Jurisprudenz <-> *f kein pl (geh)* jurisprudence *no pl*

Jurist(in) <-en, -en> *m(f)* ① JUR (*Akademiker*) jurist ② SCH (*fam: Jurastudent*) law student

Juristendeutsch *nt*, **Juristensprache** *f kein pl* legal jargon

Juristerei <-> *f kein pl* JUR law *no pl*, legal practice *no pl*; (*Studium der Rechtswissenschaft*) law *no pl*

Juristin <-, -nen> *f fem form von* **Jurist**

juristisch **I.** *adj* ① SCH (*Jura betreffend*) legal; **~es Studium** law studies; **die ~e Fakultät** Faculty of Law ② JUR (*die Rechtsprechung betreffend*) law *attr*; **ein ~es Problem** a juridicial problem; **~e Person des privaten/öffentlichen Rechts** juristic person governed by private law/legal entity under public law **II.** *adv* JUR **~ argumentiert/betrachtet** argued/seen from a legal point of view

Juror, Jurorin <-s, Juroren> *m, f meist pl* juror, member of the jury

Jury <-, -s> [ʒy'ri:, 'ʒy:ri, 'dʒu:ri] *f* jury

Jus¹ <-> *nt kein art* ÖSTERR (*Jura*) law

Jus² <-> [ʒy:] *f o m o nt kein pl* ① SCHWEIZ (*Fruchtsaft*) fruit juice ② (*Bratensaft*) [meat] juices *pl*

jus cogens *nt* JUR binding law **jus commercii** *nt* JUR law merchant, commercial law

Juso <-s, -s> *m kurz für* **Jungsozialist**

just *adv* ① (*veraltet: eben gerade*) just; ***da fällt mir ~ ein*** I've just remembered ② (*liter: genau*) exactly; ***~ in dem Moment*** at that very [*or* just at that] moment

justierbar *adj* TECH adjustable; **elektrisch ~e Sitze** electrically adjustable [*or* power-adjusted] seats

justieren* *vt* ■ **etw ~** to adjust sth

Justierung <-, -en> *f* ① (*das Justieren*) adjustment ② (*Einstellmechanismus*) adjustment ③ TYPO, INFORM (*Ausrichtung*) justification

Justintime- *in Komposita* just-in-time

Justintime-Production, Justintimeproduction <-, -s> [dʒʌst ɪn 'taɪm] *f s.* **JIT-Fertigung** just-in-time [*or* JIT] production

Justitia <-s> [jʊs'ti:tsia] *f kein pl* ① (*geh: das personifizierte Recht*) the law ② (*römische Göttin der Gerechtigkeit*) Justice

Justitiar(in) <-s, -e> *m(f) s.* **Justiziar**

Justiz <-> *f kein pl* JUR ① (*Gerichtsbarkeit*) justice *no pl* ② (*~behörden*) legal authorities *pl*

Justizapparat *m kein pl* JUR, POL (*pej fam*) judicial machinery **Justizbeamte(r)** *f(m) decl wie adj* JUR, ADMIN judicial officer **Justizbehörde** *f* legal authority **Justizbeitreibungsordnung** *f* JUR court fee collection ordinance **Justizgebäude** *nt* JUR, ADMIN court-house **Justizgewährungsanspruch** *m* JUR right to have justice administered

justiziabel *adj* JUR (*form*) actionable

Justiziar^RR(in) <-s, -e> [jʊsti'tsia:ɐ] *m(f)* ① (*für Rechtliches zuständiger Angestellter*) in-house lawyer ② HIST (*Gerichtsherr in der Patrimonialgerichtsbarkeit*) lord of the manor **Justizirrtum** *m* miscarriage of justice **Justizminister(in)** *m(f)* Minister of Justice BRIT, Attorney General AM **Justizministerium** *nt* Ministry of Justice BRIT, Department of Justice AM, Justice Department AM **Justizmord** *m* judicial murder **Justizpalast** *m* palace of justice **Justizreform** *f* judicial reform **Justizunrecht** *nt* miscarriage of justice **Justizverwaltungsabgabe** *f* JUR administrative expenses of the judicial authorities **Justizvollzugsanstalt** *f* JUR Prison **Justizvollzugsanstalt** *f (geh)* place of detention

Jute <-> *f kein pl* ① BOT (*~ liefernde Pflanze*) jute ② MODE (*Bastfaser aus ~*) jute

Juvenilhormon *nt* ZOOL juvenile hormone

Juwel¹ <-s, -en> *m o nt* ① (*Schmuckstein*) gem[stone], jewel ② *pl* (*Schmuck*) jewellery *no pl*, jewelry *no pl*

Juwel² <-s, -e> *nt* ① (*geschätzte Person oder Sache*) gem; **ein ~ von einer Köchin sein** to be a gem of a cook ② (*prachtvoller Ort*) gem, jewel; ***der Schwarzwald ist ein Juwel unter den deutschen Landschaften*** the Black Forest is one of the jewels of the German countryside ③ (*kostbares Exemplar*) gem, jewel; ***das Juwel der Sammlung*** the jewel [*or* gem] of the collection

Juwelenhandel *m* trade in precious stones

Juwelier(in) <-s, -e> *m(f)* ① (*Besitzer eines ~geschäftes*) jeweller BRIT, jeweler AM ② (*Juweliergeschäft*) jeweller's BRIT, jeweler's AM

Juweliergeschäft *nt* jeweller's [*or* AM jeweler's] [shop [*or* AM *usu* store]]

Juwelierin <-, -nen> *f fem form von* **Juwelier**

Juwelierladen *m s.* **Juweliergeschäft**

Jux <-es, -e> *m (fam: Scherz)* joke; **aus [lauter] ~ und Tollerei** (*fam*) out of sheer fun; **sich** *dat* **einen ~ aus etw** *dat* **machen** to make a joke out of sth; **aus ~** as [*or* BRIT *a.* for] a joke

juxen *vi (fam)* to joke

juxig <-er, -ste> *adj* funny

jwd [jɔtve:'de:] *adv (hum fam) Abk von* **ganz weit draußen** in the middle of nowhere *fam*, miles from anywhere *fam*

K

K, k <-, - *o fam* -s, -s> *nt* K, k; ~ **wie Kaufmann** K for [*or* AM as in] King; *s. a.* **A 1**

Kaba® <-[s]> *m kein pl* Kaba®

Kabarett <-s, -e *o* -s> *nt* ① *kein pl* (*Kleinkunst*) cabaret ② (*Kleinkunstbühne*) cabaret ③ (*Ensemble*) cabaret ensemble

Kabarettist(in) <-en, -en> *m(f)* cabaret artist

kabarettistisch *adj* cabaret

Kabäuschen <-s, -> *nt* DIAL (*fam*) hut, cabin

kabbeln *vr (fam)* to squabble, to bicker; ■ **sie ~ sich** they're squabbling [*or* bickering]

Kabel <-s, -> *nt* ① ELEK (*Elektroleitung*) wire ② TELEK, TV (*Leitung*) cable ③ NAUT (*starkes Tau*) rope ④ BAU (*Drahtseil*) cable

Kabelanschluss^RR *m* TV cable connection **Kabelbaum** *m* cable harness; AUTO wiring harness **Kabelbuch** *nt* JUR Ocean Cable Register **Kabelfernsehen** *nt* TV cable TV

Kabeljau <-s, -e *o* -s> *m* ZOOL, KOCHK cod

Kabelkanal *m* TV, RADIO cable channel **Kabelkette** *f* TECH cable tray **Kabelklemme** *f* ELEK cable clip **Kabelkonzentrator** *m* TECH cable hub **Kabelleger** *m* ELEK, NAUT cable ship **kabellos** *adj* TECH cableless **Kabelmantel** *m* cable sleeve **Kabelnetz** *nt* TV cable network **Kabelnetzbetreiber** *m* cable network operator **Kabelrolle** *f* TECH cable drum **Kabelsalat** *m kein pl (fam)* tangle of cables **Kabelschuh** *m* cable lug **Kabelsystem** *nt* TECH cabling system **Kabeltrommel** *f* ELEK cable drum

Kabine <-, -n> *f* ① (*Umkleidekabine*) changing room ② TELEK booth ③ NAUT (*Passagierunterkunft*) cabin ④ TRANSP (*Gondel*) cable-car

Kabinenkoffer *m* trunk **Kabinenroller** *m* TRANSP bubble car

Kabinett¹ <-s, -e> *nt* ① POL (*Kollegium der Minister*) cabinet ② KUNST (*kleiner Raum im Museum*) gallery

Kabinett² <-s, -e> *m* KOCHK *special quality German wine*

Kabinettsbeschluss^RR *m* POL Cabinet decision **Kabinettschef(in)** <-s, -s> *m(f)* head of the cabinet **Kabinettschrank** *m* cabinet **Kabinettskrise** *f* cabinet crisis **Kabinettsmitglied** *nt* POL cabinet member, member of the cabinet **Kabinettssitzung** *f* POL Cabinet meeting

Kabinettstück *nt* masterstroke

Kabinettsumbildung *f* cabinet reshuffle

Kabinettwein *m s.* **Kabinett²**

Kabotage <-> [-'ta:ʒə] *f* JUR, HANDEL cabotage

Kabrio <-[s], -s> *nt* AUTO convertible

Kabriolett <-s, -s> *nt* ÖSTERR, SÜDD (*geh: Kabrio*) convertible

Kabuff <-s, -e *o* -s> *nt (fam)* boxroom BRIT, cubbyhole AM

Kachel <-, -n> *f* tile

kacheln *vt* to tile; ■ **etw ~** to tile sth

Kachelofen *m* tiled stove

Kacke <-> *f kein pl* ① (*derb: menschliche Exkremente*) shit *vulg*, crap *vulg* ② (*sl: Hundekot*) dog shit *vulg* ▸ WENDUNGEN: **dann ist die ~ am Dampfen** (*sl*) then the shit will really hit the fan *vulg*

kacken *vi (vulg)* to shit *vulg*, to crap *vulg*

Kacker <-s, -> *m (pej sl)* shithead *vulg*

Kadaver <-s, -> [-vɐ] *m* carcass

Kadavergehorsam *m (pej)* blind obedience

Kadenz <-, -en> *f* MUS cadenza

Kader <-s, -> *m* ① MIL (*Kerntruppe des Heers*) cadre ② SPORT squad ③ (*Spezialistentruppe*) group of specialists ④ (*Angehöriger einer Spezialistentruppe*) specialist

Kadett <-en, -en> *m* MIL cadet

Kadi <-s, -s> *m* (*islamischer Richter*) Kadi, cadi ▸ WENDUNGEN: **jdn vor den ~ bringen** [*o* **schleppen**] (*fam*) to take sb to court

Kadmium <-s> *nt kein pl* cadmium

Kaduzierung <-, -en> *f* JUR forfeiture

Kaduzierungsverfahren *nt* JUR procedure for forfeiture of shares

Käfer <-s, -> *m* ① ZOOL (*Insekt*) beetle ② AUTO (*fam: Volkswagen*) beetle ▸ WENDUNGEN: **ein flotter** [*o* **hübscher**] **~** (*veraltend sl*) a nice bit of skirt BRIT *fam*, a hot chick AM *fam*

Kaff <-s, -s *o* -e> *nt (pej fam)* dump *fam*, hole *fam*

Kaffee <-s, -s> *m* ① (*Getränk*) coffee; **~ und Kuchen** coffee and cake; **~ mit Milch** white coffee; **koffeinfreier ~** decaffeinated coffee; **schwarzer ~** black coffee; **den/seinen ~ schwarz trinken** to drink one's coffee black; **[jdm einen] ~ machen** to make [sb a] coffee; **~ trinken** to have [*or* drink] [a] coffee ② *kein pl* BOT (*Strauch*) coffee ③ (*~einla-*

dung) coffee ▸ WENDUNGEN: **kalter ~ sein** (*pej fam*) to be old hat

Kaffeebaum *m* BOT coffee tree **Kaffeebohne** *f* coffee bean **kaffeebraun** *adj* coffee-coloured [*or* AM -ored] **Kaffee-Ersatz** *m* coffee substitute **Kaffee-Extrakt** *m* coffee essence **Kaffeefahrt** *f* promotional trip **Kaffeefilter** *m* ① (*Vorrichtung*) coffee filter ② (*fam: Filterpapier*) filter paper **Kaffeegeschirr** *nt s.* Kaffeeservice **Kaffeehaus** *nt* ÖSTERR coffee-house **Kaffeekanne** *f* coffeepot **Kaffeeklatsch** *m kein pl* (*fam*) coffee morning BRIT, coffee klat[s]ch AM, kaffeeklatsch AM **Kaffeekränzchen** <-, -s> *nt* (*hum veraltend*) ≈ coffee morning BRIT; (*die Gruppe, die sich trifft*) ≈ coffee morning circle [*or* group] [of friends] **Kaffeelöffel** *m* coffee spoon **Kaffeemaschine** *f* coffee machine **Kaffeemühle** *f* coffee grinder **Kaffeepause** *f* coffee break; **~ machen** to have a coffee break **Kaffeepflanze** *f* coffee [plant [*or* tree]] **Kaffeeplantage** *f* coffee plantation **Kaffeesatz** *m* coffee grounds *npl;* **aus dem ~ wahrsagen** to read the coffee grounds **Kaffeeservice** *nt* coffee set **Kaffeesieb** *nt* coffee sieve **Kaffeesteuer** *f* FIN excise duty on coffee **Kaffeestrauch** *m* coffee tree **Kaffeetante** *f* (*fam o hum*) coffee addict **Kaffeetasse** *f* coffee cup **Kaffeewärmer** *m* [coffee-pot] cosy [*or* AM cozy] **Kaffeewasser** *nt* hot water for coffee; **~ aufsetzen** to put the kettle on for coffee

Kaffer <-n, -n> *m* (*pej*) nigger *pej*

Kaffernbüffel *m* ZOOL African buffalo

Käfig <-s, -e> *m* ① (*Vogelbauer*) [bird]cage ② (*vergittertes Gehege*) cage; **faradayscher ~** PHYS Faraday cage ▸ WENDUNGEN: **im goldenen ~ sitzen** to sit in a gilded cage

Käfighaltung *f* caging

Kaftan <-s, -e> *m* caftan

kahl I. *adj* ① (*ohne Kopfhaar*) bald; ■**~ sein/werden** to be/become bald; **~ geschoren** shorn, shaven ② (*leer*) bare; **~e Wände** bare walls ③ (*ohne Blätter*) bare ④ (*ohne Bewuchs*) barren, bleak II. *adv* **etw ~ fressen** to strip sth bare; **jdn ~ scheren** to shave sb's head

kahl|fressen *vt irreg s.* **kahl II**

Kahlheit <-> *f kein pl* ① (*Kahlköpfigkeit*) baldness *no pl* ② (*Blattlosigkeit*) bareness *no pl* ③ (*kahle Beschaffenheit*) bleakness *no pl,* barrenness *no pl*

Kahlkopf *m* ① (*kahler Kopf*) bald head ② (*fam: Glatzkopf*) baldy *fam*

kahlköpfig *adj* bald-headed, bald

Kahlköpfigkeit <-> *f kein pl* baldness *no pl*

Kahlschlag *m* ① FORST (*abgeholzte Fläche*) clearing ② *kein pl* (*das Abholzen*) deforestation ③ (*fam: völliger Abriss*) demolition

Kahn <-[e]s, Kähne> *m* ① NAUT (*flaches Boot*) small boat; (*Schleppkahn*) barge; (*fam: alter Dampfer*) old tub ② *pl* (*fam: große Schuhe*) clodhoppers *pl fam*

Kahnfahrt *f* trip in a rowing-boat; (*durch Stoßen*) trip in a punt; **eine ~ machen** to go boating; (*durch Stoßen*) to go punting

Kai <-s, -e *o* -s> *m* quai; **ab ~** HANDEL ex quay; **frei ~** HANDEL free on quay

Kai-Empfangsschein *m* HANDEL quay [*or* dock] receipt; **reiner ~** clean quay [*or* dock] receipt **Kaigebühren** *pl* berthage, dockage, berth charges *pl*

Kaiman <-s, -e> *m* ZOOL cayman

Kaimaninseln *pl* ■**die ~** the Cayman Islands *pl; s. a.* Falklandinseln

Kaimauer *f* quay wall

Kainsmal *nt* mark of Cain

Kairo <-s> *nt* Cairo

Kaiser(in) <-s, -> *m(f)* (*Herrscher eines Reiches*) emperor *masc,* empress *fem;* **der letzte deutsche ~** the last German Emperor; **zum ~ gekrönt werden** to be crowned emperor ▸ WENDUNGEN: **sich um des ~s Bart streiten** to split hairs; **wo nichts ist, hat der ~ sein Recht verloren** (*prov*) you can't get blood out of a stone *prov;* **dem ~ geben, was des ~s ist** to render unto Caesar that which is Caesar's

Kaiseradler *m* ORN imperial eagle **Kaisergranat** *m* ZOOL, KOCHK Dublin Bay prawn, scampi **Kaiserhaus** *nt* imperial house [*or* family] **Kaiserkrone** *f* ① (*Krone des Kaisers*) imperial crown ② BOT crown imperial

kaiserlich I. *adj* ① (*dem Kaiser gehörend*) imperial ② (*das Kaiserreich betreffend*) imperial ③ (*einem Kaiser angemessen vornehm oder reichlich*) **ein ~es Frühstück** a breakfast fit for a king II. *adv* (*dem Kaiser treu*) imperialistic, monarchistic

kaiserlich-königlich *adj* imperial and royal (*referring to the Austro-Hungarian Empire*)

Kaiserling *m* BOT Caesar's mushroom, amanita caesarea

Kaiserpfalz *f* HIST imperial palace **Kaiserpinguin** *m* ORN emperor penguin **Kaiserreich** *nt* HIST empire **Kaiserschmarr(e)n** *m* KOCHK ÖSTERR, SÜDD *shredded pancake* **Kaiserschnitt** *m* MED Caesarean [section] **Kaiserschote** *f* KOCHK sugar-snap pea

Kaisertum <-[e]s, -tümer> *nt* empire

Kajak <-s, -s> *m o nt* NAUT, SPORT Kayak

Kajalstift *m* MODE, PHARM eyeliner pencil

Kajüte <-, -n> *f* NAUT cabin

Kakadu <-s, -s> *m* ORN cockatoo

Kakao <-s, -s> *m* ① (*Getränk*) cocoa, chocolate milk; (*heiss*) hot chocolate; (*Pulver*) cocoa [powder] ② BOT cocoa palm ▸ WENDUNGEN: **jdn/etw durch den ~ ziehen** (*fam*) to take the mickey out [*or* AM make fun] of sb/sth

Kakaobaum *m* cacao [tree] **Kakaobohne** *f* cocoa bean **Kakaobutter** *f kein pl* cocoa butter *no pl* **Kakaofrucht** *f* cocoa [*or* cacao] fruit [*or* seed pod] **Kakaopulver** *nt* cocoa powder

Kakerlake <-, -n> *f* cockroach

Kaki <-, -s> *f* khaki

Kakipflaume *f* BOT, KOCHK Japanese persimon, kaki, date plum

Kakofonie^RR^, **Kakophonie** <-, -ien> *f* MUS cacophony

Kaktee <-, -n> *f,* **Kaktus** <-, Kakteen *o fam* -se> *m* cactus

Kaktusfeige *f* cactus [*or* Indian] fig

Kalabrien *nt* Calabria

Kalamität <-, -en> *f meist pl* (*geh*) ① (*Schwierigkeiten*) predicament; **sich** *akk* **in einer ~ befinden** to be in a predicament ② (*Unglück*) calamity; **jdn in ~en bringen** to get sb into deep trouble; **in ~en kommen** to get into deep trouble

kalandrieren* *vt* TYPO ■**etw ~** to calender sth

Kalaschnikow <-, -s> *f* Kalashnikov

Kalauer <-s, -> *m* corny joke

Kalb <-[e]s, Kälber> *nt* ① ZOOL (*junges Rind*) calf; **das Goldene ~** the golden calf ② ZOOL (*Junges*) calf; (*Rehwild*) fawn ③ (*~fleisch*) veal ▸ WENDUNGEN: **wie ein abgestochenes ~ glotzen** (*sl*) to look goggle-eyed at sth

kalben *vi* ① (*ein Kalb gebären*) to calve ② GEOG (*kleinere Stücke abbrechen lassen*) to calve

Kalbfisch *m s.* Heringshai **Kalbfleisch** *nt* veal

Kalbsbeuschel *nt* KOCHK DIAL veal lights *npl* **Kalbsblankett** *nt* KOCHK veal ragout **Kalbsbraten** *m* roast veal **Kalbsfarce** *nt* veal stuffing (*bound with egg and cream*) **Kalbsfond** *m* veal stock **Kalbsfrikandeau** *nt* veal flank **Kalbsfrikassee** *nt* veal fricassée **Kalbsfuß** *m* calf's foot **Kalbsgekröse** *nt* calf's mesentery **Kalbsgrenadin** *nt* KOCHK lardened veal chump **Kalbshachse** [-ks-], **Kalbshaxe** *f* knuckle of veal **Kalbskarree** *nt* veal loin **Kalbskäse** *m meat loaf of finely-ground veal* **Kalbskotelett** *nt* veal cutlet **Kalbsleder** *nt* calfskin **Kalbslunge** *f* calf's lights *npl* **Kalbsnuss**^RR^ *f* flank of veal **Kalbsschnitzel** *nt* veal cutlet **Kalbsstelze** *f* KOCHK ÖSTERR (*Kalbshachse*) veal knuckle

Kaldaune <-, -n> *f meist pl* DIAL entrails *npl,* tripe *no pl, no indef art*

Kaleidoskop <-s, -e> *nt* kaleidoscope

kalendarisch *adj* calendrical

Kalender <-s, -> *m* calendar; **elektronischer ~** INFORM personal organizer; **der gregorianische ~** the Gregorian Calender; **der julianische ~** the Julian Calendar

Kalenderjahr *nt* calendar year **Kalendermonat** *m* calendar month **Kalenderverwaltung** *f* INFORM calendar management **Kalenderwoche** *f* HANDEL calendar week; ***die Lieferung erfolgt in der 24.*** **~** delivery will take place in the 24th calendar week

Kalesche <-, -n> *f* HIST barouche

Kali <-s, -s> *nt* potash *no pl*

Kaliber <-s, -> *nt* ① TECH (*Laufdurchmesser*) calibre [*or* AM -er] ② TECH (*Geschoßdurchmesser*) calibre [*or* AM -er] ③ (*pej fam: Sorte*) calibre [*or* AM -er]; **ein Politiker von unzureichendem ~** a politician of insufficient calibre

kalibrieren *vt* TECH (*eichen*) ■**etw ~** to calibrate sth

Kalibrierung <-, -en> *f* TECH calibration

Kalidünger *m* potash fertilizer

Kalif <-en, -en> *m* HIST caliph

Kalifat <-[e]s, -e> *nt* HIST ① (*Amt eines Kalifen*) caliphate ② (*Herrschaftsbereich*) caliphate

Kalifornien <-s> *nt* California

Kalilauge *f* caustic potash solution, lye

Kalium <-s> *nt kein pl* potassium *no pl*

kaliumhaltig *adj inv* containing potassium **Kaliumnitrat** *nt* potassium nitrate

Kalk <-[e]s, -e> *m* ① BAU (*~milch*) whitewash *no pl;* **gebrannter ~** quicklime *no pl,* slaked lime *no pl* ② (*Kalziumkarbonat*) lime *no pl* ③ MED (*Kalzium*) calcium *no pl*

Kalkablagerung *f* ① CHEM (*Ablagerung von Kalkstein*) [lime]scale *no pl, no indef art,* [deposit of] calcium carbonate *no pl form* ② MED (*Ablagerung von Kalksalzen im Körpergewebe*) calcification *no pl,* calcific deposit **Kalkbildung** <-> *f kein pl* CHEM build-up of [lime]scale *no pl,* calcification *no pl* **Kalkboden** *m* lime soil **Kalkbrennerei** *f* lime works

kalken *vt* ■**etw ~** ① (*tünchen*) to whitewash sth ② AGR, FORST (*düngen*) to lime sth

kalkhaltig *adj* chalky; (*Wasser*) hard

Kalkmangel *m kein pl* ① MED (*Mangel an Kalzium*) calcium deficiency *no pl* ② AGR, FORST, HORT (*Mangel an Kalk*) lime deficiency *no pl* **Kalkofen** *m* limekiln **Kalksandstein** *m* BAU lime sand brick

Kalkstein *m* limestone

Kalkül <-s, -e> *m o nt* calculation; **etw [mit] ins ~ ziehen** to take sth into consideration; **ins ~ ziehen, dass ...** to consider, that ...

Kalkulation <-, -en> *f* ① ÖKON (*Kostenberechnung*) costing; **knappe ~** close [*or* exact] calculation ② (*Schätzung*) calculation; **falsche ~** miscalculation; **nach jds ~** according to sb's calculations

Kalkulationsfehler *f* ÖKON miscalculation, wrong calculation **Kalkulationsgrundlage** *f* FIN calculation basis **Kalkulationsirrtum** *m* JUR miscalculation **Kalkulationskartell** *nt* ÖKON cost estimating cartel **Kalkulationsrichtlinie** *f* HANDEL calculation standard **Kalkulationstabelle** *f* HANDEL pricing schedule **Kalkulationszuschlag** *m* HANDEL markup

kalkulierbar *adj inv* calculable; **ein nicht ~es Risiko** an incalculable risk

kalkulieren* I. *vi* ① ÖKON (*veranschlagen*) ■**[mit etw** *dat*] **~** to calculate [with sth] ② (*fam: schätzen*) ■**~, [dass] ...** to calculate, [that] ... II. *vt* ÖKON (*veranschlagen*) ■**etw ~** to calculate sth; **kalkulierter Gewinn** paper profit

Kalkutta <-s> *nt* Calcutta

Kalkwerk *nt* lime works + *sing/pl vb*

Kalkzementmörtel *m* BAU lime cement mortar

Kalligrafie, **Kalligraphie** <-> *f kein pl* calligraphy *no pl*

Kalmar <-s, Kalmare> *m* ZOOL squid

Kalmare *f* calamaris, squid

Kalme <-, -n> *f* METEO calm

kalmieren* *vt* (*geh*) ■**jdn ~** to appease sb *pej form*

Kalorie <-, -n> *f* calorie

kalorienarm *adj, adv* low-calorie **Kalorienbedarf** *m kein pl* MED calorific requirement **Kalorienbombe** *f* (*fam*) **eine echte ~** *a food or drink packed with calories* **Kaloriengehalt** *m* calorie

K

content **kalorienreduziert** *adj* reduced-calorie
kalorienreich I. *adj* high-calorie II. *adv* ~ **essen** to eat foods high in calories
kalt <kälter, kälteste> I. *adj* ① *(nicht warm)* cold; ■**etwas K~es** something cold; ■**im K~en** in the cold; ***mir ist*** ~ I'm cold ② *(fam: ohne Nebenkosten)* not including heating and other costs; *s. a.* Krieg II. *adv* ① *(mit kaltem Wasser)* with cold water; ~ **duschen** to have a cold shower; **sich** *akk* ~ **waschen** to wash in cold water ② *(in einem ungeheizten Raum)* in an unheated room; ~ **schlafen** to sleep in an unheated room ③ *(ohne Aufwärmen)* cold; **etw** ~ **essen** to eat sth cold ④ *(an einen kühlen Ort)* in a cool place; **etw** ~ **stellen** to chill sth ⑤ *(ungerührt)* ~ **lächelnd** *(pej)* cool and calculating *pej;* ~ **bleiben** to remain unmoved [*or* cold]; **jdn** ~ **lassen** to leave sb cold ▶ WENDUNGEN: **jdn** ~ **erwischen** *(fam)* to catch sb out; **jdn** ~ **machen** to do sb in; **jdn** ~ **stellen** to put sb out of the running, to sideline sb; **die Konkurrenz** ~ **stellen** to sideline the competion; **jdn überläuft es** ~ cold shivers run down sb's back
Kaltblut *nt kein pl* carthorse
Kaltblüter <-s, -> *m* cold-blooded animal
kaltblütig I. *adj* ① *(emotionslos)* cold ② *(skrupellos)* cold-blooded II. *adv* ① *(ungerührt)* coolheaded, coolly ② *(skrupellos)* unscrupulously; **jdn** ~ **ermorden** to kill sb cold-bloodedly
Kaltblütigkeit <-> *f kein pl* ① *(Emotionslosigkeit)* coolness *no pl,* cool-headedness *no pl* ② *(Skrupellosigkeit)* unscrupulousness *no pl;* *(Mörder)* cold-bloodedness *no pl*
Kälte <-> *f kein pl* ① *(niedrige Temperatur)* cold *no pl,* coldness *no pl;* **vor** ~ with cold; **arktische** [*o* **polare**] [*o* **sibirische**] ~ arctic cold, polar conditions, Siberian temperatures; **zehn Grad** ~ ten below [zero] ② METEO *(~welle)* cold spell
Kältebehandlung *f* MED frigotherapy *no pl,* cry[m]otherapy *no pl* **kältebeständig** *adj* ① *(unempfindlich gegen Kälteeinwirkung)* cold-resistant ② *(nicht gefrierend)* non-freezing **Kältebrücke** *f* ARCHIT cold spot **Kälteeinbruch** *m* cold spell **kälteempfindlich** *adj* sensitive to cold *pred* **Kältegrad** *m* ① *(Grad der Kälte)* degree of coldness ② *(fam: Minusgrad)* degrees *pl* below zero **Kältekonservierung** *f* TECH refrigeration **Kältemaschine** *f* TECH refrigerator **Kältemittel** *nt* AUTO refrigerant **Kälteperiode** *f* METEO spell of cold weather **Kälteschutzmittel** *nt* antifreeze **Kältetechnik** *f* refrigeration technology **Kälteverfahren** *nt* refrigeration process **Kältewelle** *f* cold spell
Kaltfront *f* METEO cold front
kaltgepresst *adj Öl* cold pressed, virgin **kaltherzig** *adj* cold-hearted **Kaltleim** *m* cold glue **Kaltleiter** *m* PHYS cold conductor **Kaltluft** *f* cold air **Kaltluftfront** *f* METEO cold front **Kaltmiete** *f* rent exclusive of heating costs **Kaltschale** *f cold fruit compote* **kaltschnäuzig** I. *adj (fam)* cold, callous II. *adv (fam)* callously, coldly **Kaltschnäuzigkeit** *f kein pl (fam)* callousness *no pl,* coldness *no pl* **Kaltstart** *m a.* INFORM cold start
Kaltstartautomatik *f* AUTO automatic choke
Kaltzeit *f* GEOL ice age
Kalvinismus <-> [-vi-] *m kein pl* REL Calvinism *no pl*
Kalvinist(in) <-en, -en> *m(f)* REL Calvinist
kalvinistisch *adj* REL calvinist[ic]
Kalzium <-s> *nt kein pl* calcium *no pl*
Kalziumkarbonat *nt* calcium carbonate
Kalziummangel <-s> *m kein pl* MED calcium deficiency *no pl,* calcipenia *no pl, no indef art spec*
kam *imp von* **kommen**
Kamasutra <-[s]> *nt kein pl* LIT [the] Kamasutra
Kambium <-s, Kambien> *nt* BOT cambium
Kambodscha <-s> *nt* Cambodia; *s. a.* **Deutschland**
Kambodschaner(in) <-s, -> *m(f)* Cambodian; *s. a.* Deutsche(r)
kambodschanisch *adj* Cambodian; *s. a.* **deutsch**
Kambrium <-s> *nt kein pl* GEOL *(Erdzeitalter)* [the] Cambrian *no pl*
Kamcorder <-s, -> *m s.* **Camcorder**
Kamee <-, -n> *f* cameo
Kamel <-[e]s, -e> *nt* ① ZOOL camel ② *(pej fam: Dummkopf)* idiot
Kamelhaar *nt kein pl* camel hair
Kamelhaarmantel *m* camel hair coat
Kamelie <-, -n> [-liə] *f* BOT camellia
Kamellen *pl* carnival sweets ▶ WENDUNGEN: **das sind alte** [*o* **olle**] ~ *(fam)* that's old hat
Kameltreiber(in) <-s, -> *m(f)* ① *(Kamelbesitzer)* camel-driver, cameleer ② *(pej: Araber)* Arab *pej sl*
Kamera <-, -s> *f* camera; **vor die** ~[s] **treten** to make oneself available to the reporters; **vor der** ~ on television; **jdn vor die** ~ **bringen** to bring sb in front of the camera; **digitale** ~ digital camera
Kameraauge *nt* FILM, FOTO *(fam)* lens
Kamerad(in) <-en, -en> *m(f)* comrade; *(veraltend: Klassenkamerad)* classmate, friend; *(Vereinskamerad)* friend
Kameradschaft <-, -en> *f* camaraderie *no pl;* **aus** ~ out of camaraderie
kameradschaftlich I. *adj* ① *(in der Art von Kameraden)* comradely ② *(rein freundschaftlich)* friendly, platonic II. *adv* on a friendly basis
Kameradschaftsgeist *m kein pl* spirit of comradeship *no pl,* esprit de corps *no pl*
Kameraeinstellung *f* shot **Kamerafahrt** *f* FILM tracking shot **Kamerafrau** *f fem form von* Kameramann camerawoman *fem* **Kameraführung** *f* FILM, TV camera work **Kameraleute** *pl* camera operators *pl*
Kameralismus *m* ÖKON *(hist)* cameralism
Kameralistik *f* ① *(veraltet: Finanzwissenschaft)* finance ② FIN *(Rechnungsführung)* cameralistics + *sing vb*
Kameramann, -frau *m, f* cameraman **Kameraposition** *f* camera position **kamerascheu** *adj* camera-shy **Kamerateam** *nt* camera team
Kamerun, Kamerun <-s> *nt* GEOL Cameroon
Kameruner(in) <-s, -> *m(f)* Cameroonian; *s. a.* Deutsche(r)
kamerunisch *adj* Cameroonian; *s. a.* **deutsch**
Kamikaze <-, -> *m* Kamikaze
Kamille <-, -n> *f* camomile
Kamillentee *m* camomile tea
Kamin <-s, -e> *m o* DIAL *nt* ① *(offene Feuerstelle)* fireplace ② *(Schornstein)* chimney ③ GEOL *(Felsspalt)* chimney ▶ WENDUNGEN: **etw in den** ~ **schreiben** to write sth off
Kaminaufsatz *m* chimney pot **Kaminbesteck** *nt* fireside companion set **Kaminfeger(in)** <-s, -> *m(f)* DIAL, **Kaminkehrer(in)** <-s, -> *m(f)* DIAL *(Schornsteinfeger)* chimney sweep **Kaminfeuer** *nt* open fire; **ein** ~ **machen** to light the fireplace **Kaminkopf** *m* BAU chimney top **Kaminofen** *m* stove **Kaminsims** *m o nt* mantelpiece **Kaminvorsprung** *m* BAU chimney breast
Kamisol <-s, -e> *nt* MODE camisole
Kamm <-[e]s, Kämme> *m* ① *(Frisier~)* comb ② ORN, ZOOL comb; *(Pferdenacken)* crest ③ KOCHK *(Nackenstück)* neck; *(von Schweinefleisch)* spare rib ④ *(Bergrücken)* ridge ⑤ *(Wellenkamm)* crest ▶ WENDUNGEN: **alle/alles über einen** ~ **scheren** to lump everyone/everything together; **jdm schwillt der** ~ *(fam)* sb is getting big-headed
kämmen *vt* ① *(Kamm oder Bürste benutzen)* ■**[jdm] etw** ~ to comb [sb's] sth; ■**sich** *akk* ~ to comb one's hair ② *(aus~)* ■**[jdm] etw aus etw** *dat* ~ to comb sth out of [sb's] sth; ***ich kämme dir das Stroh aus den Haaren*** I'll comb the straw out of your hair
Kammer <-, -n> *f* ① *(kleiner Raum)* small room, BRIT *a.* boxroom ② POL *(parlamentarische Instanz)* chamber, house ③ JUR *(Rechtsorgan)* chamber; **mit der Rechtssache befasste** ~ Chamber hearing the case; ~ **für Handelssachen** [*o* **Wirtschaftssachen**] commercial court, court of trade ④ ADMIN *(Berufsvertretung)* professional association ⑤ ANAT *(Herzkammer)* ventricle
Kammerchor *m* MUS chamber choir
Kammerdiener *m* valet
Kämmerer <-s, -> *m* ADMIN treasurer
Kammergericht *nt* JUR Supreme Court **Kammerjäger(in)** *m(f)* pest controller **Kammerkonzert** *nt* MUS chamber concert
Kämmerlein <-s, -> *nt dim von* Kammer 1 *(poet)* chamber ▶ WENDUNGEN: **im stillen** ~ in private
Kammermusik *f* chamber music **Kammerorchester** *nt* chamber orchestra **Kammersänger(in)** *m(f) title awarded to a singer of outstanding ability* **Kammerschauspieler(in)** *m(f) title awarded to an actor of outstanding ability* **Kammerspiel** *nt* THEAT ① *(Theaterstück)* studio theatre [*or* AM -er] [*or* AM intimate] play ② *pl (Theater)* studio theatre [*or* AM -er]; **an den** ~**en engagiert sein** to work in a studio theatre [*or* AM at a little theater]
Kammerton *m kein pl* concert pitch *no pl* **Kammervereinigung** *f* HANDEL organization of the chambers of commerce **Kammervorsitzende(r)** *f(m) dekl wie adj* JUR presiding judge **Kammerzofe** *f* HIST chambermaid **Kammerzugehörigkeit** *f* JUR chamber of commerce membership
Kammgarn *nt* worsted **Kammmolch**RR *m* ZOOL crested newt **Kammmuschel**RR *f* ZOOL, KOCHK deep sea [*or* bay] scallop **Kammolch** *m* ZOOL *s.* Kammmolch **Kammuschel** *f s.* **Kammmuschel**
Kampagne <-, -n> [kam'panjə] *f* campaign; **eine** ~ **für/gegen jdn/etw führen** to run a campaign for/against sb/sth
Kampanien <-s> *nt* Campania
Kämpe <-n, -n> *m (hum)* campaigner; **alter** ~ old soldier [*or* campaigner]
Kampf <-[e]s, Kämpfe> *m* ① MIL *(Gefecht)* battle; **den** ~ **aufnehmen** to go into battle; **den** ~ [*o* **die Kämpfe**] **einstellen** *(geh)* to cease fighting; **im** ~ **fallen** to fall in battle, to be killed in action; **zum** ~ **kommen** a fight breaks out, clashes occur; **sich** *akk* **[jdm] zum** ~ **stellen** to be prepared to go into battle; **in den** ~ **[gegen jdn/etw] ziehen** to take up arms [against sb/sth]; *(eine Herausforderung annehmen)* to accept a challenge ② SPORT fight; **den** ~ **abbrechen** to stop the fight; **einen** ~ **kämpfen** to put up a fight ③ *(Auseinandersetzung)* fight; *(innere Auseinandersetzung)* struggle; **innere Kämpfe** inner struggles; **der** ~ **der Geschlechter** the battle of the sexes; **ein** ~ **auf Leben und Tod** a life and death struggle ④ *(das Ringen)* **der** ~ **für** [*o* **um**]**/gegen etw** *akk* the fight [*or* struggle] for/against sth; **der** ~ **ums Dasein** the struggle for existence; **den** ~ **aufgeben** to give up the struggle ▶ WENDUNGEN: **jdm/einer S. den** ~ **ansagen** to declare war on sb/sth; **auf in den** ~! *(hum fam)* let's get cracking!
Kampfabschnitt *m* ① MIL combat zone, battle sector ② SPORT contest area **Kampfabstimmung** *f* POL crucial vote **Kampfansage** *f* declaraton of war; ■**eine** ~ **an jdn/etw** a declaration of war against sb/sth **Kampfbahn** *f* sports stadium [*or* arena] **kampfbereit** *adj* ready for battle; **sich** *akk* ~ **machen** to prepare oneself for battle **Kampfbomber** *m* fighter bomber **Kampfeinsatz** *f* ① MIL [military] action *no pl, no indef art,* combat mission ② SPORT *(Kampfgeist)* commitment *no pl*
kämpfen I. *vi* ① MIL ■**[für/gegen jdn/etw]** ~ to fight [for/against sb/sth]; **bis auf den letzten Mann** ~ to fight to the last man ② SPORT ■**[gegen jdn]** ~ to fight [against sb], to contend [with sb]; ■**um etw** *akk* ~ to fight for sth ③ *(sich angestrengt einsetzen)* ■**für/gegen etw** *akk* ~ to fight for/against sth ④ *(ringen)* ■**mit sich/etw** *dat* ~ to struggle with oneself/sth; **mit einem Problem** ~ to struggle with a problem; *s. a.* **Träne** II. *vr* ■**sich** *akk* **durch etw** *akk* ~ to struggle through sth
Kampfer <-s> *m kein pl* camphor *no pl*
Kämpfer(in) <-s, -> *m(f)* ① MIL *(Krieger)* fighter, warrior ② SPORT fighter, contender ③ *(engagierter Streiter)* **ein** ~ **für/gegen etw** *akk* a fighter for/against sth; **ein echter** ~ a real fighter; **ein großer** ~**/eine große** ~**in** a great fighter; **kein großer** ~**/keine große** ~**in sein** to not be a great fighter ④ BAU transom

Kampferbaum *m* camphor tree

kämpferisch I. *adj* ① SPORT (*einsatzfreudig*) attacking ② (*Kampfgeist aufweisend*) aggressive ③ MIL (*den Kampf betreffend*) fighting II. *adv* MIL aggressively

Kämpfernatur *f* fighter; ***er ist eine*** ~ he is a fighter [by nature] [*or* has a fighting nature]

kampferprobt *adj inv* battle-tried, combat-tested **kampffähig** *adj pred* fit to fight [*or* for active service] **Kampffisch** *m* ZOOL fighting fish **Kampfflugzeug** *nt* combat aircraft **Kampfführung** *f* combat command **Kampfgas** *nt* poison gas **Kampfgefährte, -tin** <-n, -n> *m, f* comrade-in-arms **Kampfgeist** *m kein pl* fighting spirit *no pl* **Kampfgewicht** *nt* SPORT fighting weight **Kampfgewühl** *nt* **im** ~ in the thick of battle **Kampfgruppe** *f* MIL ① (*Einsatzgruppe*) task force ② HIST (*Brigade der Waffen-SS*) combat group **Kampfhandlung** *f meist pl* MIL action, engagement, fighting *no pl, no indef art,* clash, hostilities *pl;* **die ~en einstellen** to cease hostilities, to stop fighting **Kampfhubschrauber** *m* combat helicopter **Kampfhund** *m* fighting dog **Kampfkraft** *f kein pl* military strength **Kampfläufer** *m* ORN ruff **kampflos** I. *adj* peaceful II. *adv* peacefully, without conflict **kampflustig** *adj* belligerent **Kampfmaßnahme** *f* offensive measure **Kampfmittel** *pl* weapons *pl* **Kampfmontur** <-, -en> *f* ADMIN, MIL (*fam*) combat gear **Kampfpause** *f* break in a fight [*or* battle] **Kampfplatz** *m* SPORT stadium, arena **Kampfpreis** *m* ÖKON cut-throat price **Kampfrichter(in)** *m(f)* referee **Kampfsatellit** *m* military satellite **Kampfsport** *m kein pl* martial arts *pl* **Kampfsportart** *f* martial art **Kampfstärke** *f* MIL combat strength **Kampfstoff** *m* MIL warfare agent **Kampftruppe** *f* ① MIL fighting unit ② (*kampfbereite Gruppe von Personen*) fighting unit **kampfunfähig** *adj* unable to fight; MIL unfit for battle [*or* active service]; **jdn/etw ~ machen** MIL (*a. fig*) to put sb/sth out of action; **jdn ~ schießen** to cripple sb **Kampfverband** *m* MIL combat unit **Kampfwagen** *m* MIL (*geh*) combat vehicle; HIST chariot **Kampfwille** <-n> *m* pugnacity

kampieren* *vi* ■**irgendwo** ~ ① (*sich lagern*) to camp [out] somewhere ② (*fam: vorübergehend wohnen*) to doss [*or* AM crash [out]] [down] somewhere *fam*

Kanada <-s> *nt* Canada; *s. a.* Deutschland

Kanadagans *f* ORN Canada goose

Kanadier <-s, -> [-diɐ] *m* SPORT Canadian canoe

Kanadier(in) <-s, -> [-diɐ] *m(f)* Canadian; *s. a.* Deutsche (r)

kanadisch *adj* ① (*Kanada betreffend*) Canadian; *s. a.* deutsch 1 ② LING Canadian; *s. a.* deutsch 2

Kanaille <-, -n> [ka'naljə] *f* (*pej*) scoundrel *pej*

Kanake <-n, -n> *m* ① GEOG (*Südseeinsulaner*) Kanaka ② (*pej sl: exotischer Asylant*) dago *pej sl* ③ (*pej sl: türkischer Arbeitnehmer*) Turkish immigrant worker

Kanal <-s, Kanäle> *m* ① NAUT, TRANSP (*Binnenschifffahrtsweg*) canal ② (*Abwasserkanal*) sewer ③ *kein pl* GEOG (*Ärmelkanal*) ■**der** ~ the [English] Channel ④ RADIO, TV, TELEK (*Frequenzbereich*) channel; **einen anderen ~ wählen** to change channels ⑤ *pl* (*Wege*) channel; **dunkle Kanäle** dubious channels; **diplomatische Kanäle** POL diplomatic channels; **etw in die richtigen Kanäle leiten** to lead sth [*or* have sth go] through the proper channels ▸ WENDUNGEN: **den ~ voll haben** (*sl: betrunken sein*) to be tanked up; (*es satt haben*) to have had enough [*or* it up to here]

Kanalabgabe *f* canal toll **Kanalabzweig** *m* canal branch **Kanalarbeiter(in)** *m(f)* ① (*Arbeiter für das Abwassernetz*) sewerage worker ② POL (*sl: im Hintergrund Agierender*) member of the backroom staff **Kanalauskleidung** *f* canal lining **Kanalbau** *m* canal construction, canalization **Kanalböschung** *f* canal slope **Kanaldamm** *m* canal bank **Kanaldampfer** *m* (*im Ärmelkanal*) cross-Channel steamer **Kanaldeckel** *m* manhole cover, drain cover **Kanalfähre** *f* canal ferry **Kanalfracht** *f* canal freight **Kanalgebühr** *f* ADMIN canal toll; ■**~en** *pl* canal dues *pl* **Kanalgefälle** *nt* canal gradient **Kanalgesellschaft** *f* canal company **Kanalhafen** *m* canal port **Kanalinseln** *pl* ■**die** ~ the Channel Islands *pl; s. a.* Falklandinseln

Kanalisation <-, -en> *f* ① (*Abwassernetz*) sewerage system, sewers *pl* ② *kein pl* (*geh: das Kanalisieren*) canalization *no pl, no indef art*

kanalisieren* *vt* ■**etw** ~ ① (*schiffbar machen*) to canalize sth ② (*mit einer Kanalisation versehen*) to lay sewers *pl,* to install a sewerage system ③ (*geh: in Bahnen lenken*) to channel sth

kanalisiert *adj inv* **~e Strecke** canal section

Kanalmündung *f* canal mouth **Kanalnetz** *nt* canal network [*or* system] **Kanalratte** *f* sewer rat **Kanalschiff** *nt* canal barge **Kanalschiffahrt** *f* canal navigation **Kanalschleuse** *f* canal lock **Kanalsohle** *f* canal bed [*or* bottom] **Kanalsystem** *nt* canal system **Kanaltunnel** *m* ■**der** ~ the Channel Tunnel **Kanalufer** *nt* canal bank **Kanalverbreiterung** *f* canal widening **Kanalverkehr** *m* canal traffic **Kanalzone** *f* canal zone

Kanapee <-s, -s> *nt* ① (*hum: Sofa*) couch, settee, sofa ② KOCHK (*belegtes Schnittchen*) canapé

Kanaren *pl s.* **Kanarische Inseln**

Kanarienvogel [-riən-] *m* canary

Kanarier(in) <-s, -> *m(f)* Canary Islander

kanarisch *adj inv* Canary

Kanarische Inseln *pl* ■**die** ~ the Canary Islands *pl; s. a.* Falklandinseln

Kandare <-, -n> *f* (*Gebissstange*) bit ▸ WENDUNGEN: [**bei**] **jdm die ~ anziehen** to draw in the rein on sb; **jdn** [**fest**] **an der ~ haben** to have sb [firmly] under one's thumb; **jdn an die ~ nehmen** to keep a tight rein on sb

Kandelaber <-s, -> *m* candelabra

Kandidat(in) <-en, -en> *m(f)* ① (*Bewerber*) candidate, applicant; **jdn als ~en** [**für etw** *akk*] **aufstellen** POL to nominate sb [for sth], to put sb forward as a candidate ② SCH (*Student*) candidate

Kandidatenliste *f* list of candidates

Kandidatur <-, -en> *f* application; **seine ~ anmelden/zurückziehen** to forward/withdraw one's application

kandidieren* *vi* POL ■[**für etw** *akk*] ~ to stand [*or* run] [for sth]

kandieren *vt* KOCHK ■**etw** ~ to glace [*or* candy] sth; **Obst** ~ to crystallize fruit

kandiert *adj* candied; *Kirschen* glacé

Kandis <-> *m,* **Kandiszucker** *m kein pl* rock candy *no pl*

Känguru^RR <-s, -s> *nt,* **Känguruh** <-s, -s> *nt* kangaroo

Kaninchen <-s, -> *nt* rabbit

Kaninchenbau <-baue> *m* burrow **Kaninchenstall** *m* rabbit hutch

Kanister <-s, -> *m* ① (*Behälter*) canister, can ② AUTO (*Reservekanister*) canister

kann *3. pers sing von* **können**

Kannbestimmung *f* JUR permissive [*or* optional] provision

Kännchen <-s, -> *nt dim von* **Kanne** ① (*kleine Kanne*) jug ② (*im Café*) pot; **ein ~ Kaffee** a pot of coffee

Kanne <-, -n> *f* ① (*Behälter mit Tülle*) pot ② HORT (*Gießkanne*) watering can ▸ WENDUNGEN: **volle ~ gegen etw** *akk* **fahren** (*fam*) to crash into sth; **die ~ vollhaben** (*fam*) to be plastered *fam*

kannelieren *vt* KOCHK **Gemüse** ~ *to peel vegetables decoratively using a canelle knife*

Kanneliermesser *nt* canelle knife

Kannibale <-n, -n> *m* cannibal

Kannibalismus <-> *m kein pl* cannibalism *no pl*

Kannkaufmann, -kauffrau *m, f* HANDEL optionally registrable trader

kannte *imp von* **kennen**

Kann-Vorschrift *f* JUR discretionary clause, permissive provision

Kanon <-s, -s> *m* canon

Kanonade <-, -n> *f* ① HIST (*Beschuss durch Kanonen*) barrage ② (*Flut*) tirade; **eine** [**wahre**] **~ von etw** *dat* a [real] tirade of sth

Kanone <-, -n> *f* ① HIST (*Geschütz*) cannon; **~n auffahren** HIST to bring up the big guns ② (*sl: Pistole*) rod *sl* ▸ WENDUNGEN: **mit ~n auf Spatzen schießen** (*fam*) to take a sledgehammer to crack a nut; **unter aller ~ sein** (*fam*) to be lousy [*or* dreadful]

Kanonenboot *nt* gunboat

Kanonenbootpolitik *f kein pl* gunboat diplomacy **Kanonendonner** *m* rumbling of guns **Kanonenfutter** *nt* (*sl*) cannon fodder **Kanonenkugel** *f* HIST cannonball **Kanonenofen** *m* cylindrical iron stove **Kanonenrohr** *nt* HIST gun barrel ▸ WENDUNGEN: [**ach du**] **heiliges ~!** (*veraltend fam*) good grief! *fam* **Kanonenschuss**^RR *m* cannon shot

Kanonier <-s, -e> *m* MIL artilleryman, gunner

Kanoniker <-s, -> *m,* **Kanonikus** <-, Kanoniker> *m* REL canon

Kanonisation <-, -en> *f* REL canonization

kanonisch *adj* REL canonical; **~es Recht** canon law

kanonisieren* *vt* REL ■**jdn** ~ to canonize sb

Kanossa <-s> *nt* (*geh*) **nach ~ gehen** to eat humble pie *fam*

Kanossagang <-gänge> *m,* **Canossagang** <-gänge> *m* (*geh*) humble pie; **einen ~ antreten** to eat humble pie

Kantabrer(in) <-s, -> *m(f)* Cantabrian

Kantabrien <-s> *nt* Cantabria

kantabrisch *adj inv* Cantabrian

Kantate <-, -n> *f* MUS cantata

Kante <-, -n> *f* ① (*Rand*) edge ② MODE (*Rand*) border ▸ WENDUNGEN: **etw auf der hohen ~ haben** (*fam*) to have sth put away; **etw** [**für etw** *akk*] **auf die hohe ~ legen** (*fam*) to put sth away [for a rainy day]

kanten *vt* ■**etw** ~ ① *Schrank, Kiste* to tilt sth ② SKI to edge sth

Kanten <-s, -> *m* NORDD crust

Kantenanleimmaschine *f* TYPO edge-gluing machine **Kantenbeleimung** *f* TYPO edge gluing **Kantenbeschnitt** *m* TYPO edge slitting [*or* trimming] **Kantenschutzleiste** *f* BAU edge strip

Kanthaken *m* ▸ WENDUNGEN: **jdn beim ~ nehmen** [*o* **kriegen**] (*veraltend fam*) to haul sb over the coals *fam* **Kantholz** *nt* squared timber

kantig *adj* ① (*Kanten besitzend*) squared ② (*markant*) angular

Kantine <-, -n> *f* canteen

Kanton <-s, -e> *m* ADMIN canton

kantonal *adj* cantonal

Kantonist <-en, -en> *m* ▸ WENDUNGEN: **ein unsicherer ~ sein** to be unreliable

Kantor, Kantorin <-s, -toren> *m, f* ① (*Organist*) choirmaster ② REL (*Vorsänger*) cantor

Kantorei <-, -en> *f* [church] choir

Kantorin <-, -nen> *f fem form von* **Kantor**

Kanu <-s, -s> *nt* canoe

Kanüle <-, -n> *f* cannula

Kanusport *m kein pl* canoeing *no art, no pl*

Kanute, Kanutin <-n, -n> *m, f* SPORT canoeist

Kanzel <-, -n> *f* ① REL pulpit ② LUFT (*veraltend: Cockpit*) cockpit

kanzerogen *adj* carcinogenic

Kanzlei <-, -en> *f* ① (*Büro*) office ② HIST (*Behörde*) chancellery ③ (*Gebäude*) chancellery; **~ des Gerichtshofes** court office

Kanzleibeamte(r) *f(m)* decl wie adj clerical worker, clerk

Kanzler(in) <-s, -> *m(f)* ① POL (*Regierungschef*) chancellor; **der Eiserne ~** the Iron Chancellor ② POL (*Verwaltungschef einer Auslandsvertretung*) chief secretary ③ SCH (*Verwaltungschef*) vice-chancellor

Kanzleramt *nt* POL Chancellory

Kanzleramtsminister(in) *m(f)* chancellory minister

Kanzlerbonus *m advantage of being the incumbent chancellor during elections*

Kanzlerin <-, -nen> *f fem form von* **Kanzler**

Kanzlerkandidat(in) *m(f)* POL candidate for the position of chancellor

K

Kanzlerkandidatur *f* candidacy for the chancellorship
Kaolin <-s, -e> *m o nt* kaolin *no pl*
Kap. *nt Abk von* **Kapitel** cap.
Kap <-s, -s> *nt* (*Landspitze*) cape; ~ **der Guten Hoffnung** Cape of Good Hope; ~ **Hoorn** Cape Horn
Kapaun <-s, -e> *m* ZOOL, KOCHK capon
Kapazität <-, -en> *f* ❶ *kein pl* (*Fassungsvermögen*) capacity ❷ *kein pl* ÖKON (*Produktionsvermögen*) [production] capacity; **freie** ~ spare [*or* surplus] capacity ❸ ÖKON (*Produktionsanlagen*) capacity ❹ INFORM capacity ❺ *kein pl* (*geh: Begriffsvermögen*) mental capacity ❻ (*kompetente Person*) expert
Kapazitätsabbau *m* reduction in capacity **Kapazitätsausbau** *m* capacity building
Kapazitätsauslastung *f kein pl* ÖKON capacity utilization; **volle** ~ full utilization of capacity
Kapazitätsauslastungsgrad *m* capacity utilization level [*or* ratio] [*or* rate] **Kapazitätsengpass**[RR] *m* ÖKON capacity bottleneck [*or* constraint] **Kapazitätserweiterung** *f*, **Kapazitätssteigerung** *f* ÖKON increase in capacity **Kapazitätsgrenze** *f* capacity barrier **kapazitätsorientiert** *adj inv Arbeitszeit* capacity-orientated [*or* AM -oriented] **Kapazitätsüberhang** *m* ÖKON surplus capacity
kapazitiv *adj inv* ELEK capacitive
Kapee schwer von ~ **sein** (*fam*) to be slow on the uptake *fam*
Kapelle[1] <-, -n> *f* chapel
Kapelle[2] <-, -n> *f* MUS band, orchestra
Kapellmeister(in) *m(f)* MUS ❶ (*Orchesterdirigent*) conductor ❷ (*Leiter einer Kapelle*) director of music; (*Tanzkapelle*) band leader
Kaper <-, -n> *f* caper
kapern *vt* ❶ (*fam: sich angeln*) ■[**sich** *dat*] **jdn** ~ to hook [oneself] sb ❷ HIST ■**etw** ~ to capture [*or* seize] sth
Kaperschiff *nt* HIST privateer
kapieren* I. *vi* (*fam*) to get *fam*; ■~, **dass/was/wie/wo ...** to understand that/what/how/where ...; **kapiert?** understood?, got it? II. *vt* (*fam: begreifen*) ■**etw** ~ to get [*or* understand] sth
Kapillargefäß *nt* ANAT capillary
kapital *adj* ❶ JAGD (*gewaltig*) royal ❷ (*veraltend: groß*) major; **ein ~er Irrtum** a real howler; **ein ~er Spaß** great fun; *s. a.* **Bock**
Kapital <-s, -e *o* -ien> [-liən] *nt* ❶ *kein pl* FIN (*Geldvermögen*) capital [stock], assets *pl*; **amortisiertes/festliegendes/flüssiges** ~ redeemed/fixed/liquid capital; **Gewinn bringendes** ~ productive capital; **kündbares/gesetzlich vorgeschriebenes** ~ withdrawable/statutory capital; **totes** ~ dead assets, unproductive capital; ~ **abschöpfen** to absorb capital; ~ **abschreiben** to write off capital; ~ **anlegen/binden** to invest/tie up capital; ~ **aufnehmen** to take up credit; ~ **auflösen** to unlock capital; ~ **freisetzen/umschichten** to free [up]/to regroup capital; ~ **aus etw** *dat* **schlagen** (*pej*) to cash in on sth ❷ ÖKON (*Gesellschaftskapital*) capital
Kapitalabfindung *f* JUR lump-sum compensation **Kapitalabfluss**[RR] *m* capital outflow **Kapitalabwanderung** *f kein pl* ÖKON exodus of capital **Kapitalakkumulation** *f* FIN accumulation of capital **Kapitalanlage** *f* FIN capital investment; **außerbetriebliche** ~ outside investment; **festverzinsliche/sichere** ~ fixed-interest/safe investment **Kapitalanlagebetrug** *m* JUR investment fraud **Kapitalanlagegesellschaft** *f* FIN investment trust company **Kapitalanlagegesellschaft** *f* HANDEL investment trust **Kapitalanlagegüter** *pl* FIN capital assets **Kapitalanleger(in)** *m(f)* FIN investor **Kapitalanteil** *m* FIN capital share [*or* interest] **Kapitalaufstockung** *f* increase in share capital **Kapitalaufwand** *m* FIN capital expenditure **Kapitalausstattung** *f* FIN (*Kapitalisierung*) capitalization; (*Bucheintrag*) capital equipment *no pl* **Kapitalband** *nt* TYPO head band **Kapitalbasis** *f* capital base **Kapitalbedarf** *m* FIN capital requirements *pl* **Kapitalberichtigungsaktie** *f* BÖRSE bonus share
Kapitalbeschaffung *f kein pl* FIN raising of capital **Kapitalbeschaffungskosten** *pl* FIN capital procurement costs **Kapitalbeschaffungsmarkt** *m* FIN capital procurement market **Kapitalbeschaffungsmaßnahme** *f* FIN cash-raising [*or* fund-raising] exercise
Kapitalbeteiligungsgesellschaft *f* HANDEL capital investment company **Kapitalbilanz** *f* FIN capital account balance of payments, balance sheet of capital transactions **Kapitalbildung** *f* FIN capital formation, building up capital
Kapitälchen *pl* TYPO small caps *pl*
Kapitaldecke *f* capital resources *pl* **Kapitaldividende** *f* FIN capital dividend **Kapitaleinkommen** *nt*, **Kapitaleinkünfte** *pl* FIN capital [*or* investment] income **Kapitaleinkommensquote** *f* FIN investment income ratio **Kapitaleinkommensteuer** *f* FIN tax on unearned income **Kapitaleinkünfte** *pl* FIN investment income *no pl* **Kapitaleinlagen** *pl* FIN contribution *no pl* of capital **Kapitalentnahme** *f* FIN withdrawal of capital **Kapitalentnahmeanspruch** *m* FIN claim to withdraw capital **Kapitalerhöhung** *f* FIN capital increase, increase in share capital
Kapitalertrag *m* FIN yield [*or* return] on capital **Kapitalertragsbilanz** *f* FIN net investment income **Kapitalertrag(s)steuer** *f* capital gains tax
Kapitalexport *m* export of capital **Kapitalflucht** *f* flight of capital **Kapitalfluss**[RR] *m* FIN flow of capital **Kapitalflussrechnung**[RR] *f* FIN cashflow statement, where-got-where-gone statement *fam* **Kapitalgesellschaft** *f* joint-stock company **Kapitalgewinn** *m* FIN capital profit; (*von Geldanlage*) investment profit **Kapitalgüter** *pl* FIN capital goods **Kapitalherabsetzung** *f* FIN capital reduction **Kapitalintensität** *f* FIN capital intensity
kapitalisieren* *vt* FIN ■**etw** ~ to capitalize sth, to make capital out of sth; **Profit** ~ to realize profits
Kapitalismus <-> *m kein pl* capitalism
Kapitalist(in) <-en, -en> *m(f)* capitalist
kapitalistisch *adj* capitalist
Kapitalknappheit *f* FIN shortage of capital **Kapitalkonto** *nt* FIN capital account **kapitalkräftig** *adj* financially strong **Kapitallebensversicherung** *f* FIN capital-sum life insurance **Kapitalmangel** *m* lack of capital, capital shortage
Kapitalmarkt *m* money market; **freier** ~ open market **Kapitalmarktausschuss**[RR] *m* FIN capital market subcommittee **Kapitalmarktgesetzgebung** *f* JUR, FIN capital market legislation **Kapitalmarktrecht** *nt* JUR capital market law **Kapitalmarktzinsen** *pl* FIN capital market interest rates
Kapitalmehrheit *f kein pl* FIN equity majority, majority shareholding; **die ~ eines Unternehmens erwerben** to acquire a controlling interest in a company **Kapitalnachfrage** *f* FIN demand for capital **Kapitalneubildung** *f* FIN new capital formation **Kapitalneufestsetzung** *f* FIN capital readjustment **Kapitalrendite** *f* FIN return on investment, RoI **Kapitalreserve** *f* capital reserve [*or* surplus] **Kapitalrücklage** *f* FIN share premium account, capital reserves *pl* **Kapitalrückzahlung** *f* FIN repayment of capital [*or* principal] **Kapitalsammelstelle** *f* FIN institutional investor **Kapitalschnitt** *m* FIN capital writedown **Kapitalschrift** *f* capitals *pl*; **römische** ~ roman capitals *pl* **Kapitalschutzabkommen** *nt*, **Kapitalschutzvertrag** *m* JUR, FIN capital protection agreement **Kapitalstärke** *f kein pl* FIN financial strength **Kapitalsteuer** *f* FIN capital tax **Kapitalstock** *m* FIN capital stock, stock of capital **Kapitaltransfer** *m* FIN capital transfer **Kapitalumsatz** *m* FIN capital turnover **Kapitalumschichtung** *f* FIN switching of capital **Kapitalumverteilung** *f* FIN capital reconstruction
Kapitalverbrechen *nt* JUR capital offence
Kapitalverkehr *m kein pl* FIN capital transactions, movements of capital, capital movement; **freier/grenzüberschreitender** ~ free movement of capital/cross-frontier capital movements; ~ **mit Drittstaaten** capital transfers to and from third countries
Kapitalverkehrsfreiheit *f kein pl* FIN free movement of capital **Kapitalverkehrssteuer** *f* FIN capital transfer [*or* transaction] tax **Kapitalverlust** *m* FIN capital loss **Kapitalverminderung** *f* FIN capital reduction **Kapitalvermittler(in)** *m(f)* FIN provider of capital **Kapitalwert** *m* FIN capitalized value **Kapitalzinsen** *pl* FIN costs of capital **Kapitalzusammenlegung** *f* FIN (*Fusion*) capital merger **Kapitalzuwachs** *m* FIN capital growth
Kapitän(in) <-s, -e> *m(f)* captain; ~ **zur See** MIL captain
Kapitänleutnant *m* MIL lieutenant-commander
Kapitänspatent *nt* master's certificate
Kapitel <-s, -> *nt* ❶ (*Abschnitt*) chapter ❷ (*Angelegenheit*) chapter of events, story; **ein anderes ~ sein** to be another story; **ein ~ für sich sein** to be a story in itself; ***dieses ~ wäre nun erledigt*** that's the end of that then ❸ REL (*Domkapitel*) chapter
Kapitell <-s, -e> *nt* ARCHIT capital
Kapitelüberschrift *f* chapter heading [*or* title]
Kapitulation <-, -en> *f* ❶ MIL (*das Kapitulieren*) capitulation, surrender; **bedingungslose** ~ unconditional surrender ❷ (*Resignation*) ■**eine ~ vor jdm/etw** capitulating to sb/sth
kapitulieren* *vi* ❶ MIL (*sich ergeben*) ■[**vor jdm/etw**] ~ to capitulate [*or* surrender] [to sb/sth] ❷ (*fam: aufgeben*) ■[**vor etw** *dat*] ~ to give up [in the face of sth]; **vor Terroristen/jds Forderungen** ~ to give in to terrorists/sb's demands
Kaplan <-s, Kapläne> *m* REL chaplain
Kapo <-s, -s> *m* ❶ MIL (*sl: Unteroffizier*) sarge *sl* ❷ (*beaufsichtigender Häftling*) overseer, gaffer *sl*
Kapok <-s> *m kein pl* (*Pflanzenfaser*) kapok *no pl*
Kaposi-Sarkom <-s, -e> *nt* MED Kaposi's sarcoma
Käppchen <-s, -> *nt dim von* **Kappe** skullcap
Kappe <-, -n> *f* ❶ (*Mütze*) cap ❷ (*Verschluss*) top; *eines Autoreifens* hubcap ❸ (*Schuhaufsatz: vorne*) toecap; (*hinten*) heel ► WENDUNGEN: **auf jds ~ gehen** (*fam*) to be sb's responsibility; (*die Bezahlung übernehmen*) to be on sb *fam*; ***das Essen geht auf meine ~!*** the meal's on me!; **etw [jdm gegenüber] auf seine ~ nehmen** (*fam*) to take responsibility [*or* the blame] for sth
kappen *vt* ❶ (*durchtrennen*) ■**etw** ~ to cut sth; **jdm das Telefon** ~ to cut sb's phone off ❷ (*fam: beschneiden*) ■[**jdm**] **etw** [**um etw** *akk*] ~ to cut back [sb's] sth [by sth]; ***dem Unternehmen wurden vom Ministerium die Zuschüsse gekappt*** the ministry cut back the company's subsidies
Kappes <-> *m kein pl* DIAL ❶ (*Weißkohl*) cabbage ❷ (*sl: Unsinn*) rubbish BRIT, nonsense AM
Kapphahn *m* ZOOL, KOCHK *s.* **Kapaun**
Käppi <-s, -s> *nt* cap
Kappnaht *f* flat-fell seam
Kapriole <-, -n> *f* ❶ (*ausgelassener Streich*) capriole, caper ❷ (*Luftsprung*) caper
kapriziös *adj* (*geh*) capricious
Kapsel <-, -n> *f* ❶ PHARM, BOT, RAUM capsule ❷ (*kleiner Behälter*) small container
Kapstachelbeere *f* physalis
Kapstadt <-s> *nt* Cape Town
kaputt *adj* (*fam*) ❶ (*defekt*) broken ❷ (*beschädigt*) damaged; (*Kleidung: zerrissen*) torn; ■~ **sein** to be damaged, to have had it *fam* ❸ (*erschöpft*) shattered, knackered *sl*; **total ~ sein** to be completely shattered [*or* knackered] *sl* ❹ (*ruiniert*) ruined, in ruins; *s. a.* **Typ** ❺ MED (*schwer geschädigt*) damaged; (*verletzt*) injured; (*gebrochen*) broken
kaputt|fahren *vt irreg* (*fam*) ■[**jdm**] **etw** ~ to smash [into] [sb's] sth *fam*; **ein Auto** ~ to write off a car **kaputt|gehen** *vi irreg sein* (*fam*) ❶ (*defekt werden*) ■[**von etw** *dat*] ~ to break down [as a result of sth]; ***pass' auf! das geht [davon] kaputt!*** careful! it'll break! ❷ (*beschädigt werden*) to become damaged ❸ (*ruiniert werden*) ■[**an etw** *dat*] ~ to be ruined [*or* go bust] [because of sth]; (*Ehe, Partnerschaft*) to break up [because of sth] ❹ (*eingehen: Blume, Pflanze*) ■[**jdm**] [**an etw** *dat*] ~ to die

[off] [as a result of sth] ❺ (*sl: sich erschöpfen*) ■ [**bei etw** *dat*] ~ to be worn out [from sth]; ***bei dieser Schufterei geht man ja kaputt!*** this work does you in! **kaputt|kriegen** *vt* (*fam: ruinieren können*) ■ **etw** ~ (*Spielzeug, Gerät*) to break sth; (*Kleidungsstück, Möbelstück*) to ruin sth; (*Geschirr*) to smash sth; **nicht kaputtzukriegen sein** to last forever **kaputt|lachen** *vr* (*fam*) ■ **sich** *akk* ~ to die laughing *fam;* **du lachst dich kaputt!** what a laugh! **kaputt|machen** I. *vt* (*fam*) ❶ (*zerstören*) ■ [**jdm**] **etw** ~ (*Gerät, Auto*) to break [sb's] sth; (*Kleidungsstück, Möbelstück*) to ruin [sb's] sth; (*Geschirr*) to smash [sb's] sth ❷ (*ruinieren*) ■ **etw/jdn** ~ to ruin sth/sb ❸ (*erschöpfen*) ■ **jdn** ~ to wear sb out II. *vr* (*fam: sich verschleißen*) ■ **sich** *akk* [**mit etw** *dat*] ~ to wear oneself out [*or sl* knacker oneself] [with sth], to slog oneself into the ground *fam* **kaputt|schlagen** *vt irreg* (*fam*) ■ [**jdm**] **etw** ~ to smash [sb's] sth

Kapuze <-, -n> *f* hood; (*Kutte*) cowl

Kapuzenbadetuch *nt* cuddle and dry robe **Kapuzenmütze** *f* Balaclava

Kapuziner <-s, -> *m* ❶ REL (*Mönch*) Capucin [monk] ❷ ÖSTERR (*Milchkaffee*) milk coffee

Kapuzineraffe *m* ZOOL capuchin **Kapuzinerkresse** *f* BOT, KOCHK nasturtium

Kap Verde <-s> *nt,* **Kapverden** *pl* SCHWEIZ, BRD (*fam*) Cape Verde [Islands]; *s. a.* **Sylt, Falklandinseln**

Kapverdier(in) <-s, -> *m(f)* Cape Verdean; *s. a.* **Deutsche(r)**

kapverdisch *adj* Cape Verdean; *s. a.* **deutsch**

Kapverdischen Inseln *pl s.* **Kap Verde**

Kar <-[e]s, -e> *nt* (*Mulde zwischen Bergen im Gebirge*) col

Karabiner <-s, -> *m* ❶ (*Gewehr*) carbine ❷ ÖSTERR (*~haken*) karabiner, snap link

Karabinerhaken *m* (*beim Bergsteigen*) karabiner, snaplink, krab

Karacho <-s> *nt kein pl* **mit** ~ (*fam*) full tilt; ***sie fuhr mit ~ gegen die Hauswand*** she drove smack into the wall

Karaffe <-, -n> *f* decanter, carafe

Karambolage <-, -n> [karambo'la:ʒə] *f* AUTO (*fam*) pile-up *fam*

Karambole <-, -n> *f* BOT, KOCHK star fruit, carambola

karambolieren* *vi sein o haben* ■ **mit etw** ~ to crash into sth, to collide with sth; (*beim Billard*) to cannon [*or* AM carom] sth

karamel *adj,* **karamell**RR *adj inv, pred* caramel

Karamel, KaramellRR <-s> *m kein pl* caramel

Karamelle <-, -n> *f* caramel toffee

Karaoke <-[s]> *nt kein pl* MUS karaoke *no pl*

Karasee *f* Kara Sea

Karat <-[e]s, -e *o* -> *nt* carat

Karate <-[s]> *nt kein pl* SPORT karate *no pl*

Karausche <-, -n> *f* ZOOL, KOCHK crucian carp

Karavelle <-, -n> *f* HIST, NAUT caravel

Karawane <-, -n> *f* caravan

Karawanserei <-, -en> *f* caravanserai, caravansary

Karbid <-[e]s, -e> *nt* CHEM ❶ *kein pl* (*stechend riechende Masse*) carbide *no pl* ❷ (*Kohlenstoffverbindung*) carbide

Karbidlampe *f* carbide lamp

Karbol <-s> *nt kein pl* carbolic acid *no pl*

Karbon <-s> *nt kein pl* GEOL [the] Carboniferous *no pl*

Karbonat <-[e]s, -e> *nt* carbonate

Karbunkel <-s, -> *m* MED carbuncle

Kardamom <-s> *m o nt kein pl* cardamon *no pl*

Kardangelenk *nt* TECH universal joint **Kardantunnel** *m* TECH transmission tunnel **Kardanwelle** *f* TECH propeller shaft; (*sonstige Welle*) cardan shaft

Kardinal <-s, Kardinäle> *m* REL, ORN cardinal

Kardinalfehler *m* cardinal error **Kardinalfrage** *f* (*geh*) essential question **Kardinaltugend** *f* REL, PHILOS cardinal virtue **Kardinalzahl** *f* cardinal number

Kardiogramm <-gramme> *nt* cardiogram

Kardiologe, Kardiologin <-n, -n> *m, f* MED cardiologist

Kardiologie <-> *f kein pl* ❶ (*Wissenschaft*) cardiology *no pl* ❷ (*sl: Station*) cardiology [ward]

Kardiologin <-, -nen> *f* MED *fem form von* **Kardiologe**

kardiovaskulär *adj inv* MED cardiovascular

Kardone <-, -n> *f* ZOOL, KOCHK cardoon

Karenzentschädigung *f* JUR waiting allowance **Karenztag** *m* day of unpaid sick leave **Karenzzeit** *f* ❶ (*Wartezeit*) waiting period ❷ ÖSTERR (*Mutterschaftsurlaub*) maternity leave

Karfiol <-s> *m kein pl* SÜDD, ÖSTERR (*Blumenkohl*) cauliflower

Karfreitag *m* Good Friday

Karfunkel <-s, -> *m,* **Karfunkelstein** *m* LIT carbuncle

karg I. *adj* ❶ (*unfruchtbar*) barren ❷ (*dürftig*) sparse; (*Einkommen, Mahl*) meagre [*or* AM -er] ❸ (*geh: geizig*) sparing, stingy *fam,* tight-fisted; ■ ~ **mit etw** *dat* **sein** to be sparing with [*or* in] sth; ***er ist ~ mit seinem Lob*** he is sparing in his praise II. *adv* ❶ (*dürftig*) sparsely ❷ (*knapp*) ~ **bemessen** stingy with sth; ***die Portionen sind ~ bemessen*** they're stingy with the helpings

kargen *vi haben* (*geh*) to be sparing; **mit Geld** ~ to be stingy; **mit Worten** ~ (*generell*) to be of few words; (*in best. Situation*) to be curt; **mit Lob** ~ to be grudging of praise

Kargheit <-> *f kein pl* ❶ (*Unfruchtbarkeit*) barrenness *no pl* ❷ (*Dürftigkeit*) sparseness *no pl; Essen, Mahl* meagreness [*or* AM -erness] *no pl*

kärglich *adj* ❶ (*ärmlich*) shabby, meagre [*or* AM -er]; **~e Kleidung** cheap clothing; **ein ~es Leben führen** to live a life of poverty ❷ (*sehr dürftig*) meagre [*or* AM -er], sparse; **~e Mahlzeit** frugal meal; **der ~e Rest** the last [pathetic] scrap; **ein ~er Lohn** pittance

Kargo <-s, -s> *m* NAUT cargo, ocean freight

Kargoversicherung *f* NAUT cargo insurance

Karibik <-> *f* ■ **die** ~ the Caribbean

karibisch *adj inv* Caribbean; **das Karibische Meer** the Caribbean Sea; **die Karibischen Inseln** the Caribbean Islands

Karibische Inseln *pl* ■ **die ~n** ~ the Caribbean Islands

Karibisches Meer *nt* Caribbean Sea

Karibu <-s, -s> *nt* ZOOL caribou

kariert I. *adj* ❶ (*mit Karos gemustert*) checked ❷ (*quadratisch eingeteilt*) squared II. *adv* (*veraltend fam*) ~ **reden** to talk rubbish [*or* AM nonsense]; ~ **gucken** to look puzzled

Karies <-> [-riɛːs] *f kein pl* tooth decay *no pl,* caries *no pl spec*

kariesfördernd *adj* causing tooth decay, cavity-producing

Karikatur <-, -en> *f* (*a. pej*) caricature; ■ **eine ~ einer S.** *gen* a caricature of sth

Karikaturist(in) <-en, -en> *m(f)* cartoonist

karikieren* *vt* ■ **jdn/etw** ~ to caricature sb/sth

kariös *adj* MED decayed, carious *spec*

karitativ I. *adj* charitable II. *adv* charitably

Karkasse <-, -n> *f* AUTO casing

Karl <-s> *m* Charles; ~ **der Große** Charlemagne

Karma <-s> *nt kein pl* REL karma

Karmeliter(in) <-s, -> *m(f)* REL Carmelite

Karmesin <-s> *nt kein pl* crimson

karmesinrot, karminrot *adj* crimson

Karneval <-s, -e *o* -s> [-val] *m* carnival

Karnevalskostüm *nt* carnival costume **Karnevalssitzung** *f* carnival session **Karnevalsverein** *m* carnival society **Karnevalszeit** *f* carneval period **Karnevalszug** *m* carnival procession

Karnickel <-s, -> *nt* (*fam*) bunny [rabbit]; **sich** *akk* **wie die ~ vermehren** (*pej fam*) to breed like rabbits

Kärnten <-s> *nt* Carinthia

Karo <-s, -s> *nt* ❶ (*Raute*) check ❷ *kein pl* KARTEN (*Spielfarbe*) diamonds *pl*

Karoas <-ses, -se>, **Karoass**RR <-es, -e> *nt* KARTEN ace of diamonds

Karolinger(in) <-s, -> *m(f)* HIST Carolingian

karolingisch *adj* HIST Carolingian

Karomuster *nt* checked pattern

Karoschi <-[s], -[s]> *m* MED *Japanese word for death through overwork*

Karosse <-, -n> *f* ❶ (*Prunkkutsche*) state coach ❷ (*veraltend fam: große Limousine*) limo *fam* ❸ *s.* **Karosserie**

Karosserie <-, -n> [*pl* -'riːən] *f* AUTO bodywork

Karosseriebauer(in) *m(f),* **Karossier(in)** <-s, -> *m(f)* body maker, BRIT *a.* coachbuilder **Karosseriebetrieb** *m* coachworks *pl,* coach bodybuilder **Karosserieblech** *nt* AUTO body panel **Karosseriewerkstatt** *f* AUTO body repair shop

Karotin <-s, -e> *nt* carotene, carotin

Karotte <-, -n> *f* carrot

Karpaten *pl* ■ **die** ~ the Carpathian Mountains *pl*

Karpfen <-s, -> *m* ZOOL, KOCHK carp

Karpfenmilch *f* KOCHK soft roe of carp **Karpfenteich** *m* carp pond; *s. a.* **Hecht Karpfenzucht** *f* (*Farm*) carp farm; (*Züchten*) carp raising

Karre <-, -n> *f* ❶ (*fam: Auto*) old banger [*or* AM clunker] *fam* ❷ *s.* **Karren**

Karree <-s, -s> *nt* ❶ (*Geviert*) square; **im** ~ in a square ❷ (*Häuserblock*) block; **ums** ~ (*fam*) around the block ❸ ÖSTERR (*Rippenstück*) loin

karren *vt* ❶ (*fam: fahren*) to cart, to drive; ■ **jdn irgendwohin** ~ to cart [*or* drive] sb somewhere ❷ (*mit der Schubkarre bringen*) ■ **etw irgendwohin** ~ to cart sth somewhere

Karren <-s, -> *m* ❶ (*Schubkarre*) wheelbarrow ❷ (*offener Pferdewagen*) cart ► WENDUNGEN: **den ~ in den Dreck fahren** (*pej fam*) to mess things up; **der ~ steckt im Dreck** (*pej fam*) things are in a real mess; **den ~ [für jdn] aus dem Dreck ziehen** (*fam*) to get [sb] out of a mess; **der ~ ist total verfahren** (*fam*) things are in a real mess; **jdm an den ~ fahren** [*o* **pinkeln**] (*fam*), **jdm an den ~ pissen** (*sl*) to come down hard on sb; **den ~** [**einfach**] **laufen lassen** (*fam*) to let things slide *fam;* **jdn vor seinen ~ spannen** to use sb for one's own purposes; **sich** *akk* **nicht vor jds ~ spannen lassen** to not allow onself to be used by sb

Karriere <-, -n> *f* career; ~ **machen** to make a career [for oneself]

karrierebewusstRR *adj* career-minded [*or* -oriented] **Karrierefrau** *f* career woman **Karriereknick** *m* setback in one's career **Karrieremacher(in)** *m(f),* **Karrierist(in)** <-en, -en> *m(f)* (*pej*) careerist

Karsamstag *m* Easter Saturday

Karst <-[e]s, -e> *m* GEOL karst

Karstboden *m* karst terrain

karstig *adj* karstic

Karstlandschaft *f* karst landscape [*or* countryside]

Kartäuserkatze *f* ZOOL *stocky breed of short-haired, blue-grey cat*

Karte <-, -n> *f* ❶ (*Ansichts~*) [post]card; (*Eintritts~*) ticket; (*Fahr~*) ticket; (*Kartei~*) index card; (*Telefon~*) phonecard; (*Visiten~*) [business] card; INFORM (*Grafik~, Sound~*) card; **die gelbe/rote ~** FBALL the yellow/red card; **die grüne ~** AUTO international car insurance card; **statt ~n** *announcement in the press instead of sending out individual announcements* ❷ (*Auto-/Landkarte*) map; **nach der ~** according to the map; NAUT (*Seekarte*) chart; HIST (*Geschichtskarte*) historical map ❸ (*Speisekarte*) menu ❹ (*Spielkarte*) card; **~n spielen** to play cards; **eine ~ aufspielen** [*o* **ausspielen**] to play a card; **die ~n mischen** to shuffle the cards; **jdm die ~n legen** to tell sb's fortune from the cards ► WENDUNGEN: **auf die falsche/~ setzen** to back the wrong horse; **auf die richtige ~ setzen** to back the winner, to back the right horse; **gute/schlechte ~n haben** (*bei etw*) to have a good/bad chance of winning, to have good/bad prospects; (*bei jdm*) to be in sb's good/bad books; **mit offenen ~n spielen** to play with one's cards on the table; **mit verdeckten ~n spielen** to play with one's cards close to one's chest; **seine ~n aufdecken** to show one's cards; **jdm in die ~n sehen** [*o* **schauen**] (*fam*) to look at sb's cards; **sich** *dat* **nicht in die ~n sehen** [*o* **schauen**] **las-**

K

sen (*fam*) to play with one's cards close to one's chest; **alles auf eine ~ setzen** to stake everything on one chance [*or* card]

Kartei <-, -en> *f* card index; **eine ~ [über jdn/etw] führen** to maintain a card index [on sb/sth]; **eine ~ [zu etw *dat*] anlegen** to start an index card [on sth]

Karteikarte *f* index card **Karteikasten** *m* card index box **Karteileiche** *f* (*hum*) inactive member **Karteischrank** *m* filing cabinet

Kartell <-s, -e> *nt* ÖKON cartel; **ein ~ bilden** to form a cartel

Kartellabkommen *nt* ÖKON restrictive trading agreement BRIT, pooling agreement in restraint of trade AM **Kartellabsprache** *f* ÖKON cartel agreement **kartellähnlich** *adj* ÖKON cartel-like *attr*, cartel-type *attr* **Kartellamt** *nt* monopolies [*or* AM antitrust] commission **Kartellaufsicht** *f* JUR cartel-supervising authority **Kartellbehörde** *f* JUR cartel authority, ≈ Monopolies and Mergers Commission BRIT, Antitrust Division AM **Kartellbeschluss**[RR] *f* JUR cartel decision **Kartellbildung** *f* ÖKON cartelization, formation of a cartel **Kartellbußen** *pl* FIN cartel fines **Kartellentflechtung** *f* ÖKON decartelization **Kartellerlaubnis** *f* ÖKON cartel licence [*or* AM -se] **kartellfeindlich** *adj* ÖKON antitrust **Kartellgericht** *nt* JUR cartel court, BRIT Restrictive Practices Court **Kartellgerichtsbarkeit** *f* JUR cartel judicature **Kartellgesetz** *nt* JUR monopolies [*or* AM antitrust] law, BRIT Restrictive Trade Practices Act, AM Sherman Act **Kartellgesetzgebung** *f* JUR antitrust legislation

kartellieren *vt* ÖKON ■**etw ~** to cartelize sth, to pool sth

Kartellkammer *f* ÖKON cartel division **Kartellklage** *f* JUR antitrust action, BRIT monopoly charge, AM antitrust suit **Kartellkodex** *m* ÖKON cartel code **Kartellmitglied** *nt* ÖKON member of a cartel **Kartellorganisation** *f* ÖKON trading combine **Kartellpflichten** *pl* ÖKON cartel obligation **Kartellpolizei** *f* ÖKON cartel inspectorate **Kartellprivatrecht** *nt* JUR private cartel law **Kartellrecht** *nt* JUR cartel [*or* AM antitrust] law; **~ der EU** Common Market antitrust law **kartellrechtlich** *adj inv* JUR according to cartel law **Kartellregister** *nt* ÖKON register of cartels **Kartellrente** *f* FIN cartel yield **Kartellsenat** *m* ÖKON cartel division **Kartellsurrogat** *nt* ÖKON cartel substitute **Kartellverbot** *nt* JUR prohibition of cartels, cartel ban **Kartellverfahren** *nt* JUR antitrust proceedings *pl* **Kartellverfahrensrecht** *nt* JUR cartel procedure law **Kartellverordnung** *f* JUR cartel ordinance [*or* decree] **Kartellvertrag** *m* ÖKON cartel [*or* pooling] agreement **Kartellvertragsrecht** *nt* JUR law of cartel contracts **Kartellvertreter(in)** *m(f)* ÖKON cartel representative **Kartellzwang** *m* ÖKON enforcement of the cartel agreement

Kartenbesitzer(in) *m(f)* card holder **Kartenhaus** *nt* ① (*Figur aus Spielkarten*) house of cards; **wie ein ~ zusammenstürzen, wie ein ~ in sich zusammenfallen** to collapse like a house of cards ② NAUT (*Raum für Seekarten*) chart room **Karteninhaber(in)** *m(f)* ticketholder **Kartenkleber** *m* TYPO card gluer [*or* tipper] **Kartenkunststück** *nt* card trick **Kartenlegen** <-s> *nt* fortune telling using cards **Kartenleger(in)** <-s, -> *m(f)* fortune-teller [who uses cards] **Kartenlesegerät** *nt* INFORM card reader **Kartenorganisation** *f* credit card company **Kartenreiter** *m* card tab **Kartenspiel** *nt* ① (*ein Spiel mit Karten*) game of cards ② (*Satz Karten*) pack of cards **Kartenspieler(in)** <-s, -> *m(f)* card player **Kartenständer** *m* map stand **Kartentelefon** *nt* cardphone **Kartenumsatz** *m* card sales *pl* **Kartenvorverkauf** *m* advance ticket sale **Kartenvorverkaufsstelle** *f* THEAT, SPORT, MUS [advance] ticket [*or* booking] office **Kartenwerk** *nt* map book

kartieren* *vt* ■**etw ~** ① GEOG to map sth ② (*in Kartei einordnen*) to file sth

Kartoffel <-, -n> *f* potato; **neue ~n** new potatoes ▶ WENDUNGEN: **jdn/etw wie eine heiße ~ fallen lassen** (*fam*) to drop sb/sth like a hot potato

Kartoffelacker *m* potato field **Kartoffelausstecher** *m* Parisienne-potato cutter **Kartoffelbrei** *m kein pl* mashed potatoes *pl* **Kartoffelchips** *pl* [potato] crisps [*or* AM chips] *pl* **Kartoffelernte** *f* potato harvest **Kartoffelhobel** *m* potato slicer **Kartoffelkäfer** *m* Colorado beetle **Kartoffelklöße** *f pl* potato dumplings **Kartoffelknolle** *f* potato tuber **Kartoffelkraut** *nt* potato foliage **Kartoffelmehl** *nt* potato flour **Kartoffelmesser** *nt* potato peeling knife **Kartoffelpresse** *f* potato press **Kartoffelpuffer** <-s, -> *m* potato fritter **Kartoffelpüree** *nt s.* Kartoffelbrei **Kartoffelsack** *m* potato sack **Kartoffelsalat** *m* potato salad **Kartoffelschale** *f* potato peel **Kartoffelschäler** *m* potato peeler **Kartoffelstampfer** *m* potato masher **Kartoffelstärke** *f* potato starch **Kartoffelsuppe** *f* potato soup

Kartograf(in), Kartograph(in) <-en, -en> *m(f)* cartographer

Kartografie, Kartographie <-> *f kein pl* cartography

Kartografin, Kartographin <-, -nen> *f fem form von* **Kartograf**

kartografisch, kartographisch *adj* cartographical

kartographieren* *vt* GEOG map

Karton <-s, -s> [kar'tɔŋ, kar'to:n] *m* ① (*Schachtel*) carton, cardboard box ② (*Pappe*) cardboard, card

Kartonage <-, -n> *f* cardboard packaging

kartonieren* *vt* TYPO ■**etw ~** to bind sth in paper [board]

kartoniert *adj* paperback; **~e Bücher** paperbacks *pl*

Kartusche <-, -n> *f* ① TECH (*Behälter*) cartouche ② (*Tonerpatrone*) cartridge ③ KUNST (*Zierornament*) cartouche ④ MIL (*Geschosshülse*) cartridge

Kartuschenpistole *f* caulking gun

Karusellbinder *m* TYPO rotary binder

Karussell <-s, -s *o* -e> *nt* merry-go-round, carousel; **[mit dem] ~ fahren** to ride [*or* go] on the merry-go-round ▶ WENDUNGEN: **mit jdm ~ fahren** to give sb hell

Karwendel Gebirge, Karwendelgebirge <-s> *nt* Karwendel Mountains, Karwendel mountain range

Karwoche *f* REL Holy Week

Karyatide <-, -n> *f* ARCHIT caryatid

Karyogramm <-s, -e> *nt* BIOL, MED karyogram

Karzer <-s, -> *m* HIST ① (*Zelle*) detention cell ② *kein pl* (*veraltet: Strafe*) detention

karzinogen I. *adj* MED carcinogenic **II.** *adv* MED carcinogenically

Karzinom <-s, -e> *nt* MED carcinoma, malignant growth

Kasache, Kasachin <-n, -n> *m, f* Kazak[h]stani; *s. a.* **Deutsche(r)**

kasachisch *adj* Kazak[h]; *s. a.* **deutsch**

Kasachisch *nt decl wie adj* Kazakh; *s. a.* **Deutsch**

Kasachische <-n> *nt* ■**das ~** Kazakh, the Kazakh language; *s. a.* **Deutsche**

Kasachstan <-s> *nt* Kazakhstan; *s. a.* **Deutschland**

Kasack <-s, -s> *m* MODE tunic

Kaschemme <-, -n> *f* (*pej fam*) dive *pej fam*

kaschieren* *vt* ① (*überdecken*) ■**etw ~** to conceal sth ② (*überziehen*) ■**etw [mit etw *dat*] ~** to laminate sth [with sth]

Kaschmir¹ <-s> *nt* GEOG Kashmir

Kaschmir² <-s, -e> *m* cashmere

Käse <-s, -> *m* ① (*Lebensmittel*) cheese; **Harzer ~** Harz cheese; **weißer ~** DIAL quark (*low-fat curd cheese*); **mit ~ überbacken** au gratin ② (*pej fam: Quatsch*) rubbish BRIT, nonsense AM ▶ WENDUNGEN: **~ schließt den Magen** cheese rounds off a meal nicely

Käseblatt *nt* (*pej fam*) local rag **Käsebrot** *nt* cheese sandwich **Käsefondue** *nt* cheese fondue **Käsegebäck** *nt* cheese savouries [*or* AM -ories] *pl* **Käsegeruch** *m* smell of cheese, cheesy smell **Käseglocke** *f* cheese cover **Käseharfe** *f* cheese wire **Käseherstellung** *f* cheese production

Kasein <-s, -e> *nt* casein

Käsekohl *m* (*selten: Blumenkohl*) cauliflour **Käsekuchen** *m* cheesecake **Käselaib** *m* cheese loaf

Kasematte <-, -n> *f* HIST casemate

Käseplatte *f* (*mit verschiedenen Käsesorten*) cheeseboard; (*Platte*) cheese plate

Käserei <-, -en> *f* cheese dairy

Käserinde *f* cheese rind

Kaserne <-, -n> *f* MIL barracks *pl*

Kasernenhof *m* MIL barrack square

kasernieren* *vt* ① MIL (*in Kasernen unterbringen*) ■**jdn ~** to quarter sb in barracks ② (*in Gemeinschaftsunterkünften unterbringen*) ■**jdn ~** to house sb in mass accommodation

Käsescheibe *f* slice of cheese **Käseschnitte** *f s.* Käsebrot **Käsetheke** *f* cheese counter **Käsewasser** *nt* whey **käseweiß** *adj* (*fam*), **käsig** *adj* (*fam*) white, pasty, pale

Kasino <-s, -s> *nt* ① (*Spielkasino*) casino ② (*Speiseraum: für Offiziere*) [officers'] mess; (*in einem Betrieb*) cafeteria

Kaskade <-, -n> *f* ① (*künstlicher Wasserfall*) cascade, waterfall ② (*fig geh: Flut*) cascade

Kaskopolice *f* FIN (*für Auto*) automobile damage policy; (*für Schiff*) hull policy **Kaskoversicherung** *f*, **Kasko-Vollversicherung** *f* AUTO, FIN fully comprehensive insurance

Kasper <-s, -> *m*, **Kasperl** <-s, -[n]> *m o nt* ÖSTERR, SÜDD, **Kasperle** <-s, -> *m o nt* SÜDD ① (*Holzfigur*) Punch ② (*hum fam: albernes Kind*) clown

Kasper-Hauser-Versuch *m* BIOL, PSYCH Kasper-Hauser-experiment

Kasperletheater *nt* Punch and Judy show

kaspern *vi haben* (*fam*) to clown [*or* fool] around

Kaspisches Meer *nt* Caspian Sea

Kassa <-, Kassen> *f* ① *bes* ÖSTERR (*Kasse 1*) cash desk, till ② ÖKON cash; **gegen ~** for cash; **per ~ bezahlen** to pay [in] cash

Kassadevisen *pl* BÖRSE spot foreign currency **Kassageschäft** *nt* FIN cash business, cash transaction [*or* sale]; BÖRSE spot deal [*or* transaction] **Kassakonto** *nt* FIN cash account; **das ~ saldieren** to balance a cash account **Kassakurs** *m* BÖRSE spot rate

Kassandraruf *m* (*geh*) prophecy of doom

Kassanotierung *f* BÖRSE spot quotation

Kassation <-, -en> *f* JUR (*Aufhebung eines Urteils*) cassation, reversal

Kassationsgericht *nt* JUR court of cassation

Kassaware *f* BÖRSE spot commodities *pl*

Kasse <-, -n> *f* ① (*Zahlstelle*) cash desk, till; (*Supermarkt*) check-out; **netto ~** net cash; **gegen ~** for cash; **~ bei Rechnungseingang** FIN cash on delivery; *s. a.* **Loch** ② (*Kartenverkauf*) ticket office ③ (*Registrierkasse*) cash register, till; **jdn [für etw *akk*] zur ~ bitten** to ask sb to pay [for sth]; **~ machen** to close out a register; (*fig sl*) to cash up, to earn a packet; **die ~ stimmt** (*fam*) the money's ok *fam*; **die ~n klingeln** (*fam*) the tills are ringing ④ (*fam: Sparbank*) savings bank; **gut/schlecht bei ~ sein** (*fam*) to be well/badly off; **knapp/nicht bei ~ sein** to be short of cash/hard up ⑤ ADMIN (*Krankenkasse*) health insurance fund ⑥ (*Stahlkiste zur Geldaufbewahrung*) cash box; **gemeinsame/getrennte ~ machen** to have joint/separate housekeeping

Kasseler <-s, -> *nt smoked pork loin*

Kassenabschluss[RR] *m* balancing of cash accounts, BRIT *a.* cashing-up

Kassenarzt, -ärztin *m, f* MED National Health doctor (*who treats non-privately insured patients*)

kassenärztlich *adj inv, attr* [treatment] under health insurance

Kassenautomat *m* automatic cash register [*or* till] **Kassenbeleg** *m s.* Kassenbon **Kassenbestand** *m* cash balance **Kassenbilanz** *f* FIN cash balance **Kassenbon** *m* [sales] receipt **Kassenbuch** *nt* cash-book **Kassendefizit** *nt* cash deficit [*or* shortfall] **Kassenerfolg** *m s.* Kassenschlager **Kassenfehlbetrag** *m* FIN cash deficit [*or* shortfall] **Kassenfüller** *m (fam)* box-office hit **Kassengestell** *nt (fam)* ≈ National Health glasses [*or fam* specs] (*spectacles frame paid for by the German equivalent of the National Health Service*) **Kassenknüller** <-s, -> *m (emph fam: CD)* smash hit; (*Film*) box office hit **Kassenkonto** *nt* FIN cash account **Kassenleistung** *f* MED, ÖKON health insurance benefits *pl* **Kassenloch** *nt* FIN hole in the till **Kassenpatient(in)** *m(f)* MED National Health [*or* AM Medicaid] patient **Kassenprüfung** *f* FIN cash audit **Kassenrücklagen** *pl* FIN cash resources **Kassenschalter** *m* cashdesk BRIT, teller window AM **Kassenschlager** *m (fam)* ❶ (*erfolgreicher Film*) box-office hit ❷ ÖKON (*Verkaufsschlager*) best-seller **Kassenstunden** *pl* cash desk opening hours BRIT, business hours AM **Kassensturz** *m* cashing-up BRIT, closing out a [cash] register/the [cash] registers AM; **einen ~ machen** [*o geh* **vornehmen**] to cash up BRIT, to close out a [cash] register/the [cash] registers AM; **~ machen** (*fam*) to check one's finances **Kassenüberschuss**^RR *m* FIN cash surplus **Kassenumsatz** *m* FIN cash turnover **Kassenwart(in)** <-s, -e> *m(f)* treasurer **Kassenzettel** *m s.* **Kassenbon**

Kasserolle <-, -n> *f* casserole

Kassette <-, -n> *f* ❶ (*Videokassette*) video tape [*or* cassette]; (*Musikkassette*) [cassette] tape, cassette; (*Filmkassette*) [camera] film; **etw auf ~ haben** to have sth on cassette/tape/video; **[jdm/sich] etw auf ~ aufnehmen** to record [*or fam* tape] [sb/oneself] sth on cassette/video ❷ (*Kästchen*) case ❸ (*Schutzkarton*) box; (*für bibliophile Blätter*) set; (*für Bücher*) library case ❹ ARCHIT panel, coffer

Kassettendeck *nt* cassette [*or fam* tape] deck **Kassettendecke** *f* ARCHIT coffered ceiling **Kassettenradio** *nt* radio cassette player **Kassettenrekorder**^RR *m*, **Kassettenrecorder** *m* cassette [*or fam* tape] recorder

Kassiber <-s, -> *m* (*veraltend sl*) secret message

Kassier(in) <-s, -e> *m(f)* SÜDD, ÖSTERR, SCHWEIZ (*Kassierer*) cashier

kassieren* I. *vt* ❶ FIN (*einziehen*) ■**etw** [**bei jdm**] ~ to collect sth [from sb] ❷ (*fam: einstreichen*) ■**etw** ~ to pick up sth *fam*; ***sie kassierte den ersten Preis*** she picked up first prize ❸ (*fam: einbehalten*) ■**etw** ~ to confiscate sth, to take sth away ❹ (*fam: einstecken müssen*) ■**etw ~ müssen** to have to take [*or* swallow] sth *fam* ❺ JUR ■**etw** ~ to quash sth; **ein Urteil** ~ to quash a verdict **II.** *vi* ❶ (*abrechnen*) ■[**bei jdm**] ~ to settle the bill [with sb]; ***darf ich schon* [*bei Ihnen*] *~?*** would you mind settling the bill now? ❷ (*sl: verdienen*) to clean up *sl*; **gut** [*o* **ganz schön**] ~ to clean up nicely

Kassierer(in) <-s, -> *m(f)* ❶ (*in Geschäft*) cashier; (*Bankkassierer*) clerk, teller ❷ *s.* **Kassenwart**

Kassiopeia <-> *f* ASTRON Cassiopeia

Kassler^RR <-s, -> *nt* KOCHK gammon steak (*lightly smoked loin of pork*)

Kassolette *f* KOCHK cassolette (*small casserole*)

Kastagnette <-, -n> [kastan'jɛtə] *f* castanet

Kastanie <-, -n> [-niə] *f* BOT ❶ (*Rosskastanie*) [horse]chestnut; (*Esskastanie*) chestnut ❷ (*Frucht der Rosskastanie*) [horse]chestnut, conker *fam*; (*Marone*) chestnut ▸ WENDUNGEN: [**für jdn**] **die ~n aus dem Feuer holen** (*fam*) to pull sb's chestnuts out of the fire

Kastanienbaum *m s.* Kastanie 1 **kastanienbraun** *adj* maroon

Kästchen <-s, -> *nt dim von* Kasten ❶ (*kleiner Kasten*) little box, case ❷ (*Karo*) square, rectangle; **im ~ ankreuzen** to put a cross in the box

Kaste <-, -n> *f* caste

kasteien* *vr* (*veraltend*) ■**sich** *akk* ~ ❶ (*geh: auf Genüsse verzichten*) to deny oneself, to abstain ❷ (*büßen*) to castigate oneself

Kasteiung <-, -en> *f* (*veraltend*) castigation, self-denial

Kastell <-s, -e> *nt* HIST ❶ (*Burg*) castle ❷ (*befestigtes Lager*) fort

Kastellan <-s, -e> *m* ❶ ADMIN (*Aufsichtsbeamter*) steward ❷ HIST (*Burgwart*) castellan

Kasten <-s, Kästen> *m* ❶ (*kantiger Behälter*) box ❷ (*offene Kiste*) crate, case; **ein ~ Bier** a crate of beer ❸ ÖSTERR, SCHWEIZ (*Schrank*) cupboard ❹ (*fam: Briefkasten*) letterbox BRIT, mailbox AM ❺ SPORT (*Turngerät*) vaulting horse ❻ (*fam: großes Gebäude*) barrack ❼ (*Schaukasten*) showcase ❽ (*unförmiges Fahrzeug*) tank ▸ WENDUNGEN: **etwas/viel/nichts auf dem ~ haben** (*fam*) to be/not be on the ball *fam*

Kastenbrot *nt* sandwich loaf, pan bread **Kastenform** *f* ❶ (*die Form eines Kastens*) box-like shape ❷ (*Backform*) baking tin

Kastengeist *m kein pl* SOZIOL (*pej*) caste spirit

Kastenreibe *f* KOCHK box grater **Kastenwagen** *m* AUTO [box] van, truck

Kastenwesen *nt* REL caste system

Kastilien <-s> *nt* Castile

Kastilier(in) <-s, -> *m(f)* Castilian

kastilisch *adj inv* Castilian

Kastorzucker *m* KOCHK castor [*or* caster] sugar

Kastrat <-en, -en> *m* eunoch; MUS castrato

Kastration <-, -en> *f* castration

kastrieren* *vt* ■**ein Tier** ~ to castrate an animal; ■**jdn/sich selbst** ~ to castrate sb/oneself

Kasuar <-s, -e> *m* ORN cassowary

Kasuistik <-> *f kein pl* ❶ (*geh: Haarspalterei*) casuistry ❷ MED (*Fallstudien*) case studies *pl*

kasuistisch *adj* (*geh*) casuistic

Kasus <-, -> *m* LING case

Kat <-s, -s> *m kurz für* **Katalysator** cat

Katabolismus <-> *m kein pl* BIOL catabolism *no pl*

Katafalk <-s, -e> *m* catafalque

Katakombe <-, -n> *f* catacomb

Katalane, -nin <-n, -n> *m, f* Catalan

katalanisch *adj inv* Catalan

Katalanisch *nt decl wie adj* Catalan; *s. a.* **Deutsch**

Katalanische <-n> *nt* ■**das** ~ Catalan, the Catalan language; *s. a.* **Deutsche**

Katalog <-[e]s, -e> *m* catalogue [*or* AM -og]

katalogisieren* *vt* ■**etw** ~ to catalogue [*or* AM -og] sth

Katalogisierung <-, -en> *f* cataloguing [*or* AM -oging]

Katalognummer *f* catalogue [*or* AM -og] number

Katalonien <-s> *nt* Catalonia

Katalysator <-s, -toren> *m* ❶ AUTO (*Abgaskatalysator*) catalytic converter, cat; **geregelter** ~ AUTO regulated catalytic converter ❷ CHEM (*Reaktionen auslösender Stoff*) catalyst

Katalysatorauto *nt* car with catalytic converter **Katalysatorfahrzeug** *nt* AUTO controlled vehicle

Katalyse <-, -n> [-lyːzə] *f* CHEM catalysis

katalytisch *adj* CHEM catalytic

Katamaran <-s, -e> *m* NAUT catamaran

Katapult <-[e]s, -e> *nt o m* catapult

katapultieren* I. *vt* ■**jdn/etw irgendwohin** ~ (*a. fam*) to catapult sb/sth somewhere **II.** *vr* ■**sich** *akk* **irgendwohin** ~ ❶ (*sich schleudern*) to eject oneself somewhere; **sich** *akk* **aus einem Flugzeug** ~ to eject from an aircraft ❷ (*fam: sich rasch versetzen*) to catapult oneself somewhere

Katar <-s> *nt* Qatar; *s. a.* **Deutschland**

Katarakt <-[e]s, -e> *m* GEOG, MED cataract

Katarer(in) <-s, -> *m(f)* Qatari; *s. a.* **Deutsche(r)**

katarisch *adj* Qatari; *s. a.* **deutsch**

Katarrh, Katarr <-s, -e> *m* MED catarrh

Kataster <-s, -> *m o nt* land register

Katasteramt *nt* land registry

katastrophal I. *adj* (*pej*) ❶ (*verheerend*) catastrophic, devastating ❷ (*fam: furchtbar*) dreadful, awful **II.** *adv* (*pej*) ❶ (*verheerend*) catastrophically, devastatingly ❷ (*furchtbar*) awfully, dreadfully

Katastrophe <-, -n> *f* catastrophe, disaster; **eine ~ sein** (*fam*) to be a disaster

Katastrophenabwehr *f* disaster prevention **Katastrophenalarm** *m* emergency alert **Katastropheneinsatz** *m* emergency aid operation; **für den ~** for use in emergency aid operations **Katastrophengebiet** *nt* disaster area **Katastrophenhilfe** *f kein pl* POL aid for disaster victims; **~ leisten** to provide aid for disaster victims **Katastrophenklausel** *f* JUR disaster clause **Katastrophenopfer** *nt* disaster victim, victim of a disaster **Katastrophenschutz** *m* ❶ (*Schutz gegen Katastrophen*) disaster control ❷ (*Organisation*) disaster control organization **Katastrophenstimmung** *f* hysteria *no pl* **Katastrophentheorie** *f* ASTRON catastrophe theory

Kate <-, -n> *f* NORDD cottage, croft

Katechismus <-, Katechismen> *m* REL catechism

kategorial *adj inv* (*geh*) categorial

Kategorie <-, -n> [*pl* -'riːən] *f* ❶ (*Gattung*) category; **unter eine ~ fallen** to belong to a certain category ❷ (*Gruppe*) sort; ***er gehört nicht zu dieser ~ von Menschen*** he is not that sort of person

kategorisch I. *adj* (*emph*) categorical **II.** *adv* (*emph*) categorically; **etw ~ ablehnen** to flatly refuse sth

Kater[1] <-s, -> *m* tomcat; **der Gestiefelte ~** LIT Puss-in-Boots ▸ WENDUNGEN: **wie ein verliebter ~** like an amorous tomcat

Kater[2] <-s, -> *m* hangover; **einen ~ bekommen** to get a hangover; **einen ~ haben** to have a hangover

Katerfrühstück <-[e]s> *nt kein pl* KOCHK breakfast [[which is] supposed] to cure a hangover

Katerstimmung *f* (*fam*) morning-after feeling

kath. *adj Abk von* **katholisch**

Katharsis <-> *f kein pl* LIT, PSYCH catharsis

Katheder <-s, -> *m o nt* ❶ (*veraltend: Podium*) podium ❷ (*veraltet: Lehrerpult*) lectern

Kathedrale <-, -n> *f* cathedral

Kathedralglas *nt* BAU stained glass

Kathete <-, -n> *f* MATH cathetus

Katheter <-s, -> *m* MED catheter

Kathode <-, -n> *f* PHYS cathode

Kathodenstrahlen *pl* PHYS cathode rays *pl*

Katholik(in) <-en, -en> *m(f)* [Roman] Catholic

katholisch I. *adj* Roman Catholic; ■~ **sein** to be [Roman] Catholic **II.** *adv* Catholic; ***sie wuchs streng ~ auf*** she had a strict Catholic upbringing

Katholizismus <-> *m kein pl* Catholicism *no pl*

Kation <-s, Kationen> *f* PHYS cation

Katmandu <-s> *nt* Kathmandu

Kattun <-s, -e> *nt* calico

Katz <-> *f kein pl* SÜDD (*Katze*) cat ▸ WENDUNGEN: **~ und Maus mit jdm spielen** (*fam*) to play cat and mouse with sb; **für die ~ sein** (*fam*) to be a waste of time [*or* all for nothing]

katzbuckeln *vi* (*pej fam*) ■[**vor jdm**] ~ to grovel [before sb]; ■**das K~** grovelling

Kätzchen <-s, -> *nt* ❶ *dim von* **Katze** kitten ❷ BOT (*Blütenstand*) catkin

Katze <-, -n> *f* ❶ ZOOL (*Hauskatze*) cat; **siamesische ~** Siamese cat ❷ ZOOL (*weibliche ~*) [female] cat ❸ ZOOL (*Raubkatze*) cat ▸ WENDUNGEN: **wie die ~ um den heißen Brei herumschleichen** to beat about [*or* AM *a.* around] the bush; **wenn die ~ aus dem Haus ist, tanzen die Mäuse** (*prov*) when the cat's away, the mice come out to play *prov*; **die ~ lässt das Mausen nicht** (*prov*) a leopard never changes its spots *prov*; **die ~ aus dem Sack lassen** (*fam*) to let the cat out of the bag; **die ~ im Sack kaufen** to buy a pig in a poke *prov*; *s. a.* **Kater**

katzenartig *adj inv* catlike

Katzenauge *nt* ❶ (*veraltend fam: Rückstrahler*) reflector ❷ BERGB (*schillernder Halbedelstein*) cat's-eye ❸ ZOOL (*Auge einer Katze*) a cat's eye **katzenfreundlich** *adj* (*pej veraltend fam*) over-friendly, nice as pie *fam*

katzenhaft *adj* cat-like, feline

Katzenhai *m* ZOOL sandy dogfish **Katzenjammer** *m* (*fam*) ❶ (*jämmerliche Stimmung*) the blues + *sing vb* ❷ (*veraltend: Kater*[2]) hangover **Katzenmusik** *f kein pl* (*pej fam*) racket, din, caterwauling **Katzenschnupfen** *m infections of a cat's upper respiratory tracts* **Katzenschreisyndrom** *nt* MED (*lethaler Erbfehler*) cri-du-chat-syndrome **Katzensprung** *m* (*fam*) a stone's throw; [**nur**] **einen ~ entfernt sein** to be [only] a stone's throw away **Katzenstreu** *f* cat litter **Katzenwäsche** *f* (*hum fam*) cat's lick *fam* **Katzenwels** *m* ZOOL, KOCHK catfish, bullhead **Katzenzunge** *f* ❶ (*Schokoladen-*

K

spezialität) langue de chat ❷ ZOOL cat's tongue

Katz-und-Maus-Spiel *nt* cat-and-mouse game

Kauderwelsch <-[s]> *nt kein pl* (*pej*) ❶ (*Sprachgemisch*) a hotchpotch [*or* AM *usu* hodgepodge] (*of different languages*) ❷ (*Fachsprache*) jargon

kauderwelschen *vi haben* to talk double Dutch

kauen **I.** *vt* ■**etw** ~ to chew sth; *s. a.* **Nagel** **II.** *vi* (*mit den Zähnen bearbeiten*) ■[**an etw** *dat*] ~ to chew [on sth]; **an den Fingernägeln** ~ to chew [*or* bite] one's nails ▶ WENDUNGEN: **gut gekaut ist halb verdaut** (*prov*) you should chew your food well for better digestion; **an etw** *dat* **zu** ~ **haben** to have sth to chew on [*or* over], to have some food for thought

kauern **I.** *vi sein* ■**irgendwo** ~ to be huddled [up] somewhere; ***sie kauerten rund um das Feuer*** they were huddled around the fire **II.** *vr haben* ■**sich** *akk* **in etw** *akk*/**hinter etw** *akk* ~ to crouch in/behind sth

Kauf <-[e]s, Käufe> *m* ❶ (*das Kaufen*) buying *no pl*, purchasing *no pl form*; ***ich würde Ihnen vom ~ dieses Anzugs abraten*** I would advise you against buying [*or* not to buy] this suit; ***so, jetzt ist der ~ perfekt!*** right, that's the purchase concluded!; ~ **unter Eigentumsvorbehalt** conditional sale agreement; ~ **auf Abruf/Abzahlung** call/hire purchase; ~ **auf Kredit** credit sale; ~ **nach Muster** sale to pattern; ~ **auf Probe/Voranmeldung/Ziel** sale on approval/reserved purchase/purchase on credit; ~ **auf eigene Rechnung** purchase for own account; ~ **mit Rückgaberecht** sale or return; ~ **unter Ausschluss jeglicher Gewährleistungsansprüche** sale with all faults; **etw zum ~ anbieten** to offer sth for sale; **zum ~ stehen** to be [up] for sale; **einen ~ tätigen** (*geh*) to conclude [*or* effect] a purchase *form* ❷ (*Ware*) buy, purchase *form*; JUR sale; **guter/schlechter ~** good/bad buy ▶ WENDUNGEN: **etw in ~ nehmen** to put up with [*or* accept] sth; **ein Risiko in ~ nehmen** to accept a risk; **in ~ nehmen, dass ...** to accept that ...

Kaufabrede *f* ÖKON sales agreement **Kaufabschluss**[RR] *m* HANDEL purchase; **bei** ~ at the time of purchase **Kaufabschlussgesetz**[RR] *nt* JUR contract of sale act **Kaufabsicht** *f* intention to buy **Kaufangebot** *nt* HANDEL offer to buy **Kaufanreiz** *m* sales appeal **Kaufanwartschaftsvertrag** *m* JUR provisional sales contract **Kaufauftrag** *m* BÖRSE buying order **Kaufbereitschaft** <-> *f kein pl* ÖKON disposition to buy

kaufen **I.** *vt* ❶ (*ein~*) ■[**jdm/sich**] **etw** ~ to buy [sb/oneself] sth, to buy [*or form* purchase] sth [for sb/oneself]; ***er hat sich ein neues Auto gekauft*** he['s] bought [himself] a new car; ■**das K~ von etw** [the] buying [of] sth; ***ich fange mit dem ~ der Geschenke immer viel zu spät an*** I always start buying the presents much too late; **etw auf eigene/fremde Rechnung** ~ to buy sth for one's own account/for account of a third party; **etw fertig** ~ to buy sth ready-made; **etw fest** ~ to buy sth on contract; **etw unbesehen/gegen bar** ~ to buy sth unseen/for cash ❷ (*pej: bestechen*) ■**jdn** ~ to buy [off *sep*] [*or* bribe] sb ▶ WENDUNGEN: **gekauft ist gekauft!** a deal is a deal; **dafür kann ich mir nichts ~!** (*iron*) a [*fam* fat] lot of use that is to me!; **den/die kaufe ich mir/werde ich mir kaufen!** I'll tell him/her what's what! **II.** *vi* to shop; ***auf dem Markt kauft man billiger*** it costs less to shop at the market, shopping at the market is cheaper; ■**das K~** [the] shopping **III.** *vr* (*fam*) ■**sich** *dat* **jdn** ~ to give sb a piece of one's mind

Käufer(in) <-s, -> *m(f)* buyer, purchaser *form*; ***ein solches Buch wird zu wenige ~ finden*** a book like this won't sell very well; ~ **aus zweiter Hand** second-hand buyer; **bösgläubiger/gutgläubiger** ~ mala-fide/bona-fide buyer; **voraussichtlicher** ~ prospective buyer

Käufermarkt *m kein pl* ÖKON buyer's market **Käuferschicht** *f* ÖKON spending group **Käuferverhalten** *nt* ÖKON purchase pattern

Kauffrau *f fem form von* **Kaufmann**

Kaufgegenstand *m* HANDEL object of purchase **Kaufgeld** *nt* HANDEL purchase price **Kaufgeschäft** *nt* HANDEL sale [*or* purchase] [transaction]; ~ **zwischen verbundenen Personen** sale between related persons **Kaufgesetz** *nt* JUR Sale of Goods Act BRIT **Kaufhaus** *nt* department store **Kaufhausdetektiv(in)** *m(f)* ÖKON store detective **Kaufinteresse** *nt* HANDEL buying interest **Kaufinteressent(in)** *m(f)* HANDEL prospective [*or* potential] buyer **Kaufkraft** *f* ÖKON ❶ (*Wert*) purchasing [*or* buying] power ❷ (*Finanzkraft*) spending [*or* buying] power; **überschüssige** ~ excessive buying power **Kaufkraftausgleich** *m* JUR compensation for loss of purchasing power **kaufkräftig** *adj* with money to spend *pred;* HANDEL affluent; ***Studenten und Auszubildende sind nicht sehr*** ~ Students and trainees haven't got much money to spend; **~e Nachfrage** eager demand **Kaufladen** *m* ❶ (*Spielzeug*) [child's] toy shop [*or* AM *usu* store] ❷ (*veraltend: Laden*) [corner [*or* small]] shop [*or* AM *usu* store], small grocer's shop **Kaufleute** *pl s.* **Kaufmann**

käuflich **I.** *adj* ❶ (*zu kaufen*) for sale *pred* ❷ (*pej: bestechlich*) bribable, corruptible, venal *form;* ■~ **sein** to be easily bought; ***ich bin nicht ~!*** I can't be bought! **II.** *adv* (*geh*) ~ **erwerben** to purchase *form* [*or* buy]

Käuflichkeit <-> *f kein pl* (*pej*) corruptibility, venality *form* **Kauflust** *f* HANDEL desire to buy; **nachlassende** ~ slowdown in consumer spending; **steigende** ~ growing demand **kauflustig** *adj* eager [*or* keen] to buy *pred* **Kauflustige(r)** *f(m) decl wie adj* prospective [*or* would-be] buyer

Kaufmann, -frau <-leute> *m, f* ❶ (*Geschäftsmann*) businessman; **gelernter ~/gelernte Kauffrau** *person with qualifications in business or commerce;* **ehrliche Kaufleute** honest businessmen ❷ (*veraltend: Einzelhandelskaufmann*) grocer, [corner [*or* small]] shopkeeper

kaufmännisch **I.** *adj* commercial, business *attr;* ***der ~e Leiter ist für den Vertrieb zuständig*** the commercial director is responsible for sales; ■**das K~e** commerce, business; ***leider bin ich mit dem K~en weniger vertraut*** unfortunately, I'm not very well up on the business side of things **II.** *adv* commercially; ~ **tätig sein** to be in business

Kaufmannsbrauch *m* HANDEL commercial custom **Kaufmannseigenschaft** *f* HANDEL merchant status **Kaufmannsgehilfenbrief** *m* HANDEL commercial training certificate **Kaufmannshaftung** *f* JUR merchant's [*or* trader's] liability; **unbeschränkte** ~ unlimited merchant's liability

Kaufoption *f* ❶ HANDEL purchase option ❷ BÖRSE call option; **Kauf- und Verkaufsoption** call and put option **Kauforder** *f* BÖRSE buying order

Kaufpreis *m* purchase price

Kaufpreisfälligkeit *f* FIN due date of the purchase price **Kaufpreisforderung** *f* HANDEL purchase-money claim **Kaufpreisrückzahlung** *f* HANDEL refund of the purchase price **Kaufpreisrückzahlungspflicht** *f* JUR obligation to refund the purchase price **Kaufpreiszahlungspflicht** *f* JUR obligation to pay the purchase price

Kaufrausch *m kein pl* spending spree **Kaufrecht** *nt* JUR sales law **Kaufsteuer** *f* FIN purchase tax **Kaufsumme** *f* amount [of purchase] **Kaufvertrag** *m* HANDEL bill of sale, sale contract; ~ **mit Eigentumsvorbehalt** absolute sale **Kaufvorvertrag** *m* JUR preliminary contract of sale **Kaufwelle** *f* BÖRSE buying surge **Kaufwert** *m* HANDEL purchase price; (*vertraglich*) contract price **Kaufzwang** *m* **kein** ~ no obligation [to buy]; **ohne** ~ without obligation [to buy]

Kaugummi *m* chewing gum; ~ **kauen** to chew gum

Kaukasus <-> *m* Caucasus

Kaulkopf *m* ZOOL, KOCHK bullhead, miller's thumb

Kaulquappe <-, -n> *f* tadpole

kaum **I.** *adv* ❶ (*gerade* [*erst*]) hardly, scarcely; ***sie war ~ aus der Tür, da fingen sie schon an zu lästern*** she had hardly [*or* scarcely] gone out the door before they started making nasty remarks about her, no sooner was she out the door than they started making nasty remarks about her ❷ (*höchstwahrscheinlich nicht*) hardly, scarcely; [**wohl**] ~! certainly not!, I don't think so!; *s. a.* **wohl** ❸ (*fast nicht*) hardly, scarcely; ***ich habe euch dieses Jahr ~ gesehen*** I've scarcely seen you this year; ***das ist ja wohl ~ anzunehmen!*** you'd scarcely credit it!; ~ **jemals** [*o* **je**] hardly ever; ~ **noch/mehr** hardly [*or* scarcely] ... any more; ***seit vier Tagen hat er ~ etwas gegessen*** he has hardly [*or* scarcely] eaten anything for four days [now]; ***wir haben ~ noch Zeit*** we've hardly [*or* scarcely] got any time left; ***wir hatten ~ noch damit gerechnet!*** we scarcely expected that!; ~ **eine[r]** [*o* **jemand**] [*o* **wer**] hardly [*or* scarcely] anyone [*or* anybody]; ~ **eine Rolle spielen** to be scarcely of any importance; *s. a.* **glauben** **II.** *konj* ■~ **dass** no sooner ... than; ***~ dass sie sich kennen gelernt hatten, heirateten sie auch schon*** no sooner had they met than they were married, they had hardly [*or* scarcely] met before they were married

Kaumuskel *m* masticatory muscle, muscle of mastication; **seine ~n anstrengen** (*hum fam*) to get chomping *hum fam*

kausal **I.** *adj* ❶ (*geh: ursächlich*) causal; **ein ~er Zusammenhang** a causal connection ❷ LING (*begründend*) causal **II.** *adv* (*geh*) causally

Kausalgesetz *nt* PHILOS, MATH law of causality

Kausalität *f* JUR causality; **hypothetische** ~ hypothetical causation; **überholende** ~ overtaking causation

Kausalitätsprinzip *nt* causation principle

Kausalprinzip *nt* PHILOS, MATH principle of causality

Kausalsatz *m* LING causal clause **Kausalzusammenhang** *m* chain of causation, causal connection; **unmittelbarer** ~ proximate connection

Kautabak *m* chewing tobacco

Kaution <-, -en> *f* ❶ JUR (*Sicherheitsleistung*) bail; **eine ~ stellen** to stand [*or* put up] bail; **gegen ~** on bail ❷ (*Mietkaution*) deposit

Kautionsstellung *f* FIN provision of bail [*or* security]

Kautionswechsel *m* JUR guarantee bill

Kautschuk <-s, -e> *m* [india] rubber, caoutchouc

Kautschukbaum *m* rubber [tree]

Kauz <-es, Käuze> *m* ❶ (*Eulenvogel*) [tawny] owl ❷ (*Sonderling*) [odd [*or* strange]] character

kauzig *adj* odd, strange

Kavalier <-s, -e> *m* gentleman ▶ WENDUNGEN: **der ~ genießt und schweigt** a gentleman does not boast about his conquests

Kavaliersdelikt *nt* trifling [*or* trivial] [*or* minor] [*or* petty] offence [*or* AM -se]

Kavalierspitz *m* KOCHK clod

Kavalier(s)start *m* AUTO racing start

Kavallerie <-, -n> [*pl* -'riːən] *f* HIST, MIL cavalry

Kavallerieangriff *m* cavalry charge **Kavallerieeinheit** *f* cavalry unit **Kavallerieoffizier** *m* cavalry officer

Kavallerist <-en, -en> *m* cavalryman

Kaviar <-s, -e> *m* caviar[e]; **deutscher** ~ lumpfish roe

KB *nt Abk von* **Kilobyte** kbyte

Kbit *nt* INFORM *Abk von* **Kilobit** Kbit, Kb

Kbyte *nt* INFORM *Abk von* **Kilobyte** Kbyte, KB

kcal *f Abk von* **Kilokalorie** kcal

Kebab <-[s], -[s]> *m* KOCHK kebab

keck *adj* ❶ (*vorlaut*) cheeky, saucy ❷ (*provokant*) bold

Keckheit <-, -en> *f* cheek[iness], sauciness

Keder <-s, -> *m* MODE piping

Kefir <-s> *m kein pl* kefir

Kegel <-s, -> *m* ❶ (*Spielfigur*) skittle, pin, ninepin, tenpin; ~ **spielen** to play skittles, to go [tenpin/ninepin] bowling; ***kommt ihr mit ~ spielen?*** are you coming bowling? [*or* for a game of skittles?] ❷ MATH cone ❸ GEOG (*kegelförmige Erhebung*) cone; **der ~ des Berges** the mountain peak ❹ (*Strahl*) beam [of light]; *s. a.* **Kind**

Kegelabend *m* bowling [*or* skittles] evening [*or* night] **Kegelbahn** *f* ❶ (*Anlage*) [ninepin/tenpin] bowling alley, skittle alley ❷ (*einzelne Bahn*) [bowling] lane **Kegelbruder** *m* (*fam*) fellow skittle [*or* bowling] club member **kegelförmig** *adj* conical, cone-shaped **Kegelkugel** *f* bowl, skittle [*or* bowling] ball

kegeln *vi* to play skittles, to go [ninepin/tenpin] bowling, to bowl; ***hast du schon mal gekegelt?*** have you ever played skittles [*or* been bowling] [*or* bowled] [before]?; ■**das K~** game of skittles, [ninepin/tenpin] bowling

Kegelschnitt *m* MATH conic section **Kegelstumpf** *m* MATH frustum [of a cone]

Kegler(in) <-s, -> *m(f)* skittle player, [ninepin/tenpin] bowler

Kehle <-, -n> *f* ❶ (*Kehlkopf*) throat; **in die falsche ~ geraten** to go down the wrong way; **etw in die falsche ~ bekommen** (*fam*) to have sth go down the wrong way; **eine raue ~ haben** to be hoarse, to have a hoarse voice ❷ ANAT (*Gurgel*) throat; **in der ~ stecken bleiben** to stick [*or* get stuck] in one's throat; **jdm die ~ zudrücken** to throttle sb; **jdm/einem Tier an die ~ springen** to leap at [*or* go for] sb's/an animal's throat; **aus voller ~** at the top of one's voice ❸ BAU valley ▶ WENDUNGEN: **sich** *dat* **die ~ aus dem Hals schreien** (*fam*) to scream one's head off; **es geht jdm an die ~** sb's life is at stake; **jdm an die ~ springen können** (*fam*) to want to leap at [*or* go for] sb's throat; **jdm die ~ zusammenschnüren** to make sb freeze with fear

kehlig *adj* guttural; **ein ~es Lachen/eine ~e Stimme** a guttural [*or* throaty] laugh/voice

Kehlkopf *m* larynx

Kehlkopfentzündung *f* MED laryngitis *no pl, no indef art* **Kehlkopfkatarrh** *m* laryngeal catarrh **Kehlkopfkrebs** *m* cancer of the larynx, laryngeal cancer **Kehllaut** *m* guttural sound; LING glottal sound

Kehraus <-> *m kein pl* SÜDD last dance (*after Carneval celebrations on shrove tuesday*) ▶ WENDUNGEN: **[den] ~ feiern** to have a farewell celebration

Kehrbesen *m* SÜDD (*Besen*) broom **Kehrblech** *nt* SÜDD (*Handschaufel*) small shovel

Kehre <-, -n> *f* hairpin bend

kehren¹ I. *vt* ❶ (*wenden*) ■**etw irgendwohin ~** to turn sth somewhere; ***kehre die Innenseite nach außen*** turn it inside out; **in sich** *akk* **gekehrt** pensive, lost in thought; ***er ist ein stiller, in sich gekehrter Mensch*** he is a quiet, introverted person; *s. a.* **Rücken** ❷ (*veraltend: kümmern*) ■**jdn ~** to matter to sb **II.** *vr* ❶ (*sich wenden*) ■**sich gegen jdn ~** (*geh*) to turn against sb; ■**sich zu etw ~** to turn out [in] a certain way; ***du wirst sehen, es wird sich alles zum Guten ~*** you'll see, everything will turn out for the best ❷ (*sich kümmern*) ■**sich** *akk* **an etw** *dat* **~** to take notice of [*or* care about] sth; ***am Geschwätz der Leute habe ich mich noch nie groß gekehrt*** I've never really taken much notice of [*or* cared much about] people's gossiping

kehren² *vt, vi bes* SÜDD (*fegen*) ■**[etw] ~** to sweep [sth]

Kehricht <-s> *m o nt kein pl* ❶ (*geh: zusammengefegter Dreck*) sweepings *npl*, rubbish BRIT, garbage AM ❷ SCHWEIZ (*Müll*) refuse, AM *usu* garbage ▶ WENDUNGEN: **jdn einen feuchten ~ angehen** (*sl*) not to be any of sb's [damned [*or* BRIT *a.* bloody]] business *fam*; ***das geht Sie einen feuchten ~ an!*** that's none of your [damned [*or* bloody]] business!, mind your own [damned [*or* bloody]] business!

Kehrmaschine *f* ❶ (*Straßenkehrmaschine*) roadsweeper xx, street-sweeper ❷ (*Teppichkehrmaschine*) carpet-sweeper

Kehrreim *m* LIT refrain

Kehrschaufel *f* dustpan

Kehrseite *f* ❶ (*veraltend: Rückseite*) back ❷ (*Schattenseite*) downside, drawback; ***alles hat seine ~*** there's a downside to everything, everything has its drawbacks ❸ (*hum: Rücken, Gesäß*) back; **jdm die ~ zuwenden** to turn one's back on sb ▶ WENDUNGEN: **die ~ der Medaille** the other side of the coin

kehrt *interj* MIL **~ *marsch!*** about turn [*or* AM face], forward march!

kehrt\|machen *vi* ❶ (*den Rückweg antreten*) to turn [round [*or* AM around] and go] back; ***wenn ein Gewitter kommt, müssen wir sofort ~!*** if there is a storm, we'll have to turn around and go straight back ❷ MIL (*eine Kehrtwendung machen*) to about-turn [*or* AM -face] **Kehrtwende** *f* about-face **Kehrtwendung** *f* ❶ MIL (*Drehung um sich selbst*) about-turn [*or* -face] AM ❷ (*scharfer Positionswechsel*) about-turn [*or* AM -face] *fig*, U-turn *fig fam*

Kehrwert *m* MATH reciprocal

Kehrwoche *f* SÜDD ≈ cleaning week (*a week in which it is a resident's turn to keep clean the commumal areas in and around a block of flats*); **die ~ machen** to carry out cleaning duties for a week

keifen *vi* (*pej*) to nag; ***musst du immer gleich so ~?*** must you keep nagging all the time like that?; ■**das K~** nagging; ■**~d** nagging

Keil <-[e]s, -e> *m* ❶ AUTO (*Unterlegkeil*) chock ❷ TECH, FORST wedge; **einen ~ in etw** *akk* **treiben** to drive a wedge into sth ❸ (*Zwickel*) gusset ▶ WENDUNGEN: **einen ~ zwischen sie treiben** to drive a wedge between them

Keilabsatz *m* wedge heel

Keile *pl* DIAL (*fam: Prügel*) thrashing *sing*, hiding *sing fam*; **~ bekommen** [*o* **kriegen**] [*o* **beziehen**] to get [*or* be given] a [good] thrashing [*or* hiding] *fam*

keilen I. *vt* FORST ■**etw ~** to split sth with a wedge **II.** *vr* DIAL (*fam: sich prügeln*) ■**sie ~ sich** they are scrapping *sl* [*or* fighting] **III.** *vi* to kick

Keiler <-s, -> *m* JAGD wild boar

Keilerei <-, -en> *f* (*fam*) scrap *sl*, fight, BRIT *a.* punch-up

keilförmig *adj* wedge-shaped; **~e Schriftzeichen** cuneiform characters **Keilhose** *f* ski pants *npl* **Keilkissen** *nt* wedge-shaped bolster **Keilleser** *m* TYPO wedge reader **Keilriemen** *m* AUTO V-belt **Keilschrift** *f* HIST cuneiform script

Keim <-[e]s, -e> *m* ❶ BOT (*Trieb*) shoot ❷ (*befruchtete Eizelle*) embryo ❸ (*Erreger*) germ, pathogen *spec* ❹ (*fig: Ausgangspunkt*) seed *usu pl*; ***der kleinste ~ der Hoffnung*** the faintest flicker [*or* glimmer] [*or* ray] of hope; **den ~ zu etw legen** to sow the seeds of sth ❺ PHYS (*Ausgangspunkt für einen Prozess*) nucleus ▶ WENDUNGEN: **etw im ~[e] ersticken** to nip sth in the bud

Keimbahn *f* BIOL germ line **Keimbahntherapie** *f* MED germ line gene therapy **Keimblatt** *nt* BOT seed-leaf, cotyledon *spec* **Keimdrüse** *f* ANAT gonad

keimen *vi* ❶ BOT (*Keime bilden*) to germinate; ***die alten Kartoffeln/Zwiebeln fangen an zu ~*** the old potatoes/onions are beginning to sprout/ put out shoots; ■**das K~** [the] germination; ***diese chemische Behandlung soll die Kartoffeln am K~ hindern*** this chemical treatment is supposed to prevent the potatoes [from] sprouting ❷ (*geh: zu entstehen beginnen*) to stir; ***diese Bemerkung ließ bei ihr einen ersten, leisen Verdacht ~*** this comment aroused a first sneaking [*or* slight] suspicion in her

keimfrei *adj* sterile, sterilized; **eine ~e Infusionslösung** a sterile infusion solution; **eine ~e Umgebung** a sterile [*or* germ-free] environment; **etw ~ machen** to sterilize sth

Keimling <-s, -e> *m* ❶ (*keimende Pflanze*) shoot ❷ (*Embryo*) embryo

Keimsaat *m* germinating seed **keimtötend** *adj* germicidal

Keimung <-, -en> *f* BIOL, BOT germination

Keimzelle *f* ❶ BIOL germ cell, gamete ❷ (*geh: Ausgangspunkt*) nucleus; ***sie verstanden sich als ~ der Revolution*** they viewed themselves as a seedbed for revolution

kein I. *pron indef, attr* ❶ ([*verneint ein Substantiv*] *nicht* [*irgend*]*ein, niemand*) no; ***er sagte ~ Wort*** he didn't say a word; **auf ~en Fall** [*o* **unter ~en Umständen**] no way, under no circumstances; ***darauf lasse ich mich auf ~en Fall ein!*** there's no way I'm [*or* under no circumstances am I] going to get involved in that!; **in ~ster Weise** in no way; **~ anderer/~e andere/anderes** no other; ***gibt es ~en anderen Zug?*** isn't there another train?; **~ anderer/~e andere als ...** none other than ...; *s. a.* **einzig** ❷ ([*bezieht sich auf ein Singularetantum, meist auf ein Abstraktum oder einen Sammelbegriff*] *nichts davon, nichts an*) not ... any; ***ich habe jetzt wirklich ~e Zeit*** [***für Sie***]! I really haven't got any time [for you] now!; ***ich habe heute einfach ~e Lust, ins Kino zu gehen*** I just don't fancy going to the cinema today ❸ ([*kehrt das zugehörige Adj ins Gegenteil*]) not; ***das ist ~ dummer Gedanke*** that's not a [*or* no] bad idea; ***das ist ~ großer Unterschied*** that's not much of a difference ❹ (*fam:* [*vor Zahlwörtern*] *nicht ganz,* [*noch*] *nicht einmal*) not, less than; ***die Reparatur dauert ~e 5 Minuten*** it won't take 5 minutes to repair; ***er wartete ~e drei Minuten*** he waited [for] less than three minutes **II.** *pron indef, substantivisch* ❶ (*niemand, nichts aus einer nicht ausdrücklich bestimmten Menge: von Personen*) nobody, no one; (*von Gegenständen*) none; ***~er sagte etwas*** nobody [*or* no-one] said a thing; **mir kann ~er!** (*fam*) noboby [*or* noone] can touch me!; ***will ~r von euch mitkommen?*** don't any of you want to come along?; ***die Vorstellung war zu Ende, aber ~r klatschte*** the performance was over, but no one [*or* nobody] clapped; **~[r, s] von beiden** neither [of them]; ***ich habe es noch ~r von beiden gesagt*** I've told neither [*or* I haven't told either] of them yet ❷ ([*durch hervorhebende Umstellung aus eigentlichem attributiven Gebrauch verselbständigt*] [*überhaupt*] *nicht*) any; ***ich gehe zu der Verabredung, aber Lust hab' ich ~e*** I'm going to keep the appointment, but I don't feel like going; ***Lust habe ich schon, aber Zeit habe ich ~*** I'd like to, it's just that I don't have the time

keinerlei *adj attr inv* no ... at all [*or* what[so]ever]; ***er scheint ~ Interesse daran zu haben*** he appears to have no interest what[so]ever in it, he doesn't appear to have any interest at all in it

keinerseits *adv* ❶ (*selten: von niemandem*) from any side [*or* anybody] ❷ (*bei niemandem*) on any [*or* either] side, anybody

keinesfalls *adv* on no account, under no circumstances

keineswegs *adv* not at all, by no means

keinmal *adv* not once, never [once]; ***ich habe ~ gewonnen*** not once have I ever won

keins *pron s.* **keine(r, s)**

Keks <-es, -e> *m o nt* (*selten*) ❶ *kein pl* (*Dauergebäck*) biscuit BRIT, cookie AM ❷ (*Stück ~*) biscuit BRIT, cookie AM ▶ WENDUNGEN: **jdm auf den ~ gehen** (*sl*) to get on sb's nerves [*or* BRIT *fam a.* up sb's nose]

Kelch <-[e]s, -e> *m* ❶ (*Sektkelch*) [champagne] glass ❷ REL (*Messkelch*) chalice, [communion-]cup ❸ BOT (*Blütenkelch*) calyx ▶ WENDUNGEN: **den [bitteren] ~ bis zur Neige leeren [müssen]** (*geh*) [to have] to drain the [bitter] cup of sorrow to the dregs; **der** [*o* **dieser**] **~ geht an jdm vorüber** sb is spared the [*or* this] ordeal; ***dieser ~ ist Gott sei Dank an mir vorübergegangen*** I've been spared this ordeal, thank God!

Kelchblatt *nt* BOT (*äußere grüne Blätter einer Blüte*) sepal **kelchförmig** *adj* cup-shaped; **~e Blüten** cup-shaped [*or spec* calyciform] flowers **Kelchglas** *nt s.* **Kelch 1**

Kelle <-, -n> *f* ❶ (*Schöpflöffel*) ladle ❷ BAU (*Maurerkelle*) trowel ❸ (*Signalstab*) signalling [*or* AM signaling] disc

Keller <-s, -> *m* cellar

Kellerassel *f* woodlouse

Kellerei <-, -en> *f* wine producer's, winery

Kellerfalte *f* double fold, inverted pleat **Kellerfenster** *nt* cellar window **Kellergeschoss**[RR] *nt* basement **Kellergewölbe** *nt* [underground [*or* cellar]] vault **Kellerkind** *nt* (*fam*) slum kid **Kellerlokal** *nt* cellar bar **Kellermeister(in)** *m(f)* [wine] cellarman **Kellerspeicher** *m* INFORM last-in-first-out memory, push-down store **Kellertür** *f* cellar door **Kellerwechsel** *m* JUR wind bill, kite

Kellner(in) <-s, -> *m(f)* waiter

K

kellnern *vi (fam)* to work as a waiter [*or* waitress]
Kelte, Keltin <-n, -n> *m, f* HIST Celt
Kelter <-, -n> *f* winepress
Kelterei <-, -en> *f* fruit pressing plant
keltern *vt* ■**etw** ~ to press sth; ■**das K~** [the] pressing
Kelterobst *nt* fruit for juicing
Keltin <-, -nen> *f fem form von* **Kelte**
keltisch *adj* Celtic
Kelvin <-s> *nt* PHYS kelvin
Kemenate <-, -n> *f* ① HIST (*Frauengemächer*) ladies' heated apartment[s] [in a medieval castle] ② (*hum fam: Damenzimmer*) boudoir
Kendo <-[s]> *nt kein pl* SPORT kendo
Kenia <-s> *nt* Kenya; *s. a.* **Deutschland**
Keniabohne *f* Kenia bean
Kenianer(in) <-s, -> *m(f)* Kenyan; *s. a.* **Deutsche(r)**
kenianisch *adj* Kenyan; *s. a.* **deutsch**
Kennbuchstabe *m* code letter **Kenndaten** *pl* personal details *pl* [*or usu + sing vb* data]
kennen <kannte, gekannt> *vt* ① (*jdm bekannt sein*) ■**jdn/etw** ~ to know sb/sth; ***ich kenne ihn noch von unserer gemeinsamen Studienzeit*** I know him from our time at college together; ***kennst du das Buch/ diesen Film?*** have you read this book/seen this film?; ***ich kenne das Gefühl*** I know the feeling; **jdn als jdn** ~ to know sb as sb; ***ich kannte ihn nicht als Liedermacher*** I didn't know he was a songwriter; **das ~ wir [schon]** (*iron*) we've heard all that before; ***immer die gleichen Ausreden, das ~ wir schon!*** always the same old excuses, we've heard them all before!; **du kennst dich doch!** you know what you're like!; **kein[e] ... ~** to know no ...; **kennst du mich noch?** do you remember me?; **jdn ~ lernen** to meet sb, to make sb's acquaintance *form;* **sich ~ lernen** to meet; **jdn als jdn ~ lernen** to come to know sb as sb; ***ich habe ihn als einen sehr eigensinnigen Menschen ~ gelernt*** I have come to know him as a very stubborn person; **wie ich ihn/sie kenne ...** if I know him/her ...; **jdn so [noch] gar nicht ~** to have never seen sb like this [before]; ***so kenne ich dich gar nicht*** I've never seen you like this; ■**sich ~** to know one another [*or* each other] ② (*vertraut sein*) ■**etw ~** to be familiar with sth; ***die Leute dort ~ keinen Schnee*** the people there have no experience of snow; **jdn/etw ~ lernen** to get to know [*or* become acquainted with] sb/sth; **sich ~ lernen** (*miteinander vertraut werden*) to get to know one another [*or* each other] ③ (*gut verstehen*) ■**etw** ~ to know sth ④ (*wissen*) ■**etw** ~ to know sth; ***~ Sie hier ein gutes Restaurant?*** do you know [of] a good restaurant here? ▶ WENDUNGEN: **sich** *akk* **nicht mehr vor etw** *dat* ~ to be beside oneself with sth; ***er kannte sich kaum noch vor Wut*** he was almost beside himself with rage; **jdn nicht mehr ~** to have nothing more to do with sb; **jdn nicht mehr ~ wollen** to not want anything more to do with sb; **jdn noch ~ lernen** (*fam*) to have sb to reckon with; ***sofort das Geld zurück, sonst lernst du mich noch ~!*** give me the money back right now or you'll have me to reckon with!
Kennenmüssen *nt kein pl* JUR negligent ignorance of a thing
Kenner(in) <-s, -> *m(f)* expert, authority; ■**ein ~ einer S.** *gen* an expert [*or* authority] on a thing; ■**ein ~ von etw** an expert on [*or* in] [*or* authority on] sth; ***was gute Weine angeht, ist er ein absoluter ~*** as far as good wine is concerned, he's an absolute connoisseur; **da zeigt sich der [wahre] ~** you can tell who the [real] expert is [*or* who's the [real] expert]
Kennerblick *m* expert eye; **mit ~** with an expert eye
kennerhaft, kennerisch I. *adj* discerning II. *adv* discerningly
Kennerin <-, -nen> *f fem form von* **Kenner**
Kennermiene *f* air of expertise; **mit ~** with the air of an expert
Kennfeld *nt* AUTO characteristic map **Kennlinie** *f* TYPO characteristic curve **Kennnummer**[RR], **Kennummer** *f* code [*or* reference] number
kenntlich *adj* ■ [**an etw** *dat*] ~ **sein** to be recognizable [*or* BRIT *a.* -isable] by sth; **etw [durch etw] [als etw] ~ machen** to identify [*or* mark] sth [as sth] [with [*or* by [means of]] sth], to label sth [as sth] [with sth]
Kenntnis <-ses, -se> *f* ① *kein pl* (*Vertrautheit*) knowledge; **sich jds ~ entziehen** (*geh*) sb has no knowledge of [*or* doesn't know anything about] sth; **~ von etw erhalten** (*geh*) to learn [*or* be informed] of [*or* about] sth; **von etw ~ haben** (*geh*) to have knowledge of [*or* know about] sth; **etw zur ~ nehmen** to take note of sth; **zur ~ nehmen, dass** to note that; **jdn von etw in ~ setzen** (*geh*) to inform [*or* notify] sb of sth; **jdn davon in ~ setzen, dass** (*geh*) to inform sb that; **ohne ~ einer S.** *gen* without knowing sth; ***ohne ~ der familiären Situation können wir nicht viel tun*** we can't do much without knowing about the family situation ② *pl* (*Wissen*) knowledge *no pl;* ***Sie sollten Ihre ~se vertiefen*** you should broaden your knowledge; **[gründliche] ~se in etw haben** to have a [thorough] knowledge of sth; **über ~se [in etw] verfügen** (*geh*) to be knowledgeable [*or* know] [about sth]; **von etw ~ haben** (*geh*) to have knowledge of [*or* know about] sth ③ JUR (*gerichtliches Wissen*) cognizance; (*Kenntnisnahme*) notice; **~ des Gerichts** judicial knowledge [*or* cognizance]; **gesetzlich vermutete ~** constructive notice; **etw zur ~ nehmen** to take cognizance of sth
Kenntnisnahme <-> *f kein pl* (*geh*) **nach ~** after perusal; **zur ~** for sb's attention
kenntnisreich I. *adj* (*geh*) knowledgeable, well-informed II. *adv* (*geh*) knowledgeably
Kennung <-, -en> *f* ① TELEK call sign, identification ② LUFT, NAUT signal ③ INFORM label, tagging
Kennwort <-wörter> *nt* ① (*Codewort*) code name ② INFORM password **Kennzahl** *f* ① TELEK (*Ortsnetzkennzahl*) dialling [*or* AM area] code ② (*charakteristischer Zahlenwert*) index
Kennzeichen *nt* ① (*Autokennzeichen*) number plate BRIT, registration number BRIT, license plate AM; **amtliches ~** (*geh*) license plate, BRIT *a.* registration number ② (*Merkmal*) mark; ***in Pässen wird auch nach besonderen oder unveränderlichen ~ gefragt*** there is a section in passports for distinguishing marks [*or* features] ③ (*Markierung*) insignia *npl;* ***der Wanderweg ist durchgängig mit diesem ~ markiert*** the ramblers' footpath is marked with this sign along the whole route
Kennzeichenrecht *nt* JUR, FIN labelling law
kennzeichnen I. *vt* ① (*markieren*) ■**etw [als etw] ~** to mark [*or* label] sth [as sth]; ■**etw/ein Tier [durch/mit etw] ~** to mark sth [with [*or* by [means of]] sth] [*or* label sth [with sth]]/tag an animal [with sth]; ***Pakete mit Gläsern müssen als „zerbrechlich" gekennzeichnet werden*** packages containing glasses must be marked "fragile" ② (*charakterisieren*) ■**jdn als jdn/etw ~** to characterize [*or* describe] sb as sb/sth; ■**durch etw gekennzeichnet sein** to be characterized by sth II. *vr* ■**sich durch etw ~** to be characterized by sth; ***ihre Kunstwerke ~ sich durch Präzision*** precision is a hallmark of her works of art
kennzeichnend *adj* typical, characteristic; **ein ~es Charakteristikum** a typical charateristic; **ein ~es Merkmal** a distinguishing mark [*or* feature]; ■ **~ für jdn/etw sein** to be typical [*or* characteristic] of sb/sth
Kennzeichnung *f* ① (*das Kennzeichnen*) marking; *Waren* labelling BRIT, labeling AM; *Tiere* tagging ② (*Kennzeichen*) label ③ (*Charakterisierung*) characterization ④ (*Logik*) definite description
Kennzeichnungsbestimmungen, Kennzeichnungsvorschriften *pl* HANDEL labelling provisions, marking requirements
Kennzeichnungspflicht *f* obligation to label
kennzeichnungspflichtig *adj inv* having to be labelled [*or* AM labeled], subject to labelling [*or* AM labeling]
Kennziffer *f* code [*or* box] number; **erzeugnisbezogene ~** reference number
kentern *vi sein* to capsize; **etw zum K~ bringen** to capsize sth
Keramik <-, -en> *f* ① *kein pl* (*Töpferwaren*) ceramics *npl,* pottery *no indef art* ② (*Kunstgegenstand*) ceramic, piece of pottery ③ *kein pl* (*gebrannter Ton*) fired [*or* baked] clay
Keramikbrennstoffzelle *f* ceramic fuel cell
Keramikinlay [-ˈɪnleɪ] *nt* ceramic inlay
keramisch *adj* ceramic, pottery *attr*
Keratin <-s, -e> *nt* BIOL keratin
Kerbe <-, -n> *f* (*Einkerbung*) notch ▶ WENDUNGEN: **in die gleiche** [*o* **dieselbe**] **~ hauen** [*o* **schlagen**] (*fam*) to take the same line
Kerbel <-s> *m kein pl* chervil
kerben *vt* ■**etw** ~ to carve sth
Kerbholz *nt* ▶ WENDUNGEN: **etw auf dem ~ haben** (*fam*) to have blotted one's copybook *fam* [*or* committed a few dirty deeds in the past]
Kerbtier *nt* insect
Kerker <-s, -> *m* ① HIST (*Verlies*) dungeon ② (*Strafe*) imprisonment *no pl* ③ ÖSTERR (*Zuchthaus*) prison, jail, BRIT *a.* gaol
Kerkermeister *m* HIST jailer, BRIT *a.* gaoler
Kerl <-s, -e *o* -s> *m* (*fam*) ① (*Bursche*) fellow *fam,* BRIT *a.* chap *fam,* BRIT *a.* bloke *fam* ② (*Mensch*) person; ***er ist ein anständiger/ toller ~*** he's a decent/ terrific bloke [*or* fellow] *fam* ③ (*Freund*) guy *fam,* fellow *fam,* BRIT *a.* bloke *fam;* ***ihr ~ gefällt mir nicht*** I don't like her fellow [*or* bloke]
Kern <-[e]s, -e> *m* ① BOT, HORT *Kernobst* pip; *Steinobst* stone; ***in ihr steckt ein guter ~*** (*fig*) she's good at heart; **einen wahren ~ haben** (*fig*) to contain a core of truth ② (*Nusskern*) kernel ③ (*Atomkern*) nucleus ④ (*Zellkern*) nucleus ⑤ (*der zentrale Punkt*) heart, crux; **der ~ eines Problems** the crux of a problem; **zum ~ eines Problems kommen** to get to the heart of a problem; ***kommen wir zum ~ der Sache!*** let's get to the point! ⑥ (*zentraler Teil*) centre [*or* AM -er]; (*Familie*) nucleus; (*wichtigster Teil*) core, nucleus ▶ WENDUNGEN: **der harte ~** the hard core
Kernarbeitszeit *f* core work time [*or* working hours] **Kernbeißer** <-s, -> *m* ORN hawfinch **Kernbereich** *m* central area, core **Kernbestand** *m* core [constituents *pl*] **Kernbrennstoff** *m* nuclear fuel **Kernenergie** *f* nuclear [*or* atomic] energy **Kernenergieausstieg** *m* *withdrawal from nuclear energy* **Kernexplosion** *f* nuclear explosion **Kernfach** *nt* SCH core subject **Kernfamilie** *f* nuclear family **Kernforschung** *f* nuclear research **Kernforschungszentrum** *nt* nuclear research centre [*or* AM -er] **Kernfrage** *f* central issue, crucial question **Kernfrucht** *f* pome [fruit], pomaceous [*or* hard pip] [*or* seed] fruit **Kernfusion** *f* nuclear fusion **Kerngedanke** *m* central idea **Kerngehäuse** *nt* BOT, HORT core **Kerngeschäft** *nt* HANDEL core business
kerngesund *adj* fit as a fiddle *pred,* fighting fit *pred*
Kernholz *nt* FORST heartwood **Kernhülle** *f* BIOL nuclear membrane
kernig *adj* ① (*markig*) robust; ***der Auspuff dieses Sportwagens hat einen satten, ~en Klang*** this sports car's exhaust makes a lovely, powerful noise ② (*urwüchsig*) earthy; ***die haben ~e Sprüche drauf*** they come out with some earthy language ③ (*voller Obstkerne*) full of pips *pred*
Kernkompetenz *f* core competence
Kernkraft *f* nuclear power
Kernkraftbefürworter(in) *m(f)* advocate [*or* supporter] of nuclear power **Kernkraftgegner(in)** *m(f)* opponent of nuclear power **Kernkraftwerk** *nt* nuclear power plant [*or* station]
Kernladungszahl *f* PHYS atomic number **Kernland** *nt* heartland **kernlos** *adj* pipless; **~e Trauben** seedless grapes **Kernobst** *nt* pome [fruit], pomaceous [*or* hard pip] [*or* seed] fruit **Kernphysik** *f* nuclear physics + *sing vb, no art* **Kernphysiker(in)** *m(f)* nuclear physicist **Kernproblem** *nt* central problem **Kernpunkt** *m s.* Kern 5 **Kern-**

reaktion *f* nuclear reaction **Kernreaktor** *m* nuclear reactor **Kernschatten** *m* ASTRON umbra, total shadow **Kernschmelze** *f* core meltdown, meltdown of the core **Kernseife** *f* washing [*or* hard] soap **Kernspaltung** *f* PHYS nuclear fission *no pl, no indef art* **Kernspeicher** *m* ELEK core memory **Kernspinresonanzspektroskopie** <-> *f kein pl* NUKL nuclear magnetic resonance spectroscopy **Kernspintomograf**, **Kernspintomograph** *m* magnetic resonance imaging scanner, MRI **Kernstrahlung** *f* nuclear radiation **Kernstück** *nt* crucial [*or* central] part [*or* element] **Kerntechnik** *f* nuclear engineering **kerntechnisch** *adj inv* nuclear, relating to nuclear technology **Kerntechnologie** *f* PHYS nuclear technology **Kernteilung** *f* BIOL nuclear division **Kerntransfer** *m* BIOL nucleus transfer, transfer of a/the nucleus **Kernverschmelzung** *f* ❶ PHYS *s.* **Kernfusion** ❷ BIOL cell union, karyogamy *spec* **Kernversuchsanlage** *f* nuclear test site

Kernwaffe *f meist pl* MIL, PHYS nuclear [*or* atomic] weapon

kernwaffenfrei *adj* nuclear-free **Kernwaffenversuch** *m* nuclear [*or* atomic] weapons test

Kernzeit *f* core work time [*or* working hours]

Kerosin <-s, -e> *nt* kerosene

Kerwe <-, -n> *f* DIAL fair, kermis

Kerze <-, -n> *f* ❶ (*Wachskerze*) candle; (*elektrische Kerze*) electric Christmas-tree light ❷ AUTO (*Zündkerze*) spark [*or* BRIT *a.* sparking] plug ❸ SPORT (*Bodenübung*) shoulder stand; **eine ~ machen** to do a shoulder stand ❹ BOT (*Blütenstand*) candle, thyrus *spec*

Kerzenbeleuchtung *f s.* Kerzenlicht **Kerzendocht** *m* [candle]wick **kerzengerade** I. *adj* erect II. *adv* as straight as a die **Kerzenhalter** *m* candleholder **Kerzenleuchter** *m* candlestick; **ein fünfarmiger ~** a candelabrum with five branches **Kerzenlicht** *nt kein pl* candlelight; **bei ~** by candlelight **Kerzenschlüssel** *m* AUTO [spark [*or* BRIT *a.* sparking]] plug spanner **Kerzenständer** *m* candlestick, candelabrum

Kescher <-s, -> *m* fishing-net

kessRR, **keß** I. *adj* ❶ (*frech und pfiffig*) cheeky, cocky; **eine kesse Antwort** a cheeky answer; **kesse Sprüche** cheeky language ❷ (*hübsch*) pert ❸ (*flott*) pert, jaunty; **eine kesse Hose** a natty pair of trousers II. *adv* cheekily

Kessel <-s, -> *m* ❶ (*Wasserkessel*) kettle; ***sie setzte den ~ auf*** she put the kettle on ❷ (*großer Kochtopf*) pot ❸ (*Heizkessel*) boiler ❹ GEOG (*Mulde*) basin, basin-shaped valley ❺ MIL (*Einschlussring*) encircled area

Kesselflicker(in) <-s, -> *m(f)* tinker **Kesselhaus** *nt* boiler house **Kesselpauke** *f* kettledrum **Kesselschmied** <-en, -en> *m* boilermaker

Kesselskuchen *m* KOCHK *spicy cake made from grated raw potatoes*

Kesselstein *m kein pl* scale, fur **Kesseltreiben** *nt* witch-hunt

KessheitRR <-, -en> *f*, **Keßheit** <-, -en> *f* cheek[iness], sauciness

Ketamin <-s> *nt kein pl s.* Kit-Kat ketamine

Ketchup <-[s], -s> *m o nt s.* **Ketschup**

Keton <-s, -e> *nt meist pl* CHEM ketone

Ketsch <-, -en> *f* NAUT ketch

KetschupRR <-[s], -s> ['kɛtʃap] *m o nt* ketchup

Kette <-, -n> *f* ❶ (*Gliederkette*) chain; **einen Hund an die ~ legen** to chain up a dog *sep*, to put a dog on a chain; **jdn an die ~ legen** (*fig*) to keep sb on a tight [*or* short] leash *fig;* **jdn in ~n legen** to put sb in chains, to clap sb in irons; **in ~n liegen** (*geh*) to be in chains; **seine ~n zerreißen** [*o* **sprengen**] (*fig geh*) to throw off [*or* break] one's chains [*or* shackles] [*or* fetters]; (*Fahrradkette*) [bicycle] chain; (*Schmuckkette*) necklace ❷ (*ununterbrochene Reihe*) line; ***viele tausende Demonstranten hatten eine ~ gebildet*** several thousand demonstrators had formed a human chain; (*Reihe von Gleichartigem*) *Blumen* row; *Bergen* chain; **eine ~ von Beweisen/Indizien** a body of evidence; **eine ~ von Ereignissen** a chain of events; **eine ~ von Unglücksfällen** a series [*or* chapter] of accidents ❸ ÖKON chain; ***dieses Restaurant gehört zu einer ~*** this restaurant is part of a chain ❹ (*in Längsrichtung verlaufende Fäden*) warp

ketteln *vt* ■**etw ~** to loop sth

ketten *vt* ❶ (*mit einer Kette befestigen*) ■**jdn/ein Tier an etw** *akk* **~** to chain sb/an animal to sth ❷ (*fest binden*) ■**jdn an sich** *akk* **~** to bind [*or* tie] sb to oneself *fig;* ■**jdn an jdn ~** to bind [*or* tie] sb to sb *fig*

Kettenarbeitsverhältnis *nt* ÖKON chain contract of employment **Kettenbrief** *m* chain letter **Kettenbriefbetrug** *m* chain letter scam **Kettenfahrzeug** *nt* tracked vehicle, Caterpillar® [*vehicle*] **Kettenglied** *nt* link **Kettenhemd** *nt* HIST coat of chain mail **Kettenhund** *m* [chained-up] guard dog [*or* watchdog] **Kettenkarussell** *nt* merry-go-round **Kettenpunkt** *m* TYPO chain dot **Kettenrauchen** *nt* chain-smoking **Kettenraucher(in)** *m(f)* chain-smoker **Kettenreaktion** *f* ❶ NUKL chain reaction ❷ (*aufeinander folgende Ereignisse*) chain reaction *fig* **Kettenrohrzange** *f* chain pipe wrench **Kettensäge** *f* chainsaw **Kettenschaltung** *f* dérailleur gear **Kettenschutz** *m* chain guard

Ketzer(in) <-s, -> *m(f)* ❶ REL (*Häretiker*) heretic ❷ (*geh: Abweichler*) heretic *fig*

Ketzerei <-, -en> *f* ❶ REL (*Häresie*) heresy ❷ (*geh: Abweichlertum*) heresy *fig*

Ketzerin <-, -nen> *f fem form von* **Ketzer**

ketzerisch *adj* ❶ REL (*häretisch*) heretical, heterodox *form* ❷ (*geh: abweichlerisch*) heretical *fig*, heterodox *fig form*

keuchen *vi* ❶ *haben* (*schwer atmen*) to puff [*or* pant] ❷ *sein* (*sich schwer atmend fortbewegen*) ■**irgendwohin ~** to puff [*or* pant] somewhere

Keuchhusten *m* whooping cough *no art,* pertussis *spec*

Keule <-, -n> *f* ❶ (*Waffe*) club, cudgel; **chemische ~** (*fig, euph*) Chemical Mace® ❷ SPORT Indian club ❸ KOCHK (*Schenkel*) leg

Keulenschlag *m* blow with a club [*or* cudgel] ▶ WENDUNGEN: **jdn wie ein ~ treffen** to hit sb like a thunderbolt

keusch *adj* chaste

Keuschheit <-> *f kein pl* chastity, chasteness; **~ geloben** to take a vow of chastity

Keuschheitsgelübde *nt* vow of chastity; **das ~ ablegen** to take a vow of chastity **Keuschheitsgürtel** *m* HIST chastity belt

Keyboard <-s, -s> ['ki:bɔ:d] *nt* keyboard

Keyword <-s, -s> ['ki:wɜ:d] *nt* key word

Kfm. *m Abk von* **Kaufmann**

Kfor ['ka:fo:ɐ] *f Akr von* **Kosovo-Friedenstruppe** Kfor (*NATO peacekeeping force in Kosovo*)

Kfz <-[s], -[s]> *nt Abk von* **Kraftfahrzeug**

Kfz-Brief *m* [vehicle] registration document, BRIT *a.* log-book **Kfz-Haftpflichtversicherung** *f* FIN third-party motor insurance **Kfz-Leasingvertrag** *m* FIN vehicle leasing contract **Kfz-Mechaniker(in)** *m(f)* motor [*or* AM car] mechanic **Kfz-Versicherung** *f* motor [vehicle] insurance BRIT, motor vehicle [*or* car] insurance AM **Kfz-Werkstatt** *f* motor vehicle workshop **Kfz-Zubehör** *nt* motor vehicle accessories

kg *Abk von* **Kilogramm** kg

KG <-, -s> *f Abk von* **Kommanditgesellschaft**

kgl. *adj Abk von* **königlich**

K-Gruppe *f* POL Communist splinter group

Khaki1 <-s> *m kein pl* khaki

Khaki2 <-s> *nt kein pl* (*Farbe*) khaki

khakifarben *adj* khaki[-coloured [*or* AM -ored]]

Khart(o)um, **Khartoum** <-s> *nt* Khartoum

Khmer *nt decl wie adj* Khmer, Cambodian; *s. a.* **Deutsch**

kHz *Abk von* **Kilohertz** kHz

KI *f* INFORM *Abk von* **Künstliche Intelligenz** AI

Kibbuz <-, Kibbuzim *o* -e> *m* GEOG kibbutz

Kichererbse *f* chick-pea

kichern *vi* to giggle; ■**das K~** [the] giggling

Kick *m* ❶ SPORT kick ❷ (*fam: Nervenkitzel*) kick

Kick-downRR, **Kickdown** <-s, -s> [kɪk'daun] *nt o m* AUTO kickdown

kicken FBALL I. *vi* (*fam*) to play football; [**für einen Verein**] **~** to play [football] [for a club] II. *vt* (*fam*) **den Ball ~** to kick the ball

Kicker(in) *m(f)* FBALL (*fam*) football [*or* AM soccer] player

Kickstarter *m* TECH kick-start[er]

Kid <-s, -s> *nt* (*sl*) kid *fam*, youngster *fam*

kidnappen ['kɪtnɛpn] *vt* ■**jdn ~** to kidnap sb

Kidnapper(in) <-s, -> ['kɪtnɛpɐ] *m(f)* kidnapper

Kidnapping <-s, -s> ['kɪtnɛpɪŋ] *nt* kidnapping

kiebig *adj* DIAL ❶ (*frech*) cheeky, saucy, fresh *fam* ❷ (*aufgebracht*) ■**~ sein/werden** to be/get annoyed

Kiebitz <-es, -e> *m* lapwing, pe[e]wit

Kiebitzeier *pl* lapwing eggs *pl*

kiebitzen *vi haben* ❶ (*fam: neugierig beobachten*) to look on curiously ❷ KARTEN, SCHACH to kibitz (*to look on and offer unwelcome advice*)

Kiefer1 <-, -n> *f* ❶ (*Baum*) pine [tree] ❷ *kein pl* (*Holz*) pine[wood]

Kiefer2 <-s, -> *m* ANAT jaw[-bone]

Kieferbruch *m* MED fracture of the jaw, jaw fracture **Kieferchirurg(in)** *m(f)* oral surgeon **Kieferchirurgie** *f* oral surgery **Kieferchirurgin** *f fem form von* Kieferchirurg **Kieferfehlstellung** *f* MED malposition of the jaw **Kiefergelenk** *nt* ANAT, MED [temporo]mandibular joint *spec* **Kieferhöhle** *f* ANAT maxillary sinus **Kieferhöhlenentzündung** *f* maxillary sinusitis, antritis *spec*

Kiefernast *m* pine[-tree] branch **Kiefernholz** *nt* pine[wood] **Kiefernkreuzschnabel** *m* ORN parrot crossbill **Kiefernnadel** *f* pine needle **Kiefernöl** *nt* pine oil **Kiefernrinde** *f* bark of the pine [tree], pine[-tree] bark **Kiefernstamm** *f* pine[-tree] trunk **Kiefernwald** *m* pine wood **Kiefernzapfen** *m* pine cone **Kiefernzweig** *m* pine[-tree] twig

Kieferorthopäde, -din <-n, -n> *m, f* MED orthodontist

Kieferorthopädie *f* MED orthodontics + *sing vb,* orthodontia

kieken *vi* NORDD (*gucken*) to look

Kieker <-s, -> *m* ▶ WENDUNGEN: **jdn auf dem ~ haben** (*fam: an jdm herumnörgeln*) to have it in for sb *fam;* (*jdn mit Misstrauen beobachten*) to have one's eye on sb; (*an jdm sehr interessiert sein*) to have one's eye on sb

kieksen *vi* to squeak

Kiel <-[e]s, -e> *m* ❶ NAUT (*Schiffskiel*) keel; **ein Schiff auf ~ legen** to lay down [the keel of] a ship *sep* ❷ (*Federkiel*) quill

kielholen *vt* ■**gekielholt werden** ❶ NAUT to be careened ❷ HIST to be keel-hauled **Kiellinie** *f* NAUT, MIL **in ~ fahren** to sail in line astern **kieloben** *adv* bottom [*or* keel] up **Kielraum** *m* bilge **Kielwasser** *nt* wake, wash; **in jds ~ segeln** [*o* **schwimmen**] (*fig*) to follow in sb's wake *fig*

Kieme <-, -n> *f* gill

Kiemenschnecke *f* ZOOL whelk

Kien <-[e]s> *m*, **Kienspan** *m kein pl* pine[wood] spill

Kiepe <-, -n> *f* NORDD pannier, dosser

Kies <-es, -e> *m* ❶ (*kleines Geröll*) gravel *no pl* ❷ *kein pl* (*sl: Geld*) dough *sl no indef art,* bread *sl no indef art,* BRIT *a.* dosh *sl no indef art*

Kiesel <-s, -> *m s.* **Kieselstein**

Kieselalge *f* diatom **Kieselerde** *f* silica **Kieselgel** *nt* silica gel **Kieselsäure** *f* CHEM silicic acid **Kieselstein** *m* pebble **Kieselstrand** *m* shingle [*or* pebble] beach

Kiesgrube *f* gravel pit **Kiesweg** *m* gravel path

Kie(t)z <-es, -e> *m* ❶ (*Berliner Stadtviertel*) neighbourhood BRIT, neighborhood AM, area of town ❷ (*sl: Strich*) red-light district; **auf dem ~** (*sl*) in the neighbourhood [*or* AM neighborhood]

Kiew <-s> ['ki:ɛf] *nt* Kiev

kiffen *vi* (*sl*) to smoke pot *fam* [*or fam* dope] [*or sl* grass]

K

Kiffer(in) <-s, -> *m(f)* (*sl*) pot-smoker *fam*, pot-head *fam*, dope-head *fam*

kikeriki *interj* cock-a-doodle-doo

killekille *adv* (*fam*) ~ **machen** to tickle

killen *vt* (*sl*) ■**jdn** ~ to bump off [*or* do in] sb *sep sl*, to kill sb

Killer(in) <-s, -> *m(f)* (*sl*) hit man

Killerinstinkt *m* (*sl*) killer instinct **Killerzelle** *f* MED T cytotoxic cell

Kilo <-s, -[s]> *nt* (*fam*) *s.* **Kilogramm** kilo

Kilobit *nt* INFORM kilobit

Kilobyte ['ki:lobait] *nt* kilobyte **Kilogramm** *nt* kilogramme [*or* AM -am] **Kilohertz** *nt* PHYS kilohertz, kilocycle [per second] **Kilojoule** ['ki:lodʒu:l] *nt* kilojoule **Kilokalorie** *f* PHYS kilocalorie

Kilometer *m* ❶ (*1000 Meter*) kilometre [*or* AM -er]; **bei ~ ...** SPORT after ... kilometres; ***bei ~ 15 gab es den ersten Getränkestand*** the first drinks stand came after 15 kilometres ❷ (*fam: Stundenkilometer*) ... [kilometres [*or* AM -ers] per hour]; ***auf dieser Strecke herrscht eine Geschwindigkeitsbeschränkung von 70 ~n*** there's a speed limit of 70 [kilometres per hour] on this stretch [of road]

Kilometerfresser *m* (*fam*) long-distance speed merchant *fam*, mile eater *fam* **Kilometergeld** *nt* FIN mil[e]age [allowance] **kilometerlang** I. *adj* stretching for miles *pred*; **eine ~e Autoschlange/Fahrzeugschlange/ein ~er Stau** a line of cars/vehicles/a traffic jam stretching [back] [*or* BRIT *a.* tailback stretching] for miles; **ein ~er Strand** a beach stretching for miles [and miles] II. *adv* for miles [and miles], for miles on end **Kilometerleistung** *f* AUTO mileage **Kilometerpauschale** *f* FIN [tax] mil[e]age allowance **Kilometerstand** *m* mil[e]age [reading]; **bei ~ ...** with a mil[e]age reading of ..., with ... on the clock, after ... kilometres [*or* AM -ers] [*or* miles]; ***bei ~ 25.000 haben Sie die nächste Inspektion!*** your next service is due at [*or* after] 25,000 kilometres! **Kilometerstein** *m* milestone **kilometerweit** I. *adj* for miles [and miles] *pred*; ***sie machen gerne ~e Wanderungen*** they like taking walks which last for many miles [*or* walking for miles] II. *adv* for miles [and miles]; ***von der Bergkuppe kann man ~ sehen*** you can see for kilometres [*or* miles] from the top of the mountain **Kilometerzähler** *m* milometer, odometer, mil[e]age counter [*or* indicator]

Kilovolt, Kilovlt *nt* kilovolt

Kilowatt *nt* kilowatt

Kilowattstunde *f* kilowatt-hour

Kimme <-, -n> *f* back [*or* rear] sight; **über ~ und Korn zielen** to aim over notch and bead sight [*or* open sights]

Kimonoärmel *m* kimono sleeve

Kind <-[e]s, -er> *nt* ❶ (*Nachkomme*) child; ***ihre ~er sind drei und vier Jahre alt*** her children are three and four years old; **gemeinschaftliches ~** JUR mutual child; **~er Gottes** (*fig*) God's children; **ein ~ in die Welt setzen** [*o geh* **zur Welt bringen**] to bring a child into the world; ***das ist nichts für kleine ~er*** that's not for your young eyes/ears; [**du bist aber ein**] **kluges ~!** (*iron*) oh, aren't you clever! *iron;* **jds leibliches ~** sb's own child; **ein uneheliches** [*o* **nicht eheliches**] **~** an illegitimate child, a bastard, a child born out of wedlock; **bei jdm ist ein ~ unterwegs** sb is expecting [a baby] [*or* pregnant]; **ein ~** [**von jdm**] **bekommen** [*o* **erwarten**] [*o* **kriegen**] to be expecting a baby [*or* pregnant] [by sb], to be with child *form*, to be pregnant with sb's child; ***wir bekommen ein ~!*** we're going to have a baby!; **jdm ein ~ machen** (*sl*) to put sb in the club *fam* [*or* BRIT *sl* up the duff], to put a bun in sb's oven *hum sl*, to get sb in the family way *fam*, to knock sb up *sl;* **sich** *dat* **ein ~ wegmachen lassen** (*sl*) to get rid of a baby *euph;* **das weiß doch jedes ~!** (*fam*) any child [*or* five-year-old] knows [*or* could tell you] that; **von ~ auf** [*o* **an**] from childhood [*or* an early age]; **aber ~!** child, child!; **das ~ im Manne** (*fig*) he's a boy at heart; **jdn an ~es Statt annehmen** JUR to adopt sb; **ein ~ des Todes sein** (*fig veraltend geh*) to be as good as dead; **ein großes ~ sein** to be a big baby; **noch ein halbes ~ sein** to be still almost a child; **sich wie ein ~ freuen** to be as pleased as Punch; **kein ~ mehr sein** not to be a child any more ❷ *pl* (*fam: Leute*) folks *pl;* **~er, ~er!** (*fam*) dear oh dear!, goodness me! ▸ WENDUNGEN: **das ~ mit dem Bade ausschütten** to throw out the baby with the bathwater; **jdm ein ~ in den Bauch reden** (*fam*) to talk the hind legs off a donkey; ***reden Sie mir kein ~ in den Bauch, ich kaufe Ihnen sowieso nichts ab*** I'm not going to buy anything off you, however much you try and soft-soap me; **mit ~ und Kegel** (*hum fam*) with the whole family; **aus ~ern werden Leute** (*prov*) children grow up [all too] quickly; **das ~ muss einen Namen haben** it must be called something; **das ~ beim** [**rechten**] **Namen nennen** to call a spade a spade; **~er und Narren** [*o* **Betrunkene**] **sagen die Wahrheit** (*prov*) children and fools speak the truth *prov;* **kleine ~er kleine Sorgen, große ~er große Sorgen** (*prov*) children when they are little make parents fools, when great, mad [*or* they are great they make them mad] *prov;* **kein ~ von Traurigkeit sein** (*hum*) to be sb who enjoys life; ***ich bin kein ~ von Traurigkeit*** I [like [*or* know how] to] enjoy life; **ein ~ seiner Zeit sein** to be a child of one's time; [**ein**] **gebranntes ~ scheut das Feuer** once bitten, twice shy *prov;* ***was Glücksspiele angeht, bin ich ein gebranntes ~!*** I've learned my lesson as far as games of chance are concerned; **bei jdm lieb ~ sein** (*fam*) to be sb's favourite [*or* blue-eyed boy] [*or* girl]; **sich bei jdm lieb ~ machen** (*fam*) to [try and] get on the right side of sb [*or* in sb's good books]; **wie sag' ich's meinem ~e?** (*hum*) I don't know how to put it, how should I put it?; ***ich kann ihm nicht helfen, aber wie sag' ich's meinem ~e?*** I can't help him, but how am I going to tell him?; **wir werden das ~ schon schaukeln** (*fam*) we'll manage to sort it [*or* everything] out

Kindbett *nt* (*veraltend*) *s.* **Wochenbett**

Kindbettfieber *nt s.* **Wochenbettfieber**

Kindchen <-s, -> *nt dim von* **Kind** ❶ (*Baby*) baby ❷ (*mein liebes Kind*) my dear child, little one

Kindchenschema *nt* PSYCH baby schema

Kinderarbeit *f* child labour [*or* AM -or] **Kinderarzt, -ärztin** *m, f* paediatrician BRIT, pediatrician AM **Kinderaugen** *pl* children's [*or* child's] eyes; [**vor Erstaunen**] **~ bekommen** [*o* **machen**] to be wide-eyed [with astonishment] **Kinderbekleidung** *f* children's wear **Kinderbetreuung** *f* child care, BRIT *a.* childminding **Kinderbetreuungsdienst** *m* crèche facilities *pl* **Kinderbett** *nt* cot **Kinderbettumrandung** *f* cot bumper **Kinderbild** *nt* childhood photograph **Kinderbuch** *nt* children's book **Kinderbüro** *nt* children's advice centre [*or* AM -er]

Kinderchen *pl dim von s.* **Kind** kiddie

Kinderchor [-ko:ɐ] *m* children's choir **Kinderdorf** *nt* children's village **Kinderdosis** *f* children's dose [*or* dosage] **Kinderehe** *f* child marriage

Kinderei <-, -en> *f* childishness *no pl, no indef art*

Kindererzieher(in) <-s, -> *m(f)* children's educator [*or* educationalist] BRIT, nursery school teacher AM **Kindererziehung** *f* bringing up [*or* raising] [*or* rearing] children **Kindererziehungszeit** *f* time spent bringing up [one's] children **Kinderfahrkarte** *f* child's ticket **Kinderfahrrad** *nt* child's bicycle [*or fam* bike] **kinderfeindlich** I. *adj* anti-children; **eine ~e Architektur/Planung** architecture/planning which does not cater for children [*or* take children into account] II. *adv* with little thought [*or* regard] [*or* without regard] for children **Kinderfeindlichkeit** *f* anti-children attitude; **die ~ von Architektur/Gesellschaft** the failure of architecture/society to cater for children [*or* take children into account] **Kinderfest** *nt* children's party **Kinderfilm** *m* children's film **Kinderfreibetrag** *m* child [*or* children's] allowance **Kinderfreund(in)** *m(f)* sb who loves chlidren; **ein ~ sein** to be [very] fond of children **kinderfreundlich** I. *adj* child-orientated [*or* AM -oriented] [*or* -friendly]; **~e Architektur** architecture which caters for children [*or* takes children into account] II. *adv* with children in mind **Kinderfunk** *m* TV, RADIO children's programme [*or* AM -am]; (*Abteilung*) Children's Programmes [*or* AM -ams] + *sing vb, no art* **Kindergarten** *m* kindergarten, nursery school **Kindergartenplatz** *m* nursery school [*or* kindergarten] place **Kindergärtner(in)** *m(f)* kindergarten [*or* nursery-school] teacher **Kindergeburtstag** *m* child's birthday **Kindergeld** *nt* child benefit, family allowance *dated* **Kindergeschrei** *nt kein pl sound of children shrieking and yelling* **Kindergesicht** *nt* ❶ (*Gesicht eines Kindes*) child's face; ***beim Fest sah man nur frohe/glückliche ~er*** one could see only happy children's faces at the party ❷ (*kindliches Gesicht*) childlike face **Kindergottesdienst** *m* children's service **Kinderhaus** *nt* ❶ (*Spielhaus*) playhouse ❷ (*Zufluchtsort*) children's refuge **Kinderheilkunde** *f* paediatrics BRIT *no art, + sing vb*, pediatrics AM *no art, + sing vb* **Kinderheim** *nt* children's home **Kinderhilfswerk** *nt* child[ren's] relief organization **Kinderhochstuhl** *m* highchair **Kinderhort** *m* day-nursery, BRIT *a.* crèche **Kinderjahre** *pl* childhood years *pl* **Kinderkanal** *m* children's channel **Kinderklinik** *f* MED children's [*or* paediatric [*or* AM pediatric]] clinic **Kinderkrankenhaus** *nt s.* **Kinderklinik** **Kinderkrankheit** *f* ❶ (*Krankheit*) childhood disease [*or* illness] ❷ *meist pl* (*fig: Anfangsprobleme*) teething troubles *pl fig* **Kinderkriegen** <-s> *nt kein pl* (*fam*) (*das Gebären*) giving birth *no art*, having children *no art* ▸ WENDUNGEN: **zum ~ sein** to be enough to drive one up the wall [*or* round [*or* AM around] the bend] *fam* **Kinderkrippe** *f* day-nursery, BRIT *a.* crèche **Kinderladen** *m* anti-authoritarian kindergarten [*or* nursery school] **Kinderlähmung** *f* polio, poliomyelitis *spec*, infant[ile] paralysis *dated* **Kinderlähmungsimpfstoff** *m* polio vaccine **kinderleicht** I. *adj* very [*or* BRIT *a. fam* dead] easy; ■**~ sein** to be child's play *fam* II. *adv* very easily; **etw ist ~ zu bedienen/montieren** sth is very [*or* BRIT *a. fam* dead] easy to operate/assemble

Kinderlein *pl s.* **Kinderchen**

kinderlieb *adj* fond of children *pred* **Kinderliebe** *f* love of children **Kinderlied** *nt* nursery rhyme

kinderlos *adj* childless

Kinderlosigkeit <-> *f kein pl* childlessness

Kindermädchen *f* nanny, nursemaid **Kindermärchen** *nt* (*fam*) fairy story, fairy-tale **Kindermode** *f* children's fashion **Kindermord** *m* (*Mord an einem Kind*) child murder, infanticide; **einen ~ begehen** to murder a child, to commit child murder [*or* infanticide] **Kindermörder(in)** *m(f)* child murderer **Kindermund** *m* (*Mund eines Kindes*) child's mouth ▸ WENDUNGEN: **~ tut Wahrheit kund** (*prov*) out of the mouths of babes and sucklings *prov*, children are never shy about telling the truth

Kindernarr, -närrin *m, f* sb who loves children

Kinderpornographie, Kinderpornografie[RR] *f* child pornography **Kinderprogramm** *nt* TV, RADIO children's programme [*or* AM -am] **Kinderprostitution** *f* SOZIOL, JUR child prostitution **Kinderpsychologie** *f* child psychology **kinderreich** *adj* with many children *pred;* **eine ~e Familie** a large family **Kinderreichtum** *m kein pl* abundance of children **Kinderreim** *m* nursery rhyme **Kinderreisebett** *nt* travel cot **Kinderschänder(in)** <-s, -> *m(f)* JUR, SOZIOL child molestor [*or* abuser] **Kinderschar** *f* crowd of children **Kinderschreck** *m kein pl* (*pej*) bog[e]yman **Kinderschuh** *m* (*Schuh für Kinder*) child's shoe; **den ~en entwachsen sein** (*geh*) to have grown up [*or* become an adult]; **noch in den ~en stecken** (*fig*) to be still in its infancy; ***dieses Verfahren steckt noch in den ~en*** this process is still in its infancy; **die ~e ausgetreten haben, den ~en entwachsen sein** to no longer be a child, not to be a child any more **Kinderschutzbund** *m* child welfare [*or* protection] agency, BRIT *a.* ≈ NSPCC **Kindersegen** *m* (*bes hum*) large number of children **Kin-**

dersicherheitssitz *m* AUTO child safety seat **Kindersicherung** *f* ① INET (*Filterprogramm*) filter program for children ② AUTO child[proof] safety catch **Kindersitz** *m* ① AUTO (*Rücksitzaufsatz*) child safety seat ② (*Fahrradaufsatz*) child-carrier seat **Kinderspiel** *nt* children's game; [**für jdn**] **ein ~ sein** (*fig*) to be child's play [to sb] **Kinderspielplatz** *m* [children's] playground **Kinderspielzeug** *nt* [children's [*or* child's]] toy **Kindersprache** *f* child [*or* children's] language **Kindersterblichkeit** *f* infant mortality **Kinderstimme** *f* child's voice **Kinderstube** *f* DIAL (*Kinderzimmer*) children's room, nursery ▶ WENDUNGEN: **eine/keine gute ~ gehabt haben** to have been well/badly brought up [*or* had a good/bad upbringing] **Kindertagesstätte** *f s.* **Kinderhort Kinderteller** *m* child [*or* children's] portion **Kindertheater** *nt* children's theatre [*or* AM -er] **Kindervers** *m s.* **Kinderreim Kinderwagen** *m* pram BRIT, pushchair BRIT, perambulator BRIT *dated,* baby carriage AM **Kinderzahl** *f* number of children **Kinderzäpfchen** *nt* MED children's suppository **Kinderzimmer** *nt* children's room **Kinderzuschlag** *m* FIN [additional] child benefit [*or dated* family allowance]

Kindesalter *nt* **seit frühestem ~** from a very early age; **im ~ sein** to be a child; **sich noch im ~ befinden** (*geh*) to be still a child **Kindesbeine** *pl* **von ~n an** from childhood [*or* an early age] **Kindesentführung** *f* kidnapping [*or* abduction] of a child, child abduction **Kindesentziehung** *f* JUR wrongful removal of a child **Kindeskind** *nt* (*alt: Enkel[kind]*) grandchild ▶ WENDUNGEN: **Kind und ~er** [all] sb's [*or* one's] children and grandchildren **Kindesmissbrauch**RR *m* JUR child abuse *no pl* [*or* molestation] *no pl* **Kindesmisshandlung**RR *f* child abuse **Kindesmord** *m* child murder, murder of a child, infanticide, murder of one's own child [*or* children] **Kindesmörder(in)** *m(f)* child-murderer **Kindestötung** *f* JUR infanticide **Kindesunterhaltsgesetz** *nt* JUR Child Maintenance Act **Kindesvermögen** *nt kein pl* JUR children's property

kindgemäß I. *adj* suitable for children *pred* II. *adv* suitably for children

kindhaft *adj* childlike

Kindheit <-> *f kein pl* childhood; **von ~ an** from childhood [*or* an early age]

Kindheitserinnerung *f* childhood memory *usu pl* **Kindheitserlebnis** *nt* childhood experience

kindisch *adj* (*pej*) childish *pej;* **~es Benehmen/Verhalten** childish [*or* infantile] behaviour [*or* AM -or]

kindlich I. *adj* childlike; **ein ~es Gesicht** a childlike face [*or* baby-faced]; **eine ~e Verhaltensweise** a childlike way of behaving II. *adv* **~ scheinen/wirken** to appear/seem childlike; **sich ~ verhalten** to behave in a childlike way

Kindschaftsrecht *nt* child reforms *pl* **Kindschaftssachen** *pl* JUR child custody cases

Kindskopf *m* (*fam*) big kid; ***ihr seid vielleicht Kindsköpfe!*** you really are childish! **Kind(s)taufe** *f* christening **Kindstod** *m* infant death; **plötzlicher ~** sudden infant death syndrome

Kinemathek <-, -en> *f* film library [*or* archive]

Kinetik <-> *f kein pl* kinetics + *sing vb, no art*

kinetisch *adj* kinetic

King <-s> *m* **der ~ sein** (*sl*) to be [the] top dog *fam*

Kinkerlitzchen *pl* (*fam*) trifles *pl,* trivialities *pl*

Kinn <-[e]s, -e> *nt* chin; **ein eckiges/kantiges ~** a square chin; **ein energisches ~** a strong [*or* firm] chin; **ein spitzes ~** a pointed chin; **ein vorspringendes ~** a prominent [*or* projecting] chin

Kinnbart *m* goatee [beard] **Kinnhaken** *m* hook to the chin **Kinnlade** *f* jaw[-bone], mandible *spec;* ***vor Verblüffung klappte ihm die ~ hinunter*** his jaw dropped [open] in amazement **Kinnriemen** *m* chin-strap

Kino <-s, -s> *nt* cinema, AM *usu* [movie] theater; (*Filmvorführung*) film; **im ~ kommen** [*o* **spielen**] to be on [*or* AM playing] at the cinema [*or* AM *a.* movies *npl*] [*or* AM *usu* [movie] theater]

Kinobesuch *m* visit to the cinema [*or* AM *usu* movie theater] **Kinobesucher(in)** *m(f)* cinemagoer **Kinocenter** *nt* multiplex **Kinofilm** *m* cinema film BRIT, movie AM **Kinogänger(in)** <-s, -> *m(f)* cinema-goer **Kinokarte** *f* [cinema] ticket **Kinokasse** *f* cinema box-office **Kinoprogramm** *nt* cinema [*or* film] guide **Kinosaal** *m* cinema auditorium **Kinovorhang** *m* [cinema [*or* AM *usu* movie theater]] curtain **Kinovorstellung** *f* cinema programme [*or* AM -am], showing [of a film] **Kinowerbung** *f* cinema advertising

Kiosk <-[e]s, -e> *m* kiosk

Kipfe(r)l <-s, -[n]> *nt* KOCHK ÖSTERR (*Hörnchen*) croissant

Kippe <-, -n> *f* ① (*fam: Deponie*) tip BRIT, dump AM ② (*fam: Zigarettenstummel*) dog-[*or* fag-]end BRIT *sl,* cigarette end [*or* AM butt]; (*Zigarette*) fag BRIT *sl,* snout BRIT *sl,* cigarette AM ▶ WENDUNGEN: **auf der ~ stehen** (*fam*) to hang in the balance; [**in etw** *dat*] **auf der ~ stehen** (*fam*) to be on the borderline [in sth]; ***sie steht in mehreren Fächern auf der ~*** she's on the borderline [*or* a borderline case] in several subjects; **auf der ~ stehen, ob …** (*fam*) it's touch and go whether …

kippen I. *vt haben* ① (*schütten*) ■**etw irgendwohin ~** to tip sth somewhere ② (*schräg stellen*) ■**etw ~** to tilt [*or* tip [up *sep*]] sth; **ein Fenster ~** to tilt a window; **„bitte nicht ~"** "please do not tilt" ③ (*scheitern lassen*) ■**jdn/etw ~** to topple sb/to halt sth; **einen Artikel/eine Reportage ~** to pull an article/a report; **eine Gesetzesvorlage ~** to vote down a bill; **einen Urteil ~** to overturn a judgement ▶ WENDUNGEN: [**gerne**] **einen/ein paar kippen** (*fam*) to like a drink [or two] II. *vi sein* ① (*aus dem Schrägstand umfallen*) to tip [*or* topple] over; ■[**von etw**] **~** to fall [off sth]; ***er kippte ganz plötzlich nach vorne/vom Sessel*** he suddenly toppled forwards/fell off his chair ② (*zurückgehen*) to fall, to go down; ***hoffentlich kippt das Wetter nicht*** hopefully the weather won't change for the worse ③ (*nicht mehr funktionieren*) *Ökosystem* to collapse ▶ WENDUNGEN: **aus den Latschen ~** to fall through the floor

Kipper[1] <-s, -> *m* AUTO (*Vorder~*) dumper BRIT, dump truck AM; (*Hinter~*) tipper BRIT, dump truck AM; BAHN tipper wagon

Kipper[2] <-[s], -[s]> *m* KOCHK kipper

Kippfenster *nt* laterally pivoted window **Kipplore** *f* BERGB tipper wagon BRIT, dumper [*or* AM dump] truck **Kippschalter** *m* ELEK toggle [*or* tumbler] switch **Kippwagen** *m* BAHN tipper wagon

Kirche <-, -n> *f* ① (*Gebäude, Gottesdienst*) church ② (*bestimmte Glaubensgemeinschaft*) Church, religion; **die Bekennende ~** HIST the Confessional [*or* Confessing] Church [in Germany under National Socialism]; **die evangelische ~** the Protestant Church; **die katholische ~** the Catholic Church; **aus der ~ austreten** to leave the Church ③ (*Institution*) Church ▶ WENDUNGEN: **die ~ im Dorf lassen** (*fam*) to not get carried away; **die ~ ums Dorf tragen** to do things in a roundabout way

Kirchenälteste(r) *f(m) decl wie adj* [church-]elder **Kirchenasyl** *nt* REL religious asylum *no pl* **Kirchenaustritt** *m* secession from [*or* leaving [of]] the Church **Kirchenbank** *f* [church] pew **Kirchenbann** *m* REL excommunication **Kirchenbesuch** *m* attendance at church **Kirchenbuch** *nt* parish register **Kirchenchor** *m* church choir **Kirchendiener(in)** <-s, -> *m(f)* sexton **kirchenfeindlich** *adj* REL anticlerical **Kirchenfenster** *nt* church window **Kirchenfest** *nt* religious [*or* church] festival [*or* AM holiday] **Kirchenfürst** *m* (*geh*) high ecclesiastical [*or* church] dignitary, Prince of the Church *hist* **Kirchengemeinde** *f* parish **Kirchengeschichte** *f* ① REL (*Geschichte der christlichen Kirche*) church [*or* ecclesiastical] history ② HIST history of the church **Kirchenglocke** *f* church bell **Kirchenjahr** *nt* ecclesiastical [*or* church] year **Kirchenkuppel** *f* cathedral['s] dome, dome of a/the cathedral **Kirchenleitung** *f* church governing body **Kirchenlicht** *nt* ▶ WENDUNGEN: **kein** [**großes**] **~ sein, nicht gerade ein großes ~ sein** (*fam*) to be not very bright [*or fam* a bit dim] **Kirchenlied** *nt* hymn **Kirchenmaus** *f* ▶ WENDUNGEN: **arm wie eine ~ sein** (*fam*) to be as poor as a church mouse *fam* **Kirchenmusik** *f* church [*or* sacred] music **Kirchenpfleger** *m* church warden **Kirchenportal** *nt* church portal **Kirchenrecht** *nt* canon [*or* ecclesiastical] law **Kirchenschiff** *nt* ARCHIT (*Längsschiff*) nave; (*Querschiff*) transept **Kirchenspaltung** *f* schism **Kirchenstaat** *m* HIST Papal States *pl* **Kirchensteuer** *f* church tax **Kirchentag** *m* Church congress; **Evangelischer ~** Protestant [*or* Evangelical] Church congress **Kirchenvater** *m* Church Father **Kirchenvolk** *nt kein pl* REL, SOZIOL church members *pl* **Kirchenvolksbewegung** *f* [Catholic] churchgoers' movement **Kirchenvorstand** *m* parochial church council **Kirchgang** <-gänge> *m* church-going, going to church; **der sonntägliche ~** going to church on Sunday[s] **Kirchgänger(in)** <-s, -> *m(f)* church-goer **Kirchgeld** *nt* church money (*variation of the church tax, raised from the income of someone who is not a member of a church but whose non-earning partner is*) **Kirchhof** *m* (*veraltend*) church graveyard

kirchlich I. *adj* REL ① (*von der Kirche ausgehend*) church *attr,* ecclesiastical; **ein ~er Dispens** an ecclesiastical dispensation, a dispensation from the church; **ein ~er Feiertag** a religious holiday; **auf ~e Missbilligung treffen** to meet with ecclesiastical disapproval [*or* the disapproval of the church] ② (*nach den Riten der Kirche*) church *attr;* **ein ~es Begräbnis** a church burial II. *adv* **~ bestattet werden** to have a church funeral [*or* Christian burial]; **sich ~ trauen lassen/~ heiraten** to get married in church [*or* have a church wedding]

Kirchplatz *m* church square **Kirchspiel** *nt* REL, ADMIN (*veraltend*) parish **Kirchturm** *m* [church] steeple, church tower

Kirchturmpolitik *f* (*pej*) parish-pump politics + *sing vb* **Kirchturmspitze** *f* church spire

Kirchweih <-, -en> *f,* **Kirchweihe** *f* (*ländlicher Jahrmarkt*) [country] fair

Kirgise, Kirgisin <-n, -n> *m, f* Kyrgyz[stani], Kirghiz; *s. a.* **Deutsche(r)**

Kirgisien <-s> *nt* Kirghizia, Kyrgyzstan

Kirgisisch *nt decl wie adj* Kyrgyz, Kirghiz; *s. a.* **Deutsch**

kirgisisch *adj* Kyrgyz[stani]; *s. a.* **deutsch**

Kirgisische <-n> *nt* ■**das ~** Kyrgyz, the Kyrgyz language; *s. a.* **Deutsche**

Kirgisistan <-s> *nt* Kyrgyzstan, Kirghizia; *s. a.* **Deutschland**

Kiribati <-s> *nt* Kiribati; *s. a.* **Sylt**

Kiribatier(in) <-s, -> *m(f)* I-Kiribati; *s. a.* **Deutsche(r)**

kiribatisch *adj* I-Kiribati; *s. a.* **deutsch**

Kirmes <-, -sen> *f* DIAL (*Kirchweih*) fair (*held on the anniversary of the consecration of a church*)

kirre *adj pred* (*fam*) **jdn ~ machen** to bring sb to heel; (*verrückt machen*) to drive sb mad [*or* up the wall] *fam;* **~ werden** to get [*or* become] confused

Kirsch <-[e]s, -> *m* DIAL (*Kirschwasser*) kirsch

Kirschbaum *m* ① (*Baum*) cherry tree ② *kein pl* (*Holz*) cherry[-wood] *no pl* **Kirschblüte** *f* ① (*Blüte*) cherry blossom ② (*Zeitraum*) **während der ~** during cherry blossom time

Kirsche <-, -n> *f* ① (*Frucht des Kirschbaums*) cherry ② (*Kirschbaum*) cherry tree ③ *kein pl* (*Kirschholz*) cherry[-wood] *no pl* ▶ WENDUNGEN: **mit jdm ist nicht gut ~n essen** (*fam*) it's best not to tangle with sb

Kirschentkerner <-s, -> *m* cherry-stoner **Kirschgeschmack** *m* cherry flavour [*or* AM -or] **Kirschkern** *m* cherry stone **Kirschlikör** *m* cherry brandy [*or* liqueur] **Kirschmarmelade** *f* cherry jam **kirschrot** *adj* cherry[-red] **Kirschstängel**RR *m* cherry stalk **Kirschtomate** *f* cherry tomato **Kirschtorte** *f* cherry gateau [*or* AM cake]; **Schwarzwälder ~** Black Forest gateau **Kirschwasser** *nt* kirsch **Kirschzweig** *m* cherry-tree twig

Kissen <-s, -> *nt* (*Kopfkissen*) pillow; (*Zierkissen*) cushion

Kissenbezug *m* (*Kopfkissenbezug*) pillowcase, pillowslip; (*Zierkissenbezug*) cushion cover **Kissenhülle** *f* cushion cover **Kissenschlacht** *f* (*fam*) pillow-fight

Kiste <-, -n> *f* ① (*hölzerner Behälter*) box, crate; **eine ~ Wein/Champagner** a case of wine/champagne; **eine ~ Zigarren** a box of cigars ② (*sl: Auto*) crate *fam*, [old] banger [*or* AM clunker] *fam;* (*Flugzeug*) old crate *fam;* (*Boot*) old tub *fam* ③ (*Fernseher*) the box *fam;* (*Computer*) computer ④ (*Bett*) sack; ***ab in die ~!*** hit the sack! ▸ WENDUNGEN: **eine faule ~** a fishy business; **fertig ist die ~!** (*fam*) that's it! [*or* that], BRIT *a.* Bob's your uncle! *fam;* **eine tolle ~** a big spree; **in die ~ springen** [*o* **hüpfen**] (*sl*) to kick the bucket *fam*, BRIT *a.* to snuff it *sl*, BRIT *a.* to peg out *sl*

kistenweise *adv* ① (*viele Kisten umfassend*) several cases [*or* boxes] of; **~ Champagner** several cases of champagne ② (*in Kisten verpackt*) by the case [*or* box]

Kisuaheli, Kiswahili *nt decl wie adj* Swahili

Kit-Kat <-[s]> *nt kein pl s.* **ketamin** kit-kat

Kitsch <-es> *m kein pl* kitsch

kitschig I. *adj* kitschy **II.** *adv* kitschily

Kitt <-[e]s, -e> *m* putty

Kittchen <-s, -> *nt* (*fam*) jail, clink *sl*, stir *sl*, BRIT *a.* nick *sl*

Kittel <-s, -> *m* ① (*Arbeitskittel*) overall; **der ~ eines Arztes/Laborants** a doctor's/lab technician's white coat ② SÜDD (*Jacke*) jacket

Kittelschürze *f* overall

kitten *vt* ① (*ver~*) ■**etw [mit etw] ~** to fill sth [with sth] ② (*mit Kitt kleben*) ■**etw ~** to stick sth together with cement; ■**etw [an etw** *akk*] ~ to cement sth [to sth] ③ (*in Ordnung bringen*) ■**etw [wieder] ~** to patch up sth *sep* [again] *fig*

Kitz <-es, -e> *nt* kid

Kitzel <-s, -> *m* ① (*Juckreiz*) tickling feeling ② (*Lust auf Verbotenes*) thrill

kitz(e)lig *adj* ① (*gegen Kitzeln empfindlich*) ticklish; ■**[irgendwo/an etw** *dat*] **~ sein** to be ticklish [somewhere/on sth] ② (*heikel*) ticklish; **eine ~e Angelegenheit** a delicate matter

kitzeln I. *vt* ① (*einen Juckreiz hervorrufen*) ■**jdn [irgendwo/an etw** *dat*] ~ to tickle sb [somewhere/on sth] ② (*reizen*) ■**jdn ~** to titillate sb ③ (*die Sinne reizen*) ■**etw ~** to arouse sth **II.** *vi* ■**[irgendwo/an etw** *dat*] ~ to tickle [somewhere]; ***hör auf, das kitzelt!*** stop it, it [*or* that] tickles! **III.** *vt impers* ① (*jucken*) ■**es kitzelt jdn [irgendwo]** sth is tickling somewhere ② (*reizen*) ■**es kitzelt jdn[, etw zu tun]** ***es kitzelt mich sehr, da mitzumachen*** I'm really itching to join in

Kitzeln <-s> *nt kein pl* tickling

Kitzler <-s, -> *m* ANAT clitoris

kitzlig *adj s.* **kitzelig**

Kiwi <-, -s> *f* kiwi [fruit]

kJ *nt Abk von* **Kilojoule** kJ

KKW <-s, -s> *nt Abk von* **Kernkraftwerk**

Klabautermann <-männer> *m* (*guter Geist*) protective spirit (*watching over a ship*); (*Kobold*) ship's kobold

klack *interj* (*kurzer Ton*) clack; **~ machen** to go clack; (*platschendes Geräusch*) splosh

klacken *vi* (*fam*) to click, to clack; ***die Billardkugel stieß ~d gegen die andere*** the billiard balls hit each other with a clack

klacks *interj* splat

Klacks <-es, -e> *m* (*fam*) ① (*platschendes Geräusch*) splat, splosh ② (*kleines bisschen*) dab, blob ▸ WENDUNGEN: **[für jdn] ein ~ sein** (*einfach*) to be a piece a cake [for sb]; (*wenig*) to be nothing [to sb]

Kladde <-, -n> *f* NORDD (*Notizbuch*) rough book BRIT, notebook AM

klaffen *vi* to yawn, to gape; ***vor ihm klaffte eine Gletscherspalte*** a crevasse yawned in front of him; **der Schnitt/die Wunde klaffte** the cut/wound gaped [open]

kläffen *vi* to yap *pej;* ■**das K~** [the] yapping

klaffend *adj* ① (*gähnend*) yawning, gaping ② (*auseinander ~*) gaping

Kläffer <-s, -> *m* (*pej fam*) yapper *pej*

Klaffmuschel *f* soft-shelled [*or* sand] clam

Klafter <-s, – *o veraltet selten* -, -n> *m o nt o veraltet selten f* ① (*Maß für Holz*) cord ② (*altes Längenmaß*) fathom

Klagausschlussfrist[RR] *f* JUR limitation of action

klagbar *adj inv* JUR enforceable, AM suable

Klagbarkeit *f* JUR enforceability, AM suability

Klage <-, -n> *f* ① (*geh: Ausdruck von Trauer*) lament[ation] *form;* ■**~ um jdn/etw** lamentations for sb/sth ② (*Beschwerde*) complaint; **ein berechtigter Grund zur ~** reasonable grounds for complaint; **dass mir keine ~n kommen!** (*fam*) don't let me hear any complaints [about you]! ③ JUR action, lawsuit, charge, indictment; ***eine ~ ist zulässig*** an action lies; ■**eine ~ auf etw** *akk* an action for sth; **~ einer Gruppe** class action; **~ aus einer Schuldurkunde/aus fremdem Recht** debenture/derivative action; **~ auf Feststellung der Unwirksamkeit einer Kündigung** action for wrongful dismissal; **~ wegen Vertragsverletzung** action for breach of contract; **eine ~ auf Schadenersatz** a claim for compensation; **schikanöse ~** vexatious proceedings; **unzulässige ~** inadmissible action; **eine ~ abweisen** to dismiss a suit [*or* an action]; **eine ~ [gegen jdn] anstrengen** to file a suit [*or* bring an action] [against sb]; **eine ~ [gegen jdn] einreichen** to institute [legal] proceedings [against sb], to take legal action [against sb]; **eine ~ fallen lassen/zurückziehen** to drop/withdraw an action; **[bei jdm] über jdn/etw ~ führen** to make [*or* lodge] a complaint [with sb] [*or* complain [to sb]] about sb/sth; **[über jdn/etw] ~n vorbringen** to make complaints [*or* complain] [about sb/sth]

Klageabweisung *f* JUR dismissal of an action **Klageänderung** *f* JUR amendment of pleadings **Klageandrohung** *f* JUR threat of legal proceedings **Klageanspruch** *m* JUR claim; **den ~ begründen** to substantiate an action; ***der ~ ist begründet*** the action lies **Klageantrag** *m* JUR demand for relief; **unbezifferter ~** unliquidated claim for relief **Klagebeantwortung** *f* JUR defence answer **Klagebefugnis** *f* JUR right of action; **nichtprivilegierte/privilegierte ~** non-privileged/privileged right of action **Klagebegehren** *nt* JUR plaintiff's claim, relief sought; **dem ~ entsprechen** to find for the plaintiff **Klagebegründung** *f* JUR statement of claim **Klageeinreichung** *f* JUR filing of an action **Klageerhebung** *f* JUR filing [*or* commencement] of action **Klageerweiterung** *f* JUR extension of the plaintiff's claim **Klageerwiderung** *f* JUR statement of defence **Klageerzeugungsverfahren** *nt* JUR enforcement of public prosecution proceedings **Klageerzwingungsverfahren** *nt* JUR *proceedings to force the public prosecution to prefer criminal charges*

klagefähig *adj* JUR suable

Klagefrist *f* JUR period for filing a suit **Klagegegenstand** *m* JUR subject-matter of an action **Klagegeschrei** *nt* wailing; **ein [lautes/jämmerliches] ~ anstimmen** to start [a loud/pitiful] wailing [*or* wailing [loudly/pitifully]] **Klagegrund** *m* JUR cause [*or* ground] of an action; **kurze Darstellung der Klagegründe** summary of the pleas in law on which the application is based; **berechtigter ~** clear [*or* good] title **Klagehäufung** *f* JUR consolidation of actions **Klagelaut** *m* plaintive cry; **… ~e von sich geben** to give [*or* utter] … plaintive cries **Klagelied** *nt* **ein ~ [über jdn/etw] anstimmen/singen** to start to moan [about sb/sth] **Klagemauer** *f* REL ■**die ~** the Wailing Wall

Klagen <-s> *nt kein pl* JUR taking legal action

klagen I. *vi* ① (*jammern*) ■**[über etw** *akk*] ~ to moan [*or* grumble] [*or* complain] [about sth]; ***sie klagt regelmäßig über Kopfschmerzen*** she regularly complains of having headaches ② (*geh: trauern*) ■**um jdn/etw ~** to mourn [for [*or* over]] sb/sth [*or* over] sth; ■**über etw ~** to mourn sth ③ (*sich beklagen*) ■**[bei jdm] über jdn/etw ~** to complain about sb/sth [to sb]; **nicht ~ können** (*fam*) to not be able to complain; ***ich kann nicht ~*** I can't complain, BRIT *a.* [I] mustn't grumble; **ohne zu ~** without complaining [*or* complaint] ④ JUR (*prozessieren*) ■**[gegen jdn] ~** to take legal [*or* bring an] action [*or* institute legal proceedings] [against sb], to sue [sb]; ■**auf etw** *akk* **~** to sue for sth; **auf Erfüllung ~** to sue for [specific] performance; **~ und verklagt werden** to sue and be sued **II.** *vt* ① (*Bedrückendes erzählen*) ■**jdm etw ~** to pour out one's sth to sb ② ÖSTERR ■**jdn ~** (*verklagen*) to take legal [*or* bring an] action [*or* institute legal proceedings] against [*or* sue] sb

klagend *adj* ① (*jammernd*) moaning, grumbling, complaining ② JUR (*den Kläger darstellend*) **die ~e Partei/der ~e Teil** the plaintiff

Klagenfurt <-s> *nt* Klagenfurt

Kläger(in) <-s, -> *m(f)* JUR (*jd, der klagt*) plaintiff, AM suitor; **als ~ auftreten** to appear as plaintiff; **zugunsten des ~s entscheiden** to find for the plaintiff; **einen ~ vertreten** to act for the plaintiff ▸ WENDUNGEN: **wo kein ~ ist, ist auch kein Richter** (*prov*) without complaint, there is no redress

Klagerecht *nt* JUR right to bring a suit

Klägergerichtsstand *m* JUR plaintiff's venue

Klagerücknahme *f* JUR withdrawal of an action

Klageschrift *f* JUR statement of claim, [com]plaint; **eine ~ anfertigen/einreichen/zustellen** to frame/to file/to serve a complaint **Klageverbindung** *f* JUR joinder of actions; **unzulässige ~** misjoinder of actions **Klageverfahren** *nt* JUR litigation proceedings *pl* **Klageverjährung** *f* JUR limitation of action **Klageverzicht** *m* JUR plaintiff's waiver **Klagevoraussetzungen** *pl* JUR prerequisites for taking legal action **Klageweg** *m* JUR litigation, action; **den ~ beschreiten** (*geh*) to institute legal proceedings, to take legal action, to sue; **auf dem** *geh* **~[e]** by instituting [*or* taking] legal proceedings, by way of legal action **Klageweib** *nt* [professional] mourner **Klagezulassung** *f* JUR allocatur **Klagezustellung** *f* JUR service of the action

kläglich I. *adj* ① (*Mitleid erregend*) pathetic, pitiful; **ein ~er Anblick** a pitiful sight ② (*miserabel*) **eine ~e Darbietung** a wretched [*or* pathetic] performance; **~es Verhalten** despicable behaviour [*or* AM -or] ③ (*dürftig*) pathetic; **ein ~er Rest** a few pathetic remains [*or* remnants] ④ (*jammervoll*) pitiful **II.** *adv* pitifully; **~ durchfallen/scheitern/versagen** (*pej*) to fail miserably; **~ zu Tode kommen** to die a wretched death

Kläglichkeit <-, *selten* -en> *f* (*pej*) pitifulness, patheticness *rare*

klaglos *adv* uncomplainingly, without complaint [*or* complaining]

Klamauk <-s> *m kein pl* (*pej fam*) ① (*Alberei*) tomfoolery; **~ machen** to fool [*or* mess] around [*or* about], to lark about; (*lärmen*) to make a racket [*or* din] [*or* BRIT *a.* row], to kick up a racket ② (*Getöse*) racket, din, BRIT *a.* row ③ (*übertriebene Komik*) slapstick

klamm *adj* ① (*steif vor Kälte*) numb ② (*nass und kalt*) dank ③ (*sl: knapp bei Kasse*) ■**~ sein** to be hard up [*or fam* [a bit] strapped [for cash]]

Klamm <-, -en> *f* GEOG ravine, [deep] gorge

Klammer <-, -n> *f* ① (*Wäscheklammer*) [clothes-]peg; (*Heftklammer*) staple; (*Haarklammer*) [hair-]grip; MED (*Wundklammer*) clip ② (*Zahnklammer*) brace ③ (*einschließendes Textsymbol*) bracket; **eckige/runde/spitze ~** square/round/pointed brackets; **geschweifte ~n** braces; **~ auf/zu** open/close brackets; **in ~n** in brackets

Klammeraffe *m* ① ZOOL spider monkey ② INFORM at sign **Klammergriff** *m* (*fig*) [tight] grip *fig* **Klammerheftung** *f* TYPO [wire] stapling

klammern I. *vt* ① (*zusammenheften*) ■**etw [an etw** *akk*] ~ to staple sth [to sth] ② MED (*mit einer Klammer schließen*) ■**etw ~** to close sth with clips **II.** *vr* ① (*sich hängen an*) ■**sich an jdn/etw ~** to cling to sb/sth ② (*sich festhalten an*) ■**sich an jdn/etw ~** (*fig*) to cling to sb/sth *fig* **III.** *vi* SPORT to clinch

klammheimlich I. *adj* (*fam*) clandestine, on the quiet *pred fam* II. *adv* (*fam*) on the quiet *fam; sich ~ fortstehlen/davonmachen* to slip away [unseen [*or* silently]]

Klamotte <-, -n> *f* ❶ *meist pl* (*fam: Kleidung*) gear *no pl fam;* **nicht aus den ~n herausgekommen sein** (*fig*) to not have stopped working [all day], to never have had a moment to relax ❷ *meist pl* (*fam: alter Kram*) junk *no pl fam,* stuff *no pl fam* ❸ (*pej fam: derber Schwank*) bawdy comic tale; (*Theaterstück, Film*) bawdy farce; **eine alte ~** a load of old tat BRIT *pej fam* ❹ DIAL (*Steinbrocken*) [lump of] rock

Klamottenkiste *f* ▸ WENDUNGEN: **aus der ~** (*fam*) out of the ark *fam*

Klampfe <-, -n> *f* (*veraltend fam*) guitar

klamüsern *vt* (*fam*) **etw auseinander ~** to explain sth [to oneself] in simple terms

Klan <-s, -s> *m* clan

klang *imp von* **klingen**

Klang <-[e]s, Klänge> *m* ❶ (*Ton*) sound, tone ❷ *pl* (*harmonische Klangfolgen*) sounds; *s. a.* **Name**

Klangdatei *f* INFORM sound file **Klangeffekt** *m* sound effect **Klangfarbe** *f* MUS tone [*or* harmonic] colour [*or* AM -or], timbre **Klangfarberegler** *m* TECH tone control **Klangfolge** *f* sequence of tones **Klangfülle** *f* fullness [*or* richness] of tone; *einer Stimme* sonority

klanglich I. *adj* tonal II. *adv* tonally; **sich ~ unterscheiden** to be different in tone

klanglos *adj* toneless **Klangregler** *m* tone control **klangvoll** *adj* ❶ (*volltönend*) sonorous; **eine ~e Melodie** a tuneful melody; **eine ~e Sprache** a melodious language; **eine ~e Stimme** a melodious [*or* sonorous] voice ❷ (*wohltönend*) fine-sounding

Klansystem *nt* clan system

Klappbett *nt* folding bed **Klappdeckel** *m* hinged lid

Klappe <-, -n> *f* ❶ (*klappbarer Deckel*) flap ❷ MODE (*Verschluss einer Tasche*) flap ❸ FILM clapperboard ❹ (*sl: Mund*) mouth, trap *sl,* BRIT *a.* gob *sl;* **die** [*o* **seine**] **~ halten** (*sl*) to shut one's mouth [*or sl* trap] [*or* BRIT *a. sl* gob]; ***halt die ~!*** shut your trap! [*or* gob] [*or* mouth]; **die ~ aufreißen** (*sl*) to talk big, to brag, to boast; **eine große ~ haben, die** [**ganz**] **große ~ schwingen** (*sl*) to have a big mouth *fam* ❺ MUS key; **die ~n einer Trompete** a trumpet's valves, the valves on a trumpet ❻ (*sl: Schwulentreffpunkt*) gay bar [*or* club] ▸ WENDUNGEN: **bei jdm <u>geht</u> eine** [*o* **die**] [*o fam* **fällt die**] **~ <u>runter</u>** sb clams up *fam*

klappen I. *vt haben* ■**etw irgendwohin ~** to fold sth somewhere; **einen Deckel/eine Klappe nach oben/unten ~** to lift up [*or* raise]/lower a lid/flap II. *vi* ❶ *haben* (*fam: funktionieren*) ■[**irgendwie**] **~** to work out [somehow]; ***alles hat geklappt*** everything went as planned [*or* [off] all right]; [***ein bisschen Glück und***] ***es könnte*** ~ it might work [with a bit of luck], we might succeed [with a bit of luck] ❷ *sein* (*schnappen*) ■**irgendwohin ~** to fold somewhere; ■**an/gegen etw ~** to bang against sth; ■**jdm an/vor/gegen/auf etw ~** to hit sb on sth

Klappenfalz *m* TYPO jaw fold **Klappentasche** *f* flap pocket **Klappentext** *m* TYPO blurb

Klapper <-, -n> *f* rattle

klapperdürr *adj* (*fam*) [as] thin as a rake *pred* **Klappergestell** *nt* (*hum fam: sehr dünner Mensch*) bag of bones; (*altes, klappriges Fahrzeug*) boneshaker *fam*

klapp(e)rig *adj* (*fam*) ❶ (*gebrechlich*) infirm, frail ❷ (*instabil und wacklig*) rickety

Klapperkasten *m* (*fam o pej*) ❶ *s.* **Klapperkiste** ❷ (*Klavier*) key basher *fam or pej* ❸ (*altes Gerät*) old pile of junk; (*Schreibmaschine*) clattery old thing *fam or pej* **Klapperkiste** *f* (*pej: Auto*) boneshaker *fam;* (*altes Gerät*) pile [*or* heap] of junk *fam*

klappern *vi* ❶ (*hin- und herschlagen*) to clatter, to rattle ❷ (*ein ~des Geräusch erzeugen*) ■**mit etw ~** to rattle sth; ***sie klapperte vor Kälte mit den Zähnen*** her teeth chattered with [the] cold ❸ (*klappernd fahren*) to clatter [*or* rattle] along

Klapperschlange *f* rattlesnake **Klapperstorch** *m* (*kindersprache*) stork; [**immer noch**] **an den ~ glauben** to [still] believe that babies are brought by the stork [*or* found under the gooseberry bush]

Klappfahrrad *nt* folding bicycle

Klappladen *m* BAU folding shutter **Klappmesser** *nt* flick-knife

klapprig *adj s.* **klapperig**

Klappsitz *m* folding [*or* tip-up] seat **Klappsportwagen** *m* recliner, stroller **Klappstuhl** *m* folding chair, camp-chair **Klapptisch** *m* folding table **Klappverdeck** *nt* AUTO folding [*or* convertible] [*or* collapsible] top

Klaps <-es, -e> *m* (*leichter Schlag*) slap, smack ▸ WENDUNGEN: **einen ~ <u>haben</u>** (*sl*) to have a screw loose *fam*

Klapsmühle *f* (*sl*) loony-bin *sl,* nuthouse *sl,* funny farm *sl*

klar I. *adj* ❶ (*ungetrübt*) clear; **eine ~e Flüssigkeit** a clear [*or* colourless [*or* AM -orless]] liquid; **ein ~er Schnaps** a [colourless [*or* white]] schnap[p]s, a colourless spirit; **eine ~e Nacht** a clear night; *s. a.* **Brühe** ❷ (*deutlich zu sehen*) clear; **~e Konturen** clear contours ❸ (*unmissverständlich*) clear; **eine ~e Antwort** a straight answer; **eine ~e Frage** a direct question ❹ (*eindeutig*) clear; **ein ~es Ergebnis** a clear-cut result; **~er Fall** (*fam*) sure thing *fam;* **ein ~er Nachteil/Vorteil** a clear [*or* decided] advantage/disadvantage; **~e Prognose** unambiguous prediction; **~ wie Kloßbrühe** (*fam*) as plain as the nose on your face *fam* ❺ (*deutlich vernehmbar*) clear; **ein ~er Empfang** clear reception ❻ (*bewusst*) ■**jdm ~ sein/werden** to be/become clear to sb; ■**sich** *dat* **über etw** *akk* **im K~en sein** to realize sth, to be aware of sth; ■**sich** *dat* **darüber im K~en sein, dass ...** to realize [*or* be aware of the fact] that; ■**jdm ~ sein, dass ...** to be clear to sb that ...; ■**jdm ~ sein** to be clear to sb; ■[**jdm**] **~ werden** to become clear [to sb]; ■**sich** *dat* **über etw** *akk* **~ werden** to get sth clear in one's mind; **alles ~?** (*fam*) is everything clear? ❼ (*selbstverständlich*) of course; **na ~!** (*fam*) of course!; ***aber ~ doch!*** of course [you/they etc. can]! ❽ (*bereit*) ready; **~ zur Landung** ready [*or* cleared] for landing; **~ Schiff machen** (*fig a.*) to clear the decks II. *adv* ❶ (*deutlich*) clearly; **~ hervortreten/zu Tage treten** to become clear; **~ im Nachteil/Vorteil sein** to be at a clear disadvantage/advantage; **jdm etw ~ sagen/zu verstehen geben** to have a clear picture [of sth], to make sth clear to sb; **~ und deutlich** clearly and unambiguously ❷ (*eindeutig*) soundly; **jdn ~ besiegen** to defeat sb soundly, to enjoy a clear victory over sb; **etw ~ beurteilen** [**können**] to [be able to] make a sound judgement of sth; **etw ~ erkennen** to see sth clearly ❸ (*ungetrübt*) clearly; **~ denkend** clear-thinking; **~ sehen** to see clearly; **in etw** *dat* **~ sehen** to have understood sth

Kläranlage *f* sewage-works

Klarapfel *m* HORT early season dessert apple

Klärbecken *nt* ÖKOL sewage reservoir [*or* lagoon]

Klare(r) *m decl wie adj* (*fam*) [colourless [*or* AM -orless] [*or* white]] schnap[p]s, colourless spirit

klären I. *vt* ❶ (*auf~*) ■**etw ~** to clear up sth *sep;* **eine Frage ~** to settle a question; **ein Problem ~** to resolve [*or* settle] [*or* solve] a problem; **eine Sachlage ~** to clarify a situation; **den Tatbestand ~** to determine the facts [of the matter] ❷ (*reinigen*) ■**geklärt werden** *Abwässer, Luft* to be treated ❸ KOCHK ■**etw ~** to clarify [*or* settle] sth II. *vr* ❶ (*sich auf~*) ■**sich ~** to be cleared up; ***das Problem wird sich schon eventuell*** [***von selber***] **~** the problem will probably resolve [*or* settle] itself [of its own accord] ❷ (*sauber werden*) ■**sich** [**wieder**] **~** to become clear [again]; *Wasser*

klar|gehen *vi irreg sein* (*fam*) to go OK *fam;* [***alles***] ***geht klar!*** everything's OK!

Klarheit <-, -en> *f* ❶ (*Deutlichkeit*) clarity; **über etw** *akk* **besteht ~** sth is clear; **über etw ~ gewinnen** to become clear about sth; **~** [**über etw** *akk*] **haben** to be clear [about sth]; **sich** *dat* **~** [**über etw** *akk*] **verschaffen** to find out the facts [about sth]; **in aller ~** quite clearly; **jdm etw in aller ~ sagen/zu verstehen geben** to make sth perfectly clear [*or sep* spell out sth] to sb ❷ (*Reinheit*) clearness

Klarinette <-, -n> *f* clarinet

Klarinettist(in) <-en, -en> *m(f)* clarinettist

klar|kochen *vt* KOCHK **eine Suppe/Sauce ~** *to cook a soup/sauce until all residue can be skimmed off the surface*

klar|kommen *vi irreg sein* (*fam*) ❶ (*bewältigen*) ■[**mit etw**] **~** to manage [sth], to cope [with sth]; ***kommst du klar?*** can you cope? [*or* manage] ❷ (*zurechtkommen*) ■**mit jdm ~** to cope with sb

Klarlack *m* clear varnish

klar|machen *vt* ■**jdm etw ~** to make sth clear to sb; ■**jdm ~, dass/wie/wo ...** to make it clear to sb that/how/where ...; ■**sich** *dat* **etw ~** to get sth clear in one's mind; ■**sich** *dat* **~, dass/wie/wo ...** to realize that/how/where ...

Klarname *m* real name

Klärschlamm *m* sludge

Klarsichtfolie [-liə] *f* transparent film **Klarsichthülle** *f* transparent folder [*or* file]

klarsichtig *adj* clear-sighted

Klarsichtpackung *f* transparent [*or* see-through] pack

klar|spülen *vt, vi* ■[**etw**] **~** to rinse [sth]

klar|stellen *vt* ■**etw ~** to clear up sth *sep;* ■**~, dass** to make [it] clear that

Klarstellung *f* clarification

Klartext *m* clear [*or* plain] text, text in clear; **mit jdm ~ reden** [*o* **sprechen**] (*fam*) to give sb a piece of one's mind [*or* [real] talking-to]; **im ~** (*fam*) in plain [*or* simple] English

Klärung <-, -en> *f* ❶ (*Aufklärung*) clarification; *Frage* settling; *Problem* resolving, settling, solving; *Tatbestand* determining ❷ (*Reinigung*) treatment; *Abwässer*

Klärungsbedarf *m kein pl* (*geh*) need for clarification; **~ haben** to seek clarification *form*

klasse *adj inv* (*fam*) great *fam,* wicked *fam;* ***das war wirklich ~ von ihm*** that was really good of him

Klasse <-, -n> *f* ❶ (*Schulklasse*) class, BRIT *a.* form; **eine ~ wiederholen/überspringen** to repeat/skip a year; (*Klassenraum*) classroom ❷ SOZIOL (*Gesellschaftsgruppe*) class; **die herrschende ~** the ruling classes *pl;* **zur ~ der Arbeiter gehören** to belong to the [*or* to be] working class ❸ (*Güte~*) class; **Champignons der ~ III** class III mushrooms; **ein Wagen der gehobenen ~** a top-of-the-range car; **ein Spieler der besten ~** a first-class player ❹ BIOL category ❺ POL (*Rangstufe*) rank, class; **das Bundesverdienstkreuz erster ~** the Order of Merit of the Federal Republic of Germany first-class ❻ (*Wagenklasse, Schiffsklasse*) class; ***wir fahren immer erster ~*** we always travel first-class ❼ SPORT league; *Boxen* division, class ❽ (*Fahrzeuggruppe*) class; **der Führerschein ~ III** a class III driving licence [*or* AM -se] ❾ MED (*Pflegeklasse*) class ❿ (*Lotteriegruppe*) class ⓫ JUR (*Patentrecht*) class; **anwendungsbezogene ~** utility-oriented class; **anwendungsfreie ~** non-utility-oriented class ▸ WENDUNGEN: **<u>erster</u> ~** first-class [*or* -rate]; [**ganz**] **<u>große</u> ~!** [**sein**] (*fam*) [that's] [just] great! *fam*

Klassefrau *f* (*euph fam*) [real] looker *fam,* stunner *fam* **Klassemann** *m* (*euph fam*) [real] looker *fam,* good-looking guy *fam*

Klassement <-s, -s> [klasəˈmã:] *nt* SPORT list of rankings, rankings *pl,* ranking list

Klassenarbeit *f* [written] class test **Klassenausflug** *m* class outing **Klassenbeste(r)** *f(m) decl wie adj* SCH top pupil in the class **Klassenbewusstsein**RR *nt kein pl* SOZIOL class-consciousness *no pl* **Klassenbuch** *nt* SCH [class] register **Klassenerhalt** *m kein pl* SPORT staying up *no pl, no art;* **um den ~ kämpfen** to fight to stay up [*or* to avoid relegation] **Klassenfahrt** *f* class outing **Klassengebühr** *f* (*Patent*) class fee **Klassenkamerad(in)** *m(f)* classmate **Klassenkampf** *m* POL, SOZIOL class struggle ▸ WENDUNGEN: **das ist <u>Aufreizung</u> zum ~!** (*prov, hum fam*) that's well [*or* BRIT *a.*

K

fam bang] out of order **Klassenlehrer(in)** *m(f)* class [*or* BRIT *a.* form] teacher, BRIT *a.* form master *masc* [*or fem* mistress]

klassenlos *adj* SOZIOL classless; **ein ~es Krankenhaus** a single-class hospital

Klassenlos *nt* ≈ lottery ticket (*a ticket for the Klassenlotterie*) **Klassenlotterie** *f* ≈ lottery (*a lottery in which there are draws on a number of different days and for which tickets can be bought for each individual draw*); **in der ~ spielen** ≈ to play the lottery (*to take part in the Klassenlotterie*) **Klassenraum** *m s.* Klassenzimmer **Klassensprecher(in)** *m(f)* SCH class spokesman **Klassenstärke** *f* SCH size of a [*or* the] class [*or* the classes] **Klassentreffen** *nt* SCH class reunion **Klassentür** *f* classroom door **Klassenverzeichnis** *nt* JUR (*Patent*) class index

klassenweise *adv* (*nach Schulklassen*) in classes; (*Klassenraum um Klassenraum*) class[room] by class[room]

Klassenziel *nt* required standard [for a class]; **das ~ erreichen** (*geh*) to reach the required standard

Klassenzimmer *nt* classroom

Klasseweib *nt* (*euph fam*) [real] looker *fam,* stunner *fam*

Klassifikation <-, -en> *f s.* **Klassifizierung**

klassifizierbar *adj* classifiable; ■**nicht ~ sein** to be unclassifiable

klassifizieren* *vt* ■**etw [nach etw] ~** to classify sth [according to sth]; ■**etw [als etw] ~** to classify sth [as sth]

Klassifizierung <-, -en> *f* classification

Klassik <-> *f kein pl* ❶ (*kulturelle Epoche*) classical age [*or* period] ❷ (*die antike ~*) Classical Antiquity ❸ (*fam: klassische Musik*) classical music

Klassiker(in) <-s, -> *m(f)* ❶ (*klassischer Schriftsteller*) classical writer ❷ (*klassischer Komponist*) classical composer ❸ (*maßgebliche Autorität*) leading authority ❹ (*zeitloses Werk*) classic; ***dieses Buch ist ein echter*** ~ this book is a real classic

Klassikkanal *m* TV, RADIO classical channel

klassisch *adj* ❶ (*die antike Klassik betreffend*) classical ❷ KUNST, ARCHIT, LIT, MUS (*aus der Klassik stammend*) classical ❸ (*ideal*) classic

Klassizismus <-, -smen> *m* ARCHIT classicism

klassizistisch *adj* ARCHIT, KUNST classical; **Klassizistische Antiqua** Modern Face, Didonics *pl*

klastisch *adj inv* GEOL clastic

klatsch *interj* smack!; **~ machen** to make a smacking noise

Klatsch <-[e]s, -e> *m* ❶ *kein pl* (*pej fam: Gerede*) gossip, tittle-tattle; **~ und Tratsch** gossip ❷ (*klatschender Aufprall*) smack

Klatschbase *f* (*pej fam*) gossip[-monger]

Klatsche <-, -n> *f* (*fam*) ❶ (*Fliegenklappe*) flyswat [*or* -swatter] ❷ DIAL (*fam: Petze*) tell-tale *fam*

klatschen I. *vi* ❶ *haben* (*applaudieren*) to clap, to applaud ❷ *haben* (*einen Klaps geben*) ■**[jdm] [irgendwohin] ~** to smack [*or* slap] [sb] [somewhere]; **jdm/sich auf die Hände/Hand ~** to smack sb/oneself on the hands/hand; **jdm eine ~** to slap sb across the face ❸ *sein* (*mit einem Platsch auftreffen*) ■**auf/in etw ~** to land with a splat on/in sth; ■**gegen etw ~** to smack into sth *fam;* ***die Regentropfen klatschten ihr ins Gesicht*** the raindrops beat against her face ❹ *haben* (*pej fam: tratschen*) ■**[mit jdm] [über jdn/etw] ~** to gossip [about sb/sth] [to sb]; DIAL (*petzen*) to tell tales **II.** *vi impers haben* to smack; ***wenn du das nochmal machst, klatscht es!*** if you do that again, you'll get a slap **III.** *vt haben* ❶ (*~d schlagen*) ■**etw ~** to beat out sth *sep* ❷ (*sl: werfen*) ■**etw irgendwohin ~** to chuck sth somewhere *fam* ❸ (*verprügeln*) ■**jdn ~** to slap sb

Klatschen <-s> *nt kein pl* ❶ (*Applaus*) applause ❷ (*fam: das Tratschen*) gossiping, tittle-tattling *fam*

Klatscherei <-, -en> *f* (*pej fam*) ❶ (*ständiges Applaudieren*) constant applause [*or* clapping] *no indef art, no pl* ❷ (*Tratscherei*) gossiping *no indef art, no pl,* gossip-mongering *no indef art, no pl*

klatschhaft *adj* (*pej fam*) gossipy; ■**~ sein** to be fond of [a] gossip, to like a good gossip

Klatschhaftigkeit <-> *f kein pl* (*pej*) fondness for gossip

Klatschmaul *nt* (*pej fam*) ❶ (*Mund*) big mouth [*or* BRIT *fam!* gob] ❷ (*klatschfreudiger Mensch*) gossip[-monger]; (*bösartig a.*) scandalmonger *pej*

Klatschmohn *m* [corn [*or* field]] poppy

klatschnassRR *adj* (*fam*) soaking [*or* dripping] [*or fam* sopping] wet; ■**~ sein/werden** to be/get soaked; **bis auf die Haut ~ werden** to get soaked to the skin

Klatschpresse *f kein pl* (*fam*) MEDIA gossip press; ■**die ~** the gossip columns *pl*

Klatschspalte *f* (*pej fam*) gossip column[s *pl*]

Klatschsucht *f kein pl* (*pej*) gossip-mongering

klatschsüchtig *adj* (*pej*) extremely gossipy; ■**~ sein** to be a compulsive gossip[-monger] **Klatschtante** *f,* **Klatschweib** *nt s.* **Klatschbase**

klauben *vt* SÜDD, ÖSTERR, SCHWEIZ ❶ (*pflücken*) ■**etw [von etw] ~** to pick sth [from sth] ❷ (*sammeln*) ■**etw [in etw** *akk*] **~** to collect sth [in sth]; **Holz/Pilze ~** to gather wood/mushrooms; **Kartoffeln ~** to dig potatoes ❸ (*auslesen*) ■**etw aus/von etw ~** to pick sth out of/from sth; **etw vom Boden ~** to pick up sth *sep* [off the floor]

Klaue <-, -n> *f* ❶ (*Krallen*) claw; (*Vogel~ a.*) talon ❷ (*pej sl: Hand*) paw *hum fam,* mitt *fam!* ❸ (*pej sl: Handschrift*) scrawl ► WENDUNGEN: **die ~n des Todes** (*geh*) the jaws of death; **jdn in seinen ~n haben** to have sb in one's clutches; **in jds ~n sein** [*o* **sich** *dat* **befinden**] to be in sb's clutches

klauen (*fam*) **I.** *vt* ■**[jdm] etw ~** to pinch [*or* BRIT *a.* nick] sth [from sb] *fam* **II.** *vi* to pinch [*or* BRIT *a.* nick] things *fam;* ■**das K~** thieving, stealing, pinching [*or* BRIT *a.* nicking] things *fam*

Klause <-, -n> *f* ❶ (*Einsiedelei*) hermitage ❷ (*hum: kleines Zimmer*) den, retreat

Klausel <-, -n> *f* ❶ (*Inhaltsbestandteil eines Vertrags*) clause, provision; **in arglistiger Absicht eingefügte ~** fraudulent clause; **handelsübliche ~** customary clause; **eine ~ einfügen** to insert a clause ❷ (*Bedingung*) condition ❸ (*Vorbehalt*) proviso

Klausner(in) <-s, -> *m(f)* (*veraltet*) *s.* **Einsiedler**

Klaustrophobie <-, -n> *f* claustrophobia *no indef art, no pl spec*

Klausur <-, -en> *f* ❶ SCH [written] exam [*or* paper]; **etw in ~ schreiben** to write [*or* take] sth under exam[ination *form*] conditions; **eine ~ korrigieren** [*o* **verbessern**] to mark BRIT [*or* grade] exam papers ❷ REL cloister, enclosure; **in ~ gehen** to retreat (from the world) ❸ POL private session, closed-door meeting

Klausurtagung *f* POL closed[-door] meeting

Klaviatur <-, -en> [-vi-] *f* ❶ MUS keyboard ❷ (*geh: Sortiment*) range; **die ganze ~ der Tricks** the whole gamut of tricks

Klavichord <-[e]s, -e> *nt* clavichord

Klavier <-s, -e> *nt* piano; **~ spielen** to play the piano; **ein hervorragendes ~ spielen** (*sl*) to be great on [the] piano; **jdn am** [*o* **auf dem**] **~ begleiten** to accompany sb on the piano; **etw auf dem ~ improvisieren/vortragen** to extemporize/perform sth on the piano; **das ~ stimmen** to tune the piano

Klavierbauer *m* piano maker **Klavierbegleitung** *f* piano accompaniment **Klavierdeckel** *m* piano lid **Klavierhersteller** *m* piano maker [*or* manufacturer] **Klavierhocker** *m* piano stool **Klavierkonzert** *nt* ❶ (*Musikstück*) piano concerto ❷ (*Veranstaltung*) piano recital **Klavierlehrer(in)** *m(f)* piano teacher **Klaviersonate** *f* piano sonata **Klavierspiel** *nt* piano playing **Klavierspieler(in)** *m(f)* pianist, piano player **Klavierstimmer(in)** <-s, -> *m(f)* piano tuner **Klavierunterricht** *m kein pl* piano lessons *pl*

Klebeband <-bänder> *nt* adhesive [*or* BRIT *a.* sticky] tape **Klebebindemaschine** *f* TYPO adhesive [*or* perfect] binder **Klebebindung** *f* TYPO adhesive [*or* perfect] binding; **in ~** perfect bound **Klebefilm** *m* adhesive film **Klebefläche** *f* adhesive surface **klebegebunden** *adj inv* TYPO **~es Buch** perfect-bound book **Klebelayout** *nt* TYPO mock-up, paste-up of layout **Klebemontage** *f* TYPO paste-up **Klebemörtel** *m* BAU bonding mortar

kleben I. *vi* ❶ (*klebrig sein*) to be sticky ❷ (*festhaften*) ■**[an etw** *dat*] **~** to stick [to sth]; **an der Tür ~** to stick on the door; [**an jdm/etw/in etw** *dat*] **~ bleiben** to stick [to sb/sth/in sth] ❸ (*festhalten*) ■**an etw** *dat* **~** to stick to sth; **an alten Überlieferungen und Bräuchen ~** to cling to old traditions and customs; **an jdm ~ bleiben** to remain with [*or* rest on] sb ❹ (*fam: hängen bleiben*) ***die ganze Hausarbeit bleibt immer an mir ~*** I am always lumbered with all the housework BRIT *fam* ❺ SCH (*fam: sitzen bleiben*) [**in etw** *dat*] **~ bleiben** to stay down [a year], to have to repeat a year ❻ (*veraltet fam: Beitragsmarken auf~*) to pay stamps **II.** *vt* ❶ (*mit Klebstoff reparieren*) ■**etw ~** to glue sth; ■**sich irgendwie ~ lassen** to stick together somehow; ***es lässt sich schlecht ~*** it's not easy to glue, it doesn't stick together well ❷ (*mit Klebstreifen zusammenfügen*) ■**etw ~** to stick together sth *sep;* **Film ~** to splice film ❸ (*durch K~ befestigen*) ■**etw irgendwohin ~** to stick sth somewhere; **Tapete an eine Wand ~** to paste paper on[to] a wall ► WENDUNGEN: **jdm eine ~** (*fam*) to clock [*or* clout] sb one *fam*

Klebepflaster *nt* sticking plaster BRIT, Band-Aid® AM

Kleber <-s, -> *m* ❶ (*fam*) glue *no indef art, no pl* ❷ SCHWEIZ (*Auf~*) sticker

Kleberoller *m* tape dispenser

Kleberstärke *f* KOCHK gluten starch

Klebestift *m* Prittstick® BRIT, UHU® AM

Klebfläche *f* adhesive surface, sticky side **Klebreis** *m* glutinous rice

klebrig *adj* sticky; **~e Farbe** tacky paint; (*klebfähig*) adhesive; ■**[von etw] ~ sein** to be sticky [with sth]

Klebrigkeit <-> *f kein pl* stickiness *no indef art, no pl; Farbe* tackiness; (*Klebfähigkeit*) adhesiveness

Klebstoff *m* adhesive; (*Leim*) glue *no indef art, no pl* **Klebstofftube** *f* tube of glue [*or* adhesive]

Klebstreifen *m* ❶ (*selbstklebender Streifen*) adhesive [*or* BRIT *a.* sticky] tape ❷ (*Klebefläche*) gummed strip

Kleckerbetrag *m meist pl* peanuts *pl fam*

Kleckerei <-, -en> *f* (*pej fam*) mess

kleckern I. *vt* ■**etw irgendwohin ~** to spill sth somewhere **II.** *vi* ❶ *haben* (*tropfen lassen*) to make a mess; ■**das K~** making a mess; ***kannst du das ~ nicht lassen?*** can't you stop making a mess? ❷ *haben* (*tropfen*) to drip, to splash; *volles Gefäß* to spill; **gekleckert kommen** to come spilling out ❸ *sein* (*tropfen*) ■**[jdm] irgendwohin ~** to spill [*or* splash] somewhere ❹ *sein* (*in geringen Mengen kommen*) to come in dribs and drabs; *s. a.* **klotzen**

kleckerweise *adv* in dribs and drabs

Klecks <-es, -e> *m* ❶ (*großer Fleck*) stain ❷ (*kleine Menge*) blob; **ein ~ Senf** a dab of mustard

klecksen I. *vi* ❶ *haben* (*Kleckse verursachen*) ■**[mit etw] ~** to make a mess [with sth] ❷ *haben* (*tropfen*) to blot, to make blots; *Farbe* to drip ❸ *sein* (*tropfen*) ■**[jdm] irgendwohin ~** to spill somewhere **II.** *vt haben* ■**[jdm] etw auf etw ~** to splatter sth on [sb's] sth

Klee <-s> *m kein pl* clover *no indef art, no pl* ► WENDUNGEN: **jdn/etw über den grünen ~ loben** (*fam*) to praise sb/sth to the skies

Kleeblatt *nt* ❶ BOT cloverleaf; **vierblättriges ~** four-leaf [*or* -leaved] clover ❷ (*Autobahnkreuz*) cloverleaf ❸ (*Trio*) threesome, trio **Kleehonig** *m* clover honey *no indef art, no pl*

Kleiber <-s, -> *m* ORN nuthatch

Kleid <-[e]s, -er> *nt* ❶ (*Damen~*) dress ❷ *pl* (*Bekleidungsstücke*) clothes *npl,* clothing *no indef art, no pl;* **jdm/sich die ~er vom Leibe reißen** to rip [*or* tear] the clothes off sb/oneself ► WENDUNGEN: **~er machen Leute** (*prov*) fine feathers make fine birds *prov;* **nicht aus den ~ern kommen** to not go to bed

Kleidchen <-s, -> *nt dim von* **Kleid** little dress

kleiden *vt* ❶ (*anziehen*) **sich gut/schlecht ~** to dress well/badly; **sich schick ~** to dress up; ■**[in**

etw *akk*] **gekleidet sein** to be dressed [in sth] ② (*jdm stehen*) ■**jdn** ~ to suit [*or* look good on] sb ③ (*geh: durch etw zum Ausdruck bringen*) ■**etw in etw** *akk* ~ to express [*or form* couch] sth in sth ④ (*veraltend geh: Kleidung geben*) ■**jdn** ~ to clothe sb

Kleiderablage *f* (*Garderobe*) coat rack; (*Raum*) cloakroom, AM *a.* checkroom **Kleiderbügel** *m* coat-[*or* clothes-]hanger **Kleiderbürste** *f* clothes brush **Kleiderhaken** *m* coat-hook, BRIT *a.* coat peg **Kleiderkammer** *f* MIL uniform [*or* clothing] store **Kleiderkasten** *m* ÖSTERR, SCHWEIZ (*Kleiderschrank*) wardrobe **Kleidermotte** *f* clothes moth **Kleiderordnung** *f* dress code **Kleiderrock** *m* pinafore **Kleidersack** *m* ① MIL kitbag ② ([*Plastik*]*sack für Kleidung*) old clothes sack **Kleiderschrank** *m* ① (*Schrank*) wardrobe ② (*fam: Breitschultriger*) great hulk [of a man]; ■**ein** ~ **sein** to be a great hulk [of a man], to be built like a brick outhouse [*or fam!* shithouse] **Kleiderständer** *m* coat-stand **Kleiderstange** *f* clothes rail

kleidsam *adj* (*geh*) becoming, flattering

Kleidung <-, *selten* -en> *f* clothes *npl*, clothing *no indef art, no pl*

Kleidungsstück *nt* article of clothing, garment; ■~**e** clothes, togs *fam*

Kleie <-, -n> *f* bran *no indef art, no pl*

klein **I.** *adj* ① (*von geringer Größe*) little, small; ***haben Sie es nicht ~er?*** haven't you got anything smaller?; **im ~en Format** in a small format; **im K~en** on a small scale; **ein ~[es] bisschen, ein ~ wenig** a little bit; **bis ins K~ste** [right] down to the smallest detail, in minute detail; **ein richtiges K~ Amsterdam/Venedig** a real little [*or* a miniature] Amsterdam/Venice; **der ~e Peter/die ~e Anna** little Peter/Anna; **etw ~ hacken** to chop up sth *sep;* ~ **gehackte Zwiebeln** finely chopped onions; [**jdm**] **etw ~ machen** (*fam*) to chop [*or* cut] up sth *sep* [for sb]; [**jdm**] **etw ~ schneiden** to cut up sth *sep* [into small pieces] [for sb]; ■**kleingeschnitten** finely chopped; *s. a.* **Bier, Buchstabe, Finger, Terz, Zeh** ② (*Kleidung*) small; ***haben Sie das gleiche Modell auch in ~er?*** do you have the same style but in a size smaller?; ■**jdm zu ~ sein** to be too small for sb; **etw ~er machen** to make sth smaller, to take in/up sth *sep* ③ (*jung*) small; (~*wüchsig a.*) short; **von ~ auf** from childhood [*or* an early age]; **sich ~ machen** to make oneself small, to curl [oneself] up ④ (*kurz*) short; **ein ~er Vorsprung** a short [*or* small] start ⑤ (*kurz dauernd*) short; **eine ~e Pause machen** to have a short [*or* little] break ⑥ (*gering*) small; **ein ~es Gehalt** a small [*or* low] salary ⑦ (*geringfügig*) small; **die ~ste Bewegung** the slightest movement; **eine ~e Übelkeit** a slight feeling of nausea; **ein ~er Verstoß** a minor violation ⑧ (*pej: unbedeutend*) minor; (*ungeachtet*) lowly; **ein ~er Ganove** a petty [*or* small-time] crook; **die ~en Leute** ordinary people; **etw ~ schreiben** to set little [*or* to not set much] store by sth; [**ganz**] ~ **geschrieben werden** to count for [very] little ► WENDUNGEN: ~, **aber fein** small but sweet, quality rather than quantity *a. hum;* **die K~en** [*o* ~**en Gauner**] **hängt man, die Großen lässt man laufen** (*prov*) the small fry get caught, while the big fish get away; **im K~en wie im Großen** in little things as well as in big ones; ~, **aber oho** (*fam*) small but eminently capable [*or* he/she packs a powerful punch]; ~ **machen** (*kindersprache*) to do [*or* have] a wee[-wee] *childspeak;* **sich ~ machen** to belittle oneself; *s. a.* **Fakultas, Latinum, Graecum, Verhältnisse** **II.** *adv* ① (*in ~er Schrift*) ~ **gedruckt** *attr* in small print *pred;* **etw ~ schreiben** to write sth with small initial letters/a small initial letter ② (*auf ~e Stufe*) on low, on a low heat; **etw ~/~er drehen/stellen** to turn down sth *sep*/to turn sth lower ③ (*wechseln*) [**jdm**] **etw ~ machen** to change sth [for sb]; ***können Sie mir wohl den Hunderter ~ machen?*** can you give me change for a hundred? ④ (*erniedrigen*) **jdn ~ machen** to make sb look small ► WENDUNGEN: ~ **anfangen** (*fam: seine Karriere ganz unten beginnen*) to start at the bottom; (*mit ganz wenig beginnen*) to start off in a small way; ~ **beigeben** to give in [quietly]

Kleinaktie *f* BÖRSE penny share [*or* AM stock] **Kleinaktionär(in)** *m(f)* small [*or* minor] shareholder **Kleinanleger(in)** *m(f)* small investor **Kleinanzeige** *f* classified advertisement [*or* ad], small ad *fam;* (*Kaufgesuch a.*) want ad *fam;* „~n" "small ads", "classified section" **Kleinarbeit** *f kein pl* detailed work; **in mühevoller ~** with painstaking [*or* rigorous] attention to detail **Kleinasien** <-s> *nt* Asia Minor **Kleinbahn** *f* narrow-gauge [*or* light] railway **Kleinbauer, -bäuerin** *m, f* small farmer, smallholder **klein|bekommen*** *vt irreg s.* **kleinkriegen** **Kleinbetrieb** *m* small business; **ein handwerklicher/industrieller ~** a small workshop/factory **Kleinbildkamera** *f* 35 mm [*or* miniature] camera **Kleinbuchstabe** *m* minuscule; **in ~n drucken** to print in lower case letters **Kleinbürger(in)** *m(f)* ① (*pej: Spießbürger*) petit [*or* BRIT *a.* petty] bourgeois *pej* ② (*Angehöriger des unteren Mittelstandes*) lower middle-class person **kleinbürgerlich** *adj* ① (*pej: spießbürgerlich*) petit [*or* BRIT *a.* petty] bourgeois *pej* ② (*den unteren Mittelstand betreffend*) lower middle-class **Kleinbürgertum** *nt kein pl* lower middle class, petite [*or* petty] bourgeoisie *no pl, + sing/pl vb* **Kleinbus** *m* minibus **Kleindelikt** *nt* JUR petty offence [*or* AM -se]

Kleine(r) *f(m) decl wie adj* ① (*kleiner Junge*) little boy [*or* one]; (*kleines Mädchen*) little girl [*or* one]; **eine hübsche** [*o* **nette**] ~ a little beauty, a pretty little thing; **die lieben ~n** (*iron*) the dear [*or* sweet] little things ② (*Jüngster*) ■**jds ~/~r** sb's youngest [*or* sb's little one] ③ (*Liebling*) love

Kleine(s) *nt decl wie adj* ① (*kleines Kind*) little one; **etwas ~s bekommen** (*fam*) to have a little one [*or fam* bundle] ② (*fam: liebe kleine Frau*) ■~**s** darling, *esp* AM baby

Kleinfamilie [-liə] *f* nuclear family **Kleinfeuerungsanlage** *f* small-scale heating system **Kleinformat** *nt* small format; **im ~** small-format **kleinformatig** *adj inv* TYPO small-size **Kleingarten** *m* garden plot; (*zum Mieten*) allotment BRIT **Kleingärtner(in)** *m(f)* garden plot holder; (*Mieter*) allotment holder BRIT **Kleingebäck** *nt* small pastries *pl;* (*Kekse*) biscuits *pl* BRIT, cookies *pl* AM **Kleingedruckte(s)** *nt decl wie adj* (*in kleiner Schrift gedrucktes*) small print *no indef art, no pl;* **etwas ~s** something in small print ► WENDUNGEN: **das ~** the small print, *details of a contract* **Kleingeist** *m* (*pej*) small-[*or* narrow-]minded person *pej;* ■**ein ~ sein** to be small-[*or* narrow-]minded *pej* **kleingeistig** *adj* (*pej*) small-[*or* narrow-]minded *pej,* petty[-minded]; ■~ **sein** to be small-[*or* narrow-]minded *pej* **Kleingeld** *nt* [small [*or* loose]] change *no indef art, no pl;* **das nötige ~ haben/nicht haben** (*fam*) to have/lack the wherewithal **kleingewachsen** *adj* short, small; **eine ~e Pflanze** a small plant **Kleingewerbe** *nt* ÖKON small-scale company; **ein ~ betreiben** to run a small business **Kleingewerbetreibende(r)** *f(m) decl wie adj* ÖKON small businessman **kleingläubig** *adj* ① (*pej: zweiflerisch*) faint-hearted, timid; ■~ **sein** to lack conviction ② REL of little faith; **ihr Kleingläubigen!** o ye of little faith! **Kleingruppe** *f* small group **Kleingut** *nt* HANDEL retail goods *pl* **Kleingutverkehr** *m kein pl* HANDEL trading of goods in retail **Kleinhandel** *m* retail trade

Kleinheit <-> *f kein pl* small size, smallness *no indef art, no pl*

Kleinhirn *nt* cerebellum *spec* **Kleinholz** *nt kein pl* chopped wood *no indef art, no pl,* firewood *no indef art, no pl,* kindling *no indef art, no pl;* ~ **machen** to chop [fire]wood; **aus etw ~ machen, etw zu ~ machen** (*hum fam*) to make matchwood of sth, to smash sth to matchwood; (*durch Sturm*) to reduce sth to matchwood ► WENDUNGEN: ~ **aus jdm machen, jdn zu ~ machen** (*fam*) to make mincemeat [out] of sb *fam*

Kleinigkeit <-, -en> *f* ① (*Bagatelle*) small matter [*or* point]; ***es ist nur eine ~, ein Kratzer, nicht mehr*** it's only a trifle, no more than a scratch; [**für jdn**] **eine/keine ~ sein** to be a/no simple matter [for sb]; **wegen** [*o* **bei**] **jeder** [*o* **der geringsten**] ~ at every opportunity, for the slightest reason; **sich mit ~en abgeben** to concern oneself with small matters; **sich** *akk* **an ~en stoßen** to take exception to small matters ② (*Einzelheit*) minor detail; ***muss ich mich um jede ~ kümmern?*** do I have to do every little thing myself? ③ (*ein wenig*) ■**eine ~** a little [bit]; **eine ~ zu hoch/tief** a little [*or* touch] too high/low; **eine ~ essen** to have a bite to eat, to eat a little something; **sich eine ~ nebenher verdienen** to earn a little bit on the side; **etw um eine ~ verschieben** to move sth a little bit ④ (*kleiner Artikel*) little something *no def art, no pl;* **ein paar ~en** a few little things ► WENDUNGEN: [**jdn**] **eine ~ kosten** (*iron*) to cost [sb] a pretty penny [*or fam* a tidy sum]; **die ~ von etw** (*iron*) the small matter of sth *iron*

Kleinigkeitskrämer(in) *m(f)* (*pej*) pedant *pej,* stickler for detail *fam*

Kleinigkeitskrämerei *f* (*pej*) pernicketiness *pej,* AM *usu* persnicketiness *pej,* pedantry *pej*

Kleinkaliber *nt* small bore; **ein Schuss mit ~** a shot from a small bore **Kleinkalibergewehr** *nt* small-bore rifle **kleinkalibrig** *adj* small-bore *attr* **Kleinkamera** *f s.* Kleinbildkamera **kleinkariert** **I.** *adj* ① (*mit kleinen Karos*) ■**klein kariert** finely checked [*or* BRIT *a.* chequered] [*or* AM *a.* checkered] ② (*fam: engstirnig*) narrow-minded, small-minded, petty-minded *pej* **II.** *adv* narrow-mindedly *pej,* in a narrow-minded way *pej;* ~ **denken** to have narrow-minded opinions [*or* views] *pej* **Kleinkind** *nt* small child, toddler, infant, rug rat AM *fam* **Kleinkleckersdorf** *nt kein pl* (*hum fam*) back of beyond; ***er lebt in ~*** he lives at the back of beyond [*or pej fam* out in the sticks] [*or* AM *fam* in the boonies] **Kleinklima** *nt* microclimate **Kleinkram** *m* (*fam*) ① (*Zeug*) odds and ends *fam* [*or* BRIT *fam!* sods] *npl* ② (*Trivialitäten*) trivialities *pl* ③ (*kleinere Arbeiten*) little [*or* odd] jobs *pl* **Kleinkredit** *m* personal [*or* short-term] [*or* small] loan **Kleinkrieg** *m* ① (*Guerillakrieg*) guerilla warfare *no indef art, no pl,* guerilla war; **jdm einen ~ liefern** to engage sb in a guerilla war [*or* in guerilla warfare] ② (*dauernde Streitereien*) running battle; **einen** [**regelrechten**] ~ **mit jdm führen** to have [*or* carry on] a [real [*or* veritable]] running battle with sb

klein|kriegen *vt* (*fam*) ① (*zerkleinern*) ■**etw ~** to chop up sth *sep;* **Fleisch ~** to cut up meat *sep* ② (*kaputtmachen*) ■**etw ~** to smash [*or* break] sth ③ (*gefügig machen*) ■**jdn ~** to bring sb into line, to make sb toe the line **Kleinkriminalität** *f kein pl* small-time [*or* petty] crime **Kleinkriminelle(r)** *f(m) decl wie adj* petty [*or* small-time] criminal **Kleinkunst** *f kein pl* cabaret *no indef art, no pl* **Kleinkunstbühne** *f* cabaret *no indef art, no pl*

kleinlaut **I.** *adj* sheepish; (*gefügig*) subdued **II.** *adv* sheepishly; ~ **fragen** to ask meekly; **etw ~ gestehen** to admit sth shamefacedly

Kleinlebewesen *nt* microorganism; (*Milbe*) mite

kleinlich *adj* (*pej*) ① (*knauserig*) mean, stingy *pej fam,* tight[-fisted] *pej fam* ② (*engstirnig*) petty-[-minded] *pej,* small-[*or* narrow-]minded *pej;* ***sei doch nicht so ~!*** don't be so petty! *pej*

Kleinlichkeit <-, -en> *f* (*pej*) ① *kein pl* (*Knauserigkeit*) meanness *no indef art, no pl,* stinginess *no indef art, no pl pej fam* ② (*Engstirnigkeit*) pettiness *no indef art, no pl pej,* small-mindedness *no indef art, no pl pej,* narrow-mindedness *no indef art, no pl pej*

Kleinmöbel *pl* small pieces [*or* smaller items] of furniture

Kleinmut *m* (*geh*) faint-heartedness *no indef art, no pl,* timidity *no indef art, no pl*

kleinmütig *adj* (*geh: zaghaft*) faint-hearted; (*furchtsam*) timorous; (*scheu*) timid

Kleinod <-[e]s, -odien *o* -e> [*pl* -diən] *nt* ① <*pl* -ode> (*geh: Kostbarkeit*) jewel, gem; **jds ~ sein** to be sb's treasure [*or* pride and joy] ② <*pl* -odien>

(veraltend: Schmuckstück) jewel, gem **Kleinplanet** m small [or minor] planet **Kleinrechner** m microcomputer, micro fam; (größer) minicomputer **klein|reden** vt ■etw ~ Problem, Gefahr, Schuld to play down sth sep **Kleinsatellit** m small satellite **Kleinschreibung** f lower case printing **Kleinsparer(in)** m(f) FIN small saver **Kleinspecht** m ORN lesser spotted woodpecker **Kleinstaat** m small state, ministate **Kleinstadt** f small town **Kleinstädter(in)** m(f) small-town dweller; ■~/~in sein to live in a small town **kleinstädtisch** adj ❶ (einer Kleinstadt entsprechend) small-town attr ❷ (pej: provinziell) provincial pej

kleinstmöglich adj smallest possible

Kleinstplanet m very small planet

Kleintier nt small [domestic] animal **Kleinunternehmer(in)** m(f) HANDEL small businessman masc [or fem businesswoman] **Kleinvieh** nt small farm animals pl, small livestock + pl vb ▶ WENDUNGEN: ~ macht auch Mist (prov) many a mickle makes a muckle prov, every little helps **Kleinwagen** m small car, runabout, runaround **Kleinwohnung** f small flat BRIT, flatlet BRIT, efficiency [or small] apartment AM **kleinwüchsig** adj (geh) small, of small stature pred; ■~ sein to be small [in stature]

Kleister <-s, -> m paste

kleistern vt ■etw an etw akk ~ to paste sth onto sth

Klementine <-, -n> f clementine

Klemmappe f getrennt: Klemm-mappe s. Klemmmappe **Klemmbrett** nt clipboard

Klemme <-, -n> f ❶ (Haarklammer) [hair] clip ❷ ELEK terminal; (Batterie a.) clip; positive ~ positive terminal ❸ (fam: schwierige Lage) fix fam, jam fam; jdm aus der ~ helfen to help sb out of a fix [or jam] fam; in der ~ sitzen [o sein] [o stecken] [o sich in der ~ befinden] (fam) to be in a fix [or jam] fam

klemmen I. vt ❶ (zwängen) ■etw irgendwohin ~ to stick [or wedge] sth somewhere ❷ (fam: stehlen) ■jdm etw ~ to pinch [or BRIT a. nick] sth from sb fam II. vr ❶ (sich quetschen) ■sich ~ to get squashed [or trapped]; ■sich dat etw [in/zwischen etw dat] ~ to catch [or trap] one's sth [in/between sth], to get one's sth caught [or trapped] [in/between sth] ❷ (fam: etw zu erreichen suchen) ■sich hinter jdn ~ to get on to sb ❸ (fam: Druck machen) ■sich akk hinter etw akk ~ to get stuck in[to sth] BRIT fam; ich werde mich mal hinter die Sache ~ I'll get onto it [or the job] III. vi ❶ (blockieren) to stick, to jam ❷ (angeheftet sein) ■irgendwo ~ to be stuck somewhere ▶ WENDUNGEN: es klemmt (fam: die Zeit fehlt) time is [really] tight; (das Geld fehlt) money is [really] tight

Klemmmappe[RR] f clip file, spring binder [or folder] **Klemmschraube** f locking screw

Klempner(in) <-s, -> m(f) plumber

Klempnerei <-, -en> f ❶ (Handwerk) plumbing ❷ (Werkstatt) plumber's workshop

Klempnerin <-, -nen> f fem form von **Klempner**

Klempnerladen m (hum fam) chestful of medals

klempnern vi to do [a spot of BRIT] plumbing

Klempnerwerkstatt f plumber's workshop

Klepper <-s, -> m (pej) [old] nag pej

Kleptomane, **Kleptomanin** <-n, -n> m, f kleptomaniac

Kleptomanie <-> f kein pl kleptomania no indef art, no pl

Kleptomanin <-, -nen> f fem form von **Kleptomane**

klerikal adj (pej geh) clerical, churchy pej fam

Kleriker <-s, -> m cleric

Klerus <-> m kein pl clergy no indef art, no pl

Klettband <-bänder> nt Velcro®

Klette <-, -n> f ❶ (Pflanze) burdock; (Blütenkopf) bur[r]; wie [die] ~n zusammenhalten (fam) to stick together [like glue], to be inseparable; an jdm wie eine ~ hängen (fam) to cling to sb like a limpet [or esp pej leech] ❷ (pej fam: zu anhänglicher Mensch) nuisance, pest

Klett(en)verschluss®[RR] m Velcro® fastener [or fastening]

Klettereisen nt SPORT climbing irons pl

Kletterer, Kletterin <-s, -> m, f climber

Klettergerüst nt climbing frame

Kletterin <-, -nen> f fem form von **Kletterer**

klettern vi ❶ sein (klimmen) ■[auf etw akk o dat] ~ to climb [[on] sth]; (mühsam) to clamber [up [or on] sth]; auf einen Baum ~ to climb a tree; aufs Dach ~ to climb onto the roof ❷ sein o haben SPORT to climb; ~ gehen to go climbing; in eine/einer Wand ~ to climb a face/on a face; ■das K~ climbing; frei ~ to free-climb ❸ sein (fam) ■aus einem/in ein Auto ~ to climb out of/into a car ❹ sein (fam: steigen) ■[auf etw akk] ~ Zeiger to climb [to sth]

Kletterpartie f ❶ (Bergsteigen) difficult climb; die reinste ~ sein (fam) to be a real climbing expedition fam ❷ (fam: anstrengende Wanderung) climbing trip [or outing] **Kletterpflanze** f climbing plant, climber **Kletterseil** nt climbing rope **Kletterstange** f climbing pole

Klettverschluss[RR] m Velcro® fastener

klicken vi ❶ (metallisch federn) to click; man hörte es ~ there was an audible click; ■~d with a click; ■das K~ clicking; ■das K~ von etw the click[ing] of sth ❷ (ein K~ verursachen) ■mit etw ~ to click sth, to make a clicking noise with sth ❸ INFORM to click; mit der Maus ~ to click with the mouse; ■auf etw akk ~ to click on sth; auf etw doppelt ~ to double click on sth

Klicker <-s, -> m NORDD marble; (Spiel) marbles + sing vb

klickern vi NORDD to play marbles

Klient(in) <-en, -en> m(f) client

Klientel <-, -en> [kliɛnˈteːl] f clientele + sing/pl vb, clients pl

Klientin <-, -nen> f fem form von **Klient**

Kliesche f ZOOL, KOCHK sand dab

Kliff <-[e]s, -e> nt cliff

Klima <-s, -s o Klimate> nt ❶ METEO climate ❷ (geh: Stimmung) ein entspanntes/angespanntes ~ a relaxed/tense atmosphere; das politische/wirtschaftliche ~ the political/economic climate

Klimaanlage f air-conditioning no indef art, no pl [system]; mit ~ [versehen] air-conditioned, fitted with air-conditioning **Klimakatastrophe** f climatic catastrophe

klimakterisch adj inv (MED) menopausal, climacterical

Klimakterium <-s> nt kein pl menopause no indef art, no pl, climacteric no indef art, no pl spec

Klimaphänomen nt climatic phenomenon **Klimarahmenkonvention** f convention on controlling climate change **klimarelevant** adj inv climatically relevant **Klimaschutz** m climate protection **Klimaschutzpolitik** f ÖKOL climate protection policy **Klimasteuer** f kein pl FIN tax for financing climate protection measures

Klimate pl von **Klima**

klimatisch I. adj attr climatic II. adv climatically

klimatisieren* vt ■etw ~ to air-condition sth; ■klimatisiert air-conditioned

klimatisiert adj inv air-conditioned

Klimatisierung f air-conditioning

Klimatologe, -gin <-n, -n> m, f climatologist

Klimatologie <-> f kein pl climatology no art, no pl

Klimaumschwung m [drastic] change in climate **Klimaveränderung** f change in climate **Klimawechsel** m change of/in climate; ein ~ täte Ihnen sicher gut! a change of climate would undoubtedly do you good!; den ~ überstehen to get over the change in climate

Klimax <-> f kein pl (geh) climax

Klimbim <-s> m kein pl (fam) (Krempel) junk no indef art, no pl, odds and ends [or BRIT fam sods] npl ▶ WENDUNGEN: einen ~ [um etw] machen to make a fuss [about sth]

klimmen <klomm o klimmte, geklommen o geklimmt> vi sein (geh) ■irgendwohin ~ to clamber [or scramble] up somewhere

Klimmzug m ❶ SPORT pull-up; Klimmzüge machen to do pull-ups ❷ meist pl (Verrenkung) contortions pl; [geistige] Klimmzüge machen to do [or perform] mental acrobatics

Klimperkasten m (fam) piano

klimpern vi ❶ (Töne erzeugen) ■auf etw dat ~ to plonk [or AM usu plunk] away on sth fam; auf einer Gitarre ~ to plunk away on [or twang] a guitar ❷ (klirren) Münzen to jingle, to chink; (Schlüssel) to jangle ❸ (erklingen lassen) ■mit etw ~ to jingle [or chink] [with] sth; mit seinen Schlüsseln ~ to jangle one's keys

Klinefelter-Syndrom nt MED Klinefelter's syndrome

kling interj ting, ding, clink; ~ machen to clink

Klinge <-, -n> f ❶ (Schneide) blade; (Schwert) sword; miteinander die ~n kreuzen to fence, to fight; mit jdm die ~[n] kreuzen to fence with [or fight [with]] sb ❷ (Rasier~) [razor] blade; die ~ wechseln to change the blade ▶ WENDUNGEN: eine scharfe ~ führen (geh) to be a trenchant [or dangerous] opponent; mit jdm die ~n kreuzen to cross swords with sb; jdn über die ~ springen lassen (veraltend: jdn töten) to put sb to death form [or liter to the sword], to dispatch sb hum form; (jdn zugrunde richten) to ruin sb

Klingel <-, -n> f bell

Klingelbeutel m REL collection [or spec offertory] bag **Klingelknopf** m bell-push, -button

klingeln I. vi ❶ (läuten) ■[an etw dat] ~ to ring [sth]; an der Tür ~ to ring the doorbell; ■das K~ ring; etw ~ lassen to let sth ring ❷ (durch Klingeln herbeirufen) ■[nach] jdm ~ to ring for sb; s. a. Bett II. vi impers to ring; hör mal, hat es da nicht eben geklingelt? listen, wasn't that the phone/doorbell just then? ▶ WENDUNGEN: hat es jetzt endlich geklingelt? (fam) has the penny finally dropped? BRIT fam

Klingelzeichen nt ring; auf das/ein/jds ~ hin at the/a ring of the bell, at sb's ring

klingen <klang, geklungen> vi ❶ (er~) Glas to clink; die Gläser ~ lassen to clink glasses [in a toast]; Glocke to ring; dumpf/hell ~ to have a dull/clear ring ❷ (tönen) to sound; die Wand klang hohl the wall sounded [or rang] hollow [or made a hollow sound] ❸ (sich anhören) to sound; das klingt gut/interessant/vielversprechend that sounds good/interesting/promising

Klinik <-, -en> f clinic, specialist hospital

Klinikalltag m routine hospital practice, routine [work] at a/the clinic

Klinikum <-s, Klinika o Kliniken> nt ❶ (Universitätskrankenhaus) university hospital ❷ (Hauptteil der medizinischen Ausbildung) clinical training no indef art, no pl

klinisch I. adj clinical II. adv clinically; ~ tot clinically dead

Klinke <-, -n> f [door-]handle ▶ WENDUNGEN: sich die ~ in die Hand geben to come in a never-ending stream; die Bewerber gaben sich die ~ in die Hand there was an endless coming and going of applicants; ~n putzen (fam) to go [or sell] from door to door

Klinkenputzer(in) <-s, -> m(f) (fam) door-to-door salesman, hawker; (Hausierer) peddler, AM a. pedlar

Klinker <-s, -> m clinker [brick]

Klinkermauerwerk nt BAU clinker brick masonry

Klinkerstein m clinker [brick]

Klipp <-s, -s> m ❶ MODE clip-on [ear-ring] ❷ (Klemme) am Kugelschreiber clip

klipp adv ▶ WENDUNGEN: ~ und klar quite clearly [or frankly]; etw ~ und klar zum Ausdruck bringen to express sth quite clearly [or in no uncertain terms]

Klippe <-, -n> f (Fels~) cliff; (im Meer) [coastal] rock; tückische ~n treacherous rocks ▶ WENDUNGEN: die [o alle] ~n [erfolgreich] umschiffen to negotiate [all] the obstacles [successfully]

Klippfisch m salted dried cod

Klips m s. **Klipp 1**

klirren vi ❶ (vibrieren) Gläser to tinkle; Fenster-

scheiben to rattle; *Lautsprecher, Mikrophon* to crackle; ■**das K~** the tinkling/rattling/crackling [noise [*or* sound]]; ■**das K~ einer S.** *gen* [*o* **von etw** *dat*] the tinkling/rattling/crackling of sth ❷ (*metallisch ertönen*) *Ketten, Sporen* to jangle; (*Waffen*) to clash; ■**~d** jangling/clashing, clashing; ■**das K~** [**von etw**] the jangling/clashing [of sth]

klirrend I. *adj* **~er Frost** severe frost; **~e Kälte** biting [*or* piercing] cold **II.** *adv* bitterly; **~ kalt** bitterly cold

Klirrfaktor *m* ELEK distortion factor

Klischee <-s, -s> *nt* ❶ TYPO plate, block ❷ (*pej: eingefahrene Vorstellung*) cliché, stereotype *pej* ❸ (*pej geh: Leerformel*) cliché

klischeehaft *adj* (*pej geh*) clichéd, stereotyped *pej*, stereotypical *pej;* **eine ~e Rede** a cliché-ridden speech

Klischeevorstellung *f s.* **Klischee 2**

klischieren* *vt* ❶ TYPO ■**etw ~** to stereotype sth ❷ (*geh o pej*) ■**jdn/etw ~** (*talentlos nachahmen*) to imitate sb/sth in a stereotyped way; (*klischeehaft darstellen*) to stereotype sb/sth

Klistier <-s, -e> *nt* enema *spec*

Klistierspritze *f* enema syringe *hist or spec*

Klitoris <-, – *o* Klitorides> *f* clitoris

Klitsche <-, -n> *f* (*pej fam*) small-time outfit

klitschnass[RR] *adj* (*fam*) *s.* **klatschnass**

klitzeklein *adj* (*fam*) teen[s]y [ween[s]y] *fam,* itsy-bitsy *hum,* AM *a.* itty-bitty *hum*

Klivie <-, -n> *f* BOT clivia *spec*

Klo <-s, -s> *nt* (*fam*) loo BRIT *fam,* john AM *fam;* **aufs ~ gehen/rennen** to go/run [*or* dash] to the loo

Kloake <-, -n> *f* (*pej*) sewer, cloaca, cesspool *a. fig*

Kloakentier *nt* ZOOL monotreme

Klobecken *nt* (*fam*) toilet [*or* lavatory] bowl [*or* pan]

Kloben <-s, -> *m* (*Holzklotz*) log

klobig *adj* hefty, bulky; **~e Hände** massive hands

Klobrille *f* (*fam*) toilet [*or sl* bog] seat **Klobürste** *f* (*fam*) toilet [*or* BRIT *fam a.* loo] brush **Klodeckel** *m* (*fam*) toilet lid **Klomann, -frau** *m, f* (*fam*) toilet attendant

klomm *imp von* **klimmen**

Klon <-s, -e> *m* clone

klonen *vt* ■**jdn/etw ~** to clone sb/sth

klönen *vi* (*fam*) ■[**mit jdm**] **~** to [have a] chat [*or* natter] [with sb] BRIT *fam*

Klonierung <-, -en> *f* BIOL cloning

Klonschaf *nt* cloned sheep **Klontechnologie** *f* BIOL clone technology

Klopapier *nt* (*fam*) toilet paper

Klopfen <-s> *nt kein pl* AUTO engine knock

klopfen I. *vi* ❶ (*pochen*) ■[**mit etw** *dat*] [**an/auf etw** *akk*/**gegen etw** *akk*] **~** to knock [at/on/against sth] [with sth] ❷ ORN ■[**gegen etw**] **~** *Specht* to hammer [against sth] ❸ (*mit der flachen Hand*) ■**jdm auf etw** *akk* **~** to pat sb on sth; (*mit dem Finger*) to tap sb on sth; **jdm auf die Knöchel ~** to rap sb [*or* give sb a rap] on [*or* across] the knuckles **II.** *vi impers* ■**es klopft** [**an/gegen etw** *akk*] there is a knock [at/against sth]; ***es klopft!*** there's somebody [*or* somebody is] knocking at the door!; ■**das K~** knocking **III.** *vt* ❶ (*schlagen*) ■**etw ~** to beat [*or* hit] sth; **den Teppich ~** to beat the carpet; ■[**jdm/sich**] **etw aus/von etw ~** to knock sth out of/off sth [for sb]; **den Staub aus dem Teppich ~** to beat the dust out of the carpet ❷ KOCHK **ein Steak ~** to beat [*or* tenderize] a steak; *s. a.* **Takt**

Klopfer <-s, -> *m* (*Teppich~*) carpet beater; (*Tür~*) [door-]knocker; (*Fleisch~*) [meat] mallet

klopffest *adj* TECH antiknock

Klopffestigkeit *f* AUTO anti-knock index

Klopfzeichen *nt* knock

Kloppe *f* ▸ WENDUNGEN: [**von jdm**] **~ kriegen** NORDD to get [*or* be given] a walloping [*or hum* a hiding] [from sb] *fam*

Klöppel <-s, -> *m* ❶ (*Glocken~*) clapper ❷ (*Spitzen~*) bobbin ❸ (*Taktstock*) [drum]stick

klöppeln *vt* ■**etw ~** to make [*or* work] sth in pillow [*or* bobbin] lace; ■**geklöppelt** pillow-lace *attr;* **geklöppelte Spitze** pillow [*or* bobbin] lace

Klöppelspitze *f* pillow [*or* bobbin] lace

kloppen I. *vt* NORDD (*fam*) ■**etw ~** to hit sth; **Steine/einen Teppich ~** to break stones/beat a carpet **II.** *vr* NORDD (*fam*) ■**sich** [**mit jdm**] **~** to fight [*or* scrap] [with sb]

Klopperei <-, -en> *f* NORDD (*fam*) fight; (*schneller a.*) scrap; (*mit mehreren Personen a.*) brawl

Klöppler(in) <-s, -> *m(f)* [pillow [*or* bobbin]] lace maker

Klops <-es, -e> *m* ❶ (*Fleischkloß*) meatball; **Königsberger ~e** Königsberg meatballs (*meatballs in a caper sauce*) ❷ (*fam: Schnitzer*) howler, boob BRIT *fam;* **sich** *dat* **einen ~ leisten** to make a real howler

Klosett <-s, -e *o* -s> *nt* (*veraltend*) *s.* **Toilette** privy *old*

Klosettbecken *nt* (*geh*) lavatory pan BRIT, toilet bowl AM **Klosettbürste** *f* (*geh*) lavatory brush **Klosettpapier** *nt* (*geh*) lavatory paper

Klospülung *f* (*fam*) flush; **die ~ betätigen** to flush the toilet [*or* BRIT *fam a.* loo]

Kloß <-es, Klöße> *m* KOCHK dumpling ▸ WENDUNGEN: **einen ~ im Hals haben** (*fam*) to have a lump in one's throat

Kloßbrühe *f* ▸ WENDUNGEN: **klar wie ~ sein** (*fam*) to be as clear as day [*or* crystal-clear]

Kloster <-s, Klöster> *nt* (*Mönchs~*) monastery; (*Nonnen~*) convent, nunnery *dated;* **ins ~ gehen** to enter a monastery/convent, to become a monk/nun

Klosterbibliothek *f* monastery/convent library **Klosterbruder** *m* (*veraltet*) *s.* **Mönch Klosterfrau** *f* (*veraltet*) *s.* **Nonne Klostergarten** *m* monastery/convent garden **Klostergemeinde** *f* monastery [*or* convent] community **Klostergut** *nt* ❶ (*Besitz*) monastery [*or* convent] property ❷ (*Landwirtschaft*) monastery [*or* convent] estate **Klosterkapelle** *f* monastery/convent chapel **Klosterkirche** *f* monastery/convent church

klösterlich *adj* ❶ (*einem Kloster entsprechend*) monastic/conventual; **~e Einsamkeit** cloistered seclusion ❷ (*dem Kloster gehörend*) monastery/convent *attr,* of a/the monastery/convent *pred*

Klosterpforte *f* monastery/convent gate [*or* door] **Klosterschule** *f* monastery [*or* monastic]/convent school

Klöten *pl* NORDD (*sl*) balls *npl fam!*

Klotz <-es, Klötze> *m* ❶ (*Holz~*) block [of wood] ❷ (*pej fam: großes hässliches Gebäude*) monstrosity ▸ WENDUNGEN: **sich** *dat* [**mit jdm/etw**] **einen ~ ans Bein binden** (*fam*) to tie a millstone round one's neck [by getting involved with sb/by doing sth] *fig;* [**jdm** [*o* **für jdn**]] **ein ~ am Bein sein** (*fam*) to be a millstone round sb's neck, to be a heavy burden [for sb]; **auf einen groben ~ gehört ein grober Keil** (*prov*) rudeness must be met with rudeness *prov;* **wie ein ~ schlafen** (*fam*) to sleep like a log *fam*

Klötzchen <-s, -> *nt dim von* **Klotz 1** ❶ (*kleiner Holzklotz*) small block [*or* piece] of wood ❷ (*Baukotz*) building brick

klotzen (*sl*) **I.** *vi* ❶ (*hart arbeiten*) to slog [away] *fam;* (*schnell arbeiten*) to work like hell *fam* [*or fam!* stink] ❷ (*Mittel massiv einsetzen*) ■[**bei etw**] **~** to splurge [out] on sth *fam,* to splash [*or* BRIT *fam* push the boat] out [on sth] ▸ WENDUNGEN: **~, nicht kleckern** to think big, to do things in a big way **II.** *vt* ■[**jdm**] **etw irgendwohin ~** to stick [*or* shove] sth up somewhere *fam*

klotzig (*sl*) **I.** *adj* ❶ (*ungefüge*) large and ugly; **ein ~es Hochhaus** an ugly great high-rise [*or* skyscraper]; ■**~ sein** to be bulky ❷ (*aufwändig*) extravagant **II.** *adv* ❶ (*überreichlich*) extremely; **~ reich sein** to be rolling in it *fam;* **~** [**viel Geld**] **verdienen** to be raking it in ❷ (*aufwändig*) lavishly, extravagantly

Klub <-s, -s> *m* ❶ (*Verein*) club; **die Mitgliedschaft im ~** membership of the club, club membership ❷ (*fam: Klubgebäude/-raum*) club; **im/in seinem ~** at the/one's club

Klubbeitrag *m* club subscription [*or* membership [fee]] **Klubhaus** *nt* club-house **Klubjacke** *f* blazer **Klubkasse** *f* club [bank] account **Klubmitglied** *nt* club member **Klubsessel** *m* club chair **Klubvorstand** *m* club committee

Kluft[1] <-, Klüfte> *f* ❶ GEOG cleft, [deep] fissure ❷ (*scharfer Gegensatz*) gulf; **tiefe ~** deep rift ❸ KOCHK shank

Kluft[2] <-, -en> *f* DIAL (*hum*) uniform, garb *no pl liter*

Kluftschale *f* KOCHK [beef] topside **Kluftsteak** *nt* KOCHK sirloin steak

klug <klüger, klügste> **I.** *adj* ❶ (*vernünftig*) wise; (*intelligent*) intelligent; (*schlau*) clever; (*scharfsinnig*) shrewd, astute; **eine ~e Entscheidung** a prudent decision; **~er Rat** sound advice; ***es wäre klüger, …*** it would be more sensible …; **ein ganz K~er** (*iron*) a real clever clogs + *sing vb* [*or* dick] BRIT *pej fam;* [**wieder**] **so ~ gewesen sein** (*iron*) to have been so bright [again]; **da soll einer draus ~ werden** I can't make head [n]or tail of it; ***ich werde einfach nicht ~ aus ihm/daraus*** I simply don't know what to make of him/it, I simply can't make [*or* BRIT *fam* suss] him/it out ❷ (*iron: dumm*) clever *iron,* bright *iron;* **genauso ~ wie zuvor** [*o* **vorher**] **sein** to be none the wiser ▸ WENDUNGEN: **aus Schaden wird man ~** you learn from your mistakes; **hinterher** [*o* **im nachhinein**] **ist man immer klüger** it's easy to be wise after the event; **der Klügere gibt nach** (*prov*) discretion is the better part of valour *prov* **II.** *adv* ❶ (*intelligent*) cleverly, intelligently ❷ (*iron*) cleverly *iron;* **~ reden** to talk as if one knows it all, to talk big, to pontificate *pej*

klugerweise *adv* [very] cleverly [*or* wisely]

Klugheit <-, -en> *f* ❶ *kein pl* cleverness; (*Intelligenz*) intelligence; (*Vernunft*) wisdom; (*Scharfsinn*) astuteness, shrewdness; (*Überlegtheit*) prudence ❷ (*iron*) clever remark/remarks *iron*

Klugredner(in) *m(f)* (*fam*) know-all, wise guy *pej fam,* clever dick [*or* + *sing vb* clogs] BRIT *pej fam* **klug|scheißen** *vi irreg* (*sl*) to be a smart-ass [*or* BRIT *a.* -arse] *fam* **Klugscheißer(in)** <-s, -> *m(f)* (*sl*) smart-ass [*or* BRIT *a.* -arse] *fam*

Klump *m* ▸ WENDUNGEN: **etw zu** [*o* **in**] **~ fahren** (*fam*) to drive sth into the ground, to write off sth *sep,* to smash up sth *sep;* **jdn zu ~ hauen** (*fam*) to beat sb to a pulp *fam*

Klumpatsch <-s> *m kein pl* (*fam*) junk *no indef art, no pl,* shit *no indef art, no pl pej fam!*

Klümpchen <-s, -> *nt dim von* **Klumpen** ❶ (*kleiner Klumpen*) little lump ❷ NORDD (*Bonbon*) sweetie BRIT *fam*

klumpen *vi* to go [*or* become] lumpy; *Salz* to cake

Klumpen <-s, -> *m* lump; **ein ~ Erde** a lump [*or* clod] of earth; **~ bilden** to go lumpy

Klumpfuß *m* club foot

klumpfüßig *adj* club-footed; ■**~ sein** to be club-footed [*or* have a club foot]

klumpig *adj* lumpy; ■**~ sein/werden** to be/go [*or* get] [*or* become] lumpy

Klüngel <-s, -> *m* NORDD (*pej fam*) old boys' network BRIT; (*zwischen Verwandten*) nepotistic web *pej*

Klüngelei <-, -en> *f* ❶ (*pej: Vetternwirtschaft*) nepotism *no pl,* cronyism *no pl,* cliquism *no pl* ❷ *kein pl* DIAL (*Trödelei*) dawdling *no pl*

Klunker <-s, -> *m* (*sl: Edelstein*) rock AM *sl*

Kluntje <-s, -s> *nt* NORDD rock sugar BRIT, sugar crystal BRIT, rock candy AM

Klüver <-, -> *m* NAUT jib

km *m Abk von* **Kilometer** km

km/h *m Abk von* **Kilometer pro Stunde** kmph, km/h

KMI *m* MED *Abk von* **Körpermasse-Index** BMI, Body Mass Index

km/st *Abk von* **Kilometer je Stunde** kph

knabbern I. *vi* ■**an etw** *dat* **~** ❶ (*knabbernd verzehren*) to nibble [at] sth ❷ (*etw geistig/emotional verarbeiten*) to chew on sth, to mull sth over; [**noch**] **an etw** *dat* **zu ~ haben** (*fam*) to have sth to chew on [*or* over] *fam* **II.** *vt* ■**etw ~** to nibble sth; **etwas**

K

zum K~ something to nibble; **nichts zu ~ haben** *(fam)* to have nothing to eat

Knabe <-n, -n> *m (veraltend geh)* boy, lad; **na, alter ~!** *(fam)* well, old boy [*or* BRIT *dated fam* chap]!

Knabenchor *m (veraltend geh)* boys' choir

knabenhaft *adj* boyish

Knabeninternat *nt (veraltend geh)* boys' boarding school **Knabenkraut** *nt* [wild] orchid, orchis *spec* **Knabenschule** *f (veraltend geh)* boys' school **Knabenstimme** *f* boy's voice, treble

knack *interj* crack

Knack <-[e]s, -e> *m* crack; **~ machen** to [go] crack

Knäckebrot *nt* crispbread *no indef art, no pl*

knacken I. *vt* ❶ *(aufbrechen)* ■**etw [mit etw] ~** to crack sth [with sth] ❷ *(fam: dechiffrieren)* **einen Kode ~** to crack a code ❸ *(fam: in etw eindringen)* ■**etw ~** to break into sth; **den Safe ~** to crack [open] the safe ❹ MIL *(sl: zerstören)* ■**etw ~** to knock out sth *sep* ❺ *(sl)* ■**etw ~** to do away with sth; **Vorurteile ~** to eliminate [*or sep* break down] prejudice **II.** *vi* ❶ *(Knacklaut von sich geben)* to crack; *Diele, Knie* to creak; *Zweige* to snap; ***es knackt hier immer im Gebälk*** the beams are always creaking here ❷ *(Knackgeräusche machen)* ■**mit etw ~** to crack sth; **mit den Fingern ~** to crack one's fingers [*or* knuckles] ❸ *(fam: schlafen)* to sleep; **eine Runde ~** to have forty winks [*or* BRIT *a.* a kip] ▸ WENDUNGEN: **[noch] an etw** *dat* **zu ~ haben** *(fam)* to have sth to think about [*or fam* chew on [*or* over]] **III.** *vi impers* ■**es knackt** there's a crackling noise; ***in Dachstühlen knackt es oft*** roof trusses often creak

Knacker <-s, -> *m* DIAL *(fam)* ❶ *(pej)* guy *fam*, bloke BRIT *fam;* **ein alter ~** an old codger *pej* [*or* feller] *fam;* **ein blöder ~** a stupid [*or* silly] so-and-so; **ein komischer ~** a strange character ❷ *s.* **Knackwurst**

Knackerbse *f* sugar-snap pea

Knacki <-s, -s> *m (sl)* ex-con *sl*, old lag BRIT *fam*

knackig I. *adj* ❶ *(knusprig)* crunchy, crisp[y] ❷ *(fam: drall)* well-formed, sexy ❸ *(fam: zünftig)* real; **ein ~er Typ** a natural type [*or* person] **II.** *adv (fam)* really; ***sie kam ~ braun aus dem Urlaub wieder*** she came back from holiday really brown; **~ rangehen** to get really stuck in *fam*, to really go for it *fam*

Knacklaut *m* ❶ *(knackendes Geräusch)* crack[ing noise], creak ❷ LING glottal stop **Knackpunkt** *m (fam)* crucial point; ***und da ist der ~*** and there's the crunch *fam*

knacks *interj s.* **knack**

Knacks <-es, -e> *m* ❶ *(knackender Laut)* crack ❷ *(Sprung)* crack; **einen ~ haben** *(fam)* to have a problem; *Ehe* to be in difficulties; *Freundschaft* to be suffering; **etw** *dat* **einen ~ geben** to damage sth ❸ *(fam: seelischer Schaden)* psychological problem; **einen ~ bekommen** *(fam)* to suffer a minor breakdown; **einen ~ haben** *(fam)* to have a screw loose *hum* [*or* be a bit whacky [*or* AM *usu* wacky]] *fam*

Knackwurst *f* knackwurst *spec*, knockwurst *spec* *(sausage which is heated in water and whose tight skin makes a cracking noise when bitten)*

Knäkente *f* ZOOL, KOCHK sarcelle duck

Knall <-[e]s, -e> *m* ❶ *(Laut)* bang; *Korken* pop; *Tür* bang, slam ❷ *(fam: Krach)* trouble *no indef art, no pl* ▸ WENDUNGEN: **~ auf [***o* **und] Fall** *(fam)* all of a sudden; **jdn ~ auf [***o* **und] Fall entlassen** to dismiss sb on the spot [*or* without warning]; **einen ~ haben** *(sl)* to be crazy [*or fam* off one's rocker] [*or fam* crackers]

Knallbonbon [-bɔŋbɔŋ, -bõbõ:] *nt* cracker, AM *usu* bonbon **knallbunt** *adj* gaudy

Knällchen <-s, -> *nt* DIAL *s.* **Kesselskuchen**

Knalleffekt *m (fam)* surprising twist; ■**einen ~ haben** to come as a bombshell

knallen I. *vi* ❶ *haben (stoßartig ertönen)* to bang; *Auspuff* to misfire, to backfire; *Feuerwerkskörper* to [go] bang; *Korken* to [go] pop; *Schuss* to ring out; *(laut zuschlagen)* to bang, to slam ❷ *haben* ■**mit etw ~** to bang sth; **mit der Peitsche ~** to crack the whip; **mit der Tür ~** to slam [*or* bang] the door [shut]; ■**etw ~ lassen** to bang sth; **die Sektflaschen ~ lassen** to make the sekt bottles pop ❸ *sein (fam: hart auftreffen)* ■**auf/gegen/vor etw** *akk* **~** to bang on/against sth; ***der Ball knallte gegen die Latte*** the ball slammed against the crossbar ▸ WENDUNGEN: **die Korken ~ lassen** to pop the corks, to celebrate; *s. a.* **Sonne II.** *vi impers haben* ■**es knallt** there's a bang; *(fam)* **..., sonst knallt's!** *(Ohrfeige)* ... or you'll get a good clout! *fam; (schießen)* ... or I'll shoot! **III.** *vt* ❶ *(zuschlagen)* ■**etw ~** to bang [*or* slam] sth ❷ *(hart werfen)* ■**etw irgendwohin ~** to slam sth somewhere; ***er knallte den Ball gegen den Pfosten*** he slammed [*or* hammered] the ball against the post ❸ *(fam: schlagen)* ■**jdm eine ~** *(fam)* to clout sb, to give sb a clout *fam*

knalleng *adj (fam)* skin-tight

Knaller <-s, -> *m (fam)* ❶ *(Knallkörper)* firecracker, BRIT *a.* banger ❷ *(Sensation)* sensation, smash *fam*

Knallerbse *f* cap bomb, toy torpedo AM

Knallerei <-, -en> *f (fam: Schießerei)* shooting *no indef art, no pl; (Feuerwerk)* banging [of fireworks]

Knallfrosch *m* jumping jack **Knallgas** *nt* oxyhydrogen *no indef art, no pl spec* **knallhart** *(fam)* **I.** *adj* ❶ *(rücksichtslos)* really tough, [as] hard as nails *pred* ❷ *(sehr kraftvoll)* really hard; **ein ~er Schuss/Schlag** a fierce shot/crashing blow **II.** *adv* quite brutally; **etw ~ sagen** to say sth straight out [*or* without pulling any punches]; **~ verhandeln** to negotiate really hard, to drive a hard bargain **knallheiß** *adj (fam)* boiling [hot], baking *fam*

knallig *adj (fam)* gaudy, loud *pej*

Knallkopf *m (fam)*, **Knallkopp** *m (fam)* idiot, jerk *pej fam!*, pillock BRIT *pej fam* **Knallkörper** *m* firecracker **knallrot** *adj (fam)* bright red; ■**~ [im Gesicht] sein/werden** to be/become [*or* turn] bright red [in the face]

knapp I. *adj* ❶ *(gering)* meagre [*or* AM -er], low; **~e Vorräte** meagre [*or* scarce] supplies; **~e Stellen** scarce jobs; **~es Geld** tight money; ■**~ sein/werden** to be scarce [*or* in short supply]/to become scarce; ■**[mit etw] ~ sein** to be short [of sth]; **..., aber/und das nicht zu ~!** *(fam)* ..., and how!, ..., good and proper! BRIT *fam; s. a.* **Kasse** ❷ *(eng [sitzend])* tight[-fitting]; ■**jdm zu ~ sein** to be too tight for sb ❸ *(noch genügend)* just enough; **eine ~e Mehrheit** a narrow [*or* bare] [*or* very small] majority; **ein ~er Sieg** a narrow victory; **ein ~es Ergebnis** a close result ❹ *(nicht ganz)* almost; **in einer ~en Stunde** in just under an hour; ■**[jdm] zu ~ sein** to be too tight [for sb] ❺ *(gerafft)* concise, succinct; **in wenigen ~en Worten** in a few brief words; ***er gab ihr nur eine ~e Antwort*** he replied tersely **II.** *adv* ❶ *(mäßig)* sparingly; **~ bemessen sein** to be not very generous; ***seine Zeit ist ~ bemessen*** his time is limited [*or* restricted], he only has a limited amount of time; **jdn [mit etw] ~ halten** to keep sb short [of sth] ❷ *(nicht ganz)* almost; **~ eine Stunde** almost [*or* just under] [*or* not quite] an hour ❸ *(haarscharf)* narrowly; ***die Wahl ist denkbar ~ ausgefallen*** the election turned out to be extremely close; **~ gewinnen/verlieren** to win/lose narrowly [*or* by a narrow margin]; ***wir haben [nur] ~ verloren*** we [only] just lost

Knappe <-n, -n> *m* ❶ BERGB [qualified] miner ❷ HIST squire

Knappheit <-> *f kein pl* ❶ *(Versorgungsengpass)* shortage *no pl*, scarcity *no pl* ❷ *(Beschränktheit)* shortage *no pl;* **die ~ der öffentlichen Gelder/finanziellen Mittel** the shortage [*or* lack] of public money/finance; **bei der ~ der zur Verfügung stehenden Zeit...** with [*or* because of] the limited amount of time available ...

Knappschaft <-> *f kein pl* BERGB miners' guild

knapsen *vi (fam)* ❶ *(knauserig sein)* to watch the pennies, to scrimp and save; ■**mit etw ~** to scrimp on sth ❷ *(mit etw schwer fertig werden)* ■**an etw** *dat* **~** to have difficulty getting over sth

Knarre <-, -n> *f (sl)* gun, shooter, rod AM *sl*

knarren *vi* to creak; ■**das K~** creaking

Knast <-[e]s, Knäste> *m (sl)* prison; ■**im ~** in the slammer *sl* [*or fam* clink] [*or* AM *fam* can]; **im ~ sitzen** to do [*or* serve] time; **~ schieben** *(fam)* to do [*or* serve] time

Knatsch <-es> *m kein pl (fam)* trouble; **ständiger ~ mit seinen Eltern** constant disagreements with one's parents; **es [***o* **das] gibt ~** there's going to be [*or* that means [*or* spells]] trouble; ***das könnte ~ geben*** there could be trouble

knatschig *adj (fam: quengelig)* whingy BRIT *pej fam; (brummig)* grumpy, crotchety *fam*

knattern *vi* to clatter; *Motorrad* to roar; *Maschinengewehr* to rattle, to clatter; *Schüsse* to rattle out; ■**~d** roaring/clattering; ■**das K~** the roar/clatter/rattle

Knäuel <-s, -> *m o nt* ball; **ein ~ von Menschen** a knot of people

Knäuelgras *nt* BOT common cocksfoot

Knauf <-[e]s, Knäufe> *m (Messer-/Schwert~)* pommel; *(Tür~)* knob; *Spazierstock* knob; *Schläger* butt [end]

Knauser(in) <-s, -> *m(f) (pej fam)* scrooge *pej*, skinflint *pej fam*

knauserig *adj (pej fam)* stingy *pej fam*, tight[-fisted] *pej fam*

Knauserin <-, -nen> *f fem form von* **Knauser**

knausern *vi (pej fam)* ■**[mit etw] ~** to be stingy [*or* tight-fisted] [with sth] [*or* tight with sth] *pej fam*

Knaus-Ogino-Methode *f kein pl* MED rhythm [*or* Knaus-Ogino] method *no indef art, no pl*

knautschen I. *vi* to crease, to get creased **II.** *vt* ■**etw ~** to crumple sth

knautschig *adj (fam)* crumpled; ■**~ sein** to be crumpled [up] [*or* all creased [*or fam* crumply]]

Knautschlack *m* MODE patterned wet-look [*or* patent] leather **Knautschleder** *nt* patterned [patent [*or* wet-look]] leather **Knautschzone** *f* AUTO crumple zone

Knebel <-s, -> *m* gag

Knebelbart *m (am Kinn)* Vandyke beard; *(an der Oberlippe)* handlebar moustache **Knebelbolzen** *m* toggle bolt

knebeln *vt* ❶ *(mit einem Knebel versehen)* ■**jdn ~** to gag sb ❷ *(geh: mundtot machen)* ■**jdn/etw ~** to gag [*or* muzzle] sb/sth

Kneb(e)lung <-, -en> *f* ❶ *kein pl (das Knebeln)* gagging *no indef art, no pl* ❷ *(Knebel)* gag ❸ *(geh: Unterdrückung der Berichterstattung)* gagging *no indef art, no pl*, muzzling *no indef art, no pl*

Knebelungsvertrag *m* JUR tying [*or* oppressive] contract

Knebelvertrag *m (pej)* gagging [*or* oppressive] contract

Knecht <-[e]s, -e> *m* ❶ *(veraltend: Landarbeiter)* farmhand ❷ *(pej: Diener)* servant, slave; *(Trabant)* minion *a. pej* ▸ WENDUNGEN: **~ Ruprecht** *helper to St Nicholas*

knechten *vt (pej geh)* ■**jdn ~** to enslave sb, to reduce sb to servitude *form;* ■**geknechtet** enslaved; **ein geknechtetes Volk** an oppressed people

knechtisch *adj (pej geh)* slavish, servile *pej;* ■**[jdm] ~ sein** to be slavish [*or a. pej* servile] [to sb]

Knechtschaft <-, *selten* -en> *f (pej)* slavery, servitude *form*, bondage *liter;* **die Babylonische ~** HIST Babylonian captivity

Knechtung <-, -en> *f (pej geh)* enslavement *no pl;* ■**~ durch jdn** enslavement [*or form* subjugation] by sb

kneifen <kniff, gekniffen> **I.** *vt* ■**jdn ~** to pinch sb; ■**jdn [***o* **jdm] in etw** *akk* **~** to pinch sb's sth **II.** *vi* ❶ *(zwicken)* to pinch ❷ *(fam: zurückscheuen)* ■**[vor etw** *dat***] ~** to chicken out [of sth] *pej fam*, to duck [out of] sth *fam;* ■**vor jdm ~** to shy away from [*or* to avoid] sb **III.** *vi impers* ■**es kneift [jdn] [irgendwo]** it hurts [*or* pinches] [sb] [somewhere]

Kneifer <-s, -> *m* pince-nez

Kneifzange *f (Zangenart)* pincers *npl;* **mit einer ~** with [a pair of] pincers ▸ WENDUNGEN: **etw nicht mit der ~ anfassen** *(fam)* to not touch sth with a barge [*or* AM *a.* ten-foot] pole

Kneipe <-, -n> *f* (*fam*) pub BRIT, boozer BRIT *fam*, AM *usu* bar

Kneipenbummel *m* pub crawl BRIT *fam*, bar hop AM **Kneipenmobiliar** *nt* pub [*or* AM *usu* bar] furnishings *pl* **Kneipentisch** *m* pub [*or* AM *usu* bar] table **Kneipenwirt(in)** *m(f)* barkeeper, [pub] landlord *masc*/landlady *fem* BRIT, publican BRIT

Kneipier <-s, -s> [knaiˈpie:] *m* (*hum fam*) *s.* **Kneipenwirt**

kneippen *vi* (*fam*) to take [*or* undergo] a Kneipp cure

Kneippkur *f* MED Kneipp['s] cure, kneippism *no art, no pl spec* (*predominantly hydropathic treatment combined with compresses, diet and exercise*)

Knesset(h) <-> *f kein pl* (*israelische Parlament*) Knesset

knetbar *adj* workable; **~er Teig** kneadable dough; **schlecht ~** difficult to work with/knead

Knete <-> *f kein pl* ❶ (*sl: Geld*) dough *dated sl*, dosh BRIT *sl* ❷ (*fam*) *s.* **Knetgummi**

kneten I. *vt* ❶ (*durchwalken*) ■**etw ~** to knead [*or* work] sth ❷ (*durch K~ formen*) ■[**sich** *dat*] **etw ~** to model [*or form* fashion] sth; **etw aus Lehm ~** to model [*or form* fashion] sth out of clay; ■**das K~** modelling [*or* AM -l-] ❸ (*massieren*) ■[**jdm**] **etw ~** to knead sb's sth II. *vi* to play with Plasticine® [*or* AM Play-Doh®]

Knetgummi *m o nt*, **Knetmasse** *f* Plasticine®, Play-Doh® AM **Knethaken** *m bei Rührgerät* kneading hook

Knick <-[e]s, -e *o* -s> *m* ❶ (*abknickende Stelle*) [sharp] bend; (*im Schlauch/Draht*) kink; **einen ~ machen** to bend [sharply] ❷ (*Kniff*) crease ► WENDUNGEN: **einen ~ im Auge** [*o* **in der Linse**] [*o* **in der Optik**] **haben** (*sl*) to have sth wrong with one's eyes; ***du hast wohl einen ~ in der Optik!*** can't you see straight?, are you blind?

knicken I. *vt haben* ❶ (*falten*) ■**etw ~** to fold [*or* crease] sth; **„nicht ~!"** "[please] do not bend [*or* fold]!" ❷ (*ein~*) ■**etw ~** to snap sth ❸ (*schwächen*) **jds Stolz ~** to humble sb['s pride] II. *vi sein* to snap/crease

Knicker <-s, -> *m* DIAL ❶ (*Geizhals*) scrooge *pej*, skinflint *pej fam* ❷ (*Murmel*) marble; (*Murmelspiel*) marbles + *sing vb*

Knickerbocker *pl* knickerbockers *npl*, AM *a.* knickers *npl*

knick(e)rig *adj* DIAL (*knauserig*) mean, stingy *pej fam*, tight[-fisted] *pej fam*

Knick(e)rigkeit <-> *f kein pl* DIAL (*Knauserigkeit*) meanness *no indef art, no pl*, stinginess *no indef art, no pl pej fam*

Knicks <-es, -e> *m* curts[e]y, bob; [**vor jdm**] **einen ~ machen** to make a curts[e]y [*or* bob] [to sb]

knicksen *vi* ■[**vor jdm**] ~ to [bob [*or* drop] a] curts[e]y [to sb], to bob [a curts[e]y] to sb

Knie <-s, -> *nt* ❶ (*Körperteil*) knee; **auf ~n** on one's knees, on bended knee[s]; **jdn auf ~n bitten** to go down on bended knee[s] to [*or* and beg] sb; **jdm auf ~n danken** to go down on one's knees and thank sb; **die ~** [**vor jdm/etw**] **beugen** (*geh*) to go down on one's knees/one knee [before sb *form*]; [**vor jdm**] **auf die ~ fallen** (*geh*) to fall [*or* go down] on one's knees [before sb *form*]; **in die ~ gehen** to sink to [*or* down on] one's knees; **jdn übers ~ legen** (*fam*) to put sb across [*or* over] one's knee; **vor jdm auf den ~n liegen** (*geh*) to kneel [*or* be one one's knees] before sb *form*; **in die ~ sacken** to sag at the knees; **sich vor jdm auf die ~ werfen** (*geh*) to throw oneself on one's knees in front of [*or form* before] sb; **jdm zittern die ~** sb's knees are shaking; (*aus Angst*) sb's knees are knocking; **jdn in die ~ zwingen** (*geh*) to force sb to his/her knees *a. fig* ❷ (*Kniebereich einer Hose*) knee ❸ (*Biegung*) bend ❹ (*eines Rohres*) elbow ► WENDUNGEN: **weiche ~ bekommen** (*fam*) to go weak at the knees; **etw übers ~ brechen** (*fam*) to rush into sth; **in die ~ gehen** to submit, to give in

Kniebeuge *f* knee-bend; **in die ~ gehen** to bend one's knees; **~n machen** to do [some] knee-bends **Kniebundhose** *f* [knee] breeches [*or* AM britches] *npl* **Kniefall** *m* (*geh*) genuflection *form*; **einen ~ vor jdm tun** [*o* **machen**] to go down on one's knees before sb *form*, to kneel before sb *form* **kniefällig** *adv* (*veraltend*) on bended knee[s], on one's knees **kniefrei** *adj* above-the-knee *attr*, [worn] above the knee *pred* **Kniegelenk** *nt* knee joint **kniehoch** I. *adj* knee-high; **kniehoher Schnee/kniehohes Wasser** knee-deep snow/water II. *adv* up to the/one's knees; ***der Schnee liegt ~*** the snow was knee-deep **Kniehose** *f* [knee] breeches [*or* AM britches] *npl* **Kniekehle** *f* back [*or* hollow] of the knee, popliteal space *spec* **knielang** *adj* knee-length

knien [kni:n, ˈkni:ən] I. *vi* ■[**auf etw** *akk*/**vor jdm/etw**] ~ to kneel [on sth/in front of [*or form* before] sb/sth]; **im K~** on one's knees, kneeling [down] II. *vr* ❶ (*auf die Knie gehen*) ■**sich** *akk* **auf etw** *akk* ~ to kneel [down] on sth; ■**sich hinter/neben/vor jdn/etw ~** to kneel down behind/next to/in front of [*or form* before] sb/sth ❷ (*fam: sich intensiv beschäftigen*) ■**sich** *akk* **in etw** *akk* ~ to get down to sth, to get stuck in[to sth] BRIT *fam*

Knies <-> *m kein pl* DIAL (*Knatsch*) argument, quarrel, *esp* BRIT row; (*schwächer*) tiff *fam*

Kniescheibe *f* kneecap, patella *spec*; **jdm die ~[n] durchschießen** to kneecap sb **Knieschützer** *m* SPORT kneepad, kneeguard **Knieschwellung** *f* swelling of the knee **Kniesehnenreflex** *m* MED knee jerk **Kniestrumpf** *m* knee-length sock **Kniestück** *nt* BAU elbow joint **Kniestuhl** *m* kneeling chair, back [*or* balance] chair **knietief** *adj* knee-deep **Kniewärmer** *m* knee warmer

kniff *imp von* **kneifen**

Kniff <-[e]s, -e> *m* ❶ (*Kunstgriff*) trick ❷ (*Falte*) fold; (*unabsichtlich a.*) crease ❸ (*Zwicken*) pinch

kniff(e)lig *adj* (*fam*) tricky, fiddly *fam*

Knigge <-[s], -> *m* book [*or* guide] on etiquette, etiquette manual

Knilch <-s, -e> *m* (*pej sl: Scheißkerl*) bastard *fam!*, bugger BRIT *fam!*; (*Niete*) plonker BRIT *fam*

knipsen I. *vt* ❶ (*fam: fotografieren*) ■**jdn/etw ~** to take a photo of sb/sth *fam*; *Radarfalle* to flash [*or* get] sb *fam* ❷ (*durch Lochen entwerten*) **eine Fahrkarte ~** to punch [*or* clip] a ticket II. *vi* (*fam*) to take photos *fam*; (*willkürlich*) to snap away *fam*

Knirps <-es, -e> *m* ❶ (*fam: kleiner Junge*) little fellow [*or* fellow] *fam*, little squirt *pej* ❷ (*Faltschirm*) folding [*or* telescopic] umbrella

knirschen *vi* to crunch; *Getriebe* to grind; *s. a.* **Zahn**

knistern I. *vi* ❶ (*rascheln*) *Feuer* to crackle; *Papier* to rustle; ■**das K~ des Feuers/von Papier** the crackle [*or* crackling] of the fire/rustle [*or* rustling] of paper ❷ (*~de Geräusche verursachen*) ■**mit etw ~** to rustle sth II. *vi impers* ❶ (*Geräusch verursachen*) ■**es knistert irgendwo** there is a crackling/rustling somewhere ❷ (*kriseln*) ■**es knistert** there is trouble brewing ❸ (*Spannung aufweisen*) ■**es knistert** [**zwischen Menschen**] there is a feeling of tension [*or* suspense] [between people]

Knittelvers *m* rhyming couplets *pl* [of four-stress lines]

knitterarm *adj* crease-resistant **Knitterfalte** *f* crumple **knitterfrei** *adj* non-crease **knitterfreudig** *adj* prone to creasing

knittern I. *vi* to crease, to crumple II. *vt* ■**etw ~** to crease [*or* crumple] sth

Knobelbecher *m* ❶ (*Würfelbecher*) [dice] shaker [*or* cup] ❷ (*sl: Soldatenstiefel*) army boot

knobeln *vi* ❶ (*würfeln*) ■[**um etw**] ~ to play dice [for [*or* to decide] sth] ❷ (*nachgrübeln*) ■[**an etw** *dat*] ~ to puzzle [over sth]

Knoblauch <-[e]s> *m kein pl* garlic *no indef art, no pl*

Knoblauchpresse *f* garlic press **Knoblauchzehe** *f* clove of garlic

Knöchel <-s, -> *m* ❶ (*Fuß~*) ankle; **bis zu den ~n** up to the ankles; **bis über die ~** to above the [*or* one's] ankles [*or* one's]; **kräftige ~** fetlocks *hum fam* ❷ (*Finger~*) knuckle

Knöchelbruch *m* (*Fuß~*) broken ankle; (*Finger~*) broken knuckle **knöchellang** *adj* ankle-length **Knöchelsocke** *f* ankle length **knöcheltief** I. *adj* ankle-deep II. *adv* ankle-deep

Knochen <-s, -> *m* ❶ (*Teil des Skeletts*) bone; **jdm alle ~ brechen** (*sl*) to break every bone in sb's body; **sich** *dat* [**bei etw** *dat*] **den ~ brechen** to break a bone [*or* one's leg/arm etc.] [doing sth]; **brich dir nicht die ~!** (*fam*) don't break anything! ❷ KOCHK bone ❸ *pl* (*Gliedmaßen*) bones *pl*, limbs *pl* ► WENDUNGEN: **jdm steckt** [*o* **sitzt**] **etw in den ~** (*fam*) sb is full of sth; ***der Schreck sitzt mir jetzt noch in den/allen ~!*** I'm still scared stiff even now!; **bis auf die ~** (*fam*) to the bone, utterly; **bis auf die ~ abgemagert sein** to be all [*or* just] skin and bone[s]; **bis auf die ~ nass werden** to get soaked to the skin

Knochenarbeit *f* (*fam*) backbreaking work *no indef art, no pl*, BRIT *a.* hard graft *no indef art, no pl* **Knochenbau** *m kein pl* bone structure **Knochenbildung** *f* ossification, osteogenesis **Knochenbruch** *m* fracture **Knochendünnung** <-> *f kein pl* cut of beef (*meat cut from the stomach muscle*) **Knochenentkalkung** *f* osteoporosis **Knochenentzündung** *f* osteitis **Knochenerweichung** *f* osteomalacia **Knochenfisch** *m* bony fish **Knochengerüst** *nt* skeleton **knochenhart** (*fam*) I. *adj* ❶ (*sehr hart*) rock-hard *fam* ❷ (*anstrengend*) extremely hard [*or* strenuous] ❸ (*unnachgiebig*) pigheaded *pej*; **eine ~e Forderung** a tough demand II. *adv* ~ **arbeiten** to work extremely hard, to graft away BRIT **Knochenhaut** *f* ANAT periosteum *spec* **Knochenleim** *m* bone glue **Knochenmann** *m kein pl* (*liter*) ■**der ~** Death **Knochenmark** *nt* bone marrow *no indef art, no pl* **Knochenmehl** *nt* bone meal *no indef art, no pl* **Knochenschinken** *m* ham on the bone **Knochenschwund** *m* atrophy of the bone[s] **knochentrocken** *adj* (*fam*) ❶ (*völlig trocken*) bone dry; ■**~ sein** to be bone dry [*or* as dry as a bone] ❷ (*Humor, Bemerkung*) very dry [*or* wry]; **ein ~er Vortrag** a very dry [*or* dull] lecture

knöchern *adj* ❶ (*beinern*) bone *attr*, of bone *pred*; (*knochenhaltig*) osseous *spec* ❷ (*knochig*) bony

knochig *adj* bony

knock-out, knockout *adj* KO *fam*; ■**~ sein** to be knocked out; ■**jdn ~ schlagen** to knock sb out

Knock-out, Knockout <-[s], -s> [nɔkˈʔaut] *m* knockout, KO *fam*

Knödel <-s, -> *m* SÜDD, ÖSTERR dumpling

Knöllchen <-s, -> *nt* (*fam*) [parking] ticket

Knolle <-, -n> *f* ❶ BOT nodule, tubercule *spec*; *Kartoffel* tuber; *Krokus* corm *spec* ❷ (*fam: rundliche Verdickung*) large round lump [*or* growth] ❸ (*hum: Nase*) bulbous nose, conk BRIT *hum fam*

Knollen <-s, -> *m* DIAL *s.* **Knolle**

Knollenblätterpilz *m* amanita *no indef art, no pl spec*; **gelber/grüner/weißer ~** false death cap/death cap [*or* angel] [*or no indef art, no pl* deadly amanita]/destroying angel **Knollengemüse** *nt kein pl* tuber vegetables, tuber[s] **Knollennase** *f* (*fam*) bulbous nose, conk BRIT *hum fam* **Knollensellerie** *m* BOT celeriac **Knollenziest** *m* BOT, KOCHK artichoke betony

knollig *adj* bulbous; **~er Auswuchs** knobbly [*or* AM knobby] outgrowth

Knopf <-[e]s, Knöpfe> *m* ❶ (*an Kleidungsstück etc.*) button ❷ (*Drucktaste*) [push]button ❸ (*Akkordeon*) button ❹ SCHWEIZ, SÜDD (*Knoten*) knot ► WENDUNGEN: **sich** *dat* **an den Knöpfen abzählen können, dass...** (*fam*) to be easy to work out that [*or* plain to see [that]] ...

Knopfdruck *m kein pl* push of a button; **auf ~** at the push of a button

knöpfen *vt* ■**etw auf etw** *akk* ~ to button sth [on]to sth; ■**etw in etw** *akk*/**aus etw** *dat* ~ to button sth into sth/to unbutton sth from sth; **zum K~** that [*or* which] buttons up

Knopfleiste *f* button-facing **Knopfloch** *nt* buttonhole; **eine Blume im ~ tragen** to wear a flower in one's buttonhole, *esp* BRIT to wear a buttonhole ► WENDUNGEN: **ihm/ihr guckt die Neugier aus al-**

len Knopflöchern (*fam*) he's/she's simply burning with curiosity; **aus allen Knopflöchern platzen** to be bursting at the seams; **aus allen Knopflöchern schwitzen** to sweat like a pig; **aus allen Knopflöchern stinken** to stink to high heaven, to reek from every pore **Knopfzelle** *f* round cell battery

Knorpel <-s, -> *m* cartilage *no indef art, no pl;* KOCHK gristle *no indef art, no pl*

Knorpelfisch *m* cartilaginous fish

knorpelig *adj* ANAT cartilaginous *spec;* KOCHK gristly

Knorpelzelle *f* cartilage cell

Knorren <-s, -> *m* burl, gnarl *liter*

knorrig *adj* ① (*mit Knollen versehen*) gnarled ② (*eigenwillig*) gruff

Knospe <-, -n> *f* ① (*Teil einer Pflanze*) bud; **~n ansetzen** [*o* **treiben**] to bud, to put forth buds *form* ② (*Anfang*) **die zarte ~ ihrer Liebe** the tender bud[ding] of their love

knospen *vi* to bud

Knötchen <-s, -> *nt dim von* **Knoten** ① KOCHK little lump ② MED nodule, small lump

knoten *vt* ■**etw ~** to knot sth, to tie a knot in sth, to tie sth into a knot; **jdm/sich die Krawatte ~** to tie sb/one's tie

Knoten <-s, -> *m* ① (*Verschlingung*) knot; ■[**sich/jdm**] **einen ~ in etw** *akk* **machen** to tie a knot in one's/sb's sth ② MED (*kugelige Verdickung*) lump, node *spec* ③ (*Haar~*) bun, knot ④ (*Ast~*) knot, burl ⑤ NAUT knot ▸ WENDUNGEN: **der gordische ~** HIST the Gordian knot; **den gordischen ~ durchhauen** [*o* **durchschlagen**] [*o* **durchtrennen**] to cut [*or* untie] the Gordian knot; **der ~ ist** [**bei jdm**] **geplatzt, gerissen** (*fam*) the penny [has] dropped *fam,* sb has suddenly caught on [*or* sorted sth out]; **der ~ schürzt sich** LIT the plot thickens

Knotenpunkt *m* AUTO, BAHN junction **Knotenpunktbahnhof** *m* rail junction **Knotentheorie** *f* MATH knot theory

Knöterich <-s, -e> *m* knotgrass *no indef art, no pl,* polygonum *spec*

knotig *adj* ① (*Knoten aufweisend*) knotted, knotty; ■**~ sein** to be full of knots ② (*knorrig*) gnarled ③ MED nodular

Know-how <-s> [noʊ'haʊ] *nt kein pl* know-how *no indef art, no pl fam*

Know-how-Vertrag *f* JUR, FIN know-how agreement

Knubbel <-s, -> *m* DIAL lump

Knuddelkissen *nt* cuddly cushion

knuddeln *vt* ① (*fam: umarmen, drücken und küssen*) ■**jdn ~** to hug and kiss sb ② DIAL (*zerknüllen*) ■**etw ~** to crumple [*or* scrunch] sth up; *s. a.* **knudeln**

Knuff <-[e]s, Knüffe> *m* (*fam*) nudge, push; (*mit dem Finger/Ellenbogen*) poke; (*sanfter: mit dem Ellenbogen*) nudge

knuffen *vt* (*fam*) **jdn** [**in die Rippen/Seite etc.**] **~** to nudge sb [*or* give sb a nudge [*or* push]] [in the ribs/side etc.]

knülle *adj* NORDD (*fam*) ■**~ sein** to be pie-eyed *fam* [*or sl* sloshed]

knüllen I. *vt* ■**etw ~** to crumple [up *sep*] sth, to crease sth II. *vi* to crumple, to crease

Knüller <-s, -> *m* (*fam*) sensation; (*Nachricht*) scoop

knüpfen I. *vt* ① (*verknoten*) ■**etw ~** to tie sth; **ein Netz ~** to mesh a net; **einen Teppich ~** to knot [*or* make] a carpet ② (*hineinknoten*) ■[**sich** *dat*] **etw in etw** *akk* **~** to tie [*or* knot] sth in[to] [one's] sth ③ (*gedanklich verbinden*) ■**etw an etw** *akk* **~** to tie [*or* knot] sth to sth; **eine Bedingung an etw** *akk* **~** to attach a condition to sth; **Hoffnungen an etw** *akk* **~** to pin hopes on sth II. *vr* ■**sich** *akk* **an etw** *akk* **~** to be linked [*or* connected] with sth

Knüppel <-s, -> *m* cudgel, club; (*Polizei~*) truncheon BRIT, nightstick AM ▸ WENDUNGEN: **jdm** [**einen**] **~ zwischen die Beine werfen** (*fam*) to put a spoke in sb's wheel *fam,* to throw a spanner in the works, to throw a monkey wrench in sth AM

Knüppeldamm *m* corduroy [*or* log] road **knüppeldick** *adv* (*fam*) excessively; **~ auftragen** to lay it on thick *fam;* ***wenn's mal losgeht, dann kommt's auch gleich*** **~** it never rains but it pours *prov* **knüppelhart** *adj* (*fam*) *s.* **knochenhart**

knüppeln I. *vt* ■**jdn ~** to beat sb [with a club [*or* cudgel]/truncheon] II. *vi* to club [*or* cudgel] away; (*Polizei*) to use one's truncheon/nightstick; *Fußballspieler* to foul

Knüppelschaltung *f* floor[-mounted] gear change, stick [*or* floor] shift AM

knüppelvoll *adj inv* (*fam*) jam-packed *fam,* BRIT *a.* packed out *fam*

knurren I. *vi* to growl; (*wütend*) to snarl; *s. a.* **Magen** II. *vt* ■**etw ~** to growl sth

Knurren <-s> *nt kein pl* growl[ing *no pl*]; (*wütend*) snarl[ing *no pl*]

Knurrhahn *m* ZOOL gurnard

knurrig *adj* grumpy

Knusperhäuschen *nt* LIT gingerbread house

knusp(e)rig *adj* ① (*mit einer Kruste*) crisp[y] ② (*kroß*) crusty; **ein ~es Gebäck** a crunchy pastry ③ (*jung, frisch*) scrumptious *hum*

knuspern *vi* ■**an etw** *dat* **~** to nibble [at] sth; (*geräuschvoll*) to crunch away at sth; **etwas zum K~** something to nibble

Knust <-[e]s, -e *o* Knüste> *m* NORDD [end] crust [of a loaf]

Knute <-, -n> *f* lash, knout *hist;* **jds ~ zu spüren bekommen** to feel sb's lash; **jdn mit der ~ schlagen** to lash sb ▸ WENDUNGEN: **jdn unter seine ~ bringen** to get sb in one's clutches; **unter jds** *dat* **~ leben/stehen** to live/be under sb's heel [*or* yoke]

knutschen (*fam*) I. *vt* ■**jdn ~** to kiss [*or fam* smooch with] sb; ■**sich ~** to smooch *fam,* to pet *fam,* to canoodle *hum dated* II. *vi* ■[**mit jdm**] **~** to smooch [*or* pet] [with sb] *fam;* ■**~d** smooching

Knutscherei <-, -en> *f* (*fam*) smooching *fam,* petting *fam,* canoodling *hum dated fam*

Knutschfleck *m* (*fam*) love bite

Knüttel <-s, -> *m* (*veraltend*) *s.* **Knüppel**

Knüttelvers *m s.* **Knittelvers**

k. o. *adj Abk von* **knock-out** ① (*bewusstlos geschlagen*) ■**~ sein** to have been KO'd, to be knocked out [*or* unconscious]; **~ gehen** to be knocked out [*or* unconscious]; **jdn ~ schlagen** to knock out sb *sep* ② (*fam: völlig ermattet*) ■[**völlig**] **~ sein** to be [totally] knackered BRIT *fam,* to be [totally] exhausted AM; **sich ~ fühlen** to feel knackered [*or* AM exhausted] *fam*

K. o. <-[s], -s> *m Abk von* **Knockout** knockout, KO *fam;* **ein technischer ~** a technical knockout; **durch ~** by a knockout

Koagulation <-, -en> *f* CHEM, MED coagulation

Koagulationsmittel *nt* coagulating [*or* clotting] agent

Koala <-s, -s> *m,* **Koalabär** *m* koala [bear]

koalieren* *vi* ■[**mit jdm/etw**] **~** to form a coalition [with sb/sth]

Koalition <-, -en> *f* coalition; **eine große/kleine ~** a grand/little coalition

Koalitionsaussage *f* POL coalition statement **Koalitionsausschuss**[RR] *m* coalition committee **Koalitionsfraktion** *f* coalition faction [*or* group] **Koalitionsfreiheit** *f kein pl* JUR freedom of association **Koalitionsgespräch** *nt* coalition talks *npl* **Koalitionspartei** *f* POL coalition party **Koalitionspartner** *m* coalition partner **Koalitionsrecht** *nt* JUR right of free association **Koalitionsregierung** *f* coalition government **Koalitionsrunde** *f regular talks between coalition party members* **Koalitionsvereinbarung** *f* agreement on a/the coalition **Koalitionsverhandlungen** *pl* coalition negotiations *pl* **Koalitionsvertrag** *m* coalition agreement

koaxial *adj* coaxial

Koaxialkabel *nt* TECH coaxial cable

Kobalt <-s> *nt kein pl* cobalt *no art, no pl*

kobaltblau *adj* cobalt blue

Koben <-s, -> *m* sty, pen

Koblenz <-> *nt* Koblenz, Coblenz

Kobold <-[e]s, -e> *m* imp, goblin, kobold

Kobra <-, -s> *f* cobra

Koch, Köchin <-s, Köche> *m, f* cook; (*Küchenchef*) chef; **~ lernen** to be a trainee chef ▸ WENDUNGEN: **zu viele Köche verderben den Brei** (*prov*) too many cooks spoil the broth *prov*

kochbeständig *adj inv Textilien* washable in boiling water

Kochbuch *nt* cook[ery]book **Kochecke** *f* kitchenette, cooking [*or* kitchen] area

köcheln *vi* ① (*leicht sieden*) to simmer ② (*hum: kochen*) to cook

Köchelverzeichnis *nt kein pl* MUS Köchel [*or* K] catalogue [*or* AM *usu* -og] [*or* index] *spec*

kochen I. *vi* ① (*Speisen zubereiten*) to cook; ***dort kocht man sehr scharf/pikant*** the food there is very hot/spicy ② (*brodeln*) to boil; **etw zum K~ bringen** to bring sth to the boil; **~d heiß** boiling hot; **eine ~d heiße Suppe** a piping hot soup ③ (*in Aufruhr befinden*) to seethe; **vor Wut ~** to seethe [*or* boil] with rage; *s. a.* **Volksseele** II. *vt* ① (*heiß zubereiten*) ■[**jdm/sich**] **etw ~** to cook [sb/oneself] sth; **Suppe/Kaffee ~** to make [some] soup/coffee ② (*als Kochwäsche waschen*) ■**etw ~** to boil sth

kochend I. *adj inv* boiling; **vor Wut ~** boiling [*or* seething] with rage II. *adv* **~ heiß** *Wasser, Suppe* boiling hot

kochendheiß *adj s.* **kochend II**

Kocher <-s, -> *m* [small] stove, cooker

Köcher <-s, -> *m* ① (*Pfeil~*) quiver ② (*für Fernglas*) case

Köcherfliege *f* ZOOL caddis fly

Kochfeld *nt* ceramic hob

kochfest *adj* suitable for washing at 90° *pred*

Kochgelegenheit *f* cooking facilities *pl* **Kochgeschirr** *nt bes* MIL mess tin **Kochherd** *m* (*veraltend*) *s.* **Herd**

Köchin <-, -nen> *f fem form von* **Koch**

Kochkäse *m soft cheese made from quark, salt and spices* **Kochkunst** *f* ① *kein pl* (*Gastronomie*) culinary art *no pl,* art of cooking *no pl* ② *pl* (*Fähigkeit, gut zu kochen*) culinary skill[s *pl*] **Kochkurs(us)** *m* cookery course **Kochlöffel** *m* [wooden] cooking spoon, wooden spoon **Kochmesser** *nt* cook's knife **Kochnische** *f* kitchenette **Kochplatte** *f* ① (*Herdplatte*) hotplate ② (*transportable Herdplatte*) small [electric] stove **Kochpunkt** *m kein pl* boiling point **Kochrezept** *nt* recipe **Kochsalat** *m* chinese leaf **Kochsalz** *nt kein pl* common [*or* cooking] salt *no indef art, no pl;* CHEM sodium chloride *no indef art, no pl spec*

Kochsalzersatz *m* salt substitute **Kochsalzlösung** *f* salt solution; CHEM sodium chloride solution

Kochtopf *m* [cooking] pot; (*mit Stiel*) saucepan

Kochwäsche *f* washing that can be boiled

kodd(e)rig *adj* NORDD (*fam: unverschämt*) impertinent, impudent, insolent; ■**jdm ist ~** [**zumute**] (*unwohl*) sb feels sick [*or* queasy]

Kode <-s, -s> [ko:t] *m* code

Kodein <-s> *nt kein pl* codeine *no indef art, no pl*

Köder <-s, -> *m* bait; (*Lockvogel*) lure; **einen ~ auslegen** to put down bait; **einen ~ anbeißen** to take the bait

ködern *vt* ① (*verlocken*) ■**jdn** [**mit etw**] **~** to lure sb [with sth]; **jdn** [**mit etw**] **zu ~ versuchen** to woo sb [with sth]; **sich von jdm/etw ~ lassen** to be tempted by sb/sth ② (*anlocken*) ■**Fische ~** to lure fish

Köderwurm *m* ZOOL lugworm

Kodeverschlüsselungssystem *nt* INFORM code cipher system

Kodex <- *o* -es, -e *o* Kodizes> *m* ① *kein pl* (*Verhaltens~*) [moral] code ② HIST (*Handschrift*) codex

Kodiakbär *m* ZOOL kodiak bear

kodieren* *vt* ■**etw ~** to [en]code sth

Kodierung <-, -en> *f* INFORM, LING coding; **binäre/digitale/spezifische ~** binary/digital/specific coding

Kodifikation <-, -en> *f* JUR codification

kodifizieren* *vt* JUR ■**etw ~** to codify sth

Koedukation <-, -en> ['ko:ʔedukatsio:n] *f* coeducation *no indef art, no pl*

Koeffizient <-en, -en> *m* MATH, PHYS coefficient

Koenzym *nt* BIOL coenzyme
Koevolution *f* BIOL coevolution
Koexistenz *f kein pl* coexistence *no indef art, no pl;* **friedliche** ~ peaceful coexistence
koexistieren*, **koexistieren** *vi haben* (*geh*) to coexist
Koffein <-s> *nt kein pl* caffeine *no indef art, no pl*
koffeinfrei *adj* decaffeinated, decaf *fam*
koffeinhaltig *adj inv* containing caffeine *pred*
Koffer <-s, -> *m* ❶ (*Reise~*) [suit]case; ■**die** ~ *pl* the luggage [*or esp* AM baggage] + *sing vb;* **den/die** ~ **packen** to pack [one's bags] ❷ (*Tragebehälter*) [carrying] case ▶ WENDUNGEN: **aus dem** ~ **leben** to live out of a suitcase; **die** ~ **packen** to pack one's bags [and leave]
Kofferanhänger *m* luggage tag [*or* label] **Kofferbehälter** *m* box container
Köfferchen <-s, -> *nt dim von* **Koffer**
Kofferfarbe *f* suitcase colour [*or* AM -or] **Koffergriff** *m* suitcase handle **Koffergröße** *f* suitcase size **Kofferhersteller** *m* suitcase manufacturer **Kofferkuli** *m* [luggage] trolley [*or* AM cart] **Kofferradio** *nt* portable radio **Kofferraum** *m* AUTO ❶ AUTO boot BRIT, trunk AM ❷ (*Volumen*) luggage space **Kofferraumdeckel** *m* AUTO boot [*or* AM trunk] lid **Kofferschreibmaschine** *f* portable [typewriter]
Kogge <-, -n> *f* HIST, NAUT cog *spec*
Kognak <-s, -s *o* -e> ['kɔnjak] *m* brandy
Kognakschwenker <-s, -> *m* balloon glass, brandy glass [*or* AM snifter]
kognitiv *adj* PSYCH, SCH cognitive *attr form or spec*
kohärent *adj inv* ❶ (*geh: zusammenhängend*) coherent ❷ PHYS coherent
Kohärenz <-> *f kein pl* ❶ (*geh: Zusammenhang*) coherence *no pl* ❷ PHYS coherence *no pl,* coherency *no pl*
Kohäsion <-> *f kein pl* PHYS cohesion *no indef art, no pl,* cohesiveness *no indef art, no pl*
Kohl <-[e]s, -e> *m* ❶ (*Gemüse*) cabbage ❷ (*fam: Quatsch*) nonsense *no indef art, no pl,* rubbish *no indef art, no pl,* codswallop *no indef art, no pl* BRIT *sl;* ***das ist doch alles ~!*** that's all nonsense [*or* rubbish] [*or* BRIT *sl* a load of codswallop]; ~ **reden** to talk rubbish [*or* nonsense] [*or fam!* shit] ▶ WENDUNGEN: **das macht den ~ auch nicht fett** (*fam*) that doesn't help a lot, that's not much help; **den [alten] ~ aufwärmen** to bring up the old story again
Kohldampf *m* ▶ WENDUNGEN: ~ **haben** [*o* **schieben**] (*fam*) to be starving [*or* famished] *fam;* ~ **schieben müssen** to have to go hungry
Kohle <-, -n> *f* ❶ (*Brennstoff*) coal *no indef art, no pl;* ~ **führend** coal-bearing ❷ TECH (*Aktiv~*) carbon *no indef art, no pl* ❸ KUNST charcoal *no indef art, no pl* ❹ (*sl: Geld*) dosh BRIT *fam,* dough *dated fam* ▶ WENDUNGEN: **feurige ~n auf jds Haupt sammeln** (*geh*) to heap coals of fire on sb's head; **wie auf [glühenden] ~n sitzen** to be like a cat on a hot tin roof [*or* BRIT *dated* on hot bricks], to be on tenterhooks
kohleführend *adj s.* **Kohle 1**
kohlehaltig *adj inv* containing coal, carboniferous
Kohlehydrat <-[e]s, -e> *nt,* **Kohlenhydrat** *nt* carbohydrate **Kohlekraftwerk** *nt* coal-fired power station
kohlen *vi* (*fam*) to fib *fam,* to tell fibs *fam*
Kohle(n)abbau *m kein pl* coal mining *no pl* **Kohlenbecken** *nt* ❶ GEOL coal basin ❷ (*Wärmequelle*) brazier **Kohlenbergbau** *m* coal-mining *no indef art, no pl* **Kohlenbergwerk** *nt* coal mine, colliery, pit
Kohlendioxid *nt kein pl* carbon dioxide *no indef art, no pl*
kohlendioxidfrei *adj inv* ÖKOL free of carbon dioxide
Kohlendioxyd, **Kohlendioxid** *nt* carbon dioxide
Kohleneimer *m* [coal] scuttle **Kohlenflöz** *nt* BERGB coal seam **Kohlenförderung** *f* coal-mining *no indef art, no pl,* extraction *no pl* of coal **Kohlengrube** *f* BERGB coal mine, [coal] pit **Kohlenhalde** *f* coal pile [*or* heap], pile of coal **Kohlenhändler(in)** <-s, -> *m(f)* coal merchant **Kohlenhandlung** *f* coal merchant's **Kohle(n)herd** *m* coal-burning range **Kohlenkasten** *m* coal box **Kohlenkeller** *m* coal cellar **Kohlenlieferung** *f* coal delivery; (*an ein Kraftwerk*) coal supply **Kohlenmonoxid** *nt kein pl* carbon monoxide *no indef art, no pl* **Kohlenofen** *m* [coal-burning] stove **Kohlenpott** *m* (*fam*) ■**der** ~ the Ruhr [area] **Kohlenrevier** *nt* BERGB coalmining area **kohlensauer** *adj* carbonic *spec;* **kohlensaures Natron/Kalzium** sodium/calcium carbonate *spec* **Kohlensäure** *f* carbonic acid *no indef art, no pl;* **mit** ~ carbonated, fizzy; **ohne** ~ still *attr* **kohlensäurehaltig** *adj* carbonated; ~**es Getränk** carbonated [*or* BRIT *fam a.* fizzy] drink **Kohlenschaufel** *f* coal shovel **Kohlenstaub** *m* coal dust **Kohlenstoff** *m* carbon *no indef art, no pl* **Kohlenvorkommen** *nt* coal deposit **Kohlenwagen** *m* BAHN (*Waggon*) coal truck; (*Tender*) tender **Kohlenwasserstoff** *m* hydrocarbon; **chlorierte ~e** chlorinated hydrocarbons *spec,* organochlorines *spec*
Kohlenzange *f* coal [*or* fire] tongs *npl*
Kohlepapier *nt* carbon paper **Kohlepfennig** *m kein pl* ÖKON *surcharge imposed in 1974 on electricity consumers in Germany to subsidize domestic coal production*
Köhler(in) <-s, -> *m(f)* charcoal burner
Köhler *m* ZOOL, KOCHK coalfish, coaley, saithe
Kohlestift *m* KUNST charcoal stick **Kohletablette** *f* PHARM, MED charcoal tablet **Kohlezeichnung** *f* charcoal drawing
Kohlkopf *m* [head of] cabbage **Kohlmeise** *f* great titmouse
kohl(pech)rabenschwarz *adj* jet-black; ~**es Haar** jet-black [*or liter* raven] hair
Kohlrabi <-[s], -[s]> *m* kohlrabi *no indef art, no pl*
Kohlroulade [-ruːlaːdə] *f* stuffed cabbage **Kohlrübe** *f s.* **Steckrübe** **kohlschwarz** *adj s.* **kohlpechrabenschwarz** **Kohlsprosse** *f* ÖSTERR (*Rosenkohl*) Brussels sprout **Kohlweißling** <-s, -e> *m* (*Schmetterlingsart*) cabbage white [butterfly]
Kohorte <-, -n> *f* cohort
koitieren* [koi'tiːrən] *vi* (*geh*) ■**[mit jdm]** ~ to engage in sexual intercourse [*or* coitus] [with sb] *form;* ■**~d** copulating
Koitus <-, – *o* -se> *m* (*geh*) coitus *no art, no pl form* [*or* coition] *no art, no pl spec;* ~ **a tergo** sex doggy-style [*or* with rear-entry position]; ~ **interruptus** coitus interruptus; ~ **per anum** anal sex
Koje <-, -n> *f* ❶ NAUT berth, bunk ❷ (*fam: Bett*) bed; **sich in die ~ hauen** to hit the sack [*or* hay] ❸ (*Messestand*) stand, booth
Kojote <-n, -n> *m* coyote, prairie wolf
Kokain <-s> *nt kein pl* cocaine *no indef art, no pl,* coke *no indef art, no pl fam*
kokainsüchtig *adj* addicted to cocaine [*or fam* coke] *pred*
Kokainsüchtige(r) *f(m) decl wie adj* cocaine addict; ■**ein ~r/eine ~ sein** to be a cocaine addict [*or* addicted to cocaine] [*or fam* coke]
Kokarde <-, -n> *f* (*an Uniformmützen*) cockade; (*an Militärflugzeugen*) insignia, markings *npl*
kokeln *vi* (*fam*) to play with fire; **mit Kerzen/Streichhölzern** ~ to play with [lighted] candles/matches
Kokerei <-, -en> *f* coking plant
kokett *adj* flirtatious, *esp liter* coquettish
Koketterie <-, -n> [*pl* -riːən] *f* ❶ *kein pl* (*Verhalten*) flirtatiousness *no indef art, no pl,* coquetry *no indef art, no pl esp liter,* coquettishness *no indef art, no pl esp liter* ❷ (*Bemerkung*) coquettish [*or* flirtatious] remark, *esp liter* coquetry
kokettieren* *vi* ❶ (*flirten*) ■**[mit jdm]** ~ to flirt [*or* play the coquette] [with sb] ❷ (*geh: liebäugeln*) ■**mit etw** ~ to flirt [*or* toy] with sth; **mit dem Gedanken/einem Plan** ~ to toy with the idea/a plan ❸ (*scherzhaft entschuldigen*) ■**mit etw** ~ to make much play with sth, to play up[on] sth
Kokke <-, -n> *f* BIOL coccus
Kokolores <-> *m kein pl* (*fam*) ❶ (*Quatsch*) nonsense *no indef art, no pl,* rubbish *no indef art, no pl* ❷ (*Umstände*) fuss *no pl,* palaver *no pl fam*
Kokon <-s, -s> [ko'kõː] *m* cocoon
Kokosbutter *f* coconut butter **Kokoscreme** *f* coconut creme **Kokosfaser** *f* coconut fibre [*or* AM -er] **Kokosfett** *nt* coconut butter *no indef art, no pl* **Kokosflocken** *pl* desiccated coconut **Kokosmakrone** *f* coconut macaroon **Kokosmatte** *f* coconut matting **Kokosmilch** *f* coconut milk *no indef art, no pl* **Kokosnuss**[RR] *f* coconut **Kokosöl** *nt* coconut oil *no indef art, no pl* **Kokospalme** *f* coconut palm [*or* tree] **Kokosraspeln** *pl* desiccated coconut
Kokotte <-, -n> *f* (*geh o veraltet*) cocotte *old*
Koks[1] <-es, -e> *m* ❶ (*Brennstoff*) coke *no indef art, no pl* ❷ *kein pl* (*sl: Geld*) dosh BRIT *fam,* dough *dated fam*
Koks[2] <-es> *m o nt kein pl* (*sl: Kokain*) coke *fam;* ~ **schnupfen** to snort coke *fam*
koksen *vi* (*sl*) to snort [*or* take] coke *fam*
Kokser(in) <-s, -> *m(f)* (*sl*) cocaine [*or fam* coke] addict, snowbird AM *sl*
Kola <-, -> *f* (*fam*) cola
Kolben <-s, -> *m* ❶ AUTO piston ❷ (*Gewehr~*) butt ❸ (*einer Spritze etc.*) plunger ❹ CHEM retort ❺ BOT spadix *spec;* (*Mais~*) cob ❻ (*sl: Nase*) bulbous nose, conk BRIT *hum fam*
Kolbenente *f* ORN red-crested pochard **Kolbenfresser** <-s, -> *m* (*fam*) piston seizure; **den/einen ~ haben** to have piston seizure, a seized[-up] piston **Kolbenhub** *m* TECH piston stroke **Kolbenmotor** *m* TECH piston engine **Kolbenpumpe** *f* reciprocating pump **Kolbenring** *m* TECH, AUTO piston ring **Kolbenstange** *f* TECH piston rod
Kolchizin <-s> *nt kein pl* BIOL colchicine
Kolchose <-, -n> [-ço-] *f* HIST kolk[h]oz, kolkhos (*Soviet collective farm*)
Kolibakterien *pl* coli[form bacteria] *pl spec*
Kolibri <-s, -s> *m* hummingbird
Kolik <-, -en> *f* colic *no indef art, no pl;* **eine ~** [*o* **~en**] **haben** to have colic
Kolkrabe *m* raven
kollabieren* *vi sein* ❶ MED to collapse ❷ PHYS to collapse ❸ (*geh: zusammenbrechen*) to collapse
Kollaborateur(in) <-s, -e> [kɔlabora'tøːɐ] *m(f)* POL (*pej*) collaborator *pej*
Kollaboration <-, -en> *f* POL (*pej*) collaboration *no indef art, no pl pej* (**mit** +*dat* with)
kollaborieren* *vi* POL (*pej*) ■**[mit jdm]** ~ to collaborate [with sb] *pej*
Kollagen <-s, -e> *nt* BIOL collagen
Kollagenspritze *f* collagen injection
Kollaps <-es, -e> *m* ❶ MED (*Kreislauf~*) collapse; **einen ~ erleiden** (*geh*) to collapse ❷ PHYS collapse; **der große ~** ASTRON the great gravitational collapse, the big crunch ❸ (*geh: Zusammenbruch*) collapse
Kollation <-, -en> *f* LIT, TYPO, REL collation
kollationieren* *vt* LIT, TYPO ■**etw** ~ to collate sth
Kolleg <-s, -s *o* -ien> *nt* ❶ SCH (*Schule des zweiten Bildungsweges*) college ❷ REL theological college ❸ (*veraltend: Vorlesung*) lecture
Kollege, **Kollegin** <-n, -n> *m, f* colleague; (*Arbeiter*) workmate *fam;* **der ~ kommt gleich!** (*im Restaurant*) somebody will be with you in a moment!
Kollegenrabatt *m* trade discount
kollegial **I.** *adj* considerate and friendly (*towards one's colleagues*) **II.** *adv* in a considerate and friendly way; ~ **eingestellt sein** to be considerate and friendly [*or* a good colleague]
Kollegialgericht *nt* JUR panel of judges
Kollegialität <-> *f kein pl* cooperativeness *no pl,* friendly cooperation *no pl*
Kollegialprinzip *nt* JUR broad-majority principle
Kollegien *pl von* **Kolleg**, **Kollegium**
Kollegin <-, -nen> *f fem form von* **Kollege**
Kollegium <-s, -gien> [*pl* -giən] *nt* group [of colleagues]; (*Lehrkörper*) [teaching] staff + *sing/pl vb;* **ein ~ von -rzten** a team of doctors + *sing/pl vb*
Kollegmappe *f* document case, portfolio
Kollekte <-, -n> *f* REL ❶ (*Sammlung während der Messe*) collection, offering, offertory *spec* ❷ (*gesammelter Betrag*) collection, offertory [money]

K

Kollektion <-, -en> *f* collection
kollektiv *adj* (*geh*) collective
Kollektiv <-s, -e *o* -s, -s> *nt* ❶ SOZIOL collective ❷ ÖKON (*Gruppe, Team*) collective, co-operative ❸ POL, ÖKON (*Arbeits- und Produktionsgemeinschaft*) collective ❹ MATH population ❺ PHYS statistical ensemble [*or* population]
Kollektivarbeit *f* (*geh*) collective work *no indef art, no pl,* joint effort **Kollektivbeleidigung** *f* JUR collective defamation **Kollektivbewusstsein**^RR *nt kein pl* SOZIOL collective consciousness *no pl;* **das ~ stärken** to raise the collective consciousness **Kollektivdelikt** *nt* JUR collective crime **Kollektiveigentum** *nt* JUR collective [*or* public] ownership **Kollektivgeist** *m kein pl* corporate [*or* collective] spirit **Kollektivgeldstrafe** *f* FIN combined fine
kollektivieren* [-'vi:-] *vt* HIST ■**etw** ~ to collectivize sth *spec*
Kollektivismus *m kein pl* collectivism *no pl*
Kollektivklagerecht *nt* JUR law of group action **Kollektivmarke** *f* JUR collective mark **Kollektivprokura** *f* JUR joint power of attorney **Kollektivschuld** *f kein pl* collective guilt *no pl* **Kollektivunfallversicherung** *f* collective accident insurance **Kollektivverantwortung** *f kein pl* collective responsibility **Kollektivvertrag** *m* JUR collective agreement [*or* contract] **Kollektivwirtschaft** *f* collective farm
Kollektor <-s, -en> *m* ELEK, PHYS collector
Koller <-s, -> *m* (*fam*) rage; **einen** [*o* **seinen**] ~ **bekommen** to fly [*or* get] into a rage/one of one's rages; **einen** [*o* **seinen**] ~ **haben** to be in a rage, to throw a wobbly BRIT *fam*
kollern¹ I. *vi* to gobble II. *vi impers* ■**es kollert irgendwo** it is rumbling somewhere
kollern² *vi sein* DIAL ■**irgendwohin** ~ to roll somewhere
kollidieren* *vi* (*geh*) ❶ *sein* (*zusammenstoßen*) ■**mit jdm/etw** ~ to collide with sb/sth ❷ *sein o haben* (*unvereinbar sein*) ■**mit etw** ~ to clash with sth ❸ *sein o haben* (*nicht im Einklang stehen*) ■[**miteinander**] ~ to conflict, to clash, to be in conflict [with each other]
kollidierend *adj* JUR conflicting
Kollier <-s, -s> [kɔ'lie:] *nt* necklace
Kollision <-, -en> *f* JUR collision; (*Patentrecht*) interference
Kollisionsbeschleuniger <-s, -> *m* PHYS collider **Kollisionsklausel** *f* JUR collision clause; ~ **für beiderseitiges Verschulden** both-to-blame collision clause **Kollisionskurs** *m* collision course; **mit jdm/etw auf ~ gehen** to be heading for a confrontation with sb/sth; **auf ~ steuern** to be on a collision course; (*fig*) to be heading for trouble **Kollisionsnormen** *pl* JUR conflicting rules, choice of law rules **Kollisionspatent** *nt* collision patent **Kollisionsrecht** *nt* JUR law of conflicts **Kollisionsregeln** *pl* JUR collision rules **Kollisionsrisiko** *nt* JUR collision risk
Kollodium <-s> *nt* CHEM collodion, collodium
Kolloid <-s, -e> *nt* CHEM colloid *spec*
Kollokation <-, -en> *f* ❶ LING (*inhaltliche Kombinierbarkeit*) collocation ❷ LING (*Inhalte einer lexikalischen Einheit*) collocation ❸ (*veraltet: Anordnung der Reihenfolge*) collocation
Kolloquium <-s, -ien> [*pl* -kviən] *nt* ❶ (*wissenschaftliches Gespräch*) colloquium *form* ❷ ÖSTERR (*kleinere Prüfung*) test ❸ (*Symposium*) symposium *form*
Kollusion <-, -en> *f* JUR (*Verdunkelung*) collusion
Köln *nt* Cologne
Kölnischwasser *nt,* **Kölnisch Wasser** *nt* [eau de] cologne *no indef art, no pl*
Kolofonium <-s> *nt s.* **Kolophonium**
Kolon <-s, -s> *nt* ❶ MED colon ❷ (*Sprechpause*) colon
kolonial *adj* colonial
Kolonialbesitz *m* colonial possessions *pl,* colony/colonies; ~ **sein** [*o* **sich in ~ befinden**] to be a colony **Kolonialgesellschaft** *f* JUR colonial company **Kolonialherrschaft** *f* colonial rule *no art, no pl*
Kolonialismus <-> *m kein pl* colonialism *no indef art, no pl*
Kolonialmacht *f* colonial power **Kolonialreich** *nt* colonial empire **Kolonialstil** *m kein pl* colonial [style] **Kolonialzeit** *f* colonial times *pl,* colonial era [*or* past]
Kolonie <-, -n> [*pl* -'ni:ən] *f* ❶ (*Besitz einer Kolonialmacht*) colony ❷ (*Personengruppe*) colony, community ❸ BOT, ZOOL colony
Kolonisation <-, -en> *f* colonization, settlement
kolonisieren* *vt* ❶ (*zur Kolonie machen*) ■**etw** ~ to colonize sth ❷ (*bevölkern*) ■**etw** ~ to settle in sth ❸ (*veraltet: urbar machen*) ■**etw** ~ to reclaim sth; **einen Wald** ~ to clear and cultivate a forest
Kolonist(in) <-en, -en> *m(f)* ❶ (*Siedler*) settler, colonist ❷ BOT colonizer
Kolonkarzinom *nt* MED colonic carcinoma
Kolonnade <-, -n> *f* colonnade
Kolonne <-, -n> *f* ❶ AUTO queue [*or* line] [of traffic]; ■**von Polizei** convoy; **in ~ fahren** to drive in a [long] line of traffic ❷ (*lange Reihe von Menschen*) column ❸ (*eingeteilte Arbeitsgruppe*) gang, team ❹ (*senkrechte Zahlenreihe*) column ▸ WENDUNGEN: **die fünfte ~** POL the fifth column
Kolonnenspringer(in) *m(f)* (*fam*) queue-jumper (*in traffic*) BRIT *pej* **Kolonnenverkehr** *m* [long] line[s *pl*] of traffic
Kolophonium <-s> *nt kein pl* rosin *no indef art, no pl,* colophony *no indef art, no pl spec*
Koloratur <-, -en> *f* MUS coloratura *spec,* coloratura *spec*
kolorieren* *vt* ■**etw** ~ to colour [*or* AM -or] sth
Kolorit <-[e]s, -e> *nt* ❶ KUNST (*Farbgebung*) colouring [*or* AM -or-] *no pl* ❷ MUS [tone] colour [*or* AM -or] ❸ (*geh: besondere Atmosphäre*) atmosphere, colour [*or* AM -or]
Koloss^RR <-es, -e> *m,* **Koloß** <-sses, -sse> *m* ❶ (*fam: riesiger Mensch*) colossus; **der ~ von Rhodos** HIST the Colossus of Rhodes ❷ (*gewaltiges Gebilde*) huge object, colossal thing
kolossal I. *adj* ❶ (*riesig*) colossal, enormous ❷ (*fam: gewaltig*) huge, colossal; **eine ~e Dummheit begehen** to do something incredibly stupid; **sich in einem ~en Irrtum befinden** to be massively mistaken II. *adv* (*fam: gewaltig*) tremendously, enormously; **sich ~ verschätzen** to make a huge miscalculation
Kolossalfilm *m* epic film, [film] epic **Kolossalgemälde** *nt* huge painting
Kolostrum <-s> *nt kein pl* (*erste Muttermilch*) colostrum
Kolportage <-, -n> [kɔlpɔr'ta:ʒə] *f* (*pej*) [sensationalist] trash *no indef art, no pl pej,* cheap sensationalism *no indef art, no pl pej*
kolportieren* *vt* (*geh*) ■**etw** ~ to spread [*or* circulate] sth
Kölsch <-, -> *nt* Kölsch (*top-fermented pale beer brewed in Cologne*) *no art, no pl spec*
Kolumbianer(in) <-s, -> *m(f)* Colombian; *s. a.* **Deutsche(r)**
kolumbianisch *adj* Colombian; *s. a.* **deutsch**
Kolumbien <-s> [-biən] *nt* Colombia *no art, no pl*
Kolumbier(in) <-s, -> *m(f) s.* **Kolumbianer**
Kolumbus <-> *m* HIST Columbus; *s. a.* **Ei**
Kolumne <-, -n> *f* ❶ (*Druckspalte*) column ❷ (*regelmäßiger Beitrag*) column
Kolumnentitel *m* TYPO running head[line] [*or* title] **kolumnenweise** *adv inv* TYPO **etw ~ setzen** to set sth in columns **Kolumnenziffer** *f* TYPO folio
Kolumnist(in) <-en, -en> *m(f)* columnist
Koma¹ <-, -s> *f* ❶ PHYS (*Gashülle*) coma ❷ *in der Optik* coma
Koma² <-s, -s *o* -ta> *nt* coma; **im ~ liegen** to lie [*or* be] in a coma
Kombattant(in) <-en, -en> *m(f)* combatant
Kombi <-s, -s> *m* (*fam*) estate [car] BRIT, station wagon AM
Kombianlage *f* combined cycle gas turbine station **Kombifahrzeug** *nt* hybrid [*or* dualfuel] vehicle **Kombi-Instrument** *nt* AUTO instrument cluster **Kombikraftwerk** *nt* combined cycle gas turbine station **Kombilohn** *m combined income from a low wage and supplementary benefit*
Kombinat <-[e]s, -e> *nt* HIST combine + *sing/pl vb,* collective + *sing/pl vb*
Kombination <-, -en> *f* ❶ (*Zusammenstellung*) combination ❷ (*Zahlen~*) combination ❸ (*Schlussfolgerung*) deduction, conclusion ❹ MODE (*Zusammenstellung von Kleidungsstücken*) combination[s *pl*]; (*Overall*) flying suit, jumpsuit; **nordische** ~ SKI Nordic combination
Kombinationsgabe *f kein pl* powers *pl* of deduction [*or* reasoning] **Kombinationsgerät** *nt* TECH multifunction device **Kombinationsimpfstoff** *m* combination vaccine **Kombinationspatent** *nt* combination patent **Kombinationspräparat** *nt* combination preparation **Kombinationsschloss**^RR *nt* combination lock **Kombinationstherapie** *f* combination therapy (*AIDS treatment*)
Kombinatorik <-> *f kein pl* MATH combinatorics + *sing vb*
kombinatorisch *adj* deductive
kombinieren* I. *vt* ■**etw** [**mit etw**] ~ to combine sth [with sth] II. *vi* to deduce; **gut ~ können** to be good at deducing [*or* deduction]; **falsch/richtig** ~ to come to the wrong/right conclusion
kombiniert *adj inv* **~er Verkehr** combined traffic
Kombiproduktion *f* AUTO estate car production **Kombischalter** *m* AUTO multi-function control stalk **Kombiwagen** *m s.* **Kombi** **Kombizange** *f* combination pliers *npl;* **eine** ~ a pair of combination pliers
Kombüse <-, -n> *f* NAUT galley
Komedo <-s, Komedonen> *m meist pl* (*Mitesser*) comedo, blackhead
Komet <-en, -en> *m* comet
Kometenbahn *f* trajectory of a comet **Kometeneinschlag** *m* cometary impact [*or* collision], impact of a comet
kometenhaft *adj* meteoric
Kometenkern *m* comet nucleus, nucleus of a comet **Kometenschweif** *m* tail of a comet
Komfort <-s> [kɔm'fo:ɐ] *m kein pl* comfort *no indef art, no pl;* **ein Hotel mit durchschnittlichem ~** a hotel of average standard; **ohne jeglichen/jeden ~** without any luxury features [*or* extras] [*or* BRIT *fam* mod cons]; ***dieses Luxusappartement bietet allen nur erdenklichen*** ~ this luxury apartment has every conceivable amenity [*or* [modern] convenience]
komfortabel I. *adj* ❶ (*großzügig ausgestattet*) luxurious ❷ (*bequem*) comfortable ❸ (*beruhigend*) comfortable II. *adv* luxurious
Komfortbett *nt* comfortable [*or* luxury] bed **Komfortlimousine** *f* luxury limousine **Komfortmöbel** *f* comfortable [*or* luxury] furniture *no indef art, no pl* **Komfortwohnung** *f* luxury flat [*or* AM apartment]
Komik <-> *f kein pl* comic
Komiker(in) <-s, -> *m(f)* comedian, comedienne, comic; **Sie** ~ you comedian, you!, you clown!
komisch I. *adj* ❶ (*zum Lachen reizend*) funny, amusing, comical; **das K~e daran** the funny thing [about it]; (*das Sonderbare an etw*) the funny [*or* strange] [*or* weird] thing [about it] ❷ (*sonderbar*) funny, strange, weird; ~, ***dass er noch nicht da ist*** strange [*or* funny], that he's not here yet?; ■[**so**] ~ **sein/werden** to be/become [sort of] strange/weird; [**so**] ~ [**zumute**] **sein/werden** (*fam*) to feel/start to feel funny; [**schon**] ~, **dass** funny that II. *adv* (*eigenartig*) strangely; ***dein Parfüm riecht aber*** ~ your perfume smells funny; **sich** *akk* ~ **fühlen** to feel funny; **jdm ~ vorkommen** (*eigenartig*) to seem funny/strange to sb; (*suspekt*) to seem fishy/funny
komischerweise *adv* (*fam*) funnily [*or* strangely] enough
Komitee <-s, -s> *nt* committee; **Nationales Olympisches ~** National Olympic Committee

Komma <-s, -s *o* -ta> *nt* ① *(Satzzeichen)* comma ② MATH [decimal] point

Kommandant(in) <-en, -en> *m(f)* ① *(Militär)* commanding officer ② *(einer Stadt)* commandant ③ *(Marine)* captain

Kommandantur <-, -en> *f* headquarters + *sing/pl vb*

Kommandeur(in) <-s, -e> [kɔmanˈdøːɐ] *m(f)* commander

kommandieren* **I.** *vt* ① *(befehligen)* ■**etw** ~ to command sth, to have command over [*or* be in command of] sth ② *(befehlen)* ■**jdn wohin** ~ to order sb somewhere **II.** *vi* ① *(befehlen)* to be in command ② *(fam: Anweisungen erteilen)* ■**[gern]** ~ [to like] to give [the] orders

Kommanditaktionär(in) *m(f)* HANDEL *limited-liability shareholder in a partnership limited by shares* **Kommanditanteil** *m* HANDEL limited partner's share

Kommanditär(in) <-s, -e> *m(f)* JUR SCHWEIZ *(Kommanditist)* limited partner

Kommanditbeteiligung *f* HANDEL participation in a limited partnership **Kommanditeinlage** *f* FIN limited partner's holding share [*or* capital contribution] **Kommanditgesellschaft** *f* JUR limited partnership; ~ **auf Aktien** commercial partnership limited by shares

Kommanditist(in) <-en, -en> *m(f)* JUR limited partner

Kommanditistenausschuss^RR *m* HANDEL limited partners' committee **Kommanditistenhaftung** *f* JUR limited partner's liability

Kommando <-s, -s> *nt* ① *(Befehl)* command, order; **auf** ~ on command; **auf** ~ **gehorchen** to obey orders ② *kein pl (Befehlsgewalt)* command; **das** ~ **[über jdn/etw] haben** [*o* **führen**] to be in command [of sb/sth] ③ *(abkommandierte Gruppe)* commando ④ *(Militärdienststelle)* command

Kommandobrücke *f* bridge **Kommandokapsel** *f* command module **Kommandomodus** *m* INFORM command statement **kommandoorientiert** *adj* command-driven **Kommandostab** *m* command [staff] **Kommandostelle** *f* command post **Kommandozeile** *f* INFORM command line

kommen <kam, gekommen>

I. INTRANSITIVES VERB **II.** UNPERSÖNLICHES INTRANSITIVES VERB

III. TRANSITIVES VERB

I. INTRANSITIVES VERB

sein ① *(eintreffen)* to come, to arrive; ***ich bin gerade ge~*** I just arrived [*or* got here]; ***ich komme schon!*** I'm coming!; ***sie ~ morgen aus Berlin*** they're arriving [*or* coming] from Berlin tomorrow; ***der Zug kommt aus Paris*** the train is coming from Paris; ***da kommt Anne/der Bus*** there's Anne/the bus; ***der Bus müsste jeden Augenblick ~*** the bus is due any minute; ***ich komme um vier und hole Sie ab*** I'll come and fetch you at four; ***der Wind kommt von Osten/von der See*** the wind is blowing [*or* coming] from the East/off the sea; ***sie kam in Begleitung ihres Mannes*** she was accompanied by her husband; ***ich bin ge~, um zu helfen*** I've come [*or* I'm here] to help; ***du kommst wie gerufen!*** you've come just at the right momemt!; ***wann soll das Baby ~?*** when's the baby due?; ***das Baby kam am 1. Mai*** the baby arrived [*or* was born] on the 1 May; ***zur Zeit ~ laufend Anfragen zur neuen Software*** we keep receiving queeries about the new software at the moment; ***seine Antwort kam zögernd*** his answer was hesitant, he answered hesitantly; ***jede Hilfe kam zu spät*** help came [*or* arrived] too late; **früh/pünktlich/rechtzeitig/spät** ~ to arrive early/on time [*or* punctually]/in time/late; **als Erster/Letzter** ~ to be the first/last to arrive, to arrive first/last; **angereist** ~ to arrive; **angefahren/angeflogen/angerannt** ~ to arrive by car/by plane/at a run; ***sie kamen gestern aus Rom angefahren/angeflogen*** they drove up/flew in from Rome yesterday; **mit dem Auto/Fahrrad** ~ to come by car/bike, to drive/cycle; **zu Fuß** ~ to come on foot, to walk ② *(gelangen)* ■**irgendwohin** ~ to get [*or* reach] somewhere; ***kommt man hier zum Bahnhof?*** is this the way to the station?; ***wie komme ich von hier zum Bahnhof?*** how do I get to the station from here?; ***zu Fuß kommt man am schnellsten dahin*** the quickest way [to get] there is to walk; ***sie kommt kaum noch aus dem Haus*** she hardly gets out of the house these days; **nach Hause** ~ to come [*or* get] home; **unter's Messer** ~ *(hum)* to have an operation; **[sicher] ans Ufer** ~ to [safely] reach the bank; **ans Ziel** ~ to reach the finishing [*or* AM finish] line ③ *(sich begeben)* to come; ***kommst du mit uns ins Kino?*** are you coming to the cinema with us?; ***meine Kollegin kommt sofort zu Ihnen*** my colleague will be with you [*or* be along] immediately; **nach London/England** ~ to come to London/England; **nach draußen/oben/unten** ~ to come outside/upstairs/downstairs ④ *(passieren)* ■**durch/über etw** *akk*/**einen Ort** ~ to pass [*or* come] through sth/a place ⑤ *(teilnehmen)* ■**zu etw** ~ *Kongress, Party, Training* to come to [*or* form attend] sth ⑥ *(besuchen)* ■**zu jdm** ~ to visit sb, to come and see [*or* visit] sb; ***ich komme gerne einmal zu Ihnen*** I'd be delighted to visit you sometime; ***komm doch mal, ich würde mich sehr freuen!*** [come and] stop by sometime, I'd love to see you! ⑦ *(herstammen)* ■**irgendwoher** ~ to come [*or* be] [*or* hail] from somewhere; ***sie kommt aus New York/Australien*** she's [*or* she comes] [*or* she hails] from New York/Australia, she's a New Yorker/an Australian ⑧ *(folgen, an der Reihe sein)* to come; ***wer kommt [jetzt]?*** whose turn [*or* go] is it?; ■**nach etw** ~ to come after [*or* follow] sth; ***die Schule kommt kurz nach der Kreuzung*** the school is just after the crossroads; ■**nach/vor jdm** ~ to come after/before sb; **an die Reihe** ~ to be sb's turn [*or* go]; ***ich komme zuerst [an die Reihe]*** I'm first, it's my turn [*or* go] first; **zuerst** [*o* **als Erster**]/**als Nächster/zuletzt** [*o* **als Letzter**] ~ to come first/next/last; **noch** ~ to be still [*or* yet] to come; ***da wird noch mehr -rger ~*** there'll be more trouble yet; ***das Schlimmste kommt noch*** the worst is yet to come ⑨ *(untergebracht werden)* **ins Gefängnis/Krankenhaus** ~ to go to prison/into hospital; **vor Gericht** ~ *Fall* to come to court; *Mensch* to come [*or* appear] before the court; **in die Schule/Lehre** ~ to start school/an apprenticeship ⑩ *(erlangen)* ■**zu etw** ~ to achieve sth; ***wie komme ich zu dieser Ehre?*** *(iron, hum)* to what do I owe this honour?; **zu der Erkenntnis ~, dass ...** to realize [*or* come to the realization] that ...; **zu Geld** ~ to come into money; **zu Kräften** ~ to gain strength; **zu Ruhm** ~ to achieve [*or* win] fame; **zu sich** ~ to come to, to regain consciousness; **[wieder] zu sich selbst** ~ to get out of one's head, to come back to [*or* find] oneself again; ■**an jdn/etw** ~ to get hold of sb/sth; ***wie bist du an das viele Geld ge~?*** how did you get hold of [*or* come by] all that money?; *s. a.* **Besinnung, Ruhe** ⑪ *(verlieren)* ■**um etw** ~ to lose sth; **ums Leben** ~ to lose one's life, to be killed, to die ⑫ *(erreichen)* to reach; **auf den 2. Platz** ~ to reach 2nd place, to come [in] 2nd ⑬ *(gebracht werden)* to come; ***kam Post für mich?*** was there any post for me? ⑭ *(veranlassen, dass jd kommt)* **den Arzt/Klempner/ein Taxi** ~ **lassen** to send for [*or* call] the doctor/plumber/a taxi ⑮ *(hingehören)* to go, to belong; ***die Tasse kommt dahin*** the cup belongs there ⑯ *(herannahen)* to approach; *(eintreten, geschehen)* to come about, to happen; ***heute kommt noch ein Gewitter*** there'll be a thunderstorm today; ***der Winter kommt mit Riesenschritten*** winter is fast approaching; ***der Termin kommt etwas ungelegen*** the meeting comes at a somewhat inconvenient time; ***das habe ich schon lange ~ sehen!*** I saw that coming a long time ago; ***das kam doch anders als erwartet*** it/that turned out [*or* happened] differently than expected; ***es kam eins zum anderen*** one thing led to another; ***und so kam es, dass ...*** and that's why/how ..., and that's how it came about [*or* happened] that ...; ***wie kommt es, dass ...?*** how is it that...?, how come...?; ***es musste ja so ~*** it/that was bound to happen; ***es hätte viel schlimmer ~ können*** it could have been much worse; **es zu etw ~ lassen** *zum Streit* to let it come to sth; **so weit ~, dass ...** to get to the stage [*or* point] where ...; ***so weit kommt es noch!*** *(iron fam)* that'll be the day! *fam;* ***komme, was da wolle*** come what may; ***was auch immer ~ mag*** whatever happens; ***wie's kommt so kommt's*** whatever happens happens; ■**zu etw** ~ to happen; **zum Prozess** ~ to come to trial; **[wieder] im K~ sein** to be[come] fashionable again ⑰ *(in Erscheinung treten)* *Pflanzen* to come on [*or* along]; ***die ersten Tomaten ~ schon*** the first tomatoes are appearing ⑱ *(jdn erfassen)* ■**über jdn** ~ *Gefühl* to come over sb; ***eine gewaltige Traurigkeit kam über mich*** I was overcome by a tremendous sadness; ***es kam einfach so über mich*** it just came over me ⑲ *(sich bei jdm zeigen)* **jdm** ~ **die Tränen** sb is overcome by tears, sb starts to cry; **jdm ~ Zweifel, ob ...** sb is beset [*or* overcome] by doubts [*or* sb doubts] whether ... ⑳ *(in einen Zustand geraten)* ■**in etw** ~ to get into sth; ***wir kamen plötzlich ins Schleudern*** we suddenly started to skid; **in Fahrt** [*o* **Schwung**] ~ to get going; **in Gefahr/Not** ~ to get into danger/difficulty; **in Sicherheit** ~ to get to safety; **in Verlegenheit** ~ to get [*or* become] embarrassed; *s. a.* **Stillstand** ㉑ *(sich verhalten)* to be; ***so lasse ich mir nicht ~!*** I won't have [*or* stand for] that!; ***so kommst du mir nicht!*** don't you take that line with me!; **jdm frech** ~ to be cheeky to sb ㉒ *(fam: jdn belästigen)* ■**jdm mit etw** ~ to start telling sb about sth; ***komm' mir nicht schon wieder damit!*** don't give me [*or* start] that again!; ***da kann [o könnte] ja jeder ~*** *(fam)* anyone could say that; ***der soll nur ~!*** *(fam)* just let him try! ㉓ *(seinen Grund haben)* to come from; **wie kommt es, dass ...** how come ..., how is it that [that] ...; **daher kommt es, dass ...** that's why ...; **das kommt davon!** *(fam)* it's your own fault!; **das kommt davon, dass/weil ...** that's because ...; **das kommt davon, wenn ...** that's what happens when ... ㉔ *(sich an etw erinnern)* ■**auf etw** *akk* ~ to remember sth, to recall sth; ***ich komme beim besten Willen nicht darauf*** I just can't seem to remember [*or* recall] it ㉕ *(einfallen)* ■**jdm** ~ to think of, to occur; **jdm kommt der Gedanke, dass ...** it occurs to sb that ...; ***na, das kommt dir aber früh!*** *(iron)* why didn't that occur to you sooner? ㉖ *(sich verschaffen)* ■**an etw** *akk* ~ to get hold of sth; ***wie bist du an das Geld ge~?*** where did you get the money? ㉗ *(etw herausfinden)* ■**hinter etw** *akk* ~ *Pläne* to find out sth *sep*, to get to the bottom of sth; **hinter ein Geheimnis** ~ to uncover [*or* *sep* find out] a secret; **dahinter ~, dass/was/wer/wie ...** *(fam)* to find out that/what/who/how ...; ***wie kommst du darauf?*** what gives you that idea?, what makes you think that?; *s. a.* **Schlich, Spur** ㉘ FILM, RADIO, TV *(gesendet werden)* to be on; ***was kommt heute im Fernsehen?*** what's on [television] tonight?; ***als Nächstes ~ die Nachrichten*** the news is [on] next ㉙ *(Zeit für etw finden)* ■**zu etw** ~ to get around to doing sth; ***ich komme zu nichts mehr!*** I don't have time for anything else! ㉚ *(entfallen)* ■**auf jdn/etw** ~ to be allotted to sb/sth; ***auf jeden Studenten kamen drei Studentinnen*** for every male student there were three female students, the ratio of female to male students was 3:1 ㉛ *(fam: ähnlich sein)* ■**nach jdm** ~ to take after sb ㉜ *(fam: kosten)* to cost; ***die Reparatur kam sehr teuer*** the repairs cost a lot [of money]; ■**auf etw** *akk* ~ to come to sth ㉝ *(überfahren werden)* **unter ein Auto/einen Lastwagen** ~ to be knocked down by a car/lorry [*or* AM truck]; **unter die Räder** ~ to get knocked [*or* run] down [*or* run over] ㉞ *(ansprechen)* **auf etw** *akk* **zu sprechen** ~ to get [a]round to [talking about] sth; ***jetzt, wo wir auf das Thema Gehaltserhöhung zu sprechen***

K

~, ... now that we're on [*or* we've got round to] the subject of payrises ...; ***ich werde gleich darauf*** ~ I'll come [*or* get] to that in a moment; **auf einen Punkt/eine Angelegenheit** ~ to broach [*or* get onto] a point/matter ㉟ (*reichen*) ■ **an etw** *akk* ~ to reach sth ㊱ (*sl: Orgasmus haben*) to come *fam* ㊲ (*fam: eine Aufforderung verstärkend*) ***komm, sei nicht so enttäuscht*** come on, don't be so disappointed; ***komm, lass uns gehen!*** come on [*or* hurry up], let's go!; ***komm, komm, werd nicht frech!*** now now, don't get cheeky!; ***ach komm!*** (*fam*) come on! ► WENDUNGEN: **erstens kommt es anders und zweitens als man denkt** (*hum fam*) things never turn out the way you expect; **zu kurz** ~ to come off badly, to get a raw deal; **komm' ich heut' nicht, komm' ich morgen** (*prov*) you'll see me when you see me; **wer zuerst kommt, mahlt zuerst** (*prov*) first come, first served; **auf jdn/etw nichts** ~ **lassen** (*fam*) to not hear a [bad] word said against sb; *s. a.* **achtzig, halten, nahe, Zeit**

II. UNPERSÖNLICHES INTRANSITIVES VERB

sein ❶ (*sich einfinden*) ■ **es kommt jd** sb is coming; ***es kommt jetzt der berühmte Magier Obrikanus!*** and now the famous magician, Obrikanus!; ***es scheint keiner mehr zu*** ~ nobody else seems to be coming ❷ (*beginnen*) ■ **es kommt etw** sth is coming; ***es kommt auch mal wieder schöneres Wetter*** the weather will turn nice again ❸ (*sl: Orgasmus haben*) to come; ■ **es kommt jdm** (*veraltet*) sb comes

III. TRANSITIVES VERB

sein (*fam: kosten*) ■ **jdn etw** ~ to cost sb sth; ***die Reparatur kam mich sehr teuer*** I paid a lot [of money] for the repairs, the repairs cost a lot [of money]

kommend *adj* ❶ (*nächste*) coming, next; ***wir treffen uns ~en Mittwoch um 20 Uhr*** we're meeting next Wednesday at 8 p.m. ❷ (*künftig*) future; **in den ~en Jahren** in years to come ❸ (*sich demnächst durchsetzend*) of the future *pred*

Kommensalismus <-> *m kein pl* BIOL commensalism

Kommentar <-s, -e> *m* ❶ (*Stellungnahme*) opinion, statement; ***was du davon hältst, interessiert mich nicht, ich habe dich nicht um deinen ~ gebeten!*** I'm not interested in what you think, I didn't ask [for] your opinion!; ~ **überflüssig!** there's nothing else to say!, need I say more?; **einen** ~ **[zu etw** *dat*] **abgeben** to comment [on] sth; **jeden [weiteren]** ~ **ablehnen** to refuse to make any [further] comment; **kein** ~**!** no comment! ❷ (*kommentierendes Werk*) commentary

Kommentarfeld *nt* INFORM comment field **kommentarlos** I. *adj inv* without comment *pred* II. *adv inv* **etw** ~ **zur Kenntnis nehmen** to note [*or* take note of] sth without comment **Kommentarzeile** *f* INFORM comment line

Kommentator(in) <-s, -toren> *m(f)* commentator

kommentieren* *vt* ❶ (*Stellung nehmen*) ■ **etw** ~ to comment [*or* give one's opinion] on sth; **etw kritisch** ~ to criticize sth ❷ (*erläutern*) ■ **etw** ~ to furnish sth with a commentary, to annotate sth; ■ **kommentiert** with a commentary *pred*, annotated

Kommentkampf *m* BIOL ritualized fight

Kommers <-es, -e> *m* ❶ (*Feier*) *festive reception held on the occasion of a special event* ❷ ÖSTERR *meeting of extreme right-wing students' associations*

Kommerz *m* (*meist pej*) business [profits]

Kommerzfernsehen *nt* commercial television

kommerzialisieren *vt* ❶ ÖKON (*wirtschaftlichem Interessen unterordnen*) ■ **etw** ~ to commercialize sth ❷ ÖKON (*umwandeln*) **eine öffentliche Schuld** ~ to convert a public debt into a private one

Kommerzialisierung *f* commercialization

Kommerzialrat *m* ÖSTERR (*Kommerzienrat*) *honorary title for a businessman*

kommerziell I. *adj* commercial II. *adv* commercially; ~ **denken** to be business-minded

Kommerzienrat [-tsiən-] *m* HIST *honorary title for a businessman*

Kommilitone, **Kommilitonin** <-n, -n> *m, f* fellow student

Kommiss[RR] <-es> *m*, **Kommiß** <-sses> *m kein pl* (*fam*) the army; **beim** ~ **sein** to be in the army

Kommissar(in) <-s, -e> *m(f)* ❶ (*Polizeikommissar*) inspector ❷ *kein pl* (*Dienstgrad*) superintendent ❸ (*bevollmächtigter Beamter*) commissioner ❹ (*EU-Kommissar*) Commissioner

Kommissär(in) <-s, -e> *m(f)* ÖSTERR, SCHWEIZ *s.* **Kommissar 1**

Kommissariat <-[e]s, -e> *nt* ❶ (*Amtszimmer des Kommissars*) commissioner's office ❷ ÖSTERR (*Polizeidienststelle*) police station

Kommissarin <, -nen> *f fem form von* **Kommissar**

Kommissärin <-, -nen> *f fem form von* **Kommissär**

kommissarisch I. *adj* temporary II. *adv* temporarily

Kommissbrot[RR] *nt a rectangular rye bread with a coarse texture*

Kommission <-, -en> *f* ❶ (*Gremium*) committee ❷ (*Untersuchungsausschuss*) commission, committee ❸ (*EU-Kommission*) Commission ❹ (*Auftrag*) commission; **etw in** ~ **geben** to commission sb to sell sth; **jdm etw in** ~ **geben** to give sth to sb for sale on commission; **etw in** ~ **haben** to be commissioned to sell sth; **etw [für jdn] in** ~ **nehmen** to take on the task of selling sth on commission [for sb]; **etw in** ~ **verkaufen** to sell sth on commission

Kommissionär(in) <-s, -e> *m(f)* wholesale bookseller

kommissionieren* *vt* ADMIN ÖSTERR ■ **etw** ~ to approve and accept sth; HANDEL to make out a production order; **Möbel/etc.** ~ to manufacture furniture/etc. according to customer specifications

Kommissionierung <-, -en> *f* HANDEL consignment sale

Kommissionsagent(in) *m(f)* HANDEL commission agent **Kommissionsauftrag** *m* HANDEL consignment **Kommissionsbasis** *f* **auf** ~ on commission **Kommissionsbuch** *nt* HANDEL commission [*or* order] book **Kommissionsfirma** *f* HANDEL commission business **Kommissionsgebühr** *f* JUR commission fee **Kommissionsgeschäft** *nt* commission business **Kommissionsgut** *nt* HANDEL goods on commission [*or* consignment] **Kommissionsmitglied** *nt* member of a/the commission **kommissionspflichtig** *adj inv* HANDEL subject to commission **Kommissionspräsident(in)** *m(f)* Commission president **Kommissionsprovision** *f* HANDEL factorage, consignment commission **Kommissionssitzung** *f* committee meeting, meeting of a/the commission **Kommissionsverhältnis** *nt* HANDEL commission contract **Kommissionsverkauf** *m* HANDEL commission sale, sale on commission; ~ **mit Selbsteintritt** bailment sale **Kommissionsvertrag** *m* HANDEL consignment contract [*or* agreement] **Kommissionsware** *f* HANDEL goods in consignment, goods on commission

Kommittent <-en, -en> *m* ❶ JUR (*Auftraggeber*) principal ❷ HANDEL (*Absender*) consignor

Kommode <-, -n> *f* chest of drawers

kommunal *adj* local, municipal; ***die Müllabfuhr ist eine der ~en Aufgaben*** refuse collection is one of the local authority's tasks; *s. a.* **Ebene**

Kommunalabgaben *pl* local rates [and taxes] **Kommunalabgabengesetz** *nt* JUR local rates act **Kommunalabgabensatz** *m* FIN rate poundage **kommunalabgabepflichtig** *adj inv* JUR rat[e]able

Kommunalanleihe *f* FIN local government bond, municipal loan **Kommunalaufsicht** *f* JUR *supervision of local authorities by the state* **Kommunalbank** *f* FIN municipal bank **Kommunalbehörde** *f* local authorities *pl* **Kommunalfinanzen** *pl* FIN local government [*or* municipal] finance *no pl*

Kommunalität <-> *f kein pl* POL communality *no pl*

Kommunalobligation *f* FIN municipal bond **Kommunalpolitik** *f* ❶ (*Politik der Kommunalbehörde*) municipal [*or* council] policy ❷ (*politisches Handeln*) local [government] politics *pl* **Kommunalpolitiker(in)** *m(f)* local politician **kommunalpolitisch** *adj inv* relating to local politics **Kommunalverwaltung** *f* local government **Kommunalwahl** *f* local [government] elections *pl*

Kommunarde, **Kommunardin** <-n, -n> *m, f* Communard

Kommune <-, -n> *f* ❶ (*Gemeinde*) municipality, local authority ❷ HIST **die Pariser** ~ the Paris Commune ❸ (*Wohngemeinschaft*) commune

Kommunikation <-, -en> *f* communication

Kommunikationsdienste *pl* TELEK communications service **Kommunikationsgeräte** *pl* communications equipment *no pl* **Kommunikationsindustrie** *f kein pl* communications industry **Kommunikationskarte** *f* INFORM communications board **Kommunikationsmittel** *nt* means of communication + *sing vb* **Kommunikationsmöglichkeit** *f* way of communicating **Kommunikationsnetz** *nt* TECH communications network **Kommunikationsprogramm** *nt* INFORM communications program **Kommunikationssatellit** *m* communications satellite **Kommunikationssystem** *nt* communication system **Kommunikationstechnik** *f* TECH telecommunications + *sing vb*, communications technology **Kommunikationsweg** *m* channel of communication; **neue ~e erschließen** to open up new channels of communication **Kommunikationswissen** *nt kein pl* knowledge of communications + *sing vb* **Kommunikationswissenschaften** *pl* communications theory + *sing vb*

kommunikativ *adj inv* ❶ (*die Kommunikation betreffend*) *Verhalten* communicative ❷ (*mitteilsam*) *Mensch* communicative

Kommunikee[RR] <-s, -s> *nt s.* **Kommuniqué**

Kommunion <-, -en> *f* (*Sakrament der katholischen Kirche*) Holy Communion; **zur** ~ **gehen** to attend Holy Communion; (*Erstkommunion*) first Communion

Kommunionbank <-bänke> *f* communion rail **Kommunionkind** *nt* communicant

Kommuniqué, **Kommunikee** <-s, -s> [kɔmyni'ke:] *nt* communiqué

Kommunismus <-> *m kein pl* communism

Kommunist(in) <-en, -en> *m(f)* communist

kommunistisch *adj* communist; **Deutsche K~e Partei** [*o* **DKP**] German Communist Party

kommunizieren* *vi* ❶ (*geh: sich verständigen*) ■ **mit jdm** ~ to communicate with sb ❷ REL (*geh: zur Kommunion gehen*) to receive/take Holy Communion ❸ HANDELPUT to communicate; **mit dem Hauptspeicher** ~ to communicate with the primary storage

Komödiant(in) <-en, -en> *m(f)* ❶ (*pej: jd, der sich verstellt*) play-actor ❷ (*veraltend: Schauspieler*) actor

komödiantisch *adj* acting, theatrical

Komödie <-, -n> [-diə] *f* ❶ (*Bühnenstück*) comedy ❷ (*Verstellung*) play-acting *pej*; ~ **spielen** to play-act; **jdm eine** ~ **vorspielen** to play-act to sb

Komodowaran *m* ZOOL komodo dragon

Komoren *pl* ■ **die** ~ the Comoros *npl*, the Comoro Islands *pl*; *s. a.* **Falklandinseln**

Komorer(in) <-s, -> *m(f)* Comoran; *s. a.* **Deutsche(r)**

komorisch *adj* Comoran; *s. a.* **deutsch**

Kompagnon <-s, -s> [kɔmpan'jõ:, 'kɔmpanjõ, 'kɔmpanjɔŋ] *m* partner

kompakt *adj* ❶ (*klein in den Ausmaßen*) compact ❷ (*solide*) compact, dense ❸ (*Mensch*) stocky

Kompaktauto *nt* compact car **Kompaktbrief** *m* compact letter (*standard size up to 50 grams*) **Kompaktgerät** *nt* compact device **Kompaktkamera** *f* compact camera **Kompaktkurs** *m*

crash [*or* intensive] course **Kompaktlager** *nt* TECH spent fuel storage bay **Kompaktpuder** *m* MODE, PHARM pressed powder

Kompanie <-, -n> [*pl* -'ni:ən] *f* company

Kompaniechef(in) [-ʃɛf] *m(f)* company commander **Kompanieführer** *m* MIL company commander

Komparativ <-s, -e> *m* comparative

Komparse, Komparsin <-n, -n> *m, f* extra

KompassRR <-es, -e> *m*, **Kompaß** <-sses, -sse> *m* compass; **nach dem** ~ by the compass

KompassnadelRR *f* compass needle

kompatibel *adj* compatible; ■[**mit etw** *dat*] ~ **sein** to be compatible [with sth]; **nicht** ~ incompatible

Kompatibilität <-, -en> *f* compatibility *no pl*

Kompendium <-s, -dien> [*pl* -diən] *nt* compendium

Kompensation <-, -en> *f* compensation *no pl*

Kompensationsabkommen *nt* JUR barter agreement **Kompensationsanspruch** *m* JUR compensation [*or* indemnification] claim **Kompensationsfonds** *m* FIN compensation fund **Kompensationsgeschäft** <-es, -e> *nt* barter **Kompensationsprivileg** *nt* JUR offset privilege **Kompensationszahlung** *f* FIN compensation payment

kompensieren* *vt* ❶ (*entschädigen*) ■**etw** [**durch etw** *akk*] ~ to compensate for sth [with sth] ❷ (*ausgleichen*) ■**etw** ~ to compensate for sth

kompetent I. *adj* ❶ (*sachverständig*) competent; ■[**für etw** *akk*] ~ **sein** to be competent [at/in sth] ❷ (*zuständig*) responsible II. *adv* competently

Kompetenz <-, -en> *f* ❶ (*Befähigung*) competence ❷ (*Befugnis*) authority, responsibility; ***das liegt außerhalb meiner*** ~ that's outside my responsibility; ~**en delegieren** to delegate authority; **seine** ~**en überschreiten** to exceed one's powers; **außerhalb jds** ~**en** outside one's remit ❸ JUR (*Zuständigkeit*) competence, jurisdiction, authority

Kompetenzabgrenzung *f* delimitation [*or* delineation] of powers **Kompetenzbereich** *m* area of responsibility, jurisdiction **Kompetenzdelegation** *f* delegation of authority [*or* responsibility] **Kompetenzgerangel** *nt* quarrel about responsibilities [*or* jurisdiction] **Kompetenzillusion** *f* PSYCH illusion of competence **Kompetenzkonflikt** *m* JUR concurrence of jurisdiction, jurisdictional conflict **Kompetenzstreitigkeiten** *pl* dispute over responsibilities [*or* jurisdiction] **Kompetenzüberschreitung** *f* JUR excess of authority [*or* jurisdiction] **Kompetenzverteilung** *f* allocation of competence; **horizontale/vertikale** ~ horizontal/vertical allocation of competence

kompetitiv *adj* ÖKON competitive

kompilierbar *adj* INFORM compilable

kompilieren* *vt* (*geh*) ■**etw** [**aus etw** *dat*] ~ to compile sth [from sth]; **etw neu** ~ INFORM to recompile sth

Kompilierung <-, -en> *n* INFORM compilation

Komplementär <-s, -e> *m* ÖKON unlimited partner

Komplementärfarbe *f* complementary colour [*or* AM -or]

komplett I. *adj* ❶ (*vollständig*) complete ❷ (*fam: völlig*) complete, total II. *adv* ❶ (*vollständig*) fully ❷ (*insgesamt*) completely ❸ (*fam: völlig*) completely, totally

Komplettdruck *m* TYPO press-finished product

komplettieren* *vt* (*geh*) ■**etw** ~ to complete sth

Komplettlösung *f* ideal [*or* perfect] solution **Komplettrecycling** *nt* total recycling (*of batteries*)

komplex I. *adj* (*geh*) complex, complicated; ~**e Zahl** MATH complex number II. *adv* (*geh*) complexly, in a complicated manner *pred;* ~ **aufgebaut sein** to have a complex structure

Komplex <-es, -e> *m* ❶ (*Gesamtheit von Gebäuden*) complex ❷ (*Gesamtheit*) complex ❸ PSYCH complex; ~**e** [**wegen etw**] **haben** to have a complex [about sth]

Komplexauge *nt* BIOL (*Augenform der Insekten*) compound eye

Komplexität <-> *f kein pl* (*geh*) complexity

Komplikation <-, -en> *f* complication; **ohne** ~**en** without any complications, smoothly

Kompliment <-[e]s, -e> *nt* compliment; **jdm ein** ~ [*o* ~**e**] **machen** to pay sb a compliment [*or* compliments]; **jdm ein** ~ [*o* ~**e**] **wegen einer S.** *gen* **machen** to compliment sb on sth; **mit** ~**en um sich** *akk* **werfen** to throw compliments around; [**mein**] ~! my compliments

Komplize, Komplizin <-n, -n> *m, f* accomplice

komplizieren* I. *vt* (*geh*) ■**etw** ~ to complicate sth II. *vr* ■**sich** ~ to become complicated

kompliziert I. *adj* complicated II. *adv* in a complicated manner *pred*

Kompliziertheit <-> *f kein pl* complexity, complicated nature

Komplizin <-, -nen> *f fem form von* **Komplize**

Komplott <-[e]s, -e> *nt* plot; **ein** ~ **schmieden** to hatch a plot

Komponente <-, -n> *f* ❶ (*Bestandteil*) component; **PC-Komponente** computer component ❷ (*Gesichtspunkt*) aspect

komponieren* I. *vt* ❶ (*musikalisch erstellen*) ■**etw** ~ to compose sth ❷ (*geh: zusammenstellen*) ■**etw** [**aus etw** *dat*] ~ to create sth [from sth] II. *vi* to compose; ■**das K**~ composition, composing

Komponist(in) <-en, -en> *m(f)* composer

Komposita *pl von* **Kompositum**

Komposition <-, -en> *f* ❶ (*komponiertes Musikstück*) composition ❷ (*geh: Zusammenstellung*) creation ❸ (*zusammengestelltes Kleidungsstück*) creation

kompositorisch *adj inv* compositional

Kompositum <-s, Komposita> *nt* compound

Kompositversicherer *m* JUR writer of combined insurance

Kompost <-[e]s, -e> *m* compost *no pl*

Komposthaufen *m* compost heap

Kompostieranlage *f* ÖKOL compost[ing] plant

kompostierbar *adj inv* ÖKOL degradable

kompostieren* *vt* ■**etw** ~ to compost sth

Kompostierung <-> *f kein pl* ÖKOL composting *no pl*

Kompott <-[e]s, -e> *nt* compote

kompressRR, **kompreß** *adv inv* TYPO (*ohne Durchschuss*) [set] solid

Kompresse <-, -n> *f* compress

Kompression <-, -en> *f* compression

Kompressionsdruck *m* AUTO combustion pressure **Kompressionsstrumpf** *m* MED surgical stocking, surgical [*or* elastic] hose **Kompressionsverband** *m* MED compression [*or* pressure] bandage

Kompressor <-s, -pressoren> *m* compressor

komprimieren* *vt* ■**etw** ~ to compress [*or* condense] sth; **Daten** ~ to compress data; ■**komprimiert** compressed

Komprimierung <-, -en> *f* compression *no pl; eines Textes* condensing *no pl;* ~ **der Daten** data compression; **verlustfreie/verlustreiche** ~ INFORM lossless/lossy compression

Komprimierungsrate *f* INFORM compression rate

KompromissRR <-es, -e> *m*, **Kompromiß** <-sses, -sse> *m* compromise; **fauler** ~ false compromise; [**mit jdm**] **einen** ~ **schließen** to come to a compromise [with sb]

kompromissbereitRR *adj* willing to compromise *pred;* **eine** ~**e Haltung** a willingness to compromise; ■[**in etw** *dat*] ~ **sein** to be willing to compromise [on sth] **Kompromissbereitschaft**RR *f* willingness to compromise **kompromisslos**RR *adj* ❶ (*zu keinem Kompromiss bereit*) uncompromising ❷ (*uneingeschränkt*) unqualified, unconditional **Kompromisslösung**RR *f* compromise **Kompromissvorschlag**RR *m* compromise proposal [*or* suggestion]

kompromittieren* *vt* ■**jdn** ~ to compromise sb; ■**sich** ~ to compromise oneself, to put oneself in a compromising position

kompromittierend *adj* compromising

KomtessRR <-, -en> *f*, **Komteß** <-, -ssen> *f*, **Komtesse** <-, -n> *f under 30-year-old unmarried daughter of a count*

Kondensat <-[e]s, -e> *nt* condensation *no pl*, condensate *spec*

Kondensation <-, -en> *f* condensation *no pl*

Kondensator <-s, -toren> *m* condenser; ELEK *a.* capacitor

kondensieren* I. *vi haben o sein* ■[**an etw** *dat*] ~ to condense [on sth] II. *vt haben* ■**etw** ~ to condense sth

Kondensmilch *f* condensed milk **Kondensstreifen** *m* condensation [*or* vapour [*or* AM -or]] trail **Kondenswasser** *nt kein pl* condensation

Kondition <-, -en> *f* ❶ (*Leistungsfähigkeit*) [physical] fitness [*or* condition]; ~/**keine** ~ **haben** to be/not be fit; **seine** ~ **halten** to keep fit ❷ *pl* (*Bedingungen*) conditions, terms [of business] ❸ JUR claim to regaining unlawful enrichment

Konditionalsatz *m* conditional clause

Konditionenkartell, Konditionskartell *nt* ÖKON conditions cartel **Konditionenmissbrauch**RR *m* HANDEL abuse of terms **Konditionenvereinbarung** *f* HANDEL agreement on [sales] conditions

Konditionierung <-, -en> *f* ❶ PSYCH conditioning ❷ (*fachspr: Anpassung an die erforderlichen Bedingungen vor der Verarbeitung*) *von Werkstoffen* conditioning ❸ NUKL *von Atommüll* conditioning

Konditionierungsanlage *f für Atommüll* conditioning plant

Konditionsgeschäft *nt* HANDEL conditional transaction, qualified deal **Konditionsschwäche** *f* poor level of fitness **Konditionstraining** *nt* fitness training *no pl*

Konditor(in) <-s, -toren> *m(f)* confectioner

Konditorei <-, -en> *f* confectioner's, cake shop

Konditorin <-, -nen> *f fem form von* **Konditor**

Konditorwaren *pl* confections *pl*, [cake and] pastry

Kondolenz <-, -en> *f* condolence

Kondolenzbesuch *m* (*geh*) visit of condolence; [**bei jdm**] **einen** ~ **machen** to pay [sb] a visit of condolence **Kondolenzbrief** *m* letter of condolence **Kondolenzschreiben** *nt* letter of condolence

kondolieren* *vi* (*geh*) ■[**jdm**] ~ to pay one's condolences [to sb]

Kondom <-s, -e> *m o nt* condom

Kondor <-s, -e> *m* condor

Kondukteur(in) <-s, -e> *m(f)* SCHWEIZ (*Schaffner*) conductor

Konen *pl von* **Konus**

Konfekt <-[e]s, -e> *nt* confectionery

Konfektion <-, *selten* -en> *f* ready-made clothing *no pl*

konfektionieren* *vt* HANDEL **Kleidung** ~ to make [ready-to-wear] clothing

Konfektionsgröße *f* MODE size

Konfektionskleidung *f kein pl* ready-made [*or* ready-to-wear] [*or* BRIT *a.* off-the-peg] clothes *npl*

Konferenz <-, -en> *f* ❶ (*Besprechung*) meeting, conference; **eine** ~ **anberaumen** to arrange a meeting ❷ (*Komitee*) committee ❸ (*Lehrerkonferenz*) staff meeting

Konferenzort *m* conference location [*or* venue] **Konferenzraum** *m* conference room **Konferenzsaal** *m* conference hall **Konferenzschaltung** *f* TELEK conference circuit **Konferenzteilnehmer(in)** *m(f)* conference participant **Konferenzzimmer** *nt* conference room

konferieren* *vi* (*geh*) ■**mit jdm** [**über etw** *akk*] ~ to confer with sb [about sth]

Konfession <-, -en> *f* denomination

konfessionell I. *adj* denominational II. *adv* denominationally

konfessionslos *adj* ■~ **sein** not belonging to any denomination

Konfessionsschule *f s.* **Bekenntnisschule**

Konfetti <-s> *nt kein pl* confetti

Konfiguration *f* INFORM configuration; **manuelle/automatische** ~ manual/automatic configuration

Konfigurationsbefehl *m* INFORM configuration

K

command
Konfigurationsdatei *f* INFORM configuration file
konfigurieren *vt* INFORM ■**etw** ~ to configure sth
Konfirmand(in) <-en, -en> *m(f)* confirmand
Konfirmandenunterricht *m* confirmation lessons [*or* classes] *pl*
Konfirmandin <-, -nen> *f fem form von* **Konfirmand**
Konfirmation <-, -en> *f* confirmation
konfirmieren* *vt* ■**jdn** ~ to confirm sb
Konfiserie <-, -n> *f* SCHWEIZ ① (*Konditorei*) confectioner's, cake shop ② (*Konfekt*) confectionery *no pl*
Konfiskation <-, -en> *f* JUR seizure, confiscation
Konfiskationsverfügung *f* JUR confiscation order
konfiszieren* *vt* ■**etw** ~ to confiscate sth
Konfitüre <-, -n> *f* preserve
Konflikt <-s, -e> *m* ① (*Auseinandersetzung*) conflict; **bewaffneter** ~ armed conflict; ~ **verhütend** which prevent conflict; **mit etw** *dat* **in** ~ **geraten** to come into conflict with sth; **mit dem Gesetz in** ~ **geraten** to clash with the law ② (*innerer Zwiespalt*) [inner] conflict; **sich** *akk* **in einem** ~ **befinden** to be in a state of inner conflict
Konfliktherd *m* area of conflict, political hot spot **Konfliktlösung** *f* POL solution to a/the conflict **Konfliktpartei** *f* ① POL extreme party ② *pl* warring factions *pl* **Konfliktregelung** *f* conflict resolution, settlement of a conflict **Konfliktregulierung** *f* conflict settlement **Konfliktstoff** *m* cause of conflict **konfliktverhütend** *adj inv s.* **Konflikt**
Konföderation <-, -en> *f* confederation
konform *adj* concurrent, corresponding; **mit jdm** [**in etw** *dat*] ~ **gehen** to agree with sb [on sth]
Konformismus <-> *m kein pl* (*pej geh*) conformity
Konformist(in) <-en, -en> *m(f)* (*pej geh*) conformist
konformistisch *adj* (*pej geh*) conformist
Konfrontation <-, -en> *f* confrontation
Konfrontationskurs *m* confrontational course; **auf** ~ [**mit jdm**] **gehen** to adopt a confrontational course [towards sb]
konfrontieren* *vt* ■**jdn mit jdm/etw** ~ to confront sb with sb/sth; ■**mit etw** *dat* **konfrontiert sein** to be confronted with sth
konfus I. *adj* confused, muddled; **jdn** [**ganz**] ~ **machen** to [completely] confuse sb II. *adv* confusedly; ~ **klingen** to sound confused
Konfusion <-, -en> *f* ① (*geh: Verwirrung*) confusion ② JUR confusion of rights
Konfuzius <-> *m* Confucius
kongenial *adj* (*geh*) congenial
Konglomerat <-[e]s, -e> *nt* conglomeration; ■**ein** ~ **aus** [*o* **von**] **etw** *dat* a conglomeration of sth
Kongo <-s> *m* Congo, Zaire River
Kongo <-s> *m* ① (*Fluss*) Congo ② (*Staat*) the Congo
Kongolese(in) <-n, -n> *m(f)* Congolese; *s. a.* **Deutsche(r)**
kongolesisch *adj* Congolese; *s. a.* **deutsch**
Kongregation <-en> *f* congregation
Kongress[RR] <-es, -e> *m*, **Kongreß** <-sses, -sse> *m* ① (*Fachtagung*) congress; **der Wiener** ~ the Congress of Vienna ② (*Parlament der USA*) ■**der** ~ Congress *no art*
Kongressbüro[RR] *nt* congress office **Kongresshalle**[RR] *f* conference hall **Kongressmitglied**[RR] *nt* Congressman, Congresswoman **Kongressplanung**[RR] *f* congress planning *no pl* **Kongressstätte**[RR] *f* congress centre [*or* AM -er] **Kongressteilnehmer**[RR] *m* congress participant **Kongresswahl**[RR] *f* Congressional election **Kongresszentrum**[RR] *nt* conference [*or* congress] centre [*or* AM -er]
kongruent *adj* congruent
Kongruenz <-en> *f* ① (*geh*) identity, concurrence ② MATH congruence ③ LING agreement ④ JUR concordance; ~ **des EU-Rechts mit deutschem Recht** concordance of EU law with German law
kongruieren *vi* ① (*geh*) to coincide ② MATH to be congruent ③ LING to agree
K.-o.-Niederlage *f* knock-out defeat
Konifere <-, -n> *f* conifer
Koniferenhonig *m* honeydew honey
König <-s, -e> *m* king; **des** ~**s Rock** the King's uniform; **der** ~ **der Tiere/Lüfte** the king of beasts/birds; **die Heiligen Drei** ~**e** the three Wise Men ▶ WENDUNGEN: **der Kunde ist** ~ the customer is always right
Königin <-, -nen> *f fem form von* **König** ① (*Herrscherin eines Königreiches*) queen ② (*Bienen~*) queen[-bee] ③ BOT ■**die** ~ **der Nacht** Queen of the Night
Königinmutter *f* queen-mother
königlich I. *adj* ① (*dem König gehörend*) royal ② (*großzügig*) generous, handsome II. *adv* ① (*fam: köstlich*) enormously; ■**sich** *akk* ~ **amüsieren** to have a whale of a time ② (*großzügig*) generously, handsomely
Königreich *nt* kingdom; **das Vereinigte** ~ the United Kingdom
Königsfisch *m* ZOOL, KOCHK Jerusalem haddock, kingfish, moonfish **Königshaus** *nt* royal house **Königskerze** *f* BOT mullein **Königskrone** *f* crown **Königskuchenform** *f* [12 – 14 inch] loaf tin **Königsmord** *m* regicide **Königspaar** *nt* royal couple **Königssohn** *m* (*liter*) prince **Königstiger** *m* Bengal tiger **Königstochter** *f* (*liter*) princess **königstreu** *adj* loyal to the king *pred*, royalist **Königsweg** *m* ideal solution
Königtum <-, -tmer> *nt* ① *kein pl* (*Monarchie*) monarchy ② (*veraltend*) *s.* **Königreich**
konisch I. *adj* conical II. *adv* conically
Konjugation <-, -en> *f* ① LING conjugation ② BIOL (*Zusammenlagerung von Bakterienzellen*) bacterial conjugation
konjugieren* *vt* ■**etw** ~ to conjugate sth
Konjunktion <-, -en> *f* conjunction
Konjunktionalsatz *m* LING conjunctional clause
Konjunktiv <-s, -e> *m* LING conjunctive
Konjunktur <-, -en> *f* economy, economic situation, state of the economy; ***die*** ~ ***erholt sich*** the economy is reviving; **ansteigende** ~ upward trend; **gedämpfte/schwache** ~ subdued/ailing economy; **steigende/rückläufige** ~ [economic] boom/slump; **die** ~ **dämpfen** to curb the economic trend; ~ **haben** to be in great demand [*or* selling [very] well]
Konjunkturablauf *m* ÖKON business [*or* economic] cycle **Konjunkturabschwächung** *f* ÖKON economic slowdown **Konjunkturabschwung** *m* ÖKON economic downturn [*or* downswing], [economic] recession **Konjunkturanregung** *f* ÖKON stimulation of business activity **Konjunkturaufschwung** *m* ÖKON economic upturn [*or* upswing], [economic] recovery **Konjunkturauftrieb** *m* ÖKON economic upswing **Konjunkturausgleich** *m* ÖKON seasonal adjustment **Konjunkturausgleichsrücklage** *f* JUR compulsory anticyclical reverse **Konjunkturaussichten** *pl* ÖKON economic outlook *no pl* **Konjunkturbarometer** *nt* ÖKON ① (*Darstellung der wirtschaftlichen Entwicklung*) graph of leading economic indicators ② (*Anhaltspunkt der wirtschaftlichen Entwicklung*) economic [*or* business] barometer, economic indicator **Konjunkturbedingungen** *pl* ÖKON business conditions **Konjunkturbelebung** *f kein pl* ÖKON economic upturn [*or* upswing], [economic] recovery, business revival **Konjunkturbelebungsprogramm** *nt* ÖKON economic revival programme [*or* AM -am] **Konjunkturbericht** *m* ÖKON market [*or* economic] report **Konjunkturberuhigung** *f* ÖKON easing of cyclical strains **konjunkturdämpfend** I. *adj inv* ÖKON *Maßnahme, Politik* countercyclical II. *adv* ÖKON countercyclically; ***eine wirtschaftspolitische Maßnahme, die*** ~ ***wirkt*** a countercyclical measure **Konjunkturdämpfung** *f* ÖKON curbing of the economic trend **Konjunktureinbruch** *m* ÖKON [economic] slump [*or* dip], steep downturn [in the economy]
konjunkturell *adj inv* ÖKON economic; (*zyklisch*) cyclical; ~**e Arbeitslosigkeit** cyclical unemployment; **die** ~**e Lage** the state of the economy; ~**e Talsohle** trough
konjunkturempfindlich *adj inv* ÖKON cyclically sensitive, sensitive to economic fluctuations [*or* business movements] *pred* **Konjunkturentwicklung** *f* ÖKON economic development; **internationale** ~ global economic development **Konjunkturerholung** *f* economic recovery **Konjunkturerwartungen** *pl* ÖKON economic outlook *no pl*, market prospects *pl* **Konjunkturflaute** *f* [economic] slump, economic slackening **Konjunkturförderung** *f* ÖKON cyclical stimulation **Konjunkturförderungsprogramm** *nt* ÖKON government programme [*or* AM -am] to stimulate economic activity **Konjunkturforschung** *f* ÖKON market [*or* economic] research **Konjunkturforschungsinstitut** *nt* ÖKON economic research institute **Konjunkturimpuls** *m* ÖKON stimulation of business activity **Konjunkturindex** *m* economic index **Konjunkturindikator** *m* ÖKON economic indicator; **staatliche** ~**en** government economic indicators **Konjunkturkartell** *nt* ÖKON business cycle cartel **Konjunkturklima** *nt* ÖKON business [*or* economic] climate; ***das*** ~ ***trübt sich*** the economic climate is worsening **Konjunkturkreislauf** *m* ÖKON business [*or* economic] cycle **Konjunkturlage** *f* ÖKON economic situation, state of the economy **Konjunkturmotor** *m* ÖKON power behind the economic trend **konjunkturneutral** I. *adj* ÖKON *Finanzpolitik, Maßnahme* not affecting the cyclical trend *pred*; ~ **sein** to have no effect on the cyclical trend II. *adv* ÖKON with no effect on the cyclical trend; **sich** ~ **verhalten** [*o* **verlaufen**] to have no effect on the cyclical trend **Konjunkturphase** *f* ÖKON boom period **Konjunkturpolitik** *f* economic policy **konjunkturpolitisch** I. *adj* ÖKON *Maßnahme, -nderung* economic [*or* cyclical] policy *attr* II. *adv* ÖKON ~ **motivierte Steuern** taxes aimed at stabilizing the economy; **eine** ~ **sinnvolle Maßnahme** a convenient measure for stabilizing the economy **Konjunkturprognose** *f* ÖKON economic forecast **Konjunkturprogramm** *nt* ÖKON reflationary programme [*or* AM -am] **Konjunkturrückgang** *m* ÖKON economic downturn [*or* downswing], [economic] recession **Konjunkturschwankung** *f meist pl* ÖKON economic fluctuation, fluctuation in [the level of] economic activity **konjunktursicher** *adj inv* ÖKON *Branche* economically stable **Konjunkturspritze** *f* ① ÖKON pump priming ② (*fam*) boost to the economy **Konjunkturstillstand** *m* economic standstill **Konjunkturtest** *m* ÖKON market research **Konjunkturtief** *nt* ÖKON trough **Konjunkturüberhitzung** *f* ÖKON overheating of the economy, economic overheating **Konjunkturumschwung** *m* ÖKON market [*or* cyclical] swing **Konjunkturverlauf** *m* ÖKON business [*or* economic] cycle; **abgeschwächter** ~ economic slowdown **Konjunkturzyklus** *m* ÖKON economic [*or* business] cycle
konkav I. *adj* concave II. *adv* concavely
Konkavlinse *f* concave lens **Konkavspiegel** *m* concave mirror
Konklave <-s, -n> [-və] *nt* conclave
konkludent *adj inv* JUR implied, conclusive; ~**es Verhalten** conduct implying an intent
Konkordanz <-, -en> *f* concordance
Konkordat <-[e]s, -e> *nt* concordat
konkret I. *adj* ① (*klar umrissen*) concrete, definite, specific; ~**e Ergebnisse** tangible results ② (*eindeutig*) concrete II. *adv* definitely, specifically; ***das kann ich Ihnen noch nicht*** ~ ***sagen*** I can't tell you for definite yet
konkretisieren* *vt* (*geh*) ■**etw** ~ to clearly define sth
Konkretisierung <-, -en> *f* JUR [goods] appropriation [to a contract]
Konkubinat <-[e]s, -e> *nt* concubinage; [**mit jdm**] **im** ~ **leben** to live in concubinage [with sb]
Konkubine <-, -n> *f* (*geh*) concubine

Konkurrent(in) <-en, -en> *m(f)* ❶ (*Mitbewerber*) competitor ❷ (*Rivale*) competitor, rival

Konkurrentenklage *f* JUR action taken by a competitive **Konkurrentenschutz** *m kein pl* HANDEL protection of competitors

Konkurrenz <-, -en> *f* ❶ (*Konkurrenzunternehmen*) competitor; **zur ~ gehen** to go over to the competitor; **mit jdm in ~ stehen** [*o* **liegen**] to be in competition with sb ❷ *kein pl* (*Konkurrenten*) competitors *pl*, competition; **keine ~ [für jdn] sein** to be no competition [for sb]; **die ~ schläft nicht** (*fam*) my/your, etc. rivals never rest; **die ~ schlagen/unterbieten** to beat/undercut the competition ❸ (*sportliche Disziplin*) competition, contest ❹ *kein pl* (*Wettbewerb*) competition; **~ von Verpflichtungen** conflict of obligations; **freie ~** free competition; **scharfe ~** HANDEL keen competition; **jdm ~ machen** to compete against sb; **mit jdm in ~ treten** to enter into competition with sb; **außer ~** unofficially

Konkurrenzangebot *nt* HANDEL rival bid **Konkurrenzartikel** *m* HANDEL competitive article **Konkurrenzdenken** *nt* competitive thinking *no pl* **Konkurrenzdruck** *m* pressure of competition; **unter ~ stehen** to face pressure of competition **Konkurrenzerzeugnis** *nt* HANDEL rival product **konkurrenzfähig** *adj* competitive **Konkurrenzfähigkeit** *f kein pl* competitiveness *no pl*

konkurrenzieren* *vt, vi* ÖSTERR, SCHWEIZ ■**jdn** [*o* **jdm**]**/etw** [*o* **einer S.**] **~** to compete against sb/sth

Konkurrenzkampf *m* competition; (*zwischen Menschen*) rivalry **Konkurrenzklausel** *f* JUR restraint of competition clause **konkurrenzlos** I. *adj* ■**~ sein** to have no competition II. *adv* incomparably; ***mit unseren Preisen sind wir ~ billig*** nobody can match our cheap prices **Konkurrenzmarke** *f* ÖKON rival brand **Konkurrenzmodell** *nt* ÖKON competitive model **Konkurrenzneid** *m* jealousy [towards one's rival[s]] *no pl* **Konkurrenzprodukt** *nt* ÖKON competing [*or* rival] product **Konkurrenzunterdrückung** *f* HANDEL restraint [*or* restriction] of trade **Konkurrenzunternehmen** *nt* ÖKON competitor, rival company **Konkurrenzverbot** *nt* ban on competition, restraint of competition

konkurrieren* *vi* ❶ (*in Wettbewerb treten*) ■**mit jdm/etw ~** to compete with sb/sth ❷ (*geh: sich gleichzeitig bewerben*) ■**[mit jdm] um etw ~** to compete [against sb] for sth

Konkurs <-es, -e> *m* ❶ (*Zahlungsunfähigkeit*) bankruptcy; **betrügerischer ~** fraudulent bankruptcy; **den ~ abwenden** to stave off bankruptcy; **jdm den ~ erklären** to declare sb bankrupt; **~ machen** (*fam*) to go bankrupt; **vor dem ~ stehen** to be about to go bancrupt; **über jdn ~ verhängen** to adjudicate sb bankrupt ❷ (*Verfahren*) bankruptcy proceedings *pl*; **den ~ abwickeln** to liquidate a bankrupt's estate; **[über etw *akk*] den ~ eröffnen** to institute [*or* to open] bankruptcy proceedings [concerning sth]; **~ anmelden** to declare oneself bankrupt, to file a bankruptcy petition

Konkursablauf *m* JUR bankruptcy proceedings *pl* **Konkursabwendung** *f* JUR avoidance of bankruptcy **Konkursabwickler(in)** *m(f)* JUR liquidator **Konkursabwicklung** *f* JUR liquidation [*or* administration] of a bankrupt's estate **Konkursandrohung** *f* JUR bankruptcy notice; **~ mit Zahlungsaufforderung** judgment summons BRIT **Konkursanfechtung** *f* JUR rescission of bankruptcy **Konkursanmeldung** *f* JUR declaration of bankruptcy, bankruptcy notice; **~ vornehmen** to file a petition in bankruptcy **Konkursantrag** *m* JUR petition in bankruptcy; **den ~ stellen** to file a petition in bankruptcy **Konkursantragspflicht** *f* JUR obligation to file for bankruptcy **Konkursaufhebung** *f* JUR discharge in bankruptcy **Konkursbeendigung** *f* JUR termination of bankruptcy proceedings **Konkursbeschluss**^RR *m* JUR receiving order; **den gerichtlichen ~ fassen** to make a receiving order **Konkursbilanz** *f* JUR statement of affairs **Konkurserklärung** *f* JUR declaration of bankruptcy; **jdm die ~ zustellen** to serve sb a bankruptcy notice **Konkurseröffnung** *f* JUR commencement of bankruptcy proceedings **Konkurseröffnungsbeschluss**^RR *m* JUR receiving order; **jdm den ~ zustellen** to serve sb a bankruptcy notice **konkursfähig** *adj inv* JUR capable of going bankrupt **Konkursforderung** *f* JUR claim [provable] in bankruptcy; **bevorrechtigte/nachrangige ~** preferential/deferred debt; **eine ~ anmelden/anerkennen** to file/allow a bankruptcy claim **Konkursgericht** *nt* JUR bankruptcy court **Konkursgesetz** *nt* JUR bankruptcy act **Konkursgläubiger(in)** *m(f)* JUR creditor in bankruptcy **Konkursgrund** *m*, **Konkurshandlung** *f* JUR act of bankruptcy **Konkursmasse** *f* bankrupt's estate **Konkursordnung** *f* JUR Bankruptcy Act BRIT, National Bankruptcy Act AM **Konkursrecht** *nt* JUR bankruptcy law **konkursrechtlich** I. *adj inv* JUR *Verfahren* bankruptcy *attr* II. *adv* JUR under the terms of the bankruptcy law; **ein ~ vorgeschriebener/notwendiger Schritt** a step stipulated/required by the bankruptcy law **konkursreif** *adj inv* JUR insolvent **Konkursrichter(in)** *m(f)* JUR judge in bankruptcy, registrar [*or* AM referee] in bankruptcy **Konkurssache** *f* JUR bankruptcy case **Konkursschuldner(in)** *m(f)* JUR bankrupt **konkursverdächtig** *adj inv* JUR likely to go bankrupt **Konkursverfahren** *nt* JUR bankruptcy proceedings *pl*; **ein ~ einleiten/eröffnen** to institute/open bankruptcy proceedings; **ein ~ aufheben** to discharge a bankrupt **Konkursvergehen** *nt* JUR bankruptcy offence **Konkursvergleich** *m* JUR composition in bankruptcy **Konkursverschleppung** *f* JUR, ÖKON [criminal] delay in filing bankruptcy petition **Konkursverwalter(in)** *m(f)* JUR bankruptcy trustee, [official] receiver BRIT **Konkursverwaltung** *f* JUR administration of bankrupt estate, BRIT receivership, AM trusteeship in bankruptcy; **von der ~ übernommen werden** to go into receivership **Konkursvorrecht** *nt* JUR priority rights in bankruptcy proceedings

können I. *vt* <konnte, gekonnt> (*beherrschen*) ■**etw ~** to know sth; ***kannst du eigentlich Schach?*** can you/do you know how to play chess?; **eine Sprache ~** to know [*or* speak] a language; **[et]was/nichts ~** (*fam*) to be good/useless; ***man merkt, du kannst was*** it's obvious you know your stuff; (*Fähigkeiten haben*) to be able/not be able to do sth; **[et]was/nichts für etw/dafür ~** (*verantwortlich sein*) to be able/not be able to do anything about sth/it; **etw nie/nicht etw tun ~** to never/not be able to do sth; **... was jd kann** as best sb can; ***sie liefen, was sie nur konnten*** they ran as quickly as they could ▶ WENDUNGEN: **du kannst mich [mal]** (*euph sl*) get lost! *fam*, [go and] take a running jump! BRIT *fam*, kiss my ass! AM *sl* II. *vi* <konnte, gekonnt> to be able; ***ich würde ja gerne kommen, aber ich kann leider nicht*** I would love to come but I can't; **nicht mehr ~** (*erschöpft sein*) to not be able to go on; (*überfordert sein*) to have had enough; (*satt sein*) to not be able to eat any more, to have had enough, to be full [up]; **noch ~** (*weitermachen ~*) to be able to carry on; (*weiteressen ~*) to be able to eat more; **wie konntest du nur!** how could you?!; ***da ~ Sie nichts [da]für*** it's not your fault ▶ WENDUNGEN: **[erst einmal] ~ vor Lachen** I would if [*or* I wish] I could, [that's] easier said than done; **mit jdm [gut] ~** to get on [well] with sb; **jdm kann keiner** nobody can touch sb III. *vb aux* <konnte, können> *modal* ❶ (*vermögen*) ■**etw tun ~** to be able to do sth ❷ (*als Fertigkeit haben*) ■**etw tun ~** to be able to do sth ❸ (*dürfen*) ■**jd kann etw tun** sb can do sth; ***kann ich das Foto sehen?*** can/may I see the photo? ❹ (*möglicherweise sein*) ■**jd kann etw tun** sb could do sth; ■**etw tun ~** to be able to do sth; ***solche Dinge können eben manchmal passieren*** these things [can] happen sometimes; **sein ~, dass** to be possible that; **[schon] sein ~** (*fam*) to be possible; ***[ja,] kann sein*** [yes,] that's possible [*or* possibly]; **nicht sein ~** to not be possible; **könnte es nicht sein, dass ...?** could it not be that ...?

Können <-s> *nt kein pl* ability, skill; **spielerisches/schauspielerisches ~** sportsmanship/acting ability [*or* skill]

Könner(in) <-s, -> *m(f)* skilled person; **ein ~ sein** to be skilled

Konnexität <-> *f kein pl* JUR coherence

Konnivenz <-, -en> *f* JUR connivance

Konnossement <-[e]s, -e> *nt* HANDEL bill of lading; **reines/unreines ~** clean/foul bill of lading

konnte *imp von* **können**

Konrektor(in) *m(f)* deputy headmaster

konsekutiv *adj* JUR consecutive

Konsekutivdolmetschen *nt kein pl* consecutive interpreting *no pl*

Konsekutivsatz *m* consecutive clause

Konsens <-es, -e> *m* (*geh*) ❶ (*Übereinstimmung*) consensus *no pl*; **einen ~ [in etw *dat*] erreichen** [*o* **erzielen**] to reach a consensus [on sth] ❷ (*Einwilligung*) approval; **seinen ~ [zu etw *dat*] geben** to give one's approval [to sth]; **mit/ohne jds ~** with/without sb's approval

Konsensgespräch *nt discussion leading to a consensus*

Konsensparteien *pl* consensus parties *pl*

konsequent I. *adj* ❶ (*folgerichtig*) consistent; ■**[bei/in etw *dat*] ~ sein** to be consistent [in sth] ❷ (*unbeirrbar*) resolute, steadfast II. *adv* ❶ (*folgerichtig*) consistently, logically ❷ (*entschlossen*) resolutely

Konsequenz <-, -en> *f* ❶ (*Folge*) consequence; **in letzter ~** in the final analysis; **~en [für jdn] haben** to have consequences [for sb]; **die ~en tragen** to take the consequences; **[aus etw *dat*] die ~en ziehen** to take the necessary action [*or* appropriate measures] [as a result of sth] ❷ *kein pl* (*Folgerichtigkeit*) consistency ❸ *kein pl* (*Unbeirrbarkeit*) resoluteness, steadfastness

Konservatismus <-> *m kein pl* conservatism *no pl*

konservativ [kɔnzɛrva'tiːf, 'kɔn-] I. *adj* ❶ (*politisch rechts liegend*) conservative ❷ (*die ~ Partei*) Conservative ❸ (*geh: zurückhaltend*) conservative II. *adv* **~ wählen** to vote Conservative; **~ eingestellt sein** to have a conservative attitude

Konservative(r) *f(m) decl wie adj* ❶ (*Anhänger einer konservativen Partei*) conservative ❷ (*die konservative Partei*) ■**die ~n** the Conservatives

Konservator(in) <-s, -toren> [-'vaː-] *m(f)* curator

Konservatorium <-s, -rien> [-va-, *pl* -riən] *nt* conservatoire, conservatorium

Konserve <-, -n> [-və] *f* ❶ (*haltbar abgefülltes Lebensmittel*) preserved food *no pl*, tinned [*or* AM canned] food *no pl* ❷ *meist pl* MED (*Blutkonserve*) banked blood *no pl*

Konservenbüchse [-vən-] *f*, **Konservendose** *f* tin BRIT, can AM

Konservenfabrik *f* canning factory, cannery

konservieren* [-'viː-] *vt* ❶ (*haltbar machen*) ■**etw [in etw *dat*] ~** to preserve sth [in sth] ❷ (*geh: erhalten*) ■**etw ~** to preserve sth

Konservierung <-, -en> [-'viː-] *f* ❶ (*das Konservieren*) preserving *no pl* ❷ (*die Erhaltung*) preservation *no pl*

Konservierungsmittel *nt*, **Konservierungsstoff** *m* CHEM preservative **Konservierungsverfahren** *nt* CHEM preservation process

Konsignant(in) <-en, -en> *m(f)* HANDEL consignee

Konsignatar(in), **Konsignatär(in)** <-s, -e> *m(f)* HANDEL consignee

Konsignation <-, -en> *f* ÖKON consignment

Konsignationsgeschäft *nt* ÖKON consignment sale **Konsignationsgut** *nt* HANDEL goods *pl* on consignment; **etw als ~ versenden** to deliver sth on consignment **Konsignationslagervertrag** *m* HANDEL consignment storage contract

Konsistenz <-> *f kein pl* (*geh*) consistency

Konsole <-, -n> *f* ❶ (*Bord*) shelf ❷ (*Vorsprung*) console ❸ (*Bediener~*) console ❹ BAU bracket

Konsolidation <-, -en> *f* consolidation

konsolidieren* I. *vt* (*geh*) ■**etw ~** to consolidate sth; FIN **konsolidierte Konzernbilanz** consolidated balance sheet; **konsolidierter Umsatz** consolidated turnover **II.** *vr* (*geh*) ■**sich** ~ to consolidate

konsolidiert *adj inv* FIN consolidated; **nicht** ~ nonconsolidated; **nicht** ~**e Beteiligungen** nonconsolidated holdings

Konsolidierung <-, -en> *f* consolidation *no pl*

Konsolidierungsbogen *m* FIN consolidating financial statement **Konsolidierungsmittel** *nt* (*geh*) means of consolidation

Konsonant <-en, -en> *m* consonant

konsonantisch *adj inv* consonantal

Konsorte <-, -n> *f* ❶ (*fam o pej: Leute*) **X und** ~**n** X and his gang *fam*, … and co. ❷ ÖKON member of a consortium

Konsortialbank *f* FIN consortium bank **konsortialfremd** *adj inv* ÖKON ~**e Bank** bank outside of a/the consortium **Konsortialgeschäft** *nt* FIN business on joint account, syndicate operations **Konsortialkredit** *m* FIN syndicated loan **Konsortialmitglied** *nt* syndicate member **Konsortialpartner(in)** *m(f)* JUR partner to a consortium **Konsortialverbindlichkeiten** *pl* FIN syndicated loans **Konsortialvertrag** *m* FIN underwriting [*or* BRIT syndicate] agreement

Konsortium <-s, -ien> [kɔnˈzɔrtsiʊm, *pl* -tsiən] *nt* ÖKON consortium, syndicate; **ein** ~ **bilden** [*o* **gründen**], **sich** *akk* **zu einem** ~ **zusammenschließen** to form a consortium [*or* syndicate], to organize a consortium

Konspiration <-, -en> *f* (*geh*) conspiracy

konspirativ *adj* (*geh*) conspiratorial

konspirieren* *vi* (*geh*) ■[**mit jdm**] [**gegen jdn**] ~ to conspire [with sb] [against sb]

konstant **I.** *adj* constant **II.** *adv* constantly

Konstante <-[n], -n> *f* constant

Konstantinopel <-s> *nt* Constantinople

Konstanz <-> *nt* Constance

konstatieren* *vt* (*geh*) ■**etw** ~ to establish sth

Konstellation <-, -en> *f* ❶ (*geh: Kombination*) constellation *form* ❷ ASTROL, ASTRON constellation

konsternieren* *vt* (*geh*) ■**jdn** ~ to consternate sb; ■**konsterniert** consternated

konsterniert *adj* (*geh*) filled with consternation

konstituieren* **I.** *vt* (*geh: gründen*) ■**etw** ~ to constitute, to form; ■~**d** constituent **II.** *vr* (*geh*) ■**sich** *akk* ~ to be set up, to be constituted; ■**sich als etw** ~ to form sth

Konstitution <-, -en> *f* constitution

konstitutionell *adj inv* ❶ MED (*anlagebedingt*) constitutional ❷ POL (*verfassungsmäßig*) constitutional; ~**e Monarchie** constitutional monarchy

konstruieren* *vt* ❶ (*planerisch erstellen*) ■**etw** ~ to design sth ❷ (*zeichnen*) ■**etw** ~ to draw sth ❸ (*pej geh: gezwungener Gedankenaufbau*) ■**etw** ~ to fabricate sth, to make sth up

Konstrukt <-[e]s, -e *o* -s> *nt* (*geh*) construct

Konstrukteur(in) <-s, -e> [kɔnstrʊkˈtøːɐ] *m(f)* designer

Konstruktion <-, -en> *f* ❶ (*planerische Erstellung*) design ❷ (*Aufbau*) construction

Konstruktionsbüro *nt* design office **Konstruktionsfehler** *m* ❶ (*Fehler im Entwurf*) design fault ❷ (*herstellungsbedingter Fehler*) construction [*or* manufacture] fault **Konstruktionsüberprüfung** *f* construction inspection [*or* examination]

konstruktiv **I.** *adj* ❶ (*geh: förderlich*) constructive ❷ (*entwurfsbedingt*) design **II.** *adv* constructively

Konstruktivität <-> *f kein pl* constructiveness

Konsul <-s, -n> *m* (*Beamte der römischen Republik*) consul

Konsul, Konsulin <-s, -n> *m, f* (*Leiter(in) eines Konsulats*) consul

Konsularbeamter, -beamtin *m, f* JUR consular officer

konsularisch *adj* consular

Konsulat <-[e]s, -e> *nt* ❶ (*Amt des Konsuls*) consulate ❷ (*Amtszeit eines Konsuls*) consulship

Konsulin <-, -nen> *f fem form von* **Konsul**

Konsultation <-, -en> *f* (*geh*) consultation

Konsultationspflicht *f* JUR obligatory consultation

konsultativ **I.** *adj inv Funktion, Tätigkeit* advisory *attr* **II.** *adv* **sich** ~ **betätigen** to act in an advisory capacity

Konsultativstatus *m* advisory role

konsultieren* *vt* (*geh*) ❶ (*um Rat fragen*) ■**jdn** [**wegen einer S.** *gen*] ~ to consult sb [about sth] ❷ (*hinzuziehen*) ■**etw** ~ to consult sth

Konsum <-s> *m kein pl* consumption

Konsumartikel *m* consumer good

Konsumation <-, -en> *f* ÖSTERR, SCHWEIZ consumption **Konsumbereitschaft** *f* HANDEL consumer acceptance **Konsumeinheit** *f* HANDEL consumption unit

Konsument(in) <-en, -en> *m(f)* consumer

Konsumentenbefragung *f* HANDEL consumer research [*or* survey] **Konsumentenirreführung** *f* HANDEL misleading of consumers **Konsumentenkredit** *m* HANDEL consumer credit **Konsumentenleben** *nt* consumer life **Konsumentenschutzgesetz** *nt* JUR consumer protection act **Konsumentenvertrag** *m* JUR consumer contract

Konsumgenossenschaft *f* ÖKON consumer cooperative, cooperative society **Konsumgesellschaft** *f* consumer society **Konsumgewohnheiten** *pl* HANDEL consumer buying habits **Konsumgüter** *pl* HANDEL consumer goods; **kurzlebige/langlebige** ~ nondurables/consumer durables **Konsumgüterindustrie** *f kein pl* ÖKON consumer goods industry

konsumieren* *vt* (*geh*) ❶ (*verbrauchen*) ■**etw** ~ to consume sth ❷ (*in sich aufnehmen*) ■**etw** ~ to consume sth

konsumistisch *adj inv* (*pej*) materialist, consumerist

Konsumneigung *f* ÖKON tendency to consume **konsumorientiert** *adj inv* ÖKON consumer-orientated [*or* AM -oriented] **Konsumorientiertheit** *f* materialism, consumerism

konsumptiv *adj inv* ÖKON *s.* **konsumtiv**

Konsumrausch *m* frenzy of consumerism **Konsumstruktur** *f* ÖKON consumer structure **Konsumtempel** *m* ÖKON (*pej fam*) shrine to consumerism **Konsumterror** *m* SOZIOL (*pej*) pressure to consume *no pl*

Konsumtion <-, -en> *f* ÖKON consumption

Konsumtionsrate *f* ÖKON consumption rate

konsumtiv *adj inv* ÖKON comsumption *attr;* ~**e Ausgaben** consumption expenditure

Konsumverein *m* JUR consumer co-operative **Konsumverhalten** *nt kein pl* ÖKON consumer behaviour [*or* AM -or] *no pl, no indef art,* consumer habits *pl* **Konsumverzicht** *m* ÖKON deferred demand, nonconsumption **Konsumzwang** *m* pressure to consume, no pl

Kontakt <-[e]s, -e> *m* ❶ (*Verbindung*) contact; **sexuelle** [*o euph* **intime**] ~**e** sexual contact; **mit jdm** ~ **bekommen,** ~ **zu jdm finden** to establish contact with sb; [**mit jdm**] **in** ~ **bleiben,** [**mit jdm**] ~ **halten** to stay in contact [*or* touch] with sb; ~ **zu jdm haben** to be in contact with sb; **keinen** ~ **mehr** [**zu jdm**] **haben** to no longer be in contact [with sb], to have lost contact [with sb]; **mit jdm in** ~ **kommen** to come into contact with sb; **mit jdm** ~ **aufnehmen** to get in contact with sb; **den** ~ [**zu jdm**] **herstellen** to establish [*or* set up] contact [with sb]; [**mit jdm**] **in** ~ **stehen** to be in contact [with sb]; **den** ~ **mit jdm suchen** to attempt to establish [*or* set up] contact with sb ❷ (*Berührung*) contact ❸ ELEK contact, point

Kontaktadresse *f* contact address **Kontaktanzeige** *f* lonely hearts advertisement BRIT, personal [ad] AM **kontaktarm** *adj* ■~ **sein** to have little contact with other people **Kontaktarmut** *f kein pl* (*geh*) lack of [human] contact **Kontaktaufnahme** *f* making of contact, approach **Kontaktbelichtung** *f* TYPO contact exposure **Kontaktbildschirm** *m* touch screen **Kontaktbörse** *f* personals section **Kontaktdermatitis** *f* contact dermatitis **Kontaktekzem** *nt* contact dermatitis **kontaktfreudig** *adj* ■~ **sein** to enjoy contact with other people, to be sociable **Kontaktgrill** *m* griddle **Kontaktgruppe** *f* contact group **Kontaktkleber** *m* contact adhesive **Kontaktleiste** *f* TECH connector **Kontaktlinse** *f* contact lens **Kontaktlinsenpflegemittel** *nt* contact lens solution

kontaktlos *adj inv* contact-less

Kontaktmann *m* contact [person] **Kontaktmetamorphose** *f* GEOL contact metamorphism **Kontaktperson** *f* contact [person] **Kontaktschließung** *f* TECH contact closure **Kontaktsperre** *f* JUR solitary confinement

Kontamination <-, -en> *f* contamination *no pl*

kontaminieren* *vt* ■**etw** ~ to contaminate sth

Konten *pl von* **Konto**

Kontenabrechnung *f* FIN settlement of accounts **Kontenabschluss**[RR] *m* FIN balancing of the accounts **Kontenbewegung** *f s.* Kontobewegung **Kontenplan** *m,* **Kontenrahmen** *m* FIN draft of the accounts **Kontenschema** *nt* FIN system of accounts **Kontensparen** *nt kein pl* FIN account savings *pl*

Konter <-s, -> *m* SPORT counter, counterattack

Konteradmiral *m* NAUT rear-admiral

Konterfei <-s, -s *o* -e> *nt* (*hum*) picture

konterkarieren *vt* (*geh*) ■**etw** ~ to impede sth

kontern **I.** *vt* ■**etw** ~ to counter sth **II.** *vi* to counter

Konterrevolution [-vo-] *f* counter-revolution

Konterrevolutionär(in) <-s, -e> *m(f)* counter-revolutionary

Kontext <-[e]s, -e> *m* ❶ (*umgebender Text*) context ❷ (*geh: Zusammenhang*) context

Kontextmenü *nt* INFORM context menu

Kontinent <-[e]s, -e> *m* continent

kontinental *adj* continental

Kontinentaleuropa *nt* Continental Europe **Kontinentalklima** *nt* continental climate **Kontinentalsockel** *m* continental terrace **Kontinentalsperre** *f kein pl* ■**die** ~ the Continental System **Kontinentalverschiebung** *f* GEOL continental drift

Kontingent <-[e]s, -e> *nt* ❶ (*Truppenkontingent*) contingent ❷ (*Teil einer Menge*) quota

kontingentieren* *vt* ■**etw** ~ to fix a quota for sth

Kontingentierung <-, -en> *f* ÖKON allocation of quotas

Kontingentierungssatz *m* ÖKON quota **Kontingentierungssystem** *nt* ÖKON quota system

kontinuierlich **I.** *adj* (*geh*) constant, continuous **II.** *adv* (*geh*) constantly, continuously

Kontinuität <-> *f kein pl* (*geh*) continuity *no pl*

Konto <-s, Konten *o* Konti> *nt* FIN account; ~ **für dubiose Außenstände** bad-debts collected account; **ungedecktes** ~ unsecured account; **ein** ~ **beschlagnahmen/einfrieren** to attach/block an account; **ein** ~ **saldieren/verpfänden** to balance/pledge an account ▶ WENDUNGEN: **auf jds** ~ **gehen** (*fam: etw zu verantworten haben*) to be sb's fault; (*für etw aufkommen*) to be on sb; ***das Bier geht auf mein*** **~!** the beer's on me!; **etw auf sein** ~ **verbuchen können** to put sth down to one's [own] efforts; **auf jds** ~ into sb's account

Kontoauszug *m* bank statement; (*kurzer* ~) mini-statement **Kontobewegung** *f* FIN account transaction, changes *pl* in accounts **Kontobezeichnung** *f* FIN name of an/the account **Kontoblatt** *nt* FIN account form **Kontoeröffnung** *f* opening of an account **kontoführend** *adj* which manages an account *pred* **Kontoführung** *f* keeping [of] an account, account management *no pl* **Kontoführungsgebühr** *f* FIN bank [*or* account management] charge **Kontoinhaber(in)** *m(f)* account holder

Kontokorrent <-s, -e> *nt* FIN account current

Kontokorrenteinlagen *pl* FIN current deposits **Kontokorrentgeschäft** *nt* FIN overdraft business **Kontokorrentkonto** *nt* FIN cash account **Kontokorrentkredit** *m* FIN advance on current account **Kontokorrentschuldner(in)** *m(f)* FIN trade debtor, debtor on overdraft **Kontokorrentverbindlichkeit** *f* FIN liability on current account

Kontokorrentverhältnis *nt* FIN mutual accounts *pl*
Kontonummer *f* account number **Kontopfändung** *f* JUR garnishment of an account
Kontor <-s, -e> *nt* ❶ ÖKON overseas branch ❷ (*in der früheren DDR*) wholesale organization ▶ WENDUNGEN: **ein Schlag ins ~ sein** (*fam o selten*) to be a real blow [*or* nasty shock]
Kontorist(in) <-en, -en> *m(f)* office worker, clerk
Kontostand *m* account balance **Kontovertrag** *m* JUR account maintenance agreement **Kontovollmacht** *f* FIN power to draw on an account
kontra *adv* against; ***er ist dazu ~ eingestellt*** he is against it
Kontra <-s, -s> *nt* double; ■ **~ sagen** to double; **jdm ~ geben** (*fam*) to contradict
KontrabassRR *m* double bass
kontradiktorisch *adj* JUR **~es Urteil** judgement on the merits
Kontrahent(in) <-en, -en> *m(f)* (*geh*) opponent, adversary
kontrahieren* I. *vi, vr* ■ **[sich]** ~ to contract II. *vt* JUR, HANDEL (*abschließen*) ■ **etw** ~ to contract sth; **einen Vertrag** ~ to conclude an agreement; **mit sich selbst** ~ to act as principal and agent, to contract with oneself
Kontrahierungsfreiheit *f kein pl* JUR, HANDEL liberty to contract **Kontrahierungsverbot** *nt* JUR prohibition to enter into a contract **Kontrahierungszwang** *m* JUR, HANDEL obligation to contract
Kontraindikation *f* contra-indication
kontraindiziert *adj inv* MED contraindicated
Kontrakt <-[e]s, -e> *m* JUR contract; **laut ~** as per contract
Kontraktion <-, -en> *f* contraction
kontraproduktiv *adj* (*geh*) counterproductive
Kontrapunkt *m* counterpoint
konträr *adj* (*geh*) contrary
Kontrast <-[e]s, -e> *m* ❶ (*Gegensatz*) contrast; **im** [*o* **in**] **~ zu etw** *dat* **stehen** to contrast with sth ❷ (*Helligkeitsunterschied*) contrast *no pl*
Kontrastbrei *m* radiopaque material *no pl spec*
Kontrastfarbe *f* contrasting colour [*or* AM -or]
kontrastieren* *vi* (*geh*) ■ **[mit/zu etw** *dat*] ~ to contrast [with sth]
Kontrastmittel *nt* contrast medium **Kontrastprogramm** *nt* alternative programme [*or* AM -am] **Kontrastregler** *m* TV contrast [control] **kontrastreich** *adj* rich in [*or* full of] contrast[s]
Kontrazeption <-> *f kein pl* (*geh*) contraception
kontrazeptiv *adj inv* MED contraceptive
Kontrazeptivum <-s, -va> *nt* MED contraceptive
Kontribution <-, -en> *f* (*veraltet*) contribution
Kontrollabschnitt *m* tab, stub **Kontrollampe** *f s.* **Kontrolllampe**
Kontrollbit *nt* INFORM stop bit
Kontrolle <-, -n> *f* ❶ (*Überprüfung*) check, inspection; **die ~n an einem Flughafen** checks at an airport; **eine ~ durchführen** to conduct an inspection ❷ (*passive Überwachung*) monitoring ❸ (*aktive Überwachung*) supervision; **etw unter ~ bringen** to bring sth under control; **jdn/etw unter ~ haben** [*o* **halten**] (*Gewalt über jdn/etw haben*) to have sb/sth under control; (*jdn/etw überwachen*) to have sb/sth monitored; **die ~ über etw** *akk* **verlieren** (*Gewalt*) to lose control of sth; **die ~ über sich** *akk* **verlieren** to lose control of oneself ❹ (*Kontrollstelle*) checkpoint
Kontrolleur(in) <-s, -e> [kɔntrɔˈløːɐ] *m(f)* inspector
Kontrollfunktion *f* supervisory [*or* monitoring] function **Kontrollgang** *m* patrol **Kontrollgesellschaft** *f* ÖKON controlling company
kontrollierbar *adj* ❶ (*beherrschbar*) controllable ❷ (*überprüfbar*) checkable, verifiable
kontrollieren* *vt* ❶ (*überprüfen*) ■ **jdn/etw** ~ to check sb/sth; ■ **etw auf etw** *akk* ~ to check sth for sth; ***haben Sie Ihre Wertsachen auf Vollständigkeit kontrolliert?*** have you checked your valuables to make sure they're all there? ❷ (*überwachen*) ■ **jdn/etw** ~ to monitor sb/sth; ■ **jdn/etw** [**auf etw** *akk*] ~ to check sb/sth [for sth] ❸ (*beherrschen*) ■ **etw** ~ to control sth
Kontrolliste *f s.* Kontrollliste **Kontrollkommission** *f* control commission **Kontrolllampe**RR *f* indicator light; **rote ~** red warning light **Kontrollleuchte**RR *f* AUTO indicator light, IND LITE **Kontrollliste**RR *f* checklist **Kontrollmaßnahme** *f* control measure **Kontrollmechanismus** *m* TECH controlling mechanism **Kontrollmitteilung** *f* FIN (*Steuern*) [tax-audit] tracer note **Kontrollorgan** *nt* ❶ POL controlling body ❷ JUR regulatory [*or* monitoring] body **Kontrollpunkt** *m* checkpoint **Kontrollrecht** *nt* FIN right of control, [books] audit privilege **Kontrollsiegel** *nt* JUR inspection stamp **Kontrollstelle** *f* checkpoint **Kontrollturm** *m* control tower **Kontrolluhr** *f* time clock **Kontrollzentrum** *nt* control centre [*or* AM -er]
kontrovers [-ˈvɛrs] I. *adj* (*geh*) ❶ (*gegensätzlich*) conflicting, opposing ❷ (*umstritten*) controversial II. *adv* (*geh*) in an argumentative manner *pred*
Kontroverse <-, -n> [-ˈvɛrzə] *f* (*geh*) conflict; **eine ~ austragen** to resolve a conflict
Kontur <-, -en> *f meist pl* contour; **~ gewinnen** (*geh*) to take shape; **an ~ verlieren** (*geh*) to become less clear
Konus <-, -se *o* Konen> *m* cone
Konvektionszellen *pl* GEOL subcrustal material *no pl* **Konvektionszone** *f* GEOL convection zone
Konvektomat <-s, -e> *m* convector oven
Konvent <-[e]s, -e> [-ˈvɛnt] *m* ❶ (*Zusammenkunft*) convention, meeting ❷ (*Klostergemeinschaft*) convent; (*Mönchs~*) monastery
Konvention <-, -en> [-vɛn-] *f* ❶ *meist pl* (*Verhaltensnormen*) convention; **sich** *akk* **über alle/gängige ~en hinwegsetzen** to ignore all/the normal conventions ❷ (*Übereinkunft*) convention; **die Genfer ~** the Geneva Convention; **die Haager ~en** the Hague Conventions
Konventionalstrafe *f* fixed penalty, penalty for non-performance of contract
konventionell [-vɛn-] I. *adj* ❶ (*geh: dem Durchschnitt entsprechend*) **~e Arbeitsgebiete** conventional fields of work, conventional ❷ MIL conventional II. *adv* ❶ (*geh: in althergebrachter Weise*) conventionally ❷ MIL conventionally
Konventionssatz *m* FIN rate fixed by convention
konvergent *adj inv* convergent
Konvergenz <-, -en> [-vɛr-] *f* BIOL convergence
Konvergenzentscheidung *f* JUR convergence ruling **Konvergenzkriterium** *nt* convergence criterion
Konversation <-, -en> [-vɛr-] *f* (*geh*) conversation; **~ machen** to make conversation
Konversationslexikon [-vɛr-] *nt* (*veraltend*) encyclop[a]edia
Konversion <-, -en> *f* conversion
Konverter <-s, -> *m* converter
konvertibel, konvertierbar [-vɛr-] *adj* convertible
Konvertibilität <-> *f kein pl,* **Konvertierbarkeit** <-> *f kein pl* convertibility *no pl*
konvertierbar *adj* INFORM convertible
Konvertierbarkeit <-> *f kein pl* INFORM convertibility
konvertieren* [-vɛr-] *vi haben o sein* ■ **[zu etw** *dat*] ~ to convert [to sth]
Konvertierfehler *m* INFORM conversion error
Konvertierung <-, -en> *f* INFORM conversion
Konvertierungsanleihe *f* FIN conversion issue **Konvertierungsprogramm** *nt* INFORM conversion program
Konvertit(in) <-en, -en> [-vɛr-] *m(f)* convert
konvex [-ˈvɛks] I. *adj* convex II. *adv* convexly
Konvexlinse *f* convex lens **Konvexspiegel** *m* convex mirror
Konvoi <-s, -s> [ˈkɔnvɔy, kɔnˈvɔy] *m* convoy; **im ~ fahren** to travel in [*or* as a] convoy
Konvolut <-[e]s, -e> *nt* (*geh*) bundle
Konvulsion <-, -en> [-vʊl-] *f meist pl* convulsion
konzedieren* I. *vt* (*geh*) ■ **[jdm] etw** ~ to concede sth [to sb], to admit sth II. *vi* (*geh: zugestehen*) ■ **[jdm] ~, dass** to concede [*or* admit] [to sb] that
Konzentrat <-[e]s, -e> *nt* concentrate
Konzentration <-, -en> *f* ❶ *kein pl* (*angestrengtes Nachdenken*) concentration ❷ (*Zusammenballung*) concentration ❸ *kein pl* (*Bündelung*) ■ **die ~ einer S.** *gen* **auf etw** *akk* the concentration of sth on sth ❹ (*Stärke*) concentration
Konzentrationsfähigkeit *f kein pl* ability to concentrate **Konzentrationsgradient** *m* BIOL, CHEM concentration gradient **Konzentrationsgrundsatz** *m* JUR principle of concentration **Konzentrationskontrolle** *f* ÖKON merger [*or* monopolies] control **Konzentrationslager** *nt* concentration camp **Konzentrationsmangel** *m kein pl* lack of concentration **Konzentrationsprozess**RR *m* ÖKON process of concentration **Konzentrationsschwäche** *f* loss of concentration *no pl* **Konzentrationsstörung** *f* PSYCH, MED weak [*or* poor] concentration; **an ~en leiden** to suffer from weak [*or* poor] concentration
konzentrieren* I. *vr* ■ **sich** *akk* [**auf etw** *akk*] ~ to concentrate [on sth] II. *vt* ❶ (*bündeln*) ■ **etw** [**auf etw** *akk*] ~ to concentrate sth [on sth] ❷ (*massieren*) ■ **etw** ~ to concentrate sth
konzentriert I. *adj* ❶ (*angestrengt*) concentrated ❷ (*eingedickt*) concentrated ❸ CHEM concentrated II. *adv* in a concentrated manner
konzentrisch I. *adj* concentric II. *adv* concentrically
Konzept <-[e]s, -e> *nt* ❶ (*Entwurf*) draft; **als** [*o* **im**] **~** in draft [form] ❷ (*Plan*) plan; **jdn aus dem ~ bringen** to put sb off; **aus dem ~ geraten** [*o* **kommen**] to lose one's train of thought; **jdm nicht ins ~ passen** to not fit in with sb's plans; **jdm das ~ verderben** (*fam*) to foil sb's plan
Konzepthalter *m* clipboard
Konzeption <-, -en> *f* (*geh*) concept
konzeptionell *adj inv* (*geh*) conceptional
konzeptionslos I. *adj* (*geh*) without basis *pred,* unmethodical II. *adv* unmethodically
Konzeptionslosigkeit *f* lack of [any] underlying structure [*or* plan]
Konzeptpapier *nt* draft paper
Konzern <-s, -e> *m* group
KonzernabschlussRR *f* ÖKON consolidated financial statement [*or* accounts] *pl* **Konzernanhang** *m* JUR notes to group financial statements **Konzernbeteiligungen** *pl* HANDEL group holdings, affiliated interests **Konzernbilanz** *f* FIN consolidated balance sheet **Konzernbuchgewinn** *m* HANDEL intercompany [*or* consolidated] profit **Konzernbürgschaft** *f* JUR group surety **Konzernchef(in)** *m(f)* MD, CEO **Konzernentflechung** *f* ÖKON demerger **Konzernfusion** *f* ÖKON group merger **Konzerngesellschaft** *f* ÖKON group member **Konzernhaftung** *f* JUR group liability **Konzernlagebericht** *m* JUR group management report **Konzernmutter** *f* parent company **Konzernmutter** *f* ÖKON controlling company **Konzernprüfungsbericht** *m* FIN consolidated audit report **Konzernrecht** *nt* JUR law relating to groups [of companies] **Konzernrichtlinien** *pl* ÖKON group directives **Konzerntochter** *f* ÖKON affiliate member company, subsidiary **Konzernumsatz** *m* FIN group turnover **Konzernverrechnung** *f* FIN intercompany [*or* transfer] pricing **Konzernvorbehalt** *m* JUR extended reservation of ownership **Konzernzentrale** *f* group headquarters + *sing/pl vb*
Konzert <-[e]s, -e> *nt* MUS ❶ (*Komposition*) concerto ❷ (*musikalische Aufführung*) concert
Konzertabend *m* concert **Konzertagentur** *f* concert agency **Konzertbesucher(in)** *m(f)* concert-goer **Konzertflügel** *m* concert grand **Konzertgitarre** *f* concert guitar
konzertieren* *vi haben* MUS (*geh*) to give a concert
konzertiert *adj inv* (*geh*) concerted; **~e Aktion** concerted action
Konzertierungsverfahren *nt* JUR conciliation procedure

K

Konzertina <-, -s> *f* concertina

Konzertmeister(in) *m(f)* concert master **Konzertpianist(in)** *m(f)* concert pianist **Konzertsaal** *m* concert hall **Konzertsänger(in)** *m(f)* concert singer **Konzertzeichner(in)** *m(f)* BÖRSE stag **Konzertzeichnung** *f* BÖRSE stagging; **~en arrangieren** to stag the market

Konzession <-, -en> *f* ❶ (*geh: Zugeständnis*) concession; ■**eine ~ an etw** *akk* a concession to sth; ■**[jdm] [in etw** *dat*] **~en machen** to make concessions [to sb] [in sth] ❷ (*Gewerbeerlaubnis*) concession

Konzessionär(in) <-s, -e> *m(f)* concessionaire

konzessionieren* *vt* (*form*) ■**etw ~** to licence [*or* AM -se] sth, to grant sb a licence [*or* AM concession] to do sth

Konzessionsabgabe *f* JUR licence [*or* AM -se] tax **konzessionsbereit** *adj* (*geh*) willing to make concessions **Konzessionsbereitschaft** *f kein pl* (*geh*) willingness to make concessions **Konzessionserteilung** *f* JUR licensing, issue of a licence [*or* AM -se] **Konzessionsgebühren** *pl* JUR licence royalties [*or* fees] **Konzessionsinhaber(in)** *m(f)* JUR licensee, franchisee, concessionaire **konzessionspflichtig** *adj inv* JUR subject to a licence **Konzessionsvereinbarung** *f*, **Konzessionsvertrag** *m* JUR licensing agreement

Konzessivsatz *m* concessive clause

Konzil <-s, -e *o* -ien> *nt* ❶ (*Versammlung höherer Kleriker*) [ecclesiastical] council ❷ (*Hochschulgremium*) council

konziliant I. *adj* (*geh*) complaisant *form*, obliging II. *adv* (*geh*) complaisantly *form*, obligingly; ***er ist heute ~ gestimmt*** he's in an obliging mood today

Konzilianz <-, -en> *f* (*geh*) accommodation *form*, complaisance

konzipieren* *vt* ■**etw [als etw** *akk*] **~** to plan sth [as sth]

Koog <-es, Köge> *m* NORDD (*Polder*) polder

Kooperation <-, -en> [koʔopera'tsio:n] *f* cooperation *no indef art, no pl*

Kooperationskartell *nt* ÖKON cooperative cartel **Kooperationspartner(in)** *m(f)* JUR partner to a/the cooperation **Kooperationsphase** *f* cooperation phase **Kooperationsprojekt** *nt* cooperation scheme **Kooperationsvereinbarung** *f*, **Kooperationsvertrag** *m* JUR cooperation agreement

kooperativ *adj* (*geh*) co-operative

kooperieren* [koʔope'ri:rən] *vi* ■**[mit jdm] ~** to cooperate [with sb]

kooptieren* [koʔop'ti:rən] *vt* (*geh*) ■**jdn/etw ~** to co-opt sb/sth

Koordinate <-, -en> [koʔɔrdi'na:tə] *f* ❶ (*geometrische Angabe*) coordinate ❷ *meist pl* (*geografische Angabe*) coordinate

Koordinatenachse [-aksə] *f* coordinate axis **Koordinatensystem** *nt* coordinate system

Koordination <-, -en> *f* (*geh*) coordination

Koordinator(in) <-s, -toren> [koʔɔr-] *m(f)* (*geh*) coordinator

koordinieren* [koʔɔr-] *vt* (*geh*) ■**etw ~** to coordinate sth

Koordinierung <-, -en> *f* coordination; **~ der Prozessoren** processors coordination

Koordinierungspflicht *f* coordination duty

Kopeke <-, -n> *f* kopeck, copeck

Kopenhagen <-s> *nt* Copenhagen

Kopf <-[e]s, Köpfe> *m* ❶ [*Haupt*] head; **von ~ bis Fuß** from head to toe [*or* toe]; **den ~ in die Hände stützen** to rest one's head in one's hands; **den ~ in den Nacken werfen** to throw one's head back; **mit besoffenem ~** (*sl*) in a sozzled state, drunk out of one; **mit bloßem ~** bareheaded; **einen dicken** [*o* **schweren**] **~ haben** (*fam*) to have a sore head *fam*, to have a hangover *fam*; **einen heißen ~ haben** to have a hot forehead, to have a temperature; **einen roten ~ bekommen** to go red in the face; **einen [halben] ~ größer/kleiner als jd sein** to be [half a] head taller/smaller than sb; **~ an ~** shoulder to shoulder; (*beim Pferderennen*) neck and neck; **~ bei ~** jam-packed; **bis über den ~** above one's head; (*fig: ganz tief*) up to one's neck; **~ runter!** duck!; **[mit dem] ~ voraus** [*o* **voran**] headfirst, headlong AM; **~ weg!** (*fam*) out the way! *fam;* **jdm den ~ abschlagen** to behead sb, to cut off sb's head; **jdm brummt der ~** (*fam*) sb's head is thumping *fam;* **den ~ einziehen** to lower one's head; **sich** [*o* **schlagen**] **an den ~ fassen** *dat* (*fam*) to shake one's head; **jds ~ fordern** to demand sb be beheaded; ***wir fordern seinen Kopf!*** off with his head!; (*fig*) to demand sb's resignation; **den ~ hängen lassen** (*a. fig*) to hang one's head; **jdn den ~ kosten** to cost sb his/her head; (*fig*) to cost sb his/her job; **mit dem ~ nicken** to nod one's head; **den ~ schütteln** to shake one's head; **jdm schwindelt der ~, jds ~ schwindelt** sb's head is spinning; **den ~ sinken lassen** to lower one's head; **jdm auf den ~ spucken können** (*fam*) to be head and shoulders above sb *fam*, to be miles taller than sb; **auf dem ~ stehen** to stand on one's head; **jdm über den ~ wachsen** to grow taller than sb; (*fig*) to be too much for sb; **sich** *dat* **den ~ waschen** to wash one's hair; **die Köpfe zusammenstecken** (*fam*) to huddle together; **sich den ~ zuschütten** [*o* **zuziehen**] (*fam*) to get tanked up *fam* ❷ [*oberer Teil*] head; (*Briefkopf*) letterhead, head; (*vom Plattenspieler*) head, pick-up; **~ oder Zahl?** (*bei Münzen*) heads or tails?; **ein ~ Salat/Kohl** a head of lettuce/cabbage; **auf dem ~ stehen** to be upside down; **die Köpfe hängen lassen** *Blumen* to droop ❸ [*Gedanken*] head, mind; **etw will jdm nicht aus dem ~** sb can't get sth out of his/her head; **sich** *dat* **etw durch den ~ gehen lassen** to consider sth, to mull sth over; **im ~** in one's head; **etw im ~ haben** [*o* **behalten**] to have made a mental note of sth; ***die Einzelheiten kann ich nicht alle im ~ behalten*** I can't remember all the details; **etw im ~ haben** (*fam: sich mit etw beschäftigen*) to think about sth; **anderes** [*o* **andere Dinge**] **im ~ haben** to have other things to worry about; **nichts als** [*o* **nur**] **Fußball/Arbeit im ~ haben** to think of nothing but football/work; **in den ~ kommen, dass** to remember that; ***mir ist neulich in den Kopf gekommen, dass ...*** it crossed my mind the other day, that ...; **es will jdm nicht in den Kopf, wie/warum/dass** (*fam*) to not be able to understand how/why/that; ***will das dir denn nicht in den Kopf?*** can't you get that into your head?; **den ~ voll [mit etw] haben** (*fam*) to be preoccupied [with sth]; ***ich habe den Kopf voll genug!*** I've got enough on my mind; **etw im ~ rechnen** to calculate sth in one's head; **jdm durch den ~ schwirren** (*fam: gehen*) to buzz around sb's head; **in den Köpfen spuken** to haunt one's/their, etc. thoughts; **sich** *dat* **[über etw** *akk*] **den ~ zerbrechen** (*fam*) to rack one's brains [over sth] ❹ [*Verstand, Intellekt*] mind; ***du bist ein kluger Kopf!*** you are a clever boy/girl!; ***du hast wohl was am Kopf!*** (*sl*) you're not quite right in the head!; **ein heller** [*o* **kluger**] [*o* **schlauer**] **~ sein** (*fam*) to have a good [*or* clever] head on one's shoulders; **einen klaren ~ behalten** to keep a clear head; **einen kühlen ~ bewahren** [*o* **behalten**] to keep a cool head; **nicht ganz richtig** [*o* **klar**] **im ~ sein** (*fam*) to be not quite right in the head *fam;* **über jds ~ hinweg sein** to be over sb's head; **etw im ~ nicht aushalten** (*sl*) to not be able to bear sth; **dafür muss man's im ~ haben** you need brains for that/to do that *fam;* **etw geht jdm nicht in den ~** [*o* **etw will jdm nicht in den ~ gehen**] sb just can't understand sth; **jdm schwirrt der ~** (*fam*) sb's head is buzzing *fig;* **kaum wissen, wo jdm der ~ steht** (*fam*) to not know whether one is coming or going; **den ~ verlieren** (*fam*) to lose one's head; **jdm den ~ zurechtsetzen** [*o* **zurechtrücken**] (*fam*) to make sb see sense ❺ [*Wille*] mind; **seinen eigenen ~ haben** (*fam*) to have a mind of one's own; **seinen ~ durchsetzen** to get one's way; **nach jds ~ gehen** to go [*or* be] the way sb wants; **sich** *dat* **etw aus dem ~ schlagen** to get sth out of one's head; **sich** *dat* **in den ~ setzen, etw zu tun** to get it into one's head to do sth ❻ [*Person*] head, person; ■**der ~ einer S.** *gen* the person behind sth; **eine Summe/Belohnung auf jds** *akk* **~ aussetzen** to put a price on sb's head; ***auf den ~ dieses Mörders waren 500$ Belohnung ausgesetzt*** a reward of $500 had been offered for the murderer's capture; **pro ~** per head, per capita *form* ▶ WENDUNGEN: **[bei etw] ~ und Kragen riskieren** (*fam*) to risk life and limb [doing sth]; **den ~ in den Sand stecken** to bury one's head in the sand; **den ~ aus der Schlinge ziehen** to dodge danger; **mit dem ~ durch die Wand [rennen] wollen** (*fam*) to be determined to get one's way; **sich** *dat* **die Köpfe heiß reden** (*fam*) to talk oneself into a frenzy; **den ~ hoch tragen** to keep one's head held high; **~ hoch!** [keep your] chin up!; **jdn einen ~ kürzer machen** (*sl*) to chop sb's head off; **den ~ oben behalten** to keep one's chin up, to not loose heart; ***halt' den ~ oben, Junge*** chin up, kid; **jdm nicht [gleich] den ~ abreißen** (*fam*) to not bite sb's head off *fam;* **nicht auf den ~ gefallen sein** (*fam*) to not have been born yesterday *fam;* **wie vor den ~ geschlagen sein** (*fam*) to be dumbstruck; **etw auf den ~ hauen** (*fam*) to spend all of sth; **jdm auf dem ~ herumtanzen** (*fam*) to do as one likes with sb; **den ~ [für jdn/etw] hinhalten** (*fam*) to put one's head on the line; **jdm raucht der ~** (*fam*) sb's head is spinning; **sich um seinen ~ reden** to talk oneself straight into a prison cell/one's grave; **Köpfe werden rollen** heads will roll; **jdm in den ~ steigen, jdm zu Kopf[e] steigen** to go to sb's head; **und wenn du dich auf den ~ stellst, ..., du kannst dich auf den ~ stellen, ...** (*fam*) you can talk until you're blue in the face... *fam;* **etw auf den ~ stellen** (*etw gründlich durchsuchen*) to turn sth upside down [*or* inside out]; (*etw ins Gegenteil verkehren*) to turn sth on its head; **jdn vor den ~ stoßen** to offend sb; **jdm den ~ verdrehen** (*fam*) to turn sb's head; **jd vergisst noch mal seinen ~** (*fam*) sb would forget his/her head if it wasn't screwed on *fam;* **jdm den ~ waschen** to give sb a telling-off; **seinen ~ darauf wetten, dass** (*fam*) to bet one's bottom dollar that; **jdm etw an den ~ werfen** [*o fam* **schmeißen**] to chuck [*or* sling] sth at sb; **jdm Beleidigungen and den ~ werfen** to hurl insults at sb; **jdm etw auf den ~ zusagen** to tell sb sth to his/her face

Kopf-an-Kopf-Rennen *nt* (*a. fig*) neck-and-neck race **Kopfarbeit** *f* brain-work **Kopfbahnhof** *m* BAHN *station where trains cannot pass through but must enter and exit via the same direction* **Kopfball** *m* header **Kopfbedeckung** *f* headgear *no indef art, no pl;* **ohne ~** bareheaded **Kopfbewegung** *f* head movement, movement of the head

Köpfchen <-s, -> *nt dim von* **Kopf** (*kleiner Kopf*) [little] head ▶ WENDUNGEN: **~ haben** (*fam*) to have brains; **~, ~!** (*fam*) very clever!

köpfen I. *vt* ❶ (*fam: enthaupten*) ■**jdn ~** to behead sb; *s. a.* **Flasche** ❷ (*die Triebe beschneiden*) ■**etw ~** to prune sth II. *vi* to head the ball

Kopfende *nt* head **Kopffreiheit** *f* AUTO headroom **Kopfbeschnitt** *m* TYPO head trim[ming] **Kopffüßer** <-s, -> *m* cuttlefish **Kopfgeburt** *f* (*pej fam*) unrealistic proposal **Kopfgeld** *nt* head money *no pl*, bounty **Kopfgeldjäger(in)** *m(f)* bounty hunter **Kopfhaar** *nt* ❶ *kein pl* (*Haupthaar*) hair ❷ (*einzelnes Haar*) hair **Kopfhaut** *f* scalp **Kopfhörer** *m* headphones *pl;* (*für Händy*) headset

Kopfhöreranschluss[RR] *m* headphone connection [*or* socket] **Kopfhörerbuchse** *f* headphone socket

Kopfjäger(in) *m(f)* headhunter **Kopfkissen** *nt* pillow **Kopfkissenbezug** *m* pillowcase **Kopflänge** *f* head **kopflastig** *adj* ❶ (*vorn zu stark beladen*) nose-heavy; (*oben zu stark beladen*) top-heavy ❷ (*zu viel Leitungspersonal aufweisend*) top-heavy ❸ (*zu intellektuell*) overly intellectual **Kopflaus** *f* head louse

kopflos I. *adj* ❶ (*ganz verwirrt*) bewildered, confused; ■**~ sein/werden** to be/become hysterical;

jdn ~ machen to confuse sb ❷ *(enthauptet)* headless, beheaded **II.** *adv* in a bewildered [*or* confused] manner

Kopflosigkeit <-> *f kein pl* hysterical confusion

Kopfmassage *f* head [*or* scalp] massage **Kopfmensch** *m* PSYCH *(fam)* cerebral person **Kopfnicken** *nt kein pl* nod [of the head] **Kopfnuss**[RR] *f* ❶ **Kopfnüsse verteilen** to dish out noogies *sl, to rap [people] on the head with your knuckles* ❷ *(Denkaufgabe)* brain teaser **Kopfrechnen** *nt* mental arithmetic *no pl* **Kopfsalat** *m* lettuce **kopfscheu** *adj* ▶ WENDUNGEN: **jdn ~ machen** *(fam)* to confuse sb; **~ werden** *(fam)* to get confused **Kopfschmerz** *m meist pl* headache; **jdm ~en bereiten** [*o fam* **machen**] to give sb headaches [*or* a headache]; **~en haben** to have a headache; **sich** *dat* **über/um etw** *akk*/**wegen einer S.** *gen* **~en/keine ~en machen** to worry/not worry about sth **Kopfschmerztablette** *f* headache tablet **Kopfschuppen** *pl* MED dandruff *no pl, no indef art* **Kopfschuss**[RR] *m* shot in the head **Kopfschütteln** *nt kein pl* shake of the head **kopfschüttelnd I.** *adj* shaking his/her, etc. head *pred* **II.** *adv* with a shake of the head **Kopfschutz** *m* headguard, protective headgear **Kopfsprung** *m* header; **einen ~ machen** to take a header [*or* [head] dive] **Kopfstand** *m* headstand; **einen ~ machen** to do a headstand, to stand on one's head

Kopfstein *m* cobblestone **Kopfsteinpflaster** *nt* cobblestones *pl,* cobbled surface

Kopfsteuer *f* FIN capitation [*or* BRIT poll] tax **Kopfsteuerprinzip** *nt* FIN capitation tax principle **Kopfstimme** *f* MUS head-voice, falsetto **Kopfstütze** *f* headrest **Kopfteil** *nt eines Betts* headboard **Kopftuch** *nt* headscarf **kopfüber** *adv* head first **Kopfverband** *m* head dressing **Kopfverletzung** *f* head injury **Kopfweh** *nt s.* Kopfschmerz **Kopfwunde** *f s.* Kopfverletzung **Kopfzeile** *f* header; **rollende ~** rolling header **Kopfzerbrechen** *nt* ▶ WENDUNGEN: **jdm ~ bereiten** [*o* **machen**] to cause sb quite a headache; **sich** *dat* **über jdn/etw ~ machen** to worry about sb/sth

Kopie <-, -n> [*pl* -'pi:ən] *f* ❶ *(Nachbildung)* copy, replica ❷ *(Fotokopie)* photocopy; **eine ~ [von etw** *dat*] **machen** to make a photocopy [of sth] ❸ *(Durchschrift)* [carbon] copy ❹ *(Abschrift)* copy ❺ *(Abzug eines Fotos)* copy, print ❻ *(Doppel eines Films)* copy, print

kopieren* *vt* ❶ *(foto~)* ■**etw ~** to photocopy sth; *(pausen)* to trace sth ❷ FOTO, FILM *(Abzüge machen)* ■**etw ~** to print sth ❸ *(Doppel herstellen)* ■**etw ~** to copy sth ❹ *(nachbilden)* ■**etw ~** to copy [*or* replicate] sth; **schwarz ~** to pirate ❺ *(nachahmen)* ■**jdn/etw ~** to imitate [*or* copy] sb/sth; **oft kopiert, nie erreicht** often imitated but never equalled [*or* AM *a.* duplicated]

Kopierer <-s, -> *m (fam) s.* **Kopiergerät**

kopierfähig *adj inv* TYPO **~er Film** production film **Kopierfunktion** *f* INFORM copy command **Kopiergerät** *nt* [photo]copier **kopiergeschützt** *adj* INFORM copy-protected **Kopierpapier** *nt* [photo]copy paper *no pl* **Kopierschutz** *m* copy protection *no pl;* **~ einer Diskette** copy protect of a disk **Kopiersperre** *f* anti-copy device **Kopierstift** *m* indelible pencil

Kopilot(in) *m(f)* co-pilot

Koppel[1] <-s, – *o* ÖSTERR -, -n> *nt o* ÖSTERR *f* belt

Koppel[2] <-, -n> *f* pasture

koppeln *vt* ❶ *(anschließen)* ■**etw an etw** *akk* **~** to connect sth to sth ❷ *(miteinander verbinden)* ■**etw [an etw** *akk*] **~** to couple sth [onto sth] ❸ *(mit etw verknüpfen)* ■**etw an etw** *akk* **~** to make sth dependent on sth; ■**etw mit etw** *dat* **~** to link sth with sth

Koppelschloss[RR] *nt* belt buckle

Kopp(e)lung <-, -en> *f* ❶ *(das Anschließen)* connection ❷ RAUM *(Verbindung)* docking ❸ HANDEL, JUR linkage

Kopp(e)lungsgeschäft *nt* HANDEL linked transaction, tying [*or* AM tie-in] sale **Kopp(e)lungsklausel** *f* JUR tying [*or* AM tie-in] clause **Kopp(e)lungsmanöver** [-ve] *nt* RAUM docking manoeuvre [*or* AM maneuver]; **ein ~ durchführen** to carry out a docking manoeuvre **Kopp(e)lungsverbot** *nt* JUR exclusion of tying arrangements **Kopp(e)lungsvereinbarung** *f* JUR tying arrangements *pl* **Kopp(e)lungsvertrag** *m* JUR tying [*or* AM tie-in] contract

Koppelwirtschaft *f kein pl* ÖKON pegged economy

Köpper <-s, -> *m* DIAL *(fam)* header; **einen ~ machen** to take a header

Kopplung <-, -en> *f s.* **Koppelung**

Kopplungsgeschäft *nt* HANDEL package deal **Kopplungsgruppe** *f* BIOL linkage group

Kopra <-> *f kein pl* copra

Koproduktion *f* co-production; **in ~ mit etw** *dat* in cooperation with sth **Koproduzent(in)** *m(f)* co-producer **Koprozessor** *m* coprocessor

Kopte, Koptin <-n, -n> *m, f* Copt

koptisch *adj* Coptic

Kopula <-, -s *o* -lae> *f* BIOL, LING copula

Kopulation <-, -en> *f* copulation

kopulieren* *vi* to copulate

kor *imp von* **küren**

Koralle <-, -n> *f* coral

Korallenbank <-bänke> *f* coral reef **Koralleninsel** *f* coral island **Korallenkette** *f* coral necklace **Korallenriff** *nt* coral reef **Korallensee** *f* Coral Sea

Koran <-s> *m kein pl* Koran

Koranschule *f* Koran[ic] school

Korb <-[e]s, Körbe> *m* ❶ *(Behälter aus Geflecht)* basket; **ein ~ -pfel** a basket[ful] of apples ❷ *(Papierkorb)* wastepaper basket, bin ❸ *(Ring mit Netz)* basketball; **einen ~ erzielen** [*o* **schießen**] to score a goal ❹ *kein pl (Weidengeflecht)* wicker ❺ *(fam: Abfuhr)* rejection; **[bei/von jdm] einen ~ bekommen, sich** *dat* **[bei/von jdm] einen ~ holen** *(fam)* to be rejected [by sb]; **jdm einen ~ geben** *(fam)* to reject sb, to turn sb down

Korbball *m kein pl* korfball **Korbblüt(l)er** <-s, -> *m* composite

Körbchen <-s, -> *nt* ❶ *dim von* **Korb 1** *(kleiner Korb)* small basket ❷ MODE *(bei Büstenhaltern)* cup

Korbflasche *f* demijohn **Korbflechter(in)** <-s, -> *m(f)* basket-maker **Korbflechterei** *f* basket-making **Korbgeflecht** *nt* basketwork, wickerwork **Korbmacher(in)** *m(f)* basket-maker **Korbmacherei** *f* basket-making **Korbmöbel** *nt* piece of basketwork [*or* wickerwork] furniture **Korbsessel** *m* wicker [arm]chair **Korbstuhl** *m* wicker chair **Korbwaren** *pl* wickerwork [articles *pl*] **Korbweide** *f* osier, basket willow

Kord <-[e]s, -e> *m s.* **Cord**

Kordel <-, -n> *f* cord

Kordhose *f* cord trousers *npl* BRIT, corduroy pants *npl* AM

Kordilleren [kɔrdɪl'je:rən] *pl* ■**die ~** the Cordillera [Central, Occidental and Oriental]

Kordon <-s, -s *o* ÖSTERR -e> *m* cordon

Korea *nt* Korea

Koreaner(in) *m(f)* Korean

Koreanisch *nt decl wie adj* Korean; *s. a.* **Deutsch**

koreanisch *adj inv* Korean

Koreanische <-n> *nt* ■**das ~** Korean, the Korean language; *s. a.* **Deutsche**

Koreferent(in) *m(f) s.* **Korreferent**

Koriander <-s, -> *m* coriander *no pl*

Korinth *nt* Corinth

Korinthe <-, -n> *f* current

Korinthenkacker(in) <-s, -> *m(f) (pej sl)* hairsplitter *pej fam,* nitpicker *pej fam*

Korinther(in) *m(f)* Corinthian

korinthisch *adj* ❶ *(zu Korinth)* Corinthian ❷ KUNST Corinthian

Kork <-[e]s, -e> *m* ❶ *(Material aus Korkeichenrinde)* cork *no pl;* **aus ~** cork *attr,* made of cork *pred* ❷ DIAL *(Korken)* cork

Korkeiche *f* cork-oak

Korken <-s, -> *m* cork; **~ haben** to be corked

Korkengeld *nt (veraltend)* corkage **Korkenzieher** <-s, -> *m* corkscrew **Korkenzieherlocken** *pl* corkscrew curls **Korkfußboden** *m* cork floor

korkig I. *adj* corked **II.** *adv* ***der Wein schmeckt ~*** the wine tastes corked

Korkplatte *f* cork panel **Korktapete** *f* cork panelling [*or* AM paneling] *no pl* **Korkuntersetzer** *m* cork coaster

Kormoran <-s, -e> *m* cormorant

Korn[1] <-[e]s, Körner *o* -e> *nt* ❶ *(Samenkorn)* grain ❷ *(hartes Teilchen)* grain ❸ *(Getreide)* corn *no pl,* grain *no pl* ❹ *kein pl* FOTO *(Feinstruktur)* grain

Korn[2] <-[e]s, – *o* -s> *m (Kornbranntwein)* corn brandy, schnapps

Korn[3] <-[e]s, -e> *nt* front sight; **etw aufs ~ nehmen** to draw a bead on sth; *(fig fam)* to attack [*or* hit out at] sth; **jdn aufs ~ nehmen** *(fig fam)* to have it in for sb *fam,* to start keeping tabs on sb *fam*

Kornähre *f* ear of corn **Kornblume** *f* cornflower **kornblumenblau** *adj* cornflower blue **Kornbranntwein** *m (geh)* corn brandy

Körnchen <-s, -> *nt dim von* **Korn**[1] grain; **ein ~ Wahrheit** a grain of truth

Kornelkirsche *f* cornelian cherry

körnen *vt* ■**etw ~** to granulate sth; **gekörnte Fleischbrühe** stock granules

Körnerfresser(in) <-s, -> *m(f) (pej)* health food freak **Körnerfutter** *nt* grain feed *no pl*

Kornett <-s, -e *o* -s> *nt* cornet

Kornfeld *nt* cornfield **Korngröße** *f* BAU grain size **Kornhalm** *m* stalk

körnig *adj* ❶ *(aus Körnchen bestehend)* granular ❷ *(nicht weich)* grainy ❸ *(eine rauhe Oberfläche habend)* granular

Kornkammer *f (geh)* granary **Kornsilo** *m* grain silo **Kornspeicher** *m* granary

Körnung <-, -en> *f* ❶ *(körnige Oberfläche)* grain ❷ FOTO *(körnige Struktur)* granularity ❸ BAU gradation

Kornweihe *f* ORN hen harrier

Korona <-, Koronen> *f* ❶ TECH corona ❷ *(Strahlenkranz der Sonne)* corona ❸ *(geh: Schar)* bunch, crowd

koronar *adj inv* coronary

Koronargefäß *nt* coronary vessel **Koronarinsuffizienz** *f* MED coronary insufficiency **Koronarsklerose** *f* coronary arteriosclerosis *spec*

Körper <-s, -> *m* ❶ *(Leib)* body; **~ und Geist** body and mind; **am ganzen ~** all over ❷ *(Organismus)* body ❸ *(Leiche)* body, corpse ❹ *(Gebilde)* body, object ❺ *(Stoffdichte)* body; ***der Wein hat ~*** the wine has a good body, it is a full-bodied wine

Körperbau *m kein pl* physique **Körperbeherrschung** *f kein pl* body control **körperbehindert** *adj (geh)* physically disabled [*or* handicapped] **Körperbehinderte(r)** *f(m) decl wie adj (geh)* physically disabled [*or* handicapped] person **körperbetont** *adj* clinging, emphasizing [*or* BRIT *a.* -ising] one's contours *pred* **körpereigen** *adj inv, attributiv* MED endogenous **Körperertüchtigung** *f (geh)* physical training

Körperfülle *f* corpulence **Körpergefühl** *nt* MED, PSYCH perception of one's own body **körpergerecht** *adj* shaped to fit the contours of the body *pred* **Körpergeruch** *m* body odour [*or* AM -or], B.O. **Körpergewicht** *nt* weight **Körpergröße** *f* size **Körperhaltung** *f* posture **Körperkontakt** *m* body contact **Körperkraft** *f* strength **Körperlänge** *f s.* **Körpergröße**

körperlich I. *adj* ❶ *(den Leib betreffend)* physical ❷ *(geh: stofflich)* material, corporeal *form* **II.** *adv* ❶ *(mit Hilfe der Muskeln)* physically; **~ arbeiten** to do physical work ❷ *(an Körperkraft)* physically

körperlos *adj* immaterial, incorporeal *form*

Körperlotion *f* PHARM, MED body lotion **Körpermasse-Index** *m* MED Body Mass Index **Körperöffnung** *f* orifice [of the body] **Körperpflege** *f* personal hygiene **Körperpuder** *nt* talcum powder

Körperschaft <-, -en> *f* JUR corporation, corporate body; **gemeinnützige ~** non-proft corporation; **öffentlich-rechtliche ~, ~ des öffentlichen Rechts**

K

public corporation, corporation under public law; **bundesunmittelbare** ~ federal corporation

Körperschaftsteuer *f* FIN corporation [*or* corporate income] tax AM

Körperschaftsteueranrechnung *f* FIN imputation of the corporation tax **körperschaftsteuerfrei** *adj inv* FIN exempt from corporation tax **Körperschaftsteuergutschrift** *f* FIN corporation tax credit **Körperschaftsteuerminderung** *f*, **Körperschaftsteuervergünstigung** *f* FIN corporate tax privilege BRIT **Körperschaftsteuerpflicht** *f* FIN liability to corporation tax **körperschaftsteuerpflichtig** *adj inv* FIN liable to corporation tax **Körperschaftsteuerreform** *f* FIN reform of corporation tax **Körperschaftsteuerrichtlinien** *pl* FIN corporation tax regulations **Körperschaftsteuersubjekt** *nt* FIN corporation tax subject **Körperschaftsteuertarif** *m* FIN corporation tax rate **Körperschaftsteuervergütung** *f* FIN corporation tax refund

Körpersignal *nt* physical sign **Körpersprache** *f* body language **Körperteil** *m* part of the body **Körpertemperatur** *f* body temperature **Körperverletzung** *f* bodily harm *no indef art, no pl;* **schwere** ~ grievous bodily harm; **fahrlässige** ~ negligent bodily injury; **gefährliche** ~ dangerous bodily injury; ~ **im Amt** bodily injury caused by an officer of the law; ~ **mit Todesfolge** bodily injury with fatal consequences; [**besonders**] **schwere** ~ grievous bodily harm **Körperwärme** *f* body heat [*or* warmth] *no pl*

Korpora *pl von* **Korpus²**

Korporation <-, -en> *f* ❶ (*Studentenverbindung*) association, club, AM *a.* fraternity ❷ (*geh*) *s.* **Körperschaft**

Korporatismus <-> *m kein pl* ÖKON corporatism *no pl*

korporiert *adj* (*einer Studentenverbindung angehörend*) ■ ~ **sein** to be a member of an association/a club

Korps <-, -> [koːɐ] *nt* ❶ MIL, POL corps; **diplomatisches** ~ diplomatic corps ❷ (*schlagende Studentenverbindung*) duelling [*or* AM dueling] association

Korpsgeist *m kein pl* (*geh*) community spirit

Korpsstudent *m* member of a student [duelling [*or* AM dueling]] association

korpulent *adj* (*geh*) corpulent

Korpulenz <-> *f kein pl* (*geh*) corpulence

Korpus¹ <-, -se> *m* ❶ *kein pl* (*tragende Basis*) base ❷ (*hum fam: Körper*) body ❸ *kein pl* (*der Gekreuzigte*) crucifix

Korpus² <-, Korpora> *nt* ❶ (*Sammlung von Textmaterialien*) corpus ❷ *kein pl* (*Klangkörper*) body

Korreferat *nt* ❶ (*weiteres Referat*) follow-up [*or* BRIT *a.* supplementary] paper ❷ (*weitere Begutachtung*) second assessment

Korreferent(in) *m(f)* ❶ (*weiterer Redner*) co-speaker ❷ (*zweiter Gutachter*) co-marker

korrekt I. *adj* ❶ (*richtig*) correct ❷ (*vorschriftsmäßig auftretend*) upright, upstanding; ■[**in etw** *dat*] ~ **sein** to be correct [in sth] ❸ (*vorschriftsmäßig*) correct, punctilious II. *adv* ❶ (*richtig*) correctly ❷ (*vorschriftsmäßig*) correctly, uprightly, punctiliously

korrekterweise *adv* properly speaking

Korrektheit <-> *f kein pl* ❶ (*Richtigkeit*) correctness ❷ (*vorschriftsmäßiges Auftreten*) correctness ❸ (*vorschriftsmäßige Art*) correctness, punctiliousness

Korrektor, Korrektorin <-s, -toren> *m, f* ❶ (*Korrektur lesen*) proof-reader ❷ (*korrigierender Prüfer*) marker

Korrektur <-, -en> *f* ❶ (*geh: das Korrigieren*) correction; [**etw**] ~ **lesen** to proof-read [sth] ❷ (*geh: Veränderung*) adjustment ❸ (*Korrekturfahne*) galley [proof] *spec*

Korrekturband <-bänder> *nt* correction ribbon **Korrekturbehandlung** *f* reparative treatment **Korrekturfahne** *f* galley [proof] *spec* **Korrekturflüssigkeit** *f* correction fluid **Korrekturprogramm** *nt* INFORM patch **Korrekturtaste** *f* INFORM backspace key **Korrekturzeichen** *nt* proof-readers' mark

Korrelat <-[e]s, -e> *nt* SCI (*geh: ergänzende Entsprechung*) correlate

Korrelation <-, -en> *f* correlation

korrelieren *vi haben* (*geh*) ■ **mit etw** ~ to correlate with sth

Korrespondent(in) <-en, -en> *m(f)* ❶ (*Reporter*) correspondent ❷ (*Handelskorrespondent*) correspondence clerk

Korrespondenz <-, -en> *f* correspondence *no pl*

Korrespondenzanwalt, -anwältin *m, f* JUR communicating lawyer **Korrespondenzbank** *f* FIN correspondent bank **Korrespondenzqualität** *f* TYPO near letter-quality

korrespondieren* *vi* ❶ (*in Briefwechsel stehen*) ■[**mit jdm**] ~ to correspond [with sb] ❷ (*geh: entsprechen*) ■ **mit etw** *dat* ~ to correspond to [*or* with] sth

Korridor <-s, -e> *m* corridor; **der** [**Polnische**] ~ HIST the Polish Corridor

korrigierbar *adj* correctable, correctible

korrigieren* *vt* ❶ SCH, MEDIA (*berichtigen*) ■ **etw** ~ to correct sth; **eine Klassenarbeit/einen Aufsatz** ~ to mark a test/an essay; **ein Manuskript** ~ to proofread a manuscript; ■ **korrigiert** corrected; *Aufsatz, Arbeit* marked; **etw nach oben/unten** ~ to adjust sth upwards/downwards; *Aufsatz, Arbeit* to mark sth up/down ❷ MED (*ausgleichen*) ■ **etw** ~ to correct sth ❸ (*verändern*) ■ **etw** ~ to alter [*or* change] sth ❹ (*verbessern*) ■ **jdn** ~ to correct sb

korrodieren* *vi sein* to corrode; ■ **korrodiert** corroded

Korrosion <-, -en> *f* ❶ (*das Korrodieren*) corrosion ❷ GEOL (*Zersetzung*) corrosion

korrosionsbeständig *adj* non-corrosive; ■ ~ **sein** to be non-corrosive **Korrosionsschutz** *m* corrosion prevention **Korrosionsschutzfarbe** *f* BAU anti-corrosion paint **Korrosionsschutzgarantie** *f* AUTO guarantee against corrosion BRIT, anticorrosion warranty AM

korrumpieren* *vt* (*pej geh*) ■ **jdn** ~ to corrupt sb

korrupt *adj* (*pej*) ❶ (*bestechlich*) corrupt ❷ (*moralisch verkommen*) corrupt

Korruption <-, -en> *f* (*pej*) corruption

Korruptionssumpf *m* POL (*pej fam*) circle of corruption **Korruptionsvorwurf** *m* accusation of corruption

Korse, Korsin <-n, -n> *m, f* GEOG Corsican; ~ **sein** to be [a] Corsican

Korselett <-s, -s *o* -e> *nt* corselette

Korsett <-s, -s *o* -e> *nt* ❶ MODE, MED corset ❷ (*fig*) straitjacket

Korsettbestimmungen *pl* JUR (*zusätzliche Einlagen*) corsets

Korsika <-s> *nt kein pl* Corsica

Korsin <-, -nen> *f fem form von* **Korse**

korsisch *adj* Corsican

Korso <-s, -s> *m* ❶ (*Umzug*) procession, parade ❷ (*selten: Prachtstraße*) boulevard

Kortison <-s, -e> *nt* MED cortisone

Kortisonbehandlung *f* MED cortisone treatment *no pl,* treatment with cortisone *no pl*

Korvette <-, -n> *f* NAUT corvette

Korvettenkapitän *m* NAUT lieutenant commander

Koryphäe <-, -n> *f* (*geh: Spezialist*) leading authority

Kosak(in) <-en, -en> *m(f)* Cossack

Kosakenmütze *f* cossack hat

Kosakin <-, -nen> *f fem form von* **Kosake**

koscher I. *adj* ❶ REL kosher ❷ (*fam: einwandfrei*) kosher *fam* ► WENDUNGEN: **nicht** [**ganz**] ~ **sein** to be not [quite] kosher [*or* on the level] II. *adv* REL according to kosher requirements

K.-o.-Schlag *m* knockout blow

Koseform *f* LING affectionate form (*of a name*)

kosen I. *vi* (*veraltend liter*) ■ **mit jdm** ~ to canoodle with sb II. *vt* (*veraltend geh*) ■ **jdn** ~ to caress sb

Kosename *m* pet name **Kosewort** *nt* ❶ (*Kosename*) pet name ❷ (*zärtliche Worte*) term of endearment, sweet nothing *fam*

K.-o.-Sieg *m* knockout victory

Kosinus <-, -u *o* -se> *m* MATH cosine

Kosmetik <-> *f kein pl* ❶ (*Schönheitspflege*) cosmetics *pl;* **dekorative** ~ colour [*or* AM -or] cosmetics *pl* ❷ (*pej geh*) ***diese Maßnahmen sind reine*** ~ these measures are purely cosmetic

Kosmetiker(in) <-s, -> *m(f)* cosmetician, beautician

Kosmetikkoffer *m* vanity case **Kosmetikspiegel** *m* make-up mirror **Kosmetiktuch** *nt* tissue

Kosmetikum <-s, -metika> *nt* cosmetic

kosmetisch I. *adj* ❶ (*die Schönheitspflege betreffend*) cosmetic ❷ (*pej geh*) cosmetic II. *adv* cosmetically

kosmisch *adj* ❶ SCI cosmic; ~**e Strahlung** cosmic rays *pl,* radiation *no pl* ❷ (*geh: umfassend*) cosmic

Kosmologie <-, -n> *f* ASTRON cosmology

Kosmonaut(in) <-en, -en> *m(f)* cosmonaut

Kosmopolit(in) <-en, -en> *m(f)* (*geh*) cosmopolitan

kosmopolitisch *adj* (*geh*) cosmopolitan

Kosmos <-> *m kein pl* ■ **der** ~ the cosmos

Kosovare, Kosovarin <-n, -n> *m, f* Kosovan

kosovarisch *adj* (*aus dem Kosovo stammend*) Kosovan

Kosovo <-s> ['kɔsɔvɔ] *m* ■ [**der**] ~ Kosovo

Kosovo-Abkommen *nt* Kosovo peace agreement **Kosovo-Albaner(in)** *m(f)* Kosovo-Albanian, Kosovo Albanian **kosovo-albanisch** *adj* Kosovo-Albanian **Kosovo-Flüchtling** *m* Kosovo [*or* Kosovan] refugee, refugee from Kosovo **Kosovo-Friedenstruppe** *f* peace troops in Kosovo **Kosovo-Krieg** *m* ■ **der** ~ the Kosovo war, the war in Kosovo **Kosovo-Krise** *f* POL ■ **die** ~ the Kosovo crisis

Kost <-> *f kein pl* food; **jdn in** ~ **geben** to board sb out; **jdn in** ~ **nehmen** to board sb, to take sb as a boarder; [**freie**] ~ **und Logis** [free] board and lodging; **geistige** ~ intellectual fare; **leichte** ~ light fare; **reichliche** ~ plentiful diet; **schmale** ~ meagre [*or* AM -er] fare

kostbar *adj* ❶ (*wertvoll*) valuable; ■ **jdm** ~ **sein** to mean a lot [*or* the world] to sb ❷ (*unentbehrlich*) precious; ■ [**jdm**] **zu** ~ **sein** to be too precious ► WENDUNGEN: **sich** ~ **machen** (*fam: selten kommen*) to stay away

Kostbarkeit <-, -en> *f* ❶ (*wertvoller Gegenstand*) treasure, precious object ❷ (*Erlesenheit*) preciousness

kosten¹ I. *vt* ❶ (*als Preis haben*) ■ **etw** ~ to cost sth ❷ (*als Preis erfordern*) ■ **jdn etw** ~ to cost sb sth; ***der Computer hat mich 1000 Mark gekostet*** the computer cost me 1000 marks; **sich** *dat* **etw etwas** ~ **lassen** (*fam*) to be prepared to spend a lot on sth *fam* ❸ (*erfordern*) ■ **jdn etw** ~ to take [up] sb's sth; ***das kann uns viel Zeit*** ~ it could take us a [good] while ❹ (*rauben*) ■ **jdn etw** ~ to cost sb sth ► WENDUNGEN: **koste es, was es wolle** whatever the cost II. *vi* to cost

kosten² I. *vt* (*geh*) ■ **etw** ~ ❶ (*probieren*) to taste [*or* try] sth ❷ (*aus~*) to make the most of [*or* to enjoy] sth II. *vi* (*geh*) ■ [**von etw**] ~ to have a taste [of sth], to taste [*or* try] [sth]

Kosten *pl* costs *pl;* (*Ausgaben*) expenses *pl;* **Aufstellung der entstandenen** ~ detailed statement of costs; ~ **der Betriebsführung** operating costs; **erstattungsfähige** ~ recoverable costs; **aktivierte** ~ capitalized expenses; **aufgelaufene** [*o* **entstanden**] ~ costs incurred [*or* accrued]; **direkte/fixe** ~ direct/fixed costs; ~ **sparend** *adjektivisch* economical; *adverbial* economically; ~ **sparende Maßnahmen** cost-saving measures; ~ **treibend** cost-increasing; **die** ~ **abwälzen** to pass costs on; **die** ~ **auf jdn/etw abwälzen** to pass the costs onto sb/to burden sth; **die** ~ **dämpfen** to cut costs; **auf seine** ~ **kommen** (*fig*) to get one's money's worth, to enjoy oneself; **die** ~ **tragen** [*o* **übernehmen**] to bear the costs; **die** ~ **des Verfahrens tragen** to pay the costs of litigation; **außergerichtliche** ~ out-of-court expenses; ~ **des Rechtsstreits** costs and expenses of the action; **auf eigene** ~ at one's own expense; **auf** ~ **von jdm/etw** [*o* **einer S.** *gen*] (*fig*) at the expense of sb/sth

Kostenabgrenzung *f* ÖKON cost limit **Kostenanstieg** *m* ÖKON increase in cost **Kostenart** *f* ÖKON type of costs **Kostenaufgliederung** *f*, **Kostenaufschlüsselung** *f* ÖKON cost breakdown **Kostenaufstellung** *f* statement of charges [*or* costs] **Kostenaufwand** *m* expense; **mit [einem] bestimmtem ~** at a certain expense; **mit einem ~ von etw** at a cost of sth **Kostenbefreiung** *f* JUR cost exemption **Kostenbeitreibung** *f* JUR recovery of costs **Kostenbelastung** *f* ÖKON cost burden **Kostenberechnung** *f* ÖKON costing **Kostenbereich** *m* ÖKON cost field **Kostenbescheid** *m* JUR BRIT taxation of costs, AM taxed bill of costs **Kostenbeschluss**[RR] *m*, **Kostenentscheidung** *f* FIN order to pay costs **Kostenbeteiligung** *f* ÖKON cost sharing *no pl*, [assuming [*or* assumption of] *no pl* a] share of the costs **kostenbewusst**[RR] *adj* cost-conscious **Kostenbudget** *nt* ÖKON cost budget **Kostendämpfung** *f* curb on expenditure **kostendeckend** ÖKON **I.** *adj* cost-effective, cost-covering; **~e Auslastung** breakeven load **II.** *adv* cost-effectively, to cover one's costs; **~ arbeiten** to break even **Kostendeckung** *f kein pl* ÖKON covering costs **Kostendegression** *f* ÖKON decreasing trend in costs **Kosteneinheit** *f* JUR cost unit **Kosteneinsparung** *f* ÖKON cost saving **Kostenentscheidung** *f* JUR costs order **Kostenentwicklung** *f* ÖKON cost trend **Kostenerlass**[RR] *m* FIN exemption from costs, waiver of fees **Kostenersatz** *m kein pl* JUR reimbursement of costs and expenses **Kostenerstattung** *f* reimbursement of expenses **Kostenerstattungsanspruch** *m* JUR entitlement to costs **Kostenexplosion** *f* (*fam*) costs explosion **Kostenfaktor** *m* cost factor **Kostenfestsetzung** *f* JUR determination of costs; **Antrag auf ~** request for the fixing of costs **Kostenfestsetzungsgebühr** *f* FIN fee for taxation of costs **Kostenfrage** *f* question of cost **kostenfrei** *adj* JUR cost-free, free of cost **Kostenfreiheit** *f* JUR exemption from costs **Kostengarantie** *f* FIN cost guarantee **Kostengrund** *m* financial reason **kostengünstig** *adj* economical, less expensive, lower-cost, favourably [*or* AM -orably] priced **Kostenhinterlegung** *f* FIN security for costs **Kosteninflation** *f* ÖKON inflation costs **kostenintensiv** *adj* cost-intensive **Kostenkalkulation** *f* calculation of costs, cost-calculation **Kostenkompetenz** *f* FIN depositing of costs

kostenlos **I.** *adj* ■**~ sein** to be free [of charge] **II.** *adv* free [of charge]

Kostenmanagement *nt kein pl* cost management **Kostenmiete** *f* JUR cost-covering rent **kostenneutral** *adj* self-financing **Kosten-Nutzen-Analyse** *f* cost-benefit analysis **Kosten-Nutzen-Rechnung** *f* cost-benefit calculation **Kosten-Nutzen-Verhältnis** *nt* cost-benefit ratio **Kostenordnung** *f* JUR scale of costs **Kostenpauschale** *f* all-inclusive costs *pl* **kostenpflichtig** **I.** *adj* liable to costs; ■**~ sein** to bear a charge, to be liable to costs; *s. a.* **Verwarnung** **II.** *adv* at cost; ***Fahrzeuge werden ~ abgeschleppt*** vehicles will be towed away at owner's expense **Kostenplanung** *f* ÖKON cost planning **Kostenpreisbildung** *f* ÖKON cost pricing **Kosten-Preis-Schere** *f* ÖKON cost-price squeeze **Kostenprognose** *f* ÖKON forecast costs **Kostenpunkt** *m* cost item; **~?** (*fam*) how much? **Kostenrahmen** *m* ÖKON budget **Kostenrechnung** *f* ÖKON cost accounting, costing **Kostenrecht** *nt* JUR law concerning court costs **Kostenreduzierung** *f* ÖKON cost-cutting **Kostenregulierung** *f* FIN settlement of costs **Kostenrevisor** *m* FIN taxing master, comptroller **Kostenrückerstattung** *f* ÖKON reimbursement of costs, refund of expenses **Kostenschuldner(in)** *m(f)* JUR party liable for costs **Kostenselbstbeteiligung** *f* own cost-contribution **Kostensenkung** *f* ÖKON cost-cutting **Kostensituation** *f* cost situation **Kostensteigerung** *f* ÖKON increase in cost[s], cost increase *no pl* **Kostenstelle** *f* cost centre [*or* AM -er] **Kostenträger** *m* FIN cost [*or* product] unit, cost bearer **Kostentragung** *f* FIN bearing the costs **Kostentransparenz** *f* FIN cost transparancy **Kostenüberlegung** *f* FIN cost consideration **Kostenübernahme** *f* ÖKON assumption of costs, agreement to cover costs **Kostenüberschlag** *m* ÖKON estimate of costs **Kostenübersicht** *f* ÖKON cost survey **Kostenüberwälzung** *f* FIN passing on the costs **Kostenvergleichsrechnung** *f* FIN cost comparison method **Kostenverrechnung** *f*, **Kostenverteilung** *f* ÖKON allocation of cost, cost distribution [*or* allocation] **Kostenvoranschlag** *m* estimate, quotation; **sich** *dat* **einen ~ [von jdm] machen lassen, [von jdm] einen ~ einholen** to get [*or* obtain] an estimate [from sb]; **jdm einen ~ machen** to give sb an estimate **Kostenvorgabe** *f* ÖKON standard cost **Kostenvorschuss**[RR] *m* ÖKON advance on costs **Kostenwirksamkeit** *f* ÖKON cost-effectiveness *no pl* **Kostenzuschlag** *m* ÖKON excess charge **Kostenzuschuss**[RR] *m zur Fahrzeugerhaltung* car allowance

Kostgeld *nt* board

köstlich **I.** *adj* ① (*herrlich*) delicious, exquisite ② (*fam: amüsant*) priceless **II.** *adv* ① (*herrlich*) deliciously, exquisitely ② (*in amüsanter Weise*) **sich ~ amüsieren** to have a wonderful time

Köstlichkeit <-, -en> *f* ① *kein pl* (*geh: herrliche Art*) exquisiteness ② (*Delikatesse*) delicacy

Kostprobe *f* ① (*etwas zum Probieren*) taste ② (*Vorgeschmack, Beispiel*) taste, sample; ***eine ~ seines Könnens*** a sample of his skill

kostspielig *adj* costly, expensive

Kostüm <-s, -e> *nt* ① MODE suit ② HIST costume ③ THEAT costume

Kostümball *m* fancy-dress [*or* costume] ball **Kostümbildner(in)** <-s, -> *m(f)* costume designer **Kostümfest** *nt* fancy-dress ball

kostümieren* *vt* ■**sich [als etw] ~** ① (*sich verkleiden*) to dress up [as sth] ② (*pej fam: sich unpassend anziehen*) ***wie hast du dich denn kostümiert!*** why on earth have you rigged yourself out like that!

Kostümprobe *f* THEAT dress rehearsal

Kostumstellung *f* change of diet

Kostümverleih *m* costume hire [*or* AM rental]

Kostverächter(in) <-s, -> *m(f)* ▶ WENDUNGEN: **kein ~/keine ~in sein** (*hum*) to enjoy one's food; (*etwas für Sex übrig haben*) to relish the opposite sex

Kot <-[e]s> *m kein pl* ① (*geh*) excrement, faeces BRIT *form*, feces AM *form* ② (*veraltend: aufgeweichte Erde*) mud ▶ WENDUNGEN: **etw/jdn mit ~ bewerfen** to sling mud at sth/sb; **etw in [*o* durch] den ~ ziehen** to drag sth through the mire

Kotangens *m* MATH cotangent

Kotau <-s, -s> *m* ▶ WENDUNGEN: **einen ~ [vor jdm] machen** (*pej geh*) to kowtow [to sb]

Kotelett <-s, -s *o selten* -e> [kotə'lɛt, kɔt'lɛt] *nt* KOCHK chop, cutlet

Koteletten *pl* MODE sideburns *npl*, side-whiskers *npl old*, BRIT *a.* sideboards *npl*

Köter <-s, -> *m* (*pej*) mutt

Kotflügel *m* AUTO wing

Kotzbrocken *m* (*pej sl*) slimy git BRIT *sl*, slimeball AM *sl*

Kotze <-> *f kein pl* (*vulg*) puke *sl*; **die ~ kriegen** it makes you want to puke

Kotzen <-s> *nt kein pl* (*fam*) **etw ist zum ~** sth makes you [*or* me] sick *fam*

kotzen *vi* (*vulg: sich erbrechen*) to puke; **das ist zum K~** (*sl*) it makes you sick *sl*; ***das finde ich zum K~*** it makes me sick ▶ WENDUNGEN: **da kann man das [kalte] K~ kriegen** (*sl*) it makes you want to puke *sl*

kotzübel *adj* (*fam*) ■**jdm ~ sein/werden** sb feels like they're going to puke *sl*

kovalent *adj inv* CHEM **~e Bindung** covalent bond

KP <-, -s> *f Abk von* **Kommunistische Partei** Communist Party

KPD <-> *f kein pl Abk von* **Kommunistische Partei Deutschlands** German Communist Party

KPdSU <-> *f kein pl* (*hist*) *Abk von* **Kommunistische Partei der Sowjetunion** Communist Party of the Soviet Union

Krabbe <-, -n> *f* ① ZOOL (*Taschenkrebs*) crab ② KOCHK (*Garnele*) prawn ③ (*fam: kleines Mädchen*) sweet little girl *fam*

Krabbeldecke *f* baby rug

krabbeln **I.** *vi sein* (*sich mit den Beinen fortbewegen*) to crawl **II.** *vt* (*fam: kitzeln*) to crawl

Krach <-[e]s, Kräche *o* -s> *m* ① *kein pl* (*Lärm*) noise, racket *fam*; **~ machen** to make a noise [*or fam* racket] ② (*lauter Schlag*) bang ③ *pl* Kräche (*fam: Streit*) quarrel, BRIT *a.* row; **~ [mit jdm] haben** (*fam*) to have a row [with sb] *fam*; **mit jdm ~ kriegen** (*fam*) to get into trouble with sb ④ (*fam: wirtschaftlicher Zusammenbruch*) crash ▶ WENDUNGEN: **~ machen [*o* schlagen]** (*fam*) to make a fuss *fam*

krachen **I.** *vi* ① *haben* (*laut hallen*) to crash; *Ast* to creak; *Schuss* to ring out ② *sein* (*fam: prallen*) to crash *fam*; ■**auf etw** *akk*/**gegen/in etw** *akk*/**vor etw** *akk* **~** to crash onto/against/into/in front of sth **II.** *vi impers haben* ① (*ein Krachen verursachen*) ■**es kracht** there is a crashing noise ② (*fam: Unfall verursachen*) ***auf der Kreuzung hat es gekracht*** there's been a crash on the intersection ③ (*fam: Börsenkrach geben*) ***der Betrieb kracht*** the company is going bankrupt ▶ WENDUNGEN: **dass es nur so kracht** (*fam*) with a vengeance *fam*; **sonst kracht's!, und es kracht!** (*fam*) or/and there'll be trouble *fam* **III.** *vr* (*fam*) to have a row BRIT *fam* [*or* AM an argument]; ■**sie ~ sich** they're having a row; ■**sich mit jdm ~** to have a row with sb

krachend *adv* with a crash [*or* bang], crashing

Kracher <-s, -> *m* banger BRIT, firecracker AM; **alter ~** old codger

Krachmacher(in) *m(f)* (*pej fam*) noisy character

Krachsalat *m* iceberg lettuce

krächzen **I.** *vi* ① ORN to caw; ■**~d** cawing ② (*fam: heiser sprechen*) to croak *fam* ③ (*sich geräuschvoll räuspern*) to clear one's throat noisily **II.** *vt* (*fam*) ■**etw ~** to croak sth

Krächzen <-s> *nt kein pl* ① ORN (*einer Krähe, Rabe*) cawing ② (*fam: heiseres Sprechen*) croaking

Kräcker <-s, -> *m* cracker

kraft *präp* +*gen* (*geh*) ■**~ einer S.** by virtue of sth *form*

Kraft <-, Kräfte> *f* ① ([*körperliche*] *Stärke*) strength; **wieder zu Kräften kommen** to regain one's strength; **seine Kräfte [mit jdm] messen** to try [*or* pit] one's strength [against sb]; **nicht wissen wohin mit seiner ~** (*fam*) to be brimming with energy; **wieder bei Kräften sein** to have got one's strength back; **über jds** *akk* **Kräfte gehen** to be more than sb can cope with; **seine Kräfte sammeln** to gather one's strength; **die ~ aufbringen, etw zu tun** to find the strength to do sth; **mit seinen Kräften Haus halten müssen** to have to conserve one's strength ② (*Geltung*) power; **außer ~ sein** to be no longer in force; **in ~ sein** to be in force; **etw außer ~ setzen** to invalidate [*or* set aside] sth; **in ~ treten** to come into force [*or* effect]; **in ~ seit ...** effective as from ...; *Gesetz* operative from ... ③ (*Potenzial*) potential, power, strength; **mit aller ~** with all one's strength; **mit letzter ~** with one's last ounce of strength; **die treibende ~** the driving force; **mit vereinten Kräften** with combined efforts, in a combined effort; (*Truppen*) to gather one's troops; **in jds Kräften stehen** to be within sb's powers; ***ich will Ihnen gerne behilflich sein, so weit es in meinen Kräften steht*** I will do everything within my power to help you ④ PHYS (*Energie*) power; **aus eigener ~** by oneself; **mit frischer ~** with renewed energy; **halbe/volle ~ voraus!** NAUT half/full speed ahead!; **magnetische Kräfte** magnetic attraction *sing* ⑤ *meist pl* (*Einfluss ausübende Gruppe*) force ⑥ (*Arbeitskraft*) employee, worker ▶ WENDUNGEN: **vor ~ nicht mehr laufen können** (*hum fam*) to be too muscle-bound to move; **nach [besten] Kräften** as much as possible, to the best of one's ability

Kraftakt *m* act of strength **Kraftanstrengung** *f*

K

exertion **Kraftaufwand** *m* effort **Kraftausdruck** *m* swear word; Kraftausdrücke strong language; mit Kraftausdrücken um sich werfen to swear continuously **Kraftbrühe** *f* beef stock
Kräfteverfall *m* loss of vigour [*or* AM -or] **Kräfteverhältnis** *nt* POL balance of power **Kräfteverschleiß** *m* loss of energy
Kraftfahrer(in) *m(f)* (*geh*) ❶ TRANSP (*Führer eines Kraftfahrzeuges*) motorist *form*, driver ❷ (*Lkw-Fahrer*) driver
Kraftfahrzeug *nt* AUTO (*geh*) motor vehicle *form*
Kraftfahrzeugbrief *m s.* Fahrzeugbrief **Kraftfahrzeugdichte** *f* traffic density **Kraftfahrzeugdiebstahl** *m* vehicle theft **Kraftfahrzeughaftpflichtversicherung** *f* (*geh*) third-party car insurance **Kraftfahrzeugkaskoversicherung** *f* AUTO (*geh*) vehicle third party fire and theft insurance **Kraftfahrzeugkennzeichen** *nt* vehicle registration **Kraftfahrzeugmechaniker(in)** *m(f)* vehicle mechanic **Kraftfahrzeugpapiere** *pl* (*geh*) vehicle registration papers **Kraftfahrzeugschein** *m s.* Fahrzeugschein **Kraftfahrzeugsteuer** *f* motor vehicle tax **Kraftfahrzeugüberlassungsvertrag** *m* vehicle leasing contract **Kraftfahrzeugversicherung** *f* car insurance
Kraftfeld *nt* PHYS force field **Kraftfutter** *nt* AGR concentrated feed stuff
kräftig I. *adj* ❶ (*physisch stark*) strong, powerful ❷ (*stark ausgeformt*) strong; ■~ werden to become strong ❸ (*wuchtig*) firm, powerful ❹ (*intensiv*) strong; etw ~ verteuern to drive up the price of sth ❺ KOCHK (*nahrhaft*) nourishing; eine ~e Suppe a nourishing soup ❻ (*ausgeprägt*) strong; *Haarwuchs* healthy ❼ (*drastisch*) strong; eine ~e Sprache führen to use strong language ❽ (*groß*) large, substantial II. *adv* ❶ (*angestrengt*) hard, vigorously; etw ~ rühren to give sth a good stir; ~ niesen to sneeze violently ❷ METEO (*stark*) heavily ❸ (*deutlich*) substantially ❹ (*sehr*) very; ~ jdm die Meinung sagen to strongly express one's opinion
kräftigen *vt* (*geh*) ❶ (*die Gesundheit festigen*) ■jdn/etw ~ to build up sb's/sth's strength; ■gekräftigt envigorated ❷ (*stärken*) ■jdn/etw ~ to strengthen [*or* fortify] sb/sth
Kräftigung <-, -en> *f* (*geh*) ❶ (*gesundheitliche Festigung*) strengthening, invigoration ❷ (*das Stärken*) strengthening, fortification
Kräftigungsmittel *nt* tonic
Kraftlackel <-s, -> *m* SÜDD, ÖSTERR (*pej sl: Kraftprotz*) musclehead *pej* AM *sl;* (*Flucher*) foul-[*or* mealy-]mouthed idiot; ■ein ~ sein (*ein Kraftprotz sein*) to have more muscles than brains; (*fluchen*) to use unnecessary foul language
Kraftlinien [-liːniən] *pl* PHYS lines of force
kraftlos I. *adj* weak II. *adv* feebly
Kraftloserklärung *f* JUR invalidation, annulment
Kraftlosigkeit <-> *f kein pl* weakness **Kraftmeierei** <-, -en> *f* (*pej fam*) swagger **Kraftprobe** *f* test of strength **Kraftprotz** <-es, -e> *m* (*fam*) muscle man *fam* **Kraftrad** *nt* (*geh*) motorcycle **Kraftreserven** *pl* reserves *pl* of strength **Kraftsport** *m* power sport **Kraftstoff** *m* (*geh*) fuel
Kraftstoffanzeige *f* AUTO fuel gauge **Kraftstoffdämpfe** *pl* fuel vapour[s] [*or* AM -or[s]] **Kraftstofffilter**[RR] *m* AUTO fuel filter **Kraftstoffgemisch** *nt* fuel mixture **Kraftstofftank** *m* AUTO fuel tank **Kraftstoffwandler** <-s, -> *m* AUTO fuel converter, reformer **Kraftstrom** *m* electric current (*for electric engines*) **kraftstrotzend** *adj* (*geh*) exuding vitality [*or* vigour] [*or* AM -or] **Krafttraining** *nt* SPORT strength training **Kraftübertragung** *f* power transmission **kraftvoll** I. *adj* (*geh*) ❶ (*stark*) strong ❷ (*sonor*) powerful II. *adv* powerfully, forcefully; ~ zubeißen to take a hearty bite **Kraftwagen** *m* (*geh*) motor vehicle **Kraftwerk** *nt* power station
Kraftwerksbetreiber *m* company running a power station **Kraftwerkstechnik** *f kein pl* power station technology

Kragbühne *f* BAU cantilever
Kragen <-s, – *o* Krägen> *m* SÜDD, SCHWEIZ MODE collar; den ~ nach oben schlagen [*o* stülpen] to turn up one's collar; jdn am [*o fam* beim] ~ packen to collar sb, to take sb by the scruff of his neck *fam* ▶ WENDUNGEN: jdm geht es an den ~ (*fam*) sb is in for it *fam;* etw kostet jdn den ~ (*fam*) sth is sb's downfall; jdm platzt der ~ (*fam*) sb blows their top *fam;* ***jetzt platzt mir aber der ~!*** (*fam*) that's it, I've had enough!; dem könnte ich den ~ umdrehen! I could wring his neck!
Kragenbär *m* ZOOL Asian black bear **Kragenklammer** *f* collar stud **Kragenknopf** *m* collar button **Kragenspiegel** *m* MIL collar patch **Kragenweite** *f* MODE collar size ▶ WENDUNGEN: [genau] jds ~ sein (*fam*) to be [just] sb's cup of tea *fam*
Krähe <-, -n> *f* ORN crow ▶ WENDUNGEN: eine ~ hackt der anderen kein Auge aus (*prov*) birds of a feather flock together *prov*
krähen *vi* ❶ ORN to crow ❷ (*fam*) to squeal *fam*
Krähenfüße *pl* crow's feet **Krähenscharbe** <-, -n> *f* ORN shag
Krakau <-s> *nt* Cracow
Krakauer <-, -> *f polish garlic sausage*
Krake <-n, -n> *m* ❶ ZOOL octopus ❷ (*sagenhaftes Meerungeheuer*) kraken
krakeelen* *vi* (*pej fam*) to make a racket *fam;* ■~d noisy; ■das K~ rowdyness
Krakeeler(in) <-s, -> *m(f)* (*pej fam*) rowdy *fam*
Krakel <-s, -> *m* (*pej fam*) scrawl, scribble
Krakelei <-, -en> *f* (*fam o pej*) scrawl, scribble
krakelig I. *adj* scrawly II. *adv* scrawly
Kral <-s, -e> *m* kraal AM
Kralle <-, -n> *f* ❶ ORN, ZOOL claw ❷ *pl selten* (*fam: Parkkralle*) wheel clamp ▶ WENDUNGEN: bar auf die ~ (*sl*) cash in hand *fam;* jdn in seine ~n bekommen [*o fam* kriegen] to get one's claws into sb *fam;* jdn in seinen ~n haben (*fam*) to have sb in one's clutches *fam;* jdn/etw nicht aus den ~n lassen (*fam*) to not let sb/sth out of one's clutches *fam;* [jdm] die ~n zeigen (*fam*) to show [sb] one's claws *fam*
krallen I. *vr* ❶ (*sich fest~*) ■sich an jdn/etw ~ to cling onto [*or* claw at] sb/sth ❷ (*fest zupacken*) ■sich *akk* in etw *akk*/um etw *akk* ~ to cling onto/around sth II. *vt* ❶ (*fest bohren*) ■etw in etw *akk* ~ to dig sth into sth ❷ (*sl: klauen*) ■[sich *dat*] etw ~ to pinch sth *fam* ❸ (*sl: sich kaufen*) ■sich *dat* jdn ~ to get sb between one's fingers
Kram <-[e]s> *m kein pl* (*fam*) ❶ (*Krempel*) junk ❷ (*Angelegenheit*) affairs *pl*, things *pl fam;* den ~ satt haben to be fed up with the whole thing; mach doch deinen ~ allein! [why don't you] do it [*or* sort it out by] yourself!; den ganzen ~ hinschmeißen to pack the whole thing in; jdm in den ~ passen to suit sb fine; jdm nicht in den ~ passen to be a real nuisance to sb
kramen I. *vi* ❶ (*fam*) ■[in etw *dat*] [nach etw *dat*] ~ to rummage around [in sth] [for sth]; ***er kramte in der Schublade nach alten Fotos*** he rummaged around in the drawer for old photos ❷ SCHWEIZ (*Kleinhandel betreiben*) to hawk II. *vt* ■etw aus etw ~ to fish sth out of sth
Krämer(in) <-s, -> *m(f)* ❶ DIAL (*veraltet*) grocer's, general store ❷ (*pej: kleinlicher Mensch*) *s.* Krämerseele
Krämerseele *f* ▶ WENDUNGEN: eine ~ sein (*pej*) to be petty-minded
Kramladen *m* (*pej fam*) ❶ (*Trödelladen*) junk shop ❷ (*pej: Ramschladen*) crummy little shop
Krampe <-, -n> *f* staple
Krampen <-s, -> *m* ÖSTERR (*Spitzhacke*) pickaxe
Krampf <-[e]s, Krämpfe> *m* ❶ MED (*Muskelkrampf*) cramp; einen ~ bekommen to get a cramp; einen ~ haben to have a cramp ❷ MED (*Kolik*) cramp; sich in Krämpfen winden to double up in cramps; *Epilektiker* to double up in convulsions ▶ WENDUNGEN: einen ~ drehen (*sl*) to pull off a scam; [ein] ~ sein (*fam*) to be a pain in the neck
Krampfader *f* varicose vein
Krampfanfall *m* ❶ (*Muskelkrampf*) attack of sudden cramp[s] ❷ (*Epilepsie*) seizure
krampfen I. *vt* ❶ (*geh*) ■etw um etw ~ to clench sth around sth ❷ DIAL ■etw ~ to get one's hands on II. *vr* (*geh*) ■sich um etw ~ to clench sth
krampfhaft I. *adj* ❶ (*angestrengt*) frantic, desperate ❷ MED convulsive II. *adv* frantically, desperately
krampflindernd, **krampflösend** *adj* antispasmodic; ■~ sein to relieve cramp, to have antispasmodic properties *spec*
Kran <-[e]s, Kräne *o* -e> *m* ❶ TECH (*Vorrichtung zum Heben*) crane ❷ DIAL (*Wasserhahn*) tap
Kranführer(in) *m(f)* crane operator
krängen *vi* NAUT to heel over
Kranich <-s, -e> *m* ORN crane
krank <kränker, kränkste> *adj* ❶ MED (*nicht gesund*) ill, sick; ein ~es Bein/Herz a bad leg/heart ❷ (*leidend*) ■~ vor etw *dat* sein to be sick with sth ❸ FORST, HORT (*leidend*) ■~ sein to be diseased ❹ ÖKON (*wirtschaftlich nicht gesund*) ailing ❺ JAGD wounded ▶ WENDUNGEN: du bist wohl ~!, bist du ~? (*iron fam*) are you out of your mind? *fam;* jdn [mit etw] ~ machen (*fam*) to get on sb's nerves [with sth]
Kranke(r) *f(m) decl wie adj* sick person, patient, invalid; ein eingebildeter ~r a hypochondriac; ein unheilbar ~r a terminally ill person
kränkeln *vi* ❶ (*nicht ganz gesund sein*) to be unwell [*or* sickly] [*or* in poor health] ❷ ÖKON (*marode*) to be ailing
kranken *vi* (*pej*) ■an etw *dat* ~ to suffer from sth
kränken *vt* ■jdn [mit etw] ~ to hurt sb's feelings [with sth]; ■gekränkt sein to feel hurt; ■es kränkt jdn, dass it hurts sb['s feelings], that; ■~d hurtful
Krankenakte *f* medical file **Krankenanstalten** *pl* (*veraltend geh*) hospital, clinic **Krankenbericht** *m* medical report **Krankenbesuch** *m* [patient] visit, sick call; einen ~ [bei jdm] machen to go on a sick call [to sb] **Krankenbett** *nt* ❶ MED (*Krankenhausbett*) hospital bed ❷ (*geh: Krankenlager*) sickbed **Krankenblatt** *nt* medical record **Krankenfahrt** *f* journey by a sick person (*for treatment*) **Krankengeld** *nt* sick pay **Krankengeschichte** *f* medical history **Krankengymnast(in)** <-en, -en> *m(f)* physiotherapist **Krankengymnastik** *f* physiotherapy
Krankenhaus *nt* hospital, clinic; ins ~ kommen/müssen to go/have to go into hospital [*or* AM the hospital]; [mit etw] im ~ liegen to be in [*or* AM in the] hospital [with sth]
Krankenhausaufenthalt *m* hospital stay **Krankenhauskosten** *pl* hospital costs [*or* charges] *pl* **krankenhausreif** *adj* requiring hospital treatment; ■~ sein to require hospital treatment; jdn ~ schlagen to put sb into [*or* AM into the] hospital
Krankenkasse *f* health insurance company; in einer ~ sein to have health insurance **Krankenkost** *f kein pl* [special] diet **Krankenlager** *nt* (*geh*) sickbed; ans ~ gefesselt sein to be confined to bed **Krankenpflege** *f* nursing **Krankenpfleger(in)** *m(f)* [male] nurse **Krankensalbung** *f* REL anointing of the sick **Krankenschein** *m* health insurance voucher; auf ~ under health insurance cover **Krankenschwester** *f* nurse **Krankenstand** *m kein pl* ❶ ÖKON number of persons on sick leave ❷ ÖSTERR im ~ sein to be on sick leave **Krankenstandsquote** *f* number on the sicklist **Krankentransport** *m* ambulance service **Krankenversichertenkarte** *f* health insurance card **Krankenversicherung** *f* health insurance; gesetzliche/private ~ national/private health insurance **Krankenwagen** *m* ambulance **Krankenzimmer** *nt* ❶ MED (*Krankenhauszimmer*) hospital room ❷ (*Zimmer für erkrankte Insassen*) sickbay ❸ (*geh: Zimmer mit einem Kranken*) sickroom
krank|feiern *vi* (*fam*) to skive off work BRIT *fam*, to call in sick AM *fam;* ■das K~ skiving BRIT, calling in sick AM
krankhaft I. *adj* ❶ MED (*durch eine Erkrankung bedingt*) morbid; ■~ sein to show signs of disease, to be morbid ❷ (*unnormal*) morbid, sick, pathological; ■~ sein to be morbid [*or* chronic] II. *adv* morbidly

Krankheit <-, -en> *f* ❶ MED (*Erkrankung*) illness; **eine akute/chronische** ~ an acute/chronic illness; **Alzheimer** ~ Alzheimer's disease; **englische** ~ (*veraltend*) rickets *pl*; **parkinsonsche** ~ Parkinson's disease; **wegen** ~ due to illness ❷ (*Zeit einer Erkrankung*) illness ❸ FORST, HORT disease ▶ WENDUNGEN: **eine** ~ **sein** (*fam*) to be unbearable [*or* an impossible situation]; **es ist eine** ~ **mit jdm** (*fam*) sb is impossible [*or* unbearable]

krankheitsbedingt *adj inv* caused by illness *pred;* **~e Abwesenheit** absence owing to illness **Krankheitsbild** *nt* symptoms *pl* **krankheitserregend** *adj inv* pathogenic **Krankheitserreger** *m* pathogen **Krankheitserscheinung** *f* symptom **Krankheitsfall** *m* case of illness; ■**im** ~ in the event of illness **Krankheitsherd** *m* centre [*or* AM -er] [*or* focus] of a disease **Krankheitskeim** *m* germ **Krankheitskosten** *pl* costs *pl* of an/the illness **Krankheitsstand** *m kein pl* (*selten*) ❶ (*Krankheitsstadium*) stage of an/the illness ❷ (*Stand, Situation des Krankseins*) disease levels *pl*, levels *pl* of disease **Krankheitstag** *m* ÖKON, ADMIN sick day, sickie *fam*, day off through illness **Krankheitsverlauf** *m kein pl* MED course of a disease *no pl*, pathogenesis *no pl spec*, pathogeny *no pl spec*

krank|lachen *vr* (*fam*) ■**sich** [**über etw/jdn**] ~ to almost die laughing [about sb/sth]

kränklich *adj* sickly, in poor health

krank|machen *vi* (*fam*) *s.* **krankfeiern**

krank|melden *vr* ■**sich** [**bei jdm**] ~ to report sick [to sb], to call in sick **Krankmeldung** *f* notification of sickness **krank|schreiben** *vt* ■**jdn** ~ MED to give sb a sick note (*excusing them from work*) **Krankschreibung** *f* JUR issuing a medical certificate

Kränkung <-, -en> *f* insult; **jdm eine** ~ **zufügen** to insult [*or* offend] sb

Kranwagen *m* crane truck

Kranz <-es, Kränze> *m* ❶ (*Ring aus Pflanzen*) wreath ❷ (*geh*) ring, circle ❸ KOCHK DIAL (*Hefekranz*) ring (*of white sweet bread*)

Kränzchen <-s, -> *nt* ❶ *dim von* **Kranz 1** wreath, garland ❷ (*regelmäßige weibliche Runde*) coffee circle BRIT, coffee klat[s]ch AM

kränzen I. *vt* (*geh o selten: bekränzen*) ■**jdn/etw** [**mit etw**] ~ to garland sb/sth [with sth], to adorn sb/sth [with garlands] II. *vi* JAGD *Rotwild* to leave a faint hoofprint

Kranzgefäß *nt* ANAT *s.* **Herzkranzgefäß Kranzniederlegung** *f* (*geh*) wreath laying

Krapfen <-s, -> *m* ❶ KOCHK fritter ❷ DIAL (*frittiertes Hefegebäck*) ≈ doughnut BRIT, ≈ donut AM

Krasnojarsk <-s> *nt* Krasnoyarsk

krass[RR], **kraß** I. *adj* ❶ (*auffallend*) glaring, obvious; **ein krasser Gegensatz** a stark contrast; **ein krasser Fall** an extreme case ❷ (*unerhört*) blatant, gross ❸ (*extrem*) complete, rank II. *adv* crassly

Krater <-s, -> *m* crater

Kraterlandschaft *f* crater[ed] landscape **Kratersee** *m* crater lake

Kratzbürste *f* (*pej fam*) prickly person *fam*

kratzbürstig *adj* (*pej fam*) prickly *fam*

Krätze <-> *f kein pl* MED scabies

kratzen I. *vt* ❶ (*mit den Nägeln ritzen*) ■**jdn/etw** ~ to scratch sb/sth ❷ (*jucken*) ■**sich** [**irgendwo**] ~ to scratch oneself [somewhere] ❸ (*ab~*) ■**etw von etw** ~ to scratch sth off sth ❹ (*fam: kümmern*) ■**jdn** ~ to bother sb; ***das kratzt mich nicht*** I couldn't care less about that ❺ (*in Fasern auflösen*) **Wolle** ~ to card wool II. *vi* ❶ (*jucken*) ■[**irgendwo**] ~ to scratch [somewhere]; ***das Unterhemd kratzt so sehr*** the vest is terribly scratchy ❷ (*scharren*) to scratch; ■**mit etw** *dat* **über etw** *akk* ~ to scratch over sth with sth ❸ (*mit den Nägeln ritzen*) to scratch ❹ (*beeinträchtigen*) ■**an etw** *dat* ~ to scratch away at sth; **an jds Ehre** ~ to impugn sb's honour [*or* AM -or]; **an jds Stellung** ~ to undermine sb's position ❺ (*spielen*) **auf der Geige** ~ to scrape away on a violin III. *vt impers* ***es kratzt mich im Hals*** my throat feels rough

Kratzer <-s, -> *m* scratch

kratzfest *adj inv* scratch-resistant [*or* -proof], non-scratch

Kratzfestigkeit *f* scratch resistance

krätzig *adj inv* scabious

Krätzmilbe *f* ZOOL itch mite

Kratzwunde *f* scratch wound

Kraul <-[s]> *nt kein pl* SPORT crawl

kraulen[1] I. *vi haben o sein* to swim [*or* do] the crawl; ■**das K~** the crawl II. *vt haben o sein* ■**etw** ~ to swim sth using the crawl

kraulen[2] *vt* ■**jdn** [**irgendwo**] ~ to scratch sb lightly [somewhere]; **jdm das Kinn** ~ to chuck sb under the skin; **einen Hund zwischen den Ohren** ~ to tickle a dog between its ears

kraus *adj* ❶ (*stark gelockt*) crinkly, frizzy; *s. a.* **Stirn** ❷ (*zerknittert*) crumpled, wrinkled ❸ (*pej: verworren*) muddled

Krause <-, -n> *f* ❶ MODE (*gefältelter Saum*) ruffle; (*gekräuselter Kragen*) ruffled collar ❷ (*fam: künstliche Wellung*) frizzy perm

Kräuselband *nt* rufflette [tape]

kräuseln I. *vt* ❶ MODE (*mit künstlichen Locken versehen*) ■**etw** ~ to crimp sth; ■**gekräuselt** frizzy ❷ (*leicht wellig machen*) ■**etw** ~ to ruffle sth II. *vr* ❶ (*leicht kraus werden*) ■**sich** ~ to frizz ❷ (*leichte Wellen schlagen*) ■**sich** ~ to ruffle

kraushaarig *adj* ■~ **sein** to have frizzy hair **Krauskopf** *m* (*fam*) ❶ (*krause Frisur*) frizzy hairstyle ❷ (*Mensch mit krausen Haaren*) frizzy head **Kraussalat** *m* curly lettuce

Kraut <-[e]s, Kräuter> *nt* ❶ BOT herb ❷ *kein pl* HORT (*grüne Teile von Pflanzen*) foliage, herbage; **ins** ~ **schießen** to go to seed ❸ *kein pl* KOCHK DIAL (*Kohl*) cabbage; (*Sauerkraut*) pickled cabbage ❹ (*pej fam: primitiver Tabak*) tobacco ❺ *kein pl* DIAL (*Sirup*) syrup ▶ WENDUNGEN: **wie** ~ **und Rüben durcheinanderliegen** (*fam*) to lie about all over the place *fam;* **gegen etw ist kein** ~ **gewachsen** (*fam*) there's no remedy for sth; **ins** ~ **schießen** (*fam*) to get out of control

Kräuterbuch *nt* herbal, book of herbs **Kräuterbutter** *f* herb butter **Kräuterextrakt** *nt o m* herb[al] extract **Kräuterkäse** *m* herb cheese **Kräuterlikör** *m* herb liqueur **Kräutermischung** *f* herb mixture, mixed herbs *pl* **Kräuteröl** *nt* herbal oil **Kräuterpille** *f* (*fam*) [natural] herbal pill **Kräutersträußchen** *nt* bouquet garni **Kräutertee** *m* herbal tea

Krautkopf *m* SÜDD, ÖSTERR (*Kohlkopf*) head of cabbage **Krautsalat** *m* coleslaw (*without carrot*)

Krawall <-s, -e> *m* ❶ (*Tumult*) riot; ~ **schlagen** to kick up a row [*or* AM an argument] ❷ *kein pl* (*fam: Lärm*) racket; ~ **machen** (*pej fam*) to make a racket

Krawallmacher(in) *m(f)* (*pej fam*) hooligan

Krawatte <-, -n> *f* ❶ MODE tie ❷ SPORT headlock ❸ MED (*Gips~*) plaster collar ▶ WENDUNGEN: **sich einen hinter die** ~ **gießen** (*fam*) to down a pint; **jdm die** ~ **zuziehen** (*erwürgen*) to throttle sb; (*erhängen*) to string sb up

Krawattenfutter *nt* lining of a tie **Krawattenknoten** *m* tie knot **Krawattenmode** *f* tie fashion **Krawattenmuster** *nt* pattern on a tie **Krawattennadel** *f* tiepin **Krawattenschal** *m* cravat **Krawattenträger(in)** *m(f)* ~ **sein** to wear ties

kraxeln *vi sein* SÜDD, ÖSTERR ■[**auf etw** *akk*] ~ to clamber [onto sth]

Kreation <-, -en> *f* MODE creation

kreativ I. *adj* creative II. *adv* (*geh*) creatively

Kreativdirektor(in) *m(f)* creative director

Kreativität <-> *f kein pl* (*geh*) creativity, creativeness

Kreativurlaub *m holiday with emphasis on creative pursuits*

Kreatur <-, -en> *f* ❶ (*Geschöpf*) creature; **alle** ~ (*geh*) all creatures *pl* ❷ (*pej: willenloses Werkzeug*) minion ▶ WENDUNGEN: **die stumme** ~ (*geh*) dumb creatures *pl*

Krebs[1] <-es, -e> *m* ❶ ZOOL crayfish, crawfish ❷ *kein pl* KOCHK (*Krebsfleisch*) crab; **rot wie ein** ~ red as a lobster ❸ *kein pl* ASTROL Cancer; [**ein**] ~ **sein** to be [a] Cancer

Krebs[2] <-es, -e> *m* ❶ MED (*Tumor*) cancer; ~ **erregend** carcinogenic; ~ **erregend wirken** to cause cancer; ~ **haben, an** ~ **leiden** to have [*or* suffer from] cancer ❷ HORT canker

Krebsbehandlung *f* cancer treatment **Krebsdiagnose** *f* diagnosis of cancer

krebsen *vi* (*fam*) ❶ (*Krebse fangen*) to catch crayfish ❷ (*nicht gut abschneiden*) to struggle; ■**vor sich hin** ~ to languish ❸ (*mühsam leben*) ■[**irgendwo**] ~ to struggle [somewhere]; **mit etw** ~ **gehen** DIAL to try to turn sth to one's advantage

Krebserkrankung *f* cancer[ous] condition **Krebserreger** *m* MED carcinogen **Krebsforschung** *f kein pl* MED, SCH cancer research *no pl* **Krebsfrüherkennung** *f kein pl* MED early cancer diagnosis **Krebsgang** *m kein pl* regression ▶ WENDUNGEN: **den** ~ **gehen** (*geh*) to go backwards **Krebsgeschwulst** *f* cancerous tumour [*or* AM -or] **Krebsgeschwür** *nt* MED cancerous ulcer **Krebsklinik** *f* cancer clinic **krebskrank** *adj* suffering from cancer; ■~ **sein** to suffer from [*or* have] cancer **Krebskranke(r)** *f(m) decl wie adj* person suffering from cancer, cancer victim **Krebsnachbehandlung** *f* cancer aftercare **Krebsoperation** *f* cancer operation **Krebspatient(in)** *m(f)* cancer patient **Krebsrisikofaktor** *m* MED cancer risk factor **krebsrot** *adj* red as a lobster **Krebsschere** *f* BOT water soldier **Krebssuppe** *f* crab soup **Krebsverdacht** *m* suspicion of cancer **Krebsvorbeugung** *f* cancer prevention **Krebsvorsorge** *f kein pl* MED, ADMIN precautions *pl* against cancer **Krebsvorsorgeuntersuchung** *f* cancer check-up **Krebszelle** *f* cancer cell

Kredenz <-, -en> *f* (*veraltet*) sideboard

kredenzen* *vt* (*geh*) ■**jdm etw** ~ to pour sb sth

Kredit[1] <-[e]s, -e> *m* credit; (*Darlehen*) loan; ~ **mit fester Laufzeit** fixed-term loan; **fälliger/laufender** ~ straight loan/open credit; [**für etw**] **einen** ~ [**bei jdm**] **aufnehmen** to take out a loan [for sth] [with sb]; **jdm** ~ **geben** [*o* **gewähren**] to give [*or* offer] sb credit; ~ **gebend** lending *attr;* ~ **gebende Bank** lending bank; [**bei jdm**] ~ **haben** to be given credit [*or* considered financially trustworthy] by sb; **auf** ~ on credit; ~ **nehmend** borrowing *attr;* ~ **nehmende Bank** borrowing bank ▶ WENDUNGEN: [**seinen**] ~ **verspielen** to lose one's good repute [*or* standing]

Kredit[2] <-s, -s> *nt* credit

Kreditabbau *m kein pl* FIN repayment of credit **Kreditabkommen** *nt* JUR credit arrangement [*or* agreement] **Kreditabsicherung** *f* FIN coverage of a loan **Kreditantrag** *m* FIN application for credit; **einen** ~ **stellen** to apply for a limit **Kreditaufnahme** *f* FIN borrowing **Kreditaufsicht** *f* FIN credit control **Kreditausfall** *m* FIN credit [*or* loan] loss **Kreditauskunft** *f* FIN status [*or* credit] inquiry **Kreditausweitung** *f* FIN credit extension **Kreditbank** *f* FIN credit bank **Kreditbasis** *f* FIN credit basis **Kreditbedarf** *m* FIN demand for credit; ~ **der öffentlichen Hand** public-sector borrowing requirements **Kreditbedingungen** *pl* FIN credit terms **Kreditberater(in)** *m(f)* FIN loan officer BRIT, credit man AM **Kreditbeschränkung** *f* FIN credit squeeze [*or* restriction] **Kreditbetrag** *m* FIN amount credited; **den** ~ **kürzen/überschreiten** to curtail credit/to exceed the limit **Kreditbetrug** *m* FIN credit fraud **Kreditbewilligung** *m* FIN credit allocation [*or* granting] **Kreditbremse** *f* FIN credit brake **Kreditbrief** *m* FIN letter of credit, L/C; **widerruflicher/unwiderruflicher** ~ revocable/irrevocable letter of credit; **einen** ~ **austellen** to issue a letter of credit **Kreditbürgschaft** *f* FIN credit guarantee; **fortlaufende** ~ continuing guarantee **Kreditentscheidung** *f* FIN credit decision **Kreditentzug** *m* FIN withdrawal of credit **Krediterleichterung** *f* FIN relaxation [*or* ease] in credit **Krediteröffnungsvertrag** *m* FIN credit agreement **kreditfähig, kreditwürdig** *adj* FIN creditworthy **Kreditfähigkeit** *f kein pl* FIN

K

creditworthiness **Kreditfazilität** *f* FIN credit facility **Kreditgarantie** *f* FIN credit guarantee **kreditgebend** *adj* FIN *s.* Kredit [1] **Kreditgeber(in)** *m(f)* creditor **Kreditgefährdung** *f* JUR impairment of credit standing **Kreditgeschäft** *nt* FIN credit [*or* loan] business; (*einzelne Transaktion*) credit transaction **Kreditgesellschaft** *f* FIN credit society **Kreditgesuch** *nt* FIN application for credit; **ein ~ ablehnen** to refuse a request for credit

Kreditgewährung *f* extending [*or* granting] of credit **Kreditgewährung** *f* FIN credit allocation, granting of a credit **Kreditgrenze** *f* FIN credit limit **Kredithai** *m* (*fam*) loanshark **Kredithilfe** *f* FIN financial aid; **jdm die ~ entziehen** to withdraw sb's credit **Kredithöhe** *f* FIN amount credited

kreditieren* *vt* FIN (1) (*Kredit gewähren*) ■**etw ~** to grant credit for sth; **einen teuren Bauauftrag ~** to grant credit for a costly construction contract (2) (*gutschreiben*) ■**jdm etw ~** to credit sb with sth; **einem Schuldner einen Betrag ~** to advance a debtor an amount on credit, to credit a debtor with an amount; **Bauaufträge ~** to finance building contracts

Kreditierung <-, -en> *f* FIN crediting

Kreditierungsverbot *nt* FIN exclusion of crediting

Kreditinanspruchnahme *f* FIN use of credit **Kreditinstitut** *nt* bank **Kreditinstitutsrecht** *nt* FIN law on credit institutions **Kreditkarte** *f* credit card; **mit ~ bezahlen** to pay by [*or* have sth put on one's] credit card **Kreditkarteninformation** *f* credit card information **Kreditkarteninhaber(in)** *m(f)* FIN credit card holder **Kreditkartenmissbrauch**[RR] *m* JUR credit card misuse **Kreditkartenquittung** *f* credit card receipt **Kreditkauf** *m* HANDEL credit purchase; (*Ratenkauf*) hire purchase **Kreditknappheit** *f kein pl* FIN credit squeeze **Kreditkosten** *pl* FIN borrowing costs **Kreditkündigung** *f* JUR notice of withdrawal of credit **Kreditlaufzeit** *f* ÖKON term [*or* duration] of a [*or* the] loan **Kreditleihe** *f* FIN loan of credit **Kreditlimit** *nt* FIN *des Nehmers* credit limit; *des Gebers* lending limit **Kreditlinie** *f s.* **Kreditrahmen** **Kreditmarkt** *m* FIN credit market **Kreditmittel** *pl* FIN credit resources **Kreditmodalitäten** *pl* FIN credit facilities **Kreditmöglichkeiten** *pl* FIN credit resources **Kreditnachforschung** *f* FIN credit [*or* status] inquiry **Kreditnachfrage** *f* ÖKON demand for credit **kreditnehmend** *adj* FIN *s.* Kredit [1] **Kreditnehmer(in)** <-s, -> *m(f)* borrower

Kreditor, Kreditorin <-s, Kreditoren> *m, f* FIN creditor

Kreditpapier *nt* FIN credit instrument **Kreditplafond** [-pla'fõ:] *m* FIN borrowing limit **Kreditprovision** *f* FIN procuration fee **Kreditrahmen** *m* credit limit **Kreditrestriktion** *f* FIN credit restriction [*or* squeeze] **Kreditschöpfung** *f* credit creation **Kreditsicherheit** *pl* FIN security [against advances], collateral **Kreditsperre** *f* FIN credit freeze **Kreditspritze** *f* FIN credit injection **Kreditüberwachung** *f* FIN credit control **Kreditunterlage** *f* FIN credit instrument **Kreditverhandlungen** *pl* ÖKON loan talks **Kreditverlängerung** *f* FIN extension of credit **Kreditvermittler(in)** *m(f)* FIN credit agent, loan broker **Kreditvermittlungsvertrag** *m* JUR loan brokerage contract **Kreditvertrag** *m* FIN credit agreement [*or* contract] **Kreditvorschriften** *pl* JUR credit terms [*or* conditions] **Kreditwesen** *nt kein pl* FIN credit system **Kreditwesengesetz** *nt* JUR act regulating banking and credit business **Kreditwirtschaft** *f kein pl* ÖKON lending business **kreditwirtschaftlich** I. *adj inv* FIN credit-policy *attr,* relating to credit *pred* II. *adv* FIN in credit terms; **~ *gesehen, ist das Finanzgebahren dieser Bank äußerst fragwürdig*** the way this bank deals with credit is highly suspect **Kreditwucher** *m kein pl* JUR usury *no pl, no indef art* **kreditwürdig** *adj* creditworthy **Kreditzinsen** *pl* FIN interest *no pl* on borrowed money

Kredo <-s, -s> *nt* REL (1) (*Apostolisches Glaubensbekenntnis*) creed, credo (2) (*Teil der Messe*) credo

Kreide <-, -n> *f* (1) (*weicher Kalkstein*) chalk (2) (*zum Schreiben und Malen*) chalk (3) GEOL (*Kreidezeit*) Cretaceous [period] ▶ WENDUNGEN: **in die ~ geraten** to fall into debt; **auf ~ leben** to live on tick [*or* AM credit]; [**bei jdm**] [**tief**] **in der ~ stehen** (*fam*) to owe sb [a lot of] money, to be [deep] in debt to sb

kreidebleich *adj* ■**~ sein/werden** to be/become as white as chalk [*or* a sheet] **Kreidefelsen** *m* chalk cliff **Kreideformation** *f* GEOL Cretaceous formation **kreideweiß** *adj s.* **kreidebleich** **Kreidezeichnung** *f* chalk drawing **Kreidezeit** *f* GEOL Cretaceous period

kreieren* *vt* KUNST, MODE ■**etw ~** to create sth

Kreis[1] <-es, -e> *m* (1) MATH circle; **einen ~ beschreiben** [*o* **schlagen**] [*o* **ziehen**] to draw a circle; **einen ~ um jdn bilden** to form a circle around [*or* encircle] sb; **sich im ~[e] drehen** [*o* **bewegen**] to turn round in a circle, to move in circles; **im ~ gehen** to go round in circles; **den ~ um etw schließen** to close the circle around sth; **im ~** in a circle; **ein Vogel zieht seine ~e** (*geh*) a bird is circling (2) (*Gruppe*) circle (3) *pl* (*gesellschaftliche Gruppierung*) circles *pl;* **aus den besten ~en** from the best circles; **in den besten ~en vorkommen** to happen in the best of circles; **im engen** [*o* **kleinen**]/**engeren/engsten ~e** in a small/smaller/very small circle; ***die Hochzeit fand im engsten Kreise statt*** only close friends and family were invited to the wedding; **im ~e seiner Familie** in the bosom of his family (4) (*umgrenzter Bereich*) range, scope ▶ WENDUNGEN: **ein magischer ~** a magic circle; **weite ~e** wide sections; **jdm dreht sich alles im ~e** everything is going round and round in sb's head, sb's head is spinning; **den ~ schließen** to close the circle; **der ~ schließt sich** the wheel turns [*or* we've come] full circle; **störe meine ~e nicht!** (*hum*) leave me in peace!; **~e ziehen** to have repercussions

Kreis[2] <-es, -e> *m* ADMIN district

Kreisabschnitt *m* segment **Kreisausschnitt** *m* sector **Kreisbahn** *f* orbit **Kreisbewegung** *f* circular movement **Kreisbogen** *m* arc

kreischen *vi* (1) ORN (*hell krächzen*) to squawk (2) (*hysterisch schreien*) to squeal, to shriek (3) (*quietschen*) to screech

kreischend *adj inv Bremsen* squealing, screeching; *Mensch* screeching, shrieking; *Vogel* screeching, squawking

Kreisdiagramm *nt* pie chart

Kreisel <-s, -> *m* (1) (*Spielzeug*) spinning top; **den ~ schlagen** to spin the top (2) TRANSP (*fam*) roundabout

Kreiselkompass[RR] *m* gyroscopic compass

kreiseln *vi* (1) *sein o haben* (*sich drehen*) ■[**irgendwohin**] **~** to spin around [somewhere] (2) *haben* (*einen Kreisel ~*) to spin a top

Kreiselpumpe *f* TECH centrifugal pump

kreisen *vi* (1) *sein o haben* ASTRON, RAUM (*sich in einer Kreisbahn bewegen*) ■**um etw ~** to orbit [*or* revolve around] sth (2) *sein o haben* LUFT, ORN (*Kreise ziehen*) ■[**über etw** *dat*] **~** to circle [over sth] (3) *sein o haben* (*in einem Kreislauf befindlich sein*) ■[**in etw** *dat*] **~** to circulate [through sth] (4) *haben o sein* (*sich ständig drehen*) ■**um jdn/etw ~** to revolve around sb/sth (5) *haben* (*herumgereicht werden*) to go [*or* be passed] around

Kreisfläche *f* area of a circle **kreisförmig** I. *adj* circular; ■**~ sein** to be circular, to form a circle II. *adv* in a circle

kreisfrei *adj* ADMIN ■**~ sein** *to be independent from a district administration*

Kreisgericht *nt* JUR district court **Kreisinhalt** *m s.* **Kreisfläche** **Kreisinsel** *f* TRANSP *central traffic-free area on roundabout* **Kreiskolbenmotor** *m* AUTO rotary piston engine

Kreiskrankenhaus *nt* district hospital

Kreislauf *m* (1) MED (*Blutkreislauf*) circulation (2) (*Zirkulation*) cycle

Kreislaufkollaps *m* circulatory collapse; **einen ~ bekommen** [*o geh* **erleiden**] to have [*or* suffer from] a circulatory collapse **Kreislaufmittel** *nt* cardiac stimulant **Kreislaufstillstand** *m kein pl* MED circulatory arrest *no pl* **Kreislaufstörungen** *pl* circulatory disorder, circulation [*or* circulatory] problems *pl;* **~ haben** [*o* **an ~ leiden**] to have [*or* suffer from] circulatory problems **Kreislaufwirtschaft** *f kein pl* ÖKOL recycling

kreisrund *adj* ■**~ sein** to be perfectly circular

Kreissäge *f* circular saw

Kreissägeblatt *nt* circular saw blade

kreißen *vi* MED (*veraltend*) to be in labour [*or* AM -or]; *s. a.* **Berg**

Kreissparkasse *f* FIN district savings bank

Kreißsaal *m* delivery room

Kreisstadt *f* district principal town **Kreistag** *m* district assembly

Kreisumfang *m* circumference **Kreisumlage** *f* FIN county rates *pl* BRIT *hist* (*communities' contribution to the local authority's budget*) **Kreisverband** *m* POL *local branch of a political party, made up of memebers from one particular Kreis or administrative district* **Kreisverkehr** *m* roundabout **Kreisverwaltung** *f* district administration [*or* authority] **Kreisvorsitzende(r)** *f(m) decl wie adj* chair of the district authority **Kreisvorstand** *m* district executive **Kreiswahlleiter(in)** *m(f)* JUR district returning officer **Kreiswehrersatzamt** *nt* district [army] recruiting office

Krematorium <-s, -rien> [*pl* -'to:riən] *nt* crematorium

Kreme[RR] <-, -s> *f s.* **Creme**

kremig I. *adj* KOCHK creamy II. *adv* **etw ~ schlagen/rühren** to whip/stir sth until creamy, to cream sth

Kreml <-s> *m* ■**der ~** the Kremlin

Krempe <-, -n> *f* MODE brim

Krempel <-s> *m kein pl* (*pej fam*) (1) (*ungeordnete Sachen*) mess *fam,* stuff *fam;* ***überall liegt irgendwelcher ~ herum*** there's stuff lying around all over the place (2) (*Ramsch*) junk ▶ WENDUNGEN: **er kann seinen ~ allein machen** he can [damn well *fam*] do it himself; **den ganzen ~ hinwerfen** to chuck it all in *fam*

krempeln *vt* SCHWEIZ ■**etw ~** to roll up sth

Kren <-s> *m kein pl* BOT, KOCHK SÜDD, ÖSTERR horseradish

Kreolen *pl* hoop earrings *pl*

krepieren* *vi sein* (1) (*sl: zugrunde gehen*) to croak *sl;* ■**jdm ~** to die on sb *fam* (2) MIL (*zerplatzen*) to go off, to explode

Krepp[1] <-s, -e *o* -s> *m* crepe

Krepp[RR2] <-s, -e *o* -s> *m* KOCHK crêpe

Krepppapier[RR] *nt* crepe paper **Kreppsohle** *f* crepe sole

Kresse <-, -en> *f* cress

Kreta *nt* Crete; *s. a.* **Sylt**

Kreter(in) <-s, -> *m(f)* Cretan

Krethi und Plethi *pl mit Verb im Singular oder Plural* (*geh*) every Tom, Dick and Harry *fam*

Kretin <-s, -s> [kre'tɛ̃:] *m* (1) (*pej geh: Dummkopf*) cretin (2) MED cretin

Kretinismus <-> *m kein pl* cretinism

kretisch *adj inv* Cretan

kreucht *vi* ▶ WENDUNGEN: **alles, was da ~ und fleucht** (*hum*) all creatures great and small

kreuz ▶ WENDUNGEN: **~ und quer** hither and thither *form,* all over the place *fam,* all over, in all directions; ***wir sind ~ und quer durch Boston gelaufen*** we walked all over [*or* around] Boston

Kreuz <-es, -e> *nt* (1) REL (*Folterbalken*) cross; **jdn ans ~ schlagen** to nail sb to the cross, to crucify sb (2) (*Symbol*) crucifix; **das Eiserne ~** the Iron Cross; **das Rote ~** the Red Cross; **das ~ nehmen** to embark on a crusade (3) (*Zeichen in Form eines Kreuzes*) cross; **ein ~ schlagen** [*o* **machen**] to cross oneself, to make the sign of the cross; **über[s] ~** crosswise (4) ANAT (*Teil des Rückens*) lower back; **es im ~ haben** (*fam*) to have back trouble; **eine Frau aufs ~ legen** (*sl*) to lay a woman (5) TRANSP (*fam*) intersection (6) *kein pl* KARTEN clubs *pl* (7) MUS sharp ▶ WENDUNGEN: **das ~ des Südens** the Southern Cross; **fast** [*o* **beinahe**] **aufs ~ fallen** to be flabbergasted; **zu ~e kriechen** to eat humble pie *fam;* **jdn aufs ~ legen** (*fam*) to fool sb; **mit jdm über ~ liegen** to be on bad terms [*or* at daggers drawn] with sb; **drei ~e machen** (*fam*) to be so relieved; **sein ~ auf sich** *akk* **nehmen** (*geh*) to take up one's cross; **ein ~ hinter jdm schlagen** [*o* **machen**] (*fam*) to be glad when sb has left, to bid sb good riddance; **ein ~ mit jdm/etw sein** (*fam*) to be a constant bother with sb/sth *fam;* ***es ist ein Kreuz mit ihm*** he's a real plaghet; **sein ~ [geduldig] tragen** (*geh*) to bear one's cross

KreuzassRR *nt* KARTEN ace of clubs **Kreuzband** *nt* ANAT cruciate ligament **Kreuzbein** *nt* ANAT sacrum **Kreuzblütler** <-s, -> *m* BOT crucerifous plant **Kreuzbruchfalz** *m* TYPO cross fold **Kreuzbube** *m* KARTEN jack of clubs **Kreuzdorn** *m* BOT buckthorn

kreuzen **I.** *vt haben* ❶ BIOL (*durch Paarung kombinieren*) ■**etw [mit etw]** ~ to cross sth [with sth] ❷ TRANSP (*queren*) ■**etw** ~ to cross sth ❸ (*verschränken*) ■**etw** ~ to cross sth; **die Beine/Arme** ~ to cross one's legs/arms ❹ (*sich überschneiden*) ■**etw** ~ to cross sth **II.** *vr haben* ■**sie kreuzen sich** ❶ (*sich entgegenstehen*) to oppose, to clash; *s. a.* **Weg** ❷ (*sich begegnen*) to cross; ***ihre Wege kreuzten sich*** their paths crossed ❸ (*sich überschneiden*) to cross, to intersect; ***unsere Briefe kreuzten sich*** our letters crossed **III.** *vi haben o sein* ❶ NAUT (*Zickzackkurs steuern*) to tack ❷ (*sich hin- und herbewegen*) to cruise; ***Flugzeuge kreuzten über dem Gebiet*** planes cruised over the area

Kreuzer <-s, -> *m* ❶ NAUT (*gepanzertes Kriegsschiff*) cruiser ❷ HIST (*kleine Scheidemünze*) kreutzer

Kreuzestod *m* (*geh*) [death by] crucifixion; **den ~ erleiden** to die on the cross

Kreuzfadenstich *m* thread cross-over **Kreuzfahrer(in)** *m(f)* HIST crusader **Kreuzfahrt** *f* cruise; **eine ~ machen** to go on a cruise **Kreuzfahrtschiff** *nt* cruise liner [*or* ship] **Kreuzfeuer** *nt* crossfire ▶ WENDUNGEN: **[von allen Seiten] ins ~ [der Kritik] geraten** to come under fire [from all sides]; **im ~ [der Kritik] stehen** to be under fire **kreuzfidel** *adj* (*fam*) ■~ **sein** happy as a pig in muck *fam* **kreuzförmig** **I.** *adj* cross-shaped **II.** *adv* in the shape of a cross **Kreuzgang** *m* cloister **Kreuzgewölbe** *nt* cross vault

kreuzigen *vt* ■**jdn** ~ to crucify sb

Kreuzigung <-, -en> *f* HIST crucifixion

Kreuzknoten *m* reef [*or* square] knot **Kreuzkümmel** *m* cumin **Kreuzotter** *f* ZOOL adder, viper **Kreuzritter** *m* HIST ❶ (*Ritter als Kreuzfahrer*) crusader ❷ (*Deutschordensritter*) knight of the Teutonic Order **Kreuzschlitzschraube** *f* Phillips screw **Kreuzschlitzschraubendreher** *m* Phillips screwdriver® **Kreuzschlüssel** *m* wheel brace; AUTO 4-way lug wrench **Kreuzschmerzen** *pl* backache, lower back pain; **~ haben** [*o* **bekommen**] [*o fam* **kriegen**] to have [*or* get] backache [*or* lower back pain] **Kreuzschnabel** *m* ORN crossbill **Kreuzspinne** *f* cross spider **Kreuzstich** *m* cross-stitch

Kreuzung <-, -en> *f* ❶ TRANSP (*Straßenkreuzung*) crossroad *meist pl* ❷ *kein pl* BIOL (*das Kreuzen*) cross-breeding ❸ ZOOL, BIOL (*Bastard*) mongrel

Kreuzungsexperiment *nt* BIOL cross

kreuzungsfrei **I.** *adj* TRANSP without [*or* free of] crossroads **II.** *adv* TRANSP without [*or* free of] crossroads

Kreuzverhör *nt* JUR cross-examination; **jdn ins ~ nehmen, jdn einem ~ unterziehen** to cross-examine sb **Kreuzweg** *m* ❶ TRANSP (*Wegkreuzung*) crossroad ❷ KUNST, REL (*Darstellung der Passion*) way of the Cross; **den ~ beten** to do the stations of the Cross ▶ WENDUNGEN: **am ~ stehen** to be at the crossroads

kreuzweise *adv* crosswise ▶ WENDUNGEN: **du kannst mich/leck mich ~!** (*derb*) fuck off! *fam!,* get stuffed! BRIT *sl*

Kreuzworträtsel *nt* crossword [puzzle]; **[ein] ~ lösen** [*o* **machen**] to solve [*or fam* do] a crossword

Kreuzzeichen *nt* the sign of the cross **Kreuzzug** *m* ❶ HIST crusade; **einen ~ machen** [*o* **unternehmen**] to make [*or* go on] a crusade ❷ (*geh: fanatische Kampagne*) crusade

Krevette <-, -n> [-ˈvɛ-] *f* shrimp

kribb(e)lig *adj* (*fam*) ❶ (*unruhig*) edgy *fam;* **jdn [ganz] ~ machen** to make sb [very] nervous [*or fam* edgy] ❷ (*prickelnd*) tingly *fam*

kribbeln **I.** *vi* ❶ *haben* (*jucken*) ■**[jdm [*o* jdn]] irgendwo kribbeln** to be itching somewhere; ***mir kribbelt es am Rücken*** my back is itching ❷ *haben* (*prickeln*) ■**[jdm [*o* jdn]] irgendwo kribbeln** to be tingly somewhere; ***das kribbelt so schön auf der Haut*** it's so nice and tingly on the skin ❸ *sein* (*krabbeln*) to crawl; ~ **und krabbeln** to scurry, to swarm around **II.** *vi impers haben* ■**[von etw]** ~ to be swarming [with sth]; *s. a.* **Finger**

Krickente *f* ORN green-winged teal

Kricket <-s, -s> *nt* SPORT cricket

kriechen <kroch, gekrochen> *vi* ❶ *sein* (*sich auf dem Bauch vorwärtsbewegen*) ■**[irgendwohin]** ~ to crawl [somewhere]; **nicht mehr ~ können** to be on one's last legs ❷ *sein* (*sehr langsam vergehen*) to creep by ❸ *sein* AUTO (*langsam fahren*) to creep [*or* crawl] [along] ❹ *sein o haben* (*pej: unterwürfig sein*) ■**[vor jdm]** ~ to grovel [before sb], to crawl [*or* go crawling] [to sb]

Kriecher(in) <-s, -> *m(f)* (*pej fam*) bootlicker *fam,* groveller, lickspittle

kriecherisch *adj* (*pej fam*) grovelling, bootlicking, servile

Kriechspur *f* TRANSP crawler [*or* AM slow] lane **Kriechtempo** *nt* snail's pace **Kriechtier** *nt* ZOOL reptile

Krieg <-[e]s, -e> *m* ❶ MIL war; **ein atomarer/konventioneller ~** a nuclear/conventional war; **ein heiliger Krieg** a holy war; **der Dreißigjährige ~** the Thirty Years' War; **der Hundertjährige ~** the Hundred Year War; **der Siebenjährige ~** the Seven Year War; **sich im ~ [mit jdm] befinden, im ~ [mit jdm] sein** MIL to be at war [with sb]; **jdm/einem Land den ~ erklären** to declare war on sb/a country; ~ **[gegen jdn/mit jdm] führen** to wage war [on sb]; **~ führend** warring, belligerent; **aus dem ~ heimkehren** to come home from the war; **für den ~ rüsten** to arm for war; **~ sein, ~ haben** to be [*or* have a] war; **in den ~ ziehen** to go to [*or* enter into] war ❷ (*Art der Kriegsführung*) warfare ▶ WENDUNGEN: **häuslicher ~** domestic strife; **der kalte ~** the Cold War; **jdm/einer S. den ~ ansagen** to declare war on sb/sth

kriegen1 **I.** *vt* (*fam*) ❶ (*bekommen*) ■**etw [von jdm]** ~ to get sth [from sb]; ***ich nehme diesen Ring, was ~ Sie dafür [von mir]?*** I'll take this ring, what do you want for it [*or* what do I owe you for it]?; ***ich kriege noch 20 DM von dir*** you still owe me 20 marks; ***das Buch ist nirgends zu ~*** you can't get that book anywhere; ■**etw getan kriegen** to get sth done; ***hast du die Arbeit auch bezahlt gekriegt?*** did you get paid for the work?; ***er hat das Auto ausgeliehen gekriegt*** he got to borrow the car, he got the loan of the car; **den Schrank in den Aufzug ~** to get the cupboard into the lift [*or* AM elevator]; **etw zu sehen ~** to get to see sth ❷ TRANSP (*noch erreichen*) ■**etw** ~ to catch sth; **den Zug ~** to catch the train ❸ (*erwischen*) ■**jdn** ~ to catch [*or* get a hold of] sb ❹ MED (*befallen werden*) **eine Krankheit ~** to get [*or* catch] [*or* come down with] an illness ❺ MED (*verabreicht bekommen*) **eine Spritze/ein Präparat ~** to get an injection/medication ❻ (*zur Welt bringen*) **ein Kind ~** to have a baby; ***sie kriegt ein Kind*** she's going to have a baby ❼ (*bedacht werden*) **Prügel/eine Ohrfeige ~** to get a hiding [*or* slap] in the face, to get a clip round the ears [*or* AM on the ear] ❽ (*dazu veranlassen*) ■**jdn dazu ~, etw zu tun** to get sb to do sth ❾ (*es schaffen*) ■**etw gemacht ~** to get sth done, to manage to do sth; ***ich kriege das schon geregelt*** I'll get it sorted; ***den Satz kriegt er bestimmt nicht übersetzt*** he won't manage to translate that sentence ▶ WENDUNGEN: **es mit jdm zu tun ~** to be in trouble with sb; **es nicht über sich ~, etw zu tun** to not be able to bring oneself to do sth; **zu viel ~** ***ich krieg' zu viel!*** that's really too much! **II.** *vr* (*fam*) ■**sie ~ sich** they get it together *fam*

kriegen2 *vi* (*Krieg führen*) to make war

Krieger(in) <-s, -> *m(f)* warrior ▶ WENDUNGEN: **ein müder ~ sein** (*hum fam*) to have nothing left in one

Kriegerdenkmal *nt* war [veteran] memorial

kriegerisch **I.** *adj* ❶ (*kämpferisch*) warring, belligerent ❷ (*militärisch*) military; **eine ~e Auseinandersetzung** a military conflict; ***im Verlauf der ~en Ereignisse*** during the fighting **II.** *adv* belligerently

Kriegerwitwe *f* (*veraltend*) war widow

Kriegführung *f s.* **Kriegsführung**

Kriegsakademie *f* HIST military academy **Kriegsanleihe** *f* HIST war loan **Kriegsausbruch** *m* outbreak of war **Kriegsbeginn** *m* start of the war **Kriegsbeil** *nt* tomahawk ▶ WENDUNGEN: **das ~ ausgraben** to start a fight; **das ~ begraben** to bury the hatchet **Kriegsbemalung** *f* HIST war paint ▶ WENDUNGEN: **in [voller] ~** (*hum fam: sehr stark geschminkt*) in [full] war paint *fam;* (*mit Orden behangen*) decorated like a Christmas tree *fam* **Kriegsbereitschaft** *f kein pl* readiness for war *no pl* **Kriegsberichterstatter(in)** *m(f)* war correspondent **kriegsbeschädigt** *adj* war-disabled **Kriegsbeschädigte(r)** *f(m) decl wie adj* war-disabled person **Kriegsdauer** *f* duration of the war

Kriegsdienst *m* (*veraltend*) military service; **den ~ verweigern** to be a conscientious objector

Kriegsdienstverweigerer <-s, -> *m* conscientious objector **Kriegsdienstverweigerung** *f* conscientious objection

Kriegsende *nt* end of the war **Kriegserklärung** *f* declaration of war **Kriegsfall** *m* event of war **Kriegsfilm** *m* war film **Kriegsflüchtling** *m* war refugee **Kriegsfolge** *f* consequence of war **Kriegsführung** *f* warfare; (*Art*) conduct of war; **psychologische ~** psychological warfare **Kriegsfuß** *m* ▶ WENDUNGEN: **mit jdm auf ~ stehen** (*fam*) to be at loggerheads with sb; **mit etw auf ~ stehen** to be no good with sth **Kriegsgebiet** *nt* war zone **Kriegsgefahr** *f* MIL, POL ❶ *kein pl* (*Gefahr des Ausbruchs eines Krieges*) danger of war [breaking out] *no pl* ❷ (*Gefahr während eines Krieges*) danger of war **Kriegsgefangene(r)** *f(m) decl wie adj* prisoner of war, POW **Kriegsgefangenschaft** *f* captivity; **in ~ geraten** to become a prisoner of war; **in ~ sein** [*o geh* **sich befinden**] to be [held] in captivity [*or* a prisoner of war] **Kriegsgegner(in)** *m(f)* ❶ POL (*Pazifist*) pacifist ❷ MIL (*Feind*) enemy **Kriegsgerät** *nt* military equipment **Kriegsgericht** *nt* court martial; **jdn vor ein** [*o fam* **vors**] **~ stellen** to court-martial sb **Kriegsgewinnler** *m* (*pej*) war-profiteer **Kriegsgott, -göttin** *m, f* god of war *masc,* goddess of war *fem* **Kriegsgräberfürsorge** *f* War Graves Commission **Kriegsgräuel**RR, **Kriegsgreuel** *pl* (*geh*) war atrocities **Kriegsgräuel**RR, **Kriegsgreuel** *pl* (*geh*) war atrocities **Kriegshafen** *m* naval port **Kriegshandlung** *f* act of war **Kriegshetze** *f* (*pej*) warmongering **Kriegshetzer(in)** <-s, -> *m(f)* (*pej*) warmonger **Kriegsindustrie** *f* armaments industry **Kriegsjahr** *nt* year of the war, war year **Kriegskamerad** *m* (*veraltend*) wartime comrade **Kriegslist** *f* stratagem **kriegslüstern** *adj* (*pej*) war-hungry; ■~ **sein** to be hungry for war **Kriegsmarine** *f* navy **Kriegsopfer** *nt* (*geh*) victim of war **Kriegsopferrente** *f* war victim's pension **Kriegspartei** *f* warring party [*or* faction] **Kriegspfad** *m* ▶ WENDUNGEN: **auf dem ~ sein** to be on the warpath **Kriegsrat** *m kein pl* ▶ WENDUNGEN: **~ halten** (*hum*) to hold a council of war, to put one's heads together **Kriegsrecht** *nt kein pl* martial law *sing;* **das ~ verhängen** to impose martial law **Kriegsregion** *f* war zone **Kriegsreporter(in)** *m(f)* war correspondent [*or* reporter] **Kriegsschaden** *m* war damage **Kriegsschauplatz** *m* war arena, theatre [*or* AM -er] of war [*or* operations] **Kriegsschiff** *nt* war ship **Kriegsspiel** *nt* ❶ (*ei-*

K

nen Krieg simulierendes Spiel) war game ❷ MIL (*militärisches Planspiel*) war game **Kriegsspielzeug** *nt* war toy **Kriegsstärke** *f* war establishment **Kriegstanz** *m* war dance **Kriegsteilnehmer(in)** *m(f)* ❶ (*aktiv im Krieg*) combatant ❷ (*Staat*) belligerent country ❸ (*Veteran*) war veteran **kriegstraumatisiert** *adj* traumatized by war **Kriegstreiber(in)** *m(f)* POL (*pej*) warmonger *pej* **Kriegsverbrechen** *nt* war crime **Kriegsverbrecher(in)** *m(f)* war criminal **Kriegsverbrechertribunal** *nt* war crimes tribunal **Kriegsverletzte(r)** *m* wounded soldier **Kriegsverletzung** *f* war wound **kriegsversehrt** *adj s.* **kriegsbeschädigt** **Kriegsversehrte(r)** *f(m) decl wie adj* war-disabled person, disabled ex-serviceman **Kriegsveteran** *m* MIL war veteran **Kriegswaffenbuch** *nt* JUR register of military weapons **Kriegswaffenliste** *f* JUR war weapons list **Kriegswirtschaft** *f* wartime economy **Kriegszeit** *f* wartime; **in ~en** in times of war **Kriegszerstörung** *f* war destruction **Kriegszustand** *m* state of war; **sich im ~ [mit etw] befinden** to be at war [with sth]

Krill <-[e]s, -e> *m* ZOOL krill

Krim <-> *f* ■**die ~** the Crimea; **auf der ~** in the Crimea

Krimi <-s, -s> *m* (*fam*) ❶ (*Kriminalroman*) detective novel, murder mystery ❷ TV (*Kriminalfilm*) thriller

Kriminalbeamte(r), **-beamtin** *m, f* (*geh*) detective, BRIT *a.* CID officer **Kriminaldirektor(in)** *m(f)* JUR chief-inspector of the Kriminalpolizei **Kriminalfall** *m* criminal case **Kriminalfilm** *m* thriller **Kriminalgeschichte** *f* criminal history

kriminalisieren* *vt* ❶ (*als kriminell hinstellen*) ■**etw ~** to criminalize sth ❷ (*zum Kriminellen machen*) ■**jdn ~** to criminalize sb

Kriminalisierung <-, -en> *f* criminalization

Kriminalist(in) <-en, -en> *m(f)* ❶ (*Mitglied der Kriminalpolizei*) detective ❷ (*Experte für Verbrechen*) criminologist

Kriminalistik <-> *f kein pl* criminology

kriminalistisch I. *adj* criminological, detective-like II. *adv* **~ begabt sein** to be a good detective

Kriminalität <-> *f kein pl* ❶ (*Straffälligkeit*) criminality; **organisierte ~** organized crime ❷ (*Rate der Straffälligkeit*) crime rate

Kriminalkommissar(in) *m(f)* detective superintendent BRIT **Kriminalpolizei** *f* ❶ (*Abteilung für Verbrechensbekämpfung*) Criminal Investigation Department BRIT, CID BRIT, plainclothes police AM ❷ (*Beamte der ~*) CID officers *pl* BRIT, plainclothes police officers *pl* AM **kriminalpolizeilich** *adj inv* CID-, Criminal Investigation Department *attr* **Kriminalpolizist(in)** *m(f)* CID [*or* AM plainclothes police] officer **Kriminalroman** *m* detective novel **Kriminalstatistik** *f* crime statistics *npl* [*or* figures *pl*]

kriminell *adj* ❶ (*verbrecherisch*) criminal; ■**~ werden** to turn to crime, to become criminal [*or* delinquent] ❷ (*fam: gefährlich*) criminal, outrageous *hum fam*

Kriminelle(r) *f(m) decl wie adj* criminal

Kriminologe, **-login** *m, f* criminologist

Kriminologie <-> *f kein pl* criminology

kriminologisch *adj inv* criminological

Krimkrieg *m* HIST the Crimean War

Krimskrams <-es> *m kein pl* (*fam*) junk

Kringel <-s, -> *m* ❶ KOCHK (*ringförmiges Gebäck*) ring-shaped biscuit [*or* AM cookie], ring ❷ (*Schnörkel*) squiggle, [round] doodle; ***beim Telefonieren malt er immer ~*** he always [draws] doodles when he's on the phone

kringeln *vr* ❶ (*sich umbiegen*) ■**sich ~** to curl [up] ❷ (*fam*) ■**sich [vor Lachen] ~** to kill oneself [laughing]; ■**zum ~** hilarious

Krinoline <-, -n> *f* HIST, MODE crinoline

Kripo <-, -s> *f* (*fam*) *kurz für* **Kriminalpolizei** ❶ (*Institution Kriminalpolizei*) ■**die ~** the CID [*or* AM plainclothes police] ❷ (*Beamte der Kriminalpolizei*) CID [*or* AM plainclothes police] officer

Krippe <-, -n> *f* ❶ (*Futterkrippe*) hayrack, manger ❷ REL (*Weihnachtskrippe*) crib, manger ❸ (*Kinderkrippe*) crèche BRIT, day nursery AM ▶ WENDUNGEN: **an der ~ sitzen** to have one's snout in the trough *pej*

Krippenspiel *nt* REL nativity play **Krippentod** *m* MED cot [*or* AM crib] death

Krischna <-s> *m* REL (*hinduistische Gottheit*) Krishna

Krise <-, -n> *f* ❶ (*schwierige Situation*) crisis ❷ MED crisis

kriseln *vi impers* (*fam*) **es kriselt** there's a crisis looming *fam*

krisenanfällig *adj Unternehmen, Regierung* crisis-prone **krisenfest** *adj* stable, crisis-proof **Krisengebiet** *nt* crisis zone

krisengeschüttelt *adj inv* crisis-ridden [*or* -torn]

krisenhaft *adj inv* critical

Krisenherd *m* trouble spot **Krisenhilfe** *f* crisis aid **Krisenintervention** *f* crisis intervention **Krisenkartell** *nt* ÖKON crisis cartel **Krisenmanagement** *nt* crisis management **Krisenmanager(in)** *m(f)* crisis manager **Krisenmaßnahme** *f* crisis [*or* emergency] measures *pl*; **~n ergreifen** to take crisis [*or* emergency] measures **Krisenplan** *m* contingency plan **Krisenreaktionskräfte** *pl der Bundeswehr* rapid reaction force **Krisensitzung** *f* crisis meeting, emergency session **Krisenstab** *m kein pl* action [*or* crisis] committee **Krisenzeit** *f* period of crisis

Kristall[1] <-s, -e> *m* crystal; **~e bilden** to form crystals

Kristall[2] <-s> *nt kein pl* ❶ (*Kristallglas*) crystal ❷ (*Gegenstände aus ~*) crystal

kristallartig *adj inv* crystalline

Kristallbildung *f* crystallization

kristallen *adj* crystal

Kristalleuchter *m s.* **Kristallleuchter** **Kristallgitter** *nt* crystal lattice **Kristallglas** *nt* ❶ *kein pl* (*hochwertiges Glas*) crystal glass ❷ (*kristallenes Trinkglas*) crystal glass

kristallin *adj* crystalline

kristallinisch *adj inv* crystalline

Kristallisation <-, -en> *f* crystallization

Kristallisationspunkt *m* ❶ CHEM crystallization point ❷ (*fig*) focal point

kristallisieren* I. *vi* ■**[zu etw] ~** to crystallize [into sth] II. *vr* ■**sich [zu etw] ~** to crystallize [into sth]

kristallklar *adj* crystal-clear **Kristallleuchter**[RR] *m* crystal chandelier **Kristallnacht** *f kein pl* HIST *s.* **Reichskristallnacht** **Kristallografie**[RR], **Kristallographie** <-, -n> *f* PHYS, GEOL crystallography **Kristallspiegel** *m* polished glass mirror **Kristallsystem** *nt* crystal system **Kristallvase** *f* crystal vase **Kristallzucker** *m* refined sugar

Kriterium <-s, -rien> [*pl* -'te:riən] *nt* (*geh*) criterion; **[bei etw] bestimmte Kriterien anlegen** to apply certain criteria [to sth]

Kritik <-, -en> *f* ❶ *kein pl* (*Urteil*) ■**~ [an jdm/etw]** criticism [of sb/sth]; **sachliche ~** fair comment, impartial criticism; **sich der ~ stellen** to make oneself available to answer criticism; **an jdm/etw ~ üben** (*geh*) to criticize sb/sth; **ohne jede ~** uncritically ❷ (*Beurteilung*) critique; **gute/schlechte ~en bekommen** [*o* **haben**] to receive [*or* have] good reviews ❸ MEDIA (*Rezension*) review ▶ WENDUNGEN: **unter aller ~ sein** (*pej fam*) to be beneath contempt

Kritiker(in) <-s, -> *m(f)* ❶ (*jd, der jdn/etw kritisiert*) critic ❷ MEDIA (*Rezensent*) critic

Kritikfähigkeit *f kein pl* ability to be critical

kritiklos I. *adj* uncritical II. *adv* uncritically

kritisch I. *adj* ❶ (*kritisierend*) critical ❷ (*bedenklich*) critical; ■**[für jdn] ~ werden** to become critical [for sb] II. *adv* critically

kritisieren* I. *vt* ■**jdn/etw ~** to criticize sb/sth; **an jdm/etw etwas zu ~ haben** [*o* **finden**] to have [*or* find] sth to criticize about sb/sth II. *vi* to criticize

kritteln *vi* (*pej*) to find fault, to carp

Kritzelei <-, -en> *f* (*pej fam*) ❶ *kein pl* (*das Kritzeln*) scribbling ❷ (*Gekritzel*) scribble

kritzeln I. *vi* to scribble II. *vt* ■**etw ~** to scribble sth; ***er hatte mir eine Nachricht auf einen Notizzettel gekritzelt*** he had scribbled a note for me on his notepad

Kroate, **Kroatin** <-n, -n> *m, f* Croat; *s. a.* **Deutsche(r)**

Kroatien <-s> [-tsiən] *nt* Croatia; *s. a.* **Deutschland**

kroatisch *adj* Croatian; *s. a.* **deutsch 1, 2**

kroch *imp von* **kriechen**

Krokant <-s> *m kein pl* KOCHK ❶ (*Masse*) chopped and caramelized nuts ❷ (*gefüllte Praline*) praline chocolate

Krokette <-, -n> *f* croquette

Kroko <-s> *nt kein pl* (*fam*) croc *fam*

Krokodil <-s, -e> *nt* crocodile

Krokodilleder *nt* crocodile leather

Krokodilstränen *pl* (*fam*) crocodile tears *pl*; **~ weinen** [*o* **vergießen**] to cry [*or* shed] crocodile tears

Krokoleder *nt* crocodile leather [*or* skin]

Krokus <-, – *o* -se> *m* BOT crocus

Krone <-, -n> *f* ❶ (*Kopfschmuck eines Herrschers*) crown ❷ (*das Herrscherhaus*) ■**die [...] ~** the [...] crown ❸ BOT (*Baumkrone*) top ❹ MED (*Zahnkrone*) crown, cap ❺ (*Währungseinheit: in Skandinavien*) krone; (*in der Tschechei*) crown ❻ (*Einstellknopf einer Uhr*) winder ▶ WENDUNGEN: **die ~ des Ganzen** on top of everything else; **die ~ der Schöpfung** (*hum*) the crowning glory of creation; **etw fährt jdm in die ~** sth gets on sb's nerves; **einen in der ~ haben** (*fam*) to have had one too many *fam*; **die ~ sein** (*fam*) to beat everything; **etw** *dat* **die ~ aufsetzen** (*fam*) to crown [*or* top] sth

krönen *vt* ❶ (*durch die Krone inthronisieren*) ■**jdn [zu etw] ~** to crown sb [sth] ❷ ARCHIT (*überspannen*) ■**etw ~** to crown [*or* cap] sth ❸ (*geh: Höhepunkt sein*) ■**etw ~** to crown sth; ***seine Rede krönte den Abend*** his speech was the highlight of the evening; ***der köstliche Nachtisch krönte das Menü*** the delicious dessert was the crowning glory of the meal

Kronenbraten *m* KOCHK crown roast **Kron(en)korken** *m* crown cap **Kronenreibe** *f* abrading grater

Kronfleisch *nt* KOCHK boiled beef skirt **Kronkolonie** *f* crown colony **Kronkorken** *m* crown cap **Kronleuchter** *m* chandelier **Kronlichtnelke** *f* BOT lychnis **Kronprinz**, **-prinzessin** *m, f* ❶ (*Thronfolger*) crown prince *masc*, crown princess *fem* ❷ (*fig*) heir apparent **Kronprinzessin** <-, -nen> *f fem form von* **Kronprinz** crown princess

Kronsbeere *f* NORDD (*Preiselbeere*) cranberry

Krönung <-, -en> *f* ❶ (*Höhepunkt*) high point ❷ (*das Krönen*) coronation

Kronzeuge, **-zeugin** *m, f* JUR **~ sein** to give King's/Queen's evidence; **[in etw** *dat*] **als ~ auftreten** to turn King's/Queen's evidence [in sth]

Kronzeugenregelung *f* JUR *reduced sentences for witnesses turned Queen's evidence*

Kropf <-[e]s, Kröpfe> *m* ❶ MED (*Schilddrüsenvergrößerung*) goitre [*or* AM -er] ❷ ORN (*vom Vogel*) crop ▶ WENDUNGEN: **so unnötig** [*o* **überflüssig**] **wie ein ~ sein** (*fam*) to be totally unnecessary [*or* superfluous], to be as much as a hole in the head

Kropfband *nt* ❶ MED goitre [*or* AM -er] band ❷ MODE choker

Kroppzeug *nt kein pl* NORDD (*pej sl*) scum *pej*

kross[RR], **kroß** I. *adj* KOCHK crusty II. *adv* KOCHK crustily

Krösus <-, -se> *m* (*reicher Mensch*) Croesus ▶ WENDUNGEN: **doch kein ~ sein** (*fam*) to not be made of money *fam*

Kröte <-, -n> *f* ❶ ZOOL toad ❷ *pl* (*sl: Geld*) pennies *pl* ❸ (*fam*) brat, fam; (*pej: Miststück*) bugger BRIT *masc pej fam*, asshole AM *masc pej fam*, bitch *fem pej fam* ▶ WENDUNGEN: **eine ~ schlucken müssen** to have to swallow a bitter pill

Krs. *m Abk von* **Kreis**

Krücke <-, -n> *f* ❶ (*Stock für Gehbehinderte*) crutch; **an ~n gehen** to walk on crutches ❷ (*sl: Nichtskönner*) washout ❸ (*fam: untaugliches Gerät*) piece [*or fam* heap] of junk

Krückstock *m* walking stick

Krug¹ <-[e]s, Krüge> *m* (*Gefäß zur Aufbewahrung*) jug; (*Trinkgefäß*) tankard, mug ▶ WENDUNGEN: **der ~ geht so lange zum Brunnen, bis er bricht** (*prov*) what goes around comes around *prov*

Krug² <-es, Krüge> *m* NORDD inn, pub

Krüllbohne *f* flageolet bean

Krume <-, -n> *f* ❶ (*geh: Krümel*) crumb ❷ AGR (*Ackerkrume*) topsoil

Krümel <-s, -> *m* ❶ (*Brösel*) crumb; **~ [auf etw akk] machen** to make crumbs [on sth] ❷ DIAL (*fam*) tiny tot *fam*

krümelig *adj* crumbly

krümeln *vi* ❶ (*Krümel machen*) to make crumbs ❷ (*leicht zerbröseln*) to crumble; ■**~d** crumbly

krumm I. *adj* ❶ (*verbogen*) bent, crooked; **~ und schief** askew ❷ (*gebogen*) *Nase* hooked; *Rücken* hunched, crooked; *Beine* bandy ❸ (*pej fam: unehrlich*) crooked, bent; **ein ~es Ding drehen** to pull off sth crooked; **es auf die ~e Tour versuchen** to try to fiddle sth ❹ (*nicht rund*) odd II. *adv* (*gebogen*) **etw ~ biegen** to bend sth; **~ gehen** to walk with a stoop; **~ sitzen/stehen** to slouch; **etw ~ machen** to bend sth; **[jdm] etw ~ nehmen** (*fam*) to take offence [*or* AM -se] at sth [sb said or did]; **es jdm ~ nehmen, dass ...** (*fam*) to hold it against sb, that ...; **sich ~ legen** (*fam*) to skimp and save *fam* ▶ WENDUNGEN: **sich ~ und schief lachen** (*fam*) to split one's sides laughing; *s. a.* **Finger**

krummbeinig *adj* bow-[*or* bandy-]legged

krümmen I. *vt* ❶ (*biegen*) ■**etw ~** to bend sth; **den Rücken ~** to arch one's back; **die Schultern ~** to slouch one's shoulders ❷ MATH, PHYS ■**gekrümmt** curved II. *vr* ❶ (*eine Biegung machen*) ■**sich ~** *Fluss* to wind; *Straße* to bend ❷ (*sich beugen*) ■**sich ~** to bend ❸ (*sich winden*) ■**sich ~** to writhe; **sich vor Schmerzen ~** to writhe in pain ❹ (*fam: sich krumm und schief lachen*) ■**sich [vor Lachen] ~** to double up [with laughter]

Krümmer <-s, -> *m* AUTO manifold

krummlachen *vr* (*fam*) ■**sich** *akk* **[über etw *akk*] ~** to laugh one's head off [at sth] **krummnasig** *adj* (*pej*) ■**~ sein** to have a crooked nose **Krummsäbel** *m* scimitar **Krummstab** *m* REL crozier

Krümmung <-, -en> *f* ❶ (*Biegung*) bend; *Weg* turn ❷ ANAT, MED (*gekrümmte Form*) curvature ❸ MATH, PHYS curvature

Kruppe <-, -n> *f* ZOOL croup, crupper

Krüppel <-s, -> *m* cripple; **jdn zum ~ schlagen/schießen** to cripple sb

krüppelhaft <-er, -este> *adj* stunted

krüpp(e)lig *adj* deformed, crippled

Kruspelspitz *m* KOCHK ÖSTERR (*Fleischstück aus der Rinderschulter*) *tough beef cut from below the shoulder, used for boiling*

Kruste <-, -n> *f* crust; (*Bratenkruste*) crackling

Krustenbildung *f* (*von Schorf*) formation of a scab

Krustentier *nt* crustacean

krustig *adj* ❶ (*Verkrustungen aufweisend*) encrusted ❷ MED (*eine Kruste habend*) encrusted

Kruzifix <-es, -e> *nt* REL (*Kreuz mit Korpus*) crucifix; **~!** (*veraltet fam*) swounds! *dated fam*

Kruzitürken *interj* (*sl*) bloody hell! BRIT *fam*, damn it! AM *fam*

Krypta <-, Krypten> *f* crypt

kryptisch *adj* cryptic

Krypton <-s> *nt kein pl* krypton

KSZE <-> *f kein pl Abk von* **Konferenz über Sicherheit und Zusammenarbeit in Europa** CSCE, Conference on Security and Cooperation in Europe

Kto. *nt Abk von* **Konto** acc. BRIT, acct. AM, a/c AM

Kuba <-s> *nt* Cuba; *s. a.* **Sylt**

Kubaner(in) <-s, -> *m(f)* Cuban; *s. a.* **Deutsche(r)**

kubanisch *adj* Cuban; *s. a.* **deutsch**

Kübel <-s, -> *m* ❶ (*großer Eimer*) bucket, pail ❷ HORT (*Pflanzkübel*) container ❸ (*Ersatz-WC im Gefängnis*) toilet bucket, crapper *sl* ▶ WENDUNGEN: **[wie] aus/in/mit ~n regnen** [*o* **gießen**] [*o* **schütten**] to rain [in] buckets

Kuben *pl von* **Kubus**

Kubikmeter *m o nt* cubic metre [*or* AM -er] **Kubikwurzel** *f* cube root **Kubikzahl** *f* cube number **Kubikzentimeter** *m* cubic centimetre [*or* AM -er]

kubisch *adj* (*geh*) cubic

Kubismus <-> *m kein pl* cubism

Kubist(in) <-en, -en> *m(f)* cubist

kubistisch *adj* cubist

Kubus <-, Kuben *o* -> *m* (*geh*) cube

Küche <-, -n> *f* ❶ (*Raum für das Kochen*) kitchen ❷ (*Gesamtheit der Küchenmöbel*) kitchen ❸ KOCHK (*Art des Kochens*) cuisine; **gutbürgerliche ~** home-style cooking; **warme/kalte ~** hot/cold food ❹ (*Küchenpersonal*) kitchen staff

Kuchen <-s, -> *m* cake; **backe, backe ~** (*Kinderreim*) pat a cake, pat a cake ...

Küchenabfall *m* kitchen waste *no pl* **Küchenbeleuchtung** *f* kitchen lighting **Kuchenblech** *nt* baking sheet **Küchenbulle** *m* MIL (*sl*) cookhouse wallah *sl* **Küchenchef(in)** *m(f)* chef **Küchenfenster** *nt* kitchen window

Kuchenform *f* baking tin

Küchenfußboden *m* kitchen floor

Kuchengabel *f* pastry fork

Küchengerät *nt* kitchen utensil **Küchenhandtuch** *nt* hand towel

Küchenherd *m* range, cooker BRIT, stove AM **Küchenkrepp** *m* kitchen roll **Küchenmaschine** *f* food processor **Küchenmesser** *nt* kitchen knife

Kuchenmesser *nt* cake knife **Kuchenpalette** *f* cake pallet

Küchenpersonal *nt* kitchen staff **Küchenregal** *nt* kitchen shelf **Küchenreiniger** *m* kitchen cleaner **Küchenrolle** *f* kitchen roll **Küchenschabe** *f* cockroach **Küchenschelle** *f* BOT pasqueflower **Küchenschere** *f* kitchen knife **Küchenschrank** *m* kitchen cupboard **Küchenschublade** *f* kitchen drawer **Küchensieb** *nt* sieve

Kuchenteig *m* cake mixture

Küchentisch *m* kitchen table **Küchentuch** *nt* kitchen cloth **Küchentür** *f* kitchen door **Küchenwaage** *f* kitchen scales *pl* **Küchenzeile** *f* BAU kitchen unit

Küchlein¹ <-s, -> *nt* DIAL (*veraltend: Küken*) chick

Küchlein² <-s, -> *nt* DIAL little cake

Kücken <-s, -> *nt* ÖSTERR (*Küken*) chick

kucken *vi* NORDD (*fam*) *s.* **gucken**

kuckuck *interj* ❶ (*Ruf des Kuckucks*) cuckoo ❷ (*fam: hallo*) cuckoo

Kuckuck <-s, -e> *m* ❶ ORN cuckoo ❷ (*fam: Pfandsiegel*) bailiff's seal ▶ WENDUNGEN: **ein ~ unter Nachtigallen** an amateur among professionals; **geh [*o* scher dich] zum ~!** (*euph fam*) go to hell! *fam*, clear off! *fam*, beat it! *fam*; **hol's der ~!** (*euph fam*) botheration! BRIT *fam*, damn! AM *fam*; **der ~ soll dich holen!** (*fam*) get lost! *fam*; **bei jdm ist der ~ los** everything is topsy-turvy with sb; **[das] weiß der ~!** (*euph fam*) God only knows! *fam*; **jdn zum ~ wünschen** to wish sb would get lost; **zum ~ [noch mal]!** (*euph fam*) damn it! *fam*

Kuckucksei *nt* ❶ ORN (*das Ei eines Kuckucks*) cuckoo's egg ❷ (*fam*) unpleasant surprise ❸ (*fam: Pflegekind*) another man's child in one's family **Kuckucksuhr** *f* cuckoo clock

Kuddelmuddel <-s> *m o nt kein pl* (*fam*) muddle *fam*; (*Unordnung*) mess; (*Verwirrung*) confusion

Kudu <-s, -s> *m* ZOOL kudu

Kufe <-, -n> *f* ❶ (*Schiene*) *Schlitten* runner; *Schlittschuh* blade ❷ LUFT skid

Küfer(in) <-s, -> *m(f)* ❶ SÜDD (*Böttcher*) cooper ❷ (*Weinküfer*) cellarman

Kugel <-, -n> *f* ❶ MATH sphere ❷ SPORT ball; (*Kegelkugel*) bowl; **die ~ rollt** (*bei Roulette*) the roulette wheels are spinning; (*beim Kegeln*) the ball is rolling ❸ (*Geschoss*) bullet; **sich *dat* eine ~ durch den Kopf jagen [*o* schießen]** to shoot a bullet through one's head, to blow one's brains out *sl* ❹ HIST (*Kanonenkugel*) canonball ❺ KOCHK rump; (*Eis~*) scoop ▶ WENDUNGEN: **eine ruhige ~ schieben** (*fam*) to have a cushy time *sl*, BRIT *a.* to be on a cushy number *sl*; ***bei ihrem Job schiebt sie eine ruhige ~*** her job is a cushy number

Kugelausstecher *m* butter scoop (*for scooping little balls from butter, fruit or avocados*) **Kugelblitz** *m* METEO ball lightning

Kügelchen <-s, -> *nt dim von* **Kugel** small ball

Kugelfang *m* ❶ (*Vorrichtung*) bullet screen ❷ (*Person*) person acting as a bullet screen **kugelförmig** *adj* spherical **Kugelgelenk** *nt* ❶ ANAT ball-and-socket joint ❷ TECH ball-and-socket joint **Kugelhagel** *m* hail of bullets

kugelig *adj s.* **kugelförmig**

Kugelkoordinaten *pl* MATH spherical coordinates *pl*

Kugelkopf *m* TECH golf ball **Kugelkopfmaschine** *f* golf-ball typewriter **Kugelkopfschreibmaschine** *f* golf ball typewriter **Kugellager** *nt* ball bearing

kugeln *vi sein* (*rollen, fallen*) ■**irgendwohin ~** to roll somewhere ▶ WENDUNGEN: **zum K~ sein** (*fam*) to be hilarious [*or* a scream]

kugelrund *adj* ❶ (*kugelförmig*) ■**~ sein** to be round as a ball ❷ (*fam: feist und rundlich*) tubby *fam* **Kugelschreiber** *m* ballpoint, Biro® BRIT, Bic® AM **Kugelschreibermine** *f* ballpoint refill, refill for a ballpoint pen **kugelsicher** *adj* bullet-proof **Kugelsternhaufen** *m* ASTRON globular [star [*or* stellar]] cluster **Kugelstoßen** <-s> *nt kein pl* SPORT shot put **Kugelstoßer(in)** <-s, -> *m(f)* shot-putter

Kuh <-, Kühe> *f* ❶ ZOOL cow ❷ (*weibliches Tier*) cow ❸ (*pej fam: Frau*) bitch *fam*, cow BRIT *pej fam*; **blöde [*o* dumme] ~** stupid [*or* silly] cow BRIT *pej fam* ▶ WENDUNGEN: **die ~ ist vom Eis** (*fam*) that's settled; ***die ~ ist noch lange nicht vom Eis*** it's not over by a long shot; **wie die ~ vorm Berg [*o* neuen Scheunentor] *fam* dastehen** to be completely baffled *fam*; **heilige ~** sacred cow; **melkende ~** milk cow

Kuhdorf *nt* (*pej fam*) one-horse town *fam* **Kuherbse** *f* black-eye bean **Kuhfladen** *m* cow-pat BRIT, cow patty AM **Kuhglocke** *f* cow bell **Kuhhandel** *m* (*pej fam*) horse trade *pej fam* **Kuhhaut** *f* (*Fell eines Rindes*) cowhide ▶ WENDUNGEN: **das geht auf keine ~** (*sl*) that's going too far *fam* **Kuhherde** *f* herd of cows **Kuhhirt(e)**, **-hirtin** *m, f* cowherd, cowboy **Kuhhorn** *nt* cow's horn

kühl I. *adj* ❶ (*recht kalt*) cool, chilly; ***draußen wird es ~*** it's getting chilly outside; *s. a.* **Grund, Kopf** ❷ (*reserviert*) cool II. *adv* ❶ (*recht kalt*) **etw ~ lagern** to store sth in a cool place; **etw ~ servieren** KOCHK to serve sth cool [*or* chilled]; **etw ~ stellen** KOCHK to leave sth in a cool place ❷ (*reserviert*) coolly

Kühlanlage *f* refrigeration [*or* cold-storage] plant **Kühlbox** *f* cooler

Kuhle <-, -n> *f* hollow

Kühle <-> *f kein pl* (*geh*) ❶ (*kühle Beschaffenheit*) cool ❷ (*Reserviertheit*) coolness

kühlen I. *vt* ■**etw ~** to cool [*or* chill] sth; ■**gekühlt** coolled, chilled ▶ WENDUNGEN: **sein Mütchen an jdm ~** to take it out on sb II. *vi* to cool

kühlend *adj inv* cooling

Kühler <-s, -> *m* ❶ AUTO bonnet; **jdm vor den ~ rennen [*o* laufen]** (*fam*) to run into sb's car ❷ (*Sektkühler*) ice bucket

Kühlerfigur *f* AUTO bonnet mascot **Kühlergrill** *m* AUTO radiator grille [*or* AM grill] **Kühlerhaube** *f* AUTO *s.* **Motorhaube** **Kühlflüssigkeit** *f* coolant **Kühlgut** *nt* chilled cargo **Kühlhaus** *nt* refrigerated storage building **Kühlhauseffekt** *m kein pl* METEO cooling of the earth's atmosphere **Kühlkreislauf** *m* TECH cooler circuit

Kühlmittel *nt* coolant, cooling agent **Kühlmittelkreislauf** *m* coolant cycle **Kühlmittelpumpe** *f* AUTO coolant pump **Kühlmitteltemperatur** *f* coolant [*or* refrigerant] temperature

Kühlraum *m* refrigerated storage room **Kühl-**

raumladung *f* refrigerated cargo
Kühlrippe *f* AUTO cooling fin **Kühlschiff** *nt* refrigerator ship **Kühlschrank** *m* refrigerator, fridge *fam* **Kühltasche** *f* cool bag **Kühltruhe** *f* freezer chest **Kühlturm** *m* TECH cooling tower
Kühlung <-, -en> *f* ① (*Abkühlung*) cooling ② (*geh: Erfrischung*) cooling; **zur** ~ to cool down
Kühlwagen *m* ① BAHN (*Waggon mit Kühlanlage*) refrigerator [*or* cold-storage] wagon, BRIT [*or* AM car] ② AUTO (*Lkw mit Kühlaggregat*) refrigerator [*or* cold-storage] truck **Kühlwasser** *nt kein pl* coolant
Kuhmilch *f* cow's milk **Kuhmist** *m* cow dung
kühn I. *adj* ① (*wagemutig*) brave ② (*gewagt*) bold II. *adv* **eine** ~ **geschwungene Nase** an aquiline nose
Kühnheit <-, -en> *f* ① *kein pl* (*Wagemut*) bravery ② *kein pl* (*Gewagtheit*) boldness ③ (*Dreistigkeit*) audacity
Kuhstall *m* cowshed
Kuiper-Gürtel *m kein pl* ASTRON Kuiper Belt
kujonieren* *vt* (*geh*) ■**jdn** ~ to harrass [*or* bully] sb
k.u.k. ÖSTERR *Abk von* **kaiserlich und königlich** imperial and royal
Küken <-s, -> *nt* ① ORN (*junges Huhn*) chick ② (*fam: junges Mädchen*) young goose *fam* ③ (*fam: Nesthäkchen*) baby of the family ④ (*fam: unerfahrener Mensch*) baby
Ku-Klux-Klan <-> *m kein pl* Ku Klux Klan
Kukuruz <-[es]> *m kein pl* ÖSTERR (*Mais*) [sweet] corn
kulant *adj* ÖKON obliging, accomodating; ***es war ~ von ihm, die Arbeitskosten nicht zu berechnen*** it was obliging of him/on his part not to charge anything for labour
Kulanz <-> *f kein pl* ÖKON willingness to oblige, accomodating behaviour [*or* AM -or]; **auf** [*o* **aus**] ~ at the firm's expense
Kulanzzahlung *f* FIN ex gratia payment
Kuli[1] <-s, -s> *m* (*fam*) Biro® BRIT, Bic® AM
Kuli[2] <-s, -s> *m* ① (*chinesischer Lohnarbeiter*) coolie ② (*fam: Knecht*) slave, BRIT *a.* dogsbody
kulinarisch *adj* culinary
Kulisse <-, -n> *f* ① THEAT (*verschiebbare Bühnendekoration*) scenery ② (*Hintergrund*) backdrop ► WENDUNGEN: **hinter die ~n blicken** [*o* **schauen**] to look behind the scenes; **nur ~ sein** (*pej fam*) to be merely a facade
Kullenmesser *nt* smoked salmon knife
Kulleraugen *pl* (*fam*) big wide eyes *pl*
kullern *vi sein* (*fam*) ■**irgendwohin** ~ to roll somewhere
Kulmination <-, -en> *f* ① *einer Entwicklung, Laufbahn* culmination, apex ② ASTRON culmination
kulminieren* *vi* (*geh*) ■**in etw** *dat* ~ to culminate in sth
Kult <-[e]s, -e> *m* cult; **einen ~ mit jdm/etw treiben** to make a cult out of sb/sth; **der christliche ~** Christian worship
Kultbild *nt* religious image **Kultbuch** *nt* cult book **Kultfigur** *f* MUS, FILM, MEDIA cult figure **Kultfilm** *m* cult film **Kulthandlung** *f* REL ritual act
kultig *adj* (*sl*) cult; **~e Fernsehserie** cult TV series
kultisch *adj* REL ritual
kultivieren* [-'vi:-] *vt* ① (*geh: bewusst pflegen*) to cultivate, to keep up ② AGR (*urbar machen*) ■**etw** ~ to cultivate sth ③ (*geh*) ■**etw** ~ to cultivate sth
kultiviert [-'vi:ɐt] I. *adj* ① (*gepflegt*) cultivated, refined; ■~ **sein** to be refined [*or* sophisticated] ② (*von feiner Bildung*) ■~ **sein** to be cultured II. *adv* ① (*gepflegt*) sophisticatedly ② (*zivilisiert*) in a refined manner
Kultivierung <-, -en> [-'vi:-] *f* AGR ① (*die Urbarmachung*) cultivation ② AGR (*geh: der Anbau*) cultivation
Kultobjekt *nt* cult object **Kultstätte** *f* REL place of ritual worship **Kultstatus** *m kein pl* cult status; ~ **erreichen/genießen** to gain/enjoy cult status
Kultur <-, -en> *f* ① (*Zivilisation*) civilization, culture ② *kein pl* (*Zivilisationsniveau*) culture; ***die Bewohner hatten eine hohe ~ erreicht*** the inhabitants had developed a high degree of civilization; **die politische ~** the political culture; **~/keine ~ haben** to be/not be cultured ③ FORST, HORT (*angebauter Bestand*) plantation ④ BIOL (*auf Nährböden gezüchtete Mikroorganismen*) culture ⑤ *kein pl* BIOL (*das Kultivieren*) cultivation
Kulturabkommen *nt* cultural agreement **Kulturamt** *nt* [local] cultural affairs office; ***das ~ Ettlingen*** the Ettlingen Cultural Affairs Office **Kulturarbeit** *f kein pl* cultural activity [*or pl* activities] **Kulturattaché** *m* cultural attaché **Kulturaustausch** *m* cultural exchange **Kulturbanause** *m* (*pej fam*) philistine *fam* **Kulturbehörde** *f* cultural authority **Kulturbetrieb** *m* cultural activity **Kulturbeutel** *m* toilet [*or* AM toiletries] bag **Kulturbund** *m* cultural association **Kulturdenkmal** *nt* cultural monument **Kulturdezernent(in)** *m(f)* head of the culture department **Kultureinrichtung** *f* cultural institution [*or* facility]
kulturell I. *adj* cultural II. *adv* culturally
Kulturerlebnis *nt* cultural experience **Kulturetat** *m* culture budget
Kulturfestival *nt* cultural festival **Kulturfilm** *m* documentary [film] **Kulturfläche** *f* cultivated area, cropland **Kulturförderung** *f* promotion of culture **Kulturgeschichte** *f kein pl* cultural history, history of civilization **kulturgeschichtlich** I. *adj* historico-cultural, relating to history of civilization II. *adv* ~ **interessant** [*o* **bedeutsam**] interesting [*or* significant] in terms of cultural history, interesting [*or* significant] from a [*or* AM *usu* an] historico-cultural point of view **Kulturgut** *nt* cultural asset **Kulturgüter** *pl* cultural assets *pl* **Kulturhaus** *nt* arts centre [*or* AM -er] **kulturhistorisch** *adj s.* **kulturgeschichtlich** **Kulturhoheit** *f kein pl* ADMIN control over the domain of education and culture **Kulturinstitut** *nt* institute of culture **Kulturkampf** *m kein pl* HIST ■**der** ~ the Kulturkampf (*conflict between Prussian state and RC church 1871–87*) **Kulturkreis** *m* cultural environment **Kulturkritik** *f critique of contemporary civilization* **kulturkritisch** *adj* SOZIOL, PHILOS (*geh*) critical of contemporary culture **Kulturlandschaft** *f* ① (*vom Menschen veränderte Naturlandschaft*) artificial landscape ② (*fig*) cultural scene **Kulturleben** *nt kein pl* cultural life
kulturlos *adj* (*pej*) ■~ **sein** to be uncultured [*or* BRIT *a. fam* yobbish]
Kulturminister(in) *m(f)* minister for the arts and culture BRIT, ≈ Heritage Secretary BRIT, Secretary of Cultural Affairs AM **Kulturministerium** *nt* ministry for the arts and culture BRIT, department of cultural affairs AM **Kulturnation** *f* cultural nation **Kulturpessimismus** *m kein pl* (*geh*) cultural pessimism **Kulturpessimismus** *m kein pl* (*geh*) cultural pessimism **Kulturpflanze** *f* cultivated plant **Kulturpolitik** *f kein pl* cultural and educational policy **kulturpolitisch** I. *adj* of cultural and educational policy; **eine ~e Angelegenheit** a matter of cultural and educational policy; **der ~e Ausschuss des Landtags** the cultural and educational policy committee of the regional parliament II. *adv* with regard to cultural and educational policy; ***von der Opposition kamen ~ bedeutsame Vorschläge*** important proposals regarding cultural and educational policy came from the opposition **Kulturprogramm** *nt* ① MEDIA (*Programm kultureller und künstlerischer Darbietungen*) cultural programme [*or* AM -am] *no pl* ② TV, RADIO (*Programm, das aus kulturellen Beiträgen besteht*) cultural programme [*or* AM -am] **Kulturreferent(in)** <-en, -en> *m(f)* culture expert, cultural adviser **Kulturrevolution** *f* POL cultural revolution **Kulturschaffende(r)** *f(m) decl wie adj* creative artist **Kulturschale** *f* Petri dish **Kulturschande** *f* (*pej fam*) ignominy for a civilized nation *pej* **Kulturschock** *m* culture shock **Kultursenator(in)** *m(f) minister of culture in Hamburg, Bremen or Berlin* **Kultursommer** *m* summer of culture [*or* cultural activities] **Kulturstiftung** *f* cultural donation [*or* endowment] **Kulturstufe** *f* level of civilization **Kulturtag** *m* day of culture **Kulturverein** *m* culture club **Kulturverwaltung** *f* administration of culture **Kulturvolk** *nt* civilized nation **Kulturzentrum** *nt* ① (*Ort*) cultural centre [*or* AM -er] ② (*Anlage*) arts centre [*or* AM -er]
Kultusgemeinde *f* religious community **Kultusminister(in)** *m(f)* Minister of Education and the Arts BRIT, Secretary of Education and Cultural Affairs AM **Kultusministerium** *nt* Ministry of Education and the Arts BRIT, Department of Education and Cultural Affairs AM **Kultusministerkonferenz** *f* conference of ministers for the arts and culture BRIT [*or* AM secretaries of education and cultural affairs]
Kumarin <-s> *nt kein pl* CHEM coumarin
Kümmel <-s, -> *m* ① (*Pflanze*) caraway ② *kein pl* (*Gewürz*) caraway [seed] ③ (*fam: Schnaps*) kümmel
Kummer <-s> *m kein pl* ① (*Betrübtheit*) grief ② (*Unannehmlichkeiten*) problem, trouble; ***gibt es irgendwelchen ~?*** are there any problems?; **wenn das dein einziger ~ ist** (*fam*) if that's your only problem; [**an**] ~ **gewöhnt sein** (*fam*) to be used to trouble; ~ **haben** to have worries; ***ich sehe doch, dass du ~ hast*** I can see that you're worried about something; **jdm ~ machen** [*o* **bereiten**] to cause sb trouble [*or* worry]; ***irgend etwas muss ihr wohl ~ bereiten*** she must be worried about something or other
Kummerkastenonkel, **-tante** *m, f* MEDIA (*fam*) agony aunt BRIT, dear Abby columnist AM
kümmerlich I. *adj* ① (*pej: armselig*) miserable, poor; **eine ~e Mahlzeit** a paltry meal; (*dürftig*) meagre [*or* AM -er]; **von einer ~en Rente leben** to live on a meagre pension ② (*miserabel*) pitiful; ***mit dieser ~en Leistung kann sie die Prüfung nicht bestehen*** she won't pass the exam with this pitiful effort; **ein ~er Aufsatz** an extremely pathetic essay ③ (*unterentwickelt*) puny; **ein ~er Baum** a stunted tree II. *adv* (*notdürftig*) in a miserable way; ***sie leben sehr ~ von der Arbeitslosenunterstützung*** they scrape an existence on unemployment benefit; ***Sozialhilfeempfänger müssen sich sehr ~ ernähren*** people on benefits must live on a very meagre diet
Kümmerling <-s, -e> *m* (*pej fam*) weakling
kümmern I. *vt* ■**etw/jd kümmert jdn** sth/sb concerns sb; ***was kümmert mich das?*** what concern is that of mine?; ***es hat ihn noch nie gekümmert, was andere von ihm dachten*** it never worried him what other people thought of him; ***das traurige Kind kümmert mich*** I feel sorry for the sad child II. *vi* (*schlecht gedeihen*) to become stunted III. *vr* ① (*sich jds annehmen*) ■**sich um jdn** ~ to look after sb; **sich um seine Gäste ~** to look after one's guests ② (*etw besorgen*) ■**sich um etw** ~ to take care of sth; ***wenn du die Hausarbeit machst, kümmere ich mich um den Garten*** if you do the housework I'll see to the garden; ***ich kann mich nicht um alles ~!*** I can't take care of everything!; ■**sich darum ~, dass** to see to it that; ***ich habe mich noch nie darum gekümmert, was andere von mir denken*** I've never cared what other people think of me; **kümmere dich um deine eigenen Angelegenheiten** mind your own business
Kümmernis <-, -se> *f* (*geh*) trouble, worry
Kummerspeck *m* (*hum fam*) excess weight due to emotional problems; ~ **ansetzen** to put on weight due to emotional problems **kummervoll** *adj* (*geh*) sorrowful, woeful *form*, woebegone *liter*; ***dein Gesicht ist so ~*** you look so sad
Kumpan(in) <-s, -e> *m(f)* (*pej fam*) pal *fam*, mate BRIT *fam*, buddy AM *fam*
Kumpel <-s, -> *m* ① (*Bergmann*) miner ② (*fam: Kamerad*) friend, pal, mate BRIT *fam*, buddy AM *fam*; ***Veronika ist ein toller ~*** Veronika is a fantastic friend
Kumquat <-, -s> *f* BOT kumquat
Kumulation <-, -en> *f* accumulation; JUR (*Häufung*) cumulation
Kumulationprinzip *nt* JUR cumulative system of penalties **Kumulationseffekt** *m* JUR cumulation effect
kumulativ *adj* FIN cumulative; **~e Vorzugsdivi-**

dende cumulative preference [*or* AM preferred] dividend
kumulieren* I. *vr* (*sich anhäufen*) ■**sich** ~ to accumulate II. *vt* ■**etw** ~ to amass sth; ÖKON to accumulate sth; **kumulierter Verlust** accumulated losses
Kumulierung <-, -en> *f* accumulation
Kumulierungsverbot *nt* POL rule against accumulations
Kumuluswolke *f* METEO cumulus [cloud]
kündbar *adj* ① (*sich kündigen lassend*) terminable; *Arbeitsvertrag* subject to termination [*or* notice]; ■[**irgendwie**] ~ **sein** to be terminable in a certain way; ***Angestellte sind nur unter Einhaltung bestimmter Fristen*** ~ employees can only be dismissed after a certain period of notice; ***ältere Mitarbeiter sind nicht mehr*** ~ older employees can no longer be dismissed ② JUR (*Möglichkeit der Kündigung enthaltend*) subject to notice; ***bei der Police handelt es sich um einen nach fünf Jahren ~en Vertrag*** the policy involves a contract that is subject to five years notice; ***das Abonnement ist nur mit Dreimonatsfrist*** ~ the subscription can only be terminated with three months notice
Kündbarkeit <-> *f kein pl* terminability; **mit gegenseitiger** ~ subject to notice on either side
Kunde <-, *selten* -en> *f kein pl* (*veraltend geh*) news + *sing vb*, tidings *npl;* **jdm eine betrübliche/erfreuliche** ~ **bringen** to have some bad/good news for sb; **von etw** ~ **erhalten** to receive news about sth; **von etw** ~ **geben** [*o* **ablegen**] to bear witness to sth
Kunde, Kundin <-n, -n> *m, f* ① (*Käufer*) customer; (*für Dienstleistungen*) client; **langjähriger/treuer/zufriedener** ~ long-standing/loyal/satisfied customer ② (*pej fam: Kerl*) customer *pej fam;* **ein ganz übler** ~ **sein** to be a real nasty customer
künden I. *vt* ① (*geh: ver~*) ■**etw** ~ to presage sth *form* ② SCHWEIZ (*kündigen*) to resign II. *vi* (*geh: Zeugnis von etw ablegen*) ■**von etw** ~ to bear witness to sth
Kundenabnahme *f* HANDEL customer take-up **Kundenakzept** *nt* HANDEL trade bill, customer's acceptance **Kundenanfrage** *f* HANDEL customer inquiry **Kundenberater(in)** *m(f)* customer consultant **Kundenberatung** *f* customer advisory service
Kundendienst *m* ① *kein pl* (*Service*) after-sales [*or* customer] service ② (*Stelle für Service*) customer support office **Kundendienstabteilung** *f* customer service department **Kundendienstmitarbeiter(in)** *m(f)* customer service employee **Kundendienstnetz** *nt* customer service [*or* support] network **Kundendienst-Scheckheft** *nt* AUTO service record
Kundenfang *m kein pl* (*pej*) touting for customers *pej;* **auf** ~ **gehen** to go out touting for customers *pej* **Kundenkarte** *f* ÖKON store card **Kundenkartei** *f* HANDEL customer [*or* client] list [*or* file] **Kundenkonto** *nt* FIN [charge [*or* credit]] account **Kundenkredit** *m* FIN consumer credit **Kundenkreditgeschäft** *nt* FIN retail credit transaction **Kundenkreis** *m* customers *pl;* (*bei Dienstleistungen*) clients *pl,* clientele **Kundennummer** *f* customer reference number
Kundenschutz *m* HANDEL customer protection **Kundenschutzklage** *f* JUR customer protection suit **Kundenschutzklausel** *f* JUR customer protection clause **Kundenschutzvereinbarung** *f* JUR customer protection agreement **Kundenschutzvertrag** *m* JUR customer protection contract
Kundenstamm *m* regular clientele **Kundenstock** *m* ÖSTERR customers *pl* **Kundenunterstützung** *f kein pl* ÖKON customer support **Kundenvertrag** *m* JUR customer contract **Kundenwechsel** *m* FIN trade bill, customer's acceptance **Kundenzeitschrift** *f* customer magazine **Kundenzuzahlung** *f* HANDEL customer's payment
kund|geben *vt irreg* (*geh*) ■[**jdm**] **etw** ~ to make sth known [*or* announce sth] [to sb]; **den Behörden eine Demonstration** ~ to announce a demonstration to the authorities
Kundgebung <-, -en> *f* POL rally, demonstration
kundig *adj* ① (*geh: sach~*) knowledgeable, well-informed; ***sie ist ~er als ihr Vorgänger*** she's better informed than her predecessor; **sich in einer S./auf einem Gebiet** ~ **machen** to inform oneself about sth/a subject ② (*veraltend geh: etw beherrschen*) ■**einer S.** *gen* ~ **sein** to be an adept at sth
kündigen I. *vt* ① (*Arbeitsverhältnis vorschriftsmäßig beenden*) ■**etw** ~ to hand in one's notice, to quit; **seine Arbeit/seinen Job/seine Stelle** ~ to hand in one's notice ② (*die Aufhebung von etw anzeigen*) to cancel, to terminate; ■[**jdm**] **etw** ~ to give [sb] notice of cancellation with regards to sth; ***Zeitschriftenabonnements können nur mit einer Frist von drei Monaten gekündigt werden*** magazine subscriptions can only be cancelled by giving three months notice; **etw unter Einhaltung der Frist** ~ to cancel sth by observing the period of notice; ***ich habe der Vermieterin die Wohnung gekündigt*** I've given the landlady notice that I'm vacating [the flat] ③ FIN ■[**jdm**] **etw** ~ to give [sb] notice of withdrawal of sth; ***ich habe erst mal 4000 Mark von meinem Sparbuch gekündigt*** I've given notice to withdraw 4,000 marks from my savings book; **jdm den Kredit** ~ to discontinue sb's credit ④ (*die Entlassung ankündigen*) ■**jdn** ~ to dismiss [*or* lay off] sb *sep;* **jdn fristlos** ~ to dismiss sb instantly; ***laut Vertrag kann man sie nur mit einer Frist von sechs Monaten*** ~ according to the contract she has to be given six months notice II. *vi* ① (*das Ausscheiden ankündigen*) ■[**jdm**] ~ to hand in one's notice [to sb]; ***sie hat ihrem Arbeitgeber gekündigt*** she handed in her notice to her employer; ■**bei jdm** ~ to give sb one's notice ② (*die Entlassung ankündigen*) ■**jdm** ~ to give sb his/her notice, to lay off sb *sep* ③ JUR ■**jdm** ~ to give sb notice to quit; ***die Vermieterin hat mir gekündigt*** the landlady gave me notice to quit; ***denke daran, dass du dem Vermieter mit Dreimonatsfrist ~ musst*** don't forget you have to give the landlord three months notice
Kündigung <-, -en> *f* ① (*das Kündigen*) cancelling ② JUR notice of dismissal, notice to quit; **außerordentliche** ~ extraordinary termination; **fristlose** ~ instant dismissal; ~ **aus wichtigem Grund** termination for grave cause; ~ **eines Vertrags** termination of a contract ③ FIN notice of withdrawal; ***der Betrag kann erst nach erfolgter ~ abgehoben werden*** the amount can only be withdrawn after having given prior notice; ***wenn sich die Ertragslage eines Unternehmens verschlechtert, kann es zur ~ des Kredites durch die Bank kommen*** if the profitability of a firm deteriorates the bank may withdraw credit ④ (*Beenden des Arbeitsverhältnisses*) *des Arbeitnehmers* notice, termination; (*Entlassung*) *durch Arbeitgeber* dismissal; (*Kündigen des Arbeitsverhältnisses*) handing in [*or* giving] one's notice; ***was hat dein Chef zu deiner ~ gesagt?*** what did your boss say about your handing in your notice?; ***die ~ eines älteren Arbeitnehmers ist kaum noch möglich*** it is almost impossible to dismiss older employees any more; ~ **durch den Arbeitnehmer** notice of resignation; **betriebsbedingte** ~ redundancy notice; **gesetzlich unterstellte** ~ constructive dismissal; **seine** ~ **einreichen** to hand in one's resignation; ***mit seiner ~ rechnen*** to expect to be fired
Kündigungsbestimmungen *pl* cancellation clause; (*bei Grundbesitz*) [rent] tenure provision **Kündigungsentschädigung** *f* FIN severance pay, redundancy payment BRIT **Kündigungserklärung** *f* declaration of notice **Kündigungsfrist** *f* period of notice; (*Entlassung*) dismissal notice period; **angemessene/gesetzliche** ~ reasonable/statutory period of notice; **mit dreimonatiger** ~ subject to three months' notice; **die** ~ **einhalten** to observe the term of notice; **ohne** ~ without notice **Kündigungsgrund** *m* grounds [*or* reason] for giving notice; ***ohne ~ kann keinem Beschäftigten gekündigt werden*** no employee can be given notice without reason **Kündigungsrecht** *nt* FIN right of notice [*or* cancellation] **kündigungsreif** *adj inv* FIN callable **Kündigungsschutz** *m* protection against unfair dismissal **Kündigungsschutzgesetz** *nt* JUR (*bei Arbeitsverhältnis*) dismissal protection act **Kündigungsschutzklage** *nt* JUR dismissal protection suit **Kündigungstermin** *m* JUR term of notice; (*von Vertrag*) cancellation [*or* termination] date
Kundin <-, -nen> *f fem form von* **Kunde**
Kundschaft <-, -en> *f* ① (*Kundenkreis*) customers *pl;* (*bei Dienstleistungen*) clientele ② (*Kunden*) customers *pl,* clients *pl,* clientele
kundschaften *vi haben* (*veraltet*) to reconnoitre [*or* AM -er]
Kundschafter(in) <-s, -> *m(f)* MIL (*veraltend*) scout
kund|tun *vt irreg* (*veraltend geh*) ■[**jdm**] **etw** ~ to make sth known [to sb]
künftig I. *adj* ① (*zu~*) future, prospective; **jds ~e Ehefrau/~er Ehemann** sb's future wife/husband ② (*kommend*) future, to come; **~e Ausgaben** future expenditure *no pl;* **~e Generationen** generations to come II. *adv* (*in Zukunft*) in [*or* AM in the] future; **etw** ~ **vermeiden** to avoid sth in future
Kungelei <-, -en> *f* (*pej fam*) wheeling and dealing *pej fam;* **geheime** ~ secret wheeling and dealing
kungeln *vi* (*pej fam*) ■**mit jdm** [**um etw**] ~ to strike a bargain with sb [about sth]
Kung-Fu <-[s]> *nt kein pl* SPORT kung fu
Kunst <-, Künste> *f* ① KUNST art; **abstrakte** ~ abstract art; **die bildende** ~ graphic art; **die schönen Künste** the fine arts ② *kein pl* (*Schulfach*) art ③ (*Fertigkeit*) art, skill; ***das ist eine ~ für sich*** that's an art in itself; **die schwarze** ~ black magic; **eine brotlose** ~ **sein** (*fam*) to be unprofitable; ***das Hausfrauendasein ist eine brotlose*** ~ there's no money in being a housewife; **mit seiner** ~ **am Ende sein** to be at a total loss; **seine** ~ **an etw** *dat* **versuchen** to try one's hand at sth ► WENDUNGEN: **das ist** [*o* **darin besteht**] **die ganze** ~ that's all there is to it; **was macht die ~?** (*fam*) how's it going?, BRIT *a.* how are tricks?; **keine** ~ **sein** (*fam*) to be easy [*or* simple] [*or* nothing]
Kunstakademie *f* academy of arts, art college **Kunstausstellung** *f* art exhibit[ion] **Kunstbanause** *m* (*pej*) philistine *pej* **Kunstdarm** *m* artificial [*or* synthetic] sausage skin **Kunstdenkmal** *nt* artistic historical monument **Kunstdruck** *m* art print[ing] **Kunstdruckpapier** *nt* art paper **Kunstdünger** *m* artificial fertilizer [*or* manure] **Kunsteisbahn** *f* artificial ice-rink **Kunsterzieher(in)** *m(f)* (*geh*) art teacher **Kunsterziehung** *f* (*geh*) art **Kunstfaser** *f* synthetic fibre [*or* AM -er] **Kunstfehler** *m* malpractice, professional error **kunstfertig** I. *adj* (*geh*) skilful BRIT, skillful AM, expert II. *adv* skilfully BRIT, skillfully AM **Kunstfertigkeit** *f* (*geh*) skill, skilfulness BRIT, skillfullness AM, craftsmanship **Kunstfilm** *m* artistic film; (*als Teil einer Reihe a.*) genre film **Kunstflug** *m* aerobatics + *sing vb* **Kunstform** *f* art form **Kunstfreiheit** *f* JUR freedom of art **Kunstfreund(in)** *m(f)* art lover **Kunstgalerie** *f* art gallery **Kunstgattung** *f* KUNST genre **Kunstgegenstand** *m* objet d'art **kunstgerecht** *adj* skilful BRIT, skillful AM, expert; ***sie legte ihm einen ~en Kopfverband an*** she expertly bandaged his head **Kunstgeschichte** *f* ① *kein pl* (*Geschichte der Kunst*) history of art, art history ② (*Werk über ~*) work on the history of art **Kunstgewerbe** *nt kein pl* ① (*Wirtschaftszweig*) arts and crafts ② (*kunstgewerbliche Gegenstände*) crafts **kunstgewerblich** *adj* craft; **~e Erzeugnisse** craft products, crafts **Kunstgriff** *m* trick, dodge **Kunsthaar** *nt* artificial hair **Kunsthalle** *f* art gallery **Kunsthandel** *m* art trade **Kunsthändler(in)** *m(f)* art dealer **Kunsthandlung** *f* art shop **Kunsthandwerk** *nt kein pl* KUNST, ÖKON craft[work] *no pl* **Kunstharz** *nt* synthetic resin
Kunsthaus *nt* house of art **Kunstherz** *nt* artificial heart **Kunsthistoriker(in)** *m(f)* KUNST, HIST, SCH

K

art historian **kunsthistorisch** I. *adj* art-historical; **ein ~es Werk** an art-historical work II. *adv* as far as the history of art is concerned; ***diese Veröffentlichung ist ~ von großem Interesse*** this publication is of great interest as far as the history of art is concerned; ***sie ist ~ interessiert*** she is interested in art history **Kunsthochschule** *f* art college, college of art **Kunsthonig** *m* artificial honey **Kunstkenner(in)** *m(f)* art connoisseur **Kunstkritiker(in)** *m(f)* art critic **Kunstleder** *nt* imitation leather **Kunstledersessel** *m* imitation [*or* artificial] leather armchair **Kunstlehrer(in)** *m(f)* art teacher

Künstler(in) <-s, -> *m(f)* ① (*bildender* ~) [visual] artist, artiste; **freischaffender ~** free-lance artist ② (*Könner*) genius, wizard

Künstlerhaus *nt* artists' house

künstlerisch *adj* artistic; **eine ~e Begabung** an artistic talent

Künstlerkolonie *f* colony of artists **Künstlername** *m* pseudonym; *Schauspieler* stage name **Künstlerpech** *nt kein pl* (*hum fam*) hard luck *no pl* **Künstlerschriften** *pl* fancy types *pl* **Künstlerzeichen** *nt* artist's mark

künstlich I. *adj* ① (*industriell hergestellt*) artificial, synthetic; **~e Wimpern/Zähne** false lashes/teeth; ***ist der Rubin echt oder ~?*** is that an imitation ruby or a genuine one? ② (*nicht natürlich*) artificial ③ MED (*nicht natürlich erfolgend*) artificial; **~e Befruchtung** artificial insemination ④ (*fam: aufgesetzt*) feigned, false, faked, spurious; **~ Erregung** feigned excitement; ■**~ sein** to be affected [*or* feigned]; ***ob ihre Erregung echt oder nur ~ ist?*** I wonder if she's really excited or just putting it on II. *adv* ① (*fam: beabsichtigt*) affectedly; ***rege dich doch nicht ~ auf, so schlimm ist es nicht!*** stop making out you're upset, it's not that bad!, stop getting all worked up about nothing! ② (*industriell*) artificially, synthetically ③ (*mit Hilfe von Apparaten*) artificially

Kunstlicht *nt* artificial light **Kunstliebhaber(in)** *m(f)* KUNST art lover **Kunstlied** *nt* art song

kunstlos <-er, -este> *adj* plain, purely functional **Kunstmaler(in)** *m(f)* (*geh*) artist, painter **Kunstmarkt** *m* art market **Kunstmuseum** *nt* art museum **Kunstnebel** *m* dry ice *no pl* **Kunstpause** *f* deliberate [*or* dramatic] pause, pause for effect; **eine ~ machen** to pause deliberately **Kunstprodukt** *nt* artificial product

Kunstrasen *m* Astroturf®

Kunstreiter(in) <-s, -> *m(f)* trick rider **Kunstrichtung** *f* KUNST trend in art **Kunstsammlung** *f* art collection **Kunstschätze** *pl* art treasures *pl* **Kunstschnee** *m* artificial [*or* synthetic] snow **Kunstseide** *f* artificial [*or* imitation] silk **kunstsinnig** *adj* (*geh*) appreciative of art; ■**~ sein** to be appreciative of art **Kunstsprache** *f* artificial language **Kunstspringen** <-s> *nt* SPORT diving **Kunststein** *m* BAU artificial stone

Kunststoff *m* synthetic material, plastic

kunststoffbeschichtet *adj inv* synthetic-coated, plastic-coated **Kunststofferzeugnis** *nt* plastic product; (*im Gegensatz zu Naturstoffen*) synthetic product **Kunststofffolie**[RR] *f*, **Kunststoffolie** *f* plastic foil **Kunststoffgehäuse** *nt* plastic housing **Kunststoffmodell** *nt* MED synthetic model **Kunststoffpanzer** *m* SPORT plastic protector **Kunststoffrasen** *m* synthetic lawn **Kunststoffrückstand** *m* residue of synthetic material

kunst|stopfen *vt nur inf o pp* **ein Kleidungsstück ~ lassen** to get an article of clothing invisibly mended; ***das Loch wurde kunstgestopft*** the hole was repaired with invisible mending [*or* AM by reweaving]

Kunststück *nt* ① (*artistische Leistung*) trick ② (*schwierige Leistung*) feat; **kein ~ sein** to not be anything special; ***das ist doch kein ~!*** there's nothing to it!, it's a piece of cake! [*or* BRIT *a.* doddle!]; **~!** (*iron*) so what! **Kunstszene** *f* art scene **Kunsttempel** *m* temple of the arts **Kunsttischler(in)** *m(f)* cabinetmaker **Kunstturnen** *nt* gymnastics + *sing vb* **Kunstunterricht** *m* art lesson[s] **Kunstverein** *m* art club **Kunstvermittlung** *f kein pl* promotion of art *no pl* **Kunstverstand** *m* appreciation of art **kunstverständig** *adj* appreciative of art; ***ich sehe, dass Sie ein ~er Mensch sind*** I see you're a person who appreciates art **Kunstverständnis** *nt* appreciation of art **kunstvoll** I. *adj* ornate, elaborate, artistic II. *adv* ornately **Kunstwerk** *nt* work of art **Kunstwert** *m* ① *kein pl* (*künstlerischer Wert*) **von hohem ~** of great artistic merit ② (*wertvoller Gegenstand*) valuable work of art **Kunstwissenschaft** *f* aesthetics + *sing vb*, AM *a.* esthetics + *sing vb* **Kunstwort** *nt* invented [*or* coined] word

kunterbunt I. *adj* ① (*vielfältig*) varied ② (*sehr bunt*) multi-coloured [*or* AM -colored] ③ (*wahllos gemischt*) motley; **eine ~es Durcheinander** a jumble II. *adv* (*ungeordnet*) **~ durcheinander** completetly jumbled up

Kunz *m* **Hinz und ~** every Tom, Dick and Harry

Kupfer <-s, -> *nt* ① *kein pl* CHEM copper *no pl* ② (*Kupferstich*) copperplate engraving [*or* print]; **etw in ~ stechen** to engrave [*or* etch] sth on copper

Kupferbergwerk *nt* copper mine **Kupferblech** *nt* BAU copper sheet **Kupferdach** *nt* copper roof **Kupferdraht** *m* copper wire **Kupferdruck** *m* (*Verfahren*) copperplate printing; (*Abbildung*) copperplate print **Kupfererz** *nt* copper ore **Kupfergeschirr** *nt* copper kitchenware

kupferhaltig *adj inv* GEOL, CHEM containing copper *pred*, cupriferous *spec*; ***die Lösung ist ~*** the [*or* this] solution contains copper, this is a cupriferous *spec* solution

Kupferkabel *nt* copper cable **Kupferkies** *m* copper pyrite **Kupfermünze** *f* copper coin

kupfern *adj* copper

Kupferrohr *nt* copper pipe **Kupferschmied(in)** *m(f)* coppersmith **Kupferstecher(in)** <-s, -> *m(f)* copperplate engraver **Kupferstich** *m* copperplate engraving [*or* print] **Kupfertelefonleitung** *f* copper telephone wire **Kupfervitriol** *nt* blue vitriol

Kupon <-s, -s> [ku'põ:] *m s.* **Coupon**

Kuponbesitzer(in) *m(f)* coupon holder **Kuponeinlösung** *f* FIN coupon service **Kuponsteuer** *f* FIN coupon tax

Kuppe <-, -n> *f* ① (*Bergkuppe*) [rounded] hilltop ② (*Straßenwölbung*) hump, crest ③ (*Fingerkuppe*) tip

Kuppel <-, -n> *f* dome, cupola

Kuppeldach *nt* domed roof

Kuppelei <-, -en> *f* JUR procuration

kuppeln[1] *vi* AUTO to operate the clutch

kuppeln[2] *vt* ■**etw an etw** *akk* **~** to couple sth to sth

Kuppler(in) <-s, -> *m(f)* (*pej*) matchmaker

Kupplung <-, -en> *f* ① AUTO clutch; **die ~ kommen lassen** to let the clutch out, to release the clutch; **die ~ schleifen lassen** to let the clutch slip; **die ~ treten** [*o* **durchtreten**] to depress [*or sep* push down] the clutch; **die ~ ganz durchtreten** to depress the clutch fully, to push down the clutch all the way ② (*Anhängevorrichtung*) coupling

Kupplungsbelag *m* clutch lining **Kupplungspedal** *nt* clutch pedal **Kupplungsscheibe** *nt* clutch disc **Kupplungsseil** *nt* clutch cable **Kupplungsspiel** *nt* AUTO clutch free play

Kur <-, -en> *f* ① (*Heilverfahren*) course of treatment; **in** [*o* **zur**] **~ fahren** to go to a health resort; **zur ~ sein** to stay at a health resort; **eine ~ machen, sich** *akk* **einer ~ unterziehen** to undergo a course of treatment; **jdn zur ~ schicken** to send sb to a health resort ② (*Haarkur*) conditioner

Kür <-, -en> *f* SPORT free style [*or* section]; **eine ~ laufen/tanzen/turnen** to complete the free section

Kurantrag *m* application for a course of treatment

Kurarzt, -ärztin *m, f* doctor at a health resort [*or* spa]

Kurator(in) <-s, -toren> *m(f)* ① (*Treuhänder*) trustee ② (*Museum*) curator ③ SCH (*Justitiar*) registrar ④ (*veraltet: Vormund*) guardian

Kuratorium <-s, -rien> [*pl* -riən] *nt* board of trustees

Kuraufenthalt *m* stay at a health resort

Kurbel <-, -n> *f* crank; *altes Automobil* starting handle

Kurbelantrieb *m* crank drive **Kurbelgehäuse** *nt* crankcase

kurbeln I. *vi* (*die Kurbel drehen*) to wind, to crank II. *vt* (*mit der Kurbel bewegen*) ■**etw ~** to wind sth; ***kurble bitte die Markise über die Terrasse*** wind the awning down over the terrace, please

Kurbelstange *f* connecting rod **Kurbelwelle** *f* crankshaft **Kurbelwellenlager** *nt* AUTO crankshaft main bearing

Kürbis <-ses, -se> *m* ① BOT pumpkin ② (*sl: Kopf*) nut *sl*

Kürbiskern *m* pumpkin seed **Kürbiskernöl** *nt* pumpkin seed oil

Kurdauer *f* duration of the course of treatment

Kurde, -din <-n, -n> *m, f* Kurd **Kurdirektor(in)** *m(f)* manager of a health resort

Kurdisch *nt decl wie adj* Kurdish; *s. a.* **Deutsch**

kurdisch *adj* Kurdish; *s. a.* **deutsch**

Kurdische <-n> *nt* ■**das ~** Kurdish, the Kurdish language; *s. a.* **Deutsche**

Kurdistan <-s> *nt* Kurdistan

kuren *vi* (*fam*) to go on a health cure

küren <kürte *o selten* kor, gekürt> *vt* (*geh*) ■**jdn** [**zu etw**] **~** to elect sb to [*or* choose sb for] sth; ***sie wurde von der Jury zur besten Eisläuferin gekürt*** she was chosen by the judges as the best ice-skater

Kurfürst *m* HIST elector

Kurfürstentum *nt* HIST electorate

kurfürstlich *adj inv, attr* electoral

Kurgast *m* visitor to a health resort **Kurhaus** *nt* assembly rooms [at a health resort]

Kurie <-, -n> ['ku:riə] *f* REL Curia

Kurienkardinal *m* REL cardinal of the Roman curia

Kurier <-s, -e> *m* ① (*Bote*) courier, messenger ② (*Schnellieferant*) courier ③ (*Überbringer*) courier; ***er hat für die Mafia den ~ gemacht und Drogen geschmuggelt*** he was a drugs runner for the Mafia

Kurierdienst *m* (*Dienstleistung*) courier service; (*Firma*) courier firm

kurieren* *vt* ① (*heilen*) ■**jdn** [**von etw**] **~** to cure sb [of sth] ② (*fam: befreien*) ■**jdn von jdm/etw ~** to cure sb of sb/sth; ***dieser Schock hat sie von ihren Fantastereien kuriert*** this shock cured her of her fantasies; ■[**von jdm/etw**] **kuriert sein** to have got over [*or* be cured of] [sb/sth]; ***ich bin von ihm kuriert*** I've got over him

kurios I. *adj* (*geh*) curious, odd, strange, funny II. *adv* (*geh*) curiously, oddly; ***warum bist du so ~ gekleidet?*** why are you dressed so oddly?

Kuriosität <-, -en> *f* (*geh*) ① (*Merkwürdigkeit*) oddity, peculiarity ② (*merkwürdiger Gegenstand*) curiosity

Kuriosum <-s, Kuriosa> *nt s.* **Kuriosität 1**

Kurkonzert *nt* concert at a health resort

Kurkuma <-, Kurkumen> *f* ① (*Gewürz*) turmeric ② (*Pflanze*) curcuma

Kurmittel *nt* health resort treatment **Kurort** *m* health resort, spa **Kurpark** *m* gardens of a health resort

Kurpfalz <-> *f* HIST ■**die ~** the Electoral Palatinate **Kurpfuscher(in)** *m(f)* (*pej fam*) quack *pej fam* **Kurpfuscherei** *f kein pl* (*pej fam*) quackery *pej fam* **Kurpfuscherin** <-, -nen> *f fem form von* **Kurpfuscher**

Kurs[1] <-es, -e> *m* ① LUFT, NAUT (*Richtung*) course; **jdn/etw vom ~ abbringen** to put sb/sth off course; ***der Sturm hat uns um drei Grad vom ~ abgebracht*** the storm has put us off course by three degrees; **vom ~ abkommen** to deviate from one's/its course; **den/seinen ~ beibehalten** [*o* **halten**] to maintain [one's] course; **auf bestimmten ~ gehen** to set a certain course; ***wenn wir auf südsüdöstlichen ~ gehen, müssten wir die Insel in drei Tagen erreichen*** if we set a sou'-sou'-easterly course we should reach the island in three days; ~ **auf etw** *akk* **haben** to be heading for sth; ~ **auf etw** *akk* **nehmen** to set course for sth; **einen** [**bestimmten**] ~ **steuern** to steer a certain course; ***es war nicht mehr feststellbar, welchen ~ das Schiff steuerte*** it was no longer possible to determine which course the ship was steering; **den ~ wechseln** to change course ❷ (*Zielsetzung*) course; **jdn vom ~ abbringen** to throw sb off course; **den/seinen ~ beibehalten** to maintain [one's] course; **jdn auf ~ bringen** to bring sb into line; ***ihre Kollegen werden sie schon auf ~ bringen*** their colleagues will bring them into line; **einen bestimmten ~ einschlagen** to take a certain course; (*politische Linie*) policy, course; **harter/weicher ~** hard/soft line ❸ (*Wechselkurs*) exchange rate; ***der ~ Dollar zu Mark steht im Moment bei eins zu 1,75*** the exchange rate between the dollar and the mark is currently 1.75; **zu einem bestimmten ~** at a certain rate; ***Schwarzhändler tauschen dir die Mark zu einem günstigen ~*** you'll get a favourable rate for your marks on the black market; **etw außer ~ setzen** to take sth out of circulation; ***Zahlungsmittel, die außer ~ gesetzt wurden, sind nicht länger gültig*** currency taken out of circulation is no longer valid ❹ BÖRSE (*Marktpreis*) price; ***die Maßnahmen der Bundesbank haben die ~e einiger Aktien gestärkt*** measures taken by the Bundesbank have strengthened the price of some shares; ***der ~ pendelte sich bei $120 ein*** the market was settling down at $120; **zum gegenwärtigen ~** at the current rate [*or* price]; **multipler ~** multiple exchange rate; **hoch im ~ stehen** ÖKON to be in great demand; BÖRSE to be high up; (*fig*) to be very popular, to be at a high rate; ***antike Vasen stehen derzeit hoch im ~*** antique vases are currently very popular; **etw an einen ~ binden** to peg the price of sth; **den ~ drücken** to depress the market; **im ~ fallen** to fall [*or* drop] in price; ***die Aktien der Schlüter AG sind letztens etwas im ~ gefallen*** Schlüter AG shares have fallen somewhat recently; **den ~ festsetzen** to fix a price; **den ~ hinauftreiben** to push up the price; **den ~ schwächen/stützen** to weaken/peg the market

Kurs² <-es, -e> *m* (*Lehrgang*) course, class; **einen ~** [**in etw** *dat*] **besuchen** to attend a course [in sth]

Kursabfall *m* ÖKON price decline **Kursabschlag** *m* ÖKON drop in prices **Kursabweichung** *f* course deviation **Kursänderung** *f* change in course **Kursangabe** *f* BÖRSE stock market quotation **Kursanpassung** *f* BÖRSE adjustment of rates **Kursanstieg** *m* BÖRSE rise in [market] prices **Kursbandbreite** *f* exchange rate band **Kursbefestigung** *f* ÖKON stronger tendency in prices

Kursbeginn *m* commencement of a course; ***~ ist der 01.04.*** the course starts on 01/04

Kursbeibehaltung *f* staying on course; ***bei schlechtem Wetter ist die ~ schwierig*** maintaining course is difficult in bad weather; ***der Autopilot sorgt für die ständige ~*** the autopilot keeps the course constant **Kursbericht** *m* BÖRSE list of quotations; (*Kurszettel*) stock market report **Kursbildung** *f* BÖRSE formation of rates **Kursbildungsfaktoren** *pl* BÖRSE factors in the formation of rates **Kursbuch** *nt* [railway] timetable

Kurschatten *m* (*hum fam*) romance at a health resort

Kürschner(in) <-s, -> *m(f)* furrier

Kursdauer *f* course duration

Kurse *pl von* **Kursus**

Kurseinbruch *f* ÖKON slump [*or* sharp [*or* sudden] fall] in prices; ***der Dollar erlitt einen ~*** the value of the dollar slumped [*or* fell sharply] **Kurseinbußen** *pl* BÖRSE price losses; **~ hinnehmen** [**müssen**] to meet with losses on the stock exchange

Kursende *nt* end of a course

Kursentwicklung *f* ÖKON movement of prices **Kurserholung** *f kein pl* ÖKON recovery of prices **Kursexplosion** *f* ÖKON price explosion **Kursfixierung** *f* ÖKON price fixing **Kursgefüge** *nt* ❶ ÖKON price structure ❷ BÖRSE rate structure **Kursgeschäft** *nt* BÖRSE trading on rates **Kursgewinn** *m* ÖKON gain, advance **Kurs-Gewinn-Verhältnis** *nt* ÖKON price/earnings [*or* P/E] ratio **Kursherabsetzung** *f* BÖRSE lowering of rates

kursieren* *vi* ❶ (*umgehen*) ■[**unter jdm**] ~ to circulate [*or* go around] [among people]; ***da ~ vielleicht Gerüchte unter den Studenten!*** rumours are really circulating among the students! ❷ (*umlaufen*) ■[**irgendwo**] ~ to be in circulation [somewhere]; ***seit einiger Zeit ~ in der Stadt falsche Hundertmarkscheine*** forged one hundred mark notes have been in circulation in the town for some time

kursiv I. *adj* italic; ■~ **sein** to be in italics II. *adv* in italics

Kursive <-, -n> [-və] *f*, **Kursivschrift** *f* italics

Kurskorrektur *f* course correction; BÖRSE rate adjustment; **technische ~** technical correction **Kursleiter(in)** *m(f)* course director **Kursmakler(in)** *m(f)* market maker **Kursmanipulation** *f* BÖRSE manipulation of the market **Kursnotierung** *f* ÖKON quoted price, [price] quotation; BÖRSE stock market quotation **Kursoperationen** *pl* BÖRSE transactions

kursorisch I. *adj* (*geh*) cursory II. *adv* (*geh*) cursorily

Kursparität *f* BÖRSE exchange parity **Kurspflege** *f kein pl* ÖKON supporting purchases *pl* **Kursregulierung** *f* ÖKON price regulation **Kursregulierungskonsortium** *nt* BÖRSE price support syndicate **Kursrisiko** *nt* ÖKON price risk; BÖRSE foreign-exchange risk **Kursrückgang** *m* BÖRSE fall [*or* decline] in prices [*or* the exchange rate]; ***der ~ hat verheerende Wirkung auf die Wirtschaft des armen Landes*** the fall in the exchange rate had a devastating; **einen ~ erleiden** to experience a decline in prices effect on the economy of the poor country **Kursrücknahme** *f* BÖRSE price markdown **Kursrutsch** *m* price slump **Kursschwankungen** *pl* BÖRSE price fluctuations; **heftige ~** wide prices **kurssichernd** *adj* BÖRSE rate-fixing *attr;* **~e Interventionen** supporting orders **Kurssicherung** *f* ÖKON price support **Kurssicherungsgeschäfte** *pl* hedging *no pl* **Kursspanne** *f* BÖRSE turn of the market **Kursspekulation** *f* BÖRSE speculation on the stock exchange **Kurssprung** *f* ÖKON jump in prices; **plötzlicher ~** spurt **Kursstabilität** *f* ÖKON stability of prices **Kurssteigerung** *f* BÖRSE rise [*or* increase] in prices [*or* the exchange rate]; ***durch die ~ wurde er noch reicher als zuvor*** thanks to the rise in the exchange rate [*or* prices], he was even richer than before **Kurssturz** *m* BÖRSE collapse in prices; *von Devisen* collapse in rates **Kursstützung** *f* ÖKON pegging the prices; **eine ~ durchführen** to peg the market **Kursstützungskauf** *m* ÖKON supporting purchase

Kurstadt *f* spa town

Kursteilnehmer(in) *m(f)* course participant, participant in a course

Kurstendenz *f* ÖKON upward tendency

Kursus <-, Kurse> *m* (*geh*) *s.* **Kurs²**

Kursverfall *m kein pl* ÖKON collapse of prices **Kursverkäufe** *pl* BÖRSE sales **Kursverlust** *m* ❶ FIN foreign exchange loss ❷ BÖRSE price loss, loss on the exchange [*or* stock market]; **einen ~ darstellen/hinnehmen müssen** to mean/suffer a loss on the stock exchange **Kursverschiebung** *f* ÖKON shift of prices **Kurswagen** *m* BAHN through coach **Kurswechsel** *m* change of course **Kurswert** *m* BÖRSE market value **Kurswertberichtigung** *f* ÖKON price adjustment **Kurszettel** *m* BÖRSE (*Auflistung*) stock list, list of quotations; (*Bericht*) stock market report **Kurszusammenbruch** *m* ÖKON price collapse, collapse of the market

Kurtaxe *f* health resort tax on visitors

Kurtisane <-, -n> *f* HIST courtesan

Kurtschatovium <-s> *nt kein pl* CHEM kurtschatovium

Kurve <-, -n> [-və] *f* ❶ TRANSP bend; **aus der ~ fliegen** (*fam*) to leave the road on the bend; **sich in die ~ legen** to lean into the bend; **eine ~ machen** to bend; ***die Straße macht eine scharfe ~*** the road bends sharply; **die ~ schneiden** to cut the corner ❷ (*gekrümmte Linie*) curve; ***die Temperatur wird in einer ~ aufgezeichnet*** the temperature is recorded in a curve ❸ *pl* (*fam: Körperrundung*) curves *pl;* ***du darfst nicht nur auf ihre ~n schauen, sie hat doch auch andere Qualitäten*** you shouldn't just look at her curves, she has other qualities too ▶ WENDUNGEN: **die ~ kratzen** (*fam*) to clear off; **die ~ kriegen** (*fam*) to get around to doing sth

kurven [-vən] *vi sein* (*fam*) ❶ (*sich in einer gekrümmten Linie bewegen*) to turn; ***der Radfahrer kam plötzlich um die Ecke gekurvt*** the cyclist suddenly turned the corner; ***was kurvt der Flieger so niedrig über der Gegend?*** why is the pilot circling so low over the area? ❷ (*ziellos fahren*) ■**durch etw ~** to drive around sth; ***wir sind ein paar Wochen durch Spanien gekurvt*** we drove around Spain for a few weeks

Kurvenlineal [-vən-] *nt* curve template **kurvenreich** [-vən-] *adj* ❶ (*viele Kurven aufweisend*) winding, full of bends, curvy; ■~ **sein** to be winding; ***im Gebirge sind Straßen ~er*** there are more bends in mountain roads ❷ (*hum fam: weibliche Formen habend*) shapely **Kurvenzeichner** *m* INFORM curve plotter

Kurverwaltung *f* administrative authority of a health resort

kurvig *adj s.* **kurvenreich 1**

kurz <kürzer, kürzeste> I. *adj* ❶ (*räumlich von geringer Länge*) short; ■[**zu**] **~ sein** to be [too] short; ***das Kleid ist doch ein wenig ~*** the dress is a little short; *s. a.* **Hose** ❷ (*zeitlich von geringer Länge*) brief, short; ***ein ~er Blick reichte*** a brief glance was sufficient; ***die Pause von fünf Minuten war mir einfach zu ~*** the five minute break was simply too short for me; *s. a.* **Gedächtnis** ❸ (*knapp*) brief; ***bitte etwas kürzer*** please be a little briefer; ***der Artikel war zwar ~, aber dafür um so prägnanter*** although the article was short, it was all the more succinct for it; **~ und bündig** brief and succinct; *s. a.* **Wort** ❹ (*nicht lang betont*) short; **~e Silben** short syllables ▶ WENDUNGEN: [**in etw** *dat*] **den Kürzeren ziehen** (*fam*) to come off worst II. *adv* ❶ (*räumlich*) short; ***unsere Artillerie schießt zu ~!*** our artillery is falling short!; **~ geschnitten** *attr* cut short *pred;* ***mit ~ geschnittenen Haaren brauche ich nicht stundenlang vor dem Spiegel zu stehen*** with my hair cut short I don't need to spend hours in front of the mirror; ***das ~ geschnittene Haar steht dir besser*** short hair suits you better; [**jdm**] **etw kürzer machen** MODE to shorten sth [for sb]; ***können Sie mir die Hose etwas kürzer machen?*** can you shorten my trousers for me? ❷ (*zeitlich*) for a short time; **etw ~ braten** to flash-fry sth; **sich ~ fassen, es ~ machen** to be brief; **jdn ~ sprechen** to have a quick word with sb; **bis vor ~em** up until a short while ago; ***bis vor ~em hatte ich noch eine gute Meinung von ihr*** I still had a good opinion of her up until a short while ago; **seit ~em** for a short while, lately; ***wir sind erst seit ~em verlobt*** we've only been engaged for a short while; ***seit ~em kommt er sehr früh von der Arbeit*** lately he's been coming home very early from work; **vor ~em** a short while [*or* time] ago; **~ bevor** just before; **~ gesagt** in a word; **~ nachdem** shortly after; **über ~ oder lang** sooner or later ❸ (*wenig*) shortly; ***die Konferenz wird ~ vor Pfingsten stattfinden*** the conference will take place shortly before Whitsun; **jdn ~ halten** to keep sb short; **~ treten** (*fam*) to go easy *fam*, to mark time ▶ WENDUNGEN: **~ angebunden sein** (*fam*) to be abrupt [*or* curt] [*or* short-spoken]; ***was bist du denn immer so ~ angebunden mit mir?*** why are you always so abrupt with me?; **~ entschlossen** without a moment's hesitation; ***wenn es um Entscheidungen geht, ist sie immer ~ entschlossen*** when decisions have to be made there's never any hesitation on her part; **~ und gut** in a word; ***~ und gut, ich bin pleite*** in a word, I'm broke; **etw ~ und klein hauen** [*o* **schlagen**] (*fam*) to smash sth to pieces; **~ und**

K

<u>schmerzlos</u> (*fam*) quick and painlessly, simply and plainly *fam; **du bringst es ihr am besten ~ und schmerzlos bei, dass du ihr Geld verloren hast*** you had best tell her straight out that you've lost her money; [**bei etw**] <u>**zu**</u> ~ **kommen** to lose out [with sth]; **Angst haben,** <u>**zu**</u> ~ **zu kommen** to be afraid one will miss out

Kurzarbeit *f kein pl* short-time work **kurz|arbeiten** *vi* to work short-time **Kurzarbeiter(in)** *m(f)* short-time worker **Kurzarbeitergeld** *nt* short-time allowance (*state subsidy to avoid redundancies*) **kurzärm(e)lig** *adj* short-sleeved **kurzatmig** *adj* short-winded; ■~ **sein** to be short of breath **Kurzauftritt** *m* short scene **kurzbeinig** *adj inv* short-legged, with short legs **Kurzberichterstattung** *f kein pl* MEDIA brief coverage **Kurzbrief** *m* brief memo

Kurze(r) *m decl wie adj* (*fam*) ❶ (*Schnaps*) schnapps ❷ (*Kurzschluss*) short-circuit

Kürze <-, *selten* -n> *f* ❶ *kein pl* (*kurze räumliche Länge*) shortness ❷ *kein pl* (*kurze Dauer*) shortness; ***in der ~ der zur Verfügung stehenden Zeit sind die Arbeiten nicht zu erledigen*** the work cannot be completed in the short time available; **in ~** shortly, soon, in the near future ❸ *kein pl* (*Knappheit*) brevity, shortness; **in aller ~** very briefly ❹ LIT (*kurze Silbe*) short syllable ► WENDUNGEN: **in der ~ liegt die** <u>**Würze**</u> (*prov*) brevity is the soul of wit *prov*

Kürzel <-s, -> *nt* ❶ (*stenografisches ~*) shorthand symbol ❷ (*Kurzwort*) abbreviation

kürzen *vt* ❶ (*in der Länge verringern*) ■**etw** [**um etw**] ~ to shorten sth [by sth]; ***können Sie mir die Hose um einen Zentimeter ~?*** can you shorten these trousers for me by a centimetre? ❷ (*im Umfang verringern*) ■**etw** ~ to shorten sth; ***ich habe meinen Artikel um die Hälfte gekürzt*** I've shortened my article by fifty percent; ***das Buch wurde vom Verlag auf lediglich 150 Seiten gekürzt*** the publishers shortened the book to a mere 150 pages; **eine gekürzte Fassung eines Buches** the abridged edition of a book ❸ (*verringern*) ■**etw** [**um/auf etw** *akk*] ~ to cut [*or* reduce] [*or* slash] sth [by/to sth]; ***die Opposition verlangt, den Etat um drei Prozent auf 289 Millionen DM zu ~*** the opposition is demanding that the budget be cut by three percent to 289 million marks ❹ MATH **einen Bruch** ~ to reduce a fraction

kurzerhand *adv* there and then, without further ado; **jdn ~ entlassen** to dismiss somebody on the spot

Kurzfassung *f* (*Zusammenfassung*) abstract, summary; (*gekürzte Fassung*) abridged version; **in ~** in an abridged version; ***in den Kurznachrichten werden die Meldungen des Tages noch einmal in ~ gebracht*** in news bulletins the day's news is broadcast again in brief; ***also, jetzt noch mal ganz ruhig und in ~, was ist passiert?*** okay, just calm down and tell me briefly what happened; **~ eines Patents** title of a patent; **~ der Patentschrift** abridgement of specification **Kurzfilm** *m* short film **Kurzform** *f* shortened form **kurzfristig** **I.** *adj* ❶ (*innerhalb kurzer Zeit erfolgend*) at short notice; ***bei ~er Bestellung des Artikels können wir Ihnen Lieferung bis zum 31. zusagen*** if the item is ordered quickly we can promise delivery by the 31st; **jds ~e Anreise** sb's sudden arrival; ***die ~e Programmänderung bitten wir zu entschuldigen*** we apologize for the programme alteration that occurred at such short notice; ***Ihre Zusage war zu ~*** you didn't give enough notice for your consent ❷ (*für kurze Zeit geltend*) short-term, of short duration; ***ich kann mir nur einen ~en Urlaub genehmigen*** I can only permit myself a short holiday; **die ~e Wettervorhersage** the short-range weather forecast ❸ FIN short-term; **~e Kapitalströme** short-term capital; **~e Mittel/Gelder/Kredite** quick assets/money at short notice/short[-term] credit; **~e Verbindlichkeit** current [*or* shor-term] liability **II.** *adv* ❶ (*innerhalb kurzer Zeit*) within a short [period of] time; ***wegen unvorhergesehener Probleme mussten wir den Plan ~ ändern*** because of unforeseen problems we had to change the plan at short notice; ***jdn etw ~ wissen lassen*** to let sb know without delay ❷ (*für kurze Zeit*) briefly, for a short time; ***wir unterbrechen unser Programm ~ für eine wichtige Durchsage*** we are briefly interrupting our programme for an important announcement; **~ gesehen** viewed in the short term ❸ HANDEL at short notice; **~ lieferbar** for short delivery **Kurzgeschichte** *f* short story **kurzhaarig** *adj* short-haired; **eine ~e Frisur** a short haircut **Kurzhaarschnitt** *m* short haircut **kurzlebig** *adj* ❶ (*nicht lange lebend*) short-lived, ephemeral; ***ich möchte keine ~en Bäume im Garten*** I don't like trees in the garden that only live for a short time; ■~ **sein** to be short-lived ❷ MODE (*nur vorübergehend modisch*) short-lived; ***diese engen Hosen haben sich als ~ herausgestellt*** these narrow trousers have proved to be short-lived ❸ ÖKON (*nicht lange haltbar*) non-durable, perishable; ■~ **sein** to be non-durable; **~e Konsumgüter** nondurables, nondurable consumer goods; ***Konsumgüter werden immer ~er*** consumer goods are becoming less and less durable ❹ NUKL (*nur kurze Zeit existierend*) having a short life; **~e Teilchen** particles that have a short life

kürzlich *adv* recently, not long ago

Kurzmeldung *f* newsflash **Kurznachrichten** *pl* news in brief + *sing vb,* summary of the news

Kurzparker(in) <-s, -> *m(f)* short-term parking; ***die Parkplätze sind für ~ bestimmt*** the parking spaces are for short-term parking; **nur für ~** short-term parking only **Kurzparksystem** *nt* short-term parking **Kurzparkzone** *f* short-term parking zone **Kurzreise** *f* short trip

kurz|schließen *irreg* **I.** *vt* (*unter Umgehung verbinden*) ■**etw** ~ to short-circuit sth **II.** *vr* (*sich in Verbindung setzen*) ■**sich mit jdm** ~ to get in touch with sb

Kurzschluss[RR] *m* ❶ ELEK short-circuit; **einen ~ haben** to short-circuit ❷ PSYCH (*Affekthandlung*) panic, moment of madness, rash action **Kurzschlusshandlung**[RR] *f* rashly impulsive act, knee-jerk reaction **Kurzschlussreaktion**[RR] *f* knee-jerk reaction

Kurzschrift *f* shorthand, stenography **kurzsichtig** **I.** *adj* ❶ (*an Kurzsichtigkeit leidend*) short [*or esp* AM near]-sighted ❷ (*einen begrenzten Horizont habend*) short-sighted, myopic **II.** *adv* (*beschränkt*) in a short-sighted manner; ***du denkst zu ~*** you're too short-sighted in your thinking **Kurzsichtigkeit** <-, -en> *f* ❶ (*Art der Fehlsichtigkeit*) short-sightedness, myopia ❷ (*beschränkte Art*) short-sightedness

Kurzstreckenflug *m* LUFT short-haul flight **Kurzstreckenlauf** *m* SPORT sprint **Kurzstreckenläufer(in)** *m(f)* sprinter **Kurzstreckenrakete** *f* short-range missile

kurzum *adv* in a word, in short, to cut a long story short

Kürzung <-, -en> *f* ❶ (*das Kürzen*) abridgement, shortening; ***nach einer ~ um 15 bis 20 Prozent können wir diesen Artikel veröffentlichen*** we will be able to publish this aricle once it has been shortened by 15 to 20 percent ❷ FIN (*Verringerung*) cut, reduction, curtailment; ***eine ~ des Etats ist leider nicht zu vermeiden*** unfortunately a budget cut is unavoidable

Kurzurlaub *m* short holiday

Kurzwahlspeicher *m* one-touch dialling [*or* AM dialing] memory **Kurzwahltaste** *f* one-touch dialling [*or* AM dialing] button

Kurzwaren *pl* haberdashery BRIT, dry goods AM, notions AM **Kurzwarengeschäft** *nt* ÖKON haberdashery [shop] BRIT, dry goods store AM

Kurzweil *f* pastime, diversion, amusement; **aus** [*o* **zur**] ~ for amusement; **etw aus** [*o* **zur**] ~ **machen** to pass the time idly with sth

kurzweilig <-er, -ste> *adj* (*veraltet*) entertaining

Kurzwelle *f* short wave **Kurzwellensender** *m* short-wave transmitter **Kurzwort** *nt* abbreviation, abbreviated word, contraction

Kurzzeitgedächtnis *m* short-term memory **kurzzeitig** **I.** *adj in* short-term, brief **II.** *adj inv* brief, briefly, for a short time **Kurzzeitpflege** *f* short-term care **Kurzzeitspeicher** *m* short-term memory **Kurzzeitwecker** *m* timer

kusch *interj* ❶ (*an Hund: brav!*) [lie] down! ❷ ÖSTERR (*an Menschen: still!*) [be] quiet!

kuschelig *adj* (*fam*) cosy BRIT, cozy AM, snug

Kuschelkissen *nt* cuddly cushion

kuscheln **I.** *vr* (*fam: sich schmiegen*) ■**sich an jdn** ~ to cuddle [*or* snuggle] up to sb; ■**sich** *akk* **in etw** *akk* ~ to snuggle up in sth **II.** *vi* (*schmusen*) ■[**mit jdm**] ~ to cuddle up to [sb]

Kuscheltier *nt* cuddly toy

kuschen *vi* ■[**bei jdm**] ~ to knuckle under [to sb], to obey [sb]

Kusine <-, -n> *f fem form von* **Cousin** cousin

Kuss[RR] <-es, Küsse> *m,* **Kuß** <-sses, Küsse> *m* kiss; **jdm einen ~ geben** to give sb a kiss

Küsschen[RR] <-s, -> *nt* brief kiss, peck; **gib ~!** give us a kiss!

kussecht[RR] *adj inv* MODE kiss-proof

küssen **I.** *vt* ■**jdn/etw** [**auf etw** *akk*] ~ to kiss sb/sth [on sth]; ■**sich** ~ to kiss each other; ■**jdm etw** ~ to kiss sb's sth; ***er küsste ihr die Hand*** he kissed her hand; **beim K~** when kissing; *s. a.* **Hand II.** *vi* to kiss; ***ich küsse so gerne*** I like kissing so much

Kusshand[RR] *f* ► WENDUNGEN: **jdm eine ~/Kusshände** <u>**zuwerfen**</u> to blow sb a kiss/kisses; <u>**mit**</u> ~ (*fam*) gladly, with the greatest of pleasure

Küste <-, -n> *f* ❶ (*Meeresufer*) coast, shore ❷ (*Gegend in Meeresnähe*) coast

Küstenbefestigung *f* sea defences [*or* AM -ses] *pl* **Küstenbereich** *m* coastal region **Küstenbewohner(in)** *m(f)* coastal inhabitant, inhabitant of the coastal region, coastal dweller **Küstenfischerei** *f* inshore fishing **Küstengebiet** *nt* coastal area [*or* region] **Küstengewässer** *pl* coastal waters *pl* **Küstenhafen** *m* seaport **Küstenort** *m* coastal town **Küstenschiffahrt,** **Küstenschifffahrt**[RR] *f kein pl* coastal shipping *no pl* **Küstenschutz** *m* coastal protection **Küstenseeschwalbe** *f* ORN Arctic tern **Küstenstreifen** *m* GEOL stretch of coast, coastal strip **Küstenwache** *f* coastguard [service] **Küstenwacht** *f* coastguard

Küster(in) <-s, -> *m(f)* sexton, verger

Kustode, Kustodin <-n, -n> *m, f,* **Kustos** <-, Kustoden> *m* curator

Kutikula <-, -s> *f* BIOL cuticle

Kutschbock *m* coach-box

Kutsche <-, -n> *f* carriage, coach

Kutscher(in) <-s, -> *m(f)* coachman, coachdriver

kutschieren* **I.** *vi sein* (*fam: gemütlich fahren*) ■**irgendwohin** ~ to go for a drive somewhere; ***lass uns doch ein wenig durch die schöne Landschaft ~*** let's go for a drive in the lovely countryside for a bit **II.** *vt haben* (*fam: fahren*) ■**jdn irgendwohin** ~ to give sb a lift somewhere *fam;* ***steig ein, ich kutschiere dich zum Bahnhof*** jump in, I'll give you a lift to the station

Kutte <-, -n> *f* REL habit

Kuttel <-, -n> *f meist pl* tripe *sing*

Kutter <-s, -> *m* NAUT cutter

Kuvert <-s, -s *o* -[e]s, -e> [ku'veːɐ, ku'vɛːɐ] *nt* envelope

Kuvertüre <-, -n> [-vɛr-] *f* chocolate coating

Kuwait <-s> [ku'vait, 'kuːvait] *nt* Kuwait

Kuwaiter(in) *m(f)* Kuwaiti; *s. a.* **Deutsche(r)**

kuwaitisch *adj inv* GEOL Kuwaiti

KV *nt Abk von* **Köchelverzeichnis** KV, K, K.

kV *nt Abk von* **Kilovolt** kV

KW *f Abk von* **Kalenderwoche** week no.

kW <-, -> *nt Abk von* **Kilowatt** kW

kWh <-, -> *f Abk von* **Kilowattstunde** kWh

Kybernetik <-> *f kein pl* cybernetics + *sing vb*

kybernetisch *adj* cybernetic

Kykladen *pl* ■**die** ~ the Cyclades

Kyrillisch *nt kein pl* Cyrillic; ■**in** ~ in Cyrillic

kyrillisch *adj* Cyrillic

KZ <-s, -s> *nt Abk von* **Konzentrationslager**
KZ-Gedenkstätte *f* HIST, POL memorial for the victims of the Nazi concentration camps **KZ-Häftling** *m* concentration camp prisoner

L

L, l <-, – *o fam* -s, -s> *nt* L, l; ~ **wie Ludwig** L for Lucy BRIT, L as in Love AM; *s. a.* **A 1**
l *Abk von* **Liter** l
Lab <-[e]s, -e> *nt* rennet, rennin
labb(e)rig *adj* DIAL *(fam)* ① *(fade)* watery; **eine ~e Suppe** a watery soup ② *(schlaff)* sloppy; **ein ~er Pullover** a sloppy pullover
Label <-s, -> ['le:bl] *nt* ① *(Preisetikett)* label, price tag ② *(Etikett)* label ③ MUS label
Labello® <-s, -s> *m* PHARM Lypsyl® BRIT, Chap Stick® AM
laben I. *vt (geh: erquicken)* ■**jdn** ~ to refresh [*or* revive] sb **II.** *vr (geh: sich gütlich tun)* ■**sich** *akk* [**an etw** *dat*] ~ to feast [on sth]
labern I. *vi (pej fam)* ■[**über etw** *akk*] ~ to prattle on [about sth] **II.** *vt (pej fam)* ■**etw** ~ to talk sth; ***was labert die da für einen Unsinn?*** what nonsense is she talking there?
labial *adj* ① *(die Lippen betreffend)* labial ② LING *(mit den Lippen gebildet)* labial
Labial <-s, -e> *m,* **Labiallaut** *m* LING labial
labil *adj* ① MED *(instabil) Gesundheit, Kreislauf etc.* poor ② *(psychisch nicht gefestigt)* unstable ③ *(geh: instabil)* unstable; **eine** ~ **Lage** an unstable situation
Labilität <-, *selten* -en> *f* ① MED *(Instabilität)* frailty ② PSYCH *(labile Veranlagung)* instability ③ *(geh: Instabilität)* instability
Labkraut *nt* BOT bedstraw
Labmagen *m* BIOL maw, abomasum
Labor <-s, -s *o* -e> *nt* laboratory, lab
Laborant(in) <-en, -en> *m(f)* laboratory technician [*or* assistant]
Laboratorium <-s, -rien> *nt (geh) s.* **Labor**
Laborbefund *m* SCI [laboratory] test results **Laborchemikalie** *f* laboratory chemical
laborieren* *vi (geh)* ■**an etw** *dat* ~ to be plagued by sth
Laborversuch *m* SCI laboratory experiment [*or* test]
Labquark *m* rennet curd
Labrador <-[s], -e> *m (Hunderasse)* Labrador [retriever], lab *fam*
Labradorsee *f* Labrador Sea
Labsal <-, -e> *f* SÜDD, ÖSTERR *(geh)* refreshment
Labyrinth <-[e]s, -e> *nt* labyrinth, maze
Labyrinthversuch *m* BIOL, PSYCH maze [*or* labyrinth] experiment
Lache¹ <-, -n> *f* puddle
Lache² <-, -n> *f (pej fam)* laugh[ter]
lächeln *vi* ① *(freundlich lächeln)* to smile ② *(sich lustig machen)* ■[**über jdn/etw**] ~ to grin [*or* smirk] [at sb/sth]
Lächeln <-s> *nt kein pl* smile; **ein müdes** ~ a weary smile
lachen *vi* ① *(auf~)* to laugh; ■**über etw** *akk* ~ to laugh at sth; **breit** ~ to roar with laughter; **jdn zum L~ bringen, jdn ~ machen** *(geh)* to make sb laugh; **jdm ist nicht zum L~ [zumute]** sb is not in a laughing mood; **zum L~ sein** *(pej fam)* to be laughable *pej;* ***so ein Unsinn, das ist doch zum L~*** what nonsense, that's ridiculous; **lach du nur!** *(fam)* you can laugh! *fam;* ***das wäre doch gelacht*** *(fam)* it would be ridiculous ② *(aus~)* ■**über jdn/etw** ~ to laugh at sb/sth; ***da gibt es gar nichts zu*** ~ it's no laughing matter; ***was gibt es denn da zu ~?*** what's there to laugh about?; ***dass ich nicht lache!*** don't make me laugh! ▶ WENDUNGEN: **gut ~ haben** to be all right for sb to laugh; **jd hat nichts zu** ~ sb's life is no bed of roses; **wer zuletzt lacht, lacht am besten** *(prov)* he who laughs last, laughs longest *prov;* [**bei jdm**] **nichts zu ~ haben** *(fam)* to have a hard time of it [with sb]; *s. a.* **Ast**
Lachen <-s> *nt kein pl* ① *(Gelächter)* laughter; ***er brach in lautes ~ aus*** he burst out laughing; **jdm wird das ~ [schon] noch vergehen** *(fam)* sb will be laughing on the other side of their face; **sich** *dat* **das ~ verkneifen** to stifle one's laughter; **vor** ~ with laughter; ***ich bin vor ~ bald geplatzt*** I nearly split my sides with laughter ② *(Lache)* laugh; **ein breites** ~ a guffaw
Lacher(in) <-s, -> *m(f)* laugher; **die ~ auf seiner Seite haben** to score by getting the laughs
Lacherfolg *m* **ein ~ sein** to make everyone laugh
lächerlich I. *adj* ① *(albern)* absurd, ridiculous; ■~ **sein/werden** to be/become absurd [*or* ridiculous]; **jdn/sich ~ machen** to make a fool of sb/oneself; **etw ins L~e ziehen** to ridicule [*or* make fun of] sth ② *(geringfügig)* trivial, trifling; **ein ~er Preis** a ridiculously low price **II.** *adv (sehr)* ridiculously
Lächerlichkeit <-, -en> *f* ① *kein pl (Albernheit)* absurdity, ridiculousness, farce ② *(Geringfügigkeit)* triviality, trifle ▶ WENDUNGEN: **jdn/etw der ~ preisgeben** *(geh)* to make sb/sth look ridiculous [*or* sb the laughing stock]
Lachfalten *pl* laughter-lines *pl* **Lachgas** *nt* laughing gas
lachhaft *adj* laughable, ridiculous; ■~ **sein** to be laughable [*or* ridiculous]
Lachkrampf *m* ① MED paroxysm [*or* violent fit] of laughter ② *(Lachanfall)* **einen ~ bekommen** to go into fits of laughter **Lachmöwe** *f* black-headed gull
Lachs <-es, -e> *m* salmon
lachsfarben *adj,* **lachsfarbig** *adj* salmon pink **Lachsforelle** *f* sea trout **Lachsmesser** *nt* smoked salmon knife **Lachsmousse** *nt* salmon mousse **Lachsröllchen** *pl* salmon roulades **Lachsschinken** *m cured and rolled filet of pork* **Lachszucht** *f* salmon farming
Lack <-[e]s, -e> *m* ① *(Lackierung)* paint[work] ② *(Lackfarbe)* gloss paint, lacquer; *(transparent)* varnish ▶ WENDUNGEN: **der ~ ist ab** *(sl)* he/she is getting on a bit; **und fertig ist der ~!** *(sl)* and that's the end of it!
Lackaffe *m (pej)* flash Harry BRIT, showboat AM
Lackel <-s, -> *m* SÜDD, ÖSTERR *(fam: Tölpel)* oaf
lacken *vt s.* **lackieren**
Lackfarbe *f* gloss paint **Lackgürtel** *m* patent leather belt
lackieren* *vt* ① *(mit Lack versehen)* ■**etw** ~ to paint [*or* lacquer] sth; *(Holz mit transparentem Lack versehen)* to varnish; ***Warnhinweis: frisch lackiert!*** warning notice: wet paint! ② *(mit Nagellack versehen)* ■**jdm/sich etw** ~ to paint sb's/one's sth; **sich/jdm die Fingernägel** ~ to paint one's/sb's fingernails ▶ WENDUNGEN: **der/die Lackierte sein** *(fam)* to be the dupe [*or* sucker] *sl*
Lackierer(in) <-s, -> *m(f)* painter, varnisher
Lackiererei <-, -en> *f* paint shop
Lackiererin <-, -nen> *f fem form von* **Lackierer**
Lackierung <-, -en> *f* ① *(das Lackieren)* painting ② *(aufgetragener Lack)* paintwork
Lackleder <-s> *nt inv* MODE patent leather *no pl, no indef art*
Lackmus <-> *nt o m kein pl* litmus *no pl, no indef art*
Lackmuspapier *nt* litmus paper
Lackschaden *m* damage to the paintwork **Lackschuh** *m* patent leather shoe **Lackstiefel** *m* patent leather boot **Lackstift** *m* AUTO touch-up pen
Lade <-, -n> *f (fam)* drawer
Ladebaum *m* NAUT derrick **ladebereit** *adj Schiff* ready for loading *pred* **Ladebereitschaft** *f kein pl* NAUT state for loading; **vorbehaltlich der** ~ with the proviso that the ship is ready to take cargo **Ladebuch** *nt* cargo book **Ladedruck** *m* AUTO boost pressure **Ladefähigkeit** *f (Kapazität)* bulk [*or* carrying] capacity **Ladefläche** *f* AUTO loading space **Ladegebühr** *f* railroad loading charge, loading charges *pl* **Ladegeld** *nt* railroad loading charge, loading charges *pl* **Ladegerät** *nt* battery charger **Ladegewicht** *nt* [carrying] capacity **Ladegleis** *nt* loading siding [*or* track] **Ladegut** *nt* load **Ladehemmung** *f Feuerwaffe* jam, stoppage; ~ **haben** to be jammed ▶ WENDUNGEN: ~ **haben** *(fam)* to have a mental block **Ladekai** *m* wharf, [cargo] dock **Ladekante** *f* AUTO [boot] sill [*or* AM trunk]; *(als Testkriterium a.)* liftover height **Ladekapazität** *f* load-carrying [*or* deadweight] capacity **Ladeklappe** *f* LUFT cargo door **Ladekontrollleuchte**^RR^ *f* AUTO alternator charging light **Ladekran** *m* loading crane **Ladelinie** *f* load line **Ladeliste** *f* ① () cargo list ② HANDEL manifest **Ladeluke** *f* NAUT cargo [*or* loading] hatch **Lademaß** *nt* BAHN loading gauge [*or* clearance] **Lademenge** *f* NAUT load
laden¹ <lädt, lud, geladen> **I.** *vt* ① *(packen)* ■**etw auf etw** *akk*/**in etw** *akk* ~ to load sth on[to] sth/in[to] sth; ***die Kisten müssen alle auf den Lkw geladen werden*** all the crates must be loaded onto the lorry; **etw ins Auto** ~ to load sth into the car; ■**etw aus etw** ~ to unload sth from sth; ***die Container werden aus dem Schiff direkt auf die Waggons geladen*** the containers are unloaded from the ship straight onto the goods wagons; ■**jdn/etw auf etw** *akk* ~ to load sb sth on[to] sth; ■**etw geladen haben** to be loaded with sth; **zuviel geladen haben** to be overloaded ② *(sich aufbürden)* ■**etw auf sich** *akk* ~ to saddle oneself with sth; **Schulden auf sich** ~ to saddle onself with debts ③ *(mit Munition versehen)* ■**etw** [**mit etw**] ~ to load sth [with sth] ④ INFORM ■**etw** [**auf etw** *akk*] ~ to boot [up *sep*] [*or* load sth] sth [on sth]; ~ **und starten** load and go [*or* run] ⑤ ELEK *(mit Strom versehen)* ■**etw** [**mit etw**] ~ to charge sth [with sth], to electrify sth **II.** *vi* ① *(mit Munition versehen)* to load; **selbsttätig** ~ to be self-loading ② ELEK *(auf~)* to charge ▶ WENDUNGEN: **geladen haben** DIAL *(sl)* to be tanked up *sl;* ***der hat aber geladen! wie der schwankt!*** he's well tanked up [*or* loaded], look at him swaying!; **geladen sein** *(fam)* to be hopping mad
laden² <lädt, lud, geladen> *vt* ① *(geh: ein~)* ■**jdn** [**zu etw**] ~ to invite [*or* ask] sb [to sth]; **geladene Gäste** invited guests ② JUR *(geh: vor~)* ■**jdn** [**als etw**] [**zu etw**] ~ to summon sb [to sth] [as sth]; ***er wurde als Zeuge zur Verhandlung geladen*** he was summoned to the hearing as a witness
Laden¹ <-s, Läden> *m* ① *(Geschäft)* shop, AM *usu* store ② *(fam: Betrieb)* business; **der ~ läuft** *(fam)* business is going well; [**jdm**] **den ~ zumachen** [*o fam* **dichtmachen**] to close down the[/sb's] business ▶ WENDUNGEN: **den** [**ganzen**] ~ **hinschmeißen** *(fam)* to chuck the whole thing in; **den ~ schmeißen** *(sl)* to run the [whole] show *sl;* ***notfalls können wir den ~ alleine schmeißen*** if need be, we can run the show on our own
Laden² <-s, Läden *o* -> *m* shutter
Laden³ *nt* TECH, INFORM booting, loading; **automatisches** ~ autoload
Ladenbeleuchtung *f* shop [*or* AM *usu* store] lighting **Ladenbesitzer(in)** *m(f)* shop owner, shopkeeper **Ladendieb(in)** *m(f)* shoplifter **Ladendiebstahl** *m* shoplifting **Ladenhüter** *m (pej)* slow-moving line, shelf warmer *pej* **Ladenkasse** *f* till, cash register **Ladenkette** *f* chain of shops **Ladenöffnungszeiten** *pl* HANDEL opening hours **Ladenpreis** *m* retail [*or* selling] price **Ladenregal** *nt* shop shelf **Ladenschild** <-[e]s, -er> *nt* shop [*or* AM *usu* store] sign
Ladenschluss^RR^ *m kein pl* closing time; ***wann ist am Samstag bei Ihnen ~?*** when do you close on Saturdays?; **bei/nach/vor** ~ at/after/before closing time **Ladenschlussgesetz**^RR^ *nt* Hours of Trading Act **Ladenschlusszeit**^RR^ *f* closing time
Ladenstraße *f* HANDEL shopping street; **verkehrsfreie** ~ [shopping] mall **Ladentisch** *m (Verkaufstheke)* shop [*or* AM *usu* store] counter; **über den ~/die ~e gehen** *(fam)* to be sold ▶ WENDUNGEN: **unter dem ~** *(fam)* under the counter *fam* **Ladentochter** *f* SCHWEIZ *(Verkäuferin)* sales [*or* shop] assistant, sales associate AM, salesclerk AM, salesperson AM **Ladentür** *f* shop door **Ladepapier** *nt* cargo do-

cument **Ladeplan** *m* ❶ NAUT stowage [*or* cargo] plan ❷ LUFT loading diagram **Ladeplatz** *m* loading place; NAUT wharf, dock, quay **Ladeprogramm** *nt* INFORM loader **Laderampe** *f* loading ramp **Laderaum** *m* LUFT, NAUT hold, cargo space; AUTO cargo bay **Ladeschein** *m* NAUT bill of lading, carrier receipt **Ladestelle** *f* NAUT berth **Ladestraße** *f im Hafen* cargo quay **Ladeterminal** *nt für Geldkarte* [re]credit [*or* reload] terminal **Ladetiefgang** *m* load draught [*or* AM draft] **Ladeverdrängung** *f* load displacement **Ladevermögen** *nt* cargo capacity **Ladeverzeichnis** *nt* cargo list **Ladevorrichtung** *f* TECH loading tackle *no pl* **Ladewasserlinie** *f* load [water]line **Ladezeit** *f* HANDEL loading time; (*von Schiff a.*) laying days *pl;* **gebührenfreie ~** free time

lädieren* *vt* ■[**jdm**] **etw ~** to damage [sb's] sth; **lädiert sein** (*hum*) to be [*or* look] the worse for wear *hum*

Ladung¹ <-, -en> *f* ❶ (*Fracht*) load, freight; *Schiff, Flugzeug* cargo; **abgehende/schwimmende/sperrige ~** outward/floating/bulky cargo; **unterwegs befindliche ~** floating cargo; **volle ~** full cargo [*or* load]; **ohne ~** empty, freightless; (*von Schiff*) in ballast; **eine ~ anmelden** to manifest a cargo; **eine ~ über Bord werfen** to jettison a cargo ❷ (*fam: größere Menge*) load; ***ihr fiel eine ~ Schnee auf den Kopf*** a load of snow fell on her head ❸ (*bestimmte Menge von Munition o Sprengstoff*) charge; **eine ~ Dynamit** a charge of dynamite ❹ ELEK, NUKL charge; **negative/positive ~en** negative/positive charge ❺ JUR summons

Ladung² <-, -en> *f* JUR [writ of] summons, citation; **~ unter Strafandrohung** subpoena; **~ von Zeugen und Sachverständigen** summoning of witnesses and experts; **der ~ Folge leisten** to obey the summons; **jdm eine ~ zustellen** to serve sb a summons

ladungsfähig *adj* JUR **~e Anschrift** address for service **Ladungsfrist** *f* JUR notice of appearance **Ladungskosten** *pl* HANDEL lading charges; (*von Schiff a.*) shipping charges **Ladungspapier** *nt* cargo document **Ladungsverzeichnis** *nt* carrier manifest **Ladungszustellung** *f* JUR service of a writ of summons

Lafette <-, -n> *f* gun carriage [*or* mount]

Laffe <-n, -n> *m* (*veraltend*) *s.* **Lackaffe**

lag *imp von* **liegen**

Lage <-, -n> *f* ❶ (*landschaftliche Position*) location, situation; **in bestimmter ~** in a certain location ❷ (*Liegeposition*) position ❸ (*Situation*) situation; **finanzielle ~** financial situation; **die ~ peilen** [*o* **sondieren**] (*fam*) to see how the land lies; **zu etw in der ~ sein, in der ~ sein, etw zu tun** to be in a position to do sth; **sich in der ~ sehen, etw zu tun** to be in a position to do sth; **sich** *akk* **in jds ~ versetzen** to put oneself in sb's position; **jdn in die ~ versetzen, etw zu tun** to enable sb to do sth; **sich in die ~ versetzen, etw zu tun** to put oneself in a position to do sth ❹ (*Schicht*) layer ❺ AGR (*Wein~*) location ❻ (*fam: Runde*) round; **eine ~ Bier ausgeben** to buy a round of beer; **eine ~ schmeißen** (*sl*) to buy a round, to get a round in *sl*

Lagebericht *m* status report **Lagebesprechung** *f* discussion regarding the situation **Lagebild** *nt* situational description

Lagenfalzung <-, -en> *f* TYPO quire folding **Lagenhöhe** *f* TYPO layer height

Lageplan *m* ❶ (*Katasterplan*) survey map ❷ (*Skizze der Lage von etw*) map of the area

Lager <-s, -> *nt* ❶ (*Waren~*) warehouse, storehouse, depot; **das ~ auffüllen** to stock up; **etw am** [*o* **auf**] **~ haben** to have sth in stock; **etw auf ~ halten** to have sth in stock; **das ~ räumen** to clear off old stock; **am** [*o* **auf**] **~ sein** to be in stock; **ab ~** ex store [*or* warehouse] ❷ (*vorübergehende Unterkunft*) camp ❸ (*euph: Konzentrations~*) concentration camp ❹ (*ideologische Gruppierung*) camp; ***sie standen politisch in ganz unterschiedlichen ~n*** they were in completely different political camps ❺ TECH (*Lagerung*) bearing ❻ (*geh: Bett*) ***die Erkrankung hatte sie für mehrere Wochen an ihr ~ gefesselt*** the illness confined her to bed for several weeks ► WENDUNGEN: **etw auf ~ haben** (*fam*) to have sth at the ready *fam;* ***er hat immer einen Witz auf ~*** he always has a joke at the ready [*or* up his sleeve]

Lagerabbau *m kein pl* HANDEL stockshedding *no pl* **Lagerauffüllung** *f* HANDEL replenishment of stocks, restocking **Lagerbedingungen** *pl* HANDEL terms of storage; **Allgemeine ~** general terms and conditions of storage; **Lager- und Beförderungsbedingungen** terms of storage and carriage **Lagerbestand** *m* HANDEL stock [on hand], goods in stock **Lagerbestellung** *f* HANDEL store order **Lagerbetrieb** *m kein pl* HANDEL warehousing business **Lagerbier** *nt* lager **Lagerbuchhaltung** *f* FIN store accounting **lagerfähig** *adj* HANDEL storable, non-perishable; **~ Waren** storable goods **Lagerfeuer** *nt* campfire **Lagergebühr** *f,* **Lagergeld** *nt* HANDEL storage charge **Lagergeschäft** *nt* HANDEL warehousing business **Lagergut** *nt* HANDEL stock **Lagerhalle** *f* warehouse **Lagerhaltung** *f* storekeeping **Lagerhaltungskosten** *pl* HANDEL warehousing costs **Lagerhaus** *nt* warehouse

Lagerist(in) <-en, -en> *m(f)* (*geh*) *s.* **Lagerverwalter**

Lagerkapazität *f* storage capacity **Lagerkosten** *pl* HANDEL storage costs **Lagermiete** *f* HANDEL storage charges [*or* costs]

lagern I. *vt* ❶ (*aufbewahren*) ■**etw irgendwie/irgendwo ~** to store sth in a certain way/somewhere ❷ MED (*hinlegen*) ■**jdn/etw irgendwie ~** to lay sb/sth in a certain way; **die Beine hoch ~** to lie with one's legs up II. *vi* ❶ (*aufbewahrt werden*) ■**irgendwo/irgendwie ~** to be stored somewhere/in a certain way; **dunkel/kühl ~** to be stored in the dark/a cold place ❷ (*liegen*) ■**auf etw** *dat* **~** to lie on sth ❸ (*sich niederlassen*) ■**irgendwo ~** to camp somewhere; *s. a.* **gelagert** III. *vr* (*geh: sich niederlassen*) ■**sich irgendwo ~** to settle down somewhere

Lagerraum *m* ❶ (*Raum*) storeroom ❷ (*Fläche*) storage space **Lagerschaden** *m* JUR damage to cargo **Lagerschein** *m* HANDEL warehouse receipt; **indossabler ~** endorsable warrant for goods **Lagerstatt** *f* (*veraltend geh*) bed **Lagerstätte** *f* ❶ (*geh: Schlafstätte*) bed ❷ GEOL deposit **Lagersteuerung** *f kein pl* HANDEL inventory control, stock control **Lagerumschlag** *m kein pl* HANDEL stock turnover *no pl* [*or* turnround]

Lagerung <-, -en> *f* ❶ (*das Lagern*) warehousing, storage; **unsachgemäße ~** HANDEL careless storage ❷ TECH (*Lager*) bearing

Lagervertrag *m* JUR storage [*or* warehousing] contract **Lagerverwalter(in)** *m(f)* storekeeper, store supervisor **Lagerzeit** *f* HANDEL storing time

Lago Maggiore *m* Lake Maggiore

Lagune <-, -n> *f* lagoon

lahm *adj* ❶ (*gelähmt*) *Arm, Bein* lame; ■[**in/auf etw** *dat*] **~ sein** to be lame [in sth]; ***der Mann war auf dem rechten Bein ~*** the man's right leg was lame ❷ (*fam: steif*) stiff; **einen ~en Rücken von etw bekommen** to have got a stiff back from doing sth ❸ (*fam: ohne Schwung arbeitend*) sluggish; ***sei nicht so ~, streng dich mal ein bisschen an!*** don't be so sluggish, make a bit of an effort! ❹ (*fam: schwach*) lame; *Erklärung* feeble ❺ (*zum Stillstand bringen*) **etw ~ legen** to paralyse [*or* AM -ze] sth, to bring sth to a standstill

Lahmarsch *m* (*derb*) lazybones, slowcoach BRIT, slowpoke AM

lahmarschig *adj* (*sl*) bloody idle BRIT *sl,* extremely slow AM

Lahme(r) *f(m) dekl wie adj* (*veraltend*) cripple, lame person

lahmen *vi* (*lahm sein*) ■[**auf etw** *dat*] **~** to be [*or* go] lame [in sth], to walk with a limp; ***der Hund lahmt auf einem Bein*** the dog's lame in one leg

lähmen *vt* ❶ MED (*außer Funktion setzen*) ■**jdn/etw ~** to paralyse [*or* AM -ze] sb/sth; ***durch den Unfall ist ihr linkes Bein gelähmt worden*** her left leg is paralyzed as a result of the accident; **wie gelähmt sein** as if paralysed [*or* AM -zed]; ***vor Schreck war sie wie gelähmt*** it was as if she were paralyzed with fear; *s. a.* **gelähmt** ❷ (*zum Stillstand bringen*) ■**etw ~** to paralyse [*or* AM -ze] sth; ***der Streik hatte den öffentlichen Nahverkehr gelähmt*** the strike had paralyzed local public transport

Lahmlegung <-, -en> *f* paralysis

Lähmung <-, -en> *f* paralysis; **eine halbseitige ~** paralysis on one side

Laib <-[e]s, -e> *m bes* SÜDD loaf; *Käse* block

Laibach <-s> *nt* Ljubljana

Laich <-[e]s, -e> *m* spawn

laichen *vi* to spawn

Laie, Laiin <-n, -n> *m, f* ❶ (*kein Experte*) layman ❷ REL (*nicht zum Klerus gehörender Christ*) lay person ► WENDUNGEN: **da staunt der ~, und der Fachmann wundert sich** (*fam*) it's unbelievable

Laiendienste *pl* lay responsibilities *pl,* lay services *pl* **laienhaft** *adj* unprofessional, amateurish **Laienprediger(in)** *m(f)* lay preacher **Laienrichter(in)** *m(f)* JUR lay judge **Laienspiel** *nt* amateur play

Laiin <-, -nen> *f fem form von* **Laie**

Laisser-faire <-> [lɛse'fɛːr] *nt kein pl* (*geh*) laissez-faire

laizistisch *adj inv* POL laical

Lakai <-en, -en> *m* ❶ (*pej geh: willfähriger Mensch*) lackey *pej* ❷ HIST (*livrierter Diener*) footman

Lake <-, -n> *f* brine

Laken <-s, -> *nt* sheet

Lakkolith <-s *o* -en, -e[n]> *m* GEOL laccolith, laccolite

lakonisch *adj* laconic

Lakritze <-, -n> *f,* **Lakritz** <-es, -e> *m* DIAL liquorice BRIT, licorice AM

Laktose <-> *f kein pl* lactose

Laktovegetarismus <-> *m kein pl* lacto-vegetarianism

Lallaut *m s.* **Lalllaut**

lallen I. *vi* to slur II. *vt* ■**etw ~** to slur sth

Lalllaut[RR] *m* babble sound

Lama¹ <-s, -s> *nt* ZOOL llama

Lama² <-[s], -s> *m* REL lama

Lamaismus <-> *m kein pl* lamaism

Lamäng <-> *f kein pl* ■**aus der ~** (*hum fam*) off the top of one's head *fam*

Lambada <-s> *m kein pl* lambada *no pl, no art*

Lambdasonde *f* AUTO lambda probe

Lamé <-s, -s> *m* lamé

Lamelle <-, -n> *f* ❶ (*dünne Platte*) slat ❷ (*Segment*) rib; **die ~n eines Heizkörpers** the ribs of a radiator ❸ BOT (*Rippe*) lamella

lamentieren* *vi* (*geh*) ■[**wegen einer S.** *gen*/**über etw** *akk*] **~** to complain [*or* moan] [about sth], to lament [sth]

Lamento <-s, -s> *nt* (*geh*) moan, lament *liter;* [**wegen etw**] **ein ~ anstimmen** [*o* **erheben**] to kick up a stink [about sth] *fam*

Lametta <-s> *nt kein pl* ❶ (*Weihnachtsbaumschmuck*) tinsel ❷ (*hum fam: Orden*) gongs *pl* BRIT *fam*

laminieren* *vt* ■**etw ~** to laminate sth

Lamm <-[e]s, Lämmer> *nt* ❶ (*junges Schaf*) lamb; **geduldig/sanft wie ein ~** as patient/gentle as a lamb; **sich wie ein ~ zur Schlachtbank führen lassen** (*geh*) to be led like a lamb to the slaughter; **das ~ Gottes** the Lamb of God ❷ *kein pl* (*Fleisch*) lamb ❸ *kein pl* (*Lammfell*) lambskin ► WENDUNGEN: **ein unschuldiges ~** a little innocent

Lammbraten *m* roast lamb

lammen *vi* to lamb **Lammfell** *nt* lambskin **Lammfelljacke** *f* sheepskin jacket **Lammfleisch** *nt* lamb **lammfromm** *adj* as meek as a lamb; **eine ~e Miene** an expression as meek as a lamb **Lammkotelett** *nt* KOCHK lamb chop **Lammwolle** *f* lambswool

Lampe <-, -n> *f* lamp, light

Lampenfassung *f* light socket **Lampenfieber** *nt* stage fright; **~ haben** to have stage fright **Lampenfuß** *m* lampstand **Lampenschirm** *m* lampshade

Lampion <-s, -s> [-pi̯ɔŋ] *m* Chinese lantern

LAN <-s, -s> *nt Akr von* **Local Area Network** INFORM LAN

lancieren* [lãˈsiːrən] *vt (geh)* ① *(publik werden lassen)* ■**etw** ~ *Nachricht* to leak [*or sep* put out] sth ② *(auf den Markt bringen)* ■**etw** ~ to launch sth ③ *(platzieren)* ■**jdn** ~ to place sb; ***einflussreiche Freunde haben sie in diesen Posten lanciert*** influential friends placed her in this job

Land <-[e]s, Länder> *nt* ① *(Staat)* country, state, nation; **aus aller Herren Länder[n]** from all corners of the earth; ~ **und Leute** the country and its people; **and[e]re Länder, andere Sitten** every country has its own customs; **das ~ der unbegrenzten Möglichkeiten** the land of opportunity; **das ~ der aufgehenden Sonne** the land of the rising sun; **das ~ der Verheißung, das Gelobte ~** the promised land; **das Heilige ~** the Holy Land; **durch die ~e ziehen** *(geh)* to travel around; **außer ~es** abroad, out of the country; **bei jdm zu ~** where sb comes from, in sb's country ② *(Bundes~)* federal state ③ NAUT land; ~ ***in Sicht!*** land ahoy!; ~ ***unter!*** NORDD land under water!; **zu ~e und zu Wasser** on land and at sea; **an ~ gehen, ~ sehen** to sight land, to go ashore; **jdn an ~ setzen** to put sb ashore; **jdn/etw an ~ spülen** to wash sb/sth ashore; **jdn/etw an ~ ziehen** to pull sb/sth ashore; **an ~** ashore ④ *kein pl (Gelände)* land, property; **das ~ bestellen** to till the soil ⑤ *kein pl (ländliche Gegend)* country; **auf dem flachen [***o* **platten] ~[e]** on the plains; **aufs Land ziehen** to move to the country; **auf dem ~[e]** in the country ▶ WENDUNGEN: **das ~, wo Milch und Honig fließt** the land of milk and honey; **bleibe im ~e und nähre dich redlich** *(prov)* enjoy the trappings of home; **[wieder] ~ sehen** *(fam)* to get things sorted [again]; ***endlich sehe ich wieder ~*** I'm finally getting things sorted again; **etw an ~ ziehen** *(fam)* to land sth *fam;* **ins ~ ziehen** [*o* **gehen**] *(geh)* to pass; ***die Jahre zogen ins ~*** the years went by

Landadel *m* [landed] gentry **Landammann** *m* SCHWEIZ *most senior official in a Swiss canton* **Landarbeit** *f kein pl* agricultural work *no pl, no indef art* **Landarbeiter(in)** *m(f)* agricultural worker, farm hand **Landarzt, -ärztin** *m, f* country doctor

landauf *adv (geh)* ~ **landab** the length and breadth of the country

Landbesitz *m* landed property, real estate; ~ **haben** to own landed property [*or* real estate] **Landbesitzer(in)** <-s, -> *m(f)* landowner **Landbevölkerung** *f* rural population **Landbrücke** *f* GEOG land bridge

Landebahn *f* landing strip, runway **Landebake** *f* landing beacon **Landebefeuerung** *f* runway [*or* contact] light **Landebereich** *m* landing area **Landebremsschirm** *m* drag parachute **Landebrücke** *f* landing stage **Landedeck** *nt* flight [*or* landing] deck **Landeerlaubnis** *f* landing permission, permission to land **Landefähre** *f* landing module **Landefeld** *nt* landing [air]field **Landefeuer** *nt* runway [*or* contact] light **Landegebühr** *f* HANDEL landing fee [*or* charge] **Landehilfe** *f* aid to landing

Landei <-[e]s, -er> *nt (pej)* country bumpkin

landeinwärts *adv* inland

Landeklappe *f* [landing] flap **Landekufe** *f* landing skid **Landekurs** *m* approach path **Landelicht** *nt* ① *am Flugzeug* landing light ② *auf Flughafen* approach light **Landemanöver** *nt* ① *von Flugzeug, Raumfahrzeug* landing ② *(Ankunft)* arrival **Landemeldung** *f* arrival message

landen I. *vi sein* ① *(niedergehen) Flugzeug, Raumschiff, Vogel* to land; ■**[auf etw** *dat***/in einer Stadt]** ~ to land [on sth/in a city]; **auf dem Mond** ~ to land on the moon ② NAUT *(ankommen)* ■**irgendwo** ~ to land somewhere; ***das Schiff ist auf einer Sandbank gelandet*** the ship ran aground on a sandbank ③ *(fam: hingelangen o enden)* ■**irgendwo** ~ to end up somewhere; ***die Beschwerde ist in einer ganz anderen Abteilung gelandet*** the complaint ended up in a completely different department ④ TELEK *(fam: verbunden werden)* ■**bei jdm** ~ to get through to sb ⑤ *(fam: Eindruck machen)* ■**bei jdm** ~ to make an impression on sb; ***mit deinen Schmeicheleien kannst du bei mir nicht*** ~ your flattery won't get you very far with me **II.** *vt haben* ① LUFT, RAUM *(niedergehen lassen)* ■**etw** ~ to land sth; **einen Hubschrauber** ~ to land a helicopter ② LUFT, MIL *(aus der Luft absetzen)* ■**jdn** ~ to land sb; ***es gelang ihnen, Verstärkungen hinter den feindlichen Linien zu*** ~ reinforcements were successfully landed behind enemy lines

Landenge *f* isthmus

Landepfad *m eines Flugzeugs* flare path **Landepiste** *f* landing strip **Landeplatz** *m* ① *(kleiner Flugplatz)* airstrip ② *(Landungsplatz)* landing place, mooring point ③ NAUT *(Werft)* quay, wharf, pier

Ländercode *m* INFORM country code

Ländereien *pl* estates *pl,* landed property

Ländereinstellung *f* INFORM country setting

Länderfinanzausgleich *m* financial equalization among the federal states

Landerhebung *f* land elevation

Länderkampf *m* SPORT *(internationaler Wettbewerb)* international contest; *(Spiel)* international match **Länderkennung** *f* INFORM country code **Länderkunde** *f* GEOG regional studies *pl* **Länderspiel** *nt* international [match] **Ländervergleich** *m* comparison by country, country-by-country comparison

Landesanstalt *f* regional [*or* state] institution [*or* institute] **Landesarbeitsamt** *nt* regional employment office **Landesarbeitsgericht** *nt* JUR employment appeals tribunal **Landesausgleichsamt** *nt* JUR Land equalization of burdens office **Landesbank** *f* regional bank **Landesbauordnung** *f* BAU state building code **Landesbehörde** *f* regional authorities *pl* **Landeschef(in)** *m(f)* regional [*or* state] boss **Landescheinwerfer** *m* landing light **Landeschleife** *f* landing loop [*or* circle] **Landesebene** *f* regional state level; ■**auf** ~ at regional state level **landeseigen** *adj* owned by a federal state, state-owned **Landesentwicklungsplan** *m* JUR regional development plan **Landesfarben** *pl* ① *(eines Staates)* national colours [*or* AM -ors] ② *(eines Bundeslandes)* regional state colours [*or* AM -ors] **Landesgebiet** *nt* national territory **Landesgeschäftsführer(in)** *m(f)* ① ÖKON regional manager ② POL state majority leader **Landesgesetz** *nt* JUR BRD *(eines Bundeslandes)* state [*or* Land] law **Landesgrenze** *f* ① *(Staatsgrenze)* national border, frontier ② *(Grenze eines Bundeslandes)* federal state boundary **Landesgruppe** *f* regional [*or* state] faction **Landesgruppenchef(in)** *m(f)* leader of a regional [*or* state] faction **Landeshauptmann** *m* ÖSTERR *head of a provincial government* **Landeshauptstadt** *f* state capital **Landeshaushalt** *m* regional [*or* state] budget **Landesignal** *nt* landing signal **Landesinnere(s)** *nt dekl wie adj* interior **Landesjustizverwaltung** *f* JUR regional administration of justice **Landeskartellamt** *nt* state cartel office **Landeskirche** *f* regional [*or* national] church **Landeskriminalamt** *nt* regional [*or* state] CID [*or* Criminal Investigation Department] **Landeskunde** *f kein pl* regional studies *pl* **landeskundig** *adj* knowledgeable about the country **landeskundlich** *adj relating to the geography, history and institutions of a country* **Landesliga** *f* regional [*or* local] league **Landesliste** *f regional list of candidates for election to the Federal Parliament* **Landesmedienanstalt** *f* regional [*or* state] media authority **Landesmeister(in)** *m(f)* national champion **Landesministerium** *nt* state ministry **Landesmuseum** *nt* regional [*or* state] museum **Landesparlament** *nt* regional [*or* state] parliament **Landesparteitag** *m* regional [*or* state] party conference **Landesplanungsgesetz** *nt* JUR Land Planning Act **Landespolitik** *f* regional [*or* state] politics + *sing/pl vb* **Landesrat, -rätin** *m, f* ÖSTERR member of the government of a province **Landesrechnungshof** *m* regional [*or* state] audit office **Landesrecht** *nt* regional state law **Landesregierung** *f* state government **Landessozialgericht** *nt* JUR regional social insurance appeals tribunal **Landessportbund** *m* regional [*or* state] sports association **Landessprache** *f* national [*or* native] language **Landesstraßenbauamt** *nt* regional state road construction authority

Landesteg *m* gangway, gangplank; NAUT landing stage

Landesteil *m* area, region

Landestelle *f* ① LUFT landing field ② NAUT landing place, wharf, quay

Landestracht *f* national costume [*or* dress]

Landestrahl *m beim Flug* landing beam

Landestrauer *f* national mourning

Landestrecke *f beim Flug* landing run **Landesstreifen** *m* landing strip, airstrip

landesüblich *adj* customary **Landesvater** *m* ① HIST sovereign lord ② *(fig)* father of the nation *fig* **Landesverband** *m* regional [*or* state] association **Landesverfassung** *f* regional [*or* state] constitution **Landesverfassungsgericht** *nt* JUR regional state constitutional court **Landesverrat** *m* treason **Landesverteidigung** *f* national [*or* BRIT *a.* home] defence [*or* AM -se] **Landesverwaltungsgesetz** *nt* JUR Regional Administration Act **Landesverweisung** *f* JUR expulsion, exclusion order **Landesvorsitzende(r)** *f(m) decl wie adj* regional [*or* state] party leader **Landesvorstand** *m* regional [*or* state] party executive **Landeswahlleiter(in)** *m(f)* JUR regional state election returning officer **Landeswehr** *f* national defence [*or* AM -se] force **landesweit** *adv* nationwide; ~ **gültige Übereinkunft** agreement applying throughout the nation **Landeszeit** *f* local time **Landeszentralbank** *f* regional [*or* state] central bank **Landeszentrale** *f* regional [*or* state] headquarters + *sing/pl vb*

Landeverbot *nt* refusal of permission to land; ~ **haben** to be refused landing permission [*or* permission to land]

Landfahrer(in) *m(f) (geh)* vagrant **Landfahrzeug** *nt* land vehicle **Landflucht** *f* migration to the cities, rural exodus **Landflüchtige(r)** *f(m) dekl wie Adj* SOZIOL one who migrates to the cities **Landflugzeug** *nt* landplane **Landfracht** *f* carriage on land **Landfrau** *f fem form von* **Landmann** **Landfriedensbruch** *m* civil disorder **Landfunk** *m* farming programme BRIT [on the radio] [*or* AM -am] **Landgang** <-gänge> *m* NAUT shore leave **Landgemeinde** *f* rural [*or* country] community **Landgericht** *nt* district court **landgestützt** *adj* land-based **Landgewinnung** *f* land reclamation, reclamation of land **Landgut** *nt* estate **Landhaus** *nt* country house, cottage **Landjäger** *m small seasoned flat sausage* **Landjugend** *f* young rural population **Landkarte** *f* map **Landkommune** *f* rural commune **Landkreis** *m* administrative [*or* rural] district **Landkrieg** *m* land warfare

landläufig *adj* generally accepted, popular; **nach ~er Ansicht** according to popular opinion; **eine ~e Meinung** a generally accepted view

Landleben *nt* country life

Ländler <-s, -> *m* ÖSTERR *country dance*

ländlich *adj* country, rural, rustic; **eine ~e Idylle** a pastoral idyll

Landluft *f* ① *(Luft auf dem Land)* country air ② *(iron: nach Jauche stinkende Luft)* smell of the country, fresh country air *iron* **Landmann, -frau** <-männer> *m, f* farmer **Landmaschine** *f* agricultural machinery, farm equipment **Landmaschinen** *pl* agricultural machines *pl* **Landmine** *f* landmine **Landpachtgesetz** *nt* JUR farm tenancies act **Landpachtvertrag** *m* JUR farm lease **Landplage** *f (pej)* plague *pej,* pest, [public] nuisance; ***die Wespen sind eine echte*** ~ there's a real plague of wasps **Landpraxis** *f* MED country practice **Landrat** *m* SCHWEIZ *(Parlament eines Kantons)* parliament of a canton **Landrat, -rätin** *m, f* ① BRD *ad-*

ministrative head of a Landkreis ❷ SCHWEIZ parliament of a canton **Landratsamt** *nt* district administration **Landratte** *f (hum fam)* landlubber *hum dated fam* **Landregen** *m* steady rain **Landreise** *f* overland journey **Landrücken** *m* ridge of land **Landscapeformat** [lændskeɪp-] *nt* INFORM landscape mode

Landschaft <-, -en> *f* ❶ *(Gegend)* countryside, scenery ❷ *(Situation)* landscape, situation, scene; **die politische** ~ the political landscape ❸ *(Gemälde einer ~)* landscape

landschaftlich I. *adj* ❶ *(die Landschaft betreffend)* scenic ❷ LING *(regional)* regional II. *adv* ❶ *(geographisch)* scenically; ***diese Gegend ist ~ sehr abwechslungsreich*** this area is very varied in terms of scenery ❷ LING *(regional)* regionally [different]; ***die Bezeichnung dieses Gegenstandes ist ~ verschieden*** the name of this object varies from region to region

Landschaftsgärtner(in) *m(f)* landscape gardener, landscaper **Landschaftsgestaltung** *f* landscape gardening **Landschaftsmaler(in)** *m(f)* landscape painter **Landschaftsökologe, -login** *m, f* countryside ecologist **Landschaftspflege** *f* AGR rural conservation, conservation of the countryside **Landschaftsplaner(in)** *m(f)* town and country planner **Landschaftsplanung** *f* town and country planning **Landschaftsschutz** *m* ÖKOL landscape protection **Landschaftsschützer(in)** *m(f)* ÖKOL conservationist **Landschaftsschutzgebiet** *nt* nature reserve, conservation area **Landschaftszerstörung** *f* spoliation of the countryside

Landschulheim *nt country house used by school classes for visits of one to two weeks* **Landsitz** *m* country estate

Landsknecht *m* HIST lansquenet **Landsmann, -männin** <-leute> *m, f* compatriot, fellow countryman/countrywoman; ■**ein ~ [von jdm] sein** to be a compatriot [*or* fellow countryman/countrywoman] [of sb] **Landsmannschaft** *f association of students, refugees or displaced persons from the same country or region*

Landstraße *f* secondary [*or* country] [*or* BRIT *a.* B] road **Landstreicher(in)** <-s, -> *m(f)* tramp, vagabond, vagrant **Landstreicherei** <-> *f kein pl* vagrancy **Landstreicherin** <-, -nen> *f fem form von* Landstreicher **Landstreitkräfte** *pl* land [*or* ground] forces *pl* **Landstrich** *m* area, region **Landtag** *m* federal state parliament

Landtagsabgeordnete(r) *f(m) decl wie adj* member of the Landtag [*or* state parliament] **Landtagsfraktion** *f* faction [*or* group] in the Landtag [*or* state parliament] **Landtagswahl** *f* German regional election **Landtransport** *m* HANDEL land carriage

Landung <-, -en> *f* ❶ *(das Landen)* landing; **vor der ~** before landing ❷ *bes* MIL *(das Niedersetzen)* landing **Landungsbake** *f* approach beacon **Landungsboot** *nt* landing craft **Landungsbrücke** *f* jetty, landing stage, pier **Landungsgewicht** *nt* LUFT landing weight **Landungsplatz** *m* ❶ LUFT landing field ❷ NAUT landing place, wharf, quay **Landungssteg** *m* landing stage **Landungsstelle** *f* NAUT landing [place], wharf, quay **Landungstruppen** *pl* land assault forces *pl* **Landurlaub** *m* shore leave **Landvermessung** *f* land surveying **Landverödung** *f* desertification **Landweg** *m* ❶ *(der Weg über das Festland)* overland route ❷ *(Weg auf dem Lande)* country road; **auf dem ~** by the overland route **Landwehr** *f* ❶ MIL *(veraltend)* militia *old* ❷ GEOG, HIST *(Grenzbefestigung)* border fortifications *pl* **Landwein** *m* ordinary wine from the locality **Landwind** *m* inland breeze **Landwirt(in)** *m(f) (geh)* farmer

Landwirtschaft *f* ❶ *kein pl (bäuerliche Tätigkeit)* agriculture, farming; **~ betreiben** to farm; **Land- und Forstwirtschaft** agriculture and forestry; **extensive/intensive ~** extensive farming/intensive agriculture ❷ *(landwirtschaftlicher Betrieb)* farm; ***zu Hause betrieb die Familie eine kleine ~*** the family had a farm at home

landwirtschaftlich I. *adj* agricultural; **~er Betrieb** farms II. *adv* agriculturally; **~ geprägt** characterized by agriculture

Landwirtschaftsausstellung *f* agricultural show **Landwirtschaftsgericht** *nt* JUR agricultural tribunal **Landwirtschaftskammer** *f* Chamber of Agriculture **Landwirtschaftsminister(in)** *m(f)* minister of agriculture BRIT, agriculture minister BRIT, agriculture secretary AM **Landwirtschaftsrecht** *nt* JUR agricultural law **Landwirtschaftsschule** *f* agricultural college **Landwirtschaftsverband** *m* Agricultural Association **Landwirtschaftswissenschaft** *f* agricultural science

Landzunge *f* spit [of land], headland

lang <länger, längste> I. *adj* ❶ *(räumlich ausgedehnt)* long; ***seine Haare sind jetzt länger als früher*** he has longer hair than he used to; ***die Schraube ist 4,5 Zentimeter ~*** the screw is 4.5 centimetres long [*or* in length]; **etwas ~ sein** to be a little bit too long; **[jdm] etw länger machen** MODE to make sth longer [for sb] ❷ *(zeitlich ausgedehnt)* long; **eine ~e Zeit brauchen** to take a long time; ***wohnen Sie schon seit längerem hier?*** have you been living here long?; **noch ~[e]** for a long time; ***bleibst du noch ~ in Stuttgart?*** are you staying in Stuttgart for long?; **noch ~[e] nicht** not by any means [*or* a long shot]; **schon ~[e]** for a long time; ***ich weiß das schon ~*** I've known that for a long time; **seit ~em/längerem** for a long time/lengthy period; **wie ~[e]?** how long? ❸ *(fam: groß gewachsen)* tall II. *adv* ❶ *(eine lange Dauer)* long; ***diese fürchterliche Kälte kann man nicht ~ aushalten*** you can't stand this terrible cold for long; ***die Verhandlungen ziehen sich schon ~e hin*** negotiations have been dragging on for a long time; ***wir können hier nicht länger bleiben*** we can't stay here any longer; ***dauert das noch viel länger?*** is this going to last much longer?; **des L~en und Breiten** *(geh)*, **~ und breit** at length, in great detail; **~ ersehnt** longed-for, long-hoped-for, long-desired; **~ gehegt** *(geh)* long-cherished *form;* **~ haftend** *Lippenstift* long-lasting; *Maskara* long-wearing; **es nicht mehr ~[e] machen** *(sl)* to not last much longer; **~ auf sich warten lassen** to keep people waiting; ***wo bist du denn so ~e geblieben?*** where have you been all this time?; ***da** [o **darauf**] **kannst du ~[e] warten!*** *(iron)* you can whistle for it *iron* ❷ *(für die Dauer von etw)* ■**einen bestimmte Zeit ~** for a certain period of time; ***sie hielt einen Moment ~ inne*** she paused for a moment; ***wir haben sieben Monate ~ nichts mehr von dir gehört*** we haven't heard anything from you for seven months! ❸ *(der Länge nach)* **~ gestreckt** long, extended; **~ gezogen** prolonged; **~ hinschlagen** to fall flat on one's face ▶ WENDUNGEN: **was ~e währt, wird endlich gut** *(prov)* the wait is worth it; **je länger, je lieber** the longer, the better; **~[e] nicht so ...** not nearly as; ***der Film war ~ nicht so spannend wie erhofft*** the film was nowhere near as exciting as people had expected

langärm(e)lig *adj* long-sleeved **langarmig** *adj* long-armed **langatmig** *adj (pej)* long-winded *pej* **Langatmigkeit** <-> *f kein pl (pej)* long-windedness *pej* **langbeinig** *adj* long-legged

lange *adv s.* **lang II 1**

Länge <-, -n> *f* ❶ *(räumliche Ausdehnung)* length; **in die ~ wachsen** to shoot up; **auf eine ~ von etw** for sth; ***die Autobahn war auf eine ~ von 45 Kilometern blockiert*** the motorway was blocked for 45 kilometres; **der ~ nach** lengthways, lengthwise; *(in ganzer ~)* flat on one's face; ***die Frau fiel der ~ nach hin*** the woman fell flat on her face; ***das Regal stürzte der ~ nach zu Boden*** the shelf fell flat on the floor; **von bestimmter ~** of a certain length; ***ich benötige Pfähle von drei Metern ~*** I need posts three metres in length ❷ *(zeitliche Ausdehnung)* length, duration; **in voller ~** in its entirety; **etw in die ~ ziehen** to drag out sth *sep;* ***er zog das Gespräch in die ~*** he dragged the conversation out; **sich in die ~ ziehen** to drag on; ***die Verhandlungen zogen sich in die ~*** the negotiations dragged on ❸ *(fam: Größe)* height; ***was hast du eigentlich für eine ~?*** how tall are you? ❹ SPORT *(Strecke einer Boots~)* length ❺ FILM, LIT, MEDIA *(langatmige Stelle)* long-drawn-out passage [*or* scene] ❻ *(Abstand vom Nullmeridian)* longitude; ***die Insel liegt 38° östlicher ~*** the longitudinal position of the island is 38° east ❼ *(poet: lange Silbe)* long syllable

langen I. *vi (fam)* ❶ *([aus]reichen)* ■**[jdm] langen** to be enough [*or* sufficient] [for sb], to suffice ❷ *(sich erstrecken)* ■**bis zu etw** *dat*/**über etw** *akk* **~** to reach sth/over sth; ***der Vorhang langt bis ganz zum Boden*** the curtain reaches right down to the floor ❸ *(fassen)* ■**[mit etw** *dat*] **an etw** *akk* **~** to reach for sth [with sth]; ■**[mit etw] irgendwohin ~** to reach somewhere [with sth]; ***lange bloß nicht mit der Hand an die Herdplatte*** make sure you don't touch the hotplate with your hand; ***ich kann mit der Hand bis ganz unter den Schrank ~*** I can reach right under the cupboard with my hand ❹ DIAL *(auskommen)* ■**mit etw ~** to get by [*or* manage] on sth; ***mit dem Brot ~ wir bis morgen*** the bread will last us until tomorrow ❺ *impers (fam)* ■**etw langt [jdm]** it is enough [for sb], sb is be fed up with sth; ***jetzt langt's aber!*** I've just about had enough! II. *vt (fam) (reichen)* ■**jdm etw ~** to hand [*or* pass] sb sth ▶ WENDUNGEN: **jdm eine ~** *(fam)* to give sb a clip round the ear [*or* AM on the ears]

Längeneinheit *f* linear measure **Längengrad** *m* degree of longitude **Längenmaß** *nt* unit of length, linear measure **Langensee** *m s.* **Lago Maggiore**

länger *adj, adv s.* **lang, lange**

längerfristig I. *adj* fairly long-term II. *adv* on a fairly long-term basis

Langeweile <*gen – o* Langerweile, *dat* Langenweile> *f kein pl* boredom *no pl*, tedium, ennui; **~ haben** to be bored; **aus [lauter] ~** out of [sheer] boredom; **vor [lauter] ~** of [sheer] boredom; **die ~ vertreiben** to while away time [*or* the hours], to kill time

langfädig *adj* SCHWEIZ *(langatmig)* long-winded *pej* **langfaserig** *adj inv* **~es Papier** long grain paper **Langfinger** *m (hum)* pickpocket **Langformat** *nt* long format; **im ~** in long format **langfristig** I. *adj* long-term; **~e Ausleihungen/Darlehen/Verbindlichkeiten** long-term lendings/loans/liabilities; **~er Kapitalverkehr/~es Kapitalwachstum** long-term capital transactions/growth; **~e Schatzanweisungen** exchequer [*or* AM treasury] bonds II. *adv* on a long-term basis; **~ aufgenommene Darlehen** monies borrowed for long periods; **~ hereingenommene Gelder** long credit

lang|gehen *vi irreg sein (fam) (entlanggehen)* ■**irgendwo ~** to go along somewhere ▶ WENDUNGEN: **merken, wo's langgeht** to notice how things are; **jdm sagen, wo's langgeht** to tell sb from where the wind is blowing

langhaarig *adj (lange Haare habend)* long-haired; **eine ~e Hunderasse** a long-haired dog breed **Langhaarige(r)** *f(m) dekl wie adj* long-haired person **langhaftend** *adj inv s.* **lang II 1** **langjährig** *adj (viele Jahre bestehend)* of many years' standing; ***sie ist meine ~e Freundin*** she has been my girlfriend for many years; **~e Erfahrung** many years of experience; **eine ~e Freundschaft** long-standing friendship; **~e Mitarbeiter** employees of many years' standing **Langkornreis** *m* long grain rice **Langlauf** *m kein pl* cross-country skiing *no pl* **Langläufer(in)** *m(f)* ❶ SKI cross-country skier ❷ FIN *(Anleihe mit langer Laufzeit)* long, long-dated security **Langlaufloipe** *f* SKI cross-country ski run **Langlaufski** *m* cross-country ski

langlebig *adj* ❶ *(lange lebend)* long-lived ❷ *(lange Zeit zu gebrauchen)* durable, long-lasting ❸ *(hartnäckig)* persistent

Langlebigkeit <-> *f kein pl* ❶ *(Anlage für langes Leben)* longevity ❷ *(lange Gebrauchsfähigkeit)* durability ❸ *(Hartnäckigkeit)* persistence

lang|legen *vr (fam)* ■**sich** *akk* **[auf etw** *dat*] ~

① (*hinfallen*) to fall flat on one's face [on sth] ② (*sich niederlegen*) to lie down [on sth]
länglich *adj* elongated, oblong, longish
lang|liegen *vi irreg* (*fam*) to have a lie down *fam* [*or* AM short rest]
langmähnig *adj* (*fam*) long-haired
Langmut <-> *f kein pl* (*geh*) forbearance *form*
langmütig I. *adj* (*geh*) forbearing, patient II. *adv* patiently
längs I. *präp +gen* ■ ~ **einer S.** *gen* along sth, alongside [of] sth II. *adv* (*der Länge nach*) lengthways, lengthwise; ~ **gestreift** with vertical stripes
Längsachse *f* longitudinal axis
langsam I. *adj* ① (*nicht schnell*) slow ② (*allmählich*) gradual II. *adv* ① (*nicht schnell*) slowly; **immer** [**schön**] ~!, ~, ~! (*fam*) take it easy!, not so fast! ② (*fam: allmählich*) gradually; ***es ist ~ an der Zeit, dass wir uns auf den Weg machen*** it's about time we were thinking of going ▶ WENDUNGEN: ~, **aber sicher** slowly but surely
Langsamkeit <-> *f kein pl* slowness
Längsbeleimung *f* TYPO longitudinal [*or* lineal] gluing
Langschläfer(in) *m(f)* late riser; ~ **sein** to be a late riser
Längsfalz *m* TYPO longitudinal [*or* lineal] fold **Längsperforation** *f* TYPO longitudinal [*or* lineal] perforation
Langspielplatte *f* long-playing record, LP
Längsrichtung *f* longitudinal direction; ■ **in** ~ lengthways, lengthwise **Längsrückentitel** *m* TYPO title along the spine **Längsschneider** *m* [slitter] rewinder **Längsschnitt** *m* longitudinal section **Längsseite** *f* ① (*die längere Seite von etw*) long side ② NAUT (*Flanke*) broadside **längsseits** I. *präp +gen* NAUT ■ ~ [**einer S.** *gen*] alongside [a thing] II. *adv* ■ ~ **an etw** *dat* alongside sth; ***der Lastkahn ankerte ~ am Kai*** the barge anchored alongside the quay **Längsstreifen** *pl* vertical stripes *pl*
längst *adv* ① (*lange*) long since, for a long time; ***die Familie ist schon ~ umgezogen*** the family moved a long time ago ② (*bei weitem*) ■ ~ **nicht** not by a long way [*or* long shot]; ***das ist ~ nicht alles*** that's not everything by a long shot, that's just the tip of the iceberg; ***diese Informationen reichen uns ~ nicht*** this information is by no means sufficient
längste(r, s) *adj, adv superl von* **lang**
längstens *adv* ① (*höchstens*) at the most, at the longest ② (*spätestens*) at the latest
langstielig *adj* long-handled [*or* -stemmed]; ~**e Gläser/Rosen** long-stemmed glasses/roses
Langstreckenflug *m* long-haul flight
Langstreckenflugzeug *nt* long-haul aircraft **Langstreckenlauf** *m* long-distance race [*or* run] **Langstreckenläufer(in)** *m(f)* long-distance runner **Langstreckenrakete** *f* long-range missile **Langstreckenwaffe** *f* long-range weapon
Längs- und Querschnitt *m* TYPO slitting and sheeting
Languste <-, -n> *f* crayfish
langweilen I. *vt* ■ **jdn** ~ to bore sb; ***langweile ich Sie?*** am I boring you?; ***der Film langweilte mich*** the film bored me II. *vi* (*pej*) to be boring *pej* III. *vr* ■ **sich** *akk* ~ to be bored; ***bei dem Vortrag/in dem Film habe ich mich schrecklich gelangweilt*** I was terribly bored during the lecture/film; *s. a.* **gelangweilt**
Langweiler(in) <-s, -> *m(f)* (*pej fam*) ① (*jd, der langweilt*) bore ② (*langsamer Mensch*) slowcoach BRIT, slowpoke AM
langweilig I. *adj* boring, dull II. *adv* boringly
Langwelle *f* long wave
langwierig *adj* lengthy, long-drawn-out
Langwierigkeit <-, *selten* -en> *f* lengthiness, long duration
Langzeitarbeitslose(r) *f(m)* *dekl wie adj* long-term unemployed person; ■ **die ~n** the long-term unemployed **Langzeitarbeitslosigkeit** *f* long-term unemployment **Langzeitarchivierung** *f* long-term filing, permanent storage **Langzeit-EKG** *nt* MED long-term ECG **Langzeitgedächtnis** *nt* long-term memory **Langzeitmaßnahme** *f* long-term measure **Langzeitpatient(in)** *m(f)* long-term patient **Langzeitpflege** *f* MED long-term care **Langzeitprognose** *f* long-range forecast **Langzeitprogramm** *nt* long-term programme [*or* AM -am] **Langzeitspeicher** *m* ① INFORM long-term memory ② (*Wasserspeicher*) long-term reservoir **Langzeitvergleich** *m* long-term comparison
Lanolin <-s> *nt kein pl* CHEM lanolin
Lanthan <-s> *nt kein pl* CHEM lanthanum
Lanzarote *nt* Lanzarote; *s. a.* **Sylt**
Lanze <-, -n> *f* HIST lance, spear ▶ WENDUNGEN: **für jdn/etw eine ~ brechen** (*geh*) to go to bat for sb, to stand up for sb/sth
Lanzette <-, -n> *f* MED lancet
Lanzettfischchen <-s, -> *nt* lancelet
Laos <-> *nt* Laos; *s. a.* **Deutschland**
Laote, Laotin <-n, -n> *m, f* Laotian; *s. a.* **Deutsche(r)**
laotisch *adj* Lao[tian]; *s. a.* **deutsch**
La Palma *nt* La Palma; *s. a.* **Sylt**
lapidar *adj* (*geh*) terse
Lapilli *pl* GEOL lapilli *pl*
Lapislazuli <-, -> *m* lapis lazuli
Lappalie <-, -n> *f* petty affair, trifle, bagatelle
Lappe, -pin <-n, -n> *m, f* Laplander, Lapp
Lappen <-s, -> *m* ① (*Stück Stoff*) cloth, rag ② (*sl: Banknote*) note; *pl* (*Moneten*) dough *no pl, no indef art* ▶ WENDUNGEN: **jdm durch die ~ gehen** (*fam*) to slip through sb's fingers
läppern *vr impers* (*fam*) ■ **sich** ~ to mount [*or* add] up
lappig *adj inv* ① (*fam: schlaff*) *Gewebe* limp ② (*fam: läppisch*) ~**e 10 Mark** a measly [*or* just] 10 marks ③ BOT *Blattform* lobed, lobate ④ TYPO (*dünn*) flimsy; ~**es Papier** flimsy paper
Lappin <-, -nen> *f fem form von* **Lappe**
lappisch *adj inv* Lapp
läppisch I. *adj* ① (*fam: lächerlich*) ridiculous; **ein ~er Betrag** a ridiculous sum ② (*pej: albern*) silly, foolish II. *adv* (*pej*) in a silly manner
Lappland <-[e]s> *nt* Lapland
Lapsus <-, -> *m* (*geh*) mistake, slip; **jdm unterläuft ein ~** sb makes a mistake; ~ **Linguae** (*Versprecher*) slip of the tongue
Laptewsee *f* Laptev Sea
Laptop <-s, -s> ['lɛptɔp] *m* laptop
Lärche <-, -n> *f* larch
large [larʒ] *adj* SCHWEIZ (*generös*) generous
Largo <-s, -s *o* Larghi> *nt* MUS largo
Larifari <-s> *nt kein pl* (*pej fam*) nonsense *no pl pej*, BRIT *a.* rubbish *no pl pej*
Lärm <-[e]s> *m kein pl* noise, racket; ~ **machen** to make a noise ▶ WENDUNGEN: **viel ~ um nichts** [**machen**] [to make] a lot of fuss about nothing
Lärmart *f* type of noise **lärmbeeinträchtigt** *adj* disturbed by noise **Lärmbeeinträchtigung** *f* noise disturbance **Lärmbekämpfung** *f* noise abatement **Lärmbelästigung** *f* noise pollution **Lärmbelastung** *f* noise pollution **lärmdämpfend** *adj* noise-reducing **lärmempfindlich** *adj* sensitive to noise
lärmen *vi* to make noise [*or* a racket], to be noisy
Lärmentstehung *f* generation of noise **lärmgeplagt** *adj* plagued with noise **lärmgeschädigt** *adj* suffering physical impairment as a result of noise **Lärmkulisse** *f* background noise **Lärmminderung** *f* noise reduction
larmoyant *adj* (*geh: weinerlich*) lachrymose *form*, querulous **Lärmpegel** *m* noise level **Lärmquelle** *f* source of a/the noise **Lärmschädigung** *f* noise induced injury
Lärmschutz *m* protection against noise
Lärmschutzanforderungen *pl* calls *pl* for protection against noise, noise prevention demands *pl* **Lärmschutzbereich** *m* low-noise area **Lärmschutzwall** *m* noise protection embankment **Lärmschutzwand** *f* noise barrier
Lärmstärke *f* intensity of noise **Lärmursache** *f* cause of a noise **Lärmverhinderung** *f* noise prevention
Larve <-, -n> *f* ① (*Insekten~*) larva, grub ② (*veraltet: Maske*) mask ③ (*veraltet: nichtssagendes Gesicht*) empty face
Laryngitis <-, Laryngitiden> *f* MED laryngitis
las *imp von* **lesen**
Lasagne <-, -> [la'zanjə] *f* lasagne, AM *a.* lasagna
lasch I. *adj* (*fam*) ① (*schlaff*) feeble, limp; **ein ~er Händedruck** a limp handshake ② (*nachsichtig*) lax, slack ③ KOCHK (*fade*) insipid II. *adv* (*fam: schlaff*) limply
Lasche <-, -n> *f* flap; *Kleidung* loop
Laschheit <-, -en> *f* laxity; *Händedruck* limpness
LASER <-s, -> ['leɪzeɐ] *m* PHYS *Akr von* **Light Amplification by Stimulated Emission of Radiation** LASER
Laser <-s, -> ['le:zɐ, 'leɪzə] *m* laser
Laserbelichter *m* laser imager [*or* [type]setter] **Laserbelichtung** *f* laser exposure [*or* output] [*or* recording] **Laserchirurgie** *f* laser surgery **Laserdiode** *f* laser diode **Laserdrucker** *m* laser printer **Laserimpuls** *m* laser pulse **Laserintensität** *f* laser intensity **Laserlichtshow** *f* laser show **Laserprojektor** *m* TV laser projector **Laserskalpell** *nt* laser scalpel **Lasersonde** *f* laser probe **Laserstrahl** *m* laser beam **Laserwaffe** *f* laser weapon
lasieren* *vt* ■ **etw** ~ to varnish [*or* glaze] sth
Läsion <-, -en> *f* MED lesion
lass[RR], **laß** *imper sing von* **lassen**

lassen <lässt, ließ, gelassen>

I. TRANSITIVES VERB II. MODALVERB
III. INTRANSITIVES VERB

I. TRANSITIVES VERB

① (*unter~*) ■ **etw** ~ to stop sth, to refrain from doing sth; ***ich hatte Ihnen das doch ausdrücklich aufgetragen, warum haben Sie es dann gelassen?*** I expressly instructed you to do that, why didn't you do it?; ***wirst du das wohl ~!*** will you stop that!; ***lass das, ich mag das nicht!*** stop it, I don't like it!; ***wenn du keine Lust dazu hast, dann ~ wir es eben*** if you don't feel like it we won't bother; ***wenn du keine Lust dazu hast, dann lass es doch*** if you don't feel like it, then don't do it; **es/etw nicht ~ können** not to be able to stop it/sth ② (*zurück~*) ■ **jdn/etw irgendwo ~** to leave sb/sth somewhere; **etw hinter sich** *akk* ~ to leave sth behind one ③ (*über~, behalten ~*) ■ **jdm etw** ~ to let sb have sth; ***man ließ ihm nur eine winzige Rente*** they only let him have a small pension ④ (*gehen ~*) ■ **jdn/ein Tier irgendwohin** ~ to let sb/an animal go somewhere; ***lass den Hund nicht nach draußen*** don't let the dog go outside; ***mit 13 lasse ich meine Tochter nicht in die Disko*** I wouldn't let my daughter go to a disco at 13 ⑤ (*in einem Zustand ~*) ■ **etw irgendwie** ~ to leave sth somehow; ***ich möchte den Garten heute nicht schon wieder ungespritzt ~*** I don't want to leave the garden unwatered again today; **jdn ohne Aufsicht** ~ to leave sb unsupervised; **es dabei** ~ to leave sth at that; ~ **wir's dabei** let's leave it at that; **etw ~, wie es ist** to leave sth as it is ⑥ (*fam: los~*) ■ **jdn/etw** ~ to let sb/sth go; ***lass mich, ich will nicht, dass du mich vor aller Augen umarmst!*** let me go, I don't want you putting your arms around me in front of everybody! ⑦ (*in Ruhe ~*) ■ **jdn** ~ to leave sb alone ⑧ (*gewähren ~*) ■ **jdn** ~ to let sb; ***Mama, ich möchte so gerne auf die Party gehen, lässt du mich?*** Mum, I really want to go to the party, will you let me? ⑨ (*hinein~*) ■ **etw in etw** ~ to let sth into sth; ***kannst du mir das Wasser schon mal in die Wanne ~?*** can you run a bath for me?; **frische Luft ins Zimmer** ~ to let a bit of fresh air into the room ⑩ (*hinaus~*) ■ **etw aus etw** ~ to let sth escape from somewhere; ***sie haben mir die Luft aus den Reifen gelassen!*** they've let my tyres down! ⑪ (*zugestehen*) **das/eines muss jd jdm ~** sb must give sb that/one thing; ***eines muss man ihm ~, er versteht sein Handwerk*** you've got to give him one thing, he knows his job ▶ WENDUNGEN: **etw hinter sich** *akk* ~ to leave sth behind one; **alles unter sich** *dat* ~ (*euph veraltend*) to mess the bed; **einen** ~ (*fam*) to let one rip *fam*

II. MODALVERB

<lässt, ließ, ~> ❶ (*veran~*) ■**jdn etw tun** ~ to have sb do sth; **jdn kommen** ~ to send for sb; ***sie wollen alle ihre Kinder studieren*** ~ they want all of their children to study; ***wir sollten den Arzt kommen*** ~ we ought to send for the doctor; ~ ***Sie Herrn Braun hereinkommen*** send Mr. Braun in; ***der Chef hat es nicht gerne, wenn man ihn warten lässt*** the boss doesn't like to be kept waiting; ■**etw machen** ~ to have sth done; **etw reparieren** ~ to have sth repaired; ***wir ~ uns zur Zeit ein Haus bauen*** we're currently having a house built; ***die beiden werden sich wohl scheiden*** ~ the two will probably get a divorce; ***er lässt ihr regelmäßig eine Kiste Champagner schicken*** he has a crate of Champagne regularly sent to her; ***ich muss mir einen Zahn ziehen*** ~ I must have a tooth pulled; ***ich lasse mir die Haare schneiden*** I'm having my hair cut ❷ (*zu~*) ■**jdn etw tun** ~ to let sb do sth; ***lass sie gehen!*** let her go!; ***lass mich doch bitte ausreden!*** let me finish speaking, please!; ■**sich** *dat* **etw geschehen** ~ to let sth be done to one, to allow sth to be done to one; ***ich lasse mich nicht länger von dir belügen!*** I won't be lied to by you any longer!; ***wie konnten Sie sich nur so hinters Licht führen ~!*** how could you allow yourself to be led up the garden path like that!; ***ich lasse mich nicht belügen!*** I won't be lied to!; ***er lässt sich nicht so leicht betrügen*** he won't be taken in so easily; ***du solltest dich nicht so behandeln*** ~ you shouldn't allow yourself to be treated like that; ***das lasse ich nicht mit mir machen*** I won't stand for it!; **viel mit sich machen** ~ to put up with a lot ❸ (*be~*) ■**etw geschehen** ~ to let sth happen; ***das Wasser sollte man eine Minute kochen*** ~ the water should be allowed to boil for a minute; ***man sollte die Maschinen nicht zu lange laufen*** ~ the machine shouldn't be allowed to run too long; ■**sich** *dat* **etw geschehen** ~ to let sth happen to one; ***er lässt sich zur Zeit einen Bart wachsen*** he's growing a beard at the moment ❹ (*Möglichkeit ausdrückend*) ■**sich tun** ~ to be able to be done; ***das lässt sich machen!*** that can be done!; ***dieser Witz lässt sich nicht ins Deutsche übersetzen*** this joke cannot be translated into German; ***der Text lässt sich nur schwer übersetzen*** the text can only be translated with difficulty; ***dass sie daran beteiligt war, wird sich nicht leicht beweisen*** ~ it will not be easy to prove that she was involved ❺ *als Imperativ* ■**lass uns/lasst uns etw tun** let's do sth; ***lass uns jetzt lieber gehen*** let's go now; ***lasset uns beten*** let us pray; ***lass uns das nie wieder erleben!*** don't ever let's go through that again!; ***lass dich hier nie wieder blicken!*** don't ever show your face around here again!; ~ ***Sie sich das gesagt sein, so etwas dulde ich nicht*** let me tell you that I won't tolerate anything like that; ***lass dich bloß nicht von ihm ärgern*** just don't let him annoy you; ■**lass dir/~ Sie sich ... let...**; ***lass dir darüber keine grauen Haare wachsen*** don't get any grey hairs over it

III. INTRANSITIVES VERB

<lässt, ließ, gelassen> (*ab~*) ■**von jdm/etw** ~ to leave [*or* part from] sb/sth; ***sie ist so verliebt, sie kann einfach nicht von ihm*** ~ she is so in love, she simply can't part from him; **vom Alkohol** ~ to give up alcohol; ***wenn du nur von diesen fetten Sachen ~ würdest!*** if only you would leave these fatty things alone!; ~ ***Sie mal!*** that's all right!; ***soll ich das gleich bezahlen? — ach, ~ Sie mal, das reicht auch nächste Woche noch*** shall I pay it right now? — oh, that's all right, next week will do

lässig I. *adj* ❶ (*ungezwungen*) casual; **~e Kleidung** casual clothes ❷ (*fam: leicht*) ***die Fragen waren total ~!*** the questions were dead easy! **II.** *adv* ❶ (*ungezwungen*) casually; ***du musst das ~ er sehen*** you must take a more casual view ❷ (*fam: mit Leichtigkeit*) no problem *fam*; ***das schaffen wir ~!*** we'll manage that easily!

Lässigkeit <-> *f kein pl* casualness *no pl*

Lasso <-s, -s> *m o nt* lasso

lasst[RR], **laßt** *imper pl von* **lassen**

Last <-, -en> *f* ❶ (*Ladung*) load; **bewegliche/ruhende** ~ live/static load ❷ (*schweres Gewicht*) weight; ***das Brett biegt sich unter der ~ der Bücher*** the shelf is bending under the weight of the books ❸ (*Bürde*) burden; **jd hat seine ~ mit jdm/etw** sb/sth is a burden on sb; ***mit dir hat man so seine ~!*** you're a real burden on a person! ❹ *pl* FIN (*finanzielle Belastung*) burden; **zu jds ~en gehen** to be charged to sb; ***die zusätzlichen Kosten gehen zu Ihren ~en*** you will have to pay the additional costs; **zu ~en von Frau Martini buchen** to debit Frau Martini's account ▶ WENDUNGEN: **jdm zur ~ fallen** to become a burden on sb; **jdm etw zur ~ legen** to accuse sb of sth; **jdm zur ~ legen, etw getan zu haben** to accuse sb of doing sth

Lastauto *nt* lorry BRIT, truck AM

lasten *vi* ❶ (*als Last liegen auf*) ■**auf etw** *dat* ~ to rest on sth ❷ (*eine Bürde sein*) ■**auf jdm** ~ to rest with sb; ***diese Verantwortung lastet auf mir*** the responsibility rests with me ❸ (*finanziell belasten*) ■**auf etw** *dat* ~ to encumber sth; ***auf dem Haus ~ Schulden*** the house is encumbered with debts ❹ (*stark belasten*) ■**auf etw** *dat* ~ to weigh heavily on sth; ***die Folgen des Krieges ~ schwer auf dem Land*** the consequences of the war weigh heavily on the country

Lastenaufzug *m* goods lift BRIT, freight elevator AM **Lastenausgleich** *m kein pl* ÖKON equalization *no pl* of burdens

lastend *adj* (*geh*) oppressive

lastenfrei *adj inv, präd Haus- und Grundbesitz* unencumbered

Lastentaxi *nt* taxivan

Laster[1] <-s, -> *m* (*fam: Lastwagen*) lorry BRIT, truck AM

Laster[2] <-s, -> *nt* (*schlechte Gewohnheit*) vice

Lästerei <-, -en> *f* (*fam*) derisive *form* [*or fam* nasty] remarks *pl*

Lästerer, Lästerin <-s, -> *m, f* detractor *form*, knocker *sl*

lasterhaft *adj* (*geh*) depraved

Lasterhaftigkeit <-> *f kein pl* (*geh*) depravity

Lasterhöhle *f* (*pej fam*) den of vice [*or* iniquity]

Lästerin <-, -nen> *f fem form von* **Lästerer**

lästerlich *adj Rede* malicious; *Flüche* blasphemous words; **~e Worte** gibes

Lästermaul *nt* (*pej fam*) *s.* **Lästerer 1**

lästern *vi* ■[**über jdn/etw**] ~ to make derisive [*or* disparaging] remarks [about sb/sth]

Lästerung <-, -en> *f* (*Gottes~*) blasphemy; (*Schmähung*) abuse

Lastesel *m* ❶ (*Tier*) pack mule ❷ (*fam: jd, der sich Lasten aufbürden lässt*) packhorse

lästig *adj* ❶ (*unangenehm*) *Husten, Kopfschmerzen etc.* annoying, irritating, pesky *fam* ❷ (*störend*) annoying; ***dass wir jetzt auch noch warten müssen ist wirklich ~!*** the fact that we have to wait as well is really annoying; ■**jdm ~ sein/werden** to find/begin to find annoying; ***wird dir der Gipsverband nicht ~?*** don't you find the plaster cast a nuisance? ❸ (*nervend, aufdringlich*) *Mensch* annoying; ***du wirst mir allmählich ~!*** you're beginning to become a nuisance!; **jdm ~ sein/fallen** (*geh*) to annoy sb, to become a nuisance to sb

Lästigkeit <-> *f kein pl* tiresomeness *no pl*, troublesomeness *no pl*

Lastkahn *m* barge **Lastkraftwagen** *m* (*geh*) *s.* **Lastwagen**

Last-Minute-Flug [la:st'mɪnɪt-] *m* last-minute flight **Last-Minute-Tarif** [la:st'mɪnɪt-] *m* last-minute price **Last-Minute-Urlaub** [la:st'mɪnɪt-] *m* last-minute holiday

Lastschrift *f* (*Abbuchung*) debit entry; (*Mitteilung über Abbuchung*) debit advice **Lastschriftanzeige** *f* FIN debit notice **Lastschriftverfahren** *nt* FIN direct debiting

Lasttier *nt* pack animal **Lastträger(in)** <-s, -> *m(f)* porter, carrier **Lastwagen** *m* lorry BRIT, truck AM **Lastwagenfahrer(in)** *m(f)* lorry driver **Lastwechsel** *m* AUTO load alteration **Lastzug** *m* lorry with trailer

Lasur <-, -en> *f* [clear] varnish

lasziv I. *adj* (*geh*) ❶ (*sexuell herausfordernd*) lascivious, wanton *hum*, sexy ❷ (*anstößig*) rude, offensive **II.** *adv* (*geh*) lasciviously, wantonly *hum*, sexily

Laszivität <-> [-vi-] *f kein pl* (*geh*) ❶ (*laszive Art*) lasciviousness, wantonness *hum*, sexiness ❷ (*Anstößigkeit*) rudeness, offensiveness

Latein <-s> *nt* Latin ▶ WENDUNGEN: **mit seinem ~ am Ende sein** to be at one's wits' end

Lateinamerika *nt* Latin America

Lateinamerikaner(in) <-s, -> *m(f)* Latin American

lateinamerikanisch *adj* Latin American

lateinisch *adj* Latin; **auf L~** in Latin; **~e Schrift** Latin characters *pl*, Roman type

Lateinisch *nt dekl wie adj* Latin; ■**das ~e** Latin, the Latin language

latent I. *adj* (*geh*) latent; **~e Steuerverbindlichkeiten** JUR latent tax liabilities **II.** *adv* (*geh*) latently

Latenz <-> *f kein pl* (*geh*) latency

Latenzzeit *f s.* **Inkubationszeit**

Lateran <-s> *m* (*ehem. Palast des Papstes*) [the] Lateran [palace]

Lateranvertrag *m von 1929* Lateran Treaty

Laterne <-, -n> *f* ❶ (*Straßen~*) streetlamp ❷ (*Lichtquelle mit Schutzgehäuse*) lantern ❸ (*Lampion*) Chinese lantern

Laternenpfahl *m* lamppost

Latex <-, Latizes> *m* latex

latexieren *vt* ■**etw** ~ to [coat sth with] latex [sth]

Latinum <-s> *nt kein pl* ■**das** ~ (*the examination proving*) *knowledge of Latin*; **das ~ haben** to have one's Latinum certificate; **das kleine/große** ~ *Latinum certificate for three years'/nine years' study of Latin*

Latium <-s> *nt* HIST Latium

Latrine <-, -n> *f* latrine

Latrinenparole *f* (*pej fam*) wild rumour [*or* AM -or]

Latsche <-, -n> *f s.* **Latschenkiefer**

latschen *vi sein* (*fam*) ❶ (*schwerfällig gehen*) to trudge, to traipse; ***latsch nicht durch alle Pfützen!*** don't traipse through all the puddles!; (*lässig gehen*) to wander; ***wir sind 'ne Weile durch die Stadt gelatscht*** we wandered through the town for a bit; (*unbedacht gehen*) to clump; ***er ist mit seinen dreckigen Schuhen über den Teppich gelatscht*** he clumped across the carpet in his dirty shoes ❷ DIAL (*eine Ohrfeige geben*) ■**jdm eine** ~ to give sb a smack round the head BRIT, to slap sb in the face AM

Latschen <-s, -> *m* (*fam*) ❶ (*ausgetretener Hausschuh*) worn-out slipper ❷ (*pej: ausgetretener Schuh*) worn-out shoe ▶ WENDUNGEN: **aus den ~ kippen** (*fam*) to keel over *fam*; (*sehr überrascht sein*) to be bowled over

Latschenkiefer *f* mountain pine

Latte <-, -n> *f* ❶ (*kantiges Brett*) slat ❷ SPORT bar ❸ (*Tor~*) crossbar ❹ (*sl: erigierter Penis*) stiffy BRIT *sl*, woody AM *sl* ▶ WENDUNGEN: **eine ganze ~ von etw** *dat* (*fam*) a heap of sth *fam*, a load of sth *fam*; **eine lange** ~ (*fam*) beanpole *hum fam*

Lattenkiste *f* crate **Lattenrost** *m* slatted frame; (*auf dem Boden*) duckboards *pl* **Lattenverschlag** *m* lattice work **Lattenzaun** *m* paling, picket fence

Lattich <-s, -e> *m* lettuce

Latz <-es, Lätze *o* ÖSTERR -e> *m* ❶ (*Hosen~*) flap ❷ (*Tuch zum Vorbinden*) bib ▶ WENDUNGEN: **jdm**

eins [*o* **einen**] **vor den** ~ **knallen** [*o* **ballern**] (*sl*) to thump [*or fam* wallop] sb

Lätzchen <-s, -> *nt dim von* **Latz** bib

Latzhose *f* dungarees *npl*

lau *adj* ❶ (*mild*) mild ❷ (*lauwarm*) lukewarm; (*mäßig*) moderate ❸ (*halbherzig*) lukewarm, half-hearted ► WENDUNGEN: **für** ~ DIAL (*fam*) for nothing [*or* free]

Laub <-[e]s> *nt kein pl* foliage *no pl, no indef art;* ~ **tragend** deciduous

Laubbaum *m* deciduous tree

Laube <-, -n> *f* ❶ (*Häuschen*) arbour [*or* AM -or] ❷ ZOOL, KOCHK bleak, alburm ► WENDUNGEN: **und fertig ist die** ~**!** (*fam*) and Bob's your uncle! [*or* AM that's that!] *fam*

Laubenkolonie *f* (*veraltend*) colony of arbours [*or* AM -ors]

Laubfrosch *m* tree frog **Laubheuschrecke** *f* ZOOL bush cricket **Laubhölzer** *pl* deciduous trees **Laubhüttenfest** *nt* Feast of Tabernacles [*or* Ingathering], Sukkoth **Laubmoos** *nt* BOT moss **Laubsäge** *f* fretsaw **Laubsänger** *m* ORN warbler **Laubwald** *m* deciduous forest

Lauch <-[e]s, -e> *m* ❶ BOT allium ❷ (*Porree*) leek

Lauchzwiebel *f* spring onion

Laudatio <-, Laudationes> *f* (*geh*) laudatory speech *form,* eulogy *form;* **die** ~ [**auf jdn**] **halten** to make a speech in sb's honour [*or* AM -or]

Lauer <-> *f* **sich** *akk* **auf die** ~ **legen** to lie in ambush; **auf der** ~ **liegen** [*o* **sein**] to lie in wait

lauern *vi* ❶ (*in einem Versteck warten*) to lie in wait; ■**auf etw** *akk* ~ to lie in wait for sth; ■**darauf** ~**, dass ...** to lie in wait for ...; ***auf so einer Reise ~ alle möglichen Gefahren*** there are all kinds of dangers lurking on a journey like this; ■~**d** lurking; ***die Löwen umkreisten ~d die Herde*** the lions lurked around the herd ❷ (*fam: angespannt warten*) ■**auf jdn** ~ to wait impatiently for sb; ■**auf etw** *akk* ~ to wait in anticipation for sth; ■**darauf** ~**, dass ...** to wait in anticipation for ...; ***die anderen lauerten nur darauf, dass sie einen Fehler machte*** the others were just waiting for her to make a mistake

Lauf <-[e]s, Läufe> *m* ❶ *kein pl* (*das Laufen*) run ❷ SPORT (*Durchgang*) round; (*Rennen*) heat ❸ *kein pl* (*Gang*) *Maschine* operation; ***der Motor hat einen unruhigen*** ~ the engine is not running smoothly ❹ *kein pl* GEOG (*Ver~, Bahn*) course; **der obere/untere** ~ **eines Flusses** the upper/lower course of a river; **der Lauf dieses Sterns** the track [*or* path] of this star ❺ (*Ver~, Entwicklung*) course; **das ist der** ~ **der Dinge** that's the way things go; **der** ~ **der Welt** the way of the world; **seinen** ~ **nehmen** to take its course; ***die Ereignisse nehmen ihren*** ~ events take their course; **im ~e einer S.** *gen* in the course of [*or* during] sth; ***im ~e der Jahrhunderte*** over the centuries ❻ (*Gewehr~*) barrel; **ein Tier vor den** ~ **bekommen** to have an animal in one's sights ❼ JAGD (*Bein*) leg ► WENDUNGEN: **etw** *dat* **freien** [*o* **ihren**] ~ **lassen** to give free rein to sth; ***lasst eurer Fantasie freien*** ~ let your imagination run wild; ***man sollte den Dingen ihren ~ lassen*** one should let things take their course

Laufarbeit *f* SPORT **gute** ~ **leisten** to be a good runner **Laufbahn** *f* career **Laufband** *nt* SPORT treadmill **Laufbursche** *m* ❶ (*veraltend: Bote*) errand boy ❷ (*pej: Lakai*) flunk[e]y **Laufeigenschaft** *f* TYPO (*Papier*) running properties *pl*

laufen <läuft, lief, gelaufen> **I.** *vi sein* ❶ (*rennen*) to run; ***sie lief in den Garten*** she ran into the garden ❷ (*fam: gehen*) to go; ***seit dem Unfall läuft er mit Krücken*** since the accident he gets around on crutches; ***sie läuft ständig zum Arzt*** she's always going to the doctor's; ***mir sind Kühe vors Auto gelaufen*** cows ran in front of my car ❸ (*zu Fuß gehen*) to walk; ***fahrt ihr mal! Ich laufe lieber*** you go by car, I'd rather walk; ***kann sie schon ~?*** has she started walking already?; ■**das L~** walking; ***beim L~ tut mir die Hüfte so weh*** my hip hurts so much when I walk; ***sie musste das L~ wieder lernen*** she had to learn [how] to walk again ❹ (*gehend an etw stoßen*) to walk into sth; ***ich bin an einen Pfosten gelaufen*** I walked into a post ❺ (*fließen*) to run; ***das Blut lief ihm übers Gesicht*** the blood ran down his face; ***lass bitte schon einmal Wasser in die Badewanne*** ~ start filling the bath please; ***mir läuft die Nase*** my nose is running; **jdm eiskalt über den Rücken** ~ (*fig*) a chill runs up sb's spine ❻ SPORT to run; ***er läuft für ...*** he runs for ...; ***wie bist du gelaufen?*** how did you run? ❼ (*funktionieren*) to work; *Getriebe, Maschine, Motor* to run; (*eingeschaltet sein*) to be on; (*sich gleitend bewegen*) to run; ***täglich ~ 6.000 Stück vom Band*** 6,000 units a day come off the line; ***die Miniatureisenbahn läuft auf winzigen Schienen*** the miniature railway runs on tiny rails ❽ FILM, THEAT (*gezeigt werden*) to be on ❾ (*in Bearbeitung sein*) to go [on]; ***der Prozess läuft nun schon zwei Jahre*** the trial has been going on for two years now ❿ (*gültig sein*) to run, to last; ***mein Vertrag läuft bis Ende Juli*** my contract runs until the end of July ⓫ (*ver~*) to flow, to run; ***ab hier ~ die Kabel alle unterirdisch*** all of the cables run underground from here on ⓬ (*seinen Gang gehen*) to go; ***„was macht das Geschäft?" — „es könnte besser ~"*** "how's business?" — "could be better"; ***wie läuft es?*** how's it going?; ***läuft etwas zwischen euch?*** is there anything going on between you? ⓭ (*geführt werden*) **auf jds Namen** ~ to be issued in sb's name; **unter einer bestimmten Bezeichnung** ~ to be called sth; ***diese Einnahmen ~ unter „Diverses*** [*o* ***Sonstiges***]***"*** this income comes under the category of "miscellaneous" ⓮ (*gut verkäuflich sein*) to sell well; ***das neue Produkt läuft gut/ nicht so gut*** the new product is selling well/ not selling well ⓯ (*fahren*) to run; **auf Grund** ~ to run aground ► WENDUNGEN: **die Sache ist gelaufen** it's too late now, it's pointless to do anything about it now; **das läuft bei mir nicht!** that's not on with me!, I'm not having that!; **das läuft so nicht!** that's not on! **II.** *vt haben o sein* ❶ SPORT ■**etw** ~ to run sth; **einen Rekord** ~ to set a record ❷ (*zurücklegen*) ■**etw** [**in etw** *dat*] ~ to run sth [in sth]; ***er will den Marathon in drei Stunden*** ~ he wants to run the marathon in three hours ❸ (*fahren*) **Rollschuh/Schlittschuh/Ski** ~ to go rollerskating/ ice-skating/skiing, to rollerskate/ice-skate/ski **III.** *vr impers haben* ***mit diesen Schuhen wird es sich besser*** ~ walking will be easier in these shoes; ***auf dem Teppichboden läuft es sich weicher als auf dem Fliesen*** a carpet is softer to walk on than tiles

laufend I. *adj attr* ❶ (*geh: derzeitig*) current; **~e Ausgaben** fixed expenses; **~e Erträge** current revenues; **~er Geschäftsbetrieb** (*Geschäft*) day-to-day business; (*Verwaltung*) day-to-day running of a/the company; **~e Konten** checking accounts; **~er Kredit** open credit; **~e Kursfeststellung** current prices ❷ (*ständig*) constant ► WENDUNGEN: **jdn** [**über etw** *akk*] **auf dem L~en halten** to keep sb up-to-date [about [*or* on] sth] [*or* informed [about sth]]; **mit etw** *dat* **auf dem L~en sein** to be up-to-date with sth; **auf dem L~en sein** [*o* **bleiben**] to be [*or* keep] up-to-date **II.** *adv* (*fam*) constantly, continually

Läufer <-s, -> *m* ❶ SCHACH bishop ❷ (*Teppich*) runner

Läufer(in) <-s, -> *m(f)* runner

Lauferei <-, -en> *f* (*pej fam*) running around

Läuferin <-, -nen> *f fem form von* **Läufer**

Lauffeuer *nt* ► WENDUNGEN: **sich** *akk* **wie ein** ~ **verbreiten** to spread like wildfire **Lauffläche** *f* ❶ *eines Reifens* tread ❷ *eines Skis* slide ❸ *einer Kegelbahn* lane **Laufgerät** *nt* walker **Laufgeschirr** *nt* walking harness **Laufgitter** *nt s.* **Laufstall** **Laufgurt** *m* walking rein **Laufhonig** *m* liquid honey

läufig *adj* on heat

Laufjunge *m* (*veraltend*) errand boy **Laufkäfer** *m* ZOOL grand beetle **Laufkatze** *f* TECH crab **Laufkran** *m* TECH travelling crane **Laufkundschaft** *f kein pl* passing trade *no pl,* occasional customers *pl* **Laufleistung** *f* AUTO mileage **Laufmasche** *f* ladder **Laufpass**[RR] *m kein pl* ► WENDUNGEN: **jdm den** ~ **geben** (*fam*) to give sb their marching orders *fam* **Laufplanke** *f* gangplank, gangway **Laufrichtung** *f* ❶ (*Richtung*) direction of travel; **die** ~ **ändern** to move in the opposite direction, to change directions ❷ TYPO *von Papier* direction of travel, grain direction **Laufring** *m* TYPO cylinder bearer **Laufschiene** *f* TECH running blade **Laufschrift** *f* TYPO body type **Laufschritt** *m* **im** ~ at a run; MIL at [*or* on] the double; ***sie verließ das Haus im ~*** she left the house at a run; **im ~, marsch!** (*langsamer werden*) quick [*or* AM quick-time], march!; (*schneller werden*) double-time, march **Laufstall** *m* playpen **Laufsteg** *m* catwalk **Laufvogel** *f* BIOL flightless bird, ratite **Laufweite** *f* TYPO charater spacing, letterspacing **Laufwerk** *nt Maschine* drive mechanism; *Uhr* clockwork; *Computer* disc drive; **aktuelles/physisches/virtuelles** ~ actual/ physical/virtual drive

Laufzeit *f* term **Laufzeit(en)verkürzung** *f* FIN (*bei Anleihe*) reduction of maturities **Laufzeit(en)verlängerung** *f* FIN (*bei Anleihe*) extension [*or* prolongation] of maturities

Laufzettel *m* control slip

Lauge <-, -n> *f* ❶ (*Seifen~*) soapy water ❷ (*wässrige Lösung einer Base*) lye ❸ (*veraltend: Salz~*) salt solution

Laugenbrezen *f* SÜDD pretzel **Laugensemmel** *nt* SÜDD pretzel roll **Laugenstange** *f* SÜDD pretzel stick

Lauheit <-> *f kein pl* (*geh*) ❶ (*Milde*) mildness *no pl* ❷ (*Halbherzigkeit*) lukewarmness *no pl,* half-heartedness *no pl*

Laune <-, -n> *f* ❶ (*Stimmung*) mood; **blendende/ gute** ~ **haben** [*o geh* [**bei**] **blendender/guter** ~ **sein**] to be in a wonderful/good mood; **miese/ schlechte** ~ **haben** [*o geh* [**bei**] **mieser/schlechter** ~ **sein**] to be in a foul/bad mood; **jdn bei** [**guter**] ~ **halten** (*fam*) to keep sb happy; [**je**] **nach** [**Lust und**] ~ depending on how one feels; (*wechselnde Stimmung a.*) temper; **seine ~n an jdm auslassen** to take one's temper out on sb; ***deine ~n sind unerträglich!*** your moods are unbearable! ❷ (*abwegige Idee*) whim; ***das war eine ~ der Natur*** that was a whim of nature; **aus einer** ~ **heraus** on a whim

launenhaft *adj* ❶ (*kapriziös*) moody ❷ (*wechselhaft*) *Wetter* changeable, unsettled

Launenhaftigkeit <-> *f kein pl* ❶ (*kapriziöse Art*) moodiness *no pl* ❷ (*Wechselhaftigkeit*) *Wetter* changeability, unsettled nature

launig <-er, -ste> *adj* (*veraltend*) witty; **eine ~e Rede** a witty speech

launisch *adj s.* **launenhaft**

Laus <-, Läuse> *f* ❶ (*Blut saugendes Insekt*) louse; **Läuse haben** to have lice ❷ (*Blatt~*) aphid ► WENDUNGEN: **jdm ist eine** ~ **über die Leber gelaufen** (*fam*) sb got out of the wrong side of bed *fam;* **jdm/ sich eine** ~ **in den Pelz setzen** (*fam*) to land sb/ oneself in it

Lausanne <-s> [lo'zan] *nt* Lausanne

Lausbub *m* SÜDD (*fam*) rascal

Lauschangriff *m* bugging; JUR surreptitious electronic surveillance

lauschen *vi* ❶ (*heimlich zuhören*) to eavesdrop ❷ (*geh: zuhören*) to listen

Lauscher <-s, -> *m* JAGD ear; **sperr dein** ~ **auf!** (*fig fam*) listen up! *fam*

Lauscher(in) <-s, -> *m(f)* eavesdropper ► WENDUNGEN: **der** ~ **an der Wand hört seine eigene Schand** (*prov*) eavesdroppers seldom hear good of themselves

lauschig *adj* (*veraltend*) ❶ (*gemütlich*) cosy BRIT, cozy AM, snug ❷ (*einsam*) secluded

Lausebengel *m* (*veraltend fam*) *s.* **Lausbub** **Lausejunge** *m* (*fam*) rascal

Läusemittel *nt* PHARM lousicide

lausen *vt* ■**jdn/ein Tier** ~ to delouse sb/an animal; ■**sich** *akk* ~ to delouse oneself

lausig I. *adj* (*pej fam*) ❶ (*entsetzlich*) *Arbeit, Zeiten etc.* awful ❷ (*geringfügig*) lousy, measly; ***we-***

gen diesen ~en paar Mark! all for these measly few marks! **II.** *adv (pej fam)* ① *(entsetzlich)* terribly; ***es ist ~ kalt!*** it's terribly cold ② *(lumpig)* lousily, badly; ***als Lehrer wird man ~ bezahlt*** a teacher's pay is lousy

laut¹ **I.** *adj* ① *(weithin hörbar)* loud; **etw ~/~er stellen** to turn up sth *sep;* ***musst du immer gleich ~ werden?*** do you always have to blow your top right away?; **~e Farben** *(fig)* loud colours [*or* AM -ors] *fig* ② *(voller Lärm)* noisy; ***ist es dir hier zu ~?*** is it too noisy for you here? ▸ WENDUNGEN: **etw ~ werden lassen** to make sth known; **~ werden** to become public knowledge **II.** *adv (weithin hörbar)* loudly; ***kannst du das ~er sagen?*** can you speak up?; **~ denken** to think out loud; ***sag das nicht ~!*** don't let anyone hear you say that!

laut² *präp +gen o dat* according to; **laut Zeitungsberichten/den letzten Meldungen ...** according to newspaper reports/latest reports ...

Laut <-[e]s, -e> *m* ① *(Ton)* noise; **keinen ~ von sich geben** to make no noise, to not make a sound; **~ geben** JAGD to bark ② *pl (Sprachfetzen)* tone

Laute <-, -n> *f* lute

lauten *vi* ① *(zum Inhalt haben)* to read, to go; ***wie lautet der letzte Absatz?*** how does the final paragraph go?; ***die Anklage lautete auf Erpressung*** the charge is blackmail ② *(ausgestellt sein)* ■**auf jdn/jds Namen ~** to be in sb's name

läuten **I.** *vi* ① *(klingend erschallen) Klingel, Telefon* to ring; *Glocke a.* to chime, to peal; *(feierlich)* to toll, to knell ② *(durch Klingeln herbeirufen)* ■**nach jdm ~** to ring for sb ▸ WENDUNGEN: **ich habe davon ~ gehört [*o* hören], dass ...** I have heard rumors that ... **II.** *vi impers* ① DIAL *(Glocken ertönen)* ■**es läutet** the bell is/bells are ringing ② *impers (die Türklingel/Schulglocke ertönt)* the bell is ringing; ***es hat geläutet*** the bell rang, there was a ring at the door; ***es läutet sechs Uhr*** the clock's striking six

Lautenist(in) <-en, -en> *m(f),* **Lautenspieler(in)** *m(f)* lutenist, lute player

lauter¹ *adj inv* just, nothing but; ***das sind ~ Lügen*** that's nothing but lies; **vor ~ ...** because of ...; ***vor lauter Arbeit ...*** because of all the work I've got ...

lauter² *adj* ① *(geh: aufrichtig)* sincere ② *(veraltend liter: rein)* pure; *s. a.* **Wahrheit**

Lauterkeit <-> *f kein pl (geh: Ehrlichkeit)* integrity, sincerity; **~ im Wettbewerb** fair competition

Lauterkeitsprinzip *nt* HANDEL fair trading principle **Lauterkeitsrecht** *nt* HANDEL fair trading **Lauterkeitsregeln** *pl* HANDEL standards of fair trading

läutern *vt (geh)* ■**jdn/etw ~** to reform sb/sth

Läuterung <-, -en> *f (geh)* reformation

Läutewerk *nt* signal bell

lauthals *adv* at the top of one's voice *pred*

Lautlehre *f kein pl* phonetics + *sing vb*

lautlich **I.** *adj* phonetic **II.** *adv* phonetically

lautlos **I.** *adj* noiseless, silent **II.** *adv* noiselessly, silently

Lautlosigkeit <-> *f kein pl* noiselessness *no pl,* silence

Lautmalerei *f* onomatopoeia **lautmalerisch** *adj inv* LING onomatopoeic **Lautschrift** *f* phonetic alphabet

Lautsprecher *m* loudspeaker; **über ~** by loudspeaker

Lautsprecherbox *f* speaker **Lautsprecherdurchsage** *f* loudspeaker announcement; ***die Information wurde mittels ~n weitergegeben*** the information was passed on over the loudspeaker[s] [*or* in loudspeaker announcements] **Lautsprecherkabel** *f* speaker cable **Lautsprecherturm** *m* speaker stack **Lautsprecherwagen** *m* car with a loudspeaker on top

lautstark **I.** *adj* loud; **ein ~er Protest/Widerspruch** a strong protest **II.** *adv* loudly, strongly

Lautstärke *f* ① *(Schallpegel)* volume; **bei voller ~** at full volume; **etw auf volle ~ stellen** to turn sth up to full volume [*or* right [*or* AM all the way] up]; **die ~ regeln** to adjust the volume ② *(laute Art)* loudness; ***~ allein wird dich nicht ans Ziel bringen*** you won't get anywhere by just shouting

Lautstärkeregler *m* volume control

Lautverschiebung *f* LING consonant shift; **die erste/zweite ~** the first/second consonant shift

lauwarm *adj* lukewarm

Lava <-, Laven> ['la:va, 'la:vən] *f* lava

Lavabo <-[s], -s> ['lavabo] *nt* SCHWEIZ *(Waschbecken)* washbasin

Lavalampe *f* lava lamp

Lavendel <-s, -> [-'vɛn-] *m* lavender

Lavendelhonig *m* lavender honey **Lavendelöl** <-[e]s> *nt kein pl* lavender oil *no pl, no indef art*

Lavendelwasser *nt* lavender water

lavieren* [-'vi:-] **I.** *vi (geh)* to manoeuvre BRIT, to maneuver AM **II.** *vr* ■**sich** *akk* **aus etw** *dat* **~** to worm one's way out of sth; ***wie er sich wohl aus dieser prekären Lage ~ wird?*** I wonder how he's going to get out of this precarious situation

Lawine <-, -n> *f* ① *(Schneemasse)* avalanche ② *(sehr große Anzahl) Anrufe, Briefe* avalanche, deluge; **eine ~ ins Rollen bringen/auslösen** to start an avalanche; **eine ~ von Protesten lostreten** to unleash a storm of protest

lawinenartig **I.** *adj* like an avalanche **II.** *adv* like an avalanche; ***die Zahl der Beschwerden schwoll ~ an*** the number of complaints snowballed

Lawinengefahr *f kein pl* risk of avalanches

Lawinenverbauung *f* avalanche barrier

Lawrencium <-s> [lo'rɛntsiʊm] *nt kein pl* lawrencium *no pl, no indef art spec*

lax *adj* lax

Laxans <-, -tia *o* -tien> *nt* MED gentle laxative

Laxheit <-> *f kein pl* laxity, laxness

Lay-outRR, **Layout** <-s, -s> [leɪ'aʊt] *nt* layout; INFORM formatting

Layouter(in) <-s, -> ['le:ʔautɐ, le:'ʔautɐ] *m(f)* layout man

Layoutkontrolle *f* TYPO, INFORM preview

Lazarett <-[e]s, -e> *nt* military hospital **Lazarettflugzeug** *nt* air ambulance **Lazarettschiff** *nt* hospital ship **Lazarettzug** *m* hospital train

LCD *Abk von* **liquid-crystal display** LCD **LCD-Anzeige** *f* LCD display **LCD-Bildschirm** *m* LCD screen **LCD-Monitor** *m* LCD monitor **LCD-Projektor** *m* TV LCD projector **LCD-Spiel** *nt* LCD game

LCR *m Abk von* **Least-Cost-Router** LCR

Leadgitarre [li:d-] *f* lead guitar

LeanmanagementRR ['li:nmænɪdʒmənt] *nt* lean management

LeanproductionRR <-, -s> ['li:nprədʌkʃn] *f* lean production

Learningbydoing <-> ['lə:nɪŋ baɪ 'du:ɪŋ] *nt kein pl* learning by doing

leasen ['li:zn] *vt* ■**etw ~** to lease sth

Leasing <-s, -s> ['li:zɪŋ] *nt* leasing

Leasingberater(in) *m(f)* leasing consultant **Leasingdauer** *f* HANDEL leasing period **Leasingfahrzeug** *nt* leased vehicle **Leasing-Finanzierung** *f* FIN leasing finance **Leasingfirma** *f* leasing company **Leasinggeschäft** *nt* HANDEL leasing business [*or* transaction] **Leasingkunde, -kundin** *m, f* lessee **Leasingobjekt** *nt* HANDEL object of lease **Leasingrate** *f* lease instalment [*or* AM installment] [*or* rate] **Leasingvertrag** *m* lease agreement

Least-Cost-Router ['li:stkɒstru:tə] *m* TELEK least cost router

Lebedame *f (pej) fem form von* **Lebemann** courtesan **Lebehoch** <-[s], -[s]> *nt* cheer **Lebemann** *m (pej)* playboy, man-about-town, bon viveur

leben **I.** *vi* ① *(lebendig sein)* to live; ***Gott sei Dank, er lebt [noch]*** Thank God, he's [still] alive; **lang [*o* es] lebe der/die/das ...!** long live the ...!; **von etw nicht ~ und nicht sterben können** not to be able to live on sth ② *(ein bestimmtes Leben führen)* to live; **christlich ~** to lead a Christian life; **getrennt ~** to live apart; **vegetarisch ~** to be vegetarian; ***jeder Mensch will glücklich und zufrieden ~*** everyone wants to have [*or* lead] a happy and satisfied life ③ *(seinen Lebensunterhalt bestreiten)* ■**von etw ~** to make one's living doing sth; ***wovon lebt der überhaupt?*** however does he make his living?, whatever does he do for a living?; **vom Schreiben ~** to make a living as a writer ④ *(wohnen)* to live; **im Ausland/in der Stadt ~** to live abroad/in town ⑤ *(da sein)* ■**[für jdn/etw] ~** to live [for sb/sth]; ***sie lebte nur für ihre Kinder/ihren Beruf*** she only lived for her children/job; **mit etw ~ können/müssen** to be able to/have to live with sth; **~ und ~ lassen** to live and let live; **man lebt [so]** *(fam)* so, so *fam* ▸ WENDUNGEN: **leb[e] wohl!** farewell!; **hoch soll er/sie leben!** for he/she's a jolly good fellow! **II.** *vt* ① *(verbringen)* ■**etw ~** to live sth; ***ich lebe doch nicht das Leben anderer Leute!*** I have my own life to lead! ② *(verwirklichen)* to live; **seine Ideale/seinen Glauben ~** to live according to one's ideals/beliefs **III.** *vi impers* ***wie lebt es sich denn als Millionär*** what's it like living the life of a millionaire?, what's life as a millionaire like?; ***lebt es sich hier besser als dort?*** is life better here than there?, is it better living here than there?

Leben <-s, -> *nt* ① *(Lebendigsein)* life; **jdn [künstlich] am ~ erhalten** to keep sb alive [artificially]; **jdn vom ~ zum Tode befördern** *(geh)* to put sb to death *form;* **etw mit dem [*o* seinem] ~ bezahlen** *(geh)* to pay for sth with one's life; **jdn ums ~ bringen** *(geh)* to take sb's life; **sein ~ aushauchen** *(geh)* to breathe one's last *liter;* **am ~ sein [*o* bleiben]** to be [*or* remain] alive; **mit dem ~ davonkommen** to escape with one's life; **[bei etw/während einer S.] ums ~ kommen** to die [in sth/during sth], to lose one's life [in sth/during sth]; **jdn das ~ kosten** *(geh)* to cost sb his/her life; **sein ~ [für jdn/etw] lassen** *(geh)* to give one's life [for sb/sth]; **jdn am ~ lassen** to let sb live; **um sein ~ laufen [*o* rennen]** to run for one's life; **sich** *dat* **das ~ nehmen** *(euph)* to take one's life *euph;* **seinem ~ ein Ende setzen** *(euph)* to take one's life *euph;* **jdm das [*o* jds] ~ retten** to save sb's life; **aus dem ~ scheiden** *(geh)* to depart this world *form;* **jdm das ~ schenken** *(geh: jdn gebären)* to give birth to sb; *(jdn am Leben lassen)* to let sb live; **mit seinem ~ spielen** to put one's life at risk; **[bei/während etw] das [*o* sein] ~ verlieren** to lose one's life [in/during sth] ② *(Existieren)* life; **das/sein ~ hinter sich haben** to have one's life behind one, to have had one's innings *fam;* **das/sein ~ vor sich haben** to have one's [whole] life before one; **ein [*o* jds] ~ lang** one's [*or* sb's] whole life; **das tägliche ~** everyday life; **das ~ zu zweit** life as a couple; **sein ~ genießen/verpfuschen** to enjoy/ruin one's life; **ein geruhsames/hektisches ~ führen** to lead a quiet/hectic life; **am ~ hängen** to love life; **sich seines ~s freuen** to enjoy [one's] life; **jdm/sich das ~ schwer machen** to make life difficult for sb/oneself; **das ~ geht weiter** life goes on; **ein ~ in etw** *dat* a life of sth; **zeit jds ~s** for the rest of one's life; **das/ein ~ nach dem Tod[e]** life after death; **das ewige ~** eternal life; **das süße ~** the life of Riley *fam;* **so ist das ~ [eben]** that's life, such is life; **sich [mit etw] durchs ~ schlagen** to struggle to make a living [doing sth]; **wie das ~ so spielt** *(fam)* as is the way of the world; **nie im ~ [*o* im ~ nicht]** never ③ *(Geschehen, Aktivität)* life; **etw zum/zu neuem ~ erwecken** to bring sth back to life, to revive sth; **etw ins ~ rufen** to found sth, to establish sth; **das öffentliche ~** public life; **eine Figur [*o* Person] des öffentlichen ~s** a public figure ④ *(~sinhalt)* life; ■**jds ~ sein** to be sb's life; ***ihr Garten war ihr ~*** her garden was her life ▸ WENDUNGEN: **jds ~ hängt an einem dünnen [*o* seidenen] Faden** sb's life is hanging by a thread; **jdm das ~ zur Hölle machen** to make sb's life hell; **[bei etw] sein ~ aufs Spiel setzen** to risk one's life [doing sth]; **jds ~ steht auf dem Spiel** sb's life is at risk; **es geht um ~ und Tod** it's a matter of life and death; **wie das blühende ~ aussehen** to look in the pink *hum;* **seines ~s nicht mehr froh werden** to have a rotten life; **etw für sein/ihr ~ gern tun** to love doing sth; **wenn jdm sein ~ lieb ist** if sb's life means sth to them; **das nackte ~ retten [*o* mit dem nackten ~ davon-**

kommen] to barely escape with one's life; **seines ~s nicht mehr sicher sein** (*fam*) to fear for one's life; **jdm nach dem ~ trachten** to be out to kill sb
lebend I. *adj* ① (*nicht tot*) living; ■ **die L~en** the living; **nicht mehr unter den L~en weilen** (*geh*) to no longer be with us *form*; **eine ~e Sprache** a living language; **die in Berlin ~e Autorin** the author living in Berlin ② (*belebt*) living ▸ WENDUNGEN: **es von den L~en nehmen** to make people pay through the nose II. *adv* alive; ~ **gebärend** ZOOL live-bearing, bearing live young, viviparous; **etw ~ überstehen** to get through sth alive, to survive sth
lebendgebärend *adj s.* lebend II **Lebendgeburt** *f* live birth **Lebendgewicht** *nt kein pl* (*fachspr*) live-weight
lebendig I. *adj* ① (*lebend*) living; ■ ~ **sein** to be alive ② (*anschaulich, lebhaft*) vivid; ~ **werden/wirken** to come to life/appear lifelike; **ein ~es Kind** a lively child ③ (*noch praktiziert*) alive *pred;* **wieder ~ werden** to come alive again ▸ WENDUNGEN: **es von den L~en nehmen** (*hum fam*) to be daylight robbery *hum fam; s. a.* **Leib** II. *adv* ① (*lebend*) alive ② (*lebhaft*) **etw ~ gestalten/schildern** to organize sth in a lively way/give a lively description of sth
Lebendigkeit <-> *f kein pl* vividness *no pl*
Lebendimpfstoff *m* live vaccine
Lebensabend *m* (*geh*) twilight years *pl* **Lebensabschnitt** *m* chapter in one's life **Lebensalter** *nt* age **Lebensarbeitszeit** *f* ÖKON working life **Lebensart** *f kein pl* manners *pl;* **keine ~ haben** to have no manners; *s. a.* Lebensweise **Lebensaufgabe** *f* lifelong task; **sich** *dat* **etw zur ~ machen** to make sth one's life's work **Lebensbaum** *m* ① BOT arbor vitae ② REL, KUNST tree of life **Lebensbedingungen** *pl* living conditions **lebensbedrohend** *adj inv* life-threatening **Lebensbereich** *m* area of life **Lebensbewältigung** *f* coping with life **Lebensbewältigungshilfe** *f* help with coping with life **Lebensdauer** *f* ① (*Dauer des Lebens*) lifespan ② (*Dauer der Funktionsfähigkeit*) [working] life **Lebenselixier** *nt* exilir of life **Lebensende** *nt kein pl* death; **bis ans/an jds ~** until one's/sb's death; ***als sie ihr ~ nahen fühlte, …*** when she felt her life was drawing to a close … **Lebensentwurf** *m* outline of sb's life **Lebenserfahrung** *f* experience of life **lebenserhaltend** *adj inv* vital; *Geräte* life-support; **~e Maßnahmen** life-preserving measures **Lebenserinnerungen** *pl* memoires **Lebenserwartung** *f* life expectancy **lebensfähig** *adj* ① MED (*fähig, zu überleben*) capable of surviving; [**nicht**] ~ **sein** (*fig*) [not] to be viable ② BIOL (*in der Lage zu existieren*) viable, capable of living *pred* **Lebensfähigkeit** *f kein pl* viability *no pl,* ability to live *no pl* **Lebensform** *f* ① (*Lebensweise*) way of life ② (*Organisation von biol. Leben*) life-form **Lebensfrage** *f* vital matter [*or* question] **Lebensfreude** *f kein pl* joie de vivre *no pl form,* love of life *no pl* **lebensfroh** *adj* full of the joys of life [*or* joie de vivre] *pred* **Lebensführungsschuld** *f* JUR criminal conduct **Lebensgefahr** *f* **es besteht ~** there is a risk of death; **jd ist** [*o* **schwebt**] [*o* **befindet sich**] [*o* **gerät**] **in ~** sb's life is in danger; **jd ist** [*o* **befindet sich**] **außer ~** sb's life is no longer in danger; **mit ~ verbunden sein** to entail risk of death; **unter ~** at the risk of one's life; **~!** danger! **lebensgefährlich** I. *adj* extremely dangerous; (*Krankheiten*) life-threatening II. *adv* ① (*in das Leben bedrohender Weise*) critically ② (*fam: sehr gefährlich*) dangerously, hazardously **Lebensgefährte, -gefährtin** *m, f* (*geh*) partner; JUR cohabitee, common law spouse **Lebensgefühl** *nt kein pl* awareness of life *no pl* **Lebensgeister** *pl* **jds ~ sind erwacht** sb's spirits are revived; **jds ~ erwecken** [*o* **wecken**] to liven sb up **Lebensgemeinschaft** *f* ① (*das dauernde Zusammenleben*) long-term relationship ② BIOL (*Biozönose*) biocoenosis BRIT, biocenosis AM **Lebensgenuss**[RR] *m* enjoyment of life **Lebensgeschichte** *f* life story **Lebensgewohnheiten** *pl* habits **lebensgroß** *adj* life-size[d] **Lebensgröße** *f* real size; ■ ~ **haben** to be life-size[d]; **eine Büste in ~** a life-sized bust; **in** [**voller**] ~ (*hum fam*) in person [*or fam* the flesh], as large as life *hum fam* **Lebensgrundlage** *f* basis of [*or* for] life
Lebenshaltung *f kein pl* standard of living; ***die ~ wird immer teurer*** the cost of living is ever increasing **Lebenshaltungsindex** *m* cost-of-living index **Lebenshaltungskosten** *pl* cost of living *no pl, no indef art*
Lebenshilfe *f* counselling BRIT, counseling AM **lebenshungrig** *adj* with a zest for life *attr;* ■ ~ **sein** to have a zest for life **Lebensinhalt** *m* purpose in life; ***ist das dein einziger ~?*** does your whole life revolve around that?; **etw zu seinem ~ machen** to dedicate one's life's to sth **Lebensjahr** *nt* year [of one's life]; **nach/vor dem vollendeten … ~** (*geh*) after/before sb's … birthday; **im** [*o* **in jds**] **… ~** ***bereits im 14. ~ verlor sie ihre Eltern*** she lost her parents when she was only fourteen **Lebenskampf** *m kein pl* struggle for survival **Lebenskraft** *f kein pl* vitality **Lebenskünstler(in)** *m(f)* **ein richtiger ~** a person who knows how to make the best of life **Lebenslage** *f* situation [in life]; **in allen ~n** in any situation
lebenslang I. *adj* ① (*das ganze Leben dauernd*) lifelong ② JUR (*lebenslänglich*) life *attr,* for life *pred;* **~e Freiheitsstrafe** life imprisonment II. *adv* (*das ganze Leben*) all one's [*or* one's whole] life
lebenslänglich I. *adj* JUR life *attr,* lifelong, for life *pred;* „~" **bekommen** (*fam*) to get "life"; „~" [**für jdn**] **fordern** [*o* **verlangen**] to demand "life" for sb [*or* that sb gets "life"] II. *adv* all one's life
Lebenslängliche(r) *f(m) dekl wie adj* lifer *fam*
Lebenslauf *m* ① (*schriftliche Lebensbeschreibung*) curriculum vitae BRIT, resumé AM ② (*Lebensgeschichte*) life story **Lebenslinie** *f* life line **Lebenslüge** *f* sham existence; **eine ~ leben** to live a lie **Lebenslust** *f s.* Lebensfreude **lebenslustig** *adj s.* lebensfroh **Lebensmitte** *f kein pl* middle age *no pl, no indef art*
Lebensmittel *nt meist pl* food
Lebensmittelabteilung *f* food department **Lebensmittelallergie** *f* MED food allergy **Lebensmittelbestrahlung** *f* food irradiation **Lebensmittelchemie** *f* food chemistry **Lebensmittelchemiker(in)** <-s, -> *m(f)* food chemist **Lebensmittelfarbe** *f* food colouring [*or* AM coloring] **Lebensmittelgeschäft** *nt* grocer's, grocery shop [*or* AM *usu* store] **Lebensmittelgesetz** *nt* JUR Foodstuffs Act **Lebensmittelhandel** *m kein pl* ÖKON grocery trade *no pl* **Lebensmittelhändler(in)** *m(f)* ÖKON grocer **Lebensmittelkarte** *f* food ration card **Lebensmittelrecht** *nt* JUR law relating to food processing and distribution **Lebensmittelverarbeitung** *f* food processing **Lebensmittelvergiftung** *f* food poisoning **Lebensmittelversorgung** *f* food supply **Lebensmittelvorrat** *m* food stock, provisions *npl* **Lebensmittelzusatz** *m* food additive **Lebensmotto** *nt* ■ **sein ~** one's motto in life
lebensmüde *adj* weary of life *pred;* ***bist du ~?, du bist wohl ~!*** (*hum fam*) are you tired of living? **Lebensmüde(r)** *f(m) dekl wie adj* person who is weary of life **Lebensmut** *m kein pl* courage to face life *no pl,* optimism *no pl* **lebensnah** *adj Schilderung, Roman* true-to-life **Lebensnerv** *m* vital lifeline **lebensnotwendig** *adj s.* lebenswichtig **Lebenspartner(in)** *m(f) s.* Lebensgefährte **Lebensperspektiven** *pl* perspectives *pl* of life **Lebensqualität** *f kein pl* quality of life **Lebensraum** *m* ① *kein pl* (*Entfaltungsmöglichkeiten*) living space; HIST Lebensraum ② (*Biotop*) biotope, habitat **Lebensretter(in)** *m(f)* ① (*zur Rettung Ausgebildeter*) rescuer ② (*jd, der jds Leben rettet*) life-saver; ***mein ~!*** you saved my life! **Lebenssimulation** *f* INFORM life-like simulation **Lebenssituation** *f* life situation **Lebensstandard** *m kein pl* standard of living **Lebensstellung** *f* job for life **Lebensstil** *m* lifestyle **lebenstüchtig** *adj* able to cope with life *attr* **lebensüberdrüssig** *adj* weary of life **Lebensumstand** *m* circumstance **Lebensunterhalt** *m kein pl* livelihood, living; ***das deckt noch nicht einmal meinen ~*** that doesn't even cover my basic needs; **für jds ~ aufkommen** [*o* **sorgen**] to provide for [*or* keep] sb; **mit …/als … seinen ~ verdienen** to earn one's keep by …/as … **lebensuntüchtig** *adj inv* unable to cope with life *pred* **Lebensverhältnis** *nt* ① circumstance ② *pl* SOZIOL, BIOL living conditions *pl* **Lebensversicherung** *f* ① (*Versicherungpolice*) life insurance [*or* BRIT *a.* assurance] ② (*Gesellschaft*) life insurance [*or* BRIT *a.* assurance] company **Lebenswandel** *m kein pl* way of life; **einen einwandfreien/lockeren ~ führen** to lead an irreproachable/dissolute life **Lebensweg** *m* (*geh*) journey through life *form* **Lebensweise** *f* lifestyle; **sitzende ~** sedentary way of life **Lebensweisheit** *f* ① (*weise Lebenserfahrung*) wordly wisdom ② (*weise Lebensbeobachtung*) maxim **Lebenswelt** *f* world, habitat **Lebenswerk** *nt* life['s] work **lebenswert** *adj* worth living *pred;* **jdm ist das Leben nicht mehr ~** life is not worth living for sb anymore **lebenswichtig** *adj* vital, essential, essential to life *pred* **Lebenswille** *m kein pl* will to live **Lebenszeichen** *nt* (*a. fig*) sign of life; **kein ~** [**mehr**] **von sich geben** to show no sign of life [any longer]; ***ich habe schon lange kein ~ mehr von ihm bekommen*** I've not had any sign of life from him for a long time **Lebenszeit** *f* lifetime; **auf ~** for life; **auf ~ im Gefängnis sitzen** to serve a life sentence; ***eine Rente wird meist auf ~ gezahlt*** pensions are usually paid until the pensioner's death **Lebensziel** *nt* goal [*or* aim] in life **Lebenszweck** *m* purpose in life **Lebenszyklus** *m* ÖKON life cycle
Leber <-, -n> *f* ① (*Organ*) liver; **es an** [*o* **mit**] **der ~ haben** (*fam*) to have a liver problem ② *kein pl* KOCHK liver ▸ WENDUNGEN: **frei** [*o* **frisch**] **von der ~ weg reden** (*fam*) to speak frankly; **sich** *dat* **etw von der ~ reden** (*fam*) to get sth off one's chest *fam; s. a.* Laus
Leberblümchen *nt* liverwort, hepatica **Leberegel** *m* ZOOL fluke **Leberentzündung** *f* MED hepatitis *no pl, no art,* inflammation of the liver **Lebererkrankung** *f* liver disease **Leberfleck** *m* liver spot **Leberfunktionsstörung** *f* MED liver disorder **Lebergefäß** *nt* hepatic vessel **Leberkäs(e)** *m kein pl meatloaf made out of finely-ground liver and other meat* **Leberknödel** *m* liver dumpling **leberkrank** *adj* having liver disease *pred* **Leberkranke(r)** *f(m) dekl wie adj* person suffering from liver disease **Leberkrankheit** *f* liver disorder **Leberkrebs** *m kein pl* MED cancer of the liver *no pl, no art,* hepatic cancer *no pl, no art spec* **Leberlappen** *m* lobe of the liver **Leberleiden** *nt* liver complaint **Lebermoos** *nt* BOT liverwort **Leberpastete** *f* liver pâté **Lebertran** *m* cod-liver oil **Lebertransplantation** *f* liver transplantation **Leberversagen** *nt* liver failure **Leberwert** *m meist pl* MED liver function reading **Leberwurst** *f* liver sausage ▸ WENDUNGEN: **die beleidigte ~ spielen** (*fam*) to get all in a huff *fam* **Leberzelle** *f* liver cell **Leberzirrhose** *f* cirrhosis of the liver *no pl, no art,* hepatic cirrhosis *no pl, no art spec*
Lebewesen *nt* living thing; **menschliches ~** human being
Lebewohl <-[e]s, -s *o geh* -e> *nt* (*geh*) farewell *form;* **jdm ~ sagen** to say farewell to sb
lebhaft I. *adj* ① (*temperamentvoll*) lively, vivacious ② (*angeregt*) lively; **eine ~e Auseinandersetzung** a lively debate; **~er Beifall** thunderous applause; **eine ~e Fantasie** an active imagination; *s. a.* **Interesse** ③ (*belebt*) lively; **~er Verkehr** brisk traffic ④ (*anschaulich*) vivid ⑤ (*kräftig*) vivid II. *adv* ① (*anschaulich*) vividly ② (*sehr stark*) intensely
Lebhaftigkeit <-> *f kein pl* ① (*temperamentvolle Art*) liveliness, vivacity, vivaciousness ② (*Anschaulichkeit*) vividness
Lebkuchen *m* gingerbread
leblos *adj* (*geh*) lifeless
Lebtag *m* **jds ~** [**lang**] (*fam*) for the rest of sb's days; ***daran würde sie sich ihr ~ erinnern*** she would

L

remeber that for the rest of her days; **jds ~ nicht** (*fam*) never, never in all sb's life; ***das hätte ich mein ~ nicht gedacht*** never in all my life would I have thought that **Lebzeiten** *pl* **zu jds ~** (*Zeit*) in sb's day; (*Leben*) in sb's lifetime

Lech <-s> *m* Lech

lechzen *vi* (*geh*) ■**nach etw** *dat* ~ ① (*vor Durst verlangen*) to long for sth ② (*dringend verlangen*) to crave sth

Lecithin <-s> *nt kein pl s.* **Lezithin**

leck *adj* leaky

Leck <-[e]s, -s> *nt* leak

lecken¹ *vi* to leak

lecken² I. *vi* ■[**jdm an etw** *dat*] ~ to lick [sb's sth]; ■**an jdm/etw** ~ to lick sb/sth; ***willst du mal [an meinem Eis] ~?*** do you want a lick [of my ice cream]? II. *vt* (*mit der Zunge aufnehmen*) ■**etw** [**aus/von etw** *dat*] ~ to lick sth [out of/off [of] sth]; ***die Hündin leckte ihre Jungen*** the bitch licked her young; ■**sich** *akk* ~ to lick oneself; ■**sich** *dat* **etw** [**von etw** *dat*] ~ to lick [sth off] one's sth; ***sie leckte sich das Eis von der Hand*** she licked the ice-cream off her hand ▸ WENDUNGEN: **leck mich doch** [**mal**]!, **leckt mich doch** [**alle**] [**mal**]! (*derb*) go to hell! *pej*

lecker I. *adj* delicious, scrumptious, tasty; ■**etwas L~es** sth delicious II. *adv* deliciously, scrumptiously, tastily; ***den Braten hast du wirklich ~ zubereitet*** your roast is really delicious

Leckerbissen *m* delicacy, titbit

Leckerei <-, -en> *f* ① KOCHK *s.* **Leckerbissen** ② *kein pl* (*pej fam: das Lecken*) licking

Leckermaul *nt* (*fam*) ■**ein ~ sein** to be sweet-toothed, to have a sweet tooth; (*Feinschmecker*) to be a gourmet

leck|schlagen *vi irreg sein* to be holed; ■**leckgeschlagen** holed

LED *f Abk von* **Light Emitting Diode** LED

led. *adj Abk von* **ledig** single

LED-Anzeige *f* TECH LED display

LED-Drucker *m* INFORM LED printer

Leder <-s, -> *nt* ① (*gegerbte Tierhaut*) leather; **zäh wie ~** tough as old boots *fam;* **etw in ~ binden** to bind sth in leather ② (*Ledertuch*) shammy *fam,* chamois, shammy [*or* chamois] leather ③ (*fam: Fußball*) leather *fam,* football ▸ WENDUNGEN: **jdm ans ~ wollen/gehen** (*fam*) to have it in for sb/to lay into sb *fam;* [**gegen jdn/etw**] **vom ~ ziehen** (*fam*) to rant and rave [about sb/sth] *fam* **Lederausstattung** *f* AUTO leather interior [trim] **Lederband** *m* ① <-bänder> (*ledernes Band*) leather strap ② <-bände> (*in Leder gebundenes Buch*) leather-bound book **Ledereinband** *m von Buch* leather binding [*or* case] [*or* cover] **Lederfett** *nt* dubbin *no pl, no art* **Ledergarnitur** *f* leather suite **Lederhandschuh** *m* leather glove **Lederhaut** *f* ANAT dermis, derma, corium **Lederhose** *f* ① (*lederne Trachtenhose*) lederhosen *npl* ② (*Bundhose aus Leder*) leather trousers *npl* **Lederimitat** *nt* imitation leather **Lederindustrie** *f* leather industry **Lederjacke** *f* leather jacket **Lederkombi** *f* SPORT leather overall[s *pl*]

ledern¹ *adj* ① (*aus Leder gefertigt*) leather ② (*zäh*) leathery

ledern² *vt* (*ab~*) ■**etw** ~ to buff sth with a shammy [*or* chamois] leather

Ledernacken *pl* leathernecks *sl*

Lederriemen *m* leather strap **Lederschildkröte** *f* ZOOL leatherback [turtle] **Ledersofa** *nt* leather sofa [*or* settee] **Ledersohle** *f* MODE leather sole **Ledertuch** *nt* shammy [*or* chamois] leather, shammy *fam,* chamois

Lederwaren *pl* leather goods **Lederwarenhandlung** *f* leather goods shop [*or* AM *usu* store] **Lederwarenindustrie** *f kein pl* leather goods industry *no pl*

ledig *adj* ① (*unverheiratet*) single, unmarried ② (*frei* [*von etw*]) ■**einer S.** *gen* ~ **sein** to be free of sth

Ledige(r) *f(m) dekl wie adj* single [*or* unmarried] person

lediglich *adv* (*geh*) merely, simply

Lee <-> *f kein pl* lee; **nach ~** leeward *no pl*

leer I. *adj* ① (*ohne Inhalt*) empty; **etw ~ machen** to empty sth ② (*menschenleer*) empty; **ein ~er Saal** an empty hall; ***das Haus steht schon lange ~*** the house has been empty for a long time ③ (*nicht bedruckt*) blank; **etw ~ lassen** to leave sth blank ④ (*ausdruckslos*) blank, vacant; ***seine Augen waren ~*** he had a vacant look in his eyes; **sich** *akk* **~ fühlen** to have an empty feeling, to feel empty inside; **~e Versprechungen/Worte** (*pej*) empty promises/words *pej* ▸ WENDUNGEN: **ins L~e** into thin air; **ins L~e gehen/laufen** to be to no avail, to come to nothing II. *adv* **den Teller ~ essen** to finish one's meal; **das Glas/die Tasse ~ trinken** to finish one's drink; **wie ~ gefegt sein** to be deserted; **~ laufen** to run dry; **~ stehend** empty, vacant ▸ WENDUNGEN: [**bei etw** *dat*] **~ ausgehen** to go away empty-handed; **jdn ~ laufen lassen** SPORT to sell sb a dummy, to send sb in the wrong direction

Leere <-> *f kein pl* emptiness *no pl;* **gähnende ~** a gaping void; (*leerer Raum*) vacuum

leeren I. *vt* ① (*entleeren*) ■**etw** ~ to empty sth; ***sie leerte ihre Tasse nur halb*** she only drank half a cup ② DIAL, ÖSTERR (*aus~*) ■**etw in etw** *akk* ~ to empty sth into sth II. *vr* ■**sich** *akk* ~ to empty; ***der Saal leerte sich*** the hall emptied

Leerfahrt *f* ① *eines Lkw* empty trip, trip made when unladen ② *eines öffentlichen Verkehrsmittels* empty run, run made without any passengers **Leerformel** *f* (*pej geh*) empty phrase **Leerfracht** *f* HANDEL dead freight **Leergewicht** *nt* empty weight; **das ~ eines Fahrzeugs** the kerb [*or* AM curb] weight of a vehicle **Leergut** *nt kein pl* empties *pl fam* **Leerkosten** *pl* HANDEL waste costs

Leerlauf *m* ① (*Gangeinstellung*) neutral gear; **im ~** in neutral; ***jetzt in den ~ schalten!*** change into neutral now! ② (*unproduktive Phase*) unproductiveness *no pl* **Leerlaufdrehzahl** *f* AUTO idle speed **Leerlaufeinstellschraube** *f* AUTO idle adjusting screw **Leerlaufverbrauch** *m* ① AUTO fuel consumption when idling ② ELEK *von Geräten im Stand-by-Betrieb* fuel consumption in neutral

Leerpackung *f* HANDEL empty package; (*Attrappe*) dummy pack **Leerpräparat** *nt* MED inactive preparation, placebo **Leerschlag** *m* TYPO hitting [of] the space-bar *no pl* **Leerschritt** *m* TYPO blank **Leerseite** *f* blank [*or* white] page **Leerstand** *m kein pl einer Wohnung* empty state **Leerstelle** *f* TYPO space, blank **Leertaste** *f* space-bar **Leertonne** *f* HANDEL deadweight tonnage **Leerübertragung** *f* HANDEL blank transfer

Leerung <-, -en> *f* emptying *no pl; Post* collection; **Briefkästen mit stündlicher ~** post boxes with hourly collections

Leerungszeit *f* collection [*or* AM pickup] time

Leerverkauf *m* BÖRSE short selling; **Leerverkäufe als Baissemanöver** bear sales **Leerzeichen** *nt* TYPO blank, blank space [*or* character] **Leerzeile** *f* TYPO blank line

Lefze <-, -n> *f meist pl* ZOOL lip

legal I. *adj* legal II. *adv* legally

Legaldefinition *f* JUR statutory [*or* legal] definiton **Legalgewicht** *nt* JUR legal weight

legalisieren* *vt* ■**etw** ~ to legalize sth

Legalisierung <-, -en> *f* legalization

Legalität <-> *f kein pl* legality; [**etwas**] **außerhalb der ~** (*euph*) [slightly] outside the law

Legalitätskontrolle *f* JUR legality check **Legalitätsprinzip** *nt* JUR principle of mandatory prosecution

Legalzession *f* JUR subrogation, assignment by operation of the law

Legasthenie <-, -n> *f* dyslexia *no pl, no art*

Legastheniker(in) <-s, -> *m(f)* dyslexic

legasthenisch *adj* dyslexic

Legat¹ <-[e]s, -e> *nt* JUR legacy, bequest

Legat² <-en, -en> *m* REL legate

legatsberechtigt *adj inv* JUR beneficially entitled **Legatsentziehung** *f* JUR ademption, revocation of a legacy **Legatsverfall** *m* JUR lapsing of a legacy

Legebatterie *f* (*pej*) laying battery

legen I. *vt* ① (*hin~*) ■**jdn/etw irgendwohin ~** to put sb/sth somewhere; ***man legte sie zu ihrem Mann ins Grab*** she was was laid to rest beside her husband; **sich ein Schal um den Hals ~** to wrap a scarf around one's neck; **seinen Arm um jdn ~** to put one's arm around sb; ***sie legte ihren Sohn an die Brust*** she breast-fed her son; ***sie haben sie auf die Intensivstation gelegt*** they've taken her to intensive care; ***legst du die Kleine schlafen?*** will you put the little one to bed?; **die Betonung auf ein Wort ~** to stress a word; ■**jdn ~** SPORT to bring down sb *sep* ② (*in Form bringen*) ■**etw ~** to fold sth; **ein Stück Stoff ~** to fold a piece of material; **die Stirn in Falten ~** to frown; **sich** *dat* **die Haare ~ lassen** to have one's hair set ③ (*produzieren*) ■[**etw**] ~ to lay [sth]; **Eier ~** to lay eggs ④ KOCHK (*einlegen*) ■**etw in etw ~** to preserve sth in sth ⑤ (*lagern*) **etw in den Kühlschrank ~** to put sth in the fridge; **etw beiseite ~** to put sth aside ⑥ (*ver~*) **einen Teppich/Rohre/Kabel ~** to lay a carpet/pipes/cables; **Kartoffeln ~** to plant potatoes II. *vr* ① (*hin~*) ■**sich ~** to lie down; **sich ins Bett/in die Sonne/auf den Rücken ~** to go to bed/lay down in the sun/lie on one's back; ***„leg dich!"*** "lie!"; ***der Motorradfahrer legte sich in die Kurve*** the motorcyclist leaned into the bend ② (*sich niederlassen*) ■**sich** *akk* **auf etw** *akk* ~ to settle on sth; ***dichter Bodennebel legte sich auf die Straße*** thick fog formed in the street; (*schädigen*) to settle in sth; **sich auf die Nieren/Bronchien/Schleimhäute ~** to settle in one's kidneys/bronchial tubes/mucous membrane ③ (*nachlassen*) ■**sich ~** *Aufregung, Empörung, Sturm, Begeisterung* to subside; *Nebel* to lift

legendär *adj* legendary

Legende <-, -n> *f* ① (*fromme Sage*) legend ② (*Lügenmärchen*) myth ③ (*Erläuterung verwendeter Zeichen*) legend, key

leger [le'ʒeːɐ, le'ʒɛːɐ] I. *adj* ① (*bequem*) casual, loose-fitting ② (*ungezwungen*) casual II. *adv* ① (*bequem*) casually; ***sie zieht sich gerne ~ an*** she likes to dress casually ② (*lässig*) casually

Leggings ['lɛgɪŋs] *pl* leggings

legieren* *vt* ■**etw** [**mit etw** *dat*] ~ ① (*zu einer Legierung verbinden*) to alloy sth [and sth] ② (*verdicken*) to thicken sth [with sth]

Legierung <-, -en> *f* ① (*Mischung von Metallen*) alloy ② *kein pl* (*das Legieren*) alloying

Legion <-, -en> *f* ① HIST legion; **die ~** the legion of volunteers ② (*riesige Mengen*) **eine ~ von etw** *dat* legions of sth

Legionär <-s, -e> *m* legionary, legionnaire

Legionärskrankheit *f* legionnaires' disease

legislativ *adj* JUR legislative

Legislative <-n, -n> [-'tiːvə] *f* legislature, legislative power

Legislaturperiode *f* legislative period

legitim *adj* (*geh*) legitimate

Legitimation <-, -en> *f* (*geh*) ① (*abstrakte Berechtigung*) authorization ② (*Ausweis*) permit, pass ③ JUR (*Ehelichkeitserklärung*) legitimation

Legitimationspapiere *pl* JUR title-evidencing instrument; (*Ausweispapiere*) identification papers **Legitimationsübertragung** *f* JUR proxy statement **Legitimationsurkunde** *f* JUR document of title

legitimieren* I. *vt* (*geh*) ① (*berechtigen*) ■**jdn** [**zu etw** *dat*] ~ to authorize sb to do sth; **zu Kontrollen legitimiert sein** to be authorized to carry out checks; ■[**dazu**] **legitimiert sein, etw zu tun** to be authorized [*or* entitled] to do sth ② (*für gesetzmäßig erklären*) ■[**durch jdn/etw**] **legitimiert werden** to be legitimized [by sb/sth]; ■**etw ~** to legitimize sth ③ (*für ehelich erklären*) to legitimate; **ein Kind ~** to legitimate a child II. *vr* (*geh*) ■**sich** *akk* [**jdm gegenüber**] [**als jd/etw**] ~ to identify oneself [to sb] [as sb/sth]

Legitimität <-> *f kein pl* (*geh*) legitimacy *no pl*

Lego® <-s, -s> *nt* Lego *no pl*

Legobaukasten® *m* Lego kit **Legostein®** *m*

Lego brick

Leguan <-s, -e> *m* iguana

Legwarmer <-s, -> ['lɛgwɔːmə] *m* legwarmer

Lehen <-s, -> *nt* fief; **jdm etw zu ~ geben** to grant sb sth in fief

Lehm <-[e]s, -e> *m* clay **Lehmboden** *m* clay soil **Lehmgrube** *f* clay pit **Lehmhütte** *f* clay hut

lehmig *adj* (*aus Lehm bestehend*) clay; (*voller Lehm*) clayey, claylike; **ein ~er Weg** a muddy path

Lehmziegel *m* clay brick

Lehne <-, -n> *f* ① (*Arm~*) armrest ② (*Rücken~*) back

lehnen I. *vt* (*an~*) ■**etw an/gegen etw** *akk* **~** to lean sth against sth II. *vi* (*schräg angelehnt sein*) ■**an etw** *dat* **~** to lean against sth III. *vr* (*sich beugen*) ■**sich** *akk* **an jdn/etw ~** to lean on sb/sth; ■**sich** *akk* **über etw** *akk* **~** to lean over sth; ■**sich** *akk* **gegen etw** *akk* **~** to lean against sth; **sich** *akk* **aus dem Fenster ~** to lean out of the window

Lehnsessel *m* easy chair **Lehnsherr(in)** *m(f)* feudal lord **Lehnsmann** <-männer *o* -leute> *m* vassal

Lehnstuhl *m* armchair **Lehnübersetzung** *f* loan translation, calque *spec* **Lehnwort** <-wörter> *nt* loan word

Lehramt *nt* (*geh*) ■**das ~** the post of teacher; (*Studiengang*) teacher-training course; **das höhere/öffentliche ~** the post of grammar school/state school teacher

Lehramtsanwärter(in) *m(f)* SCH, ADMIN trainee teacher (*newly qualified teacher waiting for his/her first permanent teaching post*) **Lehramtskandidat(in)** *m(f)* (*geh*) candidate for a teaching post **Lehramtsstudium** *nt* SCH, ADMIN teacher training

Lehranstalt *f* educational establishment [*or* institution] **Lehrauftrag** *m* teaching assignment; **einen ~ [für etw** *akk*] **haben** to have a teaching assignment [for sth] **Lehrbeauftragte(r)** *f(m)* dekl wie adj temporary lecturer **Lehrbefähigung** *f* teaching qualification **Lehrbehelf** *m* ÖSTERR (*Lehrmittel*) teaching aid **Lehrberuf** *m* teaching profession **Lehrbrief** *m* ① HIST (*Urkunde*) apprenticeship certificate ② SCH (*im Fernstudium*) correspondence lesson **Lehrbuch** *nt* textbook

Lehre <-, -n> *f* ▶ WENDUNGEN: **sich** *dat* **etw eine ~ sein lassen** (*fam*) to let sth be a lesson to one

Lehre[1] <-, -n> *f* ① ([*handwerkliche*] *Ausbildung*) apprenticeship, traineeship; **kaufmännische ~** apprenticeship; **eine ~ aufnehmen** to start an apprenticeship [*or* become apprenticed]; **die ~ beenden** to finish one's apprenticeship; [**bei jdm**] **in die ~ gehen** to serve one's apprenticeship [with [*or* under] sb], to be trained [by sb]; **bei jdm [noch] in die ~ gehen können** to be [still] able to learn a thing or two from sb; **jdn in die ~ nehmen** (*fig*) to bring up sb *sep* strictly; **eine ~ [als etw] machen** to serve an apprenticeship [*or* train] [as a/an sth] ② (*Erfahrung, aus der man lernt*) lesson; **jdm eine ~ sein** to teach sb a lesson; ***das soll dir eine ~ sein!*** let that be a lesson to you!; **sich** *dat* **etw eine ~ sein lassen** to let sth be a lesson to one; **jdm eine ~ erteilen** to teach sb a lesson; **sich** *dat* **etw eine ~ sein lassen** to learn from sth; **eine ~ aus etw ziehen** to learn a lesson from sth; (*Ratschlag*) [piece of] advice *no pl* ③ (*ideologisches System*) doctrine ④ (*Theorie*) theory

Lehre[2] <-, -n> *f* ga[u]ge

lehren *vt* ① (*unterrichten*) ■**etw ~** to teach sth; (*an der Uni*) to lecture in sth ② (*beispielhaft zeigen*) ■**jdn [etw** *akk*] **~** to teach sb [sth]; ***wer hat dich zeichnen gelehrt?*** who taught you to draw?; ***das lehrte ihn das Fürchten*** that put the fear of God into him!; ■**jdn ~, etw zu tun** to teach sb to do sth; ***das hat mich gelehrt, besser aufzupassen*** that taught me to pay more attention; ***ich werde dich ~, zu stehlen!*** (*iron*) I'll teach you to steal! *iron* ③ (*zeigen*) ■**jdn ~, dass ...** to teach [*or* show] sb that ...; ***die Erfahrung hat uns gelehrt, dass ...*** experience has taught [*or* shown] us that ...

Lehrer(in) <-s, -> *m(f)* ① (*an der Schule*) teacher; **~ am Gymnasium/an Grund- und Hauptschulen** grammar school/primary school/comprehensive school teacher; **jdn als ~ haben** to have sb as a teacher ② (*Lehrmeister*) teacher

Lehrerkollegium *nt* teaching staff + *sing/pl vb* **Lehrerkonferenz** *f* school staff meeting **Lehrermangel** *m* shortage of teachers

Lehrerschaft <-, *selten* -en> *f* (*geh*) teachers *pl*

Lehrerüberschuss[RR] *m* surplus of teachers **Lehrerzimmer** *nt* staffroom

Lehrfach *nt* subject **Lehrfilm** *m* educational film **Lehrfreiheit** *f* JUR freedom of teaching **Lehrgang** <-gänge> *m* course; **auf einem ~ sein, sich auf einem ~ befinden** to be on a course **Lehrgangsteilnehmer(in)** <-s, -> *m(f)* course participant **Lehrgeld** *nt* (*Bezahlung einer Lehre*) apprenticeship fee ▶ WENDUNGEN: **sich** *dat* **sein ~ zurückgeben lassen** (*fam*) to obviously not have learnt a thing at school/college, etc.; [**für etw** *akk*] **~ zahlen [müssen]** to [have to] learn the hard way

lehrhaft <-er, -este> *adj* ① (*belehrend*) didactic ② (*pej: lehrerhaft*) patronizing, condescending

Lehrherr *m* (*veraltend*) master **Lehrjahr** *nt* (*Jahr einer Lehre*) year as an apprentice [*or* a trainee] ▶ WENDUNGEN: **~e sind keine Herrenjahre** (*prov*) an apprentice is not his own master **Lehrjunge** *m* (*veraltet*) *s.* **Auszubildender** **Lehrkörper** *m* teaching staff + *sing/pl vb* **Lehrkraft** *f* (*geh*) teacher **Lehrkrankenhaus** *nt* teaching hospital

Lehrling <-s, -e> *m* (*veraltend*) *s.* **Auszubildende(r)** **Lehrlingsausschuss**[RR] *m* JUR apprenticeship training committee **Lehrlingsrolle** *f* JUR register of apprentices

Lehrmädchen *nt* (*veraltet*) *fem form von* **Auszubildende** **Lehrmaterial** *nt* teaching material **Lehrmeinung** *f* (*geh*) expert opinion **Lehrmeister(in)** *m(f)* teacher; KUNST (*Vorbild*) master **Lehrmittel** *nt* (*fachspr*) teaching aid **Lehrmittelfreiheit** *f kein pl* SCH free provision of teaching aids **Lehrobjekt** *nt* SCH teaching aid **Lehrplan** *m* syllabus **Lehrprobe** *f* assessed teaching practice *no pl;* [**in etw** *dat*] **eine ~ halten** to give an assessed lesson [in sth]

lehrreich *adj* instructive

Lehrsatz *m* theorem **Lehrstelle** *f* apprenticeship, traineeship **Lehrstoff** *m* (*fachspr*) syllabus [content] **Lehrstück** *nt* ① (*Theaterstück*) didactic play ② (*fig: Text*) edifying text **Lehrstuhl** *m* (*geh*) chair **Lehrvertrag** *m* indentures *pl* **Lehrwerk** *nt* (*geh*) textbook **Lehrwerkstatt** *nt* training workshop **Lehrzeit** *f* (*veraltend*) *s.* **Lehre** [1] **1**

Leib <-[e]s, -er> *m* ① (*Körper*) body; **etw am eigenen ~e erfahren** [*o* **[ver]spüren**] [*o* **zu spüren bekommen**] to experience sth first hand; **am ganzen ~e zittern** [*o* **beben**] (*geh*) to shake [*or* quiver] all over, to be all in a quiver; **am ganzen ~e frieren** to be frozen all over [*or* from head to foot]; **bei lebendigem ~e** alive; **jdm [mit etw** *dat*] **vom ~e bleiben** (*fam*) not to bother sb [with sth]; **jdm jdn vom ~e halten** to keep sb away from sb; **sich** *dat* **jdn vom ~e halten/schaffen** to keep sb at arm's length/get sb off one's back; **jdm etw vom ~e halten** (*fig*) to not bother sb with sth; **sich** *dat* **etw vom ~e halten** (*fig*) to avoid sth; **etw auf dem ~e tragen** (*geh*) to wear sth ② (*geh*) stomach ▶ WENDUNGEN: **der ~ des Herrn** the body of Christ; **mit ~ und Seele** whole-heartedly; ***sie ist mit ~ und Seele bei der Sache*** she is fully focused on the task; **jdm wie auf den ~ [zu]geschnitten sein** to suit sb down to the ground; **jdm wie auf den ~ geschrieben sein** to be tailor-made for sb; **etw** *dat* **zu ~e rücken** [*o* **gehen**] (*fam*) to tackle sth

Leibarzt, -ärztin *m, f* personal physician *form*

Leibbinde *f* truss

Leibchen <-s, -> *nt* ① ÖSTERR (*Herrenunterhemd*) vest ② (*veraltet: Mieder für Kinder*) bodice

leibeigen *adj* HIST adscript, enslaved

Leibeigene(r) *f(m)* dekl wie adj HIST serf

Leibeigenschaft <-> *f kein pl* HIST ■**die ~** serfdom

leiben *vi* ▶ WENDUNGEN: **wie jd leibt und lebt** through and through

Leibeserziehung *f* (*veraltend form*) physical education **Leibesfrucht** *f* (*geh*) foetus BRIT, fetus AM **Leibeskraft** *f* **aus** [*o* **nach**] **Leibeskräften** with all one's might **Leibesübungen** *pl* (*veraltend*) physical education *no pl,* P.E. **Leibesvisitation** *f* (*geh*) body search; **sich** *akk* **einer ~ unterziehen müssen** (*geh*) to have to undergo a body search; **jdn einer ~ unterziehen** [*o* **eine ~ bei jdm vornehmen**] (*geh*) to subject sb to a body search

Leibgarde *f* bodyguard **Leibgardist** <-en, -en> *m* [member of] the bodyguard **Leibgericht** *nt* favourite [*or* AM favorite] meal

leibhaftig I. *adj* ① (*echt*) ■**ein ~er/eine ~e ...** a real ...; ***ich habe einen ~en Wolf im Wald gesehen!*** I saw a real live wolf in the forest! ② (*verkörpert*) ■**der/die ~e ...** ... personified; ***sie ist die ~e Sanftmut*** she is gentleness personified ▶ WENDUNGEN: **der L~e** (*euph*) the devil incarnate II. *adv* in person *pred*

Leibkoch, -köchin *m, f* personal chef

leiblich *adj* ① (*körperlich*) physical ② (*blutsverwandt*) natural; **jds ~e Verwandten** sb's blood relations

Leibrente *f* FIN life annuity **Leibspeise** *f s.* **Leibgericht**

Leibung <-, -en> *f* BAU reveal

Leibwache *f* bodyguard *no pl* **Leibwächter(in)** *m(f)* bodyguard **Leibwäsche** *f* (*veraltend*) *s.* **Unterwäsche**

Leiche <-, -n> *f* (*toter Körper*) corpse; **aussehen wie eine wandelnde ~** (*fam*) to look deathly pale [*or* as white as a sheet] ▶ WENDUNGEN: **eine ~ im Keller haben** (*fam*) to have a skeleton in the closet; **über ~n gehen** (*pej fam*) to stop at nothing; **nur über meine ~!** (*fam*) over my dead body!

Leichenbegängnis *nt* (*geh*) solemn funeral **Leichenbeschauer(in)** <-s, -> *m(f)* *doctor who carries out post-mortems* **Leichenbittermiene** *f kein pl* (*iron*) doleful expression [*or* look]; **mit ~** with a doleful expression [*or* look] **leichenblass**[RR] *adj* deathly pale **Leichenblässe** *f* deathly paleness *no pl* **Leichenfledderei** <-, -en> *f* stealing from the dead *no pl* **Leichenfledderer, -fledderin** <-s, -> *m, f* sb who steals from the dead **Leichenfund** *m* JUR finding the dead body of an unknown person **Leichenhalle** *f* mortuary **Leichenhaus** *nt* mortuary, morgue **Leichenöffnung** *f* JUR post-mortem examination, autopsy **Leichenschändung** *f* ① (*grober Unfug mit einer Leiche*) desecration of a corpse *no pl* ② (*sexuelle Handlungen an Leichen*) necrophilia, necrophilism *no pl, no art* **Leichenschauhaus** *nt* mortuary, *esp* AM morgue **Leichenschmaus** *m* wake **Leichenstarre** *f s.* **Totenstarre** **Leichentuch** <-s, -tücher> *nt* ① HIST shroud ② (*veraltend: Bahrtuch*) pall **Leichenverbrennung** *f* cremation **Leichenwagen** *m* ① (*Wagen, der Särge befördert*) hearse ② (*Kutsche, die Särge befördert*) funeral carriage **Leichenzug** *m* (*geh*) funeral procession

Leichnam <-s, -e> *m* (*geh*) corpse

leicht I. *adj* ① (*geringes Gewicht habend*) light; ■**jd/etw ist ... ~er [als jd/etw]** sb/sth is ... lighter [than sb/sth]; **~ wie eine Feder sein** to be as light as a feather ② (*eine dünne Konsistenz habend*) light ③ (*einfach*) easy, simple; **jdm ein Leichtes sein** (*geh*) to be easy for sb; **jdm ein Leichtes sein, etw zu tun** to be easy for sb to do sth; **nichts ~er als das!** no problem; *s. a.* **Hand** ④ METEO (*schwach*) light; **eine ~e Brandung** low surf; **ein ~er Donner** distant thunder; **eine ~e Strömung** a weak current; **~er Regen/Schneefall** light rain/a light fall of snow ⑤ (*sacht*) light, slight; ***er hat einen sehr ~en Akzent*** he has a very slight accent; **~es Nachgeben** *der Börsenkurse* slight easing off; **ein ~er Schlag** a gentle slap; **~e Zunahme** slight increase ⑥ (*nicht schlimm*) minor; **ein ~er Eingriff** a minor operation; **eine ~e Verbrennung** minor burns; *s. a.* **Schlaf** ⑦ (*nicht belastend*) light; **eine ~e Zigarette/ein ~er Tabak** a mild cigarette/tobacco; **eine ~e Nachspeise** a light dessert ⑧ (*einfach verständlich*) easy; **~e Lektüre** light reading; *s. a.* **Muse** ⑨ (*unbeschwert*) ■**jdm ist ~er** sb is [*or* feels] re-

L

lieved, sb feels better; **jdm ist ~ zumute** [*o* **ums Herz**] [*o* **jd fühlt sich ~**] sb is light-hearted; **~en Herzens/Schrittes** with a light heart/sprightly step (10) (*nicht massiv*) lightweight; **~ gebaut** having a lightweight construction (11) TYPO **~e Schrift** light typeface; (*~es Papier*) low-grammage paper **II.** *adv* (1) (*mit nicht schwerem Stoff*) lightly; **~ bekleidet** dressed in light clothing (2) (*einfach*) easily; **sich ~ tun** to be easy to do; ***das ist ~ er gesagt als getan*** that's easier said than done; **es [im Leben] ~ haben** to have it easy [in life], to have an easy time of it; **etw geht [ganz] ~** sth is [quite] easy; **es nicht ~ haben** to not have it easy, to have a hard time of it; **es nicht ~ mit jdm haben** to have one's work cut out with sb; **es jdm ~ machen** to make it easy for sb; **es sich** *dat* **~ machen** to make it easy for oneself; **es fällt jdm ~, etw zu tun** it's easy for sb to do sth; **etw fällt jdm ~** sth is easy for sb (3) METEO (*schwach*) lightly (4) (*nur wenig, etwas*) lightly; **etw ~ salzen** to salt sth lightly; **~ humpeln** to have a slight limp; **~ verärgert sein** to be slightly annoyed (5) (*schnell*) easily; ***das sagst du so ~!*** that's easy for you to say!; **etw ~ glauben** to believe sth readily; ***der Inhalt ist ~ zerbrechlich*** the contents are easy to break [*or* very delicate] (6) (*problemlos*) easily; **etw ~ schaffen/begreifen** to manage/grasp sth easily; *s. a.* **möglich** (7) (*unbeschwert*) **etw ~ nehmen** to take sth lightly ▶ WENDUNGEN: **~ reden haben** [*o* **können**] to be easy for sb to talk; ***du hast ja ~ reden*** it's easy [*or* all right] for you to talk

Leichtathlet(in) *m(f)* athlete BRIT, track and field athlete AM

Leichtathletik *f* athletics BRIT + *sing vb, no art,* track and field AM + *sing vb, no art*

Leichtathletin *f fem form von* **Leichtathlet**

leichtathletisch **I.** *adj* athletic[s] BRIT, track and field AM; **ein ~er Wettbewerb** an athletics [*or* AM a track and field] competition **II.** *adv* **sich** *akk* **~ betätigen** to do athletics [*or* AM track and field [events]]

Leichtbauplatte *f* BAU light weight building board

Leichtbauweise *f* lightweight construction; **in ~** made of lightweight materials; **ein in ~ errichtetes Haus** a house constructed using lightweight materials

Leichte <-s, -> *m* NORDD lighter **leichtfertig** **I.** *adj* thoughtless **II.** *adv* thoughtlessly **Leichtfertigkeit** *f kein pl* thoughtlessness *no pl, no indef art* **Leichtfuß** *m* (*hum fam*) careless person **leichtgängig** *adj* smoothly operating **Leichtgewicht** *nt* (1) *kein pl* (*Gewichtsklasse*) lightweight category (2) (*Sportler*) lightweight (3) (*bedeutungsloser Mensch*) lightweight **Leichtgewichtler(in)** <-s, -> *m(f) s.* **Leichtgewicht 2** **leichtgläubig** *adj* gullible **Leichtgläubigkeit** *f kein pl* gullibility *no pl, no indef art*

Leichtheit <-> *f kein pl* (1) (*geringes Gewicht*) lightness *no pl, no indef art* (2) (*selten*) *s.* **Leichtigkeit 1**

leichtherzig <-er, -ste> *adj* light-hearted

leichthin *adv* (1) (*ohne langes Nachdenken*) unthinkingly, lightly (2) (*so nebenbei*) easily

Leichtigkeit <-> *f* (1) *kein pl* (*Einfachkeit*) simplicity *no pl, no indef art;* **mit ~** effortlessly, easily (2) (*Leichtheit*) lightness *no pl, no indef art*

leichtlebig *adj* happy-go-lucky **Leichtlohngruppe** *f* low wage group **Leichtmatrose** *m* ordinary seaman **Leichtmetall** *nt* light metal **Leichtmetallfelgen** *pl* AUTO alloys *pl* **Leichtöl** *nt* light [crude] oil, light crude **Leichtrauchen** *nt kein pl* light smoking

Leichtsinn *m kein pl* carelessness *no pl, no indef art,* imprudence *no pl, no indef art form;* **in jds jugendlichem ~** (*fam*) in sb's naivety; **aus [purem] ~** out of [pure] imprudence; **so** [*o* **was für**] **ein ~!** how imprudent! **leichtsinnig** **I.** *adj* careless, imprudent *form;* **so ~ sein, etw zu tun** to be as careless/imprudent as to do sth; **~ [von jdm] sein, etw zu tun** to be careless/imprudent [of sb] to do sth **II.** *adv* carelessly, imprudently *form* **Leichtsinnigkeit** <-> *f kein pl s.* **Leichtsinn**

Leichtverletzte(r) *f(m) dekl wie adj* slightly injured person, person with a minor injury **Leichtverwundete(r)** *f(m) dekl wie adj* slightly wounded soldier **Leichtwasserreaktor** *m* light water reactor **Leichtwassertechnik** *f kein pl* light water technology

leid *adj pred* (1) (*etw bedauern*) **jdm tut etw ~** sb is sorry about sth; **es tut jdm ~, dass ...** sb is sorry that ...; ***es tut mir/uns ~, aber ...*** I'm/we're sorry, but ...; **tut mir ~!** [I'm] sorry!; **etw wird jdm noch ~ tun** sb will be sorry [*or* regret sth] (2) (*bedauern*) **jd tut jdm ~** sb feels sorry for sb; ***der kann einem ~ tun*** (*iron*) you can't help feeling sorry for him; **es tut jdm ~ um jdn/ein Tier** sb feels sorry for sb/an animal (3) (*überdrüssig*) **jdn/etw ~ sein/werden** to have had enough of/grown tired of sb/sth; **es ~ sein, etw tun zu müssen** to have had enough [*or* be tired] of having to do sth

Leid <-[e]s> *nt kein pl* distress, sorrow; **jdm sein ~ klagen** to tell sb one's troubles ▶ WENDUNGEN: **geteiltes ~ ist halbes ~** (*prov*) a sorrow shared is a sorrow halved *prov*

Leideform *f* passive

leiden <litt, gelitten> **I.** *vi* (1) (*Schmerzen ertragen*) to suffer (2) (*an einem Leiden erkrankt sein*) ■**an etw** *dat* **~** to suffer from sth (3) (*seelischen Schmerz empfinden*) to suffer; ■**unter jdm ~** to suffer because of sb; ■**unter etw** *dat* **~** to suffer from sth; ■**darunter ~, dass ....** to suffer as a result of ... (4) (*in Mitleidenschaft gezogen werden*) *Beziehung, Gesundheit* to suffer; *Möbelstück, Stoff* to get damaged; *Farbe* to fade **II.** *vt* (1) (*erdulden*) ■**etw ~** to suffer [*or* endure] sth (2) (*geh: nicht dulden*) ■**etw nicht ~** not to tolerate sth; ■**jd wird es nicht ~, dass jd etw tut** sb will not tolerate sb's doing sth ▶ WENDUNGEN: **jdn/etw [gut]/nicht [gut] ~ können** [*o* **mögen**] to like/not like sb/sth; *s. a.* **wohl**

Leiden[1] <-s, -> *nt* (1) (*chronische Krankheit*) complaint, ailment (2) *pl* (*leidvolle Erlebnisse*) suffering *no pl, no indef art* ▶ WENDUNGEN: **aussehen wie das ~ Christi** (*fam*) to look like hell *fam*

Leiden[2] <-s> *nt* Leiden, Leyden

leidend *adj* (1) (*geplagt*) pitiful, mournful (2) (*geh: chronisch krank*) ■**~ sein** to be ill

Leidenschaft <-, -en> *f* (1) (*Emotion*) emotion (2) (*intensive Vorliebe*) ■**eine/jds ~ für jdn/etw** a/sb's passion for sb/sth; **jd ist etw aus ~** sb is passionate about being sth; ***ich bin Briefmarkensammler aus ~*** I'm a passionate stamp collector; **mit [großer/wahrer] ~** passionately (3) *kein pl* (*starke Zuneigung*) passion; ***sie spürte seine ~*** she felt his passion

leidenschaftlich **I.** *adj* (1) (*feurig*) passionate (2) (*begeistert*) passionate (3) (*emotional*) passionate, emotional **II.** *adv* (1) (*feurig*) passionately (2) (*sehr intensiv*) passionately (3) (*besonders*) ■**etw ~ gern tun** to be passionate about sth; ***ich esse ~ gern Himbeereis*** I adore raspberry ice-cream

Leidenschaftlichkeit <-> *f kein pl* (1) (*Feurigkeit*) passion (2) (*große innere Anteilnahme*) emotion

leidenschaftslos **I.** *adj* dispassionate **II.** *adv* dispassionately

Leidenschaftslosigkeit *f* dispassionateness, dispassion; **jd's ~** sb's lack of passion

Leidensdruck *m kein pl* psychological stress **Leidensfähigkeit** *f kein pl* capacity for suffering **Leidensgefährte, -gefährtin** *m, f,* **Leidensgenosse, -genossin** *m, f* fellow-sufferer **Leidensgeschichte** *f* story of suffering; **die ~ [Christi]** the Passion [of Christ] **Leidensmiene** *f* dejected expression; **mit ~** with a dejected expression **Leidensweg** *m* (*geh*) period of suffering; **der ~ Christi** Christ's way of the Cross

leider *adv* unfortunately; **~ ja!** unfortunately yes; **~ nein!** [*o* **nicht**] no, unfortunately, unfortunately not; ***das kann ich dir ~ nicht sagen*** unfortunately, I can't help you there; ***ich habe das ~ vergessen*** I'm sorry, I forgot about it; ***das ist ~ so*** that's just the way it is

leidig *adj attr* (*pej*) tedious, irksome; ***immer das ~e Geld!*** it always comes down to money!

leidlich **I.** *adj attr* reasonable, fair, passable **II.** *adv* more or less; **~ davonkommen** to get away more or less unscathed; ***„wie geht's?" „danke, ~!"*** (*fam*) "how are you?" "so, so" *fam*

Leidtragende(r) *f(m) dekl wie adj,* **Leid Tragende(r)** *f(m) dekl wie adj* (1) (*Betroffene*) ■**der/die ~** the one to suffer (2) (*selten: Hinterbliebende eines Verstorbenen*) bereaved

leidvoll *adj* (*geh*) sorrowful *liter* **Leidwesen** *nt kein pl* ■**zu jds ~** much to sb's regret

Leier <-, -n> *f* (1) MUS lyre (2) (*Kithara*) cithara (3) (*Sternbild*) ■**die ~** Lyra ▶ WENDUNGEN: **[es ist] [immer] dieselbe** [*o* **die alte**] [*o* **die gleiche**] **~** (*pej fam*) [it's] [always] the same old story

Leierkasten *m* (*fam*) *s.* **Drehorgel**

Leierkastenmann, -frau <-männer> *m, f* (*fam*) *s.* **Drehorgelspieler**

leiern **I.** *vt* (1) (*fam: lustlos aufsagen*) ■**etw ~** *Gebet, Gedicht* to drone [out] sth *sep* (2) (*fam: kurbeln*) ■**etw** [*o* **an etw** *dat*] **~** to wind sth (3) (*Drehorgel spielen*) to play, to grind **II.** *vi* (*Drehorgel spielen*) to play a barrel-organ [*or* hurdy-gurdy]

Leiharbeit *f kein pl* subcontracted employment *no pl* **Leiharbeiter(in)** *m(f)* subcontracted worker **Leiharbeitnehmer(in)** *m(f)* agency [*or* loan] worker, temp *fam* **Leiharbeitsfirma** *f* temporary-employment agency **Leiharbeitsverhältnis** *nt* temporary [*or* loan] employment

Leihbibliothek *f* lending library **Leihbücherei** *f* lending library

leihen <lieh, geliehen> *vt* (1) (*aus~*) ■**jdm etw ~** to lend sb sth; ■**geliehen** borrowed (2) (*borgen*) ■**sich** *dat* **etw [von jdm] ~** to borrow sth [from sb]

Leihfrist *f* lending period **Leihgabe** *f* loan **Leihgebühr** *f* hire charge BRIT, rental fee AM; (*Buch*) lending fee **Leihgeschäft** *nt* FIN lending [*or* loan] business **Leihhaus** *nt* pawn shop, pawnbroker's **Leihkapital** *nt kein pl* FIN borrowed capital *no pl* **Leihmutter** *f* surrogate mother **Leihmutterkuh** *f* surrogate mother cow **Leihpacht** *f* HANDEL lend-lease *hist* **Leihschein** *m* (1) (*Formular für entliehenes Buch*) lending form (2) (*Pfandquittung*) pawn ticket **Leihschwangerschaft** *f* surrogate pregnancy **Leihstimme** *f* (*fam*) floating voter's vote **Leihvertrag** *m* JUR loan contract, loan for use **Leihwagen** *m* hire [*or* AM rental] car

leihweise *adv* on loan; ■**jdm etw ~ überlassen** (*geh*) to give sb sth on loan

Leim <-[e]s, -e> *m* (1) (*zäher Klebstoff*) glue, adhesive (2) TYPO (*Papier*) size ▶ WENDUNGEN: **jdn auf den ~ führen** to take sb in; **jdm auf den ~ gehen** [*o* **kriechen**] (*fam*) to fall for sb's tricks; **aus dem ~ gehen** (*fam*) to fall apart

leimen *vt* (1) (*mit Leim zusammenfügen*) ■**etw ~** to glue sth together (2) TYPO ■**etw ~** to pad sth (3) (*fam: hereinlegen*) ■**jdn ~** to con sb, to take sb for a ride; **der/die Geleimte** the dupe

Leimfarbe *f* distemper **Leimkraut** *nt* BOT campion, catchfly **Leimstreifen** *m* glue line [*or* strip]

Lein <-[e]s, -e> *m* flax

Leine <-, -n> *f* (1) (*dünnes Seil*) rope (2) (*Wäsche~*) [washing [*or* AM laundry]] line; **etw auf die ~ hängen** to hang sth on the line; **etw von der ~ nehmen** to take sth off the line (3) (*Hunde~*) lead, leash; **ein Tier an die ~ nehmen** to put an animal on a lead; **ein Tier an der ~ führen** to keep an animal on a lead; **jdn an die ~ legen** (*fig*) to get sb under one's thumb *fig;* **jdn an der ~ halten** (*fig*) to keep a tight rein on sb *fig* ▶ WENDUNGEN: **~ ziehen** (*sl*) to scarper BRIT, to beat it AM; ***zieh ~!*** (*sl*) take a hike! *fam,* BRIT *a.* piss off! *fam!*

leinen *adj* linen

Leinen <-s, -> *nt* linen; **aus ~** made of linen; **in ~** linen-bound

Leinenband <-bände> *m* linen-bound volume; (*Einband*) cloth binding **Leinenbeutel** *m* linen bag **Leinendecke** *f* (*Buch*) cloth board **Leinenjacke** *f* linen jacket **leinenkaschiert** *adj inv* cloth lined **Leinenpapier** *nt* linen paper **Leinentasche** *f* linen bag **Leinenweber(in)** *m(f)* linen weaver

Leinkraut *nt* BOT toadflax **Leinöl** *nt* linseed oil **Leinsaat** *f* linseed **Leinsamen** *m* linseed **Leintuch** <-tücher> *nt* SÜDD, ÖSTERR, SCHWEIZ (*Laken*) sheet **Leinwand** *f* ❶ (*Projektionswand*) screen ❷ *kein pl* (*Gewebe aus Flachsfasern*) canvas ❸ (*Gewebestück für Gemälde*) canvas

Leipzig <-s> *nt* Leipzig

leise I. *adj* ❶ (*nicht laut*) quiet; **etw ~ stellen** to turn down sth *sep* ❷ (*gering*) slight; ***es fiel ~r Regen*** it was raining slightly; **eine ~ Ahnung/ein ~r Verdacht** a vague idea/suspicion; **nicht im L~sten** not at all II. *adv* ❶ (*nicht laut*) quietly ❷ (*kaum merklich*) slightly; ***der Regen fiel ~*** it was raining gently

Leisetreter <-s, -> *m* ❶ (*pej: Duckmäuser*) mouse, BRIT *a.* pussyfoot ❷ (*hum: Schuh*) sneaker

Leiste <-, -n> *f* ❶ (*schmale Latte*) strip; **eine ~ aus etw** *dat* a strip of sth ❷ (*Übergang zum Oberschenkel*) groin

leisten I. *vt* ❶ (*an Arbeitsleistung erbringen*) **ganze Arbeit ~** to do a good job; **viel/nicht viel ~** to get/not get a lot done, to be/not be very productive; ***für heute haben wir genug geleistet*** we've done enough for today; ***ich habe heute nicht viel geleistet*** I haven't been very productive today; ***ich hatte gehofft, sie würde mehr ~*** I had hoped she would do a better job; **etw Anerkennenswertes/Bewundernswertes/Besonderes/ Erstaunliches ~** to accomplish sth commendable/admirable/special/ amazing ❷ TECH, PHYS (*an Energie erbringen*) ■**etw ~** to produce sth, to generate sth ❸ *Funktionsverb* **Hilfe ~** to render assistance *form;* **eine Anzahlung ~** to make a down payment; **gute Dienste ~** to serve sb well; **Gehorsam/Widerstand ~** to obey/offer resistance; **Zivildienst/Wehrdienst ~** to do one's community/military service; **einen Eid ~** to swear an oath; **eine Unterschrift ~** to sign sth; **geleistete Anzahlungen** advances paid; **geleistete Anzahlungen auf Anlagevermögen** advances payments on buildings and plant; **geleistete Zahlungen im Ausland** foreign payments made II. *vr* ❶ (*sich gönnen*) ■**sich** *dat* **etw ~** to treat oneself to sth ❷ (*sich herausnehmen*) ■**sich** *dat* **etw ~** to permit oneself sth; ***wenn Sie sich noch einmal nur das geringste Zuspätkommen ~, ...*** if you dare to be late again ...; ***da hast du dir ja was geleistet!*** you've really outdone yourself [this time]!; (*tragen können*) to carry sth off; ***tolles Kleid — sie kann es sich ~, bei der Figur!*** great dress — she can certainly carry it off with a figure like that! ❸ (*finanziell in der Lage sein*) ■**sich** *dat* **etw/jdn ~** to allow oneself the luxury of sth/sb; ***heute leiste ich mir mal ein richtig gutes Essen*** I'll treat myself today to a really good meal; **sich** *dat* **etw/jdn ~ können** to be able to afford sth/sb; **es sich** *dat* **~ können, etw zu tun** to be able to afford to do sth

Leisten <-s, -> *m* (*Schuh~*) last ▶ WENDUNGEN: **alles über einen ~ schlagen** (*fam*) to measure everything by the same yardstick

Leistenbruch *m* hernia **Leistengegend** *f* groin, inguinal region *spec*

Leistung <-, -en> *f* ❶ *kein pl* (*Tätigkeit*) performance; (*Stand*) efficiency; **nach ~** performance-based, based on performance *pred;* **~ Zug um Zug** contemporaneous performance; **berufstypische/charakteristische ~** characteristic performance ❷ (*geleistetes Ergebnis*) accomplishment; **eine hervorragende/sportliche ~** an outstanding piece of work/athletic achievement; **schulische ~en** results [*or* performance] at school; ***ihre ~en lassen zu wünschen übrig*** her work leaves a lot to be desired; **reife ~!** (*fam*) not bad! *fam* ❸ TECH, PHYS power; (*Produktivität*) *Fabrik* output, production capacity; **~ pro Arbeitsstunde** output per manhour ❹ FIN (*Entrichtung*) payment; **~en des Bauhauptgewerbes** investment in building ❺ FIN (*Zahlung*) benefit; **~en im Krankheitsfall** sickness benefits BRIT, allowance AM; **~en der Sozialversicherung** social security [*or* AM public assistance] benefits; **~ vor Fälligkeit** FIN performance prior to maturity; **~ an Erfüllungs Statt** performance in full discharge of the obligation; **freiwillige betriebliche ~en** fringe benefits; **unentgeltliche ~** gratuitous services; **soziale ~en** fringe benefits; ***sie bezieht seit Jahren staatliche ~en*** she has been receving state benefits for years; **vermögenswirksame ~** capital-forming payment ❻ (*Dienst~*) service

Leistungsabfall *m* reduction in productivity **Leistungsabgrenzung** *f* demarcation of performance **Leistungsabkommen** *nt* JUR performance agreement **Leistungsablehnung** *f* refusal of performance **Leistungsabschreibung** *f* FIN variable charge method of depreciation **Leistungsabweichung** *f* ÖKON [work] efficiency variance; (*von Arbeitern*) labour [*or* AM -or] efficiency variance; (*bei Maschine*) machine effectiveness variance; (*von Anlagen*) capacity variance **Leistungsanforderungen** *pl* ÖKON performance qualifications, standards of performance **Leistungsangebot** *nt* HANDEL tender BRIT, bid AM **Leistungsanspruch** *m* JUR entitlement [*or* right] to benefits; **einen ~ ausschließen** to disqualify from benefits; **einen ~ haben** to be eligible for benefits **Leistungsanstieg** *m* (*qualitativ*) rise in performance; (*quantitativ*) rise in productivity **Leistungsausgaben** *pl* ÖKON benefit payments *pl* **Leistungsbaustein** *m* element of performance **Leistungsbereitschaft** *f kein pl* commitment **Leistungsbericht** *m* performance review **Leistungsbeschreibung** *f* JUR performance description **Leistungsbestimmung** *f* JUR definition of performance **Leistungsbeurteilung** *f* ❶ (*Anerkennung*) merit [*or* performance] rating ❷ (*Revision*) performance review **leistungsbezogen** *adj inv* performance-orientated [*or* AM -oriented]; **~e Abschreibung** service output depreciation method **Leistungsbezug** *m* ÖKON *von Sozialleistungen* drawing of benefit **Leistungsbilanz** *f* balance of [current] transactions [*or* goods and services] [*or* payments on current account] **Leistungsbilanzüberschuss**RR *m* FIN current account surplus **Leistungsbonus** *m* FIN incentive pay **Leistungsdroge** *f* high-performance drug **Leistungsdruck** *m kein pl* pressure to perform **Leistungsempfang** *m* FIN receipt of benefits **Leistungsempfänger(in)** *m(f)* JUR beneficiary, recipient of services **Leistungsentgelt** *nt* JUR consideration, quid pro quo **Leistungserfüllung** *f* JUR [discharge by] performance **Leistungsermittlung** *f* JUR performance evaluation, AM merit rating **Leistungsfach** *nt* SCH special subject, subject of concentration **leistungsfähig** *adj* ❶ (*zu hoher Arbeitsleistung fähig*) efficient ❷ (*zu hoher Produktionsleistung fähig*) productive ❸ (*zur Abgabe großer Energie fähig*) powerful ❹ FIN competitive **Leistungsfähigkeit** *f kein pl* ❶ (*Arbeitsleistung*) performance ❷ (*Produktionsleistung*) productivity ❸ (*Abgabe von Energie*) power ❹ FIN competitiveness **Leistungsfreiheit** *f* JUR exemption from performance **Leistungsfrist** *f* JUR time for performance **Leistungsgarantie** *f* JUR performance guarantee [*or* bond] **Leistungsgefahr** *f* JUR performance risk **Leistungsgegenstand** *m* JUR object of performance **Leistungsgesellschaft** *f* SOZIOL meritocracy, achievement-orientated society **Leistungshindernis** *nt* JUR disincentive; **~ bei Vertragserfüllung** frustration of contract **Leistungsindex** *m* ÖKON performance index **Leistungsklage** *f* JUR action for performance **Leistungskontrolle** *f* productivity [*or* efficiency] [*or* performance] check; ***Klassenarbeiten dienen der ~*** [written] schoolwork are a form of performance assessment; **laufende ~n** regular efficiency checks; **zur ~** [in order] to check productivity [*or* efficiency] [*or* to assess performance] **Leistungskraft** *f kein pl* capability *usu pl;* **jds berufliche/schulische ~** sb's performance at work/in school **Leistungskriterium** *nt* performance criterion **Leistungskurs** *m* SCH advanced course (*course which seeks to impart additional knowledge to a basic course using a style similar to university teaching*) **Leistungskürzung** *f* ÖKON reduction of benefit **Leistungslohnsystem** *nt* FIN incentive wage system, AM efficiency bonus plan **Leistungsmerkmal** *nt* TECH performance parameter **Leistungsminderung** *f* reduction in payments **Leistungsmissbrauch**RR *m* benefit abuse **Leistungsnachweis** *m* SCH evidence of academic achievement **leistungsorientiert** *adj* performance-orientated [*or* AM -oriented] **Leistungsort** *m* JUR place of performance **Leistungspflicht** *f* JUR obligation to perform a contract **leistungspflichtig** *adj inv* JUR liable to perform **Leistungspflichtige(r)** *f(m) dekl wie adj* JUR contributor, person liable to perform **Leistungspreis** *m* FIN price per unit **Leistungsprinzip** *nt kein pl* performance [*or* achievement] principle **Leistungsprüfstand** *m* AUTO dynamometer **Leistungsprüfung** *f* ❶ SCH achievement test ❷ SPORT trial ❸ AGR, TECH performance test **Leistungsrechnung** *f* FIN output [*or* performance] accounting **Leistungsschutzrecht** *nt* JUR ancillary copyright **leistungsschwach** *adj* weak; **eine ~e Maschine/ein ~er Motor** a low-performance [*or* -power] machine/engine **Leistungssport** *m* competitive sport *no art* **leistungsstark** *adj* ❶ (*große Produktionskapazität besitzend*) [highly-]efficient [*or* productive] *attr,* [highly] efficient [*or* productive] *pred* ❷ AUTO, ELEK, TECH [very] powerful; **ein ~er Motor** a high-performance [*or* [very] powerful] engine **leistungssteigernd** *adj* ÖKON increasing the efficiency **Leistungssteigerung** *f* increase in performance **Leistungsstörung** *f* JUR defective performance; **~ des Käufers/Verkäufers** defective performance by the buyer/seller **Leistungsträger(in)** *m(f)* SPORT, ÖKON go-to guy *fam* **Leistungsumfang** *m* JUR scope of service, service level; (*Versicherung*) range of benefits **Leistungsunterlassung** *f* JUR failure to render performance **Leistungsurteil** *nt* JUR judgement granting affirmative relief **Leistungsverbot** *nt* FIN **~ an Drittschuldner** garnishee [*or* third-party] order **Leistungsvergleich** *m* competition, test of performance [*or* ability]; **wenn man einen ~ anstellt** when you compare their performance **Leistungsverkehr** *m kein pl* HANDEL service transactions *pl* **Leistungsvermögen** *nt kein pl* capability *usu pl* **Leistungsverwaltung** *f* JUR administration of community services **Leistungsverweigerung** *f* JUR refusal of performance **Leistungsverweigerungsrecht** *nt* JUR right to refuse performance **Leistungsverzeichnis** *m* HANDEL specification [and schedule] of prices **Leistungsverzögerung** *f,* **Leistungsverzug** *m* JUR delay in performance **Leistungsvorgabe** *f* FIN performance standard **Leistungswettbewerb** *m* HANDEL efficiency contest, efficiency-oriented competition **Leistungswucher** *m kein pl* JUR *transaction where the financial advantage accrued is out of proportion to the services rendered* **Leistungszeit** *f* JUR time of performance **Leistungszeitraum** *m* FIN (*Versicherung*) benefit period **Leistungszulage** *f* ÖKON incentive payment, productivity bonus

Leitantrag *m* POL guideline motion [*or* lead[ing]] (*proposed by the party leadership*) **Leitartikel** *m* MEDIA leading article, leader, editorial **Leitartikler(in)** <-s, -> *m(f)* MEDIA leader-[*or* editorial-]writer **Leitbild** *nt* [role] model **Leitbündel** *nt* BOT vascular bundle **Leitemission** *f* FIN signpost [*or* bellwether] issue

leiten I. *vt* ❶ (*verantwortlich sein*) ■**etw ~** to run [*or* be in charge of] sth; **eine Abteilung ~** to be head of [*or* run] a department; **eine Firma ~** to run [*or* manage] a company; **ein Labor/eine Redaktion ~** to be head [*or* in charge] of a laboratory/an editorial office; **eine Schule ~** to be head [*or* headmaster] [*or* head teacher] of [*or* at] a school ❷ (*den Vorsitz führen*) ■**etw ~** to lead [*or* head] sth; **eine Sitzung ~** to chair a meeting ❸ TECH (*transportieren, strömen lassen*) ■**etw ~** to conduct sth; ***das Erdöl wird in Pipelines quer durchs Land ge-***

L

leitet the oil is piped across country ❹ TRANSP (*lenken*) ■**etw wohin** ~ to route [*or* divert] sth somewhere; ***der Zug wurde auf ein Nebengleis geleitet*** the train was diverted to a siding ❺ (*führen*) ■**jdn** [**wohin**] ~ to lead [*or* guide] sb [somewhere]; ■**sich** *akk* **durch etw** *akk* ~ **lassen** to [let oneself] be guided by sth; ■**sich** *akk* **von etw** *dat* ~ **lassen** to [let oneself] be governed by sth **II.** *vi* PHYS to conduct; **gut/schlecht** ~ to be a good/bad conductor

leitend I. *adj* ❶ (*führend*) leading ❷ (*in hoher Position*) managerial; ~**er Angestellter** executive; ~**er Redakteur** editor-in-chief ❸ PHYS conductive **II.** *adv* ~ **tätig sein** to hold a managerial position

Leiter¹ <-, -n> *f* ❶ (*Sprossen~*) ladder ❷ (*Steh~*) step-ladder

Leiter² <-s, -> *m* PHYS conductor

Leiter(in) <-s, -> *m(f)* ❶ (*leitend Tätiger*) head; ~ **einer Firma/eines Geschäfts sein** to be [the] manager [*or fam* boss] [*or* [at the] head] of a company/business, to head a company/business; ~ **einer Schule** head[master] [of a school], head teacher [at a school]; **kaufmännischer/technischer** ~ commercial manager [*or* sales director]/technical director ❷ (*Sprecher*) leader, head; ~ **einer Delegation** head of a delegation; ~ **einer Diskussion/Gesprächsrunde** person chairing a discussion/round of talks

Leiterbahn *f* TECH conductor **Leitergerüst** *nt* ladder scaffold **Leiterplatte** *f* ELEK, INFORM printed circuit board **Leitersprosse** *f* rung [of a/the ladder], step [on a/the ladder] **Leiterstück** *nt* **abgedecktes** ~ KOCHK toprib, thick ribs *pl* **Leiterwagen** *m* AGR [hand]cart

Leitfaden *m* MEDIA manual, [introductory] guide, introduction, compendium

leitfähig *adj* PHYS conductive

Leitfähigkeit *f* PHYS conductivity

Leitfahrzeug *nt eines Flugzeugs* follow-me **Leitfiliale** *f* head branch **Leitgedanke** *m* central idea [*or* theme] **Leithammel** *m* (*fam*) bellwether *fig* **Leitlinie** *f* ❶ (*Grundsatz*) guideline ❷ (*Fahrbahnmarkierung*) broken line, lanelmarking ❸ MATH directrix **Leitmotiv** *nt* ❶ (*Grundgedanke*) central [*or* dominant] theme ❷ MUS, LIT leitmotif, leitmotiv **Leitplanke** *f* crash barrier **Leitsatz** *m* guiding principle **Leitspruch** *m* motto **Leitstelle** *f* headquarters + *sing/pl vb* **Leitstern** *m* (*auch fig*) guiding star **Leitstrahlanflugfunkfeuersystem** *nt* beam-approach beacon system **Leittier** *nt* ZOOL leader [of a/the herd]

Leitung <-, -en> *f* ❶ *kein pl* (*Führung*) management, leadership; ***sie wurde mit der ~ der Abteilung betraut*** she was put in charge of the department; ■**die** ~ **einer S. übernehmen** to take over the leadership of sth; (*Vorsitz*) chairing; **die** ~ **einer Sitzung/Diskussion haben** to chair a meeting/discussion; ■**unter der** ~ **von jdm** MUS [to be] conducted by sb ❷ (*leitendes Gremium*) management ❸ TECH (*Rohr*) pipe ❹ ELEK (*Kabel*) cable ❺ TELEK line; ***die ~ ist gestört*** it's a bad line; **in der** ~ **sein** (*fam*) to be on the line ▸ WENDUNGEN: **eine lange** ~ **haben** (*hum fam*) to be slow on the uptake; **auf der** ~ **stehen** (*fam*) to be slow to catch on *fam*

Leitungsdraht *m* ELEK [electric [*or* conducting]] wire **Leitungsebene** *f* ÖKON level of management **Leitungskabel** *nt* ❶ (*allgemein*) wire ❷ ELEK line cable ❸ AUTO (*Zündkabel*) lead **Leitungsmast** *m* ELEK [electricity] pylon **Leitungsnetz** *nt* ❶ (*System von Stromkabeln, Rohrleitungen*) system of mains, supply network, mains *npl* BRIT ❷ (*System von Telefonkabeln*) [telephone] network **Leitungsrohr** *nt* pipe **Leitungsunterbrechung** *f* ELEK, TELEK disconnection **Leitungswasser** *nt* tap water **Leitungswiderstand** *m* ELEK resistance

Leitwährung *f* FIN leading [*or* key] currency **Leitwerk** *nt* LUFT tail unit, tailplane; *einer Rakete* control surfaces *pl;* INFORM controller unit **Leitwolf** *m* (*fig*) leader

Leitzins *m* FIN [central bank] discount rate, prime rate **Leitzinsanhebung** *f* FIN increase in the prime rate **Leitzinssenkung** *f* FIN reduction in the prime rate

Lektion <-, -en> *f* ❶ SCH (*Kapitel*) chapter; (*Stunde*) lesson ❷ (*geh: Lehre*) lesson; **jdm eine** ~ **erteilen** to teach sb a lesson

Lektor, -torin <-s, -toren> *m, f* ❶ (*in einem Verlag*) editor ❷ (*an der Universität*) foreign language assistant

Lektorat <-[e]s, -e> *nt* ❶ (*Verlagsabteilung*) editorial office ❷ (*Lehrauftrag*) post as [a] foreign language assistant

Lektorin <-, -nen> *f fem form von* **Lektor**

Lektüre <-, -n> *f* ❶ *kein pl* (*das Lesen*) reading *no pl, no indef art;* ***dieses Buch wird zur ~ sehr empfohlen*** this book is recommended as a [very] good read ❷ (*Lesestoff*) reading matter *no pl, no indef art*

Lemma <-s, -ta> *nt* LING lemma, headword

Lemming <-s, -e> *m* ZOOL lemming; **wie die** ~**e** like lemmings

Lemure <-n, -n> *m* ZOOL lemur

Lende <-, -n> *f* ❶ ANAT loin ❷ KOCHK loin, sirloin

Lendenbraten *m* KOCHK roast loin **Lendengegend** *f* lumbar region **Lendenschnitte** *f* KOCHK filet steak **Lendenschurz** *m* loincloth **Lendenstück** *nt* KOCHK piece of loin, tenderloin **Lendenwirbel** *m* ANAT lumbar vertebra **Lendenwirbelsäule** *f* lumbar spinal column [*or* vertebrae], lumbar vertebrae *pl spec*

Lengfisch *m* ZOOL, KOCHK ling, buffalo cod

Leninismus <-> *m kein pl* Leninism *no pl, no art*

leninistisch *adj inv* Leninist

lenkbar *adj* steerable; **gut** ~ **sein** [*o* **leicht**] to be easy to steer

Lenkeinschlag *m kein pl* AUTO lock

lenken I. *vt* ❶ (*steuern*) ■**etw** ~ to steer sth; ***so, jetzt lenke das Auto nach rechts*** right, now turn [the car] off to the right ❷ (*dirigieren*) ■**jdn** ~ to direct [*or* guide] sb ❸ (*beeinflussen*) ■**jdn/etw** ~ to control sb/sth; ■**gelenkt** planned, managed; **die staatlich gelenkte Presse** the state-controlled press; **gelenkte Wirtschaft** controlled economy ❹ (*geh: wenden*) ■**etw wohin** ~ to direct sth somewhere; **seinen Blick auf jdn/etw** ~ to turn one's gaze on sb/sth ❺ (*richten*) ■**etw auf etw** *akk* ~ to direct sth to sth; **jds Aufmerksamkeit auf etw lenken** to draw sb's attention to sth; ***geschickt lenkte sie das Gespräch/die Unterhaltung auf ein weniger heikles Thema*** she cleverly steered the conversation round to a less controversial subject **II.** *vi* to drive ▸ WENDUNGEN: **der Mensch denkt, Gott lenkt** (*prov*) man proposes, God disposes *prov*

Lenker <-s, -> *m* handlebars *pl*

Lenker(in) <-s, -> *m(f)* (*geh*) driver

Lenkflugkörper *m* guided missile **Lenkgeschoss**^RR^ *nt* guided missile **Lenkgetriebe** *nt* AUTO steering gear **Lenkimpuls** *m* AUTO jerk on the steering wheel **Lenkkonsole** *f* AUTO steering wheel console

Lenkrad *nt* steering-wheel; **jdm ins** ~ **greifen** to grab the steering-wheel from sb **Lenkradschaltung** *f* AUTO steering-column [gear]change [*or* AM gearshift] **Lenkradschloss**^RR^ *nt* steering[-wheel] lock **Lenkradsperre** *f* steering lock

lenksam *adj* (*selten: lenkbar*) steerable; *Charakter* tractable, docile

Lenksäule *f* AUTO steering column **Lenkstange** *f* (*geh*) handlebars *pl*

Lenkung <-, -en> *f* ❶ AUTO steering *no pl, no indef art* ❷ *kein pl* (*Beeinflussung*) controlling *no pl, no indef art*

Lenkungsgremium *nt* JUR governing body **Lenkungsmaßnahme** *f* JUR regulatory [*or* control] measure; ~**n bei Ratenkäufen** measures regulating instalment sales

Lenz <-es, -e> *m* ❶ (*liter: Frühling*) spring[time], springtide *poet* ❷ *pl* (*hum: Lebensjahre*) years *pl,* summers *pl poet* ▸ WENDUNGEN: **sich** *dat* **einen faulen** [*o* **lauen**] [*o* **schönen**] ~ **machen** (*fam*) to take it easy, BRIT *a.* to swing the lead *sl*

lenzen *vt* NAUT ■**etw** ~ to pump out sth *sep*

Lenzpumpe *f* NAUT bilge-pump

Leopard <-en, -en> *m* ZOOL leopard

Leporellofalz *m* TYPO concertina fold, harmonica [*or* zigzag] fold

Lepra <-> *f kein pl* MED leprosy *no pl, no art* **Leprakranke(r)** *f(m) decl wie adj* leper **Leprastation** *f* leprosy ward

lepros, leprös *adj* MED leprous; ■**L~e[r]** leper

Lepton <-, Leptonen> *nt* NUKL lepton

leptonisch *adj inv* NUKL ~**es Zeitalter** Leptonic Age

Lerche <-, -n> *f* ORN lark

lernbar *adj* learnable; **leicht/schwer** ~ easy/difficult to learn

lernbegierig *adj* eager to learn *pred* **lernbehindert** *adj* with learning difficulties [*or* special needs] *pred;* ■~ **sein** to have learning difficulties [*or* special needs] **Lerneifer** *m* eagerness to learn **lerneifrig** *adj* eager to learn *pred*

lernen I. *vt* ❶ (*sich als Kenntnis aneignen*) ■**etw** [**bei/von jdm**] ~ to learn sth [from sb]; ■**etw zu tun** ~ to learn [how] to do sth; **von jdm noch** [**etwas**] ~ **können** to be able to learn a thing or two from sb; ***von ihr können wir alle noch etwas ~*** we could all learn a thing or two from her, she could teach us all a thing or two; **jd lernt's nie** [*o* **wird es nie** ~] sb'll never learn; ***manche lernen's eben nie!*** some people will never learn! ❷ (*im Gedächtnis speichern*) ■**etw** ~ to learn sth [by heart] ❸ (*fam: eine Ausbildung machen*) ■**etw** ~ to train as [*or* to be] sth, to learn the trade of sth; ***ich habe Kfz-Mechaniker gelernt*** I trained as a car mechanic; ***was haben Sie denn gelernt?*** which trade did you learn?; *s. a.* **gelernt** ▸ WENDUNGEN: **gelernt ist** [**eben**] **gelernt** once learned, never forgotten; **etw will gelernt sein** sth takes [a lot of] practice [*or* has to be learned] **II.** *vi* ❶ (*Kenntnisse erwerben*) ■[**für etw**] ~ to study [*or* work] [for sth]; **exemplarisches L~** learning by example ❷ (*beim Lernen unterstützen*) ■**mit jdm** ~ to help sb with their [school]work ❸ (*eine Ausbildung machen*) ■[**bei jdm**] ~ to train [at sb's], to be apprenticed to sb; ***er hat bei verschiedenen Firmen gelernt*** he's been an apprentice with several companies; ***sie lernt noch*** she's still an apprentice

Lernen *nt* learning; **rechnerunterstützes** ~ computer-aided [*or* -assisted] learning

Lerner(in) <-s, -> *m(f)* LING learner

Lernerfahrung *f* learning experience

Lernerwörterbuch *nt* SCH, VERLAG learner's dictionary

lernfähig *adj* ■~ **sein** to be capable of learning [*or* able to learn] **Lernfähigkeit** *f kein pl* PSYCH, SOZIOL, SCH learning ability **Lernfahrausweis** *m* SCHWEIZ (*Führerschein für Fahrschüler*) provisional [driving] licence [*or* AM -se] **Lernmittel** *nt meist pl* SCH learning aid **Lernmittelfreiheit** *f kein pl* SCH free provision of learning aids (*schoolbooks and equipment*) **Lernprogramm** *nt* INFORM teaching software **Lernprozess**^RR^ *m* learning process **Lernschwester** *f* student nurse **Lernsoftware** *f* INFORM, SCH educational software, teachware **Lernziel** *nt* SCH [educational] goal [*or* aim]

Lesart *f* ❶ (*Variante*) version ❷ (*abweichende Darstellung*) version

lesbar *adj* ❶ (*~e Handschrift*) legible ❷ (*verständlich*) clear, comprehensible

Lesbarkeit *f kein pl* legibility

Lesbe <-, -n> *f* (*fam*), **Lesbierin** <-, -nen> *f* lesbian, dyke *pej sl*

lesbisch I. *adj* lesbian; ■~ **sein** to be a lesbian **II.** *adv* ~ **veranlagt sein** to have lesbian tendencies

Lese <-, -n> *f* AGR harvest

Lesebrille *f* reading-glasses *npl* **Lesebuch** *nt* SCH reader **Leseecke** *f* reading corner **Lesegerät** *nt* INFORM reader **Lesekopf** *m* INFORM read[ing] head **Leselampe** *f* ❶ (*Schreibtischlampe*) reading lamp ❷ (*Klemmleuchte*) [clip-on] reading lamp

lesen¹ <liest, las, gelesen> **I.** *vt* ❶ (*durch~*) ■**etw** ~ to read sth; *s. a.* **Korrektur, Messe, Noten** ❷ (*korrigieren*) ■**etw** ~ to proofread [*or* read through [and correct]] sth ❸ (*leserlich sein*) **einfach/kaum/nicht/schwer zu** ~ **sein** to be easy/

almost impossible/impossible/difficult to read (4) INFORM ■ **etw** [**in etw** *akk*] ~ to read sth [into sth] (5) (*entnehmen*) ■ **etw aus etw** *dat* ~ to see sth in sth; *s. a.* **Gedanken II.** *vi* (1) (*als Lektüre*) to read; ■ **an etw** *dat* ~ to read sth; ■ [**das**] **L~** reading (2) SCH (*eine Vorlesung halten*) ■ **über jdn/etw** ~ to lecture on sb/sth **III.** *vr* **etw liest sich leicht** sth is easy to read [*or* easy-going]; **etw liest sich nicht leicht** sth is quite difficult to read [*or* heavy-going]

lesen² <liest, las, gelesen> *vt* (1) (*sammeln*) ■ **etw** ~ to pick sth; **-hren** ~ to glean [[ears of] corn] (2) (*auf~*) ■ **etw von etw** *dat* ~ to pick sth off sth; **etw vom Boden** ~ to pick sth up *sep* off [*or* from] the floor

lesenswert *adj* worth reading *pred;* **ein ~es Buch** a book [which [*or* that] is] worth reading, a good read *fam*

Leseprobe *f* (1) (*Buchausschnitt*) extract (2) (*Theaterprobe*) reading

Leser(in) <-s, -> *m(f)* reader

Leseratte *f* (*hum fam*) bookworm

Leserbefragung *f* reader[s] survey **Leserbrief** *m* reader's letter; **,~e'** 'letters to the editor'

Leserin <-, -nen> *f fem form von* **Leser**

Leserkreis *m* readership

leserlich *adj* legible; **gut/kaum/schwer ~ sein** to be easy/almost impossible/difficult to read

Leserlichkeit <-> *f kein pl* legibility *no pl, no indef art*

Leserschaft <-, *selten* -en> *f* (*geh*) readership

Lesesaal *m* reading room **Leseschwäche** *f* reading problem **Lesestift** *m* INFORM wand, magnetic wand reader **Lesestoff** *m* reading matter *no pl, no indef art* **Lesestück** *nt* reading passage **Lesezeichen** *nt* bookmark[er] **Lesezirkel** *m* magazine subscription service (*company which loans magazines to readers*)

Lesother(in) <-s, -> *m(f)* Mosotho *sing,* Basotho *pl; s. a.* **Deutsche(r)**

lesothisch *adj* Basotho; *s. a.* **deutsch**

Lesotho <-s> *nt* Lesotho; *s. a.* **Deutschland**

Lesung <-, -en> *f* (1) MEDIA (*Dichter~*) reading (2) POL (*Beratung*) reading (3) REL lesson; **die ~ halten** to read the lesson

Lethargie <-> *f kein pl* lethargy *no pl, no indef art*

lethargisch *adj* lethargic

Lette, Lettin <-n, -n> *m, f* Latvian, Lett

Letter <-, -n> *f* (1) (*Druckbuchstabe*) letter (2) TYPO (*Drucktype*) type

Lettin <-, -nen> *f fem form von* **Lette**

lettisch *adj* Latvian, Lettish; **auf L~** in Latvian [*or* Lettish]

Lettland *nt* Latvia

Letzeburgesch *nt dekl wie adj* (*fachspr*) *s.* **Luxemburgisch**

Letzeburgesche <-n> *nt* (*fachspr*) *s.* **Luxemburgische**

Letzt *f* ▶ WENDUNGEN: **zu guter ~** finally, in the end

letzte(r, s) *adj* (1) (*den Schluss bezeichnend*) last; ***in der Klasse saß sie in der ~n Reihe*** she sat in the back row in class, the classroom; **der L~ des Monats** the last [day] of the month; **als ~[r]** last; **als L~[r] kommen/gehen/fertig sein** to arrive/leave/finish last, to be the last to arrive/leave/finish (2) (*das zuletzt Mögliche bezeichnend*) last; **der ~e Versuch** the final [*or* last] attempt; ■ **jd ist der L~, die/der ...** sb is the last person that ...; ***diese Klatschbase wäre die L~, der ich mich anvertrauen würde*** that old gossip is the last person I would confide in; ■ **etw ist das L~, was ...** sth is the last thing that ... (3) SPORT (*den Schluss einnehmend*) last; ***sie ging als ~ Läuferin durchs Ziel*** she was the last runner to finish [the race]; ■ **L~ werden** to finish [in] last [place] (4) TRANSP (*späteste*) last (5) (*restlich*) last (6) (*vorige*) last; **es ist das ~ Mal, dass ...** this is the last time that ...; **beim ~n Mal** last time; **zum ~n Mal** the last time; ***den ganzen ~n Monat war ich auf Dienstreise*** I was away on a business trip for the whole of last month; **im ~n Jahr** last year (7) (*an ~r Stelle erwähnt*) last (8) (*neueste*) latest; *s. a.* **Schrei** (9) (*fam: schlechteste*) absolute, out-and-out; ***das ist doch der ~ Kerl!*** what an absolute [*or sl* out-and-out] sleazeball!, what an absolute cad! *pej dated* ▶ WENDUNGEN: **die L~n werden die Ersten** [**und die Ersten werden die L~n**] **sein** (*prov*) the last shall be first [and the first shall be last] *prov;* **den L~n beißen die Hunde** (*prov*) [the] devil take the hindmost *prov;* **bis ins L~** right down to the last detail; *s. a.* **Hund**

Letzte(s) *nt dekl wie adj* (*letzte Bemerkung*) ■ **ein ~s** one last thing ▶ WENDUNGEN: **sein ~s [her]geben** to give one's all; **das ist ja wohl das ~!** (*fam*) that really is the limit! [*or* that really takes the biscuit] [*or* AM cake] *fam*

letztendlich *adv* in the end, when all's said and done, at the end of the day

letztens *adv* recently; **erst ~** just the other day; **... und ~ ...** and lastly [*or* finally]; **drittens und ~** thirdly and lastly [*or* finally]

Letztentscheidungsrecht *nt* JUR right of ultimate decision

letztere(r, s) *adj* (*geh*) latter; ***L~s würde zutreffen*** the latter would apply; ***könnten Sie das L~ wohl noch einmal wiederholen?*** could you just repeat the last thing you said please?

letztgenannt *adj* last-mentioned *attr;* **die letztgenannte Person** the last-named person **letztjährig** *adj attr* last year's

letztlich *adv* in the end

letztmalig *adj attr* last, final

letztmöglich *adj attr* latest possible

letztverfügbar *adj inv* latest available, most recent

letztwillig JUR **I.** *adj attr* (*form*) **~e Verfügung** [last] will, disposition on death; **eine ~e Verfügung anfechten** to avoid a will; **~e Zuwendung** bequest, legacy; **jdm eine ~e Zuwendung machen** to make a bequest [*or* leave a legacy] to sb **II.** *adv* **~ verfügen, dass ...** to state in one's last will and testament that ...

Leuchtbake *f* TRANSP light beacon (*distance warning signal with navigational light*) **Leuchtboje** *f* NAUT light-buoy **Leuchtbombe** *f* MIL flare [bomb] **Leuchtdiode** *f* light-emitting diode, LED

Leuchte <-, -n> *f* (*Stehlampe*) standard lamp ▶ WENDUNGEN: [**bei/in etw** *dat*] **eine ~ sein** (*fam*) to be brilliant [*or* a genius] [at sth]; **nicht gerade eine ~ sein, wirklich keine ~ sein** (*fam*) to not be all that [*or* at all] bright, to not [exactly] be a genius

leuchten *vi* (1) (*Licht ausstrahlen*) to shine; ***die Abendsonne stand rot ~d am Horizont*** the evening sun glowed red on the horizon (2) (*Licht reflektieren*) to glow (3) (*auf~*) ■ **vor etw** *dat* ~ to light up with sth; ***die Kinder hatten vor Freude ~de Augen*** the children's eyes were sparkling [*or* lit up] with joy (4) (*strahlen*) shine; ***leuchte mit der Lampe mal hier in die Ecke*** can you shine the light here in the corner

leuchtend *adj* (1) (*strahlend*) bright (2) (*herrlich*) shining *fig;* **~e Farben** glowing colours [*or* AM -ors]

Leuchter <-s, -> *m* candlestick; (*mehrarmig*) candelabra, candelabrum

Leuchtfarbe *f* luminous [*or* fluorescent] paint

Leuchtfeuer *nt* LUFT, NAUT beacon, signal light; (*auf der Landebahn*) runway lights **Leuchtgas** *nt* coal gas **Leuchtkäfer** *m* ZOOL glow-worm **Leuchtkraft** *f kein pl* (1) ELEK brightness *no pl,* luminosity *no pl,* luminous power *no pl* (2) ASTRON luminosity *no pl* **Leuchtkugel** *f* flare **Leuchtpistole** *f* flare pistol [*or* gun] **Leuchtrakete** *f* [rocket] flare, signal rocket **Leuchtreklame** *f* neon sign **Leuchtschrift** *f* neon letters *pl* **Leuchtsignal** *nt* light [*or* flare] signal **Leuchtspurmunition** *f* MIL tracer ammunition [*or* bullets] **Leuchtstift** *m* highlighter **Leuchtstofflampe** *f* fluorescent light **Leuchtstoffröhre** *f* TECH fluorescent tube [*or* lamp] **Leuchtturm** *m* lighthouse **Leuchtturmwärter(in)** <-s, -> *m(f)* lighthouse keeper **Leuchtzifferblatt** *nt* luminous dial

leugnen **I.** *vt* ■ **etw** ~ to deny sth; ■ **~, etw getan zu haben** to deny having done sth; **es ist nicht zu ~, dass ...** there is no denying the fact that ..., it cannot be denied that ...; **etw lässt sich nicht ~** sth cannot be denied **II.** *vi* to deny it; ■ **jds L~** sb's denial

Leugnung <-, -en> *f* denial

Leukämie <-, -n> [-'mi:ən] *f* MED leukaemia BRIT, leukemia AM

leukämisch *adj* MED leukaemic BRIT, leukemic AM, suffering from leukaemia [*or* AM leukemia] *pred*

Leukoplast® <-[e]s, -e> *nt* sticking plaster BRIT, Band-Aid® AM

Leukozyt <-en, -en> *m meist pl* ANAT leucocyte

Leukozytenzahl *f* number of leucocytes

Leumund *m kein pl* reputation

Leumundszeugnis *nt* [character] reference

Leute *pl* (1) (*Menschen*) people *npl;* **alle/keine/kaum ~** everybody/nobody/hardly anybody; **unter ~ gehen** to get out and about [a bit] (2) (*fam: Kameraden, Kollegen*) people *npl,* folks *npl fam* (3) (*Mitarbeiter*) workers *pl;* ***die Leute von der Feuerwehr/Müllabfuhr*** the firemen/dustbin men (4) MIL, NAUT men *pl* (5) (*fam: Eltern*) ■ **jds ~** sb's parents [*or fam* folks] *pl* ▶ WENDUNGEN: **die kleinen ~, kleine ~** (*einfache Menschen*) [the] ordinary people; (*hum fam: die Kinder*) the little ones; **etw unter die ~ bringen** (*fam*) to spread sth around; **ein Gerücht unter die ~ bringen** to spread [*or* circulate] a rumour [*or* AM -or]

Leuteschinder(in) <-s, -> *m(f)* (*pej fam*) slave-driver *fig*

Leutnant <-s, -s *o* -e> *m* MIL second lieutenant; **~ zur See** NAUT sub-lieutenant BRIT, ensign AM

leutselig *adj* affable

Leutseligkeit *f kein pl* affability *no pl, no indef art*

Level <-s, -s> ['lɛvl] *m* (*geh*) level

Leviten [-'vi:-] *pl* ▶ WENDUNGEN: **jdm die ~ lesen** (*fam*) to read sb the Riot Act

Levkoje <-, -n> *f* HORT stock

Lex <-, Leges> *f* POL ■ **die ~ ...** the ... Act

Lexem <-s, -e> *nt* LING lexeme

Lexika *pl von* **Lexikon**

lexikalisch *adj* LING lexical

Lexikograph(in), Lexikograf(in)[RR] <-en, -en> *m(f)* LING lexicographer

Lexikographie, Lexikografie[RR] <-> *f kein pl* LING lexicography *no pl, no indef art*

Lexikographin, Lexikografin[RR] <-, -nen> *f fem form von* **Lexikograph**

lexikographisch, lexikografisch[RR] **I.** *adj* LING lexicographical **II.** *adv* LING lexicographically; **~ tätig sein** to work as a lexicographer

Lexikologe, -login <-n, -n> *m, f* LING lexicologist

Lexikologie <-> *f kein pl* LING lexicology *no pl, no indef art*

Lexikologin <-, -nen> *f fem form von* **Lexikologe**

Lexikon <-s, Lexika> *nt* (1) (*Nachschlagewerk*) encyclopaedia BRIT, encyclopedia AM (2) LING (*Wortschatz*) lexicon

Lezithin, Lecithin <-s> *nt kein pl* lecithin

lfd. *adj Abk von* **laufend** regular; (*jetztig*) current

Liaison <-, -s> [liɛ'zõ:] *f* (*geh*) (1) (*Verhältnis*) liaison; **eine ~** [**mit jdm**] **haben** to have a liaison [with sb] (2) (*Person*) lover

Liane <-, -n> *f* BOT liana, liane

Libanese, Libanesin <-n, -n> *m, f* Lebanese; *s. a.* **Deutsche(r)**

libanesisch *adj* Lebanese; *s. a.* **deutsch**

Libanon <-[s]> *m* GEOG (1) (*Land*) ■ **der ~** the Lebanon (2) (*Gebirge*) the Lebanon Mountains *pl*

Libelle <-, -n> *f* (1) ZOOL dragonfly (2) TECH (*Teil eines Messinstruments*) bubble tube; (*bei einer Wasserwaage*) spirit level (3) MODE [type of] hair slide

libellieren *vt* TECH ■ **etw** ~ to check [*or* measure] sth with a/the spirit level

liberal **I.** *adj* (1) POL liberal; **die ~e Partei** the Liberal Party; **~e Politik** liberal policies; **ein ~er Politiker** a Liberal [politician] (2) (*tolerant*) liberal **II.** *adv* liberally; **~ eingestellt/gestaltet sein** to be liberally minded/have a liberal structure

Liberaldemokrat(in) *m(f)* Liberal Democrat

L

Liberale(r) *f(m) dekl wie adj* POL Liberal

liberalisieren* *vt* ■**etw** ~ to liberalize sth

Liberalisierung <-, -en> *f* liberalization

Liberalisierungsgrad *m* ÖKON degree of liberalization **Liberalisierungskodex** *m* ÖKON liberalization code **Liberalisierungsmaßnahmen** *pl* ÖKON liberalization measures

Liberalismus <-> *m kein pl* POL liberalism

Liberalität <-> *f kein pl* liberality *no pl,* liberalness *no pl*

Liberia <-s> *nt* Liberia

Liberianer(in) <-s, -> *m(f)* Liberian; *s. a.* **Deutsche(r)**

liberianisch *adj* Liberian; *s. a.* **deutsch**

Liberier(in) <-s, -> *m(f) s.* **Liberianer**

Libero <-s, -s> *m* FBALL sweeper, libero *rare, spec*

Libido <-> *f kein pl* PSYCH libido

Libidostörung *f* PSYCH libidinal disorder

LIBOR *m* FIN (*Referenzzinssatz*) *Akr von* **London Interbank Offered Rate**: **~-Zusatz** spread

Librettist(in) <-en, -en> *m(f)* MUS librettist

Libretto <-s, -s *o* Libretti> *nt* MUS libretto

Libyen <-s> *nt* Libya

Libyer(in) <-s, -> *m(f)* Libyan; *s. a.* **Deutsche(r)**

libysch *adj* Libyan; *s. a.* **deutsch**

lic. *m(f)* SCHWEIZ *Abk von* **Lizenziat(in)** licentiate

licht *adj* ❶ (*hell*) light ❷ (*spärlich*) sparse, thin; ***an der Stirn ist sein Haar schon*** ~ he already has a receding hairline ❸ ARCHIT, BAU **~er Abstand** clearance; **~e Höhe/Weite** headroom/clear width [*or* span]

Licht <-[e]s, -er> *nt* ❶ *kein pl* (*Helligkeit*) light *no pl,* brightness ❷ (*veraltend: Kerze*) candle ❸ ELEK light; **elektrisches** ~ electric light[s] [*or* lighting]; ***das ~ brennt*** the light is [*or* lights are] on; **das ~ brennen lassen** to leave the light[s] on; **das ~ ausschalten** [*o fam* **ausknipsen**] to turn out [*or* switch off] the light *sep;* **etw gegen das ~ halten** to hold sth up to the light; **[jdm] ~ machen** to turn [*or* switch] [*or* put] on the light *sep* [for sb]; **jdm im ~ stehen** to stand in sb's light ▸ WENDUNGEN: **~ am Ende des Tunnels** light at the end of the tunnel; **das ~ der Erkenntnis** (*geh*) the light of knowledge; **das ~ [der Öffentlichkeit] scheuen** to shun publicity; **wo ~ ist, ist auch Schatten** (*prov*) every light has its shadow *prov,* there's no joy without sorrow *prov;* **sein ~ unter den Scheffel stellen** to hide one's light under a bushel; **das ~ der Welt erblicken** (*geh*) to [first] see the light of day; **etw erscheint in einem anderen ~** sth appears in a different light; **etw lässt etw in einem anderen ~ erscheinen** sth shows sth in a different light; **das ewige ~** REL the Sanctuary Lamp; **etw ins falsche ~ rücken** to show sth in a false light; **kein großes ~ sein** (*fam*) to be no great genius; **grünes ~ [für etw akk] geben** to give the go-ahead [*or* green light] [for sth]; **im günstigen ~, in einem günstigeren ~** in a [more] favourable [*or* AM favorable] light; **etw ins rechte ~ rücken** to show sth in its correct light; **etw in rosigem ~ sehen** to see sth through rose-coloured [*or* AM -ored] spectacles; **bei ~ besehen** [*o* **betrachtet**] on closer consideration; **~ in etw** *akk* **bringen** to shed [some] light on sth; **etw ans ~ bringen** to bring sth to light; **jdn hinters ~ führen** to pull the wool over sb's eyes [*or* take sb in] [*or* hoodwink sb]; **[jdm] aus dem ~ gehen** to move [*or* get] out of the/sb's light; **mir geht ein ~ auf** (*fam*) now I see, it's suddenly dawned on me; **ans ~ kommen** to come to light; **es werde ~! und es ward ~** REL let there be light: and there was light; **etw wirft ein bestimmtes ~ auf jdn** sth shows sb in a certain light

Lichtanlage *f* lights *pl,* lighting system [*or* equipment] **lichtbedingt** *adj inv* **~e Hautalterung** photoageing BRIT, photoaging AM **lichtbeständig** *adj s.* **lichtecht Lichtbeständigkeit** *f* light-fastness, fade resistance **Lichtbild** *nt* (*veraltend*) ❶ (*geh: Passbild*) passport photograph ❷ (*Dia*) slide **Lichtbildervortrag** *m* (*veraltend*) slide show **Lichtblende** *f* BAU light diffuser **Lichtblick** *m* bright spot, ray of hope **Lichtbogen** *m* ELEK arc **Lichtbogenschweißung** *f* TECH arc welding **Lichtbrechung** *f* refraction of light **Lichtbündel** *nt* pencil of rays **Lichtdruck** *m* ❶ *kein pl* PHYS light pressure ❷ *kein pl* TYPO (*Verfahren*) collotype [printing] ❸ TYPO (*einzelnes Bild*) collotype print **lichtdurchflutet** *adj inv* flooded with light *pred* **lichtdurchlässig** *adj* translucent, pervious to light, light-transmissive **lichtecht** *adj* non-fading **Lichteffekt** *m* lighting effect **Lichteinfall** *m* incidence of light **Lichteinwirkung** *f* action of light **lichtempfindlich** *adj* sensitive to light *pred;* FOTO photosensitive **Lichtempfindlichkeit** *f* photosensitivity; (*Film, Fotopapier*) light sensitivity, speed

lichten I. *vt* FORST, HORT ■**etw** ~ to thin out sth *sep; s. a.* **Anker** II. *vr* ■**sich** ~ ❶ (*dünner werden*) to [grow] thin ❷ (*spärlicher werden*) to go down ❸ (*klarer werden*) to be cleared up; ***die Angelegenheit lichtet sich immer mehr*** this matter is becoming ever more clear

Lichterbaum *m* (*geh*) Christmas tree **Lichterfest** *nt* REL (*jüdische Festwoche*) Feast of Lights [*or* Dedication], Chanukah, Hanuka, Hanukkah, Hanukka **Lichterglanz** *m* (*geh*) blaze of lights **Lichterkette** *f* chain of lights **lichterloh** *adv* ~ **brennen** to be ablaze **Lichtermeer** *nt* (*geh*) sea of lights **Lichtfilter** *nt o m* light filter **Lichtfleck** *m* light spot **Lichtgeschwindigkeit** *f kein pl* ■**die** ~ the speed of light; **mit ~** at the speed of light **Lichtgriffel** *m,* **Lichtstift** *m* INFORM light [*or* electronic] pen **Lichthof** *m* ❶ ARCHIT inner court, courtyard, quadrangle ❷ ASTRON halo ❸ TECH halation **Lichthupe** *f* AUTO flash of the headlights **Lichtjahr** *nt* ❶ ASTRON light year ❷ *pl* (*fam: sehr weit/lange*) light years *pl fam* **Lichtkegel** *m* cone [*or* beam] of light **Lichtkuppel** *f* BAU light dome **Lichtleiter** *m* PHYS light conductor **Lichtleitfaser** *f* ELEK light-conducting fibre [*or* AM -er] **Lichtmangel** *m kein pl* lack of light *no pl;* **aus ~** as a result of a lack of light **Lichtmaschine** *f* AUTO alternator, dynamo, generator **Lichtmast** *m* TRANSP lamppost, lamp-standard

Lichtmess[RR], **Lichtmeß** *f* REL **Mariä ~** Candlemas

Lichtmesser *m* PHYS photometer **Lichtnelke** *f* BOT campion, catchfly **Lichtorgel** *f* colour [*or* AM -or] organ **Lichtpause** *f* blue print, cyanotype, diazo copy **Lichtquelle** *f* light source, source of light **Lichtreaktion** *f* BIOL light reaction **Lichtreklame** *f s.* **Leuchtreklame Lichtsatz** *m* TYPO phototypesetting **Lichtschacht** *m* ARCHIT light-well **Lichtschalter** *m* light switch **Lichtschein** *m* gleam of light **lichtscheu** *adj* ❶ BOT, ZOOL **eine ~e Pflanze** a shade-loving plant; **ein ~es Tier** an animal that shuns the light ❷ (*fig*) **~es Gesindel** shady characters *pl fig* **Lichtschranke** *f* light [*or* photoelectric] barrier [*or* beam] **Lichtschutzfaktor** *m* [sun] protection factor **Lichtsignal** *nt* light signal

Lichtspiel *nt* (*veraltend*) film, moving picture *old* **Lichtspielhaus** *nt* FILM (*veraltend*) cinema, picture-house [*or* -palace] [*or* -theatre] *dated* **Lichtspieltheater** *nt* (*veraltend: Kino*) picture palace *old*

lichtstark *adj* ❶ PHYS light-intense ❷ FOTO **ein ~es Objektiv** a fast [*or* high-speed] lens **Lichtstärke** *f* ❶ PHYS light [*or* luminous] intensity ❷ FOTO *Objektiv* speed **Lichtstift** *m* INFORM light pen, electronic pen, stylus, wand **Lichtstrahl** *m* beam [*or* ray] of light **lichtundurchlässig** *adj* opaque, impervious to light, light-proof

Lichtung <-, -en> *f* FORST clearing, glade

Lichtverhältnisse *pl* lighting conditions *pl*

Lid <-[e]s, -er> *nt* ANAT [eye]lid

Lidschatten *m* eye shadow **Lidschattenstift** *m* eye shadow pencil **Lidstift** *m* eyeliner **Lidstrich** *m* **einen ~ ziehen** to apply eyeliner **Lidverletzung** *f* injury of the eyelid

lieb *adj* ❶ (*liebenswürdig*) kind, nice; ***das war nicht gerade ~ von dir!*** that wasn't very kind [*or* nice] of you!; ■**~ zu jdm sein** to be nice to sb; **sei/seien Sie so ~ und …** would you be so good [*or* kind] as to …; *s. a.* **Gruß** ❷ (*artig*) good; ***sei jetzt ~/sei ein ~es Kind!*** be a good boy/girl! ❸ (*niedlich*) sweet, cute, lovable ❹ (*geschätzt*) dear, beloved; ***L~er Karl, L~e Amelie!*** (*als Anrede in Briefen*) Dear Karl and Amelie,; ***meine L~e/mein L~er*** my dear girl/man [*or* fellow] [*or* chap] [*or* boy]; **[mein] L~es** [my] love, darling; **[aber] meine L~e/mein L~er!** (*iron*) [but] my dear!; **[ach] du ~er Gott/~e Güte/~er Himmel/~e Zeit/~es bisschen!** (*fam*) good heavens [*or* Lord]! *fam,* goodness gracious [*or* me]!; **jdn/ein Tier ~ haben** to love [*or* be fond of] sb/an animal; **jdn/etw ~ gewinnen** to grow fond of sb/sth; **~ geworden** of which one has grown very fond *pred;* ***man muss ihn einfach ~ haben*** it's impossible not to like him ❺ (*angenehm*) welcome, pleasant; ***solche ~e Gäste haben wir lange nicht gehabt*** it's a long time since we had such pleasant guests; ■**etw/jd ist jdm ~** sb welcomes [*or* appreciates] sth/sb, sb is grateful for sth; ***das wäre mir gar nicht/weniger ~*** I'd [much] rather you didn't [do it]; **am ~sten** best [*or* most] [of all]; ***ich mag Vollmilchschokolade am ~sten*** my favourite is milk chocolate; ***am ~sten hätte ich ja abgelehnt*** I would have liked to have said [*or* preferred to say] no; *s. a.* **lieber**

liebäugeln *vi* ■**mit etw** *dat* ~ to have one's eye on sth; ■**damit ~, etw zu tun** to toy [*or* flirt] with the idea of doing sth

Liebchen <-s, -> *nt* (*veraltend*) my darling [*or* sweet], sweetheart

Liebe <-, -n> *f* ❶ (*Gefühl starker Zuneigung*) love; ■**jds ~ zu jdm** sb's love for sb; **aus ~ zu jdm** out of love for sb; ***ich werde aus ~ heiraten*** I'm going to marry for love; ***er war blind vor ~*** he was blind with love ❷ *kein pl* (*Leidenschaft*) ■**die/jds ~ zu etw** *dat* the/sb's love of sth; **aus ~ zu etw** *dat* for the love of sth ❸ (*Mensch*) love; **meine große ~** [*o* **die ~ meines Lebens**] the love of my life; **eine alte ~** an old flame ❹ (*Sex*) making love; **gut in der ~ sein** (*fam*) to be good in bed *fam* [*or* at making love]; **käufliche ~** (*geh*) prostitution, venal love; **platonische ~** platonic love; **~ [mit jdm] machen** (*fam*) to make love [to [*or* with] sb] ▸ WENDUNGEN: **~ auf den ersten Blick** love at first sight; **~ geht durch den Magen** (*prov*) the way to a man's heart is through his stomach *prov;* **alte ~ rostet nicht** (*prov*) old love does not rust *prov,* old love [*or* an old flame] never dies *prov;* **~ macht blind** (*prov*) love is blind *prov;* **in ~, dein(e) …** [with] all my love, …; **mit [viel] ~** with loving care

liebebedürftig *adj* in need of love [*or* affection] *pred,* needing a lot of affection *pred*

Liebelei <-, -en> *f* (*fam*) flirtation

lieben I. *vt* ❶ (*Liebe entgegenbringen*) ■**jdn ~** to love sb; ■**sich ~** to love each other [*or* one another]; **jdn/etw ~ lernen** to come [*or* learn] to love sb/sth; ■**sich ~ lernen** to come [*or* learn] to love each other [*or* one another]; *s. a.* **geliebt** ❷ (*gerne mögen*) ■**etw ~** to love sth; **es nicht ~, wenn jd etw tut/wenn etw geschieht** to not like it when sb does sth/when sth happens ❸ (*euph: Geschlechtsverkehr miteinander haben*) ■**jdn ~** to make love to sb; ■**sich ~** to make love ▸ WENDUNGEN: **was sich** *akk* **liebt, das neckt sich** *akk* (*prov*) lovers like to tease each other II. *vi* to be in love

liebend I. *adj* loving II. *adv* **~ gern** with great pleasure; ***ich würde ja ~ gerne bleiben, aber ich muss gehen*** I'd love to stay [here], but I've got to go; ***„willst du mich nicht begleiten?" — „aber ~ gern"*** "would you like to come with me?" — "I'd love to"

Liebende(r) *f(m) dekl wie adj* lover

liebenswert *adj* likeable, lovable

liebenswürdig *adj* kind, friendly; ■**~ von jdm sein** to be kind of sb; **wären Sie wohl so ~ und …?** would you be so kind as to …?

liebenswürdigerweise *adv* kindly; ***ob Sie mich wohl ~ vorlassen würden?*** would you be so kind as to let me go first?

Liebenswürdigkeit <-, -en> *f* kindness; **würden Sie die ~ haben[, das zu tun** [*o* **und das tun**]]?

(*geh*) would you be so kind [as as to do sth]? *form;* **die ~ in Person** kindness personified; ***du bist heute wieder von einer ~!*** (*iron*) you're in a pleasant mood again today! *iron*

lieber I. *adj comp von* **lieb**: ■ **jdm ~ sein** to be preferable to sb; ***mir wäre es ~, wenn Sie nichts darüber verlauten ließen*** I would prefer it if [*or* I would rather [*or* sooner]] you didn't tell anybody about this; ***was ist Ihnen ~, das Theater oder das Kino?*** would you prefer to go to the theatre or the cinema? II. *adv* ① *comp von* **gern** rather, sooner; **etw ~ mögen** to prefer sth; ***ich würde ~ in der Karibik als an der Ostsee Urlaub machen*** I would rather [*or* sooner] take a holiday in the Caribbean than on the Baltic ② (*besser*) better; ***darüber schweige ich*** ~ I think it best to [*or* I'd better] remain silent; ***wir sollten ~ gehen*** we'd better [*or* we should] be going; ***das hätten Sie ~ nicht gesagt*** you shouldn't have said that; ***das möchte ich dir ~ nicht sagen*** I'd rather not tell you that; ***ich wüsste nicht, was ich ~ täte!*** there's nothing I'd rather do, I'd love to; **nichts ~ als das** I'd love to

Liebesabenteuer *nt* amorous adventure, romance **Liebesaffäre** *f* love affair **Liebesakt** *m* (*geh*) act of love **Liebesapfel** *m* (*veraltet*) tomato **Liebesbande** *pl* ▶ WENDUNGEN: **[zarte] ~ knüpfen** (*geh*) to tie tender bonds of love *form* **Liebesbeziehung** *f* loving [*or* romantic] relationship, love affair **Liebesbrief** *m* love letter **Liebesdienst** *m* (*geh*) favour [*or* AM -or]; **jdm einen ~ erweisen** to do sb a favour [*or* kindness] **Liebeserklärung** *f* declaration of love; **jdm eine ~ machen** to make a declaration of [*or* declare] one's love to sb **Liebesfilm** *m* romantic film **Liebesgabe** *f* (*geh o veraltend: Spende*) alms *npl* **Liebesgedicht** *nt* love-poem **Liebesgeschichte** *f* ① LIT love story ② (*fam: Liebesaffäre*) love affair **Liebesgott, -göttin** *m, f* god/goddess of love **Liebesheirat** *f* love match **Liebesknochen** *m* DIAL (*Eclair*) eclair **Liebeskummer** *m* lovesickness *no pl;* **~ haben** to be lovesick; **aus ~** out of [*or* for] lovesickness **Liebesleben** *nt* love life **Liebeslied** *nt* love song **Liebesmüh(e)** *f* ▶ WENDUNGEN: **vergebliche** [*o* **verlorene**] **~ sein** to be a waste of effort [*or* time] **Liebesnest** *nt* (*fam*) love nest **Liebespaar** *nt* lovers *pl* **Liebesroman** *m* romantic novel **Liebesspiel** *nt* love play **Liebesszene** *f* love scene **liebestoll** *adj* love-crazed; ■ **~ sein/werden** to be/become love-crazed **Liebestrank** *m* love potion **Liebesverhältnis** *nt s.* Liebesbeziehung **Liebeszauber** *m* love spell

liebevoll I. *adj* loving; **ein ~er Kuss** an affectionate kiss; **ein ~er Mensch** a loving [*or* an affectionate] person II. *adv* ① (*zärtlich*) affectionately ② (*mit besonderer Sorgfalt*) lovingly; **~ dekorieren/verpacken/zubereiten** to decorate/wrap up/prepare lovingly [*or* with loving care]

Liebhaber(in) <-s, -> *m(f)* ① (*Beziehungspartner*) lover ② (*Sexualpartner*) lover ③ (*Freund*) enthusiast

Liebhaberei <-, -en> *f* hobby

Liebhaberin <-, -nen> *f fem form von* **Liebhaber**

Liebhaberpreis *m* collector's price **Liebhaberstück** *nt* collector's piece [*or* item] **Liebhaberwert** *m kein pl* collector's value *no pl*

liebkosen* *vt* (*geh*) ■ **jdn ~** to caress sb

Liebkosung <-, -en> *f* (*geh*) caress

lieblich I. *adj* ① (*angenehm süß*) sweet; **~er Wein** soft [*or* medium sweet] wine ② (*erhebend*) lovely, delightful, charming; **~e Töne** melodious sounds II. *adv* **~ duften/schmecken** to smell/taste sweet

Lieblichkeit <-> *f kein pl* sweetness *no pl*

Liebling <-s, -e> *m* ① (*Geliebte(r)*) darling ② (*Favorit*) favourite [*or* AM favorite]

Lieblingsbeschäftigung *f* favourite [*or* AM favorite] hobby [*or* pastime] **Lieblingsgericht** *nt* favourite dish **Lieblingsplatte** *f* favourite record **Lieblingsplatz** *m* favourite spot **Lieblingsprogramm** *nt* favourite programme [*or* AM -am] **Lieblingspuppe** *f* favourite doll **Lieblingsspielzeug** *nt* favourite toy **Lieblingstreffpunkt** *m* preferred [*or* favourite] [*or* AM favorite] rendezvous **Lieblingswein** *m* favourite wine

lieblos I. *adj* ① (*keine liebevolle Zuwendung gebend*) unloving ② (*Nachlässigkeit zeigend*) unfeeling II. *adv* any old how *fam;* ***gehen Sie nicht so ~ mit dem teuren Geschirr um!*** be a bit more careful with that expensive crockery!

Lieblosigkeit <-, -en> *f* ① *kein pl* (*Mangel an liebevoller Zuwendung*) lack of loving [*or* feeling] [*or* care] *no pl* ② (*Verhalten*) unkind [*or* unfeeling] act

Liebreiz *m kein pl* (*geh*) charm

Liebschaft <-, -en> *f* (*veraltend*) *s.* **Liebesaffäre**

liebste(r, s) *adj superl von* **lieb** dearest; ■ **am ~n** best of all; ***das mag ich am liebsten*** I like that [the] best [*or* the most] [*or* best of all]; ***am liebsten möchte ich schlafen*** most of all I'd [*or* I'd just really] like to sleep

Liebste(r) *f(m) dekl wie adj* ■ **jds ~** sb's sweetheart

Liebstöckel <-s, -> *m o nt* BOT lovage

Liechtenstein <-s> *nt* Liechtenstein

Liechtensteiner(in) <-s, -> *m(f)* Liechtensteiner

liechtensteinisch *adj* Liechtenstein

Lied <-[e]s, -er> *nt* song ▶ WENDUNGEN: **es ist immer das alte** [*o* **gleiche**] **~** (*fam*) it's always the same old story; **ein ~ von etw** *dat* **singen können/zu singen wissen** to be able to tell sb a thing or two about sth

Liederabend *m* song recital evening **Liederbuch** *nt* songbook

liederlich *adj* (*veraltend o pej*) slovenly

Liederlichkeit <-> *f kein pl* ① (*Schlampigkeit*) slovenliness ② (*pej: Zügellosigkeit*) dissoluteness

Liedermacher(in) *m(f)* singer-songwriter (*about topical subjects*)

lief *imp von* **laufen**

Lieferabkommen *nt* ÖKON delivery [*or* supply] contract **Lieferangebot** *nt* HANDEL supplier's offer; **ein ~ machen** to offer delivery terms

Lieferant(in) <-en, -en> *m(f)* ① (*Firma*) supplier ② (*Auslieferer*) deliveryman *masc,* deliverywoman *fem*

Lieferanteneingang *m* goods [*or* AM delivery] [*or* AM receiving] entrance; (*in einem Wohnhaus*) tradesmen's entrance BRIT, side [*or* back] door AM **Lieferantenkredit** *m* FIN supplier's [*or* trade] credit **Lieferantenschulden** *pl* FIN trade debts, debts to suppliers **Lieferantensperre** *f* HANDEL exclusion of supplies

Lieferantin <-, -nen> *f fem form von* **Lieferant**

Lieferanweisung *f* HANDEL delivery instructions [*or* order] **Lieferauftrag** *m* HANDEL purchase [*or* delivery] order; **einen ~ erteilen** to place an order

lieferbar *adj* ① (*erhältlich*) available, in stock; ***dieser Artikel ist derzeit nicht ~*** this item is not available [*or* in stock] at the moment ② (*zustellbar*) ■ **~ sein** to be able to be supplied [*or* delivered]; ***Ihre Bestellung ist leider erst später ~*** we won't be able to meet your order until a later date

Lieferbedingungen *pl* terms [*or* conditions] of delivery; **Liefer- und Zahlungsbedingungen** terms of payment and delivery **Lieferdatum** *nt* HANDEL delivery date **Lieferfähigkeit** *f kein pl* HANDEL delivery power **Lieferfirma** *f* ① (*Lieferant*) supplier ② (*Auslieferer*) delivery firm **Lieferfrist** *f* delivery [*or* lead] time, delivery deadline **Lieferfristüberschreitung** *f* HANDEL failure to keep the delivery date **Liefergewicht** *nt kein pl* HANDEL weight delivered **Lieferland** *nt* HANDEL supplier country **Liefermenge** *f* HANDEL quantity delivered

liefern I. *vt* ① (*aus~*) ■ **[jdm] etw ~** to deliver sth [to sb], to supply [sb with] sth; ■ **etw an jdn/etw ~** to deliver sth to sb/sth ② (*erbringen*) ■ **[jdm] etw ~** to provide sth [for sb] ③ (*erzeugen*) ■ **etw ~** to yield sth; ***viele Rohstoffe werden aus dem Ausland geliefert*** many raw materials are imported from abroad ④ SPORT (*zur Schau stellen*) ■ **jdm etw ~** to put on sth for sb; ***die Boxer lieferten dem Publikum einen spannenden Kampf*** the boxers put on an exciting bout for the crowd II. *vi* to deliver; *s. a.* **geliefert**

Liefernormen *pl* HANDEL supply standards **Lieferort** *m* HANDEL place of delivery **Lieferpflicht** *f* HANDEL supply commitment **Lieferprogramm** *nt* HANDEL programme [*or* AM -am] of delivery **Lieferquelle** *f* HANDEL source of supply **Lieferschein** *m* delivery note BRIT, packing slip AM **Lieferschwierigkeiten** *f* difficulties in [making a] delivery **Liefersperre** *f* HANDEL refusal to deal **Lieferstopp**[RR] *m* JUR stoppage of deliveries **Lieferstörung** *f* HANDEL delivery disruption **Liefertermin** *m* HANDEL delivery date; **festgesetzter ~** scheduled delivery date

Lieferung <-, -en> *f* ① HANDEL (*das Liefern*) delivery, supply; ***zahlbar innerhalb von zehn Tagen nach ~*** payable within 10 days of delivery; **~ frei Haus** free delivery; **~ gegen bar/Nachnahme** payment cash/payment on delivery; **~ ab Werk** delivery ex works; **fehlerhafte ~** defective delivery; **prompte/noch ausstehende ~** prompt/overdue delivery; **zahlbar bei ~** payable [*or* cash] [*or* AM collect] on delivery; **eine ~ abnehmen** to take delivery of goods, to accept delivery; **~en erfolgen** deliveries forthcoming; **etw auf ~ kaufen** to buy forward; **nach erfolgter ~** when delivered; **bei/vor ~** on/prior to delivery ② (*gelieferte Ware*) consignment ③ VERLAG (*vorab ausgelieferter Teil*) instalment BRIT, installment AM

Lieferungsbeschränkung *f* HANDEL restrictions in supply [*or* delivery] **Lieferverpflichtung, Lieferungsverpflichtung** *f* HANDEL obligation to supply, delivery obligation **Liefervertrag** *m* supply contract, contract of sale **Lieferverweigerung** *f* HANDEL refusal to supply [*or* deliver] **Lieferverzug** *m,* **Lieferungsverzug** *m* HANDEL delay in delivery **Lieferwagen** *m* delivery van; (*offen*) pickup truck **Lieferzeit** *f s.* **Lieferfrist**

Liege <-, -n> *f* ① (*Bett ohne Fuß-/Kopfteil*) daybed ② (*Liegestuhl*) [sun-]lounger

Liegegeld *nt* NAUT demurrage

Liegematte *f* beach mat

liegen <lag, gelegen> *vi haben o* SÜDD *sein* ① (*sich in horizontaler Lage befinden*) ■ **irgendwo ~** to lie somewhere; ***ich liege noch im Bett*** I'm still [lying] in bed; ***hast du irgendwo meinen Schlüsselbund ~ gesehen?*** have you seen my keyring lying [around] anywhere?; ***deine Brille müsste eigentlich auf dem Schreibtisch ~*** your glasses should be [lying] on the desk; ■ **irgendwie ~** to lie in a certain manner; ***Herzkranke müssen hoch/höher ~*** people with heart problems should lie with their heads raised; ***auf Latexmatratzen liegt man weich/weicher*** latex matresses are soft/softer for lying on; ***in diesem Liegestuhl liegt man am bequemsten*** this is the most comfortable lounger to lie in; ■ **das L~** lying; **~ bleiben** (*nicht aufstehen*) to stay in bed; (*nicht mehr aufstehen*) to remain lying [down]; **etw ~ lassen** to leave sth [there] ② (*sich abgesetzt haben*) ■ **irgendwo ~** to lie somewhere; ***hier in den Bergen liegt oft bis Mitte April noch Schnee*** here in the mountains the snow often lies on the ground until mid-April; ***auf den Autos liegt weißer Reif*** there is a white [covering of] frost on the cars; ***bei euch liegt aber viel Staub*** it's very dusty [in] here; ***über allen Möbeln lag eine dicke Staubschicht*** there was a thick layer of dust over all the furniture ③ (*lagern*) ■ **irgendwo ~** to lie [*or* hang] somewhere; **[irgendwo] ~ bleiben** (*nicht weggenommen werden*) to be left [somewhere]; ***Hände weg, das Buch bleibt [da] liegen!*** hands off, the [*or* that] book's going nowhere!; ■ **~ bleiben** (*nicht verkauft werden*) to remain unsold; **etw ~ lassen** to leave sth [undone] ④ (*vergessen*) **irgendwo ~ bleiben** to be [*or* get] left behind somewhere; ***mein Hut muss in dem Restaurant ~ geblieben sein*** I must have left my hat in the restaurant; **etw ~ lassen** to leave sth behind; ***verflixt, ich muss meinen Schirm in der U-Bahn ~ gelassen haben!*** damn, I must have left my umbrella [behind] on the underground! ⑤ GEOG (*geografisch gelegen sein*) ■ **irgendwo ~** to be somewhere ⑥ (*eine bestimmte Lage haben*) ■ **ir-**

gendwie ~ to be [situated [*or* located]] [*or* to lie] in a certain manner; ***ihr Haus liegt an einem romantischen See*** their house is situated by a romantic lake; ■**gelegen** situated; **eine bildhübsch/ruhig/verkehrsgünstig gelegene Villa** a villa in a picturesque/quiet/easily accessible location; ■**irgendwohin** ~ to face somewhere; ***diese Wohnung ~ nach vorn zur Straße*** [***hinaus***] this flat faces [out onto] the street ❼ (*begraben sein*) ■**irgendwo** ~ to be [*or* lie] buried somewhere ❽ NAUT (*festgemacht haben*) ■**irgendwo** ~ to be [moored] somewhere ❾ AUTO (*nicht weiterfahren können*) ~ **bleiben** to break down [*or* have a breakdown] ❿ SPORT (*einen bestimmten Rang haben*) ■**irgendwo** ~ to be [*or* lie] somewhere; ***wie ~ unsere Schwimmer eigentlich im Wettbewerb?*** how are our swimmers doing in the competition?; ***die Mannschaft liegt jetzt auf dem zweiten Tabellenplatz*** the team is now second in the division ⓫ (*angeordnet sein*) to lie, to stay; **gut** ~ to stay in place [well]; **richtig/nicht richtig** ~ to be/not be in the right place; *Haar* to stay in place ⓬ (*angesiedelt sein*) ■**bei/um etw** ~ to cost sth; ***der Preis dürfte*** [***irgendwo***] ***bei 4500 DM*** ~ the price is likely to be [around] DM 4,500; ■**irgendwo** ~ to cost sth; ***damit ~ Sie um 185.000 DM höher*** that would put the price up by DM 185,000; ***damit ~ Sie schnell bei 1,3 Millionen DM Baukosten*** that would soon push the building costs up to DM 1.3 million; ■**zwischen ... und ...** ~ to cost between ... and ..., to be priced at between ... and ... ⓭ MODE (*eine bestimmte Breite haben*) ■**irgendwie** ~ to be a certain size; ***wie breit liegt dieser Seidenstoff?*** how wide is this silk material? ⓮ (*verursacht sein*) ■**an jdm/etw** ~ to be caused by sb/sth; ***woran mag es nur ~, dass mir immer alles misslingt?*** why is it that everything I do goes wrong? ⓯ (*wichtig sein*) ■**irgend etwas an jdm/etw** ~ to attach a certain importance to sb/sth; ***du weißt doch, wie sehr mir daran liegt*** you know how important it is to me; ■**jdm ist etwas/nichts/viel an jdm/etw gelegen** sb/sth means sth/nothing/a lot to sb; ***an diesem uninteressanten Stellenangebot war mir nichts gelegen*** I didn't bother [even] considering this unappealing job offer ⓰ *meist verneint* (*zusagen*) ■**jdm** ~ sb likes sth; (*entspricht nicht jds Begabung*) sb is good at sth; ***körperliche Arbeit liegt ihr nicht/weniger*** she's not really cut out for physical work ⓱ (*lasten*) ■**auf jdm** ~ to weigh down [up]on sb ⓲ (*abhängig sein*) ■**bei jdm** ~ to be up to sb; ■**in jds etw** *dat* ~ to be in sb's sth; ***das liegt leider nicht in meiner Hand/Macht*** unfortunately that is out of my hands/not within my power ⓳ (*begründet sein*) ■**irgendwo** ~ to lie somewhere ⓴ (*nicht ausgeführt werden*) ~ **bleiben** to be left undone ▶ WENDUNGEN: **an mir/uns soll es nicht ~!** don't let me/us stop you!; **nichts liegt** [*o* **läge**] **mir ferner, als ...** nothing could be further from my mind than to ...; *s. a.* **Ding**

liegend I. *adj* reclining, recumbent *form* II. *adv* ❶ (*flach*) **etw ~ aufbewahren/lagern** to store sth flat/on its side ❷ (*im Liegen*) in a lying position, whilst lying down

Liegenschaft <-, -en> *f* ❶ JUR piece of real estate ❷ SCHWEIZ (*Anwesen*) property

Liegenschaftsamt *nt* ADMIN, JUR land office **Liegenschaftsdienst** *m* JUR real estate [*or* AM realty] service **Liegenschaftsverwaltung** *f* JUR estate agency

Liegeplatz *m* NAUT berth, moorings *pl;* (*für Hochseeschiffe*) deep-water berth **Liegesitz** *m* reclining seat **Liegestuhl** *m* (*Liege*) [sun-]lounger; (*Stuhl*) deckchair **Liegestütz** <-es, -e> *m* SPORT press- [*or* AM push-] up; **~e machen** to do press-ups **Liegewagen** *m* BAHN couchette [*or* car] coach **Liegewagenplatz** *m* berth in a couchette [*or* AM sleeping-car] **Liegewiese** *f* lawn for sunbathing **Liegezeit** *f* NAUT lay days *pl*

lieh *imp von* **leihen**

Lieschen <-s, -> ['li:sçən] *nt dim von* **Elisabeth** ≈ Lizzie ▶ WENDUNGEN: ~ **Müller** (*fam*) the average woman in the street; **Fleißiges** ~ BOT busy Lizzie

Liesen <-s, -> *nt* lard

ließ *imp von* **lassen**

liest *3. pers pres von* **lesen**

Lifestyle <-s, -s> ['laɪfstaɪl] *m* lifestyle

Lifo-Verfahren *nt* ÖKON last in first out, LIFO

Lift <-[e]s, -e *o* -s> *m* ❶ (*Aufzug*) lift BRIT, elevator AM ❷ (*Ski~*) [ski] lift

Liftboy <-s, -s> ['lɪftbɔy] *m* TOURIST liftboy BRIT, elevator boy AM

liften *vt* MED ■**etw** ~ to lift [*or* tighten] sth; **sich** *dat* **das Gesicht ~ lassen** to have a facelift

Liga <-, Ligen> *f* ❶ (*Vereinigung*) league; **Arabische** ~ Arab League ❷ SPORT (*Spielklasse*) league, division ❸ *kein pl* HIST ■**die** ~ the [Catholic] League

Ligatur <-, -en> *f* MUS, MED, TYPO ligature

Lightprodukt^RR^ *nt,* **Light-Produkt** *nt* low-fat [*or* -calorie] product

Ligurien <-s> *nt* Liguria

ligurisch *adj* Ligurian; **das L~e Meer** the Ligurian Sea

Liguster <-s, -> *m* BOT privet

liieren* *vr* ❶ (*geh: ein Liebesverhältnis eingehen*) ■**sich** ~ to become close friends with each other [*or* one another] *euph;* ■[**mit jdm**] **liiert sein** to have a relationship [with sb] ❷ ÖKON (*sich zusammenschließen*) ■**sich** *akk* [**zu etw** *dat*] ~ to join forces with each other [*or* one another] [to establish sth]

Likör <-s, -e> *m* liqueur

lila *adj inv* purple, lilac

Lila <-s, - *o fam* -s> *nt* (*fam*) purple, lilac

Lilie <-, -n> ['li:liə] *f* BOT lily

Liliputaner(in) <-s, -> *m(f)* dwarf, midget

Limabohne *f* Lima bean

limbisch *adj inv* MED **~es System** limbic system

Limes <-, -> *m* ❶ MATH (*Grenzwert*) limit ❷ *kein pl* HIST (*römischer Grenzwall*) ■**der** ~ the limes

Limette <-, -n> *f* BOT lime, [Tunisian] sweet limetta

Limettensaft *m* lime juice

Limit <-s, -s *o* -e> *nt* ❶ FIN, BÖRSE (*Höchstgebot*) limit, ceiling ❷ (*höchster Einsatz*) limit ❸ (*Beschränkung*) limit; **jdm ein ~ setzen** to set sb a limit

limitieren* *vt* KUNST, MEDIA ■**etw** ~ to limit sth; **limitierte Auflage** limited edition

limitiert *adj* limited; **~er Auftrag** HANDEL limited order

Limo <-, -s> *f* (*fam*) lemonade

Limonade <-, -n> *f* lemonade

Limone <-, -n> *f* BOT lime

Limousine <-, -n> [limu'zi:nə] *f* AUTO saloon [car] BRIT, sedan AM; (*größerer Luxuswagen*) limousine, limo *fam*

Lincomycin <-s, -e> *nt* PHARM lincomycin

lind *adj* (*geh*) mild, balmy

Linde <-, -n> *f* ❶ BOT lime [*or* linden] [tree] ❷ (*Holz*) lime[wood]; **aus ~** made [out] of limewood

Lindenbaum *m* lime [tree], linden

Lindenblütenhonig *m* lime blossom honey **Lindenblütentee** *m* lime blossom tea

lindern *vt* ❶ MED (*mildern*) ■**etw** ~ to alleviate [*or* relieve] [*or* ease] sth; *Husten, Sonnenbrand etc* to soothe ❷ (*erträglicher machen*) ■**etw** ~ to alleviate [*or* relieve] sth

Linderung <-> *f kein pl* ❶ MED (*Milderung*) alleviation *no pl,* relief *no pl,* easing *no pl;* ***diese Salbe dient der ~ eines Sonnenbrandes/von lästigem Juckreiz*** this ointment is [good] for soothing sunburn/relieving irritating itches ❷ (*das Lindern*) alleviation *no pl,* relief *no pl;* **jdm ~ verschaffen** to bring sb relief

lindgrün I. *adj* lime-green *attr,* lime green *pred* II. *adv* **etw ~ lackieren/streichen** to paint sth lime green

Lindwurm *m* lindworm (*type of wingless dragon*)

Lineal <-s, -e> *nt* ruler

linear *adj* linear; **~e Abschreibung** FIN straight-line depreciation; **~e Gleichung** MATH linear equation

Linearbeschleuniger *m* linear accelerator, linac

Linguist(in) <-en, -en> *m(f)* linguist

Linguistik <-> *f kein pl* linguistics + *sing vb, no art*

Linguistin <-, -nen> *f fem form von* **Linguist**

linguistisch *adj* linguistic

Linie <-, -n> ['li:niə] *f* ❶ (*längerer Strich*) line; **eine geschlängelte/gestrichelte ~** a wavy/dotted line; **eine ~ ziehen** to draw a line ❷ SPORT, TRANSP (*lang gezogene Markierung*) line ❸ TRANSP (*Verkehrsverbindung*) route; **eine Bus-/U-Bahn~** a bus/underground line [*or* route]; ***nehmen Sie am besten die ~ 19*** you'd best take the [*or* a] number 19 ❹ *pl* MIL (*Frontstellung*) line; **die feindlichen ~n durchbrechen** to break through [the] enemy lines ❺ POL *a.* (*allgemeine Richtung*) line; **eine gemeinsame ~** a common line [*or* policy]; **eine klare ~** a clear line; **auf der gleichen ~ liegen** to follow the same line, to be along the same lines ❻ (*Verwandtschaftszweig*) line; **in bestimmter ~** in a certain line; ***er behauptet, dass er in direkter ~ von Karl dem Großen abstammt*** he claims that he is descended in a direct line from [*or* is a direct descendant of] Charlemagne ❼ NAUT (*-quator*) line; **die ~ passieren** [*o* **kreuzen**] to cross the line ❽ JUR line, course; **gerade ~** direct line ▶ WENDUNGEN: **in erster/zweiter ~** first and foremost/secondarily; ***die Kosten sind erst in zweiter ~ maßgebend/wichtig*** the costs are only of secondary importance; **auf der ganzen ~** all along the line; **die schlanke ~** (*fam*) one's figure; ***danke, keine Sahne, ich achte sehr auf meine*** [***schlanke***] ***~*** no cream thanks, I'm watching [*or* trying to watch] my figure; **in vorderster ~ stehen** to be in the front line

Liniehalten <-s> *nt kein pl* TYPO alignment

Linienabstand *m* TYPO rule distance **Linienblatt** ['li:niən-] *nt* line guide [sheet] **Linienbreite** *f* TYPO, INFORM line width **Linienbus** *m* regular [service] bus

Liniendienst *m* regular service, scheduled flights *pl* **Linienflug** *m* scheduled flight **Linienflugzeug** *nt* airliner **Linienfrachter** *m* cargo liner [*or* vessel] **Linienführung** *f* ❶ KUNST lines *pl* ❷ MODE *eines Kleides* design ❸ (*Wegverlauf*) routing **Liniengrafik** *f* TYPO, INFORM curve graphic **Linienmaschine** *f* scheduled plane [*or* aircraft] **Liniennetz** *nt* route network **Linienpassagierverkehr** *m* scheduled passenger traffic **Linienrichter** *m* SPORT (*beim Fußball*) referee's assistant, linesman *dated;* (*beim Tennis*) line-judge; (*beim Rugby*) touch-judge **Linienschiff** *nt* liner, regular service ship **Linienschiffahrt**, **Linienschifffahrt**^RR^ *f* [scheduled] shipping line service **Linienstil** *m* TYPO, INFORM line style **linientreu** *adj* POL (*pej*) loyal to the party line *pred* **Linienverkehr** *m* regular services *pl;* LUFT scheduled [*or* regular] services *pl* **Linienwerkzeug** *nt* INFORM line tool

linieren*, **liniieren*** *vt* ■**etw** ~ to rule [*or* rule [*or* draw] lines on] sth

liniert *adj inv* TYPO lined, ruled

Linierung, **Liniierung** <-, -en> *f* [ruled] lines *pl*

Link <-s, -s> *nt* INET link

link *adj* (*sl*) shady *fam,* underhand; **ein ~er Hund/Kerl/Typ** a shady character [*or* customer]

Linke <-n, -n> *f* ❶ (*linke Hand*) left hand ❷ BOXEN (*linke Gerade*) left ❸ POL ■**die** ~ the left ▶ WENDUNGEN: **zu jds ~n, zur ~n von jdm** (*geh*) to sb's left, on sb's left[-hand side], to the left of sb

linke(r, s) *adj attr* ❶ (*opp: rechte(r, s)*) left, die ~*e Fahrbahn/Spur,* the left-hand lane; *s. a.* **Masche** ❷ MODE (*innen, hinten*) *Stoff* the wrong side; *Wäsche* inside out ❸ POL left-wing, leftist *esp pej;* **der ~e Flügel** the left wing; *s. a.* **Hand**

Linke(r) *f(m) dekl wie adj* POL left-winger, lefty *esp pej fam,* leftist *esp pej*

linken *vt* (*sl*) ■**jdn** ~ to take sb for a ride *fam*

Linker <-s, -[s]> *m* INFORM (*Bindeprogramm*) linkage editor

linkisch *adj* clumsy, awkward

links I. *adv* ❶ (*auf der linken Seite*) on the left; **sich ~ halten** to keep to the left; ***bei Straßen ohne Gehweg sollten Fußgänger in Deutschland ~ gehen*** on roads without a pavement pedestrians in Germany should walk on [*or* keep to] the left; ***dritte***

Tür ~ [the] third door on the left; ■~ **hinter/neben/von/vor ...** to the left behind/directly to the left of/to the left of/to the left in front of ...; ~ **oben/unten** in the top/bottom left-hand corner; **nach** ~ [to the] left; **nach** ~ **rechts/links gehen** to turn right/left; ***schau mal nach*** ~ look to the [*or* your] left; **von** ~ from the left; **von** ~ **nach rechts** from [the] left to [the] right ❷ (*verkehrt herum*) inside out; ***du hast ja die Socken*** ~ ***herum an!*** you've got your socks on inside out!; ***den Stoff*** [***von***] ~ ***bügeln*** to iron the fabric on the reverse side; **auf** ~ inside out ❸ TRANSP (*nach* ~) ~ **abbiegen** to turn [off to the] left, to take a left turn; ~ **einbiegen/sich** ~ **einordnen** to move [*or* get] into [*or* take] the left-hand lane; (*auf der linken Seite*) on the left; ~ **bleiben/sich** ~ **halten** to keep to the left ❹ MODE **eine** [**Masche**] ~, **drei** [**Maschen**] **rechts** purl one, knit three; ~ **stricken** to purl ❺ POL ~ **eingestellt sein** to have left-wing tendencies [*or* leanings]; ~ [**von jdm/etw**] **stehen** [*o* **sein**] to be left-wing [*or* on the left], to be to the left of sb/sth ❻ MIL ***die Augen*** ~***!*** eyes left!; ~ ***um!*** left about turn! ▸ WENDUNGEN: **weder** ~ **noch rechts schauen** to not [let oneself] be distracted; **jdn** ~ **liegen lassen** (*fam*) to ignore sb; **mit** ~ (*fam*) easily, with no trouble **II.** *präp +gen* ■~ **einer S.** to the left of sth; ~ **eines Flusses** on the left bank of a river

Linksabbieger(in) <-s, -> *m(f)* TRANSP driver [*or* motorist] turning [off] left **Linksabbiegerspur** *f* TRANSP left-hand turn[ing]-off lane **Linksaußen** <-, -> *m* ❶ FBALL left wing, outside left ❷ POL (*fam*) extreme left-winger **linksbündig** *adj* TYPO left-justified *attr*, left justified *pred* **Linksdrall** *m* ❶ (*links drehender Drall*) swerve to the left ❷ POL (*fam*) left-wing tendency; **einen** ~ **haben** to lean to the left, to have left-wing tendencies [*or* leanings] **Linksdrehung** *f* CHEM laevorotation BRIT, levorotation AM; TECH counterclockwise rotation

linksextrem *adj inv* left-wing extremist *attr* **Linksextremismus** *m* left-wing extremism **Linksextremist(in)** *m(f)* POL left-wing extremist **linksextremistisch** *adj inv* POL left-wing extremist **linksgerichtet** *adj* POL left-wing orientated [*or* AM oriented] **Linksgewinde** *nt* TECH left-hand[ed] thread **Linkshänder(in)** <-s, -> *m(f)* left-hander, left-handed person **linkshändig I.** *adj* left-handed **II.** *adv* with one's left hand **linksherum** *adv* ❶ (*nach links*) to the [*or* one's] left ❷ (*mit linker Drehrichtung*) anticlockwise BRIT, counterclockwise AM **Linksintellektuelle(r)** *f(m) dekl wie adj* left-wing intellectual **Linkskurve** *f* left-hand bend; **eine** ~ **machen** to bend to the left **linkslastig** *adj* ❶ AUTO, NAUT down at the left *pred* ❷ POL (*pej*) left-wing, leftist *esp pej* **linksläufig** *adj inv* running from right to left **Linkslenker** *m* AUTO left-hand drive vehicle **linksliberal** *adj inv* left-wing liberal **linksorientiert** *adj* POL orientated [*or* AM oriented] towards the left **linksradikal I.** *adj* POL radical left-wing *attr* **II.** *adv* radically left-wing **Linksradikale(r)** *f(m) dekl wie adj* POL left-wing radical **linksrheinisch** *adj* on the left bank of the Rhine *pred* **Linksruck** <-es, -e> *m kein pl* POL [sharp] swing to the left **linksrum** *adv* (*fam*) *s.* **linksherum linksseitig** *adj* on the left side *pred;* ~ **gelähmt sein** to be paralysed [*or* AM -yzed] on [*or* down] the left side **Linkssteuerung** *f* AUTO left-hand drive [*or* steering]

linksum *adv* ~ **kehrt!** MIL to the left!

Linksverkehr *m* TRANSP driving on the left *no pl, no art*

Linnen <-s, -> *nt* (*veraltend geh*) linen

Linoleum <-s> *nt kein pl* linoleum, BRIT *a.* lino *fam no pl*

Linolschnitt *m* KUNST ❶ *kein pl* (*Technik*) linocut *no pl, no indef art* ❷ (*Produkt*) linocut

Linon <-[s], -s> *m* MODE lawn, linon

Linse <-, -n> *f* ❶ *meist pl* BOT, KOCHK lentil; **rote** ~**n** red lentils ❷ ANAT, PHYS lens

linsen *vi* (*fam*) to peep [*or* peek]

Linsenbohne *f* mung bean **linsenförmig** *adj inv* lenticular, lentiform, lentoid; ~**e Galaxie** ASTRON lenticular galaxy **Linsensuppe** *f* lentil soup

Linz <-> *nt* Linz

Liparische Inseln *pl* Lipari Islands *pl*

Lipgloss^{RR}, **Lipgloß** <-, -> *nt* MODE, PHARM lip gloss

Lipid <-s, -e> *nt* BIOL lipid

Liposom <-s, -e> *nt* liposome

Liposomencreme *f* liposome cream

Lippe <-, -n> *f* ANAT lip; **die** ~**n schminken/anmalen** to put on lipstick *sep*/paint one's lips; **jdm etw von den** ~**n ablesen** to read sth from sb's lips ▸ WENDUNGEN: **eine dicke** [*o* **große**] ~ **riskieren** (*sl*) to brag, to boast; **etw nicht über die** ~**n bringen** to not be able to bring oneself to say sth; **an jds** ~**n hängen** to hang on sb's every word; **nicht über jds** ~**n kommen** to not pass sb's lips

Lippenbalsam *m* PHARM lip balm, BRIT *a.* lipsalve **Lippenbekenntnis** *nt* lip-service; **ein** ~ **ablegen** to pay lip-service **Lippenblütler** <-s, -> *m* BOT labiate

Lippenglanz *m* lip gloss **Lippenglanzstift** *m* lip gloss **Lippenkonturenstift** *m* lipliner **Lippenkonturenstift** *m* lip liner **Lippenlaut** *m* LING labial **Lippenpflege** *f kein pl* ❶ MED (*Pflege der Lippen*) care of one's lips ❷ PHARM (*Mittel*) lip care **Lippenpflegestift** *m* lip balm, BRIT *a.* lipsalve **Lippenpinsel** *m* lipbrush **Lippenpomade** *f* PHARM lip balm, chapstick, BRIT *a.* lipsalve, BRIT *a.* Lypsyl® **Lippenstift** *m* lipstick; **kussechter** ~ kissproof lipstick

Lippfisch *m* ZOOL, KOCHK wrasse

liquid *adj s.* **liquide**

liquid(e) *adj* FIN ❶ (*geh: solvent*) solvent; ***ich bin im Moment nicht*** ~ I'm out of funds at the moment ❷ (*verfügbar*) ~**es Vermögen** liquid assets *pl*

Liquida <-, Liquidä *o* Liquiden> *f* LING liquid

Liquidation <-, -en> *f* ❶ (*geh: Honorarrechnung*) bill [of costs [*or* fees]], note of fees ❷ ÖKON (*Auflösung*) *eines Unternehmens* winding-up, AM liquidation; ~ **durch Gerichtsbeschluss** winding-up by court order; **gerichtliche** ~ winding up by the court; **gütliche/stille** ~ liquidation by arrangement/voluntary liquidation; **laufende** ~ current realization; **in** ~ **gehen** [*o* **treten**] to wind up, to go into liquidation

Liquidationsantrag *m* ÖKON winding-up petition **Liquidationsbeschluss**^{RR} *m* ÖKON winding-up resolution; (*Gerichtsbeschluss*) winding-up order **Liquidationsforderung** *f* ÖKON claim in winding-up proceedings **Liquidationsgesellschaft** *f* JUR company in liquidation **Liquidationsguthaben** *nt* FIN clearing balance **Liquidationskonto** *nt* FIN settlement [*or* liquidation] account **Liquidationsquote** *f* JUR liquidating dividend **Liquidationsverfahren** *nt* JUR liquidation [*or* winding-up] proceedings *pl* **Liquidationsvergleich** *m* JUR winding-up proceedings *pl* **Liquidationsverkauf** *m* JUR winding-up [*or* clearance] [*or* liquidation] sale **Liquidationsvorschriften** *pl* JUR winding-up rules **Liquidationswert** *m* FIN winding-up [*or* net asset] value

Liquidator, Liquidatorin <-s, -toren> *m, f* JUR, ÖKON liquidator, AM receiver; **gerichtlich bestellter** ~ official liquidator; **einen** ~ **bestellen** to appoint a liquidator

liquidieren* *vt* ❶ (*euph: umbringen*) ■**jdn** ~ to liquidate sb ❷ ÖKON (*auflösen*) ■**etw** ~ to liquidate sth ❸ (*geh: in Rechnung stellen*) ■**etw** ~ to charge sth

Liquidierung <-, -en> *f* ❶ (*euph: das Umbringen*) liquidation ❷ ÖKON (*Auflösung*) liquidation

Liquidität <-> *f kein pl* ÖKON liquidity *no pl, no indef art*, [financial] solvency *no pl, no indef art*, ability to pay *no pl, no indef art*

Liquiditätsausweitung *f* FIN expansion of liquidity **Liquiditätsbilanz** *f* FIN liquidity balance **Liquiditätsengpass**^{RR} *m* FIN cash flow problem **Liquiditätshilfe** *f* FIN liquidity assistance **Liquiditätsklemme** *f* FIN cash [*or* liquidity] squeeze **Liquiditätsknappheit** *f kein pl* FIN lack *no pl* of cash **Liquiditätskrise** *f* FIN liquidity crisis **Liquiditätspapier** *nt* JUR liquidity paper **Liquiditätsplanung** *f* FIN liquidity planning **Liquiditätspolster** *nt* liquidity cushion, cash reserve **Liquiditätsquote** *f* FIN liquidity ratio; **Bar- und** ~ cash ratio **Liquiditätsreserven** *pl* FIN cash [*or* liquid] reserves **Liquiditätssaldo** *m* FIN liquidity balance **Liquiditätsstütze** *f* FIN liquidity assistance

Lira <-, Lire> *f* lira

lispeln I. *vi* to lisp **II.** *vt* ■**etw** ~ to whisper sth

Lissabon <-s> *nt* Lisbon

List <-, -en> *f* (*Täuschung*) trick, ruse; **eine** ~ **anwenden** to use a little cunning; **zu einer** ~ **greifen** to resort to a trick [*or* ruse] ▸ WENDUNGEN: **mit** ~ **und Tücke** (*fam*) with cunning and trickery

Liste <-, -n> *f* ❶ (*schriftliche Aufstellung, Aneinanderreihung*) list ❷ (*Namens~*) list [of names], roll; **eine** ~ **der Besucher** a visitors' book ❸ POL (*Wahl~*) list [of candidates] ▸ WENDUNGEN: **die schwarze** ~ (*fam*) the blacklist; **auf der schwarzen** ~ **stehen** to be on the blacklist; **auf die schwarze** ~ **kommen** to be put on the blacklist [*or* blacklisted]

Listennachrücker(in) *m(f)* POL party list replacement [candidate] **Listenplatz** *m* POL place on the party list [of candidates] **Listenpreis** *m* ÖKON list price **Listenwahl** *f electoral system in which a party, not a candidate, is elected*

listig *adj* cunning, crafty

listigerweise *adv* cunningly, craftily

Listigkeit *f* cunningness, craftiness

Listing <-s, -s> *nt* listing

Litanei <-, -en> *f* ❶ REL litany ❷ (*pej fam: monotone Aufzählung*) litany, catalogue [*or* AM -og]

Litauen <-s> *nt* Lithuania

Litauer(in) <-s, -> *m(f)* Lithuanian

Litauisch *nt dekl wie adj* Lithuanian; *s. a.* **Deutsch**

litauisch *adj* ❶ (*Litauen betreffend*) Lithuanian ❷ LING Lithuanian; **auf L~** in Lithuanian

Litauische <-n> *nt* ■**das** ~ Lithuanian, the Lithuanian language; *s. a.* **Deutsche**

Liter <-s, -> *m o nt* litre [*or* AM -er]

literarisch I. *adj* literary **II.** *adv* ❶ (*Literatur betreffend*) ~ **gebildet/informiert sein** to be well-read; ~ **interessiert sein** to be interested in literature ❷ (*als Literatur*) **etw** ~ **adaptieren/umarbeiten** to rewrite sth; **etw** ~ **verwenden** to use [in one's writing]

Literat(in) <-en, -en> *m(f)* (*geh*) literary figure, writer; ■**die** ~**en** the literati *npl*

Literatur <-, -en> *f* ❶ LIT literature *no pl, no indef art;* **die schöne** [*o* **schöngeistige**] ~ [the] belles-lettres *npl, + sing/pl vb* ❷ *kein pl* VERLAG (*Veröffentlichungen*) literature *no pl, no indef art*

Literaturagent(in) *m(f)* LIT, VERLAG literary agent **Literaturangabe** *f* bibliographical reference **Literaturbeilage** *f* literary supplement **Literaturdenkmal** *nt* literary monument **Literaturgattung** *f* literary genre **Literaturgeschichte** *f* ❶ *kein pl* (*Geschichte*) literary history *no pl, no indef art*, history of literature *no pl, no indef art* ❷ (*Werk*) literary history **literaturgeschichtlich** *adj* relating to literary history [*or* the history of literature] *pred;* ~ **bedeutsam/interessant** important in the field of/interesting from the point of view of literary history **Literaturhaus** *nt* house of literature **Literaturhinweis** *m* bibliographical reference **Literaturkritik** *f* literary criticism **Literaturkritiker(in)** *m(f)* literary critic **Literaturpreis** *m* literary prize [*or* award] **Literaturverzeichnis** *nt* bibliography

Literaturwissenschaft *f* literary studies *pl*, study of literature; **vergleichende** ~ **studieren** to study comparative literature **Literaturwissenschaftler(in)** *m(f)* literary specialist **literaturwissenschaftlich** *adj inv* literary studies *attr*

Literaturzeitschrift *f* literary journal [*or* review]

Literflasche *f* litre [*or* AM -er] bottle **Litermaß** *nt* litre measure **literweise** *adv* by the litre

Litfasssäule^{RR} *f*, **Litfaßsäule** *f* advertising pillar [*or* BRIT *a.* column]

Lithium <-s> *nt kein pl* CHEM lithium *no pl, no in-*

def art
Lithograf(in)RR <-en, -en> *m(f) s.* **Lithograph**
Lithograph(in) <-en, -en> *m(f)* ❶ *(Drucker)* lithographer ❷ *(Künstler)* lithographic artist
Lithographie <-, -n> *f,* **Lithografie**RR <-, -n> [-ˈfiːən] *f* ❶ *kein pl (Technik)* lithography *no pl, no art* ❷ *(Druck)* lithograph
lithographisch *adj,* **lithografisch**RR *adj* lithographic
Lithosphäre *f* GEOG lithosphere
Litschi <-, -s> *f* BOT litchi
litt *imp von* **leiden**
Liturgie <-, -n> [-ˈgiːən] *f* REL liturgy
liturgisch *adj* REL liturgical
Litze <-, -n> *f* ❶ MODE braid ❷ ELEK litz [*or* Litz] wire
live [laif] *adj pred* RADIO, TV live
LivealbumRR *n,* **Live-Album** *n* MUS live album **Liveaufnahme**RR *f,* **Live-Aufnahme** *f* MUS live recording
LiveaufzeichnungRR *f* live recording **Liveband** [ˈlaifbænd] *f* live band; ***eine Party mit ~s*** a party with live music [*or* bands] **Livesendung**RR *f,* **Live-Sendung** *f* RADIO, TV live broadcast [*or* programme [*or* AM -am]]
Livree <-, -n> [liˈvreː, -eːən] *f* MODE livery
livriert [liˈvriːɐt] *adj* MODE liveried
Lizentiat <-[e]s, -e> *nt s.* **Lizenziat**
Lizentiat(in) <-en, -en> *m(f) s.* **Lizenziat**
Lizenz <-, -en> *f* ❶ JUR *(Genehmigung)* licence [*or* AM -se]; **in ~** under licence ❷ SPORT *(Erlaubnis)* licence [*or* AM -se]
Lizenzausgabe *f* VERLAG licensed edition, edition published under licence [*or* AM -se] **Lizenzaustauschvertrag** *m* JUR *(Patentrecht)* cross-licensing agreement **Lizenzeinnahmen** *pl* HANDEL royalties **Lizenzerteilung** *f* JUR licensing, grant [*or* AM issuance] of a licence; *(Franchising)* franchising
lizenzfähig *adj inv* JUR licensable **lizenzfrei** *adj inv* JUR free of royalties, requiring no licence **Lizenzgeber(in)** <-s, -> *m(f)* licenser **Lizenzgebühr** *f* licence fee; VERLAG royalty; **~ für die Benutzung** user fee **Lizenzgeschäft** *nt* JUR licensing deal; HANDEL licensed business; *(Franchise)* franchise
Lizenziat(in)RR <-en, -en> *m(f)* SCH ❶ *(Inhaber des ~s)* licentiate ❷ SCHWEIZ licentiate
lizenzieren* *vt* JUR ■**etw ~** to license sth
Lizenzierung <-, -en> *f* JUR licensing
Lizenzinhaber(in) *m(f)* JUR licence holder, licensee **Lizenznehmer(in)** <-s, -> *m(f)* licensee **Lizenzrechte** *pl* JUR rights of licence [*or* AM -se] [under a patent] **Lizenzregelung** *f* JUR licensing arrangement **Lizenzspieler(in)** *m(f)* SPORT licensed professional **Lizenztausch** *m* JUR exchange of licences **Lizenzträger(in)** *m(f)* JUR licensee **Lizenzvereinbarung** *f* JUR licence agreement **Lizenzvergabe** *f* JUR licensing **Lizenzvertrag** *m* licensing agreement **Lizenzverweigerung** *f* JUR refusal to grant a licence **Lizenzware** *f* HANDEL licensed product **Lizenzzahlung** *f* JUR royalty payment
Lkw, LKW <-[s], -[s]> *m Abk von* Lastkraftwagen HGV BRIT
Lkw-Fahrer(in) *m(f)* lorry [*or* AM truck] driver, haulier BRIT, trucker AM **Lkw-Führerschein** *m* HGV driver's licence BRIT, commercial driver's license [*or* CDL] AM **Lkw-Motor** *m* lorry [*or* AM truck] engine
Lob <-[e]s, *selten* -e> *nt* praise *no pl, no indef art;* ***ihm gebührt großes/höchstes ~*** he deserves the highest praise; **~ für etw bekommen** [*o* **erhalten**] to be praised for sth; **des ~es voll [über jdn/etw] sein** to be full of praise [for sb/sth]; **jdm ~ spenden** [*o geh* **zollen**] to praise [*or form* bestow praise on] sb; **~ verdienen** to deserve praise
Lobby <-, -s *o* Lobbies> [ˈlɔbi] *f* lobby
Lobbyismus <-> *m kein pl* POL lobbying *no pl*
Lobbyist(in) <-en, -en> *m(f)* lobbyist
Lobelie <-, -n> *f* BOT lobelia
loben I. *vt* ❶ *(anerkennend beurteilen)* ■**jdn/etw ~** to praise sb/sth; ■**sich ~** to praise oneself ❷ *(lobenswert sein)* ■**zu ~ sein** to be praiseworthy [*or* worthy of praise] ❸ *(etw mehr schätzen)* ■**sich** *dat* **etw ~** to prefer sth; ***da lobe ich mir die guten alten Zeiten*** give me the good old days [any time] ❹ *(sehr gefallen)* ■**sich** *dat* **jdn/etw ~** to like to see sb/sth; ***solches Engagement lob' ich mir*** that's the sort of commitment I like [to see] II. *vi* to praise
lobend I. *adj* laudatory; **~e Worte** words of praise, laudatory words II. *adv* **sich** *akk* **über jdn/etw ~ äußern** to praise [*or* commend] sb/sth
lobenswert *adj* praiseworthy, laudable, commendable; KOCHK very good
Lobeshymne *f (überschwängliches Lob)* eulogy ▶ WENDUNGEN: **~n [*o* eine ~] auf jdn/etw anstimmen/singen** to [begin to] praise sb/sth to the skies
Lobgesang *m* REL hymn [of praise], song of praise **Lobhudelei** <-, -en> *f (pej)* fulsome [*or* gushing] praise *no pl, no art pej* **lobhudeln** *vi (pej)* ■**[jdm] ~** to give fulsome praise, to praise sb fulsomely; ■**~d** gushing
löblich *adj (geh)* laudable, commendable
Loblied *nt* ▶ WENDUNGEN: **ein ~ auf jdn/etw singen** to sing sb's praises/the praises of sth **lobpreisen** <*pp* lob[ge]priesen> *vt* REL *(liter)* ■**jdn ~** to praise sb **Lobrede** *f* eulogy; **eine ~ auf jdn halten** to eulogize sb **Lobredner(in)** <-s, -> *m(f) (fig)* eulogist
Location <-, -s> [lɔˈkeɪʃən] *f* location
Loch <-[e]s, Löcher> *nt* ❶ *(offene Stelle)* hole; **ein ~ im Reifen** a puncture; **ein ~ im Zahn** a hole [*or* cavity] in one's [*or* the] tooth; **ein gähnendes ~** *(geh)* a yawning [*or* gaping] hole; **ein ~ in etw** *akk* **[hinein]fressen** to eat a hole into sth ❷ SPORT *(Billard~)* pocket; *(Golf~)* hole ❸ *(fam: elende Wohnung)* hole *fam* ▶ WENDUNGEN: **jdm ein ~ [*o* Löcher] in den Bauch fragen** *(fam)* to drive sb up the wall with [[all] one's] questions; **Löcher [*o* ein ~] in die Luft schießen** *(fam)* to miss the target; **Löcher in die Luft starren** *(fam)* to stare [*or* gaze] into space; **auf dem letzten ~ pfeifen** *(sl: finanziell am Ende sein)* to be broke *fam* [*or* BRIT *sl a.* skint]; *(völlig erschöpft sein)* to be on one's/its last legs; **schwarzes ~** ASTRON black hole; **ein großes ~ in jds Geldbeutel/Ersparnisse reißen** *(fam)* to make a big hole in sb's pocket/a big hole [*or fam* dent] in sb's savings; **saufen wie ein ~** *(fam)* to drink like a fish *fam;* **mit etw** *dat* **ein ~ stopfen** to plug the gap [in sth] with sth **Lochblech** *nt* BAU perforated plate **Locheisen** *nt* punch, piercer; *(für Leder)* pricker
lochen *vt* ■**etw ~** ❶ *(mit dem Locher stanzen)* to punch holes in ❷ TRANSP *(veraltend: mit der Lochzange entwerten)* ■**etw ~** to punch [*or* clip] sth
Locher <-s, -> *m* [hole] punch[er]
löcherig *adj* full of holes *pred,* holey; ■**[ganz] ~ sein** to be full of holes
löchern *vt (fam)* ■**jdn ~** to pester sb
Lochkarte *f* INFORM punch card **Lochsäge** *f* keyhole saw **Lochstanze** *f* punch **Lochstein** *m* BAU perforated brick **Lochstickerei** *f* broderie anglaise **Lochstreifen** *m* punched paper tape
Lochung <-, -en> *f* ❶ *kein pl (das Lochen)* punching holes in ❷ *(gelochte Stelle)* perforation
Lochzange *f* [ticket] punch
Lockartikel *m* HANDEL loss-leader
Locke <-, -n> *f* curl; **~n haben** to have curly hair; **sich** *dat* **~n machen lassen, sich** *dat* **das Haar in ~n legen lassen** to have one's hair set [*or* curled]
locken1 I. *vt* ■**etw ~** to curl sth; **sich** *dat* **das Haar ~ lassen** to have one's hair set [*or* curled]; *s. a.* **gelockt** II. *vr* ■**sich ~** to curl; ***nach der Wäsche ~ sich die Haare von allein*** hair tends to go curly after washing
locken2 *vt* ❶ *(an~)* ■**etw ~** to lure sth; **ein Tier in einen Käfig ~** to lure [*or* entice] an animal into a cage ❷ *(ver~)* ■**jdn ~** to tempt sb; ***Ihr Vorschlag könnte mich schon ~*** I'm [very] tempted by your offer, your offer is very tempting ❸ *(ziehen)* ■**jdn ~** *impers* sb is lured; ***mich lockt es jedes Jahr in die Karibik*** every year I feel the lure of the Caribbean
Lockenbürste *f* curling brush
lockend *adj* tempting; ■**etw ist für jdn ~** sth is tempting for sb
Lockenkopf *m* ❶ *(lockiges Haar)* curly hair *no pl, no indef art* ❷ *(Mensch mit ~)* curly-headed person, curlyhead *fam* **Lockenpracht** *f* magnificent head of curls **Lockenstab** *m* curling tongs *npl* [*or* AM iron] **Lockenwickler** <-s, -> *m* [hair] curler [*or* roller]; **die Haare auf ~ drehen** to put one's hair in curlers [*or* rollers]
locker I. *adj* ❶ *(nicht stramm)* loose ❷ *(nicht fest)* loose, loose-packed *attr,* loosely packed *pred* ❸ KOCHK *(luftig)* light ❹ *(nicht gespannt)* slack; **~e Muskeln** relaxed muscles; **ein ~es Mundwerk haben** *(fig fam)* to have a big mouth *fig fam* ❺ *(leger, unverkrampft)* relaxed, laid-back *attr fam,* laid back *pred fam;* **einen ~en Lebenswandel führen** *(pej)* to lead a loose life *pej* ❻ *(oberflächlich)* casual II. *adv* ❶ *(nicht stramm)* loosely; **~ gebunden** loosely tied; **~ sitzen** to be loose ❷ *(oberflächlich)* casually; ***ich kenne ihn nur ~*** I only know him in passing ❸ *(sl: ohne Schwierigkeiten)* just like that *fam* ▶ WENDUNGEN: **~ vom Hocker** *(fam)* without any problems, no problem! *fam;* **bei jdm ist eine Schraube ~** *(sl)* sb has a screw loose *fam;* **[bei] jdm sitzt etw ~** *(sl)* sb is quick on the draw with sth; ***bei ihm sitzt das Messer ~*** he's always quick to pull a knife [on somebody]!
locker-flockig I. *adj (sl)* laid-back *attr fam,* laid back *pred fam* II. *adv (sl: unbekümmert)* laid back *fam; (spielend leicht)* without any trouble, no sweat *fam*
Lockerheit <-> *f kein pl* ❶ *(lockere Beschaffenheit)* looseness ❷ *(bei einem Seil)* slackness ❸ KOCHK lightness
locker\|lassen *vi irreg (fam)* ■**nicht ~** to not give [*or fam* let] up **locker\|machen** *vt (fam)* ■**etw [für jdn/etw] ~** to shell [*or* fork] out sth [for sb/sth] *fam;* ***ob du bei Mutter noch 50 Mark Taschengeld für mich ~ könntest?*** do you think you could get Mum to up *fam* my pocket money by another 50 marks?
lockern I. *vt* ❶ *(locker machen)* ■**etw ~** to loosen sth; **den Griff ~** to relax [*or* loosen] one's grip; **die Zügel ~** to slacken the reins ❷ *(entspannen)* ■**etw ~** to loosen up sth *sep* ❸ *(weniger streng gestalten)* ■**etw ~** to relax sth II. *vr* ■**sich ~** ❶ *(locker werden) Backstein, Schraube, Zahn* to work loose; *Bremsen* to become loose [*or* soft]; *Bewölkung, Nebel* to lift ❷ SPORT *(die Muskulatur entspannen)* to loosen [*or* limber] up ❸ *(sich entkrampfen)* to become more relaxed; ***die Verkrampfung lockerte sich zusehends*** the tension eased visibly
Lockerung <-, -en> *f* ❶ SPORT *(Entspannung)* loosening [*or* limbering] up ❷ *(Entkrampfung)* relaxation
Lockerungsübung *f* loosening-[*or* limbering-]up exercise
lockig *adj* ❶ *(gelockt)* curly ❷ *(lockiges Haar besitzend)* curly-headed
Lockmittel *nt* lure; ***ein hohes Gehalt ist immer ein gutes ~*** a high salary is always a good enticement **Lockruf** *m* ORN call
Lockung <-, -en> *f* ❶ *(Fernweh)* lure ❷ *(Versuchung)* temptation
Lockvogel *m* ❶ JAGD decoy [bird] ❷ *(pej: Köder)* decoy
Lockvogelwerbung *f* inducement advertisement
Locogeschäft *nt* HANDEL spot transaction **Locomarkt** *m* ÖKON spot market **Locopreis** *m* HANDEL spot price
Loddel <-s, -> *m (sl)* pimp, BRIT *a.* ponce *pej sl*
Loden <-s, -> *m* MODE loden
Lodenmantel *m* MODE loden coat
lodern *vi* ❶ *haben (emporschlagen)* to blaze [up]; ***im Kamin loderte ein Feuer*** a fire was blazing in the grate; ■**~d** blazing; *s. a.* **Auge** ❷ *sein (schlagen)* ***die Flammen sind zum Himmel gelodert*** the flames reached up [in]to the sky
Löffel <-s, -> *m* ❶ *(als Besteck)* spoon ❷ KOCHK *(Maßeinheit)* a spoonful [of] ❸ JAGD ear ▶ WENDUNGEN: **mit einem goldenen/silbernen ~ im Mund**

geboren sein to be born with a silver spoon in one's mouth; **den ~ abgeben/wegwerfen** (*sl*) to kick the bucket *sl;* **seine ~ aufsperren** (*sl*) to pin back one's ears [*or* BRIT *sl* lugholes]; **jdn über den ~ balbieren** (*fam*) to take sb for a ride *fam;* **ein paar hinter die ~ bekommen** [*o* **kriegen**] (*fam*) to get a clip round [*or* AM on] the ears; **jdm ein paar hinter die ~ geben** (*fam*) to give sb a clip round [*or* AM on] the ears; **sich** *dat* **etw hinter die ~ schreiben** to get sth into one's head **Löffelbagger** *m* excavator **Löffelente** *f* ORN shoveler

löffeln *vt* ❶ (*essen*) ■**etw ~** to eat sth with a spoon, to spoon up sth *sep* ❷ (*schöpfen*) ■**etw** [**in etw** *akk*] **~** to spoon sth [into sth] ▸ WENDUNGEN: **jdm eine ~** (*fam*) to slap sb

Löffelstiel *m* spoon handle

löffelweise *adv* by the spoonful

Löffler *m* ORN spoonbill

Lo-Fi <-s, -s> *nt* lo-fi

log¹ [lɔk] *m Abk von* **Logarithmus** log

log² *imp von* **lügen**

Log <-s, -e> *nt* NAUT log

Logarithmentafel *f* MATH log[arithm] table

logarithmieren* *vt* MATH ■**etw ~** to take logarithms of sth

logarithmisch *adj inv* MATH logarithmical

Logarithmus <-, -rithmen> *m* MATH logarithm

Logbuch *nt* NAUT log[book]

LogdateiRR *f*, **Log-Datei** *f* INFORM log file

Loge <-, -n> ['lo:ʒə] *f* ❶ FILM, THEAT box, loge ❷ (*Pförtner~*) lodge ❸ (*Geheimgesellschaft von Freimaurern*) lodge

Logenbruder *m* lodge brother, freemason **Logenmeister** *m* master of a/the lodge **Logenplatz** *m* FILM, THEAT seat in a box [*or* loge] **Logensitzung** *f* lodge meeting

logieren* [lo'ʒi:rən] *vi* to stay; **bei jdm ~** to stay at sb's place

Logik <-> *f kein pl* ❶ (*Folgerichtigkeit*) logic *no pl, no indef art;* ***das ist vielleicht eine ~!*** (*iron*) that's an interesting type of logic! *iron* ❷ PHILOS logic *no pl, no art*

Logiker(in) <-s, -> *m(f)* MATH logician

Logis <-> [lo'ʒi:] *nt kein pl* ❶ (*Unterkunft*) lodgings *pl*, rooms *pl;* **Kost und ~** board and lodging; **bei jdm in ~ wohnen** to lodge with sb ❷ NAUT crew's quarters *pl*, forecastle [*or* fo'c'sle]

logisch *adj* ❶ (*in sich stimmig*) logical ❷ (*fam: selbstverständlich*) natural; [***na,*** [***ist doch***]] ***~!*** of course!

logischerweise *adv* naturally [*or* understandably] [enough]

Logistik <-> *f kein pl* MIL, ÖKON logistics *npl*

logistisch *adj inv, attr* logistic[al]

logo *interj* (*sl*) of course, you bet *fam*

Logo <-s, -s> *nt* logo

Logopäde, -pädin <-n, -n> *m, f* speech therapist, logopaedist BRIT, logopedist AM

Logopädie <-> *f kein pl* speech therapy *no art*

Logopädin <-, -nen> *f fem form von* **Logopäde**

Lohe¹ <-, -n> *f* (*geh: emporlodernde Flamme[n]*) raging flames *pl*

Lohe² <-, -n> *f* (*Gerber~*) tanbark

Lohgerber(in) *m(f)* tanner

Lohn <-[e]s, Löhne> *m* ❶ (*Arbeitsentgelt*) wage[s *pl*], pay *no pl, no indef art;* **Löhne abbauen/angleichen** to reduce/equalize wages ❷ *kein pl* (*Belohnung*) reward; **jds gerechter** [*o* **verdienter**] **~** sb's just deserts; ***dafür wird er schon noch seinen ~ erhalten!*** he will get his comeuppance for this [one day]!; **als** [*o* **zum**] **~ für etw** *akk* as a reward for sth

Lohnabbau *m* reduction of earnings *pl* [*or* pay] **lohnabhängig** *adj inv* wage-dependent; **die Lohnabhängigen** the wage slaves *iron* **Lohnabkommen** *nt* wage [*or* pay] agreement **Lohnabrechnung** *f* payroll [*or* wage[s]] accounting, pay-[*or* wage-]slip, wages slip; **Lohn- und Gehaltsabrechnung** payroll accounting **Lohnabschluss**RR *f* JUR wage settlement **Lohnabtretung** *f* JUR assignment of wages **Lohnabzug** *m meist pl* FIN salary deduction **Lohnangleichung** *f*, **Lohnanpassung** *f* wage adjustment; **gleitende ~** automatic wage adjustment **Lohnanspruch** *m* wage claim [*or* entitlement] **Lohnausfall** *m* ÖKON loss of earnings **Lohnausgleich** *m* pay compensation; **bei vollem ~** at full [*or* without loss of] pay, without pay cuts **Lohnbescheinigung** *f* FIN pay [*or* wages] slip **Lohnbuch** *nt* JUR wage account book, payroll **Lohnbuchhalter(in)** *m(f)* payroll [*or* wages] clerk **Lohnbuchhaltung** *f* ❶ *kein pl* (*Berechnung des Lohns*) payroll [*or* wage[s]] accounting ❷ (*Lohnbüro*) payroll [*or* wages] office, payroll department **Lohnbüro** *nt* payroll [*or* wages] office, payroll department **Lohndrift** *f* ÖKON wage drift **Lohndumping** [-dʌmpɪŋ] *nt* paying [illegal] workers at a reduced rate **Lohnempfänger(in)** *m(f)* ÖKON wage-earner; **Lohn- und Gehaltsempfänger** *pl* wage and salary earners

lohnen I. *vr* ❶ (*sich bezahlt machen*) ■**sich** *akk* [**für jdn**] **~** to be worthwhile [*or* worth it] [for sb]; ***unsere Mühe hat sich gelohnt*** it was worth the effort [*or* trouble], our efforts were worth it [*or* worthwhile] ❷ (*es wert sein*) ■**sich ~** to be worth seeing [*or* going to see]; ■**sich** *akk* **~, etw zu tun** to be worth doing sth II. *vt* ❶ (*rechtfertigen*) ■**etw ~** to be worth sth; ***der große Aufwand lohnt das Ergebnis kaum/nicht*** the result was hardly/wasn't worth all that expense ❷ (*be~*) ■**jdm etw ~** to reward sb for sth; ***sie hat mir meine Hilfe mit Undank gelohnt*** she repaid my help with ingratitude III. *vi impers* to be worth it; ■**~, etw zu tun** to be worth[while] doing sth

löhnen I. *vi* (*fam*) to pay [*or sl* cough] up II. *vt* (*fam*) ■**etw** [**für etw** *akk*] **~** to pay sth [*or* shell [*or* fork] out sth *fam*] [for sth]

lohnend *adj* (*einträglich*) rewarding, lucrative, profitable; (*nutzbringend*) worthwhile; (*sehens-/hörenswert*) worth seeing/hearing

lohnenswert *adj* worthwhile, rewarding; ■**~ sein, etw zu tun** to be worthwhile doing sth

Lohnerhöhung *f* wage [*or* pay] increase [*or* rise] **Lohnersatzleistungen** *pl* unemployment benefit *no pl* **Lohnforderung** *f* wage demand [*or* claim] **Lohnfortzahlung** *f* continued payment of wages **Lohngefälle** *nt* ÖKON wage differential **Lohngefüge** *nt* ÖKON wage structure **Lohngemeinkosten** *pl* ÖKON indirect labour [*or* AM -or] costs **Lohngruppe** *f* wage group [*or* bracket] **Lohnindexierung** *f* threshold agreement **Lohninflation** *f* ÖKON inflationary march of wages **Lohnkampf** *m* JUR wage dispute **Lohnkonto** *nt* FIN wage account; **Lohn- und Gehaltskonten** wage and salary accounts **Lohnkosten** *pl* wage [*or* labour] [*or* AM labor] costs *pl;* **die ~ eindämmen** to curb labour costs **Lohnkostenzuschuss**RR *m* wage costs subsidy **Lohnkürzung** *f meist pl* FIN pay [*or* wage] cut; **Lohn- und Gehaltskürzung** pay cuts **Lohnliste** *f* payroll [register [*or* sheet]]; **auf jds ~ stehen** to be on sb's payroll; (*von jdm bezahlt werden*) to be in sb's pay **Lohnnebenkosten** *pl* incidental labour [*or* AM -or] [*or* wage] costs *pl*, ancillary wage costs *pl* **Lohnnebenleistungen** *pl* FIN fringe benefits **Lohnniveau** *nt* ÖKON wage level **Lohnpfändung** *f* attachment [*or* garnishment] of wages [*or* earnings] **Lohnpfändungsbeschluss**RR *m* JUR wage garnishment order, attachment of wages order **Lohnpolitik** *f* FIN wages policy; **Lohn- und Gehaltspolitik** incomes policy **Lohn-Preis-Spirale** *f* wage-price spiral **Lohnquote** *f* ÖKON ratio of wages and salaries to national product **Lohnrückstand** *m* FIN arrears *npl* of wages **Lohnrunde** *f* pay [*or* wage] round; **eine ~ einläuten** to kick off a wage round **Lohnsatz** *m* ÖKON rate of pay **Lohnscheck** *m* FIN pay cheque **Lohnschiebungsvertrag** *m* JUR employment agreement involving fraudulent wage stipulations

Lohnsteuer *f* income tax [on wages and salaries] **Lohnsteuerberechnungstabelle** *f* FIN income tax table **Lohnsteuerhaftung** *f* JUR liability for income tax **Lohnsteuerjahresausgleich** *m* annual adjustment of income tax **Lohnsteuerkarte** *f card showing income tax and social security contributions paid by an employee in any one year* **lohnsteuerpflichtig** *adj* JUR liable to wage tax *pred*, payroll *attr* AM

LohnstoppRR *m* JUR wage freeze, pay restraint; **Lohn- und Preisstopp** freeze on wages and prices **Lohnstückkosten** *pl* unit labour [*or* AM -or] costs *pl* **Lohnsumme** *f* wage bill **Lohnsummensteuer** *f* FIN payroll tax, tax on total wages paid **Lohntarif** *m* wage rate **Lohntarifvereinbarung** *f meist pl* JUR collective wage agreement

Löhnung <-, -en> *f* ❶ (*Auszahlung*) payment ❷ (*Betrag*) pay

Lohnvereinbarung *f* wage [*or* pay] agreement **Lohnverhandlungen** *pl* JUR pay negotiations [*or* talks] **Lohnvorschuss**RR *m* FIN advance wage **Lohnzahlungspflicht** *f* JUR liability to pay wages **Lohnzulage** *f* FIN pay increase **Lohnzusatzleistung** *f* perk **Lohnzuschlag** *m* FIN extra pay

Loipe <-, -n> *f* SKI cross-country course, loipe

Lok <-, -s> *f* (*fam*) *kurz für* **Lokomotive**

lokal *adj* local; **jdn ~ betäuben** to give sb a local anaesthetic [*or* AM anesthetic]; **~e Gruppe** ASTRON Local Group

Lokal <-s, -e> *nt* ❶ (*Gaststätte*) pub BRIT, bar AM; (*Restaurant*) restaurant ❷ (*Vereins~*) [club] meeting place

Lokalanästhesie *f* MED local anaesthetic [*or* AM anesthetic]; **in ~** under local anaesthetic

Lokalanästhetikum *nt* MED local anaesthetic [*or* AM anesthetic] **Lokalaugenschein** *m* JUR ÖSTERR (*Lokaltermin*) visit to the scene of the crime **Lokalbahn** *f* local [*or* suburban] railway BRIT, suburban railroad AM **Lokalblatt** *nt* MEDIA local paper

Lokale(s) *nt dekl wie adj* local news + *sing vb, no indef art*

Lokalfernsehen <-s, -> *nt* MEDIA local television

Lokalisation <-, -en> *f* (*geh*) location

lokalisieren* *vt* ❶ (*örtlich bestimmen*) ■**etw ~** to locate sth; ■**etw lässt sich** *akk* **~** sth can be located ❷ (*eingrenzen*) ■**etw** [**auf etw** *akk*] **~** to localize sth [in[*or* to] sth], to limit sth [to sth]; **den Konflikt ~** to contain the conflict

Lokalität <-, -en> *f* ❶ (*Örtlichkeit*) locality; ***wir brauchen jemanden, der sich mit der ~/den ~en genau auskennt*** we need someone who knows the area like the back of his hand ❷ (*hum fam: Lokal*) pub BRIT, bar AM

Lokalkolorit *nt* local colour [*or* AM -or] **Lokalmatador** *m* (*hum*) local hero [*or* favourite] [*or* AM favorite] **Lokalnachrichten** *pl* MEDIA local news + *sing vb, no indef art* **Lokalpatriotismus** *m* local patriotism *no pl, no indef art* **Lokalreporter(in)** *m(f)* stringer **Lokalseite** *f* local page **Lokalsender** *m* RADIO local station; TV local channel [*or* AM *a.* station] **Lokalteil** *m* MEDIA local section **Lokaltermin** *m* JUR visit to the scene of the crime **Lokalverbot** *nt* **~ bekommen/haben** to get/be banned [*or* barred] from a pub [*or* AM bar]; **jdm ~ erteilen** to ban [*or* bar] sb from a/the pub [*or* AM bar] **Lokalverkehr** *m* local traffic **Lokalzeitung** *f* local newspaper **Lokalzug** *m* local train

Lokführer(in) *m(f)* (*fam*) engine [*or* train] driver BRIT, engineer AM

Lokomotive <-, -n> [-və] *f* locomotive, [railway] engine

Lokomotivführer(in) *m(f)* engine [*or* train] driver BRIT, engineer AM

Lokomotivschuppen *m* engine shed

Lokowaren *pl* ❶ HANDEL spot goods ❷ BÖRSE spots

Lokus <-, *o* -ses, -se> *m* (*fam*) loo BRIT, john AM

Lokuste <-, -n> *f* ZOOL locust

Lolita <-, -s> *f* Lolita *liter*

Lolli <-s, -s> *m* (*fam*) lollipop, BRIT *a.* lolly *fam*

Lombardbank *f* FIN loan bank

Lombardei <-> *f* Lombardy

lombardfähig *adj* FIN eligible to serve as collateral *pred*

lombardieren* *vt* FIN ■**etw ~** to lend against collateral, to advance on securities

Lombardierung <-, -en> *f* FIN borrowing against

securities [*or* on collateral security]

Lombardierungswert *m* FIN collateral value

Lombardkredit *m* FIN loan against collateral **Lombardsatz** *m* FIN Lombard rate, rate for loans on securities **Lombardwechsel** *m* FIN collateralized bill **Lombardwert** *m* FIN collateral value **Lombardzins** *m* FIN interest on borrowings against securities

London <-s> *nt* London

Londoner *adj attr* London; ***im ~ Hyde-Park*** in London's Hyde Park

Londoner(in) <-s, -> *m(f)* Londoner

Longdrink ['lɔŋdrɪŋk] *m* long drink

Look <-s, -s> [lʊk] *m* MODE look

Looping <-s, -s> ['lu:pɪŋ] *m o nt* LUFT loop, looping the loop; **einen ~ machen** to loop the loop

Lorbeer <-s, -en> *m* (1) (*Baum*) laurel [*or* bay] [tree] (2) (*Gewürz*) bay leaf (3) (*geh: Kranz*) laurel wreath ► WENDUNGEN: **sich** *akk* **auf seinen ~en ausruhen** (*fam*) to rest on one's laurels; **mit etw** *dat* **keine ~en ernten können** to not win any laurels for sth

Lorbeerbaum *m* laurel [*or* bay] [tree] **Lorbeerblatt** *nt* (1) (*Blatt des Lorbeers*) laurel [*or* bay] leaf (2) (*Gewürz*) bay leaf **Lorbeerkranz** *m* laurel wreath

Lord <-s, -s> *m* (1) (*Adelstitel*) Lord (2) (*Titelträger*) lord

Lordrichter *m* JUR BRIT (*am Berufungsgericht*) Lord Justice

Lore <-, -n> *f* BERGB tipper [*or* tipping] wagon BRIT, dump truck AM

Lorgnette <-, -n> [lɔrn'jɛtə] *f* lorgnette

los I. *adj pred* (1) (*von etwas getrennt*) ■**~ sein** to have come off; *s. a.* **Hund** (2) (*fam: losgeworden*) ■**jdn ~ sein** to be rid [*or fam* shot] of sb; ■**etw ~ sein** to be rid [*or fam* shot] of sth, to have got rid [*or fam* shot] of sth; (*ging einer S. verlustig*) to have lost [*or fam* blown] sth; ***er ist sein ganzes Geld los*** he's lost all his money [*or fam* cleaned out] ► WENDUNGEN: **irgendwo ist etwas/viel/nichts ~** (*fam*) sth/a lot/nothing is going on [*or* happening] somewhere; ***wo ist hier etwas ~?*** where can I find some action around here?; ***da ist immer viel ~*** there's always a lot going on there, that's where the action always is *fam;* **... [dann] ist etwas ~!** (*fam*) there'll be hell to pay!; **mit jdm ist etwas ~** (*fam*) sth's up [*or* the matter] with sb; **mit jdm ist nichts ~** (*fam: jd fühlt sich nicht gut*) sb isn't up to much [any more]; (*jd ist langweilig*) sb is a dead loss *fam;* **was ist ~?** (*fam*) what's up? [*or* wrong] [*or* the matter]; **was ist denn hier/da ~?** (*fam*) what's going on here/there?; *s. a.* **Mundwerk** II. *adv* (1) (*fortgegangen*) ■**jd ist ~** sb has gone [*or* left]; ***Ihre Frau ist schon seit/vor fünf Minuten ~*** your wife left [*or* went] five minutes ago (2) (*gelöst*) ■**etw ist ~** sth is [*or* has come] loose; ***noch ein paar Umdrehungen, dann ist die Schraube ~!*** a couple more turns and the screw will be off! ► WENDUNGEN: **~!** (*mach!*) come on!; (*voran!*) get moving!; ***~, verschwinde, du frecher Köter!*** go on, get out of here, you cheeky devil!; *s. a.* **Achtung, Platz, nichts**

Los <-es, -e> *nt* (1) (*Lotterie~*) [lottery] ticket; (*Kirmes~*) [tombola [*or* AM raffle]] ticket (2) (*für Zufallsentscheidung*) lot; **durch das ~** by drawing lots; **das ~ entscheidet** [*o* **wird gezogen**] to be decided by drawing lots; **das ~ fällt auf jdn** it falls to sb (3) *kein pl* (*geh: Schicksal*) lot *no pl;* **jds ~ teilen, das gleiche ~ erfahren** (*geh*) to share the same lot [*or* fate] [as sb] ► WENDUNGEN: **das große ~** the jackpot, first prize; **jd hat mit jdm/etw das große ~ gewonnen** [*o* **gezogen**] sb has hit the jackpot [*or* struck it lucky] with sb/sth

lösbar *adj inv* (1) *Problem* solvable, soluble (2) (*löslich*) soluble

los|bellen *vi* to start barking, to bark **los|binden** *vt irreg* ■**etw/ein Tier [von etw** *dat*] **~** to untie sth/an animal [from sth] **los|brechen** *irreg* I. *vt haben* ■**etw [von etw** *dat*] **~** to break off sth [from sth] [*or* sth off [sth]] II. *vi sein* (1) (*abbrechen*) ■**[von etw** *dat*] **~** to break off [sth] (2) (*plötzlich beginnen*) to break out; ***gleich wird das Gewitter/Unwetter ~*** the storm is about to break **los|bröckeln** *vi sein* ■**[von etw** *dat*] **~** to crumble away [from sth] [*or* off [sth]]

losch (*veraltet*) *1. und 3. pers imp von* **löschen**

Löscharbeit *f meist pl* fire-fighting *no pl,* fire-fighting operations *pl*

löschbar *adj* (1) (*zu löschen*) *Feuer, Flammen* extinguishable (2) (*zu tilgen*) *Daten, Text etc* can be deleted [*or* removed] *pred*

Löschblatt *nt* sheet [*or* piece] of blotting-paper

löschen[1] I. *vt* (1) (*auslöschen*) ■**etw ~** *Feuer, Flammen* to extinguish [*or sep* put out] sth [with sth]; **das Licht ~** to switch [*or* turn] off [*or* out] the light[s] *sep,* to put out the light[s] *sep; s. a.* **Durst, Kalk** (2) (*tilgen*) ■**etw ~** to delete [*or* remove] sth; **ein Bankkonto ~** to close a bank account; **eine Firma aus dem Handelsregister ~** to remove [*or sep* strike off] a firm from the register of companies (3) (*eine Aufzeichnung entfernen*) ■**etw ~** to erase sth (4) INFORM ■**etw ~** to clear sth, to delete sth; **den Speicher/Bildschirm ~** to clear the memory/screen; **die Tabulation ~** to delete the tab stop (5) (*aufsaugen*) ■**etw [mit etw** *dat*] **~** to blot sth [with sth] II. *vi* to extinguish [*or sep* put out] a/the fire

löschen[2] NAUT I. *vt* ■**etw ~** to unload sth II. *vi* to unload

Löschfahrzeug *nt* fire engine **Löschflugzeug** *nt* firefighting plane **Löschgerät** *nt* fire extinguisher **Löschkalk** *m* slaked lime **Löschmannschaft** *f* firefighting team **Löschpapier** *nt* blotting paper **Löschtaste** *f* INFORM delete key **Löschtrupp** *m* firefighting team, firefighters *pl*

Löschung[1] <-, -en> *f* cancellation, removal; JUR (*im Grundbuch*) cancellation, deletion; *Schulden* paying off, repayment; *Eintragungen* deletion; *Firmen* striking off; *Computerdaten* erasing, deletion; *Bankkonto* closing; **~ einer Eintragung** cancellation of an entry; **~ im Handelsregister** deregistration; **eine ~ beantragen** to apply for cancellation; **~ einer Firma** dissolution of a company; **~ einer Hypothek** cancellation of a mortgage; **~ einer Marke** cancellation of a brand

Löschung[2] <-, -en> *f* (*das Ausladen*) unloading *no pl*

Löschungsanrecht *nt* JUR (*Grundbuch*) cancellation privilege **Löschungsanspruch** *m* JUR right to have an entry expunged from a register **Löschungsantrag** *m* JUR (*Grundbucheintrag*) memorandum of satisfaction; *eines Patents* application for revocation **Löschungsbewilligung** *f* JUR (*für Grundbuch*) consent to cancellation, satisfaction [*or* AM release] of a mortgage **Löschungsklage** *f* JUR action for cancellation; **grundbuchrechtliche ~** petition to cancel a land charge **Löschungsvermerk** *m* JUR notice of cancellation **Löschungsvormerkung** *f* JUR (*im Grundbuch*) notice of right to cancellation **Löschungsvorschriften** *pl* JUR cancellation proceedings *pl*

Löschzug *m* fire engine

lose *adj* (1) (*locker, unverbunden*) loose; **ein ~r Knopf** a loose button; **ein ~s Seil** a slack rope; **eine ~e Verbindung** a loose connection (2) (*unverpackt, einzeln*) loose; **~ Ware** items sold loose; **~ Manuskriptseiten** loose pages of a manuscript; **sein Geld ~ in der Tasche haben** to have loose change in one's pocket (3) (*hum: frech*) cheeky, lippy; **ein ~s Mundwerk haben** to be cheeky, to have a big mouth (4) (*veraltend: unmoralisch*) loose; **ein ~s Mädchen** a loose woman

Loseblattausgabe *f* loose-leaf book[let] **Loseblattbindung** *f* TYPO loose-leaf binding

Lösegeld *nt* ransom

Lösegeldforderung *f* ransom demand

los|eisen I. *vt* (*fam*) (1) (*mit Mühe freimachen*) ■**jdn [von jdm/etw] ~** to tear sb away [from sb/sth]; ***es ist schwer, die Kinder vom Fernseher loszueisen*** it is difficult to tear the children away from the TV (2) (*etw beschaffen*) ■**bei jdm etw ~** to wangle sth [out of sb] *fam;* ***ich konnte bei meiner Mutter etwas Geld ~*** I was able to get [*or* prise] some money out of my mother II. *vr* (*fam*) ■**sich [von etw] ~** to tear oneself away [from sth]

Lösemittel *nt s.* **Lösungsmittel**

losen *vi* ■**[um etw] ~** to draw [*or* cast] lots [for sth]; ■**~ wer etw tun soll/ist** to draw [*or* cast] lots to see who does/must do/is sth

lösen I. *vt* (1) (*ab~*) ■**etw [von etw] ~** to remove sth [from sth]; **das Fleisch vom Knochen ~** to take the meat off the bone; **den Schmutz ~** to remove the dirt; **etw aus dem Zusammenhang ~** (*fig*) to take sth out of context (2) (*aufbinden*) ■**etw ~** to untie sth; **die Fesseln/den Knoten ~** to undo the shackles/the knot (3) (*Arretierung aufheben*) **die Bremse ~** to release the brake (4) (*entspannen*) **eine Schraube/einen Verband ~** to loosen a screw/bandage; ***Alkohol löst die Zunge*** (*fig*) alcohol loosens the tongue; **die Hemmungen ~** to relieve inhibitions (5) (*klären*) ■**etw ~** to solve sth; **einen Konflikt/eine Schwierigkeit ~** to resolve a conflict/difficulty; **ein Problem/Rätsel ~** to solve a problem/mystery; **einen Mordfall ~** to solve a murder (6) (*aufheben, annullieren*) ■**etw ~** to break off sth; **den Bund der Ehe ~** (*geh*) to dissolve a marriage; **eine Verbindung ~** to sever a connection; **eine Verlobung ~** to break off an engagement; **einen Vertrag ~** to cancel a contract (7) (*zergehen lassen*) ■**etw in etw** *dat* **~** to dissolve sth in sth; ■**[in etw** *dat*] **gelöst** dissolved [in sth]; **im Wasser gelöste Brausetabletten** effervescent tablets (8) (*geh: den Abzug betätigen*) to press the trigger; **einen Schuss ~** to fire [a shot] (9) (*ein Ticket kaufen*) ■**etw [an etw** *dat*] **~** to buy sth [at sth]; **eine Fahrkarte ~** to buy a ticket [for public transport] II. *vr* (1) (*sich ab~*) ■**sich [von etw] ~** to come off [of sth]; ***die Tapete löst sich von der Wand*** the wallpaper is coming off the wall; ***eine Lawine löste sich*** an avalanche started (2) (*sich freimachen, trennen*) ■**sich von jdm ~** to free oneself of sb; **sich von seinen Eltern/altmodischen Ansichten ~** to break away from one's parents/old-fashioned views; ■**sich aus etw ~** to free oneself from sth; **sich aus einer Umarmung ~** to free oneself from an embrace (3) (*sich aufklären*) ■**sich ~** to be solved; ***das Rätsel löste sich von ganz alleine*** the mystery solved itself (4) (*sich auf~*) ■**sich** *akk* **[in etw** *dat*] **~** to dissolve [in sth] (5) (*sich lockern*) to loosen; ***der Knoten lässt sich nicht ~*** I can't undo this knot; ***langsam löste sich die Spannung*** (*fig*) the tension faded away; *s. a.* **gelöst**

Loser <-s, -> ['lu:zɐ] *m* (*sl: Versager*) loser

los|fahren *vi irreg sein* (1) (*abfahren*) ■**[von etw] ~** to leave [somewhere], to set [*or* drive] off (2) (*auf etw zufahren*) ■**auf jdn/etw ~** to drive towards sb/sth (3) (*fam: wütend auf jdn zugehen*) ■**auf jdn ~** to attack sb *fam,* to lay into sb *fam;* **auf seinen Gegner ~** (*aufbrausen*) ■**jmd fährt los** sb flares up **los|gehen** *irreg* I. *vi sein* (1) (*weggehen*) ■**[von etw] ~** to leave sth (2) (*auf ein Ziel losgehen*) ■**auf etw ~** to set off for/towards sth (3) (*fam: beginnen*) ■**etw geht los** sth starts; ***das Konzert geht erst in einer Stunde los*** the concert will only start in an hour (4) (*fam: sich lösen*) ■**etw geht los** to loosen; ***der Knopf ist mir losgegangen*** my button has fallen off (5) (*angreifen*) ■**[mit etw] auf jdn ~** to attack [*or* lay into] sb [with sth]; ***die Gegner gingen wütend aufeinander los*** the opponents laid into each other furiously (6) (*sich lösen*) *Schusswaffen* to go off II. *vi impers sein* (*fam: beginnen*) to start; ■**es geht [mit etw] los** sth starts; ***jetzt geht es erst richtig los*** it's really going to start now; ***gleich wird es wieder losgehen mit der Schreierei*** here we go again with the shouting; **jetzt geht's los** (*fam*) here we go, it's starting; (*beim Rennen*) they're off

los|haben *vt irreg haben* (*fam*) ■**[auf/in etw** *dat*] **etwas/einiges/nichts/viel ~** to be quite competent/incompetent/very competent [in/at sth]; ***in Sachen Computer hat er viel los*** he's pretty good with computers

los|heulen *vi* (*fam*) *Menschen* to burst into tears [*or* out crying]; *Tiere* to howl **los|husten** *vi infin* to start coughing [*or* to cough]

los|kaufen *vt* ■**jdn ~** to ransom sb; **eine Geisel ~**

to ransom a hostage **los|ketten** *vt haben* ■**etw von etw** ~ to unchain sth from sth

los|kichern *vi infin* to start giggling [*or* to giggle]

los|kommen *vi irreg sein* (*fam*) ❶ (*wegkommen*) ■[**irgendwo/aus etw**] ~ to get away [from somewhere]; ***wann bist du denn zu Hause losgekommen?*** so when did you [manage to] leave home? ❷ (*sich befreien*) ■**von jdm** ~ to free oneself of sb; ***sie musste zuerst von ihrem Freund*** ~ she had to get away from her boyfriend; ■**von etw** ~ to quit sth; **von Schulden** ~ to get out of debt; **von einem Gedanken** ~ to get sth out of one's head; **von einer Sucht** ~ to overcome an addiction

los|kratzen *vt haben* ■**etw** [**von etw**] ~ to scrape sth off [sth] **los|kriegen** *vt* (*fam*) ❶ (*lösen können*) ■**etw** [**von etw**] ~ to get sth off [of sth]; ***ich kann den Deckel nicht*** ~ I can't get the lid off ❷ (*loswerden*) ■**jdn/etw** ~ to get rid of sb/sth ❸ (*verkaufen können*) ■**etw** ~ to flog sth *fam*

los|lachen *vi* to burst into laughter [*or* out laughing]

los|lassen *vt irreg* ❶ (*nicht mehr festhalten*) ■**jdn/etw** ~ to let sb/sth go; ***du musst den Knopf nach dem Sprechen*** ~ you have to release the button after speaking; ***lass mich los!*** let me go! ❷ (*beschäftigt halten*) ■**etw lässt jdn nicht los** sb can't get sth out of his/her head; ***der Gedanke lässt mich nicht mehr los*** I can't get the thought out of my mind; ***das Buch lässt mich nicht mehr los*** I can't put this book down ❸ (*fam: auf den Hals hetzen*) ■**etw/jdn auf etw/jdn** ~ to let sth/sb loose [*or* set sth/sb] on sth/sb; **die Hunde** ~ to let [*or* set] the dogs loose ❹ (*pej fam: Unqualifizierte sich betätigen lassen*) ■**jdn auf jdn** ~ to let sb loose [*or* unleash sb] on sb ❺ (*fam: von sich geben*) ■**etw** ~ to voice sth; **einen Fluch** ~ to curse; **eine Schimpfkanonade** ~ to launch into a barrage of abuse; **einen Witz** ~ to come out with a joke

los|laufen *vi irreg sein* to start running **los|legen** *vi* (*fam*) ■[**mit etw**] ~ to start [doing sth]; ***leg los!*** spill the beans, go ahead, come on, tell me all about it

löslich *adj* soluble; ■**etw ist** [**in etw** *dat*] ~ sth dissolves [in sth]

los|lösen I. *vt* (*ablösen*) ■**etw** [**von etw**] ~ to remove sth [from sth], to take sth off [of sth] II. *vr* ❶ (*sich ablösen*) ■**sich** [**von etw**] ~ to come off [of sth] ❷ (*sich freimachen*) ■**sich von jdm** ~ to free oneself of sb **los|machen** I. *vt* (*losbinden*) ■**jdn/ein Tier** [**von etw**] ~ to untie [*or* free] sb/an animal [from sth]; **ein Tier von einer Kette** ~ to unchain an animal; **die Leinen** ~ to unmoor; ***er machte sich von allen Zwängen los*** he let his hair down *fam*; **einen/etw losmachen** (*sl*) to party; ***heute machen wir richtig einen los*** today we're going to really paint the town red II. *vi* ❶ NAUT (*ablegen*) ■[**von etw**] ~ to cast off ❷ (*fam: sich beeilen*) to get a move on, to step on it

los|müssen *vi irreg* (*fam*) to have to leave [*or* go]; ***jetzt müssen wir aber wirklich los*** it's really time we were going

Losnummer *f* ticket number

los|platzen *vi sein* (*fam*) ❶ (*plötzlich loslachen*) to burst out laughing [*or* into laughter] ❷ (*plötzlich etw sagen*) ■[**mit etw**] ~ to burst out [with sth]

los|rasen *vi sein* (*fam: plötzlich schnell loslaufen/-fahren*) to race [*or* speed] off

los|reißen *irreg haben* I. *vt* ■**etw/jdn** [**von etw/jdm**] ~ to tear sth off [of sth]; ***wir wollten das Kind nicht von seiner Familie*** ~ we didn't want to tear the child away from his family; ***der Sturm hat das Dach losgerissen*** the storm tore the roof off; **die Augen von etw/jdm nicht** ~ **können** to not be able to take one's eyes off sth/sb II. *vr* ❶ (*sich energisch lösen*) ■**sich** [**von jdm/etw**] ~ to tear oneself away [from sb/sth]; ***der Hund hat sich von der Leine losgerissen*** the dog snapped its lead ❷ (*fam: aufhören*) ■**sich** [**von etw**] ~ to tear oneself away [from sth]

los|rennen *vi irreg sein* (*fam*) *s.* **loslaufen**

LössRR <-es, -e> *m*, **Löß** <Lösses *o* Lößes, Lösse *o* Löße> *m* loess *no pl*

los|sagen *vr* (*geh*) ■**sich von jdm/etw** ~ to renounce sb/sth; **sich von einer Sekte** ~ to break with a sect

los|schicken *vt* ■**jdn/etw** [**zu jdm**] ~ to send sb/sth [to sb]

los|schießen *vi irreg* (*fam*) ❶ *haben* (*anfangen zu schießen*) to start shooting ❷ *sein* (*schnell losrennen*) to shoot [*or* race] off; ***er schoss los wie eine Rakete*** he tore away like a shot ❸ (*auf jdn zustürzen*) ■**auf jdn/etw** ~ to pounce on sb/sth; ***wie ein Pfeil schoss der Vogel auf uns los*** the bird tore towards us as fast as an arrow ❹ *haben* (*erzählen*) to spout forth; ***na, schieß mal/schon los!*** come on, tell me/us! etc., come on, out with it! **los|schimpfen** *vi infin* to start moaning [*or* grumbling], to start to moan [*or* grumble]

los|schlagen *irreg haben* I. *vt* ❶ (*abschlagen*) ■**etw** [**von etw**] ~ to knock sth off [of sth]; **den Putz** ~ to knock the plaster off ❷ (*fam: billig verkaufen*) ■**etw** ~ to flog sth *fam* II. *vi* ❶ (*plötzlich angreifen*) to strike ❷ (*einschlagen*) ■**auf jdn** ~ to let fly at sb; **aufeinander** ~ to fly at each other

losschneiden *vt haben* ■**jdn/etw von etw** ~ to cut sb/sth free from sth **los|schrauben** *vt* ■**etw** [**von etw**] ~ to loosen [*or* unscrew] sth [from sth]

los|steuern *vi sein* ■**auf jdn/etw** ~ to head [*or* make] straight for sb/sth

los|stürzen *vi sein* (*fam*) ❶ (*plötzlich losrennen/davonrennen*) to race [*or* rush] off ❷ (*sich auf jdn/etw stürzen*) to pounce on sb/sth

los|treten *vt irreg* (*a. fam*) ■**etw** ~ to trigger [off] sth; **einen Stein** ~ to set a stone in motion; **eine Lawine** ~ to trigger [off] an avalanche; **einen Streit** ~ (*fam*) to trigger [off] an argument

Lostrommel *f* lottery drum

Losung1 <-, -en> *f* ❶ (*Wahlspruch*) slogan ❷ (*Kennwort*) password; **die** ~ **kennen/nennen** to know/give the password

Losung2 <-, -en> *f* JAGD fumet [*or* fewmet] *spec*

Losung3 <-, -en> *f* (*fachspr: Tageseinnahme eines Kaufhauses*) daily cash receipts

Lösung <-, -en> *f* ❶ (*das Lösen*) solution; **die** ~ **eines Falles/Problems** the solution of/to a case/problem ❷ (*Aufhebung*) cancellation; **die** ~ **einer Beziehung/Verlobung** the breaking off of a relationship/engagement; **die** ~ **einer Ehe** dissolution of a marriage ❸ (*das Sichlösen*) breaking away; **die** ~ **von altmodischen Vorstellungen** breaking away from old-fashioned ideas ❹ CHEM (*das* [*Sich*]*auflösen*) dissolving; **die** ~ **von Salz in Wasser** dissolving salt in water; (*Flüssigkeit*) solution; **eine gesättigte** ~ a saturated solution

Lösungsansatz *m* possible solution

Lösungsmittel *nt* solvent

lösungsmittelfrei *adj inv* CHEM solvent-free, free from solvents *pred*

Losungswort <-wörter> *nt s.* **Losung** 2

Losverfahren *nt* drawing [of] lots **Losverkäufer(in)** *m(f)* lottery ticket seller

los|werden *vt irreg sein* ❶ (*sich entledigen*) ■**jdn/etw** ~ to get rid of sb/sth; **eine Erkältung/ungebetene Gäste** ~ to get rid of a cold/unwanted guests ❷ (*aussprechen*) ■**etw** ~ to tell sth ❸ (*fam: ausgeben*) ■**etw** ~ to shell out sth *fam* ❹ (*fam: verkaufen*) ■**etw** ~ to flog sth

los|wollen *vi irreg haben* (*fam*) to want to be off [*or* leave] **los|ziehen** *vi irreg sein* (*fam*) ❶ (*losgehen, starten*) to set off; **gemeinsam** ~ to set off together ❷ (*pej: herziehen*) **über jdn** ~ to pull sb to pieces

Lot <-[e]s, -e> *nt* ❶ (*Senkblei*) plumb line; (*mit Senkblei gemessene Senkrechte*) perpendicular; **im** ~ **sein** to be plumb; **außer** ~ **sein** to be out of plumb; **etw ins** [**rechte**] ~ **bringen** to put sth right, to sort sth out; **jdn/etw aus dem** ~ **bringen** to put sb off, to put sth out of kilter; [**wieder**] **ins** ~ **kommen** (*fig*) to be back to normal; **aus dem/nicht im** ~ **sein** BAU (*fig*) to be out of sorts [*or* in a bad way] [*or* AM in poor health]; ***seine Gesundheit ist nicht im*** ~ he's in a bad way/in poor health; **im** ~ **sein** (*fig*) to be alright [*or* all right] ❷ NAUT (*Lotleine*) sounding line, lead-line ❸ MATH perpendicular; **das** ~ **auf eine Gerade fällen** to drop a perpendicular ❹ *pl unverändert* (*veraltet: Gewichtseinheit*) weight betw. 15.5g and 16.6g ❺ (*Material zum Löten*) plumb ▸ WENDUNGEN: **Freunde in der Not gehen hundert auf ein** ~ (*prov*) friends in adversity are few and far between

loten *vt* ❶ (*senkrechte Lage bestimmen*) to plumb ❷ NAUT to take soundings

löten *vt* to solder; ■**etw** [**an etw** *akk*] ~ to solder sth to sth

lotgerecht *adv* BAU plumb

Lothringen <-s> *nt* Lorraine

Lothringer(in) <-s, -> *m(f)* Lorrainer; HIST Lotharingian

lothringisch *adj inv* Lotharingian, Lorrainese

Lotion <-, -en> *f* lotion

Lötkolben *m* soldering iron **Lötlampe** *f* blowtorch, BRIT *a.* blowlamp, soldering torch [*or* BRIT *a.* lamp] **Lötmetall** *nt* soldering metal

Lotos <-, -> *m* lotus **Lotosblume** *f* lotus **Lotossitz** *m kein pl* lotus position

Lötpistole *f* soldering gun

lotrecht *adj* (*geh: senkrecht*) perpendicular, vertical, plumb; **etw** ~ **aufstellen** to stand [*or* position] sth vertically [*or* perpendicularly]

Lotrechte *f s.* **Senkrechte**

Lötrohr *nt* TECH blowpipe; (*für Schmuck*) soldering tube

Lotse, Lotsin <-n, -n> *m, f* pilot, guide

lotsen *vt* ❶ (*als Lotse dirigieren*) ■**jdn/etw** ~ to pilot [*or* guide] sb/sth ❷ (*fam: führen*) ■**jdn irgendwohin** ~ to take sb somewhere; **jdn über die Straße** ~ to guide sb across the road

Lotsenboot *nt* pilot boat **Lotsendienst** *m* pilotage, piloting **Lotsenfisch** *m* ZOOL pilotfish

Lotsin <-, -nen> *f fem form von* **Lotse**

Lötstelle *f* soldered joint, joint to be soldered

Lotte <-, -n> *f* angler-fish

Lotterbett *nt* (*veraltend o hum*) bed of sloth

Lotterie <-, -n> [-'riːən] *f* lottery; **in der** ~ **spielen** to play the lottery

Lotterieerlös *m* lottery proceeds *npl* **Lotteriegesellschaft** *f* lottery company **Lotteriegewinn** *m* lottery win **Lotterielos** *nt* lottery ticket **Lotteriespiel** *nt* lottery **Lotteriesteuer** *f* FIN lottery tax **Lotterievertrag** *m* JUR lottery contract

lott(e)rig <-er, -ste> *adj* (*pej: schlampig*) sloppy, slovenly

Lotterleben *nt kein pl* (*pej fam: liederliche Lebensweise*) slovenly lifestyle; **ein** ~ **führen** to lead a dissolute life

Lotto <-s, -s> *nt* ❶ (*Zahlen~*) [national] lottery, lotto; ~ **spielen** to play the [national] lottery; **sechs Richtige im** ~ **haben** to have six correct numbers in the lottery; ***du hast wohl im*** ~ ***gewonnen*** (*fam*) you must have won the lottery ❷ (*Spiel*) lotto

Lottoannahmestelle *f place to buy and hand in lottery coupons* **Lottogewinn** *m* lottery win **Lottoschein** *m* lottery ticket **Lottozahlen** *pl* winning lottery numbers

Lotus <-, -> *m s.* **Lotos**

Lötzinn *m* fine solder

LoveparadeRR **Love Parade**RR <-> ['lʌvpə'reɪd] *f kein pl Techno parade in Berlin*

Löwe *m* ❶ (*Raubtierart*) lion; *s. a.* **Löwin** ❷ ASTROL (*Tierkreiszeichen*) Leo; **im Zeichen des ~n geboren werden** to be born under Leo; [**ein**] ~ **sein** to be a Leo

Löwenanteil *m* (*fam*) lion's share *no pl, no indef art* **Löwenbändiger(in)** <-s, -> *m(f)* lion tamer **Löwenmähne** *f* ❶ (*fam: langes, buschiges Haar*) mane ❷ (*Haar eines Löwen*) lion's mane **Löwenmaul** *nt kein pl*, **Löwenmäulchen** <-s, -> *nt* snapdragon **Löwenzahn** *m kein pl* dandelion

Löwin *f* lioness; *s. a.* **Löwe**

loyal [loa'jaːl] *adj* (*geh*) loyal; **~e Truppen** loyal troops; **jdm gegenüber** ~ **sein** to be loyal [to sb]

Loyalität <-, *selten* -en> [loajali'tɛːt] *f* loyalty; **die** ~ **gegenüber dem Staat** loyalty to the state

Loyalitätseid *m* oath of allegiance

LP <-, -s> [ɛl'peː, ɛl'piː] *f Abk von* **Langspielplatte** LP

LP-Box *f* boxed LP set

lpi INFORM, TYPO *Abk von* **lines per inch** lpi

lpm INFORM, TYPO *Abk von* **lines per minute** lpm

LSD <-[s]> *nt Abk von* **Lysergsäurediäthylamid** LSD

lt. *präp kurz für* **laut²** according to

Luchs <-es, -e> *m* ❶ *(Raubtier)* lynx; **aufpassen wie ein ~** *(fam)* to watch like a hawk *fam* ❷ *(Luchsfell)* lynx; **ein Mantel aus ~** a lynx fur coat

Luchsaugen *pl* ❶ ZOOL lynx's eyes ❷ *(fam: sehr gute Augen)* eyes like a hawk *fam*

Lucianer(in) <-s, -> *m(f)* St Lucian; *s. a.* **Deutsche(r)**

lucianisch *adj* St Lucian; *s. a.* **deutsch**

Lücke <-, -n> *f* ❶ *(Zwischenraum)* gap, hole; **Zahn~** a gap between two teeth; **eine ~ im Zaun** a gap in the fence; **eine ~ füllen** [*o* **schließen**] to fill a gap; **[mit etw] in eine [vorhandene] ~ stoßen** *(fig)* to fill a gap on the market [with sth] ❷ *(Unvollständigkeit)* gap; **eine Lücke in einem Gesetz** a loophole in a law; ***mein Wissen weist noch große ~n auf*** I still have large gaps in my knowledge; **der Mut zur ~** to risk leaving gaps in one's knowledge; **irgendwo klafft eine ~** there is a gap somewhere; **eine ~ [in etw** *akk*] **reißen** to leave a gap [*or* void] in sth

Lückenbüßer(in) <-s, -> *m(f) (fam)* stopgap; **der ~ sein** to be a stopgap; **den ~ spielen** to be used as a stopgap

lückenhaft I. *adj* ❶ *(leere Stellen aufweisend)* full of gaps; **ein ~es Gebiss** teeth full of gaps ❷ *(unvollständig)* fragmentary; **~es Wissen** incomplete knowledge; **ein ~er Bericht** a sketchy report; **eine ~e Sammlung** an incomplete collection; **eine ~e Erinnerung haben** to have a vague/sketchy memory; ■ **~ sein/werden** to be/become fragmentary II. *adv (unvollständig)* fragmentarily; **einen Fragebogen ~ ausfüllen** to fill in a questionnaire leaving gaps; ***an den Abend erinnere ich mich nur sehr ~*** my memory of that evening is only very vague [*or* sketchy]

lückenlos *adj* ❶ *(ohne Lücke)* comprehensive; **ein ~es Gebiss** perfect teeth without any gaps ❷ *(vollständig)* complete; **ein ~es Alibi** a solid [*or* castiron] Alibi; **~e Kenntnisse** thorough knowledge; **ein ~er Lebenslauf** a complete CV [*or* curriculum vitae] [*or* AM resumé]; **eine ~e Sammlung** a complete collection; **etw ~ beweisen/nachweisen** to prove sth conclusively; **sich an etw ~ erinnern** to remember everything about sth

Lückentest *m* cloze test

lud *imp von* **laden¹, ²**

Lude <-n, -n> *m (pej sl)* pimp *pej sl*

Luder <-s, -> *nt (pej fam: durchtriebene Frau)* crafty bitch *pej fam!; (kokette Frau)* hussy *pej;* **ein freches/dummes ~** a cheeky/stupid brat [*or* person]

Lues <-> *f kein pl* lues

Luffa <-, -s> *f* loofa[h]

Luffaschwamm *m* vegetable sponge

Luft <-, *liter* Lüfte> *f* ❶ *kein pl (Atem~)* air *no pl;* **frische ~** fresh air; **verbrauchte ~** stale air; **die ~ anhalten** to hold one's breath; **jdm die ~ abdrücken** *(a. fig fam)* to strangle sb, to ruin sb *fig;* **keine ~ mehr bekommen** [*o fam* **kriegen**] to not be able to breathe; **wieder ~ bekommen** [*o fam* **kriegen**] *(wieder atmen können)* to be able to breathe again; *(wieder durchatmen können)* to be able to breathe freely again; **an die [frische] ~ gehen** *(fam)* to get [*or* grab] some fresh air; **[tief] ~ holen** to take a deep breath; **~ an etw** *akk* **kommen lassen** let the air get to sth; **nach ~ ringen** to struggle for breath; **[frische] ~ schnappen** *(fam)* to get [*or* grab] some [fresh] air; **nach ~ schnappen** to inhale, to gasp for breath; *(wirtschaftlich in einer schlechten Lage sein)* to struggle to keep one's head above water; **von ~ und Liebe leben** *(hum fam)* to live off fresh air alone; **nicht von ~ [und Liebe] leben können** to not to be able to live off fresh air alone; ■ **irgendwo ist** *fam* **dicke ~** there is a tense [*or* bad] atmosphere somewhere, trouble is brewing; **die ~ ist rein** *(fam)* the coast is clear *fam;* **gesiebte ~ atmen** *(hum fam)* to be behind bars; **sich in ~ auflösen** to vanish into thin air; **jdn wie ~ behandeln** to cold-shoulder sb [*or* to give sb the cold shoulder]; **jdm bleibt [vor Erstaunen] die ~ weg** sb is flabbergasted; **jdm bleibt vor Schmerzen die Luft weg** to be overcome by [*or* with] pain; **nun halt mal die ~ an!** *(fam)* put a sock in it! *fam;* **die ~ rauslassen** *(fam)* to calm down, to cool it *fam;* **jdm geht die ~ aus** *(fam)* sb is running out of steam; **jdm die ~ zum Atmen nehmen** *(a. fig fam)* to cut off sb's air supply, to totally dominate sb *fig;* **aus etw ist die ~ raus** *(fig)* sth has fallen flat [*or* run out of steam]; **~ für jdn sein** *(fam)* to not exist as far as sb is concerned; ***er ist ~ für mich*** *(fam)* I totally ignore him; **die ~ ist zum Schneiden** *(fam)* the air is stale as anything, there's a terrible fug; **jdn an die [frische] ~ setzen** [*o* **befördern**] *(euph fam: jdn hinauswerfen)* to throw sb out, to show sb the door, to send sb packing; *(jdn fristlos entlassen)* to sack sb ❷ *pl geh (Raum über dem Erdboden)* air; ***langsam erhob sich der Ballon in die ~*** the balloon rose slowly into the air *no pl;* **linde** [*o* **laue**] **Lüfte** *(geh)* gentle [*or* soft] [*or* light] breeze; **in die ~ fliegen** *(fam)* to explode; **etw ist aus der ~ gegriffen** *(fig)* sth is completely made up [*or* a total fabrication]; **in die ~ gehen** *(fam)* to hit the roof, to explode; **[völlig] in der ~ hängen** *(fam)* to be [left] in the dark; **es liegt etwas in der ~** there's sth in the air; **ein Vogel schwingt sich in die Lüfte** *(geh)* a bird takes to the skies; **etw in die ~ sprengen** [*o* **jagen**] *(fam)* to blow up sth *sep;* **[vor etw** *dat*] **in die ~ springen** to jump [for joy]; **in die ~ starren** [*o* **gucken** *fam*] to stare into space ❸ *kein pl (Platz, Spielraum)* space *no pl,* leeway, elbow room; ***jeder Künstler braucht ~ zur freien Entfaltung*** every artist needs space to develop freely; **~ schaffen** [*o* **machen**] **für etw** to make space [*or* room] for sth; **in etw ist noch ~ drin** *(fam)* to still have leeway in sth; **sich** *dat* **~ machen** *(fig)* to give vent to one's feelings; **etw** *dat* **~ machen** *(fig)* to give free rein to sth ▶ WENDUNGEN: **jdn/etw in der ~ zerreißen** *(sehr wütend auf jdn sein)* to [want to] make mincemeat of sb/sth; *(jdn scharf kritisieren)* to tear sb to pieces

Luftabkommen *nt* air pact **Luftabwehr** *f* air defence [*or* AM -se] **Luftabwehrstellung** *f* air defence [*or* AM -se] position **Luftangriff** *m* air raid; ■ **ein ~ auf etw** *akk* an air raid on sth **Luftaufklärung** *f kein pl* aerial reconnaissance **Luftaufnahme** *f* aerial photograph **Luftaufsicht** *f* air-traffic control **Luftballon** *m* balloon **Luftbefeuchter** *m* TECH humidifier **Luftbeförderung** *f* air carriage [*or* transport], carriage by air **Luftbelastung** *f s.* **Luftverschmutzung** **Luftbetankung** *f* air [*or* inflight] refuelling [*or* AM refueling] **Luftbild** *nt* aerial photo [*or* picture] **Luftbildkarte** *f* aerial map, photomap **Luftblase** *f* bubble, air pocket; **wie eine ~ zerplatzen** *(fam)* to burst like a bubble **Luftbrücke** *f* air bridge

Lüftchen <-s, -> *nt dim von* **Luft** *(schwacher Wind)* breeze; **es regt** [*o* **rührt**] **sich kein ~** there is not a single breath of wind

luftdicht *adj* **eine ~e Verpackung** an airtight container; ■ **~ sein** to be airtight [*or spec* hermetic]; **etw ~ verpacken** to seal sth hermetically **Luftdruck** *m kein pl* air [*or* atmospheric] pressure *no pl; Druckwelle* blast **luftdurchlässig** *adj* permeable to air

lüften I. *vt* ❶ *(mit Frischluft versorgen)* ■ **etw ~** to air [*or* ventilate] sth; **die Betten/ein Zimmer ~** to air the beds/a room ❷ *(geh: kurz anheben)* ■ **etw ~** to raise sth; **den Hut zum Gruß ~** to raise one's hat in greeting ❸ *(preisgeben)* ■ **etw ~** to reveal [*or* disclose] sth; **seine Anonymität ~** to give up one's anonymity; **ein Geheimnis ~** to disclose a secret II. *vi (Luft hereinlassen)* to let some air in

Lüfter <-s, -> *m* ❶ *(Ventilator)* extractor fan ❷ *(Heizlüfter)* fan heater

Lüfterkupplung *f* AUTO radiator fan clutch

Luftexpressfracht^RR^ *f* air express

Luftexpresstarif^RR^ *m* air express tariff

Luftfahrt *f kein pl (geh)* aviation **luftfahrtbegeistert** *adj* airminded **Luftfahrtbehörde** *f* Civil Aeronautics Board, AM *a.* Federal Aviation Agency **Luftfahrtelektronik** *f* avionics + *sing vb* **Luftfahrtgesellschaft** *f (geh)* airline **Luftfahrtindustrie** *f (geh)* aviation industry **Luftfahrtmedizin** *f* aeromedicine **Luftfahrtrecht** *nt* JUR aviation law **Luftfahrtsystem** *nt* aviation system **Luftfahrtversicherer** *m* aviation underwriter **Luftfahrtversicherung** *f* aviation insurance; *für Flugzeuge* aircraft insurance; *für Personen* air-travel insurance **Luftfahrtwerte** *pl* aircrafts *pl,* aviation stocks *pl*

Luftfahrzeug *nt (geh)* aircraft **Luftfahrzeugerkennung** *f* aircraft identification **Luftfahrzeugfunkingenieur(in)** *m(f)* aircraft radio engineer **Luftfahrzeugrufzeichen** *nt* aircraft call sign

Luftfeuchtigkeit *f* humidity *no pl, no indef art*

Luftfilter *nt o m* air filter **Luftflotte** *f* air fleet

Luftfracht *f* ❶ *(Frachtgut)* air freight [*or* cargo]; **per ~ senden** to airfreight ❷ *(Frachtgebühr)* air freight [*or* cargo] charge **Luftfrachtbeförderung** *f* air freight transportation **Luftfrachtbrief** *m* air bill [*or* consignment note] **Luftfrachtbüro** *nt* cargo office **Luftfrachtdienst** *m* airfreight service **Luftfrachter** *m* airfreighter **Luftfrachtführer(in)** *m(f)* air carrier [*or* freight forwarder] **Luftfrachtgeschäft** *nt* air freight forwarding **Luftfrachtkosten** *pl* air freight charges *pl* **Luftfrachtraum** *m* air freight space **Luftfrachtsendung** *f* air cargo shipment **Luftfrachtspedition** *f* air freight forwarding **Luftfrachttarif** *m* air cargo rate **Luftfrachttransportgewerbe** *nt* air cargo industry **Luftfrachtunternehmen** *nt* HANDEL airfreighter **Luftfrachtverkehr** *m* air cargo traffic

Luftfunkstelle *f* aircraft radio station **luftgekühlt** *adj* air-cooled **luftgetrocknet** *adj* air-dried **Luftgewehr** *nt* airgun, air rifle **Luftgüterversicherung** *f* air cargo insurance **Lufthaftpflichtversicherung** *f* FIN air transport liability insurance **Lufthauch** *m (geh)* breath of air **Lufthoheit** *f kein pl* air sovereignty **Lufthülle** *f* METEO aerosphere, mantle of air

luftig *adj* ❶ *(gut belüftet)* airy, well ventilated; **ein ~es Plätzchen** a breezy spot ❷ *(dünn und luftdurchlässig)* airy; **ein ~es Kleid** a light dress ❸ *(hoch gelegen)* dizzy; **in ~er Höhe** at a dizzy height

Luftikus <-[ses], -se> *m (pej veraltend fam: sprunghafter Mensch)* happy-go-lucky character

Luftkampf *m* aerial combat **Luftkaskoversicherung** *f* FIN aircraft hull insurance **Luftkissen** *nt* air cushion **Luftkissenboot** *nt,* **Luftkissenfahrzeug** *nt* hovercraft **Luftklappe** *f* ventilation flap **Luftkoffer** *m* lightweight suitcase **Luftkorridor** *m* air corridor **Luft-Kraftstoff-Verhältnis** *nt* air fuel ratio **luftkrank** *adj inv* air-sick **Luftkrankheit** *f* air-sickness; *(von Piloten)* aeronosis **Luftkrieg** *m* aerial warfare **Luftkühlung** *f* air-cooling **Luftkurierdienst** *m* HANDEL air courier service **Luftkurort** *m health resort with particularly good air* **Luftlandetruppe** *f* airborne troops *npl* **Luftlandung** *f* MIL deployment of airborne troops, airborne landing **luftleer** *adj pred* vacuous; **ein ~er Raum** a vacuum **Luftlinie** *f* as the crow flies; ***100 Kilometer ~*** 100 kilometres as the crow flies **Luftloch** *nt* ❶ *(Loch zur Belüftung)* air hole ❷ *(fam: Veränderung der Luftströmung)* air pocket **Luftmasche** *f* chain stitch **Luftmassen** *pl* air masses **Luftmatratze** *f* airbed, inflatable mattress **Luftmine** *f* air bomb **Luftnavigationskarte** *f* aeronautical chart **Luftpirat(in)** *m(f)* [aircraft] hijacker **Luftpiraterie** *f* [aircraft] hijacking **Luftpiratin** *f fem form von* **Luftpirat**

Luftpost *f* airmail; **per** [*o* **mit**] **~** by airmail **Luftpostbeförderung** *f* carriage of airmail **Luftpostbrief** *m* airmail letter, AM aerogram **Luftpostdienst** *m* airmail service **Luftpostleichtbrief** *m* aerogramme [*or* AM -am] **Luftpostpäckchen** *nt* airmail [*or* small air] packet **Luftpostpa-**

ket *nt* air parcel **Luftpostpapier** *nt* airmail paper **Lufttposttarif** *m* airmail rate **Luftpostzuschlag** *m* air surcharge

Luftpumpe *f* pump; *Fahrrad* bicycle pump **Luftqualität** *f* air quality **Luftqualitätsvorschriften** *pl* air quality standards *pl* **Luftraum** *m* airspace **Luftraumüberwachung** *f* air-traffic control **Luftrecht** *nt* JUR air traffic law

Luftreinhalteplan *m* JUR anti air pollution scheme

Luftreinhaltung *f* maintenance of ambient quality **Luftreinhaltungsnorm** *f* clean air standard **Luftreinhaltungstechnik** *f* air quality technology

Luftreiniger *m* air filter **Luftreinigung** *f* air clean[s]ing **Luftreise** *f* air journey [*or* travel] [*or* trip] **Luftrettungsdienst** *m* air-rescue service **Luftröhre** *f* windpipe, trachea *spec* **Luftröhrenschnitt** *m* tracheotomy **Luftsack** *m* ❶ ZOOL air sac ❷ AUTO *s.* **Airbag Luftschacht** *m* air [*or* ventilation] shaft

Luftschadstoff *m* air[borne] pollutant

Luftschadstoffmessung *f* air pollution measurement **Luftschicht** *f* air [*or* atmospheric]layer

Luftschiff *nt* airship; (*kleines* ~) blimp **Luftschiffahrt** *f s.* Luftschifffahrt **Luftschiffer(in)** *m(f)* aeronaut **Luftschifffahrt**[RR] *f* ❶ *kein pl* (*Luftfahrt*) aeronautics + *sing vb,* air[craft] navigation ❷ (*einzelne Fahrt*) airship flight **Luftschiffhafen** *m* airship port **Luftschiffhalle** *f* airship shed [*or* hangar]

Luftschlacht *f* air [*or* aerial] battle **Luftschlange** *f* [paper] streamer **Luftschleuse** *f* TECH air lock **Luftschlitz** *m* air vent **Luftschloss**[RR] *nt meist pl* castle in the air ▶ WENDUNGEN: **Luftschlösser bauen** to build castles in the air **Luftschneise** *f* air corridor [*or* lane] **Luftschraube** *f* TECH airscrew, propeller [*or* -llor] **Luftschraubenblatt** *nt* propeller blade

Luftschutz *m* air raid defences [*or* AM -ses] *pl* **Luftschutzbunker** *m* air raid bunker **Luftschutzkeller** *m cellar used as an air raid shelter* **Luftschutzraum** *m* MIL air-raid shelter **Luftschutzübung** *f* air raid drill

Luftsieg *m* aerial victory **Luftspediteur** *m* air carrier **Luftsperrgebiet** *nt* restricted [*or* off-limits] area [of air space] **Luftspiegelung** *f* mirage **Luftsprudler** *m* BAU aerator **Luftsprung** *m* jump; **einen ~/Luftsprünge machen** [*o* **vollführen**] to jump in the air **Luftstrahltriebwerk** *nt* jet engine **Luftstraße** *f* air route, airway **Luftstrecke** *f* air route, airway **Luftstreitkräfte** *pl* (*geh*) air force + *sing vb* **Luftstrom** *m* airstream, stream of air **Luftströmung** *f* airstream, air current **Luftstützpunkt** *m* airbase **Lufttanken** *nt kein pl* refuel in flight [*or* in the air] **Lufttaxi** *nt* air taxi, taxiplane AM, aerocab AM **Lufttemperatur** *f* air temperature **Lufttransport** *m* air transport [*or* lift], carriage by air **lufttüchtig** *adj inv* airworthy **Lufttüchtigkeit** *f* airworthiness **Luft-Turbinentriebwerk** *nt* turboprop [*or* propjet] engine **Luftüberwachung** *f* aerial surveillance *no pl, no indef art* **Luft- und Raumfahrtindustrie** *f* aerospace industry **Luft- und Raumfahrtkonzern** *m* aerospace group **Luft- und Raumfahrtunternehmen** *nt* aerospace company **luftundurchlässig** *adj inv Verpackung* airtight **Luft- und Weltraumrecht** *nt kein pl* air and space law **Luftunfallversicherung** *f* air travel insurance

Lüftung <-, -en> *f* ❶ (*das Lüften*) airing, ventilation ❷ (*Ventilationsanlage*) ventilation system

Lüftungsklappe *f* ventilation flap **Lüftungsrohr** *nt* ventilation pipe **Lüftungsschacht** *m* ventilation shaft **Lüftungsschlitz** *m* ventilation slit

Luftveränderung *f* change of climate

Luftverkehr *m* air traffic *no pl, no indef art* **Luftverkehrsallianz** *f* air traffic [*or* airline] alliance **Luftverkehrsdienst** *m* air service **Luftverkehrsgesellschaft** *f* HANDEL airline, air carrier **Luftverkehrskontrolle** *f* air traffic control **Luftverkehrslinie** *f* airway, airline, air route **Luftverkehrsnetz** *nt* network of air routes **Luftverkehrsverwaltung** *f* JUR civil aviation board

Luftverschmutzer *m* air polluter **Luftverschmutzung** *f* air pollution *no pl, no indef art* **Luftversicherung** *f* air risk insurance **Luftversorgung** *f* supply by air, airlift **Luftverteidigung** *f* air defence [*or* AM -se] **luftverunreinigend** *adj inv* air polluting **Luftverunreinigung** *f* air pollution **Luftwaffe** *f* air force + *sing vb* **Luftweg** *m* ❶ *kein pl* (*Flugweg*) airway; **den ~ wählen** to choose to send sth by air; **auf dem ~** by air ❷ *pl* (*Atemwege*) respiratory tract *no pl, no indef art* **Luftwiderstand** *m kein pl* drag, air resistance **Luftwurzel** *f* BIOL aerial root **Luftziel** *nt* aerial target **Luftzufuhr** *f kein pl* air supply **Luftzug** *m* breeze; (*durch das Fenster*) draught BRIT, draft AM

Lug ▶ WENDUNGEN: ~ **und Trug** (*geh*) a pack of lies

Lüge <-, -n> *f* lie; **eine fromme ~** a fib [*or* white lie]; **eine faustdicke ~** a bare-faced lie [*or fam* whopping great lie]; **das ist alles ~** it's all lies; **jdm ~n auftischen** (*fam*) to tell sb lies ▶ WENDUNGEN: **~n haben kurze Beine** (*prov*) the truth will out; **jdn ~n strafen** (*geh*) to prove sb wrong, to give the lie to sb *form;* **etw ~n strafen** (*geh*) to prove sth [to be] false, to give the lie to sth *form*

lugen *vi* DIAL ❶ (*spähen*) to peek; ■**irgendwoher/irgendwohin ~** to peek from somewhere/somewhere; **aus dem Fenster ~** to peek out of the window ❷ (*hervorsehen*) ■**durch/aus etw ~** to peek [*or* poke] through/out of sth

lügen <log, gelogen> **I.** *vt* (*selten*) ■**etw ~** to make up sth *sep* ▶ WENDUNGEN: **das Blaue vom Himmel herunter~** to charm the birds out of the trees **II.** *vi* to lie; **etw ist gelogen** sth is a lie; **das ist alles gelogen** that's a total lie; **ich müsste ~ [, wenn ...]** I would be lying [if ...] ▶ WENDUNGEN: **~ wie gedruckt** to lie one's head off; **wer einmal lügt, dem glaubt man nicht[, und wenn er auch die Wahrheit spricht]** (*prov*) a liar is never believed, even when he's telling the truth

Lügenbold <-[e]s, -e> *m* (*hum fam*) incorrigible liar **Lügendetektor** *m* lie detector **Lügengeschichte** *f* made-up [*or* fabricated] story, concoction

lügenhaft *adj* (*pej*) ❶ (*erlogen*) mendacious, made-up, fabricated ❷ (*selten: zum Lügen neigend*) disreputable

Lügenmärchen *nt s.* **Lügengeschichte**

Lügner(in) <-s, -> *m(f)* (*pej*) liar

lügnerisch *adj* (*pej: voller Lügen*) mendacious; **~e Nachrichten** discreditable news; (*zum Lügen neigend*) disreputable

lugolsche Lösung[RR] *f,* **Lugolsche Lösung** *f* BIOL potassium iodide solution

Lukasevangelium [-va-] *nt kein pl* the Gospel according to [St] Luke

Luke <-, -n> *f* ❶ *bes* NAUT (*verschließbarer Einstieg*) hatch; **die ~n dichtmachen** to secure the hatches ❷ (*Dach~*) skylight; (*Keller~*) trapdoor

lukrativ *adj* (*geh*) lucrative

lukullisch *adj* (*geh*) delectable, exquisite; **ein ~es Menü** an epicurean set menu; **~ schlemmen/speisen** to feast on/eat delectable [*or* exquisite] food

Lulatsch <-[e]s, -e> *m* lanky person; **langer ~** (*hum fam*) beanpole *hum fam*

Lumbago <-> *f kein pl* MED lumbago

Lumberjacke ['lʌmbə-] *f* lumberjacket

Lumme <-, -n> *f* guillemot

Lümmel <-s, -> *m* ❶ (*pej: Flegel*) lout *fam,* BRIT *a.* yob *fam* ❷ (*fam: Bursche, Kerl*) little fellow *fam,* BRIT *a.* [little] chappie *dated fam* ❸ (*sl: Penis*) willy BRIT *sl,* weenie AM *sl*

Lümmelei <-, -en> *f* (*pej fam*) loutish [*or* BRIT *a.* yobbish] behaviour [*or* AM -or] *no pl fam*

lümmelhaft *adj* (*pej*) loutish *fam,* BRIT *a.* yobbish *fam*

lümmeln *vr haben* (*pej fam: sich nachlässig hinsetzen*) ■**sich irgendwohin ~** to throw oneself onto sth; ■**sich auf etw ~** to lie [*or* lounge] around [*or* about] somewhere

Lummer <-s, -> *m* KOCHK [pork] loin

Lummerbraten *m* roast pork loin **Lummerkotelett** *nt* loin chop

Lump <-en, -en> *m* ❶ (*pej*) rat, scoundrel *dated* ❷ (*hum: unerzogenes Kind*) rascal

Lumbalpunktion *f* lumbar puncture

lumpen *vt haben* to go out on the tiles BRIT *fam,* to live it up AM *fam* ▶ WENDUNGEN: **sich nicht ~ lassen** (*fam*) to do things in style, to splash out BRIT, to splurge AM

Lumpen <-s, -> *m* ❶ *pl* (*pej: zerschlissene Kleidung*) rags *pl;* **in ~ herumlaufen** to walk around dressed in rags [*or* shabbily] ❷ DIAL (*Putzlappen*) rag, duster ❸ (*Stofffetzen*) rags

Lumpengesindel *nt* (*pej*) riffraff *pej* **Lumpenhändler(in)** *m(f)* (*veraltend*) *s.* **Altwarenhändler Lumpenpack** *nt* (*veraltend o pej*) riff-raff *no pl, no indef art pej* **Lumpenpapier** *nt* rag paper **Lumpensammler(in)** *m(f)* rag-and-bone man BRIT, ragman AM

lumpig *adj* (*pej*) ❶ *attr* (*pej fam: kümmerlich*) miserable, meagre [*or* AM -er]; ***mit ~en hundert Mark wollte er mich abspeisen*** he wanted to fob me off with a miserable one hundred marks ❷ (*pej: gemein*) mean ❸ (*selten: zerlumpt*) shabby

Lunch <-[e]s *o* -, -[e]s *o* -e> [lanʃ] *m* lunch

lunchen ['lanʃn̩, 'lantʃn̩] *vi* to have lunch

Lüneburger Heide *f* Lüneburg Heath

Lunge <-, -n> *f* ❶ (*Atemorgan*) lungs *pl;* **eine schwache/starke ~ haben** to have weak/strong lungs; **jmd hat es auf der ~** (*fam*) sb has lung problems [*or* trouble]; **[etw] auf ~ rauchen** to inhale [sth]; **aus voller ~ [singen/schreien]** [to sing/shout] at the top of one's voice; **eiserne ~** (*fachspr*) iron lung ❷ KOCHK lights *pl* ▶ WENDUNGEN: **sich die ~ aus dem Leib schreien** [*o* **Hals**] (*fam*) to shout oneself hoarse; **die grüne ~ [einer Stadt]** (*fam*) the lung [of a town] *fam*

Lungenabszess[RR] *m* pulmonic abscess **Lungenarterie** *f* pulmonary artery **Lungenbläschen** [-blɛːsçən] *nt* pulmonary alveolus **Lungenbraten** *m* ÖSTERR (*Lendenbraten*) loin roast **Lungenembolie** *f* pulmonary embolism **Lungenemphysem** *nt* pulmonary emphysema **Lungenentzündung** *f* pneumonia *no pl, no art;* **eine ~ haben** to have pneumonia **Lungenfell** *nt* pulmonary pleura **Lungenfellentzündung** *f* pulmonic pleurisy **Lungenfisch** *m* ZOOL lungfish **Lungenflügel** *m* lung **Lungenheilstätte** *f* lung clinic **lungenkrank** *adj* suffering from a lung complaint *pred;* ■**~ sein** to suffer from a lung complaint **Lungenkranke(r)** *f(m) dekl wie adj* person suffering from a lung complaint **Lungenkrankheit** *f* lung disease **Lungenkrebs** *m kein pl* lung cancer **Lungenlappen** *m* lobe of the lung **Lungenödem** *nt* pulmonary oedema [*or* AM edema] **Lungenoperation** *f* lung operation **Lungenpest** *f* pulmonic plague **Lungenschnecke** *f* ZOOL lung-bearing-snail **Lungentuberkulose** *f* tuberculosis of the lung, TB **Lungenzug** *m* puff, drag *sl;* **einen ~ [*o* Lungenzüge] machen** to inhale, to take drags *sl*

lungern *vi haben* (*selten fam*) ■**irgendwo ~** to hang around somewhere

Lunte <-, -n> *f* ❶ (*Zündschnur*) fuse, match; **die ~ ans Pulverfass legen** (*fig*) to set a match to the powder keg *fig,* to spark off a conflict ❷ JAGD (*Schwanz eines Fuchses o Marders*) brush ▶ WENDUNGEN: **~ riechen** (*fam*) to smell a rat

Lupe <-, -n> *f* magnifying glass ▶ WENDUNGEN: **jdn/etw unter die ~ nehmen** (*fam*) to examine sb/sth with a fine-tooth comb *fam;* **jdn/etw mit der ~ suchen können** (*fam*) people/things like that are few and far between

lupenrein *adj* ❶ (*bei Edelsteinen*) flawless ❷ (*mustergültig*) exemplary; **ein ~er Gentleman** a perfect gentleman

lupfen *vt* SÜDD, ÖSTERR, SCHWEIZ, **lüpfen** *vt haben* ■**etw ~** (*heben*) to pick up sth *sep;* **den Hut ~** to raise one's hat; (*lüften*) to air; **die Decke ~** to air the

L

blanket

Lupine <-, -n> *f* lupin[e]

Lurch <-[e]s, -e> *m* amphibian

Lurex® <-> *nt kein pl* Lurex®

Lusche <-, -n> *f* ❶ (*sl: wertlose Spielkarte*) low card; (*schwacher Mensch, Niete*) weakling, waste of space ❷ DIAL (*liederliche Person*) mucky beggar BRIT *fam*, rake AM

Lust <-, Lüste> *f* ❶ *kein pl* (*freudiger Drang*) desire; **[große/keine] ~ auf etw haben** to really/not feel like doing sth; **~ zu etw haben** to feel like [*or* fancy] doing sth; ***haben/hätten Sie ~ dazu?*** would you want to do that?, do you feel like doing that?; **[noch] ~ haben, etw zu tun** (*fam*) to [still] feel like doing sth; ***behalt das Buch, solange du ~ hast*** keep the book as long as you want; **große** [*o* **nicht geringe**] [*o* **nicht übel**] **~ haben, etw zu tun** to have a right mind to do [*or* AM really feel like doing] sth; **seine ~ auf etw** *dat* **befriedigen/zügeln** to satisfy/curb one's desire to do sth; ***das kannst du machen, wie du ~ hast!*** (*fam*) do it however you want!; **nach ~ und Laune** (*fam*) as the mood takes you BRIT, BRIT *a.* just as you fancy, depending on how you feel AM ❷ (*Freude*) joy ❸ (*sexuelle Begierde*) desire; **weltliche Lüste** material desires; **fleischliche Lüste** desires of the flesh; **seine ~ befriedigen** [*o* **stillen**]/**zügeln** to satisfy/suppress one's desires; **etw mit ~ und Liebe tun** to put one's all into sth; **es ist eine ~, etw zu tun** it's a pleasure to do sth; **da vergeht einem jegliche** [*o* **alle**] [*o* **jede**] [*o* **die ganze**] **~** it really puts a damper on things, it's enough to make one lose interest in sth; **jdm die** [*o* **jede**] **~ an etw** *dat* **nehmen** to put sb off sth; **~ an etw empfinden** to enjoy doing sth; **die ~ an etw verlieren** to lose interest in sth

Lustbarkeit <-, -en> *f* (*veraltend geh*) welcome distraction

Luster <-s, -> *m* ÖSTERR, **Lüster** <-s, -> *m* ❶ (*veraltend: Kronleuchter*) chandelier ❷ (*glänzender Überzug*) lustre [*or* AM -er] ❸ (*Stoff*) lustre [*or* AM -er]

Lüsterklemme *f* ELEK luster terminal, porcelain insulator

lüstern *adj* (*geh*) ❶ (*sexuell begierig*) lustful, lascivious ❷ (*begierig*) ■ **~ auf etw** *akk* **sein** to crave sth; **nach Erfolg ~ sein** to crave success

Lüsternheit <-> *f kein pl* (*geh*) lustfulness, lust, lasciviousness

Lustgefühl *nt* feeling of pleasure *no pl* **Lustgewinn** *m kein pl* attainment of pleasure **Lustgreis** *m* (*pej fam*) dirty old man *pej*

lustig *adj* ❶ (*fröhlich*) cheerful, jolly; **ein ~er Abend** a fun evening; **ein ~es Gesicht machen** to make a funny face; **~e Farben** cheerful colours [*or* AM -ors]; **du bist/Sie sind [vielleicht] ~!** (*iron fam*) what do you think you're playing at?, you're really amusing *iron;* **das ist ja ~!** (*iron*) that [really] takes the biscuit! [*or* AM cake!]; **sich über jdn/etw ~ machen** to make fun [*or* BRIT *a.* take the mick[ey] out] of sb [*or fam!* take the piss out]; **solange/wie/wozu jd ~ ist** (*fam*) as long as/whenever sb wants; ***er kam und ging wie er ~ war*** he came and went as he pleased ❷ (*fam: unbekümmert*) happily, merrily

Lustigkeit <-> *f kein pl* cheerfulness, funniness

Lustknabe *m* (*veraltend*) catamite

Lüstling <-, -e> *m* (*pej veraltend*) debauchee, lech *fam*

lustlos *adj* ❶ (*antriebslos*) listless; **~ schauen/arbeiten** to look listless/work listlessly; **~ im Essen herumstochern** to pick at one's food ❷ BÖRSE (*ohne Kauflust*) sluggish, dull; ÖKON flat, quiet; **~er Markt** dull [*or* inactive] market; **Tendenz ~** trade is slack

Lustmangel <-s, *inv*> *m* lack of sexual drive **Lustmolch** *m* (*meist hum fam*) *s.* **Lüstling** **Lustmord** *m* sexually motivated murder; **einen ~ begehen** to commit a sexually motivated murder **Lustmörder(in)** *m(f)* sexually motivated murderer **Lustobjekt** *nt* sex object **Lustprinzip** *nt kein pl* **etw nach dem ~ machen** to do sth as one pleases [*or* for the pleasure of it] **Lustschloss**RR *nt* summer residence **Lustspiel** *nt* comedy

lustvoll *adj* (*geh: mit Lust*) full of relish, passionate; **ein ~er Schrei** a passionate cry; **~ in etw beißen** to bite into sth with relish; **~ stöhnen** to groan contentedly

lustwandeln* *vi sein o haben* (*veraltend geh*) to take [*or* go for] a stroll

Lutetium <-s> *nt kein pl* lutetium

Lutheraner(in) <-s, -> *m(f)* Lutheran

Lutherbibel *f* Lutheran [*or* Luther's translation of the] Bible

lutherisch *adj* Lutheran

lutschen I. *vt* ■ **etw ~** to suck [on] sth; **ein Bonbon ~** to suck a sweet [*or* AM on a piece of candy] **II.** *vi* ■ **[an etw** *dat*] **~** to suck [sth]; **am Daumen ~** to suck one's thumb

Lutscher <-s, -> *m* ❶ (*Bonbon am Stiel*) lollipop, BRIT *a.* lolly *fam* ❷ (*fam: Schnuller*) dummy

Lutschtablette *f* lozenge

lütt *adj* NORDD (*fam*) tiny

Lüttich <-s> *nt* Liège

Luv <-s> *f o nt kein pl* NAUT ■ **in/nach ~** windward; ■ **von ~** from [the] windward [side]

Luxation <-, -en> *f* (*fachspr*) luxation *spec,* dislocation

Luxemburg <-s> *nt* Luxembourg

Luxemburger(in) <-s, -> *m(f)* Luxembourger

Luxemburgisch *nt dekl wie adj* Luxemburgian; *s. a.* **Deutsch**

luxemburgisch *adj* Luxembourgian

Luxemburgische <-n> *nt* ■ **das ~** Luxemburgish, the Luxemburgish language; *s. a.* **Deutsche**

luxuriös *adj* luxurious; **eine ~e Villa/Wohnung** a luxury villa/flat; **~ leben** to live in [the lap of] luxury

Luxus <-> *m kein pl* luxury; **etw ist purer** [*o* **reiner**] **~** sth is pure extravagance; **im ~ leben** to live in luxury; ***wir leisten uns den ~ eines zweiten Autos*** we're splashing out on a second car, we're treating ourselves to the luxury of a second car

Luxusartikel *m* luxury item **Luxusausführung** *f* de luxe model **Luxusausgabe** *f* de luxe edition **Luxusdampfer** *m* luxury cruiser **Luxusfrau** *f* (*fam*) expensive woman, BRIT *fam a.* piece of class **Luxusgeschöpf** *nt* (*meist pej*) *woman who wants to live a life of luxury* **Luxushotel** *nt* luxury hotel **Luxuslimousine** *f* luxury limousine **Luxusliner** *m* luxury liner **Luxuspuppe** *f* (*pej*) classy bird [*or* AM chick] **Luxussteuer** *f* tax on luxuries **Luxusvilla** *f* luxury villa **Luxuswagen** *m* luxury [*or fam* classy] car **Luxuswohnung** *f* luxury flat

Luzern <-s> *nt* Lucerne

Luzerne <-, -n> *f* BOT lucerne

Luzifer <-s> *m* Lucifer

LW *f Abk von* **Langwelle** LW, long wave

Lymphdrainage ['lɪmfdrɛna:ʒə] *f* MED lymphatic drainage **Lymphdrüse** *f* (*veraltet*) *s.* **Lymphknoten** lymph[atic] gland

Lymphe <-, -n> *f* ❶ (*Gewebsflüssigkeit*) lymph ❷ (*Impfstoff gegen Pocken*) lymph

Lymphknoten *m* lymph node

Lymphozyt <-en, -en> *m usu pl* lymphocyte

Lymphsystem *nt* ANAT lymphatic system

lynchen *vt* (*a hum*) ■ **jdn ~** to lynch sb; ***meine Frau wird mich ~, wenn ich zu spät komme*** my wife will kill me if I'm late

Lynchjustiz *f* Lynch law; **an jdm ~ üben** to apply the lynch law to sb **Lynchmord** *m* lynching

Lyon <-s> [li̯õ] *nt* Lyons

Lyoner <-, -> *f*, **Lyoner Wurst** <-, -> *f* [pork] sausage from Lyon

Lyrik <-> *f kein pl* lyric [poetry]

Lyriker(in) <-s, -> *m(f)* poet

lyrisch *adj* ❶ (*zur Lyrik gehörend*) lyric; **~e Dichtung** lyric poetry ❷ (*dichterisch, stimmungsvoll*) poetic, lyrical; **~ werden** to become lyrical

Lysosom <-s, -en> *nt* BIOL lysosome

M

M, m <-, – *o fam* -s, -s> *nt* M, m; **~ wie Martha** M for Mary BRIT, M as in Mike AM; *s. a.* **A 1**

m [ɛm] *m kurz für* **Meter** m

M+S-Reifen *m Abk von* **Matsch-und-Schnee-Reifen** M+S tyre [*or* AM tire], mud and snow [*or* winter] tyre

mA *nt Abk von* **Milliampere** mA

MA. *Abk von* **Mittelalter** Middle Ages *npl*

M.A. *m Abk von* **Master of Arts** MA

Mäander <-s, -> *m* ❶ (*Flusswindung*) meander ❷ KUNST meander

Maat <-[e]s, -e[n]> *m* ❶ (*hist: Gehilfe auf Segelschiffen*) [ship's] mate ❷ (*Unteroffizier bei der Bundesmarine*) petty officer

Mach <-[s], -> *nt* Mach

Machart *f* style, make, design; ***die ~ des Kostüms gefällt mir*** I like the cut of the suit; **das ist meine ~** (*fam*) that is my style!

machbar *adj* possible, feasible; **etw für ~ halten** to consider sth feasible

Mache <-> *f* (*sl*) ❶ (*pej: Vortäuschung, unechtes Gehabe*) sham; ***seine Wichtigtuerei ist reine ~*** his pompous behaviour is pure show ❷ (*Form*) **die ~ eines Theaterstückes** the production of a play ▶ WENDUNGEN: **etw/jdn in der ~ haben** to be working on sth/sb; **jdn in die ~ nehmen** (*sich jdn vornehmen*) to give sb a dressing-down [*or* an earful] [*or* a talking-to]; (*jdn verprügeln*) to do over [*or* beat up] sb *sep;* **in der ~ sein** to be in hand; ***das Abendessen ist schon in der ~*** dinner's on the go

machen

I. TRANSITIVES VERB	II. UNPERSÖNLICHES TRANSITIVES VERB
III. INTRANSITIVES VERB	IV. REFLEXIVES VERB

I. TRANSITIVES VERB

❶ (*tun, unternehmen*) ■ **etw ~** to do sth; ***lass uns etwas ~!*** let's do sth!; ***genauso werden wir es ~*** that's how we'll do it; **da kann man nichts ~** nothing can be done; **mit mir kann man es ja ~** (*fam*) the things I put up with; **gut gemacht!** well done!; **mach's gut** take care, all the best; **wie man's macht, ist es verkehrt** [*o* **falsch**] (*fam*) you [just] can't win; ***was möchten/würden Sie gern ~?*** what would you like to do?; **~, was man will** to do as one pleases [*or* wants]; **so etwas macht man nicht** that's [*or* it's] bad manners; **was machst du da?** what on earth are you doing there?, what are you up to?; ***was macht denn deine Frau?*** (*fig*) how's your wife?; ***und was ~ Sie so?*** (*fam*) and what are you doing nowadays?; ***mach nur/ruhig!*** go ahead! ❷ (*erzeugen, verursachen*) ■ **etw ~** to make sth; **einen Eindruck ~** to make an impression; **einen Fleck in etw machen** to stain sth; **Lärm ~** to make a noise; **Musik ~** to play some music; **einen Schmollmund ~** (*fam*) to pout; **ein dummes Gesicht ~** (*fam*) to make [*or* pull] a silly face; ***das macht überhaupt keine Mühe*** that's no trouble at all; **jdm Angst ~** to frighten sb; **jdm Sorgen ~** to make sb worried, to give sb cause for concern; **sich Sorgen ~** to worry; **jdm Hoffnung/Mut/Kopfschmerzen ~** to give sb hope/courage/a headache; **jdm eine Freude machen** to make sb happy; **jdm Appetit/Durst/Hunger ~** to make sb peckish/thirsty/hungry; **sich Mühe/Umstände ~** to go to a lot of trouble [*or* effort] ❸ (*durchführen*) ■ **etw ~** to do sth; **eine Aktion ~** to promote sth; **eine Arbeit ~** to do a job [*or* task]; **eine Reise ~** to go on a journey; **einen Besuch ~** to [pay sb a] visit; **einen Spaziergang ~** to go for a walk; **eine Sause mit jdm ~** (*fam*) to go on a pub crawl *esp* BRIT [*or* AM bar hopping] with sb; **das ist zu ~** that's possible; **da ist nichts zu ~** nothing can be done, that's not possible; **nichts zu ~!** nothing doing!; **[da] nichts ~ können** to not be able to do anything; **das lässt sich** ~ sth might be possible; **wird gemacht!** no problem, shall [*or* will] do!, I'll get that done; **er wird das schon** ~ (*erledigen*) he'll do it; (*in Ordnung bringen*) to sort sth out; **wie machst du/wie** ~ **Sie das nur?** how [on earth] do you do it?; **etw nicht unter etw** *dat* ~ (*fam*) to not do sth for less than sth ❹ (*veranstalten*) ■**etw** ~ to organize sth; **eine Party** ~ to give [*or* throw] a party ❺ (*herstellen*) ■**etw** ~ to make sth; **Fotos** ~ to take photos; **ein Gedicht** ~ to make up a poem; **Kaffee** ~ to make coffee; **ein Schiff aus Papier** ~ to make a ship out of paper; **aus etw gemacht sein** to be made of sth; **jdm/sich etw** ~ **lassen** to have sth made for sb/[for oneself]; **sich ein Kleid** ~ **lassen** to have a dress made [for oneself]; **sich die Haare** ~ **lassen** (*fam*) to have one's hair done; **für etw wie gemacht sein** (*fam*) to be made for sth ❻ (*zubereiten*) ■[**jdm**] **etw** ~ to make [sb] sth, to make sth [for sb]; **ein Essen** ~ to make [*or* cook] a meal; **einen Drink** ~ to make a drink ❼ (*bilden, darstellen*) ■**etw** ~ to make sth; ***die Straße macht da eine scharfe Kurve*** the road bends sharply there ❽ (*fam: instand setzen*) ■[**jdm**] **etw** ~ to mend [*or* repair] sth for sb; ***bis wann können sie den Wagen ~?*** how soon can they repair the car?; ■**etw** ~ **lassen** to get [*or* have] sth mended/repaired; ***wir müssen unbedingt den Fernseher ~ lassen*** we must really get the TV repaired ❾ (*fam: erlangen, verdienen*) ■**etw** ~ to do [*or* win] sth; **Punkte/Tore** ~ to score points/goals; ***wir ~ jetzt dreimal soviel Umsatz*** we have now tripled our turnover; **einen Gewinn/Verlust** ~ to make a profit/loss; **ein Geschäft** ~ to make a deal; **ein Vermögen** ~ to make a fortune ❿ (*absolvieren*) ■**etw** ~ to do sth; **das Abitur** ~ to do A-levels BRIT; **einen Kurs** ~ to take a course; **eine Ausbildung** ~ to do an apprenticeship, to train to be sth ⓫ MATH (*fam: ergeben*) ■**etw macht etw** *akk* sth makes sth; ***drei mal drei macht neun*** three times three makes nine ⓬ (*fam: kosten*) ***das macht zehn Mark*** that's [*or* that'll be] ten marks [please]; ***was macht das zusammen?*** what does that come to? ⓭ *mit adj* (*werden lassen*) **jdn berühmt/reich/schön** ~ to make sb famous/rich/beautiful; ■**jdn zu etw** ~ to make sb sth; ***mein Vater hat mich zu seinem Nachfolger gemacht*** my father has made [*or* named] me his successor; **jdn zu seinem Verbündeten** ~ to make sb one's ally; ■**sich zu etw** ~ to make oneself sth; **sich zum Anführer** ~ to make oneself the leader ⓮ (*bes Kindersprache: einen bestimmten Laut produzieren*) ***der Hund macht „wau wau"*** the dog goes " woof woof " *usu childspeak* ⓯ (*fam: imitieren*) ■**etw** ~ to do sth ⓰ (*bewirken*) ■**das macht etw** that's because of sth; ***das macht die frische Luft, dass wir so hungrig sind*** it's the fresh air that makes us so hungry; ■**jdn etw tun** ~ to make sb do sth; ***der Wein wird dich das vergessen ~*** the wine will help you forget ⓱ (*fam: ausmachen*) ■**jdm/etw etwas/nichts** ~ to harm/not harm sb/sth; **macht nichts!** no matter! [*or* problem!]; **macht das was?** does it matter?; **was macht das schon?** what does it matter?; ***das macht*** [***doch***] ***nichts!*** nevermind!, no harm done! ⓲ (*fam: vorgeben, etw/jdn zu sein*) ■**etw** [**für jdn**] ~ to act as sth [for sb] ⓳ (*euph fam: Geschlechtsverkehr haben*) ■**es mit jdm** ~ to do it [with sb] *euph fam;* ■**es jdm** ~ (*sl*) to do it to sb

II. UNPERSÖNLICHES TRANSITIVES VERB

❶ *mit adj* (*werden lassen*) ■**es macht jdn ...** it makes sb ... ❷ (*aus-*) ■**es macht etwas/nichts/viel** it matters/doesn't matter/matters a lot; ■**es macht jdm etwas/nichts/viel** sb minds/doesn't mind/minds a lot ❸ (*fam: Geräusch ~*) ■**es macht etw** it goes sth; ***es macht „piep", wenn du einen Fehler machst*** it goes "peep" [*or* it peeps] when you make a mistake; *s. a.* **lang**

III. INTRANSITIVES VERB

❶ (*bewirken*) ■~, **dass etw geschieht** to ensure that sth happens; ***wie hast du es gemacht, dass die Kinder so artig sind?*** how did you get the children to be so well-behaved? ❷ (*werden lassen*) ■**etw macht irgendwie** sth makes you sth; **Liebe macht blind** (*fig*) love makes you blind ❸ (*euph fam: Notdurft verrichten*) to wee, to poo; ***da hat mir ein Vogel aufs Auto gemacht!*** a bird has pooed on my car! ❹ (*aussehen lassen*) to make sb appear sth; ***Querstreifen ~ dick*** horizontal stripes make you look fat ❺ (*fam: sich beeilen*) **mach/~ Sie** [**schon**]! (*fam*) get a move on! *fam* ❻ (*sl: sich stellen*) ■**auf etw** *akk* ~ to pretend to be sth, to act the sth; ***sie macht immer auf vornehme Dame*** she always acts the elegant lady ❼ (*fam: mit etw handeln*) ■**in etw** *dat* ~ to be in the ... business; ***ich mache jetzt in Versicherungen*** I'm in [the] insurance [business] ❽ (*gewähren*) **jdn** [**mal/nur**] ~ **lassen** to leave sb to it; ***lass mich mal ~, ich bringe das schon wieder in Ordnung!*** leave it to me, I'll put it right!

IV. REFLEXIVES VERB

❶ (*fam: sich entwickeln*) ■**sich** [**irgendwie**] ~ to come along [in a certain way] ❷ (*viel leisten*) ■**sich** ~ to do well for oneself; ***die neue Sekretärin macht sich gut*** the new secretary is doing well ❸ (*passen*) to go with sth; ***das Bild macht sich gut an der Wand*** the picture looks good on the wall ❹ (*sich begeben*) ■**sich** *akk* **an etw** *akk* ~ to get on with sth; **sich an die Arbeit** ~ to get down to work; **sich an ein Manuskript** ~ to start working on a manuscript ❺ (*gewinnen*) ■**sich** *dat* **etw** ~ to make sth; **sich Freunde/Feinde** ~ to make friends/enemies ❻ *mit adj* (*werden*) **sich** [**bei jdm**] **verhasst** ~ to incur [sb's] hatred; **sich verständlich** ~ to make oneself understood; **sich wichtig** ~ to be full of one's own importance ❼ (*gelegen sein*) **sich** *dat* **etwas/viel/wenig/nichts aus jdm/etw** ~ to care/care a lot/not care much/at all for sb/sth; (*sich nicht über etw ärgern*) to not get upset about sth [*or* let sth bother oneself]; **mach dir/~Sie sich nichts d**[**a**]**raus!** don't worry about it! [*or* let it get you down!]

Machenschaft <-, -en> *f meist pl* (*pej*) machination *usu pl,* intrigue, wheeling and dealing; **üble ~en** evil machinations; **betrügerische/unlautere** ~ fraudulent/sharp practices; **dunkle ~en** sinister machinations [*or* intrigues]

Macher(in) <-s, -> *m(f)* (*fam*) man of action, doer

Machete <-, -n> *f* machete

Macho <-s, -s> ['matʃo] *m* (*fam*) macho *fam*

Macht <-, Mächte> *f* ❶ *kein pl* (*Befugnis*) power; **seine ~ gebrauchen/missbrauchen** to exercise [*or* wield]/abuse one's power; **die ~ haben, etw zu tun** to have the power to do sth; **etw liegt** [*o* **steht**] **in jds** ~ sth is within sb's power ❷ *kein pl* (*Herrschaft*) rule; **seine ~ behaupten** to maintain one's hold on power; **an der ~ bleiben** to remain in power; **die ~ ergreifen** [*o* **die ~ an sich reißen**] to seize power; **nach der ~ greifen** to attempt to seize power; **an der ~ sein** to be in power; **an die ~ kommen** [*o* **gelangen**] to gain [*or* come to] power; **sich an die ~ putschen** to seize power by force; **die ~ übernehmen** to assume [*or* take over] power ❸ (*beherrschender Einfluss*) power; **die ~ der Gewohnheit** the force of habit; ~ **über jdn haben** to have power over sb; **eine ... ~ auf jdn ausüben** to have a ... power over sb; **eine geistige ~** mental powers; **die Mächte der Finsternis** (*liter*) the powers of darkness *liter;* **aus eigener ~** under one's own steam; **mit aller ~** with all one's strength [*or* might]; **mit ~** with vigour [*or* AM -or]; ***ich werde alles tun, was in meiner ~ steht*** I'll do everything in my power ❹ (*mächtiger Staat*) power; **verbündete Mächte** allied powers; **Krieg führende Mächte** warring powers ❺ *kein pl* (*Kraft, Gewalt*) force, power ▶ WENDUNGEN: ~ **geht vor Recht** (*prov*) might is right, power is a law unto itself

Machtantritt *m kein pl* POL coming into power

Machtbefugnis *f* authority, powers *pl;* ~ **haben** to have authority; **seine ~/~se überschreiten** to exceed one's powers; **etw überschreitet jds ~** this exceeds sb's authority **Machtbereich** *m* sphere of influence **Machtblock** *m* power bloc **Machtergreifung** *f* seizure of power *no pl;* **die ~ Hitlers** Hitler's rise to power **Machterhalt** *m kein pl* retention of power *no pl* **Machtfrage** *f* question of power **Machtfülle** *f* power **Machthaber(in)** <-s, -> *m(f)* ruler, dictator **Machthunger** *m* (*pej*) thirst for [*or* hunger after] power **machthungrig** *adj* (*pej*) power-thirsty, hungry for power

mächtig *adj* ❶ (*einflussreich*) powerful, influential; ■**die M~en** the most powerful people; **ein ~es Imperium** a mighty empire ❷ (*gewaltig, beeindruckend*) powerful, mighty *attr;* **ein ~er Baum** a mighty tree; **ein ~es Gewitter** a violent storm; **mit ~er Stimme** in a powerful voice ❸ (*sättigend schwer*) heavy ❹ (*fam: sehr stark, enorm*) extreme; ~ **stark** extremely strong; **sich ~ beeilen** to hurry like mad *fam;* **~en Durst/Hunger haben** to have a terrific thirst/hunger; **einen ~en Schlag bekommen** to receive a powerful blow; ***wir haben ~es Glück gehabt*** we had tremendous [*or* terrific] luck ❺ (*geh: kundig*) ■**einer S.** *gen* ~ **sein** to be knowledgeable about sth; ***er ist der deutschen Sprache nicht ~*** he does not have a good command of the German language; **seiner selbst nicht ~ sein** (*geh*) to have taken leave of one's senses ❻ BERGB (*dick*) thick, massive

Mächtigkeit <-> *f* ❶ *kein pl* (*großer Einfluss*) power ❷ *kein pl* (*mächtige Beschaffenheit*) strength, force, might ❸ *bes* BERGB (*Dicke*) thickness ❹ MATH potency

Machtinstinkt *m* (*fam*) power instinct, instinct for power **Machtkampf** *m* power struggle **Machtkomplott** *nt* POL conspiracy to gain power

machtlos *adj* (*ohnmächtig, hilflos*) powerless, helpless; ■~ **gegen etw sein** to be powerless against sth; **jdm/etw ~ gegenüberstehen** to be powerless against sb/sth

Machtlosigkeit <-> *f kein pl* powerlessness, helplessness

Machtmensch *m* power player

Machtmissbrauch[RR] *m* abuse of power **Machtmittel** *nt* instrument of power **Machtpolitik** *f* power politics *npl* **Machtprobe** *f* trial of strength **Machtstellung** *f* position of power **Machtstreben** *nt* aspiration to power **Machtübernahme** *f s.* **Machtergreifung** **Machtverhältnisse** *pl* POL balance of power *no pl* **machtvoll** *adj* (*mächtig*) powerful, mighty; (*Stärke zeigend*) powerful **Machtvollkommenheit** *f* absolute power; **in** [*o* **aus**] **eigener ~** on one's own authority **Machtwechsel** *m* change of government **Machtwort** *nt* authoritative intervention; **ein ~ sprechen** to exercise one's authority

Machwerk *nt* (*pej*) pathetic effort *pej;* **ein übles ~** a poor piece of workmanship

Machzahl[RR] *f,* **Mach-Zahl** *f* Mach number

Macke <-, -n> *f* (*fam*) ❶ (*Schadstelle*) defect; **eine ~ im Lack** a dent in the paintwork ❷ (*sl: Tick, Eigenart*) quirk, foible; **eine ~ haben** (*sl*) to be off one's rocker, to have a screw loose *fam*

Macker <-s, -> *m* (*sl*) ❶ (*Typ*) guy, BRIT *a.* bloke ❷ (*Freund*) fellow, man, bloke BRIT ❸ (*Anführer*) boss; **der große ~ sein** to be the big boss; **den ~ machen** [*o* **spielen**] to act [*or* play] the tough guy ❹ NORDD (*Arbeitskollege*) colleague

Macumba <-> *f* REL (*religiöser Kult in Brasilien*) Macumba

MAD *m Abk von* **Militärischer Abschirmdienst** Military Counter Intelligence [Service], ≈ MI5 BRIT, ≈ CIA AM

Madagaskar <-s> *nt* Madagascar; *s. a.* **Deutschland**

Madagasse, Madagassin <-n, -n> *m, f* Malagasy; *s. a.* **Deutsche(r)**

Madagassisch *nt dekl wie adj* Malagasy; *s. a.* **Deutsch**

madagassisch *adj* Malagasy, Madagascan; *s. a.* **deutsch**

Madagassische <-n> *nt* ■**das** ~ Malagasy, the

Malagasy language; *s. a.* **Deutsche**

Madame <-, Mesdames> [ma'dam, me:'dam] *f* (*geh*) Madame

Mädchen <-s, -> *nt* ❶ (*weibliches Wesen*) girl; **ein ~ bekommen** to have a [baby] girl; **ein leichtes ~** (*veraltend*) a tart; **ein spätes ~** (*veraltend o euph*) an old maid *dated or hum* ❷ (*veraltend: Freundin*) girlfriend ❸ (*veraltend: Haushaltshilfe*) maid; **~ für alles** (*fam*) girl/man Friday, BRIT *a.* dogsbody

Mädchenband *f* MUS girl band [*or* group] **Mädchenbuch** *nt* girls' book **Mädchengymnasium** *nt* girls' grammar school

mädchenhaft *adj* girlish; **ein ~es Gesicht haben** to have a girlish face; **sich ~ benehmen** to behave like a little girl

Mädchenhandel *m kein pl* white slave traffic **Mädchenhändler(in)** *m(f)* white slaver **Mädchenkleidung** *f* girls' clothes [*or* clothing] *no pl* **Mädchenname** *m* ❶ (*Geburtsname einer Ehefrau*) maiden name ❷ (*Vorname*) girl's name **Mädchenpensionat** *nt* girls' boarding school **Mädchenschuhe** *m pl* girls' shoes

Made <-, -n> *f* maggot ► WENDUNGEN: **wie die ~[n] im Speck leben** (*fam*) to live [*or* lead] the life of Riley *fam*, to live [*or* be] in clover

Madeira¹ [-'de:-] *nt* Madeira; *s. a.* **Sylt**

Madeira² <-s, -s> [ma'de:ra] *m*, **Madeirawein** *m* Madeira

Mädel <-s, -[s]> *nt*, **Mad(e)l** <-s, -n> *nt* SÜDD, ÖSTERR girl

Madenhacker *m* ORN oxpecker

Madenwurm *m* maggot

Mädesüß <-s> *nt kein pl* BOT meadow sweet

madig *adj* maggoty, worm-eaten; **jdn/etw ~ machen** (*fig fam*) to belittle sb/sth, to run sb down; **jdm etw ~ machen** (*fig fam*) to spoil sth [for sb]

Madonna <-, Madonnen> *f* ❶ (*Gottesmutter Maria*) Madonna ❷ (*Darstellung der Gottesmutter*) Madonna

Madrid <-s> *nt* Madrid

Madrigal <-s, -e> *nt* madrigal

Maestro <-s, -s *o* Maestri> [ma'ɛ:stro] *m* ❶ (*berühmter Musiker*) maestro ❷ (*veraltend: Musiklehrer*) music teacher

Mafia <-, s> *f* ❶ (*Geheimorganisation*) the Mafia ❷ (*fig: verschworene Gruppe*) mafia; **eine ~ von Industriellen** the industrialists' mafia

Mafia-Boss[RR], **Mafia-Boß** *m* Mafia boss

mafios *adj* (*pej*) mafia-like; **~e Methoden** mafia-like methods

Mafioso <-[s], -si> *m* (*Mitglied einer Mafia-Gruppe*) Mafioso

mag *1. und 3. pers sing von* **mögen**

Magazin¹ <-s, -e> *nt* ❶ (*Patronenbehälter*) magazine; (*Behälter für Dias*) feeder; TYPO feeder [hopper] ❷ (*Lager*) storeroom; (*von Sprengstoff, Waffen*) magazine; (*von Bibliothek*) stockroom; **etw im ~ aufbewahren** to keep sth in the storeroom

Magazin² <-s, -e> *nt* ❶ (*bebilderte Zeitschrift*) magazine, journal; **ein literarisches ~** a literary journal ❷ (*Fernsehsendung*) magazine programme [*or* AM -am]

Magaziner(in) <-s, -> *m(f)* SCHWEIZ, **Magazineur(in)** <-s, -e> [magatsi'nø:ɐ] *m(f)* ÖSTERR *s.* **Lagerverwalter**

Magazinfalz *m* TYPO quarter fold

Magd <-, Mägde> *f* ❶ (*veraltend: Gehilfin für Haus-/Landarbeit*) farmgirl ❷ (*Jungfrau, Mädchen*) maid[en]; **eine holde ~** a fair [*or* sweet] maid ► WENDUNGEN: **die ~ des Herrn** the Virgin Mary

Magen <-s, Mägen *o* -> *m* stomach, tummy *usu childspeak*; **ein voller ~** a full stomach; **mit leerem ~** with an empty stomach; **auf nüchternen ~** on an empty stomach; **jdm den ~ auspumpen** to pump out sb's stomach; **etw liegt jdm schwer im ~** (*fam*), **das Essen liegt jdm schwer im ~** the food lies heavy on sb's stomach; (*fig: jdm sehr zu schaffen machen*) sth weighs heavily on [*or* troubles] sb; **einen nervösen/verstimmten ~ haben** to have a knot of nervousness in one's/an upset stomach; **mit leerem ~ zu Bett gehen** to go to bed hungry; **etwas/nichts im ~ haben** to have eaten/not have eaten sth; **jdm knurrt der ~** (*fam*) sb's stomach rumbles; **sich** *dat* **[mit etw** *dat***] den ~ verderben** [*o fam* **verkorksen**] to give oneself an upset stomach [by eating/drinking sth]; **sich den ~ vollschlagen** to stuff one's face ► WENDUNGEN: **jdm hängt der ~ in den Kniekehlen** (*fam*) to be dying of hunger [*or* ravenous]; **jdm dreht** *fam* **sich der ~ um** sb's stomach turns; **etw schlägt jdm auf den ~** (*fam*) sth gets to sb

Magenausgang *m* pylorus **Magenbeschwerden** *pl* stomach trouble, indigestion **Magenbitter** <-s, -> *m* bitters *npl* **Magenblutung** *f* gastric haemorrhage [*or* AM hemorrhage]

Magen-Darm-Erkrankungen *pl* gastroduodenal ulcers *pl* **Magen-Darmgrippe** *f* gastric flu **Magen-Darm-Katarr**[RR] *m* gastroenteritis *no pl, no art* **Magen-Darm-Trakt** *m* gastrointestinal tract

Magendrücken <-s, -> *nt feeling of discomfort in the stomach* **Magendurchbruch** *m* MED perforation of the stomach **Mageneingang** *m* cardia **magenfreundlich** *adj* gentle on the stomach **Magengegend** *f* gastric region; ■**in der ~** around the stomach **Magengeschwür** *nt* stomach [*or* peptic] ulcer **Magengrube** *f* pit of the stomach, epigastrium *spec* **Magenknurren** *nt* stomach rumble **Magenkrampf** *m meist pl* gastric disorder **magenkrank** *adj* suffering from a stomach disorder *pred* **Magenkranke(r)** *f(m) dekl wie adj* person suffering from a stomach disorder **Magenkrankheit** *f* stomach disorder **Magenkrebs** *m* cancer of the stomach, gastric cancer **Magenmittel** *nt* stomachic, medicine for the stomach **Magennerven** *pl* **schwache** [*o* **keine**] **~ haben** to have a weak stomach **Magenoperation** *f* operation of the stomach **Magenresektion** *f* gastric resection **Magensaft** *m* gastric juice **Magensäure** *f* gastric acid **Magenschleimhaut** *f* stomach lining *no pl*, gastric mucous membrane *no pl spec* **Magenschleimhautentzündung** *f* gastritis **Magenschmerzen** *pl* stomach ache [*or pl* pains] **Magenspiegelung** *f* gastrocopy **Magenverstimmung** *f* upset stomach, stomach upset

mager *adj* ❶ (*dünn*) thin, skinny *pej*; **~e Schrift** light typeface ❷ (*fettarm*) low-fat; **~es Fleisch** lean meat; **~e Kost** low-fat food; **~ essen/kochen** to eat/cook low-fat foods ❸ (*wenig ertragreich*) poor, practically infertile [*or* barren]; **~e Ernte** (*fig*) a poor harvest; **~er Boden** infertile ground; ***das ist aber eine ~e Ausbeute*** those are poor [*or* lean] pickings; (*dürftig*) feeble; **~e Jahre** barren years; ÖKON lean years

Magerbeton *m* BAU lean concrete **Magerjoghurt** *m o nt* low-fat yoghurt **Magerkäse** *m* low-fat cheese

Magerkeit <-> *f kein pl* ❶ (*dünne Beschaffenheit*) thinness *no pl*, skinniness *no pl pej* ❷ (*fettarme Beschaffenheit*) sth low in fat ❸ (*Dürftigkeit*) meagreness BRIT, meagerness AM

Magermilch *f kein pl* low-fat [*or* skimmed] [*or* skim] milk **Magermotor** *m* lean-mix engine **Magerquark** *m kein pl* low-fat quark [*or* curd cheese] **Magersucht** *f kein pl* anorexia **magersüchtig** *adj inv* MED anorexic

Maghreb <-> *nt kein pl* Maghreb, Maghrib

Magie <-> *f* ❶ (*Zauberei*) magic; **ein Meister der ~** a master magician; **schwarze ~** black magic ❷ (*geheime Anziehungskraft*) magic; ■**die ~ einer S.** *gen* the magic of sth

Magier(in) <-s, -> ['ma:giɐ] *m(f)* magician

magisch *adj* ❶ (*Zauberei betreffend*) magic; **~e Kräfte** magic powers; **ein ~er Trank** a magic potion; **der ~e Zirkel** the magic circle ❷ (*rätselhaft, unerklärlich*) magical; **eine ~e Anziehungskraft haben** to have magical powers of attraction; **eine ~e Musik** enchanting music

Magister, **Magistra** <-s, -> *m, f* ❶ *kein pl* (*Universitätsgrad* [~ *Artium*]) Master's degree, Master's *fam*, Master of Arts; **den ~ haben/machen** to hold/work on [*or* do] a Master's [degree] ❷ (*Inhaber des Universitätsgrades*) Master ❸ ÖSTERR (*Apotheker*) pharmacist; **~** [**pharmaciae**] Master of Pharmacy ❹ (*veraltet: Lehrer*) [school]master *dated*

Magisterarbeit *f* SCH Master's [degree] thesis [*or* dissertation]

Magistrat¹ <-[e]s, -e> *m* ❶ (*Stadtverwaltung*) municipal [*or* city/town] council, municipal [*or* city/town] authorities *pl* ❷ (*hist*) alderman

Magistrat² <-en, -en> *m* SCHWEIZ federal councillor [*or* AM councilor]

Magistratur <-, -en> *f* magistracy

Magma <-s, Magmen> *nt* magma

Magmagestein <-[e]s> *nt* igneous rock

magmatisch *adj inv* GEOL magmatic; **~es Gestein** magmatic rocks *pl*

Magmenkammer *f* GEOL magma chamber

Magna Charta <-> *f kein pl* HIST Magna C[h]arta

magna cum laude magna cum laude; ***sie bestand die Prüfung ~*** she passed the exam with distinction

Magnat <-en, -en> *m* magnate

Magnesia <-> *f kein pl* magnesia

Magnesium <-s, *kein pl*> *nt* magnesium

Magnesiummangel *m* magnesium deficiency

Magnet <-[e]s *o* -en, -e[n]> *m* ❶ (*magnetisches Metallstück*) magnet ❷ (*fig: Anziehungspunkt*) magnet; ***unser Stadtfest ist immer ein ~ für viele Menschen*** our city festival always attracts a lot of people

Magnetbahn *f s.* Magnetschwebebahn **Magnetband** *nt* magnetic tape **Magneteisenstein** *m* magnetite **Magnetfeld** *nt* magnetic field

magnetisch *adj* magnetic; **eine ~e Anziehungskraft auf jdn ausüben** [*o* **haben**] to be/have a magnetic attraction for sb

magnetisieren* *vt* ❶ (*magnetisch machen*) ■**etw ~** to magnetize sth ❷ (*mit Magnetismus behandeln*) ■**jdn ~** to mesmerize sb

Magnetismus <-> *m kein pl* ❶ PHYS magnetism ❷ (*Mesmerismus*) mesmerism, magnetism

Magnetkarte *f* plastic card [with a magnetic strip]

Magnetkern *m* magnet core **Magnetnadel** *f* magnetic needle

Magnetometer *nt* PHYS magnetometer

magneto-optisch *adj* PHYS magneto-optical

Magnetosphäre <-> *f kein pl* magnetosphere

Magnetplatte *f* INFORM magnetic disk **Magnetpol** *m* magnetic pole **Magnetschalter** *m* starter solenoid, solenoid starter switch *spec* **Magnetschienenbahn** *f* magnetic-levitation train **Magnetschwebebahn** *f* magnetic railway **Magnetspule** *f* magnet coil **Magnetstreifen** *m* magnetic strip **Magnettafel** *f steel notice board with small magnets for holding notices*

Magnolie <-, -n> [-liə] *f* Magnolia

mäh *interj* baa

Mahagoni <-s> *nt kein pl* mahogany

Mahagonibaum *m* mahogany tree **mahagonifarben** *adj* mahogany **Mahagonischrank** *m* mahogany cupboard

Maharadscha <-s, -s> *m* maharaja[h]

Maharani <-, -s> *f* maharani, maharanee

Mähbinder <-s, -> *m* binder

Mahd¹ <-, -en> *f* DIAL (*das Mähen*) mowing; (*gemähtes Gras*) mown grass, [new-mown] hay

Mahd² <-[e]s, Mähder> *nt* ÖSTERR, SCHWEIZ (*Bergwiese*) high pasture

Mähdrescher <-s, -> *m* combine harvester

mähen¹ *vt* (*abschneiden*) ■**etw ~** to mow sth; **das Gras ~** to mow the grass [*or* lawn]; (*ernten*) to reap; **ein Feld ~** to harvest a field; ■**das M~** the mowing

mähen² *vi* (*fam*) *Schaf* to bleat, to baa *fam*

Mahl <-[e]s, -e *o* Mähler> *nt pl selten* (*geh*) ❶ (*Speise*) repast *form*, meal; **ein ~ zu sich nehmen** to have a meal ❷ (*Einnahme einer Mahlzeit*) meal; (*Fest~*) feast, banquet; **beim ~[e] sitzen** to be at [the] table

mahlen <mahlte, gemahlen> **I.** *vt* (*in einer Mühle zerreiben*) ■**etw [zu etw] ~** to grind sth [into sth]; **Getreide ~** to grind grain; (*durch Zerreiben herstellen*) to grind; **Mehl ~** to grind flour; ■**gemahlen** ground; **gemahlener Kaffee** ground coffee **II.** *vi* to chew carefully; **die Kiefer/Zähne** ~ to grind [*or* gnash] one's teeth ▶ WENDUNGEN: **wer zuerst kommt, mahlt zuerst** (*prov*) the early bird catches the worm *prov*

Mähler (*selten*) *pl von* **Mahl**

Mahlgut <-es> *nt kein pl* (*geh*) grist

mählich *adj* (*poet*) *s.* **allmählich**

Mahlstein *m s.* Mühlstein **Mahlstrom** *m s.* Malstrom **Mahlzahn** *m* molar [tooth], mill tooth

Mahlzeit *f* ❶ (*Essen*) meal; **eine kleine** ~ a snack; **eine** ~ **zubereiten/zu sich nehmen** to prepare/have a meal ❷ (*Einnahme von Essen*) meal; **sich an die ~en halten** to eat meals at regular times; **gesegnete** *geh* ~! bon appetit!, enjoy your meal!; ~! DIAL (*fam*) ≈ [good] afternoon!, *greeting used during the lunch break in some parts of Germany* ▶ WENDUNGEN: **na dann prost** ~! (*fam*) well that's just brilliant [*or* wonderful] *iron fam*

Mähmaschine *f* (*für Gras*) mower; (*für Getreide*) harvester, reaper

Mahnbescheid *m*, **Mahnbrief** *m* reminder, default summons, writ for payment, [payment] collection letter

Mähne <-, -n> *f* mane; **eine lange** ~ (*fig*) a long mane

mahnen I. *vt* ❶ (*nachdrücklich erinnern*) ■**jdn** [**an etw** [*o* **wg etw**]] ~ to warn sb [of sth], to admonish sb *form*; ***sie hat uns wegen der Gefahren gemahnt*** she warned us of the dangers; ■**das M~** warning, admonishing *form* ❷ (*an eine Rechnung erinnern*) ■**jdn** ~ to remind sb ❸ (*dringend auffordern*) ■**jdn zu etw** ~ to urge sb to be/do sth; **jdn zur Geduld/Eile/Vorsicht** ~ to urge sb to be patient/to hurry/to be careful; ***die Dunkelheit mahnte die Wanderer zur Eile*** (*fig*) the darkness urged them to hurry up; ■**jdn ~, etw zu tun** to urge sb to do sth **II.** *vi* (*geh*) ❶ (*gemahnen, erinnern*) ■**an etw** ~ to be a reminder of sth ❷ (*veranlassen*) to cause; ***der Wetterumschwung mahnte zur Eile*** a change in the weather made us/him/her etc hurry; ■**zu etw** ~ to urge sb to do sth

mahnend I. *adj* (*ein Mahnen ausdrückend*) warning *attr*, admonitory *form*; **~e Vorzeichen** foreboding premonition **II.** *adv* (*in ~er Weise*) warningly, admonishingly; ~ **den Zeigefinger erheben** to raise one's index finger in warning

Mahngebühr *f* ADMIN dunning charge

Mahnmal <-[e]s, -e *o selten* -mäler> *nt* memorial

Mahnschreiben *nt* (*geh*) *s.* **Mahnbrief**

Mahnung <-, -en> *f* ❶ (*mahnende Äußerung*) warning, admonition *form*, admonishment *form*; **eine** ~ **zur Vorsicht beherzigen/missachten** to take to heart/ignore a warning to be careful ❷ (*geh: warnende Erinnerung*) reminder; ***ich hoffe, das war ihm eine*** ~ I hope that taught him a lesson ❸ (*Mahnbrief*) reminder, demand [for payment]

Mahnverfahren *nt* summary proceedings *pl*, collection [*or* delinquency] procedure; **auf dem Wege des ~s** by judgment note **Mahnwache** *f group of demonstrators quietly drawing attention to sth*; **eine** ~ **halten** to stage a quiet demonstration **Mahnwesen** *nt* HANDEL dunning, remindering

Mähre <-, -n> *f* (*veraltend o pej*) jade

Mai <-[e]s *o* - *o poet* -en, -e> *m pl selten* May AM; **der Erste** ~ May Day; *s. a.* **Februar** ▶ WENDUNGEN: **im ~ seines Lebens stehen** to be in the springtime of life; **wie einst im** ~ just like in the good old days *hum*

Maibaum *m* ≈ maypole **Maiblume** *f* mayflower **Maibowle** *f white wine, champagne and woodruff punch*

Maid <-, -en> *f* (*veraltet*) maiden *old*

Maifeier *f* May Day celebrations *pl* **Maifeiertag** *m* (*geh*) May Day **Maifisch** *m* ZOOL, KOCHK allice [*or* allis] shad, alewife **Maiglöckchen** *nt* lily of the valley **Maikäfer** *m* ladybird BRIT, ladybug AM **Maikönigin** *f* May queen **Maikundgebung** *f* May Day rally

Mail <-, -s> [meɪl] *f o* DIAL *nt* INET (*fam*) e-mail, email

Mailand <-s> *nt* Milan

Mailbox <-, -en> [-bɔks] *f* INFORM mailbox; **seine** ~ **leeren** to empty one's mail box

mailen ['meɪlən] *vt* ■**etw** ~ INET (*fam*) to [e-]mail, to email

Mailing <-[s]> ['meɪlɪŋ] *nt kein pl* ❶ ÖKON mailshot ❷ INFORM e-mail *no pl*, electronic mail *no pl*

Mailorder <-> ['meɪlɔːdə] *f kein pl* ÖKON mail order **Mailpasswort**RR *nt* INFORM mail password **Mailprogramm** *nt* INFORM mail program **Mailserver** <- -s, – -> *m* INFORM mail server **Mailsystem** *nt* INFORM mail

Main <-, -[e]s> *m* the River Main, the Main river

Mainframe <-, -s> ['meɪnfreɪm] *nt* INFORM main frame

Mainstream <-s> ['meɪnstriːm] *m kein pl* (*Geschmack der Gesellschaftsmehrheit*) the mainstream; **~-Kultur** mainstream culture

Mainz <-> *nt* Mainz

Mais <-es, -e> *m* ❶ (*Anbaupflanze*) maize *no pl* BRIT, corn *no pl* AM ❷ (*Maisfrucht*) sweet corn

Maisanbau *m* cultivation of maize [*or* AM corn] *no pl* **Maisbrot** *nt* corn bread

Maische <-, -n> *f* (*fachspr*) ❶ (*gekelterte Trauben*) must ❷ (*bei Bier-/Spiritusherstellung*) mash

Maisfeld *nt* maize field BRIT, cornfield AM **maisgelb** *adj* bright yellow **Maiskeimöl** *nt kein pl* cornseed [*or* maize germ] oil **Maiskolben** *m* corncob **Maiskorn** *nt* grain of maize [*or* AM corn] **Maismehl** *nt* cornflour BRIT, cornstarch AM **Maisstärke** *f* maize [*or* AM corn] starch **Maisstaude** *f* maize [*or* AM corn] bush **Maiszünsler** *m* ZOOL corn borer

Majestät <-, -en> *f* ❶ (*Titel*) Majesty; **Kaiserliche/Königliche** ~ Imperial/Royal Majesty; **Seine/Ihre/Eure** [*o* **Euer**] ~ His/Her/Your Majesty ❷ *kein pl* (*geh: Erhabenheit, Würde*) majesty; **die** ~ **der Alpen** the majesty of the Alps; **etw strahlt** ~ **aus** sth has majesty

majestätisch I. *adj* majestic **II.** *adv* majestically

Majo <-, -s> *f kurz für* **Mayonnaise** (*sl*) mayo *fam*

MajonäseRR <-, -n> *f* mayonnaise, mayo *fam*

Major(in) <-s, -e> *m(f)* major

Majoran <-s, -e> *m* marjoram

majorisieren* *vt* (*geh: überstimmen und beherrschen*) ■**jdn** ~ to outvote sb

Majorität <-, -en> *f* (*geh: Mehrheit*) majority *no pl*; **die** ~ **haben** to have a majority, to be in the majority

MajoritätsbeschlussRR *m* (*Mehrheitsbeschluss*) majority decision **Majoritätsprinzip** *nt* (*Mehrheitsprinzip*) principle of majority rule **Majoritätswahl** *f* (*Mehrheitswahl*) majority vote

Majorz <-es> *m kein pl* POL SCHWEIZ *s.* **Majoritätswahl**

makaber *adj* macabre

Makake <-n, -n> *m* ZOOL macaque

MAK-Bilanzen *pl* POL *updated list of harmful products and substances*

Makedonien <-s> *nt s.* **Mazedonien**

Makedonier(in) <-s, -> *m(f) s.* **Mazedonier**

Makedonisch *nt dekl wie adj* Macedonian; *s. a.* **Deutsch**

makedonisch *adj* Macedonian; *s. a.* **deutsch**

Makedonische <-n> *nt* ■**das** ~ Macedonian, the Macedonian language; *s. a.* **Deutsche**

Makel <-s, -> *m* ❶ (*Schandfleck*) blemish, stigma; **ein** ~ **auf jds** [**blütenreiner**] **Weste** to blot one's copybook; **an jdm haftet ein** ~ a black mark against sb's name; **jdm haftet ein** ~ **an** (*geh*) sb's reputation is tarnished ❷ (*Fehler*) flaw; **ohne** ~ flawless; **an jmd ist kein** ~ sb's behaviour [*or* AM -or] is beyond reproach

Mäkelei <-, -en> *f* (*pej*) ❶ *kein pl* (*Nörgelei*) moaning *no pl*, whing[e]ing *no pl* BRIT *fam*, whining *no pl* AM *fam* ❷ (*mäkelnde Äußerung*) moan

makellos *adj* ❶ (*untadelig*) unblemished, untainted, untarnished; **einen ~en Ruf haben** to have an unblemished [*or* untarnished] reputation; **ein ~es Zeugnis** an impeccable report ❷ (*fehlerlos*) perfect; **eine ~e Aussprache/Haut/Figur haben** to have perfect pronunciation/skin/a perfect figure; (*vollkommen*) completely; **etw ist** ~ **rein** sth is absolutely pure

Makellosigkeit <-> *f kein pl* ❶ (*Untadeligkeit*) impeccability *no pl* ❷ (*Fehlerlosigkeit*) perfection, flawlessness *no pl*

makeln I. *vt* ■**etw** ~ to deal in sth; **er makelt Häuser** he is an agent for houses **II.** *vi* to act as a broker

mäkeln *vi* (*pej fam*) to moan [*or fam* whinge] [about sth]; ***sie hatte immer etwas zu*** ~ she always had sth to carp at

Make-up <-s, -s> [meːk'ʔap] *nt* make-up *no pl*; **ein tadelloses/scheußliches** ~ **tragen** to wear perfect/awful make-up **Make-up-Grundlage** *f* make-up base **Make-up-Set** *nt* make-up kit

Makkaroni *pl* macaroni

Makler(in) <-s, -> *m(f)* broker; (*Immobilien~*) estate agent BRIT, realtor AM

Mäkler(in) <-s, -> *m(f)* (*pej fam*) moaner, whinger BRIT *fam*, whiner AM *fam*

MaklerabschlussRR *m* JUR brokerage [*or* broker's] contract **Maklerbüro** *nt* HANDEL broker's office **Maklerfirma** *f* HANDEL brokerage [business] **Maklergebühr** *f* brok[er]age *no pl*; (*für Immobilien*) agent's commission [*or* fee] **Maklergesetz** *nt* JUR law of agency **Maklerlohn** *m* ÖKON brokerage **Maklervertrag** *m* HANDEL brokerage [*or* broker's] agreement, contract of brokerage

Makramee <-[s], -s> *nt* macramé

Makrele <-, -n> *f* mackerel

Makro <-s, -s> *m o nt kurz für* **Makrobefehl**

Makroaufruf *m* INFORM macro-call **Makrobefehl** *m* INFORM macro-command **makrobiotisch** *adj* macrobiotic; **~e Kost** macrobiotic food; ■**sich** ~ **ernähren** to eat macrobiotic food, to stick to a macrobiotic diet **Makrodatei** *f* INFORM macro file **makrokephal** *adj* MED *s.* **makrozephal** **Makroklima** *nt* macroclimate **makrokosmisch** *adj* macrocosmic **Makrokosmos** *m* macrocosm

Makrolid <-s, -e> *nt* PHARM macrolide **Makromolekül** *nt* BIOL macromolecule **makromolekular** *adj* macromolecular

Makrone <-, -n> *f* KOCHK macaroon

Makroökonomie *f* macroeconomics + *sing vb* **makroökonomisch** *adj inv* macroeconomic **Makroprogramm** *nt* INFORM macro program **Makrostruktur** *f* (*fachspr*) macrostructure **makrotextuell** *adj* macrotextual **Makrovirus** *m* INFORM macro virus **makrozephal** *adj* MED macrocephalic, macrocephalous **Makrozephalie** *f* MED macrocephaly *no pl*

Makulatur <-, -en> *f* waste paper; **Akten als** ~ **einstampfen** to pulp files to waste paper ▶ WENDUNGEN: ~ **reden** (*fam*) to talk nonsense [*or* BRIT *fam* rubbish] **Makulaturanfall** *m* TYPO waste rate **Makulaturpapier** *nt* set off paper, slip sheets *pl*

makulieren* *vt* ■**etw** ~ to pulp sth

mal1 *adv* ❶ MATH multiplied by, times; ***drei mal drei ergibt neun*** three times three is nine ❷ (*eben so*) **gerade** ~ (*fam*) only; ***sie war gerade ~ zwölf, als sie das Elternhaus verlassen musste*** she had just turned twelve when she had to leave her parents' home

mal2 *adv* (*fam*) *kurz für* **einmal**

Mal1 <-[e]s, -e *o* nach Zahlwörtern: -> *nt* (*Zeitpunkt*) time; **ein anderes** ~ another time; **einige/etliche ~e** sometimes/very often; **ein/kein einziges** ~ once/not once; **das erste** ~ the first time; ***einmal ist immer das erste*** ~ there's always a first time; **beim ersten/zweiten/letzten/...** ~ the first/second/last/ ... time; **zum ersten/letzten** ~ for the first/last time; **das letzte** ~ the last time; **ein letztes** ~ (*geh*) one last time; **mehrere ~e** several times; **das nächste** ~ [the] next time; **nächstes** ~ next time; **bis zum nächsten ~!** see you [around]!; **das soundsovielte** [*o* **x-te**] ~ (*fam*) the millionth time; **voriges** ~ last time; **das vorige** ~ [the] last time, on a number of occasions; **zum wiederholten ~[e]** over and over again, repeatedly; **das wie vielte ~?** how many times? [*or* often?]; [**für**] **dieses** ~ this time; ***dieses ~ werde ich ein Auge zudrücken*** this time I'll turn a blind eye; ~ **für** ~ again and

M

again; **von ~ zu ~** increasingly; ***er wird von ~ zu ~ besser*** he gets better every time [I see him]; **[nur] das** [*o* **dieses**] **eine ~!** just this once; **das eine oder andere ~** from time to time, now and again; **ein für alle ~e** (*fig*) once and for all; **mit einem ~[e]** (*fig*) all of a sudden

Mal² <-[e]s, -e *o* Mäler> *nt* mark ① *pl -e* (*Hautverfärbung*) mark; (*Mutter~*) birthmark ② *pl Mäler* (*geh: Denkmal*) memorial, monument; **ein ~ errichten** to erect a monument ③ *pl -e* SPORT (*Feldmarkierung*) mark

malad(e) *adj* (*selten fam*) sick, ill, unwell; **sich ~ fühlen** to feel ill

Malaiisch *nt dekl wie adj* Malay[an]; *s. a.* **Deutsch**

Malaiische <-n> *nt* ■**das ~** Malay[an], the Malay[an] language; *s. a.* **Deutsche**

Malaise [ma'lɛːzə] *f* (*geh: unbefriedigende Situation*) malaise

Malaria <-> *f kein pl* malaria; **~ bekommen** to come down with malaria

Malariamittel *nt* medicine for malaria, antimalarial

Malawi <-s> *nt* Malawi; *s. a.* **Deutschland**

Malawier(in) <-s, -> *m(f)* Malawian; *s. a.* **Deutsche**

malawisch *adj* Malawian; *s. a.* **deutsch**

Malaysia <-s> *nt* Malaysia; *s. a.* **Deutschland**

Malaysier(in) <-s, -> *m(f)* Malaysian; *s. a.* **Deutsche(r)**

malaysisch *adj* Malayan; *s. a.* **deutsch**

Malbuch *nt* colouring [*or* AM coloring] book

Malediven <-> *pl* ■**die ~** the Maldives *npl*, the Maldive Islands *pl*; *s. a.* **Falklandinseln**

Malediver(in) <-s, -> *m(f)* Maldivian; *s. a.* **Deutsche(r)**

maledivisch *adj* Maldivian; *s. a.* **deutsch**

malen **I.** *vt* ① (*ein Bild herstellen*) to paint; **ein Bild/Porträt ~** to paint a picture/portrait; **Schilder ~** to paint signs; **einen Hintergrund ~** to paint a background; (*künstlerisch darstellen*) paint; ■**jdn/etw ~** to paint sb/sth; **eine Landschaft ~** to paint a landscape; **jdn in Öl ~** to paint sb in oils; ■**sich ~ lassen** to have one's portrait painted; **die Zukunft rosig ~** (*fig*) to paint a rosy picture of the future; **etw schwarz ~** (*fig*) to paint a black picture of sth *fig*, to be pessimistic about sth; **Figuren schwarz und weiß ~** (*fig*) to interpret figures as black or white [*or* good or evil] ② DIAL (*anstreichen*) to paint; ■**etw ~** to paint sth; **die Wände ~** to paint the walls ③ (*schminken*) to paint; **sich die Nägel/Lippen ~** to paint one's nails/lips **II.** *vi* to paint; ***in meiner Freizeit male ich*** I paint in my free time; ***wo haben Sie das M~ gelernt?*** where did you learn to paint? **III.** *vr* (*geh: widerspiegeln*) ■**etw malt sich** *akk* **auf etw** *dat* to suffuse sth; ***auf ihrem Gesicht malte sich das blanke Entsetzen*** total horror was mirrored on her face

Maler(in) <-s, -> *m(f)* ① (*Künstler*) painter, artist ② (*Anstreicher*) painter

Malerei <-, -en> *f* ① *kein pl* (*das Malen als Gattung*) painting; **moderne/zeitgenössische ~** modern/contemporary painting; **sich mit der ~ beschäftigen** to be interested in painting[s] ② *meist pl* (*gemaltes Werk*) paintings *pl*, picture; **die ~en eines Meisters** the work of a master painter

Malerfarbe *f* paint

malerisch *adj* ① (*pittoresk*) picturesque; **ein ~er Anblick** a picturesque view; **~ gelegen sein** to be located in a picturesque place ② (*die Malerei betreffend*) artistic; **eine ~e Interpretation/Sichtweise** an artistic interpretation/impression; **ein ~es Genie** an artistic genius

Malermeister(in) <-s, -> *m(f)* master painter [and decorator]

Malheur <-s, -s *o* -e> [ma'løːɐ] *nt* mishap; **das ist doch kein ~!** it's not the end of the world!; **jdm passiert ein [kleines] ~** sb has a [slight] mishap

Mali <-s> *nt* Mali; *s. a.* **Deutschland**

Malier(in) <-s, -> *m(f)* Malian; *s. a.* **Deutsche(r)**

maligne *adj* MED (*bösartig*) malignant

malisch *adj* Malian; *s. a.* **deutsch**

maliziös *adj* (*geh*) malicious

Malkasten *m* paint box

Mallorca [-'jɔrka] *nt* Mallorca; *s. a.* **Sylt**

mal|nehmen *vt irreg* (*fam*) ■**etw mit etw ~** to multiply sth by sth; ■**das M~** multiplication *no pl*; *s. a.* **multiplizieren**

Maloche <-> *f kein pl* (*sl*) [hard] work

malochen* *vi* (*sl*) to slog [*or* slave] away; **auf dem Bau ~** to slave away on the building site

Malprogramm *nt* INFORM paint program **Malstift** *m* crayon **Malstrom** *m* (*liter*) maelstrom

Malta *nt* Malta; *s. a.* **Sylt**

Maltechnik *f* [painting] technique

Malteser <-s, -> *m* ① (*Bewohner Maltas*) Maltese + *sing/pl vb* ② (*Angehöriger des Malteserordens*) Knight of Malta ③ *pl* (*Malteserorden*) Order of the Knights of Malta **Malteserkreuz** *nt* REL, TECH Maltese cross **Malteserorden** *m* the Order of the Knights of Malta

Maltesisch *nt dekl wie adj* Maltese; *s. a.* **Deutsch**

maltesisch *adj inv* GEOL Maltese

Maltesische <-n> *nt* ■**das ~** Maltese, the Maltese language; *s. a.* **Deutsche**

Maltose *f* maltose

malträtieren* *vt* (*geh*) ■**jdn ~** to abuse [*or* maltreat] sb

Malus <-ses, – *o* -se> *m* ① (*Prämienzuschlag bei Versicherungen*) extra premium ② (*ausgleichender Punktnachteil*) minus point, handicap

Malve <-, -n> [-və] *f* BOT malva, mallow, hollyhock

malvenfarben *adj*, **malvenfarbig** [-vən-] *adj* mauve

Malvinen *pl s.* **Falklandinseln**

Malz <-es> *nt kein pl* malt

Malzbier *nt* malt beer **Malzbonbon** *nt o m* malt sweet [*or* AM candy] [*or* lozenge] **Malzessig** *m* malt vinegar **Malzkaffee** *m* malted coffee substitute **Malzzucker** *m* malt sugar

Mama <-, -s> *f* (*fam*), **Mama** <-, -s> *f* (*veraltend geh*) mummy *fam*, mam[m]a *old*, mum; ***grüßen Sie Ihre Frau ~*** my regards to your dear mother

Mamasöhnchen <-s, -> *nt* (*pej*) mummy's [*or* AM mama's] boy

Mamba <-, -s> *f* ZOOL mamba

Mami <-, -s> *f* (*fam*) *s.* **Mama**

Mammakarzinom *nt* MED breast cancer

Mammographie, **Mammografie** <-, -n> [-'fiːən] *f* mammography

Mammon <-s> *m kein pl* (*pej o hum*) mammon *form or pej*, money; **der schnöde ~** the rotten money, filthy lucre

Mammut <-s, -s *o* -e> *nt* mammoth

Mammutbaum *m* sequoia, giant redwood **Mammutsitzung** *f* marathon session **Mammuttournee** *f* marathon tour **Mammutveranstaltung** *f* huge [*or* mammoth] event **Mammutverfahren** *nt* mammoth trial

mampfen (*sl*) **I.** *vt* ■**etw ~** to munch sth; **einen Schokoriegel ~** to munch a bar of chocolate **II.** *vi* to munch

Man [mæn] *nt* Isle of Man; *s. a.* **Sylt**

man¹ <*dat* einem, *akk* einen> *pron indef* ① (*irgendjemand*) they, one *form*, you; ■**~ tut etw** they/one does [*or* you do] sth; ***das hat ~ mir gesagt*** that's what I was told/they told me; ***~ hätte uns schon viel früher davon informieren müssen*** we should have been informed much sooner ② (*die Leute*) people, they; **das trägt ~ heute so** that's the way it's worn today; **so etwas tut ~ nicht** that just isn't done ③ (*ich*) ***~ tut, was ~ kann*** you do what you can; ***~ versteht sein eigenes Wort nicht*** I can't hear myself think

man² *adv* NORDD (*fam: nur [als Bekräftigung]*) just; **lass' ~ gut sein** just leave it alone

Management <-s, -s> ['mɛnɛdʒmənt] *nt* ① (*Führung und Organisation eines Großunternehmens*) management + *sing/pl vb* ② (*Gruppe der Führungskräfte*) management; **das mittlere ~** the middle management; **dem ~ angehören** to be a member of the board **Management-Buy-out**RR <-s> ['mænɪdʒməntbaɪ'aʊt] *nt* management buy-out, MBO **Managementfehler** *m* management error

managen ['mɛnɛdʒn] *vt* ■**etw/jd ~** to manage sth/sb ① (*bewältigen*) to manage; **etw gut ~** to manage sth well; **eine Aufgabe ~** to manage to complete a task; (*organisieren*) to organize ② (*eine Persönlichkeit betreuen*) to manage

Manager(in) <-s, -> ['mɛnɛdʒɐ] *m(f)* manager

Managerkrankheit ['mɛnɛdʒɐ-] *f kein pl* (*fam*) stress-related illness; ■**an der ~ leiden** to suffer from stress

manch *pron indef, inv* ① *mit ein[e] + Substantiv* (*einige/viele*) many a, many; ***so ~ ein Kind hat Probleme in der Schule*** many children have problems at school ② *mit substantiviertem Adjektiv* (*viel*) many … things; **~ anderer** many others; **~ eine(r)** (*einige*) many ③ *mit Adjektiv und Substantiv im Singular* (*viele*) many a, many; ***~ großes Unrecht wird nie geahndet*** many a wrong goes/many wrongs go unpunished

manche(r, s) *pron indef* ① *adjektivisch, mit Plural* (*einige*) many, some; ***~ Menschen sind einfach klüger als andere*** some people are simply cleverer than others ② *adjektivisch, mit Singular* a lot of, many a; ***~s Los ist schwer zu ertragen*** many lots are difficult to endure ③ *adjektivisch, mit substantiviertem Adjektiv* many [*or* a lot of] … things, quite a few; **~es Gute** much good ④ *substantivisch* (*einige[s], viel[es]*) many + *pl vb*; ***ich habe viele Freunde, aber ~ sehe ich nur selten*** I have a lot of friends, but some [of them] I only see rarely; **~ Menschen** many people; (*bei Dingen*) many [things]; **in ~m** (*in einigem*) in many respects, in much [*or* many] of; ***in ~em sieht man keinen Sinn*** some things make no sense ⑤ *substantivisch* (*viele/einige Dinge*) ■**~s** much/many, a lot of; ***es gibt ~s zwischen Himmel und Erde, was man sich nicht erklären kann*** there are many things between heaven and earth that cannot be explained ⑥ *substantivisch* (*nicht wenige*) ■**~r, der/~, die** many people [*or* a person] who; ***~ von meinen Schulfreunden sind heute schon tot*** many of my school friends have already passed away ⑦ *substantivisch* ■**~s, was** much [*or* a lot] of what; ***ich habe schon ~s bereut, was ich im Leben gesagt habe*** I have come to regret a lot of the things I've said during my liftime

mancherlei ① *inv, adjektivisch* (*dieses und jenes*) all sorts of, various; **~ Ursachen** all sorts of causes ② *substantivisch* (*Verschiedenes*) many things, various; ***ich könnte ~ über ihn sagen*** I could say a lot of things about him

mancherorten *adv*, **mancherorts** *adv* (*geh*) here and there; ***~ leben die Menschen noch wie vor hundert Jahren*** in some places, people still live as they used to one hundred years ago

manchmal *adv* ① (*gelegentlich*) sometimes ② SCHWEIZ (*oft*) often

Mandant(in) <-en, -en> *m(f)* (*fachspr*) client

Mandarin <-s, -e> *m* mandarin

Mandarine <-, -n> *f* (*hist*) mandarin

Mandat <-[e]s, -e> *nt* ① (*Abgeordnetensitz*) seat; **ein ~ gewinnen** to win a seat; **sein ~ niederlegen** to resign [*or* give up] one's seat ② (*Auftrag eines Juristen*) mandate; **ein ~ übernehmen** to take over a mandate; (*Auftrag eines Abgeordneten*) mandate; **imperatives ~** POL fixed mandate; **ein politisches ~** a political mandate

Mandatsträger(in) *m(f)* mandate holder; (*im Parlament, Versammlung*) member of parliament, deputy

Mandel¹ <-, -n> *f* almond; **gebrannte ~n** sugared, roasted almonds; **bittere/süße ~n** bitter/sweet almonds

Mandel² <-, -n> *f meist pl* ANAT tonsils *pl*; **entzündete ~n** inflamed tonsils; **die ~n herausbekommen** (*fam*) to have one's tonsils removed

Mandelaugen *pl* (*geh*) almond-shaped eyes **mandeläugig** *adj* (*geh*) almond-eyed **Mandelbaum** *m* almond tree **Mandelbrotmenge** *f* MATH Mandelbrot set **Mandelentzündung** *f* tonsilitis *no art, no pl*; **eine ~ haben** to have tonsilitis **mandel-**

förmig *adj* almond-shaped **Mandelkern** *m s.* Mandel¹ **Mandelkleie** *f* almond bran **Mandelöl** *nt* almond oil **Mandeloperation** *f* MED tonsillectomy

Mandoline <-, -n> *f* mandolin[e]

Mandrill <-s, -e> *m* mandrill

Mandschurei <-> *f* Manchuria

Manege <-, -n> [ma'ne:ʒə] *f* ring, arena; ~ **frei!** clear the ring!

Mangan <-s> *nt kein pl* manganese *no pl*

Manganknolle *f* GEOL manganese nodule

Mangel¹ <-s, Mängel> *m* ① (*Fehler*) defect, flaw; **anhaftender** ~ inherent imperfection; **mit Mängeln behaftet sein** to be full of flaws; **offene Mängel** patent defects; **schwer wiegender/verborgener** ~ serious/concealed [*or* latent] defect; **technische Mängel** technical defects; **einen** ~ **beseitigen** to remedy [*or* to eradicate] a defect; **einen** ~ **erkennen** to recognize flaws; **einen** ~ **feststellen/beheben** to discover/remedy a defect; **für einen** ~ **haften** to be liable [*or* to warrant] for a defect ② *kein pl* (*Knappheit*) lack, shortage; **es besteht** [*o* **herrscht**] ~ **an etw** *dat* there is a lack of sth; ~ **an Arbeitskräften** manpower shortage; **ein** ~ **an Vitamin C** vitamin C deficiency; **einen** ~ **an Zuversicht haben** to have little confidence; **keinen** ~ **leiden** to not want for anything ③ JUR defect, deficiency; **wegen** ~**s** [*o* **aus** ~] **an Beweisen** due to a/the lack of evidence

Mangel² <-, -n> *f* mangle ▶ WENDUNGEN: **jdn durch die** ~ **drehen** [*o* **jdn in der** ~ **haben**] [*o* **jdn in die** ~ **nehmen**] (*fam*) to grill sb *fam*, to give sb a grilling *fam*

Mängelanspruch *m* HANDEL warranty claim, claim arising from a defect **Mängelanzeige** *f* HANDEL notice of defects

Mangelberuf *m* understaffed profession

Mängelbeseitigung *f* HANDEL remedy of defects **Mängelbeseitigungsanspruch** *m* HANDEL claim to have a defect remedied **Mängeleinrede** *f* JUR plea that the goods are defective

Mangelerscheinung *f* deficiency symptom **Mangelfolgeschaden** *m* HANDEL consequential harm caused by a defect

mängelfrei *adj* flawless

Mangelfrist *f* HANDEL notification period for defects

Mängelgewähr *f* HANDEL express warranty; **ohne** ~ with all faults **Mängelgewährleistung** *f* HANDEL warranty [for defects]

mangelhaft *adj* ① (*unzureichend*) insufficient, inadequate; ~**e Informationen** insufficient information; **eine** ~**e Leistung** a poor performance; ~**e Kenntisse** limited knowledge *no pl* ② (*zweitschlechteste Schulnote*) poor ③ (*Mängel aufweisend*) faulty; **eine** ~**e Software** faulty software

Mangelhaftung, Mängelhaftung *f* HANDEL seller's warranty, liability for defects; **der** ~ **unterliegen** to be liable for defects

Mängelklage *f* JUR action for breach of contract

Mangelkrankheit *f* deficiency disease

Mängelliste *f* HANDEL list of defects

mangeln¹ *vi* ① *impers* (*ungenügend vorhanden sein*) ■**es mangelt an etw** there is a shortage of sth; ***es mangelt vor allem an Lebensmitteln*** above all there is a food shortage; ■**es mangelt** [**jdm**] **an etw** *dat* sb does not have enough of sth; **es jdm an nichts** ~ **lassen** to make sure sb doesn't want for anything; ■**es mangelt jdm an etw** *dat* sb lacks [*or* does not have] sth; ***dir mangelt es an der nötigen Reife*** you do not have the necessary maturity [*or* are too immature] ② (*nicht vorhanden sein*) ■**etw mangelt jdm** sb lacks [*or* does not have] sth; **jdm mangelt der Ernst** sb is not serious enough

mangeln² *vt* (*mit der Mangel² glätten*) ■**etw** ~ to press sth, to put sth through the mangle

mangelnd *adj* inadequate, insufficient; ***sein größtes Problem ist sein*** ~***es Selbstvertrauen*** his main problem is his lack of self-confidence

Mängelrüge *f* ① HANDEL notice of a defect; **unverzügliche** ~ immediate notice of defect ② JUR complaint; **eine** ~ **geltend machen** to lodge a complaint **Mängelrügefrist** *f* HANDEL period allowed for filing a notice of defect

mangels *präp mit gen* (*geh*) ■~ **einer S.** *gen* due to the lack of sth; ~ **Beweise[n]** due to the lack of evidence; ~ **Geldes** due to insufficient funds; ~ **Masse** JUR no funds; (*nach Konkursanmeldung*) return unsatisfied

Mangelschaden *m* HANDEL deficiency loss **Mangelware** *f* scarce commodity; ~ **sein** to be a rare commodity **Mangelwirtschaft** *f* economy of short supply

Mango <-, -gonen *o* -s> ['maŋgo] *f* mango

Mangobaum ['maŋgo-] *m* mango tree

Mangold <-[e]s, -e> ['maŋgɔlt] *m* Swiss chard

Mangrove <-, -n> [maŋ'gro:və] *f* mangrove **Mangrovenbaum** *m* mangrove [tree] **Mangrovenwald** *m* mangrove forest

Manie <-, -n> [-'ni:ən] *f* ① (*geh: Besessenheit*) obsession; ***sie hat eine regelrechte Computer***~ she's really obsessed with computers ② PSYCH mania

Manier <-, -en> *f* ① *kein pl* (*geh: Art und Weise*) manner, style; **nach deutscher** ~ the way the Germans do it; **nach bewährter** ~ following a tried and tested method; **in der** ~ **Brechts** à la Brecht ② *pl* (*Umgangsformen*) manners; **gute/schlechte** ~**en haben** to have good/bad manners; **jdm** ~**en beibringen** to teach sb some manners; **wo sind denn deine** ~**en!** (*fam*) where are your manners?!

manieriert *adj* (*pej geh*) affected; **ein** ~**er Stil** an affected style

Manierismus <-> *m kein pl* mannerism *no art*

manierlich *adj* (*veraltend*) presentable, respectable; ~**es Benehmen** respectable behaviour [*or* AM -or]; (*bei Kindern*) well-behaved; **sich** ~ **benehmen** to behave properly; ~ **essen** to eat properly

Manifest <-[e]s, -e> *nt* ① (*öffentlich dargelegtes Programm*) manifesto; **das Kommunistische** ~ the Communist Manifesto; **ein** ~ **verfassen** to draw up a manifesto ② NAUT manifest

Manifestant(in) <-en, -en> *m(f)* ÖSTERR, SCHWEIZ demonstrator

Manifestation <-, -en> *f* ① PSYCH, MED manifestation *form* ② (*öffentliche Bekundung, offensichtlicher Beweis*) demonstration

manifestieren* *vr* (*geh*) ① (*zu Tage treten*) ■**sich** *akk* **in etw** *dat* ~ to become manifest [*or* apparent] in sth, to manifest itself in sth *form* ② MED, PSYCH (*auftreten*) ■**sich in jdm** ~ *Beschwerden, Symptome, etc.* to become manifest in sb

Maniküre¹ <-> *f kein pl* manicure; ~ **machen** to do a manicure

Maniküre² <-, -n> *f* manicurist

maniküren* *vt* ■**jdn/etw** ~ to manicure sb's hands/nails/[sb's] sth, to give somebody's hands/nails/sth a manicure

Maniküre-Set *nt* manicure set

Maniküreståbchen <-s, -> *nt* orange wood stick, cuticle pusher

Manilakarton *m* manila board

Maniok <-s, -s> *m* BOT, AGR manioc, cassava

Manipulation <-, -en> *f* (*geh*) ① (*bewusste Beeinflussung*) manipulation *esp pej* ② *meist pl* (*pej: Machenschaften*) manipulation[s *pl*] *esp pej*; (*Trick*) manoeuvre BRIT, maneuver AM

manipulierbar *adj* (*geh*) manipulable *a. pej*; ~**er Mensch** malleable [*or pej* manipulable] person; **leicht/schwer** ~ **sein** to be easily manipulated [*or* easy to manipulate]/difficult to manipulate *a. pej*

Manipulierbarkeit <-> *f kein pl* manipulability *no pl a. pej; Mensch a.* malleability

manipulieren* **I.** *vt* ■**jdn/etw** ~ to manipulate sb/sth; **jdn geschickt** ~ to handle sb skillfully **II.** *vi* ■**an etw** *dat* ~ to tamper with sth; *Wahlergebnisse* to rig sth

Manipulierung <-, -en> *f s.* **Manipulation 1**

manisch *adj* manic; PSYCH maniac[al], manic

manisch-depressiv *adj* MED, PSYCH manic-depressive

Manko <-s, -s> *nt* ① (*Nachteil*) shortcoming; **ein** [**entscheidendes/grosses**] ~ **haben** [*o geh* **aufweisen**] to have a crucial/significant [*or* serious] shortcoming ② FIN (*Fehlbetrag*) deficit; ~ **machen** (*fam*) to make a loss

Mankohaftung *f* JUR liability for shortage

Mann <-[e]s, Männer *o* Leute> *m* ① (*erwachsener männlicher Mensch*) man; ■**Männer** men; (*im Gegensatz zu den Frauen a.*) males; **ein feiner** ~ a [perfect] gentleman; **ein** ~ **schneller Entschlüsse/der Tat/weniger Worte** a man of quick decisions/of action/of few words; **ein** ~ **mit Ideen/festen Überzeugungen** a man with ideas/firm convictions; **ein** ~ **von Format/Welt** a man of high calibre [*or* AM -er]/of the world; **der** ~ **auf der Straße** the man in the street, Joe Bloggs BRIT, John Doe AM; **ein** ~ **des Todes sein** (*fam*) to be dead meat *fam!* [*or* a dead man]; **ein** ~ **aus dem Volk**[e] a man of the [common] people; **ein** ~ **von Wort** (*geh*) a man of his word; **der böse** ~ the bogeyman [*or* bogyman] [*or* AM *a.* boogeyman]; **ein ganzer** ~ a real [*or* every inch a] man; **den ganzen** ~ **erfordern** to need a [real] man; (*im Allgemeinen*) to be not for the faint-hearted; **jd ist ein gemachter** ~ sb has got it made *fam;* ~**s genug sein, etw zu tun** to be man enough to do sth; **junger** ~**!** young man!; **der kleine** [*o* **gemeine**] ~ the common [*or* ordinary] man, the man in the street, Joe Bloggs BRIT, John Doe AM; **der kleine** ~ (*euph fam: Penis*) Johnson *sl*, BRIT *a.* John Thomas *sl;* **der böse** [*o veraltend* **schwarze**] ~ (*Kinderschreck*) the bogeyman [*or* bogyman] [*or* AM *a.* boogeyman]; (*Kaminfeger*) chimney sweep; **den starken** ~ **markieren** [*o* **spielen**] (*derb*) to come [on] [*or* AM play] the strongman; **den wilden** ~ **spielen** [*o* **machen**] (*fam*) to rave like a madman *fam;* **auf den** ~ **dressiert** *Hund* trained to attack people *pred;* **der** ~ **jds Lebens sein** to be sb's ideal man; **der** ~ **im Mond** the man in the moon; **ein** ~, **ein Wort** an honest man's word is as good as his bond *prov;* ***ein*** ~, ***ein Wort, und so tat er es auch*** and, as good as his word, he did [do] it; **den toten** ~ **machen** (*beim Schwimmen*) to float [on one's back] ② (*Ehemann*) ■**jds** ~ sb's husband [*or fam* man] [*or fam* hubby]; ~ **und Frau werden** (*geh*) to become husband [*or dated* man] and wife; **jds zukünftiger** ~ sb's future husband; **eine Frau an den** ~ **bringen** (*fam*) to marry off a woman *sep fam or a. pej*, to find a woman a husband; **jdn zum** ~ **haben** to be sb's husband; **jds** ~ **werden** to become sb's husband ③ (*Person*) man; ***sie kamen mit acht*** ~ ***an*** eight [of them] arrived; **ein** ~ **vom Fach** an expert; **der richtige** ~ **am richtigen Ort** the right man for the job; **ein** ~ **der Praxis** a practised [*or* AM -iced] [*or* an old] hand; [**genau**] **jds** ~ **sein** to be [just] sb's man; **seinen/ihren** ~ **stehen** to hold one's own; ~ **für** ~ every single one; ~ **gegen** ~ man against man; **pro** ~ per head; **selbst ist der** ~**!** there's nothing like doing things [*or* it] yourself; **wie ein** ~ as a [*or* one] man; NAUT (*Besatzungsmitglied a.*) hand; ~ **über Bord!** man overboard!; **alle** ~ **an Bord!** all aboard!; **alle** ~ **an Deck!** all hands on deck!; **alle** ~ **an die Taue!** all hands heave to!; **mit** ~ **und Maus untergehen** (*fam*) to go down with all hands ④ (*fam: in Ausrufen*) ~ **Gottes!** God [Almighty]!; [**mein**] **lieber** ~**!** (*herrje!*) my God! *fam;* (*pass bloß auf!*) please!; **o** ~**!** oh hell! *fam;* ~, **o** ~**!** dear[ie] me! *fam*, oh boy! *fam;* ~**!** (*bewundernd*) wow! *fam;* (*herausfordernd*) hey! *fam* ▶ WENDUNGEN: **der kluge** ~ **baut vor** (*prov*) the wise man takes precautions; **einen kleinen** ~ **im Ohr haben** (*veraltend o hum fam*) to have bats in one's belfry *dated fam*, to be crazy *fam;* **etw an den** ~ **bringen** (*fam*) to get rid of sth; (*fig fam*) perhaps you can get your parents to listen to this story!; *s. a.* **Mannen**

Männchen <-s, -> *nt* ① *dim von* **Mann** little man *a. pej;* ~ **machen** *Hund, dressiertes Tier* to stand up on its/their hind legs, to [sit up and] beg ② (*Strichmännchen*) [match]stick man [*or* figure]; ~ **malen** to draw [match]stick men [*or* figures]; (*fig*) to doodle ③ (*männliches Tier*) male; *Vogel a.* cock

Manndeckung *f kein pl* SPORT man-to-man marking [*or* AM defense]

Mannen *pl* ① HIST men ② (*tüchtige Mitarbeiter*) men, troops *fam*, BRIT *a.* lads *fam*

Mannequin <-s, -s> ['manəkɛ̃, manə'kɛ̃:] *nt nur fem* [fashion] model
Männer *pl von* **Mann**
Männerbekanntschaft *f meist pl* boyfriend, male [*or* man] friend, male acquaintance *euph* **Männerberuf** *m* male profession **Männerbewegung** *f* ■**die** ~ the men's movement **Männerbündelei** <-, -en> *f* (*pej fam*) male intrigue[s *pl*] **Männerchor** *m* male-voice [*or* men's] choir **Männerdomäne** *f* male preserve **männerdominiert** *adj* male-dominated **Männerfang** *m* **auf ~ [aus]gehen/sein** (*fam*) to go/be looking for a man **Männergeschichten** *pl* ■**jds** ~ sb's affairs with men **Männergesellschaft** *f* ❶ SOZIOL (*vom männlichen Geschlecht dominiertes Gesellschaftssystem*) male-dominated society ❷ (*Gesellschaft von, Zusammensein mit Männern*) predominantly male company *no pl;* **in** ~ in the company of men [*or* male company] **Männerhand** *f* ■**eine** ~ a man's hand **Männerhass**[RR] *m* hatred of men, misandry *spec* **Männerkleider** *pl* men's clothing *no pl* **Männerkrankheit** *f* (*fam o veraltend: Prostataerkrankung*) prostate trouble **Männerleiden** *nt* illness/complaint afflicting men **Männermannschaft** *f* SPORT men's team **männermordend** *adj* (*hum fam*) man-eating *hum* **Männerorden** *m* REL male [*or* men's] order **Männersache** *f* man's affair [*or* business]; (*Fachgebiet*) male preserve; (*Arbeit*) man's job **Männerstimme** *f* (*männliche Stimme*) man's [*or* male] voice; **eine raue** ~ a gruff male voice; MUS male voice **Männertreu** <-, -> *f* BOT speedwell, veronica **Männerüberschuss**[RR] *m* surplus of men
Mannesalter *nt* ■**das** ~ manhood *no art;* **im besten ~ sein** to be in one's prime [*or* in the prime of [one's] life [*or* manhood]]
mannhaft I. *adj* brave, valiant; **~er Widerstand** stout resistance II. *adv* bravely, valiantly; **~ Widerstand leisten** to put up [a] stout resistance
Mannhaftigkeit <-> *f kein pl* valour [*or* AM -or]
mannigfach *adj attr* (*geh*) multifarious *form,* manifold *liter*
mannigfaltig *adj* (*geh*) *s.* **vielfältig**
Mannigfaltigkeit <-> *f kein pl* (*geh*) *s.* **Vielfältigkeit**
Männlein <-s, -> *nt dim von* **Mann** little man, midget, man[n]ikin; **~ und Weiblein** (*hum fam*) boys and girls *hum*
männlich *adj* ❶ (*des Mannes*) male; **die ~en Drüsen** the glands of the male; **ein ~er Vorname** a man's/boy's name ❷ (*für den Mann typisch*) male; **ein ~er Duft/eine ~e Erscheinung** a masculine scent/appearance ❸ (*mannhaft*) manly ❹ (*maskulin*) masculine; **eine ~e Frau** a masculine [*or pej* mannish] woman ❺ LING, LIT masculine ❻ *Tier, Pflanze* male; **das ~e Tier** the male [animal]; **~e Pflanzen** male [*or spec* staminate] plants
Männlichkeit <-> *f kein pl* manliness *no pl,* masculinity *no pl*
Männlichkeitsritual *nt* SOZIOL manhood ritual; **sich** *akk* **einem ~ unterziehen** to undergo a manhood ritual, to prove one's manhood
Mannsbild *nt* SÜDD, ÖSTERR (*fam*) he-man; **ein gestandenes ~ sein** to be a fine figure of a man
Mannschaft <-, -en> *f* ❶ SPORT team ❷ (*Schiffs- o Flugzeugbesatzung*) crew ❸ (*Gruppe von Mitarbeitern*) staff + *sing/pl vb;* **vor versammelter ~** in front of the staff; (*vor aller Augen*) in front of everyone ❹ *pl* MIL enlisted men
Mannschaftsführer(in) *m(f)* SPORT team captain **Mannschaftsgeist** *m kein pl* team spirit *no pl* **Mannschaftskampf** *m* team sport **Mannschaftskapitän** *m* SPORT team captain **Mannschaftsraum** *m* crew's quarters *pl* **Mannschaftssport** *m* team sport **Mannschaftstransportfahrzeug** *nt* RAUM crew transport vehicle, CTV **Mannschaftswagen** *m der Polizei* police van; MIL troop [*or* personnel] carrier; (*beim Radrennen*) team car **Mannschaftswertung** *f* team holdings *pl* **Mannschaftswettbewerb** *m* team competition **Mannschaftszeitfahren** *nt* team time trials *pl*
mannshoch *adj* [as] tall as a man *pred,* ≈ six-foot *attr,* ≈ six feet [*or* foot] high/deep *pred* **mannstoll** *adj* (*pej*) man-crazy *fam,* nymphomaniac
Mannweib *nt* (*pej*) masculine [*or pej* mannish] woman
Manometer[1] <-s, -> *nt* TECH pressure gauge
Manometer[2] *interj* (*fam*) boy oh boy! *fam,* BRIT *a.* Gordon Bennett! *hum fam*
Manöver <-s, -> [-vɐ] *nt* ❶ MIL manoeuvre BRIT, maneuver AM; **ins ~ gehen** [*o* **ziehen**] to go on manoeuvres ❷ (*das Manövrieren eines Fahrzeugs*) manoeuvre BRIT, maneuver AM; ***das war vielleicht ein ~!*** that took some manoeuvring! ❸ (*pej: Winkelzug*) trick, manoeuvre BRIT, maneuver AM
Manöverkritik [-vɐ-] *f* ❶ MIL critique of a manoeuvre [*or* AM maneuver] ❷ (*abschließende Besprechung*) inquest, post-mortem *fig fam* **Manöverschaden** *m* MIL damage caused by military manoeuvres [*or* AM maneuvers]
manövrieren* [-'vri:-] I. *vi* ❶ (*hin und her lenken*) ■**[mit etw]** ~ to manoeuvre [*or* AM maneuver] [sth], to handle sth; **mit etw geschickt** ~ to handle [*or* manoeuvre] [*or* AM maneuver] sth skilfully ❷ (*meist pej: lavieren*) **[geschickt/vorsichtig]** ~ to manoeuvre [*or* AM maneuver] [cleverly [*or* skilfully] [*or* AM skillfully]/carefully] II. *vt* ■**etw [aus etw** *dat*/**durch/um/in etw** *akk*] ~ to manoeuvre [*or* AM maneuver] sth [out of/through/around/into sth]
manövrierfähig [-'vri:r-] *adj* manoeuvrable BRIT, maneuverable AM **Manövrierfähigkeit** *f kein pl* manoeuvrability BRIT, maneuverability AM **manövrierunfähig** *adj* not manoeuvrable [*or* AM maneuverable], disabled
Manpower <-> ['mænpaʊɐ̯] *f* manpower
Mansarde <-, -n> *f* ❶ (*Dachzimmer*) mansard ❷ (*Spitzboden*) attic; ■**auf der** ~ in the attic
Mansardenwohnung *f* attic flat [*or* AM apartment]
Manschette <-, -n> *f* ❶ (*Ärmelaufschlag*) [shirt] cuff ❷ MED collar; *Blutdruckmesser* cuff ❸ (*Dichtungsring*) collar, packing *no pl* ▶ WENDUNGEN: **~n haben** (*veraltend fam*) to be scared stupid [*or fam* stiff]; **jd hat ~n vor jdm/etw** (*veraltend fam*) sb/the thought of sth scares the living daylights out of sb *fam,* BRIT *a.* sb/sth puts the wind up sb *fam*
Manschettenknopf *m* cuff link
Manta-Fahrer *m* (*pej*) Essex man BRIT
Mantel <-s, Mäntel> *m* ❶ (*Kleidungsstück*) coat; (*weit geschnitten*) cloak; (*Wintermantel*) overcoat, greatcoat ❷ TECH sheath, covering; (*Geschossmantel*) jacket, casing ❸ AUTO outer tyre [*or* AM tire], casing ▶ WENDUNGEN: **den ~ des Schweigens über etw** *akk* **breiten** (*geh*) to keep sth under wraps
Mäntelchen <-s, -> *nt dim von* **Mantel** little [*or* small] coat, BRIT *a.* coatee ▶ WENDUNGEN: **sein ~ nach dem Wind[e] drehen** [*o* **hängen**] [*o* **kehren**] to trim one's sails to the wind, to swim with the tide; **etw** *dat* **ein ~ umhängen** to cover [*or pej* hush] up sth *sep,* to gloss over sth
Mantelfutter *nt* [coat] lining **Mantelgesellschaft** *f* HANDEL bare-shell company **Mantelgesetz** *nt* JUR omnibus bill [*or* act] **Mantelkauf** *m* HANDEL purchase of a corporate shell **Mantelknopf** *m* coat button **Mantelkragen** *m* [coat] collar **Mantelmöwe** *f* ORN great black-backed gull **Mantelstoff** *m* coat fabric, coating *spec,* overcoating *spec* **Manteltarifvertrag** *m* ÖKON, POL collection [*or* skeleton] [*or* AM basic] wage agreement **Manteltasche** *f* coat pocket **Manteltier** *nt* ZOOL tunicate **Mantelzession** *f* JUR general [*or* blanket] assignment
Manual <-s, -e> *nt* MUS manual
manuell I. *adj* manual II. *adv* manually, by hand
Manufaktur <-, -en> *f* ❶ (*geh*) factory; (*kleiner*) workshop ❷ ÖKON (*hist*) manufactory *hist*
Manuskript <-[e]s, -e> *nt* manuscript; (*geschrieben a.*) MS
Manuskriptberechnung *f* character count, estimate of volume
Maoismus <-> *m kein pl* POL Maoism
Maori *nt* Maori; *s. a.* **Deutsch**
Mappe <-, -n> *f* ❶ (*Schnellhefter*) folder, file ❷ (*Aktenmappe*) briefcase ❸ (*Federmäppchen*) pencil case
Mär <-, -en> *f* (*hum*) fairytale, BRIT *a.* fairy story
Marabu <-s, -s> *m* ORN marabou
Marabut <-[s], -[s]> *m* (*moslemischer geistlicher Führer in Nordafrika*) marabout
Maracuja <-, -s> *f* passion fruit
Maräne <-, -n> *f* ZOOL whitefish, pollan, freshwater herring
Marathon[1] <-s, -s> *m* SPORT marathon
Marathon[2] <-s, -s> *nt* (*fig*) marathon
Marathonlauf *m* marathon **Marathonläufer(in)** *m(f)* marathon runner **Marathonsitzung** *f* marathon session **Marathonveranstaltung** *f* marathon event
Märchen <-s, -> *nt* ❶ (*überlieferte Erzählung*) fairytale; ■**in ~/im** ~ in the fairytales; **„~ aus Tausendundeiner Nacht"** "Tales from the Arabian Nights" ❷ (*Lügengeschichte*) tall [*or* BRIT *a.* fairy] story, fairytale, cock-and-bull story; **erzähl [mir] keine ~!** don't tell me any fairy stories!
Märchenbuch *nt* book of fairytales **Märchenerzähler(in)** *m(f)* teller of fairytales, storyteller **Märchenfigur** *f* fairytale figure **Märchenfilm** *m* film [*or* AM *a.* movie] of a fairytale, fairytale film [*or* AM *a.* movie] **Märchengestalt** *f* figure [*or* character] from a fairytale
märchenhaft I. *adj* fantastic, fabulous, fairy-tale *attr* II. *adv* fantastically, fabulously
Märchenland *nt kein pl* ■**das** ~ fairyland, dreamland, wonderland **Märchenmotiv** *nt* subject of fairytale **Märchenoper** *f* fairytale opera **Märchenprinz, -prinzessin** *m, f* fairy prince *masc,* Prince Charming *masc hum fam,* fairy princess *fem*
Marder <-s, -> *m* marten
Margarine <-, -en> *f* margarine, BRIT *a.* marge *fam*
Marge <-, -n> ['marʒə] *f* ÖKON margin [of profit]
Margenbesteuerung *f* FIN marginal taxation
Margerite <-, -n> *f* BOT marguerite, daisy
marginal (*geh*) I. *adj* marginal II. *adv* marginally; **jdn ~ interessieren** to be of marginal interest to sb
Marginalie <-, -n> [-'na:liə] *f meist pl* LIT (*Anmerkung zu einer Handschrift*) marginal note, sidenotes *pl spec,* marginalia *pl spec*
marginalisieren* *vt* SOZIOL (*geh*) ■**jdn** ~ to marginalize sb [*or* BRIT *a.* -ise]
Marginalsteuersatz *m* FIN marginal tax rate
Maria <-[s] *geh o* Mariä, -s> *f* ❶ (*Mutter Gottes*) Mary; **Mariä Empfängnis** the Immaculate Conception; **Mariä Geburt** [the] Nativity of Mary; **Mariä Heimsuchung** the visitation of Mary; **Mariä Himmelfahrt** Assumption; **Mariä Verkündigung** the Annunciation, Annunciation [*or esp* BRIT Lady] Day; **die Heilige** ~ Holy Mary ❷ (*Bildnis, Statue*) ■**eine ~ [sein]** [to be] a painting/statue of the Virgin Mary
Marianengraben *m* GEOG Marianas Trench
Maridi-Virus *nt* MED *s.* **Ebola-Virus**
Marienbild *nt* picture of the Virgin Mary **Marienkäfer** *m* ZOOL ladybird BRIT, ladybug AM **Marienkapelle** *f* ■**die** ~ the Lady Chapel **Marienkult** *m* ■**der** ~ the cult of the Virgin Mary, Mariolatry *spec* **Marienstatue** *f* statue of the Virgin Mary **Marienverehrung** *f* ■**die** ~ the adoration [*or* veneration] of the Virgin Mary, hyperdulia *spec*
Marihuana <-s> [marihu'a:na] *nt kein pl* marijuana *no pl,* marihuana *no pl*
Marille <-, -n> *f* ÖSTERR apricot
Marinade <-, -n> *f* ❶ (*Soße zum Einlegen*) marinade ❷ (*marinierter Fisch*) marinated [*or* marinaded]/pickled fish
Marinadenöl *nt* marinading oil
Marine <-, -n> *f* NAUT, MIL navy; ■**bei der** ~ in the navy
Marineattaché [-ata'ʃe:] *m* naval attaché **marineblau** *adj* navy blue **Marineflieger(in)** *m(f)* naval pilot **Marineinfanterie** *f* marines *pl* **Marineoffizier** *m* naval officer **Marinestützpunkt** *m* naval base **Marineuniform** *f* navy uniform
marinieren* *vt* ■**etw** ~ to marinate [*or* marinade]

sth; **marinierte Heringe** pickled herrings

Marionette <-, -n> *f* marionette, puppet *a. fig*

Marionettenbühne *f* puppet show **Marionettenregierung** *f* (*pej*) puppet government *pej* **Marionettenschnur** *f* [puppet] string **Marionettenspieler(in)** *m(f)* puppeteer **Marionettentheater** *nt* puppet theatre [*or* AM -er]

maritim *adj* maritime

Mark¹ <-, – *o hum* Märker> *f* mark; **Deutsche ~** German mark, deutschmark; **28 ~ 30** 28 marks thirty [pfennigs]; ***das ist keine müde ~ wert*** it isn't worth a penny; **jede [müde] ~ umdrehen** [*o* **mit jeder [müden] ~ rechnen] müssen** (*fam*) to think twice before spending anything; **die** [*o* **eine**] **schnelle ~ [machen]** (*fam*) to [make] a fast [*or* quick] [*or* an easy] buck *fam;* ***sie lieben schnelle Autos und die schnelle Mark*** they love fast cars and nice little earners *fam*

Mark² <-[e]s> *nt kein pl* ❶ (*Knochenmark*) marrow; **etw geht jdm durch ~ und Bein** (*hum fam*) sth goes right through sb, sth sets sb's teeth on edge; **jdn bis aufs ~ aussaugen** to bleed sb dry [*or fam* white]; **bis ins ~** (*fig*) to the core [*or* quick]; **jdm bis ins ~ dringen** [*o* **gehen**] to cut sb to the quick ❷ (*Fruchtfleisch*) pulp

Mark³ <-, -en> *f* borderland, march *spec;* **die ~ Brandenburg** the Mark Brandenburg, the Brandenburg Marches

markant *adj* ❶ (*hervorstechend*) prominent; **~e Gesichtszüge** [finely] chiselled [*or* AM -eled] features ❷ (*ausgeprägt*) bold; **~er Stil** bold style ❸ (*auffallend*) striking

markdurchdringend *adj* (*geh*) bloodcurdling; ***dieser schrille Pfeifton ist wirklich ~!*** this shrill whistle really goes right through you [*or* sets your teeth on edge]

Marke <-, -n> *f* ❶ (*fam*) stamp; **eine ~ zu 60 Pfennig** a 60-pfennig stamp ❷ HANDEL (*Warensorte bestimmten Namens*) brand; ***das ist ~ Eigenbau*** (*hum*) I made it myself; **eingetragene ~** registered trademark; **gut eingeführte ~** popular brand ❸ (*Dienstmarke*) badge ❹ (*Essensmarke*) voucher ❺ SPORT mark; **die ~ von 7 Meter** the 7-metre [*or* AM -er] mark ▸ WENDUNGEN: **eine komische ~ [sein]** (*fam*) [to be] a strange [*or pej* weird] one

Markenartikel *m* ÖKON proprietary [*or* branded] article **Markenartikler(in)** *m(f)* ÖKON ❶ (*Vertreter von Markenartikeln*) branded [*or* proprietary] article [*or* good] salesman/saleswoman ❷ (*Hersteller von Markenartikeln*) branded [*or* proprietary] article [*or* good] manufacturer **Markenbutter** *f* best quality butter **Markeneinführung** *f* ÖKON brand launch **Markeneintragung** *f* trademark registration; **gleiche ~ mehrerer Anmelder** concurrent registration **Markenfabrikat** *nt* ÖKON proprietary [*or* branded] article **Markenfirma** *f* HANDEL established firm **Markenimage** *nt* HANDEL brand image **Markenname** *m* ÖKON brand [*or* proprietary] name **Markenphilosophie** *f* ÖKON brand philosophy **Markenpiraterie** *f* brand piracy [*or* brandname] **Markenrecht** *nt* JUR trademark law [*or* right], title to a trademark

Markenschutz *m* JUR trademark protection, protection of proprietary rights **Markenschutzrecht** *nt* JUR proprietary right **Markenschutzverletzung** *f* JUR infringement of a trademark

Markenware *f* brand, branded [*or* proprietary] article [*or* good] **Markenzeichen** *nt* trademark *a. fig*

Marker *m* ❶ LING, BIOL marker ❷ (*Stift zum Markieren von Text*) marker [pen]

Markerbse *f* marrow fat pea

markerschütternd *adj inv* heart-rending

Marketender(in) <-s, -> *m(f)* HIST sutler *masc spec*, vivandière *fem spec*

Marketenderin <-, -nen> *f* HIST *fem form von* Marketender vivandière *spec*

Marketing <-s> *nt kein pl* marketing *no pl, no indef art;* **eine neue Strategie des ~s** a new marketing strategy

Marketingfachmann, -fachfrau *m, f* marketing expert [*or* specialist] **Marketingfirma** *f* marketing company **Marketingkampagne** *f* marketing campaign **Marketingleiter(in)** *m(f)* marketing director [*or* manager] **Marketing-Mix** *m kein pl* HANDEL marketing mix

Markgraf, -gräfin <-en, -en> *m, f* HIST margrave

markieren* **I.** *vt* ❶ (*kennzeichnen*) ■**etw [als etw] ~** to mark sth [as sth]; **etw als falsch/richtig ~** to mark sth wrong/right; **etw durch Unterstreichen ~** to underline [*or* underscore] sth ❷ (*fam*) ■**etw ~** to play sth; **den Dummen/die Dumme ~** to play the idiot, BRIT *a.* to act daft *fam* **II.** *vi* (*fam*) ■**~/nur ~** to put it on/to be just putting it on *fam*

Markierstift *m* marker pen, highlighter

Markierung <-, -en> *f* ❶ *kein pl* (*das Kennzeichnen*) marking; ■**die ~ von etw** *dat*/**einer S.** *gen* marking sth ❷ (*Kennzeichnung*) marking[s *pl*] ❸ INFORM marker

Markierungslinie *f* [marking] line **Markierungspfeil** *m* arrow **Markierungszeichen** *nt* sign

markig *adj* vigorous; **ein ~er Spruch** a pithy saying

märkisch *adj* of/from the Mark Brandenburg *pred*

Markise <-, -n> *f* awning

Markisenstoff *m* awning fabric

Markknochen *m* marrow bone

Markstein *m* milestone

Markstück *nt* mark, [one-]mark piece

Markt <-[e]s, Märkte> *m* ❶ (*Wochenmarkt*) market; **auf den/zum ~ gehen** to go to [the] market; **~ abhalten** to hold [*or* have] a market ❷ (*Marktplatz*) marketplace, market square; ■**am ~** in the marketplace, on the market square; **am ~ wohnen** to live on the marketplace [*or* market square]; **auf dem ~** on the market; **auf den ~ gehen** to go onto the market ❸ ÖKON, FIN market; ***der ~ festigt sich*** the market's steadying; ■**der ~ für etw** the sth market, the market for sth; **der Gemeinsame ~ [der EU]** the Common Market; **vom Käufer/Verkäufer beherrschter ~** buyer's/seller's market; **abgeschwächter/aufnahmefähiger ~** sagging/ready [*or* broad] market; **geregelter ~** ÖKON regulated market; **geschlossener/offener ~** closed/open market; **der graue ~** the grey [*or* AM gray] market; **schrumpfender ~** dwindling [*or* diminishing] market; **der schwarze ~** the black market; **den ~ abtasten** to sound the market; **den ~ beherrschen/drücken** to corner/depress the market; **etw auf den ~ bringen** to put sth on [*or* introduce sth into] the market; **auf den ~ gebracht werden** to come on[to] the market; **etw vom ~ nehmen** to take sth off [*or* out of] the market; **einen ~ mit Billigprodukten überschwemmen** to dump cheap products on the market; **den ~ verstimmen** to depress the market; **etw auf den ~ werfen** to throw sth on the market; **auf dem** [*o* **am**] **~** on the market

marktabhängig *adj* ÖKON market-based; **~er Prozentsatz** percentage based on market factors **Marktabschottung** *f* HANDEL sealing-off the market **Marktabsprache** *f* HANDEL marketing agreement **Marktanalyse** *f* ÖKON market analysis **Marktanteil** *m* ÖKON market share; **~e gewinnen** to gain a share of the market; **seinen ~ halten** to maintain the market share, to hold onto the market; **einen unbedeutenden ~ haben** to have a toehold in the market; **~e zurückerobern** to win back a market share **Marktanteilsverlust** *m* HANDEL lost share of the market **Marktaufnahmefähigkeit** *f kein pl* ÖKON receptivity of the market **Marktaufsicht** *f* HANDEL market supervision **Marktaufspaltung** *f* HANDEL splitting the market; **Verbot der ~** prohibition to split the market **Marktaufteilung** *f* HANDEL market sharing **Marktaufteilungsabrede** *f* HANDEL market sharing agreement **Marktausweitung** *f* ÖKON expanding market **Marktbeeinflussung** *f* HANDEL influencing the market **marktbeherrschend** *adj* market-dominating, dominating [*or* controlling] the market *pred;* **jds ~e Stellung** sb's domination on [*or* control of] the market; **~ sein** to dominate [*or* control] the market **Marktbeherrschung** *f* HANDEL market domination **Marktbeherrschungsvermutung** *f* HANDEL presumption of market domination **Marktbeobachter(in)** *m(f)* ÖKON market analyst **Marktbericht** *m* ÖKON market report **Marktbeschickung** *f* ÖKON market supply; **reichliche ~** healthy market supply **marktbestimmend** *adj inv* HANDEL determining the market **Marktbrunnen** *m* market[place] fountain **Marktbude** *f* market stall **Marktchance** *f meist pl* HANDEL market opportunity **Markteinführung** *f* ÖKON [market] launch, introduction on the market **Marktentwicklung** *f* market-building **Markterfolg** *m* HANDEL market success, success on the market **Markterkundung** *f* HANDEL market research [*or* test] **Markterschließung** *f* ÖKON opening [*or* tapping] new markets **marktfähig** *adj* HANDEL marketable; **~e Wertpapiere** marketable securities; **etw ~ machen** to commercialize sth

Marktflecken *m* (*veraltend*) small market town **Marktforschung** *f kein pl* market research *no pl* **Marktfrau** *f* market woman, [woman] stallholder **Marktfreiheit** *f kein pl* HANDEL freedom of market[s] **marktführend** *adj* **~e Aktien** BÖRSE bellwethers; **~ sein** HANDEL *Firma* to be leading in its line of business **Marktführer** *m* ÖKON market leader **Marktführerschaft** *f* ÖKON market leadership *no pl*

marktgängig *adj* HANDEL marketable; **~e Wertpapiere** marketable securities

marktgerecht *adj* HANDEL in line with market conditions *pred* **Marktgesetz** *nt* HANDEL market act **Markthalle** *f* [covered] [*or* indoor] market **Marktinformationen** *pl* market information *no pl* **Marktkapazität** *f* market capacity, capacity of the market **Marktklima** *nt* ÖKON atmosphere of the market **marktkonform** *adj* ÖKON in keeping with the market *pred* **Marktkonsolidierung** *f* ÖKON consolidation of the market **marktkonträr** *adj* ÖKON incompatible with the market *pred* **Marktkorb** *m* market basket **Marktkräfte** *pl* ÖKON market forces **Marktlage** *f* market position [*or* situation], state of the market **Marktlücke** *f* gap in the market; **[mit etw] in eine ~ stoßen** to fill a gap in the market [with sth] **Marktmanipulation** *f* ÖKON manipulation of the market **Marktmissbrauchsverbot**[RR] *nt* HANDEL prohibition of market abuse **Marktnische** *f* [market] niche **Marktöffnungsgrad** *m* degree of market openness **Marktordnung** *f* HANDEL market regulations *pl* [*or* regime] **Marktordnungsgesetz** *nt* JUR orderly market agreement **Marktorganisation** *f* HANDEL marketing organization; **gemeinsame ~** (*in der EU*) common organization of the market **Marktparität** *f* ÖKON market parity **Marktpenetration** *f* market penetration **Marktplatz** *m* marketplace, market square; ■**auf dem ~** in the marketplace, on the market square **Marktpotenzial**[RR] *nt*, **Marktpotential** *nt* ÖKON market potential **Marktpreis** *m* ÖKON market price **Marktprivatrecht** *nt* HANDEL private market law **marktreif** *adj inv* ÖKON *Produkt* ready for the market **Marktreife** *f* ÖKON market maturity **Marktsättigung** *f* ÖKON market saturation **Marktschreier(in)** <-s, -> *m(f)* HIST market crier

marktschreierisch **I.** *adj inv* (*pej*) vociferous; *Propaganda* blatant **II.** *adv* vociferously **Marktschwäche** *f* weakness in the market, market weakness **Marktschwankung** *f meist pl* ÖKON fluctuation on the market, market fluctuation **Marktschwemme** *f* ÖKON glut in the market **Marktsegment** *nt* ÖKON market segment **Marktsegmentierung** *f* ÖKON market segmentation **Marktsituation** *f* market position [*or* situation], state of the market **marktspezifisch** *adj* ÖKON market-specific **Marktstabilisierung** *f* ÖKON stabilization of the market **Marktstand** *m* [market] stall [*or* stand] **Marktstellung** *f kein pl* ÖKON market position; **beherrschende/überragende ~** dominant/overriding market position; **seine ~ behaupten** to maintain one's position in the market **Marktstimmung** *f* BÖRSE mood [*or* tone] of the market **Marktstörung** *f* HANDEL distur-

M

bances in the market **Marktstrategie** *f* HANDEL marketing strategy **Marktstudie** *f* ÖKON market analysis [*or* study]; **eine ~ erstellen** to draw up a market analysis **Markttag** *m* ÖKON market day **Marktteilnehmer(in)** *m(f)* ÖKON market player **Markttendenz** *f*, **Markttrend** *m* ÖKON market trend **Markttest** *m* ÖKON market [*or* acceptance] test **Markttrend** *m* market trend **Marktübersicht** *f* ÖKON market review **Marktüberwachung** *f* HANDEL market supervision **marktüblich** *adj inv* HANDEL customary, [quality] merchantable **Marktuntersuchung** *f* market survey [*or* study], research *no pl, no indef art* **Marktverflechtung** *f* ÖKON integration of markets **Marktverhalten** *nt* HANDEL market behaviour; **missbräuchliches ~** abusive market behaviour **Marktverkehr** *m* JUR market transactions *pl* **Marktvolumen** *nt* market volume, size of a/the market **Marktweib** *nt* (*pej*) *s.* Marktfrau **Marktwert** *m* market value **Marktwirtschaft** *f kein pl* ■ **die ~** market economy; **die freie ~** the free market economy; **die soziale ~** social market economy **marktwirtschaftlich** I. *adj attr* of market economy *pred;* **~e Ordnung, ~es System** free enterprise system II. *adv* **~ ausgerichtet** aligned along free market lines *pred* **Marktzugang** *m* market access, access to a/the market **Marktzugangsbeschränkung** *f* ÖKON restricted access to the market **Marktzutritt** *m* HANDEL entry [into the market]; **freier ~** free entry into the market **Marktzutrittsschranke** *f* ÖKON restricted access to the market **Marktzwänge** *pl* HANDEL market constraints

Markusevangelium [-evaŋge:-] *nt* ■ **das ~** St[.] Mark's Gospel, the Gospel according to St[.] Mark

Marmelade <-, -n> *f* jam; (*aus Zitrusfrüchten*) marmalade

Marmeladenbrot *nt* jam sandwich [*or* BRIT *a.* butty] **Marmeladenglas** *nt* jam jar **Marmeladenhersteller(in)** *m(f)* maker of jam/marmalade

Marmor <-s, -e> *m* marble

Marmorbad *nt* marble bath **Marmorblock** *m* marble block **Marmorbrunnen** *m* marble fountain **Marmorbüste** *f* marble bust **Marmorfassade** *f* marble façade [*or* facade] **Marmorfliese** *f* marble tile **Marmorfußboden** *m* marble floor

marmorieren* *vt* ■ **etw ~** to marble sth

marmoriert *adj* marbled

Marmorierung <-, -en> *f* marbling *no pl, no indef art*

Marmorkuchen *m* marble cake

marmorn *adj* (*aus Marmor*) marble; **~e Blässe/~es Antlitz** marbled [*or* marbly] pallor/face

Marmorplatte *f* marble slab **Marmorsäule** *f* marble column **Marmorskulptur** *f* marble sculpture

marode *adj* ❶ (*veraltend fam*) washed-out *fam*, dead-beat *fam*, ailing *attr*, moribund *form* ❷ (*moralisch verdorben*) brazen, shameless, rotten; **ein ~er Haufen** a brazen [*or* shameless] [*or* rotten] lot [*or* bunch] [*or* crowd] ❸ MIL (*veraltend*) unable to march

Marodeur <-s, -e> *m* MIL (*geh*) marauder

marodieren* *vi* MIL (*geh*) to maraud

Marokkaner(in) <-s, -> *m(f)* Moroccan

marokkanisch *adj* Moroccan; (*das Land betreffend a.*) of/from Morocco

Marokko <-s> *nt* Morocco

Marone[1] <-, -n> *f*, **Maroni** <-, -> *f* SÜDD, ÖSTERR [sweet [*or* edible]] chestnut

Marone[2] <-, -n> *f*, **Maronenpilz** *m* cep[e], chestnut boletus, boletus badius *spec*

Marotte <-, -n> *f* quirk; **[so] seine/ihre ~n haben** he/she has his/her little quirks

Mars <-> *m kein pl* ■ **der ~** Mars

Marsatmosphäre *f* ■ **die ~** the atmosphere of Mars, the Martian atmosphere *spec*

marsch *interj* (*fam*) be off with you!; (*zu Kindern*) scoot! *fam;* **~, ab mit euch ins Bett!** get into bed, chop chop! [*or* at the double] *fam*

Marsch[1] <-[e]s, Märsche> *m* ❶ (*Fußmarsch*) march ❷ (*Wanderung*) hike; **jdn [zu jdm/zu etw/nach etw] in ~ setzen** to dispatch sb [to sb/sth] *form;* **sich in ~ setzen** to move off ❸ (*Marschmusik*) march ▸ WENDUNGEN: **jdm den ~ blasen** (*fig fam*) to haul [*or* drag] sb over the coals

Marsch[2] <-, -en> *f* marsh[land], fen

Marschall <-s, Marschälle> *m* [field] marshal

Marschallstab *m* [field] marshal's baton

Marschbefehl *m* order to march, marching orders *pl* **marschbereit** *adj inv* MIL ready to move [*or* march] *pred fam*, ready to go *pred* **Marschflugkörper** *m* cruise missile **Marschgepäck** *nt* pack

marschieren* *vi sein* ❶ MIL ■ **[aus etw** *dat*/**durch etw** *akk*/**nach etw** *akk*/**in etw** *akk*] **~** to march [out of/through/to/into sth]; **2/3/etc. km zu ~ haben** to have a 2/3/etc.-km march ahead of one ❷ (*stramm zu Fuß gehen*) to go [*or* walk] at a brisk pace ❸ KOCHK to be under preparation

Marschkolonne *f* MIL marching column **Marschland** *nt* marsh[land], fen[s *pl*] **Marschlied** *nt* marching song **Marschmusik** *f* marching music, military marches *pl* **Marschordnung** *f* MIL marching order **Marschpause** *f* halt; **eine ~ einlegen** to make a halt **Marschrichtung** *f* direction [*or* route] of march, route **Marschroute** *f* direction [*or* route] of march, route; (*Vorgehensweise*) line of approach **Marschverpflegung** *f* field rations *pl*

Marserkundung *f* Mars reconnaissance, reconnaissance of Mars **Marsgestein** *nt* Mars rock

Marshaller(in) <-s, -> *m(f)* Marshallese; *s. a.* **Deutsche(r)**

Marshallinseln *pl*, **Marshall-Inseln** *pl* SCHWEIZ Marshall Islands *pl; s. a.* **Falklandinseln**

marshallisch *adj* Marshallese; *s. a.* **deutsch**

Marshallplan *m kein pl* HIST ■ **der ~** the Marshall Plan

Marsmensch *m* Martian; ***sie hat mich angeschaut, als wäre ich ein ~*** she looked at me as if I had come from Mars **Marsmeteorit** *m* Mars [*or* Martian] meteorite **Marsmission** *f* Mars mission, mission to Mars **marsnah** *adj* close to Mars *pred* **Marsoberfläche** *f* surface of Mars **Marssegel** *nt* NAUT topsail

Marter <-, -n> *f* ❶ (*geh*) torture *no pl;* **unter der ~** under torture ❷ (*fig: Qual*) torment *no art;* **eine einzige ~** sheer torment

Marterl <-s, -n> *nt* SÜDD, ÖSTERR *roadside shrine with a niche for a crucifix or saint's image*

martern *vt* (*geh*) ■ **jdn ~** to torture sb; ■ **sich [mit etw] ~** (*fig*) to torment oneself [with sth]

Marterpfahl *m* HIST stake **Marterwerkzeug** *nt* (*veraltet*) instrument of torture

martialisch [mar'tsia:lɪʃ] *adj* (*geh*) martial, warlike *form*

Martin-Horn®, **Martinshorn®** *nt* [police/fire] siren; **mit ~ fahren** to drive with the siren blaring [*or* going]

Martinique [marti'nik] *nt* Martinique; *s. a.* **Sylt**

Märtyrer(in) <-s, -> *m(f)* (*geh o a. fig*) martyr; **als ~ sterben** to die a martyr, to be martyrized *spec;* **jdn zum ~ machen** to make a martyr of sb, to martyrize sb *spec*

Märtyrertod *m* martyr's death; **den ~ sterben** to die a martyr['s death]

Märtyrertum <-> *nt kein pl* martyrdom

Martyrium <-, -rien> *nt* ❶ (*Leidensweg*) martyrdom ❷ (*fig geh*) agonizing ordeal

Marxismus <-> *m kein pl* ■ **der ~** Marxism *no pl*

Marxismus-Leninismus <-> *m kein pl* ■ **der ~** Marxism-Leninism *no pl*

Marxist(in) <-en, -en> *m(f)* Marxist

marxistisch *adj* Marxist

März <-[es] *o liter* -en, -e> *m* March; *s. a.* **Februar**

Märzen <-[s], -> *nt*, **März(en)bier** *nt a strong, dark beer*

März(en)becher *m* BOT snowflake

Marzipan <-s, -e> *nt o m* marzipan

Marzipanbrot *nt* marzipan bar [*or* loaf] **Marzipanfüllung** *f* marzipan filling **Marzipanriegel** *m* marzipan bar

Masai <-, -> *m o f* ❶ (*Volksstamm*) Masai ❷ (*Sprache*) Masai

Mascara <-s, -s> *f* mascara

Mascarabürstchen *nt* mascara brush

Masche <-, -n> *f* ❶ (*Schlaufe*) stitch; *Netz* hole; ■ **~n** stitches *pl*, stitching; *Netz* mesh; **ein Netz mit engen ~n** a net with a fine mesh, a fine-meshed net ❷ (*Strickmasche*) stitch; **eine linke und eine rechte ~ stricken** to knit one [plain], purl one; **eine ~ fallen lassen** to drop a stitch; **eine ~ aufnehmen** to pick up a stitch ❸ SÜDD, ÖSTERR, SCHWEIZ (*Schleife*) bow ❹ (*fam*) trick; (*um etwas zu umgehen*) dodge *fam;* **die ~ raushaben** (*fam*) to know how to do it ▸ WENDUNGEN: **durch die ~n des Gesetzes schlüpfen** to slip through a loophole in the law; **jdm durch die ~n schlüpfen** to slip through sb's net

Maschendraht *m* wire netting

Maschendrahtzaun *m* wire-netting fence

Maschine <-, -n> *f* ❶ (*Automat*) machine; ■ **~n** *pl* machinery *nsing;* **arbeitssparende ~** labour-saving machine; **eine ~ bedienen** to operate a machine ❷ (*Flugzeug*) plane ❸ (*Motor*) engine ❹ (*Motorrad*) bike *fam;* **eine schwere ~** a heavy machine, AM *a.* a hog *sl* ❺ (*Rennrad*) racing bike *fam* ❻ (*Schreibmaschine*) typewriter; **~ schreiben** to type ❼ INFORM (*Computer*) processor; **informationsverarbeitende ~** information processor ❽ (*fam: Waschmaschine*) washing machine; **eine ~ anschmeißen** [*o* **anwerfen**] (*fam*) put on a [wash]load ❾ (*menschlicher Roboter*) robot, machine

maschinegeschrieben *adj inv* typed

maschinell I. *adj* machine *attr*, mechanical; **~e Buchführung** FIN automatic bookkeeping II. *adv* by machine

Maschinenauslastung *f kein pl* ÖKON full utilization of machine capacity

Maschinenbau *m kein pl*, **Maschinbau** *m kein pl* ÖSTERR ❶ (*Konstruktion von Maschinen*) machine construction ❷ SCH mechanical engineering **Maschinenbauer(in)** <-s, -> *m(f)* mechanical engineer **Maschinenbauindustrie** *f kein pl* engineering industry *no pl* **Maschinenbauingenieur(in)** <-s, -e> *m(f)* mechanical engineer **Maschinencode** *m* INFORM machine code **Maschinenelement** *nt*, **Maschinelement** *nt* ÖSTERR machine component [*or* part] [*or spec* element] **Maschinenfabrik** *f* engineering works + *sing/pl vb* **Maschinenfuß** *m* machine base **maschinengeschrieben** *adj*, **maschingeschrieben** *adj* ÖSTERR type-written, typed **maschinengestrichen** *adj inv* **~es Papier** machine-coated paper **Maschinengewehr** *nt* machine gun, MG *spec;* **im Feuer der ~e** in machine-gun fire **Maschinengewehrfeuer** *nt* machine-gun fire **maschinenglatt** *adj inv* **~es Papier** machine-finished paper **Maschinenkode** *m* INFORM machine code **maschinenlesbar** *adj* machine-readable **Maschinenmeister(in)** <-s, -> *m(f)* ❶ (*Aufsicht im Betrieb*) machine minder; (*im Theater*) stage technican ❷ TYPO (*veraltet*) pressman **Maschinenöl** *nt* machine[ry] oil **Maschinenpark** *m* plant **Maschinenpistole** *f* submachine gun **Maschinenraum** *m a.* NAUT engine room **Maschinensatz** *m* ❶ (*Gruppe von Maschinen*) machine unit ❷ TYPO machine composition [*or* setting] **Maschinenschaden** *m*, **Maschinschaden** *m* ÖSTERR engine failure [*or* trouble] **Maschinenschlosser(in)** *m(f)* [machine] fitter **Maschinenschrift** *f*, **Maschinschrift** *f* ÖSTERR in type[script], typewriting; **in ~** in type[script], typewritten [*or* typed] sth; **etw ist in ~ verfasst** sth has been typed [*or* typewritten] **maschinenschriftlich** *adj inv* typewritten **Maschinenteil** *nt* machine part

Maschinerie <-, -n> *f* ❶ (*Mechanismus*) piece of machinery; (*Bühnenmaschinerie*) stage machinery ❷ (*pej fig geh*) machinery *no indef art*

Maschinist(in) <-en, -en> *m(f)* ❶ NAUT [ship's] engineer ❷ (*Arbeiter an einer Maschine*) machinist

Maser <-, -n> *f meist pl* (*Holzmusterung*) vein

masern *vt meist pp* ■ **etw ~** *Holz, Marmor* to grain sth

Masern *pl* ■**die** ~ the measles, rubella *no pl spec;* **die** ~ **haben** to have [got] the measles

Maserung <-, -en> *f* grain

Maskat <-s> *nt* Muscat

Maske <-, -n> *f* ① (*a. fig*) mask; **die** ~ **abnehmen** to take off [*or a. fig* drop] one's mask; **die** ~ **fallen lassen** (*fig*) to throw off one's mask; **jdm die** ~ **herunterreißen** [*o* **die** ~ **vom Gesicht reißen**] (*fig*) to unmask sb; **hinter der** ~ **von etw** behind the image [*or* facade] of sth ② (*Reinigungsmaske*) [face] mask ③ (*Schutzmaske*) [protective] mask; (*gegen Gasangriffe*) gas mask ④ THEAT make-up *no indef art* ⑤ INFORM (*Bildschirmmaske*) mask

Maskenball *m* masked ball, masque[rade] **Maskenbildner(in)** *m(f)* make-up artist **Maskeneditor** *m* INFORM mask editor **Maskengenerator** *m* INFORM mask generator

maskenhaft *adj* mask-like

Maskenverleih *m* fancy-dress [*or* costume] hire [*or* AM rental]

Maskerade <-, -n> *f* ① (*Verkleidung*) [fancy-dress] costume ② (*pej geh*) pretence [*or* AM -se]

maskieren* *vt* ① (*unkenntlich machen*) ■**etw** ~ to disguise sth; ■**sich** [**mit etw**] ~ to put on a [certain] mask [*or* disguise] ② (*verkleiden*) ■**jdn** [**als etw/ein Tier**] ~ to dress [up *sep*] sb [as sth/an animal]; ■**sich** [**als etw/ein Tier**] ~ to dress up [as sth/ an animal] ③ (*verdecken*) ■**etw** [**mit etw**] ~ to disguise [*or* mask] sth [with sth]

maskiert *adj* masked

Maskierte(r) *f(m)* *dekl wie adj* masked man *masc*, masked woman *fem*

Maskierung <-, -en> *f* ① *kein pl* (*das Verkleiden*) dressing up ② (*Verkleidung*) mask

Maskottchen <-s, -> *nt* [lucky] mascot

maskulin *adj* ① LING masculine; (*geschrieben a.*) masc[.] ② (*das Männliche betonend*) masculine ③ (*unweiblich*) masculine, mannish *a. pej*

Maskulinum <-s, Maskulina> *nt* LING masculine noun

Masochismus <-> *m kein pl* masochism *no pl*

Masochist(in) <-en, -en> *m(f)* masochist

masochistisch *adj* masochistic

maß *imp von* **messen**

Maß[1] <-es, -e> *nt* ① (*Masseinheit*) measure, system of measurement ② (*Bandmaß*) tape measure ③ (*Hohlmaß*) measuring jug BRIT [*or* AM cup]; **mit zweierlei** [*o* **verschiedenem**] ~ **messen** (*a. fig*) to operate a double standard *a. fig* ④ *pl* (*gemessene Größe*) measurements, dimensions; ***die ~e des Zimmers sind 5 m mal 7 m*** the room measures 5 m by 7 m; ~ **nehmen** to measure up ⑤ *pl* (*zum Anfertigen von Kleidung*) measurements; *von Frauen a.* vital statistics; **jds ~e** [*o* **bei jdm ~e**] **nehmen** to measure sb, to take sb's measurements/vital statistics; **Anzüge nach** ~ suits made to measure [*or* AM order], made-to-measure [*or* BRIT *form* bespoke] suits ⑥ (*Ausmaß*) extent, degree, proportion; **ein bestimmtes** ~ **an etw** [*o* **gewisses**] a certain degree of sth; ***der Kraftstoffverbrauch steigt in dem ~e, wie die Geschwindigkeit steigt*** fuel consumption increases in proportion to the speed; ***in dem ~e, wie man sie reizt, steigert sich auch ihr Zorn*** the more you annoy her, the more angry she gets; **in besonderem ~[e]** especially; **in geringem ~[e]** to a small extent; **in nicht geringem ~[e]** to no small measure; **in gewissem/höherem ~[e]** to a certain/greater degree [*or* extent]; **in gleichem ~[e]** to the same degree; **in großem ~[e]** to a great extent; **in höchstem ~[e]** extremely; **in hohem ~[e]** to a high degree; **in reichem ~[e]** liberally, generously; **in reichem ~e vorhanden sein** to be in abundance; **in solchem ~[e]** to such an extent; **in vollem ~e** completely; **in welchem ~[e] ...?** to what extent ...?; **in zunehmendem ~e** increasingly; **in** [*o* **mit**] **~en** in moderation; **in** [*o* **mit**] **~en essen** to eat with moderation; **über alle** [*o* **die**] **~en** (*geh*) beyond all measure; **weder** ~ **noch Ziel kennen** to know no bounds; **ohne** ~ **und Ziel** immoderately; ~ **halten** to practise [*or* AM -ice] moderation; **im Essen/Trinken** ~ **halten** to eat/drink with moderation; **beim Rauchen** ~ **halten** to smoke in moderation, to be a moderate smoker ▶ WENDUNGEN: **das** ~ **aller Dinge** the measure of all things; **das** ~ **ist voll** that's enough of that, enough is enough, that's the limit; **das** ~ **läuft über, das bringt das** ~ **zum Überlaufen** sb's patience is at an end; [**und**] **um das** ~ **voll zu machen, ...** [and] to cap it all, ...; **ein gerüttelt** ~ **an** [*o* **von**] **etw** *dat* (*geh*) a fair amount of sth; **ein gerüttelt** ~ **an Dreistigkeit brauchen** to need more than one's fair share of audacity

Maß[2] <-, -> *f* SÜDD litre [*or* AM liter] [tankard] of beer; **eine** ~ **Bier** a litre of beer

Massage <-, -n> [maˈsaːʒə] *f* massage; **~n nehmen** to have massage treatment [*or* a massage]

Massagegerät *nt* vibrator **Massageinstitut** *nt* massage parlour [*or* AM -or] **Massageöl** *nt* massage oil **Massagesalon** *m* (*veraltend: Massageinstitut*) massage parlour [*or* AM -or]; (*euph: Bordell*) massage parlour **Massagestab** *m* ① (*Massagegerät*) vibrator ② (*euph: Dildo*) dildo

Massaker <-s, -> *nt* massacre

massakrieren* *vt* ■**jdn** ~ to massacre sb

Maßangabe *f* measurement; *bei Hohlmaßen* volume **Maßanzug** *m* made-to-measure [*or* BRIT *form a.* bespoke] suit **Maßarbeit** *f* ① (*Fertigung nach Maß*) ■**etw in** ~ sth made to measure; ~ **sein** (*a. fig fam*) to be a neat bit of work ② (*Kleidungsstück nach Maß*) made-to-measure [*or* BRIT *form* bespoke] dress/suit/etc.; ■~ **sein** to be made to measure

Maßband *nt s.* **Messband, Bandmaß**

Masse <-, -n> *f* ① (*breiiges Material*) mass; **eine klebrige/träge** ~ a sticky/viscous mass ② (*Backteig*) mixture ③ (*große Anzahl*) crowd; *Besucher* host; **~n von Tauben** hundreds/thousands etc. [*or fam* loads] of pigeons; **in ~n** in droves, in their [*or* AM by the] hundreds/thousands etc.; **eine** [**ganze**] ~ [**etw**] (*fam*) a lot [*or* great deal] [of sth]; **mangels** ~ ÖKON for lack of assets ④ (*Mehrheit*) majority; **die breite** [*o* **große**] [*o* **überwiegende**] ~ the majority ⑤ PHYS mass

Masseansprüche *pl* JUR preferential claims **Massegläubiger(in)** *m(f)* JUR post-adjudication preferred creditor

Maßeinheit *f* unit of measurement **Maßeinteilung** *f* measuring scale

Massekabel *nt* AUTO battery ground cable **Masse-Leistung-Verhältnis** *nt* weight-to-power ratio

Massenabsatz *m* bulk sale[s] [*or* selling] **Massenandrang** *m* crush [of people] **Massenarbeitslosigkeit** *f* mass unemployment *no art* **Massenartikel** *m* mass-produced article **Massenauflage** *f* mass circulation **Massenauflauf** *m* crowds *pl* of people **Massenbedarf** *m kein pl* ÖKON mass market demand **Massenbeförderungsmittel** *nt* means of mass transportation **Massenbewegung** *f* SOZIOL mass movement **Massenblatt** *nt* (*Zeitung*) mass-circulation newspaper; (*Zeitschrift*) mass magazine **Massendemonstration** *f* mass demonstration **Massendrucksache** *f* bulk-printed [*or* mass printed] matter **Massenelend** *nt kein pl* mass misery, misery of masses of people **Massenentlassung** *f meist pl* mass redundancies [*or* AM layoffs] *pl* **Massenerschießung** *f* mass executions *pl* **Massenerzeugung** *f* mass production **Massenfabrikation** *f*, **Massenfertigung** *f s.* Massenproduktion **Massenflucht** *rare f* mass exodus **Massenfrachtgut** *nt* bulk cargo **Massengeschäft** *nt kein pl* FIN retail banking *no pl* **Massengrab** *nt* mass grave

Massengut *nt* bulk commodities *pl* **Massengutbeförderung** *f* bulk transport

Massengüter *pl* HANDEL bulk commodities [*or* goods] **Massengütertransport** *m* bulk goods transport **Massengüterverkehr** *m* bulk goods transport **Massengutfahrt** *f* bulk transport **Massengutfrachter** *m* bulk carrier [*or* freighter], bulker **Massengutladung** *f* bulk cargo **Massengutschiff** *nt* bulk freighter **Massengutsendung** *f* bulk shipment **Massenguttransport** *m* bulk transport **Massengutumschlag** *m* bulk cargo handling **Massengutverkehr** *m* bulk transport

massenhaft I. *adj* on a huge [*or* massive] scale; **das ~e Auftreten** [*o* **Erscheinen**] **von etw** the appearance of a huge number of sth; **die ~e Hinrichtung von Personen** the mass executions of people II. *adv* (*fam*) in their [*or* AM by the] hundreds [*or* thousands] etc., in droves; ~ **sterben** to drop [off] like flies *fam*

Massenhochschule *f* state university **Massenhysterie** *f* mass hysteria **Massenkarambolage** *f* multiple [car] crash, pile-up *fam* **Massenkaufkraft** *f* bulk purchasing power **Massenkonsum** *m kein pl* ÖKON general consumption *no pl* **Massenkriminalität** *f* ■**die** ~ mass criminality **Massenkundgebung** *f* mass rally **Massenlieferung** *f* bulk consignment **Massenmedien** *pl* mass media + *sing/pl vb* **Massenmensch** *m* (*pej*) member of the common herd *pej;* ***er ist nur ein*** ~ he just follows the herd **Massenmord** *m* mass murder **Massenmörder(in)** *m(f)* mass murderer, serial killer **Massenproduktion** *f* mass production; **in** ~ **hergestellt** mass-produced **Massenpsychologie** *f kein pl* crowd psychology **Massensendung** *f* bulk consignment **Massenspeicher** *m* mass storage **Massenspektrographie** *f* PHYS mass spectrography **Massensterben** *nt* mass of [*or* wide-spread] deaths *pl* **Massenszene** *f* FILM crowd scene **Massentierhaltung** *f* ■[**die**] ~ intensive livestock farming **Massentourismus** *m kein pl* mass tourism *no pl* **Massentransport** *m* HANDEL mass transportation **Massenunterkunft** *f* collective accommodation *no pl form* **Massenverbrauch** *m kein pl* ÖKON general consumption *no pl* **Massenverbrechen** *nt* JUR mass crime **Massenverhaftung** *f* mass arrests *pl* **Massenverkauf** *m* ① HANDEL mass selling ② BÖRSE unloading **Massenvernichtungsmittel** *nt meist pl* weapon of mass destruction **Massenversammlung** *f* mass meeting **Massenvertrag** *m* JUR standard contract **Massenware** *f* mass-produced article

massenweise *adj s.* **massenhaft**

Masseschulden *pl* FIN preferential debts

Masseur(in) <-s, -e> [maˈsøːɐ] *m(f)* masseur *masc*, masseuse *fem*

Masseuse <-, -n> [maˈsøːzə] *f* ① (*euph: Prostituierte*) masseuse *euph* ② (*veraltend*) *fem form von* **Masseur**

Maßgabe <-, -n> *f* (*geh*) ■**mit der ~, dass ...** on [the] condition [*or* with [*or* subject to] the proviso] that ... *form;* **nach** ~ (*geh*) in accordance with, according to

maßgebend, maßgeblich *adj* ① (*ausschlaggebend*) decisive; **die ~en Hintermänner von etw** *dat*/**einer S.** *gen* the men behind sth; **~e Kreise** influential circles; **~e Persönlichkeiten** people in authority [*or* power] ② (*besondere Bedeutung besitzend*) significant; ■[**für jdn**] **nicht** ~ **sein** to not weigh [*or* signify], to not weigh with sb ③ (*verbindlich*) authoritative, binding

Maßgeblichkeit *f* authoritativeness, controlling importance; ~ **ausländischen Rechts** JUR authoritativeness of alien law

maßgerecht *adj* exactly the right size *pred*

maßgeschneidert *adj* ① (*nach Maß gefertigt*) made-to-measure, *form* bespoke *attr* ② (*fig: perfekt zurechtgelegt*) perfect; **eine ~e Ausrede** a perfect excuse

Maßhaltigkeit <-> *f kein pl* TYPO (*Repro*) dimensional stability

massieren*[1] I. *vt* ■**jdn** ~ to massage sb; ■**jdm/sich etw** ~ to massage sb's/one's sth; ■**M~** massage; ■**sich** [**von jdm**] ~ **lassen** to be given [a] massage [by sb]; **sich** *dat* [**von jdm**] **am ganzen Körper** ~ **lassen** to be given a full-body massage [by sb]; ■**sich** *dat* **etw** [**von jdm**] ~ **lassen** to have one's sth massaged [by sb] II. *vi* to give a massage

massieren*[2] *vt* ■**etw** [**irgendwo**] ~ **Truppen** ~ to mass [*or* concentrate] troops

massig I. *adj* massive, huge II. *adv* (*fam*) loads *fam,*

M

masses *fam,* stacks *fam*

mäßig **I.** *adj* ❶ (*maßvoll*) moderate; ~**er Preis** reasonable [*or* moderate] price ❷ (*leidlich*) mediocre, indifferent, so-so *pred fam;* ~**er Applaus** moderate applause; ~**e Gesundheit** middling [*or* indifferent] health ❸ (*gering*) moderate **II.** *adv* ❶ (*in Maßen*) with moderation; ~ **rauchen** to smoke in moderation, to be a moderate smoker; ~**, aber regelmäßig** in moderation, but regularly ❷ (*gering*) ~ **ausfallen** to turn out moderately [*or* to be moderate] ❸ (*leidlich*) indifferently

mäßigen **I.** *vt* ■**etw** ~ to curb [*or* check] [*or* restrain] sth; **seine Stimme** ~ to lower one's voice **II.** *vr* ❶ (*maßvoller werden*) ■**sich** ~ to restrain [*or* control] oneself ❷ (*zurückhaltender werden*) ■**sich [in seinen Ausdrücken/Worten]** ~ to tone down [one's language]

Massigkeit <-> *f kein pl* massiveness *no pl,* hugeness *no pl;* (*Übergewicht*) bulk

Mäßigkeit <-> *f kein pl* moderation *no pl,* restraint

Mäßigung <-> *f kein pl* ❶ (*Zurückhaltung*) restraint ❷ (*maßvolle Verhaltensweise*) moderation *no pl,* restraint

massiv *adj* ❶ (*solide*) solid *attr;* ~ **Gold/~es Silber sein** to be solid gold/silver ❷ (*wuchtig*) solid, massive ❸ (*drastisch, heftig*) serious, severe; ~**e Kritik** heavy criticism; ■~/~**er werden** *Mensch* to get [*or* turn] nasty

Massiv <-s, -e> *nt* GEOL massif *spec;* **das** ~ **des Himalayas** the Himalayan massif

Massivholz *nt* solid wood

Maßkleidung *f kein pl* custom [*or* BRIT made-to-measure] [*or* AM made-to-order] clothing **Maßkonfektion** *f kein pl made-to-measure clothing made by a clothing manufacturer* **Maßkrug** *m* beer mug, litre [*or* AM -er] tankard; (*aus Stein a.*) stein

maßlos **I.** *adj* extreme; ■~ **[in etw** *dat*] **sein** to be immoderate [in sth] **II.** *adv* ❶ (*äußerst*) extremely ❷ (*unerhört*) hugely, grossly

Maßlosigkeit <-> *f kein pl* extremeness; ■**[jds]** ~ **in etw** *dat* [sb's] lack of moderation in sth

Maßnahme <-, -n> *f* JUR, FIN measure; (*Teilschritt*) move; ~**n der Regierung** government action; ~**n im Bereich des Handelsverkehrs** trade measures; ~**n zur Nachfragesteuerung** measures regulating demand; **gerichtliche** ~**n ergreifen** to take court action; **hoheitliche** ~ act of state; **wettbewerbsbeschränkende** ~ restrictive practices; **vorbeugende** ~**n** preventive steps; **[geeignete/wirksame]** ~**n ergreifen** [*o* **treffen**]**, um etw zu tun** to take [suitable/effective] measures [*or* steps] to do sth; ~**n gegen etw ergreifen** to take measures [*or* to act] against sth

Maßnahmenkatalog *m* catalogue [*or* AM -og] of measures

Maßnahmenpaket *nt* POL package of measures

Maßregel *f meist pl* rule, regulation; ~ **der Besserung und Sicherung** measure for the prevention of crime and reformation of offenders; **einstweilige** ~ provisional measure; ~**n treffen** to lay down rules

maßregeln *vt* ■**jdn** ~ to reprimand [*or form* reprove] sb; (*bestrafen*) to discipline sb

Maßregelungsklausel *f,* **Maßregelungsverbot** *nt* JUR stipulation prohibiting company penalties after strikes

Maßschneider(in) *m(f)* custom [*or* BRIT *form* bespoke] tailor

maß|schneidern *vt meist pp* ■**etw** ~ *Anzug, Kostüm* to make-to-measure sth

Maßstab *m* ❶ (*Größenverhältnis*) scale; **im** ~ **1:250000** on a scale of 1:250000; **etw im** ~ **1:50000 darstellen** to show [*or form* depict] sth on a scale of 1:50000 ❷ (*Kriterium*) criterion; **für jdn als** ~ **dienen** to serve as a model for sb; **etw ist für jdn ein/kein** ~ sb takes/doesn't take sth as his/her yardstick; **einen hohen/strengen** ~ [*o* **hohe/strenge Maßstäbe**] **[an etw** *akk*] **anlegen** to apply a high/strict standard [*or* high/strict standards] [to sth]; **sich** *dat* **jdn/etw zum** ~ **nehmen** to take sb/sth as a yardstick; **Maßstäbe setzen** to set standards

maßstäblich *adj s.* **maßstab(s)gerecht**

maßstab(s)gerecht, maßstab(s)getreu **I.** *adj* true to scale, to scale *pred;* **eine** ~**e Karte** an accurate scale map **II.** *adv* [true] to scale

Maßtabelle *f* table of sizes

maßvoll **I.** *adj* ❶ (*ausgewogen*) moderate; ~**es Verhalten** moderation ❷ (*zurückhaltend*) ■**[in etw** *dat*] ~ **sein** to be moderate, to moderate sth **II.** *adv* moderately, with moderation; ~ **urteilen** to pass [a] moderate judgement

Mast[1] <-[e]s, -en *o* -e> *m* ❶ NAUT mast ❷ (*Stange*) pole, mast ❸ ELEK pylon; TELEK pole

Mast[2] <-, -en> *f* ❶ *kein pl* (*das Mästen*) fattening ❷ FORST harvest

Mastbaum *m* NAUT mast

Mastdarm *m* ANAT rectum

mästen **I.** *vt* ■**ein Tier [mit etw]** ~ to fatten an animal [with sth]; ■**jdn** ~ (*hum fam*) to fatten [up *sep*] sb **II.** *vr* (*fam*) ■**sich** ~ to stuff *fam* [*or pej* gorge] oneself [silly [*or* stupid]]

Mästerei <-, -en> *f* [calf/pig/poultry etc.] fattening unit

Mastfutter *nt* fattening feed; *für Schweine* mast **Mastgans** *f* fattened goose **Mastkalb** *nt* fattened calf **Mastkorb** *m* crow's nest **Mastschwein** *nt zu mästen* fattening pig, porker; *gemästet* fattened pig

Masturbation <-, -en> *f* (*geh*) masturbation

masturbieren* (*geh*) **I.** *vi* to masturbate **II.** *vt* ■**jdn** ~ to masturbate sb

Mastvieh *nt kein pl* AGR fatstock *no pl,* fattened livestock + *pl vb*

Matador <-s, -e> *m* matador

Matchball ['mɛtʃ-] *m* TENNIS match point **Matchbeutel** *m,* **Matchsack** *m* duffel [*or* kit] bag

Mate <-> *m kein pl* (*Teesorte*) maté, Paraguay tea

Material <-s, -ien> *nt* ❶ (*Rohstoff*) substance; (*in der Herstellung*) material; **angefordertes/bereitgestelltes** ~ requested/provided material; ~ **beschaffen** to procure material ❷ (*Ausrüstungsgegenstände*) equipment *no pl, no indef art,* materials *pl* ❸ JUR evidence *no pl, no indef art;* **belastendes** ~ incriminating evidence ❹ FIN material *no pl, no indef art* ❺ SCH material *no pl, no indef art,* information *no pl, no indef art*

Materialanforderung *f* ÖKON, TECH materials *npl* requisition **Materialaufwand** *m kein pl* ÖKON, TECH cost of materials, material costs *pl;* **zusätzlicher** ~ additional costs for materials **Materialbedarf** *m kein pl* ÖKON, TECH material requirements *pl* **Materialbestellung** *f* order for material[s]; ■**bei der** ~ when ordering materials **Materialermüdung** *f* material fatigue **Materialfehler** *m* material defect, defect in the material

Materialisation <-, -en> *f* materialization

materialisieren* *vr* ■**sich** ~ to materialize

Materialismus <-> *m kein pl* ■**[der]** ~ materialism *no pl a. pej*

Materialist(in) <-en, -en> *m(f)* materialist *a. pej*

materialistisch *adj* materialist[ic] *a. pej*

Materialkosten *pl* cost of materials + *sing vb,* material costs *pl* **Materiallager** *nt* ÖKON stores *npl* **Materialmenge** *f* material quantity, quantity [*or* amount] of material **Materialprüfung** *f* ÖKON materials *npl* test **Materialrecycling** *nt* material recycling **Materialsammlung** *f* collection of material[s]; **mit der** ~ **beginnen** to start collecting [*or* gathering] [the] material[s] **Materialschlacht** *f* MIL battle of materiel **Materialverbrauch** *m* materials *npl* consumed **Materialwirtschaft** *f kein pl* ÖKON materials *npl* management, stock [*or* AM inventory] control

Materie <-, -n> [ma'te:riə] *f* ❶ *kein pl* PHYS, CHEM matter *no pl* ❷ *kein pl* (*stoffliche Substanz*) substance; (*in der Herstellung verwendet*) materials *pl* ❸ (*zu behandelndes Thema*) subject, matter; **die** ~ **beherrschen** to know one's stuff *fam,* to know what one is talking about

materiell **I.** *adj* ❶ (*wirtschaftlich orientiert*) financial, pecuniary *form;* (*Güter betreffend*) material; ~**e Bedürfnisse** material needs; **ein** ~**er Vorteil** a material [*or* financial] [*or form* pecuniary] benefit; ~ **abgesichert [sein]** [to be] financially secure ❷ (*pej: materialistisch*) materialist[ic] *a. pej* ❸ (*stofflich*) material, physical **II.** *adv* (*pej: materialistisch*) materialistically *a. pej;* ~ **eingestellt sein** to be materialistic

materiell-rechtlich *adj inv* substantive, upon its merits

Materieschale *f* ASTRON layer of matter [*or* material]

Materiesplitter *m* ASTRON wisp [*or* fragment] of matter [*or* material]

Mathe <-> *f kein pl* (*fam*) maths + *sing vb* BRIT *fam,* math AM *fam*

Mathematik <-> *f kein pl* ■**[die]** ~ mathematics + *sing vb,* maths + *sing vb* BRIT *fam,* math AM *fam* ▶ WENDUNGEN: **für jdn höhere** ~ **sein** to be beyond [*or fam* all Greek to] sb

Mathematikarbeit *f,* **Mathearbeit** *f* (*fam*) test in mathematics, maths test *fam* **Mathematikbuch** *nt,* **Mathebuch** *nt* (*fam*) book on mathematics, mathematics [*or fam* maths] book

Mathematiker(in) <-s, -> *m(f)* mathematician; **ein guter/schlechter** ~ **sein** to be good/bad at maths [*or* sums]

Mathematikprüfung *f,* **Matheprüfung** *f* (*fam*) mathematics [*or fam* maths] exam[ination] **Mathematikstunde** *f,* **Mathestunde** *f* (*fam*) mathematics [*or fam* maths] lesson

mathematisch *adj* mathematical; **eine** ~**e Aufgabe** a mathematics [*or fam* maths] exercise

Matinee <-, -n> *f* morning performance; (*Konzert a.*) morning concert

Matjes <-, ->, **Matjeshering** *m* pickled [white] herring, matjes *spec*

Matratze <-, -n> *f* mattress

Matratzenschoner *m* mattress cover

Mätresse <-, -n> *f* mistress, paramour *liter*

matriarchalisch *adj* matriarchal

Matriarchat <-[e]s, -e> *nt* matriarchy, matriarchate *spec*

Matrikel <-, -n> *f* ❶ SCH matriculation register ❷ ADMIN ÖSTERR register

Matrikelnummer *f* SCH registration [*or* matriculation] number

Matrix <-, Matrizen *o* Matrizes> *f* BIOL, MATH matrix

Matrixdrucker *m* INFORM dot-matrix [printer]

Matrize <-, -n> *f* stencil; **etw auf** ~ **schreiben** to stencil sth

Matrizes *pl von* **Matrix**

Matrone <-, -n> *f* matron

matronenhaft *adj* matronly

Matrose <-n, -n> *m* ❶ (*Seemann der Handelsmarine*) sailor, mariner *liter* ❷ *kein pl* (*Dienstgrad*) ordinary seaman, [ordinary] rating BRIT, seaman recruit AM

Matrosenanzug *m* sailor suit **Matrosenhemd** *nt* sailor['s] shirt **Matrosenkragen** *m* sailor collar **Matrosenmütze** *f* sailor['s] cap

Matsch <-[e]s> *m kein pl* ❶ (*Schneematsch*) slush; (*schlammige Erde*) mud, sludge ❷ (*breiige Masse*) mush, sludge; **zu** ~ **werden** to go mushy

matschig *adj* (*fam*) ❶ (*schlammig*) muddy, sludgy; ~**er Schnee** slush[y] snow ❷ (*breiig*) mushy, gooey *fam*

Matschwetter *nt* (*fam*) muddy [*or* sludgy] weather [*or pl* conditions]; (*mit Schneematsch*) slush weather [*or pl* conditions]

matt **I.** *adj* ❶ (*schwach, kraftlos*) weary, tired ❷ (*nicht kraeftig*) weak; ~**er Händedruck** weak [*or* limp] handshake; ~**es Lächeln/~e Stimme** faint [*or* weak] smile/voice ❸ (*glanzlos*) matt[e] BRIT, mat[te] AM; ~**e Politur** matt polish; (*unerwünscht*) dull; ~**e Augen** lustreless [*or* AM lusterless] [*or* dull] eyes ❹ (*trübe*) ~ **Licht** dim [*or* pale] light ❺ (*nicht durchscheinend*) ~**e Glühbirnen** opal [*or* pearl] bulbs ❻ (*schwach*) ~**e Farben** pale colours [*or* AM -ors] ❼ (*lahm, nicht überzeugend*) ~**e Ausrede/Entschuldigung** lame [*or* feeble] excuse; ~**er Witz** feeble [*or* lame] joke ❽ (*schach-*

matt) [check]mate; ■ ~ **sein** to be [check]mated; **jdn ~ setzen** to mate sb; (*a. fig*) to checkmate sb; ~! check and mate! **II.** *adv* ① (*schwach*) weakly, dimly ② (*ohne Nachdruck*) lamely, feebly

Matt <-s, -s> *nt* [check]mate

mattblau *adj* pale blue

Matte¹ <-, -n> *f* mat; (*Fußmatte*) doormat; [**bei jdm**] **auf der ~ stehen** (*fig fam*) to turn up at sb's doorstep; ***morgen früh stehen Sie bei mir auf der*** ~ you must be at my place tomorrow morning; **jdn auf die ~ legen** SPORT (*fam*) to throw sb

Matte² <-, -n> *f* SCHWEIZ, ÖSTERR (*Bergwiese*) alpine meadow

Matterhorn *nt* ■**das ~** the Matterhorn

mattgestrichen *adj inv* ~**es Papier** dull-[*or* matt-]coated paper **Mattglanz** *m* mat[t] finish **Mattglas** *nt* frosted [*or* ground] glass

Matthäi *m gen von* **Matthäus** St Matthew's Day ▶ WENDUNGEN: **bei jdm ist ~ am letzten** (*fam*) sb is washed-up [*or fam* has had it]

Matthäusevangelium [-evaŋge:-] *nt* ■**das ~** St[.] Matthew's Gospel, the Gospel according to St[.] Matthew

Mattheit <-> *f kein pl* (*geh*) ① (*Glanzlosigkeit*) dullness ② *s.* **Mattigkeit**

mattieren* *vt* ■**etw ~** *Metall, Holz* to give a mat[t] finish to sth, to mat[t] sth; **mattiertes Glas** frosted glass

Mattigkeit <-> *f kein pl* weariness, tiredness

Mattlack *m* mat[t] varnish **Mattscheibe** *f* ① (*Scheibe aus Mattglas*) frosted glass pane ② (*fam: Bildschirm*) screen; (*Fernseher*) telly BRIT *fam*, tube AM *fam* ▶ WENDUNGEN: ~ **haben** (*sl*) to have [*or* get] a mental blank

Matura <-> *f kein pl* SCHWEIZ, ÖSTERR (*Abitur*) ≈ A-Levels *pl* BRIT, high-school diploma AM

Maturand(in) <-en, -en> *m(f)* SCHWEIZ, **Maturant(in)** <-en, -en> *m(f)* ÖSTERR (*Abiturient*) *person who is just about to sit/has got his/her Abitur*

maturieren* *vi* ÖSTERR to take one's school-leaving exam[ination *form*], to graduate [from high school] AM

Maturität <-> *f kein pl* SCHWEIZ matriculation exam[ination *form*]

Mätzchen <-s, -> *nt meist pl* (*fam*) ① (*Kniffe, Tricks*) trick, knack; ***lass endlich die ~!*** stop fooling [*or* BRIT *fam!* buggering] about!; **mach keine ~!** none of your tricks!; (*bedrohlicher*) don't try anything funny! ② (*Albernheiten*) antics; ***Kinder, lasst die ~!*** kids, [that's] enough of your monkey-business!

Matze <-, -n> *f*, **Matzen** <-s, -> *m* (*ungesäuertes Fladenbrot*) matzo[h], Passover bread

mau <-er, -[e]ste> **I.** *adj meist präd* (*fam*) ① (*unwohl*) queasy, poorly *pred*; ***mir ist ganz*** ~ I feel really queasy ② (*ungünstig*) bad; *Stimmung* lousy; **die Lage ist** ~ the situation is [*or* looks] bad **II.** *adv* badly; **die Geschäfte gehen** ~ business is slack

Mauer <-, -n> *f* ① (*Wand aus Steinen*) wall; **die Chinesische** [*o* **Große**] ~ the Great Wall of China; **innerhalb der** [*o* **in den**] ~**n** HIST within the city walls ② (*fig geh: Wand*) **eine ~ des Schweigens** [**durchbrechen**] [to break] a wall of silence ③ (*torsichernde Spielerkette*) line up

Maueranker *m* BAU wall anchor **Mauerassel** *f* ZOOL woodlouse **Mauerbau** *m kein pl* ① BAU building [*or* construction] of a/the wall[s] ② HIST ■**der** ~ the building of the Berlin Wall **Mauerblümchen** *nt* (*fam*) wallflower *fam* **Mauerfall** *m* HIST (*der* ~) the fall of the Berlin Wall

mauern I. *vi* ① (*mit Steinen und Mörtel arbeiten*) ■[**an etw** *dat*] ~ to build [sth], to lay bricks for sth ② (*fam*) to stall, to play for time ③ SPORT (*Torverteidigung*) to play defensively ④ KARTEN (*sl*) to hold back **II.** *vt* ■**etw** [**aus etw**] ~ to build sth [of sth]; ■**das M~** [**einer S.** *gen*] building [sth]

Maueröffnung *f* ① POL opening of the [Berlin] Wall ② (*Mauerspalt*) opening in a/the wall **Mauerpfeffer** *m* BOT wall pepper, common stonecrop **Mauerschütze** *m* HIST marksman on the Berlin Wall **Mauersegler** *m* ORN swift **Mauerstein** *m* [building [*or* house]] brick **Mauervorsprung** *m* projection of a/the wall **Mauerwerk** *nt kein pl* ① (*die Mauern*) walls *pl* ② (*Steinmauer*) stonework

Maul <-[e]s, Mäuler> *nt* ① (*Rachen eines Tieres*) mouth; *Raubtier* jaws *pl* ② (*derb: Mund*) trap *fam!*, BRIT *a.* gob *fam!*; **das ~ aufsperren** to stare flabbergasted [*or* BRIT *a.* gobsmacked] *fam*; [**hungrige**] **Mäuler stopfen** to feed [*or* fill] [hungry] mouths ③ (*derb: Mundwerk*) **ein freches** ~ a sharp tongue; **ein gottloses** [*o* **ungewaschenes**] ~ an evil [*or* a wicked] [*or* a malicious] tongue; **jdm übers ~ fahren** to cut sb short *fam*; **ein großes ~ haben** to have a big mouth, BRIT *a.* to be all mouth [and trousers] *fam*; **das** [*o* **sein**] ~ **halten** to keep one's mouth [*or* BRIT *a.* gob] shut *fam!*; **halt's ~!**, ~ **halten!** shut your face! [*or* mouth] [*or* trap] [*or* BRIT *a.* gob] *fam!*, shut it! *fam!*; **jdm das ~ stopfen** to shut sb up ▶ WENDUNGEN: **sich** *dat* **das ~ verbrennen** (*fam*) to talk oneself [*or fam* let one's mouth get one] into trouble; **sich** *dat* **das ~** [**über jdn/etw**] **zerreißen** (*fam*) to gossip [about sb/sth] *pej*, to bad-mouth [*or* badmouth] sb/sth AM *sl*; **das ~** [**zu**] **weit aufreißen** [*o* **voll nehmen**] to be too cocksure *fam*; **jdm ums ~ gehen** to soft-soap [*or sep* butter up] sb *fam*

Maulaffe *m* (*pej*) (*veraltet: Gaffer*) gaping fool *pej* ▶ WENDUNGEN: ~**n feilhalten** to stand [around] gaping [*or* BRIT *fam pej a.* gawping] **Maulbeerbaum** *m* mulberry [tree] **Maulbeere** *f* mulberry

maulen *vi* (*fam*) ■[**über etw** *akk*] ~ to moan [*or fam pej* gripe] [about sth]

Mäuler *pl von* **Maul**

Maulesel *m* mule, hinny **maulfaul** *adj* (*fam*) uncommunicative **Maulheld(in)** *m(f)* (*pej*) big-[*or fam* loud-]mouth **Maulkorb** *m* muzzle; **einen ~ tragen** to be muzzled; **jdm einen ~ anlegen** (*fig fam*) to muzzle sb **Maulsperre** *f* **die ~ kriegen** (*fam*) to be open-mouthed; ***ich krieg' die ~!*** I'm flabbergasted! [*or* BRIT *fam a.* gobsmacked] **Maultaschen** *pl* KOCHK SÜDD *pasta squares filled with meat or cheese and served in a clear soup* **Maultier** *nt s.* Maulesel **Maul- und Klauenseuche** *f* ■**die** ~ foot-and-mouth disease

Maulwurf <-[e]s, -würfe> *m* (*a. fig*) mole

Maulwurfsgang *m* tunnel (*dug by a mole*) **Maulwurfshügel** *m* molehill **Maulwurfsklaue** *f* claw of a/the mole

maunzen *vi* SÜDD (*kläglich miauen*) to mew pitifully

Maure, Maurin <-n, -n> *m, f* Moor

Maurer(in) <-s, -> *m(f)* bricklayer, BRIT *a.* brickie *fam* ▶ WENDUNGEN: **pünktlich wie die ~** (*hum*) earlier than need be

Maurerarbeit *f* masonry *no pl*, brickwork *no pl* **Maurerhammer** *m* bricklayer's hammer **Maurerhandwerk** *nt* ■**das** ~ bricklaying *no pl*

Maurerin <-, -nen> *f fem form von* **Maurer**

Maurerkelle *f* [bricklayer's [*or* BRIT *fam a.* brickie's]] trowel **Maurerkolonne** *f* bricklaying gang **Maurermeister(in)** <-s, -> *m(f)* master bricklayer **Maurerpolier** <-s, -e> *m* foreman bricklayer

Mauretanien <-s> *nt kein pl* GEOL Mauritania *no pl*

Mauretanier(in) <-s, -> *m(f)* HIST Mauritanian; *s. a.* **Deutsche(r)**

mauretanisch *adj* Mauritanian; *s. a.* **deutsch**

Maurin <-, -nen> *f fem form von* **Maure**

maurisch *adj* Moorish

Mauritier(in) <-s, -> *m(f)* Mauritian; *s. a.* **Deutsche(r)**

mauritisch *adj* Mauritian; *s. a.* **deutsch**

Mauritius <-> *nt* Mauritius; *s. a.* **Sylt**

Maus <-, Mäuse> *f* ① (*Tier*) mouse; **weiße Mäuse sehen** (*fam*) to see pink elephants *fam* ② INFORM mouse; **mechanische/optische ~** mechanical/optical mouse ③ KOCHK thick flank ④ (*nettes Mädchen oder Junge*) [sweet [*or* cute]] little thing ⑤ (*unattraktive Person*) **eine graue ~** (*fam*) a mouse *fam* ⑥ *pl* (*sl: Geld*) dough *sing sl*, dosh *sing* BRIT *sl* ▶ WENDUNGEN: **da beißt die ~ keinen Faden ab** (*prov fam*) it can't be helped, what must be, must be *prov*

Mauschelei <-, -en> *f* (*pej fam*) fiddle *fam*, bent deal *pej fam*

mauscheln *vi* (*pej fam*) to fiddle *fam*

Mäuschen <-s, -> ['mɔysçən] *nt dim von* **Maus 1** little mouse; ***da möchte ich gerne ~ spielen*** (*fam*) I'd like to be a fly on his/her etc. wall

mäuschenstill *adj* dead quiet; ~ **sein** *Mensch* to be [as] quiet as a mouse

Mäusebussard *m* [common] buzzard

Mausefalle *f* mousetrap; **eine ~ aufstellen** to set [*or* put down] a mousetrap **Mauseloch** *nt* mousehole; **jd möchte sich in ein ~ verkriechen** (*fam*) sb would have liked the ground to open up and swallow him/her

mausen I. *vt* (*fam o veraltend: heimlich wegnehmen*) ■**etw ~** to pinch [*or* nick] sth *fam* **II.** *vi* (*veraltend*) *Katzen* to mouse, to catch mice ▶ WENDUNGEN: **die Katze lässt das Mausen nicht** (*prov*) a leopard cannot change its spots *prov* **Mauseöhrchen** *pl* lamb's lettuce *no pl*

Mauser <-> *f kein pl* ORN moult BRIT, molt AM; **in der ~ sein** to be moulting [*or* AM molting]

Mäuserich <-s, -e> *m* (*fam*) male mouse

mausern *vr* ① ORN (*das Federkleid wechseln*) ■**sich ~** to moult BRIT, to molt AM ② (*fig fam: sich vorteilhaft verändern*) ■**sich** [**zu etw**] ~ to blossom out [to sth]

mausetot *adj* (*fam*) ■ ~ **sein** to be stone-dead [*or hum fam* deader than dead]

mausgesteuert *adj* INFORM mouse-controlled

mausgrau *adj* mouse-coloured [*or* AM -colored], mouse[y]-grey [*or* AM -gray]

mausig *adj* ■**sich ~ machen** (*fam*) to get uppity *fam* [*or* BRIT *fam a.* stroppy] [*or sl* bolshie]

Mausklick *m* INFORM mouse click **Mauskursor** *m* INFORM mouse pointer

Mausoleum <-s, Mausoleen> *nt* mausoleum

Mauspad <-s, -s> [-pɛt] *m* INFORM mouse pad **Maussteuerung** *f* INFORM mouse control *no art*; **mit ~ bedient** mouse-controlled **Maustaste** *f* INFORM mouse button; **linke/rechte ~** left/right mouse button **Maustreiber** *m* INFORM mouse driver

Maut <-, -en> *f* SÜDD, ÖSTERR toll [charge]; **eine ~ erheben** to levy a toll

Mautgebühr *f s.* Maut **Mautstelle** *f* tollgate **Mautstraße** *f* toll road, AM *a.* turnpike, AM *a.* pike *fam*

maxi *adj pred* MODE maxi; ~ **tragen** (*fam*) to wear a maxi

Maxima *pl von* **Maximum**

maximal I. *adj* maximum *attr*; (*höchste a.*) highest *attr*; **die ~e Geschwindigkeit** the maximum speed; *Fahrzeug* the top speed **II.** *adv* at maximum [*or* most]; **das ~ zulässige Gesamtgewicht** the maximum [*or* greatest] permissible weight; *Fahrzeug* the gross vehicle weight rating [*or* GVWR] *form*; ~ **25.000 Mark** 25,000 marks tops *fam* [*or* at most]; **bis zu ~ 1000 Metern** up/down to a maximum of 1000 metres [*or* AM -ers]

Maximalalter *nt* maximum age **Maximalbreite** *f* maximum width **Maximalforderung** *f* ■**die/seine ~**[**en**] the/one's maximum [*or* highest] demand[s] **Maximalgeschwindigkeit** *f* maximum speed; *Fahrzeug* top speed **Maximalgewicht** *nt* maximum weight **Maximalhöhe** *f* maximum height **Maximalpreis** *m* maximum [*or* highest] price **Maximalstrafe** *f* maximum sentence **Maximaltiefe** *f* maximum depth **Maximalverbrauch** *m* maximum [fuel] consumption **Maximalwert** *m* maximum value

Maxime <-, -n> *f* (*geh*) maxim

maximieren* *vt* ■**etw ~** to maximize sth

Maximierung <-, -en> *f* maximization

Maximum <-s, Maxima> *nt* ① (*höchstmöglicher Wert*) maximum [value] ② (*Höchstmaß*) ■**ein ~ an etw** *dat* a maximum of sth ③ MATH maximum

Maxipackung *f* maxi pack **Maxiracer** <-s, -> *m* maxi-racer **Maxirock** *m* maxiskirt **Maxisingle** *f* (*veraltend*) maxi-single, EP

Mayonnaise <-, -n> [majɔ'nɛ:zə] *f s.* **Majonäse**

Mazedonien <-s> *nt* Macedonia; *s. a.* **Deutschland**

Mazedonier(in) <-s, -> *m(f)* Macedonian; *s. a.*

M

Deutsche(r)

Mazedonisch *nt dekl wie adj s.* **Makedonisch**

mazedonisch *adj* Macedonian; *s. a.* deutsch

Mazedonische <-n> *nt s.* **Makedonische**

Mäzen <-s, -e> *m* Maecenas *liter,* patron [of art or literature]

mb *nt Abk von* Millibar mb, millibar

MB [ɛm'beː] *nt* INFORM *Abk von* **Megabyte** MB

MBA *m Abk von* **Master of Business Administration** MBA

M-Bahn *f s.* **Magnetschwebebahn**

Mbit *nt* TELEK *Abk von* **Megabit** Mb

MByte *nt* INFORM *Abk von* **Megabyte** MB, Mbyte

MDA INFORM *Abk von* **monochrome display adapter** MDA

MdB, M.d.B. <-s, -s> [ɛmdeː'beː] *m Abk von* **Mitglied des Bundestages** Member of the "Bundestag", BRIT *a.* ≈ MP

mdl. *adj Abk von* **mündlich** verbal

MdL, M.d.L. <-s, -s> *m Abk von* **Mitglied des Landtages** *Member of the federal state parliament*

m.E. *Abk von* **meines Erachtens** in my opinion

Mechanik <-, -en> *f* ❶ *kein pl* PHYS ■**die** ~ mechanics + *sing vb* ❷ *kein pl* TECH ■**die** ~ mechanics + *sing vb* ❸ TECH (*selten: Mechanismus*) mechanism

Mechaniker(in) <-s, -> *m(f)* mechanic

mechanisch I. *adj* (*a. fig*) mechanical II. *adv* mechanically; **etw** ~ **aufsagen** to reel off sth *sep*

mechanisieren* *vt* ■**etw** ~ *Betrieb, Produktion* to mechanize sth

Mechanisierung <-, -en> *f* mechanization

Mechanisierungsprozess[RR] *m* mechanization process

Mechanismus <-, -nismen> *m* mechanism; **störfreier** ~ jam free mechanism

meck *interj* (*sound made by goat*), meh BRIT, baaah AM

Meckerei <-, -en> *f* (*pej fam: dauerndes Nörgeln*) moaning, bellyaching *fam,* griping *pej fam*

Meckerer(in) <-s, -> *m(f)* (*fam*) grumbler, moaner

Meckerfritze, Meckerliese <-n, -n> *m, f* (*pej fam: ewiger Nörgler*) bellyacher *fam,* BRIT moaning minnie *fam*

meckern *vi* ❶ (*der Ziege*) to bleat ❷ (*fig fam*) ■[**über jdn/etw**] ~ to bellyache *fam* [*or fam pej* gripe] [about sb/sth]

mecklenburgisch *adj inv* Mecklenburg *attr*

Mecklenburg-Vorpommern <-s> *nt* Mecklenburg-West Pomerania

med. *adj Abk von* **medizinisch: Dr.** ~ **Birgit Jentsch** Birgit Jentsch, MD [*or* M.D.]

Medaille <-, -n> [me'daljə] *f* ❶ (*Gedenkmünze*) medallion ❷ (*Auszeichnung*) medal ❸ (*runder Orden*) medal, gong BRIT *fam*

Medaillengewinner(in) [me'daljən-] *m(f)* SPORT medallist BRIT, medalist AM, medal winner **Medaillenregen** *m* SPORT inundation of medals **Medaillenspiegel** *m* SPORT medals table **Medaillenvergabe** *f* SPORT medal awarding ceremony

Medaillon <-s, -s> [medal'jõː] *nt* ❶ (*Schmuckkapsel*) locket ❷ (*ovales Bild*) medallion ❸ KOCHK médaillon

medial *adj* ❶ (*geh: übersinnlich*) *Kräfte, Fähigkeiten* of a medium *pred,* mediumistic; ~ **veranlagt sein** to have mediumistic powers ❷ *attr* MED medial ❸ *attr* LING *Verbformen* middle

Mediaplan *m* HANDEL media plan **Mediaplanning** <-s> ['miːdiəplænɪŋ] *nt,* **Mediaplanung** *f* HANDEL media planning

Medien ['meːdiən] *pl* ❶ *pl von* **Medium 1, 2** ❷ (*Informationsträger*) ■**die** ~ the media + *sing/pl vb;* **für Aufsehen in den** ~ **sorgen** to cause a press sensation; **akustische/optische** ~ acoustic/visual media; **die gedruckten** ~ the press *no indef art,* + *sing/pl vb*

Medienaufseher(in) *m(f)* MEDIA, ADMIN media censor **Medienberater(in)** *m(f)* press adviser **Medienbereich** *m* world of [the] media; **im** ~ **arbeiten** to work for the media/press **Medienberichterstattung** *f* MEDIA press [*or* media] coverage **Mediendienst** *m* HANDEL media services *pl* **Medienereignis** *nt* MEDIA media event **Medienforschung** *f* MEDIA, SCH media research *no pl* **Mediengetümmel** *nt* media storm **Mediengründerzentrum** *nt* media foundation centre [*or* AM -er] **Medienkette** *f* media chain **Medienkonzentration** *f* MEDIA concentration of ownership in the media **Medienkonzentrationsgesetzgebung** *f* media concentration legislation **Medienkonzern** *m* MEDIA, ÖKON media group **Medienkosten** *pl* media costs *pl* **Medienlandschaft** ['meːdiən-] *f* media landscape [*or* scene] **Medienliebling** *m* MEDIA, SOZIOL (*fam*) media favourite **Medienpolitik** *f* [mass] media policy **Medienrummel** *m* (*fam*) media excitement **Medienspektakel** *nt* MEDIA media spectacle **Medienstadt** *f* media city **Medienunternehmer(in)** *m(f)* media entrepreneur **Medienverbund** *m* ❶ (*Verbindung mehrerer Unterrichtsmedien*) multimedia system; **etw im** ~ **lernen** to learn sth using the multimedia system ❷ (*Verbund von Rundfunkinstituten, Verlagshäusern etc.*) media grid **medienwirksam** *adj* well-covered by the media

Medikament <-[e]s, -e> *nt* medicine

Medikamentenabhängigkeit *f* drug addiction **Medikamentenentsorgung** *f* disposal of old medicines [*or* drugs] **Medikamentenmissbrauch**[RR] *m* ■[**der**] ~ drug abuse **Medikamentenschrank** *m* medicine cupboard **Medikamentensucht** *f* MED, PSYCH drug addiction **Medikamentenverordnung** *f* MED [drug] prescription

medikamentös I. *adj* medicinal; **eine/die ~e Behandlung** medication II. *adv* **jdn/etw** ~ **behandeln** to give sb medication/to treat sth with medication

Medikus <-, Medizi *o* -se> *m* (*hum fam*) doc *fam,* quack

Medioabrechnung *f* mid-month accounts

Meditation <-, -en> *f* meditation (**über** +*akk* on)

meditativ *adj* (*geh*) meditative

mediterran *adj inv* GEOL Mediterranean

meditieren* *vi* ❶ (*Entspannung üben*) to meditate; ■**das M~** meditation ❷ (*geh: nachsinnen*) ■[**über etw** *akk*] ~ to meditate [on sth]

Medium <-s, -dien> [-diən] *nt* ❶ (*Verbindungsperson zu Geistern*) medium ❷ (*geh*) *Buch, Film, etc.* medium ❸ PHYS medium ❹ INFORM (*Datenträger*) data medium; **maschinenlesbares** ~ machine [*or* computer]-readable medium

Medizin <-, -en> *f* ❶ *kein pl* (*Heilkunde*) ■[**die**] ~ medicine; **innere** ~ [internal] medicine ❷ (*fam: Medikament*) medicine; **seine** ~ **einnehmen** to take one's medicine ▶ WENDUNGEN: **für jdn eine heilsame** ~ **sein** (*geh*) to have taught sb a lesson

Medizinalassistent(in) <-en, -en> *m(f)* houseman BRIT, intern AM

Medizinball *m* SPORT medicine ball

Mediziner(in) <-s, -> *m(f)* ❶ (*Arzt*) doctor, physician *form;* **der Jargon der** ~ medical jargon ❷ (*Medizinstudent*) medic *fam*

medizinisch I. *adj* ❶ (*ärztlich*) medical ❷ (*heilkundlich*) **die ~e Fakultät** the school [*or esp* BRIT faculty] [*or* AM *a.* department] of medicine; **das ~e Gebiet/Studium** the field/study of medicine; **eine ~e Prüfung** an exam[ination *form*] in medicine ❸ (*heilend*) medicinal, curative; **~es Shampoo** medicated shampoo II. *adv* ❶ (*ärztlich*) medically; **jdn** ~ **beraten/behandeln** to give sb medical advice/treatment ❷ (*heilkundlich*) medically; ~ **ausgebildet werden** to receive medical training; **sich** ~ **auskennen** to know [one's] medicine well ❸ (*heilend*) medicinally

medizinisch-technische(r) Assistent(in) <-en, -en> *m(f)* medical technician

Medizinmann <-männer> *m* (*indianisch*) medicine man; (*afrikanisch*) witchdoctor, shaman; (*fam*) doc *fam,* quack **Medizinstudent(in)** <-en, -en> *m(f)* medical student **Medizintechnik** *f kein pl* medical technology

Meer <-[e]s, -e> *nt* ❶ (*Ozean*) sea; (*Weltmeer*) ocean; **die sieben ~e** the seven seas; **auf dem** [**weiten**] ~ [[far] out] to sea, on the high seas; **der Grund des ~es** the seabed, the bottom of the sea, Davy Jones['s locker] *a. hum;* **das Rote/Schwarze/Tote** ~ the Red/Black/Dead Sea; **ans** ~ **fahren** to go the sea[side]; **am** ~ by the sea; **jenseits des ~es** across the sea ❷ (*fig geh*) sea

Meeraal *m* ZOOL, KOCHK conger eel **Meerbarbe** *f* red mullet **Meerbrasse** *f* sea bream **Meerbusen** *m* (*veraltend*) gulf, bay; **der Bottnische** [*o* **Finnische**] ~ the Gulf of Bothnia **Meerdattel** *f* date shell **Meerenge** *f* strait[s *pl*]

Meeresalge *f* ■**die ~n** seaweed *no pl,* + *sing vb,* marine algae *spec* **Meeresarm** *m* inlet, arm of the sea; (*in Norwegen*) fjord **Meeresbiologie** *f* marine biology **Meeresboden** *m s.* Meeresgrund **Meeresfauna** *f* marine fauna *no pl,* + *sing/pl vb spec* **Meeresflora** *f* marine flora *no pl,* + *sing/pl vb spec* **Meeresforschung** *f* ■**die** ~ oceanography **Meeresfreiheit** *f* JUR freedom of the seas **Meeresfrüchte** *pl* seafood *no pl,* + *sing vb* **Meeresgetier** *nt* (*oft hum*) sea creatures *pl,* marine fauna + *sing/pl vb spec* **Meeresgrund** *m kein pl* ■**der** ~ the seabed, the bottom of the sea, Davy Jones['s locker] *a. hum;* **auf dem** ~ on the seabed, at the bottom of the sea, in Davy Jones's locker *a. hum* **Meereshöhe** *f s.* Meeresspiegel **Meeresklima** *nt* maritime climate **Meereskunde** *f kein pl s.* Meeresforschung **meereskundlich** *adj* oceanographic[al]; **das ~e Institut/Studium** the institute/study of oceanography **Meeresküste** *f* coast, seaside **Meeresleuchten** <-s> *nt kein pl* marine phosphorescence **Meeressäugetier** *nt* sea [*or spec* marine] mammal **Meeresspiegel** *m* sea level; [**zehn Meter**] **über/unter dem** ~ [ten metres [*or* AM -ers]] above/below sea level **Meeresstraße** *f* strait[s *pl*] **Meeresströmung** *f* ocean current; (*aufgrund Temperaturunterschiede*) convection current *spec* **Meerestiefe** *f* depth [of the sea [*or* ocean]] **Meeresverschmutzung** *f* ÖKOL pollution of the sea, sea [*or* maritime] pollution *no pl*

Meerforelle *f* migratory [*or* AM sea] trout **Meergott** *m* sea god; **der griechische** ~ the Greek god of the sea **Meerjungfrau** *f* mermaid **Meerkatze** *f* ZOOL long-tailed monkey, guenon *spec* **Meerkohl** *m* sea kale **Meerohr** *f* abalone, ormer

Meerrettich *m* BOT, KOCHK ❶ (*Pflanze o Wurzel*) horseradish ❷ *kein pl* (*Soße*) horseradish [sauce]

Meerrettichsoße *f* horseradish sauce

Meersalz *nt* sea salt *no pl,* + *sing vb* **Meerschaum** *m* meerschaum, sepiolite **Meerschaumpfeife** *f* meerschaum [pipe] **Meerschweinchen** *nt* ZOOL guinea pig, cavy *spec* **Meerspinne** *f* spider crab **Meerungeheuer** *nt* sea monster

Meerwasser *nt* sea water

Meerwasserentsalzung *f* desalination of sea water *spec* **Meerwasserentsalzungsanlage** *f* desalination plant *spec*

Meeting <-s, -s> ['miːtɪŋ] *nt* meeting

Megabit *nt* INFORM megabit **Megabyte** [mega'bait, 'meːgabait] *nt* INFORM megabyte; (*geschrieben a.*) M[b] **Mega-Erfolg** *m* MEDIA smash hit **Megahertz** *nt* PHYS megahertz **Megahit** *m* smash [hit]

Megalith <-en, -en> *m* megalith

megaloman *adj* (*geh*) megalomaniac[al]

Megalomanie <-, -n> *f* (*geh*) ■**die** ~ megalomania

Megaphon, Megafon[RR] <-s, -e> *nt* megaphone

Megastadt *f* megalopolis *spec* **Megastar** *m* megastar *fam* **Megastore** <-s, -s> ['megəstɔːɐ̯] *m* (*sehr großes Geschäft*) megastore **Megatonne** *f* megaton **Megawatt** *nt* megawatt; (*geschrieben a.*) MW

Mehl <-[e]s, -e> *nt* ❶ (*gemahlenes Korn*) flour; **etw mit** [**feinem**] ~ **bestäuben** to dredge [*or* powder] sth with flour ❷ (*pulverisierte Substanz*) powder; **etw zu** ~ **verarbeiten** to pulverize sth

mehlen *vt* KOCHK ■**etw** ~ to flour sth

mehlig *adj* ❶ (*trockenes Fruchtfleisch aufweisend*) mealy, floury ❷ (*mit Mehl bestäubt*) floury ❸ (*fein

zerrieben) powdery
Mehlkäfer *m* meal beattle **Mehlsack** *m* flour bag ▸ WENDUNGEN: **wie ein ~ schlafen** (*fam*) to sleep like a log **Mehlschwalbe** *f* ORN house martin **Mehlschwitze** *f* KOCHK roux **Mehlspeise** *f* ❶ (*mit Mehl bereitetes Gericht*) flummery ❷ ÖSTERR (*fam: Süßspeise*) dessert, BRIT *a.* sweet **Mehltau** *m kein pl* BOT mildew **Mehlwurm** *m* mealworm
mehr **I.** *pron indef, inv comp von* **viel** more; ***möchten Sie noch etwas ~ Kaffee?*** would you like some more coffee?; ~ ***möchte ich dazu nicht sagen*** I wish to say no more on the matter; ■ **~ von etw** more of sth; **immer ~, ~ und ~** more and more **II.** *adv* ❶ (*eher*) more; ***dieser Fall ist ~ etwas für Spezialisten*** this is more [of] a case [the] for specialists; ~ **wie etw aussehen** to look rather like sth ❷ (*in höherem Maße*) ■ **etw ~ tun** to do sth more; ~ **schwimmen** to swim more, to do more swimming; **immer ~** more and more; ~ **oder weniger** [*o geh* **minder**] more or less; **mit ~ oder weniger Erfolg** with modest success; **mit ~ oder weniger Zuversicht** with half-hearted confidence; **nicht ~ sein** (*euph: verstorben sein*) to be no more *hum;* ***unser Großvater ist nicht ~*** our grandfather is no longer with us; ■ **~ ... als ...** more ... than ...; ***es war keiner ~ da*** there was nobody left, everybody had gone; **nicht ~** not any [*or* no] longer [*or* more]; ***sie kommen schon lange nicht ~*** they haven't been coming for a long time [now]; **nichts ~ als das** there's nothing I'd rather do; **nie ~** never again; ***das mache ich nie ~*** I shall never do that [ever] again, I won't ever do that again; **niemand ~** nobody else; **nur ~** (*geh*) only; ***jetzt ist es nur ~ ein Jahr, dass ...*** only a year has passed since ...
Mehr <-[s]> *nt kein pl* ❶ (*zusätzlicher Aufwand*) ■ **ein ~ an etw** *dat* an additional sth; **mit einem [kleinem] ~ an Mühe** with a [little] bit more effort ❷ POL SCHWEIZ majority
Mehrarbeit *f* extra work [*or* hours]; (*Überstunden*) overtime **Mehraufwand** *m* additional expenditure
Mehrausgabe *f* ❶ ÖKON additional [*or* extra] expense ❷ BÖRSE overissue **mehrbändig** *adj* multi[-]volume *attr form,* in [*or* comprising] several volumes *pred* **Mehrbedarf** *m* greater need, increased [*or* extra] demand (**an** + *dat* of/for) **Mehrbelastung** *f* (*fig*) extra [*or* additional] burden **Mehrbetrag** *m* ❶ (*zusätzliche Kosten*) additional amount ❷ (*Überschuss*) surplus **mehrdeutig** *adj* ambiguous, equivocal *form* **Mehrdeutigkeit** <-> *f kein pl* ambiguity, equivocalness *form* **mehrdimensional** *adj* multidimensional **Mehreinnahme** *f* additional revenue *no pl*
mehren (*geh*) **I.** *vt* ■ **etw ~** to increase [*or form* augment] sth; **sein Ansehen ~** to enhance one's reputation **II.** *vr* ■ **etw mehrt sich** the number of sth increases; *s. a.* **fruchtbar**
mehrere *pron indef* ❶ *adjektivisch* (*einige*) several *attr,* a number of *attr* ❷ *substantivisch* (*einige*) ■ **~ [von jdm/etw]** several [of sb/sth]; **~ davon** several [of them]; **von ~n** by/from several persons; ***wir fahren immer zu ~n*** there are always several of us to a car ❸ *adjektivisch* (*mehr als eine*) various
mehreres *pron substantivisch* several [*or* a number of] things/items etc. *pl*
mehrerlei *pron indef, inv* (*geh*) ❶ *substantivisch* several [*or* a number of] things/items etc. *pl* ❷ *adjektivisch* various, several kinds of *attr*
Mehrerlös *m* additional proceeds *npl* **Mehrerlösabschöpfung** *f* JUR elimination of additional revenues **Mehrertrag** *m* additional yield [*or* return]
mehrfach **I.** *adj* ❶ (*vielfach*) numerous; **eine ~e Medaillengewinnerin** a winner of numerous medals; **ein ~er Meister im Hochsprung** several-times champion in the pole vault; **ein ~er Millionär** a multimillionaire ❷ (*wiederholt*) repeated **II.** *adv* many [*or* several] times; *s. a.* **vorbestraft**
Mehrfachbeschäftigung *f* multiple employment **Mehrfachbesteuerung** *f* FIN multiple taxation
Mehrfache(s) *nt dekl wie adj* ■ **das ~** [*o* **ein ~s**] [**von etw**] several times the amount/number [of sth]; ***ich verdiene jetzt das ~ von dem, was ich früher hatte*** I'm now earning several times as much as I used to; ■ **das ~/ein ~s an etw** *dat* several times sth; **das ~ an Arbeit/Soldaten** several times the work/the number of soldiers; **um das ~** [*o* **ein ~s**] **so groß/schnell etc. wie etw** several times as large/fast etc. as sth
Mehrfachfahrschein *m* multi-journey [*or* AM *esp* multi-ride] ticket **Mehrfachimpfstoff** *m* mixed vaccine **Mehrfachnennung** <-, -en> *f* multi-referencing; **~en möglich** multiple references possible **mehrfachresistent** *adj inv* multiresistant; **~e Krankheitserreger** multiresistant pathogens **Mehrfachsteckdose** *f* multiple socket **Mehrfachstecker** *f* TECH multiple [*or* multicontact] plug
Mehrfamilienhaus [-liən-] *nt* multiple[-family] dwelling
Mehrfarbenarbeiten *pl* TYPO multi-colour [*or* AM -or] work *no pl* [*or pl* jobs] **Mehrfarbendruck** *m* [multi-]colour [*or* AM -or] printing
mehrfarbig *adj* multicoloured [*or* AM -ored], polychromatic *form*
Mehrgeräteanschluss[RR] *m* TECH connection to several devices **Mehrgewicht** *nt* additional [*or* excess] weight **Mehrgewinn** *m* HANDEL excess profit **Mehrgewinnsteuer** *f* FIN windfall profits tax **mehrgleisig** *adj inv* (*fig*) **~ fahren** to leave one's options open
Mehrheit <-, -en> *f* ❶ *kein pl* (*die meisten*) ■ **die ~ einer S.** *gen* the majority [*or* AM plurality] of sth; **die ~ von Erben/Gläubigern/Schuldnern** the plurality of heirs/creditors/debtors; **in der ~ sein** to be in the majority; **die schweigende ~** the silent majority ❷ POL majority + *sing/pl vb;* **3/4 ~** 75 percent of the vote; **mit fünf Stimmen ~** with a majority of five [*or form* five-vote margin]; **eine knappe ~** a narrow [*or* shoestring] majority; **die absolute/einfache** [*o* **relative**]**/qualifizierte ~** an absolute/a simple [*or* relative]/a qualified majority; **die ~ gewinnen** [*o geh* **erringen**]**/verlieren** to win [*or* gain] a majority/lose one's majority; **die ~ haben** [*o* **besitzen**] to have a majority
mehrheitlich *adv* **~ entscheiden** to reach a majority decision; **von jdm ~ vertreten werden** to be represented by the majority of sb; ***wir sind ~ dafür*** the majority of us are for it
Mehrheitsaktionär(in) <-s, -e> *m(f)* majority shareholder **Mehrheitsbeschluss**[RR] *m* POL majority decision [*or* vote]; **einfacher ~** ordinary resolution **Mehrheitsbeteiligung** *f* HANDEL majority holding [*or* stake]; BÖRSE majority shareholding [*or* interest] **Mehrheitsentscheidung** *f* majority decision; **~ der Geschworenen** majority verdict **mehrheitsfähig** *adj inv* POL capable of securing a majority *pred;* ***die Partei war nicht ~*** the party was unable to secure a majority **Mehrheitsgesellschafter(in)** *m(f)* controlling [*or* majority] partner **Mehrheitspartei** *f* majority party **Mehrheitsverhältnis** *nt* majority ratio **Mehrheitswahl** *f* first-past-the-post election **Mehrheitswahlrecht** *nt kein pl* majority vote [*or* BRIT *a.* first past the post] system **Mehrheitswahlsystem** *nt* JUR majority voting system
mehrjährig *adj attr* several years of *attr,* of several years *pred;* **~e Pflanzen** perennials **Mehrkampf** *m* SPORT multi-discipline event **Mehrkosten** *pl* additional [*or* excess] costs *pl* **Mehrleistung** *f* ÖKON extra output, increased performance; (*Versicherung*) additional payment **Mehrlieferung** *f* HANDEL additional [*or* increased] delivery
Mehrling <-s, -e> *m* MED, BIOL child born as part of a multiple birth **Mehrlingsgeburt** *f von Menschen* multiple birth; (*von Tieren*) multiparous birth **Mehrlingsschwangerschaft** *f von Menschen* multiple pregnancy; (*von Tieren*) multiparous pregnancy
mehrmalig *adj attr* repeated
mehrmals *adv* repeatedly, several times
Mehrmetallplatte *f* multi-metal plate **mehrmotorig** *adj inv Flugzeug* multi-engined *attr* **Mehrparteiensystem** *nt* multiparty [*or* multiple party] system **mehrperiodisch** *adj inv* multi-period **mehrphasig** *adj inv* ELEK multiphase, polyphase **Mehrplatzrechner** *m* INFORM multi-user system **Mehrplatzsystem** *nt* INFORM shared logic system **mehrpolig** *adj inv* ELEK multi-pin *attr* **Mehrpreis** *m* additional price **Mehrprozessorsystem** *nt* INFORM multiprocessor system **Mehrrechtsstaat** *m* JUR state with several legal systems **mehrseitig** *adj* ❶ (*aus mehreren Seiten*) of several pages *pred* ❷ POL (*multilateral*) multilateral, multipartite; **~er Handelsverkehr** multilateral trading **mehrsilbig** *adj* polysyllabic *spec;* **ein ~es Wort** a polysyllable *spec* **mehrsprachig** **I.** *adj* multilingual, polyglot *form* **II.** *adv* **~ aufwachsen** to grow up multilingual [*or* speaking several languages]; **~ ausgebildet/geführt** [**sein**] [to be] trained/conducted in several languages **Mehrsprachigkeit** <-> *f kein pl* multilingualism, ability to speak several languages **mehrstellig** *adj inv Zahl, Betrag* multi-figure *attr* **mehrstimmig** MUS **I.** *adj* polyphonic, for [*or* in]/of several voices *pred;* **~er Gesang** part singing, song for several parts **II.** *adv* **~ singen/spielen** to sing/play in harmony **Mehrstimmrecht** *nt* JUR multiple voting rights *pl* **mehrstöckig** **I.** *adj* multistorey BRIT, multistory AM **II.** *adv* **~ bauen** to put up multistorey [*or* AM multistory] buildings; **etw ~ planen** to plan sth with several/many storeys [*or* AM storys] **Mehrstufenrakete** *f* multistage rocket **mehrstufig** *adj inv* ❶ *Leiter* consisting of several steps *pred* ❷ *Rakete* multi-stage *attr* **mehrstündig** *adj* of [*or* lasting] several hours *pred;* ■ **~ sein** to last several hours; **~e Abwesenheit** an absence of several hours, several hours' absence; **nach ~er Dauer** after several hours; **nach einem ~en Gespräch** after talks of [*or* lasting] several hours, after several hours of [*or* hours'] talking **Mehrsystemtechnik** *f* multisystem technology (*enables a high-speed train to travel along tracks of varying current strengths*) **mehrtägig** *adj* lasting several days *pred;* ■ **~ sein** to last several days; **~e Abwesenheit** an absence of several days, several days' absence; **in ~en Gesprächen** in talks lasting several days, in several days of talking **mehrteilig** *adj inv* in several parts *pred* **Mehrumsatz** *m* FIN surplus turnover
Mehrung <-, -en> *f meist sing* (*geh*) increase
Mehrverbrauch *m kein pl* additional consumption
Mehrverdienst *m* ÖKON incentive pay
Mehrvölkerstaat *m* multiracial [*or* multinational] state
Mehrwegflasche *f* returnable bottle, re-usable bottle [on which a returnable [*or* refundable] deposit is paid] **Mehrweggeschirr** *nt kein pl* crockery *no pl* (*as opposed to disposable plates and cups*) **Mehrwegquote** *f* ÖKOL percentage of reusable bottles **Mehrwegverpackung** *f* ÖKON, ÖKOL re-usable [foodstuff] packaging
Mehrwert *m kein pl* FIN added value *no pl;* **absoluter/relativer ~** absolute/relative added value
Mehrwertdienste *pl* TELEK premium rate service
mehrwertig *adj inv* CHEM polyvalent
Mehrwertsteuer *f* value-added tax, VAT; **die ~ erhöhen** to increase VAT **mehrwertsteuerfrei** *adj inv* FIN zero-rated
mehrwöchig *adj* lasting several weeks *pred;* ■ **~ sein** to last several weeks; **~e Abwesenheit** an absence of several weeks, several weeks' absence; **nach ~er Dauer** after several weeks; **nach einem ~en Gespräch** after talks of [*or* lasting] several weeks, after several weeks of [*or* weeks'] talking
Mehrzahl *f kein pl* ❶ (*Mehrheit*) majority; ■ **die ~ der Personen** the majority of the persons *form,* most of the people; ■ **die ~ einer S.** *gen* most of sth; **in der ~ sein** to be in the majority ❷ LING plural [form]
mehrzeilig *adj* of [*or form* comprising] several lines *pred;* ■ **~ sein** to comprise several lines *form*
Mehrzweckfahrzeug *nt* multipurpose vehicle, MPV **Mehrzweckhalle** *f* multipurpose hall **Mehrzweckwaggon** *m* general-purpose wagon

M

[*or* BRIT *a.* waggon] **Mehrzweckzange** *f* multi-purpose tool

meiden <mied, gemieden> *vt* (*geh*) (1) (*aus dem Wege gehen*) ■**jdn** ~ to avoid [*or* steer clear of] sb (2) (*sich von etw fernhalten*) ■**etw** ~ to avoid sth; **Alkohol** ~ to avoid [*or* abstain from] [*or form* eschew] alcohol

Meile <-, -n> *f* mile; **die sündige** ~ (*hum*) ≈ red-light district; HIST (*4,8 km*) league ► WENDUNGEN: **etw drei ~en gegen den Wind riechen können** (*fam*) to be able to smell sth a mile off

Meilenstein *m* (*a. fig*) milestone **meilenweit** *adv* for miles [and miles *fam*]; ~ **entfernt** miles [and miles *fam*] away

Meiler <-s, -> *m* (1) (*Kohlenmeiler*) charcoal kiln [*or* pile] [*or* stack] (2) (*Atomreaktor*) [nuclear] reactor, [atomic] pile

mein I. *pron poss, adjektivisch* (1) (*das [zu] mir gehörende*) my; **was ~ ist, ist auch dein** (*geh*) what's mine is yours; **M~ und Dein verwechseln** [*o* **nicht unterscheiden können**] (*euph*) to take what doesn't belong to one *a. euph* (2) (*von mir üblicherweise konsumiert*) my; ***ich rauche am Tag schon so ~e 20 Zigaretten*** I smoke my 20 cigarettes a day (3) (*in Höflichkeitsfloskeln*) my; **~e Damen und Herren!** Ladies and Gentlemen!; **bitte hier entlang, ~ Herr/~e Dame/~e Herrschaften!** if you would come this way, Sir/Madam/ladies and gentlemen II. *pron pers gen von* **ich** (*veraltet poet*) of me

meine(r, s) *pron poss, substantivisch* (*geh*) (1) (*mir Gehörendes*) ■[*geh* **der/die/das**] **M~** mine (2) (*Angehörige*) ■**die M~n** my people [*or* family] (3) (*das mir Zukommende*) ■**das M~** my share; ***ich tue das M~*** I'll do my bit (4) (*das mir Gehörige*) what is mine; ***es ist alles das M~*** it's all mine

Meineid *m* JUR perjury *no art, no pl;* **einen ~ leisten** [*o* **ablegen**] [*o* **schwören**] to commit perjury, to perjure oneself *form*

meineidig *adj* perjured; **ein ~er Mensch** a perjurer; ■~ **werden** to commit perjury, to perjure oneself *form*

meinen I. *vi* (1) (*denken, annehmen*) ■~[, **dass**] to think [*or fam* reckon] [that]; **ich würde/man möchte ~, ...** I/one [*or* you] would think ...; ~ **Sie?** [do] you think so? [*or fam* reckon [so]] (2) (*sagen*) to say; ***ich meinte nur so*** (*fam*) it was just a thought, I was only saying! *fam;* ■**zu jdm ~, [dass]** ... to tell [*or* say to] sb that ...; ***wenn Sie ~!*** if you wish; ***wie ~ Sie?*** [I] beg your pardon?; [***ganz***] ***wie Sie ~!*** [just] as you wish; (*drohend a.*) have it your way II. *vt* (1) (*der Ansicht sein*) ■~, [**dass**] ... to think [that] ...; ***ich meine das genauso, wie ich es gesagt habe*** I mean exactly what I said; ***das sollte man*** ~ one would have thought (2) (*über etw denken*) ***und was ~ Sie dazu?*** and what do you say? [*or* think], and what's your view [of it]? [*or* opinion [on it]] (3) (*sagen wollen*) ■**etw [mit etw]** ~ to mean [*or* imply] sth [by sth]; ***was meinen Sie [damit]?*** what do you mean [*or* are you implying] [by that]?; **das will ich [auch/doch] ~!** I should think so too! (4) (*ansprechen*) ■**jdn [mit etw]** ~ to mean sb [with sth]; ***damit bist du gemeint*** that [*or* he/she etc.] means you; ***ich meine den da hinten*** I'm talking about him at the back (5) (*beabsichtigen*) to mean, to intend; **es ehrlich** ~ to honestly mean sth; **es ehrlich mit jdm** ~ to be honest with sb; ***ich meine es ernst*** I'm serious [about it]; **es gut** ~ to mean well; **es gut mit jdm** ~ to do one's best for sb; **es nicht böse** ~ to mean no harm; ***so war es nicht gemeint*** it wasn't meant like that; **es ~, wie man es sagt** to mean what one says; **etw wortwörtlich** ~ to mean sth literally (6) (*sich für jdn darstellen*) to mean, to intend; ***heute hat es die Sonne gut mit uns gemeint*** the sun has done its best for us today

meiner *pron pers gen von* **ich** (*geh*) ***gedenke*** ~ remember me; ***spotte nicht*** ~ do not mock me *liter*

meinerseits *adv* as far as I'm concerned, for my part; **alle Einwände** ~ all objections on my part; **ganz** ~ the pleasure is/was [all] mine

meines *pron s.* **meine(r, s)**

meinesgleichen *pron inv* (1) (*Leute meines Standes*) my own kind, [my] equals *pl* (2) (*jd wie ich*) people such as I [*or* me], people like me [*or* myself]

meinethalben *adv* (*geh*), **meinetwegen** *adv* (1) (*wegen mir*) because [*or* on account] of me, on my account; (*mir zuliebe*) for my sake (2) (*von mir aus*) as far as I'm concerned; ***~!*** if you like! (3) (*beispielsweise*) for example [*or* instance] **meinetwillen** *adv* **um** ~ for my sake

meinige *pron poss* (*veraltend geh*) *s.* **meine(r, s)**

meins *pron poss* ■~ **sein** to be mine

Meinung <-, -en> *f* opinion; (*Anschauung a.*) view; **geteilte ~en** differing opinions [*or* views]; **geteilter ~ sein** to have differing opinions [*or* views]; ***was diesen Punkt angeht, gehen die ~en auseinander*** opinions differ on this point; **ähnlicher/anderer ~ sein** to be of a similar/different opinion; **bestimmte ~en zu etw haben** to have certain opinions [*or* views] on sth; **eine eigene ~ haben** to have an opinion of one's own; **[nicht] der gleichen ~ sein** to [not] share the same opinion [*or* view]; **die öffentliche** ~ public opinion [*or* sentiment], the vox populi *liter;* **dieser ~ sein** to be of [*or* share] this opinion [*or* view]; **einer ~ sein** to share the same opinion [*or* view], to think the same, to be of the same [*or* of one] mind; **jds ~ [zu etw] kennen** to know sb's opinion [on sth] [*or* view [of [*or* on] sth]], to know what sb says [on sth]/thinks [of sth]; ■**nach jds ~,** ■**jds ~ nach** in sb's opinion [*or* view], in the opinion [*or* view] of sb, to sb's way of thinking; **seine ~ ändern** to change one's mind [*or* opinion]; **seine ~ beibehalten, bei seiner ~ bleiben** to stick to [*or form* persist in] one's opinion; **der ~ sein, dass ...** to be of the opinion [*or* take the view] that ...; **jdm die ~ sagen** (*fam*) to give sb a piece of one's mind *fam;* **jds ~ sein** to be [just] what sb thinks; ***genau meine ~!*** exactly what I thought!

Meinungsäußerung *f* (1) (*das -ußern einer Ansicht*) expression of an opinion [*or* a view]/opinions [*or* views] *pl;* JUR statement of opinion; ■**bei seiner ~** in expressing one's opinions [*or* views] (2) (*vorgebrachte Ansicht*) opinion, view; **die freie ~** free[dom of] speech

Meinungsäußerungsfreiheit *f* JUR freedom to express one's opinion **Meinungsaustausch** *m* exchange of views [*or* ideas] (**zu** +*dat* on); **in einem ~ miteinander/mit jdm stehen** to exchange views [*or* ideas] [with one another/sb] **Meinungsbildung** *f* ■**die** ~ the formation of opinion **Meinungsforscher(in)** *m(f)* [opinion] pollster, public opinion analyst *form* **Meinungsforschung** *f kein pl* ■**die** ~ [public] opinion polling [*or* research] **Meinungsforschungsinstitut** *nt* opinion research institute **Meinungsfreiheit** *f kein pl* ■**die** ~ free[dom of] speech; **die journalistische ~ unterdrücken** to gag the press **Meinungsführer(in)** *m(f)* opinion leader **Meinungsumfrage** *f* [public] opinion poll; **eine ~ abhalten** [*o* **machen**] to take [*or form* conduct] a public opinion [*or* an opinion] poll [*or* a poll] **Meinungsumschwung** *m* swing of opinion **Meinungsverschiedenheit** *f* (1) (*Unterschiedlichkeit von Ansichten*) difference [*or form* divergence] of opinion; **eine erhebliche ~** a clash of opinion (2) (*Auseinandersetzung*) argument, difference of opinion *hum;* **eine kleine ~** a slight difference of opinion *hum fam;* **eine ~ haben** to have an argument [*or hum* a difference of opinion]; **eine kleine ~ haben** to have a [slight] tiff *fam* **Meinungsvielfalt** *f* diversity of opinion

Meiose <-, -n> *f* BIOL meiosis

meiotisch *adj* BIOL meiotic

Meise <-, -n> *f* ORN tit ► WENDUNGEN: **eine ~ haben** (*sl*) to have a screw loose *hum fam*

Meisel *m* KOCHK ÖSTERR *beef cut from the shoulder-blade*

Meißel <-s, -> *m* chisel

meißeln I. *vi* ■**[an etw** *dat*] ~ to chisel [at sth] II. *vt* (1) (*mit dem Meißel herstellen*) ■**etw** ~ to chisel sth (2) (*mit dem Meißel einschlagen*) ■**etw in etw** *akk* ~ to chisel sth into sth; ■**[sich** *dat*] **etw in etw** *akk* ~ **lassen** to have sth chiselled [*or* AM -eled] into sth

meist *adv* (1) *s.* **meistens** (2) *superl von* **viel**: ~ **inszeniert** most-staged

Meistbegünstigung *f* JUR most-favoured-nation treatment **Meistbegünstigungsgrundsatz** *m* JUR most favoured nation principle **Meistbegünstigungsklausel** *f* JUR most-favoured-nation clause

meistbietend *adj inv, attr* ÖKON highest-bidding *attr,* bidding highest *pred*

Meistbietende(r) <-n, -n> *dekl wie adj f(m)* ÖKON highest bidder

meiste(r, s) *pron indef superl von* **viel** (1) *adjektivisch, + nsing* most; **der ~ Luxus ist überflüssig** most luxury is superfluous; **das ~ Geld** the most money; (*als Anteil*) most of the money; **die ~ Zeit** [the] most time; (*adverbial*) most of the time; **nicht das ~ an Intelligenz haben** to be two bricks shy of a load *hum fam* (2) *adjektivisch, + nsing* most; **die ~n Menschen/Probleme** most people/problems; **die ~n dieser/meiner Beispiele** most of these/my examples (3) *substantivisch* ■**die ~n** (*Menschen*) most people; (*Dinge*) most of them; **die ~n von uns** most of us (4) *substantivisch* ■**das ~** (*zählbares*) most of them; (*nicht zählbares*) most of it; (*als Anteil*) the most; ■**das ~ von dem, was ...** most of what ... (5) (*adverbial: vor allem*) ■**am ~n** [the] most; ***was mich am ~n gefreut hat, ...*** what pleased me [the] most ...

meisten I. *adj superl von* **viel** most; **die ~ Leute** most people II. *adv superl von* **sehr**: ■**am ~** most of all; **am ~ bekannt** best known

meistens *adv* mostly, more often than not; (*zum größten Teil*) for the most part; ■**etw ~ machen** to mostly [*or* more often than not] do sth

meistenteils *adv* (*geh*) *s.* **meistens**

Meister(in) <-s, -> *m(f)* (1) (*Handwerksmeister*) master [craftsman]; (*Betriebsmeister*) foreman, gaffer BRIT *fam;* (*als Anrede*) boss *fam,* guv BRIT *sl;* ■~/~**in Müller** (*veraltend: als Anrede*) Master/Mistress Müller *dated;* **seinen ~ [in etw** *dat*] **machen** to take one's master[craftman]'s diploma [*or* certificate] [in sth]; ~ **Lampe** (*Märchenfigur*) Master Hare (2) SPORT (*Titelträger*) champion; (*führende Mannschaft*) champions *pl* (3) (*großer Künstler*) master; **alter ~** old master (4) (*Lehrer*) [school]master *dated* ► WENDUNGEN: **seinen ~ finden** to meet one's match; **es ist noch kein ~ vom Himmel gefallen** (*prov*) no one is born a master; (*am Anfang eines Unternehmens*) it is the first step that is always difficult *prov;* **im Lügen ~ sein** to be a past master at lying

Meister-Bafög *nt* [state] grant towards the cost of training to become a master-craftsman **Meisterbrief** *m* master[craftman]'s diploma [*or* certificate]

meisterhaft I. *adj* masterly; (*geschickt*) masterful II. *adv* in a masterly manner [*or* fashion]; (*geschickt*) masterfully, in a masterful manner [*or* fashion]

Meisterhand *f* ■**die ~** the hand [*or* touch] of a/the master; **von ~** by a master hand

Meisterin <-, -nen> *f fem form von* **Meister**

Meisterleistung *f* (1) (*hervorragende Leistung*) masterly performance; **eine architektonische/musikalische ~** a masterly performance of architecture/music; **nicht gerade** [*o* **eben**] **eine ~** nothing to write home about *fam* (2) (*iron: miserable Leistung*) brilliant achievement *iron*

meisterlich *adj* (*geh*) *s.* **meisterhaft**

Meisterliga *f* FBALL Champions League

meistern *vt* ■**etw** ~ to master sth; **Schwierigkeiten ~** to overcome [*or* master] difficulties

Meisterprüfung *f* examination for the master[craftman]'s diploma [*or* certificate]

Meisterschaft <-, -en> *f* (1) SPORT (*Wettkampf zur Ermittlung des Meisters*) championship; (*Veranstaltung*) championships *pl* (2) *kein pl* (*Können*) mastery; **vollendete ~** accomplished mastery; **es [in etw** *dat*] **zu wahrer** [*o* **echter**] **~ bringen** to become really proficient [at sth] [*or* expert [in sth]], to achieve real mastery [in sth] [*or* proficiency [at sth]]; (*iron*) *Dieb* to get it/sth down to a fine art; **es [in etw** *dat*] **zu einiger ~ bringen** to start becoming [*or* to become] proficient [at sth], to start becoming [*or* to become] expert [in sth], to achieve some proficiency [at sth]

Meisterschütze, -schützin *m, f* marksman, crack shot **Meisterstück** *nt* ❶ (*Werkstück*) *work done to qualify as a master craftsman* ❷ (*Meisterwerk*) masterpiece ❸ (*iron: schlechte Leistung*) brilliant achievement *iron* **Meistertitel** *m* ❶ (*Titel eines Handwerksmeisters*) title of master craftsman ❷ SPORT (*Titel eines Champions*) championship title

Meisterung <-> *f kein pl* mastering *no pl; Schwierigkeiten a.* overcoming *no pl*

Meisterwerk *nt* masterpiece; ■**ein architektonisches/musikalisches ~** a masterpiece of architecture/music, an architectural/a musical masterpiece

meistgefragt *adj attr* most popular, most in demand *pred* **meistgenannt** *adj attr* most frequently mentioned **meistgesucht** *adj attr* most wanted **meistinszeniert** *adj attr superl von* **viel inszeniert** *s.* **viel 2 meistverkauft** *adj attr* best-selling; **das ~e Buch des Monats** the best-seller of the month **meistverlangt** *adj attr* in highest demand *pred*

Mekka <-s> *nt* (*a. fig*) Mecca

Melaminharz *nt* melamine resin

Melancholie <-, -n> [melaŋkoliː, -ˈliːən] *f* ■[**die/eine**] **~** melancholy; **in ~ verfallen** [*o* **versinken**] to get melancholy [*or fam* the blues]

Melancholiker(in) <-s, -> [melaŋˈkoːlikɐ] *m(f)* melancholic *form,* melancholy [*or form* melancholic] person

melancholisch [melaŋˈkoːlɪʃ] *adj* melancholy, melancholic *form;* **ein ~er Mensch** a melancholy [*or form* melancholic] person, a melancholic *form;* **etw macht jd ~** sth makes sb melancholy [*or form* melancholic], to give sb the blues *fam*

Melange <-, -n> [meˈlãːʒə] *f* ÖSTERR coffee with milk, BRIT *a.* white coffee

Melanin <-n, -e> *nt* MED melanin

Melanismus <-> *m* MED melanism

Melanom <-[e]s, -e> *nt* MED melanoma *spec;* **ein bösartiges** [*o fachspr* **malignes**] **~** a malignant melanoma *spec*

Melanozyten *pl* (*Pigmentzellen*) melanocytes *pl*

Melanzani *pl* ÖSTERR (*Aubergine*) aubergine BRIT, eggplant AM

Melasse <-, -n> *f* molasses

Melatonin <-s, -e> *nt* melatonin

Melde <-, -n> *f* BOT purslane, oracle

Meldeamt *nt* (*fam*) registration office; ■**auf dem ~** at the registration office **Meldebehörde** *f* (*geh*) *s.* **Einwohnermeldeamt Meldefrist** *f* period [*or* time] for registering, registration period **Meldegeheimnis** *nt* JUR confidentiality of registration office data

melden I. *vt* ❶ (*anzeigen*) ■[**jdm**] **etw ~** to report sth [to sb]; **etw im Personalbüro ~** to report sth to the personnel office; **etw schriftlich ~** to notify sth in writing ❷ (*berichten*) ■**etw** [**über etw** *akk*] **~** RADIO, TV to report sth [about sth]; **wie** [**soeben/gerade**] **gemeldet wird** according to reports [just [coming] in] ❸ (*denunzieren*) ■**jdn** [**bei jdm**] **~** to report sb [to sb] ❹ (*an~*) ■**jdn** [**bei jdm**] **~** to announce sb [to sb]; ***wen darf ich ~?*** who[m] shall I say [is here]?, what name shall I say?; **~ *Sie mich bitte bei Ihrem Chef!*** please tell your boss [that] I'm here! ▸ WENDUNGEN: [**bei jdm/irgendwo**] **nichts zu ~ haben** (*fam*) to have no say [with sb/somewhere] **II.** *vr* ❶ SCH (*auf sich aufmerksam machen*) ■**sich ~** to put one's hand up ❷ (*sich zur Verfügung stellen*) ■**sich zu etw ~** to report for sth; **sich zu etw freiwillig ~** to volunteer for sth; **sich zur Nachtschicht ~** to sign up [*or* volunteer] for the night shift; **sich zu der Tätigkeit im Ausland ~** to apply for the job abroad ❸ TELEK (*antworten*) ■**sich** *akk* [**unter etw** *dat*] **~** to answer [on/with sth]; ***es meldet sich keiner*** [***unter dieser Nummer***] there's no answer [*or* reply] [on this number]; ***sie meldet sich nie unter ihrem wahren Namen*** she never answers with her real name ❹ (*auf sich aufmerksam machen*) ■**sich** [**bei jdm**] **~** to get in touch [with sb]; ***wenn ich Sie brauchen sollte, melde ich mich*** [***bei Ihnen***] if I need you, I'll let you know

Meldepflicht *f* JUR compulsory registration; ***gewisse Infektionskrankheiten unterliegen der*** [***amtlichen***] **~** certain infectious diseases must be notified to the authorities; **polizeiliche ~** obligation to register with the police, compulsory registration [with the police] **meldepflichtig** *adj* notifiable **Melderegister** *nt* JUR register of residents **Meldeschein** *m* registration form **Meldestelle** *f* ADMIN registration office, report centre **Meldezettel** *m* ❶ (*im Hotel*) registration card [*or* form] ❷ ÖSTERR (*Meldeschein*) registration form

Meldung <-, -en> *f* ❶ (*Nachricht*) piece of news; **kurze ~en vom Tage** the day's news headlines; **~en vom Sport** RADIO, TV sports news + *sing vb* ❷ ADMIN (*offizielle Mitteilung*) report, notification; **amtliche ~** official return; [**jdm**] [**eine**] **~ machen** [*o* **erstatten**] MIL to [make a] report [to sb] ❸ SPORT (*An~*) entry ❹ *kein pl* (*das Denunzieren*) report; **jdn zur ~ von etw** *dat* **anhalten** to encourage sb to report sth; **durch ~** by reporting

meliert *adj* ❶ (*Haar*) streaked with grey [*or* AM *a.* gray] *pred,* greying, AM *a.* graying ❷ (*Gewebe, Wolle*) flecked, mottled

Melisse <-, -n> *f* BOT [lemon] balm

Melissengeist *m kein pl* [lemon] balm spirit *no pl*

melken <melkte *o veraltend* molk, gemolken *o selten* gemelkt> **I.** *vt* ❶ (*zur Abgabe von Milch bringen*) ■**ein Tier ~** to milk an animal ❷ (*durch Melken gewinnen*) ■**etw ~** to obtain sth by milking; **frisch gemolkene Milch** milk fresh from the cow [or goat] ❸ (*fam: finanziell ausnutzen*) ■**jdn ~** to milk [*or fam* fleece] sb *pej* **II.** *vi* to milk; **beim M~ sein** to be doing the milking

Melker(in) <-s, -> *m(f)* milker *masc,* milkmaid *fem,* dairyman *masc,* dairymaid *fem*

Melkfett *nt* rich skin cream **Melkmaschine** *f* milking machine

Melodie <-, -n> [-ˈdiːən] *f* melody, tune

Melodienfolge *f* musical medley **Melodienreigen** *m* medley [of tunes] **Melodiensammlung** *f* collection of melodies [*or* tunes]

Melodik <-> *f kein pl* MUS ❶ (*musikalische Eigenart*) melodic characteristic ❷ (*Lehre von der Melodie*) melodics + *sing vb,* theory of melody

melodiös *adj* (*geh*) *s.* **melodisch**

melodisch I. *adj* (*geh*) melodic, tuneful **II.** *adv* melodically, tunefully

Melodram <-s, -en>, **Melodrama** *nt* melodrama

melodramatisch I. *adj* melodramatic **II.** *adv* melodramatically

Melone <-, -n> *f* ❶ (*Frucht*) melon ❷ (*fam: Hut*) bowler [hat], AM *a.* derby

Membran <-, -e *o* -en> *f,* **Membrane** <-, – *o* -n> *f* ❶ TECH, PHYS diaphragm ❷ ANAT membrane

Memo <-s, -s> *nt* (*fam*) memo *fam*

Memoiren [meˈmoaːrən] *pl* memoirs

Memorandum <-s, Memoranden *o* Memoranda> *nt* memorandum

Menage <-, -n> [meˈnaːʒə] *f* ❶ (*Gewürzständer*) cruet ❷ ÖSTERR (*Truppenverpflegung*) rations *pl*

Menagerie <-, -ien> *f* menagerie

Mendelevium <-s> *nt kein pl* CHEM mendelevium *no pl*

Menetekel <-s, -> *nt* (*geh*) warning sign, portent

Menge <-, -n> *f* ❶ (*bestimmtes Maß*) ■**eine bestimmte ~** [**einer S.** *gen*] a certain amount [*or* quantity] [of sth]; **eine gewisse ~ enthalten** to contain a certain amount [*or* quantity]; **eine große ~ Kies/Wasser** a large amount of gravel/water; **in ausreichender** [*o* **genügender**] **~** in sufficient quantities ❷ (*viel*) ■**eine ~** [**einer S.** *gen*] a large amount [of sth]; **eine ~ Geld** a lot of money; **eine ~ zu sehen** a lot to see; **eine ganze ~** [**einer S.** *gen*] quite a lot [of sth]; **eine ganze ~ Geld/Glück** a large amount [*or* great deal] of money/luck; **in rauen** [*o* **großen**] **~n** in huge [*or* vast] quantities, by the ton; **in ~n** plenty of; **Eissorten in ~n** any amount of different sorts of ice cream; **jede ~ einer S.** *gen* loads [*or* masses] [*or* tons] of sth *fam;* ■**eine ~ an etw** *dat* a lot of sth ❸ (*fam: viele*) ■**eine ~ einer S.** *gen* lots of sth *fam* ❹ (*Menschen~*) crowd ❺ MATH set

mengen I. *vt* (*geh*) ■**etw in etw** *akk/***unter etw** *akk* **~** to mix sth into/with sth **II.** *vr* (*geh*) ■**sich** *akk* **unter die Leute ~** to mingle [with the people]

Mengenbeschränkung *f* HANDEL restriction in quantity **Mengenlehre** *f* MATH set theory *no pl, no art* **Mengenleistung** *f* ÖKON output, production capacity **mengenmäßig** *adv* quantitatively, as far as quantity is concerned **Mengenrabatt** *m* bulk [*or* quantity] discount **Mengenvorgabe** *f* ÖKON quantity standard

Menhir <-s, -e> *m* menhir, standing stone

Meningitis <-, Meningitiden> *f* MED meningitis

Meningokokke <-, -n> *f* MED meningococcus

Meniskus <-, Menisken> *m* ANAT meniscus **Meniskusverletzung** *f* ANAT, MED injury to a meniscus

Menjoubärtchen [ˈmɛnʒu-] *nt* pencil moustache

Mennige <-> *f kein pl* minium *no pl,* red lead *no pl*

Mennonit(in) <-en, -en> *m(f)* REL Mennonite

Menopause *f kein pl* menopause *no pl*

Menora <-, -> *f* REL (*jüdischer siebenarmiger Leuchter*) menorah

Menorca *nt* Minorca, Menorca; *s. a.* **Sylt**

Mensa <-, Mensen> *f* SCH refectory, canteen

Mensch¹ <-en, -en> *m* ❶ (*menschliches Lebewesen*) ■**der ~** man *no pl, no art;* ■**die ~en** man *sing, no art,* human beings *pl;* **~ und Tier** man and beast; **ein anderer ~ werden** to become a different person [*or* man/woman]; **ein neuer ~ werden** to become a new man/woman [*or* person]; **das konnte kein ~ ahnen!** no one cold have foreseen that!; **~ bleiben** (*fam*) to stay human; **auch nur ein ~ sein** to be only human; **kein ~ mehr sein** (*unmenschlich*) to be no longer human; (*fam: völlig erschöpft*) to be all in; **als ~** as a person; **kein ~** no one, nobody; ***es war kein ~ da*** there was no one [*or* not a soul] there ❷ (*Person*) person, man/woman; **~en** people; ***sie sollte mehr unter ~en gehen*** she should mix with people [*or* socialize] [*or* get out] more; [**viel**] **unter ~en kommen** to get out [a lot], to meet [a lot of] people ❸ (*die Menschheit*) ■**die ~en** mankind *sing, no art,* man *sing, no art;* **alle ~en** everyone, everybody; **so sind die ~en** that's how people are, that's human nature ❹ (*pej fam: Kerl*) character, so-and-so ▸ WENDUNGEN: **~ Meier!** (*sl*) wow! *fam,* gosh! *fam,* good grief! *fam;* **hat der ~ Töne!** (*fam*) can you believe it! *fam;* **des ~en Wille ist sein Himmelreich** (*prov*) you have to follow your own nose *prov;* **wie der erste** [*o* **letzte**] **~** (*fam*) very awkwardly [*or* clumsily]; **sich wie die ersten/letzten ~en benehmen** to behave like cavemen [*or* neanderthals]; **wie der letzte ~ aussehen** to look ridiculous; **nur ein halber ~ sein** (*fam*) to feel incomplete; ***ohne dich bin ich nur ein halber ~*** I'm lost without you; ***wenn sie nicht genügend geschlafen hat, ist sie nur ein halber ~*** if she hasn't had enough sleep, she's not herself [*or* only half there]; **von ~ zu ~** man to man/woman to woman; **~!** (*fam*) wow! *fam,* cor! *sl;* **~, *war das anstrengend/eine Anstrengung*** boy, was that exhausting/an effort; (*vorwurfsvoll*) for goodness' sake!; **~, *verschwinde!*** hey, clear off!; **~, *das habe ich ganz vergessen!*** blast, I completely forgot!

Mensch² <-[e]s, -er> *nt* SÜDD (*pej fam*) female *pej,* madam *pej,* slut *pej*

Mensch ärgere dich nicht <- - - -> *nt kein pl* (*Spiel*) ludo BRIT, Parcheesi® AM

menscheln *vi unpers* ■**es menschelt** there are people around *unpers*

Menschenaffe *m* [anthropoid] ape **menschenähnlich I.** *adj* manlike, like a human being/human beings *pred;* **nichts M~es** nothing human **II.** *adv* like human beings **Menschenalter** *nt* generation **Menschenansammlung** *f* gathering [of people]; **die ~en vor den Läden** the crowds in front of the shops **menschenarm** *adj* sparsely populated **Menschenauflauf** *m* crowd [of people]; ***es kam***

M

zu einem ~ a crowd gathered **Menschenbild** *nt* conception of man **Menschenfeind(in)** *m(f)* misanthropist **menschenfeindlich** *adj* ❶ (*misanthropisch*) misanthropic ❷ GEOG hostile [to man], inhospitable **Menschenfleisch** *nt kein pl* human flesh *no pl* **Menschenfresser(in)** <-s, -> *m(f)* (*fam*) ❶ (*Kannibale*) cannibal ❷ (*menschenfressendes Raubtier*) man-eater **Menschenfreund(in)** *m(f)* philanthropist **menschenfreundlich** *adj* philanthropic **Menschenfreundlichkeit** *f kein pl* philanthropy *no pl;* **aus reiner** ~ out of the sheer goodness of one's heart **Menschenführung** *f kein pl* leadership *no pl,* man management *no pl* **Menschengedenken** *nt kein pl* **seit** ~ as long as anyone can remember; ***diese alten Eiben stehen hier schon seit*** ~ these old yew trees have been here from time immemorial **Menschengestalt** *f* human form; **etw/jd in** ~ sth/sb in human form; **Satan in** ~ the devil incarnate; **ein Teufel in** ~ a devil in disguise **Menschenhand** *f kein pl* human hand; **von** ~ by the hand of man, by human hand **Menschenhandel** *m kein pl* slave trade *no pl,* trade [*or* traffic] in human beings **Menschenhändler(in)** *m(f)* trafficker in human beings **Menschenhass**RR *m kein pl* misanthropy *no pl* **Menschenkenner(in)** *m(f)* judge of character [*or* human nature]; **kein/kein guter** ~ **sein** to be no/a poor [*or* not a good] judge of character **Menschenkenntnis** *f kein pl* ability to judge character, knowledge of human nature; **keine/keine gute** ~ **haben** to be no/a poor [*or* not a good] judge of character **Menschenkette** *f* human chain **Menschenleben** *nt* ❶ (*Todesopfer*) [human] life; ***der Unfall forderte drei*** ~ the accident claimed three lives; **die Verluste an** ~ the loss of life; ~ **sind [nicht] zu beklagen** there has been [no] loss of life ❷ (*Lebenszeit*) lifetime; **ein ganzes** ~ **lang** a [whole] lifetime **menschenleer** *adj* ❶ (*unbesiedelt*) uninhabited ❷ (*unbelebt*) deserted **Menschenliebe** *f* **aus reiner** ~ out of the sheer goodness of one's heart **Menschenmasse** *f* (*pej*) crowd [of people], mass of people **Menschenmenge** *f* crowd [of people] **menschenmöglich** *adj* humanly possible; **das ist doch nicht** ~! (*fam*) [but] that's impossible!, that can't be true!; **das M~e tun** to do all that is humanly possible **Menschenopfer** *nt* ❶ REL human sacrifice ❷ (*geh: Menschenleben*) [human] life **Menschenraub** *m kein pl* kidnapping, abduction

Menschenrecht *nt meist pl* JUR human right *usu pl;* **die ~e schützen** to protect [*or* safeguard] human rights; **einen Staat wegen Verletzung der ~e anklagen** to accuse a state of violating [*or* a violation of] human rights; **die Achtung vor den ~n** respect of [*or* respecting] human rights **Menschenrechtler(in)** <-s, -> *m(f)* human rights activist **Menschenrechtsbeauftragte(r)** *f(m)* POL human rights commissioner **Menschenrechtserklärung** *f* JUR declaration of human rights, human rights declaration **Menschenrechtskommission** *m* JUR Human Rights Convention **Menschenrechtskonvention** *f* **Europäische** ~ European Convention on Human Rights **Menschenrechtslage** *f kein pl,* **Menschenrechtssituation** *f kein pl* POL human rights situation **Menschenrechtsorganisation** *f* human rights organization **Menschenrechtsverletzung** *f* violation [*or* infringement] of human rights

menschenscheu *adj* afraid of people **Menschenscheu** *f* fear of people **Menschenschlag** *m kein pl* (*fam*) kind of people, breed [of people] *fam* **Menschenseele** *f* human soul; **keine** ~ not a [living] soul

Menschenskind *interj* (*fam*) ❶ (*Herr des Himmels!*) good heavens, heavens above, good grief ❷ (*Mensch Meier!*) wow *fam,* gosh *fam*

menschenunmöglich *adj* ❶ (*völlig unmöglich*) utterly impossible, not humanly possible ❷ (*das Unmögliche*) ■**das M~e** the impossible **menschenunwürdig** I. *adj* inhumane; (*Behausung*) unfit for human habitation II. *adv* in an inhumane way, inhumanely; ~ **hausen** to live in conditions unfit for human beings **menschenverachtend** *adj* inhuman; (*Bemerkung*) contemptuous **Menschenverächter(in)** *m(f)* misanthrope, misanthropist **Menschenverachtung** *f kein pl* contempt for other people **Menschenverstand** *m kein pl* human intelligence [*or* intellect] *no pl;* **gesunder** ~ common sense **Menschenwürde** *f kein pl* human dignity *no pl, no art* **menschenwürdig** I. *adj* humane; (*Unterkunft*) fit for human habitation; **ein ~es Leben** a decent [*or* dignified] life II. *adv* humanely; ~ **leben/wohnen** to live in conditions fit for human beings

Menschheit <-> *f kein pl* ■**die** ~ mankind *no pl, no def art,* humanity *no pl, no art;* **das Schicksal der [ganzen/gesamten]** ~ the fate of [the whole of] mankind [*or* the [whole] human race]

Menschheitsgeschichte *f kein pl* history of mankind [*or* of the human race] **Menschheitsprobleme** *pl* problems *pl* of humanity

menschlich I. *adj* ❶ (*einem Menschen gehörend*) human; **das ~e Leben** human life ❷ (*durch Menschen erfolgend*) human; **~e Schwäche** human weakness; **~es Vermögen** ÖKON manning [*or* staffing] levels; **~es Versagen** human error; ■~ **sein** to be [only] human; *s. a.* **irren** ❸ (*human*) humane; (*Vorgesetzter*) understanding, sympathetic ❹ (*fam: zivilisiert*) civilized, refined II. *adv* ❶ (*human*) humanely ❷ (*fam: zivilisiert*) civilized; **wieder** ~ **aussehen** to look presentable again

Menschlichkeit <-> *f kein pl* humanity *no pl, no art;* **aus reiner** ~ for purely humanitarian reasons

Menschwerdung <-> *f kein pl* ❶ REL incarnation ❷ BIOL anthropogenesis

Mensen *pl von* **Mensa**

Menstruation <-, -en> *f* menstruation *no pl, no art*

Menstruationsschmerzen *pl* MED menstrual pains *pl,* menalgia *no pl spec* **Menstruationsstörungen** *pl* MED menstrual disorder, paramenia *no pl spec* **Menstruationszyklus** *f* menstrual cycle

menstruieren* *vi* to menstruate

mental I. *adj* mental II. *adv* mentally

Mentalität <-, -en> *f* mentality

Menthol <-s, -e> *nt* menthol

Mentholzigarette *f* menthol cigarette

Mentor, -torin <-s, -toren> *m, f* ❶ SCH tutor, supervisor ❷ (*geh: erfahrener Förderer*) mentor

Menu <-s, -s> *nt* (*geh*), **Menü** <-s, -s> *nt* ❶ (*Mahlzeit*) set meal [*or* menu], table d'hôte *spec;* (*Speisenfolge*) menu ❷ INFORM menu; **hierarchisches** ~ hierarchical menu

Menüauswahl *f* INFORM menu selection **Menübaum** *m* INFORM menu tree **Menübesteck** *nt* place setting

Menuett <-s, -e> *nt* (*Tanz, Musik*) minuet

Menüführung *f* INFORM menu-driven operation **menügeführt** *adj inv* INFORM menu-driven **menügesteuert** *adj inv* INFORM menu-driven **Menüleiste** *f* INFORM menu bar **Menüpunkt** *m* INFORM menu item **Menüzeile** *f* INFORM menu bar

mercerisieren [-tsə-] *vt* ■**etw** ~ to mercerize sth

Merchandising <-s> ['mœːtʃəndaizɪŋ] *nt kein pl* ÖKON merchandizing *no pl*

Merchandisingartikel *m* article of merchandise

Merchantbanking <-s> ['məːtʃənt 'bæŋkɪŋ] *nt* merchant banking

merci *interj* (*hum*) merci *rare*

Mergel <-s, -> *m* GEOL marl

Meridian <-s, -e> *m* meridian

Merinowolle *f* merino wool

Meristem <-s, -e> *nt* BOT meristim

Merkantilismus <-> *m kein pl* HIST ■**der** ~ mercantilism *no pl,* the mercantile system

merkbar I. *adj* ❶ (*wahrnehmbar*) noticeable; **ein deutlich ~es Beben** a clearly perceptible tremor; **ein kaum ~es Summen/Pfeifen** a scarcely audible hum[ming]/whistle[whistling] ❷ (*zu behalten*) memorable, rememberable; **ein leicht ~er Name** an easily remembered name; **leicht/ohne weiteres** ~ **sein** to be easy to remember; **nicht/schwer** ~ **sein** to be very difficult/hard to remember II. *adv* noticeably

Merkblatt *nt* explanatory leaflet

merken I. *vt* ❶ (*spüren*) ■**etw** ~ to feel sth; ***es war kaum zu*** ~ it was scarcely noticeable ❷ (*wahrnehmen*) ■**etw [von etw** *dat*] ~ to notice sth [of sth]; ***ich habe nichts davon gemerkt*** I didn't notice a thing [*or* anything]; **das merkt jeder/keiner!** everyone/no one will notice!; **das ist zu** ~ that's obvious, one [*or* you] can tell; **bis das einer merkt!** (*fam*) it'll be ages before anyone realizes!; **du merkst auch alles!** (*iron*) how observant of you!, nothing escapes you, does it?; **jdn etw** ~ **lassen** to let sb feel [*or* see] sth ❸ (*behalten*) ■**leicht/schwer zu** ~ **sein** to be easy/difficult to remember; **merke: ...** NB: ..., note: ... II. *vi* ❶ (*spüren*) ■~, **dass/wie** to notice [*or* feel] that/how ❷ (*wahrnehmen*) ■~, **dass etw geschieht** to notice that sth is happening III. *vr* ❶ (*im Gedächtnis behalten*) ■**sich** *dat* **etw** ~ to remember sth; **das werde ich mir** ~! (*fam*) I'll remember [*or* I won't forget] that!; **merk dir das!/merken Sie sich das!** [just] remember that! ❷ (*im Auge behalten*) ■**sich** *dat* **jdn/etw** ~ to remember [*or* make [*or* keep] a [mental] note of] sb/sth

merklich I. *adj* noticeable II. *adv* noticeably

Merkmal <-s, -e> *nt* characteristic, feature; **besondere ~e: ...** (*Eintrag im Pass*) distinguishing marks; (*Kennzeichen*) distinguishing features; [**besonderes**] **persönliches** ~ personal distinguishing mark

Merkmalanalyse *f* INFORM feature recognition

Merksatz *m* mnemonic sentence

Merkur <-s> *m* ASTRON ■**der** ~ Mercury

Merkvers *m* SCH mnemonic [verse [*or* rhyme]], jingle

merkwürdig I. *adj* strange, odd, curious; **zu ~!** how strange! II. *adv* strangely, oddly; ***hier riecht es so*** ~ there's a very strange smell here

merkwürdigerweise *adv* strangely [*or* oddly] [*or* curiously] enough

Merkwürdigkeit <-, -en> *f* ❶ *kein pl* (*Seltsamkeit*) strangeness *no pl,* oddness *no pl* ❷ *meist pl* (*selten: Kuriosität*) curiosity

Merlan <-s, -e> *m* ZOOL whiting

Merlin <-s, -e> *m* ORN merlin

meschugge *adj* (*veraltend fam*) ■~ **sein/werden** to be/go crazy [*or* mad] [*or fam* nuts] [*or* meshuga]

Meskalin <-s> *nt kein pl* mescalin[e] *no pl*

Mesner <-s, -> *m* DIAL (*Küster*) sexton, verger

Mesokarp <-s, -e> *nt* BIOL mesocarp

Meson <-s, Mesonen> *nt* NUKL meson

Mesopotamien <-s> *nt* HIST Mesopotamia

Message <-, -s> ['mɛsɪdʒ] *f* (*sl*) message

MessapparatRR *m* gauge **Messbalken**RR *m* TYPO measuring carriage

messbarRR *adj,* **meßbar** *adj* measurable; ■**gut/schwer** ~ **sein** to be easy/difficult to measure **Messbecher**RR *m* measuring cup [*or* BRIT *a.* jug] **Messbuch**RR *nt* REL missal, mass-book **Messdaten**RR *pl* TECH measuring data + *sing vb* **Messdiener**RR**(in)** *m(f)* REL server

Messe¹ <-, -n> *f* ❶ (*Gottesdienst*) mass *no pl;* **in die/zur** ~ **gehen** to go to mass; **schwarze** ~ Black Mass; **für jdn eine** ~ **lesen lassen** to have a mass said for sb; **die** ~ **lesen** [*o* **halten**] to say mass ❷ (*liturgische Komposition*) mass

Messe² <-, -n> *f* (*Ausstellung*) [trade] fair; **auf der** ~ at the fair

Messe³ <-, -n> *f* NAUT, MIL mess

Messeausweis *m* ÖKON [trade] fair [*or* [exhibition]] pass **Messebesucher(in)** *m(f)* visitor to a/the [trade] fair **Messegebäude** *nt* [trade] fair [*or* exhibition] building **Messegelände** *nt* exhibition centre [*or* AM -er] **Messehalle** *f* exhibition hall **Messekatalog** *m* trade fair [*or* exhibition] catalogue [*or* AM -og]

messen <misst, maß, gemessen> I. *vt* ❶ (*Ausmaß oder Größe ermitteln*) ■**etw** ~ to measure sth; ■**jds Blutdruck/Temperatur** ~ to take sb's blood pressure/temperature ❷ (*als Größe haben*) ■**etw** ~

to measure sth ❸ (*beurteilen nach*) ■ **etw an etw** *dat* ~ to judge sth by sth; ■ **gemessen an etw** *dat* judging [*or* going] by sth; **seinen Verstand an jdm/etw** ~ to pit one's wits against sb/sth **II.** *vr* (*geh*) ■ **sich** *akk* [**in etw** *dat*] **mit jdm** ~ to compete with [*or* against] sb [in sth]; **sich** *akk* **mit jdm/etw** ~ **können** to be able to match [*or* be a match for] sb/sth; *s. a.* **gemessen**

Messeneuheit *f* ÖKON new product [[on show] at a [trade] fair]

Messenger-RNS ['mɛsɪndʒə-] *f* BIOL messenger RNA

Messer <-s, -> *nt* knife; **mit ~ und Gabel essen** to eat with a knife and fork ▶ WENDUNGEN: **auf ~s Schneide stehen** to hang in the balance, to be balanced on a knife-edge; **es steht auf ~s Schneide, ob ...** it's touch and go whether ...; **unters ~ kommen** MED (*fam*) to go under the knife; [**jdm**] **ins** [**offene**] ~ **laufen** to play right into sb's hands, to walk straight into the trap; **jdn** [**jdm**] **ans ~ liefern** to betray [*or fam* tell on] [*or* BRIT *sl* shop] sb [to sb]; **bis aufs ~** to the bitter end

Messerblock *m* knife block **Messergriff** *m* knife handle **Messerheld** *m* (*pej*) thug with a knife *pej*, BRIT *a.* knifer **Messerklinge** *f* knife blade **Messermuschel** *f* ZOOL razor shell [*or* clam] **Messerrücken** *m* back of a/the knife **messerscharf** **I.** *adj* razor-sharp *a. fig* **II.** *adv* very astutely **Messerscheide** *f* knife sheath **Messerschleifer(in)** *m(f)* knife grinder **Messerschmied(in)** *m(f)* knifesmith **Messerspitze** *f* knife point; **eine ~/zwei ~n** [**voll**] [**einer S.** *gen*] KOCHK a pinch/two pinches [of sth]; **eine ~ Muskat** a pinch of nutmeg **Messerstecher(in)** <-s, -> *m(f)* (*pej*) knife [wo]man, knifer *fam* **Messerstecherei** <-, -en> *f* knife fight **Messerstecherin** <-, -nen> *f fem form von* Messerstecher **Messerstich** *m* knife thrust; (*Wunde*) knife [*or* stab] wound **Messerwerfer(in)** <-s, -> *m(f)* knife thrower

Messestadt *f* [town with an] exhibition centre [*or* AM -er] **Messestand** *m* stand [at a/the trade fair], exhibition stand

Messfehler[RR] *m* measuring mistake **Messgerät**[RR] *nt* measuring instrument, gauge, AM *a.* gage

Messgewand[RR] *nt* REL chasuble

messianisch *adj inv* REL messianic

Messianismus <-> *m kein pl* REL messianism

Messias <-> *m* REL ■ **der ~** the Messiah

Messing <-s> *nt kein pl* brass *no pl*

Messinggehäuse *nt* brass case [*or* casing] **Messinggriff** *m* brass handle **Messingklinke** *f* brass [door] handle

Messinstrument[RR] *nt* measuring instrument **Messkeil**[RR] *m* TYPO test wedge **Messlatte**[RR] *f* surveyor's wooden rod **Messopfer**[RR] *nt* REL Sacrifice of the Mass **Messsignal**[RR] *nt* ELEK test signal **Messstab**[RR] *m* measuring rod **Messtechnik**[RR] *f* measurement technology

Messtisch[RR] *m* TECH plane table **Messtischblatt**[RR] *nt* large-scale map [1:25000], BRIT *a.* ≈ Ordnance Survey map

Messung <-, -en> *f* ❶ (*das Messen*) measuring *no pl*, measurement *no pl* ❷ (*Messwert*) measurement, reading

Messwein[RR] *m* REL Communion wine **Messwert**[RR] *m* ❶ PHYS (*Wert*) measured value ❷ TECH (*Prüfwert*) test result **Messzylinder**[RR] *m* measuring cylinder

Mestize, Mestizin <-n, -n> *m, f* mestizo *masc*, mestiza *fem*

MESZ *f Abk von* **mitteleuropäische Sommerzeit** CEST, Central European Summer Time

Met <-[e]s> *m kein pl* mead *no pl*

Metabolismus <-> *m kein pl* BIOL metabolism

Meta-Gesellschaft *f* HANDEL joint-venture company **Metakredit** *m* FIN loan on a joint account

Metall <-s, -e> *nt* metal; **~ verarbeitend** metalworking; **die ~ verarbeitende Industrie** the metalworking industry

Metallabfall *m* waste metal **Metallarbeiter(in)** *m(f)* metalworker **Metallbindung** *f* CHEM metallic bond **Metalldose** *f* metal tin

Metallegierung *f s.* **Metalllegierung**

metallen *adj* metal

Metaller(in) <-s, -> *m(f)* (*fam*) metalworker

Metallgerüst *nt* metal scaffolding *no pl* **Metallgesellschaft** *f* metal processing [*or* metalworking] company **Metallhärte** *f* hardness of a/the metal

metallic *adj inv* metallic **Metalliclack** *m* AUTO metallic paint **Metalliclackierung** *f* metallic finish

Metallindustrie *f* metalworking industry

metallisch **I.** *adj* ❶ (*aus Metall bestehend*) metal ❷ (*metallartig*) metallic **II.** *adv* like metal, metallically

metallisieren *vt* ■ **etw ~** to metallize sth

Metallkabel *nt* TECH metal cable **Metallkunde** *f* metallurgy **Metalllegierung**[RR] *f* metal alloy **Metallsäge** *f* hacksaw **Metallscheibe** *f* TECH metal disk **Metallständerwand** *f* BAU metal post [*or* stud] wall

Metallurge, -urgin <-en, -en> *m, f* metallurgist

Metallurgie <-> *f kein pl* metallurgy *no pl, no art*

Metallurgin <-, -nen> *f fem form von* **Metallurge**

metallurgisch **I.** *adj* metallurgical **II.** *adv* metallurgically

metallverarbeitend *adj inv, attr s.* **Metall** **Metallverarbeitung** <-> *f kein pl* metalworking *no pl* **Metallwaren** *pl* metalware *sing, no indef art*, hardware *sing, no indef art* **Metallwinkel** *m* framing square

metamorph *adj inv* metamorphic, metamorphous; **~es Gestein** metamorphic rocks *pl*

Metamorphose <-, -n> *f* (*geh*) metamorphosis

Metapher <-, -n> *f* metaphor

Metaphorik <-> *f kein pl* (*Stilkunde*) use of metaphor; (*die verwendeten Metaphern*) imagery *no pl*, metaphors *pl*

metaphorisch *adj* metaphoric[al]

Metaphysik *f* metaphysics *no art, + sing vb*

metaphysisch *adj* metaphysical

Metasprache *f* LING metalanguage

Metastase <-, -n> *f* MED metastasis; (*Tochtergeschwulst*) metastatic growth

Meteor <-s, -e> *m* meteor

Meteorit <-en, -en> *m* meteorite

Meteoritengestein *nt* meteorite rock

Meteorologe, -login <-n, -n> *m, f* meteorologist; (*im Fernsehen*) weather forecaster, weatherman *masc*, weathergirl *fem*

Meteorologie <-> *f kein pl* meteorology *no pl*

Meteorologin <-, -nen> *f fem form von* **Meteorologe**

meteorologisch *adj* meteorological; **ein ~es Studium** a course in meteorology

Meteosat <-s> *nt kein pl kurz für* **Meteorological Satellite** Meteosat

Meter <-s, -> *m o nt* metre [*or* AM -er]; **etw in ~ umrechnen** to convert sth into metres; **in ~n** in metres; ***wieviel ist das in ~n?*** how much is that in metres?; **in ~n verkauft werden** to be sold in metres [*or* by the metre]; **etw nach ~n messen** to measure sth by the metre [*or* in metres]; **der laufende ~** per metre

meterdick *adj* ❶ (*einen Meter dick*) a/one metre [*or* AM -er] thick *pred* ❷ (*mehrere Meter dick*) [several] metres [*or* AM -ers] thick *pred* **meterhoch** *adj* ❶ (*einen Meter hoch*) a/one metre high *pred;* (*Schnee*) a/one metre deep *pred* ❷ (*mehrere Meter hoch*) [several] metres high *pred;* (*Schnee*) [several] metres deep *pred* **meterlang** *adj* ❶ (*einen Meter lang*) a/one metre long *pred;* ■ **etw/ein Tier ist/wird ~** sth/an animal is/grows a metre long ❷ (*mehrere Meter lang*) [several] metres long *pred* **Metermaß** *nt* ❶ (*Bandmaß*) tape measure ❷ (*Zollstock*) metre rule **Meterware** *f* piece goods *pl* **meterweise** *adv* by the metre **meterweit** **I.** *adj* ❶ (*einen Meter breit*) a/one metre wide *pred;* (*lang*) a/one metre long *pred* ❷ (*viele Meter weit*) metres wide *pred;* (*lang*) metres long *pred;* ***Kängurus sind zu ~en Sprüngen fähig*** kangaroos are capable of jumping several metres **II.** *adv* a long way; ***du hast ~ danebengeschossen*** you missed by miles

Methadon <-s> *nt kein pl* methadone *no pl*

Methan <-s>, **Methangas** *nt kein pl* methane [gas] *no pl*

Methanol <-s> *nt kein pl* CHEM methanol, methyl alcohol

Methode <-, -n> *f* ❶ (*bestimmtes Verfahren*) method; **mit ~** methodically; **etw hat ~** (*fam*) sth is carefully planned ❷ *pl* (*Vorgehensweise*) methods *pl;* ***es gibt da ~n!*** there are ways!; **was sind denn das für ~n?** what sort of way is that to behave? [*or* sort of behaviour [*or* AM -or] is that]

Methodik <-, -en> *f* methodology *no pl*

methodisch **I.** *adj* ❶ (*nach bestimmten Methoden erfolgend*) methodical ❷ (*in einer Methode begründet*) methodological **II.** *adv* methodically

Methodist(in) <-en, -en> *m(f)* Methodist

methodistisch *adj* Methodist

Methodologie <-, -ien> *f* methodology

Methusalem <-s> *m kein pl* Methusalah *no def art* ▶ WENDUNGEN: **alt wie ~** as old as Methusalah

Methyl <-s> *nt kein pl* methyl

Methylalkohol *m kein pl* methyl alcohol *no pl*, methanol *no pl*

Metier <-s, -s> [me'tie:] *nt* métier, profession; **sein ~ beherrschen, sich** *akk* **auf sein ~ verstehen** to be good at [*or* know] one's job

Metra (*veraltend*) *pl von* **Metrum**

Metren *pl von* **Metrum**

Metrik <-, -en> *f* ❶ LIT (*Verslehre*) metrics *no indef art, + sing vb;* (*Verskunst*) metric verse composition ❷ *kein pl* MUS (*Taktlehre*) study of rhythm and tempo

metrisch *adj* ❶ SCI (*auf dem Meter aufbauend*) metric ❷ LIT (*das Versmaß betreffend*) metrical

Metro <-, -s> *f* metro *no pl*, BRIT *a.* underground *no pl, esp* AM subway *no pl;* **mit der ~ fahren** to go [*or* travel] by [*or* take the] metro

Metronom <-s, -e> *nt* metronome

Metropole <-, -n> *f* ❶ (*Hauptstadt*) capital, metropolis ❷ (*städtisches Zentrum*) metropolis

Metropolit <-en, -en> *m* REL (*Oberhaupt einer orthodoxen Kirchenprovinz*) metropolitan

Metropolitankirche *f* REL Metropolitan Church

Metrum <-s, -tren> *nt* metre [*or* AM -er]

Mett <-[e]s> *nt kein pl* KOCHK DIAL (*Schweinegehacktes*) minced pork *no pl*

Mette <-, -n> *f* REL ❶ (*Frühmesse*) early [morning] mass ❷ (*Abendmesse*) midnight mass

Mettwurst *f* smoked beef/pork sausage

Metzelei <-, -en> *f* butchery *no indef art, no pl*, slaughter *no pl*

Metzger(in) <-s, -> *m(f)* DIAL (*Fleischer*) butcher; **beim ~** at the butcher's; **vom ~** from the butcher['s]

Metzgerei <-, -en> *f* DIAL (*Fleischerei*) butcher's [shop] BRIT, butcher shop AM; **aus der ~** from the butcher's

Metzgerin <-, -nen> *f fem form von* **Metzger**

Meuchelmord *m* insidious murder **Meuchelmörder(in)** *m(f)* insidious murderer, treacherous assassin

meucheln *vt* (*veraltend o pej*) ■ **jdn ~** to murder sb in a treacherous manner; *Herrscher* to assassinate sb

meuchlerisch *adj inv* (*pej*) *Anschlag* treacherous

Meute <-, -n> *f* ❶ (*pej: Gruppe*) pack, mob ❷ JAGD pack [of hounds]

Meuterei <-, -en> *f* mutiny

Meuterer <-s, -> *m* mutineer

meutern *vi* ❶ (*sich auflehnen*) ■ [**gegen jdn/etw**] ~ to mutiny [against sb/sth]; ■ **~d** mutinous ❷ (*fam: meckern*) to moan

Mexikaner(in) <-s, -> *m(f)* Mexican; *s. a.* **Deutsche(r)**

mexikanisch *adj* Mexican; *s. a.* **deutsch**

Mexiko <-s> *nt* Mexico

Mexiko-Stadt <-> *nt* Mexico City

MEZ *Abk von* **mitteleuropäische Zeit** CET

Mezzosopran *m* mezzo soprano

M

mg *nt Abk von* **Milligramm** mg, milligram

MG <-[s], -[s]> [ɛm'geː] *nt Abk von* **Maschinengewehr** MG

mhd. *adj Abk von* **mittelhochdeutsch** Middle High German

MHz *Abk von* **Megahertz** MHz

Mia. *f Abk von* **Milliarde(n)** b., billion

miau *interj* meow, miaou, miaow

miauen* *vi* to meow [*or* miaou]

mich I. *pron pers akk von* **ich** me II. *pron reflexiv* myself; ***ich will ~ da ganz raushalten*** I want to keep right out of it; ***ich fühle ~ nicht so gut*** I don't feel very well

Michel <-s> *m* DIAL *simple naive person;* **der deutsche ~** *the symbolic figure of Germany,* ≈ John Bull

mick(e)rig *adj* (*pej fam*) ① (*sehr gering*) measly *fam,* paltry ② (*klein und schwächlich*) puny ③ (*zurückgeblieben*) stunted

Mickymaus ['mɪki-] *f* Mickey Mouse *no art*

Mickymausheft ['mɪki-] *nt* Mickey Mouse comic

Microfaser *f* microfibre [*or* AM -fiber]

MIDI *nt* INFORM *Akr von* **musical instruments digital interface** MIDI

midi *adj pred* midi; **~ tragen** to wear a midi [skirt/coat/etc]

Midlifecrisis[RR], **Midlife-Crisis**[RR], **Midlife-crisis** <-> ['midlaifkraisis] *f kein pl* midlife crisis

mied *imp von* **meiden**

Mieder <-s, -> *nt* ① (*Oberteil eines Trachtenkleides*) bodice ② (*Korsage*) girdle; HIST stomacher

Miederhöschen [-høːsçən] *nt* panty girdle **Miederslip** *m* pantie-girdle **Miederwaren** *pl* corsetry *sing*

Mief <-s> *m kein pl* (*fam*) fug *no pl*

miefen *vi* (*fam*) to pong BRIT *fam,* to stink AM; ***was mieft denn hier so?*** what's that awful pong?; ■**es mieft [irgendwo]** there's a an awful smell [*or* BRIT pong] [somewhere]

Miene <-, -n> *f* expression, mien *liter;* ***seine ~ verhieß nichts Gutes*** the expression on his face did not bode well; **mit bestimmter ~** with a certain expression; ***mit freundlicher ~ begrüßte sie ihre Gäste*** she welcomed her guests with a friendly smile; **eine frohe/ärgerliche/böse/traurige/wichtige ~ machen** to look happy/annoyed/angry/sad/important; **~ machen, etw zu tun** to make as if to do sth ▶ WENDUNGEN: **gute ~ zum bösen Spiel machen** to grin and bear it; **ohne eine ~ zu verziehen** without turning a hair

Mienenspiel *nt kein pl* facial expressions *pl*

mies *adj* (*fam*) lousy *fam,* rotten *fam;* **~e zehn Mark** a miserable [*or* lousy] ten marks; **~e Laune haben** to be in a foul mood; **etw/jdn ~ machen** to run down sth/sb *sep;* **[jdm] etw ~ machen** to louse sth up [*or* spoil sth] [for sb] *fam;* **jdm den Ausflug ~ machen** to spoil sb's trip

Miese *pl* [**mit etw** *dat*] **in den ~en sein** (*fam*) to be [so much] in the red *fam;* **in die ~n kommen** (*fam*) to go [*or* get] into the red *fam;* **~ machen** (*fam*) to make a loss

Miesepeter <-s, -> *m* (*pej fam*) misery[-guts] BRIT *fam,* sourpuss AM *fam*

miesepet(e)rig *adj* (*pej fam*) miserable, grumpy *fam*

mies|machen *vt* (*fam*) *s.* **mies** **Miesmacher** *m* (*pej fam*) killjoy *pej* **Miesmacherei** <-, -en> *f* (*pej fam*) fault-finding *no pl,* carping *no pl* **Miesmuschel** *f* [common [*or* blue]] mussel

Mietausfall *m* loss of rent **Mietausfallwagnis** *nt* JUR risk of loss of rent **Mietauto** *nt* hire [*or* hired] car BRIT, rental car AM **Mietbindung** *f* rent restriction **Mietdauer** *f* rental period, tenancy [period], BRIT *a.* let

Miete[1] <-, -n> *f* rent; **überhöhte ~** exorbitant rent, rack-rent *fam;* **zur ~ wohnen** to live in rented accommodation [*or* AM accomodations] ▶ WENDUNGEN: **die halbe ~** (*fam*) half the battle; **die halbe ~ haben** to be half way there

Miete[2] <-, -n> *f* AGR pit, BRIT *a.* clamp

Mieteinkünfte *pl* FIN rental income **Mieteinnahme** *f meist pl* rental income, income from rents

mieten *vt* ■**etw ~** to rent sth; (*Boot, Wagen a.*) to rent sth [*or* BRIT *a.* hire]; (*Haus, Wohnung, Büro a.*) to lease sth

Mieter(in) <-s, -> *m(f)* tenant; (*Boot, Wagen a.*) hirer BRIT, renter AM; (*Haus, Büro a.*) leaseholder, lessee; **einem ~ kündigen** to give a tenant notice to quit

Mieterbund *f* tenants' association **Mieterhaftung** *f* tenant's liability

Mieterhöhung *f* rent increase

Mieterin <-, -nen> *f fem form von* **Mieter**

Mieterrechte *pl* tenant's rights **Mieterschutz** *m kein pl* legal protection of tenants, tenant protection *no pl* **Mieterschutzgesetz** *nt kein pl* ≈ Landlord and Tenant Act

Mietertrag *m* rental income

Mieterverein, **Mietervereinigung** *m* tenants association

Mietforderung *f* rental claim **mietfrei** I. *adj* rent-free II. *adv* rent-free **Mietgarantie** *f* rent guarantee **Mietgebühr** *f* rental charge **Miethöhe** *f* JUR amount of rent **Mietkauf** *m* HANDEL hire purchase, HP **Mietkaufvertrag** *m* HANDEL hire purchase agreement **Mietkaution** *f* security for rent, BRIT key money **Mietobjekt** *nt* leased [*or* rented] property **Mietpartei** *f* (*geh*) tenant **Mietpreis** *m* rent; *für ein Auto* hire [*or* AM rental] charge; *für Fernseher* rental **Mietpreisbindung** *f* rent control **Mietpreisstopp**[RR] *m* JUR rent freeze **Mietrecht** *nt kein pl* rent law, law of landlord and tenant **Mietrückstand** *m* rent arrears *pl,* back rent *no pl* **Mietsache** *f* (*Immobilie*) rented [*or* leased] property; (*beweglicher Gegenstand*) hired article

Mietshaus *nt* tenement, block of rented flats BRIT, apartment house AM **Mietskaserne** *f* (*pej*) tenement block [*or* AM house]

Mietspiegel *m* JUR representative list of rents, rent table **Mietstreitigkeit** *f* rent dispute **Mietverhältnis** *nt* tenancy, lease; **ein ~ aufheben/abschließen** to terminate/enter into a lease **Mietverlängerung** *f* renewal of a lease **Mietverlustversicherung** *f* FIN use and occupancy insurance **Mietverpflichtung** *f* JUR tenant's obligation **Mietvertrag** *m* tenancy agreement, lease; (*Wagen etc*) rental agreement; **jährlich kündbarer ~** tenancy from year to year; **jederzeit kündbarer ~** tenancy at sufferance; **einen ~ abschließen/aufkündigen** to sign/terminate a lease **Mietwagen** *m* hire[d] [*or* AM rental] car **Mietwert** *m kein pl* JUR rental value **Mietwertversicherung** *f* rental value insurance **Mietwohngrundstück** *nt* leasehold [*or* rented] property **Mietwohnung** *f* rented flat [*or* AM *a.* apartment] **Mietwucher** *m kein pl* JUR rackrenting **Mietzins** *m* SÜDD, ÖSTERR, SCHWEIZ (*geh*) rent, rental tariff **Mietzinsanpassungsklausel** *f* rent escalator clause **Mietzuschuss**[RR] *m* rent subsidy, assistance with the rent

Mieze <-, -n> *f* ① (*fam: Katze*) puss[y] *fam* ② (*veraltend sl: Mädchen*) chick *sl,* BRIT *a.* bird *fam*

Miezekatze *f* (*kindersprache*) pussy-cat *fam*

Migräne <-, -n> *f* migraine; **~ bekommen** to get migraines [*or* a migraine]; ***ich habe ~*** I've got a migraine

Migränemittel *nt* medicine for migraine

Migräniker(in) <-s, -> *m(f)* migraine sufferer

Migration <-, -en> *f* BIOL, SOZIOL migration

Mihrab <-[s], -s> [mɪ'xraːp] *m* REL mihrabm

Mikado <-s, -s> *nt* pick-up sticks + *sing vb,* jackstraw, pick-a-sticks + *sing vb* BRIT, spillikins + *sing vb*

Mikro <-s, -s> *nt* (*fam*) *kurz für* **Mikrofon** mike *fam*

Mikrobe <-, -n> *f* microbe

Mikrobiologe, -gin <-n, -n> *m, f* microbiologist **Mikrobiologie** *f kein pl* microbiology **mikrobiologisch** *adj inv* microbiological **Mikrochip** <-s, -s> [-tʃɪp] *m* microchip **Mikrochirugie** *f kein pl* microsurgery

Mikrocomputer *m* microcomputer **Mikrocomputerarchitektur** *f* INFORM microcomputer architecture **Mikrocomputerbus** *m* INFORM microcomputer bus **Mikrocontroller** <-s, -> *nt* INFORM microcontroller

Mikrodiskette *f* INFORM microfloppy **Mikroelektronik** *f* microelectronics *no art,* + *sing vb* **Mikrofarad** *nt* microfarad **Mikrofaser** *f s.* **Microfaser** **Mikrofiche** <-s, -s> [-fiʃ] *m o nt* microfiche; **auf ~s gespeichert** stored on microfiche **Mikrofilm** *m* microfilm **Mikrofon** <-s, -e> *nt* microphone **Mikrogramm** *nt* microgram **Mikrokassette** *f* ELEK microcassette **Mikroklima** *nt* BIOL microclimate **Mikrokosmos** *m* ① (*Kleinlebewesen*) microcosm ② BIOL world of microbiology ③ PHYS world of microphysics **Mikrometer** *nt* micrometre [*or* AM -er]

Mikron <-s, -> *nt* (*veraltend*) micron *dated; s.* **Mikrometer**

Mikronesien <-s> *nt* Micronesia; *s. a.* **Deutschland**

Mikronesier(in) <-s, -> *m(f)* Micronesian; *s. a.* **Deutsche(r)**

mikronesisch *adj* Micronesian; *s. a.* **deutsch**

Mikroökonomie *f* microeconomics + *sing vb* **mikroökonomisch** *adj inv* microeconomic **Mikroorganismus** *m* microorganism **Mikrophon** <-s, -e> *nt s.* **Mikrofon** **Mikrophoneingang** *m* INFORM microphone entry

Mikroprozessor *m* microprocessor **Mikroprozessoraufbau** *m* INFORM microprocessor architecture **Mikroprozessorchip** *m* INFORM microprocessor chip **Mikroprozessorsteuerung** *f* INFORM microprocessor-based control

Mikropumpe *f* MED micropump **Mikrorille** *f einer Schallplatte* microgroove **Mikrorillenschallplatte** *f* microgroove record **Mikrosensor** *m* microsensor

Mikroskop <-s, -e> *nt* microscope

Mikroskopie <-> *f kein pl* microscopy

mikroskopieren* *vt* ■**etw ~** to examine sth under a/the microscope

mikroskopieren* *vi, vt* SCI ■**(etw) ~** to put [sth] under a microscope

mikroskopisch I. *adj* microscopic; **von ~er Kleinheit sein** to be microscopically small II. *adv* microscopically; **etw ~ untersuchen** to examine sth under the microscope

Mikrosoftware *f* INFORM microsoftware **Mikrospiegel** *m am TV-Projektor* micro-mirror **Mikrostecklingsvermehrung** *f* BOT micropropagation **Mikrostudie** *f* SCI (*geh*) microstudy **Mikrosystem** *nt* TECH microsystem **Mikrosystemtechnik** *f* microsystem technology

Mikrotom <-s, -e> *nt* BIOL microtome

Mikro-Van <-[s], -s> [-væn] *m* micro-van

Mikrovirus *nt* INFORM microvirus

Mikrowelle *f* ① PHYS microwave ② (*fam: Mikrowellenherd*) microwave **Mikrowellengerät** *nt* microwave oven **Mikrowellenherd** *m* microwave oven

Mikrowellpappe *f* micro-corrugated board

Milan <-s, -e> ['miːlan, mi'laːn] *m* ORN kite; **Roter/Schwarzer ~** red/black kite

Milbe <-, -n> *f* ZOOL mite

Milch <-> *f kein pl* ① (*Nahrungsmittel*) milk *no pl;* **dicke ~** curds *pl;* **ein Tier gibt ~** an animal yields [*or* produces] milk ② (*Fischsamen*) milt

Milchbar *f* milk bar **Milchbart** *m* ① (*fam: erste Barthaare*) downy [*or* fluffy] beard ② (*pej: junger Mann*) milksop *pej* **Milchbecher** *m* milk mug **Milchbubi** <-s, -s> *m* (*pej*) milk face **Milchdrüse** *f* mammary gland **Milcheiweiß** *nt* lactoprotein **Milcherzeugnis** *nt* milk product **Milchflasche** *f* ① (*Flasche für Flaschenmilch*) milk bottle ② (*Flasche für Babykost*) baby's bottle **Milchfrau** *f fem form von* **Milchmann** **Milchgebiss**[RR] *nt* milk teeth *pl* **Milchgeschäft** *nt* dairy **Milchglas** *nt* ① (*weißliches Glas*) frosted [*or* milk] glass ② (*Glas für Milch*) milk glass

milchig *adj* milky

Milchkaffee *m* milky coffee **Milchkännchen** *nt* milk jug **Milchkanne** *f* [milk] churn; (*kleiner*) milk can **Milchkuh** *f* ① AGR dairy [*or* milch] cow,

milker ❷ *(fam: jd, den man finanziell ausnutzen kann)* milch cow *fam*, meal ticket *fam* ❸ ÖKON cash cow **Milchlamm** *nt* milk lamb **Milchmädchenrechnung** *f (fam)* naive fallacy [*or* miscalculation] **Milchmann, -frau** *m, f (fam)* milkman *masc*, milkwoman *fem* **Milchmenge** *f* milk yield **Milchmixgetränk** *nt (geh)* flavoured [*or* AM -ored] milk drink
Milchner <-s, -> *m* ZOOL milter
Milchprodukt *nt* milk product **Milchproduktion** *f kein pl* milk production *no pl* **Milchpulver** *nt* powdered milk *no pl* **Milchquote** *f in der EU* milk quota **Milchreis** *m* ❶ *(Gericht)* rice pudding ❷ *(Reis)* pudding rice **Milchsäure** *f* BIOL, CHEM lactic acid *no pl* **Milchsäurebakterium** *nt* lactobacillus, lactic acid bacterium **Milchschäumer** *m* milk frother **Milchschokolade** *f* milk chocolate **Milchshake** <-s, -s> [-ʃeːk] *m* milk shake **Milchspeise** *f* milk-based food **Milchstraße** *f* ■**die** ~ the Milky Way **Milchstraßensystem** *nt* ASTRON galaxy **Milchsuppe** *f* milk soup **Milchtopf** *m* milk pan **Milchtüte** *f* milk carton **Milchwirtschaft** *f kein pl* dairy farming *no art*, dairying *no art* **Milchzahn** *m* milk tooth **Milchzucker** *m* lactose *no pl*
mild I. *adj* ❶ METEO mild; ***bei ~er Witterung*** if the weather is mild ❷ *(nachsichtig)* lenient ❸ *(nicht würzig)* mild; **ein ~er Kognak** a smooth cognac; **~e Nahrung** bland food ❹ *(hautneutral)* mild, gentle II. *adv* ❶ *(nachsichtig)* leniently; ***das Urteil fiel ~e aus*** the judgement [*or* sentence] was lenient; **jdn ~er stimmen** to encourage sb to be more lenient; **~e ausgedrückt** [*o* **gesagt**] [*o* **gesprochen**] to put it mildly; ***und das ist noch ~e gesprochen!*** and that's putting it mildly! ❷ *(nicht würzig)* mild
Milde <-> *f kein pl* ❶ *(Nachsichtigkeit)* leniency *no pl*, clemency *no pl*; **~ walten lassen** *(geh)* to be lenient ❷ *(nicht würziger Geschmack)* mildness *no pl*; *(Kognak)* smoothness *no pl* ❸ METEO mildness *no pl*
mildern I. *vt* ■**etw** ~ ❶ *(abschwächen)* to moderate sth; **das Strafmaß** ~ to reduce the sentence; **~de Umstände** mitigating [*or* extenuating] circumstances ❷ *(weniger schlimm machen)* to alleviate sth; **jds Leid** ~ to ease sb's sorrow [*or* suffering] ❸ KOCHK to make sth milder [*or* less sharp] II. *vr* METEO ■**sich** *akk* ~ to become milder
mildernd *adj* JUR mitigating, extenuating; **~e Umstände** mitigating [*or* extenuating] circumstances
Milderung <-> *f kein pl* ❶ METEO increase in temperature; ***eine ~ des kalten Wetters ist schon spürbar*** it's already possible to feel the weather warming up ❷ *(das Mildern)* alleviation *no pl*; **die ~ der Armut/des Leids** the alleviation of poverty/suffering ❸ JUR mitigation; **~ der Strafe** mitigation of punishment; **die ~ eines Urteils** the moderation of a judgement
Milderungsgrund *m* mitigating circumstance, ground for clemency
mildtätig *adj (geh)* charitable; ■**~ sein** to be charitable, to perform charitable deeds
Mildtätigkeit *f kein pl (geh)* charity *no pl, no indef art*
Milienmesser *nt* milium knife
Milieu <-s, -s> [mi'liøː] *nt* ❶ SOZIOL *(Umfeld)* milieu, environment ❷ BIOL *(Umgebung)* environment ❸ *(sl: die Prostitutionsszene)* ■**das** ~ the world of prostitutes and pimps **Milieudruck** *m kein pl pressure exerted by the local physical and social environment* **milieugeschädigt** *adj inv* PSYCH maladjusted
militant *adj* militant
Militanz <-> *f kein pl (geh)* militancy *no pl*
Militär[1] <-s> *nt kein pl* ❶ *(Armeeangehörige)* soldiers *pl* ❷ *(Armee)* armed forces *pl*, military *no pl, no indef art*; **zum ~ müssen** to have to join up; **beim ~ sein** to be in the forces *pl*; **zum ~ gehen** to join up; **da geht es zu wie beim** ~ the place is run like an army camp
Militär[2] <-s, -s> *m (veraltend geh)* [senior] officer
Militärakademie *f* military academy **Militärarzt, -ärztin** *m, f* medical officer **Militärattaché** [-ataʃeː] *m* military attaché **Militärbündnis** *nt* military alliance **Militärdienst** *m kein pl* military service *no pl* **Militärdiktatur** *f* military dictatorship **Militärflugplatz** *m* military airfield **Militärgefängnis** *nt* military prison **Militärgericht** *nt* military tribunal [*or* court], court martial; **vor ein ~ gestellt werden** to be court-martialled **Militärintervention** *f* military intervention
militärisch I. *adj* military; **mit ~en Mitteln** by military means; **für ~es Vorgehen sein** to be in favour [*or* AM -or] of military action; *s. a.* **Ehre II.** *adv* in a military fashion; **~ grüßen** to salute; **sich** *akk* **~ straff halten** to hold oneself erect like a soldier, to have a military bearing; **etw ~ lösen** to resolve sth by military force
militarisieren* *vt* ■**etw** ~ to militarize sth; ■**militarisiert** militarized
Militarisierung <-> *f kein pl* militarization
Militarismus <-> *m kein pl (pej)* militarism *no pl*
Militarist <-en, -en> *m (pej)* militarist
militaristisch *adj (pej)* militaristic
Militärjunta <-, -s> [-xʊnta] *f* military junta **Militärkapelle** *f* MUS military band **Militärkrankenhaus** *nt* military hospital **Militärputsch** *m* military [*or* army] putsch **Militärregierung** *f* military government **Militärregime** *nt* military regime **Militärschlag** *m* military strike **Militärstützpunkt** *m* military base **Militärzeit** *f* time in the [armed] forces, army days *pl*
Milium <-s, Milien> *nt (Grieskorn unter der Haut)* milium
Miliz <-, -en> *f* ❶ *(Bürgerwehr)* militia ❷ *(in sozialistischen Staaten: Polizei)* police
Milizionär(in) <-s, -e> *m(f)* ❶ *(Angehörige(r) des Militärs)* militiaman *masc*, militiawoman *fem* ❷ *(Polizist in sozialistischen Staaten)* policeman *masc*, policewoman *fem*
Mill. *Abk von* **Million(en)** m
Mille <-, -> *f (sl)* grand *sl*; **zehn** ~ ten grand
Millefleurs <-> [mil'flœːr] *nt* millefleurs + *sing vb*
Millennium <-s, -ien> [-niən] *nt (geh)* millennium
Millenniums-Mutter *f mother having given birth on the first day of the new millennium; **sie ist eine** ~ she gave birth on the first day of the new millennium*
Milliampère *nt* milliampere
Milliardär(in) <-s, -e> *m(f)* billionaire
Milliarde <-, -n> *f* billion
Milliardenbetrag *m* amount of a billion [*or* several billions] **Milliardenhöhe** *f kein pl* ■**in ~** of the order of a billion [*or* of billions]
milliardste(r, s) *adj* billionth; **der ~ Teil eines Kilometers** the billionth part of a kilometre [*or* AM -er]
milliardstel *adj* billionth; **ein ~ Kilogramm** a billionth of a kilogram
Milliardstel <-s, -> *nt* billionth
Millibar *nt* METEO millibar
Millieustudie *f* background studies *pl*
Milligramm *nt* milligram
Millimeter <-s, -> *m o nt* millimetre [*or* AM -er] **millimetergenau** *adj inv* to within a millimetre [*or* AM -er] *pred* **Millimeterpapier** *nt* paper ruled in millimetre [*or* AM -er] squares, graph paper
Million <-, -en> *f* million; **drei ~en Einwohner** three million inhabitants; **~en und Abermillionen** millions upon millions; **~en Mal** a million times
Millionär(in) <-s, -e> *m(f)* millionaire *masc*, millionairess *fem*; **mehrfacher/vielfacher** ~ multimillionaire; **es zum ~ bringen** to make a million
MillionenabschlussRR *m* HANDEL ❶ *(Vertrag)* million-dollar contract ❷ *(Geschäft)* million-dollar deal **Millionenauflage** *f* [more than a] million copies **Millionenauftrag** *m* contract worth millions **Millionenbetrag** *m* amount [*or* sum] in millions **Millionenerbe, -erbin** *m, f* heir [*or fem* heiress] to millions
millionenfach I. *adj* millionfold II. *adv* a million times
Millionengeschäft *nt* deal worth millions **Millionengewinn** *m* ❶ *(Ertrag)* profit of millions; **~e machen** to make profits running into millions ❷ *(Lotto etc)* prize of a million **Millionenhöhe** *f kein pl* **in ~** of the order of a million [*or* of millions] **Millionenschaden** *m* damage running into [*or* amounting to] millions **millionenschwer** *adj (fam)* worth millions *pred*; **~e Gewinne machen** to make millions in profit, to profit by the million **Millionenstadt** *f* town with over a million inhabitants
millionste(r, s) *adj* millionth; **die ~ Besucherin der Ausstellung** the millionth visitor to the exhibition
millionstel *adj* millionth; **wenige ~ Gramm** a few millionths of a gram
Millionstel <-s, -> *nt* millionth; **in einer Verdünnung von einem ~ noch wahrnehmbar sein** to be still traceable when diluted by one part per million
Millirem <-s, -> *nt* millirem
Millivolt *nt* millivolt **Milliwatt** *nt* milliwatt
Milz <-, -en> *f* spleen
Milzbrand *m kein pl* anthrax *no pl*
Mime <-n, -n> *m (iron)* actor
mimen I. *vt (fam)* ❶ *(vorgeben)* ■**etw** ~ to fake sth; **Interesse** ~ to pretend interest; *(Interesse haben)* to be interested; ■**gemimt sein** to be put on ❷ *(nachahmen)* ■**jdn** ~ to play [*or* act] sb; ***mime hier nicht den Ahnungslosen!*** don't play [*or* act] the innocent! II. *vi* to pretend
Mimese <-, -n> *f* BIOL mimesis *no pl*
Mimik <-> *f kein pl* [gestures and] facial expression
Mimikry <-> *f kein pl* ZOOL mimicry *no pl*
mimisch I. *adj* mimic; **seine starke ~e Ausdruckskraft** the expressive power of his gestures and facial movements II. *adv* by means of [gestures and] facial expressions
Mimose <-, -n> *f* ❶ BOT mimosa ❷ *(fig: sehr empfindlicher Mensch)* sensitive plant *fam*; **empfindlich sein wie eine ~** to be a sensitive plant
mimosenhaft *adj (pej fam)* extremely sensitive
Min. *f Abk von* **Minute(n)** min., minute[s]
min., Min. *f Abk von* **Minute(n)** min.
Minarett <-s, -e *o* -s> *nt* minaret
minder *adv* less; **kaum/nicht ~** scarcely/no less
minderbegabt *adj inv* less gifted **minderbemittelt** *adj (geh)* less well-off; **geistig ~** *(pej sl)* mentally deficient *pej* **Minderbemittelte** *pl dekl wie adj* less well-off people; **die ~n** the less well-off; **geistig ~** people who are not very bright **Minderbewertung** *f kein pl* HANDEL undervaluation, depreciation
mindere(r, s) *adj attr* lesser; **von ~r Güte/Qualität sein** to be of inferior quality
Mindereinnahmen *pl* revenue shortfall, decrease in revenue, shortfall in receipts
Minderheit <-, -en> *f* ❶ *kein pl (kleinerer Teil einer Gruppe)* minority; **in der ~ sein** to be in the/a minority ❷ *(zahlenmäßig unterlegene Volksgruppe)* minority; **nationale ~en** national minorities
Minderheitenfrage *f* minorities problem **Minderheitengebiet** *nt* minorities district [*or* territory] **Minderheitenrechte** *pl* JUR rights of minorities **Minderheitenschutz** *m* protection of minorities **Minderheitensprache** *f* minority language, language of a minority
Minderheitsaktionär(in) *m(f)* BÖRSE minority shareholder [*or* AM stockholder] **Minderheitsbeteiligung** *f* HANDEL minority interest [*or* participation]; BÖRSE minority shareholding **Minderheitsregierung** *f* minority government
minderjährig *adj* underage; ■**~ sein** to be underage [*or* a minor] **Minderjährige(r)** *f(m) dekl wie adj* minor, underage person **Minderjährigkeit** <-> *f kein pl* minority *no pl*
Minderkaufmann, -kauffrau *m, f* small [*or* non-registrable] merchant **Minderlieferung** *f* JUR short shipment **Mindermengenzuschlag** *m* HANDEL markup for small-volume purchases
mindern *vt (geh)* ■**etw [um etw** *akk*] ~ to reduce sth [by sth]

M

Minderung <-, -en> *f* FIN (*geh*) reduction; ~ **liquider Mittel** decrease in net funds

Minderwert *m kein pl* lower value; HANDEL, JUR undervalue, depreciation; **merkantiler** ~ reduced market value, decrease in value **minderwertig** *adj* inferior; ~**e Materialien** low-[*or* poor-]quality materials **Minderwertigkeit** <-> *f kein pl* inferiority *no pl,* low [*or* poor] quality *no pl* **Minderwertigkeitsgefühl** *nt* feeling of inferiority; ~**e haben** to feel inferior **Minderwertigkeitskomplex** *m* inferiority complex

Minderzahl *f kein pl* minority; **in der** ~ **sein** to be in the minority

Mindestabnahmemenge *f* HANDEL minimum purchasing quantity **Mindestabnahmeverpflichtung** *f* HANDEL minimum purchase requirements **Mindestabsatz** *m* HANDEL minimum sales *pl* **Mindestabstand** *m* minimum distance **Mindestalter** *nt* minimum age **Mindestanforderung** *f* minimum requirement **Mindestangebot** *nt* HANDEL lowest bid **Mindestarbeitsbedingungen** *pl* ÖKON minimum employment standards **Mindestarbeitszeit** *f* ÖKON minimum working hours *pl* **Mindestausstattung** *f* TECH minimal equipment **Mindestbetrag** *nt* minimum amount **Mindestdeckung** *f* FIN minimum margin requirements *pl* **Mindestdividende** *f* FIN minimum dividend

mindeste(r, s) *adj attr* ■**der/die/das** ~ the slightest [*or* least]; ***ich hatte [doch] nicht die ~ Ahnung!*** I didn't have the slightest [*or* faintest] idea!; ■**das M~** the least; **das wäre das M~ gewesen** that's the least he/she/you etc could have done; **zum M~n** at least; **nicht der/die/das M~ [an etw** *dat*] not the slightest bit [of sth]; **nicht das M~ an Geduld** not the slightest trace of patience; **nicht die M~ Höflichkeit** not the faintest hint of politeness; **nicht im M~n** not in the least

Mindesteinkommen *nt* minimum income **Mindesteinlage** *f* FIN minimum deposit

mindestens *adv* at least

Mindestgebot *nt* lowest [*or* minimum] bid, reserve [*or* knockdown] price **Mindestgehalt** *nt* minimum [*or* basic] salary **Mindestgeschwindigkeit** *f* minimum speed *no pl* **Mindestgewicht** *nt* minimum weight **Mindestgröße** *f* minimum size [*or* height] **Mindesthöhe** *f* minimum height **Mindest-Ist-Besteuerung** *f* FIN de facto minimum taxation **Mindestlaufzeit** *f* FIN minimum maturity **Mindestlohn** *m* ÖKON minimum wage; **berufsunabhängiger** ~ minimum wage for all trades; **garantierter/gesetzlicher** ~ guaranteed minimum wage/legal minimum **Mindestmaß** *nt* minimum; **unsere Ausgaben auf ein absolutes ~ beschränken** to keep [*or* limit] our expenses to an absolute minimum; **ein** ~ **an etw** *dat* a minimum amount of sth **Mindestmenge** *f* HANDEL minimum quantity **Mindestpreis** *m* HANDEL minimum price; (*bei Versteigerung*) reserve price; **garantierter** ~ intervention price **Mindestrente** *f* JUR minimum pension **Mindestrentner(in)** *m(f)* sb receiving a basic pension **Mindestreserve** *f* ÖKON minimum reserve **Mindestsollzinsen** *pl* FIN minimum interest rates **Mindeststandard** *m* ÖKON minimum standard **Mindeststrafe** *f* minimum punishment [*or* penalty] [*or* sentence] **Mindeststundenlohn** *m* JUR minimum hourly rate of pay **Mindestumtausch** *m kein pl* minimum obligatory exchange **Mindestzeichnung** *f* BÖRSE minimum subscription

Mine <-, -n> *f* ❶ (*für einen Bleistift*) lead *no pl;* (*für einen Filz-, Kugelschreiber*) refill ❷ (*Sprengkörper*) mine; **auf eine** ~ **laufen** to strike [*or* hit] a mine ❸ (*Bergwerk*) mine; **in die** ~**n geschickt werden** to be sent down the mines

Minenfeld *nt* MIL, NAUT minefield **Minenleger** <-s, -> *m* minelayer **Minenräumboot** *nt* MIL minesweeper **Minensuchboot** *nt* minesweeper **Minensuchgerät** *nt* MIL mine detector **Minenwerfer** <-s, -> *m* MIL, HIST trench mortar **Minenwerte** *pl* BÖRSE mining shares

Mineral <-s, -e *o* -ien> [-liən] *nt* mineral

Mineralbad *nt* spa

Mineraldünger *m* inorganic [*or* artificial] [*or* chemical] fertilizer

mineralisch *adj* mineral

Mineraloge, -login <-n, -n> *m, f* mineralogist

Mineralogie <-> *f kein pl* mineralogy *no pl, no art*

Mineralogin <-, -nen> *f fem form von* **Mineraloge**

mineralogisch *adj* mineralogical

Mineralöl *nt* mineral oil **Mineralölgesellschaft** *f* oil company **Mineralölsteuer** *f* tax on oil

Mineralquelle *f* mineral spring **Mineralsalz** *nt* mineral salt *no pl* **Mineralwasser** *nt* mineral water

mini *adj inv* MODE mini; ~ **tragen** to wear a miniskirt

Mini <-s, -s> *m* MODE (*fam*) mini[skirt]

Miniatur <-, -en> *f* miniature

Miniaturausgabe *f* miniature version; (*Buch*) miniature edition **Miniaturbild** *nt* miniature **Miniaturbuch** *nt* minibook, miniature edition **Miniaturfestplatte** *f* mini hard disk **Miniaturformat** *nt* miniature format; ~ **haben** to be in miniature; **im** ~ in miniature; **ein Bildschirm im** ~ a miniature screen **Miniaturgemälde** *nt* miniature

miniaturisieren *vt* ■**etw** ~ to miniaturize [*or* BRIT *a.* -ise] sth

Miniaturisierung *f* miniaturization *no pl*

Miniaturmalerei <-, -en> *f* miniature painting

Miniausgabe *f* mini edition **Minibar** *f* minibar **Minibikini** *m* minibikini **Minibrennstoffzelle** *f* mini fuel cell **Minibrötchen** *nt* small roll **Mini-CD** *f* mini-CD **Minicomputer** *m* INFORM mini[computer] **Minidiskette** *f* INFORM minidiskette, minifloppy **Minidiskettenlaufwerk** *n* INFORM minifloppy disk drive **Minidrucker** *m* INFORM miniprinter **Mini-Eisberg** *m* mini-iceberg lettuce **Minifestplatte** *f* INFORM minidisc **Miniflasche** *f* minibottle **Minigolf** *nt kein pl* minigolf *no pl,* BRIT *a.* crazy golf *no pl* **Minikassette** *f* minicassette **Minikleid** *nt* minidress

Minima *pl von* **Minimum**

minimal **I.** *adj* minimal, very small **II.** *adv* minimally, by a very small amount; ***sie unterscheiden sich nur*** ~ the difference between them is only minimal

Minimalbelastung *f* TECH minimum load **minimalchirurgisch** *adj inv* minimal surgical **Minimalforderung** *f* minimum [*or* basic] demand **Minimalgehalt** *nt* basic salary **minimalinvasiv** *adj inv* MED ~**e Chirurgie** keyhole surgery **Minimalkonfiguration** *f* INFORM minimum configuration **Minimalprogramm** *nt* basic programme [*or* AM -am] **Minimalsatz** *m* HANDEL minimum rate; (*Post*) lowest rate of postage **Minimalstandard** *m* minimum standard **Minimalwert** *m* minimum value

minimieren* *vt* (*geh*) ■**etw** ~ to minimize sth

Minimierung <-, -en> *f* (*geh*) minimization *no pl*

Minimum <-s, Minima> *nt* minimum; **ein** ~ **an etw** *dat* a minimum of sth; **ein** ~ **an Respekt** a modicum of respect

Mininotebook <-s, -s> *nt* INFORM mininotebook **Miniperipherie** *f* INFORM miniperipheral **Minipille** *f* minipill **Minirechner** *m* INFORM minicomputer **Miniroboter** *m* mini-robot **Minirock** *m* miniskirt **Minisoftware** *f* INFORM minisoftware **Minispion** *m* miniaturized listening [*or* bugging] device

Minister(in) <-s, -> *m(f)* POL minister, BRIT *a.* Secretary of State; ~ **für Landwirtschaft/Verteidigung** Secretary of State for Agriculture/Defence BRIT, Secretary of Agriculture/Defense AM, Agriculture/Defence Minister BRIT, Agriculture/Defense Secretary AM; ~ **des -ußeren/Inneren** (*geh*) Minister for Foreign/Internal Affairs BRIT, Secretary of State for Foreign/Home Affairs BRIT, Foreign/Home Secretary BRIT, Secretary of State/Secretary of the Interior AM; ~ **ohne Geschäftsbereich** minister without portfolio

Ministeramt *nt* ministerial office

Ministerialbeamter, -beamtin *m, f* ministry official **Ministerialdirektor, -direktorin** *m, f* head of a ministry department BRIT, Permanent Secretary BRIT, undersecretary AM **Ministerialrat, -rätin** <-[e]s, -räte> *m, f* assistant head of a government department [*or* BRIT *a.* secretary]

ministeriell *adj attr* ministerial

Ministerien *pl von* **Ministerium**

Ministerin <-, -nen> *f fem form von* **Minister**

Ministerium <-s, -rien> [-riən] *nt* POL ministry, department; **das** ~ **des -ußeren** the Foreign Ministry, the Foreign Office BRIT, the State Department AM

Ministerkonferenz *f* ministerial conference, conference of ministers **Ministerpräsident(in)** *m(f)* minister-president (*leader of a German state*) **Ministerrat** *m kein pl* ■**der** ~ the [EU] Council of Ministers

Ministrant(in) <-en, -en> *m(f)* REL (*geh*) server

ministrieren* *vi* REL (*geh*) to serve, to act as server

Minivan <-s, -s> [-væn] *m* AUTO mini van AM

Minna <-> *f* ► WENDUNGEN: **die grüne** ~ (*veraltend fam*) the Black Maria *dated,* AM *a.* patrol [*or sl* paddy] wagon; **jdn zur** ~ **machen** (*fam*) to bawl sb out [*or* give sb a bawling-out] *fam,* BRIT *a.* to tear sb off a strip *fam*

Minne <-> *f kein pl* LIT, HIST courtly love *no pl*

Minnelied *nt* LIT, HIST minnelied **Minnesang** <-[e]s> *m kein pl* LIT, HIST minnesong **Minnesänger** *m* LIT, HIST minnesinger

Minorität <-, -en> *f* (*geh*) *s.* **Minderheit**

Minoritätsbeteiligung *f* BÖRSE minority shareholding [*or* interest]

Minos <-> *m* (*kretischer Sagenkönig*) Minos

Minoszeit *f* (*Bronzezeit auf Kreta*) Minoan Age

mint(farben) *adj inv* mint[-coloured]

Minuend <-en, -en> *m* MATH minuend

minus **I.** *präp* +*gen* ■ ~ **einer S.** less sth; **2.000 DM** ~ **5 % Rabatt** 2,000 DM less 5 % discount **II.** *konj* MATH minus **III.** *adv* ❶ METEO minus, below zero; ~ **15° C** minus 15° C; **15° C** ~ 15° C below zero ❷ ELEK negative ❸ ÖKON ~ **machen** (*fam*) to make a loss

Minus <-, -> *nt* ❶ (*Fehlbetrag*) deficit; [**mit etw** *dat*] **im** ~ **stehen** to be [a certain amount] in the red; ***wir stehen momentan mit 4567 DM im ~*** we are 4,567 DM overdrawn [*or* in the red] at the moment ❷ (*Manko*) bad [*or* minus] point, shortcoming ❸ (*Minuszeichen*) minus [sign]

Minusbetriebsvermögen *nt* FIN negative value of business **Minuskorrektur** *f* BÖRSE markdown, downward adjustment **Minuspol** *m* ❶ ELEK negative terminal ❷ PHYS negative pole **Minusposition** *f* BÖRSE shortage of cover **Minuspunkt** *m* ❶ (*Strafpunkt*) penalty point ❷ (*Manko*) minus point; **ein** ~ **für jdn sein** to count [*or* be a point] against sb **Minusstunden** *pl bei Arbeitszeit* [time] deficit **Minustemperatur** *f* temperature below freezing [*or* zero] **Minuszeichen** *nt* minus sign

Minute <-, -n> *f* ❶ (*Zeiteinheit*) minute; **in letzter** ~ at the last minute [*or* moment]; **in ein paar** ~**n** in a couple of minutes; **pünktlich auf die** ~ punctual to the minute; **auf die** ~ on the dot ❷ (*Augenblick*) minute, moment ► WENDUNGEN: **es ist fünf** ~**n vor zwölf** we've reached crisis point; ***das war aber wirklich fünf ~n vor zwölf!*** that was really the eleventh hour!

minutenlang **I.** *adj attr* lasting [for] several minutes *pred;* **nach einer** ~**en Unterbrechung** after a break of several minutes **II.** *adv* for several minutes

Minutenzeiger *m* minute hand

minutiös, minuziös **I.** *adj* (*geh*) meticulously exact [*or* detailed] **II.** *adv* (*geh*) meticulously

Minze <-, -n> *f* BOT mint *no pl*

Mio. *f Abk von* **Million(en)** m., million

mir *pron pers dat von* **ich** ❶ to me; ***gib es ~ sofort zurück!*** give it back [to me] immediately!; ***hast du ~ irgend etwas verschwiegen?*** have you been hiding anything from me?; **und das** ~**!** why me [of all people]!; **dass du/ihr** ~ **...!** (*fam*) make sure you ...; ***aber dass ihr ~ keine Dummheiten macht!*** but be sure not to do anything stupid! ❷ *nach Präpositionen* me; **bei** ~ with me, at my house; **eine**

alte Bekannte von ~ an old acquaintance of mine; ***komm mit zu*** ~ come back to my place; **von ~ aus!** (*fam*) I don't mind!, as far as I'm concerned [you can]! ▸ WENDUNGEN: ~ **nichts, dir nichts** (*fam*) just like that, without so much as a by your leave *dated*

Mirabelle <-, -n> *f* ① (*Baum*) mirabelle [tree] ② (*Frucht*) mirabelle

Misanthrop(in) <-en, -en> *m(f)* (*geh*) misanthrope, misanthropist

Mischarbeitsplatz *m* INFORM mixed workstation **Mischbatterie** *f* mixer tap [*or* AM faucet] **Mischblütenhonig** *m* mixed blossom honey **Mischbrot** *nt* bread made from rye and wheat flour **Mischehe** *f* mixed marriage

mischen I. *vt* ① (*durch~*) ■**etw** [**mit etw** *dat*] ~ to mix sth [with sth] ② (*hinein~*) ■[**jdm/einem Tier**] **etw unter etw** *akk*/**in etw** *akk* ~ to mix sth [for sb/an animal] in with sth ③ (*mixen*) ■**etw** [**aus etw** *dat*] ~ to mix sth [from [*or* out of] sth] ④ KARTEN ■**etw** ~ to shuffle sth; *s. a.* **gemischt** II. *vr* ① (*sich mengen*) **sich** *akk* **unter Leute** ~ to mix [*or* mingle] [with people] ② (*sich ein~*) ■**sich** *akk* **in etw** *dat* ~ to interfere [*or* meddle] in sth; **sich** *akk* **in ein Gespräch** ~ to butt into a conversation III. *vi* KARTEN to shuffle

mischerbig *adj* hybrid **Mischform** *f* mixture (**aus** +*dat* of) **Mischfutter** *nt* AGR mixed feed **Mischgemüse** *nt* mixed vegetables *pl* **Mischgewebe** *nt* mixture *no pl*, mixed fibres [*or* AM -ers] *pl* **Mischhaut** *f kein pl* combination skin **Mischkonto** *nt* FIN mixed account **Mischkonzern** *m* ÖKON conglomerate, mixed enterprise, diversified group

Mischling <-s, -e> *m* ① (*Mensch*) person of mixed parentage, half-caste *pej*, half-breed *pej* ② ZOOL half-breed, hybrid; ***dieser Hund ist ein*** ~ this dog is a mongrel

Mischlingskind *nt* half-caste child

Mischmasch <-[e]s, -e> *m* (*fam*) mishmash *no pl*, hotchpotch, hodgepodge **Mischmaschine** *f* [cement] mixer **Mischprobe** *f* sample mixture **Mischpult** *nt* FILM, RADIO, TV mixing desk **Mischtatbestand** *m* JUR hybrid provision **Mischtrommel** *f* mixing drum

Mischung <-, -en> *f* ① *kein pl* (*das Mischen*) mixing *no pl*; (*Kaffee, Tee, Tabak*) blending *no pl* ② (*Mixtur*) mixture; (*Kaffee, Tee, Tabak*) blend; (*Pralinen*) assortment ③ (*Zusammenstellung*) mixture, combination

Mischungsverhältnis *nt* ratio [*or* proportions] [of a mixture]

Mischverwaltung *f* JUR administration by interlocking authorities

Mischwald *m* mixed forest [*or* woodland]

miserabel I. *adj* (*pej*) ① (*beklagenswert*) dreadful, awful, lousy; **eine ~e Arbeit/Leistung** a pathetic [*or* miserable] piece of work/performance ② (*gemein*) nasty, vile II. *adv* (*pej*) dreadfully, awfully; **sich** *akk* ~ **benehmen** [*o fam* **aufführen**] to behave abominably; ~ **schlafen** to sleep really badly; ***das Bier schmeckt*** ~ the beer tastes awful

Misere <-, -n> *f* (*geh*) dreadful state; **eine finanzielle** ~ a dreadful financial state; **die jetzige politische** ~ the wretched state of current politics; **eine soziale** ~ serious social difficulties [*or* plight]; **mit jdm/etw ist es eine** ~ sb/sth is a disaster; [**tief**] **in der** ~ **stecken** to be in [deep] trouble [*or* a [real] mess]

misogyn <-er, -este> *adj* (*geh*) misogynist[ic]

Misogynie <-> *f kein pl* PSYCH misogyny

Mispel <-, -n> *f* BOT medlar

Miss[RR] <-> *f kein pl*, **Miß** <-> *f kein pl* Miss; **die ~ Germany/World** Miss Germany/World

missachten[RR]* *vt*, **mißachten*** *vt* ① (*ignorieren*) ■**etw** ~ to disregard [*or* ignore] sth; **eine Bestimmung/Vorschrift** ~ to flout a regulation ② (*geringschätzen*) ■**jdn** ~ to disparage [*or* be disdainful of] sb; **einen Konkurrenten** ~ to underestimate a rival; ■**etw** ~ to disdain sth

Missachtung[RR] *f*, **Mißachtung** *f* ① (*Ignorierung*) disregard *no pl*; **eine Folge der ~ meines Ratschlags** a result of ignoring [*or* disregarding] my advice; **bei ~ dieser Vorschriften** if these regulations are flouted ② (*Geringschätzung*) disdain *no pl*; **seine ~ anderer Menschen** his disdain of [*or* for] other people ③ JUR (*Ungebühr*) contempt; (*Nichtbefolgung*) neglect; ~ **des Gerichts** contempt of court; ~ **einer gerichtlichen Verfügung** breach of a court order; **jdn wegen ~ des Gerichts belangen** to hold sb up for contempt of court

missbehagen[RR]* *vi*, **mißbehagen** *vi* (*geh*) ■**jdm** ~ to displease sb, to not be to sb's liking; ■**etw missbehagt jdm** [**an etw** *dat*] sth makes sb uneasy [*or* unhappy] [about sth]; ■**es missbehagt jdm, etw zu tun** sb is not happy doing sth

Missbehagen[RR] <-s> *nt kein pl*, **Mißbehagen** <-s> *nt kein pl* (*geh*) ① (*Unbehagen*) uneasiness *no pl*, feeling of unease; ***die ganze Sache ruft bei mir ziemliches ~ hervor*** I am rather uneasy about the whole thing, the whole thing makes me [feel] rather uneasy ② (*Missfallen*) displeasure *no pl*; **zu jds** ~ to sb's annoyance [*or* chagrin]

Missbildung[RR] <-, -en> *f*, **Mißbildung** <-, -en> *f* deformity; **angeborene** ~ congenital malformation

missbilligen[RR]* *vt*, **mißbilligen** *vt* ■**etw** ~ to disapprove of sth

missbilligend[RR] I. *adj* disapproving II. *adv* disapprovingly

Missbilligung[RR] <-, *selten* -en> *f* disapproval *no pl*

Missbilligungsantrag[RR] *m* JUR censure motion **Missbilligungsvotum**[RR] *nt* JUR censure vote

Missbrauch[RR] *m*, **Mißbrauch** *m* abuse, misuse, improper use; ~ **von Ausweispapieren** improper use of identity papers; **sexueller** ~ sexual abuse; **der ~ der Notbremse** improper use of the emergency brake; ~ **mit etw** *dat* **treiben** (*geh*) to abuse [*or* misuse] sth

missbrauchen[RR]* *vt* ① (*missbräuchlich anwenden*) ■**etw** ~ to abuse [*or* misuse] sth; **einen Feuerlöscher** ~ to make improper use of a fire extinguisher ② (*für üble Zwecke ausnutzen*) ■**etw** ~ to take advantage of sth; **jds Vertrauen** ~ to abuse sb's trust ③ (*für üble Zwecke benutzen*) ■**jdn** ~ to [mis]use sb; **jdn sexuell** ~ to sexually abuse sb

missbräuchlich[RR] *adj* (*geh*) improper

Missbrauchsaufsicht[RR] *f* JUR (*Tätigkeit*) supervision to prevent abuse, control of abusive [*or* restrictive] practices; (*Person*) watchdog **Missbrauchsgesetz**[RR] *nt* JUR restrictive practices act **Missbrauchsprinzip**[RR] *nt* JUR (*Kartellrecht*) principle of abuse **Missbrauchsregelung**[RR] *f* JUR regulation to prevent abuse **Missbrauchsverbot**[RR] *nt* JUR prohibition of restrictive practices **Missbrauchsverfahren**[RR] *nt* JUR (*Kartellrecht*) abuse proceedings *pl* **Missbrauchsverfügung**[RR] *f* JUR decree on abusive practices

missdeuten[RR]* *vt*, **mißdeuten** *vt* ■**etw** [**als etw** *akk*] ~ to misinterpret sth [as sth]

Missdeutung[RR] *f* misinterpretation

missen *vt* ■**jdn/etw nicht ~ möchten/wollen** (*geh*) not to like/want to do without sb/sth; ■**etw ~ müssen** (*geh*) to have to do [*or* go] without sth

Misserfolg[RR] *m*, **Mißerfolg** *m* failure, flop *fam*

Missernte[RR] *f*, **Mißernte** *f* crop failure

Missetat *f* ① (*hum: Streich*) prank ② (*veraltend geh: Freveltat*) misdeed *form*, misdemeanour [*or* AM -or]

Missetäter(in) *m(f)* ① (*hum: jd, der etw angestellt hat*) culprit ② (*veraltend geh: Übeltäter*) miscreant *form*, wrongdoer

missfallen[RR]* *vi*, **mißfallen** *vi irreg* to arouse displeasure; **jdm missfällt etw** [**an jdm**] sb dislikes sth [about sb]; **es missfällt jdm, dass/wie …** sb dislikes the way …

Missfallen[RR] <-s> *nt kein pl* displeasure *no pl*; **jd/etw erregt jds** ~ sb/sth incurs sb's displeasure

Missfallensäußerung[RR] *f* expression of displeasure [*or* disapproval]

Missfallenskundgebung[RR] *f* expression [*or* demonstration] of displeasure

missgebildet[RR], **mißgebildet** I. *adj* malformed, deformed II. *adv* deformed; ~ **geboren werden** to be born with deformities

Missgeburt[RR] *f*, **Mißgeburt** *f* MED (*pej*) monster, seriously deformed foetus [*or* AM fetus]

missgelaunt[RR] *adj*, **mißgelaunt** *adj* (*geh*) ill-humoured [*or* -tempered] *form*

Missgeschick[RR] *nt*, **Mißgeschick** *nt* mishap; ***jedem kann mal ein ~ passieren/unterlaufen*** anyone can have a mishap [*or* an accident]; **vom ~ verfolgt werden** to be dogged by misfortune [*or* bad luck]

missgestaltet[RR] *adj*, **mißgestaltet** *adj inv* (*geh*) misshapen; *Person* deformed

missgestimmt[RR] <-er, -este> *adj*, **mißgestimmt** *adj* (*geh*) ill-humoured; ■~ **sein** to be in a bad mood

missglücken[RR]* *vi*, **mißglücken** *vi sein* ■**etw missglückt** [**jdm**] sth fails [*or* is a failure] [*or* backfires on sb]

missglückt[RR], **mißglückt** I. *pp von* **missglücken** II. *adj inv Versuch* failed, unsuccessful

missgönnen[RR]* *vt*, **mißgönnen** *vt* ■**jdm etw** ~ to begrudge sb sth; **jdm seinen Erfolg** ~ to resent sb's success; ■**jdm ~, dass** to begrudge sb the fact that

Missgriff[RR] *m*, **Mißgriff** *m* mistake, error of judgement

Missgunst[RR] *f kein pl*, **Mißgunst** *f kein pl* resentment *no pl*, envy *no pl*

missgünstig[RR] I. *adj* resentful, envious II. *adv* resentfully, enviously

misshandeln[RR]* *vt*, **mißhandeln** *vt* ① (*malträtieren*) ■**jdn/ein Tier** ~ to ill-treat [*or* maltreat] [*or* mistreat] sb/an animal ② (*hum: übel zusetzen*) ■**etw** ~ to mistreat [*or* abuse] sth

misshandelt[RR], **mißhandelt** *pp von* **misshandeln**

Misshandlung[RR] *f* ill-treatment *no indef art, no pl*, maltreatment *no indef art, no pl*, mistreatment *no indef art, no pl*

Misshandlungsverbot[RR] *nt* ban on [child] abuse

Mission <-, -en> *f* ① (*geh: Sendung*) mission; **in einer bestimmten** ~ on a particular mission; **in geheimer/göttlicher** ~ on a secret/divine mission ② POL mission, legation ③ *kein pl* REL mission; **in die ~ gehen/in der ~ tätig sein** to become a missionary/do missionary work; **Innere** ~ REL Home Mission ④ (*Missionsstation*) mission

Missionar(in) <-s, -e> *m(f)*, **Missionär(in)** <-s, -e> *m(f)* ÖSTERR missionary

missionarisch I. *adj* (*geh*) missionary; **mit ~em Eifer** with missionary zeal II. *adv* as a missionary; ~ **tätig sein** to work as a missionary

missionieren* I. *vi* (*Glaubenslehre verbreiten*) to do missionary work; (*fig*) to preach II. *vt* (*bekehren*) ■**jdn** ~ *Menschen, Völker* to convert sb, to proselytize sb

Missionsschule *f* mission school

Missklang[RR] *m*, **Mißklang** *m* ① MUS discord *no indef art, no pl*, dissonance *no indef art, no pl* ② (*Unstimmigkeit*) discord *no indef art, no pl*; **ein** ~ a note of discord, a discordant note

Misskredit[RR] *m kein pl*, **Mißkredit** *m kein pl* **jdn/etw** [**bei jdm**] **in ~ bringen** to bring sb/sth into discredit [with sb], to bring discredit on sb/sth; **in ~ geraten** to become discredited

misslang[RR] *imp von* **misslingen**

misslaunig[RR] *adj*, **mißlaunig** *adj s.* **missgelaunt**

misslich[RR] *adj*, **mißlich** *adj* (*geh*) awkward, difficult; **~er Vorfall** unfortunate incident

missliebig[RR] *adj*, **mißliebig** *adj* unpopular; ■[**bei jdm**] ~ **sein** to be unpopular [with sb]; **sich** *akk* [**bei jdm**] ~ **machen** to make oneself unpopular [with sb]

misslingen[RR] <misslang, misslungen> *vi*, **mißlingen** <mißlang, mißlungen> *vi sein* to fail, to be a failure, to be unsuccessful; ■**es misslingt jdm, etw zu tun** sb fails [in their [*or* an] attempt] to do

M

sth; **eine misslungene Ehe** a failed [*or* an unsuccessful] marriage; **ein misslungener Kuchen** a botched-up cake; ***leider ist mir der Kuchen misslungen*** unfortunately my cake didn't turn out well

MisslingenRR <-s> *nt kein pl* failure

misslungenRR, **mißlungen** I. *pp von* **misslingen** II. *adj inv* **ein ~er Versuch** a failed [*or* unsuccessful] attempt

MissmanagementRR [-mɛnɛdʒmənt] *nt,* **Mißmanagement** *nt* mismanagement *no pl*

MissmutRR *m kein pl,* **Mißmut** *m kein pl* moroseness *no pl;* ***voller ~ machte er sich an die Arbeit*** grudgingly he set to work

missmutigRR *adj* morose, sullen; ***mach doch kein so ~es Gesicht*** don't look so morose; **in so ~er Stimmung** in such a bad mood

missratenRR* *vi,* **mißraten** *vi irreg sein* ❶ (*geh: schlecht erzogen sein*) to go wrong, to turn out badly ❷ (*geh: nicht gelingen*) ■**etw missrät [jdm]** sth goes wrong; ***der Kuchen ist mir leider etwas ~*** my cake unfortunately went a bit wrong

MissstandRR *m,* **Mißstand** *m* deplorable state of affairs *no pl;* **Missstände in der Verwaltung** a number of administrative irregularities; **soziale Missstände** social evils

MissstimmungRR *f kein pl,* **Mißstimmung** *f kein pl* ill humour [*or* AM -or] *no indef art, no pl;* ***unter den Teilnehmern herrschte ~*** there was discord [*or* a bad atmosphere] among the participants

misstRR *3. pers pres von* **messen**

MisstonRR *m,* **Mißton** *m* ❶ MUS discordant [*or* wrong] note ❷ *s.* **Missklang 2**

misstrauenRR* *vi,* **mißtrauen** *vi* ■**jdm/etw [in etw** *dat*] **~** to mistrust [*or* distrust] sb/sth [with regard to sth]

MisstrauenRR <-s> *nt kein pl* mistrust *no pl,* distrust *no pl;* **jdm ~ entgegenbringen, ~ gegen jdn hegen** (*geh*) to mistrust sb; **jdm ein gesundes ~ entgegenbringen** to show sb a healthy [measure of] mistrust; **einer Unternehmung ein gesundes ~ entgegenbringen** to approach a venture with a healthy [measure of] mistrust; **jdm das ~ aussprechen** POL to pass a vote of no confidence in sb

MisstrauensantragRR *m* POL motion of no confidence; **einen ~ einbringen** to table a motion of no confidence **Misstrauensvotum**RR *nt* vote of no confidence; **konstruktives ~** *"constructive" vote of no confidence*

misstrauischRR I. *adj* mistrustful, distrustful; (*argwöhnisch*) suspicious; ■**[jdm/einer S. gegenüber] ~ sein** to be mistrustful [*or* suspicious] [of sb/sth] II. *adv* mistrustfully, distrustfully; (*argwöhnisch*) suspiciously; ***warum schaust du [mich] so ~ [an]?*** why are you looking [at me] so mistrustful[ly]?

MissvergnügenRR *nt,* **Mißvergnügen** *nt* (*geh*) *s.* **Missfallen**

MissverhältnisRR *nt,* **Mißverhältnis** *nt* disproportion *no pl;* **im ~ zu etw** *dat* **stehen** to be disproportionate to sth; ***der riesige Schreibtisch steht in einem gewissen ~ zu der winzigen Schreibtischlampe*** there is a certain imbalance between the huge desk and the tiny lamp

missverständlichRR, **mißverständlich** I. *adj* unclear; (*Ausdruck, Formulierung*) that could be misunderstood; ■**[zu] ~ sein** to be [too] liable to be misunderstood [*or* to misunderstanding] II. *adv* unclearly, in a way that could be misunderstood

MissverständnisRR <-ses, -se> *nt,* **Mißverständnis** <-ses, -se> *nt* ❶ (*irrige Annahme*) misunderstanding *no pl* ❷ *meist pl* (*Meinungsverschiedenheit*) misunderstanding, disagreement

mißverstehenRR* *vt irreg* ■**jdn/etw ~** to misunderstand sb/sth; ***Sie haben das missverstanden*** you've misunderstood

MissverwaltungRR *f* mismanagement, maladministration

MisswahlRR, **Mißwahl** *f* beauty contest [*or* pageant]

MisswirtschaftRR *f,* **Mißwirtschaft** *f* (*pej*) mismanagement *no pl,* maladministration *no pl form*

Mist <-es> *m kein pl* ❶ (*Stalldünger*) manure *no pl,* dung *no pl,* muck *no pl* ❷ (*fam: Quatsch*) nonsense *no pl,* BRIT *a.* rubbish *no pl* ❸ (*fam: Schund*) junk *no pl,* trash *no pl,* BRIT *a.* rubbish *no pl* ▶ WENDUNGEN: **~ bauen** [*o* **machen**] (*fam*) to screw up *fam;* ***da hast du ganz schön ~ gemacht!*** you have really screwed up [*or* boobed] there!; **etw ist auf jds ~ gewachsen** (*fam*) sth came out of sb's head; ***das ist nicht auf seinem ~ gewachsen*** that wasn't his own doing, he didn't do that off his own bat; **mach keinen ~!** (*fam*) don't mess [*or sl* piss] around! [*or* BRIT *a.* about]; **~!, so ein ~!** (*fam*) damn! *fam,* blast! BRIT *fam,* what a blasted nuisance! BRIT *fam;* **verdammter ~!** (*fam*) damn it! *fam,* bloody hell! BRIT *sl,* sod it! BRIT *sl*

Mistbeet *nt* HORT hotbed, forcing bed

Mistel <-, -n> *f* mistletoe *no pl*

Misteldrossel *f* ORN mistle trush

Mistfink *m* ❶ (*fam: unsauberer Mensch*) dirty so-and-so *fam* ❷ (*derb: Mistkerl*) bastard *fam!* **Mistgabel** *f* pitchfork **Misthaufen** *m* manure [*or* dung] [*or* muck] heap **Mistkäfer** *m* dung beetle **Miststück** *nt* ❶ (*fam*) bastard *masc fam,* BRIT *a.* [cheeky] bugger *masc fam,* bitch *fem fam* ❷ (*pej fam: Mann*) rotten bastard *pej sl,* lousy [piece of] shit *pej sl;* (*Frau*) lousy bitch *pej sl* **Mistvieh** *nt* (*pej fam*) [god]damned [*or* BRIT *a.* bloody] animal *pej sl* **Mistwetter** *nt kein pl* (*pej fam*) lousy weather *no pl, no indef art pej fam*

mit I. *präp +dat* ❶ (*unter Beigabe von etw*) with; ***trinkst du den Espresso ~ oder ohne Zucker?*** do you take your espresso with or without sugar?; ***isst du das Ei immer ~ so viel Salz und Pfeffer?*** do you always put so much salt and pepper on your egg?; **Champagner ~ Kaviar** champagne and caviar ❷ (*mittels*) with; ***~ bequemen Schuhen läuft man besser*** it's easier to walk in comfortable shoes; **~ Kugelschreiber geschrieben** written in biro [*or* ballpoint] ❸ (*per*) by; **mit der Bahn/dem Bus/Fahrrad/der Post** by train/bus/bicycle/post ❹ (*unter Aufwendung von etw*) with; **~ all meiner Liebe** with all my love; **~ etwas mehr Mühe** with a little more effort ❺ *zeitlich* at; **~ 18 [Jahren]** at [the age of] 18; **~ seinem Durchfahren des Zieles** when he crossed the line; ***~ dem dritten Ton des Zeitzeichens ist es genau 7 Uhr*** at the third stroke the time will be exactly 7 o'clock ❻ *bei Maß-, Mengenangaben* with; **~ einem Kilometerstand von 24567 km** with 24,567 km on the clock; **~ drei Zehntelsekunden Vorsprung** with three tenths of a second advantage; ***das Spiel endete ~ 1:1 unentschieden*** the game ended in a 1–1 draw; ***der Zug lief ~ zehn Minuten Verspätung ein*** the train arrived ten minutes late; ***er war ~ über 400 Mark im Soll*** he was over 400 marks in debt; **sich ~ 500000 DM versichern** to insure oneself for 500,000 DM ❼ (*einschließlich*) ■**~ jdm [zusammen]** [together] with sb, including sb; ***~ Axel und Hans waren wir sechs Personen*** there were six of us including [*or* with] Axel and Hans ❽ (*fam: und dazu*) ■**jd ~ jds ...** sb and sb's ...; **du ~ deiner ewigen Prahlerei** you and your constant boasting ❾ (*was jdn/etw angeht*) with; ***~ meiner Gesundheit steht es nicht zum Besten*** I am not in the best of health; **~ jdm/etw rechnen** to reckon on [*or* with] sb/sth II. *adv* too, as well; **~ dabei sein** to be there too; ***sie gehört ~ zu den führenden Experten auf diesem Gebiet*** she is one of the leading experts in this field; ***er war ~ einer der ersten, die diese neue Technologie angewendet haben*** he was one of the first to use this new technology

Mitangeklagte(r) *f(m) dekl wie adj* JUR co-defendant, co-accused **Mitanmelder(in)** *m(f) eines Patents* joint applicant, co-applicant

Mitarbeit *f* ❶ (*Arbeit an etw*) collaboration; ■**jds ~ an etw** *dat*/**bei etw** *dat* sb's [collaborative] work on sth; **unter ~ von jdm** in collaboration with sb; **sich** *akk* **für die ~ bei jdm bewerben** to apply to work with sb ❷ SCH (*Beteiligung*) participation *no pl* ❸ (*Unterstützung*) ■**jds ~ [bei etw** *dat*] sb's assistance [in sth]; ***er bot der Polizei seine ~ an*** he offered to cooperate with the police

mit|arbeiten *vi* ❶ (*als Mitarbeiter tätig sein*) ■**an etw** *dat*/**in etw** *dat*/**bei jdm ~** to collaborate on sth/with sb; **wenn Sie bei uns ~ wollen** if you want to come and work with us; ***wie lange arbeiten Sie jetzt eigentlich schon bei uns mit?*** how long have you been working with us now? ❷ SCH (*sich beteiligen*) ■**[in etw** *dat*] **~** to participate [in sth]; ***er arbeitet in der Schule/im Unterricht immer aktiv mit*** he always takes an active part in school/the lessons ❸ (*fam: mit den anderen arbeiten*) to work too; ***meine Frau braucht nicht mitzuarbeiten*** my wife doesn't need to work [as well]

Mitarbeiter(in) *m(f)* ❶ (*Mitglied der Belegschaft*) employee, member of staff; **kaufmännischer ~** clerk; **neue ~ einstellen** to take on new staff; **freier ~** freelance; **als freier ~ arbeiten** to work as a freelance ❷ (*hist: Mitarbeiter beim Staatssicherheitsdienst der ehem. DDR*) **inofizieller ~** unofficial collaborator ❸ (*Kollege*) colleague ❹ (*Koautor*) contributor; ***an dem Artikel haben insgesamt vier ~ mitgewirkt*** altogether four people collaborated on this article

Mitarbeiterführung *f kein pl* staff supervision

Mitarbeitergespräch *n* staff meeting

Mitarbeiterin <-, -nen> *f fem form von* **Mitarbeiter**

Mitarbeiterparkplatz *m* staff carpark **Mitarbeiterstab** *m* staff **Mitarbeiterstamm** *m* permanent workforce

Mitbegründer(in) *m(f)* co-founder **Mitbeklagte(r)** *f(m) dekl wie adj* JUR *s.* **Mitangeklagte(r)**

mit|bekommen* *vt irreg* ❶ (*mitgegeben bekommen*) ■**etw [von jdm] ~** to be given sth [by sb], to get sth [from sb] ❷ (*vermittelt bekommen*) ■**[irgendwo] etw ~** to get [*or* be given] sth [somewhere]; **eine solide Ausbildung ~** to get [*or* receive] a solid [*or* sound] training; **eine gute Erziehung ~** to receive [*or* get] [*or* have] a good education ❸ (*wahrnehmen*) ■**etw ~** to be aware of sth; **die neuesten Nachrichten ~** to get [*or* hear] the latest news; **vom Unterricht weniger ~** to get less out of the lessons ❹ (*verstehen*) ■**etw [von etw** *dat*] **~** to understand sth [about sth]; ***bei dem Lärm konnte man kaum etwas [von der Ansprache] ~*** with that noise you could hardly hear anything [of the speech]; ***hast du etwas davon ~?*** did you catch any of it? ❺ (*fam: vererbt bekommen*) ■**etw von jdm ~** to get sth from sb; ***die Locken hatte er offensichtlich von seinem Vater ~*** he obviously got his curls from his father

mit|benutzen* *vt,* **mit|benützen*** *vt* SÜDD ■**etw ~** to share sth

Mitbenutzung *f* use

Mitbenutzungsrecht *nt* JUR right of joint use

Mitbeschuldigte(r) *f(m)* JUR co-accused, co-defendant **Mitbesitz** *m kein pl* JUR joint possession [*or* tenancy]

mit|bestimmen* I. *vi* ❶ (*maßgeblich mitwirken*) ■**[bei etw** *dat*] **~** to have a say [in sth] ❷ (*mit ausschlaggebend sein*) ■**[bei etw** *dat*] **~** to have an influence [on sth]; ■**~d** influential; **ein ~er Faktor** a contributing factor; **bei etw** *dat*/**für etw** *akk* **~d sein** to have an influence on sth II. *vt* ■**etw ~** to have an influence on sth

Mitbestimmung *f* ❶ (*das Mitbestimmen*) ■**jds ~ bei etw** *dat* sb's participation in sth; **das Recht zur ~ bei ...** the right to participate in ... ❷ (*Mitentscheidung*) participation in decision-making, co-determination *no pl;* **betriebliche ~** worker participation; **paritätische ~** equal representation

Mitbestimmungsgesetz *nt* law of co-determination, worker participation law **Mitbestimmungsrecht** *nt* right of co-determination

mit|beteiligen* *vt* ■**jdn an etw ~** to participate sb in sth; ■**sich** *akk* **an etw** *dat* **~** to take part in sth; **an einer Straftat mitbeteiligt** privy to [*or* participating in] an offence

Mitbeteiligte(r) *f(m) dekl wie adj* JUR interested party; (*Komplize*) accomplice

Mitbewerber(in) *m(f)* ❶ (*ein weiterer Bewerber*)

fellow applicant; **über 900 ~innen und** ~ over 900 other applicants ❷ (*Konkurrent*) competitor

Mitbewohner(in) *m(f)* fellow occupant; (*in WG*) flatmate BRIT, housemate AM, roommate AM

mit|bringen *vt irreg* ❶ (*als mitgeführten Gegenstand bringen*) ■[jdm] etw ~ to bring [sb] sth; ***kann ich dir etw [aus der Stadt] ~?*** can I bring you anything back [from town]? ❷ (*als Begleitung bringen*) ■jdn ~ to bring sb [with one]; ***hast du denn niemanden mitgebracht?*** didn't you bring anyone with you? ❸ (*einbringen*) ■**etw [für etw** *akk*] ~ to have [*or* possess] sth [for sth]; ***sie bringt alle nötigen Voraussetzungen für die Stelle mit*** she meets [*or* satisfies] all the necessary requirements for the post

Mitbringsel <-s, -> *nt* small [*or* little] present

Mitbürge, -bürgin *m, f* JUR joint guarantor, co-surety; **Recht auf Ausgleich von den ~n** right to contribution from co-sureties

Mitbürger(in) *m(f)* fellow citizen; **ältere** ~ senior citizens

Mitbürgschaft *f* JUR joint guarantee [*or* surety]

mit|denken *vi irreg* ■[**bei etw** *dat*/**in etw** *dat*] ~ to follow [sth]; **bei seiner Argumentation/Erklärung** ~ to follow his argument/explanation; **bei politischen Entscheidungen/in der Politik** ~ to understand political decisions/politics; ***danke fürs M~*** thanks for thinking of it too [*or* being on the ball]; ***du denkst ja mit!*** good thinking!

mit|drucken *vt* TYPO ■**etw** ~ to print sth in the same forme [*or* AM form]

mit|dürfen *vi irreg* ■[**mit jdm**] ~ to be allowed to come [*or* go] along [with sb] too; ***darf ich auch mit?*** can I come [too]?

Miteigentum *nt kein pl* co-ownership *no pl*, joint ownership *no pl*

Miteigentümer(in) *m(f)* co-owner, joint owner

Miteigentumsanteil *m* JUR co-ownership share **Miteigentumswert** *m kein pl* JUR co-ownership share value

miteinander *adv* ❶ (*jeder mit dem anderen*) with each other [*or* one another]; ~ **reden** to talk to each other [*or* one another]; ~ **verfeindet sein** to be enemies; ~ **verheiratet sein** to be married to each other [*or* one another]; ~ **verschwägert/verwandt sein** to be related to each other [*or* one another] ❷ (*zusammen*) together; **alle** ~ all together

Miteinander <-s> *nt kein pl* cooperation *no pl*, working and living together

miteinbeziehen* *vt irreg sein* ■**jdn/etw [in etw]** ~ to include sb/sth [in sth]

mit|empfinden* *irreg* **I.** *vt* (*geh*) ■**etw** ~ to feel sth too; ***ich kann Ihre Trauer gut*** ~ I know well the grief you are feeling **II.** *vi* (*geh*) ■[**mit jdm**] ~ to sympathize [with sb], to feel for sb

mitentscheiden* *vi, vt irreg* ■(**etw**) ~ to have a say [in sth]

Miterbe, -erbin *m, f* joint heir [*or* beneficiary]

Miterbengemeinschaft *f* JUR community of joint heirs

Miterfinder(in) *m(f)* joint inventor

Miterfindung *f* joint inventorship

mit|erleben* *vt* ■**etw** ~ *Ereignisse, Unglück* to experience [*or* live through] [*or* witness] sth; *eine Zeit* to be alive during sth; *im Fernsehen* to follow sth

mit|essen *irreg* **I.** *vt* ■**etw [mit jdm]** ~ to have sth [to eat] [with sb]; ***setz dich doch, iss einen Teller Suppe [mit uns] mit!*** sit down and have a bowl of soup with us! **II.** *vi irreg* ■[**bei jdm**] ~ to eat [*or* have [*or* share] a meal] [with sb]

Mitesser <-s, -> *m* blackhead

mit|fahren *vi irreg sein* ■[**mit jdm**] ~ to go [*or* get a lift] [with sb]; ***darf ich [bei Ihnen] ~?*** can I have a lift?, can you give me a lift?; ■**jdn** ~ **lassen** to give sb a lift

Mitfahrer(in) *m(f)* fellow passenger

Mitfahrgelegenheit *f* lift **Mitfahrzentrale** *f* lift-arranging [*or* AM ride-sharing] agency

mit|fühlen **I.** *vt* ■[**jdm**] **etw** ~ to feel sth [with sb]; ***ich kann lebhaft ~, wie dir zu Mute sein muss*** I can well imagine how you must feel **II.** *vi* ■[**mit jdm**] ~ to sympathize [with sb], to feel for sb

mitfühlend *adj* sympathetic; **~e Worte** sympathetic [*or* compassionate] words

mit|führen *vt* ■**etw [mit sich** *dat*] ~ ❶ (*geh: bei sich haben*) to carry [*or* have] sth [with one]; ***führen Sie [bei sich/im Auto] zu verzollende Artikel mit?*** do you have anything to declare [with you/in the car]? ❷ (*transportieren*) to carry sth along

mit|geben *vt irreg* ❶ (*auf den Weg geben*) ■**jdm etw [für jdn]** ~ to give sb sth [for sb]; ***ich gebe dir einen Apfel für unterwegs mit*** I'll give you an apple to take with you ❷ (*als Begleitung geben*) ■**jdm jdn** ~ to send sb along with [*or* get sb to accompany] sb ❸ (*für etw versehen*) ■**jdm etw** ~ to give sb [*or* provide sb with] sth

Mitgefangene(r) *f(m) dekl wie adj* fellow prisoner

Mitgefühl *nt kein pl* sympathy *no pl*; **[mit jdm]** ~ **empfinden** to feel [*or* have] sympathy [for sb]

mitgeführt *adj inv* **~e Ladung** within cargo

mit|gehen *vi irreg sein* ❶ (*begleiten*) ■[**mit jdm**] ~ to go too [*or* with sb]; ***will noch jemand [mit mir] ~?*** does anyone want to go with me? [*or* come [with me]] ❷ (*sich mitreißen lassen*) ■[**mit jdm/bei etw** *dat*] ~ to respond [to sb/sth] ❸ (*stehlen*) **etw** ~ **lassen** (*sl*) to walk off with [*or fam* pinch] sth

mitgenommen **I.** *pp von* **mitnehmen** **II.** *adj inv* (*fam*) worn-out; ~ **aussehen** *Mensch* to look worn-out; *Sache* to be in a sorry state

mitgestalten* *vt* ■**etw** ~ to help fashion [*or* shape] [*or* form] sth

Mitgift <-, -en> *f* dowry

Mitgläubiger(in) *m(f)* JUR co-creditor, joint creditor

Mitglied *nt* member; ***Zutritt nur für ~er*** members only; **als** ~ **der Gewerkschaft** as a trade union member [*or* trade unionist]; **ordentliches** ~ full member; **passives** ~ non-active member; **vollberechtigtes** ~ full member; ~ **einer S.** *gen* **sein** to be a member of sth; ~ **des Vorstandes sein** to sit [*or* have a seat] on the board; **~er werben** to enlist members

Mitgliederbefragung *f* membership survey, canvas[sing] of the members **Mitgliederhaftung** *f* JUR members' liability, liability of members **Mitgliederversammlung** *f* general meeting **Mitgliederzahl** *f* number of members, membership

Mitgliedsausweis *m* membership card **Mitgliedsbeitrag** *m* membership subscription [*or* fee]

Mitgliedschaft <-, -en> *f* membership; **die** ~ **in einer Partei beantragen** to apply for membership of [*or* AM in] a party

Mitgliedschaftsrechte *pl* JUR membership rights

Mitgliedsfirma *f* ÖKON member firm **Mitgliedsland** *nt* POL member country [*or* state] **Mitgliedsstaat** *m* member state **Mitgliedsunternehmen** *nt* member company

mit|grölen *vi* (*fam*) to bawl along [to a/the song]; ***sie grölten alle mit*** they all bawled together [*or* in unison]

mit|haben *vt irreg* ■**etw** ~ to have got sth [with one]; ***haben wir genug Geld mit?*** have we got enough money [with us]?

Mithäftling *m* fellow prisoner

Mithaftung *f* JUR joint liability

mit|halten *vi irreg* (*fam*) ■[**bei etw** *dat*] ~ to keep up [with sth]; **bei dem Konkurrenzkampf** ~ to keep pace with the competition; **bei einer Diskussion** ~ to hold one's own in a discussion; **eine Argumentation/Theorie** ~ to follow an argument/a theory; ***ich konnte [bei der Auktion] nicht mehr*** ~ I couldn't stay in the bidding any longer; ***ich halte mit*** count me in

mit|helfen *vi irreg* ❶ (*sich helfend beteiligen*) ■[**jdm**] [**bei etw** *dat*/**in etw** *dat*] ~ to help [sb] [with/in sth]; **im Haushalt/in der Küche/beim Putzen** ~ to help [out] with the housework/in the kitchen/with the cleaning ❷ (*dazu beitragen*) ■**~, dass etw geschieht** to contribute to sth happening

Mitherausgeber(in) *m(f)* co-editor, joint editor; (*Verlag*) co-publisher

Mithilfe *f kein pl* help *no pl*, assistance *no pl*; **unter jds** ~ with sb's help; **unter** ~ **von jdm** with the aid [*or* assistance] of sb

mithin *adv* (*geh*) therefore, consequently

mit|hören **I.** *vt* ■**etw** ~ to listen to sth; **ein Gespräch** ~ to listen in on a conversation; ***wir haben alles mitgehört*** we heard everything **II.** *vi* to listen in; (*zufällig*) to overhear; ***Feind hört mit!*** careless talk costs lives!

Mitinhaber(in) *m(f)* co-owner, joint owner; (*von Firma, Geschäft a.*) coproprietor

Mitinhaberschaft *f* JUR joint ownership [*or* proprietorship]

mit|kämpfen *vi* ■[**bei etw** *dat*/**in etw** *dat*] ~ to fight [at/in sth]; **in der Schlacht bei Waterloo** ~ to take part in [*or* fight at] the Battle of Waterloo; **bei dem Sturmangriff auf die Burg** ~ to take part in the assault on the castle; **im Ersten Weltkrieg** ~ to fight in the First World War

Mitkläger(in) <-s, -> *m(f)* JUR *im Zivilrecht* joint plaintiff; *im Strafrecht* joint prosecuting party

mit|klingen *vi irreg* ■[**in etw** *dat*] ~ to sound [in sth]; ***klingt in deinen Worten Enttäuschung/Verbitterung mit?*** is there a note of disappointment/bitterness in your words?

mit|kommen *vi irreg sein* ❶ (*begleiten*) ■[**mit jdm**] ~ to come [with sb]; ***kommst du mit?*** are you coming with me/us/too?; ***kommt doch mit uns mit*** do come with us ❷ (*Schritt halten können*) ■[**mit jdm**] ~ to keep up [with sb] ❸ (*mitgeschickt werden*) ■[**mit etw** *dat*] ~ to come [*or* arrive] [with sth]; **mit der Post** ~ to come with the post [*or* AM mail]; ***das zweite Paket kommt vielleicht mit der zweiten Lieferung mit*** the second parcel may come in/with the second post ❹ SCH (*fam: mithalten können*) ■[**in etw** *dat*] ~ to be equal [*or* up] to sth; **in der Schule gut/schlecht** ~ to get on well/badly at school ❺ (*verstehen*) **da komme ich nicht mit** (*fam*) it's beyond me *fam*; ***ich komme da nicht mit*** I don't get it

mit|können *vi irreg* (*fam*) ❶ (*begleiten dürfen*) ■[**mit jdm**] [**irgendwohin**] ~ to be able to come/go [somewhere] [with sb]; ***sie kann ruhig mit*** she is welcome to come too ❷ (*fam: verstehen*) ■**bei etw** *dat* **noch/nicht mehr** ~ to still/no longer be able to follow sth

mit|kriegen *vt* (*fam*) *s.* **mitbekommen**

mit|laufen *vi irreg sein* ❶ (*zusammen mit anderen laufen*) ■[**bei etw** *dat*] ~ to run [in sth]; ***beim Marathonlauf sind über 500 Leute mitgelaufen*** over 500 people took part in the marathon ❷ (*sich gleichzeitig bewegen*) to run; ***das Band läuft mit*** the tape is running

Mitläufer(in) *m(f)* POL (*pej*) fellow traveller [*or* AM *a.* traveler], sympathizer

Mitläufereffekt *m* ÖKON bandwagon effect

Mitlaut *m* consonant

Mitleid *nt kein pl* sympathy *no pl*, pity; ***ich brauche dein ~ nicht*** I don't need your sympathy; ■**jds** ~ [**mit jdm**] sb's sympathy [for sb]; ~ [**mit jdm/einem Tier**] **haben** [*o geh* **empfinden**] to have [*or* feel] sympathy [*or* feel pity [*or* compassion]] [for sb/an animal]; ~ **erregend** *Anblick* pitiful; ~ **schinden** (*fam*) to fish for sympathy; **aus** ~ out of pity; ***er ließ den Frosch aus ~ frei*** he took pity on the frog and set it free

Mitleidenschaft *f kein pl* **etw zieht jdn in** ~ (*geh*) sth affects sb; ***der Sturz hat sie ganz schön in ~ gezogen*** the fall has taken a lot out of her; **etw zieht etw** *akk* **in** ~ (*geh*) sth has a detrimental affect on sth

mitleiderregend *adj Anblick* pitiful

mitleidig **I.** *adj* ❶ (*mitfühlend*) sympathetic, compassionate ❷ (*iron: verächtlich*) pitying **II.** *adv* ❶ (*voller Mitgefühl*) sympathetically, compassionately ❷ (*iron: verächtlich*) pityingly

mitleid(s)los **I.** *adj* pitiless, heartless **II.** *adv* pitilessly, without pity

Mitleid(s)losigkeit <-> *f kein pl* pitilessness *no pl*

mitleid(s)voll *adj* (*geh*) *s.* **mitleidig 1**

mit|lesen **I.** *vt irreg* ■**etw** ~ ❶ (*ebenfalls lesen*) to read sth too ❷ (*etw zusammen mit jdm lesen*) to

M

read sth with sb **II.** *vi* to read too [*or* at the same time]

mit|machen I. *vi* ① (*teilnehmen*) ■[**bei etw** *dat*] ~ to take part [in sth], to join in [sth]; **bei einem Ausflug/Kurs** ~ to go on a trip/do a course ② (*fam: gut funktionieren*) to be up to it; **wenn das Wetter mitmacht** if the weather cooperates [*or* is good enough]; **solange meine Beine** ~ as long as my legs hold out; **wenn das Herz mitmacht** if his/her heart can take it **II.** *vt* ① (*fam: etw hinnehmen*) ■**etw** ~ to go along with sth; ***lange mache ich das nicht mehr mit*** I won't put up with [*or* stand for] it much longer ② (*sich beteiligen*) ■**etw** ~ to join [*or* take part] in sth; **den Ausflug/die Wanderung** ~ to go on the trip/walk ③ (*erleiden*) ■**viel/einiges** ~ to go through a lot/quite a lot

Mitmensch *m* fellow man [*or* human being]

mitmenschlich *adj inv, attr Beziehungen, Kontakte* interpersonal

Mitmieter(in) *m(f)* joint tenant

mit|mischen *vi* (*fam*) ■**bei etw** *dat*/**in etw** *dat* ~ to be involved in sth

mit|müssen *vi irreg* to have to come/go too

Mitnahme <-> *f kein pl* (*geh*) taking [away] with one; ***diese Prospekte liegen hier zur kostenlosen ~ aus*** you can take these brochures with you free of charge; **unter ~ einer S.** *gen* taking/having taken sth with one **Mitnahmemarkt** *m* cash and carry **Mitnahmepreis** *m* take-away price

mit|nehmen *vt irreg* ① (*zur Begleitung nehmen*) ■**jdn/ein Tier [irgendwohin]** ~ to take sb/an animal with one [somewhere] ② (*mit sich nehmen*) ■**etw [irgendwohin]** ~ to take sth with one [somewhere]; **etw ist zum M~** sth is free [to be taken with one]; ***sind die Probefläschchen zum M~?*** can I take one of these sample bottles?; **zum** ~ to take away; ***zum hier Essen oder zum M~?*** to eat here or [to] take away? ③ (*transportieren*) ■**jdn [in etw** *dat*] ~ take sb with one [in sth]; ***könnten Sie mich [im Auto] ~?*** could you give me a lift [in your car]? ④ (*erschöpfen*) to take it out of one; ***ihr seht mitgenommen aus*** you look worn out ⑤ (*in Mitleidenschaft ziehen*) ■**etw** ~ to take its toll on sth; ***das Fahren auf den buckligen Strecken hat die Stoßdämpfer sehr mitgenommen*** the bumpy roads have really taken their toll on [*or* worn out] the shock absorbers ⑥ (*fam: erleben*) ■**etw** ~ to see [*or* visit] sth; **die Sehenswürdigkeiten** ~ to take in the sights

mitnichten *adv* (*geh*) not at all, by no means

Mitochondrium <-s, Mitochondrien> *nt* BIOL mitochondrion

Mitose <-, -n> *f* BIOL mitosis

mitotisch *adj* mitotic

Mitpatient(in) *m(f)* fellow patient

Mitra <-, Mitren> *f* REL mitre

mit|rechnen I. *vt* ■**etw** ~ to include sth [in a calculation] **II.** *vi* to count too

mit|reden *vi* ① (*beteiligt sein wollen*) ■[**bei etw** *dat*] ~ to have a say [in sth] ② (*sich kompetent beteiligen*) ■~ **können** to be competent to talk about sth; **bei einer Diskussion ~ können** to be able to join in a discussion; ***da können Sie nicht*** ~ you wouldn't know anything about that; *s. a.* **Wörtchen**

mit|reisen *vi sein* ■[**mit jdm**] [**irgendwohin**] ~ to travel [somewhere] [with sb]

Mitreisende(r) *f(m) dekl wie adj* fellow passenger

mit|reißen *vt irreg* ① (*mit sich reißen*) ■**jdn/etw** ~ to sweep [*or* carry] sb/sth away ② (*begeistern*) ■**jdn** ~ to get sb going; ***die Musik riss die Fans förmlich mit*** the fans got quite carried away by the music

mitreißend *adj* rousing; *Spiel* thrilling, exciting

mitsamt *präp +gen* ■~ **einer S.** *gen* together [*or* complete] with sth **mit|schicken** *vt* (*im Brief*) ■**etw [in etw]** ~ to enclose sth [in sth]

mit|schleifen *vt* ■**jdn/etw** ~ to drag sb/sth along

mit|schleppen *vt* (*fam*) ■**jdn/etw [mit sich** *dat*] ~ to lug [*or* hump] [*or* cart] sb/sth [with one] *fam*

mit|schneiden *vt irreg* ■**etw [auf etw** *dat*] ~ *a.* TELEK to record [*or* tape] sth [on sth]

Mitschnitt *m* ① (*das Mitschneiden*) recording, taping ② (*Aufnahme*) recording, tape; **einen ~ von etw machen** to make a recording of [*or* tape] sth

mit|schreiben *irreg* **I.** *vt* ■**etw** ~ to write [*or* take] down sth *sep* **II.** *vi* to take notes

Mitschuld *f* ■**jds** ~ [**an etw** *dat*] sb's share of the blame [*or* responsibility] [for sth]; JUR sb's complicity [in sth]; **die ~ [an etw] eingestehen/von sich weisen** to admit/deny one's share of the blame [*or* that one was partly responsible [*or* to blame]] [for sth]; **eine ~ [an etw** *dat*] **tragen** to share the blame [*or* responsibility] [for sth], to be partly responsible [*or* to blame] [for sth]

mitschuldig *adj* ■**der/die [an etw** *dat*] **~e ...** the ... who is partly responsible [*or* to blame] [for sth]; ■~ [**an etw** *dat*] **sein** to be partly responsible [*or* to blame] [for sth]; JUR to be guilty of complicity [in sth]; **sich** *dat* ~ **machen** to incur part of the blame [*or* responsibility]; JUR to become guilty of complicity as a result of one's actions

Mitschuldige(r) *f(m) dekl wie adj* sb who is partly to blame [*or* responsible]; JUR accomplice

Mitschuldner(in) *m(f)* JUR co-debtor

Mitschüler(in) *m(f)* SCH (*Klassenkamerad*) classmate; (*Schulkamerad*) school-friend

mit|schwingen *vi irreg* ① MUS (*gleichzeitig schwingen*) to resonate [as well [*or* too]] ② (*geh: auch anklingen*) ***als er sprach, schwang ein ärgerlicher Unterton mit*** there was a note of annoyance in his voice as he spoke

mit|singen *irreg* **I.** *vi* to sing along, to join in; ■**in etw** *dat*/**bei etw** *dat* ~ to sing in sth; ***ich habe früher in einem Kirchenchor mitgesungen*** I used to be member of a church choir **II.** *vt* MUS ■**etw** ~ to join in [singing] sth

mit|spielen *vi* ① SPORT (*mit anderen spielen*) ■[**in/bei etw** *dat*] ~ to play [in/for sth]; ***er spielt in der anderen Mannschaft mit*** he's playing for [*or* he's on] the other team; **in einem Orchester** ~ to play in an orchestra ② FILM, THEAT ■[**bei/in etw** *dat*] ~ to be [*or* act] in sth ③ (*bei Kinderspielen*) to play ④ (*fam: mitmachen*) to go along with it; ***wenn die Geschäftsleitung mitspielt, ...*** if the management agrees to it, ...; ***das Wetter spielte nicht mit*** the weather wasn't kind to us ⑤ (*beteiligt sein*) ■[**bei etw**] ~ to play a part [in sth] ⑥ (*umgehen*) ***er spielte ihm übel mit*** he treated him badly

Mitspieler(in) *m(f)* ① SPORT (*Mannschaftskamerad*) team-mate BRIT, teammate AM ② THEAT (*zusammen auftretender Schauspieler*) fellow actor, member of the cast ③ (*jd, der mitspielt*) other player; ***ich suche noch eine ~in für ein Schachspiel*** I'm looking for someone to play chess with ④ LING actant

Mitsprache *f* say *no def art;* **ein Recht auf ~ haben** to be entitled to have a say

Mitspracherecht *nt kein pl* right to have a [*or* one's] say; **ein ~ bei etw haben** to have a say in sth; **jdm ein ~ [bei etw] einräumen** [*o* **gewähren**] to grant sb a say [in sth]

mit|sprechen *irreg* **I.** *vt* ■**etw** ~ to join in [saying] sth; **das Tischgebet** ~ to join in saying grace **II.** *vi* ■[**bei/in etw** *dat*] ~ to have a [*or* one's] say [in sth]

Mitstreiter(in) <-s, -> *m(f)* (*geh*) comrade-in-arms

Mittag[1] <-[e]s, -e> *m* (*zwölf Uhr*) midday, noon; (*Essenszeit*) lunchtime; ***wir haben gleich*** ~ it's coming up to [*or* almost] midday [*or* lunchtime], it'll soon be midday; ■**gegen** ~ around [*or* about] midday [*or* noon]; ■**über** ~ at lunchtime[s]; ■**des ~s** (*geh*) at noon [*or* midday]; **zu ~ essen** to have [*or* eat] lunch; **etw zu ~ essen** to have [*or* eat] sth for lunch; ~ **haben** [*o* **machen**] (*fam*) to have [*or* take] [*or* be on] one's lunch break; ***in aller Regel machen wir eine halbe Stunde*** ~ we usually have a half-hour lunch break [*or* half an hour [off] for lunch]

Mittag[2] <-s> *nt kein pl* DIAL (*fam: ~essen*) lunch

Mittagessen *nt* lunch

mittäglich *adj attr* ① (*zur Mittagszeit stattfindend*) midday, lunchtime ② (*für den Mittag typisch*) midday

mittags *adv* at midday [*or* lunchtime]

Mittagshitze *f* midday heat **Mittagsmahl** *nt* (*veraltend geh*), **Mittagsmahlzeit** *f* (*geh*) luncheon *form,* midday meal **Mittagspause** *f* lunch break [*or* hour]; ~ **haben/machen** to have [*or* be on]/take one's lunch break [*or* hour] **Mittagsruhe** *f kein pl* ≈ siesta; ~ **halten** to rest after lunch **Mittagsschlaf** *m* midday [*or* after-lunch] sleep [*or* nap]; **einen ~ machen** [*o* **halten**] to have [*or* take] a midday [*or* an after-lunch] sleep [*or* nap] **Mittagssonne** *f* midday sun **Mittagsstunde** *f* (*geh*) midday, noon; ■**in der** ~ at midday [*or* noon]; ■**um die** [*o* **zur**] ~ around [*or* about] noon [*or* midday] **Mittagstisch** *m* ① (*zum Mittagessen gedeckter Tisch*) lunch table ② (*im Restaurant*) lunch menu; **einen ~ halten** to serve lunch **Mittagszeit** *f kein pl* lunchtime, lunch hour; ■**in** [*o* **während**] **der** ~ at lunchtime, during the lunch break; ■**um die** ~ around lunchtime

Mittäter(in) *m(f)* accomplice

Mittäterschaft <-> *f kein pl* complicity; ■~ **an etw** *dat* complicity in sth

Mittdreißiger(in) <-s, -> *m(f)* sb in their mid-thirties

Mitte <-, -n> *f* ① (*Punkt in der Hälfte von etwas*) midpoint ② (*Mittelpunkt*) centre [*or* AM -er]; ■**in der ~ einer S.** *gen* in the centre [*or* middle] of a thing; **in der ~ der Wand** in the centre of the wall; **in der ~ einer großen Menschenmenge** in the middle of a large crowd of people; ■**in der ~ zwischen ...** halfway [*or* midway] between ...; **jdn in die ~ nehmen** to take hold of sb between one; **aus unserer/ihrer** ~ from our/their midst; **in unserer/ihrer** ~ in our/their midst, among us/them [*or form* our/their number] ③ ■**die** ~ POL (*politische Gruppierung*) the centre [*or* AM -er]; **die linke/rechte** ~ the centre-left/centre-right, left-of-centre/right-of-centre; **in der ~ stehen** to be in the centre ④ (*zur Hälfte .*) middle; ~ **Januar/Februar/...** mid-January/February/...; ~ **des Jahres/Monats** in the middle of the year/month; ~ [**der**] **... sein** to be in one's mid- ...; ***ich hätte sie auf ~ dreißig geschätzt*** I would have said that she's in her mid-thirties ▸ WENDUNGEN: **die goldene** ~ the golden mean, a happy medium; **ab durch die ~!** (*fam*) come on, let's get out of here! [*or sl* beat it]

mit|teilen I. *vt* ■**jdm etw** ~ to tell sb [*or form* inform sb of] sth; ■**jdm ~, dass** to tell [*or form* inform] sb that **II.** *vr* ① (*sich erklären*) ■**sich [jdm]** ~ to communicate [with sb] ② (*geh: sich übertragen*) ■**sich jdm** ~ to communicate itself to sb

mitteilsam *adj* talkative

Mitteilung *f* ① (*Benachrichtigung*) notification; **eine amtliche** ~ [*o* **offizielle**] an official communication [*or* communique]; **eine ~ bekommen** [*o* **erhalten**] to be notified; **eine ~ bekommen, dass** to be notified [*or* informed] that; **über etw** *akk* **bekommen/erhalten** to be notified [*or* informed] of [*or* about] sth; **jdm [eine] ~ [von etw] machen** (*geh*) to notify [*or* inform] sb [of sth], to report [sth] to sb; **nach ~ der/des ...** according to the ... ② (*Bekanntgabe*) announcement; **eine ~ machen** to make an announcement

Mitteilungsbedürfnis *nt kein pl* need to talk [to other people] **Mitteilungsblatt** *nt* newsletter **mitteilungsfreudig** *adj* fond of talking; ***Telefone sind sehr*** ~ telephones are chat-happy *fam* **Mitteilungspflicht** *f* JUR duty of disclosure

mittel *adj* ~ **durchgebraten** KOCHK half-done

Mittel <-s, -> *nt* ① PHARM (*Präparat*) drug, remedy; (*Lotion*) ointment, lotion; **ein ~ gegen etw** a cure [*or* remedy] for sth; **ein ~ gegen Schmerzen** a pain-reliever ② (*Putz~*) cleaning agent; (*Flecken~*) stain remover ③ (*Methode*) method, means *sing,* way *usu pl;* **ein ~ haben, [um] etw zu tun** to have ways [*or* means] of doing sth; ***wir haben ~, um ihn zum Reden zu bringen*** we have ways of making him talk; ***es gibt ein ~, das herauszufinden*** there are ways of finding that out; ~ **und Wege finden** to find ways and means; **ein ~ zum Zweck sein** to be a means to an end; **als letztes** [*o* **äußerstes**] ~ as a last resort; **jdm ist jedes ~ recht** sb will go to any length[s] [*or* stop at nothing]; **kein ~ unversucht**

lassen to leave no stone unturned, to try everything; **mit allen ~n** by every means ④ *pl* FIN (*Geld~*) funds, [financial] means [*or* resources]; ***zum Glück verfüge ich dazu noch über genügende*** ~ thankfully, I've got enough funds left to cover that; **beschränkte/flüssige** ~ limited resources/liquid assets; ~ **abstoßen** to liquidate resources; ~ **aufbringen/binden/kürzen** to raise/tie up/cut funds ⑤ (*Mittelwert*) average; **im** ~ on average; **etw im** ~ **erreichen** to average [at] sth; **arithmetisches/geometrisches** ~ arithmetic/geometric mean

MittelabflussRR *m* FIN outflow of funds

Mittelachse [-aksə] *f* ARCHIT, MATH central axis; AUTO central axle

mittelalt *adj* medium-matured

Mittelalter *nt kein pl* HIST ■**das** ~ the Middle Ages *npl;* ■**das finstere** [*o* **finsterste**] ~ the Dark Ages *npl*

mittelalterlich *adj* HIST medieval

Mittelamerika *nt* Central America

Mittelamerikaner, -in <-s, -> *m, f* Central American

mittelamerikanisch *adj* Central American

mittelbar I. *adj* indirect; **~er Schaden** consequential damage **II.** *adv* indirectly

Mittelbau <-bauten> *m* ① ARCHIT (*mittlerer Trakt*) central [*or* main] part [*or* block] ② *kein pl* SCH (*Assistenten und Räte*) non-professorial teaching staff **Mittelbetrieb** *m* medium-sized business [*or* enterprise] **Mittelbewirtschaftung** *f kein pl* ÖKON resources management **Mittelbrust** *f* KOCHK brisket **Mitteldeck** *nt* middle deck **mitteldeutsch** *adj* ① LING Middle [*or* Central] German ② HIST (*die DDR betreffend*) East German **Mitteldeutschland** *nt* (*veraltend*) Central Germany (*roughly between the rivers Elbe and Oder*) **Mittelding** *nt* (*fam*) ■**ein** ~ sth in between; ***eine Chaiselongue ist ein*** ~ ***zwischen Sofa und Ruhesessel*** a chaise longue is something between a sofa and an armchair **Mittelengland** *nt* the Midlands *npl* **Mittelenglisch** *nt* LING Middle English **Mitteleuropa** *nt* Central Europe **Mitteleuropäer(in)** *m(f)* Central European **mitteleuropäisch** *adj* Central European **Mittelfeld** *nt kein pl* SPORT ① (*Spielfeld*) midfield ② (*Teilnehmer*) pack **Mittelfeldspieler(in)** *m(f)* midfielder, midfield player **Mittelfinger** *m* middle finger **Mittelfinnland** *nt* Central Finland **Mittelfrankreich** *nt* Central France **mittelfristig I.** *adj* medium-term *attr;* **~e Finanzplanung/Kredite** medium-term revenue plan/loans **II.** *adv* ~ **anlegen** to make medium-term investments; ~ **planen** to plan for the medium term **Mittelgang** *nt* centre [*or* central] aisle **Mittelgebirge** *nt* low mountain range **Mittelgewicht** *nt* SPORT ① *kein pl* (*mittlere Gewichtsklasse*) middleweight ② (*fam*) *s.* **Mittelgewichtler Mittelgewichtler(in)** <-s, -> *m(f)* middleweight **mittelgroß** *adj* of medium height *pred* **mittelgut** *adj* average **Mittelherkunft** *f* FIN source of funds **Mittelhirn** *nt* ANAT midbrain **Mittelhochdeutsch** *nt* LING Middle High German; ■**das ~e** Middle High German

Mittelklasse *f* ① ÖKON (*mittlere Warenkategorie*) middle range, medium quality; **ein Wagen der** ~ a mid-range car, a car in the medium [*or* middle] range ② SOZIOL middle class

Mittelklasseeinkommen *nt* SOZIOL middle class income **Mittelklassewagen** *m* AUTO mid-range [*or* middle-of-the-range] car **Mittelklassewohngegend** *f* SOZIOL middle class area [*or* district]

Mittelkonsole *f* AUTO center console **Mittelkornreis** *m* medium grain rice **Mittelkurs** *m* HANDEL mean price **Mittellänge** *f* TYPO x-height **Mittelläufer(in)** <-s, -> *m(f)* SPORT midfielder, midfield player **Mittellinie** *f* ① TRANSP (*Linie auf der Straßenmitte*) centre [*or* white] line; **durchgezogene/unterbrochene** ~ continuous/broken centre [*or* white] line ② SPORT (*Linie des Mittelfeldes*) halfway line **mittellos** *adj* destitute, penniless **Mittellosigkeit** <-> *f kein pl* poverty *no pl* **Mittelmaß** *nt kein pl* ① (*meist pej: mittlere Leistung, Qualität*) mediocrity *no art* ② (*Durchschnitt*) average; **ein gesundes** ~ a happy medium; **ein gutes** ~ a good average

mittelmäßig I. *adj* average; **eine ~e Arbeit/Leistung** an average [*or pej* mediocre] work/performance **II.** *adv* ~ **begabt sein** to [only] have mediocre talent[s], to be mediocre; ~ **spielen** to have an indifferent game; ***er spielte nur*** ~ his performance was mediocre

Mittelmäßigkeit <-> *f kein pl* mediocrity

Mittelmeer *nt* ■**das** ~ the Mediterranean [Sea]

Mittelmeeranrainer *m* the countries bordering the Mediterranean **Mittelmeerklima** *nt* Mediterranean climate **Mittelmeerland** *nt* Mediterranean country **Mittelmeerraum** *m* ■**der** ~ the Mediterranean [region] **Mittelmotor** *m* AUTO mid-engine **Mittelmotor-Roadster** *m* mid-engine roadster

Mittelohr *nt* ANAT middle ear

Mittelohrentzündung *f* inflammation of the middle ear, middle ear inflammation

mittelprächtig I. *adj* (*iron fam*) great *iron fam* **II.** *adv* (*fam*) not particularly good; **sich** ~ **fühlen** to not feel particularly good

Mittelpunkt *m* ① MATH (*Punkt in der Mitte*) midpoint; (*Zentrum*) centre [*or* AM -er] ② (*zentrale Figur*) centre [*or* AM -er] of attention; **im** ~ **sein** [*o* **stehen**] to be the centre of attention; **im** ~ **des öffentlichen Interesses stehen** to be the focus of public attention

Mittelpunktschule *f* SCH school situated in the centre [*or* AM -er] of a catchment area

mittels *präp +gen o dat* (*geh*) by means of

Mittelsäger <-s, -> *m* ORN red-breasted merganser **Mittelscheitel** *m* centre parting **Mittelschicht** *f* SOZIOL *s.* **Mittelklasse 2 Mittelschiff** *nt* ARCHIT nave **Mittelschnitt** *m* TYPO center slitting **Mittelschule** *f* ① (*Schultyp*) ≈ secondary school ② SCHWEIZ (*höhere Schule*) secondary school; **neue** ~ ÖSTERR [new] secondary school **mittelschwer** *adj* relatively [*or* moderately] heavy; **ein ~es Auto** a medium-weight car; **eine ~e Übung** [*o* **Aufgabe**] a relatively [*or* moderately] difficult exercise **Mittelsenkrechte** *f* MATH midperpendicular

Mittelsmann <-männer *o* -leute> *m* intermediary, go-between, middleman

Mittelsorten *pl* HANDEL seconds

Mittelsperson *f* (*form*) intermediary

Mittelstadt *f* medium-sized town

Mittelstand *m* ① ÖKON ■**der** ~ medium-sized companies [*or* firms] [*or* businesses] ② SOZIOL middle class

mittelständisch *adj* medium-sized; **~e Betriebe/Firmen** medium-sized companies/firms; **~es Unternehmen** medium-sized business; **~e Wirtschaft** small business

Mittelständler(in) *m(f)* ① (*Unternehmen*) medium-sized business ② POL, SOZIOL (*Angehörige(r) der Mittelschicht*) middle-class person

mittelstandsfeindlich *adj* anti-small business **mittelstandsfreundlich** *adj* pro-small business **Mittelstandskartell** *nt* ÖKON small firms' cartel **Mittelsteinzeit** *f kein pl* ARCHÄOL Mesolithic period **Mittelstellung** *f* intermediate position

Mittelstrecke *f* ① LUFT medium haul [*or* distance] ② SPORT middle distance ③ MIL (*Reichweite*) *Rakete* medium range **Mittelstreckenflugzeug** *nt* LUFT medium-haul [*or* -range] aircraft **Mittelstreckenlauf** *m* SPORT ① (*Disziplin*) middle-distance running *no art* ② (*einzelner Lauf*) middle-distance race **Mittelstreckenrakete** *f* MIL medium-range missile **Mittelstreifen** *m* TRANSP central reservation **Mittelstück** *nt* middle [*or* centre BRIT] part [*or* piece] **Mittelstufe** *f* SCH ≈ middle school **Mittelstürmer(in)** *m(f)* SPORT centre-forward, striker **Mittelverwaltung** *f* FIN administration of funds **Mittelverwendung** *f* allocation of resources; FIN application of funds; **missbräuchliche** ~ misappropriation of funds **Mittelwagen** *m eines Zuges* mid-section carriage **Mittelweg** *m* middle course; **der goldene** ~ the golden mean, a happy medium **Mittelwelle** *f* RADIO medium wave **Mittelwellensender** *m* medium-wave transmitter **Mittelwert** *m* mean [*or* average] [value]; **der arithmetische** ~ the arithmetic mean **Mittelzufluss**RR *m* FIN inflow of funds **Mittelzuweisung** *f* FIN allocation of funds

mitten *adv* ① (*direkt*) ■~ **aus etw** from the midst of sth ② (*fam: gerade*) ■~ **bei etw** [right] in the middle of doing sth; ***sie kamen als ich noch*** ~ ***beim Kochen war*** I was still in the middle of cooking when they arrived; ■~ **in etw** *dat* [right] in the middle of sth ③ (*genau*) ■~ **in/vor etw** *dat* right into/on [the middle of] sth; ~ **entzweibrechen** to break in half [*or* two] ④ (*geradewegs*) ■~ **durch etw** right [*or* straight] through [the middle of] sth; ~ **hindurch** straight through ⑤ (*inmitten von*) ■~ **unter Menschen** in the midst of [*or* among] people; ***wie schön, dass ich wieder*** ~ ***unter euch sein darf*** how pleasant it is to be in your midst [*or* among you] again; ~ **unter Dingen** [right] in the middle [*or* midst] of things

mittendrin *adv* (*fam*) ① (*genau in etw*) right [*or fam* slap-bang] in the middle [of it]; ■~ **in etw** *dat* right [*or fam* slap-bang] in the middle of sth ② (*direkt bei etw*) right in the middle of [doing] sth **mittendrunter** *adv* (*fam*) in the middle of it/them **mittendurch** *adv* right [*or* straight] through the middle

Mitternacht *f kein pl* midnight *no art*

mitternächtlich *adj attr* midnight *attr*

Mitternachtssonne *f* ■**die** ~ the midnight sun

Mittfünfziger(in) <-s, -> *m(f)* a person in their mid-fifties

Mittler(in) <-s, -> *m(f)* mediator

mittlere(r, s) *adj attr* ① (*in der Mitte von zweien*) ■**der/die/das** ~ the middle one [*or* one in the middle] ② (*durchschnittlich*) average *attr or pred;* **zu ~n Preisen essen** to eat [out] at reasonable prices ③ (*ein Mittelmaß darstellend*) medium-sized; **eine ~e Katastrophe/ein ~er Unfall** quite a substantial disaster/a fairly serious accident ④ (*den Mittelwert bildend*) average; **mittlere Auflage** TYPO medium-length run ⑤ (*in einer Hierarchie*) middle; **~s Management** middle management; **eine ~e Position** a middle-ranking position; **ein Auto der ~n Klasse** a middle of the range car

Mittlerrolle *f* mediatory role, role of [the] mediator

mittlerweile *adv* (*unterdessen*) in the mean time, meantime, meanwhile; (*seit dem*) since then; (*bis zu diesem Zeitpunkt*) by now

mit|tragen *vt irreg* ■**etw** ~ *Entscheidung* to share sth; *Vorhaben* to take part in sth

Mittsechziger(in) <-s, -> *m(f)* a person in their mid-sixties **Mittsiebziger(in)** <-s, -> *m(f)* a person in their mid-seventies **Mittsommer** *m* midsummer **Mittsommernacht** *f* midsummer['s] night

Mittvierziger(in) <-s, -> *m(f)* a person in their mid-forties

Mittwoch <-s, -e> *m* Wednesday; *s. a.* **Freitag**

MittwochabendRR *m* Wednesday evening; *s. a.* **Dienstag mittwochabends**RR *adv* [on] Wednesday evenings **Mittwochmittag**RR *m* [around] noon on Wednesday; *s. a.* **Dienstag mittwochmittags**RR *adv* [around] noon on Tuesdays **Mittwochmorgen**RR *m* Wednesday morning; *s. a.* **Dienstag mittwochmorgens**RR *adv* [on] Wednesday mornings **Mittwochnachmittag**RR *m* Wednesday afternoon; *s. a.* **Dienstag mittwochnachmittags**RR *adv* [on] Wednesday afternoons **Mittwochnacht**RR *f* Wednesday night **mittwochnachts**RR *adv* [on] Wednesday nights

mittwochs *adv* [on] Wednesdays; ~ **abends/nachmittags/vormittags** [on] Wednesday evenings/afternoons/mornings

Mittwochslotto <-s> *nt kein pl* midweek lottery (*national lottery on Wednesdays*)

MittwochvormittagRR *m* Wednesday morning; *s. a.* **Dienstag mittwochvormittags**RR *adv* [on] Wednesday mornings

mitunter *adv* now and then, from time to time

Mitunternehmer(in) *m(f)* HANDEL [co-]partner, co-

contractor **Mitunternehmeranteil** *m* HANDEL partnership share **Mitunternehmerrisiko** *nt* co-contracter's risk **Mitunternehmerschaft** *f* HANDEL [co-]partnership

mitverantwortlich *adj* jointly responsible *pred;* ■[**für etw**] ~ **sein** to be jointly responsible [for sth]

Mitverantwortung *f* share of the responsibility; ~ [**für etw**] **haben/tragen** to have/bear a share of the responsibility [for sth]

mit|verdienen* *vi* to go out to work as well

Mitverfasser(in) *m(f) s.* **Mitautor**

Mitverschulden *nt* partial blame; (*bei Unfall*) contributory [*or* AM comparative] negligence; ***ihr konnte kein ~ nachgewiesen werden*** it wasn't possible to prove that she was partially to blame; **jdn trifft ein ~** [**an etw** *dat*] sb is partially [*or* partly] to blame [for sth]

mit|versichern* *vt* ■**jdn ~** to include sb in one's insurance, to co-insure sb; ■**etw ~** to include sth in one's insurance

Mitversicherte(r) *f(m)* JUR coinsured party **Mitversicherung** *f* JUR co-insurance **Mitverursachung** *f* JUR contributory causation **Mitvormund** *m* JUR co-guardian, joint guardian **Mitwelt** *f kein pl* fellow men *pl;* ■**die ~** the people about one

mit|wirken *vi* ① (*gestaltend beteiligt sein*) ■[**bei/an etw** *dat*] ~ to collaborate [on sth], to be involved [in sth]; ■**jds M~** sb's collaboration [*or* cooperation] ② FILM, THEAT (*geh: mitspielen*) ■[**in etw** *dat*] ~ to appear [in sth]; **in einem Theaterstück ~** to appear [*or* perform] in a play ③ (*eine Rolle spielen*) ■[**bei etw**] ~ to play a part [*or* role] [in sth]

Mitwirkende(r) *f(m) dekl wie adj* ① (*mitwirkender Mensch*) participant, collaborator; **politisch ~r** active participant in political life ② FILM, THEAT (*geh: Mitspieler*) actor; **die ~n** the cast + *sing/pl vb*

Mitwirkung *f kein pl* collaboration, cooperation; **mit/ohne jds ~** with/without sb's collaboration [*or* cooperation]; **unter ~ von jdm** in collaboration with sb

Mitwirkungspflicht *f* JUR duty to cooperate; **die ~ des Käufers/Verkäufers/Auftraggebers** the buyer's/seller's/principal's duty to cooperate **Mitwirkungsrecht** *nt* JUR participatory right

Mitwissen *nt kein pl* JUR knowledge of the matter [*or* crime]

Mitwisser(in) <-s, -> *m(f)* somebody in the know; ~ [**einer S.** *gen*] **sein** to be in the know [about sth]; **jdn zum ~** [**einer S.** *gen*] **machen** to let sb in [on sth]

Mitwohnzentrale *f* flat [*or* AM apartment] share agency

mit|wollen *vi* to want to come too [*or* with sb]; ***so, wir gehen jetzt einkaufen, willst du nicht auch mit?*** right, we're going shopping, do you want to come as well?

mit|zählen I. *vi* ① (*jeweils addieren*) to count ② (*berücksichtigt werden*) to count II. *vt* ■**jdn/etw ~** to include sb/sth; ***das macht 63 Teilnehmer, dich und mich nicht mitgezählt*** that makes 63 participants, not including [*or* counting] you and I

mit|ziehen *vi irreg* ① *sein* (*in einer Menge mitgehen*) ■[**in etw** *dat*] ~ to tag along [with sth] ② *haben* (*fam: mitmachen*) to go along with it; ■**bei etw ~** to go along with sth

Mix <-, -e> *m* combination, mix *fam*

Mixbecher *m* [cocktail-]shaker

mixen *vt* ■**etw** [**mit etw**] ~ to mix sth [with sth]

Mixer <-s, -> *m* ELEK blender, mixer

Mixer(in) <-s, -> *m(f)* cocktail waiter, barman

Mixgetränk *nt* mixed drink, cocktail **Mixstab** *m* hand-held blender

Mixtur <-, -en> *f* PHARM mixture

MKS *f Abk von* **Maul- und Klauenseuche** foot and mouth [disease]

mm *m o nt Abk von* **Millimeter** mm

Mnemonik *f* mnemonics + *sing vb*

mnemonisch *adj* mnemonic

Mob <-s> *m kein pl* (*pej*) mob

Mobbing <-s> *nt kein pl* PSYCH mobbing *no pl*

Möbel <-s, -> *nt* ① *sing* piece [*or* item] of furniture ② *pl* furniture

Möbelfabrik *f* furniture factory **Möbelgeschäft** *f* furniture shop [*or* store] **Möbelhändler(in)** *m(f)* furniture dealer, dealer in furniture **Möbelpacker(in)** *m(f)* removal man BRIT, [furniture] remover BRIT, mover AM **Möbelpolitur** *f* furniture polish **Möbelschreiner(in)** *m(f) s.* **Möbeltischler** **Möbelspedition** *f* [furniture] removal firm BRIT, moving company AM **Möbelstoff** *m* upholstery [*or* upholstering] fabric **Möbelstück** *nt* piece [*or* item] of furniture **Möbeltischler(in)** *m(f)* cabinetmaker **Möbelverkäufer(in)** *m(f)* furniture salesman **Möbelwagen** *m* removal [*or* AM moving] van

mobil *adj* ① (*beweglich*) mobile; **~er Besitz/~e Habe** movable possessions; **~es Vermögen** movables; **jdn/etw ~ machen** to mobilize sb/sth ② (*fam: munter*) lively, sprightly

Mobile <-s, -s> *nt* mobile

Mobilfunk *m* TELEK ① (*allgemein*) mobile communications *pl* ② (*Gerät*) cellular radio, radio pager **Mobilfunkdienst** *m* mobile telephone service[-provider] [*or* operator] **Mobilfunkeinheit** *f* carphone **Mobilfunkgerät** *nt* TELEK cellular [tele]phone **Mobilfunknetz** *nt* AUTO cellular radio system

Mobiliar <-s> *nt kein pl* furnishings *npl* **Mobiliarpfandrecht** *nt* JUR pledge, lien on movable chattels **Mobiliarsicherheit** *f* FIN chattel mortgage **Mobiliarvermögen** *nt* JUR personal property [*or* effects] *pl* **Mobiliarvollstreckung** *f* JUR seizure and sale of movable property

Mobilien *pl* JUR movables, chattels, movable property

mobilisieren* *vt* ① (*aktivieren*) ■**jdn ~** to mobilize sb ② (*verfügbar machen*) ■**etw ~** to make sth available; ***es gelang ihm, die letzten Kräfte zu ~*** he managed to summon up his last reserves of strength ③ MIL (*in den Kriegszustand versetzen*) ■**jdn ~** to mobilize sb

Mobilisierung <-, -en> *f* mobilization; *Kapital* making liquid, freeing-up, releasing, realizing

Mobilität <-> *f kein pl* mobility

Mobilitätsrecht *nt* JUR right of mobility

Mobilkommunikation *f kein pl* mobile communication **Mobilkommunikationslösung** *f* TELEK mobile communications solution

Mobilmachung <-, -en> *f* MIL mobilization; **die** [**allgemeine**] ~ **ausrufen/beschließen** to order/decide to order a [general [*or* full]] mobilization

Mobiltelefon *nt* mobile [*or* cellular] [tele]phone

möblieren* *vt* ■**etw ~** to furnish sth; **etw neu ~** to refurnish sth; **ein möbliertes Zimmer** a bedsit[ter] [*or* AM furnished room]; **möbliert wohnen** to live in furnished accommodation [*or* AM accomodations]

MO-CD *f Abk von* **Magnet-Optische CD** MO-disk

möchte *3. pers konjunktiv von* **mögen**

mochte *imp von* **mögen**

Möchtegern <-s, -e> *m* (*pej fam*) would-be *pej* **Möchtegerncasanova** *m* (*pej fam*) would-be Casanova *pej* **Möchtegernmanager(in)** *m(f)* (*iron*) would-be manager **Möchtegernrennfahrer(in)** *m(f)* (*iron*) would-be [motor] racing driver [*or* AM race car driver] **Möchtegernsänger(in)** *m(f)* (*iron*) would-be singer **Möchtegernschauspieler(in)** *m(f)* (*iron*) would-be actor

modal *adj* LING modal

Modalität <-, -en> *f* ① *meist pl* (*geh: Art und Weise*) provision[s *pl*], condition[s *pl*] ② PHILOS modality *no pl* ③ LING modality *no pl*

Modalsatz *m* LING adverbial phrase [*or* clause] **Modalverb** *nt* LING modal verb

Mode <-, -n> *f* ① MODE fashion; **große** [*o* **groß in**] ~ **sein** to be very fashionable [*or fam* all the rage] [*or fam* really trendy] [*or* in]; **mit der ~ gehen** to [like to] follow fashion, to keep up with the latest fashions; **aus der ~ kommen** to go out of fashion; **in ~ kommen** to come into fashion; **nach der ~** according to the [latest] fashion ② *pl* MODE (*modische Kleidungsstücke*) fashionwear *sing,* fashions *pl* ③ *pl* (*Sitten*) practices *pl;* ***was sind denn das für ~n!*** what sort of behaviour is that!

Modeartikel *m* in thing, fashionable [*or* trendy] item **Modearzt, -ärztin** *m, f* fashionable doctor **Modeaufnahme** *f* fashion photo[graph] **Modeausdruck** *m* in-phrase; (*Wort*) in-word, vogue word **modebewusst**[RR] *adj* fashion-conscious **Modeboutique** *f* [fashion] boutique **Modedesigner(in)** <-s, -> *m(f)* fashion designer **Modeerscheinung** *f* passing [*or* fleeting] fashion **Modefarbe** *f* fashionable [*or* in] colour [*or* AM -or] **Modefotograf(in)** *m(f)* fashion photographer **Modegag** *m* fashion gimmick **Modegeschäft** *nt* fashion store; (*kleiner*) boutique **Modeheft** *nt* fashion magazine **Modehersteller(in)** *m(f)* fashion designer **Modejournal** *nt* fashion magazine **Modekrankheit** *f* fashionable complaint [*or* illness]

Model <-s, -s> *nt* model

Modell <-s, -e> *nt* ① (*verkleinerte Ausgabe*) model; (*Ausführung*) model; MODE (*Kleidungsstück*) model ② (*Mannequin*) model; KUNST (*Akt~*) nude model; [**jdm** [*o* **für jdn**]] ~ **sitzen/stehen** to model [*or* sit] for sb ③ (*geh: Vorbild*) model

Modellannahme *f* model-based assumption **Modellauto** *nt* model car **Modellcharakter** *m* something which can act as a model **Modelleisenbahn** *f* model railway, train set *fam* **Modellflugzeug** *nt* model aeroplane [*or* AM airplane] [*or* aircraft]

modellieren* *vt* ① (*plastisch formen*) ■**etw ~** to model [*or* shape] [*or* work] sth ② (*als Abbild formen*) ■**jdn/etw** [**in etw** *dat*] ~ to make a model of sb/sth [in [*or* out of] sth], to model sb/sth in sth

Modelliermasse *f* modelling [*or* AM *a.* modeling] material

Modellkleid *nt* MODE model dress **Modellprojekt** *nt* pilot scheme [*or* AM project] **Modellversuch** *m* (*geh*) pilot scheme [*or* AM experiment]; TECH model test [*or* experiment]

modeln ['mɔdl̩n] *vi* MODE, MEDIA to [work as a] model

Modem <-s, -s> *nt o m* INFORM modem

Modemacher(in) <-s, -> *m(f)* MODE fashion designer

Modemkarte *f* INFORM modem board

Modemverbindung *f* INFORM modem link

Modenschau *f* fashion show

Modepüppchen *nt,* **Modepuppe** *f* (*pej fam*) fashion freak [*or* victim]

Moder <-s> *m kein pl* (*geh*) mould, mildew

moderat <-er, -este> *adj* (*geh*) *Haltung* moderate; **~er Politiker** centrist, moderate politican; **sich ~ geben** to be moderate

Moderation <-, -en> *f* RADIO, TV presentation

Moderator, -torin <-s, -toren> *m, f* RADIO, TV presenter

Modergeruch *m* mustiness

moderieren* *vt* RADIO, TV ■**etw ~** to present sth

mod(e)rig *adj* musty; ~ **riechen** to smell musty, to have a musty smell

modern[1] *vi sein o haben* to decay, to go mouldy

modern[2] I. *adj* ① (*zeitgemäß*) modern; **~e Technik** modern [*or* up-to-date] technology; **~ste Technik** state-of-the-art [*or* the most up-to-date] technology ② (*an neueren Vorstellungen orientiert*) progressive, modern ③ (*modisch*) fashionable, trendy; ■~ **sein/werden** to be fashionable/come into fashion ④ (*zur Neuzeit gehörend*) modern; **~e Diktaturen/Politik/~es Völkerrecht** present-day [*or* today's] dictators/policies/international law, dictators/policies/international law of today II. *adv* ① (*zeitgemäß*) in a modern manner [*or* style] ② (*modisch*) fashionably, trendily ③ (*fortschrittlich*) progressively; ~ **eingestellte Eltern/Lehrer** parents/teachers with progressive [*or* modern] ideas

Moderne <-> *f kein pl* ■**die ~** the modern age

modernisieren* *vt* ■**etw ~** to modernize sth

Modernisierung <-, -en> *f* modernization *no pl*

Modernisierungsauftrag *m* ÖKON refurbishment order **Modernisierungsinvestitionen** *pl* FIN modernization [*or* refurbishment] investment **Modernisierungsverlierer(in)** *m(f)* SOZIOL loser to modernization

Modernismus <-, Modernismen> *m* (*modernes Stilelement*) modernism

Modernität <-, *selten* -en> *f* (*geh*) modernity

Modesalon *m* fashion boutique **Modeschmuck** *m* costume [*or* fashion] jewelry **Modeschöpfer(in)** *m(f)* fashion designer, couturier *masc*, couturière *fem* **Modetrend** *m* fashion trend **Modewort** *nt* in [*or* vogue] word, buzzword **Modezeichner(in)** *m(f)* fashion designer **Modezeitschrift** *f* fashion magazine **Modezeitung** *f* fashion magazine

Modi *pl von* **Modus**

Modifikation <-, -en> *f* (*geh*) modification

modifizieren* *vt* (*geh*) ■**etw** ~ to modify sth

Modifizierer <-s, -> *m* INFORM modifier

modisch **I.** *adj* fashionable, trendy **II.** *adv* fashionably, trendily

Modist(in) <-en, -en> *m(f)* milliner, hat maker

Modistin <-, -nen> *f* milliner

modrig *adj s.* **moderig**

Modul <-s, -e> *nt* module

modular *adj inv* ELEK modular

Modulation <-, -en> *f* modulation

Modulator <-s, -oren> *m* INFORM modulator

modulieren* *vt* ■**etw** ~ to modulate sth

Modultechnik *f kein pl* ELEK module technology

Modus <-, Modi> *m* ① LING (*geh*) modus vivendi ② INFORM (*Betriebsart*) [operating] mode; **Was wäre wenn...?** ~ what if ... ? mode

Modus operandi *m* JUR modus operandi

Mofa <-s, -s> *nt* moped

Mofafahrer(in) <-s, -> *m(f)* moped rider **Mofaführerschein** *m* [low-powered] moped licence **Mofaroller** *m* scooter

Mogadischu <-s> *nt* Mogadishu

Mogelei <-, -en> *f* (*pej*) cheating *no pl*

mogeln *vi* (*fam*) ■[**bei etw**] ~ to cheat [at sth]

Mogelpackung *f* ① ÖKON (*irreführend verpackte Ware*) deceptive packaging ② (*fig: Augenwischerei*) eyewash

mögen **I.** *modal vb* <mochte, hat ... mögen> + *inf* ① *meist im Konjunktiv* (*wollen*) ■**etw tun** ~ to want to do sth; ***ich mag dich nicht mehr sehen!*** I don't want to see you any more!; ***ich möchte jetzt einfach Urlaub machen können*** I wish I could [*or* I'd like to be able to] just take off on holiday now; ~ [*o* ***möchten***] ***Sie noch ein Glas Bier trinken?*** would you like another beer?; ***ich mag dich nicht gerne allein lassen*** I don't like to leave you alone [*or* leaving you alone]; ***Stefan hat noch nie Fisch essen*** ~ Stefan has never liked fish ② *im Konjunktiv* (*den Wunsch haben*) ■**etw tun** ~ to want to do sth; ***ich möchte gerne kommen*** I'd like to come; ***hier möchte ich gerne leben*** I'd really like to live here; ***man möchte meinen, es wäre schon Winter*** you'd think that it was already winter; ***das möchte ich sehen!*** I'd like to see that! ③ (*drückt eine Vermutung aus*) [***es***] ***mag sein, dass sie Recht hat*** it may be that she's right; ***sie mag sogar Recht haben*** she may be right; ***hm, das mag schon stimmen*** hmm, that might [well] be true; ***das mag schon sein, aber trotzdem!*** that's as may be, but still!; ***kommst du? — mag sein*** (*eventuell*) are you coming? — maybe [*or* possibly]; (*wahrscheinlich*) are you coming? — probably; ***was mag das wohl bedeuten?*** what's that supposed to mean?, I wonder what that means?; ***was immer kommen mag, bleiben wir zusammen*** whatever happens we'll stay together; ***was immer er auch behaupten/sagen mag, ...*** whatever he may claim/say, ...; ***so gemein wie es auch klingen mag, ist es die Wahrheit*** however cruel this may sound, it is the truth; ***er mag das zwar behaupten, aber deswegen stimmt es noch lange nicht*** just because he says that, [it] doesn't necessarily mean that it's true; ***es mag so sein, wie er behauptet*** it may well [*or* might] be as he says; ***jetzt mag sie denken, dass wir sie nicht sehen wollen*** she probably thinks [that] we don't want to see her now; ***das mag noch angehen*** it might be all right; ***er sieht immer noch sehr gut aus, mag er auch inzwischen Mittfünfziger sein*** he's still very handsome, even if he's in his mid-fifties now; ***nun, er mag so um die 40 sein*** well, he must be [*or* I'd say he's] about 40; ***wie sie aussieht, mag sie Managerin sein*** she must be [*or* may well be] a manager from the look of her; ***es mochten so um die zwanzig Personen gewesen sein*** there must have been around twenty people there; ***wie dem auch sein mag*** be that as it may ④ (*sollen*) ■**jd möge etw tun** sb should do sth; ***bestellen Sie ihm bitte, er möchte mich morgen anrufen*** please tell him to ring me tomorrow; ***sagen Sie ihr, sie möchte zu mir kommen*** could you tell her to come and see me; ***Sie möchten gleich mal zur Chefin kommen*** you're to go and see the boss right away, the boss has asked to see you right away; ***diese Warnung mag genügen*** let this warning be enough, this warning should suffice; ***möge das stimmen*** let's hope it's true; ***möge Gott das verhüten!*** God forbid!; ***wenn sie mir das doch nur verzeihen möge!*** if she could only forgive me this! ⑤ (*drückt Einräumung aus*) ■**etw tun** ~ to be allowed [*or* able] to do sth; ***du magst tun, was du willst*** you may do as you please [*or* can]; ***mag sie von mir aus gehen*** she can go as far as I'm concerned; ***mag kommen, was da will, wir sind vorbereitet*** come what may, we are prepared ⑥ DIAL, BES SCHWEIZ (*können*) ***es mochte nichts helfen*** it [just] didn't help **II.** *vt* <mochte, gemocht> ① (*gern haben*) ■**jdn** ~ to like sb; (*lieben*) to love sb; **die beiden** ~ **sich/**~ **einander nicht** the two of them like/don't like each other ② (*eine Vorliebe haben*) ■**jdn/etw** ~ to like sb/sth; ***welchen Maler magst du am liebsten?*** who is your favourite painter?, which painter do you like best?; ***am liebsten mag ich Eintopf*** I like stew best, stew is my favourite [meal] ③ (*haben wollen*) ■**etw** ~ to want sth; ***ich möchte ein Stück Kuchen*** I'd like a slice of cake; ***ich möchte im Augenblick nichts mehr*** I don't want anything else for the moment; ***möchten Sie noch etwas Kaffee/ein Glas Wein?*** would you like [*or* do you want] some more coffee/another glass of wine?; ***was möchten Sie bitte?*** what would you like?, what can I get for you? ④ (*sich wünschen*) ***ich möchte, dass du dich sofort bei ihr entschuldigst*** I would like [*or* want] you to apologize to her at once; ***ich möchte nicht, dass das bekannt wird*** I don't want this to get out; ***ich möchte gern, dass er mir öfters schreibt*** I wish he would write [to me] more often **III.** *vi* ① (*wollen*) to want [*or* like] to; ***es ist noch Nachtisch da, magst du noch?*** there is [still] some dessert left, would you like [to have] some more?; ***es ist doch keine Frage, ob ich mag, ich muss es eben tun*** it's not a question of whether I want to do it [or not], I have to [do it] [*or* it has to be done]; **nicht so recht** ~ to not [really] feel like it; ***„gehst du mit ins Kino?" — „nein, ich mag nicht so recht"*** "are you coming to the cinema?" — "no, I don't really feel like it"; ***lass uns morgen weitermachen, ich mag nicht mehr*** let's carry on tomorrow, I don't feel like doing anymore today; ***„iss doch bitte auf" — „ich mag aber nicht mehr"*** "come on, finish up" — "but I don't want any more"; ***wenn du magst, machen wir jetzt eine Pause*** we could take a break now if you like ② (*fam: gehen/fahren wollen*) ■**irgendwohin** ~ to want to go somewhere; ***ich mag*** [*o* ***möchte***] ***nach Hause*** I want to go home; ***möchtest du auch ins Kino?*** do you want to go to the cinema too?

Mogler(in) <-s, -> *m(f)* (*fam*) cheat

möglich *adj* ① *attr* (*denkbar*) possible; **alles M~e** everything possible; ***er ließ sich alles M~e einfallen, um sie zu überreden*** he tried everything imaginable to persuade her; **das einzig M~e** the only option [open to us etc] [*or* thing we etc can do]; **etw für** ~ **halten** to believe in sth; **es für** ~ **halten, dass ...** to think it possible that ...; **sein M~stes tun** to do everything in one's power [*or* utmost]; **alle ~en** all kinds [*or* sorts] of; **schon** ~ (*fam*) maybe, possibly; ***das ist schon*** ~ that may well be ② *attr* (*potenziell*) potential ③ *pred* (*durchführbar*) possible; ***ist denn so was ~?*** (*fam*) is this really possible?; ■**es ist ~, dass ...** it is possible that ...; ■**jdm ist es ~, etw zu tun** sb is able to [*or* can] [*or* it is possible for sb to] do sth; ***komm doch mit, wenn es dir ~ ist*** come with us, if you're able to; [**jdm**] **etw ~ machen** to make sth possible [for sb]; **es ~ machen, etw zu tun** to make it possible to do sth; **falls** [*o* **wenn**] [**irgend**] ~ if [at all] possible; [***das ist doch***] ***nicht ~!*** [that's] impossible!, I don't believe it!; **so ... wie** ~ as ... as possible; ***komme so schnell wie*** ~ come as quickly as possible

möglicherweise *adv* possibly; ***es handelt sich ~ um ein Missverständnis*** it's possible [that] there has been a misunderstanding, there's possibly been a misunderstanding; ***kann es ~ sein, dass ...?*** is it [*or* could it be] possible that ...?

Möglichkeit <-, -en> *f* ① (*Gelegenheit*) opportunity; **jdm die ~ geben, etw zu tun** to give sb the opportunity [*or* the [*or* a] chance] to do sth; **die ~ haben, etw zu tun** to have an opportunity to do sth ② (*mögliches Verfahren*) possibility ③ *kein pl* (*Realisierbarkeit*) possibility; **nach** ~ if possible; **politische/diplomatische ~en** political/diplomatic means ④ *pl* (*Mittel*) ■**jds ~en** sb's [financial] means [*or* resources] ▶ WENDUNGEN: **ist denn das die ~?**, **ist es die ~!** (*fam*) I don't believe it!, whatever [*or* AM what] next!

möglichst *adv* ① (*so ... wie möglich*) as ... as possible; ~ **bald/früh/weit** as soon/early/far as possible ② (*wenn irgend möglich*) if possible

Mohammedaner(in) <-s, -> *m(f)* REL (*veraltend*) *s.* **Moslem**

mohammedanisch *adj* REL (*veraltend*) *s.* **islamisch, moslemisch**

Mohär[RR] <-s, -e> *m*, **Mohair** <-s, -e> [moˈhɛːɐ] *m* mohair **Mohärpullover**[RR] [moˈhɛːɐ-] *m* mohair sweater **Mohärschal**[RR] *m* mohair scarf

Mohikaner(in) <-s, -> *m(f)* (*Indianer*) Mohican, Mahican; **der letzte** ~ LIT the last of the Mohicans

mohistisch *adj inv* (*von Mo Di im 5.Jh.v.Chr gegründet*) ~**e Schule** Mo Dian school

Mohn <-[e]s, -e> *m* poppy; (~*samen*) poppy seed

Mohnanbau *m* cultivation of poppies **Mohnblüte** *f* poppy flower **Mohnbrötchen** *nt* poppy-seed roll **Mohnernte** *f* poppy harvest **Mohngebäck** *nt* poppy-seed pastry **Mohnhörnchen** *nt* poppy-seed croissant **Mohnkuchen** *m* poppy-seed cake **Mohnöl** *nt* poppy-seed oil

Mohorovicicdiskontinuität *f* GEOL (*Grenze zwischen der Erdkruste und dem Erdmantel*) Mohorovicic discontinuity, Moho

Mohr(in) <-en, -en> *m(f)* (*veraltet: Neger*) negro ▶ WENDUNGEN: **der ~ hat seine Schuldigkeit getan, der ~ kann gehen** (*prov*) once one has served one's purpose one is simply discarded

Möhre <-, -n> *f* carrot

Mohrenkopf *m* KOCHK (*Negerkuss*) chocolate marshmallow; (*Gebäck*) *small cream-filled sponge cake covered with chocolate*

Möhrensaft *m* carrot juice **Möhrensalat** *m* carrot salad

Mohrrübe *f* BOT NORDD (*Möhre*) carrot

Moiré <-s, -s> [moaˈreː] *m o nt* MODE moiré

mokant <-er, -este> **I.** *adj* (*geh*) *Bemerkung, Lächeln* mocking **II.** *adv* mockingly

Mokassin <-s, -s> *m* moccasin

Mokick <-s, -s> *nt* kick-start moped

mokieren* *vr* (*geh*) ■**sich über jdn/etw** ~ to mock sb/sth

Mokka <-s, -s> *m* mocha; (*Kaffee a.*) mocha coffee

Mokkabohne *f* mocha bean **Mokkalöffel** *m* demitasse spoon **Mokkatasse** *f* demitasse

Mol <-s, -e> *nt* CHEM (*Konzentrationsmaß von Lösungen*) mole

molar *adj* CHEM molar

Molarität <-> *f kein pl* CHEM (*Grad der Konzentration in Mol*) molarity

Molch <-[e]s, -e> *m* newt

Moldau <-> *f* ① HIST (*Fürstentum in Osteuropa*)

Moldavia ❷ GEOG (*Fluss*) Vltava
Moldauer(in) <-s, -> *m(f)* Moldavian; *s. a.* **Deutsche(r)**
Moldauisch *nt dekl wie adj* Moldovan; *s. a.* **Deutsch**
moldauisch *adj* Moldavian; *s. a.* **deutsch**
Moldauische <-n> *nt* ■**das** ~ Moldovan, the Moldovan language; *s. a.* **Deutsche**
Moldawien <-s> *nt s.* **Moldova**
Moldova <-s> *nt* Moldova, Moldavia; *s. a.* **Deutschland**
Mole <-, -n> *f* NAUT mole
Molekül <-s, -e> *nt* molecule
molekular *adj* molecular
Molekularbewegung *f* PHYS molecular movement [*or* motion]; **brownsche** ~ Brownian movement **Molekularbiologie** *f* molecular biology **Moleculardesign** *nt* PHYS molecular design *no pl* **Molekulargenetik** *f* molecular genetics **Molekulargewicht** *nt* molecular weight
Molekülwolke *f* ASTRON molecular cloud
molk *imp von* **melken**
Molke <-> *f kein pl* whey
Molkerei <-, -en> *f* dairy
Molkereibutter *f* dairy butter **Molkereiprodukt** *nt* dairy product
Moll <-, -> *nt* MUS minor [key]; **f-**~ F minor
mollig *adj* (*fam*) ❶ (*rundlich*) plump; *Kind, Baby* chubby ❷ (*behaglich*) cosy BRIT, cozy AM ❸ (*angenehm warm*) snug
Moloch <-s, -e> *m* Moloch *fig*
Molotowcocktail ['mɔːlotɔfkɔkteːl] *m* Molotov cocktail
Molybdän <-s> *nt kein pl* CHEM molybdenum
Moment[1] <-[e]s, -e> *m* ❶ (*geh: Augenblick*) moment; ■**im …** ~ at the … moment; **im ersten** ~ at first; **im falschen/richtigen** ~ at the wrong/right moment; **im letzten** ~ at the last moment [*or* minute]; **im nächsten** ~ the next moment; **in einem unbeobachteten** ~ when no one was looking; **im** ~ at the moment; **in dem** ~**, wo** just [at the moment] when; **in diesem** [*o* **im gleichen**] [*o* **im selben**] ~ at the same moment; **einen** [**kleinen**] ~**!** just a moment! [*or* minute!] [*or* second!]; **jeden** ~ [at] any moment; ~ **mal!** just [*or* [just] hang on] a moment! [*or* minute!] [*or* second!] ❷ (*kurze Zeitspanne*) **einen/keinen** ~ a moment/not for a moment; ***sie ließ einen*** ~ ***vergehen, ehe sie antwortete*** she paused for a moment before answering; **keinen** ~ **zögern** to not hesitate for a [single] moment [*or* second]
Moment[2] <-[e]s, -e> *nt* ❶ (*geh: Umstand*) factor, consideration ❷ PHYS (*Kraftwirkung*) moment
momentan I. *adj* ❶ (*derzeitig*) present *attr,* current *attr* ❷ (*vorübergehend*) momentary II. *adv* ❶ (*derzeit*) at present [*or* the moment] ❷ (*vorübergehend*) momentarily, for a moment
Momentaufnahme *f* snapshot
Monaco <-s> *nt* Monaco
Monarch(in) <-en, -en> *m(f)* monarch
Monarchfalter *m* ZOOL monarch butterfly
Monarchie <-, -n> [-'çiːən] *f* monarchy
Monarchin <-, -nen> *f fem form von* **Monarch**
Monarchist(in) <-en, -en> *m(f)* monarchist
monarchistisch *adj* monarchistic[al]
Monat <-[e]s, -e> *m* month; [***im***] ***kommenden/vorigen*** ~ next/last month; **im vierten/siebten etc** ~ **sein** to be four/seven etc months pregnant; **auf** ~**e hinaus** for months to come; **im** ~ a [*or* per] month; ***sie verdient DM 3,500 im*** ~ she earns DM 3.500 a [*or* per] month; **einmal/zweimal etc im** ~ once/twice etc a month; **von** ~ **zu** ~ from month to [*or* by the] month
monatelang I. *adj attr* lasting for months *pred;* ***nach*** ~***er Abwesenheit*** after being absent for several months II. *adv* for months
monatlich I. *adj* monthly; ~**er Preisindex** ÖKON monthly price index II. *adv* monthly, every month
Monatsanfang *m* beginning of the month; **am/zum** ~ at the beginning of the month **Monatsbericht** *m* ADMIN monthly report **Monatsbinde** *f* sanitary towel [*or* AM napkin] **Monatsblutung** *f* ANAT *s.* Menstruation **Monatseinkommen** *nt* monthly income **Monatsende** *nt* end of the month; **am/zum** ~ at the end of the month **Monatserste(r)** *m dekl wie adj* first of the month **Monatsfrist** *f* **innerhalb** [*o geh* **binnen**] ~ within a month **Monatsgehalt** *nt* monthly salary **Monatshälfte** *f* half of the month **Monatskarte** *f* ❶ TRANSP (*Fahrkarte*) monthly season ticket ❷ (*Berechtigungskarte*) monthly pass **Monatslohn** *m* ÖKON monthly wage[s *pl*] **Monatsmitte** *f* middle of the month **Monatsname** *m* name of the month **Monatsrate** *f* monthly instalment [*or* AM installment] **Monatsschrift** *f* MEDIA monthly [magazine [*or* journal]]
monat(s)weise I. *adj* monthly II. *adv* monthly, every [*or* by the] month
Mönch <-[e]s, -e> *m* monk; **wie ein** ~ **leben** to live like a monk
Mönchsgeier *m* ORN black vulture **Mönchsgrasmücke** *f* ORN blackcap **Mönchskloster** *nt* monastery **Mönchskutte** *f* monk's habit [*or* cowl] **Mönchsorden** *m* monastic order **Mönchszelle** *f* monastic [*or* monk's] cell
Mond <-[e]s, -e> *m* ❶ *kein pl* ASTRON ■**der** ~ the moon; **der** ~ **nimmt ab/zu** the moon is waning/waxing ❷ ASTRON (*Satellit*) moon, [natural] satellite ▶ WENDUNGEN: **auf** [*o* **hinter**] **dem** ~ **leben** (*fam*) to be a bit behind the times [*or* out of touch]; ***du lebst wohl auf dem*** ~**!** (*fam*) where have you been?; **jd möchte** [*o* **würde**] **jdn auf den** ~ **schießen** (*fam*) sb would gladly be [*or* get] shot [*or* AM rid] of sb
mondän *adj* (*geh*) fashionable, chic
Mondaufgang *m* moonrise **Mondauto** *nt* lunar rover, moon buggy **Mondbahn** *f* lunar orbit, moon's orbit **Mondbasis** *f* moon [*or* lunar] base **Mondbohne** *f s.* **Limabohne**
Mondenschein *m* moonlight; **im** ~ (*geh*) in the moonlight
Mondentfernung *f* lunar distance **Mondfähre** *f s.* Mondlandefähre **Mondfahrt** *f* journey to the moon **Mondfahrzeug** *nt* lunar rover **Mondfinsternis** *f* lunar eclipse, eclipse of the moon **Mondfisch** *m* ZOOL sunfish **Mondflug** *m* flight to the moon, moon flight **Mondgesicht** *nt* (*fam*) moonface **Mondgestein** *nt* lunar rock **Mondgöttin** *f* moon goddess, goddess of the moon **mondhell** *adj inv* (*geh*) *Nacht* moonlit **Mondjahr** *nt* lunar year **Mondkalb** *nt* (*pej*) twit **Mondkarte** *f* map of the moon, moonchart **Mondkrater** *m* lunar crater **Mond(lande)fähre** *f* RAUM lunar module **Mondlandeunternehmen** *nt* moon landing mission **Mondlandschaft** *f* ❶ (*Kraterlandschaft*) lunar landscape ❷ KUNST moonlit landscape, landscape by moonlight **Mondlandung** *f* moon [*or* lunar] landing, landing on the moon **Mondlicht** *nt* moonlight **mondlos** *adj* (*geh*) moonless **Mondmobil** <-s, -e> *nt* RAUM moon buggy [*or* rover] **Mondmonat** *m* lunar [*or* synodic] month **Mondoberfläche** *f* surface of the moon, lunar surface **Mondphase** *f* ASTRON phase of the moon, lunar phase **Mondpreis** *m meist pl* misleading price, astronomical price **Mondprojekt** *nt* lunar project **Mondrakete** *f* lunar [*or* moon] rocket **Mondraumschiff** *nt* moonship **Mondreise** *f* journey to the moon **Mondsatellit** *m* lunar satellite
Mondschein *m* moonlight *no pl* ▶ WENDUNGEN: **jd kann jdm mal im** ~ **begegnen!** (*sl*) sb can go to hell *fam* [*or* BRIT *sl* get stuffed] **Mondscheinfirma** *f* HANDEL bogus company **Mondscheintarif** *m* TELEK cheap rate
Mondsichel *f* (*geh*) crescent moon **Mondsonde** *f* RAUM lunar probe **Mondstaub** *m* moondust **Mondstein** *m* GEOL moonstone, adularia **mondsüchtig** *adj* MED sleep-walking *attr,* somnambulant *spec;* ■~ **sein** to be a sleepwalker [*or spec* somnambulist] **Mondumkreisung** *f* orbit round the moon, lunar orbit **Mondumlauf** *f* revolution of the moon, lunar orbit **Mondumlaufbahn** *f* lunar orbit **Monduntergang** *m* ASTRON moonset **Mondwechsel** *m change from full moon to new moon* **Mondzeit** *f* lunar time **Mondzyklus** *m* ASTRON lunar cycle
Monegasse, -gassin <-n, -n> *m, f* GEOG Monegasque, Monacan
monetär *adj* monetary; ~**e Basis** credit basis; ~**e Bedingungen** terms of the money policy; ~**er Indikator** monetary indicator; **die** ~**en Zügel lockern** to ease up on monetary control
Monetarismus <-> *m kein pl* ÖKON monetarism *no pl*
Moneten *pl* (*sl*) bread *no pl, no indef art sl,* dough *no pl, no indef art sl,* BRIT *a.* dosh *no pl, no indef art sl,* BRIT *a.* readies *pl sl*
Mongole, Mongolin <-n, -n> [mɔŋ'goːlə] *m, f* ❶ (*Bewohner der Mongolei*) Mongol, Mongolian ❷ *pl* HIST ■**die** ~**n** the Mongols
Mongolei <-> [mɔŋgo'lai] *f* ■**die** ~ Mongolia; ■**die Innere/-ußere** ~ Inner/Outer Mongolia
mongolid [mɔŋgo'liːt] *adj* Mongoloid
Mongolin <-, -nen> *f fem form von* **Mongole**
Mongolisch *nt dekl wie adj* Mongolian; *s. a.* **Deutsch**
mongolisch [mɔŋ'goːlɪʃ] *adj* GEOG Mongolian; HIST Mongol
Mongolische <-n> *nt* ■**das** ~ Mongolian, the Mongolian language; *s. a.* **Deutsche**
Mongolismus <-> [mɔŋgo'lɪsmʊs] *m kein pl* MED mongolism
mongoloid [mɔŋgolo'iːt] *adj* MED mongoloid
monieren* *vt* ■**etw** ~ to find fault with [*or* criticize] sth; ■~**, dass …** to complain that …
Monismus <-> *m kein pl* PHILOS monism
Monitor <-s, -toren *o* -e> *m* monitor; **flimmerfreier/15 Zoll/monochromer** ~ flicker-free/15 inches/monochrome monitor
Monitorausgabe *f* INFORM monitor display **Monitorbetriebsart** *f* INFORM monitoring **Monitorbuchse** *f* INFORM monitor jack
mono *adj inv* RADIO, TECH *kurz für* **monophon** mono
monochrom [mono'kroːm] *adj* monochrome
monogam *adj* monogamous
Monogamie <-> *f kein pl* monogamy
Monogramm <-s, -e> *nt* monogram
Monographie <-, -n> *f,* **Monografie**[RR] <-, -n> [-'fiːən] *f* monograph
monokausal *adj* monocausal
Monokel <-s, -> *nt* monocle
monoklonal *adj* monoclonal
Monokultur *f* AGR, FORST monoculture
Monolith <-en, -e[n]> *m* monolith
Monolog <-[e]s, -e> *m* monologue, soliloquy *form;* **einen** ~ **führen** [*o* **halten**] to hold a monologue; **innerer** ~ LIT interior monologue; **einen** ~ **sprechen** THEAT to utter a soliloquy, to recite a monologue
Monomanie <-, -n> *f* PSYCH monomania
monophon *adj* RADIO, TECH monophonic
Monopol <-s, -e> *nt* monopoly; ■**ein/jds** ~ **auf etw** *akk* a/sb's monopoly on sth; **staatliches/unumschränktes** ~ public [*or* state]/absolute monopoly; **ein** ~ **auf etw** *akk* **haben** to have [*or* hold] a monopoly on sth
Monopolabsprache *f* ÖKON monopoly agreement **Monopolaufsicht** *f* ÖKON monopoly control **Monopolbetrieb** *m* HANDEL monopoly enterprise **monopolfeindlich** *adj* ÖKON anti-monopolistic **Monopolgesellschaft** *f* ÖKON monopoly company
monopolisieren* *vt* ÖKON ■**etw** ~ to monopolize sth
Monopolisierung <-, -en> *f* ÖKON monopolization
Monopolist(in) *m(f)* ÖKON monopolist
monopolistisch *adj inv* ÖKON monopolistic
Monopolkapital *nt* monopoly capital **Monopolkommission** *f* Monopolies and Mergers Commission BRIT, Securities and Exchange Commission AM **Monopolkontrolle** *f* ÖKON monopoly control **Monopolmacht** *f* ÖKON monopoly power **Monopolmissbrauch**[RR] *m* ÖKON improper use of monopoly **Monopolrecht** *nt* ÖKON monopoly privilege

Monopolstellung *f* ÖKON monopoly [position]; **die ~ halten** to hold the monopoly **Monopolunternehmen** *nt* ÖKON monopoly enterprise, monopolistic firm **Monopolvermutung** *f* ÖKON presumption of monopoly **Monopolwirtschaft** *f kein pl* ÖKON monopolism *no pl*

Monopoly® <-s> [-poli] *nt kein pl* ① *(Spiel)* Monopoly® ② *(Poker um viel Geld)* [huge] gamble

Monopolzerschlagung *f* trustbusting AM

Monoski *m* monoski

Monotheismus <-> [-te'ɪs-] *m kein pl* REL monotheism

monotheistisch *adj inv* REL *(geh)* monotheistic

monoton I. *adj* ① *(eintönig)* monotonous ② *(ohne Abwechslung)* monotonous, humdrum II. *adv* monotonously; **~ klingen** to sound monotonous; **~ sprechen** to speak monotonously [*or* in a monotonous voice]

Monotonie <-, -n> [-'niːən] *f (geh)* ① *(Gleichmäßigkeit)* monotony ② *(Eintönigkeit)* monotony, humdrumness

Monoxid <-[e]s, -e> *nt* CHEM monoxide

Monster <-s, -> *nt (fam)* monster

Monsterbau *m (pej)* massive [*or fam* monster [of a]] building **Monsterfilm** *m* mammoth film production, screen epic

Monstranz <-, -en> *f* REL monstrance

Monstren *pl von* **Monstrum**

monströs *adj (geh)* ① *(riesig groß)* massive, monster *fam;* **ein ~es Bauwerk** a massive [*or fam* monster [of a]] building ② *(grässlich)* monstrous ③ *(ungeheuerlich)* monstrous, horrifying

Monstrosität <-, -en> *f* ① *kein pl (geh: Ungeheuerlichkeit)* monstrosity, atrocity ② *(ungeheures Gebilde)* monstrosity ③ MED *(missgebildeter Fötus)* monstrosity, teras *spec,* teratism *spec*

Monstrum <-s, Monstren> *nt* ① *(grässliches Wesen)* monster ② *(fam: gigantisches Objekt)* hulking great thing

Monsun <-s, -e> *m* monsoon

Monsunregen *m* monsoon rain

Montag <-s, -e> *m* Monday; *s. a.* **Freitag** ▸ WENDUNGEN: **blauer ~** *(fam)* an unofficial Monday off work, BRIT *a.* a sickie on [a] Monday *sl;* **~ blau machen** *(fam)* to call in sick on [a] Monday, to take an unofficial day [*or* BRIT *sl* skive] off work on [a] Monday, to take a sickie on [a] Monday BRIT *sl*

MontagabendRR *m* Monday evening; *s. a.* **Dienstag montagabends**RR *adv* [on] Monday evenings

Montage <-, -n> [mɔn'taːʒə] *f* ① TECH *(das Montieren)* assembly; **auf ~ sein** to be away on a job ② FOTO *(Foto~)* montage

Montageband <-bänder> [mɔn'taːʒə-] *nt* assembly line **Montagebogen** *m* TYPO assembly sheet **Montagehalle** *f* assembly shop **Montageversicherung** *f* FIN erection [*or* installation] insurance **Montagevertrag** *m* FIN erection [*or* installation] contract **Montagewand** *f* BAU prefabricated wall **Montagewerk** *nt* assembly plant

montägig *adj* on Monday

montäglich *adj* regular Monday *attr;* ***wir treffen uns zu unserer ~en Weinrunde*** we meet at our regular Monday wine session

MontagmittagRR *m* [around] noon on Monday; *s. a.* **Dienstag montagmittags**RR *adv* [around] noon on Mondays **Montagmorgen**RR *m* Monday morning; *s. a.* **Dienstag montagmorgens**RR *adv* [on] Monday mornings **Montagnachmittag**RR *m* Monday afternoon; *s. a.* **Dienstag montagnachmittags**RR *adv* [on] Monday afternoons **Montagnacht**RR *f* Monday night; *s. a.* **Dienstag montagnachts**RR *adv* [on] Monday nights

montags *adv* [on] Mondays; **~ abends/nachmittags/nachts** [on] Monday evenings/afternoons/mornings

Montagsauto *nt (hum)* problem car, Friday car

MontagvormittagRR *m* Monday morning; *s. a.* **Dienstag montagvormittags**RR *adv* [on] Monday mornings

Montanindustrie *f* coal and steel industry **Montanunion** *f* ■**die ~** the European Coal and Steel Community

Monteur(in) <-s, -e> [mɔn'tøːɐ] *m(f)* ① TECH *(Heizungs~)* mechanic, fitter ② ELEK *(Elektro~)* electrician

Monteuranzug [mɔn'tøːɐ-] *m* overalls *pl,* BRIT *a.* overall, BRIT *a.* boiler suit

Monteurin <-, -nen> *f fem form von* **Monteur**

Montgolfiere <-, -n> [mõgɔl-] *f (erster Heißluftballon von 1783)* montgolfier

montieren* *vt* ① TECH *(zusammenbauen)* ■**etw [aus etw]** ~ to assemble sth [from sth] ② TECH *(anbringen)* ■**etw [an/auf etw** *akk*] ~ to fit sth [to sth]; **eine Antenne ~** to put up [*or* mount] an aerial; **ein Gerät ~** to install an appliance ③ KOCHK ■**etw ~** to beat [*or* cream] sth

Montur <-, -en> *f* work clothes *npl*

Monument <-[e]s, -e> *nt* ① *(Denkmal)* monument, memorial ② *(Kulturdenkmal)* monument

monumental *adj* monumental, massive; **ein ~es Gemälde** a monumental painting

Monumentalbau <-bauten> *m* monumental [*or* massive] building **Monumentalfilm** *m* monumental film **Monumentalgemälde** *nt* monumental painting

Moonboots ['muːnbuːts] *pl* moon boots *pl*

Moor <-[e]s, -e> *nt* marsh[land], bog, swamp

Moorbad *nt* ① *(medizinisches Bad)* mudbath ② *(Kurort)* health clinic [with mudbaths] **Moorerde** *f kein pl* peaty [*or* bog] soil **Moorhuhn** *nt* grouse

moorig *adj* marshy, boggy, swampy

Moorleiche *f* ARCHÄOL body preserved in marshland [*or* a marsh] [*or* a bog] **Moorpackung** *f* mud pack **Moorschneehuhn** *nt* ORN ptarmigan; *(Schottisches ~)* red grouse

Moos1 <-es, -e> *nt* moss; **mit ~ bedeckt/überzogen** overgrown with moss

Moos2 <-es> *nt kein pl (sl)* bread *no indef art fam,* dough *no indef art fam,* BRIT *a.* dosh *no indef art sl*

Moos3 <-es, Möser> *nt* SCHWEIZ, ÖSTERR *(Moor)* marsh[land]

moosbedeckt *adj inv* moss-covered *attr,* covered with moss *pred*

moosig *adj* mossy, moss-covered

Moosrose *f,* **Moosröschen** [-røːsçən] *nt* moss-rose

Mop <-s, -s> *m s.* **Mopp**

Moped <-s, -s> *nt* moped

Mopedfahrer(in) *m(f)* moped rider **Mopedführerschein** *m* moped licence

MoppRR <-s, -s> *m* mop

Mops <-es, Möpse> *m* ① ZOOL *(Hunderasse)* pug[-dog] ② *(fam: Dickerchen)* podge BRIT *fam,* pudge AM *fam,* podgy [*or* AM pudgy] [*or* tubby] *fam* little thing ③ *pl (sl: Brüste)* boobs *pl sl,* tits *pl vulg*

mopsen *vt* DIAL *(fam: klauen)* ■**[jdm] etw ~** to pinch [*or* BRIT *a.* nick] [sb's] sth *fam*

Moral <-> *f kein pl* ① *(ethische Grundsätze)* morals *pl;* **eine doppelte ~ haben** to have double standards; **keine ~ haben** to have no morals; **[jdm] ~ predigen** to moralize to sb; **gegen die [geltende** [*o* **herrschende]] ~ verstoßen** to offend against [the prevailing] moral standards ② *(nützliche Lehre)* moral; **die ~ von der Geschichte** the moral of the story ③ *(Disziplin)* morale

Moralapostel *m s.* **Moralprediger**

moralinsauer *adj (pej)* holier-than-thou *pej,* self-righteous *pej*

moralisch I. *adj* ① *(sittlich)* moral ② *(tugendhaft)* virtuous ▸ WENDUNGEN: **einen/seinen M~en haben** *(fam)* to be down in the dumps, to have the blues *fam;* **den M~en kriegen** *(fam)* to get down in the dumps [*or* the blues] *fam* II. *adv* morally; **~ verpflichtet sein** to be duty-bound

moralisieren* *vi* to moralize

Moralist(in) <-en, -en> *m(f)* moralist

moralistisch *adj* moralistic

Moralität <-, -en> *f* ① *kein pl (Sittlichkeit)* morality ② THEAT *(allegorisches Stück im Mittelalter)* morality play

Moralprediger(in) *m(f) (pej)* moralizer [*or* BRIT *a.* -iser] **Moralpredigt** *f* [moralizing] lecture, homily, sermon; **~en halten** to moralize; **jdm eine ~ halten** to deliver a [moralizing] lecture [*or* homily] [*or* sermon] to sb **Moraltheologie** *f* REL moral theology *no indef art* **Moralvorstellung** *f* attitude to morality

Moräne <-, -n> *f* GEOL moraine

Morast <-[e]s, -e *o* Moräste> *m* ① *(sumpfiges Gelände)* morass, bog, marsh[land], swamp ② *kein pl (Schlamm)* mud *no indef art*

morastig *adj* marshy, muddy

Moratorium <-s, -torien> [*pl* -'toːriən] *nt* FIN *(Zahlungsaufschub)* moratorium, letter of respite

morbid *adj (geh)* degenerate; **einen ~en Charme haben** to have a [certain] morbid charm

Morchel <-, -n> *f* BOT morel

Mord <-[e]s, -e> *m* murder; **geplanter ~** premeditated murder, murder with malice aforethought *form;* **ein heimtückischer/kaltblütiger ~** a brutal [*or* vicious]/cold-blooded murder; **der perfekte ~** the perfect murder; **ein politisch motivierter ~** a politically-motivated murder [*or* killing]; **versuchter ~** JUR attempted murder; **jdn wegen ~es anklagen** to charge sb with murder; **einen ~ [an jdm] begehen** to commit a murder, to murder sb; **jdn wegen ~es vor Gericht stellen** to try sb for murder; **vorsätzlicher ~** wilful [*or* AM willful] murder; ■**[jds] ~ an jdm** [sb's] murder of sb, murder of sb [by sb] ▸ WENDUNGEN: **dann gibt es ~ und Totschlag** *(fam)* there'll be hell to pay *fam,* all hell will be let loose *fam;* **das ist ja ~!** *(fam)* it's [sheer] murder! *fig fam*

Mordanklage *f* JUR murder charge, charge of murder; **~ [gegen jdn] erheben** to charge sb with murder; **unter ~ stehen** to be charged with murder [*or* on a murder charge] [*or* on a charge of murder]

Mordanschlag *m* attempt on sb's life; POL *a.* assassination attempt; **einem ~ entgehen** to survive an assassination attempt; **einen ~ auf jdn verüben** to make an attempt on sb's life **Morddrohung** *f* death [*or* murder] threat; **eine ~ erhalten** to receive a death [*or* murder] threat [*or* threat on one's life]

morden I. *vi* to murder, to kill II. *vt (geh: er~)* ■**jdn ~** to slay *liter* [*or* murder] sb

Mörder(in) <-s, -> *m(f)* murderer, killer; *(eines Präsidenten)* assassin; **zum ~ werden** to become a murderer [*or* killer]

Mörderbande *f* gang of murderers [*or* killers]

mörderisch I. *adj* ① *(fam: schrecklich)* murderous *fam,* terrible *fam,* dreadful *fam* ② *(fam: gewaltig)* terrible; **~er Schmerz** great [*or* terrible] pain; ***er hat ein ~es Tempo drauf*** he's driving at [a] breakneck speed ③ *(Morde begehend)* murderous II. *adv (fam)* ① *(äußerst)* murderously *fam,* terribly *fam,* dreadfully *fam* ② *(furchtbar)* dreadfully *fam;* **~ bluten** to bleed uncontrollably; **~ fluchen** to curse like blazes *fam;* **~ stinken** to stink to high heaven; **~ weh tun** to hurt like hell *fam*

Mordfall *m* murder case **Mordinstrument** *nt* ① *(fam: großes, unhandliches Gerät)* really [*or* BRIT bloody] great [big] thing *fam* ② *s.* **Mordwaffe** **Mordkommission** *f* murder squad **Mordlust** *f kein pl* JUR bloodlust **Mordprozess**RR *m* murder trial

Mordsbrocken <-s, -> *f (fam)* whopping great thing *fam* **Mordsding** *nt (fam)* [real] whopper *fam* **Mordsdurst** *nt* terrible [*or fam* [one] hell of a] thirst; **einen solchen ~ haben** to be so thirsty **Mordsglück** *nt* incredibly good luck; **ein ~ haben** to be incredibly lucky, to have the luck of the devil **Mordshunger** *m* ravenous hunger; **einen ~ haben** to be incredibly hungry [*or* famished] **Mordskerl** *m (fam)* ① *(toller Kerl)* great guy [*or* BRIT *a.* bloke] *fam* ② *(starker Mann)* massive [*or* enormous] guy [*or* BRIT *a.* bloke] *fam;* ***er ist wirklich ein ~!*** he's built like a brick outhouse! *fam* **Mordskrach** *m* terrible din [*or* racket]; **einen ~ haben** to have a big argument [*or fam* massive row] **Mordslärm** *m* a hell of a noise [*or* racket] *fam* **mordsmäßig** I. *adj (fam)* terrible *fam;* **ein ~er Appetit/Hunger** a ravenous hunger; **ein ~er**

Durst a terrible [*or fam* a [*or* one] hell of a] thirst; **~er Schmerz** great [*or* terrible] pain; ***ich habe einen ~en Hunger*** I'm terribly hungry, I'm ravenous [*or* famished] **II.** *adv* (*fam*) ① + *vb* (*höllisch*) terribly *fam;* **~ bluten** to bleed uncontrollably; **~ fluchen** to curse like blazes *fam;* **~ schmerzen** [*o* **weh tun**] to hurt like hell *fam* ② + *adj, pp* (*mörderisch*) murderously *fam,* terribly *fam,* dreadfully *fam* **Mordssauerei** *f* [downright [*or* absolute]] disgrace, [complete [*or* real]] scandal **Mordsschrecken** *m* terrible [*or* [*or* fam] [one] hell of a] fright **Mordsspaß** *m* (*fam*) **einen ~ haben** to have a whale of a time **Mordswut** *f* (*fam*) terrible [*or fam* [one] hell of a] rage; **eine ~ im Bauch haben** to be in a terrible [*or* a [*or* one] hell of a] rage

Mordtat *f* (*geh*) murderous deed, murder **Mordverdacht** *m* suspicion of murder; **in ~ geraten** to become a murder suspect; **unter ~ stehen** to be suspected [*or* under suspicion] of murder; **unter ~** under suspicion of murder **Mordversuch** *m* attempted murder; (*Attentat*) assassination attempt **Mordwaffe** *f* murder weapon

Morelle <-, -n> *f* HORT morello

morgen *adv* (*am nächsten Tag*) tomorrow; **~ in acht Tagen** [*o* **einer Woche**] a week from tomorrow, BRIT *a.* a week tomorrow, BRIT *a.* tomorrow week; **~ Früh/Mittag/Nachmittag/Abend** tomorrow morning/lunchtime/afternoon/evening; **bis ~ [Früh/Mittag/Nachmittag/Abend]!** until [*or* see you] tomorrow [morning/lunchtime/afternoon/evening] ► WENDUNGEN: **~, ~, nur nicht heute[, sagen alle faulen Leute]** (*prov*) never do today what you can put off until tomorrow *hum;* **~ ist auch [noch] ein Tag!** tomorrow is another [*or* a new] day

Morgen <-s, -> *m* ① (*Tagesanfang*) morning; **den ganzen ~ [über]** all [*or* the whole] morning; **guten ~!** good morning!; **~!** (*fam*) morning! *fam;* **[jdm] guten ~ sagen** to say good morning [to sb], to wish sb good morning; ***ich wollte euch schnell guten ~ sagen*** I just wanted to say a quick hello to you; **bis in den hellen ~ schlafen** to sleep [in] [*or* BRIT *a.* lie in] for most of the morning; **am nächsten ~** the next [*or* following] morning; **der ~ dämmert** [*o* **bricht an**] [*o geh* **graut**] dawn [*or* day] is breaking; **zu ~ essen** SCHWEIZ (*frühstücken*) to have breakfast; **~ sein/werden** to be/get [*or* grow] light; **am ~, des ~s** (*geh*) in the morning; **bis in den [frühen] ~ hinein** into the early hours; **~ für ~** every [single] morning; **gegen ~** towards morning; **eines ~s** one morning ② (*liter: lichte Zukunft*) morning, [new] dawn ③ (*2500 m*) ≈ acre (*land measure with regional variations in size from 0.6 to 0.9 acres*)

Morgenausgabe *f* MEDIA morning edition **Morgendämmerung** *f s.* **Morgengrauen**

morgendlich *adj* ① (*morgens üblich*) morning *attr;* **die ~e Kühle/Stille** the cool/quiet of [the] [early] morning ② (*morgens stattfindend*) in the morning *pred;* **der ~e Berufsverkehr** [*o* **die ~e Rushhour**] the morning rush-hour [traffic], rush-hour [traffic] in the morning

Morgenessen *nt* SCHWEIZ (*Frühstück*) breakfast **Morgengabe** *f* HIST morning gift **Morgengrauen** <-s, -> *nt* daybreak, dawn; **im/beim ~** at the crack of dawn [*or* first light] **Morgengymnastik** *f kein pl* morning exercises *pl* **Morgenland** *nt kein pl* (*veraltet*) ■ **das ~** the East [*or* Orient] **Morgenluft** *f* [early] morning air ► WENDUNGEN: **~ wittern** (*fam*) to see one's chance **Morgenmantel** *m* MODE (*veraltend*) *s.* **Morgenrock** **Morgenmuffel** <-s, -> *m* (*fam*) morning grumpiness *fam,* grumpiness in the mornings *fam;* **ein [großer] ~ sein** to be [very] grumpy in the mornings **Morgenrock** *m* dressing gown **Morgenrot** *nt kein pl* red sky [in the morning] **Morgenröte** *f* (*poet*) *s.* **Morgenrot**

morgens *adv* in the morning; **von ~ bis abends** from morning to [*or* till] night; **~ und abends** all day long

Morgensonne *f* morning sun; **~ haben** to get [*or* catch] the morning sun **Morgenstern** *m* ① *kein pl* METEO (*der auffallend hell leuchtende Planet Venus am Morgenhimmel vor Sonnenaufgang*) morning star ② HIST, MIL (*im Mittelalter verwendete Schlagwaffe, meist in Gestalt einer Keule, deren oberes kugeliges Ende mit eisernen Stacheln besetzt ist*) morning star, morgenstern, spiked mace ③ BOT DIAL (*veraltend: Narzisse*) narcissus **Morgenstunde** *f meist pl* morning hour; ***wer ist denn zu dieser frühen ~ an der Tür?*** who is [that] [*or* can [that] be] at the door at this early hour of the morning?; **während der ersten ~n** very early in the morning; **bis in die [frühen] ~n feiern** to celebrate into the early hours [of the morning] ► WENDUNGEN: **Morgenstund[e] hat Gold im Mund[e]** (*prov*) the early bird catches the worm *prov* **Morgenzug** *m* early [morning] train

morgig *adj attr* tomorrow's; **die ~e Rede/der ~e Termin** the speech/appointment tomorrow; *s. a.* **Tag**

Moriske, -kin <-n, -n> *m, f* Morisco, Moresco

Moritat <-, -en> *f* street ballad

Morlock <-s, Morlocken> *m* MYTH *mythical mischevious gnome who generally frequented large towns*

Mormone, Mormonin <-n, -n> *m, f* REL Mormon

Morphem <-s, -e> *nt* LING morpheme

Morphin <-s> *nt kein pl* CHEM morphine

Morphinismus <-> *m kein pl* morphinism *no art*

Morphinist(in) <-en, -en> *m(f)* (*geh*) morphine addict

Morphium <-s> *nt kein pl* CHEM morphine

morphiumsüchtig *adj* addicted to morphine *pred*

Morphiumsüchtige(r) *f(m) dekl wie adj* morphine addict

Morphologie <-> *f kein pl* LING morphology

morphologisch *adj* LING morphological

morsch *adj* rotten; **~es Holz** rotting wood; **~e Knochen** decomposing [*or* decaying] bones

Morschheit <-> *f kein pl* rottenness

Morsealphabet *nt* Morse [code [*or* alphabet]] **Morseapparat** *m* Morse telegraph

morsen **I.** *vi* to signal [*or* send a message] in Morse [code]; ■ **das M~** signalling [*or* AM *a.* signaling] [*or* sending a message] in Morse [code]; **das ~ lernen** to learn how to signal [*or* send a message] in Morse [code] **II.** *vt* ■ **etw morsen** to send sth in Morse [code]

Mörser <-s, -> *m* mortar

Morsezeichen *nt* Morse signal

Mortadella <-> *f kein pl* KOCHK mortadella

Mortalität <-> *f kein pl* (*geh*) mortality [rate]

Mörtel <-s, -> *m* mortar

Mörtelbett *nt* BAU mortar bed **Mörtelgruppe** *f* BAU mortar group **Mörtelkelle** *f* mortar trowel

Mosaik <-s, -e[n]> *nt* ① KUNST, BAU (*Belag aus farbigen Steinchen*) mosaic ② (*Puzzle*) jigsaw [puzzle] *fig*

Mosaikfußboden *m* mosaic [*or* tessellated] floor **Mosaikornament** *nt* mosaic ornament **Mosaikstein** *m* tessera

mosaisch *adj* REL Jewish

Mosambik <-s> *nt* Mozambique; *s. a.* **Deutschland**

Mosambikaner(in) <-s, -> *m(f)* Mozambican; *s. a.* **Deutsche(r)**

mosambikanisch *adj* Mozambican; *s. a.* **deutsch**

Mosambiker(in) <-s, -> *m(f) s.* **Mosambikaner**

Moschee <-, -n> *f* mosque

Moschus <-> *m kein pl* musk

Moschushirsch *m* ZOOL (*Moschus*) musk deer **Moschusochse** *m* ZOOL musk ox

Möse <-, -n> *f* (*vulg*) cunt *vulg*

Mosel[1] <-> *f* GEOG ■ **die ~** the Moselle

Mosel[2] <-s, -> *m* (*fam*), **Moselwein** *m* Moselle [wine]

mosern *vi* DIAL (*fam: nörgeln*) ■ **[über etw** *akk*] **~** to gripe [about sth] *fam*

Moses <- *o liter* Mosis> *m* REL Moses ► WENDUNGEN: **bin ich ~?** (*hum fam*) don't ask me! *fam*

Moskau <-s> *nt* Moscow

Moskauer(in) <-s, -> *m(f)* Muscovite

Moskito <-s, -s> *m* mosquito

Moskitonetz *nt* mosquito net

Moslem, Moslime <-s, -s> *m, f* Muslim, Moslem

moslemisch *adj attr* Muslim, Moslem

Moslime <-, -n> *f fem form von* **Moslem** Muslim, Moslem

Most <-[e]s> *m kein pl* ① (*naturtrüber Fruchtsaft*) fruit juice ② SÜDD, SCHWEIZ (*Obstwein*) cider ③ (*Traubensaft zur Weinbereitung*) must

Mostrich <-s> *m kein pl* KOCHK DIAL (*Senf*) mustard

Motel <-s, -s> *nt* motel

Motette <-, -n> *f* MUS motet

Motherboard <-[s], -s> ['mʌðəbɔ:d] *nt* INFORM motherboard

Motion <-, -en> *f* SCHWEIZ (*Antrag im Parlament*) motion

Motiv <-s, -e> *nt* ① (*Beweggrund*) motive ② LIT (*Leit~*) leitmotif, motif, theme ③ MUS (*Tonfolge*) motif, motive

Motivation <-, -en> [-va-] *f* (*geh*) motivation

Motivationsinstrument *nt* motivational instrument

motivieren* [-'vi: -] *vt* (*geh*) ① (*durch Anregungen veranlassen*) ■ **jdn [zu etw] ~** to motivate sb [to do sth] ② (*begründen*) ■ **[jdm gegenüber] etw ~** to justify sth [to sb]; **[jdm gegenüber] seine Abwesenheit/sein Verhalten ~** to account for one's absence/behaviour [*or* AM -or] [to sb]; **[jdm gegenüber] einen Sinneswandel ~** to give [sb one's] reasons for a [*or* one's] change of mind

motiviert **I.** *pp von* **motivieren** **II.** *adj inv* **stark/höchst/wenig ~** strongly/highly/little motivated [*or* having little motivation]

Motivierung <-, -en> [-'vi:-] *f* (*geh*) motivation

Motivirrtum *m* JUR error in motivation

Motocross[RR] <-, -e> *nt,* **Moto-Cross** <-, -e> *nt* motocross

Motocrossrennen *nt* (*Sportdisziplin*) motocross [racing]; (*Rennen*) motocross race

Motor <-s, -toren> *m* ① (*Verbrennungs~*) engine ② (*Elektro~*) motor ③ *kein pl* (*geh: treibende Kraft*) ■ **der ~ einer S.** *gen* the driving force behind sth; **~ für Wettbewerbsfähigkeit** ÖKON competitive force

Motorantrieb *m* motor drive; **mit ~** motor-driven *attr* **Motorausfall** *m* motor failure [*or* breakdown], engine failure **Motorbarkasse** <-, -n> *f* motor launch **Motorblock** *m* AUTO engine block **Motorboot** *nt* motor boat **Motordrehzahl** *f* AUTO engine speed **Motoreinstellung** *f* AUTO engine timing **Motorenbau** *m kein pl* engine construction *no pl* **Motorengeräusch** *nt* sound of an engine [*or* engines] **Motorenlärm** *m* engine noise **Motorfahrzeug** *nt* motor vehicle **Motorfahrzeugsteuer** *f* SCHWEIZ (*Kraftfahrzeugsteuer*) motor vehicle [*or* BRIT *a.* road] tax **Motorflugzeug** *nt* powered aircraft **Motorgehäuse** *nt* engine [*or* motor] casing **Motorhaube** *f* bonnet BRIT, hood AM **Motorhaubenentriegelung** *f* AUTO hood release

Motorik <-> *f kein pl* PHYSIOL motoricity, motor activity

motorisch *adj* ANAT motor *attr*

motorisieren* **I.** *vt* ■ **etw ~** to motorize sth, to fit sth with an engine **II.** *vr* (*fam*) ■ **sich ~** to get some wheels *fam,* to buy a car [*or* motorbike] [*or* moped] [*or* scooter]

motorisiert *adj* with a car [*or* cars] *pred;* **eine ~e Gesellschaft** a car-oriented [*or fam* car-loving] society; ■ **~ sein** to have wheels *fam,* to have [*or* own] a car [*or* motorbike] [*or* moped] [*or* scooter]

Motorisierung <-, -en> *f* AUTO [fitting with an] engine; ***dieser Wagen hat eine schwache ~*** this car does not have [*or* is not fitted with] a very powerful engine

Motorjacht *f* motor yacht **Motorleistung** *f* AUTO engine power [*or* performance], power [*or* engine] output **Motoröl** *nt* AUTO motor oil **Motorpanne** *f* engine failure [*or* breakdown] **Motorpresse** *f kein pl* MEDIA motor press **Motorpumpe** *f* motor-powered pump

Motorrad ['motorat, mo'to:rat] *nt* motorcycle, motorbike *fam;* ~ **fahren** to ride a motorcycle [*or* motorbike]

Motorradbrille *f* [motorcycle] goggles **Motorradfahrer(in)** *m(f)* motorcyclist **Motorradhandschuh** *m* motorcycle glove **Motorradhelm** *m* [motorcycle] crash helmet **Motorradrennen** *nt* SPORT motorcycle racing; ~ **fahren** to take part in a motorcycle race **Motorradsport** *m* motorcycling **Motorradstiefel** *f* motorcycle boot **Motorradzubehör** *nt* motorcycle accessories

Motorraum *m* AUTO engine compartment [*or* bay] **Motorroller** *m* [motor] scooter **Motorsäge** *f* power saw **Motorschaden** *m* engine breakdown [*or* failure] **Motorschiff** *nt* motor ship **Motorschlitten** *m* snowmobile **Motorschmierung** *f* AUTO engine lubrication **Motorsegler** *m* ❶ LUFT motor glider ❷ NAUT powered sailing boat **Motorsport** *m* motor sport *no art* **Motorsportfan** [-fɛn] *m* fan of motor racing, motor-racing fan **Motortriebwagen** *m* railcar **Motorwagen** *m der Straßenbahn* motorcar **Motorwäsche** *f* engine valeting (*external cleaning of an/the engine*)

Motte <-, -n> *f* moth ▶ WENDUNGEN: **du kriegst die ~n!** (*sl*) well I'll be blowed! [*or* AM damned] *fam,* BRIT *a.* [well] blow me! *fam,* AM *a.* for God's sake!

Mottenbohne *f* moth bean **mottenecht** *adj inv* moth-proof **mottenfest** *adj* moth-proof **Mottenfraß** <-es> *m kein pl* moth damage *no pl, no indef art* **Mottengift** *nt* moth poison **Mottenkiste** *f* ▶ WENDUNGEN: **etw aus der ~ [hervor]holen** (*fam*) to dig out sth *sep* **Mottenkugel** *f* mothball **Mottenloch** *nt* moth hole **Mottenpulver** *nt* CHEM moth powder **mottenzerfressen** *adj inv* moth-eaten

Motto <-s, -s> *nt* motto; **etw steht unter dem ~ ...** sth has as its motto ... [*or* ... as its motto], the motto of sth is ...; **nach dem ~: ...** as if to say ...

Motto-Party, Mottoparty *f* [special] theme party; ***heute Abend steigt eine ~ „Beach & Fun"*** there's going to be a "Beach & Fun" party this evening

motzen *vi* (*sl*) to grouse, to bellyache *sl,* to moan *fam;* ***was gibt es da zu ~?*** what is there to bellyache about?

Motzer <-s, -> *m* (*pej*) moany git BRIT, moaner and groaner AM

Mountainbike <-s, -s> ['mauntənbaik] *nt* mountain bike

Mountainbiker(in) <-s, -> *m(f)* mountain biker

Mousepad ['mauspɛd] *nt* INFORM mouse pad

Mousse <-, -s> [mʊs] *f* mousse

moussieren* [mʊ'si:rən] *vi* to effervesce

Möwe <-, -n> *f* [sea]gull

mozarabisch *adj inv* Mozarabic

MP <-, -s> [ɛm'pi:] *f Abk von* **Maschinenpistole**

MP3-Player <-s, -> [ɛmpe:'draiˌpleːɐ] *m* ELEK MP3 Player

MPC *m* INFORM *Abk von* **multimedia personal computer** MPC

Mrd. *f Abk von* **Milliarde(n)** b., billion

MS *f Abk von* **Multiple Sklerose** MS

MS-DOS INFORM *Abk von* **microsoft disk operating system** MS-DOS

MS-krank *adj* suffering from MS *pred*

Mt *f Abk von* **Megatonne** mt., megaton

MTA <-s, -s> *m,* **MTA** <-, -s> *f Abk von* **medizinisch-technische(r) Assistent(in)** MTA

mtl. *adj Abk von* **monatlich** mthly, monthly

Mücke <-, -n> *f* mosquito, gnat, midge ▶ WENDUNGEN: **aus einer ~ einen Elefanten machen** (*fam*) to make a mountain out of a molehill

Muckefuck <-s> *m kein pl* (*fam*) coffee substitute, ersatz coffee

mucken I. *vi* (*fam*) to complain; **ohne zu ~** without complaining II. *vr* DIAL (*sich regen*) ■**sich ~** to move, to stir

Mucken *pl* (*fam*) [bad] manners *npl;* **seine ~ haben** to have one's [little] moods; **etw hat [seine] ~** sth is acting [*or* BRIT *a.* playing] up; **jdm die ~ austreiben** to sort sb out BRIT *fam,* to reprimand [*or* deal with] sb AM

Mückenschutzmittel *nt* mosquito repellent

Mückenstich *m* mosquito [*or* gnat] [*or* midge] bite

Mucks <-es, -e> *m* (*fam*) sound; **einen ~ sagen** to make a sound; ***sagst du nur einen ~, gibt's was hinter die Löffel!*** one word from you and I'll give you a clip round the ear!; ***und dass mir keiner einen ~ sagt!*** I don't want to hear a peep out of anyone!; **keinen ~ sagen** to not say a word; **ohne einen ~** without a murmur [*or* word [of protest]]

mucksen *vr* (*fam*) ■**sich ~** to move, to stir; ■**sich nicht ~** to not move [a muscle]

mucksmäuschenstill [-mɔysçən-] I. *adj* (*fam*) completely quiet; ***das Kind war ~*** the child was as quiet as a mouse; **~ sein** to not make a sound II. *adv* completely quiet, without making a sound; ***verhaltet euch ~!*** don't make a sound!

müde I. *adj* ❶ (*schlafbedürftig*) tired; **~e Arme/Beine/***geh* **~es Haupt** weary arms/legs/head; ■**[von etw] ~ sein/werden** to be/become tired [as a result of sth]; ***von zu viel Bier in der Mittagspause wird man ~*** drinking too much beer during your lunch-hour makes you feel tired! [*or* sleepy] ❷ (*gelangweilt*) weary, tired ❸ (*überdrüssig*) ■**einer S.** *gen* **~ sein/werden** to be/grow tired of sth; ■**nicht ~ werden, etw zu tun** to never tire of doing sth; *s. a.* **Mark** II. *adv* ❶ (*erschöpft*) **sich ~ kämpfen/laufen/reden** to fight/walk/speak until one is exhausted ❷ (*gelangweilt*) wearily, tiredly

Müdigkeit <-> *f kein pl* tiredness; **[nur] keine ~ vorschützen!** (*fam*) don't try and tell me [*or* pretend] you're tired!; **vor ~** from exhaustion; ***mir fallen schon vor ~ die Augen zu*** I'm so tired I can hardly keep my eyes open

Mudschaheddin <-s, -> *m* Mujahidin, Mujahed[d]in, Mujahideen

Müesli <-s, -s> *nt* muesli

Muff[1] <-s> *m kein pl* musty smell

Muff[2] <-[e]s, -e> *m* MODE muff

Muffe <-, -n> *f* TECH sleeve ▶ WENDUNGEN: **jdm geht die ~** (*sl*) sb is scared stiff *fam* [*or vulg* shitless]; **~ haben** (*sl*) to be scared shitless [*or sl* shit-scared]

Muffel <-s, -> *m* (*fam*) grouch, grump *fam*

muff(e)lig *adj* (*fam*) grouchy, grumpy *fam*

Muffelwild *nt kein pl* moufflon

Muffenrohr *nt* BAU spigot pipe

Muffensausen <-s> *nt kein pl* ▶ WENDUNGEN: **~ haben/kriegen** (*fam*) to be/get scared stiff *fam*

muffig I. *adj* ❶ (*dumpf*) musty ❷ (*schlecht gelaunt*) grumpy II. *adv* ❶ (*dumpf*) musty; **~ riechen** to smell musty; ***es riecht im Keller seltsam ~*** there's a strange musty smell in the cellar ❷ (*lustlos*) listlessly

mufflig *adj s.* **muffelig**

Mufflon <-s, -s> *m* ZOOL moufflon

muh *interj* moo

Mühe <-, -n> *f* trouble; **sich** *dat* **alle erdenkliche ~ geben** to make every [imaginable] effort, to go to the greatest lengths [possible]; **[für jdn] eine geringe ~ sein** to be no bother [for sb]; **[für jdn] eine große ~ sein** to be a lot of trouble [*or fam* a big deal] [for sb]; **verlorene ~ sein** to be a waste of effort [*or* time]; **der ~ wert sein** [*o* **lohnen**] to be worth the trouble [*or* effort] [*or* it]; **sich** *dat* **[große] ~ geben** [*o* **machen**][**, etw zu tun**] to take [great] pains [*or* make a[n] [great] [*or* the] effort] [to do sth]; **sich** *dat* **keine ~ geben** [*o* **machen**] [**, etw zu tun**] to make no effort [to do sth]; ***Sie brauchen sich keine ~ zu geben, mich vom Gegenteil zu überzeugen!*** there's no point trying to convince me otherwise!; ***er hat sich gar nicht erst ~ gegeben, es zu verleugnen*** he didn't even bother trying to deny it; ***geben Sie sich keine ~, ich weiß bereits alles!*** save your breath, I already know everything; **~ haben, etw zu tun** to have trouble [*or* difficulty] doing [*or* find it difficult to do] sth; **mit jdm seine ~ haben** to have [a lot of] trouble [*or* a hard time] with sb; **[jdn] [einige/viel] ~ kosten** to be [quite/very] hard work [*or* quite an effort/a real effort] [for sb]; **etw lohnt die ~** sth is worth the trouble [*or* effort] [*or* it]; **die ~ lohnt sich** it is worth the trouble [*or* effort] [*or* it]; **[jdm] ~ machen** to give [sb] [some] trouble; **sich** *dat* **die ~ machen, etw zu tun** to take [*or* go to] the trouble [*or* make the effort] to do sth; ***machen Sie sich keine ~!*** [please] don't go to any trouble!; **sich** *dat* **die ~ schenken** [*o* **sparen**] to save oneself the trouble; **mit ~ verbunden sein** to take a lot of effort; **viel/einige/ziemliche ~ auf etw** *akk* **verwenden** to put a lot/a fair amount/quite a lot of effort into sth; **[nur] mit ~** with [great] difficulty; **ohne ~** without any trouble; ***nicht ohne ~ erledigten wir die Aufgabe*** not without difficulty [*or* trouble] did we complete the task; ***ich könnte dir ohne ~ drei solche Typen nennen*** I could name you three people off the top of my head; **mit ~ und Not** (*fam*) only just

mühelos I. *adj* easy II. *adv* easily, effortlessly; ***diesen Plan wird man nicht ganz ~ bewerkstelligen können*** it will take a fair amount of effort to put this plan into practice

Mühelosigkeit <-> *f kein pl* ease, effortlessness

muhen *vi Kuh* to moo

mühen *vr* (*geh*) ❶ (*sich be~*) ■**sich ~, etw zu tun** to strive to do sth ❷ (*sich ab~*) ■**sich mit jdm/etw ~** to struggle with sb/sth

mühevoll *adj* (*geh*) *s.* **mühsam**

Mühle <-, -n> *f* ❶ (*Wasser~*) mill ❷ (*fam: Kaffee~*) grinder; (*Getreide~*) mill ❸ (*~spiel*) ≈ nine men's morris *no pl,* ≈ merels *npl,* BRIT *a.* ≈ ninepenny *no pl;* (*Figur aus drei Spielsteinen*) mill, ≈ merel ❹ (*veraltend sl: Flugzeug*) crate *fam* ❺ (*pej: Räderwerk*) wheels *pl* ▶ WENDUNGEN: **die ~en einer S.** *gen* **mahlen langsam** the wheels of sth turn very slowly

Mühlenflügel <-s, -> *m* sail-arm **Mühlenrecht** *nt* JUR prerogative to operate a mill

Mühlrad <-s, -räder> *nt* mill-wheel **Mühlstein** *m* millstone

Mühlwerk *nt* milling works *pl*

Mühsal <-, -e> *f* (*geh*) tribulation, hard toil

mühsam I. *adj* arduous, laborious; ***mit der Zeit wird das Treppensteigen für alte Leute zu ~*** with time, climbing stairs becomes too strenuous for old people; ■**es ist [für jdn] ~, etw zu tun** it is difficult [*or* hard] [for sb] to do sth II. *adv* laboriously; ***das Haus habe ich mir in langen Jahren ~ erarbeiten müssen*** it took years of hard work to be able to afford this house; **~ verdientes Geld** hard-earned money

mühselig *adj* (*geh*) *s.* **mühsam**

Mukoviszidose <-> [mukovɪstsi'do:zə] *f kein pl* MED cystic fibrosis, mucoviscidosis

Mulatte, Mulattin <-n, -n> *m, f* mulatto *masc,* mulatta *fem,* mulattress *fem*

Mulde <-, -n> *f* ❶ (*Bodenvertiefung*) hollow ❷ NORDD (*großer Trog*) skip

Muli <-s, -[s]> *nt o m* ZOOL mule

Mull <-[e]s, -e> *m* MED gauze

Müll <-[e]s> *m kein pl* refuse *form,* rubbish, *esp* AM garbage; ***„~ abladen verboten"*** "no tipping [*or* dumping [of rubbish]]"; **in den ~ kommen** to belong in the [dust]bin BRIT [*or* AM garbage [can]]; **etw in den ~ werfen** to throw out sth *sep,* to throw sth in the [dust]bin [*or* AM garbage [can]]

Müllabfuhr <-, -en> *f* ❶ (*das Abfahren des Mülls*) refuse *form* [*or esp* AM garbage] collection ❷ (*Referat der Stadtreinigung*) refuse *form* [*or esp* AM garbage] collection [service]; ***bei uns kommt nur alle 14 Tage einmal die ~*** the dustmen only come every fortnight where we live ❸ (*fam: Müllwagen*) ■**die ~** the dustcart BRIT, the garbage truck AM **Müllabfuhrgebühr** *f* refuse collection charge **Müllabladeplatz** *m* [refuse] dump, BRIT *a.* [refuse] tip

Mullah <-s, -s> *m* mullah

Müllaufbereitung *f* ÖKOL waste treatment *no pl* **Müllaufbereitungsanlage** *f* waste processing plant **Müllaufkommen** <-s> *nt kein pl* revenue from waste **Müllberg** *m* mountain of rubbish [*or esp* AM garbage] **Müllbeseitiger** *m* refuse collector **Müllbeseitigung** *f kein pl* ÖKOL waste [*or form* refuse] [*or* rubbish] [*or esp* AM garbage] collec-

M

tion **Müllbeutel** *m* rubbish [*or esp* AM garbage] sack [*or* bag], BRIT *a.* [dust]bin liner [*or* bag]
Müllbinde *f* MED gauze bandage
Müllcontainer *m* waste [*or form* refuse] [*or* rubbish] [*or esp* AM garbage] container **Mülldeponie** *f* waste disposal site, refuse *form* [*or esp* AM garbage] dump **Mülleimer** *m* dustbin BRIT, bin BRIT *fam,* garbage can AM
Müller(in) <-s, -> *m(f)* miller
Müllerinart[RR] *f,* **Müllerin-Art** *f* KOCHK [nach] ~ à la meunière
Müllfahrer(in) *m(f)* driver of a dustcart [*or* AM garbage truck], dustcart [*or* AM garbage truck] driver **Müllgrube** *f* refuse pit **Müllhalde** *f* waste [*or form* refuse] [*or esp* AM garbage] disposal site, refuse *form* [*or* rubbish] [*or esp* AM garbage] dump **Müllhaufen** *m* heap of rubbish [*or esp* AM garbage], rubbish [*or esp* AM garbage] heap **Müllkippe** *f* refuse *form* [*or esp* AM garbage] dump, *esp* BRIT rubbish tip **Müllkompostierung** *f* refuse *form* [*or esp* AM garbage] composting **Müllkutscher** *m* (*fam*) dustman BRIT, trash collector AM **Mülllagerung**[RR] *f,* **Müllagerung** *f* storage of refuse *form* [*or esp* AM garbage], refuse *form* [*or esp* AM garbage] storage **Müllmann** *m* (*fam*) dustman BRIT, garbage man AM, BRIT *a.* dustbin [*or fam* bin] man **Müllmenge** *f* amount of refuse *form* [*or esp* AM garbage] **Müllofen** *m* [refuse] incinerator **Müllrecycling** *nt* recycling of refuse *form* [*or esp* AM garbage], [waste] recycling *no pl* **Müllsack** *m* [large] refuse sack BRIT *form,* [large] garbage bag AM **Müllschlucker** <-s, -> *m* refuse *form* [*or* rubbish] [*or esp* AM garbage] chute **Müllsortieranlage** *f* refuse [*or* waste] seperation plant **Müllsteuer** *f* ÖKON *tax for financing refuse collecting and sifting services* **Mülltonne** *f* dustbin BRIT, garbage can AM **Mülltourismus** *m* dumping [of] [one's] refuse *form* [*or* rubbish] [*or esp* AM garbage] in outlying areas **Mülltrennung** *f kein pl* ÖKOL separation of waste [*or form* refuse] [*or* rubbish] [*or esp* AM garbage] **Mülltrennungssystem** *nt* waste sorting [*or* sifting] system, system of waste sorting [*or* sifting] **Müllverbrennung** *f* refuse *form* [*or esp* AM garbage] incineration **Müllverbrennungsanlage** *f* refuse *form* [*or esp* AM garbage] incineration [*or* combustion] plant **Müllvermeidung** *f* avoidance of generating [*or* creating] refuse *form* [*or esp* AM garbage] **Müllverwertung** *f* refuse recycling **Müllverwertungsanlage** *f* waste reprocessing plant **Müllvolumen** *nt* refuse volume, volume of refuse **Müllwagen** *m* refuse *form* [*or esp* AM garbage] collection vehicle, BRIT *a.* dustcart, *esp* AM garbage truck
Mullwindel *f* muslin nappy [*or* AM diaper]
mulmig *adj* (*fam*) ❶ (*unbehaglich*) uneasy, uncomfortable; **jdm ist ~ zumute** sb has an uneasy [*or* uncomfortable] feeling, sb has butterflies in their stomach ❷ (*brenzlig*) dicey *fam,* precarious; **es wird ~** it's getting dicey *fam*
Multi <-s, -s> *m* (*fam*) multinational [company]
Multiagent *m* INFORM multi-agent **Multibenutzerbetriebssystem** *nt* multi-user [operating] system **multidimensional** *adj* multidimensional **multifaktoriell** *adj inv* (*geh*) multifactorial **Multifrequenzmonitor** *m* INFORM multiscan monitor **multifunktional** *adj* multifunctional, multi-functional **Multifunktionsgerät** *nt* INFORM multifunction device **Multifunktionsgerät** *nt* multifunctional device **Multifunktionskarte** *f* FIN multifunctional card **multikulti** *adj inv* multi cultural, multiculti **multikulti** *adj* (*fam*) multicultural **multikulturell** *adj* multicultural **multilateral** *adj* multilateral, multipartite; **~es Clearing-system** FIN mulitlateral clearing system **multilingual** *adj* multilingual
Multimedia <-[s]> *nt kein pl* INFORM, MEDIA multimedia *no pl*
Multimedia-Agentur *f* MEDIA, INFORM multi-media agency **Multimediaanwendung** *f* INFORM multimedia application **Multimediaapplikation** *f* INFORM multimedia application **Multimediabereich** *m* INFORM multimedia sector **Multimedia-CD-ROM** *f* multimedia CD-ROM **Multimediacomputer** *m* multimedia computer [system] **Multimedia-Computerprogramm** *nt* multimedia computer program **Multimedia-Dateiformat** *nt* INFORM multimedia file format **multimediafähig** *adj inv* INFORM mediagenic, suitable for multimedia
multimedial *adj* multi-media *attr*
Multimedia-Netzwerk *nt* INFORM multimedia network **Multimedia-PC** *m* multimedia PC **Multimediapräsentation** *f* multimedia presentation **Multimediaprodukt** *nt* multimedia product **Multimediasystem** *nt* multimedia system **Multimediazeitalter** *nt* multimedia age
Multimillionär(in) *m(f)* multimillionaire **multinational** *adj* multinational
multipel *adj inv* multiple; **multiple Proportionen** CHEM multiple proportions; **multiple Sklerose** MED multiple sclerosis
Multiple Sklerose <-n -> *f kein pl* MED multiple sclerosis
Multiplexkino *nt* multiplex [cinema]
Multiplikand <-en, -en> *m* MATH multiplicand
Multiplikation <-, -en> *f* MATH multiplication
Multiplikationszeichen *nt* MATH multiplication sign
Multiplikator <-s, -toren> *m* ❶ MATH multiplier ❷ (*geh*) disseminator *form*
Multiplikatoreneffekt *m* MATH, ÖKON multiplier effect
multiplizieren* I. *vt* ■**etw [mit etw] ~** to multiply sth [by sth] II. *vr* (*geh*) ■**sich ~** to multiply *fig*
Multiprozessorsystem *nt* INFORM multiprocessor system
Multisession <-, -en> [-'sɛʃən] *f* INFORM multisession **multisession-fähig** *adj* multisession-capable; **~es CD-ROM Lauferk** multisession-capable CD-ROM drive **Multisession-Fähigkeit** *f* INFORM multisession capability
Multitalent *nt* versatile person, all-rounder, all-round talent **Multitasking** <-[s]> [mʌltɪ'tɑːskɪŋ] *nt kein pl* INFORM multitasking [system]; **kooperatives/präemptives ~** cooperative/preemptive multitasking **Multivitaminpräparat** *nt* PHARM, MED multivitamin preparation **multizentrisch** *adj inv* multicentric **Multi-Zerkleinerer** *m* multiple chopper, blender
Mumie <-, -n> ['muːmiə] *f* mummy
Mumienschlafsack *m* shaped sleeping bag
mumifizieren* *vt* ■**etw ~** to mummify sth
Mumifizierung <-, -en> *f* mummification
Mumm <-s> *m kein pl* guts *npl fam,* BRIT *a.* bottle *sl;* ***hast du denn keinen ~ in den Knochen?*** don't be such a chicken!
Mummelgreis(in) <-es, -e> *m(f)* (*fam o pej*) old dodderer *fam or pej*
mummeln[1] *vt* NORDD (*murmeln*) ■**etw [vor sich hin] ~** to mumble sth [to oneself]
mummeln[2] *vt* NORDD (*fam: einhüllen*) ■**jdn in etw** *akk* **~** to wrap [up *sep*] sb in sth; ■**sich** *akk* **in etw** *akk* **~** to wrap oneself [up] in sth
mümmeln *vi* ■**[an etw** *dat*] **~** to nibble [at sth]
Mumpitz <-es> *m kein pl* (*veraltend fam*) nonsense, claptrap, rubbish
Mumps <-> *m o fam f kein pl* MED [the] mumps + *sing/pl vb*
München <-s> *nt* Munich
Münch(e)ner *adj attr* Munich *attr,* of Munich *after n;* **die ~ Altstadt** Munich's old town; *s. a.* **Abkommen**
Münch(e)ner(in) <-s, -> *m(f)* inhabitant of Munich; ***meine Frau ist ~in*** my wife's from Munich
Münchhausen <-s, -[s]> *m* (*veraltend geh*) Munchhausen
Mund <-[e]s, Münder> *m* ❶ ANAT mouth; **etw in den ~ nehmen** to put sth in one's mouth; **ein Glas an den ~ setzen** to put a glass to one's mouth; **mit vollem ~e** with one's mouth full ❷ ZOOL (*Maul*) mouth ▶ WENDUNGEN: **~ und Nase aufsperren** (*fam*) to gape in astonishment; **aus berufenem ~e** from an authoritative source; **sich** *dat* **den ~ fusselig reden** to talk till one is blue in the face; **einen großen ~ haben** to have a big mouth, to be all talk [*or* mouth] [*or* BRIT *fam* all mouth and trousers]; **den ~ [zu] voll nehmen** (*fam*) to talk [too] big; **den ~ aufmachen** [*o* **auftun**] to speak up; **den ~ aufreißen** (*sl*) to talk big; **jdm über den ~ fahren** (*fam*) to cut sb short; **[jd ist] nicht auf den ~ gefallen** (*fam*) [sb is] never at a loss for words; **etw geht von ~ zu ~** sth is passed on from mouth to mouth [*or* person to person]; **halt den ~!** (*fam*) shut up! *fam,* shut your mouth! [*or* face!] [*or* BRIT *sl* gob!]; **den/seinen ~ nicht halten können** (*fam*) to not be able to keep one's mouth [*or fam* trap] shut; **aus jds ~e kommen** that sb says; ***du musst auch nicht alles glauben, was aus seinem ~e kommt!*** you don't have to believe everything [that] he says!; **jdm etw in den ~ legen** to put [the] words into sb's mouth; **etw nicht in den ~ nehmen** to not use such a sth; ***musst du immer so entsetzliche Flüche in den ~ nehmen?*** do you always have to use such terrible language?; **jdm nach dem ~[e] reden** to say what sb wants [*or* tell sb what they want] to hear; **jdm den ~ stopfen** (*fam*) to shut sb up; **jdm den ~ verbieten** to tell sb to be quiet [*or fam* shut up]; **etw ist in aller ~e** sth is the talk of the town, everybody's talking about sth; **wie aus einem ~e** with one voice, all at once [*or* together]; *s. a.* **Wort**
Mundart *f* LING dialect
Mundartautor(in) *m(f)* dialect writer **Mundartdichter** *m* dialect poet **Mundartdichtung** *f* dialect poetry **Mundartgedicht** *nt* dialect poem
mundartlich I. *adj* LING dialectal II. *adv* **~ anwenden/gebrauchen** to use dialectally [*or* in dialect]
Mundartwörterbuch <-(e)s, -bücher> *nt* dialect dictionary
Munddusche *f* water toothpick
Mündel <-s, -> *nt o m* JUR ward
Mündelgeld *nt* JUR trust money for a ward
mündelsicher I. *adj* FIN, BÖRSE gilt-edged; **~e Wertpapiere** gilt-edged securities, gilts II. *adv* **~ anlegen** to invest in gilt-edged securities
munden *vi* (*geh*) ■**[jdm] ~** to taste good [to sb]; ***nun, wie mundet Ihnen der Wein?*** well, how do you like the wine?; ***der kleine Snack hat gut gemundet*** that was a very tasty little snack; ■**sich** *dat* **etw ~ lassen** to enjoy [eating] sth; ***greift gerne zu und lasst es euch ~!*** tuck in and enjoy your meal!
münden *vi sein o haben* ❶ (*hineinfließen*) ■**in etw** *akk* **~** to flow into sth; ***der Fluss mündet schließlich im Meer*** eventually the river flows into the sea ❷ (*auf etw hinlaufen*) ■**auf/in etw** *akk* **~** to lead into sth; ***dieser Feldweg mündet nach drei Kilometern auf die Straße nach Giengen*** this path meets [*or* joins] the road to Giengen after three kilometres ❸ (*darauf zuführen*) ■**in etw** *akk* **~** to lead to sth
mundfaul *adj* (*fam*) uncommunicative; ***sei doch nicht so ~!*** come on, speak up!; ***was hat er gesagt, sei nicht so ~!*** what did he say, come on, spill the beans! **mundgerecht** I. *adj* bite-sized *attr* II. *adv* **~ zubereiten/zuschneiden** to prepare in/cut into bite-sized pieces **Mundgeruch** *m* bad breath *no indef art,* halitosis *no indef art;* **~ haben** to have bad breath [*or* halitosis] **Mundharmonika** *f* mouth organ, harmonica **Mundhöhle** *f* ANAT oral cavity **Mundhygiene** *f kein pl* oral hygiene *no pl, no indef art*
mündig *adj* ❶ (*urteilsfähig*) responsible, mature ❷ (*volljährig*) ■**~ sein/werden** to be/come of age, to have attained/attain [*or* reached/reach] one's majority; **jdn für ~ erklären** JUR to declare sb of age
Mündigkeit <-> *f kein pl* JUR majority *no art;* (*fig*) responsibility
mündlich I. *adj* oral; **eine ~e Prüfung** an oral examination; **eine ~e Abmachung/Übereinkunft/Vereinbarung** a verbal agreement; **eine ~e Besprechung** a public meeting; ***diese Tradition ist durch ~e Überlieferung auf uns übergegangen*** this tradition has been passed [down [*or* on]] to us by word of mouth; ■**das M~e** (*fam*) the oral

fam, the oral examination; **eine ~e Verhandlung** JUR a[n oral] hearing [*or* trial], oral proceedings *pl* **II.** *adv* orally; **etw ~ abmachen/vereinbaren** to agree sth [*or* AM to sth] verbally; **~ besprechen** to discuss something in a meeting; ***viele alte Volkslieder sind uns nur ~ überliefert worden*** many old folk songs have only been passed [down [*or* on]] to us by word of mouth; ***bitte informieren Sie mich ~, wenn sich etwas ändern sollte*** please let me know if anything should [*or* were to] change; ***der Fall wird ~ verhandelt*** the case will [now] be heard

Mündlichkeitsgrundsatz *m* JUR principle of orality

Mundpflege *f* oral hygiene *no pl, no indef art* **Mundpropaganda** *f* word of mouth; **durch ~** by word of mouth **Mundraub** *m* ❶ JUR (*hist: Diebstahl oder Unterschlagung von wenigen Nahrungsmitteln oder Verbrauchsgegenständen von geringem Wert*) petty theft [*or* larceny] [of food] ❷ (*Diebstahl oder Unterschlagung von wenigen Nahrungsmitteln oder Verbrauchsgegenständen von geringem Wert zur Deckung des Grundbedarfs*) petty theft [*or* larceny] [of food] **Mundschenk** <-en, -en> *m* HIST cupbearer **Mundschleimhaut** *f* MED mucous membrane of the mouth [*or* oral cavity], oral mucosa *no pl spec* **Mundschutz** *m* MED [surgical] mask

M-und-S-Reifen *m Abk von* **Matsch-und-Schnee-Reifen** M+S tyre [*or* AM tire], mud and snow tyre, winter tyre

Mundstück *nt a.* MUS mouthpiece **mundtot** *adj* **jdn ~ machen** (*fam*) to silence sb

Mündung <-, -en> *f* ❶ GEOG mouth ❷ (*vordere Öffnung*) muzzle

Mündungsarm *m* GEOL branch [of an/the estuary] **Mündungsfeuer** *nt* muzzle flash

Mundvoll <-, -> *m* mouthful **Mundwasser** *nt* mouthwash **Mundwerk** *nt* **ein freches/loses** [*o* **lockeres**]**/unverschämtes ~ haben** (*fam*) to be cheeky/have a loose tongue/be foul-mouthed *fam* **Mundwerkzeuge** *pl* ZOOL mouth parts **Mundwinkel** *m* corner of one's mouth **Mund-zu-Mund-Beatmung** *f* mouth-to-mouth resuscitation, kiss of life

Munition <-> *f kein pl* ammunition; MIL munitions *npl;* **scharfe ~** live ammunition

Munitionsfabrik *f* munitions factory **Munitionslager** *nt* MIL ammunition [*or* munitions] store [*or* depot] **Munitionsnachschub** *m* munitions supply, supply of munitions

munkeln *vt* ■**etw ~** to rumour [*or* AM -or] sth; ***allerlei/einiges/Verschiedenes wird gemunkelt*** there are all kinds of/a few/a number of different rumours [circulating [*or fam* flying about]]; ***gemunkelt wurde das ja schon lange*** that has been rumoured [*or* the rumour] for some time [now]; **man munkelt** [*o* **es wird gemunkelt**], **dass** it's rumoured [*or* AM -ored] [*or* there's a rumour] that; *s. a.* **dunkel**

Mun-Sekte *f* Moonies *pl fam,* Reunification Church

Münster <-s, -> *nt* cathedral, *esp* BRIT minster

munter *adj* ❶ (*aufgeweckt*) bright, sharp, quick-witted ❷ (*heiter*) lively; **ein ~er Gesang/~es Lied** a cheerful [*or* jolly] song; **~er Markt** ÖKON brisk market ❸ (*wach*) ■**~ sein/werden** to be awake/wake up; **jdn wieder ~ machen** to wake up sb again *sep*

Munterkeit <-> *f kein pl* brightness, sharpness, quick-wittedness

Muntermacher <-s, -> *m* stimulant; (*Getränk bes.*) pick-me-up

Muntjak-Hirsch *m* muntjac [*or* muntjak], barking deer

Münzamt *nt* FIN mint

Münzautomat *m* [coin-operated] vending-machine [*or* slot-machine]

Münze <-, -n> *f* ❶ (*Geldstück*) coin ❷ (*Prägeanstalt*) mint ► WENDUNGEN: **etw für bare ~ nehmen** to take sth at face value; **jdm etw mit gleicher ~ heimzahlen** to pay sb back in their own [*or* the same] coin for sth; **in klingender ~** (*geh*) in [hard] cash; **etw in klingende ~ umsetzen** to turn sth into hard cash

Münzeinwurf *m* [coin] slot

münzen *vt* ■**auf jdn/etw gemünzt sein** to be aimed at [*or* meant for] sb/sth

Münzfernsprecher *m* (*geh*) pay phone **Münzgeld** *nt kein pl* ÖKON coins *pl* **Münzhoheit** *f* JUR right of coinage **Münzprägung** *f* mintage **Münzrecht** *nt kein pl* JUR right of coinage **Münzsammler(in)** <-s, -> *m(f)* coin collector, numismatist *spec* **Münzsammlung** *f* coin [*or form* numismatic] collection **Münzschlitz** *m* [coin] slot, slot [for coins] **Münzstätte** *f* FIN mint **Münztankstelle** *f* coin-operated filling [*or* petrol] [*or* AM gas[oline]] station **Münzwechsler** *m* change machine **Münzwert** *m* ÖKON assay value, mint price

Muräne <-, -n> *f* moray [eel]

mürb(e) *adj* ❶ (*zart*) tender; **~es Gebäck** shortbread; **Fleisch ~ machen** to tenderize meat ❷ (*brüchig*) worn-out ► WENDUNGEN: **jdn ~ machen** to wear sb down

Mürbeteig *m* short[-crust] pastry

Murks <-es> *m kein pl* (*fam*) botched job, botch-up; **~ machen** to do a botched job [*or* botch-up]

murksen *vi* (*fam*) to do a botched job

Murmel <-, -n> *f* marble

murmeln I. *vi* to mutter, to murmur; ■**das M~** [the] muttering [*or* murmuring] **II.** *vt* ■**etw ~** to mutter [*or* murmur] sth

Murmeltier *nt* (*Nagetierart*) marmot ► WENDUNGEN: **wie ein ~ schlafen** to sleep like a log [*or* top]

murren *vi* ■[**über etw** *akk*] **~** to grumble [about sth]; ***lass das M~!*** stop [your] grumbling!; **keinen Grund zum M~ haben** to have no reason to grumble; **ohne M~** [*o* **ohne zu ~**] without grumbling; [**nur**] **unter M~** [only] under protest

mürrisch I. *adj* grumpy, surly **II.** *adv* grumpily, surlily, in a grumpy [*or* surly] manner

Mus <-es, -e> *nt o m* KOCHK purée ► WENDUNGEN: **jdn zu ~ schlagen** (*sl*) to beat sb to a pulp *fam* [*or* sb's brains out]

Muschel <-, -n> *f* ❶ (*Molluske*) mussel ❷ (*~schale*) [sea] shell ❸ KOCHK mussel ❹ TELEK (*Hörmuschel*) earpiece; (*Sprechmuschel*) mouthpiece

Muschelart *f* type [*or spec* species] of mussel **muschelförmig** *adj inv* shell-shaped, shaped like a shell **Muschelgeschmack** *m* taste of [a] mussel **Muschelschale** *f* mussel shell

Muschi <-, -s> *f* (*sl*) pussy *vulg*

Muse <-, -n> *f* MYTH Muse ► WENDUNGEN: **die leichte ~** light entertainment; **von der ~ geküsst werden, die ~ küsst jdn** to be inspired [by the Muse]

museal *adj inv* (*geh*) museum *attr,* of a/the museum *pred,* museum-like, like a museum

Museum <-s, Museen> *nt* museum

Museumsdirektor(in) *m(f)* museum director [*or* curator] **Museumsführer(in)** <-s, -> *m(f)* museum guide **museumsreif** *adj* (*hum*) ancient *fam;* ■**~ sein** to be a museum piece *hum* **Museumsschiff** *nt* museum ship **Museumsstück** *nt* museum piece **Museumswärter(in)** <-s, -> *m(f)* museum attendant

Musical <-s, -s> ['mju:zikl] *nt* musical

Musik <-, -en> *f* music *no art, no pl;* ***die ~ Mozarts/des Mittelalters*** Mozart's/Medieval music; **geistliche/klassische/moderne ~** religious/classical/modern music; **~ hören/studieren** to listen to/study music; **~ machen** to play some music; ***macht doch ein bisschen ~*** play us [a little] something; (*Radio/Kassette, etc.*) put some music on; ***mach bitte die ~ leiser*** please turn down the music; **~ in jds Ohren sein** to be music to sb's ears; *s. a.* **Blut**

Musikakademie <-, n> *f* academy of music, musical academy

Musikalienhandlung [-liən-] *f* music shop [*or* AM *usu* store]

musikalisch I. *adj* musical **II.** *adv* musically; **~ arbeiten** to work in music; **jdn ~ ausbilden** to give sb musical training [*or* training in music]; **~ begabt sein** to be musically gifted [*or* a gifted musician]

Musikalität <-> *f kein pl* musicality

Musikant(in) <-en, -en> *m(f)* musician

Musikantenknochen *m* (*fam*) funny [*or* AM *a.* crazy] bone *fam*

Musikbegleitung *f* musical accompaniment; **unter ~** accompanied by music, to the accompaniment of music, with [musical] accompaniment **Musikberieselung** *f* (*fam*) constant background music; *in Läden, Restaurants* muzak®, canned [*or* piped] music **Musikbox** *f* jukebox; **die ~ anwerfen** to put a song on the jukebox **Musikchip** *m* INFORM music chip **Musikdirektor(in)** <-s, -en> *m(f)* musical director **Musikeingang** *m* INFORM music entry

Musiker(in) <-s, -> *m(f)* musician

Musikfreund *m* music-lover **Musikgeschichte** *f* ❶ (*Entwicklung*) history of music; ***diese Oper wird in die ~ eingehen*** this opera will go down in musical history ❷ (*Buch über ~*) history of music *no def art* **Musikgruppe** *f* band, group **Musikhochschule** *f* musical academy, college of music **Musikinstrument** *nt* [musical] instrument; **ein ~ spielen** to play an [*or* a musical] instrument **Musikkanal** *m* TV, RADIO music channel **Musikkapelle** *f* band **Musikkassette** *f* [music *form*] cassette [tape], tape **Musiklehrer(in)** *m(f)* music teacher **Musiklexikon** *nt* encyclopaedia [*or* AM encyclopedia] [*or* dictionary] of music **Musikliebhaber(in)** *m(f)* music lover **Musikschule** *f* music school, school of music **Musikstück** *nt* piece of music **Musikstudium** *nt* course of study [*or* degree] in music **Musiktheater** *nt kein pl* music theatre [*or* AM -er] **Musikunterricht** *m* music lessons *pl;* SCH music *no art, no pl*

Musikus <-, Musizi> *m* (*hum*) musician

Musikwissenschaft *f kein pl* musicology *no pl* **Musikwissenschaftler(in)** *m(f)* musicologist **Musikzimmer** *nt* music room

musisch I. *adj* ❶ (*künstlerisch begabt*) artistic; ***für einen ~en Mann wie ihn*** for a man of the arts like him ❷ (*die Künste betreffend*) in/of the [fine] arts *pred; s. a.* **Gymnasium II.** *adv* artistically; **~ begabt** talented in the arts

Musizi *pl von* **Musikus**

musizieren* *vi* to play a musical instrument/musical instruments; ***wir ~ regelmäßig einmal in der Woche*** we play regularly once a week; ■**das M~** playing musical instruments; ***das M~ ist nicht jedermanns Sache*** not everybody can play a musical instrument

Muskat <-[e]s, -e> *m* nutmeg *no art, no pl*

Muskatblüte *f* mace

Muskateller <-s, -> *m* muscatel *no art, no pl*

Muskatnuss[RR] *f* nutmeg *no art, no pl* **Muskatreibe** *f* nutmeg grater

Muskel <-s, -n> *m* muscle; **~n haben** to be muscular [*or fam* muscly], to have muscles; **seine ~n spielen lassen** to flex one's muscles

Muskelentzündung *f* inflammation of a/the muscle, myositis *spec* **Muskelfaser** *f* muscle fibre [*or* AM -er] **Muskelfaserriss**[RR] *m* torn muscle fibre **Muskelkater** *m kein pl* muscle ache, aching muscles *pl;* **~ bekommen/haben** to get/have muscle ache **Muskelkraft** *f* muscular [*or* physical] strength *no art, no pl* **Muskelkrampf** *m* muscle cramp, AM *a.* charley horse *fam* **Muskelmann** *m* (*fam*) body builder **Muskelpaket** *nt* (*fam*) muscleman **Muskelprotz** <-es, -e> *m* (*fam*) muscleman **Muskelriss**[RR] *m* torn muscle **Muskelschwäche** *f kein pl* MED muscle weakness *no pl,* myasthenia *no pl spec* **Muskelschwund** *m kein pl* muscular wasting [*or* atrophy] *no art, no pl* **Muskelzerrung** *f* pulled muscle

Musketier <-s, -e> *m* musketeer; **„Die drei ~e"** "The Three Musketeers"

Muskulatur <-, -en> *f* muscular system, musculature *no indef art, no pl*

muskulös I. *adj* muscular, muscly *fam* **II.** *adv* **~ gebaut sein** to have muscular build, to be muscly *fam*

Müsli <-[s], -s> *nt* muesli

Muslim, Muslime <-, -e> *m, f* Muslim, Moslem

Müslischale *f* muesli bowl

M

mụss *1. und 3. pers sing von* **müssen**

Mụss[RR] <-> *nt kein pl,* **Mụß** <-> *nt kein pl* must *fam;* **[k]ein ~ sein** to [not] be a must

Mụssbestimmung[RR] *f* fixed [*or form* mandatory] regulation

Muße <-> *f kein pl* leisure *no art, no pl;* **die ~ für etw finden** to find the time [and leisure] for sth; **sich ~ gönnen** to allow oneself some [time for] leisure; **etw mit ~ tun** to do sth with leisure [*or* leisurely] [*or* in a leisurely way]

Mụssehe[RR] *f* shotgun wedding [*or* marriage] *dated fam; **sie gingen eine ~ ein*** it was a shotgun wedding *dated fam*

müssen I. *vb aux* <mụsste, mụ̈ssen> *modal* ❶ (*gezwungen sein, etw zu tun*) ■**etw tun ~** to have to do sth; ***du musst mich unbedingt anrufen*** you must phone me; ***du musst endlich damit aufhören*** you really must stop that; ***wir werden das Ganze noch einmal schreiben ~*** we'll have to write the whole lot again; ***muss ich mir das gefallen lassen?*** do I have to put up with that?; ***du musst jetzt gehen*** you have to leave now; ***muss ich [das wirklich tun]?*** do I [really] have to [do it]? ❷ (*notwendig sein*) ■**etw [nicht] sein/tun ~** to [not] need to be/do sth; ***warum muss es heute regnen?*** why does it have to rain today?; **muss das [denn] sein?** is that really necessary?; ***du willst wieder in die Politik? muss das sein?*** you want to get back into politics? do you have to?; **das muss sein** it is necessary; **wenn es [denn/unbedingt] sein muss** if it's really necessary; ***das muss nicht unbedingt stimmen*** that needn't be true; ***muss ich das tun?*** must I?, have I got to? ❸ *verneinend* (*brauchen*) ■**etw nicht tun ~** to not have to do sth; ***du musst das nicht tun*** you don't have to do that ❹ (*eigentlich sollen*) ■**jd/etw müsste etw tun** sb/sth should do sth; ***ich hätte es ahnen ~!*** I should have known!; ■**man müsste ...** one should ...; ■**man müsste ... sein** *optativisch* if only one could be ...; ***ach, man müsste noch mal Schüler sein*** oh, to be a schoolboy again! ❺ (*eine Wahrscheinlichkeit ausdrückend*) ***es müsste jetzt acht Uhr sein*** it must be eight o'clock now; ***es müsste bald ein Gewitter geben*** there should be a thunderstorm soon; ***das muss wohl stimmen*** that must be true II. *vi* <mụsste, gemụsst> ❶ (*gezwungen sein, sich zu begeben*) ■**[irgendwohin] ~** to have to go [somewhere] ❷ (*notwendigerweise gebracht werden*) ■**irgendwohin ~** to have to get somewhere; ***der Koffer hier muss zum Bahnhof*** this suitcase has to get [*or* be taken] to the station; ***dieser Brief muss heute noch zur Post*** this letter has to be posted today ❸ (*nicht umhin können*) to have to; ***muss ich das denn wirklich tun? — ja, du musst!*** do I really have to do that? — yes, you do! ▶ WENDUNGEN: **[mal] ~** (*euph fam*) to have to go to the loo [*or* AM john] *fam;* ***ich muss mal!*** I need the loo!

Mußestunde *f* hour of leisure

Mụssheirat[RR] *f* (*fam*) *s.* **Mussehe**

müßig (*geh*) I. *adj* futile, pointless, superfluous; ■**es ist ~, etw zu tun** it is pointless [*or* futile] doing/to do sth II. *adv* ❶ (*untätig*) idly ❷ (*gemächlich*) with leisure; **~ gehen** to saunter along

Müßiggang *m kein pl* (*geh*) idleness *no art, no pl,* indolence *no art, no pl;* **sich dem ~ hingeben** to lead an idle life [*or* a life of indolence]; **~ ist aller Laster Anfang** (*prov*) the devil finds work for idle hands *prov*

Mụsskaufmann, -frau *m, f* JUR mandatory merchant

mụsste[RR], **mụßte** *imp von* **müssen**

Mụster <-s, -> *nt* ❶ HANDEL (*Probe*) sample, specimen; **~ ohne Wert** sample of no commercial value; **dem ~ entsprechend** up to sample; **Waren nach ~ bestellen** to order goods from sample; **nach ~ kaufen/verkaufen** to buy according to sample/to sell by sample; **~ ziehen** to sample, to draw samples ❷ (*Motive*) pattern; **eingetragenes ~** HANDEL registered pattern ❸ (*Vorlage*) pattern; **[jdm] als ~ dienen** to serve [sb] as a model; **nach antikem ~** modelled [*or* AM *a.* modeled] on an antique style ❹ (*Vorbild*) ■**ein ~ an etw** *dat* **sein** to be a paragon of sth; **ein ~ an Vollkommenheit sein** to be the pink of perfection

Mụsterband *m* TYPO sample volume; (*Attrappe*) dummy **Mụsterbeispiel** *nt* prime [*or* classic] example; ■**ein ~ für etw** a classic [*or* prime] example for [*or* of] sth **Mụsterbestellung** *f* HANDEL sample order **Mụsterbetrieb** *m* model business/company **Mụsterbilanz** *f* FIN standard balance sheet **Mụsterbogen** *m* TYPO specimen sheet **Mụsterbrief** *m* specimen letter **Mụsterbuch** *nt* ❶ HANDEL (*mit Proben*) sample book ❷ (*mit Motiven*) pattern book **Mụsterehe** *f* perfect marriage **Mụstererkennung** *f* INFORM pattern recognition **Mụsterexemplar** *nt* ❶ (*vorbildlich*) fine specimen; ***er ist ein ~ von Mitarbeiter*** he is a model colleague ❷ (*Warenmuster*) sample; (*zur Ausstellung*) display model **Mụsterfertigung** *f kein pl* prototype production *no pl* **mụstergültig** *adj* (*geh*) *s.* **musterhaft**

mụsterhaft I. *adj* exemplary, perfect; **ein ~er Schüler** an exemplary student; **ein ~es Beispiel** a perfect example II. *adv* exemplary; ***Sie haben sich ~ verhalten*** your behaviour was exemplary

Mụsterhaus *nt* show house **Mụsterklage** *f* JUR class-action lawsuit **Mụsterknabe** *m* (*iron*) goody-goody *pej,* paragon of virtue/good behaviour [*or* AM -or] etc. **Mụsterkoffer** *m* sample[s] case **Mụsterkollektion** *f* sample collection, collection of models **Mụstermesse** *f* HANDEL samples fair **Mụstermietvertrag** *m* JUR standard tenancy agreement

mụstern *vt* ■**jdn ~** ❶ (*eingehend betrachten*) to scrutinize sb ❷ MIL to give sb his/her medical

Mụsterpackung *f* sample pack; (*Attrappe*) display pack **Mụsterprozess**[RR] *m* JUR exemplary [*or* test] case **Mụsterrecht** *nt* JUR law derived from test cases **Mụsterschüler(in)** *m(f)* model pupil **Mụsterschutz** *m* JUR protection of registered designs **Mụstersendung** *f* sample package [*or* consignment], selection of samples **Mụstertarifvertrag** *m* JUR standard wage agreement [*or* AM contract]

Mụsterung <-, -en> *f* ❶ MIL *von Truppen* inspection, review; *von Wehrdienstpflichtigen* medical [examination] [for military service] ❷ (*das eingehende Betrachten*) scrutiny *no art, no pl*

Mụsterungsausschuss *m* JUR recruiting board

Mụsterungsbescheid *f* MIL, ADMIN summons [*or* order] to attend one's medical examination

Mụstervertrag *m* JUR specimen [*or* standard] contract **Mụstervertragsbedingungen** *pl* JUR standard terms of contract

Mut <-[e]s> *m kein pl* ❶ (*Courage*) courage *no art, no pl;* ***es gehört viel ~ dazu, das zu tun*** it takes a lot of courage to do that; ***mir fehlt der ~, das zu tun*** I don't have the courage to do that; **mit dem ~ der Verzweiflung** with the courage born of desperation; **sich** *dat* **~ antrinken** to have a drink to give oneself Dutch courage; **~/keinen ~ haben** to have/not have any courage; **den ~ haben, etw zu tun** to have the courage to do sth ❷ (*Zuversicht*) heart *no art, no pl;* **mit frischem ~** with fresh heart [*or* cheer]; **frohen [*o* guten] ~es sein** to be in high spirits; **jdm den ~ nehmen** to make sb lose heart, to discourage sb; **nur ~!** take heart!; **den ~ sinken lassen, den ~ verlieren** to lose heart; **[wieder] ~ bekommen [*o* fassen] [*o geh* schöpfen]** to take [*or* gain] heart; **jdm [wieder] ~ machen** to encourage sb, to give sb [fresh] heart

mutagen *adj* mutagenic

Mutagen <-s, -e> *nt* BIOL mutagen

Mutagenese <-, -n> *f* BIOL mutagenesis

Mutante <-, -n> *f* BIOL mutant

Mutation <-, -en> *f* ❶ (*Missbildung*) mutation ❷ SCHWEIZ (*-nderungen im Personal*) change of personnel

Mutationsrate *f* BIOL mutation rate

Mutationsschäden *pl* mutational defects *pl,* mutation damage *no pl*

Mütchen <-s> *nt kein pl* ▶ WENDUNGEN: **sein ~ an jdm kühlen** (*fam*) to take it out [*or* vent one's anger] on sb

mutieren* *vi* (*fam*) ■**zu etw/jdm ~** to mutate into sth/sb

mutig I. *adj* brave, courageous, plucky *fam;* **dem M~en gehört die Welt** (*prov*) fortune favours [*or* AM -ors] the brave *prov* II. *adv* courageously, bravely, pluckily *fam*

mutlos *adj* discouraged, disheartened, despondent, dejected; **jdn ~ machen** to discourage sb, to make sb lose heart

Mutlosigkeit <-> *f kein pl* discouragement *no art, no pl,* disheartenment *no art, no pl,* despondency *no art, no pl,* dejection *no art, no pl*

mutmaßen I. *vi* to conjecture; ***es wurde viel über seine Vergangenheit/sein Verhalten gemutmaßt*** there was a lot of conjecture as to his past/the reason for his conduct; ■**~, dass ...** to conjecture that ...; ■**~, ob/wann/wer/wie ...** to conjecture as to whether/when/who/how ...; ***wir können nur ~, wie das geschehen konnte*** we can only conjecture as to how it happened II. *vt* ■**etw ~** to suspect sth

mutmaßlich I. *adj attr* presumed, suspected; **der ~e Attentäter** the suspected assassin; **der ~e Grund/die ~e Ursache** the presumed reason/cause; **der ~e Täter** the suspect; **der ~e Vater** the presumed [*or form* putative] father II. *adv* presumably; ***das Verbrechen wurde ~ von einer Terrororganisation verübt*** it is presumed that the crime was carried out by a terrorist organization

Mutmaßung <-, -en> *f* conjecture; ***wir sind vorerst auf ~en angewiesen*** we can only conjecture at this point

Mutprobe *f* test of courage; ***das ist eine ~*** it's to test your courage; **eine ~ bestehen** to prove one's [*or* pass a test of] courage

Mụtter[1] <-, Mütter> *f* mother, BRIT *a.* mater *hum;* **eine werdende ~** (*geh*) an expectant mother; **~ werden** to be having [*or* expecting] a baby, to be pregnant

Mụtter[2] <-, -n> *f* TECH nut

Mütterberatungsstelle *f advisory centre for pregnant or nursing women* **Mụtterbindung** *f* PSYCH mother fixation **Mụtterboden** *m* topsoil *no indef art, no pl*

Mütterchen <-s, -> *nt* little old lady

Mụtterfirma *f* parent company **Mụtterfreuden** *pl* **~ entgegensehen** (*geh*) to be expecting [a baby] [*or* a happy event]; **~ genießen** to experience the joys of motherhood **Müttergenesungsheim** *nt nursing home for financially disadvantaged single mothers* **Müttergenesungswerk** *nt organization providing rest for stressed mothers* **Mụttergesellschaft** *f* ÖKON parent company **Mụttergottes** <-> *f kein pl* ❶ (*Maria, die Gottesmutter*) Mother of God *no indef art, no pl* ❷ (*Abbild der Gottesmutter*) Madonna **Mụtterinstinkt** *m* BIOL maternal instinct **Mụtter-Kind-Pass**[RR] *m* ÖSTERR *document held by pregnant women with details of the pregnancy* **Mụtterkomplex** *m* PSYCH mother complex **Mụtterkorn** *nt* BOT ergot *no art, no pl spec* **Mụtterkuchen** *m* ANAT placenta **Mụtterkümmel** *m* cumin **Mụtterland** *nt* mother country **Mụtterleib** *m* womb; **im ~** in the/one's womb

Mütterlein <-s, -> *nt* (*poet*) *s.* **Mütterchen**

mütterlich I. *adj* ❶ (*von jds Mutter*) maternal; ***sie wohnte im ~en Hause*** she lived in her mother's house; ***in ihrer ~en Linie*** on her mother's [*or spec* the distaff] side ❷ (*umsorgend*) motherly; (*wie eine Mutter wirkend*) maternal; **ein ~er Typ sein** to be the maternal type II. *adv* motherly; **jdn ~ umsorgen** to care for sb in a motherly way, to bemother [*or pej fam* mollycoddle] sb

mütterlicherseits *adv* on one's mother's [*or spec* the distaff] side; ***meine Oma ~*** my maternal grandmother

Mütterlichkeit <-> *f kein pl* motherliness *no art, no pl*

Mutterliebe *f* motherly love *no art, no pl*

mutterlos I. *adj* motherless II. *adv* motherless, without a mother

Muttermal *nt* birthmark; (*kleiner*) mole **Muttermilch** *f* mother's milk *no art, no pl* ▶ WENDUNGEN: **etw [schon] mit der ~ einsaugen** to learn sth from the cradle **Muttermörder(in)** <-s, -> *m(f)* matricide (*sb who kills his/her mother*) **Muttermund** *m* ANAT cervix *spec*

Mutternschlüssel *m* spanner BRIT, wrench AM

MutterpassRR *m* MED (*vom Arzt ausgestellter Ausweis für werdende Mütter mit Angaben über Blutgruppe, Rhesusfaktor etc., in dem der Verlauf der Schwangerschaft protokolliert wird*) *s.* **Mütterpass**

Mutterrolle *f* role of a mother

Mutterschaft <-> *f kein pl* (*geh*) motherhood *no art, no pl*

Mutterschaftsgeld *nt* maternity grant **Mutterschaftshilfe** *f* maternity benefit **Mutterschaftsurlaub** *m* maternity leave *no art, no pl* **Mutterschaftsvertretung** *f temporary replacement for sb on maternity leave*

Mutterschiff *nt* NAUT mother ship; LUFT parent ship **Mutterschutz** *m* JUR *legal protection of working mothers* **Mutterschutzgesetz** *nt* Maternity Protection Act (*laws protecting working mothers-to-be and nursing mothers*) **Mutterschutzzeit** *f* maternity leave

mutterseelenallein I. *adj pred* all alone *pred* II. *adv* all on one's own [*or* BRIT *fam* tod]

Muttersöhnchen <-s, -> *nt* (*pej fam*) mummy's [*or* AM mama's] boy *fam*, milksop *pej* **Muttersprache** *f* mother tongue, native language [*or* tongue] **Muttersprachler(in)** <-s, -> *m(f)* native speaker **muttersprachlich** *adj* native-speaker *attr;* **aus ~er Sicht** from the point of view of the native speaker **Mutterstation** *f* RAUM mother station **Mutterstelle** *f* **bei** [*o* **an**] **jdm ~ vertreten** (*veraltend o selten*) to be [like] a mother to sb, to take a mother's place [for sb] **Muttertag** *m* Mother's Day *no art* **Muttertier** *nt* ZOOL mother [animal]; *von Vieh a.* dam *spec* **Mutter-Tochter-Richtlinien** *pl* HANDEL parent-subsidiary guidelines **Mutterunternehmen** *nt* HANDEL parent company **Mutterwitz** *m kein pl* ❶ (*Humor*) natural wit ❷ (*Raffinesse*) native cunning

Mutti <-, -s> *f* (*fam*) mum[my *childspeak*] BRIT *fam*, mom[my *childspeak*] AM *fam*

Mutwille <-ns> *m kein pl* (*Übermut*) mischief *no art, no pl;* (*Bosart*) malice *no art, no pl;* **aus [bloßem** [*o* **lauter**] [*o* **reinem**]] **~n** out of [pure] mischief/malice

mutwillig I. *adj* mischievous; (*böswillig*) malicious II. *adv* deliberately

Mütze <-, -n> *f* cap; **[von jdm] was** [*o* **eins**] **auf die ~ kriegen** (*fam*) to get a good talking-to [*or* BRIT *fam!* a right bollocking] [from sb]; (*gehauen werden*) to get smacked [by sb]

MW *nt Abk von* **Megawatt** MW, megawatt

m.W. *Abk von* **meines Wissens** as far as I know

MwSt., MWST. *f Abk von* **Mehrwertsteuer** VAT, Vat

Myanmar <-s> *nt* Myanmar, Burma *hist; s. a.* **Deutschland**

Myanmare, Myanmarin <-n, -n> *m, f* Burman; *s. a.* **Deutsche(r)**

myanmarisch *adj* Burman; *s. a.* **deutsch**

Mykose <-, -n> *f* MED mycosis

Myoglobin <-s, -e> *nt* MED (*Sauerstoff speichernder Eiweißstoff des Muskels*) myoglobin

Myom <-s, -e> *nt* MED myoma *spec*

Myon <-s, Myonen> *nt* NUKL muon

Myosin <-s> *nt kein pl* BIOL myosin

Myriade <-, -n> *f meist pl* myriad *no def art*

MyrreRR <-, -n> *f*, **Myrrhe** <-, -n> ['mʏrə] *f* myrrh *no art, no pl*

Myrte <-, -n> *f* myrtle

Mysterien *pl* ❶ *pl von* **Mysterium** ❷ (*kultische Feiern*) mysteries *pl*

Mysterienspiel *nt* THEAT mystery play

mysteriös *adj* mysterious

Mysterium <-s, -ien> *nt* (*geh*) mystery

Mystifizierung <-, -en> *f* mystification

Mystik <-> *f kein pl* mysticism *no art, no pl*

Mystiker(in) <-s, -> *m(f)* mystic

mystisch ['mʏstɪʃ] *adj* ❶ (*geh*) mysterious ❷ REL mystic[al]

Mythen *pl von* **Mythos**

mythisch *adj* (*geh*) mythical

Mythologie <-> *f kein pl* mythology *no art, no pl*

mythologisch *adj* mythological

Mythos, Mythus <-, Mythen> *m* ❶ (*sagenhafte Überlieferung*) myth ❷ (*Legende*) legend

Myzel <-s, Myzelien> *nt* BOT (*Pilzfaden*) mycelium *no pl*

N

Myzelium <-s, -lien> *nt* BOT mycelium

N, n <-, - *o fam* -s, -s> *nt* N, n; **~ wie Nordpol** N for Nelly BRIT, N as in Nan AM; *s. a.* **A 1**

N *Abk von* **Norden**

'n *art indef* (*fam*) ❶ *s.* **ein** ❷ *s.* **einen**

Na *nt Abk von* **Natrium** Na

na *interj* (*fam*) ❶ (*zweifelnder Ausruf*) well; **~ gut** [*o* **schön**] [*o* **meinetwegen**] all right, ok[ay] *fam;* **~ ja** well; ***~ ja, weil du es bist!*** well, ok[ay], for you *fam* ❷ (*Ausruf der Entrüstung*) well; **~, ~!** now, now! ❸ (*Ausruf der Anerkennung*) well; **~ also!** [*o* **bitte**] [well,] there you go [then]; **~ so was!** well I never [did]! ▶ WENDUNGEN: **~, du?** how's it going?; **~ und ob!** you bet! *fam;* **~ und?** so what?; *s. a.* **warten**

Nabe <-, -n> *f* TECH hub

Nabel <-s, -> *m* navel, belly [*or* BRIT *a.* tummy] button *fam;* **der ~ der Welt** the hub [*or* centre [*or* AM -er]] of the universe

Nabelbinde *f* umbilical bandage **Nabelbruch** *m* MED umbilical hernia **Nabelkompresse** *f* umbilical compress **Nabelschau** *f* ▶ WENDUNGEN: **~ betreiben** (*fam*) to be bound up in oneself, to indulge in self-contemplation **Nabelschnur** *f* (*a. fig*) umbilical cord

nach I. *präp +dat* ❶ (*räumlich: bis hin zu*) ■**~ etw** to sth; ***der Weg führt direkt ~ …*** this is the way to …; *s. a.* **außen, da, dort, hier, hinten, innen, links, oben, rechts, unten, vorn** ❷ (*räumlich: hinter*) ■**~ jdm/etw** behind sb/sth; ***du stehst ~ mir auf der Liste*** you're [*or* you come] after me on the list; *s. a.* **stehen** ❸ (*zeitlich: im Anschluss an*) ■**~ jdm/etw** after sb/sth; **[bitte] ~ Ihnen!** after you!; **~ wie vor** still; ***ich halte ~ wie vor an meiner Überzeugung fest*** I remain convinced ❹ (*gemäß*) ■**~ etw** according to sth; ***~ Artikel 23/den geltenden Vorschriften*** under article 23/present regulations; ■**jds … ~** judging by sb's …; **~ allem** [*o* **dem**], **was …** from what …; ***~ allem, was ich gehört habe*** from what I've heard; ***~ dem, was wir jetzt wissen*** as far as we know; *s. a.* **Art** ❺ (*in Anlehnung an*) ■**~ etw** after sth; ***diese Wandlampe ist ~ einer Fackel geformt*** this lamp was shaped after a torch; ***~ einer Erzählung von Edgar A. Poe*** after [*or* based on] a story by Edgar A Poe; *s. a.* **Gedächtnis** II. *adv* ***ihm ~!*** after him!; (*an einen Hund a.*) sic 'im! *fam;* ***los, mir ~!*** let's go, follow me!; **~ und ~** gradually, little by little

Nachabfindung *f* FIN supplementary compensation

nach|äffen *vt* (*pej*) ■**jdn ~** (*zur Belustigung*) to mimic [*or* BRIT take off] sb; (*dilettantisch*) to ape sb; ■**etw ~** to mimic [*or* copy]/ape sth; **einer Mode ~** to follow a fashion craze

Nachahmen *nt kein pl* imitation, copy; **~ und Ausbeuten fremder Leistung** imitation and exploitation of third-party contributions; **~ eingetragener Warenzeichen** imitation of registered trademarks

nach|ahmen *vt* ❶ (*imitieren*) ■**jdn/etw ~** to imitate sb/sth ❷ (*kopieren*) ■**etw ~** to copy sth

nachahmenswert *adj* exemplary

Nachahmer(in) <-s, -> *m(f)* ❶ (*Imitator*) imitator ❷ (*Kopist*) copyist

Nachahmung <-, -en> *f* ❶ *kein pl* (*Imitation*) imitation ❷ (*Kopie*) copy

Nachahmungstrieb *m* PSYCH imitative instinct

Nachanmeldung *f eines Patents* subsequent application

nach|arbeiten *vt* ■**etw ~** ❶ (*aufholen*) to make up for [*or sep* make up] sth ❷ (*nachträglich bearbeiten*) to touch up sth *sep*

Nacharbeitskosten *pl* rework expense

Nachbar(in) <-n *o* -s, -n> *m(f)* ❶ (*jd, der in jds Nähe wohnt*) neighbour [*or* AM -or]; (*in einer Nachbarwohnung a.*) next-door neighbour; **die ~n** the neighbours, next door + *sing/pl vb;* ***~s Garten/Hund*** next door's [*or* the neighbours'] garden/dog ❷ (*nebenan Sitzender*) ***sie wandte sich ihrer ~in [am Tisch] zu*** she turned to the woman [sitting] next to her [at the table]; ***wir sind während der Fahrt ~n*** we will be sitting next to each other on the journey ❸ (*benachbartes Land*) neighbour [*or* AM -or]; ***unsere ~n im Osten*** our neighbours in the East ▶ WENDUNGEN: **scharf** [*o* **geil**] **wie ~s Lumpi sein** (*sl*) to be a randy old goat *pej fam*

Nachbargarten *m* next door's [*or* the neighbours'] garden **Nachbarhaus** *nt* house next door **Nachbarland** *nt* neighbouring [*or* AM neighboring] country

nachbarlich *adj* ❶ (*benachbart*) neighbouring [*or* AM neighboring] *attr;* ***aus dem ~en Garten*** from next door's [*or* the neighbours'] garden ❷ (*unter Nachbarn üblich*) neighbourly [*or* AM neighborly]; **gute/freundliche ~e Beziehungen** good/friendly relations with the neighbours

Nachbarrecht *nt* JUR law concerning neighbours

Nachbarschaft <-, -en> *f* ❶ (*nähere Umgebung*) neighbourhood [*or* AM neighborhood]; ■**in der/jds ~** in the/sb's neighbourhood ❷ (*die Nachbarn*) neighbours [*or* AM -ors] *pl;* ***es hat sich in der ~ bereits herumgesprochen*** it's gone around the whole neighbourhood; **[eine] gute ~ halten** [*o* **pflegen**] to keep up good neighbourly [*or* AM neighborly] relations

Nachbarschaftsgericht *nt* JUR *neighbourhood court* **Nachbarschaftshilfe** *f association of neighbours that provides help with shopping, cleaning, gardening, etc. to those less able in the neighbourhood* **Nachbarschaftsinitiative** *f* neighbourhood initiative

Nachbarsfrau *f* neighbour's [*or* AM -or's] wife, woman next door **Nachbarskind** *nt* child next door **Nachbarsleute** *pl* neighbours [*or* AM -ors] *pl*, people next door

Nachbarstaat *m* neighbouring [*or* AM neighboring] state [*or* country] **Nachbarwiderspruch** *m* JUR opposition [lodged] by a neighbour **Nachbarwohnung** *m* next door *no art, no pl*, flat [*or* apartment] next door **Nachbarzaun** *m* neighbour's [*or* AM -or's] fence

Nachbau <-[e]s, -ten> *m* ARCHIT, TECH replica, reproduction

nach|bauen *vt* ■**etw ~** to build a copy of sth

nach|bearbeiten* *vt* ■**etw ~** to finish off sth *sep*, to rework sth

Nachbeben *nt* GEOL aftershock

nach|behandeln* *vt* ❶ (*im Anschluss behandeln*) ■**etw [mit etw] ~** to give sth follow-up treatment [with sth] ❷ MED ■**jdn/etw ~** to give sb/sth follow-up treatment

Nachbehandlung *f* ❶ (*zusätzliche Behandlung*) follow-up treatment *no pl* ❷ MED follow-up treatment *no pl*

Nachbelichten <-s> *nt kein pl* FOTO post-exposing

nach|bereiten* *vt* ■**etw ~** to go through [*or* over] sth again

nach|bessern I. *vt* ■**etw ~** to retouch sth; **ein Produkt ~** to make improvements to a product; **einen Vertrag ~** to amend a contract II. *vi* to make improvements

Nachbesserung <-, -en> *f* improvement, repair

N

Nachbesserungsanspruch *m* HANDEL liability to remedy a defect **Nachbesserungsarbeit** *f* BAU spot repair **Nachbesserungsfrist** *f* HANDEL period for remedying defects **Nachbesserungskosten** *pl* JUR rework expenses *pl* **Nachbesserungspflicht** *f* HANDEL obligation to remedy defects **Nachbesserungsrecht** *nt* HANDEL contractor's right to be given the opportunity to remedy facts

nach|bestellen* *vt* ■**etw** ~ to reorder [*or* order some more of] sth

Nachbestellung *f* (*weitere Bestellung*) repeat order; (*nachträgliche Bestellung*) late order; HANDEL supplementary [*or* replenishment] order

nach|beten *vt* (*pej fam*) ■[**jdm**] **etw** ~ to parrot sth [sb says] *pej,* BRIT *a.* to repeat sth [sb says] parrot-fashion

nach|bezahlen* *vt* ■**etw** ~ to pay sth later [*or* in arrears], to pay the rest for sth; **Steuern** ~ to pay back-tax

nach|bilden *vt* ■**etw** [**etw** *dat*] ~ to reproduce sth [from sth], to model sth on sth; **etw aus dem Gedächtnis** ~ to copy sth from memory

Nachbildung *f* reproduction; (*exakt*) copy

nach|blicken *vi* (*geh*) ■**jdm/etw** ~ to follow sb/sth with one's eyes, to watch sb/sth

Nachblutung *f* secondary haemorrhage [*or* AM hemorrhage] [*or no art, no pl* bleeding]

nach|bohren I. *vt* **ein Loch** ~ to re-drill [*or sep* drill out] a hole II. *vi* (*fam*) ■[**bei jdm**] ~ to probe [sb on a/the matter]

Nachbörse *f* BÖRSE after-hours dealing

nachbörslich *adj inv* BÖRSE after-hours; **~e Kurse** kerb prices

Nachbrust *f* KOCHK brisket

Nachbürge, bürgin *m, f* JUR collateral [*or* additional] guarantor

Nachbürgschaft *f* JUR collateral [*or* additional] guarantee

nachdatieren* *vt* ❶ (*auf einen Brief, ein Schriftstück o. ä. ein früheres, zurückliegendes Datum schreiben*) ■**etw** ~ to backdate [*or* predate] [*or* antedate] sth ❷ (*selten:* [*auf einen Brief, ein Schriftstück o. ä.*] *nachträglich das richtige Datum schreiben*) ■**etw** ~ to backdate sth

nachdem *konj* ❶ *temporal* after; ***eine Minute ~ du angerufen hattest, …*** one minute after you [had] called, … ❷ *kausal* (*da*) since, seeing that; ~ ***wir uns also einig sind, …*** since [*or* seeing that] we agree, …

nach|denken *vi irreg* ❶ (*überlegen*) ■[**über etw** *akk*] ~ to think [about sth]; ***denk doch mal nach!*** think about it!; (*mahnend*) use your head [*or* brain][, will you]! ❷ (*sich Gedanken machen*) ■[**über jdn/etw**] ~ to think [about sb/sth]; **laut** ~ to think out loud

Nachdenken *nt* thought *no art, no pl,* reflection *no art, no pl,* thinking *no art, no pl;* ***bitte störe mich jetzt nicht beim ~!*** please don't disturb me while I'm thinking!; **zum** ~ **kommen** to find time to think

nachdenklich *adj* ❶ (*etwas überlegend*) pensive, thoughtful ❷ (*zum Nachdenken neigend*) pensive, thoughtful; **jdn** ~ **machen** [*o geh* **stimmen**] to set sb thinking, to make sb think; ~ **gestimmt sein** to be in a thoughtful [*or* pensive] mood ❸ (*viel nachdenkend*) thoughtful, pensive

Nachdenklichkeit <-> *f kein pl* pensiveness *no art, no pl,* thoughfulness *no art, no pl*

nach|dichten *vt* ■**etw** ~ to give a free rendering of sth

Nachdichtung *f* free rendering

nach|drängen *vi sein* ■[**jdm**] ~ to push [sb] from behind; *Menge a.* to throng after sb

Nachdruck[1] *m kein pl* stress *no pl,* emphasis *no pl;* [**besonderen**] ~ **auf etw** *akk* **legen** to place [special] emphasis on sth; [**besonderen**] ~ **darauf legen, dass …** to place [special] emphasis on the fact [*or* stress [*or* emphasize] [particularly]] that …; **mit** [**allem**] ~ with vigour [*or* AM -or]; **etw mit** ~ **sagen** to say sth emphatically; **etw mit** ~ **verweigern** to flatly refuse sth

Nachdruck[2] <-[e]s, -e> *m* VERLAG ❶ (*nachgedrucktes Werk*) reprint; **unerlaubter** ~ unauthorized reprint ❷ *kein pl* (*das Nachdrucken*) reprinting *no art, no pl;* ***der ~*** [***des Artikels***] ***ist nur mit Genehmigung des Verlages gestattet*** no part of this article may be reproduced without the prior permission of the publisher

nach|drucken *vt* VERLAG ❶ (*abermals drucken*) ■**etw** [**unverändert**] ~ to reprint sth ❷ (*abdrucken*) ■**etw** ~ to reproduce sth

nachdrücklich I. *adj* insistent; **eine ~e Warnung** a firm warning II. *adv* insistently, firmly

Nachdrücklichkeit <-> *f kein pl* insistence *no art, no pl,* firmness *no art, no pl;* **in aller** ~ strongly

nach|dunkeln *vi sein* to darken

Nachdurst *m* (*nach übermäßigem Alkoholgenuss*) dehydration; ~ **haben** to be dehydrated

Nacheid *m* JUR oath after statement

nach|eifern *vi* (*geh*) ■**jdm** [**in etw** *dat*] ~ to emulate sb [in sth]

Nacheile *f kein pl* JUR pursuit

nach|eilen *vi sein* ■**jdm** ~ to hurry after sb

nacheinander *adv* one after another [*or* the other]; **kurz/schnell** ~ in quick/rapid succession

nach|empfinden* *vt irreg* ❶ (*mitfühlen*) ■[**jdm**] **etw** ~ **können** to be able to sympathize with sb's sth; ***ich kann Ihnen Ihre Erregung lebhaft ~*** I can understand how irritated you must have been; ■**jdm** ~ **können, dass/wie er/sie …** to be able to understand that/how sb …; ***vielleicht kannst du mir jetzt ~, wie ich mich fühle*** perhaps now you can understand how I feel ❷ KUNST, LIT (*nach einer Anregung gestalten*) ■**jdm/einer S. etw** ~ to adapt sth from sb/sth

Nachen <-s, -> *m* (*liter*) barque *poet*

Nacherbe, -in *m, f* JUR reversionary heir **Nacherbfolge** *f* JUR reversionary succession **Nacherbschaft** *f* JUR estate in expectancy **Nacherfüllung** *f* JUR subsequent performance **Nacherhebung** *f* FIN additional assessment

nach|erzählen* *vt* ■**etw** ~ to retell sth

Nacherzählung *f* SCH account; (*geschrieben a.*) written account (*of something heard/read*)

Nachf. *Abk von* **Nachfolger**

Nachfahr(in) <-en *o* -s, -en> *m(f)* (*geh*) *s.* **Nachkomme**

nach|fahren *vi irreg sein* ❶ (*hinterherfahren*) ■**jdm** ~ to follow sb ❷ (*im nachhinein folgen*) ■**jdm** [**irgendwohin**] ~ to follow sb on [somewhere]

nach|fassen I. *vi* ❶ (*fam: nachbohren*) ■[**bei jdm/in etw** *dat*] ~ to probe sb/into sth, to probe [*or* dig] a little deeper [into sb/sth] ❷ SPORT (*noch einmal zugreifen*) to regain one's grip ❸ (*Nachschlag holen*) to have a second helping II. *vt* ■**etw** ~ to have a second helping of sth

Nachfeier *f* belated celebration

nach|feiern *vt* ■**etw** ~ to celebrate sth later

Nachfeststellung *f* FIN subsequent assessment

Nachfolge *f kein pl* succession; ■**die/jds** ~ [**in etw** *dat*] the/sb's succession [in sth]; **jds** ~ **antreten** to succeed sb

Nachfolgefirma *f,* **Nachfolgegesellschaft** *f* HANDEL successor company **Nachfolgehaftung** *f* JUR secondary liability **Nachfolgeindustrie** *f* ÖKON successor industry **Nachfolgekandidat(in)** *m(f)* candidate for succession **Nachfolgemodell** *nt* follow-up [*or* successor] model

nach|folgen *vi sein* (*geh*) ❶ (*Nachfolger werden*) ■**jdm** [**in etw** *dat*] ~ to succeed sb [in sth]; **jdm im Amt** ~ to succeed sb in office ❷ (*folgen*) ■**jdm/etw** ~ to follow sb/sth

nachfolgend *adj* (*geh*) following; ■**~es,** ■**das N~e** the following; **im N~en** in the following

Nachfolgeorganisation *f* successor organization **Nachfolgepartei** *f* successor party

Nachfolger(in) <-s, -> *m(f)* successor

Nachfolgestaaten *pl* POL succession states **Nachfolgesystem** *nt* TECH follow-up [*or* successor] system **Nachfolgetreffen** *nt* follow-up meeting **Nachfolgeversion** *f* follow-up [*or* successor] version

nach|fordern *vt* ■**etw** ~ to put in *sep* an additional [*or* another] demand for sth

Nachforderung *f* additional [*or* subsequent] demand; **~en erheben** [*o* **geltend machen**] to make an additional demand/additional demands

Nachforderungsbescheid *m* FIN (*Steuern*) notice of deficiency **Nachforderungsklage** *f* JUR action for further payment **Nachforderungsrecht** *nt* HANDEL law on supplementary claims

nach|forschen *vi* ■[**in etw** *dat*] ~ to [try and] find out [more] [about sth], to make [further] enquiries [*or* inquiries] [about sth]; ***nachdem man in der Sache weiter nachgeforscht hatte, …*** after further enquiries had been made into the matter, …; ■**~, ob/wann/wie/wo …** to find out whether/when/how/where …

Nachforschung *f* enquiry, inquiry; (*polizeilich*) investigation; [**in etw** *dat*] **~en anstellen** [*o* **betreiben**] to make enquiries/carry out investigations [into sth]

Nachfrage *f* ❶ ÖKON demand (**nach** +*dat* for sth); ■~ **von etw für etw** sth's demand for sth; **eine große/größere/steigende** ~ a great/greater/growing demand; **schleppende** ~ slack demand; **die** ~ **ausweiten/befriedigen** to step up/satisfy demand; **für etw** ~ **schaffen** to create a demand for sth; *s. a.* **Angebot** ❷ (*Erkundigung*) enquiry, inquiry; ***danke der ~!*** nice of you to ask!

Nachfragebelebung *f* ÖKON revival of demand **Nachfrageentwicklung** *f* ÖKON trend of the market **nachfrageerhöhend** *adj inv* ÖKON demand-boosting *attr;* **~e Maßnahme** action to step up demand **Nachfrageermächtigung** *f* JUR inquirendo **Nachfrageexpansion** *f* ÖKON expansion of demand **Nachfrageimpulse** *pl* ÖKON stimulation *no pl* of demand **Nachfragemonopol** *nt* ÖKON monopsony

nach|fragen *vi* ■[**bei jdm**] ~ to ask [sb], to enquire, to inquire

Nachfragerückgang *m* ÖKON fall [*or* drop] [*or* decline] in demand **Nachfrageschwäche** *f* ÖKON softness in demand **Nachfragesog** *m* ÖKON pressure of demand **nachfragesteigernd** *adj* HANDEL demand-boosting **Nachfragestütze** *f* ÖKON backing behind demand **Nachfrageüberhang** *m* excess demand

Nachfrist *f* extended deadline, extension; JUR additional period of time, period of grace; **angemessene** ~ adequate additional time; **eine** ~ **gewähren** to extend the original term; **jdm eine** ~ **setzen** to extend sb's deadline; JUR to grant a respite

Nachfristsetzung *f* JUR granting an additional respite

nach|fühlen *vt* ■[**jdm**] **etw** ~ to understand how sb feels, to sympathize with sb; ***ich fühle dir das wohl nach*** I know how you must feel; ■**jdm** ~ **können, dass/wie er/sie …** to be able to understand that/how sb …; ***er wird mir sicher ~ können, dass/wie ich …*** he'll surely be able to understand that/how I …

nachfüllbar *adj inv* refillable

nach|füllen I. *vt* ❶ (*noch einmal füllen*) ■[**jdm**] **etw** ~ to refill sth [for sb]/sb's sth ❷ *s.* **nachgießen** II. *vi* ■[**jdm**] ~ to top up [*or* AM off] sb *sep fam;* ***darf ich Ihnen noch ~?*** can I top you up? *fam,* would you like a top-up?

Nachfüllpack <-s, -s> *m* ÖKON *s.* **Nachfüllpackung**

Nachfüllpatrone *f* refilling cartridge

Nachgeben *nt kein pl* FIN decline; ~ **der Kurse/der Zinsen** decline in prices/interest rates

nach|geben *irreg* I. *vi* ❶ (*einlenken*) ■[**jdm/etw**] ~ to give way [*or* in] [to sb/sth] ❷ (*zurückweichen*) to give way ❸ *Aktien* to drop, to fall II. *vt* ■**jdm etw** ~ to give sb some more [*or* another helping] of sth

nachgebend *adj inv, attr* BÖRSE yielding; **eine ~e Tendenz aufweisen** to exhibit a softening tendency

Nachgeborenen *pl dekl wie adj* SOZIOL *(geh)* future generations *pl*
Nachgebühr *f* excess postage *no pl*
Nachgeburt *f* ① *(ausgestoßene Plazenta)* afterbirth *no pl* ② *kein pl (Vorgang der Ausstoßung)* expulsion of the afterbirth
nach|gehen *vi irreg sein* ① *(hinterhergehen)* ■**jdm** ~ to follow [*or* go after] sb ② *Uhr* to be slow; ***meine Uhr geht zehn Minuten nach*** my watch is ten minutes slow ③ *(zu ergründen suchen)* ■**etw** *dat* ~ to look into [*or* investigate] sth ④ *(form: ausüben)* ■**etw** *dat* ~ to practise [*or* AM -ice] sth; **seinen eigenen Interessen** ~ to pursue one's own interests
nachgelassen *adj* LIT left behind unpublished *pred; (posthum veröffentlicht)* posthumously published *pred form*
nachgemacht *adj inv* imitation; ~**es Geld** counterfeit money; ■~ **sein** to be imitation [*or* a counterfeit]
Nachgenehmigung *f* JUR subsequent permit
nachgeordnet *adj inv* ÖKON subordinate; ~**e Marktsegmente** subordinate market segments
nachgerade *adv (geh)* ① *(beinahe)* practically, virtually ② *(nach wie vor)* still
Nachgeschmack *m* aftertaste; **einen bitteren/süßen** ~ **haben** to have a bitter/sweet aftertaste; [**bei jdm**] **einen bitteren** [*o* **unangenehmen**] [*o* **üblen**] ~ **hinterlassen** to leave a nasty taste [in sb's mouth]
nachgewiesenermaßen *adv inv* as has been proved [*or* shown]; ***der Fahrer, der den Unfall verursachte, war*** ~ ***volltrunken*** as has been proved [*or* shown], the driver who caused the accident was blind drunk
nachgiebig *adj* ① *(leicht nachgebend)* soft, accommodating, compliant *form;* ■[**jdm gegenüber**] [**zu**] ~ **sein** to be [too] soft [on sb] ② *(auf Druck nachgebend)* pliable, yielding *attr;* ***diese Matratze ist überall sehr*** ~ this mattress gives all over
Nachgiebigkeit <-> *f kein pl* ① *von Wesenart* softness *no art, no pl,* accommodating nature ② *von Konsistenz* pliability *no art, no pl,* softness *no art, no pl*
nach|gießen *irreg* **I.** *vt* ■[**jdm**] **etw** ~ to give sb some more of sth, to top up [*or* AM off] *sep* sb's glass [*or fam* sb] **II.** *vi* ■[**jdm**] ~ to top up [*or* AM off] sb *sep fam;* ***darf ich ~?*** would you like some more?
Nachgirant(in) *m(f)* FIN post-maturity endorser
nach|grübeln *vi* ■[**über etw** *akk*] ~ to think [about sth], to ponder [on sth] *form;* ■**das N**~ thinking, pondering *form;* ***N~ wäre nur verschenkte Zeit*** don't waste your time thinking about [*or form* pondering on] it
nach|gucken *vi (fam)* ■[**in etw** *dat*] ~ to [take a] look [in sth]
nach|haken *vi (fam)* ■[**bei jdm**] [**mit etw**] ~ to probe sb with sth, to dig deeper [with sth]
Nachhall *m* echo
nach|hallen *vi Schlussakkord* to reverberate; ***seine Worte hallten lange in ihr nach*** *(fig)* his words went round and round in her head
nachhaltig **I.** *adj* lasting, sustained; ~**e Entwicklung** sustainable development **II.** *adv* **jdn** ~ **beeindrucken/beeinflussen** to leave a lasting impression/have a lasting influence on sb; **sich** ~ **verbessern** to make a lasting improvement
Nachhaltigkeit <-> *f kein pl* ① *(längere Zeit anhaltende Wirkung)* lastingness *no pl;* ***manchmal ist ein Glas zuviel von großer*** ~ sometimes one glass too many can have a very long-lasting [after-]effect ② FORST *(dauernde Nutzung einer Fläche zur Holzproduktion)* sustentation *no pl*
nach|hängen *vi irreg* ① *(sich überlassen)* ■**etw** *dat* ~ to lose oneself in [*or* abandon oneself to] sth ② *(anhaften)* ■**jdm hängt etw nach** sth is attached to sb; ***ihm hängt der Geruch nach, dass ...*** there's a rumour attached to him that ...
Nachhauseweg *m* way home; **auf dem/jds** ~ on the/sb's way home
nach|helfen *vi irreg* ① *(zusätzlich beeinflussen)* ■**etw** *dat* ~ to help along sth *sep;* ■**mit etw** ~ to help things along [*or* give a helping hand] with sth; ~**, dass etw passiert** to help make sth happen ② *(auf die Sprünge helfen)* ■**jdm/etw** ~ to give sb/sth a helping hand
nachher *adv* ① *(danach)* afterwards ② *(irgendwann später)* later; ***bis ~!*** see you later! ③ *(fam: womöglich)* possibly; ~ ***behauptet er noch, dass ...*** he might just claim [that] ...
Nachhilfe *f* extra help *no art, no pl,* private tuition [*or* AM *usu* tutoring] [*or* coaching] *no art, no pl;* [**von jdm**] ~ [**in etw** *dat*] **bekommen** to receive [*or* get] private tuition [from sb] [in sth]; [**jdm**] ~ [**in etw** *dat*] **geben** to give [sb] private tuition [in sth]
Nachhilfelehrer(in) *m(f)* private tutor **Nachhilfestunde** *f* private lesson [*or* coaching *no art, no pl*]; [**von jdm**] ~**n** [**in etw** *dat*] **bekommen** to receive [*or* get] private lessons [from sb] [in sth]; [**jdm**] ~**n** [**in etw** *dat*] **geben** to give [sb] private lessons [in sth] **Nachhilfeunterricht** *m* private coaching [*or* tuition] [*or* AM *usu* tutoring] *no art, no pl*
nachhinein *adv* **im N**~ looking back, in retrospect; *(nachträglich)* afterwards
nach|hinken *vi sein (fam)* ■[**hinter jdm/etw**] ~ to lag behind [sb/sth]
Nachholbedarf *m* additional requirements *pl;* ■**der/jds** ~ **an etw** *dat* the/sb's additional requirements of sth; **jds** ~ [**an etw** *dat*] **gedeckt sein** to have had one's fill [of sb's sth]; **einen** [**großen**] ~ [**an/auf etw** *dat*] **haben** to have a lot to catch up on [in the way of sth]
nach|holen *vt* ① *(aufholen)* ■**etw** ~ to make up for sth ② *(nachkommen lassen)* ■**jdn** ~ to let sb [*or* get sb to] join one
Nachhut <-, -en> *f* MIL rearguard BRIT, rear guard AM; **bei der** ~ in the rearguard
Nachindossament *nt* JUR post-maturity endorsement
nach|jagen *vi sein* ① *(zu erreichen trachten)* ■**etw** *dat* ~ to pursue [*or* chase after] sth ② *(eilends hinterherlaufen)* ■**jdm** ~ to chase after sb
Nachkalkulation *f* cost control, job costing
nach|kaufen *vt* ■**etw** ~ to buy sth later [*or* at a later date]; ***alle Teile können jederzeit nachgekauft werden*** all parts are available for purchase at all times
Nachkaufgarantie *f* availability guarantee
Nachklang *m* ongoing sound; *(Echo)* echo
nachklassisch *adj* post-classical
nach|klingen *vi irreg sein* ① *(weiterklingen)* to go on sounding, to linger ② *(als Eindruck zurückbleiben)* ■**in jdm** ~ to linger [*or* stay] with sb
Nachkomme <-n, -n> *m* descendant
nach|kommen *vi irreg sein* ① *(danach folgen)* to follow on; ■**jdn** ~ **lassen** to let sb join one later; **sein Gepäck** ~ **lassen** to have [*or* get] one's luggage sent on ② *(Schritt halten)* to keep up ③ *(mithalten)* ■[**mit etw**] ~ to keep up [with sth] ④ *(erfüllen)* ■**etw** *dat* ~ to fulfil [*or* AM *usu* -ll] sth; **einer Anordnung/Pflicht** ~ to carry out an order/a duty *sep;* **einer Forderung** ~ to meet [with] a demand ⑤ *(als Konsequenz folgen)* to follow as a consequence ⑥ SCHWEIZ *(verstehen)* to follow, to get it; ■~**, was ...** to understand [*or* get] what ...
Nachkommenschaft <-, -en> *f (geh)* descendants *pl;* **seine zahlreiche** ~ one's numerous progeny + *sing/pl vb form*
Nachkömmling <-s, -e> *m (Nachzügler)* latecomer, late arrival; *(Kind)* afterthought *hum; (Nachkomme)* descendant
nach|kontrollieren* *vt* ■**etw** [**auf etw** *akk*] ~ to check over sth *sep* [for sth]; ■~**, ob/wann/wie ...** to check whether/when/how ...
nach|korrigieren* *vt* ■**etw** ~ to re-correct sth; **einen Aufsatz** ~ to go over an essay again
Nachkriegsdeutschland *nt* POL *(hist)* post-war Germany **Nachkriegsgeneration** *f* post-war generation **Nachkriegsgeschichte** *f* postwar history **Nachkriegshöchststand** *m* ÖKON postwar peak **Nachkriegsjahre** *pl* postwar years *pl* **Nachkriegszeit** *f* post-war period
Nachkur *f* MED after-treatment *no pl,* follow-up cure
nach|laden *irreg* **I.** *vt* ■**etw** ~ to reload sth; ■**das N**~ [**einer S.** *gen* [*o* **von etw** *dat*]] reloading [sth] **II.** *vi* to reload
Nachlass[RR] <-es, -e *o* -lässe> *m,* **Nachlaß** <-lasses, -lasse *o* -lässe> *m* ① *(hinterlassene Werke)* unpublished works *npl* ② *(hinterlassener Besitz)* estate; ***der ~ fällt an die gesetzlichen Erben*** property goes by intestacy; ***der ~ geht über auf ...*** the estate devolves upon ...; **erbenloser** ~ estate without any heirs, vacant succession; **überschuldeter** ~ insolvent estate; **den** ~ **eröffnen** to read the will; **den** ~ **ordnen/verwalten** to organize/administer the estate ③ *(Preis~)* reduction, discount; ■**ein** ~ [**von etw** *dat*] [**auf etw** *akk*] a discount [*or* reduction] [of sth] [on sth] ④ JUR *(Erlass von Steuern* [tax] abatement; *einer Strafe* [sentence] remission
Nachlassabwicklung[RR] *f* JUR administration of an estate **Nachlassauseinandersetzung**[RR] *f* JUR distribution of an estate
Nachlassen *nt kein pl* ÖKON slowdown; ~ **der Hochkonjunktur** ebbing wave of prosperity
nach|lassen *irreg* **I.** *vi* ① *(schwächer werden)* to decrease, to diminish; ***sobald die Kälte etwas nachlässt, ...*** as soon as it gets a little warmer ...; *Druck, Schmerz* to ease off [*or* up]; *Gehör, Sehkraft* to deteriorate; *Interesse* to flag, to wane; *Nachfrage* to drop [off], to fall; *Sturm* to die down, to abate ② *(in der Leistung schlechter werden)* to deteriorate in one's performance, to be slacking off; ***mit der Zeit ließ er* [*in seiner Leistung*] *nach*** as time went on his performance deteriorated ③ *(aufhören)* ■~**, etw zu tun** to stop doing sth; **nicht** ~**!** keep it up! **II.** *vt* ■[**jdm**] **etw** [**von etw**] ~ to knock sth off [sth] [for sb] *fam;* [**jdm**] **10% vom Preis** ~ to give [sb] a 10% rebate [*or* discount]
nachlassend *adj inv* ÖKON declining, slackening; ~**e Investitionstätigkeit** slowdown in investments
Nachlassforderung[RR] *f* JUR claim by the estate **Nachlassgegenstand** *m* JUR estate asset **Nachlassgericht**[RR] *nt* JUR probate [*or* AM surrogate's] court **Nachlassgläubiger(in)**[RR] *m(f)* JUR creditor of the estate **Nachlasshaftung** *f* JUR liability of the estate assets
nachlässig **I.** *adj* ① *(unsorgfältig)* careless; **eine** ~**e Person** a careless [*or* negligent] person; ~**e Arbeit** slipshod work *pej;* ■**etw ist/wird** ~ sth is slack/slacking ② *(schlampig)* careless, sloppy *pej* **II.** *adv* ① *(unsorgfältig)* carelessly, negligently ② *(schlampig)* carelessly, sloppily *pej*
Nachlässigkeit <-, -en> *f* ① *kein pl (nachlässige Art)* carelessness *no art, no pl* ② *(nachlässige Handlung)* negligence *no art, no pl;* **eine grobe** ~ [an instance of] gross negligence
Nachlassinventar[RR] *nt* JUR inventory of the estate **Nachlasskonkurs**[RR] *m* JUR bankruptcy of an estate, administration of an insolvent estate **Nachlasspfleger(in)**[RR] *m(f)* JUR curator of the estate **Nachlasspflegschaft** *f* JUR provisional administration of estate **Nachlasssache**[RR] *f* JUR probate matter, matter of the estate **Nachlassschulden** *pl* JUR debts *pl* of the estate **Nachlassspaltung**[RR] *f* JUR division [*or* partition] of an estate **Nachlasssteuer**[RR] *pl* JUR inheritance tax, AM succession duty **Nachlassverbindlichkeiten**[RR] *pl* JUR liabilities arising from inheritance **Nachlassverfahren**[RR] *nt* JUR probate proceedings *pl* **Nachlassvermögen** *nt* JUR assets *pl* of a deceased person **Nachlassverwalter**[RR]**(in)** *m(f)* JUR estate executor [*or* administrator], personal representative **Nachlassverwaltung**[RR] *f* JUR administration of an estate; **die** ~ **ausschlagen** to renounce probate; **etw in** ~ **geben** to commit sth into administration **Nachlassverwaltungsklage**[RR] *f* JUR administrative action **Nachlassverzeichnis** *nt* JUR estate inventory
nach|laufen *vi irreg sein* ① *(hinterherlaufen)* ■**jdm** ~ to run after sb ② *(umwerben)* ■**jdm** ~ to run after sb ③ *(zu erreichen trachten)* ■**etw** *dat* ~ to run after [*or* chase [after]] sth

nach|legen I. *vt* ❶ (*zusätzlich auflegen*) **Holz/Kohle/Scheite** to put some more wood/coal/logs on [the fire] ❷ (*zusätzlich auf den Teller geben*) ■ **[jdm/sich] etw** ~ to give [*or* get] [sb/oneself] a second helping [of sth] II. *vi* (*fam*) to do/say more; ***„damit ist aber nicht alles gesagt," legte er nach*** "I haven't yet had the last word on this," he added

Nachleistung *f* subsequent [*or* additional] performance

Nachlese *f* ❶ AGR second harvest ❷ MEDIA, TV (*ausgewählter Nachtrag*) ■ **eine ~ aus etw** selected postscripts from sth

nach|lesen *vt irreg* ■ **etw [irgendwo]** ~ to read up on sth [somewhere]

Nachlieferfrist *f* HANDEL deadline for delayed delivery

nach|liefern *vt* ■ **[jdm] etw** ~ ❶ (*später liefern*) to deliver sth [to sb] at a later date ❷ (*später abgeben*) to hand in sth *sep* [to sb] at a later date

Nachlieferung *f* ❶ (*nachträgliche Lieferung*) delivery ❷ (*nachträglich gelieferter Artikel*) delivery

nach|lizenzieren* *vt* ■ **etw** ~ to license sth subsequently [*or* later]

Nachlizenzierung <-, -en> *f* subsequent [*or* later] licensing

Nachlösegebühr *f* TRANSP excess fare

nach|lösen I. *vt* **eine Fahrkarte/einen Zuschlag** ~ to buy a ticket/a supplement on the train II. *vi* ■ **[bei jdm]** ~ to pay [sb] on the train

nach|machen *vt* ❶ (*imitieren*) ■ **jdn/etw** ~ to imitate sb/sth, to impersonate sb ❷ (*nachahmen*) ■ **jdm etw** ~ to copy sth from sb; ***das soll mir erst mal einer ~!/ macht mir bestimmt keiner nach!*** I'd like to see anyone else do that! ❸ (*fälschen*) ■ **etw** ~ to forge sth; **Geld** ~ to forge [*or* counterfeit] money ❹ (*fam: nachträglich anfertigen*) ■ **etw** ~ to make up sth *sep*

Nachmann *m* FIN subsequent endorser [*or* holder]

nach|messen *irreg* I. *vt* ■ **etw [mit etw]** ~ to measure sth again [with sth] II. *vi* ■ **[mit etw]** ~ to check [with sth]; ■ **das N~** checking; ***der Fehler ist mir erst beim N~ aufgefallen*** I only noticed the mistake whilst checking through

Nachmieter(in) *m(f)* next tenant *no indef art;* ■ **jds** ~ the tenant after sb; ***sie ist meine ~in*** she moved in when/after I moved out

nachmittag *adv s.* **Nachmittag**

Nachmittag *m* afternoon; **am/bis zum [frühen/späten]** ~ in the/until the [early/late] afternoon; ***im Laufe des ~s*** during [the course of] the afternoon

nachmittäglich *adj attr* afternoon *attr;* ***die ~ stattfindenden Seminare*** the afternoon seminars

nachmittags *adv* ❶ (*am Nachmittag*) in the afternoon ❷ (*jeden Nachmittag*) in the afternoons

Nachmittagsschläfchen *nt* afternoon nap **Nachmittagsunterricht** *m* afternoon lessons *pl* **Nachmittagsvorstellung** *f* afternoon showing, matinée [performance]

Nachnahme <-, -n> *f* cash [*or* AM *a.* collect] *no art, no pl* on delivery [*or* COD] *no art, no pl;* **gegen ~ liefern** to send cash-on-delivery; **etw als [*o* per] ~ schicken [*o* senden]** to send sth COD

Nachnahmegebühr *f* COD charge **Nachnahmesendung** *f* (*form*) registered COD consignment *form,* COD parcel

Nachname *m* surname, family [*or* BRIT *a.* second] [*or* AM *a.* last] name; ***wie hießen Sie mit ~n?*** what's your surname?

Nachnutzer(in) *m(f) einer Liegenschaft* new [*or* next] tenant, person moving in (*after a building has been vacated*)

nach|plappern *vt* (*fam*) ■ **[jdm] etw** ~ to parrot sth [sb says] *pej,* BRIT *a.* to repeat sth [sb says] parrot-fashion

Nachporto *nt s.* **Nachgebühr**

nachprüfbar *adj* verifiable; ■ **etw ist** ~ sth is verifiable [*or* can be verified [*or* checked]]

Nachprüfbarkeit <-> *f kein pl* verifiability *no art, no pl*

nach|prüfen I. *vt* ❶ (*etw überprüfen*) ■ **etw** ~ to verify [*or* check up on] sth ❷ SCH (*nachträglich prüfen*) ■ **jdn** ~ to examine sb at a later date; (*nochmals prüfen*) to re-examine sb II. *vi* ■ **~, ob/wann/wie ...** to verify [*or* check] whether/when/how ...

Nachprüfung *f* ❶ (*das Nachprüfen*) verification; ■ **die/eine ~ [einer S.** *gen*] the/a verification [of sth], verifying [sth]; ~ **der Richtigkeit der Angaben** verification of the accuracy of the particulars; ***die ~ der Daten dauert eine Weile*** it will take some time to verify the data ❷ SCH (*nachträgliche Prüfung*) resit BRIT, re-examination AM

Nachprüfungsrecht *nt* right of review; ~ **der Kommission** right of review of the commission **Nachprüfungsverfahren** *nt* review procedure

nachrangig *adj inv* FIN inferior; **~e Darlehensmittel** secondary loan funds

nach|rechnen I. *vi* to check again; ***wir müssen noch einmal ~*** we'll have to do our sums again *hum;* ■ **~, dass/ob ...** to check that/whether ... II. *vt* ■ **etw [noch einmal]** ~ to check sth [again]

Nachrede *f* JUR **üble** ~ defamation [of character] *form,* slander; **üble ~ [über jdn] verbreiten** to spread slander [about sb]

nach|reden *vt* ❶ (*wiederholen*) ■ **etw** ~ to repeat sth ❷ (*nachsagen*) ■ **jdm etw** ~ to say sth [of sb]; **jdm übel** ~ to speak ill of sb

nach|reichen *vt* ■ **[jdm] etw** ~ to hand sth [to sb] later

nach|reisen *vi sein* ■ **jdm [irgendwohin]** ~ to join [*or* follow] sb [somewhere]

nach|reiten *vi irreg sein* ■ **jdm/etw** ~ to ride after sb/sth

Nachricht <-, -en> *f* ❶ MEDIA news *no indef art,* + *sing vb;* ■ **eine** ~ a news item; ■ **die ~en** the news + *sing vb* ❷ (*Mitteilung*) news *no indef art,* + *sing vb;* ■ **eine** ~ some news + *sing vb,* a piece of news; **jdm ~ geben** to let sb know; ***geben Sie uns bitte ~, wenn ...*** please let us know when ...

Nachrichtenagentur *f* news agency **Nachrichtenangebot** *nt* INET range of news services and stories **Nachrichtendienst** *m* ❶ (*Geheimdienst*) intelligence *no art, no pl* [service] ❷ *s.* Nachrichtenagentur **nachrichtendienstlich** *adj inv, attr* intelligence [service] *attr* **Nachrichtenforum** *nt* INFORM news group **Nachrichtenkanal** *m* news channel

nachrichtenlos *adj inv* **~es Konto** long-dormant [bank] account (*of possible Holocaust victim*)

Nachrichtenmagazin *nt* news magazine **Nachrichtensatellit** *m* TELEK communications satellite **Nachrichtensendung** *f* MEDIA news broadcast, newscast **Nachrichtensperre** *f* news embargo [*or* blackout]; **eine ~ verhängen** to order a news embargo; (*als feindlicher Akt*) to gag the press **Nachrichtensprecher(in)** *m(f)* newscaster, BRIT *a.* newsreader **Nachrichtentechnik** *f* telecommunications + *sing vb* **Nachrichtenübermittlung** *f* TELEK communication; **elektronische** ~ electronic mail **Nachrichtenwesen** *nt* communications *pl*

nach|rücken *vi sein* ❶ (*jds Posten übernehmen*) to succeed sb; POL *a.* to move up; **auf einen Posten** ~ to succeed to a post ❷ MIL (*folgen*) ■ **[jdm]** ~ to advance [on sb]

Nachrücker(in) <-s, -> *m(f)* POL successor

Nachruf *m* obituary, obit *fam*

nach|rufen *vt irreg* ■ **jdm etw** ~ to shout sth after sb; ■ **[jdm] ~, [dass] ...** to shout [to sb] that ...

Nachruhm *m* posthumous fame *no art, no pl form,* fame after death *no art, no pl*

Nachrüstbausatz *m* TECH add-on kit

nach|rüsten I. *vt* ■ **etw [mit etw]** ~ to update [*or* [re]fit] sth [with sth]; ***Sie können Ihr Auto mit einem Katalysator ~*** you can [re]fit your car with a catalytic converter; **einen Computer** ~ to upgrade a computer II. *vi* MIL to deploy new arms

Nachrüstung *f kein pl* ❶ TECH modernization, refit, installation ❷ MIL (*nachträgliche Aufrüstung*) deployment of new arms

nach|sagen *vt* ❶ (*von jdm behaupten*) ■ **jdm etw** ~ to say sth of sb; ***es wird ihr nachgesagt, dass sie eine bösartige Intrigantin sei*** they say [*or* it's said] that she is a nasty schemer; ***ich lasse mir von dieser Frau nicht ~, dass ich lüge*** I'm not having that woman say I'm a liar ❷ (*nachsprechen*) ■ **[jdm] etw** ~ to repeat sth [sb said]

Nachsaison [-zɛzõː, -zɛzɔŋ] *f* off-season

nach|salzen I. *vt* ■ **etw** ~ to add more salt to sth II. *vi* to add more salt

Nachsatz *m* afterthought; (*Nachschrift*) postscript

nach|sausen *vi sein* ■ **jdm/etw** ~ to rush after sb/sth

nach|schauen I. *vt* ■ **etw [in etw** *dat*] ~ to look up sth *sep* [in sth] II. *vi* ❶ (*nachschlagen*) ■ **[in etw** *dat*] ~ to [have [*or* take] a] look [in sth]; ■ **~, ob/wie ...** to [have a] look [*or* look up] whether/how ... ❷ (*nachsehen*) ■ **~[, ob ...]** to [have a] look [and see] [*or fam* have a look-see] [whether ...]

nach|schenken (*geh*) I. *vt* ■ **[jdm] etw** ~ to top up [*or* AM off] sb's glass [*or fam* sb] II. *vi* ■ **[jdm]** ~ to top up [*or* AM off] sb *sep fam;* ***darf ich ~?*** may I top you up? *fam* [*or* give you a refill]

nach|schicken *vt* ❶ (*nachsenden*) ■ **[jdm] etw** ~ to forward [*or sep* send on] sth [to sb], to forward sth [to sb] ❷ (*hinterdrein schicken*) ■ **jdm jdn** ~ to send sb after sb

nach|schieben *vt irreg* (*sl*) ■ **etw** ~ to follow up with sth; **eine Begründung/Erklärung** ~ to provide a reason/an explanation afterwards; **nachgeschobene Gründe** rationalizations

Nachschieben *nt kein pl* JUR later submission; ~ **von Gründen** subsequent submission of argument

nach|schießen *vt irreg* FIN (*fam*) ■ **etw** ~ to give sth additionally; *Geld* to pump additional cash into sth

Nachschlag *m von Essen* second helping

nach|schlagen *irreg* I. *vt* ■ **etw [in etw** *dat*] ~ to look up sth *sep* [in sth] II. *vi* ❶ *haben* (*nachlesen*) ■ **[in etw** *dat*] ~ to look it up [in sth], to consult sth ❷ *sein* (*geh: jdm ähneln*) ■ **jdm** ~ to take after sb

Nachschlagewerk *nt* reference book [*or* work]

nach|schleichen *vi irreg sein* ■ **jdm** ~ to creep [*or* sneak] after sb

nach|schleifen *vt irreg* **ein Messer** ~ to [re]sharpen [*or* [re]grind] a knife

nach|schleudern *vt* ■ **jdm etw** ~ to fling [*or* hurl] sth after sb

Nachschlüssel *m* duplicate key

Nachschlüsseldiebstahl *m* JUR theft by using false keys

nach|schmeißen *vt irreg* (*fam*) ■ **jdm etw** ~ to throw [*or* fling] sth after sb; **nachgeschmissen sein** to be a real bargain

nach|schnüffeln *vi* (*fam*) to poke [*or pej* sniff] around *fam;* ■ **jdm** ~ to spy on sb; ■ **in etw** *dat* ~ to poke [*or pej* sniff] around in sth *fam*

Nachschöpfung *f* re-creation

Nachschrift <-, -en> *f* ❶ (*Protokoll*) transcript ❷ (*Nachsatz*) *Brief* postscript, PS

Nachschub <-[e]s, Nachschübe> *m pl rare* ❶ MIL (*neues Material*) [new] supplies *npl,* reinforcements *npl;* ■ **der/jds ~ an etw** *dat* the/sb's supplies of sth; **beim ~ sein** to be in the supply troop ❷ (*fam: zusätzlich erbetene Verpflegung*) second helpings *pl*

Nachschubeinheit <-, -en> *f* MIL supply unit

Nachschusszahlung[RR] *f* FIN [share] additional cover [*or* payment]; **eine ~ fordern** to call for additional cover; **eine ~ leisten** to pay a margin

nach|schwatzen, nach|schwätzen *vt* SÜDD, ÖSTERR (*fam*) ■ **[jdm] etw** ~ to parrot sth [sb says/said]

nach|sehen *irreg* I. *vi* ❶ (*mit den Blicken folgen*) ■ **jdm/etw** ~ to follow sb/sth with one's eyes, to watch sb/sth; (*mit Bewunderung/Sehnsucht a.*) to gaze after sb/sth ❷ (*nachschlagen*) ■ **[in etw** *dat*] ~ to look it up [in sth], to consult sth ❸ (*hingehen und prüfen*) ■ **[irgendwo]** ~ to [have [*or* take] a] look [somewhere]; ■ **~, ob/wo ...** to [have a] look whether/where ... II. *vt* ❶ (*nachschlagen*) ■ **etw [in etw** *dat*] ~ to look up sth *sep* [in sth] ❷ (*kontrollieren*) ■ **etw** ~ to check sth; **etw auf Fehler hin** ~ to check sth for defects/errors ❸ (*geh: verzeihen*)

■ **jdm etw ~** to forgive sb for sth
Nachsehen <-s,> *nt kein pl* ▶ WENDUNGEN: **[bei/in etw** *dat***] das ~ haben** to be left standing [in sth]; (*leer ausgehen*) to be left empty-handed [in sth]; (*keine Chance haben*) to not get anywhere [*or* a look-in]
Nachsendeantrag *f* application to have one's mail forwarded
nach|senden *vt irreg* ■ **jdm etw ~** to forward [*or sep* send on] sth to sb; ■ **sich** *dat* **etw ~ lassen** to have sth forwarded to one['s new address]
nach|setzen *vi* (*geh*) ■ **jdm ~** to pursue sb
Nachsicht <-> *f kein pl* leniency *no art, no pl;* **[mehr] ~ üben** (*geh*) to be [more] lenient, to show [more] leniency; **mit [mehr] ~** with [more] leniency; **etw mit ~ betrachten** to view sth leniently; **ohne ~** without mercy
nachsichtig **I.** *adj* lenient; (*verzeihend*) merciful; ■ **[mit jdm] ~ sein** to be lenient [with sb] **II.** *adv* leniently/mercifully
Nachsichtwechsel *m* JUR after-sight bill
Nachsilbe *f* suffix
nach|singen *vt irreg* ■ **[jdm] etw ~** to sing sth after [sb]
nach|sinnen *vi irreg* ■ **[über etw** *akk***] ~** to ponder [over sth]
nach|sitzen *vi irreg* SCH ■ **~ müssen** to have detention; ■ **jdn ~ lassen** to give sb detention
Nachsommer *m* Indian summer
Nachsorge *f* aftercare *no pl*
Nachsorgeklinik *f* aftercare clinic
Nachspann <-s, -e> *m* FILM, TV credits *npl*
Nachspeise *f* dessert, BRIT *a.* sweet; ■ **als ~** for dessert
Nachspiel *nt* ① THEAT epilogue; MUS closing section ② (*nach Sex*) cuddling after sex ③ (*unangenehme Folgen*) consequences *pl*, repercussions *pl;* **ein ~ haben** to have consequences [*or* repercussions]
nach|spielen **I.** *vt* ■ **etw ~** to play sth **II.** *vi* ① (*akkompagnieren*) ■ **jdm [auf etw** *dat***] ~** to follow sb [on sth] ② SPORT to play extra time [*or* AM overtime]; **~ lassen** to allow extra time
nach|spionieren* *vi* (*fam*) ■ **jdm ~** to spy on sb
nach|sprechen *irreg* **I.** *vt* ■ **[jdm] etw ~** to repeat sth [after sb] **II.** *vi* ■ **jdm ~** to repeat after sb
nach|spülen *vi* (*fam*) ■ **[mit etw] ~** to wash it down [with sth] *fam;* **zum N~** to wash [*or* for washing] it down *fam*
nach|spüren *vi* ① (*erkundend nachgehen*) ■ **etw** *dat* **~** to look into sth; **einer Fährte ~** to follow a trail ② (*veraltend geh: auf der Jagd verfolgen*) ■ **jdm ~** to track [*or* hunt] down sb *sep;* **einem Tier ~** to track an animal
nächst *präp +dat* (*geh*) ■ **~ jdm** (*örtlich am nächsten*) beside [*or* next to] sb; (*außer*) apart [*or esp* AM aside] from sb
nächstbeste(r, s) *adj attr* ■ **der/die/das ~ ...** the first ... one/sb sees; ***die ~ Gelegenheit*** the first occasion that comes along, the next possible chance
nächste(r, s) *adj superl von* **nah(e)** ① *räumlich* (*zuerst folgend*) next; **im ~n Haus** next door; **beim ~n Halt** at the next stop; (*nächstgelegen*) nearest; **am ~n** closest, nearest ② (*nächststehend*) close; **~ Angehörige** close relatives ③ *temporal* (*darauffolgend*) next; **beim ~n Aufenthalt** on the next visit; **~ Ostern/~es Jahr** next Easter/year; **bis zum ~n Mal!** till the next time!; **am ~n Tag** the next day; **in den ~n Tagen** in the next few days; **in der ~n Woche** next week; **als N~s** next; **der N~, bitte!** next please!
Nächste(r) *f(m) dekl wie adj* neighbour [*or* AM -or]; ■ **jds ~r** sb's neighbour; **jeder ist sich selbst der ~** (*prov*) it's every man for himself[, and the Devil take the hindmost] *prov*
Nächste(s) *nt dekl wie adj* ■ **das ~, was ...** the first thing [that] ...
nach|stehen *vi irreg* **jdm an Intelligenz/Kraft etc. nicht ~** to be every bit as intelligent/strong as sb; ■ **jdm in nichts ~** to be sb's equal in every way
nachstehend **I.** *adj attr* following *attr;* ■ **das N~e,** ■ **~es** the following; **im N~en** below, in the following; ***im N~en „Kunde“ genannt*** here[in]after referred to as "Customer" *form* **II.** *adv* in the following, below; ***die Einzelheiten habe ich ~ erläutert*** I have explained the details as follows
nach|steigen *vi irreg sein* ■ **jdm ~** ① (*hinterhersteigen*) to climb after sb ② (*fam: umwerben*) to chase [after] sb
nachstellbar *adj inv* BAU adjustable
nach|stellen **I.** *vt* ① LING ■ **[etw** *dat***] nachgestellt werden** to be put after [sth]; ***im Französischen wird das Adjektiv [dem Substantiv] nachgestellt*** in French the adjective is placed after the noun; ■ **nachgestellt** postpositive *spec* ② TECH ■ **etw ~** (*neu einstellen*) to adjust sth; (*wieder einstellen*) to readjust sth; (*korrigieren*) to correct sth; **eine Uhr [um etw] ~** to put back a clock *sep* [by sth] ③ (*nachspielen*) ■ **etw ~** to reconstruct sth **II.** *vi* ■ **jdm ~** ① (*geh: verfolgen*) to follow sb ② (*umwerben*) to pester sb
Nachstellung <-, -en> *f* ① *kein pl* LING postposition ② TECH adjustment ③ *meist pl* (*geh: Verfolgung*) pursuit *no pl* ④ *meist pl* (*fam: Aufdringlichkeit*) [unwelcome] advances *pl*, pestering *no art, no pl*
Nächstenliebe *f* compassion *no art, no pl;* **~ üben** (*geh*) to love one's neighbour [*or* AM -or] [as oneself]
nächstens *adv* ① (*bald*) [some time] soon ② (*das nächste Mal*) [the] next time ③ (*fam: womöglich*) next, before long; ***~ wird noch behauptet, ich habe das Gegenteil gesagt*** next [*or* before long] they'll be claiming I said the opposite
Nachsteuer *f* FIN additional tax
nächstgelegen *adj attr* nearest **nächsthöher** *adj attr* next highest **nächstliegend** *adj attr* most plausible; ■ **das N~e** the most plausible thing [to do] **Nächstliegende** <-n> *nt kein pl* most obvious thing **nächstmöglich** *adj attr* ① *zeitlich* next possible *attr; Termin a.* earliest possible; **bei der ~en Gelegenheit** at the next opportunity ② *räumlich* next possible *attr*
nach|suchen *vi* ① (*durch Suchen nachsehen*) ■ **[in etw** *dat***] ~** to look [in sth] ② (*form: beantragen*) ■ **[bei jdm] um etw ~** to request sth [of sb] [*or* sb for sth], to apply [to sb] for sth
Nacht <-, Nächte> *f* night; ■ **~ sein/werden** to be/get dark; **ganze Nächte** for nights [on end]; **bis weit in die ~** far into the night; ***ich habe gestern bis weit in die ~ gearbeitet*** I worked late last night; **bei ~** at night; **in der ~** at night; **über ~** overnight; **über ~ bleiben** to stay the night; **des ~s** (*geh*) at night; **diese/letzte [*o* vorige] ~** tonight/last night; **eines ~s** one night; **bei ~ sind alle Katzen grau** (*fam*) all cats are grey [*or* AM *a.* gray] at night; **bei ~ und Nebel** (*fam*) at dead of night; **sich** *dat* **die ~ um die Ohren schlagen** (*fam*) to make a night of it ▶ WENDUNGEN: **die ~ zum Tage machen** to stay up all night; **gute ~!** good night!; **jdm gute ~ sagen** to say good night to sb; **[na,] dann gute ~!** (*iron fam*) well, that's just great! *iron fam;* **hässlich wie die ~ sein** (*fam*) to be as ugly as sin *fam;* **zur ~ essen** SÜDD, ÖSTERR to have supper [*or* dinner]
nachtäglich *adj inv* **~er Einbau** BAU retrofit
nachtaktiv *adj inv* ZOOL *Tier* nocturnal *spec*
Nachtarbeit *m* nightwork *no art, no pl;* (*Nachtschicht a.*) night shift
Nachtat *f* JUR subsequent lesser offence
nachtblind *adj* nightblind, suffering from night blindness *pred;* ■ **~ sein** to be nightblind, to suffer from night blindness **Nachtblindheit** <-> *f kein pl* night blindness *no pl*, nyctalopia *spec* **Nachtcreme** *f* night cream **Nachtdienst** *m* night duty *no art, no pl*, night shift
Nachteil <-[e]s, -e> *m* disadvantage, drawback; **jdm ~e bringen** to be disadvantageous to sb; **jdm zum ~ gereichen** (*geh*) to be disadvantageous to sb; **durch etw ~e haben** to lose out by sth; **soziale/berufliche ~e haben** to lose out socially/in one's career; **[jdm gegenüber] im ~ sein** [*o geh* **sich befinden**] to be at a disadvantage [with sb]; **sich zu seinem ~ verändern** to change for the worse; **es soll nicht Ihr ~ sein** you won't lose [anything] by it
nachteilig **I.** *adj* disadvantageous, unfavourable [*or* AM unfavorable]; ■ **[für jdn] ~ sein** to be disadvantageous [for sb]; ■ **etwas/nichts N~es** something/nothing unfavourable **II.** *adv* advantageously, unfavourably [*or* AM unfavorably]
nächtelang *adv* for nights on end
Nachtessen *nt* SÜDD, ÖSTERR, SCHWEIZ (*Abendessen*) supper, evening meal **Nachteule** *f* (*fam*) *s.* Nachtmensch **Nachtfahrverbot** *nt* ban on night driving **Nachtfalter** *m* ZOOL moth **Nachtflug** *m* night flight, *esp* AM red-eye [flight] *fam* **Nachtflugverbot** *nt* ban on night flying **Nachtfrost** *m* night frost **Nachthemd** *nt* MODE nightdress, nightie *fam,* AM *a.* nightgown; (*Herren~*) night shirt **Nachthimmel** *m* night sky
Nachtigall <-, -en> *f* nightingale; **~, ick hör' dir trapsen** DIAL (*hum sl*) I see what you're after [*or fam* driving at]
nächtigen *vi* (*geh*) ■ **[bei jdm] ~** to stay the night [with sb]
Nächtigungsplus *nt* TOURIST *increase in the number of overnight stays made by tourists*
Nachtisch *m* dessert, BRIT *a.* sweet; **als [*o* zum] ~** for dessert [*or* BRIT *fam* afters], as a sweet
Nachtkerze *f* BOT evening primrose **Nachtklub** *m s.* **Nachtlokal** **Nachtkonsole** *f* bedside unit **Nachtlager** *nt* (*geh*) place to sleep [for the night]; **[irgendwo] sein ~ aufschlagen** to bed down [somewhere] for the night **Nachtleben** *nt* nightlife *no indef art, no pl*
nächtlich *adj attr* nightly; **ein ~er Besucher** a night visitor
Nachtlicht *nt* glowlight, pluglight **Nachtlokal** *nt* nightclub, nightspot *fam* **Nachtmahl** *nt* ÖSTERR (*Abendessen*) supper, evening meal **Nachtmensch** *m* night person [*or fam* owl] **Nachtpfauenauge** *nt* ZOOL **Großes ~** emperor moth **Nachtportier** *m* night porter **Nachtprogramm** *nt* late-night programme [*or* AM -am] **Nachtquartier** *nt s.* **Nachtlager**
Nachtrag <-[e]s, -träge> *m* ① *eines Briefs* postscript, PS ② *pl* (*Ergänzungen*) supplement
nach|tragen *vt irreg* ① (*nachträglich ergänzen*) ■ **etw [zu etw] ~** to add sth [to sth]; ■ **[noch] ~, dass ...** to add that ... ② (*nicht verzeihen können*) ■ **jdm etw [nicht] ~** to [not] hold sth against sb [*or* a grudge against sb for sth]; ■ **jdm ~, dass ...** to hold it against sb that ... ③ (*hinterhertragen*) ■ **jdm etw ~** to carry sth after sb
nachtragend *adj* unforgiving, begrudging
nachträglich **I.** *adj* later; (*verspätet*) belated **II.** *adv* later/belatedly
Nachträglichkeit *f* PSYCH *a belated coming to terms with early experiences*
Nachtragsanklage *f* JUR supplementary charge **Nachtragsband** <-bände> *m* supplement **Nachtragsbuchung** *f* FIN subsequent entry **Nachtragsgesetz** *nt* JUR amendment **Nachtragshaushalt** *m* POL supplementary budget **Nachtragsklage** *f* JUR supplemental complaint **Nachtragsprüfung** *f* FIN (*Bilanz*) supplementary audit **Nachtragsverteilung** *f* JUR subsequent distribution
nach|trauern *vi* ■ **jdm/etw ~** to mourn after sb/sth
Nachtruhe *f* night's rest [*or* sleep] *no pl*
Nachtrunk *m* JUR *subsequent drink to conceal level of blood alcohol*
nachts *adv* at night; **montags ~** [on] Monday nights
Nachtschalter *m* night desk [*or* window] **Nachtschatten** *m* BOT nightshade **Nachtschattengewächs** *nt* solanum *spec* **Nachtschicht** *f* night shift; **~ haben** to be on night shift [*or fam* nights] **nachtschlafend** *adj inv* **zu ~er Zeit** in the middle of the night, when most [*or* decent] folk [*or* people] are asleep **Nachtschwalbe** *f* ORN nightjar **Nachtschwärmer¹** *m* ZOOL *s.* **Nachtfalter** **Nachtschwärmer(in)²** *m(f)* (*veraltend*) night owl *fam* **Nachtschwester** *f* night nurse

N

Nachtseite *f* dark[er] side (+*gen*/**von** +*dat* of) **Nachtsichtgerät** *nt* night vision aid, nightviewer **Nachtspeicherofen** *m* storage heater **Nachtstrom** *m* off-peak electricity *no art, no pl* **Nachtstromtarif** *m* off-peak rate **Nachtstuhl** *m* commode **nachtsüber** *adv* at [*or* by] night **Nachttarif** *m* off-peak rate; *von Verkehrsmittel* night fares *pl* **Nachttier** *nt* nocturnal animal **Nachttisch** *m* bedside table **Nachttischlampe** *f* bedside lamp **Nachttopf** *m* chamber pot **Nachttresor** *m* night safe

nach|tun *vt irreg* ■**es jdm** ~ to copy [*or* emulate] sb

Nacht-und-Nebel-Aktion *f* cloak-and-dagger [*or* hush-hush night-time] operation; **in einer** ~ in a cloak-and-dagger operation **Nachtviole** <-, -n> *f* BOT dame's violet [*or* rocket], damewort **Nachtvogel** *m* night [*or* nocturnal] bird **Nachtvorstellung** *f* THEAT late-night performance; FILM late-night film [*or* picture] **Nachtwache** *f* night duty *no art, no pl;* **bei jdm** ~ **halten** to sit with sb through the night **Nachtwächter(in)** *m(f)* ❶ (*Aufsicht*) night guard ❷ HIST (*städtischer Wächter*) [night] watch **Nachtzeit** *f* (*geh*) night-time *no indef art, no pl;* **zur** ~ at night-time **Nachtzug** *m* night train **Nachtzuschlag** *m* night supplement [*or form* hour premium]

Nachuntersuchung *f* MED follow-up [*or* further] examination

Nachverfahren *nt* JUR ancillary [*or* subsequent] proceedings *pl*

Nachvermächtnis *nt* JUR reversionary legacy

nach|versichern* *vt* ■**jdn** ~ to revise sb's insurance; ■**sich** ~ to additionally insure oneself

Nachversicherung *f* FIN supplementary insurance; ~ **gegen zusätzliche Risiken** additional extended coverage

Nachversteuerung *f* FIN subsequent taxation

nachvollziehbar *adj* comprehensible; ■**[für jdn]** ~ **sein** to be comprehensible [to sb]; ■**für jdn** ~ **sein, dass/warum/wie ...** sb can understand [*or* it is understandable to sb] that/why/how ...; ***es ist für mich nicht ganz ~, wie ...*** I don't quite comprehend [*or* understand] how ...

nach|vollziehen* *vt irreg* ■**etw** ~ to understand [*or* comprehend] sth

nach|wachsen *vi irreg sein* ❶ (*erneut wachsen*) to grow back; ■**~d** regrowing ❷ (*neu aufwachsen*) to grow in place

Nachwahl *f* POL by-election

Nachwehen *pl* ❶ (*nach der Entbindung*) afterpains *npl* ❷ (*geh: üble Folgen*) painful aftermath

nach|weinen *vi* ■**jdm/etw** ~ to mourn after [*or* shed a tear for] sb/sth

Nachweis <-es, -e> *m* ❶ (*Beweis des Behaupteten*) proof *no art, no pl;* **ein/der** ~ **seiner Identität/Mitgliedschaft/seines Wohnorts** proof of one's identity/membership/address; **[jdm] den** ~ **einer S.** *gen* **erbringen** [*o* **führen**] [*o* **liefern**] to deliver proof of sth [to sb], to provide [sb with] evidence of sth; **als** [*o* **zum**] ~ **einer S.** *gen* as proof of sth ❷ (*Beweis*) proof *no art, no pl,* evidence *no art, no pl;* ~ **über zugeteilte Aktien** proof of allotted shares ❸ ÖKOL (*das Aufzeigen*) evidence *no art, no pl*

nachweisbar I. *adj* ❶ (*beweisbar*) provable; ■**es ist** ~, **dass/warum/wie ...** it can be proved that/why/how ... ❷ ÖKOL (*nachzuweisen*) evident; ■**[irgendwo/in etw** *dat*] ~ **sein** to be evident [somewhere/in sth] II. *adv* provably

Nachweisbarkeit *f* provability

Nachweisbarkeitsgrenze *f* SCI limit of provability; ■**unter der** ~ beyond what can be proved

nach|weisen *vt irreg* ❶ (*den Nachweis erbringen*) ■**[jdm] etw** ~ to establish proof of sth [to sb]; ■**jdm** ~, **dass ...** to give sb proof that ... ❷ (*beweisen*) ■**jdm etw** ~ to prove sth to sb; ■**jdm** ~, **dass ...** to prove to sb that ... ❸ ÖKOL (*die Existenz aufzeigen*) ■**etw [in etw** *dat*] ~ to detect sth [in sth] ❹ (*darüber informieren*) ■**jdm etw** ~ to give sb information about [*or* on] sth

nachweislich I. *adj* provable II. *adv* provably, evidently

Nachweispflicht *f kein pl* JUR accountability *no pl*

nachweispflichtig *adj inv* subject to proof

Nachwelt *f kein pl* ■**die** ~ posterity

nach|werfen *vt irreg* ❶ (*hinterherwerfen*) ■**jdm etw** ~ to throw sth after sb ❷ (*zusätzlich einwerfen*) ■**etw** ~ to throw in more of/another sth *sep* ▶ WENDUNGEN: **nachgeworfen sein** (*fam*) to be dirt cheap

nach|wiegen *irreg* I. *vt* ■**etw** ~ to weigh sth II. *vi* to weigh [it/them] [again]

nach|winken *vi* ■**jdm** ~ to wave after sb

nach|wirken *vi* ❶ (*verlängert wirken*) to continue to have an effect ❷ (*als Eindruck anhalten*) ■**[in jdm]** ~ to continue to have an effect [on sb]

Nachwirkung *f* after-effect; (*fig*) consequence

Nachwort <-worte> *nt* epilogue [*or* AM *a.* -og]

Nachwuchs *m kein pl* ❶ (*fam: Kinder*) offspring *hum* ❷ (*junge Fachkräfte*) young professionals *pl*

Nachwuchsarbeit *f* SPORT work developing young talent **Nachwuchsautor(in)** *m(f)* up-and-coming young writer **Nachwuchsführungskraft** *f* management trainee **Nachwuchswissenschaftler(in)** *m(f)* up-and-coming young scientist

nach|zahlen I. *vt* ❶ (*etw nachträglich entrichten*) ■**etw** ~ to pay sth extra; **Steuern** ~ to pay extra tax ❷ (*etw nachträglich bezahlen*) ■**jdm etw** ~ to pay sb sth at a later date II. *vi* to pay extra

nach|zählen I. *vt* ■**etw** ~ to check sth II. *vi* to check; ■~, **ob/wieviel ...** to check whether/how much ...

Nachzahlung *f* ❶ (*nachträglich*) back payment ❷ (*zusätzlich*) additional payment

nach|zeichnen *vt* ■**etw** ~ to copy sth

Nachzensur *f kein pl* JUR post-publication censorship

nach|ziehen *irreg* I. *vt* ■**etw** ~ ❶ (*nachträglich anziehen*) to tighten up sth *sep* ❷ (*hinter sich herziehen*) to pull [*or* drag] sth behind one ❸ (*zusätzlich nachzeichnen*) to go over sth; ■**[sich** *dat*] **etw** ~ to pencil over [*or* in] sth *sep* II. *vi sein* ■**[mit etw]** ~ to follow [with sth]

Nachzug *m* joining one's family [in their country of immigration]; ***der ~ ausländischer Familien ist gesetzlich geregelt*** the immigration of foreign dependants is regulated by law

Nachzügler(in) <-s, -> *m(f)* latecomer, late arrival

Nachzugsaktie *f* BÖRSE deferred share [*or* AM stock]

Nackedei <-[e]s, -e *o* -s> *m* (*hum fam*) naked child, little bare monkey *fam*

Nacken <-s, -> *m* ❶ ANAT neck ❷ (*Schweine~*) neck of pork; (*Lamm~*) scrag ▶ WENDUNGEN: **jdn im** ~ **haben** (*fam*) to have sb on one's tail; **jdm im** ~ **sitzen** to breathe down sb's neck *pej*

nackend *adj* (*fam*) *s.* **nackt**

Nackenhaar *nt meist pl* hair[s *pl*] on the back of one's neck; **jdm sträuben sich die ~e** (*fam*) it makes sb's hair stand on end **Nackenrolle** *f* bolster **Nackenschlag** *m* hard knock **Nackenschmerz** *m* neck pain [*or* ache] **Nackenschutz** *m* neck-guard **Nackensteifheit** *f* stiffness of the neck, stiff neck **Nackenstütze** *f* ❶ (*Stütze für den Nacken*) headrest ❷ MED (*Stützvorrichtung für den Nacken*) surgical collar **Nackenträger** *m* MODE *von Kleid, Badeanzug* neck-strap

nackert *adj* ÖSTERR (*fam*) *s.* **nackt**

nackig *adj* (*fam*) *s.* **nackt**

nackt I. *adj* ❶ (*unbekleidet*) naked, nude ❷ (*bloß*) bare ❸ (*kahl*) bare ❹ (*unverblümt*) naked; **die ~en Tatsachen** the bare facts; **die ~e Wahrheit** the naked [*or* plain] truth; *s. a.* **Leben** II. *adv* naked, in the nude

Nacktaufnahme *f* nude shot **Nacktbaden** <-s> *nt kein pl* nude bathing *no art, no pl* **Nacktbadestrand** *m* nudist beach

Nackte(r) *f(m) dekl wie adj* naked person

Nacktheit <-> *f kein pl* nudity *no art, no pl,* nakedness *no art, no pl*

Nackthund *m* (*Hunderasse*) Mexican hairless

Nacktmodell *nt* nude model **Nacktsamer** <-s, -> *m* BOT gymnosperm **Nacktschnecke** *f* slug **Nackttänzer(in)** <-s, -> *m(f)* nude dancer

Nadel[1] <-, -n> *f* ❶ (*Näh~*) needle; **eine** ~ **einfädeln** to thread a needle ❷ (*Zeiger*) needle ▶ WENDUNGEN: **an der** ~ **hängen** (*sl*) to be hooked on heroin; **von der** ~ **wegkommen** to kick the habit

Nadel[2] <-, -n> *f* BOT needle

Nadelbaum *m* conifer

Nadelbrief *m* packet of needles **Nadeldrucker** *m* dot-matrix printer *spec* **Nadelgehölz** *nt* conifers *pl* **Nadelholz** *nt* ❶ *kein pl* pine *no art, no pl* ❷ BOT *s.* Nadelgehölz **Nadelkissen** *nt* pincushion **Nadellager** *nt* TECH needle bearing **Nadelmatrixdrucker** *m* INFORM wire-matrix printer

nadeln *vi* to shed [its needles]

Nadelöhr *nt* ❶ (*Teil einer Nadel*) eye of a/the needle; *s. a.* **Kamel** ❷ (*fig*) narrow passage **Nadelspitze** *f* point of a/the needle **Nadelstich** *m* ❶ (*Nähen*) stitch ❷ (*Pieksen*) prick, sting; **jdm einen** ~ **versetzen** to prick [*or* sting] sb [with a needle] **Nadelstreifen** *pl* pinstripes *pl* **Nadelstreifenanzug** *m* pinstripe [suit] **Nadelvlies** *nt* BAU needle felt **Nadelwald** *m* coniferous forest

Nadir <-s> *m kein pl* ASTRON nadir *no pl spec*

Naevus <-, Naevi> ['nɛvʊs] *m* (*Warze*) naevus BRIT, nevus AM

Nagel[1] <-s, Nägel> *m* (*Metallstift*) nail; **[mit etw] den** ~ **auf den Kopf treffen** (*fam*) to hit the nail on the head; **Nägel mit Köpfen machen** (*fam*) to do the job [*or* thing] properly; **ein** ~ **zu jds Sarg sein** (*fam*) to be a nail in sb's coffin; **etw an den** ~ **hängen** (*fam*) to chuck [in *sep*] sth *fam*

Nagel[2] <-s, Nägel> *m* (*Finger~*) nail; **jdm brennt es unter den Nägeln[, etw zu tun]** (*fam*) sb is dying [*or fam* itching] to [do sth]; **sich** *dat* **etw unter den** ~ **reißen** (*sl*) to pinch [*or* BRIT *a.* nick] sth *fam*

Nagelbett *nt* bed of a/the nail

Nagelbrett *nt* bed of nails **Nagelbürste** *f* nailbrush **Nagelfeile** *f* nail file

Nagelhaut *f* cuticle **Nagelhautentferner** *m* cuticle remover **Nagelhautschaber** *m* cuticle shaper **Nagelhautschere** *f* cuticle scissors *npl*

Nagelknipser *m* nail clippers *npl* **Nagellack** *m* nail polish [*or* BRIT *a.* varnish] [*or* AM *a.* enamel] **Nagellackentferner** *m* nail polish [*or* BRIT *a.* varnish] [*or* AM *a.* enamel] remover

nageln I. *vt* ❶ (*mit Nägeln befestigen*) ■**etw [an/auf/vor etw** *akk*] ~ to nail sth [to/[on]to/in front of sth]; ■**jdn an etw** *akk* ~ to nail sb [on]to sth; **jdn an ein Kreuz** ~ to nail sb to a cross, to crucify sb ❷ (*mit Nägeln versehen*) ■**etw** ~ to hobnail sth; **genagelte Schuhe** hobnail[[ed] boot]s II. *vi* to hammer nails

Nagelnecessaire *nt* manicure set

nagelneu *adj* (*fam*) brand-new

Nagelpflege *f kein pl* nail care *no pl, no indef art,* care of [one's [*or* the]] nails **Nagelprobe** *f* acid test **Nagelreiniger** *m* nail cleaner **Nagelschere** *f* nail scissors *npl* **Nagelschuh** *m* hobnail[[ed] boot] **Nagelweißstift** *m* nail whitener pencil **Nagelzange** *f* nail pliers *npl,* nailclippers *npl*

nagen I. *vi* ❶ (*mit den Nagezähnen beißen*) ■**[an etw** *dat*] ~ to gnaw [at sth], to nibble at sth; **an einem Bleistift** ~ to chew on a pencil ❷ (*schmerzlich wühlen*) ■**an jdm** ~ to nag [at] sb II. *vt* ❶ (*ab~*) ■**etw von etw** ~ to gnaw sth off sth ❷ (*durch N~ herstellen*) ■**etw durch/in etw** *akk* ~ to gnaw sth through/in sth

nagend *adj* nagging; **~er Hunger** gnawing hunger

Nager <-s, -> *m,* **Nagetier** *nt* rodent

nah *adj* **von** [*o* **aus**] ~ **und fern** from near and far

Nahaufnahme *f* FOTO close-up; **eine** ~ **[von jdm/etw] machen** to do a close-up [of sb/sth]

nahe <näher, nächste> I. *adj* ❶ *räumlich* nearby, close [by] *pred;* **von ~m** from close up ❷ *zeitlich* near, approaching, nigh *old;* ***Weihnachten ist*** ~ it's nearly Christmas ❸ (*eng*) close; ■**jdm** ~ **sein** to be close to sb II. *adv* ❶ *räumlich* nearby, close [by [*or* to]]; ■~ **an etw** *dat*/**bei etw** *dat* close [*or* near] to sth; **jdm/etw zu** ~ **kommen** to get too close to sb/sth; ~ **beieinander** close together; ~ **stehend** close; ~ **stehende Verwandte** close relatives ② *zeitlich* close; ~ **bevorstehen** to be just around the corner ③ *(fast)* ■ ~ **an etw** *dat* almost sth ④ *(eng)* closely; ~ **befreundet sein** to be close friends; **etw** *dat* ~ **kommen** to come close to sth; **sich/einander** ~ **kommen** to become close; **jdm/einer S.** ~ **stehen** to have close relations to sb/sth; **sich** ~ **stehen** to be close; ~ **mit jdm verwandt sein** to be a close relative of sb ► WENDUNGEN: **jdm etw** ~ **bringen** to bring sth home to sb; **jdn jdm/etw** ~ **bringen** to bring sb close to sb/sth; **jdm** ~ **gehen** to upset sb; **jdm etw** ~ **legen** to suggest sth to sb; **jdm** ~ **legen, etw zu tun** to advise sb to do sth; **etw** ~ **legen** to suggest sth; ~ **liegen** to suggest itself; ***die Vermutung liegt*** ~, ***dass ...*** it seems reasonable to suppose that ...; ~ **liegend** natural; ~ **liegend sein** to seem to suggest itself, to be obvious; **das N~liegende, etwas N~es** the obvious thing to do; **aus** ~ **liegenden Gründen** for obvious reasons; ~ **daran sein, etw zu tun** to be close to doing sth; **jdm zu** ~ **treten** to offend sb **III.** *präp +dat* ■ ~ **einer S.** near to sth

Nähe <-> *f kein pl* ① *(geringe Entfernung)* proximity *no pl form;* **aus der** ~ from close up; **in der** ~ near; ***bleibe bitte in der*** ~ please don't go too far away ② *(Anwesenheit)* ■ **jds** ~ sb's closeness; **jds** ~ **brauchen** to need sb [to be] close [to one]; **in jds** ~ close to sb ③ *(naher Zeitpunkt)* closeness *no pl*

nahebei *adv* nearby, close [by [*or* to]]

nahegelegen *pp von* **nahe liegen** *s.* **nahe**

nahen *(geh)* **I.** *vi sein* ① *(herankommen)* to approach ② *(näher rücken)* to approach, to draw near **II.** *vr (veraltend)* ① *(näherkommen)* ■ **sich [jdm]** ~ to approach sb; ***sie hörten Schritte sich*** ~ they heard footsteps approaching ② *(herantreten)* ■ **sich jdm [mit etw]** ~ to approach sb [with sth]

nähen **I.** *vt* ① *(zusammen~)* ■ **etw** ~ to sew sth ② *(durch N~ befestigen)* ■ **etw auf etw** *akk* ~ to sew sth onto sth ③ MED ■ **etw** ~ to stitch [*or spec* suture] sth; ■ **jdn** ~ to stitch up sb *sep* **II.** *vi* ■ **[an etw** *dat*] **[für jdn]** ~ to sew [sth] [for sb]; ■ **das N~ [einer S.** *gen* [*o* **von etw** *dat*]] sewing [sth]; ***das N~ lernte sie von ihrer Großmutter*** she learned to sew from her grandmother

näher **I.** *adj comp von* **nahe** ① *(in geringerer Entfernung)* nearer, closer; ■ ~ **sein** to be closer [*or* nearer] ② *(kürzer bevorstehend)* closer, sooner *pred;* ***in der*** ~***en Zukunft*** in the near future ③ *(detaillierter)* further *attr,* more precise; ***die*** ~***en Umstände sind leider nicht bekannt*** the precise circumstances are not known ④ *(enger)* closer; ***meine*** ~***en Verwandten*** my immediate [*or* close] relatives **II.** *adv comp von* **nahe** ① *(in geringeren Abstand)* closer, nearer; **kommen Sie** ~**!** come closer!; **treten Sie [bitte]** ~ [please] approach [*or* draw closer] ② *(eingehender)* more closely, in more detail; ~ **ausführen/besprechen/erklären** to set out/discuss/explain in more detail; **etw** ~ **untersuchen** to examine sth more closely; **etw** ~ **ansehen** to have a closer look at sth; **sich** ~ **mit etw befassen** [*o* **beschäftigen**] to go into sth more closely [*or* in greater detail]; **jdm etw** ~ **bringen** to bring sth home to sb ③ *(enger)* closer; **jdn/eine Sache** ~ **kennen** to know sb/sth well; **jdn/eine Sache** ~ **kennen lernen** to get to know sb/sth better; **jdm/einer S.** ~ **stehen** to be closer to sb/sth; **sich** ~ **stehen** to be closer; **etw** *dat* ~ **treten** to give sth [further] consideration; **mit etw** ~ **vertraut sein** to know more about sth ► WENDUNGEN: **etw** *dat* **[schon]** ~ **kommen** to be nearer the mark; **jdm** ~ **kommen** to get closer to sb; **sich** ~ **kommen** to become closer; ~ **liegen** to make more sense, to be more obvious; ~ **liegen, etw zu tun** it makes more sense to do sth; **das Näherliegende** the obvious thing to do

Näher(in) <-s, -> *m(f)* sewer *masc,* seamstress *fem*

Nähere(s) *nt dekl wie adj* details; ~***s/das*** ~ ***entnehmen Sie bitte meinem Bericht*** you will find further details/the details in my report

Naherholung *f kein pl* local recreation *no pl*

Naherholungsgebiet *nt* local [*or* nearby] holiday area [*or* spot]

Näherin <-, -nen> *f fem form von* **Näher** seamstress

nähern *vr* ① *(näher herankommen)* ■ **sich [jdm/einer S.]** ~ to get [*or* draw] closer [*or* nearer] [to sb/sth], to approach [sb/sth] ② *(geh: einen Zeitpunkt erreichen)* ■ **sich** *akk* **etw** *dat* ~ to get close [*or* draw near] to sth; ***ich nähere mich langsam einem Punkt, wo/an dem ...*** I'm slowly coming to a point, where ...; ***unser Urlaub nähert sich seinem Ende*** our holiday is drawing [*or* coming] to an end

Näherungswert *m* MATH approximate value, approximation

nahestehend **I.** *part präs von* **nahe stehen** *s.* **nahe II 1 II.** *adj s.* **nahe II 1**

nahezu *adv* almost, virtually

Nähfaden *m* thread, cotton **Nähgarn** *nt* cotton

Nahkampf *m* MIL close combat

Nähkästchen <-s, -> *nt* sewing box ► WENDUNGEN: **aus dem** ~ **plaudern** *(fam)* to give out private gossip **Nähkasten** *m* sewing [*or* work] box **Nähkorb** *m* sewing basket

nahm *imp von* **nehmen**

Nähmaschine *f* sewing machine **Nähnadel** *f* [sewing] needle

Nahost *m* the Middle East; **aus/in** ~ from/in the Middle East

nahöstlich *adj* Middle Eastern

Nährboden *m* ① BIOL culture medium ② *(Boden)* breeding ground **Nährcreme** *f* nourishing [*or* replenishing] cream

nähren **I.** *vt* ① *(füttern)* ■ **jdn** ~ to feed sb ② *(aufrechterhalten)* to nourish; ■ **Befürchtungen/Erwartungen/Hoffnungen** ~ to nourish fears/expectations/hopes **II.** *vi* to be nourishing

nahrhaft *adj* nourishing, nutritious; ■ ~ **sein** to be nourishing [*or* nutritious]

Nährlösung *f* ① BIOL nutrient solution ② MED nutrient solution **Nährmittel** *pl* KOCHK cereal products *pl* **Nährsalze** *pl* nutrient salts *pl*

Nährstoff *m* nutrient

nährstoffarm *adj* low in nutrients *pred* **Nährstoffbelastung** *f* nutrient pollution, pollution of nutrients **nährstoffreich** *adj* rich in nutrients *pred*

Nahrung <-> *f kein pl* food; **flüssige/feste** ~ liquids/solids *pl* ► WENDUNGEN: **[durch etw] [neue]** ~ **erhalten** [*o* **bekommen**] to receive new fuel [from sth]; **etw** *dat* **[neue]** ~ **geben** to add fuel to the fire

Nahrungsaufnahme *f kein pl (form)* ingestion of food *form,* eating **Nahrungsbiotop** *nt* BIOL food biotope **Nahrungskette** *f* food chain **Nahrungsmangel** *m* food shortage; **aus** ~ due to food shortage

Nahrungsmittel *nt* food; **abgepackte** ~ *pl* wrapped food

Nahrungsmittelallergie *f* MED food allergy **Nahrungsmittelchemie** *f kein pl* food chemistry *no pl, no art* **Nahrungsmittelchemiker(in)** <-s, -> *m(f)* food chemist **Nahrungsmittelindustrie** *f kein pl* ÖKON food industry; **Nahrungs- und Genussmittelindustrie** general and luxury food industry **Nahrungsmittelkonzern** *m* food concern [*or* group] **Nahrungsmittelvergiftung** *f* MED *s.* **Lebensmittelvergiftung** **Nahrungsmittelzusatz** *m* food additive

Nahrungspyramide *f* BIOL food pyramid

Nahrungssuche *f* search for food **Nahrungsvakuole** *f* BIOL digestive vacuole **Nahrungsverweigerung** *f kein pl* refusal of food [*or* to eat]

Nährwert *m* BIOL, KOCHK nutritional value ► WENDUNGEN: **das hat doch keinen [geistigen** [*o* **sittlichen]]** ~ *(sl)* it's completely pointless

Nahschnellverkehr *m* short-distance express service

Nahschnellverkehrszug *m* fast commuter train

Nähseide *f* sewing silk BRIT, silk thread AM

Naht <-, Nähte> *f* ① *(bei Kleidung)* seam ② MED suture *spec* ③ BAU seam, weld ► WENDUNGEN: **aus allen** [*o* **den**] **Nähten platzen** *(fam)* to be bursting at the seams

Nähtisch *m* sewing table

nahtlos **I.** *adj* ① *(lückenlos)* smooth ② MODE seamless **II.** *adv* smoothly

Nahtstelle *f* ① TECH join ② *(Verbindung)* link; **die** ~ **zwischen Ost und West** the place where East meets West

Nahverkehr *m* TRANSP local traffic; **der öffentliche** ~ local public transport; **der private** ~ local private traffic; **im** ~ in local traffic, operating locally

Nahverkehrsabgabe *f* local transport contribution [*or* AM transportation tax] **Nahverkehrsmittel** *pl* means of local public transport **Nahverkehrszug** *m* local train

Nähzeug *nt* sewing kit

Nahziel *nt* immediate objective

naiv *adj* naive; ■ ~ **sein** to be naive

Naive(r) *f(m) dekl wie adj* **den** ~**n/die** ~ **spielen** to play dumb

Naivität <-> [naivi'tɛ:t] *f kein pl* naivety

Naivling <-s, -e> *m (fam)* simpleton *fam*

Naltrexon <-[s]> *nt kein pl* PHARM *(Heroinsubstitut)* naltrexone

Name <-ns, -n> *m* ① *(Personenname)* name; **wie war doch [gleich/noch] der/sein/Ihr** ~**?** what was the/his/your name?; **auf jds** *akk* ~**n** in sb's name; **in jds** ~**n** on behalf of sb; **im** ~**n unserer Firma** on behalf of our company; **im** ~**n des Gesetzes** in the name of the law; **im** ~**n des Volkes** in the name of the people; **mit** ~**n** by name; ***er ist mir nur mit*** ~***n bekannt*** I only know him by name; **[nur] dem/jds** ~**n nach** judging by the/sb's name; **[nur] dem** ~**n nach** going [only] by the name; *(nur vom* ~*n)* only by name; **unter dem** ~**n** under [*or* by] the name of; **Ihr** ~**?** your [*or* the] name? ② *(Benennung)* name ③ *(Ruf)* name, reputation; **seinen** ~**n zu etw hergeben** to lend one's name to sth; **sich** *dat* **einen** ~**n als etw machen** to make a name for oneself as sth; **sich** *dat* **[mit etw** *dat*] **einen** ~**n machen** to make a name for oneself [with sth] ► WENDUNGEN: **mein** ~ **ist Hase[, ich weiß von nichts]** I don't know anything about anything; ~**n sind Schall und Rauch** what's in a name?; **etw beim [rechten]** ~ **nennen** *(fam)* to call a spade a spade

Namengebung <-, -en> *f s.* **Namen(s)gebung**

Namengedächtnis *nt* ■ **jds** ~ sb's memory for names; **ein gutes/schlechtes** ~ **haben** to have a good/bad memory for names

namenlos **I.** *adj* ① *(anonym)* nameless, anonymous; **ein** ~**er Helfer/Spender** an anonymous [*or* unnamed] helper/donor ② *(geh: unbeschreiblich)* unspeakable, inexpressible ③ *(keine Marke aufweisend)* no-name *attr,* generic **II.** *adv (geh)* terribly

namens **I.** *adv* by the name of, called **II.** *präp +gen (form)* in the name of

Namensaktie *f* FIN registered share [*or* AM stock] **Namen(s)änderung** *f* change of name **Namensgedächtnis** *nt kein pl* memory for names; **ein gutes/schlechtes** ~ **haben** to have a good/bad memory for names **Namenskonnossement** *nt* HANDEL straight bill of lading **Namen(s)liste** *f* list of names **Namensnennung** *f* naming the author **Namenspapier** *nt* JUR registered instrument **Namenspatenschaft** *f* ① *(Weitergeben eines Namens)* act of lending one's name to sth ② ZOOL **eine** ~ **übernehmen** to have a new species named after one **Namensrecht** *nt* JUR right to the use of a name **Namen(s)schild** *nt* nameplate; *(an Kleidung)* name badge **Namensschuldverschreibung** *f* FIN registered bond **Namensschutz** *m* JUR legal protection of names **Namenstag** *m* REL Saint's day; ~ **haben** to have one's Saint's day **Namen(s)verzeichnis** *nt s.* **Namen(s)liste** **Namensvetter** *m* namesake **Namen(s)zeichen** *nt* initials *pl* **Namen(s)zug** *m (geh)* signature

namentlich **I.** *adj* by name; ~**e Abstimmung** roll call vote; ~**er Aufruf** roll call **II.** *adv* ① *(mit Namen)* by name ② *(insbesondere)* in particular, especially, particularly

namhaft *adj* ① *(beträchtlich)* considerable, sub-

N

stantial ❷ (*berühmt*) famous, well-known ❸ (*benennen, auffinden*) ■**jdn ~ machen** (*form*) to identify sb
Namibia <-s> *nt* Namibia; *s. a.* **Deutschland**
Namibier(in) <-s, -> *m(f)* Namibian; *s. a.* **Deutsche(r)**
namibisch *adj* Namibian; *s. a.* **deutsch**
nämlich *adv* ❶ (*und zwar*) namely ❷ (*denn*) because; ***entschuldigen Sie mich bitte, ich erwarte ~ noch einen anderen Anruf*** please excuse me, [but] you see, I'm expecting another call
Nämlichkeit <-> *f kein pl* (*form: Zoll*) identity; **die ~ der Waren feststellen** to identifiy the goods
Nandu <-s, -s> *m* ORN rhea
nannte *imp von* **nennen**
Nanogramm *nt* nanogram **Nanometer** *nt o m* nanometer **Nanosekunde** *f* PHYS nanosecond **Nanotechnologie** *f* nanotechnology
nanu *interj* what's this?
Napalm <-s> *nt kein pl* napalm
Napalmbombe *f* MIL napalm bomb
Napf <-[e]s, Näpfe> *m* bowl
Napfkuchen *m* KOCHK poundcake **Napfkuchenform** *f* ring mould **Napfschnecke** *f* ZOOL limpet
Napola <-, -s> *f* HIST *Akr von* **nationalsozialistische Erziehungsanstalt** Napola *spec* (*National Socialist boarding school*)
napoleonisch *adj* HIST Napoleonic
Nappa <-[s], -s> *nt* napa leather
Nappaleder *nt* napa leather
nappieren *vt* KOCHK ■**etw ~** to coat sth
Narbe <-, -n> *f* ❶ (*vernarbte Wunde*) scar ❷ BOT stigma
narbig *adj* scarred
Narbung <-, -en> *f Leder* grain[ing]
Narkose <-, -n> *f* MED anaesthesia BRIT, anesthesia AM; **jdm eine ~ geben** to put sb under anaesthetic [*or* AM anesthetic]; **in der ~ liegen** to be under anaesthetic; **ohne ~** without anaesthetic
Narkosearzt, -ärztin <-es, -ärzte> *m, f* MED anaesthetist BRIT, anesthetist AM **Narkosemittel** *nt* anaesthetic BRIT, anesthetic AM
Narkotikum <-s, -kotika> *nt* MED narcotic
narkotisch *adj* MED narcotic
narkotisieren* *vt* to drug; ■**jdn/etw ~** to drug sb/sth
Narr, Närrin <-en, -en> *m, f* ❶ (*Dummkopf*) fool ❷ HIST (*Hof~*) court jester ▸ WENDUNGEN: **einen ~en an jdm gefressen haben** (*fam*) to dote on sb; **jdn zum ~en halten** to make a fool of sb; **sich zum ~en machen** to make a fool of oneself
narren *vt* (*veraltend geh*) ❶ (*zum Narren halten*) ■**jdn ~** to make a fool of sb ❷ (*täuschen*) ■**jdn ~** to fool sb
Narrenfreiheit *f* ▸ WENDUNGEN: **~ haben** [*o* **genießen**] to have the freedom to do whatever one wants **Narrenhaus** *nt* madhouse; **hier geht es [ja] zu wie im ~** it's like a madhouse in here **Narrenkappe** *f* ❶ (*Karnevalsmütze*) *cap worn by carnival office-bearers* ❷ HIST fool's [*or* jester's] cap **narrensicher** *adj* foolproof
Narretei <-, -en> *f* ❶ (*Scherz*) prank, fooling about [*or* AM around] ❷ (*Torheit*) folly *no art,* act of folly [*or* stupidity]
Narrheit <-, -en> *f* ❶ (*das Närrischsein*) folly, foolishness ❷ (*närrische Tat*) foolish thing to do
Närrin <-, -nen> *f fem form von* **Narr**
närrisch *adj* ❶ (*karnevalistisch*) relating to carnival; **die ~e Zeit [des Jahres]** *the time of year leading up to and including carnival* ❷ (*veraltend: verrückt*) mad; **wie ~** (*geh*) like mad ❸ (*fam: versessen*) ■**[ganz] ~ auf jdn/etw sein** to be mad about sb/sth
Narwal *m* ZOOL narwhal
Narzisse <-, -n> *f* BOT narcissus
Narzissmus^RR <-> *m kein pl,* **Narzißmus** <-> *m kein pl* PSYCH narcissism
Narzisst^RR, **Narzißt(in)** <-en, -en> *m(f)* narcissist
narzisstisch^RR *adj,* **narzißtisch** *adj* PSYCH narcissistic

NASA <-> *f kein pl Akr von* **National Aeronautics and Space Administration** NASA
nasal *adj* nasal
Nasal <-s, -e> *m,* **Nasallaut** *m* LING nasal [sound]
nasalieren* *vt* ■**etw ~** to nasalize sth
naschen I. *vi* to eat sweet things [secretly [*or* [on the sly]]], BRIT *a.* to pinch a bit; ■**an etw** *dat* **~** to pinch from [*or* AM nibble at] sth; ■**das Naschen** eating [*or* BRIT *a.* pinching] sweet things [secretly [*or* [on the sly]]]; ***habe ich dich wieder beim Naschen erwischt?*** did I catch you eating sweets again?; **etwas zum Naschen** something sweet **II.** *vt* (*verspeisen*) ■**etw ~** to nibble sth
Näschen <-s, -> *nt dim von* **Nase** little nose
Nascherei <-, -en> *f* ❶ *kein pl* (*ständiges Naschen*) [constant] snacking ❷ (*Süßigkeit*) sweets and biscuits BRIT, candy AM
naschhaft *adj* fond of sweet things
Naschhaftigkeit <-> *f kein pl* fondness for snacking [on sweet things] between meals
Naschkatze *f* (*fam*) person with a sweet tooth
Nasciturus *m* JUR unborn child
Nase <-, -n> *f* ❶ ANAT nose; **jds ~ läuft** sb has a runny nose; **sich** *dat* **die ~ putzen** to blow one's nose; **durch die ~ reden** to talk through the nose ❷ LUFT (*Bug*) nose ▸ WENDUNGEN: **sich** *dat* **eine blutige ~ holen** (*fam*) to get [*or* be given] a bloody nose; **sich an seine eigene ~ fassen** (*fam*) to blame oneself; ***fass dich an deine eigene ~!*** you can talk!; **sich** *dat* **eine goldene ~ verdienen** to earn a fortune; **die richtige ~ für etw haben** (*fam*) to have a nose for sth; **die ~ voll haben** (*fam*) to be fed up *fam,* to have had enough; **die ~ von jdm/etw voll haben** (*fam*) to be fed up with [*or* have had enough of] sb/sth; **jdm etw auf die ~ binden** (*fam*) to tell sb sth; **jdm auf die ~ binden, dass** (*fam*) to tell sb that; **jdm gerade etw auf die ~ binden** (*iron*) as if one would tell sb sth; ***das werde ich dir gerade auf die ~ binden!*** as if I'd tell you about it!; **jdn mit der ~ draufstoßen** (*fam*) to spell it out to sb; ***muss ich dich erst mit der ~ draufstoßen, bevor du es merkst?*** do I have to spell it out to you before you notice?; **auf die ~ fliegen** (*fam*) to fall flat on one's face; **jds ~ gefällt jdm nicht** (*fam*) sb doesn't like sb's face; **jdm eins auf die ~ geben** (*fam*) to punch sb on the nose; **die ~ vorn haben** to be one step ahead; **jdm etw unter die ~ halten** (*fam*) to shove sth right under sb's nose *fam,* to rub sb's nose in sth *fam;* **jdn [mit etw] an der ~ herumführen** (*fam*) to lead sb on; **jdm auf der ~ herumtanzen** (*fam*) to walk all over sb; **jdm etw unter die ~ reiben** (*fam*) to rub sb's face [*or* nose] in it; **jdm unter die ~ reiben, dass ...** to rub in the fact that sb ...; **jdm jdn vor die ~ setzen** (*fam*) to put sb above sb; **seine ~ in alles hineinstecken** (*fam*) to stick one's nose into everything *fam;* **jdm etw vor der ~ wegschnappen** (*fam*) to take sth from right under one's nose; **jdm etw aus der ~ ziehen** (*fam*) to get sth out of sb; **[immer] der ~ nach** (*fam*) follow your nose *fam;* **vor jds** *dat* **~** (*fam*) right in front of sb's nose; **pro ~** (*hum fam*) per head
naselang ▸ WENDUNGEN: **alle ~** (*fam*) again and again
näseln *vi* to talk through one's nose
näselnd I. *adj* nasal **II.** *adv* (*mit ~der Stimme*) talking through one's nose
Nasenaffe *m* (*Nasalis larvatus*) proboscis monkey
Nasenbär *m* ZOOL coati **Nasenbein** *nt* nasal bone **Nasenbeinbruch** *m* broken nose **Nasenbluten** <-s> *nt kein pl* nose bleed; **~ bekommen** to get a nosebleed; **~ haben** to have a nosebleed, sb's nose is bleeding **Nasenflügel** *m* side of the nose **Nasenhöhle** *f* nasal cavity **Nasenkorrektur** *f* rhinoplasty, nose job *fam* **Nasenlänge** *f* ▸ WENDUNGEN: **jdm eine ~ voraus sein** to be a hair's breadth in front of sb; **mit einer ~** by a nose **Nasenloch** *nt* nostril **Nasenrücken** *m* bridge of the nose **Nasensalbe** *f* nose salve [*or* ointment] **Nasenscheidewand** *f* nasal septum *spec* **Nasenschleimhaut** *f* mucous membrane of the nose **Nasenspitze** *f* ANAT nosetip, tip of the nose ▸ WENDUNGEN: **jdm etw an der ~ ansehen** to be able to tell sth from sb's face; **jdm an der ~ ansehen, dass ...** to be able to tell from sb's face, that ... **Nasenspray** *m o nt* nasal spray **Nasenstüber** *m* bump on the nose; **jdm einen ~ versetzen** to give sb a bop on the nose *fam* **Nasentropfen** *pl* nose drops **Nasenwurzel** *f* bridge [of the nose]
Naserümpfen <-s> *nt kein pl* screwing up one's nose; **mit ~** turning up one's nose
naserümpfend *adv* screwing up one's nose
naseweis *adj* (*fragend*) nosey *fam;* (*vorwitzig*) forward; *Kind esp* precocious
Naseweis <-es, -e> *m* cheeky monkey BRIT *fam;* (*Besserwisser*) know-all *esp* BRIT *fam,* wise guy AM *fam*
nasführen* *vt* (*veraltend*) ■**jdn ~** to lead sb on *fam;* ■**der Genasführte sein** to be the dupe
Nashorn *nt* ZOOL rhinoceros, rhino
Nashornvogel *m* ORN hornbill
Nass^RR <-es> *nt kein pl,* **Naß** <Nasses> *nt kein pl* (*liter o hum*) ❶ (*Feuchte*) water ❷ (*Getränk*) a drink, sth to drink
nass^RR <-er *o* nässer, -este *o* nässeste> *adj,* **naß** <nasser *o* nässer, nasseste *o* nässeste> *adj* wet; ■**~ sein/werden** to be/become wet; ■**es ist/wird ~** it is/is getting wet; **sich ~ machen** (*fam*) to get oneself wet, wet ▸ WENDUNGEN: **nun mach dich bloß nicht ~!** (*sl*) don't wet your pants! *sl*
Nassauer(in) <-s, -> *m(f)* (*pej fam*) scrounger, sponger
nassauern *vi* (*fam*) to scrounge, to sponge; ■**[bei jdm] ~** to scrounge [*or* sponge] [off sb]
Nassdehnung^RR *f* (*Papier*) wet stretching
Nässe <-> *f kein pl* wetness; **vor ~ triefen** [*o* **tropfen**] to be dripping wet
nässen I. *vi* to weep **II.** *vt* ■**etw ~** to wet sth; **das Bett nässen** to wet the bed
nassforsch^RR **I.** *adj* (*fam*) brash **II.** *adv* in a brash way, brashly **nassgeschwitzt**^RR *adj* soaked with sweat *pred* **nasskalt**^RR *adj* cold and damp; ■**~ sein** to be cold and damp **Nassrasur**^RR *f* ■**die ~** wet shaving; ■**eine ~** a wet shave **Nasszelle**^RR *f* wet cell
Nastuch *nt* SÜDD, SCHWEIZ (*Taschentuch*) handkerchief
Natel® <-s, -s> *nt* SCHWEIZ (*Handy*) *Akr von* mobile phone BRIT, cellphone AM
Nation <-, -en> *f* nation; **die Vereinten ~en** the United Nations
national I. *adj* ❶ (*die Nation betreffend*) national; **~e Entwicklungsbonds** FIN national development bonds; **~e Sparbewegung** FIN national trend towards saving ❷ (*patriotisch*) nationalist **II.** *adv* nationalistic
Nationalbank *f* national bank **nationalbewusst**^RR *adj* nationalist; ■**~ sein** to be nationalist **Nationalbewusstsein**^RR *nt* nationalistic views *pl* **Nationaleinkommen** *nt* national income **Nationalelf** <-, en> *f* the national [football [*or* AM soccer]] team; ***die deutsche ~elf*** the German national team **Nationalfarben** *pl* national colours [*or* AM -ors] *pl* **Nationalfeiertag** *m* national holiday **Nationalflagge** *f* national flag **Nationalgalerie** *f* national gallery **Nationalgericht** *nt* national dish **Nationalgetränk** *nt* national drink **Nationalheld(in)** *m(f)* national hero **Nationalhymne** *f* national anthem
nationalisieren* *vt* ■**etw ~** to nationalize sth
Nationalisierung <-, -en> *f* nationalization
Nationalismus <-> *m kein pl* POL nationalism
Nationalist(in) <-en, -en> *m(f)* POL nationalist
nationalistisch I. *adj* POL nationalist[ic] **II.** *adv* nationalist[ic]; **~ eingestellt sein** to be nationalist[ic]
Nationalität <-, -en> *f* ❶ (*Staatsangehörigkeit*) nationality ❷ (*Volkszugehörigkeit*) ethnic origin
Nationalitätenkonflikt *m* nationality conflict
Nationalitätenstaat *m* multinational state
Nationalitätskennzeichen *nt* TRANSP, ADMIN nationality plate
Nationalkongress^RR *m* national congress **Nationalmannschaft** *f* national team **Nationalmu-**

seum *nt* national museum **Nationalpark** *m* national park **Nationalrat** *m kein pl* SCHWEIZ National Council; ÖSTERR National Assembly **Nationalrat, -rätin** *m, f* SCHWEIZ Member of the National Council; ÖSTERR Deputy to the National Assembly **Nationalsozialismus** *m* HIST National Socialism **Nationalsozialist(in)** *m(f)* HIST Nazi, National Socialist **nationalsozialistisch** *adj* HIST Nazi, National Socialist **Nationalspieler(in)** *m(f)* national player **Nationalsport** *m* national sport **Nationalstaat** *m* POL nation-state **Nationalstolz** *m* national pride **Nationaltheater** *nt* national theatre [*or* AM -er] **Nationaltrainer(in)** *m(f)* national team manager [*or* coach] **Nationalversammlung** *f* National Assembly; **die Frankfurter** ~ HIST the federal assembly of 1848/49 in Frankfurt

NATO, Nato <-> ['na:to] *f kein pl Akr von* **North Atlantic Treaty Organization**: ■**die** ~ NATO

Natodoppelbeschluss[RR] *m*, **Nato-Doppelbeschluß** *m* NATO twin-track policy [*or* dual-track [*or* two-track] decision] **Natodraht** *m* MIL razor [*or* concertina] wire **Natostreitkräfte** *pl* NATO troops *pl*

Natrium <-s> *nt kein pl* CHEM sodium

natriumarm *adj* CHEM, KOCHK low in sodium *pred*

Natriumchlorid *nt* sodium chloride, NaCl

Natron <-s> *nt kein pl* sodium carbonate

Natronlauge *f* caustic soda, sodium hydroxide

Natter <-, -n> *f* ZOOL adder, viper

natur *adj pred not covered in bread crumbs;* ***ich hätte gern ein Schnitzel*** ~ I'd like an escalope of pork without breadcrumbs; ~ **sein** to be natural

Natur <-, -en> *f* (1) *kein pl* BIOL nature, Nature (2) *kein pl* (*Landschaft*) countryside; **die freie** ~ the open countryside (3) (*geh: Art*) nature; ***die ~ dieser Sache*** the nature of this matter; **in der** ~ **von etw liegen** to be in the nature of sth; ***das liegt in der ~ der Sache*** it's in the nature of things (4) (*Mensch*) type (5) (*Wesensart*) nature; ***sie hat eine empfindsame*** ~ she has a sensitive nature; **jdm zur zweiten** ~ **werden** to become second nature to sb; **gegen jds** ~ **gehen** to go against sb's nature; **von** ~ **aus** by nature

Naturalien [-liən] *pl* natural produce; **in** ~ in kind

naturalisieren* I. *vt* (1) (*einbürgern*) ■**jdn** ~ to naturalize sb (2) BIOL ■**etw** ~ to naturalize sth II. *vr* BIOL (*heimisch werden*) ■**sich** ~ to naturalize

Naturalismus <-> *m kein pl* KUNST naturalism

Naturalist(in) <-en, -en> *m(f)* KUNST naturalist

naturalistisch *adj* (1) (*geh: wirklichkeitsgetreu*) naturalistic (2) KUNST naturalist

Naturalleistung *f meist pl* payment in kind **Naturallohn** *m* payment [*or* renumeration] in kind **Naturalobligation** *f* JUR imperfect obligation **Naturalrestitution** *f* JUR restitution in kind

Naturapostel *m* nature fiend **naturbelassen** *adj* natural; *Wald, Land* wild **Naturboden** *m* (1) (*Land*) virgin land (2) (*Fußboden*) natural floor[ing] **Naturborste** *f* natural bristle **Naturbursche** *m* nature-boy *fam* **Naturdenkmal** *nt* natural monument **Naturdünger** *m* natural fertilizer

Naturell <-s, -e> *nt* (*geh*) temperament, nature

Naturereignis *nt* natural phenomenon **Naturerscheinung** *f* natural phenomenon **Naturfarbe** *f* (1) (*natürlicher Farbstoff*) natural dye (2) (*ursprüngliche Farbe*) natural colour [*or* AM -or] **naturfarben** *adj* natural-coloured [*or* AM -ored] **Naturfaser** *f* natural fibre [*or* AM -er] **Naturforscher(in)** *m(f)* natural scientist **Naturforschung** *f* natural science **Naturfreund(in)** *m(f)* nature lover **Naturgebiet** *nt* nature area **naturgegeben** *adj inv* naturally inevitable **naturgemäß** I. *adj* natural II. *adv* (1) (*natürlich*) naturally (2) (*der Natur entsprechend*) in accordance with nature **Naturgeschichte** *f s.* **Naturkunde** **Naturgesetz** *nt* law of nature **naturgetreu** I. *adj* lifelike, true to life II. *adv* lifelike, true to life **Naturhaushalt** *m kein pl* BIOL, ÖKOL natural balance *no pl* **Naturheilkunde** *f* MED natural healing **Naturheilmethode** *f* nature healing [method] [*or* cure] **Naturheilmittel** *nt* NATURMED natural medicine **Naturheilverfahren** *nt* MED natural remedy **Naturkatastrophe** *f* natural disaster **Naturkosmetik** *f* PHARM natural cosmetics *pl* **Naturkost** *f kein pl* natural food *no pl*, natural foodstuffs *npl* **Naturkostladen** *m* natural food[stuffs *npl*] shop **Naturkreislauf** *m* natural cycle **Naturkunde** *f* SCH (*veraltet*) natural history **Naturkundemuseum** *nt* museum of natural history **naturkundlich** *adj* SCH (*veraltet*) natural history *attr* **Naturlandschaft** *f* natural landscape **Naturlehrpfad** *m* nature trail

natürlich I. *adj* (1) (*original*) natural (2) (*angeboren*) natural, innate (3) GEOG, GEOL natural; ~**e Ressourcen** natural resources (4) (*ungekünstelt*) natural; ■~ **sein** to be natural (5) (*menschlich*) natural; ■**es ist [nur]** ~, **dass/wenn ...** it's only natural, that/if ... (6) (*opp: künstlich*) natural II. *adv* (1) (*selbstverständlich*) naturally, of course; ~! of course!, naturally!, sure!, certainly! (2) (*in der Natur*) naturally

natürlicherweise *adv* naturally, of course

Natürlichkeit <-> *f kein pl* naturalness

naturnah *adj inv* close to nature

Naturpark *m* national park **Naturprodukt** *nt* natural product **Naturrecht** *nt* PHILOS natural right **naturrein** *adj* naturally pure **Naturschätze** *pl* natural resources *pl* **Naturschauspiel** *nt* spectacle of nature **Naturschönheit** *f* (1) *meist pl* (*Naturphänomen*) [site of] natural beauty, BRIT *a.* beauty spot (2) (*Lebewesen*) natural beauty

Naturschutz *m* [nature] conservation; **unter** ~ **stehen** to be under conservation, to be listed as an endangered species; **etw unter** ~ **stellen** to put sth under conservation, to legally protect endangered species

Naturschutzbeauftragte(r) *f(m) decl wie adj* commissioner for nature conservation **Naturschutzbehörde** *f* ÖKOL, POL [nature] conservation authority **Naturschutzbewegung** *f* nature conservation movement **Naturschutzbund** *m* nature conservancy association **Naturschützer(in)** *m(f)* conservationist **Naturschutzgebiet** *nt* nature reserve **Naturschwamm** *m* natural sponge **Naturstein** *m* natural stone **Naturstoff** *m* natural substance **Naturtalent** *nt* natural talent **Naturton** *m* natural shade **naturverbunden** *adj* nature-loving; ■~ **sein** to be nature-loving **Naturverbundenheit** *f kein pl* love of nature *no pl* **naturverträglich** *adj inv* ÖKOL ecologically harmless, ecofriendly **Naturvolk** *nt* primitive people **Naturwissenschaft** *f* (1) (*Wissenschaft*) natural sciences *pl* (2) (*Fach der* ~) natural science **Naturwissenschaftler(in)** *m(f)* natural scientist **naturwissenschaftlich** *adj* natural-scientific **Naturwunder** *nt* miracle of nature **Naturzustand** *m kein pl* natural state

Nauru <-s> *nt* Nauru; *s. a.* **Sylt**

Nauruer(in) <-s, -> *m(f)* Nauruan; *s. a.* **Deutsche(r)**

nauruisch *adj* Nauruan; *s. a.* **deutsch**

Nautik <-> *f kein pl* (1) (*Schifffahrtskunde*) nautical science (2) (*Navigation*) navigation

nautisch *adj* nautical

Navelorange ['na:vl-, 'neɪvəl-] *f* navel orange

navigabel *adj inv* boatable

Navigation <-> [-vi-] *f kein pl* navigation

Navigationscomputer *m* navigation computer **Navigationsfehler** *m* navigational error **Navigationshilfe** *f* NAUT, LUFT navigation[al] aid **Navigationsinstrument** *nt* navigation[al] instrument **Navigationskarte** *f* navigation[al] chart **Navigationsoffizier(in)** *m(f)* navigation officer **Navigationsraum** *m* chartroom **Navigationssatellit** *m* navigation satellite **Navigationsschaltfläche** *f* navigation panel **Navigationssystem** *nt* TECH navigation system

Navigator, -torin <-s, -toren> [-vi-] *m, f* navigator, navigation officer

navigieren* [-vi-] I. *vi* to navigate; ■**[nach etw]** ~ to navigate [according to sth] II. *vt* to navigate; ■**etw [durch/in etw** *akk*] ~ to navigate sth [through/into sth]

Nazi <-s, -s> *m* HIST Nazi

Nazismus <-> *m kein pl* HIST Nazism

nazistisch *adj* Nazi

Nazizeit *f* Nazi period

Nb *nt Abk von* **Niob** Nb

NB *Abk von* **notabene** NB

n.Br. *Abk von* **nördlicher Breite** N; *s. a.* **Breite 5**

NC <-> *m Abk von* **Numerus clausus**

n. Chr. *Abk von* **nach Christus** AD

NDR *m Abk von* **Norddeutscher Rundfunk** North German Radio

Ne *nt Abk von* **Neon** Ne

ne *adv* (*fam*) no

'ne *art indef* (*fam*) *kurz für* **eine** a

Neandertaler <-s, -> *m* Neanderthal man

Neapel <-s> *nt* Naples

Neapolitaner <-s, -> *m* (1) (*Einwohner von Neapel*) Napolitan (2) KOCHK ÖSTERR waffle

Nebel <-s, -> *m* (1) METEO fog, mist; **bei** ~ in foggy/misty conditions (2) ASTRON nebula

Nebelauflösung *f* lifting of [the] fog **Nebelbank** *f* fog bank, bank of fog **Nebelbildung** *f* [formation of] fog

nebelhaft *adj* (1) METEO foggy (2) (*verschwommen*) foggy, dim

Nebelhorn *nt* foghorn

neb(e)lig *adj* foggy

Nebelkammer *f* NUKL cloud chamber **Nebelkanone** *f* dry ice generator **Nebelkrähe** *f* ORN hooded crow **Nebellicht** *nt* AUTO fog light **Nebelscheinwerfer** *m* AUTO fog-light [*or* -lamp] **Nebelschlussleuchte**[RR] *f* AUTO rear fog-light **Nebelschwaden** *m meist pl* METEO wafts of mist *pl* **Nebelwand** *f* wall of fog

neben *präp* (1) +*akk* (*an der Seite*) ■~ **jdn/etw** beside [*or* next to] sb/sth (2) +*dat* ■~ **jdm/einer S.** beside [*or* next to] sb/sth (3) +*dat* (*außer*) ■~ **etw** *dat* besides sth, apart [*or* aside] from sth (4) +*dat* (*verglichen mit*) ■~ **jdm/einer S.** compared with [*or* to]

Nebenabrede *f*, **Nebenabsprache** *f* ÖKON subsidiary [*or* collateral] agreement; **wettbewerbsbeschränkende** ~ ancillary restraint **nebenamtlich** I. *adj* secondary, additional II. *adv* additionally

nebenan *adv* (*unmittelbar daneben*) next-door; **von** ~ from next-door

Nebenanschluss[RR] *m* TELEK *s.* **Nebenstelle** **Nebenanspruch** *m* JUR ancillary claim, secondary right **Nebenarbeit** *f* (1) (*nebenher ausgeführte Arbeit*) extra work (2) *s.* **Nebenbeschäftigung** **Nebenarm** *m* GEOG branch **Nebenausgabe** *f meist pl* additional expenses *pl* **Nebenausgang** *m* side exit **Nebenbedeutung** *f* LING secondary meaning [*or* connotation]

nebenbei *adv* (1) (*neben der Arbeit*) on the side (2) (*beiläufig*) incidentally; ~ **[bemerkt** [*o* **gesagt**]] by the way, incidentally

Nebenbemerkung *f* incidental [*or* casual] remark **Nebenberuf** *m* side [*or* second] job, sideline; **im** ~ as a second job [*or* sideline] **Nebenberufler(in)** <-s, -> *m(f)* ÖKON sb who has a job on the side **nebenberuflich** I. *adj* **eine** ~**e Tätigkeit** a second job II. *adv* as a second [*or* side] job, as a sideline **Nebenbeschäftigung** *f* second job, sidejob, sideline **Nebenbestimmung** *f* JUR collateral clause, ancillary provision **Nebenbetrieb** *m* HANDEL subsidiary **Nebenblatt** *nt* BOT stipule **Nebenbücher** *pl* FIN auxiliary books **Nebenbuhler(in)** <-s, -> *m(f)* rival **Nebenbürge, bürgin** *m, f* JUR co-guarantor, co-surety **Nebendarstellerin** *f* FILM supporting actress **Nebeneffekt** *m* side effect

nebeneinander *adv* (1) (*Seite an Seite*) side by side, alongside [each other]; **etw** ~ **halten** to hold sth side by side; **jdn/etw** ~ **legen** to lay [*or* place] sb/sth next to each other [*or* side by side]; ~ **liegen** to lie side by side; **jdn/etw** ~ **setzen** to put [*or* place] sb/sth next to each other [*or* side by side]; **sich** ~ **setzen** to sit [down] next to each other; ~ **sitzen** to sit side by side [*or* next to each other]; **stehen** to stand side by side; **jdn/etw** ~ **stellen** to put [*or* place] sb/sth next to each other [*or* side by side] (2) (*zugleich*) simultaneously, at the same time

N

Nebeneinander <-s> *nt kein pl* juxtaposition

nebeneinanderher *adv* side by side, alongside each other [*or* one another]

nebeneinanderlegen *vt s.* **nebeneinander 1**

nebeneinanderlsetzen *vt s.* **nebeneinander 1**

nebeneinanderlstellen *vt s.* **nebeneinander 1**

Nebeneingang *m* side entrance **Nebeneinkünfte, Nebeneinnahmen** *pl* FIN additional income **Nebenerscheinung** *f s.* Nebeneffekt **Nebenerwerb** *m* (*form*) *s.* Nebenberuf **Nebenerwerbswirtschaft** *f kein pl* ÖKON secondary job sector **Nebenfach** *nt* SCH subsidiary [subject] **Nebenfluss**[RR] *m* tributary **Nebenforderung** *f* JUR accessory claim **Nebengebäude** *nt* ❶ (*untergeordneter Bau*) outbuilding ❷ (*benachbartes Gebäude*) neighbouring [*or* AM neighboring] [*or* adjacent] building **Nebengeräusch** *nt* [background] noise **Nebengeschäft** *nt* HANDEL sundry [*or* sideline] business **Nebengesetze** *pl* JUR **wettbewerbsrechtliche** ~ ancillary competition laws **Nebengestein** *nt* BERGB country rock **Nebengewerbe** *nt* HANDEL ancillary trade **Nebengleis** *nt* siding **Nebenhandlung** *f* LIT sub-plot

nebenher *adv* on the side, in addition

nebenherlfahren *vi irreg* to drive alongside **nebenherlgehen** *vi irreg* to walk alongside [*or* beside] **nebenherllaufen** *vi irreg* to run alongside

nebenhin *adv* in passing, by the way; ***diese Bemerkung ließ er nur so ~ fallen*** he just dropped that comment in passing [*or* casually]

Nebenhoden *m meist pl* ANAT epididymis

Nebenhodenentzündung *f* MED epididymitis

Nebenhöhle *f* ANAT sinus **Nebenhöhlenentzündung** *f* MED sinus infection, sinusitis **Nebenintervenient(in)** *m(f)* JUR intervening party **Nebenintervention** *f* JUR *intervention by third party to support one of the litigants* **Nebenjob** *m* (*fam*) *s.* Nebenbeschäftigung **Nebenkasse** *f* FIN petty cash **Nebenklage** *f* JUR ancillary suit, incidental action **Nebenkläger(in)** *m(f)* JUR joint plaintif **Nebenkosten** *pl* ❶ (*zusätzliche Kosten*) additional costs *pl* ❷ (*Betriebskosten*) running costs *pl* **Nebenkostenstelle** *f* ADMIN departmental burden centre **Nebenleistung** *f* FIN additional [*or* peripheral] service; (*Lohn*) additional payment [*or* compensation]; ~ **in Geldform/in Sachform** cash allowance/allowance in kind **Nebenlinie** *f* ❶ (*im Stammbaum*) collateral line ❷ BAHN branch line **Nebenmann** <-es, -männer *o* -leute> *m* neighbour [*or* AM -or], person next to you **Nebenniere** *f* ANAT suprarenal gland, adrenal body **Nebenpflicht** *f* JUR accessory obligation, collateral duty; **~en des Arbeitgebers** employer's collateral duty **Nebenprodukt** *nt* CHEM by-product **Nebenraum** *m* ❶ (*Raum nebenan*) next room ❷ (*kleiner, nicht als Wohnraum genutzter Raum*) storage room **Nebenrecht** *nt* JUR accessory right **Nebenrolle** *f* ❶ FILM, THEAT minor part, supporting role ❷ (*nebensächlicher Stellenwert*) **[für jdn] nur eine ~ spielen** to be a minor concern [to sb] **Nebensache** *f* triviality, trivial matter; ~ **sein** to be beside the point, to be irrelevant

nebensächlich *adj* trivial, irrelevant; ■~ **sein** to be trivial [*or* irrelevant], to be beside the point; ■**N~es**, ■**das N~e** trivialities *pl*, less important matters *pl*

Nebensächlichkeit <-, -en> *f* triviality

Nebensaison *f* off-season **Nebensatz** *m* LING subordinate clause ▶ WENDUNGEN: **im** ~ by the by, in passing, incidentally **Nebenschaden** *m* collateral damage **Nebenschilddrüse** *f* MED parathyroid [gland] **nebenstehend** *adj* opposite; ***aus ~er Zeichnung können die architektonischen Details entnommen werden*** architectural details are shown in the illustration opposite [*or* on the opposite page] **Nebenstelle** *f* ❶ TELEK extension ❷ (*Filiale*) branch

Nebenstellenanlage *f* TELEK switchboard with extensions, branch exchange **Nebenstrafe** *f* JUR supplementary penalty **Nebenstraße** *f* side street **Nebenstrecke** *f* BAHN local [*or* branch] line **Nebentätigkeit** *f* sideline, second [*or* spare time] job **Nebentisch** *m* next [*or* adjacent] table **Nebenverdienst** *m* additional income **Nebenverfahren** *nt* JUR collateral proceedings *pl* **Nebenverpflichtungen** *pl* JUR accessory obligations **Nebenvertrag** *m* JUR collateral contract **Nebenwinkel** *m* MATH adjacent angle **Nebenwirkung** *f* PHARM side effect **Nebenzimmer** *nt* next room **Nebenzweck** *m* additional purpose **Nebenzweig** *m* ADMIN subsidiary branch

neblig *adj s.* **neb(e)lig**

nebst *präp +dat* (*veraltend*) together with

nebstdem *adv inv* SCHWEIZ (*außerdem*) besides, as well, anyway

nebulös I. *adj* (*geh*) nebulous *form* II. *adv* vaguely

Necessaire <-s, -s> [nesɛˈsɛːɐ̯] *nt* ❶ (*Kulturbeutel*) vanity bag ❷ (*Nagel~*) manicure set ❸ (*Nähzeug*) sewing kit

Neckar <-s> *m* Neckar

necken *vt* ■**jdn** ~ to tease sb; ■**sich** ~ to tease each other; *s. a.* **lieben**

neckisch *adj* ❶ (*schelmisch*) mischievous ❷ (*fam: kess*) saucy *fam*, coquettish

nee *adv* (*fam*) no

Neffe <-n, -n> *m* nephew

Negation <-, -en> *f* negation

negativ I. *adj* negative; **~es Renditegefälle** FIN reverse yield gap; **Schrift in** ~ TYPO lettering reversed white on black II. *adv* negatively

Negativ <-s, -e> *nt* FOTO negative

Negativattest *m* JUR clearance certificate **Negativbeispiel** <-(e)s, -e> *nt* bad [*or* negative] example **Negativbeweis** *m* JUR negative evidence **Negativfilm** *m* FOTO negative film **Negativklausel** *f* JUR negative declaration, negative pledge clause **Negativkopie** *f* FOTO negative platemaking **Negativtest** *m* FIN negative clearance **Negativtrend** *m* negative trend **Negativumwandlung** *f* FOTO negativ transposition

negatorisch *adj* JUR negating, denying; **~e Klage** action for an injunction

Neger(in) <-s, -> *m(f)* (*pej: Schwarzer*) negro, nigger *pej* ▶ WENDUNGEN: **schwarz wie ein** ~ (*hum*) brown as a berry; **angeben wie zehn nackte** ~ (*sl*) to shoot one's big mouth off *sl*

Negerkuss[RR] *m* KOCHK chocolate marshmallow **Negersklave, -sklavin** *m, f* negro [*or* black] slave

negieren* *vt* ❶ (*geh: leugnen*) ■**etw** ~ to deny sth; ■~, **[dass]** ... to deny that ... ❷ LING ■**etw** ~ to negate sth

negrid *adj* negro

negroid *adj* negroid

nehmen <nahm, genommen> *vt* ❶ (*ergreifen*) ■**etw** ~ to take sth; ■**[sich** *dat*] **etw** ~ to take sth; ~ ***Sie sich doch ruhig noch etwas Kaffee/Wein!*** [do] help yourself to more coffee/wine! ❷ (*wegnehmen*) ■**[jdm] etw** ~ to take sth [away] [from sb] ❸ (*verwenden*) ■**etw [für/in etw** *akk*] ~ to take sth [for/in sth]; ***nimm nicht soviel Pfeffer/Salz*** don't use so much pepper/salt; ***ich nehme immer nur ganz wenig Milch/Zucker in den Kaffee*** I only take a little milk/sugar in my coffee; ■**etw von etw** ~ to use sth from sth; ***davon braucht man nur ganz wenig zu*** ~ you only need to use a small amount; ■**etw als etw** ~ to use sth as sth ❹ (*annehmen*) ■**etw** ~ to accept [*or* take] sth ❺ (*verlangen*) ■**etw [für etw** *akk*] ~ to ask sth [for sth]; ~ ***Sie sonst noch was?*** would you like anything else?; ***was nimmst du dafür?*** what do you want for it? ❻ (*wählen*) ■**jdn [als jdn]** ~ to take sb [as sb]; ■**etw** ~ to take sth ❼ (*mieten*) ■**sich** *dat* **etw** ~ to take sth ❽ (*engagieren*) ■**sich** *dat* **jdn** ~ to get sb ❾ TRANSP (*benutzen*) ■**etw** ~ to take sth; ***heute nehme ich lieber den Bus*** I'll take the bus today; **jdm die Aussicht/Sicht** ~ (*versperren*) to block sb's view ❿ (*einnehmen*) ■**etw** ~ to take sth; **etw zu sich** ~ (*geh*) to have [*or form* partake of] sth; **man nehme ...** take ...; ***hast du heute auch deine Tabletten genommen?*** did you take your tablets today? ⓫ MED (*beseitigen*) **Beschwerden/Schmerz** ~ to take away symptoms/pain ⓬ (*vergehen lassen*) **jdm Angst/Furcht/Bedenken** ~ to take away [*or* ease] sb's fear/doubts; **jdm Freude/Glück/Hoffnung/Spaß** ~ to take away sb's [*or* to rob [*or* deprive] sb of their] joy/happiness/hope/fun ⓭ (*überwinden*) ■**etw** ~ to overcome sth ⓮ MIL (*erobern*) ■**etw** ~ to take sth ▶ WENDUNGEN: **jdn ~, wie er ist** to take sb as he is; **etw nehmen, wie es kommt** to take sth as it comes; **sich** *dat* **etw nicht ~ lassen** to not be robbed of sth; **es sich** *dat* **nicht ~ lassen, etw zu tun** to insist on doing sth; **woher ~ und nicht stehlen?** (*fam*) where on earth is one going to get that from?; **jdn zu ~ wissen, wissen, wie er jdn ~ muss** to know how to take sb; **etw an sich** *akk* ~, **etw auf sich** *akk* ~ to take sth upon oneself; **jdn zu sich** ~ to take sb in; **sie ~ sich** *dat* **nichts** (*fam*) they're both the same [*or* as good/bad as each other]; *s. a.* **wie**

Neid <-[e]s> *m kein pl* jealousy (**auf** *+akk* of), envy (**auf** *+akk* of); ***nur kein ~!*** don't be jealous!; **purer** ~ pure [*or* plain] jealousy; **[jds]** ~ **erregen** to make sb jealous [*or* envious], to arouse sb's [*or* cause] jealousy, to arouse [*or* stir up] sb's envy; **jdm schaut der ~ aus den Augen** envy is written all over sb's face; **vor** ~ (*fam*) with envy; **blass** [*o* **gelb**] [*o* **grün**] **vor** ~ green [*or* pale] with envy; **vor ~ erblassen** (*form*), **vor ~ platzen können** to go green with envy ▶ WENDUNGEN: **das ist der ~ der Besitzlosen** (*fam*) that's just sour grapes *fam*; **das muss jdm der ~ lassen** (*fam*) you've got to hand it to sb, you have to say that much for sb *fam*

neiden *vt* ■**jdm etw** ~ to envy sb [for] sth

Neider(in) <-s, -> *m(f)* jealous [*or* envious] person

neiderfüllt I. *adj* (*geh*) filled with [*or* full of] envy [*or* jealousy], jealous, envious II. *adv* jealously, enviously

Neiderin <-, -nen> *f fem form von* **Neider**

Neidhammel *m* (*fam*) jealous [*or* envious] person; ***du alter ~!*** you're just jealous!

neidisch, neidig SÜDD, ÖSTERR I. *adj* jealous, envious; ■~ **sein/werden** to be/become jealous [*or* envious]; ■**auf jdn ~ sein/werden** to be/become jealous [*or* envious] of sb, to envy sb II. *adv* jealously, enviously, with envy [*or* jealousy]

neidlos I. *adj* unbegrudging II. *adv* unbegrudgingly

Neige <-, -n> *f* (*Flüssigkeitsrest*) remains; **bis zur ~** to the dregs; **etw bis zur ~ leeren** to drain sth to the dregs ▶ WENDUNGEN: **bis zur bitteren ~** until the bitter end; **zur ~ gehen** (*geh*) to draw to an end; ***unsere Vorräte gehen zur ~*** our provisions are fast becoming exhausted; **etw bis zur ~ auskosten** to savour [*or* AM -or] sth to the full

neigen I. *vr* ❶ (*sich beugen*) ■**sich zu jdm** ~ to lean over to sb; **sich nach hinten/vorne/rechts/links/zur Seite** ~ to lean backwards/forwards/to the right/left/side ❷ (*schräg abfallen*) ■**etw neigt sich** sth slopes [*or* inclines] ❸ (*geh: sich niederbeugen*) to bow down; ***die Tannenzweige neigten sich [tief zur Erde*** the pine branches bowed [low] to the ground ❹ (*kippen*) ■**sich** ~ to tilt II. *vt* ❶ (*beugen*) ■**etw** ~ to bend sth; ***den Oberkörper leicht nach vorne geneigt*** his/her torso [*or* upper body] slightly bent forwards ❷ (*geh: kippen*) ■**etw** ~ to tilt sth III. *vi* ❶ (*anfällig für etw sein*) ■**zu etw** ~ to be prone [*or* susceptible] to sth ❷ (*tendieren*) ■**zu etw** ~ to tend [*or* have a tendency] to sth; ***du neigst zu Übertreibungen*** you tend to exaggerate; ■**dazu ~, etw zu tun** to be inclined [*or* tend] [*or* have a tendency] to do sth; ***ich neige zu der Ansicht, dass ...*** I tend [*or* lean] towards the view that ...

Neigezug *m* TRANSP tilting train

Neigung <-, -en> *f* ❶ (*Vorliebe*) leaning; **eine ~ verspüren, etw zu tun** to feel an inclination to do sth ❷ (*Zuneigung*) affection; **aus** ~ with affection ❸ (*Tendenz*) tendency; ***du hast eine ~ zur Ungeduld*** to have a tendency to be impatient ❹ (*Gefälle*) slope ❺ BAU pitch

Neigungswinkel *m* TECH angle of inclination

nein *adv* ❶ (*Negation*) no; **[zu etw] N~ sagen** to

say no [to sth]; **nicht N~ sagen** to not say no; **o ~!** certainly not! ❷ *(sogar)* no; ***wahnsinnig schwül, ~ unerträglich heiß*** incredibly humid, no, unbearably hot ❸ *fragend* will you/they/he/she/it; ***du wirst dem Kerl doch nicht helfen, ~?*** you won't help this guy, will you? ❹ *(ach)* well; ***~, wen haben wir denn da?*** well, who have we got here then? ▶ WENDUNGEN: **~, so was!** oh no!
Nein <-s> *nt kein pl* no
Neinsager(in) <-s, -> *m(f)* person who always says no **Neinstimme** *f* POL no[-vote]
Nekrolog <-[e]s, -e> *m (geh)* obituary
Nekrophilie <-> *f kein pl* necrophilia *no pl, no art*
Nektar <-s, -e> *m* nectar
Nektarie <-, -n> *f* BOT nectary
Nektarine <-, -n> *f* nectarine
Nelke <-, -n> *f* ❶ BOT carnation ❷ KOCHK clove
Nelkenwurz <-> *f kein pl* BOT avens
'nem *art indef, dativ (fam) kurz für* **einem** a; *s. a.* **ein ² II 1**
Nematode <-n, -n> *m* ZOOL nematode
'nen *art indef (fam) kurz für* **einen** a
Nennbelastung *f* TECH nominal load **Nennbetrag** *m* face [*or* nominal] value **Nenndrehzahl** *f* AUTO rated speed
nennen <nannte, genannt> **I.** *vt* ❶ *(benennen)* ■**jdn/etw ~** to name [*or* call] sb/sth; ■**genannt** known as ❷ *(anreden)* to call; ***Freunde dürfen mich Johnny ~*** friends may call me Johnny ❸ *(bezeichnen)* ■**etw ~** to call sth; **wie nennt man das?** what do you call that? [*or* is that called?] ❹ *(mitteilen)* ■**[jdm] jdn/etw ~** to name sb/sth [to sb]; ***ich nenne Ihnen einige Namen*** I'll give you a few names; ***können Sie mir einen guten Anwalt ~?*** can you give me the name of a good lawyer?; ■**genannt** referred to; ***das genannte Restaurant ...*** the restaurant mentioned ... ▶ WENDUNGEN: **das nenne ich ...** I call that ...; ***das nenne ich aber mal ein leckeres Mittagessen!*** [now] that's what I call a delicious lunch! **II.** *vr (heißen)* ■**sich ~** to call oneself ▶ WENDUNGEN: **und so was nennt sich ...!** *(fam)* and they call that a ...!; ***du bist gemein! und so was nennt sich Freundin!*** you're mean! and you call yourself a friend!
nennenswert *adj* considerable, not inconsiderable; **nicht ~** not worth mentioning; ■**etwas/nichts Nennenswertes** sth/nothing worth mentioning; ***ist irgend etwas Nennenswertes vorgefallen?*** did anything worth mentioning happen?
Nenner <-s, -> *m* MATH denominator; **der kleinste gemeinsame ~** the lowest common denominator ▶ WENDUNGEN: **etw auf einen [gemeinsamen] ~ bringen** to reduce sth to the common denominator; **einen [gemeinsamen] ~ finden** to find common ground
Nennleistung *f* AUTO rated power
Nennung <-, -en> *f* naming
Nennwärmeleistung *f* nominal thermal capacity
Nennwert *m* ❶ BÖRSE nominal [*or* face] value; **über/unter dem ~** above/below nominal [*or* face] value; **zum ~** at nominal [*or* face] value, at par ❷ FIN *(von Währung)* denomination
Nennwertaktie *f* FIN par [*or* face] value share
Neodym <-s> *nt kein pl* CHEM neodymium
Neofaschismus <-> *m kein pl* POL neo-fascism, *no pl* **Neofaschist** <-en, -en> *m* POL neofascist **neofaschistisch** *adj* POL neofascist **neogotisch** *adj* ARCHIT neogothic **Neoklassizismus** *m* ARCHIT neoclassicism **neoklassizistisch** *adj* ARCHIT neoclassicist **neoliberal** *adj inv* neoliberal
Neolithikum <-s> *nt kein pl* GEOL Neolithic
Neologismus <-, -gismen> *m* LING neologism
Neon <-s> *nt kein pl* neon
Neonazi <-s, -s> *m* POL *kurz für* **Neonazist** neonazi **Neonazismus** <-> *m kein pl* neo-Nazi[i]sm *no pl* **Neonazist** <-en, -en> *m* POL neo-nazi **neonazistisch** *adj* POL neo-nazi
Neonlicht *nt* neon light **Neonreklame** *f* ÖKON neon sign **Neonröhre** *f* neon strip [*or* tube], strip light **Neonwerbung** *f* neon sign
Neopren <-s> *nt kein pl* CHEM neoprene
Neoprenanzug *m* wet suit
Neopterin <-s, -e> *nt* MED neopterin
Nepal, Nepal <-s> *nt* Nepal; *s. a.* **Deutschland**
Nepal <-s> *nt* Nepal
Nepalese, Nepalesin <-n, -n> *m, f,* **Nepaler(in)** <-s, -> *m(f)* Nepalese, Nepali; *s. a.* **Deutsche(r)**
nepalesisch *adj* Nepalese, Nepali; *s. a.* **deutsch**
nepalisch *adj s.* **nepalesisch**
Nephelin <-s, -e> *m* GEOL, CHEM nepheline
Nephrom <-s, -e> *nt* MED *(Nierentumor)* nephroma
Nepotismus <-> *m kein pl (geh)* nepotism
Nepp <-s> *m kein pl (fam)* rip-off *fam;* ***das ist ja der reinste ~!*** that's a complete rip-off!
neppen *vt (fam)* ■**jdn ~** to rip sb off *fam;* ***da bist du aber ganz schön geneppt worden!*** they must have seen you coming!
Nepplokal *nt (fam)* clipjoint
Neptun <-s> *m* neptune; ■**der ~** neptune
Neptunium <-s> *nt kein pl* neptunium
'ner *art indef (fam) kurz für* **einer** a
Nerv <-s *o* -en, -en> *m* ❶ ANAT nerve ❷ BOT vein ▶ WENDUNGEN: **~en wie Drahtseile haben** *(fam)* to have nerves of steel; **gute/schlechte** [*o* **schwache**] **~en haben** to have strong/bad [*or* weak] nerves; **die ~en behalten** to keep calm; **jds ~en gehen [mit] jdm durch** sb loses their cool; ***entschuldigen Sie, meine ~en sind wohl etwas mit mir durchgegangen*** I'm sorry, I must have lost my cool; **jdm auf die ~en gehen** [*o* **fallen**] *(fam)* to get on sb's nerves; **auf die ~en gehen** *(fam)* to be a strain on the nerves; **den ~ haben, etw zu tun** *(fam)* to have the nerve to do sth; **[vielleicht] ~en haben!** *(fam)* to have a nerve!; ***du hast vielleicht ~en!*** you've got a nerve!; **jdm den [letzten] ~ rauben** [*o* **töten**] *(fam)* to shatter [*or* break] sb's nerve; **die ~en verlieren** to lose control [*or* one's cool]; **~en zeigen** to show nerves
nerven **I.** *vt (fam)* ■**jdn [mit etw] ~** to get on sb's nerves [*or fam* bug sb] [with sth]; ■**genervt** stressed [out], worked up **II.** *vi (sl)* to get on one's nerves, to annoy [*or fam* bug] sb
Nervenanspannung *f* nervous tension **Nervenarzt, -ärztin** *m, f* neurologist **nervenaufreibend** *adj* nerve-racking [*or esp* AM -wracking]; ■**~ sein** to be nerve-racking **Nervenbahn** *f* nerve **Nervenbelastung** *f* nervous strain **nervenberuhigend** **I.** *adj* PHARM sedative, calming **II.** *adv* calming **Nervenbündel** *nt (fam)* bundle of nerves *fam* **Nervenentzündung** *f* neuritis **Nervengas** *nt* MIL nerve gas **Nervengaswolke** *f* cloud of nerve gas **Nervengift** *nt* CHEM neurotoxin **Nervenheilanstalt** *f* MED, PSYCH *(veraltend)* mental *dated* [*or* psychiatric] hospital **Nervenheilkunde** *f* MED neurology **Nervenkitzel** <-s, -> *m (fam)* thrill **Nervenklinik** *f* MED *(fam)* psychiatric clinic **Nervenkostüm** *nt (fam)* nerves *pl;* **ein starkes/schwaches ~ haben** to have strong/weak nerves **Nervenkraft** *f* nervous strength **nervenkrank** *adj* MED mentally ill [*or* disturbed]; ■**~ sein** to be mentally ill [*or* disturbed] **Nervenkrankheit** *f (physisch)* disease of the nervous system, nervous disease [*or* disorder]; *(psychisch)* mental illness [*or* disorder] **Nervenkrieg** *m* war of nerves **Nervenleiden** *nt* MED nervous condition [*or* disorder] **Nervennahrung** *f* food for the nerves **Nervenprobe** *f* trial of nerves **Nervensache** *f* **[eine/reine] ~ sein** *(fam)* to be all a question of nerves **Nervensäge** *f (fam)* pain in the neck *fam* **Nervenschmerz** *m meist pl* MED neuralgic pain, neuralgia *no pl* **Nervenschock** *m* nervous shock **nervenschwach** *adj* with weak nerves *pred,* neurasthenic *spec;* **~ sein** to have weak nerves [*or spec* be neurasthenic] **nervenstark** *adj* with strong nerves *pred;* **~ sein** to have strong nerves **Nervenstrang** *m* ANAT nerve cord **Nervensystem** *nt* ANAT nervous system **Nervenwachstum** *nt* neurogenesis, nerve growth **Nervenzelle** *f* nerve cell, neuron, neurone **Nervenzentrum** *nt* nerve centre [*or* AM -er] **Nervenzusammenbruch** *m* nervous breakdown; **einen ~ haben** [*o geh* **erleiden**] to have [*or* suffer] a nervous breakdown
nervig ['nɛrfɪç] *adj* ❶ *(sl: nervenaufreibend)* irritating; ■**~ sein** to be irritating ❷ *(veraltend geh)* sinewy, wiry
nervlich **I.** *adj* nervous *attr* **II.** *adv* ❶ *(psychisch)* **jd ist ~ erschöpft/belastet** sb's nerves are at a breaking point/strained ❷ *(in der psychischen Verfassung)* **~ bedingt** nervous
nervös [nɛr'vø:s] **I.** *adj* ❶ *(psychisch erregt)* nervous, jumpy *fam;* ■**~ sein/werden** to be/become nervous; **jdn ~ machen** to make sb nervous ❷ MED nervous **II.** *adv (nervlich)* nervous; **~ bedingt** nervous in origin
Nervosität <-> [-vo-] *f kein pl* nervousness
nervtötend *adj (fam)* nerve-racking [*or esp* AM wracking] *fam;* ■**~ sein** to be nerve-racking
Nervtöter <-s, -> *m (pej)* nerve-wrecker, AM *a.* pain in the ass
Nerz <-es, -e> *m* ❶ ZOOL mink ❷ MODE mink
Nerzmantel *m* mink coat
Nessel¹ <-, -n> *f* BOT nettle ▶ WENDUNGEN: **sich [mit etw] in die ~n setzen** *(fam)* to put one's foot in it
Nessel² <-s, -> *m* MODE untreated cotton
Nesselfieber *nt* MED nettle-rash **Nesselsucht** *f kein pl* MED nettle-rash, hives *npl* **Nesseltier** *nt* ZOOL cnidarian
Nesseltuch *nt* muslim [cloth]
Nessessär <-s, -s> *nt* ❶ *(Kulturbeutel)* vanity bag ❷ *(Nagel~)* manicure set ❸ *(Nähzeug)* sewing kit
Nest <-[e]s, -er> *nt* ❶ ORN nest ❷ *(Brutstätte)* nest ❸ *(fam: Kaff)* dump *fam,* hole *fam* ▶ WENDUNGEN: **das eigene** [*o* **sein eigenes**] **~ beschmutzen** to foul one's own nest; **sich ins gemachte ~ setzen** *(fam)* to marry well, to have got it made
Nestbau <-s> *m kein pl* nest-building *no pl, no art*
nesteln *vi (herumzupfen)* to fiddle, to fumble; ■**an etw** *dat* **~** to fiddle around with sth
Nesthäkchen <-s, -> *nt (fam)* baby of the family; ■**jds ~** the baby of the family **Nesthocker(in)** *m(f)* ❶ BIOL nidicolous bird ❷ *(fig)* stay-at-home
Nestor, -torin <-s, -toren> *m, f (geh)* doyen *masc,* doyenne *fem*
Nestwärme *f* warmth and security
Netiquette <-, -n> [-'kɛtə] *f* INET netiquette
Netpopulation <-, -s> *f* Net population
Netsurfer(in) ['nɛtsə:fɐ] *m(f)* Net surfer
nett *adj* ❶ *(liebenswert)* nice; ■**~ [zu jdm] sein** to be nice [to sb]; ■**etwas/nichts Nettes** sth/sth not very nice; **sei so ~ und ...** would you mind ...; ***wenn Sie so ~ sind/sein würden*** if you don't mind; **so ~ sein und ...** to be so kind as to ...; ***er war so nett und hat mich nach Hause gebracht*** he was so kind as [*or* kind enough] to take me home ❷ *(angenehm)* nice, pleasant ❸ *(beträchtlich)* nice; **ein ~s Stück** a fair walk; ***von hier ist es noch ein ganz ~es Stück zu laufen*** it's still a fair walk from here; **ein ~s Sümmchen** a tidy sum [of money]; ***sie hat sich ein ~es Sümmchen gespart*** she's saved herself a nice little sum ❹ *(iron fam: unerfreulich)* nice; ***das sind ja ~e Aussichten!*** what a nice prospect!; ■**etwas Nettes** something nice
netterweise *adv* kindly; ***er hat mich ~ nach Hause gebracht*** he was so kind as [*or* kind enough] to take me home
Nettigkeit <-, -en> *f* ❶ *kein pl (Liebenswürdigkeit)* kindness ❷ *(liebenswürdige Bemerkung)* kind [*or* nice] words [*or* things] *pl* ❸ *pl (iron fam: boshafte Bemerkung)* insult
netto *adv* net
Nettobetrag *m* FIN net amount **Nettobilanz** *f* FIN net balance **Nettoeinkaufspreis** *m* HANDEL cost price **Nettoeinkommen** *nt* net income **Nettoergebnis** *nt* FIN net result **Nettoerlös** *m* HANDEL net yield [*or* proceeds] *pl* **Nettoersparnisse** *pl* FIN net savings; **~ der privaten Haushalte** net savings in private households **Nettoerwerb** *m* ÖKON net earnings *pl* **Nettogehalt** *nt* net salary **Nettogewicht** *nt* net weight **Nettogewinn** *m* FIN net profit **Nettoinvestition** *f* ÖKON net investment

N

Nettokapitalertrag *m* FIN net capital gain **Nettokapitalexport** *m* FIN net capital export **Nettokreditaufnahme** *f* net credit, net borrowings *pl* **Nettolohn** *m* net salary [*or* wage], take-home pay **Nettomonatseinkommen** *nt* net monthly income **Nettopreis** *m* ÖKON net price **Nettoprinzip** *nt* net presentation principle **Nettoproduktionswert** *m* ÖKON net output **Nettosozialprodukt** *nt* ÖKON net national product **Nettoumlaufvermögen** *nt* FIN net current assets *pl*, working capital **Nettoumsatz** *m* FIN net sales *pl* [*or* turnover] **Nettoverdienst** *m* ÖKON net earnings *pl*, take-home pay **Nettovermögen** *nt* FIN net assets *pl* **Nettoverschuldung** *f* FIN net indebtedness **Nettowertschöpfung** *f* FIN net value added **Nettowirkungsgrad** *m* ÖKOL, TECH net efficiency

Netz <-es, -e> *nt* ❶ (*Fischnetz*) net ❷ (*Einkaufs~*) string bag; (*Gepäck~*) [luggage] rack; (*Haar~*) hair net ❸ SPORT net; **ins ~ gehen** to go into the net; *Tennisball* to hit the net ❹ (*Schutz~*) safety net ❺ (*Spinnen~*) web ❻ ELEK, TELEK (*Leitungssystem*) network; (*Strom*) [national] grid [*or* AM power supply system]; **ans ~ gehen** to be connected to the grid; **etw vom ~ nehmen** to cut sth off from the grid ❼ *kein pl* INFORM (*Netzwerk*) network; **lokales/neurales ~** local/neural area network; ■**das ~** INET the Net, the Internet ❽ (*Rohrnetz*) network [of pipes] ❾ TRANSP system ❿ (*Ring*) network ▸ WENDUNGEN: **ohne ~ und doppelten Boden** without a safety net; **das soziale ~** the social net; **jdm ins ~ gehen** to fall into sb's trap; **jdm durchs ~ gehen** to give sb the slip

NetzanschlussRR *m* ❶ TECH (*Anschluss an das Stromnetz*) mains *npl* [*or* AM power] supply ❷ TELEK (*Anschluss an ein Kommunikationsnetz*) telephone line connection **netzartig** *adj inv* netlike, reticulate, reticular **Netzauge** *nt* ZOOL compound eye **Netzball** *m* TENNIS netball **Netzbetrieb** *nt* ELEK power supply **Netzbürger(in)** *m(f)* INET, SOZIOL (*euph*) netizen *euph*, citizen of the net *euph*

netzen *vt* ■**etw ~** ❶ (*geh: befeuchten*) to moisten [*or* wet] sth; **die Blumen mit Wasser ~** to give the plants a little water; ***Tränen netzten ihre Wangen*** tears ran down her cheeks ❷ SÜDD (*gießen*) to water sth

Netzfahrkarte *f* area season ticket, free pass, BRIT *a.* travelcard **Netzgerät** *nt* mains receiver BRIT, power supply unit AM **Netzhaut** *f* retina **Netzhautablösung** *f* retinal detachment, detached retina **Netzhautentzündung** *f* MED retinitis **Netzhemd** *nt* MODE string vest **Netzkabel** *nt* ELEK power cable **Netzkarte** *f* BAHN zone card **Netzknoten** *m* ❶ INFORM network node ❷ TECH network junction point ❸ BIOL network junction **Netz-Laufgitter** *nt* lobster pot **Netzmagen** *m* BIOL (*Teil des Widerkäuermagens*) reticulum **Netzmelone** *f* cantaloup melon **Netzmonopol** *nt* net monopoly **Netz-PC** *m* network PC **Netzplantechnik** *f* ÖKON network analysis **Netzseite** *f* Web page [*or* site] **Netzspannung** *m* line [*or* supply] [*or* BRIT mains] voltage **Netzstecker** *m* mains *npl* [*or* AM power] plug **Netzstrumpf** *m* fish-net stocking **Netzteil** *nt* ELEK mains adapter BRIT, power supply unit AM; INFORM power pack **Netzteilnehmer(in)** *m(f)* INFORM, TELEK network user **Netztyp** *m* ELEK power type

Netzwerk *nt* ❶ (*engverbundenes System*) network ❷ INFORM network, system **Netzwerkadapter** *m* INFORM network adapter **Netzwerkbetrieb** *nt* ELEK line supply **Netzwerkfähigkeit** *f kein pl* INFORM networkability *no pl* **Netzwerkkarte** *f* INFORM network card **Netzwerkknoten** *m* INFORM network node **Netzwerktochter** *f* network daughter

Netzzugang *m* INET connection to the Internet

neu I. *adj* ❶ (*gerade produziert/erworben/vorhanden*) new; ***das ist die ~e/~este Mode!*** it's the new/latest fashion!; ■**~ sein** to be new; ■**etwas Neues** something new; ***auf der Fachmesse gab es nichts Neues*** there was nothing new at the trade fair; ■**der/die Neue** the newcomer; **ein ~eres System** a more up to date system; ■**das Neue** [an etw *dat*] the new thing [about sth]; ■**das Neueste** the latest [thing]; ■**jdm ~ sein** to be news to sb, to be a new one on sb *fam*; ***was gibt's Neues?*** (*fam*) what's new?; ***weißt du schon das Neu[e]ste?*** have you heard the latest?; **seit ~[e]stem** [since] recently; ***seit ~estem können wir Ihnen auch die Bestellung per Kreditkarte anbieten*** we are now able to take your orders by credit card; **das Neu[e]ste vom Neuen** the very latest [thing]; **von ~em** all over again, from the beginning, from scratch; *s. a.* **Tag** ❷ (*frisch*) fresh; ***du solltest mal ein ~es Hemd anziehen*** you should put on a fresh shirt ❸ (*abermalig*) new; **einen ~en Anfang machen** to make a fresh start; **einen ~en Anlauf nehmen** to have another go; **einen ~en Versuch machen** to have another try ❹ MEDIA (*gerade zugänglich*) latest; **die ~esten Nachrichten** the latest news ▸ WENDUNGEN: **auf ein N~es!** here's to a fresh start!; (*Neujahr*) here's to the New Year!; **aufs N~e** (*geh*) afresh, anew II. *adv* ❶ (*von vorn*) **~ bearbeitet** MEDIA revised; **~ beginnen** to make a fresh start, to start again from scratch; **~ anfangen** to start all over again; **sich ~ einkleiden** to buy oneself a new set of clothes; **etw ~ einrichten** to refurbish sth; **etw ~ gestalten** to redesign, to provide a new layout; ***der ~ gestaltete Marktplatz*** the newly laid-out market square; **etw ~ anschaffen** to buy sth new ❷ (*zusätzlich*) anew; ***die Firma will 33 Mitarbeiter ~ einstellen*** the firm wants to employ 33 new employees; ***wir wollen das Haus [ganz] ~ bauen*** we want to build the house anew [*or* rebuild the house] ❸ (*erneut*) again; **~ eröffnet** re-opened; ***frei werdende Stellen sollen nicht mehr ~ besetzt werden*** positions [to be] vacated should not be refilled; ***ich muss meine Kartei ~ ordnen*** I must re-sort my card index ❹ (*seit kurzem da*) **~ entwickelt** newly-developed; **~ eröffnet** newly opened; (*erneut eröffnet*) re-opened; **~ geboren** newly born; **~ geschaffen** newly created; **~ schaffen**, **~ vermählt** (*geh*) newly married [*or* wed] ▸ WENDUNGEN: **wie ~ geboren** like a new man/woman

Neuanfang *m* fresh start **Neuankömmling** <-, -e> *m* newcomer **Neuanlage** *f* FIN ❶ (*das Anlegen*) new investment ❷ (*das Angelegte*) new investment **Neuanschaffung** *f* ❶ (*Anschaffung von etw Neuem*) new acquisition [*or* purchase]; **~en machen** to make new acquisitions [*or* purchases], to buy new items ❷ (*neu Angeschafftes*) recent acquisition **neuapostolisch** *adj* REL New Apostolic

neuartig *adj* ❶ (*von neuer Art*) new ❷ (*nach neuer Methode*) new type of; ***dieses Wörterbuch ist ganz ~*** this is a completely new type of dictionary **Neuartigkeit** <-> *f kein pl* novelty

Neuauflage *f* MEDIA ❶ *kein pl* new edition ❷ *s.* **reprint** **Neuausgabe** *f* MEDIA *s.* **Neuauflage2**

Neubau <-bauten> *m* ARCHIT ❶ *kein pl* (*die neue Errichtung*) [new] building ❷ (*neu erbautes Gebäude*) new building [*or* house]

Neubaugebiet *nt* development area; (*schon bebaut*) area of new housing **Neubaumietenverordnung** *f* JUR *ordinance regulating publicly subsidized tenancies on controlled rents in newly-built houses* **Neubausiedlung** *f* new housing estate **Neubauwohnung** *f* newly-built flat [*or* AM *a.* apartment] **Neubearbeitung** *f* ❶ MEDIA (*erneutes Bearbeiten*) revision ❷ MEDIA (*revidierte Fassung*) revised edition ❸ MUS, THEAT new version **Neubeginn** *m* new beginning **Neubelebung** *f* ÖKON revival, revitalization; **~ des Marktes** revival of the market **Neuberechnung** *f* FIN revaluation **Neubesetzung** *m* replacement; **~ einer Rolle** THEAT recasting of a role **Neubewertung** *f* re-assessment; ÖKON revaluation, reappraisal **Neubewertungsrücklagen** *pl* ÖKON special revaluation reserves **Neubildung** *f* ❶ (*Umbildung*) reshuffle ❷ LING neologism ❸ MED neoplasm **Neu-Delhi** <-s> *nt* New Delhi **Neudruck** *m* TYPO, VERLAG (*Nachdruck, Neuauflage*) reprint **Neueinsteiger** *m* ÖKON (*Neuling*) newcomer **Neueinstellung** *f* ❶ *eines Videorekorders, Computers etc.* resetting, retuning ❷ *eines Arbeitnehmers* new appointment, hiring **Neuemission** *f* BÖRSE new issue

Neuenburg <-s> *nt* Neuchâtel

Neuengland *nt* New England **Neuentdeckung** *f* ❶ (*erneute Entdeckung*) rediscovery ❷ (*entdecktes Talent*) new discovery **Neuentwicklung** *f* ❶ *kein pl* (*Entwicklung neuartiger Dinge*) new development ❷ (*etwas gerade erst Entwickeltes*) new development

neuerdings *adv* recently; ***es gibt ~ Bestrebungen, …*** there have recently been attempts …

Neuerer <-s, -> *m* reformer

Neuerfassung *f* TYPO re-keying, re-setting [*or* -collection]

neuerlich I. *adj* further II. *adv* (*selten*) again **Neueröffnung** *f* ❶ (*neue Eröffnung*) new opening ❷ (*Wiedereröffnung*) re-opening **Neuerscheinung** *f* MEDIA new [*or* recent] publication

Neuerung <-, -en> *f* reform

Neuerwerbung *f* ❶ (*Kauf*) new acquisition ❷ (*gerade Erworbenes*) new acquisition ❸ SPORT (*Neueinkauf eines Spielers*) new signing [*or* acquisition]

neu(e)stens *adv* (*selten*) *s.* **neuerdings**

Neufassung *f* ❶ *kein pl* (*Vorgang*) revising; *eines Films* remaking ❷ (*Ergebnis des Vorgangs*) new [*or* revised] version, revision; *eines Films* remake **Neufestsetzung** *f* FIN realignment, reassessment; **~ des Eigenkapitals** revision of equity; **~ der Steuer** reassessment of tax; **~ der Währungsparitäten/der Wechselkurse** realignment of parities/of exchange rates **Neuformatierung** *nt* INFORM reformatting **Neufundland** *nt* Newfoundland **Neufundländer** <-s, -> *m* ZOOL Newfoundland [dog] **Neugeborene(s)** *nt dekl wie adj* newborn **neu-geschaffen** I. *pp von* **neu schaffen** *s.* **neu II 4** II. *adj inv s.* **neu II 4** **Neugeschäft** *nt* new business **Neugestaltung** *f* ❶ *kein pl* (*das Gestalten*) redesigning, reshaping ❷ (*das Gestaltete*) redesign, new layout

Neugier(de) <-> *f kein pl* curiosity, inquisitiveness, nosiness *pej fam*; **aus ~** out of curiosity; **mit [*o* voller] ~** full of curiosity

neugierig I. *adj* ❶ (*auf Informationen erpicht*) curious, inquisitive, nos[e]y *pej fam*; ■**~ sein/werden** to be/become curious [*or* inquisitive]; ***sei nicht so ~!*** don't be so nosey! ❷ (*gespannt*) ■**~ sein, ob/wie …** to be curious to know, whether/how …; **jdn ~ machen** to make sb curious; **da bin ich aber ~!** this should be interesting! II. *adv* curiously, inquisitively, nosily

Neugierige(r) *f(m) dekl wie adj* curious person, BRIT *a.* Nos[e]y Parker *pej fam*, AM *a.* rubberneck *sl*

Neugliederung *f* restructuring, reorganization **Neugotik** *f* ARCHIT, KUNST neo-Gothic **Neugriechisch** <-> *nt* Modern Greek **Neugründung** *f* ❶ (*erstmalige Gründung*) new establishment; (*Firma*) newly establishment business ❷ (*neu gegründeter Ort*) new establishment; (*neu gegründete Institution*) new foundation ❸ (*Prozess*) business start-up **Neuguinea** <-s> [-gi'ne:a] *nt* New Guinea

Neuheit <-, -en> *f* ❶ (*Neusein*) novelty ❷ ÖKON innovation

Neuheitsprüfung *f* (*Patent*) novelty search, examination for novelty

Neuhochdeutsch <-> *nt* ■**das ~e** New High German

neuhochdeutsch *adj* LING New High German; ■**das Neuhochdeutsche** New High German

Neuigkeit <-, -en> *f* news

Neuinszenierung *f* THEAT new production

Neujahr *nt kein pl* (*der erste Januar*) New Year ▸ WENDUNGEN: **Prost ~!** here's to the [*or* happy] New Year!

Neujahrsabend *m* New Year's Eve; (*in Schottland*) Hogmanay **Neujahrsempfang** *m reception on New Year's Eve* **Neujahrsfest** *nt* New Year's celebrations *pl* **Neujahrstag** *m* New Year's Day **Neukaledonien** <-s> *nt* New Caledonia **Neukartell** *nt* ÖKON new cartel **Neuland** *nt kein pl* AGR uncultivated land, virgin territory ▸ WENDUN-

GEN: [mit etw] [...] ~ betreten to enter unknown territory; ~ [für jdn] sein to be unknown territory [for sb] **Neulandgewinnung** *f* land reclamation

neulich *adv* recently, the other day; ***erinnert ihr euch noch an ~ abends/ morgens/ sonntags?*** do you remember the other evening/morning/Sunday?; **von ~** from the other day

Neuling <-s, -e> *m* beginner

neumodisch I. *adj* ❶ (*sehr modern*) fashionable ❷ (*pej: unverständlich neu*) new-fangled II. *adv* fashionably

Neumond *m kein pl* new moon; **bei ~** at new moon

neun *adj* nine; *s. a.* **acht**[1] ▶ WENDUNGEN: **alle ~e werfen** to get a strike; **alle ~[e]!** strike!

Neun <-, -en> *f* ❶ (*Zahl*) nine ❷ KARTEN nine; *s. a.* **Acht**[1] 4 ❸ (*Verkehrslinie*) ■**die ~** the [number] nine ▶ WENDUNGEN: **ach du grüne ~e!** (*fam*) good heavens!

Neunauge *nt* ZOOL lamprey **neuneinhalb** *adj* nine and a half; *s. a.* **anderthalb**

neunerlei *adj inv, attr* nine [different]; *s. a.* **achterlei**

neunfach, 9fach I. *adj* **die ~e Menge nehmen** to take nine times the amount II. *adv* nine times, ninefold

Neunfache, 9fache *nt dekl wie adj* **das ~ verdienen** to earn nine times the/that amount; *s. a.* **Achtfache**

neunhundert *adj* nine hundred; *s. a.* **hundert** **neunhundertjährig** *adj* nine hundred-year-old *attr;* **das ~e Bestehen von etw feiern** to celebrate the nine hundredth anniversary of sth **neunjährig, 9-jährig**[RR] *adj* ❶ (*Alter*) nine-year-old *attr,* nine years old *pred; s. a.* **achtjährig 1** ❷ (*Zeitspanne*) nine-year *attr; s. a.* **achtjährig 2** **Neunjährige(r), 9-Jährige(r)**[RR] *f(m) dekl wie adj* nine-year-old **neunköpfig** *adj* nine-person *attr; s. a.* **achtköpfig** **Neun-Loch-Golfanlage** *f* nine-hole golf course

neunmal *adv* nine times; *s. a.* **achtmal**

neunmalig *adj* repeated nine times; *s. a.* **achtmalig**

neunmalklug *adj* (*iron fam*) smart-aleck *attr fam*

Neunmalkluge(r) *f(m) dekl wie adj* (*iron fam*) smart-aleck *fam*

neunstöckig *adj inv* nine-storey *attr* [*or* AM -story], with nine storeys **neunstündig, 9-stündig**[RR] *adj* nine-hour *attr; s. a.* **achtstündig**

neunt *adj* **zu ~ sein** ***wir waren zu dritt*** there were three of us

neuntausend *adj* ❶ (*Zahl*) nine thousand [*or fam* K]; *s. a.* **tausend 1** ❷ (*fam: 9000 DM*) nine grand *no pl,* nine thou *no pl sl,* nine G's [*or* K's] *no pl* AM *sl*

neunte(r, s) *adj* ❶ (*nach dem achten kommend*) ninth; **die ~ Klasse** [*o fam* **die ~**] fourth year [*or* AM grade] (*secondary school*), BRIT *a.* S4; *s. a.* **achte(r, s) 1** ❷ (*Datum*) ninth, 9th; *s. a.* **achte(r, s) 2**

Neunte(r) *f(m) dekl wie adj* ❶ (*Person*) ninth; *s. a.* **Achte(r) 1** ❷ (*bei Datumsangaben*) ■**der ~/am ~,** ■*geschrieben* **der 9./am 9.** the ninth/on the ninth *spoken,* the 9th/on the 9th *written; s. a.* **Achte(r) 2** ❸ (*als Namenszusatz*) **Ludwig der ~,** *geschrieben* **Ludwig IX.** Ludwig the Ninth *spoken,* Ludwig IX *written; s. a.* **Achte(r) 2**

neuntel *num* ninth; *s. a.* **achtel**

Neuntel <-s, -> *nt o* SCHWEIZ *m* ninth; *s. a.* **Achtel**

neuntens *adv* ninthly

Neuntöter <-s, -> *m* ORN red-backed shrike

neunzehn *adj* nineteen; *s. a.* **acht**[1]

neunzehnte(r, s) *adj* nineteenth; *s. a.* **achte(r, s)**

Neunzehntel *nt* nineteenth

neunzig *adj* ❶ (*Zahl*) ninety; *s. a.* **achtzig 1** ❷ (*fam: Stundenkilometer*) ninety [kilometres BRIT [*or* AM -meters] an hour]; *s. a.* **achtzig 2**

Neunzig *f* ninety

neunziger, 90er *adj attr inv* **die N~er** [*o* **die ~er Jahre**] the nineties *pl*

Neunziger[1] <-s, -> *m* 1990

Neunziger[2] *pl* ■**in den ~n sein** to be in one's nineties

Neunziger(in) <-s, -> *m(f)* ❶ (*Mensch in den Neunzigern*) nonagenerian ❷ *s.* **Neunzigjährige(r)**

Neunzigerjahre *pl* ■**die ~** the nineties *pl*

neunzigjährig, 90-jährig[RR] *adj attr* ❶ (*Alter*) ninety-year-old *attr,* ninety years old *pred* ❷ (*Zeitspanne*) ninety-year *attr*

Neunzigjährige(r) *f(m) dekl wie adj* ninety-year-old

neunzigste(r, s) *adj* ninetieth; *s. a.* **achte(r, s)**

Neuordnung *f* reform **Neuordnungsgesetz** *nt* reform law **Neuorganisation** *f* reorganization **Neuorientierung** *f* (*geh*) reorientation **Neuphilologe, -philologin** *m, f s.* **Neusprachler** **Neuphilologie** *f* modern languages + *sing/pl* **Neuphilologin** <-, -nen> *f fem form von* **Neuphilologe** **Neuprägung** *f* ❶ (*Münze*) new mintage ❷ LING new coinage

Neuralgie <-, -n> *f* neuralgia

neuralgisch *adj* ❶ MED neuralgic ❷ (*geh: störungsanfällig*) **ein ~er Punkt** a trouble spot

Neurasthenie <-, n> *f* neurasthenia

Neurastheniker(in) <-s, -> *m(f)* neurasthenic

neurasthenisch *adj* MED neurasthenic

Neureg(e)lung *f* revision; *Verkehr, Ampelphasen* new scheme **neureich** *adj* nouveau riche **Neureiche(r)** *f(m) dekl wie adj* nouveau riche

Neurit <-en, -en> *m* BIOL (*Hauptteil der Nervenzelle*) neurite

Neuritis <-, Neuritiden> *f* neuritis

Neurobiologe, -biologin *m, f* neurobiologist **Neurobiologie** *f kein pl* neurobiology **Neurobiologin** *f fem form von* **Neurobiologe** **Neurochirurg(in)** *m(f)* neurosurgeon **Neurochirurgie** *f* neurosurgery **Neurochirurgin** *f fem form von* **Neurochirurg** **Neurocomputer** *m* INFORM neurocomputer **Neurodermitis** *f* neurodermatitis **Neuroleptikum** <-s, -tika> *nt* neuroleptic

Neurologe, -login <-en, -en> *m, f* neurologist

Neurologie <-, -n> *f* MED ❶ *kein pl* neurology ❷ (*fam: neurologische Abteilung*) neurology

Neurologin <-, -nen> *f fem form von* **Neurologe**

neurologisch *adj* neurological

Neuron <-s, -ronen> *nt* neuron

Neurose <-, -n> *f* PSYCH neurosis

Neurotherapie *f* MED neurotherapy

Neurotiker(in) <-s, -> *m(f)* neurotic

neurotisch *adj* PSYCH ❶ (*an einer Neurose leidend*) neurotic; ■**~ sein/werden** to be/become neurotic ❷ (*durch eine Neurose bedingt*) neurotic

Neurotransmitter <-s, -> *m* neurotransmitter

Neuschnee *m* fresh snow **Neuseeland** *nt* New Zealand **neuseeländisch** *adj* New Zealand *attr,* from New Zealand *pred* **Neusilber** *nt* nickel silver **Neusprachler(in)** <-s, -> *m(f)* modern linguist **neusprachlich** I. *adj* modern language *attr* II. *adv* modern language; ***~e Gymnasien*** *grammar schools specializing in modern languages* **Neustart** *m* new start

neustens *adv s.* **neu(e)stens**

Neustrukturierung *f* reform, restructuring **Neutöner(in)** <-s, -> *m(f)* MUS exponent of the New Music

Neutra *pl von* **Neutrum**

neutral I. *adj* ❶ POL neutral ❷ (*unparteiisch*) neutral; ■**jd ist/bleibt ~** sb is/remains neutral ❸ (*zurückhaltend*) neutral ❹ CHEM (*weder alkalisch noch sauer*) neutral II. *adv* ❶ (*unparteiisch*) neutral ❷ CHEM neutral

Neutralisation <-, -en> *f s.* **Neutralisierung**

neutralisieren* *vt* ❶ POL ■**etw ~** to neutralize sth ❷ (*geh: in der Wirkung aufheben*) **Einfluss/Gift/Wirkung ~** to neutralize the influence/poison/effect ❸ CHEM ■**etw ~** to neutralize sth

Neutralisierung <-, -en> *f* ❶ POL neutralization ❷ (*geh*) neutralization ❸ CHEM neutralization

Neutralismus <-> *m kein pl* POL neutralism

Neutralität <-> *f kein pl* ❶ POL neutrality ❷ (*geh: Unparteilichkeit*) neutrality

Neutren *pl von* **Neutrum**

Neutrino <-s, -s> *nt* neutrino

Neutron <-s, -tronen> *nt* neutron

Neutronenbombe *f* neutron bomb **Neutronenstern** *m* ASTRON neutron star **Neutronenstrahlung** *f* neutron radiation **Neutronenwaffe** *f* neutron weapon

Neutrum <-s, Neutra *o* Neutren> *nt* ❶ LING (*sächliches Wort*) neuter ❷ (*geh*) MED ■**ein ~** a neuter

Neuverhandlung *f* (*Rechtssache*) retrial; (*Gespräch*) renegotiation **Neuvermählte(r)** *f(m) dekl wie adj* (*geh*) newly-wed **Neuvermietung** *f* re-letting **Neuverschuldung** *f* ÖKON new borrowing [*or* debt] **Neuverteilung** *f* redistribution **Neuwagen** *m* new car **Neuwahl** *f* POL re-election **Neuwert** *m* original value; **zum ~** at original value **neuwertig** *adj* as new; ■**~ sein** to be as good as new **Neuzeit** *f kein pl* ■**die ~** modern times *pl,* the modern age [*or* era] **neuzeitlich** I. *adj* ❶ (*der Neuzeit zugehörig*) of modern times, of the modern age [*or* era] *pred* ❷ (*modern*) modern II. *adv* (*modern*) modern **Neuzugang** *m* new entry **Neuzulassung** *f* (*form*) [first] registration

Newage[RR] <- -> ['nju:'e:dʒ] *nt kein pl,* **New Age** <- -> *nt kein pl* new age

Newcomer <-s, -> ['nju:kamɐ] *m* newcomer

Newsgroup <-, -s> ['nju:zgru:p] *f* INET newsgroup

New York <-s> ['nju:'jɔ:k] *nt* New York

nhd. *adj Abk von* **neuhochdeutsch**

Ni *nt Abk von* **Nickel** Ni

Niacin *nt kein pl* niacin

Nibelungen *pl* (*germanisches Sagengeschlecht*) Nibelungs *pl*

Nibelungenlied *nt* LIT (*mittelhochdt. Heldenepos*) Nibelungenlied

Nicaragua <-s> *nt* Nicaragua; *s. a.* **Deutschland**

Nicaraguaner(in) <-s, -> *m(f)* Nicaraguan; *s. a.* **Deutsche(r)**

nicaraguanisch *adj* Nicaraguan; *s. a.* **deutsch**

nicht I. *adv* ❶ (*Verneinung*) not; ***ich weiß ~*** I don't know; ***ich bin es ~ gewesen*** it wasn't me; ***nein, danke, ich rauche ~*** no thank you, I don't smoke; ■**~ ... sein** to not be ...; ***das war aber ~ lieb/ nett von dir!*** that wasn't very nice of you; ***heute ist es ~ so kalt/ warm wie gestern*** it's not as cold/warm today as yesterday; **etw ~ Zutreffendes** sth incorrect [*or* untrue]; ***~ Zutreffendes [bitte] streichen!*** [please] delete as applicable [*or* appropriate]; **~ amtlich** unofficial; **~ deutsch** non-German; **~ eheliches Kind** illegitimate child; **~ euklidische Geometrie** MATH non-Euclidean geometry; **~ leitend** PHYS non-conducting; **~ linear** MATH nonlinear; **~ öffentlich** *attr* not open to the public *pred;* **~ rostend** non-rusting; **~ [ein]mal** not even; **~ mehr** [*o* **länger**] not any longer; **~ mehr als** no more than; **~ mehr und ~ weniger als** no more and no less than; **... ~!** not ...!; ***jedes andere Hemd, aber das bitte ~*** any other shirt, just not that one; **bitte ~!** please don't!; **~ doch!** stop it!, don't!; **~ eine[r]** not one; **was ... ~** the things ...; ***was man sich heute ~ alles bieten lassen muss!*** the things one has to put up with these days!; **~!** don't!, stop it! ❷ (*verneinende Aufforderung*) do not, don't; ***halt, ~ weiterfahren!*** stop, do not proceed any further! II. *part* ❶ *in Fragen* (*stimmt's?*) isn't that right; ***sie schuldet dir doch noch Geld, ~?*** she still owes you money, doesn't she? ❷ *in Fragen* (*wohl*) not; ***kannst du mir ~ 1000 Mark leihen?*** could you not lend me 1000 Marks?

Nichtabnahme *f* HANDEL non-acceptance, refusal to accept **Nichtachtung** *f* disregard; **~ des Gerichts** JUR contempt of court; **jdn mit ~ strafen** to send sb to Coventry, to ostracize sb **Nichtanerkennung** *f* ❶ POL non-recognition *no pl* ❷ JUR repudiation; **~ einer Schuld** repudiation of a debt **Nichtangriffspakt** *m* POL non-aggression pact **Nichtansässige(r)** *f(m)* JUR nonresident [person] **Nichtanwendbarkeit** *f* non-applicability **Nichtanwendbarkeitserklärung** *f* declaration of non-applicability **Nichtanwendung** *f* non-application **Nichtanzeige** *f* JUR negative misprision **Nichtausführung** *f* non-performance, non-execution **Nichtauslastung** *f kein pl* partial utilization of capacity **Nichtausübung** *f* non-usage, non-exercise **Nichtbeachtung** *f,* **Nicht-**

befolgung *f* JUR non-observance, non-compliance; **bei ~ einer S.** *gen* upon non-observance of sth
nichtberechtigt *adj inv* unauthorized, ineligible
Nichtberechtigte(r) *f(m) dekl wie adj* non-entitled party, person having no title **Nichtbestreiten** *nt* JUR non-denial, no contention **nichtdeckungspflichtig** *adj inv* FIN not requiring cover **nichtdeutsch** *adj inv* non-German
Nichte <-, -n> *f* niece
nichtehelich *adj inv* JUR illegitimate; **Kind aus einer ~n Beziehung** child born out of wedlock *dated form;* **~e Beziehungen zu jdm unterhalten** to cohabit with sb **Nichteinhaltung** *f kein pl* JUR non-compliance *no pl* **Nichteinmischung** *f* POL non-intervention **Nichterbringung** *f einer Leistung* default **Nichterfüllung** *f* JUR non-fulfilment [*or* AM -ll-], non-performance, nonfeasance; **wegen ~ des Vertrags klagen** to sue for breach of contract; **Schadensersatz wegen ~** compensation for non-performance **Nichterhebung** *f* FIN exemption, remission; **~ eines Betrages der Zollschuld** non-recovery of the customs debt **Nichterhebungsverfahren** *nt* FIN suspensive procedure **Nichterscheinen** <-s> *nt kein pl* non-appearance, failure to appear **Nichterschienene(r)** *f(m) dekl wie adj* non-attendant; (*vor Gericht*) defaulter **nichteuklidisch** *adj inv* MATH *s.* **nicht I 1 Nichteuropäer(in)** *m(f)* non-European **Nichtgefallen** *nt* **bei ~** ÖKON if not satisfied
nichtig *adj* ① JUR (*ungültig*) invalid, void; **etw für ~ erklären** JUR to declare sth invalid [*or* [null and] void]; **eine Ehe für ~ erklären** to annul a marriage ② (*geh: belanglos*) trivial
Nichtigerklärung *f* JUR declaration of nullity
Nichtigkeit <-, -en> *f* ① *kein pl* JUR (*Ungültigkeit*) invalidity, voidness, annulity ② *meist pl* (*geh*) triviality
Nichtigkeitsabteilung *f* JUR revocation division **Nichtigkeitsantrag** *m* JUR (*Patent*) application for revocation **Nichtigkeitsbeschwerde** *f* (*Patentrecht*) nullity appeal **Nichtigkeitseinrede** *f* JUR plea of nullity **Nichtigkeitserklärung** *f* JUR annulment; (*eines Urteils*) reversion of sentence **Nichtigkeitsgrund** *m* JUR ground for nullity; (*Patentrecht*) ground for revocation **Nichtigkeitsklage** *f* JUR nullity suit **Nichtigkeitsprozess**[RR] *m* JUR nullity suit, proceedings for annulment **Nichtigkeitssenat** *m* (*EU Patentamt*) nullity board **Nichtigkeitsurteil** *nt* JUR decree of nullity **Nichtigkeitsverfahren** *nt* JUR nullity proceedings *pl;* (*Patent*) revocation of a patent by court
Nichtkaufmann, -kauffrau *m, f* JUR non-merchant **Nichtkenntnis** *f* JUR ignorance; **schuldhafte ~** constructive notice **Nichtleistung** *f* JUR non-performance, failure to perform; **bei ~** on default **Nichtleiter** *m* PHYS non-conductor **Nichtlieferung** *f* HANDEL non-delivery **nichtlinear** *adj inv* MATH *s.* **nicht I 1 Nichtlinearität** *f* MATH non-linearity **Nichtmetall** *nt* nonmetal **Nichtmitglied** *nt* non-member
Nichtraucher(in) *m(f)* ① (*nicht rauchender Mensch*) non-smoker; ■ **~ sein** to be a non-smoker, to not smoke ② BAHN (*fam: Nichtraucherabteil*) non-[*or* no-]smoking section [*or* compartment]; **„~“** no smoking
Nichtraucherabteil *nt* BAHN non-smoking section [*or* compartment] **Nichtraucherbereich** *m* non-smoking [*or* smokefree] [*or* smokeless] area **Nichtraucherin** <-, -nen> *f fem form von* **Nichtraucher Nichtraucherschutz** *m* protection of non-smokers **Nichtraucherzone** *f* non-smoking zone [*or* area]
Nichtregierungsorganisation *f* non-governmental organization
nichtrostend *adj attr, inv* (*fachspr*) *Stahl* stainless; *s. a.* **nicht**
nichts *pron indef, inv* ① (*nicht etwas*) not anything; ***es ist ~*** it's nothing; **~ als ...** (*nur*) nothing but; **~ mehr** not anything [*or* nothing] more; **~ wie ...** (*fam*) let's get ...; **~ *wie raus!*** let's get out!; **~ ahnend** *adjektivisch* unsuspecting; *adverbial* unsuspectingly; **~ sagend** empty, meaningless; **~ sagend sein** to be meaningless; ***man kann gar ~ sehen*** one can't see anything; ***damit will ich ~ zu tun haben*** I don't want anything to do with it; ***das geht Sie ~ an!*** that's none of your business! ② *vor substantiviertem adj* nothing; **~ anderes [als ...]** nothing [*or* not anything] other than ...; ***hoffentlich ist es ~ Ernstes*** I hope it's nothing serious ▶ WENDUNGEN: **das war wohl ~** (*sl*) oh well, that wasn't much of a hit; **für [*o* um] ~** for nothing; **für ~ und wieder ~** (*fam*) for nothing [at all] *fam;* **~ da!** (*fam*) no chance! *fam;* **wie ~** (*fam*) at the wink of an eye
Nichts <-, -e> *nt* ① *kein pl* PHILOS (*Nichtsein*) ■**das/ein ~** nothingness ② (*leerer Raum*) void ③ (*Nullmenge*) nothing; **aus dem ~** out of nothing; ***er hat die Firma aus dem ~ aufgebaut*** he built the firm up out of nothing; **aus dem ~ auftauchen** to show up from out of nowhere ④ (*unbedeutender Mensch*) ■**ein ~** a nonentity [*or* nobody] ▶ WENDUNGEN: **vor dem ~ stehen** to be left with nothing
Nichtschuldigerklärung *f* JUR plea of not guilty **Nichtschuldvermutung** *f* JUR presumption of innocence **Nichtschwimmer(in)** *m(f)* non-swimmer; **~ sein** to be a non-swimmer; *s. a.* **Nichtschwimmerbecken Nichtschwimmerbecken** *nt* non-swimmer's pool **Nichtschwimmerin** <-, -nen> *f fem form von* **Nichtschwimmer**
nichtsdestotrotz *adv* nonetheless ▶ WENDUNGEN: **aber ~, ...** but nevertheless, ...
nichtsdestoweniger *adv* notwithstanding *form,* nevertheless, nonetheless
Nichtsesshaftenhilfe[RR] *f* aid to the homeless, homeless aid agency
Nichtsesshafte(r)[RR] *f(m) dekl wie adj* (*form*) person with [*or* of] no fixed abode, homeless person
Nichtskönner(in) *m(f)* (*pej*) useless person **Nichtsnutz** <-es, -e> *m* (*pej*) good-for-nothing **nichtsnutzig** *adj* (*pej*) useless, good-for-nothing, hopeless **Nichtstuer(in)** <-s, -> [-tu:ɐ] *m(f)* (*pej*) idler, loafer **Nichtstun** *nt* ① (*das Faulenzen*) idleness ② (*Untätigkeit*) inactivity **nichtswürdig** <-er, -ste> *adj* (*geh o pej*) despicable *pej; Mensch a.* worthless; *Tat a.* base; **ein ~es Ende mit jdm nehmen** to come to a wretched end; **ein N~er** a worthless [*or* despicable] wretch
Nicht-Unterzeichner-Staat *m* non-signatory, state that has not signed [up to] a treaty **Nichtveranlagungsbescheinigung** *f* FIN non-assessment note **Nichtvermögensschaden** *m* JUR non-pecuniary damage **Nichtwähler(in)** *m(f)* POL non-voter **Nichtweitergabevertrag** *m* JUR non-proliferation treaty **Nichtweiterverbreitung** *f* non-proliferation **Nichtwiderspruch** *m* JUR non-objection, non-opposition **Nichtwiderspruchskartell** *nt* ÖKON non-opposition cartel **Nichtwissen** *nt* ignorance; **etw mit ~ bestreiten** JUR to plead ignorance **Nichtzahlung** *f* FIN non-payment, default of payment; **bei ~** in default of payment **Nichtzulassungsbeschwerde** *f* JUR appeal against denial of leave to appeal **Nichtzustandekommen** *nt* (*form*) non-realization; **bei ~ einer S.** *gen* in the case of non-realization of sth
Nickel <-s> *nt kein pl* nickel
Nickelallergie *f kein pl* MED nickel allergy **Nickelbrille** *f* metal-rimmed glasses *pl* **nickelfrei** *adj inv* nickel-free
nicken *vi* ① (*mit dem Kopf nicken*) to nod; ■**... ~** to nod ...; **zufrieden ~** to nod with content; ■**das N~** nod ② (*fam: schlafen*) to nod [off], to snooze, to doze
Nickerchen <-s> *nt kein pl* (*fam*) nap *fam,* snooze *fam,* forty winks *fam;* **ein ~ machen [*o* halten]** to take [*or* have] a nap [*or* snooze], to nap
Nicki <-s, -s> *m* MODE velour pullover
Nickipullover *m* velour pullover **Nickituch** *nt* small cotton scarf
Nickname <-s, -s> ['nɪkneɪm] *m* nickname
Nidwalden <-s> *nt* Nidwalden
nie *adv* ① (*zu keinem Zeitpunkt*) never; **~ mehr [*o* wieder]** never again; **einmal und ~ wieder** once and never again; **~ im Leben** not ever; ***das hätte ich ~ im Leben gedacht*** I never would have thought so; **~ und nimmer** never ever; *s. a.* **noch** ② (*bestimmt nicht*) never
nieder *adv* down; **~ mit ...!** down with ...!; *s. a.* **niedere(r, s)**
Nieder|bayern <-s> *m kein pl* Lower Bavaria
nieder|beugen *vr* ■**sich [zu jdm/etw] ~** to bend down [to sb/sth] **nieder|brennen** *irreg* **I.** *vi sein* to burn down **II.** *vt haben* ■**etw ~** to burn down sth *sep* **nieder|bringen** *vt irreg* BERGB ■**etw ~** to bore sth; **einen Schacht ~** to sink a shaft **nieder|brüllen** *vt* (*fam*) ■**jdn ~** to shout down sb *sep* **nieder|bügeln** *vt* (*sl*) ■**jdn/etw ~** to steamroller sb/sth *fam*
niederdeutsch *adj* Low German
Niederdeutsch(e) *nt* Low German
Niederdeutsche(r) *f(m) decl wie adj* North German, northern German
Nieder|deutschland <-s> *m kein pl* Northern Germany
nieder|drücken *vt* (*geh*) ① (*herunterdrücken*) ■**etw ~** to press [*or* push] down sth *sep* ② (*deprimieren*) ■**jdn ~** to depress sb, to make sb feel down; ■**~d** depressing
niedere(r, s) *adj attr* ① (*unbedeutend*) low; **der ~e Adel** the lesser nobility; **das ~e Volk** the common people; **von ~r Herkunft [*o* Geburt] sein** to be of humble origin; **~ Arbeiten verrichten müssen** (*geh*) to have to do menial jobs ② *bes* SÜDD (*niedrig*) low ③ BIOL (*untere*) lower ④ (*primitiv*) primitive, base; **~ Beweggründe** base motives
nieder|fallen *vi sein* (*geh*) ■**vor jdm/etw ~** to fall down [on one's knees] before sb/sth
nieder|frequent *adj* low-frequency
Niederfrequenz *f* low frequency
Niedergang <-[e]s, -gänge> *m* ① *kein pl* (*Verfall*) decline, fall ② NAUT (*schmale Stiege auf einem Schiff*) companionway
niedergedrückt *adj s.* **niedergeschlagen**
nieder|gehen *vi irreg sein* ① (*fallen*) *Regen* to fall; (*sich entladen*) *Gewitter* to break; ***gestern ist ein schweres Unwetter auf die Stadt niedergegangen*** a heavy storm brake over the city yesterday; ■**auf jdn ~** (*fig*) to rain down on sb ② (*landen*) *Flugzeug* to touch down ③ *Lawine* to descend ④ (*zu Boden stürzen*) *Boxer* to go down ⑤ (*sich senken*) *Vorhang* to fall
niedergelassen *adj* SCHWEIZ resident
niedergeschlagen *adj* downcast, depressed
Niedergeschlagenheit <-> *f kein pl* depression, despondency
nieder|halten *vt irreg* ① (*am Boden halten*) ■**etw [mit etw] ~** to restrain sth [with sth] ② (*fig*) **ein Volk ~** to oppress a nation; **einen Widerstand/seine Angst ~** to suppress an uprising/one's fear **nieder|holen** *vt* (*einholen*) ■**etw ~** *Flagge, Segel* to haul down *sep* [*or* lower] sth **nieder|knien I.** *vi sein* to kneel [down] **II.** *vr haben* ■**sich [vor jdm/etw] ~** to kneel [down] [before sb/sth] **nieder|knüppeln** *vt* to club to the ground **nieder|kommen** *vi irreg sein* (*veraltend geh*) ■**mit jdm ~** to be delivered of sb *dated form,* to give birth to sb
Niederkunft <-, -künfte> *f* (*veraltet*) delivery
Niederlage *f* defeat; **[bei etw] eine ~ erleiden [*o* einstecken] [*o* hinnehmen] müssen** to suffer a defeat [in sth]; **jdm eine ~ beibringen [*o* bereiten]** to inflict a defeat on [*or* defeat] sb
Niederlande *pl* ■**die ~** the Netherlands
Niederländer(in) <-s, -> *m(f)* Dutchman *masc,* Dutchwoman *fem*
niederländisch *adj* ① (*zu den Niederlanden gehörend*) Dutch ② (*die niederländische Sprache*) Dutch; **auf N~** in Dutch
Niederländisch *nt dekl wie adj* Dutch; ■**das ~e** Dutch
nieder|lassen I. *vr irreg* ① (*ansiedeln*) ■**sich irgendwo ~** to settle down somewhere ② (*beruflich etablieren*) ■**sich irgendwo [als etw] ~** to establish oneself [*or* set up] [as sth] somewhere; **niedergelassener Arzt** *registered doctor with their own prac-*

tice ❸ (*geh: hinsetzen*) ■**sich** *akk* [**auf etw** *dat*] ~ to sit down somewhere; *Vogel* to settle on sth **II.** *vt* (*veraltend*) ■**etw** ~ to lower [*or sep* let down] sth

Niederlassung <-, -en> *f* ❶ *kein pl* (*berufliche Etablierung*) establishment, setting up; ***er hat die Genehmigung zur ~ als Arzt erhalten*** he has been granted permission to set up as a doctor ❷ (*Zweigstelle*) branch

Niederlassungsabkommen *nt* JUR treaty on business establishment **Niederlassungsbestimmungen** *pl* JUR establishment provisions **Niederlassungsbewilligung** *f* SCHWEIZ residence permit **Niederlassungserfordernis** *f* JUR establishment provisions *pl* **Niederlassungsfreiheit** *f kein pl* JUR right of establishment, freedom of settlement [*or* domicile] **Niederlassungsort** *m* place of establishment **Niederlassungsrecht** *nt* JUR right of establishment

nieder|legen **I.** *vt* ❶ (*hinlegen*) ■**etw** ~ to put down sth *sep* ❷ (*aufgeben*) ■**etw** ~ to give up sth *sep;* **sein Amt/sein Mandat/den Vorsitz** ~ to resign one's office/one's seat/one's chairmanship; **die Arbeit** ~ to stop work, BRIT *a.* to down tools ❸ (*geh: schlafen legen*) **ein Kind** ~ to put a child to bed ❹ (*geh: schriftlich fixieren*) ■**etw irgendwo** ~ to put sth down [in writing] somewhere; **seinen letzten Willen** ~ to draw up one's will; ■**~, dass/was/wie ...** to put down in writing that/what/how ... **II.** *vr* (*sich hinlegen*) ■**sich** ~ to lie down ▶ WENDUNGEN: **da legst' di' nieder!** SÜDD (*fam*) I'll be blowed! [*or* AM damned!]

Niederlegung <-, -en> *f* ❶ (*das Hinlegen*) laying ❷ *einer Aufgabe* resignation (+*gen* from); ***die Belegschaft drohte mit sofortiger ~ der Arbeit*** the workforce threatened to stop work immediately ❸ (*schriftliche Fixierung*) writing down; ***ein Testament bedarf der ~ in schriftlicher Form*** a will must be drawn up in writing ❹ (*Deponierung*) submission

nieder|machen *vt* (*fam*) ❶ ([*eine größere Anzahl von wehrlosen Menschen*] *kaltblütig töten*) ■**jdn/etw** ~ to butcher [*or* massacre] [*or* slaughter] sb/sth ❷ (*heruntermachen, verächtlich behandeln*) ■**jdn/etw** ~ to run sb/sth down *fam;* ■**etw** ~ to take [*or* pick] [*or* pull] to pieces *fam;* **jdn verbal** ~ to put sb down *fam* **nieder|mähen** *vt* ■**jdn** ~ to mow down sb *sep* **nieder|metzeln** *vt* ■**jdn** ~ to massacre sb

Niederösterreich *nt* Lower Austria

nieder|prasseln *vi* to pelt [*or* rain] down **nieder|prügeln** *vt* ■**jdn** ~ to beat up sb *sep*

Niederquerschnitt-Reifen *m* AUTO low profile tire

nieder|reißen *vt irreg* ■**etw** ~ to pull [*or* tear] down sth *sep;* **ein Gebäude** ~ to knock [*or* pull] down a building

Niederrhein <-s> *m* Lower Rhine

Niedersachsen <-s> [-ks-] *nt* Lower Saxony

nieder|schießen *irreg* **I.** *vt haben* ■**jdn** ~ to shoot down sb *sep* **II.** *vi sein* (*niederstoßen*) ***der Vogel schoss auf die Beute nieder*** the bird swooped down on its prey

Niederschlag *m* ❶ METEO (*Regen*) rainfall *no pl,* snowfall *no pl,* hail *no pl;* ***für morgen werden starke Niederschläge erwartet*** heavy rain/snow/hail is expected tomorrow; **radioaktiver** ~ fallout ❷ CHEM (*Bodensatz*) sediment, precipitate *spec* ❸ (*beim Boxen*) knockdown blow ❹ (*schriftlich fixierter Ausdruck*) **seinen** ~ **in etw** *dat* **finden** (*geh*) to find expression in sth *form;* ***seine Kindheitserlebnisse fanden ihren ~ in dem jüngst veröffentlichten Roman*** his childhood memories are reflected in his recently published novel

nieder|schlagen *irreg* **I.** *vt* ❶ (*zu Boden schlagen*) ■**jdn** ~ to knock sb down, to floor sb ❷ (*unterdrücken*) ■**etw** ~ to put down sth *sep,* to crush sth; **einen Streik** ~ to break up a strike; **Unruhen** ~ to suppress unrest ❸ (*geh: senken*) **die Augen/den Blick** ~ to lower one's eyes/one's gaze ❹ JUR (*einstellen*) **das Verfahren** ~ to quash the proceedings; **eine Gebühr** ~ to abate [*or* cancel] a fee; **einen Verdacht** ~ (*selten*) to allay [*or* dispel] a suspicion **II.** *vr* ❶ (*kondensieren*) ■**sich** *akk* [**an etw** *dat*] ~ to condense [on sth] ❷ CHEM (*ausfällen*) ■**sich** ~ to precipitate *spec,* to sediment ❸ (*zum Ausdruck kommen*) ■**sich** *akk* **in etw** *dat* ~ to find expression in sth

niederschlagsarm *adj* of low rainfall *pred;* **ein ~es Gebiet** an area with low rainfall; ***der Winter ist manchmal sehr ~*** there is sometimes very low precipitation in winter **Niederschlagsmenge** *f* rainfall *no pl,* precipitation *no pl* **niederschlagsreich** *adj* rainy, of high rainfall *pred;* **ein ~es Gebiet** an area which gets a lot of rain/snow; ***der Sommer ist in diesem Jahre nicht sehr ~ gewesen*** there was not much rainfall this summer

Niederschlagung <-, -en> *f* ❶ JUR *eines Verfahrens* quashing, abolition; (*Erlassung*) *Strafe* remission; (*Entkräftung*) *Verdacht* quashing ❷ (*Unterdrückung*) putting down, crushing, suppression; ***bei der ~ der Revolte gab es viele Tote*** many died when the revolt was crushed

nieder|schmettern *vt* ■**jdn** ~ ❶ (*niederschlagen*) to send sb crashing to the ground [*or* floor]; **jdn mit einem Faustschlag** ~ to send sb crashing with a punch ❷ (*fig: erschüttern*) to shatter [*or* devastate] sb; **eine ~de Nachricht** devastating news

niederschmetternd *adj* deeply distressing; **ein ~es Wahlergebnis** a crushing electoral defeat **nieder|schreiben** *vt irreg* ■**etw** ~ to write down sth *sep* **nieder|schreien** *vt irreg s.* **niederbrüllen**

Niederschrift *f* ❶ (*Protokoll*) report, record ❷ *kein pl* (*das Niederschreiben*) writing down **nieder|setzen** **I.** *vt* (*geh*) ■**etw** [**irgendwo**] ~ to put sth down [somewhere] **II.** *vr* (*geh: sich hinsetzen*) ■**sich** ~ to sit down **nieder|sinken** *vi irreg sein* (*geh*) to drop down, to collapse **Niederspannung** *f* ELEK low voltage [*or* tension] **nieder|stechen** *vt irreg* ■**jdn** ~ to stab sb to the ground **nieder|stimmen** *vt* ■**jdn/etw** ~ to vote sb/sth down **nieder|stoßen** *irreg* **I.** *vt haben* ❶ (*zu Boden stoßen*) ■**jdn** ~ to push [*or* knock] sb down ❷ (*niederstechen*) **jdn** [**mit einem Messer**] ~ to stab somebody to the ground [with a knife] **II.** *vi sein* ***der Vogel stieß auf die Beute nieder*** the bird swooped down on its prey **nieder|strecken** (*geh*) **I.** *vt* (*schwer verletzen*) ■**jdn/etw** ~ *mit einer Schusswaffe* to shoot down sb/sth *sep;* (*Tier a.*) to bring down sth *sep; mit einer Stichwaffe* to hack down sb/sth *sep; mit der Faust* to pummel sth/sb to the ground **II.** *vr* (*sich hinlegen*) ■**sich** ~ to lie down, to stretch out **nieder|stürzen** *vi sein* (*geh*) to crash to the ground

Niederstwertprinzip *nt* FIN (*Bilanz*) minimum value principle; (*bei Abschreibung*) lower of cost or market principle

Niedertarif *m* ÖKON low tariff

Niedertracht <-> *f kein pl* ❶ (*Gesinnung*) nastiness, malice, vileness ❷ (*Tat*) mean [*or* despicable] act

niederträchtig **I.** *adj* (*pej*) ❶ (*Übel wollend*) contemptible; **eine ~e Person** a contemptible [*or* despicable] [*or* vile] person; **eine ~e Einstellung/Lüge** a despicable attitude/lie ❷ (*fam: stark*) *Kälte* extreme; *Schmerz a.* excrutiating **II.** *adv* dreadfully; ~ **weh tun** to hurt like hell

Niederträchtigkeit <-, -en> *f* ❶ (*niederträchtige Tat*) despicable act, dirty trick ❷ *kein pl s.* **Niedertracht**

nieder|trampeln *vt* (*fam: niedertreten*) ■**etw/jdn** ~ to trample sth/sb underfoot

nieder|treten *vt irreg* ❶ (*darauftreten*) ■**etw** ~ *Gras, Blumen* to trample down sth *sep; Erde, Schnee* to tread [*or* stamp] down sth *sep; Teppichflor* to wear [down *sep*] sth ❷ (*fig*) **alles** ~ to trample all over everything

Niederung <-, -en> *f* ❶ (*Senke*) lowland; (*Mündungsgebiet*) flats *pl* ❷ (*fig*) **die ~en der Gesellschaft** *gen* society's lower depths; **die ~en des Lebens** life's humdrum routine

Niederwald *m* FORST coppice

nieder|walzen *vt* ❶ (*einebnen*) ■**etw** ~ to flatten sth ❷ (*fig*) ■**jdn/etw** ~ to crush [*or* overwhelm] sb/sth

nieder|werfen *irreg* **I.** *vr* ■**sich** [**vor jdm**] ~ to throw oneself down [before/in front of sb] **II.** *vt* (*geh*) ❶ (*niederschlagen*) ■**etw** ~ to put down sth *sep,* to crush sth; **einen Aufstand** ~ to crush a revolt ❷ (*besiegen*) ■**etw** ~ to overcome sth; **den Feind** ~ to conquer [*or* overcome] the enemy ❸ (*bettlägerig machen*) ■**jdn** ~ to lay sb low, to lay sb up ❹ (*erschüttern*) to upset sb badly, to shatter sb *fam*

Niederwerfung *f Aufstand* suppression, putting down; *Diktator etc.* overthrow; *Feind* defeat

Niederwild *nt* small game

niedlich **I.** *adj* cute, sweet, pretty, nice **II.** *adv* nicely, sweetly

Niednagel *m* hangnail, agnail

niedrig **I.** *adj* ❶ (*nicht hoch*) low; **eine ~e Decke/Stirn/~e Absätze** a low ceiling/forehead/low heels; **~es Gras** short [*or* low] grass ❷ (*gering*) low; **ein ~er Betrag/~es Trinkgeld** a small amount/tip ❸ (*gemein*) low, base; **von ~er Herkunft** [*o* **Geburt**] **sein** to be of humble [*or* lowly] origin ❹ JUR base; **~er Beweggrund** base motive ❺ (*dem untersten Rang zugehörig*) lowly, humble **II.** *adv* ❶ (*in geringer Höhe*) low ❷ (*gering*) low

Niedrigenergiehaus *nt* low-energy house

Niedrigkeit <-> *f kein pl* ❶ *Löhne, Einkommen* low level ❷ (*geringe Höhe*) lowness; ***die ~ der Decken wirkte bedrückend*** the lowness of the ceilings was oppressive ❸ (*fig*) vileness

Niedriglohn *m* low wage **Niedriglohngruppe** *f* low-wage group **Niedriglohnland** *nt* low-wage country **Niedrigpreis** *m* low price **niedrigprozentig** *adj* low-percentage **Niedrigstrahlung** *f* low-level radiation **niedrigverzinslich** *adj inv* FIN low-interest yielding *attr;* **~e Kurzläufer** low-coupon shorts **Niedrigwasser** *nt kein pl* METEO ❶ (*Ebbe*) low tide [*or* water] ❷ (*niedriger Wasserstand von Flüssen*) low level; ***nach drei Monaten ohne Regen führen die Flüsse ~*** after three months without any rain the level of the rivers is low

Niedrigzinspolitik *f kein pl* ÖKON cheap money policy

niemals *adv* (*emph*) never; *s. a.* **noch**

niemand *pron indef* (*keiner*) nobody, no one; ***ist denn da ~?*** isn't there anyone there?; ■**~es** nobody's, no one's; ***ich will ~en sehen*** I don't want to see anybody; ***das weiß ~ besser als du*** no one knows better than you; ***sie ist gerade für ~en zu sprechen*** she's not free to speak to anyone just now; ***sie hat mit ~ anders gesprochen*** she didn't speak to anyone else, she spoke to no one else; ***zu ~em ein Sterbenswörtchen, verstanden?*** not a single word to anyone, understood?

Niemand <-s, -e> *m* (*pej*) nobody *pej;* ***er ist ein ~*** he is a nobody

Niemandsland *nt kein pl* no man's land

Niere <-, -n> *f* ❶ (*Organ*) kidney; **künstliche** ~ kidney machine; ***sie hat es an den ~n*** she has kidney problems ❷ *meist pl* (*Fleisch*) kidney *usu pl;* **saure ~n** kidneys in sour sauce ▶ WENDUNGEN: **etw geht jdm an die Nieren** (*fam: etw nimmt jdn mit*) to get to sb *fam*

Nierenbecken *nt* renal pelvis **Nierenbeckenentzündung** *f* pyelitis *spec*

Nierenbeschwerden *pl* kidney complaint **Nierenbraten** *m* loin roast

nierenförmig *adj* kidney-shaped

Nierengurt *m* kidney belt **Niereninsuffizienz** *f* MED kidney failure **Nierenkolik** *f* renal colic *no pl;* **eine ~** [*o* **~en**] **haben** to suffer from renal colic

nierenkrank *adj* suffering from a kidney complaint *pred* **Nierenkranke(r)** *f(m) dekl wie adj* person suffering from a kidney complaint **Nierenkrankheit** *f* kidney disorder [*or* disease]

Nierenleiden *nt* MED kidney [*or* renal] disease **Nierenmark** *nt* ANAT medulla **Nierenrinde** *f* ANAT cortex **Nierenschale** *f* kidney dish **Nierenschützer** *m* kidney belt **Nierenspender(in)** <-s, -> *m(f)* kidney donor **Nierenstein** *m* kidney stone, renal calculus *spec* **Nierensteinzertrümmerer** <-s, -> *m* lithotripter *spec,* lithotrite *spec* **Nierentasche** *f* bum bag **Nierentee** *m* herbal tea [*or* infusion] for kidney complaints **Nierentisch** *m* kidney-shaped table **Nierentransplantation** *f* kidney transplant **Nierenversagen** *nt kein pl* MED kidney [*or* renal] failure *no pl* **Nierenwärmer** <-s, -> *m* kidney warmer

Nierstück *nt* KOCHK SCHWEIZ (*Rinderlende*) loin cut

nieseln *vi impers* ■ **es nieselt** it's drizzling

Nieselregen *m* drizzle *no pl*

niesen *vi* to sneeze

Niesen <-s> *nt kein pl* sneezing

Niespulver [-fɐ, -vɐ] *nt* sneezing powder

Nießbrauch *m kein pl* JUR [right of] usufruct; **lebenslänglicher ~, ~ auf Lebenszeit** life interest; **~ an einem Grundstück** beneficial interest in land, usufruct of landed property; **~ an einem Vermögen** beneficial property; [**lebenslänglichen**] **~ an einem Haus haben** to hold a life tenancy of a house; **etw mit einem ~ belasten** to encumber sth with a right of usufruct **Nießbraucher(in)** *m(f)* JUR usufructuary; **lebenslänglicher ~** lifeholder, tenant for life **Nießbrauchsrecht** *nt* JUR usufructuary right **Nießnutzer(in)** <-s, -> *m(f)* JUR usufructuary

Nieswurz <-es> *f* BOT *kein pl* hellebore

Niete[1] <-, -n> *f* ❶ (*Nichttreffer*) blank, losing ticket; **eine ~ ziehen** to draw a blank ❷ (*fam: Versager*) loser *fam,* dead loss *fam*

Niete[2] <-, -n> *f* rivet

nieten *vt* ■ **etw ~** to rivet sth

niet- und nagelfest *adj* ▸ WENDUNGEN: **alles, was nicht ~ ist** (*fam*) everything that's not nailed down

Niger <-s> *nt* Niger; *s. a.* **Deutschland**

Nigeria <-s> *nt* Nigeria; *s. a.* **Deutschland**

Nigerianer(in) <-s, -> *m(f)* Nigerian; *s. a.* **Deutsche(r)**

nigerianisch *adj* Nigerian; *s. a.* **deutsch**

Nigrer(in) <-s, -> *m(f)* Nigerien; *s. a.* **Deutsche(r)**

nigrisch *adj* Nigerien; *s. a.* **deutsch**

Nihilismus <-> *m kein pl* nihilism

Nihilist(in) <-en, -en> *m(f)* nihilist

nihilistisch *adj* nihilistic

Nikaraguaner(in) <-s, -> *m(f) s.* **Nicaraguaner**

Nikolaus <-, -e *o* -läuse> *m* ❶ (*verkleidete Gestalt*) St. Nicholas (*figure who brings children presents on 6th December*) ❷ (*Schokoladenfigur*) chocolate St. Nicholas ❸ *kein pl* (*Nikolaustag*) St. Nicholas' Day; **der Heilige ~** St. Nicholas

Nikosia, Nikosia <-s> *nt* Nicosia

Nikotin <-s> *nt kein pl* nicotine

nikotinarm *adj* low-nicotine *pred* **nikotinfrei** *adj inv* nicotine-free **Nikotingehalt** *m* nicotine content **nikotinhaltig** *adj* nicotinic **Nikotinsucht** *f* nicotine addiction **nikotinsüchtig** *adj* addicted to nicotine **Nikotinvergiftung** *f* nicotine poisoning

Nil <-s> *m* ■ **der ~** the Nile; **der Blaue ~** the Blue Nile; **der Weiße ~** the White Nile

Nilpferd *nt* hippopotamus

Nimbus <-, -se> *m* ❶ *kein pl* (*geh: Aura*) aura ❷ (*Heiligenschein*) nimbus, aura

nimmer- *in Komposita* never

nimmer *adv* ❶ (*veraltend geh: niemals*) never ❷ SÜDD, ÖSTERR (*nicht mehr*) no longer

nimmermehr *adv* (*veraltend geh*) never again, never *dated*

nimmermüde *adj attr* tireless

nimmersatt *adj inv, attr* (*fam*) insatiable

Nimmersatt <-[e]s, -e> *m* ❶ (*fam*) glutton *fam,* BRIT *a.* greedy-guts *fam* ❷ ORN wood ibis

Nimmerwiedersehen *nt* **auf ~** (*fam*) never to be seen again; ***wenn ich jetzt gehe, dann auf~*** if I go now it will be forever; **auf ~!** (*fam*) farewell!

nimmt *3. pers präs von* **nehmen**

Niobium <-s> *nt kein pl* niobium

Nippel <-s, -> *m* ❶ (*Schmiernippel*) nipple ❷ (*Brustwarze*) nipple

nippen *vi* to sip, to have [*or* take] a sip; ■ **an etw** *dat* ~ to sip [*or* have a sip] from sth; ■ **von etw ~** to sip at [*or* have a sip of] sth

Nippes *pl* [k]nick-[k]nacks *pl*

Nippsachen *pl* knick-knacks *pl,* small [porcelain] ornaments [*or* decorations] *pl*

nirgends *adv* nowhere; ***ich konnte ihn ~ finden*** I couldn't find him/it anywhere

nirgendwo *adv s.* **nirgends**

nirgendwohin *adv* nowhere

Nirwana <-[s]> *nt kein pl* nirvana

Nische <-, -n> *f* ❶ (*Einbuchtung einer Wand*) niche, recess ❷ (*abgegrenztes, geschütztes Gebiet*) niche

Nisse <-, -n> *f* nit

nisten *vi* to nest

Nistkasten *m* nesting box **Nistplatz** *m* ORN nesting place

Nitrat <-[e]s, -e> *nt* nitrate **Nitratgehalt** *m* nitrate content **Nitratkonzentration** *f* nitrate concentration **Nitratmenge** *f* nitrate level

nitratverschmutzt *adj* nitrate-contaminated

Nitrit <-s> *nt kein pl* CHEM nitrite

Nitroglyzerin *nt kein pl* nitroglycerine **Nitrogruppe** *f* nitro-group **Nitrolack** *m* nitrocellulose lacquer **Nitrolackierung** *f* [nitro]cellulose paint[ing] **Nitrosamin** <-s, -e> *nt* CHEM nitrosamine **Nitrotablette** *f* MED, PHARM nitrate **Nitroverdünnung** *f* [nitro]cellulose thinner

Niue <-s> [niˈuːeɪ] *nt* Niue; *s. a.* **Sylt**

Niveau <-s, -s> [niˈvoː] *nt* ❶ (*Anspruch*) quality, calibre [*or* AM -er]; **~ haben** to have class; **kein ~ haben** to be lowbrow [*or* primitive]; ***der Film/die Unterhaltung hatte wenig ~*** the film/conversation was not very intellectually stimulating; **mit ~** of high intellect *pred,* intellectually stimulating; ***sie ist eine sehr gebildete Frau mit ~*** she is a well-educated woman of high intellect; ***es war ein Gespräch mit ~*** it was an intellectually stimulating conversation; **etw ist unter jds ~** *dat* sth is beneath sb *fig;* ***unterhalte dich doch nicht mit solchen Proleten, das ist doch unter deinem ~*** don't talk to such peasants — it's beneath you; **unter ~** below par; ***er blieb mit diesem Buch unter seinem [üblichen] ~*** this book was below par, this book wasn't up to his usual standard ❷ (*Stand*) level ❸ (*Höhe einer Fläche*) level

niveaulos [niˈvoː-] *adj* primitive

Niveauregulierung *f* AUTO automatic level control [system]

niveauvoll *adj* intellectually stimulating

nivellieren* [-ve-] *vt* ■ **etw ~** ❶ (*geh: einander angleichen*) to even out sth *sep* ❷ (*planieren*) to level sth [off/out]

Nivellierschicht *f* BAU leveling layer

Nivellierung <-, -en> [-ve-] *f* (*geh*) evening out

nix *pron indef* (*fam*) *s.* **nichts**

Nixe <-, -n> *f* mermaid

Nizza <-s> *nt* Nice

NLQ INFORM *Abk von* **near letter-quality** NLQ

NLQ-Druckmodus *f* INFORM near letter-quality printing

nm *nt* PHYS *Abk von* **Nanometer** nm

N.N. ❶ *Abk von* **nomen nescio** n.n. ❷ *Abk von* **nomen nominandum** n.n.

NN *Abk von* **Normalnull** mean sea level

No <-> *nt kein pl* LIT (*klassisches, japanisches Theater*) No[h]

nobel I. *adj* ❶ (*edel*) noble, honourable [*or* AM -orable] ❷ (*luxuriös*) luxurious, plush[y] *fam* ❸ (*großzügig*) generous; **ein nobles Geschenk** a lavish gift; ■ **~ sein** to be generous; ***was, 20 % Trinkgeld hat er gegeben? ~, ~!*** what, he gave a tip of 20%? very generous! II. *adv* ❶ (*edel*) nobly, honourably [*or* AM -orably] ❷ (*großzügig*) generously

Nobelherberge *f* (*fam*) luxury hotel, de luxe hotel

Nobelium <-s> *nt kein pl* nobelium

Nobelpreis *m* Nobel prize

Nobelpreisträger(in) *m(f)* Nobel laureate [*or* prize winner]

Nobody <-s, -s> [ˈnoʊbədɪ] *m* nobody

noch I. *adv* ❶ (*bis jetzt*) still; ***er ist ~ da*** he's still here; ***ein ~ ungelöstes Problem*** an as yet unsolved problem; ***ich rauche kaum ~*** I hardly smoke any more; ■ **~ immer** [**nicht**] still [not]; ***wir wissen ~ immer nicht mehr*** we still don't know anything else; ■ **~ nicht** not yet, still not; ***halt, warte, tu das ~ nicht!*** stop, wait, don't do it yet!; ■ **~ nichts** nothing yet; ***zum Glück ist ~ nichts davon an die Öffentlichkeit gedrungen*** luckily, none of this has yet become public knowledge; ***bisher habe ich ~ nichts Definitives erfahren*** I haven't heard anything more definite yet; ■ **~ nie** [*o* **niemals**] never; ***die Sonne schien und die Luft war klar wie ~ nie*** the sun was shining and the sky was clearer than ever before; ■ **~ niemand** [*o* **keiner**] nobody yet; ***bisher ist ~ niemand gekommen*** nobody has arrived yet; ■ **~ heute** [*o* **heute ~**] still today, even now [*or* today]; ***~ heute gibt es Leute, die alte Bräuche pflegen*** even today some people maintain their old customs [*or* traditions]; *s. a.* **eben, erst, nur** ❷ (*irgendwann*) some time, some day; ***vielleicht kann man den Karton ~ mal brauchen, ich hebe ihn jedenfalls auf*** I'll hang on to the box, it might come in handy some time; ***keine Angst, du kriegst ihn ~!*** don't worry, you'll still get him! ❸ (*nicht später als*) by the end of; ***das Projekt dürfte ~ in diesem Jahr abgeschlossen sein*** the project should be finished by the end of the year; ***~ in diesen Tagen werden wir erfahren, was beschlossen wurde*** we will find out what was decided in the next few days; ***~ gestern habe ich davon nicht das Geringste gewusst*** even yesterday I didn't have the slightest idea of it; **~ heute** [*o* **heute ~**] today; ***noch ~ räumst du dein Zimmer auf!*** you *will* tidy up your room today! ❹ (*bevor etw anderes geschieht*) ***„ich muss auf die Toilette!" — „kannst du ~ ein bisschen aushalten?"*** "I have to go to the toilet!" "can you hang on a bit longer?"; ***auch wenn es nicht leicht fällt, ~ müssen wir schweigen*** even though it might not be easy, we have to keep quiet for now; ***bleib ~ ein wenig*** stay a bit longer ❺ (*drückt etw aus, das nicht mehr möglich ist*) **~ als Junge** (*veraltet*) ***~ als Junge wollte er Fälscher werden*** even as a boy he wanted to become a forger ❻ (*womöglich sogar*) ***wir kommen ~ zu spät*** we're going to be late [*or* end up being late] ❼ (*obendrein*) in addition; ***bist du satt oder möchtest du ~ etwas essen?*** are you full or would you like something more to eat?; ***mein Geld ist alle, hast du ~ etwas?*** I don't have any money left, do you have any?; ***möchten Sie ~ eine Tasse Kaffee?*** would you like another cup of coffee?; ***~ ein Bier bitte!*** can I/we have another beer please!; ***hat er dir ~ etwas berichtet?*** did he tell you anything else?; ***das ist nicht alles, diese Kisten kommen ~ dazu*** that's not everything, there are these crates too; ***er ist dumm und ~ dazu frech*** he's thick and cheeky into his bargain; ■ **~ eine(r, s)** another; ***haben Sie ~ einen Wunsch?*** [can I get you] anything else?; ***lass die Tür bitte auf, da kommt ~ einer*** leave the door open please, there's somebody else coming ❽ *vor Komparativ* (*mehr als*) even [more], still; ***~ höhere Gebäude verträgt dieser Untergrund nicht*** this foundation can't support buildings that are higher; ***seinen Vorschlag finde ich sogar ~ etwas besser*** I think his suggestion is even slightly better still; ***geht bitte ~ etwas langsamer, wir kommen sonst nicht mit*** please walk a bit more slowly, we can't keep up otherwise; ***das neue Modell beschleunigt ~ schneller als sein Vorgänger*** the accelaration on the new model is even quicker than its predecessor, the new model accelerates quicker still than its predecessor; ***ach, ich soll Ihnen die Leitung übergeben? das ist ja ~ schöner!*** oh, so you want me to hand over the management to you? that's even better! ❾ *in Verbindung mit so* ■ **... ~ so** however ...; ***er kommt damit nicht durch, mag er auch ~ so lügen*** he won't get away with it, however much he lies; ***der Wein mag ~ so gut schmecken, er ist einfach zu teuer*** however good the wine may taste, it's simply too expensive; ***du kannst ~ so bitten, ...*** you can beg as much as you like … ❿ *einschränkend* (*so eben*) just about; ***das ist ~ zu tolerieren, aber auch nur gerade ~*** that's just about tolerable but only just ▶ WENDUNGEN: ~ **und** ~ [*o* **nöcher**] heaps, dozens; ***ich habe diese undankbare Frau ~ und ~ mit Geschenken überhäuft!*** I showered this ungrateful women with heaps of gifts; ***er hat Geld ~ und nöcher*** he has oodles [and oodles] of money **II.** *konj* ■**weder …** ~ neither … nor; ***er kann weder lesen ~ schreiben*** he can neither read nor write; ■**nicht …** ~ neither … nor; ***nicht er ~ seine Frau haben eine Arbeit*** neither he nor his wife are in work **III.** *part* ❶ (*verstärkend*) ***siehst du — auf Astrid kann man sich ~ verlassen!*** you see — you can always rely on Astrid ! ❷ (*drückt Erregung aus*) ***die wird sich ~ wundern!*** she's in for a [bit of a] shock! ❸ (*drückt Empörung, Erstaunen aus*) ***hat der sie eigentlich ~ alle?*** is he round the twist or what?; ***sag mal, was soll der Quatsch, bist du ~ normal?*** what is this nonsense, are you quite right in the head? ❹ (*doch*) ■~ **gleich *wie hieß er ~ gleich?*** what was his name again?

Nochgeschäft *nt* BÖRSE option to double; ~ **auf Geben/Nehmen** call/put of more

nochmalig *adj attr* further

nochmals *adv* again

Nockenwelle *f* camshaft

NOK <-s, -s> *nt Abk von* **Nationales Olympisches Komitee** National Olympic Committee

nölen *vi* NORDD (*fam*) to dawdle *fam*

nolens volens ['no:lɛns'vo:lɛns] *adv* (*geh*) nolens volens, willy-nilly, like it or not

Nomade, Nomadin <-n, -n> *m, f* nomad **Nomadendasein** *nt* nomadic existence, nomadism **Nomadenleben** *nt kein pl* nomadic life *no pl;* **ein ~ führen** (*fig*) to lead a nomadic existence **Nomadentum** <-s> *nt kein pl* nomadism *no pl* **Nomadenvolk** *nt* nomadic people

Nomadin <-, -nen> *f fem form von* **Nomade**

No-Maske *f* No[h] mask

Nomen <-s, Nomina> *nt* LING noun ▶ WENDUNGEN: **n~ est omen** (*geh*) the name says it all

Nomenklatur <-, -en> *f* SCI nomenclature, vocabulary

Nomenklatura <-> *f kein pl* ❶ (*Verzeichnis*) nomenklatura ❷ (*in der UDSSR*) politically privileged class

Nomina *nt pl von* **Nomen**

nominal **I.** *adj* nominal; **~es Bruttoinlandsprodukt** ÖKON gross domestic product at current prices **II.** *adv* nominally

Nominalismus <-> *m kein pl* PHILOS nominalism

Nominalkapital *nt* FIN nominal capital **Nominalkurs** *m* BÖRSE nominal price **Nominallöhne** *pl* ÖKON nominal wages

Nominalphrase *f* nominal phrase **Nominalsatz** *m* nominal clause **Nominalstil** *m* nominal style

Nominalwert *m* nominal [*or* face] value **Nominalwertprinzip** *nt* ÖKON nominal [*or* face] value principle **Nominalzins** *m* nominal interest

Nominativ <-[e]s, -e> *m* nominative

nominell **I.** *adj* ❶ (*geh: nach außen hin*) nominal ❷ *s.* **nominal II.** *adv* nominally; ~ ***ist er noch Präsident*** he is still president but in name only

nominieren* *vt* ■**jdn** [**für etw**] ~ to nominate sb [for sth]

Nominierung <-, -en> *f* (*geh*) nomination

No-Name(-Produkt)[RR] ['nounerm-] *nt* no-name [product]

Nonchalance <-> [nõʃa'lã:s] *f kein pl* (*geh*) nonchalance

nonchalant [nõʃa'lã:] **I.** *adj* (*geh*) nonchalant **II.** *adv* (*geh*) nonchalantly

Non-Impact-Drucker [nɔn'ɪmpækt-] *m* INFORM impactless printer

Nonkonformismus <-> *m kein pl* (*geh*) nonconformism *no pl*

Nonkonformist(in) <-en, -en> *m(f)* (*geh*) nonconformist

nonkonformistisch *adj* (*geh*) nonconformist

Nonne <-, -n> *f* nun

Nonnenkloster *nt* convent [of nuns]

Nonplusultra <-s> *nt kein pl* (*geh*) ■**das** ~ the ultimate

Nonsens <-[es]> *m kein pl* nonsense

nonstop [-ʃt-, -st-] *adv* non-stop

Nonstopflug *m* non-stop flight

Nonstopkino *nt* 24-hour cinema

Noppe <-, -n> *f* [k]nub

Noppensohle *f* dimpled rubber sole

Nord <-[e]s, -e> *m* ❶ *kein art, kein pl bes* NAUT north; **aus** [*o* **von**] ~ from the north; **aus ~ und Süd** from [the] north and south ❷ *pl selten* NAUT (*Nordwind*) north wind

Nordafrika *nt* North Africa **Nordamerika** *nt* North America **nordamerikanisch** *adj inv* North American **Nordatlantikpakt** *m* (*form*) ■**der** ~ the North Atlantic Treaty Organization, NATO **nordatlantisch** *adj inv* North Atlantic **nordatlantisches Verteidigungsbündnis** *nt* POL, MIL North Atlantic [*or* NATO] alliance **norddeutsch** *adj* North German **Norddeutsche(r)** *f(m) decl wie adj* North German, northern German **Norddeutschland** *nt* North Germany

Norden <-s> *m kein pl, kein indef art* ❶ (*Himmelsrichtung*) north; **im** ~ in the north; **aus Richtung** ~ from the north; **in Richtung** ~ northwards, to[wards] the north; **nach** [*o geh* **gen**] ~ to the north, northwards; **nach ~ blicken** [*o* **gehen**] [*o* **liegen**] *Zimmer, Fenster* to look [*or* face] north; ***wir möchten ein Zimmer nach ~ haben*** we would like a north-facing room [*or* a room that faces the north]; **nach ~ zeigen** *Kompass* to point north; *Person* to point to the north; **von** [*o* **aus**] ~ from the north; ***der Wind kommt von ~*** the wind is blowing from the north [*or* from a northerly direction]; **von ~ nach Süden** from north to south ❷ (*nördliche Gegend*) north; ***er wohnt im ~/im ~ der Stadt/im ~ von Hamburg/im ~ Deutschlands*** he lives in the north/in the northern part of town/in the northern part of Hamburg/in North[ern] Germany; **aus dem ~ kommen** [*o* **stammen**] to come [*or* be] [*or* hail] from the north [*or* from up north]; **in den** ~ to[wards] the north; ***wir fahren dieses Jahr in den ~*** we're going up north on holiday this year; **im hohen** ~ in the far north

Nordeuropa <-s> *nt kein pl* GEOL, POL northern Europe *no pl* **Nordfriesland** *nt* North Friesland, Nordfriesland **Nordhalbkugel** *f* northern hemisphere **Nordhang** *m* northern slope **Nordirland** *nt* Northern Ireland

nordisch *adj* nordic; *s. a.* **Kombination**

Norditalien [-liən] *nt* Northern Italy **Nordkap** *nt* ■**das** ~ the North Cape

Nordkorea *nt* North Korea; *s. a.* **Deutschland**

Nordkoreaner(in) <-s, -> *m(f)* North Korean

nordkoreanisch *adj* North Korean

Nordküste *f* north coast **Nordlage** *f* north-facing location

nördlich **I.** *adj* ❶ (*in ~er Himmelsrichtung befindlich*) northern; **der ~e Himmel/die ~e Halbkugel/die ~e Grenze** the northern skies/hemisphere/border; *s. a.* **Breite, Wendekreis** ❷ (*im Norden liegend*) northern; ***das Elendsviertel liegt im ~en Teil der Stadt*** the slums are in the northern [*or* northern part] of town; **weiter ~ liegen** to lie [*or* be situated] further [to the] north ❸ (*von/nach Norden*) northwards, northerly; **ein ~er Wind** a northerly wind; **aus ~er Richtung kommen** [*o* **wehen**] to blow from the north [*or* a northerly direction]; **in ~e Richtung** in a northerly direction, to the north, northwards; ***wir fuhren in eine ~e Richtung*** we drove north [*or* northwards] [*or* in a northerly direction]; **~en Kurs steuern** to take [*or* steer] a northerly course ❹ (*den skandinavischen Raum betreffend*) nordic **II.** *adv* ■~ **von …** north of … **III.** *präp +gen* ■~ **einer S.** [to the] north of sth; ~ **der Alpen/der Stadt** north of [*or* to the north of] the Alps/the town

Nordlicht *nt* ❶ (*Polarlicht*) ■**das** ~ the Northern Lights *pl*, aurora borealis *sing* ❷ (*fam: Mensch aus Norddeutschland*) North German **Nordmeer** *nt* Arctic Ocean

Nordosten *m kein pl, kein indef art* ❶ (*Himmelsrichtung*) northeast; **nach** [*o geh* **gen**] ~ to[wards] the northeast, northeastwards; *s. a.* **Norden 1** ❷ (*nordöstliche Gegend*) northeast; *s. a.* **Norden 2**

nordöstlich **I.** *adj* ❶ (*in ~er Himmelsrichtung befindlich*) northeastern ❷ (*im Nordosten liegend*) northeastern; *s. a.* **nördlich 2** ❸ (*von/nach Nordosten*) northeastwards, northeasterly; *s. a.* **nördlich 3 II.** *adv* ■~ **von …** northeast of … **III.** *präp +gen* ■~ **einer S.** northeast of sth; *s. a.* **nördlich III**

Nord-Ostsee-Kanal *m* ■**der** ~ the Kiel Canal

nordostwärts *adv* northeastwards, to the northeast, in a northeasterly direction

Nordpol *m kein pl* ■**der** ~ the North Pole

Nordpolargebiet *nt* ■**das** ~ the arctic region **Nordpolarmeer** *nt* ■**das** ~ the Arctic Ocean

Nordrhein-Westfalen *nt* North Rhine-Westphalia

Nordsee *f* ■**die** ~ the North Sea; **an der** ~ on the North Sea coast; **an die** ~ to the North Sea coast

Nordseeinsel *f* North Sea island **Nordseeküste** *f* North Sea coast

Nordseite *f* north side

Nord-Süd-Dialog *m* North-South dialogue [*or* AM -og] **Nord-Süd-Gefälle** *nt* North-South divide **Nord-Süd-Konflikt** *m* North-South conflict, conflict between North and South **Nord-Süd-Problem** *nt* problem of the North-South divide **Nord-Süd-Verkehr** *m* traffic between the North and the South

Nordwand *f* ❶ (*die nördliche Wand*) northern wall ❷ (*der nördliche Steilhang*) northern face

nordwärts *adv* northwards, to the north, in a northerly direction

Nordwesten *m kein pl, kein indef art* ❶ (*Himmelsrichtung*) northwest; **nach** [*o geh* **gen**] ~ to[wards] the northwest [*or* northwestwards]; *s. a.* **Norden 1** ❷ (*nordwestliche Gegend*) northwest; *s. a.* **Norden 2** **nordwestlich** **I.** *adj* ❶ (*in ~er Himmelsrichtung befindlich*) northwestern ❷ (*im Nordwesten liegend*) northwestern; *s. a.* **nördlich 2** ❸ (*von/nach Nordwesten*) northwestwards, northwesterly; *s. a.* **nördlich 3 II.** *adv* ■~ **von …** northwest of … **III.** *präp +gen* ■~ **einer S.** [to the] northwest of sth; *s. a.* **nördlich III** **Nordwind** *m* north wind

Nörgelei <-, -en> *f* ❶ (*nörgelnde -ußerung*) moaning ❷ (*dauerndes Nörgeln*) nagging

nörgeln *vi* ■[**über etw** *akk*] ~ to moan [about sth]

Nörgler(in) <-s, -> *m(f)* moaner, grumbler

Nori <-> *nt* (*Rotalge*) nori, green [*or* purple] [*or* sea] laver

Norm <-, -en> *f* ❶ (*festgelegte Größe*) standard, yardstick ❷ (*verbindliche Regel*) norm ❸ (*Durchschnitt*) ■**die** ~ the norm ❹ (*festgesetzte Arbeitsleistung*) quota

Normal <-s, -e> *nt* ❶ (*fachspr*) norm ❷ (*Benzin*) *s.* **Normalbenzin** regular; ~ **bleifrei** regular unleaded ❸ TYPO **~e Schrift** roman typeface

normal **I.** *adj* ❶ (*üblich*) normal; **~e Geschäftstätigkeit** routine business; **unter ~en Umständen** under normal circumstances ❷ (*geistig gesund*) normal, sane; **nicht ganz ~ sein** to be not quite normal ❸ *meist verneint* (*fam: zurechnungsfähig*) right in the head *fam;* ***du bist wohl nicht ~!*** you're out of your mind!; **bist du noch ~?** are you crazy? **II.** *adv* ❶ (*üblich*) normally ❷ (*fam: normalerweise*) normally, usually

Normalarbeitsverhältnisse *pl* ÖKON normal working conditions *pl* **Normalbenzin** *nt* low-octane petrol [*or* AM gas[oline]] **Normalbürger(in)** *m(f)* SOZIOL average citizen

normalerweise *adv* normally, usually

Normalfall *m* normal case; **der ~/nicht der ~ sein** to be/not be usual; **im** ~ normally, usually **Normalgewicht** *nt* normal weight **Normalgröße** *f* standard [*or* normal] size

normalisieren* **I.** *vt* ■**etw** ~ to normalize sth **II.** *vr* ■**sich** ~ to normalize, to return to normal

Normalisierung <-, -en> *f* normalization

Normalität <-> *f kein pl* normality; ***die ~ kehrte***

N

im Büroalltag wieder ein life in the office returned to normality

Normalkonnossement *nt* HANDEL uniform bill of lading **Normalkostenrechnung** *f* HANDEL standard cost system **Normalmaß** *nt kein pl* ❶ (*übliches Ausmaß*) normal level ❷ (*übliche Größe*) normal size **Normalmodus** *m* INFORM non-interlaced mode **Normalnull** *nt kein pl* sea level; **über/unter** ~ above/below sea level **Normalpapier** *nt* plain paper **Normalsichtigkeit** *f kein pl* normal visibility *no pl* **Normalverbraucher(in)** *m(f)* average consumer; **Otto** ~ (*fam*) the man in the street [*or* average person] **Normalversion** *f* TECH standard version **Normalverteilung** *f* MATH normal distribution **Normalzeit** *f* standard time **Normalzustand** *m kein pl* normal state

Normandie <-> *f* ■ **die** ~ Normandy

Normanne, -mannin <-n, -n> *m, f* Norman

normannisch *adj* Norman

normativ *adj inv* (*geh*) normative; *Grammatik* normative

Normativbesteuerung *f* FIN normative system of taxation **Normativkosten** *pl* ÖKON general costs **Normativsteuer** *f* FIN normative tax

Normblatt *nt* standard sheet

normen *vt* ■ **etw** ~ to standardize sth

Normendiskrepanz *f* JUR discrepancy between rules **Normenhäufung** *f* JUR plurality of rules **Normenkartell** *nt* ÖKON standardization cartel; **Normen- und Typenkartell** agreement on standards and types **Normenkollision** *f* JUR conflict of norms **Normenkontrolle** *f* JUR *judicial review of the constitutionality of an Act* **Normenkontrollklage** *f* JUR voidance petition **Normenkontrollverfahren** *nt* JUR *judicial proceedings on the constitutionality of laws* **Normenprüfung** *f* JUR judicial review of a legal norm **Normenvertrag** *m* standard contract **normenwidrig** *adj* non-standard

normieren* *vt* (*geh*) ■ **etw** ~ to standardize sth

Normierung <-, -en> *f* (*geh*) ❶ (*das Normieren* [*Normen, Vereinheitlichen*]) standardization *no pl* ❷ (*das Normiertsein*) standardization *no pl*

Normteil *m* TECH standardized part **Normtyp** *m* standard type [*or* model]

Normung <-, -en> *f* standardization **normwidrig** *adj inv* non-standard; *Verhalten* deviant

Norwegen <-s> *nt* Norway

Norweger(in) <-s, -> *m(f)* Norwegian

Norwegerpullover *m* Norwegian pullover

norwegisch *adj* ❶ (*in Norwegen gelegen*) Norwegian ❷ (*Sprache*) Norwegian

Norwegisch *nt dekl wie adj* ■ **das ~e** [the] Norwegian [language]

Nostalgie <-> *f kein pl* (*geh*) nostalgia

Nostalgiewelle *f* wave of nostalgia

nostalgisch *adj* (*geh*) nostalgic

Nostrogeschäft *nt* FIN own account business **Nostroverbindlichkeiten** *pl* FIN nostro liabilities

not *adj* (*geh*) [**jdm**] **N~ tun** to be necessary [for sb]; ***ein bisschen Selbstbescheidung täte uns allen N~*** we could all do with a bit of modesty; ***bitte bemühen Sie sich nicht, das tut doch nicht N~!*** please don't go to any trouble, there's really no need!

Not <-, Nöte> *f* ❶ *kein pl* (*Armut*) poverty; ~ **leidend** (*Entbehrungen erduldend*) destitute; FIN dishonoured *pred;* ~ **leidender Kredit** nonperforming [*or* bad] loan; **eine ~ leidende Wirtschaft** an ailing economy; ~ **leiden** (*veraltend*) to live in poverty; **es herrscht bittere** ~ there is abject poverty; **aus** ~ out of poverty ❷ (*Bedrängnis*) distress, desperation; **jdm in der ~ beistehen** to support sb at a difficult time; **in ~ geraten** to get into difficulties [*or* dire straits]; **jdm in der Stunde der ~ helfen** to help sb in her/his hour of need; **jdm seine ~ klagen** to pour out one's troubles to sb; **in ~** [*o* **Nöten**] **sein** to be in difficulties [*or* dire straits]; **in seiner/ihrer ~** in his/her distress [*or* desperation]; ***in seiner ~ wusste er sich nicht anders zu helfen*** he couldn't see what else he could do ❸ *pl* (*Problem*) **in -ngsten und Nöten schweben** to be hot and bothered; **die Nöte des Alltags** humdrum problems; **die Nöte des kleinen Mannes** the average person's problems; **in 1000 Nöten sein** to be up to one's hips in alligators ❹ (*Mühe*) **seine** [**liebe**] ~ **haben mit jdm/etw** to have one's work cut out with sb/sth; **seine liebe ~ haben, etw zu tun** to have one's work cut out doing sth; **mit knapper ~** just; ***es gelang ihr, den Zug mit knapper ~ noch zu erreichen*** she just managed to catch the train; **ohne ~** (*ohne weiteres*) without having to ❺ *kein pl* (*veraltend: Notwendigkeit*) necessity; ***damit hat es keine ~*** it isn't urgent; **ohne ~** without difficulty; ***ohne ~ sollte man nicht zu so drastischen Maßnahmen greifen*** if there is no need, one shouldn't resort to such drastic measures; ***im Deutschen werden oft ohne ~ Anglizismen für die Bezeichnung neuer Gegenstände verwendet*** in German, anglicisms are aften used for describing new articles when there is actually no need [to use foreign words]; **der ~ gehorchend** out of necessity; **tun, was die ~ gebietet** to do what has to be done ▶ WENDUNGEN: **in der ~ schmeckt jedes Brot** (*prov*) hunger is the best cook; ~ **bricht Eisen** [*o* ~ **kennt kein Gebot**] (*prov*) necessity knows no law; **wenn die ~ am größten, ist Gottes Hilf' am nächsten** (*prov*) man's extremity is God's opportunity; [**da/jetzt/bei ihm ist**] **Holland in ~** [*o* **Nöten**] (*prov: es steht schlimm*) things are looking grim, now we are in for it; **wenn ~ am Mann ist** in times of need; ***das sind mir gute Freunde, wenn ~ am Mann ist, haben sie sich alle verdünnisiert!*** that's what I call good friends — when I/you really needed them they all cleared off!; ***eigentlich wollte ich morgen zum Angeln gehen, aber wenn wirklich ~ am Mann ist ...*** actually, I wanted to go fishing tomorrow but if you're really stuck ...; **in der ~ frisst der Teufel Fliegen** (*prov*) beggars can't be choosers; **in ~ und Tod zusammenhalten** to stick together through thick and thin; **aus der ~ eine Tugend machen** to make a virtue out of necessity; ~ **lehrt beten** (*prov*) in our hour of need we all turn to God; ~ **macht erfinderisch** (*prov*) necessity is the mother of invention; **zur ~** if need[s] be, at a pinch

Notanker *m* ❶ NAUT sheet anchor ❷ (*geh o fig: Rettungsanker*) sheet anchor

Notar(in) <-s, -e> *m(f)* notary

Notariat <-[e]s, -e> *nt* ❶ (*Kanzlei*) notary's office ❷ *kein pl* (*Amt*) notaryship

Notariatsakt *m* notarial act **Notariatsurkunde** *f* JUR notarial instrument **Notariatsvertrag** *m* notarial deed

notariell I. *adj* notarial; ~ **beglaubigt** authenticated [*or* certified] by a notary public **II.** *adv* notarially

Notarin <-, -nen> *f fem form von* **Notar**

Notarzt, -ärztin *m, f* ❶ (*Arzt für Notfälle*) casualty [*or* AM emergency] doctor (*who treats patients at the scene of an accident*) ❷ (*Arzt im Notdienst*) doctor on call **Notarztwagen** *m* emergency doctor's car **Notaufnahme** *f* ❶ HIST (*von DDR-Flüchtlingen in die BRD*) **die ~ beantragen** to apply for asylum ❷ HIST (*zuständige Stelle für ~ 1*) **die ~ durchlaufen** to pass through the [refugee] reception centre ❸ MED (*eines Kranken in einem Notfall*) emergency admission; (*Krankenhausstation*) accident and emergency [*or* A & E] department, emergency room AM **Notaufnahmelager** *nt* emergency accommodation centre [*or* AM -er] **Notausgang** *m* emergency exit **Notbehelf** *m* stopgap [measure] **Notbeleuchtung** *f* emergency lighting **Notbetrug** *m* JUR petty fraud **Notbremse** *f* emergency brake; **die ~ ziehen** [*o* **betätigen**] to pull the emergency brake ▶ WENDUNGEN: **die ~ ziehen** [*o* **betätigen**] to put the brakes on sth **Notbremsung** *f* emergency stop **Notdienst** *m* duty; ***welche Apotheke/welcher Arzt hat am Wochenende ~?*** which chemist's/doctor is on duty at the weekend?; ***in der Samstagsausgabe stehen Angaben zum ärztlichen ~ fürs Wochenende*** the Saturday issue gives details of which doctors are on call at the weekend

Notdurft *f* **seine ~ verrichten** (*geh*) to relieve oneself *dated or hum*

notdürftig I. *adj* makeshift, stopgap; ***da jeder ein paar Brocken der Sprache des anderen beherrschte, war immerhin eine ~e Verständigung möglich*** as each of them had a smattering of the other's language, some sort of communication was possible **II.** *adv* in a makeshift manner *pred*

Note <-, -n> *f* ❶ (*musikalisches Zeichen*) note; (*Notentext*) music, notes *pl;* **ganze/halbe ~** semibreve/minim; **~n lesen** to read music; **nach ~n** at sight; [**wie**] **nach ~n** thoroughly, with a vengeance ❷ (*Zensur*) mark, grade; (*Punkt*) point ❸ JUR (*förmliche Mitteilung*) note; **eine diplomatische ~** note ❹ FIN (*Banknote*) [bank]note ❺ *kein pl* (*Duftnote*) fragrance ❻ *kein pl* (*Eigenart*) special character, stamp

Notebook <-s, -s> ['noʊtbʊk] *nt* INFORM notebook

Notenaustausch *m* exchange of notes **Notenbank** *f* bank of issue, issuing bank **Notenblatt** *nt* sheet of music **Notenheft** *nt* ❶ (*mit Noten*) music book ❷ (*Übungsheft*) manuscript book **Notenlinie** *f* line of a stave; ***Notenpapier ist mit ~n bedrucktes Papier*** manuscript paper is paper printed with staves **Notenpapier** *nt* manuscript paper **Notenschlüssel** *m* clef **Notenschrift** *f* MUS musical notation **Notenständer** *m* music stand **Notentriegelung** *f* BAU emergency opening

Notepad-Computer *m* notepad [computer]

Notfall *m* ❶ (*plötzliche Zwangslage*) emergency; **im ~** if needs be [*or* necessary] ❷ (*schnelle Hilfe erfordernde Erkrankung*) emergency **Notfalldienst** *m* emergency service **Notfallmeldung** *f* emergency call

notfalls *adv* if needs be

Notfallstation *f* SCHWEIZ casualty

Notfonds *m* FIN emergency reserves *pl* **Notfrist** *f* JUR statutory deadline BRIT, peremptory term AM **Notfristzeugnis** *nt* JUR certificate of absence of appeal

notgedrungen *adv* willy-nilly, of necessity

Notgemeinschaft *f* association for mutual assistance founded in an emergency [*or* to remedy a bad state of affairs] **Notgroschen** *m* savings for a rainy day; **sich** *dat* **einen ~ zurücklegen** to save up for a rainy day

notieren* **I.** *vt* ❶ (*aufschreiben*) ■ [**sich** *dat*] **etw ~** to write [*or* note] down sth ❷ ÖKON (*vormerken*) ■ **etw ~** to place sth in advance; ***darf ich also Ihre Bestellung für März ~?*** so, can I place an advance order for March for you? ❸ BÖRSE (*ermitteln*) ■ [**mit etw**] **notiert werden** to be quoted [*or* listed] [at sth]; **nicht notierte Tochtergesellschaft, notierte Währung** quoted exchange **II.** *vi* ❶ (*schreiben*) to write down; ***einen Moment, ich hole mir einen Schreiber, so, jetzt kann ich ~*** just a minute, I'll get a pen — right, now I can write it down ❷ BÖRSE (*ermitteln*) ■ [**mit etw**] ~ to be quoted; **die Aktie notiert mit 70 DM** the share is quoted at 70 marks

Notierung <-, -en> *f* ❶ BÖRSE quotation; **amtliche ~** official quotation [*or* listing] ❷ ÖKON advance placing

Notifikation *f* JUR notification, notice

nötig I. *adj* ❶ (*erforderlich*) necessary; **der ~ste Bedarf** the bare essentials [*or* necessities]; ■ ~ **sein** to be necessary; ■ ~ **sein, etw zu tun** to be necessary to do sth; ■ **das N~e** what is necessary; ■ **alles N~e** everything necessary; ■ **das N~ste** the essentials *pl;* **etw ~ machen** to necessitate sth, to demand sth; **falls** [*o* **wenn**] ~ if necessary; **etw** [**bitter**] ~ **haben** to be in [urgent] need of sth; ***das Haus hat einen Anstrich bitter ~*** the house is in dire need of a coat of paint; **etw nicht ~ haben** to have no reason to do sth; ***ach, ich soll mich bei ihm entschuldigen? das habe ich wirklich nicht ~*** oh, so I should aoplogize? I don't need to lie really no reason to; ***das war die Wahrheit, solche Lügen habe ich nicht ~*** that's the truth — I've no reason to tell such lies; **es nicht ~ haben, etw zu tun** to not need to do sth; ***wir haben es nicht ~,***

uns so von ihm unter Druck setzen zu lassen we don't have to put up with him pressurizing us like this; ***er hat es nicht ~, sich anzustrengen*** he doesn't need to try hard; **es ~ haben, etw zu tun** to need to do sth; ***gerade du hast es ~, dich mit der Grammatik noch einmal zu beschäftigen*** you of all people should study grammar again ❷ (*geboten*) ***mit der ~en Sorgfalt wäre das nicht passiert*** with the necessary care it wouldn't have happened ▶ WENDUNGEN: **es gerade ~ haben, etw zu tun** (*iron*) to be a one to do sth; ***der hat es gerade ~, von Treue zu reden ...*** he's a one to tell us about faithfulness ... **II.** *adv* urgently; ***was ich jetzt am ~sten brauche, ist ein warmes Bett*** what I need most now is a warm bed ▶ WENDUNGEN: **ganz/mal ~ müssen** (*fam*) to really need to go the loo BRIT *fam* [*or* AM *sl* john], to be bursting *fam*

nötigen *vt* ■**jdn [zu etw]** ~ to force [*or* coerce] sb [into sth]; (*durch Zureden*) to urge, to entreat *form;* ■**jdn dazu ~, etw zu tun** to force sb to do [*or* coerce sb into doing] sth; **sich genötigt sehen, etw zu tun** to be obliged [*or* forced] to do sth; ***er sah sich genötigt umzudisponieren*** he was obliged to change his plans

nötigenfalls *adv* (*form*) if necessary

Nötigung <-, -en> *f* ❶ (*Zwang*) compulsion, coercion ❷ (*geh: das Zureden*) entreaty; ***die gut gemeinten, aber lästigen ~en des Gastgebers, noch mehr zu trinken*** the host's well-intended but tiresome entreaties that we drink some more

Notiz <-, -en> *f* ❶ (*Vermerk*) note; **sich** *dat* **eine ~ [von etw** *dat*] **machen** to make a note [of sth]; **sich** *dat* **~en machen** to make [*or* take] notes ❷ MEDIA (*kurze Zeitungsmeldung*) short report, short article ▶ WENDUNGEN: **[keine] ~ [von jdm/etw] nehmen** to take [no] notice [of sb/sth]

Notizblock <-blöcke> *m* notepad **Notizbuch** *nt* notebook **Notizzettel** *m* page of a notebook; ***neben dem Telefon lag ein Stapel ~ mit Adressen*** scraps of paper with addresses were piled up beside the phone

Notlage *f* desperate situation, difficulties *pl;* **sich in einer ~ befinden** to be in a desperate situation; **jdn in eine ~ bringen** to get sb into difficulties; **in eine ~ geraten** to get into difficulties; **jds ~ ausnützen** to take advantage of sb's predicament

notlanden <notlandete, notgelandet> *vi sein* to make an emergency landing

Notlandung *f* emergency landing

notleidend *adj s.* **Not Notlösung** *f* stopgap [solution] **Notlüge** *f* white lie

notorisch **I.** *adj* (*geh*) notorious; (*allbekannt*) well-known; **ein ~er Lügner** a notorious liar **II.** *adv* (*geh*) notoriously; ***er ist ~ pleite*** it's common knowledge that he's broke

Notrecht *nt* JUR emergency legislation **Notreserve** *f* emergency reserve

Notruf *m* ❶ (*Anruf auf einer Notrufnummer*) emergency call ❷ (*eines Tieres*) distress call ❸ *s.* **Notrufnummer**

Notrufnummer *f* emergency number **Notrufsäule** *f* emergency telephone

Notrutsche *f* escape slide

notschlachten <notschlachtete, notgeschlachtet> *vt* ■**ein Tier ~** to slaughter an animal out of necessity

Notsignal *nt* emergency signal **Notsituation** *f* emergency **Notsitz** *m* spare foldaway seat

Notstand *m* ❶ (*Notlage*) desperate situation, difficulties *pl;* JUR [state of] emergency; **übergesetzlicher ~** extra-statutory necessity ❷ (*politische Gefahrensituation*) state of emergency; **den ~ ausrufen** to declare a state of emergency; **äußerer ~** emergency caused by an outside threat; **innerer ~** national emergency

Notstandsgebiet *nt* disaster area **Notstandsgesetze** *pl* emergency laws **Notstandsgesetzgebung** *f* JUR emergency legislation **Notstandsklausel** *f* JUR emergency clause **Notstandskomitee** *nt* emergency committee **Notstandsverfassung** *f* emergency constitution

Notstromaggregat *nt* emergency generator **Notstromversorgung** *f* emergency power supply

Nottaufe *f* emergency baptism; **die ~ bekommen** to have an emergency baptism, to be baptized at the eleventh hour **Nottestament** *nt* JUR nuncupative will **Notunterkunft** *f* emergency accommodation **Notverband** *m* MED emergency dressing **Notverkauf** *m* JUR emergency [*or* forced] sale **Notverkaufsrecht** *nt* JUR right of emergency sale **Notverordnung** *f* JUR emergency decree **Notwasserung** *f* LUFT emergency landing on water **Notweg** *m* JUR way of necessity

Notwehr <-> *f kein pl* self-defence *no pl;* JUR privilege of self-defence; **aus [*o* in] ~** in self-defence

Notwehrexzess *m* JUR excessive self-defence

notwendig **I.** *adj* ❶ (*erforderlich*) necessary; ■**das N~e** the essentials *pl;* ■**alles N~e** everything necessary; ■**das N~ste** the bare essentials *pl* ❷ (*geboten*) ■**der/die ~e ...** the necessary ... **II.** *adv* necessarily; **etw ~ brauchen** to absolutely need sth

notwendigerweise *adv* necessarily; ***diese Leibesvisitationen müssen ~ durchgeführt werden*** it is necessary to conduct these body searches

Notwendigkeit, Notwedigkeit <-, -en> *f* ❶ *kein pl* (*Erforderlichkeit*) necessity ❷ (*Erfordernis*) necessity

Notzucht <-> *f kein pl s.* **Vergewaltigung**

notzüchtigen <notzüchtigte, genotzüchtigt> *vt s.* **vergewaltigen**

Notzuständigkeit *f* JUR emergency jurisdiction

Nougat <-s, -s> ['nu:gat] *m o nt s.* **Nugat**

Nova[1] <-, Novä> ['no:va, -vɛ] *f* nova

Nova[2] *nt pl von* **Novum**

Novation <-, -en> *f* JUR novation

Novationsvertrag *m* JUR substituted contract

Novel Food, Novelfood[RR] <-> ['nɔvəl'fu:d] *nt kein pl* novel food

Novelle <-, -n> [-'vɛ-] *f* ❶ (*Erzählung*) short novel ❷ (*novelliertes Gesetz*) amended law, amendment

novellieren* [-vɛ-] *vt bes* ÖSTERR (*geh*) ■**etw ~** to amend sth

Novellierung <-, -en> *f* JUR, POL amendment

November <-s, -> [-'vɛ-] *m* November; *s. a.* **Februar**

Novität <-, -en> [-vi-] *f* ❶ (*neuer Artikel*) new article ❷ (*neues Buch*) new book

Novize, Novizin <-n, -n> [-'vi:-] *m, f* novice, acolyte

Noviziat <-[e]s, -e> [-vi-] *nt* novitiate

Novizin <-, -nen> *f fem form von* **Novize**

Novum <-s, Nova> [-vʊm-, -va] *nt* (*geh*) ■**ein ~** new factor [*or* phenomenon], novelty

Nowosibirsk <-s> *nt* Novosibirsk

NPD *f Abk von* **Nationaldemokratische Partei Deutschlands** NPD, National Democratic Party of Germany

Nr. *Abk von* **Nummer** no.

ns *f* PHYS *Abk von* **Nanosekunde** ns

NS[1] *Abk von* **Nachschrift** PS

NS[2] *Abk von* **Nationalsozialismus** National Socialism

NS-Bonze *m* Nazi bigwig **NS-Staat** *m* National Socialist [*or* Nazi] state **NS-Zeit** *f* [period of] National Socialism [*or* Nazism]

NT *f* INFORM *Abk von* **New Technology** NT

N.T. *nt Abk von* **Neues Testament** NT

Nu *m* **im ~** in a flash [*or fam* sec]; ***ich bin im ~ zurück*** I'll be back in a sec

Nuance <-, -n> [nY'ã:sə] *f* nuance; **eine ~ zu ...** a shade; ***der Boden ist eine ~ zu weich für dieses Pferd*** the going is a shade on the soft side for this horse

Nuancenpalette *f* gamut of shades

nuancieren* *vt* (*geh*) ❶ (*kaum merklich abwandeln, sehr fein graduell abstufen*) ■**etw ~** to give sth subtle nuances, to nuance sth *rare* ❷ (*in all seinen Feinheiten, feinen Unterschieden erfassen, darstellen*) ■**etw ~** to give sth subtle nuances, to nuance sth *rare*

Nubukleder *nt* nubuck

nüchtern *adj* ❶ (*mit leerem Magen*) empty-stomached; ■**~ sein** with an empty stomach; *s. a.* **Magen** ❷ (*nicht betrunken*) sober ❸ (*realitätsbewusst*) sober, down-to-earth; **eine ~e Einschätzung** a level-headed assessment ❹ (*bloß*) sober, bare, plain, austere

Nüchternheit <-> *f kein pl* ❶ (*Realitätsbewusstsein*) soberness, rationality ❷ (*nicht alkoholisierter Zustand*) soberness, sobriety

Nuckel <-s, -> *m* (*fam*) dummy

Nuckelflasche *f* baby bottle

nuckeln *vi* (*fam: saugen*) ■**[an etw** *dat*] ~ to suck [on sth]

Nudel <-, -n> *f* ❶ *meist pl* pasta + *sing vb, no indef art;* (*in Suppe*) noodle *usu pl* ❷ (*Teigröllchen zum Mästen von Gänsen*) fattening ball ❸ *meist pl* DIAL (*krapfenähnliches Gebäck*) pastry ❹ (*fam: Frau*) roly-poly; **dicke ~** fat one; **giftige ~** nasty one; **ulkige ~** funny one

Nudelbrett *nt* pastry board **Nudelholz** *nt* rolling pin **Nudelmaschine** *f* pasta machine

nudeln **I.** *vt* ❶ (*mästen*) ■**etw ~** *Geflügel* to cram sth ❷ (*fam: überfüttern*) ■**jdn ~** to stuff sb; **sich wie genudelt fühlen** to be full to bursting ❸ DIAL (*liebkosen*) ■**jdn/etw ~** to cuddle sb/sth **II.** *vi* KOCHK (*veraltet*) to roll out pastry for noodles **Nudelsuppe** *f* noodle soup **Nudelteig** *m* pasta dough

Nudismus <-> *m kein pl* (*geh*) nudism

Nudist(in) <-en, -en> *m(f)* (*geh*) nudist

Nugat[RR] <-s, -s> *m o nt* nougat

nuklear **I.** *adj attr* nuclear **II.** *adv* with nuclear weapons *pred;* **~ ausgerüstet/bewaffnet sein** to be equipped/armed with nuclear weapons

Nuklearindustrie *f* nuclear industry **Nuklearkriminalität** *f* nuclear crime **Nuklearmacht** *f* nuclear power **Nuklearmedizin** *f* nuclear medicine **Nuklearpark** *m* nuclear arsenal **Nuklearphysik** *f kein pl* nuclear physics + *sing vb* **Nukleartest** *m* MIL, POL nuclear [*or* atomic] test **Nuklearwaffe** *f* nuclear weapon **Nuklearwaffenpotenzial**[RR] *nt* nuclear weapon potential [*or* capacity] [*or* capability]

Nukleinsäure *f* nucleic acid

Nukleotid <-s, -e> *m* BIOL (*Grundbaustein der DNA*) nucleotide

null *adj* ❶ (*Zahl*) zero, nought; **gleich ~ sein** to be zero; (*0° C*) zero; *s. a.* **acht**[1] ❷ SPORT (*kein*) no; **~ Punkte** no points; **~ zu ~** (*0:0*) nil nil [*or* AM *usu* zero zero]; **~ zu drei** nil three ❸ TENNIS love; **40 zu ~** 40-love ❹ INFORM **etw auf ~ stellen** to reset sth ▶ WENDUNGEN: **jds Hoffnung/Mut sinkt unter ~** sb loses all hope [*or* courage]; **in [*o* im] ~ Komma nichts** (*fam*) in [*or* quick as] a flash; **die Stunde ~** zero hour; **~ und nichtig sein** to be null and void; **etw für ~ und nichtig erklären** to declare sth null and void; **~ für ~ aufgehen** (*sich als richtig erweisen*) to turn out right; **gleich ~ sein** (*so gut wie nicht vorhanden*) to be nil

Null[1] <-, -en> *f* ❶ (*Zahl*) zero, null ❷ (*fam: Versager*) nothing ▶ WENDUNGEN: **[noch einmal] bei ~ anfangen** (*fam*) to start [again] from scratch

Null[2] <-[s],-s> *m o nt* KARTEN null[o]; **~ Hand** null[o] hand; **~ ouvert** open null[o]

nullachtfuffzehn *adj,* **nullachtfünfzehn** *adv* (*fam*) run-of-the-mill

Nullachtfünfzehn-Auto *nt* run-of-the-mill car

nulla poena sine lege JUR no crime unless there is a statute for it

Null-Bock-Jugend *f* (*sl*) disenchanted youth, don't-give-a-damn young wasters *pl,* slackers *pl*

Nulldiät *f* starvation diet **Nullinflation** *f* ÖKON zero inflation **Nulllösung**[RR] *f,* **Nullösung** *f* zero option **Nullmeridian** *m* prime [*or* Greenwich] meridian **Nullpunkt** *m kein pl* freezing point; **auf den ~ absinken** to drop down to freezing point ▶ WENDUNGEN: **auf den ~ sinken [*o* ankommen]** to reach rock bottom **Nullrunde** *f round of wage negotiations where demand for a wage rise is dropped* **Nullsaldo** *m* FIN zero balance **Nullschiene** *f* BAU neutral conductor **Nullserie** *f* pilot lot **Null-**

stellung *f kein pl* zero position **Nulltarif** *m kein pl* ■**zum** ~ for free; ***der ~ wurde auf allen Strecken eingeführt*** free travel was introduced on all routes **Nullwachstum** *nt* zero growth
Numerale <-s, -lien *o* -lia> *nt* LING numeral
Numeri *pl von* **Numerus**
numerieren* *vt s.* **nummerieren**
Numerierung <-, -en> *f s.* **Nummerierung**
numerisch *adj* numeric[al]
Numerus <-, Numeri> *m* number
Numerus clausus <-> *m* numerus clausus
Numismatik <-> *f kein pl* numismatology
Num-Lock-Taste *f* INFORM num lock key
Nummer <-, -n> *f* ❶ *(Zahl)* number; **laufende** ~ serial number ❷ *(Telefonnummer)* number; ***z.Z. bin ich unter der ~ ... zu erreichen*** at the moment I can be reached under ... ❸ MEDIA *(Ausgabe)* issue ❹ *(Größe)* size ❺ *(Autonummer)* registration number ❻ *(fam: Typ)* character; ***mit Ulrike wird es nie langweilig, sie ist eine total ulkige*** ~ it's never boring with Ulrike around, she's a real bag of laughs ❼ *(derb: Koitus)* fuck *vulg,* BRIT *a.* shag *fam!;* **eine schnelle** ~ a quickie; **eine** ~ **[mit jdm] machen** [*o* **schieben**] *(sl)* to have it off BRIT *sl* [*or* AM get it on] [with sb] ❽ *(Darbietung)* **eine glanzvolle** ~ a great act ❾ *(fam: Musikstück)* ***auf der CD sind ein paar gute ~n*** there are a few good tracks on the CD ▶ WENDUNGEN: **eine** ~ **aufs Parkett legen** to trip the light fantastic; **auf** ~ **Sicher gehen** *(fam)* to play it safe; **auf** ~ **Sicher sein** [*o* **sitzen**] *(sl)* to be behind bars; **[nur] eine** ~ **abziehen** *(fam: schauspielern)* to put on an act; **etw ist für jdn ein paar ~n zu groß** sth is out of sb's range, sb would be biting off more than he can chew with sth; **eine große** [*o* **dicke**] ~ **bei jdm haben** *(fam)* to be really well in with sb; **[nur] eine** ~ **sein** to be [no more than] a number; **die** ~ **eins** *(fam)* the number one
nummerierenRR* *vt* ■**etw** ~ to number sth
NummerierungRR <-, -en> *f* ❶ *kein pl (das Nummerieren)* numbering ❷ *(Eintrag einer Zahl)* numbering; ***die Blätter haben keine*** ~ the sheets are not numbered
Nummernkonto *nt* numbered account **Nummernpaket** *nt* number packet **Nummernscheibe** *f* TELEK *(veraltend)* dial **Nummernschild** *nt* number [*or* AM license] plate **Nummernzeichen** *nt* numerical mark
nun I. *adv* ❶ *(jetzt)* now ❷ *(na ja)* well; ***was hältst du von ihm? — ~, ich weiß nicht*** what do you think of him? — well, I don't know ❸ *(allerdings)* but; ***ich will ~ mal nicht im Norden Urlaub machen!*** but I just don't want to go on holiday in the north! ❹ *(etwa)* well; ***hat sich die Mühe ~ gelohnt?*** well, was it worth the trouble? ❺ *in Fragesätzen (denn)* then; ***war es ~ wirklich schlimm mit der Prüfung?*** so, was the exam really so bad then?; ***ob es ~ auch sein kann, dass einfach eine Verwechslung vorliegt?*** could it be then that there is simply some mistake? ❻ *(gar)* really; ***wenn sie sich ~ wirklich etwas angetan hat?*** what if she has really done sth to herself? ❼ *(eben)* just; ***Mathematik liegt ihr ~ mal nicht*** maths just isn't her thing ▶ WENDUNGEN: ~ **gut** [*o* **schön**] alright, all right; **von** ~ **an** from now on; ~ **denn** [*o* **wohl** *geh*] so; ~ **ja** well; ~ **ja** [*o* **gut**], **aber ...** well yes, but ...; **es ist** ~ **[ein]mal so** that's the way it is; ***was hilft's, hier wird ~ mal so verfahren*** what can you do? that's the way things are done around here; **was** ~**?** what now?; ~, ~! now, now! II. *konj (veraltend geh: jetzt da)* now that; ~ ***der Vorhang gefallen war, konnte der Intendant erleichtert aufatmen*** now that the curtain was down, the director was able to heave a sigh of relief
nunmehr *adv (geh)* now
'nunter *adv* DIAL *s.* **hinunter**
Nuntius <-, -tien> *m* REL nuncio
nur *adv* ❶ *(lediglich)* only; ~ **noch** [*o geh* **mehr**] only; ***es hätte ~ noch ein Wort gefehlt und ich wäre explodiert*** just one more word and I would have exploded ❷ *(bloß)* just; ***da kann man doch ~ lachen!*** what a bloody laugh! *fam;* ***mach' ~ ja nicht mich für die Folgen verantwortlich!*** just don't, whatever you do, blame me for the consequences!; ***wie konnte ich das ~ vergessen!*** how on earth could I forget that! ❸ *(ja)* ■~ **niemand/nicht** not a soul/not at all; ***lass das ~ niemanden wissen!*** don't you [dare] tell anyone! ❹ *(ruhig)* just; ***schlag ~ zu, wirst schon sehen, was du davon hast!*** go on, hit me, you'll soon see what you'll get out of it! ❺ *(aber)* the only thing is ...; ***du kannst gerne einen Whisky haben, ~ habe ich kein Eis*** you're welcome to have a whisky, the only thing is I don't have any ice; ***das Buch ist sehr gut – ~, es ist wahrscheinlich zu schwer*** the book is very good – but [*or* though] it's probably too heavy-going ▶ WENDUNGEN: ~ **Mut** cheer up; ~ **her damit!** *(fam: gib/gebt es ruhig!)* give it here!; ~ **noch** ***als ich ihn zur Rede stellte, wurde er ~ noch frecher*** when I took him to task he got even cheekier; ~ **so** ***gerade als ich aus dem Haus wollte, regnete es ~ so*** just as I wanted to go out it was really pouring down; **dass es** ~ **so ...** + *vb (in hohem Maß, in großer Menge)* so much that it ...; ***ich werde dir so eine scheuern, dass es ~ so staubt!*** I'm going to give you such a clout that it will raise the dust!; ~ **zu!** come on then; **warum/was/wer/wie ... ~?** just why/what/who/how ...; ***warum musstest du das ~ tun?*** just why did you have to do that?; ***was in aller Welt hast du dir ~ dabei gedacht?*** just what on earth did you thin you were doing?; ***es schellt jemand an der Tür? wer kann das ~ sein?*** somebody's ringing the doorbell? who on earth can it be?; **wenn ...** ~ ... if only ...; ***das Wetter ist schön, wenn es ~ so bliebe!*** the weather is glorious, if only it would stay like this!; *s. a.* **nicht**
Nurlesespeicher *m* INFORM read-only memory [*or* storage]
Nürnberg <-s> *nt* Nuremberg; *s. a.* **Trichter**
nuscheln I. *vi (fam)* to mumble II. *vt (fam)* ■**etw** ~ to mumble sth
NussRR <-, Nüsse> *f,* **Nuß** <-, Nüsse> *f* ❶ *(Haselnuss)* hazelnut; *(Walnuss)* walnut; **Nüsse knacken** to crack nuts ❷ *(Nusseis)* hazelnut [ice cream] ❸ KOCHK *(Fleischstück aus der Keule)* eye ❹ *(fam: Kopf)* nut *fam* ▶ WENDUNGEN: **dumme** ~ *(fam)* stupid twit, silly cow BRIT *fam!;* **eine harte** ~ *(fam)* a tough nut to carck; **jdm eine harte** ~ **zu knacken geben** *(fam)* to give sb a tough [*or* hard] nut to crack, to give sb a difficult task; **eine harte** ~ **zu knacken haben** to have a tough [*or* hard] nut to crack; **eine taube** ~ a dead loss *fam;* **jdm eins auf die** ~ **geben** *(fam)* to knock sb on the head
NussbaumRR *m* ❶ *(Walnussbaum)* walnut tree ❷ *kein pl (Walnussholz)* walnut
nussbraunRR *adj inv* nutbrown
NüsschenRR <-s, -> *nt* KOCHK loin [*or* filet] of lamb
NussfruchtRR *f* BOT nut **Nussknacker**RR *m* nutcracker **Nussöl**RR *nt* nut oil **Nussschale**RR *f* ❶ *(Schale einer Nuss)* [nut]shell ❷ *(winziges Boot)* cockleshell **Nusstorte**RR *f* nut gateau BRIT, cream cake with hazelnuts AM
Nüster <-, -n> *f* ❶ ZOOL *(Nasenöffnung)* nostril ❷ *pl (geh: Nasenlöcher)* nostrils
Nut <-, -en> *f (fachspr)*, **Nute** <-, -n> *f* groove; ~ **und Feder** groove and tongue
Nutation <-, -en> *f* ASTRON nutation
nuten *vt* TECH ■**etw** ~ to groove sth, to chase sth, to cut a keyway in sth
Nutria[1] <-, -s> *f* coypa, nutria
Nutria[2] <-s, -s> *m* ❶ *(Pelz der ~)* nutria ❷ *(Pelzmantel)* nutria coat
Nutte <-, -n> *f (sl)* whore
Nutzanwendung *f* practical application; **eine** ~ **aus etw ziehen** to draw a practical lesson [*or* moral] from sth
nutzbar *adj* usable; ■**[für/zu etw]** ~ **sein** to be usable [for sth]; **etw** ~ **machen** to exploit sth
Nutzbarmachung <-> *f kein pl* utilization; *von Bodenschätzen* exploitation
nutzbringend I. *adj* gainful, profitable II. *adv* gainfully, profitably
nütze *adj pred,* **nutz** *adj pred* SÜDD, ÖSTERR ■**zu etw** ~ **sein** to be useful; ***ich habe es doch bereits zweimal versucht, wozu soll ein dritter Versuch ~ sein?*** but I've already tried twice, what use is a third try?; ■**zu nichts** ~ **sein** to be good for nothing; ***alles verbockst du, zu nichts bist du ~!*** you muck up everything, you good-for-nothing!
Nutzeffekt *m* useful effect; ***und was ist nun der ~ deiner ständigen Vorhaltungen?*** and what have you achieved with your constant reproaches?
nutzen, nützen I. *vi (von Nutzen sein)* ■**[jdm] [etwas] nutzen** [*o* **nützen**] to be of use [to sb]; ***und was soll das ~, wenn ich mich ein drittes Mal darum bemühe?*** and what's the use in me giving it a third go?; ***drohe ihm, das nützt immer!*** threaten him, that always helps!; ***schön, dass meine Ermahnungen doch etwas genutzt/genützt haben*** good, my warnings weren't a complete waste of time; ■**[jdm] nichts nutzen** [*o* **nützen**] to not do [sb] any good, to be no use [to sb]; ***du kannst sie ja fragen, aber das wird [dir] nichts ~*** you can ask her but it won't do [you] any good; ***ich will Geld sehen, ein Schuldschein nützt mir nichts*** I want to see money — an IOU is no good to me II. *vt* ❶ *(in Gebrauch nehmen)* ■**etw nutzen** [*o* **nützen**] to use sth; ***er hat zwar einen Kabelanschluss, nützt ihn aber kaum*** he does have cable TV but he hardly watches it ❷ *(ausnutzen)* ■**etw nutzen** [*o* **nützen**] to exploit [*or* take advantage of] sth; **eine günstige Gelegenheit** ~ to seize an opportunity; **die Gunst der Stunde** ~ to make use of an opportune moment
Nutzen <-s> *m kein pl* advantage, benefit; ***welchen ~ versprichst du dir davon?*** what do you hope to gain from it?; **wirtschaftlicher** ~ economic value; **[jdm]** ~ **bringen** to be of advantage [*or* benefit] [to sb]; ***mir ist nicht klar, welchen ~ es bringen soll, wenn wir auf seine Vorschläge eingehen*** I don't see what the advantage would be in accepting his proposal; **jdm zum** ~ **gereichen** *(geh)* to be to sb's advantage; **von etw irgendeinen** ~ **haben** to gain [*or* derive benefit] from sth; ***welchen ~ soll ich davon haben, euch zu helfen*** what am I going to get out of helping you?; **[jdm] von** ~ **sein** to be of use [to sb]; ***das wäre von ~*** that would be helpful; **von geringem** ~ **sein** to not be much use; **von großem** ~ **sein** to be a lot of use; **aus etw [seinen]** ~ **ziehen** to derive benefit from sth; **zum** ~ **der/des ...** to the benefit of the ...
Nutzer(in) *m(f)* user; JUR beneficiary; **unredlicher** ~ dishonest beneficiary
Nutzerrecht *nt* JUR beneficial interest
Nutzfahrzeug *nt* utility vehicle **Nutzfläche** *f* utilizable space of land **Nutzgarten** *m* kitchen garden **Nutzholz** *nt* timber *no pl* **Nutzkosten** *pl* HANDEL costs of use **Nutzkraftwagen** *m* commercial motor vehicle **Nutzlast** *f* TRANSP live weight, payload **Nutzleistung** *f* TECH brake horsepower
nützlich *adj* ❶ *(nutzbringend)* useful; ■**[jdm]** ~ **sein/werden** to be useful [to sb]; ■**N~es** sth useful; ***er leistet viel N~es*** his work is very useful; **das N~e mit dem Angenehmen verbinden** to combine business with pleasure; ***der Vorschlag enthält nichts N~es*** the proposal doesn't include anything of any use; **sich** ~ **machen** to make oneself useful ❷ *(hilfreich)* helpful; ■**[jdm]** ~ **sein** to be helpful [to sb]
Nützlichkeit <-> *f kein pl* advantage, utility
Nützlichkeitsdenken <-s> *nt kein pl* utilitarian thinking *no pl*
nutzlos I. *adj* futile, useless; ■~ **sein, etw zu tun** to be futile to do sth; ***der Versuch wäre*** ~ it would be a waste of time trying II. *adv* in vain *pred*
Nutzlosigkeit <-> *f kein pl* futility, uselessness
nutznießen* *v* JUR *(form)* ■**von jdm/etw** ~ to benefit from sb/sth
nutznießend *adj* JUR *(form)* beneficial, usufructuary
Nutznießer(in) <-s, -> *m(f)* JUR *(form)* usufructuary, beneficiary
Nutznießung <-, -en> *f* JUR *s.* **Nießbrauch**
Nutznießungsrecht *nt* JUR beneficial [*or* usu-

fructuary] right
Nutzpflanze *f* AGR, BOT [economically] useful plant
Nutztier *nt* economically useful animal; ■~e livestock + *sing/pl vb*
Nutzung <-, -en> *f* use
Nutzungsänderung *f* JUR change of utilization **Nutzungsanspruch** *m* JUR beneficiary claim **Nutzungsart** *f* type of use; TECH application **Nutzungsausfall** *m* JUR loss of use **Nutzungsbefugnis** *f* JUR right of beneficial use, usufructuary right **Nutzungsberechtigte(r)** *f(m)* JUR beneficiary **Nutzungsbeschränkung** *f* JUR restrictive covenant **Nutzungsdauer** *f* useful life, period of use **Nutzungsentschädigung** *f* FIN compensation for loss of use **Nutzungsinhalt** *m* useful content **Nutzungsinteresse** *nt* JUR beneficiary interest **Nutzungsjahre** *pl* HANDEL years in use **Nutzungskapazität** *f* usable capacity **Nutzungsrecht** *nt* right of use; JUR usufruct, usufructuary right; **alleiniges/gemeinsames** ~ exclusive use/commonage; **vertragliches** ~ contractual right of property; **nicht mehr vorhandenes** ~ expired utility; ~ **an fremdem Grundstück** profit à prendre; ~ **auf Lebenszeit** life interest **Nutzungs(recht)entgelt** *nt* FIN compensation for use, rental **Nutzungsüberlassung** *f* JUR surrender of the use and benefit [of sth] **Nutzungsüberlassungsvertrag** *m* JUR agreement on surrender of the use and benefit [of sth] **Nutzungsuntersagung** *f* JUR restraint of use **Nutzungsverhältnis** *nt* JUR owner and user relationship; **zeitlich begrenztes** ~ periodic tenancy **Nutzungsvertrag** *m* JUR contract for the transfer of use and enjoyment **Nutzungswert** *m* FIN *eines Mietobjekts* rental value **Nutzungswertbesteuerung** *f* FIN taxation of beneficial use **Nutzungszeitraum** *m* period of use
Nutzwert *m kein pl* TECH utility
n.u.Z. *Abk von* **nach unserer Zeitrechnung** AD
NVA *f* HIST *Abk von* **Nationale Volksarmee** National People's Army (*of the GDR*)
NW *Abk von* **Nordwesten**
Nyasasee *m* Lake Nyasa, Lake Malawi
Nylon® <-[s]> ['nailɔn] *nt kein pl* nylon
Nylonstrumpf ['nailɔn-] *m* nylon stocking
Nymphe <-, -n> *f* nymph
Nymphensittich *m* ZOOL cockatiel
nymphoman *adj* nymphomaniac
Nymphomanie <-> *f kein pl* nymphomania
Nymphomanin <-, -nen> *f* nymphomaniac

O

nymphomanisch *adj inv* nymphomaniac
NYSE *m Abk von* **New York Stock Exchange** NYSE
O, o <-, – *o fam* -s, -s> *nt* O, o; ~ **wie Otto** O for Oliver BRIT, O as in Oboe AM; *s. a.* **A 1**
o *interj* oh
O *Abk von* **Osten**
o.a. *Abk von* **oben angeführt** aforementioned
o.ä. *Abk von* **oder ähnliches** or similar, or the like
OAE *f Abk von* **Organisation für Afrikanische Einheit** OAU, Organization of African Unity
OAPEC *f Abk von* **Organization of Arab Petroleum Exporting Countries** OAPEC
OAS *f Abk von* **Organisation Amerikanischer Staaten** OAS, Organization of American States
Oase <-, -n> *f* oasis
ob I. *konj* ① (*inwiefern, indirekte Frage*) whether; ~ ***er morgen kommt?*** I wonder whether he'll come tomorrow?; ***ich weiß nicht,*** ~ ***sie mitkommt*** I don't know whether she'll come too ② ■~ **...,** ~ **...** whether ... or ...; (*sei es, dass ...*) whether ...; ~ ***reich,*** ~ ***arm, jeder muss sterben*** rich or poor, everyone must die ③ (*bei Wiederholung einer Frage*) I/he/she etc. said ... ④ (*selbst wenn*) ■~ **... auch** (*veraltend*) even if ⑤ (*sei es dass*) ***sie muss mitgehen,*** ~ ***es ihr passt oder nicht*** she has to go whether she likes it or not; *s. a.* **als, und II.** *präp* ① +*gen* (*veraltend geh: wegen*) on account of ② +*gen* (*in Ortsnamen*) on; ***Rothenburg*** ~ ***der Tauber*** Rothenburg on the Tauber ③ +*dat* SCHWEIZ (*veraltet: über*) above
o.B. *Abk von* **ohne Befund** [results] negative
OB <-s, -s> [o:'be:] *m Abk von* **Oberbürgermeister(in)**
Obacht <-> *f kein pl bes* SÜDD care; ~ **geben** to be careful; **auf etw** *akk* ~ **geben** to pay attention to sth; ***gib auf das, was du sagst, besser*** ~ be more careful about what you say; **auf jdn/etw** ~ **geben** to look after sb/sth; ~! watch out!
ÖBB *f Abk von* **Österreichische Bundesbahn** Austrian Federal Railway
Obdach <-[e]s> *nt kein pl* (*geh*) shelter; **jdm** ~ **geben** [*o* **gewähren**] to give sb shelter; **kein** ~ **haben** to have nowhere to live, to be homeless
obdachlos *adj* homeless; ***durch das Erdbeben wurden viele Menschen*** ~ many people lost their homes through the earthquake **Obdachlose(r)** *f(m) dekl wie adj* homeless person
Obdachlosenasyl *nt,* **Obdachlosenheim** *nt* refuge for homeless persons
Obdachlosigkeit <-> *f kein pl* homelessness
Obduktion <-, -en> *f* post-mortem [examination]
obduzieren* *vt* ■**jdn** ~ to perform a post-mortem on sb; ■**obduziert werden** to undergo a post-mortem; ■**das Obduzieren** post-mortem
O-Beine *pl* bandy [*or* bow] legs *pl*
o-beinig *adj* bandy-[*or* bow-]legged
Obelisk <-en, -en> *m* obelisk
oben *adv* ① (*in der Höhe*) top; ***ich möchte die Flasche*** ~ ***links/rechts*** I'd like the bottle on the top left; ■~ **auf etw** *dat o akk* on top of sth; **dort** ~ up there; **ganz** ~ right at the top, at the very top; ***die Singdrossel sitzt ganz*** ~ ***auf dem Baum*** the songthrush is sitting right at the top of the tree; **hier** ~ up here; **hoch** ~ high; **bis** ~ [**hin**] up to the top; **nach** ~ **zu** [*o* **hin**] further up; **nach** ~ up; **von** ~ (*vom oberen Teil*) from above ② (*im oberen Stockwerk*) upstairs; **nach** ~ upstairs; **von** ~ from upstairs ③ (*fam: auf höherer Ebene*) among/by, etc. the powers that be; ***wir haben keine Ahnung von dem, was*** ~ ***geschieht*** we have no idea what happens among the powers that be; ***solche Dinge werden*** ~ ***entschieden*** these things are decided by the powers that be; ***ich gebe Ihren Antrag dann weiter, die*** ~ ***sollen sich damit beschäftigen*** I'll pass your application on, the powers that be can deal with it; **sich** ~ **halten** to stay at the top; **nach** ~ to the powers that be, to the top *fam;* **von** ~ from the powers that be, from the top *fam;* **nach** ~ **buckeln, nach unten treten** *to be servile to those higher in the hierarchy and arrogant to those lower; s. a.* **Norden** ④ (*vorher*) above; ~ **erwähnt** above-mentioned; ~ **genannt** above-mentioned *attrib,* mentioned above *pred;* **siehe** ~ see above; *s. a.* **weiter** ⑤ (*auf der Oberseite*) ***der Stoff ist*** ~ ***glänzend, unten matt*** the upper part of the material is shiny, the lower part matt ▶ WENDUNGEN: **jdn von** ~ **herab ansehen** to look down on sb; **etw nach** ~ **aufrunden** to round sth up; **jdn von** ~ **herab behandeln** to behave in a superior manner toward sb; **mal** ~, **mal unten sein** sometimes up, sometimes down; **jdm bis** [**hier**] ~ **stehen** to have it up to here; **nicht mehr wissen, wo** ~ **und unten ist** to not know whether you are coming or going; [**hier**] ~! this way up!; ~ **ohne** (*fam*) topless; **von** ~ **bis unten** from top to bottom
obenan *adv* first; ***sein Name steht*** ~ ***auf der Liste*** his name is at the top of the list **obenauf** *adv* ① DIAL (*obendrauf*) on top ② ■~ **sein** (*guter Laune*) to be chirpy [*or* in good form]; (*im Vorteil*) to be in a strong position **obendrauf** *adv* (*fam*) on top; ***sie setzte sich auf den Koffer*** ~ she sat on top of the suitcase ▶ WENDUNGEN: **eins** ~ **kriegen** (*fam*) to get a smack in the face [*or* BRIT *fam* gob] [*or* on the mouth] **obendrein** *adv* on top, as well; ***das alles ist ja schon schlimm genug, aber die Sache soll nun*** ~ ***auch noch vertuscht werden*** that's all bad enough but, on top of that, now they want to keep the whole business quiet **obengenannt** *adj inv s.* **oben 4** **obenherum** *adv* (*fam*) ① (*um die Brüste herum*) in the boobs *fam* ② (*im Bereich des Oberteils*) in the bust **obenhin** *adv* in passing, fleetingly **oben-ohne** *adj inv* topless **Oben-ohne-Bedienung** *f* topless service **obenrum** *adv* (*fam*) *s.* **obenherum**
Ober <-s, -> *m* [head] waiter; ~, ***bitte zahlen!*** the bill please, waiter!
Oberarm *m* upper arm **Oberarzt, -ärztin** <-es, -ärzte> *m, f* (*Vertreter des Chefarztes*) assistant medical director; (*Leiter einer Abteilung*) consultant **Oberaufsicht** *f* supervision **Oberbefehl** *m kein pl* supreme command; **den** ~ [**über etw** *akk*] **haben** to be in supreme command [of sth] **Oberbefehlshaber(in)** *m(f)* commander-in-chief **Oberbegriff** *m* generic term **Oberbekleidung** *f* outer clothing **Oberbett** *nt* duvet BRIT, quilt AM **oberblöd** *adj* (*emph fam*) ridiculous, idiotic **Oberbundesanwalt, -anwältin** *m, f* JUR Chief Public Attorney **Oberbürgermeister(in)** *m(f)* mayor, BRIT *a.* ≈ Lord Mayor **Oberdeck** *nt* upper deck **oberdeutsch** *adj* LING Southern German (*concerning the German dialects spoken in Southern Germany, Austria and Switzerland*) **Oberdeutschland** *nt* Southern Germany
obere(r, s) *adj attr* ① (*oben befindlich*) top, upper ② (*rangmäßig höher*) higher ③ (*vorhergehend*) previous ④ (*höher gelegen*) upper
Obere *pl* (*fam*) ■**die** ~**n** the powers that be *fam,* those in authority
Oberer See *m* Lake Superior
oberfaul *adj* (*fam*) incredibly lazy
Oberfeldwebel *m* ① (*Heer*) ≈ staff sergeant ② (*Marine*) ≈ chief petty officer BRIT, ≈ petty officer first class AM ③ (*Luftwaffe*) ≈ flight sergeant BRIT, ≈ technical sergeant AM
Oberfläche *f* ① (*äußere Fläche*) surface ② (*obere Fläche*) surface; **auf** [*o* **an**] **der** ~ on the surface; **an die** ~ **kommen** (*auftauchen*) to surface; (*zu Tage kommen*) to surface, to come to light
Oberflächenbehandlung *f* surface treatment **Oberflächenbeschaffenheit** *f* BAU finish **Oberflächenfestigkeit** *f* sizing strength, surface stability **oberflächengeleimt** *adj inv* ~**es Papier** surface-[*or* tub-]sized paper **Oberflächenkontamination** *f* NUKL surface contamination **Oberflächenspannung** *f* SCI surface tension
oberflächlich I. *adj* ① (*äußerlich*) superficial ② (*flüchtig*) superficial; ***sie arbeitet rasch, ist aber leider etwas zu*** ~ she works quickly but, unfortunately, she's a little slapdash ③ (*seicht*) superficially II. *adv* ① (*an der Oberfläche*) superficially ② (*flüchtig*) in a slapdash manner *pred* ③ (*allgemein*) superficially
Oberflächlichkeit <-> *f kein pl* (*Seichtheit*) superficiality
Oberförster *m* chief [*or* head] forester **Oberfräser** *m* router **obergärig** *adj* top-fermented **Obergeschoss**[RR] *nt* top floor **Obergesellschaft** *f* HANDEL umbrella company; (*einer Gruppe*) parent company **Obergrenze** *f* upper limit, maximum
oberhalb I. *präp* +*gen* ■~ **einer S.** above sth II. *adv* above
Oberhand *f kein pl* upper hand; **die** ~ **behalten** to retain the upper hand; **die** ~ [**über jdn**] **gewinnen** [*o* **bekommen**] to gain the upper hand; **die** ~ **haben** to have the upper hand **Oberhaupt** *nt* head **Oberhaus** *nt* POL upper house, House of Lords, BRIT *a.* Upper House **Oberhaut** *f* cuticle, epidermis **Oberhemd** *nt* shirt **Oberherrschaft** *f kein pl* sovereignty, supremacy, supreme authority; ■**die** ~ **über jdn/etw** sovereignty over sb/sth **Oberhirte** *m* prelate **Oberhitze** *f* upper heat **Oberhoheit** *f kein pl s.* **Oberherrschaft**
Oberin *f* ① (*Oberschwester*) matron ② (*Äbtissin*)

O

Mother Superior

Oberinspektor(in) *m(f)* chief inspector

oberirdisch I. *adj* overhead, above ground [*or* surface]; ~**e Leitung** overhead line II. *adv* overground **Oberitalien** *nt* Northern Italy **Oberkante** *f* ❶ TYPO top edge, upper margin ❷ BAU top edge **Oberkellner(in)** *m(f)* head waiter **Oberkiefer** *m* upper jaw **Oberklasse** *f* ❶ *pl* (*veraltend: obere Schulklasse*) ≈ sixth form [*or* AM grade] ❷ (*Oberschicht*) upper class **Oberkleidung** *f* (*selten*) outer clothing **Oberkommandierende(r)** *f(m) dekl wie adj* commander-in-chief **Oberkommando** *nt* MIL ❶ (*Oberbefehl*) ■**das** ~ [**über jdn/etw**] supreme command [over sb/sth] ❷ (*Befehlsstab*) supreme command **Oberkörper** *m* torso; **mit bloßem** [*o* **freiem**] [*o* **nacktem**] ~ topless; **den** ~ **freimachen** to take off one's top **Oberlandesgericht** *nt* Higher Regional Court (*intermediate or regional court of appeals*) **Oberlänge** *f* TYPO ascender **Oberlauf** *m* upper course **Oberleder** *nt* (*von Schuhen*) [leather] uppers *pl* **Oberleitung** *f* ❶ (*Führung*) overall management ❷ (*Fahrdraht*) overhead cable[s *pl*] (*on trolleybuses and trams/streetcars*) **Oberleitungsomnibus** *m* trolleybus, trackless trolley **Oberleutnant** *m* ❶ (*im Heer*) lieutenant BRIT, first lieutenant AM ❷ (*bei der Luftwaffe*) flying officer BRIT, first lieutenant AM **Oberlicht** *nt* ❶ (*oberer Fensterteil*) transom ❷ (*Fenster über einer Tür*) fanlight, AM *usu* transom [window] **Oberliga** *f* third [highest regional] division **Oberlippe** *f* upper lip **Obermaterial** *nt eines Schuhs* upper[s] **Oberösterreich** *nt* Upper Austria **Oberpfeife** *f* (*pej*) useless git BRIT, AM big-time loser **Oberpostdirektion** *f* regional post office administration **Oberpriester(in)** *m(f)* high priest *masc*, high priestess *fem* **Oberprima** *f* SCH (*veraltend*) *top form of a German grammar school* **Oberprimaner(in)** <-s, -> *m(f)* SCH (*veraltend*) *pupil in the top form of a German grammar school* **Oberrabiner** *m* REL senior rabbi **Oberrhein** <-s> *m* Upper Rhine **oberrheinisch** *adj* Upper Rhine; *s. a.* **Tiefebene**

Obers <-> *nt kein pl* ÖSTERR (*Sahne*) whipping cream

Oberschale *f* KOCHK (*Rind*) topside; (*Schwein*) gammon slipper

Oberschenkel *m* thigh **Oberschenkelhalsbruch** *m* femoral neck fracture **Oberschenkelknochen** *m* thighbone, femur *spec* **Oberschenkelmuskulatur** *f* femoral musculature

Oberschicht *f* ❶ (*in der Gesellschaft*) upper class ❷ GEOL upper stratum **oberschlau** *adj* (*iron fam*) really clever *iron* **Oberschule** *f* ❶ (*fam o veraltend: höhere Schule*) secondary school ❷ HIST (*in der DDR*) unified comprehensive shool **Oberschulrat, -rätin** *m, f* school inspector BRIT **Oberschwester** *f* matron **Oberseite** *f* top

Oberst <-en *o* -s, -e[n]> *m* MIL ❶ (*im Heer*) colonel ❷ (*in der Luftwaffe*) group captain BRIT, colonel AM

Oberstaatsanwalt, -anwältin *m, f* senior public prosecutor BRIT, director of public prosecutions BRIT, attorney general AM

oberste(r, s) *adj* ❶ (*ganz oben befindlich*) top, uppermost ❷ (*rangmäßig am höchsten*) highest; *s. a.* **Gerichtshof** ▶ WENDUNGEN: **das O~ zuunterst kehren** (*veraltend*) to turn everything upside down

Oberstimme *f* top part, soprano, treble

Oberstleutnant *m* ❶ (*im Heer*) lieutenant colonel ❷ (*bei der Luftwaffe*) wing commander BRIT, lieutenant colonel AM

Oberstübchen *nt* ▶ WENDUNGEN: **nicht ganz richtig im** ~ **sein** (*veraltend fam*) to be not quite right in the head, to have a screw loose **Oberstudiendirektor(in)** [-diən-] *m(f)* headmaster **Oberstudienrat, -rätin** [-diən-] *m, f senior teacher at a secondary school, one rank above "Studienrat"* **Oberstufe** *f* ≈ sixth form [*or* AM grade] **Oberteil** *nt o m* ❶ (*Aufsatz*) top part ❷ (*oberes Teil*) top **Obertrottel** *m* (*fam*) prize idiot **Oberverwaltungsgericht** *nt* Higher Administrative Court **Oberwasser** *nt kein pl* (*Schleuse*) headbay ▶ WENDUNGEN: ~ **bekommen** [*o* **kriegen**] (*fam*) to get an advantage [*or* the upper hand]; [**wieder**] ~ **haben** to get the upper hand, to be on top [*or fam* top dog] **Oberweite** *f* bust size [*or* measurement]

Obfrau *f s.* **Obmann**

obgleich *konj* although

Obhut <-> *f kein pl* (*geh*) care, charge; **sich** *dat* **unter jds** ~ **befinden** [*o* **unter jds** ~ **stehen**] to be in sb's care [*or* charge]

Obhutshaftung *f* JUR custodial liability **Obhutspflicht** *f* JUR duty of care [*or* to exercise proper care]; ~ **des Verkäufers** seller's duty of care

obige(r, s) *adj attr* ❶ (*oben genannt*) above-mentioned ❷ (*zuvor abgedruckt*) above

Objekt <-[e]s, -e> *nt* ❶ (*Gegenstand*) object ❷ (*Immobilie*) [piece of] property ❸ (*Kunstgegenstand*) objet d'art ❹ (*Gegenteil von Subjekt*) object ❺ INFORM object; ~**e verknüpfen und einbinden** object linking and embedding

Objektdatei *f* INFORM object file

Objektförderung *f* ÖKON building development

objektiv *adj* JUR objective, unbiased

objektiv I. *adj* objective; **eine** ~**e Entscheidung** an objective decision II. *adv* objectively

Objektiv <-s, -e> *nt* lens, objective

objektivieren* *vt* ■**etw** ~ ❶ (*geh*) to objectify sth ❷ PHYS to objectivize sth

Objektivität <-> [-vi-] *f kein pl* objectivity

Objektmenü *nt* INFORM object menu **objektorientiert** *adj* object-oriented **Objektsatz** *m* LING object clause **Objektschutz** *m* protection of property **Objektsteuer** *f* FIN property tax **Objektträger** *m* microscope slide

Oblate <-, -n> *f* wafer

obliegen* [ˈɔpliːgn, ɔpˈliːgn] *vi irreg, impers haben o sein* ❶ (*form: verantwortlich sein*) ■**jdm** ~ to be sb's responsibility; ■**es obliegt jdm, etw zu tun** it is sb's responsibility to do sth ❷ (*veraltet: sich beschäftigen*) **einer Aufgabe** ~ to apply oneself to a task

Obliegenheit <-, -en> *f* (*form*) responsibility, duty

Obliegenheitserfindung *f* JUR obligatory invention **Obliegenheitsverletzung** *f* JUR neglect of duty, breach of obligation

obligat *adj* ❶ (*unerlässlich*) indispensable ❷ (*iron: unvermeidlich*) inevitable *iron*

Obligation <-, -en> *f* FIN [debenture] bond; **nicht einklagbare** ~ unenforceable obligation; **einlösbare/festverzinsliche** ~**en** redeemable/fixed-interest bonds; ~**en aufrufen/tilgen** to call in/redeem bonds; ~**en veräußern** to dispose of bonds

Obligationär(in) *m(f)* FIN bondholder, debenture holder

Obligationenausgabe *f* FIN bond issue **Obligationenrecht** *nt* FIN law of obligations **Obligationenschuldner(in)** *m(f)* JUR bond debtor, AM obligor **Obligationentilgung** *f* FIN redemption of bonds **Obligationsgläubiger(in)** *m(f)* JUR bond creditor **Obligationshandel** *m kein pl* BÖRSE bond market **Obligationsinhaber(in)** *m(f)* FIN bondholder, debenture holder **Obligationsschuld** *f* FIN bond debt

obligatorisch *adj* (*geh*) compulsory, obligatory

Obligo <-s, -s> *nt* ÖKON liability, financial obligation; **ohne** ~ without prejudice; **unter dem** ~ **früherer Zusagen** committed by earlier promises

Obmann, -männin *o* **-frau** <-männer *o* -leute> *m, f* chairman *masc*, chairwoman *fem*

Oboe <-, -n> *f* oboe

Oboist(in) <-en, -en> *m(f)* oboist

Obolus <-, -se> *m* (*geh*) contribution, offering *iron*

Obrigkeit <-, -en> *f* (*Verwaltung*) ■**die** ~ the authorities

obrigkeitlich *adj* (*veraltend*) official, governmental

Obrigkeitsstaat *m* authoritarian state

obschon *konj* (*geh*) *s.* **obgleich**

Observatorium <-, -torien> [-va-, -ˈtoːriən] *nt* observatory

observieren* [-ˈviː-] *vt* (*form*) ■**jdn** ~ to observe sb, to keep somebody under surveillance; ■**jdn** ~ **lassen** to have sb observed, to have sb kept under surveillance

obsessiv *adj* PSYCH obsessive

Obsidian <-s, -e> *m* GEOG obsidian

obsiegen* *vi* ❶ (*gewinnen*) to win ❷ (*geh: die Oberhand behalten*) to triumph

obskur *adj* (*geh*) ❶ (*unbekannt*) obscure ❷ (*verdächtig*) suspicious, dubious

obsolet *adj* (*geh*) obsolete

Obst <-[e]s> *nt kein pl* fruit

Obstanbau <-s> *m,* **Obstbau** *m kein pl* fruit growing **Obstbaum** *m* fruit tree **Obsternte** *f* ❶ *kein pl* (*das Ernten von Obst, Früchten*) gathering [*or* picking] of the fruit, fruit-gathering [*or* -picking] *no pl, no indef art;* ***für die*** ~ ***beschäftigt der Bauer viele Aushilfskräfte*** for the picking of the fruit [*or* fruit-picking] [*or* fruit-gathering] the farmer hires a lot of extra help ❷ (*geerntetes Obst*) fruit crop [*or* harvest] **Obstessig** *m* fruit vinegar **Obstgarten** *m* orchard **Obstgeschäft** *nt* fruiterer's BRIT, fruit store AM **Obsthändler(in)** <-s, -> *m(f)* fruiterer BRIT, fruitseller AM **Obsthandlung** *f* fruiterer's BRIT, fruit store AM

Obstipation <-, -en> *f* MED obstipation, [severe] constipation; **an** ~ **leiden** to suffer from obstipation [*or* [severe] constipation]

Obstkuchen *m* fruit flan [*or* cake] **Obstkuchenform** *f* flan [*or* AM pie] tin [*or* AM *usu* pan]

Obstler <-s, -> *m* fruit liquor

Obstmesser *nt* fruit knife **Obstplantage** *f* orchard, fruit plantation

Obstruktion <-, -en> *f* (*geh*) obstruction; ~ **betreiben** to be obstructive

Obstsaft *m* fruit juice **Obstsalat** *m* fruit salad **Obstschnaps** *m* fruit schnaps **Obsttag** *m day on which one only eats fruit, generally as part of a diet;* **einen** ~ **einlegen** to have a fruit and veg day **Obsttorte** *f* fruit flan [*or* tart] **Obstwasser** *nt* fruit schnaps

obszön *adj* ❶ (*unanständig*) obscene; ~**e Witze** dirty [*or* obscene] jokes ❷ (*Entrüstung verursachend*) obscene; ***wie kannst du nur so etwas O~es von dir geben!*** how could you say something so obscene!

Obszönität <-, -en> *f* ❶ *kein pl* (*obszöne Art*) obscenity ❷ (*obszöne Bemerkung*) obscenity

Obus *m* trolley bus

Obwalden <-s> *nt* Obwalden

obwalten* *vi* (*form*) to prevail

obwohl *konj* although; ~ ***er müde war, tat er ihr den Gefallen*** although he was tired he did her the favour

obzwar *konj* (*selten*) *s.* **obwohl**

Occasion <-, -en> [ɔkaˈzioːn] *f* SCHWEIZ (*Gebrauchtwagen*) second-hand car; (*gebrauchtes Gerät*) second-hand article

Ochotskisches Meer *nt* Sea of Okhotsk

Ochse <-n, -n> [ˈɔksə] *m* ❶ (*kastriertes Rind*) ox ❷ SÜDD, ÖSTERR, SCHWEIZ ox, bullock ❸ (*fam: Dummkopf*) fool, idiot ▶ WENDUNGEN: **dastehen wie der** ~ **vorm Scheunentor** [*o* **wie der** ~ **am** [*o* **vorm**] **Berg**] (*fam*) to be completely baffled, to stand there like an idiot [*or* BRIT a lemon]

ochsen (*fam*) I. *vt* (*lernen*) ■**etw** ~ to swot up sth *sep* BRIT, to cram sth II. *vi* (*angestrengt arbeiten*) to work like an ox

Ochsenfrosch *m* ZOOL bullfrog **Ochsenkarren** *m* ox-cart **Ochsenschwanz** *m* oxtail **Ochsenschwanzsuppe** *f* oxtail soup **Ochsentour** *f* (*fam*) hard slog *fam* **Ochsenziemer** <-s, -> *m* [short] whip

Ocker <-s, -> *m o nt* ochre, AM *a.* ocher

ockerbraun *adj,* **ockergelb** *adj* ochre, AM *a.* ocher

OCR *f* INFORM *Abk von* **optical character recognition** OCR

OCR-Programm *nt* INFORM OCR program

OCR-Zeichensatz *m* INFORM OCR-font, optical font

Ode <-, -n> *f* ode

öde *adj* ❶ (*verlassen*) desolate, deserted ❷ (*fade*) dull, dreary ❸ (*unfruchtbar*) bleak, waste

Öde <-, -n> *f* (*geh*) (1) *kein pl* (*Verlassenheit*) desolation, solitude (2) (*unwirtliches Land*) wasteland, desert *fig* (3) (*Leere*) dreariness, tedium
Ödem <-s> *m kein pl* (*poet*) breath
Ödem <-[e], -e> *nt* oedema BRIT, edema AM
oder *konj* (1) (*eines oder anderes*) or; ~ **aber** or else; ~ **auch** or [even]; ~ **auch nicht** or [maybe [*or* perhaps]] not (2) (*stimmt's?*) ***der Film hat dir auch gut gefallen, ~?*** you liked the film too, didn't you?; ***soviel ich weiß, schuldete er dir noch Geld, ~?*** as far as I know he still owes you money, doesn't he?; ***du traust mir doch, ~ [etwa] nicht?*** you do trust me, don't you?; *s. a.* **entweder**
Oder <-> *f* GEOG ▪ **die** ~ the Oder
Odermennig <-s> *m* BOT agrimony
Oder-Neiße-Linie *f* POL ▪ **die** ~ the Oder-Neisse Line
Ödipuskomplex *m* PSYCH Oedipus complex *no pl*
Ödland *nt kein pl* uncultivated land *no indef art, no pl,* wasteland *no pl*
Odyssee <-, -n> *f* (*geh*) odyssey
OECD <-> *f* ÖKON *Abk von* **Organization for Economic Cooperation Development** OECD
OEEC *f Abk von* **Organization for European Economic Cooperation** OEEC
Oeuvre <-, -s> *nt* (*geh*) body of work, oeuvre *form,* work[s *pl*]
OEZ *f Abk von* **osteuropäische Zeit** EET
Öfchen <-s, -> *nt dim von* **Ofen**
Ofen <-s, Öfen> *m* (1) (*Heiz~*) heater; (*Kohle-, Kachel-, Öl~*) stove; (*elektrischer ~, Gas~*) heater, fire (2) (*Back~*) oven; **den ~ heizen** to heat the oven (3) TECH furnace; (*Brenn~*) kiln; (*Müllverbrennungs~*) incinerator (4) DIAL (*Herd*) cooker (5) (*sl: Pkw, Motorrad*) wheels *fam;* **ein heißer ~** (*fam: Motorrad*) fast bike *fam;* (*Auto*) fast set of wheels *fam* ▶ WENDUNGEN: **ein heißer ~** (*sl: besonders attraktive Frau*) red-hot number *fam;* **immer hinter dem ~ hocken** [*o* **am warmen ~ sitzen**] (*fam*) to always sit around at home, to be a real stay-at-home; **jdn hinter dem ~ hervorlocken** (*fam*) to tempt sb; **jetzt ist der ~ aus** (*sl*) that does it, that's it, it's all over
Ofenbank <-bänke> *f* bench around a/the stove **ofenfrisch** *adj* oven-fresh, freshly baked, fresh from the oven *pred* **Ofenheizung** *f* stove heating *no art, no pl,* heating by stoves **Ofenrohr** *nt* stovepipe **Ofenschirm** *m* firescreen **Ofensetzer(in)** <-s, -> *m(f)* stove builder [*or* fitter] **Ofentür** *f* stove door
Off <-s> [ɔf] *nt kein pl* MEDIA **aus dem ~** offstage
offen I. *adj* (1) (*nicht geschlossen*) open; **mit ~em Hemd/Kragen** wearing open-necked shirt; ***dein Hosenschlitz ist ~*** your flies are undone [*or* open] (2) (*geöffnet*) open; **mit** [*o* **bei**] **~em Fenster** with the window open (3) (*unerledigt*) open; **eine ~e Frage** an open [*or* unanswered] question; **ein ~er Punkt** a moot point; **ein ~es Problem** an unsettled problem; **eine ~e Rechnung** an unsettled [*or* unpaid] [*or* outstanding] bill [*or* accounts]; **bei jdm noch etw ~ haben** to be owed sth by sb (4) (*unentschieden*) wide open, uncertain; ▪ **[noch] ~ sein** to be [still] wide open; **etw ~ lassen** to leave sth open (5) (*freimütig*) open, frank, candid; ▪ **~ [zu jdm] sein** to be open [*or* frank] [*or* honest] [with sb] (6) (*deutlich auftretend*) open, overt (7) (*frei*) ▪ **für jdn ~ sein** to be open to sb (8) (*frei zugänglich*) open; ***ein ~er Ausblick*** an open outlook; ***~es Gelände*** open terrain (9) (*nicht beschränkt, frei*) open; ***ein ~es Gefängnis*** an open prison; ***eine ~e Gesellschaft/Grenze*** an open society/border; **~e Gesellschaft** ÖKON open partnership; ***~e Software*** accessible software; ***ab wann ist die Jagd auf Niederwild wieder ~?*** when does the open season on small game start? (10) (*nicht abgepackt*) loose; ***~er Wein*** wine by the glass/carafe (11) LING open (12) ▪ **~ haben** *Laden, Geschäft* to be open (13) (*nicht besetzt*) **~e Stelle** vacancy, job opening (14) TYPO (*Falz*) **~er Kopf** open head; **~e Seite** open side II. *adv* openly, frankly, candidly; ~ **gestanden** [*o* **gesagt**] to be [perfectly] honest [*or* frank]

offenbar I. *adj* obvious; ▪ **~ sein/werden, dass ...** to be/become obvious [*or* clear] that ... II. *adv* obviously, clearly
offenbaren* <*pp* offenbart *o* geoffenbart> I. *vt* (1) (*geh: enthüllen*) ▪ **jdm etw ~** to reveal sth to sb (2) (*mitteilen*) ▪ **jdm ~, dass ...** to inform sb that ... (3) JUR ▪ **etw ~** to disclose sth; **eine Erfindung ~** to disclose an invention II. *vr* (1) (*sich anvertrauen*) ▪ **sich** *dat* **jdm ~** to confide in sb (2) (*erweisen*) ▪ **sich** *akk* **als etw ~** to show [*or* reveal] oneself to be sth (3) (*Liebe erklären*) ▪ **sich** *akk* **jdm ~** to reveal one's feelings to sb
Offenbarung <-, -en> *f* (1) REL (*göttliche Mitteilung*) revelation; **die ~ [des Johannes]** [the book of] Revelations + *sing vb* (2) JUR disclosure; ~ **einer Erfindung** disclosure of an invention
Offenbarungseid *m* (1) JUR oath of disclosure [*or* AM *a.* manifestation]; **den ~ leisten** to swear an oath of disclosure (2) (*Geständnis, nichts zu wissen*) admission of bankruptcy; **ein politischer/intellektueller ~** an admission [*or* a confession] of political/intellectual bankruptcy; **den ~ leisten** to admit [*or* confess] one's incompetence **Offenbarungspflicht** *f* JUR duty of disclosure **Offenbarungstermin** *m* JUR date for aministering an affidavit of disclosure **Offenbarungsverfahren** *nt* JUR supplementary proceedings *pl* **Offenbarungsversicherung** *f* JUR statutory declaration of disclosure
Offenheit <-> *f kein pl* openness *no art, no pl,* frankness *no art, no pl,* candour [*or* AM -or] *no art, no pl;* **in** [*o* **mit**] **aller ~** quite frankly [*or* candidly]
offenherzig *adj* (1) (*freimütig*) open, frank, candid (2) (*hum fam: tief ausgeschnitten*) revealing, low-cut
Offenherzigkeit <-> *f kein pl* openness *no art, no pl,* frankness *no art, no pl,* candour [*or* AM -or] *no art, no pl*
offenkundig *adj* obvious, clear; ▪ **~ sein, dass ...** to be obvious [*or* evident] that ...
offen|legen *vt* JUR ▪ **etw** to disclose sth
Offenlegung *f* JUR disclosure; **teilweise ~** partial disclosure; ~ **des Schuldnervermögens** discovery of a debtor's property; ~ **von Beteiligungen** declaration of interests; ~ **von Patentakten** disclosure of patent documents; ~ **von Urkunden** disclosure of documents
Offenlegungsfrist *f* JUR disclosure period **Offenlegungspflicht** *f* JUR duty disclosure **Offenlegungsschrift** *f* JUR (*bei Patent*) publication of unexamined application
offensichtlich I. *adj* obvious, evident; ***ein ~er Irrtum/eine ~e Lüge*** a blatant error/lie; ▪ **~ sein/werden[, dass ...]** to be/become evident [*or* obvious] [that ...] II. *adv* obviously, evidently
Offensichtlichkeitsprüfung *f* JUR examination for obvious deficiencies
offensiv I. *adj* (*geh*) offensive; **~es Verhalten/eine ~e Art** aggressive behaviour [*or* AM -or]/an aggressive manner; ***in der Drogenfrage sollte die Regierung endlich ~[er] werden*** it's time the government went on the offensive against drugs II. *adv* (*geh*) offensively, aggressively; **gegen Umweltsünder ~[er] vorgehen** to take [more] vigorous action against polluters
Offensive <-, -en> [-və] *f* offensive; **in die ~ gehen** to go on [*or* take] the offensive
öffentlich *adj* JUR **~er Dienst** civil service
öffentlich I. *adj* public; **nicht ~** *Gerichtsverhandlung* in camera; **~e Anleihen** public [*or* government] loan; **~e Arbeitsprojekte/Fördermittel** public projects/funds; **~e Hand** public authorities; **~er Wohnungsbau** public [*or* government] housing, BRIT council housing; **~es Übernahmeangebot/Unternehmen** public takeover offer/enterprise; **~es Zeichnungsangebot** public offering II. *adv* publicly, in public
Öffentlichkeit <-> *f kein pl* ▪ **die ~** (1) (*Allgemeinheit*) the [general] public + *sing/pl vb;* **in** [*o* **vor**] **aller ~** in public; **Ausschluss der ~** exclusion of the public; **etw an die ~ bringen** to bring sth to public attention, to make sth public; **die ~ scheuen** to shun publicity; **mit etw** *dat* **an** [*o* **vor**] **die ~ treten** to go public with sth; **etw der ~ übergeben** (*form: etw eröffnen*) to open sth officially; (*etw veröffentlichen*) to publish sth (2) JUR the admittance of the general public; ***der Verteidiger bestand auf der ~ der Verhandlung*** the defence counsel insisted on a public trial
Öffentlichkeitsarbeit *f* public relations [*or* PR] work *no art, no pl* **Öffentlichkeitsgrundsatz** *m* JUR principle of public trial **Öffentlichkeitskampagne** *f* public relations campaign **öffentlichkeitswirksam** *adj* ▪ **~ sein** to be good [*or* effective [as]] publicity
Öffentlichmachung <-> *f kein pl* outing
öffentlich-rechtlich *adj attr* JUR public, public-law *attr,* under public law *pred;* **eine ~e Anstalt** a public institution, a body corporate *spec;* **~e Körperschaft** public body, statutory corporation; **eine ~e Rundfunkanstalt** public service broadcasting; **ein ~er Vertrag** contract under public law
Offerent(in) <-en, -en> *m(f)* HANDEL offeror
offerieren* *vt* (*form*) (1) (*zum Verkauf anbieten*) ▪ **[jdm] etw ~** to offer [sb] sth (2) (*kredenzen*) ▪ **jdm etw ~** (*geh*) to offer sb sth
Offerte <-, -n> *f* HANDEL offer, tender; **freibleibende/verbindliche ~** open/binding [*or* firm] offer; **unverbindliche ~** open offer, offer without commitment
Office <-, -s> ['ɔfɪs] *nt* (1) SCHWEIZ (*Betriebsküche*) [food] store[s *pl*] (2) (*selten: Büro*) office
Office-Anwendung ['ɔfɪs-] *f* INFORM office-based application
Office-Paket ['ɔfɪs-] *nt* INFORM office-based software
Offizialdelikt *nt* JUR offence requiring public prosecution
Offizialmaxime *f* JUR principle of ex officio proceedings
offiziell I. *adj* (1) (*amtlich*) *Delegation, Mitteilung, Nachricht* official; **in ~er Mission [nach ...] reisen** to be on an official mission [to ...]; **seine ~e Zustimmung geben** to give one's official consent; **~/noch nicht ~ sein** *Wahlergebnisse* to be/not yet be official, to have been/have not yet been announced officially; ***von ~er Seite verlautet*** according to official sources; ***~ heißt es, ...*** official sources state ..., the official statement is ... (2) (*förmlich*) *Empfang, Feier* formal, stiff II. *adv* officially; **jdn ~ einladen** to give sb an official invitation
Offizier(in) <-s, -e> *m(f)* MIL officer; ~ **werden** to become an officer, to gain a commission
Offiziersanwärter(in) *m(f)* officer cadet **Offizierskasino** *nt* officers' mess **Offizierskorps** *nt* officer corps; ▪ **das ~** the officer corps, officers *pl* **Offizierslaufbahn** *f* career as an officer *no pl,* officer's career *no pl, no def art* **Offiziersmesse** *f* officers' mess; NAUT wardroom **Offiziersrang** *m* officer's rank, rank of an officer
offiziös *adj* (*geh*) semi-official
offline[RR] *adj inv* INFORM off-line, offline
Offline-Betrieb *m* INFORM off-line working
Offlinebetrieb[RR] <-[e]s> ['ɔːflain-] *m kein pl,* **Off-line-Betrieb** <-[e]s> *m kein pl* INFORM off-line operation *no pl*
öffnen I. *vt* ▪ **etw ~** to open sth; **„hier ~"** "open here [*or* this end]"; ***die Tür quietscht immer beim Ö~*** the door always squeaks when you open it II. *vi* ▪ **[jdm] ~** to open the door [for sb] III. *vr* (1) (*aufgehen*) ▪ **sich ~** to open (2) (*weiter werden*) ▪ **sich ~** to open out (3) (*sich [innerlich] zuwenden*) ▪ **sich** *akk* **[jdm/etw] ~** to open up [*or* become receptive] [to sb/sth]
Öffner <-s, -> *m* (1) (*Dosen~*) can [*or* BRIT *a.* tin] opener; (*Flaschen~*) bottle opener (2) (*Tür~*) door opener
Öffnung <-, -en> *f* (1) (*offene Stelle*) opening (2) *kein pl* (*geh: das Öffnen*) opening; ***ohne den Code zu wissen, ist eine ~ des Safes nicht möglich*** it is not possible to open the safe without knowing the code (3) *kein pl* POL opening up; ***eine vorsichtige ~ zur Demokratie*** a cautious opening up to democracy

Öffnungskurs *m* POL course of openness [*or* opening up] **Öffnungspolitik** *f* POL policy of openness [*or* opening up] **Öffnungswinkel** *m* aperture angle **Öffnungszeiten** *pl* hours *pl* of business, BRIT *a.* opening times [*or* hours] *pl; **Supermärkte haben meist durchgehende** ~* supermarkets are usually open all day; *einer öffentlichen Anstalt* opening times *pl*
Offroad-Skating <-s> [ɔfroʊd'skeɪtɪŋ] *nt kein pl* SPORT offroad skating
Offsetdruck <-drucke> ['ɔfsɛt-] *m* offset [printing] *no art, no pl spec*
Offsetdruckmaschine *f* TYPO offset printing machine
Offshorebohrung [ɔf'ʃoːɐ̯-] *f* offshore drilling **Offshoremarkt** *m* ÖKON offshore market **Offshoreplatz**[RR] ['ɔfʃoːɐ̯-] *m* FIN *für Geldwäsche* offshore location
oft <öfter> *adv* often; **des Öftereren** frequently, on many occasions, quite often; ~ **genug** often enough; *s. a.* **je, so, wie**
öfter *adv comp von* **oft** more often
öfter(s) *adv* [every] once in a while [*or* now and then], on occasion; ***ist dir das schon ~ passiert?*** has that happened to you often?; *s. a.* **Neue(s)**
oftmals *adv (geh) s.* **oft**
Ogen-Melone *f* ogen melon
oh *interj* oh
Oheim <-s, -e> *m (veraltet) s.* **Onkel**
OHG *f Abk von* **Offene Handelsgesellschaft** partnership in commerce
OHG-Gesellschafter(in) *m(f)* HANDEL general partner
Ohm[1] <-[s], -> *nt* PHYS ohm
Ohm[2] <-[e]s, -e> *m (veraltet: Onkel)* uncle
ohmsch *adj inv, attr* ~**e Regel** PHYS Ohm's law
ohne I. *präp +akk* ❶ *(nicht versehen mit)* ■~ **etw** without sth; ~ ***Geld*** without any money; ***wir sind noch ~ weitere Informationen*** we still don't have any more information; ***sei ~ Furcht!*** don't be afraid!; ~ **Schutz** unprotected ❷ *(nicht eingerechnet)* ■~ **etw** excluding [*or* not including] [*or* not counting] sth; ***der Preis versteht sich ~ Mehrwertsteuer*** the price does not include VAT ❸ *(nicht mit jdm)* ■~ **jdn** without sb; ~ **Kinder/Nachwuchs** childless/without offspring; ~ **Erben sterben** to die heirless; ~ **mich!** count me out! ▶ WENDUNGEN: **nicht ~ sein** *(fam)* to be quite something; [**gar**] **nicht ~ sein** to be not quite that easy; *s. a.* **weitere(s)** II. *konj* ■~ **etw zu tun** without doing sth; ■~ **dass etw geschieht** without sth happening; ■~ **dass jd etw tut** without sb['s *form*] doing sth
ohnedies *adv s.* **ohnehin** **ohnegleichen** *adj inv* ❶ *(unnachahmlich)* unparalleled; **eine Leistung** ~ an unparalleled performance *form;* **mit einer Unverschämtheit** ~ with unprecedented [*or form* unparalleled] impertinence ❷ *(außergewöhnlich)* [quite] exceptional **ohnehin** *adv* anyhow, anyway[s AM *a. fam*]
Ohnmacht <-, -en> *f* ❶ *(Bewusstseinszustand)* faint *no pl;* **aus der ~ erwachen** to come round [*or* to], to recover consciousness; **in ~ fallen** to faint, to pass out, to swoon *dated liter* ❷ *(geh: Machtlosigkeit)* powerlessness *no art, no pl,* impotence *no art, no pl* ▶ WENDUNGEN: **von einer ~ in die andere fallen** *(fam)* to have one fit another after another *fam*
ohnmächtig I. *adj* ❶ *(bewusstlos)* unconscious; ■~ **sein** to be unconscious, to have fainted [*or* passed out]; ■~ **werden** to faint, to pass out ❷ *(geh: machtlos)* powerless, impotent; ■**gegenüber etw** *dat* ~ **sein** to be powerless to stop/in the face of sth ❸ *attr (hilflos)* helpless; ~***e Wut*** helpless [*or* impotent] rage II. *adv* helplessly; ~ ***zusehen*** to watch [*or* look on] helplessly [*or* powerlessly]
Ohnmächtige(r) *f(m) dekl wie adj* ❶ *(bewusstloser Mensch)* unconscious person ❷ *(machtloser Mensch)* helpless person; ***die ~n*** the powerless + *pl vb*
Ohnmachtsanfall *m* fainting fit; **einen ~ bekommen** to faint, to have a fainting fit
oho *interj* oho; ~***, so geht das nicht!*** oh no, that's not on!
Ohr <-s, -en> *nt* ▶ WENDUNGEN: **bei jdm auf offene ~en stoßen** *(fam)* to fall on sympathetic ears [with sb]; ***bei ihr fällt man immer auf offene ~en*** she always has a sympathetic ear
Öhr <-[e]s, -e> *nt* eye
Ohr <-[e]s, -en> *nt* ear; **rote ~en bekommen** to go red; **auf einem ~ taub sein** to be deaf in one ear; **die ~en anlegen** *Hund, Hase* to put its ears back; **in jds ~ flüstern** to whisper in sb's ear; **die ~en zuhalten** to put one's hands over one's ears ▶ WENDUNGEN: **die ~en auf Durchzug stellen** to not listen [to sb]; **von einem ~ zum andern strahlen** to grin from ear to ear; **es faustdick hinter den ~en haben** to be a crafty [*or* sly] one; **noch feucht** [*o* **nicht trocken**] **hinter den ~en sein** to be still wet behind the ears; **nicht für fremde ~en** [**bestimmt**] **sein** to be not [meant] for other ears; **ganz ~ sein** *(hum fam)* to be all ears; **mit halbem ~** with half an ear; ***mit halbem ~ hinhören*** to listen with half an ear, to half-listen; **lange ~en machen** *(fam)* to prick up one's ears; **bei jdm auf offene ~en stoßen** to fall on sympathetic ears [with sb]; ***bei ihr fällt man immer auf offene ~en*** she always has a sympathetic ear; **jdn um ein offenes ~ bitten** to ask sb to listen to one; **ein offenes ~ für jdn/etw haben** to be willing to listen to sb/sth; **ein scharfes** [*o* **feines**] **~ haben** to have a sharp [*or* keen] sense of hearing, to have a good ear; **auf dem ~ taub sein** *(fam)* to be deaf to that sort of thing; **tauben ~en predigen** to preach to deaf ears; **bis über die** [*o* **beide**] **~en verliebt sein** to be head over heels in love; **das ist nichts für zarte ~en** that is not for tender [*or* sensitive] ears; **die ~en anlegen** *(fam)* to put one's ears back, to get stuck in BRIT *fam;* **eins hinter die ~en bekommen** to get a clip round [*or* on] the ear, to get a thick ear; **ein aufmerksames/geneigtes/offenes ~ finden** to find a ready/willing/sympathetic listener [*or* a sympathetic ear]; **jdm eins** [*o* **ein paar**] **hinter die ~en geben** *(fam)* to give sb a clip round the ear [*or* a thick ear]; **ins ~ gehen** to be catchy; **etw noch im ~ haben** to be still able to hear sth; ***ich habe seine Worte noch deutlich im ~*** I can still clearly hear his words, his words are still ringing in my ears; **viel** [*o* **jede Menge**] **um die ~en haben** *(fam)* to have a lot [*or* a great deal] on one's plate *fam;* **die ~en hängen lassen** *(fam)* to let it get one down, to get downhearted; **jdn übers ~ hauen** *(fam)* to take sb for a ride *fam,* to pull a fast one on sb *fam;* **jdm etw um die ~en hauen** [*o* **schlagen**] *(fam)* to hit [*or* beat] sb round [*or* over] the head with sth, throw something [back] at sb; **jdm klingen die ~en** sb's ears are burning; **jdm zu ~en kommen** to come to sb's ears [*or* attention]; **jdm die ~en lang ziehen** *(fam)* to give sb a good talking to; **sich aufs ~ legen** [*o* **hauen**] *(fam)* to put one's head down, to have a kip BRIT *fam;* **jdm sein ~ leihen** to lend sb one's ear; **jdm** [**mit etw**] **in den ~en liegen** to go [*or* keep] on at sb [about sth], to badger [*or* pester] sb [with sth]; **mach** [*o* **sperr**] **die ~en auf!** *(fam)* wash [*or* clean] your ears out! *fam;* **mit den ~en schlackern** *(fam)* to be struck speechless, to be gobsmacked BRIT *sl;* **sich** *dat* **etw hinter die ~en schreiben** *(fam)* to get sth into one's head, to etch sth indelibly in one's mind; **auf den ~en sitzen** *(fam)* to close one's ears; ***sag mal, sitzt du auf deinen ~en, oder was ist los?*** hey, have you gone deaf or something?; **die ~en spitzen** to prick up one's ears; **seinen ~en nicht trauen** to not believe one's ears; [**vor etw** *dat*] **die ~en verschließen** to turn a deaf ear [to sth]; **jdm die ~en volljammern** *(fam)* to keep [going] on [*or* moaning] at sb; **für jds ~en** to sb's ears; ***für deutsche/englische ~en klingt das komisch*** that sounds odd to a German/to an English person
Ohrclip <-s, -s> *m s.* **Ohrklipp** ear clip
Ohrenarzt, -ärztin <-es, -ärzte> *m, f* otologist, ear specialist **ohrenbetäubend** I. *adj* deafening, ear-splitting II. *adv* deafeningly **Ohrenentzündung** *f* ear infection **Ohrenklappe** *f* earflap **Ohrenkneifer** *m* ZOOL earwig **Ohrenqualle** *f* ZOOL common jellyfish **Ohrensausen** <-s> *nt kein pl* buzzing [*or* ringing] in the [*or* one's] ears, tinnitus *no art, no pl spec* **Ohrenschmalz** *nt kein pl* earwax *no art, no pl* **Ohrenschmalzpfropfen** *m* plug of earwax, ceruminous plug **Ohrenschmaus** *m kein pl (fam)* treat [*or* feast] for the ear[s] **Ohrenschmerzen** *pl* earache; ~ **haben** to have earache **Ohrenschützer** *m meist pl* earmuff *usu pl* **Ohrensessel** *m* wing chair **Ohrentropfen** *pl* eardrops *pl* **Ohrenzeuge, -zeugin** *m, f (veraltend form)* witness *(to something heard)*
Ohrfeige <-, -n> *f* box on [*or* clip on [*or* BRIT round]] the ears, slap on [*or* BRIT *a.* round] the face; **eine ~ bekommen** [*o fam* **kriegen**] to get a box on the ears [*or* a slap round the face]; **jdm eine ~ geben** [*o* **verpassen**] to give sb a box on the ears [*or* a slap round the face]
ohrfeigen *vt* ■**jdn** ~ to box sb's ears, to slap [*or* hit] sb [round [*or* AM in] the face]; ***ich könnte mich [selbst] ~, dass ich das nicht gemerkt habe*** *(fam)* I could kick myself for not noticing that
Ohrfeigengesicht *nt (fam)* ugly mug *fam*
Ohrgehänge *nt* drop [*or* AM dangle] earrings *pl* **Ohrläppchen** <-s, -> *nt* earlobe **Ohrmuschel** *f* [outer *form*] ear, auricle *spec*
Ohropax® <-> *nt kein pl* earplugs *pl*
Ohrring *m* earring **Ohrstecker** *m* earstud, stud earring **Ohrwurm** *m* ❶ *(fam)* catchy tune ❷ ZOOL earwig
oje, ojemine *interj (veraltend)* oh dear
o.k. *adj Abk von* **okay** OK
Okapi <-s, -s> *nt* ZOOL okapi
okay I. *adv (fam)* OK *fam,* okay *fam* II. *adj inv, präd* OK *fam,* okay *fam; **Ihr Termin geht ~!*** there'll be no problem with your appointment
okkult *adj* occult; ■**das O~e** the occult
Okkultismus <-> *m kein pl* occultism *no art, no pl*
Okkupant(in) <-en, -en> *m(f) (pej)* occupier, occupying power
Okkupation <-, -en> *f* occupation
okkupieren* *vt* ■**etw** ~ ❶ MIL to occupy sth ❷ *(geh: belegen)* to occupy sth; ***die besten Plätze ~*** to occupy [*or* take] [*or* have] the best seats
öko *adj inv (fam) kurz für* **ökologisch** eco
öko- *in Komposita* eco-
Ökobank *f kein pl German bank that finances environmentally and socially sound companies or projects* **Ökobauer** *m* organic [*or* ecologically-minded] farmer **Ökogütesiegel**[RR] *nt,* **Öko-Gütesiegel** *nt* ÖKOL, ÖKON official ecological seal of approval **Ökoladen** *m* health food [*or* BRIT *a.* wholefood] shop [*or* AM *usu* store]
Ökologe, -login <-n, -n> *m, f* ecologist
Ökologie <-> *f kein pl* ecology *no art, no pl*
Ökologiebewegung *f* environmental movement
Ökologin <-, -nen> *f fem form von* **Ökologe**
ökologisch I. *adj* ecological, environmental *attr* II. *adv* ecologically
Ökonom(in) <-en, -en> *m(f) (geh)* economist
Ökonometrie <-> *f kein pl* ÖKON, MATH, SCH econometrics + *sing vb*
Ökonomie <-, -en> [-'miːən] *f* ❶ *kein pl (Wirtschaftlichkeit)* economy ❷ *(Wirtschaft)* economy *no indef art, no pl* ❸ *(Wirtschaftswissenschaft)* economics + *sing vb*
Ökonomin <-, -nen> *f fem form von* **Ökonom**
ökonomisch I. *adj* ❶ *(die Wirtschaft betreffend)* economic; ***in ~er Hinsicht*** economically ❷ *(sparsam)* economical II. *adv* economically
Ökonomisierung <-> *f kein pl* SOZIOL, ÖKON economization [*or* BRIT *a.* -isation]
Ökopartei *f* ecology party, Green Party **Ökopax** <-en, -e> *m (sl)* environmental pacifist **Öko-Siegel** *nt* eco-seal of approval **Ökosteuer**[RR] *f,* **Öko-Steuer** *f* ÖKOL, ÖKON ❶ *(umweltschädigende Güter betreffende Abgabe)* environmental [*or* ecological] tax, eco-tax *fam (tax which punishes [perpetrators of] environmental damage or products which damage the environment)* ❷ *(Steuervergünstigung für*

umweltfreundliche Güter) environmentally [*or* ecologically] friendly tax, eco-tax *fam* (*tax which rewards the purchase of environmentally friendly products*) **Ökosystem** *nt* ecosystem

Oktaeder <-s, -> *nt* octahedron *spec*

Oktanzahl *f* octane [number [*or* rating]]; ***Benzin mit hoher*** ~ high-octane petrol

Oktavband <-[e]s, -bände> *nt* octavo volume

Oktave <-, -n> [-və] *f* octave

Oktett <-s, -e> *nt* octet + *sing/pl vb*

Oktober <-s, -> *m* October; *s. a.* **Februar**

Oktoberfest *nt* ■**das** ~ the Octoberfest **Oktoberrevolution** *f* ■**die** ~ the October Revolution

oktroyieren* *vt* (*geh*) ■**jdm etw** ~ *Meinung, Entscheidung, Glaube* to force sth on sb

oktroyieren* *vt* (*geh*) ■**jdm etw** ~ to force [*or* impose] sth on sb

Okular <-s, -e> *nt* eyepiece, ocular *spec*

okulieren* *vt* HORT, AGR (*veredeln*) ■**etw** ~ *Obstbäume, Rosen* to bud sth

Ökumene <-> *f kein pl* ecumenical Christianity *no art, no pl form*

ökumenisch *adj* ecumenical *form*

Okzident <-s> *m kein pl* (*geh*) ■**der** ~ the Occident *poet*

Öl <-[e]s, -e> *nt* ❶ (*fette Flüssigkeit*) oil; **ätherische** ~**e** essential oils ❷ TECH (*Erd~*) oil; (*Heiz~*) fuel [*or* heating] oil; (*Schmier~*) lubricating oil; **nach** ~ **bohren** to drill for oil; ~ **wechseln** to change the oil ❸ (*Sonnen~*) sun oil, sunscreen ❹ *kein pl* (*~farben*) oil-based paints *pl;* **in** ~ **malen** to paint in oils ▸ WENDUNGEN: ~ **ins** [*o* **aufs**] **Feuer gießen** [*o* **schütten**] to add fuel to the fire [*or* flames]; ~ **auf die Wogen gießen** to pour oil on troubled waters; ~ **auf** [*o* **in**] **die/jds** *akk* **Wunde gießen** to pour balsam onto sb's wounds; **das geht jdm runter wie** ~ (*fam*) that's music to sb's ears, sb laps sth up

Ölablassschraube[RR] *f* AUTO oil drain plug **Ölabscheider** *m* TECH oil separator **Ölbaum** *m* olive tree **Ölberg** *m* ■**der** ~ the Mount of Olives **Ölbild** *nt s.* Ölgemälde **Ölbohrung** *f* drilling for oil, oil drilling

Oldie <-s, -s> ['oʊldɪ] *m* oldie

Öldruck *m* AUTO oil pressure

Oldtimer <-s, -> ['oʊldtaimɐ] *m* ❶ (*altes wertvolles Auto*) vintage car, BRIT *a.* veteran [car], AM *a.* old-timer; (*historisches Flugzeug*) vintage aeroplane [*or* AM airplane], BRIT *a.* veteran [plane] ❷ SPORT veteran, old-timer

Oleander <-s, -> *m* oleander

ölen *vt* ■**etw** ~ to oil sth ▸ WENDUNGEN: **wie geölt** (*fam*) like clockwork; *s. a.* **Blitz**

Ölexporteur *m* ÖKON oil exporter **Ölexportland** *nt* oil-exporting country **Ölfarbe** *f* ❶ (*ölhaltige Farbe*) oil-based paint ❷ KUNST oil paint [*or* colour] [*or* AM -or]; ■ ~**n** oils; **mit** ~**n malen** to paint in oils **Ölfeld** *nt* oilfield **Ölfilm** *m* film of oil **Ölfilter** *m* AUTO oil filter **Ölfleck** *m* oil spot; (*auf Kleidungsstück*) oil stain **Ölförderländer** *pl* oil-producing countries *pl* **Ölförderung** *f* ÖKON oil production *no pl* **Ölgemälde** *nt* oil painting **Ölgemisch** *nt* oil mixture **Ölgesellschaft** *f* oil company **Ölgewinnung** *f kein pl* ÖKON ❶ (*Gewinnung von Öl*) oil extraction *no pl* ❷ (*Gewinnung, Förderung von Erdöl*) oil production *no pl* **Ölgötze** *m* (*pej sl*) **dastehen wie ein** ~**/wie die** ~**n** (*sl*) to stand there like a [stuffed] dummy [*or* tailor's dummy] **Ölhafen** *m* oil terminal **ölhaltig** *adj inv* containing oil, oil-bearing **Ölheizung** *f* oil-fired [central] heating

ölig *adj* ❶ (*voller Öl*) oily; (*fettig*) greasy ❷ (*pej*) oily, slimy *pej*

Oligarchie <-, -n> *f* (*geh*) oligarchy

Oligopol <-s, -e> *nt* ÖKON oligopoly; **unvollständiges** ~ parallel pricing; ~ **durch Gesetz** statutory oligopoly

oligopolistisch *adj inv* ÖKON oligopolistic, oligopolist

Oligopolvermutung *f* ÖKON presumption of oligopoly

Öl-in-Wasser-Emulsion *f* oil-in-water emulsion

oliv *adj inv* olive-green, olive *attr*

Olive <-, -n> [-və] *f* olive

Olivenbaum [-vən-] *m* olive tree **Olivenhain** *m* olive grove **Olivenöl** *nt* olive oil

olivgrün *adj* olive-green, olive *attr*

Öljacke *f* oilskin jacket **Ölkanister** *m* oilcan **Ölkännchen** *nt dim von* Ölkanne oilcan, oiler **Ölkanne** *f* oilcan **Ölklumpen** *m* tar ball (*from coagulated oil*) **Ölkonzern** *m* oil company **Ölkrise** *f* oil crisis **Ölkuchen** *m* oil[seed] cake

oll *adj* NORDD old ▸ WENDUNGEN: **je** ~**er, desto doller** (*fam*) there's no fox like an old fox, the older they get, the crazier they become

Öllache *f* pool of oil **Öllager** *nt* oil depot

Olle(r) *f(m) dekl wie adj* ■**seine** ~**/ihr** ~**r** NORDD (*fam: Ehepartner*) his old lady/her old man *fam*

Ölleitung *f* oil pipe; (*Pipeline*) oil pipeline **Ölmagnat(in)** *m(f)* ÖKON oil baron **Ölmalerei** *f* oil painting *no art, no pl* **Ölmühle** *f* oil mill **Ölmulti** *m* oil conglomerate **Ölofen** *m* oil heater [*or* stove] **Ölpalme** *f* (*Olea europaea*) olive tree **Ölpapier** *nt* oil[ed] paper **Ölpest** *f* oil pollution *no art, no pl* **Ölplattform** *f* oilrig, oil platform **Ölpresse** *f* oil press **Ölpumpe** *f* oil pump **Ölquelle** *f* oil well **Ölraffinerie** *f* ÖKON oil refinery **ölreich** *adj* oil-rich, rich in oil *pred* **Ölrückstände** *pl* traces *pl* of oil, oil residue **Ölsaat** *m* oil seed **Ölsardine** *f* sardine [in oil] ▸ WENDUNGEN: **wie die** ~**n** (*fam*) like sardines **Ölscheich** *m* (*pej*) oil sheikh **Ölschicht** *f* film of oil, oil layer **Ölschiefer** *m* oil shale **Ölschinken** *m* KUNST (*pej: großes Ölgemälde*) large pretentious oil painting **Ölsorte** *f* AUTO oil grade **Ölstand** *m kein pl* oil level; **den** ~ **überprüfen** to check the oil **Ölstandsanzeiger** *m* oil level [*or* pressure] gauge [*or* AM *a.* gage] **Ölstandsmesser** *m* oil pressure gauge **Öltanker** *m* ÖKON, NAUT, TRANSP oil tanker **Ölteppich** *m* oil slick **Öl- und Mineralölerzeugnisse** *pl* petrochemicals

Ölung <-, -en> *f* oiling *no art, no pl;* **die Letzte** ~ REL extreme unction

Ölverbrauch *m* oil consumption *no indef art, no pl* **Ölverknappung** *f* oil shortage **Ölvorkommen** *nt* oil deposit **Ölwanne** *f* AUTO sump, oil pan AM **Ölwannendichtung** *f* AUTO oil pan gasket **Ölwechsel** *m* AUTO oil change; **einen** ~ **machen** to change the oil **Ölwehr** <-, -en> *f* ❶ (*bei der Feuerwehr*) *section of the fire brigade reponsible for dealing with oil spillages* ❷ TECH (*Ölkammer*) oil weir *spec*

Olymp <-s> *m* ■**der** ~ Mount Olympus

Olympiade <-, -n> *f* Olympic Games *pl*, Olympics *npl;* ***auf der letzten*** ~ at the last Olympics

Olympiamannschaft *f* SPORT Olympic team **Olympiasieger(in)** *m(f)* Olympic champion **Olympiastadion** *nt* Olympic stadium **Olympiastützpunkt** *m* SPORT Olympic team's training camp

Olympionike, -kin <-n, -n> *m, f* SPORT Olympic athlete

olympisch *adj* SPORT Olympic *attr;* ~**es Gold gewinnen** to win a gold medal at the Olympics; **Internationales/Nationales** ~**es Kommittee** International/National Olympic Committee

Ölzeug *nt* oilskins *pl* **Ölzweig** *m* olive branch; **jdm den** ~ **entgegenstrecken** to hold out [*or* extend] [*or* offer] the olive branch to sb

Oma <-, -s> *f* ❶ (*fam*) gran[ny] *fam*, grandma *fam* ❷ (*pej sl*) granny *fam*, old bag *pej fam*

Oman <-s> *nt* Oman; *s. a.* **Deutschland**

Omaner(in) <-s, -> *m(f)* Omani; *s. a.* **Deutsche(r)**

omanisch *adj* Omani; *s. a.* **deutsch**

Ombudsfrau *f fem form von* **Ombudsmann** ombudswoman

Ombudsmann, -frau *m, f* ombudsman *masc*, ombudswoman *fem*

Omegatier[RR] *nt*, **Omega-Tier** *nt* BIOL (*rangniedrigstes Tier einer Gruppe*) omega animal

Omelett <-[e]s, -e *o* -s> *nt*, **Omelette** <-, -n> *f* SÜDD, SCHWEIZ, ÖSTERR omelette

Omelettpfanne *f* omelette pan

Omen <-s, – *o* Omina> *nt* (*geh*) omen; *s. a.* **Nomen**

Omi <-, -s> *f* (*fam*) nan, nana, nanna

ominös *adj* (*geh*) ominous, sinister

Omnibus *m* bus, omnibus *dated*

Omnibushaltestelle *f* TRANSP bus stop **Omnibuslinie** *m* (*veraltend*) bus route

omnivor *adj* omnivorous

Omnivor <-s, -en> *m* BIOL (*Allesfresser*) omnivore

OmU *Abk von* **Original[fassung] mit Untertiteln** in the original with subtitles

Onager <-s, -> *m* ZOOL onager

Onanie <-> *f kein pl* masturbation *no art, no pl*, onanism *no art, no pl spec*

onanieren* *vi* to masturbate

One-Man-Show ['wanmɛnʃo:] *f* one-man show

Onenightstand <-s, -s> ['wʌn'naɪtstænd] *m* one-night stand

Onkel <-s, -> *m* ❶ (*Verwandter*) uncle ❷ (*Kindersprache: erwachsener Mann*) uncle; ***ein lieber/böser*** ~ a nice/nasty man ▸ WENDUNGEN: **der dicke** [*o* **große**] ~ (*fam*) one's/sb's big toe; **der reiche** ~ **aus Amerika** (*veraltend fam*) a rich uncle; **über den [großen]** ~ **gehen** [*o* **latschen**] (*fam*) to walk pigeon-toed

Onkogen <-s, -e> *nt* MED (*tumorbildendes Gen*) oncogene

Onkologe, -login <-n, -n> *m, f* oncologist

Onkologie <-> *f kein pl* oncology *no art, no pl*

Onkologin <-, -nen> *f fem form von* **Onkologe**

onkologisch *adj* oncological

online ['ɔnlain] *adj* online; ~ **arbeiten** to work online

Onlinebanking *nt* online banking **Onlinebetrieb** *m kein pl* online operation *no pl* **Onlinebibliothek** *f* online library **Onlinebuchhandlung**[RR] *f* online bookstore **Onlinebusiness** *nt* online business **Onlinedatenbank** *f* INFORM online database **Onlinedatenbankdienst**[RR] *m* online database service **Onlinedienst** *m* online service **Onlinedienstanbieter** *m* INFORM on-line service provider **Onlineeinsteiger**[RR]**(in)** *m(f)* online beginner **Onlinefahrplan**[RR] *m* online timetable **Onlinegebühr** *f meist pl* online charge[s] **Onlineinformation** *f* online information *no indef art, no pl* **Onlineinformationsdienst** *m* INFORM on-line information service **Onlinekatalog** *m* online catalogue, AM -log **Onlinekomprimierungsprogramm** *nt* INFORM online compression program **Onlinerecht** *nt* INET, JUR internet law **Onlineredakteur(in)** *m(f)* online editor **Onlineservice** *m* online service **Onlineshop** <-s, -s> [-ʃɔp] *m* online shop **Onlinesystem** *nt* INFORM on-line system **Onlineverarbeitung** *f* INFORM on-line processing

Ontogenese <-> *f kein pl* BIOL ontogeny *no pl*

Ontologie <-> *f kein pl* PHILOS ontology

Onyx <-[es], -e> *m* onyx *no art, no pl*

oortsche Wolke[RR] *f kein pl* ASTRON Oort Cloud

OP <-s, -s> *m* MED *Abk von* **Operationssaal** OR *no art* AM; ***er wartet schon im*** ~ he's already waiting in OR

Opa <-s, -s> *m* ❶ (*fam*) grand[d]ad *fam*, grandpa *fam* ❷ (*pej sl*) grandpa *fam*, old man [*or pej hum fam* codger]

opak *adj inv* (*fachspr*) opaque

Opal <-s, -e> *m* opal

op.cit. *Abk von* **opere citato** op. cit.

OPCW *f Abk von* **Organization for the Prohibition of Chemical Weapons** OPCW

OPEC <-> ['o:pɛk] *f kein pl Akr von* **Organization of Petroleum Exporting Countries** OPEC

OPEC-Länder *pl* ■**die** ~ the OPEC countries *pl*

open- *in Komposita* open

Openair[RR] <-[s], -s> ['oʊpən'eə] *nt* open-air concert

Openairgelände[RR] *nt* open-air [concert] venue

Oper <-, -n> *f* MUS ❶ (*Musikstück*) opera ❷ *kein pl* (*Musikgattung*) opera *no art, no pl;* **die komische** ~ comic opera ❸ (*Opernhaus*) opera [house]; (*Ensemble*) opera; **in die** ~ **gehen** to go to the opera; **an die** [*o* **zur**] ~ **gehen** to become an opera singer ▸ WENDUNGEN: ~**n erzählen** [*o* **reden**] [*o* **quat-**

schen] (*fam*) to go [*or* BRIT *fam* waffle] on [forever]
Opera *pl von* **Opus** opuses, opera *spec*
Operand *m* INFORM operand; **aktueller ~** literal operand
Operandenfeld *nt* INFORM operand field
Operateur <-s, -e> *m* MED surgeon
Operation <-, -en> *f* ❶ MED operation ❷ INFORM (*Befehl*) **unzulässige ~** illegal operation; **~ starten** to initiate an operation
Operationssaal *m* operating theatre [*or* AM room], OR *no art* AM **Operationsschwester** *f* theatre sister BRIT, operating room nurse AM **Operationstisch** *m* operating table
operativ I. *adj* ❶ MED operative, surgical; **~er Eingriff** surgery ❷ MIL operational, strategic II. *adv* ❶ MED surgically ❷ MIL strategically
Operator, Operatorin <-s, -en> *m, f* INFORM [computer] operator
Operette <-, -en> *f* operetta
operieren* I. *vt* MED ■**jdn ~** to operate on sb; ■**jdn an etw** *dat* **~** to operate on sb's sth; ***ich bin schon zweimal an der Prostata operiert worden*** I have already had two prostate operations; ■**operiert werden** to be operated on; ■**etw ~** to operate on sth; ***der Blinddarm muss sofort operiert werden*** the appendix must be operated on immediately [*or* needs immediate surgery]; ■**sich** *dat* **etw ~ lassen** to have sth operated on; ■**sich** *akk* [**an etw** *dat*] **~ lassen** to have an operation [on sth] II. *vi* ❶ MED to operate, to do an/the operation; ■**an jdm ~** to operate on sb ❷ MIL to operate ❸ (*geh: vorgehen*) to operate, to act; ***vorsichtig*** **~** to proceed cautiously
Opernarie *f* [operatic] aria **Opernball** *m* opera ball **Opernführer** *m* opera guide **Opernglas** *nt* opera glasses *npl* **Opernhaus** *nt* opera house **Opernkomponist(in)** *m(f)* composer of operas, opera composer **Opernsänger(in)** *m(f)* opera singer
Operon <-s, -s> *nt* BIOL (*funktionelle Einheit der DNA*) operon
Opfer <-s, -> *nt* ❶ (*verzichtende Hingabe*) sacrifice; **~ bringen** to make sacrifices ❷ REL sacrifice; **als ~** as a sacrifice [*or* an offering]; **jdm jdn/etw zum ~ bringen** (*geh*) to sacrifice sb/sth to sb ❸ (*geschädigte Person*) victim; **jdm/etw zum ~ fallen** to fall victim to sb/sth
opferbereit *adj* ready [*or* prepared] to make sacrifices *pred* **Opferbereitschaft** *f kein pl* readiness [*or* willingness] to make sacrifices **Opferentschädigung** *f* compensation of crime victims **Opferentschädigungsgesetz** *nt* JUR crime victims compensation statute **opferfreudig** *adj* ❶ (*gerne spendend*) willing [*or* prepared] to give [*or* donate] *pred* ❷ (*opferwillig*) willing to make sacrifices *pred* **Opfergabe** *f* [sacrificial] offering **Opferlamm** *nt* sacrificial lamb **Opfermut** *m* (*geh*) self-sacrifice *no art, no pl*
opfern I. *vt* ❶ (*als Opfer darbringen*) ■[**jdm**] **jdn ~** to sacrifice sb [to sb]; ■[**jdm**] **etw ~** to offer up sth [to sb]; ■**Geopferte(r)** sacrificial victim ❷ (*spenden*) ■[**jdm/etw**] **etw ~** to donate sth [to sb/sth] ❸ (*aufgeben*) ■**jdn ~** to sacrifice sb II. *vi* ❶ (*ein Opfer darbringen*) to [make a] sacrifice; ■**jdm ~** to offer sacrifice to sb ❷ (*geh: spenden*) to give, to donate; ■**für jdn/etw ~** to make a donation to sb/sth III. *vr* ■**sich ~** to sacrifice oneself, to give up one's life; (*fig fam*) to be a martyr; ***wer opfert sich, die Reste aufzuessen?*** who's going to volunteer to polish off the rest?
Opferstätte *f* sacrificial altar **Opferstock** *m* REL offertory box *spec* **Opfertier** *nt* sacrificial animal **Opfertod** *m* (*geh*) self-sacrifice, death
Opferung <-, -en> *f* sacrifice
Opferwille *m* willingness to make sacrifices, spirit of sacrifice **opferwillig** *adj* willing [*or* prepared] to make sacrifices *pred* **Opferwillige(r)** *f(m) dekl wie adj* person willing to make sacrifices
Opiat <-[e]s, -e> *nt* opiate
Opinionleader <-s, -> [ə'pɪnjənli:də] *m* SOZIOL (*Meinungsbildner mit Vorbildcharakter*) opinion shaper
Opium <-s> *nt kein pl* opium *no art, no pl*
Opiumhöhle *f* opium den **Opiumraucher(in)** *m(f)* opium smoker **Opiumtinktur** *f* tincture of opium
Opossum <-s, -s> *nt* ZOOL opossum
Opponent(in) <-en, -en> *m(f)* (*geh*) opponent
opponieren* *vi* (*geh*) to take the opposite view; ■**gegen jdn/etw ~** to oppose sb/sth
opportun *adj* (*geh*) opportune *form;* ***das gilt als nicht ~*** that is considered inappropriate [*or form* inopportune]
Opportunismus <-> *m kein pl* (*geh*) opportunism *no art, no pl*
Opportunist(in) <-en, -en> *m(f)* opportunist
opportunistisch I. *adj* opportunist[ic] II. *adv* opportunistically
Opportunität <-, -en> *f* (*geh*) opportunity
Opportunitätkosten *pl* HANDEL opportunity costs **Opportunitätsprinzip** *nt* JUR principle of discretionary prosecution
Opposition <-, -en> *f* ❶ POL ■**die ~** the Opposition ❷ (*geh: Widersetzlichkeit*) contrariness; **aus ~** out of contrariness, just to be contrary; **~ gegen jdn machen** to oppose sb; (*jdm -rger bereiten*) to make trouble for sb; **in ~ zu jdm/etw stehen** to be opposed to sb/sth
oppositionell *adj* ❶ (*geh: gegnerisch*) opposed, opposing *attr;* ***seine Haltung ist entschieden ~*** his attitude is decidedly hostile; ***aus ~en Kreisen*** from [the] opposition circles ❷ POL opposition *attr*
Oppositionelle(r) *f(m) dekl wie adj* political opponent
Oppositionsbündnis *nt* POL opposition [coalition] **Oppositionsführer(in)** *m(f)* ■**der ~/die ~in** the Leader of the Opposition **Oppositionspartei** *f* POL opposition party, opposition *no pl, no indef art* **Oppositionspolitiker(in)** *m(f)* POL member of the opposition [party [*or* coalition]]
OP-Schwester *f* theatre nurse BRIT, operating-room nurse AM
optieren* *vi* JUR, POL (*form*) ■**für etw** *akk* **~** to opt for [*or* choose] sth; ■**gegen etw ~** to opt out of [*or* against] sth; **auf ein Grundstück ~** to opt for a plot of land; **für eine Staatsangehörigkeit ~** to opt for a nationality
Optik <-, -en> *f* ❶ PHYS ■**die ~** optics + *sing vb* ❷ FOTO lens [system] ❸ *kein pl* (*Eindruck*) appearance *no art, no pl;* **wegen der ~** for visual effect ❹ *kein pl* ÖKON look, appearance; *s. a.* **Knick**
Optiker(in) <-s, -> *m(f)* [ophthalmic] optician BRIT, *esp* AM optometrist
Optima *pl von* **Optimum**
optimal I. *adj* (*geh*) optimal, optimum *attr;* ■**das O~e** the optimum II. *adv* (*geh*) in the best possible way; ***jdn ~ beraten*** to give sb the best possible advice
Optimalitätskriterium *nt* ÖKON optimality criterium
optimieren* *vt* (*geh*) ■**etw ~** to optimize sth
Optimierung <-, -en> *f* ❶ MATH optimization ❷ (*optimale Festlegung von Eigenschaften*) optimization
Optimierungspotenzial[RR] *nt* ÖKON optimization potential
Optimismus <-> *m kein pl* optimism *no art, no pl;* ***vorsichtiger/gesunder ~*** cautious/healthy optimism
Optimist(in) <-en, -en> *m(f)* optimist
optimistisch I. *adj* optimistic II. *adv* optimistically; ***jdn ~ stimmen*** to make sb [feel] optimistic
Optimum <-s, Optima> *nt* (*geh*) optimum *no pl*
Option <-, -en> *f* ❶ BÖRSE, FIN option; **verfügbare ~** ÖKON available option; **eine ~ auf etw** *akk* **erwerben** to purchase an option on sth ❷ (*das Optieren*) ■**die ~** [**von etw** *dat*] opting [for sth] ❸ (*geh: Möglichkeit*) option
Optionsanleihe *f* option[al] bond **Optionsgeschäft** *nt* ÖKON order plus option **Optionsrecht** *nt* preemptive right, right of option; BÖRSE subscription right; **das ~ ausüben** to exercise an option; **auf das ~ verzichten** to opt out **Optionsschein** *m* FIN option warrant **Optionsscheininhaber(in)** *m(f)* FIN option warrant holder **Optionsschuldverschreibung** *f* FIN option bond **Optionsvertrag** *m* FIN option contract
optisch I. *adj* ❶ PHYS optical ❷ (*geh*) visual II. *adv* optically, visually
Optoelektronik *f* optoelectronics + *sing vb*
opulent I. *adj* (*geh*) opulent; **ein ~es Mahl** a sumptuous meal II. *adv* (*geh*) opulently
Opus <-, Opera> *nt* ❶ (*künstlerisches Werk*) work, oeuvre; MUS opus ❷ (*hum: Erzeugnis*) opus *form or hum*
Orakel <-s, -> *nt* oracle; **das ~ von Delphi** the Delphic oracle; **das ~ befragen** to consult the oracle ▶ WENDUNGEN: **in ~n sprechen** to speak [*or* talk] in riddles
orakeln* *vi* (*geh*) to speak in riddles; ■**von etw** *dat* **~** to make oracular prophecies about sth
oral I. *adj* oral; ***nicht zur ~en Einnahme bestimmt*** not to be taken orally; ***~er Verkehr*** oral sex II. *adv* orally
Oralsex *m* oral sex
Oralverkehr *m kein pl* oral intercourse [*or* sex]
orange [o'rã:ʒə, o'raŋʒə] *adj inv* orange
Orange[1] <-, -n> [o'rã:ʒə, o'raŋʒə] *f* (*Frucht*) orange
Orange[2] <-, – *o fam* -s> [o'rã:ʒə, o'raŋʒə] *nt* (*fam*) orange
Orangeade <-, -n> [orã'ʒa:də, oraŋ'ʒa:də] *f* orangeade
Orangeat <-[e]s, -e> [orã'ʒa:t, oraŋ'ʒa:t] *nt* candied orange peel
orangefarben *adj* orange[-coloured [*or* AM -colored]]
Orangenbaum [o'rã:ʒən-, o'raŋʒən-] *m* BOT orange tree **Orangenblüte** *f* ❶ (*Blüte*) orange blossom ❷ (*Blütezeit*) orange blossom time **Orangenblütenhonig** *m* orange blossom honey **orange(n)farben, orange(n)farbig** *adj* orange[-coloured [*or* AM -ored]] **Orangenhaut** *f kein pl* MED orange-peel skin *no pl* **Orangenmarmelade** *f* orange marmalade **Orangensaft** *m* orange juice **Orangenschale** *f* orange peel
Orangerie <-, -ien> [orãʒə'ri:] *f* orangery
Orang-Utan <-s, -s> *m* orang-utan BRIT, orangutan AM
Oratorium <-s, -torien> [-riən] *nt* oratorio
ORB *m Abk von* **Ostdeutscher Rundfunk Brandenburg** regional public-service radio and TV broadcasting corporation
Orbit <-s, -s> *m* orbit; **im ~** in orbit
Orchester <-s, -> [ɔr'kɛstɐ, ɔr'çɛstɐ] *nt* MUS orchestra
Orchesterbegleitung *f* orchestral accompaniment
Orchestergraben *m* MUS orchestra pit
orchestrieren* *vt* MUS ■**etw ~** ❶ (*instrumentieren*) to orchestrate sth ❷ (*für Orchester umarbeiten*) to arrange sth
Orchidee <-, -n> *f* orchid
Orden <-s, -> *m* ❶ (*Ehrenzeichen*) decoration, medal, BRIT *a.* gong *fam;* **jdm einen ~** [**für etw** *akk*] **verleihen** to decorate sb [*or* award sb a medal] [for sth] ❷ (*Gemeinschaft*) [holy] order; **einem ~ beitreten** to join a holy order, to become a monk/nun
Ordensbruder *m* monk **Ordensgeistliche(r)** *f(m) decl wie adj* priest in a religious order **Ordensregel** *f* rule of an/the order **Ordensschwester** *f* nun **Ordenstracht** *f* REL habit **Ordensträger(in)** <-s, -> *m(f)* member of an order
ordentlich I. *adj* ❶ (*aufgeräumt*) tidy; ***hinterlasst bitte das Spielzimmer in ~em Zustand!*** please leave the playroom neat and tidy! ❷ (*Ordnung liebend*) orderly; ***ein ~er Staatsbürger*** a respectable citizen; ***er ist nicht gerade einer der ~sten Menschen*** he is not exactly one of the tidiest people ❸ (*fam: tüchtig*) proper; ***eine ~e Portion*** a decent portion; ***eine ~e Tracht Prügel*** a [real] good hiding *hum* ❹ (*annehmbar*) decent, reasonable ❺ (*ordnungsgemäß*) proper; **ein ~es Gericht** a court of

law; **ein ~es Mitglied** a full member; **ein ~er Professor** a full professor **II.** *adv* ❶ (*säuberlich*) neatly, tidily ❷ (*gesittet*) properly, respectably ❸ (*fam: tüchtig*) properly; **~ essen** to eat well; ***greift/langt ~ zu!*** tuck in! *fam* ❹ (*diszipliniert*) properly; **~ zu arbeiten beginnen** to get down to work; **~ studieren** to study seriously ❺ (*annehmbar*) [really] well; ***ich habe ~ er gegessen*** I have eaten better

Order <-, -s *o* -n> *f* ❶ ÖKON (*Auftrag*) order; **an eigene/fremde ~** to one's own order/to order of a third party; **an ~ lautend** payable to order; **laufende ~** standing order; **auf ~ und Rechnung von** by order and on account of; **eine ~ erteilen** to place an order ❷ (*geh: Anweisung*) order; **sich** *akk* **an eine ~/[seine] ~n halten** to obey an order/[one's] orders; **jdm ~ erteilen** to order [*or* instruct] sb

Ordergeschäft *nt* FIN order deal **Orderklausel** *f* FIN order clause **Orderkonnossement** *nt* HANDEL order bill of lading **Orderlagerschein** *m* JUR negotiable warehouse receipt **Ordermangel** *m* BÖRSE shortage of buying orders

ordern **I.** *vt* (*anfordern*) ■**etw ~** to order sth **II.** *vi* (*bestellen*) to order

Orderpapier *nt* FIN order [*or* negotiable] instrument **Orderpolice** *f* JUR policy made out to order **Orderschuldverschreibung** *f* FIN negotiable bond **Ordervolumen** *nt* order volume

Ordinalzahl *f* ordinal [number]

ordinär **I.** *adj* ❶ (*vulgär*) vulgar, crude ❷ (*alltäglich*) ordinary; **ganz ~** perfectly ordinary **II.** *adv* crudely, vulgarly

Ordinariat <-[e]s, -e> *nt* SCH chair; **das Bischöfliche ~** REL the bishop's palace

Ordinarius <-, Ordinarien> [-riən] *m* professor

Ordinate <-, -n> *f* MATH ordinate *spec*

Ordinatenachse [-aksə] *f* Y-axis, axis of the ordinate *spec*

Ordination <-, -en> *f* ❶ REL (*Einsetzung in ein Amt*) ordination ❷ MED (*Verordnung*) prescription

ordnen **I.** *vt* ■**etw ~** ❶ (*sortieren*) to arrange [*or* order] sth; **etw neu ~** to rearrange [*or* reorganize] sth ❷ (*in Ordnung bringen*) to put sth in order, to sort [*or* straighten] sth out **II.** *vr* ■**sich ~** to get clearer [*or* sorted out] [*or* more organized]

Ordner <-s, -> *m* file

Ordner(in) <-s, -> *m(f)* steward, marshal

Ordnung <-, -en> *f* ❶ *kein pl* (*das Sortieren*) ■**die ~ von etw** arranging [*or* ordering] sth ❷ (*Aufgeräumtheit*) order *no art, no pl;* ***überall herrscht eine wunderbare ~*** everywhere is wonderfully neat and tidy; ***hier [bei uns] herrscht ~*** we like things tidy [*or* a little order] here; **etw in ~ bringen** to tidy [*or* clear] sth up, to sort sth out; ***ich muss [bei Ihnen] meine ~ haben*** I like to keep to a routine; **~ halten** to keep things tidy [*or* in order]; **[jdm] etw in ~ halten** to keep sth tidy [*or* in order] [for sb]; **~ schaffen** to tidy things up, to sort things out ❸ *kein pl* (*ordentliches Verhalten*) order *no art, no pl;* ***Sie müssen für mehr ~ in Ihrer Klasse sorgen*** you must keep your class in better order [*or* keep more order [*or* discipline] in your class]; ***das nennst du ~?*** you call that tidy?; **die öffentliche ~** public order; **sehr auf ~ halten** to set great store by tidiness; **jdn zur ~ anhalten** to urge sb to be tidy [*or* to encourage tidy habits in sb]; **~ muss sein!** we must have order!; **jdn zur ~ rufen** to call sb to order ❹ (*Gesetzmäßigkeit*) structure, order *no pl* ❺ (*Vorschrift*) rules *pl;* **der ~ halber** as a matter of form ❻ BIOL (*Rang*) order; ASTRON magnitude *spec* ▶ WENDUNGEN: **~ ist das halbe Leben** (*prov*) muddle makes trouble, tidiness [*or* a tidy mind] is half the battle *prov;* **es ist alles in bester [*o* schönster] ~** everything's fine, things couldn't be better; **etw in ~ bringen** (*etw reparieren*) to fix sth; **es [ganz] in ~ finden, dass ...** to think [*or* find] it [quite] right that ...; **es nicht in ~ finden, dass ...** to not think it's right that ...; **geht in ~!** (*fam*) that's all right [*or fam* OK]; **es ist mit jdm/etw nicht in ~** there's something wrong with sb/sth; **[wieder] in ~ kommen** ([*wieder*] *gut gehen*) to turn out all right [*or fam* OK]; (*wieder funktionieren*) to start working [again]; **in ~ sein** (*fam*) to be all right [*or fam* OK]; **nicht in ~ sein** (*nicht funktionieren*) to be not working properly; (*sich nicht gehören*) to be not right; (*nicht stimmen*) to be not right; ***da ist etwas nicht in ~*** there's something wrong there; ***irgendetwas ist nicht in ~*** something's wrong; **[das ist] in ~!** (*fam*) [that's] all right [*or fam* OK]!

Ordnungsamt *nt* regulatory agency [*or form* body] (*municipal authority responsible for registration, licensing, and regulating public events*) **Ordnungsgeld** *nt* JUR [administrative] fine **ordnungsgemäß** **I.** *adj* according to the rules *pred,* in accordance with the regulations *pred;* **auf den ~en Ablauf einer S.** *gen* **achten** to ensure sth runs smoothly **II.** *adv* in accordance with the regulations **Ordnungshaft** *f kein pl* JUR confinement for contempt of court **ordnungshalber** *adv* as a matter of form **Ordnungshüter(in)** *m(f)* (*hum*) custodian of the law *hum* **Ordnungsliebe** *f kein pl* love of [*or* liking for] [good] order **ordnungsliebend** *adj* tidy-minded **Ordnungsmappe** *f* accordion file **Ordnungsruf** *m* call to order; **[von jdm] einen ~ bekommen [*o* erhalten]** to be called to order [by sb] **Ordnungssinn** *m kein pl* sense of order **Ordnungsstrafe** *f* fine; JUR penalty for contempt of court; **jdn mit einer ~ belegen** to fine sb **ordnungswidrig** **I.** *adj* illegal; **~*es Verhalten*** irregular behaviour [*or* AM -or] **II.** *adv* illegally, in contravention of the regulations *form* **Ordnungswidrigkeit** *f* infringement [of the regulations/law] **Ordnungswidrigkeitengesetz** *nt* JUR Regulatory Offences Act **Ordnungszahl** *f s.* **Ordinalzahl**

Ordre public <- -> [ˈɔrdɐ pyˈblik] *f kein pl* JUR public policy

Oregano <-s> *m kein pl* KOCHK *s.* **Origano**

Organ <-s, -e> *nt* ❶ ANAT organ; **innere ~e** inner organs; **ein ~ spenden** to donate an organ ❷ (*fam: Stimme*) voice; **lautes/schrilles ~** loud/piercing voice ❸ *pl selten* (*form: offizielle Zeitschrift*) organ ❹ (*form: offizielle Einrichtung*) organ; **das ausführende ~** the executive, the executive body; **ein beratendes ~** an advisory body; **das rechtssprechende ~** the judiciary, the judicial power; (*beauftragte Person*) authorized agent ▶ WENDUNGEN: **kein ~ für etw** *akk* **haben** (*fam*) to have no feeling for sth

Organbank *f* organ bank

Organelle <-, -n> *f* BIOL (*Funktionseinheit innerhalb von Zellen*) organelle

Organentnahme *f* organ removal **Organgesellschaft** *f* HANDEL subsidiary company [*or* AM corporation] **Organhaftung** *f* JUR responsibility for executive organs **Organhandel** <-s> *m kein pl* MED [illegal] trade in [body] organs

Organigramm <-s, -e> *nt s.* **Organisationsplan**

Organisation <-, -en> *f* organization; **internationale ~** international organization; **nichtstaatliche ~** non-governmental organization; **zwischenstaatliche ~** intergovernmental bodies

Organisationsgewalt *f* organizational power, authority to create government bodies **Organisationsklausel** *f* (*Gewerkschaft*) closed shop clause **Organisationskomitee** *nt* organizing committee **Organisationsplan** *m* organization chart, organigram *spec* **Organisationsprogramm** *nt* INFORM executive program **Organisationsrecht** *nt* JUR right to form associations, right of free association **Organisationstalent** *nt* ❶ *kein pl* (*Eigenschaft*) talent [*or* flair] for organization [*or* organizing] ❷ (*Mensch*) person with a talent for organization [*or* organizing]; **ein wahres ~ sein** to have a real talent [*or* flair] for organizing **Organisations- und Rechenzentrum** *nt* ADMIN organization and computer centre [*or* AM -er]

Organisator, -torin <-s, -toren> *m, f* organizer [*or* BRIT *a.* -iser]

organisatorisch **I.** *adj* organizational [*or* BRIT *a.* -isational]; **eine ~e Höchstleistung** a feat [*or* masterpiece] of supreme organization; **ein ~es Talent sein** to have a talent [*or* gift] for organizing; ■**das O~e** organizational matters *pl* **II.** *adv* organizationally; **rein ~ betrachtet** from a purely organizational standpoint

organisch **I.** *adj* ❶ MED organic, physical ❷ (*geh: natürlich*) organic ❸ CHEM organic; **~e Chemie** organic chemistry **II.** *adv* ❶ MED physically, organically ❷ (*geh: einheitlich*) organically; **sich** *akk* **~ in etw** *akk* **einfügen** to form an organic part of sth

organisieren* **I.** *vt* ■**etw ~** ❶ (*systematisch vorbereiten*) to organize sth ❷ (*sl: unrechtmäßig beschaffen*) to get hold of sth **II.** *vi* to organize; ***er kann ausgezeichnet ~*** he's an excellent organizer **III.** *vr* ■**sich ~** to organize

organisiert *adj* organized; **~es Verbrechen** organized crime; **~e Maßnahmen** coordinated measures

Organismus <-, Organismen> *m* organism

Organist(in) <-en, -en> *m(f)* organist

Organizer <-s, -> [ˈɔːgənaɪzə] *m* INFORM organizer

Organklage *f* JUR action against a public body, intra-company legal action **Organkompetenz** *f* HANDEL intra-company competence **Organkredit** *m* JUR loan extended by a corporation to its officers **Organleihe** *f* JUR *lending of an administrative organ to another public authority* **Organspende** *f* MED organ donation **Organspender(in)** *m(f)* MED organ donor **Organstreitverfahren** *nt* JUR court proceedings between administrative bodies **Organträger** *m* HANDEL parent company, dominant enterprise **Organtransplantation** *f,* **Organverpflanzung** *f* MED organ transplant[ation] **Organunreife** *f* organ prematurity

Orgasmus <-, Orgasmen> *m* orgasm; **einen ~ bekommen/haben** to have an orgasm, to achieve [*or* reach] orgasm

Orgasmuspille *f* (*fam*) orgasm pill (*for women*)

orgastisch *adj inv* orgasmic, orgastic

Orgel <-, -n> *f* MUS organ; **~ *spielen*** to play the organ

Orgelkonzert *nt* MUS (*Musikstück*) organ concerto; (*Konzert*) organ recital **Orgelmusik** *f* organ music

orgeln *vi* ❶ (*Drehorgel spielen*) to play the barrel-organ, to grind the organ; (*fam: Orgel spielen*) to play the organ ❷ DIAL (*pej: schlechte Musik machen*) to grind away *pej* ❸ (*fam: brausende Geräusche machen*) *Wind* to roar, to howl, to whistle; *Anlasser* to turn over [without firing], to whine, to protest ❹ JAGD (*brünstig schreien*) to bell ❺ (*vulg: koitieren*) to [have a] screw *vulg*

Orgelpfeife *f* MUS organ pipe ▶ WENDUNGEN: **wie die ~n dastehen** (*hum fam*) to stand in a row from [the] tallest to [the] shortest **Orgelspieler(in)** <-s, -> *m(f)* organist

orgiastisch *adj* (*geh*) orgiastic *form*

Orgie <-, -n> [ˈɔrgiə] *f* orgy; **~n feiern** to have orgies

Orient <-s> [ˈoːriɛnt, oˈriɛnt] *m kein pl* ■**der ~** the Orient *form or dated;* **vom ~ zum Okzident** (*geh*) from east to west; **der Vordere ~** the Middle [*or* Near] East

Orientale, -talin <-n, -n> *m, f* Oriental

orientalisch [oriɛnˈtaːlɪʃ] *adj* oriental

Orientalist(in) <-en, -en> [oriɛntaˈlɪst] *m(f)* orientalist

Orientalistik [oriɛntaˈlɪstɪk] *f* oriental studies *npl*

Orientalistin <-, -nen> *f fem form von* **Orientalist**

orientieren* [oriɛnˈtiːrən] **I.** *vr* ❶ (*sich informieren*) ■**sich** *akk* **[über jdn/etw] ~** to inform oneself [about sb/sth]; ***bitte ~ Sie sich anhand der Unterlagen selbst: Sie werden sehen, dass ich recht habe*** please look at these documents yourself: you'll see that I am right ❷ (*sich zurechtfinden*) ■**sich** *akk* **[an etw** *dat***] ~** to get one's bearings [by sth]; ***in der Dunkelheit können sich viele Leute schlecht ~*** many people have difficulty getting their bearings in the dark; ***nach was soll ich mich eigentlich ~, wenn ein Inhaltsverzeichnis fehlt?*** how am I supposed to find my way around without an index? ❸ (*sich einstellen*) ■**sich** *akk* **an etw**

dat ~ to adapt oneself to [*or* orientate [*or* AM orient] oneself towards] sth **II.** *vt* (*geh*) ❶ (*informieren*) ■**jdn [über etw** *akk*] ~ to inform sb [*or* put sb in the picture] [about sth]; ■**über jdn/etw orientiert sein** to be informed about sb/sth ❷ (*ausgerichtet sein*) ***ich bin eher links/rechts/liberal orientiert*** I tend [*or* lean] more to the left/right/I am more liberally orientated

Orientierung <-, -en> [oriɛn'ti:rʊŋ] *f* ❶ (*das Zurechtfinden*) orientation; **die ~ verlieren** to lose one's bearings ❷ (*geh: Unterrichtung*) information; **zur/zu jds ~** (*geh*) for [sb's] information ❸ (*geh: Ausrichtung*) ■**die/jds ~ an etw** *dat* the/sb's orientation towards sth

Orientierungshilfe *f* aid to orientation, guideline; ***die Querverweise sind als ~ gedacht*** the references are meant to help you find your way **orientierungslos** *adj* disoriented **Orientierungspreis** *m* HANDEL reference [*or* indicator] price **Orientierungspunkt** *m* point of reference **Orientierungssinn** *m kein pl* sense of direction **Orientierungswert** *m* estimate **Orientierungszeitraum** *m* ÖKON reference period

original **I.** *adj* ❶ (*echt*) genuine ❷ (*ursprünglich*) original **II.** *adv* in the original [condition]; ***Umtauschartikel müssen noch ~ verpackt sein*** goods for exchange must still be in their original packaging

Original <-s, -e> *nt* ❶ (*Urversion*) original; **im ~** in the original ❷ (*Mensch*) original, character

Originalaufnahme *f* ❶ MUS original recording ❷ FOTO original photograph ❸ FILM original print **Originalausgabe** *f* original [*or* first] edition **Originaldokument** *nt* source document **Originalfassung** *f* original [version]; ***in der englischen ~*** in the original English version **originalgetreu** **I.** *adj* true to the original *pred* **II.** *adv* in a manner true to the original; ***er kann die Stimmen von Politikern ~ imitieren*** he can do a very faithful imitation of politicians' voices

Originalität <-> *f kein pl* ❶ (*Echtheit*) authenticity *no art, no pl*, genuineness *no art, no pl* ❷ (*Ursprünglichkeit*) naturalness *no art, no pl* ❸ (*Einfallsreichtum*) originality *no art, no pl*

Originalpackung *f* original packet [*or* package] [*or* AM packaging] **Originalton** *m* ❶ FILM original soundtrack ❷ (*wörtliches Zitat*) direct quote, one's/sb's own words **Originalübertragung** *f* live broadcast **Originalverpackung** *f* HANDEL original packaging; **in ~** in the original packaging **Originalvorlage** *f* INFORM original

originär *adj* (*geh*) original

originell *adj* original

Orion <-[s]> *m kein pl* ASTRON Orion

Orka <-, -s> *m* ZOOL orca, killer whale

Orkan <-[e]s, -e> *m* hurricane; **wie ein ~** like a hurricane

orkanartig *adj* hurricane-force *attr*

Orkanstärke *f* hurricane force *no art, no pl*

Ornament <-[e]s, -e> *nt* ornament, decoration

ornamental **I.** *adj* ornamental, decorative **II.** *adv* ornamentally, decoratively

Ornamentglas *nt* BAU ornamental [*or* patterned] glass

Ornat <-[e]s, -e> *m* regalia + *sing/pl vb*; **in vollem ~** in full regalia; (*veraltend fam*) dressed [*or* done] up to the nines *fam*

Ornithologe, -login <-n, -n> *m, f* ornithologist

Orogenese <-, -n> *f* GEOL orogeny, orogenesis

Ort¹ <-[e]s, -e> *m* ❶ (*Stelle*) place; **der ~ der Handlung** the scene of the action; ***der ~ der Handlung von Macbeth ist das schottische Hochland*** in Macbeth the action is set in the Scottish highlands; **an einem dritten ~** on neutral territory [*or* ground]; **am angegebenen ~** in the place quoted [*or* cited], loc cit *spec* ❷ (*~schaft*) place; ***sie zogen in einen kleinen ~ auf dem Land*** they moved to a quiet spot in the country; ***im Zentrum des ~es*** in the centre of the village [*or* [the] town]; **am ~** in the place/the village/[the] town; **von ~ zu ~** from place to place; **ohne ~ und Jahr** without any place or date of publication ▶ WENDUNGEN: **an ~ und Stelle** on the spot, there and then; **höheren ~es** (*form*) higher up

Ort² *nt* **vor ~** on the spot, in situ *form;* BERGB at the [coal] face

Ortbeton *m* BAU cast-in-place concrete

Örtchen <-s, -> *nt* ▶ WENDUNGEN: **das [stille] ~** (*euph fam*) the smallest room BRIT *fam*, the john AM *fam;* ***ich muss mal schnell aufs ~*** I just have to pay a quick visit

orten *vt* ❶ (*ausfindig machen*) ■**etw ~** to locate [*or* get a fix on] sth ❷ (*ausmachen*) ■**etw ~** to sight [*or* spot] sth ❸ (*fam: sehen*) ■**jdn ~** to spot sb

Ortgang *m* BAU verge

orthodox **I.** *adj* ❶ REL Orthodox; ■**~ sein** to be an Orthodox Christian/to be Orthodox [Christians] ❷ (*geh: strenggläubig*) orthodox, strict ❸ (*fig: gewohnt*) **nicht gerade ~ sein** to be somewhat [*or* a little] unorthodox **II.** *adv* REL according to Orthodox ritual; **~ heiraten** to have an Orthodox wedding

orthogonal *adj inv* MATH orthogonal

Orthographie, Orthografie^RR <-, -en> [*pl* -'fi:ən] *f* spelling, orthography *no art, no pl spec*

orthographisch, orthografisch^RR **I.** *adj* orthographic[al] *spec;* **ein ~er Fehler** a spelling mistake **II.** *adv* orthographically *spec;* **~ richtig schreiben** to spell correctly

Orthopäde, -pädin <-n, -n> *m, f* orthopaedist BRIT, orthopedist AM

Orthopädie <-> *f kein pl* orthopaedics + *sing vb*

Orthopädin <-, -nen> *f fem form von* **Orthopäde**

orthopädisch *adj* orthopaedic BRIT, orthopedic AM

örtlich **I.** *adj* ❶ (*lokal*) local ❷ METEO localized **II.** *adv* locally; ***~ verschieden sein/variieren*** to vary from place to place; ***ein ~ begrenzter Konflikt*** a limited local conflict; **jdn ~ betäuben** to give sb a local anaesthetic [*or* AM anesthetic]

Örtlichkeit <-, -en> *f* ❶ (*Gegend*) locality, area, place; **mit den ~en [gut] vertraut sein** to be [very] familiar with the area, to know the area [well]; **sich** *akk* **mit der ~** [*o* **den ~en**] **vertraut machen** to get to know the area ❷ (*euph fam*) ■**die ~[en]** the rest room

Ortsangabe *f* ❶ (*Standortangabe*) [name of] location; (*in Anschrift*) [name of the] town/city ❷ (*Erscheinungsort*) **ohne ~** with no [indication of] place of publication, no place of publication indicated **ortsansässig** *adj* local; ■**~ sein** to live locally **Ortsansässige(r)** *f(m) dekl wie adj* local [resident] **Ortsausgang** *m* end of a [*or* the] village [*or* town] **Ortsbeirat(in)** *m(f)* local advisory committee **ortsbekannt** *adj inv* locally known; ***~ unter dem Namen „Danger"*** known locally as "Danger" **Ortsbesichtigung** *f* local survey, site inspection **Ortsbestimmung** *f* bearing [*or* fixing] of position, position finding

Ortschaft <-, -en> *f* village/[small] town; **eine geschlossene ~** a built-up [*or* restricted] area

Ortseingang *m* start of a [*or* the] village [*or* town] **ortsfremd** *adj* non-local; ■**~ sein** to be a stranger; **~e Besucher** visitors to [the] town/the village **Ortsfremde(r)** *f(m) dekl wie adj* stranger **Ortsgespräch** *nt* TELEK local call **Ortsgruppe** *f* local branch [*or* group] **Ortskenntnisse** *pl* local knowledge; **[gute] ~ haben** to know the place [*or* one's way around] [well] **Ortskrankenkasse** *f* *public organizations providing statutory health insurance to individuals living within a particular area* **ortskundig** *adj* ■**~ sein** to know one's way around [*or* the place well]; **sich** *akk* **~ machen** to get to know the place **Ortskundige(r)** *f(m) dekl wie adj* person who knows his/her way around [*or* the place well] **Ortsname** *m* place name, name of a/the place **Ortsnetz** *nt* ❶ TELEK local exchange network ❷ ELEK local grid **Ortsnetzkennzahl** *f* TELEK (*form*) dialling [*or* AM area] code **Ortsrecht** *nt* JUR local [*or* parish] law **Ortsschild** *nt* place name sign **Ortssinn** *m kein pl* sense of direction **Ortstarif** *m* TELEK local [call] rate **Ortsteil** *m* part of a [*or* the] village [*or* town] **Ortstein** <-[e]s> *m kein pl* GEOL [hard]pan **ortsüblich** *adj* local; **eine ~e Gepflogenheit** a local custom; **ein ~es Entgelt** a standard local fee; ■**~ sein** to be customary **Ortsüblichkeit** *f* JUR local practice **Ortsverband** *m* local committee **Ortsverein** *m* local association **Ortsverkehr** *m* ❶ (*Straßenverkehr*) local traffic *no art, no pl;* ***Busse werden hauptsächlich im ~ eingesetzt*** buses are mainly used [*or* put [*or* laid] on] for local traffic ❷ TELEK local telephone service; **Gebühren im ~** charges for local calls **Ortsvorsteher(in)** *m(f)* parish council chair[person] **Ortswechsel** *m* change of one's place of residence **Ortszeit** *f* local time **Ortszuschlag** *m* local bonus, residence [*or* BRIT *a.* local weighting] allowance

Ortung <-, -en> *f* ❶ *kein pl* (*das Orten*) ■**die ~ [von etw** *dat*] locating [sth] ❷ (*geortetes Objekt*) signal; (*auf Anzeige a.*) reading

Ortungshilfe *f* aid to location **Ortungsverfahren** *nt* positioning [*or* navigation] system

Oryx-Antilope *f* ZOOL oryx

Oscar <-[s], -s> *m* FILM Oscar, Academy Award

Öse <-, -n> *f* eye[let]

OSI <-> *f kein pl Akr von* **Open Systems Interconnection** OSI *no art, no pl spec*

Oslo <-s> *nt* Oslo *no pl, no art*

Osmane, -manin <-n, -n> *m, f* Ottoman *hist*

osmanisch *adj* Ottoman *hist*

Osmium <-s> *nt kein pl* osmium *no pl, no art spec*

Osmose <-, -n> *f* osmosis *no pl, no art spec*

Ossi <-, -s> *m o f* (*fam*) Easterner, East German

Ost <-[e]s, -e> *m* ❶ *kein pl, kein art bes* NAUT east; **der Konflikt zwischen ~ und West** POL the conflict between East and West; *s. a.* **Nord 1** ❷ *pl selten* NAUT (*Ostwind*) east wind ❸ (*veraltet sl: Ostmark*) East German Mark

Ostafrika *nt* East Africa *no pl, no art*

Ostalgie <-> *f kein pl* SOZIOL, POL (*iron*) *nostalgia for the socio-political infrastructure of the former GDR*

Ostasien *nt* East[ern] Asia *no pl, no art* **Ostberlin** *nt* HIST East Berlin *no pl, no art hist* **Ostblock** *m* HIST Eastern bloc *no pl, no indef art hist* **Ostblockland** *nt*, **Ostblockstaat** *m* HIST Eastern bloc country [*or* state] *hist* **Ostchinesisches Meer** *nt* East China Sea **ostdeutsch** *adj* East German **Ostdeutschland** *nt* East[ern] Germany *no pl, no art*

Osten <-s> *m kein pl, no indef art* ❶ (*Himmelsrichtung*) ***die Sonne geht im ~ auf*** the sun rises in the east; **der Ferne ~** the Far East; **der Mittlere ~** *area stretching from Iran to Myanmar;* **der Nahe ~** the Near [*or* Middle] East; *s. a.* **Norden 1** ❷ (*östliche Gegend*) east; *s. a.* **Norden 2** ❸ (*ehemalige DDR*) ■**der ~** former East Germany; **aus dem ~ kommen** [*o* **stammen**] to come from the East [*or* former East Germany] ❹ POL ■**der ~** the East; (*Osteuropa*) Eastern Europe

ostentativ (*geh*) **I.** *adj* ostentatious **II.** *adv* ostentatiously

Osteoporose <-, -n> *f* osteoporosis *no pl, no art*

Osterei *nt* Easter egg **Osterfest** *nt* ■**das ~** Easter **Osterfeuer** *nt* Easter bonfire **Osterglocke** *f* ❶ BOT daffodil ❷ REL Easter [church] bell **Osterhase** *m* Easter bunny **Osterinsel** *f* ■**die ~** Easter Island, Rapa Nui **Osterlamm** *nt* paschal lamb *spec*

österlich **I.** *adj* Easter *attr* **II.** *adv* like Easter

Ostermarsch *m* Easter peace march **Ostermontag** *m* Easter Monday **Ostermorgen** *m* Easter [Sunday] morning

Ostern <-, -> *nt* Easter; ***seid ihr ~ zu Hause?*** are you at home for Easter?; **frohe** [*o* **fröhliche**] **~!** Happy Easter!; **zu** [*o* **über**] **~** at [*or* over] Easter; **zu ~** at [*or* for] Easter

Österreich <-s> *nt* Austria; *s. a.* **Deutschland**

Österreicher(in) <-s, -> *m(f)* Austrian; *s. a.* **Deutsche(r)**

österreichisch *adj* Austrian; ■**das Ö~e** Austrian; *s. a.* **deutsch**

Ostersonnabend *m* NORDD Easter Saturday

Ostersonntag *m* Easter Sunday

Osterweiterung *f* eastwards expansion, enlargement of EU to the East

Osterwoche *f Easter* Week (*week before Easter*) **Osteuropa** *nt* East[ern] Europe **osteuropäisch** *adj* East[ern] European **Ostfriese, -friesin** <-n, -n> *m, f* East Frisian **ostfriesisch** *adj inv* East Frisian **Ostfriesland** *nt* East Friesland, Ostfriesland **Ostgote, -gotin** *m, f* HIST Ostrogoth *spec* **Ostindien** <-s> *nt* East Indies *pl* **Ostkirche** *f* ■**die** ~ the Eastern [*or* Orthodox] Church **Ostküste** *f* east coast

östlich I. *adj* ❶ (*in ~er Himmelsrichtung befindlich*) eastern; *s. a.* **nördlich I 1** ❷ (*im Osten liegend*) eastern; *s. a.* **nördlich I 2** ❸ (*von/nach Osten*) eastwards, easterly; *s. a.* **nördlich I 3** ❹ (*den osteuropäischen und asiatischen Raum betreffend*) eastern II. *adv* ■~ **von ...** east of ... III. *präp +gen* ■~ **einer S.** [to the] east of sth; *s. a.* **nördlich III**

Ostmark <-> *f* HIST (*Kernland Österreichs*) Ostmark **Ostpolitik** *f* ■**die** ~ Ostpolitik *hist* (*German foreign policy towards former Eastern Europe and Asia*) **Ostpreußen** *nt* East Prussia **ostpreußisch** *adj* East Prussian

Östrogen <-s, -e> *nt* oestrogen BRIT, estrogen AM *no pl, no art*

Ostrom *nt* HIST the Eastern [Roman] [*or* Byzantine] Empire *hist*

oströmisch *adj inv* Byzantine; ■**das O~e Reich** the Byzantine Empire

Östrus <-> *m kein pl* ZOOL oestrus BRIT, estrus AM

Ostsee *f* ■**die** ~ the Baltic [Sea] **Ostsibirische See** *f* East Siberian Sea **Oststaaten** *pl* (*in USA*) Eastern states *pl* **Ostteil** *m* eastern part **Ostverträge** *pl* POL treaties *pl* with the Eastern bloc countries **ostwärts** *adv* eastwards, to the east **Ost-West-Beziehungen** *pl* East-West relations *pl* **Ost-West-Gespräche** *pl* East-West talks *pl* **Ostwind** *m* east [*or* easterly] wind

OSZE *f Abk von* **Organisation für Sicherheit und Zusammenarbeit in Europa** OSCE *hist*

Oszillationsversuch *m* PHYS oscillation experiment [*or* test]

Oszillator <-s, -toren> *f* oscillator

Oszillograph <-en, -en> *m*, **Oszillograf**[RR] <-en, -en> *m* oscillograph *spec*

Oszilloskop <-s, -e> *nt* oscilloscope, scope *spec fam*

O-Ton *m* (*fam*) *s.* **Originalton**

Ottawa <-s> *nt* Ottawa

Otter[1] <-, -n> *f* (*Schlangenart*) adder, viper

Otter[2] <-s, -> *m* (*Fisch~*) otter

Ottomotor *m* spark ignition [*or* SI] engine *spec*

Otto Normalverbraucher *m* ÖKON John Doe, BRIT Mr A. N. Onymous

ÖTV <-> *f kein pl Abk von* **Gewerkschaft Öffentliche Dienste, Transport und Verkehr** ≈ TGWU BRIT, ≈ TWU AM

Ötztal <-[e]s> *nt* Ötztal

Ötztal *nt* Ötztal

Out <-s, -s> [aut] *nt* SPORT (*veraltet*) out [of play]

out [aut] *adj* (*fam*) ■~ **sein** to be out *fam,* to be out of favour [*or* AM -or]/fashion

Outdoorsports ['autdɔːspɔːrts] *pl* outdoor sports *pl*

outen ['autən] *vt* ■**sich/jdn** ~ to out oneself/sb

Outfit <-s, -s> ['autfɪt] *nt* (*sl*) outfit

Outing <-s, -s> ['autɪŋ] *nt* (*fam*) coming out *fam*

Output <-s, -s> ['autput] *m o nt* ÖKON, INFORM, ELEK output

Outsider <-s, -> ['autsaidɐ] *m* outsider

Outsourcing <-> ['autsɔːsɪŋ] *nt kein pl* ÖKON, INFORM outsourcing *no pl*

Ouvertüre <-, -n> [uver'tyːrə] *f* overture

Ouzo <-[s], -s> ['uːzo] *m* (*griechischer Anisschnaps*) ouzo

oval [o'vaːl] *adj* oval

Oval <-s, -e> [o'vaːl] *nt* oval

Ovation <-, -en> [-va-] *f* (*geh*) ovation; **jdm ~en darbringen** to give sb an ovation; **stehende ~en** standing ovations

Overall <-s, -s> ['oːvərɔːl] *m* (*für schmutzige Arbeit*) overalls *npl,* BRIT *a.* overall; (*bei kaltem Wetter*) jumpsuit

Overdrive-CPU *f* INFORM overdrive CPU **Overdrive-Prozessor** *m* INFORM overdrive processor **Overdrive-Sockel** *m* INFORM overdrive slot

Overheadfolie ['oːvəhɛdfoːliə] *f* [overhead] transparency **Overheadprojektor** ['oːvəhɛd-] *m* overhead projector

Overkill <-> *m kein pl* overkill *no pl, no art pej*

OVG *nt Abk von* **Oberverwaltungsgericht** Higher Administrative Court

ÖVP <-> *f* POL *Abk von* **Österreichische Volkspartei** Austrian People's Party

Ovula *pl von* **Ovulum** ovules

Ovulation <-, -en> [-vu-] *f* BIOL ovulation *no pl, no art*

Ovulationshemmer <-s, -> *m* MED anovulant, ovulation inhibitor *form*

Ovulum <-s, -la> *nt* ❶ MED ovule ❷ BOT ovule

OW INFORM *Abk von* **overwrite** overwrite

OW-Platte *f* INFORM overwrite disk

Oxer <-s, -> *m* (*Weitsprunghindernis im Reitsport*) oxer

Oxid <-[e]s, -e> *nt* oxide

Oxidation <-, -en> *f* oxidation *no art, no pl*

Oxidationskatalysator *m* AUTO oxidizing catalyst

oxidieren* I. *vi sein o haben* to oxidize II. *vt* ■**etw** ~ to oxidize sth

Oxyd <-[e]s, -e> *nt* oxide

Oxydation <-, -en> *f* oxidation

oxydieren* CHEM I. *vt* ■**etw** ~ to oxidize sth II. *vi sein o haben* to oxidize

Oxydierung <-, -en> *f* oxidization, oxidation

Oxytocin <-s, -e> *nt* oxytocin

Ozean <-s, -e> *m* ocean; **der Atlantische/Pazifische** [*o* **Stille**] ~ the Atlantic/Pacific Ocean

Ozeandampfer *m* ocean liner

Ozeanien *nt* Oceania

ozeanisch *adj inv* ❶ (*einen Ozean betreffend*) oceanic ❷ (*Ozeanien betreffend*) Oceanic

Ozeanographie <-> *f kein pl*, **Ozeanografie**[RR] <-> *f kein pl* oceanography *no pl, no art*

Ozeanologie <-> *f kein pl* oceanology

Ozelot <-s, -e> *m* ❶ ZOOL ocelot *spec* ❷ MODE ocelot coat *spec*

Ozon <-s> *nt o m kein pl* ozone *no pl, no art*

Ozonalarm *m kein pl* METEO, ÖKOL, ADMIN ozone warning **Ozonanstieg** *m* increase [*or* rise] in ozone levels; ***ein ~ von 10 ppm*** a 10 ppm increase [*or* rise] in ozone levels **ozonarm** *adj* ÖKOL low-ozone *attr,* ozone-deficient, characterized by low ozone levels *pred* **Ozonbekämpfung** *f kein pl* METEO, ÖKOL, CHEM measure to cut [*or* reduce] ozone levels [in the air] **Ozonbelastung** *f* METEO, ÖKOL, CHEM ozone build-up [in the lower atmosphere] *no pl* **Ozongehalt** *m* CHEM ozone concentration *no pl* **Ozonkiller** *m* (*fam*) METEO, ÖKOL, CHEM substance [*or* product] which contributes to the destruction of [*or* destroys] the ozone layer **Ozonloch** *nt* ■**das** ~ the ozone hole, the hole in the ozone layer **Ozonschicht** *f kein pl* ■**die** ~ the ozone layer, the ozonosphere *spec* **Ozonschild** *m* ozone shield *spec* **Ozon-Vorläufersubstanz** *f* CHEM substance contributing to ozone formation; ■**eine ~ sein** to contribute to ozone formation

P

P, p <-, – *o fam* -s, -s> *nt* P, p; ~ **wie Paula** P for [*or* AM as in] Peter; *s. a.* **A 1**

paar *adj inv* ■**ein ~ ...** a few ...; **ein ~ Mal** a few [*or* a couple of] times; **alle ~ Tage/Wochen** every few days/weeks ▸ WENDUNGEN: **du kriegst** [**gleich**] **ein ~!** (*fam*) you'll get a smack[ing *fam*]!

Paar <-s, -e> *nt* ❶ (*Mann und Frau*) couple; **ein ~ werden** (*geh*) to become man and wife *form* ❷ (*zwei zusammengehörende Dinge*) pair; ***ein ~ Würstchen*** a couple of sausages; ***ein ~ neue Socken*** a pair of new socks ❸ (*Gespann*) **ein ungleiches ~** an unlikely pair, an odd couple

paaren I. *vr* ❶ (*kopulieren*) ■**sich** ~ to mate ❷ (*sich verbinden*) ■**sich** *akk* **mit etw** *dat* ~ to be coupled with sth II. *vt* ❶ (*zur Kopulation zusammenbringen*) ■**etw** ~ to mate [*or* pair] sth ❷ SPORT ■**jdn** ~ to match sb

Paarhufer <-s, -> *m* ZOOL even-toed ungulate, artiodactyl *spec,* cloven-hoofed animal

paarig I. *adj* paired II. *adv* in pairs; BOT *a.* binate *spec;* ~ **angeordnet** arranged in pairs

Paarlauf *m* pair-skating, pairs + *sing vb*

Paarreim *m* rhyming couplet

Paarung <-, -en> *f* mating; **zur ~ bereit sein** to be ready to mate

Paarungszeit *f* mating season

paarweise *adv* in pairs [*or* twos]

Paarwettbewerb *m* SPORT pairs competition

Pacht <-, -en> *f* ❶ (*Entgelt*) rent[al] *no indef art, no pl* ❷ (*Nutzungsvertrag*) lease; **etw in ~ haben** to have sth on lease [*or form* leasehold]

Pachtabkommen *nt* lease arrangement

pachtbar *adj* rentable, tenantable

Pachtbedingungen *pl* terms of a lease **Pachtbesitz** *m* leasehold [property], tenure by lease

pachten *vt* ■**etw** [**von jdm**] ~ to lease sth [from sb] ▸ WENDUNGEN: **etw für sich** *akk* **gepachtet haben** (*fam*) to have got a monopoly on sth; *s. a.* **Weisheit**

Pächter(in) <-s, -> *m(f)* tenant, leaseholder, lessee *spec*

Pächterpfandrecht *nt* JUR lessee's statutory lien

Pachtkredit *m* JUR credit for leaseholders **Pachtkreditgesetz** *nt* JUR Leasehold Credit Act **Pachtobjekt** *nt* leased object **Pachtrecht** *nt* law of lease, leasehold right

Pachtung <-, -en> *f* tenancy, leasehold; ~ **auf Lebensdauer** tenancy for life

Pachtverhältnis *nt* lease, tenancy [agreement]; **widerrufliches ~** tenancy at will; **zeitlich begrenztes ~** periodic tenancy; **von einem ~ zurücktreten** to terminate a lease **Pachtvertrag** *m* lease **Pachtzins** *m* leasehold rent

Pack[1] <-[e]s, -e *o* Päcke> *m* (*Stapel*) pile, stack; (*zusammengeschnürt*) bundle, pack

Pack[2] <-s> *nt kein pl* (*pej: Pöbel*) rabble *pej,* riff-raff + *pl vb pej* ▸ WENDUNGEN: ~ **schlägt sich** *akk,* ~ **verträgt sich** *akk* (*prov*) one minute the rabble are at each other's throats, the next they're the best of friends, rabble like that are at each other's throats one minute and friends again the next

Packager(in) <-s, -> ['pɛkɪtʃə] *m(f)* TOURIST sb [who goes [*or* is]] on a package holiday [*or* tour]

Päckchen <-s, -> *nt* ❶ (*Postversand*) small parcel, package ❷ (*Packung*) packet, pack ❸ (*kleiner Packen*) pack, bundle ▸ WENDUNGEN: **jeder hat sein ~ zu tragen** we all have our cross to bear

Packeis *nt* pack ice *no art, no pl*

packeln *vi* ÖSTERR (*fam*) *s.* **paktieren 2**

packen I. *vt* ❶ (*ergreifen*) ■**jdn/etw** ~ to grab [hold of] sb/sth, to seize sb/sth; ***wenn ich dich packe/zu ~ kriege ...*** when I get hold of you ...; ■**jdn/etw bei/an etw** *dat* ~ to grab [*or* seize] sb/sth by sth; **jdn an** [*o* **bei**] **dem Kragen** ~ to grab sb by the collar ❷ (*voll~*) ■**etw** ~ to pack sth; **ein Paket** ~ to make up *sep* a parcel ❸ (*verstauen*) ■**etw** [**in etw** *akk*] ~ to pack sth [in[to] sth]; **etw in den Koffer** ~ to pack [*or* put] sth in the suitcase; **etw in den Safe** ~ to put sth [away] in the safe; **Gepäck in den Kofferraum** ~ to stow [*or* put] luggage in the boot ❹ (*überkommen*) ■**jdn** ~ to seize sb; ***von Abenteuerlust gepackt*** seized by a thirst for adventure; ***da packte mich nur noch der Ekel*** I was seized by revulsion; ***mich packt auf einmal ein unwiderstehliches Verlangen nach Island zu fliegen*** I suddenly have an irresistible urge to fly to Iceland ❺ (*sl: bewältigen*) ■**etw** ~ to manage sth; **eine Prüfing** ~ to pass an exam; ***das Examen ist leicht zu ~*** the exam is easy [*or* BRIT *fam!* a piece of piss] ❻ (*erreichen*) ■**etw** ~ to catch sth; ***beeilt euch, sonst ~ wir es nicht mehr!*** hurry up, otherwise we won't make it! ❼ (*sl: kapieren*) ■**etw** ~ to get sth *fam* ► WENDUNGEN: **jdn bei der Ehre** ~ to appeal to sb's sense of honour; **es hat jdn [ganz schön] gepackt** (*fam*) sb has it bad *fam*; ***ihn hat es ganz schön gepackt, er ist über beide Ohren verliebt*** he's got it bad, he's head over heels in love **II.** *vr* (*fam*) ■ **sich** ~ to clear off, to beat it *fam*

Packen <-s, -> *m* stack; (*unordentlich a.*) pile; (*zusammengeschnürt*) bundle

packend *adj* absorbing; **ein packendes Buch/packender Film** a thrilling book/film

Packer(in) <-s, -> *m(f)* ① (*im Versand*) packer ② (*bei einer Möbelspedition*) [furniture] packer [*or* BRIT *a.* remover], removal [*or* moving] man, AM *a.* mover

Packerei <-> *f kein pl* (*fam*) [tiresome] packing *no indef art, no pl*

Packerin <-, -nen> *f fem form von* **Packer**

Packesel *m* (*Lasttier*) pack mule; (*fig*) packhorse **Packpapier** *nt* wrapping [*or* brown] paper *no art, no pl* **Packsattel** *m* packsaddle

Packung <-, -en> *f* ① (*Schachtel*) pack[et]; **eine ~ Pralinen** a box of chocolates; **eine neue ~ anbrechen** to start [on] a new packet ② MED pack, compress; **eine feuchte ~** a poultice, a fomentation; (*Kosmetik*) a beauty pack ③ (*Niederlage*) **eine ~ bekommen** to get a thrashing [*or fam* hammering]

Packungsbeilage *f* PHARM *information leaflet included in medicine packets*

Packwagen *m* luggage van BRIT, baggage car AM

Pad <-s, -s> [pæd] *nt* INFORM [mouse] pad

Pädagoge, -gogin <-n, -n> *m, f* ① (*Lehrer*) teacher, pedagogue *old* ② (*Erziehungswissenschaftler*) education[al]ist

Pädagogik <-> *f kein pl* [theory of] education *no art, no pl*, educational theory *no art, no pl*, pedagogy *no art, no pl spec*

Pädagogin <-, -nen> *f fem form von* **Pädagoge**

pädagogisch I. *adj* educational *attr*, pedagogic[al] *spec*; **~e Fähigkeiten** teaching ability **II.** *adv* educationally, pedagogically *spec*; **~ falsch sein** to be wrong from an educational point of view; *s. a.* **Hochschule**

Paddel <-s, -> *nt* paddle

Paddelboot *nt* canoe

paddeln *vi sein o haben* ① (*das Paddel bewegen*) to paddle ② (*mit dem Paddelboot fahren*) to paddle, to canoe

Paddler(in) <-s, -> *m(f)* canoeist

Päderast <-en, -en> *m* PSYCH pederast, BRIT *a.* paederast

Pädiater <-s, -> *m* MED paediatrician BRIT, pediatrician AM

Pädiatrie <-> *f kein pl* MED paediatrics BRIT + *sing vb*, pediatrics AM + *sing vb*

Paella <-, -s> [pa'ɛlja] *f* KOCHK paella

Paellapfanne *f* paella pan

PAFC *f Abk von* **Phosphorsäurebrennstoffzelle** PAFC

paffen I. *vi* (*fam: rauchen*) to puff away; (*nicht inhalieren*) to puff **II.** *vt* (*fam*) ■ **etw ~** to puff away at sth

Paffer <-s, -> *m* (*pej*) puffer

Page <-n, -n> ['paːʒə] *m* ① (*Hoteldiener*) page [boy], bellboy, AM *a.* bellhop ② HIST page

Pagenkopf ['paːʒən-] *m* bob, pageboy [hairstyle [*or* cut]]

Pager <-s, -> ['peɪdʒɐ] *m* pager

Pagina <-, -s> *f* TYPO folio, page number

paginieren* *vt* ■ **etw ~** to paginate sth *spec*

Paginierung <-, -en> *f* TYPO pagination

Pagode <-, -n> *f* pagoda

pah *interj* pah, huh

Paillette <-, -n> [pai'jɛtə] *f* sequin, spangle, paillette *spec*

Paket <-[e]s, -e> *nt* ① (*Sendung*) parcel ② (*umhüllter Packen*) package ③ (*Packung*) packet ④ (*Gesamtheit*) package ⑤ (*Stapel*) pile, stack

Paketannahme *f* ① (*Paketschalter*) parcels counter ② *kein pl* acceptance of parcels; **„~ *nur von 10 bis 12 Uhr*“** "parcels accepted only between 10 and 12 o'clock" **Paketausgabe** *f* parcels office [*or* counter] **Paketauslage** *f* TYPO bundle [*or* batch] delivery **Paketbeförderung** *f* parcel handling *no art, no pl*; ***diese Firma ist spezialisiert auf~*** this firm specializes in handling parcels **Paketbombe** *f* parcel bomb **Paketgebühr** *f* HANDEL parcel rate **Paketkarte** *f* [parcel *form*] dispatch form **Paketpolice** *f* ÖKON package policy **Paketpost** *f* parcel post *no art, no pl* **Paketschalter** *m* parcels counter **Paketumschlagstelle** *f* ADMIN parcels sorting office **Paketzustellung** *f* parcel delivery

Pakistan <-s> *nt* Pakistan; *s. a.* **Deutschland**

Pakistaner(in) <-s, -> *m(f)*, **Pakistani** <-[s], -[s]> *m* Pakistani, Paki *pej fam!*; *s. a.* **Deutsche(r)**

Pakistani <-s, -s> *m s.* **Pakistaner**

pakistanisch *adj* Pakistani; *s. a.* **deutsch**

Pakt <-[e]s, -e> *m* pact, agreement; **der Warschauer ~** the Warsaw Pact

paktieren* *vi* ■ **mit jdm ~** to make a pact [*or* deal] [*or* do a deal] with sb

Palais <-, -> [pa'lɛː] *nt* palace

Paläoanthropologie *f* palaeoanthropology BRIT *no pl, no art spec*, paleoanthropology AM *no pl, no art spec* **Paläomagnetismus** *m* GEOL *kein pl* palaeomagnetism BRIT, paleomagnetism AM **Paläontologie** <-> *f kein pl* palaeontology [*or* Brit], paleontology AM **Paläophytikum** *nt* ■ **das ~** the Palaeophytic [*or* AM Paleophytic] [Period] **Paläozoikum** <-s> *nt* GEOL *kein pl* Palaeozoic BRIT, Paleozoic AM

Palast <-[e]s, Paläste> *m* palace

Palästina <-s> *nt* Palestine; *s. a.* **Deutschland**

Palästinenser(in) <-s, -> *m(f)* Palestinian; *s. a.* **Deutsche(r)**

palästinensisch *adj inv* Palestinian; **die P~e Befreiungsorganisation** the Palestine Liberation Organization, PLO

Palatschinken <-, -n> *f* ÖSTERR stuffed pancake

Palau <-s> *nt* Palau; *s. a.* **Sylt**

Palauer(in) <-s, -> *m(f)* Palauen; *s. a.* **Deutsche(r)**

palauisch *adj* Palauen; *s. a.* **deutsch**

Palaver <-s, -> *nt* (*fam*) palaver *no pl fam*

palavern* [-vɐn] *vi* (*fam*) to palaver

Palbohne *f* fresh green bean kernel

Palc-Technik *f kein pl* TV palc [*or* plasma addressed liquid crystal] technology, plasmatron

Palc-Technologie *f kein pl* TV palc [*or* plasma addressed liquid crystal] technology

Palerbse *f* yellow pea

Palette <-, -n> *f* ① (*Stapelplatte*) pallet, platform ② KUNST palette ③ (*geh: reiche Vielfalt*) range

paletti *adv* ► WENDUNGEN: **alles ~** (*sl*) everything's OK [*or* cool] *fam*

palettieren* *vt* ÖKON, TECH ■ **etw ~** to palletize sth; *s. a.* **palettisieren**

Palisade <-, -n> *f* pale, stake, palisade

Palisadenzaun *m* palisade, stockade

Palisander <-s, -> *m*, **Palisanderholz** *nt* jacaranda *no art, no pl*

Palladium <-s> *nt kein pl* palladium *no art, no pl*

Palme <-, -n> *f* palm [tree] ► WENDUNGEN: **jdn [mit etw *dat*] auf die ~ bringen** (*fam*) to drive sb up the wall [*or* make sb's blood boil] [with sth] *fam*

Palmenhain *m* palm grove **Palmenzweig** *m* palm frond [*or* branch]

Palmfarn *m* BOT palmlike cycad **Palmfett** *nt* palm butter [*or* oil] **Palmherzen** *pl* palm hearts *pl* **Palmkohl** *m* palm kale **Palmöl** *nt* palm oil **Palmpilot** <-[s], -s> ['ɑːmpaɪlət] *m* INFORM Palm Pilot **Palmsonntag** *m* Palm Sunday **Palmtop** <-s, -s> *nt* INFORM palmtop **Palmwedel** *m* palm frond [*or* leaf]

Pamp <-[e]s> *m kein pl* DIAL (*fam*) *s.* **Pampe**

Pampasgras *nt* pampas grass *no pl, no art*

Pampe <-> *f kein pl* DIAL (*pej fam*) mush *pej fam*; (*klebrig a.*) goo *fam*

Pampelmuse <-, -n> *f* grapefruit

Pampelmusenbaum *m* grapefruit [tree]

Pampers® <-, -> ['pæmpəz] *f* Pampers®

Pamphlet <-[e]s, -e> *nt* (*pej geh*) ① (*Schmähwerk*) lampoon ② (*Druck*) defamatory [*or* polemical] pamphlet *form*

pampig *adj* (*fam*) ① (*frech*) stroppy BRIT *fam*, ill-tempered AM ② (*zäh breiig*) mushy *fam*; (*klebrig a.*) gooey, fam

Pan <-s> *m* LIT Pan *no pl, no art*

Panade <-, -n> *f* KOCHK breadcrumb coating, panada *spec*

Panama[1] <-s> *nt* Panama; *s. a.* **Deutschland**

Panama[2] <-s, -s> *m* (*Hut*) Panama [hat]

Panamaer(in) <-s, -> *m(f)* Panamanian; *s. a.* **Deutsche(r)**

Panamaer(in) <-s, -s> *m(f)* GEOL, POL Panamanian; *s. a.* **Deutsche(r)**

Panamahut *m* panama [hat]

panamaisch *adj* Panamanian; *s. a.* **deutsch**

Panamakanal <-s> *m* ■ **der ~** the Panama Canal

panaschieren* *vi* POL to split one's vote

Panda <-s, -s> *m* [giant] panda

Paneel <-s, -e> *nt* (*form*) ① (*Einzelteil*) panel ② (*Täfelung*) panelling *no pl, no indef art*, AM *a.* paneling *no pl, no indef art*

Panflöte *f* panpipes *npl*

panieren* *vt* KOCHK ■ **etw ~** to bread sth (*to coat sth in seasoned, whisked egg and breadcrumbs*)

Paniermehl *nt* breadcrumbs *pl*

Panik <-, -en> *f* panic *no pl*; ***nur keine ~!*** (*fam*) don't panic!; **von ~ ergriffen sein/werden** to be/become panic-stricken; **zu einer ~ führen** to lead to panic; **ein Gefühl der ~** a feeling of panic; **in ~ geraten** to [get in[to] a] panic

panikartig *adj inv* panic-stricken **Panikbeschlag** *m* BAU panic hardware **Panikkäufe** *pl* panic buying *no pl* **Panikmache** <-> *f kein pl* (*pej fam*) scaremongering *no pl, no art pej*, panic-mongering *no pl, no art pej* **Panikmacher(in)** <-s, -> *m(f)* (*pej*) panic-merchant **Panikschloss**[RR] *nt* BAU panic lock **Panikstimmung** *f* mood [*or* atmosphere] of panic; **in ~ geraten** to get into a panic **Panikverkauf** *m* BÖRSE panic selling

panisch I. *adj attr* panic-stricken; **in ~er Erregung** panic-stricken **II.** *adv* in panic; **sich *akk* ~ fürchten** to be terrified

Pankreas <-, Pankreaten> *nt* pancreas

Panne <-, -n> *f* ① AUTO, TECH breakdown; **eine ~ haben** to have a breakdown, to breakdown ② (*Missgeschick*) mishap, slip-up; ***mir ist da eine kleine ~ passiert*** I've had a slight mishap

Pannendienst <-es, -e> *m* TECH breakdown [*or* AM towing] service **Pannenhilfe** *f* breakdown [*or* AM towing] service **Pannenkoffer** *m* AUTO emergency toolkit **Pannenversicherung** *f* breakdown insurance

Panorama <-s, Panoramen> *nt* panorama

Panoramabus *m* panorama coach, coach with panoramic windows **Panoramaspiegel** *m* AUTO panoramic mirror

panschen I. *vt* ■ **etw ~** to adulterate [*or sep* water down] sth **II.** *vi* ① (*mit Wasser verdünnen*) to adulterate [*or sep* water down] a[n alcoholic] drink ② (*fam: planschen*) to splash about

Panscher(in) <-s, -> *m(f)* (*pej fam*) adulterator

Pansen <-s, -> *m* ① ZOOL rumen *spec* ② NORDD (*fam: Magen*) belly *fam*

Panslawismus <-> *m kein pl* ■ **der ~** Pan-Slavism

panslawistisch *adj* Pan-Slavic

Panter[RR] <-s, -> *m* panther

Pantheismus <-> *m kein pl* pantheism *no art, no pl*

pantheistisch *adj* pantheistic

Panther <-s, -> *m s.* **Panter**

Pantine <-, -n> *f* NORDD *s.* **Pantoffel**

Pantoffel <-s, -n> *m* [backless] slipper ► WENDUNGEN: **unter den ~ geraten** [*o* **kommen**] (*fam*) to become henpecked [*or* a henpecked husband]; **den ~ schwingen** to be the one wearing the trousers; **unter dem ~ stehen** (*fam*) to be under sb's thumb

Pantoffelheld *m* (*fam*) henpecked husband **Pantoffelkino** *nt* (*fam o hum*) telly BRIT *fam*, tube AM *fam* **Pantoffeltierchen** *nt* BIOL slipper animalcule *spec*

Pantolette <-, -n> *f* backless slipper

Pantomime <-, -n> *f* mime *no pl, no art*

Pantomime, -mimin <-n, -n> *m, f* mime [artist]

pantomimisch **I.** *adj* mimed, in mime *pred* **II.** *adv* in mime; **etw ~ darstellen** to present sth in mime, to mime sth

pantschen *vt, vi s.* **panschen**

Panzer¹ <-s, -> *m* MIL tank

Panzer² <-s, -> *m* ❶ (*Schutzhülle*) shell; *einer Schildkröte, eines Krebses a.* carapace *spec; eines Krokodils* bony plate; *eines Nashorn, Sauriers* armour [*or* AM -or] *no pl, no indef art* ❷ (*Panzerung*) armour-[*or* AM -or-] plating *no pl, no indef art,* armour-plate *no pl, no indef art; eines Reaktors* shield ❸ HIST breastplate, cuirass *spec*

Panzerabwehr *f* anti-tank defence [*or* AM -se] **Panzerabwehrkanone** *f* MIL anti-tank gun **Panzerdivision** *f* tank [*or* armoured [*or* AM -ored]] division **Panzerfaust** *f* bazooka **Panzerglas** *nt* bullet-proof [*or* BRIT armoured] glass [*or* AM armored] *no pl* **Panzergranate** *f* MIL armour-piercing [*or* AM armor-piercing] shell **Panzerkreuzer** *m* NAUT [armoured [*or* AM -ored]] cruiser

panzern *vt* ■**etw ~** to armour [*or* AM -or]-plate sth; ■**gepanzert** armour [*or* AM -or]-plated

Panzerschrank *m* safe

Panzerspähwagen *m* armoured [*or* AM -ored] scout car **Panzersperre** *f* MIL tank trap, anti-tank obstacle

Panzerung <-, -en> *f* ❶ (*gepanzertes Gehäuse*) armour [*or* AM -or]-plating *no pl, no indef art; eines Reaktors* shield ❷ ZOOL shell; *einer Schildkröte, eines Krebses a.* carapace *spec; eines Alligators, Gürteltiers* bony [*or* horny] plate; *eines Nashorns, Sauriers* armour [*or* AM -or] *no pl, no indef art*

Panzerwagen *m* ❶ MIL (*Panzer*) tank ❷ (*Wagen*) armoured [*or* AM armored] car [*or* vehicle]

Papa <-s, -s> *m* (*fam*) dad[dy *esp childspeak*] *fam, esp* AM pop *fam*

Papagei <-s, -en> *m* parrot; **wie ein ~** like a parrot, parrot-fashion; **etw wie ein ~ nachplappern** to parrot sth *pej*

Papageienkrankheit *f kein pl* MED parrot disease [*or* fever], psittacosis *spec*

Papageitaucher *m* ORN puffin

Paparazzi *pl* MEDIA paparazzi *npl*

Papaya <-, -s> [pa'pa:ja] *f* papaya, pawpaw

Paperback <-s, -s> *nt* VERLAG, LIT paperback

Papeterie <-, -n> [-ri:ən] *f* SCHWEIZ (*Schreibwarengeschäft*) stationery shop [*or* AM *usu* store], stationer's

Papi <-s, -s> *m* (*fam*) daddy *esp childspeak fam*

Papier <-s, -e> *nt* ❶ *kein pl* (*Material*) paper *no pl, no art;* **ein gutes/teures ~** good quality/expensive paper; **zweilagiges/mehrlagiges ~** two-part/multi-layer paper; **~ verarbeitend** paper-processing *attr;* **etw zu ~ bringen** to put down sth *sep* in writing ❷ (*Schriftstück*) paper, document; JUR (*Urkunde*) document, instrument ❸ (*Ausweise*) ■**~e** [identity] papers *pl* ❹ (*Arbeits~e*) ■**~e** cards *pl,* employment papers *pl* ❺ FIN, BÖRSE (*Wert~*) security; **börsenfähiges/festverzinsliches ~** stock exchange/fixed-interest security; **diskontfähiges ~** discountable bill; **indossables ~** security transferable by endorsement ▶ WENDUNGEN: **~ ist geduldig** you can say what you like on paper; **nur auf dem ~ [be]stehen** [*o* **existieren**] to exist only on paper

Papierabzug *m* TYPO bromide, print **Papierbackförmchen** *pl* paper muffin cases [*or* AM cups] *pl* **Papierbreite** *f* paper [*or* web] width **Papierdicke** *f* paper thickness, paper gauge [*or* calliper]

Papiere *pl* ❶ (*Ausweispapiere*) [identity] papers *pl;* **hast du deine ~ dabei?** do you have identification [*or* your papers] with you? ❷ (*Dokumente*) papers *pl,* documents *pl* ▶ WENDUNGEN: **seine ~ bekommen** (*fam*) to get one's cards BRIT, to get one's walking papers AM

Papiereinzug *m* paper feed

papieren *adj inv, attr* ❶ (*aus Papier*) *Tischdecke* paper ❷ (*wie Papier*) *Haut* papery ❸ (*fig: steif*) *Ausdrucksweise* wooden **Papierfabrik** *f* paper mill **Papierformat** *nt* TYPO ❶ (*Papiergröße*) paper size ❷ (*Druckbereich*) page orientation **Papiergeld** *nt* paper money *no pl, no art* **Papiergeschäft** *nt* stationer's BRIT, stationery store AM **Papiergewicht** *nt* paper weight **Papierhandtuch** *nt* paper towel **Papierhandtuchspender** *m* paper-towel dispenser **Papierindustrielle(r)** *f(m) decl wie adj* paper industrialist **Papierkassette** *f* paper tray **Papierkorb** *m* [waste]paper basket [*or* BRIT *a.* bin], *esp* AM wastebasket; INFORM trashcan, scrap **Papierkram** *m* (*fam*) [tiresome] paperwork *no pl, no indef art* **Papierkrieg** *m* (*fam: Schreibtischarbeit*) [tiresome] paperwork *no pl, no indef art;* (*Korrespondenz*) tiresome exchange of letters **Papierlänge** *f* paper length **Papierlaufrichtung** *f* grain direction, paper grain **Papierschacht** *f* paper tray **Papierschere** *f* paper scissors *npl* **Papierschnitzel** *nt* scrap of paper, paper scrap, BRIT *a.* bit of paper **Papierserviette** *f* paper napkin [*or esp* BRIT serviette] **Papierstau** *m* INFORM, TECH paper jam **Papiertaschentuch** *nt* paper handkerchief [*or fam* hanky] [*or fam* hankie], tissue **Papiertiger** *m* (*fam*) paper tiger **Papiertüte** *f* paper bag **Papiervolumen** *nt* paper volume **Papiervorschub** *m* TYPO paper feed[er] **Papierwaren** *pl* stationery *no pl* **Papierweg** *m* TYPO paper track **Papierzufuhr** *m* paper feed **Papierzuschuss**RR *m* TYPO allowance for spoil

Papillote <-, -n> [papi'jo:tə] *f* KOCHK papillote

papp *interj* ▶ WENDUNGEN: **nicht mehr ~ sagen können** (*fam*) to be full to bursting *fam*

Pappband *m* (*Buch*) stiff board binding **Pappbecher** *m* paper cup **Pappdeckel** *m* cardboard *no pl, no art*

Pappe <-, -n> *f* cardboard *no art, no pl* ▶ WENDUNGEN: **nicht von ~ sein** (*fam*) to be not [half *fam*] bad

Pappeinband *m* pasteboard

Pappeindeckung *f* BAU felt covering

Pappel <-, -n> *f* poplar

päppeln *vt* (*fam*) ■**jdn/etw ~** to nourish [*or sep* feed up] sb/sth

pappen **I.** *vt* (*fam*) ■**etw an** [*o* **auf**] **etw** *akk* **~** to stick sth on[to] sth **II.** *vi* (*fam*) to stick; (*klebrig sein*) to be sticky

Pappenheimer *pl* ▶ WENDUNGEN: **seine ~ kennen** (*fam*) to know what to expect from that lot *fam*

Pappenstiel *m* (*fam*) ▶ WENDUNGEN: **keinen ~ wert sein** to be not worth a thing [*or dated* fig] *fam;* **kein ~ sein** to not be chickenfeed *fam;* **für einen ~** for a song [*or* next to nothing] *fam*

papperlapapp *interj* (*veraltend fam*) poppycock *dated fam,* rubbish, [stuff and *dated*] nonsense

pappig *adj* (*fam*) ❶ (*klebrig*) sticky ❷ (*breiig*) mushy *fam*

Pappkamerad *m* MIL (*sl*) cutout [*or* silhouette] target **Pappkarton** *m* ❶ (*Pappschachtel*) cardboard box ❷ (*Pappe*) cardboard *no pl, no art* **Pappmaschee**RR, **Pappmaché** <-s, -s> [-ma'ʃe:] *nt* papier-mâché *no pl, no art*

Pappnase *f* false [cardboard] nose **Pappsack** *m* SÜDD (*pej sl*) dirty bastard *sl,* AM *a.* scuzz[ball] *fam* **Pappschachtel** *f* cardboard box **Pappschnee** *m* wet [*or* sticky] snow *no pl, no art* **Pappteller** *m* paper plate

Paprika <-s, -[s]> *m* ❶ *kein pl* (*Strauch*) paprika *no pl,* capsicum *spec* ❷ (*Schote*) pepper, capsicum *spec* ❸ *kein pl* (*Gewürz*) paprika *no pl, no art*

Paprikaschote *f* capsicum, AM *a.* pepper, pimento, AM *usu* pimiento; **gelbe/grüne/rote ~** yellow/green/red pepper; **gefüllte ~n** stuffed peppers

paprizieren *vt* KOCHK **eine Speise ~** to season a dish heavily with paprika

Paps¹ <-> *m kein pl* (*fam*) dad *fam, esp* AM pop[s] *fam*

Paps² <-> *m kein pl* (*fam: Brei*) mush *pej fam*

Papst <-[e]s, Päpste> *m* pope ▶ WENDUNGEN: **päpstlicher sein als der ~** to be holier [*or* more Catholic] than the Pope

päpstlich *adj* papal *a. pej,* pontifical *form*

Papstmobil <-s> *nt kein pl* popemobile

Papsttum <-[e]s> *nt kein pl* papacy

Papua-Neuguinea <-s> *nt* Papua New Guinea; *s. a.* **Deutschland**

Papua-Neuguineer(in) <-s, -> [-gi'ne:ɐ] *m(f)* Papua New Guinean; *s. a.* **Deutsche(r)**

papua-neuguineisch *adj* Papua New Guinean; *s. a.* **deutsch**

papuanisch *adj s.* **papua-neuguineisch**

Papyrus <-, Papyri> *m* ❶ (*Schreibmaterial*) papyrus *no art, no pl* ❷ (*gerollter ~*) papyrus scroll

Papyrusrolle *f s.* **Papyrus ²**

Par <-[s], -s> *nt* (*im Golf*) par

Parabel <-, -n> *f* ❶ LIT parable ❷ MATH parabolic curve, parabola *spec*

Parabolantenne *f* parabolic aerial, satellite dish

parabolisch **I.** *adj* ❶ LIT parabolic[al] *spec;* **eine ~e Erzählung** a parable ❷ MATH parabolic **II.** *adv* LIT parabolically *spec*

Parabolspiegel *m* parabolic mirror

Parade <-, -n> *f* ❶ MIL parade, review; **die ~ abnehmen** to take the salute ❷ SPORT (*Fechten*) parry; (*beim Ballspiel*) block, save; (*beim Reiten*) check, [half-]halt ▶ WENDUNGEN: **jdm in die ~ fahren** (*geh: jds Pläne durchkreuzen*) to foil sb's plans, to spike sb's guns *fam;* (*jdn rüde unterbrechen*) to cut short sb *sep*

Paradebeispiel *nt* perfect [*or* prime] example

Paradeiser <-s, -> *m* ÖSTERR tomato

Paradekissen *nt* decorative pillow **Parademarsch** *m* goosestep march, goosestep *no pl* **Paradepferd** *nt* (*fam: Renommierstück*) showpiece; (*Person*) star **Paradeschritt** *m kein pl* MIL parade [*or* goose] step; ■**im ~** goose-stepping **Paradestück** *nt* showpiece **Paradeuniform** *f* MIL dress uniform

paradieren* *vi* ❶ MIL to parade ❷ (*geh: aufgestellt sein*) to be displayed [*or* paraded] ❸ (*geh: prahlen*) ■**mit etw ~** to show off [*or* flaunt] sth

Paradies <-es, -e> *nt* paradise *no def art;* ***hier ist es das reinste ~*** it's sheer heaven [*or* absolute paradise] here ▶ WENDUNGEN: **das ~ auf Erden** heaven on earth; **nicht gerade das ~ auf Erden** not exactly Shangri-La; **ein ~ für jdn sein** to be a paradise for sb; ***ein ~ für Kinder/Wanderer*** a children's/walkers' paradise; *s. a.* **Vertreibung**

paradiesisch **I.** *adj* heavenly **II.** *adv* **sich** *akk* **~ wohl fühlen** to feel [*or* be] blissfully happy; **~ leer/ruhig sein** to be blissfully empty/quiet; **~ schön sein** to be [like] paradise

Paradiesvogel *m* bird of paradise; (*fig*) flamboyant [*or* dazzling] personality

Paradigma <-s, -ta *o* Paradigmen> *nt* ❶ (*geh: Beispiel, Muster*) paradigm ❷ LING paradigm

paradigmatisch *adj inv* LING paradigmatic

Paradigmenwechsel *m* SOZIOL, PHILOS, POL (*geh*) paradigm shift *form*

paradox **I.** *adj* (*geh*) paradoxical *form;* ■**~ sein** to be paradoxical [*or* a paradox] **II.** *adv* (*geh*) paradoxically

Paradox <-es, -e> *nt,* **Paradoxon** <-s, Paradoxa> *nt* (*geh*) paradox

Paradoxa *pl von* **Paradoxon** paradoxes

paradoxerweise *adv* paradoxically

Paraffin <-s, -e> *nt* paraffin

Paraffinöl <-[e]s> *nt kein pl* paraffin oil **Paraffinsalbe** *f* paraffin ointment

Paraglider(in) <-s, -> ['paraglaidɐ] *m(f)* paraglider

Paragliding <-s> ['paraglaidɪŋ] *nt kein pl* paragliding

Paragraph <-en, -en> *m,* **Paragraf**RR <-en, -en> *m* JUR paragraph, section

Paragraphendschungel *m* (*pej*) officialese *no pl,* jungle of regulations **Paragraphenreiter(in)** *m(f)* (*pej fam*) pedant, stickler **Paragraphenzeichen** *nt* paragraph marker

Paraguay <-s> *nt* Paraguay; *s. a.* **Deutschland**

Paraguayer(in) <-s, -> *m(f)* Paraguayan; *s. a.* **Deutsche(r)**

paraguayisch *adj* Paraguayan; *s. a.* **deutsch**

Parallaxe <-, -n> *f* ASTRON parallax

parallel **I.** *adj* parallel; ■**~ zu etw** parallel to sth **II.** *adv* parallel

Parallelanmeldung *f* JUR (*Patent*) copending ap-

P

plication **Parallelbruch** *m* TYPO parallel fold **Parallelcomputer** [kɔmpju:tɐ] *m* parallel computer

Parallele <-, -n> *f* ❶ MATH parallel [line] ❷ *(Entsprechung)* parallel; **eine ~ [*o* ~n] [zu etw] ziehen** to draw a parallel [*or* parallels] [with sth]

Parallelenaxiom *nt* MATH parallel postulate

Parallelfall *m* parallel [case] **Parallelgesetzgebung** *f* JUR parallel [*or* concurrent] legislation

Parallelisierung *f* parallelization

Parallelität <-, -en> *f* ❶ *kein pl* MATH parallelism ❷ *(geh: Entsprechung)* parallelism

Parallelklasse *f* parallel class

Parallelogramm <-s, -e> *nt* parallelogram

Parallelrechner *m* INFORM simultaneous computer **Parallelschaltung** *f* parallel connection **Parallelschnittstelle** *f* INFORM parallel port [*or* interface] **Parallelschwung** *m* SKI parallel turn **Parallelstraße** *f* parallel street **Parallelverarbeitung** *f* INFORM parallel processing **Parallelvertrag** *m* JUR parallel contract **Parallelwertung** *f* JUR comparative valuation **Parallelzugriff** *m* INFORM parallel access

Paralyse <-, -n> *f* paralysis

paralysieren* *vt* ■**jdn/etw ~** to paralyse [*or* AM -lyze] sb/sth

Parameter <-s, -> *m* parameter; **Einstellen von ~** parameter setting; **voreingestellter ~** preset parameter

Parametrisierung *f* parameterization

Paramilitär *nt* MIL paramilitary

paramilitärisch *adj* paramilitary

Paranoia <-> *f kein pl* paranoia

paranoid *adj* paranoid

paranoisch *adj* paranoiac

ParanussRR *f* Brazil nut

Paraphe <-, -n> *f* JUR initials *pl*

paraphieren* *vt* JUR ■**etw ~** to initial sth

Paraphierung <-, -en> *f* JUR initialling, AM *a.* initialing

Paraphrase *f* paraphrase

paraphrasieren* *vt* ❶ *(umschreiben)* ■**etw ~** to paraphrase sth ❷ *(sinngemäß übertragen)* ■**etw ~** to paraphrase sth ❸ MUS ■**etw ~** to paraphrase sth

Parapsychologie *f* parapsychology

Parasit <-en, -en> *m* parasite

parasitär I. *adj* parasitic II. *adv* parasitically

Parasitenbefall <-[e]s> *m kein pl* parasitic infestation

Parasitismus <-> *m kein pl* BIOL parasitism

Parasol <-s, -e> *m* BOT parasol

Parasympathikus <-> *m kein pl* MED parasympathetic [nervous] system

parat *adj (geh)* ready; **etw ~ haben [*o* halten]** to have sth ready [*or* handy]; **[sich *dat*] etw ~ legen** to lay sth out ready

Paratyphus *m kein pl* MED paratyphoid [fever]

Paravent <-s, -s> [para'vã:] *nt o m* windbreak

Pärchen <-s, -> *nt* ❶ *(Liebespaar)* couple ❷ *(zwei verbundene Teile)* pair

Parcours <-, -> [par'ku:ɐ] *m* show-jumping course

Pardon <-s> [par'dõ:] I. *m o nt kein pl* pardon; **jdn um ~ bitten** to beg sb's pardon; **keinen ~ geben** to show no mercy; **kein ~ kennen** *(fam)* to know no mercy, to be ruthless II. *interj* ❶ *(entschuldigen Sie)* sorry ❷ *(wie bitte?)* pardon, sorry, beg pardon *sl*

Parenchym <-s, -e> *nt* BIOL parenchym

Parenthese <-, -n> *f* parenthesis; **etw in ~ setzen** to put sth in parentheses

par excellence [parɛksɛ'lã:s] *adv (geh)* par excellence

Parfüm <-s, -e *o* -s> *nt* perfume

Parfümerie <-, -en> ['ri:ən] *f* perfumery

Parfümfläschchen *nt* perfume [*or* scent] bottle

parfümieren* *vt* ❶ *(Parfüm auftragen)* ■**jdn/etw ~** to perfume sb/sth; ■**sich ~** to use [*or sep* put on] perfume; ***du solltest dich etwas zurückhaltender*** ~ you shouldn't put so much perfume on ❷ *(mit Duftstoffen versetzen)* ■**etw [mit etw] ~** to perfume sth [with sth]

Parfümzerstäuber *m* perfume atomizer [*or* BRIT *a.* -iser]

pari BÖRSE par; **über/unter ~** above/below par; **zu ~** at par

Paria <-s, -s> *m* pariah

parieren*1 *vi (geh)* to obey, to do as one is told; *s. a.* **Wort**

parieren*2 *vt* ❶ *(geh)* ■**etw ~** to parry sth; *(beim Fußball)* to deflect sth ❷ KOCHK **Fleisch/Fisch/Geflügel ~** to prepare meat/fish/poultry for cooking

Parikurs *m* BÖRSE par price

Paris <-> *nt* Paris

Pariser1 *adj attr* ❶ *(in Paris befindlich)* in Paris; **~ Flughafen** Paris airport ❷ *(aus Paris stammend)* Parisian

Pariser2 <-s, -> *m (sl)* French letter *dated fam*

Pariser(in) <-s, -> *m(f)* Parisian

Pariserbrot *nt* SCHWEIZ French bread, baguette

Pariserin <-, -nen> *f fem form von* **Pariser**

Parität <-, -en> *f pl selten* ❶ FIN parity, par of exchange ❷ INFORM *(Gleichheit)* parity

paritätisch I. *adj (geh)* equal, balanced; *s. a.* **Mitbestimmung, Wohlfahrtsverband** II. *adv (geh)* equally, in balance

Paritätsbit *nt* INFORM parity bit

Pariwert *m* BÖRSE par value

Park <-s, -s> *m* park

Parka <-[s], -s> *m* parka

Park-and-ride-System ['pa:kɛnd'raid] *nt* park-and-ride system

Parkausweis *m* ❶ *(Parkticket)* ≈ pay-and-display [parking] ticket ❷ *(länger gültige Parkberechtigung)* parking permit **Parkbahn** *f in der Raumfahrt* parking orbit **Parkbank** *f* park bench **Parkbucht** *f* lay-by **Parkdeck** *nt* parking level **Parkebene** *f* parking level

parken I. *vi* to park II. *vt* ■**etw [irgendwo] ~** to park sth [somewhere]

Parkett <-s, -e> *nt* ❶ *(Holzfußboden)* parquet [flooring] ❷ *(Tanzfläche)* dance floor ❸ THEAT stalls *npl* ▸ WENDUNGEN: **auf internationalem ~** in international circles; *s. a.* **Nummer**

Parkett(fuß)boden *m* parquet flooring **Parketthandel** *m* BÖRSE floor trading *(on the stock exchange)* **Parkettsitz** *m* seat in the stalls BRIT, orchestra seat AM

Parkfläche *f* parking place **Parkgebühr** *f* parking fee **Parkhaus** *nt* multi-storey [*or* AM -story] car park [*or* AM parking lot]

parkieren* *vt, vi* TRANSP SCHWEIZ *s.* **parken**

Parkingmeter *m* SCHWEIZ parking meter

parkinsonsche KrankheitRR *f*, **Parkinsonsche Krankheit** *f* MED Parkinson's disease

Parkkralle *f* wheel clamp **Parklandschaft** *f* parkland **Parkleitsystem** *nt* TRANSP sytem guiding parkers to free spots **Parkleuchte** *f* parking light **Parklicht** *nt* parking light **Parklücke** *f* parking space

Parkometer <-s, -> *nt s.* **Parkuhr**

Parkplatz *m* ❶ *(Parkbereich)* car park BRIT, parking lot AM ❷ *(Parklücke)* parking space **Parkplatznot** *f kein pl* dearth [*or* lack] of parking spaces [*or* places to park] **Parkplatzsituation** *f* parking space situation **Parkplatzwächter(in)** *m(f)* car-park attendant

Parkraum *m* parking space **Parkraumnot** *f* shortage of parking space **Parkscheibe** *f* parking disc *(a plastic dial with a clockface that drivers place in the windscreen to show the time from when the car has been parked)* **Parkschein** *m* car park [*or* AM parking lot] ticket **Parkscheinautomat** *m* car park [*or* AM parking lot] ticket machine **Parksperre** *f* AUTO parking lock, PL **Parkstreifen** *m* lay-by, parking bay **Parkstudium** *nt (fam)* interim course of study *(taken while waiting for a place for desired course)* **Parksünder(in)** *m(f)* parking offender, illegal parker **Parkuhr** *f* parking meter **Parkverbot** *nt* ❶ *(Verbot zu parken)* parking ban ❷ *(Parkverbotszone)* no-parking zone; **im ~ parken/halten/stehen** to park/stop/be in a no-parking zone **Parkverbot(s)schild** *nt* no-parking sign

Parkwächter(in) *m(f)* car park [*or* AM parking lot] attendant **Parkzeit** *f* parking time

Parlament <-[e]s, -e> *nt* parliament

Parlamentär <-s, -e> *m* MIL peace negotiator [*or* envoy]

Parlamentarier(in) <-s, -> ['ta:riɐ] *m(f)* parliamentarian, member of parliament

parlamentarisch *adj* parliamentary; *s. a.* **Demokratie, Staatssekretär**

Parlamentarismus <-> *m kein pl* parliamentar[ian]ism *no pl*

ParlamentsausschussRR *m* parliamentary committee **Parlamentsbeschluss**RR *m* parliamentary decision [*or* vote] **Parlamentsdebatte** *f* POL parliamentary debate **Parlamentsferien** *pl* [parliamentary] [*or* AM congressional] recess *no pl* **Parlamentsgebäude** *nt* parliament building **Parlamentsmitglied** *nt* member of parliament **Parlamentspräsident(in)** *m(f)* Speaker [of the House] **Parlamentsreform** *f* parliamentary reform **Parlamentssitz** *m* seat of parliament **Parlamentssitzung** *f* sitting [*or* session] of parliament **Parlamentswahl** *f* POL parliamentary election

Parmaschinken *m* Parma ham

Parmesan(käse) <-s> *m kein pl* Parmesan [cheese] **Parmesanreibe** *f* parmesan grater

ParnassRR <-[es]> *m kein pl*, **Parnaß** <-[sses]> *m kein pl* Parnassus

Parodie <-, -n> ['di:ən] *f* parody

parodieren* *vt* ■**jdn/etw ~** to parody sb/sth

Parodist(in) <-en, -en> *m(f)* parodist

parodistisch *adj* parodistic; **ein ~er Auftritt/Sketch/eine ~e Sendung** a parody; **eine ~e Imitation** an impersonation

Parodontologe, -login <-n, -n> *m, f* periodontist

Parodontose <-, -n> *f* MED shrinking gums, parodontosis *spec*, periodontosis *spec*

Parole <-, -n> *f* ❶ MIL *(Kennwort)* password ❷ *(Leitspruch)* slogan ❸ *(angebliche Meldung)* rumour [*or* AM -or]

Paroli *nt* ▸ WENDUNGEN: **jdm/einer S. ~ bieten** *(geh)* to defy sb/to counter a thing

Part <-s, -e> *m* ❶ *(Anteil)* share ❷ THEAT part ❸ MUS part

Partei <-, -en> *f* ❶ POL party; **in die ~ gehen** to join [*or* become a member of] the party; **über den ~en stehen** to be impartial ❷ JUR party, litigant; **beschwerte/unterlegene ~** aggrieved/unsuccessful party; **gegnerische ~** opposing party; **klagende [*o* klägerische] ~** plaintiff, claimant; **die streitenden/vertragsschließenden ~en** the contending/contracting parties; **~ sein** to be biased; **jds ~ ergreifen, für jdn ~ ergreifen [*o* nehmen]** to side with sb, to take sb's side; **gegen jdn ~ ergreifen [*o* nehmen]** to side [*or* take sides] against sb; **die ~en vernehmen** to hear the parties; **Erscheinen der ~ vor Gericht** appearance of the party in court ❸ *(Mietpartei)* tenant, party *form*

Parteiabrede *f* JUR understanding between the parties

Parteiabzeichen *nt* party badge

Parteiapparat *m* party apparatus [*or* machine[ry]] **Parteiautonomie** *f* POL autonomy of parties

Parteibasis *f* party lines *pl*

ParteibeschlussRR *m* party resolution **Parteibetrieb** *m* JUR [principle of] party prosecution **Parteibonze** *m* party bigwig **Parteibuch** *nt* POL party membership book; **das falsche/richtige ~ haben** *(fam)* to belong to the wrong/right party **Parteichef(in)** *m(f)* party leader **Parteidisziplin** *f kein pl* party discipline **Parteiebene** *f* party level **Parteieintritt** *m* JUR intervention

Parteienfinanzierung *f* party financing **Parteienlandschaft** *f kein pl* POL political constellation **Parteienprivileg** *nt* JUR party privilege **Parteienvereinbarung** *f* JUR contractual stipulation, agreement by the parties **Parteienvernehmung** *f* JUR interrogation [*or* examination] of the parties

Parteifähigkeit *f kein pl* JUR suability, capacity to sue and be sued **Parteifreund(in)** *m(f)* fellow party member **Parteiführer(in)** <-s, -> *m(f)* party leader **Parteiführung** *f* ❶ (*Leitung einer Partei*) **die ~ innehaben** to exercise the party leadership, to be [the] party leader; **die ~ übernehmen** to assume [*or* take on] [*or* take over] the party leadership, to become [the] party leader ❷ (*leitendes Gremium*) party leadership *no pl* **Parteifunktionär(in)** *m(f)* POL party official **Parteigänger(in)** <-s, -> *m(f)* party supporter [*or* follower] **Parteigenosse, -genossin** <-n, -n> *m, f* party member **Parteigründung** *f* foundation of a/the party **Parteihandlung** *f* JUR act of party **Parteiinteresse** *nt* JUR partisan interest **parteiintern** I. *adj* internal party *attr* II. *adv* within the party

parteiisch I. *adj* biased II. *adv* in a biased way; **~ eingestellt sein** to be biased

Parteikongress^RR^ *m* party congress

parteilich *adj* ❶ (*eine Partei betreffend*) party ❷ (*selten*) *s.* **parteiisch**

Parteilichkeit <-> *f kein pl* partiality, bias

Parteilinie [li:niə] *f* party line **parteilos** *adj* independent; ■**~ sein** not to be attached to [*or* aligned with] any party **Parteilose(r)** *f(m) dekl wie adj* independent **Parteimehrheit** *f* JUR party majority **Parteimitglied** *nt* party member **Parteinahme** <-, -n> *f* partisanship **Parteiorgan** *nt* party organ **Parteipolitik** *f* party politics + *sing vb* **parteipolitisch** I. *adj* party-political *attr* II. *adv* from a party political point of view **Parteipräsidium** *m* party executive [committee] **Parteiprogramm** *nt* [party] manifesto **Parteisekretär** *m* party secretary **Parteisoldat(in)** *m(f)* POL party loyalist **Parteispende** *f* party donation **Parteispendenaffäre** *f* party donations scandal **Parteispitze** *f* head of the party, party leadership **Parteitag** *m* ❶ (*Parteikonferenz*) party conference ❷ (*Beschlussorgan*) party executive **Parteitagsbeschluss**^RR^ *m* [party] conference resolution **parteiübergreifend** *adj inv* POL non-partisan, cross-party **Parteiverbot** *nt* JUR prohibition of a party **Parteivereinbarung** *f* JUR agreement by the parties **Parteivernehmung** *f* JUR integration of a party **Parteiverrat** *m* JUR *eines Anwalts* prevarication, double-crossing of a client by a lawyer; **~ begehen** to prevaricate **Parteivorbringen** *nt* JUR statements by the parties **Parteivorsitz** *m* party chair **Parteivorsitzende(r)** *f(m) dekl wie adj* party chairman *masc* [*or fem* -woman], chairman *masc* [*or fem* -woman] of the/a party **Parteivorstand** *m* party executive **Parteivortrag** *m* JUR pleadings by a party **Parteiwechsel** *m* JUR change of party **Parteiwille** *m* JUR intention of the parties **Parteizentrale** *f* party headquarters *npl* **Parteizugehörigkeit** *f* party membership

parterre [par'tɛr] *adv* on the ground floor

Parterre <-s, -s> [par'tɛrə] *nt* ground floor

Parterrewohnung *f* ground-floor flat [*or* AM *a.* apartment]

Parthenogenese <-> *f kein pl* parthenogenesis

parthenogenetisch *adj* BIOL parthenogentic

Partie <-, -n> ['ti:ən] *f* ❶ (*Köperbereich*) area ❷ SPORT game; **eine ~ Schach/Tennis/Squash** a game of chess/tennis/squash ❸ (*Posten*) lot ▸ WENDUNGEN: **eine gute ~ [für jdn] sein** to be a good catch [for sb]; **eine gute ~ machen** to marry well; **mit von der ~ sein** to be in on it [*or* game]

partiell I. *adj* (*geh*) partial II. *adv* (*geh*) partially

Partikel <-, -n> *f* ❶ NUKL particle ❷ LING particle

Partikelbeschuss^RR^ *m* BIOL particle bombardment **Partikelemissionen** *pl* AUTO particulate emissions *pl* **Partikelgrenzwert** *m* AUTO particulate emission limit

Partikularismus <-> *m kein pl* particularism

Partisan(in) <-s *o* -en, -en> *m(f)* partisan

Partisanen *pl* TYPO hickies

Partisanenkrieg *m* guerilla war

Partisanin <-, -nen> *f fem form von* **Partisan**

Partition <-, -en> *f* MATH partition; **aktive/erweiterte/primäre ~** active/expanded/basic partition

partitionieren *vt* INFORM (*Speicherplatz teilen*) ■**etw [in etw] ~** to partition sth [into sth]

partitiv *adj* LING partitive

Partitur <-, -en> *f* MUS score

Partizip <-s, -ien> ['zi:piən] *nt* LING participle

Partizipation <-, -en> *f* (*geh*) participation

Partizipationsgeschäft *nt* FIN transaction on joint account

Partizipialkonstruktion *f* LING participial construction **Partizipialsatz** *m* LING participial clause

partizipieren* *vi* (*geh*) ■**an etw ~** to participate in sth

Partizipium <-s, -pia> *nt* (*veraltet*) *s.* **Partizip**

Partner(in) <-s, -> *m(f)* partner

Partnerländer *pl* JUR member countries **Partnerlook** <-s> [lʊk] *m kein pl* MODE **im ~ gehen, ~ tragen** to wear [matching] his-and-hers outfits [*or* clothes]

Partnerschaft <-, -en> *f* partnership; **in einer ~ leben** to live with somebody; (*Städte~*) twinning

partnerschaftlich I. *adj* based on a partnership; **~es Verhältnis** partnership; **~es Zusammenleben/~e Zusammenarbeit** living/working together as partners II. *adv* as partners

Partnerschaftsvertrag *m* FIN partnership contract

Partnerstadt *f* twin town **Partnertausch** *m* exchange of partners **Partnertreff** <-s, -s> *m* rendez-vous **Partnervermittlung** *f* dating agency, marriage bureau **Partnerwahl** *rare f* choice of partner

partout [par'tu:] *adv* (*geh*) **etw ~ tun wollen** to insist on doing sth; ***er wollte ~ nicht mitkommen*** he really did not want to come at all

Party <-, -s> ['pa:ɐti] *f* party; **eine ~ geben** to throw [*or* have] a party

Partydress *m* (*fam*) party clothes *pl* [*or fam* gear] **Partydroge** *f* party drug **Partykeller** *m* cellar [*or* basement] suitable for parties **Partyservice** ['pa:ɐtisœrvɪs] *m* party catering service, [outside] caterers **Partywütige(r)** *dekl wie adj f(m)* party animal; (*bei Technoparty a.*) raver

Parvovirose <-> *f kein pl* MED parvovirosis

Parzelle <-, -n> *f* plot [*or* parcel] [of land]

parzellieren* *vt* ■**etw ~** to parcel sth out

Parzellierung <-, -en> *f* (*geh*) parcelling [*or* AM parceling] out

PASCAL <-s> *nt kein pl* INFORM *kurz für* **primary algorithmic scientific commercial application language** PASCAL

Pasch <-[e]s, -e *o* Päsche> *m* (*beim Würfelspiel*) doubles *pl*, triplets *pl;* (*beim Domino*) double

Pascha <-s, -s> *m* ❶ *nachgestellt* HIST pasha ❷ (*pej*) **wie ein ~** like Lord Muck *pej*

Paspel <-, -n> *f* piping *no pl*

Paspeltasche *f* welt pocket

Pass^1RR^ <-es, Pässe> *m*, **Paß** <Passes, Pässe> *m* passport

Pass^2RR^ <-es, Pässe> *m*, **Paß** <Passes, Pässe> *m* GEOG pass

Pass^3RR^ <-es, Pässe> *m*, **Paß** <Passes, Pässe> *m* SPORT pass

passabel *adj* (*geh*) reasonable, ok *fam;* **~ aussehen** to be reasonably good-looking

Passage <-, -n> [pa'sa:ʒə] *f* ❶ (*Textstück*) passage ❷ (*Ladenstraße*) arcade ❸ NAUT passage

Passagier <-s, -e> [pasa'ʒi:ɐ] *m* passenger; **ein blinder ~** a stowaway

Passagieraufkommen [pasa'ʒi:ɐ-] *nt* HANDEL total passenger transport **Passagierbeförderung** *f* passenger service **Passagierdampfer** *m* passenger steamer **Passagierdienst** *m* passenger service **Passagierflugzeug** *nt* passenger aircraft **Passagiergut** *nt* passengers' luggage [*or* AM baggage] **Passagierladefaktor** *m* passenger load factor **Passagierliste** *f* passenger list **Passagiermaschine** *f* passenger aircraft [*or* plane] **Passagiermeile** *f* passenger mile **Passagierschiff** *nt* NAUT passenger ship [*or* liner] **Passagierverkehrsdichte** *f* passenger density

Passahfest *nt* Feast of the Passover

Passamt^RR^ *m* passport office

Passant(in) <-en, -en> *m(f)* passer-by

Passat(wind) <-s, -e> *m* trade wind

Passbild^RR^ *nt* passport photo[graph]

Passe <-, -n> *f* MODE yoke

Pässe *pl von* **Pass**

passé, passee^RR^ *adj inv, präd* passé

passen^1^ *vi* ❶ MODE (*jds Maßen entsprechen*) ■**[jdm] ~** to fit [sb] ❷ (*harmonieren*) ■**zu jdm ~** to suit sb; ■**zu etw ~** to match sth, to go well with sth; ■**[irgendwohin] ~** to go well [somewhere]; ***so ein riesiger Tisch passt nicht in diese Ecke*** a huge table like that doesn't look right in this corner; ***es passt in unsere politische Landschaft, dass Politiker käuflich sind*** it's typical of our political landscape that politicians can be bought; ***sie passt einfach nicht in unser Team*** she simply doesn't fit in with this team; **gut zueinander ~** to go well together, to be well matched [*or* suited to each other]; ***das passt zu dir!*** that's typical of you! ❸ (*gelegen sein*) ■**jdm ~** to suit sb, to be convenient for sb; ***der Termin passt mir zeitlich leider gar nicht*** that date isn't at all convenient for me; ***würde Ihnen der Dienstag besser ~?*** would the Tuesday be better for you?; ■**jdm ~, dass/wenn ...** to be convenient [*or fam* ok] for sb, that/if ...; ***passt es Ihnen, wenn wir uns morgen treffen?*** would it be ok to meet up tomorrow?; ***das würde mir besser ~*** that would be better [*or* more convenient] for me; **jdm nicht ~** not to suit [*or* be convenient for] sb; **das könnte dir so ~!** (*iron fam*) you'd like that wouldn't you! *iron fam* ❹ (*unangenehm sein*) not to like, not to think much of; ***der Mann passt mir gar nicht*** I don't like that man at all; ***ihr passt dieser Ton/seine Art nicht*** she doesn't like that tone of voice/his attitude; ■**jdm passt es nicht, dass/wie** not to like sb .../how; ***es passt ihm nicht, dass wir ab und zu mal lachen*** he doesn't like us laughing now and then; ■**jdm passt etw nicht an jdm** sb does not like sth about sb; ***diese vorlaute Art passt mir nicht an dir*** I don't like your loud-mouthed ways; ***passt dir an mir was nicht?*** is there something bugging you about me?; ■**jdm nicht [als jd] ~** to not fancy [sb as sb]; ***er passt mir nicht als neuer Chef*** I don't fancy him as my new boss; ***die neue Lehrerin passte ihren Kollegen nicht*** the new teacher wasn't liked by her colleagues

passen^2^ *vi* ❶ (*überfragt sein*) ■**[bei etw] ~ müssen** to have to pass [on sth] ❷ KARTEN to pass

passend I. *adj* ❶ (*den Maßen entsprechend*) fitting; **ein ~er Anzug/Schlüssel** a suit/key that fits ❷ (*abgestimmt*) matching; ■**etwas zu etw Passendes** sth to go with [*or* match] sth; ***das passt nicht dazu*** that doesn't go with it; ■**etwas Passendes** sth suitable ❸ (*genehm*) suitable, convenient ❹ (*richtig*) suitable; (*angemessen*) appropriate, right, proper; **eine ~e Bemerkung** a fitting [*or* appropriate] comment; **die ~en Worte** the right [*or* appropriate] words; **die ~en Worte finden** to know the right thing to say; ***wir haben für jeden Anlass das ~e Geschenk*** we have the right present for every occasion ❺ (*abgezählt*) exact; **es ~ haben** to have it exactly [*or* the right money] II. *adv* ❶ MODE (*den Maßen entsprechend*) to fit ❷ (*abgezählt*) exactly; ***bitte halten Sie den Fahrpreis beim Einsteigen ~ bereit!*** please have the exact fare ready!

passenderweise *adv* appropriately enough

Passepartout <-s, -s> [paspar'tu:] *nt* passe-partout

Passerabweichung *f* TYPO register deviation

Passermarkenerkennung *f* TYPO register mark recognition

Passform^RR^ *f* fit **Passfoto**^RR^ *nt s.* **Passbild**

Passgang^RR^ *m* amble

passierbar *adj* negotiable, navigable; ***der Kanal war nur für kleine Schiffe ~*** the canal was only navigable for small ships

passieren* I. *vi sein* ❶ (*sich ereignen*) to happen; ***ist was passiert?*** has something happened?; ***wie konnte das nur ~?*** how could that happen?; ***... sonst passiert was!*** (*fam*) ... or there'll be trouble! *fam;* ***so etwas passiert eben*** things like that do

P

happen sometimes; ■ ~, **dass ...** to happen that ... ② (*unterlaufen*) ■ **jdm** ~ to happen to sb; ***das kann doch jedem mal*** ~ that can happen to anyone ③ (*zustoßen*) to happen; ■ **jdm ist etwas/nichts passiert** sth/nothing has happened to sb ④ (*durchgehen*) to pass; ■ **jdn** ~ **lassen** to let sb pass [*or* go through] **II.** *vt haben* ① (*überqueren*) ■ **etw** ~ to cross sth ② KOCHK ■ **etw [durch etw]** ~ to strain sth [through sth]

Passiermühle *f* mouli-legumes, food mill **Passierschein** *m* pass, permit **Passiertuch** *nt* muslin bag

Passion <-, -en> *f* ① (*geh: Leidenschaft*) passion; **etw aus** ~ **tun** to have a passion for sth ② REL (*Leidensgeschichte Jesu*) ■ **die** ~ Passion

passioniert *adj* (*geh*) passionate

Passionsblume *f* passion flower **Passionsfrucht** *f* passion fruit **Passionsspiel** *nt* REL Passion play **Passionszeit** *f* REL ① (*Karwoche*) Passiontide ② (*Fastenzeit*) Lent

passiv **I.** *adj* passive; ~**er Raucher**/~**es Rauchen** passive smoker/smoking **II.** *adv* passively

Passiv <-s, -e> *nt* LING passive

Passiva [va] *pl* ÖKON liabilities *pl*

Passivgeschäft *nt* FIN deposit-taking business; (*Bank*) borrowing transaction; ~**e der Banken** deposit-taking business

Passivierung <-, -en> *f* FIN capitalization, heading for a deficit; ~ **der Handelsbilanz** appearance of a deficit on trade; ~ **der Kapitalbilanz** deterioration of the balance on capital account

Passivierungspflicht *f* FIN obligation to carry as liabilities **Passivierungsverbot** *nt* FIN prohibited inclusion as a liability **Passivierungswahlrecht** *nt* FIN optional inclusion as a liability

Passivität <-> [vi] *f kein pl* (*geh*) passiveness, passivity

Passivlegitimation *f* JUR capacity to be sued **Passivposten** *m* ÖKON debit item **Passivprozess**RR *m* JUR defendant's lawsuit, litigation as a defendant **Passivrauchen** *nt* passive smoking **Passivsaldo** *m* debit balance; ~ **im Waren- und Dienstleistungsverkehr** deficit on trade and services **Passivseite** *f* ÖKON liabilities side

PasskontrolleRR *f* ① (*das Kontrollieren des Passes*) passport control; **„~"** "your passports please!" ② (*Kontrollstelle*) passport control point **Passpflicht**RR *f* JUR obligation to carry a passport **Passstelle**RR *f* passport office **Passstraße**RR *f* pass **Passstück**RR *nt* TECH adapter

Passus <-, -> *m* (*geh*) passage

PasswesenRR *nt kein pl* JUR passport matters **Passwort**RR <-es, -wörter> *nt* password **Passwortfehler**RR *m* INFORM password inaccuracy **Passwortsperre**RR *f* password block

Pasta <-> *f kein pl* pasta *no pl*

Paste <-, -n> *f* paste

Pastell <-s, -e> *nt* KUNST ① *kein pl* (*Malen mit Pastellfarbe*) pastel [drawing]; **in** ~ **arbeiten** to work in pastels ② (*Pastellgemälde*) pastel [drawing]

Pastellfarbe *f* ① (*Pastellton*) pastel colour [*or* AM -or] ② (*Malfarbe*) pastel **pastellfarben** **I.** *adj* pastel[-coloured [*or* AM -ored]] **II.** *adv* in pastels [*or* pastel-colours] [*or* AM -ors] **Pastellmalerei** *f* KUNST ① *kein pl* (*Pastell*) pastel drawing ② (*Bild in Pastellfarben*) pastel drawing **Pastellstift** *m* pastel [crayon] **Pastellton** *m* pastel shade

pastenartig *adj inv* like paste, pasty

Pastete <-, -n> *f* paté

pasteurisieren* [pastøri'zi:rən] *vt* ■ **etw** ~ to pasteurize sth

Pastille <-, -n> *f* pastille

Pastinak(e) <-, -n> *m* parsnip

Pastor, Pastorin <-en, -toren> *m, f* NORDD *s.* **Pfarrer**

Patagonien <-s> *nt* Patagonia

Patchwork <-s, -s> ['pɛtʃwœrk] *nt* patchwork

Patchworkdecke ['pɛtʃwœrk] *f* patchwork quilt

Pate <-n, -n> *m* (*sl*) godfather

Pate, Patin <-n, -n> *m, f* REL godfather, godmother, godparent ► WENDUNGEN: **bei etw** ~ **stehen** (*geh*) to be the force behind sth; (*Dichtung, Kunstwerk*) to be the inspiration for sth

Patenkind *nt* godchild **Patenonkel** *m* godfather

Patenschaft <-, -en> *f* ① REL godparenthood ② (*Fürsorgepflicht*) sponsorship

Patensohn *m* godson **Patenstadt** *f s.* **Partnerstadt**

patent *adj* ① (*sehr brauchbar*) ingenious, clever ② (*fam: tüchtig*) top-notch *fam*

Patent <-[e]s, -e> *nt* ① (*amtlicher Schutz*) patent; **durch** ~ **geschützt** patented; **ein** ~ **abtreten/verletzen** to surrender/infringe a patent; **etw als** [*o* **zum**] ~ **anmelden, ein** ~ **auf etw** *akk* **anmelden** to apply for a patent on sth; **ein** ~ **auf etw** *akk* **haben** to have a patent on sth ② (*Ernennungsurkunde*) commission ③ SCHWEIZ (*staatliche Erlaubnis*) permit, licence [*or* AM -se]

Patentabteilung *f* patent division **Patentamt** *nt* Patent Office **Patentanmelder(in)** *m(f)* patentee **Patentanmeldung** *f* patent application, application for letters patent **Patentanspruch** *m* patent claim

Patentante *f* godmother

Patentanwalt, -anwältin *m, f* patent agent [*or* attorney] **Patentanwaltschaft** *f* patent lawyer [*or* agent] [*or* AM attorney] **Patentberühmung** *f* notification of a patent **Patentbeschreibung** *f* patent specification **Patentblatt** *nt* Patent Office Journal; **Europäisches** ~ European Patent Bulletin **Patentdauer** *f* term of a patent **Patentdiebstahl** *m* piracy of a patent **Patententziehung** *f* revocation of a patent **Patenterteilung** *f* issue of a patent, patent grant **patentfähig** *adj* patentable **Patentfähigkeit** *f kein pl* patentability *no pl* **Patentfamilie** *f* patent family **Patentgemeinschaft** *f* patent pool **Patentgericht** *nt* JUR patent court, BRIT Patent Appeal Tribunal **patentgeschützt** *adj* patented, protected by patent **Patentgewährer** *m* patent-granting body **Patentgewährung** *f* **gegenseitige** ~ cross licensing **Patenthindernis** *nt* bar to patentability

patentierbar *adj* patentable

Patentierbarkeit *f* patentability

patentieren* *vt* ■ **[jdm] etw** ~ to patent sth [for sb]; ■ **sich** *dat* **etw** ~ **lassen** to have sth patented

Patentierung <-, -en> *f* issue [*or* granting] of a patent

Patentindex *m* index of patents **Patentinhaber(in)** <-s, -> *m(f)* patentee, patent holder **Patentjahr** *nt* patent year **Patentkategorie** *f*, **Patentklasse** *f* patent category [*or* class] **Patentklage** *f* patent action [*or* proceedings] *pl* **Patentklassifikation** *f* **Internationale** ~ International Patent Classification **Patentlizenz** *f* patent licence [*or* AM -se] **Patentlizenzvertrag** *m*, **Patentlizenzvereinbarung** *f* patent licensing agreement **Patentlöschung** *f* forfeiture [*or* revocation] of a patent **Patentlösung** *f s.* **Patentrezept** **Patentnummer** *f* patent number

Patentochter *f* goddaughter

Patentrecht *nt* JUR ① (*gesetzliche Regelungen*) patent law ② (*Recht auf ein Patent*) patent right **patentrechtlich** *adj inv* JUR patented; ~ **geschützt** patented, protected by patent **Patentregister** *nt*, **Patentrolle** *f* patent register, patent roll BRIT, register of patents AM **Patentrezept** *nt* easy solution, patent remedy **Patentrolle** *f* Patent Rolls *pl* **Patentschutz** *m kein pl* patent protection; **den** ~ **aufheben** to revoke a patent **Patentstelle** *f* patents office **Patentübertragung** *f* assignment of a patent **Patenturkunde** *f* letters patent **Patentverletzer** *m* infringer of a patent **Patentverletzung** *f* ADMIN patent infringement, infringement of a patent **Patentverletzungsprozess**RR *m* patent infringement proceedings *pl* **Patentversagung** *f* refusal of a patent **Patentverschluss**RR *m* swing stopper **Patentvertrag** *m* patent agreement **Patentverwaltungsabteilung** *f* patent administration department **Patentverwertungsvertrag** *m* patent exploitation agreement **Patentvorschriften** *pl* patent regulations **Patentwesen** *nt kein pl* patent system

Pater <-s, - *o* Patres> *m* REL Father

Paternoster1 <-s, -> *m* (*Aufzug*) paternoster

Paternoster2 <-s> *nt* (*Vaterunser*) Paternoster

pathetisch **I.** *adj* (*geh*) emotional, impassioned; ~**e Szene/Formulierung** dramatic scene/wording; ~**e Rede** emotive [*or* emotional] speech **II.** *adv* (*geh*) dramatically, impassionately

pathogen *adj inv* MED pathogenic

Pathologe, Pathologin <-n, -n> *m, f* pathologist

Pathologie <-, -n> ['gi:ən] *f* ① *kein pl* (*Krankheitslehre*) pathology ② (*pathologische Abteilung*) pathology

Pathologin <-, -nen> *f fem form von* **Pathologe**

pathologisch **I.** *adj* ① (*die Pathologie betreffend*) pathological ② (*krankhaft*) pathological **II.** *adv* pathologically

Pathos <-> *nt kein pl* emotiveness, emotionalism; **mit** ~ with great feeling

Patience <-, -n> [pa'siã:s] *f* KARTEN patience; ~**n legen** to play patience

Patient(in) <-en, -en> [pa'tsiɛnt] *m(f)* patient; **stationärer** ~ in-patient; **bei jdm** ~ **sein,** ~ **von jdm sein** to be sb's patient

Patientenkartei *f* patient's file

Patin <-, -nen> *f fem form von* **Pate**

Patina <-> *f kein pl* patina

patinieren* *vt* (*fachspr*) ■ **etw** ~ to patinate sth

Patisserie <-, -n> [ri:ən] *f* SCHWEIZ ① (*Konditorei*) patisserie ② (*Café*) café ③ (*Gebäck*) pastry

Patna *m kein pl* patna rice

Patres *pl von* **Pater**

Patriarch <-en, -en> *m* ① REL patriarch ② (*geh: autoritärer Familienvater*) patriarch

patriarchal *adj s.* **patriarchalisch**

patriarchalisch *adj* ① (*auf dem Patriarchat beruhend*) patriarchal ② (*geh: autoritär*) patriarchal

Patriarchat <-[e]s, -e> *nt* REL, SOZIOL patriarchy

Patriot(in) <-en, -en> *m(f)* patriot

patriotisch **I.** *adj* patriotic **II.** *adv* patriotically

Patriotismus <-> *m kein pl* patriotism

Patrizier(in) <-s, -> [pa'tri:tsiɐ] *m(f)* HIST ① (*römischer Adeliger*) patrician ② (*angesehener Bürger*) patrician

Patron(in) <-s, -e> *m(f)* ① REL patron saint ② (*Schirmherr*) patron ③ (*pej: Typ*) old devil *pej fam* ④ SCHWEIZ (*Arbeitgeber*) employer

Patronage <-, -n> [-'na:ʒə] *f* (*geh: Protektion*) patronage *no pl*

Patronat <-[e]s, -e> *nt* ① HIST (*Amt im alten Rom*) patronate ② (*Schirmherrschaft*) patronage; **unter jds** ~ **stehen** to be under sb's patronage ③ REL patronage

Patronatserklärung *f* FIN letter of responsibility [*or* comfort]

Patrone <-, -n> *f* ① JAGD, MIL cartridge ② (*Tintenpatrone*) [ink] cartridge ③ FOTO cartridge ④ MIL **bis zur letzten** ~ to the bitter end

Patronenfüller *m* cartridge pen **Patronengurt** *m* ammunition belt **Patronenhülse** *f* cartridge case **Patronentasche** *f* cartridge pouch

Patronin <-, -nen> *f fem form von* **Patron**

Patrouille <-, -n> [pa'trʊljə] *f* MIL patrol; **auf** ~ **gehen** to patrol

Patrouillenboot *nt* patrol boat **Patrouillenführer** *m* patrol leader **Patrouillengang** *m* patrol

patrouillieren* [patrʊl'ji:rən, patrʊ'li:rən] *vi* to patrol

patsch *interj* splash

Patsche <-, -n> *f* (*fam*) ① (*Fliegenklatsche*) swat ② (*Hand*) paw *fam*, mitt *fam* ► WENDUNGEN: **jdm aus der** ~ **helfen, jdn aus der** ~ **ziehen** to get sb out of a jam [*or* tight spot]; **in der** ~ **sitzen** [*o* **stecken**] to be in a jam [*or* tight spot]

patschen *vi* ① *haben* (*klatschend schlagen*) ■ **[mit etw]** ~ to slap [with sth]; (*im Wasser*) to [go] splash [with sth] ② *sein* (*sich klatschend fortbewegen*) to go splashing through

Patschhändchen *nt* (*fam*) [tiny] hand

patschnassRR *adj* (*fam*) soaking wet *fam*

Patschuliöl *nt* (*zur Parfümherstellung*) pa[t]chouli

[*or* patchouly] oil
patt *adj pred* SCHACH ■ ~ **sein** to reach stalemate
Patt <-s, -s> *nt* stalemate
Patte <-, -n> *f* MODE [pocket] flap
Pattsituation *f* stalemate
patzen *vi* (*fam*) to slip [*or* mess] up, to boob *fam*
Patzer <-s, -> *m* ❶ (*fam: Fehler*) slip-up ❷ ÖSTERR (*Klecks*) blob
patzig *adj* (*fam*) snotty *fam*
Pauke <-, -n> *f* MUS kettledrum ▸ WENDUNGEN: **mit ~n und Trompeten durchfallen** (*fam*) to fail miserably [*or* dismally] [*or* spectacularly]; **jdn mit ~n und Trompeten begrüßen** [*o* **empfangen**] to give sb the red-carpet treatment, to roll out the red carpet for sb; **auf die ~ hauen** (*fam: angeben*) to blow one's own trumpet *fam;* (*ausgelassen feiern*) to paint the town red *fam,* BRIT *a.* to go on the razzle *fam*
pauken I. *vi* (*fam*) ■ [**mit jdm**] ~ to cram [with sb], BRIT *a.* to [help sb] swot up II. *vt* (*fam*) ■ **etw** [**mit jdm**] ~ to cram for [*or* BRIT *a.* swot up on] sth [with sb]
Paukenhöhle *f* ANAT tympanic cavity **Paukenschlag** *m* MUS (*Schlag auf die Pauke*) beat of a kettledrum ▸ WENDUNGEN: **mit einem ~** sensationally, spectacularly **Paukenwirbel** *m* MUS kettledrum [*or* drum] roll
Pauker(in) <-s, -> *m(f)* (*fam*) teacher
Paukerei <-> *f kein pl* (*fam*) cramming *fam,* BRIT *a.* swotting *fam*
Paukerin <-, -nen> *f fem form von* **Pauker**
Paukist(in) <-en, -en> *m(f)* timpanist
Pausbacken *pl* chubby cheeks *pl*
pausbäckig *adj* chubby-cheeked
pauschal I. *adj* ❶ (*undifferenziert*) sweeping, general, wholesale ❷ FIN flat-rate *attr,* all-inclusive II. *adv* ❶ (*allgemein*) **etw ~ beurteilen** to make a wholesale judgement about sth ❷ FIN at a flat rate; ~ **bezahlen** to pay in a lump sum
Pauschalangebot *nt* HANDEL all-inclusive offer, package deal **Pauschalbetrag** *m* lump sum
Pauschale <-, -n> *f* flat rate
Pauschalgebühr *f* HANDEL comprehensive fee, flat rate **Pauschalhonorar** *nt* lump sum fee
pauschalieren* *vt* ■ **etw** ~ to estimate sth at a flat rate; (*fig*) to lump together sth
Pauschalkredit *m* FIN lump-sum loan **Pauschallizenz** *f* (*für Patent*) block licence [*or* AM -se] **Pauschalpreis** *m* ÖKON all-inclusive [*or* BRIT *a.* -in] price **Pauschalreise** *f* package holiday [*or* tour] **Pauschalsatz** *m* HANDEL flat rate **Pauschalsicherheit** *f* FIN flat-rate security **Pauschaltourist(in)** *m(f)* TOURIST package holiday tourist **Pauschalurlaub** *m* package holiday [*or* tour] **Pauschalurteil** *nt* sweeping statement **Pauschalvertrag** *m* JUR blanket agreement
Pauschbetrag *m* JUR lump sum, flat fee
Pause[1] <-, -n> *f* ❶ (*Unterbrechung*) break, AM *a.* recess; **die große/kleine ~** SCH long [mid-morning]/short break; [**eine**] ~ **machen** to have a break; „~!" "time out!" ❷ (*Sprechpause*) pause ❸ MUS rest
Pause[2] <-, -n> *f* tracing
pausen *vt* ■ **etw** ~ to trace sth; FOTO to photostat sth
Pausenbrot *nt* sandwich (*eaten during break*) **pausenfüllend** *adj inv* stopgap **Pausenfüller** *m* filler **Pausenhalle** *f* SCH break hall (*open hall where pupils can gather during break when it rains*)
pausenlos I. *adj attr* ceaseless, continuous, non-stop II. *adv* ceaselessly, continuously, non-stop
Pausenpfiff *m* SPORT time-out whistle; (*zur Halbzeit*) half-time whistle **Pausenstand** *m* SPORT half-time score, score at the interval **Pausentaste** *f* pause button **Pausenzeichen** *nt* ❶ RADIO, TV call sign ❷ MUS rest
Pause-Taste *f* INFORM break key
pausieren* *vi* (*geh*) to take [*or* have] a break, to break
Pauspapier *nt* ❶ (*durchsichtiges Papier*) tracing paper ❷ (*Kohlepapier*) carbon paper
Pavian <-s, -e> [vi] *m* baboon
Pavillon <-s, -s> ['pavɪljɔŋ, 'pavɪljõ, pavɪl'jõ:] *m* ARCHIT ❶ (*Gartenhaus*) pavilion ❷ (*provisorischer Bau*) Portakabin® BRIT
Paycard <-, -s> ['peɪkɑ:d] *f* FIN paycard (*type of reloadable phone- and local travelcard*)
Pay-TV <-s, -s> ['peɪti:vi:] *nt* Pay-TV
Pazifik <-s> *m* ■ **der** ~ the Pacific
pazifisch *adj inv* Pacific; ■ **der P~e Ozean** the Pacific Ocean
Pazifismus <-> *m kein pl* ■ **der** ~ pacifism
Pazifist(in) <-en, -en> *m(f)* pacifist
pazifistisch *adj* pacifist
PC <-s, -s> [pe:'tse:] *m Abk von* **Personal Computer** PC
PCB <-, -s> [pe:tse:'be:] *nt Abk von* **polychloriertes Biphenyl** PCB
PC-Benutzer(in) *m(f)* PC user
PC-DOS *nt* INFORM *Abk von* **personal computer disk operating system** PC-DOS
PCI *m* INFORM *Abk von* **peripheral component interconnect bus** PCI **PCI-Bus** *m* INFORM PCI bus **PCI-Takt** *m* INFORM PCI rate
PC-Konfiguration *f* PC configuration
PCMCIA INFORM *Abk. von* **personal computer memory card international association** PCMCIA **PCMCIA-Format** *nt* INFORM format PCMCIA **PCMCIA-Norm** *f* INFORM standard PCMCIA
PC-Station *f* PC-workstation
PC-Zeitschrift *f* computer magazine
PdA *f* SCHWEIZ *Abk von* **Partei der Arbeit** Swiss Workers' Party
PDF INFORM *Abk von* **portable document format** PDF
PDS <-> *f kein pl* POL *Abk von* **Partei des Demokratischen Sozialismus** German Socialist Party
PE *nt Abk von* **Polyäthylen** PE, polyethylene
Peanuts ['pi:nats] *pl* (*mickrige Summe*) peanuts *pl*
Pech <-[e]s, -e> *nt* ❶ (*fam: unglückliche Fügung*) bad luck; [**bei etw**] ~ **haben** (*fam*) to be unlucky [in [*or* with] sth], to have bad [*or fam* tough] luck [in sth]; **bei jdm** [**mit etw**] ~ **haben** to be out of [*or* not have any] luck with sb [regarding sth]; ~ ***gehabt!*** (*fam*) tough! *fam;* ***so ein ~!*** (*fam*), ***was für ein ~!*** (*fam*) just my/our etc luck *fam;* ***das ist ~!*** hard [*or* bad] luck!, [that's] too bad! ❷ (*Rückstand bei Destillation von Erdöl*) pitch ▸ WENDUNGEN: ~ **an den Hosen haben** (*sl*) to [simply] not know when it's time to leave; **zusammenhalten wie ~ und Schwefel** (*fam*) to be as thick as thieves *fam*
Pechblende <-> *f kein pl* GEOL pitchblende **Pechnelke** *f* BOT red catchfly **pech(raben)schwarz** *adj inv* (*fam*) pitch-black; *Augen* jet-black; *Haar a.* raven[-black] **Pechsträhne** *f* (*fam*) run [*or* streak] of bad luck; **eine ~ haben** to have a run [*or* streak] of bad luck, BRIT *a.* to go through an unlucky patch **Pechvogel** *m* (*fam*) unlucky person, walking disaster *hum fam*
Pedal <-s, -e> *nt* pedal; [**ziemlich**] **in die ~e treten** to pedal [hard]
pedalen* *vi* SCHWEIZ to pedal
Pedant(in) <-en, -en> *m(f)* pedant
Pedanterie <-, -n> *f* ❶ *kein pl* (*pedantisches Wesen*) pedantry ❷ (*pedantische Handlung*) pedantry
Pedantin <-, -nen> *f fem form von* **Pedant**
pedantisch I. *adj* pedantic II. *adv* pedantically
Peddigrohr *nt* cane
Pedell <-s, -e *o* -en, -en> *m* ÖSTERR (*veraltet*) caretaker, janitor
Pediküre <-, -n> *f* ❶ *kein pl* (*Fußpflege*) pedicure ❷ (*Fußpflegerin*) chiropodist
Pediküre-Set *nt* pedicure set
Pediment <-s, -e> *nt* GEOL, GEOG pediment
Peeling <-s, -s> ['pi:lɪŋ] *nt* exfoliation
Peelingmaske ['pi:lɪŋ] *f* exfoliating mask
Peelingpräparat *nt* exfoliant
Peepshow[RR] <-, -s> ['pi:pʃo:] *f,* **Peep-Show** <-, -s> *f* peep show
Peergroup <-, -s> ['pi:ɐgru:p] *f* SOZIOL, PSYCH peer group
Pegel <-s, -> *m* ❶ (*Messlatte*) water level gauge [*or* AM *a.* gage] ❷ *s.* **Pegelstand**
Pegelstand *m* water level
Pegmatit <-s, -e> *m* GEOL pegmatite
Peilanlage *f* TECH, NAUT direction-finding [*or* D/F] equipment, direction-finder
peilen I. *vt* NAUT ■ **etw** ~ to get a bearing on sth II. *vi* (*fam*) to peek; *s. a.* **Daumen, Lage**
Peilfunk <-s> *m kein pl* directional radio, radio direction-finding **Peilgerät** *nt* direction-finder **Peilsender** *m* RADIO DF transmitter *spec* **Peilstab** *m* ❶ NAUT sounding pole [*or* rod] ❷ ([*Öl*]*messstab*) dipstick ❸ (*Einparkhilfe*) side marker, width indicator
Peilstation *f* direction-finding [*or* D/F] station
Peilung <-, -en> *f* NAUT ❶ (*Bestimmung des Standorts*) bearing ❷ *kein pl* (*Messung der Wassertiefe*) sounding, plumbing
Pein <-> *f kein pl* (*veraltend geh*) agony
peinigen *vt* ❶ (*zermürben*) ■ **jdn** ~ to torment sb ❷ (*jdm zusetzen*) ■ **jdn** ~ to torture sb; *s. a.* **Blut**
Peiniger(in) <-s, -> *m(f)* (*geh*) torturer, tormentor
Peinigung <-, -en> *f* (*geh*) torture, agony
peinlich I. *adj* ❶ (*unangenehm*) embarrassing; **eine ~e Frage/Situation** [*o* **Lage**] an awkward question/situation; ■ **jdm ~ sein** to be embarrassed; ***es war ihr sehr*** ~ she was very embarrassed about it; ■ **jdm ~ sein, dass/wenn ...** to feel awkward that/when ...; ■ **etwas Peinliches** sth awful ❷ (*äußerst*) painstaking, diligent; ~**e Genauigkeit** meticulous precision; ~**e Sauberkeit** scrupulous cleanliness II. *adv* ❶ (*unangenehm*) **jdn ~ berühren** to be awkward for sb; **auf jd ~ wirken** to be embarrassing for sb ❷ (*gewissenhaft*) painstakingly; ~ **befolgen** to follow diligently ❸ (*äußerst*) meticulously, thoroughly
Peinlichkeit <-, -en> *f* ❶ *kein pl* (*peinliche Art*) awkwardness, embarrassment ❷ (*Genauigkeit*) scrupulousness, meticulousness
Peitsche <-, -n> *f* whip
peitschen I. *vt haben* ■ **jdn/etw** ~ to whip sb/sth II. *vi sein* ■ **gegen etw** ~ to lash against sth; **Regen peitscht an** [*o* **gegen**] **etw** rain is lashing against sth; **Wellen peitschen an** [*o* **gegen**] **etw** the waves are beating against sth
Peitschenhieb *m* stroke [*or* lash] [of the whip] **Peitschenknall** *m* crack of a/the whip **Peitschenschlag** *m s.* **Peitschenhieb**
pejorativ I. *adj* pejorative II. *adv* pejoratively
Pekari <-s, -s> *nt* ZOOL peccary
Pekinese <-n, -n> *m* ZOOL pekinese
Peking <-s> *nt* Beijing
Pekingoper *f* THEAT Peking opera
Pektin <-s, -e> *nt* pectin
pekuniär *adj inv* FIN pecuniary
pelagisch *adj inv* BIOL, GEOL pelagic
Pelerine <-, -n> *f* ❶ (*ärmelloser Umhang*) pelerine ❷ (*veraltet: Regenmantel*) rain cape
Pelikan <-s, -e> *m* pelican
Pellagra <-s> *nt kein pl* MED pellagra
Pelle <-, -n> *f* (*fam: Haut*) skin ▸ WENDUNGEN: **jdm nicht von der ~ gehen** (*sl*) to not stop pestering sb *fam;* **jdm auf der ~ sitzen** (*sl*) to be on sb's back *fam;* **jdm auf die ~ rücken** (*fam: sich dicht herandrängen*) to crowd sb; (*jdn bedrängen*) to badger [*or* pester] sb
pellen I. *vt* (*fam*) ■ **etw** ~ to skin sth; **Obst/Kartoffeln** ~ to peel fruit/potatoes; *s. a.* **Ei** II. *vr* (*fam*) ■ **sich** ~ to peel
Pellkartoffeln *pl* potatoes boiled in their jackets
Pelz <-es, -e> *m* ❶ (*Fell*) fur ❷ *kein pl* MODE (*Material*) fur; (*Pelzmantel*) fur [coat] ▸ WENDUNGEN: **jdm/einem Tier eins auf den ~ brennen** (*fam*) to singe sb's/an animal's hide, to pump sb/an animal full of lead *sl;* **jdm auf den ~ rücken** (*fam*) to crowd sb
Pelzbesatz *m* fur trimming **pelzbesetzt** *adj* fur-trimmed **pelzgefüttert** *adj* fur-lined **Pelzgeschäft** *nt* furrier's **Pelzhandel** *m* fur trade **Pelzhändler(in)** <-s, -> *m(f)* furrier; (*Fellhandel*) fur trader
pelzig *adj* ❶ (*belegt*) furry ❷ (*mit Härchen versehen*) furry
Pelzimitat *nt* fake [*or* imitation] fur **Pelzkragen**

P

m fur collar **Pelzmantel** *m* fur coat **Pelzmütze** *f* fur hat **Pelztier** *nt* animal valued for its fur **Pelztierfarm** *f* fur farm

PEMFC *f Abk von* **Polimer-Elektrolyt-Membran-Brennstoffzelle** PEMFC

Penalty <-s, -s> *m* ❶ (*Strafstoß*) penalty ❷ SCHWEIZ (*Elfmeter*) penalty

PEN-Club <-s> *m kein pl* PEN Club

Pencomputer *m* pen-based computer

Pendant <-s, -s> [pã'dã:] *nt* (*geh*) counterpart; ■ ~ **[zu etw]** the counterpart [to sth]

Pendel <-s, -> *nt* pendulum; **das ~ schlägt [nach der einen/anderen Seite] aus** the pendulum swings [in the one/other direction]

Pendelbewegung *f* pendular movement **Pendeldienst** *m* shuttle service **Pendeldiplomatie** *f* shuttle diplomacy **Pendellampe** *f* hanging lamp

pendeln *vi* ❶ *haben* (*schwingen*) ■ **[hin und her]** ~ to swing [to and fro] ❷ *sein* TRANSP (*hin- und herfahren*) to commute

Pendelschäler *m* swivel-bladed potato peeler **Pendeltür** *f s.* **Schwingtür Pendeluhr** *f* pendulum clock **Pendelverkehr** *m* ❶ (*Nahverkehrsdienst*) shuttle service ❷ (*Berufsverkehr*) commuter traffic **Pendelzeit** *f* commuting time **Pendelzug** *m* rail shuttle, commuter train

pendent *adj* SCHWEIZ (*form: anhängig*) pending

Pendenz <-, -en> *f* SCHWEIZ (*form*) pending matter

Pendler(in) <-s, -> *m(f)* commuter

Pendlervorstadt *f* commuterville **Pendlerzug** *m* commuter train

Penes *pl von* **Penis**

penetrant I. *adj* ❶ (*durchdringend*) penetrating; ~**er Geruch** a pungent smell ❷ (*aufdringlich*) overbearing, insistent; ***sei doch nicht so ~, ich gehe ja mit!*** stop pestering me, I'm coming! II. *adv* pungently, penetratingly

Penetration <-, -en> *f* ❶ TECH penetration ❷ MED perforation ❸ (*geh*) *des Penis* penetration

peng *interj* (*Schussgeräusch*) bang

penibel *adj* (*geh Ordnung*) meticulous; (*Mensch*) fastidious; ■ **jd ist [in etw** *dat*] ~ sb is fastidious [*or fam* pernickety] [about sth]

Penis <-, -se *o* Penes> *m* penis

Penisprothese *f* MED penis prosthesis

Penizillin <-s, -e> *nt* penicillin

Pennäler(in) <-s, -> *m(f)* (*veraltet*) secondary school pupil [*or* AM student]

Pennbruder *m* (*fam o pej*) tramp, AM *a.* hobo

Penne <-, -n> *f* SCH (*sl*) school; **auf die ~ gehen** to go to school

pennen *vi* (*fam*) ❶ (*schlafen*) to kip BRIT *fam,* to sleep AM; ***du kannst auch bei mir ~*** you can kip over at mine ❷ (*nicht aufpassen*) to sleep; ■ **gepennt haben** to have been sleeping ❸ (*sl: Beischlaf haben*) ■ **mit jdm ~** to go to bed with sb

Penner(in) <-s, -> *m(f)* (*pej fam*) ❶ (*Stadtstreicher*) tramp, bum *fam* ❷ (*langsamer Mensch*) slowcoach BRIT *fam,* slowpoke AM *fam*

Pensa, Pensen *pl von* **Pensum**

Pension <-, -en> [pã'zio:n, paŋ'zio:n, pɛn'zio:n] *f* ❶ TOURIST guest house ❷ (*Ruhegehalt*) pension; **in ~ gehen** to go into retirement; **in ~ sein** to be in retirement [*or* retired] ❸ *kein pl* TOURIST (*Verpflegung*) **mit ~** with full board

Pensionär(in) <-s, -e> [pãzio'nɛ:ɐ, paŋzio'nɛ:ɐ, pɛnzio'nɛ:ɐ] *m(f)* ❶ (*Ruhestandsbeamter*) pensioner, retired person ❷ SCHWEIZ *s.* **Pensionsgast**

Pensionat <-[e], -e> [pãzio'na:t] *nt* (*veraltet*) boarding school

pensionieren* [pãzio'ni:rən, paŋzio'ni:rən, pɛnzio'ni:rən,] *vt* ■ **pensioniert werden** to be pensioned off; **vorzeitig pensioniert werden** to be given early retirement; ■ **sich ~ lassen** to retire

pensioniert [pãzio'ni:ɐt, paŋzio'ni:ɐt, pɛnzio'ni:ɐt] *adj* retired

Pensionierung <-, -en> [pãzio'ni:rʊŋ, paŋzio'ni:rʊŋ,] *f* retirement

Pensionsalter [pã'zio:ns, paŋ'zio:s, pɛn'zio:ns] *nt* retirement age **Pensionsanspruch** *m* right to a pension **Pensionsanwartschaft** *f* FIN accrued pension rights, pension expectancy **pensionsberechtigt** *adj* entitled to a pension **Pensionsberechtigung** *f* FIN entitlement [*or* eligibility] to a pension **Pensionsbezüge** *pl* ÖKON [civil servant's] pension income **pensionsfähig** *adj* FIN pensionable **Pensionsfonds** *m* ÖKON pension fund **Pensionsgast** *m* hotel [*or* boardinghouse] guest [*or* patron], BRIT *a.* guesthouse patron **Pensionsgeschäft** *nt* FIN repurchase deal, sale and repurchase agreement; **~e der Zentralbank** repurchase operations

Pensionskasse *f* ÖKON pension fund **Pensionspreis** *m* TOURIST cost of board **pensionsreif** *adj* (*fam*) ready for retirement **Pensionsrückstellung** *f* FIN pension reserve [*or* provision] **Pensionsverbindlichkeiten** *pl* FIN pension liabilities **Pensionsverpflichtungen** *pl* FIN (*Bilanzposten*) pension obligations, pensions and retirement plans **Pensionszahlung** *f* FIN retired pay **Pensionszusage** *f* JUR pension commitment; **~ ohne Arbeitnehmerbeteiligung** noncontributory pension commitment **Pensionszuschuss**[RR] *m* ÖKON pension contribution

Pensum <-s, Pensa *o* Pensen> *nt* (*geh*) work quota

Pentagon <-s, -e> *nt* ❶ (*Fünfeck*) pentagon ❷ *kein pl* (*US-Verteidigungsministerium*) Pentagon

Penthouse <-, -s> ['pɛnthaus] *nt* penthouse

Pentium <-s> *m kein pl* INFORM pentium

Peoplemover <-[s], -> ['pi:p|mu:vɐ] *m* TRANSP peoplemover

Pep <-[s]> *m kein pl* verve, pep *fam,* oomph *fam,* pizzazz *fam;* **~ haben** (*fam*) to have verve [*or* pizzazz]; **mit ... ~** (*fam*) with ... pizzazz [*or* pep]

Peperoni *pl* KOCHK ❶ (*scharfe Paprikas*) chillies *pl* ❷ SCHWEIZ (*Gemüsepaprika*) peppers *pl*

peppig *adj* (*fam*) peppy *fam,* racy *fam,* upbeat

Pepsin <-s, -e> *nt* pepsin

Peptalk <-s, -s> ['peptɔ:k] *m* pep talk

Peptid <-s, -e> *nt* BIOL, CHEM peptide

per *präp* ❶ (*durch*) by; **~ Post/Bahn** by post [*or* AM mail]/train ❷ (*pro*) per ▸ WENDUNGEN: **~ pedes** (*hum*) on foot, BRIT *a.* on shank's pony *hum;* **~ se** (*geh*) per se; **mit jdm ~ du/Sie sein** (*fam*) to address sb with "du"/"Sie", to be on familiar/unfamiliar terms with sb

peremptorisch *adj* JUR peremptory; **~e Einrede** peremptory plea

Perestroika <-> *f kein pl* POL perestroika

perfekt I. *adj* ❶ (*vollkommen*) perfect ❷ *pred* (*abgemacht*) ■ **~ sein** to be settled; **etw ~ machen** to settle sth II. *adv* perfectly

Perfekt <-s, -e> *nt* LING ❶ (*vollendete Zeitform*) perfect [tense] ❷ (*Verbform im ~*) perfect

Perfektion <-> *f kein pl* (*geh*) perfection; ■ **mit ~** to perfection; **in höchster ~** to the highest perfection

perfektionieren* *vt* (*geh*) ■ **etw ~** to perfect sth

Perfektionismus <-> *m kein pl* (*geh*) perfectionism

Perfektionist(in) <-en, -en> *m(f)* perfectionist

perfide I. *adj* (*geh*) perfidious *liter* II. *adv* (*geh*) perfidiously

Perfidie <-, -ien> *f* (*geh*) ❶ *kein pl* (*gemeine Art*) perfidiousness ❷ (*einzelne Handlung*) perfidy

Perforation <-, -en> *f* ❶ (*Lochung*) perforation ❷ (*Trennlinie*) perforated line ❸ MED perforation

perforieren* *vt* ■ **etw ~** to perforate sth

Perforierlinie *f* perfo[rating] rule

Performance <-> ['pəfɔ:məns] *f kein pl* (*sl*) performance, manner

Performance-Index *m* ÖKON performance indicator

Performanz <-, -en> *f* LING performance

Pergament <-[e]s, -e> *nt* parchment

Pergamentband <-bände> *m* vellum-bound book **Pergamentpapier** *nt* greaseproof paper **Pergamentrolle** *f* scroll

Pergamon <-> *nt* Pergamum

Pergola <-, Pergolen> *f* pergola

periglazial *adj inv* GEOG periglacial

Perikarp <-s, -e> *nt* BOT pericarp

Periode <-, -n> *f* ❶ (*Zeitabschnitt*) period ❷ BIOL period ❸ MATH repetend

Periodensystem *nt* CHEM periodic table

Periodikum <-s, -ka> *nt meist pl* (*fachspr*) periodical

periodisch I. *adj* periodic[al], regular II. *adv* periodically, regularly; *s. a.* **Dezimalzahl**

peripher I. *adj* ❶ (*geh: oberflächlich*) peripheral ❷ ANAT, MED peripheral II. *adv* (*geh*) peripherally, on the periphery

Peripherie <-, -n> ['ri:ən] *f* ❶ (*Randzone*) periphery, outskirts *pl* ❷ MATH (*Begrenzungslinie*) periphery ❸ INFORM (*Peripheriegeräte*) peripheral [device]

Peripheriegerät *nt* INFORM peripheral

Periskop <-s, -e> *nt* periscope

Peristaltik <-> *f kein pl* MED peristalsis

perkutan *adj inv* percutaneous

Perlbohne *f* Boston bean, pearl haricot, pea bean

Perle <-, -n> *f* ❶ (*Schmuckperle*) pearl ❷ (*Kügelchen*) bead ❸ (*fig*) gem; ***unsere Haushälterin ist eine echte ~*** our housekeeper is a true gem ❹ (*Tropfen*) bead, droplet ❺ (*Luftbläschen*) bubble ▸ WENDUNGEN: **~n vor die Säue werfen** (*prov*) to cast pearls before swine *prov*

perlen *vi* ❶ (*sprudeln*) to fizz ❷ (*geh: in Tropfen stehen*) ■ **auf etw** *dat* **~** to form beads [*or* droplets] on sth ❸ (*geh: in Tropfen rinnen*) ■ **von etw ~** to trickle [*or* roll] from sth

Perlenkette *f* pearl necklace **Perlentaucher(in)** *m(f)* pearl diver

Perlgerste *f* pearl barley **Perlglanz** *m* pearly lustre [*or* AM -er] **Perlhuhn** *nt* guinea fowl **Perlmuschel** *f* pearl oyster **Perlmutt** <-s> *nt kein pl* mother-of-pearl **Perlmutter** <-> *f,* **Perlmutter** <-s> *nt* mother-of-pearl **perlmuttern** *adj inv* ❶ *attr* (*aus Perlmutter*) mother-of-pearl ❷ (*perlmutterfarben*) the colour [*or* AM -or] of mother-of-pearl

perlmuttfarben *adj inv* mother-of-pearl effect

Perlmuttknopf *m* mother-of-pearl button

Perlon® <-s> *nt kein pl* [type of] nylon

Perlonstrumpf <-[e]s, -strümpfe> *m* nylon stocking; ■ **Perlonstrümpfe** nylons *npl,* nylon stockings *pl*

Perltang *m* BOT carragheen **Perlwein** *m* sparkling wine **Perlzwiebel** *f* pearl onion

Perm <-s> *kein pl nt* GEOL Permian

permanent I. *adj* (*geh*) permanent II. *adv* (*geh*) permanently

Permanent-Make-up *nt* permanent make-up

Permanenz <-> *f* (*geh*) permanence; **in ~** constantly, continuously

Permeabilität <-> *f kein pl* SCI permeability

Permutation <-, -en> *f* MATH permutation

Peroxyd <-[e]s, -e> *nt* CHEM *s.* **Peroxid**

Perpetuum mobile <- -, - -[s]> *nt* perpetual motion machine

perplex *adj* dumbfounded, thunderstruck

Perron <-s, -s> ['pɛrõ:] *m* SCHWEIZ, ÖSTERR (*Bahnsteig*) platform

per saldo FIN by balance; **~ Kursgewinne von ...** net capital gains of ...; **~ Zuflüsse** net inflows

Persenning <-, -e[n]> *f* ❶ NAUT tarpaulin ❷ *kein pl* MODE (*Segeltuch*) canvas

Perser(in) <-s, -> *m(f)* HIST Persian

Perser <-s, -> *m* (*fam*) Persian [rug]

Perser(in) <-s, -> *m(f)* GEOG Persian

Perserkatze *f* Persian cat **Perserteppich** *m* Persian rug

Persianer <-s, -> *m* ❶ (*Fell*) Persian lamb ❷ MODE (*Mantel aus ~ 1*) Persian lamb coat

Persien <-s> ['pɛrziən] *nt* HIST *s.* **Iran** Persia

Persiflage <-, -n> [pɛrzi'fla:ʒə] *f* (*geh*) satire

persiflieren* *vt* (*geh*) ■ **jdn/etw ~** to satirize sb/sth

Persilschein *m* ❶ (*hum fam*) denazification certificate ❷ (*fig*) clean bill of health

Persisch *nt dekl wie adj* Persian; *s. a.* **Deutsch**

persisch *adj* Persian

Persische <-n> *nt* ■ **das ~** Persian, the Persian

language; *s. a.* **Deutsche**

Persischer Golf *m* Persian Gulf

Person <-, -en> *f* ❶ *meist pl* (*Mensch*) person; **jd als** ~ sb as a person; **ich/du etc für meine/deine etc** ~ I/you [*or* as for] myself/yourself; **... in** ~ personified; **in** ~ personally; **in einer** ~ rolled into one; **pro** ~ per person ❷ JUR (*Rechts~*) person, [contract] party; **beschränkt geschäftsfähige** ~ person of restricted capacity to contract; **juristische** ~ legal entity, juristic person; (*Körperschaft*) corporate body; **natürliche** ~ natural person; **in eigener** ~ (*ohne Anwalt*) in person; **zur** ~ concerning a person's identity ❸ (*pej: Subjekt*) character ❹ LIT, THEAT (*Handelnde*) character ❺ *kein pl* LING (*grammatische Form*) person

personal *adj inv* (*geh*) personal

Personal <-s> *nt kein pl* ❶ (*Gesamtheit der Mitarbeiter*) personnel, staff; **geschultes** ~ trained staff ❷ (*Hausangestellte*) staff

Personalabbau *m* downsizing *no pl, no indef art*, reduction in staff[ing levels] [*or* personnel], personnel [*or* staff] cuts *pl* **Personalabteilung** *f* personnel [*or* human resources] department **Personalakte** *f* personal file **Personalaufstockung** *f* increase in personnel [*or* staff] **Personalaufwand** *m kein pl* FIN expenditure *no pl* on personnel **Personalausweis** *m* identity card **Personalberater(in)** *m(f)* ÖKON personnel consultant **Personalbericht** *m* staff report **Personalbeschaffung** *f* ÖKON recruitment **Personalbestand** *m* staffing levels *pl*, number of staff [*or* personnel] **Personalbestandsprognose** *f* manpower forecasting **Personalbüro** *nt* ÖKON personnel office **Personalchef(in)** *m(f)* personnel manager, head of personnel **Personalcomputer** *m* personal computer **Personaldecke** *f* ÖKON workforce, labour [*or* AM -or] force **Personal-Digital-Assistant** <-, -s> ['pɜːsənæl'dɪdʒɪtələ'sɪstənt] *m* INFORM personal digital assistant, PDA **Personaleinsatz** *m* ÖKON labour [*or* AM -or] employment [*or* staff] **Personaleinsparung** *f* staff [*or* personnel] reduction, staff cuts *pl* **Personalentscheidung** *f* decision regarding personnel **Personalfreisetzung** *f* ÖKON (*euph*) shedding of staff **Personalgesellschaft** *f* ÖKON (*Personengesellschaft*) partnership **Personalhaft** *f kein pl* JUR personal arrest, detention

Personalien ['naːliən] *pl* particulars *npl*

personalisieren* *vt* (*geh*) ■**etw** ~ to personalize sth, to reduce sth to a personal level

Personalismus <-> *m kein pl* PHILOS personalism

Personalkartei *f* ADMIN personal file **Personalkonzession** *f* JUR licence granted to a named individual **Personalkosten** *pl* personnel costs *npl* **Personalkostenbudget** *nt* FIN staff [*or* manpower] budget **Personalkredit** *m* FIN personal loan [*or* credit] **Personalmangel** *m* staff [*or* personell] shortage **Personalplanung** *f* ÖKON personnel planning *no pl, no indef art* **Personalpolitik** *f* staff policy **Personalpronomen** *nt* LING personal pronoun **Personalrat** *m* staff council [of a public authority] **Personalrat, -rätin** *m, f* staff council representative [of a public authority] **Personalstatut** *nt* JUR personal statute **Personalsteuern** *pl* FIN personal taxes **Personalstruktur** *f* ADMIN staff structure **Personaltausch** *m* exchange of personnel [*or* staff] **Personalunion** *f* ❶ (*Halter von zwei -mtern*) **in** ~ (*geh*) at the same time; ***er ist Parteisprecher und Präsident in*** ~ he's both party speaker and president ❷ HIST personal union **Personalvermittlung** *f* ÖKON employment agency **Personalversammlung** *f* JUR staff meeting **Personalverschiebung** *f* shift in [*or* movement of] personnel [*or* staff] **Personalvertretung** *f* staff association **Personalwesen** *nt* ÖKON personnel matters *pl* **Personalwirtschaft** *f kein pl* ÖKON personnel [*or* human resources] management **Personalzusatzkosten** *pl* additional staff costs *pl*

Persona non grata *f* JUR persona non grata

personell I. *adj* personnel *attr*, staff *attr* II. *adv* as regards personnel; ~ **aufstocken** to increase staff [*or* personnel]; **sich** ~ **aus etw zusammensetzen** to be staffed in a certain way

Personenaufzug *m* (*form*) passenger lift BRIT, AM elevator **Personenbahnhof** *m* passenger station **Personenbeförderung** *f* carriage [*or* conveyance] of passengers; **öffentliche** ~ passenger transportation **Personenbeförderungsentgelt** *nt* passenger fare **Personenbeförderungstarif** *m* passenger tariff **Personenbeschreibung** *f* personal description **personenbezogen** *adj* personal **Personenfahrpreis** *m* passenger fare **Personenfernverkehr** *m* long-distance passenger traffic **Personengedächtnis** *nt* memory for faces; **ein gutes/schlechtes** ~ **haben** to have a good/bad memory for faces **Personengesellschaft** *f* ÖKON (*Partnerschaft*) [ordinary] partnership; (*geschlossene Gesellschaft*) close company [*or* AM corporation] **Personenhandelsgesellschaft** *f* JUR commercial partnership **Personenkilometer** *m* BAHN passenger kilometre [*or* AM -er] (*distance covered by passengers*) **Personenkraftwagen** *m* (*geh*) motorcar *form* **Personenkreis** *m* group of people **Personenkult** *m* personality cult; **einen** ~ **mit jdm treiben** to build up a personality cult around sb **Personenmeilen** *pl* passenger mileage **Personennaverkehr** *m* local passenger transport *no pl*; **öffentlicher** ~ passenger transportation **Personenrecht** *nt* JUR law concerning persons **Personenschaden** *m* JUR personal damage [*or* injury]; (*Versicherung*) physical injury **Personenschadenhaftung** *f* JUR liability for physical injury **Personenschutz** *m* personal security **Personensorge** *f kein pl* JUR care and custody of a child **Personensorgeberechtigte(r)** *f(m)* JUR *person having the care and custody of a child*

Personenstandsaufnahme *f* JUR registration of civil status **Personenstandsbuch** *nt* JUR register of births, deaths and marriages **Personenstandsfälschung** *f* JUR fraudulent alteration of a person's legal status **Personenstandsgesetz** *nt* JUR Law on Personal Status **Personenstandsrecht** *nt* JUR law of civil status **Personenstandsregister** *nt* register of births, deaths and marriages **Personenstandsurkunde** *f* JUR personal registration certificate

Personensteuer *f* FIN personal [*or* poll] tax **Personentarif** *m* passenger tariff [*or pl* fares] **Personenvereinigung** *f* JUR association [of persons] **Personenverkehr** *m kein pl* TRANSP passenger transport **Personenverkehrsdienst** *m* passenger service **Personenwaage** *f* (*form*) scales *npl* (*for weighing persons*) **Personenwagen** *m* (*form*) private car **Personenzug** *m* (*veraltend*) slow [*or* stopping] train

Personifikation <-, -en> *f* (*geh*) personification

personifizieren* *vt* ■**etw** ~ to personify sth

Personifizierung <-, -en> *f* (*geh*) personification

persönlich I. *adj* ❶ (*eigen*) personal ❷ (*jdn selbst betreffend*) personal ❸ (*zwischenmenschlich*) personal ❹ (*intim*) friendly; ***ich möchte ein ~ es Wort an Sie richten*** I would like to address you directly ❺ (*gegen jdn gerichtet*) personal ❻ (*als Privatperson*) personal ❼ (*anzüglich*) ■~ **werden** to get personal; *s. a.* **Fürwort** II. *adv* ❶ (*selbst*) personally; ~ **erscheinen/auftreten** to appear/perform in person ❷ (*privat*) personally; ~ **befreundet sein** to be personal friends

Persönlichkeit <-, -en> *f* ❶ *kein pl* (*individuelle Eigenart*) personality ❷ (*markanter Mensch*) character ❸ (*Prominenter*) celebrity, personality

Persönlichkeitsentfaltung *f kein pl* personality development **Persönlichkeitsmerkmal** *nt* personality trait **Persönlichkeitsrecht** *nt* JUR personal rights *pl* **Persönlichkeitsschutz** *m* JUR legal protection of personality **Persönlichkeitsstörung** *f* personality disorder **Persönlichkeitsverletzung** *f* JUR violation of personal rights **Persönlichkeitswahl** *f kein pl* POL *electoral system in which votes are cast for a candidate rather than a party*

Perspektive <-, -n> [pɛrspɛk'tiːvə] *f* ❶ ARCHIT, KUNST (*räumliche Darstellung*) perspective ❷ (*Blickwinkel*) perspective ❸ (*geh: Betrachtungsweise*) perspective, angle, point of view ❹ (*geh: Aussichten*) prospect *usu pl*

perspektivisch [pɛrspɛk'tiːvɪʃ] I. *adj* perspective *attr* II. *adv* in perspective

perspektivlos <-er, -este> *adj* without prospects

Perspektivlosigkeit <-> *f kein pl* hopelessness *no pl*

Perspektivplanung *f* ÖKON long-range planning; **betriebliche** ~ long-range business planning

Pertussis <-, -ssisses> *f* MED pertussis, whooping cough

Peru <-s> *nt* Peru

Peruaner(in) <-s, -> *m(f)* Peruvian; *s. a.* **Deutsche(r)**

peruanisch *adj* Peruvian; *s. a.* **deutsch**

Perücke <-, -n> *f* wig

pervers [pɛr'vɛrs] I. *adj* ❶ PSYCH perverted; ■~ **sein** to be perveted [*or* a pervert] ❷ (*sl: unnormal*) perverse, abnormal II. *adv* PSYCH ~ **veranlagt sein** to have a perverted disposition

Perversion <-, -en> [vɛr] *f* perversion

Perversität <-, -en> [vɛr] *f* (*geh*) perversity

pervertieren* [vɛr] I. *vt haben* (*geh*) ■**etw** ~ to warp [*or* pervert] sth II. *vi sein* (*geh*) ■[**zu etw**] ~ to become perverted [into sth]

pesen *vi sein* (*fam*) to race, to dash

Pesete <-, -ten> *f* ÖKON *s.* **Peseta**

Pessar <-s, -e> *nt* diaphragm, cap

Pessimismus <-> *m kein pl* pessimism

Pessimist(in) <-en, -en> *m(f)* pessimist

pessimistisch I. *adj* pessimistic II. *adv* pessimistically

Pest <-> *f kein pl* MED Pest; ■**die** ~ the plague ▸ WENDUNGEN: **jdm die** ~ **an den Hals wünschen** (*fam*) to wish sb would drop dead *fam*; **wie die** ~ **stinken** (*fam*) to stink to high heaven *fam*; **jdn wie die** ~ **fürchten/hassen** (*fam*) to be terribly afraid of sb/to hate sb's guts *fam*

pestartig *adj* pestilential, vile **Pestbeule** *f* plague spot **Pestgestank** *m* foul [*or* vile] stench

Pestizid <-s, -e> *nt* pesticide

Petent <-en, -en> *m* JUR (*Bittsteller*) petitioner, supplicant

Peter <-s> *m* ▸ WENDUNGEN: **jdm den schwarzen** ~ **zuschieben** [*o* **zuspielen**] to leave sb holding the baby BRIT [*or* AM bag] *fam*

Peterle <-[s]> *nt kein pl* ❶ BOT, KOCHK DIAL (*Petersilie*) parsley *no pl*; *s. a.* **Petersilie** ❷ *dim von* **Peter**

Peterli <-[s]> *nt kein pl* SCHWEIZ parsley

Peterling *m* parsley

Petermännchen *nt* greater weaver fish, stingfish

Petersfisch *m* haddock

Petersilie <-, -n> [liə] *f* parsley

Petersilienöl *nt* parsley oil

PET-Flasche ['pet] *f* PET [plastic] bottle

Petitesse <-, -n> [pəti'tɛs] *f* (*geh*) triviality

Petition <-, -en> *f* petition

Petitionsausschuss[RR] *m* [parliamentary] petitions committee **Petitionsrecht** *nt* right to petition

Petrischale *f* Petri dish

Petrochemie [petroçe'miː, 'peːtroçemiː] *f* petrochemistry

Petroleum <-s> *nt kein pl* paraffin, kerosene

Petroleumlampe *f* paraffin lamp

Petrowährung *f* petrocurrency

Petting <-s, -s> *nt* petting

petto *adv* ▸ WENDUNGEN: **etw in** ~ **haben** (*fam*) to have sth up one's sleeve *fam*

Petunie <-, -n> [pe'tuːniə] *f* petunia

Petze <-, -n> *f* (*pej fam*) telltale; (*fam*) BRIT *a.* grass *sl*

petzen I. *vt* (*pej fam*) ■[**jdm**] **etw** ~ to tell [sb] about sth, BRIT *a.* to grass sth [to sb] II. *vi* (*pej fam*) to tell, BRIT *a.* to grass

Petzer(in) <-s, -> *m(f)* (*pej fam*) telltale *fam*, BRIT *a.* grass *sl*

Pf *m Abk von* **Pfennig**

Pfad <-[e]s, -e> *m* ❶ (*schmaler Weg*) path ❷ INFORM (*Zugriff*) path ▶ WENDUNGEN: **auf dem ~[e] der Tugend wandeln** (*geh*) to follow the path of virtue; **jdn auf den ~ der Tugend zurückführen** (*geh*) to lead sb back onto the path of virtue; **ein dorniger ~** (*geh*) arduous endeavour [*or* AM -or] *form*

pfaden *vt* SCHWEIZ ❶ (*von Schnee räumen*) ■**etw ~** to clear sth of snow ❷ (*einen Pfad bahnen*) ■**gepfadet sein** to have paths

Pfader <-s, -> *m* SCHWEIZ (*Pfadfinder*) Boy Scout

Pfadfinder(in) <-s, -> *m(f)* [boy] scout; (*Mädchen*) [girl] guide

Pfadname *m* INFORM pathname

Pfaffe <-n, -n> *m* (*pej*) cleric *pej*

Pfaffenkümmel *m* cumin

Pfahl <-[e]s, Pfähle> *m* ❶ (*Zaunpfahl*) post ❷ (*angespitzter Rundbalken*) stake

Pfahlbau <-bauten> *m* structure on stilts

pfählen *vt* ❶ HORT (*durch Pfähle stützen*) ■**etw ~** to stake sth ❷ HIST (*aufspießen*) ■**jdn ~** to impale sb

Pfahlwurm *m* ZOOL ship worm **Pfahlwurzel** *f* taproot

Pfalz <-, -en> *f* ❶ GEOG palatinate; ■**die ~** the palatinate; **Rheinland-~** the Rhineland-Palatinate ❷ HIST palace

Pfälzer(in) <-s, -> *m(f)* sb from the Palatinate

pfälzisch *adj inv* Palatine, of the Palatinate

Pfand <-[e]s, Pfänder> *nt* ❶ (*Sicherheit für Leergut*) deposit ❷ (*Sicherheit*) security, deposit; **ein ~ auslösen/einlösen** to take sth out of pawn/to redeem a pledge; JUR security, pledge; **als ~ erhalten** to take as security; **als ~ geben** to give as security ❸ (*geh: Symbol, Beweis*) pledge; ***nimm diesen Ring als ~ meiner immerwährenden Liebe!*** take this ring as a pledge of my everlasting love!

pfändbar *adj* JUR distrainable *form*, attachable *form*

Pfandbestellung *f* JUR pleading security [for a debt]

Pfandbrief *m* FIN mortgage bond; **einen ~ aus dem Verkehr ziehen** to retire a bond; **einen ~ zeichnen** to subscribe a bond

Pfandbriefanstalt *f* FIN mortgage bank **Pfandbriefbesitzer(in)** *m(f)* FIN bondholder, debenture holder **Pfandbriefmarkt** *m* FIN bond market

pfänden *vt* JUR ❶ (*beschlagnahmen*) ■**[jdm] etw ~** to impound [*or* seize] [sb's] sth; ■**das P~** seizing of possessions ❷ (*Pfandsiegel anbringen*) ■**jdn ~** to seize some of sb's possessions; ■**jdn ~ lassen** to get the bailiffs onto sb

Pfänderspiel *nt* game of forfeits

Pfandflasche *f* returnable bottle **Pfandgeber(in)** *m(f)* JUR pawnor, pledgor **Pfandgegenstand** *m* JUR pawn, pledge **Pfandgeld** *nt* deposit **Pfandgeschäft** *nt* HANDEL ❶ (*Dienst*) pawnbroking ❷ (*Laden*) pawnshop **Pfandgläubiger(in)** *m(f)*, **Pfandhalter(in)** *m(f)* JUR, FIN pawnee, pledgee **Pfandhaus** *nt* pawnshop, pawnbroker's **Pfandindossament** *nt* JUR pledge endorsement **Pfandklage** *f* JUR action of replevin **Pfandklausel** *f* JUR mortgage [*or* lien] clause **Pfandleihe** <-, -en> *f* pawnbroker's, pawnshop **Pfandleiher(in)** <-s, -> *m(f)* pawnbroker **Pfandnahme** *f* JUR pawntaking **Pfandnehmer(in)** *m(f)* JUR pledgee, pawnee

Pfandrecht *nt* JUR [right of] lien, pledge; ■**ein/jds ~ an etw** *dat* a/sb's right of distraint upon sth *form*; **gesetzliches ~** statutory lien; **~ des Frachtführers** carrier's lien; **~ an einer bestimmten Sache** particular [*or* special] lien; **ein ~ ausüben/bestellen** to exercise/to create a lien; **das ~ an etw haben** to have the right to have sth impounded [*or* seized] **Pfandrechtbestellung** *f* JUR creation of a lien **Pfandrechterwerb** *m* JUR acquisition of a lien **Pfandrechtsicherung** *f* JUR securing a lien

Pfandsache *f* JUR pledge, pawn **Pfandschein** *m* pawn ticket **Pfandschuldner(in)** *m(f)* JUR pledgor, pawnor **Pfandsiegel** *nt* JUR *official seal on impounded items*

Pfändung <-, -en> *f* distraint *form*, seizure; **~ von Forderungen** attachment of debts, garnishment

Pfändungsantrag *m* JUR fieri facias **Pfändungsauftrag** *m* JUR attachment [*or* garnishee] order **Pfändungsbeschluss**^RR *pl* JUR order of attachment **pfändungsfrei** *adj inv* JUR unattachable, exempt from seizure **Pfändungsfreigrenze** *f* JUR limit of exemption from execution **Pfändungsgläubiger(in)** *m(f)* JUR attaching creditor **Pfändungsgrenze** *f* JUR maximum limit for executions **Pfändungskosten** *pl* FIN execution costs **Pfändungspfandrecht** *nt* JUR lien by attachment **Pfändungsrecht** *nt* JUR right of attachment **Pfändungsschuldner(in)** *m(f)* JUR execution debtor **Pfändungsschutz** *m* JUR protection from execution **Pfändungsverfügung** *f* JUR garnishee order, writ of attachment

Pfandveräußerung *f* JUR disposal of pledged property **Pfandverkauf** *m* JUR distress selling, sale of pledged security **Pfandversteigerung** *f* JUR auction of distrained goods **Pfandverwahrung** *f* JUR custody of pledged goods **Pfandverwertung** *f* JUR enforcement of a lien

Pfanne <-, -n> *f* ❶ KOCHK [frying] pan ❷ SCHWEIZ (*Topf*) pot ❸ BAU (*Dachziegel*) pantile ▶ WENDUNGEN: **jdn in die ~ hauen** (*sl*) to do the dirty BRIT *sl* [*or* AM play a mean trick] on sb; *s. a.* **Ei**

Pfannenwender *m* slotted turner, fish slice **Pfannenziegel** *m* BAU clay tile

Pfannkuchen *m* pancake

Pfarramt *nt* rectory, vicarage **Pfarrbezirk** *m* parish

Pfarre <-, -n> *f* DIAL (*veraltet*) ❶ (*Bezirk*) parish ❷ (*Pfarramt*) parish office ❸ (*Pfarrhaus*) vicarage; *in Schottland* manse; *katholisch* presbytery

Pfarrei <-, -en> *f* REL ❶ (*Gemeinde*) parish ❷ *s.* **Pfarramt**

Pfarrer(in) <-s, -> *m(f)* priest

Pfarrgemeinde *f s.* **Pfarrei 1** **Pfarrhaus** *nt* (*katholisch*) presbytery; (*anglikanisch*) rectory, vicarage **Pfarrkirche** *f* parish church

Pfau <-[e]s *o* -en, -en> *m* ORN peacock ▶ WENDUNGEN: **ein eitler ~ sein** (*geh*) to be vain as a peacock

Pfauenauge *nt* peacock butterfly **Pfauenfeder** *f* peacock feather **Pfauenrad** *nt* peacock's fan

Pfd. *nt Abk von* **Pfund** lb

Pfeffer <-s, -> *m* KOCHK pepper; **grüner ~** green pepper ▶ WENDUNGEN: **hingehen** [*o* **bleiben**], **wo der ~ wächst** (*fam*) to go to hell *fam*

Pfefferfenchel *m* fennel seed

pfeff(e)rig *adj* peppery

Pfefferkorn *nt* peppercorn **Pfefferkuchen** *m* gingerbread **Pfefferkümmel** *m* cumin

Pfefferminz <-es, -[e]> *nt* peppermint

Pfefferminzbonbon *nt* peppermint

Pfefferminze *f kein pl* peppermint

Pfefferminzgeschmack *m* peppermint flavour [*or* AM -or]; **ein Bonbon mit ~** a peppermint-flavoured [*or* AM -ored] sweet **Pfefferminzöl** *nt* peppermint oil **Pfefferminzpastille** *f* mint pastille **Pfefferminztee** *m* peppermint tea

Pfeffermühle *f* pepper mill

pfeffern *vt* ❶ KOCHK ■**etw ~** to season sth with pepper, to pepper sth ❷ (*fam: schleudern*) ■**etw irgendwohin ~** to fling sth somewhere ▶ WENDUNGEN: **jdm eine ~** (*sl*) to give sb a smack in the face *fam*; *s. a.* **gepfeffert**

Pfeffersteak *nt* peppered steak, steak au poivre **Pfefferstrauch** *m* pepper [plant] **Pfefferstreuer** <-s, -> *m* pepper pot

pfeffrig *adj s.* **pfefferig**

Pfeife <-, -n> *f* ❶ (*Tabakspfeife*) pipe; **~ rauchen** to smoke a pipe; **sich eine ~ stopfen/anzünden** to fill/light a pipe ❷ (*Trillerpfeife*) whistle ❸ (*Musikinstrument*) pipe; **die ~ blasen** to play the pipe ❹ (*sl: Nichtskönner*) loser *sl* ▶ WENDUNGEN: **jdn/etw in der ~ rauchen können** (*fam*) to forget sb/sth; **nach jds ~ tanzen** to dance to sb's tune

pfeifen <pfiff, gepfiffen> **I.** *vi* ❶ (*Pfeiftöne erzeugen*) to whistle ❷ (*fam: verzichten*) ■**auf etw** *akk* **~** not to give a damn about sth; ***ich pfeife auf euer Mitleid!*** I don't need your sympathy! **II.** *vt* ❶ (*Töne erzeugen*) whistle; ■**[jdm] etw ~** to whistle sth [to sb]; **eine Melodie ~** to whistle a melody ❷ SPORT give, award, referee; ■**etw ~** **ein Spiel ~** to referee a game; **einen Elfmeter ~** to award a penalty

Pfeifenbesteck *nt* pipe tools *pl* **Pfeifenkopf** *m* bowl [of a pipe] **Pfeifenraucher(in)** *m(f)* pipe smoker; **~ sein** to smoke a pipe **Pfeifenreiniger** *m* pipe-cleaner **Pfeifenständer** *m* pipe stand [*or* rack] **Pfeifenstopfer** <-s, -> *m* tamper **Pfeifentabak** *m* pipe tobacco

Pfeifente *f* ORN wigeon

Pfeifer(in) <-s, -> *m(f)* ❶ (*Pfeifender*) whistler ❷ MUS piper, fifer

Pfeifkessel *m s.* **Flötenkessel** **Pfeifkonzert** *nt* chorus [*or* hail] of catcalls [*or* whistles]; **ein ~ veranstalten** to unleash a chorus of catcalls **Pfeifton** *m* whistle

Pfeil <-s, -e> *m* ❶ SPORT arrow; **~ und Bogen** bow and arrow; *s. a.* **Amor** ❷ (*Richtungspfeil*) arrow ▶ WENDUNGEN: **alle ~e verschossen haben** to have run out of arguments; **wie ein ~** like a shot

Pfeiler <-s, -> *m* ❶ ARCHIT pillar ❷ BAU pylon

pfeilgerade *adj inv* [as] straight as an arrow, dead straight **Pfeilgift** *nt* arrow poison **pfeilschnell** *adj inv* lightning fast, like a shot **Pfeilschwanz** *m* ZOOL king [*or* horseshoe] crab **Pfeilspitze** *f* arrowhead **Pfeiltaste** *f* INFORM arrow key **Pfeilwurm** *m* ZOOL arrow worm **Pfeilwurzmehl** *nt* arrowroot

Pfennig <-s, -e *o meist nach Zahlenangabe* -> *m* pfennig; **keinen ~ [Geld] haben** not to have a penny, to be penniless; **keinen ~ wert sein** to be worth nothing; **keinen ~** not a penny; (*Pfennigstück*) pfennig piece ▶ WENDUNGEN: **wer den ~ nicht ehrt, ist des Talers nicht wert** (*prov*) take care of the pennies and the pounds will look after themselves *prov*; **nicht für fünf ~** (*fam*) not an ounce; ***er hat nicht für fünf ~ Anstand*** he hasn't an ounce of decency; **jeden ~ umdrehen** (*fam*) to think twice about every penny one spends; **mit dem** [*o* **jedem**] **~ rechnen müssen** to have to count every penny

Pfennigabsatz *m* MODE (*fam*) stiletto heel **Pfennigbetrag** *m* a few pfennigs; ***das sind doch nur Pfennigbeträge*** that's just chickenfeed **Pfennigfuchser(in)** <-s, -> [ks] *m(f)* (*fam*) miser, stinge *fam* **pfenniggroß** *adj inv* the size of a 1p piece BRIT, a little smaller than a dime AM **Pfennigstück** *nt* pfennig piece

Pferch <-es, -e> *m* pen

pferchen *vt* ■**jdn/Tiere in etw** *akk* **~** to cram [*or* pack] sb/animals into sth

Pferd <-[e]s, -e> *nt* ❶ (*Tier*) horse; **arbeiten** [*o* *fam* **schuften**] **wie ein ~** to work like a horse *fam*; **zu ~e** (*geh*) on horseback ❷ SCHACH (*Springer*) knight ▶ WENDUNGEN: **das ~ beim** [*o* **am**] **Schwanz[e] aufzäumen** (*fam*) to put the cart before the horse *fam*; **jds bestes ~ im Stall** (*fam*) sb's best man; **aufs falsche/richtige ~ setzen** (*fam*) to back the wrong/right horse; **immer langsam** [*o* **sachte**] **mit den jungen ~en!** (*fam*) hold your horses! *fam*; **die ~e scheu machen** (*fam*) to put people off *fam*; **ein Trojanisches ~** (*geh*) a Trojan horse; **keine zehn ~e** (*fam*) wild horses; ***keine zehn ~e könnten mich je dazu bringen*** wild horses couldn't make me do that; **jdm gehen die ~e durch** (*fam*) sb blows their top *fam*; **das hält ja kein ~ aus** (*fam*) that's more than anyone would put up with; **mit jdm ~e stehlen können** (*fam*) sb is game for anything *fam*; **ich glaub mich tritt ein ~!** (*fam*) well I'll be blowed! [*or* AM *fam* damned!]; **auf die ~e!** get moving! *fam*

Pferdeapfel *m meist pl* horse droppings *npl* **Pferdebahn** *f* horse-drawn tram [*or* AM streetcar] **Pferdebesitzer(in)** *m(f)* horse-owner **Pferdebohne** *f* broad bean **Pferdedieb(in)** *m(f)* horse thief **Pferdefleisch** *nt* horsemeat **Pferdefuhrwerk** *nt* horse and cart **Pferdefuß** *m* ❶ LIT (*Huf*) cloven hoof ❷ (*Haken*) catch; ***das Angebot klingt günstig, wo ist der ~?*** the offer sounds great, where's the catch? **Pferdegebiss**^RR *nt* (*fam*) teeth like a horse **Pferdekutsche** *f* horse and carriage **Pferdemähne** *f* horse's mane **Pferdepolo** *nt* SPORT polo **Pferderennbahn** *f* race course [*or* track] **Pferderennen** *nt* horse-racing **Pferderücken** *m* horseback **Pferdeschlitten** *m* horse-drawn sleigh **Pferdeschwanz** *m* ❶ (*vom Pferd*) horse's tail ❷ (*Frisur*) ponytail **Pferdestall** *m* stable **Pferdestärke** *f* (*veraltend*) horsepower **Pferdewagen** *m* carriage, horse-drawn buggy; *aus der US-Pionierzeit* wagon; *für Güter* cart **Pferdezucht** *f* horse breeding **Pferdezüchter(in)** *m(f)* horse breeder

Pfette <-, -n> *f* BAU purlin

pfiff *imp von* **pfeifen**

Pfiff <-s, -e> *m* ❶ (*Pfeifton*) whistle ❷ (*fam: Reiz*) pizzazz, flair

Pfifferling <-[e]s, -e> *m* BOT, KOCHK chanterelle ▸ WENDUNGEN: **keinen ~ wert sein** to not be worth a thing; **keinen** [*o* **nicht einen**] **~** (*fam*) not a penny *fam*

pfiffig **I.** *adj* sharp, smart **II.** *adv* sharply, smartly

Pfiffigkeit <-> *f kein pl* sharpness

Pfiffikus <-[ses], -se> *m* (*fam o hum*) smart lad *masc* [*or fem* lass] BRIT

Pfingsten <-, -> *nt meist ohne Artikel* Whitsun, Whit Sunday; (*Pfingstwochenende*) Whitsuntide; **an** [*o* **zu**] [*o* **über**] **~** at Whitsun

Pfingstferien *pl* Whitsun holidays [*or* AM vacation] **Pfingstfest** *nt* (*geh*) *s.* **Pfingsten** **Pfingstmontag** *m* Whit Monday **Pfingstrose** *f* peony **Pfingstsonntag** *m* Whit Sunday, Pentecost *spec* **Pfingsttag** *m* Whitsun, Whit Sunday **Pfingstwoche** *f* Whit week

Pfirsich <-s, -e> *m* BOT, KOCHK peach

Pfirsichanbau *m* peach cultivation **Pfirsichbaum** *m* peach tree **Pfirsichernte** *f* peach harvest **Pfirsichhaut** *f* peach skin **Pfirsichplantage** *f* peach plantation **Pfirsichsaft** *f* peach juice

Pflanze <-, -n> *f* plant; **~n fressend** herbivorous; **Fleisch fressende ~** carnivorous plant

pflanzen **I.** *vt* ■**etw ~** to plant sth **II.** *vr* (*fam*) ■**sich irgendwohin ~** to plonk [*or* AM *a.* plunk] oneself somewhere *fam*

Pflanzenbestand *m* plant formation, phytome *spec* **Pflanzendecke** *f meist sing* plant [*or* vegetation] cover **Pflanzenextrakt** *nt* plant extract **Pflanzenfaser** *f* plant fibre [*or* AM -er] **Pflanzenfett** *nt* vegetable fat **Pflanzenfresser** *m* herbivore **Pflanzengesellschaft** *f* plant society **Pflanzengift** *nt* ❶ (*Gift aus Pflanzen*) phytotoxin ❷ (*giftig für Pflanzen*) phytotoxicant **Pflanzenkunde** *f* botany **Pflanzenöl** *nt* vegetable oil **Pflanzenreich** *nt kein pl* plant kingdom *no pl* **Pflanzenschädling** *m* [garden] pest **Pflanzenschauhaus** *nt* botanical conservatory **Pflanzenschutz** *m* AGR, CHEM pest control; **biologischer ~** biological pest control **Pflanzenschutzmittel** *nt* pesticide **Pflanzensoziologie** *f* phytosociology **Pflanzenwelt** *f* flora, plant life

Pflanzer(in) <-s, -> *m(f)* planter

pflanzlich **I.** *adj attr* ❶ (*vegetarisch*) vegetarian ❷ (*aus Pflanzen gewonnen*) vegetable, plant-based **II.** *adv* **sich ~ ernähren** to eat a vegetarian diet

Pflanzung <-, -en> *f* ❶ *kein pl* (*das Pflanzen*) planting ❷ AGR *s.* **Plantage**

Pflaster <-s, -> *nt* ❶ MED plaster ❷ BAU road [*or* paved] surface ▸ WENDUNGEN: **ein gefährliches** [*o* **heißes**] **~** (*fam*) a dangerous place; **ein teures ~** (*fam*) an expensive town [*or* area]

Pflasterer(in) <-s, -> *m(f)* road worker

Pflastermaler(in) *m(f)* pavement artist

pflastern **I.** *vt* ■**etw** [**mit etw**] **~** to surface sth [with sth]; **etw mit Steinplatten ~** to pave sth with flagstones **II.** *vi* to pave

Pflasterstein ['pflaste] *m* paving stone

Pflasterung <-, -en> *f* BAU ❶ *kein pl* (*das Pflastern*) paving ❷ (*gepflasterte Fläche*) paving

Pflaume <-, -n> *f* ❶ KOCHK plum ❷ BOT, HORT plum tree ❸ (*fam: Pfeife*) twat *pej fam*

Pflaumenbaum *m* plum tree **Pflaumenkern** *m* plum stone **Pflaumenkompott** *nt* stewed plums *pl* **Pflaumenkuchen** *m* plum tart **Pflaumenmarmelade** *f* plum jam **Pflaumenmus** *nt* plum jam [*or* butter] **Pflaumenschale** *f* plum skin **Pflaumenschnaps** *m* plum schnapps **Pflaumenstängel**^RR^ *m* plum stem

Pflege <-> *f kein pl* ❶ (*kosmetische Behandlung*) care, grooming ❷ MED care, nursing; **jdn/ein Tier** [**bei jdm**] **in ~ geben** to have sb/an animal looked after [by sb]; **jdn/ein Tier** [**von jdm**] **in ~ nehmen** to look after [sb's] sb/animal ❸ HORT care, attention ❹ (*geh: Kultivierung*) cultivation, fostering ❺ (*Instandhaltung*) upkeep; **~ und Wartung** upkeep and maintenance

Pflegeanweisung *f* care instructions *pl* **pflegebedürftig** *adj* ❶ (*der Fürsorge bedürfend*) in need of care *pred;* ■**~ sein** to be in need of [permanent] care, to need looking after [*or* permanent care] ❷ (*Versorgung erfordernd*) ■**~ sein** to need looking after, to be in need of care; ***die Instrumente sind sehr ~*** the instruments need a lot of looking after [*or* a lot of care and attention] [*or* need to be carefully looked after] **Pflegebedürftige(r)** *f(m) decl wie adj* person in need of [permanent] nursing [*or* care] **Pflegedienst** *m* care [*or* nursing] service **Pflegeeltern** *pl* foster parents *pl* **Pflegefall** *m* nursing case, sb who needs constant [*or* permanent] nursing care; **jd ist ein ~** sb needs constant nursing care **Pflegegeld** *nt* care allowance **Pflegeheim** *nt* nursing home **Pflegehelfer(in)** *m(f)* nursing auxiliary **Pflegehelfer(in)** *m(f)* nursing auxiliary **Pflegekasse** *f* nursing insurance company **Pflegekind** *nt* foster child **Pflegekosten** *pl* nursing fees *pl* **Pflegekraft** *f* carer, nurse **pflegeleicht** *adj* easy-care *attr,* that doesn't need much care [*or* looking after] *pred;* **ein ~es Tier/~er Mensch** an animal that/a person who is easy to cope with [*or* look after] **Pflegelinie** *f* skin-care range **Pflegemittel** *nt* ❶ (*Kosmetika*) cosmetic product ❷ (*Reinigungsmittel*) cleaning product **Pflegemutter** *f* foster mother

pflegen **I.** *vt* ❶ (*umsorgen*) ■**jdn ~** to care for [*or* look after] [*or* nurse] sb ❷ (*gärtnerisch versorgen*) ■**etw ~** to tend sth ❸ (*schützend behandeln*) ■**etw** [**mit etw**] **~** to look after sth [with sth] ❹ (*kosmetisch behandeln*) ■**etw** [**mit etw**] **~** to treat sth [with sth] ❺ (*gewöhnlich tun*) ■**etw zu tun ~** to usually do [*or* be in the habit of doing] sth; ***um diese Zeit pflege ich noch im Bett zu liegen*** I'm usually still in bed at this time; ***wie man zu sagen pflegt*** as they say ❻ (*geh: kultivieren*) ■**etw ~** to cultivate sth; **eine Freundschaft/eine Kunst ~** to cultivate a friendship/an art; **Beziehungen/eine Kooperation ~** to foster relations/a cooperation; **ein Hobby ~** to keep up a hobby *sep* **II.** *vr* ■**sich ~** ❶ (*Körperpflege betreiben*) to take care of one's appearance; ■**sich mit etw ~** to treat oneself [with sth]; ***ich pflege mich regelmäßig mit Körperlotion*** I use body lotion regularly ❷ (*sich schonen*) to take it [*or* things] easy *fam;* ***du solltest dich mehr ~!*** you should take things easier!

Pflegenotstand *m* shortage of nursing staff **Pflegepersonal** *nt* nursing staff + *pl vb*

Pfleger(in) <-s, -> *m(f)* [male] nurse *masc,* nurse *fem*

Pflegereihe *f* skin-care range

pflegerisch **I.** *adj* nursing *attr;* **~e Öle** balsamic oils **II.** *adv* as a nurse

Pflegesatz *m* hospital charges *pl,* daily rate [*or* charge] for a hospital bed **Pflegeserie** *f* line of cosmetic products **Pflegeshampoo** *nt* PHARM cosmetic shampoo **Pflegesohn** *m* foster son **Pflegespülung** *f* conditioner **Pflegetochter** *f* foster daughter **Pflegetücher** *pl* baby [cleansing] wipes *pl* **Pflegevater** *m* foster father **Pflegeversicherung** *f* private nursing insurance

pfleglich **I.** *adj* careful; ***ich bitte um ~e Behandlung!*** please handle with care **II.** *adv* carefully, with care

Pflegling <-s, -e> *m* sb/sth being cared for; *child* charge; *baby* nursling

Pflegschaft <-, -en> *f* JUR curatorship, tutelage, wardship; (*von Minderjährigen*) guardianship

Pflegschaftssachen *pl* JUR wardship cases

Pflicht <-, -en> *f* ❶ (*Verpflichtung*) duty, responsibility; ■**jds ~/~en als jd** sb's duty [*or* responsibility]/duties [*or* responsibilities] as sb; **jds verdammte ~ und Schuldigkeit sein, etw zu tun** (*sl*) sb damn [*or* BRIT *a.* bloody] well ought to do sth *sl;* **sich** *dat* **zur ~ machen, etw zu tun** to make it one's duty [*or* take it upon oneself] to do sth; **die ~ haben, etw zu tun** to have the duty to do sth; **eheliche ~en** conjugal duties; **jdn** [**durch etw**] **in die ~ nehmen** (*geh*) to remind sb of his duty [through sth], to insist on sb discharging his responsibility; **die ~ ruft** duty calls; **nur seine ~ tun** to only do one's duty; *s. a.* **Recht** ❷ SPORT compulsory section [*or* exercise]

Pflichtaktie *f* BÖRSE qualifying share **Pflichtbesuch** *m* ❶ SCH compulsory attendance ❷ (*moralisch*) obligatory visit **pflichtbewusst**^RR^ *adj* conscientious; ■**~ sein** to be conscientious, to have a sense of duty **Pflichtbewusstsein**^RR^ *nt* sense of duty *no pl* **Pflichteinlage** *f* FIN compulsory contribution of capital (*e.g. in a partnership*)

Pflichtenheft *nt* ❶ (*Auflistung der zu erfüllenden Aufgaben*) duties record book ❷ (*Beschreibung des Aufgabenfelds*) job description ❸ INFORM system specification **Pflichtenkollision** *f* JUR conflicting duties *pl*

Pflichterfüllung *f kein pl* fulfilment [*or* AM *a.* fulfillment] [*or* performance] of one's duty **Pflichtexemplar** *nt* VERLAG deposit copy **Pflichtfach** *nt* compulsory subject **Pflichtgefühl** *nt kein pl s.* **Pflichtbewusstsein** **pflichtgemäß** **I.** *adj* dutiful **II.** *adv* dutifully, in accordance with one's duty **pflichtgetreu** **I.** *adj* dutiful **II.** *adv* dutifully **Pflichtlektüre** *f* compulsory [*or* required] reading *no pl, no indef art* **Pflichtmitglied** *nt in der Krankenversicherung* compulsory [*or* statutory] member **Pflichtschule** *f* (*form*) compulsory school **Pflichtteil** *m o nt* JUR statutory [minimum] portion (*of an inheritance*) **Pflichtteilsanspruch** *m* JUR claim to legal portion, entitlement to a compulsory portion **Pflichtteilsberechtigte(r)** *f(m)* JUR person entitled to a compulsory portion **Pflichtübung** *f* SPORT *s.* **Pflicht 2** **pflichtvergessen** *adj inv* negligent, neglectful of one's duty; **~ handeln** to act negligently [*or* irresponsibly] **Pflichtverletzung** *f* JUR neglect [*or* breach] of duty [*or* dereliction]; **grobe ~** gross breach of duty **Pflichtversäumnis** *nt* JUR default, neglect of duty **pflichtversichert** *adj* compulsorily insured **Pflichtversicherte(r)** *f(m) dekl wie adj* compulsorily insured person **Pflichtversicherung** *f* compulsory insurance *no pl, no art* **Pflichtverteidiger(in)** *m(f)* JUR court-appointed defence [*or* AM -se] counsel **Pflichtwidrigkeit** *f* JUR violation of duty

Pflock <-[e]s, Pflöcke> *m* stake; (*Zelt~*) peg

pflücken *vt* ■**etw ~** to pick sth

Pflücker(in) <-s, -> *m(f)* picker

Pflug <-es, Pflüge> *m* plough, *esp* AM plow; **unter den ~ kommen/unter dem ~ sein** (*geh*) to come/be under the plough *form;* **etw unter den ~ nehmen** (*geh*) to put sth to the plough *form*

pflügen **I.** *vi* to plough, *esp* AM to plow **II.** *vt* ■**etw ~** to plough [*or esp* AM plow] sth

Pflüger <-s, -> *m* (*veraltend*) ploughman, *esp* AM plowman

Pflugfalz *m* TYPO plow fold

Pflugschar <-, -en> *f* ploughshare, *esp* AM plowshare

Pflümli <-, -s> *nt* SCHWEIZ plum schnapps

Pfortader *f* ANAT portal vein

Pforte <-, -n> *f* ❶ (*Tor, bewachter Eingang*) gate ❷ GEOG gap; **die Burgundische ~** the Belford Gap ▸ WENDUNGEN: **seine ~n schließen** (*geh*) to close one's doors for good [*or* down]

Pförtner <-s, -> *m* ANAT pylorus

Pförtner(in) <-s, -> *m(f)* porter BRIT, doorman AM; *Wohnblock* doorkeeper; *Tor* gatekeeper

Pförtnerloge [lo:ʒə] *f* doorkeeper's [*or* gatekeeper's] office, BRIT *a.* porter's lodge

Pfosten <-s, -> *m* ❶ (*Pfahl*) post ❷ (*Stützpfosten*) post; *Tür, Fenster* jamb ❸ SPORT post, upright

Pfötchen <-s, -> *nt dim von* **Pfote** [little] paw; [**gib**]

~! [give me a] paw!
Pfote <-, -n> *f* ❶ (*von Tieren*) paw ❷ KOCHK [pig's] trotter ❸ (*fam*) paw *fam*, mitt *sl*; **sich** *dat* **die ~n [an etw** *dat*] **verbrennen** (*fam*) to burn one's fingers [on/with sth] *fam*
Pfriem <-[e]s, -e> *m* awl
Pfropf <-[e]s, -e *o* Pröpfe> *m* MED clot
pfropfen¹ *vt* ❶ (*hineindrücken*) ■**etw in etw** *akk* ~ to shove [*or* BRIT *a.* bung] sth into sth *fam* ❷ (*hineinzwängen*) ■**etw in etw** *akk* ~ to cram sth into sth
pfropfen² *vt* HORT ■**etw** ~ to graft sth
Pfropfen <-s, -> *m* stopper, plug
Pfropfung <-, -en> *f* HORT grafting
Pfründe <-, -n> *f* sinecure
Pfründenrecht *nt* JUR right to a benefice
Pfuhl <-s, -e> *m* (*veraltend*) [stagnant] pond
pfui *interj* tut tut; (*Ekel*) ugh, yuck; **~, schäme dich!** tut tut, shame on you!; *s. a.* **Teufel, Deibel**
Pfund <-[e]s, -e *o nach Zahlenangabe* -> *nt* ❶ (*500 Gramm*) pound ❷ (*Währungseinheit*) pound; **in ~** in pounds ► WENDUNGEN: **mit seinem ~e wuchern** (*geh*) to make the most of one's talent
pfundig *adj* (*fam*) great *fam*, fantastic *fam*
Pfundsangebot *nt* DIAL (*fam*) great offer *fam* **Pfundskerl** *m* DIAL (*fam*) great guy [*or* BRIT *a.* bloke] *fam*
pfundweise *adj inv* by the pound
Pfusch <-[e]s> *m kein pl* (*fam*) sloppy job, botch-up, bodge [*or* AM botch] [job] *fam*
Pfuscharbeit *f* (*fam*) *s.* **Pfusch**
pfuschen *vi* ❶ (*mogeln*) ■[**bei etw**] ~ to cheat [at/in sth] ❷ (*schlampen*) to botch [up], BRIT *a.* to bodge *fam*, to be sloppy; *s. a.* **Handwerk**
Pfuscher(in) <-s, -> *m(f)* (*fam*) ❶ SCH cheat ❷ (*pfuschender Handwerker*) botcher, BRIT *a.* bodger *fam*, cowboy *fam*
Pfuscherei <-, -en> *f* bungling, botching
Pfütze <-, -n> *f* puddle
PGP *nt* INET (*Datenverschlüsselungsprogramm*) *Abk von* **Pretty Good Privacy** PGP
PH <-, -s> [pe:ˈha:] *f Abk von* **Pädagogische Hochschule** teacher training college
Phage <-n, -n> *m* BIOL phage
Phagozytose <-> *f kein pl* BIOL phagocytosis
phagozytotisch *adj* MED phagocytic
Phalanx <-, -langen> *f* HIST, ANAT, MIL phalanx
Phallen, Phalli *pl von* **Phallus**
phallisch *adj* (*geh*) phallic
Phallus <-, -se *o* Phalli *o* Phallen> *m* (*geh*) phallus
Phalluskult *m* phallic cult
Phänomen <-s, -e> *nt* ❶ (*Erscheinung*) phenomenon ❷ (*außergewöhnlicher Mensch*) phenomenon; ***du bist ja ein ~!*** you're phenomenal!
phänomenal *adj* phenomenal
Phänomenologie <-> *f kein pl* PHILOS phenomenology
Phänotyp *m* BIOL phenotype
Phantasie <-, -n> [ˈzi:ən] *f s.* **Fantasie¹**
phantasiebegabt *adj* (*geh*) *s.* **fantasievoll** **Phantasiegebilde** *nt s.* **Fantasiegebilde** **phantasielos** *adj s.* **fantasielos** **Phantasielosigkeit** <-> *f s.* **Fantasielosigkeit** **Phantasiepreis** *nt s.* **Fantasiepreis**
phantasieren* *s.* **fantasieren**
phantasievoll *adj s.* **fantasievoll**
Phantast(in) <-en, -en> *m(f) s.* **Fantast**
Phantasterei <-, -en> *f s.* **Fantasterei**
Phantastin <-, -nen> *f fem form von* **Fantast**
phantastisch *adj, adv s.* **fantastisch**
Phantom <-s, -e> *nt* phantom
Phantombild *nt* identikit® [*picture*] BRIT, composite sketch AM
Phantomschmerz *m* phantom [limb] pain
Pharao, Pharaonin <-s, Pharaonen> *m, f* Pharaoh
Pharaonendynastie *f* Pharaonic dynasty, dynasty of the Pharaohs **Pharaonengrab** *nt* Pharaonic tomb, tomb of a Pharaoh
Pharaonin <-, -nen> *f fem form von* **Pharaon**

Pharisäer <-s, -> *m* ❶ HIST Pharisee ❷ (*geh*) hypocrite ❸ (*Getränk*) coffee with rum
Pharmaforschung *f* pharmaceutical research **Pharmahersteller** *m* drug manufacturer **Pharmaindustrie** *f* pharmaceutical industry
Pharmakologe, -login <-n, -n> *m, f* pharmacologist
Pharmakologie <-> *f kein pl* pharmacology *no pl, no art*
Pharmakologin <-, -nen> *f fem form von* **Pharmakologe**
pharmakologisch *adj* pharmacological
Pharmakonzern *m* pharmaceutical company **Pharmareferent(in)** *m(f)* pharmaceutical representative
Pharmazeut(in) <-en, -en> *m(f)* pharmacist
Pharmazeutik <-> *f kein pl* pharmaceutics + *sing vb*, pharmacy
pharmazeutisch *adj* pharmaceutical; **~-technischer Assistent** pharmaceutical assistant
Pharmazie <-> *f kein pl* pharmaceutics + *sing vb*, *no art*, pharmacy *no pl, no art*
Pharming <-[s]> *nt kein pl* pharming, pharmaceutical farming
Phase <-, -n> *f* ❶ (*geh: Abschnitt*) phase ❷ ELEK phase
phasengleich *adj* INFORM in phase
Phenol <-s, -e> *nt* phenol
Phenylketonurie <-e> *f kein pl* MED phenylketonuria
Pheromon <-s, -e> *nt* BIOL pheromone
Philanthrop(in) <-en, -en> *m(f)* (*geh*) philanthropist
philanthropisch *adj inv* (*geh*) philanthropic[al]
Philatelie <-> *f kein pl* philately *no pl*
Philatelist(in) <-en, -en> *m(f)* (*form*) philatelist
Philharmonie <-, -n> [ˈni:ən] *f* ❶ (*Institution*) Philharmonia, Philharmonic [orchestra] ❷ (*Gebäude*) Philharmonic hall
Philharmoniker(in) <-s, -> *m(f)* member of a/the philharmonic orchestra; ***die ~*** the Philharmonic [Orchestra]
philharmonisch *adj* philharmonic
Philippiner(in) <-s, -> *m(f)* Filipino; *s. a.* **Deutsche(r)**
philippinisch *adj* Philippine, Filipino; *s. a.* **deutsch**
Philister <-s, -> *m* ❶ HIST Philistine ❷ (*geh: Spießer*) philistine
philisterhaft <-er, -este> *adj* (*geh o pej*) philistine *pej*, like a Philistine *pej*
Philodendron <-s, Philodendren> *m o nt* BOT philodendron
Philologe, -login <-n, -n> *m, f* philologist
Philologie <-, -n> [ˈgi:ən] *f* philology *no pl, no art*
Philologin <-, -nen> *f fem form von* **Philologe**
philologisch *adj* philological
Philosoph(in) <-en, -en> *m(f)* philosopher
Philosophie <-, -n> [ˈfi:ən] *f* philosophy
philosophieren* *vi* (*geh*) ■[**über etw** *akk*] ~ to philosophize [about sth]
Philosophin <-, -nen> *f fem form von* **Philosoph**
philosophisch *adj* philosophical
Phiole <-, -n> *f* phial, vial
Phlegma <-s> *nt kein pl* (*geh*) apathy *no pl*, torpidity *no pl form*
Phlegmatiker(in) <-s, -> *m(f)* phlegmatic person; (*träg*) lethargic [*or* apathetic] person
phlegmatisch *adj* (*geh*) apathetic, phlegmatic, torpid *form*
Phlox <-es, -e> *m* HORT phlox
pH-neutral *adj inv* pH-neutral
Phobie <-, -n> [ˈbi:ən] *f* phobia; ■**jds ~ vor etw/einem Tier** sb's phobia about sth/an animal
Phon <-s, -s *o nach Zahlenangabe* -> *nt* phon
Phonem <-s, -e> *nt* phoneme
Phonetik <-> *f kein pl* phonetics + *sing vb*
phonetisch *adj* phonetic; **~e Schrift** phonetic composition [*or* typesetting]
Phönix <-[es], -e> *m* HIST, LIT phoenix ► WENDUNGEN: **wie ein ~ aus der Asche [auf]steigen** (*geh*) to rise like a phoenix from the ashes
Phönizier(in) <-s, -> *m(f)* Phoenician
phönizisch *adj* Phoenician
Phonologie <-> *f kein pl* phonology *no pl*
phonologisch *adj* phonological
Phonotypist(in) <-en, -en> *m(f)* audio typist
Phosphat <-[e]s, -e> *nt* phosphate
Phosphatdünger *m* phosphate fertilizer
phosphatfrei *adj inv* CHEM phosphate-free, [which is [*or* are]] free of phosphates *pred* **phosphathaltig** *adj inv* CHEM which contains phosphates *pred*, phosphatic *spec*
Phospholipid *nt* BIOL phospholipid
Phospholipide *pl* CHEM phospholipid, phosphatide
Phosphor <-s> *m kein pl* phosphorus *no pl, no indef art*
Phosphorbeschichtung *f* phosphor coating
Phosphoreinleitung *f* phosphorous discharge
Phosphoreszenz <-> *f kein pl* phosphorescence
phosphoreszieren* *vi* to phosphoresce, to be phosphorescent
phosphoreszierend *adj inv* phosphorescent
Photo <-s, -s> *nt s.* **Foto**
Photoapparat *m s.* **Fotoapparat** **Photobiologie** *f* photobiology **Photochemie** *f* photochemistry **photochemisch** *adj* photochemical **Photoeffekt** *m* PHYS photoelectric effect **Photoelektrizität** *f s.* **Fotoelektrizität** **Photoelement** *nt* photoconductor
photogen *adj inv s.* **fotogen**
Photographie <-, -ien> *f s.* **Fotografie**
Photon <-s, -tonen> *nt* photon
Photophosphorylierung <-, -en> *f* BIOL photophosphorylation **Photosphäre** *f* ASTRON photosphere **Photosynthese** *f s.* **Fotosynthese** **Photovoltaik** <-> *f kein pl* photovoltaic conversion **Photozelle** *f* photoelectric cell, photocell
Phrase <-, -n> *f* ❶ (*pej: sinnentleerte Redensart*) empty [*or* hollow] phrase; **~n dreschen** (*pej fam*) to churn out hollow phrases ❷ (*Ausdruck*) phrase
Phrasendrescher(in) <-s, -> *m(f)* (*pej*) windbag
Phraseologie <-, -n> [ˈgi:ən] *f* phraseology
phraseologisch *adj* phraseological
pH-Wert [peˈha:] *m* **reines Wasser hat einen ~ von 7** pure water has a pH of 7
Phylogenese <-, -n> *f* BIOL phylogeny
Physik <-> *f kein pl* physics + *sing vb, no art*
Physika *pl von* **Physikum**
physikalisch *adj* MED, PHYS physical; **~e Gesetze** physical laws, laws of physics; **~e Experimente** physics experiments
Physiker(in) <-s, -> *m(f)* physicist
Physiklehrer(in) *m(f)* physics teacher **Physiknote** *f* physics mark **Physiksaal** *m* physics lab[oratory]
Physikum <-s, -ka> *nt* SCH *intermediate examination for medical students*
Physiogeographie *f* physical geography
Physiognomie <-, -n> [ˈmi:ən] *f* (*geh*) physiognomy
Physiologe, -login <-n, -n> *m, f* physiologist
Physiologie <-> *f kein pl* physiology
Physiologin <-, -nen> *f fem form von* **Physiologe**
physiologisch *adj* physiological
Physiotherapeut(in) <-en, -en> *m(f)* physiotherapist, physical therapist; SPORT trainer
Physiotherapie *f kein pl* physiotherapy, physical therapy
physisch *adj* physical
Phytoplankton *nt* phytoplankton
Pi <-[s], -s> *nt* LING, MATH pi
Pianino <-s, -s> *nt* pianino, cottage piano
Pianist(in) <-en, -en> *m(f)* pianist
Piano <-s, -s> *nt* (*geh*) piano
Pianobar *f* piano bar
picheln I. *vi* DIAL (*fam*) to booze *fam* II. *vt* ► WENDUNGEN: **einen ~** DIAL (*fam*) to knock 'em back; (*fam*) to have a drink [*or* BRIT *a. sl* bevvy] [or two]
Picke <-, -n> *f* icepick

Pickel <-s, -> *m* ① (*Hautunreinheit*) pimple, Brit *a.* spot, Am zit ② (*Spitzhacke*) pickaxe; (*Eispickel*) ice-pick
Pickelhaube *f* HIST spiked helmet
Pickelhering *m* (*pej*) pizza-face, Am *a.* zit-face, Brit *a.* spotty
pick(e)lig *adj* spotty Brit, pimply Am
picken I. *vi* ① ORN ■ [**nach jdm/etw**] ~ to peck [at sb/sth] ② (*heraussuchen*) ■ **etw aus etw** ~ to pick sth out of sth II. *vt* ■ **etw** ~ to pick sth
Picknick <-s, -s *o* -e> *nt* picnic; ~ **machen** to have a picnic
picknicken *vi* to [have a] picnic
Picknickkoffer *m* picnic hamper
picobello *adv* (*fam*) spotlessly, immaculately, spick and span *fam*; ***ihre Küche ist stets ~ aufgeräumt*** her kitchen is always spick and span
Pictogramm *nt* pictogram
Piefe <-s, -s> *m* insignificant boaster, pompous fellow
Pieform ['paj-] *f* pie dish
pieken *vi* NORDD *Nadel* to prick; *Mücke* to bite
piekfein *adj* (*fam*) posh *fam*
pieksauber *adj inv* (*fam*) spotless
piep *interj* peep, tweet[-tweet], cheep[-cheep]; ~ **machen** to peep; **nicht mehr ~ sagen können** (*fam*) to not be able to utter another peep
Piep <-s> *m* ▸ Wendungen: **einen ~ haben** (*fam*) to be out of [*or* Brit *a.* off] one's head *fam*, to have a screw loose *fam*; **keinen ~ von sich geben, keinen ~ sagen** (*fam*) to not make a sound *fam*; **keinen ~ mehr sagen** (*fam*) to have had it *fam*, to be a goner *fam*
piepe, piepegal *adj pred* (*fam*) ■ [**jdm**] ~ **sein** to be all the same [to sb]; ***mir ist das ~!*** it's all the same to me!, I couldn't care less!
Piepen *pl* (*fam*) **keine ~ haben** to have no dough *fam* [*or* Brit *a.* dosh], to not have any green stuff [*or* moolah] Am *fam*; ***ein paar hundert ~*** a couple of hundred marks
piepen *vi* ① (*leise Pfeiftöne erzeugen*) to peep; (*Maus*) to squeak ② (*hohe Töne erzeugen*) *Gerät* to bleep ③ (*fam*) **bei jdm piept es** sb is off their head *fam*; **zum P~ sein** (*fam*) to be a scream *fam*
Pieper <-s, -> *m* ORN pipit
piepsen I. *vi* ① *s.* **piepen** ② (*mit hoher Stimme sprechen/singen*) to speak/sing in a high delicate voice, to pipe II. *vt* ■ **etw** ~ to say/sing sth in a high delicate voice
Piepser <-s, -> *m* (*fam*) bleeper
piepsig *adj* (*fam*) ① (*hoch und leise*) ~**e Stimme** squeaky voice ② (*klein und zart, winzig*) tiny
Pier[1] <-s, -s *o* -e> *m* pier, jetty
Pier[2] <-[e]s, -e> *m* lugworm
piercen [-sən] *vt* ■ **etw** ~ to pierce sth; **sich** *dat* **den Bauchnabel/die Nase/die Augenbraue ~ lassen** to get one's belly button/nose/eyebrow pierced
Piercing <-[s]> *nt kein pl* MODE piercing *no pl, no art*
piesacken *vt* (*fam*) ■ **jdn** ~ to pester sb
pieseln *vi* (*fam*) *Regen* to drizzle; *Urin* to pee *fam*
Pietät <-> [pie'tɛːt] *f kein pl* (*geh: Ehrfurcht*) reverence *no pl*; (*Achtung*) respect *no pl*; (*Frömmigkeit*) piety *no pl*
pietätlos [pie'tɛːt] *adj* (*geh*) irreverent, disrespectful, impious
Pietätlosigkeit <-, -en> [pie'tɛːt] *f* (*geh*) ① *kein pl* (*pietätlose Einstellung*) irreverence *no pl*, lack of respect *no pl*, impiety *no pl* ② (*pietätlose Bemerkung*) irreverence, impiety
pietätvoll [pie'tɛːt] *adj* (*geh*) reverent, respectful
Pietismus <-> [pie'tɪsmʊs] *m* REL, HIST ■ **der** ~ Pietism
Pietist(in) <-en, -en> [pie'tɪst] *m(f)* REL, HIST Pietist
pietistisch [pie'tɪstɪʃ] *adj* REL, HIST pietistic
Piezotechnik *f* PHYS piezo technique
Pigment <-s, -e> *nt* pigment
Pigmentfleck *m* pigmentation mark
Pigmentierung <-, -en> *f* MED pigmentation
Pigmentpapier *nt* carbon tissue, pigment paper
Pigmentzelle *f* BIOL pigment cell
Pik[1] *m* (*Bergspitze*) peak ▸ Wendungen: **einen ~ auf jdn haben** (*fam*) to harbour [*or* Am -or] a grudge against sb
Pik[2] <-s, -> *nt* KARTEN ① (*Farbe*) spades *pl* ② (*Karte*) spade
pikant I. *adj* ① KOCHK piquant, spicy ② (*frivol*) racy, risqué II. *adv* piquantly, spicily
Pikdame *f* KARTEN queen of spades
Pike <-, -n> *f* HIST pike ▸ Wendungen: **von der ~ auf dienen** to rise from the ranks; **von der ~ auf lernen** to start at the bottom; **sich von der ~ auf hocharbeiten** to work one's way up
Pikee <-s, -s> *m* MODE piqué
piken I. *vt* (*fam*) ■ **jdn** [**mit etw**] ~ to prick sb [with sth] II. *vi* (*fam*) to prickle
pikiert I. *adj* (*geh*) peeved, indignant, piqued; ■ [**über etw** *akk*] ~ **sein** to be peeved [*or* piqued] [*or* indignant] [about sth] II. *adv* (*geh*) peevishly, indignantly
Pikkolo[1] <-s, -s> *m* ① (*Kellner*) trainee waiter ② (*fam*) mini bottle (*of champagne o sparkling wine*)
Pikkolo[2] <-s, -s> *nt* MUS piccolo **Pikkoloflasche** *f* mini bottle (*of champagne/sekt/sparkling wine*) **Pikkoloflöte** *f* MUS piccolo [flute]
piksen I. *vt* (*fam*) ■ **jdn** ~ to prick sb II. *vi* (*fam*) to prick
Piksieben *f* KARTEN seven of spades ▸ Wendungen: **wie ~ dastehen** (*fam*) to look completely bewildered, to stand [there] dumbfounded
Pikte, Pitin <-n, -n> *m, f* HIST Pict
Piktogramm <-s, -e> *nt* pictogram, icon, ikon
Pilger(in) <-s, -> *m(f)* pilgrim
Pilgerfahrt *f* pilgrimage **Pilgerhut** *m* pilgrim's hat
Pilgerin <-, -nen> *f fem form von* **Pilger**
Pilgermuschel *f* deep sea scallop
pilgern *vi sein* ■ **irendwohin** ~ ① (*fam*) to wend one's way somewhere ② REL (*veraltend: wallfahren*) to make [*or* go on] a pilgrimage to somewhere
Pille <-, -n> *f* pill; ■ **die ~** (*Antibabypille*) the pill; **die ~ nehmen** to be on the pill; **die ~ danach** the morning-after pill; **die ~ für den Mann** the male pill ▸ Wendungen: **eine bittere ~** [**für jdn**] **sein** (*fam*) to be a bitter pill [for sb] to swallow; **eine bittere ~ schlucken müssen** (*fam*) to have to swallow a bitter pill; **jdm eine bittere ~ versüßen** (*fam*) to sweeten the pill for sb
Pillendreher *m* ZOOL dung beetle, Egyptian sacred scarab **Pillenknick** *m* decline in the birth rate (*due to the pill*) **Pillenschachtel** *f* pillbox, Brit *a.* packet of pills
Pilot <-en, -en> *m* MODE moleskin [twill]
Pilot(in) <-en, -en> *m(f)* ① LUFT pilot ② SPORT (*sl*) racing driver
Pilotabschluss[RR] *m* ÖKON, POL pilot agreement **Pilotanlage** *f* TECH pilot plant **Pilotballon** *m* METEO pilot balloon
Pilotenkoffer *m* pilot's case
Pilotfilm *m* pilot film
Pilotin <-, -nen> *f fem form von* **Pilot**
Pilotphase *f* pilot phase **Pilotprogramm** *nt* ÖKON pilot programme [*or* Am -am] **Pilotprojekt** *nt* pilot scheme [*or* project] **Pilotstudie** *f* pilot study **Pilotversuch** *m* pilot project [*or* Brit *a.* scheme]
Pils <-, -> *nt* pils, pilsner
Pilz <-es, -e> *m* ① BOT fungus; (*Speise~*) mushroom; **in die ~e gehen** (*fam*) to go mushroom-picking [*or* mushrooming] ② MED fungal skin infection ▸ Wendungen: **wie ~e aus dem Boden** [*o* **aus der Erde**] **schießen** to mushroom, to spring up like mushrooms
Pilzerkrankung *f* fungal disease
Pilzfaden *m* fungal filament, hypha *spec* **Pilzfreund(in)** *m(f)* mushroom-lover **Pilzgericht** *nt* mushroom dish **Pilzgift** *nt* mycotoxin *spec* **Pilzkopf** *m*, **Pilzkopffrisur** *f* (*veraltend fam*) Beatle [hair]cut **Pilzkrankheit** *f* fungal disease **Pilzkunde** *f* ① BOT mycology ② (*Buch über Pilze*) mushroom guide **Pilzsammler(in)** *m(f)* mushroom picker **Pilzvergiftung** *f* fungus poisoning *no art* **Pilzzucht** *f* mushroom culture
Piment <-s> *m kein pl* allspice, pimento
Pimentbeere *f* pimento berry
Pimmel <-s, -> *m* (*fam*) willie Brit *fam*, weenie Am *fam*
Pimpf <-[e]s, -e> *m* ① (*fam*) squirt *fam* ② HIST (*jüngster Angehöriger der Jugendbewegung*) youngest member of the [German] Youth Movement [early 1900s]; (*Mitglied des Jungvolks* [*NS*]) member of the junior section of the Hitler Youth [10–14-year-olds]
Pin *nt Abk von* **personal identification number** pin
pingelig *adj* (*fam*) fussy, finicky *fam*, pernickety *fam*, Am *a.* persnickety *fam*
Pingpong <-s, -s> *nt* ping-pong
Pinguin <-s, -e> *m* penguin
Pinie <-, -n> [niə] *f* BOT stone pine
Pinienkern *m* pine kernel [*or* nut]
pink *adj* pink
Pinke[1] <-, -n> *f* NORDD (*Segelschiff*) pink
Pinke[2], **Pinkepinke** <-> *f kein pl* (*fam*) dough *no pl sl*, Brit *a.* dosh *no pl fam*
Pinkel[1] <-s, -> *m* **ein feiner** [*o* **vornehmer**] ~ (*fam*) dandy, Brit *a.* a nob [*or* toff] *fam*
Pinkel[2] <-, -n> *f* KOCHK NORDD *spicy, smoked fatty pork/beef sausage* (*eaten with curly kale*)
pinkeln *vi* ① (*fam: urinieren*) to pee *fam*, to piddle *fam*; ■ **irgendwohin** ~ to pee somewhere ② *impers* (*leicht regnen*) ***es pinkelt schon wieder*** it's drizzling [*or* spitting] again
Pinkelpause *f* (*fam*) pee stop *fam*, stop [*or* break] for a pee *fam*
pinkfarben *adj inv* pink
pinkompatibel *adj* INFORM pin compatible
Pinne <-, -n> *f* ① NAUT tiller; **die ~ in die Hand nehmen** to pick up the tiller; **die ~ loslassen** to let go of the tiller ② (*spitzer Stift, auf dem die Magnetnadel des Kompasses ruht*) centre [*or* Am -er] pin ③ (*keilförmiges Ende eines Hammerkopfes*) peen, pein, hammer edge ④ NORDD (*kleiner Nagel, Reißzwecke*) tack
Pinnwand *f* pinboard
Pinscher <-s, -> *m* ① (*Hund*) pinscher ② (*pej fam*) pipsqueak *pej fam*
Pinsel <-s, -> *m* ① (*Mal~*) brush ② (*pej fam*) twit *fam*, idiot *pej fam* ③ JAGD tuft ④ (*derb: Penis*) dick *fam!* ▸ Wendungen: **auf den ~ drücken** [*o* **treten**] (*sl*) to step on it [*or* the gas] *fam*
pinseln I. *vt* ① (*streichen*) ■ **etw** ~ to paint sth ② (*mit dem Pinsel auftragen*) ■ **etw irgendwohin** ~ to daub sth somewhere ③ MED ■ **etw** ~ to paint sth ④ (*fam: schreiben*) to pen II. *vi* (*fam*) to paint
Pinselschwein *nt* ZOOL river hog
Pinte <-, -n> *f* (*fam*) pub Brit, bar Am
Pin-up-Girl <-s, -s> [pɪn'apgœɐl] *nt* pin-up [girl]
Pinzette <-, -n> *f* tweezers *npl*
Pionier(in) <-s, -e> *m(f)* ① (*geh: Wegbereiter*) pioneer ② MIL sapper, engineer
Pionierarbeit *f* pioneering work **Pionierfindung** *f* JUR (*Patentrecht*) pioneer invention **Pioniergeist** *m kein pl* SOZIOL pioneering spirit **Pionierzeit** *f* pioneering time [*or* period] [*or* era]
Pipapo <-s> *nt kein pl* (*fam*) **mit allem ~** with all the frills; **das ganze ~** the whole [kit and] caboodle [*or* shebang] *fam*, the works *pl fam*
Pipeline <-, -s> ['paiplain] *f* pipeline
Pipette <-, -n> *f* pipette
Pipi <-s, -s> *nt* (*Kindersprache*) wee Brit, wee-wee Am; ~ **machen** to have [*or* do] a wee[-wee]
Pipifax <-> *nt* (*fam*) nonsense
Piranha <-[s], -s> [pi'ranja] *m* piranha
Pirat(in) <-en, -en> *m(f)* ① NAUT pirate ② (*Luftpirat*) hijacker
Piratenflagge *f* pirate['s] flag **Piratenkapitän** *m* pirate captain **Piratenschatz** *m* pirate treasure **Piratensender** *m* pirate station
Piraterie <-, -n> [ˈriːən] *f* piracy *no pl, no art*
Piratin <-, -nen> *f fem form von* **Pirat**
Pirol <-s, -e> *m* ORN oriole

Pirouette <-n, -n> [pi'ruɛtə] *f* pirouette

Pirsch <-> *f kein pl* JAGD **auf die ~ gehen** to go stalking; **auf der ~ sein** [*o* **sich befinden**] to be stalking

pirschen I. *vi* JAGD ■[**auf Wild**] ~ to stalk [game] II. *vr* ■**sich irgendwohin** ~ to creep [*or* steal] somewhere

Pisse <-> *f kein pl* (*derb*) piss *fam!*

pissen *vi* ❶ (*derb: urinieren*) to piss *fam!*; ■**irgendwohin** ~ to piss somewhere ❷ *impers* (*sl: stark regnen*) ***es pisst schon wieder*** it's pissing down again *fam!*

Pissoir <-s, -s *o* -e> [pɪ'soa:ɐ] *nt* urinal

Pistazie <-, -n> [pɪs'ta:tsiə] *f* ❶ (*Baum*) pistachio tree ❷ (*Kern*) pistachio

Pistazienbaum *m* pistachio tree

Piste <-, -n> *f* ❶ (*Ski~*) piste, ski run ❷ (*Rennstrecke*) track ❸ (*unbefestigter Weg*) track ❹ (*Rollbahn*) runway

Pistenraupe *f* SPORT snowcat, piste basher *fam* **Pistensau** *f* (*derb o pej*) piste hog [*or* hooligan] *pej* **Pistenschreck** *m* (*fam o hum*) piste bandit *fam or hum*

Pistill <-s, -e> *nt* ❶ MED, KOCHK pestle ❷ BOT (*Blütenstempel*) pistil

Pistole <-, -n> *f* pistol, gun ▶ WENDUNGEN: **jdm die ~ auf die Brust setzen** to hold a gun to sb's head; **wie aus der ~ geschossen** (*fam*) like a shot *fam*

Pistolengriff *m* pistol butt **Pistolenlauf** *m* gun [*or* pistol] barrel **Pistolenmagazin** *nt* pistol magazine **Pistolentasche** *f* gun [*or* pistol] holster

Pitahaya <-, -[s]> *f* BOT pitahaya

pitsch(e)nass[RR], **pitschepatschenass** *adj* (*fam*) soaking wet

pittoresk *adj* (*geh*) picturesque

Pixel <-s, -> *nt* INFORM *kurz für* **picture element** pixel

Pixelbildschirmdarstellung *f* INFORM pixel display **Pixeldarstellung** *f* INFORM pixel display; **gleichmäßige ~** even pixel display **Pixelgrafik** *f* INFORM pixel graphics + *sing vb*

Pizza <-, -s> *f* pizza

Pizzalieferant(in) *m(f)* pizza deliverer, pizza delivery boy *masc* [*or fem* girl] [*or masc* man] [*or fem* woman] **Pizzapalette** *f* pizza board

Pjöngjang <-s> *nt* Pyongyang

Pkt. *m Abk von* **Punkt** pt

Pkw <-s, -s> ['pe:ka:ve:, pe:ka:'ve:] *m Abk von* **Personenkraftwagen**

Pkw-Produktion *f* car production

Placebo <-s, -s> [-ts-] *nt* MED, PSYCH placebo

Placeboeffekt *m* placebo effect

placken *vr* (*fam*) ■**sich** ~ to slave away *fam*

Placken <-s, -> *m* ❶ (*Flicken*) patch ❷ (*fladenförmiges Stück*) flake ❸ (*Fleck*) spot

Plackerei <-, -en> *f* (*fam*) slavery *no pl*, grind *no pl*

plädieren* *vi* ❶ JUR ■**auf etw** *akk* ~ to plead sth; **auf schuldig/unschuldig** ~ to plead guilty/not guilty ❷ (*geh*) ■**für etw** ~ to plead for sth; ■**dafür ~, dass ...** to plead, that ...

Plädoyer <-s, -s> [plɛdoa'je:] *nt* ❶ JUR [counsel's] summing-up BRIT, summation AM; **ein ~ halten** to give a summing-up, to sum up ❷ (*geh*) plea; ■**ein ~ für/gegen etw** a plea for/against sth

plafonieren* *vt* SCHWEIZ (*nach oben hin begrenzen*) ■**etw** ~ to fix a ceiling [*or* credit limit] to sth

Plage <-, -n> *f* plague, nuisance

Plagegeist *m* (*pej fam*) nuisance, pest

plagen I. *vt* ❶ (*behelligen*) ■**jdn** [**mit etw**] ~ to pester [*or* torment] sb [with sth] ❷ (*quälen*) ■**jdn** ~ to bother [*or* trouble] sb; ■**geplagt** troubled II. *vr* ❶ (*sich abrackern*) ■**sich** [**mit etw**] ~ to slave away [over sth] ❷ (*sich herumplagen*) ■**sich** [**mit etw**] ~ to be bothered [*or* troubled] [by sth]; ***mit diesem Husten plage ich mich schon eine Woche*** I've been bothered by this cough for a week now

Plagiat <-[e]s, -e> *nt* ❶ (*Textstelle*) plagiarism ❷ (*Aneignung*) plagiarism *no pl, no art*

Plagiator, -torin <-s, -toren> *m, f* (*geh*) plagiarist

plagiieren* I. *vt* (*geh*) ■**jdn/etw** ~ to plagiarize sb/sth II. *vi* (*geh*) to plagiarize

Plakat <-[e]s, -e> *nt* poster

Plakatfarbe *f* poster paint

plakatieren* *vt* ■**etw** ~ ❶ (*Plakate anbringen*) to placard sth, to put [*or* hang] up posters ❷ (*durch Plakate bekannt machen*) to announce sth with posters, to placard sth ❸ (*geh: herausstellen*) *Eigenschaften* to broadcast sth

plakativ *adj* ❶ (*wie ein Plakat wirkend*) poster-like *attr*, like a poster *pred* ❷ (*grell, bunt*) ~ **Farben** striking [*or* bold] colours [*or* AM -ors] ❸ (*betont auffällig, einprägsam*) pithy

Plakatkunst *f* poster art *no pl, no art* **Plakatmaler(in)** *m(f)* poster artist **Plakatsäule** *f* advertising column [*or* pillar] **Plakatwahlkampf** *nt* poster [election] campaign **Plakatwand** *f* [advertising] hoarding BRIT, billboard AM **Plakatwerbung** *f* poster advertising

Plakette <-, -n> *f* ❶ (*Abzeichen*) badge ❷ (*Aufkleber*) sticker ❸ KUNST plaque

plan *adj inv* (*geh*) ❶ (*eben*) *Landschaft* flat, level ❷ (*oberflächlich*) *Worte* superficial, shallow, empty, hollow

Plan <-[e]s, Pläne> *m* ❶ (*geplantes Vorgehen*) plan; **Pläne koordinieren/abstimmen** to coordinate/harmonize plans; **nach ~ laufen** [*o* **verlaufen**] to go according to plan ❷ *meist pl* (*Absicht*) plan; **jds Pläne durchkreuzen** to thwart sb's plans; **einen ~ fassen** to [make a] plan; **den ~ fassen, etw zu tun** to plan to do [*or* form the intention of doing] sth; **Pläne machen** [*o* **schmieden**] to make plans; **auf dem ~ stehen** to be planned [*or* on the agenda] ❸ (*zeichnerische Darstellung*) plan, blueprint ❹ GEOG, TRANSP map ❺ JUR **städtebaulicher ~** urban development plan ▶ WENDUNGEN: **jdn auf den ~ bringen/rufen** to bring sb on to the scene; **auf dem ~ erscheinen, auf den ~ treten** to appear/arrive on the scene

Planabschnitt *m* FIN budget period **Planabweichung** *f* deviation from a/the plan **Planbestand** *m* ÖKON target inventory

Plane <-, -n> *f* tarpaulin, tarp *esp* AM *fam*

planen *vt* ■**etw** ~ to plan sth; ***für heute abend habe ich bisher noch nichts geplant*** I haven't got anything planned yet for tonight; ■**~, etw zu tun** to be planning to do sth

Planer(in) <-s, -> *m(f)* planner

planerisch I. *adj* planning II. *adv* in terms of planning; **etw ~ ausarbeiten** to devise plans for sth; **etw ~ durchdenken** to think through [*or* over] the planning for sth

Planet <-en, -en> *m* planet; **der blaue ~** (*geh*) the blue planet, Earth

planetarisch *adj* planetary

Planetarium <-s, -tarien> ['ta:riən] *nt* planetarium

Planetenbahn *f* planetary orbit **Planetengetriebe** *nt* AUTO epicyclic gearbox BRIT, planetary transmission AM **Planetensystem** *nt* planetary system

Planetoid <-en, -en> *m* planetoid

Planfeststellung *f* JUR project approval **Planfeststellungsverfahren** *nt* public works planning procedure **Planfilm** *m* FOTO sheet film **Plangenehmigung** *f* JUR planning approval

planieren* *vt* ■**etw** ~ to level sth [off], to grade sth

Planierraupe *f* bulldozer

Plan-Ist-Vergleich *m* FIN comparison of estimates and results

Planke <-, -n> *f* plank

Plänkelei <-, -en> *f* MIL, HIST (*a. fig*) skirmish[ing] *a. fig*

plänkeln *vi* MIL, HIST (*a. fig*) to skirmish *a. fig*

Plankosten *pl* FIN budgeted costs

Plankton <-s> *nt kein pl* plankton

Planlage *f* flat lying properties *pl*, flatness, flat position

planlos *adj* ❶ (*ziellos*) aimless ❷ (*ohne System*) unmethodical, unsystematic

Planlosigkeit <-> *f kein pl* lack of planning *no pl*, aimlessness *no pl*

planmäßig I. *adj* ❶ TRANSP scheduled ❷ (*systematisch*) systematic II. *adv* ❶ TRANSP as scheduled, according to schedule ❷ (*systematisch*) systematically

Planmäßigkeit <-> *f kein pl* methodicalness *no pl*

plano *adv inv* (*ungefalzt*) *Druckbogen* flat

Planobogen *m* TYPO broadsheet, flat [*or* open] sheet

Planpreis *m* HANDEL estimated price

Planquadrat *nt* grid square

Planschbecken *nt* paddling [*or* AM kiddie] pool

planschen *vi* ■[**irgendwo**] ~ to splash about [somewhere]

Plansoll *nt* HIST (*in der früheren DDR*) planned [production] target, output target

Planstelle *f* post

Plantage <-, -n> [plan'ta:ʒə] *f* plantation

Plantagenwirtschaft *f kein pl* ÖKON plantation system

Planum <-s> *nt kein pl* BAU planed subgrade

Planumsatz *m* HANDEL estimated sales *pl*

Planung <-, -en> *f* ❶ (*das Planen*) planning; **in der ~ befindlich** in [*or* at] the planning stage; **in der ~ sein** [*o* **sich befinden**] to be in [*or* at] the planning stage ❷ (*Plan*) plan

Planungsabteilung *f* planning department **Planungsausschuss**[RR] *m* ÖKON planning committee **Planungsbehörde** *f* ÖKON planning authority **Planungsbüro** *nt* planning office **Planungsermessen** *nt kein pl* JUR discretionary planning power **Planungshoheit** *f* JUR planning competence **Planungskommission** *f* planning commission **Planungsleitlinie** *f* JUR planning guidelines **Planungsprozess**[RR] *m* ÖKON planning process **Planungsrecht** *nt* JUR planning law, law concering town and country planning **Planungsverband** *m* JUR planning group

planvoll *adj inv* systematic, methodical **Planwagen** *m* covered wagon **Planwirtschaft** *f kein pl* planned [*or* command] [*or* controlled] economy **Planziel** *nt* HIST (*in der früheren DDR*) target

Plappermaul *nt* (*bes pej fam*) chatterbox *esp pej fam*

plappern I. *vi* to chatter II. *vt* (*undeutlich reden*) ■**etw** ~ to babble sth

plärren *vi* (*fam*) ❶ (*heulen*) to bawl, to howl ❷ (*blechern ertönen*) to blare [out]

Plasma <-s, Plasmen> *nt* MED, PHYS plasma *no pl, no indef art*

Plasmabildschirm *m* plasma screen, gas plasma display

Plasmaglukose <-> *f kein pl* plasma glucose

Plasmen *pl von* **Plasma**

Plasmid <-s, -e> *m* BIOL plasmid

Plasmolyse <-> *f kein pl* BOT plasmolysis *no pl*

Plastik[1] <-s> *nt kein pl* plastic; **aus ~** plastic

Plastik[2] <-, -en> *f* ❶ (*Kunstwerk*) sculpture ❷ *kein pl* (*Bildhauerkunst*) sculpture *no pl, no art*, plastic art *no pl, no art* ❸ MED plastic surgery *no pl, no indef art*

Plastikbecher *m* plastic cup **Plastikbeutel** *m* plastic bag **Plastikbindung** *f* (*Buch*) plastic [*or* comb] binding **Plastikbombe** *f* plastic bomb **Plastikeimer** *m* plastic bucket **Plastikflasche** *f* plastic bottle **Plastikfolie** *f* plastic film BRIT; (*für die Küche*) cling film BRIT, plastic wrap AM; AGR plastic sheeting **Plastikgehäuse** *nt* plastic shell [*or* casing] **Plastikgeld** *nt* (*fam*) plastic money **Plastikgeschoss**[RR] *nt* plastic bullet **Plastikhülle** *f* plastic cover **Plastikmüll** *m* plastic waste **Plastiksack** *m* plastic sack; (*schwarzer ~*) black sack **Plastiksprengstoff** *m* plastic explosive **Plastiktüte** *f* plastic bag; (*Einkaufstüte*) shopping [*or* BRIT *a.* carrier] bag

Plastilin <-s, -e> *nt* plasticine® *no pl, no indef art*

plastisch I. *adj* ❶ (*formbar*) plastic, malleable, workable ❷ (*räumlich*) three-dimensional ❸ (*anschaulich*) vivid ❹ MED plastic II. *adv* ❶ (*räumlich*) three-dimensional; ~ **hervortreten/wirken** to stand out ❷ (*anschaulich*) vividly

Plastizität <-> *f kein pl* ❶ (*Formbarkeit*) plasticity ❷ (*fig: Anschaulichkeit*) vividness, graphicness

Platane <-, -n> *f* plane tree

Plateau <-s, -s> [pla'to:] *nt* plateau

Plateauschuhe *pl* platform shoes *pl*

Plateausohle *f* MODE platform sole

Platin <-s> *nt kein pl* platinum *no pl, no indef art*

platinblond *adj* platinum blond[e]

Platine <-, -n> *f* ❶ TECH circuit board ❷ INFORM board, card; **auf der ~** on-board

Platinengehäuse *nt* INFORM card cage

Platinerweiterung *f* INFORM card extender

Platinschmuck *m* platinum jewellery *no pl, no indef art*

Platitüde <-, -n> *f* (*geh*) platitude

platonisch *adj* (*geh*) platonic; **~er Körper** MATH platonic solid

platsch *interj* splash; **~ machen** to splash

platschen I. *vi sein* (*fam*) to splash; ■**~d** with a splash; ■**irgendwohin ~** to splash somewhere; **ins Wasser ~** to [go] splash into the water II. *vi impers haben* (*fam*) to pour, BRIT *a.* to bucket down *fam*

plätschern *vi* ❶ *haben* (*Geräusch verursachen*) *Brunnen* to splash; *Bach* to splash, to babble, to burble; *Regen* to patter; ■**das P~** splashing, burbling, babbling, patter ❷ (*planschen*) to splash about ❸ *sein* (*platschend fließen*) to burble along

platt I. *adj* ❶ (*flach*) flat; **einen P~en haben** (*fam*) to have a flat [tyre [*or* AM tire]] [*or* a puncture]; *s. a.* **Land** ❷ (*geistlos*) flat, dull, boring ❸ (*fam: verblüfft*) ■**~ sein[, dass/als]** to be flabbergasted [that/when] *fam* ❹ (*ruiniert*) **jdn/etw ~ machen** (*sl*) to destroy [*or* ruin] sb/sth II. *adv* flat; **~ drücken/pressen/rollen/walzen** to flatten; **jdn ~ fahren** (*sl*) to flatten sb

Platt <-[s]> *nt kein pl* LING (*fam*) Low German; **auf ~** in Low German

Plättchen <-s, -> *nt* ❶ (*dünne Metallplatte*) metal chip ❷ (*kleiner, flacher Gegenstand*) thin plate ❸ MED platelet ❹ (*Schneekristall*) plate crystal ❺ BOT lamella ❻ MUS plectrum

plattdeutsch *adj* LING Low German

Plattdeutsch *nt dekl wie adj* Low German; ■**das P~e** Low German

Platte <-, -n> *f* ❶ (*Steinplatte*) slab ❷ (*Metalltafel*) sheet, plate ❸ (*Schallplatte*) record ❹ (*Servierteller*) platter, dish; (*Gericht*) platter; **kalte ~** cold platter, cold collation ❺ (*Kochplatte*) hotplate, BRIT *a.* hob ❻ INFORM (*Festplatte*) hard disk ❼ INFORM disk, plate, platter ❽ INFORM (*Magnetplatte*) [magnetic] disk; **magneto-optische ~** magneto-optical disk ❾ (*fam*) bald head [*or* pate]; **eine ~ haben** to be bald ▶ WENDUNGEN: **die alte ~ auflegen** (*fam*) to play the same old record, to talk about the same old thing; **eine neue ~ auflegen** (*fam*) to change the record; **die ~ schon kennen** (*fam*) to have heard that one before; **putz die ~!** (*fam*) clear off! [*or* AM out!] *fam*, BRIT *a.* hop it! *fam*

Plätteisen *nt*, **Platteisen** *nt* DIAL iron

plätteln *vt* ■**etw ~** (*mit Platten auslegen*) to pave sth; (*mit Fließen auslegen*) to tile sth

plätten *vt* DIAL ■**etw ~** to iron [*or* press] sth

Plattenbau <-s, -bauten> *m* BAU building made from prefabricated slabs **Plattencover** <-[s], -> *nt* MUS record sleeve **Plattenfirma** *f* MUS, ÖKON record company **Plattenkeil** *m* TYPO plate control wedge **Plattenkopie** *f* plate exposure, platemaking **Plattenlabel** *nt* MUS ❶ (*Schallplattenetikett*) record label ❷ (*Schallplattenfirma*) record label **Plattenlaufwerk** *nt* INFORM disk drive **Plattenleger(in)** <-s, -> *m(f)* *s.* **Fliesenleger** **Plattensammlung** *f* record collection **Plattensee** *m* Lake Balaton **Plattenspieler** *m* record player **Plattentektonik** *f kein pl* GEOL plate tectonics + *sing vb* **Plattenteller** *m* turntable **Plattenwechsler** <-s, -> [ks] *m* autochanger, record changer **Plattenweg** *m* paved path

Platterbse *f* BOT [wild] pea, vetchling **Plattfisch** *m* flatfish **Plattform** *f* ❶ (*begehbare Fläche*) platform ❷ (*geh*) basis; **eine gemeinsame ~ finden** to find common ground ❸ INFORM platform **Plattfuß** *m* ❶ MED flat foot; **Plattfüße haben** to have flat feet ❷ (*Reifenpanne*) flat *fam* **Plattfußindianer(in)** *m(f)* (*pej*) barefoot Indian **Plattheit** <-, -en> *f* ❶ *kein pl* (*Ebenheit*) flatness *no pl* ❷ *s.* **Platitüde**

plattieren* *vt* ❶ TECH ■**etw ~** to plate sth ❷ KOCHK **Fleisch ~** to flatten meat (*to tenderize it*)

Plattwurm *m* MED flatworm

Platz <-es, Plätze> *m* ❶ ARCHIT (*umgrenzte Fläche*) square; **der Rote ~** Red Square ❷ (*Sitzplatz*) seat; ***hältst du mir einen ~ frei?*** can you keep a seat for me?; ***behalten Sie doch [bitte] ~!*** (*form*) please remain seated! *form;* **~ nehmen** (*geh*) to take a seat ❸ (*freier Raum*) space, room; **~ sparend** space-saving, attr; **~ sparend sein** to save space, compactly; **~ für jdn/etw bieten** to have room for sb/sth; **~ brauchen** to need room [*or* space]; **[jdm/einer S.] ~ machen** to make room [*or* way] [for sb/sth]; **~ [für jdn/etw] schaffen** to make room [for sb/sth] ❹ INFORM (*Einbauplatz*) **freier ~** empty slot ❺ (*üblicher Aufbewahrungsort*) place; **irgendwo einen festen ~ haben** to have a proper place somewhere ❻ SPORT (*Rang*) place; ***die Mannschaft liegt jetzt auf ~ drei*** the team is now in third place; **seinen ~ behaupten** to maintain [*or* hold] one's place; (*Sportplatz*) playing field; **jdn vom ~ stellen** to send sb off ❼ (*Möglichkeit an etw teilzunehmen*) *Kindergarten, Kurs, Krankenhaus, Reise* place ❽ (*Ort*) place, locality; **das beste Hotel am ~e** the best hotel in the place [*or* in town] ▶ WENDUNGEN: **ein ~ an der Sonne** a place in the sun; **[irgendwo] fehl am ~[e] sein** to be out of place [*or* inappropriate] [somewhere]; ***ich komme mir hier völlig fehl am ~e vor*** I feel totally out of place here; ***Mitleid ist hier völlig fehl am ~e*** this is not the place for sympathy; **in etw** *dat* **keinen ~ haben** to have no place for sth; ***in ihrer Planung hatten Rücklagen keinen ~*** your planning made no allowances for reserves; **jdn auf die Plätze verweisen** SPORT to beat sb; **auf die Plätze, fertig, los!** on your marks, get set, go!; **~ da!** (*fam*) out of the way!, make way there!; **~!** *Hund* sit!

Platzangst *f* ❶ (*fam*) claustrophobia; **~ bekommen** to become [*or* get] claustrophobic ❷ (*Agoraphobie*) agoraphobia **Platzanweiser(in)** <-s, -> *m(f)* usher *masc*, usherette *fem* **Platzausnutzung** *f kein pl* ÖKON utilization of space

Plätzchen <-s, -> *nt* ❶ *dim von* Platz spot, little place ❷ KOCHK biscuit BRIT, cookie AM

Platzdeckchen *nt* placemat

platzen *vi sein* ❶ (*zerplatzen*) to burst ❷ (*aufplatzen*) to split ❸ (*scheitern*) to fall through; ***das Fest ist geplatzt*** the party is off; ■**etw ~ lassen** to call sth off, to let sth fall through ❹ (*sich nicht mehr halten können*) to be bursting; **vor Ärger/Neid/Wut/Neugier ~** to be bursting with anger/envy/rage/curiosity

Platzerlaubnis *f* (*golf*) golfing permit (*official licence to play on a golf course*) **Platzgeschäft** *nt* JUR spot contract, local transaction **Platzhalter** *m* ❶ LING functor ❷ INFORM free variable [*or* definable] parameter ❸ (*selten: jd, der einen Platz freihält*) place-keeper **Platzhalterzeichen** *m* INFORM wild card character **Platzherren** *pl* SPORT home team

platzieren[RR]* I. *vt* ❶ FIN ■**etw irgendwo ~** to place [*or* put] sth somewhere; **sein Geld in Aktien ~** to put one's money into shares ❷ (*geh*) ■**jdn/etw irgendwo ~** to place [*or* put] [*or* position] sb/sth somewhere ❸ MEDIA (*setzen*) ■**etw irgendwo ~** to place sth somewhere; **eine Anzeige ~** to place an advert [*or* AM advertisement] II. *vr* ❶ (*geh*) ■**sich irgendwo ~** to take a seat somewhere *form* ❷ SPORT ■**sich ~** to be placed; (*Tennis*) to be seeded

Platzierung[RR] <-, -en> *f* ❶ FIN placing; **~ von ausländischen Wertpapieren** BÖRSE negotiation of foreign securities ❷ SPORT place, position; **eine ~ unter den ersten zehn** a place [*or* position] in the top ten ❸ TYPO placement, positioning

Platzkarte *f* BAHN seat reservation, reserved seat ticket **Platzkonzert** *nt* open-air concert **Platzkostenrechnung** *f* FIN workspace costing **Platzmangel** *m* lack of room [*or* space] **Platzmeister** *m* POL chief usher **Platzmiete** *f* ❶ THEAT season ticket [cost] ❷ SPORT ground [*or* AM field] [*or* court] hire BRIT [*or* AM rental] charge **Platzpatrone** *f* blank [cartridge] **Platzregen** *m* METEO cloudburst **Platzreservierung** *f* reservation [of a seat]; ***ohne vorherige ~ kriegt man dort wahrscheinlich keinen Tisch*** you probably won't get a table there without booking [one] [*or* reserving one] beforehand [*or* a reservation] **Platzscheck** *m* JUR local cheque, locally drawn cheque **Platzteller** *m* underplate **Platzverweis** *m* SPORT sending-off BRIT, ejection AM **Platzwart(in)** <-s, -e> *m(f)* SPORT groundsman *masc*, groundskeeper **Platzwette** *f* place bet **Platzwunde** *f* laceration, lacerated wound

Plauderbereich *m* INFORM chat area

Plauderei <-, -en> *f* chat

Plauderer, Plauderin <-s, -> *m, f* ❶ (*Gesprächspartner, Redner*) conversationalist ❷ (*Klatschbase*) gossip

plaudern *vi* ❶ (*sich gemütlich unterhalten*) ■**[mit jdm] [über etw** *akk*] **~** to [have a] chat [with sb/about sth] ❷ (*fam: ausplaudern*) to gossip

Plauderstündchen *nt* [little] chat **Plaudertasche** *f* (*fam*) chatterbox *fam* **Plauderton** *m kein pl* chatty tone

Plausch <-[e]s, -e> *m* (*fam*) chat

plauschen *vi* (*fam*) ■**[mit jdm] ~** to [have a] chat [with sb]

plausibel *adj* plausible; **jdm etw ~ machen** to explain sth [*or* make sth clear] to sb

Plausibilität <-, -en> *f* plausibility; JUR likelihood *no pl*

Plausibilitätskontrolle *f* INFORM plausibility test

Play-back[RR], **Playback** <-, -s> ['ple:bɛk] *nt* ❶ (*aufgenommene Musikbegleitung*) backing track ❷ (*komplette Film- o Gesangsaufnahme*) miming track ❸ *kein pl* MUS, TV, TECH recording ❹ *kein pl* (*getrennte Aufnahme voon Orchester und Gesang*) double-tracking *no pl* **Playboy** <-s, -s> ['ple:bɔy] *m* playboy **Playgirl** <-s, -s> ['ple:gœɐl] *nt* playgirl

Plazenta <-, -s *o* Plazenten> *f* placenta

Plazet <-s, -s> *nt* (*geh*) approval; **sein ~ [zu etw] geben** to give one's approval [for sth], to approve sth; **jds ~ haben** to have sb's approval

plazieren* *vt, vr s.* **platzieren**

Plazierung <-, -en> *f s.* **Platzierung**

Plebejer(in) <-s, -> *m(f)* plebeian, pleb *fam*

Plebiszit <-[e]s, -e> *nt* (*geh*) plebiscite

Plebs <-es> *m kein pl* (*pej geh*) plebs *pl pej*

pleite *adj* (*fam*) broke *fam;* ■**~ sein** to be broke; **~ gehen** to go bust *fam*

Pleite <-, -n> *f* (*fam*) ❶ (*Bankrott*) collapse, bankruptcy; **~ machen** to go bust *fam*, to go bankrupt ❷ (*Reinfall*) flop *fam;* **[mit jdm/etw] eine ~ erleben** to suffer a flop [with sb/sth]

Pleitegeier *m* (*fam*) threat [*or* spectre [*or* AM -er]] of bankruptcy; **über jdm/etw schwebt der ~** the vultures are hovering above sb/sth

Pleitier <-s, -s> [-'tie:] *m* ÖKON (*Bankrotteur*) bankrupt

Plektron <-s, -tren *o* -tra> *nt* MUS plectrum [*or* plectron]

plempern *vi* (*fam*) ❶ (*verspritzen*) to spill sth ❷ (*Zeit verschwenden*) to waste time

plemplem *adj* (*sl*) ■**~ sein** to be nuts *sl*

Plena *pl von* **Plenum**

Plenarsaal *m* chamber **Plenarsitzung** *f* plenary session **Plenarversammlung** *f* plenary session

Plenum <-s, Plena> *nt* plenum

Pleonasmus <-, -nasmen> *m* pleonasm

Plesiosaurus <-, Plesiosaurier> *m* (*ausgestorbenes Meeresreptil*) plesiosaur

Pleuel <-s, -> *m* AUTO connecting rod

Pleuelfuß *m* AUTO connecting rod big end **Pleuelfußlager** *nt* AUTO big end bearing **Pleuelkopf** *m* AUTO connecting rod small end **Pleuellager** *nt* AUTO (*kleines Lager*) small end bearing; (*größeres Lager*) big end bearing **Pleuelstange** *f* TECH connecting rod

Plexiglas® <-es> *nt kein pl* Plexiglas®

Plinse <-, -n> *f* KOCHK DIAL ❶ (*Pfannkuchen*) *yeast pancake filled with stewed fruit* ❷ (*Kartoffelpuffer*) potato [pan]cake [*or* fritter]

Plissee <-s, -s> *nt* pleats *pl*, pleating *no pl*

P

Plisseerock *m* pleated skirt

plissieren* *vt* MODE ■**etw** ~ to pleat sth

PLO <-> *f kein pl Abk von* **Palestine Liberation Organization** PLO

PLO-Chef [-ʃɛf] *m* PLO-leader

Plockwurst *f smoked sausage made of beef, pork and fat*

Plombe <-, -n> *f* ❶ MED filling ❷ (*Bleisiegel*) lead seal

plombieren* *vt* ❶ MED to fill; [**jdm**] **einen Zahn** ~ to fill a [/sb's] tooth ❷ (*amtlich versiegeln*) ■**etw** ~ to give sth a lead seal, to seal sth

Plot <-s, -s> *m o nt* LIT, INFORM plot

Plotter <-s, -> *m* INFORM plotter

Plotter-Papier *nt* INFORM plotter paper **Plotterschreibkopf** *m* INFORM plotter pen **Plottertreiber** *m* INFORM plotter driving software

Plötze <-, -n> *f* ZOOL roach

plötzlich I. *adj* sudden II. *adv* suddenly, all of a sudden; [**...**] ~ **kommen** (*fam*) to come suddenly; ***das kommt alles etwas/ so*** ~ it's all happening rather/ so suddenly; **aber etwas** ~**!** (*fam*) [and] hurry up! [*or* jump to it]

Pluderhose *f* pantaloons *npl*, Turkish trousers *npl*, harem pants *npl;* HIST trunk hose

plump I. *adj* ❶ (*massig*) plump ❷ (*schwerfällig*) ungainly, awkward ❸ (*dummdreist*) obvious, crass; **ein** ~**er Annäherungsversuch** a very obvious advance; **eine** ~**e Lüge** a crass [*or* blatant] lie II. *adv* ❶ (*schwerfällig*) clumsily, awkwardly ❷ (*dummdreist*) crassly, obviously

Plumpheit <-, -en> *f* ❶ *kein pl* (*Schwerfälligkeit*) clumsiness, awkwardness ❷ (*pej: plumpe Bemerkung, Handlung*) crudity

plumps *interj* thud, bump, plop; (*ins Wasser*) plop, splash; ~ **machen** to thud, to go bump, to make a plop/splash

Plumps <-es, -e> *m* (*fam*) thud, bump, plop; (*ins Wasser*) plop, splash

plumpsen *vi sein* (*fam*) ❶ (*dumpf fallen*) ■**irgendwohin** ~ to thud somewhere; ***der Sack plumpste auf den Boden*** the sack thudded onto the floor; ■**etw irgendwohin** ~ **lassen** to let sth fall somewhere with a thud ❷ (*fallen*) to fall; **aus/ von etw** ~ to fall out of/off sth; ■**sich irgendwohin** ~ **lassen** to plump [oneself] [*or* flop] down somewhere; **sich** ~ **lassen** to plump [oneself] [*or* flop] down

Plumpsklo(sett) *nt* (*fam*) earth closet BRIT, outhouse AM

Plunder <-s> *m kein pl* junk *no pl, no indef art*

Plünderer, Plünderin <-s, -> *m, f* looter, plunderer

Plundergebäck *nt* Danish pastries *pl*

plündern I. *vt* ❶ (*ausrauben*) ■**etw** ~ to plunder [*or* loot] sth; ■**das P**~ plunder[ing], looting, pillage, pillaging ❷ (*leeren*) ■**etw** ~ to raid sth *fam;* **den Kühlschrank** ~ to raid the fridge II. *vi* to plunder

Plünderung <-, -en> *f* plunder[ing] *no pl, no indef art,* looting *no pl, no indef art,* pillage *no pl, no indef art*

Plural <-s, -e> *m* plural

Pluralismus <-> *m kein pl* (*geh*) pluralism *no pl*

pluralistisch *adj* (*geh*) pluralistic

plus I. *präp +gen* plus II. *adv* ❶ (*über 0°*) plus; ***die Temperaturen liegen bei*** ~ ***drei Grad C*** temperatures will be around three degrees C ❷ MATH plus ❸ ELEK plus, positive III. *konj* MATH plus; ~**/minus X** plus or minus X

Plus <-, -> *nt* ❶ (*Pluszeichen*) plus ❷ ÖKON surplus; [**mit etw**] **im** ~ **sein** to be in the black [with sth]; [**bei etw**] **ein** ~ **machen** to make a profit [in sth] ❸ (*Pluspunkt*) plus, [plus] point, advantage

Plüsch <-[e]s, -e> *m* plush

Plüschbezug *m* TYPO molleton [*or* plush] cover

Plüschtier *nt* [furry] soft-toy

Pluspol *m* positive pole **Pluspunkt** *m* ❶ (*Positivum*) bonus; ***durch seine Höflichkeit sammelte er*** [***reichlich***] ~***e*** his politeness earned him [quite a few] brownie-points ❷ (*Wertungseinheit*) point

Plusquamperfekt <-s, -e> *nt kein pl* pluperfect, past perfect

Plusstunden *pl bei der Arbeitszeit* [time] credit

plustern I. *vt* ■**etw** ~ to fluff up sth *sep* II. *vr* ■**sich** ~ to fluff oneself up

Pluszeichen *nt* plus sign

Pluto <-s> *m* Pluto

Plutonium <-s> *nt kein pl* plutonium *no pl*

PLZ <-> *f Abk von* **Postleitzahl**

Pneu <-s, -s> [pnøː] *m bes* SCHWEIZ tyre BRIT, tire AM

pneumatisch *adj* pneumatic

Pneumokokkus <-, -i *o* -en> *m* MED (*Erreger der Lungenentzündung*) pneumococcus

Pneumothorax <-[es], -e> *m* MED pneumothorax, collapsed lung

Po <-s, -s> *m* (*fam*) bottom, BRIT *a.* bum *fam*

Pöbel <-s> *m kein pl* (*pej*) mob *pej,* rabble *pej*

Pöbelei <-, -en> *f* (*fam*) ❶ *kein pl* (*das Pöbeln*) loutishness *no pl* ❷ (*ausfallende Bemerkung*) swearing *no pl, no indef art*

pöbelhaft *adj* loutish, BRIT *a.* yobbish

pöbeln *vi* (*ausfallend reden*) to swear; (*sich ausfallend benehmen*) to behave yobbishly [*or* AM loutishly]

pochen *vi* ❶ (*anklopfen*) ■[**gegen/auf etw** *akk*] ~ to knock [against/on sth] ❷ (*klopfen*) *Herz, Blut* to pound ❸ (*bestehen*) ■**auf etw** *akk* ~ to insist on sth

pochieren* [pɔˈʃiːrən] *vt* KOCHK ■**etw** ~ to poach sth

Pocke <-, -n> *f* pock

Pocken *pl* smallpox *no art*

Pockenimpfung *f* smallpox vaccination **Pockennarbe** *f* pockmark **pockennarbig** *adj* pockmarked **Pocken(schutz)impfung** *f* smallpox vaccination

Pocketkamera [ˈpɔkɪt] *f* pocket camera

Podest <-[e]s, -e> *nt o m* rostrum

Podex <-[es], -e> *m* (*fam o hum*) backside *fam,* posterior *hum,* AM *a.* rear end *hum*

Podium <-s, Podien> [diən] *nt* ❶ (*Bühne*) platform, stage, rostrum ❷ (*trittartige Erhöhung*) podium, rostrum

Podiumsdiskussion *f,* **Podiumsgespräch** *nt* panel discussion

Poesie <-> [poeˈziː] *f kein pl* poetry *no pl*

Poesiealbum [poeˈziː] *nt* poetry album (*made up of verses or sayings contributed by friends*)

Poet(in) <-en, -en> *m(f)* poet *masc o fem,* poetess *fem*

Poetik <-, -en> *f* poetics + *sing vb*

Poetin <-, -nen> *f fem form von* **Poet**

poetisch *adj* poetic[al]; *s. a.* **Ader**

pofen *vi* (*fam*) ❶ (*schlafen*) to kip BRIT *fam,* to sleep AM ❷ (*unaufmerksam sein*) to doze

Pogrom <-s, -e> *nt o m* pogrom

POI *m* INFORM *Abk von* **point of information** POI

Pointe <-, -n> [ˈpoɛ̃ːtə] *f Erzählung* point; *Witz* punch line

pointieren* [poɛ̃ˈtiːrən] I. *vt* (*geh: betonen*) ■**etw** ~ to emphasize [*or* stress] [*or* point up] sth II. *vi* (*veraltend: bei einem Glücksspiel setzen*) to gamble

pointiert [poɛ̃ˈtiːɐt] *adj* (*geh*) pointed, trenchant

Poisson-Verteilung *f* (*Statistik*) Poisson distribution

Pokal <-s, -e> *m* ❶ (*Trinkbecher*) goblet ❷ SPORT cup

Pokalendspiel *nt* SPORT cup final **Pokalinhaber(in)** *m(f)* SPORT cup-holder **Pokalsieger** *m* SPORT cup-winners *pl* **Pokalspiel** *nt* SPORT cup tie [*or* AM game] [*or* AM match] **Pokalwettbewerb** *m* SPORT cup competition

Pökelfisch *m* pickled [*or* salt[ed]] fish **Pökelfleisch** *nt* salt[ed] [*or* preserved] meat **Pökellake** *f* brine *no pl*

pökeln *vt Fleisch* to salt, to preserve; *Fisch* to pickle, to salt

Poker <-s> *nt kein pl* poker **Pokerface** <-, -s> [-feɪs] *nt* poker face **Pokergesicht** *nt,* **Pokermiene** *f* poker face

pokern *vi* ❶ KARTEN to play poker; ■[**um etw**] ~ to gamble [for sth] ❷ (*viel riskieren*) to stake a lot, to play for high stakes

Pol <-s, -e> *m* GEOG, ELEK, PHYS pole ▶ WENDUNGEN: **der ruhende** ~ the calming influence

polar *adj* polar

Polareis *nt* polar ice **Polarexpedition** *f* polar expedition **Polarforscher(in)** <-s, -> *m(f)* polar explorer **Polarfront** *f* METEO polar front **Polarfuchs** *m* arctic fox **Polargebiet** *nt* polar region

Polarisation <-, -en> *f* ❶ PHYS polarization ❷ CHEM polarization ❸ (*geh*) polarization

polarisieren* I. *vr* (*geh*) ■**sich** ~ to polarize, to become polarized BRIT II. *vt* PHYS ■**etw** ~ to polarize sth

Polarisierung <-, -en> *f* polarization

Polarität <-, -en> *f* ❶ GEOG, PHYS polarity ❷ (*geh: Gegensätzlichkeit der Geschlechter*) polarity

Polarkoordinaten *pl* MATH polar coordinates *pl*

Polarkreis *m* polar circle; **nördlicher/südlicher** ~ Arctic/Antarctic circle **Polarlicht** *nt* METEO *s.* **Nordlicht Polarmeer** *nt* polar sea **Polarmöwe** *f* ORN Iceland gull

Polaroidkamera® [-ˈrɔyt-] *f* Polaroid® *camera*

Polarstern *m* Pole Star

Polarzone *f* Frigid Zone, polar region

Polder <-s, -> *m* polder

Pole, Polin <-n, -n> *m, f* Pole; *s. a.* **Deutsche(r)**

Polemik <-, -en> *f* (*geh*) ❶ *kein pl* (*polemischer Gehalt*) polemic ❷ (*scharfe Attacke*) polemics + *sing vb*

polemisch I. *adj* (*geh*) polemical II. *adv* (*geh*) **sich** ~ **äußern** to voice a polemic

polemisieren* *vi* (*geh*) to polem[ic]ize; ■[**gegen jdn/etw**] ~ to inveigh [against sb/sth]; ***in dem Artikel wurde scharf polemisiert*** the article was of a sharply polemic nature

Polen <-s> *nt* Poland; *s. a.* **Deutschland** ▶ WENDUNGEN: **noch ist** ~ **nicht verloren** (*prov*) all is not yet lost

Polente <-> *f kein pl* (*fam*) cops *pl fam*

Poleposition[RR] <-> *f kein pl* SPORT pole position

Police <-, -n> [poˈliːsə] *f* policy

Polier(in) <-s, -e> *m(f)* [site] foreman *masc* [*or fem* forewoman]

polieren* *vt* ❶ (*glänzend reiben*) ■**etw** ~ to polish sth ❷ (*sl: malträtieren*) **jdm die Fresse/Schnauze/das Maul** ~ (*sl*) to smash sb's face in *sl*

Polierfeile *f* buffer **Poliermittel** *nt* polish **Poliertuch** *nt* polishing cloth **Polierwachs** *nt* wax polish

Poliklinik *f* outpatients' clinic

Polin <-, -nen> *f fem form von* **Pole**

Polio <-> *f kein pl* polio *no pl*

poliofrei *adj inv* polio-free, free of [*or* from] polio

Politbüro *nt* politburo

Politbüromitglied *nt* member of the politburo

Politesse <-, -n> *f* [female] traffic warden BRIT, meter maid AM

Political Correctness [pəˈlɪtɪkəl kəˈrektnəs] *f* political correctness, PC

Politik <-, -en> *f* ❶ *kein pl* (*die politische Welt*) politics + *sing vb, no art;* **in die** ~ **gehen** to go into politics ❷ (*politischer Standpunkt*) politics + *sing vb, no art;* ■**die/eine** ~ **einer S.** *gen* the politics of sth ❸ (*Strategie*) policy; **eine bestimmte** ~ **betreiben** [*o* **verfolgen**] to pursue a certain [*or* particular] policy; **eine** ~ **der kleinen Schritte** a step-by-step [*or* gradualist] policy

Politika *pl von* **Politikum**

Politiker(in) <-s, -> *m(f)* politician

Politikum <-s, Politika> *nt* (*geh Sache*) political issue; (*Ereignis*) political event

Politikverdrossenheit *f kein pl* political apathy *no pl* **Politikwissenschaft** *f s.* **Politologie**

politisch I. *adj* ❶ POL political; ~ **Verfolgte** political persecutee ❷ (*geh*) politic II. *adv* ❶ POL politically ❷ (*klug*) politicly, judiciously

Politische(r) *f(m) dekl wie adj* political prisoner

politisieren* I. *vi* (*geh*) to talk politics, to politicize II. *vt* (*geh: etw* ~) to politicize sth; ■**jdn** ~ to make sb politically aware III. *vr* ■**sich** ~ to become politi-

cized
Politisierung <-> *f kein pl* politicization
Politologe, -login <-n, -n> *m, f* political scientist
Politologie <-> *f kein pl* political science *no pl, no art*
Politologin <-, -nen> *f fem form von* **Politologe**
Politur <-, -en> *f* ❶ (*Poliermittel*) polish ❷ (*glänzende Schicht*) polish, shine
Polizei <-, -en> *f* ❶ (*Institution*) ■**die** ~ the police + *sing/pl vb;* **zur** ~ **gehen** to go to the police; **bei der** ~ **sein** to be in the police [force] ❷ (*Polizisten*) police + *sing/pl vb* ❸ *kein pl* (*Dienstgebäude*) police station ► WENDUNGEN: **dümmer als die** ~ **erlaubt** (*hum fam*) as thick as two short planks *fam*
Polizeiaktion *f* police operation
Polizeiangaben *pl* details released by the police; **nach** [*o* **laut**] ~ **...** according to details released by the police ... **Polizeiaufgebot** *nt* police presence *no pl* **Polizeiaufsicht** <-> *f kein pl* police supervision; **unter** ~ **stehen** to have to report regularly to the police **Polizeibeamte(r)** *f(m) dekl wie adj,* **Polizeibeamtin** <-, -nen> *f* police officer **Polizeibehörde** *f* police authority [*or* AM department] **Polizeibericht** *m* police report **Polizeibezirk** *m* JUR police precinct AM **Polizeibuße** *f* SCHWEIZ [police] fine **Polizeichef(in)** *m(f)* chief of police [*or* BRIT *a.* constable] **Polizeidienst** *m* police service **Polizeidienststelle** *f* police station **Polizeidirektion** *f* police authority **Polizeieinheit** *f* police force **Polizeieinsatz** *m* police operation **Polizeiführung** *f* police command **Polizeifunk** *m* police radio **Polizeigebäude** *nt* police building **Polizeigewahrsam** *m* [police] custody; **jdn in** ~ **nehmen** to take sb into custody **Polizeigewalt** *f kein pl* police powers *pl;* **die** ~ **ausüben** to use force [by the police]; **etw mit** ~ **verhindern** to prevent sth by the use of [police] force **Polizeigriff** *m* arm [*or* wrist] lock [*or* hold]; **jdn im** ~ **abführen** to frog-march sb away **Polizeihund** *m* police dog **Polizeikommissar(in)** <-s, -e> *m(f)* police superintendent, chief inspector
polizeilich I. *adj attr* police *attr; s. a.* **Führungszeugnis, Kennzeichen** II. *adv* by the police; ~ **gemeldet sein** to be registered with the police
Polizeiposten *nt* SCHWEIZ *s.* **Polizeirevier** **Polizeipräsenz** *f kein pl* JUR police presence *no pl* **Polizeipräsident(in)** *m(f)* chief constable BRIT, chief of police AM **Polizeipräsidium** *nt* police headquarters + *sing/pl verb* **Polizeirat, -rätin** <-[e]s, -räte> *m, f* member of a/the police commission **Polizeirevier** *nt,* **Polizeiposten** *nt* SCHWEIZ ❶ (*Dienststelle*) police station ❷ (*Bezirk*) [police] district [*or* AM precinct] **Polizeischutz** *m* police protection; **unter** ~ **stehen** to be under police protection; **jdn unter** ~ **stellen** to place sb under police protection **Polizeispitzel** *m* police informer **Polizeisprecher(in)** *m(f)* police spokesperson [*or masc* spokesman] [*or fem* spokeswoman] **Polizeistaat** *m* police state **Polizeistation** *f* police station **Polizeistreife** *f* police patrol **Polizeistunde** *f* closing time **Polizeiübergriffe** *pl* police excesses *pl* **Polizeivollzugsbeamte(r)** *f(m)* JUR police officer, law enforcement officer **Polizeiwache** *f* police station
Polizist(in) <-en, -en> *m(f)* policeman *masc,* policewoman *fem,* police officer
Polizze <-, -n> *f* ÖSTERR [insurance] policy
Polizze <-, -n> *f* ÖSTERR (*Police*) policy
Polka <-, -s> *f* polka
Polkappe *f* polar ice cap
Pollack <-s, -en> *m* pollack, dover hake
Pollen <-s, -> *m* pollen
Pollenallergie *f* MED pollen allergy, allergy to pollen
Pollenflug *m kein pl* BOT, MED pollen dispersal *no pl*
Pollenflugkalender *m* BOT, MED, NATURMED pollen dispersal calendar **Pollenflugvorhersage** *f* pollen count forecast
Pollenkorn *nt* BOT pollen grain **Pollensack** *m* BOT pollen-sac **Pollenwarndienst** *m* MED, MEDIA, NATURMED pollen [level] warning service
Poller <-s, -> *m* bollard; *Schiffsdeck a.* bitt *spec*
Pollution <-, -en> *f* BIOL (*geh*) [nocturnal] emission
Polnisch *nt dekl wie adj* Polish; *s. a.* **Deutsch**
polnisch *adj* ❶ (*Polen betreffend*) Polish; *s. a.* **deutsch 1** ❷ LING Polish; *s. a.* **deutsch 2**
Polnische <-n> *nt* ■**das** ~ Polish, the Polish language; *s. a.* **Deutsche**
Polo <-s, -s> *nt* polo
Polohemd *nt* polo shirt
Polokragen *m* polo collar
Polonäse <-, -n> *f,* **Polonaise** <-, -n> *f* polonaise
Polonium <-s> *nt kein pl* polonium *no pl*
Polster <-s, -> *nt o* ÖSTERR *m* ❶ (*Polsterung*) upholstery *no pl, no indef art* ❷ MODE pad, padding ❸ BOT cushion plant ❹ FIN reserves *pl,* cushion ❺ ÖSTERR (*Kissen*) cushion
Pölsterchen <-s, -> *nt* small pad
Polsterer, Polsterin <-s, -> *m, f* upholsterer
Polstergarnitur *f* suite **Polstermaterial** *nt* padding *no pl, no indef art;* (*dicker*) cushioning *no pl, no indef art* **Polstermöbel** *nt meist pl* upholstered furniture *no pl*
polstern *vt* ❶ (*mit Polster versehen*) ■**etw** ~ to upholster sth; **eine Tür** ~ to pad a door; ■**gepolstert** upholstered, padded; **gut gepolstert sein** to be well padded ❷ (*fam: genügend Finanzen haben*) **gut gepolstert sein** to be comfortably off [*or* AM well-off]
Polstersessel *m* [upholstered] armchair, easy chair
Polsterung <-, -en> *f* ❶ (*Polster*) upholstery *no pl, no indef art* ❷ *kein pl* (*das Polstern*) upholstering *no pl, no indef art*
Polterabend *m party at the house of the bride's parents on the eve of a wedding, at which crockery is smashed to bring good luck* **Poltergeist** *m* poltergeist
poltern *vi* ❶ *haben* (*rumpeln*) to crash, to bang, to make a racket; ***da poltert es an der Tür*** there's a banging on the door; ■**das P~** banging [*or* crashing] [noise] ❷ *sein* (*krachend fallen*) ■**irgendwohin** ~ to go crashing somewhere; ***der Schrank polterte die Treppe hinunter*** the wardrobe went crashing down the stairs ❸ *sein* (*lärmend gehen*) ■**irgendwohin** ~ to stump [*or* AM stomp] [*or* clump] somewhere
Polyacrylfaser *f* CHEM polyacrylic fibre [*or* AM -er]
Polyalkohol *m* CHEM polyalcohol
Polyamid® <-[e]s, -e> *nt* CHEM, TECH polyamide
Polyäthylen <-s, -e> *nt* CHEM, TECH polyethylene, polythene
polychloriert *adj inv* polychlorinated
Polyester <-s, -> *m* polyester
Polyfonie[RR] <-> *f kein pl s.* **Polyphonie**
polygam *adj* polygamous
Polygamie <-> *f kein pl* polygamy *no pl*
polyglott *adj* (*geh*) ❶ (*viele Sprachen sprechend*) polyglot ❷ (*mehrsprachig*) multilingual
Polymer <-s, -e> *nt,* **Polymere** <-n, -n> *nt meist pl* CHEM polymer
Polymerisierung <-> *f kein pl* CHEM, TECH polymerization
Polyneuropathie <-, ien> *f* polyneuropathy
Polynom <-s, -e> *nt* MATH polynomial
Polyp <-en, -en> *m* ❶ ZOOL polyp ❷ MED polyp; **~en in der Nase haben** to suffer from adenoids
Polypeptid <-s, -e> *nt* CHEM polypeptide
Polyphonie <-> *f kein pl* MUS polyphony
polyploid *adj* polyploid
Polyploidie <-> *f kein pl* BIOL polyploidy
Polypol <-s, -e> *nt* JUR polypoly
Polysemie <-> *f kein pl* LING polysemy
Polytechnikum <-s, -ka *o* -ken> *nt* polytechnic
Polytheismus <-> *m kein pl* polytheism
Polyurethan <-s, -e> *meist pl nt* CHEM polyurethane *no pl*
Polyvinylchlorid <-[e]s, -e> *nt* CHEM polyvinyl chloride, PVC
Pomade <-, -n> *f* pomade
Pomeranze <-, -n> *f* KOCHK Seville [*or* bitter] orange
Pomeranzenöl *nt* BOT Seville [*or* bitter] orange oil
Pommern <-s> *nt* Pomerania
Pommes ['pɔməs] *pl* (*fam*), **Pommes frites** [pɔm'frɪt] *pl* French fries *pl,* BRIT *a.* chips *pl*
Pommes-frites-Schneider *m* potato chipper BRIT, French fry slicer AM
Pomp <-[e]s> *m kein pl* pomp *no pl*
Pompeji <-> *nt* Pompeii
Pompon <-s, -s> [põ'põ:] *m* pompon, pompom
pompös I. *adj* grandiose II. *adv* grandiosely, in a grandiose style
Poncho <-s, -s> ['pɔntʃo] *m* poncho
Pond <-s, -> *nt* PHYS gram-force
Pontifex <-, -fizes> [*pl* -tse:s] *m* REL pontiff
Pontifikat <-s, -e> *nt* REL pontificate, papacy
Pontius *m* ► WENDUNGEN: **von** ~ **zu Pilatus laufen** (*fam*) to run from pillar to post
Ponton <-s, -s> [põ'tõ:] *m* NAUT, MIL pontoon
Pontonbrücke [pɔn'tõ:, 'pɔntõ] *f* pontoon bridge
Pony[1] <-s, -s> ['pɔni] *nt* pony
Pony[2] <-s, -s> ['pɔni] *m* fringe BRIT, bangs *npl* AM
Ponyfrisur *f* hairstyle with a fringe [*or* AM with bangs]
Pool <-s, -s> [pu:l] *m* pool
Poolbillard ['pu:lbɪljart] *nt* pool
Pop <-s> *m kein pl* pop
Popanz <-es, -e> *m* ❶ (*Hanswurst*) clown, puppet ❷ (*Buhmann*) bogeyman
Pop-Art[RR] *f,* **Pop-art** *f* pop art
Popballade *f* pop ballad
Popcorn <-s> *nt kein pl* popcorn *no pl, no indef art*
Pope <-n, -n> *m* priest
Popel <-s, -> *m* (*fam*) ❶ (*Stück Nasenschleim*) bogey BRIT *fam,* booger AM *fam* ❷ (*Durchschnittsbürger*) pleb *fam,* nobody
pop(e)lig *adj* (*fam*) ❶ (*lausig*) lousy ❷ (*gewöhnlich*) crummy
Popelin <-s, -e> *m,* **Popeline** <-, -> *f* poplin
popeln *vi* (*fam*) to pick one's nose
Popfarbe *f* brilliant colour [*or* AM -or] **Popfestival** <-s, -s> *nt* pop festival **Popgruppe** *f* pop group
poplig *adj s.* **popelig**
Popmusik *f* pop music
Popmusikmarkt *m* pop music market
Popo <-s, -s> *m* (*fam*) bottom, BRIT *a.* bum *fam*
Popper <-s, -> *m* (*in den 80er Jahren*) New Romantic
poppig *adj* (*fam*) trendy
Popsänger(in) <-s, -> *m(f)* pop singer **Popstar** *m* pop star **Popszene** *m* pop scene
populär *adj* popular; ■[**bei jdm**] ~ **sein** to be popular [with sb]
popularisieren* *vt* ■**etw** ~ to popularize sth
Popularität <-> *f kein pl* popularity *no pl*
Popularklage *f* JUR collective [*or* relator] action
populärwissenschaftlich I. *adj* popular scientific; **~e Literatur** popular literature II. *adv* in popular scientific terms
Population <-, -en> *f* population
Populismus <-> *m kein pl* populism *no pl*
Populist(in) <-en, -en> *m(f)* populist
populistisch *adj* populist
Pop-up-Fenster [-ʌp-] *nt* INFORM pop-up window
Pop-up-Menü [-ʌp-] *nt* INFORM pop-up menu
Pore <-, -n> *f* pore; **aus allen ~n** from every pore
Porentiefe *f* pore depth
porenverstopfend *adj inv* pore-clogging
porig *adj* porous, poriferous
Porno <-s, -s> *m* (*fam*) porn *fam*
Pornofilm *m* (*fam*) porn[o] film [*or fam* movie], skin flick *fam*
Pornographie <-> *f,* **Pornografie**[RR] <-> *f kein pl* pornography *no pl, no indef art*
pornographisch *adj,* **pornografisch**[RR] *adj* pornographic
Pornoheft *nt* (*fam*) porn[o] mag[azine] *fam*
Pornowelle *f* wave of pornography
porös *adj* porous
Porosität <-> *f kein pl* porosity
Porphyr <-s, -e> [pɔr'fy:ɐ̯] *m* GEOL porphyry
porphyrisch *adj inv* GEOL porphyritic

Porree <-s, -s> *m* leek
Pörschkohl *m* savoy cabbage
Port <-[s], -s> *m* INFORM port; **serieller** ~ serial port
Portable <-s, -s> ['pɔrtəbl] *m* TV, INFORM portable
Portal <-s, -e> *nt* ❶ (*große Tür*) portal ❷ INET homepage, portal
Portefeuille <-s, -s> [pɔrt'føːj] *nt* FIN portfolio
Portefeuille-Effekten *pl* FIN portfolio securities **Portefeuille-Strukturierung** *f* FIN portfolio breakdown **Portefeuille-Umschichtung** *f* FIN portfolio switching
Portemonnaie <-s, -s> [pɔrtmɔ'neː, pɔrtmɔ'nɛː] *nt* purse
Portfolio *nt* BÖRSE portfolio
Porti *pl von* **Porto**
Portier <-s, -s> [pɔr'tieː] *m* porter BRIT, doorman AM
Portion <-, -en> *f* ❶ KOCHK portion ❷ (*fam*) portion, helping *fam* ❸ (*fam: Anteil*) amount ▶ WENDUNGEN: **eine halbe** ~ (*fam*) a puny [*or fam* weedy] specimen, a half-pint *fam*
Porto <-s, -s *o* Porti> *nt* postage *no pl, no indef art*
Portoausgabe *f* postage expenses *pl* **portofrei** *adj inv* post- [*or* AM postage-] free [*or* -paid], postage-prepaid **Portokasse** *f* petty cash (*for postage*) **portopflichtig** *adj inv* liable [*or* subject] to postage *pred*
Porträt <-s, -s> [pɔr'trɛː] *nt* portrait
Porträtaufnahme [pɔr'trɛː] *f* portrait photograph
porträtieren* *vt* ❶ (*als Porträt darstellen*) ■**jdn** ~ to paint/take a portrait of sb ❷ (*künstlerisch wiedergeben*) to portray; ■**jdn als jdn** ~ to portray sb as sb
Porträtist(in) <-en, -en> *m(f)* (*form*) portrait artist, portraitist
Porträtmaler(in) [pɔr'trɛː] *m(f)* portrait painter
Portugal <-s> *nt* Portugal; *s. a.* **Deutschland**
Portugiese, -giesin <-n, -n> *m, f* Portuguese; *s. a.* **Deutsche(r)**
portugiesisch *adj* ❶ (*Portugal betreffend*) Portuguese; *s. a.* **deutsch 1** ❷ LING Portuguese; *s. a.* **deutsch 2**
Portugiesisch *nt dekl wie adj* ❶ LING Portuguese; *s. a.* **Deutsch 1** ❷ (*Fach*) Portuguese; *s. a.* **Deutsch 2**
Portulak <-s> *m kein pl* BOT purslane
Portwein *m* port
Porzellan <-s, -e> *nt* ❶ (*Material*) porcelain *no pl, no indef art*, china *no pl, no indef art* ❷ *kein pl* (*Geschirr*) china *no pl, no indef art* ▶ WENDUNGEN: ~ **zerschlagen** (*fam*) to cause a lot of trouble [*or* bother] [*or* damage]
Porzellanfigur *f* porcelain figure **Porzellangeschirr** *nt* china *no pl, no indef art* **Porzellanladen** *m* china shop ▶ WENDUNGEN: **wie ein Elefant im** ~ (*prov*) like a bull in a china shop *prov* **Porzellanmanufaktur** *f* porcelain [*or* china] factory **Porzellanschale** *f* porcelain dish
POS INFORM *Akr von* **point-of-sale** POS
POS-Applikation *f* INFORM POS application
Posaune <-, -n> *f* trombone; ~ **blasen** [*o* **spielen**] to play the trombone
posaunen* I. *vi* (*fam*) ❶ (*Posaune blasen*) to play the trombone ❷ (*tönen*) ■**von etw** ~ to yell [*or* shout] sth out **II.** *vt* (*fam*) to yell; ■**etw irgendwohin** ~ to yell [*or* shout] sth out somewhere; **etw in alle Welt** ~ to trumpet sth forth, to broadcast sth to the whole world
Posaunenbläser(in) *m(f)* trombone player, trombonist
Posaunist(in) <-en, -en> *m(f)* (*form*) trombonist, trombone player
Pose <-, -n> *f* pose; [**bei jdm**] **nur** ~ **sein** sb is only posing [*or* putting it on]; **eine bestimmte** ~ **einnehmen** to take up a certain pose
posieren* *vi* (*geh*) ■[**als jd**] ~ to pose [as sb]
Position <-, -en> *f* ❶ (*geh: Stellung*) position; **sich jdm gegenüber in schwacher/starker** ~ **befinden** to be in weak/strong position with regard to sb ❷ (*geh: berufliche Stellung*) position ❸ (*Standpunkt*) position; **eine** ~ **beziehen** to take up a position, to take a stand ❹ BÖRSE, LUFT, NAUT position; ~**en glattstellen** BÖRSE to liquidate positions ❺ ÖKON (*Posten*) item
positionieren* *vr* POL (*geh*) to take a stand
Positionsanzeiger *m* INFORM cursor **Positionsbereinigung** *f* BÖRSE position squaring **Positionsbestimmung** *f bei Satellitennavigation* positioning **Positionslicht** *nt* navigation light **Positionspapier** *nt* POL policy paper [*or* document]
positiv I. *adj* ❶ (*zustimmend*) positive; ■~ [**für jdn**] **sein** to be good news [for sb] ❷ (*geh*) concrete, definite; JUR ~**e Forderungsverletzung** breach of an obligation other than by delay or impossibility; ~**e Vertragsverletzung** special breach of contract ❸ MATH positive, plus ❹ PHYS, ELEK positive **II.** *adv* positively; **etw** ~ **beeinflussen** to have a positive influence on sth; **etw** ~ **bewerten** to judge sth favorably [*or* AM favorably]; **einer Sache** ~ **gegenüberstehen** to take a positive view of a matter; **sich** ~ **verändern** to change for the better
Positiv[1] <-s, -e> *nt* ❶ FOTO positive ❷ MUS positive [organ]
Positiv[2] <-s, -e> *m* LING positive
Positivattest *nt* JUR positive certification
Positivbeweis *m* JUR proof positive
Positivdarstellung *f* INFORM positive display
Positivismus <-> *m kein pl* PHILOS positivism; **logischer** ~ logical positivism
Positivkennzeichnug *f bei Gentechnik* positive labelling [*or* AM labeling] **Positivumwandlung** *f* FOTO positiv transposition
Positron <-s, Positronen> *nt* NUKL positron
Positur <-, -en> *f* posture; **sich** [**vor jdm/etw**] **in** ~ **setzen/stellen** to take up/adopt [*or* assume] a posture [*or* pose] [in front of sb/sth]
Posse <-s, -> *f* ❶ *meist pl* (*Streich*) prank, trick; ~ **reißen** to play tricks, to fool around; **jdm eine** ~ **spielen** to play a trick [*or* prank] on sb ❷ THEAT farce
Possen <-s, -> *m meist pl* (*veraltend*) trick, prank, tomfoolery *no pl dated;* **mit jdm** ~ **treiben** to play tricks on sb; ~ **reißen** to fool [*or* lark] about, to play tricks
possenhaft <-er, -este> *adj* farcical
Possessiva *pl von* **Possessivum**
Possessivpronomen *nt,* **Possessivum** <-s, Possessiva> [vʊm] *nt* possessive pronoun
possessorisch *adj* JUR possessory
possierlich <-er, -ste> *adj* sweet BRIT, cute AM
Post <-> *f kein pl* ❶ (*Institution*) postal service, Post Office; **etw mit der/durch die/per** ~ **schicken** to send sth by post [*or* AM mail]; (*Dienststelle*) post office; ***die*** ~ ***befindet sich am Ende dieser Straße rechts*** the post office is at the end of the street on the right; **auf die/zur** ~ **gehen** to go to the post office; **etw zur** ~ **bringen** to take sth to the post office ❷ (*Briefsendungen*) mail *no pl, indef art rare, esp* BRIT post *no pl, indef art rare;* **gelbe** ~ postal service; **mit gleicher/getrennter** ~ by the same post/under separate cover; ***heute ist keine*** ~ ***für dich da*** there's no post [*or* mail] for you today; **auf** [**die**] ~ **warten** to wait for [the] post [to arrive]; **von jdm viel** ~ **bekommen** to get [*or* receive] a lot of letters from sb; **elektronische** ~ electronic mail, e-mail; **mit getrennter** ~ HANDEL under separate cover ▶ WENDUNGEN: [**und**] **ab geht die** ~**!** (*fam*) off we go!
postalisch I. *adj* postal; ***die Ware wird Ihnen auf*** ~***em Weg zugestellt*** the goods will be sent by post **II.** *adv* by post [*or* AM mail]
Postamt *nt* post office **Postanweisung** *f* ❶ (*Überweisungsträger*) postal [*or* AM money] order ❷ (*angewiesener Betrag*) *money paid in at a post office and delivered to the addressee* **Postausgang** *m* HANDEL outgoing mail; INFORM *a.* outtray **Postauto** *nt* postal [*or* post office] van **Postbank** *f* Post Office Giro Bank BRIT, postal bank AM **Postbarscheck** *m* Post Office Giro cheque BRIT, postal check AM **Postbeamte(r), -beamtin** *m, f* post office official **Postbedienstete(r)** *f(m)* postal worker
Postbezug *m* mail order **Postbote, -botin** *m, f* postman *masc*, AM *usu* mailman *masc*, postwoman BRIT *fem*, female mail carrier AM
Pöstchen <-s, -> *nt dim von* **Posten** (*iron fam*) little job [*or* number] *iron fam*
Postdienst *m* postal service **Postdienstleistung** *f* postal service [*or* operation] **Posteingang** *m* HANDEL incoming mail; INFORM *a.* in-tray
Posten <-s, -> *m* ❶ (*zugewiesene Position*) post, position ❷ (*Anstellung*) position, post, job ❸ (*Wache*) guard; **irgendwo** ~ **beziehen** to take up position [*or* position oneself] somewhere; ~ **stehen** to stand guard ❹ ÖKON (*Position*) item; (*Menge*) lot, quantity; **budgetärer** ~ budget item; **einen** ~ **belasten/gutschreiben** to debit/credit an item; **einen** ~ **nachtragen/stornieren** to book an omitted item/to cancel an item; **einen** ~ **umbuchen** to carry out a product ❺ JAGD buckshot ▶ WENDUNGEN: **auf verlorenem** ~ **kämpfen** [*o* **stehen**] to be fighting a lost cause [*or* losing battle]; [**noch**] **auf dem** ~ **sein** (*fam: fit sein*) to be [still] in good shape; (*wachsam sein*) to be on one's toes *fam;* **nicht ganz auf dem** ~ **sein** (*fam*) to be a bit under the weather [*or* off-colour [*or* AM -or]] *fam*
Postenentgelte *pl* FIN item-per-item charges
postenweise *adv* HANDEL in lots, by items
Poster <-s, -[s]> ['poːstɐ, 'pɔstɐ] *nt* poster
Postfach *nt* ❶ (*Schließfach*) post-office [*or* PO] box ❷ (*offenes Fach*) pigeonhole
Postfachanlage *f* post-office box service **Postfachmiete** *f* rent of a post-office box **Postfachnummer** *f* post-office [*or* PO] box number
postfeministisch *adj inv* SOZIOL post-feminist
postfertig *adv* ready for posting [*or* mailing] *pred*
Postgebühr *f* postal charge [*or* rate], postage *no pl* **Postgeheimnis** *nt* JUR postal secrecy, confidentiality of the post [*or* AM mail] **Postgewerkschaft** *f* **Deutsche** ~ *union of German postal workers* **Postgiroamt** [-ʒiːro-] *nt* Girobank **Postgirokonto** *nt* giro [*or* National Girobank] [*or* AM postal checking] account
postglazial *adj inv* GEOL postglacial
posthum *adj* (*geh*) posthumous
postieren* *vt* ■**jdn/sich irgendwo** ~ to position [*or* station] sb/oneself somewhere
Postkarte *f* postcard **Postkasten** *m* DIAL (*Briefkasten*) postbox BRIT, letterbox BRIT, pillar box BRIT, mailbox AM **Postkutsche** *f* HIST stagecoach **postlagernd** *adj* poste restante BRIT, general delivery AM **Postleitzahl** *f* postcode BRIT, zip code AM
Pöstler(in) <-s, -> *m(f)* SCHWEIZ, **Postler(in)** <-s, -> *m(f)* (*fam*) post office worker
Postlle <-, -n> *f* MEDIA, VERLAG (*pej*) *newspaper* rag *pej; magazine* mag *pej*
Postminister(in) *m(f)* Minister of Post BRIT, postmaster general AM
postmodern *adj* postmodern
Postmoderne <-> *f kein pl* postmodernism
Postnachnahmesendung *f* HANDEL COD parcel
postnumerando *adv* FIN at the end of the period; ~ **zahlbar** payable later; **etw** ~ **zahlen** to pay sth on receipt **Postpaket** *nt* parcel, [postal] packet **Postsack** *m* mailbag, BRIT *a.* postbag **Postschalter** *m* post office counter
Postscheck *m* giro cheque [*or* AM check] **Postscheckamt** *nt* Girobank **Postscheckkonto** *nt* FIN [post-office] giro [*or* National Girobank] account BRIT **Postscheckverkehr** *m* FIN postal giro transfer system
Postscriptdatei *f* INFORM postcript file **Postscriptdrucker** *m* INFORM postscript printer **Postscriptfile** <-s, -s> ['poʊstskrɪptfajl] *nt* PostScript file **Postscriptprogramm** *nt* INFORM postcript program **Postscript-RIP** *m* INFORM postcript RIP **Postscriptseite** *f* INFORM postcript page **Postscripttreiber** *m* INFORM postscript printer driving software
Postsendung *f* postal [*or* AM mail] item
Postskript <-[e]s, -e> *nt,* **Postskriptum** <-s, -ta> *nt* (*geh*) postscript, PS
Postsortieranlage *f* sorting office
postsowjetisch *adj* post-soviet [*or* -communist]
Postsparbuch *nt* Post Office savings [account]

book **Postsparkasse** *f* Post Office Giro [*or* National Savings] [*or* AM postal savings] bank **Poststelle** *f* ❶ (*Sortierstelle*) mail [*or* post] room ❷ (*Ortsniederlassung*) [sub] post office **Poststempel** *m* ❶ (*Abdruck*) postmark ❷ (*Gerät*) postmark stamp[er] **Postüberweisung** *f* Girobank transfer

Postulat <-[e]s, -e> *nt* ❶ (*geh: Forderung*) postulate, demand ❷ PHILOS, SCI postulate ❸ REL postulancy ❹ POL SCHWEIZ *parliamentary instruction to the Upper House to review a bill or measure*

Postulationsfähigkeit *f* JUR [right of] audience, locus standi

postulieren* *vt* (*geh*) ■**etw** ~ to postulate sth

postum *adj inv, attr* posthumous

Postverkehr *m kein pl* HANDEL postal service **Postvermerk** *m* HANDEL postmark **Postvertriebsstück** *nt* (*form*) postal item **Postweg** *m* (*veraltet*) post road **postwendend** *adv* by return [of post] [*or* AM mail] **Postwertzeichen** *nt* (*form*) postage stamp *form* **Postwesen** *nt kein pl* Post Office, postal service **Postwurfsendung** *f* mailshot, direct mail advertizing, unaddressed mailing **postzugelassen** *adj* authorized by the Post Office **Postzustellung** *f* postal delivery

Pot <-s> *nt kein pl* (*sl*) pot *dated sl*

potent *adj* ❶ (*sexuell fähig*) potent ❷ (*zahlungskräftig*) affluent

Potentat(in) <-en, -en> *m(f)* (*geh*) potentate

Potential <-s, -e> [potɛnˈtsi̯aːl] *nt s.* **Potenzial**

potentiell [potɛnˈtsi̯ɛl] *adj s.* **potenziell**

Potenz <-, -en> *f* ❶ MED (*Zeugungsfähigkeit*) potency ❷ (*geh: Möglichkeiten*) potential ❸ (*Leistungsfähigkeit*) strength, power ❹ MATH **zweite/dritte** ~ square/cube; **etw in eine bestimmte** ~ **erheben** to raise sth to the power of … ❺ (*Grad*) **Blödsinn in höchster** ~ utter nonsense; **in höchster** ~ (*geh*) to the highest degree, of the highest order

Potenzfunktion *f* MATH power function

Potenzial[RR] <-s, -e> [potɛnˈtsi̯aːl] *nt* ❶ (*geh: Möglichkeiten*) potential ❷ PHYS potential

potenziell[RR] [potɛnˈtsi̯ɛl] *adj* (*geh*) potential; ~**er Kunde** potential [*or* prospective] customer, prospect

potenzieren* *vt* ❶ (*geh*) ■**etw** ~ to multiply [*or* increase] sth ❷ MATH to raise to the power; **6 mit 4 potenziert** 6 to the power [of] 4

Potenzmenge *f* MATH power set **Potenzpille** *f* (*fam*) potency pill, Viagra® **Potenzstörung** *f* MED potency disorder [*or* dysfunction] [*or* problem], impotence

Potestativbedingung *f* JUR potestative condition

Potpourri <-s, -s> [ˈpɔtpʊri] *nt* potpourri, medley

Potsdam <-s> *nt* Potsdam

Potsdamer(in) <-s, -> *m(f)* ❶ *dekl wie adj* (*Einwohner von Potsdam*) sb from Potsdam ❷ *attr* ■**das** ~ **Abkommen** HIST the Potsdam Conference

Pott <-[e]s, Pötte> *m* (*fam*) ❶ (*Topf*) pot ❷ (*a. pej: Schiff*) ship, tub *pej fam*

Pottasche *f* potash *no pl, no indef art*

potthässlich[RR] *adj* (*fam*) [as] ugly as sin *pred*, plug-ugly *fam*

Pottwal *m* sperm whale

potz *interj* ► WENDUNGEN: ~ **Blitz!** (*veraltet*) goodness gracious! *old*

Poulet <-s, -s> [ˈpuleː] *nt* SCHWEIZ chicken

poussieren I. *vi* (*veraltend fam*) ■**mit jdm** ~ to flirt with sb II. *vt* (*veraltend*) ■**jdn** ~ to curry favour [*or* AM -or] with [*or sep fam* butter up] sb

Power <-> [ˈpauɐ] *f kein pl* (*sl*) power *no pl, no indef art*

powern [ˈpauɐn] *vi* (*sl*) ❶ (*sich voll einsetzen*) to give it all one's got *fam* ❷ (*fördern*) to promote heavily

Powerprozessor [ˈpauɐ-] *m* power processor

Powidl <-s, -> *m* ÖSTERR plum jam; ■**jdm** ~ **sein** (*fam*) to be all the same to sb

Powidlknödel *m* ÖSTERR dumpling filled with plum jam

PP *nt Abk von* **Polypropylen** PP, polypropylene

pp *adj Abk von* **pianissimo** pp

pp. *Abk von* **perge, perge** pp.

pp(a). *Abk von* **per procura** pp

ppi *pl* INFORM *Abk von* **pixel per inch** ppi

ppm INFORM *Abk von* **pages per minute** ppm

PPP INFORM *Abk von* **point-to-point protocol** PPP

PR <-> *f kein pl s.* **Public Relations** PR

Präambel <-, -n> *f* preamble; (*Versicherung*) recital clause; **falsche** ~ misrecital

PR-Abteilung *f* PR department

Pracht <-> *f kein pl* splendour [*or* AM -or] *no pl*, magnificence *no pl*; **in seiner/ihrer/etc. vollen** [*o* **ganzen**] ~ in all his/her/etc. splendour; **eine wahre** ~ **sein** (*fam*) to be [really] marvellous [*or fam* great]; **eine wahre** ~ **sein, etw zu tun** to be marvellous [*or* fantastic] to do sth; **dass es eine** ~ **ist** (*fam*) it's magnificent to see; ***die Rosen blühten, dass es eine ~ war*** it was magnificent to see the roses blooming

Prachtausgabe *f* luxury [*or* de luxe] edition **Prachtbau** *m* magnificent building **Prachtexemplar** *nt* fine [*or* magnificent] specimen; **wahre** ~**e von Kindern** really splendid children

prächtig *adj* ❶ (*prunkvoll*) splendid, magnificent ❷ (*großartig*) splendid, marvellous

Prachtkerl *m* (*fam*) great guy [*or* BRIT *a.* bloke] *fam*, fine specimen of a man; **ein** ~ **von einem Kind!** a terrific kid! *fam* **Prachtstück** *nt s.* Prachtexemplar **prachtvoll** *adj* (*geh*) *s.* **prächtig** **Prachtweib** *nt* (*fam*) fine specimen of a woman

prädestinieren* *vt* (*geh*) to predestine; ■**jdn zu etw** ~ to predestine sb to sth; **für etw wie prädestiniert sein** to be predestined [*or* made] [*or* just right] for sth

Prädikat <-[e]s, -e> *nt* ❶ LING predicate ❷ SCH grade ❸ (*Auszeichnung*) rating ❹ (*Weinqualität*) title; ***Weine mit ~*** quality wines

prädikativ *adj inv* LING predicative

Prädikatsnomen *nt* LING predicative noun, complement **Prädikatswein** *m* top quality wine

Präfekt <-en, -en> *m* HIST, POL, REL prefect

Präfektur <-, -en> *f* ❶ (*Amt*) prefecture ❷ (*Räumlichkeiten*) prefecture

Präferenz <-, -en> *f* ❶ (*geh*) preference ❷ (*Vergünstigung*) privilege

Präferenzgefälle *nt* HANDEL preference margin **Präferenzraten** *pl* HANDEL preferential rates **Präferenzspanne** *f* HANDEL preference margin

Präfix <-es, -e> *nt* LING prefix

Prag <-s> *nt* Prague

prägen *vt* ❶ (*durch Prägung herstellen*) ■**etw** ~ to mint sth; **Münzen** ~ to mint [*or* strike] coins; **eine Medaille** ~ to strike a medallion ❷ (*mit einer Prägung versehen*) to emboss sth; **geprägtes Briefpapier** embossed writing paper; **einen Bucheinband** [**blind**] ~ to emboss [*or* [*spec* blind-]tool] a book cover; ■**etw auf/in etw** *akk* ~ to stamp [*or form* impress] sth on[to]/into sth; **sich etw ins Gedächtnis** ~ (*fig*) to commit sth to memory, to engrave sth on one's mind ❸ (*fig: formen*) ■**jdn** ~ to leave its/their mark [on sb]; **jdn für alle Zeiten** ~ to leave its/their indelible mark [on sb] ❹ ZOOL **ein Tier auf etw/jdn** ~ to imprint sth/sb on an animal ❺ (*schöpfen*) ■**etw** ~ to coin sth; **ein Modewort** ~ to coin an "in" expression *sl*

Pragmatik <-, -en> *f* ❶ *kein pl* (*geh*) pragmatism ❷ *kein pl* LING pragmatics + *sing vb* ❸ ADMIN ÖSTERR (*Dienstordnung*) official regulations *pl*

Pragmatiker(in) <-s, -> *m(f)* pragmatist

pragmatisch I. *adj* pragmatic II. *adv* pragmatically; ~ **eingestellt sein** to be pragmatic

Pragmatismus <-> *m kein pl* pragmatism *no pl*

prägnant I. *adj* (*geh*) succinct, concise; ~**e Sätze** concise sentences II. *adv* ~ **antworten** to give a succinct [*or* concise] answer; **sich** ~ **ausdrücken** to be succinct [*or* concise]; **etw** ~ **beschreiben/darstellen** to give a succinct [*or* concise] description/account of sth

Prägnanz <-> *f kein pl* (*geh*) conciseness *no pl*, succinctness *no pl*

Prägung <-> *f* ❶ (*Einprägen von Münzen*) minting, striking ❷ (*mit Muster versehen*) embossing; *Einband, Leder a.* tooling, incuse *spec*; (*Eingeprägtes*) embossing; *Einband, Leder a.* tooling ❸ BIOL, ZOOL imprinting ❹ LING coinage

prähistorisch *adj* prehistoric

prahlen *vi* ■[**mit etw**] ~ to boast [*or fam* brag] [about sth] *pej*; ■**damit** ~, **dass …** to boast [*or fam* brag] that … *pej*

Prahler(in) <-s, -> *m(f)* (*pej*) boaster

Prahlerei <-, -en> *f* (*pej*) ❶ *kein pl* (*Angeberei*) boasting, bragging *pej fam* ❷ (*prahlerische Äußerung*) boast, boasting *no pl*, bragging *no pl pej fam*

Prahlerin <-, -nen> *f fem form von* **Prahler**

prahlerisch *adj* boastful, bragging *attr*

Prahlhans <-es, -hänse> *m* (*fam*) show-off *fam*, braggart *dated*

Präjudiz <-es, -e> *nt* JUR precedent

Präjudizienrecht *nt* JUR case law, law based on precedents

Präklusion <-, -en> *f* JUR (*Ausschließung*) preclusion, foreclosure

Präklusionswirkung *f* JUR preclusive effect

Präklusivfrist *f* JUR preclusive period

präkolumbinisch *adj inv* pre-Columbian

Praktik <-, -en> *f meist pl* practice, procedure; **undurchsichtige** ~**en** shady practices

Praktika *pl von* **Praktikum**

praktikabel *adj* practicable, feasible *form*

Praktikant(in) <-en, -en> *m(f)* [on-the-job AM] trainee, intern AM (*student or trainee working at a trade or occupation to gain work experience*)

Praktiken *pl von* **Praktik**

Praktiker(in) <-s, -> *m(f)* ❶ (*Mensch mit praktischer Erfahrung*) practical person [*or masc* man] [*or fem* woman]; SCI practitioner; **ein** [**reiner**] ~ **sein** to be a [purely] practical person ❷ (*fam: praktischer Arzt*) general practitioner, GP, family doctor

Praktikum <-s, Praktika> *nt* work placement, period of practical training, internship AM

praktisch I. *adj* ❶ (*wirklichkeitsbezogen*) practical; ~**e Ausbildung** practical [*or* in-job] [*or* AM on-the-job] training; ~**er Arzt** GP, family doctor; ~**e Unterweisung** object lessons ❷ (*zweckmäßig*) practical; **ein** ~**es Gerät** a practical [*or* handy] device; **ein** ~**es Beispiel** a concrete example ❸ (*geschickt im Umgang mit Problemen*) practical[-minded], down-to-earth; **eine** ~**e Denkweise** practical thinking; **ein** ~**er Mensch** a practical person; ~ **veranlagt sein** to be practical II. *adv* ❶ (*so gut wie, im Grunde*) practically, virtually, basically; (*wirklich*) in practice ❷ (*wirklichkeitsbezogen*) ~ **arbeiten** to do practical work; **eine Erfindung** ~ **erproben** to test an invention in real scenarios; **etw** ~ **umsetzen** to put sth into practice

praktizieren* I. *vt* ❶ (*in die Praxis umsetzen*) ■**etw** ~ to put sth into practice; **seinen Glauben** ~ to practise [*or* AM -ice] one's religion; **ein Verfahren** ~ to follow a practised [*or* set] procedure ❷ (*fam: gelangen lassen*) ■**etw in etw** *akk* ~ to slip sth into sth; (*von Zauberer*) to conjure sth into sth II. *vi* to practise [*or* AM *usu* -ice]; ~**der Arzt** practising doctor

Prälat <-en, -en> *m* REL prelate

Praline <-, -n> *f*, **Praliné** <-s, -s> *nt*, **Pralinee** <-s, -s> *nt* ÖSTERR, SCHWEIZ chocolate [cream]

Pralinenförmchen *pl* chocolate mould [*or* AM mold]

pralinieren *vt* KOCHK ■**etw** ~ to caramelize sth

prall *adj* ❶ (*sehr voll*) ~**e Brüste/Hüften** well-rounded [*or hum* ample] breasts/hips; **eine** ~ **gefüllte Brieftasche** a bulging wallet; **ein** ~**er Euter** a swollen udder; ~**e Segel** billowing [*or* full] sails; ~**e Tomaten** firm tomatoes; **ein** ~**er Fußball/Luftballon** a hard football/balloon; ~**e Schenkel/Waden** sturdy [*or* [big] strong] thighs/calves; **das** ~**e Leben** living life to the full; **etw** ~ **aufblasen** to inflate sth to bursting point; **etw** ~ **füllen** to fill sth to bursting ❷ (*ungehindert scheinend*) blazing; **in der** ~**en Sonne** in the blazing sun

prallen *vi sein* ❶ (*heftig auftreffen*) to crash; *Ball* to bounce; [**mit dem Wagen**] **gegen/vor etw** ~ to crash [one's car] into sth; **mit dem Kopf gegen etw**

P

~ to bang [*or* hit] one's head on [*or* against] sth ❷ (*ungehindert scheinen*) to blaze

Prallhang *m* GEOG cut [*or* outer] bank

Prallsack *m s.* **Airbag**

prallvoll *adj* (*form*) bulging, full to bursting, tightly packed; **ein ~er Kofferraum** a tightly packed boot [*or* AM trunk]

Präludium <-s, -ien> *nt* prelude

Prämie <-, -n> ['prɛːmiə] *f* ❶ (*zusätzliche Vergütung*) bonus, extra pay ❷ (*Versicherungsbeitrag*) [insurance] premium ❸ FIN [government] premium ❹ (*zusätzlicher Gewinn im Lotto*) extra dividend [*or* prize money]; **~n ausschütten** to distribute prizes

Prämienanleihe *f* FIN premium bond **prämienbegünstigt** *adj inv* FIN premium-aided *attr;* **~es Sparen** contractual saving **Prämienbond** *m* FIN premium bond **Prämiengeschäft** *nt* BÖRSE option dealing; **doppeltes/einfaches ~** compound/single option **Prämienlohn** *m* ÖKON premium [*or* incentive] pay **Prämienpfandbrief** *m* FIN lottery mortgage debenture **Prämiensparen** *nt* premium-aided savings scheme [*or* AM plan] **Prämienstaffelung** *f* FIN scale of premiums **Prämienzahlung** *f* [insurance] premium payment, payment of [insurance] premiums **Prämienzeitlohn** *m* ÖKON premium time wage

prämieren* *vt* ■**jdn/etw [mit etw]** ~ to award sb/sth sth, to give [*or* grant] sb/sth an award [of sth]; **jdn/etw mit DM 50.000** ~ to award sb/sth a/the prize of DM 50,000; **ein prämierter Film/Regisseur** an award-winning film/director

Prämierung <-, -en> *f* granting of awards (+*gen* to); **die ~ eines Films** an award given to a film

Prämisse <-, -n> *f* (*geh*) ❶ (*Voraussetzung*) premise, condition, prerequisite *form;* **unabdingbare ~n** mandatory requirements; **unter diesen ~n** under these conditions; **unter der ~, dass ...** on condition that ... ❷ PHILOS premise, premiss

pränatal *adj* MED prenatal

prangen *vi* (*geh*) ❶ (*auffällig angebracht sein*) to be emblazoned, to be prominently displayed; ***der Titel prangte in großen Buchstaben auf dem Einband*** the title was emblazoned in big letters on the cover ❷ (*in voller Schönheit erstrahlen*) to be resplendent; ***an seiner Brust prangte der neue Orden*** the new decoration hung resplendently on his chest

Pranger <-s, -> *m* HIST pillory; **an den ~ kommen** (*fig*) to be pilloried; **am ~ stehen** (*fig*) to be in the pillory; **jdn/etw an den ~ stellen** (*fig*) to severely criticize sb/sth

Pranke <-, -n> *f* paw; (*hum a.*) mitt *sl*

Prankenhieb *m* swipe [*or* blow] from a paw

Präparat <-[e]s, -e> *nt* ❶ (*Arzneimittel*) preparation, medicament, medication ❷ BIOL, MED (*präpariertes Objekt*) specimen; (*für Mikroskop*) slide [preparation]

präparieren* I. *vt* ■**etw** ~ ❶ BIOL, MED (*konservieren*) to preserve sth; **ein Organ in Formalin** ~ to preserve an organ in formalin; (*sezieren*) to dissect sth ❷ (*geh: vorbereiten*) to prepare sth; **eine Leinwand** ~ to prepare a canvas **II.** *vr* (*geh*) ■**sich [für etw]** ~ to prepare [oneself] [for sth], to do one's preparation [for sth]

Präposition <-, -en> *f* preposition

Prärie <-, -n> ['priːən] *f* prairie

Präriehund *m* ZOOL prarie dog **Präriewolf** *m* coyote, prairie wolf

Präsens <-, Präsentia *o* Präsenzien> [tsiən] *nt* ❶ (*Zeitform*) present tense ❷ (*Verb im Präsens 1*) present

präsent *adj* (*geh*) present; **etw ~ haben** to remember [*or* recall] sth; **etw ist jdm ~** sb can remember [*or* recall] sth; ***der Name ist mir nicht*** ~ the name escapes me

Präsent <-[e]s, -e> *nt* (*geh*) present, gift

Präsentation <-, -en> *f* ❶ presentation *no pl* ❷ ÖKON (*Vorlegung eines fälligen Wechsels*) presentment, presentation

Präsentationsgrafik[RR] *f* INFORM presentation graphics + *sing vb*

Präsentationsprogramm *nt* INFORM presentation program

Präsentia *pl von* **Präsenz**

präsentieren* I. *vt* ■**[jdm] etw** ~ to present [sb with] sth; ■**jdn/sich [jdm]** ~ to present sb/oneself [to sb]; **sich als der Chef** ~ to introduce oneself as the boss ▸ WENDUNGEN: **sich von seiner besten Seite** ~ to present one's best side; *s. a.* **Gewehr II.** *vi* MIL to present arms

Präsentierteller *m* salver ▸ WENDUNGEN: **auf dem ~ sitzen** (*fam*) to be exposed to all and sundry *fam*

Präsentkorb *m* gift hamper BRIT, basket of goodies AM

Präsenz <-> *f kein pl* (*geh*) presence ▸ WENDUNGEN: **~ zeigen** to make one's presence felt

Präsenzbibliothek *f* (*geh*) reference library

Präsenzbörse *f* BÖRSE open-outcry market

Präsenzien *pl von* **Präsenz**

Praseodym <-s> *nt kein pl* CHEM praseodymeum

Präser <-s, -> *m* (*sl*) *kurz für* **Präservativ** johnny BRIT *sl,* rubber AM *sl*

Präservativ [va] *nt* condom, [contraceptive] sheath BRIT *form*

Präsident(in) <-en, -en> *m(f)* ❶ (*Staatsoberhaupt*) president; **Herr ~/Frau ~** Mister/Madam President ❷ (*Vorsitzende(r)*) president, chair[man/woman/person]

Präsidentenamt *nt* office of president, presidential office **Präsidentenanklage** *f* JUR impeachment proceedings against the president **Präsidentenwahl** *f* presidential election

Präsidentschaft <-, -en> *f* ❶ (*Amtszeit*) presidency, presidential term ❷ (*Amt des Präsidenten*) presidency, office of president

Präsidentschaftskandidat(in) *m(f)* presidential candidate, candidate for the presidency **Präsidentschaftswahl** *f* presidential elections *pl*

Präsidien *pl von* **Präsidium**

präsidieren* I. *vi* ■**etw** *dat* ~ to preside over sth; **einer Konferenz** ~ to preside over a conference **II.** *vt* SCHWEIZ **einen Verein** ~ to be president of a society

Präsidium <-s, -Präsidien> [diən] *nt* ❶ (*Vorstand, Vorsitz*) chairmanship; (*Führungsgruppe*) committee; **im ~ sitzen** to be on the committee ❷ (*Polizeihauptstelle*) [police] headquarters + *sing/pl vb*

Präsidiumsmitglied *nt* member of the committee; HIST member of the pr[a]esidium

prasseln *vi* ❶ *haben o sein* (*mit trommelndem Geräusch auf etw prallen*) ■**gegen/auf etw** ~ to drum against/on sth; (*stärker*) to beat against/on sth; **~der Beifall** (*fig*) thunderous [*or* deafening] applause ❷ *haben* (*geräuschvoll brennen*) to crackle

prassen *vi* to live it up; (*schlemmen*) to pig out *fam*

Prasser(in) <-s, -> *m(f)* spendthrift, big spender; (*bei Essen*) glutton

Prätendent(in) <-en, -en> *m(f)* (*geh*) pretender (**auf** +*akk* to)

prätentiös <-er, -este> *adj* (*geh*) pretentious

Präteritum <-s, -ta> *nt* LING preterite

Pratze <-, -n> *f* SÜDD (*fam: Pranke*) paw

Prävarikation <-, -en> *f* JUR prevarication

Prävention <-, -en> *f* prevention

Präventionsprojekt *nt* prevention project

präventiv [vɛn] *adj* prevent[at]ive, prophylactic *spec;* **~e Maßnahmen ergreifen** to take preventative measures; **ein Medikament ~ einnehmen** to take medicine as a prophylactic

Präventivangriff *m* MIL pre-emptive strike **Präventivmaßnahme** *f* preventive [*or spec* prophylactic] measure **Präventivmittel** *nt* preventive **Präventivschlag** *m* MIL pre-emptive strike

Praxis <-, Praxen> *f* ❶ (*Arztpraxis*) practice, surgery BRIT, doctor's office AM; (*Anwaltsbüro*) office, practice ❷ *kein pl* (*praktische Erfahrung*) [practical] experience; **langjährige ~** many years of experience ❸ *kein pl* (*praktische Anwendung*) practice *no art;* **in der ~** in practice; **etw in die ~ umsetzen** to put sth into practice; *s. a.* **Mann**

Praxisbezug *m* practical orientation **praxisfern** *adj inv* impractical **praxisfremd** *adj* impracticable

Präzedenzentscheidung *f* JUR legal precedent **Präzedenzfall** *m* JUR [judicial] precedent *form,* test case; **~ mit/ohne Verbindlichkeitscharakter** binding /persuasive precedent; **einen ~ anführen** to quote a precedent; **einen ~ schaffen** to set a precedent

präzis(e) *adj* (*geh*) precise; **eine ~e Beschreibung** an accurate [*or* exact] description; **eine ~e Uhr** an accurate clock; **sich ~ ausdrücken** to express oneself precisely

präzisieren* *vt* (*geh*) ■**etw** ~ to state sth more precisely

Präzision <-> *f kein pl* (*geh*) precision

Präzisionsarbeit *f* precision work **Präzisionsinstrument** *nt* precision instrument **Präzisionswerkzeug** *nt* precision tool[s *pl*]

Präziswechsel *m* FIN fixed bill

PR-Chef *m* PR manager, head of PR

predigen I. *vt* ❶ (*verkünden*) to preach; **das Evangelium ~** to preach the gospel ❷ (*empfehlen, ans Herz legen*) to preach; ■**[jdm] etw** ~ to lecture sb on sth; **Toleranz ~** to preach [*or* call for] tolerance; *s. a.* **Ohr II.** *vi* ❶ (*eine Predigt halten*) to preach; ■**gegen etw** ~ to preach against sth ❷ (*fam: mahnend vorhalten*) to tell; ***ich habe immer wieder gepredigt, dass sie keinen Alkohol trinken sollte*** I have told her again and again that she shouldn't drink alcohol

Prediger(in) <-s, -> *m(f)* preacher *masc,* [woman] preacher *fem* ▸ WENDUNGEN: **ein ~ in der Wüste** (*fig*) a voice [crying] in the wilderness

Predigt <-, -en> *f* (*a. fam*) sermon; **eine ~ [gegen/über etw] halten** to deliver [*or* preach] a sermon [on [*or* about] sth]

Preis <-es, -e> *m* ❶ (*Kaufpreis*) price (**für** +*akk* of); ***~e werden übertroffen*** prices are being topped; ***das ist ein stolzer*** ~ that's a lot of money; ***Schönheit hat ihren*** ~ (*fig*) beauty demands a price; **~ ab Hersteller** price ex works, factory price; **~ ab Lager/Werk** price ex warehouse/works [*or* factory price]; **~ frei an Bord/Bestimmungshafen** price fob/landed price; **~ pro Einheit** unit price; **erschwingliche ~e** affordable prices; **~ freibleibend** price subject to change without notice; **hoch im ~ stehen** to fetch a good [*or* high] price; **bei sinkenden ~en** by declining prices; **scharf kalkulierter ~** close price; **unverbindlicher ~** price subject to alteration; **~e ausloten** to sound prices; **~e auszeichnen** to put a price tag on sth; **den ~ drücken** to force down the price; **im ~ fallen/steigen** to sag/increase in price; **~e ermitteln/taxieren** to arrive at/estimate prices; **jdm einen guten ~ machen** to give sb a good price; **die ~e verderben** to distort prices; **einen hohen ~ für etw zahlen** (*fig*) to pay through the nose for sth, to pay a high price for sth; **[weit] unter[m] ~** at cut-prices/a cut-price; **zum ~ von ...** for ...; **zum erniedrigten ~** at cut-prices [*or* AM *esp* cut-rate prices], at a cut-price [*or* AM *esp* cut-rate price]; **zum halben ~** at half-price; **zum überteuerten ~** at inflated prices, at an inflated price ❷ (*Gewinnprämie*) prize; **der erste/zweite ~** [the] first/second prize; **einen ~ auf etw** *akk* **aussetzen** to put out a reward on sth; **einen ~ auf jds Kopf aussetzen** to put a price on sb's head; **der große ~ von Frankreich** the French Grand Prix; **der ~ der Nationen** Prix des Nations ❸ *kein pl* (*geh: Lob*) praise ▸ WENDUNGEN: **um jeden ~** at all costs, cost what it may; **nicht um jeden ~, um keinen ~** not at any price

Preisabbau *m* price reduction **Preisabkommen** *nt* JUR price agreement **Preisabrede** *f,* **Preisabsprache** *f* HANDEL price[-ficxing] agreement; **~ bei der Abgabe von Angeboten** collusive tendering; **heimliche ~** collusive pricing **Preis-Absatz-Kurve** *f* HANDEL price-distribution curve **Preisabschlag** *m* discount; **jdm einen ~ gewähren** to give sb a discount (**von** +*dat* of) **Preisabsprache** *f* ÖKON price-fixing agreement **Preisangabe** *f* HANDEL price quotation, displayed [*or* listed] price

Preisangebot *nt* HANDEL quotation, quote **Preisangleichung** *f,* **Preisanpassung** *f* HANDEL price adjustment, realignment of prices **Preisanstieg** *m* ÖKON rise [*or* increase] in prices, price increase [*or* rise] **Preisaufschlag** *m* additional [*or* extra] [*or* supplementary] charge, mark-up **Preisausgleich** *m* HANDEL price adjustment **Preisausschreiben** *nt* competition [to win a prize] [*or* contest] **Preisauszeichnung** *f* pricing **Preisauszeichnungsetikett** *nt* (*form*) price tag **Preisauszeichnungspflicht** *f* HANDEL obligation to mark goods with prices **preisbereinigt** *adj inv* HANDEL adjusted for price *pred* **preisbewusst**[RR] *adj* ÖKON price-conscious **Preisbildung** *f,* **Preisgestaltung** *f* HANDEL pricing, price formation; **freie/gebundene** ~ uncontrolled price formation/price fixing; **kostenorientierte/schädigende** ~ cost-based/detrimental pricing; **unbehinderte** ~ free adjustment of prices **Preisbindung** *f* [resale *form*] price fixing **Preisdiskriminierung** *f* ÖKON price discrimination **Preisdumping** *nt kein pl* ÖKON dumping of prices **Preiseinbruch** *m* collapse of prices **Preiselastizität** *f kein pl* ÖKON price elasticity *no pl;* ~ **der Nachfrage** price elasticity of demand

Preiselbeere *f* [mountain *spec*] cranberry

Preisempfehlung *f* recommended price; [**unverbindliche**] ~ RRP, recommended retail price **preisempfindlich** *adj inv* HANDEL price-sensitive

preisen <pries, gepriesen> *vt* (*geh*) ■**jdn/etw** ~ to praise [*or* extol] [*or form* laud] sb/sth; **sich glücklich** ~ [**können**] to [be able to] count [*or* consider] oneself lucky **preisentscheidend** *adj inv* HANDEL price-ruling *attr* **Preisentwicklung** *f* price trend **Preiserhöhung** *f* price increase [*or* rise], mark-up **Preisermäßigung** *f* price reduction, mark-down **Preisermittlung** *f* HANDEL pricing, price calculation **Preiseskalation** *f* ÖKON escalation of prices **Preisexplosion** *f* price explosion **Preisfestsetzung** *f* HANDEL pricing, price fixing **Preisfrage** *f* ❶ (*Quizfrage*) [prize] question, the big [*or* sixty-four thousand dollar] question; ***ob ich mir das leisten kann, ist noch die*** ~ the big question is whether I can afford that ❷ (*vom Preis abhängende Entscheidung*) question of price **Preisfreigabe** *f* relaxation of price controls, deregulation of prices **Preisfreiheit** *f kein pl* HANDEL free pricing

Preisgabe *f kein pl* (*geh*) ❶ (*Enthüllung*) betrayal, divulgence; **die** ~ **eines Geheimnisses** giving away [*or* divulgence of] a secret ❷ (*das Ausliefern, Aussetzen*) abandonment ❸ (*Aufgabe*) relinquishment *form;* (*Gebiet*) surrender; **zur** ~ **einer S.** *gen* [*o* **von etw** *dat*] **gezwungen werden** to be forced to surrender [*or form* relinquish] [*or* into surrendering] [*or form* relinquishing] sth; ***die Ehe bedeutet nicht die*** ~ ***meiner Selbstständigkeit*** getting married does not mean surrendering [*or* giving up] my independence

Preisgarantie *f* HANDEL price guarantee

preis|geben *vt irreg* (*geh*) ❶ (*aufgeben*) ■**etw** ~ to relinquish sth *form;* **seine Freiheit** ~ to relinquish *form* [*or* give up] one's freedom; **eine Gebiet** ~ to surrender [*or* relinquish] a tract of land ❷ (*verraten*) ■[**jdm**] **etw** ~ to betray [*or* divulge] [*or* reveal] sth [to sb]; **ein Geheimnis** ~ to divulge [*or* give away] a secret ❸ (*überlassen*) ■**jdn/etw etw** *dat* ~ to expose sb/sth to sth; **jdn der Lächerlichkeit** ~ to expose sb [*or* hold sb up] to ridicule; **jdn dem Elend/Hungertod** ~ to condemn sb to a life of misery/to starvation; **die Haut der Sonne** ~ to expose one's skin to the sun; ***das Denkmal war sehr lange den Einflüssen der Umwelt preisgegeben*** the memorial was exposed to the elements for a long time

preisgebunden *adj inv* JUR fixed-price *attr* **Preisgefüge** *nt* price structure **preisgekrönt** *adj* award-winning *attr* **Preisgeld** <-[e]s, -er> *nt* prize money *no pl* **Preisgericht** *nt* (*Jury*) jury, judging panel **Preisgesetz** *nt* JUR price act **Preisgestaltung** *f* HANDEL pricing, price setting **Preisgleitklausel** *f* HANDEL escalation [*or* escalator] clause **Preisgrenze** *f* JUR price limit; **feste/obere/untere** ~ ceiling/maximum/minimum [*or* floor] price; **die** ~ **überschreiten** to exceed the price limit **preisgünstig** *adj* inexpensive, good value *attr;* **ein ~es Angebot** a reasonable offer; **etw** ~ **bekommen** to obtain sth at a low [*or* good] price; ***am ~sten kauft man in Supermärkten*** you can find the best prices in supermarkets **Preisindex** *m* ÖKON price index; ~ **für die Lebenshaltung** cost-of-living price index **Preisinflationsrate** *f* ÖKON price inflation rate **Preiskalkulation** *f* pricing, calculation of prices **Preiskampf** *m* price war **Preiskartell** *nt* ÖKON price cartel [*or* ring] **Preisklasse** *f* price range [*or* category]; **die untere/mittlere/gehobene** ~ the lower/mid/upper price range [*or* category]; **ein Auto der mittleren** ~ a medium-priced car **Preiskontrolle** *f* price control **Preiskonzeption** *f* HANDEL pricing system **Preiskorrektur** *f* HANDEL adjustment of prices; **eine** ~ **nach oben/unten vornehmen** to mark up/down prices **Preislage** *f* price range [*or* bracket]; **in jeder** ~ a price to suit every pocket; **in der unteren/mittleren/oberen** ~ in the lower/medium [*or* mid-]/upper price range, down-market/mid-market/up-market **Preis-Leistungs-Verhältnis, Preis-Leistungsverhältnis** *nt kein pl* cost effectiveness, price-performance ratio

preislich *adj attr* price, in price; **ein ~er Unterschied** a difference in price; **~e Vorstellungen haben** to have an idea of [the] price; **~e Wettbewerbsfähigkeit** price competitiveness; ~ **niedrig[er]e/vergleichbare Artikel** low[er]-/comparably priced articles; ~ **unterschiedlich sein** to differ in [the] price; ***der Kauf war*** ~ ***sehr günstig*** the purchase was a bargain

Preisliste *f* price list **Preis-Lohn-Spirale** *f* price-wage spiral **Preismissbrauch**[RR] *m* HANDEL pricing abuse; **Preis- und Konditionenmissbrauch** unfair pricing and terms **Preisnachlass**[RR] *m* HANDEL price reduction, discount; **einen** ~ **gewähren** to grant a reduction **Preisnebenabrede** *f* HANDEL ancillary pricing agreement **Preisniveau** *nt* price level **Preisniveaustabilität** *f* ÖKON stability of price levels **Preisnotierung** *f* HANDEL quotation [of prices] **Preisobergrenze** *f* JUR price ceiling **Preispolitik** *f* pricing policy **Preis-Profit-Rate** *f* FIN price-earnings ratio **Preisrätsel** *nt* puzzle competition **Preisrecht** *nt* JUR law of pricing **Preisregelung** *f* HANDEL regulation of prices, price system **Preisrichter(in)** *m(f)* judge [in a competition] **Preisrückgang** *m* fall [*or* drop] [*or* fallback] in prices **Preisschild** *nt* price tag [*or* ticket] **Preisschlacht** *f* HANDEL price war **Preisschlager** *m* (*fam*) unbeatable bargain **Preisschwankung** <-, -en> *f meist pl* price fluctuation **Preissenkung** *f* price reduction [*or* markdown], fall [*or* reduction] in prices **Preissicherung** *f* ÖKON safeguarding of prices **Preisspanne** *f* price margin **Preissprung** *m* ÖKON jump in prices **preisstabil** *adj inv* ÖKON stable in price *pred;* **~er Markt** stable market **Preisstabilität** *f* stability of prices **Preissteigerung** *f* price increase **Preissteigerungsrate** *f* ÖKON rate of price increases **Preisstellung** *f kein pl* ~ **frei Haus** freight allowed pricing **Preisstopp**[RR] *m* price freeze **Preisstoppverordnung**[RR] *f* ÖKON price freeze regulations *pl* **Preissturz** *m* ÖKON sudden fall in price **Preistafel** *f* price list **Preisträger(in)** *m(f)* prizewinner; *Auszeichnung* award winner **preistreibend** *adj inv* forcing prices higher, which drives up prices; **~e Wirkung** effect of forcing prices higher **Preistreiber(in)** <-s, -> *m(f)* (*pej*) *sb who deliberately forces up prices;* (*Wucherer*) profiteer *pej* **Preistreiberei** <-, -en> *f* (*pej*) forcing up of prices; (*Wucher*) profiteering *pej* **Preistreiberin** <-, -nen> *f fem form von* Preistreiber **Preisüberwachung** *f* price controls *pl,* price administration AM *form* **Preisungleichgewicht** *nt* ÖKON price fluctuation **Preisunterbietung** *f* HANDEL underselling, undercutting; **sittenwidrige** ~ unethical price cutting; ~ **unter das Kostenniveau** dumping **Preisunterschied** *m* ÖKON difference in price, price difference **Preisunterschreitung** *f* ÖKON undercutting prices **Preisvereinbarung** *f* HANDEL price-fixing arrangement; **ausdrückliche/stillschweigende** ~ express/implied pricing arrangement **Preisverfall** *m* drop [*or form* deterioration] in prices; **drastischer** ~ price collapse **Preisvergleich** *m* price comparison, comparison of prices; **~e machen** to shop around **Preisverhalten** *nt* HANDEL price behaviour [*or* AM -or] **Preisverleihung** *f* presentation [of awards/prizes] **Preisverordnung** *f* HANDEL price regulations *pl,* price directive **Preisverstoß** *m* HANDEL infringement of price regulations **Preisverzeichnis** *nt* price list **Preisvorbehalt** *m* HANDEL price reserve, reservation of prices **Preisvorbehaltsklausel** *f* HANDEL price reservation clause, clause reserving price **Preisvorteil** *m* price advantage

preiswert *adj s.* **preisgünstig**

Preiswettbewerb *m* HANDEL price competition **Preiswettbewerbsfähigkeit** *f kein pl* ÖKON price competitiveness *no pl* **Preiswucher** *f* profiteering

prekär *adj* (*geh*) precarious

Prellbock *m* BAHN buffer, buffer-stop, bumping post AM ▶ WENDUNGEN: **der** ~ **sein** to be the scapegoat [*or* AM *fam a.* fallguy]

prellen I. *vt* ❶ (*betrügen*) ■**jdn** [**um etw**] ~ to swindle [*or* cheat] sb [out of sth]; **jdn um seinen Gewinn** ~ to cheat sb out of his winnings; **die Zeche** ~ (*fam*) to avoid paying the bill ❷ SPORT **den Ball** ~ to bounce the ball; **einen Prellball** ~ to smash the ball II. *vr* ■**sich** *akk* [**an etw** *dat*] ~ to bruise oneself; **sich am Arm** ~ to bruise one's arm; ■**sich** *dat* **etw** ~ to bruise one's sth; **sich das Knie** ~ to bruise one's knee

Prellerei <-, -en> *f* JUR swindle, fraud

Prellung <-, -en> *f* contusion *spec* (**an** +*dat* to), bruise (**an** +*dat* on); **~en erleiden** to suffer contusions *spec,* to suffer bruising [*or* bruises]

Premier <-s, -s> [prəˈmieː, preˈmieː] *m kurz für* **Premierminister**

Premiere <-, -n> *f* première, opening night; ~ **haben** to première; ***der Film hatte in London*** ~ the film premièred in London

Premierminister(in) [prəˈmieː, preˈmieː] *m(f)* prime minister

Presbyterianismus <-> *m kein pl* REL Presbyterianism

preschen *vi sein* (*fam*) to dash, to tear [along]; *Pferd* to gallop, to race; [**mit dem Wagen**] **über die Autobahn** ~ to tear down the motorway

Preselectionverfahren [priːsɪˈlɛkʃən-] *nt* TELEK preselection process

Pre-shave-Lotion [ˈpriːˈʃeɪv] *f* pre-shave lotion

Presse[1] <-> *f kein pl* ■**die** ~ the press; **eine gute/schlechte** ~ **haben** to have [a] good/bad press

Presse[2] <-, -n> *f* press; (*Fruchtpresse*) juice extractor

Presseagentur *f* press [*or* news] agency; **Deutsche Presse-Agentur** *leading German press agency* **Presseamt** *nt* press office **Presseausweis** *m* press card [*or* AM ID] **Pressebericht** *m* press report **Presseberichterstatter(in)** *m(f)* press correspondent **Presseberichterstattung** *f* press coverage **Pressebüro** *nt s.* Presseagentur **Pressechef(in)** <-s, -s> *m(f)* chief press officer **Pressedelikt** *nt* JUR offence by press publication **Pressedienst** *m* news agency service **Presseempfang** *m* press reception **Presseerklärung** *f* press release, statement to the press **Pressefotograf(in)** *m(f)* press photographer **Pressefreiheit** *f kein pl* freedom of the press **Pressegeheimnis** *nt* privilege of journalists (*not to disclose their sources*) **Presseinformation** *f* press release **Pressekampagne** *f* press campaign **Pressekarte** *f* press card [*or* pass] **Pressekommentar** *m* press commentary **Pressekonferenz** *f* press conference [*or* briefing] **Pressekorrespondent(in)** *m(f)* press correspondent **Pressemel-**

dung *f* press report **Pressemitteilung** *f* MEDIA press release

pressen I. *vt* ① (*durch Druck glätten*) ■**etw** ~ to press sth; **Blumen** ~ to press flowers ② (*drücken*) ■**jdn/etw an/auf/gegen etw** ~ to press sb/sth on/against [sb's] sth; **Obst durch ein Sieb** ~ to press fruit through a sieve; **etw mit gepresster Stimme sagen** (*fig*) to say sth in a strained voice; ***er presste mich ganz fest an sich*** he hugged me tightly ③ (*auspressen*) **Obst** ~ to press [*or* squeeze] fruit; **Saft aus etw** ~ to press [*or* squeeze] the juice out of sth ④ (*herstellen*) ■**etw** ~ to press sth; **Plastikteile** ~ to mould pieces of plastic; **Wein** ~ to press wine; **Schallplatten** ~ to press records ⑤ (*zwingen*) ■**jdn zu etw** ~ to force sb to do [*or* into doing] sth; **Seeleute [gewaltsam] zum Dienst** ~ to press [*or* press-gang] sailors into service, to shanghai sailors ⑥ (*veraltet: unterdrücken*) ■**jdn** ~ to repress sb II. *vi* (*bei der Geburt*) to push; (*bei Verstopfung*) to strain oneself

Pressenotiz *f* short report in the press **Presseorgan** *nt* (*Zeitung*) newspaper; (*Zeitschrift*) journal, magazine **Presserecht** *nt* press law[s *pl*] **Pressereferent(in)** *m(f)* press [*or* public relations] officer **Presserummel** *m kein pl* MEDIA (*fam*) feeding-frenzy in the press **Presseschau** *f* ① ÖKON (*bei Messe, Modenschau*) press preview ② MEDIA (*Überblick über Pressestimmen*) press roundup, 'what the papers say' **Pressespiegel** *m* MEDIA press review **Pressesprecher(in)** *m(f)* press officer, [official] spokes[wo]man, spokesperson **Pressestelle** *f* press office **Pressestimme** *f* press commentary **Pressevertreter(in)** <-s, -> *m(f)* representative of the press **Pressewesen** <-s> *nt kein pl* press **Pressezensur** *f* censorship of the press **Pressezentrum** *nt* press centre

Pressglas[RR] *nt*, **Preßglas** *nt* pressed [*or* moulded] glass **Presshonig**[RR] *m*, **Preßhonig** *m* pressed honey

pressieren* I. *vi* SÜDD, ÖSTERR, SCHWEIZ (*dringlich sein*) to be pressing [*or* urgent]; ***die Angelegenheit pressiert sehr*** the matter is pressing; (*es eilig haben*) to be in a hurry; **beim Essen** ~ to bolt [down *sep*] one's food II. *vi impers* SÜDD, ÖSTERR, SCHWEIZ ■**es pressiert [jdm]** it's urgent, sb is in a hurry; ***es pressiert nicht*** there's no hurry, it's not urgent

Pression <-, -en> *f meist pl* SOZIOL, POL (*geh*) pressure; ■~**en auf jdn ausüben** to pressurize sb, to put [*or* exert] pressure on sb

Presskohle[RR] *f* compressed coal [dust] **Presskuchen**[RR] *m* AGR oilseed cake, oilcake **Pressluft**[RR] *f kein pl*, **Preßluft** *f kein pl* compressed air; **mit** ~ **betrieben** pneumatic **Pressluftbohrer**[RR] *m* pneumatic drill, jackhammer AM **Presslufthammer**[RR] *m* pneumatic [*or* [compressed-]air] hammer **Pressteil**[RR] *nt* AUTO pressed panel **Presswehen**[RR] *pl* MED second stage contractions *pl*

Prestige <-s> [prɛsˈtiːʒə] *nt kein pl* (*geh*) prestige

Prestigedenken [prɛsˈtiːʒə] *nt kein pl* preoccupation with one's prestige **Prestigefrage** *f* question [*or* matter] of prestige **Prestigegewinn** *m kein pl* gain in prestige **Prestigegrund** *m* ■**Prestigegründe** reasons of prestige **Prestigeobjekt** *nt* object of prestige **Prestigeverlust** *m kein pl* loss of prestige

Pretiosen [preˈtsi̯oːzn] *pl s.* **Preziosen**

Pretoria <-s> *nt* Pretoria

Preuße, Preußin <-n, -n> *m, f* Prussian ▶ WENDUNGEN: **so schnell schießen die** ~**n nicht** (*fam*) things don't happen [quite] that fast

Preußen <-s> *nt kein pl* Prussia

Preußin <-, -nen> *f fem form von* **Preuße**

preußisch *adj* Prussian

Preziosen[RR] [preˈtsi̯oːzn] *pl* (*geh*) valuables

PR-Fachmann, -Fachfrau <-[e]s, -männer *o* -leute> *m, f* PR specialist

prickeln *vi* ① (*kribbeln*) to tingle, to prickle; **ein P~ in den Beinen** pins and needles in one's legs ② (*perlen*) *Champagner* to sparkle, to bubble ③ (*fam: erregen, reizen*) to thrill; **der prickelnde Reiz des Verbotenen** the thrill of doing sth you know is wrong

prickelnd *adj Gefühl* tingling; *Humor* piquant; *Champagner* sparkling, bubbly *fam;* **ein** ~**er Reiz** a thrill

Priel <-[e]s, -e> *m* slough, narrow channel (*in North Sea shallows*)

Priem <-[e]s, -e> *m* quid [*or* plug] of tobacco

priemen *vi* to chew tobacco

pries *imp von* **preisen**

Priester(in) <-s, -> *m(f)* priest; **jdn zum** ~ **weihen** to ordain sb [as a] priest; **[heidnische]** ~**in** [heathen] priestess; **Hoher** ~ high priest

Priesteramt *nt* priesthood **Priestergewand** *nt* REL vestment

priesterlich *adj* priestly; ~**es Gewand** clerical [*or spec* sacerdotal vestment] vestment; **ein** ~**er Segen** a priest's blessing; **die** ~**en Weihen** a priest's ordination

Priesterseminar *nt* seminary (*for Roman Catholic priests*) **Priestertum** <-s> *nt kein pl* priesthood **Priesterweihe** *f* ordination [to the priesthood]

prim *adj inv* MATH prime

prima *adj inv* ① (*fam: gut, großartig*) great *fam;* ***es läuft alles*** ~ everything is going really well [*or fam* just great]; **ein** ~ **Kerl** a great guy *fam,* a brick *hum;* ***du hast uns*** ~ ***geholfen*** you have been a great help *fam* ② ÖKON (*veraltend*) first class; ~ **Ware** HANDEL choice [*or* high-quality] goods, first class product; ~ **Qualität** top [*or* best] quality

Primaballerina *f* prima ballerina **Primadonna** <-, -donnen> *f* prima donna *a. pej*

Prima-facie-Beweis [-ˈfaːtsi̯ə-] *m* JUR (*Anscheinsbeweis*) prima facie evidence

Primapapier *nt* FIN prime bankers' acceptance

primär I. *adj* (*geh*) ① (*vorrangig*) primary, prime *attr;* ~**es Ziel** the primary goal [*or* aim]; ***die Kritik richtet sich*** ~ ***gegen die Politiker*** criticism is mainly directed at the politicians ② (*anfänglich*) initial; ~**e Schwierigkeiten** initial difficulties, teething troubles II. *adv* (*geh*) primarily, chiefly; **etw interessiert jdn [nicht]** ~ sb is [not] primarily [*or* chief] concerned with sth

Primärdatei *f* INFORM primary file **Primärdealer(in)** *m(f)* BÖRSE dealer in new issues **Primärenergie** *f* primary [source of] energy **Primärenergieverbrauch** *m* primary energy consumption **Primärfarbe** *f* primary colour BRIT [*or* AM -or] **Primärkreislauf** *m* primary [coolant] circuit **Primarlehrer(in)** <-s, -> *m(f)* primary school teacher **Primärliteratur** *f* primary literature, [primary] sources *pl* **Primärmarkt** *m* ① BÖRSE new issue market ② ÖKON primary market

Primarschule *f* SCHWEIZ (*Grundschule*) primary [*or* AM grammar] school

Primärspeicher *m* INFORM primary storage

Primas <-, -se *o* Primaten> *m* REL ① *kein pl* (*Ehrentitel*) primate ② (*Träger des Titels*) Primate ③ MUS (*in Zigeunerkapelle*) leading fiddle player, first fiddler

Primat[1] <-en, -en> *m* primate

Primat[2] <-[e]s, -e> *m o nt* (*geh*) primacy, priority (**vor** +*dat* over); **den** ~ **haben** to have primacy

Primawechsel *m* JUR first of exchange

Primel <-, -n> *f* primrose; **wie eine** ~ **eingehen** (*sl*) to go to pot, to fade away

Primerate[RR] <-> [ˈpraɪmˈreɪt] *f kein pl* FIN prime rate, AM prime

Primetime <-, -s> [ˈpraɪmtaɪm] *f* TV, RADIO prime time

Primi *pl von* **Primus**

primitiv *adj* ① (*urtümlich*) primitive; ~**e Kulturen/Menschen** primitive cultures/people; **primitive Kunst** primitive art ② (*elementar*) basic; ~**e Bedürfnisse** basic needs ③ (*a. pej: simpel*) primitive *pej,* crude; **eine** ~**e Hütte** a primitive [*or liter* rude] hut; ~**e Werkzeuge** primitive tools ④ (*pej: geistig tiefstehend*) primitive; **ein** ~**er Kerl** a lout, a yob[bo] BRIT *fam*

Primitive(r) [-və-] *f(m) dekl wie adj* primitive person

Primitivität <-, -en> [-vi-] *f* ① *kein pl* (*Einfachheit, primitive Beschaffenheit*) primitiveness, simplicity ② (*pej: Mangel an Bildung*) primitiveness ③ (*pej: primitive Bemerkung, Vorstellung, Handlung*) crudity, primitive [*or* crude] remark

Primitivling <-s, -e> *m* (*pej fam*) peasant *pej fam*

Primus <-, -se *o* Primi> *m* (*veraltend*) top of the class [*or* form], top [*or* star] pupil

Primzahl *f* prime [number]

Primzahlzwilling *m* MATH twin prime

Printanzeige *f* [newpaper/magazine] advertisement; **doppelseitige** ~ [double page] spread **Printmedien** *pl* [print] media

Printout <-s, -s> [ˈprɪntaʊt] *nt* INFORM printout

Printwerbung *f kein pl* advertising in printed media

Prinz, -zessin <-en, -en> *m, f* prince *masc* [*or* princess] *fem*

Prinzessbohne[RR] *f*, **Prinzeßbohne** *f* Lima bean

Prinzessin <-, -nen> *f fem form von* **Prinz** princess

Prinzip <-s, -ien> *nt* principle; (*Gesetzmäßigkeit*) principle; (*in den Wissenschaften a.*) law; **ein politisches** ~ a political principle; **sich** *dat* **etw zum** ~ **machen** to make sth one's principle; **an seinen** ~**ien festhalten** to stick to one's principles; **ein Mann von** ~**ien sein** to be a man of principle; **aus** ~ on principle; **im** ~ in principle; **nach einem [einfachen] Prinzip funktionieren** to function according to a [simple] principle; **das** ~ **Hoffnung/Verantwortung** [the principle of] hope/responsibility

prinzipiell I. *adj* ~**e Erwägungen** fundamental considerations; **eine** ~**e Möglichkeit** a fundamental possibility; ~**e Unterschiede** fundamental differences II. *adv* (*aus Prinzip*) on [*or* as a matter of] principle; **etw** ~ **ablehnen** to refuse [*or* reject] sth on principle; (*im Prinzip*) in principle; ***eine andere Interpretation ist*** ~ ***auch möglich*** in principle a different interpretation is also possible

Prinzipien *pl von* **Prinzip**

Prinzipienfrage [pi̯ən] *f* matter [*or* question] of principle; **[für jdn] eine** ~ **sein** to be a matter [*or* question] of principle [to sb] **Prinzipienreiter(in)** *m(f)* (*pej*) stickler for [one's] principles **prinzipientreu** *adj* PSYCH true to one's principles **Prinzipientreue** *f* PSYCH adherence to one's principles

Prinzregent *m* prince regent

Prior(in) <-s, Prioren> *m(f)* ① (*Klostervorsteher bei bestimmten Orden*) prior ② (*Stellvertreter des Abtes*) [claustral [*or spec* cloistral]] prior

Priorität <-, -en> *f* ① (*geh*) priority, precedence; ~ **[vor etw** *dat*] **haben** [*o* **genießen**] to have priority [over sth], to take precedence [over sth]; ~**en setzen** [*o* **festlegen**] to set [one's] priorities; ***dem Umweltschutz muss absolute*** ~ ***eingeräumt werden*** environmental protection must be given top priority ② BÖRSE priority bond, first debenture

Prioritätenliste *f* list of priorities; **ganz oben auf der** ~ **stehen** to be the first of one's priorities, to be at the top of one's list

Prioritätsaufgabe *f* INFORM foreground task **Prioritätsbeleg** *m* (*Patent*) priority document **Prioritätserklärung** *f* (*Patent*) declaration of priority **Prioritätsprinzip** *nt* JUR priority principle **Prioritätsprogramm** *nt* INFORM foreground program **Prioritätsreihenfolge** *f* INFORM foreground sequence **Prioritätsstreitverfahren** *nt* JUR (*Patent*) interference proceedings *pl*

Prise <-, -n> *f* ① (*kleine Menge*) pinch; **eine** ~ **Salz** a pinch of salt; **eine** ~ **Sarkasmus** (*fig*) a touch [*or* hint] of sarcasm; **eine** ~ **nehmen** to have a pinch of snuff ② NAUT prize

Prisma <-s, Prismen> *nt* prism

Prismenfernglas *nt* prismatic binoculars *npl*

Pritsche <-, -n> *f* ① (*primitive Liege*) plank bed ② (*offene Ladefläche*) platform ③ (*fig sl: sexuell leicht zu haben*) easy lay *sl*

Pritschenwagen *m* platform lorry [*or* truck] BRIT, flatbed [truck] AM

privat [-vaːt] I. *adj* ① (*jdm persönlich gehörend*) private; ~**es Eigentum** private property ② (*persönlich*) personal; ***er hat alle Autos von*** ~ ***gekauft*** he bought all the cars from private individuals; ***ich möchte nur an ~ verkaufen*** I only want to sell to private individuals; **~e Angelegenheiten** private affairs; **~er Anleger** private investor; **~e Ausgaben** private expenditure *no pl;* **~e Unterbringung von ausländischen Wertpapieren** private negotiation of foreign securities; **~er Verbrauch** personal consumption; **~er Verkauf eines Aktienpakets** private sale of a block of shares ③ (*nicht öffentlich*) private; **eine ~e Schule** a private [*or* BRIT *a.* public] school; **eine ~e Vorstellung** a private [*or* AM closed] performance **II.** *adv* ① (*nicht geschäftlich*) privately; **jdn ~ sprechen** to speak to sb in private [*or* privately]; ~ ***können Sie mich unter dieser Nummer erreichen*** you can reach me at home under this number; ***sie ist an dem Wohl ihrer Mitarbeiter auch ~ interessiert*** she is also interested in the welfare of her staff outside of office hours ② FIN, MED ~ **behandelt werden** to have private treatment; ~ **liegen** to be in a private ward; **sich ~ versichern** to take out a private insurance; **etw ~ finanzieren** to finance sth out of one's own savings

Privatadresse *f* home address **Privatangelegenheit** *f* private matter; ***das ist meine ~*** that's my [own] affair [*or* business], that's a private matter **Privatanmelder(in)** *m(f)* (*Patent*) individual [*or* single] applicant **Privatanschluss**^RR *m* private line [*or* number] **Privatanschrift** *f* private [*or* home] address **Privataudienz** *f* private [*or* AM closed] audience **Privatbahn** *f* private railway [*or* AM railroad] **Privatbank** *f* private [*or* commercial] bank **Privatbesitz** *m* private property [*or* ownership]; **in ~** privately owned [*or* in private ownership]; ***dieses Bild ist eine Leihgabe aus ~*** this picture is a loan from a private collection **Privatbetrieb** *m* ÖKON private enterprise **Privatdetektiv(in)** *m(f)* private detective, private investigator [*or fam* eye] **Privatdozent(in)** *m(f) title of a lecturer who is not a professor and not a civil servant at a university* **Privateigentum** *nt* private property; **etw in ~ überführen** to privatize sth, to denationalize sth **Privateigentumsrecht** *nt* JUR law of private property, private ownership **Privateinfuhren** *pl* HANDEL private imports **Privateinlage** *f* FIN private deposits *pl* **Privatentnahme** *f* FIN personal drawing **Privatfernsehanbieter** *m* TV private [*or* commercial] television broadcaster **Privatfernsehen** *nt* (*form*) commercial [*or* privately-owned] television *no art* **Privatgespräch** *nt* private conversation; (*am Telefon*) private [*or* AM personal] call **Privatgläubiger(in)** *m(f)* JUR private creditor **Privatgrundstück** *nt* private property [*or* premises *npl*] **Privathaftpflichtversicherung** *f* FIN personal liability insurance **Privathand** *f kein pl* **aus** [*o* **von**] ~ privately, from private hands; ***er hat das Auto aus/von ~ gekauft*** he bought the car privately [*or* in a private deal] [*or* from a private seller]; **in ~** in private hands [*or* ownership], privately owned **Privathaus** *nt* JUR private house [*or* dwelling] **Privathochschule** *f* private college [*or* university] **Privatinitiative** *f* private initiative [*or* enterprise] **Privatinteresse** *nt* personal interest

privatisieren* [va] *vt* ■**etw ~** to privatize sth, to denationalize sth

Privatisierung <-, -en> *f* ÖKON privatization *no pl*

Privatisierungserlös *m* proceeds of privatization

Privatklage *f* JUR private prosecution **Privatkläger(in)** *m(f)* JUR plaintiff **Privatklageverfahren** *nt* JUR private prosecution proceedings **Privatklinik** *f* private clinic [*or* hospital], nursing home BRIT **Privatkonto** *nt* ÖKON private account **Privatkunde, -kundin** *m, f* ÖKON private customer **Privatleben** *nt kein pl* private life; **sich ins ~ zurückziehen** to retire into private life **Privatlehrer(in)** *m(f)* private tutor **Privatleute** *pl von* Privatmann **Privatmann** <-leute> *m* private citizen [*or* individual] **Privatnummer** *f* home [*or* private] number **Privatpatient(in)** *m(f)* private patient **Privatperson** *f* private person; **als ~** as a private individual; MIL civilian, unauthorized person **Privatrecht** *nt* JUR private [*or* civil] law; **internationales ~** law of conflicts, private international law **privatrechtlich** *adj inv* JUR under private [*or* civil] law **privatrechtsfähig** *adj inv* JUR capable of suing and being sued **Privatrechtskodifikation** *f* JUR codification of private law **Privatrechtsordnung** *f* JUR private law regime **Privatrechtsvereinheitlichung** *f* JUR harmonization /jurof private law **Privatsache** *f s.* Privatangelegenheit **Privatschulden** *pl* JUR private debts; **~ der Geschäftsinhaber** individual debts [*or* separate] **Privatschule** *f* private [*or* BRIT independent] school **Privatsekretär(in)** <-s, -e> *m(f)* private secretary **Privatsender** *m* RADIO, TV private commercial station **Privatsphäre** *f kein pl* **die ~ verletzen** to invade [*or* violate] sb's privacy; **die ~ schützen** to protect sb's privacy **Privatstunde** *f* private lesson; **~n nehmen** to have private lessons **Privat-TV-Anbieter** *m* TV private [*or* commercial] TV-broadcaster **Privatunternehmen** *nt* ÖKON private enterprise **Privatunterricht** *m kein pl* private tuition [*or* schooling] [*or pl* lessons] **Privatvergnügen** *nt* private pleasure [*or* amusement]; **jds ~ sein** (*fam*) to be sb's [own] business [*or* affair]; **zu jds ~** (*fam*) for sb's [own] pleasure [*or* amusement] *a. iron* **Privatvermögen** *nt* private [*or* personal] property [*or* assets] *pl;* **bewegliches ~** personal assets *pl* **Privatversicherung** *f* private insurance **Privatwagen** *m* private car **Privatweg** *m* private way [*or* road] **Privatwirtschaft** *f* ■**die ~** the private sector **privatwirtschaftlich** *adj inv* ÖKON private-sector **Privatwohnung** *f* private flat [*or* AM apartment]

Privileg <-[e]s, -ien> [vi, giən] *nt* (*geh*) privilege, prerogative *form*

privilegieren* [vi] *vt* (*geh*) ■**jdn ~** to grant privileges to sb

privilegiert [vi] *adj* (*geh*) privileged

Privilegium <-s, -ien> *nt* privilege

PR-Maßnahme *f* PR measure

pro **I.** *präp* per; **~ Jahr** per [*or* a] year, per annum *form;* **~ Minute/Sekunde** per [*or* a] minute/second; **~ Kopf [und Nase]** (*fam*) a head; **~ Person** per person; **~ Stück** each, apiece; ***ich gebe Ihnen 5 DM ~ Stück*** I will give you 5 marks a head **II.** *adv* **~ [eingestellt] sein** to be for [*or* in favour of] sth; ***sind Sie ~ oder kontra?*** or you for or against [*or* pro or anti] it?

Pro <-> *nt kein pl* **[das] ~ und [das] Kontra** (*geh*) the pros and cons *pl;* ***wir müssen das ~ und Kontra gegeneinander abwägen*** we have to weigh up the pros and the cons

Proband(in) <-en, -en> *m(f)* ① (*Versuchsperson*) test person, guinea pig ② (*auf Bewährung Verurteilter*) offender on probation

probat *adj* (*geh*) proven, effective; **eine ~es Mittel** a tried and tested method; ■**~ sein, etw zu tun** to be advisable [from experience] to do sth; ***es ist ~, regelmäßig Obst zu essen*** it is advisable to eat fruit regularly

Probe <-, -n> *f* ① (*Warenprobe, Testmenge*) sample; JUR *a.* specimen; **eine ~ Urin/des Wassers** a urine/water sample; **kostenlose ~** free sample, freebie *fam;* **laut beiliegender ~** as per sample enclosed; **der ~ entsprechend** up to sample; **~n [von etw] ziehen** [*o* **nehmen**], **~n [aus etw] ziehen** [*o* **nehmen**] to take samples [from sth]; (*Beispiel*) example; **eine ~ seines Könnens geben** to show what one can do; **Kauf auf/nach ~** sale on approval/by sample; **zur ~** on trial ② MUS, THEAT rehearsal ③ (*Prüfung*) test; **die ~ aufs Exempel machen** to put it to the test; **ein Auto ~ fahren** to take a car for a test drive, to test drive a car; ■**[mit etw] ~ fahren** to go for a test drive [in sth]; ***mit dem Wagen bin ich schon ~ gefahren*** I have already been for a test drive in that car; **~ laufen** SPORT to go for a practice run, to have a trial [run]; TECH to do a test [*or* trial] run; **jdn auf die ~ stellen** to put sb to the test, to try sb; **etw auf die/eine harte ~ stellen** to put sth to the test; **jds Geduld auf eine harte ~ stellen** to sorely try sb's patience; **auf ~** on probation; **zur ~** for a trial, to try out

Probeabzug *m* proof **Probealarm** *m* practice alarm, fire drill **Probeanfertigung** *f* HANDEL sample **Probeangebot** *nt* ÖKON trial offer **Probearbeitsverhältnis** *nt* HANDEL probationary employment **Probeaufnahme** *f* ① (*Aufnehmen zur Probe*) screen test ② (*probehalber Aufgenommenes*) test take, screen test **Probeauftrag** *m* HANDEL trial [*or* sample] order **Probebilanz** *f* FIN trial balance **Probebohrung** *f* TECH test drill[ing] **Probebühne** *f* rehearsal stage **Probeentnahme** *f* sampling, taking of samples **Probeexemplar** *nt* specimen [copy [*or* issue]] **Probefahrt** *f* test drive; **eine ~ machen** [*o* **unternehmen** *geh*] to go for a test drive **Probejahr** *nt* probationary year, year of probation **Probekauf** *m* HANDEL sale on approval **Probelauf** *m* trial [*or* test] run **probelaufen** *vi irreg, meist infin o pp sein s.* Probe 3 **Probelehrer(in)** *m(f)* ÖSTERR probationer **Probemuster** *nt* HANDEL reference sample

proben **I.** *vt* ■**etw [mit jdm] ~** to rehearse sth [with sb]; **eine Szene ~** to rehearse a scene; *s. a.* **Aufstand, Ernstfall** **II.** *vi* ■**[mit jdm] [für etw] ~** to rehearse [with sb] [for sth]; ***der Komponist probte persönlich mit den Musikern*** the composer came in person to rehearse with the musicians

Probenbuch *nt* TYPO specimen collection

Probenummer *f* specimen [*or* trial] copy **Probepackung** *f* trial package **Probeseite** *f* specimen [*or* sample] page **Probesendung** *f* sample[s *pl*] sent on approval **Probespiel** *nt* ① MUS prepared piece (*to be performed by sb at an audition*) ② SPORT *friendly match to test ability and compatibility of players* **Probestück** *nt* HANDEL trial sample

probeweise *adv* on a trial basis; ***singen Sie uns ~ etwas vor!*** try singing sth for us; ***nehmen Sie ~ dieses Waschmittel*** try this washing powder, give this washing powder a try; *mit Verbalsubstantiven a attr* trial *attr;* **die ~ Verlängerung der Öffnungszeiten** extension of the opening hours on a trial basis; ***die Leitung will in dieser Abteilung die ~ Sonntagsarbeit einführen*** the management wants to introduce Sunday hours on a trial basis in this department

Probezeit *f* probationary [*or* trial] period

probieren* *vr* (*fam*) **sich als Dozent/Schreiner ~** to work as a lecturer/carpenter for a short time

probieren* **I.** *vt* ① (*kosten*) ■**etw ~** to try [*or* taste] [*or* sample] sth ② (*versuchen*) ■**es [mit etw] ~** to try [*or* to have a go [*or* try] at] it [with sth]; ***ich habe es schon mit vielen Diäten probiert*** I have already tried many diets; ■**~, etw zu tun** to try to do sth; ***ich werde ~, sie zu übernehmen*** I will try to persuade her; ■**etw ~** to try sth out; **ein neues Medikament ~** to try out a new medicine ③ (*anprobieren*) ■**etw ~** to try on sth *sep* ④ THEAT to rehearse; **ein Stück ~** to rehearse a play **II.** *vi* ① (*kosten*) ■**[von etw] ~** to try some [*or* have a taste] [of sth]; ***willst du nicht wenigstens einmal ~*** won't you at least try it once ② (*versuchen*) ■**~, ob/was/wie …** to try and see whether/what/how …; ***ich werde ~, ob ich das alleine schaffe*** I'll see if I can do it alone ▶ WENDUNGEN: **P~ geht über Studieren** (*prov*) the proof of the pudding is in the eating *prov* **III.** *vr* (*fam*) **sich als Dozent/Schreiner ~** to work as a lecturer/carpenter for a short time

probiotisch *adj inv* probiotic; **~e Milchprodukte** probiotic milk products

Problem <-s, -e> *nt* ① (*Schwierigkeit*) problem; **es gibt [mit jdm/etw] ~e** I/we/they etc. are having problems [with sb/sth], sth is having problems; **[mit jdm/etw] ein ~/Probleme haben** to have a problem/be having problems [with sb/sth]; **vor ~en/einem ~ stehen** to be faced [*or* confronted] with problems/a problem; **[für jdn] zum ~ werden** to become a problem [for sb] ② (*geh: schwierige Aufgabe*) problem; **ein schwieriges ~** a difficult problem, a hard [*or* tough] nut to crack; **ein ungelöstes ~** an un[re]solved problem; **~e wälzen** to turn over problems in one's mind; **[nicht] jds ~ sein** to [not] be sb's business; **kein ~!** (*fam*) no problem!

Problemabfälle *pl* problem waste *no pl*

Problematik <-> *f kein pl* (*geh*) problematic nature, difficulty (+*gen* of), problems *pl* (+*gen* with); **die ~ erkennen** to recognize the problems; **auf eine ~ hinweisen** to point out difficulties; **von einer besonderen ~ sein** to be of a particularly problematic nature, to have [its/their [own]] particular problems

problematisch *adj* problematic[al], difficult, complicated; **ein ~es Kind** a difficult child

problematisieren* *vt* SCI (*geh*) ■ **etw ~** expound [*or* discuss] the problems of sth

Problembereich *m* problem area **Problemfall** *m* (*geh*) problem; (*Mensch*) problem case **problemlos** I. *adj* problem-free, trouble-free, unproblematic *attr* II. *adv* without any problems [*or* difficulty]; **etw ~ meistern** to master sth easily; **nicht ganz ~** not quite without [its/their] problems [*or* difficulties]; **~ ablaufen** to run smoothly **problemorientiert** *adj* problem-oriented **Problemursache** *f* problem area **Problemzone** *f* problem area

Procedere <-, -> [-ts̮-] *nt* (*geh*) procedure

Prodekan <-s, -e> *m* vice dean

Productplacement[RR] <-s, -s> [ˈprɔdakt ˈpleːsmənt] *nt*, **Product placement** <-s, -s> *nt selten pl* product placement *no art*

Produkt <-[e]s, -e> *nt* product; MATH product; **fertiges/hochwertiges ~** finished/high-quality product; **landwirtschaftliche ~e** agricultural products [*or* produce]; **ein ~ beziehen** to buy a product; **~ der Einbildung/Phantasie** (*fig*) figment of the imagination

Produktanalyse *f* ÖKON product analysis **Produktdifferenzierung** *f* HANDEL product differentiation **Produkteigenschaft** *f* product feature, feature of a/the product **Produktenbörse** *f* ÖKON commodity exchange **Produktenhandel** *m* ÖKON trade in agricultural produce [*or* commodities] **Produktentwicklung** *f kein pl* ÖKON product development *no pl* **Produkterpressung** *f* product blackmail (*threatening to poison products or bomb premises*) **Produktfamilie** *f* HANDEL product family **Produktfehler** *m* JUR product defect **Produktgestaltung** *f kein pl* ÖKON product design **Produktgruppe** *f* ÖKON product group [*or* line] **Produkthaftpflicht** *f*, **Produkthaftung** *f* HANDEL product liability **Produkthaftpflichtversicherung** *f* FIN product liability insurance **Produkthaftung** *f* product [*or* producer's] liability **Produktinnovation** *f* HANDEL product innovation

Produktion <-, -en> *f* production; **die ~ drosseln** to restrict production; **die ~ einstellen/erhöhen** to stop/step up production; **~ unter Marktbedingungen** production geared to market conditions

Produktionsabfall *m kein pl* drop in production **Produktionsablauf** *m* production process **Produktionsabschnitt** *m* stage of production **Produktionsabteilung** *f* ÖKON production department **Produktionsanlage** *f meist pl* ÖKON production [*or* manufacturing] facility *usu pl* [*or* plant *no pl*] **Produktionsapparat** *m* production network [*or* facilities] *pl* **Produktionsassistent(in)** *m(f)* production assistant **Produktionsaufkommen** *nt* total production **Produktionsausfall** *m* shortfall in production, loss of output [*or* production] **Produktionsausstoß** *m* production output **produktionsbedingt** *adj inv* production-related **Produktionsbeginn** *m* start [*or* onset] of production **produktionsbezogen** *adj inv* production-based **Produktionsdrosselung** *f* production cutback **Produktionseinstellung** *f* termination of production **Produktionsfaktor** *m* factor of production **Produktionsfehler** *m* ÖKON production fault [*or* defect] **Produktionsfirma** *f* production company **Produktionsfluss**[RR] *m* flow of production **produktionsfördernd** *adj inv* production-promoting *attr*, promoting production *pred* **Produktionsgang** *m* production process **Produktionsgemeinschaft** *f*, **Produktionsgenossenschaft** *f* ÖKON producers' cooperative, cooperative productive society **Produktionsgüter** *pl* ÖKON producer [*or* industrial] [*or* capital] goods *npl* **Produktionshalle** *f* production hall **Produktionskapazität** *f* production capacity **Produktionskartell** *nt* ÖKON production combination **Produktionskosten** *pl* production costs **Produktionskraft** *f* productive capacity **Produktionsleistung** *f kein pl* ÖKON manufacturing efficiency; (*Kapazität*) output; (*Rate*) rate of production **Produktionsmanager** *m* production manager **Produktionsmethode** *f* production method **Produktionsmittel** *pl* means of production, capital equipment *no pl* **Produktionsmittelbestand** *m* stock of capital equipment **Produktionsmonopol** *nt* ÖKON monopoly of production **produktionsnah** *adj* close to the site of production; **~e Dienstleistungsbetriebe** service companies situated close to the site of production **Produktionspotenzial**[RR] *nt* productive capacity [*or* potential] **Produktionsprozess**[RR] *m* production process **Produktionsreserven** *pl* idle capacity **Produktionsrückgang** *m* fall in output **Produktionssparte** *f* line of production **Produktionsstandard** *m* ÖKON production standard **Produktionsstandort** *m* production site **Produktionsstätte** *f* [production] site, production [*or* manufacturing] facilities *pl* **Produktionssteigerung** *f* rise [*or* increase] in production **Produktionsstockung** *f* ÖKON [production] stoppage **Produktionsstückzahl** *f* quantity produced **Produktionstechnik** *f kein pl* production engineering *no pl* **produktionstechnisch** *adj inv* production *attr* **Produktionsüberschuss**[RR] *m* ÖKON surplus products *pl* **Produktionsumstellung** *f* rearrangement of production **Produktionsunterbrechung** *f* production downtime **Produktionsunternehmen** *nt* ÖKON manufacturing company **Produktionsverfahren** *nt* production methods *pl* **Produktionsverlagerung** *f* diversion of production **Produktionsvolumen** *nt* volume of output **Produktionswert** *m kein pl* production value **Produktionsziel** *nt* production target **Produktionsziffer** *f* ÖKON output figure **Produktionszweig** *m* ÖKON branch [*or* line] of production

produktiv *adj* (*geh*) productive; **~ arbeiten** to work productively; **~ zusammenarbeiten** to work together productively; **ein ~er Autor** a productive [*or* prolific] author; **~e Kritik** productive criticism

Produktivität <-> [vi] *f kein pl* productivity, productive capacity

Produktivitätsentwicklung *f* ÖKON trend of productivity **Produktivitätsfortschritt** *m* advance in productivity **Produktivitätsgefälle** *nt* ÖKON productivity differential **Produktivitätssteigerung** *f* ÖKON increase in productivity; **zum Ziel der ~** with the aim of boosting productivity **Produktivitätszuwachs** *m* ÖKON increase in productivity, productivity increase

Produktivkraft <-, -kräfte> *f meist pl* (*marxistisch*) productive force, force of production

Produktlebenszyklus *m* ÖKON product lifecycle **Produktlinie** [liːniə] *f* ÖKON product line **Produktmanagement** *nt kein pl* ÖKON product management *no pl* **Produktpalette** *f* ÖKON product range **Produktpiraterie** *f* [copyright] piracy **Produktreihe** *f* product line **Produktsicherheit** *f* HANDEL product reliability **Produktsicherheitsgesetz** *nt kein pl* product safety law **Produktspektrum** *nt* product spectrum **Produktwerbung** *f* ÖKON product advertizing

Produzent(in) <-en, -en> *m(f)* producer

Produzentenhaftpflicht *f*, **Produzentenhaftung** *f* ÖKON producer's [*or* product] liability

produzieren* I. *vt* ① (*herstellen*) ■ **etw ~** to produce sth; (*bes viel*) to turn out sth; **einen Film ~** to produce a film; **~des Gewerbe** ÖKON manufacturing business ② (*hervorbringen*) ■ **etw ~** to produce sth; ***wer hat denn das produziert?*** (*fam o fig*) who's responsible for that?; **eine Entschuldigung ~** to come up with an excuse; **Lärm ~** to make noise; **Unsinn ~** to talk rubbish [*or* nonsense] II. *vi* to produce; **billig ~** to produce goods cheaply, to have low production costs III. *vr* (*pej fam*) ■ **sich [vor jdm] ~** to show off [in front of sb]

Prof. *m Abk von* **Professor** Prof.

profan *adj* (*geh*) ① (*alltäglich*) mundane, prosaic *form*; **ganz ~e Probleme haben** to have very mundane problems ② (*weltlich*) secular, profane *form*; **~e Bauwerke/Kunst** secular buildings/art

Professionalität <-> *f kein pl* professionalism *no pl*

professionell *adj* professional

Professor, -sorin <-s, -soren> *m, f* ① *kein pl* (*Titel*) professor ② (*Träger des Professorentitels*) **Herr ~/Frau ~in** Professor; **außerordentlicher ~** extraordinary [*or* AM associate] professor; **ordentlicher ~** [full AM] professor; **~ sein** to be a professor; ***sie ist Professorin für Physik in München*** she is a professor of physics in Munich ③ ÖSTERR (*Gymnasiallehrer*) master *masc*, mistress *fem*

professoral *adj* ① (*den Professor betreffend*) professorial; **die ~e Würde** professorial dignity ② (*pej: belehrend*) lecturing *attr pej*, know-[it-]all *pej fam attr*; ***am meisten stört mich seine ~e Art*** what gets me most is the way he thinks he knows it all

Professorin <-, -nen> *f fem form von* **Professor**

Professur <-, -en> *f* [professor's [*or* professorial]] chair (**für** +*akk* in/of); **eine ~ für Chemie haben** [*o* **innehaben** *geh*] to hold the chair in chemistry

Profi <-s, -s> *m* (*fam*) pro *fam*

Profil <-s, -e> *nt* ① (*Einkerbungen zur besseren Haftung*) *Reifen, Schuhsohlen* tread ② (*seitliche Ansicht*) profile; **jdn im ~ fotografieren** to photograph sb in profile ③ (*geh: Ausstrahlung*) image; **~ haben** [*o* **besitzen** *geh*] to have an image [*or* a distinctive [*or* personal] image]; **an ~ gewinnen** to improve one's image; ***die Polizei konnte ein ziemlich gutes ~ des Täters erstellen*** the police were able to give a fairly accurate profile of the criminal; **~ zeigen** to take a stand

profilieren* I. *vt* ■ **etw ~** to put a tread on sth; **Bleche ~** to contour sheets of metal II. *vr* ■ **sich** *akk* [**in etw** *dat*] [**als jd**] **~** to create an image for oneself [as sb] [in sth]; **sich politisch ~** to make one's mark as a politician; ***sie hat sich als Künstlerin profiliert*** she distinguished herself as an artist

profiliert *adj* (*geh*) **ein ~er Fachmann/Politiker** an expert/a politician who has made his mark; ■ **~/~er sein** to have made one's mark/more of a mark

Profilierung <-> *f kein pl* (*geh*) making one's mark *no art*; ***durch seine ~ als Politiker hat er viel Ansehen bekommen*** by making his mark as a politician he has gained prestige

Profiliga *f* professional league

Profillosigkeit *f kein pl* POL lack of a distinct image

Profilneurose *f* PSYCH image complex

Profilsohle *f* sole with a tread, treaded sole

Profisportler(in) *m(f)* professional sportsman, pro *fam*

Profit <-[e]s, -e> *m* profit; **~ bringende Geschäfte** profitable deals; ***wo ist dabei für mich der ~?*** what do I get out of it?; **~ abwerfen/erwirtschaften** to yield a profit/to reap a profit; **mit ~ arbeiten** to work profitably; **von etw [keinen] ~ haben** [not] to profit from sth; **[bei/mit etw] ~ machen** to make a profit [with sth]; **aus etw ~ schlagen** [*o* **ziehen**] to make a profit from [*or* out of] sth, to reap the benefits from sth *fig*; **etw mit ~ verkaufen** to sell sth at a profit

profitabel *adj* (*geh*) profitable; (*stärker*) lucrative

Profitelefonierer(in) *m(f)* business caller

Profitgier <-> *f kein pl* (*pej*) money-grubbing *no pl*, greed for profit *no pl*

profitieren* *vi* (*geh*) [**bei/von etw**] [**mehr**] **~** to make [*or* gain] [more of] a profit [from sth]; **viel ~** to make a large profit; ***davon habe ich kaum profitiert*** I didn't make much of a profit there; **von jdm/etw [mehr] ~** (*fig*) to profit [more] from [*or* by] sb/sth; ***dabei kann ich nur ~*** I only stand to gain from it, I can't lose

Profitjäger(in) <-s, -> *m(f)* (*pej*) profiteer

Profitverschleierung *f* JUR concealment of profits

pro forma *adv* (*geh*) pro forma *form*, as a matter of form, for appearances' sake; **etw ~ unterschreiben** to sign sth as a matter of form; **~ heiraten** to marry pro forma

Pro-forma-Rechnung *f* pro forma [invoice]

profund *adj* profound, deep

Progerie <-> *f kein pl* MED *s.* **Werner-Syndrom** progeria

Progesteron <-s> *nt kein pl* BIOL progesterone *no pl*

Prognose <-, -n> *f* ❶ *(geh: Vorhersage)* prediction, prognosis *form; Wetter* forecast; **[jdm] eine ~ stellen** to give [sb] a prediction [*or* prognosis], to make a prediction [*or* prognosis]; **eine ~ wagen** to venture a prediction ❷ MED prognosis (**für** +*akk* for)

prognostizieren* *vt (geh)* ■**etw ~** to predict [*or form* to prognosticate sth] sth; ***die -rzte ~ eine rasche Genesung*** to doctors predict a speedy recovery

Programm <-s, -e> *nt* ❶ *(geplanter Ablauf)* programme [*or* AM -am]; *(Tagesordnung)* agenda; *(Zeitplan)* schedule; **ein volles ~ haben** to have a full day/week etc. ahead of one; **auf dem [*o* jds] ~ stehen** to be on the [*or* sb's] programme/agenda/schedule; ***was steht für heute auf dem ~?*** what's the programme/agenda/schedule for today?; **nach ~** as planned, to plan ❷ RADIO, TV *(Sender)* channel; ***ich empfange 30 ~e*** I can get 30 channels ❸ *(festgelegte Darbietungen)* programme [*or* AM -am], bill; **im ~** in the programme, on the bill; ***das Kino hat viele neue Filme im ~*** the cinema has many new films on the bill ❹ *(Programmheft)* programme [*or* AM -am] ❺ *(Konzeption)* programme [*or* AM am]; *Politiker* platform; *Partei* programme ❻ *(Sortiment)* product range, range of products; **etw im ~ haben** to have [*or* stock] sth in the range; **etw ins ~ [auf]nehmen** to include sth in the collection ❼ INFORM [computer] program (**für** +*akk* for); **Probelauf eines ~s** desk check; **anwendungsspezifisches ~** application-oriented program; **~ beenden/starten** to exit/initiate a program; **übertragbares ~** portable software; **sprachgesteuertes ~** speech-driven program

Programmabbruch *m* INFORM [program] crash **Programmablauf** *m* INFORM program run **Programmabschnitt** *m* INFORM program sequence **Programmabsturz** *m* INFORM program crash **Programmänderung** *f* change of programme [*or* in the [scheduled] programme] **Programmanpassung** *f* INFORM program adaptation

Programmatik <-> *f kein pl (geh)* [political] objectives *pl*

programmatisch *adj inv (geh)* ❶ *(einem Programm gemäß) Vorgehen* programmatic ❷ *(Richtung weisend) Erklärung, Text* defining, direction-setting, mission *attr*

Programmaufsicht *f kein pl* television watchdog **Programmausführung** *f* INFORM program execution **Programmausrüstung** *f* INFORM software **Programmbaustein** *m* program module **Programmbefehl** *m* INFORM program instruction **Programmbeginn** *m* start of the daily programmes [*or* AM programs] **Programmbeschreibung** *f* INFORM program specification **Programmbibliothek** *f* INFORM program library **Programmdatei** *f* INFORM program file **Programmdirektor(in)** *m(f)* director of programmes **Programmdokumentation** *f* INFORM program documentation **Programm-Editor** *m* INFORM program editor **Programmeldung** *f* INFORM dialogue box **Programmentwicklung** *f* INFORM program development **Programmerstellung** *f* INFORM program development **Programmfehler** *m* INFORM programme [*or* AM -am] error; **verborgener ~** hidden bug in a program [*or* bug] **Programmfolge** *f* ❶ RADIO, TV order of programmes ❷ THEAT order of acts, running order ❸ INFORM suite of programs **programmgemäß I.** *adj* [as *pred*] planned **II.** *adv* [according] to plan; **~ verlaufen** to run according to plan **Programmgestaltung** *f* programme planning **programmgesteuert** *adj inv* INFORM programmable **Programmheft** *nt* programme [*or* AM -am] **Programmhinweis** *m* TV, RADIO, FILM programme [*or* -am] announcement AM

programmierbar *adj inv* INFORM programmable

programmieren* *vt* ❶ INFORM ■**etw ~** to program sth ❷ *(von vornherein festgelegt)* ■**programmiert sein** to be preprogrammed [*or* AM -amed]

Programmierer(in) <-s, -> *m(f)* programmer [*or* AM -amer]

Programmierfehler *m* INFORM programming [*or* AM -aming] error **Programmierneuling** *m* INFORM novice programmer **Programmierschnittstelle** *f* INFORM application program interface **Programmiersprache** *f* programming [*or* AM -aming] language, high-level language *spec;* **höhere ~** high-level language, HLL; **maschinenorientierte ~** low-level language, LLL

Programmierung <-, -en> *f* ❶ INFORM programming [*or* AM -aming] *no pl;* **lineare/modulare ~** linear/modular programming ❷ *(vorherige Festlegung auf etw)* setting *no pl; (eines Videorecorders)* programming [*or* AM -aming] *no pl,* setting *no pl; (eines Menschens)* conditioning *no pl*

Programmierungshilfe *f* INFORM programming aid

Programminstallation *f* INFORM program setup **Programmkarte** *f* INFORM program card **Programmkatalog** *m* catalogue of products **Programmkino** *nt* arts [*or* AM repertory] cinema **Programmkompatibilität** *f* INFORM program compatibility **Programmlauf** *m* INFORM program run **Programmname** *m* INFORM program name **Programmodul** *nt* INFORM program module **Programmpaket** *nt* TV, INFORM programme package **Programmplanung** *f* programme [*or* AM -am] planning **Programmprüfung** *f* INFORM program testing [*or* verification] **Programmpunkt** *m* item on the agenda; *(Show)* act **Programmrevision** *f* INFORM program update **Programmschluss**[RR] *m* close down **Programmschritt** *m* INFORM program step **Programmsegment** *nt* INFORM program segment **Programmspeicher** *m* INFORM program storage **Programmspezifizierung** *f* INFORM program specification **Programmsteuertaste** *f* INFORM programmable function key **Programmsteuerung** *f* INFORM program control **Programmstopp** *m* INFORM program stop; **bedingter ~** conditional breakpoint, dynamic stop **Programmstruktur** *f* INFORM program structure **Programmsystem** *nt* INFORM operating system **Programmteil** *m* INFORM program sequence **Programmübersetzung** *f* INFORM program compilation **Programmumfang** *m* range of products (+*gen* for) **Programmunterbrechung** *f* INFORM program interrupt **Programmverbindung** *f* INFORM program linkage [*or* connection] **Programmverbindungssoftware** *f* INFORM program linkage software **Programmvorschau** *f* trailer **Programmwahl** *f* choice of programmes; INFORM, TV *a.* channel selection **Programmwartung** *f* INFORM program maintenance **Programmwiederaufnahme** *f* INFORM fall back recovery **Programmzeile** *f* INFORM program line **Programmzeitschrift** *f* programme [*or* AM -am] guide; *(von Fernsehen a.)* TV [*or* television] guide **Programmzensor(in)** *m(f)* virtuecrat

Progression <-, -en> *f* ❶ *(geh)* progression ❷ FIN [tax] progression

progressiv *adj* ❶ *(geh: fortschrittlich)* progressive; **ein ~e Politik verfolgen** to follow a progressive policy; **~ eingestellt sein** to hold progressive views ❷ ÖKON progressive, sliding *attr;* **~e Abschreibung** sinking-fund method of depreciation; **~ ansteigend** to increase progressively

Prohibition <-, -en> *f* ❶ *(geh o veraltet)* prohibition ❷ *kein pl* HIST Prohibition *no art, no pl*

Prohibitivsteuer *f* FIN penalty tax

Projekt <-[e]s, -e> *nt* project; **ein ~ ausarbeiten/durchführen** to plan/carry out a scheme; **ein ~ ausschreiben** to invite bids for a project; **~e in Vorbereitung** projects in the planning stages; **~ zur Bekämpfung der Jugendarbeitslosigkeit** youth unemployment scheme

Projektanalyse *f* project analysis **Projektbereich** *m* ADMIN scope of a project **Projektfinanzierung** *f* project financing *no pl* **Projektgruppe** *f* project team

projektieren* *vt (geh: entwerfen)* ■**etw ~** to draw up the plans for [*or* plan] sth

Projektil <-s, -e> *nt (form)* projectile

Projektingenieur(in) <-s, -in> *m(f)* ÖKON project engineer

Projektion <-, -en> *f* ❶ *kein pl (das Projizieren)* projection ❷ *(projiziertes Bild)* projection, projected image

Projektionsapparat *m* projector **Projektionsfläche** *f* projection surface **Projektionsgerät** *nt* projector **Projektleiter(in)** <-s, -> *m(f)* project leader [*or* manager] **Projektmanagement** <-s> *nt kein pl* ÖKON project management

Projektor <-s, -toren> *m* projector

Projektrealisierung *f* launching of a/the project

projizieren* *vt* ❶ FOTO ■**etw auf etw** *akk* **~** to project sth on[to] sth; **einen Film auf die Leinwand ~** to project a film onto a screen ❷ *(geh)* ■**etw auf jdn/etw ~** to project sth onto sb/sth; **seine -ngste auf die Mitmenschen ~** to infect others with one's fears; **seinen Hass auf andere ~** to project one's hate onto others

Prokaryo(n)t <-s, -en> *m* BIOL prokaryote

Prokaryonten *pl* BIOL prokaryotes *pl,* procaryotes *pl*

prokaryo(n)tisch *adj* prokaryotic

Proklamation <-, -en> *f (geh)* proclamation *liter*

proklamieren* *vt (geh)* ■**etw ~** to proclaim sth *liter;* **den Ausnahmezustand ~** to proclaim [*or* declare] a state of emergency

Proklamierung <-, -en> *f* proclamation

Pro-Kopf-Ausgaben *pl* ÖKON per capita expenditure *no pl* **Pro-Kopf-Einkommen** *nt* income per person, per capita income *form* **Pro-Kopf-Verbrauch** *m* per capita consumption *form*

Prokura <-, Prokuren> *f (form)* procuration *form;* JUR power of attorney; **jdm ~ erteilen** to give sb procuration, to confer procuration [up]on sb *form;* **~ haben** to have the general power of attorney; **per ~** per procurationem

Prokuraerteilung *f* JUR conferring power of attorney **Prokuraindossament** *nt* JUR proxy endorsement

Prokurist(in) <-en, -en> *m(f)* authorized signatory *(of a company)*

Prolet <-en, -en> *m* ❶ *(veraltend fam)* proletarian ❷ *(pej)* prole *fam,* pleb *pej fam*

Proletariat <-[e]s, -e> *nt (veraltend)* ■**das ~** the proletariat; **das akademische ~** *(fig)* the intellectual proletariat

Proletarier(in) <-s, -> ['ta:riɐ] *m(f) (veraltend)* proletarian

proletarisch *adj (veraltend)* proletarian

Prolo <-s, -s> *m (pej sl)* pleb *pej fam*

Prolog <-[e]s, -e> *m* ❶ *(Vorrede, Vorspiel)* prologue [*or* AM *a.* prolog]; **den ~ sprechen** to speak the prologue ❷ SPORT *preliminary speed trial to decide starting positions*

Prolongation <-, -en> *f* ❶ ÖKON *(Hinausschieben eines Fälligkeitstermins)* extension, renewal; **~ beantragen** to ask for [*or* request] an extension; **~ erwirken** to get [*or* receive] an extension; **jdm ~ gewähren** to grant sb an extension ❷ ÖSTERR *(geh: Verlängerung)* extended run; ***er bat um eine ~ für die Abgabe seiner Doktorarbeit*** he asked for an extension to the deadline for handing in his doctorate thesis

Prolongationsgeschäft *nt* BÖRSE contango business, carryover **Prolongationskosten** *pl* FIN renewal charges **Prolongationswechsel** *m* ÖKON continuation [*or* renewal] bill

prolongieren* [prolɔŋ'gi:rən] *vt* FIN to extend, to prolong; ■**[jdm] etw ~** to extend sth to sb; **[jdm] den Kredit ~** to extend sb's credit; **[jdm] den Wechsel ~** to extend sb's allowance

PROM INFORM *Abk von* **programmable read-only**

memory PROM
Promenade <-, -n> *f* promenade
Promenadendeck *nt* promenade [deck] **Promenadenmischung** *f* (*hum fam*) mongrel, crossbreed, mutt AM
promenieren* *vi sein o haben* to promenade
Promethium *nt kein pl* promethium
Promi <-s, -s> *m* (*sl*) *kurz für* **Prominente(r)** VIP
Promille <-[s], -> *nt* ❶ (*Tausendstel*) per mill[e]; **nach** ~ in per mill[e] ❷ *pl* (*fam: Alkoholpegel*) alcohol level; ***0,5*** ~ 50 millilitres alcohol level; **ohne** ~ **fahren** to be sober when driving
Promillegrenze *f* legal [alcohol] limit **Promillemesser** *m* breathalyzer
prominent *adj* prominent; **eine ~e Persönlichkeit** a prominent figure; ■ ~ **sein** to be a prominent figure
Prominente(r) *f(m) dekl wie adj* prominent figure, VIP; (*Politiker*) star politician
Prominenz <-, -en> *f* ❶ *kein pl* (*Gesamtheit der Prominenten*) prominent figures *pl;* **die** ~ **aus Film und Fernsehen** the stars of film and TV ❷ (*geh: das Prominentsein*) fame; ***seine*** ~ ***schützt ihn nicht vor einer Verurteilung*** his fame does not protect him from being convicted ❸ *pl* (*Persönlichkeiten*) prominent figures; **sich mit** ~ **umgeben** to mix with the stars
promisk *adj* promiscuous
Promiskuität <-> *f kein pl* (*geh*) promiscuity, promiscuousness
promiskuitiv *adj inv* (*geh*) promiscuous
promoten* [prəˈmoʊtən] *vt* ÖKON ■**etw/jdn** ~ to promote sth/sb
Promotion[1] <-, -en> *f* ❶ (*Verleihung des Doktorgrads*) doctorate, PhD ❷ SCHWEIZ (*Versetzung*) *moving up* [*into the next class*] ❸ ÖSTERR (*offizielle Feier mit Verleihung der Doktorwürde*) *ceremony at which one receives one's doctorate*
Promotion[2] <-> *f* promotion; ■**für etw** ~ **machen** to do a promotion for sth
promovieren* [ˈviː] **I.** *vt* ■**jdn** ~ ❶ (*den Doktortitel verleihen*) to award sb a doctorate [*or* a PhD], to confer a doctorate [*or* a PhD] on sb; ■**[zu etw] promoviert werden** to be awarded a doctorate [*or* PhD] [in sth] ❷ (*veraltend geh: fördern*) to support **II.** *vi* ❶ (*eine Dissertation schreiben*) ■**über etw/jdn** ~ to do a doctorate [*or* doctor's degree] [*or* PhD] in sth/the works of sb ❷ (*den Doktorgrad erwerben*) ■**[zu/in etw]** ~ to obtain [*or* get] [*or form* attain] a doctorate [*or* PhD] [in sth]; **zum Dr. rer. hort.** ~ to obtain [*or* get] [*or form* attain] a [*or* the title of] Dr rer. hort.; ■**bei jdm** ~ to obtain [*or* get] [*or form* attain] a doctorate [*or* PhD] under sb
promoviert **I.** *pp und 3. pers sing von* **promovieren** **II.** *adj inv* with a doctorate [*or* PhD]; **zum Doktor der Medizin** ~ **werden** to be made a Doctor of Medicine
prompt *adj* ❶ (*unverzüglich, sofort*) prompt; **eine ~e Antwort** a prompt [*or* an immediate] answer; ~ **antworten** to answer promptly [*or* like a shot] ❷ (*meist iron fam: erwartungsgemäß*) of course; ***er ist*** ~ ***auf den Trick hereingefallen*** naturally he fell for the trick; ***als ich eine Zigarette angezündet hatte, kam*** ~ ***der Bus*** just when I had lit my cigarette the bus arrived
Promptgeschäft *nt* BÖRSE prompt transaction
Promptheit <-> *f kein pl* promptness, promptitude *form; Antwort a.* readiness
Promptware *f* BÖRSE prompts *pl*
Pronomen <-s, – *o* Pronomina> *nt* pronoun
pronominal *adj* pronominal
Propaganda <-> *f kein pl* ❶ (*manipulierende Verbreitung von Ideen*) propaganda *a. pej;* **kommunistische** ~ communist propaganda; **mit etw** ~ **machen** to make propaganda out of sth *a. pej* ❷ (*Werbung*) publicity; **mit etw** ~ **machen** to make publicity with sth, to make sth public, to spread sth around; ~ **für etw machen** to advertise sth; ***er macht*** ~ ***für sein neues Stück*** he is publicizing his new play
Propagandaapparat *m* (*pej*) propaganda machine [*or* apparatus] *a. pej* **Propagandafeldzug** *m* (*pej*) propaganda campaign *a. pej*
Propagandist(in) <-en, -en> *m(f)* ❶ (*pej: jmd, der Propaganda betreibt*) propagandist *a. pej* ❷ (*Werbefachmann*) demonstrator
propagandistisch *adj* ❶ (*die Propaganda 1 betreffend*) propagandist[ic] *a. pej;* **~e Reden schwingen** (*fam*) to make propagandist speeches; **etw** ~ **ausnutzen/verwerten** to use sth as propaganda *a. pej* ❷ ÖKON (*Werbung betreffend*) ***wir wollen das neue Produkt*** ~ ***in das Bewusstsein der Menschen bringen*** using demonstrations we want to make people aware of the new product
propagieren* *vt* (*geh*) ■**etw** ~ to propagate sth; ***die meisten Politiker*** ~ ***eine gemeinsame Währung*** most politicians are supporting a single currency
Propan <-s> *nt kein pl* propane
Propangas *nt kein pl* propane [gas]
Propeller <-s, -> *m* ❶ (*Luftschraube*) propeller, prop *fam,* airscrew *form* ❷ (*Schiffsschraube*) screw, propeller
Propellerflugzeug *nt* propeller-driven [*or form* airscrew-driven] plane
Propeller-Turbine *f* turboprop
proper *adj* (*fam*) trim, neat; **ein ~er junger Mann** a dapper *dated* [*or* neat] young man; **ein ~es Zimmer** a [neat and] tidy room; ***er hat die Arbeit*** ~ ***gemacht*** he has worked neatly
Propergeschäft *nt* HANDEL trade for one's own account
Prophage *m* BIOL prophage, temperate phage
Prophet(in) <-en, -en> *m(f)* prophet *masc,* prophetess *fem;* ***ich bin*** [***doch***] ***kein ~!*** (*fam*) I can't tell the future!; ***man muss kein*** ~ ***sein, um das vorauszusehen*** (*fam*) you don't have to be a mind reader to predict that ▶ WENDUNGEN: **wenn der Berg nicht zum ~en kommt, muss der** ~ **wohl zum Berg[e] kommen** if the mountain won't come to Muhammad the Muhammad must go to the mountain; **der** ~ **gilt nichts in seinem Vaterland** (*prov*) a prophet is without honour in his own country *prov*
prophetisch *adj* (*geh*) prophetic; **~e Bewegung** prophetic movement; **~es Wissen besitzen** to be prophetic about sth; ~ **gemeint sein** to be meant as a prophecy; **sich** ~ **äußern** to make prophecies/a prophecy
prophezeien* *vt* ■**etw** ~ to prophesy sth; ***die Experten*** ~ ***einen heißen Sommer*** the experts predict a hot summer; **jdm ein langes Leben** ~ to prophesy that sb will enjoy a long life; ■**jdm ~, dass er/sie etw tut** to predict [*or form* presage] that sb will do sth
Prophezeiung <-, -en> *f* prophecy
Prophylaktikum <-s, -laktika> *nt* MED prophylactic (**gegen** +*dat* against)
prophylaktisch *adj* ❶ MED prophylactic; **ein ~es Medikament** a prophylactic [medicine]; **etw** ~ **anwenden/einnehmen** to apply/take sth as a prophylactic measure ❷ (*geh: zur Sicherheit*) preventative, preventive; **~e Maßnahmen** preventative [*or* preventive] measures; **etw** ~ **machen/vornehmen** to do sth as a preventive [*or form* prophylactic] measure
Prophylaxe <-, -n> *f* MED prophylaxis *spec;* **ein Medikament zur** ~ **[gegen etw] nehmen** to take medicine as a prophylactic measure [against sth]
Proportion <-, -en> *f* (*geh*) proportion; ***sie hat beachtliche ~en*** (*hum*) she is pretty curvaceous *fam*
proportional *adj* (*geh*) proportional, proportionate, in proportion (**zu** +*dat* to); ***die Heizkosten steigen*** ~ ***zur Größe der Wohnung*** the heating costs increase in proportion to the size of the flat; **umgekehrt** ~ in inverse proportion
Proportionalabstand *m* proportional spacing **Proportionalschrift** *f* proportional spacing
proportioniert *adj inv* proportioned; **gut/schlecht** ~ well/badly proportioned
Proporz <-es, -e> *m* ❶ POL proportional representation *no art;* **konfessioneller** ~ *proportional representation based on denominations;* **Ämter im** [*o* **nach dem**] [*o* **vergeben**] ~ **besetzen** to fill/award posts on the basis of proportional representation ❷ ÖSTERR, SCHWEIZ (*Verhältniswahl*) proportional representation
proppe(n)voll *adj* (*fam*) jam-packed *fam,* full to bursting *pred;* ■ ~ **sein** to be jam-packed *fam* [*or* full to bursting]
Propst, Pröpstin <-[e]s, Pröpste> *m, f* provost
Prorogation <-, -en> *f* JUR prorogation of jurisdiction
Prorogationsvertrag *m* JUR jurisdiction agreement
Prosa <-> *f kein pl* prose
prosaisch *adj* ❶ (*meist fig geh: nüchtern*) matter-of-fact, prosaic *form;* (*langweilig*) dull; **ein ~er Mensch** a matter-of-fact [*or* dull] person ❷ (*aus Prosa bestehend*) prose *attr,* in prose *pred;* **die ~e Zusammenfassung eines Gedichtes** a prose summary of a poem
Proselytenmacherei <-> *f kein pl* REL, SOZIOL, POL (*pej geh*) proselytizing [*or* BRIT *a.* -ising] *pej form*
Proseminar *nt* introductory seminar (*for first- and second-year students*)
prosit *interj* (*fam*) *s.* **prost**
Prosit <-s, -s> *nt* (*fam*) toast; **ein** ~ **auf jdn ausbringen** to toast [*or* drink to] sb, to drink to sb's health; **ein** ~ **der Gemütlichkeit** here's to a great evening; ~ **Neujahr!** Happy New Year
Prospekt <-[e]s, -e> *m* ❶ (*Werbebroschüre*) brochure, pamphlet; (*Werbezettel*) leaflet ❷ THEAT backdrop, backcloth ❸ ÖKON prospectus
Prospekthaftung *f* FIN prospectus liability **Prospekthülle** *f* brochure cover, clear pocket **Prospektmaterial** *nt* MEDIA brochure *usu pl,* pamphlet *usu pl,* literature *no pl;* ***bitte schicken Sie mir*** ~ ***zu ihren Produkten*** could you please send me some brochures [*or* pamphlets] [*or* literature] on your products **Prospektprüfung** *f* FIN audit of prospectus **Prospektzusteller(in)** *m(f)* leaflet deliverer
Prosperität <-> *f kein pl* (*geh*) prosperity *no pl*
prost *interj* cheers; [**na**] ***dann*** [***mal***] ~***!*** (*iron*) [well] cheers to that, I say! *iron;* [***na dann***] ~ ***Mahlzeit!*** (*iron fam*) we are going to have our work cut out!
Prostata <-, Prostatae> *f* prostate gland, prostata *spec*
Prostatakrebs <-es> *m kein pl* MED cancer [*or* no pl] of the prostate
Prostatavergrößerung *f* enlargement of the prostate gland, prostatic hypertrophy *spec*
prosten *vi* ❶ (*prost rufen*) to say cheers ❷ (*ein Prost ausbringen*) ■**auf jdn/etw** ~ to toast [*or* drink to] sb/sth
prostituieren* *vr* ■**sich** ~ to prostitute oneself
Prostituierte(r) *f(m) dekl wie adj* (*form*) prostitute
Prostitution <-> *f kein pl* (*form*) prostitution
Protactinium <-s> *nt kein pl* protactinium
Protagonist(in) <-en, -en> *m(f)* (*geh*) ❶ (*zentrale Gestalt*) protagonist; **der** ~ **eines Stückes** the protagonist of a play ❷ (*Vorkämpfer*) champion, protagonist; **ein** ~ **im Kampf gegen die Sklaverei** a champion in the fight against slavery
Protegé <-s, -s> [proteˈʒeː] *m* (*geh*) protégé
protegieren* [proteˈʒiːrən] *vt* (*geh*) ■**jdn** ~ to promote [*or* further] sb; **einen Künstler** ~ to patronize an artist; ***sie wird vom Chef protegiert*** she's the boss's protégé
Protein <-s, -e> *nt* protein
Proteinbiosynthese *f* BIOL protein synthesis
Protektion <-, -en> *f* (*geh*) patronage; **jds** ~ **genießen** to enjoy sb's patronage
Protektionismus <-> *m kein pl* protectionism
Protektorat <-[e]s, -e> *nt* ❶ (*Schutzherrschaft über einen Staat*) protectorate; (*Staat unter Schutzherrschaft*) protectorate ❷ (*geh: Schirmherrschaft*) patronage; **unter jds ~/dem** ~ **von jdm** under sb's patronage [*or* the patronage [*or* auspices] of sb]
Protest <-[e]s, -e> *m* ❶ (*Missfallensbekundung*) protest; ■**jds** ~ **gegen etw** sb's protest against sth;

aus ~ in [*or* as a] protest; **unter** ~ under protest; **unter lautem** ~ protesting loudly; **stummer** ~ silent protest; ~ **einlegen** [*o* **erheben**] to protest, to make a protest; **zu** ~ **gehen** to go to protest ② ÖKON to protest; **einen Wechsel zu** ~ **gehen lassen** to protest a bill; **den** ~ **auf den Wechsel setzen** to protest a bill; ~ **mangels Zahlung** JUR protest refusal of payment; **rechtzeitiger/verspäteter** ~ JUR due/retarded protest

Protestaktion *f* protest [activities *pl*]

Protestant(in) <-en, -en> *m(f)* Protestant

protestantisch *adj* Protestant; **die ~en Kirchen** the Protestant churches; ~ **beerdigt werden** to be given a Protestant funeral; ~ **denken** to think along Protestant lines; **[streng]** ~ **erziehen** to have a [strict] Protestant upbringing; ~ **heiraten** to marry in a Protestant church

Protestantismus <-> *m kein pl* ■ **der** ~ Protestantism

Protestbewegung *f* protest movement

protestieren* *vi* ■ **gegen jdn/etw** ~ JUR to protest sb/sth; ■ **[gegen etw]** ~ to protest [*or* make a protest] [against [*or* about] sth]; ■ **dagegen ~, dass jd/etw etw tut** to protest against [*or* about] sb['s]/sth['s] doing sth; ***er protestierte lautstark gegen seine Verurteilung*** he protested loudly against his conviction

Protestkundgebung *f* [protest] rally **Protestmarsch** *m* protest march **Protestnote** *f* letter [*or* note] of protest **Protestschreiben** *nt* letter of protest **Protestsong** *m* protest song **Protesturkunde** *f* FIN certificate of dishonour **Protestversammlung** *f* SOZIOL, POL protest meeting **Protestwähler(in)** *m(f)* protest voter **Protestwechsel** *m* FIN dishonoured [*or* protested] bill **Protestwelle** *f* wave of protest

Prothese <-, -n> *f* artificial limb, prosthesis *spec;* (*Gebiss*) false teeth *pl,* dentures *npl,* set of dentures *form,* prosthesis *spec;* ***die ~ herausnehmen/reinigen*** to take out/clean one's dentures [*or* false teeth]

Protokoll <-s, -e> *nt* ① (*Niederschrift*) record[s *pl*]; (*bei Gericht a.*) transcript; (*von Sitzung*) minutes *npl;* **ein** ~ **anfertigen** to prepare a transcript [*or* the minutes] [*or* a report]; **[das]** ~ **führen** (*bei einer Prüfung*) to write a report; (*bei Gericht*) to keep a record [*or* make a transcript] of the proceedings; (*bei einer Sitzung*) to take [*or* keep] the minutes; **etw [bei jdm] zu** ~ **geben** to have sb put sth on record, to have sth put on record; (*bei der Polizei*) to make a statement [in sb's presence], to have sb make a report of sth, to have a report made of sth; **zu** ~ **gegeben werden** to be put on record; **etw zu** ~ **nehmen** to put sth on record; (*von einem Polizisten*) to take down [a statement]; (*bei Gericht*) to enter [an objection/statement] on record *sep* ② DIAL (*Strafmandat*) ticket ③ *kein pl* (*diplomatisches Zeremoniell*) ■ **das** ~ the protocol; **gegen das** ~ **verstoßen** to break with protocol

Protokollant(in) <-en, -en> *m(f)* (*form*) *s.* **Protokollführer**

protokollarisch *adj* ① (*im Protokoll fixiert*) recorded, on record *pred;* (*von Sitzung*) minuted, entered in the minutes *pred;* **~e Aufzeichnungen** recordings; **eine ~e Aussage** a statement taken down in evidence; **etw** ~ **festhalten** to take sth down in the minutes, to enter sth on record ② (*dem Protokoll 3 entsprechend*) ceremonial, according to protocol

Protokolldatei *f* INFORM journal file

Protokollführer(in) *m(f)* secretary; (*bei Gericht*) clerk [of the court]

protokollieren* I. *vt* ■ **etw** ~ to record sth; *Polizist* to take down sth *sep;* (*bei einer Sitzung*) to enter [*or* record] sth in the minutes, to minute sth II. *vi* to keep the record[s]/the minutes

Proton <-s, Protonen> *nt* proton

Protonenbeschleuniger <-s, -> *m* NUKL proton accelerator **Protonensynchrotron** <-s, -e> *nt* NUKL proton synchroton

Protoplasma *nt kein pl* protoplasm **Protoplast** <-en, -en> *nt* BIOL protoplast **Protoplastenfusion** *f* BIOL protoplast fusion **Prototyp** *m* ① (*erstes Modell*) prototype ② (*geh: Inbegriff*) archetype; **der** ~ **einer Karrierefrau** the archetype of a [*or* an archetyp[ic]al] career woman ③ (*Urform*) prototype; **der** ~ **des christlichen Sakralbaus** the prototype of the sacred christian building **Prototypfahrzeug** *nt* prototype vehicle

Protuberanz <-, -en> *f* ASTRON prominence

Protz <-es *o* -en, -e[n]> *m* (*fam*) ① (*jmd, der protzt*) show-off, poser *fam* ② *kein pl* (*Protzerei*) pomp, swank *fam*

protzen *vi* (*fam*) ■ **[mit etw]** ~ to show [sth] off, to flaunt sth *a. pej;* ***sie protzte mit ihrem Reichtum*** she flaunted her riches

Protzerei <-, -en> *f* (*fam*) ① *kein pl* (*ständiges Protzen*) showing off ② (*protzige -ußerung, Handlung*) pretentious [*or fam* posey] remark/action

protzig *adj* (*fam*) swanky *fam,* showy *fam,* posey *fam;* **ein ~es Auto** a fancy car; **sich** ~ **mit Schmuck behängen** to drip with fancy jewellery *pej fam;* **etw** ~ **zur Schau tragen** to flaunt sth

Provenienz <-, -en> [ve] *f* (*geh*) origin, provenance *form*

Proviant <-s, *selten* -e> [-vi-] *m* provisions; MIL supplies; ~ **für eine Reise mitnehmen** to take some food on a journey

Provider <-s, -> [pro'vajdɐ] *m* INET provider

Provinz <-, -en> [-'vɪnts] *f* ① (*Verwaltungsgebiet*) province ② *kein pl* (*kulturell rückständige Gegend*) provinces *pl a. pej;* **in der** ~ **leben** to live [out] in the sticks *fam;* **die hinterste** [*o* **finsterste**] ~ the backwater[s *pl*] [*or pej fam* sticks] *npl;* ***das ist doch hinterste ~!*** (*fam*) that's really going back to the Stone Age!

Provinzfürst *m* (*fig*) lord of the manor *fam*

provinziell [-vɪn-] *adj* provincial *a. pej,* backwater *attr pej;* **~e Ansichten** parochial views; ***in München galt er als ~er Außenseiter*** in Munich he was regarded as a country bumpkin

Provinzler(in) <-s, -> *m(f)* (*fam o pej*) provincial *pej*

Provinzstadt *f* provincial town, one-horse [*or* hick] town *pej* AM *fam* **Provinztheater** *nt* provincial theatre **Provinzzeitung** *f* (*pej*) provincial newspaper

Provision <-, -en> [vi] *f* commission; **auf** [*o* **gegen**] ~ **arbeiten** [*o* **tätig sein**] to work [*or* be employed] on a commission basis; ~ **gewähren** to accord a commission

Provisionsanspruch *m* FIN accrued commission **Provisionsbasis** [-vi-] *f* commission basis; **auf** ~ on a commission basis **Provisionseinnahmen** *pl* FIN commissions received **Provisionspflicht** *f* FIN obligation to pay a commission **provisionspflichtig** *adj inv* FIN commissionable, subject to commission *pred*

Provisorien *pl von* **Provisorium**

provisorisch [-vi-] I. *adj* (*vorläufig*) provisional, temporary; **eine ~e Regierung** a provisional [*or* caretaker] government; (*notdürftig*) makeshift, temporary; **eine ~e Unterkunft** temporary accommodation II. *adv* temporarily, for the time being; ***das können wir ~ so lassen*** we can leave it like that for the time being; **etw** ~ **herrichten** to make makeshift repairs

Provisorium <-s, -rien> [vi, riən] *nt* (*geh*) provisional [*or* temporary] arrangement [*or* solution]

Provitamin *nt* BIOL provitamin

provokant [-vo-] *adj* (*geh*) provocative; **eine ~e -ußerung** a provocative remark; **etw bewusst** ~ **formulieren** to word sth as a deliberate provocation

Provokateur(in) <-s, -e> [provoka'tøːɐ] *m(f)* (*geh*) [agent] provocateur

Provokation <-, -en> [vo] *f* (*geh*) provocation

provokativ [vo] *adj* (*geh*) *s.* **provokant**

provokatorisch <-er, -ste> *adj* (*geh*) provocative

provozieren* [-vo-] I. *vt* ① (*herausfordern*) ■ **jdn [zu etw]** ~ to provoke sb [into [doing] sth]; ***ich lasse mich von ihm nicht ~*** I won't be provoked by him, I won't let him provoke me ② (*bewirken*) ■ **etw** ~ to provoke sth; **einen Streit** ~ to cause an argument; ***durch deine kritischen Fragen hast du eine Diskussion provoziert*** your critical questions have sparked off a debate II. *vi* to provoke; ***er möchte mit seinem -ußeren nur ~*** he just wants to get a reaction with his appearance

provozierend [-vo-] *adj* (*geh*) *s.* **provokant**

Prozedere <-, -> *nt* (*geh*) procedure

Prozedur <-, -en> *f* (*geh*) procedure; **eine furchtbare** ~ an ordeal; **eine langwierige** ~ a lengthy business

Prozent <-[e]s, -e> *nt* ① (*Hundertstel*) percent *no pl,* per cent *no pl* ② (*Alkoholgehalt*) alcohol content; ***wie viel ~ hat dieser Whisky?*** how much alcohol does this whisk[e]y have [*or* contain]? ③ *pl* (*Rabatt*) discount, rebate; **[bei jdm] [auf etw** *akk*] **~e bekommen** (*fam*) to get [*or* receive] a discount [*or* rebate] [from sb]/[on sth]; **[jdm] [auf etw** *akk*] **~e geben** (*fam*) to give sb a discount [*or* rebate] [on sth]

Prozentpunkt *m* percentage, point **Prozentrechnung** *f* percentage calculation **Prozentsatz** *m* percentage

prozentual *adj* (*geh*) percentage *attr;* **~er Anteil/~e Beteiligung** percentage (**an** +*dat* of); **etw** ~ **ausdrücken** to express sth as a percentage [*or* in per[ ]cent]; **am Gewinn/Geschäft** ~ **beteiligt sein** to receive a percentage of the profit/percentage [share] in the business; ***unsere Partei hat ~ die meisten Stimmen dazugewonnen*** in terms of the percentage our party has gained the most votes

Prozess[RR] <-es, -e> *m,* **Prozeß** <-sses, -sse> *m* ① (*Gerichtsverfahren*) legal proceedings *npl,* action, litigation; **einen** ~ **anhängig machen** to institute legal proceedings; **einen** ~ **führen** to conduct legal proceedings; **schwebender** ~ pending case; **seerechtlicher** ~ admiralty action; **einen** ~ **gegen jdn anstrengen** to bring an action against sb; **einen** ~ **[gegen jdn] führen** to take sb to court, to bring [*or form* conduct] [*or* AM file] a [law]suit [against sb]; **jdm den** ~ **machen** to take sb to court; **[mit jdm/etw] kurzen** ~ **machen** (*fig fam*) to make short work of sb/sth [*or* short shrift of sth]; **einen** ~ **verhandeln** to try a case ② (*geh: Vorgang*) process; **ein chemischer** ~ a chemical process

Prozessabweisung[RR] *f* JUR dismissal of an action **Prozessagent**[RR]**(in)** *m(f)* JUR law agent **Prozessakte**[RR] *f* case file[s *pl*] [*or* record[s *pl*]] **Prozessantrag**[RR] *m* JUR motion **Prozessbeteiligte(r)**[RR] *f(m) dekl wie adj* JUR party to a case **Prozessbetrug**[RR] *m* JUR collusion **Prozessbevollmächtigte(r)**[RR] *f(m) dekl wie adj* JUR plaintiff's counsel, attorney of record AM **Prozessdauer**[RR] *f* duration of proceedings [*or* a lawsuit] **Prozessenergie**[RR] *f* ÖKOL process energy **prozessfähig**[RR] *adj inv* JUR actionable, suable **Prozessfähigkeit**[RR] *f kein pl* JUR legal capacity of suing and being sued **prozessführend**[RR] *adj* JUR litigant **Prozessführung**[RR] *m* JUR litigation; (*als Anwalt*) conduct of a case **Prozessführungsbefugnis**[RR] *f* JUR locus standing **Prozessgebühr**[RR] *f* JUR general fee for court proceedings **Prozessgegenstand**[RR] *m* JUR subject of litigation **Prozessgegner**[RR] *m* adversary, opposing party **Prozessgericht**[RR] *nt* JUR trial court **Prozesshandlung**[RR] *f* step in the proceedings **prozesshängig**[RR] *adj inv* JUR litigious **prozesshindernd**[RR] *adj* JUR impeding [*or* barring] to an action **Prozesshindernis**[RR] *nt* JUR bar of trial, impediment to an action

Prozessieren <-s> *nt kein pl* JUR litigation

prozessieren* *vi* ■ **[gegen jdn]** ~ to go to law [*or* to litigate] [with sb]; ■ **mit jdm** ~ to bring a lawsuit against sb

Prozession <-, -en> *f* procession

Prozesskosten[RR] *pl* court [*or* legal] costs **Prozesskostenerstattung**[RR] *f* JUR refund of law costs **Prozesskostenhilfe**[RR] *f* legal aid **Prozesskostenhilfegesetz**[RR] *nt* JUR Legal Aid and Advice Act **Prozesskostenkaution**[RR] *f,* **Prozesskostensicherheit**[RR] *f* FIN security for costs **Prozesskostenvorschuss**[RR] *m* FIN advance payment of costs **Prozessökonomie**RR *f* JUR procedural economy

Prozessor <-s, -soren> *m* processor; **untergeordneter** ~ attached processor

Prozessorarchitektur *f* INFORM processor architecture **Prozessorbus** *m* INFORM local bus **Prozessorchipkarte** *f* smart [*or* chip] card **Prozessordnung**RR *f* legal procedure, code [*or pl* rules] of procedure **prozessorkompatibel** *adj* INFORM processor compatible **Prozessorsockel** *m* INFORM processor socket **Prozessortakt** *m* INFORM processor rate **Prozesspartei**RR *f* JUR litigant, party to a case **Prozesspfleger**RR**(in)** *m(f)* JUR guardian [*or* AM curator] ad litem **Prozessrecht**RR *nt* JUR law of procedure **Prozessschriftsätze**RR *pl* JUR pleadings **Prozessstandschaft**RR *f* JUR representative action **Prozessstandschaftsklage**RR *f* JUR class suit, AM derivative action **Prozesstrennung**RR *f* JUR severance of actions **prozessunerheblich**RR *adj* JUR irrelevant, immaterial [to the case] **prozessunfähig**RR *adj* JUR incapable of acting in legal proceedings **Prozessunfähigkeit**RR *f kein pl* JUR **aktive/passive** ~ incapacity to sue/to be sued **Prozessurteil**RR *nt* JUR judgment [on procedural grounds] **Prozessverbindung**RR *f* JUR joinder of actions **Prozessvergleich**RR *m* JUR court settlement, compromise in court **Prozessverschleppung**RR *f* JUR delaying the proceedings **Prozessvertretung**RR *f* JUR legal presentation in court **Prozessvollmacht**RR *f* JUR ❶ *kein pl* (*Vollmacht*) power of attorney ❷ (*Formular*) letter of attorney **Prozessvoraussetzung**RR *f* JUR procedural requirements **Prozesszinsen**RR *pl* JUR interest on claims during litigation

prüde *adj* (*oft pej*) prudish, straitlaced *pej;* **eine ~e Frau** a prudish woman; **ein ~s Zeitalter** a prudish age

Prüderie <-> *f kein pl* prudishness, prudery

Prüfanzeige *m* INFORM check indicator **Prüfbit** *nt* INFORM check [*or* parity] bit **Prüfdaten** *pl* INFORM test data

Prüfdruck *m* [off-press] proof

prüfen **I.** *vt* ❶ (*examinieren*) ■**jdn [in etw** *dat*] ~ to examine sb [in sth]; **ein geprüfter Arzthelfer** a qualified doctor's assistant; **jdn im Hauptfach/Nebenfach** ~ to examine sb on his main/minor subject ❷ (*überprüfen, untersuchen*) ■**etw [auf etw** *akk*] ~ to check sth [for sth], to examine sth [for sth]; **ein Angebot** ~ to check [out] an offer; **die Funktionstüchtigkeit** ~ to check that sth works; **jds Gesundheitszustand** ~ to give sb a checkup; **ein Material** ~ to test a material; *s. a.* **ewig** ❸ (*testen*) ■**etw** ~ to test sth; **Essen/Wein** ~ to taste [*or* sample] food/wine; ■**~, ob/wie ...** to check whether/how ...; ***könntest du bitte ~, ob das Wasser warm genug ist*** could you please check whether the water is warm enough; ■**jdn** ~ to scrutinize sb; **jdn [durchdringend] mit den Augen** ~ to scrutinize sb carefully [*or* closely]; **jdn mit prüfenden Blicken ansehen** to scrutinize sb ❹ (*auf Richtigkeit/Echtheit kontrollieren*) ■**etw [auf etw** *akk*] ~ to study sth, to examine [sth of] sth; **die Angaben auf Korrektheit** ~ to examine the correctness of the details; **die Pässe** ~ to examine the passports; **eine Urkunde** ~ to verify a certificate ❺ (*geh: übel mitnehmen*) **jdn [hart/schwer]** ~ to [sorely] try [*or* afflict] sb; **eine leidvoll geprüfte Mutter** a sorely tried [*or* afflicted] mother ▶ WENDUNGEN: **drum prüfe, wer sich ewig bindet ...** (*prov*) marry in haste, repent at leisure *prov* **II.** *vi* SCH ■**[in einem Fach]** ~ to examine pupils/students [in a subject]; **[in etw** *dat*] **streng** ~ to set a hard examination [in sth], to be a hard examiner [in sth]; ***prüft dieser Professor in Biologie?*** is this professor an examiner for Biology? **III.** *vr* (*geh*) ■**sich** ~ to examine oneself, to search one's conscience [*or liter* heart]; ■**du musst dich ~, ob ...** you must decide [*or liter* enquire of yourself] whether ...; ***ich muss mich ~, ob ich das durchstehen kann*** I must decide whether I can get through that

Prüfer(in) <-s, -> *m(f)* ❶ (*Examinator*) examiner ❷ (*Prüfingenieur*) inspector ❸ (*Betriebsprüfer*) auditor

Prüfgerät *nt* testing apparatus [*or* instrument]

Prüflampe *f* test lamp

Prüfling <-s, -e> *m* [examination] candidate, examinee *form*

Prüfliste *f* checklist **Prüfstand** *m* ❶ TECH test stand [*or* bed]; **auf dem ~ sein** [*o* **stehen**] to be in the process of being tested; (*fig*) to be under the microscope ❷ AUTO dynamometer **Prüfstein** *m* (*geh*) touchstone; **ein ~ [für etw] sein** to be a touchstone for [*or* of] sth; ***die Aufgabe ist ein ~ für seine Belastbarkeit*** the task is a measure of his resilience **Prüfstempel** *m* ADMIN, ÖKON stamp of certification

Prüfung <-, -en> *f* ❶ (*Examen*) exam[ination]; (*für den Führerschein*) test; **schriftliche/mündliche ~ [in etw** *dat*] written/oral exam[ination] [*or* viva voce] [in sth]; **eine ~ [nicht] bestehen** to [not] pass [an exam[ination]]; **durch eine ~ fallen** to fail [an exam[ination]], to flunk an exam[ination] AM *fam;* **jdn durch eine ~ fallen lassen** to fail sb [in an exam[ination]]; **in eine ~ gehen** to go and take an exam[ination]; **eine ~ [in etw** *dat*] **machen, eine ~ [in etw** *dat*] **ablegen** to take an exam[ination] [in sth] ❷ (*Überprüfung*) checking; JUR examination; *Wasserqualität* test; **~ durch Stichproben** HANDEL spot checks; **etw einer gründlichen ~ unterziehen** to give sth a thorough check [*or* going-over]; **etw hält einer ~ stand** sth stands up to [the rigours of] a test; **nach nochmaliger ~** after repeated tests [*or* checks] ❸ (*geh: Heimsuchung*) trial, ordeal; ■**~en** trials [and tribulations] ❹ FIN (*Buchprüfung*) audit; **~ der Bilanz** balance-sheet audit ❺ INFORM (*Kontrolle*) check; **automatische ~** automatic checking

Prüfungsanforderung *f* examination requirement **Prüfungsangst** *f* exam nerves *npl* **Prüfungsantrag** *m* JUR request for examination **Prüfungsarbeit** *f* examination, exam[ination] paper **Prüfungsaufgabe** *f* exam[ination] question, question in an [*or* the] exam[ination] **Prüfungsausschuss**RR *m* board of examiners, examination board; (*Wirtschaftsprüfung*) auditing board **Prüfungsergebnis** *nt* exam[ination] results *pl* **Prüfungsfach** *nt* exam[ination] subject **Prüfungsfrage** *f* exam[ination] question **Prüfungsgebühr** *f* examination fee **Prüfungsgegenstand** *m* object of examination **Prüfungskommission** *f* board of examiners, examining board [*or* body] **Prüfungsordnung** *f* regulations for the conduct of an examination **Prüfungspflicht** *f* FIN statutory inspection [*or* audit] **prüfungspflichtig** *adj inv* FIN subject to inspection **Prüfungsstelle** *f* FIN auditing agency; SCH examining board **Prüfungssystem** *nt* INFORM checking-system; **automatisches ~** self checking-system **Prüfungstermin** *m* ❶ SCH, SCH date of an/the exam[ination] ❷ FIN audit date **Prüfungsunterlagen** *pl documents required on entering for an examination* **Prüfungsverfahren** *nt* FIN examination procedure **Prüfungsvermerk** *m* FIN audit certificate **Prüfungszeugnis** *nt* exam[ination] certificate

Prüfverfahren *nt* test[ing] procedure

Prüfzeichen *nt* JUR certification mark **Prüfzwecke** *pl* test purposes; **zu ~n** for test purposes

Prügel[1] *pl* beating *no pl,* thrashing *no pl;* **jdm eine Tracht ~ verabreichen** to give sb a [good] hiding; **~ austeilen** to hand out a beating [*or* thrashing]; **[von jdm] ~ bekommen** [*o* **beziehen**] to get a beating [*or* thrashing] [from sb]; **~ einstecken müssen** to have to endure [*or* put up with] a beating

Prügel[2] <-s, -> *m* DIAL cudgel, club, bludgeon *form*

Prügelei <-, -en> *f* (*fam*) fight, punch-up *fam;* **eine wilde ~** a brawl

Prügelknabe *m* whipping boy, scapegoat; **den ~n für etw/jdn abgeben** [*o* **spielen**] (*fig*) to be the scapegoat for sth/sb

prügeln **I.** *vt* ■**jdn** ~ to thrash [*or* beat] sb; **jdn windelweich ~** (*fam*) to beat the living daylights out of sb *fam* **II.** *vi* to beat [*or* hit]; SCH to use corporal punishment; **~de Ehemänner** abusive [*or* wife-beating] husbands **III.** *vr* ■**sich** ~ to fight; ■**sich [mit jdm]** ~ to fight [sb], to have a fight [with sb]; ■**sich [mit jdm] um etw** ~ to fight [sb] [*or* have a fight [with sb]] over sth; ***sie ~ sich wegen jeder Kleinigkeit*** they fight over everything; ***sollen wir uns um die letzte Praline ~?*** (*hum fam*) shall we fight for the last sweet?

Prügelstrafe *f* ■**die** ~ corporal punishment; (*in Schulen a.*) the cane, the birch

Prunk <-s> *m kein pl* magnificence, splendour [*or* AM -or]; *Saal a.* sumptuousness

Prunkbau <-s, -bauten> *m* magnificent [*or* splendid] edifice; ***neoklassische ~ten*** magnificent [*or* splendid] examples of Neoclassical architecture; **einen ~ errichten** to build a magnificent building

Prunkbohne *f* scarlet runner bean

prunken *vi* (*geh*) ❶ (*prächtig erscheinen*) to be resplendent; **ein prunkender Blumenschmuck** a magnificent floral decoration; ***auf seinem Haupt prunkte eine mit Juwelen besetzte Krone*** on his head a jewel-encrusted crown gleamed resplendently ❷ (*prahlen*) ■**mit etw** ~ to make a great show of sth, to flaunt sth *a. pej;* ***er prunkte mit seinen sportlichen Leistungen*** he made a great show of his sporting prowess

Prunkgemach *nt* state room [*or* apartment] **Prunkgewand** *nt* magnificent [*or* splendid] vestment **Prunksaal** *m* state room **Prunkstück** *nt* showpiece; **das ~ der Ausstellung** the focal point of the exhibition **Prunksucht** *f kein pl* (*pej*) love of splendour [*or* grandeur] **prunksüchtig** *adj* (*pej*) with a love of grandeur [*or* splendour] *pred;* ■**~ sein** to have a love of grandeur [*or* splendour] **Prunkvilla** *f* magnificent [*or* splendid] villa **prunkvoll** *adj* splendid, magnificent; **~e Kleidung** magnificent clothing; ***die Luxusvilla war ~ ausgestattet*** the luxury villa was fit for a king

prusten *vi* (*fam*) to snort; (*beim Trinken*) to splutter; **vor Lachen ~** to snort with laughter

PS <-, -> *nt* ❶ *Abk von* **Pferdestärke** hp ❷ *Abk von* **Postskript(um)** PS

Psalm <-s, -en> *m* psalm

Psalter <-s, -> *m* ❶ REL (*Buch des Psalmen*) Psalter; (*liturgisches Textbuch*) psalter ❷ ZOOL psalterium ❸ MUS, HIST psaltery

pseudo- *in Komposita* pseudo-

pseudodemokratisch *adj* pseudo-democratic **pseudointellektuell** *adj* pseudo-intellectual **Pseudokrupp** <-s> *m* MED pseudo[-]croup

pseudonym *adj inv* pseudonymous

Pseudonym <-s, -e> *nt* pseudonym, nom de guerre *liter; von Autor a.* nom de plume, pen name; **unter einem ~ schreiben** to write using a pen name

pseudoreligiös *adj* pseudo-religious

pst [pst] *interj* pst

Psyche <-, -n> *f* psyche

psychedelisch *adj* psychedelic, mind-expanding; **eine ~e Droge** a psychedelic [drug]; **~e Musik** psychedelic music; **eine ~e Erfahrung machen** to have a psychedelic experience

Psychiater(in) <-s, -> *m(f)* psychiatrist, shrink *fam*

Psychiatrie <-, -n> [ˈtriːən] *f* ❶ *kein pl* (*medizinisches Fachgebiet*) psychiatry *no art* ❷ (*fam: psychiatrische Abteilung*) psychiatric ward; **jdn in die ~ einweisen** to have sb admitted to a psychiatric ward

psychiatrisch *adj* psychiatric; **eine ~e Behandlung/Untersuchung** psychiatric treatment/ examination; **sich ~ behandeln/untersuchen lassen** to see a psychiatrist, to undergo psychiatric treatment/a psychiatric examination

psychisch [ˈpsyːçɪʃ] *adj* ❶ (*seelisch*) emotional, psychological; **eine ~e Belastung** psychological strain; **eine ~e Ursache haben** to be psychological, to have a psychological cause; **unter großem ~en Druck stehen** to be under a great deal of emotional [*or* psychological] pressure; **~ bedingt/verursacht sein** to be psychological, to have psychological causes/a psychological cause; **jdn ~ belasten** to put sb under psychological pressure ❷ (*geistig*) mental; **~ gesund sein** to have all one's [mental] faculties

[about one]

Psychoanalyse [psy:ço] *f* psychoanalysis *no art* **Psychoanalytiker(in)** *m(f)* psychoanalyst **psychoanalytisch** *adj* psychoanalytic[al] **Psychodrama** *nt* ① LIT psychological drama ② PSYCH psychodrama **Psycho-Droge** *f* psychoactive [*or* psychotropic] drug **Psychoeffekt** *m* psychological effect

psychogen *adj inv* PSYCH, MED psychogenic, psychogenetic, psychogenous **Psychogramm** <-gramme> *nt* psychograph, [psychic] profile; **ein ~ von jdm erstellen** to create a psychic profile of sb **Psychokrieg** *m* psychological warfare **Psycholinguistik** *f kein pl* LING, PSYCH, SCH psycholinguistics + *sing vb*

Psychologe, **-login** <-n -n> [psy:ço] *m, f* ① (*Spezialist der Psychologie*) psychologist, shrink *fam* ② (*Mensch mit Einfühlungsvermögen*) psychologist

Psychologie <-> [psy:ço] *f kein pl* psychology

Psychologin <-, -nen> *f fem form von* **Psychologe**

psychologisch [psy:ço] *adj* psychological; **ein ~es Gutachten** a psychological evaluation; **ein ~er Roman** a psychological novel; **~ falsch/richtig sein** to be right/wrong psychologically; **~ geschult werden/sein** to be trained in psychology; **~ erfahrene Mitarbeiter** staff experienced in psychology; ***das war ein ~ sehr geschickter Schachzug*** that was a clever psychological move; ***das war sehr ~ von dir*** (*fam*) that was a good psychological move on your part; *s. a.* **Kriegsführung**

Psychopath(in) <-en, -en> [psy:ço] *m(f)* psychopath **psychopathisch** *adj inv* PSYCH psychopathic **Psychopharmaka** *pl von* **Psychopharmakon** **Psychopharmakon** <-s, -pharmaka> [psy:ço] *nt meist pl* (*fachspr*) psychopharmaceutical [agent] *spec*

Psychose <-, -n> [psy:'çozə] *f* (*fachspr*) psychosis

Psychosekte *f* (*pej fam*) psycho-sect

psychosomatisch [psy:ço-] **I.** *adj* psychosomatic;. **ein ~es Leiden** an illness of a psychosomatic nature; **~e Störungen** psychosomatic problems **II.** *adv* psychosomatically; **~ bedingt/verursacht sein** to be psychosomatic, to have psychosomatic causes [*or* a psychosomatic cause]

psychosozial *adj* PSYCH *Ursache, Betreuung, Faktoren* psychosocial **Psychoterror** ['psy:ço] *m* (*fam*) psychological terror **Psychotest** *m* psychological test **Psychotherapeut(in)** *m(f)* PSYCH, MED psychotherapist **psychotherapeutisch** *adj inv, attr* psychotherapeutic; **jdn ~ behandeln** to give sb psychotherapeutic treatment [*or* psychotherapy] **Psychotherapie** *f* psychotherapy **Psychothriller** *m* psychological thriller

PTA *m o f Abk von* **pharmazeutisch-technische(r) Assistent(in)** pharmaceutical laboratory assistant

PTT ['pe:te:te:] *pl* SCHWEIZ *Abk von* **Post-, Telefon- und Telegrafenbetriebe**: ■**die ~** the P.T.T. (*Swiss postal, telephone, and telegram services*)

pubertär *adj* adolescent, of puberty *pred;* **~e Störungen** pubescent problems; **~es Verhalten** (*a. pej*) adolescent behaviour; **~ bedingt/verursacht** caused by adolescence [*or* puberty]

Pubertät <-> *f kein pl* puberty *no art;* **in der ~ sein/sich in der ~ befinden** to be in one's puberty [*or* adolescence]

Pubertätsakne *f* acne (*during one's adolescence/puberty*) **Pubertätszeit** *f s.* **Pubertät**

pubertieren* *vi* (*geh*) to reach puberty; **~de Jugendliche** adolescents

Publicity <-> [pa'blɪsiti] *f kein pl* publicity

publicityscheu [pa'blɪsiti] *adj* publicity-shy *attr;* ■**~ sein** to shun publicity

Publicrelations ['pʌblɪkrɪleɪʃənz] *pl* ÖKON, POL public relations + *sing vb,* PR + *sing vb*

Public-Relations-Abteilung *f* public relations department

publik *adj pred* public, generally known; ■**~ sein/werden** to be/become public knowledge [*or* generally known]; ***wenn ~ wird, dass er Alkoholiker ist, kann er seine Karriere vergessen*** when it becomes known that he's an alcoholic, he can wave goodbye to his career; ■**etw ~ werden lassen** to let sth become generally known, to publicize sth; ■**~ werden lassen, was/dass ...** to let it be known what/that ..., to publicize what/the fact that ...; **etw ~ machen** to make sth public, to publicize sth

Publikation <-, -en> *f* ① (*veröffentlichtes Werk*) publication; **elektronische ~** electronic publication ② *kein pl* (*das Veröffentlichen*) publication; ***meine Forschungsergebnisse sind zur ~ bereit*** the results of my research are ready for publication

Publikationshilfe *f bei Kulturförderung* [financial] help with publication

Publikum <-s> *nt kein pl* ① (*anwesende Besucher*) audience; (*im Theater a.*) house; (*beim Sport*) crowd; **sehr verehrtes ~** Ladies and Gentlemen; **vor versammeltem ~** in front of the whole audience; (*Zuhörerschaft*) audience; **ein kritisches ~** a critical audience ② (*geh: Lesergemeinde*) reading public, readers *pl;* ***er erreicht mit seinen Büchern immer ein großes ~*** he always reaches a large number of readers with his books ③ (*ausgewählte Gäste*) clientele; ***hier verkehrt nur ein ganz exklusives ~*** there is a very exclusive clientele here; ***das ~ in unserem Restaurant ist sehr gemischt*** we have a very mixed clientele visiting our restaurant

Publikumserfolg *m* hit; (*Film*) box office hit; **~ haben** to be successful; ***seinen größten ~ hatte er in der Jugend*** he had his greatest success when he was young; ***der Film wird garantiert ein ~ werden*** the film will definitely be a box office hit **Publikumsfonds** *m* FIN public investment fund **Publikumsgeschmack** *m* popular [*or* public] taste; **sich am ~ orientieren** to cater to popular taste; **den ~ treffen** to satisfy public taste **Publikumsgesellschaft** *f* ÖKON public company [*or* AM corporation] **Publikumsinteresse** *nt* general [*or* public] interest **Publikumsliebling** *m* MEDIA public's darling [*or* favourite] **Publikumsmagnet** *m* crowd-puller BRIT, magnet AM **Publikumsreaktion** *f* public reaction **Publikumsresonanz** *f* public response (**auf** +*gen* to) **Publikumsverkehr** *m kein pl* ADMIN ***das Amt ist nur morgens für den ~ geöffnet*** the office is only open to the public in the morning[s] **Publikumsverlag** *m* popular publisher, publisher of popular titles **publikumswirksam** *adj* with public appeal **Publikumswirkung** *f* effect on the public

publizieren* **I.** *vt* ■**etw ~** to publish sth; ■**etw ~ lassen** to have sth published; ***ich werde den Aufsatz bald ~ lassen*** I'm going to have the essay published soon **II.** *vi* ■**[in/bei etw** *dat*] **~** to have one's work [*or* to be] published [in sth]; (*in einem Verlag*) to have one's work [*or* to be] published [by sth]

Publizist(in) <-en, -en> *m(f)* journalist, *commentator* [*on current affairs and politics*]

Publizistik <-> *f kein pl* ■[**die**] ~ the science of the media; (*als Universitätsfach*) media studies *npl*

Publizistin <-, -nen> *f fem form von* **Publizist**

publizistisch **I.** *adj* ① MEDIA in journalism *pred;* **ein ~es Institut** institute for media studies; **eine ~e Studie** a media survey ② MEDIA journalistic, in journalism *pred;* **~e Werbung** media advertising **II.** *adv* **etw ~ ausschlachten** to spread sth over the front page; **sich ~ betätigen** to work as a journalist

Publizität <-> *f kein pl* ① ÖKON (*Offenlegung*) disclosure; **~ des Kartellregisters** disclosure of the cartel register ② JUR publicity, public disclosure; **negative ~** negative publicity

Publizitätsgesetz *nt* JUR disclosure act **Publizitätspflicht** *f* JUR compulsory disclosure **Publizitätsprinzip** *nt* JUR principle of public disclosure **publizitätsträchtig** *adj* (*geh*) **~ sein** to be a big hit [with the public]

Puck <-s, -s> *m* puck

Pudding <-s, -s> *m milk based dessert similar to blancmange* ▸ WENDUNGEN: **~ in den Beinen haben** (*fam*) to be lead-footed; **auf den ~ hauen** (*fam*) to paint the town red

Puddingform *f* pudding mould **Puddingpulver** *nt blancmange powder*

Pudel <-s, -> *m* ① (*Hundeart*) poodle ② (*fam: Fehlwurf beim Kegeln*) miss; **einen ~ werfen** to miss ▸ WENDUNGEN: **wie ein begossener ~ dastehen** (*fig fam*) to look thoroughly sheepish, to stand there with one's tail between one's legs; **wie ein begossener ~ abziehen** (*fig fam*) to slink off [*or* away] with one's tail between one's legs *a. pej;* **das also ist des ~s Kern** so that's what it's all about [*or* leading to]

Pudelmütze *f* bobble cap [*or* hat], pom-pom hat **pudelnackt** *adj inv* (*fam*) stark naked, BRIT *a.* starkers *pred fam* **pudelnass[RR]** *adj* (*fam*) ■**~ sein/werden** to be/get soaking wet [*or* drenched] **pudelwohl** *adj* (*fam*) **sich ~ fühlen** to feel on top of the world [*or* like a million dollars [*or* AM bucks]]

Puder <-s, -> *m o fam nt* powder

Puderautomat *m* TYPO automatic spray powder device, powder sprayer **Puderdose** *f* [powder] compact **Puderkissen** *nt* powder puff **Puderlidschatten** *m* powder[y] eye shadow

pudern **I.** *vt* ■**[jdm/sich] etw ~** to powder sb's/one's sth **II.** *vr* ■**sich ~** to powder oneself; ***ich möchte mich nur schnell ~*** I just want to powder my nose

Puderquaste *f* powder puff **Puderrouge** *nt* powder blusher **Puderzucker** *m* icing sugar

Puerto-Ricaner[RR](in) <-s, -> *m(f)* Puerto Rican **puerto-ricanisch[RR]** *adj inv* Puerto Rican

Puerto Rico *nt* Puerto Rico; *s. a.* **Sylt**

Puff[1] <-[e]s, Püffe> *m* (*fam*) ① (*Stoß*) thump, knock; (*in die Seite*) prod, poke; **jdm einen ~ geben** to give sb a nudge; **einen ~/einige Püffe vertragen können** (*fig*) to be able to take a few knocks *fig* ② (*dumpfes Zischen*) puff, swoosh *fam*

Puff[2] <-[e]s, -e *o* -s> *m* ① (*Wäschepuff*) linen basket ② (*Sitzpolster ohne Beine*) pouffe

Puff[3] <-[e]s, -e> *m* (*fam*) brothel, whorehouse AM, knocking shop *sl;* **in den ~ gehen** to go to a brothel

Puffärmel *m* puff[ed] sleeve **Puffbohne** *f* broad bean

puffen **I.** *vt* (*fam*) ■**jdn ~** to thump [*or* hit] sb; **jdn in die Rippen ~** to poke [*or* dig] [*or* prod] sb in the ribs; **jdn zur Seite ~** to push [*or* shove] sb aside **II.** *vi* (*fam*) to puff, to chuff BRIT; ***die Dampflok puffte, als sie zum Stillstand kam*** the steam locomotive puffed as it came to a halt **III.** *vr* (*selten fam*) ■**sich ~** to push each other; ***die Kinder pufften und schubsten sich*** the children pushed and shoved each other

Puffer <-s, -> *m* ① (*EISENB*) buffer, bumper AM ② INFORM *s.* **Pufferspeicher** ③ DIAL (*Reibekuchen*) potato fritter

Pufferbestände *pl* HANDEL buffer stocks **Puffergröße** *f* INFORM buffer size **Pufferlagerung** *f von radioaktivem Material* buffer storage (*of compressed radioactive waste for up to 2 years*) **Pufferlänge** *f* INFORM buffer length

puffern *vt* TECH ■**etw ~** to buffer sth; **Reibung ~** to reduce friction

puffern *vt* TECH ■**etw ~** to buffer sth; **Reibung ~** to reduce friction

Pufferspeicher *m* INFORM buffer memory, cache memory; **dynamischer ~** dynamic buffer **Pufferstaat** *m* buffer state **Pufferzone** *f* buffer zone

Puffmais *m* (*veraltend*) popcorn **Puffmutter** *f* (*fam*) madam **Puffotter** *f* ZOOL puff adder

puh *interj* ① (*Ausruf bei Ekel*) ugh ② (*Ausruf bei Anstrengung*) phew

pulen **I.** *vt bes* NORDD (*fam*) ■**etw [aus etw] ~** to pick out sth *sep,* to pick sth out of sth; **Krabben/Nüsse [aus den Schalen] ~** to shell shrimps/nuts; **Erbsen [aus den Schoten] ~** to shell [*or* pod] peas; ■**etw von etw ~** to pick [*or* peel] sth off sth; **ein Etikett von einer Flasche ~** to peel a label off a bottle **II.** *vi* (*fam*) ■**[an etw** *dat*] **~** to pick at sth; **an einer Narbe ~** to pick a scab; ■**in etw** *dat* **~** to stick one's finger in sth; **in der Nase ~** to pick one's nose

P

Pulitzerpreis *m* MEDIA Pulitzer prize

Pulk <-s, -s *o selten* -e> *m* ❶ (*Ansammlung*) crowd, throng; **ein kleiner ~ von Fahrzeugen** a small number [*or* group] of vehicles; ***ich entdeckte sie in einem ~ von Menschen*** I found her in a crowd of people; SPORT (*Hauptfeld*) pack, bunch ❷ MIL group; *von Kampfflugzeugen* flight

Pulldown-Menü [-'daʊn-] *nt* INFORM pull-down menu

Pulle <-, -n> *f* (*sl*) bottle; **eine ~ Bier** a bottle of beer; **ein Schluck aus der ~** a mouthful out of the bottle ▸ WENDUNGEN: **volle ~ fahren** (*fig*) to drive flat out [*or* [at] full pelt] *fam*

Pulli <-s, -s> *m* (*fam*) *kurz für* **Pullover** jumper

Pullmanlimousine *f* stretch limo *fam*

Pullover <-s, -s> [-vɐ] *m* pullover, jersey, jumper

Pullunder <-s, -> *m* tank top

Puls <-es, -e> *m* pulse; **ein regelmäßiger/unregelmäßiger ~** a steady [*or* regular]/an irregular pulse; **jds ~ fühlen** to feel sb's pulse; *Arzt a.* to take sb's pulse; **den ~ messen** to take sb's pulse ▸ WENDUNGEN: **jdm den ~ fühlen** to sound sb out; *s. a.* **Ohr**

Pulsader *f* artery; **sich** *dat* **die ~n aufschneiden** to slash [*or* slit] one's wrists

Pulsar <-s, -e> *m* ASTRON pulsar

Pulsfrequenz *f* pulse rate

pulsieren* *vi* to pulsate [*or* beat]; ***jetzt pulsiert das Blut wieder*** now the blood is circulating again; **eine pulsierende Stadt** (*fig*) a pulsating [*or* throbbing] city

Pulsmesser *m* MED (*Gerät zum Messen des Pulsschlags*) pulsimeter **Pulsschlag** *m* ❶ (*Puls*) pulse; ***der ~ ist noch spürbar*** there is still a faint pulse; (*Pulsfrequenz*) pulse rate; ***ihr ~ ist viel zu hoch*** her pulse rate is far too high ❷ (*einzelnes Pochen*) [pulse-]beat; ***72 Pulsschläge in der Minute*** a pulse of 72 in the minute **Pulswärmer** *m* wristlet

Pult <-[e]s, -e> *nt* (*Rednerpult*) lectern; (*Dirigentenpult*) [conductor's] stand; (*Notenständer*) [music] stand; (*Schaltpult*) control desk; (*veraltend: Katheder, Lehrerpult*) teacher's desk; (*Schulbank*) desk

Pultdach *nt* monopitch [*or* pent] roof

Pulver <-s, -> ['pʊlfɐ, 'pʊlvɐ] *nt* ❶ (*pulverisiertes Material/Mittel*) powder; **etw zu einem ~ zerreiben/zerstoßen** to pulverize sth; **ein ~ gegen Kopfschmerzen** a powder for a headache ❷ (*Schießpulver*) [gun]powder; **rauchschwaches ~** (*fachspr*) nitro powder *spec* ▸ WENDUNGEN: **das ~ [auch] nicht [gerade] erfunden haben** (*fam*) to be not exactly the brightest [*or hum* an Einstein]; **sein ~ verschossen haben** (*fam*) to have shot one's [last] bolt; **sein ~ trocken halten** (*fam*) to be prepared for anything

Pulverfass^RR ['pʊlfɐ-, 'pʊlvɐ-] *nt* (*a. fig*) powder keg, [gun]powder barrel; **einem ~ gleichen** (*fam*) to be [like] a powder keg; ***Zypern gleicht einem ~*** Cyprus is like a powder keg; **auf dem** [*o* **einem**] **~ sitzen** (*fig fam*) to be sitting on a powder keg

pulv(e)rig *adj* powdery

pulverisieren* [-ve-] *vt* **■etw ~** to pulverize sth; **Arzneistoffe ~** to pulverize [*or spec* triturate] medicinal substances

Pulverkaffee ['pʊlfɐ, 'pʊlvɐ] *m* instant coffee **Pulverschnee** *m* powder[y] snow

pulvertrocken *adj inv* ❶ *Erde* dry as dust, bone dry ❷ (*fig*) *Stimme* husky, hoarse

Puma <-s, -s> *m* puma BRIT, cougar AM

Pummel <-s, -> *m* (*fam*), **Pummelchen** <-s, -> *nt* (*fam*) dumpling *fam*, pudding *fam*

pumm(e)lig *adj* (*fam*) plump, chubby

Pump <-[e]s> *m kein pl* **[bei jdm] einen ~ aufnehmen** to cadge *fam* [*or* borrow] sth from sb; **auf ~** (*fam*) on credit [*or fam* tick]; ***ich habe den Fernseher auf ~ gekauft*** I bought the TV on HP

Pumpe <-, -n> *f* ❶ (*Fördergerät*) pump ❷ (*fam: Herz*) heart ❸ (*sl: Rauschgiftspritze*) syringe, needle

pumpen[1] **I.** *vt* ❶ TECH **■etw in/aus etw ~** to pump sth into/out of sth; **Luft in den Reifen ~** to pump air into [*or* inflate] the tyres; **Wasser aus dem Keller ~** to pump water out of the cellar ❷ (*fam: investieren*) **■etw in etw** *akk* **~** to pump [*or* plough] sth into sth; ***ich habe mein ganzes Geld in die Firma gepumpt*** I have ploughed all my money into the firm **II.** *vi* ❶ (*die Pumpe betätigen*) to pump ❷ (*fam: Liegestütze machen*) to do press-ups [*or* AM push-ups]

pumpen[2] *vt* (*fam*) ❶ **■jdm etw ~** to lend sb sth; **jdm Geld ~** to lend [*or* loan] sb money; ***kannst du mir dein Fahrrad ~?*** can you lend me your bike? ❷ **■[sich** *dat*] **etw [bei/von jdm] ~** to borrow sth [from [*or fam* off] sb]; ***könnte ich mir bei dir etwas Geld ~?*** could I borrow some money from you?

Pumpenschwengel *m* pump handle

Pumpernickel <-s, -> *m* pumpernickel

Pumphose *f* knickerbockers *npl*

Pumps <-, -> [pœmps] *m* court shoe BRIT, pump AM

Pumpstation *f* pumping station **Pumpzerstäuber** *m* pump atomizer [*or* spray]

puncto *präp +gen o nom s.* **punkto**

Punk <-s> *m kein pl* ❶ (*Lebenseinstellung, Protestbewegung*) punk ❷ (*fam*) *s.* **Punkrock** ❸ *s.* **Punker**

Punker(in) <-s, -> ['paŋkɐ] *m(f)* punk [rocker]

Punkrock <-s> *m kein pl* punk [rock]

Punkt <-[e]s, -e> *m* ❶ (*Satzzeichen*) full stop BRIT, period AM; (*auf i, Auslassungszeichen*) dot; **ohne ~ und Komma reden** (*fig*) to talk nineteen to the dozen BRIT, to rabbit on BRIT *fam*; **einen ~ machen** [*o* **setzen**] to put a full stop; **der ~ auf dem i** (*fig*) the final touch; ***nun mach aber mal einen ~!*** (*fam*) come off it! *fam* ❷ (*kreisrunder Fleck*) spot; (*in der Mathematik*) point, singularity *spec*; **ein dunkler ~ [in jds Vergangenheit]** a dark chapter [in sb's past]; **ein Hemd mit blauen ~en** a blue, spotted shirt; ***von hier oben sehen die Menschen aus wie winzige ~e*** from up here the people look like tiny dots ❸ (*Stelle*) spot; (*genauer*) point; **bis zu einem gewissen ~e** up to a [certain] point; **der tote ~** (*fig*) the low[est] point [*or* ebb]; *bei Verhandlungen* deadlock, impasse; **ein Fernglas auf einen ~ richten** to train a telescope on a point; **ein wunder ~** (*fig*) a sore point; ***ich bin an einem ~ angelangt, wo es nicht mehr schlimmer werden kann*** I have reached the stage [*or* point] where it can't get any worse ❹ (*Bewertungseinheit*) point; **einen ~ bekommen/verlieren** to score/lose a point; **nach ~en** (*beim Boxen*) on points ❺ (*Argument*) point; (*auf der Tagesordnung*) item; ***kommen wir nun zu ~ zwei der Tagesordnung*** let's look at point two of the agenda; **ein strittiger ~** a disputed point, a moot point, an area of dispute; **der springende ~** (*fig*) the crucial point; **etw auf den ~ bringen** (*fig*) to put it in a nutshell, to get to the heart of sth; **sich in allen ~en einig sein** to agree on all points; **auf dem ~ kommen** to get to the point; **~ für ~** point by point; **in einem bestimmten ~, in bestimmten ~en** on a certain point/on certain points ❻ (*Zeitpunkt*) point; **einen ~ erreichen, wo...** to reach the point, where ...; **~ acht [Uhr]** at eight o'clock on the dot, on the stroke of eight; **auf den ~ genau kommen** to be punctual [*or* somewhere on the dot] ❼ *kein pl* (*Maßeinheiten für Schriftarten*) point; **~e pro Inch** INFORM dots per inch, dpi

Punktaufbau *m* TYPO (*Repro*) dot structure

Punktbefehl *m* INFORM dot command

Pünktchen <-s, -> *nt dim von* **Punkt** little spot

Punktgewinn *m* SPORT number of points won

punktgleich *adj inv* SPORT level on points BRIT, tied AM; **~ liegen** to be level [on points] [*or* AM tied]; **~ ausgehen** to end in a draw [*or* tie], BRIT *a.* to end [up] level on points **Punkthof** *m* TYPO (*Repro*) dot halo

punktieren* *vt* **■etw ~** ❶ MED to puncture [*or spec* cannulate] sth; **das Rückenmark ~** to do [*or form* perform] a spinal tap ❷ (*mit Punkten versehen*) to dot sth; **eine Fläche ~** to stipple an area; **ein punktiertes Blatt** a spotted leaf; **eine punktierte Linie** a dotted line ❸ MUS to dot; **eine Note ~** to dot a note; **eine punktierte Halbe** a dotted quaver

Punktion <-, -en> *f* MED cannulation *spec*; *Rückenmark* tap; **eine ~ vornehmen** to carry out a cannulation

pünktlich I. *adj* punctual; **■~ sein** to be punctual; **~ auf die Minute** on the dot; **~ *um 12 wird gegessen*** the meal is at 12 o'clock sharp; ***du bist nie ~!*** you're never punctual [*or* on time]; **~ fertig sein** to be ready on time **II.** *adv* punctually [*or* on time]; ***der Zug wird ~ ankommen*** the train will arrive on time

Pünktlichkeit <-> *f kein pl* punctuality

Punktlicht *nt* TYPO point light **Punktmassage** *f* acupressure, shiatsu **Punktniederlage** *f* defeat on points, points defeat

punkto *präp +gen o nom* **in ~ Arbeit** with regard to work, as far as work is concerned

Punktrichter(in) *m(f)* judge **Punktsieg** *m* win on points, points win **Punktsieger(in)** <-s, -> *m(f)* winner on points **Punktspiel** *nt* league game; (*Fußball a.*) league match **Punktstrahler** *m* TECH, ELEK spotlight

punktuell *adj inv* ❶ (*einzelne Aspekte betreffend*) *Ansatz* selective; **~ vorgehen** to procede point by point ❷ (*vereinzelt*) *Kontrollen* spot *attr* **Punktverhältnis** *nt difference in points scored* **Punktwertung** *f* points system; ***in der ~ liegt er knapp vor seinem Rivalen*** he's a few points ahead of his rival **Punktzahl** *f* SPORT score, number of points **Punktzuwachs** *m* TYPO (*Repro*) dot gain

Punsch <-es, -e> *m* [hot] punch

Pup <-[e]s, -e> *m* (*fam*) *s.* **Pups**

pupen *vi* (*fam*) *s.* **pupsen**

Pupille <-, -n> *f* pupil; **weite ~n** dilated pupils

Pupillenreaktion *m* MED (*Verkleinerung der Pupille als Reaktion auf Licht*) pupillary response

Püppchen <-s, -> *nt dim of* **Puppe** [little] doll[y *childspeak*]

Puppe <-, -n> *f* ❶ (*Spielzeug*) doll[y *childspeak*]; (*Marionette*) puppet; (*Schaufensterpuppe*) mannequin ❷ (*sl: Mädchen, Freundin*) chick, doll; **eine tolle ~** a great chick; ***heute gehe ich mit meiner ~ ins Kino*** today I'm going to the cinema with my girl ❸ ZOOL pupa, chrysalis *spec* ▸ WENDUNGEN: **bis in die ~n** (*fam*) until the small hours of the morning; **bis in die ~n schlafen** to sleep till all hours; **die ~n tanzen lassen** (*fig fam: hart durchgreifen*) to raise [all] hell *fam*; (*hemmungslos feiern*) to have a hell of a party *fam*, to paint the town red

Puppenbett *m* doll's bed **Puppendoktor** *m* (*fam*) doll's repairer **Puppenhaus** *nt* doll's house BRIT, dollhouse AM **Puppenkleid** *nt* doll's dress **Puppenklinik** *f* (*fam*) repair shop for dolls **Puppenspiel** *nt* ❶ (*Form des Theaterspiels mit Puppen*) *s.* **Puppentheater** ❷ (*Theaterstück mit Puppen*) puppet show **Puppenspieler(in)** *m(f)* puppeteer **Puppenstadium** *nt* BIOL *von Insekten* pupal stage **Puppentheater** *nt* puppet theatre **Puppenwagen** *m* doll's pram [*or* AM carriage]

Pups <-es, -e> *m* (*fam*) fart *fam*; **einen ~ lassen** to fart *fam*, to break wind

pupsen *vi* (*fam*) to fart, to break wind

pur *adj* ❶ (*rein*) pure, sheer; **pures Gold** pure gold; **~er Alkohol** pure [*or spec* absolute] alcohol; **etw ~ anwenden** to apply sth in its pure form; **etw ~ trinken** to drink sth neat [*or* straight]; **eine ~e Lüge** (*fig*) a blatant lie; **die ~e Wahrheit, der ~e Wahnsinn** absolute [*or* sheer] madness, the pure truth, nothing but the truth ❷ (*fam: blank, bloß*) sheer; **ein ~er Zufall** a sheer [*or* mere] coincidence; ***aus dir spricht der ~e Neid*** what you are saying is pure envy

Püree <-s, -s> *nt* ❶ (*passiertes Gemüse/Obst*) purée ❷ (*Kartoffelbrei*) mashed [*or* creamed] potatoes *pl*

pürieren *vt* **■etw ~** KOCHK to purée sth

Pürierstab *m* KOCHK hand-held blender

Purismus <-> *m kein pl* KUNST, LING purism *no pl*

Purist(in) <-en, -en> *m(f)* (*geh*) purist

Puritaner(in) <-s, -> *m(f)* HIST Puritan, puritan *fig*

puritanisch *adj* ❶ HIST Puritan; **die ~e Revolution** the English Civil Wars ❷ (*oft pej*) puritanical; **eine**

~**e alte Jungfer** a puritanical old spinster
Purpur <-s> *m kein pl* ① (*Farbe*) purple ② (*geh: purpurner Stoff*) purple material (*used for cardinals' robes*); **nach dem ~ streben** (*fig*) to wish to wear the purple
purpurfarben, purpurfarbig *adj s.* **purpurrot**
purpurn *adj* (*geh*) *s.* **purpurrot**
purpurrot *adj* ① (*die Farbe des Purpurs aufweisend*) purple ② (*feuerrot*) scarlet, crimson; **~ vor Wut sein/werden** to be/become [*or* turn] purple [*or* crimson] with rage; ***er wurde ~ im Gesicht*** his face turned purple
Purzelbaum *m* (*fam*) somersault; **Purzelbäume/einen ~ machen** [*o* **schlagen**] to do [*or* turn] a somersault/somersaults
purzeln *vi sein a. Preise* to tumble; ***bei dem Sturm purzelte alles durcheinander*** in the storm everything was thrown higgledy-piggledy; ***die Tore purzelten nur so*** (*fig*) the goals were scored in quick succession; ■**von etw** *dat*/**in etw** *akk* **~** to tumble off/into sth; **vom Tisch ~** to fall off the table; **in den Schnee ~** to fall over in the snow
pushen, puschen ['pʊʃn] **I.** *vt* (*sl*) ① (*verstärkt Werbung machen*) ■**etw ~** to push sth; **ein Produkt ~** to push [*or* hype up] a product; ***wir müssen die Randsportarten etwas ~*** we need to hype up the lesser known sports; ■**etw ~** to push forward sth *sep;* **den Absatz ~** to boost sales; **den Tourismus ~** to boost [*or* promote] tourism; (*zum Erfolg verhelfen, durchsetzen*) to push; ***seinen Anhängern ist es gelungen, ihn in den Vorsitz zu ~*** his supporters succeeded in pushing him through to the chairmanship; **sein Honorar auf DM 10.000 ~** to push [*or* force] up one's fee to DM 10,000 ② (*drängen*) ■**jdn in etw** *akk* **~** to push sb into sth; **jdn in eine** [*o* **die**] **Ecke ~** (*fig*) to push [*or* force] sb into a corner ③ (*mit Drogen handeln*) ■**etw ~** to push [*or* deal in] sth; **Heroin ~** to deal in heroin **II.** *vi* (*sl*) to push drugs, to deal
Pusher <-s, -> ['pʊʃɐ] *m* (*Rauschgifthändler*) pusher
Push-Technologie [pʊʃ-] *f kein pl* INET push technology
Puste <-> *f kein pl* (*fam*) breath, wind *fam;* **außer ~ sein** to be puffed out *fam,* to be out of breath [*or fam* puff]; **aus der ~ kommen** to get out of breath; ***mir geht sehr schnell die ~ aus*** (*a. fig*) I get out of breath very quickly, I run out of steam very quickly *fig*
Pusteblume *f* (*Kindersprache fam*) dandelion
Pustekuchen *m* [**ja**] **~!** (*fam*) not a chance!
Pustel <-, -n> *f* pimple, pustule *spec*
pusten I. *vt* (*fam*) ■**etw in etw** *akk*/**von etw** *dat* **~** to blow sth into/off sth; **die Haare aus dem Gesicht ~** to blow one's hair out of one's face; ***der Wind pustet das Laub von den Bäumen*** the wind is blowing the leaves off the trees; **jdm ein Loch ins Gehirn ~** (*sl*) to blow sb's brains out *sl* ▸ WENDUNGEN: **jdm etw ~** to tell sb where to get off *sl* **II.** *vi* (*fam*) ① (*blasen*) ■[**auf/in etw** *akk*] **~** to blow [on/into sth]; **auf eine Wunde ~** to blow on a wound; **ins Horn/Feuer ~** to blow a horn/onto a fire; **kräftig ~** to give a big blow *fam;* ***das Essen ist noch zu heiß, du musst etwas ~*** the meal is still too hot, you'll have to blow on it; (*in Alkoholmessgerät*) ***ich musste bei einer Verkehrskontrolle ~*** I had to blow into the little bag when I was stopped by the police ② (*keuchen*) to puff [and pant], to wheeze; ***pustend kam er die Treppe herauf*** he came up the stairs puffing and panting
Putativnotstand *m* JUR imaginary necessity
Putativnotwehr *f* JUR imaginary self-defence
Pute <-, -n> *f* ① (*Truthenne*) turkey [hen]; **eine ~ braten** to roast a turkey ② (*fam: dümmliche Frau*) cow *pej fam;* ***du bist eine eingebildete, dumme ~*** you are an arrogant little cow
Putenfleisch <-[e]s> *nt kein pl* turkey [meat] *no pl*
Putenschnitzel *nt* turkey breast in breadcrumbs
Puter <-s, -> *m* turkey [cock]; (*~fleisch*) turkey
puterrot *adj* scarlet, bright red; **~ sein/werden** [*o* **anlaufen**] to be/become [*or* turn] scarlet [*or* bright red]
Putsch <-[e]s, -e> *m* coup [d'état], putsch; **ein missglückter ~** an unsuccessful [*or* failed] coup; **einen ~ anzetteln** to instigate a putsch
putschen *vi* ■[**gegen jdn/etw**] **~** to revolt [against sb/sth]
Putschist(in) <-en, -en> *m(f)* rebel, putschist
Putschversuch *m* attempted coup [d'état]; **ein gescheiterter ~** a failed coup [d'état]
Putte <-, -n> *f* KUNST cherub, putto *spec*
putten *vt* (*golf*) **den Ball ~** to putt the ball
Putter <-s, -> *m* SPORT (*beim Golf*) putter
Putting <-s> *nt kein pl* SPORT (*beim Golf*) putting
Putz <-es, -e> *m* (*Wandverkleidung*) plaster; (*bei Außenmauern*) rendering; **auf/über ~** ELEK exposed; **unter ~** ELEK concealed; **Leitungen auf/unter ~ verlegen** to lay exposed/concealed cables; **etw mit ~ verkleiden** to plaster sth ▸ WENDUNGEN: **auf den ~ hauen** (*fam: angeben*) to show off; (*übermütig und ausgelassen sein*) to have a wild time [of it] *fam;* (*übermütig und ausgelassen feiern a.*) to have a rave-up *fam;* **~ machen** (*fam*) to cause aggro *fam;* ***er kriegt ~ mit seiner Frau*** he's in trouble with his wife
putzen I. *vt* ① (*säubern*) ■**etw ~** to clean sth; (*polieren*) to polish sth; **seine Schuhe ~** to clean [*or* polish] [*or* shine] one's shoes; **die Brille ~** to clean one's glasses; **sich die Nase ~** to blow one's nose; **ein Pferd ~** to groom a horse; **die Treppe/Wohnung ~** to clean the steps/flat; **sich die Zähne ~** to clean one's teeth; (*Gemüse vorbereiten*) to prepare; **Spinat ~** to wash and prepare spinach; ■**sich ~** to wash itself; ***Katzen ~ sich sehr gründlich*** cats wash themselves thoroughly; *Vögel* to preen ② (*veraltend: schmücken*) ■**etw ~** to decorate; **den Christbaum ~** to decorate the Christmas tree; ***eine Urkunde putzte die Wand*** a certificate adorned the wall ③ (*wischen*) ■**jdm/sich etw aus/von etw ~** to wipe sth off sth; [**sich**] **etw aus den Mundwinkeln ~** to wipe sth out of the corners of one's mouth; ***putz dir den Dreck von den Schuhen!*** wipe the mud off your shoes! **II.** *vi* **~ gehen** to work as a cleaner
Putzerei <-, -en> *f* ① (*fam o pej: lästige Putzarbeit*) [tiresome] cleaning, cleaning chores *pl* ② ÖSTERR (*chemische Reinigung*) dry cleaner's
Putzfimmel *m* (*fam o pej*) **einen ~ haben** to be an obsessive cleaner *fam,* to be cleaning mad *fam* **Putzfrau** *f* cleaner, cleaning lady, Mrs Mop *no art hum fam*
putzig *adj* (*fam*) ① (*niedlich*) cute, sweet; **ein ~es Tier** a cute animal ② (*merkwürdig*) funny, odd; **das ist ja ~!** that's really odd
Putzkelle *f* square trowel **Putzkolonne** *f* team of cleaners **Putzlappen** *m* [cleaning] cloth [*or* rag] **Putzmacherin** <-> *f* (*veraltet*) milliner **Putzmann** *m* cleaner, cleaning man **Putzmittel** *nt* cleaning things *pl,* cleaning agent *form* **putzmunter** *adj* (*fam*) full of beans *pred;* ***trink ein paar Tassen Kaffee, dann bist du bald wieder ~*** drink a few cups of coffee, and you'll soon perk up **Putzstück** *nt* BAU clean-out opening **Putzsucht** *f kein pl* ① (*veraltet o pej: im Hinblick auf Kleidung*) obsession with dressing up ② (*zwanghaftes Reinigen*) obsession with cleaning **Putzteufel** *m* (*fam*) maniac for housework, housework maniac; **vom ~ besessen sein** [*o* **den ~ haben**] to have the cleaning bug; ***du bist ein richtiger ~!*** you're house-proud mad! BRIT **Putzträger** *m* BAU plasterbase, lath **Putztuch** *nt* ① (*Poliertuch*) cloth [for cleaning] ② *s.* **Putzlappen Putzwolle** *f* cotton waste **Putzwut** *f kein pl* (*fam*) cleaning frenzy; ***ihn hat die ~ gepackt*** he's in the grip of a cleaning fit, he's cleaning like a madman **putzwütig** *adj inv* (*fam*) in a cleaning frenzy, cleaning mad [*or* AM crazy] *fam* **Putzzeug** *nt kein pl* (*fam*) cleaning things *pl*
puzzeln ['pazln, 'pasln] *vi* to do a jigsaw [puzzle] [*or* puzzle]
Puzzle(spiel) <-s, -s> ['pazl, 'pasl] *nt* jigsaw [puzzle], puzzle
PVC <-, -s> [pe:fau'tse:] *nt Abk von* **Polyvinylchlorid** PVC
Pygmäe <-n, -n> *m* pygmy
pygmäenhaft *adj inv* pygmy-like, pygmy *attrib*
Pygmäin <-, -nen> *f fem form von* **Pygmäe**
Pyjama <-s, -s> [py'dʒa:ma, pi'dʒa:ma] *m* pyjamas *npl* BRIT, pajamas *npl* AM; **im ~** in his/her pyjamas
Pyjamahose *f* pyjama trousers [*or fam* bottoms] *npl* BRIT, pajama pants *npl* AM
Pykniker(in) <-s, -> *m(f)* stockily-built [*or* stocky] person, pyknic *spec*
pyknisch *adj* stockily built, stocky, pyknic *spec*
Pylon <-en, -en> *m,* **Pylone** <-, -n> *f* ① ARCHIT (*Eingangstor eines Tempels*) pylon ② ARCHIT (*Brückenpfeiler*) [suspension bridge] tower ③ TRANSP (*Straßenmarkierung*) [traffic] cone ④ LUFT (*Flugzeugträger*) pylon
Pylonbrücke *f* suspension bridge
Pyramide <-, -n> *f* pyramid
pyramidenförmig *adj* pyramid-shaped, pyramidal
Pyrenäen *pl* ■**die ~** the Pyrenees *npl*
Pyrenäenhalbinsel *f* GEOG ■**die ~** the Iberian Peninsula
Pyrit <-s, -e> *m* GEOL pyrite
Pyrolyse <-, -n> [pyro'ly:zə] *f* pyrolysis **Pyromane, -manin** <-n, -n> *m, f* PSYCH pyromaniac
Pyromanie <-> *f kein pl* PSYCH, MED pyromania *no pl*
Pyromanin <-, -nen> *f fem form von* **Pyromane**
Pyrotechnik *f kein pl* pyrotechnics + *sing vb* **Pyrotechniker(in)** *m(f)* pyrotechnist, pyrotechnician, fireworks expert **pyrotechnisch** *adj* pyrotechnic[al]
Pyrrhussieg *m* (*geh*) Pyrrhic victory
Python <-, -s> *f,* **Pythonschlange** *f* python

Q

Q, q <-, - *o fam* -s, -s> *nt* Q, q; **~ wie Quasar** Q for Queenie BRIT, Q as in Queen AM; *s. a.* **A 1**
q SCHWEIZ, ÖSTERR *Abk von* **Zentner** 100 kg
quabbelig *adj* DIAL wobbly
quabbeln *vi* NORDD (*fam*) to wobble; **ein ~der Pudding** a wobbly pudding [*or* BRIT *a.* blancmange]
Quacksalber(in) <-s, -> *m(f)* (*pej*) quack [doctor] *pej*
Quacksalberei <-, -en> *f* (*pej*) quackery *no pl pej*
Quacksalberin <-, -nen> *f fem form von* **Quacksalber**
Quaddel <-, -n> *f* wheal, urticaria *spec;* ***auf Sonnenlicht reagieren manche Allergiker mit ~n*** many people who are allergic to sunlight react to it with a [heat] rash [*or* heat spots]
Quader <-s, -> *m* ① ARCHIT, BAU ashlar, ashler, hewn [*or* cut] stone ② MATH cuboid
Quaderstein *m* BAU ashlar [block], [rectangular] block of stone
Quadrant <-en, -en> *m* ASTRON, MATH quadrant
Quadrat <-[e]s, -e> *nt* square; **magisches ~** magic square; **etw ins ~ erheben** (*geh*) to square sth, to multiply sth by itself; ***was gibt 777 ins ~ erhoben? — 603.729*** what's 777 squared? — 603,729; ■**... im ~** ... square; ***das Grundstück hat eine Größe von 64 Metern im ~*** the plot [of land] is 64 metres square [in size] ▸ WENDUNGEN: **im ~** barefaced; ***das ist eine Frechheit/Lüge im ~*** that's a barefaced cheek/lie; ***das ist eine Unverschämtheit im ~!*** that's an absolute outrage!
quadratisch *adj* square; *s. a.* **Gleichung**
Quadratkilometer *m mit Maßangaben* square kilometre [*or* AM -er] **Quadratlatschen** *pl* (*fam*) ① (*riesige Schuhe*) clodhoppers *fam,* BRIT *a.* beetle-crushers *fam* ② (*riesige Füße*) dirty great BRIT *sl* [*or* AM great big] feet **Quadratmeter** *m* square metre [*or* AM -er]; ***dieses Zimmer hat 50 ~*** this room has 50 square metres of floor space, the floor space in

this room is 50 square metres **Quadratmetergewicht** *nt* TYPO grammage, grams per sqm **Quadratmeterpreis** *m* price per square metre [*or* AM -er] **Quadratschädel** *m* (*fam*) ❶ (*kantiger Kopf*) dirty great BRIT *sl* [*or* AM great big] head, BRIT *a.* great bonce *sl* ❷ (*Starrkopf*) [obstinate [*or* stubborn]] mule, pigheaded person *pej*

Quadratur <-, -en> *f* quadrature; **die ~ des Kreises** (*geh*) [the] squaring [of] the circle *fig*

Quadratwurzel *f* square root **Quadratzahl** *f* square number **Quadratzentimeter** *m* square centimetre [*or* AM -er]

quadrieren* *vt* MATH ■**etw** ~ to square sth

Quadriga <-, Quadrigen> *f* quadriga

Quadrille <-, -n> [kva'drɪljə] *f* quadrille

quadrofon[RR] *adj inv s.* **quadrophon**

quadrofonisch[RR] *adj inv s.* **quadrophonisch**

quadrophon *adj inv* quadrophonic

Quadrophonie <-> *f*, **Quadrofonie**[RR] <-> *f kein pl* quadrophony, quadraphonic sound, quadrophonics + *sing vb*

quadrophonisch *adj inv* quadrophonic

Quahogmuschel *f* Venus clam

Quai <-s, -s> [kɛː, keː] *m o nt* SCHWEIZ (*Kai*) quay

quak *interj Frosch* croak; *Ente* quack

quaken I. *vi* ❶ ZOOL *Frosch* to croak; *Ente* to quack ❷ (*fam: reden*) to natter *fam;* **mit jdm** ~ to have a natter to sb; **jdm dazwischen~** to keep interrupting sb II. *vt* (*fam*) ■[**über**] **etw** ~ to waffle on [about sth] *pej*

quäken *vi* (*fam*) ❶ (*krächzend weinen*) to scream, to screech ❷ (*krächzen*) to crackle and splutter; ***stell doch endlich dieses ~de Radio ab!*** turn that crackly old radio off!

Quäker(in) <-s, -> *m(f)* Quaker

Qual <-, -en> *f* ❶ (*Quälerei*) struggle ❷ *meist pl* (*Pein*) agony *no pl* ► WENDUNGEN: **die ~ der Wahl haben** (*hum*) to be spoilt [*or* AM *usu* spoiled] for choice

quälen I. *vt* ❶ (*jdm zusetzen*) ■**jdn** ~ to pester [*or* plague] sb ❷ (*misshandeln*) ■**jdn/etw** ~ to be cruel to [*or* torture] sb/sth; *s. a.* **Tod** ❸ (*peinigen*) ■**jdn** ~ to torment sb *fig* ❹ (*Beschwerden verursachen*) ■**jdn** ~ to trouble sb; **durch etw** *akk* [*o* **von etw** *dat*] **gequält sein** to be troubled by sth; *s. a.* gequält II. *vr* ❶ (*leiden*) ■**sich** ~ to suffer ❷ (*sich herumquälen*) ■**sich mit etw** ~ *Gedanken, Gefühle* to torment oneself with sth; *Hausaufgaben, Arbeit* to struggle [hard] with sth ❸ (*sich mühsam bewegen*) ■**sich** ~ to struggle

quälend *adj attr* agonizing; *Gedanken, Gefühle a.* tormenting; **ein ~er Husten** a hacking cough; **~e Schmerzen** excruciating [*or* agonizing] pain

Quälerei <-, -en> *f* ❶ *kein pl* (*fam: qualvolle Anstrengung*) ordeal ❷ (*ständiges Zusetzen*) pestering *no pl*

quälerisch *adj attr* agonizing *fig*

Quälgeist *m* (*fam*) pest *fig fam*

Qualifikation <-, -en> *f* ❶ *pl selten* (*berufliche Befähigung*) qualifications *pl;* **fachliche** ~ professional qualification ❷ SPORT qualification *no pl;* (*Wettkampf a.*) qualification round, qualifier; ***21 Mannschaften spielten um die ~ zur WM*** 21 teams played to qualify for the World Cup

Qualifikationsfreiheit *f kein pl* JUR freedom to construe **Qualifikationsnachweis** *m* JUR verification of qualifications **Qualifikationsprofil** *nt eines Arbeitnehmers* qualification profile **Qualifikationsspiel** *nt* SPORT qualifying match [*or* game], qualifier

qualifizieren* I. *vr* ■**sich** [**für/zu etw**] ~ to qualify [for sth] II. *vt* (*geh*) ❶ (*befähigen*) ■**jdn für/zu etw** ~ to qualify sb for sth ❷ (*klassifizieren*) ■**etw als etw** ~ to qualify [*or* describe] sth as sth

qualifiziert *adj* ❶ (*sachgerecht, kompetent*) qualified; ■[**für etw**] ~ **sein** to be qualified [for sth]; **~e Arbeitskraft** skilled worker; **~e Arbeit leisten** to do a professional job; **~e Beteiligung** BÖRSE choice investment; **~e Minderheit** JUR right-conferring minority ❷ POL *Mehrheit* requisite

Qualifizierung <-, *selten* -en> *f* ❶ (*Befähigung*) qualification ❷ (*Erwerben einer Qualifikation*) qualification *no pl;* **berufliche** ~ occupational qualification ❸ (*fachspr: Ausbildung*) training *no pl* ❹ SPORT (*Ausscheidungswettbewerb*) qualification *no pl*

Qualität <-, -en> *f* ❶ (*Güte*) quality; **von bestimmter ~ sein** to be of [a] certain quality; **ausgesuchte** [*o* **beste**] ~ prime quality; ***dieses Leder ist von sehr guter/ausgezeichneter/besserer ~*** this leather is of [a] very good/[an] excellent/[a] better quality ❷ (*Beschaffenheit*) quality ❸ *pl* (*gute Eigenschaften*) qualities *pl*

qualitativ I. *adj* qualitative II. *adv* qualitatively; ~ ***besser/schlechter sein*** to be [of [a]] better/worse quality

Qualitätsabweichung *f* HANDEL variation in quality **Qualitätsanforderung** *f meist pl* HANDEL exacting standard of quality **Qualitätsanspruch** *m* HANDEL standard of quality **Qualitätsarbeit** *f* ÖKON high-quality work[manship] *no pl* **Qualitätsbeanstandung** *f* HANDEL defect report **Qualitätsbeurteilung** *f* quality assessment [*or* evaluation] **qualitätsbewusst**[RR] *adj* ÖKON quality-conscious **Qualitätsbewusstsein**[RR] *nt* quality awareness **Qualitätserzeugnis** *nt* ÖKON [high-] quality product **Qualitätsklasse** *f* grade **Qualitätskontrolle** *f* ÖKON quality control **Qualitätskosten** *pl* ÖKON quality costs **Qualitätsmanagement** *nt* HANDEL quality management **Qualitätsmangel** *m* HANDEL defective quality, quality defect [*or* failure] **Qualitätsmarke** *f* JUR mark of quality **Qualitätsmaßstab** *m* quality standard **Qualitätsmerkmal** *nt* sign of quality **Qualitätsminderung** *f* ÖKON deterioration in [*or* impairment of] quality *no pl* **Qualitätsprobe** *f* HANDEL sample, pattern **Qualitätsprodukt** *nt* [high-]quality product **Qualitätsprüfung** *f* ÖKON quality test [*or* control]; **eine ~ vornehmen** to check the quality **Qualitätssicherung** *f* HANDEL quality assurance **Qualitätssiegel** *nt* seal of quality **Qualitätssteigerung** *f* quality improvement [*or* AM *a.* enhancement], upgrading **Qualitätsunterschied** *m* ÖKON difference in quality **Qualitätsverbesserung** *f* quality improvement [*or* AM *a.* enhancement], upgrading **Qualitätsware** *f* quality goods *pl* **Qualitätszertifikat** *nt* ÖKON certificate of quality

Qualle <-, -n> *f* jellyfish

Qualm <-[e]s> *m kein pl* [thick [*or* dense]] smoke

qualmen I. *vi* ❶ (*Qualm erzeugen*) ■**etw qualmt** sth smokes [*or* gives off smoke]; ***der Schornstein qualmt ganz fürchterlich*** the chimney is belching out smoke like nobody's business *fam* ❷ (*fam: rauchen*) ■**jd qualmt** sb smokes [*or fam* puffs away] II. *vt* (*fam*) ■**jd qualmt etw** sb puffs away at *fam* [*or* smokes] sth

Qualmerei <-> *f kein pl* (*fam*) smoking, puffing away

qualmig *adj* smoky, smoke-filled

qualvoll I. *adj* agonizing II. *adv* ~ **sterben** [*o* **zugrunde gehen**] to die [*or* perish] in agony [*or* great pain]

Quant <-s, -en> *nt* NUKL quantum

Quäntchen[RR] <-s, -> *nt* scrap; **ein ~ Glück** a little bit of luck; **ein ~ Hoffnung** a glimmer of hope; **kein** ~ not a scrap [*or* jot], not one iota

Quanten *pl* ❶ *pl von* **Quant, Quantum** ❷ (*sl: Füße*) dirty great BRIT *sl* [*or* AM great big] feet

Quantenchromodynamik *f* NUKL quantum chromodynamics + *sing vb*, QCD + *sing vb* **Quanteneffekt** *m* PHYS quantum effect **Quantenelektrodynamik** *f* NUKL quantum electrodynamics + *sing vb*, QED + *sing vb* **Quantenelektronik** *f kein pl* quantum electronics + *sing vb* **Quantenfeldtheorie** *f* NUKL quantum field theory **Quantenmechanik** *f* NUKL quantum mechanics + *sing vb* **Quantenphysik** *f* NUKL quantum physics + *sing vb* **Quantensprung** *m* ❶ PHYS quantum leap ❷ (*enormer Fortschritt*) quantum leap *fig* **Quantentheorie** *f* NUKL quantum theory

Quantität <-, -en> *f* (*geh*) quantity; ***ausschlaggebend ist die Qualität, nicht die*** ~ it's quality not quantity that counts; ***er nahm diese Drogen immer nur in geringen ~en ein*** he only ever took this drug in small quantities [*or* doses], he only ever took small amounts of this drug

quantitativ *adj inv* (*geh*) quantitative

Quantitätstheorie *f* ÖKON quantity theory

Quantum <-s, Quanten> *nt* (*geh*) quantum *form*, quantity; ***er braucht sein regelmäßiges ~ Schnaps am Tag*** he needs his regular daily dose of schnapps; ***eine dicke Zigarre enthält ein ordentliches ~ Nikotin*** a thick cigar contains a fair amount of nicotine; ***es gehört schon ein gewisses ~ an Mut dazu, das zu tun*** it takes a certain amount of courage to do that

Quappe <-, -n> *f* ❶ (*Aal~*) burbot ❷ (*Kaul~*) tadpole

Quarantäne <-, -n> [karan'tɛːnə] *f* quarantine *no pl;* **unter ~ stehen** to be in quarantine; **über jdn/etw ~ verhängen, jdn/etw unter ~ stellen** to place sb/sth under [*or* put sb/sth in] quarantine, to quarantine sb/sth off

Quarantänestation [karan'tɛːnə] *f* MED isolation [*or* quarantine] ward

Quark[1] <-s, -s> *nt* NUKL quark

Quark[2] <-s> *m kein pl* ❶ KOCHK fromage frais ❷ (*fam: Quatsch*) rubbish *fam* [*or* AM *usu* nonsense] ► WENDUNGEN: **einen ~** (*fam*) not one jot *fam;* ***das interessiert mich alles einen ~*** all that doesn't interest me in the slightest [*or* one jot]; ***das ist zu kompliziert, davon verstehst du einen ~*** it's too complicated, you'll understand next to nothing about it

Quarkspeise *f* quark dish **Quarkstrudel** *m* quark strudel **Quarktasche** *f* quark turnover

Quart <-, -en> *f* MUS *s.* **Quarte**

Quarta <-, -ten> *f* SCH ❶ (*veraltend: des Gymnasiums: 3.Klasse*) *third year of a Gymnasium* ❷ ÖSTERR (*des Gymnasiums: 4.Klasse*) *fourth year of a Gymnasium*

Quartal <-s, -e> *nt* quarter; **erstes/letztes ~** first/last quarter; ***es muss jedes ~ bezahlt werden*** payment is due quarterly [*or* every quarter]; ***die Zwischenberichte werden jeweils am Ende eines ~s fällig*** the interim reports are due at the end of [*or* after] every quarter [*or* three months]

Quartal(s)abschluss[RR] *m* ❶ (*zeitlich*) end of the/a quarter ❷ ÖKON quarterly statement [*or* balance sheet] **Quartalsende** *nt kein pl* end of a/the quarter; ***er hat zum ~ gekündigt*** he's given [*or* handed in] his notice for the end of the quarter **Quartal(s)säufer(in)** *m(f)* (*fam*) periodic heavy drinker **Quartalsverrechnung** *f* FIN quarterly account **quartal(s)weise** I. *adj* quarterly II. *adv* ~ *abrechnen/bezahlen/Bericht erstatten* to invoice/pay/compile a report quarterly [*or* every three months]

Quartaner(in) <-s, -> *m(f)* SCH ❶ (*veraltend*) *pupil in the third year of a Gymnasium* ❷ ÖSTERR *pupil in the fourth year of a Gymnasium*

Quartär <-s> *nt kein pl* GEOL Quaternary [period]

Quarte <-, -n> *f* MUS ❶ (*vierter Ton*) fourth ❷ (*Intervall*) interval

Quarten *pl von* **Quart**

Quartett[1] <-[e]s, -e> *nt* KARTEN ❶ (*Kartensatz*) *set of four matching cards in a game of Quartett* ❷ *kein pl* (*Kartenspiel*) Quartett, ≈ happy families + *sing vb* (*game of cards in which one tries to collect sets of four matching cards*); ~ **spielen** to play Quartett

Quartett[2] <-[e]s, -e> *nt* ❶ MUS quartet ❷ (*vier zusammengehörige Leute*) quartet, group [of four]

Quartettspiel *nt* KARTEN ≈ pack of happy families playing cards

Quartier <-s, -e> *nt* ❶ (*Unterkunft*) accomodation *no indef art, no pl;* ***in der Hauptsaison ist in diesem Badeort kein ~ mehr zu bekommen*** it is impossible to find [any] accommodation in this coastal resort in the high season; ***ich suche ein ~*** I'm looking for accommodation [*or* somewhere [*or* a place] to stay]; [**bei jdm/irgendwo**] ~ **beziehen** [*o* **nehmen**] to move in [with sb/somewhere]; MIL to take up quarters [with sb/somewhere] ❷ SCHWEIZ (*Stadt-*

viertel) district, quarter

Quartil <-s, -e> *nt* quartile

Quarz <-es, -e> *m* quartz

Quarzglas <-es> *nt kein pl* TECH quartz glass *no pl*

Quarzit <-s, -e> *m* GEOL quartzite

Quarzsand <-[e]s> *m kein pl* quartz sand *no pl*

Quarzuhr *f* quartz clock [*or* watch]

Quasar <-s, -e> *m* ASTRON quasar

quasi *adv* (*geh*) almost; ***es ist doch ~ dasselbe*** it's more or less the same [thing]; ***nach ihrem Weggang hat er hier ~ das Sagen*** since her departure he is virtually in charge here

Quasigeld *nt* ÖKON near money **Quasikristall** *m* quasi-crystal **Quasimonopol** *nt* ÖKON quasi-monopoly **Quasisplitting** *nt* JUR splitting of spouses' future pension rights **Quasivertrag** *m* JUR quasi-contract

Quasselei <-, -en> *f* (*fam*) babbling *no pl*, gabbing *pej fam no pl*

quasseln I. *vi* (*fam*) to babble; ***hört endlich auf zu ~, ich will meine Ruhe haben!*** [will you] stop [your] babbling, I want a bit of peace and quiet! II. *vt* (*fam*) ■**etw ~** to babble on about [*or pej* spout] sth

Quasselstrippe <-, -n> *f* (*fam*) ❶ (*hum: Telefon*) **an der ~ hängen** to be on the phone [*or* BRIT *fam a.* blower] ❷ (*pej: jd, der unentwegt redet*) windbag *pej fam*, gasbag *fam*

Quaste <-, -n> *f* tassel

Quastenflosser <-s, -e> *m* BIOL coelocanth

Quästur <-, -en> *f* SCH bursary BRIT, scholarship AM

quatsch *interj* rubbish, AM *usu* nonsense; ***ich soll das gesagt haben? ~!*** I'm supposed to have said that? [what] rubbish!

Quatsch <-es> *m kein pl* (*fam*) ❶ (*dummes Gerede*) rubbish, AM *usu* nonsense; ***wer hat denn so einen/diesen ~ behauptet?*** who told you [*or* where did you hear] such rubbish?; ***das ist doch der letzte ~!*** what a load of absolute rubbish!; **~ reden** to talk rubbish; ***so ein ~!*** what [a load of] rubbish! ❷ (*Unfug*) nonsense; **~ machen** to mess around [*or* about] *pej*; ***was, du willst kündigen? mach doch keinen ~, Mensch, überlege dir das noch mal!*** what, you want to hand in your notice, don't be silly [*or fam* daft] [*or fam* talk daft], think it over!; **aus ~** for [*or* as] a joke

quatschen[1] I. *vt* (*fam*) ■**etw [von etw] ~** to spout *pej* [*or* say] sth [about sth]; ***quatsch kein dummes Zeug*** don't talk nonsense; ***er hat irgendwas von einem Unfall gequatscht, aber ich habe gedacht, er redet Unsinn*** he garbled something about an accident, but I thought he was talking rubbish II. *vi* (*fam*) ❶ (*sich unterhalten*) ■**[mit jdm] [über etw *akk*] ~** to natter [with sb] [about sth]; ***entschuldige, aber ich kann jetzt nicht mit dir ~*** I'm sorry, but I can't [have a] chat with you now; ■**von etw ~** to talk about sth; ***ich hab kein Wort verstanden von dem, was sie da gequatscht hat*** I didn't understand a word of what she said ❷ (*etw ausplaudern*) to blab *fam*; ***er hat bei den Bullen gequatscht*** he's blabbed [*or sl* squealed] to the fuzz

quatschen[2] I. *vi* to squelch II. *vi impers* ■**es quatscht** it squelches [*or* makes a squelching sound]

Quatschkopf *m* (*pej fam*) babbling idiot *pej*, BRIT *a.* plonker *pej sl*

Quebec <-s> [ke'bɛk] *nt* Quebec

Quechua ['kɛtʃu:a] *nt* Quech[u]a; *s. a.* **Deutsch**

Quecke <-, -n> *f* couch grass

Quecksilber *nt* mercury, quicksilver

Quecksilbersäule *f* column of mercury **Quecksilberthermometer** *nt* mercury thermometer **Quecksilberverbindung** *f* CHEM mercury compound **Quecksilbervergiftung** *f* mercury poisoning

Quell <-[e]s, -e> *m* ❶ (*poet: Born*) spring ❷ (*geh: Ursprung*) source, fount *liter*

Quelldatei *f* INFORM source file **Quelldokument** *nt* source document

Quelle <-, -n> *f* ❶ GEOG (*Ursprung eines Wasserlaufes*) source ❷ (*ausgewerteter Text*) source ❸ (*Informant*) source ❹ (*Entstehungsort*) source ❺ (*Waren~*) **an der ~ sitzen** to be at the source of supply, to have direct access

quellen <quoll, gequollen> *vi sein* ❶ (*herausfließen*) ■**[aus etw] ~** to pour out [of sth]; ***was quillt da, ist das etwa Motoröl?*** what's that leaking there, is it engine oil?; ***aus dem Riss in der Tube quoll Zahnpasta*** toothpaste was oozing out of a split in the tube ❷ (*aufquellen*) to swell [up]

Quellen(abzugs)steuer *f* FIN tax deducted at source, withholding tax; **~ erheben** to tax at source, to withhold tax **Quellenabzugsverfahren** *f* FIN withholding scheme **Quellenangabe** *f* reference **Quellenbesteuerung** *f* FIN taxation [*or* withholding] at source **Quellenforschung** *f* research into sources **Quellenlage** *f* source **Quellenmaterial** *nt* source material **Quellensammlung** *f* collection of source material **Quellenschutzgebiet** *nt* ÖKOL nature reserve with springs **Quellensteuer** *f* FIN tax deducted at source **Quellenstudium** *nt* study of [the] sources **Quellentext** *m* LIT, SCH source text

Queller <-s, -> *m* BOT glasswort

Quellgebiet *nt* GEOG head **Quellprogramm** *nt* INFORM source program **Quelltext** *m* source text **Quellwasser** *nt* spring water

Quendel <-s> *m kein pl* BOT, KOCHK wild thyme

Quengelei <-, -en> *f* ❶ *kein pl* (*fam: lästiges Quengeln*) whining *no pl* ❷ (*quengelige Äußerungen*) whining *no pl*; ***hör auf mit den ewigen ~en*** stop your constant whining[, will you]

queng(e)lig *adj* whining, whinging *esp* BRIT; ***sei nicht so ~*** stop [your] whining, don't be such a whiner; ***das Kind ist heute so ~, ob es eine Erkältung bekommt?*** the child is very grizzly *fam* today, do you think he/she is coming down with a cold?

quengeln *vi* (*fam*) ❶ (*weinerlich sein*) to whine ❷ (*nörgeln*) ■**[über etw *akk*] ~** to moan [about sth] *fam*

Quengler(in) <-s, -> *m(f)* (*fam*) moaner, BRIT *a.* whinger *sl*, AM *a.* whiner

Quentchen <-s, -> *nt s.* **Quäntchen**

quer *adv* ❶ (*horizontal*) diagonally; ***der Kanal verläuft ~ zur Straße*** the canal runs diagonally [*or* at an angle] to the street; ***der Lkw geriet auf eisglatter Fahrbahn ins Schleudern und stellte sich ~*** the truck slid on the icy carriageway and ended up sideways across it; ***~ geht der Schrank nicht durch die Tür, nur längs*** the cupboard won't go [*or* fit] through the door sideways, only lengthways; **~ gestreift** horizontally striped; ***~ gestreifte Hemden stehen dir nicht*** shirts with horizontal stripes [*or* horizontally striped shirts] don't suit you; **~ durch/über etw *akk*** straight through/across sth; ***lauf doch bitte nicht ~ durch/über die Beete!*** please don't run through/across the flower-beds! ❷ (*fam*) **jdm ~ gehen** to go wrong for sb; ***heute geht mir aber auch alles ~!*** everything's really going wrong for me [*or* I can't get anything right] today!; **sich [bei etw] ~ legen** to make difficulties [concerning sth]; **~ schießen** (*sl*) to throw [*or* put] a spanner in the works, to throw a [monkey] wrench in sth AM

Querachse *f* transverse axis **Querbalken** *m* crossbeam **querbeet** *adv* (*fam*) all over; ***sie gingen einfach mal ~ durch die Landschaft*** they travelled all over [*or* the length and breadth of] the countryside **Querdenker(in)** *m(f)* awkward and intransigent thinker **querdurch** *adv* straight through; ***~ passt die Truhe nicht, nur der Länge nach*** the chest won't fit through sideways, only lengthways; ***wir müssen ~, es gibt keinen Weg ums Moor*** we'll have to go straight across [*or* over], there's no way way round the moor

Quere <-> *f kein pl* ▶ WENDUNGEN: **jdm in die ~ kommen** to get in sb's way

Quereinsteiger(in) <-s, -> *m(f) sb entering a field of work different from their educational background*

Querele <-, -n> *f* (*geh*) argument

queren *vt* ■**etw ~** to cross sth

Querfalz *m* TYPO cross fold

querfeldein *adv* across country

Querfeldeinlauf *m* SPORT cross-country run **Querfeldeinrennen** *nt* SPORT cyclo-cross [race]

Querflöte *f* MUS transverse [*or* cross] flute **Querformat** *nt* ❶ (*Format*) landscape format; **im ~** in landscape ❷ (*Bild*) picture/photo etc. in landscape format **Querheftung** *f* TYPO stabbing **Querkopf** *m* (*fam*) awkward customer; ***warum willst du denn nicht auch zustimmen, du ~?*** why won't you agree, you awkward cuss? *pej* **querköpfig** *adj* (*fam*) contrary, wrong-headed **Querlage** *f* MED transverse presentation [*or* lie]; (*bei der Geburt*) torso [*or* trunk] presentation **Querlatte** *f* ❶ (*quer verlegte Holzlatte*) horizontal slat ❷ SPORT (*waagerechte Latte eines Tores*) crossbar **Querleiste** *f* crosspiece, crossbar; (*einer Tür*) rail **Querlenker** *m* AUTO transverse link **Querrippe** *f* [abgedeckte] ~ KOCHK (*vom Rind*) thin [*or* flat] ribs **Querruder** *nt* LUFT aileron **Querschiene** *f* BAU diagonal rail **Querschiff** *nt* ARCHIT transept **Querschläger** *m* ricochet [shot] **Querschneider** *m* TYPO cross cutter, sheeter

Querschnitt *m* ❶ (*Schnitt*) cross-section ❷ ARCHIT, MATH (*zeichnerische Darstellung*) cross-section ❸ (*Überblick*) cross-section *fig*

querschnitt(s)gelähmt *adj* paraplegic; ■**~ sein** to be [a] paraplegic **Querschnitt(s)gelähmte(r)** *f(m) dekl wie adj* paraplegic **Querschnitt(s)lähmung** *f* paraplegia *no pl* **Querstraße** *f* sidestreet, turning, turn-off; ***nehmen Sie die dritte ~ rechts*** take the third turning on the right **Querstreifen** *m* horizontal stripe **Querstrich** *m* horizontal line [*or* stroke] **Quersubventionierung** *f* ÖKON cross-subsidizing [*or* BRIT *a.* -ising] *no pl* **Quersumme** *f* MATH sum of the digits [in a number]; ***die ~ von 3315 ist 12*** the sum of the digits in 3,315 is 12 **Querträger** *m* AUTO crossmember **Quertreiber(in)** <-s, -> *m(f)* (*pej*) troublemaker

Querulant(in) <-en, -en> *m(f)* (*geh*) querulous person *form*, griper *fam*

Querverbindung *f* ❶ TRANSP (*direkter Verbindungsweg*) direct connection ❷ (*gegenseitige Beziehung*) connection, link **Querverweis** *m* cross-reference **Querverweisliste** *f* cross reference listing **Querweg** *m* path across sth, side-path

quetschen I. *vt* ■**etw aus etw ~** to squeeze sth out of [*or* from] sth; ■**jdn an [o gegen] etw *akk* ~** to crush sb against sth; ***der herabstürzende Balken quetschte sie gegen den Schrank*** the falling beam crushed [*or* pinned] her against the cupboard; **sich gegen etw ~** to squeeze [oneself] against sth; ***sie quetschte sich an die Wand, um die Leute vorbei zu lassen*** she squeezed against the wall to allow people to pass II. *vr* ❶ (*durch Quetschung verletzen*) ■**sich *akk* ~** to bruise oneself; ■**sich *dat* etw ~** to crush [*or* squash] one's sth; ***ich habe mir den Fuß gequetscht*** I've crushed my foot ❷ (*fam: sich zwängen*) ■**sich *akk* durch/in etw *akk* ~** to squeeze [one's way] through/[oneself] into sth; ***ich konnte mich gerade noch in die U-Bahn ~*** I was just able to squeeze [myself] into the tube BRIT *fam*; ***nur mit Mühe quetschte sie sich durch die Menge*** she was only able to squeeze [her way] through the crowd with [some] difficulty

Quetschfalte *f* box [*or* pinch] pleat

Quetschung <-, -en> *f* MED ❶ *kein pl* (*Verletzung durch Quetschen*) crushing, squashing; ***wie kam es zu der ~ der Hand?*** how did you [come to] crush your hand? ❷ (*verletzte Stelle*) bruise, contusion *spec*

Quetschwunde *f* contused wound, contusion

Queue <-s, -s> [kø:] *nt o m* cue

quick *adj* NORDD (*alert, rege*) bright, lively

Quickie <-, -s> *m* (*sl*) quickie *fam*

quicklebendig *adj* (*fam*) full of beans *fam*; ***zwar ist Großvater schon 85, aber noch immer ~*** grandfather may have reached 85, but he's still very sprightly

quiek *interj* squeak

quieken *vi* ❶ (*quiek machen*) to squeak; ***die Ferkel quiekten im Stall*** the piglets squealed in their pen ❷ (*schrille Laute ausstoßen*) ■**[vor etw *dat*] ~**

to squeal [with sth]; **vor Vergnügen** ~ to squeal with pleasure
quietschen *vi* ❶ *(ein schrilles Geräusch verursachen)* to squeak; ***mit ~ den Bremsen/ Reifen hielt der Wagen vor der roten Ampel an*** the car pulled up at the red light with screeching [*or* squealing] brakes/tyres; ■ **das Quietschen** [the] squeaking; ***unter lautem Quietschen kam das Fahrzeug zum Stehen*** the vehicle came to a halt with a loud screech ❷ ■ **[vor etw** *dat*] ~ *s.* **quieken 2**
quietschfidel, quietschvergnügt *adj (fam)* full of the joys of spring BRIT *pred,* chipper AM *pred*
Quietschgeräusch *nt* squealing
Quinoa *n* quinoa
Quinta <-, -ten> *f* SCH ❶ *(veraltend: des Gymnasiums: 2.Klasse) second year of a Gymnasium* ❷ ÖSTERR *(des Gymnasiums: 5.Klasse) fifth year of a Gymnasium*
Quintaner(in) <-s, -> *m(f)* SCH ❶ *(veraltend) pupil in the second year of a Gymnasium* ❷ ÖSTERR *pupil in the fifth year of a Gymnasium*
Quinte <-, -n> *f* MUS ❶ *(fünfter Ton)* fifth ❷ *(Intervall)* interval
Quintessenz *f (geh)* quintessence *form no pl,* essence *no pl*
Quintett <-[e]s, -e> *nt* ❶ MUS quintet ❷ *(fünf zusammengehörige Leute)* quintet, group [of five]
Quirl <-s, -e> *m* KOCHK whisk, beater
Quirlbesen *m* flat coil whisk
quirlen *vt* ■ **etw [mit etw] [zu etw]** ~ to whisk [*or* beat] sth [into sth] [using sth]
quirlig *adj* lively, full of beans *pred fam*
quitt *adj* ■ **[mit jdm]** ~ **sein** *(mit jdm abgerechnet haben)* to be quits [with sb] *fam; (sich von jdm getrennt haben)* to be finished [with sb]
Quitte <-, -n> *f* ❶ BOT *(Obstbaum)* quince [tree] ❷ *(Frucht)* quince
quittegelb I. *adj* [pale] yellow II. *adv sich ~ verfärben* to [turn] yellow
quittieren* I. *vt* ❶ *(durch Unterschrift bestätigen)* ■ **[jdm] etw** ~ to give [sb] a receipt for sth; **sich** *dat* **etw ~ lassen** to obtain a receipt for sth; *(bestätigen)* to acknowledge [*or* confirm] [the] receipt of sth ❷ *(geh: beantworten)* ■ **etw mit etw** ~ to meet [*or* answer] sth with sth; *s. a.* **Dienst II.** *vi* ■ **[jdm]** ~ to acknowledge [*or* confirm] [the] receipt of sth [for sb]; ***du hast ihm 5.000 DM bezahlt und dir [von ihm] nicht ~ lassen?*** you paid him DM 5,000 and didn't [even] get a receipt [from him]?
Quittung <-, -en> *f* ❶ *(Empfangsbestätigung)* receipt; **jdm eine ~ [für etw] ausstellen** to issue sb with a receipt [for sth], to make out a receipt *sep* for sb; **gegen** ~ on production [*or* submission] of a receipt; **laut** ~ as per receipt ❷ *(Zahlungsbeleg)* receipt ❸ *(Folge)* ■ **die ~ für etw** [the just] deserts for sth; ***diese Ohrfeigen sind die ~ für deine Frechheiten!*** a thick ear is what you get for being cheeky!; ***du wirst eines Tages noch die ~ dafür bekommen, dass du mich so anschreist!*** one day you'll get your come-uppance *hum fam* for screaming at me like this!
Quittungsblock <-blöcke> *m* receipt book **Quittungsformular** *nt* receipt form
Quiz <-, -> [kvɪs] *nt* quiz
Quizmaster <-s, -> *m* MEDIA quiz master
quoll *imp von* **quellen**
Quorum <-s> *nt kein pl* quorum
Quote <-, -n> *f* ❶ *(Anteil)* proportion ❷ *(Gewinnanteil)* payout ❸ *(Rate)* rate, quota ❹ POL *(fam: ~nregelung)* quota system
Quotenabdeckung *f* JUR, FIN quota cover **Quotenabsprache** *f* ÖKON quota agreement **Quotenfrau** *f (pej)* ≈ token woman [appointee] *pej (woman who is appointed to a position simply to increase the proportion of women in an organization)* **Quotenkartell** *nt* ÖKON quota-fixing cartel **Quotenkonsolidierung** *f* ÖKON proportional consolidation **Quotenregelung** *f* quota regime, ≈ quota regulation *(requirement for a sufficient number of female appointees in an organization)* **Quotensystem** *nt* POL ≈ quota system *(system which ensures that a [political] body or organization is made up of an equal number of men and women)* **quotenträchtig** *adj* TV, RADIO promising high ratings **Quotenträger(in)** *m(f)* quota holder **Quotenüberprüfung** *f* quota review **Quotenübertragung** *f* quota transfer **Quotenurteil** *nt* distributive finding of the issue **Quotenvereinbarung** *f* quota agreement **Quotenvertrag** *m* quota-share treaty **Quotenzuteilung** *f* quota allocation
Quotient <-en, -en> [kvo'tsiɛnt] *m* MATH quotient
quotieren* *vt* BÖRSE ■ **etw** ~ to quote [*or* list] sth
Quotierung <-, -en> *f* ❶ BÖRSE *(Notierung)* quotation, listing ❷ *(Verteilung nach Quoten)* ≈ quota system *(system requiring that a certain proportion of a certain number of posts in an organization be reserved for women)*

R

R, r <-, – *o fam* -s, -s> *nt* R, r; ~ **wie Richard** R for Robert BRIT, R as in Roger AM; **das ~ rollen** to roll the r; *s. a.* **A 1**
Rabatt <-[e]s, -e> *m* discount; ~ **[auf etw** *akk*] **bekommen** to get a discount [on sth]; **jdm ~ [auf etw** *akk*] **geben** to give sb a discount [on sth]; ~ **bei Großbestellung** quantity discount
Rabatte <-, -n> *f* HORT border
Rabattgesetz *nt* JUR, HANDEL act on [trade] discounts **Rabattgesetzverstoß** *m* JUR infringement of discount and rebate regulations
rabattieren* *vt* ÖKON ■ **etw** ~ to give a discount on sth **Rabattkartell** *nt* ÖKON discount cartel **Rabattkartellvertrag** *m* JUR discount cartel agreement **Rabattmarke** *f* trading stamp **Rabattrecht** *nt* JUR law on discounts
Rabatz <-es> *m kein pl (sl)* racket *fam,* din; ~ **machen** to kick up a fuss *fam,* to kick up [*or* create] [*or* raise] a stink *fam*
Rabauke <-n, -n> *m (fam)* lout *fam,* hooligan, BRIT *a.* yob[bo] *fam*
Rabbi <-[s], -s *o* Rabbinen> *m,* **Rabbiner** <-s, -> *m* REL rabbi
Rabbinat <-[e]s, -e> *nt* REL rabbinate
Rabe <-n, -n> *m* raven ▸ WENDUNGEN: **schwarz wie ein ~ [*o* wie die ~n]** *(fam)* as black as soot [*or fam* the ace of spades]; **wie ein ~ stehlen [*o* klauen]** *(fam)* to thieve like a magpie, to pinch anything one can lay one's hands on *fam*
Rabeneltern *pl (pej fam)* ≈ cruel parents *pl;* ***das müssen ja ~ sein!*** they're not fit to be parents! **Rabenkrähe** *f* ORN carrion [*or* hooded] crow **Rabenmutter** *f (pej fam)* ≈ cruel mother **rabenschwarz** *adj* jet-black; **~e Augen** coal-black eyes **Rabenvater** *m (pej fam)* ≈ cruel father
rabiat I. *adj* ❶ *(unverschämt)* rude, impertinent, impudent; **ein ~er Kerl** an aggressive chap; **ein ~er Raussschmeißer** a violent [*or* rough] bouncer ❷ *(aufgebracht)* ■ ~ **werden** to become aggressive [*or* violent] ❸ *(rücksichtslos)* ruthless II. *adv* ruthlessly; ***sie bahnten sich ~ ihren Weg zum Ausgang*** they forced [*or* fought] their way [through] to the exit
Rache <-> *f kein pl* revenge; **[für etw] [an jdm] ~ nehmen [*o geh* üben]** to take [*or* exact] revenge [on sb] [for sth]; **auf ~ sinnen** *(geh)* to plot revenge; **aus ~** in [*or* as] [*or* out of] revenge; **die ~ der Enterbten** *(fam)* sweet revenge; **die ~ des kleinen Mannes** *(fam)* the revenge of the little man ▸ WENDUNGEN: ~ **ist süß** *(fam)* revenge is sweet
Racheakt *m* act of revenge **Rachedurst** <-[e]s> *m kein pl* thirst for revenge [*or* vengeance] *no pl* **Racheengel** *m* avenging angel **Rachegedanke** *f meist pl* thought[s *pl*] of revenge, vindictive thought[s *pl*] **Rachegefühl** *nt meist pl* vengeful feeling
Rachen <-s, -> *m* ❶ *(Schlund)* throat, pharynx *spec* ❷ *(Maul)* jaws *pl,* mouth ▸ WENDUNGEN: **den ~ nicht voll [genug] kriegen können** *(fam)* to not be able to get enough; **jdm den ~ stopfen** *(fam)* to shut sb up; **jdm etw in den ~ werfen [*o* schmeißen]** *(fam)* to give sb sth to shut them up *fam*
rächen I. *vt* ❶ *(durch Rache vergelten)* ■ **etw [an jdm]** ~ to take revenge [on sb] for sth ❷ *(jdm Sühne verschaffen)* ■ **jdn** ~ to avenge [*or* take [*or* exact] revenge for] sb II. *vr* ❶ *(Rache nehmen)* ■ **sich [an jdm] [für etw]** ~ to take [*or* exact] one's revenge [*or* avenge oneself] [on sb] [for sth] ❷ *(sich nachteilig auswirken)* ■ **sich [an jdm] [durch etw]** ~ to come back and haunt sb [as a result of sth]; ***früher oder später rächt sich das viele Rauchen*** sooner or later [the] heavy smoking will take its toll
Rachenblütler <-s, -> *m* BOT figwort **Rachenhöhle** *f* ANAT [cavity of the] pharynx *spec,* pharyngeal cavity *spec* **Rachenkatarrh** *m* pharyngitis **Rachenraum** *m* MED pharyngeal space *spec* **Rachenschleimhaut** *f* pharyngeal mucosa **Rachenspray** *nt* throat spray **Racheplan** *m* plan of [*or* for] revenge; **Rachepläne schmieden** to plot revenge
Rächer(in) <-s, -> *m(f) (geh: jd, der Rache nimmt)* avenger; ~ **der Enterbten** *(hum)* righter of wrongs
Racheschwur *m* oath of revenge **Rachgier** *f kein pl* lust for revenge **rachgierig** *adj* vengeful
Rachitis <-> *f kein pl* MED rickets *no pl, no art,* rachitis *spec*
rachitisch *adj* MED rickety, rachitic *spec*
Rachsucht *f kein pl (geh)* vindictiveness *no pl, no indef art*
rachsüchtig *adj (geh)* vindictive
Racker <-s, -> *m (fam)* [little] rascal, scamp *dated*
Rackerei <-> *f kein pl (fam)* [real] grind *no pl fam,* slog *no pl fam*
rackern *vi (fam)* to slave away *fam*
Raclette <- *o* -s, -s> ['raklɛt, ra'klɛt] *f o nt* KOCHK raclette
RAD INFORM *Akr von* **rapid application development** RAD
rad <-, -> *nt Akr von* **radiation absorbed dosis** rad
Rad[1] <-[e]s, Räder> *nt* ❶ AUTO wheel; BAHN *(Laufrad)* bogie [*or* track] wheel ❷ TECH *(Zahnrad)* cog, gearwheel ❸ HIST *(Foltergerät)* wheel ❹ SPORT cartwheel; **ein ~ schlagen [*o* machen]** to do [*or* turn] a cartwheel ❺ ORN **ein ~ schlagen** to fan out [*or* spread] the tail ▸ WENDUNGEN: **das ~ der Geschichte [*o* Zeit]** *(geh)* the march of time; ***das ~ der Zeit lässt sich nicht anhalten/ zurückdrehen*** the march of time cannot be halted, one cannot turn the clock back, time and tide wait for no man; **das fünfte ~ am Wagen** *(fam)* to be superfluous [*or* in the way]; **ein ~ ab haben** *(sl)* to have a screw loose *hum fam;* **unter die Räder kommen [*o* geraten]** *(fam)* to fall into bad ways, to go off the rails
Rad[2] <-[e]s, Räder> *nt* bicycle, bike *fam;* ~ **fahren** to cycle [*or* ride a bicycle] [*or fam* bike]; **[bei jdm/irgendwo] ~ fahren** *(pej fam)* to crawl [*or pej fam* suck up] [to sb/to grovel [somewhere]; **mit dem ~** by bicycle [*or fam* bike]; ***er fährt jeden Tag 30 Kilometer mit dem ~*** he cycles 30 kilometres every day
Radachse *f* axle
Radar <-s> *m o nt kein pl* ❶ *(Funkmesstechnik)* radar ❷ *(Radargerät)* radar ❸ *(Radarschirm)* radar screen
Radaranflug *m* radar approach **Radaranlage** *f* radar [installation] **Radarantenne** *f* radar antenna [*or* BRIT *a.* aerial] **Radarbereich** *m* radar coverage **Radarbild** *nt* radar display [*or* trace] **Radarbildschirm** *m* radar screen **Radarblindlandung** *f* radar-controlled blind landing **Radarempfänger** *m* radar receiver **Radarerfassung** *f* radar detection **Radarerkennung** *f* radar identification **Radarfalle** *f (fam)* speed [*or* radar] trap; **in eine ~ geraten** to be caught in a speed [*or* radar] trap **Radargerät** *nt* radar [device [*or* unit]] **Radarkontrolle** *f* TRANSP [radar] speed check **Radarlandegerät** *nt* approach control radar **Radarlotse** *m* radar controller **Radarnavigation** *f* radar naviga-

tion **Radarnetz** *nt* radar network **Radarortung** *f* radiolocation **Radarreichweite** *f* range of radar **Radarschirm** *m* radar screen **Radarsender** *m* radar transmitter unit **Radarsicht** *f* radar visibility **Radarstation** *f* radar station **Radarsteuerung** *f* radar guidance [*or* control] **Radarstörung** *f* radar jamming [*or* interference] **Radarstrahl** *m* radar beam **Radarsuchgerät** *nt* search-radar set **Radarsystem** *nt* radar system **Radartechnik** *f* radar engineering **Radartechniker(in)** *m(f)* radar operator, radarman **Radarturm** *m* radar tower **Radarüberwachung** *f* radar surveillance [*or* monitoring] *no pl* **Radarwagen** *f* [police] radar car **Radarzeichen** *nt* radar trace, blip **Radarzeichnung** *f* radar plotting

Radau <-s> *m kein pl* (*fam*) racket *fam*, din, row; ~ **machen** to make a racket [*or* din] [*or* row]

Radaubruder *m* (*fam o pej*) rowdy *pej*

Radaufhängung *f* AUTO wheel suspension

Rädchen *nt dim von* **Rad** ❶ (*kleines Zahnrad*) [small] cog ❷ (*Rändelschraube*) knurled screw ❸ (*runde, gezahnte Blechscheibe*) tracing wheel ▶ WENDUNGEN: **nur ein ~ im Getriebe sein** to be just a small cog in the works [*or* machine]

Raddampfer *m* paddle steamer

radebrechen *vi* ■ [**auf etw** *dat*] ~ to speak [in] broken sth; **auf Deutsch/Englisch** ~ to speak [in] broken German/English

radeln *vi sein* (*fam*) ■ [**irgendwohin**] ~ to cycle [somewhere]

rädeln *vt* ❶ TECH ■ **etw auf etw** *akk* ~ to trace out sth *sep* on sth ❷ KOCHK **Teig in Streifen** ~ to cut pastry into strips with a fluted wheel

Rädelsführer(in) *m(f)* ringleader

RAD-Entwicklungspaket *nt* INFORM RAD program package

Räderfahrzeug *nt* wheeled vehicle

Räderkettenfahrzeug *nt* half-track vehicle

rädern *vt* HIST to break sb [up]on the wheel; *s. a.* **gerädert**

Rädertier *nt* ZOOL wheel animal

Räderwerk *nt* TECH gearing *no pl*, gear train; (*Uhr*) gear mechanism, clockwork

Rad|fahren *nt* ■ [**das**] ~ cycling, riding a bicycle [*or fam* bike]

Radfahrer(in) *m(f)* ❶ SPORT cyclist ❷ (*pej fam: Kriecher*) crawler *pej fam* **Radfahrweg** *m* TRANSP (*geh*) *s.* **Radweg** **Radfelge** *f* wheel rim **Radgabel** *f* fork

Radi <-s, -> *m* KOCHK SÜDD, ÖSTERR (*Rettich*) radish

radial *adj* radial

Radialreifen *m* AUTO radial tyre [*or* AM tire], rad ti

Radiator <-s, -toren> *m* radiator

Radicchio <-s> [ra'dɪkio] *m kein pl* radicchio

Radien *pl von* **Radius** radii

radieren*[1] *vi* to rub out [*or* erase]; ■ **das Radieren** rubbing out, erasing

radieren[2] *vi* KUNST to etch

Radierer <-s, -> *m* (*fam*) rubber BRIT, eraser AM

Radierer(in) <-s, -> *m(f)* KUNST etcher

Radiergummi <-s, -s> *m* rubber BRIT, eraser AM

Radierung <-, -en> *f* KUNST etching

Radieschen <-s, -> [ra'di:sçən] *nt* radish ▶ WENDUNGEN: **sich** *dat* **die ~ von unten ansehen** [*o* **besehen**] [*o* **betrachten**] **können** (*hum sl*) to be pushing up [the] daisies *hum*

Radikal <-s, -e> *nt* CHEM radical; **freie ~e** free radicals

radikal I. *adj* ❶ POL (*extremistisch*) radical ❷ (*völlig*) complete, total; **die ~e Beseitigung** [*o* **Entfernung**] the complete removal; **ein ~er Bruch** a complete break; **eine ~e Verneinung** a flat [*or* categorical] [*or* an outright] denial ❸ (*tiefgreifend*) radical, drastic; **eine ~e Forderung** an excessive [*or* unreasonable] demand II. *adv* ❶ POL (*extremistisch*) radically ❷ (*völlig*) completely, totally; ~ **beseitigen** [*o* **entfernen**] to remove completely; **mit etw ~ brechen** to break with sth completely; ~ **verneinen** to deny flatly [*or* categorically] ❸ (*tiefgreifend*) radically, drastically; ~ **gegen jdn vorgehen** to take drastic action against sb

Radikale(r) *f(m) dekl wie adj* POL radical, extremist

RadikalenerlassRR *m* (*in Deutschland*) *decree prohibiting members of extremist organizations from becoming civil servants or teachers*

radikalisieren* I. *vt* POL ■ **jdn/etw** ~ to radicalize sb/sth [*or* make sb/sth radical] II. *vr* ■ **sich** ~ to become radical

Radikalisierung <-, -en> *f* POL radicalization *no pl*

Radikalismus <-> *m kein pl* POL radicalism, extremism

Radikalität <-> *f kein pl* radicalness, radical nature

Radikalkur *f* ❶ MED (*drastische Behandlungsmethode*) drastic [*or* BRIT kill-or-cure] remedy ❷ (*tiefgreifende Maßnahmen*) drastic measures *pl*

Radio <-s, -s> *nt o* SCHWEIZ, SÜDD *m* (*Rundfunkgerät*) radio; (*Autoradio*) car radio; ~ **hören** to listen to the radio; **im** ~ on the radio

radioaktiv I. *adj* radioactive II. *adv* ~ **verseucht/verstrahlt** contaminated by radioactivity

Radioaktivität <-> [-vi-] *f kein pl* radioactivity *no pl, no indef art*

Radioantenne *f* [radio] aerial [*or* AM *usu* antenna] **Radioapparat** *m* RADIO, TECH radio [set] **Radioastronomie** *f kein pl* radio astronomy **Radiofrequenz** *f* radio frequency **Radiogalaxie** *f* ASTRON radio galaxy **Radiogerät** *nt* radio set **Radiografie**RR <-> *f kein pl s.* **Radiographie** **Radiogramm** <-s, -e> *nt* ❶ MED radiograph ❷ TELEK (*hist*) radiogram **Radiographie** <-> *f kein pl* TECH radiography **Radioisotopenmethode** *f* BIOL radioisotope method **Radiokarbonmethode** *f* BIOL radiocarbon dating **Radiokompass**RR *m* LUFT, NAUT radio compass

Radiologe, -gin <-n, -n> *m, f* radiologist

Radiologie <-> *f kein pl* MED radiology *no pl, no art*

Radiometrie <-> *f kein pl* PHYS radiometry *no pl*

Radionuklid <-s, -e> *nt* radionuclide

Radioquelle *f* ASTRON, PHYS radio source

Radiorekorder, Radiorecorder <-s, -> *m* radio cassette recorder

Radiosender *m* (*Sendeanstalt*) radio station **Radiosender** *m* radio transmitter

Radiosonde *f* METEO, PHYS radiosonde, radiometeorograph **Radiostation** *f* radio station

Radiotechnik *f kein pl* radio technology *no pl*

Radioteleskop *nt* radio telescope

Radiotherapie *f* MED radiotherapy *no pl, no art*

Radiowecker *m* radio alarm [clock], clock radio

Radiowelle *f* radio wave

Radium <-s> *nt kein pl* CHEM radium *no pl, no art*

Radius <-, Radien> [-diən] *m* ❶ (*halber Durchmesser*) radius ❷ (*Aktionsradius*) radius [*or* range] [of action]

Radkappe *f* AUTO hub cap

Radkasten *m* AUTO wheel housing [*or* casing]

Radkranz *m* TECH ❶ *eines Rades* wheel rim ❷ *eines Zahnrades* toothed rim

Radlager *nt* wheel bearing

Radler(in) <-s, -> *m(f)* (*fam*) cyclist

Radler *nt* SÜDD, ÖSTERR (*Getränk aus Bier und Limonade*) shandy

Radlerhose *f* SPORT, MODE cycle [*or* cycling] shorts *npl* **Radlermaß** *f* SÜDD shandy

Radmutter *f* AUTO wheel nut

Radmutternkreuz *nt* AUTO 4-way lug wrench **Radmutternschlüssel** *m* AUTO lug wrench

Radnabe *f* AUTO [wheel] hub

Radon <-s> *nt kein pl* CHEM radon *no pl, no art*

Radrennbahn *f* cycle [racing] track, velodrome **Radrennen** *nt* cycle race **Radrennfahrer(in)** *m(f)* racing cyclist

Radscha <-s, -s> *m* rajah

Radschaufel *f* TECH wheel blade

Rad|schlagen *nt* ■ **das** ~ doing [*or* turning] a cartwheel

Radschneeschläger *m* rotary whisk **Radschraube** *f* AUTO wheel bolt **Radsport** *m* cycling *no pl* **Radsportler(in)** *m(f)* cyclist **Radstand** *m* AUTO, BAHN wheelbase **Radsturz** *m* AUTO camber **Radtour** [-tu:ɐ] *f* bicycle [*or fam* bike] ride; [**mit jdm**] **eine ~ machen** [*o* **unternehmen**] to go for a bicycle [*or fam* bike] ride [with sb]; ***wir wollen eine ~ nach Dänemark machen*** we plan to go on a cycling [*or* cycle] tour to Denmark **Radwanderung** *f s.* **Radtour** **Radwechsel** [-ks-] *m* AUTO wheel change; **einen ~ machen** to change a wheel **Radweg** *m* TRANSP cycle path [*or* track] **Radzierblende** *f* AUTO wheel cover

RAF <-> [ɛr'a:'ɛf] *f Abk von* **Rote-Armee-Fraktion**

Raffel <-, -n> *f* flat grater

raffen *vt* ❶ (*eilig greifen*) ■ **etw** [**an sich** *akk*] ~ to grab [*or* snatch [up *sep*]] sth ❷ (*in Falten legen*) ■ **etw** ~ to gather sth; **ein Kleid** ~ to gather up a dress ❸ (*kürzen*) ■ **etw** ~ to shorten sth ❹ (*sl: begreifen*) ■ **etw** ~ to get it *fam*

Raffgier *f* greed *no pl*, avarice *form no pl*, rapacity *form no pl*

raffgierig *adj* greedy, grasping *pej*, rapacious *form*

Raffinade <-, -n> *f* refined sugar

Raffination <-> *f kein pl* refining

Raffinement <-s, -s> [rafinə'mã:] *nt* (*geh*) ❶ refinement ❷ *s.* **Raffinesse**

Raffinerie <-, -n> [-'ri:ən] *f* refinery

Raffinesse <-, -n> *f* ❶ *kein pl* (*Durchtriebenheit*) cunning, slyness, guile *form* ❷ (*Feinheit*) refinement; **mit allen ~n** with all the [latest] extras [*or hum* trimmings]

raffinieren* *vt* ❶ (*reinigen*) ■ **raffiniert werden** to be refined ❷ (*destillieren*) ■ [**zu etw**] **raffiniert werden** to be refined [*or* made] [into sth]

raffiniert I. *adj* ❶ (*durchtrieben*) cunning, sly ❷ (*ausgeklügelt*) clever *fam*, ingenious ❸ (*geh: verfeinert*) refined, sophisticated II. *adv* ❶ (*durchtrieben*) cunningly, slyly ❷ (*geh: verfeinert*) ~ **komponieren/würzen/zusammenstellen** to compose/season/put together with great refinement [*or* sophistication]

Raffiniertheit <-> *f kein pl s.* **Raffinesse**

Raffke <-s, -s> *m* (*fam*) money-grubber

Raffsucht <-s> *f kein pl* avarice, cupidity **raffsüchtig** <-er, -ste> *adj* avaricious, greedy **Raffzahn** *m* (*pej*) greedy bastard

Rafting <-s> *nt kein pl* SPORT rafting *no pl*

Rage <-> ['ra:ʒə] *f kein pl* (*fam*) ❶ (*Wut*) rage, fury; **jdn in ~ bringen** [*o* **versetzen**] to enrage [*or* infuriate] sb, to make sb hopping mad *fam* ❷ (*Erregung*) agitation, annoyance; [**über etw** *akk*] **in ~ geraten** [*o* **kommen**] to get annoyed [about sth]; **in der ~** in the excitement

ragen *vi* ❶ (*emporragen*) ■ **aus etw** ~ to rise up out of sth; ***die Felsen ragten aus der Bergwand*** the rocks towered [*or* rose] up out of the cliff-face ❷ (*vorragen*) ■ **irgendwohin** ~ to stick [*or* jut] out somewhere

Raglanärmel *m* raglan sleeve

Raglantasche *f* bold welt side pocket

Ragout <-s, -s> [ra'gu:] *nt* KOCHK ragout

Ragtime <-[s]> ['rɛgtaim] *m kein pl* MUS ragtime

Rah <-, -en> *f*, **Rahe** <-, -n> *f* NAUT yard

Rahm <-[e]s> *m kein pl* SÜDD, SCHWEIZ (*Sahne*) cream; ÖSTERR (*saure Sahne*) sour cream ▶ WENDUNGEN: [**für sich**] **den ~ abschöpfen** (*fam*) to cream off the best [*or* take the pickings] [for oneself]

Rähmchen <-s, -> *nt dim von* **Rahmen** mount

rahmen *vt* ■ **etw** ~ to frame sth; **ein Dia** ~ to mount a slide

Rahmen <-s, -> *m* ❶ (*Einfassung*) frame ❷ (*Fahrradgestell*) frame; AUTO (*Unterbau*) chassis [frame] ❸ (*begrenzter Umfang o Bereich*) framework; **im ~ des Möglichen** within the bounds of possibility; **im ~ bleiben** [*o* **sich halten**] to keep within reasonable bounds; **über den ~ von etw hinausgehen, den ~** [**von etw**] **sprengen** to go beyond the scope [*or* limits *pl*] of sth; **im ~ einer S.** *gen* (*im Zusammenhang mit etw*) within the context of sth; (*innerhalb*) within the framework [*or npl* bounds] of sth; **in einem größeren/kleineren ~** on a large/small scale; ***die Gedenkfeier fand in entsprechendem ~ statt*** the memorial service was appropriate for the occasion; **sich in angemessenem ~ halten** to keep [*or* be kept] within reasonable limits; [**mit etw**] aus dem ~ fallen to stand out [because of sth]; [mit etw] nicht in den ~ passen to not fit in [with sth] ④ (*Atmosphäre*) atmosphere, setting

Rahmenabkommen *nt* basic [*or* skeleton] [*or* framework] agreement **Rahmenbedingung** *f meist pl* basic [*or* prevailing] conditions *pl;* (*Vorschriften*) regulatory framework; **rechtliche/wirtschaftliche** ~ legal/economic framework; ~ **schaffen** to create a positive setting **Rahmengebühr** *f* JUR sliding-scale fee **Rahmengesetz** *nt* framework [*or* skeleton] law (*Federal law establishing the framework for* [*more*] *detailed legislation*) **Rahmengesetzgebung** *f* JUR framework [*or* skeleton] legislation **Rahmenhandlung** *f* LIT framework [*or* background] story, basic plot **Rahmenholz** *nt* BAU frame timber **Rahmenkonstruktion** *f* BAU frame construction **Rahmenkredit** *m* FIN framework [*or* global] credit **Rahmenplan** *m* JUR framework [*or* outline] plan **Rahmenprogramm** *nt* supporting programme [*or* AM -am] **Rahmenrichtlinien** *pl* [general] guidelines *pl* **Rahmenträger** *m* AUTO frame member **Rahmenvereinbarung** *f* JUR basic [*or* outline] agreement **Rahmenvertrag** *m* JUR framework [*or* skeleton] agreement **Rahmenvorschrift** *f* JUR general regulation

Rahmkäse *m* cream cheese

Rahmsoße *f* cream[y] sauce

Rain <-[e]s, -e> *m* boundary [strip], margin of a field

Raine *f* casserole

Rainfarn *m* BOT tansy

Rakel <-, -n> *f* TYPO squeegee

Rakeldruck *m* (*Siebdruck*) screen printing

räkeln *vr s.* **rekeln**

Rakelstellung *f* blade position

Rakeltiefdruck *m* gravure process

Rakete <-, -n> *f* ① (*Flugkörper*) rocket; MIL missile ② (*Feuerwerkskörper*) rocket

RaketenabschussbasisRR *f* rocket/missile launching site [*or* pad] **Raketenabschussrampe**RR *f* rocket launching pad **Raketenabwehr** *f* MIL [anti-]missile defence [*or* AM -se] [system] **Raketenabwehrprogramm** *nt* missile-defence [*or* AM -se] programme [*or* AM -am] **Raketenabwehrsystem** *nt* MIL missile defence system **Raketenantrieb** *m* rocket propulsion [unit] **Raketenbasis** *f* MIL missile [launching] base **raketenbestückt** *adj inv* missile-carrying [*or* -equipped] **Raketenbrennkammer** *f* rocket combustion **Raketenflugzeug** *nt* rocket plane **Raketenoberstufe** *f* rocket's upper stage, upper stage of a rocket **Raketenstart** *m* rocket launch, launch of a/the rocket **Raketenstufe** *f* TECH rocket stage **Raketenstützpunkt** *m* MIL missile base **Raketentechnik** *f kein pl* rocketry **Raketentreibstoff** *nt* rocket propellant [*or* fuel] **Raketentriebwerk** *nt* rocket engine **Raketenversuchsgelände** *nt* ① MIL rocket range ② RAUM launch site **Raketenwaffe** *f* MIL missile **Raketenwerfer** *m* MIL rocket launcher **Raketenzeitalter** <-s> *nt kein pl* space age

Rallye <-, -s> ['rali, 'rɛli] *f* rally; ~ [*o* ~s] **fahren** to go rallying; **eine** ~ **fahren** to take part [*or* drive] in a rally

Rallyefahrer(in) ['rali, 'rɛli] *m(f)* rally driver

RAM <-, -s> [ram] *nt Akr von* **random access memory** RAM

Ramadan <-[s]> *m kein pl* REL Ramadan, Rhamadhan, Ramazan

Rambazamba <-s> *nt kein pl* (*fam*) fuss *no pl;* ~ **machen** to kick up a fuss

Rambo <-s, -s> *m* (*sl*) Rambo *fam,* tough guy, hard man

Rambotyp *m* (*fam*) Rambo[type of person] *fam,* tough guy [*or fam* girl]

RAM-Chip *m* INFORM RAM chip

RAM DAC *nt* INFORM *Abk von* **random access memory digital to analog converter** RAN DAC

rammdösig *adj* DIAL (*fam*) dizzy, giddy

Ramme <-, -n> *f* BAU piledriver

rammeln *vi* ① JAGD (*sich paaren*) to mate ② (*sl*) to have it off BRIT *sl,* to get it on AM *sl,* to screw *vulg*

rammen *vt* ① (*stoßen*) ■**jdn/etw** ~ to ram sb/sth; ■**jdm etw in etw** *akk*/**durch etw** *akk* ~ to ram sth into sb's sth/through sb's sth ② (*schlagen*) ■**etw in etw** *akk* ~ to ram sth into sth

Rammler <-s, -> *m* buck

Rampe <-, -n> *f* ① (*schräge Auffahrt*) ramp; (*Laderampe*) loading ramp ② THEAT (*Bühnenrand*) apron

Rampenlicht *nt* THEAT (*Beleuchtung*) footlights *pl* ▶ WENDUNGEN: **im** ~ [**der Öffentlichkeit**] **stehen** to be in the limelight

Rampenwinkel *m* AUTO ramp breakover angle

ramponieren* *vt* (*fam*) ■**etw** ~ to ruin sth; ■**ramponiert** ruined; ***für den ramponierten Schreibtisch wollen Sie noch 2800 Mark haben?*** you want DM 2,800 for this battered [*or fam* beat-up] [old] desk?; **ramponiert sein/aussehen** to be [*or* feel]/look the worse for wear [*or hum* fragile]

Ramsch <-[e]s> *m kein pl* (*fam*) rubbish *no pl,* AM *usu* garbage *no pl,* junk *no pl*

Ramschladen *m* (*pej fam*) junk shop **Ramschverkauf** *m* jumble [*or* AM rummage] sale **Ramschware** *f* HANDEL job lot

RAM-Speicher *m* INFORM RAM [*or* main] memory

RAM-Speichermodul *nt* INFORM RAM memory module

ran I. *interj* (*fam*) let's go!; ***jetzt aber ~, Leute*** come on guys[, get a move-on]! II. *adv* (*fam*) *s.* **heran**

Rand <-es, Ränder> *m* ① (*abfallendes Ende einer Fläche*) edge ② (*obere Begrenzungslinie*) *von Glas, Tasse* top, brim; *von Teller* edge [*or* side]; *von Wanne* top [*or* rim] ③ (*äußere Begrenzung/Einfassung*) edge; *von Hut* brim; *von Wunde* lip; ***du hast dir die Hose unten am*** [***rechten/linken***] ~ ***schmutzig gemacht*** you've dirtied the bottom [of the right/left leg] of your trousers; ***die Decke hatte einen mit einer Borte verzierten*** ~ the quilt was bordered by a braid trimming [*or* had a braid trimming border] ④ (*Grenze*) **am ~e einer S.** *gen* on the verge [*or* brink] of sth; **sich am ~ einer S. bewegen** to border on sth ⑤ (*auf Papier*) margin; ***Trauerkarten haben einen schwarzen*** ~ condolence cards have black edging [*or* a black border] ⑥ (*Schatten, Spur*) mark; [**dunkle/rote**] **Ränder um die Augen haben** to have [dark/red] rings [a]round one's eyes; **ein** [**schmutziger**] ~ **um die Badewanne** a tidemark around [the rim of] the bath BRIT *fig* ▶ WENDUNGEN: **außer ~ und Band geraten** (*fam*) to be beside oneself; **halt den ~!** (*fam*) shut your mouth *fam* [*or sl* face] [*or sl* gob]; [**mit etw**] **zu ~e kommen** (*fam*) to cope [with sth]; **mit jdm zu ~e kommen** (*fam*) to get on with sb; **am ~e** in passing; ***das habe ich am ~e erwähnt*** I mentioned that in passing; ***das interessiert mich nur am ~e*** that's only of marginal interest to me

Randale <-> *f* (*sl*) rioting *no pl;* ~ **machen** to riot

randalieren* *vi* to riot, to [go on the] rampage; ■**~d** rampaging

Randalierer(in) <-s, -> *m(f)* hooligan

Randbemerkung *f* ① (*beiläufige Bemerkung*) passing comment; **etw in einer ~ bemerken** to mention sth in passing ② (*Notiz auf einer Schriftseite*) note in the margin, marginal note **Randbeschnitt** *m* TYPO edge trim[ming] **Randbreite** *f* TYPO margin width

Rande <-, -n> *f* SCHWEIZ (*rote Rübe*) beetroot

Randerscheinung *f* peripheral phenomenon; (*Nebenwirkung*) side effect **Randfigur** *f* minor figure **Randgebiet** *nt* ① GEOG outlying district ② (*Sachgebiet*) fringe area **Randgruppe** *f* SOZIOL fringe group **Randlinie** *f* TYPO border rule **Randlochung** *f* TYPO line hole punching **randlos** *adj* rimless **Randproblem** *nt* secondary problem **randscharf** *adj inv* TYPO with perfect edge definition **Randstein** *m s.* **Bordstein Randsteller** *m* TYPO margin stop **Randstreifen** *m* TRANSP, ADMIN verge; *Autobahn* hard shoulder **Randwelligkeit** *f* (*von Papier*) waviness **Randzone** *f s.* **Randgebiet 1**

rang *imp von* **ringen**

Rang <-[e]s, Ränge> *m* ① *kein pl* (*Stellenwert*) standing, status; *Entdeckung, Neuerung* importance; **von bestimmtem** ~ of a certain importance; **von bedeutendem/hohem/künstlerischem** ~ of significant/great/artistic importance; **ersten ~es** of the first order [*or* great significance] ② (*gesellschaftliche Position*) station *no pl,* [social] standing; **alles, was ~ und Namen hat** everybody who is anybody; **zu ~ und Würden kommen** to achieve a high [social] standing [*or* status]; **jdm** [**durch/mit etw**] **den ~ streitig machen** to [try and] challenge sb's position [with sth]; **einen bestimmten ~ bekleiden** [*o* **einnehmen**] to hold a certain position ③ MIL (*Dienstgrad*) rank; **einen hohen ~ bekleiden** [*o* **einnehmen**] to hold a high rank, to be a high-ranking officer ④ SPORT (*Platz*) place ⑤ FILM, THEAT circle; **vor leeren/überfüllten Rängen spielen** to play to an empty/a packed house ⑥ (*Gewinnklasse*) prize category ▶ WENDUNGEN: **jdm den ~ ablaufen** to outstrip [*or* steal a march on] sb

Rangabzeichen *nt* MIL (*veraltend*) insignia *npl* [of rank], badge of rank **Rangälteste(r)** *f(m) dekl wie adj* MIL (*veraltend*) most senior officer **Rangänderung** *f* JUR change in priority **Rangbestimmung** *f* ranking; ~ **von Gläubigern** marshalling of creditors; ~ **von Pfandrechten** ranking of liens

Range <-, -n> *f* DIAL (*lebhaftes Kind*) [little [*or* young]] rascal

ran|gehen *vi* (*fam*) ① (*herangehen*) ■[**an etw** *akk*] ~ to go up [to sth] ② (*in Angriff nehmen*) ■[**an etw** *akk*] ~ to get stuck in[to sth], to get cracking [on sth]; *s. a.* **Blücher**

Rangelei <-, -en> *f* (*fam*) scrapping *no pl;* ***es kam immer wieder zu ~en*** there were numerous [little] scraps

rangeln *vi* (*fam*) ■[**mit jdm**] ~ to scrap [with sb]

Rangfolge *f* order of priority **ranghöchste(r, s)** *adj* MIL highest-ranking *attr* **Ranghöchste(r)** *f(m) dekl wie adj* MIL highest-ranking officer/soldier

Rangierbahnhof [raŋ'ʒiːɐ] *m* BAHN marshalling [*or* shunting] yard

rangieren* [rã'ʒiːrən] I. *vi* ① (*Stellenwert haben, eingestuft sein*) to rank, to be ranked; ***sie rangiert auf Platz drei der Weltrangliste*** she's ranked [number] three in the world, she's number three in the world rankings ② (*laufen*) ■**unter etw** *dat* ~ to come under sth II. *vt* BAHN ■**etw irgendwohin** ~ to shunt sth somewhere

Rangierer(in) <-s, -> *m(f)* BAHN shunter, switchman AM

Rangiergleis [raŋ'ʒiːɐ] *nt* BAHN siding **Rangierlok(omotive)** *f* BAHN shunter, shunting locomotive **Rangiermanöver** *nt* TRANSP manoeuvre **Rangiermaschine** *f* shunting engine BRIT, [switching] track AM

Rangliste *f* SPORT ranking list [*or* rankings] **rangmäßig** *adv* (*hinsichtlich des Dienstgrades*) according to rank; (*hinsichtlich der Dienststellung*) according to seniority; ~ **höher angesiedelt sein** to be higher ranking [*or* in rank] **Rangordnung** *f* hierarchy; **militärische** ~ military [order of] ranks **Rangrücktritt** *m* (*im Grundbuch*) postponement of priority **Rangrücktrittserklärung** *f* JUR deed [*or* letter] of postponement **Rangstufe** *f* rank

Rangun <-s> [raŋ'guːn] *nt* Rangoon, Yangon

Rangunbohne *f* Lima bean

Rangunterschied *m* difference in status **Rangverhältnis** *nt* JUR rank, priority **Rangvorbehalt** *m* JUR [entry of] reservation of priority

ran|halten *vr irreg* (*fam*) ■**sich** ~ to put one's back into it; ***haltet euch ran*** get a move on *fam*

rank *adj* ~ **und schlank** (*geh*) slim and sylphlike *esp hum*

Ranke <-, -n> *f* BOT tendril

Ränke *pl* (*veraltet geh*) intrigues *pl,* plots *pl;* ~ **schmieden** to intrigue

ranken I. *vr haben* ① HORT (*sich winden*) ■**sich irgendwohin** ~ to climb [*or* creep up] [*or* wind itself around] somewhere ② (*verbunden sein*) ■**sich um jdn/etw** ~ *Legenden, Sagen etc* to have grown up around sb/developed around sth II. *vi haben o sein* to put out tendrils

Rankengewächs *nt* BOT climber, creeper

Ränkeschmied(in) *m(f)* (*veraltet geh*) intriguer

Ränkespiel *nt* (*veraltet geh*) intrigues *pl*, plots *pl*
Rankgewächs *nt* BOT creeper, climber, creeping [*or* climbing] plant
Ranking <-s, -s> ['rɛŋkɪŋ] *nt* quality assessment
ran|klotzen *vi* (*sl*) to get stuck in [*or* AM cracking] *fam*, to put one's back into making money
ran|kommen *vi irreg sein* (*fam*) ❶ (*drankommen*) ■[**an etw** *akk*] ~ to [be able to] reach [sth] ❷ (*vordringen*) ■**an jdn** ~ to get hold of sb *fig*; ***man kommt an ihn einfach nicht ran*** it's impossible to get at him; ***an diese Frau kommt keiner ran*** nobody has a chance [*or* will get anywhere] with her
ran|kriegen *vt* (*fam*) ❶ (*zu anstrengender Arbeit verpflichten*) ■**jdn** [**zu etw**] ~ to get sb else to do [a difficult job] ❷ (*zur Rechenschaft ziehen*) ■**jdn** [**wegen etw**] ~ to bring sb to account [for sth]
ran|lassen *vt irreg* ❶ (*fam: heranlassen*) ■**jdn** [**an jdn/sich**] ~ to let sb near [sb/one] ❷ (*fam: versuchen lassen*) ■**jdn** ~ to let sb have a go ❸ (*sl: den Geschlechtsakt gestatten*) ■**jdn** [**an sich**] ~ to let sb do it [with one] *fam*; ***den lasse ich bestimmt nicht an mich ran*** I'm definitely not letting him do it [*or hum* have his evil way] with me
ran|machen *vr* (*fam*) ■**sich** *akk* **an jdn** ~ to make a pass at sb, to [try to] chat up sb *sep* BRIT
ranmüssen *vi irreg haben* (*fam*) to have to muck in BRIT *fam* [*or* AM share the work]
rann *imp von* **rinnen**
rannte *imp von* **rennen**
ran|schmeißen *vr irreg* (*sl*) ■**sich an jdn** ~ to throw oneself at sb *fam*
Ranunkel <-, -n> *f* BOT buttercup, ranunculus *spec*
Ranzen <-s, -> *m* ❶ SCH (*Schulranzen*) satchel ❷ (*fam: Bauch*) paunch, gut; **sich** *dat* **den ~ voll schlagen** (*sl*) to stuff oneself *fam* [*or fam* one's face]; **jdm den ~ voll hauen** (*veraltend fam*) to give sb a good hiding *dated* [*or* thrashing]
ranzig *adj* rancid; ■~ **sein/werden** to be/turn rancid
Rap <-> [rɛp] *m kein pl* MUS rap
rapide *adj* rapid
Rapid Prototyping <-[s], -s> ['ræpɪdprəʊtəʊ'taɪpɪŋ] *nt* rapid prototyping
Rappe <-n, -n> *m* black [horse]
Rappel <-s, -> *m* **den/seinen ~ kriegen** (*fam*) to go completely mad; ***dabei kriegt man noch den ~!*** that's enough to drive you up the wall!, that's enough to drive you round the bend! [*or* twist]
rapp(e)lig *adj* DIAL (*fam*) jumpy, BRIT *a.* nervy; ***raus mit der Neuigkeit, wir sind alle schon ganz ~!*** come on, let's have [*or* out with] the news, we're all on tenterhooks [already]!
rappeln *vi* (*fam*) ❶ (*klappern*) to rattle ❷ (*veraltend: verrückt sein*) ■**bei jdm rappelt's** sb has a screw loose *fam* [*or* is mad]
rappen ['ræp˛n,˛] *vi* MUS to rap
Rappen <-s, -> *m* [Swiss] centime, rappen
Rapper(in) <-s, -> ['ræpɐ] *m(f)* rapper, rap artist [*or* musician]
Rapport <-[e]s, -e> *m* (*geh*) ❶ (*Bericht*) report; **jdn zum ~ bestellen** to ask sb to file [*or* submit] a report; **jdm ~ erstatten** to report to sb ❷ (*psychischer Kontakt*) rapport
Raps <-es, -e> *m* BOT rape[seed]
Rapshonig *m* rapeseed honey **Rapsöl** *nt* rape[seed] oil
Rapunzel <-, -n> *f* BOT corn salad, lamb's lettuce
Rapunzelsalat *m* corn [*or* lamb's] lettuce
rar *adj* rare; ■~ **sein/werden** to be/become hard to find; **sich ~ machen** (*fam*) to make oneself scarce
Rarität <-, -en> *f* ❶ (*seltenes Stück*) rarity ❷ (*etwas selten Anzutreffendes*) rarity, curio, curiosity
Raritätenkabinett *nt place displaying rare objects and curios*
rasant I. *adj* ❶ (*ausgesprochen schnell*) fast; **~e Beschleunigung** terrific acceleration; **~e Fahrt, ~es Tempo** breakneck [*or* [very] high] speed ❷ (*stürmisch*) rapid; **eine ~e Zunahme** a sharp increase II. *adv* ❶ (*zügig*) ~ **fahren** to drive at breakneck speed ❷ (*stürmisch*) rapidly; ~ **zunehmen** to increase sharply
Rasanz <-> *f kein pl* (*geh*) [great] pace [*or* speed]
rasch I. *adj* quick, rapid; **eine ~e Entscheidung/ein ~er Entschluss** a quick decision; **in ~em Tempo** at a fast [*or* rapid] speed; ***~es Handeln ist geboten*** we must act quickly II. *adv* quickly; **~, *beeilt euch!*** come on, hurry up!; *s. a.* **Hand**
rascheln *vi* ❶ (*sich scharrend bewegen*) ■**in etw** *dat* ~ to rustle in sth ❷ (*knistern*) ■[**mit etw**] ~ to rustle [sth]
Rascheln <-s> *nt kein pl* rustling *no pl*
rasen *vi* ❶ *sein* (*sehr schnell fahren*) to speed, to race along; ■**gegen/in etw** *akk* ~ to crash into sth; ■**über etw** *akk* ~ to race [*or* shoot] across [*or* over] sth; ■**das R~** [the] speeding ❷ *sein* (*eilends vergehen*) to fly [by]; **die Zeit rast** time flies; *s. a.* **Puls** ❸ *haben* (*toben*) ■[**vor etw** *dat*] ~ to go wild [with sth]; ***sie raste* [*vor Wut*]** she was beside herself [with rage]
Rasen <-s, -> *m* ❶ (*grasbewachsene Fläche*) lawn ❷ SPORT (*Rasenplatz*) field, BRIT *a.* pitch
rasend I. *adj* ❶ (*äußerst schnell*) breakneck, tremendous ❷ (*wütend*) furious; **eine ~e Menge/ein ~er Mob** an angry crowd/mob; ■~ **sein vor etw** *dat* to be mad [*or* beside oneself] with sth; ~ **vor Wut** to be beside oneself with rage; **jd könnte ~ werden, wenn ...** sb could scream when ...; **jdn ~ machen** [**mit etw**] to drive sb mad [with sth] ❸ (*furchtbar*) terrible; **~er Durst** raging thirst; **~e Eifersucht** a mad fit of jealousy; **ein ~er Schmerz** an excruciating pain; **eine ~e Wut** a blind [*or* violent] rage ❹ (*tobend*) thunderous; **~er Beifall** thunderous applause II. *adv* (*fam*) very; ***ich würde das ~ gern tun*** I'd be very [*or* more than] happy [*or* love] to do it
Rasende(r) *f(m) dekl wie adj* madman *masc*, madwoman *fem*, maniac
Rasenfläche *f* lawn **Rasenmäher** <-s, -> *m* lawnmower **Rasenplatz** *m* SPORT field, BRIT *a.* pitch **Rasensprenger** <-s, -> *m* [lawn-]sprinkler
Raser(in) <-s, -> *m(f)* (*fam*) speed merchant *fam*
Raserei <-, -en> *f* ❶ (*fam: schnelles Fahren*) speeding *no pl* ❷ *kein pl* (*Wutanfall*) rage, fury; **jdn zur ~ bringen** to send sb into a rage, to drive sb mad [*or* to distraction]
Raserin <-, -nen> *f fem form von* **Raser**
Rasierapparat *m* ❶ (*Elektrorasierer*) [electric] shaver [*or* razor] ❷ (*Nassrasierer*) [safety] razor **Rasiercreme** *f* shaving cream
rasieren* *vt* ❶ (*Bartstoppeln entfernen*) ■**sich** ~ to [have a] shave; **sich elektrisch** [*o* **trocken**] ~ to use a[n] [electric] shaver [*or* an electric razor]; **sich nass** ~ to [have a] wet shave; ■**sich** [**von jdm**] ~ **lassen** to get a shave [from sb]; ■**jdn** ~ to shave sb; ***ich habe mich beim Rasieren geschnitten*** I cut myself shaving ❷ (*von Haaren befreien*) ■[**jdm**] **etw** ~ *Beine, Nacken* to shave [sb's] sth; ■**jd rasiert sich** *dat* **etw** sb shaves one's sth
Rasierer <-s, -> *m* (*fam*) [electric] shaver, electric razor
Rasierklinge *f* razor blade **Rasiermesser** *nt* cut-throat [*or* AM straight] razor **Rasierpinsel** *m* shaving brush **Rasierschaum** *m* shaving foam **Rasierseife** *f* shaving soap **Rasierwasser** *nt* aftershave **Rasierzeug** *nt* shaving things *pl* [*or* kit]
Räson <-> [rɛ'zɔŋ, rɛ'zõ:] *f kein pl* **jdn zur ~ bringen** (*geh*) to bring sb to his/her senses; ~ **annehmen** (*geh*) to come to one's senses
Raspel <-, -n> *f* rasp; KOCHK grater
raspeln *vt* ■**etw** ~ to grate sth; ■**geraspelt** grated
rass[RR] *adj*, **räss**[RR] *adj*, **raß** *adj*, **räß** *adj* SÜDD, SCHWEIZ, ÖSTERR ❶ (*scharf*) spicy, hot; **ein ~er Käse** a sharp[-tasting] cheese ❷ (*resolut*) determined
Rasse <-, -n> *f* ❶ (*Menschenrasse*) race ❷ (*Tierrasse*) breed; ~ **haben** to have pedigree; (*fig*) to have spirit; ***dieses Pferd hat ~!*** this horse is a thoroughbred!
Rassehund *m* pedigree dog, purebred [dog]
Rassel <-, -n> *f* rattle
Rasselbande <-, -n> *f* (*fam*) bunch of [little] rascals *fam*
rasseln *vi* ❶ *haben* ■[**in etw** *dat*] ~ to rattle [in sth]; ■**das Rasseln** [the] rattling; ■**mit/an etw** *dat* ~ to rattle sth; **mit/an dem Schlüsselbund/den Schlüsseln** ~ to jangle [*or* jingle] one's bunch of keys/keys ❷ *sein* (*fam: durchfallen*) ■**durch etw** ~ to fail [*or* AM *a.* flunk] sth
Rassendiskriminierung *f* racial discrimination *no pl* **Rassenforschung** *m* racial research *no pl*, ethnology *no pl form* **Rassenhass**[RR] *m* racial hatred *no pl* **Rassenkonflikt** *m* SOZIOL, POL racial conflict **Rassenkrawall** *m* race riot **Rassenmerkmal** *nt* racial characteristic **Rassenmischung** *f* ❶ SOZIOL interbreeding *no pl* [of races], mixture of races, miscegenation *form no pl* ❷ ZOOL interbreeding *no pl*, crossbreeding *no pl* **Rassentrennung** *f kein pl* racial segregation **Rassenunruhe** *f meist pl* racial unrest *no pl, no indef art* **Rassenunterschied** *m* racial difference **Rassenwahn** *m* (*pej*) racial hatred
rasserein *adj s.* **reinrassig** **Rassetier** *nt* thoroughbred
rassig *adj* vivacious, spirited; **ein ~er Wein** a full-bodied wine
rassisch *adj* racial
Rassismus <-> *m kein pl* racism, racialism
Rassist(in) <-en, -en> *m(f)* racist, racialist
rassistisch *adj* racist, racialist
Rast <-, -en> *f* rest, break; [**irgendwo**] ~ **machen** to stop for a rest [*or* break] [somewhere]; ***ohne ~ und Ruh*** (*geh*) without respite *form*
Raste <-, -n> *f* notch
rasten *vi* to [have a] rest [*or* have [*or* take] a break]; **nicht ~ und nicht ruhen, bis ...** not to rest until ... ► WENDUNGEN: **wer rastet, der rostet** (*prov*) a rolling stone gathers no moss *prov*
Raster[1] <-s, -> *m* TYPO ❶ (*Glasplatte, Folie*) screen; **48er ~** 48 1/cm screen; **ein ~ hinterlegen** to lay a tint; **feiner ~** fine screen ❷ (*Rasterung*) raster
Raster[2] <-s, -> *nt* ❶ TV (*Gesamtheit der Bildpunkte*) raster ❷ (*geh: System von Kategorien*) category; ***man kann sie in kein ~ pressen*** she can't be pigeonholed
Rasterabtastung *f* INFORM raster scan **Rasteraufnahme** *f* TYPO halftone reproduction, screen exposure **Rasterauszug** *m* TYPO halftone separation **Rasterbild** *nt* TYPO halftone [image], screened image **Rasterbildverarbeiter** *m* INFORM raster image processor **Rasterdichte** *f* TYPO screen density **Rasterdruck** *m* halftone printing **Raster(elektronen)mikroskop** *nt* scanning electron microscope, SEM **Rasterfahndung** *f* ≈ computer search (*search for wanted persons by using computers to assign suspects to certain categories*) **Rasterfond** *m* TYPO [screen] tint, tinted background **Rastergrafik** *f* INFORM raster graphics + *sing vb* **Raster-Image-Prozessor** [-'ɪmɪtʃ-] *m* TYPO raster image processor **Rasterkopie** *f* TYPO screen copying **Rasterkraftmikroskop** *nt* PHYS scanning electron microscope **Rasterlinienzähler** *m* TYPO screen indicator **Rasterprogramm** *nt* INFORM raster program **Rasterprozentwert** *m* TYPO percent dot area, screen percentage **Rasterpunkt** *m* TYPO dot **Rasterpunktzuwachs** *m* TYPO dot gain **Rastersteg** *m* TYPO cell wall **Rastertechnik** *f* INFORM raster technology **Rastertiefdruck** *m* halftone gravure [process] **Rastertonwert** *m* TYPO dot percentage, tint level
Rasterung <-, -en> *f* TYPO screening
Rasterwinkelung *f* TYPO screen angle
Rasthaus *nt* roadhouse; (*Autobahn*) motorway [*or* AM freeway] service area **Rasthof** *m* [motorway [*or* AM freeway]] service area **rastlos** *adj* ❶ (*unermüdlich*) tireless, unflagging ❷ (*unruhig*) restless **Rastlosigkeit** <-> *f kein pl* ❶ (*Unermüdlichkeit*) tirelessness ❷ (*Unruhe*) restlessness **Rastplatz** *m* TRANSP picnic area **Raststätte** *f s.* **Rasthof**
Rasur <-, -en> *f* ❶ (*das Rasieren*) shaving *no pl*; **nach/vor der ~** after/before shaving ❷ (*Resultat des Rasierens*) shave
Rat[1] <-[e]s> *m kein pl* advice; **mit ~ und Tat** with help and advice; **jdn um ~ fragen** to ask sb for ad-

R

vice [*or* sb's advice]; **jdm einen ~ geben** to give sb some advice; ***wenn ich dir einen ~ geben darf*** if I could give you some [*or* a bit of [*or* a piece of]] advice; **jdm den ~ geben, etw zu tun** to advise sb to do sth; **sich** *dat* **[bei jdm] ~ holen** to get some advice [from sb]; **sich** *dat* **keinen ~ [mehr] wissen** to be at one's wit's end; **sich** *dat* **keinen anderen ~ mehr wissen, als etw zu tun** not to know what to do other than to do sth; **jdn/etw zu ~e ziehen** to consult sb/sth; **auf jds ~ [hin]** on [the strength of] sb's advice; **gegen [*o* entgegen] jds ~** against sb's advice; **da ist guter ~ teuer** it's hard to know what to do

Rat² <-[e]s, Räte> *m* POL council; ***er wurde in den ~ [der Gemeinde/Stadt] gewählt*** he was elected to the [parish/town] council; **der ~ der Weisen** ÖKON the German Expert Council on Overall Economic Development (*independent body of five experts who annually present a report on the economy and its likely future development*); **Großer ~** SCHWEIZ [Swiss] cantonal parliament; **im ~ sitzen** (*fam*) ≈ to be Councillor [*or* AM *a.* Councilor] (*to be a member of a [Swiss] cantonal parliament*)

Rat, Rätin <-[e]s, Räte> *m, f* ❶ POL (*Stadtrat*) councillor, AM *a.* councilor ❷ ADMIN (*fam*) senior official

Rate <-, -n> *f* FIN instalment [*or* AM -ll-]; **auf [*o* in] ~n** in [*or* by] instalments; **überfällige ~** past-due instalment; **in ~n zahlbar** payable in instalments; **auf ~n kaufen** to buy on easy [*or* instalment] terms; **etw in ~n bezahlen** to pay for sth in [*or* by] instalments, to buy sth on hire purchase [*or* AM using an installment plan]; **mit seinen ~n im Rückstand bleiben** to fall behind with one's instalments

raten <rät, riet, geraten> **I.** *vi* ❶ (*Ratschläge geben*) ■**[jdm] zu etw ~** to advise [sb to do] sth, to recommend sth [to sb]; ***wenn Sie mich fragen, ich würde [Ihnen] zu einem Kompromiss ~*** if you ask me, I'd advise [you to] compromise; ■**jdm ~, etw zu tun** to advise sb to do sth; ■**sich** *dat* **[von jdm] ~ lassen** to take advice [from sb] ❷ (*schätzen*) to guess; **mal ~** to have a guess; **falsch/richtig ~** to guess wrong/right; *s. a.* **dreimal, geraten II.** *vt* ❶ (*als Ratschlag geben*) ■**jdm etw raten** to advise sb to do sth; ***was rätst du mir?*** what do you advise [me to do]? ❷ (*erraten*) ■**etw ~** to guess sth; **ein Rätsel ~** to solve a riddle

Ratenanleihe *f* FIN instalment loan **Ratenkauf** *m* hire purchase BRIT, installment plan AM **Ratenkauffinanzierung** *f* FIN hire purchase credit **ratenweise** *adv* in [*or* by] instalments **Ratenzahlung** *f* ❶ *kein pl* (*Zahlung in Raten*) payment in [*or* by] instalments ❷ (*Zahlung einer Rate*) payment of an instalment **Ratenzahlungsgeschäft** *nt* HANDEL hire purchase sale **Ratenzahlungsgesetz** *nt* JUR Hire Purchase Act BRIT **Ratenzahlungskauf** *m* FIN hire [*or* AM deferred payment] purchase

Räterepublik *f* HIST ≈ soviet republic (*republic governed by [workers'] councils*)

Ratespiel *nt* quiz

Ratgeber <-s, -> *m* ❶ (*Werk*) manual ❷ (*beratende Person*) adviser, advisor; **ein schlechter [*o* kein guter] ~ sein** (*fig*) to be a shaky basis for a decision [*or* a doubtful motive]

Rathaus *nt* town hall

Ratifikation <-, -en> *f s.* **Ratifizierung**

Ratifikationsurkunde *f* JUR ratification instrument

ratifizieren* *vt* POL ■**etw ~** to ratify sth

Ratifizierung <-, -en> *f* POL ratification *no pl*

Ratifizierungsprozess^RR *m* ratification process

Ratifizierungsurkunde *f* ratification document

Rätin <-, -nen> *f fem form von* **Rat**

Ratio <-> ['ra:tsio] *f kein pl* (*geh*) reason *no art*

Ration <-, -en> [ratsi'o:n] *f* ration; **eiserne ~** MIL iron rations *pl*

rational [ratsio-] *adj* (*geh*) rational

rationalisieren* [ratsio-] **I.** *vt* ■**etw ~** to rationalize [*or* AM *usu* streamline] sth **II.** *vi* to rationalize, AM *usu* to streamline

Rationalisierung <-, -en> [ratsio-] *f* rationalization *no pl*, AM *usu* streamlining *no pl*

Rationalisierungseffekt *m* effect of rationalization, streamlining effect **Rationalisierungsinvestition** *f* FIN capital expenditure on rationalization *no pl* **Rationalisierungskartell** *nt* ÖKON rationalization cartel **Rationalisierungsmaßnahme** *f meist pl* ÖKON rationalization [*or* AM *usu* streamlining] measure

Rationalismus <-> *m kein pl* rationalism *no pl*

Rationalist(in) <-en, -en> [ratsio-] *m(f)* (*geh*) rationalist

Rationalität <-> *f kein pl* ❶ (*Vernunft*) rationality *no pl* ❷ (*Wirtschaftlichkeit*) efficiency

rationell [ratsio-] *adj* efficient

rationieren* [ratsio-] *vt* ■**etw ~** to ration sth

Rationierung <-, -en> [ratsio-] *f* rationing *no pl*

ratlos *adj* helpless; ■**~ sein** to be at a loss; ***ich bin völlig ~*** I'm completely at a loss

Ratlosigkeit <-> *f kein pl* helplessness

Rätoromane, -romanin <-n, -n> *m, f* GEOG Rhaetian

rätoromanisch *adj* LING Rhaeto-Romanic [*or* -Romance]; ■**das Rätoromanisch[e]** Rhaeto-Romanic [*or* -Romance]

ratsam *adj* prudent; ■**~ sein, etw zu tun** to be advisable to do sth; **etw für ~ halten** to think sth wise; **es für ~ halten, etw zu tun** to think it wise to do sth

Ratsbeschluss^RR *m* JUR council resolution

ratsch *interj* rip

Ratsche <-, -n> *f*, **Rätsche** <-, -n> *f* ❶ MUS SÜDD, ÖSTERR rattle ❷ (*Werkzeug*) ratchet

ratschen *vi* SÜDD, ÖSTERR ❶ (*die Ratsche drehen*) to rattle ❷ (*fam: schwatzen*) ■**[mit jdm] ~** to chat [*or* *fam* natter] [with sb]

Ratschenringschlüssel *m* ratchet ring spanner BRIT [*or* AM wrench]

Ratschlag <-s, Ratschläge> *m* advice *no pl, no indef art*, bit [*or* piece] of advice *no pl, no def art*; ***spar dir deine Ratschläge*** spare me your advice; **jdm [in etw** *dat***] einen ~ geben [*o* *geh* erteilen]** to give sb a piece of [*or* some] advice [on sth]

Ratschluss^RR *m* will *no pl*

Rätsel <-s, -> *nt* ❶ (*Geheimnis*) mystery; ***das ~ hat sich endlich aufgeklärt*** we finally solved that mystery; **jdm ein ~ sein/bleiben** to be/remain a mystery to sb; **es ist [jdm] ein ~ warum/wie …** it is a mystery [to sb] why/how … ❷ (*Denkaufgabe*) riddle, puzzle; **des ~s Lösung** the solution to the puzzle, the answer to the riddle; **jdm ein ~ aufgeben** to pose a riddle for sb; *Frage* to puzzle [*or* baffle] sb, to be a mystery to sb; **in ~n sprechen** to talk [*or* speak] in riddles; **vor einem ~ stehen** to be baffled ❸ (*Kreuzworträtsel*) crossword [puzzle]

Rätselecke *f* (*fam*) puzzle corner **rätselhaft** *adj* mysterious, enigmatic; **eine ~e Erscheinung/ein ~es Phänomen/ein ~es Verschwinden** a mysterious appearance/phenomenon/disappearance; **auf ~e Weise** in a mysterious manner, mysteriously; ***sie ist unter bisher ~en Umständen ums Leben gekommen*** she lost her life under suspicious circumstances; ■**jdm ~ sein** to be a mystery to sb; ■**es ist jdm ~, warum/wie …** it's a mystery to sb why/how … **Rätselheft** *nt* puzzle magazine

rätseln *vi* to rack one's brains; ■**~, warum/was/wie …** to rack one's brains as to [*or* try and work out] why/what/how …; ***ich weiß es nicht genau, ich kann nur ~*** I don't know exactly, I can only speculate [*or* *fam* hazard a guess]

Rätselraten <-s> *nt kein pl* ❶ (*das Lösen von Rätseln*) [the] solving [of] puzzles ❷ (*das Mutmaßen*) guessing game

Ratsherr *m* councillor, AM *a.* councilor **Ratskeller** *m* rathskeller, ratskeller (*restaurant in the cellar of a German town hall*) **Ratsmitglied** *nt* ADMIN councillor, AM *a.* councilor **Ratssitzung** *f* council meeting **Ratsversammlung** *f* council meeting

Rattan <-s, *selten* -e> *nt* BOT rattan

Ratte <-, -n> *f* ❶ ZOOL rat ❷ (*sl: Dreckskerl*) rat; ***du miese ~!*** you dirty rat! ▶ WENDUNGEN: **die ~n verlassen das sinkende Schiff** (*prov*) the rats are leaving [*or* deserting] the sinking ship

Rattenfalle *f* rat trap **Rattenfänger** *m* (*veraltet*) rat-catcher; **der ~ von Hameln** the Pied Piper of Hamelin **Rattenfraß** *m* damage caused by rats **Rattengift** *nt* rat poison *no pl* **Rattenschwanz** *m* ❶ ZOOL (*Schwanz einer Ratte*) rat's tail, rat-tail ❷ (*fam: verbundene Serie von Ereignissen*) string, series; ***das könnte einen ganzen ~ von Prozessen auslösen*** this could set off a whole string [*or* series] of cases ❸ (*fam: Frisur*) pigtail

rattern *vi* ❶ *haben* (*klappernd vibrieren*) to rattle ❷ *sein* (*sich ratternd fortbewegen*) to rattle along

ratzekahl *adv* (*fam*) totally, completely; **~ aufessen/auffressen** to gobble up [*or* *fam* polish off] the whole lot [*or* everything]; **das Haar ~ abrasieren** to shave off the hair completely

ratzen *vi* DIAL (*fam: schlafen*) to kip BRIT *fam*, to sleep; (*kleines Schläfchen halten*) to have a kip BRIT *fam* [*or* nap]

ratzeputz *adv* DIAL (*fam*) totally, completely; **den Teller ~ leer essen** to polish off everything on the plate *fam*

rau^RR *adj* ❶ (*spröde*) rough; **~e Hände/Haut/~er Stoff** rough hands/skin/material; **~e Lippen** chapped lips; *s. a.* **Schale** ❷ (*heiser*) sore; **eine ~e Stimme** a hoarse [*or* husky] voice ❸ (*unwirtlich*) harsh, raw; **eine ~e Gegend** a bleak [*or* an inhospitable] region ❹ (*barsch*) harsh; **~es Benehmen/~e Sitten** uncouth behaviour [*or* AM -or]/manners

Raub <-[e]s, *selten* -e> *m kein pl* ❶ (*das Rauben*) robbery; **bewaffneter ~** armed robbery; **schwerer ~** robbery with aggravation ❷ (*das Geraubte*) booty, spoils *npl* ▶ WENDUNGEN: **ein ~ der Flammen werden** (*geh*) to be consumed by the flames

Raubbau *m kein pl* over-exploitation; ■**~ an etw** *dat* over-exploitation of sth; **der ~ am Tropenwald** the overfelling [*or* destruction] of the [tropical] rainforests; **~ treiben** to overdo it, to burn the candle at both ends; ***du treibst ~ mit deiner Gesundheit*** you're ruining your health **Raubdruck** *m* pirate[d] edition [*or* copy]

Raubein^RR *nt* (*fam*) rough diamond BRIT, diamond in the rough AM

raubeinig^RR *adj* (*fam*) rough-and-ready

rauben **I.** *vt* ❶ (*stehlen*) ■**[jdm] etw ~** to rob [sb of] sth, to steal sth [from sb]; ***sie raubten ihm das Radio aus dem Auto*** they robbed him of [*or* stole] his radio from his car ❷ (*entführen*) ■**jdn ~** to abduct [*or* kidnap] sb ❸ (*geh*) ■**jdm etw ~** to deprive sb of sth; ***das hat mir viel Zeit geraubt*** this has cost me a lot of time; *s. a.* **Nerv II.** *vi* to rob, to plunder

Räuber(in) <-s, -> *m(f)* robber; **~ und Gendarm** cops and robbers

Räuberbande *f* band [*or* gang] of robbers, bunch of crooks **Räuber-Beute-Beziehung** *f* BIOL predator-prey relationship **Räuberhauptmann** *m* gang leader **Räuberhöhle** *f* (*veraltend*) robbers' den ▶ WENDUNGEN: **in einer ~ leben** to live in a pigsty *fig*

Räuberin <-, -nen> *f fem form von* **Räuber**

räuberisch *adj* ❶ (*als Räuber lebend*) predatory, rapacious *form* ❷ (*einen Raub bezweckend*) **ein ~er Überfall/eine ~e Unternehmung** a raid/robbery; *s. a.* **Erpressung**

Raubfisch *m* predatory fish **Raubgier** *f kein pl* rapacity *no pl* **raubgierig** *adj* rapacious **Raubgold** *nt kein pl* plundered gold (*by the Nazis*) **Raubgoldbestände** *pl* stocks *pl* of plundered gold **Raubkatze** *f* [predatory] big cat **Raubkopie** *f* pirate[d] copy; INFORM bootleg *fam* **raubkopieren*** *vt* INFORM, MEDIA ■**etw ~** to pirate sth **Raubmord** *m* murder with robbery as a motive **Raubmörder(in)** *m(f)* robber who commits [*or* committing] murder, murderer and robber **Raubmöwe** *f* ORN skua **Raubpressung** *f* MUS, VERLAG (*Vorgang*) piracy; (*Kopie*) pirate[d] copy **Raubritter** *m* HIST robber baron **Raubtier** *nt* ZOOL predator, beast of prey **Raubüberfall** *m* robbery, hold-up; (*auf Geldtransport etc a.*) raid; ■**der/ein ~ auf jdn/etw** the/a hold-up of sb/sth; **einen ~ auf jdn/etw verüben** to hold up sb *sep*/to raid [*or* *sep* hold up] sth **Raub-**

vogel *m* ORN bird of prey, predatory bird, raptor *spec* **Raubzug** *m* raid

Rauch <-[e]s> *m kein pl* ① *(Qualm)* smoke; *(Tabakrauch)* [cigarette] smoke; **in ~ aufgehen** [*o* **sich in ~ auflösen**] to go up in smoke *fig* ② KOCHK *(Räucherkammer)* smokehouse, smoking chamber

Rauchabzug *m* BAU flue, smoke outlet **Rauchbelästigung** *f* bothering other people by smoking **Rauchbombe** *f* smoke bomb

rauchen I. *vi* ① *(Raucher sein)* to smoke; **sehr stark** [*o* **viel**] **~** to be a very heavy smoker; ***darf man hier/ bei Ihnen ~?*** may I smoke [in] here/do you mind if I smoke? ② *(qualmen)* to smoke ► WENDUNGEN: **..., dass es [nur so] rauchte** *(fam)* like mad *fam;* ***er hat ihm die Leviten gelesen, dass es [nur so] rauchte*** he really read him the riot act; *s. a.* **Kopf** II. *vt* ■**etw ~** to smoke sth

Rauchentwicklung *f* build-up [*or* production] of smoke

Raucher <-s, -> *m* BAHN *(fam)* smoking compartment [*or* carriage] [*or* AM car], smoker *dated*

Raucher(in) <-s, -> *m(f)* smoker; **~ sein** to be a smoker; **„~"** "smoking [area]"

Räucheraal *m* smoked eel

Raucherabteil *nt* BAHN smoking compartment [*or* carriage] [*or* AM car], smoker *dated* **Raucherbein** *nt* MED smoker's leg **Raucherecke** *f* smokers' corner

Räucherfisch *m* smoked fish

Raucherhusten *m* smoker's cough

Raucherin <-, -nen> *f fem form von* **Raucher**

Räucherkammer *f* KOCHK smokehouse, smoking chamber **Räucherkerze** *f* pastille, scented candle **Räucherlachs** *m* smoked salmon *no pl* [*or* AM lox] **Räuchermännchen** *m hand-carved wooden incense burner in the shape of a little figure*

räuchern I. *vt* ■**etw ~** to smoke sth; ■**geräuchert** smoked; ■**das Räuchern** smoking II. *vi* *(fam)* ① KOCHK *(gerade räuchern)* to smoke ② *(Räucherstäbchen abbrennen)* to burn incense [*or* joss sticks]

Räucherofen *m* smoke-oven **Räucherspeck** *m* smoked bacon **Räucherstäbchen** *nt* joss stick **Räucherwürstchen** *nt* smoked sausage

Raucherzone *f* smoking area

Rauchfahne *f* plume [*or* trail] of smoke **Rauchfang** *m* ① *(Abzugshaube)* chimney hood ② ÖSTERR *(Schornstein)* chimney **Rauchfangkehrer(in)** *m(f)* ÖSTERR *(Schornsteinfeger)* chimney sweep **Rauchfleisch** *nt* smoked meat **rauchfrei** *adj inv* **~e Zone** smokefree [*or* smokeless] area **Rauchgas** *nt* *(geh)* flue gas **Rauchgasentschwefelungsanlage** *f* flue gas desulphurization plant **Rauchgeruch** *m* smell of smoke **rauchgeschwärzt** *adj* smoke-blackened *attr,* blackened by smoke *pred* **Rauchglas** <-es> *nt kein pl* TECH smoked glass *no pl* **Rauchglocke** *f* pall of smoke

rauchig *adj* smoky

rauchlos *adj inv* smokeless **Rauchmelder** *m* smoke alarm [*or* detector] **Rauchsäule** *f* column of smoke **Rauchschwaden** <-s, -> *m meist pl* cloud of smoke **Rauchschwalbe** *f* ORN [common] swallow **Rauchsignal** *nt* smoke signal **Rauchverbot** *nt* ban on smoking; ***darf ich rauchen, oder besteht hier/ bei euch ~?*** may I smoke, or do you prefer people not to smoke? **Rauchvergiftung** *f* MED fume [*or* smoke] poisoning **Rauchverzehrer** *m* smoke eater *fam,* air freshener

Rauchwaren[1] *pl* *(geh)* tobacco [products *pl*]

Rauchwaren[2] *pl* *(geh)* furs *pl*

Rauchwolke *f* cloud of smoke **Rauchzeichen** *nt* smoke signal **Rauchzimmer** *nt* smoking [*or* smoker's] room

Räude <-, -n> *f* mange *no pl*

räudig *adj* mangy; *s. a.* **Hund**

rauf- *adv* ① *s.* **herauf-** ② *s.* **hinauf-**

rauf I. *interj* *(fam)* up II. *adv* *(fam)* ■**jd darf/ist/kann/muss/soll [auf etw** *akk*] **~** sb is allowed [to go] up/is up/can go up/has to go up/is supposed to go up [sth]

Raufasertapete[RR] *f* woodchip [wallpaper]

Raufbold <-[e]s, -e> *m* thug, ruffian *dated*

Raufe <-, -n> *f* [hay] rack

raufen I. *vi* ■**[mit jdm] ~** to fight [[with] sb] II. *vr* ■**sich [um etw] ~** to fight [over sth]; *s. a.* **Haar**

Rauferei <-, -en> *f* fight, scrap *sl*

rauflustig *adj* looking [*or* spoiling] for a fight [*or sl* scrap] *pred,* pugnacious *form*

rauh *adj s.* **rau**

Rauhbein *nt s.* **Raubein**

rauhbeinig *adj s.* **raubeinig**

Rauheit <-> *f kein pl* ① *(Sprödigkeit)* roughness *no pl* ② *(Unwirtlichkeit)* harshness, rawness; *Gegend* bleakness, inhospitableness

Rauhfasertapete *f s.* **Raufasertapete** **Rauhputz** *m s.* **Rauputz** **Rauhreif** *m kein pl s.* **Raureif**

Rauke *f* BOT arugula, rocket, roquette

Raum <-[e]s, Räume> *m* ① *(Zimmer)* room ② *kein pl* *(Platz)* room *no art,* space *no art;* **auf engstem ~** in a very confined space [*or* the most confined of spaces]; **~ [für etw] schaffen** to make room [*or* create space] [for sth]; **rechtsfreier ~** JUR legal vacuum ③ *kein pl* PHYS space *no art;* ASTRON [outer] space *no pl, no art* ④ GEOG *(Gebiet)* region, area; **im ~ Hamburg** in the Hamburg area ► WENDUNGEN: **im ~[e] stehen** to be unresolved; **etw in den ~ stellen** to raise [*or* pose] [*or sep* bring up] sth; **eine Hypothese/These in den ~ stellen** to put forward a hypothesis/theory

Raumakustik *f kein pl* ① PHYS room acoustics + *sing vb* ② *(Klangwirkung)* acoustic[s] *usu pl* **Raumanzug** *m* spacesuit **Raumaufteilung** *f* floor plan **Raumausstatter(in)** <-s, -> *m(f)* interior decorator **Raumbild** *nt* stereoscopic [*or* 3-D] picture **Räumboot** *m* minesweeper **Raumdeckung** *f* FBALL zonal marking

räumen I. *vt* ① *(entfernen)* ■**etw aus/von etw ~** to remove [*or* clear] sth from sth; ***räum deine Unterlagen bitte vom Tisch*** clear your papers off [*or* remove your papers from] the table, please ② *(einsortieren)* ■**etw in etw** *akk* **~** to put away sth *sep* in sth ③ *(frei machen)* ■**etw ~** to vacate [*or* move out of] sth; **die Straße ~** to clear the street; ■**etw ~ lassen** to have sth cleared ④ *(evakuieren)* ■**geräumt werden** to be evacuated II. *vi* DIAL *(umräumen)* to rearrange things

Raumersparnis *f kein pl* space-saving *no pl;* **aus Gründen der ~** for reasons of space, to save space **Raumfähre** *f* space shuttle **Raumfahrer(in)** *m(f)* *(veraltend)* *s.* **Astronaut**

Raumfahrt *f kein pl* space travel *no art;* *(einzelner Raumflug)* space flight; **bemannte/unbemannte ~** manned/unmanned space travel

Raumfahrtagentur *f* space agency **Raumfahrtbehörde** *f* space agency [*or* authority] **Raumfahrtbiologie** *f* bioastronautics + *sing vb* **Raumfahrtindustrie** *f* aerospace industry **Raumfahrtingenieur(in)** *m(f)* aerospace engineer **Raumfahrtkonzern** *m* aerospace group **Raumfahrtmedizin** *f kein pl* space medicine *no pl, no indef art* **Raumfahrtprojekt** *nt* [aero]space project **Raumfahrttechnik** *f* space technology **Raumfahrtunternehmen** *nt* aerospace company, space venture **Raumfahrtzeitalter** *nt* space age **Raumfahrtzentrum** *nt* space centre [*or* AM -er], spaceport

Raumfahrzeug *nt* spacecraft

Räumfahrzeug *nt* bulldozer; *(für Schnee)* snowplough BRIT, snowplow AM

Raumflug *m* ① *(Flug in den Weltraum)* space flight ② *kein pl* *(Raumfahrt)* space travel **Raumflugtechnik** *f* space technology **Raumforscher(in)** *m(f)* space research expert **Raumforschung** *f kein pl* space research *no pl* **Raumgestaltung** *f* interior design **Raumgleiter** <-s, -> *m* space shuttle **Rauminhalt** *m* MATH volume **Raumkapsel** *f* ① *(Kabine einer Raumfähre)* space capsule ② *s.* **Raumsonde** **Raumklang** *m* sound **Raumklima** *nt* room climate **Räumkommando** *nt* clear-up squad BRIT, cleanup crew AM **Raumkosten** *pl* FIN premise expenses **Raumkrümmung** *f* MATH space curve **Raumlabor** *nt* space laboratory, spacelab, skylab **Raumlaster** *m* space truck **Raumlehre** *f* geometry

räumlich I. *adj* ① *(den Raum betreffend)* spatial; **in großer ~er Entfernung** a long way away; **~e Nähe** physical proximity; **~e Gegebenheiten** spacious conditions [*or* set-up] ② *(dreidimensional)* three-dimensional; **das ~e Sehvermögen** the ability to see things in three dimensions [*or* three-dimensionally] II. *adv* ① *(platzmäßig)* spatially; **~ [sehr] beengt [*o* beschränkt] sein** to be [very] cramped for space; **sich ~ beschränken** to limit oneself in terms of space ② *(dreidimensional)* three-dimensionally

Räumlichkeit <-, -en> *f* ① *kein pl* KUNST *(räumliche Wirkung, Darstellung)* spatiality *no pl,* three-dimensionality *no pl* ② *pl* *(geh: zusammengehörende Räume)* premises *npl*

Raummangel *m* lack of room [*or* space] *no pl* **Raummaß** *nt* cubic measure, unit of capacity [*or* volume] **Raummeter** *m o nt* cubic metre [*or* AM -er] *(of stacked wood)* **Raummiete** *f* space rental **Raumordnung** *f* ADMIN regional development planning **Raumordnungsgesetz** *nt* JUR Town and Country Planning Act BRIT **Raumordnungspolitik** *f in der Verkehrsplanung* area planning policy **Raumordnungsverfahren** *nt* JUR regional planning procedure **Raumpfleger(in)** *m(f)* *(euph: Putzhilfe)* cleaner **Raumpflegerin** <-, -nen> *f* *(form)* *fem form von* **Raumpfleger** cleaning lady, cleaner **Räumpflug** *m* snowplough BRIT, snowplow AM **Raumpilot(in)** *m(f)* space pilot **Raumplanung** *f s.* **Raumordnung** **Raumschiff** *nt* spaceship **Raumsonde** *f* space probe **raumsparend** *adj attr* space-saving *attr* **Raumstation** *f* space station **Raumteiler** *m* room divider, partition **Raumtransport** *m* aerospace transportation **Raumtransporter** *m* space shuttle **Raumtransportsystem** *nt* RAUM space transport[ation] system **Raumüberwachung** *f* room monitoring

Räumung <-, -en> *f* ① *(das Freimachen eines Ortes) Kreuzung, Unfallstelle* clearing, clearance; *Wohnung* vacation; *(zwangsweise)* eviction ② *(Evakuierung)* evacuation **Räumungsanspruch** *m* JUR eviction claim **Räumungsarbeiten** *pl* clearance work *no pl, no indef art,* clearance operations *pl* **Räumungsausverkauf** *m* clearance sale, AM *a.* closeout; *(mit Geschäftsaufgabe)* going out of business [*or* BRIT *a.* closing-down] sale **Räumungsbefehl** *m,* **Räumungsbeschluss**[RR] *m* JUR eviction order **Räumungsklage** *f* JUR eviction suit, AM ejectment action **Räumungsverfahren** *nt* JUR eviction proceedings *pl* **Räumungsvergleich** *m* JUR court settlement requiring tenant to vacate **Räumungsverkauf** *m* ÖKON clearance sale

Raumverschwendung *f* waste of space **Raumverteilungsplan** *m* BAU diagram of the layout [of a/the building/the rooms] **Raum-Zeit-Kontinuum** *nt* PHYS space-time [continuum] **raumzeitlich** *adj inv* spatiotemporal

raunen I. *vi* *(geh)* to murmur, to whisper; ***ein Raunen ging durch die Menge*** a murmur went through the crowd II. *vt* *(geh)* ■**etw ~** to murmur [*or* whisper] sth

Raupe[1] <-, -n> *f* ZOOL caterpillar

Raupe[2] <-, -n> *f* *(Planierraupe)* bulldozer

Raupe[3] <-, -n> *f* TECH *s.* **Raupenkette**

Raupenfahrzeug *nt* caterpillar® *[vehicle]* **Raupenkette** *f* caterpillar® *track* **Raupenschlepper** *m* caterpillar® *tractor* **Rauputz**[RR] *m* BAU roughcast *no pl* **Raureif**[RR] *m kein pl* hoar [*or* white] frost, rime

raus I. *interj* [get] out; ***schnell ~ hier!*** quick, get out of here! II. *adv* *(fam)* out; ***Sie können da nicht ~*** you can't get out that way; ***aufmachen, ich will hier ~!*** let me out of here!; *s. a.* **heraus, hinaus**

raus|bekommen* *vt irreg* *(fam)* *s.* **herausbekommen**

raus|bringen *vt irreg* *(fam)* ■**etw ~** ① **kein Wort ~** to not [be able to] utter a word; *s. a.* **herausbringen** ② *Müll* to take out sth *sep; s. a.* **hinaustragen**

R

Rausch <-[e]s, Räusche> *m* ❶ (*Trunkenheit*) intoxication, inebriation; **im Zustand eines ~es** in a state of intoxication; **einen ~ bekommen** to get drunk, to become inebriated [*or* intoxicated] *form;* **einen ~ haben** to be drunk [*or form* inebriated] [*or form* intoxicated]; **seinen ~ ausschlafen** to sleep it off; **sich** *dat* **einen ~ antrinken** to get drunk ❷ (*geh: Ekstase*) ecstasy; **im ~ der Leidenschaft** intoxicated by [*or* inflamed with] passion; **der ~ der Geschwindigkeit/des Erfolges** the thrill [*or* exhilaration] of speed/success

rauscharm *adj* TECH low-noise

rauschen *vi* ❶ *haben* (*anhaltendes Geräusch erzeugen*) *Brandung, Meer, Wasser[fall], Verkehr* to roar; (*sanft*) to murmur; *Baum, Blätter* to rustle; *Lautsprecher* to hiss; *Rock, Vorhang* to swish ❷ *sein* (*sich geräuschvoll bewegen*) *Bach, Fluten, Wasser* to rush; *Vogelschwarm* to swoosh ❸ *sein* (*fam: zügig gehen*) to sweep; **sie rauschte aus dem/in das Zimmer** she swept out of/into the room

rauschend *adj* (*prunkvoll*) *Ballnacht, Fest* glittering; (*stark*) *Beifall* resounding

rauschfrei *adj* TELEK, MEDIA free of background noise; ***CDs sind völlig ~*** CDs are completely hiss-free [*or* free of background noise]; ***~e Wiedergabe*** hiss-free reproduction

Rauschgift *nt* drug, narcotic; **~ nehmen** to take drugs; (*drogensüchtig sein*) to be on drugs

Rauschgiftdezernat *nt* ADMIN drug [*or* AM narcotics] squad **Rauschgiftfahnder(in)** *m(f)* drug squad officer BRIT, narcotics agent AM **Rauschgiftfahrt** *f* drug-influenced drive, driving under the influence of drugs **Rauschgifthandel** *m* drug trafficking **Rauschgifthändler(in)** <-s, -> *m(f)* drug dealer [*or* pusher]; (*international*) drug trafficker **Rauschgiftkriminalität** *f* drug-related crime **Rauschgiftring** *m* drugs [*or* AM drug] ring; **einen ~ sprengen** to break up a drugs ring **Rauschgiftschmuggel** *m* drug smuggling **Rauschgiftsucht** *f* drug addiction **rauschgiftsüchtig** *adj inv* addicted to drugs *pred* **Rauschgiftsüchtige(r)** <-n, -n> *dekl wie adj f(m)* drug addict **Rauschgoldengel** *m* angel (*made of Dutch metal/gold*) **Rauschmittel** *nt* (*geh*) drug, intoxicant *form* **Rauschtat** *f* JUR offence of intoxication

raus|drängen *vr* (*fam*) ■**sich ~** to push one's way out

raus|ekeln *vt* (*fam*) ■**jdn** [**aus etw**] **~** to hound [*or* drive] sb [out of sth]; (*durch Schweigeterror*) to freeze sb out *sep* [of sth] *fam*

raus|fliegen *vi irreg sein* (*fam*) ❶ (*hinausgeworfen werden*) **aus der Schule ~** to be chucked [*or* slung] [*or* AM kicked] out of school *fam;* **aus einem Betrieb ~** to be given the boot [*or* the push] *fam* ❷ (*weggeworfen werden*) to get chucked out [*or* away]

raus|geben *vt irreg* (*fam*) **Geld ~** to give change

raus|gehen *vi irreg sein* (*fam*) to go out, to leave; *Fleck, Korken* to come out; **aus sich ~** to come out of one's shell

raus|gucken *vi* (*fam*) ■[**aus etw** *dat*] **~** ❶ (*heraussehen*) to look out [of sth] ❷ (*fig: hervorstrecken*) to peep out [of sth]

raus|kommen *vi irreg* (*fam*) *s.* **herauskommen, hinauskommen**

raus|kriegen *vt* (*fam*) ■**etw ~** to cotton on to [*or* AM *a.* to] sth *fam;* ■**~, was/wer/wie/wo ...** to find out what/who/how/where ...; **ein Rätsel ~** to figure out a puzzle *sep*

raus|nehmen *vt, vr irreg* (*fam*) *s.* **herausnehmen**

räuspern *vr* ■**sich ~** to clear one's throat; ***durch wiederholtes Räuspern versuchte sie, die Aufmerksamkeit auf sich zu lenken*** by repeatedly clearing her throat, she tried to draw attention to herself

raus|rücken *vt s.* **herausrücken**

raus|schmeißen *vt irreg* (*fam*) ❶ ■**jdn ~** to chuck [*or* sling] [*or* AM *usu* kick] out sb *sep fam;* ***er wurde aus der Schule rausgeschmissen*** he was chucked out of school; (*aus einer Firma*) to give sb the boot [*or* the push] *fam;* **jd aus dem Haus ~** to sling [*or* kick] [*or* throw] sb out *sep fam* ❷ (*wegwerfen*) ■**etw ~** to chuck sth out [*or* away] *fam*

Rausschmeißer <-s, -> *m* (*fam*) bouncer *fam*

Rausschmiss^RR <-es, -e> *m,* **Rausschmiß** <-sses, -sse> *m* (*fam*) booting [*or* chucking] [*or* slinging] [*or* AM *usu* throwing] out *fam;* ***mit dem ~ hat er rechnen müssen*** he had to expect the boot

Raute <-, -n> *f* MATH rhombus

rautenförmig *adj* MATH rhombic, diamond-shaped

Rave <-[s], -s> *nt* MUS rave *fam*

Ravioli [ra'vio:li] *pl* ravioli + *sing vb, no indef art*

Raygras *nt* BOT rye grass

Rayon <-s, -s> [rɛ'jõ:] *m* ÖSTERR, SCHWEIZ district

Razzia <-, Razzien> [-tsiən] *f* raid, bust *fam;* **eine ~ veranstalten** [*o* **machen**] [*o* **durchführen**] to [make a] raid

RB *nt Abk von* **Radio Bremen** regional public-service radio and TV broadcsting corporation based in Bremen

RC-Papier *nt* RC [*or* resin-coated] paper

rd. *adv Abk von* **rund** approx.

Reagens <-, Reagenzien> *nt,* **Reagenz** <-es, -ien> [-tsiən] *nt* CHEM reagent

Reagenzglas *nt* CHEM, PHYS, BIOL test tube

Reagenzpapier *nt* CHEM test paper

reagieren* *vi* ❶ (*eine Reaktion zeigen*) ■[**auf etw** *akk*] **~** to react [to sth]; ***ich habe ihn um eine Antwort gebeten, aber er hat noch nicht reagiert*** I have asked him for an answer but he hasn't come back to me yet; **empfindlich/sauer** [**auf etw** *akk*] **~** to be sensitive [to sth]/peeved [at sth] ❷ CHEM ■[**mit etw**] **~** to react [with sth]

Reaktion <-, -en> *f* reaction; ■**jds ~ auf etw** *akk* sb's reaction to sth

reaktionär I. *adj* POL (*pej: rückständig*) reactionary II. *adv* in a reactionary way; **~ eingestellt sein** to be a reactionary

Reaktionär(in) <-s, -e> *m(f)* POL (*pej*) reactionary

Reaktionsfähigkeit *f kein pl* reflexes *pl,* reactions *pl* **Reaktionsgeschwindigkeit** *f* CHEM reaction rate **reaktionsschnell** *adj* with quick reactions; ■**~ sein** to have quick reactions **Reaktionsvermögen** *nt kein pl* ability to react *no pl,* reactions *pl;* ***Alkohol schränkt das ~ ein*** alcohol slows one's [*or* the] reactions [*or* ability to react] **Reaktionszeit** *f* reaction time

reaktivieren* [-'vi:-] *vt* ■**jdn ~** *beim Militär* to recall sb [to duty]; *im Zivilbereich* to recall sb [to work]

Reaktivierung <-, -en> [-'vi:-] *f* recalling [to duty/work]

Reaktor <-s, -toren> *m* PHYS reactor

Reaktorblock <-blöcke> *m* reactor block **Reaktorkern** *m* reactor core **Reaktorkühlung** *f* cooling of a/the reactor **Reaktorsicherheit** *f* reactor safety **Reaktorsicherheitskommission** *f* NUKL ■**die ~** the German Commission on Reactor Safety **Reaktorunfall** *m* accident at a/the reactor, nuclear accident **Reaktorunglück** *nt* reactor accident, accident at a/the reactor

real I. *adj* ❶ (*wirklich vorhanden*) real ❷ ÖKON **~e Exportleistung** net export performance; **~es Austauschverhältnis** realistic terms of trade; **~es Bruttosozialprodukt** real value of the gross national product II. *adv* (*geh*) **ein ~ denkender Mensch** a realistic thinker; ÖKON in real terms

Realeinkommen *nt* ÖKON real income

Realgewerbeberechtigung *f* JUR trade franchise attached to the land

Realia *pl* LING realia *pl*

Realisation <-, -en> *f* (*geh*) *s.* **Realisierung**

realisierbar *adj* (*geh*) realizable, feasible, viable; **schwer ~e Pläne/Projekte** plans/projects that are hard to accomplish; **sofort ~e Aktiva** FIN liquid assets

Realisierbarkeit <-> *f kein pl* (*geh*) feasibility, practicability, viability

realisieren* *vt* ❶ ■**etw ~** (*verwirklichen*) to realize sth, to bring sth about ❷ (*erkennen*) to realize sth ❸ FIN (*in Geld umsetzen*) to realize sth; **Immobilien ~** to sell property

Realisierung <-, *selten* -en> *f* (*geh*) realization; *Idee, Plan* implementation

Realismus <-> *m kein pl* realism *no pl*

Realist(in) <-en, -en> *m(f)* realist

realistisch *adj* realistic

Realität <-, -en> *f* ❶ (*Wirklichkeit*) reality; **der ~ ins Auge sehen** to have to face facts [*or fam* to get real]; ***das ist nun mal die ~*** we'll just have to face up to it; **~ werden** to become [a] reality ❷ *pl* (*Gegebenheiten*) realities, facts ❸ *pl* ÖSTERR (*Immobilien*) real estate *no pl,* property *no pl*

Realitätenhändler(in) *m(f)* ÖSTERR (*Immobilienhändler*) [real] estate agent BRIT, real estate agent AM

realitätsfern *adj* unrealistic; **eine ~e Person** a person out of touch with reality **realitätsnah** *adj* realistic; **eine ~e Person** a person in touch with reality **Realitätssinn** *m kein pl* sense of reality *no pl*

Reality-TV <-[s]> *nt kein pl* TV reality [*or* fly-on-the-wall] TV *no pl*

Realkanzlei *f* ÖSTERR [real] estate agency BRIT, real estate office [*or* agency] AM **Realkapital** *nt* ÖKON real [*or* non-monetary] capital **Realkauf** *m* JUR executed sale [*or* purchase] **Realkosten** *pl* ÖKON actual costs **Realkredit** *m* ÖKON credit on real estate **Reallast** *f* JUR land charge **Reallohn** *m* ÖKON real wage **Reallohnabbau** *m* reduction [*or* cut] in real wages

Realo <-s, -s> *m* POL (*fam*) political realist (*of the Green Party*)

Realpolitik *f* practical politics + *sing vb,* political realism, realpolitik **Realpolitiker(in)** *m(f)* political realist **Realschule** *f type of secondary/junior high school for ages 10 to 16 where pupils can work towards the 'mittlere Reife'* **Realschüler(in)** *m(f)* ≈ secondary school pupil BRIT, ≈ junior high school student AM **Realsozialismus** *m* POL real socialism **realsozialistisch** *adj inv* realistic [*or* practical] socialist **Realstatut** *nt* JUR real statute, lex rei sitae **Realsteuer** *f* FIN property tax **Realteilung** *f* FIN (*Steuern*) de facto splitting **Realvermögen** *nt* JUR real estate **Realverzinsung** *f* FIN real interest rate **Realwachstumstempo** *f* ÖKON real growth rate **Realwert** *nt* ÖKON real value **realwirtschaftlich** *adj inv* ÖKON non-monetary **Realzins** *m* ÖKON real interest rate

Reanimation <-, -en> *f* MED resuscitation

reanimieren* *vt* ■**jdn ~** MED to resuscitate sb

Rebe <-, -n> *f* [grape]vine

Rebell(in) <-en, -en> *m(f)* rebel

rebellieren* *vi* ■[**gegen jdn/etw**] **~** to rebel [against sb/sth]

Rebellin <-, -nen> *f fem form von* **Rebell**

Rebellion <-, -en> *f* rebellion; *Studenten* revolt

rebellisch *adj* rebellious; **jdn/etw ~ machen** (*fam*) to make sb/sth agitated

Rebensaft *m kein pl* (*geh*) wine, juice of the vine *liter*

Rebhuhn *nt* partridge **Rebkresse** *f* lamb's lettuce **Reblaus** *f* phylloxera *spec,* vine pest **Rebsorte** *f* type of grape **Rebstock** *m* vine

Rebus <-, -se> *m o nt* rebus, picture puzzle

Rechaud <-s, -s> [re'ʃo:] *m o nt* hotplate, réchaud *spec,* chafing dish *spec*

rechen *vt* ■**etw ~** to rake sth

Rechen <-s, -> *m* rake

Rechenanlage *nt* INFORM computer system **Rechenart** *f* type of arithmetic[al] calculation **Rechenaufgabe** *f* arithmetic[al] problem **Rechenbefehl** *m* INFORM arithmetic instruction **Rechenbuch** *nt* SCH (*veraltend*) arithmetic book **Rechenexempel** *nt* sum, arithmetic[al] problem; ***das ist nur ein einfaches ~*** that's just simple arithmetic **Rechenfehler** *m* arithmetic[al] error [*or* mistake]; INFORM (*Berechnungsfehler*) computational error; [**einen**] **~ machen** to make a mistake in one's calculations [*or* miscalculation] **Rechenfunktion** *f* INFORM computational function **Rechengeschwindigkeit** *f* INFORM operating speed **Rechenhilfe** *f* MATH calculating device **Rechenka-**

pazität *f* INFORM computing efficiency **Rẹchenkünstler(in)** *m(f)* mathematical genius [*or fam* wizard] **Rẹchenleistung** *f* INFORM computing power **Rẹchenmaschine** *f* calculator; (*Abakus*) abacus

Rẹchenschaft <-> *f kein pl* account; **[jdm] [für etw] zur ~ verpflichtet sein** to be accountable [for sth] [to sb]; **jdm [über etw *akk*] ~ schuldig sein, jdm [über etw *akk*] ~ schulden** to be accountable [*or* have to account] to sb [for sth]; **[jdm] ~ [über etw *akk*] ablegen** to account [to sb] [for sth]; **sich *dat* über etw *akk* ~ ablegen** to account [*or* answer] to oneself for sth; **[von jdm] ~ [über etw *akk*] verlangen** [*o* **fordern**] to demand an explanation [*or* account] [from sb] [about sth]; **jdn [für etw *akk*] zur ~ ziehen** to call sb to account [for sth]

Rẹchenschaftsbericht *m* report **Rẹchenschaftslegung** *f* JUR rendering of account **rẹchenschaftspflichtig** *adj inv* ÖKON accountable

Rẹchenschieber *m* slide rule **Rẹchenwerk** *nt* ① FIN book-keeping, accounting ② INFORM arithmetic [logic] unit, ALU **Rẹchenzeit** *f* INFORM computing time **Rẹchenzentrum** *nt* computer centre [*or* AM -er]

Recherche <-, -en> [re'ʃɛrʃə] *meist pl f* (*geh*) investigation, enquiry; **~n [über jdn/etw] anstellen** to make enquiries [about [*or* into] sb/sth], to investigate [sb/sth]; **die ~ einstellen** to end the investigation

Rechẹrchenanfrage *f* request for investigation **Rechẹrchenbericht** *m* search report **Rechẹrchengebühr** *f* search fee

recherchieren* [reʃɛr'ʃi:rən] **I.** *vi* (*geh*) to investigate, to make enquiries **II.** *vt* (*geh*) ■**etw ~** to investigate [*or* make enquiries into] sth

rẹchnen I. *vt* ① (*mathematisch lösen*) ■**etw ~** to calculate sth; *s. a.* **rund** ② (*zählen, messen*) ■**etw ~** to work out sth *sep,* to calculate sth; **etw in Euro/DM/etc ~** to calculate sth in Euros/German Marks; **die Entfernung in Lichtjahren ~** to reckon the distance in light years *fam* ③ (*ansetzen, berechnen*) **das Kilo/den Kilometer zu 90 Pfennig ~** to reckon on 90 pfennigs a kilo/kilometre [*or* AM -er] ④ (*veranschlagen*) ■**etw [für [*o* pro] jdn/etw] ~** to reckon [*or* estimate] [sth for sb/sth]; ***wir müssen mindestens zehn Stunden ~*** we must reckon on at least ten hours; **zu hoch/niedrig gerechnet sein** to be an over-/underestimate ⑤ (*einbeziehen, miteinrechnen*) ■**etw ~** to include sth, to take sth into account; ***das sind also vier Gepäckstücke, die Handtasche nicht gerechnet*** so that's four items of luggage, not including the handbag ⑥ (*berücksichtigen*) ■**etw ~** to take sth into account [*or* consideration]; ***das von mir Geleistete rechnet sehr wohl*** my input should be given due recognition ⑦ (*einstufen, gehören*) ■**jdn/etw zu etw *dat*** [*o* **unter etw *akk***] **~** to count sb/sth among [*or* rate sb/sth as] sth; ***ich rechne sie zu meinen besten Freundinnen*** I count her amongst my best [girl]friends **II.** *vi* ① (*Rechenaufgaben lösen*) to do arithmetic; ***ich konnte noch nie gut ~*** I was never any good at arithmetic; ***in der Schule lernen die Kinder lesen, schreiben und ~*** the children learn reading, writing and arithmetic at school; ***ich rechne gerade*** I'm just doing [*or* making] a calculation; ***dann rechne doch selbst, du wirst sehen, es stimmt!*** then work it out yourself and you'll see it's correct!; ■**an etw *dat* ~** to do [*or* make] calculations on sth; **falsch/richtig ~** to make a mistake [in one's calculations]/to calculate correctly [*or* get it right]; ***falsch gerechnet!*** that's wrong! ② (*sich verlassen*) ■**auf jdn/etw ~** to count on sb/sth; ***auf sie kann ich mich ~*** she is someone I can count on ③ (*einkalkulieren*) ■**mit etw ~** to reckon on [*or* with] sth; **mit allem/dem Schlimmsten ~** to be prepared for anything/the worst; ***für wann ~ Sie mit einer Antwort?*** when do you expect an answer?; ■**damit ~, dass ...** to reckon with it ..., to be prepared for the fact that ...; ***wir müssen damit ~, dass es schneit*** we must reckon on [*or* with] it snowing; ***wir haben nicht mehr damit gerechnet, dass du noch kommst*** we didn't expect you still to come; *s. a.* **schlimm** ④ (*fam: Haus halten*) ■**[mit etw] ~** to economize [*or* budget carefully] [with sth]; ***wir müssen mit jedem Pfennig ~*** we have to watch every penny **III.** *vr* (*mit Gewinn zu kalkulieren sein*) ■**sich ~** to be profitable; ***es rechnet sich einfach nicht*** it simply doesn't pay [*or* isn't profitable]

Rẹchnen <-s> *nt kein pl* ① (*Schulfach*) arithmetic ② (*das Ausrechnen*) working out; **am ~ sein** to be working [sth] out

Rẹchner <-s, -> *m* ① (*Taschenrechner*) calculator ② INFORM computer; **festprogrammierter ~** fixed-program computer

Rẹchner(in) <-s, -> *m(f)* arithmetician; **ein guter/schlechter ~ sein** to be good/bad at figures [*or* arithmetic]; **ein eiskalter** [*o* **kühler**] **~ sein** (*fig*) to be coldly [*or* coolly] calculating

rẹchnergesteuert *adj inv* INFORM computer-controlled **rẹchnergestützt** *adj inv, meist attr* INFORM computer-aided

rẹchnerisch I. *adj* arithmetic[al]; **~er Gewinn** paper profit **II.** *adv* ① (*kalkulatorisch*) arithmetically; **~ richtig** arithmetically correct ② (*durch Rechnen*) by calculation; **rein ~** purely arithmetically, as far as the figures go

Rẹchnersimulation *f* computer simulation **rẹchnerunterstützt** *adj* computer-aided **Rẹchnerverbund** *m* INFORM [computer] network

Rẹchnung <-, -en> *f* ① (*schriftliche Abrechnung*) bill, AM *a.* check; JUR, ÖKON invoice, bill; ***darf ich bitte die ~ kassieren?*** would you like to pay now?; ***„~ beiliegend“*** "invoice enclosed"; **auf die ~ kommen** to be put on [*or* added to] the bill; **jdm die ~ machen** to make out the bill for sb; **etw auf die ~ setzen** to put sth on the bill; **[jdm] etw in ~ stellen** [*o* **setzen**] to charge [sb] for sth; **eine ~ ausstellen** to invoice; **eine ~ begleichen/stornieren** to settle/cancel an invoice; **die ~ beläuft sich auf** [*o* **macht**] [*o* **beträgt**]**...** the bill [*or* total] comes to ...; **laufende ~** current account; **auf ~ [bestellen/kaufen]** [to order/to buy] on account; **auf feste ~ kaufen** to buy firm; **laut ~** as per invoice; **auf** [*o* **für**] **eigene ~** out of one's own pocket; **auf Ihre ~** to your account; **fällige ~** bill for collection; **auf** [*o* **für**] **eigene ~ [und Gefahr]** ÖKON at one's own expense [and risk]; ***ich arbeite auf eigene ~*** I work for myself; **auf jds ~ gehen** (*von jdm bezahlt werden*) to go on sb's account; (*verantwortlich für etw sein*) to be down [*or* AM up] to sb; ***das geht auf meine ~*** I'm paying for this ② (*Berechnung*) calculation; **die ~ stimmt nicht** [*o* **geht nicht auf**] the sum just doesn't work; **nach meiner ~** according to my calculations; **etw außer ~ lassen** to leave sth out of the equation ► WENDUNGEN: **die ~ ohne den <u>Wirt</u> machen** to fail to reckon with [*or* on] sb/sth; ***wir haben die ~ ohne den Wirt gemacht*** there's one thing we didn't reckon with; **jds ~ [bei jdm] <u>geht</u>/<u>geht</u> nicht auf** sb's plans [*or* intentions] [for sb] are/aren't working out; **mit jdm eine [alte] ~ zu <u>begleichen</u> haben** to have a[n old] score to settle with sb; **[bei etw] auf seine ~ <u>kommen</u>** to get [*or* have] one's money's worth [out of sth], to get what one expected [from sth]; **jdm die ~ [für etw] <u>präsentieren</u>** to bring sb to book [*or* make sb pay] [for sth]; ***dir wird eines Tages auch noch die ~ präsentiert werden*** one day you too will be called to account; **etw *dat* ~ <u>tragen</u>** (*geh*) to take account of sth, to take sth into account, to bear sth in mind; **etw auf seine ~ <u>nehmen</u>** to take responsibility for sth

Rẹchnungsabgrenzung *f* FIN accruals and deferrals *pl* **Rẹchnungsabgrenzungsposten** *pl* FIN deferred items, accrued and deferred items, accruals and deferrals **Rẹchnungsabschluss**[RR] *m* FIN balance [*or* closing] of accounts **Rẹchnungsabteilung** *f* ÖKON (*selten*) accounting [*or* accounts] department, accounts *npl* **Rẹchnungsausstellung** <-> *f kein pl* ÖKON invoicing *no pl,* billing *no pl* **Rẹchnungsbetrag** *m* [total] amount of a/the bill [*or* AM *a.* check] [*or* invoice]; **fälliger ~** balance due **Rẹchnungsbuch** *nt* account[s] book **Rẹchnungsdatum** *nt* billing date, date of invoice **Rẹchnungsführer(in)** <-s, -> *m(f)* ① (*Kassenwart*) treasurer ② AGR (*Buchhalter*) bookkeeper **Rẹchnungsführung** *f* ÖKON bookkeeping *no pl,* accounting *no pl,* accountancy *no pl* **Rẹchnungshof** *m* audit office, BRIT *a.* ≈ Auditor General's Department; **~ der Europäischen Gemeinschaften** European Community Auditor-General's Office **Rẹchnungsjahr** *nt* financial [*or* fiscal] year **Rẹchnungslegung** *f* JUR accounting, rendering of account; **~ eines Unternehmens** company reporting; **zur ~ verpflichtet** accountable **Rẹchnungslegungspflicht** *f* FIN accountability, reporting requirements *pl* **Rẹchnungslegungsvorschriften** *pl* JUR statutory accounting requirements **Rẹchnungsnummer** *f* HANDEL invoice number **Rẹchnungsprüfer(in)** <-s, -> *m(f)* auditor **Rẹchnungsprüfung** *f* FIN audit; **betriebliche ~** internal audit **Rẹchnungsstellung** *f* FIN invoicing **Rẹchnungssumme** *f* total **Rẹchnungswesen** <-s> *nt kein pl* ÖKON accountancy *no pl,* accounting *no pl*

rẹcht I. *adj* ① (*passend*) right; ***die richtige Person am ~en Ort*** the right person in the right place ② (*richtig*) right; **auf der ~en Spur sein** to be on the right track; **~ daran tun, etw zu tun** (*geh*) to be right to do sth; ***ganz ~!*** quite right! ③ (*wirklich*) real; **eine ~e Enttäuschung/ein ~er Mann** a real disappointment/a real man; ***ich habe heute keine ~e Lust*** I don't really feel up to it today ④ (*angenehm*) ■**jdm ist etw ~** sth is all right with sb; **das soll mir ~ sein** that's fine [*or fam* OK] by me; ***dieser Kompromiss ist mir durchaus nicht ~*** I'm not at all happy with this compromise; ***ist Ihnen der Kaffee so ~?*** is your coffee all right?; ■**jdm ist es ~, dass/wenn ...** it's all right with sb that/if ...; ***mir ist es keineswegs ~, dass ...*** I'm not at all happy that ...; (*in Ordnung*) all right, OK *fam;* **ist schon ~** that's all right [*or fam* OK]; ***ja, ja, ist schon ~!*** (*fam*) yeah, yeah, OK! *fam;* (*angemessen*) right; **alles, was ~ ist** (*ich bitte Sie!*) fair's fair; (*alle Achtung!*) respect where it's due! ⑤ SCHWEIZ, SÜDD (*anständig*) decent, respectable; **bei jdm einen ~en Eindruck machen** to give sb the impression of being a respectable person; **etwas/nichts Rechtes** a proper/not a proper job; (*angemessen*) appropriate ► WENDUNGEN: **nicht mehr als ~ und <u>billig</u> sein** to be only right and proper; **was dem einen ~ ist, ist dem andern <u>billig</u>** (*prov*) what's sauce for the goose is sauce for the gander *prov;* **irgendwo nach dem Rechten <u>sehen</u>** [*o* **<u>schauen</u>**] to see that everything's all right somewhere; **das <u>soll</u> jdm ~ sein** to be fine with sb **II.** *adv* ① (*richtig*) correctly; ***höre ich ~?*** am I hearing things?; ***ich sehe doch wohl nicht ~*** I must be seeing things; ***versteh mich bitte ~*** please don't misunderstand me; *s. a.* **Annahme, Trost** ② (*genau*) really; **nicht so ~** not really; **nicht ~ wissen** to not really know [*or* be sure] ③ (*ziemlich*) quite, rather; (*gehörig*) properly; **jdn ~ loben/verprügeln** to highly praise sb/roundly beat sb ④ (*fam: gelegen*) **jdm gerade ~ kommen** [*o* **sein**] to come just in time [*or* at just the right time] [for sb]; (*iron*) to be all sb needs; ***du kommst mir gerade ~*** you're all I need[ed]; (*zufriedenstellend*) right; **jdm nichts ~ machen können** to be able to do nothing right for sb; **man kann es nicht allen ~ machen** you cannot please everyone; **jdm ~ geschehen** to serve sb right ► WENDUNGEN: **<u>jetzt</u>** [*o* **<u>nun</u>**] **erst ~** now more than ever; ***jetzt tue ich es erst ~*** that makes me even [*or* all the] more determined to do it, now I'm definitely going to do it

Rẹcht <-[e]s, -e> *nt* ① *kein pl* JUR (*Rechtsordnung*) law; **~ des Erfüllungsortes** lex loci solutionis; **~ des Gerichtsortes** lex fori; **~ der unerlaubten Handlungen** law of torts; **~ des Kaufvertrags** law of sales; **~ der belegenen Sache** lex situs [*or* rei sitae]; **das ~ des Stärkeren** the law of the jungle; **~ des Vertragsortes** lex loci contractus; **akzessorisches ~** accessory right; **alleiniges/veräußerliches ~** sole/alienable right; **ausländisches ~** foreign law; **bürgerliches/kirchliches** [*o* **kanonisches**]**/öffentliches ~** civil/canon/public law; **dis-**

R

positives ~ optional rules *pl*, flexible law; **formelles/materielles ~** procedural/substantive law; **geltendes ~** prevailing law; **objektives ~** objective law; **positives ~** positive law; **zwingendes ~** cogent [*or* binding] law; **ein ~ ausüben/verlieren** to exercise/forfeit a right; **ein ~ begründen/genießen** to establish/enjoy a right; **das ~ brechen** to break the law; **~ sprechen** to dispense [*or* administer] justice [*or* the law]; **das ~ mit Füßen treten** to fly in the face of the law; **auf ein ~ verzichten** to relinquish a right; **nach geltendem ~** under existing law ❷ (*juristischer od. moralischer Anspruch*) right; ■**jds ~ auf jdn/etw** sb's right to sb/sth; **~ auf Ablehnung eines Richters** right of rejection; **das ~ auf einen Anwalt/auf Verweigerung der Aussage** the right to a lawyer/to remain silent; ***das ~ auf Arbeit*** the right to work; **~ auf Entnahme** FIN right of withdrawal; **~ auf [rechtliches] Gehör** right to be heard [*or* of audience [in court]]; **~ auf ungestörte Nutzung** right of quiet enjoyment; **~ auf Prüfung der Bücher** FIN right to inspect the books; **abgeleitetes ~** derivative right; **dingliches ~** right in rem, real right; **grundstücksgleiches ~** full legal title to land; **subjektives ~** [individual's] right; **subjektiv dingliches ~** right ad [*or* in] rem; **wohlerworbenes ~** vested right [*or* interest]; **~e und Pflichten** laws and duties; ***gleiche ~e, gleiche Pflichten*** equal rights mean equal obligations; **jds ~e beeinträchtigen/verletzen** to encroach/to trespass upon sb's rights; **sein ~ fordern** [*o* **verlangen**] to demand one's rights; **ein ~ auf jdn/etw haben** to have a right to sb/sth; **zu seinem ~ kommen** to get justice [*or* one's rights]; **auf sein ~ pochen** [*o* **bestehen**] to insist on one's rights; **von ~s wegen** (*fam*) by rights; **ein ~ darauf haben, etw zu tun** to have a right to do sth; **alle ~e vorbehalten** all rights reserved; **wohlerworbene ~e** acquired [*or* vested] rights ❸ *kein pl* (*Befugnis, Berechtigung*) right; ***was gibt Ihnen das ~, ...?*** what gives you the right ...?; **[mit etw] ~ behalten** to be [proved] right [about sth]; ***wo/wenn er ~ hat, hat er ~*** when he's right, he's right; **auf seinem ~ beharren** to stand on one's rights; **sein ~ bekommen** [*o* **erhalten**] [*o fam* **kriegen**] to get one's rights [*or* justice] [*or* one's dues]; ***~ muss ~ bleiben*** the law is the law; **jdm ~ geben** to admit that sb is right, to agree with sb; **~ haben** to be [in the] right; **zu etw kein ~ haben** to have no right to sth; **sich** *dat* **das ~ vorbehalten, etw zu tun** to reserve the right to do sth; **im ~ sein** to be in the right; **das ~ ist auf jds Seite** right is on sb's side; **jds gutes ~ sein, [etw zu tun]** to be sb's [legal] right [to do sth]; ***gleiches ~ für alle!*** equal rights for all!; **mit welchem ~?** by what right?; **mit** [*o* **zu**] **~** rightly, with justification; ***und das mit ~!*** and rightly so!

Rẹchte <-n, -n> *f* ❶ (*rechte Hand*) right [hand]; **zu jds ~n, zur ~n von jdm** (*geh*) to [*or* on] sb's right, to [*or* on] the right of sb; SPORT right ❷ POL right, Right; **ein Vertreter der radikalen ~n** a representative of the extreme right

rẹchte(r, s) *adj attr* ❶ (*Gegenteil von linke*) right; **die ~e Seite** the right-hand side; ***das ~e Fenster/Haus*** the window/house on the right; **an den ~en Rand schreiben** to write in the right-hand margin; **auf der ~en Fahrbahn** [*o* **Spur**] **fahren** to drive in the right-hand lane; *s. a.* **Masche** ❷ (*außen befindlich*) the right way round, right side out; **etw auf der ~en Seite tragen** to wear sth the right way round [*or* right side out] ❸ POL right[-wing]; **der ~e Flügel der Partei** the right wing of the party; **~e Kreise/ein ~r Politiker** right-wing circles/a right-wing politician ❹ MATH **ein ~er Winkel** a right angle

Rẹchte(r) *f(m) dekl wie adj* POL right-winger

Rẹchteck <-[e]s, -e> *nt* rectangle

rẹchteckig *adj* rectangular

Rẹchtens *adj inv s.* **rechtens**

rẹchtens *adv inv* (*geh*) ❶ (*von Rechts wegen*) legally, by law; ■**~ sein** to be legal; ***~ wäre er dazu verpflichtet*** he would be legally bound [*or* committed] to it/that ❷ (*zu Recht*) rightly; ***er hat ~ behauptet, dass ...*** he rightly maintained that ...

rẹchtfertigen I. *vt* ❶ (*als berechtigt begründen*) ■**etw [gegenüber** [*o* **vor**] **jdm] ~** to justify sth [to sb]; ■**es [gegenüber** [*o* **vor**] **jdm] ~, etw getan zu haben** to justify [to sb] having done sth ❷ (*als berechtigt erscheinen lassen*) ■**etw ~** to justify sth; ***die besonderen Umstände ~ besondere Maßnahmen*** special circumstances warrant special measures II. *vr* (*sich verantworten*) ■**sich ~** to justify oneself

Rẹchtfertigung *f* justification; ■**zu jds ~** in sb's defence [*or* AM -se]; ■**zur ~ von etw** in justification of sth

Rẹchtfertigungsgrund *m* JUR legal justification

rẹchtgläubig *adj* orthodox **Rẹchtgläubigkeit** *f kein pl* orthodoxy

Rẹchthaber(in) <-s, -> *m(f)* (*pej*) self-opinionated person, dogmatist *form*; ***er ist so ein ~!*** he always thinks he's right, he's such a know-all!

Rechthaberei <-> *f kein pl* (*pej*) self-opinionatedness, dogmatism *form*

Rẹchthaberin <-, -nen> *f* (*pej*) *fem form von* **Rechthaber**

rẹchthaberisch *adj* (*pej*) self-opinionated, dogmatic

rẹchtlich I. *adj inv* JUR legal; (*rechtmäßig*) lawful; **~es Gehör** hearing in accordance with the law; **~e Verpflichtung** legal obligation II. *adv* JUR legally; (*rechtmäßig*) lawfully; **~ und tatsächlich** in law and in fact; **~ zu etw verpflichtet sein** to be bound by law [*or* legally bound] to do sth; **~ begründet** established in law; **~ [nicht] zulässig** [not] permissable in law, [il]legal

rẹchtlos *adj* without rights *pred*; ■**~ sein** to be without [*or* have no] rights

Rẹchtlose(r) *f(m) dekl wie adj* person without [*or* with no] rights

Rẹchtlosigkeit <-> *f kein pl* lack of rights; **in völliger ~ leben** to have no rights at all

rẹchtmäßig *adj* ❶ (*legitim*) lawful, rightful, legitimate ❷ (*legal*) legal, in accordance with the law; **nicht ~** illegal, not in accordance with the law

Rẹchtmäßigkeit <-> *f kein pl* ❶ (*Legitimität*) legitimacy ❷ JUR lawfulness, legality

rẹchts I. *adv* ❶ (*auf der rechten Seite*) on the right; ***dein Schlüsselbund liegt ~ neben dir*** your keys are just to your right; **etw ~ von etw aufstellen** to put [*or* place] sth to the right of sth; ***etwa 50 Meter ~ vor uns*** about 50 metres ahead of us on the right; **~ oben/unten** at the top/bottom on the right; **nach ~** to the right; **von ~** from the right; ***~ um!*** MIL right turn! [*or* AM face!] ❷ TRANSP (*nach rechts*) [to the] right; **~ abbiegen** [*o* **einbiegen**] to turn [off to the] right; **sich ~ einordnen** to get into the right-hand lane; **~ ranfahren** to pull over to the right; (*auf der rechten Seite*) on the right; ***halte dich ganz ~*** keep to the right; **~ vor links** right before left; *s. a.* **Auge, Mitte** ❸ POL right; **~ eingestellt sein** to lean to the right; **~ [von jdm/etw] stehen** [*o* **sein**] to be on the right [of sb/sth], to be right-wing ❹ (*richtig herum*) the right way round, right side out; **etw auf ~ drehen** [*o geh* **wenden**] to turn sth the right way round [*or* on its right side] ❺ (*beim Stricken*) **zwei ~, zwei links** knit two, purl two, two plain, two purl; **~ stricken** to knit plain ▶ WENDUNGEN: **nicht mehr wissen, wo ~ und links ist** (*fam*) to not know whether one is coming or going *fam*; **von ~ nach links** from right to left II. *präp* ■**~ einer S.** + *gen* to [*or* on] the right of sth; **~ des Flusses** on the right bank of the river

Rẹchtsabbieger <-s, -> *m* car, bicycle, driver etc. turning right **Rẹchtsabbiegerspur** *f* lane for turning right **Rẹchtsabteilung** *f* JUR legal department **Rẹchtsakt** *m* JUR act of law **Rẹchtsallianz** *f* POL right-wing alliance **Rẹchtsangelegenheit** *f* JUR legal matter, matter of law **Rẹchtsangleichung** *f* JUR harmonization of laws [*or* legislation] **Rẹchtsanspruch** *m* legal right [*or* entitlement]; **einen ~ gerichtlich durchsetzen** to assert a legal right [*or* claim] [*or* entitlement] [through the courts]; **jds Rechtsansprüche vertreten** to protect [*or* safeguard] sb's legal right [*or* entitlement]; **von** [*o* **aus**] **etw** *dat* **einen ~ auf etw** *akk* **ableiten** to use sth to establish a legal right [*or* claim] [*or* entitlement] to sth

Rẹchtsanwalt, -anwältin *m, f* lawyer, solicitor BRIT, attorney AM; (*vor Gericht*) barrister BRIT, lawyer AM; **sich** *dat* **einen ~ nehmen** to get a lawyer

Rẹchtsanwaltsgebühren *pl* JUR lawyer's [*or* legal] fees **Rẹchtsanwaltskammer** *f* JUR chamber of lawyers **Rẹchtsanwaltskanzlei** *f* lawyer's office, BRIT *a.* chambers *pl*

Rẹchtsanwendung *f* JUR application of the law; **einheitliche/extraterritoriale ~** uniform/extra territorial application of the law **Rẹchtsauffassung** *f* conception of legality **Rẹchtsaufsicht** *f* JUR legal supervision **Rẹchtsauskunft** *f* [piece of] legal advice **Rẹchtsausleger(in)** <-s, -> *m(f)* SPORT southpaw **Rẹchtsausschuss**[RR] *m* judicial committee

Rechtsaußen <-, -> *m* ❶ FBALL right wing[er] ❷ POL (*fam*) extreme right-winger, sb on the far-right

Rẹchtsausübung *f kein pl* JUR exercise of a right; **Unzulässigkeit der ~** estoppel; **missbräuchliche ~** misuse of a legal right; **unzulässige ~** improper exercise of a right **Rẹchtsbegriff** *m* JUR legal concept; **unbestimmter ~** grey legal concept **rẹchtsbegründend** *adj inv* JUR constitutive, law-creating **Rẹchtsbehelf** *m* JUR legal remedy, appeal on a point of law; **außergerichtlicher ~** extrajudicial remedy; **~ einlegen** to lodge an appeal **Rẹchtsbehelfsbelehrung** *f* JUR advice on applicable [legal] remedies

Rẹchtsbeistand *m* ❶ (*juristisch Sachkundiger*) legal adviser ❷ *kein pl* (*juristische Sachberatung*) legal advice *no pl, no indef art* **Rẹchtsberater(in)** *m(f)* legal adviser **Rẹchtsberatung** *f* JUR ❶ (*Beratung in Rechtsangelegenheiten*) legal advice *no pl, no indef art*; **unentgeltliche ~** [free] legal aid ❷ (*Rechtsberatungsstelle*) legal advice *no pl, no art* **Rẹchtsberatungsmissbrauch**[RR] *m* JUR legal aid abuse **Rẹchtsbeschwerde** *f* JUR appeal on a point of law; **~ in Bußgeldsachen** to appeal against a fine; **~ einlegen** to lodge an appeal **Rẹchtsbeschwerdefrist** *f* JUR deadline for appeals **Rẹchtsbeschwerdeverfahren** *nt* JUR appellate procedure **Rẹchtsbeugung** *f* JUR perversion [*or* miscarriage] of justice; **eine ~ begehen** to pervert the course of justice **Rẹchtsbewusstsein**[RR] *nt* sense of right and wrong **Rẹchtsbeziehungen** *pl* JUR legal relations **Rẹchtsbindungswille** *m* JUR intention to create legal relations **Rẹchtsbrecher(in)** <-s, -> *m(f)* lawbreaker, criminal **Rẹchtsbruch** *m* breach of the law; **einen ~ begehen** to commit a breach of the law

rẹchtsbündig TYPO I. *adj* right justified, ranged [*or* AM flush] right II. *adv* with right justification; **etw ~ ausdrucken** to print sth out with right justification; **~ anordnen/ausrichten** to right justify

rẹchtschaffen I. *adj* ❶ (*redlich*) honest, upright ❷ (*fam: ziemlich*) really; **~en Durst/Hunger haben** to be really thirsty/hungry II. *adv* ❶ (*redlich*) honestly ❷ (*fam: ziemlich*) really; **~ durstig/hungrig etc** to be really thirsty/hungry etc; (*fam: nach Kräften*) really; **sich ~ anstrengen/bemühen** to try really hard

Rẹchtschaffenheit <-> *f kein pl* honesty *no pl*, uprightness *no pl*

Rẹchtscharakter *m* JUR legal character, status in law

rẹchtschreiben *vi nur infin* to spell

Rẹchtschreiben <-s> *nt kein pl* spelling *no pl, no indef art*; **im ~ schwach/stark sein** to be poor/good at spelling

Rẹchtschreibfehler *m* spelling mistake; **~ machen** to make spelling mistakes; **einen ~ machen** to make a spelling mistake **Rẹchtschreibhilfe** *f* INFORM spell [*or* spelling] checker **Rẹchtschreibprogramm** *nt* INFORM spelling programm **Rẹchtschreibprüfprogramm** *nt* INFORM spellchecker, spelling checker; **automatisches ~** automatic error correction **Rẹchtschreibprüfung** *f* INFORM spell checker; ~ **ausführen** to spellcheck **Rẹchtschreibreform** *f* spelling reform **Rẹchtschreibschwäche** *f* weak spelling

Rẹchtschreibung *f* spelling *no pl, no indef art*

Rẹchtsdrall *m eines Geschosses* clockwise spin; **einen ~ haben** POL *(fam)* to lean to the right **Rẹchtsdrehung** *f* turn to the right; PHYS dextrorotation **Rẹchtsdurchsetzung** *f* JUR law enforcement **Rẹchtseinheit** *f* JUR legal uniformity **Rẹchtseinwand** *m,* **Rẹchtseinwendung** *f* JUR demurrer [at law], objection; ~ **erheben** to demur **Rẹchtsempfinden** *nt* sense of [what is] right and wrong; JUR sense of justice; **nach jds ~** by sb's sense of right and wrong **Rẹchtsentscheid** *m* JUR legal decision **Rẹchtsentwicklung** *f* JUR development of the law **rẹchtserheblich** *adj inv* JUR legally relevant, relevant in law *pred;* **~e -nderung** material alteration **Rẹchtserheblichkeit** *f kein pl* JUR relevance in law **rẹchtsextrem** *adj inv* extreme right-wing **Rẹchtsextremismus** <-> *m kein pl* POL right-wing extremism *no pl* **Rẹchtsextremist(in)** *m(f)* right-wing extremist **rẹchtsextremistisch** *adj* POL right-wing extremist **rẹchtsfähig** *adj inv, pred* JUR judicable, having legal capacity **Rẹchtsfähigkeit** <-> *f kein pl* JUR legal capacity *no pl,* juristic personality *no pl* **Rẹchtsfall** *m* JUR law [*or* court] case; **schwebender ~** pending case **Rẹchtsfehler** *m* JUR legal mistake, error in law **Rẹchtsfindung** *f kein pl* JUR legal finding; **die ~ behindern** to obstruct the course of justice **Rẹchtsfolge** *f* JUR legal consequence; **~n für Gläubiger/Schuldner** legal consequences for creditors/debtors; **~n ausschließen** to refuse to accept legal responsibility **Rẹchtsform** *f* JUR legal form **Rẹchtsformänderung** *f* JUR change of legal form **Rẹchtsfrage** *f* JUR question of law, legal question [*or* issue] **rẹchtsfrei** *adj inv* JUR **~er Raum** area not regulated by law **Rẹchtsfrieden** *m* JUR law and order **Rẹchtsgebiet** *nt* JUR field of law, legal sphere **Rẹchtsgelehrte(r)** *f(m)* JUR legal scholar **Rechtsgemeinschaft** *f* JUR community of rights, legal community **rẹchtsgerichtet** *adj* POL right-wing **Rẹchtsgeschäft** *nt* JUR legal transaction; **einseitiges ~** unilateral transaction; **sittenwidriges ~** transaction contrary to public morality [*or* contra bonos mores]; **unwirksames ~** void and voidable transaction **Rẹchtsgewinde** *nt* TECH right-hand thread **Rẹchtsgrund** *m* JUR cause in law, legal basis **Rẹchtsgrundlage** *f* legal basis **Rẹchtsgrundsatz** *m* JUR principle of law; **allgemeine Rechtsgrundsätze** generally accepted legal principles **rẹchtsgültig** I. *adj inv* JUR legal, legally valid, in due form *pred;* ~ **sein** to be in force [*or* good in law]; **~e Quittung** proper [*or* effectual] receipt II. *adv* valid in law; **etw für ~ erklären, etw ~ machen** to validate sth **Rẹchtsgültigkeit** *f kein pl* JUR legal force, validity in law **Rẹchtsgut** *nt* JUR legal asset, object of legal protection **Rẹchtsgutachten** *nt* JUR legal opinion [*or* expertise]; **ein ~ einholen** to take legal opinion **Rẹchtsgutsverletzung** *f* JUR violation [*or* infringement] of a legally protected matter

Rẹchtshänder(in) <-s, -> *m(f)* right-hander, right-handed person; ~ **sein** to be right-handed **rẹchtshändig** I. *adj* right-handed II. *adv* right-handed, with one's right hand

Rẹchtshandlung *f* JUR legal act; **Widerruf einer ~** revocation of a legal act

rẹchtshängig *adj inv* JUR pending at law [*or* in court], sub judice

Rẹchtshängigkeit *f kein pl* JUR pendency, lis pendens; **vor ~** before pendency of the claim; **während ~** while proceedings are pending, pendente lite

rẹchtsherum *adv* [round] to the right; **etw ~ drehen** to turn sth clockwise

Rẹchtshilfe *f* JUR legal assistance [*or* redress]; **kostenlose ~** [free] legal aid; ~ **leisten** to render legal assistance **Rẹchtshilfeabkommen** *nt* JUR agreement providing for mutual judicial assistance **Rẹchtshilfeersuchen** *nt* JUR request for judicial assistance, letters rogatory **Rẹchtsinhaber(in)** *m(f)* JUR holder of a right, entitled person **Rẹchtsinstitut** *nt* JUR legal institution **Rẹchtsinstrument** *nt* JUR legal instrument **Rẹchtsirrtum** *m* JUR judicial error, error in law **Rẹchtskollision** *f* JUR conflict of laws **Rẹchtskosten** *pl* JUR legal costs **Rẹchtskraft** *f kein pl* JUR res judicata, legal force; **formelle/materielle ~** non-appealability/res judicata **Rẹchtskraft** *f kein pl* legal force [*or* validity]; **vor ~ des Urteils** before the verdict becomes/became final; ~ **erlangen** to become law, to come into force **rẹchtskräftig** I. *adj* having the force of law, legally valid; **~es Urteil** final verdict; ■**~ sein** to be final; ■**~ werden** to come into force II. *adv* with the force of law; **jdn ~ verurteilen** to pass a final sentence on sb **Rẹchtskraftwirkung** *f* JUR res judicata effect **Rẹchtskraftzeugnis** *nt* JUR certificate of indefeasibility **Rẹchtskunde** *f* legal studies *pl* **rẹchtskundig** *adj* familiar with [*or* versed in] the law *pred* **Rẹchtskurve** [-və] *f* right-hand bend; **eine ~ machen** to [make a] bend to the right **Rẹchtslage** *f* legal position [*or* situation]

rẹchtslastig *adj* ❶ *(rechts zu sehr belastet)* **ein ~es Fahrzeug** a vehicle down at the right; **a ~es Boot** a boat listing to the right [*or* starboard] ❷ POL *(pej)* rightist, right-wing **Rẹchtslastigkeit** <-> *f kein pl* POL right-wing tendency **rẹchtsläufig** *adj inv* running from left to right **Rẹchtslenker** <-s, -> *m* AUTO right-hand drive vehicle **Rẹchtslücke** *f* JUR deficiency [*or* gap] in the law **Rẹchtsmangel** *m* JUR deficiency in title **Rẹchtsmängelhaftung** *f* JUR warranty of title, liability for sound title **Rẹchtsmedizin** *f* forensic [*or* legal] medicine, medical jurisprudence

Rẹchtsmissbrauch[RR] *m* JUR abusive exercise of a right, abuse of the law

Rẹchtsmittel *nt* means of legal redress; JUR right of appeal; **[gegen etw] ein ~ einlegen** to lodge an appeal [against sth] **Rẹchtsmittelantrag** *m* JUR application to institute appeal proceedings **Rẹchtsmittelbegründung** *f* JUR appellant's brief to support the appeal **Rẹchtsmittelbelehrung** *f* instruction on rights of redress [*or* appeal] **Rẹchtsmitteleinlegung** *f* JUR lodging an appeal **Rẹchtsmittelfrist** *f* JUR period allowed for appeal **Rẹchtsmittelführer** *m* JUR appellant **Rẹchtsmittelinstanz** *f* JUR court of appeal, appellate court **Rẹchtsmittelrichtlinien** *pl* JUR appeal rules **Rẹchtsmittelschrift** *f* JUR petition for review *(appellant's pleadings supporting their appeal)* **Rẹchtsmittelverfahren** *nt* JUR appellate proceedings *pl* **Rẹchtsmittelverzicht** *m* JUR waiver of legal remedy

Rẹchtsnachfolge *m* JUR legal succession, succession in title **Rẹchtsnachfolger(in)** *m(f)* legal successor, assign[ee] *spec* **Rẹchtsnachteil** *m* JUR legal detriment **Rẹchtsnatur** *f* JUR legal nature [*or* status]; ~ **der Beschlüsse/des Vertrags** legal status of the decision/contract **Rẹchtsnorm** *f* JUR legal rule, rule of law; **geltende ~en** law of the land **Rẹchtsobjekt** *nt* JUR legal object **Rẹchtsordnung** *f* legal system; **sich an die ~ halten** to observe the law **Rẹchtsperson** *f* JUR legal entity **Rẹchtspersönlichkeit** *f* JUR legal entity [*or* personality]; **Nachweis der ~** proof of legal status **Rẹchtspflege** *f* JUR administration of justice; **Organe der ~** law enforcement officers; ~ **ausüben** to administer justice **Rẹchtspfleger(in)** <-s,> *m(f)* JUR registrar, BRIT *a.* master *spec* **Rẹchtspflicht** *f* JUR legal duty [*or* obligation] **Rẹchtspflichtmerkmal** *nt* JUR criterion of legal obligation **Rẹchtspflichtverletzung** *f* JUR infringement [*or* violation] of legal duties **Rẹchtsphilosophie** *f* JUR philosophy of law **rẹchtsprechend** *adj* JUR judicial; **~e Gewalt** judicial power

Rẹchtsprechung <-, *selten* -en> *f kein pl* dispensation of justice **Rẹchtsprechungsorgan** *nt* JUR court

Rẹchtsquellen *pl* JUR sources of the law; **steuerrelevante ~** tax-affecting sources of the law

rẹchtsradikal I. *adj* POL extreme right-wing II. *adv* with extreme right-wing tendencies; ~ ***eingestellt sein*** to have a tendency to the far-right

Rẹchtsradikale(r) *f(m) dekl wie adj* right-wing extremist

Rẹchtsradikalismus *m kein pl* right-wing radicalism *no pl*

rẹchtsrheinisch I. *adj* to [*or* on] the right of the Rhine II. *adv* to [*or* on] the right of the Rhine

Rẹchtsruck <-es, -e> *m* POL shift [*or* swing] to the right

rẹchtsrum *adv (fam) s.* **rechtsherum**

Rẹchtsrutsch *m* POL swing to the right **Rẹchtssache** *f* JUR case, legal matter; **vorliegende ~** case before the court; **eine ~ einer Kammer zuweisen** to assign a case to a court; **eine ~ zu späterer Entscheidung zurückstellen** to postpone a case for decision at a later date **Rẹchtsschein** *m* JUR colour [*or* AM -or] of law, prima facie entitlement **Rẹchtsscheinhaftung** *f* JUR prima facie liability **Rẹchtsscheinsanspruch** *m* JUR colourable [*or* AM -or-] title **Rẹchtsschöpfung** *f* lawmaking, creation of laws; ~ **durch die Gerichte** judicial lawmaking

Rẹchtsschutz *m kein pl* JUR legal protection, protection of the law; **gewerblicher ~** protection of industrial property; **umfassender ~** comprehensive legal protection; **vorläufiger ~** temporary relief **Rẹchtsschutzbedürfnis** *nt* JUR legitimate interest to take legal action **Rẹchtsschutzbegehren** *nt* JUR petition for relief by the court **Rẹchtsschutzgarantie** *f* JUR guarantee [*or* assurance] of legal protection **Rẹchtsschutzinteresse** *nt* JUR legitimate interest in the proceedings **Rẹchtsschutzversicherung** *f* legal costs [*or* expenses] insurance

rẹchtsseitig I. *adj* MED of [*or* on] the right[-hand] side; **~e Armamputation** amputation of the right arm; **~e Blindheit/Lähmung** blindness in the right eye/paralysis of the right side II. *adv* on the right side; ~ **gelähmt sein** to be paralysed [*or* AM -yzed] down the/one's right side **Rẹchtssetzung** *f* JUR legislation, lawmaking **rẹchtssicher** *adj* JUR legally secure **Rẹchtssicherheit** *f kein pl* JUR legal security, certainty of justice **Rẹchtsstaat** *m* state under [*or* founded on] the rule of law **rẹchtsstaatlich** *adj* founded on the rule of law *pred* **Rẹchtsstaatlichkeit** *f kein pl* rule of law *no pl, no indef art*

Rẹchtsstaatsgefährdung *f* JUR endangering the constitutional state **Rẹchtsstaatsprinzip** *nt* JUR principle of the due course of law **Rẹchtsstellung** *f* JUR legal position [*or* status]; ~ **gegenüber Dritten** legal position vis-à-vis third parties **Rẹchtsstreit** *m* litigation, legal proceedings *pl,* lis *spec;* **anhängiger ~** pending action [*or* litigation]; **den ~ führen** to litigate **Rẹchtsstreitigkeit** *f* JUR litigation, legal dispute; **bürgerliche ~en** civil action **Rẹchtssystem** *nt* legal system **rẹchtstheoretisch** *adj* JUR, PHILOS jurisprudential, concerning the theory of law *pred* **Rẹchtstitel** *m* JUR [legal] title **Rẹchtsträger** *m* JUR legal entity, holder of a right **Rẹchtsübergang** *m* JUR subrogation, transfer of a title **Rẹchtsübertragung** *f* JUR transfer [*or* assignment] of a right **Rẹchtsübertretung** *f* JUR infringement of a right

rechtsụm *adv* to the right; ~ ***kehrt!*** MIL right about turn! BRIT, about face! AM; ~ **kehrtmachen** *(fam)* to turn right [*or* make a right turn]

rẹchtsunfähig I. *adj inv* JUR incapable, legally incapacitated II. *adv* JUR legally incapacitated; **jdn für ~ erklären** to incapacitate sb **Rẹchtsunfähigkeit** *f kein pl* JUR [legal] incapacity *no pl* **rẹchtsungültig, rẹchtsunwirksam** *adj inv* JUR [legally] invalid, void; **etw ~ machen** to annul sth **Rẹchtsungültigkeit** *f kein pl,* **Rẹchtsunwirksamkeit** *f* JUR *kein pl* [legal] invalidity *no pl* **Rẹchtsunkenntnis** *f kein pl* JUR ignorance of the law, ignoratia legis **rẹchtsverbindlich** *adj inv* JUR legally binding, binding in law **Rẹchtsverbindlichkeit** *f kein pl* JUR legal force, binding effect **Rẹchtsverdreher(in)** <-s, -> *m(f)* ❶ *(hum fam: Anwalt)* brief *sl,* legal eagle *fam* ❷ *(pej: dubioser*

R

Rechtsanwalt) shyster *fam* **Rechtsvereinheitlichung** *f* JUR unification of the law
Rechtsverfolgung *f* JUR prosecution [of an action] **Rechtsverfolgungspflicht** *f* JUR duty to prosecute an action **Rechtsvergleichung** *f* JUR comparison of laws, comparative jurisprudence **Rechtsverhältnis** *nt* JUR legal relationship, relation; **vertragliches/vertragsähnliches ~** contractual/quasi-contractual relationship; **hinkende ~se** deficient legal relationships
Rechtsverkehr *m* driving on the right *no pl, no indef art*
Rechtsverletzung *f* JUR infringement of a right **Rechtsverlust** *m* JUR loss of a right **Rechtsvermutung** *f* JUR presumption of law **Rechtsverordnung** *f* statutory order, legal regulation **Rechtsvertreter(in)** *m(f)* JUR legal representative **Rechtsverweigerung** *f* JUR refusal [*or* denial] of justice **Rechtsverwirkung** *f* JUR forfeiture of a right, estoppel **Rechtsverzicht** *m* JUR disclaimer [*or* waiver] of a right **Rechtsvorgänger(in)** *m(f)* JUR predecessor in title, legal predecessor **Rechtsvorschrift** *f* JUR legal [*or* statutory] provision; **zwingende ~en** binding provisions
Rechtswahl *f*, **Rechtswahlmöglichkeiten** *pl* JUR choice of law **Rechtswahlklausel** *f* JUR choice-of-law clause **Rechtswahlvertrag** *m* JUR choice-of-law contract **Rechtswahrung** *f* JUR safeguarding of rights **Rechtsweg** *m kein pl* legal process; **jdm steht der ~ offen** sb has recourse to legal action [*or* the courts]; **den ~ beschreiten** (*geh*) to take legal action, to go to [the] court[s]; **ordentlicher ~** due course of law; **vorgeschriebener ~** due process of law **Rechtswegentscheidung** *f* JUR decision as to the course of justice **Rechtsweggarantie** *f* JUR guarantee of access to the courts **rechtswidrig** *adj* illegal, unlawful; **~e Handlung** unlawful action; **~e Tat** unlawful act **Rechtswidrigkeit** *f kein pl* JUR unlawfulness, illegality **rechtswirksam** *adj inv* JUR legally effective, valid; **etw ~ machen** to validate sth **Rechtswirksamkeit** *f* JUR legal validity [*or* force] **Rechtswirkung** *f* JUR legal effect [*or* consequence]; **ohne ~** invalid **Rechtswissenschaft** *f kein pl* (*geh*) jurisprudence *no pl form* **Rechtswohltat** *f* **~ des Zweifels** JUR benefit of doubt **Rechtszug** *m* JUR recourse to legal process
rechtwink(e)lig *adj* right-angled
rechtzeitig I. *adj* punctual; **~ ankommen** to arrive [*or* be] just in time; **~e Anmeldung** to apply in good time BRIT, early [enough] AM **II.** *adv* on time; ***Sie hätten mich ~ informieren müssen*** you should have told me in good time [*or* given me fair [*or* due] warning] **Rechtzeitigkeit** *f* punctuality; **~ der Zahlung** readiness in paying
Reck <-[e]s, -e> *nt* SPORT high [*or* horizontal] bar
Recke <-n, -n> *m* (*geh*) warrior
recken I. *vt* ■**etw [irgendwohin] ~** to stretch sth [somewhere]; **den Hals/Kopf [nach oben] ~** to crane one's neck [upwards]; **seine Glieder ~** to [have a] stretch; **die Faust gegen jdn ~** to raise one's fist to sb **II.** *vr* ■**sich [irgendwohin] ~** to stretch [oneself] [somewhere], to have a stretch; ***recke dich nicht so weit aus dem Fenster*** don't lean so far out of the window
Recorder <-s, -> *m* ❶ (*Kassettenrecorder*) cassette recorder ❷ (*Videorecorder*) video [recorder]
recycelbar [ri'saiklbaːɐ] *adj inv* ÖKOL recyclable
recyceln* [ri'saikln] *vt* ■**etw ~** to recycle sth; ■**recycelt werden** to be recycled; ■**recycelt werden können** to be able to be recycled, to be recyclable
Recycling <-s> [ri'saiklɪŋ] *nt kein pl* recycling
recyclinggerecht *adj* recyclable, suitable for recycling **Recyclingpapier** [ri'saiklɪŋ-] *nt* recycled paper
Redakteur(in) <-s, -e> [redak'tøːɐ] *m(f)* editor
Redaktion <-, -en> *f* ❶ (*redaktionelles Büro*) editorial department [*or* office[s]] ❷ (*Mitglieder eines redaktionellen Büros*) editorial staff ❸ *kein pl* (*das Redigieren*) editing
redaktionell I. *adj* editorial; **~e Bearbeitung** editing; ***die ~e Leitung hat Dr. Gerharz*** the editor is Dr. Gerharz **II.** *adv* editorially; **etw ~ bearbeiten** [*o* **überarbeiten**] to edit [*or* revise] sth
Redaktionskonferenz *f* editorial conference **Redaktionsleiter(in)** *m(f)* head of the/an editorial department **Redaktionsmitglied** *nt* member of the/an editorial department **Redaktionsschluss**[RR] *m* time of going to press
Rede <-, -n> *f* ❶ (*Ansprache*) speech; **eine ~ halten** to make a speech; **in freier ~** without notes; **große ~n führen** [*o fam* **schwingen**] to talk big *fam;* **direkte/indirekte ~** LING direct/indirect speech ❷ (*das [miteinander] Sprechen*) talk; **meine/seine/... ~ sein** to be my/his/... opinion; ***das war schon immer meine ~!*** that's what I've always said; **wovon ist die ~?** what's it [all] about?; **von jdm/etw ist die ~** there is talk [*or* mention] of sb/sth; ***es war gerade von dir die ~*** we/they were just talking about you; **die ~ kam auf jdn/etw** the conversation [*or* talk] turned to sb/sth ❸ *pl* (*Äußerungen*) language *no pl;* ***das sind nur ~n*** those are just words, that's just talk ▶ WENDUNGEN: **[jdm] [für etw] ~ und Antwort stehen** to account [to sb] [for sth]; ***der Minister wollte den Journalisten ~ und Antwort stehen*** the minister wanted to give the journalists a full explanation; **jdn [für etw] zur ~ stellen** to take sb to task [for [*or* about] sth]; **der langen ~ kurzer Sinn** (*prov*) the long and the short of it; **langer Rede kurzer Sinn** (*fam*) in short [*or* a word]; **nicht der ~ wert sein** to be not worth mentioning; ***das ist doch nicht der ~ wert!*** don't mention it!; **davon kann keine ~ sein** that's [*or* it's] out of the question, there can be no question of that
Redefluss[RR] *m kein pl* flow of words; ***ich musste seinen ~ unterbrechen*** I had to interrupt him in mid-flow **Redefreiheit** *f kein pl* freedom of speech **redegewandt** *adj* (*geh*) eloquent **Redegewandtheit** <-> *f kein pl* eloquence *no pl* **Redekunst** *f kein pl* rhetoric *no pl*
reden I. *vi* ❶ (*sprechen*) to talk, to speak; ■**mit jdm [über jdn/etw] ~** to talk to sb [about sb/sth]; ■**mit sich selbst ~** to talk to oneself; **so nicht mit sich ~ lassen** to not let oneself be talked [*or* spoken] to in such a way [*or* like that]; **du hast gut [*o* leicht] ~** it's easy [*or* all very well] for you to talk; **mit jdm zu ~ haben** to need to speak to sb; ***die Chefin hat mit dir zu ~*** the boss would like to have a word with you; *s. a.* **Silber** ❷ (*sich unterhalten*) ■**[miteinander] [über jdn/etw] ~** to talk [about sb/sth] [*or* discuss [sb/sth]] [together]; ***über manche Themen wurde zu Hause nie geredet*** some topics were never discussed at home; ■**das Reden** talk; **~ wir nicht mehr davon [*o* darüber]** let's not talk [*or* speak] about it any more; **~ *Sie doch nicht!*** (*fam*) come off it! *fam;* **genug geredet** enough talk[ing]; *s. a.* **Wand** ❸ (*Gerüchte verbreiten*) ■**[über jdn/etw] geredet werden** to be said [of sb/sth], there is talk [about sb/sth]; ***es wird bereits über dich geredet*** you are already being talked about; ■**über jdn/etw ~** to talk about sb/sth ❹ (*eine Rede halten*) to speak; ■**über etw** *akk* **~** to speak about [*or* on] sth ❺ (*ausdiskutieren, verhandeln*) to talk, to discuss; **über etw** *akk* **lässt [*o* ließe] sich** *akk* **~** we can discuss sth; ***darüber lässt sich ~*** that's a possibility, we can certainly discuss that; **über etw** *akk* **lässt [*o* ließe] sich** *akk* **eher ~** to be more like it; **mit sich** *dat* **[über etw** *akk***] ~ lassen** (*sich umstimmen lassen*) to be willing to discuss [sth] [*or* open to persuasion]; (*mit sich verhandeln lassen*) to be open to offers; **nicht mit sich** *dat* **[über etw** *akk***] ~ lassen** (*bei seiner Entscheidung bleiben*) to be adamant [about sth] ❻ (*sl: etw verraten, gestehen*) to talk, to come clean *fam;* **jdn zum R~ bringen** to make sb talk; ***nun red' schon, was hat er gesagt?*** come on, spill the beans, what did he say? *fam* ▶ WENDUNGEN: **das ist ja mein Reden** (*fam*) that's what I've been saying; **[viel] von sich ~ machen** to be[come] [very much] a talking point; ***der Film, der so viel von sich ~ macht, hält nicht, was er verspricht*** the film which everyone is talking about doesn't live up to expectations **II.** *vt* ❶ (*sagen*) ■**etw ~** to talk [*or* say] sth; **Unsinn [*o fam* Blödsinn] ~** to talk nonsense; ***ich möchte gerne hören, was ihr redet*** I'd like to hear what you're saying; *s. a.* **Seele, Wort** ❷ (*klatschen*) ■**[über jdn/etw] geredet werden** to be said [about sb/sth]; ***es wird schon über uns geredet*** we're being talked about; ■**etw [über jdn/etw] ~** to say sth [about sb/sth] **III.** *vr* (*sich durch Reden in einen Zustand steigern*) ■**sich** *akk* **in etw** *akk* **~** to talk oneself into sth; **sich in Rage/Wut ~** to talk oneself into a rage/fury; **sich in Begeisterung ~** to get carried away with what one is saying; ■**sich +** *adj* **~** to talk oneself ...; **sich heiser ~** to talk oneself hoarse
Redensart *f* ❶ (*feststehender Ausdruck*) expression; ***das ist nur so eine ~*** it's just a figure of speech; **eine feste [*o* stehende] ~** *a. pej* a stock phrase ❷ *pl* (*pej: leere Versprechung*) empty words [*or* talk]
Redenschreiber(in) *m(f)* speech writer
Redeschwall <-[e]s> *m kein pl* (*pej*) torrent of words **Redeverbot** *nt* ban on speaking; **jdm ~ erteilen** to ban sb from speaking **Redeweise** *f* manner [*or* style] of speaking **Redewendung** *f* idiom, idiomatic expression **Redezeit** *f* time [allotted] for speaking [*or* talking]; **die ~ auf 5 Minuten begrenzen [*o* festsetzen]** to restrict speakers to 5 minutes; ***Ihre ~ ist abgelaufen*** your time [for speaking] has run out
redigieren* *vt* ■**etw ~** to edit sth
rediskontfähig *adj inv* FIN rediscountable, eligible for rediscount *pred*
Rediskontierung *f* JUR rediscounting
Rediskontkredit *m* FIN rediscount credit
redlich I. *adj* ❶ (*aufrichtig*) honest, upright ❷ (*sehr groß*) real; ***es kostete mich ~e Anstrengungen, ihn zu überzeugen*** it took a real effort to convince him **II.** *adv* really; ***wir werden uns ~ anstrengen müssen*** we'll really have to make an effort
Redlichkeit <-> *f kein pl* honesty *no pl*
Redner(in) <-s, -> *m(f)* speaker, orator *form;* ***ein guter/überzeugender ~ sein*** to be a good/convincing speaker; **kein guter/großer ~ sein** to not be a good speaker/to be no great orator
Rednerbühne *f* platform, rostrum
rednerisch I. *adj* oratorical, rhetorical **II.** *adv* oratorically, rhetorically; **~ begabt sein** to be a gifted speaker [*or form* a great orator]
Rednerpult *nt* lectern
Redoxpotenzial[RR] *nt* CHEM redox potential **Redoxreaktion** *f* CHEM redox reaction
redselig *adj* talkative
Redseligkeit <-> *f kein pl* talkativeness *no pl*
Reduktion <-, -en> *f* (*form*) reduction, diminution
Reduktionsmittel *nt* CHEM, PHYS reducing agent **Reduktionsteilung** *f* BIOL reductional division
redundant *adj inv* (*geh*) redundant
Redundanz <-, -en> *f* LING redundancy *no pl*
Reduplikation *f* LING reduplication
reduzierbar *adj inv* ■**auf etw** *akk* **~ sein** to be reducible to sth
reduzieren* *vt* ■**etw ~** to reduce sth
reduziert I. *pp und 3. pers sing von* **reduzieren** **II.** *adj inv* reduced; **stark ~e Ware** heavily discounted [*or* reduced] product [*or* goods]
Reduzierung <-, -en> *f* reduction; **eine ~ der Kosten** a reduction in costs
Reede <-, -n> *f* NAUT safe anchorage, road[s] [*or* roadstead] *spec;* **auf ~ liegen** to lie in the roads
Reeder(in) <-s, -> *m(f)* shipowner
Reederei <-, -en> *f* shipping company [*or* line]
Reederhaftung *f* JUR liability of shipowners
Reederin <-, -nen> *f fem form von* **Reeder**
reell *adj* ❶ (*tatsächlich*) real; **eine/keine ~e Chance haben** to stand a/no real [*or* fighting] chance ❷ (*anständig*) honest, straight; **ein ~es Angebot** a fair [*or* decent] offer; **ein ~er Preis** a realistic [*or* fair] price; **ein ~es Geschäft** a sound [*or* solid] business ❸ (*fam*) ■**[et]was R~es** the real thing
Reet <-s> *nt kein pl* NORDD (*Ried*) reeds *pl*
Reetdach *nt* thatched roof **reetgedeckt** *adj*

thatched

Reexport *m* ÖKON re-export

REFA *f* ÖKON *Akr von* **Verband für Arbeitsgestaltung, Betriebsorganisation und Unternehmensentwicklung** REFA (*Association for Work Design/ Work Structure, Industrial Organization and Corporate Development*)

REFA-Fachmann, -frau <-[e]s, -leute *o selten* -männer> *m, f* ÖKON REFA expert

Refektorium <-s, -rien> [-riən] *nt* refectory

Referat¹ <-[e]s, -e> *nt* [seminar] paper; (*in der Schule*) project; **ein ~ [über jdn/etw] halten** to present a paper/project [on sb/sth]

Referat² <-[e]s, -e> *nt* ADMIN department

Referendar(in) <-s, -e> *m(f) candidates for a higher post in the civil service who have passed the first 'Staatsexamen' and are undergoing practical training;* SCH student [*or* trainee] teacher; JUR articled clerk BRIT

Referendariat <-[e]s, -e> *nt* traineeship; SCH teacher training; JUR [time in] articles BRIT

Referendarin <-, -nen> *f fem form von* **Referendar**

Referendarzeit *f s.* **Referendariat**

Referendum <-s, Referenden *o* Referenda> *nt* POL referendum; **ein ~ abhalten** to hold a referendum

Referent(in) <-en, -en> *m(f)* ① (*Berichterstatter*) speaker ② ADMIN head of an advisory department; **~ für Medienfragen** expert on media questions ③ (*Gutachter*) examiner

Referenz <-, -en> *f* ① *meist pl* (*Beurteilung*) reference; **gute ~en aufzuweisen haben** to have [*or* be able to show [*or* provide]] good references; **~en über jdn einholen** to check sb's references ② (*Person*) referee; **jdn als ~ angeben** to give sb as a reference ③ LING reference

Referenzliste *f* cross reference listing **Referenzperiode** *f*, **Referenzzeitraum** *m* FIN reference period

referieren* *vi* ■[**über jdn/etw**] ~ to present a paper/give a talk/report [on sb/sth]

Refertilisation <-, -en> *f* MED reverse sterilization, reverse vasectomy

refertilisieren* *vt* ■**jdn/etw** ~ to restore sb's/ sth's fertility, to make sb/sth fertile again

refinanzieren* *vt* ÖKON ■**etw** ~ to re-finance sth

Refinanzierung <-, -en> *f* ÖKON refinancing

Refinanzierungsmöglichkeiten *pl* FIN refinancing options

Reflation <-, -en> *f* ÖKON reflation

reflationär *adj inv* ÖKON reflationary

reflektieren* **I.** *vt* ■**etw** ~ to reflect sth **II.** *vi* ① (*zurückstrahlen*) to reflect; ■**~d** reflecting, reflective ② (*fam: interessiert sein*) ■**auf etw** *akk* ~ to be interested in [*or* have one's eye on] sth ③ (*geh: kritisch erwägen*) ■[**über**] **etw** *akk* ~ to reflect on [*or* upon] [*or* ponder [on [*or* upon]]] sth

Reflektor <-s, Reflektoren> *m* (*Teleskop*) reflector, reflecting telescope

Reflex <-es, -e> *m* ① (*Nervenreflex*) reflex ② (*Lichtreflex*) reflection

Reflexbewegung *f* reflex [movement] **Reflexbogen** *m* BIOL, MED reflex arc [*or* circuit] **Reflexhandlung** *f* reflex action

Reflexion <-, -en> *f* ① (*das Nachdenken*) reflection ② PHYS reflection

reflexiv *adj* LING reflexive

Reflexivpronomen *nt* reflexive pronoun **Reflexivverb** *nt* LING reflexive verb

Reflexotherapie *f* NATURMED reflexology

Reflexzone *f* NATURMED reflex zone **Reflexzonenmassage** *f* reflexology **Reflexzonentherapie** *f* reflex-zone therapy

Reform <-, -en> *f* reform; **~ an Haupt und Gliedern** root-and-branch [*or* total] [*or* wide-reaching] reform; ***dieses Unternehmen braucht eine ~ an Haupt und Gliedern*** this company needs to be reformed, root and branch

reformatio in peius *f* JUR worsening of sentence on appeal

Reformation <-> *f kein pl* ■**die** ~ REL, HIST the Reformation *no pl*

Reformationsfest *nt* ■**das** ~ Reformation Day **Reformationskirchen** *pl* REL Reformed Churches *pl*

Reformator, -torin <-s, -toren> *m, f* ① REL Reformer ② (*geh*) *s.* **Reformer**

reformatorisch *adj inv* reformational, reformatory; *Eifer* reforming, reformative

reformbedürftig *adj* in need of reform *pred* **Reformbefürworter(in)** *m(f)* advocate of reform **Reformbestrebung** *f* striving for [*or* efforts towards] reform **Reformbewegung** *f* reform movement

Reformer(in) <-s, -> *m(f)* reformer

reformerisch *adj* reforming

reformfreudig *adj* eager for [*or* keen on] reform, welcoming [*or* in support of] reforms **Reformgegner(in)** *m(f)* opponent of reform

Reformhaus *nt* health food shop [*or* AM *usu* store]

reformieren* *vt* ■**etw** ~ to reform sth

reformiert **I.** *pp und 3. pers sing von* **reformieren** **II.** *adj inv* REL reformed; **R~e Kirche** Reformed Church

Reformierte(r) *f(m) dekl wie adj* REL member of the Reformed Church

Reformismus <-> *m kein pl* POL reformism *no pl*

reformistisch *adj inv* POL reformist

Reformkost *f* health food **Reformkraft** *f meist pl* POL reformists *pl* **Reformpolitik** *f* policy of reform **Reformprozess**RR *m* reform process, process of reform **Reformstau** *m* POL blocking of reforms **Reformwerk** *nt* POL series of reforms **reformwillig** *adj* willing to countenance reform *form* [*or* accept change]

Refrain <-s, -s> [rəˈfrɛ̃ː, rə-] *m* chorus, refrain

Refraktion <-, -en> *f* PHYS refraction

Refraktor <-s, Refraktoren> *m* (*Fernrohr*) refractor, refracting telescope

Refugium <-s, -gien> [-giən] *nt* (*geh*) refuge

Regal <-s, -e> *nt* shelves *pl*, shelving *no pl*, *no indef art*, rack; **etw aus dem ~ nehmen** to take sth off [*or* from] the shelf; **etw ins ~ zurückstellen** to put sth back on the shelf; **in/auf dem ~ stehen** to stand on the shelf

Regalfläche *f* ÖKON shelf space **Regalschild** *nt* ÖKON shelf wobbler

Regatta <-, Regatten> *f* regatta

Reg. Bez. *m Abk von* **Regierungsbezirk**

rege **I.** *adj* ① (*lebhaft*) lively; **~ Anteilnahme/Beteiligung** active interest/participation [*or* involvement]; **~r *Betrieb*** brisk trade; ***um 16 Uhr 30 herrscht ein ~r Verkehr*** traffic is very busy at 4.30; *s. a.* **Fantasie** ② (*rührig*) active; **ein ~r Geist** a lively soul; ■[**noch**] **~ sein** to be [still] active ③ (*wach*) ■**in jdm ~ werden** to be awakened in sb **II.** *adv* actively; **~ besucht werden** to be well attended

Regel¹ <-, -n> *f* ① (*Vorschrift*) rule, regulation ② (*Norm*) rule; ***eine ungeschriebene ~*** an unwritten rule ③ (*Gewohnheit*) rule; **sich** *dat* **etw zur ~ machen** to make a habit [*or* rule] of sth; [**jdm**] **zur ~ werden** to become a habit [with sb]; **in der ~, in aller ~** as a rule ▶ WENDUNGEN: **keine ~ ohne Ausnahme** (*prov*) the exception proves the rule *prov*; **nach allen ~n der Kunst** with all the tricks of the trade; **etw nach allen ~n der Kunst erklären** to explain sth inside out [*or* thoroughly]; **jdn nach allen ~n der Kunst betrügen** to utterly deceive sb, to take sb for a ride *fam*

Regel² <-> *f kein pl* (*Menstruation*) period; ***meine ~ ist seit zehn Tagen ausgeblieben*** I'm [*or* my period is] ten days overdue; **seine ~ haben/bekommen** to have/get one's period

Regelarbeitszeit *f* core time

regelbar *adj* ① (*regulierbar*) adjustable ② (*zu regeln*) able to be sorted out; **eine nicht leicht ~e Frage** a question that cannot be easily settled

Regelblutung *f* menstruation

Regelfall *m kein pl* rule, norm; **im ~** as a rule; **der ~ sein** to be the rule; **die Ausnahme und nicht der ~ sein** to be the exception and not the rule **Regelkreis** *m* BIOL closed-loop control circuit

regellos *adj* disorderly; (*unregelmäßig*) irregular; **ein ~es Durcheinander** a disorderly mess, a confused muddle; **in ~er Folge** at irregular intervals

regelmäßig **I.** *adj* ① (*ebenmäßig*) regular, well-proportioned ② (*in zeitlich gleicher Folge*) regular ③ (*immer wieder stattfindend*) regular, persistent **II.** *adv* ① (*in gleichmäßiger Folge*) regularly ② (*immer wieder*) always

Regelmäßigkeit <-> *f kein pl* ① (*Ebenmaß*) regularity, even proportions *pl* ② (*das regelmäßige Stattfinden*) regularity

regeln **I.** *vt* ■**etw ~** ① (*in Ordnung bringen*) to settle [*or* see to] sth, to sort sth out; **ein Problem ~** to resolve a problem; ■**sich ~ lassen** to be able to be settled; ***mit etwas gutem Willen lässt sich alles ~*** everything can be sorted out with a bit of goodwill ② (*festsetzen*) to arrange sth; ***wie ist die gleitende Arbeitszeit in eurer Firma geregelt?*** how is flexitime arranged [*or* set up] in your company? ③ (*regulieren*) to regulate [*or* control] sth ④ JUR **etw außergerichtlich ~** to settle sth out of court; **etw gesetzlich ~** to lay sth down by law; **etw gütlich ~** to settle sth amicably; **etw vertraglich ~** to stipulate sth in writing [*or* by contract] **II.** *vr* ■**sich** [**von selbst**] **~** to sort itself out, to take care of itself

regelrecht **I.** *adj* (*fam: richtiggehend*) proper, real; **eine ~e Schlägerei** a regular brawl; **eine ~e Frechheit** a downright [*or* an utter] cheek **II.** *adv* (*fam: richtiggehend*) really; **jdn ~ zur Schnecke** [*o derb* SÜDD **Sau**] **machen** to give sb a good dressing down [*or* BRIT *a.* a real carpeting]; **~ betrunken sein** to be well and truly plastered

Regelsatz *m* ADMIN *basic rate for the calculation of employer's contribution set by the Länder* **Regelsatzsteuer** *f* ADMIN (*selten*) basic [*or* standard] tax rate **Regelsatzverordnung** *f* JUR *ordinance on regular maintenance payment amounts* **Regelschmerzen** *pl* period pains *pl* **Regelstörungen** *pl* irregularities in one's menstrual cycle **Regelstudienzeit** [-diən-] *f* SCH *number of terms prescribed for the completion of a course* **Regelsystem** *nt* TECH control system

Regelung <-, -en> *f* ① (*festgelegte Vereinbarung*) arrangement; (*Bestimmung*) ruling; JUR regulation, ruling ② *kein pl* (*das Regulieren*) regulation, control

Regelungstechnik *f kein pl* control engineering *no pl* **Regelwerk** *nt* set of rules and regulations **Regelwiderstand** *m* control resistance, variable resistor

regelwidrig **I.** *adj* SPORT against the rules *pred*, contrary to the regulations *pred* **II.** *adv* against the rules; **~ spielen** [*o* **sich ~ verhalten**] to play dirty *fam*, to foul

Regelwidrigkeit *f* breach of the rules [*or* regulations]

regen *vr* ■**sich ~** ① (*sich bewegen*) to move, to stir; *s. a.* **Lüftchen, Segen** ② (*sich bemerkbar machen*) to stir; **jede sich ~de Opposition** every stirring [*or* whisper] of opposition

Regen <-s, -> *m* rain; ***sicher bekommen wir bald ~*** we are sure to get rain soon; **saurer ~** acid rain; **bei** [*o* **in**] **strömendem ~** in [the] pouring rain ▶ WENDUNGEN: **vom ~ in die Traufe kommen** [*o* **geraten**] (*prov*) to jump out of the frying pan into the fire *prov*; **ein warmer ~** (*fam*) a windfall; **jdn im ~ stehen lassen** (*fam*) to leave sb in the lurch

regenarm *adj* dry, with low precipitation *spec*, low rainfall *attr*

Regenbö(e) *f* rain squall

Regenbogen *m* rainbow

Regenbogenfarben *pl* colours [*or* AM -ors] *pl* of the rainbow; **in allen ~ schillern** to shimmer iridescently, to shine like all the colours of the rainbow **Regenbogenforelle** *f* ZOOL rainbow trout **Regenbogenhaut** *f* ANAT iris **Regenbogenpresse** *f* gossip magazines *pl*

Regeneration *f* ① (*geh: Erneuerung*) revitalization ② BIOL (*Wiederherstellung*) regeneration

regenerativ *adj* regenerative, renewable

R

regenerieren* I. *vr* ■**sich** ~ ❶ (*geh: sich erneuern*) to renew one's strength, to recuperate ❷ BIOL (*sich neu bilden*) to regenerate II. *vt* TECH ■**etw** ~ to reclaim [*or* recover] sth

Regenfall *m* rainfall, [fall of] rain **Regenfallrohr** *nt* BAU downspout **Regenfront** *f* METEO rain front, band of rain **Regengebiet** *nt* area of high precipitation, high rainfall area **Regenguss**[RR] *m* downpour **Regenjacke** *f* anorak, cagoule **Regenleiste** *f* AUTO drip molding **Regenmantel** *m* raincoat **Regenpfeifer** *m* ORN plover **Regenplane** *f* tarpaulin, cover **regenreich** *adj* wet, with high rainfall; ■~ **sein** to be wet **Regenrinne** *f s.* **Dachrinne**

Regensburg <-s> *nt* Regensburg

Regenschauer *m* shower [of rain] **Regenschirm** *m* umbrella

Regent(in) <-en, -en> *m(f)* ruler, [reigning] monarch; (*Vertreter des Herrschers*) regent

Regentag *m* day of rain, rainy day **Regentonne** *f* water-butt BRIT, rain barrel AM **Regentropfen** *m* raindrop

Regentschaft <-, -en> *f* ❶ (*Herrschaft*) reign ❷ (*Amtszeit*) regency

Regenüberlaufbecken *nt* rainwater overflow-tank

Regenwald *m* rainforest; **tropischer** ~ tropical rainforest **Regenwasser** *nt* rainwater **Regenwetter** *nt* rainy [*or* wet] weather; *s. a.* **Gesicht** **Regenwolke** *f* rain cloud **Regenwurm** *m* earthworm **Regenzeit** *f* rainy season

Reggae <-[s]> [-'rɛge:] *m* MUS reggae

Regie <-, -n> [re'ʒi:, re'ʒi:ən] *f* FILM, THEAT, TV direction; RADIO production; **jdn mit der ~ für etw beauftragen** to appoint sb [as] the director of sth; ***„~: Alan Parker"*** "Director: [*or* directed by] Alan Parker"; [**bei etw**] **die ~ haben** [*o* **führen**] to direct [sth], to be the director [of sth]; **unter jds** *dat* ~, **unter der ~ von jdm** under sb's direction [*or* the direction of sb], directed by ▶ WENDUNGEN: **in eigener** ~ off one's own bat BRIT, on one's own AM; **in** [*o* **unter**] **jds** *dat* ~ (*geh*) under sb's control

Regieanweisung [re'ʒi:-] *f* stage direction **Regieassistent(in)** *m(f)* assistant director

Regierbarkeit <-> *f kein pl* governability *no pl*

regieren* I. *vi* to rule, to reign; ■**über jdn/etw** ~ to rule [*or* reign] over sb; *s. a.* **Bürgermeister** II. *vt* ❶ POL **ein Land** ~ to rule [*or* govern] a country; *Monarch a.* to reign over a country ❷ LING ■**etw** ~ to govern sth

Regierung <-, -en> *f* POL ❶ (*Kabinett*) government ❷ (*Herrschaftsgewalt*) rule, reign; **nach der ~ streben** to strive for power; **jdn an die ~ bringen** to put sb into power [*or* office]; **an der ~ sein** to be in power [*or* office]; **die ~ antreten** to take power [*or* office]

Regierungsabkommen *nt* POL governmental agreement **Regierungsanleihe** *f* FIN government loan **Regierungsantritt** *m* coming to power, taking of office; **zum ~** on taking power [*or* office] **Regierungsapparat** *m* POL ❶ (*Gesamtheit der Institutionen*) government machinery ❷ (*Herrschaftssystem*) regime, system of rule **Regierungsausschuss**[RR] *m* government committee **Regierungsbank** <-bänke> *f* government benches *pl* **Regierungsbeamte(r)** *f(m) dekl wie adj* government official **Regierungsbeamtin** *f* government official (*female*) **Regierungsbeteiligung** *f* ❶ (*Beteiligung der Regierung an einem Projekt*) government involvement ❷ (*Beteiligung an der Regierung*) involvement [*or* participation] in government **Regierungsbezirk** *m* ≈ region BRIT, ≈ county AM (*primary administrative division of a Land*) **Regierungsbildung** *f* formation of a government **Regierungschef(in)** *m(f)* head of [a/the] government **Regierungsdirektor**, **-direktorin** *m, f* senior government official **Regierungsentwurf** *m* FIN government bill **Regierungserklärung** *f* government statement **regierungsfähig** *adj inv Mehrheit, Koalition* viable, able to govern **regierungsfeindlich** *adj* anti-government **Regierungsform** *f* form of government; **parlamentarische ~** parliamentary government **Regierungsgeschäfte** *pl* government business *no pl* **Regierungskoalition** *f* POL government coalition **Regierungskommission** *f* government commission **Regierungskonferenz** *f* government conference **Regierungskreise** *pl* government circles *pl* **Regierungskrise** *f* government crisis **Regierungsmaßnahme** *f* POL government measure **Regierungsmitglied** *nt* member of the government **Regierungspartei** *f* ruling [*or* governing] party, party in power **Regierungspolitik** *f* government policy **Regierungspräsident(in)** *m(f) chief administrator of a Regierungsbezirk;* SCHWEIZ *head of a canton government* **Regierungspräsidium** *nt* BRIT ≈ regional council (*highest authority of a Regierungsbezirk*) **Regierungsprogramm** *nt* government programme [*or* AM -am] [*or* agenda] **Regierungspropaganda** *f* government propaganda **Regierungsrat** *m kein pl* SCHWEIZ canton government **Regierungsrat**, **-rätin** *m, f* senior civil servant **Regierungssitz** *m* seat of government **Regierungssprecher(in)** *m(f)* government spokesperson **Regierungstruppe** *f* government troops *pl* **Regierungsumbildung** *f* cabinet reshuffle **Regierungsvertreter(in)** *m(f)* government representative **Regierungsviertel** *nt* government quarter **Regierungswechsel** *m* change of government **Regierungszeit** *f* period [*or* term] of office **Regierungszuschuss**[RR] *m* FIN government grant

Regime <-s, -s> [re'ʒi:m] *nt* (*pej*) regime

Regimegegner(in) *m(f)* opponent of a/the regime **Regimekritiker(in)** *m(f)* critic of the regime, dissident **regimekritisch** *adj* POL dissident

Regiment[1] <-[e]s, -er> *nt* MIL regiment

Regiment[2] <-[e]s, -e> *nt* (*geh: Herrschaft*) rule; **ein ~ führen** to maintain a regime

Regimentsangehörige(r) *m dekl wie adj* member of the regiment **Regimentsfahne** *f* regimental colours [*or* AM -ors] *pl* **Regimentskommandeur** *m* regimental commander

Region <-, -en> *f* region ▶ WENDUNGEN: **in höheren ~en schweben** (*geh*) to have one's head in the clouds

regional I. *adj* regional II. *adv* regionally; **~ unterschiedlich** [*o* **verschieden**] **sein** to vary [*or* differ] from one region to another [*or* region to region]

Regionalabgabe *f* FIN regional levy **Regionalbörse** *f* regional stock exchange **Regionalfernsehen** *nt* regional television **Regionalfunk** *m* local radio **Regionalliga** *f* SPORT regional league **Regionalplanung** *f* regional planning **Regionalprogramm** *nt* regional programme [*or* AM -am] **Regionalsender** *m* RADIO regional [*or* local radio] station; TV regional channel [*or* station]

Regisseur(in) <-s, -e> [reʒɪ'sø:ɐ] *m(f)* FILM, TV, THEAT director; RADIO producer

Register <-s, -> *nt* ❶ (*alphabetischer Index*) index ❷ (*amtliches Verzeichnis*) register ❸ MUS register; (*einer Orgel*) stop ❹ TYPO register; **genaues ~** close [*or* hairline] register ▶ WENDUNGEN: **alle ~ spielen lassen, alle ~ ziehen** to pull out all the stops, to go all out; **andere ~ ziehen** to resort to other methods, to get tough

Registerabschrift *f*, **Registerauszug** *m* JUR extract from the register, certificate of registration **Registereintragung** *f* JUR entry in the register **Registergericht** *nt* JUR court of registration **Registerhalten** <-s> *nt kein pl* TYPO register maintenance **Registerlöschung** *f* JUR cancellation of an entry **Registerpfandrecht** *nt* JUR lien of record **Registersachen** *pl* JUR cases *pl* in a registry court **Registerschnitt** *m* (*Buch*) index tab cut **Registertonne** *f* NAUT register ton **Registervorschrift** *f* JUR registry rule **Registerzwang** *m* JUR compulsory registration

Registrator, **Registratorin** <-s, Registratoren> *m, f* (*veraltend*) registrar; HANDEL filing clerk

Registratur <-, -en> *f* ❶ ADMIN registry, records office ❷ MUS (*Orgel*) stop

registrieren* I. *vt* ■**etw** ~ ❶ (*verzeichnen*) to register sth; (*wahrnehmen*) to note [*or* notice] sth ❷ TECH (*aufzeichnen*) to register sth II. *vi* (*fam*) ■~, **dass/wie ...** to register that ..., to take note of ...

Registrierkasse *f* cash register

Registrierung <-, -en> *f* registration

Registrierungsland *nt* country of registration **Registrierungspflicht** *f* JUR duty to register

Reglement <-s, -s> [reglə'mã:] *nt* ❶ SPORT rules *pl* ❷ SCHWEIZ (*Vorschriften*) regulations *pl*

reglementieren* *vt* (*geh*) ❶ (*genau regeln*) ■**etw** ~ to regulate sth ❷ (*gängeln*) ■**jdn** ~ to regiment sb

Reglementierung <-, -en> *f* (*Regulierung*) regulation; (*Bevormundung*) regimentation

Regler <-s, -> *m* ELEK regulator, control; AUTO governor

reglos *adj s.* **regungslos**

Reglosigkeit <-> *f kein pl s.* **Regungslosigkeit**

regnen I. *vi impers* to rain; ■**es regnet** it's raining; ***für den Fall, dass es ~ sollte*** in case it rains, in case it should rain *form;* ■**auf etw** *akk*/**durch etw** *akk* ~ to rain on/through sth; *s. a.* **Strom** II. *vt* ■**etw** ~ to rain down sth; **es regnet Beschwerden/Proteste/Vorwürfe** complaints/protests/accusations are pouring in

regnerisch *adj* rainy

Regress[RR] <-es, -e> *m*, **Regreß** <-sses, -sse> *m* JUR recourse, redress; ~ **ersuchen** [*o* **geltend machen**] to seek recourse; **ohne ~** without recourse; **jdn** [**für etw**] **in ~ nehmen** to have recourse against sb [for sth]

Regressanspruch[RR] *m* JUR right of recourse **Regressforderung**[RR] *f* JUR claim [*or* demand] for compensation **Regresshaftung**[RR] *f* JUR liability to recourse

Regression <-, -en> *f* ❶ (*geh*) regression; **eine Zeit der wirtschaftlichen ~** a time of economic recession ❷ PSYCH regression ❸ GEOL regression ❹ BIOL regression ❺ MATH regression

regressiv *adj inv* ❶ (*geh: rückschrittlich*) regressive ❷ PSYCH regressive ❸ PHILOS regressive ❹ JUR *Forderungen* redressable ❺ LING **~e Assimilation** regressive [*or* anticipatory] assimilation

Regressklage[RR] *f* JUR recovery suit, action for recourse **Regresspflicht**[RR] *f* JUR liability to recourse **regresspflichtig**[RR] *adj* JUR liable for compensation; **jdn** [**für etw**] ~ **machen** to make sb liable [for compensation] [for sth] **Regressrecht**[RR] *nt* JUR right of recourse

regsam <-er, -ste> *adj* lively, active; **geistig ~ sein** to be mentally alert, to have a lively [*or* an active] mind

Regsamkeit <-> *f kein pl* liveliness *no pl*, alertness *no pl*

regulär I. *adj* ❶ (*vorgeschrieben*) regular; **die ~e Arbeitszeit** normal [*or* regular] working hours; **das ~e Gehalt** the basic salary ❷ (*normal*) normal; **~e Truppen** regular troops, regulars *pl* II. *adv* normally

Regulator <-s, -en> *m* ❶ (*fig: Regler*) regulator; **als ~ wirken** to act as a regulator, to have a regulating effect ❷ TECH regulator ❸ (*veraltet: Pendeluhr*) regulator ❹ HIST (*Revolutionär in den Südstaaten der USA*) regulator ❺ HIST (*USA: Farmer gegen Viehdiebstahl*) regulator

regulatorisch *adj inv* regulatory

regulierbar *adj* adjustable

regulieren* I. *vt* ❶ (*einstellen*) ■**etw** [**mit etw**] ~ to regulate [*or* adjust] sth [with sth] ❷ (*geh:* [*ein Gewässer*] *begradigen*) ■**etw** ~ *Bach, Fluss* to straighten sth II. *vr* ■**sich** (**von**) **selbst** ~ to regulate itself

Regulierung <-, -en> *f* ❶ (*Einstellung*) regulation, adjustment ❷ (*geh: Begradigung eines Gewässers*) straightening

Regung <-, -en> *f* ❶ (*Bewegung*) movement ❷ (*Empfindung*) feeling; **menschliche ~** human emotion; ***folge immer der ~ deines Herzens*** always follow the promptings of your heart; **in einer ~ von Mitleid/Wehmut/Zorn** in a fit of compassion/nostalgia/anger

regungslos I. *adj* motionless; *Miene* impassive II. *adv* motionless; ***sie lag ~ da*** she lay there motionless

Regungslosigkeit <-> *f kein pl* motionlessness, impassivity

Reh <-[e]s, -e> *nt* roe deer

Reha <-> *f kein pl* MED *kurz für* **Rehabilitation** rehab

Rehabilitation <-, -en> *f* ❶ SOZIOL rehabilitation ❷ (*geh*) rehabilitation, vindication

Rehabilitationszentrum *nt* rehabilitation [*or fam* rehab] centre [*or* AM -er]

rehabilitieren* *vt* ❶ SOZIOL ■**jdn** ~ to rehabilitate sb ❷ (*geh*) ■**jdn/etw/sich** ~ to clear [*or form* vindicate] [*or form* rehabilitate] sb/sth/oneself

Rehabilitierung <-, -en> *f* s. **Rehabilitation**

Rehabilitierungsantrag *m* JUR application for discharge **Rehabilitierungsbeschluss**^RR *m* FIN (*Konkurs*) discharge order **Rehabilitierungsschein** *m* FIN (*Konkurs*) bankrupt's certificate

Rehaklinik *f* MED rehab [clinic] **Rehazentrum** *nt* MED rehab [centre]

Rehbock *m* [roe]buck, stag **Rehbraten** *m* (*Fleisch*) joint of venison; (*gebraten*) roast venison **Rehkalb** *nt* fawn **Rehkeule** *f* haunch of venison **Rehkitz** *nt* roe deer fawn **Rehkuh** *f* doe (*of the roe deer*) **Rehleder** *nt* deerskin **Rehrücken** *m* ❶ KOCHK saddle of venison ❷ (*Kuchen*) *long chocolate-covered cake spiked with almonds* **Rehschlegel** *m* haunch of venison **Rehwild** *nt* JAGD roe deer

Reibach <-s> *m kein pl* (*sl*) hefty profit; [**bei etw**] **einen ~ machen** to make a killing [at [*or* with] sth] *fam*

Reibe <-, -n> *f* grater

Reibebrett *nt* hawk **Reibeisen** *nt* ❶ DIAL (*veraltet: Reibe*) grater; **rauh wie ein ~** (*fig fam*) as rough as sandpaper ❷ (*fam: zänkische Frau*) shrew

Reibekuchen *m* KOCHK DIAL (*Kartoffelpuffer*) ≈ potato fritter BRIT, ≈ latke AM (*grated raw potatoes fried into a pancake*) **Reibelaut** *m* LING fricative

reiben <rieb, gerieben> I. *vt* ❶ (*über etw hin- und herfahren*) ■**etw** ~ to rub sth; *s. a.* **blank, Auge, Hand** ❷ (*reibend verteilen*) ■**etw auf etw** *akk*/**in etw** *akk* **reiben** to rub sth onto/into sth ❸ (*durch Reiben entfernen*) ■**etw aus etw** *dat*/**von etw** *dat* ~ to rub sth out of/off sth ❹ (*mit der Reibe zerkleinern*) ■**etw** ~ to grate sth II. *vr* ❶ (*sich kratzen*) ■**sich** *akk* [**an etw** *dat*] ~ to rub oneself [on [*or* against] sth]; ***die Katze rieb sich an meinen Beinen*** the cat rubbed itself against my legs; ***warum reibst du dich am Rücken?*** why are you rubbing your back?; *s. a.* **wund** ❷ ■**sich** *dat* **etw** ~ to rub one's sth; **sich die Augen/Hände** ~ to rub one's eyes/hands; **sich die Haut/die Hände wund reiben** to chafe one's skin/hands; **sich den Schlaf aus den Augen** ~ (*fig*) to still not be awake [*or* be half asleep] ❸ (*fig: sich mit jdm auseinandersetzen*) ■**sich an jdm** ~ to rub sb up the wrong way; ***ständig ~ sie sich aneinander*** they are constantly rubbing each other up the wrong way, there is always friction between them III. *vi* ■[**an etw** *dat*] ~ to rub [on sth]; ***die Schuhe ~ an den Zehen*** my shoes are rubbing my toes

Reibereien *pl* (*fam*) friction *no pl;* **es kommt zu ~, es gibt ~** there's friction

Reibfläche *f der Streichholzschachtel* striking surface; *der Reibe* scraping surface **Reibstein** *m* mortar

Reibung <-, -en> *f* ❶ *kein pl* PHYS friction ❷ *pl s.* **Reibereien**

Reibungselektrizität *f kein pl* PHYS frictional electricity *no pl* **Reibungsfläche** *f* ❶ TECH frictional surface ❷ (*Grund zur Auseinandersetzung*) source of friction; **~n bieten** to present sources [*or* be a potential cause] of friction **Reibungskoeffizient** *m* PHYS coefficient of friction **Reibungskraft** *f* frictional force **reibungslos** I. *adj* trouble-free, smooth II. *adv* smoothly; **~ verlaufen** to run smoothly **Reibungsverlust** *m* frictional loss **Reibungswiderstand** *m* SCI frictional resistance

reich I. *adj* ❶ (*sehr wohlhabend*) rich, wealthy; **aus ~em Haus[e] sein** to be from a wealthy family ❷ (*in Fülle habend*) ■**~ sein an etw** *dat* to be rich in sth; **~ an Erfahrung sein** to have a wealth of experience; **~ an Bodenschätzen sein** to be rich in minerals [*or* mineral resources] ❸ (*viel materiellen Wert erbringend*) wealthy; **eine ~e Erbschaft** a substantial inheritance; **eine ~e Heirat** a good catch; (*viel ideellen Wert erbringend*) rich ❹ (*kostbar*) costly; *Schmuck* expensive ❺ (*ergiebig*) rich; *Ernte* abundant; *Ölquelle* productive; *Mahlzeit* sumptuous, lavish; *Haar* luxuriant ❻ (*vielfältig*) rich, wide; *Möglichkeiten* rich; *Auswahl/Wahl* wide, large; *Bestände* copious; *Leben* varied ❼ (*viel von etw enthalten*) rich; ***dieser Saft ist ~ an Vitaminen*** this juice is rich in [*or* full of] vitamins; *s. a.* **Maß** II. *adv* ❶ (*reichlich*) richly; **jdn ~ belohnen** to reward sb richly [*or* well], to give sb a rich reward; **jdn ~ beschenken** to shower sb with presents ❷ (*mit viel Gelderwerb verbunden*) **~ erben/heiraten** to come into/marry into money; **~ begütert** very well-off ❸ (*reichhaltig*) richly; **~ ausgestattet/geschmückt/illustriert** richly [*or* lavishly] furnished/decorated/illustrated

Reich <-[e]s, -e> *nt* ❶ (*Imperium*) empire; **das ~ Gottes** the Kingdom of God; **das ~ der Mitte** (*geh: China*) the Middle Kingdom; **das ~ der Schatten** (*liter*) the realm of shades *liter,* the underworld; **das ~ der Finsternis** the realm of darkness; **das Dritte ~** HIST the Third Reich; **das Großdeutsche ~** HIST the Greater German Reich, Greater Germany; **das Römische ~** HIST the Roman Empire; **das „Tausendjährige ~"** REL the "Thousand-year Reich" ❷ (*Bereich*) realm; ***das ist mein eigenes ~*** that is my [very] own domain; **das ~ der aufgehenden Sonne** (*geh*) the land of the rising sun; **das ~ der Frau/des Kindes/des Mannes** the woman's/man's/child's realm; **das ~ der Gedanken/der Träume** the realm of thought/of dreams

Reiche(r) *f(m) dekl wie adj* rich man/woman; **die ~n** the rich [*or* wealthy] [people]

reichen I. *vi* ❶ (*ausreichen*) to be enough [*or* sufficient]; ***die Vorräte ~ noch Monate*** the stores will last for months still; ■**es reicht** [**jdm**] that's enough [for sb]; ***noch etwas Püree? – danke, es reicht vollauf*** fancy any more mash? – no thanks, this plenty ❷ (*genug sein*) ■**es reicht** it's enough; ***es müsste eigentlich ~*** it really ought to be enough; **damit es reicht ...** for it to be enough ...; ■**es reicht** [**jdm**], **dass/wenn ...** it's enough [for sb] that/if ...; ***muss es jetzt sein, reicht es nicht, wenn ich es morgen mache?*** does it have to be now, won't tommorrow do? ❸ (*überdrüssig sein*) ■**etw reicht jdm** sth is enough for sb; ***mir reicht's!*** that's enough for me!, I've had enough!; ***es hat ihm einfach gereicht*** he had simply had enough; ***solche ständigen Frechheiten hätten mir schon lange gereicht*** if that was me, I wouldn't have put up with such cheek for all that time; ■**es reicht** [**jdm**], **dass/wie ...** it's enough [for sb] that/how ...; ***langsam reicht es mir, wie du dich immer benimmst!*** I'm beginning to get fed up with the way you always behave!; **jetzt reicht's** [**mir**] [**aber**]! [*o* **endlich**], **mir reicht's jetzt** [**aber**]! [right, [*or* AM all right,]] that's enough!, that's the last straw! ❹ (*sich erstrecken*) ■**bis zu etw** *dat* **über etw** *akk* ~ to reach to sth/over sth; ***das Kabel reicht nicht ganz bis zur Steckdose*** the lead doesn't quite reach to the plug; ***das Seil reicht nicht ganz bis nach unten*** the rope doesn't quite reach the bottom; ***die -rmel ~ mir nur bis knapp über die Ellenbogen*** the sleeves only just reach over my elbows; ***meine Ländereien ~ von hier bis zum Horizont*** my estates stretch from here to the horizon; *s. a.* **Auge** ❺ (*gelangen*) ■[**mit etw**] **bis irgendwohin ~** to reach somewhere [with sth]; ***wenn ich mich strecke, reiche ich mit der Hand gerade bis oben hin*** if I stretch I can just reach the top; ***ich reiche nicht ganz bis an die Wand*** I can't quite reach the wall II. *vt* (*geh*) ❶ (*geben*) ■**jdm etw ~** to give [*or* hand] [*or* pass] sb sth; ***würdest du mir bitte mal das Brot ~?*** would you be so kind as to pass me the bread please? ❷ ■**sich** *dat* [**gegenseitig** [*o geh* **einander**]] **etw** ~ to [each] reach out sth; **sich die Hand zur Begrüßung ~** to shake hands; **sich die Hand zur Versöhnung ~** to join hands in reconciliation ❸ (*anbieten*) ■[**jdm**] **etw ~** to serve [sb] sth

reichhaltig *adj* ❶ (*vielfältig*) wide, large, extensive; *Programm* varied ❷ (*gut bestückt*) *Bibliothek, Sammlung, etc* well-stocked, extensive ❸ (*üppig*) rich; **eine ~e Mahlzeit** a substantial meal

Reichhaltigkeit <-> *f kein pl* ❶ (*Vielfältigkeit*) extensiveness *no pl,* wideness *no pl,* variety ❷ (*Üppigkeit*) richness *no pl*

reichlich I. *adj* large, substantial; *Belohnung* ample; *Trinkgeld* generous; **~es Angebot** ÖKON plentiful supply II. *adv* ❶ (*überreich*) amply; **~ Geld/Zeit haben** to have plenty of money/time ❷ (*fam: mehr als ungefähr*) over; **~ drei Jahre/fünf Stunden** a good three years/five hours; **um ~ ...** [by] a good ...; ***er hat sich um ~ zwei Stunden verspätet*** he is a good two hours late ❸ (*ziemlich*) rather, pretty

Reichsadler *m* HIST imperial eagle **Reichsbahn** *f* HIST ❶ (*1920–1945*) German National Railway ❷ (*1945–1993*) East German State Railway **Reichsgrenze** *f* HIST imperial German border **Reichshauptstadt** *f* HIST imperial capital, capital of the Reich **Reichskanzler** *m* HIST ❶ (*1871–1918*) Imperial Chancellor ❷ (*1919–1933*) Chancellor of the Republic ❸ (*1933–1945*) Reich Chancellor **Reichsmark** *f* HIST Reichsmark **Reichspräsident** *m* HIST German President [1919–1934] **Reichsregierung** *f* HIST German government [1919–1945] **Reichsstadt** *f* HIST free city [*or* town] [of the Holy Roman Empire] **Reichstag** *m* ❶ HIST (*vor 1871*) Imperial Diet ❷ HIST (*1871–1945*) Reichstag ❸ ARCHIT (*Gebäude in Berlin*) Reichstag **Reichstagsbrand** *m kein pl* POL (*hist*) burning of the Reichstag **Reichswehr** <-> *f kein pl* HIST ■**die ~** the German army [and navy] [1921–1935]

Reichtum <-[e]s, Reichtümer> *m* ❶ *kein pl* (*große Wohlhabenheit*) wealth; **zu ~ kommen** [*o* **gelangen**] to get rich, to come into money ❷ *pl* (*materieller Besitz*) riches *npl;* **damit kann man keine Reichtümer erwerben** you cannot get rich that way ❸ *kein pl* (*Reichhaltigkeit*) ■**der ~ an etw** *dat*/**von etw** *dat* the wealth [*or* abundance] of sth

Reichweite *f* ❶ (*Aktionsradius, Zugriff*) range; **Geschütze großer ~** long-range guns [*or* artillery]; **außer/in ~** [**einer S.** *gen*] out of/within reach [*or* range] [of sth]; **außerhalb/innerhalb der ~ einer S.** *gen* outside the range/within range of sth ❷ RADIO range; **außerhalb/innerhalb der ~** outside the range/within range

reif *adj* ❶ AGR, HORT ripe; ■**~ sein** to be ripe; ■**~ werden** to ripen ❷ BIOL (*voll entwickelt*) mature, fully developed ❸ (*ausgereift*) mature; *Urteil* mature, wise ❹ (*älter*) mature; **eine ~e Persönlichkeit** a mature personality; **im ~[er]en Alter** in one's mature[r] years; **im ~en Alter von ...** at the ripe old age of ...; ***ich bin mehr für ~ere Jahrgänge*** I prefer a more mature vintage [*or* those of a more mature age] ❺ (*fam: im erforderlichen Zustand*) ■**~ für etw sein** to be ready [*or* ripe] for sth; **~ für die Klapsmühle sein** (*pej*) to be ready for the loony-bin *pej;* **~ für die Verwirklichung** ready to be put into practice; **~ für die Insel sein** (*aussteigen wollen*) to want to drop out *fam* ❻ (*sl: dran*) ■**~ sein** to be in for it *fam*

Reif[1] <-[e]s> *m kein pl* METEO hoar frost

Reif[2] <-[e]s, -e> *m* (*Armreif*) bracelet, bangle; (*Stirnreif*) circlet

Reife <-> *f kein pl* ❶ (*das Reifen*) *Obst* ripening; (*Reifezustand*) ripeness ❷ (*Abschluss der charakterlichen Entwicklung*) maturity; **mittlere ~** SCH ≈ GCSEs BRIT, ≈ GED AM (*school-leaving qualification awarded to pupils leaving the 'Realschule' or year 10 of the 'Gymnasium'*); **die sittliche ~** moral maturity; *s. a.* **Zeugnis**

reifen I. *vi sein* ❶ AGR, HORT to ripen; BIOL to mature

② *(sich charakterlich entwickeln)* to mature; ■ **gereift** mature ③ *(gedeihen)* ■ **[zu etw]** ~ to mature [*or* develop] [into sth]; *s. a.* **Gewissheit II.** *vt haben (geh: charakterlich entwickeln)* ■ **jdn** ~ to mature sb; *s. a.* **gereift**

Reifen <-s, -> *m* tyre BRIT, tire AM; **den ~ wechseln** to change the tyre; **runderneuerter ~** retread, BRIT *a.* remould

Reifenbezeichnung *f* AUTO tire [size] denomination **Reifendecke** *f* tyre [*or* AM tire] cover **Reifendruck** *m* tyre [*or* AM tire] pressure **Reifengröße** *f* AUTO tire size [designation] **Reifenpanne** *f* puncture, flat, flat tyre [*or* AM tire] **Reifenprofil** *nt* tread, tyre [*or* AM tire] tread **Reifenschaden** *m* tyre [*or* AM tire] defect [*or* damage], faulty tyre **Reifenwechsel** *m* tyre [*or* AM tire] change

Reifeprüfung *f* SCH *(geh) s.* **Abitur** **Reifeteilung** *f* BIOL maturation division **Reifezeit** *f* AGR, HORT ripening time **Reifezeugnis** *nt* SCH *(geh) s.* **Abiturzeugnis**

reiflich *adj (ausführlich)* thorough, [very] careful; **nach ~er Überlegung** after [very] careful consideration

Reifrock *m* HIST hoop skirt, farthingale dress

Reifung <-> *f kein pl* AGR, HORT ripening; BIOL maturing, maturation

Reigen <-s, -> *m (veraltend)* round dance ▶ WENDUNGEN: **den ~ beschließen** *(geh)* to bring up the rear; **den ~ eröffnen** *(geh)* to lead [*or* start] off

Reihe <-, -n> *f* ① *(fortlaufende Folge)* row; **arithmetische ~** arithmetic[al] series [*or* progression]; **geometrische ~** geometric[al] series [*or* progression]; **zufällige ~** random order; **in ~n antreten** to line up; **sich in ~n aufstellen** to line up in rows, to form lines; **aus der ~ treten** to step out of the line; **die ~n schließen** to close ranks; **außer der ~** out of [the usual] order; ***eine außer der ~ erfolgende Zahlung*** an unexpected payment; **der ~ nach** in order [*or* turn]; ***berichten Sie bitte der ~ nach*** please report events in chronological order ② *(Menge)* ■ **eine ~ von jdm/etw** a number of sb/sth; **eine ~ von zusätzlichen Informationen** a lot of additional information; **eine ganze ~ [von Personen/S.** *dat*] a whole lot [of people/things]; **eine ganze ~ von Beschwerden/Fehlern/Leuten** a whole string of complaints/host of mistakes/list of people ③ *pl (Gesamtheit der Mitglieder)* ranks *npl;* **die ~n lichten sich** *(fig)* the ranks are thinning out ④ MIL, SCH, SPORT file; **in Reih und Glied** in rank and file; **in Reih und Glied antreten/Aufstellung nehmen** to line up/take up position in formation ▶ WENDUNGEN: **[mit etw] an der ~ sein** [*o* **kommen**] to be next in line [for sth]; ***du bist an der ~*** it's your turn; ***ich war jetzt an der ~!*** I was next!; ***ich bin erst morgen mit der Untersuchung an der ~*** I am only due to be examined tomorrow; ***erst sind wir an der ~!*** we're first!; ***jeder kommt an die ~*** everyone will get a turn; **etw auf die ~ kriegen** *(fam: etw kapieren)* to get sth into one's head; *(in Ordnung bringen)* to put sth straight [*or* in order], to get sth together; **aus der ~ tanzen** *(fam)* to step out of line, to be different

reihen I. *vr* ■ **sich** *akk* **an etw** *akk* **reihen** to follow [after] sth; ***ein Misserfolg reihte sich an den anderen*** one failure followed another **II.** *vt* ■ **etw auf etw** *akk* ~ to string [*or* thread] sth on sth

Reihenfolge *f* order, sequence; **in chronologischer/alphabetischer ~** in chronological/alphabetical order, chronologically, alphabetically

Reihenhaus *nt* terraced [*or* row] house AM **Reihenhaussiedlung** *f* terraced [*or* AM row] house development, estate of terraced houses **Reihenmotor** *m* AUTO in-line engine **Reihenschaltung** *f* ELEK series connection [*or* system] **Reihenuntersuchung** *f* MED mass screening

reihenweise *adv* ① *(in großer Zahl)* by the dozen ② *(nach Reihen)* in rows [*or* lines]

Reiher <-s, -> *m* heron ▶ WENDUNGEN: **wie ein ~ kotzen** *(derb)* to puke one's guts out *sl*

Reiherente *f* ORN tufted duck

reihern *vi (sl)* to puke [*or* spew] [up] *sl*

reihum *adv* in turn; **~ gehen** to go [*or* be passed] round [*or* AM around]; **etw ~ gehen lassen** to pass sth round [*or* AM around]

Reim <-[e]s, -e> *m* ① *(Endreim)* rhyme ② *pl (Verse)* verse[s], poems *pl* ▶ WENDUNGEN: **sich** *dat* **einen** [*o* **seinen**] **~ auf etw** *akk* **machen** *(fam)* to draw one's own conclusions about [*or* have one's own opinions on] sth; **sich** *dat* **einen ~ darauf machen, warum/was ...** to be able to work out [*or* make sense of] why/what...; **sich** *dat* **keinen ~ auf etw** *akk* **machen können** *(fam)* to see no rhyme or reason in [*or* not be able to make head or tail of] sth; **sich** *dat* **keinen ~ darauf machen können, warum/was ...** to be able to see no rhyme or reason why ..., to not be able to make head or tail of what ...

reimen I. *vr* ■ **sich** *akk* **[auf etw** *akk*/**mit etw** *dat*] ~ to rhyme [with sth] **II.** *vt* ■ **etw [auf etw** *akk*/**mit etw** *dat*] ~ to rhyme sth [with sth] **III.** *vi* to make up rhymes

Reimport ['reʔɪmpɔrt] *m* reimport

reimportieren* *vt* ÖKON ■ **etw** ~ to reimport sth

rein[1] *adv (fam)* get in; ***ich krieg das Packet nicht in die Tüte ~*** I can't fit [*or* get] the packet into the carrier bag; ***„~ mit dir!"*** "come on, get in!"

rein[2] **I.** *adj* ① *(pur)* pure, sheer; **eine ~e Zeitverschwendung** a pure [*or* complete] waste of time; ***das ist doch ~er Blödsinn!*** that's sheer nonsense!; ***das ist doch der ~ste Unsinn!*** that is the most utter nonsense!; ***das ist die ~e Wahrheit*** that's the plain truth; **der/die/das ~ste ... sein** *(fam)* to be an absolute...; ***das Kinderzimmer ist der ~ste Schweinestall!*** the children's room is an absolute pigsty!; *s. a.* **Vergnügen, Freude** ② *(ausschließlich)* purely; ***das ist ein ~es Industrieviertel*** this is purely an industrial quarter ③ *(unvermischt)* pure; **~es Gold** pure gold; **~ seiden** pure silk ④ *(völlig sauber)* clean; **eine ~e Umwelt** a clean environment; ■ **~ sein/werden** to be/become clean; ***der Kragen ist nicht ganz ~ geworden*** the collar isn't quite clean yet; **etw ~ halten** *(veraltend)* to keep sth clean; ***ich leihe dir mein Auto schon aus, aber nur, wenn du es auch ~ hältst*** I'll lend you my car, but only if you keep it clean; **etw ~ machen** to clean sth; **[irgendwo/bei jdm] ~ machen** [*o* **reinemachen**] to do the cleaning [somewhere/at sb's house]; ***im Haus ist seit Monaten nicht mehr ~ gemacht worden*** no cleaning has been done in the house for months; *s. a.* **Tisch** ⑤ *(makellos) Teint, Haut* clear ⑥ MUS *(unverfälscht)* pure ▶ WENDUNGEN: **etw [für jdn] ins R~e bringen** to clear up sth *sep* [for sb]; **mit sich [selbst]/etw ins R~e kommen** to get oneself/sth straightened out; **mit jdm/mit sich selbst im R~en sein** to have got things straightened out with sb/oneself; **etw ins R~e schreiben** to make a fair copy of sth **II.** *adv* ① *(ausschließlich)* purely; **eine ~ persönliche Meinung** a purely personal opinion ② MUS *(klar)* in a pure manner; ***der Verstärker lässt die Musik klar und ~ erklingen*** the amplifier reproduces the music in a clear and pure form ③ *(absolut)* absolutely; **~ alles/gar nichts** *(fam)* absolutely everything/nothing; ***er hat in der Schule ~ gar nichts gelernt*** he has learned absolutely nothing at school

Rein *f* casserole

Reineclaude <-, -n> *f* BOT, HORT *s.* **Reneklode**

Rein(e)machefrau *f* cleaning lady [*or* AM *a.* woman], cleaner BRIT; *(in großen Gebäuden)* custodian AM

Reinemachen <-s> *nt kein pl (fam)* cleaning *no pl*

reinerbig *adj* BIOL homozygous

Reinerlös *m s.* **Reingewinn** **Reinertrag** *m* ÖKON net yield

reineweg *adv (fam)* absolutely, completely; ***das ist ~ gelogen!*** that's a complete lie

Reinfall *m (fam)* disaster; ***„so ein ~, nichts hat geklappt!"*** "what a washout, nothing went right!"; **[mit jdm/etw] einen ~ erleben** to be a disaster; ***„kauf dir das Gerät nicht, du erlebst damit bloß einen ~"*** "don't buy the appliance, it'll just be a disaster"; **ein ~ sein** to be a disaster; ***die neue Mitarbeiterin war ein absoluter ~*** the new employee was a complete disaster

rein|fallen *vi irreg sein (fam)* ① *(eine schwere Enttäuschung erleben)* ■ **[mit jdm/etw] ~** to be taken in [by sb/sth]; ***„ich habe den Versprechungen des Vertreters geglaubt und bin ganz schön reingefallen!"*** "I believed the rep's promises and was completely taken in" ② *(hereinfallen, hineinfallen)* ■ **[irgendwo] ~** to fall in [somewhere]; ***„geh nicht zu nahe an den Brunnen, sonst fällst du womöglich rein!"*** "don't go too close to the fountain, or you might fall in!"; ***„die Brille ist mir da reingefallen"*** "my glasses have fallen down there"

Reinfektion [reʔɪn-] *f* reinfection

reingehen *vi (fam)* to go in

Reingewinn *m* HANDEL clear [*or* net] profit

rein|halten *vt irreg* ■ **jdn/etw ~** to keep sb/sth clean [*or* pure] **Reinhaltung** *f kein pl* keeping clean; ***die ~ unserer Umwelt ist eine wichtige Aufgabe*** keeping our environment clean is an important task

rein|hauen *(fam)* **I.** *vt (fam: schlagen)* to bash *fam;* ■ **jdm eine ~** to thump [*or* AM sock] sb [one], BRIT *fam a.* to give sb a thump **II.** *vi (viel essen)* **ordentlich ~** to gorge, BRIT *fam a.* to tuck in

Reinheit <-> *f kein pl* ① *(Frei von Beimengungen)* purity *no pl* ② *(Sauberkeit)* cleanness *no pl;* ***im Gebirge ist die Luft von größerer ~ als in der Stadt*** mountain air is cleaner than [the] air in the city

Reinheitsgebot *nt* [German] beer purity law *(whereby only hops, malt, water, and yeast are permitted to be added in the brewing process)* **Reinheitsgrad** *m* CHEM degree of purity

reinigen *vt* ■ **etw ~** to clean sth; ***wann ist dein Anzug zum letzten Mal gereinigt worden?*** when was your suit last [dry-]cleaned?

Reiniger *m* cleaner, cleanser

Reinigung <-, -en> *f* ① *kein pl (das Reinigen)* cleaning *no pl;* ***auf die ~ ihrer Fingernägel verwendet sie immer viel Zeit*** she always spends a lot of time cleaning her fingernails; ***Müllverbrennungsanlagen müssen nun alle Filter zur ~ der Abluft eingebaut haben*** waste incineration plants must all have filters installed to clean the waste air ② *(Reinigungsbetrieb)* cleaner's; **die chemische ~** the dry cleaner's

Reinigungscreme *f* cleansing cream **Reinigungsdiskette** *f* INFORM cleaning diskette **Reinigungskosten** *pl* cleaning costs **Reinigungslotion** *f* cleansing lotion **Reinigungsmaske** *f* purifying mask **Reinigungsmilch** *f* cleansing milk *no pl* **Reinigungsmittel** *nt* cleansing agent

Reinkarnation [reʔɪn-] *f* reincarnation *no pl*

reinkommen *vi (fam)* to come in; ***darf ich reinkommen?*** may I come in?

Reinkultur *f* pure culture; **in ~** unadulterated; ***das ist doch hirnverbrannter Blödsinn in ~!*** that is just hare-brained unadulterated nonsense!

rein|legen *vt (fam)* ① *(hineinlegen)* ■ **etw ~** to put sth in sth; ***„leg mir das Geld in die Schublade da rein"*** "put the money in this drawer here for me" ② *(hintergehen)* ■ **jdn ~** to take sb for a ride; ***er hat mich reingelegt, das Gemälde war gar nicht echt*** he took me for a ride, the picture wasn't genuine

reinlich *adj* ① *(sauberkeitsliebend, sauber)* clean; ***Katzen sind ~ere Tiere als Hunde*** cats are cleaner animals than dogs; **ein ~es Zimmer** a clean room ② *(klar)* clear; **eine ~e Unterscheidung** a clear distinction

Reinlichkeit <-> *f kein pl* ① *(Sauberkeitsliebe)* cleanliness *no pl;* ***Hunde müssen zur ~ erzogen werden*** dogs must be trained to be clean ② *(Sauberkeit)* cleanness *no pl*

Reinluftgebiet *nt* pollution-free zone **reinrassig** *adj* thoroughbred; ***mein Golden Retriever ist ein absolut ~es Tier*** my Golden Retriever is a real thoroughbred

Reinraum *m* clean room

rein|reiten *vt irreg (fam)* ■ **jdn ~** to get sb into a mess, to drop sb in it BRIT *fam*

rein|schneien *vi haben o sein* (*fam*) ❶ (*schneien*) **es schneit rein** the snow's coming in ❷ (*hineingehen*) ■[irgendwo] ~ to drop in [somewhere] *fam*

Reinschrift *f* fair copy **Reinvermögen** *nt* FIN net assets *pl* [*or* capital] [*or* worth]

reinvestieren* [reɪn-] *vt* FIN ■**etw** [**in etw** *akk*] ~ to reinvest sth [in sth]

Reinvestition <-, -en> [reɪn-] *f* FIN reinvestment **Reinvestitionsrücklage** *f* FIN reinvestment reserve

rein|waschen *irreg vt* (*exkulpieren*) ■**jdn** [**von etw**] ~ to clear sb [of sth]; ***die Untersuchung hat ihn von allem Verdacht reingewaschen*** the investigation cleared him of all suspicion; ■**sich** [**von etw**] ~ to clear oneself [of sth]

Reinwasser *nt* clean [*or* pure] water

reinweg *adv s.* **reineweg**

rein|würgen *vt* (*fam: widerwillig essen*) ■[**sich** *dat*] **etw** ~ to force down sth; **jdm eine**[**n**] ~ (*fig*) to teach sb a lesson

Reinzeichnung *f* final drawing, finished artwork

rein|ziehen *vr irreg* (*sl*) ❶ (*konsumieren*) ■**sich** *dat* **etw** ~ to take sth; ***ich ziehe mir erst mal ein kaltes Bierchen rein*** the first thing I'm going to do is have a cold beer ❷ (*ansehen*) to watch sth

Reis[1] <-es, -e> *m* AGR, BOT rice *no pl;* **geschälter/ungeschälter** ~ husked/unhusked rice; **grüner/roter/schwarzer** ~ green/red/black rice

Reis[2] <-es, -er> *nt* ❶ (*Pfropf*~) scion ❷ (*veraltend geh: dünner Zweig*) sprig, twig

Reisbau <-s> *m kein pl* rice-growing, cultivation of rice **Reisbohne** *f* rice bean **Reisbrei** *m* rice pudding

Reise <-, -n> *f* (*längere Fahrt*) journey, voyage; ***wie war die ~ mit dem Zug?*** how was the journey by train?; ***die ~ mit dem Schiff nach Singapur war sehr angenehm*** the voyage by ship to Singapore was very pleasant; ***wir freuen uns auf die nächste ~ an die See*** we're looking forward to our next trip to the seaside; **gute** [*o* **angenehme**] [*o* **glückliche**] **~!** bon voyage!, have a good trip!; **eine ~ wert sein** to be worth going to; ***Prag ist sicher eine ~ wert*** Prague is certainly worth a visit; **auf ~n gehen** to travel; ***endlich kann ich es mir leisten, auf ~n zu gehen*** I can finally afford to travel; **viel auf ~n gehen** to do a lot of travelling [*or* AM traveling]; **die ~ geht nach…** he/she/we etc. is/are off to…; ***„du verreist? wohin geht denn die ~?“*** "you're going away? where are you off to?"; **eine ~ machen** to go on a journey; **auf ~n sein, sich auf ~n befinden** (*geh*) to be away; ***„bedauere, der Arzt ist derzeit auf ~n“*** "I'm sorry, the doctor is away at the moment" ▸ WENDUNGEN: **die letzte ~ antreten** (*euph geh*) to set out on one's final journey *euph;* **wenn einer eine ~ tut, so kann er was erzählen** (*prov*) journeys are full of incidents

Reiseandenken *nt* souvenir **Reiseantritt** *m* start of a/the journey **Reiseapotheke** *f* first aid kit **Reiseautobus** *m* tourist bus [*or* coach], touring bus, motor coach **Reisebedarf** *m* travel requisites *npl,* travelling necessaries *npl* **Reisebegleiter(in)** *m(f)* travelling [*or* AM -traveling] companion **Reisebekanntschaft** *f* acquaintance made while travelling **Reisebericht** *m* account of a journey **Reisebeschreibung** *f* description of a journey; (*Buch*) travel account **Reisebilanz** *f* ÖKON balance of payments in tourism **Reisebranche** *f* [the] travel business [*or* trade] **Reisebüro** *nt* travel agency **Reisebürokaufmann, -kauffrau** *m, f* travel agent **Reisebus** *m* coach **Reisedauer** *f* journey time, length of a/the journey **Reisedecke** *f* travelling rug BRIT, lap robe AM **Reiseeindrücke** *pl* travelling impressions *pl* **Reiseerinnerungen** *pl* reminiscenses *pl* of one's travels **reisefertig** *adj* ready to go [*or* leave]; **sich ~ machen** to get oneself ready to go [*or* leave] **Reisefieber** *nt kein pl* (*fam*) travel nerves *npl* **Reiseflughöhe** *m* cruising altitude **Reisefreiheit** *f* freedom to travel **reisefreudig** *adj* to like to travel **Reiseführer** *m* travel guide[book] **Reiseführer(in)** *m(f)* courier, guide

Reisegefährte, -gefährtin *m, f* travel[ling] companion; (*Mitreisender*) fellow passenger **Reisegepäck** *nt* luggage **Reisegepäckversicherung** *f* luggage [*or* AM baggage] insurance **Reisegeschwindigkeit** *f* (*geh*) cruising speed **Reisegesellschaft** *f* party of tourists **Reisegewerbekarte** *f* JUR licence for an itinerant trade **Reisegruppe** *f* tourist party **Reisehöhe** *f s.* Reiseflughöhe **Reisejournalist(in)** *m(f)* travel editor **Reisekasse** *f* FIN travel funds *pl* **Reisekleidung** *f* travelling [*or* AM *usu* traveling] clothes *npl* **Reisekoffer** *m* suitcase **Reisekosten** *pl* travelling expenses *pl* **Reisekostenabrechnung** *f* claim for travelling expenses; (*Formular*) claim form for travelling expenses **Reisekostenvorschuss**[RR] *m* FIN travel advance **Reisekostenzuschuss**[RR] *m* travel allowance **Reisekrankheit** *f kein pl* travel [*or* motion] sickness *no pl* **Reisekreditbrief** *m* FIN traveller's letter of credit **Reiseland** *nt* holiday destination **Reiseleiter(in)** *m(f)* courier, guide **Reiselektüre** *f* reading matter for a/the journey **Reiseliteratur** *f* travel books *pl* [*or* literature] **Reiselust** *f* fondness of travel **reiselustig** *adj* fond of travelling; ***meine ~e Schwester war dieses Jahr in Russland*** my sister, who is fond of travelling, has been to Russia this year **Reisemagazin** *nt* travel magazine **Reisemitbringsel** <-s, -> *nt* souvenir **reisemüde** *adj* travel-weary

reisen *vi sein* ❶ (*fahren*) to travel; ***wohin werdet ihr in eurem Urlaub ~?*** where are you going [to] on holiday? ❷ (*abreisen*) to leave ❸ (*als Vertreter unterwegs sein*) to travel as a rep; ***im Mai wird unser Vertreter wieder ~*** our representative will be on the road again in May; ***er reist in Sachen Damenbekleidung*** he travels as a rep selling ladies' clothing

Reisende(r) *f(m) dekl wie adj* passenger; ***alle ~n nach München werden gebeten, sich an Gleis 17 einzufinden*** all passengers for Munich are requested to go to platform 17 **Reisenecessaire** <-s, -s> *nt* sponge bag, washbag, toilet[ries] bag **Reiseomnibus** *m* tourist bus [*or* coach], touring bus, motor coach **Reisepass**[RR] *m* passport **Reisepläne** *pl* travel plans *pl;* **~ schmieden** to make travel plans [*or* BRIT *or form* plans for a journey] **Reiseprospekt** *m* travel brochure **Reiseproviant** *m kein pl* provisions *pl* for the journey **Reiseroute** *f* itinerary **Reiserücktrittsversicherung** *f* travel cancellation insurance **Reisescheck** *m* TOURIST ❶ (*bargeldloses Zahlungsmittel*) travel cheque BRIT, traveler's check AM ❷ (*hist: Berechtigung zu einer Ferienreise*) *certificate issued in the GDR, authorizing the travel to a designated place* **Reiseschreibmaschine** *f* portable typewriter **Reisespesen** *pl* travel expenses *pl*

Reisessig *m* rice vinegar

Reisestecker *m* [travel-]plug **Reisetagebuch** *nt* travel diary **Reisetasche** *f* holdall, travelling [*or* traveling] bag AM **Reiseunterlagen** *pl* travel documents *pl* **Reiseveranstalter(in)** *m(f)* tour operator

Reiseverkehr *m kein pl* holiday traffic *no pl* **Reiseverkehrsbilanz** *f* ÖKON balance of payments in tourism **Reiseverkehrskauffrau** *f fem form von* Reiseverkehrskaufmann travel agent [*or* consultant] **Reiseverkehrskaufmann** <-[e]s, -leute> *m* travel agent [*or* consultant]

Reisevertragsrecht *nt* JUR tourist travel law **Reisevorbereitung** *f meist pl* travel preparations *pl;* **~n treffen** to prepare for a/the journey **Reisewährungen** *pl* FIN traveller's payment media *no pl* **Reisewecker** *m* travelling alarm clock **Reiseweg** *m* route, itinerary **Reisewelle** *f* wave of holiday traffic **Reiseweltmeister** *pl* (*fam*) world champions *pl* in tourism **Reisewetter** *nt* weather for travelling **Reisewetterbericht** *m* holiday weather forecast **Reisezeit** *f* holiday period **Reiseziel** *nt* destination

Reisfeld *nt* paddy [field], rice paddy **Reisflocken** *pl* rice flakes *pl*

Reisig <-s> *nt kein pl* brushwood *no pl*

Reisigbesen *m* besom, AM *a.* twig broom **Reisigbündel** *nt* bundle of brushwood [*or* twigs]

Reiskoch *m* KOCHK rice pudding **Reiskorn** *nt* grain of rice **Reisnudeln** *pl* rice noodles *pl,* rice sticks *pl* **Reispapier** *nt* rice paper **Reisrand** *m,* **Reisring** *m* rice ring

Reißaus *m* [**vor jdm/etw**] ~ **nehmen** (*fam*) to run away [from sb/sth]; ***die Einbrecher nahmen ~, als die Bullen kamen*** the burglars scarpered when the cops arrived

Reißbrett *nt* drawing-board

Reisschleim *m* rice pudding

Reißen <-s> *nt kein pl* SPORT (*beim Gewichtheben*) snatch

reißen <riss, gerissen> **I.** *vi* ❶ *sein* (*einreißen*) ■[**an etw** *dat*] ~ to tear [at sth]; ***billiges Papier reißt leicht*** cheap paper tears easily; ***alte Hemden können an zerschlissenen Stellen ~*** old shirts can tear at the parts that are worn ❷ *sein* (*zerreißen*) to break, to tear; ***das Seil riss unter dem Gewicht dreier Bergsteiger*** the rope broke under the weight of three climbers; *s. a.* **Geduldsfaden, Strick** ❸ *haben* (*zerren*) ■**an etw** *dat* ~ to pull [on] sth, to tug at sth; ***wütend bellend riss der Hund an seiner Kette*** barking furiously the dog strained at its lead; ***der Fallschirmspringer muss an dieser Leine ~*** the parachutist has to pull [on] this cord ❹ *haben* SPORT (*das Reißen betreiben*) to snatch; ■[**das**] **Reißen** snatch; ***das Reißen ist nicht die Stärke dieses Gewichthebers*** the snatch is not one of this weightlifter's strengths ❺ *haben* SPORT (*bei der Übung abwerfen*) ***beim letzten Versuch im Hochsprung darf sie nicht ~*** she musn't knock the bar off during her final attempt in the high jump; ***an diesem Hindernis hat noch fast jeder Reiter gerissen*** nearly every rider has knocked this fence down **II.** *vt haben* ❶ (*runterreißen*) ■**etw von etw** ~ to tear sth from sth; ***sie rissen die alten Tapeten von den Wänden*** they tore the old wallpaper off the walls ❷ (*entreißen*) ■**etw von jdm** ~ to tear [*or* snatch] sth from sb; ***er riss ihr das Foto aus der Hand*** he snatched the photo out of her hand; ***der Mann wollte ihr das Kind aus den Armen ~*** the man wanted to tear the child from her arms; ***pass auf, dass der Wind dir nicht den Hut vom Kopf reißt!*** watch out that the wind doesn't blow your hat off [your head] ❸ (*hineinreißen*) ■[**sich** *dat*] **etw in etw** *akk* ~ to tear sth in [one's] sth; ***verdammt, ich habe mir ein Loch in die Hose gerissen!*** blast! I've torn a hole in my trousers! ❹ (*willkürlich entnehmen*) ■**etw aus etw** ~ to take sth out of sth; ***die Bemerkung ist wahrscheinlich aus dem Zusammenhang gerissen worden*** the comment has probably been taken out of context ❺ (*hinunterreißen*) ■**jdn** [**mit sich**] **…** ~ to take sb [with one/it]; ***die Lawine riss mehrere der Wanderer mit sich zu Tale*** the avalanche took several of the hikers with it [down] into the valley; *s. a.* **Verderben** ❻ (*unversehens unterbrechen*) ■**jdn aus etw** ~ to rouse sb from sth; ***das Klingeln des Telefons riss sie aus ihren Gedanken*** the ringing of the telephone roused her from her thoughts ❼ (*gewaltsam übernehmen*) ■**etw an sich** *akk* ~ to seize sth; ***die Revolutionäre wollen die Herrschaft an sich ~*** the revolutionaries are planning to seize power ❽ (*rasch an sich ziehen*) ■**jdn/etw an sich** *akk* ~ to clutch sb/sth to one; ***sie riss die Handtasche an sich*** she clutched her handbag to her ❾ SPORT (*durch Reißen hochbringen*) ■**etw** ~ to snatch sth; ***423 kg hat bisher noch kein Gewichtheber gerissen*** no weightlifter yet has been able to snatch 423 kg ❿ SPORT (*abwerfen*) ■**etw** ~ to knock down sth *sep;* ***die Reiterin hat eine Latte gerissen*** the rider knocked a pole down ⓫ (*anspringen und totbeißen*) ■**etw** ~ to kill sth; ***der Löwe verschlang die Antilope, die er gerissen hatte*** the lion devoured the antilope that it had killed ▸ WENDUNGEN: **hin und her gerissen sein/werden** to be torn **III.** *vr haben* ❶ (*sich losreißen*) ■**sich aus etw** ~ to tear oneself out of sth ❷ (*fam: sich intensivst bemühen*) ■**sich**

um jdn/etw ~ to scramble to get sb/sth; *s. a.* **gerissen**

Reißen <-s> *nt kein pl (veraltend fam)* ache; **das ~ [in etw *dat*] haben** sb's sth is aching; ***was stöhnst du so, hast du wieder das ~ im Rücken?*** why are you groaning like that, is your back aching again?

reißend I. *adj* ① *(stark strömend)* raging, torrential; **die ~e Strömung** the raging current ② *(räuberisch)* rapacious; **ein ~es Tier** a rapacious animal ③ ÖKON *(fam)* massive; ***die neuen Videospiele finden ~en Absatz*** the new video games are selling like hot cakes **II.** *adv (fam)* in huge quantities; ***so ~ haben wir bisher noch nichts verkauft*** we've never sold anything in such huge quantities before

Reißer <-s, -> *m (fam)* ① *(Buch/Film)* thriller ② *(Verkaufserfolg)* big seller; ***diese Shorts sind der ~ der Saison!*** these shorts are the season's big sellers

reißerisch I. *adj* sensational **II.** *adv* sensationally

Reißfeder *f* ruling pen **reißfest** *adj* tearproof **Reißfestigkeit** *f* tear resistance [*or* strength] **Reißlänge** *f (Papier)* tear length **Reißleine** *f* ripcord **Reißnagel** *m* drawing pin BRIT, thumbtack AM

Reisspinat *m* quinoa

Reißprobe *f (Papier)* tearing test **Reißschiene** *f* T-square **Reißverschluss**RR *m* zip BRIT, zipper AM **Reißverschlussprinzip**RR *nt kein pl* TRANSP principle of alternation **Reißverschlusssystem**RR *nt* TRANSP system of alternate filtering; **sich nach dem ~ einfädeln** to filter in [alternately] **Reißwolf** *m* TECH ① *(industrielles Gerät zum Zerkleinern)* devil ② *(Aktenvernichter)* shredder **Reißzahn** *m* fang, carnassial [tooth] *spec* **Reißzwecke** <-, -n> *f* drawing pin

Reistafel *f* rice platter **Reis-Timbale** *f* rice timbale **Reiswaffel** *f* rice cake **Reiswein** *m* rice wine

Reitanzug *m* riding outfit **Reitausrüstung** *f* riding equipment *no pl* **Reitbahn** *f* riding arena

reiten <ritt, geritten> **I.** *vi sein* ① *(auf einem Tier)* to ride; ***bist du schon mal geritten?*** have you ever been riding?; ***wissen Sie, wo man hier ~ lernen kann?*** do you know where it's possible to take riding lessons round here?; ▪**auf etw** *dat* **~** to ride [on] sth; ***bist du schon mal auf einem Pony geritten?*** have you ever ridden a pony?; **im Galopp/Trab ~** to gallop/trot; ***heute üben wir, im Schritt zu ~*** today we shall practice riding at walking pace; ***die Pferde wurden im Galopp geritten*** the horses were ridden at a gallop; ***das Reiten ist immer ihre ganz große Leidenschaft gewesen*** riding has always been her great passion; ▪**geritten kommen** to come riding up ② *(schaukelnde Bewegungen machen)* ▪**auf etw** *dat* **~** to ride [on] sth; ***das kleine Mädchen reitet auf ihrem Schaukelpferd*** the little girl is riding her rocking horse; ***„schau mal, da reitet jemand auf dem Dachfirst!"*** "look, there's someone sitting astride the ridge of the roof!" **II.** *vt haben* ▪**etw ~** to ride sth; ***heute will ich den Rappen ~!*** I want to ride the black horse today; ***sie ritten einen leichten Trab*** they rode at a gentle trot; ***reite nicht solch ein Tempo, ich komme ja gar nicht mehr mit!*** don't ride so fast, I can't keep up any more!; *s. a.* **Boden, Haufen**

Reiter <-s, -> *m (Karteireiter)* index-tab ▶ WENDUNGEN: **spanischer ~** barbed-wire barricade

Reiter(in) <-s, -> *m(f)* rider; ▪**~ sein** to be a rider; ***„Sie sind wohl auch ~ in?"*** "I suppose you go riding too?"

Reiterei <-, -en> *f* MIL cavalry *no pl*

Reiterin <-, -nen> *f fem form von* **Reiter**

Reiterstandbild *nt* equestrian statue

Reitgerte *f* riding whip **Reithalle** *f* indoor riding arena **Reithose** *f* riding breeches *npl*, jodhpurs *npl* **Reitkappe** *f* riding cap **Reitlehrer(in)** *m(f)* riding instructor **Reitpeitsche** *f* riding whip [*or* crop] **Reitpferd** *nt* saddle-horse, mount **Reitschule** *f* riding school **Reitsitz** *m* riding position; **im ~** astride **Reitsport** *m kein pl* equestrianism *no pl*, horse-riding *no pl*; **~ betreiben** to go horse-riding **Reitstall** *m* riding-stable **Reitstiefel** *m* riding-boot **Reitstunde** *f* riding lesson **Reittier** *nt* mount **Reitturnier** *nt* showjumping event **Reitunterricht** *m* riding lessons *pl* **Reitweg** *m* bridle-path

Reiz <-es, -e> *m* ① *(Verlockung)* appeal, attraction; [**für jdn**] **den ~ [einer S.** *gen*] **erhöhen** to add to the appeal [*or* attraction] [of a thing] [for sb]; ***Spannung ist etwas, das den ~ einer S. erhöht*** suspense is something that adds to the appeal of a thing; [**für jdn**] **einen** [*o* **seinen**] **~ haben** to appeal [to sb]; ***spazieren gehen hat seinen ~ für Naturliebhaber*** going for a walk appeals to nature lovers; [**auf jdn**] **einen bestimmten ~ ausüben** to hold a particular attraction [for sb]; ***verbotene Dinge üben auf Kinder immer einen besonderen ~ aus*** forbidden things always hold a special attraction for children; [**für jdn**] **seinen** [*o* **den**] **~ verlieren** to lose its appeal [for sb] ② *(Stimulus)* stimulus; ***äußere ~e werden über das Nervensystem zum Gehirn befördert*** external stimuli are transmitted to the brain via the nervous system ③ *pl (sl: nackte Haut)* charms *npl*

reizbar *adj* irritable; ▪[**leicht**] **~ sein** to be [extremely] irritable

Reizbarkeit <-> *f kein pl* irritability *no pl*

reizen I. *vt* ① *(verlocken)* ▪**jdn ~** to appeal to sb, to tempt sb; ***diese Frau reizt mich schon irgendwie*** I'm quite attracted to this woman; ***die Herausforderung reizt mich sehr*** I find this challenge very tempting; ▪**es reizt jdn, etw zu tun** sb is tempted to do sth ② MED *(stimulieren)* ▪**etw ~** to irritate sth; ***ätzender Rauch reizt die Lunge*** acrid smoke irritates the lungs ③ *(provozieren)* ▪**jdn/ein Tier** [**zu etw**] **~** to provoke sb/an animal [into sth]; ***reize ihn besser nicht, er ist leicht aufbrausend*** better not provoke him, he's got a short fuse; ▪**jdn** [**dazu**] **reizen, etw zu tun** to provoke sb into doing sth; *s. a.* **Weißglut II.** *vi* ① *(herausfordern)* ▪**zu etw ~** to invite sth; ***der Anblick reizte zum Lachen*** what we saw made us laugh; ***ihre Arroganz reizt zur Opposition*** her arrogance invites opposition ② MED *(stimulieren)* to irritate; **zum Husten ~** to make one cough ③ KARTEN *(hochtreiben)* to bid; ***will noch jemand ~?*** any more bids?; *s. a.* **hoch**

reizend *adj* ① *(attraktiv)* attractive; ***vom Turm aus hat man einen ~en Blick auf das Tal*** you have a delightful view of the valley from the tower ② *(iron: unschön)* charming *iron*; **das ist ja ~** that's charming! *iron*; ***was für eine ~e Überraschung!*** what a lovely surprise! *iron* ③ *(veraltend)* charming, kind; ***Sie haben wirklich einen ~en Mann!*** you really have a charming husband; ***ach, ist die Kleine aber ~!*** oh, what a charming [*or* delightful] little girl!; ***danke, das ist aber sehr ~ von Ihnen*** thank you, that is really very kind of you

Reizgas *m* irritant gas **Reizhusten** *m kein pl* dry cough

Reizker <-s, -> *m* BOT orange agaric

Reizklima *nt* ① MED, METEO bracing climate ② *(konfliktgeladene Atmosphäre)* tense atmosphere **reizlos** *adj* dull, unattractive **Reizschwelle** *f* ① MED, PSYCH stimulus threshold ② ÖKON sales resistance **Reizstoff** *m* irritant **Reizstrom** *m* stimulating current **Reizthema** *nt* emotive subject **Reizüberflutung** *f* PSYCH overstimulation *no pl*

Reizung <-, -en> *f* irritation

reizvoll *adj* attractive **Reizwäsche** *f kein pl (fam)* sexy underwear *no pl fam* **Reizwort** <-wörter> *nt* emotive word

rekapitulieren* *vt (geh)* ▪**etw ~** to recapitulate sth

rekeln *vr* ▪**sich** *akk* [**auf/in etw** *dat*] **~** to stretch out [on/in sth]

Reklamation <-, -en> *f* complaint

Reklamationsabteilung *f* ÖKON *(selten)* complaints department **Reklamationsfrist** *f* JUR time for complaint **Reklamationspflicht** *f* HANDEL duty to file a complaint **Reklamationsrecht** *nt* JUR, HANDEL right of complaint **Reklamationsstelle** *f* HANDEL complaint's department **Reklamationsverfahren** *nt* HANDEL complaints procedure

Reklame <-, -n> *f* ① *(Werbeprospekt)* advertising brochure ② ÖKON *(veraltend: Werbung)* advertising *no pl*; ***dieses Poster ist eine alte ~ für Nudeln*** this poster is an old advertisement for pasta; **keine gute ~ für jdn sein** to not be a good advert [*or* AM advertisement] for sb; **für jdn/etw ~ machen** to advertise [*or* promote] sb/sth; **mit jdm/etw ~ machen** to show off sth/sb *sep*; ***mit so einer miserablen Leistung lässt sich nicht ~ machen*** a pathetic effort like that is nothing to show off about

Reklamebeilage *f* bumf BRIT, bumph BRIT, stuffer AM **Reklamerummel** *m (fam o pej)* [advertising] hype *fam or pej* **Reklameschild** *nt* advertising sign **Reklametafel** *f* HANDEL advertisement hoarding BRIT, AM billboard **Reklametrick** *m* advertising gimmick

reklamieren* **I.** *vi* ▪[**bei jdm**] [**wegen etw**] **~** to make a complaint [to sb] [about sth] **II.** *vt* ① ÖKON *(bemängeln)* ▪**etw** [**bei jdm**] **~** to complain [to sb] about sth ② *(geh: beanspruchen)* ▪**etw** [**bei jdm**] **~** to claim sth [from sb] ③ *(geh: in Anspruch nehmen)* ▪**etw für sich ~** to lay claim to sth, to claim sth as one's own [*or* for oneself]; ▪**jdn für sich ~** to monopolize [*or* BRIT *a.* -ise] sb

Rekombination <-, -en> *f* BIOL recombination

Rekonfiguration *f* INFORM reconfiguration

rekonfigurieren *vt* INFORM ▪**etw ~** to reconfigure sth

rekonstruieren* *vt* ▪**etw** [**aus etw**] **~** ① *(nachbilden)* to reconstruct sth [from sth]; ***der Schädel dieses Vormenschen wurde aus Bruchstücken rekonstruiert*** the skull of this primitive man was reconstructed from fragments ② *(modernisieren)* **ein Gebäude ~** to modernize [*or* renovate] a building ③ *(rückblickend darstellen)* to reconstruct sth [from sth]

Rekonstruktion *f* ① *kein pl (das Nachbilden)* reconstruction *no pl* ② *kein pl (rückblickende Darstellung)* reconstruction *no pl* ③ *(Modernisierung)* modernization, renovation

Rekonvaleszent(in) <-en, -en> [-va-] *m(f)* convalescent

Rekonvaleszenz <-> [-va-] *f kein pl (geh)* convalescence *no pl*

Rekord <-s, -e> *m* record; ***gratuliere, Sie sind ~ geschwommen!*** congratulations, you've swum a record time; ***die Besucherzahlen stellten alle bisherigen ~e in den Schatten*** the number of visitors has beaten all previous records; **ein trauriger ~** a poor showing; *s. a.* **aufstellen, brechen, halten**

Rekordbesuch *m* record attendance [*or* number of visitors]

Rekorder <-s, -> *m* ① *(Kassettenrekorder)* cassette recorder ② *(Videorekorder)* video [recorder]

Rekordergebnis *nt* record result **Rekordgewinn** *m* HANDEL record profit; **einen ~ erzielen** to notch up a record profit **Rekordhalter(in)** <-s, -> *m(f)* SPORT record-holder **Rekordhoch** *nt* record high **Rekordinhaber(in)** *m(f)* record-holder **Rekordjahr** *nt* record year **Rekordleistung** *f* record [performance] **Rekordmarke** *f* ① SPORT *(bestehender Rekord)* record; ***der Sprung ging über die bisherige ~ von 8,49 m*** the jump beat the previous record of 8.49 m ② *(Höchststand)* record level; ***die Absätze haben eine ~ erreicht*** sales have reached record levels **Rekordtief** *nt* record low **Rekordverlust** *m* ÖKON record loss **Rekordverschuldung** *f* record debt[s] **Rekordversuch** *m* attempt at the record **Rekordweite** *f* record distance **Rekordzahlen** *pl* record numbers *pl* **Rekordzeit** *f* record time; **in ~** in record time

Rekrut(in) <-en, -en> *m(f)* MIL recruit

rekrutieren* **I.** *vt* ▪**jdn ~** to recruit sb **II.** *vr* ▪**sich aus etw ~** to consist of sth

Rekrutierung <-, -en> *f* recruitment *no pl*

Rekrutin <-, -nen> *f fem form von* **Rekrut**

Rekta *pl von* **Rektum**

Rektakonnossement *nt* HANDEL straight bill of lading

rektal *adj (geh)* rectal

Rektapapier *nt* FIN nonnegotiable instrument **Rektawechsel** *m* FIN nonnegotiable bill of exchange

Rektion <-, -en> *f* LING government

Rektor, Rektorin <-s, -toren> *m, f* SCH ❶ (*Repräsentant einer Hochschule*) vice-chancellor BRIT, president AM ❷ (*Leiter einer Schule*) head teacher BRIT, principle AM

Rektorat <-[e]s, -e> *nt* SCH ❶ (*Amtsräume: Universität*) vice-chancellor's office BRIT, vice-president's office AM; (*Schule*) head teacher's study BRIT, principle's office AM ❷ (*Amtszeit: Universität*) vice-chancellor's BRIT [*or* AM vice-president's] term of office; (*Schule*) headship BRIT

Rektorin <-, -nen> *f fem form von* **Rektor**

Rektum <-s, Rekta> *nt* (*geh*) rectum

Rekultivierung <-, -en> *f* AGR recultivation

rekuperativ *adj inv* BAHN **~es Bremsen** regenerative braking

rekurrieren* *vi* SCHWEIZ ■**[gegen etw]** ~ (*Beschwerde einlegen*) to register a complaint [against sth]; (*Berufung einlegen*) to appeal [against sth]

Relais <-, -> [rəˈlɛː] *nt* ELEK relay

Relaisstation [rəˈlɛː-] *f* TELEK relay station

Relation <-, -en> *f* (*geh*) ❶ (*Verhältnismäßigkeit*) appropriateness *no pl*, proportion; ***Sie müssen die ~ im Auge behalten*** you must keep a sense of proportion; ***58 DM für ein Paar Socken? da kann doch die ~ nicht stimmen!*** 58 DM for a pair of socks? the price is out of all proportion!; **in ~ zu etw stehen** to bear relation [*or* be proportional] to sth; ***der Preis eines Artikels muss in ~ zur Qualität stehen*** the price of an item must be commensurate with its quality; **in keiner ~ zu etw stehen** to bear no relation to sth ❷ (*wechselseitige Beziehung*) relation, relationship; ***diese Phänomene stehen in einer bestimmten ~ zueinander*** there is a certain relationship between these two phenomena

relativ *adj* relative; **ein ~er Wert** a relative value; **alles ist ~** everything is relative; ***ich wohne in ~er Nähe zum Zentrum*** I live relatively close to the city centre; *s. a.* **Luftfeuchtigkeit, Mehrheit**

relativieren* [-ˈviː-] **I.** *vt* (*geh*) ■**etw ~** to qualify sth, to relativize [*or* BRIT *a.* -ise] sth **II.** *vi* (*geh*) to think in relative terms; ***das Angebot gilt nur unter bestimmten Voraussetzungen, relativierte er*** he qualified his statement by saying that the offer only applied under certain preconditions

Relativismus <-> *m kein pl* PHILOS relativism *no pl*

Relativität <-, -en> *meist sing f* (*geh*) relativity

Relativitätstheorie <-> [-vi-] *f kein pl* ■**die ~** the theory of relativity

Relativpronomen *nt* relative pronoun **Relativsatz** *m* relative clause **Relativspringen** *nt* SPORT (*Fallschirmspringen*) formation skydiving, relative work

Relaunch <-s, -es> [riːlɔntʃ] *m* ÖKON (*wirtschaftlicher Neubeginn*) relaunch

relaxen* *vi* to relax

relegieren* *vt* SCH (*geh*) ■**jdn ~** to expel sb

relevant [-ˈva-] *adj* (*geh*) relevant

Relevanz <-> [-ˈva-] *f kein pl* (*geh*) relevance *no pl*; **von einiger/wenig ~** of some/little relevance

Relief <-s, -s *o* -e> *nt* ❶ KUNST (*erhabenes oder vertieftes Bildwerk*) relief ❷ GEOG (*plastische Nachbildung*) plastic relief model

Reliefbild *nt* TYPO embossed picture **Reliefdruck** *m* raised [*or* relief] printing **Reliefkarte** *f* relief map

Religion <-, -en> *f* ❶ (*Glaubensbekenntnis*) religion *no pl* ❷ (*Glaubensgemeinschaft*) religion ❸ SCH (*Religionsunterricht*) religion *no pl*, religious education [*or* instruction] *no pl*; ***wir haben zwei Stunden ~ in der Woche*** we have two hours RE [*or* RI] a week

Religionsbekenntnis *nt* denomination **Religionsfreiheit** *f* freedom *no pl* of worship **Religionsgemeinschaft** *f* (*geh*) religious community **Religionsgeschichte** *f* ❶ *kein pl* (*Entwicklung*) history of religion ❷ (*Werk*) religious historical work **Religionskrieg** *m* religious war **Religionslehrer(in)** *m(f)* religious instruction [*or* education] teacher **religionslos** *adj inv* irreligious, not religious **Religionsstifter(in)** *m(f)* founder of a religion **Religionsstreit** *m* religious dispute **Religionsunterricht** *m* religious education [*or* instruction] **Religionszugehörigkeit** <-, -en> *f meist sing* religion, denomination

religiös **I.** *adj* religious; **eine ~ Erziehung** a religious upbringing; **aus ~en Gründen** for religious reasons **II.** *adv* ❶ (*im Sinne einer Religion*) in a religious manner; ***die mittelalterliche Kunst ist stark ~ geprägt*** mediaeval art is characterized by strong religious themes ❷ (*mit religiösen Gründen*) for religious reasons

Religiosität <-> *f kein pl* religiousness *no pl*

Relikt <-[e]s, -e> *nt* (*geh*) relic

Reling <-, -s *o* -e> *f* NAUT rail

Reliquie <-, -n> [reˈliːkviə] *f* REL relic

Reliquienschrein *m* reliquary

Rem <-s, -s> *nt Akr von* **Roentgen equivalent man** rem

Remailing <-s> [rɪˈmeɪlɪŋ] *nt* remailing

Remake <-s, -s> [riˈmeɪk] *nt* remake

Remanenz <-> *f kein pl* PHYS remanence

Rembours <-s> [rãˈbuːɐ̯] *m* FIN reimbursement

Remboursakkreditiv *nt* FIN documentary acceptance credit **Remboursauftrag** *m* FIN order to open a documentary acceptance credit **Remboursbank** *f* FIN accepting bank **Remboursermächtigung** *f* FIN reimbursement authorization **Remboursgeschäft** *nt* FIN documentary credit transaction **Rembourskredit** *m* FIN documentary acceptance credit **Rembourslinie** *f* FIN acceptance credit line **Remboursregress**[RR] *m* FIN reimbursement recourse **Remboursschuldner(in)** *m(f)* FIN documentary credit debtor **Rembourstratte** *f* FIN documentary acceptance [*or* bill] **Remboursverbindlichkeit** *f* FIN indebtedness on documentary acceptance credit **Rembourszusage** *f* FIN agreement to reimburse

Reminiszenz <-, -en> *f* (*geh*) reminiscence, memory

remis [rəˈmiː] **I.** *adj inv* SCHACH drawn; ***„~!" — „einverstanden!"*** "a draw!" — "agreed!"; ***die Partie ist ~*** the game is drawn **II.** *adv* SCHACH in a draw; ***„wie ist die Partie ausgegangen?" — „~"*** "how did the game finish?" — "it ended in a draw"

Remis <-, – *o* -en> [rəˈmiː] *nt* SCHACH draw; **[gegen jdn] ein ~ erzielen** to achieve a draw [against sb]

Remissionsrecht *nt* HANDEL right of return

Remittende <-, -n> *f* TYPO return

Remittent(in) *m(f)* FIN payee

Remix <-es, -e *o* -es> [riˈmɪks] *m* MUS remix

remixen* *vt* MUS, TECH ■**etw ~** *Musikstück* to remix sth

Remmidemmi <-s> *nt kein pl* (*veraltend sl*) commotion *no pl*, racket *no pl sl*; **~ machen** to make a racket

Remonstration *f* JUR remonstrance, formal protest

Remoulade <-, -n> [remuˈlaːdə] *f*, **Remouladensoße** *f* tartar sauce

rempeln **I.** *vi* (*fam*) to push, to jostle; ***es wurde viel geremepelt, als die Fahrgäste einstiegen*** there was a lot of jostling when the passengers boarded; ***he, ~ Sie nicht so!*** hey, stop pushing like that! **II.** *vt* SPORT ■**jdn ~** to push sb

REM-Phase *f* MED, PSYCH REM sleep

Ren <-s, -e> *nt* ZOOL *s.* **Rentier²**

Renaissance <-, -en> [rənɛˈsãːs] *f* ❶ *kein pl* KUNST, HIST (*kulturelle Bewegung*) Renaissance *no pl* ❷ (*geh: Wiederbelebung*) renaissance

Renaissance-Antiqua *f* TYPO Old Face **Renaissancebau** *m* renaissance building **Renaissancefassade** *f* renaissance façade **Renaissancekirche** *f* renaissance church **Renaissanceschloss**[RR] *nt* renaissance palace

renaturieren* *vt* ÖKOL ■**etw ~** to restore sth to its natural state

Renaturierung <-, -en> *f* ÖKOL restoring to nature

Rendezvous <-, -> [rãdeˈvuː, ˈrãːdevu] *nt* ❶ (*Verabredung*) rendezvous *a. hum*, date; **sich** *dat* **irgendwo ein ~ geben** (*geh*) to meet up [*or* come together] somewhere ❷ RAUM (*Kopplung*) rendezvous

Rendite <-, -n> *f* return, yield; **~ bringen** to yield

Renditengefälle *nt* FIN yield differential [*or* gap] **Renditespanne** *f* FIN yield spread

Renegat(in) <-en, -en> *m(f)* (*geh*) renegade

Reneklode <-, -n> *f* greengage

renitent *adj* (*geh*) awkward

Renitenz <-> *f kein pl* (*geh*) awkwardness *no pl*

Renke <-, -n> *f* pollan, freshwater herring

Rennbahn *f* racetrack

rennen <rannte, gerannt> **I.** *vi sein* ❶ (*schnell laufen*) to run; *s. a.* **Unglück, Verderben** ❷ (*fam: hingehen*) ■**zu jdm ~** to run [off] to sb; ***dann renn' doch zu deiner Mama*** why don't you run off to your mummy; ***sie rennt bei jeder Kleinigkeit zur Geschäftsleitung*** she's always going up to management with every little triviality; ***die arme Frau rennt dauernd zur Polizei*** that poor woman's always running to the police ❸ (*stoßen*) ■**an etw** *akk*/**gegen etw** *akk*/**vor etw** *akk* **~** to bump into sth; ***sie ist mit dem Kopf vor einen Dachbalken gerannt*** she banged her head against a roof joist; *s. a.* **Kopf II.** *vt* ❶ *haben o sein* SPORT ■**etw ~** to run sth; ***er rennt die 100 Meter in 11 Sekunden*** he runs the 100 metres in 11 seconds ❷ *haben* (*im Lauf stoßen*) ■**jdn ... ~** to knock sb...; ***„weg da, sonst wirst du beiseite gerannt!"*** "out the way, or you'll be knocked aside!"; ***er rannte mehrere Passanten zu Boden*** he knocked several passers-by over; *s. a.* **Haufen** ❸ *haben* (*stoßen*) ■**etw in jdn/etw ~** to run sth into sth; ***er rannte ihm ein Schwert in den Leib*** he ran a sword into his body

Rennen <-s, -> *nt* race; ***das ~ ging über 24 Runden*** the race was over 24 laps; ***Ascot ist das bekannteste ~ der Welt*** Ascot is the most famous racing event in the world; **ein totes ~** SPORT a dead heat; **... im ~ liegen** SPORT to be...placed; **gut im ~ liegen** to be well placed; **schlecht im ~ liegen** to be badly placed, to be having a bad race ▶ WENDUNGEN: **[mit etw] ... im ~ liegen** to be in a...position [with sth]; ***wir liegen mit unserem Angebot gut im ~*** we are in a good position with our offer; ***nach dem Vorstellungsgespräch lag er schlechter im ~*** he was in a worse position after the interview; **ins ~ gehen** to take part in [sth]; **das ~ ist gelaufen** (*fam*) the show is over; **[mit etw] das ~ machen** (*fam*) to make the running [with sth]; ***die Konkurrenz macht wieder mal das ~*** the competition is making the running again; **jdn ins ~ schicken** to put forward sb *sep*; **jdn aus dem ~ werfen** (*fam*) to put sb out of the running

Renner <-s, -> *m* (*fam*) big seller

Rennfahrer(in) *m(f)* ❶ (*Autorennen*) racing driver BRIT, racecar driver AM ❷ (*Radrennen*) racing cyclist **Rennkuckuck** *m* ORN roadrunner **Rennpferd** *nt* racehorse; *s. a.* **Ackergaul** **Rennplatz** *m* racecourse **Rennrad** *nt* racing bike **Rennreiter(in)** <-s, -> *m(f)* jockey **Rennsport** *m* SPORT ❶ (*Motorrennen*) motor racing *no pl* ❷ *s.* **Radrennsport** ❸ *s.* **Pferderennsport** **Rennstall** *m* racing stable **Rennstrecke** *f* SPORT course, racetrack **Rennwagen** *m* racing [*or* AM race] car **Rennwettsteuer** *f* FIN betting tax [*or* levy] **Rennwett- und Lotteriegesetz** *nt* JUR racing bets and lotteries act

Renommee <-s, -s> *nt* (*geh*) reputation; **von ... ~** of ... reputation; ***er ist ein Nachtklubbesitzer von zweifelhaftem ~*** he is a nightclub owner of doubtful reputation

renommieren* *vi* (*geh*) ■**[mit etw] ~** to show off [with sth]; **mit seinem Wissen ~** to flaunt one's knowledge

Renommierobjekt *nt* showpiece

renommiert *adj* (*geh*) renowned; ■**~ [wegen etw] sein** to be renowned [for sth]

renovieren* [-ˈviː-] *vt* ■**etw ~** to renovate [*or* refurbish] sth

renoviert **I.** *pp und 3. pers sing von* **renovieren** **II.** *adj inv* renovated; **neu ~** newly renovated, newly [*or* freshly] redecorated

R

Renovierung <-, -en> [-'vi:-] *f* renovation

rentabel I. *adj* profitable II. *adv* profitably

Rentabilität <-> *f kein pl* profitability *no pl*

Rentabilitätsberechnung *f* HANDEL cost accounting, profitability estimate, calculation of profitability **Rentabilitätsgrenze** *f* HANDEL margin of profitableness, break-even point **Rentabilitätsprüfung** *f* HANDEL break-even analysis **Rentabilitätssteigerung** *f* gain in profitability

Rente <-, -n> *f* ① (*Altersruhegeld*) pension; **in ~ gehen** to retire; **lohnbezogene ~** earnings-related pension ② (*regelmäßige Geldzahlung*) annuity; **~ auf Lebenszeit** annuity for life

Rentenalter *nt* retirement age **Rentenanleihe** *f* perpetual [*or* annuity] bond **Rentenanpassung** *f* indexation of pensions **Rentenanspruch** *m* right to a pension **Rentenanwartschaft** *f* JUR accrued future pension rights *pl* **Rentenbasis** *f* annuity basis **Rentenbeitrag** *m* pension contribution **Rentenbeitragslast** *f* pension entitlement **Rentenbemessungsgrundlage** *f* pension assessment basis **rentenberechtigt** *adj inv* JUR pensionable, entitled to a pension *pred* **Rentenbescheid** *m* notice of the amount of one's pension **Rentenbestand** *m* FIN bond holdings *pl* **Rentenempfänger(in)** *m(f)* (*geh*) pensioner **Rentenfinanzierung** *f* financing of pensions **Rentenfonds** *m* fixed-interest fund **Rentenhandel** *m kein pl* BÖRSE dealing [*or* trading] in bonds **Rentenhöhe** *f* level of pension, pension amount **Rentenkasse** *f* FIN pension fund **Rentenkurs** *m* FIN bond price **Rentenmarkt** *m* FIN bond market, fixed-interest securities market; **~ in Anspruch nehmen** BÖRSE to tap the bond market **Rentenpapiere** *pl* FIN fixed-interest securities *pl*, bonds *pl* **Rentenplan** *m* pension plan **Rentenreform** *f* reform of pensions **Rentenschein** *m* JUR annuity certificate **Rentenschuld** *f* JUR annuity [land] charge **Rentenschuldbrief** *m* JUR annuity-charge certificate **Rentenschuldgläubiger(in)** *m(f)* JUR holder of an annuity charge **Rentensystem** *nt* ÖKON pension scheme; **gestaffeltes ~** graduated pension scheme **Rentenüberleitungsgesetz** *nt* law governing the transfer of pensions **Rentenverpflichtung** *f* JUR pension commitment

Rentenversicherung *f* pension scheme BRIT, retirement insurance AM

Rentenversicherungsbeitrag *m* pension contribution **Rentenversicherungssystem** *nt* pension scheme [*or* AM plan] **Rentenversicherungsträger** *m* pension scheme [*or* AM plan] provider

Rentenwert <-[e]s, -e> *m* FIN fixed-interest security, bond

Rentier[1] *nt* reindeer

Rentier[2] <-s, -s> [rɛn'tie:] *m* (*veraltend*) person of independant means

rentieren* *vr* ■**sich [für jdn] ~** to be worthwhile [for sb]; ***für uns würde sich ein Auto nicht ~*** it wouldn't be worthwhile our having a car; ***so eine Machine rentiert sich nicht für unseren kleinen Betrieb*** it doesn't pay to get that kind of machinery for a small business like ours

Rentner(in) <-s, -> *m(f)* pensioner, senior citizen

Renvoi <-> [rã'vo̯a] *m kein pl* ÖKON (*Rücksendung*) renvoi

Reorganisation <-, -en> *meist sing f* reorganization [*or* BRIT *a.* -isation]

reorganisieren* [re:ɔr-] *vt* (*geh*) ■**etw ~** to reorganize [*or* BRIT *a.* -ise] sth

Rep <-s, -s> *m* POL *kurz für* **Republikaner** republican (*member of the German right-wing Republican Party*)

reparabel *adj* (*geh*) repairable; ***der Schaden ist noch/nicht mehr ~*** the damage can still be/can't be repaired

Reparation <-, -en> *f* reparations *pl*

Reparationszahlungen *pl* reparation payments *pl*

Reparatur <-, -en> *f* repair; **etw in [*o* zur] ~ geben** to have sth repaired, to take sth in to have it repaired; ***ich gebe den Computer beim Hersteller in ~*** I'm taking the computer to the manufacturer's to have it repaired; **eine ~ an etw *dat* haben** to have to have sth repaired; ***bisher hatte ich noch keinerlei ~ an meinem Auto*** I've not had to have my car repaired at all up to now; **in ~ sein** being repaired; ***mein Wagen ist diese Woche in ~*** my car's being repaired this week; **eine ~ [*o* ~en] [an etw *dat*] vornehmen** (*geh*) to undertake repairs [on sth] *form*

reparaturanfällig *adj* prone to breaking down *pred* **reparaturbedürftig** *adj* in need of repair *pred* **Reparaturfahrzeug** *nt* breakdown van [*or* vehicle] BRIT, tow truck AM **Reparaturkosten** *pl* repair costs *pl* **Reparaturmaterial** *nt* TECH repair materials *pl* **Reparaturmechanismen** *pl des Körpers* [body's] repair mechanisms *pl* **Reparaturschulungsprogramm** *nt* [car] mechanics' training programme [*or* AM -am] **Reparaturwerkstatt** *f* ① (*Werkstatt*) repair workshop ② AUTO garage

reparieren* *vt* ■**[jdm] etw ~** to repair sth [for sb]

repatriieren* *vt* ① (*erneut heimführen*) ■**jdn [in ein Land] ~** to repatriate sb; ***das Abkommen sah vor, die im Gebiet der Sowjetunion lebenden Polen nach Polen zu ~*** the agreement provided for the repatriation of Poles living in the Soviet Union ② (*erneut einbürgern*) ■**jdn ~** to restore sb's citizenship

Repatriierung <-, -en> *f* repatriation *no pl*

Repertoire <-s, -s> [repɛr'toa:ɐ] *nt* repertoire

Repertoiretheater *nt* repertory theatre

repetieren* *vt* (*geh*) ■**etw ~** to revise sth

Repetitor, Repetitorin <-s, -toren> *m, f* SCH coach, private tutor

Replik <-, -en> *f* (*geh*) reply

Replikation <-, -en> *f* BIOL [DNA] replication

Report <-[e]s, -e> *m* MEDIA report

Reportage <-, -n> [repɔr'ta:ʒə] *f* MEDIA report; (*live*) live report [*or* coverage]

Reporter(in) <-s, -> *m(f)* reporter

Reportgeschäft *nt* BÖRSE carryover business **Reportsatz** *m* BÖRSE carryover rate

Repräsentant(in) <-en, -en> *m(f)* representative

Repräsentantenhaus <-es> *nt kein pl* (*in den USA*) House of Representatives

Repräsentanz <-, -en> *f* ① *kein pl* (*geh: Interessenvertretung*) representation ② ÖKON (*Vertretung eines größeren Unternehmens*) representative office [*or* branch] ③ *kein pl* (*geh: das Repräsentativsein*) representativeness, representative nature

Repräsentation <-, -en> *f* ① (*geh*) prestige *no pl*; **zur ~** for prestige ② (*Darstellung*) representation

repräsentativ I. *adj* ① (*aussagekräftig*) representative; **ein ~er Querschnitt** a representative cross-section ② (*etwas Besonderes darstellend*) prestigious II. *adv* imposingly

Repräsentativerhebung *f* representative survey **Repräsentativumfrage** *f* SOZIOL representative survey

repräsentieren* I. *vt* (*geh*) ■**etw ~** to represent sth II. *vi* (*geh*) to perform official and social functions

Repressalie <-, -n> [-'sa:liə] *f* (*geh*) reprisal *usu pl*; **~n ergreifen [*o* anwenden]** to resort to oppressive measures, to take reprisals; **gegen jdn zu ~n greifen** to take reprisals [against sb]; **aus Angst vor ~n** for fear of reprisal[s]

Repression <-, -en> *f* (*geh*) repression

repressiv *adj* (*geh*) repressive

reprivatisieren* [-va-] *vt* ■**etw ~** to reprivatize [*or* BRIT *a.* -ise] sth, to return sth to private ownership

Reprivatisierung <-, -en> [-va-] *f* reprivatization [*or* BRIT *a.* -isation], return to private ownership

Reproanstalt *f* repro shop [*or* studio]

Reproduktion <-, -en> *f* reproduction

Reproduktionsmedizin *f kein pl* reproduction medicine

Reproduzierbarkeit <-> *f kein pl* reproducibility; (*Wiederholbarkeit*) repeatability

reproduzieren* *vt* ■**etw ~** to reproduce sth

reprofähig *adj inv* camera-ready, reproducible

Reprographie <-, -n> *f*, **Reprografie**[RR] <-, -n> *f* TYPO ① (*Verfahren*) reprography *no pl* ② (*Produkt*) reprography

Reprovorlage *f* repro copy [*or* original]

Reptil <-s, -ien> *nt* reptile

Reptilienfonds [rɛp'ti:liənfõ:] *m* slush fund

Republik <-, -en> *f* republic

Republikaner(in) <-s, -> *m(f)* POL ① (*in den USA*) Republican ② (*in Deutschland*) member of the German Republican Party

republikanisch *adj* republican

Republik Korea *f* ÖSTERR South Korea; *s. a.* **Deutschland**

Republik Moldau *f* Moldavia; *s. a.* **Deutschland**

Reputation <-, -en> *f* (*veraltend geh*) *s.* **Renommee**

Requiem <-s, Requien> ['re:kviɛm, -viən] *nt* requiem

requirieren* *vt* MIL ■**etw [bei jdm] ~** to commandeer [*or* requisition] sth [from sb]

Requisit <-[e]s, -en> *nt* ① *meist pl* THEAT prop *usu pl*, property *form* ② (*geh: Zubehör*) requisite; **ein unentbehrliches ~** an indispensable piece of equipment

Requisite <-, -e> *f* THEAT props room [*or* store]

Requisiteur(in) <-s, -e> [-tø:ɐ̯] *m(f)* THEAT, FILM props master *masc* [*or fem* mistress], property manager *form*

resch *adj* ÖSTERR ① (*knusprig*) crispy; **~e Semmeln** crusty rolls ② (*resolut*) determined

Reservat <-[e]s, -e> [-'va:t-] *nt* reservation

Reserve <-, -n> [-və-] *f* ① (*Rücklage*) reserve; **eiserne ~** emergency reserve; **auf die ~n zurückgreifen** to draw on reserves; **stille ~n** FIN hidden reserves; (*fam*) reserve fund; **liquide/offene ~n** FIN liquid/official reserves; **[noch] jdn/etw in [*o* auf] ~ haben** to have sb/sth in reserve ② (*aufgespeicherte Energie*) energy reserves *pl*, reserves *pl* of energy ③ MIL (*Gesamtheit der Reservisten*) reserves *npl*; **Offizier der ~** MIL reserve officer ④ (*geh: Zurückhaltung*) reserve; ***ob er wohl mal seine ~ aufgibt*** I wonder if he'll come out of his shell eventually; **jdn [durch/mit etw] aus der ~ locken** (*fam*) to bring sb out of his/her shell [with sth]

Reservebank [-və-] *f* SPORT [substitutes'] bench **Reservebestand** *m* FIN reserve holding **Reservebildung** *f* FIN creation of reserves **Reservebrille** *f* spare pair of glasses **Reservefonds** *m* FIN reserve fund **Reservekanister** *m* spare can **Reservemittel** *nt* MED drug held in reserve (*like the antibiotic Vancomycine*) **Reserveoffizier** *m* reserve officer **Reservepackung** *f* spare packet **Reserverad** *nt* spare wheel **Reserveradmulde** *f* AUTO spare wheel well **Reservereifen** *m* spare tyre [*or* AM tire] **Reservespieler(in)** *m(f)* SPORT reserve, substitute **Reserveübung** *f* MIL exercises *pl* for the reserves

reservieren* [-'vi:-] *vt* ■**[jdm *o* für jdn]] etw ~** to reserve sth [for sb]; ***ich möchte drei Plätze reservieren*** I'd like to book [*or* reserve] three seats

reserviert [-'vi:-] *adj* (*geh*) reserved; **ein ~er Mensch** a reserved person

Reserviertheit <-> [-'vi:-] *f kein pl* (*geh*) reserve *no pl*, reservedness *no pl*

Reservierung <-, -en> [-'vi:-] *f* reservation

Reservist(in) <-en, -en> [-'vɪst] *m(f)* reservist

Reservoir <-s, -e> [rezɛr'voa:ɐ] *nt* (*geh*) ① (*Vorrat*) store ② (*Becken*) reservoir; **die städtischen ~e** the municipal reservoirs ③ (*Tinten~*) reservoir

Resettaste[RR] ['ri:sɛt-] *f*, **Reset-Taste** *f* INFORM reset button

Residenz <-, -en> *f* ① (*repräsentativer Wohnsitz*) residence ② HIST (*Residenzstadt*) royal seat

Residenzpflicht *f* JUR residence requirement

Residenzstadt *f* HIST royal seat

residieren* *vi* (*geh*) ■**in etw *dat* ~** to reside in sth; **im Ausland ~** to reside abroad

Residualgestein *nt* GEOL residual rocks *pl*

Resignation <-, *selten* -en> *f* (*geh*) resignation

resignieren* *vi* (*geh*) ■**[wegen etw] ~** to give up

[because of sth]

resigniert *adj* (*geh*) with resignation *pred*, resigned

resistent *adj* MED resistant; ■**gegen etw ~ sein** to be resistant to sth

Resistenz <-, -en> *f* MED resistance *no pl*; **eine ~ gegen etw entwickeln** to develop a resistance to sth

resolut I. *adj* determined, resolute II. *adv* resolutely

Resolution <-, -en> *f* POL resolution; **gemeinsame ~** joint resolution

Resolvente <-, -n> *f* MED resolvent

Resonanz <-, -en> *f* ❶ (*geh: Entgegnung*) response; ■**die ~ auf etw** *akk* the response to sth; **eine bestimmte ~ finden, auf eine bestimmte ~ stoßen** to meet with a certain response ❷ MUS resonance *no pl*

Resonanzboden *m* MUS soundboard **Resonanzkörper** *m* MUS soundbox

Resopal® <-s, -e> *nt* Formica® *no pl*

resorbieren* *vt* MED ■**etw ~** to absorb sth

Resorption <-, -en> *f* MED absorption

Resorptionsstörungen *pl* MED absorption disorders *pl*

resozialisieren* *vt* ■**jdn ~** to reintegrate sb into society

Resozialisierung <-, -en> *f* reintegration *no pl* into society

resp. *adv Abk von* **respektive**

Respekt <-s> *m kein pl* respect *no pl*; ***vor dieser ausgezeichneten Leistung muss man einfach ~ haben*** you simply have to respect this outstanding achievement; **ohne jeden ~** disrespectfully; **voller ~** respectful; **mit vollem ~** respectfully; **[jdm] ~ einflößen** to command [sb's] respect; **vor jdm/etw ~ haben** to have respect for sb/sth; ***vor seinem Großvater hatte er als Kind großen ~*** as a child he was in awe of his grandfather; ***die heutige Jugend hat keinen ~ vor dem Alter!*** young people today have no respect for their elders; **den ~ vor jdm verlieren** to lose respect for sb; **sich** *dat* **[bei jdm] ~ verschaffen** to earn [sb's] respect; **bei allem ~!** with all due respect!; ***bei allem ~, aber da muss ich doch energisch widersprechen!*** with all due respect I must disagree most strongly; **bei allem ~ vor jdm/etw** with all due respect to sb/sth; **allen/meinen ~!** well done!, good for you!

respektabel *adj* (*geh*) ❶ (*beachtlich*) considerable ❷ (*zu respektieren*) estimable ❸ (*ehrbar*) respectable

respektieren* *vt* ■**etw/jdn ~** to respect sth/sb

respektive [respɛkˈtiːvə] *adv* (*geh*) or rather; ***er hat mich schon darüber informiert, ~ informieren lassen*** he has already informed me about it, or rather he had someone tell me

respektlos *adj* disrespectful

Respektlosigkeit <-, -en> *f* ❶ *kein pl* (*respektlose Art*) disrespect *no pl*, disrespectfulness *no pl* ❷ (*respektlose Bemerkung*) disrespectful comment

Respektsperson *f* (*geh*) person commanding respect; ***Lehrer, -rzte und Pfarrer waren ~en*** teachers, doctors and vicars were people who used to command respect

respektvoll *adj* respectful

Respiration <-> *f kein pl* BIOL, MED respiration

respiratorischer Quotient MED respiratory quotient

Ressentiment <-s, -s> [rɛsãtiˈmãː] *nt* (*geh*) resentment *no pl*

Ressort <-s, -s> [rɛˈsoːɐ] *nt* ❶ (*Zuständigkeitsbereich*) area of responsibility; **in jds** *akk* **~ fallen** to come within sb's area of responsibility ❷ (*Abteilung*) department

Ressortprinzip *nt* JUR principle of departmental responsibility

Ressortverantwortlichkeit *f* area of responsibility

Ressource <-, -n> [rɛˈsʊrsə] *f* ❶ (*Bestand an Geldmitteln*) resources *npl* ❷ (*natürlich vorhandener Bestand*) resource; *Energie* reserves *pl*; **[neue] ~n erschließen** to tap [*or* develop] [new] resources; ***die ~n sind erschöpft*** all resources are exhausted

Ressourcenbedarf *m* ÖKON resource requirements *pl* **Ressourcenfreisetzung** *f* ÖKON tapping resources **Ressourcen-Transfer** *m* ÖKON transfer from resources **Ressourcenverwaltung** *f* INFORM resource management

Rest <-[e]s, -e *o* SCHWEIZ *a.* -en> *m* ❶ (*Übriggelassenes*) rest; *Essen* leftovers *npl*; ***„ist noch Käse da?" — „ja, aber nur noch ein kleiner ~"*** "is there still some cheese left?" — "yes, but only a little bit"; ***heute Abend gibt es ~e*** we're having leftovers tonight; ***iss doch noch den ~ Bratkartoffeln*** won't you eat the rest of the roast potatoes; **~e machen** NORDD to finish up what's left; ***mach doch ~ mit den Kartoffeln*** do finish up the potatoes; **der letzte ~** the last bit; *Wein* the last drop; ***den Kuchen haben wir bis auf den letzten ~ aufgegessen*** we ate the whole cake down to the last crumb ❷ (*Endstück*) remnant; ***ein ~ des Leders ist noch übrig*** there's still a bit of leather left over ❸ (*verbliebenes Geld*) remainder, rest; ***den ~ werde ich dir in einer Woche zurückzahlen*** I'll pay you back the rest in a week; ***das ist der ~ meiner Ersparnisse*** that's all that's left of my savings; (*Wechselgeld*) change; ***„hier sind 200 DM, behalten Sie den ~"*** "here are 200 marks, keep the change" ▶ WENDUNGEN: **der letzte ~ vom Schützenfest** (*hum*) the last little bit; **jdm den ~ geben** (*fam*) to be the final straw for sb; ***diese Nachricht gab ihr den ~*** this piece of news was the final straw for her

Restauflage *f* VERLAG remaindered stock

Restaurant <-s, -s> [rɛstoˈrãː] *nt* restaurant

Restauration¹ <-, -en> *f* ❶ (*geh: Restaurieren*) *Antiquitäten* restoration ❷ POL (*Wiederherstellung*) *einer alten Ordnung* restoration; **die Zeit der ~** (*hist*) the Restoration

Restauration² <-, -en> *f* ÖSTERR (*veraltet: Gastwirtschaft*) restaurant

Restaurator, -torin <-s, -toren> *m, f* restorer

restaurieren* *vt* ■**etw ~** to restore sth

Restaurierung <-, -en> *f* restoration

Restbestand *m* remaining stock **Restbetrag** *m* FIN balance; **geschuldeter/unbezahlter ~** balance due/arrearage **Restbuchwert** *m* FIN net [*or* residual] [*or* remaining] book value

Resteverkauf *m* remnants sale

Restforderung *f* FIN outstanding amount **Restgesellschaft** *f* HANDEL residual [*or* rump] company **Restguthaben** *nt* FIN remaining credit balance

restitutio in integrum *f* JUR restoration to the previous condition

Restitution <-, -en> *f* JUR restitution, refund

Restitutionsanspruch *m* JUR restitutory right [*or* claim] **Restitutionsberechtigte(r)** *f(m) dekl wie adj* JUR person entitled to restitution **Restitutionsklage** *f* JUR action for a retrial **Restitutionsrecht** *nt* JUR restitutory right **Restitutionsverfahren** *nt* JUR restitution proceedings *pl*

Restkapital *nt* FIN principal outstanding, remaining investment **Restlaufzeit** *f* FIN remaining term

restlich *adj* remaining; ***wo ist das ~e Geld?*** where is the rest of the money?

restlos I. *adj* complete, total II. *adv* ❶ (*ohne etwas übrig zu lassen*) completely, totally; ***dieser Fleck lässt sich nicht ~ entfernen*** this stain can't be completely removed ❷ (*fam: endgültig*) finally

Restposten *pl* ÖKON remaining stock; *der Zahlungsbilanz* residual items

Restriktion <-, -en> *f* (*geh*) restriction; **jdm ~en auferlegen** to impose restrictions on sb

Restriktionsenzym *nt* BIOL restriction enzyme

restriktiv *adj* (*geh*) restrictive

Restrisiko *nt* residual risk

Restrukturierung <-, -en> *f* ÖKON restructuring

Restsaldo *m* FIN remaining balance **Restschuld** *f* FIN residual debt **Reststoff** *m* remnant **Reststoffwirtschaft** *f kein pl* ÖKON recycling sector **Reststrafe** *f* remainder of the sentence **Restsumme** *f* balance, amount remaining **Restsüße** <-> *f kein pl im Wein* residual sweetness *no pl* **Resturlaub** *m* remaining holiday **Restwärme** *f* residual heat [*or* warmth] **Restwasser** *nt* residual water; **verseuchtes ~** contaminated residue water (*in the cask for storage and transport of radioactive material*) **Restwert** *m* FIN residual value **Restwertabschreibung** *f* FIN reducing value depreciation **Restzahlung** *f* balance

Resultante <-, -n> *f* PHYS resultant

Resultat <-[e]s, -e> *nt* result; **zu einem ~ kommen [*o* gelangen]** to come to a conclusion; **zu dem ~ kommen [*o* gelangen], dass** to come to the conclusion that

resultieren* *vi* (*geh*) ❶ (*folgen*) ■**aus etw ~** to result from sth, to be the result of sth; ■**aus etw resultiert, dass** the conclusion to be drawn from sth is that, sth shows that ❷ (*sich auswirken*) ■**in etw** *dat* **~** to result in sth

Resümee <-s, -s> *nt* (*geh*) ❶ (*Schlussfolgerung*) conclusion; **das ~ [aus etw] ziehen** to conclude [*or* infer] [from sth] ❷ (*zusammenfassende Darstellung*) summary

resümieren* I. *vi* (*geh: zusammenfassend darstellen*) to summarize [*or* BRIT *a.* -ise]; ***ich resümiere also noch einmal, indem ich die wesentlichen Punkte kurz wiederhole*** I'll sum up once again by briefly repeating the essential points II. *vt* (*geh*) ■**etw ~** to summarize sth [*or* BRIT *a.* -ise]

Retardkapsel *f* MED, PHARM retard [*or* slow [*or* modified] [*or* sustained] release] capsule

Retardpräparat [rəˈtaːɐ̯-] *nt* MED, PHARM retarder

Retentionsrecht *nt* JUR right of retention

Retikulum <-s, Retikula> *nt* ZOOL reticulum

Retorsion <-, -en> *f* JUR (*Vergeltung*) retaliation, reprisal

Retorte <-, -n> *f* CHEM retort; **aus der ~** (*fam*) artificially produced

Retortenbaby [-beːbi] *nt* (*sl*) test-tube baby *fam*

retour [reˈtuːɐ] *adv* SCHWEIZ, ÖSTERR (*geh*) back; ***„eine Fahrkarte nach Wien und wieder ~!"*** "a return ticket to Vienna, please"; ***„alles ~, wir haben uns verfranzt!"*** "back everybody! we've lost our bearings!"; **etw ~ gehen lassen** to send sth back

Retourbillett [ˈrətuːɐbɪljeːt] *nt* SCHWEIZ (*Rückfahrkarte*) return ticket

Retouren *pl* ❶ HANDEL returned sales ❷ FIN bills and cheques returned unpaid

Retourgeld *nt* SCHWEIZ (*Wechselgeld*) change *no pl*

Retourkutsche *f* (*fam*) retort

retournieren* [retʊrˈniːrən] *vt* ❶ SCHWEIZ (*zurücksenden o -geben*) ■**etw ~** to return sth ❷ SPORT **den Ball ~** to return the ball

Retourspiel [ˈrətuːɐ-] *nt* ÖSTERR, SCHWEIZ (*Rückspiel*) return match **Retourwechsel** *m* FIN returned bill

retro *adj* (*sl*) retro

retrospektiv *adj inv* JUR retrospective

Retrospektive <-, -n> *f* (*geh*) ❶ (*Blick in die Vergangenheit, Rückblick*) retrospective *form* ❷ KUNST (*Präsentation*) retrospective

Retrovirus [-viː-] *nt* retrovirus

retten I. *vt* ❶ (*bewahren*) ■**jdn/etw [vor jdm/etw] ~** to save sb/sth [from sb/sth]; ***ein geschickter Restaurator wird das Gemälde noch ~ können*** a skilled restorer will still be able to save the painting; ***sie konnte ihren Schmuck durch die Flucht hindurch ~*** she was able to save her jewellery while fleeing ❷ (*den Ausweg weisend*) ■**~d** which saved the day; ***das ist der ~de Einfall!*** that's the idea that will save the day!; *s. a.* **Leben** ▶ WENDUNGEN: **bist du noch zu ~?** (*fam*) are you out of your mind? II. *vr* ■**sich** *akk* **[vor etw** *dat***] ~** to save oneself [from sth]; ***sie konnte sich gerade noch durch einen Sprung in den Straßengraben retten*** she was just able to save herself by jumping into a ditch at the side of the road; ***sie rettete sich vor der Steuer nach Monaco*** she escaped the taxman by moving to Monaco; ***er konnte sich gerade noch ans Ufer ~*** he was just able to reach the safety of the bank; **rette sich, wer kann!** (*fam*) run for your lives!; **sich vor jdm/etw nicht mehr zu ~ wissen, sich vor jdm/etw nicht mehr ~ können** to be swamped by sth/mobbed by sb

rettend *adj inv, attr* saving; **ein ~er Gedanke** a brilliant thought

Retter(in) <-s, -> *m(f)* rescuer, saviour [*or* AM -or] *liter;* **der ~ in der Not** the helper in my/our etc hour of need

Rettich <-s, -e> *m* radish

Rettung <-, -en> *f* ① (*das Retten*) rescue; ***das Boot wird für die ~ von Menschen in Seenot eingesetzt*** the boat is used for rescuing people in distress at sea; **jds [letzte] ~ [vor jdm/etw] sein** (*fam*) to be sb's last hope [of being saved from sb/sth]; ***du bist meine letzte ~*** you're my last hope [of salvation]; **für jdn gibt es keine ~ mehr** there is no saving sb, sb is beyond help [*or* salvation]; *s. a.* **Gesellschaft** ② (*das Erhalten*) preservation *no pl*

Rettungsanker *m* sheet-anchor ▶ WENDUNGEN: **jds ~ sein** to be sb's anchor **Rettungsarbeit** *f meist pl* rescue work *no pl;* ***die ~en schreiten gut voran*** the rescue operations are progressing well **Rettungsboot** *nt* lifeboat **Rettungsdienst** *m* rescue service **Rettungsflugwacht** *f* air rescue service **Rettungshubschrauber** *m* emergency rescue helicopter **Rettungsinsel** *f* inflatable life-raft **Rettungskosten** *pl* JUR salvage costs *pl* **Rettungsleiter** *f* rescue ladder **rettungslos** *adj* hopeless **Rettungsmannschaft** *f* rescue party **Rettungsmedaille** [-medaljə] *f* life-saving medal **Rettungsring** *m* ① NAUT lifebelt ② (*hum fam: Fettpolster*) spare tyre [*or* AM tire] *hum fam* **Rettungssanitäter(in)** <-s, -> *m(f)* paramedic **Rettungsschuss**^RR *m* **finaler ~** *final and fatal shot fired by the police to save lives* **Rettungsschwimmen** *nt kein pl* life-saving *no pl, no art* **Rettungsschwimmer(in)** *m(f)* life-guard **Rettungsstation** *f* rescue centre [*or* AM -er] **Rettungsversuch** *m* rescue attempt **Rettungswache** *f* rescue service **Rettungswagen** *m* ambulance **Rettungsweste** *f* life jacket

Return-Taste [ri'tø:ɐn] *f* INFORM return key

Retusche <-, -n> *f* FOTO, TYPO retouching

retuschieren* *vt* FOTO, TYPO ■**etw [auf etw *dat*] ~** to retouch sth [on sth]

Reue <-> *f kein pl* remorse *no pl,* repentance; **tätige ~** active regret [*or* repentance]

Reuegeld *nt* JUR forfeit money

reuelos *adj inv* unrepentant

reuen *vt* (*geh*) ■**jdn ~** to be of regret to sb; ***meine Aussage reut mich*** I regret my statement; ■**es reut jdn, etw getan zu haben** sb regrets having done sth

reuig *adj* repentant, remorseful

reumütig I. *adj* remorseful, repentant; **~e Sünder** repentant sinners II. *adv* remorsefully; **~ zu jdm zurückkommen** to come crawling back to sb *fam*

Reuse <-, -n> *f* fish trap

reüssieren* *vi* (*geh*) ■**[mit etw *dat*] ~** to succeed [in doing sth]

revalorisieren* *vt* FIN ■**etw ~** to revalorize sth

Revanche <-, -n> [re'vã:ʃə, re'vaŋʃə] *f* ① (*Revanchespiel*) return match BRIT, rematch AM; **jdm ~ geben** to give sb a return match ② (*Vergeltung*) revenge *no pl;* **als ~** as a return favour [*or* AM -or]; ***danke für die Einladung, als ~ lade ich dich am nächsten Samstag ins Kino ein*** thanks for the invitation, in return I'll invite you to the cinema next Saturday

Revanchepartie [re'vã:ʃə, re'vaŋʃə] *f* SPORT return match BRIT, rematch AM **Revanchespiel** *nt* SPORT return match

revanchieren* [revã'ʃi:rən, revaŋ'ʃi:rən] *vr* ① (*sich erkenntlich zeigen*) ■**sich [bei jdm] [für etw] ~** to return [sb] a favour [*or* AM -or] [for sth]; ***danke für deine Hilfe, ich werde mich dafür ~*** thanks for your help, I'll return the favour ② (*sich rächen*) ■**sich [an jdm] [für etw] ~** to get one's revenge [on sb] [for sth]

Revanchismus <-> [revã'ʃɪsmʊs, revaŋ'ʃɪsmʊs] *m kein pl* POL revanchism *no pl*

revenieren *vt* **Fleisch ~** to sear meat

Revers¹ <-, -> [re've:ɐ, re'vɛ:ɐ, rə] *nt o m* MODE lapel

Revers² <-es, -e> *m* declaration

reversibel [-vɛr-] *adj* (*geh*) reversible; **nicht ~ sein** to be irreversible

revidieren* [-vi-] *vt* (*geh*) ① (*rückgängig machen*) ■**etw ~** to reverse sth; **eine Entscheidung ~** to reverse a decision ② (*abändern*) ■**etw [in etw *dat*] ~** to revise sth [in sth]; ***die Vorschriften wurden in mehreren Punkten revidiert*** the regulations were revised in several points; **ein ~er Paragraf** a revised paragraph

Revier <-s, -e> [re'vi:ɐ] *nt* ① (*Polizeidienststelle*) police station; ***keinen Führerschein? Sie müssen mit aufs ~!*** no driving licence? you'll have to accompany me to the station! ② (*Jagdrevier*) preserve, shoot ③ MIL sick-bay ④ (*Zuständigkeitsbereich*) area of responsibility, province ⑤ *kein pl* (*fam: Industriegebiet*) coalfield; ■**das ~** the Ruhr/Saar mining area

Revierverhalten *nt* BIOL territorial behaviour BRIT [*or* AM -or]

Revirement <-s, -s> [revirə'mã:] *nt* POL cabinet reshuffle

revisibel *adj inv* JUR (*anfechtbar*) reversible, appealable

Revisibilität <-> *f kein pl* JUR (*Anfechtbarkeit*) reversibility, appealability

Revision <-, -en> [-vi-] *f* ① FIN, ÖKON audit; **interne ~** internal audit ② JUR appeal; **~ einlegen** to appeal, to lodge an appeal; **einer ~ stattgeben** to uphold an appeal; **die ~ zurückweisen** to dismiss an appeal ③ TYPO final proofreading *no pl* ④ (*geh: Abänderung*) revision; ***ich bin zu einer ~ meiner Entscheidung bereit*** I am prepared to revise my decision

Revisionismus <-> *m kein pl* POL revisionism *no pl* **revisionistisch** *adj inv* revisionist **Revisionsabteilung** *f* audit department **Revisionsantrag** *m* JUR motion for judgment in an appeal; **~ abgelehnt** leave to appeal denied **Revisionsbegründung** *f,* **Revisionsgrund** *m* JUR grounds [*or* reasons] for appeal **Revisionsbegründungsfrist** *f* JUR time for filing grounds for appeal **Revisionsbeschwerde** *f* JUR appeal [on points of law] against a court order **Revisionsbogen** *m* TYPO clean [*or* final] proof **Revisionsentscheidung** *f* JUR appellate decision on points of law **Revisionsfall** *m* JUR appealed case **Revisionsfrist** *f* JUR time for appeal, statutory period for lodging an appeal **Revisionsgericht** [-vi-] *nt* final court of appeal, final appeals court BRIT

Revisionsgrund *m* JUR reversible error; **absoluter ~** fundamental error **Revisionsinstanz** *f* JUR court of appeal **Revisionskläger(in)** *m(f)* JUR appellant **Revisionsklausel** *f* JUR re-opener clause **Revisionsrichter(in)** *m(f)* JUR appellate [*or* appeal court] judge

Revisionsschrift *f* JUR notice of appeal on points of law **Revisionsurteil** *nt* JUR judgment on appeal **Revisionszulassung** *f,* **Revisionszulassungsbeschluss**^RR *m* JUR order granting leave to appeal

Revisor, Revisorin <-s, -soren> [-'vi:-] *m, f* auditor

Revokation <-, -en> *f* JUR (*geh: Widerruf*) revocation

Revolte <-, -n> [-'vɔl-] *f* revolt

revoltieren* [-vɔl-] *vi* (*geh*) ■**[gegen jdn/etw] ~** to rebel [*or* revolt] [against sb/sth]

Revolution <-, -en> [-vo-] *f* revolution; **die Französische ~** the French Revolution; **eine wissenschaftliche ~** a scientific revolution

revolutionär [-vo-] *adj* ① (*bahnbrechend*) revolutionary; **eine ~e Entdeckung** a revolutionary discovery ② POL (*eine Revolution bezweckend*) revolutionary

Revolutionär(in) <-s, -e> [-vo-] *m(f)* ① POL revolutionary ② (*radikaler Neuerer*) revolutionist

revolutionieren* [-vo-] *vt* ■**etw ~** to revolutionize [*or* BRIT *a.* -ise] sth

Revolutionsführer(in) [-vo-] *m(f)* revolutionary leader **Revolutionstribunal** *nt* revolutionary tribunal

Revoluzzer(in) <-s, -> [-vo-] *m(f)* (*pej*) would-be revolutionary *pej*

Revolver <-s, -> [re'vɔlvɐ] *m* revolver

Revolverabzug *m* trigger [of a revolver] **Revolverblatt** *nt* MEDIA (*fam*) sensationalist newspaper **Revolvergriff** *m* revolver handle **Revolverheld** *m* (*iron*) gunfighter, gunslinger **Revolverlauf** *m* barrel of a/the revolver **Revolvertrommel** *f* breech

Revue <-, -n> [re'vy:, rə'vy:, 'vy:ən] *f* THEAT revue ▶ WENDUNGEN: **jdn/etw ~ passieren lassen** (*geh*) to recall sb/to review sth

Revuetänzer(in) *m(f)* THEAT dancer in a revue

Reykjavik <-s> ['raikjavi:k, -vɪk] *nt* Reykjavik

Rezensent(in) <-en, -en> *m(f)* reviewer

rezensieren* *vt* ■**etw ~** to review sth

Rezension <-, -en> *f* review, write-up *fam*

Rezensionsexemplar *nt* review copy

rezent <er, -este> *adj* ① BIOL *Tiere, Pflanzen* living ② *Kulturen* surviving ③ DIAL (*säuerlich pikant*) *Speise* tart, sour

Rezept <-[e]s, -e> *nt* ① KOCHK recipe ② MED prescription; **auf ~** on prescription; ***diese Tabletten bekommen Sie nur auf ~*** these tablets are only available on prescription ③ (*fig: Verfahren*) remedy; ***ich kenne leider kein ~ gegen Langeweile*** unfortunately I don't know of any remedy for boredom

Rezeptblock *m* prescription pad **Rezeptbuch** *nt* KOCHK recipe book, cookbook **Rezeptformular** *nt* prescription form **rezeptfrei** I. *adj* without prescription *after n;* **~e Medikamente** over-the-counter medicines, medicines available without prescription; ■**~ sein** to be available without prescription II. *adv* without prescription, over-the-counter; **~ zu bekommen sein** to be available without prescription

Rezeption <-, -en> *f* reception

Rezeptionist(in) <-en, -en> *m(f)* receptionist

Rezeptor <-s, -en> *m* BIOL receptor

Rezeptpflicht *f kein pl* prescription requirement; **der ~ unterliegen** (*geh*) to be available only on prescription **rezeptpflichtig** *adj inv* available only on prescription; **nicht ~** OTC, over-the-counter **Rezeptprüfung** *f* examination of prescriptions

Rezeptur <-, -en> *f* ① (*Zubereitung von Arzneimitteln nach Rezept*) dispensing ② (*Arbeitsraum in einer Apotheke*) prescriptions *pl* ③ CHEM formula ④ KOCHK recipe

Rezession *f* ÖKON recession; **die ~ bekämpfen** to fight against recession; **die ~ in den Griff bekommen** to buck the recession

rezessionsbedingt *adj inv* ÖKON recessional, recession-induced; **~es Defizit** recession-induced deficit; **~er Nachfragerückgang** recessional slump **Rezessionserscheinung** *f* ÖKON symptom of recession **rezessionsgeschädigt** *adj* ÖKON badly affected by the recession *pred;* **~er Wirtschaftszweig** industry badly affected by the recession **rezessionssicher** *adj* ÖKON recession-resistant **Rezessionstendenz** *f* ÖKON recessionary tendency

rezessiv *adj* ① BIOL, MED recessive ② ÖKON recessionary; **~e Tendenzen** recessionary trends

Rezipient(in) <-en, -en> *m(f)* ① (*geh*) *eines Textes, Musikstücks u. ä.* percipient *form* ② PHYS vacuum jar [*or* tube]

reziprok *adj* MATH reciprocal

Reziprozität <-> *f* (*fachspr: Wechselseitigkeit*) reciprocity

Rezitation <-, -en> *f* recitation

Rezitativ <-s, -e> *nt* MUS recitative

Rezitator, Rezitatorin <-s, -toren> *m, f* reciter

rezitieren* I. *vt* ■**jdn/etw ~** to recite sb/sth; ***er konnte Schiller in ganzen Passagen ~*** he was able to recite whole passages of Schiller II. *vi* ■**[aus jdm/etw] ~** to recite [from sb/sth]

R-Gespräch ['ɛr-] *nt* reverse charge [*or* AM collect] call

rh, Rh *m Abk von* **Rhesusfaktor** Rh

Rh *nt* CHEM *Abk von* **Rhodium** Rh

Rhabarber <-s, -> *m* rhubarb

Rhabarberkuchen *m* rhubarb crumble *no pl*

Rhabarberpflanze *f* rhubarb plant **Rhabarberstängel**[RR] *m* stalk of rhubarb
Rhapsodie <-, -n> [-'di:ən] *f* MUS rhapsody
Rhein <-s> *m* ■**der** ~ the Rhine; **am Rhein** on the Rhine
Rheinfall *m* Rhine falls *npl;* ■**der** ~ **[von Schaffhausen]** the Rhine Falls [at Schaffhausen]
rheinisch *adj attr* 1 (*des Rheinlandes*) Rhenish, Rhineland; **eine ~e Spezialität** a Rhineland speciality 2 LING Rhenish, Rhineland; ***er spricht ~en Dialekt*** he speaks with a Rhineland dialect
Rheinland <-[e]s> *nt* Rhineland
Rheinländer(in) <-s, -> *m(f)* Rhinelander
rheinländisch *adj* 1 (*rheinisch*) Rhenish, Rhineland 2 LING Rhenish, Rhineland
Rheinland-Pfalz *no art* Rhineland-Palatinate
Rheinsalm *m* KOCHK, ZOOL Rhine salmon **Rheinwein** *m* Rhine wine
Rhenium <-s> *nt kein pl* CHEM rhenium *no pl*
Rhesusaffe *m* rhesus monkey **Rhesusfaktor** *m* rhesus factor; ~ **positiv/negativ** rhesus positive/negative **Rhesusunverträglichkeit** *f* rhesus [*or* Rh] factor incompatability
Rhetorik <-, -en> *f* 1 *kein pl* (*Lehre*) rhetoric *no pl;* ***die ~ ist die Kunst der Rede*** rhetoric is the art of speaking 2 (*Redegabe*) rhetoric *no pl,* eloquence *no pl*
rhetorisch I. *adj* rhetorical **II.** *adv* rhetorically; **rein** ~ purely rhetorically; *s. a.* **Frage**
Rheuma <-s> *nt kein pl* (*fam*) rheumatism *no pl;* ~ **haben** to have rheumatism
Rheumabehandlung *f* treatment against rheumatism **Rheumafaktoren** *pl* rheumatic factors *pl* **Rheumamittel** *nt* preparation [*or* remedy] for rheumatism **Rheumapflaster** *nt* belladonna plaster [*or* AM bandage] **Rheumapräparat** *nt* preparation against rheumatism **Rheumasalbe** *f* rheumatism ointment
Rheumatiker(in) <-s, -> *m(f)* rheumatic, person with rheumatism
rheumatisch *adj* rheumatic
Rheumatismus <-> *m kein pl* rheumatism *no pl*
Rheumatologe, -login <-n, -n> *m, f* rheumatologist
Rhinoplastik <-, -en> *f* MED rhinoplasty
Rhinozeros <-[ses], -se> *nt* 1 (*Nashorn*) rhinoceros 2 (*fam: Dummkopf*) twit *fam or pej*
Rhizom <-s, -e> *nt* BOT rhizome, rootstock
Rhodium <-s> *nt kein pl* CHEM rhodium *no pl*
Rhododendron <-s, -dendren> *m o nt* rhododendron
Rhodos *nt* Rhodes; *s. a.* **Sylt**
Rhombus <-, Rhomben> *m* rhombus
Rhönrad *nt* SPORT gyro-wheel
Rhythmen *pl von* **Rhythmus**
rhythmisch *adj* rhythmic[al]; **~e Bewegungen** rhythmical movements
Rhythmus <-, -Rhythmen> *m* rhythm
Riad <-s> *nt* Riyadh
RIAS <-> *m kein pl* HIST *Abk von* **Rundfunk im amerikanischen Sektor** American Sector Radio (*radio station in the American sector of West Berlin*)
Ribisel <-, -n> *f* DIAL, ÖSTERR *rote* redcurrant; *schwarze* blackcurrant
Ribonukleinsäure *f* ribonucleic acid
Ribosom <-s, -en> *nt* BIOL ribosome
Ricambio *m s.* **Rikambio**
Richtantenne *f* directional aerial [*or* AM *a.* antenna], beam antenna
richten I. *vr* 1 (*bestimmt sein*) ■**sich an jdn** ~ to be directed [*or* aimed] at sb; ***dieser Vorwurf richtet sich an dich*** this reproach is aimed at you; ***an wen richtet sich diese Frage?*** who is this question directed at?; ■**sich gegen jdn/etw** ~ (*abzielen*) to direct sth at sb/sth; ***diese Attacke richtete sich gegen die Steuerpläne der Regierung*** this attack was directed at the government's tax plans; ■**sich an jd/etw** ~ to consult sb/sth; ***an welche Dienststelle muss ich mich ~?*** which department do I have to ask? 2 (*sich orientieren*) ■**sich nach jdm/etw** ~ to comply with sb/sth; ***wir richten uns ganz nach Ihnen*** we'll fit in with you 3 (*abhängen von*) ■**sich nach etw** ~ to be dependent on sth; ***der Preis eines Artikels richtet sich nach der Qualität*** the price of an item depends on the quality; ■**sich danach ~, ob/wieviel ...** to depend on whether/how much; ***das richtet sich danach, ob Sie mit uns zusammenarbeiten oder nicht*** that depends on whether you co-operate with us or not **II.** *vt* 1 (*lenken*) ■**etw auf jdn/etw** ~ to direct sth towards [*or* at] sb/sth; **seinen Blick auf etw** ~ to [have a] look at sth, to observe sth *form;* **eine Schusswaffe auf jd** ~ to point a gun at sb; ***die Kanonen wurden auf das Regierungsgebäude gerichtet*** the guns were trained on the government building 2 (*adressieren*) ■**etw an jdn/etw** ~ to address [*or* send] sth to sb/sth; ***Anträge müssen an das Ministerium gerichtet werden*** applications must be addressed to the ministry 3 (*reparieren*) ■**[jdm] etw** ~ to fix sth [for sb] *fam* 4 (*bereiten*) ■**[jdm] etw** ~ to prepare sth [for sb]; ~ ***Sie mir doch bitte das Bad*** would you run the bath for me please **III.** *vi* (*veraltend*) ■**[über jdn/etw]** ~ to pass judgement [on sb/sth]
Richter(in) <-s, -> *m(f)* judge; **sich zum** ~ **[über jdn/etw] aufwerfen** (*pej*) to sit in judgement [on sb/sth] *a. pej;* ~ **an etw** *dat* judge at sth; ***er ist ~ am Verwaltungsgericht*** he is a judge at the administrative court; ~ **kraft Auftrags** commissioned judge; ~ **auf Lebenszeit** judge for life; ~ **auf Probe** judge on probation; **ehrenamtlicher** ~ lay judge; **ersuchter** ~ requested judge; **gesetzlicher** ~ legally competent judge; **vorsitzender** ~ presiding judge
Richteramt *nt* judicial office, office of judge
Richteranklage *f* JUR judicial prosecution **Richterdienstgericht** *nt* JUR disciplinary tribunal for judges **Richtergesetz** *nt* JUR Law on the Judiciary
Richterin <-, -nen> *f fem form von* **Richter**
richterlich *adj attr* judicial; **~es Prüfungsrecht** judicial review
Richterrat *m* JUR council of judges **Richterrecht** *nt* JUR case [*or* judge-made] law **Richterschaft** <-> *f kein pl* judiciary *no pl* **Richterskala**[RR] *f kein pl,* **Richter-Skala** *f kein pl* GEOL Richter scale *no pl* **Richterspruch** *m* 1 (*Urteil*) judgement, judge's verdict 2 (*Strafe*) sentence **Richtervorbehalt** *m* JUR requirement of judicial authority **Richterwahlausschuss** *m* JUR electoral committee for judges
Richtfest *nt* topping out [ceremony] **Richtfunk** *m* directional radio **Richtfunksender** *m* directional transmitter **Richtgeschwindigkeit** *f* recommended speed limit
richtig I. *adj* 1 (*korrekt*) correct, right; **die ~e Antwort** the right [*or* correct] answer; **die ~e Lösung** the correct solution 2 (*angebracht*) right; **die ~e Handlungsweise** the right course of action; **zur ~en Zeit** at the right time; ***es war ~, dass du gegangen bist*** you were right to leave 3 (*am richtigen Ort*) ■**irgendwo/bei jdm ~ sein** to be at the right place/address; ***„ja, kommen Sie rein, bei mir sind Sie genau ~"*** "yes, come in, you've come to [exactly] the right place"; ***ist das hier ~ zu/nach ...?*** is this [*or* am I going] the right way to ...? 4 (*echt, wirklich*) real; ***ich bin nicht deine ~e Mutter*** I'm not your real mother 5 (*fam: regelrecht*) real; ***du bist ein ~er Idiot!*** you're a real idiot! 6 (*passend*) right; ***sie ist nicht die ~e Frau für dich*** she's not the right woman for you 7 (*ordentlich*) real, proper; ***es ist lange her, dass wir einen ~en Winter mit viel Schnee hatten*** it's been ages since we've had a proper winter with lots of snow 8 (*fam: in Ordnung*) all right, okay; ■~ **sein** to be all right [*or* okay]; ***unser neuer Lehrer ist ~*** our new teacher is okay; *s. a.* **Kopf II.** *adv* 1 (*korrekt*) correctly; ***Sie haben irgendwie nicht ~ gerechnet*** you've miscalculated somehow; ~ **gehend** accurate; **eine ~ gehende Uhr** an accurate watch; **höre ich ~?** did I hear right?, are my ears deceiving me? *fig;* **ich höre doch wohl nicht ~?** excuse me? *fam,* you must be joking!; **[mit etw** *dat*] ~ **liegen** (*fam*) to be right [*or* correct] [with sth]; ***mit seinen Prophezeiungen hat er bisher immer ~ gelegen*** his predictions have always proved to be right; ***mit Ihrer Annahme liegen Sie genau ~*** you are quite correct in your assumption; **bei jdm ~ liegen** to have come to the right person; ***bei mir liegen Sie genau ~*** you've come to just the right person; ***bei Herrn Müller liegen Sie in dieser Angelegenheit genau ~*** Mr Müller is exactly the right person to see in this matter; **etw ~ stellen** to correct sth; **sehr ~!** quite right! 2 (*angebracht*) correctly; (*passend a.*) right; ***der Blumentopf steht da nicht richtig*** the flowerpot is not in the right place there; ***irgendwie sitzt die Bluse nicht richtig*** somehow the blouse doesn't fit properly 3 (*fam: regelrecht*) really; ***ich fühle mich von ihr ~ verarscht*** I feel she has really taken the piss out of me; ***er hat sie ~ ausgenutzt*** he has really used her; ~ **gehend** (*fam*) real, really 4 (*tatsächlich*) **~, *das war die Lösung*** right, that was the solution
Richtige(r) *f(m) dekl wie adj* 1 (*der passende Partner*) right person; ***schade, dieser Mann wäre für mich der ~ gewesen*** pity, he would have been the right man for me 2 (*Treffer*) right numbers/hits; ***wie viel ~ haben wir diesmal im Lotto?*** how many right numbers did we get in the lottery this time? ► WENDUNGEN: **du bist mir der/die ~!** (*iron*) you're a fine one, you are! *iron;* **[bei jdm] an den ~n/die ~ geraten** (*iron*) to pick the wrong person; ***mit der Frage gerätst du bei mir an den ~n!*** I'm the wrong person to ask
Richtige(s) *nt dekl wie adj* 1 (*Zusagende(s)*) ■**das ~/etwas ~s** the right one/something suitable; ***„gefällt Ihnen die Vase?" — „nein, das ist nicht ganz das ~e"*** "do you like the vase?" — "no, it's not quite right"; ***ich habe immer noch nichts ~s gefunden*** I still haven't found anything suitable 2 (*Ordentliches*) ■**etwas/nichts ~s** something/nothing decent; ***gib doch lieber 2000 Mark mehr aus, dann hast du wenigstens etwas ~s!*** why don't you spend another 2,000 marks, then at least you'll have something decent!; ***„ich habe den ganzen Tag nichts ~s gegessen!"*** "I haven't had a proper meal all day!"
Richtigkeit <-> *f kein pl* 1 (*Korrektheit*) accuracy *no pl,* correctness *no pl;* **mit etw hat es seine ~** sth is right; ***das wird schon seine ~ haben*** I'm sure that'll be right 2 (*Angebrachtheit*) appropriateness *no pl* **Richtigstellung** *f* correction
Richtkranz *f wreath used in a topping-out ceremony*
Richtlinie [-li:niə] *f meist pl* guideline *usu pl;* **~n erlassen** to issue guidelines; ~ **beachten** [*o* **einhalten**] to adhere to guidelines; **sich nicht an die ~n halten** not to keep to [*or* follow] the guidelines **Richtlinienbestimmung** *f* ÖKON directive provision **Richtlinienkompetenz** *f* ÖKON authority to establish guidelines
Richtmikrofon[RR] *nt* directional microphone **Richtplatz** *m* place of execution **Richtpreis** *m* ÖKON recommended price; **unverbindlicher** ~ basis price **Richtpreisspanne** *f* HANDEL basis price spread **Richtpunkt** *m* target **Richtschnur** *f* 1 BAU plumb-line 2 *kein pl* (*Grundsatz*) guiding principle; ■**die ~ einer S.** *gen/***für etw** *akk* the guiding principle of/for sth **Richtstrahler** *m* beam [*or* directional] aerial [*or* AM *a.* antenna]
Richtung <-, -en> *f* 1 (*Himmelsrichtung*) direction; ***aus welcher ~ kam das Geräusch?*** which direction did the noise come from?; **eine ~ einschlagen** [*o* **nehmen**] to go in a direction; ***welche ~ hat er eingeschlagen?*** which direction did he go in?; **in ~ einer S.** *gen* in the direction of sth; ***wir fahren in ~ Süden/Autobahn*** we're heading south/in the direction of the motorway; **in alle ~en, nach allen ~en** in all directions 2 (*Tendenz*) movement, trend; ***sie vertritt politisch eine gemäßigte ~*** she takes a politically moderate line; **etw** *dat* **eine andere ~ geben** to steer sth in another direction; ***ich versuchte, dem Gespräch eine andere ~ zu geben*** I tried to steer the conversation in

another direction; ***die Labourpartei hat ihrer Politik eine andere Richtung gegeben*** the Labour Party have changed course with their policies; **irgendwas in der** [*o* **dieser**] ~ something along those lines; *Betrag* something around that mark; **in dieser** ~ in this direction

Richtungsänderung *f* change of [*or* in] direction **Richtungskampf** *m* factional conflict **Richtungsstreit** *m kein pl* factional dispute

richtungweisend *adj* pointing the way [ahead]; ***der Parteitag fasste einen ~en Beschluss*** the party conference took a decision that pointed the way ahead; ■~ **sein** to point the way [ahead]; ***das neue Fertigungsverfahren wird ~ für die industrielle Produktion sein*** the new manufacturing process will point the way ahead for industrial production

Richtwert *m* guideline

Ricke <-, -n> *f* ZOOL doe

rieb *imp von* **reiben**

riechen <roch, gerochen> **I.** *vi* ❶ (*duften*) to smell; (*stinken a.*) to stink *pej,* to reek *pej;* ***das riecht hier ja so angebrannt*** there's a real smell of burning here; ■**nach etw** ~ to smell of sth; ***er riecht immer so nach Schweiß*** there's always such a sweaty smell about him; ***das riecht nach Korruption*** (*fig*) that smells [*or* reeks] of corruption ❷ (*schnuppern*) ■**an jdm/etw** ~ to smell sb/sth; ***„hier, riech mal an den Blumen!"*** "here, have a sniff of these flowers" **II.** *vt* ■**etw** ~ to smell sth; ***riechst du nichts?*** can't you smell anything?; ***es riecht hier ja so nach Gas*** there's real stink of gas here; **etw ~ können** [*o* **mögen**] to like the smell of sth; ***ich mag den Tabakrauch gern*** ~ I like the smell of tobacco smoke; ***iss doch nicht immer Zwiebeln, du weißt doch, dass ich das nicht ~ kann!*** stop eating onions all the time, you know I can't stand that ► WENDUNGEN: **etw ~ können** (*fam*) to know sth; ***das konnte ich nicht riechen!*** how was I supposed to know that!; ***ich rieche doch, dass da was nicht stimmt!*** I have a feeling that there's something funny about it; **jdn nicht ~ können** (*fam*) not to be able to stand sb; ***die beiden können sich nicht*** ~ the two of them can't stand each other; *s. a.* **Lunte, Braten III.** *vi impers* ■**es riecht irgendwie** there's a certain smell; ***es riecht ekelhaft*** there's a disgusting smell; ■**es riecht nach etw** *dat* there's a smell of sth; ***es riecht nach Gas*** there's a smell of gas; ***wenn er kocht, riecht es immer sehr lecker in der Küche*** there's always a delicious smell in the kitchen when he's cooking; ***wonach riecht es hier so köstlich?*** what's that lovely smell in here?

Riecher <-s, -> *m* **einen guten** [*o* **den richtigen**] ~ [**für etw**] **haben** (*fam*) to have the right instinct [for sth]

Riechkolben *m* (*hum fam*) nose, a big schnozz AM, conk BRIT *sl* **Riechnerv** *m* olfactory nerve **Riechsalz** *nt* smelling salts *pl*

Rieddach *nt* thatched roof

rief *imp von* **rufen**

Riege <-, -n> *f* ❶ SPORT team ❷ (*pej: Gruppe*) clique *pej;* ***sie hat sich in die ~ der Abtreibungsgegner eingeordnet*** she has joined the anti-abortionist camp

Riegel <-s, -> *m* ❶ (*Verschluss*) bolt; **den ~ [an etw** *dat*] **vorlegen** to bolt sth; ***vergiss nicht, den ~ vorzulegen!*** don't forget to bolt the door ❷ (*Schoko-*) bar ► WENDUNGEN: **etw** *dat* **einen ~ vorschieben** to put a stop to sth

Riemen¹ <-s, -> *m* (*schmaler Streifen*) strap ► WENDUNGEN: **den ~ enger schnallen** (*fam*) to tighten one's belt; **sich am ~ reißen** (*fam*) to get a grip on oneself, to pull one's socks up BRIT

Riemen² <-s, -> *m* NAUT, SPORT oar; **sich in die ~ legen** (*a. fig*) to put one's back into it

Ries <-es, -e *o mit Zahlwort* -> *nt* (*Papiermaß*) ream

Riese, Riesin <-n, -n> *m, f* giant; **ein ~ von** [**einem**] **Mann** [*o* **Mensch**[**en**]] [*o fam* **Kerl**] a giant of a man; **roter** ~ ASTRON red giant; *s. a.* **Adam**

Rieselfeld *nt* sewage farm

rieseln *vi sein* ❶ (*rinnen*) ■**auf etw** *akk* ~ to trickle onto sth ❷ (*bröckeln*) ■**von etw** ~ to flake off sth

Riesenameise *f* (*fam*) carpenter ant **Riesenauftrag** *m* giant [*or* outsize] order **Riesenbohne** *f* soissons, jack bean **Riesenchance** *f* (*fam*) huge opportunity **Riesenerfolg** *m* (*fam*) huge success **Riesenerlebnis** *nt* (*fam*) tremendous experience **Riesenexemplar** *nt* (*fam*) huge [*or* BRIT *fam* ginormous] specimen **Riesengarnele** *f* tiger prawn **Riesengebirge** *nt* GEOG Sudeten mountains *pl* **Riesengestalt** *f* ❶ (*Größe*) gigantic figure ❷ (*Hüne*) giant **Riesengewinn** *m* huge profit **riesengroß** *adj* (*fam*) ❶ (*sehr groß*) enormous, gigantic, huge ❷ (*außerordentlich*) colossal, enormous; **eine ~e Dummheit** colossal stupidity; **eine ~e Überraschung** an enormous surprise; ***der Urlaub war eine ~e Enttäuschung*** the holiday was a huge disappointment

riesenhaft *adj* ❶ (*gigantisch*) gigantic ❷ (*geh*) enormous, huge

Riesenhunger *m* (*fam*) enormous appetite; **einen ~ haben** to be famished [*or fam* starving] **Riesenlärm** *m* (*fam*) *kein pl* tremendous racket *no pl fam* **Riesenrad** *nt* Ferris wheel **Riesenschildkröte** *f* ZOOL giant tortoise **Riesenschlange** *f* (*fam*) boa **Riesenschritt** *m* giant stride; **~e machen** to take giant strides; **mit ~en** approaching fast; ***der Termin für die Prüfung nähert sich mit ~en*** the date of the exam is fast approaching **Riesenslalom** *m* giant slalom **Riesentrara** *nt* (*fam*) *kein pl* big fuss *no pl* **Riesenwuchs** *m* MED *kein pl* giantism *no pl*

riesig I. *adj* ❶ (*ungeheuer groß*) gigantic ❷ (*gewaltig*) enormous, huge; **eine ~e Anstrengung** a huge effort; ***zu meiner ~en Freude übergab er mir das Geld*** to my great joy he handed me the money; ***ich habe ~en Durst*** I'm terribly thirsty ❸ *pred* (*fam: gelungen*) great, terrific; ***die Party bei euch war einfach*** ~ the party at your place was really terrific **II.** *adv* (*fam*) enormously; ***das war ~ nett von Ihnen*** that was terribly nice of you

Riesin <-, -nen> *f fem form von* **Riese**

Riesling <-s, -e> *m* Riesling

riet *imp von* **raten**

Riff <-[e]s, -e> *nt* reef

Rift *nt* rift

rigide *adj* (*geh*) rigid

rigoros *adj* rigorous; ***vielleicht solltest Sie in dieser Frage weniger ~ sein*** perhaps you ought to be less adamant on this issue

Rigorosum <-s, Rigorosa *o* ÖSTERR *bes* Rigorosen> *nt* SCH viva (*oral component of an exam for a doctorate*)

Rikambio *m* FIN redrafted bill, redraft **Rikambiowechsel** *m* FIN redrafted bill, redraft

Rikscha <-, -s> *f* rickshaw

Rille <-, -n> *f* groove

Rimesse <-, -n> *f* FIN remittance

Rind <-[e]s, -er> *nt* ❶ (*geh: Kuh*) cow ❷ (*Rindfleisch*) beef *no pl*

Rinde <-, -n> *f* ❶ (*Borke*) bark *no pl* ❷ *kein pl* KOCHK crust; *Käse, Speck* rind *no pl* ❸ ANAT cortex

Rinderbouillon *m* beef bouillon [*or* broth] **Rinderbraten** *m* roast beef *no pl* **Rinderbrust** *f* beef brisket **Rinderfett** *nt* beef dripping [*or* tallow] **Rinderfilet** *nt* fillet of beef *no pl* **Rinderfleck** *m dish made of beef offal* **Rinderhack** *nt* minced [*or* AM ground] beef **Rinderherde** *f* herd of cattle **Rinderhorn** *nt* cow horn **Rinderkamm** *m* neck of beef **Rinderkraftbrühe** *f* beef bouillon [*or* broth] **Rinderkraftschinken** *m* beef topside ham **Rindermagen** *m* beef stomach **Rindermark** *nt* beef marrow **Rindermett** *nt* beef sausage meat **Rindernierenfett** *nt* ox kidney fat **Rinderroulade** *f* roll of beef **Rindertalg** *m* beef tallow **Rinderwahnsinn** *m kein pl* mad cow disease *no art, no pl fam,* BSE *no art, no pl* BRIT **Rinderzucht** *f* cattle breeding [*or* rearing] [*or* farming] *no art, no pl* **Rinderzunge** *f* ox [*or* AM cow] tongue

Rindfleisch *nt* beef *no art, no pl* **Rindfleischsuppe** *f* beef soup

Rindsfett *nt s.* **Rinderfett Rindsleder** *nt* cowhide, leather **rindsledern** *adj* cowhide, leather

Rindswurst *f* beef sausage

Rindvieh <-viecher> *nt* ❶ *kein pl* (*Rinder*) cattle *no art, + pl vb;* ***der Bauer besitzt 45 Stück*** ~ the farmer owns 45 head of cattle ❷ (*sl: Dummkopf*) ass, pillock BRIT *fam*

Ring <-[e]s, -e> *m* ❶ (*Finger-*) ring; **einen ~ am Finger tragen** to wear a ring on one's finger; **die ~e tauschen** [*o geh* **wechseln**] to exchange rings ❷ (*Öse*) ring ❸ (*Kreis*) circle; **einen ~ um jdn bilden** to form a circle round sb; **dunkle ~e** [**unter den Augen**] dark rings [under one's eyes] ❹ (*Syndikat*) *Händler, Dealer, Hehler* ring; *Lebensmittelhändler, Versicherungen* syndicate ❺ (*~straße*) ring road BRIT, AM *usu* beltway ❻ (*Box-*) ring; **~ frei!** seconds out! ❼ (*Kreis in einer Schießscheibe*) ring ❽ *pl* (*Turngerät*) rings *npl*

Ringanker *m* BAU peripheral tie beam **Ringbuch** *nt* ring binder **Ringbucheinlage** *f* loose sheets *pl* for a ring binder **Ringdrossel** *f* ORN ring ouzel [*or* ousel]

Ringel <-s, -> *m* [small] ring; (*Locke*) ringlet

Ringelblume *f* marigold **Ringelgans** *f* ORN brent goose **Ringellocke** *f* ringlet

ringeln I. *vt* ■**etw** [**um etw**] ~ to wind sth [around sth]; ***die Python ringelte ihren Leib um den Ast*** the python coiled its body around the branch **II.** *vr* ■**sich** ~ to coil up

Ringelnatter *f* grass snake **Ringelreihen** <-s, -> *m kein pl* ring-a-ring o' roses **Ringelschwanz** *m* curly tail **Ringelspiel** *nt* ÖSTERR (*Karussell*) merry-go-round, BRIT *a.* roundabout, AM *a.* carousel **Ringeltaube** *f* ❶ ORN wood pigeon, ringdove ❷ DIAL (*günstige Gelegenheit*) bargain, snip BRIT *fam;* ***eine ~ für nur 10 DM*** a snip at only 10 DM **Ringelwurm** *m* ZOOL annelid

ringen <rang, gerungen> **I.** *vi* ❶ (*im Ringkampf kämpfen*) ■[**mit jdm**] ~ to wrestle [with sb] ❷ (*mit sich kämpfen*) ■**mit sich** ~ to wrestle with oneself; *s. a.* **Tod, Träne** ❸ (*schnappen*) **nach Atem** [*o* **Luft**] ~ to struggle for breath ❹ (*sich bemühen*) ■**um etw** ~ to struggle for sth; **um Worte ~d** struggling for words **II.** *vt* ■**jdm etw aus etw** ~ to wrench [*or form* wrest] sth from sb's sth; ***ich habe ihm die Pistole aus der Hand gerungen*** I wrested the pistol from his hand *form; s. a.* **Hand**

Ringen <-s> *nt kein pl* ❶ SPORT wrestling *no art, no pl* ❷ (*geh*) struggle

Ringer(in) <-s, -> *m(f)* wrestler

Ringfahndung *f* manhunt [over an extensive area]; **eine ~ einleiten** to launch a manhunt **Ringfinger** *m* ring finger **Ringform** *f* ring-shaped baking tin **ringförmig I.** *adj* ring-like, circular, annular *spec;* **eine ~e Autobahn** a circular motorway **II.** *adv* in the shape of a ring; ***die Umgehungsstraße führt ~ um die Ortschaft herum*** the bypass encircles the town **ringhörig** *adj* SCHWEIZ poorly sound-proofed

Ringkampf *m* fight, wrestling match **Ringkämpfer(in)** *m(f) s.* **Ringer Ringleitung** *f* ring main **Ringlotte** <-, -n> *f* ÖSTERR greengage **Ringmuskel** *m* BIOL, MED circular muscle **Ringordner** *m* ring binder **Ringrichter(in)** *m(f)* referee

rings *adv* [all] around; ***sie hatten das Grundstück ~ mit einem Zaun umgeben*** they had surrounded the property with a fence; ***~ von Feinden umgeben*** completely surrounded by enemy forces

Ringschlüssel *m* ring spanner [*or* AM wrench]

ringsherum *adv s.* **ringsum**

Ringstraße *f* ring road BRIT, AM *usu* beltway

ringsum *adv* [all] around **ringsumher** *adv* (*geh*) *s.* **ringsum**

Rinne <-, -n> *f* ❶ (*Rille*) channel; (*Furche*) furrow ❷ (*Dach-*) gutter

rinnen <rann, geronnen> *vi sein* ❶ (*fließen*) to run, to flow ❷ (*rieseln*) to trickle; *s. a.* **Finger**

Rinnenplatte *f* BAU gutter stone **Rinnenprofil** *nt* BAU groove

Rinnsal <-[e]s, -e> *nt* ❶ (*winziger Wasserlauf*) rivulet *liter* ❷ (*rinnende Flüssigkeit*) trickle **Rinn-**

stein m ❶ (Gosse) gutter ❷ s. **Bordstein**

RIP nt INFORM Akr von **raster image processor** RIP

R.I.P. Abk von **requiescat in pace** RIP

Rippchen <-s, -> nt smoked rib [of pork]

Rippe <-, -n> f ❶ ANAT rib, costa spec ❷ (Blattader) rib, costa spec ❸ KOCHK **flache** ~ fore rib, top [or AM short] rib ❹ TECH fin ❺ (Webstreifen) rib ❻ ARCHIT (Gewölbeträger) rib ▶ WENDUNGEN: **nichts auf den ~n haben** (fam) to be just skin and bone; **etw auf die ~n kriegen** (fam) to put a bit of weight on; **es sich dat nicht aus den ~n schneiden können** (fam) to not be able to produce sth out of thin air [or out of nothing] [or from nowhere]; ***er kann es sich nicht aus den Rippen schneiden!*** he can't produce it out of thin air!

Rippenbruch m broken [or fractured] rib **Rippenfell** nt [costal] pleura spec **Rippenfellentzündung** f pleurisy **Rippengewölbe** nt ribbed vault[ing] **Rippenspeer** m spare ribs pl **Rippenstoß** m nudge [or dig] in the ribs; **jdm einen ~ geben** [o geh **versetzen**] to give sb a dig in the ribs

Rippli <-s, -> nt KOCHK SCHWEIZ salted rib [of pork]

Rips <-es, -e> m rep[p], ribbed fabric

RISC m INFORM Akr von **reduced instruction set computer** RISC **RISC-Architektur** f INFORM RISC architecture **RISC-Befehl** m INFORM RISC instruction **RISC-Computer** m INFORM RISC computer **RISC-CPU** f INFORM RISC-based CPU **RISC-Prozessor** m INFORM RISC-based processor

Risiko <-s, -s o Risiken o ÖSTERR a. Risiken> nt risk, hazard form; JUR a. peril; **berufliches ~** occupational hazard; **unternehmerisches ~** risk of an undertaking; **ein gewisses ~ bergen** to involve a certain risk; **[bei etw] das ~ eingehen** [o **laufen**][, **etw zu tun**] to run the risk [of doing sth] [with sth]; ***bei dieser Unternehmung laufen Sie das ~, sich den Hals zu brechen*** you run the risk of breaking your neck with this venture; **ein ~ übernehmen** to assume a risk; **auf jds** akk **~** at sb's own risk; ***nun gut, ich kaufe die Wertpapiere, aber auf Ihr ~*** very well, I'll buy the securities, but on your head be it!; **ohne ~** without risk; **~ des Spediteurs** carrier risk; **~ des zufälligen Untergangs der Ware** HANDEL risk of accidental destruction of the goods; **versicherbares/nicht versicherbares ~** FIN insurable/prohibited class risk

Risikoabsicherung f covering a risk **Risikoabwälzung** f shifting of a risk **Risikoanalyse** f risk analysis **Risikoaufschlag** m JUR danger money **Risikoausgleich** m kein pl ÖKON ❶ (Zuschlag für risikoreiches Arbeiten) spreading of risk ❷ (zusätzliches Versicherungsentgelt) balancing of portfolio **Risikoausschluss**^RR m FIN exclusion of risks **Risikobegrenzung** f FIN risk limitation **risikobehaftet** adj inv with inherent risks, risk-encumbered **risikobereit** adj ÖKON prepared to take a risk pred **Risikobereitschaft** f willingness to take [high] risks **Risikobeteiligung** f FIN retained [or uninsured] percentage of loss; **~ des Auftragnehmers/Garantienehmers** contractor's/insured's retention **Risikobewertung** f risk evaluation **Risikoerhöhung** f JUR added peril **Risikofaktor** m risk factor **risikofrei** adj inv risk-free, AM riskless, safe, secure; **~es Kapital** ÖKON secure investment **Risikofreude** f (fam) love of risks; **politische ~** love of political risks; **durch finanzielle ~ gekennzeichnet sein** to love taking financial risks **risikofreudig** adj prepared to take risks pred, venturesome form; **~er Anleger** ÖKON speculative investor **Risikogebiet** nt area of risk **Risikogeburt** f difficult [or complicated] birth **Risikogeschäft** nt FIN speculative undertaking **Risikogruppe** f [high-]risk group **Risikokapital** nt FIN risk [or venture] capital **risikolos** adj safe, risk-free, without [any] risk pred; **ein ~er Kauf** a safe buy; ■**[für jdn] ~ sein** to be without risk [for sb] **Risikomarkt** m risk market **Risikomischung** f ÖKON risk spreading **risikoreich** adj inv risky, high-risk, hazardous form; **~e Transaktionen** FIN high-risk transactions **Risikorücklage** f FIN contingency reserve **risikoscheu** adj ÖKON averse to risk pred; **~er Anleger** careful investor **Risikoschwangerschaft** f high-risk pregnancy **Risikostreuung** f ÖKON risk spreading **Risikoübergang** m FIN transfer [or passage] of risk **Risikoübernahme** f kein pl FIN, JUR assumption of risk **Risikoversicherung** f ÖKON ❶ (Lebensversicherung) term insurance ❷ (Versicherung gegen spezielle Risiken) contingent policy **Risikoverteilung** f FIN sharing of risks **Risikovorsorge** f ❶ ÖKON provision for risks ❷ FIN provision for contingent loan losses

riskant adj risky, chancy fam; ■**[jdm] [zu] ~ sein** to be [too] risky [or fam chancy] [for sb]; ■**es ist ~, etw zu tun** it is risky doing sth

riskieren* vt ❶ (aufs Spiel setzen) ■**etw [bei etw] ~** to risk sth [with sth]; **seinen [o den] guten Ruf ~** to risk one's good reputation ❷ (ein Risiko eingehen) ■**etw ~** to risk sth; ***beim Versuch, dir zu helfen, habe ich viel riskiert*** I've risked a lot trying to help you ❸ (wagen) ***ich riskiere es!*** I'll chance it [or my arm]!; ■**es ~, etw zu tun** to risk doing sth; ***riskiere es nicht, dich mit ihm auf einen Kampf einzulassen!*** don't risk getting into a fight with him!

Rispe <-, -n> f BOT panicle

Rispengras nt BOT meadow grass

riss^RR, **riß** imp von **reißen**

Riss^RR <-es, -e> m, **Riß** <Risses, Risse> m ❶ (eingerissene Stelle) crack; ■**ein/der ~ in etw** dat (Papier) a/the tear in sth ❷ (Knacks) rift; ***wir haben uns zerstritten, die Risse sind nicht mehr zu kitten*** we fell out and the rift between us can no longer be mended ❸ (Umrisszeichnung) [outline] sketch

rissig adj ❶ (mit Rissen versehen) cracked ❷ (aufgesprungen) chapped; **~e Hände** chapped hands ❸ (brüchig) brittle, cracked

rissolieren vt KOCHK ■**etw ~** to roast sth until caramelized [or BRIT a. -ised]

Rist <-[e]s, -e> m ❶ (Fußrücken) instep ❷ ZOOL withers npl spec

ristornieren* vt FIN ■**etw ~** to cancel sth by making a contra entry

Ristorno <-s, -s> m o nt ❶ ÖKON cancellation ❷ FIN reverse of a contra entry

Riten pl von **Ritus**

Ritscherl m kein pl DIAL (Feldsalat) lamb's lettuce

ritt imp von **reiten**

Ritt <-[e]s, -e> m ride; **einen ~ machen** to go for a ride ▶ WENDUNGEN: **in scharfem ~** at a swift pace; **in einem [o auf einen] ~** (fam) without a break

Rittberger <-s, -> m loop jump

Ritter <-s, -> m ❶ (Angehöriger des ~standes) knight; **fahrender ~** knight-errant; **jdn zum ~ schlagen** to knight sb, to dub sb knight ❷ (Panzerreiter) chevalier hist ❸ (Adelstitel) ***Lanzelot ~ von Camelot*** Sir Lancelot of Camelot ❹ (Mitglied) ***der ~ des Malteserordens*** Knight of Malta ▶ WENDUNGEN: **arme ~** KOCHK French toast (bread soaked in milk and egg and fried)

Ritterburg f HIST knight's castle **Rittergut** nt manor spec **Ritterkreuz** nt MIL Knight's Cross

ritterlich adj ❶ (höflich zu Damen) chivalrous ❷ HIST knightly liter

Ritterlichkeit f kein pl chivalry, chivalrousness **Ritterorden** m HIST order of knights; **der Deutsche ~** the Teutonic Order **Ritterroman** m knightly romance, romance of chivalry **Ritterrüstung** f knight's armour [or AM -or] **Ritterschlag** m HIST dubbing no art, no pl; **den ~ empfangen** to be knighted [or dubbed knight]

Rittersmann <-leute> m (poet) knight

Rittersporn m BOT delphinium, larkspur **Ritterstand** m kein pl HIST knighthood

rittlings adv astride

Ritual <-s, -e o -ien> nt ritual

Ritualisierung <-, -en> f BIOL ritualization [or BRIT a. -isation]

Ritualmord m ritual murder

rituell adj ritual

Ritus <-, Riten> m REL rite

Ritz <-es, -e> m ❶ (Kratzer) scratch ❷ s. **Ritze**

Ritze <-, -n> f crack

Ritzel <-s, -> nt TECH pinion

ritzen I. vt ❶ (einkerben) ■**etw auf/in etw** akk **~** to carve sth on/in sth ❷ (kratzen) ■**etw ~** to scratch sth ▶ WENDUNGEN: **geritzt sein** (sl) to be okay fam II. vr ■**sich** akk **[an etw** dat**] ~** to scratch oneself [on sth]

Ritzer <-s, -> m (fam) s. **Ritz**

Rivale, Rivalin <-n, -n> [-va-] m, f rival (um + dat for)

rivalisieren* [-va-] vi (geh) ■**mit jdm [um etw] ~** to compete with sb [for sth]; ■**~d** rival attr, competing attr

Rivalität <-, -en> [-va-] f (geh) rivalry

Riviera <-> [ri'vie:ra] f riviera; ■**die ~** the Riviera

Rizinus <-, - o -se> m ❶ (Pflanze) castor-oil plant ❷ kein pl (fam: ~öl) castor oil no art, no pl

Rizinusöl nt castor oil no art, no pl

RNS <-> [ɛrʔɛn'ʔɛs] f kein pl Abk von **Ribonukleinsäure** RNA no art, no pl spec

Roadmovie^RR ['roʊdmu:vi] m FILM roadmovie

Roadshow <-, -s> ['roʊdʃoʊ] f road show

Roastbeef <-s, -s> ['ro:stbi:f] nt roast beef no indef art, no pl

Robbe <-, -n> f seal

robben vi sein to crawl; ■**irgendwohin/durch etw ~** to crawl somewhere/through sth

Robe <-, -n> f ❶ (langes Abendkleid) evening gown; **in großer ~** (geh) in evening dress ❷ (Talar) robe[s pl], gown

Robinie <-, -n> f BOT robinia spec

Robodoc <-[s], -s> m (operierender Roboter) robodoc, robot surgeon

Robot <-s, -s> m INET (WWW-Suchprogramm) robot

Robotbild nt SCHWEIZ Photofit® [picture] BRIT, composite photograph AM

Roboter <-s, -> m robot

Robotertechnik f kein pl robotics + sing vb

Robotfahrzeug nt RAUM robot vehicle

robust adj ❶ (strapazierfähig) robust, tough ❷ (widerstandsfähig) robust

Robustheit <-> f kein pl ❶ (Strapazierfähigkeit) robustness no art, no pl, toughness no art, no pl ❷ (Widerstandsfähigkeit) robustness no art, no pl

roch imp von **riechen**

röcheln vi to breathe stertorously form or liter; Sterbender to give the death rattle liter

Röcheln <-s> nt kein pl stertorous breathing no art, no pl form or liter; Sterbender death rattle liter

Rochen <-s, -> m ray

Rock^1 <-[e]s, Röcke> m ❶ (Damen~) skirt ❷ SCHWEIZ (Kleid) dress, frock dated ❸ SCHWEIZ (Jackett) jacket; s. a. **König**

Rock^2 <-[s], -[s]> m kein pl MUS rock no art, no pl

Rockband [-bænd] f rock band

Röckchen <-s, -> nt dim von **Rock** little [or short] skirt

rocken vi to play rock music, to rock

Rocker(in) <-s, -> m(f) rocker

Rockerbande f rocker [or AM motorcycle] gang, gang of bikers AM **Rockerbraut** f rocker's old lady BRIT, biker chick AM sl

Rockfestival nt rock festival **Rockgruppe** f rock group

rockig adj inv MUS rock, rocky

Rockmusik f rock [music] **Rockstar** <-s, -s> m rock star **Rockzipfel** m ▶ WENDUNGEN: **jdn [gerade] noch am [o beim] ~ erwischen** to [just] manage to catch sb; **an jds** dat **~ hängen** (fam) to cling to sb's apron strings pej

Rodel <-s o SÜDD, ÖSTERR -, - o SÜDD, ÖSTERR -n> m o SÜDD, ÖSTERR f sledge, toboggan

Rodelbahn f toboggan run

rodeln vi sein o haben to sledge, to toboggan

rödeln vi haben (fam) to toil [away], to work one's backside fam off; ***ich habe den ganzen Tag gerödelt ohne Ende*** I worked my backside off all day; ***er hat den ganzen Nachmittag im Garten gerödelt*** he toiled away in the garden all afternoon

Rodelschlitten m DIAL s. **Schlitten**

roden *vt* ❶ (*herausreißen*) ■**etw** ~ to clear sth; **Gestrüpp** ~ to clear undergrowth ❷ (*vom Bewuchs befreien*) ■**etw** ~ to clear sth
Rodler(in) <-s, -> *m(f)* tobogganer, tobogganist
Rodung <-, -en> *f* ❶ (*gerodete Fläche*) clearing ❷ *kein pl* (*das Roden*) clearance *no art, no pl,* clearing *no art, no pl*
Rogen <-s, -> *m* roe *no art, no pl*
Roggen <-s> *m kein pl* rye *no art, no pl*
Roggenbrot *nt* rye bread *no pl* **Roggenmehl** *nt* rye flour **Roggenvollkornbrot** *n* wholegrain rye bread *no pl*
roh I. *adj* ❶ (*nicht zubereitet*) raw; **~es Gemüse** raw vegetables ❷ (*unbearbeitet*) crude; **ein ~er Holzklotz** a rough log; **ein ~er Marmorblock** an unhewn [*or spec* undressed] block of marble ❸ (*brutal*) rough; **ein ~er Kerl** a rough fellow, a tough[ie] *esp* AM *fam; s. a.* **Gewalt** ❹ (*rüde*) coarse **II.** *adv* ❶ (*in rohem Zustand*) raw, in a raw state; ***er schluckte das Ei ~ hinunter*** he swallowed the egg raw ❷ (*ungefüge*) roughly, crudely; **~ behauene Steinblöcke** rough[ly]-hewn stone blocks
Rohanalyse *f* rough analysis **Rohaufwand** *m* FIN gross expenses *pl* **Rohausbeute** *f* raw results *pl*
Rohbau <-bauten> *m* ❶ BAU shell, carcass *spec;* **im ~** structurally complete; ***unser Haus befindet sich noch im ~*** the structure of our house has yet to be finished ❷ AUTO body-in-white
Rohbilanz *f* FIN trial balance **Rohbogen** *m* TYPO (*unbeschnitten*) untrimmed sheet **Rohdecke** *f* BAU unfinished floor **Roheinnahmen** *pl* FIN gross receipts **Roheisen** *nt* BERGB pig iron
Roheit <-, -en> *f s.* **Rohheit**
Rohentwurf *m* rough draft **Rohertrag** *m* ÖKON gross proceeds *npl* **Roherz** *nt* BERGB virgin ore **Rohfußboden** *m* BAU unfinished floor **Rohgewicht** *nt* gross weight **Rohgewinn** *m* ÖKON gross profit **Rohgummi** *m o nt* raw rubber *no pl*
Rohheit^RR <-, -en> *f* ❶ *kein pl* (*Brutalität*) brutality *no art, no pl,* roughness *no art, no pl* ❷ *kein pl* (*Rauheit*) coarseness *no art, no pl;* **von gefühlloser ~ sein** to be coarse and insensitive ❸ (*brutale Handlung*) brutal act
Rohkarosserie *f* AUTO body-in-white **Rohkost** *f* uncooked vegetarian food *no art, no pl,* raw fruit and vegetables + *pl vb* **Rohkostplatte** *f* crudités platter, platter of raw vegetables **Rohkostraffel** *f* flat vegetable grater
Rohling <-s, -e> *m* ❶ (*brutaler Kerl*) brute ❷ (*unbearbeitetes Werkstück*) blank
Rohmaterial *nt* raw material **Rohmetall** *nt* raw metal **Rohmilchsieb** *nt* milk sieve **Rohöl** *nt* crude oil **Rohpapier** *nt* TYPO base paper
Rohr¹ <-[e]s, -e> *nt* ❶ TECH pipe; (*mit kleinerem Durchmesser, flexibel*) tube ❷ (*Lauf*) barrel; **aus allen ~en feuern** to open up with all guns ❸ SÜDD, ÖSTERR (*Backofen*) oven
Rohr² <-[e]s, -e> *nt* ❶ *kein pl* (*Ried*) reed ❷ *kein pl* (*Röhricht*) reed bed, reeds *pl* ▸ WENDUNGEN: **[wie] ein [schwankendes] ~ im Winde sein** (*geh*) to be like a reed in the wind
Rohrabschneider *m* tube cutter **Rohrammer** <-, -n> *f* ORN reed bunting *spec* **Rohrbruch** *m* burst pipe **Rohrbrücke** *f* pipe bridge (*12m-wide, steel or concrete pipe anchored 25m under the surface of a Norwegian fjord to carry two lanes of traffic*)
Röhrchen <-s, -> *nt dim von* **Röhre** ❶ PHARM small tube ❷ (*Reagenzglas*) test tube ❸ (*für Alkoholtest*) breathalyzer® *tube;* **ins ~ blasen** (*fam*) to take [*or* have] a breathalyser test, to blow in the bag BRIT *fam*
Rohrdommel <-, -n> *f* ORN bittern
Röhre <-, -n> *f* ❶ (*Höhlkörper*) tube; **~*n aus Ton*** clay pipes ❷ (*Leuchtstoff~*) neon tube ❸ (*Backofen*) oven ▸ WENDUNGEN: **in die ~ gucken** (*fam*) to be left out
Rohreis *m* paddy [*or* unhusked] rice
röhren *vi* ❶ JAGD (*brüllen*) to bellow, to bell *spec;* **das R~ der Hirsche** the bellowing [*or spec* belling] of stags ❷ (*fam: heiser grölen*) to bawl ❸ (*laut dröhnen*) to roar
Röhrenfernsehprojektor *m* TV tube TV-projector
röhrenförmig *adj inv* tubular; **~e Jeans** drainpipe [*or* AM cigarette leg] jeans **Röhrenhose** *f* (*fam*) drainpipe trousers *npl* BRIT, drainpipes *pl* BRIT *fam,* straight-leg pants AM **Röhrenknochen** *m* long [*or* tubular] bone **Röhrenpilz** *m s.* **Röhrling** **Röhrenverstärker** *m* tube [*or spec* thermionic] amplifier
Rohrfernleitungen *pl* pipelines **Rohrgeflecht** *nt* wickerwork *no art, no pl* **Rohrgraben** *m* BAU pipe trench
Röhricht <-s, -e> *nt* (*geh*) reed bed, reeds *pl*
Rohrkolben *m* BOT great reed mace, bulrush **Rohrkonstruktion** *f* BAU pipe construction **Rohrkrepierer** <-s, -> *m* ❶ MIL barrel burst ❷ (*Reinfall*) flop **Rohrleger(in)** <-s,-> *m(f)* pipe layer, pipefitter **Rohrleitung** *f* pipe, conduit
Röhrling <-s, -e> *m* BOT boletus *spec*
Rohrmatte *f* rush [*or* reed] mat **Rohrmöbel** <-s, -> *nt meist pl* cane furniture *no pl* **Rohrnaht** *f* BAU pipe seam **Rohrnetz** *nt* network of pipes, mains network **Rohrpost** *f* pneumatic dispatch system **Rohrrahmen** *m* AUTO tubular frame **Rohrsänger** *m* ORN warbler **Rohrschelle** *f* BAU pipe clamp **Rohrspatz** *m* ▸ WENDUNGEN: **wie ein ~ schimpfen** (*fam*) to swear like a trooper [*or* AM sailor], to curse loudly **Rohrstock** *m* cane **Rohrstuhl** *m* cane chair **Rohrweihe** *f* ORN marsh harrier
Rohrzange *f* pipe [*or* cylinder] wrench
Rohrzucker *m* cane sugar *no art, no pl*
Rohschätzung *f* rough estimate
Rohseide *f* raw silk *no art, no pl*
Rohstoff *m* raw material
Rohstoffabkommen *nt* HANDEL commodity agreement [*or* pact] **Rohstoffausbeute** *f* yield from raw material **Rohstoffbestände** *pl* raw materials inventory
Rohstoffe *pl* **Roh-, Hilfs- und Betriebsstoffe** raw materials and supplies
Rohstoffmangel *m* shortage [*or* lack] of raw materials **Rohstoffpreis** *m* price of raw materials, commodity price **Rohstoffpreisindex** *m* ÖKON commodity price index **Rohstoffreserve** *f meist pl* [natural] reserves *pl* of raw materials **Rohstoffrückgewinnung** *f* ÖKON recovery of raw materials; (*Konservierung*) resource conservation **Rohstoffverarbeitung** *f kein pl* processing *no pl* of raw materials **Rohstoffverknappung** *f* shortage of raw materials
Rohwolle *f* raw wool **Rohzucker** *m* cane sugar **Rohzustand** *m* **im ~** in an/the unfinished state
Rokoko <-[s]> ['rɔkoko, roko'ko] *nt kein pl* ❶ (*Stil*) rococo *no art, no pl* ❷ (*Zeitalter*) Rococo period *no indef art, no pl*
Rolladen <-s, Rolläden *o* -> *m getrennt: Rollladen s.* **Rollladen**
Rolladenkasten *m* BAU roller blind housing
Rollback <-[s], -s> ['roʊlbæk] *nt* (*geh: Rückgang*) rollback AM; **ein ~ im Tourismus** a rollback in tourism
Rollbahn *f* LUFT runway **Rollbraten** *m* KOCHK rolled joint **Rollbrett** *nt* ❶ (*Montage~*) [mechanic's] creeper ❷ (*Skateboard*) skateboard
Röllchen *nt* KOCHK roulade
Rollcontainer *m* roller container
Rolle¹ <-, -n> *f* ❶ (*aufgewickeltes Material*) roll; **eine ~ Draht** a roll of wire ❷ (*Garn~*) reel ❸ (*zu einer Röhre verpackte Gegenstände*) roll, tube; **eine ~ Markstücke/Zitronendrops** a roll of one mark pieces/tube of lemon drops ❹ (*Laufrad*) roller; (*Möbel~*) castor, caster ❺ (*Spule*) reel; *Flaschenzug, Seilwinde* pulley ❻ (*Turnübung*) roll; **eine ~ vorwärts/rückwärts** a forward/backward roll; **eine ~ machen** to do a roll
Rolle² <-, -n> *f* ❶ (*Film~, Theater~*) role, part; **mit verteilten ~n** with each role cast; **sich** *dat* **in einer bestimmten ~ gefallen** to like playing a certain role; ***sie gefiel sich in der ~ der Heldin*** she liked playing the role of the heroine ❷ (*Part*) role, part; ■**jds ~ bei etw** sb's role [*or* part] in sth; ***ich sehe meine ~ bei diesem Projekt als Organisatorin*** I see my role in this project as an organizer; **eine ~ verteilen** to allocate a roll; **[bei/in etw** *dat*] **[für jdn] eine ~ spielen** to play a role [*or* part] [in sth] [for sb]; ***das Alter spielt natürlich eine wichtige ~*** of course, age plays an important part [*or* role]; **es spielt keine ~, ob/wie ...** it doesn't matter whether/how ... ❸ (*sozialer Verhaltenstypus*) role ▸ WENDUNGEN: **seine ~ ausspielen/ausgespielt haben** to be finished [*or* through]; **aus der ~ fallen** to behave badly; **sich** *akk* **in jds** *akk* **~ versetzen** to put oneself in sb's place
rollen I. *vi sein* to roll; *Fahrzeug* to roll [along]; *Flugzeug* to taxi; *Lawine* to slide; ■**irgendwohin ~** to roll/taxi/slide somewhere; *s. a.* **Auge** ▸ WENDUNGEN: **etw ins R~ bringen** to set sth in motion, to get sth underway; **ein Verfahren ins R~ bringen** to get proceedings underway; *s. a.* **Lawine, Stein II.** *vt* ❶ (*zusammen~*) ■**etw ~** to roll [up *sep*] sth ❷ (*~d fortbewegen*) ■**etw irgendwohin ~** to roll sth somewhere ❸ (*sich ein~*) ■**sich** *akk* **in etw** *akk* **~** to curl up in sth; ***sie rollte sich in die Bettdecke*** she curled up in the blanket; *s. a.* **R III.** *vr* ■**sich ~** to curl up; **sich an den Ecken ~** to roll up at the corners
Rollenarbeit *f* elaboration of a role **Rollenbesetzung** *f* casting **Rollenbild** *nt* SOZIOL role model
rollend *adj inv* **~e Fracht** wheeled cargo
Rollendruck *m* web printing **Rollendruckmaschine** *f* web[-fed] press **Rollenfigur** *f* character **Rollenhülse** *f* TYPO reel core **Rolleninterpretation** *f* interpretation of a part **Rollenklischee** *nt* role cliché **Rollenkonflikt** *m* role conflict, conflict of roles **Rollenoffset** *m* rotary [*or* web] offset **Rollenspiel** *nt* SOZIOL role play **Rollenstudie** *f* analysis of the role **Rollentausch** *m kein pl* SOZIOL role reversal **Rollentyp** *m* character type **Rollenverhalten** *nt kein pl* SOZIOL role[-specific] behaviour **Rollenverständnis** *nt* SOZIOL, PSYCH understanding of one's role in society **Rollenverteilung** *f* ❶ FILM, THEAT casting ❷ SOZIOL role allocation **Rollenwechsel** *m* TYPO reelchange **Rollenzwang** *m* SOZIOL role compulsion
Roller <-s, -> *m* ❶ (*Kinderfahrzeug*) scooter; (*Motor~*) [motor] scooter; **~ fahren** to ride a/one's scooter ❷ ÖSTERR (*Rollo*) [roller] blind, shade AM ❸ ORN canary
Rollerblades ['roʊləbleɪds], **Roller-Blades**^RR *pl* Rollerblades® *pl*
Rollerbse *f* yellow split pea
Rolle/Rolle-Verarbeitung *f* TYPO reel-to-reel production
Rollerskate <-s, -s> ['roʊləbleɪd] *nt* roller skate
Rollfeld *nt* LUFT runway **Rollfilm** *m* roll film **Rollfuhr** *f* cartage **Rollfuhrdienst** *m* cartage service **Rollgabelschlüssel** *m* adjustable spud wrench **Rollgeld** *nt* freight charge, cartage *no pl spec* **Rollkommando** *nt* heavy mob **Rollkragen** *m* roll [*or* polo] neck, AM *usu* turtleneck **Rollkragenpullover** [-ve] *m* roll [*or* polo] neck, AM *usu* turtleneck, polo-neck[ed] jumper **Rollkur** *f* MED (*hist*) *treatment where patient takes medicine and then lies five minutes each on his side, back and stomach* **Rollladen**^RR <-s, Rollläden *o* -> *m* shutter *usu pl* **Rollmops** *m* rolled pickled herring, rollmop BRIT
Rollo <-s, -s> ['rɔlo, rɔ'lo:] *nt* [roller] blind, shade AM
Rollschiene *f* [roller] rail **Rollschinken** *m* [rolled] smoked ham **Rollschrank** *m* shutter cabinet, roll-fronted cupboard
Rollschuh *m* roller skate; **~ laufen** to roller-skate **Rollschuhlaufen** *nt kein pl* roller-skating *no art, no pl* **Rollschuhläufer(in)** *m(f)* roller skater **Rollsplitt** *m* loose chippings *npl* **Rollsteg** *m* travolator
Rollstuhl *m* wheelchair **Rollstuhlfahrer(in)** *m(f)* wheelchair user **rollstuhlgerecht** *adj* suitable for wheelchairs [*or* wheelchair access] *pred*
Rolltreppe *f* escalator
ROM <-[s], -[s]> *nt* INFORM *Abk von* **read-only memory** ROM; **programmierbares ~** programmable ROM

Rom <-s> *nt kein pl* Rome *no art, no pl; s. a.* **Weg**
Roma *pl* Roma *pl*
Roman <-s, -e> *m* LIT novel ▶ WENDUNGEN: **[jdm] einen [ganzen] ~ erzählen** (*fam*) to go on for ever [*or* on and on]; **erzähl keine ~e!** (*fam: fass es kurz*) make it short!; (*lüge nicht*) stop telling stories! *fam;* **ich könnte einen ~ schreiben!** I could write a book about it!
Romancier <-s, -s> [romã'sie:] *m* (*geh*) novelist
Romane, Romanin <-n, -n> *m, f* neo-Latin *spec,* person speaking a Romance language
Romanfigur <-, -en> *f* character in a novel
romanhaft *adj inv* like a novel
Romanik <-> *f kein pl* ■ **die ~** the Romanesque period *spec*
Romanin <-, -nen> *f fem form von* **Romane**
romanisch *adj* ① LING, GEOG Romance; **die ~en Sprachen** the Romance languages; **die ~en Länder** the Romance countries ② HIST Romanesque *spec* ③ SCHWEIZ (*rätoromanisch*) Rhaetian *spec,* Rhaeto-Romanic *spec*
Romanist(in) <-en, -en> *m(f)* scholar/student/teacher of Romance languages and literature [*or* studies]
Romanistik <-> *f kein pl* Romance languages and literature + *sing vb,* Romance studies
Romanistin <-, -nen> *f fem form von* **Romanist**
Romanschriftsteller(in) <-s, -> *m(f)* novelist
Romantik <-> *f kein pl* ① (*künstlerische Epoche*) ■ **die ~** the Age of Romanticism, the Romantic period ② (*gefühlsbetonte Stimmung*) romanticism *no art, no pl;* **[einen] Sinn für ~ haben** to have a sense of romance ③ (*das Schwärmerische*) ■ **die ~ einer S.** *gen* the romance [*or* romanticism] of a thing
Romantiker(in) <-s, -> *m(f)* ① (*Künstler der Romantik*) Romantic writer/composer/poet ② (*gefühlsbetonter Mensch*) romantic
romantisch I. *adj* ① (*zur Romantik gehörend*) Romantic ② (*gefühlsbetont*) romantic ③ (*gefühlvoll*) romantic; **~es Kerzenlicht** romantic candlelight ④ (*malerisch*) picturesque II. *adv* picturesquely; ***das Gut liegt sehr ~*** the property is situated in a very picturesque location
Romanverfilmung *f* TV, FILM film adaptation of a novel
Romanze <-, -n> *f* LIT romance; (*Liebesbeziehung*) romantic affair
Römer <-s, -> *m* rummer *spec*
Römer(in) <-s, -> *m(f)* ① GEOG Roman ② HIST Roman; **die alten ~** the ancient Romans
Römersalat *m* romaine [*or* cos] lettuce **Römertopf** *m* ≈ cooking brick (*oval earthenware casserole*)
römisch *adj* Roman; **~e Ziffern** Roman numerals; **römische Antiqua** TYPO Roman face [*or* type]
römisch-katholisch *adj* Roman Catholic, RC
Rommé <-s> *nt,* **Rommee** <-s> *nt kein pl* rummy *no art, no pl*
ROM-Speicher *m* ROM [store]
Rondo <-s, -s> *nt* MUS rondo *spec*
röntgen *vt* ■ **jdn/etw ~** to x-ray sb/sth; ■ **sich [von jdm] ~ lassen** to have an X-ray taken [*or* be x-rayed] [by sb]
Röntgen <-s> *nt kein pl* x-raying *no art, no pl*
Röntgenarzt, -ärztin <-es, -ärzte> *m, f* radiologist, roentgenologist *hist* **Röntgenaufnahme** *f* X-ray [photograph], radiograph, roentgenogram **Röntgenbild** *nt* X-ray [photograph], radiograph, roentgenogram
röntgenisieren* *vt* ÖSTERR ■ **jdn ~** to x-ray sb
Röntgenologe, -login <-n, -n> *m, f* radiologist
Röntgenologie <-> *f kein pl* radiology *no art, no pl*
Röntgenologin <-, -nen> *f fem form von* **Röntgenologe**
Röntgenpass[RR] *m* X-ray registration card **Röntgensatellit** *m* X-ray satellite **Röntgenschirm** *m* X-ray screen **Röntgenstrahlen** *pl* X-rays *pl* **Röntgentherapie** *f kein pl* X-ray therapy **Röntgenuntersuchung** *f* X-ray examination
Rooming-in <-[s], -s> ['ru:mɪŋ 'ɪn] *nt* MED rooming in
rosa *adj inv* ① (*pink*) pink ② KOCHK (*Garstufe*) medium rare
Rosa <-s, -s> *nt* pink *no art, no pl*
rosafarben, rosafarbig *adj* pink[-coloured [*or* AM -ored]] **rosarot** *adj* rose pink; *s. a.* **Brille**
rösch *adj* KOCHK (*fachspr*) crisp
Rösche *f kein pl* KOCHK (*fachspr*) crispness
Röschen <-s, -> *nt dim von* **Rose** ① (*kleine Rosenblüte*) [little] rose ② KOCHK sprout, florets *pl*
Rose <-, -n> *f* ① (*Strauch*) rose bush ② (*Blüte*) rose ▶ WENDUNGEN: **keine ~ ohne Dornen** (*prov*) there's no rose without a thorn *prov;* **man ist nicht auf ~n gebettet** life isn't a bed of roses
rosé *adj inv* pink; **in ~** [in] pink; ***Hosen in ~*** pink trousers
Rosé <-s, -s> *m* rosé
Rosengarten *m* rose garden **Rosenholz** *n* rosewood *no art, no pl* **Rosenkohl** *m* [brussels [*or* BRIT *a.* brussel]] sprouts *pl* **Rosenkranz** *m* REL rosary; **den ~ beten** to say a rosary **Rosenmontag** *m* *Monday before Shrove Tuesday, climax of the German carnival celebrations* **Rosenmontagszug** *m carnival procession on the Monday before Shrove Tuesday* **Rosenöl** *nt* attar *no art, no pl* of roses **Rosenquarz** *m* rose quartz *spec* **rosenrot** *adj* (*geh*) *s.* **rosig 1 Rosenspitz** *m* KOCHK boiled beef topside, prime beef topside **Rosenstock** <-[e]s, -stöcke> *m* rose tree, standard rose **Rosenstrauch** *m* rose bush **Rosenwasser** *nt* rose water **Rosenwirsing** *m s.* **Rosenkohl Rosenzucht** *f* rose-growing
Rosette <-, -n> *f* ① (*Fenster*) rose window ② (*Schmuck~*) rosette
Roséwein *m* (*geh*) *s.* **Rosé**
rosig *adj* ① (*sehr rot*) rosy *liter;* **~e Lippen** rosy lips ② (*erfreulich*) rosy; **nicht gerade/nicht ~ sein** to not be looking/to not look too good; *s. a.* **Farbe**
Rosine <-, -n> *f* raisin ▶ WENDUNGEN: **~n im Kopf haben** (*fam*) to have wild [*or* big] ideas; **sich** *dat* **die [besten [*o* größten]] ~n aus dem Kuchen picken** [*o* **herauspicken**] (*fam*) to pick out the best, to take the pick of the bunch AM
Rosmarin <-s> *m kein pl* rosemary *no art, no pl*
Rosmarinhonig *m* rosemary honey **Rosmarinöl** *nt* rosemary oil
Ross[RR] <-es, -e *o* Rösser> *nt,* **Roß** <Rosses, Rosse *o* Rösser> *nt* ① (*liter: Reitpferd*) steed *liter;* **sein edles ~** one's noble [*or* fine] steed *liter;* **hoch zu ~** (*geh*) on horseback, astride one's steed *liter* ② SÜDD, ÖSTERR, SCHWEIZ (*Pferd*) horse ③ (*fam: Dummkopf*) idiot, dolt *pej,* twit *fam* ▶ WENDUNGEN: **~ und Reiter nennen** (*geh*) to name names; **sich aufs hohe ~ setzen** to get on one's high horse; **auf dem** [*o* **einem**] **hohen ~ sitzen** to be on one's high horse; **von seinem hohen ~ heruntersteigen** [*o* **kommen**] to get down off one's high horse
Rossapfel[RR] *m* SÜDD, ÖSTERR, **Rossbollen** <-s, -> *m* SCHWEIZ horse manure *no art, no pl* [*or* droppings] *npl*
Rösselsprung *m* ① (*Schachzug*) knight's move ② (*Silbenrätsel*) *game where a knight is moved across a board, picking up syllables to form words*
Rosshaar[RR] *nt kein pl* horsehair *no art, no pl* **Rosshaarmatratze**[RR] *f* horsehair mattress **Rosskastanie**[RR] [-kasta:niə] *f* [horse] chestnut, *esp* BRIT conker **Rosskur**[RR] *f* (*hum*) drastic cure
Rösslispiel[RR] *nt* SCHWEIZ merry-go-round, BRIT *a.* roundabout, AM *a.* carousel
Rost[1] <-[e]s> *m kein pl* ① TECH rust *no art, no pl;* **~ ansetzen** to begin [*or* start] to rust ② BOT rust *no art, no pl*
Rost[2] <-[e]s, -e> *m* ① (*Gitter*) grating; (*Schutz~*) grille ② (*Grill~*) grill ③ (*Bett~*) base, frame
rostanfällig *adj inv* AUTO prone to rusting **Rostbildung** *f* AUTO rust formation **Rostbraten** *m* ① (*Braten*) roast beef *no art, no pl* ② (*Steak*) grilled steak **Rostbratwurst** *f* grilled [*or* barbecue] sausage
rostbraun *adj* **~es Haar** auburn hair; **ein ~es Kleidungsstück/Fell** a russet garment/fur
Röstbrot *nt* toast
rosten *vi sein o haben* to rust; *s. a.* **rasten, Liebe**
rösten *vt* ■ **etw ~** to roast sth; **Brot ~** to toast bread
Rostentferner <-s, -> *m* AUTO rust remover
Rösterei <-, -en> *f* roast[ing] house, roasting establishment; **frisch aus der ~** fresh from the roast, freshly roasted
rostfarben, rostfarbig *adj s.* **rostbraun Rostfleck** *m* spot [*or* patch] of rust **Rostfraß** *m kein pl* rust *no art, no pl,* corrosion *no art, no pl;* **durch ~ angegriffen sein** to be corroded **rostfrei** *adj* stainless; **~er Stahl** stainless steel
röstfrisch *adj inv* freshly roasted
Rösti *pl* SCHWEIZ [sliced] fried potatoes *pl*
rostig *adj* rusty; ■ **~ werden** to go rusty
Röstkartoffeln *pl* fried potatoes *pl*
Rostlaube *f* (*hum fam*) rust bucket *hum fam* **rostrot** *adj s.* **rostbraun Rostschutz** *m kein pl* [anti]rust protection *no art, no pl* **Rostschutzfarbe** *f* antirust[ing] paint **Rostschutzmittel** *nt* rust prevention agent, rust-proofer, rust inhibitor *spec* **Rostumwandler** <-s, -> *m* rust converter
rot <-er *o* röter, -este *o* röteste> I. *adj* ① (*Farbe*) red ② (*Körperteile bezeichnend*) red; **eine ~e Nase** a red nose; ■ **~ werden** to go [*or* turn] red; (*aus Scham a.*) to blush ③ (*Ampel*) red; ■ **es ist ~** it's red ④ (*politisch linksstehend*) left-wing, left of centre [*or* AM -ers] *pred;* (*kommunistisch*) *esp pej* Red; ***lieber tot als ~*** better dead than Red; *s. a.* **Armee, Halbmond, Kreuz, Meer, Platz, Wurst, Tuch** II. *adv* ① (*mit roter Farbe*) red; **etw ~ unterstreichen** to underline sth in red ② (*in roter Farbe*) red; ***vor Scham lief er im Gesicht ~ an*** his face went red with shame; **~ glühend** red-hot; **[bei etw] ~ sehen** (*fig fam*) to see red [as a result of sth] ③ POL **~ angehaucht sein** (*fam*) to have left-wing leanings, to be leftish
Rot <-s, -s *o* -> *nt* ① (*rote Farbe*) red ② *kein pl* (*rote Karten-, Roulettefarbe*) red; **auf ~ setzen** to put one's money/chips [*or* to bet] on red; ***ich setze zur Abwechslung mal auf ~*** I'm betting on red for a change ③ (*Ampelfarbe*) red; **die Ampel ist** [*o* **steht**] **auf ~** the traffic lights are [at] red [*or* against us/them etc.]; **bei ~** at red; **bei ~ durchfahren** to go through a red light, to jump the [traffic] lights
Rotalge *f* BOT red alga [*or* algae]
Rotation <-, -en> *f* rotation
Rotationsachse [-aksə] *f* axis of rotation **Rotationsdruck** *m kein pl* TYPO rotary [machine] printing *no art, no pl spec* **Rotationsgeschwindigkeit** *f* ① PHYS speed of rotation ② LUFT rotation speed **Rotationskolbenmotor** *m* AUTO rotary piston engine **Rotationsmaschine** *f* TYPO rotary press [*or* machine] *spec* **Rotationsprinzip** *nt* POL rota system BRIT, *system in which political officeholders voluntarily pass on their duties to the next in the line before the end of their term of office* **Rotationssystem** *f* system of rotation
Rotauge *nt* ZOOL roach **rotbackig, rotbäckig** *adj* rosy-cheeked; ■ **~ sein** to have rosy cheeks **Rotbarbe** *f* ZOOL red mullet **Rotbarsch** *m* ① ZOOL rosefish ② KOCHK rosefish *no art, no pl* **rotbärtig** *adj* red-bearded; ■ **~ sein** to have a red beard **rotblond** *adj* sandy; **eine ~e Frau** a strawberry blonde; **ein ~er Mann** a sandy-haired man; ■ **~ sein** to be sandy-haired, to have sandy hair **Rotbrasse** *f* red sea-bream **rotbraun** *adj* reddish brown **Rotbuche** *f* [common] beech **Rotdorn** *m* [pink] hawthorn **Rotdrossel** *f* ORN redwing
Rote <-n, -> *f* KOCHK (*fam*) red sausage
Rote(r) *f(m) dekl wie adj* POL Red *esp pej*
Röte <-> *f kein pl* (*geh*) red[ness]; ***ihre Wangen waren vor Scham von brennender ~*** her cheeks burned red with shame
Rote-Armee-Fraktion *f* ■ **die ~** the Red Army Faction
Roteisenstein *m* GEOL red h[a]ematite
Rötel <-s, -> *m* red chalk *no art, no pl*
Rote Liste Red List
Rote-Liste Art *f* Red List species
Röteln *pl* German measles *no art, + sing vb,* rubella

no art, no pl spec

Röteln-Impfstoff *m* German measles [*or* rubella] vaccine

Rötelzeichnung *f* drawing in red chalk

röten I. *vr* ■**sich** ~ to turn [*or* become] red; *Wangen a.* to flush II. *vt* ■**etw** ~ to redden sth, to turn sth red

Rotes Kreuz *nt* **Deutsches** ~ German Red Cross

Rotes Meer *nt* Red Sea

Rotfeder *f* ZOOL rudd **Rotfilter** *m* FOTO red filter **Rotfuchs** *m* chestnut **rotgrün** *adj inv* POL red-green; **ein ~es Bündnis** a red-green alliance (*an alliance of Socialists and Greens*) **rothaarig** *adj* red-haired; ■~ **sein** to have red hair **Rothaut** *f* (*fam*) redskin *dated or pej* **Rothirsch** *m* ZOOL red deer **Rothuhn** *nt* red-legged partridge

rotieren* *vi haben o sein* ❶ (*sich um die eigene Achse drehen*) to rotate; **um seine Achse** ~ to rotate about its axis; ■**das R~** [**einer S.** *gen* [*o* **von etw** *dat*]] the rotation [of sth], rotating [sth] ❷ (*fam: hektische Aktivität entfalten*) to rush around like mad *fam*; ***unsere Sekretärin muss unheimlich ~*** our secretary has to work like crazy *fam*; ***du bringst mich wirklich zum R~!*** you're really getting me into a flap! ❸ POL to rotate

Rotkäppchen <-s> *nt kein pl* Little Red Riding-hood *no art, no pl* **Rotkehlchen** <-s, -> *nt* robin [redbreast *liter*] **Rotkohl** *m*, **Rotkraut** *nt* SÜDD, ÖSTERR red cabbage *no art, no pl*

rötlich *adj* reddish

Rotlicht *nt kein pl* red light *no art, no pl*

Rotlichtmilieu *nt* demimonde *liter*; **aus dem ~ kommen** to be one of the demimonde *liter* **Rotlichtviertel** *nt* red-light district

Rotor <-s, -en> *m* rotor

Rotorflügel *m* LUFT *Hubschrauber* rotor [blade]; *Flugzeug* rotor wing *spec*

Rotschenkel *m* ORN (*Tringa totanus*) redshank **Rotschwanz** *m* ORN (*Phoenicurus*) redstart **Rotstift** *m* red pencil/crayon/pen ▶ WENDUNGEN: **dem ~ zum Opfer fallen** to be scrapped; *Arbeitsplätze a.* to be axed; [**bei etw**] **den ~ ansetzen** to make cutbacks [in sth] **Rottanne** *f* Norway spruce

Rotte <-, -n> *f* (*pej*) mob *fam*

Rotunde <-, -n> *f* ❶ ARCHIT rotunda ❷ (*fam o veraltet: öffentliche Toilette*) roundhouse *hist*, public convenience [*or* AM restroom]

Rötung <-, -en> *f* reddening *no pl*

rotviolett *adj inv* reddish-violet **rotwangig** *adj* (*geh*) *s.* **rotbackig** **Rotwein** *m* red wine

Rotwelsch *nt dekl wie adj* LING ■**das ~e** underworld slang

Rotwild *nt* red deer

Rotz <-es> *m kein pl* ❶ (*fam: Nasenschleim*) snot *fam* ❷ (*sl: Krempel*) stuff *no indef art, no pl*, shit *no art, no pl pej fam!* ▶ WENDUNGEN: **~ und Wasser heulen** (*fam*) to cry one's eyes out, to blubber, to blub BRIT *fam*

rotzen *vi* (*fam*) to blow one's nose; ***da hat schon wieder jemand auf den Bürgersteig gerotzt!*** someone's gobbed on the pavement again!; (*schnüffeln*) to sniff; ***dieses ständige R~ ist ja ekelhaft!*** this constant sniffing is disgusting!

Rotzfahne *f* (*sl*) snot-rag *pej fam* **rotzfrech** *adj* (*fam*) cocky *fam*

rotzig <-er, -ste> *adj* ❶ (*derb*) *Nase, Taschentuch* snotty *fam* ❷ (*pej fam: unverschämt frech*) cheeky *fam* ❸ *inv* ZOOL, MED glandered, glanderous

Rotzjunge *m* (*fam o pej*) snotty little brat *pej* **Rotzlümmel** *m* (*sl*) snotty-nosed [*or* BRIT cheeky] brat *pej fam* **Rotznase** *f* (*fam*) ❶ (*schleimige Nase*) runny [*or fam* snotty] nose ❷ (*freches Kind*) snotty-nosed brat *pej fam*

Rotzunge *f* witch flounder *spec*

Rouge <-s, -s> [ruːʒ] *nt* ❶ (*rotes Make-up*) rouge *no art, no pl dated* ❷ (*Roulettefarbe*) rouge *no art, no pl*

Rougepinsel [ruːʃ-] *m* blusher brush

Roulade <-, -n> [ruˈlaːdə] *f* KOCHK roulade *spec*

Rouleau <-s, -s> [ruˈloː] *nt* [roller] blind; **die ~s hochziehen** to raise [*or* pull up] the blinds; **die ~s herablassen** to lower [*or* let down] the blinds

Roulette <-s, – *o* -s> [ruˈlɛt] *nt* roulette *no art, no pl*; **~ spielen** to play roulette; **russisches ~** Russian roulette

Route <-, -n> [ˈruːtə] *f* route

Routenempfehlung *f* TRANSP recommended route

Routine <-> [ruˈtiːnə] *f kein pl* (*Erfahrung*) experience *no art, no pl*; (*Gewohnheit*) routine *no pl*; [**jdm**] **zur ~ erstarren** [*o* **werden**] to become a routine [for sb]

Routineanruf *m* routine call **Routinearbeit** *f* routine work **routinemäßig** I. *adj* routine II. *adv* as a matter of routine **Routineuntersuchung** *f* routine examination

Routinier <-s, -s> [rutiˈnieː] *m* experienced person; **ein ~ in etw** *dat* **sein** to be an old hand at [*or* have a lot of experience in] sth

routiniert [rutiˈniːɐt] I. *adj* ❶ (*mit Routine erfolgend*) routine ❷ (*erfahren*) experienced II. *adv* in a practised [*or* AM *usu* -iced] manner

Rowdy <-s, -s *o* Rowdies> [ˈraudi] *m* hooligan

royalblau *adj inv* royal blue

Royalist(in) <-en, -en> [roajaˈlɪst] *m(f)* royalist

rpm INFORM *Abk von* **rotations per minute** rpm

RSI *f* PSYCH *Abk von* **Repetive Strain Injury** RSI

RSK *f* NUKL *Abk von* **Reaktorsicherheits-Kommission** nuclear safety commission

RT *f Abk von* **Registertonne** reg.tn.

Ruanda <-s> *nt*, **Rwanda** <-s> *nt* SCHWEIZ Rwanda; *s. a.* **Deutschland**

Ruander(in) <-s, -> *m(f)* Rwandan; *s. a.* **Deutsche(r)**

ruandisch *adj* BRD, ÖSTERR Rwandan; *s. a.* **deutsch**

Rubbellos *nt* [lottery] scratch-card

rubbeln I. *vt* ■**etw** ~ to rub sth hard II. *vi* ❶ (*kräftig reiben*) ■[**mit etw**] ~ to rub hard [with sth]; ■**sich** [**mit etw**] ~ to give oneself a rub-down [with sth] ❷ (*an einem Rubbelspiel teilnehmen*) to play scratch cards; ***~ Sie doch auch mal, Ihnen winken schöne Gewinne*** why don't you too buy a scratch card, there are wonderful prizes to be won

Rübe <-, -n> *f* ❶ KOCHK, BOT turnip; **Gelbe ~** SÜDD, SCHWEIZ carrot; **Rote ~** beetroot ❷ (*sl: Kopf*) nut *fam*, bonce BRIT *fam*; **seine ~ hinhalten müssen** to have to take the rap for sth *esp* AM *fam*; [**von jdm**] **eins auf die ~ kriegen** to get a clip [*or fam* clout] round the ear [from sb]

Rubel <-s, -> *m* rouble, Rubel AM ▶ WENDUNGEN: **der ~ rollt** (*fam*) there's a lot of money around

Rübenkraut *nt* sugar beet syrup *no art, no pl* **Rübenschwanz** *m* beet tail

Rubensfigur *f* (*hum*) Rubenesque figure *hum*

Rübenzucker *m* beet sugar

rüber *adv* (*fam*) *s.* **herüber, hinüber** over, across

rüber|bringen *vt irreg* (*fam*) ■[**jdm**] **etw ~** to get across sth *sep* [to sb]

rüber|kommen *vi irreg sein* (*sl*) ■[**zu jdm**] ~ to come [*or* get] across [to sb]

rüber|schieben *vt* (*sl*) **jdm Geld ~** to hand over *sep* money to sb, to cough up *sep* [money] *sl*

rüber|schieben *vt* (*sl*) **jdm Geld ~** to hand over *sep* money to sb, to cough up *sep* [money] *sl*

Rubidium <-s> *nt kein pl* rubidium *no art, no pl spec*

Rubin <-s, -e> *m* ruby

rubinrot *adj* ruby[-red]

Rubrik <-, -en> *f* ❶ (*Kategorie*) category ❷ (*Spalte*) column

rubrizieren* *vt* JUR ■**etw** ~ to rubricate sth

Rubrum *nt* JUR recitals *pl*, title reference

ruchbar *adj* ■~ **werden**[, **dass ...**] to become known [that ...]

ruchlos *adj* (*geh*) heinous *form*; (*niederträchtig a.*) dastardly *liter*

Ruchlosigkeit <-, -en> *f* (*geh*) ❶ *kein pl* (*Niederträchtigkeit*) dastardliness *no art, no pl liter* ❷ (*ruchlose Tat*) dastardly deed *liter*

ruck *interj* ~, **zuck** (*fam*) in no time, in a jiffy; ***langsam! das geht nicht ~, zuck!*** slowly now, you can't rush it!; ***das muss ~, zuck gehen*** it must be done quickly; **etw ~ erledigen** to do sth in no time at all; *s. a.* **hau**

Ruck <-[e]s, -e> *m* ❶ (*ruckartige Bewegung*) jolt ❷ POL swing, shift ▶ WENDUNGEN: **sich** *dat* **einen ~ geben** (*fam*) to pull oneself together; **mit einem ~** suddenly, in one go; ***er erhob sich mit einem ~*** he got up suddenly

Rückabwicklung *f* reversed transaction

Rückansicht *f* rear [*or* back] view

Rückantwort *f* reply, answer; *s. a.* **Telegramm**

ruckartig I. *adj* jerky, jolting *attr*; **eine ~e Bewegung** a jerk[y movement], a jolt; ***du hast mich aber erschreckt durch dein ~es Aufstehen!*** you startled me by jumping to your feet like that!; ***nur durch das ~e Herumwerfen des Lenkrades konnte sie dem Reh ausweichen*** only by jerking the steering wheel round was she able to avoid the deer II. *adv* with a jerk

Rückäußerung *f* (*geh*) *s.* **Rückantwort** **Rückbesinnung** *f* recollection; ■~ **auf etw** *akk* recollection of **rückbezüglich** *adj* LING *s.* **reflexiv** **Rückbildung** *f* ❶ (*Abheilung*) regression *no pl*; **spontane ~ von Tumoren** the spontaneous regression of tumours [*or* AM -ors] ❷ (*Verkümmerung*) atrophy *no art, no pl* ❸ LING back-formation *spec* ❹ BIOL degeneration *no pl spec* **Rückblende** *f* flashback **Rückblick** *m* look *no pl* back, retrospective view; ■**ein ~ auf etw** *akk* a look back at [*or* retrospective view of] sth; **einen ~ auf/in etw** *akk* **werfen** [*o* **halten**] to look back on [*or* at] sth; **im ~ auf etw** *akk* looking back at [*or* on] sth **rückblickend** I. *adj* retrospective II. *adv* in retrospect **Rückbuchung** *f* FIN reversing entry **Rückbürgschaft** *f* JUR counter-security **rückdatieren*** *vt* ■**etw** [**auf/um etw** *akk*] ~ to backdate sth [to/by sth]

ruckeln *vi* ■**an etw** *dat* ~ to tug at sth

rucken *vi* to jerk, to jolt

rücken I. *vi sein* ❶ (*weiter~*) ■[**irgendwohin**] ~ to move [somewhere]; **zur Seite ~** to move aside [*or* to one side]; (*auf einer Bank a.*) to budge up BRIT *fam*, to slide down AM; *s. a.* **Pelle, Pelz** ❷ (*gelangen*) ***ein bemannter Raumflug zum Mars ist in den Bereich des Wahrscheinlichen gerückt*** a manned space flight to Mars is now within the bounds of probability; **in den Mittelpunkt des Interesses ~** to become the centre [*or* AM -er] of interest; *s. a.* **Ferne** II. *vt* ❶ (*schieben*) ■**etw irgendwohin ~** to move sth somewhere; *s. a.* **Stelle** ❷ (*zurecht~*) ■[**jdm**] **etw irgendwohin ~** to move sth somewhere [for sb]; ***er rückte den Hut in die Stirn*** he pulled his hat down over his forehead; **seine Krawatte gerade ~** to straighten one's tie

Rücken <-s, -> *m* ❶ ANAT back, dorsum *spec*; (*Nasen~*) ridge; (*Hand~*) back; **jdm den ~ decken** MIL to cover sb's back; **auf den ~ fallen** to fall on one's back; **den Wind im ~ haben** to have the wind at one's back; **jdm den ~ zudrehen** [*o geh* **zukehren**] to turn one's back on sb; **~ an ~** back to back; **auf dem ~** on one's back, supine *form*; **hinter jds** *dat* **~** (*a. fig*) behind sb's back *a. fig*; **mit dem ~ zu jdm/etw** with one's back to sb/sth ❷ KOCHK saddle ❸ (*Buch~*) spine ❹ (*Messer~*) blunt edge ▶ WENDUNGEN: **mit dem ~ zur Wand stehen** to have one's back to the wall; **jdm läuft es** [**eis**]**kalt über den ~** cold shivers run down sb's spine; **der verlängerte ~** (*hum fam*) one's posterior *hum*; **jdm den ~ decken** to back up sb *sep*; **jdm in den ~ fallen** to stab sb in the back; **jdm/sich den ~ freihalten** to keep sb's/one's options open; **jdn/etw im ~ haben** to have sb/sth behind one; **jdm den ~** [**gegen jdn**] **stärken** to give sb moral support [against sb]; **mit jdm/etw im ~** with sb/sth behind one

Rückendeckung *f* backing *no art, no pl*; **finanzielle ~** financial backing; **jdm ~ geben** to give sb one's backing; MIL (*jds Rücken decken*) to give sb rear cover, to cover sb's rear **Rückenflosse** *f* dorsal fin *spec* **Rückenlage** *f* supine position *form*; **in ~** lying on one's back, in a supine position *form*; **in ~ schlafen** to sleep on one's back **Rückenlehne** *f* back rest BRIT, seat back AM

Rückenmark *nt* spinal cord *no pl*

Rückenmarkentzündung *f* MED myelitis **Rückenmarksanästhesie** *f* MED spinal anaesthesia [*or* AM anesthesia] **Rückenmarkverletzung** *f* injury to the spinal cord
Rückenmuskulatur *f* back [*or spec* dorsal] muscles *pl* [*or* musculature] *no pl* **Rückenrundung** *f* (*Buch*) spine rounding **Rückenschmerzen** *pl* back pain *nsing,* backache *nsing;* ~ **haben** to have back pain [*or* backache] **Rückenschwimmen** *nt* backstroke *no pl* **Rückenschwimmer** *m* ZOOL (*Notonectidae*) backswimmer, boat bug AM **Rückenteignung** *f* JUR retro expropriation **Rückentitel** *m* (*Buch*) back title, spine lettering **Rückentrage** *f* baby backpack **Rückenwind** *m* tail [*or* BRIT following] wind; ~ **haben** to have a tail [*or* BRIT following] wind
Rückerinnerung *f* reminiscence, recollection, memory **Rückersatz** *m* FIN reimbursement **Rückersatzpflicht** *f* FIN obligation to reimburse **rückerstatten*** *vt nur infin und pp* ■[**jdm**] **etw** ~ to refund [sb's] sth; **jdm seine Verluste** ~ to reimburse sb for his/her losses *form* **Rückerstattung** *f* refund; *von Verlusten* reimbursement *form* **Rückerstattungsanspruch** *m* HANDEL claim for reimbursement, right to refund **Rückerwerb** *m* HANDEL repurchase **Rückerwerbsrecht** *nt* HANDEL right of repurchase **Rückfahrkarte** *f* return ticket; ***eine ~ nach München*** a return [ticket] to Munich **Rückfahrscheinwerfer** *m* reversing [*or* AM back-up] light **Rückfahrt** *f* return journey; **auf der** ~ on the return journey
Rückfall *m* ① MED relapse *form;* **einen ~ erleiden** to suffer a relapse *form* ② JUR subsequent offence [*or* AM *usu* -se] [*or* AM *a.* second offense]; **im** ~ in case of a repeated offence, repeated; ***im ~ begangene Straftaten*** repeated offences ③ (*geh: erneutes Aufnehmen*) ■**ein ~ in etw** *akk* a relapse into sth *form;* ***ein ~ in die Diktatur*** a return to a dictatorship
rückfällig *adj* JUR recidivist *attr,* recidivous *spec;* **ein ~er Täter** a repeat offender, a recidivist; ■~ **sein** to commit a second offence [*or* AM *usu* -se]
Rückfällige(r) *f(m) dekl wie adj* JUR recividist, repeat [*or* subsequent] offender
Rückfalltäter(in) *m(f)* JUR (*geh*) *s.* **Rückfällige(r)**
Rückfenster *nt* rear window **rückfettend** *adj inv* moisturizing [*or* BRIT *a.* -ising] **Rückflug** *m* return flight; **auf dem** ~ on the return flight **Rückflugticket** *nt* return air [*or* AM roundtrip plane] ticket **Rückfluss^RR** *m* FIN return; ~ **des spekulativen Kapitals** return on venture capital **Rückforderung** *f* reclaim *spec;* (*Gegenforderung*) counterclaim *spec* **Rückforderungsrecht** *nt* JUR right to restitution **Rückfracht** *f* HANDEL homeward freight; ~ **der Ordertätigkeit** falling off of orders; ~ **der Preise** fall in prices; ~ **in den Reserven** decline in reserves; **einen ~ hinnehmen** to suffer a setback **Rückfrage** *f* question (**zu** +*dat* regarding), query (**zu** +*dat* regarding); [**bei jdm**] **eine ~ stellen** to raise a query [*or* to query sth] [with sb]
rück|fragen *vi nur infin und pp* to enquire BRIT, to inquire AM, to check
Rückführung *f* ① (*Rückzahlung*) repayment ② (*Repatriierung*) repatriation *no pl* ③ (*Zurückführen*) return; (*Reduzierung*) reduction
Rückführungsabkommen *nt* POL *bei Abschiebung* repatriation agreement
Rückgabe *f* return **Rückgabepflicht** *f* JUR obligation to refund **Rückgaberecht** *nt* right of return **Rückgabeverfahren** *nt* JUR restitution proceedings *pl*
Rückgang *m* ■**der/ein ~ einer S.** *gen* the/a fall [*or* drop] in sth; **ein ~ der Zinsen** a drop in interest rates; **im ~ begriffen sein** (*geh*) to be falling [*or* dropping]
rückgängig *adj* **etw ~ machen** to cancel sth; **eine Verlobung ~ machen** to break off *sep* an engagement
Rückgängigmachung *f* JUR cancellation, rescission
Rückgebäude *nt* rear annex **Rückgewähr** *f* FIN refund, return of premium **Rückgewähranspruch** *m* JUR claim to restitution; FIN claim to reimbursement **Rückgewinnung** *f* recovery *no pl*
Rückgrat <-[e]s, -e> *nt* ① (*Wirbelsäule*) spine, backbone, spinal column *spec* ② *kein pl* (*geh: Stehvermögen*) spine, backbone; ***mit mehr ~ hätte er sich durchsetzen können*** if he'd had more backbone [*or* spine] he could have asserted himself ► WENDUNGEN: **jdm das ~ brechen** to break sb; (*jdn ruinieren*) to ruin sb; **ohne ~** spineless *pej,* gutless *fam* **Rückgriff** *m* recourse *no indef art, no pl;* ■**ein ~ auf etw** *akk* recourse to sth **Rückgriffsrecht** *nt* JUR right of recourse **Rückhalt** *m* support *no art, no pl,* backing *no art, no pl;* **an jdm einen ~ haben** to receive support from sb, to find [a] support in sb ► WENDUNGEN: **ohne ~** without reservation, unreservedly **rückhaltlos** I. *adj* ① (*bedingungslos*) unreserved, unqualified ② (*schonungslos*) unsparing; **~e Kritik** ruthless [*or* scathing] criticism; **~e Offenheit** complete frankness II. *adv* unreservedly **Rückhand** *f kein pl* SPORT backhand; **mit der ~** on one's backhand **Rückindossament** *nt* FIN endorsement to prior endorser **Rückkanal** *m* TV reverse channel **Rückkauf** *m* HANDEL repurchase, reacquisition; *einer Lebensversicherung* surrender **Rückkaufsrecht** *nt* right of repurchase; (*für ein Pfand*) right of redemption *spec* **Rückkaufswert** *m* JUR surrender value
Rückkehr <-> *f kein pl* ① (*das Zurückkommen*) ■**jds ~** sb's return; ***rechnen Sie heute nicht mehr mit meiner ~*** don't expect me back today; **bei/nach/vor jds ~** on/after/before sb's return ② (*erneutes Auftreten*) comeback
Rückkehrer(in) *m(f)* home-comer, returnee
Rückkopp(e)lung *f* ELEK feedback *no pl* **Rückkopplungseffekt** *m* TECH feedback effect **Rückkreuzung** *f* BIOL (*Standardtest der Züchtungsgenetik*) testcross **Rücklage** *f* ① (*Ersparnisse*) savings *npl* ② FIN (*Reserve*) reserve fund, reserves *pl;* **gesetzliche ~** statutory reserve fund; **~n** [**für etw**] **bilden** (*geh*) to create a reserve fund [for sth]; **~ für Ersatzbeschaffung/Wertminderung** reserve for replacements/deprecation; **freie/offene/stille ~n** uncommitted/open/undisclosed reserves; **gesetzliche ~n** legal reserves *pl;* **in der Satzung festgelegte ~** reserve provided by the articles; **~n stärken** to replenish one's reserves **Rücklagenzuweisung** *f* FIN allocation to reserve **Rücklauf** <-[e]s> *m kein pl* ① TECH return pipe; *Maschine* return stroke, return travel, reverse motion; *Fernsehgerät, Oszillograph* flyback; *Propeller* thrust astern ② (*Gegenströmung*) return flow, countercurrent ③ *Aufnahmegerät* rewind ④ *Schusswaffe* recoil ⑤ *von Pfandgut, Fragebögen* returns *pl;* **einen guten ~ haben** to have a good number of returns **rückläufig** *adj* declining, falling; **~es Angebot an Arbeitsplätzen** ÖKON decline in jobs; **~e Konjunktur** ÖKON declining economy; **~e Umsatzentwicklung** ÖKON falling sales; *s. a.* **Wörterbuch Rücklaufquote** *f* HANDEL return[s] [*or* response] rate **Rücklauftaste** *f* INFORM carriage return **Rücklicht** *nt* tail light; *eines Fahrrads a.* back light **Rücklieferung** *f* JUR return delivery
rücklings *adv* ① (*von hinten*) from behind ② (*verkehrt herum*) the wrong way round, AM around ③ (*nach hinten*) backwards ④ ■~ **an/zu etw** *dat* with one's back against/to sth; ***sie lehnte ~ am Baum*** she was leaning with her back against the tree; ~ **zur Wand stehen** to stand with one's back to the wall
Rückmarsch *m* ① (*Rückweg*) march back ② MIL (*Rückzug*) retreat
Rückmeldefrist *f* SCH re-registration period **Rückmeldegebühr** *f* SCH re-registration fee
rück|melden *vr* SCH ■**sich ~** to re-register BRIT, to register AM (*used of continuing students*)
Rückmeldung *f* ① SCH (*erneute Registrierung*) re-registration ② (*Reaktion*) reaction, response
Rücknahme <-, -n> *f* ■**die ~** [**einer S.** *gen* [*o* **von etw** *dat*]] taking back sth *sep;* ***wir garantieren die anstandslose ~ der Ware*** we guarantee to take back the goods without objection; JUR ~ **der Klage** withdrawal of the action; ~ **des Strafantrags** withdrawal of charges
Rücknahmefrist *f* HANDEL take-back deadline **Rücknahmegarantie** *f* HANDEL repurchase guarantee **Rücknahmepflicht** *f* ÖKOL obligation to take back **Rücknahmeverpflichtung** *f* HANDEL repurchase obligation **Rücknahmewert** *m* HANDEL repurchase value
Rückporto *nt* return postage *no indef art, no pl* **Rückprall** *m* ricochet; *eines Balls a.* rebound; **beim ~** on the rebound **Rückprämie** *f* BÖRSE put premium **Rückprojektor** *m* TV back projector
Rückreise *f* return journey; **auf der ~** on the return journey **Rückreiseverkehr** *m kein pl* homebound traffic **Rückreisewelle** *f* [homebound] holiday traffic
Rückruf *m* ① (*Anruf als Antwort*) return call; ***soll ich ihn um ~ bitten?*** shall I ask him to return your call? ② ÖKON (*das Einziehen*) recall **Rückrufaktion** *f* recall action *no pl,* call-back campaign **Rückrufautomatik** *f* TELEK automatic call-back **Rückrufsrecht** *nt* ~ **wegen Nichtausübung** JUR right of revocation by reason of non-exercise
Rucksack *m* rucksack, AM *usu* backpack
Rucksacktourist(in) [-tuːrɪst] *m(f)* backpacker
Rücksand <-[e]s> *m kein pl* SCHWEIZ (*Zurücksenden*) return; (*Zurückgesandtes*) returns *pl,* returned items *pl* **Rückschau** <-> *f kein pl* ① (*Rückblick*) look back, reflection; ~ **auf die letzen Jahre halten** to look back over the last few years ② MEDIA review **rückschauend** *adj inv* retrospective, in retrospect **Rückscheck** *m* HANDEL returned cheque [*or* AM check] **Rückschein** *m* return [*or form* recorded delivery] receipt [*or* slip]; *s. a.* **Einschreiben Rückschlag** *m* ① (*Verschlechterung*) setback; **einen** [**schweren**] **~ erleben/erleiden** to experience/suffer a [serious] setback ② (*Rückstoß*) recoil *no pl* **Rückschläger(in)** *m(f)* TENNIS receiver **Rückschlagventil** *nt* TECH non-return [*or* check] valve **Rückschluss^RR** *m* conclusion (**aus** +*akk* from); **einen ~ auf etw** *akk* **erlauben** to allow a conclusion to be drawn about sth; [**aus etw**] [**bestimmte/seine**] **Rückschlüsse ziehen** to draw [certain/one's] conclusions [from sth]; [**aus etw**] **den ~ ziehen, dass ...** to conclude [*or form* infer] [from sth] that ... **Rückschritt** *m* step backwards, retrograde step *form* **rückschrittlich** *adj* ① (*einen Rückschritt bedeutend*) retrograde ② *s.* **reaktionär**
Rückseite *f* ■**die ~** ① (*rückwärtige Seite*) the reverse [side]; **siehe ~** see overleaf ② (*hintere Seite*) the rear; **auf der/die ~** at/to the rear
rückseitig I. *adj* on the back [*or* reverse [side]] *pred* II. *adv* on the back [*or* reverse [side]]; ***der Text geht ~ noch weiter*** the text continues overleaf; ***Briefmarken sind ~ mit einem Klebefilm versehen*** stamps have an adhesive film on the reverse side
Rücksendung *f* return; ~ **des Akzepts** FIN return of the acceptance
Rücksetztaste *f* INFORM reset key
Rücksicht[1] <-, -en> *f* ① (*Nachsicht*) consideration *no art, no pl;* **ohne ~ auf Verluste** (*fam*) regardless of [*or* without regard to] losses; **keine ~ kennen** to be ruthless; ~ [**auf jdn**] **nehmen** to show consideration [for sb]; ~ **auf etw** *akk* **nehmen** to take sth into consideration; **aus** [*o* **mit**] ~ **auf jdn/etw** out of consideration for sb/sth; **ohne ~ auf jdn/etw** with no consideration for sb/sth ② *pl* (*Rücksichtnahme*) considerations *pl;* **aus moralischen ~en** for moral reasons
Rücksicht[2] *f kein pl* rear view, rear[ward AM] visibility *no indef art, no pl;* ***das winzige Heckfenster schränkt die ~ ein*** the tiny rear window restricts the rear view [*or* one's view out the back]
Rücksichtnahme <-> *f kein pl* consideration *no art, no pl*
rücksichtslos I. *adj* ① (*keine Rücksicht kennend*) inconsiderate, thoughtless; **ein ~er Autofahrer** an inconsiderate driver, a road hog *pej fam* ② (*schonungslos*) ruthless; **mit ~er Offenheit** with ruthless candour [*or* AM -or] II. *adv* ① (*ohne Nachsicht*) inconsiderately ② (*schonungslos*) ruthlessly

R

Rücksichtslosigkeit <-, -en> *f* inconsiderateness *no art, no pl,* thoughtlessness *no art, no pl*
rücksichtsvoll *adj* considerate, thoughtful; ■~ **zu** [*o geh* **gegenüber**] **jdm sein** to be considerate [*or* thoughtful] [towards sb]
Rücksitz *m* AUTO rear [*or* back] seat **Rücksitzbank** *f* AUTO rear seat bench **Rückspiegel** *m* AUTO rear [view] [*or* BRIT driving] mirror; **abblendbarer ~** dipping [*or* anti-dazzle] mirror **Rückspiel** *nt* return match BRIT, rematch AM **Rücksprache** *f* consultation; **~ [mit jdm] nehmen** [*o* **halten**] to consult [*or* confer] [with sb] **Rückspulautomatik** *f eines Aufnahmegerätes* automatic rewind **Rückspulgeschwindigkeit** *f* TECH playback speed
Rückstand[1] *m* ❶ (*Zurückbleiben hinter der Norm*) backlog *no pl;* **bei etw einen ~ haben** to have a backlog of sth ❷ *pl* FIN (*fällige Beträge*) outstanding payments *pl;* **mit etw in ~ sein/kommen** to be/fall behind with sth; ***ich bin derzeit gegenüber meinen Zahlungsverpflichtungen mit 35.000 DM im ~*** I'm currently 35,000 DM in arrears with my payment obligations ❸ SPORT (*Zurückliegen in der Wertung*) deficit (**von** +*dat* of); [**gegenüber jdm**] **mit etw im ~ sein** [*o* **liegen**] to be behind [sb] by sth; ***sie liegt gegenüber ihren Konkurrentinnen mit 5 Punkten im ~*** she's five points behind her rival ❹ (*Zurückliegen in der Leistung*) inferior position; **seinen ~ aufholen** to make up lost ground
Rückstand[2] *m* ❶ (*Bodensatz*) remains *npl* ❷ (*Abfallprodukt*) residue *form*
rückständig[1] *adj* (*überfällig*) overdue; **die ~e Miete** the overdue rent, the rent arrears *npl*
rückständig[2] *adj* (*zurückgeblieben*) backward
Rückständigkeit <-> *f kein pl* backwardness *no art, no pl*
Rückstau *m* ❶ (*zunehmender Stau*) *esp* BRIT tailback, traffic jam AM ❷ (*rückwirkende Anstauung*) backwater **Rückstellmoment** *nt* AUTO self-aligning torque **Rückstellung** *f* ❶ *meist pl* FIN reserve [fund], provision; **~en für Pensionen und ähnliche Verpflichtungen** provisions for pensions and similar allowances; **~ im Kreditgeschäft** provision for possible loan losses; **~en für etw machen** to make provisions for sth ❷ (*Verschiebung*) postponement **Rückstoß** *m* ❶ *s.* **Rückschlag 2** ❷ (*Antriebskraft*) thrust *no pl* **Rückstrahler** <-s, -> *m* reflector **Rückstufung** *f* downgrading **Rücktaste** *f* backspace [*or* BS] [key] *spec*
Rücktritt *m* ❶ (*Amtsniederlegung*) resignation, retirement from office; **mit seinem ~ drohen** to threaten to resign ❷ JUR withdrawal, rescission, revocation (**von** +*dat* from); **~ der Gläubiger** cancellation by creditors; **den ~ vom Vertrag erklären** to rescind a contract ❸ (*~bremse*) back-pedal [*or* coaster] brake
Rücktrittbremse *f s.* **Rücktritt 3**
Rücktrittserklärung *f* ❶ (*vom Amt*) [announcement of one's] resignation; **seine ~ bekannt machen** to announce one's resignation ❷ (*aus Vertrag*) notice of cancellation **Rücktrittsfrist** *f* JUR cooling off period **Rücktrittsgesuch** *nt* [offer of] resignation; **das ~ einreichen** to hand in [*or form* tender] one's resignation **Rücktrittsgrund** *m* JUR (*bei Vertrag*) ground for rescission **Rücktrittsklage** *f* JUR rescissory action **Rücktrittsklausel** *f* JUR cancellation [*or* withdrawal] clause [*or* escape] **Rücktrittsrecht** *nt* JUR right of withdrawal [*or spec* rescission] [from a contract] **Rücktrittsvorbehalt** *m* JUR escape clause, reservation of the right to rescind
rück|übersetzen* *vt nur infin und pp* ■**etw ~** to translate sth back into the source language, to back-translate sth *spec* **Rückübersetzung** *f* LING ❶ *kein pl* (*das Rückübersetzen*) translation back into the original language, back-translation *no art, no pl spec* ❷ (*rückübersetzte Fassung*) back-translation *spec* **Rückübertragung** *f* JUR reassignment; (*von Grundbesitz*) reconveyance; **~ von Vermögenswerten** re-transfer of assets **Rückübertragungsanspruch** *m* JUR claim to re-transfer **Rückumschlag** *m* self-addressed stamped envelope, s.a.s.e. **Rückumsetzung** *f* INFORM decompilation **rück|vergüten*** *vt nur infin und pp* ■**jdm etw ~** to refund sb's sth **Rückvergütung** *f* refund **Rückverpachtung** *f* JUR re-lease; **~ an den Verkäufer** re-lease to the seller **rück|versichern*** *vr nur infin und pp* ■**sich [bei jdm/etw] ~** to check [up [*or* back]] [with sb/sth] **Rückversicherung** *f* ❶ (*Absicherung*) checking up *no art, no pl;* ***dieses Vorgehen kann nicht ohne vorherige ~ beim Einsatzleiter empfohlen werden*** this action cannot be recommended without first checking with the head of operations ❷ (*Versicherungstyp*) reinsurance *no indef art, no pl spec* **Rückversicherungsgeschäft** *nt* FIN reinsurance business; (*Transaktion*) reinsurance transaction **Rückversicherungsvertrag** *m* FIN reinsurance contract **Rückverweis** *m,* **Rückverweisung** *f* JUR, FIN renvoi, cross-reference; **versteckte ~** hidden cross-reference **Rückwand** *f* ❶ (*rückwärtige Mauer*) back wall ❷ (*rückwärtige Platte*) back [panel] **Rückwaren** *pl* HANDEL returned goods, returns
rückwärtig *adj* ❶ (*an der hinteren Seite liegend*) back *attr,* rear *attr;* **der ~e Ausgang** the rear exit ❷ MIL (*im Rücken der Front befindlich*) behind the lines *pred;* **die ~en Verbindungen** the lines of communication
rückwärts *adv* ❶ (*rücklings*) backwards; ***da die Sackgasse keinen Wendeplatz hatte, musste sie ~ fahren*** as there was nowhere in the cul-de-sac to turn around, she had to reverse out; **~ einparken** to reverse into a parking space ❷ (*nach hinten*) backward; **ein Salto ~** a backward somersault; **es geht [mit jdm/etw] ~** (*fam*) sb/sth is deteriorating ❸ ÖSTERR (*hinten*) at the back; **von ~** SÜDD, ÖSTERR (*von hinten*) from behind; **von ~ kommen** to come [up] from behind
Rückwärtsfahren *nt* reversing *no art, no pl;* [**das**] ***~ bereitet ihr Schwierigkeiten*** she has difficulties reversing **Rückwärtsgang** *m* AUTO reverse [gear]; **den ~ einlegen** to engage [*or* change into] reverse [gear] [*or* AM to shift into]; **im ~** in reverse [gear]; **im ~ fahren** to [drive in] reverse **Rückwärtsschritt** *m* INFORM backspace
Rückwechsel *m* FIN redrafted bill, redraft; JUR re-exchange **Rückweg** *m* way back; **sich auf den ~ machen, den ~ antreten** (*geh*) to head back; **auf dem ~** on the way back
ruckweise *adv inv* jerkily; **sich ~ bewegen** to move jerkily, to jerk
rückwirkend I. *adj* retrospective; **eine ~e Gehaltserhöhung** a backdated wage increase, retroactive pay *form* **II.** *adv* retrospectively; ***die Erhöhung des Kindergeldes gilt ~ zum 1.1.*** the increase in family allowances is backdated to 1 January **Rückwirkung** *f* repercussion; *von Vertrag* retroactive effect; ■**~en haben auf** to have repercussions on/for; ***das Gesetz hat keine ~*** the law is not retroactive; ■**mit ~ vom** with retroactive [*or* retrospective] effect from **Rückwirkungsverbot** *nt* JUR exclusion of retroactive effects **rückzahlbar** *adj* repayable **Rückzahlung** *f* FIN repayment; **~ eines Kredits** repayment of a loan; **~ vor Fälligkeit** redemption before due date **Rückzahlungsfrist** *f* FIN deadline for repayment **Rückzahlungsklausel** *f* payback clause **Rückzieher** <-s, -> *m* **einen ~ machen** (*fam: eine Zusage zurückziehen*) to back [*or* pull] out; (*nachgeben*) to climb down **Rückzug** *m* ❶ MIL (*das Zurückweichen*) retreat *no pl;* **ein geordneter/ungeordneter ~** an orderly retreat/a headlong flight; [**mit etw**] **den ~ antreten** to retreat [with sth]; **auf dem ~ sein** to be retreating [*or* on the retreat] ❷ SCHWEIZ (*Abhebung von einem Konto*) withdrawal
Rückzugsgebiet *nt* MIL area of retreat, reserve; *für Tiere* refuge
rüde *adj* (*geh*) coarse, uncouth; **~es Benehmen** uncouth behaviour [*or* AM -or]; ■**~ [zu jdm] sein** to be uncouth [*or* coarse] [to sb]
Rüde <-n, -n> *m* [male] dog
Rudel <-s, -> *nt* herd; *von Wölfen* pack; *von Menschen* swarm, horde; **in ~n** in herds/packs/swarms [*or* hordes]; **in einem ~ auftreten** to go around in a herd/pack/swarm [*or* horde]
Ruder <-s, -> *nt* ❶ (*langes Paddel*) oar; **die ~ auslegen/einziehen/streichen** to put out/take in/strike the oars; **sich in die ~ legen** to row strongly ❷ (*Steuer~*) helm; *eines kleineren Bootes a.* rudder; **am ~** at the helm ▸ WENDUNGEN: **am ~ bleiben/sein** (*fam*) to remain/be at the helm *fig;* **das ~ herumwerfen** to change course [*or* tack]; **ans ~ kommen** (*fam*) to come to power; **aus dem ~ laufen** to get out of hand; **sich in die ~ legen** to put one's back into it
Ruderboot *nt* rowing-boat, rowboat AM
Ruderer, Ruderin <-s, -> *m, f* rower, oarsman *masc,* oarswoman *fem*
Ruderhaus *nt* wheelhouse
Ruderin <-, -nen> *f fem form von* **Ruderer**
rudern I. *vi* ❶ *haben o sein* (*durch Ruder bewegen*) to row; ■[**das**] **R~** rowing ❷ *haben* (*paddeln*) to paddle; **gegen die Strömung ~** to paddle against the current; *s. a.* **Arm II.** *vt* ❶ *haben* (*im Ruderboot befördern*) ■**jdn/etw irgendwohin ~** to row sb/sth somewhere ❷ *haben o sein* (*~d zurücklegen*) ■**etw ~** to row sth; ***vier Kilometer mussten gerudert werden*** a distance of four kilometres had to be rowed
Ruderregatta *f* rowing regatta
Rudiment <-[e]s, -e> *nt* ❶ (*geh: Überbleibsel*) remnant ❷ BIOL (*verkümmertes Organ*) rudiment *spec*
rudimentär *adj inv* (*fig*) rudimentary
Rüebli <-s, -> *nt* SCHWEIZ (*Karotte*) carrot
Ruf <-[e]s, -e> *m* ❶ (*Aus~*) shout, cry; (*an jdn gerichtet*) call; **der ~ des Muezzin** the call of the muezzin ❷ *kein pl* (*Ansehen*) reputation; ■**jds [guter] ~** sb's good reputation; **ein Mann/eine Frau/eine Firma von ~** (*geh*) a man/woman/firm of repute; **einen guten ~ genießen** to enjoy a good reputation; **einen guten/schlechten ~ als jd/etw haben** [*o geh* **genießen**] to have a good/bad reputation as sb/sth; **jdn [bei jdm] in schlechten ~ bringen** to get sb a bad reputation [with sb] ❸ SCH (*Berufung*) offer of a chair [*or* professorship]; **sich** *dat* **einen ~ als jd/etw erwerben** to make a name for oneself as sb/sth ❹ (*veraltend: Telefonnummer*) telephone number
Rufanlage *f* BAU intercom system **Rufausbeutung** *f* **sittenwidrige ~** JUR unethical exploitation of sb's reputation
Rüfe <-, -n> *f* GEOG SCHWEIZ (*Schlamm- und Geröllawine*) landslide; (*Steinlawine*) rockfall
rufen <rief, ge-> **I.** *vi* ❶ (*aus~*) to cry out ❷ (*jdn kommen lassen*) ■[**nach jdm**] **~** to call [for sb] ❸ (*nach Erfüllung drängen*) to call; ***die Pflicht ruft*** duty calls ❹ (*durch ein Signal auffordern*) ■[**zu etw**] **~** to call [to sth]; ***nach der Mittagspause rief die Werkssirene wieder zur Arbeit*** after the lunch break the works siren called the employees back to work ❺ (*verlangen*) ■**nach jdm/etw ~** to call for sb/sth; **nach der Todesstrafe ~** to call for the death penalty; *s. a.* **Hilfe II.** *vi impers* ■**es ruft** [**jd/etw**] sb/sth is calling **III.** *vt* ❶ (*aus~*) ■**etw ~** to shout [*or* cry out] sth; *s. a.* **Gedächtnis, Ordnung, Waffe** ❷ (*herbestellen*) ■**jdn/etw ~** to call sb/sth; ■**jdn zu sich ~** to summon sb [to one]; ■**jdn ~ lassen** to send for sb; ***der Direktor lässt Sie ~*** the director is asking for you; ***Sie haben mich ~ lassen?*** you sent for me?; [**jdm**] **wie ge~ kommen** to come just at the right moment; *s. a.* **Hilfe**
Rufen <-s> *nt kein pl* calling *no pl,* shouting *no pl;* ***was ist das draußen für ein ~?*** what's all that shouting [going on] out there?
Rufer(in) <-s, -> *m(f)* (*geh*) person calling ▸ WENDUNGEN: **~ in der Wüste** voice [crying] in the wilderness
Rüffel <-s, -> *m* (*fam*) telling [*or* BRIT *fam* ticking] off
rüffeln *vt* (*fam: zurechtweisen*) ■**jdn [wegen etw] ~** to tell [*or* BRIT *fam* tick] off sb *sep* [about sth]

Ruffrequenz *f* calling frequency **Rufmord** *m* character assassination **Rufname** *m* first name [by which a person is known], [fore]name **Rufnummer** *f* [tele]phone number **Rufsäule** *f special pillar-mounted telephone for certain services* **Rufschädigung** *f* JUR disparagement **Rufumleitung** *f* call diversion **Rufweite** *f* **außer/in** ~ out of/[with]in earshot [*or* calling distance] **Rufzeichen** *nt* ❶ TELEK (*Freizeichen*) ringing tone ❷ ÖSTERR (*Ausrufungszeichen*) exclamation mark [*or* AM point]

Rugby <-> ['rakbi] *nt kein pl* rugby *no art, no pl*

Rüge <-, -n> *f* (*geh*) reprimand, reproach; **jdm eine ~ [wegen etw] erteilen** to reprimand [*or* reproach] sb [for sth] **Rügeberechtigung** *f* JUR right of complaint **Rügefrist** *f* JUR period for claims [*or* complaints] **rügen** *vt* (*geh*) ■**etw** ~ to censure sth; ■**jdn [wegen** [*o* **für**] **etw]** to reprimand sb [for sth]

Rügen *nt* Rügen

Rügeobliegenheit *f* JUR requirement to give notice of defects **Rügepflicht** *f* HANDEL requirement to give notice of defects **Rügerecht** *nt* JUR right to make a claim

Ruhe <-> *f kein pl* ❶ (*Stille*) quiet *no art, no pl,* silence *no art, no pl;* **~!** quiet!; ***zu dieser Arbeit brauche ich absolute ~*** I need absolute quiet for this work; **~ geben** to be quiet; (*locker lassen*) to relax; ***meinst du, dass die Kleinen ~ geben, wenn ich ihnen jetzt die gewünschte Geschichte vorlese?*** do you think the kids will settle down when I read them the story they want?; **~ halten** to keep quiet ❷ (*Frieden*) peace *no art, no pl;* **~ und Frieden/Ordnung** peace and quiet/law and order + *sing vb;* **jdm keine ~ gönnen** [*o* **lassen**] to not give sb a minute's peace; **jdn [mit etw] in ~ lassen** to leave sb in peace [with sth]; *s. a.* **Seele** ❸ (*Erholung*) rest; ***die drei Stunden ~ haben mir gut getan*** the three hours' rest has done me good; **angenehme ~!** (*geh*) sleep well!; **sich zur ~ begeben** (*geh*) to retire [to bed] *form;* **sich** *dat* **keine ~ gönnen** to not allow oneself any rest; **jdm keine ~ lassen** to not give sb a moment's rest ❹ (*Gelassenheit*) calm[ness] *no pl;* **~ ausstrahlen** to radiate calmness; **[die] ~ bewahren** to keep calm [*or fam* one's cool]; **jdn aus der ~ bringen** to disconcert [*or* BRIT *fam* wind up *sep*] sb; ***er ist durch nichts aus der ~ zu bringen*** nothing can wind him up; **sich [von jdm/etw] nicht aus der ~ bringen lassen** to not let oneself get worked up [by sb/sth]; **die ~ weg haben** (*fam*) to be unflappable; **die ~ selbst sein** to be calmness itself; **in [aller] ~** [really] calmly; **immer mit der ~!** (*fam*) take things easy! ▸ WENDUNGEN: **die ~ vor dem Sturm** the calm before the storm; **jdn zur letzten ~ betten** (*geh*) to lay sb to rest; **die letzte ~ finden** (*geh*) to be laid to rest; **keine ~ geben, bis …** to not rest until …; **sich zur ~ setzen** to retire

Ruhebedürfnis *nt kein pl* need *no pl* for peace [*or* quiet]/rest **ruhebedürftig** *adj* in need of peace [*or* quiet]/rest *pred* **Ruhegehalt** *nt* (*geh*) [retirement] pension, BRIT *a.* superannuation *no pl* **Ruhekissen** *nt* (*iron fam*) safety net **ruheliebend** *adj inv* fond of peace and quiet [*or* the quiet life] **ruhelos** *adj* restless **Ruhelosigkeit** <-> *f kein pl* restlessness *no art, no pl*

ruhen *vi* ❶ (*geh: aus~*) to [have a] rest; **[ich] wünsche, wohl geruht zu haben!** (*geh*) I trust you had a good night's sleep?; **nicht eher ~ werden, bis …, nicht ~ und rasten, bis …** to not rest until … ❷ (*geh: sich stützen*) ■**auf etw** *dat* ~ to rest on sth ❸ (*geh: verweilen*) ■**auf jdm/etw** ~ to rest on sb/sth; ***sein Blick ruhte auf ihr*** his gaze rested on her; **etw ~ lassen** to let sth rest; **ein Projekt ~ lassen** to drop a project; **die Vergangenheit ~ lassen** to forget the past ❹ (*haften*) ■**auf jdm/etw ~** to be on sth; ***ein Fluch ruht auf ihm*** a curse is on him ❺ (*eingestellt sein*) to be suspended; ***am Samstag ruht in den meisten Betrieben die Arbeit*** most firms don't work on a Saturday; *s. a.* **Verkehr** ❻ (*geh: begraben sein*) to lie, to be buried; **„hier ruht [in Gott] …“** "here lies …"; *s. a.* **Frieden, sanft**

Ruhen *nt* JUR suspension; **~ des Verfahrens** suspension of the proceedings

Ruhepause *f* break **Ruhepotenzial**[RR] *nt* BIOL (*Normalzustand der nicht erregten Nervenzelle*) resting potential **Ruhesitz** *m* retirement home **Ruhestand** *m kein pl* retirement *no art, no pl;* **in den ~ gehen** [*o geh* **treten**] to retire, to go into retirement; **jdn in den ~ versetzen** (*geh*) to retire sb; **im ~** retired; ***ein Arzt im ~*** a retired doctor; JUR **einstweiliger ~** provisional retirement; **vorgezogener ~** early retirement **Ruheständler(in)** <-s, -> *m(f)* retired person **Ruhestatt** <-, -stätten> *f* [last [*or* final]] resting-place **Ruhestätte** *f* **letzte ~** (*geh*) final [*or* last] resting-place **Ruhestellung** *f* ❶ *einer Maschine* off [*or* stand-by] [*or* neutral] position ❷ *eines Körpers, Pendels* resting position ❸ MED immobile position; ***das Bein muss in ~ bleiben*** the leg must be kept immobile ❹ MIL position behind the lines **ruhestörend** *adj* disturbing the peace *pred;* ■**~ sein** to disturb the peace; ***das ~e Gehämmere lasse ich mir nicht länger gefallen*** I'm not going to put up any more with having my peace disturbed by this hammering **Ruhestörung** *f* disturbance [*or* breach] *no pl* of the peace **Ruhetag** *m* (*arbeitsfreier Tag*) day off; (*Feiertag*) day of rest; ***„Donnerstag ~“*** "closed all day Thursday" **Ruhezone** *f* rest area

ruhig I. *adj* ❶ (*still, sich still verhaltend*) quiet; **eine ~e Gegend** a quiet area; **ein ~er Mieter** a quiet tenant ❷ (*geruhsam*) quiet; **sich einen ~en Abend machen** to have a quiet evening ❸ (*keine Bewegung aufweisend*) calm; **eine ~e Flamme** a still flame ❹ (*störungsfrei*) smooth; ***ein Achtzylinder hat einen ~en Lauf*** an eight-cylinder engine runs smoothly; **eine ~e Überfahrt** a smooth crossing ❺ (*gelassen*) calm; **ganz ~ sein können** to not have to worry; ***ich werde das schon regeln, da können Sie ganz ~ sein*** I'll sort that out, you don't have to worry; *s. a.* **Gewissen** ❻ (*sicher*) steady; **ein ~er Blick** a steady gaze II. *adv* ❶ (*untätig*) idly; **~ dastehen** to stand idly by; **etw ~ stellen** MED *Körperteil* to immobilize [*or* BRIT *a.* -ise] sth ❷ (*gleichmäßig*) smoothly ❸ (*gelassen*) calmly ❹ (*beruhigt*) with peace of mind; ***jetzt kann ich ~ nach Hause gehen und mich ausspannen*** now I can go home with my mind at rest and relax; **jdn ~ stellen** MED to sedate sb; (*beruhigen*) to calm sb III. *part* (*fam*) really; ***geh ~, ich komme schon alleine zurecht*** don't worry about going, I can manage on my own; ***du kannst ~ ins Kino gehen, ich passe schon auf die Kinder auf*** you just go to the cinema, I'll keep an eye on the children

ruhig|stellen *vt s.* **ruhig II 1,4**

Ruhm <-es> *m kein pl* fame *no art, no pl,* glory *no art, no pl* ▸ WENDUNGEN: **sich nicht [gerade] mit ~ bekleckert haben** (*iron fam*) to have not [exactly] covered oneself in glory *iron*

rühmen I. *vt* ■**jdn/etw** ~ to praise sb/sth II. *vr* ■**sich** *akk* **einer S.** *gen* ~ to boast about sth; ■**sich ~, etw getan zu haben** to boast about having done sth; **ohne mich ~ zu wollen** [*o* **zu ~**] without wishing to boast

Ruhmesblatt *nt* glorious chapter; **[für jdn] kein ~ sein** to not reflect any credit on sb

rühmlich *adj* praiseworthy; *s. a.* **Ende**

ruhmlos <-er, -este> *adj* inglorious

ruhmreich *adj* (*geh*) glorious **Ruhmsucht** *f kein pl* thirst for glory **ruhmsüchtig** *adj* glory-seeking; **~ sein** to be thirsting for glory [*or* after fame] **ruhmvoll** <-er, -ste> *adj* glorious

Ruhr[1] <-> *f* ■**die** ~ the Ruhr

Ruhr[2] <-> *f kein pl* MED ■**die** ~ dysentery

Rührbesen *m* whisk **Rührei** *nt* scrambled eggs *pl*

rühren I. *vt* ❶ (*um~*) ■**etw** ~ to stir sth ❷ (*erweichen*) ■**jdn/etw** ~ to move sb/to touch sth; **jds Gemüt/Herz ~** to touch sb/sb's heart; **das kann mich nicht ~** that doesn't bother me; ■**gerührt** moved *pred; s. a.* **Träne, Schlag** ❸ (*veraltend: bewegen*) ■**etw** ~ to move sth; *s. a.* **Finger, Handschlag** II. *vi* ❶ (*um~*) to stir ❷ (*die Rede auf etw bringen*) ■**an etw** *akk* ~ to touch on sth ❸ (*geh: her~*) ■**von etw** ~ to stem from sth; ■**daher ~, dass …** to stem from the fact that … III. *vr* ❶ (*sich bewegen*) ■**sich** ~ to move; ***rührt euch!*** MIL at ease!; *s. a.* **Stelle** ❷ (*sich bemerkbar machen*) ■**sich** ~ to be roused ❸ (*fam: sich melden*) ■**sich** *akk* **[auf etw** *akk*] ~ to do sth [about sth]; ***die Firmenleitung hat sich nicht auf meinen Antrag gerührt*** the company management hasn't done anything about my application

Rühren <-s> *nt kein pl* (*das Um~*) stirring *no art, no pl* ▸ WENDUNGEN: **ein menschliches ~ [fühlen]** (*hum*) [to have to answer] the [*or* a] call of nature *usu hum*

rührend I. *adj* ❶ (*ergreifend*) touching, moving; **ein ~er Anblick** a touching [*or* moving] sight ❷ (*reizend*) ■**~ [von jdm] sein** to be sweet [of sb] II. *adv* touchingly; ***danke, dass Sie sich während meiner Krankheit so ~ um mich gekümmert haben*** thanks for having taken care of me during my illness, it was really touching

Ruhrgebiet *nt kein pl* ■**das** ~ the Ruhr [Area]

rührig *adj* active

Rührlöffel *m* mixing spoon

Rührmichnichtan <-, -> *nt* BOT touch-me-not ▸ WENDUNGEN: **ein Fräulein** [*o* **Pflänzchen**] ~ (*fam o pej*) a tender plant *fam or pej*

Ruhrpott *m* (*fam*) *s.* **Ruhrgebiet**

Rührschüssel *f* mixing bowl

rührselig *adj* (*pej*) tear-jerking *fam;* **ein ~er Film/ein ~es Buch** a tear jerker *fam*

Rührseligkeit <-> *f kein pl* (*pej*) sentimentality *no art, no pl pej*

Rührstück *nt* melodrama

Rührteig *m* cake [*or* sponge] mixture

Rührung <-> *f kein pl* emotion *no art, no pl;* **vor ~ weinen** to cry with emotion

Ruin <-s> *m kein pl* ruin *no pl*

Ruine <-, -n> *f* ❶ (*zerfallenes Gemäuer*) ruin[s *pl*] ❷ (*fam: körperlich verfallener Mensch*) wreck *fam*

ruinieren* *vt* ❶ (*zugrunde richten*) ■**jdn/etw** ~ to ruin sb/sth; ■**sich [für jdn/etw] ~** to ruin oneself [on account of sb/sth] ❷ (*verderben*) ■**[jdm] etw** ~ to ruin [sb's] sth

ruinös *adj* (*geh*) ruinous, cutthroat; **~e Konkurrenz** ÖKON cutthroat competition

rülpsen *vi* to belch, to burp; ■**das R~** belching, burping

Rülpser <-s, -> *m* (*fam*) belch, burp

rum *adv* (*fam*) *s.* **herum** around, BRIT *a.* round

Rum <-s, -s> *m* rum *no art, no pl*

Rumäne, Rumänin <-n, -n> *m, f* Romanian; *s. a.* **Deutsche(r)**

Rumänien <-s> *nt* Romania; *s. a.* **Deutschland**

Rumänin <-, -nen> *f fem form von* **Rumäne**

Rumänisch *nt dekl wie adj* Romanian; *s. a.* **Deutsch**

rumänisch *adj* Romanian; *s. a.* **deutsch**

Rumänische <-n> *nt dekl wie adj* ■**das ~** Romanian, the Romanian language; *s. a.* **Deutsche**

Rumba <-s, -s> *m* rumba

rum|kriegen *vt* (*sl*) ❶ (*zu etw bewegen*) ■**jdn [zu etw] ~** to talk sb into sth; ■**jdn dazu ~, etw zu tun** to talk sb into doing sth ❷ (*verbringen*) ■**etw** ~ to get through sth; **einen Tag irgendwie ~** to get through a day somehow

Rummel <-s> *m kein pl* ❶ (*fam: Aufhebens*) [hustle and] bustle *no art, no pl* ❷ (*Betriebsamkeit*) commotion *no pl* ❸ DIAL (*~platz*) fair

Rummelplatz *m* (*fam*) fairground

rumoren* I. *vi* ❶ (*herumhantieren*) to tinker around, to potter about *esp* BRIT ❷ (*sich bewegen*) to go around II. *vi impers* ***in meinem Magen rumort es so*** my stomach's rumbling so much

Rumpelkammer *f* (*fam*) junk room

rumpeln *vi* ❶ *haben* (*dröhnen*) to rumble; (*klappern*) to clatter ❷ *sein* (*mit Dröhnen fortbewegen*) to rumble; (*klappernd fortbewegen*) to clatter

Rumpelstilzchen <-s> *nt* LIT Rumpelstiltskin *no art, no pl*

Rumpf <-[e]s, Rümpfe> *m* ❶ (*Torso*) trunk, torso

❷ TECH *eines Flugzeugs* fuselage; *eines Schiffes* hull
Rumpfbelegschaft *f* skeleton staff
Rumpfbeuge *f* SPORT forward bend; **~n/eine ~ machen** to do forward bends/a forward bend
rümpfen *vt* **die Nase [über etw** *akk***] ~** to turn up *sep* one's nose [at sth]; (*etw verachten*) to sneer [at sth]
Rumpfgeschäftsjahr *nt* FIN abbreviated financial year
Rumpsteak ['rʊmpste:k, -ʃte:k] *nt* rump steak
Rumtopf *m* rumpot (*a rum and sugar mixture with fruit*)
rum|treiben *vr* (*fam*) ■ **irreg,** ■ **sich [irgendwo] ~** to hang out [somewhere] *fam*
Rumtreiber(in) <-s, -> *m(f)* (*fam*) loiterer *pej,* layabout BRIT *fam or pej,* goof-off AM *fam or pej*
Run <-s, -s> [rʌn] *m* run; ■ **der/ein ~ auf etw** *akk* the/a run on sth; **~ auf Kurzläufer** ÖKON run on shorts
rund I. *adj* ❶ (*kreisförmig*) round, circular ❷ (*rundlich*) plump ❸ FIN (*überschläglich*) round *attr;* **eine ~e Summe** a round sum; **~e fünf Jahre** a good five years + *sing vb* ❹ (*gleichmäßig*) full; **ein ~er Geschmack** a full taste **II.** *adv* ❶ (*im Kreis*) ■ **~ um etw** around sth; ***wir können ~ um den Block spazieren*** we can walk around the block; *s. a.* **Uhr** ❷ (*überschläglich*) around, about; ***ein neues Dach würde Sie ~ 28.000 DM kosten*** a new roof would cost you around [*or* about] 28,000 DM ❸ (*kategorisch*) flatly; **etw ~ abschlagen** to flatly reject sth; *s. a.* **rundgehen** ❹ (*gleichmäßig*) smoothly
Rundbau <-bauten> *m* circular building, rotunda **Rundblick** *m* panorama **Rundbogen** *m* ARCHIT round [*or spec* full-centre] arch [*or* AM -er] **Rundbrief** *m* circular
Runde <-, -n> *f* ❶ (*Gesellschaft*) company; ***es war eine sehr gemütliche ~*** the company was very convivial; ***wir haben in kleiner ~ gefeiert*** it was a small [*or* intimate] celebration ❷ (*Rundgang*) rounds *pl; eines Polizisten* beat *no pl; eines Briefträgers* round; **eine ~ [um etw] drehen** AUTO to drive/ride around [sth]; LUFT to circle [over sth]; **seine ~ machen** to do one's rounds; *Polizist* to be on [*or* walking] one's beat ❸ SPORT lap; ***vier ~n sind noch zu fahren*** there are another four laps to go; BOXEN round; KARTEN rubber, round; **eine ~ Bridge** a rubber [*or* round] of bridge ❹ (*Stufe*) round; **die nächste ~ der Tarifgespräche** the next round of wage talks ❺ (*Bestellung*) round; ***eine ~ für alle!*** a round [of drinks] for everyone!; **[jdm [*o* für jdn]] eine ~ spendieren [*o* ausgeben], [für jdn] eine ~ schmeißen** (*sl*) to get in a round [for sb] ▶ WENDUNGEN: **etw über die ~n bringen** (*fam*) to get sth done; **jdm über die ~n helfen** to help sb get by; **[mit etw] über die ~n kommen** (*fam*) to make ends meet [with sth]; **[irgendwo] die ~ machen** *Gerücht* to go around [somewhere]; **die ~ machen** (*herumgegeben werden*) to be passed around; **in die/der ~** around; ***was schaust du so erwartungsvoll in die ~?*** what are you looking around so expectantly for?
runden (*geh*) **I.** *vr* ■ **sich ~** ❶ (*rundlich werden*) to become [*or* grow] round; (*von Gesicht*) to become full, to fill out ❷ (*konkreter werden*) to take shape **II.** *vt* **die Lippen ~** to round one's lips; **Daumen und Zeigefinger [zu etw] ~** to curl one's thumb and forefinger [to sth]
runderneuern* *vt* AUTO ■ **etw ~** to retread sth; **die Profile ~** to remould [*or* AM remold] the tread; **runderneuerte Reifen** remoulds **Rundfahrt** *f* [sightseeing] tour **Rundflug** *m* [short] circular [sightseeing] flight **Rundfrage** *f* survey (**zu** + *dat* of)
Rundfunk *m* ❶ (*geh*) radio, wireless BRIT *dated;* **im ~** (*veraltend*) on the radio [*or* BRIT *dated* wireless] ❷ ■ **der ~** (*die Sendeanstalten*) broadcasting; (*die Organisationen*) the broadcasting companies [*or* corporations]
Rundfunkanstalt *f* (*geh*) broadcasting company [*or* corporation] **Rundfunkempfang** <-[e]s> *m kein pl* radio reception **Rundfunkempfänger(in)** <-s, -> *m(f)* ❶ (*Person*) [radio] listener ❷ (*Gerät*) radio receiver **Rundfunkgebühr** *f meist pl* radio licence [*or* AM -se] fee **Rundfunkgerät** *nt* (*geh*) radio [set], wireless BRIT *dated* **Rundfunkhörer(in)** <-s, -> *m(f)* [radio] listener **Rundfunkprogramm** *nt* radio programme [*or* AM -am] **Rundfunkrat** *m* broadcasting council **Rundfunksender** *m* radio station **Rundfunksendung** *f* radio programme [*or* AM -am] **Rundfunksprecher(in)** *m(f)* radio announcer **Rundfunkstation** *f* radio station **Rundfunkteilnehmer(in)** *m(f)* (*geh*) listener **Rundfunkübertragung** *f* [radio] broadcast **Rundfunkwerbung** *m* radio advertising
Rundgang *m* walk; (*zur Besichtigung*) tour, round; **einen ~ [durch etw] machen** to go for a walk [through sth]; (*zur Besichtigung*) to do a tour [*or* round] of sth
rund|gehen *irreg* **I.** *vi sein* ❶ (*herumgereicht werden*) to be passed around; ■ **etw ~ lassen** to pass around sth *sep* ❷ (*herumerzählt werden*) to do the rounds; **wie der Blitz ~** to spread like wildfire **II.** *vi impers sein* ❶ (*fam: was los sein*) to go full tilt; ***es geht rund im Büro*** it's all happening at the office ❷ (*fam: -rger geben*) ***jetzt geht es rund!*** now there'll be [all] hell to pay! *fam*
rundheraus *adv* bluntly, point-blank **rundherum** *adv* ❶ (*rings herum*) ■ **~ [um etw]** all round [sth] ❷ (*fam*) *s.* **rundum Rundholz** *nt* round wood **Rundkornreis** *m* short grain rice
rundlich *adj* plump; **~e Hüften** well-rounded hips; **~e Wangen** chubby [*or* plump] cheeks; ■ **~ sein/werden** to be/be getting plump/well-rounded/chubby
Rundreise *f* tour; ■ **eine/jds ~ durch etw** a/sb's tour of sth **Rundruf** *m* series of calls; **bei all seinen Freunden einen ~ machen** to call all one's friends **Rundschreiben** *nt* (*geh*) *s.* **Rundbrief Rundsendung** *f* circular **Rundstahl** *m* BAU tubular steel **Rundstricknadel** *f* circular [knitting] needle
rundum *adv* ❶ (*ringsum*) all round [*or* AM around] ❷ (*völlig*) completely [*or* totally] **Rundumbeschnitt** *m* TYPO all-around square [*or* angular] trim **Rundumschlag** *m* sweeping [*or* devastating] blow **Rundumschutz** *m* FIN, MED all-risks cover
Rundung <-, -en> *f* ❶ (*Wölbung*) curve ❷ *pl* (*fam*) curves, curvature *no pl*
rundungsbedingt *adj inv* MATH **~e Differenzen** anomalies caused by rounding up or down
Rundwanderweg *m* circular walk
rundweg *adv* flatly, point-blank; **sich ~ weigern** to flatly refuse, to refuse point-blank
Rundwurm *m* ZOOL roundworm
Rune <-, -n> *f* rune
Runenschrift *f* runic writing [*or* script] [*or* alphabet] **Runenzeichen** *nt* runic character, rune
Rungenwagen *m* BAHN (*offener Güterwagen*) flat car
Runkelrübe *f,* **Runkel** *f* ÖSTERR, SCHWEIZ mangelwurzel
runter *interj* (*fam: weg*) **~** ***mit dem Zeug von meinem Schreibtisch!*** get [*or* clear] that stuff off my desk!; **~** ***vom Baum/von der Leiter!*** get out of that tree/get [down] off that ladder!
runter|fallen *vi* (*fam*) ■ **[etw] ~** to fall down [sth] **runter|hauen** *vt* (*fam*) ❶ (*ohne Sorgfalt schreiben*) **einen Text ~** (*pej*) to bang out [*or fam* dash off] a text ❷ (*Ohrfeige geben*) **jdm eine [*o* ein paar] ~** to give sb a clip [*or* a couple of clips] round the ear BRIT, to slap sb in the kisser AM **runter|holen** *vt* ❶ (*herunternehmen*) ■ **jdn/etw [von etw** *dat***] ~** to fetch sb/sth [from sth] ❷ (*sl*) ■ **sich** *dat* **einen ~** to [have a] wank BRIT *sl,* to choke one's chicken AM *sl;* ■ **jdm/sich einen ~** to jerk [*or* toss] sb/oneself off *sl* **runter|kommen** *vi irreg sein* ❶ (*fam: herunterkommen*) ■ **[von etw/zu jdm] ~** to get down [off sth]/to come down [to sb] ❷ (*sl: clean werden*) ■ **von etw** *dat* **~** to come off sth **runterladen** *vt* ■ **[sich] etw ~** INET to download sth **runter|lassen** *vt irreg* (*fam*) ■ **etw ~** to let down sth *sep;* **die Hose ~** to lower [*or sep* pull down] one's pants **runter|springen** *vi* (*fam*) to jump down
Runzel <-, -n> *f* wrinkle, furrow
runz(e)lig <-er, -ste> *adj* wrinkled, shrivelled; *Stirn* lined, furrowed; **~ sein [im Gesicht]** to have a wrinkled face
runzeln I. *vt* ■ **etw ~** to wrinkle [*or* crease] sth; **die Brauen/die Stirn ~** to knit one's brows/to wrinkle one's brow; **gerunzelte Brauen/eine gerunzelte Stirn** knitted brows/a wrinkled brow; (*ärgerlich*) a frown *no pl* **II.** *vr* ■ **sich ~** to become wrinkled
runzlig *adj s.* **runz(e)lig**
Rüpel <-s, -> *m* lout, yob[bo] BRIT *fam*
Rüpelei <-, -en> *f* insolent [*or* loutish] act/remark
rüpelhaft *adj* loutish; **~er Kerl** lout, yob[bo] BRIT *fam;* ■ **~ sein** to be loutish [*or* a lout] [*or* BRIT *fam* a yob[bo]]
Rupfen <-s> *nt kein pl* TYPO (*Papier*) picking
rupfen *vt* ❶ (*von den Federn befreien*) ■ **etw ~** to pluck sth ❷ (*zupfen*) ■ **etw [aus etw** *dat***] ~** to pull up sth *sep* [out of sth] ❸ (*sl: finanziell übervorteilen*) ■ **jdn ~** to fleece sb *fam,* to take sb to the cleaner's *fam; s. a.* **Hühnchen**
Rupffestigkeit *f* (*Papier*) picking resistance, sizing strength
Rupie <-, -n> *f* rupee
ruppig I. *adj* gruff; **eine ~e Antwort** an abrupt [*or* a gruff] [*or* a terse] answer; ■ **~ [zu jdm] sein** to be gruff [*or* rough] [with sth] **II.** *adv* gruffly; **jdn ~ behandeln** to treat sb gruffly [*or* roughly]; **sich** *akk* **~ verhalten** to be gruff
Rüsche <-, -n> *f* ruche, frill
rüschen *vt* MODE ■ **etw ~** *Kleid, Bluse* to ruche sth
Rüschenbluse *f* frilly blouse **Rüschenhemd** *nt* frilly shirt
Ruß <-es> *m kein pl* soot; *Dieselmotor* particulate; *Kerze* smoke; *Lampe* lampblack
Rußbildung *f* build-up [*or* formation] of soot
Russe, Russin <-n, -n> *m, f* Russian [man/boy/woman/girl]; **~ sein** to be Russian; **die ~n** the Russian; *s. a.* **Deutsche(r)**
Rüssel <-s, -> *m* ❶ (*Tier~*) snout, proboscis *spec; Elefant a.* trunk ❷ (*Saug~*) *Insekt* proboscis *spec* ❸ (*sl: Mund*) trap *sl,* gob BRIT *sl*
Rüsselkäfer *m* ZOOL weevil **Rüsseltier** *nt* ZOOL elephant
Rußemissionen *pl* AUTO particulate emission *no pl*
rußen I. *vi* to produce soot; *Fackel, Kerze* to smoke **II.** *vt* SCHWEIZ, SÜDD (*entrußen*) ■ **etw ~** to clean the soot out of sth; **den Kamin ~** to sweep the chimney
Rußfilter *m* smoke [*or* flue-gas] filter; AUTO diesel [particulate *form*] filter **Rußflocke** *f* soot particle, smut
rußig *adj* blackened [with soot *pred*]; (*verschmutzt a.*) sooty
Russin <-, -nen> *f fem form von* **Russe**
russisch *adj* ❶ (*Russland betreffend*) Russian, in/of Russia *pred; s. a.* **deutsch 1, Roulette** ❷ (*ling*) Russian; **die ~e Sprache** Russian, the Russian language; ■ **auf R~** in Russian; *s. a.* **deutsch 2**
Russisch *nt dekl wie adj* ❶ LING Russian; ■ **das ~e** Russian, the Russian language; *s. a.* **Deutsch 1** ❷ (*Fach*) Russian; *s. a.* **Deutsch 2**
Russische Föderation *f* ÖSTERR Russia; *s. a.* **Deutschland**
Russland[RR] <-s> *nt,* **Rußland** <-s> *nt* Russia; *s. a.* **Deutschland**
Russlanddeutsche(r)[RR] *f(m) dekl wie adj* ethnic German from Russia, Russo-German; **die ~n** the Russo-Germans; **~ sein** to be [a] Russo-German; *s. a.* **Deutsche(r)**
Rußpartikel *nt* soot [*or* smut] particle, particle of soot [*or* smut], particulate
rüsten I. *vi* to arm, to build up arm[ament]s **II.** *vr* (*geh*) ■ **sich** *akk* **zu etw** *dat* **~** to prepare [*or* get ready] for sth **III.** *vt* SCHWEIZ (*vorbereiten*) ■ **etw ~** to get together sth *sep*
Rüster <-, -n> *f* BOT elm
rüstig *adj* sprightly; ■ **~ sein** to be sprightly
Rüstigkeit <-> *f kein pl* sprightliness
rustikal I. *adj* rustic; **~er Stil** rustic [*or* farmhouse]

[*or* country] style; *s. a.* **Eiche II.** *adv* **sich** *akk* ~ **einrichten/~ wohnen** to furnish one's home in a rustic [*or* farmhouse] [*or* country] style

Rüstung <-, -en> *f* ❶ *kein pl* (*das Rüsten*) [re]armament ❷ (*Ritter~*) armour [*or* AM -or]

Rüstungsabbau *m* reduction in arm[ament]s **Rüstungsanleihe** *f* FIN defence loan **Rüstungsbegrenzung** *f* arms limitation, restriction of arm[ament]s, arm[ament]s reduction **Rüstungsbeschränkung** *f* arms limitation **Rüstungsbetrieb** *m* armaments [*or form* ordnance] company **Rüstungsetat** *m* arms [*or* armaments] budget **Rüstungsexport** *m* export of arms [*or* armaments] **Rüstungsgegner(in)** *m(f)* supporter of disarmament **Rüstungsindustrie** *f* defence [*or* armament[s]] industry **Rüstungskontrolle** *f* arms control, control of armaments **Rüstungskontrollvereinbarung** *f* arms control agreement **Rüstungskontrollverhandlungen** *pl* arms control talks *pl* **Rüstungskonzern** *m* armaments [*or form* ordnance] company **Rüstungsmüll** *m kein pl* arms waste *no pl* **Rüstungsunternehmen** *nt* MIL, ÖKON armaments concern **Rüstungswettlauf** *m* arms race

Rüstzeiten *pl* TYPO change-over times *pl*

Rüstzeug *nt kein pl* ❶ (*Werkzeug*) equipment *no pl, no indef art,* tools *pl* ❷ (*Know-how*) know-how, skills *pl;* (*Qualifikationen*) qualifications *pl*

Rute <-, -n> *f* ❶ (*Gerte*) switch ❷ (*Angel~*) [fishing] rod ❸ (*Wünschel~*) divining [*or* dowsing] rod

Rutengänger(in) <-s, -> *m(f)* diviner, dowser

Ruthenium <-s> *nt kein pl* CHEM ruthenium *no pl, no indef art*

Rütlischwur *m kein pl* HIST ■**der** ~ *oath taken on the Rütli mountain by the founders of Switzerland*

Rutsch <-es, -e> *m* landslide; **in einem** ~ (*fig fam*) in one go; ***guten ~!*** (*fam*) happy New Year!

Rutschbahn *f* ❶ (*Kinder~*) slide ❷ (*Straße*) slippery slope ❸ (*Rummelplatz*) helter-skelter

Rutsche <-, -n> *f* ❶ TECH chute, slideway ❷ (*fam*) *s.* **Rutschbahn 1**

rutschen *vi sein* ❶ (*aus~*) to slip ❷ (*fam: rücken*) ■[**mit etw** *dat*] [**nach links/zur Seite etc.**] ~ to move [*or fam* shove] [sth] [to the left/side etc.]; **auf dem Stuhl hin und her** ~ to fidget [*or* shift around] on one's chair; ***rutsch mal!*** move [*or fam* shove] over [*or* up] ❸ (*gleiten*) ■[**auf etw** *dat*] ~ to slide [on sth] ❹ (*auf Rutschbahn*) ■[**auf der Rutschbahn**] ~ to play on the slide ❺ (*von Erde, Kies*) **ins R~ geraten** [*o* **kommen**] to start slipping

rutschfest *adj inv* non-slip; (*strapazierfähig*) hard-wearing

Rutschgefahr *f kein pl* danger of slipping; (*von Auto*) danger [*or* risk] of skidding

rutschig *adj* slippery, slippy *fam*

Rutschpartie *f* (*fam*) series of slides; *Auto* series of skids; ***die Fahrt war die reinste*** ~ the roads were like an ice-rink

rutschsicher *adj* non[-]slip

Rüttelmaschine *f* TYPO jogging machine

rütteln I. *vt* ■**jdn** [**an etw** *dat*] ~ to shake sb [by sth]/sb['s sth] **II.** *vi* ■**an etw** *dat* ~ to shake sth; **an feststehenden Tatsachen** ~ to upset the apple[-]cart; ***daran ist nicht zu*** ~, ***daran gibt es nichts zu*** ~ there's nothing one/you/we can do about it, there's no doubt about it

Rüttelsieb *nt* ❶ TECH vibrating screen ❷ KOCHK flour sifter

Rwander(in) <-s, -> *m(f) s.* **Ruander**

rwandisch *adj* SCHWEIZ *s.* **ruandisch**

S

S, s <-, -> *nt* S, s; (*Mehrzahl*) S['ʼ]s, s's; ~ **wie Siegfried** S for [*or* AM as in] Sugar; *s. a.* **A 1**

s. *Abk von* **siehe**

S *Abk von* **Süden** S[.], So. AM

S. *Abk von* **Seite** p[.]; (*Mehrzahl*) pp[.]

s. a. *Abk von* **sine anno** s. a.

Sa. *m Abk von* **Samstag** Sat.

SA <-> [ɛsˈʔaː] *f kein pl* (*hist*) *Abk von* **Sturmabteilung**: ■**die** ~ the SA

Saal <-[e]s, Säle> *m* hall

Saaldiener *m* POL usher **Saalschlacht** *f* (*fam*) brawl, fighting *no pl*

Saar <-> *f* ■**die** ~ the Saar

Saarbrücken <-s> *nt* Saarbrücken

Saargebiet *nt,* **Saarland** *nt* ■**das** ~ the Saarland

Saarländer(in) <-s, -> *m(f)* Saarlander

saarländisch *adj* [of/in the] Saarland

Saat <-, -en> *f* ❶ *kein pl* (*das Säen*) ■**die** ~ sowing; **bei der** ~ **sein** to be sowing ❷ (*~gut*) seed[s *pl*] ❸ (*gesprießte Halme*) young crop[s *pl*], seedlings *pl*

Saatgans *f* ORN bean goose **Saatgut** *nt kein pl* (*geh*) seed[s *pl*] **Saatkartoffel** *f* seed potato **Saatkorn** *nt* ❶ (*zum Aussäen*) seed corn [*or* AM grain] ❷ BOT *s.* **Samenkorn Saatkrähe** *f* rook

Sabbat <-s, -e> *m* ■**der** ~ the Sabbath

Sabbatjahr *nt kein pl* ÖKON sabbatical year

sabbeln *vi* DIAL (*sabbern*) to slobber

Sabber <-s> *m kein pl* DIAL slaver, saliva, slobber *pej*

Sabberlätzchen *nt* DIAL bib

sabbern I. *vi* (*fam*) ■[**auf etw** *akk*] ~ to slaver [*or pej* slobber] on [*or* over] sth **II.** *vt* DIAL (*fam*) ■**etw** ~ to blather *fam* [*or pej* spout] sth; **unverständliches Zeug** ~ to [talk] drivel

Säbel <-s, -> *m* (*leicht gebogenes Schwert*) sabre BRIT, saber AM; (*Krumm~*) scimitar ▶ WENDUNGEN: **mit dem** ~ **rasseln** to rattle one's sabre [*or* AM -er]

Säbelfechten *nt* sabre fencing

säbeln I. *vt* (*fam*) ■**etw** [**von etw**] ~ to saw sth off sth, to saw away at sth **II.** *vi* (*fam*) ■[**an etw** *dat*] ~ to saw away [at sth]

Säbelrasseln <-s> *nt kein pl* sabre-rattling **Säbelschnäbler** <-s, -> *m* ORN avocet

Sabot <-[s], -s> [zaˈboː] *m* MODE sabot

Sabotage <-, -n> [zaboˈtaːʒə] *f* sabotage; ~ [**an etw** *dat*] **begehen** to perform acts/an act of sabotage, to sabotage sth; ~ **treiben** to practise sabotage

Sabotageakt [zaboˈtaːʒə] *m* act of sabotage; **einen ~/~e** [**an etw** *dat*] **begehen** [*o* **verüben**] to perform an act/acts of sabotage, to sabotage sth

Saboteur(in) <-s, -e> [zaboˈtøːɐ] *m(f)* saboteur; (*kommunistisch a.*) diversionist

sabotieren* I. *vt* ■**etw** ~ to sabotage sth **II.** *vi* to practise sabotage

Saccharimeter *nt* saccharometer

Sa(c)charin <-s> [zaxaˈriːn] *nt kein pl* saccharin

Sachanlagen *pl* FIN tangible assets **Sachausgaben** *pl* FIN marterial expenses

Sachbearbeiter(in) *m(f)* specialist; (*in einer Behörde*) official in charge; (*im Sozialamt*) caseworker **Sachbereich** *m* [specialist] area **Sachbeschädigung** *f* JUR [criminal] damage to property, vandalism; ~ **begehen** to commit [an act of] vandalism **sachbezogen I.** *adj* relevant, pertinent, germane *pred form* **II.** *adv* ~ *argumentieren/jdn* ~ *befragen,* to use relevant [*or* pertinent] arguments/to ask relevant [*or* pertinent] questions of sb **Sachbezüge** *pl* FIN payment in kind **Sachbuch** *nt* non[-]fiction book [*or* work] **sachdienlich** *adj* (*form*) ❶ (*nützlich*) relevant, pertinent; **ein ~er Tipp** a useful tip; **~e Hinweise** relevant information, helpful hints, information relevant to the case ❷ (*relevant*) pertinent, relevant; **etw für** ~ **halten** to think sth is pertinent; ■~ **sein** to be relevant [*or* pertinent] [*or form* germane] ❸ (*geeignet*) suitable, appropriate **Sachdienlichkeit** *f* JUR expediency, pertinency

Sache <-, -n> *f* ❶ (*Ding*) thing; (*im Laden a.*) article; **scharfe ~n** (*fam: Spirituosen*) hard stuff *fam* [*or* AM liquor] *sing; s. a.* **Natur** ❷ (*Angelegenheit*) matter, affair; **eine aussichtslose** ~ a lost cause; **in eigener** ~ on one's own behalf; ***das ist eine andere*** ~ that's another matter [*or* something else]; **beschlossene** ~ **sein** to be [all] settled [*or* a foregone conclusion]; **eine gute** ~ (*angenehm*) a good thing; (*wohltätig*) a good cause; ***das ist so eine*** ~ (*fam*) that's a bit tricky [*or* bit of a problem]; ***~n gibt's[, die gibt's gar nicht]!*** (*fam*) [well] would you credit it?, isn't it amazing?; ***es ist eine ~ seiner Abstammung*** it's a question of his origins; ■**jds** ~ **sein** to be sb's affair [*or* business]; **nicht jedermanns** ~ **sein** to be not everyone's cup of tea; ■**eine** ~ **für sich sein** to be a matter apart [*or* chapter in itself]; **mit jdm gemeinsame** ~ **machen** to make common cause with sth; **geschäftliche** ~ ÖKON business matter ❸ (*Aufgabe*) **keine halben ~n machen** to not do things by halves, to not deal in half-measures; ***er macht seine ~ gut*** he's doing well; (*beruflich*) he's doing a good job ❹ *pl* (*Eigentum*) ■**jds ~n** sb's things [*or* belongings] [*or* goods] [*or fam* stuff] *nsing;* (*Kleidung*) things, clothes, togs *fam;* **warme ~n** warm clothes [*or* clothing] *nsing* ❺ *pl* (*fam: Werke, Stücke*) pieces ❻ *pl* (*Vorfall*) things; ***mach keine ~n!*** (*fam: was du nicht sagst*) [what] you don't say?; (*tu das bloß nicht*) don't be daft! *fam;* ***was machst du bloß für ~n!*** (*fam*) the things you do!; ***was sind denn das für ~n?*** what's going on here?; ***das sind doch keine ~n!*** (*fam*) he/she/you etc. shouldn't do that ❼ JUR (*Ding*) thing, physical object; (*Fall*) case, cause; **bewegliche/unbewegliche ~n** personal property [*or* chattels] [*or* movables]/things immovable [*or* immovables]; **eingebrachte** ~ contributed item; **herrenlose** ~ derelict property, res nullius; **verbrauchbare** ~ consumable; **vertretbare** ~ fungible; **in ~n** [*o* **in der** ~] **Meier gegen Müller** in the case [of] [*or form* in re] Meier versus Müller; **zur** ~ **vernommen werden** to be questioned; **sich** *akk* **zur** ~ **äußern** to refer to the merits of the case; **eine** ~ **verhandeln/vertreten/verweisen** to hear/uphold/remit a case ❽ *pl* (*fam: Stundenkilometer*) ■**mit 255 ~n** at 255 [kph [*or* AM *sl* klicks]] ❾ (*Sachlage*) **sich** *dat* [**bei jdm/etw**] **seiner** ~ **sicher** [*o geh* **gewiss**] **sein** to be sure of one's ground; **bei der** ~ **bleiben** to keep to the point; ***die ~ ist die, dass ...*** (*es geht darum, dass ...*) the matter so far is that ...; (*einschränkend*) the thing is [that] ...; **zur** ~ **kommen** to come to the point; **neben der** ~ **liegen** (*fam*) to be beside the point; ***was ~ ist*** (*fam*) what's what *fam;* [**bei etw** *dat*] **bei der** ~ **sein** to give one's full attention [to sth]; ***er war nicht bei der Sache*** his mind was wandering; ***die ~ steht gut*** things are going [*or* shaping] well; ***die ~ steht unentschieden*** things are undecided; **nichts zur** ~ **tun** to be irrelevant, to not matter; **seine** ~ **verstehen** to know what one is doing [*or fam* is about]; ***zur ~!*** come to the point; (*in Parlament a.*) [the] question!

Sacheinlage *f* FIN contribution in kind, non-cash contribution

Sachenmehrheit *f* JUR plurality of things **Sachenrecht** *nt* JUR law of property, real law **Sachentscheidung** *f* decision on the merits

Sachertorte *f* Sacher torte

Sachfahndung *f* JUR tracing of stolen property **Sachfrage** *f meist pl* factual question **sachfremd** *adj* irrelevant **Sachfrüchte** *pl* JUR fruits *pl* of a thing **Sachgebiet** *nt* [specialized] field **sachgemäß I.** *adj* proper; **bei ~er Verwendung** when properly used **II.** *adv* properly **sachgerecht** *adj s.* **sachgemäß Sachhaftung** *f* JUR liability for risks arising from property **Sachinbegriff** *m* JUR aggregate of things **Sachkatalog** *m* subject index **Sachkenner(in)** *m(f)* expert, authority (**auf/in** +*dat* on) **Sachkenntnis** *f* expert knowledge *no pl* **Sachkonto** *nt* FIN inventory [*or* nominal] account **Sachkosten** *pl* FIN material expenses, costs of materials; **Sach- und Dienstleistungskosten** costs of materials and services **Sachkunde** *f kein pl* ❶ (*geh*) *s.* **Sachkenntnis** ❷ SCH (*fam*) *s.* **Sachkundeunterricht Sachkundeunterricht** *m* ■**der** ~ General Knowledge **sachkundig I.** *adj* [well-]informed; ■**~/~er sein** to be [well]/better informed; **sich** *akk* [**auf/in etw** *dat*] ~ **machen** to inform oneself [on sth]; **sich laufend** ~ **machen** to keep oneself informed, to keep on the ball **II.** *adv* ~ **antworten/erklären** to give an informed answer/

explanation **Sachkundige(r)** *f(m) dekl wie adj s.* **Sachkenner** **Sachlage** *f kein pl* situation, state of affairs, lie of the land *fam* **Sachlegitimation** *f* JUR legitimacy as the proper party **Sachleistung** *f* FIN payment in kind; (*Versicherung*) in-kind [*or* non-cash] benefit

sachlich I. *adj* ① (*objektiv*) objective; ■~ **bleiben** to remain objective, to keep to the point; ■~ **sein** to be objective ② (*in der Angelegenheit begründet*) factual; **ein ~er Unterschied** a factual [*or* material] difference ③ (*schmucklos*) functional; **sich** *akk* ~ **kleiden** to dress businesslike II. *adv* ① (*objektiv*) objectively; **sich ~ verhalten** to be objective ② (*inhaltlich*) factually

sächlich *adj* LING neuter

Sachlichkeit <-> *f kein pl* ① (*Objektivität*) objectivity ② KUNST, LIT **die Neue ~** new realism, neorealism

Sachmangel *m meist pl* JUR material deficiency **Sachmängelausschluss**RR *m* JUR caveat emptor, all faults **Sachmängelhaftung** *f* JUR warranty of quality, liability for defects **Sachpatent** *nt* product patent **Sachregister** *nt* subject index **Sachschaden** *m* damage to property, property damage *no indef art, no pl*

Sachse, Sächsin <-n, -n> [-ks-] *m, f* Saxon

sächseln [-ks-] *vi* (*fam*) to speak with a Saxon accent [*or* in the Saxon dialect]

Sachsen <-s> [-ks-] *nt* Saxony

Sachsen-Anhalt <-s> [-ks-] *nt* Saxony-Anhalt

Sächsin <-, -nen> *f fem form von* **Sachse**

sächsisch [-ks-] *adj* Saxon, of Saxony *pred;* ■**das S~e** Saxon

Sachspende *f* donation in kind

sacht(e) I. *adj* ① (*sanft*) gentle; ***nun mal ~e!, ~e, ~e!*** (*fam*) take it easy! ② (*geringfügig*) gentle, gradual II. *adv* ① (*sanft*) gently ② (*leicht*) gently, gradually, by degrees

Sach- und Streitstand *m* JUR position of the stage of the proceedings

Sachurteil *nt* JUR judgment on the merits [of the case] **Sachverhalt** <-[e]s, -e> *m* facts *pl* [of the case] **Sachvermögen** *nt* FIN tangible assets *pl* **Sachverstand** *m kein pl* expertise *no pl, no indef art* **sachverständig** *adj* competent, professional, expert *attr;* **~er Zeuge** expert witness **Sachverständige(r)** *f(m) dekl wie adj* expert; (*vor Gericht*) expert witness; (*für Versicherung*) surveyor, appraiser; **gerichtlich/öffentlich bestellter ~** court-appointed/publicly appointed expert; **einen ~ beauftragen/bestellen/hinzuziehen** to commission/appoint/consult an expert; **die Begutachtung durch einen ~n vornehmen lassen** to ask for an expert opinion **Sachverständigenausschuss**RR *m* committee of experts **Sachverständigenbeweis** *m* JUR expert evidence **Sachverständigengutachten** *nt* JUR expert's report, expertise, expert opinion **Sachverständigenrat** *m* expert advisory council, council [*or* panel] of experts **Sachvortrag** *m* JUR factual submissions *pl* **Sachwalter(in)** *m(f)* JUR agent, private attorney, trustee **Sachwert** *m* ① *kein pl* FIN commodity [*or* real] value; **bilanzierbarer ~** tangible assets ② *meist pl* (*Wertgegenstände*) tangible assets *spec* **Sachwertabfindung** *f* FIN non-cash compensation **Sachwertverfahren** *nt* FIN asset value method **Sachwörterbuch** *nt* specialist [*or* technical] dictionary; **~ der Gesteinskunde** dictionary of geology [*or* geological terms] **Sachwucher** *m kein pl* JUR predatory dealing **Sachzusammenhang** *m* JUR factual connection **Sachzwang** *m meist pl* material [*or* practical] constraint; **Sachzwängen unterliegen** to be constrained by circumstances; **unter ~ stehen** to be constrained by circumstances **Sachzwänge** *pl* SOZIOL **~n unterliegen** to be constrained by circumstances; **frei von ~n sein** to be unconstrained by circumstances

Sack <-[e]s, Säcke> *m* ① (*großer Beutel*) sack; **drei ~ Kartoffel/Kohlen** three sacks of potatoes/sacks [*or* bags] of coal; **etw in Säcke füllen** to put sth into sacks, to sack sth *spec* ② SÜDD, ÖSTERR, SCHWEIZ (*Hosentasche*) [trouser [*or* AM pants]] pocket; **etw im ~ haben** (*sl*) to have sth safely in one's pocket ③ (*vulg: Hoden~*) balls *npl sl* ④ (*pej fam: Kerl*) bastard *sl,* cunt *vulg* ⑤ (*Tränen~*) bag, sac[cus] *spec* ► WENDUNGEN: **in ~ und Asche gehen** (*fig geh*) to wear [*or* be in] sackcloth and ashes *liter;* **den ~ schlagen und den Esel meinen** (*prov*) to kick the dog and mean the master *prov;* **es ist leichter, einen ~ Flöhe zu hüten** (*fam*) I'd rather climb Mount Everest *fam;* **mit ~ und Pack** (*fam*) with bag and baggage; **wie ein nasser ~** (*sl*) as if poleaxed, like a limp rag; **jdn in den ~ stecken** (*fig fam*) to knock [the] spots off sb BRIT *fam*

Sackbahnhof *m s.* **Kopfbahnhof**

Säckchen *nt dim von* **Sack** small sack, bag

Säckel <-s, -> *m* SÜDD (*veraltend: Hosentasche*) pocket; **tief in den ~ greifen müssen** to have to dig deep [into one's pockets]

sacken *vi sein* ① (*sich senken*) to sink, to subside; (*zur Seite*) to lean ② (*sinken*) to sink; *Kopf a.* to droop

säckeweise *adj* by the sack/bag

Sackgasse *f* (*a. fig*) cul-de-sac, blind alley, dead end *a. fig;* **in einer ~ stecken** to have come to a dead end [*or* an impasse] **Sackgut** *nt* bagged cargo **Sackhüpfen** *nt kein pl* sack race; **~ machen** to have a sack race **Sackkarre** *f* barrow, handcart **Sackleinen** *nt* sackcloth, sacking, burlap AM **Sacktuch** *nt* ① SÜDD, ÖSTERR, SCHWEIZ (*Taschentuch*) handkerchief, hankie *fam* ② *s.* **Sackleinen**

Sadduzäer <-s, -> *m* (*Mitglied einer alten jüdischen Gemeinschaft*) Sadducee

Sadismus <-, Sadismen> *m* ① *kein pl* (*Veranlagung*) sadism ② *pl* sadism *no pl,* sadistic acts

Sadist(in) <-en, -en> *m(f)* sadist

sadistisch I. *adj* sadistic; ■~ **sein** to be sadistic II. *adv* sadistically

Sadomasochismus *m kein pl* sadomasochism, SM *no pl*

SAD-Syndrom *nt* SAD, seasonal affective disorder

säen I. *vt* ■**etw ~** ① (*aus~*) to sow sth ② (*geh: erzeugen*) to sow [the seeds of] sth II. *vi* to sow; *s. a.* **dünn** ► WENDUNGEN: **Wind ~ und Sturm ernten** to sow the wind and reap the whirlwind *dated*

Safari <-, -s> *f* safari; **eine ~ machen** to go on safari

Safarihelm *m* safari hat **Safarihemd** *nt* safari jacket **Safaripark** *m* safari park

Safe <-s, -s> [se:f] *m* safe; **einen ~ aufbrechen** to break open a safe

SafersexRR, **Safer Sex** ['seɪfə 'sɛks] *m* safer sex

Saffian *m,* **Saffianleder** <-s> *nt kein pl* morocco [leather]

Safloröl *nt* safflower oil

Safran <-s, -e> *m* ① BOT saffron [crocus] ② (*Gewürz*) saffron

Saft <-[e]s, Säfte> *m* ① (*Frucht~*) [fruit]juice *no pl* ② (*Pflanzen~*) sap *no pl;* **ohne ~ und Kraft** (*fig: von Rede*) wishywashy, insipid; (*von Mensch: lustlos*) listless ③ (*fam: Strom*) juice *fam* ► WENDUNGEN: **im eigenen ~ schmoren** (*fig fam*) to be up against a brick wall; **jdn im eigenen ~ schmoren lassen** (*fam*) to let sb stew in his own juice

Saftbräter *m* oval-shaped casserole (*with a perforated insert in the lid for channeling basting liquids to the meat*)

saftig *adj* ① (*viel Saft enthaltend*) juicy, succulent ② (*üppig*) lush ③ (*fam: in unangenehmer Weise berührend*) **ein ~er Brief** one hell of a letter, a snorter BRIT *sl;* **ein ~er Preis/eine ~e Rechnung** a steep [*or* an exorbitant] price/bill

Saftladen *m* (*pej fam*) dump *pej* **saftlos** *adj* insipid, wishywashy **Saftpresse** *f* fruit press, juice extractor **Saftsack** *m* (*pej sl*) stupid bastard *sl* [*or* BRIT *vulg* twat] **Saftzentrifuge** *f* juice extractor

Saga <-, -s> *f* saga

Sage <-, -n> *f* legend

Säge <-, -n> *f* ① (*Werkzeug*) saw ② ÖSTERR (*Sägewerk*) sawmill

Sägebauch *m* saw fish **Sägeblatt** *nt* saw blade [*or spec* web] **Sägebock** *m* ① (*Holzbock*) sawhorse, AM *a.* sawbuck ② ZOOL tile-horned prionus, Prionus coriarius *spec* **Sägefisch** *m* sawfish **Sägemehl** *nt* sawdust **Sägemesser** *nt* serrated knife **Sägemühle** *f* SÜDD (*Sägewerk*) sawmill

sagen I. *vt* ① (*äußern*) ■**etw [zu jdm] ~** to say sth [to sb]; ***warum haben Sie das nicht gleich gesagt?*** why didn't you say [*or* tell me] that [*or* so] before?; ■**~/jdm ~, dass/ob ...** to say/tell sb [that]/whether ...; ■**~/jdm ~, wann/wenn/wie/warum ...** to say/tell sb when/how/why ...; ***könnten Sie mir sagen, ...*** could you tell me ...; **schnell gesagt sein** to be easily said; ***ich will nichts gesagt haben*** forget everything I just said; **was ich noch ~ wollte, ...** just one more thing, ...; **gesagt, getan** no sooner said than done; **leichter gesagt als getan** easier said than done ② (*mitteilen*) ■**jdm etw ~** to tell sb sth; ***das hätte ich dir gleich ~ können*** I could have told you that before; **sich** *dat* **~ lassen haben, [dass] ...** to have been told [that] ...; ***wem ~ Sie das!/wem sagst du das!*** (*fam*) who are you trying to tell that?, you don't need to tell me that! ③ (*befehlen*) ■**jdm ~, dass er/man etw tun soll/muss** to tell sb to do sth/that one should/has to do sth; ■**jdm ~, wie/was ...** to tell sb how/what ...; **etwas/nichts zu ~ haben** to have the say/to have nothing to say, to call the shots *fam*/to be [a] nobody *pej;* ***das ist nicht gesagt*** that is by no means certain; ***lass dir das [von mir] gesagt sein[, ...]*** let me tell you [*or* take it from me] [...] ④ (*meinen*) ***was sagen Sie dazu?*** what do you say to it [*or* think about it]?; ***dazu sage ich lieber nichts*** I prefer not to say anything on that point; ***das kann man wohl ~*** you can say that again; ***da soll noch einer ~, [dass]*** ... never let it be said [that] ...; ***ich sag's ja immer, ...*** I always say [*or* I've always said] ... ⑤ (*bedeuten*) ■**jdm etwas/nichts/wenig ~** to mean something/to not mean anything/to mean little to sb; ***sagt dir der Name etwas?*** does the name mean anything to you?; **nichts zu ~ haben** to not mean anything; ***das will nichts/nicht viel ~*** that doesn't mean anything [*or* much] II. *vi imperativisch* ■**sag/~ Sie, ...** tell me [*or* say], ...; **genauer gesagt** or [to put [*or* putting] it] more precisely; **ich muss schon ~!** I must say!; **unter uns gesagt** between you and me, between you, me and the gatepost *hum;* **sag bloß!** (*fam*) you don't say!, get away [with you]! *fam;* ■**um nicht zu ~ ...** not to say ...; **wie [schon] gesagt, wie ich schon sagte** as I've [just [*or* already]] said [*or* mentioned] III. *vr* ■**sich** *dat* **~, [dass] ...** to tell oneself [that] ...

sägen I. *vt* ■**etw ~** to saw sth; ***er sägte den Ast in kleine Stücke*** he sawed the branch into little bits II. *vi* ① (*mit der Säge arbeiten*) to saw; ■**an etw** *dat* **~** to saw sth, to saw away at sth *iron* ② (*fam: schnarchen*) to snore, to saw wood AM

sagenhaft I. *adj* ① (*fam: phänomenal*) incredible; **~es Aussehen** stunning looks *npl* ② (*fam: unvorstellbar*) incredible; **ein ~er Preis/~er Reichtum** a staggering price/staggering wealth ③ (*geh: legendär*) legendary; **eine ~e Gestalt** a legendary figure, a figure from legend II. *adv* (*fam*) incredibly

Sägespäne *pl* sawdust; (*gröber*) wood shavings *pl* **Sägewerk** *nt* sawmill, lumbermill AM **Sägezahn** *m* saw tooth

Sago <-s> *m o nt kein pl* sago

Sagopalme *f* sago palm

sah *imp von* **sehen**

Sahara <-> [za'ha:ra, 'za:hara] *f kein pl* ■**die ~** the Sahara [Desert]

Sahelzone *f* GEOG [the] Sahel

Sahne <-> *f kein pl* cream; **saure/süße ~** sour cream/[fresh] cream; ■**mit ~** with cream; **~ zum Schlagen** whipping cream; **allererste ~** (*sl*) great *fam,* wicked *fam*

Sahneeis *nt* ice cream **Sahnemeerrettich** *m* horseradish cream sauce **Sahnesauce** *f* cream sauce **Sahnetorte** *f* cream gateau

sahnig *adj* creamy; **etw ~ schlagen** to whip [*or* beat] sth until creamy

Saibling <-s, -e> *m* arctic char[r]

Saison <-, -s *o* SÜDD, ÖSTERR -en> [zɛ'zõ:, zɛ'zɔŋ] *f* season; **außerhalb der ~** in [*or* during] the off-season

saisonal [zɛzo'na:l] **I.** *adj* seasonal; **~e Belastungen** seasonal strains; **~e Schwankungen** ÖKON seasonal variations **II.** *adv* seasonally; **~ bedingt sein** to be due to seasonal factors

Saisonarbeit *f* seasonal work **Saisonarbeiter(in)** [zɛ'zõ:, zɛ'zɔŋ] *m(f)* seasonal worker **Saisonartikel** *m* HANDEL seasonal article **saisonbedingt** *adj* seasonal; ■**~ sein** to be seasonal [*or* due to seasonal factors]; **~e Ermäßigung** ÖKON seasonal reductions; **saison- und kalenderbereinigt** ÖKON seasonally adjusted **Saisonbeginn** *m* start of the season **saisonbereinigt** *adj inv* ÖKON seasonally adjusted; **~e Angaben** seasonally adjusted figures **Saisonbereinigung** *f* ÖKON seasonal adjustment **Saisonbeschäftigte(r)** *f(m) decl wie adj* seasonal worker **Saisonbeschäftigung** *f* seasonal work **Saisonbetrieb** *m kein pl* seasonal business **Saisonende** *nt* end of season **Saisoneröffnung** *f* opening of the season **Saisonfaktoren** *pl* ÖKON seasonal factors **saisongemäß** *adj* ÖKON seasonal **Saisonschwankung** *f* ÖKON seasonal variation **saisonüblich** *adj inv* ÖKON seasonal; **~e Zunahme** seasonal gain **Saisonware** *f* ÖKON seasonal goods *pl* **Saisonzuschlag** *m* in-season [*or* seasonal] [*or* high-season] supplement

Saite <-, -n> *f* MUS string; **die ~n einer Gitarre stimmen** to tune [the strings of] a guitar ▸ WENDUNGEN: **andere** [*o* **strengere**] **~n aufziehen** (*fam*) to get tough

Saiteninstrument *nt* string[ed] instrument **Saitenwurst** *f* frankfurter

Sake <-> *m kein pl* (*japanischer Reiswein*) sake, saki

Sakko <-s, -s> *m o nt* sports jacket

sakral *adj* (*geh*) sacred, religious; **ein ~er Akt** a sacred [*or liter* sacral] act; **~e Kunst** religious [*or liter* sacral] art

Sakralbau *m* sacred [*or* ecclesiastical] building **Sakralkunst** *f* religious [*or liter* sacral] art

Sakrament <-[e]s, -e> *nt* sacrament; **das ~ der Taufe** the sacrament of baptism; **~ [noch mal]!** SÜDD (*sl*) Jesus [H. *hum*] Christ! *sl*

Sakrileg <-s, -e> *nt* (*geh*) sacrilege; **ein ~ begehen** to commit [a] sacrilege

Sakristei <-, -en> *f* sacristy, vestry

sakrosankt *adj* ❶ (*geh: unantastbar*) sacrosanct, inviolable ❷ HIST (*geheiligt*) sacrosanct

säkular *adj* ❶ (*weltlich, zeitlich*) secular ❷ ASTRON secular ❸ (*außergewöhnlich*) exceptional, outstanding

Säkularisation <-, -en> *f* secularization

säkularisieren* *vt* ■**etw ~** to secularize sth

Salamander <-s, -> *m* salamander

Salami <-, -s> *f* salami

Salamitaktik *f* (*fam*) policy of small steps (*to achieve what cannot be done in one go*), salami tactics *spec sl*

Salär <-s, -e> *nt* ÖSTERR, SCHWEIZ (*geh: Honorar*) salary

Salat <-[e]s, -e> *m* ❶ (*Pflanze*) lettuce; **~ pflanzen** to plant [*or* set] lettuce ❷ (*Gericht*) salad; **grüner ~** green [*or* lettuce] salad; **gemischter ~** mixed salad ▸ WENDUNGEN: **da** [*o* **jetzt**] **haben wir den ~!** (*fam*) now we're in a fine mess, now we've had it *fam*

Salatbesteck *nt* salad servers *pl* **Salatdressing** *nt* [salad] dressing **Salatgurke** *f* cucumber **Salatkartoffel** *f* waxy potato **Salatkopf** *m* [head of] lettuce **Salatmajonäse** *f*, **Salatmayonnaise** *f* mayonaise **Salatöl** *nt* salad oil **Salatplatte** *f* ❶ (*Teller*) salad dish ❷ (*Gericht aus Salaten*) [mixed] salad **Salatsauce** *f* salad dressing **Salatschleuder** *m* salad drainer **Salatschüssel** *f* salad bowl **Salatseiher** *m* colander **Salatsoße** *f* [salad] dressing **Salatteller** *m* salad dish **Salatzange** *f* salad tongs *npl*

Salbe <-, -n> *f* ointment, salve

Salbei <-s> *m kein pl* sage *no pl*

Salbeihonig *m kein pl* sage honey *no pl*

salben *vt* ■**jdn ~** to anoint sb

salbenartig *adj inv* ointment-like **Salbenform** *f* ointment form **Salbentopf** *m* ointment pot, gallipot *spec*

Salböl *nt* REL consecrated oil

Salbung <-, -en> *f* anointing, unction

salbungsvoll I. *adj* (*pej*) unctuous *pej* **II.** *adv* (*pej*) unctuously *pej*, with unction *pej*

Salchow <-s, -s> ['zalço] *m* (*im Eiskunstlauf*) salchow

Salden *pl von* **Saldo**

Saldenbestätigungsaktion *f* FIN verification of a/the statement **Saldenbilanz** *f* FIN trial balance sheet

Saldi *pl von* **Saldo**

saldieren* *vt* FIN ■**etw ~** to balance sth

Saldierungsverbot *nt* FIN prohibition to net debit with credit balances

Saldo <-s, -s *o* Saldi *o* Salden> *m* FIN balance, bottom line; **einen ~ ausgleichen** to balance an account; **~ der Kapitalbilanz** balance of capital transactions; **~ der laufenden Posten** balance of current items; **~ der statistisch erfassten Transaktionen** statistical balance of transactions; **aktiver/passiver ~** credit/debit balance; **~ ziehen/feststellen** to [strike a] balance/to establish a balance; **~ zu Ihren Gunsten/Lasten** your credit/debit balance

Saldoanerkenntnis *f* JUR confirmation of balance **Saldoanspruch** *m* JUR claim to the balance **Saldoausgleich** *m* FIN settlement of an account **Saldopfändung** *f* JUR sequestration of the balance **Saldoverfügung** *f* JUR decree concerning the balance **Saldovortrag** *m* FIN balance brought [*or* carried] forward **Saldowechsel** *m* FIN balance bill

Säle *pl von* **Saal**

Saline <-, -n> *f* ❶ (*Gradierwerk*) salt collector, saltern *spec* ❷ (*Salzwerk*) saltworks + *sing/pl verb*, saltern *spec*

Salizylpräparat *nt* salicylic preparation **Salizylsäure** *f* salicyclic acid

Salm <-[e]s, -e> *m* (*Lachs*) salmon

Salmiak <-s> *m o nt kein pl* ammonium chloride, sal ammoniac *spec*

Salmiakgeist <-s> *m kein pl* [household] [liquid [*or spec* aqua]] ammonia

Salmler <-s, -> *m* ZOOL characin

Salmonelle <-, -n> *f meist pl* salmonella

Salmonellenvergiftung *f* salmonella poisoning

Salmonellose <-, -n> *f* MED salmonellosis

Salomonen *pl*, **Salomoninseln** *pl* SCHWEIZ, BRD (*fam*) ■**die ~** the Solomon Islands *pl*; *s. a.* **Falklandinseln**

Salomoner(in) <-s, -> *m(f)* Solomon Islander; *s. a.* **Deutsche(r)**

salomonisch *adj* ❶ GEOG Solomon Islander [*or* Islands], Solomon; *s. a.* **deutsch** ❷ REL [worthy] of Solomon *pred*

Salomonssiegel *m* BOT Salomon's seal

Salon <-s, -s> [za'lõ:, za'lɔŋ] *m* (*geh*) drawing room, salon

salonfähig [za'lõ:, za'lɔŋ] *adj* socially acceptable; ■**nicht ~ sein** to be not socially acceptable; (*von Witz*) to be risqué [*or* objectionable]; **etw ~ machen** to make sth socially acceptable **Salonlöwe** *m* (*pej*) society man, social lion *dated* **Salonwagen** *m* BAHN Pullman [carriage]

salopp I. *adj* ❶ (*leger*) casual ❷ (*ungezwungen*) slangy **II.** *adv* ❶ (*leger*) casually; **~ angezogen gehen** to go/go around in casual clothing ❷ (*ungezwungen*) **sich ~ ausdrücken** to use slang[y] expressions [*or* language]

Salpeter <-s> *m kein pl* saltpetre [*or* AM -er] *no pl*, nitre [*or* AM -er] *no pl spec*

Salpetersäure *f kein pl* nitric acid *no pl*

Salto <-s, -s *o* Salti> *m* somersault; (*beim Turmspringen a.*) turn; **ein doppelter ~** a double somersault/turn; **~ mortale** (*im Zirkus*) death-defying leap; (*riskantes Unternehmen*) wildcat enterprise; **ein** [**dreifacher**] **~ vorwärts/rückwärts** a [triple] forwards/backwards somersault; **einen ~ machen** (*turnen*) to [do [*or* perform] a] somersault; (*sich überschlagen*) to somersault, to flip over

Salut <-[e]s, -e> *m* salute; **~ schießen** to fire a/the salute

salutieren* *vi* MIL to [give a] salute

Salutschuss^RR^ *m* MIL [gun] salute

Salvadorianer(in) <-s, -> *m(f)* Salvadoran, Salvadorean; *s. a.* **Deutsche(r)**

salvadorianisch *adj* Salvador[e]an; *s. a.* **deutsch**

salvatorisch *adj* **~e Klausel** JUR saving [*or* supplementary] clause

Salve <-, -n> [-və] *f* salvo, volley; (*Ehren~*) [gun] salute; **eine ~ abgeben** [*o* **abfeuern**] to fire [*or* give] a [gun] salute; **eine ~ auf jdn abgeben** [*o* **abfeuern**] to fire a salvo [*or* volley] at sb

Salz <-es, -e> *nt* salt; **zu viel ~ an etw** *akk* **tun** to put too much salt in [*or* to oversalt] sth; **etw in ~ legen** to salt down [*or* away] sth *sep*, to pickle sth ▸ WENDUNGEN: **jdm nicht das ~ in der Suppe gönnen** (*fam*) to begrudge sb the [very] air sb breathes

salzarm I. *adj* low-salt *attr*, with a low salt content *pred*; ■**~ sein** to have a low-salt content **II.** *adv* **~ essen/kochen/leben** to eat low-salt food/to cook low-salt fare/to live on a low-salt diet **Salzbergbau** *m* to mine for salt

Salzbergwerk *nt* salt mine **Salzbrezel** *f* pretzel

Salzburg <-s> *nt* Salzburg

salzen <salzte, gesalzen *o selten* gesalzt> **I.** *vt* ■[**jdm/sich**] **etw ~** to salt [sb's/one's] sth **II.** *vi* to add salt; ***du brauchst nicht noch extra zu ~*** you don't need to add any more salt

Salzfässchen^RR^ *nt* salt cellar BRIT, saltshaker AM **Salzfisch** *m* salt fish **Salzfleisch** *nt kein pl* salted meat *no pl* **Salzgebäck** *nt kein pl* savoury [*or* AM -ory] biscuits *pl* **Salzgehalt** *m* salt content **Salzgewinnung** *f* salt production [*or* manufacture] **Salzgurke** *f* pickled gherkin **salzhaltig** *adj* salty, saline *spec* **Salzhering** *m* salted [*or* pickled] herring

salzig *adj* ❶ (*gesalzen*) salty ❷ (*salzhaltig*) salty, saline *spec*

Salzkartoffeln *pl* boiled potatoes **Salzkorn** *nt* grain of salt **Salzlagerstätte** *f* salt [*or spec* saline] deposit **Salzlake** *f* brine, souse **salzlos I.** *adj* salt-free **II.** *adv* **~ essen** to eat no salt; **~ kochen/zubereiten** to use no salt in cooking [food]/preparing food; **~ leben** to live on a salt-free diet **Salzlösung** *f* saline [solution] *spec* **Salzmandeln** *pl* salted almonds **Salzpflanze** *f* BOT halophyte **Salzsäule** *f* pillar of salt; **zur ~ erstarren** to stand rooted to the spot **Salzsäure** *f kein pl* hydrochloric acid **Salzsee** *m* salt lake **Salzstange** *f* salt[ed] stick **Salzstock** *m* salt mine, [mined] salt deposit; GEOL salt dome *spec* **Salzstreuer** <-s, -> *m* salt cellar BRIT, saltshaker AM **Salztektonik** *f kein pl* GEOL salt tectonics + *sing vb* **Salzwasser** *nt kein pl* salt [*or* sea] water **Salzwüste** *f* salt desert [*or* flat]

SA-Mann <-Leute> [ɛs'ʔa:-] *m* stormtrooper, SA man

Samariter <-s, -> *m* Samaritan; **ein barmherziger ~** (*geh*) a good [*or* Good] Samaritan

Samarium <-s> *nt kein pl* samarium *no pl*

Samba <-s, -s> *m* samba

Sambia <-s> *nt* Zambia; *s. a.* **Deutschland**

Sambier(in) <-s, -> *m(f)* Zambian; *s. a.* **Deutsche(r)**

sambisch *adj* Zambian; *s. a.* **deutsch**

Same <-ns, -n> *m* (*geh*) *s.* **Samen**

Samen <-s, -> *m* ❶ (*Pflanzen~*) seed ❷ *kein pl* (*Sperma*) sperm, semen *no pl*; **~ ausstoßen** to ejaculate

Samenanlage *f* BOT ovule **Samenbank** *f* sperm bank **Samenblase** *f* seminal vesicle, spermatocyst *spec* **Samenerguss**^RR^ *m* ejaculation, seminal discharge *form* **Samenfaden** *m* spermatozoon *spec* **Samenflüssigkeit** *f* seminal fluid **Samenhandlung** *f* seed shop **Samenkapsel** *f* seed capsule **Samenkorn** *nt* seed **Samenleiter** <-s, -> *m* seminal duct, vas deferens *spec* **Samenpflanze** *f* BOT seed plant, spermatophyte **Samen-**

schale *f* BOT seed coat **Samenspender** *m* sperm donor **Samenstrang** *m* MED spermatic cord **Samenzelle** *f s.* **Spermium**

Sämereien *pl* seeds *pl*

sämig *adj* thick, creamy; ~ **kochen** to reduce until creamy

Sämischleder *nt* chamois leather

Sammelaktie *f* FIN multiple share certificate **Sammelalbum** *nt* [collector's] album **Sammelanschluss**[RR] *m* TELEK private [branch] exchange **Sammelband** *m* anthology **Sammelbecken** *nt* ① (*Behälter*) collecting tank ② (*Anziehungspunkt*) melting pot (+*gen*/**von** +*dat* for) **Sammelbegriff** *m* LING collective name [*or* term] **Sammelbehälter** *m* collection bin **Sammelbestellung** *f* collective [*or* joint] order **Sammelbezeichnung** *f s.* Sammelbegriff **Sammelbüchse** *f* collecting [*or* AM collection] box [*or* BRIT *esp* tin] **Sammelbuchung** *f* FIN compound journal entry **Sammeleinbürgerung** *f* JUR group naturalization **Sammelfahrkarte** *f* (*für mehrere Personen*) group ticket; (*für mehrere Fahrten*) multiple ticket **Sammelfrucht** *f* BOT multiple fruit **Sammelgenehmigung** *f* HANDEL collective authorization **Sammelkasse** *f* kitty *fam* **Sammelkonnossement** *nt* HANDEL grouped [*or* collective] bill of lading **Sammelkonto** *nt* FIN collation account **Sammelladung** *f* HANDEL consolidated shipment **Sammellager** *nt* refugee camp **Sammellinse** *f* TECH convex [*or* convergent] lens **Sammelmappe** *f* file

sammeln I. *vt* ① (*pflücken*) ■**etw** ~ to pick [*or* gather] sth ② (*auf~*) ■**etw** ~ to gather sth; **etw von der Erde** ~ to pick up sth *sep* [off the ground] ③ (*an~*) ■**etw** ~ to collect sth ④ (*ein~*) ■**etw** ~ to collect sth [in] ⑤ (*zusammentragen*) ■**etw** ~ to gather sth [in]; **Belege** ~ to retain [*or* keep] receipts ⑥ (*um sich scharen*) ■**jdn** [**um sich** *akk*] ~ to gather [*or* assemble] sb; **Truppen** ~ to gather [*or* assemble] [*or* rally] troops ⑦ (*aufspeichern*) ■**etw** ~ to gain [*or* acquire] sth; **Erinnerungen** ~ to gather memories II. *vr* ① (*zusammenkommen*) ■**sich** *akk* [**an/auf/vor etw** *dat*] ~ to assemble [at/on/in front of sth] ② (*sich anhäufen*) ■**sich** *akk* **in etw** *dat* ~ to collect [*or* accumulate] in sth ③ (*geh: sich konzentrieren*) ■**sich** ~ to collect [*or* compose] one's thoughts [*or* oneself] III. *vi* ■[**für jdn/etw**] ~ to collect [for sb/sth]

Sammelnummer *f* TELEK private exchange number **Sammelplatz** *m* assembly point **Sammelproduktion** *f* collect-run production **Sammelpunkt** *m* ① (*Treffpunkt*) assembly point ② (*Brennpunkt*) focal point **Sammelschiene** *f* bus bar **Sammelstelle** *f* ① *Gegenstände* collection [*or* collecting] point ② *Menschen* meeting point **Sammelsurium** <-s, -rien> [-riən] *nt* hotchpotch, hodgepodge AM **Sammeltaxi** *nt* [collective] taxi (*for several fares*) **Sammeltermin** *m* JUR *date for court hearing of several cases* **Sammelvermögen** *nt* JUR combined assets *pl* **Sammelverwahrung** *f* JUR collective centralized custody of securities **Sammelwaggon** *m* consolidated car **Sammelwerk** *nt* JUR compilation **Sammelwut** *f* collecting mania

Sammler(in) <-s, -> *m(f)* ① (*von Gegenständen*) collector ② (*von Beeren, Pilzen etc*) picker, gatherer

Sammlerstück *nt* collector's item **Sammlerwert** *m* value to collectors

Sammlung <-, -en> *f* ① (*Ansammlung, Kollektion*) collection ② *kein pl* (*geh: innere Konzentration*) composure *no pl*

Samoa <-s> *nt* Samoa; *s. a.* **Deutschland**

Samoaner(in) <-s, -> *m(f)* Samoan; *s. a.* **Deutsche(r)**

samoanisch *adj* Samoan; *s. a.* **deutsch**

Samowar <-s, -e> *m* samovar

Sample <-s, -s> [sɛmpl] *nt* [random] sample

Sampler <-s, -> *m* sampler

Sampling <-s, -s> ['sa:mplɪŋ] *nt* sampling

Samstag <-[e]s, -e> *m* Saturday; **verkaufsoffener** ~ (*hist*) late-closing Saturday; *s. a.* **Dienstag**

Samstagabend[RR] *m* Saturday evening; *s. a.* **Dienstag samstagabends**[RR] *adv* [on] Saturday evenings

samstägig *adj* on Saturday

samstäglich *adj* [regular] Saturday *attr;* ***wir machen heute unseren ~en Einkauf*** we're doing our [regular] Saturday shopping today

Samstagmittag[RR] *m* [around] noon on Saturday; *s. a.* **Dienstag samstagmittags**[RR] *adv* [around] noon on Saturdays **Samstagmorgen**[RR] *m* Saturday morning; *s. a.* **Dienstag samstagmorgens**[RR] *adv* [on] Saturday mornings **Samstagnachmittag**[RR] *m* Saturday afternoon; *s. a.* **Dienstag samstagnachmittags**[RR] *adv* [on] Saturday afternoons **Samstagnacht**[RR] *m* [on] Saturday night; *s. a.* **Dienstag samstagnachts**[RR] *adv* [on] Saturday nights

samstags *adv* [on] Saturdays; ~ **abends/nachmittags/vormittags** [on] Saturday evenings/afternoons/mornings

Samstagvormittag[RR] *m* Saturday morning; *s. a.* **Dienstag samstagvormittags**[RR] *adv* [on] Saturday mornings

samt I. *präp* ■~ **jdm/etw** along [*or* together] with sb/sth II. *adv* ~ **und sonders** all and sundry; ***sie/die Mitglieder wurden ~ und sonders verhaftet*** the whole bunch of them were [*or* was]/every one of the members was arrested

Samt <-[e]s, -e> *m* velvet

samtartig *adj* velvety, like velvet *pred*

samten *adj* (*geh*) velvet

Samtente *f* ORN velvet scooter **Samthandschuh** *m* velvet glove; **jdn mit ~en anfassen** (*fig fam*) to handle sb with kid gloves

samtig *adj s.* **samtweich**

sämtlich I. *adj* ① (*alle*) all; **~e Anwesenden** all those present; ***~e Unterlagen wurden vernichtet*** every one of the documents was destroyed, the documents were all destroyed ② (*ganze*) ■**jds ~e[r/s]** ... all [of] sb's ...; ***ihr ~er Besitz*** all their possessions II. *adv* all; ***sie sind ~ verschwunden*** they have all disappeared

samtweich *adj* velvety, velvet *attr,* [as] soft as velvet *pred;* ■~ **sein** to be [as] soft as velvet

Samurai <-[s], -[s]> *m* HIST samurai

Sanaa, **San'a**, **Sana** <-s> *nt* Sana'a, Sanaa

Sanatorium <-, -rien> [-riən] *nt* sanatorium, sanitarium AM

Sand <-[e]s, -e> *m* sand *no pl* ▶ WENDUNGEN: **jdm ~ in die Augen streuen** to throw dust in sb's eyes; **~ ins Getriebe streuen** to put a spanner [*or* AM wrench] in the works; **das/die gibt es wie ~ am Meer** (*fam*) there are heaps of them *fam,* they are thick on the ground *fam;* **auf ~ gebaut sein** to be built [up]on sandy ground; **etw in den ~ setzen** (*fam*) to blow sth [to hell *fam*]; **im ~e verlaufen** to peter [*or* fizzle] out, to come to nothing [*or liter* naught]

Sandale <-, -n> *f* sandal; **offene ~n** open-toed sandals

Sandalette <-, -n> *f* high-heeled sandal

Sandbank <-bänke> *f* sandbank; (*in Flussmündung a.*) sandbar **Sandblattfeile** *f* emery board **Sandboden** *m* sandy soil **Sanddorn** *m* BOT sea buckthorn **Sanddüne** *f* [sand] dune

Sandelholz *nt* sandalwood

sandfarben, **sandfarbig** *adj* sand-coloured [*or* AM -ored] **Sandfelchen** *nt* whitefish **Sandgebäck** *nt kein pl* ≈ shortbread *no pl* **Sandgrube** *f* sand pit **Sandhaufen** *m* pile of sand

sandig *adj* ① (*Sand enthaltend*) sandy, arenaceous *spec* ② (*mit Sandkörnern verschmutzt*) sandy, full of sand *pred*

Sandkasten *m* ① (*Kinderspielplatz*) sandpit BRIT, sandbox AM ② MIL sand table *spec* **Sandkastenfreund(in)** *m(f)* [early] childhood friend **Sandkastenspiel** *nt* theoretical manoeuvrings [*or* AM maneuverings] **Sandkorn** *nt* grain of sand; ■**Sandkörner** sand **Sandkuchen** *m* KOCHK plain cake (*with lemon flavouring or chocolate coating*) **Sandmann** *m* sandman **Sandmännchen** *nt* ■**das** ~ the sandman **Sandpapier** *nt* sandpaper **Sandplatz** *m* clay court **Sandregenpfeifer** *m* ORN ringed plover **Sandsack** *m* ① (*in Boxen*) punchbag ② (*zum Schutz*) sandbag **Sandstein** *m* sandstone, freestone; **roter** ~ red sandstone, brownstone AM **sandstrahlen** *vt* BAU ■**etw** ~ to sandblast sth **Sandstrahlgebläse** *nt* sandblaster **Sandstrand** *m* sandy beach **Sandsturm** *m* sandstorm

sandte *imp von* **senden**[1]

Sanduhr *f* hour glass, egg timer

Sandwich <-[s], -[e]s> ['zɛntvɪtʃ] *nt o m* sandwich, sarnie BRIT *fam*

Sandwüste *f* [sandy] desert

sanft I. *adj* ① (*sacht*) gentle; **eine ~e Berührung** a gentle [*or* soft] touch ② (*gedämpft*) gentle; **~e Beleuchtung/Farben** soft [*or* subdued] lighting/colours [*or* AM -ors]; **eine ~e Lautstärke** a soft level; **~e Musik** soft music; **eine ~e Stimme** a gentle [*or* soft] voice ③ (*leicht*) gentle, gradual ④ (*schwach*) gentle, soft ⑤ (*zurückhaltend*) gentle; *s. a.* **Gewalt** II. *adv* gently; ~ **entschlafen** (*euph geh*) to pass away peacefully *euph;* ***ruhe ~!*** rest eternal, rest in peace, R[.]I[.]P[.]

Sänfte <-, -n> *f* litter; (*17., 18.Jh.*) sedan [chair]

Sanftheit <-> *f kein pl* ① (*sanfte Wesensart*) gentleness ② (*sanfte Beschaffenheit*) *Stimme a., von Musik* softness; *Blick* tenderness

Sanftmut <-> *f kein pl* (*geh*) gentleness, sweetness [of temper]

sanftmütig *adj* (*geh*) gentle

sang *imp von* **singen**

Sang <-[e]s, Sänge> *m* (*geh*) song ▶ WENDUNGEN: **mit ~ und Klang** (*fam*) with drums drumming and pipes piping; (*iron*) disastrously; **ohne ~ und Klang** (*fam*) quietly

Sänger <-s, -> *m* (*geh*) songbird, songster

Sänger(in) <-s, -> *m(f)* singer

Sangria <-, -s> [zaŋ'gri:a] *f* KOCHK sangria

Sanguiniker(in) <-s, -> [zaŋ'gui:nikɐ] *m(f)* sanguine type [*or* person]

sanguinisch [zaŋ'gui:nɪʃ] *adj* sanguine

sang- und klanglos *adv* (*fam*) without any [*or* great] ado, unwept and unsung *a. iron*

sanieren* I. *vt* ■**etw** ~ ① (*renovieren*) to redevelop [*or sep* clean up] sth ② (*wieder rentabel machen*) to rehabilitate sth, to put sth back on an even keel II. *vr* ① (*fam: sich gesundstoßen*) ■**sich** *akk* [**bei etw** *dat*] ~ to line one's pockets [with sth] *fam* ② (*wirtschaftlich gesunden*) ■**sich** *akk* ~ to put itself [back] on an even keel

Sanierung <-, -en> *f* ① (*Renovierung*) redevelopment ② ÖKON *einer Firma, eines Industriezweiges etc.* rescue operation, turnround; FIN *eines Kontos* nursing ③ (*fam: Bereicherung*) self-enrichment ④ ÖKOL *Boden* remediation

Sanierungsarbeiten *pl* redevelopment [*or* renovation] work *no pl* **sanierungsbedürftig** *adj* MED needing treatment *pred* **Sanierungsbilanz** *f* FIN reconstruction balance sheet **Sanierungsgebiet** *nt* redevelopment area **Sanierungsgewinn** *m* FIN recapitalization gains *pl,* reorganization surplus **Sanierungskonzept** *nt* ÖKON recovery strategy, reconstruction package **Sanierungskosten** *pl* FIN costs of redevelopment **Sanierungsmaßnahme** *f* ① BAU redevelopment measure ② FIN rehabilitation measure **Sanierungsplan** *m* ÖKON redevelopment [*or* financial rescue] plan **Sanierungsprogramm** *nt* redevelopment programme [*or* AM -am] **Sanierungsrücklage** *f* FIN reserve for rescue operations

sanitär *adj attr* sanitary; **~e Anlagen** sanitation *no pl,* sanitation facilities *pl,* sanitary facilities

Sanität <-, -en> *f* ① *kein pl* ÖSTERR (*Gesundheitsdienst*) ■**die** ~ the medical service ② SCHWEIZ (*Ambulanz*) ambulance ③ ÖSTERR, SCHWEIZ (~*struppe*) medical corps

Sanitäter(in) <-s, -> *m(f)* ① first-aid attendant, paramedic ② MIL [medical] orderly

Sanitätsdienst *m* MIL ■**der** ~ the medical corps **Sanitätsflugzeug** *nt* air ambulance, flying

doctor's aircraft **Sanitätsoffizier** *m* MIL medical officer, M[.]O[.] **Sanitätswagen** *m* ambulance **Sanitätswesen** *nt kein pl* medical service[s] **Sanitätszug** *m* hospital train
sank *imp von* **sinken**
Sankt *adj inv* Saint, St[.]
Sankt Gotthard <-[s], -> *m* Saint Gotthard
Sanktion <-, -en> *f* (*fig geh*) sanction, penalty (**von** +*dat* from/by); **gegen jdn/etw ~en aufheben/verhängen** to lift/impose [*or* apply] sanctions against sb/sth; **finanzielle ~en** pecuniary sanctions; **strafrechtliche ~en** penal sanctions; **wirtschaftliche ~en** economic sanctions
sanktionieren* *vt* ■**etw** [**durch etw**] ~ ❶ (*geh: gutheißen*) to sanction [*or* approve] sth [with sth] ❷ JUR (*rechtlich bestätigen*) to sanction sth [with sth] **Sanktionsmaßnahmen** *pl* sanctions **Sanktionsrecht** *nt* JUR power [*or* right] to impose sanctions
Sankt Moritz <-> *nt* Saint Moritz
Sankt-Nimmerleins-Tag *m* ■**am** ~ (*fam*) never ever *fam;* ■**bis zum** ~ (*fam*), ■**auf den** ~ (*fam*) till doomsday
Sankt Petersburg <-s> *nt* Saint Petersburg
Sanmarinese, **Sanmarinesin** <-n, -n> *m, f* Sammarinese, San Marinese; *s. a.* **Deutsche(r)**
sanmarinesisch *adj* San Marinese, AM *a.* Sammarinese; *s. a.* **deutsch**
San Marino <-s> *nt* San Marino; *s. a.* **Deutschland**
sann *imp von* **sinnen**
Santafé de Bogotá, **Santa Fé de Bogotá** <-s> *nt* [Santa Fe de] Bogotá
Santiago de Chile <-s> [-'tʃiːle] *nt* Santiago
Santomeer(in) <-s, -> *m(f)* S<~a>otomese, AM *a.* S<~a>o Tomean; *s. a.* **Deutsche(r)**
santomeisch *adj* S<~a>otomese, AM *a.* S<~a>o Tomean; *s. a.* **deutsch**
Saphir <-s, -e> ['zaːfɪr, 'zafiːɐ, za'fiːɐ] *m* sapphire
Sappeur <-s, -e> *m* MIL SCHWEIZ sapper
Saprophyten *pl* BOT saprophytes *pl*
Sarajewo <-s> *nt* Sarajevo
Sarde, **Sardin** <-n, -> *m, f* Sardinian
Sardelle <-, -n> *f* anchovy
Sardellenpaste *f* anchovy paste
Sardin <-, -nen> *f fem form von* **Sarde**
Sardine <-, -n> *f* sardine
Sardinenbüchse, **Sardinendose** *f* tin [*or* AM can] of sardines; (*leer*) sardine-tin
Sardinien <-s> [-niən] *nt* Sardinia
sardinisch, **sardisch** *adj* Sardinian, of Sardinia *pred*
Sardisch *nt dekl wie adj* Sardinian; *s. a.* **Deutsch**
Sardische <-n> *nt* ■**das** ~ Sardinian, the Sardinian language; *s. a.* **Deutsche**
Sarg <-[e]s, Särge> *m* coffin, casket AM, box *fam*
Sargdeckel *m* coffin [*or* AM casket] lid **Sargtischler(in)** *m(f)* coffin [*or* AM casket] maker **Sargträger** *m* pallbearer
Sari <-[s], -s> *m* MODE sari, saree
Sarkasmus <-, -men> *m* ❶ *kein pl* (*Hohn*) sarcasm ❷ (*sarkastische Bemerkung*) sarcastic remark; ■**Sarkasmen** sarcastic remarks, sarcasm *no pl*
sarkastisch **I.** *adj* sarcastic, sarky BRIT *fam* **II.** *adv* sarcastically
Sarkom <-s, -e> *m* sarcoma
Sarkophag <-[e]s, -e> *m* sarcophagus
Sarkosin *nt* sarcosine
Sarong <-[s], -s> *m* MODE sarong
Saroszyklus *m* ASTRON saros
saß *imp von* **sitzen**
Satan <-s, -e> *m* ❶ *kein pl* (*Luzifer*) ■[**der**] ~ Satan, the Devil ❷ (*fam: teuflischer Mensch*) fiend ❸ (*fam: Kind*) [little] terror [*or* devil]
satanisch **I.** *adj attr* satanic, diabolical, fiendish **II.** *adv* diabolically, fiendishly; ~ **lächeln** to give a diabolical [*or* fiendish] grin
Satansbraten *m* (*hum fam*) little [*or* BRIT young] devil *hum fam* **Satansjünger** *m* apostle of Satan **Satanskult** *m* ■**der** ~ satan cult, Cult of Satan **Satansmesse** *f* black mass **Satanspilz** *m* Satan's mushroom, Boletus [*or* boletus] satanas *spec*
Satellit <-en, -en> *m* satellite
Satellitenantenne *f* satellite dish **Satellitenbild** *nt* satellite picture **Satellitendecoder** *m* satellite decoder **Satellitenempfang** *m* satellite reception *no art* **Satellitenfernsehen** *nt kein pl* satellite television *no pl* **Satellitenfoto** *nt* satellite photo [*or* picture] **satellitengestützt** *adj inv* satellite-based **Satellitenhandy** *nt* satellite mobile [phone] (*i.e. with direct access to satellites*) **Satellitenkamera** *f* satellite camera **Satellitenkommunikation** *f kein pl* satellite communication **Satellitennavigation** *f* TRANSP satellite navigation, navigation by satellite **Satellitennavigationssystem** *nt* Global Positioning System **Satellitenschüssel** *f* satellite dish **Satellitenstaat** *m* satellite state **Satellitenstadt** *f* satellite town [*or* suburb] **Satellitenstart** *m* satellite launch **Satellitenüberwachung** *f* satellite surveillance
Satin <-s, -s> [za'tɛ̃ː] *m* satin; (*aus Baumwolle*) sateen
Satinage <-, -n> [zati'naːʒə] *f* TYPO calendering, glazing
Satinbluse *f* satin blouse
satinieren *vt* ■**etw** ~ to satinize sth
Satire <-, -n> *f* ❶ *kein pl* ■[**die**] ~ satire ❷ (*Werk*) satire (**auf** +*akk* on)
Satiriker(in) <-s, -> *m(f)* satirist
satirisch *adj* satirical
satt **I.** *adj* ❶ (*gesättigt*) full [BRIT up] *pred fam,* replete *pred form,* sated *form;* ■~ **sein** to have had enough [to eat], to be full [BRIT up] *fam* [*or form* replete] [*or form* sated]; **jdn ~ bekommen** [*o fam* **kriegen**] to fill sb's belly *fam;* ***er ist kaum ~ zu kriegen*** he's insatiable; **sich** *akk* [**an etw** *dat*] ~ **essen** (*bis zur Sättigung essen*) to eat one's fill [of sth]; (*überdrüssig werden*) to have had one's fill of sth; ~ **machen** to be filling; **etw ~ bekommen** [*o fam* **kriegen**] to get fed up with sth; **jdn/etw ~ haben** [*o* **sein**] to have had enough of sb/sth, to be fed up with sb/sth *fam;* **jdn/etw gründlich ~ haben** [*o* **sein**] to be thoroughly fed up with sb/sth *fam,* to be fed up to the back teeth with sb/sth BRIT *fam* ❷ (*kräftig*) rich, deep, full ❸ (*geh: übersättigt*) sated *form;* (*selbstzufrieden*) complacent ❹ (*fam: groß, reichlich*) cool *fam;* **eine ~e Mehrheit** a comfortable majority ❺ (*fam: voll, intensiv*) rich, full; **~er Applaus** resounding applause; **ein ~es Selbstvertrauen** unshak[e]able self-confidence **II.** *adv* (*fam*) ❶ (*reichlich*) ***sie verdient Geld*** ~ she earns [more than] enough money, she's raking it in *fam* ❷ (*genug*) **~/nicht ~ zu essen haben** to have/to not have enough to eat
Sattel <-s, Sättel> *m* ❶ (*für Reittier*) saddle; **den ~ auflegen** to put on the saddle, to saddle the horse; **ohne ~ reiten** to ride bareback [*or* without a saddle]; **sich in den ~ schwingen** to leap [*or* swing oneself] into the saddle; **fest im ~ sitzen** (*a. fig*) to be firmly in the saddle; **sich im ~ halten** (*a. fig*) to stay in the saddle ❷ (*Fahrrad~*) saddle; **sich auf den ~ schwingen** to jump on[to] one's bicycle [*or fam* bike] ❸ (*Bergrücken*) saddle ❹ KOCHK saddle
Satteldach *nt* gable [*or* saddle] [*or spec* double pitch] roof **sattelfest** *adj* experienced; ■**in** [*o* **auf**] **etw** *dat* ~ **sein** (*fig*) to have a firm grasp of [*or* be well-versed in] sth; **in** [*o* **auf**] **etw** *dat* **nicht ganz ~ sein** (*fig*) to be a little [*or* bit] shaky in sth **Sattelkissen** *nt* saddle cushion
satteln *vt* ■**ein Tier** ~ to saddle an animal, to put the saddle on an animal
Sattelnase *f* MED saddle[-back]nose **Sattelrock** *m* yoke skirt **Sattelschlepper** <-s, -> *m* (*Zugmaschine*) truck [*or* AM semitrailer] [tractor]; (*Sattelzug: Zugmaschine und Aufleger*) articulated lorry BRIT, artic BRIT *fam,* semitrailer [truck] AM, semi AM *fam* **Sattelstütze** *f* saddle support **Satteltasche** *f* saddlebag **Sattelzug** *m s.* **Sattelschlepper**
Sattheit <-> *f kein pl* ❶ (*Sättigung*) repletion *form,* satiety *liter;* **ein Gefühl der ~** a feeling of repletion *form* [*or* being full] ❷ (*Saturiertheit*) complacency ❸ (*Intensität*) richness, fullness
sättigen **I.** *vt* ❶ (*geh: satt machen*) ■**jdn** ~ to satiate sb *form;* ■**sich** ~ to eat one's fill ❷ (*voll sein*) ■[**mit** [*o* **von**] **etw** *dat*] **gesättigt sein** to be saturated [with sth]; *s. a.* **Markt** **II.** *vi* to be filling
sättigend *adj* filling, satiating *form*
Sättigung <-, *selten* -en> *f* ❶ (*das Sättigen*) repletion *form;* **ein Gefühl der ~** a feeling of repletion *form;* **der ~ dienen** to serve to satisfy [one's] hunger ❷ (*Saturierung*) saturation (+*gen* of), glut (+*gen* in/on)
Sättigungsgrad *m* ❶ ÖKON (*eines Marktes*) saturation point ❷ KOCHK (*eines Lebensmittels*) repletion point *fam* **Sättigungskurve** *f* SCI S-shaped curve **Sättigungswert** *m* SCI saturation value
Sattler(in) <-s, -> *m(f)* saddler; (*Polsterer*) upholsterer
Sattlerei <-, -en> *f* saddler's; (*von Polsterer*) upholsterer's
Sattlerin <-, -nen> *f fem form von* **Sattler**
sattsam *adv* amply, sufficiently; ~ **bekannt** sufficiently [well-] known
saturiert *adj* (*geh*) complacent
Saturn <-s> *m kein pl* ■**der** ~ Saturn
Satyr <-s *o* -n, -n *o* -e> *m* satyr
Satz[1] <-es, Sätze> *m* ❶ LING sentence; (*Teil~*) clause; **keinen ~ miteinander sprechen** to not speak a word to each other; **mitten im ~** in mid-sentence ❷ JUR (*Unterabschnitt*) clause ❸ MUS movement ❹ (*Set*) set; **ein ~ Schraubenschlüssel** a set of spanners [*or* AM wrenches]; **ein ~ von 24 Stück** a 24-piece set ❺ TYPO (*Schrift~*) setting; (*das Gesetzte*) type [matter] *no pl;* **in den ~ gehen** to be sent [*or* go] in for setting; **im ~ sein** to be [in the process of] being set ❻ (*festgelegter Betrag*) rate ❼ SPORT set; (*Tischtennis*) game ❽ MATH theorem; **der ~ des Pythagoras/Thales** Pythagoras'/Thales' theorem
Satz[2] <-es, Sätze> *m* leap, jump; ■**mit einem ~** in one leap [*or* bound]; **sich** *akk* **mit einem ~ retten** to leap to safety; **in großen Sätzen davonlaufen** to bound away; **einen ~ machen** [*o* **tun**] to leap, to jump
Satz[3] <-es> *m kein pl* dregs *npl;* (*Kaffee~*) grounds *npl;* (*Tee~*) leaves *pl*
Satzanweisung *f* TYPO instructions for the typesetter **Satzball** *m* SPORT set point; (*Tischtennis*) game point **Satzband** *nt* TYPO tape of [type]setting instructions **Satzbau** <-s> *m kein pl* LING sentence construction **Satzbefehl** *m* TYPO typographical [*or* typesetting] command **Satzbreite** *f* TYPO image width, line length [*or* measure] **Satzelektronik** *f* TYPO typesetting electronics + *sing vb* **Satzfahne** *f* TYPO proof **Satzfehler** *m* TYPO compositor's [*or* keyboarding] error **satzfertig** *adj* TYPO ready for setting *pred* **Satzgefüge** *nt* LING complex [*or* compound] sentence **Satzherstellung** *f* TYPO typesetting **Satzkonstruktion** *f* LING construction of a/the sentence, syntax *no pl spec* **Satzlehre** *f kein pl* LING syntax **Satzparameter** *m* typesetting parameters **Satzrechner** *m* TYPO typesetting computer **Satzspiegel** *m* TYPO type area **Satztechnik** *f* TYPO typesetting technology **Satzteil** *m* LING part [*or* constituent] of a/the sentence
Satzung <-, -en> *f* constitution, statutes *npl;* ~ **der Gesellschaft** memorandum [and articles] of association, AM articles of incorporation; *Verein* [standing] rules *pl* [of procedure]
Satzungsänderung *f* JUR amendment of the statutes, alteration of the articles of association **Satzungsautonomie** *f* JUR autonomous regional legislation **Satzungsbestimmung** *f* JUR provision of the articles **satzungsgemäß** **I.** *adj* statutory, constitutional, according to [*or* in accordance with] the statutes/the articles/the rules *pred;* **~e Rücklagen** statutory reserves **II.** *adv* as set down in the statutes/articles/rules **Satzungsrecht** *nt* JUR statutory law **satzungswidrig** *adj inv* JUR, ADMIN unconstitutional **Satzvorbereitung** *f* TYPO copy preparation
Satzvorlage *f* TYPO [text] copy, manuscript **Satz-**

S

zeichen *nt* LING punctuation mark **Satzzusammenhang** *m* LING context [of a/the sentence]

Sau <-, Säue *o pl* -en> *f* ① (*weibliches Schwein*) sow ② (*pej sl: schmutziger Mensch*) filthy pig *fam* [*or sl* bastard] *pej;* (*Frau*) disgusting cow BRIT *pej sl;* (*Schweinehund*) bastard *pej sl;* (*gemeine Frau*) bitch *pej sl,* cow BRIT *pej sl* ► WENDUNGEN: **wie eine gesengte** ~ (*sl*) like a lunatic [*or* maniac]; **..., dass es der** ~ **graust** (*sl*) ..., it makes me/you want to puke *sl;* **jdn** [**wegen einer S.** *gen*] **zur** ~ **machen** (*sl*) to bawl sb out *fam* [because of sth], to give sb a bollocking [about sth] BRIT *sl,* to chew somebody out [about sth] AM *sl;* **die** ~ **rauslassen** (*sl: über die Stränge schlagen*) to let it all hang out *sl,* to party till one pukes *sl;* (*seiner Wut freien Lauf lassen*) to give him/her/them etc. what for; **unter aller** ~ (*sl*) it's enough to make me/you puke *sl;* **keine** ~ not a single bastard *sl*

sauber I. *adj* ① (*rein*) clean; ■ ~ **sein** to be clean; **etw** ~ **machen** to clean sth; **jdn** ~ **machen** to wash sb; **jdm/sich etw** ~ **machen** to wash sb's/one's sth; (*wischen*) to wipe sb's/one's sth; **sich die Fingernägel** ~ **machen** to clean one's fingernails; ***hier/in meinem Zimmer müsste mal wieder ~ gemacht werden*** this place/my room needs to be cleaned again ② (*unkontaminiert*) clean, unpolluted; ~**es Wasser** clean [*or* pure] water ③ (*stubenrein*) ■ ~ **sein** to be house-trained ④ (*sorgfältig*) neat; **eine** ~**e Arbeit** neat [*or* a decent job of] work ⑤ (*perfekt*) neat ⑥ (*iron fam*) fine *iron* ⑦ (*anständig*) ***bleib ~!*** (*hum fam*) keep your nose clean *fam;* **nicht ganz** ~ **sein** (*sl*) to have [got] a screw loose *hum fam;* ~, ~**!** (*fam*) that's the stuff [*or* what I like to see]! *fam* II. *adv* ① (*sorgfältig*) **etw** ~ **abfegen/ausspülen** to sweep/rinse sth clean; **etw** ~ **flicken/reparieren/schreiben** to patch/repair/write sth neatly; **etw** ~ **halten** to keep sth clean; **etw** ~ **harken** to rake sth clear [*or* neatly]; **etw** ~ **kratzen** to scour sth clean; **etw** ~ **putzen** to wash sth [clean]; (*fegen*) to sweep sth clean; **etw** [**mit etw** *dat*] ~ **scheuern** to scrub [*or* scour] sth clean [with sth]; [**sich** *dat*] **etw** ~ **schrubben** to wash [*or* scrub] one's sth; **etw** ~ **spülen** to wash [up *sep*] sth ② (*perfekt*) neatly

Sauberkeit <-> *f kein pl* ① (*Reinlichkeit*) clean[li]ness; **vor** ~ **strahlen** to be clean and shining ② (*Reinheit*) cleanness; (*von Wasser, Luft a.*) purity

Sauberkeitsfimmel *m* (*pej fam*) mania for cleaning, thing about cleaning *fam*

säuberlich I. *adj* neat; ~**e Ordnung** neat and tidy [*or hum* regimental] order II. *adv* neatly; **etw** ~ **aufräumen** to tidy up sth *sep; s. a.* **fein**

Saubermann, -frau <-männer> *m, f* (*iron fam*) moral crusader *a. iron;* (*Mann a.*) Mr[.] Clean *fam*

säubern *vt* ① (*geh: reinigen*) ■ [**jdm/sich**] **etw** ~ to clean [sb's/one's] sth; **etw wieder** ~ to get sth clean ② (*euph: befreien*) ■ **etw von etw** *dat* ~ to purge sth of sth

Säuberung <-, -en> *f* (*euph*) purge; **ethnische** ~ ethnic cleansing

saublöd(**e**) *adj* (*sl*) *s.* **saudumm** **Saubohne** *f* broad bean

Sauce <-, -n> ['zo:sə] *f s.* **Soße**

Saucenkelle *f* gravy ladle

Sauciere <-, -n> [zo'sie:rə, zo'sjɛ:rə] *f* sauce boat; (*bes mit Fleischsoße*) gravy boat

Saudiaraber(**in**) <-s, -> *m*(*f*) Saudi, Saudi-Arabian; *s. a.* **Deutsche**(**r**)

Saudi-Arabien [-biən] *nt* Saudi Arabia, Saudi *sl*

saudiarabisch *adj* Saudi, Saudi-Arabian; *s. a.* **deutsch**

saudumm I. *adj* (*sl*) damn stupid *fam;* (*von Mensch a.*) as thick as pigshit [*or* two short planks] *pred* BRIT *fam* II. *adv* (*sl*) ~ **fragen** to ask stupid questions; **sich** ~ **verhalten** to behave like a stupid idiot *fam*

sauen *vi* (*sl*) ■ [**mit etw** *dat*] ~ to mess up the place [with sth], to make a mess

sauer I. *adj* ① (*nicht süß*) sour; **saure Drops** acid drops; **saure Früchte** sour [*or* tart] fruit *no pl;* **saurer Wein** sour [*or* BRIT rough] wine; ■ ~ **sein** to be sour/tart/BRIT rough ② (*geronnen*) **saure Milch** sour milk; ■ ~ **sein/werden** to be [*or* have turned]/turn sour; ***die Milch ist ~*** the milk is [*or* has turned] sour/is off; *s. a.* **Sahne** ③ (~ *eingelegt*) pickled; **etw** ~ **einlegen** to pickle sth ④ (*Humussäure enthaltend*) acidic ⑤ (*Säure enthaltend*) acid[ic]; **saurer Regen** acid rain ⑥ (*fam: übel gelaunt*) mad *fam,* pissed off *pred,* pissed *pred* AM *sl;* **ein saures Gesicht machen** to look mad *fam* [*or* AM *sl* pissed]; ■ ~ [**auf jdn/etw**] **sein/werden** to be/be getting mad *fam* [*or* AM *sl* pissed] [at sb/sth], to be pissed off [with sb/sth] *sl;* ■ ~ **sein, dass/weil ...** to be mad *fam* [*or* AM *sl* pissed] that/because II. *adv* ① (*mühselig*) the hard way; ~ **erworbenes Geld** hard-earned money ② (*fam: übel gelaunt*) ~ **antworten** to snap out an answer; ~ **reagieren** to get mad *fam* [*or* AM *sl* pissed]

Sauerampfer <-, -n> *m* sorrel **Sauerbraten** *m* *beef roast marinated in vinegar and herbs,* sauerbraten AM

Sauerei <-, -en> *f* (*sl*) ① (*sehr schmutziger Zustand*) God-awful mess *fam* ② (*unmögliches Benehmen*) [downright [*or* BRIT *fam* bloody]] disgrace ③ (*Obszönität*) filthy joke/story

Sauerkirsche *f* sour cherry **Sauerkirschmarmelade** *f* sour cherry jam **Sauerklee** *m* BOT wood sorrel **Sauerkraut** *nt,* **Sauerkohl** *m* DIAL sauerkraut, pickled cabbage **Sauerland** <-[e]s> *nt* Sauerland

säuerlich I. *adj* ① (*leicht sauer*) [slightly] sour; ~**e Früchte** [slightly] sour [*or* tart] fruit *no pl* ② (*übel launig*) annoyed; **ein** ~**es Lächeln** a sour [*or* bitter] smile; ■ ~ **sein** to be annoyed [*or fam* mad] II. *adv* ① (*leicht sauer*) ~ **schmecken** to taste sour/tart ② (*übel launig*) sourly; ~ **reagieren** to get mad *fam*

Sauermilch *f* sour [*or* curdled] milk

säuern I. *vt* ■ **etw** [**mit etw**] ~ to sour sth [*or* make sth sour] [with sth]; (*konservieren*) to pickle sth [with sth] II. *vi* to [turn [*or* go]] sour

Sauerrahm *m* sour[ed BRIT] cream

Sauerstoff *m kein pl* oxygen *no pl*

Sauerstoffapparat *m* oxygen [*or* breathing] apparatus **sauerstoffarm** *adj* low in oxygen *pred;* (*zu wenig*) oxygen-deficient; ~**e Luft** stale air; ■ ~ **sein/werden** (*von Luft in größeren Höhen*) to be/become thin **Sauerstoffatom** *nt* oxygen atom **Sauerstoffbedarf** *m* oxygen demand **Sauerstoffflasche**[RR] *f,* **Sauerstofflasche** *f* oxygen cylinder; (*kleiner a.*) oxygen bottle [*or* flask] **Sauerstoffgehalt** *m* oxygen content **Sauerstoffgerät** *nt* ① (*Atemgerät*) breathing apparatus ② MED (*Beatmungsgerät*) respirator **sauerstoffhaltig** *adj* containing oxygen *pred,* oxygenous *spec,* oxygenic *spec;* ■ ~ **sein** to contain oxygen, to be oxygenous [*or* oxygenic] *spec* **Sauerstoffmangel** *m kein pl* lack of oxygen; **ein akuter** ~ oxygen deficiency *no pl* **Sauerstoffmaske** *f* oxygen mask **Sauerstoffmessfühler**[RR] *m* AUTO oxygen sensor, lambda probe [*or* sensor] **sauerstoffreich** *adj* rich in oxygen *pred,* oxygen-rich *attr;* ■ ~ **sein** to be rich in oxygen **Sauerstoffschuld** *f* BIOL oxygen debt **Sauerstofftherapie** *f* MED oxygen therapy **Sauerstoffverbrauch** *m* oxygen consumption, consumption of oxygen **Sauerstoffzelt** *nt* oxygen tent; **unter einem** ~ in an oxygen tent

Sauerteig *m* sourdough, leaven[ing]

Saufbold <-[e]s, -e> *m* (*pej sl*) drunk[ard], pisshead BRIT *pej sl,* piss artist BRIT *sl*

saufen <säuft, soff, gesoffen> I. *vt* ■ **etw** ~ ① (*sl*) to drink sth; (*schneller*) to knock back sth *sep fam* ② (*Tiere*) to drink sth II. *vi* ① (*sl: trinken*) to drink, to [be/go on the] booze *fam,* to be/go on the piss BRIT *sl* ② (*sl: Alkoholiker sein*) to drink, to take to the bottle; ■ **das S~** drinking ③ (*Tiere*) to drink; (*zu Wasser geführt*) to be watered; *s. a.* **Loch**

Säufer(**in**) <-s, -> *m*(*f*) (*sl*) drunk[ard], boozer *fam,* pisshead BRIT *pej sl,* piss artist BRIT *sl*

Sauferei <-, -en> *f* (*sl: Besäufnis*) booze-up *fam,* piss-up BRIT *sl;* (*übermäßiges Trinken*) drinking *no art, no pl,* boozing *no art, no pl fam*

Säuferin <-, -nen> *f fem form von* **Säufer**

Säuferleber *f* (*fam*) gin drinker's liver *fam* **Säufernase** *f* (*fam*) whisky [*or* brandy] nose

Saufgelage *nt* (*pej fam*) booze-up *fam,* piss-up BRIT *sl* **Saufkumpan**(**in**) *m*(*f*) (*sl*) drinking pal [*or* AM buddy], fellow drinker

säuft *3. pers pres von* **saufen**

saugen <sog *o* saugte, gesogen *o* gesaugt> I. *vi* ① (*Staub* ~) to vacuum, to hoover BRIT ② (*ein~*) ■ [**an etw** *dat*] ~ to suck [[on] sth] II. *vt* ① (*Staub* ~) ■ **etw** ~ to vacuum [*or* BRIT hoover] sth ② (*ein~*) ■ **etw** [**aus etw**] ~ to suck sth [from sth]; *s. a.* **Finger**

säugen *vt* ① (*veraltend: stillen*) ■ **jdn** ~ to suckle [*or* breast-feed] [*or old* give the breast to] sb ② (*Tier*) ■ **ein Junges** ~ to suckle its young

Sauger <-s, -> *m* ① (*auf Flasche*) teat, nipple AM ② (*fam: Staub~*) vac *fam,* to vacuum clean [*or fam* hoover]

Säuger <-s, -> *m* (*geh*), **Säugetier** *nt* mammal[ian *spec*]

saugfähig *adj* absorbent; ■ ~ **sein** to be absorbent

Saugfähigkeit *f kein pl* absorbency **Saugflasche** *f* feeding [*or* baby['s]] bottle **Saugglockengeburt** *f* suction [*or* ventouse] delivery **Saugheber** *m* siphon **Saugkraft** *f kein pl* absorbency, absorbent properties

Säugling <-s, -e> *m* baby, infant, form

Säuglingsalter *nt* ■ **das** ~ babyhood, infanthood *form* **Säuglingsbekleidung** *f* baby clothes *npl,* babywear *no pl* **Säuglingsheim** *nt* home for babies **Säuglingsnahrung** *f* baby food **Säuglingspflege** *f kein pl* baby [*or form* infant] care *no pl* **Säuglingsschwester** *f* baby [*or* infant] nurse **Säuglingsstation** *f* baby ward [*or* unit] **Säuglingssterblichkeit** *f kein pl* infant mortality *no pl*

Saugmotor *m* AUTO naturally aspirated engine **Saugnapf** *m* suction cup, sucker BRIT **Saugreflex** *m* BIOL suckling reflex **Saugrohr** *nt* AUTO induction pipe **Saugrüssel** *m* ① (*von Insekt*) proboscis pl probosces *spec* ② (*an Tankstelle*) suction tube **Saugwurm** *m* ZOOL trematode

Sauhaufen *m* (*pej sl*) bunch of [useless] layabouts [*or* BRIT *pej fam* piss-artists] [*or* AM lazy bums]

säuisch *adj* (*sl*) ① (*abwertend*) filthy; **ein** ~**er Typ** a bastard *sl;* **ein** ~**er Witz** a filthy joke ② (*stark, groß*) ~ **Kälte/~es Glück** bloody cold/lunch *sl* ③ (*intensivierend*) ***er fühlte sich ~ wohl*** he felt bloody good *sl*

saukalt *adj* (*sl*) damn *fam* [*or* BRIT *sl* bloody] cold [*or* freezing]; ■ ~ **sein** to be damn *fam* [*or* BRIT *sl* bloody] cold [*or* freezing], to be brass monkey weather BRIT *sl* **Saukälte** *f* (*sl*) damn *fam* [*or* BRIT *sl* bloody] cold [*or* freezing] weather, brass monkey weather *no art* BRIT *sl* **Saukerl** *m* (*sl*) bastard *sl,* cunt *vulg*

Säule <-, -n> *f* ① ARCHIT column, pillar; **die** ~**n des Herkules** the Pillars of Hercules ② (*Bild~*) statue ③ (*geh: Stütze*) pillar; **die** ~**n der Gesellschaft** the pillars [*or* backbone] of society ④ (*fam: Zapf~*) petrol [*or* AM gas] pump

Säulendiagramm *nt* ÖKON bar chart

säulenförmig I. *adj* column-shaped, columnar *spec* II. *adv* ~ **wachsen** to grow in a column/columns **Säulenfuß** *m* base, plinth **Säulengang** *m* colonnade; (*mit Innenhof*) peristyle *spec* **Säulenhalle** *f* columned hall **Säulenkapitell** *nt* capital [of a/the column] **Säulenschaft** *m* shaft [of a/the column] **Säulentempel** *m* colonnaded temple; (*rundförmig*) monopteros *spec*

Saulus <-> *m* ■ [**der**] ~ Saul ► WENDUNGEN: **vom** ~ **zum Paulus werden** (*geh*) to have seen the light *a. hum*

Saum <-[e]s, Säume> *m* ① (*umgenähter Rand*) hem ② (*geh: Rand*) edge, margin, marge *old liter*

saumäßig I. *adj* (*sl*) ① (*unerhört*) bastard *attr sl* ② (*miserabel*) lousy *fam,* shitty *sl* II. *adv* (*sl*) like hell *fam;* ~ **bluten** to bleed like hell *fam;* (*von Mensch a.*) to bleed like a [stuck] pig; ~ **kalt/schwer** bastard [*or* BRIT *sl* bloody] cold/heavy; **etw** ~ **schlecht machen** to make a pig's ear of sth BRIT *fam,* to screw something up royally AM; ***die Prüfung war ~ schwer*** the exam was a [real] bastard *sl*

säumen I. *vt* ■etw ~ ① (*Kleidung*) to hem sth ② (*geh: zu beiden Seiten stehen*) to line sth; (*zu beiden Seiten liegen*) to skirt sth II. *vi* (*geh*) to tarry *liter;* ■ohne zu ~, ■ohne S~ without delay

säumig *adj* FIN (*geh*) **ein ~er Schuldner/Zahler** a slow [*or* defaulting] debtor, a defaulter; **ein ~er Zahler sein** to be behind[hand BRIT] with one's payments

Säumigkeit *f* JUR dilatoriness

Säumnis <-, -se *o wenn nt* -ses, -se> *f o nt* JUR default, delay; ~ **im Termin** failure to appear in court, non-appearance at a trial

Säumnisgebühr *f* JUR, FIN default fine **Säumnisurteil** *nt* JUR default judgment **Säumnisverfahren** *nt* JUR default proceedings *pl* **Säumniszinsen** *pl* FIN interest on arrears **Säumniszuschlag** *m* ADMIN surcharge on overdue payment

Saumpfad *m* mountain trail, bridle path **Saumtier** *nt* pack animal

Sauna <-, -s *o* Saunen> *f* sauna; **in die ~ gehen** to go for a sauna; **gemischte ~** mixed[-sex] sauna

saunieren* *vi* to have [*or* take] a sauna, to sauna

Saure(s) *nt dekl wie adj* etwas/nichts *~s*, something/nothing sour; *gib ihm ~s!* (*fig sl*) let him have it! *fam*

Säure <-, -n> *f* ① CHEM acid ② (*saure Beschaffenheit*) sourness, acidness, acidity

säurebeständig *adj inv* acid-resistant **Säureblocker** <-s, -> *m* MED, PHARM anti-acid **säurefrei** *adj Papier* acid-free

Saure-Gurken-ZeitRR *f*, **Sauregurkenzeit** *f* (*fam*) silly season

säurehaltig *adj inv* acid[ic] **Säurehemmer** *m* MED acid inhibitor **Säureschutzmantel** *m* protective layer of the skin **Säurestrom** *m* ÖKOL flow of acid

Saurier <-s, -> [-riɐ] *m* dinosaur, saurian *spec*

Saus *m* **in ~ und Braus leben** to live it up, to live like a lord [*or* AM king]

Sause <-, -n> *f* (*sl: Feier*) piss-up BRIT *sl;* (*Zechtour*) pub crawl BRIT *fam*, bar hopping AM; **eine ~ machen** to go on a pub crawl BRIT, to go bar-hopping AM

säuseln I. *vi* ① (*leise sausen*) ■[**in etw** *dat*] ~ to sigh [*or* whisper] [in sth]; **in den Blättern ~** to rustle the leaves ② (*geh: schmeichelnd sprechen*) to purr II. *vt* (*geh*) ■**etw ~** to purr sth; *s. a.* **Ohr**

sausen *vi* ① *haben* (*von Wind*) to whistle, to whine; (*von Sturm*) to roar; ■**das S~** the whistling/whining/roaring ② *sein* (*von Kugel, Peitsche*) to whistle; **die Peitsche ~ lassen** to strike out with the whip ③ *sein* (*fam: sich schnell bewegen*) ■**irgendwohin ~** to dash somewhere ④ *sein* (*schnell fahren*) ■**irgendwohin ~** to roar [*or* zoom] [off] somewhere ⑤ (*sl*) **einen ~ lassen** to let off [a fart] *sl*, to let one off *sl* ⑥ (*nicht bestehen*) **durch ein Examen ~** to fail [*or fam* flunk] an exam ⑦ (*fam: sein lassen*) **etw ~ lassen** to forget sth ⑧ (*fam: gehen lassen*) **jdn ~ lassen** to drop sb

Sauser <-s, -> *m* SCHWEIZ (*neuer Wein*) fermented grape juice

Sauseschritt *m* (*fig fam*) **im ~** (*äußerst rasch, geschwind*) [in] double-quick [time] *fam*

Saustall *m* (*sl*) pigsty *fam*

saustark *adj* (*sl*) wicked *fam*

sautieren *vt* ■**etw ~** to sauté sth

Sauwetter *nt* (*sl*) bloody awful [*or sl* bastard] weather *no indef art* BRIT

sauwohl *adj* ■**jd fühlt sich ~** (*sl*) ■**jdm ist ~ zumute** (*sl*) sb feels really [*or* BRIT *sl* bloody] good [*or* AM *fam* like a million bucks]

Savanne <-, -n> [-va-] *f* savanna[h]

Saxophon <-[e]s, -e> *nt*, **Saxofon**RR <-[e]s, -e> *nt* saxophone, sax *fam*

Saxophonist(in) <-en, -en> *m(f)*, **Saxofonist(in)** <-en, -en> *m(f)* saxophone [*or fam* sax] player, saxophonist

SB *f Abk von* **Selbstbedienung** self-service

S-Bahn ['ɛs-] *f* suburban train

S-Bahnhof *m* S-bahn station (*suburban station*)

S-Bahn-Linie *f* suburban line **S-Bahn-Netz** *nt* suburban rail[way] network **S-Bahn-Zug** *m* suburban train

SBB ['ɛsbe:be:] *f Abk von* **schweizerische Bundesbahn** ≈ BR BRIT, ≈ Amtrak AM

SB-Bank *f* self-service bank

s.Br. *Abk von* **südlicher Breite** S; *s. a.* **Breite 5**

SB-Tankstelle *f* self-service petrol [*or* filling] [*or* AM gas] station

sc. ① *Abk von* **scilicet** sc. ② *Abk von* **sculpsit** sc.

Scad-Diving <-s> ['skɛd daɪvɪŋ] *nt kein pl* SPORT scad diving (*unattached free fall into a net-like device from a height of around 50 metres*)

Scampi *m* scampi

Scanfunktion *f* INFORM scanning function **Scanleiste** *f* INFORM scanning bar

scannen ['skɛnən] *vt* ■**etw ~** to scan sth

Scanner <-s, -> ['skɛnɐ] *m* INFORM scanner; **etw mit dem ~ einlesen/in den Computer einlesen** to scan in sth *sep*/to scan sth into the computer

Scannerkasse *f* electronic checkout **Scannerprogramm** *nt* INFORM scanner program

Scanning <-[s]> ['skɛnɪŋ] *nt kein pl* INFORM scanning *no pl, no indef art*

Schabe <-, -n> *f* cockroach, roach AM *fam*

Schabefleisch *nt* DIAL (*Rindergehacktes*) minced steak BRIT, ground beef AM

schaben *vt* ■**etw ~** to scrape sth; **Bartstoppeln ~** to scrape off stubble *sep;* **ein Fell ~** to shave [*or spec* flesh] a hide

Schaber <-s, -> *m* scraper

Schabernack <-[e]s, -e> *m* (*veraltend*) prank, practical joke; **jdm einen ~ spielen** to play a prank [*or* practical joke] on sb; **aus ~** for a laugh

schäbig *adj* ① (*unansehnlich*) shabby ② (*gemein*) mean, rotten *fam;* ■**~ [von jdm] sein** to be mean [*or fam* rotten] [of sb]; *wie ~!* that's mean [*or fam* rotten] of him/her/you etc. ③ (*dürftig*) paltry; **ein ~er Lohn** peanuts *npl fam*, chickenshit BRIT *sl; **das hier ist der ~e Rest*** that's all that's left of it

Schablone <-, -n> *f* ① (*Vorlage*) stencil; **nach ~** (*fig fam*) according to pattern; **nach ~ arbeiten** (*fam*) to work mechanically; **nach ~ vor sich gehen** (*fam*) to follow the same routine ② (*Klischee*) cliché; **in ~n denken** to think in a stereotyped way [*or* in stereotypes]

schablonenhaft I. *adj* (*pej*) hackneyed *pej*, cliché *pred;* **~es Denken** stereotyped thinking II. *adv* (*pej*) **sich ~ ausdrücken** to use hackneyed expressions *pej* [*or* clichés]; **~ denken** to think in a stereotyped way

Schabracke <-, -n> *f* ① (*Fensterbehang*) pelmet ② (*Satteldecke*) saddlecloth ③ (*pej fam: alte Frau*) hag ④ BAU valance

Schach <-s> *nt kein pl* (*Spiel*) chess *no art, no pl;* (*Stellung*) check!; **eine Partie ~** a game of chess; ***~ und matt!*** checkmate!, [check and] mate *fam;* **jdm ~ bieten** to put sb in check, to check sb; **~ spielen** to play chess; **im ~ stehen** [*o* **sein**] to be in check; **jdm/etw ~ bieten** (*fig geh*) to thwart [*or* foil] sb/sth; **jdn [mit etw] in ~ halten** (*fig*) to keep sb in check [*or* at bay] [with sth]; **jdn mit einer Schusswaffe in ~ halten** to cover sb [*or* keep sb covered] [with a firearm]

Schachblume *f* BOT snake's head fritillary

Schachbrett *nt* chessboard **schachbrettartig** I. *adj* chequered BRIT, checkered AM II. *adv* **~ gemustert sein** to have a chequered pattern **Schachbrettmuster** *nt* chequered [*or* AM check[ered]] pattern **Schachcomputer** *m* chess computer

Schacher <-s> *m kein pl* (*pej*) ■**der ~ [um etw]** haggling [over sth]; POL horsetrading [over sth] *pej;* **~ um etw treiben** to haggle over sth; POL to horsetrade over sth *pej*

Schacherer, **Schacherin** <-s, -> *m, f* (*pej*) haggler

schachern *vi* (*pej*) ■[**mit jdm**] **um etw ~** to haggle [with sb] over sth; POL to horsetrade [with sb] over sth *pej*

Schachfigur *f* ① (*Spielfigur*) chess piece, chessman ② (*Mensch*) pawn **Schachgroßmeister** *m* chess grand master **schachmatt** *adj* ① (*Stellung im Schach*) checkmate, mate *fam;* **jdn ~ setzen** (*a. fig*) to checkmate [*or fam* mate] sb; *~!* checkmate, [check and] mate *fam* ② (*erschöpft*) ■**~ sein** (*fig*) to be exhausted [*or fam* dead beat] **Schachpartie** *f* game of chess **Schachspiel** *nt* ① (*Brett und Figuren*) chess set ② (*das Schachspielen*) ■**das ~** chess **Schachspieler(in)** *m(f)* chess player; **~[in] sein** to play chess

Schacht <-[e]s, Schächte> *m* ① BERGB shaft; *Brunnen* well ② (*Papiernachfüllmagazin*) paper tray

Schachtel <-, -n> *f* ① (*kleine Packung*) box; **eine ~ Zigaretten** a packet [*or* AM pack] of cigarettes ② (*Frau*) **alte ~** (*sl*) old bag *pej sl*

Schachtelbeteiligung *f* FIN intercompany [*or* AM intercorporate] participation **Schachtelertrag** *m* FIN intercompany [*or* AM intercorporate] income **Schachtelgesellschaft** *f* JUR interlocking company, AM consolidated corporation

Schachtelhalm *m* BOT horsetail, mare's tail

Schachtelprivileg *nt* FIN affiliation [*or* AM intercorporate] privilege **Schachtelunternehmen** *nt* HANDEL interrelated company BRIT, consolidated corporation AM

schächten *vt* ■**ein Tier ~** to slaughter an animal (*in accordance with Jewish rites*); ■**das S~** kosher butchering

Schachturnier *nt* chess tournament **Schachzug** *m* ① SCHACH move, half-move *spec* ② (*fig: Manöver*) move, manoeuvre BRIT, maneuver AM

schade *adj pred* ① (*bedauerlich*) [**das ist aber**] **~!**, ***wie ~!*** what a pity [*or* shame], that's too bad; ***ich finde es ~, dass …*** [I think] that's a shame [*or* pity] /it's a shame [*or* pity] that; ■[**wirklich/zu**] **~, dass …** it's [really] a pity [*or* a shame] [*or* too bad] that …, it's a [real [*or* great]] pity [*or* shame] that …, it's [just] too bad that …; ■**es ist ~ um jdn/etw** it's a shame [*or* pity] about sb/sth ② (*zu gut*) ■**für jdn/etw zu ~ sein** to be too good for sb/sth; ■**sich** *dat* **für etw** *akk* **zu ~/nicht zu ~ sein** to think [*or* consider] oneself too good for sth/to not think [*or* consider] sth [to be] beneath one; ■**sich** *dat* **für nichts zu ~ sein** to consider nothing [to be] beneath one, to take on anything

Schädel <-s, -> *m* ① (*Totenkopf, Tier~*) skull; (*von Mensch a.*) cranium *spec* ② (*fam: Kopf*) head, bonce BRIT *fam;* [**mit etw** *dat*] **eins auf den ~ bekommen** to get one over [*or fam* round] the head [from sth]; **jdm den ~ einschlagen** to smash sb's skull [*or* head] in; [**von etw** *dat*] **einen dicken ~ haben** (*fam*) to have a hangover [*or* be hung-over] [from sth]; **jdm brummt der ~** (*fam: Kopfschmerzen haben*) sb's head is throbbing; (*nicht mehr klar denken können*) sb's head is buzzing [*or* going round and round]; **sich** *dat* [**an etw** *dat*] **den ~ einrennen** (*fam*) to crack one's skull [against sth]; (*wiederholt*) to beat one's head [against sth]

Schädelbasis *f* MED skull base, base of the skull, cranial floor *spec* **Schädelbasisbruch** *m* fracture of the skull base, base [*or spec* basilar] skull fracture **Schädelbruch** *m* fractured skull, fracture of the skull **Schädeldecke** *f* MED roof [*or* top] of the skull, skullcap, calvaria *spec* **Schädelform** *f* shape of the skull **Schädelgröße** *f* size of the skull **Schädelknochen** *m* skull [*or spec* cranial] bone **Schädelnaht** *f* MED suture

schaden *vi* ■**jdm/sich ~** to do harm to sb/oneself; ■**etw** *dat*/**etw** *dat* **sehr ~** to damage/to do great damage to sth; ***Arbeit hat noch keinem geschadet*** (*fam*) work never did [*or* has never done] anybody any harm; **es kann nichts ~, wenn jd etw tut** it would do no harm if sb does sth/for sb to do sth; **schadet das was?** (*fam*) so what?

Schaden <-s, Schäden> *m* ① (*Sach~*) damage *no indef art, no pl* (**durch** +*akk* caused by); (*Verlust*) loss; **absichtlich herbeigeführter ~** wilful damage; **eingetretener ~** detriment incurred; **ideeller ~** non-pecuniary damage; **immaterieller ~** intangible damage; **mittelbarer ~** consequential [*or* indirect] damage; **einen ~** [*o* **Schäden**] [**in Höhe von etw** *dat*] **verursachen** to cause damage [amounting to

S

sth]; **jdm/etw ~ zufügen** to harm sb/to harm [*or* damage] sth; **es soll jds ~ nicht sein** it will not be to sb's disadvantage, sb won't regret it; **~ anrichten/erleiden** to cause/suffer damage; **für einen ~ haften** to be liable for a loss; **~ nehmen** to suffer damage ❷ (*Verletzung*) injury; **[bei etw** *dat*] **zu ~/nicht zu ~ kommen** (*geh*) to be hurt [*or* injured] [in sth]/to not come to any harm [in sth]; **Schäden aufweisen** MED to exhibit lesions *spec;* (*fehlerhaft sein*) to be defective [*or* damaged] ▶ WENDUNGEN: **wer den ~ hat, braucht für den Spott nicht zu sorgen** (*prov*) don't mock the afflicted; **aus [***o* **durch] ~ wird man klug** (*prov*) once bitten twice shy *prov,* you learn by [*or* from] your mistakes

Schadenersatz, Schadensersatz *m* JUR compensatory damages, compensation [for damages]; **~ wegen Nichterfüllung** damages for non-performance; **auf ~ erkennen** to award damages; **~ fordern** to claim damages; **[jdm] [für etw** *dat* **[***o* **wegen einer S.** *gen*]] **~ leisten** to pay [sb] damages [for sth]; **jdn auf ~ verklagen** to sue sb for damages; **~ zuerkennen** to award damages **Schadenersatzanspruch** *m* JUR claim for damages [*or* compensation]; **Schadenersatzansprüche geltend machen** to claim damages **Schadenersatzklage** *f* JUR suit [*or* action] for damages; **~ wegen eines Verkehrsunfalls** action to recover accident damages; **~ wegen Nichterfüllung** action for damages due to non-performance **Schadenersatzpflicht** *f* JUR liability for damages; **die ~ ablehnen** to disclaim liability **schadenersatzpflichtig** *adj inv* liable for damages **Schadenersatzrecht** *nt* JUR civil damages law **Schadenersatzurteil** *nt* JUR damage award

Schadenfeststellung *f* JUR assessment of damages **Schadenfolgekosten** *pl* FIN consequential costs **schadenfrei I.** *adj* damage-free *attr,* claim-free *attr* BRIT **II.** *adv* **~ fahren** to have never had an accident when driving **Schadenfreiheitsrabatt** *m* (*geh*) no-claim[s] bonus BRIT

Schadenfreude *f* malicious joy, gloating, schadenfreude *liter*

schadenfroh I. *adj* malicious, gloating; **eine ~e Stimme** a voice full of gloating; ■ **~ sein** to delight in others' misfortunes **II.** *adv* **~ grinsen** to grin with gloating

Schadenhöhe *f* JUR extent [*or* amount] of damage **Schadenrechnung** *f* FIN claims statement

Schadensabteilung *f* ÖKON (*selten*) claims department **Schadensabwicklung** *f* FIN claims settlement [*or* adjustment] **Schadensanzeige** *f* notice of a claim, notification of a loss **Schadensbegrenzung** *f* loss [*or* damage] limitation; ■ **zur ~** to limit the losses [*or* damage] **Schadensbemessung** *f,* **Schadensberechnung** *f* assessment of damage **Schadensbesichtigung** *f* damage survey **Schadenseintritt** *m* occurrence of damage [*or* loss] **Schadenseintrittsort** *m* place where the damage was incurred **Schadensermittlung** *f* ascertainment of damages **Schadensersatz** *m s.* Schadenersatz **Schadensersatzanspruch** *m s.* Schadenersatzanspruch **Schadensersatzpflicht** *f s.* Schadenersatzpflicht **Schadensfall** *m* case of damage; (*Versicherung*) claim; **Schadensfälle bearbeiten** to handle claims; **im ~** in the event of damage **Schadensfeststellung** *f* assessment of damages **Schadensfolgen** *pl* consequential damages **Schadenshaftung** *f* JUR liability for losses [*or* damages] **Schadenshäufung** *f* loss cumulation **Schadensherabsetzung** *f,* **Schadensminderung** *f* minimizing a loss **Schadenshöhe** *f* extent of damage, amount of loss; **durchschnittliche ~** loss ratio **Schadensmeldung** *f* FIN (*Versicherung*) notice of claim [*or* damage] **Schadensminderungspflicht** *f* duty to reduce the damage **Schadenspauschalierung** *f* FIN lump-sum loss arrangement **Schadensregulierer** *m* claims adjuster **Schadensregulierung** *f* claims settlement [*or* adjustment] **Schadenssumme** *f* [financial] damage **Schadensumfang** *m* extent of damage [*or* loss] **Schadensverhütung** *f* damage prevention **Schadensversicherung** *f* FIN insurance against losses **Schadensverursachung** *f* perpetration of a damage **Schadenszufügung** *f* causing a damage **Schadenszurechnung** *f* loss [*or* damage] allocation

Schadenversicherungssumme *f* FIN insurance cover

schadhaft *adj* faulty, defective; (*beschädigt*) damaged

Schadhaftigkeit <-> *f kein pl* defectiveness

schädigen *vt* ❶ (*beeinträchtigen*) ■ **jdn/etw [durch etw** *akk*] **~/sehr ~** to harm sb/sth/to do sb/sth great harm [with sth] ❷ (*finanziell belasten*) ■ **jdn [um etw** *akk*] **[durch etw** *akk*] **~** to cause sb losses [of sth] [with sth] ❸ (*beschädigen*) ■ **etw [durch etw** *akk*] **~** to damage sth [with sth]

schädigend *adj* damaging

Schädigung <-, -en> *f* ❶ (*das Schädigen*) ■ **~ einer S.** *gen* damage done to sth ❷ (*Schaden*) harm *no indef art, no pl* (*+gen* to); (*organisch*) lesion *spec* (*+gen* of)

Schädigungsabsicht *f* JUR intent to cause damage, actual malice

schädlich *adj* harmful, injurious *form;* (*giftig*) noxious *form;* ■ **~ [für jdn/etw] sein** to be harmful, to be bad for sb's health/for sth; ■ **~ für etw** *akk* **sein** to be damaging to sth

Schädlichkeit <-> *f kein pl* harmfulness (**für** *+akk* to), harmful [*or* detrimental] effect[s *pl*] (**für** *+akk* on)

Schädling <-s, -e> *m* pest

Schädlingsbekämpfung *f* pest control; **biologische ~** biological pest control **Schädlingsbekämpfungsmittel** *nt* pesticide; (*gegen Insekten a.*) insecticide

schadlos *adj* **sich** *akk* **[für etw** *akk*] **an jdm ~ halten** to make sb pay [for sth]; **sich** *akk* **an etw** *dat* **~ halten** (*hum fam*) to do justice to sth *hum;* (*als Ersatz nehmen*) to make up for it on sth *a. hum* **Schadlosbürge, -bürgin** *m, f* JUR collection guarantor **Schadlosbürgschaft** *f* JUR deficiency guarantee, indemnity bond **Schadloshaltung** *f* JUR indemnification, indemnity

Schador <-s, -s> *m s.* **Tschador**

Schadstoff *m* harmful substance; (*in der Umwelt*) pollutant

Schadstoffanalyse *f* analysis of harmful pollutants **schadstoffarm** *adj* containing [*or* producing] a low level of harmful substances *pred;* **~es Auto/~er Motor** low-emission car/engine **Schadstoffausstoß** *m* [pollution] emissions *pl* **Schadstoffbelastung** *f* pollution; **zulässige ~ der Luft** air pollution allowance **Schadstofffilter**[RR] *m* pollution filter **schadstoffgeprüft** *adj inv* tested for harmful substances *pred* **Schadstoffgrenzwert** *m* AUTO emission standard **schadstoffhaltig** *adj inv* containing pollutants, polluting, contaminating **Schadstoffilter** *m s.* Schadstofffilter **schadstoffintensiv** *adj* high-polluting

Schaf <-[e]s, -e> *nt* ❶ (*Tier*) sheep; (*Mutter~*) ewe; **das schwarze ~ sein** (*fig*) to be the black sheep (**in** *+dat/+gen* of) ❷ (*fam: Dummkopf*) idiot, dope *fam,* twit BRIT *fam;* ***ich ~!*** what an idiot [*or* a dope] [*or* BRIT a twit] I am [*or* I've been] *fam*

Schafbock *m* ram, tup BRIT

Schäfchen <-s, -> *nt* ❶ *dim von* **Schaf** lamb, little sheep ❷ *pl* (*Gemeindemitglieder*) flock ▶ WENDUNGEN: **sein ~ ins Trockene bringen** (*fig fam*) to see oneself all right *fam;* **sein ~ im Trockenen haben** (*fig fam*) to have feathered one's own nest

Schäfchenwolken *pl* fleecy [*or* cotton-wool] clouds

Schäfer(in) <-s, -> *m(f)* shepherd *masc,* shepherdess *fem*

Schäferdichtung *f* LIT ■ **die ~** pastoral poetry **Schäferhund** *m* Alsatian [dog], German shepherd [dog] AM

Schäferin <-, -nen> *f fem form von* **Schäfer** shepherdess

Schäferstündchen *nt* (*hum veraltend*) [lover's] tryst *hum,* bit of hanky-panky *dated fam*

Schaffell *nt* sheepskin, fleece

schaffen[1] <schaffte, geschafft> *vt* ❶ (*bewältigen*) ■ **etw ~** to manage [to do] sth; **ein Examen ~** to pass an exam; **eine Hürde ~** to manage [*or* clear] a hurdle; **einen Termin ~** to make a date; ***ich schaffe es nicht mehr*** I can't manage [*or* cope] any more, I can't go on; ***wie schaffst du das nur?*** how do you [manage to] do it [all]?; ***wir ~ das schon*** we'll manage; ***wie soll ich das bloß ~?*** how am I supposed to do [*or* manage] that?; ***das hätten wir/das wäre geschafft!*** [there,] that's done; ***du schaffst es schon*** you'll do [*or* manage] it; ***schaffst du es noch?*** can you manage?; ***es ist geschafft*** it's done ❷ (*fam: fertig bringen*) ■ **es ~, etw zu tun** to manage to do sth; ***das hast du wieder mal geschafft*** you've [gone and] done it again; ***ich habe es nicht mehr geschafft, dich anzurufen*** I didn't get round to calling you ❸ (*gelangen*) ***wie sollen wir das auf den Berg ~?*** how are we supposed [*or* will we manage] to get that up the mountain?; ***wir müssen es bis zur Grenze ~*** we've got to get to the border; ***schaffe ich es bis zum Flughafen?*** will I get to the airport on time [*or* in good time]? ❹ (*fam: verzehren können*) ■ **etw ~** to manage sth *fam;* ***ich habe es nicht geschafft*** I couldn't manage it all ❺ (*bringen*) ■ **jdn/etw in etw** *dat*/**zu etw** *dat* **etc. ~** to bring sb/sth in sth/to sth etc.; **etw in etw ~** to put sth in sth ❻ (*sl: erschöpfen*) ■ **jdn ~** to take it out of [*or* BRIT *sl* to knacker] sb; ■ **geschafft sein** to be exhausted [*or fam* shattered] [*or* BRIT *sl* knackered]

schaffen[2] <schuf, geschaffen> *vt* ■ **etw ~** ❶ (*herstellen*) to create sth; **eine Methode/ein System ~** to create [*or* develop] a method/system; ***dafür bist du wie ge~*** you're just made for it ❷ (*geh: er~*) to create sth ❸ (*verursachen*) to cause [*or* create] sth; **Frieden ~** to make peace; **Versöhnung [zwischen ihnen] ~** to bring about reconciliation [between them], to reconciliate them

schaffen[3] <schaffte, geschafft> *vi* SÜDD, ÖSTERR, SCHWEIZ (*arbeiten*) ■ **irgendwo/bei jdm ~ [gehen]** [to go] to work somewhere/for sb; **nichts mit jdm/etw zu ~ haben** to have nothing to do with sb/sth; ***ich habe damit nichts zu ~*** that has nothing to do with me; ***was hast du mit ihm zu ~?*** what got you mixed up with him?; ***was hast du/haben Sie da zu ~?*** what do you think you're doing there?, lost something? *iron;* ***daran hast du/haben Sie nichts zu ~!*** (*fam*) there's nothing for you there, you'll find nothing of interest there; **jd macht jdm [mit etw] zu ~** sb annoys [*or* irritates] sb [with sth], sb['s sth] gets on sb's wick BRIT *fam;* **jdm [mit etw** *dat*] **zu ~ machen** to cause sb [a lot of] trouble [with sth]; ***mein Herz macht mir noch zu ~*** my heart's still giving me trouble [*or* BRIT *sl* jip]; **sich** *dat* **an etw** *dat* **zu ~ machen** to start tampering/fumbling with sth

Schaffen <-s> *nt kein pl* (*geh*) creative activity; (*einzelne Werke*) work[s *pl*]

Schaffensdrang *m kein pl* creative urge **Schaffensfreude** *f kein pl* creative enthusiasm **Schaffenskraft** *f kein pl* creative power, creativity *no pl*

Schaffer(in) <-s, -> *m(f)* SÜDD, SCHWEIZ (*fleißiger Mensch*) hard worker, workaholic

Schaffhausen <-s> *nt* Schaffhausen

schaffig *adj* SÜDD, SCHWEIZ (*fleißig*) hard-working

Schaffleisch *nt* mutton

Schaffner(in) <-s, -> *m(f)* (*im Zug*) guard BRIT, conductor AM; (*in der Straßenbahn*) conductor

Schaffung <-> *f kein pl* creation; (*einer Methode/eines Systems a.*) development

Schafgarbe <-, -n> *f* BOT [common] yarrow **Schafherde** *f* flock of sheep **Schafhirt(in)** *m(f)* shepherd *masc,* shepherdess *fem; s. a.* **Schäfer**

Schäflein <-s, -> *nt* (*poet*) *s.* **Schäfchen 1**

Schafmaul *nt* lamb's lettuce *no pl*

Schafott <-[e]s, -e> *nt* scaffold; **das ~ besteigen** to mount the scaffold; **auf dem ~ enden** to die on the scaffold

Schafschur *f* [sheep]shearing *no art*

Schafskäse *m* sheep's milk cheese **Schaf(s)kopf** *m* ① KARTEN sheepshead, schaf[s]kopf (*a simplified form of skat*) ② (*pej: Dummkopf*) idiot **Schafsmilch** *f* sheep's [*or* ewe's] milk **Schafspelz** *m* sheepskin; *s. a.* **Wolf**

Schafstall *m* sheepfold

Schafstelze *f* ORN yellow wagtail

Schaft <-[e]s, Schäfte> *m* ① (*langgestreckter Teil*) shaft ② (*Gewehrlauf*) stock ③ (*astfreier Teil*) stalk, [main] stem ④ (*Stiefel~*) leg

Schaftstiefel *pl* high boots

Schafwolle *f* sheep's wool **Schafzüchter** *m* sheep breeder, sheepfarmer

Schah <-s, -s> *m* Shah

Schakal <-s, -e> *m* jackal

Schäkel <-s, -> *m* NAUT shackle

Schäker(in) <-s, -> *m(f)* flirt; (*Spaßvogel*) joker

schäkern *vi* (*veraltet*) ■[**mit jdm**] ~ to flirt [with sb]

schal *adj* ① (*abgestanden*) flat, stale; **~es Wasser** stale water ② (*inhaltsleer*) meaningless, vapid

Schal <-s, -s *o* -e> *m* scarf

Schälchen <-s, -> *nt dim von* Schale² [small] bowl

Schale¹ <-, -n> *f* ① (*Nuss~*) shell ② (*Frucht~*) skin; (*abgeschält*) peel; **die ~ einer S.** *gen*/**von etw** *dat* **abziehen** to peel sth ③ (*Tier*) shell; *Muscheln a.* valve *spec* ▸ WENDUNGEN: **eine raue ~ haben** to be a rough diamond; **sich in ~ werfen** *fam* [*o sl* **schmeißen**] to get dressed up; (*von Frau a.*) to get dolled up BRIT *fam*

Schale² <-, -n> *f* bowl; (*flacher*) dish

schälen I. *vt* ① (*von der Schale befreien*) ■**etw** ~ to peel sth; **Getreide** ~ to husk grain ② (*wickeln*) ■**etw aus etw** *dat* ~ to unwrap sth [from sth]; **ein Ei aus der Schale** ~ to shell an egg, to peel the shell off an egg II. *vr* ① (*sich pellen*) ■**sich** *akk* ~ to peel; ***diese Apfelsine schält sich aber gut*** this orange is easy to peel ② (*eine sich ~de Haut haben*) ■**sich** *akk* [**an etw** *dat*] ~ one['s sth] is peeling ③ (*fam: sich von etwas befreien*) ■**sich** *akk* **aus etw** *dat* ~ to slip off sth *sep*

Schalenkoffer *m* shell suitcase **Schal(en)obst** *nt* [edible] nuts *pl* **Schalensitz** *m* AUTO bucket seat **Schalentier** *nt* shellfish, crustacean **Schalenwild** *nt* hoofed game

Schalerbse *f* yellow split pea

Schalk <-[e]s, -e *o* Schälke> *m* (*veraltend*) rogue, rascal, scoundrel ▸ WENDUNGEN: **jdm schaut der ~ aus den Augen** sb has got a mischievous gleam in his/her eye; **jdm sitzt der ~ im Nacken** sb is a real rogue [*or* rascal]

schalkhaft I. *adj* mischievous, rascally II. *adv* mischievously

Schalkragen *m* shawl collar

Schall <-s, -e *o* Schälle> *m* ① (*Laut*) sound; **der ~ der Glocken/Trompeten** the sound of the bells/trumpets ② *kein pl* PHYS sound *no art* ▸ WENDUNGEN: **etw ist ~ und Rauch** sth signifies nothing; **etw ist leerer ~** sth is without substance

schalldämmend *adj* noise-reducing, sound-absorbing **Schalldämmung** *f* noise-reduction, sound-absorption; (*Abdichtung*) sound insulation **Schalldämpfer** <-s, -> *m einer Schusswaffe* silencer; *eines Auspuffs a.* muffler AM **schalldicht** I. *adj* soundproof; **~e Abdichtung** soundproofing II. *adv* ***diese Fenster lassen sich ~ verschließen*** these windows are soundproof when closed

schallen *vi* to resound, to echo

schallend I. *adj* ① (*hallend*) resounding; **mit ~em Gelächter** with a gale of laughter ② (*knallend*) resounding; ***sie gab ihm eine ~e Ohrfeige*** she gave him a hearty [*or* hefty] clip round the ear II. *adv* ① (*lauthals*) resoundingly; **~ lachen** to roar with laughter ② (*mit lautem Knall*) resoundingly

Schallgeschwindigkeit *f kein pl* PHYS speed [*or* velocity] of sound; **mit doppelter ~ fliegen** to fly at twice the speed of sound **Schallgrenze** *f s.* Schallmauer **Schallisolierung** *f* soundproofing **Schallmauer** *f* sound [*or* sonic] barrier; **die ~ durchbrechen** to break the sound [*or* sonic] barrier **Schallpegel** *m* noise level **Schallplatte** *f* record **Schallplattensammlung** *f* record collection **schallschluckend** I. *adj s.* schalldämmend II. *adv* in a way which reduces noise level; **~ beschichtet sein** to have a sound-absorbing layer **Schallschutz** *m* soundproofing **Schallschutzfenster** *nt* sound-absorbing [*or* noise-reducing] window **Schallschutzwall** *m* sound-absorbing barrier **Schallwelle** *f* PHYS sound-wave

Schalmei <-, -en> *f* MUS shawm

Schälmesser *nt* peeling knife

Schalotte <-, -n> *f* shallot

Schälrippe *f* KOCHK cured belly of pork

schalt *imp von* **schelten**

Schaltanlage *f* switchgear **Schaltbild** *nt s.* Schaltplan **Schaltbrett** *nt* switchboard, control panel

schalten I. *vi* ① AUTO to change gear ② (*fam: begreifen*) to get it *fam*, to catch on *fam* ③ (*sich einstellen*) to switch to ▸ WENDUNGEN: **~ und walten** to manage things as one pleases; ***sein Vorgesetzter lässt ihn frei ~ und walten*** his boss gives him a completely free hand II. *vt* ① (*einstellen*) ■**etw auf etw** *akk* ~ to switch [*or* turn] sth to sth, to put sth on sth *fam*, to turn [*or fam* put] the switch on sth to sth; **die Heizung auf Handbetrieb ~** to switch the heating [*or* AM heater] to manual; **die Herdplatte auf Stufe 3 ~** to turn [*or* switch] the ring [*or* AM knob] to three ② AUTO ■**etw** ~ to change gear; ■**sich ~ lassen** ***der Wagen lässt sich auch von Anfängern problemlos ~*** even beginners can change gear in this car without any problems ③ ELEK ■**etw** ~ to switch [*or* turn] on sth *sep*; ***die Treppenhausbeleuchtung ist so geschaltet, dass sie nach 2 Minuten automatisch ausgeht*** the light on the stairs switches off automatically after two minutes ④ (*einfügen*) ■**etw** ~ to insert sth; **eine Anzeige ~** to place an advert [*or* AM ad] III. *vr* ■**sich ~** ***der Wagen schaltet sich sehr einfach*** it is very easy to change gear in the car

Schalter <-s, -> *m* ① ELEK switch; **einen ~ betätigen** to operate a switch; **einen ~ umlegen** to throw a switch; (*zum Unterbrechen*) circuit breaker ② ADMIN, BAHN counter; (*mit Sichtfenster*) window ③ INFORM **elektronischer ~** latch

Schalterbeamte(r), **-beamtin** *m, f dekl wie adj* clerk; (*bei der Eisenbahn*) ticket clerk **Schalterhalle** *f* main hall; BAHN travel centre [*or* AM -er], booking [*or dated* ticket] hall **Schalterraum** *m* counter room; (*im Bahnhof*) ticket office **Schalterschluss**[RR] *m* close of business **Schalterstunden** *pl* opening hours *pl*

Schaltfläche *f* INFORM button **Schaltgetriebe** *nt* manual gearbox [*or* transmission] **Schalthebel** *m* AUTO gear-lever ▸ WENDUNGEN: **an den ~n [von etw] sitzen** to sit at the [steering] wheel [*or* to be in the driving seat] [of sth]; **an den ~n der Macht sitzen** to hold the reins of power, to have the reins of power in one's hands **Schaltjahr** *nt* leap year **Schaltkasten** *m* fuse box **Schaltknüppel** *m* gear stick **Schaltkreis** *m* circuit; **integrierter ~** integrated circuit; **bistabiler ~** bistable circuit, multivibrator **Schaltplan** *m* diagram of a wiring system; INFORM, ELEK circuit diagram **Schaltpult** *nt* control desk [*or* panel], controls *npl* **Schaltstelle** *f* control centre [*or* AM -er] **Schalttafel** *f* control panel **Schalttag** *m* leap day

Schaltung <-, -en> *f* ① AUTO gears *pl* ② ELEK circuit; **integrierte ~** integrated circuit

Schalung *f* BAU form[work], shuttering

Schalungsbrett *nt* form board

Schaluppe <-, -n> *f* NAUT ① (*hist: kleineres Frachtschiff*) sloop ② (*Beiboot eines Seglers*) dinghy

Scham <-> *f kein pl* ① (*Beschämung*) shame; **~ empfinden** to be ashamed; **kein bisschen ~ im Leibe haben** to be [completely] barefaced [*or* shameless] [*or* brazen] ② (*Schüchternheit*) **aus falscher ~** out of a false sense of modesty; **nur keine falsche ~!** (*fam*) don't be shy! ③ (*Verlegenheit*) embarassment; **vor ~ glühen/rot werden** to go red [*or* blush] with embarrassment; **vor ~ vergehen/in den Boden versinken** to die of embarrassment *fig* ④ (*Schamröte*) blush; ***ihm stieg die ~ ins Gesicht*** he blushed ⑤ (*veraltend geh*) shame *old liter* private parts

Schamane <-n, -n> *m* shaman

Schamanismus <-> *m kein pl* REL shamanism

Schambein *nt* pubic bone **Schamberg** *m* MED mount of Venus, mons veneris; (*selten*) *eines Mannes* mons pubis

schämen *vr* ① (*Scham empfinden*) ■**sich** *akk* **einer S.** *gen* ~ to be ashamed of sth; ■**sich [wegen etw]** ~ to be [*or* feel] ashamed [of sth/sb]; ■**sich für etw/jdn** ~ to be [*or* feel] ashamed of sth/for sb; ■**sich vor jdm** ~ to be [*or* feel] ashamed in front of sb; (*einem peinlich werden in jds Gegenwart*) to be [*or* feel] embarrassed in front of sb; **sich in Grund und Boden ~** to be utterly ashamed; **jd sollte sich [was] ~** sb should be ashamed of himself/herself; ***schäm dich!*** shame on you! ② (*sich scheuen*) ■**sich ~, etw zu tun** to stop at [*or* to shrink from] doing sth, to be embarrassed to do sth; ***ich schäme mich, ihn schon wieder um einen Gefallen zu bitten*** I'm ashamed [*or* embarrassed] to ask him to do me yet another favour

Schamgefühl *nt kein pl* sense of shame, modesty; ***hast du denn gar kein ~?*** haven't you got any [sense of] shame? **Schamgegend** *f* pubic region, pubes *spec* **Schamhaar** *nt* pubic hair **schamhaft** *adj* (*geh*) shy, bashful, modest **Schamhaftigkeit** *f* modesty

Schamlippen *pl* labia *pl*; **die kleinen/großen ~** labia minora/majora **schamlos** *adj* ① (*keine Scham kennend*) shameless, rude; **eine ~e Gebärde** a rude [*or* indecent] gesture ② (*unverschämt*) **eine ~e Dreistigkeit** sheer audacity *no indef art, no pl*; **eine ~e Frechheit** brazen [*or* barefaced] impudence *no indef art, no pl*; **eine ~e Lüge** a barefaced [*or* blatant] [*or* downright] lie **Schamlosigkeit** <-, -en> *f* ① *kein pl* (*mangelndes Schamgefühl*) shamelessness *no pl*, impudence *no pl*, shameless behaviour [*or* AM -or] ② (*schamlose Bemerkung*) rude remark

Schamottestein *m* fire brick

schamottieren *vt* ■**etw** ~ to line sth with firebrick

Schampus <-s> *m kein pl* (*fam*) bubbly *fam*, champers *fam* + *sing vb* BRIT

schamrot *adj* red-faced; ■ **~ sein/werden** to blush [*or* go red] with shame [*or* embarrassment]

Schamröte *f* blush of embarrassment; **jdm steigt die ~ ins Gesicht** sb blushes [*or* goes red] with shame [*or* embarrassment] **Schamteile** *pl* private parts *pl*, privates *pl fam*

Schande <-> *f kein pl* ignominy, disgrace, shame; **~ über jdn bringen** to bring disgrace on [*or* upon] sb, to bring shame on [*or* to] [*or* upon] sb; **jdn vor ~ bewahren** to save sb from disgrace; **in ~ geraten** (*veraltet: ein uneheliches Kind bekommen*) to become pregnant out of wedlock; **eine [wahre] ~ sein!** to be a[n utter [*or* absolute]] disgrace!; **eine [wahre] ~ sein, [dass/wie] ...** to be a[n utter [*or* absolute]] disgrace [that/how] ...; **keine ~ sein, dass** to not be a disgrace that; **mach mir [nur] keine ~!** (*hum*) don't let me down!; **jdm/einer S. ~ machen** to disgrace [*or* to be a disgrace to] sb/sth, to call [*or* bring] down disgrace [*or form* ignominy] on sb/sth; **jdm/einer S. keine ~ machen** to not be a disgrace to sb/sth; **zu jds [bleibenden] ~** to sb's [everlasting] shame; ***ich muss zu meiner großen ~ gestehen, dass ich unsere Verabredung völlig vergessen habe*** I'm deeply ashamed to have to admit that I had completely forgotten our engagement; *s. a.* **Schimpf**

schänden *vt* ① (*verächtlich machen*) ■**etw** ~ to discredit [*or* dishonour] sth; **jds Ruf ~** to sully sb's name ② (*selten: verschandeln*) ■**etw** ~ to defile [*or* ruin] sth ③ (*entweihen*) ■**etw** ~ *Grab, Leichnam, Denkmal* to desecrate [*or* defile] sth ④ (*veraltend: vergewaltigen*) ■**jdn** ~ to rape [*or form* violate] sb

Schandfleck *m* blot [on the landscape], disgrace

schändlich I. *adj* ① (*niederträchtig*) disgraceful, shameful; **ein ~es Verbrechen** a despicable crime ② (*fam: schlecht*) dreadful, appalling; **in einem ~en Zustand sein** to be in a disgraceful state II. *adv*

S

❶ *(gemein)* shamefully, disgracefully, dreadfully, appallingly ❷ *(sehr)* outrageously; ~ **teuer** outrageously dear

Schändlichkeit <-, -en> *f* ❶ *(niederträchtige Tat)* shameful [*or* ignominious] deed [*or* action] ❷ *kein pl (Abscheulichkeit)* shamefulness *no pl,* infamy, baseness *no pl form*

Schandmal *nt (geh) s.* **Schandfleck** **Schandmaul** *nt (pej)* ❶ *(sl: Maul)* malicious [*or* poisonous] tongue, gob BRIT *fam;* ***halt dein ~!*** shut your face! *fam or sl* ❷ *(geh: lästernde Person)* gossiper, scandalmongerer **Schandtat** *f* abomination, iniquity; **zu jeder ~ bereit sein** *(hum fam)* to be ready [*or* game] for anything

Schändung <-, -en> *f* desecration, defilement; *(Vergewaltigung)* violation

SchänkeRR <-, -n> *f* pub; *(Gastwirtschaft auf dem Land)* inn

Schanker <-s, -> *m* chancroid, chancre; **harter/weicher ~** hard/soft chancre

Schankerlaubnis *f* licence [*or* AM -se] [to sell alcohol] **Schankkonzession** *f* JUR liquor licence **Schanktisch** *m* bar **Schankwirt(in)** *m(f)* publican BRIT, barkeeper AM **Schankwirtschaft** *f* pub[lic house] BRIT, bar AM

Schanze <-, -n> *f* ski-jump

Schar1 <-, -en> *f von Vögeln* flock; *von Menschen* crowd, horde, *fam* gang; **in [hellen] ~en** in droves [*or* swarms]

Schar2 <-, -en> *f* ploughshare BRIT, plowshare AM

Scharade <-, -n> *f* charade; **~n spielen** to play charades

Scharbockskraut <-[e]s> *nt kein pl* lesser celandine, pilewort

Scharbockskraut *nt* BOT lesser celandine

Schäre <-, -n> *f* skerry, small rocky island

scharen I. *vt* ■**Dinge/Menschen um sich ~** to gather around oneself II. *vr* ■**sich um jdn/etw ~** *(sich versammeln)* to gather [*or* flock together] around sb/sth; *(sich eifrig bewegen)* to swarm about sb/sth; *(schützend)* to rally around sb/sth

scharenweise *adv* in hordes [*or* droves]; ***die Fans sammelten sich ~ um den Star herum*** the fans swarmed around the star

scharf <schärfer, schärfste> I. *adj* ❶ *(gut geschliffen) Messer, Klinge* sharp, keen *form;* **~e Krallen** sharp claws; **~e Zähne** sharp teeth; **etw ~ machen** to sharpen sth ❷ *(spitz zulaufend)* sharp; **~e Gesichtszüge** sharp features; **eine ~e Kante** a sharp edge; **eine ~e Kurve/Kehre** a hairpin bend; **eine ~e Nase** a sharp nose ❸ KOCHK *(stark gewürzt)* hot; **~e Gewürze/~er Senf** hot spices/mustard; *(sehr würzig)* highly seasoned; **~er Käse** strong cheese; **ein ~er Geruch** a pungent odour [*or* AM -or]; *(hochprozentig)* strong; **einen S~en trinken** to knock back some of the hard stuff ❹ *(ätzend)* aggressive, caustic [*or* strong]; *s. a.* **Sache** ❺ *(schonungslos, heftig)* harsh, severe, tough; **~e Ablehnung** fierce [*or* strong] opposition; **~ Aufsicht/Bewachung/Kontrolle** rigorous [*or* strict] supervision/guard/control; **~e dirigistische Eingriffe** POL drastic state intereference; **ein ~er Gegner** a fierce opponent; **~e Konkurrenz** fierce [*or* keen] competition; **~e Kritik** biting [*or* fierce] criticism; **~e Maßnahmen ergreifen** to take drastic [*or* harsh] measures; **ein ~er Polizist** a tough policeman; **ein ~er Prüfer** a strict examiner; **~er Protest** strong [*or* vigorous] protest; **ein ~es Urteil** a harsh [*or* scathing] judgement ❻ *(bissig)* fierce, vicious *pej;* **~e Auseinandersetzungen** bitter altercations; **etw in schärfster Form verurteilen** to condemn sth in the strongest possible terms; **ein ~er Verweis** a strong reprimand; **~er Widerstand** fierce [*or* strong] resistance; **eine ~e Zunge haben** to have a sharp tongue; **sehr ~ gegen jdn werden** to be very sharp with sb ❼ *inv (echt)* real; **mit ~en Patronen schießen** to shoot live bullets; **~e Schüsse abfeuern** to shoot with live ammunition; **eine ~e Bombe** a live bomb ❽ *(konzentriert, präzise)* careful; **~e Betrachtung** careful [*or* thorough] examination; **~e Beobachtung** astute [*or* keen] observation; **~er Blick** close [*or* thorough] inspection; **ein ~er Analytiker** a careful [*or* thorough] analyst; **eine ~e Auffassungsgabe haben** to have keen powers of observation; **ein ~es Auge für etw haben** to have a keen eye for sth; **ein ~er Beobachter** a keen [*or* perceptive] observer; **~e Intelligenz** keen intelligence; **ein ~er Verstand** a keen [*or* sharp] mind ❾ FOTO sharp; **~e Augen** keen [*or* sharp] eyes; **eine ~e Brille/Linse** strong [*or* powerful] glasses/lens; **~e Umrisse** sharp outlines; ***das Foto ist gestochen ~*** the photo is extremely sharp ❿ *(schneidend)* biting; **ein ~er Frost** a sharp frost; **~e Kälte** biting [*or* fierce] cold; **~e Luft** raw air; **eine ~e Stimme** a sharp voice; **ein ~er Ton** a shrill sound; **ein ~er Wind** a biting wind ⓫ *(forciert)* hard, fast; **in ~em Galopp reiten** to ride at a furious gallop; **in ~em Tempo** at a [fast and] furious pace; **ein ~er Ritt** a hard ride ⓬ *(sl: aufreizend)* spicy *fam,* naughty *fam,* sexy *fam;* ■**auf jdn ~ sein** *(geil)* to fancy sb *fam,* to be turned on by sb *fam,* to be keen on sb, to have the hots for sb AM; *(jdm übelwollen)* to have it in for sb; ■**auf etw ~ sein** to [really] fancy sth *fam,* to be keen on sth ⓭ *(sl: fantastisch)* great *fam,* fantastic *fam,* terrific; **ein ~es Auto** a cool car; **[das ist] ~!** [that is] cool!; **das ist das Schärfste!** *(sl)* that [really] takes the biscuit [*or* AM cake] ! *fig* ⓮ FBALL *(kraftvoll)* fierce ⓯ *(aggressiv)* fierce; **ein ~er [Wach]hund** a fierce [watch-]dog II. *adv* ❶ *(in einen scharfen Zustand)* **etw ~ schleifen** to sharpen sth; **~ gebügelte Hosen** sharply ironed trousers [*or* AM pants] ❷ *(intensiv gewürzt)* ***ich esse/koche gerne ~*** I like eating/cooking spicy/hot food; **~ schmecken** to taste hot; **etw ~ würzen** to highly season sth ❸ *(heftig)* sharply; **etw ~ ablehnen** to reject sth outright [*or* out of hand], to flatly reject sth; **etw ~ angreifen** [*o* **attackieren**] to attack sth sharply [*or* viciously]; **etw ~ kritisieren** to criticize sharply [*or* harshly] [*or* severely]; **gegen etw ~ protestieren** to protest strongly [*or* vigorously] against sth; **etw ~ verurteilen** to condemn sth strongly [*or* harshly] ❹ *(konzentriert, präzise)* carefully; **ein Problem ~ beleuchten** to get right to the heart of a problem; **~ analysieren** to analyze carefully [*or* painstakingly] [*or* thoroughly]; **~ aufpassen** to take great [*or* extreme] care; **~ beobachten** to observe [*or* watch] carefully [*or* closely]; **~ hinsehen** to look good and hard; **etw ~ unter die Lupe nehmen** to investigate sth carefully [*or* thoroughly], to take a careful [*or* close] look at sth; **~ sehen** to have keen [*or* sharp] eyes; **etw ~ umreißen** to define sth clearly [*or* sharply] ❺ *(in forciertem Tempo)* fast, like the wind [*or* devil]; **~ reiten** to ride hard ❻ *(streng)* carefully, closely; **etw ~ bekämpfen** to fight hard [*or* strongly] against sth; **jdn ~ bewachen** to keep a close guard on sb; **gegen etw ~ durchgreifen** [*o* **vorgehen**] to take drastic [*or* vigorous] action [*or* to take drastic steps] against sth ❼ *(abrupt)* abruptly, sharply; **~ links/rechts abbiegen/einbiegen** to take a sharp left/right, to turn sharp left/right; **~ bremsen** to brake sharply, to slam on the brakes; **Fleisch ~ anbraten** to sear meat ❽ *(gefährlich)* **~ geladen sein** to be loaded [with live ammunition]; **jdn/etw [auf jdn/etw] ~ machen** *(aufhetzen),* **jdn/einen Hund ~ machen** *(aufwiegeln)* to incite sb/a dog, to egg on *sep* sb/a dog; **~ schießen** to shoot [with live ammunition] ❾ TECH *(klar)* sharply; **das Bild/den Sender ~ einstellen** to sharply focus the picture/tune in the station ❿ *(geil)* **jdn ~ machen** to turn sb on *fam,* to make sb feel horny *sl* ▶ WENDUNGEN: **es ~ auf jdn haben** ÖSTERR to have it in for sb

Scharfblick *m kein pl* astuteness *no pl,* perspicacity *no pl form,* shrewdness *no pl*

Schärfe <-, -n> *f* ❶ *(guter Schliff)* sharpness, [sharp] edge; *einer Axt* the sharpness of the axe ❷ KOCHK spiciness; *eines Käses* sharpness, strength; *von Senf/Chilis/Pfeffer* hotness; *einer Zitrone* tanginess ❸ *(Heftigkeit) einer Ablehnung* severity; *der Konkurrenz* keenness, strength; *der Kritik* severity, sharpness; *von Worten* harshness; **in aller ~ kritisieren** to criticize severely [*or* sharply]; **in aller ~ zurückweisen** to refuse/reject outright, to flatly refuse, to reject out of hand ❹ *(Präzision)* sharpness, keenness; *der Augen/des Gehörs/des Verstandes* keenness ❺ FOTO sharpness; *einer Brille/eines Brillenglases* strength ❻ *(ätzende Wirkung)* causticity ❼ *(schneidend sein) des Windes* bitterness; *des Frosts* sharpness ❽ *(FBALL)* **ein Schuss von unheimlicher ~** an incredibly hard shot

schärfen *vt* ❶ *(scharf schleifen)* ■**etw ~** to sharpen sth ❷ *(verfeinern)* ■**etw ~** to make sth sharper [*or* keener]; **den Verstand ~** to sharpen the intellect

Schärfeneinstellung *f* focus[ing] control **Schärfentiefe** *f* FILM depth of field [*or* focus]

scharfkantig *adj* sharp-edged **scharfmachen** *vt s.* **scharf II 8** **Scharfmacher(in)** *m(f) (pej fam)* hell-raiser *fam,* agitator, rabble-rouser **Scharfrichter** *m* HIST executioner **Scharfschütze, -schützin** *m, f* marksman *masc,* markswoman *fem* **scharfsichtig** *adj inv* sharp-[*or* keen-]sighted; *(fig)* perspicacious **Scharfsinn** *m kein pl* astuteness *no pl,* perspicacity *no pl form* **scharfsinnig** I. *adj* astute, perceptive, perspicacious *form* II. *adv* astutely, perceptively, perspicaciously *form*

Scharia <-> *f kein pl* Sharia [*or* Shariat] [*or* Sheria] [*or* Sheriat]

Scharlach1 <-s> *m kein pl* MED scarlet fever

Scharlach2 <-> *nt kein pl* scarlet

scharlachrot *adj* scarlet

Scharlatan <-s, -e> *m* ❶ *(großsprecherischer Betrüger)* fraud, con man *fam* ❷ *(Kurpfuscher)* charlatan, quack *fam*

ScharmRR <-s> *m kein pl s.* **Charme**

scharmantRR *adj, adv s.* **charmant**

Scharmützel <-s, -> *nt (veraltend: kleines Gefecht)* skirmish

Scharnier <-s, -e> *nt* hinge

Scharniergelenk *nt* ANAT hinge joint

Schärpe <-, -n> *f* sash

scharren I. *vi* ■**[mit etw] ~** to scratch [with sth]; **mit den Krallen ~** to claw [*or* scratch]; **etw mit der Pfote ~** to paw [at] sth; **etw mit einem Huf ~** to paw [*or* scrape] [at] sth with a hoof II. *vt* ■**jdn/etw in etw** *akk* **~** to bury sb/sth in a shallow grave

Scharte <-, -n> *f* ❶ *(Einschnitt)* nick, notch; **eine ~ auswetzen** to grind out a nick ❷ HIST *(Schießscharte)* embrasure ▶ WENDUNGEN: **eine ~ auswetzen** to make good [*or* rectify] a mistake, to make amends

schartig *adj* jagged, ragged

scharwenzeln* *vi sein o haben (fam)* ■**[um jdn/vor jdm] ~** to dance attendance [on sb] BRIT, to kowtow [to sb], to suck up [to sb] *fam*

Schaschlik <-s, -s> *nt* [shish] kebab

schassen *vt (fam)* ■**jdn ~** ❶ *(entlassen)* to fire [*or* sack] sb, to kick sb out ❷ *(der Schule verweisen)* to expel sb

Schatten <-s, -> *m* ❶ *(schattige Stelle)* shade; **30 im ~** 30 degrees in the shade; **~ spendend** shady; **~ spenden** [*o* **geben**] to afford shade *form;* **im ~ liegen** to be in the shade; **lange ~ werfen** to cast long shadows ❷ *(schemenhafte Gestalt)* shadow; **nur noch ein ~ seiner selbst sein** to be a shadow of one's former self *form* [*or* of what one used to be]; **sich vor seinem eigenen ~ fürchten** to be afraid of one's own shadow; **einem ~ nachjagen** to chase phantoms ❸ *(dunkle Stelle)* shadow; **~ unter den Augen** [dark] shadows [*or* rings] under the eyes ❹ *(geh)* **in das Reich der ~ hinabsteigen** *(euph: sterben)* to descend into the realm of the shades ❺ *(Observierer)* shadow ▶ WENDUNGEN: **im ~ bleiben** to stay in the shade; **einen ~ haben** to be crazy; **über seinen ~ springen** to force oneself to do sth; **nicht über seinen [eigenen] ~ springen können** to be unable to act out of character; **in jds ~ stehen** to be in sb's shadow [*or* to be overshadowed by sb]; **jdn/etw in den ~ stellen** to put sb/sth in the shade *fig;* **seinen ~ vorauswerfen** to cast one's shadow before one *fig,* to make oneself felt; **einen ~ [auf etw** *akk***] werfen** to cast [*or* throw] a shadow [over sth] *fig*

Schattenblume *f* BOT May lily **Schattendasein**

nt **ein ~ fristen** [*o* **führen**] (*geh: am Rande der Existenz leben*) to lead a miserable existence; (*nicht real existieren*) to lead a shadowy existence **Schattenfuge** *f* BAU shadow groove

schattenhaft I. *adj* shadowy; **~e Umrisse** vague outlines II. *adv* **sich ~ abzeichnen** to loom in a shadowy fashion; **etw ~ ausmachen/erkennen** to just be able to make sth out

Schattenkabinett *nt* shadow cabinet **Schattenmorelle** *f* ① (*Sauerkirschbaum*) morello tree, morello cherry tree ② (*Baum*) morello, morel, morello cherry **Schattenriss**RR *m* silhouette **Schattenseite** *f* negative side [*or* aspect], dark side, drawback **Schattenspiel** *nt* ① *kein pl* THEAT (*Schattentheater*) shadow play [*or* show] ② THEAT (*Stück für das Schattentheater*) shadow play ③ *meist pl* (*Schattenbild mit Händen*) shadow play **Schattenwirtschaft** *f kein pl* POL black economy

schattieren* *vt* KUNST ■ **etw ~** to shade sth [in]

schattiert *adj inv* **~e Schrift** TYPO shaded type

Schattierung <-, -en> *f* ① KUNST shading ② *pl* (*geh: Richtungen*) shade; **alle [verschiedenen] Meinungs~en** all [different] shades of opinion

Schattierungseffekt *m* shading

schattig *adj* shady

Schatulle <-, -n> *f* (*geh*) casket

Schatz <-es, Schätze> *m* ① (*Ansammlung kostbarer Dinge*) treasure ② (*fam: Liebling*) darling, sweetheart, love; **ein ~ sein** (*fam*) to be a dear [*or* a love] [*or* a treasure]

Schatzamt *nt* ÖKON treasury, BRIT Exchequer, AM Treasury Department

Schatzanweisung *f* government [*or* treasury] bond

schätzbar *adj inv* (*geh*) **nicht leicht/schwer ~ sein** to be not easy/difficult to assess [*or* estimate]; **etw ist nur annähernd** [*o* **ungefähr**] **~** one can only make a rough assessment [*or* an approximate estimate] of sth; **etw ist genau ~** one can make a precise assessment [*or* estimate] of sth; **gut/schlecht ~ sein** to be easy/difficult to assess [*or* estimate]

Schätzchen <-s, -> *nt* (*fam*) *dim von* **Schatz 2**

schätzen I. *vt* ① (*einschätzen*) ■ **jdn/etw [auf etw** *akk*] **~** to guess [*or* reckon] sb's/sth's [sth]; **jdn/etw auf ein bestimmtes Alter ~** to guess sb's/sth's age; ***meistens werde ich jünger geschätzt*** people usually think I'm younger; **jdn auf eine bestimmte Größe/etw auf eine bestimmte Höhe ~** to guess the height of sb/sth; ***ich schätze sein Gewicht auf ca. 100 kg*** I reckon he weighs about 100 kilos; **grob geschätzt** at a rough guess [*or* estimate] ② (*wertmäßig einschätzen*) ■ **etw auf etw** *akk* **~** to assess the value of sth, to assess sth at sth; ***der Schaden wird auf 100.000 DM geschätzt*** the damage is estimated at 100,000 marks ③ (*würdigen*) ■ **jdn [als jdn] ~** to value sb [*or* to regard sb highly as] [as sb]; ■ **jdn ~** to hold sb in high esteem [*or form* regard]; ■ **etw ~** to appreciate [*or form* treasure] sth; ■ **es ~, etw zu tun** to enjoy doing sth; ■ **es ~, dass etw getan wird** to appreciate the fact that sth is done; ***ich schätze es nicht sehr, wenn man mir immer ins Wort fällt*** I don't appreciate/enjoy being constantly interrupted; **jdn/etw ~ lernen** to come [*or* learn] to appreciate [*or* value] sb/sth; **etw zu ~ wissen** to appreciate; *s. a.* **glücklich, wissen** II. *vi* (*fam*) to guess; **richtig ~** to guess [*or form* estimate] correctly; **man kann nur ~ ...** it's anybody's guess ...; **schätz mal** guess, have [*or* take] a guess

schätzenswert *adj inv* estimable; *Verhalten* commendable

Schätzer(in) <-s, -> *m(f)* assessor

Schatzgräber(in) <-s, -> *m(f)* treasure seeker [*or* hunter] **Schatzkammer** *f* treasure-house **Schatzkanzler(in)** *m(f)* ÖKON, POL Chancellor of the Exchequer BRIT, Secretary of the Treasury AM, minister of finance, finance minister **Schatzkästchen** *nt* (*veraltend o hum*) casket **Schatzmeister(in)** *m(f)* treasurer

Schätzung <-, -en> *f* ① *kein pl* (*wertmäßiges Einschätzen*) assessment [*or* estimate] of the value, valuation ② (*Anschlag*) estimate; **nach einer groben ~** at a rough estimate [*or* guess]; **~ anhand von ...** estimate based on ...; **bei vorsichtiger ~** at a conservative estimate; **nach jds ~** sb would say; ***wann wird sie denn nach deiner ~ wieder zurück sein?*** when would you say she'll be back?

schätzungsweise *adv* about, approximately, roughly

Schatzwechsel *m* FIN treasury bill, T-bill *fam* **Schatzwechseldiskontsatz** *m* FIN treasury's discount rate **Schatzwechseltilgungen** *pl* FIN discharge of treasury bills **Schatzwechselzinssatz** *m* FIN interest rate on treasury bills

Schätzwert *m* estimated value

Schau <-, -en> *f* ① (*Ausstellung*) exhibition; **etw zur ~ stellen** to display [*or* to exhibit] sth, to put sth on display; **Emotionen/Gefühle zur ~ tragen** to make a show of one's emotions/feelings ② (*Vorführung*) show ▸ WENDUNGEN: **jdm [mit etw] die ~ stehlen** (*fam*) to steal the show from sb [with sb] *fig; s. a.* **Show**

Schaubild *nt* diagram **Schaubude** *f* [show] booth **Schaubühne** *f* (*veraltend*) theatre BRIT [*or* AM -er]

Schauder <-s, -> *m* (*geh*) shiver, shudder

schauderhaft *adj* ① (*grässlich*) ghastly, horrific, terrible ② (*fam: furchtbar*) awful, dreadful

schaudern I. *vt impers* ■ **es schaudert jdn bei etw** sth makes sb shudder [*or* shiver] II. *vi* ① (*erschauern*) to shudder; ■ **[vor etw** *dat*] **~** to shake [with sth] ② (*frösteln*) to shiver

schauen I. *vi* SÜDD, ÖSTERR, SCHWEIZ ① (*blicken*) to look; **auf die Uhr ~** to look at the clock; ■ **auf jdn/etw ~** to look at sb/sth; ■ **um sich ~** to look around, to have a look around; **wohin man schaut, ...** wherever you look, ...; *s. a.* **Auge** ② (*aussehen*) to look; ***schau nicht so verbittert/traurig!*** don't look so bitter/sad! ③ (*darauf achten*) ■ **auf etw ~** to pay attention to sth; **auf Sauberkeit ~** to be concerned about [*or* pay attention to] cleanliness ④ (*sich kümmern*) ■ **nach jdm/etw ~** to have [*or* take] a look at sb/sth, to check up on sb/sth; ***wenn ich in Urlaub bin, schaut mein Freund nach den Blumen*** my friend is going to look after my flowers while I'm on holiday ⑤ (*suchen*) ■ **[nach etw] ~** to look [for sth] ⑥ (*ansehen*) to look, to watch; ~ ***Sie, die Tür wurde aufgebrochen!*** look! the door has been broken open! ⑦ (*fam: zusehen*) ■ **~, dass/wie** ***schau, dass du pünktlich bist*** see [*or* make sure] [*or* mind] that you are on time ▸ WENDUNGEN: **da schaust du aber!** (*fam*) how about that!, what do you think of that?; **[ja,] da schau her!** (*schau, schau*) well, well; **~ mal, ...** well [*or* look] ...; **schau, schau!** (*fam*) well, well II. *vt* ■ **etw ~** ① (*geh: visionär erblicken*) to behold sth ② *s.* **gucken**

Schauer <-s, -> *m* ① (*Regenschauer*) shower ② *s.* **Schauder**

Schauergeschichte *f* (*fam*) *s.* **Schauermärchen**

schauerlich *adj* ① (*grässlich*) ghastly, horrific, terrible ② (*fam*) *s.* **schauderhaft2** **Schauermann** <-[e]s, -leute> *m* NAUT stevedore **Schauermärchen** *nt* (*fam*) horror story, blood-curdling tale

schauern I. *vi* ■ **[vor etw** *dat*] **~** to shiver [with sth] II. *vt impers* ■ **[es] jdn/jdm [bei etw] ~** sth makes sb shudder

Schauerroman *m* ① (*Horrorroman*) horror story ② (*des 18. Jahrhunderts*) Gothic novel

Schaufel <-, -n> *f* ① (*Werkzeug*) shovel; (*für Mehl o. ä.*) scoop; (*für Kehricht*) dustpan; (*Spielzeug~*) spade ② (*eine ~ voll*) shovel, shovelful; **~ um ~** by the shovelful ③ (*Geweihende*) antlers *pl* ④ (*am Bagger*) shovel ⑤ NAUT (*fachspr: Blatt von Ruder und Paddel*) paddle ⑥ (*von Turbine*) blade, vane

schaufeln I. *vi* to shovel, to dig II. *vt* ■ **etw ~** ① (*graben*) to dig sth; *s. a.* **Grab** ② (*verlagern*) to shovel sth

Schaufelstück *nt* KOCHK [beef] clod [*or* shoulder]

Schaufenster *nt* shop window; **~ gucken** (*fam*) to go window-shopping

Schaufensterauslage *f* [shop] window display **Schaufensterbummel** *m* window-shopping *no pl, no indef art;* **einen ~ machen** to go window-shopping **Schaufensterdekorateur(in)** <-s, -e> *m(f)* window-dresser **Schaufensterdekoration** *f* [shop] window display **Schaufensterpuppe** *f* mannequin, shop dummy BRIT **Schaufensterwerbung** *f kein pl* advertising in shop windows

Schaukampf *m* SPORT exhibition fight **Schaukasten** *m* display cabinet, show case

Schaukel <-, -n> *f* swing

schaukeln I. *vi* ① (*die Schaukel benutzen*) to [go on the] swing ② (*auf und ab wippen*) ■ **[mit etw] ~** to rock [sth]; **im Schaukelstuhl sitzen und ~** to sit in the rocking chair and rock backwards and forwards ③ (*schwanken*) to roll [from side to side]; (*hin und her schwingen*) to swing [backwards and forwards] II. *vt* ① (*hin und her bewegen*) ■ **jdn ~** to push sb [on the swing], to swing sb ② (*bewerkstelligen*) ■ **etw ~** to manage; ***wie hat er das nur geschaukelt?*** how on earth did he manage that?; *s. a.* **Kind, Sache**

Schaukelpferd *nt* rocking horse **Schaukelpolitik** *f kein pl* POL (*pej*) seesaw policy, opportunistic and unprincipled politics *pl;* **eine ~ betreiben** to pursue a seesaw policy **Schaukelstuhl** *m* rocking chair

schaulustig *adj* curious, gawping *fam or pej;* **ein ~er Mensch** a [curious] onlooker

Schaulustige(r) *f(m) dekl wie adj* onlooker, spectator

Schaum <-s, Schäume> *m* ① (*blasige Masse*) foam; (*auf einer Flüssigkeit*) froth ② (*Seifenschaum*) lather; (*auf einer Flüssigkeit*) foam ③ (*Geifer*) foam [*or* froth]; **~ vor dem Mund haben** to foam [*or* froth] at the mouth ④ (*Schaumspeise*) mousse; **etw zu ~ schlagen** to beat sth [until frothy] ▸ WENDUNGEN: **~ schlagen** (*sl*) to talk big

Schaumbad *nt* bubble bath **Schaumblase** *f* bubble [in the foam [*or* froth]]

schäumen *vi* ① (*in Schaum übergehen*) to lather; *Motoröl* to froth, to foam ② (*aufschäumen*) to froth ③ (*geh: rasen*) to fume, to seethe; *s. a.* **Wut**

Schaumfestiger *m* setting mousse **Schaumgummi** *m* foam rubber **Schaumgummipolster** *nt* [foam rubber] pad

schaumig *adj* frothy; **etw ~ schlagen** to beat sth until it is frothy; **Butter und Zucker ~ schlagen** to beat butter and sugar until fluffy

Schaumkelle *f* skimming ladle **Schaumkrone** *f* ① (*auf Wellen*) white crest ② (*auf einem Bier*) head

Schaumlöffel *m s.* **Schaumkelle** **Schaumschläger** *m* ① (*Schneebesen*) whisk ② (*pej: Angeber*) boaster, hot-air artist *dated* **Schaumschlägerei** *f kein pl* (*fam*) big talk *fam,* hot air *fam* **Schaumspeise** *f* mousse **Schaumstoff** *m* foam **Schaumstoffpolster** *nt* foam pad [*or* upholstery] *no pl, no indef art* **Schaumwein** *m* sparkling wine **Schaumweinsteuer** *f* FIN tax on sparkling wines **Schaumzikade** *f* ZOOL froghopper, spittlebug

Schauobjekt *nt* exhibit **Schauplatz** *m* scene **Schauprozess**RR *m* show trial

schaurig *adj* ① (*unheimlich*) eerie, weird, scary ② (*gruselig*) macabre, scary ③ (*fam*) *s.* **schauderhaft 2**

schaurig-schön *adj* ① (*unheimlich, aber anziehend*) weird and wonderful ② (*gruselig, aber anziehend*) wonderfully macabre [*or* scary], scary and wonderful

Schauspiel *nt* ① THEAT play, drama *no indef art* ② (*geh*) spectacle

Schauspieler(in) *m(f)* actor *masc,* actress *fem a. fig*

Schauspielerei *f kein pl* ① (*fam: Beruf*) acting *no art, no pl* ② (*Verstellung*) acting, pretence; ***lass die ~*** stop acting [*or* pretending]

Schauspielerensemble *nt* acting [*or* actors'] ensemble

Schauspielerin <-, -nen> *f fem form von* **Schauspieler** actress

S

schauspielerisch **I.** *adj* acting; **~e Arbeit** work as an actor/actress; **~e Begabung/~es Können** talent/ability as an actor/actress, acting talent/ability; **eine ~e Leistung** a piece of acting **II.** *adv* ***~ war dieses Debüt wirklich bemerkenswert*** this really was a remarkable acting debut; ***die Leistung in diesem Stück war ~ schwach*** the acting in this play was weak

schauspielern *vi* ❶ (*sich verstellen*) to act, to play-act ❷ THEAT to act

Schauspielhaus *nt* theatre [*or* AM -er], playhouse **Schauspielkarriere** *f* stage career **Schauspielkunst** *f kein pl* dramatic art, drama **Schauspiellehrer(in)** *m(f)* acting coach [*or* teacher] **Schauspielschule** *f* drama school **Schauspielschüler(in)** *m(f)* drama student **Schauspieltraining** *nt* training **Schauspielunterricht** *m* drama lesson, acting class; **[bei jdm] ~ nehmen** to take drama lessons [with sb]

Schausteller(in) <-s, -> *m(f)* fairman *masc*, fairwoman *fem*

Schautafel *f* chart

Scheck <-s, -s> *m* cheque BRIT, check AM; ■**ein ~ über etw** *akk* a cheque for sth; **gekreuzter ~** crossed cheque; **gesperrter/girierter ~** stopped/endorsed cheque; **ungedeckter ~** uncovered cheque; **vorausdatierter ~** post-dated cheque; **[jdm] einen ~ [über etw** *akk*] **ausstellen** to write [sb] a cheque [for sth]; **mit [einem] ~ bezahlen** to pay by cheque; **einen ~ einlösen** to cash a cheque; **auf den Überbringer lautender ~** cheque [payable] to bearer; **einen ~ auf ein Guthaben ziehen** to draw a check upon an account

Scheckabkommen *nt* FIN cheque agreement **Scheckabrechnung** *f* FIN cheque clearing **Scheckaussteller(in)** *m(f)* drawer [*or* maker] of a cheque **Scheckbetrug** *m* cheque fraud **Scheckbuch** *nt* cheque book **Scheckbürgschaft** *f* JUR cheque guarantee **Scheckduplikat** *nt* JUR duplicate cheque

Schecke[1] <-n, -n> *m* piebald

Schecke[2] <-, -n> *f* female piebald

Scheckeinlösung *f* FIN cashing of a/the cheque **Scheckeinlösungsbestätigung** *f* FIN credit slip, cheque [*or* AM check] paying-in slip **Scheckeinlösungsgebühr** *f* FIN exchange collection charges **Scheckempfänger(in)** *m(f)* FIN payee of a cheque **Scheckgesetz** *nt* JUR Cheques Act **Scheckheft** *nt* cheque book

scheckig *adj* patched, mottled; *Gesicht* blotchy; **ein ~es Pferd** a piebald [horse] ▶ WENDUNGEN: **sich [über jdn/etw] ~ lachen** (*sl*) to laugh oneself silly [*or fig* to split one's sides laughing] [over sb/sth]

Scheckinhaber(in) *m(f)* FIN bearer of a/the cheque **Scheckinkasso** *nt* FIN cheque collection **Scheckkarte** *f* cheque card **Scheckmahnbescheid** *m* JUR *default summons based on a cheque* **Schecknummer** *f* cheque number **Scheckprotest** *m* JUR protesting a cheque **Scheckrecht** *nt* JUR law of cheques; **Scheck-, Wechsel- und Transportrecht** law on cheques, bills of exchange and transport **Scheckrückgabe** *f* FIN return of unpaid cheques; **~ mangels Deckung** return of cheque for lack of funds **Scheckvordruck** *m* cheque

scheel **I.** *adj* (*fam*) ❶ (*geringschätzig*) contemptuous ❷ (*missbilligend*) disapproving ❸ (*missgünstig*) malevolent ❹ (*misstrauisch*) suspicious ❺ (*neidisch*) envious, jealous **II.** *adv* **jdn ~ ansehen** to eye sb [contemtuously/disapprovingly/ malevolently/suspiciosly/enviously/jealously]

Scheffel <-s, -> *m* scoop, bushel *old; s. a.* **Licht**

scheffeln *vt* ■**etw ~** to accumulate sth, to amass sth *form;* **Geld ~** to rake in money

scheibchenweise *adv* ❶ (*Scheibchen für Scheibchen*) slice for slice ❷ (*nach und nach*) bit by bit

Scheibe <-, -n> *f* ❶ (*dünnes Glasstück*) [piece of] glass; (*eckig/rechteckig*) [pane of] glass; (*Fensterscheibe*) window [pane] ❷ (*Autofenster*) [car] window; (*Windschutzscheibe*) windscreen, windshield AM ❸ KOCHK slice; **etw in ~n schneiden** to slice sth, to cut sth into slices ❹ (*kreisförmiger Gegenstand*) disc ❺ MUS (*fam: Schallplatte*) disc, record ▶ WENDUNGEN: **sich** *dat* **von jdm eine ~ abschneiden können** (*fam*) to [be able to] take a leaf out of sb's book *fig*, to [be able to] learn a thing or two from sb

Scheibenbremse *f* disc brake **Scheibengardine** *f* net [*or* glass] curtain **Scheibenheber** *m* AUTO (*manuell*) window winder; (*elektrisch*) window switch **Scheibenrad** *nt* disc wheel **Scheibenschießen** *nt* target shooting; (*als Übung*) target practice **Scheibenwaschanlage** *f* windscreen [*or* AM windshield] washer system

scheibenweise *adv* in slices

Scheibenwischer <-s, -> *m* windscreen wiper

Scheich <-s, -e> *m* ❶ (*arabischer Potentat*) sheikh, sheik ❷ (*fam: Typ*) bloke BRIT, guy AM

Scheichtum <-[e]s, -tümer> *nt* sheikhdom [*or* sheikdom]

Scheide <-, -n> *f* ❶ (*Schwert-/Dolch~*) scabbard, sheath ❷ ANAT (*Vagina*) vagina

scheiden <schied, geschieden> **I.** *vt haben* ❶ (*eine Ehe lösen*) ■**jdn ~** to divorce sb; ■**sich [von jdm] ~ lassen** to get divorced [from sb]; ■**geschieden** divorced; ***wir sind geschiedene Leute*** (*fig*) it's all over between us ❷ (*rechtlich auflösen*) ■**etw ~** to dissolve sth ❸ (*trennen*) ■**etw von etw ~** to seperate sth from sth ❹ CHEM ■**etw ~** to seperate [out] [*or* refine] sth **II.** *vi* (*geh*) ❶ *sein* (*sich trennen*) ■**voneinander ~** to separate, to go one's separate ways ❷ *sein* (*aufgeben*) ■**aus etw ~** to leave [*or sep* give up] sth; **aus einem Amt ~** to retire from a position [*or* post]; **aus einem Dienst ~** to retire from a service; *s. a.* **Leben III.** *vr haben* (*verschieden sein*) ■**sich** *akk* **[an etw** *dat*] **~** to diverge [*or* divide] [at sth]; ***an diesem Punkt ~ sich die Ansichten*** opinions diverge at this point; *s. a.* **Geist, Weg**

Scheidenausfluss[RR] *m* MED vaginal discharge **Scheidenkrampf** *m* MED vaginismus **Scheidenmuschel** *f* razor clam **Scheidenzäpfchen** *nt* MED vaginal suppository

Scheidewand *f* partition

Scheidewasser *nt* CHEM nitric acid, aqua fortis *hist*

Scheideweg *m* **am ~ stehen** (*fig*) to stand at a crossroads [*or* before an important decision]

Scheidung <-, -en> *f* divorce; **in eine ~ einwilligen** to agree to a divorce; **in ~ leben** to be separated; **die ~ einreichen** to file a petition for divorce, to start divorce proceedings

Scheidungsantrag *m* JUR petition for divorce **Scheidungsanwalt, -anwältin** *m, f* divorce lawyer **Scheidungsfolgesachen** *pl* JUR ancillary consequential matters *pl* of a divorce **Scheidungsgrund** *m* JUR grounds *npl* for divorce; (*hum*) *person one is leaving one's spouse for* **Scheidungsklage** *f* JUR divorce petition, petition for divorce **Scheidungsprozess**[RR] *m* divorce proceedings *pl* **Scheidungsrate** *f* divorce rate **Scheidungsrecht** *nt* divorce laws *pl* **Scheidungsverfahren** *nt* JUR divorce proceedings *pl*

Schein <-[e]s, -e> *m* ❶ *kein pl* (*Lichtschein*) light ❷ *kein pl* (*Anschein*) appearance; **sich vom [äußeren] ~ täuschen lassen** to be blinded [*or* taken in] by [external] appearances; **der ~ spricht gegen jdn** appearances are against sb; **der ~ trügt** appearances are deceptive; **den ~ wahren** [*o* **aufrechterhalten**] to keep up appearances; **dem ~ nach** on the surface [of things]; **etw zum ~ tun** to pretend to do sth ❸ (*Banknote*) [bank] note ❹ (*fam: Teilnahmebescheinigung*) certificate [of participation] ❺ (*fam: Bescheinigung*) certificate

Scheinargument *nt* spurious [*or* bogus] [*or* hollow] argument

scheinbar *adj* apparent, seeming

Scheinbonität *f kein pl* JUR, FIN sham soundness, ostensible credit standing **Scheinbuchung** *f* JUR, FIN imputed entry, ostensible booking

Scheinehe *f* sham marriage

scheinen[1] <schien, geschienen> *vi* ❶ (*leuchten*) to shine ❷ (*strahlen*) to shine

scheinen[2] <schien, geschienen> *vi* ❶ (*den Anschein haben*) ■**etw zu sein ~** to appear [*or* seem] to be sth; ■**es scheint, dass/als [ob]…** it appears [*or* seems] that/as if; ***wie es scheint, hast du recht*** it appears [*or* seems] [that] you are right ❷ (*so vorkommen*) ■**jdm ~, dass** to appear [*or* seem] to sb that; ***mir scheint, dass es heute kälter ist als gestern*** it appears [*or* seems] to me that it's colder today than it was yesterday

Scheinerbe, -in *m, f* JUR presumptive heir **Scheinfirma** *f*, **Scheingesellschaft** *f* HANDEL bogus [*or* sham] [*or* fictitious] company, firm, AM dummy corporation **Scheingefecht** *nt* mock battle **Scheingeschäft** *nt* ÖKON fictitious transaction **Scheingesellschafter(in)** *m(f)* HANDEL nominal partner **Scheingewinn** *m* ÖKON paper [*or* fictitious] profit **Scheingewinnbesteuerung** *f* FIN taxation of fictitious profits **Scheingrund** *m* pretext

scheinheilig **I.** *adj* (*pej*) hypocritical, sanctimonious; (*unschuldig erscheinend*) innocent, goody-goody *fam;* **~ tun** to play the innocent **II.** *adv* (*pej*) hypocritically, sanctimoniously; (*unschuldig erscheinend*) innocently, in a goody-goody way *fam*

Scheinheirat *f* marriage on paper **Scheinkaufmann, -kauffrau** *m, f* JUR ostensible merchant **Schein-KG** *f* JUR bogus limited partnership **Scheinklage** *f* JUR sham plea **Scheinlösung** *f* apparent [*or* not a real] solution **Scheinprozess**[RR] *m* JUR mock trial, fictitious action **Scheinrendite** *f* JUR, FIN nonexistent earnings *pl*, sham [*or* bogus] yield **Scheinschwangerschaft** *f* phantom [*or* AM false] pregnancy **Scheinselbstständige(r)**[RR] *f(m) decl wie adj* falsely designated self-employed person **Scheinsitz** *m* JUR nonexistent base, sham domicile **Scheintatbestand** *m* JUR ostensible facts *pl* **Scheintod** *m* MED apparent death **scheintot** *adj* apparently [*or* seemingly] dead; **sich ~ stellen** to pretend to be dead ▶ WENDUNGEN: **der ist doch schon ~** (*pej*) he has one foot in the grave

scheint's *adv* SÜDD, SCHWEIZ (*anscheinend*) seemingly

Scheinurteil *nt* JUR sham judgment **Scheinverhandlung** *f* ❶ JUR sham trial [*or* proceedings] *pl* ❷ ÖKON bogus [*or* fictitious] [*or* sham] transaction **Scheinverkauf** *m* JUR, ÖKON fictitious [*or* sham] sale [*or* pro-forma] **Scheinwelt** *f* make-believe [*or* fairy tale] [*or* unreal] world

Scheinwerfer *m* ❶ (*Strahler*) spotlight; (*Licht zum Suchen*) searchlight ❷ AUTO headlight; **die ~ aufblenden** to turn the headlights on full [*or* AM high beam]; **die ~ kurz aufblenden** to flash one's headlights; **aufgeblendete ~** full headlights BRIT, high beams AM; **die ~ abblenden** to dip one's headlights BRIT, to click on one's low beams AM

Scheinwerfereinstellung *f* AUTO headlight beam setting **Scheinwerferlicht** *nt* spotlight; ***der Zaun war in helles ~ getaucht*** the fence was lit by bright spotlights ▶ WENDUNGEN: **im ~ [der Öffentlichkeit] stehen** to be in the public eye, to have the spotlight on one *fig*, to be under public scrutiny **Scheinwerferwaschanlage** *f* AUTO headlights washer [system]

Scheinwert *m* ÖKON apparent value, fictitious value **Scheinzusammenschluss**[RR] *m* HANDEL bogus merger

Scheiß <-> *m kein pl* (*sl*) ❶ (*Quatsch*) crap *fam!*, garbage *fam*, rubbish; ***he, was soll der ~!*** hey, what [the bloody *fam* [*or vulg* fucking] hell] are you doing!; ***lass doch den ~*** [bloody well] stop it *fam*, stop farting [*or* AM *vulg* fucking] around; **~ machen** to make a complete mess [*or* pig's ear] [*or* cock up] of things; **mach/macht keinen ~!** stop farting around! *vulg*, don't be so bloody *fam* [*or vulg* fucking] stupid!, *fam* don't be such a bloody fool/bloody fools [*or vulg* a fucking idiot/fucking idiots] ! ❷ (*Fluchwort*) **so ein ~!** shit! *fam*, bloody *fam* [*or vulg* fucking] hell!

Scheißdreck *m* (*sl*) (*Mist*) crap *fam!*, garbage *fam*, rubbish ▶ WENDUNGEN: **jdn einen ~ angehen** to be none of anybody's [damn [*or* bloody] *fam* [*or vulg*

fucking]] business; **sich einen ~ um jdn/etw kümmern** to not give a shit about sb/sth *fam!*; **einen ~ tun** to do fuck all [*or* sweet f.all] [*or* bugger all] BRIT *vulg*; **wegen jedem ~** for every little thing; **~!** shit! *fam*, damn! *fam*, bugger! BRIT *vulg*, fuck [it]! *vulg*, fucking hell! *vulg*

Scheiße <-> *f kein pl* ❶ (*fam!: Darminhalt*) shit *fam!* ❷ (*sl: Mist*) ~! shit! *fam*, damn! *fam*, bugger! BRIT *vulg*, fuck [it]! *vulg*, fucking hell! *vulg*; **~ reden** to talk rubbish [*or fam!* shit] [*or* AM *fam* garbage], to talk a load of crap *fam!*; ***verdammte ~!*** (*sl*) damn it! *fam*, shit! *fam!*, bloody BRIT *fam!* [*or vulg* fucking] hell!; **~ sein** (*sl*) to be [complete] garbage *fam* [*or fam!* crap], to be a load of crap *fam!*; **~ sein, dass** it's a [great] pity [*or fam* pain] [that]; **~ verbrechen/bauen** to make a [complete] mess [*or fam* cock up] [of sth] ▶ WENDUNGEN: **in der ~ sitzen** (*sl*) to be in the shit *fam!*, to be up to one's eyes [*or* AM neck] in it *fam*

scheißegal *adj* (*sl*) ■**jdm ~ sein** sb couldn't give a damn *fam* [*or fam!* a shit]; ■**~ sein, ob/wann/was/wie …** to not matter a damn *fam* [*or* at all] if/when/what/how …

scheißen <schiss, geschissen> **I.** *vi* ❶ (*vulg*) to shit *vulg*, to have [*or* AM take] a shit *fam!* ❷ (*sl: verzichten können*) ■**auf jdn/etw ~** to not give a damn *fam* [*or fam!* shit] about sb/sth **II.** *vr* (*vulg*) ■**sich** *dat* **irgendwohin** *akk* **~** to shit on one's sth *vulg*

Scheißer(in) <-s, -> *m(f)* (*fam!*) shit *sl*, arsehole BRIT *vulg*, asshole AM *vulg*, bastard *fam!*

scheißfreundlich *adj* (*sl*) ■**~ [zu jdm] sein** to be as nice [*or* sweet] as pie to sb *pej* **Scheißhaus** *nt* (*vulg*) bog BRIT *sl*, jon AM *sl*; **auf dem ~ sitzen** to sit in the bog **Scheißkerl** *m* (*sl*) *s.* **Scheißer**

Scheit <-[e]s, -e *o* ÖSTERR, SCHWEIZ -er> *m* log [of wood]

Scheitan <-s> [-ərˈ-] *m kein pl* REL Shaitan

Scheitel <-s, -> *m* ❶ (*Teilung der Frisur*) parting; **jdm einen ~ machen** [*o* **ziehen**] to give sb a parting ❷ ASTRON (*Zenit*) zenith, apex ❸ MATH (*Schnittpunkt eines Winkels*) vertex ▶ WENDUNGEN: **vom ~ bis zur Sohle** from head to foot [*or* toe]

scheiteln *vt* ■**etw ~** to part sth; ■**jdm das Haar ~** to give sb a parting; ■**gescheitelt** parted

Scheitelpunkt *m* ❶ (*höchster Punkt*) highest point, vertex *form* ❷ (*Zenit*) highest point, zenith *form*

Scheiterhaufen *m* pyre; (*für zum Tode Verurteilte*) stake; **auf dem ~ sterben** to die [*or* be burnt] at the stake

scheitern *vi sein* ■**[an jdm/etw] ~** to fail [*or* be unsuccessful] [because of sb/sth]; ■**etw scheitert an etw** sth flounders [*or* runs aground] on sth *fig*; **kläglich ~** to fail miserably

Scheitern <-s> *nt kein pl* failure; **das ~ der Verhandlungen** the breakdown of the talks [*or* negotiations]; **etw zum ~ bringen** to thwart [*or* frustrate] [*or form* foil] sth; **zum ~ verurteilt sein** to be doomed [to failure]

Scheitholz *nt* firewood

Schellack <-[e]s, -e> *m* shellac

Schelle <-, -n> *f* ❶ (*Rohrschelle*) clamp ❷ DIAL (*Türklingel*) [door]bell

schellen **I.** *vi* (*klingeln*) ■**[bei jdm] ~** to ring [sb's] bell **II.** *vi impers* to ring; ***es hat geschellt*** the bell's rung, the doorbell's gone

Schellen *pl* KARTEN (*bayerische Spielkartenfarbe, entspricht Karo*) diamonds *pl*

Schellenbaum *m* MUS bell tree, Turkish [*or* Chinese] crescent, Jingling John[ny]

Schellente *f* ORN goldeneye **Schellfisch** *m* haddock

Schelm <-[e]s, -e> *m* rascal

Schelmenroman *m* LIT picaresque novel

schelmisch *adj* ❶ (*schalkhaft*) mischievous, wicked ❷ (*unartig*) naughty

Schelte <-, -n> *f* ❶ (*Schimpfe*) reprimand *no def art form*, trouble, telling-off *no def art*, ticking-off *fam no def art*; **von jdm ~ bekommen** to get into trouble with sb [*or* a telling-off from sb] ❷ (*massive Kritik*) tongue-lashing *with art*, reprimand *with art form*

schelten <schilt, schalt, gescholten> **I.** *vt* (*veraltend*) ❶ (*schimpfen*) ■**jdn [für** [*o* **wegen] etw] ~** to scold sb *dated* [*or form* reprimand sb] [for sth/doing sth], to tell sb off [for sth/doing sth], to give sb a dressing-down *fam*; (*ewig schimpfen*) to nag [at] sb [for sth/doing sth] ❷ (*pej: nennen*) ■**jdn etw ~** to call sb sth **II.** *vi* (*veraltend: schimpfen*) ■**mit jdm ~** to scold *dated* sb, to tell sb off, to reprimand sb *form*, to give sb a dressing-down *fam*; (*ewig schimpfen*) to nag [at] sb

Schema <-s, -ta *o* Schemen> *nt* ❶ (*gedankliches Konzept*) scheme, concept; **nach einem ~** according to a scheme [*or* concept]; **nach einem festen ~ vorgehen** to work according to [*or* to follow] a fixed scheme [*or* concept]; **in kein ~ passen** to not fit into a mould ❷ (*schematische Darstellung*) chart/diagram/plan ▶ WENDUNGEN: **nach ~ F** (*fam*) ***in Behörden läuft alles nach ~ F*** in the local government offices, they always follow the rules and regulations

schematisch **I.** *adj* schematic; **ein ~er Abriss** a plan **II.** *adv* schematically; **~ arbeiten** to work according to a scheme [*or* plan]; **etw ~ bearbeiten** to process sth according to a scheme [*or* plan]; **etw ~ darstellen** to show sth in the form of a plan/chart/diagram, to represent sth schematically *form*

schematisieren* *vt* ❶ (*schematisch darstellen*) ■**etw ~** to make a plan/chart/diagram of sth; ■**schematisiert** in the form of a plan/chart/diagram ❷ (*pej: zu stark vereinfachen*) ■**etw ~** to [over]simplify sth

Schemel <-s, -> *m* stool

Schemen[1] *pl von* **Schema**

Schemen[2] <-s, -> *m* (*geh*) shadowy figure, shadow

schemenhaft **I.** *adj* (*geh*) shadowy **II.** *adv* (*geh*) **etw ~ erblicken/sehen** to make out the outline [*or* silhouette] of sth; ***die Türme der Burg hoben sich gegen den nächtlichen Himmel nur ~ ab*** the towers of the castle rose shadowy against the night sky

Schengener Abkommen *nt kein pl* Schengen Agreement

Schenke <-, -n> *f* pub; (*Gastwirtschaft auf dem Land*) inn

Schenkel <-s, -> *m* ❶ (*Oberschenkel*) thigh; **einem Pferd die ~ geben** to urge on a horse; **sich** *dat* **auf die ~ klopfen** [*o* **schlagen**] to slap one's thighs ❷ MATH side ❸ (*Griff*) arm

Schenkelbruch *m* broken femur *form* [*or* thigh bone] **Schenkelhals** *m* head of the femur *form* [*or* thigh bone] **Schenkelhalsbruch** *m* fractured head of the femur *form*, broken [*or* fractured] hip

schenken **I.** *vt* ❶ (*als Geschenk geben*) ■**jdm etw [zu etw] ~** to give sb sth as a present [*or* gift] [for sth]; *zu einem Anlass, Jubiläum* to present sb with sth [on the occasion of sth] *form*; **jdm etw zum Geburtstag ~** to give sb sth for their birthday [*or* as a birthday present]; ■**sich** *dat* **[gegenseitig] etw ~** to give each other sth, to exchange presents; **etw [von jdm] [zu etw** *dat*] **geschenkt bekommen** to get [*or* be given] sth [from sb] [for sth]; **[von jdm] nichts geschenkt haben wollen** to not want any presents [*or* gifts] [from sb]; (*nicht bevorzugt werden wollen*) to not want any preferential treatment [from sb]; **einem Tier die Freiheit ~** to set an animal free; **jdm das Leben ~** to spare sb's life; ■**etw ist geschenkt** (*fam*) to be a present; **geschenkte Sachen** presents; **geschenkt ist geschenkt!** a present is a present!; ***sie schenkte ihm ein Lächeln*** (*geh*) she favoured him with a smile; ***sie schenkte ihm einen Sohn*** (*geh*) she bore him a son *fam*; *s. a.* **Gaul** ❷ (*erlassen*) ■**jdm etw ~** to give sb sth; **jdm eine Reststrafe ~** to spare sb the rest of their punishment/prison sentence ❸ (*geh: widmen*) ■**jdm etw ~** to give sb sth; **jdm Aufmerksamkeit/Beachtung ~** to pay attention to sb, to give sb one's attention, jdm Liebe ~, to love sb, to give sb one's love; **jdm Vertrauen ~** to trust sb, to place one's trust in sb *form* ❹ (*geh: ausschenken*) *Wein* to serve; *Kaffee* to pour ▶ WENDUNGEN: **[das ist] geschenkt** (*sl*) don't bother; **etw ist [fast, halb] geschenkt** (*sehr billig*) sth is a real bargain; (*sehr einfach*) sth is an easy task [*or* BRIT *fam* a doddle]; **etw nicht [mal] geschenkt haben wollen** to not want to accept sth [even] as a present; **jdm wird nichts geschenkt** sb [somewhere] is spared nothing; ***im Leben ist mir nichts geschenkt worden*** I've had a hard time [*or* I haven't had it easy] [in life] **II.** *vi* to give presents **III.** *vr* ❶ (*sich sparen*) ■**sich** *dat* **etw ~** to spare sb sth, to save oneself sth, to give sth a miss *fam* ❷ (*geh: hingeben*) ■**sich jdm ~** *Frau* to give oneself to sb; *s. a.* **Mühe**

Schenkung <-, -en> *f* JUR donation, gift; **~ unter Auflage** gift subject to a condition; **~ unter Lebenden** gift inter vivos, lifetime gift; **~ von Todes wegen** donatio mortis causa, testamentary gift; **mittelbare ~** indirect donation

Schenkungsempfänger(in) *m(f)* JUR donee **Schenkungssteuer** *f* capital transfer tax **Schenkungssteuersubjekt** *nt* FIN tax on gifts **Schenkungsversprechen** *nt* JUR promise to make a gift, executory donation **Schenkungsvertrag** *m* JUR deed of gift, contract of donation **Schenkungswiderruf** *m* JUR revocation of a gift [*or* donation]

scheppern **I.** *vi* ❶ (*fam: Klappern loser Gegenstände*) to rattle, to clank ❷ (*fam: einen Autounfall geben*) ***auf der Kreuzung hat es ganz schön gescheppert*** there was an almighty bang at the crossroads ❸ DIAL (*schippern*) to sail **II.** *vt* DIAL (*fam: jdn ohrfeigen*) ■**jdm eine ~** to box sb's ears, to clip sb round the ear

Scherbe <-, -n> *f* [sharp] piece [*or form* fragment]; **in ~n gehen** to smash to pieces ▶ WENDUNGEN: **~n bringen Glück** (*prov*) broken glass/china are lucky

Scherbenhaufen *m* ▶ WENDUNGEN: **jd steht vor einem ~** sb's life is in ruins [*or* is a shambles], sb is in a [right] mess

Schere <-, -n> *f* ❶ (*Werkzeug*) scissors *npl*, pair *sing* of scissors ❷ ZOOL claw ❸ SPORT scissors hold

scheren[1] <schor, geschoren> *vt* ❶ (*abrasieren*) **ein Tier ~** to shear an animal ❷ (*stutzen*) **sich den Bart ~ lassen** to have one's beard cropped [*or* sheared]; **jdm eine Glatze ~** to shave sb's head; **die Hecke ~** to prune [*or* trim] the hedge; **den Rasen ~** to mow the lawn

scheren[2] **I.** *vr* ❶ (*sich kümmern*) ■**sich [um etw] ~** to bother [about sth]; ■**sich nicht [um etw] ~** to not bother [*or fam* give a damn [*or fam!* shit]] [about sth] ❷ (*fam: abhauen*) **scher dich [weg]!** get out [of here]!; **jd kann/soll sich zum Teufel ~** sb can go to hell *fam* **II.** *vt* ■**jdn schert etw nicht** sb couldn't care less [*or* does not care at all] [*or* give a damn] about sth; ***was schert es mich, was er von mir hält!*** what the hell do I care what he thinks of me! *fam*

Scherengitter *nt* [folding] fence; **mit einem ~ umgeben sein** to be fenced off **Scherenschleifer(in)** <-s, -> *m(f)* knife-grinder **Scherenschnitt** *m* silhouette [out of paper]

Schererei <-, -en> *f meist pl* (*fam*) trouble *sing*; **[wegen etw] [mit jdm] ~en bekommen** [*o fam* **kriegen**] [*o* **haben**] to get into [*or* be in] trouble [because of sth] [with sb]

Scherflein <-s, -> *nt* mite; **sein ~ beitragen** [*o* **beisteuern**] (*geh*) to make one's contribution, to do one's bit

Scherge <-n, -n> *m* (*pej geh*) thug *pej*, henchman *pej*

Scherkopf *m* ELEK head [of an electric razor]

Scherung <-, -en> *f* ❶ PHYS, TECH shear[ing] ❷ MATH shear

Scherwind *m* sudden change of wind direction

Scherz <-es, -e> *m* ❶ (*Spaß*) joke; **aus** [*o* **zum**] **~** as a joke, for fun *no art, no pl*, for a laugh *fam*; **im ~** as a joke, for [*or* in] fun *no art, no pl*, in jest *liter*, for a laugh *fam*; ***es war nur ein ~*** it was just a joke ❷ *pl* (*fam: Blödheiten*) tomfoolery *no art, no pl*, jokes *pl iron*; **einen ~ machen, ~e machen** to joke; **mach**

S

keine ~e! (*fam*) you're joking [*or* not serious]! *fam;* **keine ~e [mit so etwas] machen** to not joke [about things like that], to not make a joke [of things like that]; **[ganz] ohne ~!** (*fam*) no kidding! *fam,* no joke! *fam;* **sich** *dat* **einen ~ [mit jdm] erlauben** to have sb on *sl,* to take sb for a ride *sl*

Scherzartikel *m meist pl* joke article

scherzen *vi* (*geh*) ■**[mit jdm] ~** to crack a joke/jokes [with sb], to tell [sb] a joke; ■**über jdn/etw ~** to joke about sb/sth; **Sie belieben zu ~!** (*geh*), **Sie ~ wohl!** you must be joking!; **mit jdm/etw ist nicht zu ~** sb/sth is not to be trifled with

Scherzfrage *f* riddle

scherzhaft I. *adj* (*aus Spaß erfolgend*) jocular, joke *fam* **II.** *adv* jocularly, in a jokey fashion; ***nicht böse sein, das war doch nur ~ gemeint!*** don't be angry, it was only a joke [*or* I only meant it as a joke]!

Scherzkeks *m* (*fam*) ❶ (*Witzemacher*) comedian ❷ (*hum: Witzbold*) [practical] joker

Scherzo <-s, -s *o* Scherzi> ['skɛrtso] *nt* MUS scherzo

scheu *adj* ❶ (*menschenscheu*) shy; (*vorübergehend ~*) bashful; **ein ~es Tier** a shy [*or* timid] animal ❷ (*schüchtern*) shy, self-conscious; **ein ~er Blick** a shy [*or* sidelong] [*or* furtive] glance; **ein ~es Wesen** a shy [*or* self-conscious] creature; *s. a.* **Pferd**

Scheu <-> *f kein pl* shyness *no pl;* (*vorübergehend*) bashfulness; **ohne jede ~** without holding back [*or* [any] inhibitions]; **sich jdm ohne jede ~ anvertrauen** to confide in sb unreservedly, to open one's heart to sb

scheuchen *vt* ❶ (*treiben*) **Rindvieh/Pferde/Schafe ~** to drive cattle/horses/sheep; **das Vieh aus dem Stall/von der Weide ~** to shoo the cattle out of the shed/off the pasture ❷ (*fam: jagen*) ■**jdn ~** to chase sb; **jdn aus dem Bett ~** to chase sb out of bed [*or* BRIT *sl* his/her scratcher]

scheuen I. *vt* ■**[etw] ~** to fight shy [of sth] BRIT, to shrink [from sth]; **keine Unannehmlichkeiten ~** to spare no trouble; *s. a.* **Mühe II.** *vr* ■**sich** *akk* **[vor etw** *dat***] ~** to fight shy [of sth] BRIT, to shrink [from sth]; ■**sich [davor] ~, [etw zu tun]** to fight shy [of doing sth] BRIT, to shrink [from doing sth], to not want to [do sth] **III.** *vi* ■**[vor etw** *dat*] **~** to shy [at sth]

Scheuer <-, -n> *f* barn

Scheuerbürste *f* scrubbing brush **Scheuerfestigkeit** *f* (*Farbe*) abrasion resistance **Scheuerlappen** *m* floorcloth **Scheuerleiste** *f* ❶ (*Fußleiste*) skirting board BRIT, baseboard AM ❷ NAUT rubbing strake

Scheuermannsche Krankheit <-n -> *f kein pl* MED Scheuermann's disease

Scheuermittel *nt* scouring agent

scheuern I. *vt* ■**etw ~** ❶ (*sauber reiben*) to scour sth, to scrub sth; **etw blank ~** to scour [*or* scrub] sth clean ❷ (*reiben*) to scour [*or* scrub] [*or* rub] sth; **etw aus einer Pfanne/einem Topf ~** to get [*or* clean] sth out of a pan/saucepan ▶ WENDUNGEN: **[von jdm] eine gescheuert bekommen** [*o* **kriegen**] (*sl*) to get a clout [round the ears] BRIT *fam,* to get hit [up alongside the head] AM; **jdm eine ~** (*sl*) to give sb a clout [round the ears] BRIT *fam,* to hit somebody [up alonside the head] AM **II.** *vi* to rub, to chafe **III.** *vr* ■**sich** *akk* **an etw** *dat* **~** to rub one's sth; **sich an etw wund ~** to rub one's sth raw; *s. a.* **wund**

Scheuklappe *f* blinkers *pl* BRIT, blinders *pl* AM ▶ WENDUNGEN: **~n aufhaben** [*o* **tragen**] to have a blinkered attitude BRIT, to have a closed mind AM

Scheune <-, -n> *f* barn

Scheunenboden *m* floor of a barn **Scheunendach** *nt* roof of a barn, barn roof **Scheunendrescher** <-s, -> *m* **wie ein ~ essen** (*fam*) to eat like a horse BRIT *fig,* to be a bottomless pit AM *fig* **Scheunentor** *nt* barn door

Scheusal <-s, -e> *nt* beast, monster

scheußlich I. *adj* ❶ (*abstoßend*) repulsive ❷ (*ekelhaft*) disgusting, revolting ❸ (*fam*) dreadful, awful, terrible **II.** *adv* ❶ (*widerlich*) in a disgusting [*or* revolting] manner [*or* way]; **~ riechen/schmecken** to smell/taste disgusting [*or* revolting] ❷ (*gemein*) **jdn ~ behandeln** to treat sb appallingly [*or* cruelly]; **sich ~ benehmen** [*o* **verhalten**] to behave disgracefully ❸ (*fam*) dreadfully, terribly; **sich ~ erbrechen** to be dreadfully [*or* awfully] [*or* horribly] [*or* terribly] sick; **~ weh tun/schmerzen** to hurt/ache dreadfully [*or* awfully] [*or* horribly]

Scheußlichkeit <-, -en> *f* ❶ *kein pl* (*Abscheulichkeit*) dreadfulness *no pl; Gewalttat* barbarity, hideousness *no pl* ❷ (*abscheuliche Tat*) barbarity, monstrosity ❸ (*grausame Tat*) atrocity

Schi <-s, -er *o* -> *m s.* **Ski**

Schicht[1] <-, -en> *f* ❶ (*aufgetragene Lage*) layer; **eine ~ Farbe/Lack** a coat of paint/varnish; (*eine dünne Lage*) film ❷ (*eine von mehreren Lagen*) layer ❸ ARCHÄOL, GEOL stratum, layer ❹ (*Gesellschaftsschicht*) class, stratum; **die herrschende ~** the ruling classes; **alle ~en der Bevölkerung** all levels of society

Schicht[2] <-, -en> *f* shift; **~ arbeiten** to do shift work; **die ~ wechseln** to change shifts

Schichtarbeit *f kein pl* shift work *no pl* **Schichtarbeiter(in)** *m(f)* shift worker **Schichtarbeitsplan** *m* shift-work plan; **flexibler ~** flexible shift working

schichten *vt* ■**etw [auf etw** *akk*] **~** to stack [*or* pile] [up *sep*] sth [on/on top of sth]; **etw zu einem Stapel ~** to stack [*or* pile] sth up

schichtenweise *adv* in shifts

Schichtfläche *f* stratification [*or* bedding] [*or* deposition] plane **Schichtseite** *f* (*Film*) emulsion side **Schichtwechsel** [-vɛksl] *m* change of shift **schichtweise** *adv inv* ❶ (*in Schichten, Schicht bei Schicht*) in layers, layer upon layer ❷ (*Gruppe für Gruppe*) *s.* **schichtenweise Schichtzulage** *f* ÖKON shift premium

schick I. *adj* ❶ (*modisch elegant*) chic, fashionable, stylish, trendy *fam;* (*gepflegt*) smart; ***du bist heute wieder so ~*** you look very smart again today ❷ (*fam*) super, fabulous, terrific *fam,* cool *sl,* wicked *sl* **II.** *adv* (*modisch elegant*) fashionably, stylishly; (*gepflegt*) smartly

Schick <-s> *m kein pl* style; **~ haben** to have style, to be chic

schicken I. *vt* ❶ (*senden*) ■**[jdm] etw ~** to send [sb] sth; ÖKON to dispatch [*or* despatch] sth [to sb]; **etw mit der Post ~** to send sth by post [*or* AM mail], to post [*or* AM mail] sth; ■**etw [von jdm] geschickt bekommen** to get [*or* receive] sth from sb ❷ (*kommen/gehen lassen*) ■**jdn [zu jdm/irgendwohin] ~** to send sb [to sb/somewhere] ❸ (*zu tun heißen*) ■**jdn etw tun ~** to send sb to do sth; **jdn einkaufen ~** to send sb to the shops BRIT, to send sb shopping AM **II.** *vi* (*geh*) ■**nach jdm ~** to send for sb **III.** *vr* ❶ (*geziemen*) ■**etw schickt sich [für jdn]** sth befits [*or* becomes] [sb], sth is suitable [*or form* fitting] [*or* proper] [for sb] ❷ (*veraltend: anpassen*) ■**sich** *akk* **[in etw** *akk*] **~** to reconcile [*or* resign] oneself [to sth] **IV.** *vr impers* ■**es schickt sich nicht [für jdn], etw zu tun** it is not right [*or* fitting] [*or* proper] [*or dated form* seemly] [for sb] to do sth

Schickeria <-> *f kein pl* (*pej*) jet set *pej,* in-crowd

Schickimicki <-s, -s> *m* (*pej fam*) jet setter, one of the in-crowd *fam*

schicklich *adj* (*veraltend geh*) seemly *dated form,* proper

Schicksal <-s, -e> *nt* destiny, fate; **Ironie des ~s** irony [*or* trick] of fate; **ein hartes ~** a cruel fate; **das ~ nimmt seinen Lauf** fate takes its course; **jds ~ ist besiegelt** (*geh*) sb's fate is sealed; **sich in sein ~ ergeben** to be reconciled [*or* resigned] to one's fate; **jd ist vom ~ geschlagen** fate has been unkind to sb; **jdn seinem ~ überlassen** to leave sb to their fate; **etw dem ~ überlassen müssen** to leave sth to fate; **[das ist]/das nenne ich ~!** (*fam*) it's [just] fate! ▶ WENDUNGEN: **~ spielen** (*fam*) to pull strings, to play God

schicksalhaft *adj* ❶ (*folgenschwer*) fateful, portentous *liter* ❷ (*unabwendbar*) fated, inevitable

Schicksalsfrage *f* vital [*or* fateful] question **Schicksalsgemeinschaft** *f group of people who have been thrown together by fate* **Schicksalsschlag** *m* stroke of fate; **ein harter ~** a cruel stroke of fate

Schickschuld *f* JUR debt to be discharged by remittance

Schiebedach *nt* sun roof **Schiebefenster** *nt* sliding window

Schiebe-Hebe-Dach *nt* AUTO tilt [*or* slide] sunroof

Schiebekopie *f* TYPO multiple plate burns *pl*

schieben <schob, geschoben> **I.** *vt* ❶ (*vorwärts rollen*) ■**etw [irgendwohin] ~** to push sth [somewhere]; ***er schob den Einkaufswagen durch den Supermarkt*** he wheeled the shopping trolley through the supermarket ❷ (*rücken*) ■**jdn/etw ~** to push [*or fam* shove] sb/sth; ***lass uns den Schrank in die Ecke ~*** let's shift the cupboard into the corner ❸ (*antreiben*) ■**jdn ~** to push sb ❹ (*stecken*) ■**etw irgendwohin ~** to put [*or* push] [*or fam* stick] sth somewhere; **sich etw in den Mund ~** to put [*or fam* stick] sth in one's mouth; **die Pizza in den Ofen ~** to stick [*or* shove] the pizza into the oven *fam* ❺ (*zuweisen*) ■**etw auf jdn ~** to lay [*or* put] [*or* place] sth on sb; **die Schuld auf jdn ~** to lay the blame on sb [*or* at sb's door]; **die Verantwortung auf jdn ~** to place [*or* put] the responsibility on sb['s shoulders]; ■**etw auf etw ~** to put sth down to sth, to blame sth for sth; ***sie schob ihre Müdigkeit aufs Wetter*** she put her tiredness down to the weather ❻ (*abweisen*) ■**etw von sich** *dat* **~** to reject sth; **den Verdacht von sich ~** to not accept the blame; **die Schuld/Verantwortung von sich ~** to refuse to take [the] blame/responsibility ❼ (*sl*) ■**etw ~** to do sth *fam;* **Kohldampf ~** to be starving *fig;* **eine ruhige Kugel ~** to take it easy; **eine Nummer ~** to get laid *sl;* **Rauschgift ~** to traffic in drugs; **eine Schicht ~** to work a shift; **Wache ~** to be on sentry duty [*or* guard] **II.** *vi* ❶ (*vorwärts rollen*) to push ❷ (*fam: unlautere Geschäfte machen*) **mit Zigaretten/Drogen ~** to traffic cigarettes/drugs **III.** *vr* ❶ (*sich vorwärts bewegen*) ■**sich irgendwohin ~** to push [*or* force] [*or* elbow] one's way somewhere ❷ (*sich drängen*) ■**sich ~** to shove one's way; **sich nach vorn ~** to shove one's way to the front

Schieber <-s, -> *m* ❶ (*Absperrvorrichtung*) bolt; (*an einer Rohrleitung*) slide valve ❷ DIAL (*Bettpfanne*) bedpan ❸ (*veraltend: Tanz*) **einen ~ tanzen** to dance a shuffle

Schieber(in) <-s, -> *m(f)* (*Schwarzhändler*) black-marketeer; (*illegaler Waffenhändler*) gun-runner; (*Drogenhändler*) [drug] pusher

Schiebermütze *f* large, soft-peaked cap

Schiebetür *f* sliding door

Schiebetürenschrank *m* sliding-door cupboard

Schieblehre <-, -n> *f* TECH slide gauge

Schiebung <-> *f kein pl* (*pej*) ❶ (*Begünstigung*) pulling strings ❷ (*unehrliches Geschäft*) shady deal, fixing ❸ POL rigging; ***bei der Wahl war ~ im Spiel*** the election was rigged ❹ SPORT fixing; **~!** fixed!

schied *imp von* **scheiden**

Schiedsabrede *f* JUR arbitration [*or* arbitral] clause **Schiedsausschuss**[RR] *m* HANDEL arbitration committee [*or* panel] **Schiedsfähigkeit** *f kein pl* JUR arbitrability *no pl* **Schiedsgericht** *nt* ❶ JUR arbitration tribunal [*or* panel] ❷ SPORT *highest authority which can rule on a point of dispute* **schiedsgerichtlich I.** *adj inv* JUR arbitral, by arbitration *pred* **II.** *adv* **etw ~ entscheiden** to decide sth by arbitration **Schiedsgerichtsbarkeit** *f* JUR arbitration, arbitral jurisdiction; **internationale ~** international arbitration **schiedsgerichtsfähig** *adj inv* JUR arbitrable **Schiedsgerichtshof** *m* JUR court of arbitration **Schiedsgerichtsklausel** *f* JUR arbitration clause **Schiedsgerichtsvereinbarung** *f* JUR arbitration agreement **Schiedsgerichtsverfahren** *nt* JUR arbitration [*or* arbitral] proceedings *pl* **Schiedsgerichtsvertrag** *m* JUR arbitration agreement **Schiedsgutachten** *nt* JUR arbitrator's award **Schiedskommission** *f* HANDEL arbitration committee **Schiedsmann, -frau** <-[e]s, -leute> *m, f* arbitrator **Schiedsordnung** *f* arbitration statutes *pl* **Schiedsrichter(in)** *m(f)* ❶ SPORT referee; (*bei Tennis, Baseball, Federball*) umpire ❷ JUR arbitrator **schiedsrichterlich** **I.** *adj inv* ❶ JUR arbitral, arbitrational; ~**es Verfahren** arbitration proceedings *pl* ❷ SPORT umpiring **II.** *adv* **einen Fall** ~ **entscheiden** JUR to arbitrate a case **Schiedssache** *f* JUR arbitration matter **Schiedsspruch** *m* JUR arbitrator's award, arbitration; **einen** ~ **fällen/aufheben** to pronounce/render/set aside an award; **einen** ~ **für nichtig erklären** to annul an award; **sich** *akk* **einem** ~ **unterwerfen** to submit to arbitration; **einen** ~ **gegen eine Partei geltend machen** to invoke an award against a party **Schiedsstelle** *f* arbitration [*or* arbitrative] board **Schiedstätigkeit** *f* arbitration service **Schiedsvereinbarung** *f* arbitration agreement **Schiedsverfahren** *nt* arbitration proceedings *pl*, arbitral procedure **Schiedsvergleich** *m* JUR settlement in arbitration proceedings **Schiedsvertrag** *m* JUR arbitration agreement

schief **I.** *adj* ❶ (*schräg*) crooked, not straight, lopsided *fam;* ~**e Absätze** worn [down] heels; **ein** ~**er Baumstamm** a leaning tree trunk; *s. a.* **Ebene, Bahn, Turm** ❷ (*entstellt*) distorted; **ein völlig** ~**es Bild von etw haben** to have a wholly false impression of sth; **eine** ~**e Darstellung** a distorted account; **ein** ~**er Eindruck** a false impression; *s. a.* **Vergleich** ❸ (*fig: scheel*) wry; **jdm einen** ~**en Blick zuwerfen** to look askance at sb; **sich in einer** ~**en Lage befinden** to find oneself in an awkward position **II.** *adv* ❶ (*schräg*) crooked, not straight, lopsided; **etw** ~ **aufhaben/aufsetzen** to not have/put sth on straight, to have/put sth on crooked; **etw** ~ **halten** to not hold sth straight, to hold sth crooked; **den Kopf** ~ **halten** to have one's head cocked to one side; **etw** ~ **hinstellen** to put sth at an awkward angle; **die Absätze** ~ **laufen** to wear one's heels down on one side; **etw** ~ **treten** to wear sth down on one side; ~ **wachsen** to grow crooked, to not grow straight ❷ (*fig: scheel*) wryly; ~ **gewickelt sein** to be seriously [*or* very much] mistaken; **jdn** ~ **ansehen** to look askance at sb; ~ **gehen** (*fam*) to go wrong, to misfire, to come to grief *fam;* ~ **laufen** (*fam*) to go wrong; ~ **liegen** (*fam*) to be on the wrong track [*or* wide of the mark] [*or fam* barking up the wrong tree] ▶ WENDUNGEN: [**es**] **wird schon** ~ **gehen!** (*iron*) it'll be [*or* turn out] OK! *fam*

Schiefer <-s, -> *m* slate

Schieferdach *nt* slate roof **Schieferfassade** *f* slate front [*or form* facade] **Schiefertafel** *f* slate

schieflachen *vr* (*fam*) ■**sich** ~ to crack up *fam*, to laugh one's head off *fam*

Schieflage *f* (*fig*) disturbing situation

schielen *vi* ❶ MED to squint, to be cross-eyed; *s. a.* **Auge** ❷ (*haben wollen*) ■**auf etw** *akk* ~ to look at sth out of the corner of one's eye; ■**nach etw** ~ to steal a glance at sth; (*fig*) to have one's eye on sth ❸ (*verstohlen schauen*) ■**zu jdm rüber** ~ to glance across at sb [*or* to look at sb] out of the corner of one's eye; **durchs Schlüsselloch** ~ to peek through the keyhole ❹ (*im Blick haben*) ■**auf etw** *akk* ~ to have sth in one's sights, to have one's eye on sth

Schielen <-s> *nt kein pl* squint[ing], strabismus *spec*

schielend *adj inv* squinting, cross-eyed, strabismal *spec*

Schieler(in) <-s, -> *m(f)* squinter

Schieltraining *nt* squint training

schien *imp von* **scheinen**

Schienbein *nt* shin-bone, tibia *spec;* **jdm gegen** [*o* **vor**] **das** ~ **treten** to kick sb in the shin

Schiene <-, -n> *f* ❶ BAHN, TRANSP rail *usu pl;* ***bitte die* ~ *nicht überqueren*** please do not cross the rails [*or* railway lines]; ■**die** ~ the railway; **aus den** ~**n springen** to come off the rails *a. fig* ❷ TECH (*Führungsschiene*) rail, runner; *Backofen* shelf ❸ MED splint ❹ (*Stoßkante*) runner ❺ (*fam*) [line of] approach; ***ich bin beruflich so eingespannt, dass auf der privaten* ~ *wenig läuft*** I'm so busy with my job that I don't have much [of a] private life ❻ (*Verbindung*) contact ❼ (*Hauptübertragungsleitung*) main transmission line; (*Sammelschiene*) bus bar ❽ TECH fishplate; (*in der Weberei*) lease rod

schienen *vt* MED ■**etw** ~ to splint sth, to put sth in a splint/splints

Schienenanbindung *f* rail link **Schienenausbau** *m kein pl* BAHN extension of a/the railway **Schienenbahn** *f* track railway [*or* AM railroad] **Schienenbus** *m* rail bus [*or* car] **Schienenfahrzeug** *nt* BAHN (*geh*) track vehicle **Schienenfernverkehr** *m* TRANSP rail traffic **schienengebunden** *adj inv, attr* rail-bourne [*or* -bound]; ~**er Personennahverkehr** local passenger rail traffic **schienengleich** *adj inv, attr* ~**er Bahnübergang** level [*or* AM grade] crossing **Schienennahverkehr** *m* local rail traffic **Schienennetz** *nt* BAHN rail network **Schienenräumer** *m* rail guard, track clearer **Schienenstoss**RR *m* rail joint **Schienenstrang** *m* BAHN [railway] line, track **Schienentransport** *m* rail transport, railage, carriage by rail **Schienenverkehr** *m kein pl* TRANSP rail traffic *no pl* **Schienenverkehrsprojekt** *nt* rail [traffic] project **Schienenweg** *m* **auf dem** ~ by train [*or* rail]

Schiene-Straße-Verkehr *m* rail-road transport [*or* traffic]

schier[1] *adj inv, attr* ❶ (*pur*) pure, unadulterated; (*perfekt*) perfect, flawless ❷ (*bloß*) sheer

schier[2] *adv* almost, wellnigh *form;* ~ **unglaublich/nicht zu fassen** [almost] incredible; ~ **endlos erscheinen** to seem almost an eternity; ~ **unendlich dauern** to take [almost] an eternity; ~ **unmöglich** [almost] impossible

Schierling <-s, -e> *m* BOT hemlock

Schießbefehl *m* order[s] to shoot; ■~ **haben** to have orders to shoot **Schießbude** *f* shooting gallery **Schießbudenfigur** *f* (*pej fam*) clown **Schießeisen** *nt* (*hum sl*) gun, shooting iron AM, rod AM

schießen <schoss, geschossen> **I.** *vi* ❶ *haben* (*feuern*) ■[**mit etw**] ~ to shoot [with sth]; ■**auf jdn/etw** ~ to shoot at sb/sth; ~ [*o* **zum S~**] **gehen** to go shooting ❷ *haben* FBALL ■[**an** [*o* **auf**] **etw** *akk/* **in etw** *akk*] ~ to shoot [at/into sth]; ***daneben, genau an die Latte geschossen!*** missed, it hit the crossbar!; **aufs Tor** ~ to shoot [for goal]; **neben das Tor** ~ to miss the goal ❸ *sein* BOT to shoot; (*zu schnell sprießen*) to bolt; *s. a.* **Kraut, Höhe** ❹ *sein* (*fam*) to shoot, to come flying *fam;* ***das Auto kam um die Ecke geschossen*** the car came flying round the corner; **jdm durch den Kopf** ~ to flash through sb's mind ❺ *sein* (*spritzen*) to shoot; ***das Blut schoss aus der Wunde*** the blood shot out of the wound ▶ WENDUNGEN: **wie das Hornberger S~ ausgehen** to come to nothing; [**das ist**] **zum S~** (*fam*) [that's] crazy *fam* **II.** *vt haben* ❶ (*etw feuern*) ■**etw** ~ to shoot sth ❷ FBALL ■**etw** [**irgendwohin**] ~ to shoot sth [somewhere]; **den Ball ins Netz** ~ to put the ball in the net; **den Ball ins Tor** ~ to score [*or* shoot] a goal; *s. a.* **Krüppel III.** *vr* ■**sich** ~ to have a shoot-out

Schießerei <-, -en> *f* ❶ (*meist pej: andauerndes Schießen*) shooting ❷ (*wiederholter Schusswechsel*) shooting, gun fight, shoot-out

Schießgewehr *nt* (*kindersprache*) rifle **Schießhund** *m* gun [*or* AM hunting] dog ▶ WENDUNGEN: **wie ein** ~ **aufpassen** (*fam*) to be on one's toes, to keep one's eyes peeled [*or* BRIT skinned] **Schießplatz** *m* [firing [*or* shooting] [*or* rifle]] range **Schießpulver** *nt* gunpowder **Schießscharte** *f* embrasure *form*, slit **Schießscheibe** *f* target; **das Schwarze der** ~ the bull['s eye] **Schießsport** *m kein pl* shooting *no art, no pl* **Schießstand** *m* shooting range

Schiff[1] <-[e]s, -e> *nt* ❶ (*Wasserfahrzeug*) ship; **ab/per** ~ HANDEL ex/by ship ❷ TYPO galley ❸ DIAL (*veraltet: im Kohleherd*) boiler ▶ WENDUNGEN: **das** ~ **des Staates** the ship of the state; **das** ~ **der Wüste** the ship of the desert; **klar** ~ **machen** (*fam: etw säubern*) to clear the decks *fam;* (*etw bereinigen*) to clear the air [*or* things up]

Schiff[2] <-[e]s, -e> *nt* ARCHIT (*Mittel~*) nave; (*Seiten~*) aisle; (*Quer~*) transept

Schiffahrt *f kein pl, getrennt: Schiff·fahrt s.* **Schifffahrt** **Schiffahrtsgesellschaft** *f s.* Schifffahrtsgesellschaft **Schiffahrtskonferenz** *f s.* Schifffahrtskonferenz **Schiffahrtslinie** *f s.* Schifffahrtslinie **Schiffahrtsstraße** *f s.* **Schifffahrtsstraße**

schiffbar *adj* navigable

Schiffbau *m kein pl* ship-building *no indef art, no pl* **Schiffbauer** *m s.* Schiff(s)bauer **Schiffbruch** *m* shipwreck; ~ **erleiden** to be shipwrecked ▶ WENDUNGEN: [**mit etw**] ~ **erleiden** to fail **schiffbrüchig** *adj* shipwrecked; ■~ **werden** to be shipwrecked **Schiffbrüchige(r)** *f(m) dekl wie adj* shipwrecked person

Schiffchen <-s, -> *nt* ❶ *dim von* **Schiff**[1] ❷ MODE, MIL forage cap

schiffen **I.** *vi* ❶ *sein* (*veraltend: mit dem Schiff fahren*) to ship *old*, to travel by ship, to sail ❷ *haben* (*sl: urinieren*) to go for a whizz *sl*, to go for [*or* have] [*or* AM take] a pee [*or esp* BRIT wee], to spend a penny BRIT *fam* **II.** *vi impers haben* (*sl: regnen*) ■**es schifft** it's raining cats and dogs, it's bucketing [*or* BRIT chucking it] down *fam*, it's pissing with rain BRIT *fam!*

Schiffer(in) <-s, -> *m(f)* skipper

Schifferklavier [-viː-] *nt* accordion **Schifferknoten** *m* sailor's [*or* seaman's] knot **Schiffermütze** *f* sailor's cap

SchifffahrtRR *f* shipping *no indef art, no pl*

SchifffahrtsgesellschaftRR *f* shipping company; *s. a.* Schifffahrtslinie 1 **Schifffahrtskonferenz**RR *f* freight conference **Schifffahrtslinie**RR *f* NAUT ❶ (*Reederei*) shipping line ❷ (*Route*) shipping route **Schifffahrtsstraße**RR *f*, **Schifffahrtsweg** *m* ❶ (*Route*) shipping route [*or* lane] ❷ (*Wasserstraße*) waterway **Schiffsabfahrtsliste** *f* sailing list

Schiffsagentur *f* HANDEL shipping agency **Schiffsapotheke** *f* ship's pharmacy **Schiffsarzt, -ärztin** *m, f* ship's doctor **Schiffsausrüster** *m* ❶ (*Reeder*) shipowner ❷ (*jd, der ein Schiff versorgt*) [ship['s]] chandler **Schiff(s)bauer(in)** <-s, -> *m(f)* shipwright, shipbuilder **Schiffsbauregister** *nt* JUR ship construction register **Schiffsbefrachter** *m* HANDEL charterer, freighter **Schiffsbefrachtung** *f* HANDEL chartering, freighting **Schiffsbesatzung** *f* [ship's] crew **Schiffsbug** *m* bow [of a ship]

Schiffschaukel *f* swing-boat

Schiffseigner(in) *m(f)* (*geh*) shipowner **Schiffsflagge** *f* [ship's] flag **Schiffsfracht** *f* [ship's] freight [*or* cargo] **Schiffsführer(in)** *m(f)* NAUT skipper **Schiffsglocke** *f* [ship's] bell **Schiffsgut** *nt* cargo, freight **Schiffshaut** *f* [ship's] hull **Schiffshebewerk** *nt* canal lift **Schiffsheck** *nt* [ship's] stern **Schiffshypothek** *f* JUR mortgage of a vessel **Schiffshypothekenforderung** *f* JUR ship mortgage claim **Schiffshypothekengläubiger(in)** *m(f)* JUR ship mortgagee **Schiffsjunge** *m* ship['s] boy **Schiffskabine** *f* [ship's] cabin **Schiffskoch, -köchin** *m, f* ship's cook **Schiffsküche** *f* galley **Schiffsladung** *f* [ship's] cargo, shipload; **die** ~ **deklarieren** to enter a cargo **Schiffslandeplatz** *m* berth **Schiffslaterne** *f* ship's lantern **Schiffsmakler(in)** *m(f)* HANDEL ship broker **Schiffsmannschaft** *f* [ship's] crew **Schiffsmiete** *f* HANDEL charter [money] **Schiffsmotor** *m'* [ship's] engine **Schiffspapiere** *f* [ship's] papers [*or* documents] *pl* **Schiffsraum** *m kein pl* HANDEL shipping space, ship's hold; **leerer/verfügbarer** ~ waste stowage/shipping space **Schiffsrumpf** *m* [ship's] hull **Schiffsschraube** *f* ship's propeller [*or* screw] **Schiffstaufe** *f* launch [of a ship] **Schiffsunfall** *m* NAUT shipping accident **Schiffsverbindung** *f* [sea] communications *pl, no art* **Schiffsverkehr** *m* shipping *no indef art, no pl* **Schiffszwieback** *m* ship's biscuit, hard tack

Schiismus <-> *m kein pl* Shiism

Schiit(in) <-en, -en> *m(f)* Shiite, Shia[h]

schiitisch *adj inv* Shiite

S

Schikane <-, -n> *f* ❶ (*kleinliche Quälerei*) harassment *no indef art;* **aus** [**reiner**] ~ [just] to harass sb ❷ SPORT chicane ▶ WENDUNGEN: **mit allen ~n** (*fam*) with all the modern conveniences [*or* all the extras] [*or* BRIT *fam* mod cons]

schikanieren* *vt* ■**jdn** [**durch etw** *akk* [*o* **mit etw** *dat*]] ~ to harass sb [*or* BRIT *fam* mess sb about] [with sth/by doing sth]

schikanös I. *adj* harassing, vexatious *form;* **eine ~e Behandlung/Maßnahme** a harassing treatment/measure; **ein ~e Person** a bully II. *adv* bloodmindedly BRIT; **jdn ~ behandeln** to bully sb, to mess sb around

Schikoree[RR] <- *o* -s> *m kein pl s.* **Chicorée**

Schild[1] <-[e]s, -er> *nt* ❶ (*Hinweisschild*) sign ❷ (*fam*) price tag

Schild[2] <-[e]s, -e> *m* shield ▶ WENDUNGEN: **jdn auf den ~ erheben** (*geh*) to make sb one's leader; **etw gegen jdn/etw im ~e führen** to plot sth against sb/sth; **etw im ~e führen** to be up to sth

Schildbürger(in) *m(f)* (*pej*) simpleton, fool *fam*

Schildbürgerstreich *m* (*pej*) act of stupidity, disastrously ill-advised measure

Schilddrüse *f* thyroid [gland]

Schilddrüsenfunktion *f* functioning of the thyroid [gland] **Schilddrüsenhormon** *nt* thyroxin **Schilddrüsenkrebs** *m* MED thyroid cancer **Schilddrüsenoperation** *f* thyroid operation; (*Entfernung der Schilddrüse*) thyroidectomy **Schilddrüsenüberfunktion** *f* overactive [*or* hyperactive] thyroid [gland] **Schilddrüsenunterfunktion** *f* underactive [*or* hypoactive] thyroid [gland] **Schilddrüsenvergrößerung** *f* enlargement of the thyroid [gland]

Schildermaler(in) *m(f)* sign painter

schildern *vt* ■[**jdm**] **etw** ~ to describe [*or liter* portray] sth [to sb]; **etw in allen Einzelheiten** ~ to give an exaustive account of sth; **etw plastisch** ~ to describe sth vividly

Schilderung <-, -en> *f* description, portrayal *liter; Ereignisse* account, description, report

Schilderwald *m* (*hum fam*) forest of signs

Schildkröte *f* tortoise; (*See~*) turtle

Schildkrötenfleisch *nt* turtle [meat] **Schildkrötenpanzer** *m* tortoiseshell **Schildkrötensuppe** *f* turtle soup **Schildlaus** *f* scale insect **Schildmütze** *f* peaked cap **Schildpatt** <-s> *nt kein pl* tortoiseshell

Schilf <-[e]s, -e> *nt* BOT ❶ (*Pflanze*) reed ❷ (*bewachsene Fläche*) reeds *pl*

Schilfdach *nt* thatched roof **Schilfgras** *nt* reed **Schilfmaterial** *nt* reeds *pl* **Schilfrohr** *nt s.* **Schilf**

Schill <-s, -en> *m* KOCHK, ZOOL pike-perch

Schillerlocke *f* KOCHK ❶ (*Fisch*) *strip of smoked belly of dogfish* ❷ (*Gebäck*) cream horn

schillern *vi* to shimmer; **in allen Farben** ~ to shimmer in all the colours [*or* AM -ors] of the rainbow

schillernd *adj* shimmering, resplendent; **~er Charakter** a many-sided [*or* multifaceted] character; **~e Persönlichkeit** flamboyant personality

Schilling <-s, -e *o bei Preisangaben* -> *m* schilling

schilpen *vi* ORN *s.* **tschilpen**

schilt *imper sing von* **schelten**

Schimäre <-, -n> *f* (*geh*) [wild] fancy, flight of fancy, pipe-dream, chimera *form*

Schimmel[1] <-s> *m kein pl* mould [*or* AM mold]

Schimmel[2] <-s, -> *m* ZOOL white horse, grey, AM gray

schimm(e)lig *adj* mouldy; **~es Leder/Buch** mildewed leather/book

schimmeln *vi sein o haben* to go mouldy

Schimmelpilz *m* mould

Schimmer <-s> *m kein pl* ❶ (*matter Glanz*) lustre [*or* AM -er], shimmer ❷ (*kleine Spur*) slightest trace (+*gen*/**von** +*dat* of); **ein ~ von Anstand** a scrap of decency; **ein ~ von Hoffnung** a glimmer [*or* spark] of hope; **kein ~ eines Verdachtes** not the slightest suspicion ▶ WENDUNGEN: **keinen blassen** [*o* **nicht den geringsten**] [*o* **nicht den leisesten**] ~ [**von etw**] **haben** (*fam*) to not have the faintest [*or* slightest] [*or* foggiest] idea [about sth]

schimmern *vi* to shimmer, to gleam

Schimpanse <-n, -n> *m* chimpanzee

Schimpf <-[e]s> *m kein pl* affront *dated form*, abuse *no indef art, no pl;* **mit ~ und Schande** (*geh*) in disgrace; **jdm einen ~ antun** (*veraltend geh*) to affront sb *dated form*

schimpfen I. *vi* ❶ (*sich ärgerlich äußern*) ■[**auf** [*o* **über**] **jdn/etw**] ~ to grumble [about sb/sth] ❷ (*fluchen*) to [curse and] swear; **wie ein Rohrspatz** ~ to curse like a washerwoman [*or* AM sailor] ❸ (*ärgerlich zurechtweisen*) to grumble; ■**mit jdm** ~ to scold sb, to tell sb off, to slap sb's wrists *fig* II. *vr* (*fam*) ■**sich etw** ~ to call oneself sth; ***die schießen jeden Ball daneben, und so was schimpft sich Nationalelf!*** they couldn't score in a brothel *fam!* and they call themselves the national team!; **sich selbst einen Esel** ~ to call oneself an ass

Schimpfkanonade *f* (*fam*) shower [*or* stream] of abuse

schimpflich I. *adj* (*geh*) disgraceful, shameful; **eine ~e Niederlage** a humiliating [*or* ignominious] [*or* shameful] defeat II. *adv* (*geh*) disgracefully, shamefully; **jdn ~ verjagen** to throw sb out in disgrace

Schimpfname *m* abusive nickname **Schimpfwort** *nt* swear word

Schindel <-, -n> *f* shingle

Schindeldach *nt* shingle roof

schinden <schindete, geschunden> I. *vr* ■**sich** [**mit etw**] ~ to work oneself to death [at/over sth], to slave [away] [at sth], to work like a trojan [at sth] BRIT II. *vt* ❶ (*grausam antreiben*) ■**jdn** ~ to work [*or* treat] sb like a slave, to work sb into the ground; **ein Tier** ~ to ill-treat an animal, to work an animal to death ❷ (*veraltet: abhäuten*) to flay an animal ❸ (*fam*) ■**etw** [**bei jdm**] ~ to get sth [from sb]; **einen Aufschub** ~ to get a postponement; **Applaus** [*o* **Beifall**] ~ to fish for applause; **Eindruck** ~ to play to the gallery; **Erfolg** ~ to score a spurious success; **Zeit** ~ to play for time; **bei jdm ein paar Zigaretten** ~ to cadge [*or* AM bum] a few cigarettes off sb

Schinder(in) <-s, -> *m(f)* ❶ (*Ausbeuter*) slave driver, hard taskmaster ❷ (*veraltet: Abhäuter*) knacker BRIT

Schinderei <-, -en> *f* grind, hard work [*or* graft], bloody hard work [*or* graft] BRIT; **Jahre der** ~ years of slavery [*or* hard graft]

Schindluder *nt* ▶ WENDUNGEN: **mit jdm/etw ~ treiben** (*fam*) to gravely abuse [*or* misuse] sb/sth

Schinken <-s, -> *m* ❶ KOCHK ham; **Prager/Schwarzwälder** ~ Prague/Black Forest ham ❷ (*pej o hum fam*) big awful painting; **ein alter** ~ (*Buch*) a big awful book; (*Film*) a dismal film

Schinkenbein *nt* KOCHK *s.* **Eisbein** **Schinkenspeck** *m* bacon **Schinkenstück** *nt* KOCHK gammon piece **Schinkenwurst** *f* ham sausage [meat]

Schippe <-, -n> *f* ❶ *bes* NORDD (*Schaufel*) shovel ❷ KARTEN NORDD spades *npl;* ~ **König** king of spades ▶ WENDUNGEN: **jdn auf die ~ nehmen** (*fam*) to pull sb's leg *fig*, to make fun of sb; **etw auf die ~ nehmen** (*fam*) to make fun of [*or* poke fun at] [*or* ridicule] sth

schippen *vt* NORDD ■**etw** ~ to shovel sth

schippern *vi sein* to sail [*or* cruise]

Schiri <-s, -s> *m* SPORT (*sl*) referee, zebra *sl; baseball* umpire

Schirm <-[e]s, -e> *m* ❶ (*Regenschirm*) umbrella, brolly BRIT *fam* ❷ (*Sonnenschirm*) sun shade; (*tragbar*) parasol ❸ (*Mützenschirm*) peak ❹ (*fam*) [TV] screen; **über den Schirm gehen** (*gesendet werden*) to be shown on TV ❺ (*Lampenschirm*) lampshade ❻ BOT cap

Schirmbildaufnahme *f* (*fachspr*) X-ray

Schirmherr(in) *m(f)* patron **Schirmherrschaft** *f* patronage; **unter der ~ von jdm/etw** under the patronage of sb/sth **Schirmhülle** *f* [umbrella] cover **Schirmmütze** *f* peaked cap **Schirmpilz** *m* parasol mushroom **Schirmständer** *m* umbrella stand

Schirokko <-s, -s> *m* sirocco

schiss[RR], **schiß** *imp von* **scheißen**

Schiss[RR] <-es> *m kein pl,* **Schiß** <-sses> *m kein pl* ~ [**vor jdm/etw**] **haben** [*o* **kriegen**] (*sl*) to be shit-scared [*or* scared shitless] [of sb/sth] *sl*

Schisser <-s, -> *m* (*derb o pej*) chickenshit *pej sl*

schizophren *adj* ❶ MED schizophrenic ❷ (*geh: absurd*) neurotic, irrational, absurd, schizophrenic *fam or pej;* **das ist ~!** that's absurd!

Schizophrenie <-, *selten* -n> [-'niːən] *f* ❶ MED (*Spaltungsirresein*) schizophrenia ❷ (*pej: Widersinn*) schizophrenia *pej*, absurdity, irrationality

schlabberig *adj* (*fam*) ❶ (*dünn*) ***watery*** thin; ***diese ~e Brühe nennst du Bier?*** you call this dishwater beer? ❷ (*schlaff*) loose[-fitting]

schlabbern I. *vi* (*fam*) ❶ (*Essen aussabbern*) to dribble ❷ (*weit fallen*) to fit loosely; **eine ~de Jacke** a loose[-fitting] jacket ❸ DIAL (*pej: schwatzen*) to blether BRIT *fam* II. *vt* (*fam*) ■**etw** ~ to lap sth [up]

Schlacht <-, -en> *f* battle; **jdm eine ~ liefern** (*geh*) to join [*or* do] battle with sb *form;* **in die ~ ziehen** (*geh*) to go into battle; **die ~ bei** *dat*/**in** *dat* the battle of/in; **die ~ bei Waterloo** the battle of Waterloo

Schlachtbank *f* ▶ WENDUNGEN: **jdn zur ~ führen** (*geh*) to lead sb like a lamb to the slaughter; *s. a.* **Lamm**

schlachten I. *vt* ■**ein Tier** ~ to slaughter an animal; *s. a.* **Sparschwein** II. *vi* to slaughter; ■**das S~** the slaughter

Schlachtenbummler(in) *m(f)* SPORT (*fam*) away [*or* visiting] supporter

Schlachter(in) <-s, -> *m(f)* ❶ (*Metzger*) butcher *a. fig* ❷ (*Schlachthofsangestellter*) slaughterman ❸ (*Fleischerladen*) butcher's [shop]

Schlächter(in) <-s, -> *m(f)* ❶ NORDD (*Schlachter*) butcher ❷ (*brutaler Mörder*) butcher

Schlachterei <-, -en> *f s.* **Schlachter 3**

Schlächterei <-, -en> *f* ❶ NORDD *s.* **Schlachterei** ❷ (*Metzelei*) slaughter **Schlächterin** *f s.* **Schlächter**

Schlachtfeld *nt* battlefield, battleground; **wie ein ~ aussehen** to look like a battlefield; ***das Zimmer sah aus wie ein*** ~ the room looked as though a bomb had hit it **Schlachthaus** *nt* slaughterhouse, abattoir **Schlachthof** *m s.* Schlachthaus **Schlachtplan** *m* ❶ MIL plan of battle, battle plan ❷ (*Plan für ein Vorhaben*) plan of action; **einen ~ machen** to draw up a plan of action **Schlachtross**[RR] *nt* charger, war-horse **Schlachtruf** *m* HIST battle [*or* war] cry **Schlachtschiff** *nt* battleship

Schlachtung <-, -en> *f meist sing* slaughter[ing]

Schlachtvieh *nt animals kept for meat production*

Schlacke <-, -n> *f* ❶ (*Verbrennungsrückstand aus dem Hochofen*) slag; (*aus dem Haushaltsofen*) cinders *npl*, ashes *pl* ❷ (*Ballaststoffe*) roughage ❸ NATURMED waste products ❹ GEOL scoria

schlackern *vi* NORDD (*schlottern*) ■[**gegen/um etw**] ~ to flap [against/around sth]; ***der weite Rock schlackerte ihr um die Knie*** her wide skirt flapped loosely around her knees; *s. a.* **Ohr**

Schlaf[1] <-[e]s> *m kein pl* sleep *no pl;* **sich** *dat* **den ~ aus den Augen reiben** to rub the sleep out of one's eyes; **jdn um den** [*o* **seinen**] **~ bringen** to keep sb awake at night; **aus dem ~ fahren** to wake up with a start; **in einen tiefen/traumlosen ~ fallen** to fall into a deep/dreamless sleep; **keinen ~ finden** (*geh*) to be unable to sleep; **einen festen ~ haben** to sleep deeply, to be a deep sleeper; **halb im ~[e]** half asleep; **einen leichten ~ haben** to sleep lightly, to be a light sleeper; **um seinen ~ kommen** to be unable to sleep; **im tiefsten ~ liegen** to be fast [*or* sound] asleep; **versäumten ~ nachholen** to catch up on one's sleep; **im ~ reden** to talk in one's sleep; **jdm den ~ rauben** to keep sb awake; **aus dem ~ gerissen werden** to wake up suddenly, to jerk out of one's sleep; **aus dem ~ schrecken** to wake up with a start; **jdn in den ~ singen** to sing sb to sleep; **in ~ sinken** (*geh*) to fall into a deep sleep; **sich in den ~ weinen** to cry oneself to sleep ▶ WENDUNGEN: **den ~ des Gerechten schlafen** to sleep the sleep of the just; **nicht im ~ an etw denken etc.** to not dream of [doing] sth; **etw im ~ können** [*o* **beherrschen**] (*fam*) to be able to do sth in one's sleep [*or* with one hand tied behind one's back] *fig; s. a.* **seine(r,s)**

Schlaf² <-[e]s, Schläfe> *m* (*veraltet: Schläfe*) temple

Schlafanzug *m* pyjamas *npl*

Schläfchen <-s, -> *nt* nap, snooze, lie-down; **ein ~ machen** to have forty winks [*or* a nap] [*or* a snooze] [*or* a lie-down]

Schlafcouch *f* sofa bed, studio couch

Schläfe <-, -n> *f* temple; **graue ~n haben** to have grey [*or* AM gray] hair at the temples

schlafen <schlief, geschlafen> **I.** *vi* ❶ (*nicht wach sein*) to sleep, to be asleep; ***bei dem Lärm kann doch kein Mensch ~!*** nobody can sleep with that noise [going on]!; ***darüber muss ich erst ~*** I'll have to sleep over that; **schlaf gut** [*o* **geh schlafen Sie wohl**] sleep well; **etw lässt jdn nicht ~** sth keeps sb awake; **ein Kind ~ legen** to put a child to bed; **~ gehen, sich ~ legen** to go to bed; **sich ~d stellen** to pretend to be asleep; **noch halb ~d** to still be half asleep; **gut/schlecht ~** to sleep well/badly; **fest/tief ~** to sleep deeply/soundly, to be deeply/sound asleep; **leicht ~** to sleep lightly ❷ (*zum Schlafen auf etw liegen*) **hart ~** to sleep on sth hard; ***bloß keine weiche Matratze, ich schlafe lieber hart*** don't give me a soft mattress, I prefer a hard one ❸ (*nächtigen*) ■**bei jdm ~** to stay with sb, to sleep at sb's; ***du kannst jederzeit bei uns ~*** you can sleep at our place [*or* stay with us] any time; **im Freien ~** to sleep in the open [*or* outdoors] ❹ (*unaufmerksam sein*) ■[**bei** [*o* **während**] **etw**] **~** to doze [*or* to snooze] [during sth]; ***die Konkurrenz hat geschlafen*** our competitors were asleep ❺ (*euph fam: koitieren*) ■**mit jdm ~** to sleep with sb *euph; s. a.* **Hund, Murmeltier II.** *vr* ❶ *impers* (*ruhen*) ■**es schläft sich gut/schlecht irgendwo** it is comfortable/not comfortable to sleep somewhere; ***auf dem neuen Sofa schläft es sich ausgesprochen gut*** you can get an excellent night's sleep on the new sofa; **sich gesund ~** to get better by sleeping ❷ (*fam: koitieren*) **sich nach oben ~** to sleep one's way up through the hierarchy [*or* AM to the top]

Schläfenbein *nt* ANAT temporal bone

schlafend I. *adj inv* sleeping **II.** *adv inv* asleep; **sich ~ stellen** to pretend to be asleep

Schlafengehen *nt kein pl* going to bed; ***ich habe noch keine Lust zum ~*** I don't feel like going to bed yet

Schlafenszeit *f* bedtime, time for bed

Schläfer(in) <-s, -> *m(f)* sleeper

schlaff I. *adj* ❶ (*locker fallend*) slack; **eine ~e Fahne** a drooping flag ❷ (*nicht straff*) sagging, flabby; **ein ~er Händedruck** a limp handshake **II.** *adv* ❶ (*locker fallend*) slackly ❷ (*kraftlos*) feebly

Schlaffheit <-> *f kein pl* ❶ *der Haut* looseness, slackness ❷ *der Muskulatur* flabbiness ❸ (*fig: Trägheit*) listlessness, limpness

Schlaffi <-s, -s> *m* (*pej*) weed

Schlafforschung *f* MED research into sleep

Schlafgelegenheit *f* bed [for the night], place to sleep

Schlafittchen <-s> *nt* ► WENDUNGEN: **jdn am** [*o* **beim**] **~ nehmen** [*o fam* **kriegen**] [*o fam* **packen**] to collar [*or* grab] [*or* nab] sb

Schlafkrankheit *f* sleeping sickness **Schlaflied** *nt* lullaby

schlaflos I. *adj* sleepless; MED insomniac **II.** *adv* sleeplessly

Schlaflosigkeit <-> *f kein pl* sleeplessness *no pl;* MED insomnia *no pl*

Schlafmittel *nt* sleep-inducing medication; (*als Tablette*) sleeping tablet **Schlafmütze** *f* ❶ (*Kopfbedeckung*) nightcap ❷ (*fam: verschlafene Person*) sleepy head *fam,* dope *fam* **Schlafperiode** *f* period of sleep

schläfrig *adj* sleepy, drowsy; ■**~ sein** to be [*or* feel] sleepy [*or* drowsy]; ■**etw macht jdn ~** sth makes sb [feel] sleepy [*or* drowsy]

Schläfrigkeit <-> *f kein pl* sleepiness, drowsiness

Schlafrock *m* ❶ MODE dressing gown ❷ KOCHK **Äpfel im ~** apples baked in [short-crust or puff] pastry; **Würstchen im ~** ≈ sausage roll **Schlafsaal** *m* dormitory **Schlafsack** *m* sleeping bag **Schlafstadt** *f* dormitory town **Schlafstelle** *f* place to sleep **Schlafstörungen** *pl* insomnia *form,* sleeplessness, sleeping disorder; **unter ~ leiden** to suffer from insomnia **Schlaftablette** *f* sleeping-pill

schlaftrunken I. *adj* (*geh*) [still] half asleep, drunk with sleep *liter,* sleepy **II.** *adv* sleepily

Schlafwagen *m* sleeper, sleeping-car **Schlafwagenplatz** *m* sleeper berth **schlafwandeln** *vi sein o haben* to sleep-walk, to walk in one's sleep

Schlafwandeln <-s> *nt kein pl* sleepwalking *no pl* **Schlafwandler(in)** <-s, -> *m(f)* sleep-walker

schlafwandlerisch *adj inv* somnambulistic; **mit ~er Sicherheit** with instinctive assurance **Schlafzimmer** *nt* ❶ (*Raum*) bedroom ❷ (*Einrichtung*) bedroom suite [*or* furniture] **Schlafzimmerblick** *m* (*hum fam*) come-to-bed look *fam,* bedroom eyes *pl fam* **Schlafzimmereinrichtung** *f* bedroom furniture [*or* suite]

Schlag <-[e]s, Schläge> *m* ❶ (*Hieb*) blow, wallop *fam;* (*mit der Faust*) punch; (*mit der Hand*) slap; SPORT stroke; **~ mit der Axt** blow [*or* stroke] of the ax[e]; **ein ~ auf den Kopf** a blow on the head; **~ mit der Peitsche** lash of the whip; **jdm Schläge androhen** to threaten sb with a beating; **jdm Schläge verabreichen** [*o* **verpassen**] to give sb a beating; **gern Schläge austeilen** to be fond of one's fists; [**von jdm**] **Schläge kriegen** [*o* **bekommen**] to get a beating [*or fam* beaten up] [*or fam* clobbered]; **jdm einen ~** [**irgendwohin**] **versetzen** to deal sb a blow [*or fam* to give sb a clout [*or* wallop]] [somewhere]; **ein tödlicher ~** a fatal blow ❷ (*dumpfer Hall*) thud; **ein ~ an der Tür** a bang on the door ❸ (*rhythmisches Geräusch*) **die Schläge des Herzens** the beats of the heart; **der ~ der Nachtigall** the song of the nightingale; **der** [**unregelmäßige**] **~ des Pulses** the [irregular] pulse [beat]; **der ~ einer Uhr** striking of a clock; ***die Uhr schlug vom Kirchturm, er zählte zwölf Schläge*** the church clock struck, he counted twelve; **~ Mitternacht/8 Uhr** on the stroke of midnight/at 8 o'clock sharp ❹ (*Schicksals~*) blow; ***seine Entlassung war ein schrecklicher ~ für ihn*** being made redundant was a terrible blow to him; **etw versetzt jdm einen ~** sth comes as a blow to sb ❺ (*fam: Menschen~*) type; **vom alten ~**[**e**] from the old school; **vom gleichen ~ sein** to be made of the same stuff, to be birds of a feather ❻ (*Tauben~*) pigeon loft ❼ KOCHK (*fam: Portion*) helping; **ein ~ Kartoffelpüree** a portion of mashed potatoes ❽ ÖSTERR (*fam: Schlagsahne*) [whipped] cream; **Kuchen mit ~** cake with whipped cream ❾ (*veraltend: Wagentür*) door ❿ (*Stromstoß*) shock; **einen ~ kriegen** to get an electric shock ⓫ MIL (*Angriff*) attack; ***zum entscheidenden ~ ausholen*** to make ready [*or* to prepare] for the decisive blow [*or* attack] ⓬ (*fam: Schlaganfall*) stroke; **einen ~ bekommen/haben** to suffer/have a stroke ⓭ FORST clearing ⓮ AGR plot ⓯ (*beim Segeln*) tack ⓰ NAUT stroke ⓱ MODE **eine Hose mit ~** flared trousers ► WENDUNGEN: **ein ~ ins Gesicht** a slap in the face; **ein ~ unter die Gürtellinie** (*fam*) a blow [*or* hit] below the belt *fig;* **ein ~ ins Kontor** (*fam*) a real blow; ***es war für ihre Ambitionen ein ~ ins Kontor*** it was a [hammer] blow to her ambitions; **ein ~ ins Wasser** (*fam*) a [complete] washout [*or fam* flop]; **jd hat bei jdm ~** (*sl*) sb is well-in [*or* popular] [*or* [as] thick as thieves] [*or fam* matey] with sb; **etw hat bei jdm ~** sth is popular with sb; ***dieser Wein hat keinen ~ bei mir*** this wine leaves me cold; **jdn rührt** [*o* **trifft**] **der ~** (*fam*) sb is flabbergasted *fam* [*or* dumbfounded] [*or* thunderstruck] [*or sl* gobsmacked]; ***mich trifft der ~!*** well, blow me down [*or* I'll be blowed] [*or* strike me pink]! *fam;* ***ich dachte, mich trifft der ~, als ich die Unordnung in dem Zimmer sah*** I couldn't believe it when I saw what a mess the room was in; **wie vom ~ getroffen** [*o* **gerührt**] **sein** to be thunderstruck; **etw auf einen ~ tun** (*gleichzeitig*) to get things done all at once; **keinen ~ tun** (*fam*) to not do a stroke of work [*or* lift a finger]; **~ auf ~** in rapid succession; ***alles geht ~ auf ~*** everything's going [*or* happening] so fast; ***~ auf ~ kamen die Botschaften aus der Krisenregion*** the news came thick and fast from the crisis area; **mit einem ~**[**e**] [*o* **auf einen ~**] (*fam*) suddenly, all at once

Schlagabtausch *m* ❶ (*Rededuell*) exchange of words, clash; **einen heftigen ~ haben** to have a sharp exchange of words, to go at it hammer and tongs BRIT ❷ (*beim Boxen*) exchange of blows ❸ MIL conflict, combat **Schlagader** *f* artery **Schlaganfall** *m* stroke; **einen ~ haben** [*o* **erleiden**] to have [*or* suffer] a stroke **schlagartig I.** *adj* sudden, abrupt, swift; **eine ~e Veränderung** an abrupt change **II.** *adv* suddenly, abruptly, without warning, in the twinkling of an eye *fam;* **~ zu der Einsicht kommen, dass ...** to suddenly come to realize that ... **Schlagball** *m* SPORT ❶ *kein pl* (*Spiel*) ≈ rounders + *sing vb* BRIT ❷ (*Ball*) ≈ rounders ball BRIT

schlagbar *adj* beatable; ■**nicht ~ sein** to be unbeatable

Schlagbaum *m* barrier; **den ~ hochgehen/heruntergehen lassen** to raise/lower the barrier

Schlagbohrer *m* hammer drill **Schlagbohrmaschine** *f* hammer drill

Schlägel^RR <-s, -> *m* ❶ MUS [drum]stick ❷ TECH mallet

schlagen <schlug, geschlagen>

I. TRANSITIVES VERB **II.** INTRANSITIVES VERB
III. REFLEXIVES VERB

I. TRANSITIVES VERB

❶ *haben* (*hauen*) ■**jdn ~** to hit [*or form* strike] sb; **die Hände vors Gesicht ~** to cover one's face with one's hands; **mit der Faust auf den Tisch ~** to hammer on the table with one's fist, to punch sb; **jdn mit der Hand ~** to slap sb; **jdm das Heft um die Ohren ~** to hit sb over the head with the magazine; **jdn mit der Peitsche ~** to whip sb; **jdn mit einem Schlagstock ~** to club [*or* hit] [*or* beat] sb with a stick; **jdm** [**wohlwollend**] **auf die Schulter ~** to give sb a [friendly] slap on the back; **etw in Stücke** [*o* **Scherben**] **~** to smash sth to pieces ❷ *haben* (*prügeln*) ■**jdn ~** to beat sb; **jdn bewusstlos ~** to beat sb senseless [*or* unconscious]; **jdn blutig ~** to leave sb battered and bleeding; **jdn halb tot ~** to leave sb half dead; **jdn zum Krüppel ~** to cripple sb; **den Gegner zu Boden ~** to knock one's opponent down ❸ *haben* (*besiegen*) ■**jdn ~** to defeat sb; SPORT to beat sb; ■**jdn** [**in etw** *dat*] **~** to beat sb [in/at sth]; **den Feind mit Waffengewalt ~** to defeat the enemy with force of arms; **den Gegner vernichtend ~** to inflict a crushing defeat on the opponent; **jd ist nicht zu ~** sb is unbeatable; **sich geschlagen geben** to admit defeat ❹ *haben* (*fällen*) ■**etw ~** to fell; **einen Baum ~** to fell a tree ❺ *haben* (*durch Schläge treiben*) ■**etw** [**irgendwohin**] **~** to hit sth [somewhere]; **einen Nagel in die Wand ~** to knock [*or* hammer] a nail into the wall; **den Ball ins Aus ~** to kick the ball out of the play ❻ *haben* (*Eliminieren von Spielfiguren*) ■**etw ~** to take; ***Läufer schlägt Bauern!*** bishop takes pawn! ❼ *haben* MUS (*zum Erklingen bringen*) ■**etw ~** to beat sth; **die Harfe/Laute ~** to play the harp/lute; **die Saiten ~** to pluck the strings; **den Takt ~** to beat time ❽ *haben* KOCHK ■**etw ~** to beat sth; **Sahne ~** to whip cream; **Eiweiß steif** [*o* **zu Schnee**] **~** to beat the egg white until stiff; **Eier in die Pfanne ~** to crack eggs into the pan; **die Soße durch ein Sieb ~** to pass the gravy through a sieve ❾ *haben* (*geh: eindringen lassen*) ■**ein Tier schlägt etw in etw** *akk* **die Fänge/Krallen/Zähne in die Beute ~** to dig [*or* sink] [its] claws/talons/teeth into the prey ❿ *haben* JAGD (*reißen*) ■**ein Tier ~** to take an animal ⓫ *haben* (*wickeln*) ■**etw/jdn in etw** *akk* ~

S

to wrap sth in sth; **das Geschenk in Geschenkpapier** ~ to wrap up the present; **das Kind in die Decke** ~ to wrap the child in the blanket ⑫ *haben* POL, ÖKON (*hinzufügen*) ■ **etw zu** [*o* **auf**] **etw** ~ to annex sth to sth; **die Unkosten auf den Verkaufspreis** ~ to add the costs to the retail price; **ein Gebiet zu einem Land** ~ to annex a territory to a country; *s. a.* **Schlacht** ⑬ *haben* (*veraltend: prägen*) ■ **etw** ~ **Münzen** ~ to mint coins ⑭ *haben* (*ausführen*) ■ **etw** ~ **einen Bogen um das Haus** ~ to give the house a wide berth; **mit dem Zirkel einen Kreis** ~ to describe a circle with compasses; **das Kreuz** ~ to make the sign of the cross; **ein Kleidungsstück schlägt Falten** a garment gets creased ⑮ *haben* (*legen*) ■ **etw irgendwohin** ~ to throw sth somewhere; **die Arme um jdn** ~ to throw one's arms around sb; **ein Bein über das andere** ~ to cross one's legs; **die Decke zur Seite** ~ to throw off the blanket ⑯ *haben* (*austragen*) ■ **etw** ~ **eine Mensur** ~ to fight a duel ⑰ *haben* (*geh: heimsuchen*) ■ **jdn** ~ **ein vom Schicksal geschlagener Mensch** a man dogged by ill-fate; **mit einer Krankheit geschlagen sein** to be afflicted by an illness ▶ WENDUNGEN: **ehe ich mich** ~ **lasse!** (*hum fam*) oh all right [*or* go on] then!, before you twist my arm!; *s. a.* **Alarm, Bogen, Funken, Krach, kurz Profit, Purzelbaum, Rad**

II. INTRANSITIVES VERB

① *haben* (*hauen*) ■ [**mit etw**] **irgendwohin** ~ to hit sth [with sth]; **gegen ein Tor** ~ to knock at the gate/door; **mit der Faust gegen eine Tür** ~ to beat at a door with one's fist; [**jdm**] [**mit der Hand**] **ins Gesicht** ~ to slap sb's face; **jdm in die Fresse** ~ to punch sb in the face *fam;* ■ [**mit etw**] **um sich** ~ to lash [*or* thrash] about [with sth]; ■ **nach jdm** ~ to hit out at sb ② *sein* (*explodieren*) to strike; ***ein Blitz ist in den Baum geschlagen*** the tree was struck by lightning ③ *sein* (*auftreffen*) ■ **an** [*o* **gegen**] **etw** *akk* ~ to land on sth, to strike against sth ④ *sein* (*auftreffen*) ■ **an** [*o* **gegen**] **etw** *akk* ~ ***die schweren Brecher schlugen gegen die Hafenmauer*** the heavy breakers broke [*or* crashed] against the harbour wall ⑤ *haben* (*pochen*) to beat; ***nach dem Lauf hier hoch schlägt mein Herz/Puls ganz heftig*** my heart's pounding after running up here ⑥ *haben* (*läuten*) ■ **etw schlägt** sth is striking; ***hör' mal, das Glockenspiel schlägt*** listen, the clock is chiming; *s. a.* **Stunde** ⑦ *sein o haben* (*emporlodern*) ■ **etw schlägt aus etw** sth is shooting up from sth; ***aus dem Dach schlugen die Flammen*** the flames shot up out of the roof ⑧ *haben* ORN *Nachtigalle, Fink* to sing; ***der Vogel schlug mit den Flügeln*** the bird beat its wings ⑨ *sein* (*fam: ähneln*) ■ **nach jdm** ~ to take after sb; ***er schlägt überhaupt nicht nach seinem Vater*** he doesn't take after his father at all ⑩ *sein* (*in Mitleidenschaft ziehen*) ■ **jdm** [**auf etw** *akk*] ~ to affect sb['s sth]; ***das schlechte Wetter schlägt mir langsam aufs Gemüt*** the bad weather is starting to get me down ⑪ *haben* (*sich wenden*) ■ **sich irgendwohin** ~ to strike out; **sich nach rechts** ~ to strike out to the right; **sich in die Büsche** ~ to slip away *hum,* to go behind a tree *hum;* **sich auf jds Seite** ~ to take sb's side; (*die Fronten wechseln*) to go over to sb; *s. a.* **Art, Blitz, Blindheit, Dummheit, Gemüt, Ohr**

III. REFLEXIVES VERB

haben ① (*sich prügeln*) ■ **sich** ~ to have a fight, to fight each other; ■ **sich** [**mit jdm**] ~ to fight [sb]; **eine ~e Verbindung** a duelling [*or* AM dueling] fraternity ② (*rangeln*) ■ **sich** [**um etw**] ~ to fight [over sth]; ***das Konzert ist ausverkauft, die Leute haben sich um die Karten geradezu geschlagen*** the tickets went like hot cakes and the concert is sold out ③ (*sich anstrengen*) ■ **sich** [**irgendwie**] ~ to do somehow; **sich gut** ~ to do well

schlagend I. *adj* forceful, compelling, convincing; **ein ~er Beweis** a conclusive proof **II.** *adv* ~ **beweisen/widerlegen** to prove/disprove convincingly; *s. a.* **Verbindung, Wetter²**

Schlager <-s, -> *m* MUS ① (*Lied*) [pop] song ② (*Erfolg*) [big] hit, great success

Schläger <-s, -> *m* SPORT ① (*Tennis-, Squashschläger*) racquet, racket; **Tischtennis~** table tennis paddle ② (*Stock~*) stick, bat; **Golf~** golf club; **Cricket~** cricket bat ③ *s.* **Schlagholz**

Schläger(in) <-s, -> *m(f)* ① (*Raufbold*) thug, hoodlum ② SPORT batsman *masc,* batswoman *fem,* hitter; (*beim Baseball*) batter

Schlägerbande *f* gang of thugs

Schlägerei <-, -en> *f* fight, brawl, punch-up BRIT *fam*

Schlagerfestival *nt* pop [music] festival

Schlägerin <-, -nen> *f fem form von* **Schläger**

Schlägermütze *f* (*fam*) [peaked] cap

Schlagersänger(in) *m(f)* pop singer

schlagfertig I. *adj* quick-witted; *Antwort a.* clever **II.** *adv* quick-wittedly; ~ **antworten** to be quick with an answer

Schlagfertigkeit *f kein pl* quick-wittedness; *Antwort* cleverness

schlagfest *adj inv* impact-resistant

Schlagholz *nt* SPORT bat **Schlaghose** *f* MODE flares *pl,* bell bottoms *npl,* bell-bottomed trousers *pl* **Schlaginstrument** *nt* MUS percussion instrument **Schlagkraft** *f kein pl* ① MIL strike power ② (*Wirksamkeit*) effectiveness **schlagkräftig** *adj* ① (*kampfkräftig*) powerful [in combat] ② (*wirksam*) **ein ~es Argument** a forceful [*or* compelling] [line of] argument; **ein ~er Beweis** compelling proof *no indef art, no pl* **Schlaglicht** *nt* KUNST, FOTO highlight ▶ WENDUNGEN: **ein** [**kennzeichnendes**] ~ **auf jdn/etw werfen** to put sb/sth into a [characteristic/particular] light **Schlagloch** *nt* pothole **Schlagmann** *m* SPORT stroke **Schlagmesser** *nt* Chinese cleaver **Schlagrahm** *m,* **Schlagobers** *nt* KOCHK SÜDD, ÖSTERR, SCHWEIZ (*Schlagsahne*) whipping cream **schlagreif** *adj* **ein ~er Baum** tree ready for felling **Schlagring** *m* knuckleduster, brass knuckles AM **Schlagsahne** *f* KOCHK cream; (*flüssig*) whipping cream; (*geschlagen*) whipped cream **Schlagseite** *f kein pl* NAUT list; ~ **haben** [*o* **bekommen**] to develop a list; ***der Tanker hatte bereits schwere*** ~ the tanker had already developed a heavy list [*or* was listing badly] ▶ WENDUNGEN: ~ **haben** (*hum fam*) to be three sheets to the wind *fam* [*or* BRIT *sl* legless] **Schlagstock** *m* club, cudgel; (*Gummiknüppel*) truncheon **Schlagstockeinsatz** *m* baton charge **Schlagwerk** *nt kein pl* striking mechanism **Schlagwetter** *pl* BERGB firedamp **Schlagwort** *nt* ① <-worte> (*Parole*) slogan, catchphrase, clich *pej* ② <-wörter> (*Stichwort*) key [*or* head] word **Schlagwortkatalog** *m* library catalogue [*or* AM catalog] of keywords

Schlagzeile *f* MEDIA headline; **~n machen** [*o* **für ~n sorgen**] to make headlines [*or* the front page]

schlagzeilen *vt* (*sl: als Schlagzeile bringen*) ***„Diana verlässt Charles", schlagzeilten die Boulevardblätter*** "Diana leaves Charles" was [*or* screamed] the headline in the tabloids

Schlagzeug <-[e]s, -e> *nt* drums *pl;* (*im Orchester*) percussion *no pl*

Schlagzeuger(in) <-s, -> *m(f)* (*fam*), **Schlagzeugspieler(in)** <-s, -> *m(f)* drummer; (*im Orchester*) percussionist

schlaksig *adj* (*fam*) gangling, lanky, gawky; **~e Bewegungen** clumsy and awkward movements

Schlamassel <-s, -> *m o nt* (*fam*) ① (*Durcheinander*) mess, muddle ② (*ärgerliche Situation*) ***jetzt haben wir den ~!*** now we're in a [right] mess [*or* *fam* pickle]!

Schlamm <-[e]s, -e *o* Schlämme> *m* mud; (*breiige Rückstände*) sludge *no indef art, no pl,* residue *form,* gunge *fam no indef art, no pl* BRIT

Schlammbad *nt* mud bath **Schlammerde** *f* (*als Heilerde*) mud **Schlammfaulung** *f* slude digestion **Schlammfieber** *nt* swamp [*or* harvest] fever **Schlammfracht** *f* cargo of slurry

schlammig *adj* muddy; **~es Wasser** muddy [*or* sludgy] water

Schlammpackung *f* mudpack **Schlammschicht** *f* layer of mud **Schlammschlacht** *f* ① (*Fußballspiel*) mudbath ② (*fig: Streit*) mudslinging *no pl, no indef art* **Schlammspringer** *m* ZOOL mudshipper

Schlampe <-, -n> *f* (*pej fam*) slut, tart *sl;* **diese alte** ~ that old witch [*or* bag]

schlampen *vi* (*fam*) ■ [**bei etw**] ~ to do a sloppy job [of sth] *fam*

Schlamper(in) <-s, -> *m(f)* slovenly fellow *fam*

Schlamperei <-, -en> *f* (*fam*) ① (*Nachlässigkeit*) sloppiness *fam* ② (*Unordnung*) mess, untidiness

Schlampermäppchen *nt* [soft] small pencil bag

schlampig I. *adj* ① (*nachlässig*) sloppy *fam;* (*liederlich*) slovenly ② (*ungepflegt*) unkempt, bedraggled **II.** *adv* ① (*nachlässig*) sloppily *fam* ② (*ungepflegt*) in a slovenly [*or* unkempt] way

schlang *imp von* **schlingen¹, ²**

Schlange <-, -n> *f* ① ZOOL (*a. fig*) snake ② (*lange Reihe*) a queue, a line AM; *Fahrzeuge a.* tailback BRIT, traffic jam AM; [**irgendwo**] ~ **stehen** to queue up [somewhere], to stand in line [somewhere] AM ③ (*pej: hinterlistige Frau*) Jezebel; **eine falsche** ~ (*pej*) a snake in the grass *fig* ④ TECH (*Heiz~*) heating coil; (*Kühl~*) cooling spiral [*or* coil] ▶ WENDUNGEN: **eine ~ am Busen nähren** (*geh*) to cherish a viper in one's bosom; **sich winden wie eine Schlange** to go through all sorts of contortions

schlängeln *vr* ① ZOOL (*sich winden*) ■ **sich** ~ to crawl, to coil its way ② (*kurvenreich verlaufen*) ■ **sich** ~ to snake [*or* wind] [one's way]; *Fluss, Straße* to meander ③ (*sich winden*) ■ **sich** ~ to wind one's way; ***sie schlängelte sich durch die Menschenmenge*** she wormed her way through the crowd; *s. a.* **Linie**

Schlangenadler *m* short-toed eagle **Schlangenbeschwörer(in)** <-s, -> *m(f)* snake charmer **Schlangenbiss**^RR^ *m* snake bite **Schlangenbohrer** *m* auger bit **Schlangengift** *nt* snake poison **Schlangengurke** *f* long cucumber **Schlangenleder** *nt* snake skin **Schlangenlinie** *f* wavy line; **in ~n fahren** to weave [one's way] [from side to side] **Schlangenmensch** *m* contortionist **Schlangenstern** *m* ZOOL brittle-star

Schlangestehen <-s> *nt kein pl* queueing [up], lining up, standing in a queue [*or* AM line]

schlank *adj* ① (*dünn*) slim; ~ **machen** *Essen* to be good for loosing weight; *Kleidung* to be slimming, to make sb look slim; **sich ~ machen** to breathe in, to hold oneself in ② (*schmal*) slender, slim; **ein ~er Baum** a slender Tree; **von ~em Wuchs** of slender shape; *s. a.* **Linie**

Schlankheit <-> *f kein pl* slimness, slenderness

Schlankheitsdiät *f* slimming diet **Schlankheitskur** *f* diet; **eine ~ machen/anfangen** to be/go on a diet

schlankweg *adv* (*fam*) [**etw**] ~ **ablehnen** to flatly refuse [sth], to refuse [sth] outright [*or* point blank]; **etw ~ abstreiten** [*o* **bestreiten**] to flatly deny sth; **jdm etw ~ ins Gesicht sagen** to say sth straight to sb's face, to come right out with sth and tell sb

schlapp *adj* ① *pred* (*fam: erschöpft*) worn out; (*nach einer Krankheit*) washed out; **jdn ~ machen** (*fam*) to wear sb out ② (*fam: ohne Antrieb*) feeble, weak, listless ③ (*fam: mager*) measly; **für ~e 10 DM** for a measly 10 marks *fam;* **ein ~er Betrag** a measly amount *fam*

Schlappe <-, -n> *f* (*fam*) setback, upset; [**bei etw**] **eine ~ einstecken müssen, eine ~** [**in etw** *dat*] **erleiden** to suffer a setback

Schlappen <-s, -> *m* DIAL (*fam*) slipper

Schlappheit <-> *f kein pl* listlessness

Schlapphut *m* floppy hat **schlapp|machen** *vi* (*fam*) ① (*erschöpft aufgeben*) to give up ② (*erschöpft langsamer machen*) to flag [*or* droop] ③ (*erschöpft umkippen*) to pass [*or* BRIT *fam* flake] out **Schlappohr** *nt* ① ZOOL (*hum*) lop ear; **~en** floppy ears *fam* ② *s.* **Schlappschwanz Schlappschwanz** *m* (*pej fam*) wimp *pej fam*

Schlaraffenland *nt* ① LIT Cockaigne *form* ② (*geh: Land des Überflusses*) land of milk and honey

schlau I. *adj* ❶ (*clever*) clever, shrewd; **du bist ein ~es Bürschlein!** what a clever clogs you are! BRIT ❷ (*gerissen*) crafty, wily; **ein ~er Fuchs** a sly fox; **eine ~e Idee** an ingenious [*or fam* bright] idea *a. iron;* **ein ~er Plan/Vorschlag** an ingenious plan/suggestion; **aus jdm/etw ~ werden** to understand sb/sth, to understand what sb/sth is about *fam;* ***ich werde nicht ~ aus der Bedienungsanleitung*** I can't make head nor tail of the operating instructions; **ein ganz S~er/eine ganz S~e** (*iron fam*) clever clogs BRIT *fam or iron; s. a.* **Kopf II.** *adv* cleverly, shrewdly, craftily, ingeniously

Schlauberger(in) <-s, -> *m(f)* (*fam*) ❶ (*pfiffiger Mensch*) clever one *no def art* ❷ (*iron: Besserwisser*) clever clogs [*or* Dick] BRIT *iron,* smart Alec *iron*

Schlauch <-[e]s, Schläuche> *m* ❶ (*biegsame Leitung*) hose ❷ (*Reifenschlauch*) [inner] tube ❸ (*fam: Strapaze*) grind *fam,* hard labour [*or* AM -or] *no indef art, no pl;* ***die Wanderung war ein echter ~*** the hike was a real slog ▶ WENDUNGEN: **auf dem ~ stehen** (*fam: ratlos sein*) to be at a loss

Schlauchboot *nt* rubber [*or* inflatable] dinghy

schlauchen I. *vt* (*fam*) ■**jdn ~** to [almost] finish sb off, to take it out of sb; ■**geschlaucht sein** to be worn out II. *vi* (*fam*) to wear sb out, to take it out of sb *fam;* ***das schlaucht ganz schön!*** that really takes it out of you!

schlauchlos *adj* AUTO tubeless

Schlauchreifen *m* AUTO tube type tire **Schlauchwagen** *m* [garden] hose trolley

Schläue <-> *f kein pl* ❶ (*clevere Art*) shrewdness ❷ (*Gerissenheit*) craftiness, cunning

Schlaufe <-, -n> *f* loop; (*aus Leder*) strap

Schlauheit <-> *f kein pl s.* **Schläue**

Schlaukopf *m,* **Schlaumeier** *m* (*fam*) *s.* **Schlauberger**

Schlawiner(in) <-s, -> *m(f)* (*hum fam*) rascal

schlecht I. *adj* ❶ KOCHK (*verdorben*) bad, poor; ■**~ sein** to be bad [*or* BRIT off]; ***ich fürchte das Fleisch ist ~ geworden*** I'm afraid the meat has gone off [*or* is off] ❷ (*mindere Qualität aufweisend*) bad, poor; **von ~er Qualität** of poor quality; **~e Verarbeitung** poor workmanship ❸ (*unzureichend*) poor; **noch zu ~** still not good enough; ***deine Aussprache ist noch zu ~*** your pronunciation is still not good enough ❹ FIN (*gering*) poor; **ein ~es Gehalt** a poor salary ❺ (*moralisch verkommen*) bad, wicked, evil; **ein ~es Gewissen haben** to have a bad conscience; **einen ~en Ruf haben** [*o* **in ~em Ruf stehen**] to have a bad reputation; **jdm etwas S~es nachsagen** to say sth bad about sb, to speak disparagingly about sb, to cast aspersions on sb *form* ❻ (*unangenehm*) bad; **~es Benehmen** bad manners *pl* ❼ (*ungünstig*) bad; **~e Zeiten** hard times ❽ MED (*nicht gut funktionierend*) bad, poor; **eine ~e Entwässerung** water retention; **~e Augen** poor [*or* weak] eyesight, weak eyes; **ein ~es Herz** a bad heart ❾ (*übel*) ■**jdm ist** [*o* **wird**] [**es**] **~** sb feels sick ▶ WENDUNGEN: **es** [**bei jdm**] **~ haben** sb is not doing well [*or* is doing badly] [with sb]; **jdn aber ~ kennen** to not know sb [very well]; **es sieht ~ aus** it doesn't [*or* things don't] look good; **es sieht ~ aus mit jdm/etw** the prospects [*or* things] don't look good for sb/sth II. *adv* ❶ KOCHK (*nicht gut*) badly; ***so ~ habe ich selten gegessen*** I've rarely had such bad food ❷ (*ungenügend*) badly, poorly; ***die Geschäfte gehen ~*** business is bad ❸ (*nicht hinreichend*) badly; **etw ~ beschreiben** to describe sth superficially [*or* badly]; **~ konzipiert/geplant** badly [*or* poorly] conceived/planned; ***es ist ~ vorstellbar*** it's difficult to imagine ❹ (*gering*) poorly; **~ bezahlt** badly [*or* poorly] paid; **~ gehen** to be badly off, to be doing badly; **~ zahlen** to pay badly; **~ honoriert** badly paid ❺ MED (*nicht mit aller Kapazität*) badly, poorly; **~ gehen** to not feel [*or* be] well; (*sich übel fühlen*) to feel sick; **~ hören** to be hard of hearing; **~ sehen** to have poor [*or* weak] eyesight ❻ (*unangenehm*) badly; **~ gehen** (*fam*) to be [in] for it [*or* be in trouble]!; **jdn ~ machen** to run sb down, to vilify sb, to make disparaging remarks about sb; [**jdm**] **etw ~ machen** to run sth down [in front of sb], to spoil sth [for sb]; **~ reden über jdn** to say bad things about sb, to speak disparagingly about sb, to cast aspersions on sb ❼ (*nicht gut*) **~ beraten** ill-advised; **~ gelaunt/drauf sein** bad-tempered, ill-tempered, in a bad mood *pred;* **~ mit jdm auskommen** to not get on [well] with sb; ***wir kommen ~ miteinander aus*** we don't get on well together; **~ zusammenpassen** to not get on well together ❽ (*schwerlich*) not really; ***du wirst ~ anders können*** you can't really do anything else ▶ WENDUNGEN: **~ und recht** [*o* **mehr ~ als recht**] (*hum fam*) after a fashion, more or less; **auf jdn/etw ~ zu sprechen sein** to not want anything to do with sb/sth; **nicht ~** (*fam*) ***in dem Restaurant speist man nicht ~*** you can eat [quite] well in that restaurant; **nicht ~ staunen** to be astonished; **nicht ~ verwundert sein** to be amazed

schlechterdings *adv inv* ❶ (*ganz und gar*) absolutely; ***es war mir ~ unmöglich*** it was utterly [*or* simply] impossible for me ❷ (*nahezu*) virtually; **~ alles** virtually [*or* practically] everything

Schlechterfüllung *f* JUR defective performance **Schlechterstellung** *f* JUR discrimination

Schlechtheit *f kein pl* badness

schlechthin *adv* ❶ (*in reinster Ausprägung*) **etw ~ sein** to be the epitome of sth ❷ (*geradezu*) just, absolutely; ***das dürfte ~ unmöglich sein*** that is completely impossible

Schlechtigkeit <-, -en> *f* ❶ *kein pl* (*üble Beschaffenheit*) badness, wickedness, evil ❷ (*üble Tat*) wicked [*or* bad] deed

Schlechtleistung *f* JUR insufficient performance, poor workmanship **Schlechtwettergeld** *nt* bad-weather allowance

schlecken I. *vt* ■**etw ~** to lick sth; *Katze* to lap up sth *sep* II. *vi* ❶ SÜDD, ÖSTERR, SCHWEIZ (*naschen*) to nibble (*esp sweet things*); **etwas zum S~** sth to nibble ❷ (*lecken*) ■**an etw** *dat* **~** to lick sth

Schleckerei <-, -en> *f* ÖSTERR, SÜDD (*Süßigkeit*) sweet, nibble *usu pl*

Schleckermaul *nt* (*hum fam*) *s.* **Leckermaul**

Schlegel <-s, -> *m* ❶ MUS *s.* **Schlägel** ❷ TECH *s.* **Schlägel** ❸ KOCHK SÜDD, ÖSTERR, SCHWEIZ (*Hinterkeule*) drumstick

Schlehdorn <-[e]s, -e> *m* blackthorn, sloe

Schlehe <-, -n> *f* sloe

schleichen <schlich, geschlichen> I. *vi sein* ❶ (*leise gehen*) ■[**irgendwohin**] **~** to creep [*or liter* steal] [*or pej* sneak] [somewhere] ❷ (*auf Beutejagd*) to prowl [somewhere] ❸ (*langsam gehen, fahren*) to crawl along; *s. a.* **Katze II.** *vr haben* ❶ (*leise gehen*) ■**sich** [**irgendwohin**] **~** to creep [*or liter* steal] [*or pej* sneak] somewhere; **sich aus dem Haus ~** to steal softly *form* ❷ (*auf Beutejagd*) to prowl [somewhere] ▶ WENDUNGEN: **schleich dich!** SÜDD, ÖSTERR (*sl*) get lost [*or* AM out of here]!; *s. a.* **Vertrauen**

schleichend I. *adj attr* MED (*langsam fortschreitend*) insidious; **~e Inflation** creeping inflation II. *adv* insidiously

Schleicher(in) <-s, -> *m(f)* (*pej*) sycophant, crawler BRIT *fam,* brown noser AM, arse-licker BRIT *vulg,* ass kisser AM *vulg*

Schleichhandel *m* JUR smuggling, illicit trade [*or* traffic]; **der ~ mit Waffen** gun-running **Schleichhändler(in)** *m(f)* trafficker, black marketeer **Schleichware** *f* JUR contraband [goods *pl*], illicit goods *pl* **Schleichweg** *m* back way; (*geheimer Weg*) secret path **Schleichwerbung** *f* plug

Schleie <-, -n> *f* ZOOL tench

Schleier <-s, -> *m* ❶ (*durchsichtiges Gewebe*) veil; **den ~ nehmen** REL (*veraltend geh: Nonne werden*) to take the veil ❷ (*Dunst*) [veil of] mist ▶ WENDUNGEN: **den ~ des Vergessens über etw** *akk* **breiten** (*geh*) to draw a veil over sth *fig;* **den ~ lüften** to reveal all *iron* [*or* the secret]

Schleiereule *f* barn owl

Schleierfahndung *f* stop and search [*or* AM and frisk] **schleierhaft** *adj* (*fam*) ■[**jdm**] **~ sein** to be a mystery [to sb]

Schleierkraut *nt* BOT gypsophila, baby's breath

Schleifblatt *nt* abrasive disk

Schleife <-, -n> *f* ❶ MODE bow ❷ GEOG *Fluss* oxbow; *Straße* horseshoe bend ❸ LUFT (*Kehre*) loop

schleifen[1] I. *vt haben* ❶ (*über den Boden ziehen*) ■**etw/jdn ~** to drag sth/sb ❷ (*hum fam: mitschleppen*) ■**jdn ~** to drag sb ❸ (*niederreißen*) ■**etw ~** to raze sth to the ground, to tear sth down II. *vi* ❶ *haben* (*reiben*) ■[**an etw** *dat*] **~** to rub [*or* scrape] [against sth]; **die Kupplung ~ lassen** AUTO to slip the clutch ❷ *sein o haben* (*gleiten*) ■[**über etw** *dat*] **~** to slide [*or* drag] [over sth]; *Schleppe* to trail ▶ WENDUNGEN: **etw ~ lassen** (*fam*) to let sth slide; *s. a.* **Zügel III.** *vr* (*fam*) ■**sich irgendwohin ~** to drag oneself somewhere

schleifen[2] <schliff, geschliffen> *vt* ❶ (*schärfen*) ■**etw ~** to sharpen [*or* grind] sth ❷ (*in Form polieren*) ■**etw ~** to polish sth; (*mit Sandpapier*) to sand sth; **Edelsteine ~** to cut precious stones ❸ MIL (*fam: brutal drillen*) ■**jdn ~** to drill sb hard

Schleifer(in) <-s, -> *m(f)* ❶ (*Facharbeiter, der Steine schleift*) grinder; (*von Edelsteinen*) cutter ❷ MIL (*sl*) slave-driver, martinet *form*

Schleiflack *m* polishing varnish [*or* lacquer] **Schleifmaschine** *f* sander, sanding machine **Schleifpapier** *nt* sandpaper **Schleifstein** *m* grindstone; *s. a.* **Affe**

Schleim <-[e]s, -e> *m* ❶ MED (*Schleimdrüsenabsonderung*) mucus; (*in Bronchien oder Hals*) phlegm ❷ (*klebrige Masse*) slime ❸ (*Brei*) gruel; **Hafer~** porridge

Schleimbeutel *m* MED bursa *spec* **Schleimdrüse** *f* mucous gland

schleimen *vi* (*pej fam*) to crawl *pej fam;* ■**jdn ~** to butter sb up, to suck up to sb *fam,* to soft-soap sb BRIT

Schleimer(in) <-s, -> *m(f)* (*pej fam*) crawler BRIT *fam,* brown noser AM

Schleimhaut *f* ANAT mucous membrane

schleimig I. *adj* ❶ MED mucous ❷ (*glitschig*) slimy, sticky ❸ (*pej: unterwürfig*) slimy *pej form,* obsequious *pej form* II. *adv* (*pej*) in a slimy way *pej,* obsequiously *pej*

Schleimpilz *m* BOT slime mould [*or* AM mold] **Schleimscheißer(in)** <-s, -> *m(f)* (*pej derb*) crawler BRIT *fam,* brown noser AM, slimy git BRIT *sl,* slime ball *sl*

schlemmen I. *vi* to have a feast II. *vt* ■**etw ~** to feast on sth

Schlemmer(in) <-s, -> *m(f)* gourmet

Schlemmerei <-, -en> *f* KOCHK ❶ (*dauerndes Schlemmen*) feasting, indulgences *pl* ❷ (*Schmaus*) feast

schlendern *vi sein* ■[**irgendwohin**] **~** to stroll [*or* amble] along [somewhere]

Schlendrian <-[e]s> *m kein pl* (*fam*) ❶ (*Trott*) rut ❷ (*Schlamperei*) sloppiness

Schlenker <-s, -> *m* ❶ TRANSP (*Ausweichmanöver*) swerve; **einen ~ machen** to swerve ❷ (*kleiner Umweg*) detour

schlenkern *vi* ❶ (*pendeln*) to dangle; ■**etw ~ lassen** to let sth dangle [*or* swing]; **mit den Beinen ~** to swing one's legs ❷ (*schlackern*) to flap; ***der lange Rock schlenkerte ihr um die Beine*** the long skirt flapped around her legs ❸ (*vom Weg abkommen*) to swerve

Schlepp *m* **etw im ~ haben** to have sth in tow, to tow sth; **jdn/etw ~ nehmen** to take sb/sth in tow *a. fig*

Schleppdampfer *m* NAUT (*geh*) tug

Schleppe <-, -n> *f* MODE train

schleppen I. *vt* ❶ (*schwer tragen*) ■**jdn/etw** [**irgendwohin**] **~** to carry [*or fam* lug] sb/sth ❷ (*zerren*) ■**jdn/etw ~** to drag sb/sth ❸ (*abschleppen*) ■**etw** [**irgendwohin**] **~** to tow sth [somewhere]; **das Auto in die Werkstatt ~ lassen** to have the car towed to the garage ❹ (*fam: schleifen*) ■**jdn** [**irgendwohin**] **~** to drag sb [somewhere] ❺ (*fam: tragen*) ■**etw** [**mit sich**] [**herum**] **~** to lug sth around [with one] II. *vr* ❶ (*sich mühselig fortbewegen*) ■**sich** [**irgendwohin**] **~** to drag oneself somewhere ❷ (*sich hinziehen*) ■**sich ~** to drag on

schleppend I. *adj* ❶ (*zögerlich*) slow; **~e Bearbeitung** delayed processing ❷ (*schwerfällig*) shuffling,

S

shambling; ~**e Schritte** dragging steps; ~**er Absatz** ÖKON sluggish market; ~**e Nachfrage** ÖKON slack demand ③ *(gedehnt)* [long] drawn-out; ~**es Sprechen** slow speech **II.** *adv* ① *(zögerlich)* slowly; ~ **in Gang kommen** to be slow in getting started ② *(schwerfällig)* ~ **gehen, sich** ~ **bewegen** to shuffle along ③ *(gedehnt)* in a [long] drawn-out way [*or* fashion], slowly

Schlepper <-s, -> *m* ① NAUT *s.* **Schleppdampfer** ② *(veraltend: Zugmaschine)* tug [and tow]

Schlepper(in) <-s, -> *m(f)* *(sl)* ① *(Fluchthelfer) someone who organizes illegal entry into a country* ② *(Kundenfänger)* tout

Schlepperkriminalität *f* transporting of illegal immigrants

Schleppfischerei *f* trawling

Schleppkahn *m* NAUT lighter, barge **Schlepplift** *m* ski tow **Schleppnetz** *nt* trawl[-net] **Schleppnetzfahndung** *f* JUR drag-net technique **Schlepptau** *nt* tow-line [*or* -rope]; **im** ~ in tow; **etw ins** ~ **nehmen** to take sth in tow; **jdn ins** ~ **nehmen** *(fig fam)* to take sb under one's wing [*or* in tow]; **mit jdm im** ~ *(fam)* with sb in one's wake [*or* in tow] *fig*

Schlesien <-s> [ʃleːzi̯ən] *nt kein pl* Silesia

Schlesier, -in <-s, -> [ʃleːzi̯ɐ] *m, f* Silesian

schlesisch *adj* Silesian

Schleswig-Holstein <-s> *nt* Schleswig-Holstein

Schleuder <-, -n> *f* ① *(Waffe)* catapult ② *(Wäsche~)* spin drier [*or* dryer]

Schleuderball *m* SPORT ① *(Ball) leather ball with a throwing strap to gain distance* ② *(Spiel) team game played with such a ball* **Schleudergefahr** *f kein pl* risk of skidding **Schleudergussverfahren**[RR] *nt* TECH centrifugal casting **Schleuderhonig** *m* KOCHK extracted honey, centrifuged honey

schleudern **I.** *vt haben* ① *(werfen)* ■**etw [irgendwohin]** ~ to hurl [*or* fling] sth [somewhere]; *s. a.* **Gesicht** ② TECH *(zentrifugieren)* ■**etw** ~ to spin sth; **Salat** ~ to dry [the] lettuce **II.** *vi sein* ■**[irgendwohin]** ~ to skid [somewhere]; **ins S~ geraten** [*o* **kommen**] to go into a skid; *(fig)* to find one is losing control of a situation

Schleuderpreis *m* knock-down price; **etw zum** ~ **verkaufen** to sell sth at a knockdown price **Schleudersitz** *m* LUFT ejector seat; *(fig)* hot seat **Schleuderspur** *f* skid mark *usu pl*

schleunig **I.** *adj attr* *(geh)* rapid, swift, speedy; ~**stes Eingreifen** immediate measures **II.** *adv* *(geh)* rapidly, swiftly

schleunigst *adv* straight away, without delay, at once

Schleuse <-, -n> *f* lock; *(Tor)* sluice gate ▸ WENDUNGEN: **der Himmel hat seine ~n geöffnet** the heavens opened

schleusen *vt* *(fam)* ① *(heimlich leiten)* ■**jdn [irgendwohin]** ~ to smuggle sb in [somewhere] ② *(geleiten)* ■**jdn [durch etw** *akk* [*o* **über etw** *akk*]] ~ to escort sb [through [*or* across] sth] ③ NAUT *(durch eine Schleuse bringen)* ■**etw** ~ to take [*or* pass] [*or* send] sth through a lock

Schleusenbeamter, -beamtin *m, f* NAUT, ADMIN lock-keeper **Schleusenkammer** *f* lock basin [*or* chamber] **Schleusenmeister(in)** *m(f)* lock keeper **Schleusenöffnung** *f* NAUT opening of lock gate[s] **Schleusenstraße** *f* series of locks **Schleusentor** *nt* sluice gate **Schleusenwärter(in)** <-s, -> *m(f)* lock keeper

Schleuserkriminalität *f* smuggling of illegal immigrants

schlich *imp von* **schleichen**

Schlich <-[e]s, -e> *m* ① GEOL schlich ② *(List)* ■~**e** *pl* tricks *pl;* **jdm auf die** ~ **kommen, hinter jds** ~ **kommen** to find sb out, to get wise to sb, to rumble sb BRIT *fam,* to suss sb out BRIT *fam*

schlicht **I.** *adj* ① *(einfach) Einrichtung, Feier, Form, Kleidung, Mahlzeit* simple, plain *esp pej;* ~**e Eleganz** understated elegance; **in ~e Verhältnisse leben** to live in modest circumstances ② *(wenig gebildet)* simple, unsophisticated ③ *attr (bloß)* plain; ***das ist eine ~e Tatsache*** it's a simple fact ▸ WENDUNGEN: ~ **um** ~ **handeln** *(geh)* to barter **II.** *part (ganz einfach)* simply; ***das ist ~ gelogen/falsch*** that's a barefaced lie/just plain wrong; ~ **und einfach** *(fam)* [just] plain; ~ **und ergreifend** *(hum fam)* plain and simple; ***das ist ~ und ergreifend falsch!*** that's just plain wrong!

schlichten **I.** *vt* ■**etw** ~ to settle sth; [**in etw** *akk*] ~**d eingreifen** to act as mediator [in sth] **II.** *vi* ■[**in etw** *dat*] ~ to mediate [*or* arbitrate] [in sth]

Schlichter(in) <-s, -> *m(f)* arbitrator, mediator; **einen** ~ **einschalten** to go to arbitration

Schlichtheit <-> *f kein pl* simplicity, plainness

Schlichtung <-, -en> *f* mediation, settlement, arbitration

Schlichtungsausschuss[RR] *m* arbitration committee **Schlichtungsklausel** *f* arbitration clause **Schlichtungskomitee** *nt* JUR arbitration board [*or* tribunal] **Schlichtungskommission** *f s.* Schlichtungsausschuss **Schlichtungsstelle** *f* arbitration [*or* conciliation] board **Schlichtungsverfahren** *nt* JUR, ÖKON arbitration proceedings *pl* **Schlichtungsverhandlung** *f meist pl* arbitration [negotiations]; ~**en aufnehmen** to go to arbitration **Schlichtungsvertrag** *m* JUR arbitration agreement **Schlichtungswesen** *nt* arbitral jurisdiction

Schlick <-[e]s, -e> *m* silt

schliddern *vi haben o sein* NORDD *(schlittern)* to slide

schlief *imp von* **schlafen**

Schliere <-, -n> *f* smear

Schließe <-, -n> *f* fastener, clasp

schließen <schloss, geschlossen> **I.** *vi* ① *(zugehen)* to close [properly]; ***die Tür schließt nicht richtig*** the door doesn't close properly ② ÖKON *(Geschäftsstunden unterbrechen)* to close, to shut ③ ÖKON *(Betrieb aufgeben)* to close [*or* shut] [down] ④ *(enden)* ■[**mit etw**] ~ to close [*or* end] [with sth] ⑤ *(schlussfolgern)* ■[**aus** [*o* **von**] **etw** *dat*] [**auf etw** *akk*] ~ to conclude [*or* infer] [sth] [from sth]; ■**von jdm auf jdn** ~ to judge sb by one's/sb's standards; ***du solltest nicht immer von dir auf andere ~!*** you shouldn't project your character on others; **von Besonderen auf das Allgemeine** ~ to proceed inductively; **etw lässt auf etw** *akk* ~ *(hindeuten)* sth indicates [*or* suggests] sth/that sth ... ⑥ BÖRSE *(bei Börsenschluss notieren)* to close, to be at the close; **fest/flau/schwächer** ~ to finish higher/to leave off flat/to finish lower; ***die Börse schloss heute freundlich*** the stock exchange closed up on the day **II.** *vt* ① *(geh: zumachen)* ■**etw** ~ to close sth; **eine geschlossene Anstalt** a top-security mental hospital; **ein hinten geschlossenes Kleid** a dress that fastens at the back; **eine Grenze** ~ to close a border ② *(geh: beenden)* ■**etw** ~ to close [*or* conclude] sth, to bring sth to a close *form,* to wind sth up; ***die Verhandlung ist geschlossen!*** the proceedings are closed! ③ *(eingehen)* ■**etw [mit jdm]** ~ **ein Abkommen** ~ to come to an agreement on sth [with sb]; **ein Bündnis** ~ to enter into [*or* form] an alliance; **eine Ehe** ~ to get married; **Freundschaft** ~ to become friends; **Frieden** ~ to make peace; **einen Kompromiss** ~ to reach a compromise; **einen Pakt** ~ to make a pact ④ *(auffüllen)* ■**etw** ~ to fill sth; **eine Lücke** ~ to fill a gap; **die Reihen** ~ MIL to close ranks ⑤ *(schlussfolgern)* ■**etw [aus etw]** ~ to conclude [*or* infer] [from sth]; ■**[aus etw]** ~, **dass** to conclude [*or* infer] [from sth] that ⑥ *(geh: beinhalten)* ■**etw [in sich** *dat*] ~ to contain sth [within it] ⑦ *(befestigen)* ■**etw [an etw** *akk*] ~ to lock sth [up to sth]; ***er schließt das Fahrrad immer mit einer Kette an einen Baum*** he always chains his bike to a tree ⑧ *(umfassen)* ■**jdn in** [*o* **an**] **etw** ~ **jdn in die Arme** ~ to take sb in one's arms; **jdn** [**mit**] **ins Gebet** ~ to include sb in one's prayers; *s. a.* **Arm, Herz** **III.** *vr* ① *(zugehen)* ■**sich** ~ to close, to shut; ***die Türen ~ automatisch*** the doors close automatically ② *(sich anschließen)* ■**sich an etw** ~ to follow sth; ***an die Filmvorführung schloss sich eine Diskussion mit dem Regisseur an*** after the showing there was a discussion with the film's director

Schließfach *nt* ① *(Gepäck~)* locker ② *(Bank~)* safe-deposit box ③ *(Postfach)* post-office [*or* PO] box **Schließfrucht** *f* BOT indehiscent fruit **Schließkorb** *m* hamper

schließlich *adv* ① *(endlich)* at last, finally; ~ **und endlich** in the end, ultimately ② *(immerhin)* after all

Schließmuskel *m* sphincter **Schließstange** *f* BAU locking bar

Schließung <-, -en> *f* ① *(Betriebsaufgabe)* closure ② *(geh: Beendigung)* close

Schließzylinder *m* BAU locking cylinder

schliff *imp von* **schleifen**[2]

Schliff <-[e]s, -e> *m* ① *kein pl (das Schleifen)* sharpening, grinding ② *kein pl (das Polieren von Edelsteinen)* cutting; *(das Polieren von Glas)* cutting and polishing ③ *(geschliffener Zustand)* edge ④ *(polierter Zustand)* cut ⑤ *(fig: Umgangsformen)* polish, sophistication; **jdm** ~ **beibringen** to give sb polish; **keinen** ~ **haben** to be without refinement; **etw** *dat* **den letzten** ~ **geben** to put the finishing touches to sth

schlimm **I.** *adj* ① *(übel)* bad, dreadful; **eine ~e Entwicklung** an ugly development; **eine ~e Tatsache** a dreadful fact; **ein ~er Fall** a nasty case [*or* instance]; **eine ~e Geschichte** an ugly [*or* a bad] business; **eine ~e Nachricht/~e Neuigkeiten** bad news *pl;* **ein ~er Vorfall** an ugly incident; **ein ~er Vorwurf** a serious reproach; **eine ~e Zeit** a terrible [*or* dreadful] time; ■**es ist ~, dass** it is dreadful [*or* terrible] that; ■**es wird [für jdn]** ~ **[mit etw]** sth is dreadful [*or* terrible] [for sb]; ***mit der Hitze wird es auch von Jahr zu Jahr ~er*** the heat gets worse from year to year; ■**etwas S~es/S~eres** sth dreadful [*or* terrible]/worse; **etw viel S~eres** sth much worse; ■**das S~ste** the worst; ■**das S~e ist ...** the worst [of it] is that ...; **es gibt S~eres** there are worse things; **es gibt nichts S~eres als ...** there's nothing worse than ...; **wenn es nichts S~eres ist!** as long as it's nothing more serious than that!, if that's all it is!; ~, ~**!** that's dreadful [*or* terrible]! ② *(gravierend)* bad, serious, grave *form;* **eine** ~ **Tat** a grave misdeed *form;* **ein ~es Verbrechen begehen** to commit a serious crime; **ein ~es Versäumnis** a glaring omission; ■**nicht [so]** ~ **sein** to be not [so] bad [*or* terrible]; ■**es ist ~, dass** it is dreadful [*or* terrible] that ③ *(fam: ernst)* serious; **eine ~e Operation** a major operation; **eine ~e Wunde** a serious [*or* severe] [*or* bad] [*or* nasty] wound ④ *(moralisch schlecht)* bad, wicked ▸ WENDUNGEN: **etw ist halb so** ~ sth is not as bad as all that; **ist nicht ~!** no problem!, don't worry! **II.** *adv* ① *(gravierend)* seriously; **sich** ~ **irren/täuschen/vertun** to make a serious mistake ② *(äußerst schlecht)* dreadfully; **sich** ~ **benehmen** to behave badly; **jdn** ~ **verprügeln** to beat sb up badly; **jdn** ~ **zurichten** to give sb a severe beating; ~ **dran sein** *(fam)* to be in a bad way *fam;* **wenn es ganz** ~ **kommt** if the worst comes to the worst; **es hätte ~er kommen können** it could have been worse; **es steht** ~ **[mit etw]** things look bad [for sth]; **es steht** ~ **[um jdn]** things look bad for sb; ~ **genug, dass** it's bad enough that; **um so** [*o* **desto**] ~**er** so much the worse ③ MED badly ④ *(sehr)* badly; ***die Scheidung hat sie ~ mitgenommen*** she's had a rough time with her divorce

Schlimme(r) *f(m) dekl wie adj* ① *(übler Mensch)* nasty person [*or* piece of work] ② *(hum fam)* naughty boy [*or* girl] *hum fam*

schlimmstenfalls *adv* if the worst comes to the worst

Schlinge <-, -n> *f* ① *(gebundene Schlaufe)* loop; *(um jdn aufzuhängen)* noose ② *(Falle)* snare; ~**n legen** [*o* **stellen**] to lay out [*or* set] a snare ③ MED sling; *s. a.* **Kopf**

Schlingel <-s, -> *m (fam)* [little] rascal

schlingen[1] <schlang, geschlungen> **I.** *vt (geh)* ■**etw [um etw]** ~ to wind sth [about sth]; **etw zu einem Knoten** ~ to tie [*or* knot] sth; **die Arme um jdn** ~ to wrap one's arms around sb **II.** *vr* ■**sich [um etw]** ~ ① *(geh: sich winden)* to wind [*or* coil] itself [around sth] ② BOT to creep [around sth], to twine it-

self [around sth]
schlingen² <schlang, geschlungen> *vi* (*fam*) to gobble [*or* BRIT bolt] one's food
schlingern *vi* NAUT to roll [from side to side]
Schlingpflanze *f* creeper
Schlips <-es, -e> *m* tie; **in** [*o* **mit**] ~ **und Kragen** (*fam*) in [*or* with] a collar and tie ▶ WENDUNGEN: **sich** [**durch jdn/etw**] **auf den** ~ **getreten fühlen** (*fam*) to feel offended by sb; **jdm auf den** ~ **treten** (*fam*) to put sb out, to upset sb, to tread on sb's toes
Schlitten <-s, -> *m* ❶ (*Rodel*) sledge, sled; (*Rodel~*) toboggan; (*mit Pferden*) sleigh ❷ (*sl: Auto*) wheels *sl pl* ❸ TECH (*einer Schreibmaschine*) carriage ▶ WENDUNGEN: **mit jdm** ~ **fahren** (*pej fam*) to bawl sb out, to give sb a hard time *fam* [*or sl* hell]
Schlittenfahren <-s> *nt kein pl* sledging; (*mit Rodel~*) tobogganing; (*mit Pferde~*) sleighing **Schlittenfahrt** *f* sleigh ride
Schlitterbahn *f* NORDD slide
schlittern *vi* ❶ *sein o haben* (*rutschen*) ■[**irgendwohin**] ~ to slide [somewhere] ❷ *sein* (*ausrutschen*) to slip; *Wagen* to skid ❸ *sein* (*fam: unversehens geraten*) ■[**in etw** *akk*] ~ to slide [*or* slither] [into sth]; **in die Pleite** ~ to slide into bankruptcy
Schlittschuh *m* SPORT skate; ~ **fahren** [*o* **laufen**] to skate **Schlittschuhbahn** *f* ice [*or* skating] rink **Schlittschuhlaufen** <-s> *nt kein pl* SPORT skating **Schlittschuhläufer(in)** *m(f)* skater
Schlitz <-es, -e> *m* ❶ (*Einsteck~*) slot ❷ (*schmale Öffnung*) slit ❸ MODE slit; (*fam: Hosen~*) flies *pl*
Schlitzauge *nt* (*pej*) ❶ (*Augenform*) slant [*or pej* slit] eye, Chinky eyes *pej* ❷ (*Person*) Chink *pej* **schlitzäugig** *adj* almond-eyed, slant-eyed
schlitzen *vt* ■**etw/jdn** ~ to slit [open] sth/sb
Schlitzohr *nt* (*fam*) rogue, wily fox, shifty sod BRIT, weasel AM **schlitzohrig** *adj* (*fam*) cunning, crafty **Schlitzperforation** *f* TYPO slot perforation
Schlögel <-s, -> *m* ÖSTERR leg; *vom Wild* haunch
schlohweiß *adj Haare* snow-white
schlossRR, **schloß** *imp von* **schließen**
SchlossRR <-es, Schlösser> *nt*, **Schloß** <-sses, Schlösser> *nt* ❶ (*Palast*) palace ❷ (*Tür~*) lock; **ins** ~ **fallen** to snap [*or* click] shut; (*laut*) to slam shut; **die Tür ins** ~ **fallen lassen** to let the door close ❸ (*Verschluss*) catch; (*an einer Handtasche*) clasp; (*an einem Rucksack*) buckle ❹ (*Vorhänge~*) padlock ▶ WENDUNGEN: **jdn hinter** ~ **und Riegel bringen** to put sb behind bars; **hinter** ~ **und Riegel sitzen** to be behind bars [*or* doing time]
Schloße <-, -n> [ˈʃloːsə] *f meist pl* DIAL (*Hagelkorn*) hailstone
Schlosser(in) <-s, -> *m(f)* locksmith; (*Metall~*) metalworker; (*Auto~*) mechanic; (*Maschinen~*) fitter
Schlosserausbildung *f* apprenticeship as a fitter/locksmith/mechanic
Schlosserei <-, -en> *f s.* **Schlosserwerkstatt**
Schlossergeselle *m* journeyman fitter/ [lock]smith/mechanic **Schlosserhammer** *m* engineer's hammer **Schlosserhandwerk** *nt* fitter's/[lock]smith's/mechanic's trade
Schlosserin <-, -nen> *f fem form von* **Schlosser**
Schlosserlehre *f s.* Schlosserausbildung **Schlosserlehrling** *m* apprentice to a fitter/ [lock]smith/mechanic **Schlosserwerkstatt** *f* (*für Metallarbeit*) smith's shop; (*für Maschinenreparaturen*) fitter's shop; (*für Schlösser*) locksmith's shop; (*für Autoreparaturen*) car workshop
SchlossgartenRR *m* castle garden **Schlossherr, -in**RR, <-en, -en> *m, f* owner of a/the castle **Schlosshund**RR *m* ▶ WENDUNGEN: **heulen wie ein** ~ (*fam*) to cry [*or fam* bawl] one's eyes out **Schlosskasten** *m* BAU lock case **Schlosspark**RR *m* castle grounds *pl*, estate **Schlossterrasse**RR *f* palace terrace **Schlossturm**RR *m* palace tower
Schlot <-[e]s, -e> *m* ❶ (*langer Schornstein*) chimney ❷ GEOL vent, chimney ❸ NAUT funnel ❹ (*pej fam: Nichtsnutz*) good-for-nothing ▶ WENDUNGEN: **rauchen wie ein** ~ (*fam*) to smoke like a chimney
schlott(e)rig *adj* (*fam*) ❶ (*zittrig*) shaky; *Knie* trembling ❷ (*schlaff herabhängend*) baggy
schlottern *vi* ❶ (*zittern*) ■[**vor etw** *dat*] ~ to tremble [with sth]; **vor Angst/Erschöpfung** ~ to shake with fear/exhaustion; **vor Kälte** ~ to shiver with cold; **am ganzen Körper** ~ to shake all over ❷ (*schlaff herabhängen*) ■[**um etw**] ~ to flap [around sth]
Schlucht <-, -en> *f* gorge, ravine
schluchzen *vi* to sob
Schluchzer <-s, -> *m* sob
Schluck <-[e]s, -e> *m* ❶ (*geschluckte Menge*) mouthful; **einen** ~ [**von etw**] **nehmen** to have a sip [of sth], to try [sth]; **ein** ~ **zu trinken** [a drop of] something to drink; ~ **für** ~ sip by sip; **in** [*o* **mit**] **einem** ~ at one go, in one swallow; **drei** ~[**e**] **Milch** three mouthfuls of milk ❷ (*das Schlucken*) swallow; (*größer*) gulp; (*kleiner*) sip
Schluckauf <-s> *m kein pl* hiccup; **den** [*o* **einen**] ~ **haben** to have hiccups
Schluckbeschwerden *pl* difficulties in swallowing
Schlückchen <-s, -> *nt dim von* **Schluck** [small] sip, drop; **ein** ~ [**von etw**] **nehmen** to have a drop of sth
schlucken I. *vt* ■**etw** ~ ❶ (*hinunterschlucken*) to swallow sth ❷ (*sl: trinken*) to drink sth ❸ AUTO (*fam*) to guzzle sth; ***der alte Wagen schluckt 14 Liter*** the old car guzzles 14 litres for every 100 km ❹ (*fam: hinnehmen, glauben*) to swallow sth ❺ ÖKON (*fam: übernehmen*) to swallow sth; **etw ganz** ~ to swallow sth [lock, stock and barrel] ❻ (*dämpfen*) ■**etw schluckt etw** sth absorbs sth II. *vi* ❶ (*Schluckbewegungen machen*) to swallow; (*größer*) to gulp ❷ (*sl: Alkohol konsumieren*) to booze *sl* ▶ WENDUNGEN: [**erst mal**] ~ **müssen** (*fam*) to [first] take a deep breath
Schlucker <-s, -> *m* ▶ WENDUNGEN: **armer** ~ (*fam*) poor blighter [*or* BRIT *fam!* sod] [*or* AM devil]
Schluckimpfstoff *m* oral vaccine **Schluckimpfung** *f* oral vaccination **Schluckspecht** *m* (*fam*) drinker, boozer *sl*
schluckweise *adv* in sips; **etw** ~ **genießen** [*o* **trinken**] to sip sth
Schluderei <-, -en> *f* (*fam*) *s.* **Schlamperei**
schlud(e)rig *adj* (*fam*) *s.* **schlampig**
schludern *vi* (*fam*) *s.* **schlampen**
schludrig *adj* (*fam*) *s.* **schlampig**
schlug *imp von* **schlagen**
Schlummer <-s> *m kein pl* (*geh*) slumber *liter;* (*Schläfchen*) doze, catnap; **in einen tiefen** ~ **sinken** to sink into a deep sleep [*or liter* slumber]
Schlummermodus *m* INFORM standby, asleep
schlummern *vi* (*geh*) to slumber *liter;* (*ein Schläfchen halten*) to doze
schlummernd *adj inv* ❶ (*schlafend*) slumbering ❷ (*unentfaltet*) *Kräfte, Talent, Energien* latent, dormant ❸ (*latent*) *Krankheit* latent
Schlund <-[e]s, Schlünde> *m* ❶ ANAT throat, pharynx *form;* (*eines Tiers*) maw ❷ (*geh*) abyss, chasm; **der** ~ **des Meeres** the depths of the sea, the deep; **der** ~ **des Vulkans** the pit of the volcano
Schlupf <-[e]s, -e *o* Schlüpfe> *m* AUTO slip
schlüpfen *vi sein* ❶ ORN, ZOOL ■[**aus etw**] ~ to hatch out [of sth] ❷ (*rasch kleiden*) ■[**aus etw**] ~ to slip out of sth; ■[**in etw** *akk*] ~ to slip into sth, to slip on sth *sep* ❸ (*rasch bewegen*) ■[**irgendwohin**] ~ to slip somewhere; **unter die Decke** ~ to slide under the blanket
Schlüpfer <-s, -> *m* MODE (*veraltend*) ❶ (*Damen- und Kinderunterhose*) panties *npl*, knickers *npl* BRIT ❷ (*weiter Herrenmantel*) raglan
Schlupflid *nt* receding [*or* inverted] eyelid **Schlupfloch** *nt* ❶ (*Öffnung*) opening, hole ❷ (*fig*) loophole ❸ *s.* **Schlupfwinkel**
schlüpfrig *adj* ❶ (*unanständig*) lewd, suggestive ❷ (*glitschig*) slippery
Schlüpfrigkeit <-, -en> *f* ❶ *kein pl* (*Unanständigkeit*) lewdness, coarseness ❷ (*schlüpfrige Bemerkung*) lewd [*or* coarse] [*or* suggestive] remark
Schlupfwespe *f* ZOOL ichneumon fly **Schlupfwinkel** *m* (*Versteck*) hiding place; (*von Gangstern*) hide-out
Schluppe *f* NORDD loop
schlurfen *vi sein* to shuffle; (*absichtlich*) to scuff [one's feet]
schlürfen I. *vt* ■**etw** ~ to slurp sth; ***er schlürfte genüsslich seine Suppe*** he lapped up his soup with relish II. *vi* to slurp, to drink noisily
SchlussRR <-es, Schlüsse> *m*, **Schluß** <Schlusses, Schlüsse> *m* ❶ *kein pl* (*zeitliches Ende*) end; **mit etw ist** ~ sth is over with; ***mit dem Rauchen ist jetzt ~!*** right! that's enough for the smoking!; **irgendwo ist** ~ somewhere is the end; **zum** ~ **kommen** (*geh*) to finish, to bring one's remarks/speech to a conclusion; [**mit etw**] ~ **machen** (*fam*) to stop [sth]; **mit der Arbeit** ~ **machen** to knock off, to stop work; **keinen** ~ **finden können** to go on endlessly; ~ **für heute!** that's enough [*or* that'll do] for today!; ~ **damit!** stop it!; ~ [**jetzt**]! that's enough [*or* that'll do]!; **jetzt** [**ist**] **aber** ~**!** that's enough [*or* that'll do]!; **kurz vor** ~ just before closing time; **zum** [*o* **am**] ~ at the end ❷ *kein pl* (*hinterster Teil*) end, back; **am** ~ **des Zuges** at the back [*or* rear] of the train ❸ (*abschließender Abschnitt*) end, last part; **der krönende** ~ [**einer S.** *gen*] climax, culmination; **der** ~ **einer Geschichte** the end of a story ❹ (*Folgerung*) conclusion; **aus etw den** ~ **ziehen, dass** from sth to draw [*or* reach] the conclusion that; **einen** ~**/bestimmte Schlüsse** [**aus etw**] **ziehen** to draw [*or* reach] a conclusion/particular conclusions from sth; **zu dem** ~ **kommen, dass** to come to the conclusion that ❺ MUS conclusion ❻ *kein pl* (*dichtes Schließen*) fit; ***die Türen haben guten*** ~ the doors fit well ❼ *kein pl* (*beim Reiten*) seat ❽ BÖRSE closing ▶ WENDUNGEN: **mit jdm/etw ist** ~ he/it has had it; [**mit dem Leben**] ~ **machen** to finish it all; [**mit jdm**] ~ **machen** to break it off [*or* to finish] [with sb]
SchlussabrechnungRR *f* final statement **Schlussakte**RR *f* final communiqué **Schlussantrag**RR *m* JUR conclusion, submission **Schlussbemerkung**RR *f* final [*or form* concluding] remark [*or* comment] **Schlussbesteuerung**RR *f* ultimate transaction **Schlussbetrachtung**RR *f* (*abschließende Bemerkung*) closing remarks *pl* **Schlussbilanz**RR *f* FIN final balance **Schlussdividende**RR *f* BÖRSE final dividend; FIN *einer Versicherung* terminal bonus
Schlüssel <-s, -> *m* ❶ (*Türöffner*) key ❷ (*fam: Schrauben~*) spanner, wrench AM ❸ (*Mittel zur Erschließung*) ■**der** ~ **zu etw** the key to sth; **der** ~ **zum Erfolg** the key to [*or* the secret of] success ❹ (*Verteilungsschema*) scheme [*or* plan] [of distribution] ❺ (*Lösung*) key ❻ (*Code~*) code
Schlüsselanhänger *m* [key] fob **Schlüsselanhängerformat** *nt* ■**im** ~ having the size of a keyring pendant **Schlüsselaufgabe** *f* key function **Schlüsselbein** *nt* collar bone, clavicle **Schlüsselblume** *f* cowslip **Schlüsselbrett** *nt* key hooks *pl* **Schlüsselbund** *m o nt* bunch of keys **Schlüsseldaten** *pl* ÖKON key data + *sing/pl vb* **Schlüsseldienst** *m* security key [*or* locksmith] service **Schlüsselerlebnis** *nt* crucial experience **Schlüsseletui** *nt* key case **schlüsselfertig** I. *adj* ready to move into [*or* for immediate occupancy] *pred*, turnkey *form* II. *adv* ***die Wohnungen werden ~ zum Kauf angeboten*** the flats are offered for sale ready for immediate occupancy **Schlüsselfigur** *f* key [*or* central] figure **Schlüsselindustrie** *f* ÖKON key industry **Schlüsselkind** *nt* latchkey child **Schlüsselloch** *nt* keyhole **Schlüssellochchirurgie** *f* MED keyhole surgery **Schlüsselposition** *f* key position; **eine** ~ **einnehmen/**[**inne**]**haben** to take up/hold a key position **Schlüsselqualifikation** *f* key qualifications *pl* **Schlüsselreiz** *m* BIOL key stimulus **Schlüsselring** *m* key ring **Schlüsselrolle** *f* key [*or* crucial] role; **jdm/etw kommt** [*o* **fällt**] **eine** ~ **zu** sth/sb assumes [*or* takes on] a key role **Schlüsselroman** *m* roman-à-clef **Schlüsselsektor** *m* key sector **Schlüsselstellung** *f* key position; ***er hat in der Firma eine ~ inne*** he has a

S

key position in the firm **Schlüsselszene** *f* key [*or* central] scene **Schlüsseltechnologie** *f* MED keyhole technology **Schlüsselwort** *nt* keyword

schlussendlichRR *adv,* **schlußendlich** *adv inv* DIAL finally, in conclusion

schlussfolgernRR *vt,* **schlußfolgern** *vt* (*ableiten*) ■**etw** [**aus etw**] ~ to deduce sth [from sth]; ■[**aus etw**] ~, **dass** to deduce [*or* conclude] [from sth] that

SchlussfolgerungRR <-, -en> *f,* **Schlußfolgerung** <-, -en> *f* deduction, conclusion; ■**eine** ~ **aus etw** a conclusion [*or* deduction] drawn from sth; **eine** ~ [**aus etw**] **ziehen** to draw a conclusion [*or* to deduce sth] [from sth]; [**aus etw**] **die** ~ **ziehen, dass** to draw the conclusion [*or* to deduce] [from sth] that; **übereilte** ~**en ziehen** to jump to conclusions **Schlussformel**RR *f in Briefen* conventional ending [*or* close]

schlüssig *adj* ① (*folgerichtig*) logical; JUR (*eindeutig*) conclusive; ~**e Beweisführung** conclusive evidence; ~**es Verhalten** conduct from which the intention may be implied ② (*im Klaren*) ■**sich** *dat* [**über etw** *akk*] ~ **sein/werden** to have made up/make up one's mind [about sth]; **sich über die Hintergründe einer Sache/eine Taktik** ~ **sein** to have made up one's mind about the reasons for sth/a strategy [to pursue]; ***sie sind sich immer noch nicht*** ~ they still haven't made up their minds, they are still undecided; **sich** *dat* **darüber** ~ **sein, dass/ob/wie ...** to make [*or* have made] up one's mind that/whether/how ...

SchlusskapitelRR *nt* last [*or* final] chapter **Schlusskommunikee**RR *nt,* **Schlusskommuniqué**RR *nt s.* Schlussakte **Schlusskurs** *m* BÖRSE closing price **Schlussleuchte**RR *f* AUTO tail light [*or* lamp] **Schlusslicht**RR *nt* AUTO rear [*or* AM tail] light ► WENDUNGEN: **das** ~ [**einer S.** *gen*] **sein** [*o* **bilden**] to bring up the rear [of sth] **Schlussnote**RR *f* BÖRSE contract note **Schlussnotierung**RR *f* BÖRSE closing quotation **Schlusspfiff**RR *m* final whistle **Schlussphase**RR *f* final stage **Schlusspunkt**RR *m* ① LING fullstop ② (*Abschluss*) conclusion; *einer Feier* finale ► WENDUNGEN: **einen** ~ **unter** [*o* **hinter**] **etw setzen** to put an end to sth **Schlussrunde**RR *f* SPORT ① (*eines Rennens*) final lap ② (*eines Box-, Ringkampfes*) final round **Schlusssatz**RR *m* ① (*Abschluss eines Textes*) concluding *form* [*or* last] sentence ② MUS last movement **Schlusssitzung**RR *f* closing session **Schlussstrich**RR *m* (*Strich am Ende*) line at the end of sth; **einen** ~ **unter die Rechnung ziehen** to draw a line under the bill ► WENDUNGEN: **einen** ~ [**unter etw** *akk*] **ziehen** (*etw erledigt sein lassen*) to draw a line [under sth], to put an end to sth; (*einen Streit beenden*) to bury the hatchet [over sth] **Schlussurteil** *nt* JUR final judgement **Schlussverkauf**RR *m* sales *pl* **Schlussvortrag** *m* JUR final address, summing-up; ~ **in der Hauptverhandlung** summing-up in a trial **Schlusswort**RR *nt* final word

Schmach <-> *f kein pl* (*geh*) humiliation, ignominy *form no indef art, no pl;* **jdm** [**eine**] ~ **antun** to bring shame on sb; *s. a.* Schande

schmachten *vi* (*geh*) ① (*leiden*) **im Kerker** ~ to languish in a dungeon; ■**jdn** ~ **lassen** to let sb suffer [with sth], to leave sb languishing [for sth] *hum;* **jdn vor Sehnsucht** [*o* **Verlangen**] ~ **lassen** to let sb stew ② (*sich sehnen*) ■[**nach jdm**] ~ to crave [*or* desire] [sb]; **vor Sehnsucht nach etw** ~ to yearn [*or* pine] [*or* long] for sth; **vor Verlangen nach etw** ~ to crave sth

schmachtend *adj* soulful; ~**er Blick** longing [*or* soulful] look

schmächtig *adj* slight, weedy BRIT *pej;* **ein** ~**er Mensch** a person of slight build

schmachvoll *adj* (*geh*) *s.* **schmählich**

schmackhaft *adj* (*geh: wohlschmeckend*) tasty; ~**er Wein** delicious wine ► WENDUNGEN: **jdm etw** ~ **machen** to make sth tempting to sb; ***ich konnte ihm eine Beteiligung nicht*** ~ ***machen*** I couldn't tempt him to take part

Schmäh <-s, -[s]> *m* ÖSTERR (*fam*) ① (*Schwindel, Trick*) trick ② *kein pl* (*Sprüche und Scherze*) banter

Schmähbrief *m* nasty letter

schmähen *vt* (*geh: herabsetzen*) ■**jdn/etw** ~ to malign [*or form* vilify] sb/sth

schmählich I. *adj* (*geh*) shameful, ignominious *form* II. *adv* shamefully; ***er hat seine Familie*** ~ ***im Stich gelassen*** he abandonded his family in the most disgraceful manner

Schmährede *f* invective *form,* diatribe *form* **Schmähschrift** *f* lampoon *form* **Schmähsucht** *f* strong tendency to disparage **schmähsüchtig** *adj* always happy to malign [*or* vilify]

Schmähung <-, -en> *f* (*geh*) ① *kein pl* (*das Schmähen*) vilification *form* ② (*Schmährede*) abuse, invective

schmal <-er *o* schmäler, -ste *o* schmälste> *adj* ① (*nicht breit*) narrow; **ein** ~**es Gesicht** a narrow [*or* thin] face; ~**e Hände/Lippen** narrow [*or* thin] hands/lips; ~**e Hüfte/Taille** narrow [*or* slim] hips/waist; **ein** ~**er Mensch** a slim person; **ein** ~**er Baum** a slender tree; **ein** ~**es Büchlein** a slim volume; **das** ~ **Ende eines Tisches** the short end of a table; ~**e Schrift** TYPO condensed typeface ② (*dürftig*) meagre [*or* AM -er]; **eine** ~**e Auswahl/ein** ~**es Angebot** a limited choice; *s. a.* **Kost**

Schmalbahn *f* (*Papier*) long grain **schmalbrüstig** *adj* narrow-chested

schmälern *vt* (*heruntermachen*) ■**etw** ~ to run sth down, to belittle sth

Schmälerung <-, -en> *f* belittlement; ~ **der Gewinnmargen** ÖKON narrowing of profit margins

Schmalfilm *m* 8/16mm [cine] film **Schmalfilmkamera** *f* 8/16mm [cine] camera **Schmalhans** *m* ► WENDUNGEN: **bei jdm ist** ~ **Küchenmeister** (*veraltend fam*) sb is on short rations **Schmalseite** *f* **die** ~ **eines Gegenstandes** the short side of an object **Schmalspur** *f* BAHN narrow gauge **Schmalspurakademiker** *m* (*pej*) small-town [*or* minor] academic *pej* **Schmalspurbahn** *f* BAHN narrow gauge railway **Schmalspurdenken** *nt kein pl* (*pej*) narrow thinking *pej* **Schmalspurgleis** *nt* BAHN narrow-gauge platform

Schmalz1 <-es, -e> *nt* KOCHK dripping; (*vom Schwein*) lard

Schmalz2 <-es> *m kein pl* (*pej fam*) schmaltz *fam,* sentimentality

schmalzig *adj* (*pej fam*) schmaltzy *fam,* slushy *fam,* gushing *fam*

Schmankerl <-s, -n> *nt* SÜDD, ÖSTERR ① (*süßes tütenförmiges Gebäck aus dünn ausgebackenem Teig*) *thin, sweet, cone-shaped pastry* ② (*Leckerbissen*) delicacy, treat

schmarotzen* *vi* ① (*pej: ausnutzend leben*) ■[**bei jdm**] ~ to sponge [off/on/from sb] *fam or pej* ② BIOL (*parasitieren*) to live as a parasite [in/on sth]

Schmarotzer <-s, -> *m* BIOL parasite

Schmarotzer(in) <-s, -> *m(f)* (*pej*) sponger BRIT *pej,* free-loader *pej*

Schmarr(e)n <-s, -> *m* SÜDD, ÖSTERR ① KOCHK *pancake torn into small pieces* ② (*fam: Quatsch*) rubbish *fam,* nonsense, bollocks BRIT *vulg;* ***so ein*** ~**!** what a load of rubbish!; **einen** ~ (*fam*) a damn, two pins BRIT *fam,* a monkey's BRIT *vulg*

schmatzen *vi* ① (*geräuschvoll essen*) to eat/drink noisily; (*mit Genuss* ~) to smack one's lips; ***musst du beim Essen immer so*** ~**?** do you have to make such a noise when you're eating?; ■~**d** ***wirst du wohl das laute S~ sein lassen!*** would you please stop making that noise! ② (*mit schmatzendem Laut*) ***er küsste sie laut*** ~***d auf die Wange*** he gave her a smacker [*or* loud kiss] on the cheek

Schmaus <-es, Schmäuse> *meist sing m* (*veraltend o hum*) feast

schmausen *vi* (*geh*) to eat with relish

schmecken I. *vi* ① (*munden*) ***hat es geschmeckt?*** did you enjoy it?, was it OK?, was everything to your satisfaction? *form;* ***so, ich hoffe, es schmeckt!*** so, I hope you enjoy it!; ***na, schmeckt's? — klar, und wie!*** well, is it OK? — you bet!; ***das schmeckt aber gut*** that tastes wonderful; **es sich** *dat* ~ **lassen** (*mit Appetit essen*) to enjoy one's food; ***lasst es euch*** ~**!** tuck in!; **nach nichts** ~ to not taste of anything [much], to be tasteless; **das schmeckt nach mehr!** (*fam*) it's moreish! BRIT ② (*Geschmack haben*) ■[**nach etw**] ~ to taste [of sth]; ***hier schmeckt das Wasser nach Chlor*** the water tastes of chlorine ③ (*fam: gefallen*) ■**jdm** [**irgendwie**] ~ ***na, wie schmeckt*** [***dir***] ***der neue Job?*** well, how do you like [*or* are you enjoying] the new job?; ***das schmeckt mir gar nicht!*** I don't like the sound of that at all ④ SÜDD, ÖSTERR, SCHWEIZ (*riechen*) smell ► WENDUNGEN: **jdn nicht** ~ **können** to not be able to stand sb II. *vt* ■**jd schmeckt etw** sb tastes [*or* has a taste of] [*or* tries] sth

Schmeichelei <-, -en> *f* flattery *no pl, no indef art;* (*übertriebenes Lob*) sweet talk *no pl, no indef art,* soft soap *fam no pl, no indef art* BRIT

schmeichelhaft *adj* flattering, complimentary; ~**e Worte** kind words; ■~ [**von jdm**] **sein** to be [very] kind [of sb]; ■**wenig** ~ [**für jdn/etw**] **sein** to be not very flattering [*or* complimentary] [for sb]

schmeicheln I. *vi* ① (*übertrieben loben*) ■[**jdm**] ~ to flatter [*or* BRIT *fam* soft-soap] sb, to butter sb up ② (*jds Selbstwertgefühl heben*) ■**es schmeichelt jdm, dass** sb/sth is flattered [*or* finds it flattering] that ③ (*günstig darstellen*) ■**jdm/einer S.** ~ to flatter sb/sth, to put sb/sth in a good light; ***die neue Frisur schmeichelt Ihnen*** [***wirklich sehr***] your new hairstyle suits you [very well] [*or* is very flattering]; ■**etw ist geschmeichelt** sth is flattering; ***es ist sehr durchschnittlich und das ist noch geschmeichelt!*** it's very average and that's putting it mildly! ④ (*kosen*) to cuddle up; ***na, Kätzchen, du schmeichelst? willst wohl was zu fressen!*** you're cuddling up, eh, kitty? I suppose you want some food! II. *vr* (*geh: sich etw auf etw einbilden*) ■**sich** ~[, **dass**] to flatter oneself [that]

Schmeichler(in) <-s, -> *m(f)* flatterer, sweet-talker, soft-soaper BRIT *fam*

schmeichlerisch *adj* ① (*pej: lobhudelnd*) flattering; ~**e Worte** honeyed words ② *s.* **schmeichelhaft1**

schmeißen <schmiss, geschmissen> I. *vt* (*fam*) ① (*werfen*) ■**etw** [**irgendwohin/nach jdm**] ~ to throw [*or fam* chuck] sth [somewhere/at sb]; (*mit Kraft*) to hurl [*or* fling] sth [somewhere/at sb] ② (*sl: spendieren*) ■**etw** [**für jdn**] ~ to stand sth [for sb]; **eine Party** ~ to throw a party; **eine Runde** [**Schnaps**] ~ to stand a round [of schnapps] ③ (*sl: managen*) ■**etw** ~ to run sth; ***kein Problem, wir werden das Ding schon*** ~ don't worry, we'll manage it ④ (*fam: hinausweisen*) ■**jdn aus etw** ~ to throw sb out of sth; **jdn aus der Schule/dem Haus** ~ to throw sb out of school/the house ⑤ (*fam: abbrechen*) ■**etw** ~ to pack in; **das Studium** ~ to pack [*or* BRIT *fam* jack] in one's studies ⑥ THEAT, TV (*sl: verderben*) ■**etw** ~ to make a mess of sth; **eine Szene** ~ to make a mess of a scene II. *vi* (*fam*) ① (*werfen*) ■**mit etw** [**nach jdm/nach einem Tier**] ~ to throw [*or fam* chuck] sth [at sb/at an animal]; (*mit Kraft*) to fling [*or* hurl] sth [at sb/at an animal] ② (*etw sehr häufig gebrauchen*) ■**mit etw um sich** ~ to be always using sth; ***diese Politikerin schmeißt gerne mit lateinischen Zitaten um sich*** this politician is always using Latin quotations; (*mit etw verschwenderisch umgehen*) to throw sth about [*or* AM around] ③ (*ausgeben*) ■**mit etw um sich** ~ to throw sth around; ***er schmeißt mit seinem Geld nur so um sich*** he just throws his money around III. *vr* ① (*sich fallen lassen*) ■**sich** *akk* [**auf etw** *dat*] ~ to throw oneself onto sth; (*mit Kraft*) to fling [*or* hurl] oneself onto sth; **sich auf ein Bett/Sofa** ~ to stretch out on the bed/sofa; **sich vor einen Zug** ~ to throw oneself in front of a train ② (*sich kleiden*) ■**sich in etw** ~ to get togged [*or* AM dressed] up; **sich in einen Smoking/den besten Anzug** ~ to get togged up in a dinner-jacket/one's best suit; **sich in Schale** ~ to put on one's glad rags; ***sieh an, du hast dich heute aber in Schale geschmissen!*** well, you're all dolled up today, aren't you! ③ (*bewerfen*) ■ **sich mit etw** ~ to throw sth at each other; *s. a.* **Hals**

Schmeißfliege *f* blowfly, bluebottle, greenbottle

Schmelz <-[e]s, -e> *m* ① (*Zahn~*) enamel ② (*geh: Glasur*) glaze ③ *kein pl* (*Ausdruck*) sweetness; **der ~ der Stimme** the softness of voice; **der ~ der Farben** the glowing of colour [*or* AM -or]; **verblasster ~ der Jugend** faded sweetness of youth

Schmelze <-, -n> *f* ① (*geschmolzenes Metall*) molten metal, melt ② (*Magma*) magma

schmelzen <schmolz, geschmolzen> **I.** *vi sein* ① (*weich werden*) to melt; **jds Herz zum S~ bringen** to melt sb's heart ② (*schwinden*) to melt; ***ihre Zweifel schmolzen schnell*** her doubts were soon dissipated **II.** *vt haben* (*zergehen lassen*) ■ **etw ~** to melt sth; **Metall ~** to smelt metal

Schmelzhütte *f* smelting works + *sing/pl vb* **Schmelzkäse** *m* KOCHK ① (*in Scheiben/Stücken*) processed cheese ② (*streichfähig*) cheese spread; *s. a.* **Streichkäse Schmelzofen** *m* smelting furnace **Schmelzpunkt** *m* melting point **Schmelzschweißen** <-s> *nt kein pl* butt welding **Schmelztiegel** *m* melting pot **Schmelzwasser** *nt* GEOG melt-water

Schmerbauch *m* (*fam*) paunch, pot-belly; (*Mensch*) person with a paunch [*or* pot-belly]

Schmerle <-, -n> *f* ZOOL loach, groundling

Schmerz <-es, -en> *m* ① (*körperliche Empfindung*) pain; (*anhaltend und pochend*) ache; **~en haben** to be in pain; **unter ~en** in pain; **vor ~en** in pain ② *kein pl* (*Kummer*) [mental] anguish *no indef art, no pl;* (*~ über den Tod eines Menschens*) grief *no indef art, no pl* ③ (*Enttäuschung*) heartache; **jdn mit ~ erfüllen** (*Kummer*) to fill sb with sorrow ▶ WENDUNGEN: **hast du sonst noch ~en?** (*iron fam*) [have you got] any other problems? *iron fam;* **geteilter ~ ist halber ~** (*prov*) a problem shared is a problem halved

schmerzbetäubend **I.** *adj* painkilling **II.** *adv* **~ wirken** to have a painkilling effect **schmerzempfindlich** *adj* ① (*leicht Schmerzen empfindend*) sensitive [to pain] *pred* ② (*leicht schmerzend*) sensitive, tender

schmerzen **I.** *vi* ① (*weh tun*) to hurt; (*anhaltend und pochend ~*) to ache; ■ **~d** painful, aching ② (*geh: Kummer bereiten*) ■ **es schmerzt, dass/wenn ...** it hurts [*or form* pains sb] that/if/when ... **II.** *vt* (*geh: Kummer bereiten*) ■ **jdn ~** to hurt sb; ■ **es schmerzt jdn, etw zu tun** it hurts [sb] to do sth

Schmerzensgeld *nt* compensation **Schmerzensgeldanspruch** *m* claim for damages sustained on account of pain and suffering **Schmerzenslaut** *m* (*geh*) cry [*or* shout] of pain; **ein leiser/unterdrückter ~** a moan of pain **Schmerzensschrei** *m* scream of pain

Schmerzgrenze *f* (*fam: absolutes Limit*) bottom line *fam;* (*Grenze des Erträglichen*) limit

schmerzhaft *adj* ① (*Schmerzen verursachend*) painful ② ÖKON (*fig*) **~ hohe Zinsen** exorbitant interest ③ (*geh*) *s.* **schmerzlich**

schmerzlich **I.** *adj* (*geh*) painful, distressing, distressful **II.** *adv* ① (*vor Schmerz*) painfully ② (*bitter*) cruelly, painfully; ***ich habe dich ~ vermisst*** I missed you such a lot

schmerzlindernd **I.** *adj* pain-relieving; ■ **~ sein** to be pain-relieving, a pain-reliever **II.** *adv* **~ wirken** to relieve pain **schmerzlos** *adj* painless; ■ **[für jdn] ~ sein** to be painless [for sb]; ***sein Sie unbesorgt, der Eingriff wird völlig ~ sein*** don't worry, the operation won't hurt a bit ▶ WENDUNGEN: **kurz und ~** short and sweet **Schmerzmediziner(in)** *m(f)* doctor who specializes in pain relief **Schmerzmittel** *nt* analgesic, pain-killer, pain-reliever **schmerzstillend** *adj* pain-killing; ■ **~ sein** to be a pain-killer **Schmerztablette** *f* pain-killer, analgesic [*or* pain-killing] [tablet] **Schmerztherapeut(in)** <-en, -en> *m(f)* pain [management] therapist **Schmerztherapie** *f* pain [management] therapy, pain relief therapy **schmerzverzerrt** *adj* twisted in [*or* with] pain *pred* **schmerzvoll** *adj* (*geh*) *s.* **schmerzlich**

Schmetterball *m* smash

Schmetterling <-s, -e> *m* butterfly

Schmetterlingsblütler <-s, -> *m* BOT papilionaceous plant/tree **Schmetterlingsschwimmen** *nt* SPORT butterfly **Schmetterlingsstil** *m* butterfly style

schmettern **I.** *vt haben* ① (*schleudern*) ■ **etw [irgendwohin] ~** to fling [*or* hurl] sth [somewhere] ② SPORT ■ **etw ~** to smash sth; **einen Ball ~** to smash a ball ③ MUS ■ **etw ~** to blare sth out; **ein Lied ~** to bawl out a song **II.** *vi* ① *sein* (*aufprallen*) ■ **etw [irgendwohin] ~** to crash sth [somewhere], to smash sth [against sth] ② *haben* SPORT to smash ③ *haben* MUS to blare [out]

Schmied(in) <-[e]s, -e> *m(f)* smith; **Huf~** blacksmith; **Silber/Gold~** silver/goldsmith; *s. a.* **Glück**

Schmiede <-, -n> *f* forge, smithy

Schmiedearbeit *f* metal work **Schmiedeeisen** *nt* wrought iron **schmiedeeisern** *adj* wrought-iron **Schmiedehammer** *m* forging [*or* blacksmith's] hammer

schmieden *vt* ① (*glühend hämmern*) ■ **etw ~** to forge sth ② (*aushecken*) ■ **etw [gegen jdn] ~ Intrige/Ränke [gegen jdn] ~** to hatch out a plan [*or* to intrigue] [*or* to plot] [against sb]; **einen Plan ~** to hammer out a plan ③ (*festmachen*) ■ **jdn [an etw/jdn] ~** to chain sb [to sth/sb]; *s. a.* **Eisen, Kette**

Schmiedestahl *m* forged steel

Schmiedin <-, -nen> *f fem form von* **Schmied**

schmiegen **I.** *vr* ① (*sich kuscheln*) ■ **sich [an jdn] ~** to cuddle [*or* snuggle] up [to sb] ② (*eng anliegen*) ■ **sich** *akk* **[an etw** *akk*] **~** to hug [sth]; ***das Kleid schmiegte sich an ihren Körper*** the dress was figure-hugging **II.** *vt* (*selten: eng anlehnen*) ■ **etw [an etw** *akk*] **~** to press sth close [to sth]

schmiegsam *adj* supple

Schmiere <-, -n> *f* (*schmierige Masse*) grease; (*schmieriger Schmutz*) slimy mess, ooze ▶ WENDUNGEN: **~ stehen** (*fam*) to keep watch, to act as [*or* to keep a] look-out

schmieren **I.** *vt* ① (*streichen*) ■ **etw ~** to spread sth; **Butter aufs Brot ~** to butter [a slice of] bread; **Salbe auf eine Wunde ~** to apply cream to a wound; **sich Creme ins Gesicht ~** to rub [*or pej* smear] cream into one's face ② (*fetten*) ■ **etw ~** to lubricate [*or* grease] sth ③ (*pej: malen*) ■ **etw ~** to scrawl sth; **politische Parolen an die Häuser ~** to daub political slogans on the walls of houses ④ (*fam: bestechen*) ■ **jdn ~** to grease sb's palm ▶ WENDUNGEN: **jdm eine ~** (*fam*) to give sb a [good] thump [*or* a clout] *fam;* **wie geschmiert** (*fam*) without a hitch, like clockwork [*or* a dream]; *s. a.* **Brot II.** *vi* ① (*pej: schmierend verbreiten*) ■ **[mit etw] ~** to smear sth about ② (*pej: unsauber schreiben*) to smudge; ***der Kuli schmiert*** this biro smudges ③ (*Gleitmittel auftragen*) to grease, to lubricate ④ (*fam: bestechen*) ***wenn man einen Auftrag an Land ziehen will, da muss man schon mal ~*** if you want to land a contract, you have to [be ready to] grease a few palms

schmierend *adj inv* **nicht ~er Lippenstift** smudge-[*or* smear-]proof lipstick

Schmiererei <-, -en> *f* (*pej fam*) [smudgy] mess *pej*

Schmierfett *nt* grease **Schmierfilm** *m* AUTO lubrication film **Schmierfink** *m* (*pej*) ① (*schmutziges Kind*) mucky pup BRIT *fam or pej,* dirty kid AM ② (*fam: unsauberer Mensch*) [slobbish and] dirty-minded person ③ (*Wandschmierer*) graffiti artist ④ (*Journalist*) muck-raker, scandalmonger **Schmiergeld** *nt* (*fam*) bribe, kickback *fam* **Schmiergeldzahlung** *f* POL payment of bribe money **Schmierheft** *nt* rough book

schmierig *adj* ① (*nass und klebrig*) greasy ② (*pej: schleimig*) slimy *pej,* smarmy BRIT *pej;* ***was für ein schmieriger Typ!*** what a smarmy guy!

Schmiermittel *nt* lubricant **Schmieröl** *nt* lubricating oil **Schmierpapier** *nt* rough paper **Schmierseife** *f* soft soap **Schmierstoff** *m* lubricant

Schmierung <-, -en> *f* lubrication

Schmierzettel *m* note paper

Schminke <-, -n> *f* make-up

schminken *vt* ① (*Schminke auftragen*) ■ **jdn ~** to put make-up on sb, to make sb up; ■ **sich ~** to put on make-up, to make up [one's face], to do one's face; **stark/dezent geschminkt sein** to be heavily/discreetly made up ② (*mit Schminke bestreichen*) ■ **etw ~** to put make-up on sth, to make sth up; **die Lippen ~** to put on lipstick *sep;* ■ **sich** *dat* **[etw] ~** to make up sth; **sich die Lippen/den Mund ~** to put on [some] lipstick *sep* ③ (*fig: beschönigen*) ■ **etw ist geschminkt** sth is sanitized

Schminkkoffer *m* cosmetic case **Schminktäschchen** *nt* make-up bag **Schminktisch** *m* make-up table

schmirgeln **I.** *vt* ■ **etw ~** to sand sth down; ■ **etw [von etw] ~** to remove sth [from sth] with sand paper **II.** *vi* to sand [down]

Schmirgelpapier *nt* sand paper; (*für die Nägel*) emery board

schmiss[RR], **schmiß** *imp von* **schmeißen**

Schmiss[RR] <-es, -e> *m,* **Schmiß** <-sses, -sse> *m* ① (*Narbe*) duelling [*or* AM dueling] scar ② (*veraltend: Schwung*) bounce, drive, whoompf *fam;* **~ haben** to be bouncy, to have a lot of drive [*or fam* whoompf]

schmissig *adj* (*veraltend: schwungvoll*) bouncy, foot-tapping

Schmitzring *m* TYPO bearer ring, cylinder bearer

Schmöker <-s, -> *m* (*fam*) longish escapist book

schmökern **I.** *vi* (*fam: genüsslich lesen*) ■ **[in etw** *dat*] **~** to bury oneself in sth **II.** *vt* (*fam: etw genüsslich lesen*) ■ **etw ~** to devour sth

Schmollecke *f* (*fam*) **sich in die ~ zurückziehen** to go off into a corner to sulk; **in der ~ sitzen** to have the sulks *fam*

schmollen *vi* to sulk, to be in a huff

Schmollmund *m* **einen ~ machen** to pout

schmolz *imp von* **schmelzen**

Schmorbraten *m* pot roast, braised beef

schmoren **I.** *vt* ■ **etw ~** to braise sth **II.** *vi* ① KOCHK to braise ② (*fam: schwitzen*) to swelter; **am Strand/in der Sonne ~** to roast [*or* swelter] on the beach/in the sun ③ (*fam: unbearbeitet liegen*) to sit [*or* lie] [around] ▶ WENDUNGEN: **jdn ~ lassen** (*fam*) to let sb stew [in their own juice] [for a bit]; *s. a.* **Saft**

Schmorpfanne *f,* **Schmortopf** *m* shallow braising pan

Schmu <-s> *m kein pl* (*fam*) ① (*Unsinn*) rubbish BRIT, trash AM, claptrap *fam,* twaddle *sl;* ***erzähl mir keinen ~!*** don't give me that rubbish! ② (*Betrug*) trick; **[bei etw] ~ machen** to cheat [when doing sth], to work a fiddle

schmuck *adj* (*veraltend geh: hübsch*) handsome; **ein ~es Kleidungsstück** a smart piece of clothing

Schmuck <-[e]s> *m kein pl* ① (*Schmuckstücke*) jewellery BRIT, jewelry AM *no indef art, no pl,* piece of jewellery ② (*Verzierung*) decoration, ornamentation

schmücken **I.** *vt* ① (*Schmuck anlegen*) ■ **sich [mit etw] ~** to put on [*or* wear] sth, to adorn *liter* oneself [with sth], to deck oneself out [in sth] ② (*dekorieren*) ■ **etw [mit etw] ~** to decorate sth [with sth]; ***die Stadt war mit bunten Lichterketten geschmückt*** the town was illuminated with strings of coloured lights [*or* decorated]; *s. a.* **Beiwerk II.** *vr* (*Schmuck anlegen*) ■ **sich ~** to wear jewellery [*or* AM jewelry]; *s. a.* **Feder**

Schmuckgegenstand *m s.* **Schmuckstück 1** **Schmuckkästchen** *nt* jewellery box **schmucklos** *adj* bare; **~e Fassade** plain facade [*or* front] **Schmucklosigkeit** <-> *f kein pl* plainness *no pl,* simplicity *no pl,* bareness *no pl* **Schmucksachen** *pl* jewellery *no indef art, no pl,* pieces of jewellery **Schmuckstück** *nt* ① (*Schmuckgegenstand*) piece of jewellery BRIT AM ② (*fam: Prachtstück*) jewel, masterpiece, gem **Schmuckwaren** *pl* jewellery *no indef art, no pl*

Schmuddel *m* NORDD (*fam*) muck, filth

Schmuddelfassade *f* grimy facade [*or* front]

schmudd(e)lig *adj* grimy, dirty; (*etwas dreckig*) grubby *fam;* (*sehr dreckig*) filthy; (*schmierig*) grimy; **eine ~e Tischdecke** a greasy tablecloth; **ein ~es Lokal** a grotty pub BRIT *sl,* a real dive AM *sl*
Schmuddelkind *nt* ❶ (*Schmutzfink*) mucky pup BRIT, grubby urchin AM ❷ (*Straßenkind*) urchin **Schmuddelklamotten** *pl* dirty cloths [*or* BRIT togs], filthy rags **Schmuddellook** *m* grubby look *fam* **Schmuddelwetter** *nt* dirty [*or* foul] weather
Schmuggel <-s> *m kein pl* smuggling *no art, no pl*
Schmuggelei <-, -en> *f* smuggling *no indef art, no pl*
Schmuggelgut *nt* JUR contraband [goods *pl*]
schmuggeln *vt* ■**jdn/etw ~** to smuggle sb/sth
Schmuggelorganisation *f* smuggling organization **Schmuggelware** *f* smuggled goods *pl,* contraband *no pl*
Schmuggler(in) <-s, -> *m(f)* smuggler
Schmugglerring *m* smuggling ring
schmunzeln *vi* ■**[über jdn/etw] ~** to grin quietly to oneself [about sb]
Schmunzeln <-s> *nt kein pl* grin
Schmus <-es> *m kein pl* (*fam*) ❶ (*leeres Gerede*) waffle *no pl fam* ❷ (*Schöntun*) soft soap *no pl fam*
Schmusekurs *m* line of least resistance; **sich für den ~ entscheiden** to take the line of least resistance
schmusen *vi* (*fam*) ■**[mit jdm] ~** to cuddle [sb], to cuddle up [to sb], to kiss and cuddle [*or sl* to neck] [with sb]; ■**[miteinander] ~** to kiss and cuddle [*or dated* canoodle], to have a cuddle, to neck
Schmusepuppe *f* cuddly toy
Schmutz <-es> *m kein pl* ❶ (*Dreck*) dirt ❷ (*Schlamm*) mud ▶ WENDUNGEN: **~ und Schund** trash and muck-raking, scandalmongering; **jdn mit ~ bewerfen** to sling mud at sb, to cast aspersions on sb *form;* **jdn/etw in den ~ ziehen** to blacken [*or form* sully] sb's name/sth's reputation, to vilify sb/sth
schmutzabweisend *adj inv* dirt-resistant
schmutzen *vi* ■**[leicht] ~** to get [slightly] dirty
Schmutzfahne *f von Schadstoffen* trail of pollution **Schmutzfink** *m* (*fam*) ❶ (*pej*) *s.* **Schmierfink 1, 2** ❷ (*unmoralischer Mensch*) dirty bastard *fam!* **Schmutzfleck** *m* dirt stain, dirty mark; **~ in der Landschaft** blot on the landscape **Schmutzgeier** *m* ORN Egyptian vulture **Schmutzhäufchen** *nt* pile of dirt
schmutzig *adj* ❶ (*dreckig*) dirty; **sich** *dat* **etw [bei etw** *dat*] **~ machen** to get [*or* make] sth dirty [doing sth] ❷ (*obszön*) smutty, dirty, lewd; **~e Witze** dirty jokes ❸ (*pej: unlauter*) shady, dubious, crooked; **~es Geld** dirty money; **~e Geschäfte** shady deals ❹ (*pej: frech*) insolent; *s. a.* **Finger**
Schmutzkampagne [-kamˈpanjə] *f* SOZIOL, POL, MEDIA (*pej*) smear campaign *pej* **Schmutzlöser** *m* cleaning agent **Schmutzschicht** *f* layer of dirt **Schmutztitel** *m* TYPO bastard [*or* fly] [*or* half] [*or* mock] title **Schmutzwäsche** *f* dirty laundry [*or* BRIT *a.* washing] **Schmutzwasser** *nt* ❶ (*schmutziges Wasser*) dirty water ❷ (*Abwasser*) sewage *no pl,* wastewater AM
Schnabel <-s, Schnäbel> *m* ❶ ORN (*Vogel~*) beak, bill ❷ (*lange Tülle*) spout; **~ eines Krugs** lip of a jug ❸ (*fam: Mund*) trap *sl,* gob BRIT *sl,* kisser *sl;* **halt den [*o* deinen] ~!** (*fam*) shut up! *fam,* shut your trap [*or* BRIT gob]! *sl,* button it! *sl* ▶ WENDUNGEN: **reden, wie der ~ gewachsen ist** (*fam*) to say what one thinks, to not mince words
schnäbeln *vi* to bill
Schnabelschuh *m* crakow **Schnabeltasse** *f* feeding cup **Schnabeltier** *nt* ZOOL duck-billed platypus
Schnake <-, -n> *f* ZOOL ❶ (*Weberknecht*) crane fly, daddy-longlegs *fam* ❷ DIAL (*fam: Stechmücke*) midget, gnat
Schnalle <-, -n> *f* ❶ (*Schließe*) buckle ❷ (*pej derb: Frau*) **blöde ~!** stupid bitch! *fam!*
schnallen *vt* ❶ (*durch eine Schnalle befestigen*) ■**etw ~** to do [*or* buckle] sth up, to fasten sth; **etw enger/weiter ~** to tighten/loosen sth ❷ (*aufschnallen*) ■**[jdm/sich] etw [auf etw** *akk*] **~** to strap sth on[to sth]; **sich einen Rucksack auf den Rücken ~** to strap a rucksack onto one's back ❸ (*losschnallen*) ■**etw [von etw] ~** to unstrap [*or* undo] sth [from sth] ❹ (*fam: kapieren*) ■**etw ~** to get sth *fam,* to cotton on to sth BRIT *fam*
Schnallenschuh *m* buckle shoe **Schnallenverschluss**RR *m* buckle
schnalzen *vi* **mit den Fingern ~** to snap one's fingers; **mit der Zunge ~** to click one's tongue
Schnäppchen <-s, -> *nt* (*fam*) bargain; **[bei etw] ein ~ machen** to make [*or* get] a bargain [with sth]
Schnäppchenadresse *f* INET *online shopping websites with especially low prices* **Schnäppchenführer** *m guide book to the best outlet and bargain stores* **Schnäppchenjagd** *f* (*fam*) bargain hunting **Schnäppchenjäger(in)** *m(f)* (*fam*) bargain hunter
schnappen I. *vi* ❶ *haben* (*greifen*) ■**[nach etw] ~** to grab [for sth], to snatch [at sth]; *s. a.* **Luft** ❷ *haben* (*mit den Zähnen*) ■**[nach jdm/etw]** to snap [at sb/sth] ❸ *sein* (*klappen*) ■**etw schnappt** sth snaps; ***der Riegel schnappte ins Schloss*** the bolt snapped to the holder II. *vt haben* (*fam*) ❶ (*ergreifen*) ■**[sich** *dat*] **etw/jdn ~** to grab sth/sb ❷ (*fassen*) ■**etw/jdn ~** to catch [*or* get] [*or* grab] sth/sb; **etwas frische Luft ~** to get a gulp of fresh air ❸ (*festnehmen*) ■**jdn ~** to catch [*or fam* nab] sb ▶ WENDUNGEN: **etw geschnappt haben** (*fam*) to have understood [*or fam* got] sth; **jdn hat es geschnappt** sb has copped it BRIT *fam* III. *vr* (*fam: abpassen*) ■**sich** *dat* **jdn ~** to catch sb
Schnapper *m* snapper
Schnappmesser *nt* flick knife BRIT, switchblade AM **Schnappschloss**RR *nt* spring lock **Schnappschuss**RR *m* snapshot
Schnaps <-es, Schnäpse> *m* schnapps
Schnapsbrennerei <-, -en> *f* ❶ *kein pl* (*das Brennen*) distilling *no pl* ❷ (*Betrieb*) distillery
Schnäpschen <-s, -> [-çən] *nt dim von* **Schnaps 2**
Schnapsfahne *f* (*fam*) smell of schnapps on one's breath; **eine ~ haben** to stink of schnapps **Schnapsflasche** *f* bottle of schnapps, schnapps bottle **Schnapsglas** *nt* schnapps glass **Schnapsidee** *f* (*fam*) daft *fam* [*or fam* hare-brained] [*or fam* crackpot] idea **Schnapsnase** *f* (*fam*) drinker's nose **Schnapszahl** *f* (*hum fam*) *a figure consisting of identical digits*
schnarchen *vi* to snore; ■**das S~** snoring
Schnarcher <-s, -> *m* (*Geräusch*) snore
Schnarcher(in) <-s, -> *m(f)* (*Mensch*) snorer; ■**~ sein** to snore
schnarren *vi* (*dumpf surren*) to buzz
schnattern *vi* ❶ ORN (*klappernde Laute erzeugen*) to cackle ❷ (*fam: schwatzen*) to chatter [*or* BRIT *fam* natter]
schnauben <schnaubte *o veraltet* schnob, geschnaubt *o veraltet* geschnoben> I. *vi* ❶ (*außer sich sein*) ■**[vor etw** *dat*] **~** to snort [with sth]; **~ vor Wut** to snort with rage ❷ (*durch die Nase pusten*) to snort; **wütend ~d** snorting with rage ❸ (*sich schneuzen*) to blow one's nose II. *vr* **sich** *dat* **die Nase ~** to blow one's nose
schnaufen *vi* ❶ *haben* (*angestrengt atmen*) to puff [*or* pant] ❷ *haben bes* SÜDD (*atmen*) to breathe ❸ *sein* (*fam: sich keuchend bewegen*) ■**[irgendwohin] ~** to puff [somewhere]; ***schwer beladen schnaufte sie den Gang entlang*** heavily laden, she puffed along the corridor
Schnauferl <-s, - *o* -n> *nt* ÖSTERR (*hum fam*) vintage [*or* veteran] car
Schnauz <-es, Schnäuze> *m* SCHWEIZ (*Schnauzbart*) moustache
Schnauzbart *m* ❶ (*großer Schnurrbart*) large moustache; **hängender ~** walrus moustache; **nach oben gezogener ~** handlebar moustache ❷ (*Schnauzbartträger*) man with a large moustache
Schnauze <-, -n> *f* ❶ ZOOL (*Maul*) snout ❷ (*sl: Mund*) gob BRIT *sl,* kisser *sl,* trap *fam,* chops *sl;* **eine große ~ haben** (*sl*) to have a big mouth *fam;* **[über etw** *akk*] **die [*o* seine] ~ halten** (*sl*) to keep quiet [about sth], to keep sth under one's hat, to keep one's trap shut *sl* [about sth]; **~!** (*sl*) shut up! *fam,* shut your trap *fam*!; **immer mit der ~ voran [*o* vorneweg] sein** to have a big mouth ❸ (*fam: Motorhaube*) front ❹ (*fam: Bug*) nose ▶ WENDUNGEN: **frei [nach] ~** (*fam*) as one thinks fit [*or* best]; **die ~ [von etw] [gestrichen] voll haben** (*sl*) to be fed up to the [back] teeth [with sth] BRIT, to be sick to death [of sth]; **[mit etw] auf die ~ fallen** (*sl*) to fall flat on one's face [with sth] *fig*
schnauzen *vi* (*fam: barsch reden*) to bark [*or* snarl]
schnäuzenRR *vr* **sich** *akk* **[in ein Taschentuch] ~** to blow one's nose [with a handkerchief]; *s. a.* **Nase**
Schnauzer <-s, -> *m* ❶ ZOOL schnauzer ❷ (*fam*) *s.* **Schnauzbart**
Schnäuzer <-s, -> *m* DIAL (*Schnauzbart*) moustache
Schnecke <-, -n> *f* ❶ ZOOL snail; (*Nackt~*) slug ❷ *meist pl* KOCHK snails *pl* ❸ (*Gebäck*) Chelsea bun ❹ ANAT cochlea ▶ WENDUNGEN: **jdn [wegen etw] zur ~ machen** (*fam*) to give sb what for [for sth] *fam,* to give sb a dressing-down
schneckenförmig *adj inv* spiral **Schneckengehäuse** *nt* (*geh*) *s.* **Schneckenhaus** **Schneckenhaus** *nt* snail shell ▶ WENDUNGEN: **sich in sein ~ zurückziehen** to retreat into one's shell **Schneckenpfanne** *f* snail pan **Schneckentempo** *nt* **im ~** (*fam*) at a snail's pace **Schneckenzange** *f* snail tongs *npl*
Schnee <-s> *m kein pl* ❶ METEO snow ❷ (*sl: Kokain*) snow *sl* ▶ WENDUNGEN: **~ von gestern [*o* vorgestern]** (*fam*) stale [news], [ancient] history; *s. a.* **Eiweiß**
Schneeammer *f* ORN snow bunting **Schneeanzug** *m* snowsuit **Schneeball** *m* ❶ (*Schneekugel*) snowball ❷ BOT snowball tree, guelder rose **Schneeballeffekt** *m kein pl* snowball effect **Schneeballschlacht** *f* snowball fight; **eine ~ machen** to have a snowball fight **Schneeballsystem** *nt* FIN, ÖKON pyramid selling *no art, no pl*
schneebedeckt *adj* snow-covered, snowy **Schneebesen** *m* whisk **schneeblind** *adj* snow-blind **Schneeblindheit** *f* snow blindness **Schneebrille** *f* snow-goggles **Schneedecke** *f* blanket of snow; ***die ~ schmolz rasch dahin*** the snow melted quickly **Schneefall** *m* snowfall, fall of snow; ***gegen 15 Uhr setzte ~ ein*** around 3 pm the snow began to fall **Schneeflocke** *f* snowflake **Schneefräse** *f* snowblower **schneefrei** *adj* free of snow *pred;* **~ haben** SCH to have time [*or* a day] off school because of snow **Schneegans** *f* snow goose **Schneegestöber** *nt* snowstorm **schneeglatt** *adj* slippery with packed snow *pred* **Schneeglätte** *f* slippery surface of packed snow; ***auf den bezeichneten Streckenabschnitten tritt verbreitet ~ auf*** the marked stretches of road are prone to be slippery because of packed snow **Schneeglöckchen** <-s, -> *nt* snowdrop **Schneegrenze** *f* snowline **Schneehemd** *nt* MIL white camouflage suit **Schneehuhn** *f* ORN ptarmigan **Schneekanone** *f* snow gun [*or* cannon] **Schneekette** *f meist pl* snow chain[s *pl*] **Schneekönig** *m* ▶ WENDUNGEN: **sich wie ein ~ freuen** (*fam*) to be as pleased as Punch, to be tickled pink, to be over the moon BRIT *fam* **Schneemann** *m* snowman **Schneematsch** *m* slush **Schneemobil** *nt* snowmobile **Schneepflug** *m* snowplough, snowplow AM **Schneeraupe** *f* snowcat, piste basher *fam* **Schneeregen** *m* sleet **Schneeschauer** *m* snow shower **Schneeschaufel** *f* snow shovel **Schneeschippe** *f* DIAL snow-shovel **Schneeschmelze** *f* thaw **Schneeschuh** *m* ❶ (*wasserdichter, warmer Schuh*) snow shoe ❷ (*veraltet: Rahmen, der unter den Schuh geschnallt wird*) snowshoe ❸ (*veraltet: Ski*) ski **schneesicher** *adj* **ein ~es Gebiet** an area where snow is assured **Schneesturm** *m* snowstorm **Schneetreiben** *nt* snowstorm, driving snow; ***urplötzlich setzte ein munteres ~ ein*** a brisk

snowstorm set in all of a sudden **Schneeverhältnisse** *pl* snow conditions *pl* **Schneeverwehung** *f* snowdrift **Schneewehe** *f* snowdrift
schneeweiß *adj* as white as snow *pred,* snow-white; ■ ~ [**im Gesicht**] **sein** [*o* **werden**] to be [*or* go] as white as a sheet **Schneewittchen** <-s> *nt* Snow White **Schneezaun** *m* drift fence
Schneid <-[e]s> *m kein pl* (*fam*) guts *npl fam,* bottle BRIT *sl,* balls *vulg;* ~ **haben** to have guts; [**nicht den**] ~ **haben, um etw zu tun** to [not] have the guts [*or* balls] [*or* BRIT bottle] to do sth ▸ WENDUNGEN: **jdm den** ~ **abkaufen** to put sb off, to unnerve sb, to intimidate sb
Schneidabfall *m* TYPO trim waste, waste trim
Schneidbrenner <-s, -> *m* oxyacetylene torch, blow torch
Schneide <-, -n> *f* ❶ ([*Kante*] *der Klinge*) edge, blade ❷ GEOG steep ridge; *s. a.* **Messer**
Schneidebohne *f* runner bean **Schneidemarke** *f* TYPO cutting mark **Schneidemaschine** *f* ❶ TYPO cutter ❷ KOCHK slicer **Schneidemesser** *nt* carving knife
schneiden <schnitt, geschnitten> **I.** *vt* ■ **etw** ~ ❶ (*zerteilen*) cut; **Wurst in die Suppe** ~ to slice sausage into the soup ❷ (*kürzen*) to cut [*or* trim] sth; **einen Baum** ~ to prune a tree, das Gras ~, to cut [*or* mow] the grass; **jdm die Haare** ~ to cut sb's hair; ***sie hat sich die Haare ganz kurz*** ~ ***lassen*** she has had her hair cut relly short ❸ (*gravieren*) to carve sth; **ein markant geschnittenes Gesicht** craggy features; **mit mandelförmig geschnittenen Augen** almond-eyed ❹ (*einschneiden*) to cut sth; **ein Loch in den Stoff** ~ to cut a hole in the material ❺ AUTO (*knapp einscheren*) to cut sth; ■ **jdn** ~ to cut sb ❻ (*kreuzen*) to cut [*or* intersect] [*or* cross] sth ❼ FILM (*cutten*) to edit sth ❽ (*fam: operieren*) to cut [sb/sth] [open] *fam,* to operate [on sb/sth]; **einen Furunkel/Karbunkel** ~ to lance a boil/carbuncle ❾ MODE (*zuschneiden*) to cut sth out; **zu eng/zu weit geschnitten sein** to be cut too tight/too loose; **eine gut geschnittene Wohnung** a well-designed flat [*or* AM apartment] ❿ (*meiden*) ■ **jdn** ~ to cut [*or* snub] sb; *s. a.* **Fratze, Grimasse, Kurve, Luft II.** *vr* ❶ (*sich mit einer Schneide verletzen*) ■ **sich** ~ to cut oneself; **sich in den Finger** ~ to cut one's finger; **sich an einer Glasscherbe** ~ to cut oneself on a piece of broken glass; *s. a.* **Fleisch** ❷ (*sich kreuzen*) ■ **sich** ~ to intersect [*or* cross] ▸ WENDUNGEN: **sich** [**gründlich**] **geschnitten haben** (*fam*) to have made a [big] mistake **III.** *vi* ❶ MED (*operieren*) to operate ❷ (*zerteilen*) to cut; ***das Messer schneidet gut*** the knife cuts well ❸ (*geh: schneidend sein*) ■ **etw schneidet** sth is biting; ■ **jdm** [**irgendwohin**] ~ to hit sb [somewhere]; ***der eisige Wind schnitt ihr ins Gesicht*** the icy wind hit her in the face; *s. a.* **Herz**
schneidend *adj* ❶ (*durchdringend*) biting ❷ (*scharf*) sharp
Schneider(in) <-s, -> *m(f)* ❶ MODE tailor ❷ KARTEN *score of under 30 points in Skat;* **im** ~ **sein** *to have less than 30 points in Skat;* **aus dem** ~ **sein** *to have more than 30 points in Skat* ▸ WENDUNGEN: **frieren wie ein** ~ (*fam*) to freeze [almost] to death *fig,* to be frozen stiff; **aus dem** ~ **sein** (*fam*) to be over the worst of it [*or* be in the clear]
Schneiderärmel *m* tailered sleeve
Schneiderei <-, -en> *f* ❶ *kein pl* (*Handwerk*) *für Damenkleidung* dressmaking; *für Herrenkleidung* tailoring ❷ (*Werkstatt*) tailor's [shop]
Schneiderin <-, -nen> *f fem form von* **Schneider**
Schneiderkragen *m* tailored collar
schneidern I. *vi* to work as a tailor; (*als Hobby*) to do [some] dressmaking **II.** *vt* (*zuschneiden*) ■ [**jdm/sich**] **etw** ~ to make sth [for sb/oneself]; **selbst geschneidert** home-made
Schneiderpuppe *f* tailor's [*or* dressmaker's] dummy **Schneidersitz** *m* **im** ~ cross-legged
Schneidezahn *m* incisor
schneidig *adj* smart, dashing
schneien I. *vi impers* to snow; ***es hat geschneit*** it has been snowing **II.** *vt impers* ❶ ■ **es schneit etw** it is snowing sth; ***es schneite dicke Flocken*** it was snowing thick flakes, thick snowflakes were falling ❷ (*herabfallen*) sth is raining down; ***es schneite Konfetti*** there was a shower of confetti
Schneise <-, -n> *f* path, aisle
schnell I. *adj* ❶ TRANSP (*eine hohe Geschwindigkeit erreichend*) fast ❷ (*zügig*) prompt, rapid ❸ *attr* (*baldig*) swift, speedy; **ein ~er Abschluss** a swift end; **eine ~e Genesung** a speedy recovery; **eine ~e Mark machen** (*fam*) to make a fast buck *fam;* **ein ~er Tod** a quick death; ~ **verderblich** highly perishable; ~ **verkäuflich** HANDEL fast-selling; ~ **verschleißend** TECH fast-wearing **II.** *adv* ❶ (*mit hoher Geschwindigkeit*) fast; ~/~**er fahren** to drive fast/faster ❷ (*zügig*) quickly; ~ **gehen** to be done quickly; ***geht das ~/wie ~ geht das?*** will it take long/how long will it take?; ~ **machen** to hurry up; **nicht so ~!** not so fast!, slow down!
Schnellanalyse *f* rapid [*or* instant] analysis
Schnelläufer(in) <-s, -> *m(f) s.* **Schnellläufer**
Schnellbahn *f* high-speed railway **Schnellbahnnetz** *nt* high-speed train network **Schnellbauweise** *f* high-speed building methods *pl* **Schnellboot** *nt* speedboat **Schnellbratpfanne** *f* sauté pan **Schnelldampfer** *m* express liner **Schnelldrucker** *m* INFORM high-speed printer **Schnelldruckmodus** *m* INFORM draft mode **Schnelldruckqualität** *f* INFORM draft quality
Schnelle <-> *f kein pl* ❶ (*Schnelligkeit*) speed ❷ (*fam*) **auf die** ~ quickly, at short notice; ***haben Sie etwas zu essen, was auf die ~ geht?*** do you have anything quick to eat?; **etw auf die** ~ **machen** to do sth at short notice
schnellebig *adj getrennt: schnell-lebig s.* **schnelllebig**
Schnelleingreiftruppe *f* rapid reaction force
schnellen *vi sein* ❶ (*federnd hochspringen*) **in die Höhe** [*o* **nach oben**] ~ to shoot up ❷ (*federn*) ■ [**von etw** *dat*/**irgendwohin** *akk*] ~ to shoot [from sth/somewhere]; ***der Pfeil schnellte vom Bogen in die Zielscheibe*** the arrow shot from the bow and hit the target; ■ **etw** [**irgendwohin**] ~ **lassen** to flick sth [somewhere]
Schnellfeuergewehr *nt* automatic pistol **Schnellfeuerwaffe** *f* rapid-fire weapon **Schnellgaststätte** *f* fast-food restaurant **Schnellgericht**[1] *nt* ready-made meal **Schnellgericht**[2] *nt* JUR summary court **Schnellhefter** *m* loose-leaf binder
Schnelligkeit <-, *selten* -en> *f* ❶ (*Geschwindigkeit*) speed ❷ (*Zügigkeit*) speediness; (*Ausführung*) promptness
Schnellimbiss[RR] *m* take-away **Schnellkochplatte** *f* high-speed ring **Schnellkochtopf** *m* pressure cooker **Schnellkurs** *m* crash course **Schnellläufer(in)**[RR] <-s, -> *m(f)* ❶ SPORT sprinter ❷ TECH high-speed machine ❸ ASTRON high-velocity star **schnelllebig**[RR] *adj* fast-moving **Schnellpaket** *nt* express parcel **Schnellreinigung** *f* express cleaner's **Schnellrestaurant** *nt* fast-food restaurant
schnellstens *adv* as soon [*or* quickly] as possible
schnellstmöglich *adj* quickest possible *attr*
Schnellstraße *f* expressway **Schnellsuchlauf** <-[e]s> *m kein pl* rapid search **Schnelltaste** *f* INFORM shortcut **Schnelltriebwagen** *m* fast rail car **schnelltrocknend** *adj inv* quick-drying **schnellverderblich** *adj s.* **schnell II Schnellverfahren** *nt* ❶ JUR summary trial [*or* proceedings] *pl;* **im** ~ summarily ❷ (*fam*) **im** ~ in a rush; **im** ~ **duschen** to have a quick shower **schnellverkäuflich** *adj* HANDEL *s.* **schnell II Schnellverkehr** *m* rapid [*or* express] traffic **schnellverschleißend** *adj* TECH *s.* **schnell II Schnellzug** *m* (*veraltend*) fast train
Schnepfe <-, -n> *f* ❶ ORN snipe ❷ (*pej fam*) stupid [*or* silly] cow *sl*
schnetzeln *vt* KOCHK ■ **etw** ~ to cut sth into fine strips, to shred sth
schneuzen *vr s.* **schnäuzen**
Schnibbelbohne *f* DIAL runner bean
Schnickschnack <-s> *m kein pl* (*fam*) ❶ (*Krimskrams*) junk *no pl* ❷ (*dummes Geschwätz*) twaddle *no pl,* poppycock *no pl*
schniefen *vi* to sniffle, to sniff
Schnippchen <-s> *nt* ▸ WENDUNGEN: **jdm ein** ~ **schlagen** (*fam*) to put one over on sb *fam; s. a.* **Tod**
Schnippel <-s, -> *m o nt* DIAL (*fam: Schnipsel*) shred
schnippeln I. *vi* (*fam*) ■ [**an etw** *dat*] ~ to snip [at sth] **II.** *vt* (*fam*) ■ **etw** ~ to cut sth
schnippen I. *vi* **mit den Fingern** ~ to snap one's fingers **II.** *vt* ■ **etw** [**von etw** *dat*] ~ to flick sth [off sth]
schnippisch I. *adj* saucy, cocky *fam* **II.** *adv* saucily, cockily
Schnipsel <-s, -> *m o nt* (*fam*) shred
schnipseln *vi* (*fam*) *s.* **schnippeln**
schnipsen *vi* **mit den Fingern** ~ to snap one's fingers
schnitt *imp von* **schneiden**
Schnitt <-[e]s, -e> *m* ❶ (*Schnittwunde*) cut ❷ (*Haarschnitt*) cut ❸ MODE (*Zuschnitt*) cut ❹ FILM (*das Cutten*) editing ❺ ARCHIT, MATH (*Darstellung in der Schnittebene*) section; **im** ~ ARCHIT in section; (*durchschnittlich*) on average; **der Goldene** ~ MATH the golden section ▸ WENDUNGEN: [**bei etw** *dat*] **einen** [*o* **seinen**] **bestimmten** ~ **machen** (*fam*) to make a certain profit [on sth]
Schnittblumen *pl* cut flowers *pl* **Schnittbohnen** *pl* runner beans *pl*
Schnitte <-, -n> *f* ❶ KOCHK slice ❷ (*belegtes Brot*) open sandwich ▸ WENDUNGEN: [**bei jdm/etw**] **keine** ~ **haben** (*fam*) to have no chance [with sb/sth]
Schnittfläche *f* ❶ cut surface ❷ MATH *s.* **Schnitt 5**
schnittig *adj* stylish, stream-lined
Schnittkanten *pl* TYPO cutting edges *pl* **Schnittkäse** *m* hard cheese **Schnittlauch** *m kein pl* chives *npl* **Schnittmenge** *f* MATH intersection **Schnittmuster** *nt* MODE ❶ [paper] pattern ❷ *s.* Schnittmusterbogen **Schnittmusterbogen** *m* MODE pattern chart **Schnittpunkt** *m* ❶ MATH point of intersection ❷ (*Kreuzung*) intersection **Schnittsalat** *m* mixed salad leaves *pl* **Schnittstelle** *f* ❶ INFORM interface; **parallele/serielle** ~ parallel/serial interface ❷ (*vermittelnde Instanz*) go-between **Schnittstellenanschluss**[RR] *m* INFORM interface, port **Schnittverletzung** *f* cut **Schnittwunde** *f* cut
Schnitz <-es, -e> *m* DIAL slice [of fruit]
Schnitzel[1] <-s, -> *nt* KOCHK pork escalope; **Wiener** ~ Wiener schnitzel
Schnitzel[2] <-s, -> *nt o m* shred
Schnitzeljagd *f* paper-chase
schnitzeln *vt* ■ **etw** ~ to shred sth
schnitzen I. *vt* ❶ (*aus Holz schneiden*) ■ **etw** [**aus etw** *dat*] ~ to carve sth [out of sth] ❷ (*in Holz einschneiden*) ■ **etw** [**in etw** *akk*] ~ to carve sth [into sth] **II.** *vi* ■ [**an etw** *dat*] ~ to carve [sth], to whittle [at sth]; ■ **das S~** carving; (*Holz*) wood carving
Schnitzer <-s, -> *m* (*fam*) blunder, cock-up BRIT *sl,* screw-up AM *sl;* **einen** ~ **machen** to commit a blunder, to cock up *sl*
Schnitzer(in) <-s, -> *m(f)* wood carver
Schnitzerei <-, -en> *f* wood-carving
Schnitzerin <-, -nen> *f fem form von* **Schnitzer**
Schnitzmesser *nt* wood-carving knife
schnob (*veraltet*) *imp von* **schnauben**
schnodd(e)rig *adj* (*pej fam*) impudent, cheeky BRIT *fam*
schnöde I. *adj* (*pej geh*) despicable, mean, vile; ■ **etw ist** ~ [**von jdm**] sth is despicable [*or* mean] [of sb] **II.** *adv* (*pej geh*) despicably, vilely, in a despicable [*or* vile] manner; *s. a.* **Mammon**
Schnorchel <-s, -> *m* snorkel
schnorcheln *vi* ■ [**irgendwo**] ~ to go snorkelling [*or* AM snorkeling] [somewhere]
Schnörkel <-s, -> *m* scroll, squiggle *hum*
schnörkelig *adj* full of flourishes *pred,* squiggly *hum*

S

schnörkellos *adj* simple, plain, without frills; ~ **formuliert** put simply, in simple [*or* plain] words

schnorren I. *vi* (*fam*) ■[**bei jdm**] ~ to scrounge [from sb] *fam* II. *vt* (*fam*) ■**etw** ~ to scrounge sth *fam*

Schnorrer(in) <-s, -> *m(f)* (*fam*) scrounger *fam*

Schnösel <-s, -> *m* (*fam*) snotty[-nosed] little git *fam*

schnuckelig *adj* (*fam*) ❶ (*herzig*) cute ❷ (*nett*) cute, nice

Schnüffelei <-, -en> *f* (*fam*) ❶ (*ständiges Schnüffeln*) sniffing ❷ (*das Hinterherspionieren*) snooping *fam*

schnüffeln *vi* ❶ (*schnuppern*) ■[**an jdm/etw**] ~ to sniff [sb/sth] ❷ (*fam: spionieren*) ■[**in etw** *dat*] ~ to nose around [in sth] ❸ (*sl: Klebstoff etc* ~) to sniff glue; **das S~** glue-sniffing

Schnüffler(in) <-s, -> *m(f)* ❶ (*fam: Detektiv*) detective, snooper BRIT *fam* ❷ (*sl: Süchtiger*) glue-sniffer

Schnuller <-s, -> *m* dummy

Schnulze <-, -n> *f* (*fam*) schmaltz, schmalz *fam*

Schnulzensänger(in) <-s, -> *m(f)* MUS (*pej fam*) singer of schmaltzy *fam* songs

schnulzig *adj* (*fam*) schmaltzy, schmalzy *fam*, corny *fam*

schnupfen I. *vi* ❶ (*Schnupftabak nehmen*) to take snuff ❷ (*schniefen*) to sniff *fam*, to sniffle *fam*; ■[**in etw** *akk*] ~ to sniffle [in sth]; ***sie schnupfte ins Taschentuch*** she sniffled in her hanky ❸ (*selten: unter wiederholtem Schnupfen äußern*) to sniff [*or* sniffle] *fam* II. *vt* ■**etw** ~ to take a sniff of sth, to snort sth *sl*; **Tabak** ~ to take snuff; **Kokain** ~ to snort *sl* cocain III. *vr* **sich** *akk* **zu Tode** ~ to die snorting cocain

Schnupfen <-s, -> *m* MED cold; [**einen**] ~ **bekommen, sich** *dat* [**irgendwo** *dat*/**bei jdm**] **einen** ~ **holen** (*fam*) to get a cold [from somewhere/sb]; [**einen**] ~ **haben** to have a cold

Schnupfenmittel *nt* cold remedy

Schnupftabak *m* snuff **Schnupftabak(s)dose** *f* snuffbox

schnuppe *adj* (*fam*) ■[**jdm**] ~ **sein** not to care less [about sb], not to give a stuff [about sb] BRIT *fam*; ■[**jdm**] ~ **sein, ob/was/wie/wo ...** not to care less, whether/what/how/where ...

Schnupperfahrt *f* test drive **Schnupperkurs** *m* taster course **Schnupperlehre** <-, -n> *f* SCHWEIZ (*Praktikum*) [period of] practical training, AM *a.* internship

schnuppern I. *vi* ■[**an jdm/etw**] ~ to sniff [at sb/sth] II. *vt* ■**etw** ~ to sniff sth

Schnupperwoche *f* taster week

Schnur <-, Schnüre> *f* cord

Schnürband <-[e]s, -bänder> *nt* DIAL lace

Schnürchen <-s, -> *nt dim von* **Schnur** thin cord ▶ WENDUNGEN: **wie am** ~ (*fam*) like clockwork *fam*

schnüren I. *vt* ❶ (*verschnüren*) ■**etw** [**zu etw** *dat*] ~ to tie sth together [in sth] ❷ (*mit einer Schnur befestigen*) ■**etw** [**auf etw** *akk*] ~ to tie sth [onto sth]; ***er schnürte sich den Rucksack auf den Rücken*** he fastened the rucksack to his back ❸ (*zubinden*) ■[**jdm/sich**] **etw** ~ to tie [sb's/one's] sth [up]; **seine/jds Schuhe** ~ to lace up one's/sb's shoes II. *vi* (*fam*) *Hose, Kleider* to be tight III. *vr* ■**sich** *akk* [**in etw** *akk*] ~ to lace oneself up [in sth]

schnurgerade I. *adj* dead straight II. *adv* ❶ (*völlig gerade*) in a straight line ❷ (*fam*) *s.* **schnurstracks**

Schnurkeramik *f* ARCHÄOL string ceramics *pl*, corded ware

schnurlos *adj* cordless

Schnurlostechnik *f* TELEK wireless [*or* cordless] technology

Schnurrbart *m* moustache; ■**einen** ~ **haben** [*o* **tragen**] to have [*or dated* wear] a moustache

schnurrbärtig *adj* ■~ **sein** to have a moustache

schnurren *vi* ❶ (*Katze*) to purr; **vor Zufriedenheit** ~ to purr with contentment ❷ (*surren*) to whirr

Schnurrhaare *pl* whiskers *pl*

schnurrig <-er, -ste> *adj* (*veraltend*) amusing, funny, droll; **ein ~er alter Kauz** a funny old bird [*or* cove]

Schnürschuh *m* lace-up shoe **Schnürsenkel** *m* shoelace **Schnürstiefel** *m* laced [*or* lace-up] boot

schnurstracks *adv* straight; ~ **nach Hause gehen** to go straight home

schnurz *adj* (*sl*) ■[**jdm**] ~ **sein** to be all the same [to sb]; ***das ist mir*** ~ I couldn't care less

Schnute <-, -n> *f* NORDD (*Mündchen*) pout; **eine** ~ **ziehen** (*fam*) to pout

schob *imp von* **schieben**

Schober <-s, -> *m* AGR SÜDD, ÖSTERR ❶ (*Heuhaufen*) haystack ❷ *s.* **Heuschober**

Schock <-[e]s, -s> *m* shock; ■**der** ~ **einer S.** *gen* the shock [*or* trauma] of a thing; **einen** ~ **bekommen** [*o geh* **erleiden**] [*o fam* **kriegen**] to receive [*or fam* get] a shock; **unter** ~ **stehen** to be in [a state of] shock; [**jdm**] **einen** ~ **versetzen** to shock [sb]

schocken *vt* (*sl*) ■**jdn** [**mit etw** *dat*] ~ to shock sb [with sth]

Schocker <-s, -> *m* FILM (*sl*) film designed to shock

Schockfarbe *f* violent colour [*or* AM -or]

schockieren* *vt* ■**jdn** [**mit etw** *dat*] ~ to shock sb [with sth]; ■**etw schockiert jdn** sth shocks sb; ■[**über etw** *akk*] **schockiert sein** to be shocked [about sth]

Schockschaden *m* JUR impairment of health due to shock **Schocktherapie** *f* shock therapy **Schockwelle** *f* shock wave **Schockwirkung** *f* shock effect; **unter** ~ **stehen** to be in a state of [*or* suffering from] shock

schofel, schof(e)lig *adj* DIAL (*sl*) ❶ (*schäbig*) *Verhalten* mean, rotten, beastly; *Ausrede* miserable, mean; ~ [**zu jdm**] **sein** to be rotten [*or* mean] [to sb]; ~ [**von jdm**] **sein, etw zu tun** to be rotten [of sb] to do sth ❷ (*geizig*) **sich** ~ **zeigen** to show oneself to be mean [*or* stingy]

Schöffe, Schöffin *m, f* JUR *lay assessor in criminal cases*

Schöffenamt *nt* JUR *position of lay assessor in court* **Schöffengericht** *nt* JUR *court of first instance for criminal matters consisting of one judge and two lay judges* **Schöffenwahlausschuss** *m* JUR interior redecoration

Schöffin <-, -nen> *f fem form von* **Schöffe**

schoflig *adj s.* **schof(e)l(ig)**

Schoko *f* (*fam*) chocolate, choc *fam*

Schokolade <-, -en> *f* ❶ (*Kakaomasse*) chocolate ❷ (*geh: Kakaogetränk*) hot chocolate; (*kalt*) chocolate milk

Schokoladencreme *f* chocolate cream **Schokoladeneis** *nt* chocolate ice-cream **Schokoladenfigur** *f* figure made of chocolate **Schokoladenpudding** *m* chocolate pudding **Schokoladenpulver** *nt* chocolate powder **Schokoladenriegel** *m* chocolate bar, bar of chocolate **Schokoladenseite** *f* (*fam*) the good part[s]; **sich von seiner** ~ **zeigen** to show oneself at one's best **Schokoladenüberzug** *m* chocolate coating

Schokoriegel *m* chocolate bar

Scholastik <-> *f kein pl* scholasticism *no pl*

Scholastiker(in) <-s, -> *m(f)* scholastic

scholl *imp von* **schallen**

Scholle[1] <-, -n> *f* ZOOL, KOCHK plaice

Scholle[2] <-, -n> *f* ❶ (*flacher Erdklumpen*) clod [of earth] ❷ (*Eisbrocken*) [ice] floe ❸ (*geh: Ackerland*) arable land

Scholli *m* ▶ WENDUNGEN: **mein lieber** ~! (*fam: na warte!*) just you wait! *fam*; (*na so was!*) my goodness!

Schöllkraut *nt* BOT greater celandine

schon I. *adv* ❶ (*bereits*) already, yet; ***sind wir ~ da?*** are we there yet?; ***hast du ~ gehört?*** have you heard?; ***du willst ~ gehen?*** you want to leave already?; ■**es ist ~ ...** it is already ...; ***es ist ~ spät*** it is already late, it is late already; ~ **damals/gestern/jetzt** even at that time/yesterday/now; ~ **lange** for a long time; ~ **mal** ever, hast du ~ **mal Austern gegessen?**, have you ever eaten oysters?; ~ **oft** several times already ❷ (*allein*) ■~ **...** alone ...; ~ **darum/aus dem Grunde** for that reason alone; ~ **die Tatsache, dass** the fact alone, that, the very fact, that; ~ **Grund genug sein** to be already reason enough; *s. a.* **allein** ❸ (*irgendwann*) in the end, one day; ***es wird ~ noch*** [***mal***] ***klappen*** it will work out in the end [*or* one day] ❹ (*durchaus*) well; ***so was kann schon mal vorkommen*** that can happen ❺ (*denn*) ***was macht das*** ~ what does it matter ❻ (*fam: nun mal*) ***es ist ~ wahr*** it's true all right; *s. a.* **gut** ❼ (*irgendwie*) all right; ***danke, es geht*** ~ thanks, I can manage; ***es wird ~ klappen*** it will work out all right ❽ (*ja*) ***ich sehe ~, ...*** I can see, ...; ~ **immer** always; ***ich sagte es ja ~ immer*** I've always said it/so; ~ **längst** for ages, ages ago; ***das wusste ich doch ~ längst*** I've known that for ages; ~ **wieder** [once] again; [**ja**] ~, **aber ...** (*fam*) [well] yes, but ...; **und** [*o* **na**] **wenn** ~! so what? II. *part* ❶ (*endlich*) ***jetzt komm ~!*** hurry up!; ***hör ~ auf damit!*** will you stop that! ❷ (*auffordernd*) ■**... ~!** go on ...!; ***geh ~!*** go on!; ***gib ~ her!*** come on, give it here!; **mach ~!** (*fam*) hurry up!; [***nun***] ***sag ~!*** go on, tell me! ❸ (*nur*) **wenn ich das ~ rieche/sehe!** (*fam*) the mere smell/sight of that!; **wenn ich das ~ höre!** just hearing about it!; *s. a.* **ja, möglich**

schön I. *adj* ❶ (*hübsch*) beautiful; (*ansprechend*) lovely, nice ❷ (*angenehm*) good, great, nice, splendid; ***ich wünsche euch ~e Ferien*** have a good holiday; ***heute war ein ~er Tag*** today was a lovely [*or* splendid] day; ~***es Wochenende*** have a good weekend!; ■**etwas S~es** something lovely; ***es gibt nichts S~eres, als*** there could be nothing nicer, than; ■[**irgendwo** [*o* **bei jdm**]] **ist es** ~ it is nice [somewhere [*or* at sb's house]]; **nicht** ~ [**von jdm**] **sein** not to be very nice [of sb]; **zu ~, um wahr zu sein** (*fam*) too good to be true; **~, dass ...** (*fam*) it's good that ..., I'm pleased that ...; *s. a.* **Kunst, Literatur** ❸ (*iron: unschön*) great, nice; ***das sind ja ~e Aussichten!*** what wonderful [*or* great] prospects!; ***das wird ja immer ~er!*** (*iron fam*) things are getting worse and worse!; ■**etwas S~es** (*iron*) a fine mess; ■**das S~ste** the best of it *iron*; ***das S~ste kommt erst noch*** the best of it is yet to come; **das S~ste** [**daran**] **ist, dass ...** the worst thing [about it] is [that] ..., the worst of it is [that] ...; *s. a.* **Bescherung** ❹ (*iron: verblüffend*) astonishing; ***mit ~er Regelmäßigkeit fehlt sie immer dann, wenn man sie am dringendsten braucht*** she always manages with astonishing regularity to be away when she's needed most ❺ (*beträchtlich*) great, good; **eine ~e Erbschaft** a good [*or* sizeable] inheritance; **ein ~er Erfolg** a great success; **ein ~es Sümmchen** a nice bit of cash *fam*; **ein ~es Stück Arbeit/eine ~e Strecke** quite a bit of work/quite a stretch; [**das ist ja alles**] ~ **und gut, aber ...** that's all very well, but ..., that may well be, but ...; **~, ~** (*fam*), [**also**] ~ (*fam*), **na** ~ (*fam*) all right [*or* okay] then, fine; *s. a.* **Stange, Stück** II. *adv* ❶ (*ansprechend*) well; **sich** ~ **anziehen** to get dressed up; **sich** ~ **schminken/frisieren** to get dolled up/do one's hair nicely; ~ **malen/musizieren/singen/spielen** to paint/play music/sing/play well [*or* nicely] ❷ (*fam: genau*) thoroughly ❸ (*fam: besonders*) ~ **groß/kalt/langsam/süß** nice and big/cold/slow/sweet ❹ (*gut*) **sich** ~ **amüsieren** to have a good time; **sich** ~ **ausschlafen/ausspannen/ausruhen** to have a good lie-in/relaxation/rest; **es** ~ [**irgendwo**] **haben** to live well [somewhere]; ***wir wollen es in unserem Urlaub ~ haben*** we want to have a good time on holiday ❺ (*fam: ganz*) nicely; ***sei ~ brav*** be a good boy/girl ❻ (*iron fam: ziemlich*) really; ***das hat ganz ~ weh getan!*** that really hurt!; *s. a.* **ganz**

Schonauflage *f* protective cover **Schonbezug** *m* protective cover

Schöndruck *m* one-[*or* single-]sided printing

Schöne <-n, -n> *f* beauty; **die ~ und das Biest** Beauty and the Beast

schonen I. *vt* ❶ (*pfleglich behandeln*) ■**etw** ~ to look after sth, to take care of sth ❷ (*nicht überbeanspruchen*) ■**etw** ~ to be kind to sth, to go easy on sth; **seine Leber mehr** ~ to be kinder to one's liver; **seine Gesundheit/sein Herz etwas ~ müssen** to have to go a bit easy on one's health/heart; ***das schont die Gelenke*** it is easy on the joints ❸ (*vorsichtig einwirken*) ■**etw** ~ to be kind to sth; ***dieses Waschmittel schont das Gewebe/die Hände*** this detergent is kind to the fabric/your hands ❹ (*Rücksicht nehmen*) ■**jdn/etw** ~ to spare sb/sth; **jds Gefühle** ~ to spare sb's feelings ❺ (*verschonen*) ■**jdn** ~ to spare sb **II.** *vr* ■**sich** ~ to take things easy

schönen *vt* (*veraltend*) ■**etw** ~ to embellish sth, to dress sth up

schonend I. *adj* ❶ (*pfleglich*) careful ❷ (*rücksichtsvoll*) considerate ❸ (*nicht strapazierend*) gentle, kind **II.** *adv* ❶ (*pfleglich*) carefully, with care ❷ (*rücksichtsvoll*) **jdm etw** ~ **beibringen** to break sth to sb gently

Schoner[1] <-s, -> *m* NAUT schooner

Schoner[2] <-s, -> *m* (*fam*) *s.* **Schonbezug**

schön|färben *vt* (*iron*) ■**etw** ~ to whitewash sth *iron*

Schönfärberei <-, -en> *f* (*iron*) whitewash *iron;* ~ **betreiben** to whitewash things, to gloss over things

Schonfrist *f* period of grace **Schongang** *m* ❶ AUTO, TECH (*Gang*) overdrive ❷ TECH (*Waschprogramm*) gentle action wash

Schöngeist *m* aesthete, esthete AM

schöngeistig *adj* aesthetic, esthetic AM; *s. a.* **Literatur**

Schönheit <-, -en> *f* ❶ *kein pl* (*schönes Äußeres*) beauty ❷ (*schöne Frau*) beauty

Schönheitschirurg(in) *m(f)* cosmetic [*or* plastic] surgeon **Schönheitschirurgie** *f* cosmetic [*or* plastic] surgery **Schönheitschirurgin** *f fem form von* Schönheitschirurg **Schönheitsfarm** *f* beauty farm **Schönheitsfehler** *m* ❶ (*kosmetische Beeinträchtigung*) blemish ❷ (*geringer Makel*) flaw **Schönheitsideal** *nt* ideal of beauty **Schönheitskönigin** *f* beauty queen **Schönheitsoperation** *f* cosmetic operation **Schönheitspflästerchen** <-s, -> *nt* beauty patch **Schönheitspflege** *f* beauty care **Schönheitswettbewerb** *nt* beauty contest

Schonkost *f* (*Spezialdiät*) special diet; (*Nahrung einer Spezialdiät*) special diet foods *pl*

Schönling <-s, -e> *m* (*pej*) pretty boy *fam*

schön|machen *vr* (*fam*) ■**sich** *akk* [**für jdn**] ~ to make oneself up [for sb]; (*sich schön kleiden*) to dress oneself up [for sb], to get dressed up [for sb]

Schonprogramm *nt* delicates programme [*or* AM -am]

Schönschreibdrucker *m* letter-quality printer

Schönschrift *f* ❶ (*ordentliche Schrift*) tidy handwriting; **in** ~ in one's best handwriting ❷ INFORM near letter quality, NLQ

schön|tun *vi irreg* ■[**jdm**] ~ to flatter [*or* BRIT *fam* soft-soap] [sb]; (*vor jdm kriechen*) to suck up to sb *fam*

Schön- und Widerdruck *m* TYPO face and back printing, perfecting

Schönung <-, -en> *f* (*trübe Flüssigkeiten, bes Wein, künstlich klar machen*) fining

Schonung[1] <-> *f kein pl* ❶ (*das pflegliche Behandeln*) care ❷ MED (*Entlastung*) care; ***du solltest das zur ~ deiner Gelenke tun*** you should do that to take care of [*or* look after] your joints ❸ (*Schutz*) protection; ***die Gartenhandschuhe dienen der ~ der Hände*** gardening gloves serve to protect the hands ❹ (*Rücksichtnahme*) consideration ❺ (*Verschonung*) mercy

Schonung[2] <-, -en> *f* FORST forest plantation area

schonungsbedürftig *adj* in need of rest; ■[**noch**] ~ **sein** to [still] need to convalesce **schonungslos I.** *adj* blunt, merciless; ~**e Kritik** savage criticism; ~**e Offenheit** unabashed openness **II.** *adv* bluntly, mercilessly **Schonungslosigkeit** <-> *f kein pl* bluntness, savageness, mercilessness

Schönwetterlage *f* fine weather conditions *pl*

Schonzeit *f* JAGD close season

Schopf <-[e]s, Schöpfe> *m* ❶ (*Haarschopf*) shock of hair ❷ ORN tuft, crest ▶ WENDUNGEN: **die Chance** [*o* **Gelegenheit**] **beim Schopf packen** to seize [*or* grasp] the opportunity with both hands

schöpfen *vt* ❶ (*mit einem Behältnis entnehmen*) ■[**sich** *dat*] **etw** [**aus etw** *dat*] ~ to scoop sth [from sth]; **Suppe/Eintopf** ~ to ladle soup/stew [from sth]; **Wasser aus einem Boot** ~ to bale out a boat; *s. a.* **Atem, Luft** ❷ (*gewinnen*) ■**etw** ~ to draw sth; **Mut/Kraft** ~ to summon [up] courage/strength; *s. a.* **Verdacht** ❸ (*kreieren*) ■**etw** ~ to create sth; (*Ausdruck, Wort*) to coin sth

Schöpfer(in) <-s, -> *m(f)* ❶ (*Gott*) ■**der** ~ the Creator; **jd dankt seinem** ~, **dass** sb thanks his Maker [*or* Creator] that ❷ (*geh: Erschaffer*) creator

schöpferisch I. *adj* creative **II.** *adv* creatively; *s. a.* **Augenblick, Pause**

Schöpfkelle *f* ladle **Schöpflöffel** *m* ladle

Schöpfung <-, -en> *f* ❶ *kein pl* (*Erschaffung*) creation ❷ (*Kreation*) creation; (*Ausdruck, Wort*) coinage ❸ *kein pl* REL ■**die** ~ the Creation; *s. a.* **Herr, Krone**

Schöpfungsgeschichte *f kein pl* REL ■**die** ~ the story of the Creation

Schoppen <-s, -> *m* ❶ (*Viertelliter*) quarter-litre [*or* AM -er] ❷ SÜDD, SCHWEIZ (*Babyfläschchen*) bottle

Schöps <-es, -e> *m* ÖSTERR (*Hammel*) mutton

schor *imp von* **scheren**[1]

Schorf <-[e]s, -e> *m* scab

Schorle <-, -n> *f* spritzer

Schornkehrer *m* DIAL chimneysweep **Schornstein** *m* (*Schlot*) chimney ▶ WENDUNGEN: **etw in den ~ schreiben** (*fam*) to write off sth *sep,* to forget [about] sth **Schornsteinfeger(in)** <-s, -> *m(f)* chimney-sweep **Schornsteinfegerhandwerk** *nt* **Bundesverband des ~s** national chimneysweep association **Schornsteinkopf** *m* BAU chimney top

schoss[RR], **schoß** *imp von* **schießen**

Schoß <-es, Schöße> *m* ❶ ANAT lap; **jdn auf den ~ nehmen** to take sb on one's lap ❷ (*geh: Mutterleib*) womb ❸ MODE (*veraltend: Rockschoß*) tail ▶ WENDUNGEN: **der ~ der Erde** (*geh*) the bowels of the earth; **im ~ der Familie** in the bosom of the family; **im ~ einer S.** *gen* (*geh*) in the close circle of a thing; **etw fällt jdm in den** ~ sth falls into sb's lap; *s. a.* **Abraham, Hand**

Schoßhund *m* lap-dog

Schössling[RR] <-s, -e> *m,* **Schößling** <-s, -e> *m* shoot

Schösslingsvermehrung[RR] *f* BOT shoot propagation

Schoßrock *m* frock coat

Schote <-, -n> *f* pod

Schott <-[e]s, -e> *nt* NAUT bulkhead

Schotte, Schottin <-n, -n> *m, f* Scot, Scotsman *masc,* Scotswoman *fem; s. a.* **Deutsche(r)**

Schottenkaro *nt,* **Schottenmuster** *nt* tartan **Schottenrock** *m* ❶ (*Rock mit Schottenmuster*) tartan skirt ❷ (*Kilt*) kilt

Schotter <-s, -> *m* gravel

Schotterdecke *f* gravel surface, road metal [*or* macadam] surface *spec*

schottern *vt* ■**etw** ~ to gravel over sth

Schotterstraße *f* gravel road

Schottin <-, -nen> *f fem form von* **Schotte** Scotswoman

schottisch *adj* ❶ (*Schottland betreffend*) Scottish; *s. a.* **deutsch 1** ❷ LING Scottish; *s. a.* **deutsch 2**

Schottland *nt* Scotland; *s. a.* **Deutschland**

schraffieren* *vt* ■**etw** ~ to hatch sth

Schraffierung <-, -en> *f* ❶ *kein pl* (*das Schraffieren*) hatching ❷ *s.* **Schraffur**

Schraffur <-, -en> *f* hatching

schräg I. *adj* ❶ (*schief*) sloping; (*Position, Wuchs*) slanted; (*Linien, Streifen*) diagonal, oblique; (*Kante*) bevelled, beveled AM ❷ TYPO (*kursiv*) italic ❸ (*fam: unharmonisch*) strident, untuneful ❹ (*fam: von der Norm abweichend*) offbeat *fam; s. a.* **Vogel II.** *adv* ❶ (*schief*) at an angle, askew, at a slant; **einen Hut ~ aufsetzen** to put a hat on at a slant [*or* an angle]; **etw ~ schraffieren** to hatch sth with diagonal [*or* oblique] lines; ***das Bild hängt*** ~ the picture is hanging askew; *s. a.* **Auge** ❷ TYPO (*kursiv*) in italics ❸ TRANSP (*im schiefen Winkel*) **links/rechts ~ abbiegen** to bear to the left/right; ~ **abknicken** to fork off; ~ **überqueren** to cross diagonally ▶ WENDUNGEN: **jdn ~ ansehen** (*fam*) to look askance at sb

Schräge <-, -n> *f* ❶ (*schräge Fläche*) slope, sloping surface ❷ (*Neigung*) slant; **die ~ eines Dachs** the pitch [*or* slope] of a roof; **die ~ einer Wand** the slant of a wall

Schrägheck *nt* fastback, hatchback **Schrägrohr** *nt* BAU inclined pipe **Schrägschrift** *f* TYPO italics *npl* **Schrägstreifen** *m* ❶ (*beim Nähen*) bias binding ❷ (*Muster*) diagonal stripe **Schrägstrich** *m* oblique

Schramme <-, -n> *f* ❶ (*längliche Schürfwunde*) graze ❷ (*länglicher Kratzer*) scratch

Schrammelmusik *f* MUS ÖSTERR *Viennese folk music for violins, guitar and accordion*

Schrammeln *pl* MUS ÖSTERR *quartet playing Schrammelmusik*

schrammen I. *vi* ■[**über etw** *akk*] ~ to scrape [across sth] **II.** *vr* ■**sich** *akk* ~ to scratch oneself; **sich** *dat* **die Haut** ~ to scratch one's skin

Schrank <-[e]s, Schränke> *m* cupboard; *s. a.* **Tasse**

Schrankbett *nt* foldaway bed

Schränkchen <-s, -> *nt dim von* **Schrank** small cupboard

Schranke <-, -n> *f* ❶ BAHN barrier, gate ❷ (*Grenze*) limit; **keine ~n kennen** to know no limits [*or* bounds]; **jdn in seine ~n weisen** [*o* **verweisen**] to put sb in their place

Schranken <-s, -> *m* BAHN ÖSTERR (*Schranke 1*) [railway] gate, [railway] barrier

schrankenlos *adj* unlimited, boundless; ■~ [**in etw** *dat*] **sein** to be boundless [*or* unlimited] [in sth]

Schrankenwärter(in) *m(f)* BAHN level-crossing attendant

Schrankfach *nt* shelf **Schrankkoffer** *m* wardrobe trunk **Schrankwand** *f* wall unit

Schrat <-[e]s, -e> *m* forest goblin

Schraubdeckel *m* screw lid; *Flasche* screw top **Schraubdeckelglas** *nt* screw-top jar **Schraubdeckelöffner** *m* screw-top opener **Schraubdeckelzange** *f* screw-top tongs *pl*

Schraube <-, -n> *f* ❶ TECH screw ❷ NAUT propeller ❸ SPORT twist ▶ WENDUNGEN: **eine ~ ohne Ende sein** to be an endless circle; **bei jdm ist eine ~ locker** (*fam*) sb has a screw loose *fam*

schrauben I. *vt* ❶ (*mit Schrauben befestigen*) ■**etw** [**an** [*o* **auf**] **etw** *akk*] ~ to screw sth [into [*or* onto] sth] ❷ (*drehen*) **etw höher/niedriger** ~ to raise/lower sth; **etw fester/loser** ~ to tighten/loosen sth; **eine Glühbirne aus der Fassung** ~ to unscrew a lightbulb; **einen Schraubdeckel vom Glas** ~ to unscrew a jar ❸ (*steigen lassen*) **Ansprüche/Erwartungen höher** ~ to raise demands/expectations; ■**etw** [**auf etw** *akk*] ~ to push sth up [to sth]; *s. a.* **Höhe II.** *vr* **sich** *akk* **nach oben** [*o* **in die Höhe**] ~ to spiral upwards [*or* into the air]

Schraubenbolzen *m* bolt; (*mit Ansatz*) shoulder bolt **Schraubendreher** <-s, -> *m* (*geh*) *s.* Schraubenzieher **schraubenförmig** *adj inv* ~**e Bakterien** spiral bacteria **Schraubengewinde** *nt* screw thread **Schraubenkopf** *m* screw head **Schraubenschlüssel** *m* spanner [*or* AM wrench] **Schraubenzieher** <-s, -> *m* screwdriver

Schraubfassung *f* screw fixture **Schraubglas** *nt* screw-top jar **Schraubstock** *m* vice; **jdn wie in einem ~ umklammern** to hold sb in a vice-like grip **Schraubverschluss**[RR] *m* screw top

Schraubzwinge *f* TECH screw clamp

Schrebergarten *m* allotment

Schreck <-s> *m kein pl* fright *no pl;* **jdm fährt der ~ in alle Glieder** [*o* **Knochen**] sb's legs turn to jelly *fam;* **jdm sitzt** [*o* **steckt**] **der ~ noch in allen Gliedern** [*o* **Knochen**] sb's legs are still like jelly *fam;* **einen ~ bekommen** [*o fam* **kriegen**] to take fright *form,* to get a fright *fam;* **jdm** [**mit etw** *dat*] **einen ~ einjagen** to give sb a fright [with sth]; ~ **lass nach!** (*hum fam*) for goodness sake!; **auf den** ~

[hin] to get over the fright; **vor** ~ with fright

schrecken I. *vt* <schreckte, geschreckt> *haben* ■**etw schreckt jdn** sth frightens [*or* scares] sb II. *vi* <schrak, geschrocken> *sein* ■[**aus etw** *dat*] ~ to be startled [out of sth]

Schrecken <-s, -> *m* (*Entsetzen*) fright, horror; (*stärker*) terror; ~ **erregend** terrifying, horrifying, horrific; **mit dem ~ davonkommen** to escape with no more than a fright; **etw** *dat* **den ~ nehmen** to take the fright out of sth, to make sth less frightening; **mit ~** with horror; **zu jds ~** to sb's horror; *s. a.* **Angst, Ende**

schreckensbleich *adj* as white as a sheet **Schreckensbotschaft** *f* horrific news **Schreckensherrschaft** *f* reign of terror **Schreckensnachricht** *f* horrifying news **Schreckensvision** *f* terrifying vision

Schreckgespenst *nt* bogey

schreckhaft *adj* jumpy *fam* [*or* easily startled]

Schreckhaftigkeit <-> *f kein pl* nervousness *no pl,* jumpiness *no pl fam*

schrecklich I. *adj* ① (*entsetzlich*) terrible, dreadful; ■**etwas S~es** something dreadful [*or* terrible] ② (*hum fam: schlimm*) terrible; ■~ **sein** to be terrible; ***du bist ~!*** you're terrible! II. *adv* ① (*entsetzlich*) terribly, awfully, dreadfully ② (*fam: sehr*) awfully, terribly; ~ ***gern!*** I'd simply love to!

Schreckschraube *f* (*pej fam*) old bag *pej fam* **Schreckschuss**[RR] *m* warning shot; **einen ~** [**auf jdn**] **abgeben** to fire a warning shot [at sb] **Schreckschusspistole**[RR] *f* blank gun **Schrecksekunde** *f* moment of shock **Schreckstoff** *m* ZOOL alarm substance

schreddern *vt* BAU, TECH ■**etw** ~ to shred sth

Schrei <-[e]s, -e> *m* ① (*lautes Aufschreien*) scream, cry; **ein ~ der Empörung** (*geh*) a cry of indignation; **ein spitzer ~** a [piercing] shriek; **einen ~ ausstoßen** to utter a cry, to shriek; **mit einem ~** with a yell ② ORN, ZOOL cry; (*Esel*) bray ► WENDUNGEN: **der letzte ~** MODE (*fam*) the latest thing *fam,* the latest style

Schreibarbeit *f meist pl* paperwork *no pl* **Schreibblock** <s, -blöcke> *m* writing pad **Schreibdichte** *f* TYPO density; **einfache/doppelte ~** single/double density

Schreibe <-> *f kein pl* (*fam*) writing

schreiben <schrieb, geschrieben> I. *vt* ① (*verfassen*) ■**etw ~** to write sth ② (*ausstellen*) ■[**jdm**] **etw** [**über etw** *akk*] ~ to write [sb] sth [for sth]; ***ich schreibe Ihnen einen Scheck über 200 DM*** I'll write you a cheque for 200 DM ③ (*schriftlich darstellen*) to spell; **etw falsch/richtig/klein/groß ~** to spell sth wrong/right/with small/capital letters ④ (*geh: verzeichnen*) ***was ~ wir heute für ein Datum/für einen Tag?*** what date/day is it today?; ***man schrieb das Jahr 1822*** it was the year 1822; **rote Zahlen ~** to be in the red; ***dies ist das erste Jahr, in dem wir Gewinne ~*** this is the first year we have recorded a profit; *s. a.* **Gesicht, Stirn, Rechnung, Stern**[1], **krank, stehen** II. *vi* ① (*Schrift erzeugen*) to write; **schnell/langsam/mit links/rechts ~** to write quickly/slowly/left-handed/right-handed; **jd schreibt falsch/richtig** sb's spelling is wrong/correct, sb cannot/can spell correctly; ■[**mit etw** *dat*] ~ to write [with [*or* in] sth]; ■**etwas zum S~** something to write with ② (*schreibend arbeiten*) ■[**an etw** *dat*] ~ to be working on sth, to be writing [sth] ③ (*einen Brief schicken*) ■**jdm** [**zu etw** *dat*] ~ to write to sb [on an occasion]; ***du könntest ihm eigentlich zum Geburtstag ~*** you might write to him on his birthday ④ (*schriftlich mitteilen*) ■**~, dass** to write that; ***in dem Artikel schreibt man, dass*** the article says that, it is written in the article that; ■[**jdm**] **~, dass** to tell [sb] in a letter that, to write and tell [sb] that ⑤ (*Verfasser sein*) ■[**für jdn/etw**] ~ to write [for sb/sth] III. *vr* (*geschrieben werden*) ■**sich** [**irgendwie**] ~ to be spelt [in a certain way]; ***wie schreibt sich das Wort?*** how do you spell that word?, how is that word spelt? ► WENDUNGEN: **sich „von** [**und zu**]**" ~** (*fam*) to have a handle to one's name *fam*

Schreiben <-s, -> *nt* (*geh*) letter

Schreiber <-s, -> *m* (*fam*) pen

Schreiber(in) <-s, -> *m(f)* (*Verfasser*) author, writer

Schreiberling <-s, -e> *m* (*pej*) scribbler

schreibfaul *adj* ■~ **sein** to be a bad letter writer, to be lazy about letter writing **Schreibfeder** *f* quill *old* **Schreibfehler** *m* spelling mistake **Schreibgerät** *nt* writing implement **schreibgeschützt** *adj* INFORM write protected **Schreibheft** *nt* exercise book, jotter BRIT **Schreibkopf** *m* INFORM record [*or* write] head **Schreibkraft** *f* (*geh*) typist **Schreibkrampf** *m* writer's cramp

Schreib-Lese-Kopf *m* INFORM read-write head **Schreib-Lese-Speicher** *m* INFORM read-write memory **Schreib-Lese-Zyklus** *m* INFORM read-write cycle

Schreibmappe *f* writing case **Schreibmaschine** *f* typewriter; ~ **schreiben können** to be able to type; **etw auf** [*o* **mit**] **der ~ schreiben** to type sth [up] **Schreibmaschinenpapier** *nt* typing paper **Schreibmodus** *m* INFORM writing **Schreibpapier** *nt* letter paper, writing paper **Schreibposition** *f* writing position **Schreibpult** *nt* [writing] desk **Schreibschrank** *m* bureau, escritoire, secretaire **Schreibschrift** *f* script, cursive writing **Schreibschutz** *m* INFORM write protection, read only **Schreibschutzetikett** *nt* INFORM write-protect tab **Schreibschutzring** *m* INFORM write-protect ring **Schreibstube** *f* ADMIN, MIL orderly room **Schreibtisch** *m* desk **Schreibtischlampe, Schreibtischleuchte** *f* desk lamp [*or* light] **Schreibtischtäter(in)** *m(f)* (*pej*) mastermind behind a crime; ~ **sein** to mastermind a crime **Schreibübung** *f* writing exercise

Schreibung <-, -en> *f* spelling

Schreibunterlage *f* desk pad

Schreibwaren *pl* stationery *no pl*

Schreibwarengeschäft *nt* stationer's **Schreibwarenhändler(in)** *m(f)* stationer **Schreibwarenhandlung** *f* stationer's

Schreibweise *f* ① (*Rechtschreibung*) spelling ② (*Stil*) style [of writing]

Schreibzeug *nt* writing utensils *pl*

schreien <schrie, geschrie[e]n> I. *vi* ① (*brüllen*) to yell ② (*fam: laut reden*) ■[**mit jdm**] ~ to shout [at sb] ③ ORN, ZOOL (*rufen*) to cry; (*Eule*) to screech ④ (*laut rufen*) ■[**nach jdm**] ~ to shout [for sb] ⑤ (*heftig verlangen*) ■[**nach jdm/etw**] ~ to cry out [for sb/sth]; ***das Kind schreit nach der Mutter*** the child is crying out for its mother ⑥ (*lächerlich*) **zum S~** (*fam*) a scream *fam,* a hoot *fam;* ***du siehst in dem Anzug einfach zum S~ aus*** you look ridiculous in that suit; *s. a.* **Hilfe, Spieß** II. *vt* (*etw brüllen*) ■[**etw**] ~ to shout [out] [sth]; *s. a.* **Gesicht** III. *vr* **sich in Rage/Wut ~** to get into a rage/become angry through shouting; **sich in den Schlaf ~** to cry oneself to sleep; *s. a.* **heiser**

schreiend *adj* ① (*grell*) garish, loud ② (*flagrant*) flagrant, glaring

Schreier(in) <-s, -> *m(f)* (*fam*) ① (*lauter Mensch*) rowdy, bawler BRIT ② (*laut fordernder Mensch*) noisy troublemaker

Schreierei <-, -en> *f* (*fam*) yelling

Schreierin <-, -nen> *f fem form von* **Schreier**

Schreihals *m* (*fam*) rowdy, bawler BRIT *fam* **Schreikrampf** *m* screaming fit; **einen ~ bekommen** [*o geh* **erleiden**] [*o fam* **kriegen**] to have [*or* throw] a screaming fit

Schrein <-[e]s, -e> *m* (*geh*) ① (*Schränkchen*) shrine ② (*Sarg*) coffin

Schreiner(in) <-s, -> *m(f)* DIAL carpenter

Schreinerei <-, -en> *f* TECH, BAU DIAL ① (*Tischlerei*) carpenter's workshop ② (*das Tischlern*) carpentry

schreinern *vi, vt* DIAL to do carpentry; ■**etw ~** to make sth

schreiten <schritt, geschritten> *vi sein* ① (*geh: gehen*) ■[**irgendwohin**] ~ to stride [somewhere] ② (*geh: etw in Angriff nehmen*) ■[**zu etw** *dat*] ~ to proceed [with sth]; **zur Tat ~** to get down to action [*or* work]; **zur Abstimmung ~** to go to a vote; *s. a.* **äußerste(r,s), Urne, Wahlurne**

schrickt *3. pers sing von* **schrecken**

schrie *imp von* **schreien**

schrieb *imp von* **schreiben**

Schrieb <-s, -e> *m* (*fam*) missive *fam*

Schrift <-, -en> *f* ① (*Handschrift*) [hand]writing ② (*Schriftsystem*) script ③ TYPO (*Druckschrift*) type; (*Computer*) font; ~ **in negativ** lettering reversed white on black ④ (*Abhandlung*) paper; **die nachgelassenen ~en eines Autors** an author's posthumous writings [*or* works]; **die Heilige ~** REL the [Holy] Scriptures *pl*

Schriftart *f* font, type, typeface **Schriftbild** *nt* (*von Handschrift*) script; (*von Druckschrift*) typeface **Schriftdeutsch** *nt* standard German **Schriftdicke** *f* TYPO character [*or* font] width **Schriftform** *f* JUR writing, written form; **gesetzliche/gewillkürte ~** statutory/mutually agreed written form; **in der ~** in writing **Schriftformaufhebung** *f* JUR waiver of written form **Schriftformerfordernis** *f* JUR statutory written form **Schriftformklausel** *f* JUR stipulation requiring written form **Schriftführer(in)** *m(f)* secretary **Schriftgelehrte(r)** *f(m) dekl wie adj* REL scribe **Schriftgrad** *m,* **Schriftgröße** *f* type size; (*Computer*) font size **Schriftgrößenabstufung** *f* characters sizing increments *pl* **Schriftkontur** *f* character outlines *pl* **Schriftleitung** *f* (*veraltend: Funktion*) editorship; (*Abteilung*) editorial department

schriftlich I. *adj* ① (*geschrieben*) written; ■**etwas S~es** something in writing ② (*fam: die ~e Prüfung*) ■**das S~e** the written exam [*or* test] II. *adv* (*durch geschriebene Mitteilung*) in writing; ***ich habe mich ~ für all die Geschenke bedankt*** I have written to say thank you for all the presents; **jdn ~ einladen** to send out a written invitation to sb; **etw ~ niederlegen** to put sth down in writing; **jdm etw ~ geben** to give sb sth in writing; ***das kann ich dir/Ihnen ~ geben*** (*iron fam*) do you want that in writing? *iron fam*

Schriftlinie *f* baseline, type line **Schriftmustersammlung** *f* TYPO type specimen collection **Schriftprägung** *f* TYPO type embossing **Schriftsache** *f* written matter **Schriftsachverständige(r)** *f(m) dekl wie adj* handwriting expert **Schriftsatz** *m* JUR brief, written pleading; **bestimmender ~** procedural brief, substantive pleading; **nachgereichter ~** subsequent filed brief; **vorbereitender ~** pleading **Schriftschablone** *f* writing template **Schriftschnitt** *m* TYPO design, typeface, typestyle, weight **Schriftsetzer(in)** *m(f)* typesetter **Schriftsprache** *f* standard language

Schriftsteller(in) <-s, -> *m(f)* author, writer

Schriftstellerei <-> *f kein pl* writing

Schriftstellerin <-, -nen> *f fem form von* **Schriftsteller**

schriftstellerisch I. *adj* literary II. *adv* as a writer; ~ **begabt sein** to have talent as a writer

schriftstellern *vi* (*fam*) to try one's hand as an author *fam;* ■**das S~** writing

Schriftstellername *m* pen name, nom de plume **Schriftstellerverband** *m* authors' [*or* writers'] association

Schriftstil *m* INFORM, TYPO type style **Schriftstück** *nt* JUR document **Schriftverkehr** *m* (*geh*) correspondence; [**mit jdm**] **in ~ treten** to take up correspondence [with sb] **Schriftwechsel** *m s.* **Schriftverkehr Schriftweite** *f* TYPO character width, set [*or* width] of type **Schriftzeichen** *nt* character **Schriftzug** *m* ① (*geschriebenes Wort*) hand[writing] ② *meist pl* (*Charakteristik*) stroke

schrill I. *adj* ① (*durchdringend hell*) shrill; (*Klang*) jarring ② (*nicht moderat*) brash; (*Farbe*) garish II. *adv* shrilly; ~ **auflachen** to shriek with laughter

schrillen *vi* to shrill, to shriek

schritt *imp von* **schreiten**

Schritt[1] <-[e]s, -e> *m* ① (*Tritt*) step; **auf ~ und Tritt** everywhere one goes, every move one makes; ***er wurde auf ~ und Tritt von ihr beobachtet*** she watched his every move; **die ersten ~e machen** [*o* **tun**] to take one's first steps; **ein paar ~e** [**weit**] a short walk [away]; ***ich gehe nur ein paar ~e spazieren*** I'm only going for a short walk; **jds ~e beflügeln** to hasten sb's step; **seinen ~** [*o* **seine ~e**] **beschleunigen** (*geh*) to quicken one's step [*or* pace], to walk faster; **einen ~** [**irgendwohin**] **gehen** [*o geh* **treten**] to take a step [somewhere]; ***er trat einen Schritt von der Bahnsteigkante zurück*** he took a step back from the edge of the platform; [**mit jdm/etw**] **~ halten** to keep up [with sb/sth]; **lange/große ~e machen** to take long/big strides; **langsame/schnelle ~e machen** to walk slowly/quickly; **~ für ~** step by step; **mit großen/kleinen ~en** in big strides/small steps; **mit schleppenden ~en** dragging one's feet; **mit langsamen/schnellen ~en** slowly/quickly; **eines beschwingten ~es** (*geh*) with a spring [*or* bounce] in one's step; **eines würdevollen ~es** (*geh*) with dignity in one's step; *s. a.* **Politik** ❷ *kein pl* (*Gang*) walk, gait; **einen bestimmten ~ am Leibe haben** (*fam*) to walk in a certain way; ***der hat aber auch einen ~ am Leibe!*** he seems to be in a bit of a hurry!; **einen flotten** [*o* **ziemlichen**] **~ am Leibe haben** to be walking quickly [*or* at a fair pace] ❸ MODE crotch ❹ (*Konsequenzen*) **gerichtliche ~e einleiten** JUR to initiate judicial proceedings ▸ WENDUNGEN: **den zweiten ~ vor dem ersten tun** to run before one can walk

Schritt² <-> *m kein pl* (*fam*) walking speed; [**im**] **~ fahren** to drive at walking speed; **„~ fahren"** "dead slow"

Schritt³ <-[e]s, -e> *m* measure, step; **~e in die Wege leiten** to arrange for steps [*or* measures] to be taken; **der erste ~** the first step; **den ersten ~** [**zu etw** *dat*] **tun** to take the first step [in sth]; **~e** [**gegen jdn/etw**] **unternehmen** to take steps [against sb/sth]

Schrittempo *nt getrennt: Schritt-tempo s.* Schritttempo **Schrittgeschwindigkeit** *f* walking speed **Schrittlänge** *f* length of one's stride **Schrittmacher** <-s, -> *m* pacemaker

Schritttempo^RR *nt* walking pace [*or* speed]; **im ~ fahren** to drive at walking speed; **„~"** "dead slow"

schrittweise I. *adj* gradual **II.** *adv* gradually

schroff I. *adj* ❶ (*barsch*) curt, brusque ❷ (*abrupt*) abrupt ❸ (*steil*) steep **II.** *adv* ❶ (*barsch*) curtly, brusquely ❷ (*steil*) steeply

Schroffheit <-, -en> *f* ❶ *kein pl* (*barsche Art*) curtness, brusqueness ❷ (*schroffe Äußerung*) brusque comment, curt comment

schröpfen *vt* ❶ (*fam: ausnehmen*) ■**jdn** [**um etw** *akk*] **~** to cheat sb [out of sth] [*or* BRIT *fam* diddle] ❷ MED (*mit dem Schröpfkopf behandeln*) ■**jdn ~** to bleed [*or* cup] sb

Schröpfkopf *m* MED cupping glass

Schrot¹ <-[e]s, -e> *m o nt kein pl* AGR coarsely ground wholemeal ▸ WENDUNGEN: **von altem** [*o* **echtem**] **~ und Korn** (*veraltend*) of the old school

Schrot² <-[e]s, -e> *m o nt* JAGD shot

Schrotbrot *nt* [coarse] wholemeal bread

schroten *vt* ■**etw ~** to grind sth coarsely; ■**geschrotet** coarsely ground

Schrotflinte *f* shotgun **Schrotkugel** *f* pellet **Schrotladung** *f* round of shot **Schrotpatrone** *f* shot cartridge

Schrott <-[e]s> *m kein pl* ❶ (*Metallmüll*) scrap metal ❷ (*fam: wertloses Zeug*) rubbish *no pl,* junk *no pl;* **etw zu ~ fahren** AUTO (*fam*) to write sth off

Schrottauto *nt* write-off **Schrottfahrzeug** *nt* AUTO junk car, scrap vehicle **Schrottfahrzeugteil** *nt* vehicle scrap **Schrotthalde** *f* scrap heap **Schrotthändler(in)** *m(f)* scrap dealer [*or* merchant] **Schrotthaufen** *m* scrap heap **Schrottplatz** *m* scrap yard **schrottreif** *adj* fit for the scrap heap; **etw ~ fahren** (*fam*) to write sth off **Schrottwert** *m* scrap value

schrubben I. *vt* ■[**jdm/sich**] **etw ~** to scrub [sb's/one's] sth **II.** *vr* ■**sich** *akk* **~** to scrub oneself **III.** *vi* to scrub

Schrubber <-s, -> *m* scrubbing brush

Schrulle <-, -n> *f* (*fam*) quirk

schrullig *adj* (*fam*) quirky

schrump(e)lig *adj* (*fam*) wrinkled *fam*

Schrumpfbanderolierung <-, -en> *f* shrink sleeving

schrumpfen *vi sein* ❶ (*einschrumpfen*) ■[**auf etw** *akk*] **~** to shrink [to sth]; (*Ballon*) to shrivel up; (*Frucht*) to shrivel, to get wrinkled; (*Muskeln*) to waste ❷ (*zurückgehen*) ■[**um** [*o* **auf**] **etw** *akk*] **~** to shrink [*or* dwindle] [by [*or* to sth]]

schrumpfend *adj inv* shrinking, diminishing; **~er Marktanteil** ÖKON diminishing share of the market

Schrumpfkopf *m* shrunken head **Schrumpfleber** *f* cirrhosis of the liver **Schrumpfniere** *f* cirrhosis of the kidney

Schrumpfung <-, -en> *f* ❶ (*das Schrumpfen*) shrinking, contraction ❷ (*das Zurückgehen*) shrinking, dwindling ❸ TYPO shrinkage

schrumplig *adj s.* **schrumpelig**

Schrunde <-, -n> *f* ❶ MED (*Riss*) crack ❷ GEOG (*Spalte*) crevasse

schrundig *adj* cracked; (*durch Kälte*) chapped

Schub <-[e]s, Schübe> *m* ❶ PHYS (*Vortrieb*) thrust ❷ MED (*einzelner Anfall*) phase ❸ (*Antrieb*) drive ❹ (*Gruppe*) batch ❺ (*fam: Schubfach*) drawer ❻ HANDEL push, shove

Schubbetrieb *m* AUTO deceleration

Schuber <-s, -> *m* slipcase

Schubfach *nt* drawer **Schubfachprinzip** *nt* pigeonhole principle **Schubhaft** *f* JUR, POL detention prior to deportation **Schubhäftling** *m* JUR, POL deportee **Schubkarre** *f,* **Schubkarren** *m* wheelbarrow **Schubkasten** *m* drawer **Schubkraft** *f* PHYS *s.* **Schub 1** **Schublade** <-, -n> *f* drawer ▸ WENDUNGEN: **für die ~** for nothing; **in der ~** not acted upon **Schublehre** *f* vernier calliper

Schubs <-es, -e> *m* (*fam*) shove *fam;* **jdm einen ~ geben** to give sb a shove [*or* push]

schubsen *vt* (*fam*) ❶ (*anstoßen*) ■**jdn ~** to shove *fam* [*or* push] sb ❷ (*stoßen*) ■**jdn** [**irgendwohin** *akk*/**von etw** *dat*] **~** to shove *fam* [*or* push] sb [somewhere/from sth]

schubweise *adv* ❶ MED in phases ❷ (*in Gruppen*) in batches

schüchtern *adj* ❶ (*gehemmt*) shy ❷ (*zaghaft*) timid; (*Versuch*) half-hearted

Schüchternheit <-> *f kein pl* shyness

schuf *imp von* **schaffen¹**

Schufa <-> *f kein pl Akr von* **Schutzgemeinschaft für allgemeine Kreditsicherung** credit investigation bureau

Schufa-Auskunft *f* FIN *confidential information on a potential borrower's credit standing*

Schuft <-[e]s, -e> *m* (*pej*) rogue *pej,* villain *pej*

schuften *vi* (*fam*) ■[**für jdn/an etw** *dat*] **~** to slave away [for sb/at sth]; ■**das S~** slaving away, drudgery

Schufterei <-, -en> *f* (*fam*) drudgery, hard graft *fam*

schuftig <-er, -ste> *adj* (*fam o pej*) mean, despicable; **sich ~ jdm gegenüber verhalten** to behave vilely [*or* despicably] to sb

Schuftigkeit <-, -en> *f* (*fam o pej*) ❶ *kein pl* (*das Schuftigsein*) meanness ❷ (*schuftige Handlung*) mean [*or* despicable] thing

Schuh <-[e]s, -e> *m* shoe ▸ WENDUNGEN: **umgekehrt wird ein ~ draus** (*fam*) it's quite the opposite; **jd weiß, wo jdn der ~ drückt** (*fam*) sb knows what's bothering sb *fam;* **wo drückt der ~?** (*fam*) what's bothering you? *fam;* **jdm etw in die ~e schieben** (*fam*) to put the blame for sth on sb

Schuhabsatz *m* heel [of a/one's shoe] **Schuhabteilung** *f* shoe department **Schuhanzieher** <-s, -> *m s.* **Schuhlöffel**

Schuhband <-[e]s, -bänder> *nt,* **Schuhbändel** <-s, -> *m* SÜDD, SCHWEIZ shoelace **Schuhbürste** *f* shoe brush **Schuhcreme** *f* shoe polish **Schuheinlage** *f* insole, innersole **Schuhfabrik** *f* shoe factory **Schuhgeschäft** *nt* shoe shop **Schuhgröße** *f* shoe size **Schuhhersteller** *f* shoe manufacturer **Schuhladen** *m* shoe shop **Schuhlöffel** *m* shoehorn **Schuhmacher(in)** <-s, -> *m(f)* shoemaker **Schuhmacherei** <-, -en> *f* ❶ *kein pl* (*Handwerk*) shoemaking *no pl* ❷ (*Betrieb*) cobbler's, shoemaker's **Schuhnummer** *f* shoe size **Schuhplattler** <-s, -> *m* ÖSTERR, SÜDD *Bavarian folk dance, involving alternate slapping of the knees, shoe heels and Lederhosen* **Schuhproduktion** *f* shoe production **Schuhputzer(in)** <-s, -> *m(f)* shoe-shine boy **Schuhputzmittel** *nt* shoe polish **Schuhputzzeug** <-[e]s, -e> *nt meist sing* shoe cleaning kit **Schuhriemen** *m s.* Schnürsenkel **Schuhschrank** *m* shoe cupboard **Schuhsohle** *f* sole [of a/one's shoe] **Schuhspanner** *m* shoetree **Schuhwerk** <-[e]s> *nt kein pl* footwear

Schukostecker® *m* safety plug

Schulabbrecher(in) *m(f)* SCH high school dropout **Schulabgänger(in)** <-s, -> *m(f)* (*geh*) school leaver **Schulabschluss**^RR *m* school-leaving qualification BRIT, high school diploma AM **Schulalter** *nt* school age; **ins ~ kommen** to reach school age; **im ~** school-age **Schulamt** *nt* education authority **Schulanfang** *m* beginning of term **Schulanfänger(in)** *m(f)* child who has just started school **Schularbeit** *f* SCH ❶ *meist pl* (*Hausaufgaben*) homework *no pl;* **die/seine ~en machen** to do one's homework ❷ ÖSTERR (*Klassenarbeit*) [class] test **Schularzt, -ärztin** *m, f* school doctor **Schulaufgabe** *f* ❶ *pl s.* **Schularbeiten 1** ❷ SÜDD *s.* Schularbeit 2 **Schulausflug** *m* school trip [*or* outing] **Schulbank** *f* school desk; **die ~ drücken** (*fam*) to go to school **Schulbeginn** *m s.* Schulanfang **Schulbehörde** *f* education authority **Schulbeispiel** *nt* ■**ein ~** [**für etw** *akk*] a classic example [of sth]; ■**ein ~ dafür, wie ...** a classic example of how ... **Schulbesuch** *m* (*geh*) school attendance **Schulbildung** *f kein pl* school education *no pl* **Schulbuch** *nt* schoolbook, textbook **Schulbuchverlag** *m* educational publisher **Schulbus** *m* schoolbus

schuld *adj* ■[**an etw** *dat*] **~ sein** to be to blame [for sth]; ■**jd ist ~, dass/wenn etw geschieht** sb is to blame [*or* it is sb's fault], that/when sth happens

Schuld¹ <-> *f kein pl* ❶ (*Verschulden*) fault *no pl,* blame *no pl;* (*im Strafrecht*) guilt; (*im Zivilrecht*) liability; (*geschuldeter Betrag*) debt, indebtedness; ■**die ~** [**an etw** *dat*] the blame [for sth]; ***beide trifft die ~ am Scheitern der Ehe*** both carry the blame for the break-up of the marriage; **jdm/etw** [**die**] **~** [**an etw** *dat*] **geben** to blame sb/a thing [for sth], to put the blame [for sth] on sb/a thing, to blame sb/sth [for sth]; **~** [**an etw** *dat*] **haben** to be [the one] to blame [for sth]; **jdm die ~** [**an etw** *dat*] **zuschieben** to blame sb [for sth]; **jdm/einer S. die ~** [**daran**] **geben, dass** to blame sb/a thing, that; **es ist jds ~, dass/wenn etw geschieht** it is sb's fault, that/when sth happens; **~ auf sich** *akk* **laden** (*geh*) to burden oneself with guilt; **die ~** [**für etw** *akk*] **liegt bei jdm** sb is to blame [for sth]; **die ~** [**an etw** *dat*] **auf sich** *akk* **nehmen** to take [*or* accept] the blame [for sth]; **jdn trifft keine ~** [**an etw** *dat*] sb is not to blame [for sth] ❷ (*verschuldete Missetat*) **~ und Sühne** guilt and atonement; **durch jds ~** due to sb's fault; ***nur durch deine ~ habe ich den Zug verpasst*** it's your fault that I missed the train; ***durch wessen ~ das passiert ist, lässt sich schwer sagen*** it's difficult to say whose fault it was; **in jds** *dat* **~ stehen** (*geh*) to be indebted to sb

Schuld² <-, -en> *f meist pl* FIN ❶ (*Zahlungsverpflichtung*) debt; **~en abtragen/abzahlen** to redeem/discharge one's debts; **~en bedienen** to service debts; **~en eintreiben** to call in [*or* collect] debts; **~en haben** to have debts, to be in debt; **~en machen** to build up debts, to go into debt; **eine ~ tilgen** to pay off a debt; **fällige ~** debt due [*or* owing]; **frei von ~** free from debts; (*Immobilien*) unencumbered; **~en gegenüber jdm** indebtedness to sb ❷ JUR guilt, fault *no pl,* blame *no pl;* **durch Urteil festgestellte ~, gerichtlich anerkannte ~** judgment debt ▸ WENDUNGEN: **mehr ~en als Haare auf dem Kopf haben** (*fam*) to be up to one's ears in

S

debt *fam*

Schuldabtretung *f* JUR transfer of a/the debt, expromission **Schuldanerkenntnis** *nt* JUR acknowledgement of a debt **Schuldausschließungsgrund** *m* JUR lawful excuse **Schuldbefreiung** *f* FIN discharge of debt **Schuldbeitritt** *m* JUR cumulative assumption of debts **Schuldbekenntnis** *nt* confession; **ein ~ [gegenüber jdm] ablegen** to confess [to sb] **Schuldbeweis** *m* JUR proof of guilt, inculpatory evidence **schuldbewusst**RR I. *adj* (*Mensch*) guilt-ridden; (*Gesicht, Miene, Schweigen*) guilty; ■ **~ sein** to have a guilty conscience II. *adv* guiltily **Schuldbewusstsein**RR *nt* guilty conscience **Schuldbuch** *nt* debt register **Schuldbuchforderung** *f* debt register claim **Schuldeintreibung** *f* FIN recovery [*or* collection] of debts

schulden *vt* ❶ (*zahlen müssen*) ■**jdm etw [für etw** *akk*] **~** to owe sb sth [for sth] ❷ (*verpflichtet sein*) ■**jdm etw ~** to owe sb sth

Schuldenabtragung *f* FIN paying off debts **Schuldenaufnahme** *f* JUR contraction of debts **Schuldenbegleichung** *f* FIN clearing of a debt **Schuldenbegleichung** *f* FIN settlement [*or* clearing] of a debt **Schuldenberg** *m* JUR mountain [*or* pile] of debts **Schuldendienst** *m* debt service **Schuldeneintreibung** *f* JUR debt collection **Schuldenerlass**RR *m* JUR release from debts **Schuldenerlass**RR *m* FIN remission of [*or* release from] debts **Schuldenexplosion** *f* exploding debts **schuldenfrei** *adj* ■ **~ sein** to be free of debt; (*Besitz*) to be unmortgaged **Schuldenkrise** *f* debt crisis **Schuldenlast** *f* JUR indebtedness; (*von Immobilien*) encumbrance **Schuldenmasse** *f* JUR liabilities *pl* **Schuldenmasse** *m* FIN total of indebtedness, liabilities *pl* **Schuldennachweis** *m* FIN proof of debt **Schuldensaldo** *m* FIN debt balance **Schuldenstand** *m* level of debt **Schuldentilgung** *f* FIN clearing of a debt, liquidation of debts **Schuldentilgung** *f* FIN debt repayment [*or* redemption] **Schuldfähigkeit** *f* JUR criminal capacity; **verminderte ~** diminished criminal responsibility **Schuldfrage** *f* JUR question of guilt **Schuldgefühl** *nt* feeling of guilt **Schuldgeständnis** *nt* JUR plea of guilty, confession of guilt; **ein ~ ablegen** to plead guilty **Schuldhaft** *f* JUR detention for debts **schuldhaft** I. *adj* JUR culpable II. *adv* culpably

Schuldienst *m kein pl* school-teaching *no pl;* **in den ~ gehen** to go into school-teaching; **im ~ [tätig] sein** to be a teacher [*or* in the teaching profession]

schuldig I. *adj* ❶ (*verantwortlich*) to blame; ■**der an etw** *dat* **~e Mensch** the person to blame for sth ❷ JUR guilty; ■**[einer S.** *gen*] **~ sein** to be guilty [of a thing]; **sich ~ bekennen** to plead guilty; **jdn einer S.** *gen* **für ~ befinden** [*o* **erklären**] JUR to find sb guilty of a thing; **sich** *akk* **einer S.** *gen* **~ machen** JUR to be guilty of a thing; **jdn ~ sprechen** JUR to find sb guilty ❸ (*geh: gebührend*) due; **jdm die ihm/ihr ~e Anerkennung geben** to give sb his/her due recognition ❹ (*zahlungspflichtig*) ■**jdm etw ~ sein** to owe sb sth ❺ (*verpflichtet*) ■**jdm/einer S. etw ~ sein** to owe sb/sth sth ▸ WENDUNGEN: **jdm nichts ~ bleiben** to give [sb] as good as one gets II. *adv* JUR (*hist*) **~ geschieden sein/werden** to be/become the guilty party in a divorce

Schuldige(r) *f(m) dekl wie adj* guilty person

Schuldigkeit <-> *f kein pl* duty; **seine ~ getan haben** to have met one's obligations; **seine ~ tun** to do one's duty; *s. a.* **Pflicht**

Schuldinterlokut *nt* JUR separate finding of guilt **schuldlos** I. *adj* blameless; ■ **~ [an etw** *dat*] **sein** to be blameless [for sth] II. *adv* blamelessly; **~ geschieden werden/sein** JUR (*hist*) to become/be the blameless party in a divorce **Schuldlosigkeit** <-> *f kein pl* innocence *no pl,* blamelessness *no pl*

Schuldner(in) *m(f)* debtor, obligor; **flüchtiger ~** absconding debtor; **gepfändeter ~** attached debtor; **säumiger ~** debtor in arrears [*or* default]

Schuldnerbegünstigung *f* JUR unlawful preference for a debtor **Schuldnerberater(in)** <-s, -> *m(f)* debt counsellor [*or* AM counselor] **Schuldnerland** *nt* ÖKON debtor nation **Schuldnerstaat** *m* debtor nation **Schuldnerverzeichnis** *nt* JUR list of insolvent debtors **Schuldnerverzug** *m* JUR debtor's delay, default of the debtor **Schuldnerwechsel** *m* JUR assignment of liabilities, assumption of an obligation

Schuldrecht *nt* JUR law of obligations **schuldrechtlich** *adj* JUR contractual, under the law of obligation *pred* **Schuldschein** *m* promissory note **Schuldscheininhaber(in)** *m(f)* JUR noteholder, bondholder **Schuldspruch** *m* JUR conviction, verdict of guilty; **einen ~ aufheben** to quash a conviction; **einen ~ fällen** to return a verdict **Schuldtitel** *m* JUR instrument of indebtedness **Schuldübergang** *m* JUR **gesetzlicher ~** statutory devolution of debts **Schuldübernahme** *f* JUR assumption of debts [*or* liabilities] **Schuldunfähigkeit** *f kein pl* JUR automatism *no pl,* criminal incapacity **Schuldverhältnis** *nt* JUR contractual obligation **Schuldverschreibung** *f* FIN debenture bond; ***~en werden lebhaft gehandelt*** debentures are enjoying a brisk trade; **öffentliche ~** bond issued by a public authority; **staatliche ~** public [*or* government] bonds; **~ der öffentlichen Hand** public securities *pl;* **~en privater Unternehmen** corporate bonds; **~ auf den Inhaber** bearer bond **Schuldversprechen** *nt* JUR promissory note, promise to pay a debt **Schuldvertrag** *m* JUR debt contract **Schuldvertragsrecht** *nt* JUR law of debt contracts **Schuldwechsel** *m* FIN bills [*or* AM notes] payable *pl* **Schuldzinsenabzug** *m* FIN tax relief on loan interest **Schuldzuweisung** *f* accusation

Schule <-, -n> *f* ❶ SCH (*Lehranstalt*) school; **höhere ~** grammar school; **hohe ~** haute école; **zur** [*o* **auf die**] [*o* **in die**] **~ gehen** to go to school; **von der ~ abgehen** to leave school; **an der ~ sein** (*fam*) to be a schoolteacher; **in die ~ kommen** to start school; **auf** [*o* **in**] **der ~** at [*or* in] school ❷ (*Schulgebäude*) school ❸ (*Unterricht*) school; ***morgen ist keine ~*** there is no school tomorrow; **die ~ ist aus** school is out ❹ (*Schüler und Lehrer*) school ❺ (*geh: bestimmte Richtung*) school; **der alten ~** of the old school ▸ WENDUNGEN: **durch eine harte Schule gehen** (*geh*) to learn the hard way; **die hohe ~ einer S.** *gen* (*geh*) the perfected art of a thing; **~ machen** to catch on *fam;* **aus der ~ plaudern** to spill the beans *sl*

schulen I. *vt* ■**jdn/etw ~** to train sb/sth II. *vi* to give lessons

Schulentlassung *f* school leaving

Schüler(in) <-s, -> *m(f)* ❶ SCH schoolboy *masc,* schoolgirl *fem* ❷ (*Adept*) pupil

Schüleraustausch *m* school exchange **Schülerausweis** *m* school identity card

Schülerin <-, -nen> *f fem form von* Schüler schoolgirl

Schülerkarte *f* schoolchild's season ticket **Schülerlotse, -lotsin** *m, f* lollipop man *masc* BRIT, lollipop lady *fem* BRIT, crossing guard AM **Schülermitverwaltung** *f* school council **Schülerschaft** <-, -en> *f* (*geh*) pupils *pl* **Schülersprache** *f* school slang **Schülerzahl** *f* number of pupils **Schülerzeitung** *f* school newspaper

Schulfach *nt* [school] subject **Schulferien** *pl* school holidays *pl,* summer vacation AM **Schulfernsehen** *nt* schools' programmes [*or* AM programs] *pl* BRIT **Schulflugzeug** *nt* training plane **schulfrei** *adj* ■**an** [*o* **am**] **... ist ~** there is no school on ...; ***an Feiertagen ist ~*** there is no school on pupblic holidays; **[an** [*o* **am**]] **~ haben** not to have school [on] **Schulfreund(in)** *m(f)* schoolfriend **Schulfunk** *m* schools' radio **Schulgebäude** *nt* school building **Schulgebrauch** *m* **für den ~** for use in schools **Schulgeld** *nt* SCH school fees *pl* ▸ WENDUNGEN: **sich** *dat* **sein ~ wiedergeben lassen können** (*fam*) school was a waste of time for one *fam* **Schulheft** *nt* exercise book **Schulhof** *m* school playground

schulisch I. *adj* ❶ (*die Schule betreffend*) school *attr;* **~e Angelegenheiten** school matters ❷ (*den Unterricht betreffend*) at school; **~e Leistungen/Verhalten** performance/behaviour [*or* AM -or] at school II. *adv* at school; **~ versagen** to fail [*or* be a failure] at school

Schuljahr *nt* SCH ❶ (*Zeitraum*) school year ❷ (*Klasse*) year **Schuljunge** *m* (*veraltend: Schüler*) schoolboy ▸ WENDUNGEN: **jd behandelt jdn wie einen [dummen] ~n** sb treats sb like a little boy **Schulkamerad(in)** *m(f)* (*veraltend*) schoolfriend **Schulkenntnisse** *pl* SCH school knowledge *no pl* **Schulkind** *nt* schoolchild **Schulkindergarten** *m* pre-school play group **Schulklasse** *f* (*geh*) [school] class **Schullandheim** *nt state-run boarding school in the country used for school trips* **Schulleiter(in)** *m(f)* (*geh*) headmaster BRIT, principal AM **Schulleitung** *f* SCH school administration **Schulmädchen** *nt* (*veraltend*) schoolgirl **Schulmappe** *f* satchel **Schulmedizin** *f* orthodox medicine **Schulmeinung** *f* received opinion **Schulmeister** *m* (*veraltet*) schoolmaster *dated* **schulmeisterlich** *adj* (*pej*) schoolmasterish **schulmeistern** *vt* (*pej*) to lecture; ■**jdn schulmeistern** to lecture sb **Schulpflicht** *f kein pl* compulsory school attendance **schulpflichtig** *adj* school-age, of school age; **~ sein** to be required to attend school **Schulranzen** *m* satchel **Schulrat, -rätin** *m, f* schools inspector **Schulreform** *f* educational reform **Schulschiff** *nt* NAUT training ship **Schulschluss**RR *m kein pl* end of school **Schulsenator(in)** *m(f)* education minister, minister for education (*in Berlin, Bremen, Hamburg*) **Schulspeisung** *f kein pl* school meals *pl* **Schulsprecher(in)** *m(f)* head boy BRIT **Schulstress**RR *m* stress at school **Schulstunde** *f* period, lesson **Schulsystem** *nt* school system **Schultag** *m* schoolday **Schultasche** *f s.* **Schulmappe**

Schulter <-, -n> *f* ❶ ANAT shoulder; **mit gebeugten/hängenden ~n** with hunched shoulders/with a slouch; **mit gebeugten/hängenden ~n gehen/dasitzen** to slouch; **jdm auf die ~ klopfen** to tap sb on the shoulder; (*anerkennend*) to give sb a slap on the shoulder; **die ~n hängen lassen** to let one's shoulders droop; (*niedergeschlagen*) to hang one's head; **mit den ~n zucken** to shrug one's shoulders ❷ MODE (*Schulterpartie*) shoulder ❸ KOCHK shoulder ▸ WENDUNGEN: **jd zeigt jdm die kalte ~** (*fam*) sb gives sb the cold shoulder; **jd nimmt etw auf die leichte ~** (*fam*) sb takes sth very lightly, sb doesn't take sth very seriously; **etw ruht auf jds ~n** sth rests on sb's shoulders; **~ an ~** shoulder to shoulder; (*gemeinsam*) side by side

Schulterblatt *nt* shoulder blade **schulterfrei** *adj* off the shoulder *pred* **Schultergelenk** *nt* shoulder joint **Schultergurt** *m* over-shoulder belt **Schultergürtel** *m* ANAT pectoral girdle **Schulterhöhe** *f* **bis [in] ~** up to shoulder height; **in ~** to shoulder height **Schulterklappe** *f* epaulette **schulterlang** I. *adj* shoulder-length II. *adv* shoulder-length; **das Haar ~ tragen** to wear one's hair shoulder-length

schultern *vt* **etw ~** to shoulder sth

Schulterpolster *nt* shoulder pad **Schulterriemen** *m* shoulder strap **Schulterschluss**RR *m* SCHWEIZ solidarity **Schultersieg** *m* SPORT fall **Schulterstück** *nt* ❶ MIL epaulette ❷ KOCHK piece of shoulder

Schultes *m* POL (*iron fam: Bürgermeister*) mayor

Schulträger *m* (*geh*) *institution supporting a public or private school* **Schultüte** *f colourfully decorated cardboard cone filled with sweets and small gifts, given to children on their very first day of school*

Schulung <-, -en> *f* training; (*von Gedächnis, Auffassungsgabe*) schooling

Schulunterricht *m kein pl* (*geh*) school lessons *pl* **Schulunterrichtsstunde** *f* school lesson **Schulversagen** *nt* failure at school **Schulversager(in)** <-s, -> *m(f)* failure at school **Schulwanderung** *f* school hike **Schulweg** *m* way to/from school; **auf dem ~** on the way to school

Schulweisheit *f* book-learning **Schulwesen** *nt kein pl* school system **Schulzeit** *f kein pl* school-days *pl* **Schulzentrum** *nt* school complex **Schulzeugnis** *nt* (*geh*) school report BRIT, report card AM

schummeln *vi* (*fam*) to cheat; **bei einem Spiel/einer Klassenarbeit ~** to cheat at a game/in a test

schumm(e)rig *adj* ❶ (*schwaches Licht gebend*) weak ❷ (*schwach beleuchtet*) dim

Schund <-[e]s> *m kein pl* (*pej*) trash *no pl,* rubbish *no pl;* ***das ist wirklich der letzte*** **~** that really is a load of rubbish [*or* trash]

Schund- *in Komposita* (*pej*) trashy; **~literatur/-roman** trash, trashy literature/novel, pulp fiction

Schundroman *m* trashy [*or* pulp] novel

schunkeln *vi* to sway rhythmically with linked arms

Schupfer <-s, -> *m* ÖSTERR, SCHWEIZ, SÜDD shove

Schuppe <-, -n> *f* ❶ ZOOL scale ❷ *pl* MED dandruff *no pl* ▶ WENDUNGEN: **jdm fällt es wie ~n von den Augen** the scales fall from sb's eyes

schuppen I. *vt* KOCHK **etw ~** to remove the scales from sth II. *vr* ❶ (*unter schuppender Haut leiden*) **sich ~** to peel [*or* be peeling] ❷ (*sich abschuppen*) **sich ~** to flake

Schuppen <-s, -> *m* ❶ (*Verschlag*) shed ❷ (*fam: Lokal*) joint *sl,* dive *pej sl*

schuppenartig *adj inv* scale-like; **die Scheiben ~ aufeinanderlegen** to arrange the slices like overlapping scales **Schuppenflechte** *f* MED psoriasis **Schuppentier** *nt* scaly ant-eater

schuppig I. *adj* ❶ (*Schuppen aufweisend*) scaly; (*Haut*) flaky ❷ (*Kopfschuppen aufweisend*) **~e Haare haben** to have dandruff II. *adv* **sich ~ ablösen/~ abblättern** to flake [off]

Schur <-, -en> *f* shearing

schüren *vt* ❶ (*anfachen*) **etw ~** to poke sth ❷ (*anstacheln*) **etw [bei jdm] ~** to stir sth up in sb, to fan the flames of sth [in sb]

schürfen I. *vi* ❶ (*graben*) **[nach etw** *dat***] ~** to dig [for sth] ❷ (*schleifen*) **über etw** *akk* **~** to scrape across sth II. *vt* **etw ~** to mine sth III. *vr* **sich** *dat* **etw ~** to graze one's sth; **sich** *akk* **~** to graze oneself; **sich** *akk* **am Knie ~** to graze one's knee

Schürfung <-, -en> *f* ❶ (*Verletzung*) graze, abrasion ❷ BERGB, BAU open cut

Schürfwunde *f* graze

Schürhaken *m* poker

Schurke <-n, -n> *m* (*veraltend*) scoundrel *dated*

Schurkenstreich <-[e]s, -e> *m* (*pej veraltend*) dirty trick

Schurkin <-, -nen> *f fem form von* **Schurke**

schurkisch *adj* (*veraltend*) despicable

Schurwolle *f* virgin wool; **„reine ~"** "pure new wool"; **aus ~** made from pure new wool

Schurz <-es, -e> *m* apron

Schürze <-, -n> *f* MODE apron; (*mit Latz*) pinafore, pinny BRIT *fam* ▶ WENDUNGEN: **jd hängt jdm an der ~** (*fam*) sb is tied to sb's apron strings

schürzen *vt* (*geh*) **etw ~** to gather sth up

Schürzenjäger *m* (*fam*) philanderer

SchussRR <-es, Schüsse>, **Schuß** <-sses, Schüsse> *m* ❶ (*Ab- o Einschuss*) shot; **ein scharfer ~** a shot using live ammunition; **einen ~ [*o* Schüsse] auf jdn/etw abgeben** to fire a shot [*or* shots] at sb/sth ❷ (*Patrone*) round; **zehn ~ [*o* Schüsse]** ten shots [*or* rounds] ❸ (*Spritzer*) splash; ***Cola mit einem ~ Rum*** cola with a splash of rum ❹ FBALL (*geschossener Ball*) shot ❺ (*sl: Drogeninjektion*) shot; **sich** *dat* **den goldenen ~ setzen** to OD *sl* [*or* overdose]; **sich** *dat* **einen ~ setzen** to give oneself a shot, to shoot up *sl* ▶ WENDUNGEN: **ein ~ vor den Bug** a warning signal; **einen ~ vor den Bug bekommen** to receive a warning signal; **jdm einen ~ vor den Bug setzen** [*o* **geben**] to give sb a warning signal; **ein ~ in den Ofen** (*sl*) a dead loss *sl;* **keinen ~ Pulver wert sein** (*fam*) not to be worth tuppence [*or* AM a dime] *fam;* **ein ~ ins Schwarze** (*fam*) a bull's eye *fam;* **weit vom ~ sein** [*o* **weitab vom ~ liegen**] (*fam*) to be miles away; **zum ~ kommen** (*fig*) to have a chance to do sth, to get a look in; **in ~** (*fam*) in top shape; **mit ~** with a shot (*of alcohol*)

schussbereitRR *adj inv* ❶ (*feuerbereit*) *Waffe* ready to fire *pred,* ready for firing *pred,* cocked ❷ (*zum Schießen bereit*) ready to fire *pred;* **sich ~ machen** to prepare [*or* get ready] to fire

Schussel <-s, -> *m* (*fam*) clumsy clot [*or* AM oaf] *fam*

Schüssel <-, -n> *f* ❶ (*große Schale*) bowl, dish; **etw aus dem Kochtopf in eine ~ umfüllen** to transfer sth from a saucepan into a bowl; **eine ~ Reis** a bowl of rice; **vor leeren ~n sitzen** to have nothing to eat ❷ (*Wasch~*) wash-basin ❸ (*Satelliten~*) [satellite] dish ❹ (*WC-Becken*) toilet bowl [*or* pan]

schusselig *adj s.* **schusslig**

Schusseligkeit <-, -en> *f* ❶ *kein pl* (*fam: Fahrigkeit*) daftness *no pl* ❷ (*fahrige Handlung*) clumsiness *no pl*

SchussfahrtRR *f* SKI schuss

schussligRR *adj* (*fam*) scatterbrained

SchusslinieRR [-li:niə] *f* line of fire; **sich in die ~ begeben** to put oneself in the firing line *fig;* **in jds** *akk* **~ geraten** to come under fire from sb *fig* **Schussrichtung**RR *f* direction of fire **Schussverletzung**RR *f* MED gunshot [*or* bullet] wound **Schusswaffe**RR *f* firearm[s *pl*]; **von der ~ Gebrauch machen** to use a firearm **Schusswaffengebrauch**RR *m* (*geh*) use of firearms **Schusswechsel**RR *m* exchange of fire **Schussweite**RR *f* range [of fire]; **sich in/außer ~ befinden** to be within/out of range **Schusswunde**RR *f s.* **Schussverletzung**

Schuster(in) <-s, -> *m(f)* (*Schuhmacher*) shoemaker, cobbler *esp dated* ▶ WENDUNGEN: **~, bleib bei deinen Leisten!** (*prov*) cobbler, keep [*or* stick] to your last! *prov;* **auf ~s Rappen** (*hum*) on Shanks's pony

Schusterjunge *m* TYPO orphan

schustern *vi* ❶ (*veraltet fam: Schuhe machen oder flicken*) to cobble *old* ❷ (*fam o pej: pfuschen*) to cobble [together] *sep*

Schutt <-[e]s> *m kein pl* rubble *no indef art;* ***„~ abladen verboten"*** "no tipping [*or* dumping]" ▶ WENDUNGEN: **etw in ~ und Asche legen** to reduce sth to rubble [*or* raze sth to the ground]; **in ~ und Asche liegen** to be [*or* lie] in ruins

Schuttabladeplatz *m* [rubbish [*or* AM garbage]] dump [*or* BRIT tip]

Schüttelfrost *m* MED [violent] shivering fit **Schüttellähmung** *f* Parkinson's disease

schütteln I. *vt* ❶ (*rütteln*) ■**etw/jdn ~** to shake sth/sb; **das Obst vom Baum ~** to shake fruit from a tree; *s. a.* **Hand, Kopf** ❷ (*erzittern machen*) ■**etw schüttelt jdn** sth makes sb shiver; ***das Fieber schüttelte sie*** she was racked with fever II. *vi* to shake; **verneinend mit dem Kopf ~** to shake one's head; **verwundert mit dem Kopf ~** to shake one's head in amazement III. *vr* ■**sich** *akk* **[vor etw** *dat***] ~** to shudder to laugh at the thought [of sth]; **sich vor Kälte ~** to shake [*or* shiver] with [the] cold; **sich ~ vor Lachen** to laugh one's head off IV. *vi impers* ■**es schüttelt jdn** sb shudders; ***es schüttelte sie vor Ekel*** she shuddered with disgust

Schüttelreim *m* ≈ deliberate spoonerism **Schüttelrutsche** *f* TECH shaking chute

schütten I. *vt* ❶ (*kippen*) ■**etw [irgendwohin] ~** to tip sth [somewhere]; ***sie schüttete das Mehl in eine Schüssel*** she poured the flour into a bowl ❷ (*gießen*) ■**etw [irgendwohin] ~** to pour sth [somewhere] ❸ (*fam: begießen*) ■**jdn/sich etw irgendwohin schütten** to pour sb/onself sth somewhere; **sich Wein ins Glas schütten** to pour wine into one's glass *fam* II. *vi* ■**es schüttet** *impers* (*fam*) it's pouring [down] [*or* BRIT bucketing down], it's tipping [it] down BRIT *fam*

schütter *adj* ❶ (*nicht dicht*) **~es Haar** thin, sparse hair ❷ (*schwach*) weak, puny; **mit ~er Stimme** in a thin voice

Schüttgewicht *nt kein pl* HANDEL piled weight **Schüttgüter** *pl* HANDEL bulk material, bulk goods *pl* **Schüttgutladung** *f* bulk cargo **Schüttguttarif** *m* bulk load rate **Schüttguttransporter** *m* bulk carrier

Schutthalde *f* pile [*or* heap] of rubble **Schutthaufen** *m* pile [*or* heap] of rubble

Schüttstein *m* SCHWEIZ sink

Schutz <-es, -e> *m* ❶ *kein pl* (*Sicherheit gegen Schaden*) protection; ■**~ vor etw** *dat*/**gegen etw** *akk* protection against/from sth; **~ vor dem Regen suchen** to seek shelter from the rain; **irgendwo ~ suchen** to seek refuge [*or* shelter] somewhere; **im ~[e] der Dunkelheit** under cover of darkness; **zum ~ der Augen** to protect the eyes; **zum ~ gegen [*o* vor] Ansteckung** to protect from [*or* against] infection, as a safeguard against infection; MIL cover; **unter dem ~ des Artilleriefeuers** under artillery cover ❷ *kein pl* (*Absicherung*) protection; ■**der ~ von Personen/Sachen [vor jdm/etw]** the protection of people/things [against [*or* from] sb/sth]; **den ~ des Gesetzes genießen** to enjoy the protection of law; **zu jds ~** for sb's own protection; **~ Dritter** protection of third parties; **~ geistigen Eigentums** protection of intellectual property; **~ eines Patents** scope of a patent; **urheberrechtlicher ~** copyright protection ❸ *kein pl* (*Beistand*) protection; **~ suchend** seeking refuge *pred;* **jdn jds** *dat* **~ anvertrauen** to entrust sb to sb's care; **sich** *akk* **in jds** *akk* **~ begeben** to place oneself under the protection of sb [*or* sb's protection]; **~ bieten [*o* gewähren]** to offer protection; **jdn um [seinen] ~ bitten** to ask sb for protection; **jdn [vor jdm/etw] in ~ nehmen** to defend sb [against sb/sth], to protect sb [from [*or* against] sb/sth], to stand up for sb [against sb/sth]; **unter jds** *dat* **~ stehen** to be under the protection of sb [*or* sb's protection]; **jdn unter polizeilichen ~ stellen** to put sb under police protection; **jdm ~ zusichern** to guarantee sb protection ❹ TECH protector, protecting device; (*Panzer*) armour [*or* AM -or]

Schutzabkommen *nt* JUR protection agreement **Schutzanstrich** *m* protective coat[ing *no pl*] **Schutzanzug** *m* protective clothes *npl* [*or* clothing *no indef art, no pl*] **schutzbedürftig** *adj* in need of protection *pred* **Schutzbefohlene(r)** *f(m)* JUR ward, charge **Schutzbehauptung** *f* self-serving declaration **Schutzblech** *nt* mudguard; *Mähdrescher, Rasenmäher* guard plate **Schutzbrief** *m* [international] travel insurance **Schutzbrille** *f* protective goggles *npl* **Schutzdach** *nt* BAU shelter; *Hauseingang* porch **Schutzdauer** *f* (*Patent*) time of protection

Schütze, Schützin <-n, -n> *m, f* ❶ (*Mitglied eines Schützenvereins*) member of a shooting [*or* rifle] club ❷ SPORT (*Schießsportler*) marks[wo]man; (*beim Fußball*) scorer ❸ JAGD hunter ❹ MIL private, rifleman ❺ *kein pl* ASTROL Sagittarius; **[ein] ~ sein** to be a Sagittarian

schützen I. *vt* ❶ (*beschirmen*) ■**jdn [vor jdm/etw] ~** to protect sb [against [*or* from] sb/sth]; ■**sich** *akk* **[vor etw** *dat* [*o* **gegen etw** *akk*]] **~** to protect oneself [against sth]; **Gott schütze dich!** may the Lord protect you! ❷ (*geschützt aufbewahren*) ■**etw [vor etw** *dat***] ~** to keep sth away from sth; ***das Öl ist vor Sonnenlicht zu*** **~** this oil must be kept away from [*or* out of] [direct] sunlight ❸ (*unter Naturschutz stellen*) ■**etw/Tiere ~** to place a protection order on sth/animals [*or* protect sth/animals by law]; **geschützte Pflanzen** protected plants ❹ (*patentieren*) ■**etw ~** to patent sth [*or* protect sth by patent]; **ein Firmensignet ~ lassen** to copyright [*or* register] a company logo [*or* protect a company logo by copyright]; **gesetzlich geschützt** registered [as a trade mark]; **patentrechtlich/durch das Patentrecht geschützt** protected by patent, patented; **urheberrechtlich/durch das Urheberrecht geschützt** protected by copyright, copyright[ed] II. *vi* ■**[vor etw** *dat* [*o* **gegen etw** *akk*]] **~** to provide [*or* offer] [*or* give] protection [from [*or* against] sth]

schützend *adj* protective; ***vor dem Gewitter suchten die Wanderer Zuflucht unter einem ~en Baum*** the walkers sheltered [*or* sought shelter]

S

from the storm under a tree; *s. a.* **Hand**

Schützenfest *nt* rifle [*or* shooting] club['s] festival

Schützenfisch *m* ZOOL archerfish

Schutzengel *m* REL guardian angel; **einen [guten] ~ haben** to have a [special] guardian angel looking over one

Schützengraben *m* MIL trench **Schützenhaus** *nt* rifle [*or* shooting] club clubhouse **Schützenhilfe** *f* support; **jdm [bei etw] ~ geben** to support sb [*or* back sb up] [in sth] **Schützenkönig(in)** *m(f)* champion marksman [at a Schützenfest] **Schützenpanzer** *m* MIL armoured [*or* AM -ored] personnel carrier **Schützenverein** *m* rifle [*or* shooting] club

Schutzfarbe *f* protective coat[ing] **Schutzfärbung** *f* ZOOL protective coloration, camouflage **Schutzfilm** *m* protective coat **Schutzfrist** *f* JUR term [*or* period] of copyright, copyright term [*or* period]; (*Patent*) life of a patent, period of protection **Schutzgebiet** *nt* ❶ POL (*Protektorat*) protectorate ❷ (*Natur~*) [nature] reserve **Schutzgebühr** *f* ÖKON token [*or* nominal] charge [*or* fee] **Schutzgeld** *nt* (*euph*) protection money *no pl* **Schutzgelderpressung** *f* JUR extortion [*or* protection] racket, racketeering **Schutzgemeinschaft** *f* ≈ Shareholders' Association **Schutzgesetz** *nt* JUR protective law **Schutzgitter** *nt* protective grille **Schutzhaft** *f* ❶ POL (*Vorbeugehaft*) preventive detention ❷ JUR (*Schutzgewahrsam*) detention, protective custody; **jdn in ~ nehmen** to take sb into [protective] custody **Schutzhandschuh** *m* protective glove **Schutzhaube** *f* protective cover **Schutzheilige(r)** *f(m)* REL patron saint **Schutzhelm** *m* protective [*or* safety] helmet, hard hat **Schutzhülle** *f s.* Schutzumschlag **Schutzhütte** *f* shelter **schutzimpfen** *vt* MED ■**jdn [gegen etw] ~** to vaccinate [*or* inoculate] sb [against sth] **Schutzimpfstoff** *m* protective vaccine **Schutzimpfung** *f* MED vaccination, inoculation

Schützin <-, -nen> *f fem form von* **Schütze**

Schutzkappe *f* [protective] cap **Schutzklausel** *f* JUR protective [*or* safeguard] clause; **verfassungsrechtliche ~** entrenchment clause **Schutzkontakt** *m* ELEK protective [*or* BRIT earthing] contact, ground AM **Schutzlackierung** *f* protective varnishing

Schutzleiste *f* protective strip; (*um Maschine*) guard rail

Schützling <-s, -e> *m* ❶ (*Protégé*) protégé ❷ (*Schutzbefohlene*) charge

schutzlos I. *adj* defenceless [*or* AM -seless] II. *adv* **jdm ~ ausgeliefert [*o* preisgegeben] sein** to be at the mercy of sb, to be at sb's mercy

Schutzmacht *f* POL protecting power **Schutzmann** <-[e]s, -männer *o* -leute> *m* ❶ (*fam o veraltet: Polizist*) police officer, BRIT *a.* [police] constable, copper *fam;* **eiserner ~** (*hum*) emergency [police] telephone ❷ SPORT defender **Schutzmarke** *f* trade mark, trademark **Schutzmaske** *f* protective mask **Schutzmaßnahme** *f* precautionary measure (**vor** *+dat*/**gegen** *+akk* against), precaution (**vor** *+dat*/**gegen** *+akk* against) **Schutzmechanismus** *m* protective mechanism **Schutzmittel** *nt* ❶ (*äußerlich*) means of protection ❷ (*innerlich*) protective substance **Schutzpatron(in)** <-s, -e> *m(f)* REL patron saint **Schutzpolizei** *f* (*geh*) police force, constabulary BRIT **Schutzraum** *m* [fall-out] shelter **Schutzrecht** *nt* JUR property [*or* protective] right; **~ am geistigen Eigentum** intellectual property right; **gewerbliches ~** industrial property right; **vorläufiges ~** right of provisional protection **Schutzrechte** *pl* JUR patent rights **Schutzrechtsüberschreitung** *f*, **Schutzrechtsverletzung** *f* JUR industrial property right infringement **Schutzreflex** *m* BIOL protective reflex **Schutzschicht** *f* protective layer; (*Überzug*) protective coating **Schutzschrift** *f* JUR caveat **Schutzstreifen** *m* protective strip **Schutztruppe** *f* ❶ (*Friedenstruppe*) peace-keeping force ❷ (*hist*) colonial force [*or* army] **Schutzumfang** *m* JUR scope of protection **Schutzumschlag** *m* ❶ (*vom Buch*) dust-jacket, dust-cover ❷ (*von CD*) sleeve **Schutzumschlagklappe** *f* jacket flap **Schutzvorrichtung** *f* safety device **Schutzvorschrift** *f* safety [*or* protective] regulation **Schutzwald** *m* forest for absorbing the impact of avalanches **Schutzwall** *m* protective wall **Schutzweg** *m* TRANSP ÖSTERR pedestrian crossing **schutzwürdig** *adj* JUR worthy of [*or* meriting] protection **Schutzzoll** *m* ÖKON protective duty [*or* tariff] **Schutzzone** *f* protected zone [*or* area]

Schwa <-[s], -[s]> *nt kein pl* LING schwa

schwabbelig *adj* (*fam*) flabby, wobbly

schwabbeln *vi* (*fam*) to wobble

Schwabe, Schwäbin <-n, -n> *m, f* GEOG Swabian

schwäbeln *vi* (*fam*) to speak in [the] Swabian dialect

Schwaben <-s> *nt* GEOG Swabia

Schwabenstreich <-[e]s, -e> *m* (*hum*) piece of folly

Schwäbin <-, -nen> *f fem form von* **Schwabe**

schwäbisch *adj* Swabian

Schwäbische Alb *f* ■**die ~** the Swabian Mountains *pl*

schwach <schwächer, schwächste> I. *adj* ❶ (*nicht stark*) weak; ■**für etw zu ~ sein** [*o* **etw**] to not be strong enough for sth; ■**der Schwächere/Schwächste** the weaker/weakest person; **ein ~er Charakter/Gegner/Wille** a weak character/opponent/will; **~er Widerstand** weak resistance; **krank und ~** weak and ill ❷ (*wenig leistend*) weak; **ein ~er Mitarbeiter/Sportler** a poor worker/sportsman; **ein ~er Schüler** a poor [*or* weak] pupil; ***in Rechtschreibung ist er ziemlich ~*** his spelling is rather poor ❸ (*gering*) weak; **ein ~es Anzeichen** a faint [*or* slight] indication; **ein ~er Bartwuchs** a sparse [growth of] beard; **eine ~e Beteiligung** [*o* **Teilnahme**] poor participation; **ein ~es Interesse** [very] little interest; **eine ~e Resonanz** a lukewarm response ❹ (*leicht*) weak; **~e Atmung** faint breathing; **eine ~e Bewegung** a slight [*or* faint] movement; **~er Druck** light pressure; **ein ~er Herzschlag** a faint heartbeat; **ein ~er Luftzug/Wind** a gentle [*or* light] breeze/wind; **eine ~e Strömung** a light current; ■**schwächer werden** to become fainter ❺ (*eine geringe Leistung aufweisend*) low-powered; **eine ~e Ladung/ein ~es Magnetfeld** a weak charge/magnetic field; ***die Batterie muss aufgeladen werden, sie ist ~*** the battery needs recharging, it's is low; ***dieser Motor ist zu ~*** this engine is not powerful enough; ■**schwächer werden** ***das Licht wird schwächer*** the light is fading [*or* failing] ❻ (*dünn*) thin; **ein ~es Kettenglied** a weak chain-link ❼ (*dürftig*) weak, poor; **ein ~es Argument** a weak argument; **eine ~e Leistung** a poor performance; **ein ~er Trost** little comfort; **~es Ergebnis** poor result ❽ MED (*unzureichend*) weak; **ein ~es Sehvermögen/Gehör** poor [*or* weak] eyesight/hearing; ■**schwächer werden** to become weaker; ***im Alter wird das Gehör schwächer*** one's hearing becomes poorer in old age ❾ CHEM (*gering konzentriert*) weak ► WENDUNGEN: **jdn ~ machen** to lead sb into temptation; ***die Aussicht, ihn dort zu treffen, hat mich ~ gemacht*** I was unable to resist the prospect of seeing him there; ***ihr schmachtender Blick macht mich jedesmal ~*** her languishing look always makes me go weak at the knees; **[bei jdm/etw] ~ werden** (*fam*) to be unable to refuse [sb/sth]; ***nur nicht ~ werden!*** (*standhaft bleiben!*) don't weaken!; (*durchhalten!*) don't give in!; ***bei Schokoladentorte werde ich immer ~*** I can never resist chocolate gateau; ***bei dem Gehalt würde wohl jeder ~ werden*** this salary would weaken anybody's resolve, anybody would be tempted by a salary like that; **jdm wird ~ [zumute]** (*fam*) sb feels faint; *s. a.* **Augenblick, Bild, Stelle, Trost** II. *adv* ❶ (*leicht*) faintly; ***das Herz schlug nur noch ~*** the heartbeat had become faint; ***er hat sich nur ~ gewehrt*** he did't put up much resistance ❷ (*spärlich*) sparsely; ***nachts sind die Grenzübergänge ~ besetzt*** the border crossings aren't very heavily [*or* well] manned at night; ***mit Nachschlagewerken sind wir nun wirklich nicht ~ bestückt*** we really have got quite a few [*or* lot of] reference works; ***die Ausstellung war nur ~ besucht*** the exhibition wasn't very well [*or* was poorly] attended ❸ (*geringfügig*) **~ applaudieren** to applaud sparingly; ***Ihre Tochter beteiligt sich in den letzten Monaten nur noch ~ am Unterricht*** your daughter has hardly been participating in class in recent months; ***dieses Problem hat mich immer nur ~ interessiert*** this problem has never been of any great interest to me ❹ KOCHK (*mild*) slightly; ***der Arzt hat mir geraten, ~ gesalzen zu essen*** my doctor has advised me not to add [too] much salt to my food; ***das Essen ist für meinen Geschmack zu ~ gewürzt*** the food isn't spicy enough for my liking [*or* palate]; ***den Tee bitte nur ganz ~ gesüßt!*** not too much sugar in my tea, please! ❺ (*dürftig*) feebly; ***die Mannschaft spielte ausgesprochen ~*** the team put up a feeble performance; **eine ~e Erinnerung an etw haben** to vaguely remember sth

Schwäche <-, -n> *f* ❶ *kein pl* (*geringe Stärke*) weakness; **die militärische ~ des Gegners** the enemy's military weakness; **jds ~ ausnutzen** to exploit sb's vulnerability ❷ *kein pl* (*Unwohlsein*) [feeling of] faintness ❸ *kein pl* (*Vorliebe*) ■**eine/jds ~ für jdn/etw** a/sb's weakness for sb/sth ❹ (*Unzulänglichkeit*) weakness

Schwächeanfall *m* MED sudden feeling of faintness

schwächen I. *vt* ❶ (*entkräften*) ■**jdn/ein Tier** to weaken sb/an animal; ■**geschwächt** weakened; [**das**] ***Fieber hat sie geschwächt*** the fever weakened her ❷ (*in der Wirkung mindern*) ■**jdn/etw ~** [*o* **etw**] to weaken sb/sth II. *vi* to have a weakening effect

Schwachheit <-, -en> *f kein pl* weakness; (*physisch a.*) frailty ► WENDUNGEN: **~, dein Name ist Weib!** (*prov*) frailty, thy name is woman; **bilde dir bloß keine ~en ein!** (*fam*) don't get your hopes up [*or* kid yourself] *fam*

Schwachkopf *m* (*fam*) idiot, bonehead *sl,* blockhead *sl*

schwächlich *adj* weakly, feeble; ***er war immer etwas ~*** he had always been a bit weakly [*or* delicate]

Schwächlichkeit <-, -en> *f meist sing* weakness, sickliness, delicateness

Schwächling <-s, -e> *m* weakling

Schwachpunkt *m* weak spot; **jds ~ treffen** to hit upon sb's weak spot [*or* weakness]

Schwachsinn *m kein pl* ❶ MED mental deficiency, feeble-mindedness ❷ (*fam: Quatsch*) rubbish *no art* BRIT, garbage AM; ***so ein ~!*** what a load of rubbish!

schwachsinnig *adj* ❶ MED mentally deficient, feeble-minded ❷ (*fam: blödsinnig*) idiotic, daft

Schwachsinnige(r) *f(m) dekl wie adj* MED mentally defective [*or* feeble-minded] person, idiot *a. fig*

Schwachstelle *f* ❶ (*Problemstelle*) weak spot [*or* point] ❷ (*undichte Stelle*) leak

Schwachstrom *m* ELEK weak [*or* low-voltage] current

Schwachstromanlage *f* ELEK weak-current [*or* low-voltage current] system **Schwachstromleitung** *f* ELEK weak-current line **Schwachstromtechnik** *f* ELEK light-current [*or* weak-current] engineering

Schwächung <-, -en> *f* weakening; *Abwehrkraft, Gesundheit, Immunsystem a.* impairment

Schwaden <-s, -> *m meist pl* cloud

Schwadron <-, -en> *f* MIL, HIST squadron

schwadronieren* *vi* to bluster; ■**von etw ~** to hold forth on [*or* sound off about] sth

Schwafelei <-, -en> *f* (*pej fam*) drivel *fam,* waffle BRIT *fam,* twaddle BRIT *fam*

schwafeln *vi* (*pej fam*) ❶ (*faseln*) to talk drivel [*or* BRIT twaddle] *fam,* to waffle [on] BRIT *fam,* to ramble on AM ❷ (*unsinniges Zeug reden*) ■**[von etw] ~** to drivel [*or* waffle] [*or* twaddle] [*or* AM ramble] [on] [about sth] *fam;* ***was schwafelst du da?*** don't talk such rubbish!

Schwafler(in) <-s, -> *m(f)* (*pej fam*) waffler BRIT *fam*

Schwager, **Schwägerin** <-s, Schwäger> *m, f* brother-in-law *masc*, sister-in-law *fem*

Schwalbe <-, -n> *f* ORN swallow ▸ WENDUNGEN: **eine ~ macht noch keinen Sommer** (*prov*) one swallow doesn't make a summer

Schwalbennest *nt* ❶ ORN swallow's nest ❷ *pl* KOCHK bird's nest soup ❸ NAUT (*hist*) sponson ❹ MIL, MUS [bandman's] epaulette **Schwalbenschwanz** *m* ZOOL swallow-tail [butterfly]

Schwall <-[e]s, -e> *m* ❶ (*Guss*) stream, gush; ***ein ~ von abgestandenem Rauch schlug ihm entgegen*** a wave of stale smoke hit him ❷ (*Flut*) torrent *fig*; ***sie begrüßte ihn mit einem ~ unverständlicher Worte*** she greeted him with an incoherent flood of words

schwamm *imp von* **schwimmen**

Schwamm <-[e]s, Schwämme> *m* ❶ (*zur Reinigung*) sponge ❷ ZOOL sponge ❸ (*Hausschwamm*) dry rot *no indef art, no pl*; **den ~ haben** to have dry rot ❹ SÜDD, ÖSTERR, SCHWEIZ (*essbarer Pilz*) mushroom ▸ WENDUNGEN: **~ drüber!** (*fam*) let's forget it!

Schwämmchen <-s, -> *nt dim von* **Schwamm**

schwammig I. *adj* ❶ (*weich und porös*) spongy ❷ (*aufgedunsen*) puffy, bloated ❸ (*vage*) vague, woolly ❹ (*vom Schwamm befallen*) affected by dry rot II. *adv* vaguely; **sich ~ ausdrücken** to not make oneself clear

Schwan <-[e]s, Schwäne> *m* ORN swan ▸ WENDUNGEN: **mein lieber ~!** (*fam: wehe!*) woe betide sb!; (*Donnerwetter!*) my goodness!; ***mein lieber ~! eine reife Leistung!*** oh, damn *fam*[it]! what a performance!

schwand *imp von* **schwinden**

schwanen *vi* **jdm schwant nichts Gutes/Ungutes/Unheil** sb has a sense of foreboding; ■**jdm schwant, dass** sb has a feeling [*or* senses] that

schwang *imp von* **schwingen**

Schwang *m* ▸ WENDUNGEN: **im ~e sein** to be in vogue

schwanger *adj* pregnant; ***sie ist im sechsten Monat ~*** she's six months pregnant, she's in the sixth month [of her pregnancy]; ■**[von jdm] ~ sein** to be pregnant [by sb] ▸ WENDUNGEN: **mit etw ~ gehen** to be full of sth

Schwangere *f dekl wie adj* pregnant woman, expectant mother

Schwangerenkonfliktberatung *f advice for pregnant women who have got into a conflict through their pregnancy*

schwängern *vt* ❶ (*ein Kind zeugen*) ■**jdn ~** to get [*or* make] sb pregnant, to impregnate sb *form* ❷ (*erfüllen*) ■**mit** [*o* **von**] **etw geschwängert sein** to be thick with sth; **mit Weihrauch geschwängert sein** to be heavy [*or* impregnated] with incense

Schwangerschaft <-, -en> *f* MED pregnancy

Schwangerschaftsabbruch *m* abortion, termination of [a] pregnancy **Schwangerschaftsberatung** *f* MED pregnancy advice **Schwangerschaftsberatungsschein**RR *m* SOZIOL, JUR *proof relating to pregnancy advice* **Schwangerschaftsfrühtest** *m* early pregnancy test **Schwangerschaftsgymnastik** *f* MED antenatal exercises **Schwangerschaftskonfliktberatung** *f* MED counselling of pregnant women in conflict situations **Schwangerschaftsmonat** *m* MED month [of pregnancy] **Schwangerschaftsstreifen** *m meist pl* MED stretch marks *pl* **Schwangerschaftstest** *m* MED pregnancy test **Schwangerschaftsunterbrechung** *f* MED abortion, termination of [a] pregnancy **Schwangerschaftsurlaub** *m* maternity leave **Schwangerschaftsverhütung** *f* MED contraception *no indef art, no pl* **Schwangerschaftszucker** *m* gestational diabetes

Schwank <-[e]s, Schwänke> *m* ❶ THEAT farce ❷ (*Schwankerzählung*) comical [*or* merry] tale ❸ (*lustige Begebenheit*) amusing [*or* funny] story

schwanken *vi* ❶ *haben* (*schwingen*) to sway; **ins S~ geraten** to begin to sway [*or* swaying] ❷ *sein* (*wanken*) to stagger [*or* reel]; ■**irgendwohin ~** to stagger [*or* reel] somewhere; ***der Betrunkene schwankte über die Straße*** the drunk tottered over the road ❸ *haben* (*nicht stabil sein*) to fluctuate [*or* vary]; ***seine Stimme schwankte*** his voice wavered ❹ *haben* (*unentschlossen sein*) ■**[noch] ~** to be [still] undecided; ■**zwischen zwei Dingen ~** to be torn between two things; ■**das S~** indecision, indecisiveness; **jdn ~[d] machen** to weaken sb's resolve; **ein ~der Charakter** a hesitant character

schwankend *adj* ❶ (*sich biegend*) *Baum* swaying ❷ (*schaukelnd*) *Boot* rocking; (*heftiger*) rolling ❸ (*bebend*) *Boden* shaking; **auf ~em Boden stehen** to be on shaky ground ❹ (*unstet*) *Charakter* vacillating, hesitant; **~ werden** to [begin to] waver; ***er ist immer sehr ~ in seinen Entschlüssen*** he can never make up his mind ❺ (*wankend*) staggering; *Schritte* unsteady, wavering; *Gang* rolling; **mit ~en Schritten** with wavering steps ❻ (*veränderlich*) *Kurs, Preis, Zahl* fluctuating, variable, floating; *Gesundheit* unstable; *Stimme* wavering ❼ (*unschlüssig*) wavering, vacillating; (*zögernd*) hesitant

Schwankung <-, -en> *f* ❶ (*Schwingung*) swaying *no pl*; **etw in ~en versetzen** to make sth sway ❷ (*ständige Veränderung*) fluctuation, variation; **~en der Zinssätze auf dem Geld- und Kapitalmarkt** fluctuations in money- and capital-market interest rates; **jahreszeitliche** [*o* **saisonale**]**/konjunkturelle ~en** seasonal/market fluctuations; **~en ausschalten** to eliminate fluctuations

Schwankungsbereich *m* ÖKON range **Schwankungsbreite** *f kein pl* ÖKON fluctuation margin; (*in der Statistik*) range

Schwanz <-es, Schwänze> *m* ❶ (*Verlängerung der Wirbelsäule*) tail ❷ ORN train, trail ❸ (*sl: Penis*) cock *vulg*, dick *vulg*, prick *vulg* ▸ WENDUNGEN: **einen ~ bauen** to have to repeat an exam; **den ~ einziehen** (*fam*) to climb down; **jd lässt den ~ hängen** (*fam*) sb's spirits droop; **jdm auf den ~ treten** (*fam*) to tread on sb's toes *fig*; **kein ~** (*sl*) not a bloody *fam* [*or vulg* fucking] soul

schwänzeln *vi* to wag one's tail

schwänzen I. *vt* SCH (*fam*) ■**etw ~** to skive off BRIT *sl* [*or fam* cut] sth; **die Schule ~** to skive off [from] [*or* cut] school, to play truant, to play hooky AM II. *vi* SCH (*fam*) to skive off BRIT *sl*, to play truant

Schwanzfeder *f* ORN tail-feather **Schwanzflosse** *f* ZOOL tail [*or* caudal] fin **Schwanzlurch** *m* ZOOL caudate **Schwanzmeise** *f* ORN long-tailed tit **Schwanzrolle** *f* KOCHK beef topside steak **Schwanzstück** *nt* beef silverside

schwappen *vi* ❶ *sein* (*sich im Schwall ergießen*) ■**irgendwohin ~** to splash [*or fam* splosh] somewhere; ***das Wasser schwappte über den Rand des Swimmingpools*** the water splashed over the edge of the swimming pool ❷ *haben* (*sich hin und her bewegen*) to slosh around ❸ *sein* (*fam: sich verbreiten*) ■**irgendwohin ~** to have spread somewhere; ***eine Welle des Unmuts schwappte über Europa*** a wave of dissatisfaction spread over Europe

Schwäre <-, -n> *f* (*veraltend geh*) festering sore

Schwarm[1] <-[e]s, Schwärme> *m* ❶ ZOOL swarm; *Fische* shoal ❷ (*Menschenmenge*) swarm

Schwarm[2] <-[e]s> *m* ❶ (*fam: schwärmerisch verehrter Mensch*) heart-throb *fam*; ***der Englischlehrer war immer mein [geheimer] ~ gewesen*** I always had a [secret] crush *sl* on the English teacher ❷ (*selten: Vorliebe*) [secret] passion

schwärmen[1] *vi sein* ❶ ZOOL to leave the nest [in swarms] ❷ (*im Schwarm fliegen*) ■**irgendwo** [*o* **irgendwohin**] **~** to swarm somewhere ❸ (*sich in Mengen bewegen*) ■**irgendwohin ~** to swarm somewhere *fig*

schwärmen[2] *vi* ❶ *haben* (*begeistert reden*) ■**[von etw] ~** to go into raptures [about [*or* over] sth]; **[über etw *akk*] ins S~ geraten** to go into raptures [about [*or* over] sth] ❷ (*begeistert verehren*) ■**für jdn ~** to be mad [*or* crazy] about sb ❸ (*sich begeistern*) ■**für etw ~** to have a passion for sth

Schwärmer <-s, -> *m* ❶ (*Schmetterling*) hawk-moth, sphinx moth ❷ (*Feuerwerkskörper*) ≈ serpent, ≈ jumping-jack

Schwärmer(in) <-s, -> *m(f)* ❶ (*sentimentaler Mensch*) sentimentalist ❷ (*Begeisterter*) enthusiast ❸ (*Fantast*) dreamer; ***er ist und bleibt ein ~*** he's a dreamer and always will be

Schwärmerei <-, -en> *f* ❶ (*Wunschtraum*) [pipe] dream ❷ (*Passion*) passion ❸ (*Begeisterungsreden*) **sich *akk* in ~en [über jdn/etw] ergehen** (*geh*) to go into raptures [about [*or* over] sb/sth]

Schwärmerin <-, -nen> *f fem form von* **Schwärmer**

schwärmerisch *adj* impassioned; **~e Leidenschaft** enraptured passion

Schwarte <-, -n> *f* ❶ KOCHK rind ❷ (*pej fam*) thick old book ▸ WENDUNGEN: **arbeiten, dass** [*o* **bis**] **[jdm] die ~ kracht** (*sl*) to work until one drops, to work [*or* sweat] one's guts out *fam*

Schwartenmagen *m* KOCHK brawn

schwarz <schwärzer, schwärzeste> I. *adj* ❶ (*eine tiefdunkle Färbung aufweisend*) black; ***es geschah in ~er Nacht*** it happened in the dead of night; **~er Kaffee** black coffee; **~ von Menschen** crowded out, packed ❷ (*fam: sehr schmutzig*) black [as an old boot]; **~e Fingernägel haben** to have grimy finger nails; ***wo bist du denn so ~ [am Hemd/an der Jacke] geworden?*** where did you manage to get [your shirt/jacket] so dirty? ❸ *attr* (*fam: illegal*) illicit; **~es Geld** untaxed money; **die ~e Benutzung von Software** the illegal [*or* illicit] use of software; ***der ~e Besitz/Erwerb einer Schusswaffe ist strafbar*** ownership of/buying a firearm without [holding] a licence is a criminal offence; ***er unterhält neben dem offiziellen noch ein ~es Konto*** in addition to his official account he also has another [*or* a separate] one for [all] his shady deals ❹ (*selten fam: katholisch*) Catholic and conservative; ***ihre Eltern waren so ~, dass …*** her parents were such staunch Catholics that …; **~ wählen** (*fam*) to vote for the Christian Democrats [in Germany] ❺ (*unglücklich*) black; **der ~e Freitag** FIN Black Friday ❻ (*abgründig*) black; **~er Humor** black humour; **~e Gedanken** evil thoughts ❼ (*negrid*) black; **der S~e Erdteil** the Dark Continent ▸ WENDUNGEN: **~ auf weiß** in black and white [*or* writing]; **sich ~ ärgern** (*fam*) to be hopping mad *fam*, to be [really] pissed off *sl*; **~ werden** KARTEN (*fam*) to get whitewashed *fam*, to lose every trick; **bis jd ~ wird** (*fam*) till the cows come home; *s. a.* **Brett, Erdteil, Gold, Kaffee, Liste, Magie, Mann, Markt, Meer, Messe, Peter, Schaf, Seele, Tee, Tod, Witwe** II. *adv* ❶ (*mit ~er Farbe*) black ❷ (*fam: auf illegale Weise*) illicitly; **etw ~ kaufen** to buy sth illicitly [*or* on the black market]; **etw ~ verdienen** to earn sth without paying tax on it [*or fam* on the side]; **~ über die Grenze ~ gehen** to cross the border illegally

Schwarz <-[es]> *nt kein pl* black; **in ~** in black; **in ~ gehen** [*o* **sein**] to wear black; **s~ malen** to be pessimistic; **etw s~ malen** to take a pessimistic view [*or* paint a black [*or* gloomy] picture] of sth; ***er malt immer alles s~*** he always looks on the gloomy side; **[für jdn/etw] s~ sehen** [*o* **etw**] to be pessimistic about sb/sth; **etw [zu] s~ sehen** to be [too] pessimistic about sth, to take a pessimistic view [*or* too pessimistic a view] of sth, to paint a black [*or* gloomy] [*or* too black a picture] picture

Schwarzafrika *nt* GEOG Black Africa, sub-Saharan Africa

Schwarzafrikaner(in) *m(f)* Black African

schwarzafrikanisch *adj inv* Black African

Schwarzarbeit *f kein pl* JUR illicit work; **in ~ bauen** [*o* **errichten**] to build using illicit workers [*or* workers paid cash in hand] **schwarz|arbeiten** *vi* to do illicit work, to work cash in hand **Schwarzarbeiter(in)** *m(f)* person doing illicit work [*or* working [for] cash in hand]; **~ sein** to work illicitly [*or* [for] cash in hand] **schwarzäugig** *adj* black-eyed; ■**~ sein** to have black eyes, to be black-eyed **Schwarzbär** *m* ZOOL Asian black bear **schwarzblau** *adj* blackish-blue **Schwarzblech** *nt* black

S

plate **schwarzbraun** *adj* blackish-brown
Schwarzbrot *nt* KOCHK brown [*or* rye] bread
Schwarze(r) *f(m) dekl wie adj* ❶ (*Mensch*) black ❷ POL (*pej fam: Christdemokrat*) [German] Christian Democrat
Schwarze(s) *nt dekl wie adj* ❶ (*schwarze Masse*) ■ **etwas ~s** sth black, a black thing ❷ (*schwarze Stelle*) ■ **das ~** the bull's eye; [**mit etw**] **ins ~ treffen** to hit the bull's eye [with sth] *a. fig,* to hit the nail on the head *fig* ▸ WENDUNGEN: **jdm nicht das ~ unter den Fingernägeln gönnen** to begrudge sb the [very] air he/she breathes; **das kleine ~** sb's little black number
Schwärze <-, -n> *f kein pl* ❶ (*Dunkelheit*) darkness; **in der ~ der Nacht** (*geh*) in the dead of night ❷ (*Farbe*) black; **das Gesicht mit Schwärze einschmieren** to blacken one's face
schwärzen *vt* ❶ (*schwarz machen*) ■ [**jdm/sich**] **etw ~** to blacken [sb's/one's] sth ❷ SÜDD, ÖSTERR (*fam*) ■ **etw ~** to smuggle sth
Schwarzes Meer *nt* Black Sea **schwarz|fahren** *vi irreg sein* ❶ (*ohne zu zahlen*) to travel without buying a ticket, to dodge paying one's fare ❷ (*ohne Führerschein*) to drive without a licence [*or* AM -se] **Schwarzfahrer(in)** *m(f)* ❶ (*Fahrgast ohne Fahrausweis*) fare-dodger ❷ (*Fahrer ohne Führerschein*) driver without a licence **Schwarzgeld** <-[e]s, -er> *nt* (*fam*) illegal earnings *npl;* POL illegal contributions **schwarzhaarig** *adj* black-haired; ■ **~ sein** to have black hair **Schwarzhaarige(r)** *f(m) dekl wie adj* person with black hair **Schwarzhandel** *m kein pl* black market (**mit** +*dat* for); **~** [**mit etw**] **treiben** to deal in the black market [in sth] **Schwarzhändler(in)** *m(f)* black marketeer **schwarz|hören** *vi* RADIO to use a radio without a licence **Schwarzhörer(in)** *m(f)* RADIO [radio] licence-dodger, sb who listens to the radio without a licence **Schwarzkauf** *m* black-market [*or* illicit] purchase **Schwarzkonto** *nt* illicit account
schwärzlich *adj* blackish **Schwarzmaler(in)** *m(f)* (*fam*) pessimist, doom-merchant *fam,* doom-monger *fam,* merchant of doom *fam* **Schwarzmalerei** *f* (*fam*) pessimism, doom-mongering *fam* **Schwarzmalerin** *f fem form von* Schwarzmaler **Schwarzmarkt** *m* black market; **auf dem ~** on the black market **Schwarzmarktpreis** *m* ÖKON black market price **Schwarzpulver** *nt* black powder **Schwarz-Rot-Gold** *nt* black-red-and-gold [colours of the German flag] **schwarz-rot-golden**[RR] *adj,* **schwarzrotgolden** *adj* black-red-and-gold [colours of the German flag]; **die ~e Fahne** the black-red-and-gold [German] flag **schwarz|sehen** *irreg vi* TV to watch television without a licence **Schwarzseher(in)** *m(f)* ❶ (*Pessimist*) pessimist ❷ TV [television] licence [*or* AM -se] -dodger, person who watches television without a licence **Schwarzseherei** <-> *f kein pl* (*fam*) pessimism, doom-mongering *fam* **Schwarzseherin** <-, -nen> *f fem form von* Schwarzseher **Schwarzsender** *m* pirate [radio] station [*or* transmitter] **Schwarzspecht** *m* ORN black woodpecker **Schwarztee** *m* black tea
Schwärzung <-, -en> *f* blackening *no pl*
Schwärzungskurve *f* (*Repro*) density gradation curve
Schwarzwald *m* GEOG ■ **der ~** the Black Forest
Schwarzwälder *adj inv, attr* GEOG Black Forest *attr;* **~ Kirschtorte** Black Forest gâteau; **~ Kirschwasser** Black Forest kirsch[wasser]; **eine ~ Spezialität** a Black Forest speciality
Schwarzwälder(in) <-s, -> *m(f)* GEOG person from [*or* inhabitant of] the Black Forest
schwarz-weiß[RR], **schwarzweiß** I. *adj* FILM, FOTO, MODE black-and-white *attr,* black and white, pred II. *adv* ❶ MODE **ein ~ gemusterter/gestreifter Rock** a skirt with a black-and-white pattern/stripes [*or* black-and-white striped skirt] ❷ FILM, FOTO **~ filmen/fotografieren** to film/photograph in black and white ❸ (*fig*) **~ malen** to depict in black and white [*or* black-and-white terms]; **etw ~ ~** to depict sth in black and white [*or* black-and-white terms]

Schwarzweißaufnahme *f* black-and-white photograph **Schwarzweißbild** *nt* black and white picture **Schwarzweißbildschirm** *m* monochrome screen **Schwarzweißfernsehen** *nt* black-and-white television [*or* TV] **Schwarzweißfernseher** *m* black-and-white television [*or* TV] [set] **Schwarzweißfilm** *m* FILM, FOTO black-and-white film **Schwarzweißfoto** *nt s.* Schwarzweißaufnahme **Schwarzweißmalerei** *f kein pl* depiction in black and white; **~ betreiben** to depict in black and white
Schwarzwild *nt* JAGD wild boars *pl* **Schwarzwurzel** *f* KOCHK black salsify
Schwatz <-es, -e> *m* (*fam*) chat, natter BRIT *fam;* **einen** [**kleinen**] **~ mit jdm halten** to have a [little [*or* BRIT *fam* wee]] chat with sb
schwatzen, schwätzen SÜDD, ÖSTERR I. *vi* ❶ (*sich lebhaft unterhalten*) to talk [*or* chat] [*or* BRIT *fam* natter] ❷ (*sich wortreich auslassen*) to talk a lot ❸ (*pej: etw ausplaudern*) to blab ❹ (*im Unterricht reden*) to talk [out of turn] in class ▸ WENDUNGEN: **es wird viel geschwatzt, wenn der Tag lang ist** (*prov*) you can't believe everything you hear II. *vt* ■ **etw ~** to talk sth; **dummes Zeug ~** to talk rubbish [*or* AM trash]; **Unsinn ~** to talk nonsense
Schwätzer(in) <-s, -> *m(f)* (*pej*) ❶ (*Schwafler*) wind-bag *fam,* bletherer BRIT *fam* ❷ (*Angeber*) boaster ❸ (*Klatschmaul*) gossip, waffler BRIT
schwatzhaft *adj* (*pej*) talkative, garrulous; ***erzähl ihm nicht zu viel, er ist sehr ~ und kann nichts für sich behalten*** you shouldn't tell him everything, he's a gossip and won't keep anything to himself
Schwatzhaftigkeit <-> *f kein pl* talkativeness, garrulousnous
Schwebe <-> *f kein pl* **etw in der ~ halten** to balance sth; **sich in der ~ halten** to be balanced; **in der ~ sein** to be in the balance; **etw in der ~ lassen** to leave sth undecided; **in vollkommener ~** CHEM in full teeter
Schwebebahn *f* TRANSP ❶ (*an Schienen*) overhead [*or* suspension] railway ❷ *s.* **Seilbahn Schwebebalken** *m* SPORT [balance] beam **Schwebeflug** *m* ❶ *von Insekten* hovering ❷ *eines Hubschraubers* hover flight ❸ (*Segelflug*) soaring
schweben *vi* ❶ *haben* (*in der Luft gleiten*) ■ [**irgendwo**] **~** to float [somewhere]; *Drachenflieger, Vogel* to hover [somewhere]; **in Lebensgefahr ~** to be in danger of one's life; (*Patient*) to be in a critical condition; *s. a.* **Gefahr, Angst** ❷ *sein* (*durch die Luft gleiten*) ■ [**irgendwohin**] **~** to float [somewhere]; (*an einem Seil*) to dangle [somewhere] ❸ *haben* (*unentschieden sein*) ■ [**noch**] **~** to [still] be in the balance; **~des Verfahren** lawsuit which is pending [*or* BRIT sub justice]
schwebend *adj* JUR suspended
schwebend *adj inv* ❶ TECH, CHEM suspended; **~e Fähre** suspension ferry ❷ (*fig: offen*) *Frage* unresolved, outstanding ❸ JUR *Verfahren* pending; **~e Schuld** floating debt ❹ ÖKON *Geschäft* outstanding ❺ FIN *Schulden* floating ❻ LIT *Betonung* hovering
Schwebezeit *f* pendency **Schwebezustand** *m* state of uncertainty; **sich im ~ befinden** to be in a state of uncertainty
Schwebfliege *f* ZOOL hover fly **Schwebstoff** <-[e]s, -e> *m meist pl* CHEM suspended matter *no pl*
Schwede, Schwedin <-n, -n> *m, f* (*Nationalität*) Swede; *s. a.* **Deutsche(r)** ▸ WENDUNGEN: **alter ~** NORDD (*fam*) my old mucker [*or* mate] [*or* AM buddy] *fam*
Schweden <-s> *nt* Sweden; *s. a.* **Deutschland**
Schwedenstahl *m* Swedish steel
Schwedin <-, -nen> *f fem form von* **Schwede**
schwedisch *adj* ❶ GEOG Swedish; *s. a.* **deutsch 1** ❷ LING Swedish; *s. a.* **deutsch 2** ▸ WENDUNGEN: **hinter ~en Gardinen sitzen** (*fam*) to be behind bars *fam* [*or* BRIT *sl* banged up] [*or* AM *sl* locked up]
Schwedisch *nt dekl wie adj* ❶ LING Swedish; *s. a.* **Deutsch 1** ❷ (*Fach*) Swedish; *s. a.* **Deutsch 2**
Schwefel <-s> *m kein pl* CHEM sulphur ▸ WENDUNGEN: **wie Pech und ~ sein** to be inseparable

Schwefeldioxid *nt* CHEM sulphur dioxide
schwefelhaltig *adj inv* sulphur[e]ous; **~ sein** to contain sulphur
schwefelig *adj s.* **schweflig**
Schwefelkohlenstoff *m* CHEM carbon disulphide
schwefeln *vt* ■ **etw ~** to sulphurize sth
Schwefelpuder *nt* CHEM sulphur powder
Schwefelsäure *f* CHEM sulphuric acid
Schwefelung <-, -en> *f* (*zur Haltbarmachung des Weins*) sulphurization
Schwefelwasserstoff *m* CHEM hydrogen sulphide
schweflig *adj* sulphurous; **~ riechen** to smell of sulphur; *s. a.* **Säure**
Schweif <-[e]s, -e> *m* tail
schweifen I. *vi sein* (*geh*) to roam, to wander; **durch die Wälder ~** to roam [*or* wander] through the woods; **seine Blicke ~ lassen** to let one's gaze wander; *s. a.* **Ferne** II. *vt* (*fachspr*) **ein Brett ~** to cut a curve into a board
Schweigeanruf *m* silent call **Schweigegeld** *nt* hush-money **Schweigemarsch** *m* silent [protest-]march **Schweigeminute** *f* minute's silence; **eine ~ einlegen** to hold a minute's silence
schweigen <schwieg, geschwiegen> *vi* ❶ (*nicht sprechen*) to remain silent [*or* keep quiet]; ***schweig, ich will kein Wort mehr hören*** [that's] enough, I don't want to hear another word [from you]; ***er schwieg betroffen, als er das hörte*** he was so shocked, he couldn't say anything; **in ~der Anklage** in silent reproach ❷ (*nicht antworten*) ■ **auf** [*o* **zu**] **etw ~** to say nothing in [*or* make no] reply to sth ❸ (*aufhören*) to stop; ***endlich ~ die Waffen*** the weapons have finally fallen [*or* are finally] silent ▸ WENDUNGEN: **ganz zu ~ von etw, von etw ganz zu ~** quite apart from sth; *s. a.* **Grab**
Schweigen <-s> *nt kein pl* ❶ silence; **das ~ brechen** to break the silence; **jdn zum ~ bringen** (*jdn mundtot machen*) to silence sb; (*euph: jdn liquidieren*) to liquidate sb ❷ JUR silence; **~ als Annahme/Nichtannahme** silence interpreted as acceptance/non-acceptance ▸ WENDUNGEN: **~ im Walde** (*aufgrund von Angst*) no volunteers; **sich** *akk* [**über etw** *akk*] **in ~ hüllen** to maintain one's silence [*or* remain silent] [*or* keep quiet] [about sth]
schweigend I. *adj* silent; *s. a.* **Mehrheit** II. *adv* in silence; **~ verharren** to remain silent; **~ zuhören** to listen in silence [*or* silently]
Schweigepflicht *f* obligation to [preserve] secrecy; **die ärztliche/priesterliche ~** a doctor's/priest's duty to maintain confidentiality; **der ~ unterliegen** to be bound to maintain confidentiality
Schweigepflichtklausel *f* zipper clause AM *fam* **Schweigerecht** *nt* JUR right to silence
schweigsam *adj* ❶ (*wortkarg*) taciturn ❷ (*wenig gesprächig*) ■ **~ sein** to be quiet
Schweigsamkeit <-> *f kein pl* quietness, reticence
Schwein <-s, -e> *nt* ❶ ZOOL pig ❷ *kein pl* KOCHK (*fam: Schweinefleisch*) pork *no indef art, no pl* ❸ (*pej fam: gemeiner Kerl*) swine *esp dated,* bastard *fam* ❹ (*fam: unsauberer Mensch*) pig *fam* ❺ (*fam: obszöner Mensch*) a lewd person, dirty bugger BRIT *fam!* ❻ (*fam: ausgelieferter Mensch*) [**ein**] **armes ~** (*fam*) [a] poor devil [*or* BRIT *fam!* sod] ▸ WENDUNGEN: **faules ~** (*fam*) lazy devil [*or* BRIT *fam!* sod]; **wie ein ~ bluten** (*fam*) to bleed like a [stuck] pig; **ein ~ haben** (*fam*) to be a lucky devil [*or* BRIT *fam!* sod]; [**großes**] **~ haben** (*fam*) to be lucky; **ein ~ haben** (*fam*) to be a lucky devil [*or* BRIT *fam!* sod]; **kein ~** (*fam*) nobody, not a [damn *fam*] soul; **wie die ~e** (*fam*) like pigs *fam*
Schweinchen <-s, -> *nt dim von* **Schwein** little pig, piggy [*or* piggie]
Schweinebauch *m* belly of pork **Schweinebraten** *m* joint of pork, pork joint **Schweinefett** *nt* lard, pork fat **Schweinefleisch** *nt* pork *no indef art, no pl* **Schweinefraß** *m* (*pej fam*) pigswill, muck **Schweinefuß** *m* pig's trotter [*or* AM foot] **Schweinefutter** *nt* pig feed, pigswill **Schweinegeld** *nt kein pl* (*fam*) packet *no def art fam*

Schweinehasen *m* KOCHK *larded pork filet in a creamy mushroom sauce* **Schweinehund** *m* (*sl*) swine *esp dated,* bastard *fam!* ▶ WENDUNGEN: **den/seinen inneren ~ überwinden** (*fam*) to overcome one's weaker self **Schweinekotelett** *nt* pork chop [*or* cutlet] **Schweinemagen** *m* pig's stomach **Schweinemaske** *f* KOCHK pig's head **Schweinemast** *f* pig feed **Schweinemastbetrieb** *m* pig-fattening operation **Schweinenetz** *nt* KOCHK pig's mesentery **Schweinepest** *f* ZOOL swine fever

Schweinerei <-, -en> *f* (*fam*) ❶ (*unordentlicher Zustand*) mess; ***wer ist verantwortlich für die ~ im Bad?*** who is responsible for that bloody mess in the bathroom? *fam* ❷ (*Gemeinheit*) mean [*or* dirty] trick; **~!** what a bummer! *sl* ❸ (*Skandal*) scandal; ***ich finde es ist eine ~, dass ...*** I think it's scandalous [*or* a scandal] that ... ❹ (*fig: Obszönität*) smut

Schweinerne(s) *nt kein pl, decl wie adj* KOCHK (*fam*) pork *no indef art*

Schweinerücken *m* saddle of pork **Schweineschmalz** *nt* lard, dripping **Schweinestall** *m* [pig]sty, pigpen ▶ WENDUNGEN: **etw sieht aus wie ein ~** (*fam*) sth looks like a pigsty; **es sieht irgendwo aus wie im [*o* in einem] ~** (*fam*) sth looks [*or* is] like a pigsty; ***hier sieht es ja aus wie in einem ~!*** god heavens, this place looks like a pigsty! **Schweinesülze** *f* pork in aspic

Schweinigel *m* (*pej fam*) ❶ (*obszöner Mensch*) dirty pig *fam* ❷ (*Ferkel*) mucky pup BRIT *fig*

schweinisch I. *adj* (*fam*) smutty, dirty II. *adv* (*fam*) *sich ~ aufführen/benehmen* to behave like a pig; **sich ~ hinflegeln** to loll around like a slob

Schweinkram *m* (*fam*) smut *no indef art, on pl,* filth *no indef art, no pl;* ***so einen ~ sehe ich mir doch nicht an*** I'm not going to watch such smut [*or* filth]

Schweinsäuglein *pl* (*fam*) [little] piggy eyes **Schweinsborste** *f* pig's bristle **Schweinshaxe, Schweinshachse** *f* SÜDD knuckle of pork, pork knuckle **Schweinsjungfer** *f* ÖSTERR (*Schweinefilet*) pork filet [*or* AM fillet] **Schweinskäse** *m pork sausage meat baked in an oblong tin* **Schweinsknöckel** *pl* KOCHK *dish of cured pig's mouth, neck, ears, trotters and spine* **Schweinsleder** *nt* pigskin **schweinsledern** *adj* pigskin **Schweinsohr** *nt* ❶ ZOOL (*Schweineohr*) pig's ear ❷ KOCHK (*Gebäck*) pastry [shaped like a pig's ear] ❸ (*Pilz*) cantharellus clavatus

Schweiß <-es> *m kein pl* sweat, perspiration *form;* **kalter ~** cold sweat; **jdm bricht der ~ aus** sb breaks out in a sweat; **in ~ gebadet sein** to be bathed in [*or* dripping with] sweat ▶ WENDUNGEN: **im ~e seines Angesichts** (*geh*) in [*or* by] the sweat of one's brow; **viel ~ kosten** to be really hard work

Schweißausbruch *m* [profuse] sweating *no indef art, no pl* **schweißbedeckt** *adj* covered [*or* bathed] in sweat *pred*

Schweißbrenner *m* TECH welding torch **Schweißbrille** *f* TECH welding goggles *npl* **Schweißdrüse** *f* ANAT sweat gland

schweißen I. *vt* ■**etw ~** TECH to weld sth II. *vi* TECH to weld

Schweißen <-s> *nt kein pl* welding *no indef art, no pl*

Schweißer(in) <-s, -> *m(f)* welder

Schweißfleck *m* sweat stain **Schweißfuß** *m meist pl* sweaty foot; **Schweißfüße haben** to have sweaty [*or fam* smelly] feet **schweißgebadet** *adj* bathed in sweat *pred* **Schweißgeruch** *m* smell of sweat, body odour [*or* AM -or], BO **schweißhemmend** *adj inv* **~es Mittel** antiperspirant **Schweißnaht** *f* TECH weld [seam [*or* joint]] **schweißnass**[RR] *adj inv* dripping with sweat *pred,* [very] sweaty **Schweißperle** *f meist pl* (*geh*) bead of sweat [*or form* perspiration]

Schweißstelle *f* TECH weld, welding

schweißtreibend *meist inv adj* MED sudorific *spec,* causing perspiration; (*fig, hum*) arduous **schweißtriefend** *adj* dripping with sweat *pred,* bathed in sweat *pred* **Schweißtropfen** *m* bead [*or* drop] of sweat [*or form* perspiration]

Schweiz <-> *f* Switzerland; **die französische/italienische ~** French-speaking/Italian-speaking Switzerland; *s. a.* **Deutschland**

Schweizer *adj attr* Swiss; ***Bern ist die ~ Hauptstadt*** Berne is the Swiss capital [*or* capital of Switzerland]

Schweizer(in) <-s, -> *m(f)* ❶ GEOG Swiss; *s. a.* **Deutsche(r)** ❷ (*Melker*) dairyman ❸ (*päpstlicher Leibgardist*) Swiss Guard

schweizerdeutsch *adj* LING Swiss-German; *s. a.* **deutsch 2**

Schweizerdeutsch <-[s]> *nt dekl wie adj* LING Swiss German; *s. a.* **Deutsch 1**

Schweizergarde *f kein pl* Swiss Guard

Schweizerin <-, -nen> *f* GEOG *fem form von* **Schweizer**

schweizerisch *adj* GEOG *s.* **Schweizer**

Schwelbrand *m* smouldering fire

schwelen I. *vi* to smoulder II. *vt* TECH ■**etw ~** to burn sth slowly

schwelgen *vi* (*geh*) ❶ (*sich gütlich tun*) to indulge oneself ❷ (*übermäßig verwenden*) ■**in etw** *dat* **~** to over-indulge in sth; **in Erinnerungen ~** to wallow in memories

schwelgerisch *adj* (*geh*) sumptuous

Schwelle <-, -n> *f* ❶ (*Tür~*) threshold; (*aus Stein*) sill; **jds ~ betreten, seinen Fuß über jds ~ setzen** to set foot in sb's house ❷ (*Bahn~*) sleeper ❸ PSYCH (*Reizschwelle*) threshold ❹ GEOG rise ❺ BAU joist ▶ WENDUNGEN: **an der ~ stehen [*o* sich befinden]** to be on the threshold; ***wir stehen an der ~ eines neuen Jahrtausends*** we are on the threshold of a new millenium; **auf der ~ zu etw stehen** to be on the verge of sth

schwellen[1] <schwoll, geschwollen> *vi sein* ❶ MED (*anschwellen*) to swell [up]; ***der Knöchel ist ja ganz geschwollen*** the ankle is very swollen ❷ (*sich verstärken*) to grow ▶ WENDUNGEN: **jdm schwillt der Kamm** (*fam*) sb gets too big for their boots *fam,* sb gets cocky

schwellen[2] *vt* (*geh*) to swell out [*or* BRIT belly [out]]; **mit geschwellter Brust** [with] one's breast swelled [*or* filled] with pride

Schwellenangst *f* PSYCH fear of entering a place; ***du willst noch immer nicht mit dem PC arbeiten? das ist nur ~, das lernst du schnell*** you are still reluctant to use the PC! once you get started, you'll soon get used to it; **die ~ vor dem Kauf von etw** the fear of buying sth **Schwellenland** *nt* threshold country, fast-developing nation (*a developing nation which is on the way to becoming a developed nation*) **Schwellenpreis** *m* ÖKON threshold [*or* trigger] price **Schwellenwert** *m* PHYS, PSYCH threshold value **Schwellenwertvereinbarung** *f* HANDEL agreement on threshold values

Schweller <-s, -> *m* AUTO sill

Schwellkörper *m* ANAT corpus cavernosum *spec,* erectile tissue **Schwellkörpermuskulatur** *f* erectile tissue

Schwellung <-, -en> *f* ❶ *kein pl* (*das Anschwellen*) swelling ❷ (*geschwollene Stelle*) swelling

Schwemme <-, -n> *f* ❶ (*Überangebot*) glut ❷ (*Bad für Tiere*) watering-place ❸ (*Kneipe*) bar

schwemmen *vt* to wash ashore; **an Land/an den Strand/ans Ufer ~** to wash ashore/onto the beach/onto the riverbank; **Tiere ~** to water cattle; **Pelze ~** to soak hides

Schwemmland <-[e]s> *nt kein pl* alluvial land *no pl*

Schwengel <-s, -> *m* ❶ (*an Pumpe*) handle ❷ (*Klöppel*) clapper

Schwengelpumpe *f* handle pump

Schwenk <-[e]s, -s> *m* ❶ TV (*Schwenkbewegung*) pan, panning movement ❷ (*Richtungsänderung*) wheeling about [*or* round] [*or* AM around] *no indef art, no pl* ❸ (*Änderung der Politik*) about-face, U-turn

Schwenkarm *m* TECH swivel arm

schwenkbar I. *adj* swivelling, swiveling AM; **eine ~e Kamera** a swivel-mounted camera; **eine ~e Lampe** a swivel lamp II. *adv* **etw ~ befestigen** to set up *sep*/mount sth so that it can swivel

schwenken I. *vt haben* ❶ (*mit etw wedeln*) ■**etw ~** to wave [*or* flourish] sth ❷ (*die Richtung verändern*) ■**etw ~** to swivel sth; *Kamera* to pan; *Mikrofon* to swing round [*or* AM around] ❸ (*spülen*) ■**etw [in etw** *dat*] **~** to rinse sth [in sth]; **den Pullover in handwarmem Wasser ~** to rinse the pullover in hand-hot water ❹ KOCHK (*hin und her bewegen*) ■**etw [in etw** *dat*] **~** to toss sth [in sth]; **das Gemüse in Butter ~** to toss the vegetables in butter; *s. a.* **Arm** II. *vi* ❶ *sein* (*zur Seite bewegen*) to wheel [about [*or* round]] [*or* AM around] ❷ *haben* (*sich richten*) to pan ❸ MIL **links/rechts schwenkt, marsch!** left/right wheel, march!

Schwenker <-s, -> *m* brandy [*or* BRIT balloon] glass

Schwenkflügel *m* TECH swing-wing, varialbe geometry wing **Schwenkkasserolle** *f,* **Schwenkpfanne** *f* sauté pan

Schwenkung <-, -en> *f s.* **Schwenk**

schwer <schwerer, schwerste> I. *adj* ❶ (*nicht leicht*) heavy; ■**20/30 kg ~ sein** to weigh 20/30 kg; **~ wie Blei** as heavy as lead; ***ihm ist ~ ums Herz*** he is heavy-hearted ❷ (*beträchtlich*) serious; **~e Bedenken** strong [*or* serious] reservations; **eine ~e Enttäuschung** a deep [*or* great] [*or* bitter] disappointment, ein *~er Fehler/Irrtum,* a serious [*or* bad] mistake; **ein ~er Mangel** an acute shortage; **~e Mängel aufweisen** to be faulty, to be badly defective; **ein ~er Schaden** extensive [*or* serious] [*or* severe] damage; **ein ~es Unrecht** a blatant [*or* gross] [*or* rank] injustice; **eine ~e Verletzung** a serious [*or* bad] [*or* severe] injury; **~e Verluste erleiden** to suffer severe [*or* bitter] losses; **eine ~e Verwundung** a serious [*or* severe] wound; **~e Verwüstung[en] anrichten** to cause utter [*or* complete] [*or* total] devastation ❸ (*hart*) hard; **ein ~es Amt** a difficult [*or* hard] task; **eine ~e Bürde** a heavy burden; **ein ~es Schicksal** a cruel fate; **eine ~e Strafe** a harsh [*or* severe] punishment; **eine ~e Zeit** a hard [*or* difficult] time ❹ (*körperlich belastend*) serious, grave; **eine ~e Geburt/Operation** a difficult [*or* complicated] birth/operation; **ein ~es Leiden** a terrible affliction [*or* illness]; **ein ~er Tod** a painful death; **ein ~er Unfall** a bad [*or* serious] accident; **S~es mitmachen [*o* durchmachen]** to live through hard [*or* difficult] times ❺ (*schwierig*) hard, difficult; ***die Rechenaufgaben sind heute besonders ~*** today's sums are particularly tricky; **ein ~er Moment** a difficult moment; **[eine] ~e Lektüre/Musik** heavy reading/music ❻ *attr* (*fam: heftig*) heavy; **ein ~es Gewitter/ein ~er Sturm** a violent [*or* severe] [*or* heavy] thunderstorm/storm; **eine ~e Welle** a high [*or* tall] wave ❼ *attr* (*stürmisch*) **eine ~e See** a heavy [*or* rough] [*or* stormy] sea ❽ *attr* AUTO (*groß*) big, large; **ein ~er Lkw** a heavy truck ❾ *attr* MIL (*große Kaliber aufweisend*) heavy ❿ (*gehaltvoll*) *Essen* heavy; *Likör, Wein, Zigarre* strong ⓫ (*intensiv*) strong; **ein ~er Duft/ein ~e Parfüm** a pungent scent/perfume ⓬ (*lehmig*) **~er Boden** heavy [*or* hard] soil ⓭ (*fam: reich*) ■**1/2/... Millionen ~ sein** to be worth 1/2/... million ⓮ (*massiv*) solid; **aus ~em Gold** [made of] solid gold; **ein ~er Stoff** a heavy cloth; **ein ~er Boden** rich soil ⓯ (*feucht*) **~e Luft** oppressively humid air; *s. a.* **Geschütz, Schlag, Wasser** II. *adv* ❶ (*hart*) hard; **~ arbeiten** to work hard; **etw ~ büßen müssen** to pay a heavy price [*or* penalty] for sth; **sich etw ~ erkämpfen müssen** to have to fight hard for sth; **es ~ haben** to have it hard [*or* a hard time [of it]]; **es ~ [mit jdm] haben** to have a hard time [of it] [with sb]; **jdm ~ zu schaffen machen** to give sb a hard time; **~ [an etw] zu tragen haben** to have a heavy cross to bear [as a result of sth] ❷ (*mit schweren Lasten*) heavily; **~ bepackt [*o* beladen] sein** to be heavily laden; **~ zu tragen haben** to have a lot [*or* a heavy load] to carry ❸ (*fam: sehr*) deeply; **sich ~ in Acht nehmen [*o* hüten]** to take great care; **~ beleidigt sein** to be deeply offended; **~ betrunken** dead drunk; **etw ~ missbilligen** to strongly disapprove of [*or* object to] sth; **etw ~ nehmen** to take sth hard [*or* [too much] to heart]; **das Leben ~ nehmen** to take life [too] seriously ❹ (*mit Mühe*) with [great] difficulty; **~ abbaubare Materialien/Verpackungen** materials/packaging which do/does not decompose [*or* degrade] very easily; **~ erarbeitet** hard-earned; **~ erziehbar** maladjusted, recalcitrant; **ein ~ erziehbares Kind** a problem child; **~ löslich** not easily dissoluble; **~ verdaulich** [*o* **verträglich**] indigestible, difficult [*or* hard] to digest *fig;* (*schwierig, düster*) indigestible, heavy-going *attr,* heavy going *pred;* **~ zu begreifen/verstehen** difficult to understand; ***du musst lauter sprechen, sie hört ~*** you'll have to speak up, she's [very] hard of hearing ❺ [*fam: umfänglich*) **jdn ~ zur Kasse bitten** to hit sb hard in the [*or* AM back] pocket *fig;* **jdn ~ schröpfen** to fleece sb big time *sl;* **~ verdienen** to earn a packet *fam* ❻ (*ernstlich*) seriously; **~ behindert** [*o* **beschädigt**] severely handicapped [*or* disabled]; **sich ~ erkälten** to catch a bad [*or* heavy] cold; **~ erkrankt sein** to be seriously [*or* desperately] [*or* gravely] ill; **~ gestürzt sein** to have had a bad fall; **~ krank** MED seriously [*or* desperately] [*or* gravely] ill; **~ verletzt** seriously [*or* badly] [*or* severely] injured; **sich ~ verletzen** to seriously [*or* badly] [*or* severely] injure oneself; **~ verunglückt sein** to have had a bad [*or* serious] accident; **~ wiegend** serious; **~ wiegende Bedenken** strong [*or* serious] reservations; **eine ~ wiegende Entscheidung, ein ~ wiegender Entschluss** a momentous decision; **ein ~ wiegender Grund** a sound [*or* convincing] [*or* compelling] reason ❼ (*schwierig*) difficult, not easy; **~ verständlich** (*kaum nachvollziehbar*) scarcely comprehensible; (*kaum zu verstehen*) hard [*or* difficult] to understand *pred;* **es fällt [jdm] ~, etw zu tun** it is difficult [*or* hard] for sb to do sth; **etw fällt jdm ~** sth is difficult [*or* hard] for sb [to do], sb has difficulty doing sth; ***diese Entscheidung ist mir sehr ~ gefallen*** this was a very difficult decision for me to make; **sich etw zu ~ machen** to make sth too difficult for oneself [*or* more difficult than it need be]; **[jdm] etw ~ machen** to make sth difficult [for sb]; **es [jdm] ~ machen, etw zu tun** to make it difficult [for sb] to do sth; **jdm das Herz ~ machen** to make sb's heart heavy [*or* sad]; **jdm das Leben ~ machen** to make life difficult for sb; **sich *akk* bei [*o* mit] etw *dat* ~ tun** to have trouble with sth, to make heavy weather of sth *fam;* **sich mit jdm ~ tun** to have trouble [getting along] with sb ❽ (*hart*) severely; **~ bewaffnet sein** to be heavily armed; *s. a.* **Ordnung** **Schwerarbeit** *f kein pl* heavy work, heavy labour [*or* AM -or] **Schwerarbeiter(in)** *m(f)* heavy worker, heavy labourer [*or* AM -orer] **Schwerathlet(in)** *m(f) sports[wo]man who is active in the fields of weight-lifting, wrestling or any other sport requiring great strength* **Schwerathletik** *f weight-lifting, wrestling or any other sport requiring great strength* **Schwerathletin** *f fem form von* Schwerathlet **Schwerbehinderte(r)** *f(m) dekl wie adj* a severely handicapped [*or* disabled] person

Schwerbehindertenarbeitsplatz *m* job for a severely handicapped person **Schwerbeschädigte(r)** <-n, -n> *f (m) dekl wie adj* MED, ADMIN (*veraltet*) seriously disabled person

Schwere <-> *f kein pl* ❶ JUR (*Härte*) seriousness, gravity; **die ~ der Strafe** the severity of the punishment; **~ der Tat** gravity of the offence ❷ MED (*ernste Art*) seriousness, severity ❸ (*Schwierigkeit*) difficulty; *einer Aufgabe a.* complexity ❹ (*Gewicht*) heaviness, weight; **das Gesetz der ~** the law of gravity ❺ (*Intensität*) *eines Parfüms* pungency ❻ (*Gehalt*) *von Wein* body ❼ (*Luftfeuchtigkeit*) heaviness

Schwerefeld *nt* PHYS gravitational field, field of gravity

schwerelos *adj* PHYS weightless

Schwerelosigkeit <-> *f kein pl* PHYS weightlessness

Schwerenöter <-s, -> *m* (*veraltend geh*) lady-killer, Casanova

schwerfällig <-er, -ste> **I.** *adj* ❶ (*ungeschickt*) awkward, clumsy ❷ (*umständlich*) pedestrian, ponderous **II.** *adv* awkwardly, clumsily

Schwerfälligkeit <-> *f kein pl* ❶ (*körperlich*) heaviness, ponderousness, cumbersomeness ❷ (*geistig*) dullness, ponderousness ❸ (*Ungeschicktheit*) clumsiness, awkwardness **Schwergewicht** *nt* ❶ (*Gewichtsklasse*) heavyweight ❷ (*Sportler*) heavyweight ❸ (*Schwerpunkt*) emphasis **schwergewichtig** *adj inv* heavy **Schwergewichtler(in)** <-s, -> *m(f) s.* Schwergewicht **Schwergut** *nt* HANDEL deadweight cargo **Schwergutfracht** *f* heavy[-lift] cargo **schwerhörig** *adj inv* hard of hearing *pred;* **sich ~ stellen** to turn a deaf ear *fig* **Schwerhörigkeit** *f kein pl* MED hardness of hearing **Schwerindustrie** *f* heavy industry **Schwerkraft** *f kein pl* PHYS gravity **Schwerkranke(r)** *f(m) dekl wie adj* MED seriously [*or* desperately] [*or* gravely] ill person **Schwerkriminelle(r)** *f(m) dekl wie adj* criminal, felon *spec*

schwerlich *adv* hardly, scarcely

schwerlöslich <schwerer, am schwersten löslich> *adj s.* **schwer II 4** **Schwermetall** *nt* CHEM heavy metal **schwermetallfrei** *adj inv* free of heavy metals *inv*

Schwermut <-> *f kein pl* melancholy

schwermütig <-er, -ste> *adj* melancholic *form,* melancholy

Schweröl *nt* CHEM heavy oil [*or* fuel] **Schwerpunkt** *m* ❶ (*Hauptgewicht*) main emphasis; **auf etw *akk* den ~ legen** to put the main emphasis [*or* stress] on sth; **~e setzen** to establish [*or* set] priorities; **den ~ [auf etw *akk*] verlagern** to shift the emphasis [onto sth] ❷ PHYS centre [*or* AM -er] of gravity **schwerpunktmäßig** **I.** *adj inv, attr* **ein ~er Streik** a pinpoint [*or* selective] strike **II.** *adv* selectively; **etw ~ abhandeln** to focus on sth **Schwerpunktstreik** *m* pinpoint [*or* selective] strike **Schwerpunktthema** *nt* focal theme [*or* subject]

schwerreich *adj inv, attr* (*fam*) stinking [*or* AM filthy] rich *fam*

Schwerstabhängige(r) *f(m) decl wie adj* most heavily dependent addict

Schwerstkriminalität *f* very serious crime

Schwert <-[e]s, -er> *nt* ❶ (*Hieb- und Stichwaffe*) sword; **einschneidiges** [*o* **zweischneidiges**] **~** single-edged/double-edged [*or* two-edged] sword; **das ~ ziehen** [*o geh* **zücken**] to draw one's sword ❷ NAUT centre [*or* AM -er] -board ▶ WENDUNGEN: **das ~ des Damokles hängt** [*o* **schwebt**] **über jdm** the sword of Damocles is hanging above sb's head; **ein zweischneidiges ~ sein** to be a double-edged sword *fig* [*or* cut two ways]

Schwertblatt *nt* blade [of a sword] **Schwertbohne** *f* broad bean **Schwertfisch** *m* ZOOL swordfish **Schwertlilie** *f* BOT iris

Schwertransport *m* HANDEL carriage of heavy goods

Schwertscheide *f* sheath [for a sword] **Schwertschlucker(in)** <-s, -> *m(f)* sword-swallower **Schwertspitze** *f* point [of a sword]

Schwertwal *m* ZOOL killer whale

Schwerverbrecher(in) *m(f)* JUR serious offender **Schwerverkehrsabgabe** *f* road-user charge for trucks, truck tolls **Schwerverletzte(r)** *f(m) dekl wie adj* MED seriously [*or* badly] [*or* severely] injured person **Schwerverwundete(r)** *f(m) dekl wie adj* MIL seriously wounded person **Schwerwasserreaktor** *m* heavy-water reactor

Schwester <-, -n> *f* ❶ (*weibliches Geschwisterteil*) sister ❷ (*Krankenschwester*) nurse ❸ (*weibliches Gemeindemitglied*) sister ❹ REL (*Nonne*) nun

Schwesterchen <-s, -> *nt dim von* Schwester 1 little [*or* baby] sister

Schwesterfirma *f* sister [*or* associate] firm [*or* company] **Schwestergesellschaft** *f* sister [*or* associate] company **Schwesterherz** *nt* (*fam*) dear sister; ***hallo, ~, schön, dich mal wieder zu sehen!*** hello, sister dear, it's [so] lovely to see you again! **Schwesterlein** <-s, -> *nt* (*liter*) *s.* Schwesterchen **schwesterlich** **I.** *adj* sisterly **II.** *adv* **sich ~ lieben/~ verbunden sein/ zusammenhalten** to love each other in a sisterly way [*or* be like [*or* as close as] sisters]/have a sisterly relationship/stick together like sisters

Schwesternhelferin *f* nursing auxiliary BRIT

Schwesternorden *m* REL sisterhood **Schwesternwohnheim** *nt* nurses' home [*or* hostel]

Schwesterpartei *f* sister party **Schwesterschiff** *nt* NAUT sister ship

schwieg *imp von* **schweigen**

Schwiegereltern *pl* parents-in-law *pl* **Schwiegermutter** *f* mother-in-law **Schwiegersohn** *m* son-in-law **Schwiegertochter** *f* daughter-in-law **Schwiegervater** *m* father-in-law

Schwiele <-, -n> *f* ❶ (*verdickte Hornhaut*) callus; **~n an den Händen haben** to have calluses on one's hands ❷ MED (*Vernarbung*) weal, callus

schwielig *adj* callous

schwierig **I.** *adj* ❶ (*nicht einfach*) difficult, hard; **eine ~e Prüfung** a difficult exam ❷ (*verwickelt*) complicated; **eine ~e Situation** a tricky situation ❸ (*problematisch*) complex; **ein ~er Fall sein** to be a problematic[al] case; **ein ~er Mensch** a difficult person **II.** *adv* difficult

Schwierigkeit <-, -en> *f* ❶ *kein pl* (*Problematik*) difficulty; *eines Falles* problematical nature; *einer Lage, eines Problems* complexity; *einer Situation* trickiness; **mit [einiger] ~** with [some] difficulty ❷ *pl* (*Probleme*) problems *pl;* **finanzielle ~en** financial difficulties *pl;* **jdn in ~en bringen** to get sb into trouble; **in ~en geraten** [*o* **kommen**] to get into difficulties [*or* trouble] [*or fam* hot water]; **[jdm] ~en machen** [*o* **bereiten**] to make trouble [for sb], to give sb trouble; **[jdm] keine ~en machen** [*o* **bereiten**] to be no trouble [for sb]; **ohne ~en** without any difficulty [*or* problems]

Schwierigkeitsgrad *m* degree of difficulty; SCH level of difficulty

schwill *imper sing von* **schwellen**

Schwimmbad *nt* swimming-pool, swimming-bath[s *pl*] BRIT; **ins ~ gehen** to go swimming

Schwimmbassin [-ba'sɛ̃] *nt,* **Schwimmbecken** *nt* [swimming] pool **Schwimmblase** *f* ZOOL air-bladder, swimming-bladder **Schwimmbrille** *f* goggles *npl* **Schwimmdock** *nt* floating dock

schwimmen <schwamm, geschwommen> **I.** *vi* ❶ *sein* (*sich im Wasser fortbewegen*) to swim; ***ich kann nicht ~*** I can't swim; **~ gehen** to go swimming ❷ *haben* (*fam: sich in einer Flüssigkeit bewegen*) ■ **auf etw *dat*** [*o* **in etw *dat***] **~** to float on/in sth; ***auf/in der Suppe schwimmt eine Fliege*** there's a fly [floating] in the soup ❸ *haben* (*unsicher sein*) to be at sea, to flounder ❹ *haben* (*nass sein*) to be awash [*or* bathed]; ***pass auf, dass nicht wieder der ganze Boden schwimmt, wenn du gebadet hast!*** mind you don't drench the bathroom floor again when you have your bath! ❺ *haben s.* **verschwimmen** ▶ WENDUNGEN: **in Geld ~** to be rolling in money *fam* [*or fam* it]; **mit/gegen den Strom ~** to swim with/against the current *usu fig; s. a.* **Auge II.** *vt sein o haben* ■ **etw ~** to swim sth; ***in welcher Zeit schwimmst du die 100 Meter?*** how fast can you [*or* how long does it take you to] swim [the] 100 metres?

Schwimmen <-s> *nt kein pl* swimming *no art* ▶ WENDUNGEN: **ins ~ geraten** [*o* **kommen**] to get out of one's depth *fig*

schwimmend *adj inv* ❶ (*im Wasser*) floating; **~e Brücke** floating [*or* pontoon] bridge; **~e Ladung** floating cargo ❷ KOCHK **~es Fett** deep fat; **etw in ~em Fett ausbacken** to deep-fry sth

Schwimmer <-s, -> *m* TECH float

Schwimmer(in) <-s, -> *m(f)* (*schwimmender Mensch*) swimmer; **~ sein** to be a swimmer [*or* able to swim]

Schwimmer <-s, -> *m* (*Schwimmkörper*) float

Schwimmerbecken *nt* swimmers' pool

Schwimmerin <-, -nen> *f fem form von* **Schwimmer**

Schwimmflosse *f* flipper **Schwimmflügel** *m* SPORT water wing, float **Schwimmfuß** *m* ZOOL *meist pl* web-foot, webbed foot, palmiped[e] *spec*

Schwimmgewächs *nt* BOT waterweed[s] **Schwimmgürtel** *m* swimming belt **Schwimmhalle** *f* indoor [swimming-]pool, swimming-bath[s *pl*] BRIT **Schwimmhaut** *f* ORN web, palama *spec* **Schwimmkäfer** *m* ZOOL water beetle **Schwimmlehrer(in)** *m(f)* swimming instructor **Schwimmsport** *m* swimming *no indef art* **Schwimmstil** *m* stroke **Schwimmunterricht** *m* swimming lessons *pl* [*or* instruction] **Schwimmvogel** *m* ORN water bird, waterfowl, palmiped[e] *spec* **Schwimmweste** *f* life-jacket

Schwindel <-s> *m kein pl* ❶ (*Betrug*) swindle, fraud; ***es war alles*** ~ it was all a [big] swindle [*or* fraud]; ***alles ~!*** it's all lies! ❷ MED dizziness, giddiness, vertigo; **in ~ erregender Höhe** high enough to cause dizziness [*or* giddiness] [*or* vertigo] [*or* to make one [feel] dizzy] [*or* giddy], at a vertiginous height *form;* **mit ~ erregender Geschwindigkeit** at breathtaking speed; ~ **erregend** (*fig*) astronomical ▸ WENDUNGEN: **der ganze** ~ (*pej fam*) the whole lot [*or sl* caboodle] [*or* BRIT *sl* shoot]

Schwindelanfall *m* MED attack of dizziness [*or* giddiness] [*or* vertigo], dizzy turn *fam*

Schwindelei <-, -en> *f* (*fam*) ❶ (*kleine Lüge*) lying *no indef art, no pl;* **eine kleine** ~ a fib [*or* little lie] ❷ (*kleine Betrügerei*) fiddle **schwindelfrei** *adj inv* ■ ~ **sein** to have a [good] head for heights [*or* not suffer from vertigo] **Schwindelgefühl** *nt* feeling of dizziness [*or* giddiness] [*or* vertigo] **Schwindelgeschäft** *nt* JUR, ÖKON fraudulent [*or* bogus] transaction

schwind(e)lig *adj pred* ❶ ■ **[von etw]** ~ **werden/sein** to get [*or* become]/be dizzy [*or* giddy] because of sth ❷ *s.* **Schwindel 2**

schwindeln I. *vi* ❶ (*fam: lügen*) to lie; ***das glaube ich nicht, du schwindelst!*** I don't believe it, you're having me on! *fam;* ■**das S~** lying ❷ (*schwindlig sein*) to be dizzy; ***in ~ der Höhe*** at a dizzy height; **jdn ~ machen** to make sb feel dizzy [*or* giddy] II. *vt* (*fam*) ❶ (*etw Unwahres sagen*) ■**etw** ~ to lie about sth; ■**etw ist geschwindelt** sth is a pack of lies ❷ (*schmuggeln*) **etw durch den Zoll** ~ to smuggle sth through customs III. *vr* (*fam*) ■**sich [durch etw]** ~ to wangle one's way [through sth] *fam;* **sich durch eine Kontrolle/den Zoll** ~ to kid one's way through a checkpoint/customs; **sich durchs Leben** ~ to con [*or* BRIT kid] one's way through life IV. *vi impers* ■**jdm schwindelt [es]** sb feels dizzy [*or* giddy]

Schwindelunternehmen *nt* JUR fraudulent device

schwinden <schwand, geschwunden> *vi sein* ❶ (*geh: abnehmen*) to run out, to dwindle; **im S~ begriffen sein** to be running out [*or* dwindling] ❷ (*vergehen*) ■**etw schwindet** sth is fading away; *Effekt,* [*schmerzstillende*] *Wirkung* to be wearing off; *Erinnerung, Hoffnung* to be fading [away]; *Interesse* to be flagging [*or* waning]; *Kräfte* to be fading [away] [*or* failing]; *Lebensmut, Mut, Zuversicht* to be failing; **die Sinne ~ jdm** sb feels faint ❸ (*geh: dahingehen*) *Jahre* to pass ❹ (*fachspr*) to contract, to shrink, to decrease; ELEK to fade

Schwindler(in) <-s, -> *m(f)* ❶ (*Betrüger*) swindler, con-man *fam* ❷ (*fam: Lügner*) liar

schwindlig *adj s.* **schwindelig**

Schwindsucht *f* MED (*veraltend: Tuberkulose*) consumption, pulmonary tuberculosis; **die ~ haben** to have consumption [*or* pulmonary tuberculosis], to be consumptive

schwindsüchtig *adj* MED (*veraltend*) consumptive

Schwingboden *m* BAU resilient floor

Schwinge <-, -n> *f* ❶ (*geh*) wing, pinion *poet* ❷ TECH (*im Getriebe*) tumbler lever; (*in der Mechanik*) crank

schwingen <schwang, geschwungen> I. *vt haben* ❶ (*mit etw wedeln*) ■**[etw] schwingen** to wave [sth] ❷ (*mit etw ausholen*) ■**[mit etw]** ~ to brandish [sth]; ***er schwang die Axt*** he brandished the axe ❸ (*hin und her bewegen*) ■**jdn/etw** ~ to swing sb/sth; ***der Dirigent schwingt seinen Taktstock*** the conductor flourishes his baton; **Fahnen** ~ to wave flags; **das Tanzbein** ~ to shake a leg *fig* ❹ AGR **Flachs** ~ to poken [*or* swingle] flax; *s. a.* **Becher II.** *vi haben o sein* ❶ (*vibrieren*) to vibrate; *Brücke* to sway; **etw zum S~ bringen** to make sth [*or* cause sth to] vibrate ❷ (*pendeln*) ■**[an etw** *dat*] **[irgendwohin]** ~ to swing [somewhere] [on sth]; ***im Sport mussten wir heute an die Ringe und*** ~ we had to swing on the rings in PE today ❸ (*geh: mitschwingen*) ■**etw schwingt [in etw** *dat*] sth can be heard [*or* detected] [in sth]; ***in seinen Worten schwang eine gewisse Bitterkeit*** his words hinted at a certain bitterness ❹ PHYS *Wellen* to oscillate ❺ SCHWEIZ (*ringen*) wrestle; *s. a.* **Rede III.** *vr haben* ❶ (*sich schwungvoll bewegen*) ■**sich** *akk* **auf/in etw** *akk* ~ to jump [*or* leap] onto/into sth; **sich aufs Fahrrad** ~ to hop on one's bike; **sich auf den Thron** ~ (*fig*) to usurp the throne ❷ (*schwungvoll überspringen*) ■**sich** *akk* **über etw** *akk* ~ to jump [*or* leap] over sth; *Turner* to vault [sth] ❸ (*geh: sich ausgedehnt erstrecken*) ■**sich** ~ to stretch out; *s. a.* **Luft**

Schwinger <-s, -> *m* ❶ (*beim Boxen*) swinging blow, haymaker *sl* ❷ SCHWEIZ *s.* **Ringer**

Schwingkreis *m* oscillatory circuit **Schwingtür** *f* swing door

Schwingung <-, -en> *f* ❶ PHYS oscillation; **kontinuierliche** ~ continuous wave; **in ~ geraten** to begin to vibrate; **[etw] in ~ versetzen** to set [sth] swinging ❷ (*Regung*) stirring; **seelische ~en** inner stirrings

Schwingungsverlauf *m* PHYS waveform

Schwips <-es, -e> *m* (*fam*) tipsiness *no indef art, no pl;* **einen ~ haben/bekommen** to be/get tipsy

schwirren *vi sein* ❶ (*surren*) *Mücken, Bienen* to buzz; *Vogel* to whir[r]; *s. a.* **Kopf** ❷ (*sich verbreiten*) to buzz, to fly about, AM around ❸ (*fam: sich begeben*) ■**irgendwohin** ~ to whizz *fam* [*or fam* pop] [*or* BRIT *fam* nip] somewhere; ***sie kam ins Zimmer geschwirrt*** she popped into the room

Schwitzbad *nt* steam bath, sweating-bath

Schwitze <-, -n> *f* KOCHK roux

schwitzen I. *vi* ❶ (*Schweiß absondern*) to sweat [*or form* perspire] ❷ (*Kondenswasser absondern*) to steam [*or* become steamed] up ❸ (*brüten*) to sweat over sth; ***er schwitzt noch immer über der schwierigen Rechenaufgabe*** he's still sweating over the difficult sums II. *vr* **sich nass** ~ to get soaked with [*or* bathed in] sweat III. *vt* KOCHK **Mehl in Butter** ~ to brown flour in hot butter ▸ WENDUNGEN: **Blut und Wasser** ~ to sweat blood

Schwitzen <-s> *nt kein pl* sweating *no indef art,* perspiring *no indef art esp form;* **ins ~ geraten** [*o* **kommen**] to start to sweat [*or form* perspire]

Schwitzfleck *m* sweat mark **Schwitzkasten** *m* (*Griff*) headlock ▸ WENDUNGEN: **jdn im ~ haben** to have sb in a headlock; **jdn in den ~ nehmen** to get sb in a headlock [*or* put a headlock on sb] **Schwitzwasser** *nt kein pl* condensation *no pl*

Schwof <-[e]s, -e> *m* (*fam*) dance, bop BRIT *fam,* hop *dated fam*

schwofen *vi* (*fam*) ■**[mit jdm]** ~ to dance [*or* BRIT *fam* bop] [with sb]

schwoll *imp von* **schwellen**

schwor *pret von* **schwören**

schwören <schwor, geschworen> I. *vi* ❶ (*einen Eid leisten*) to swear; **auf die Verfassung** ~ to swear on the constitution ❷ (*fam: verfechten*) ■**[auf jdn/etw]** ~ to swear [by sb/on [*or* by] sth]; ***er schwört auf Vitamin C*** he swears by vitamin C II. *vt* ❶ (*etw beeiden*) ■**etw** ~ to swear sth; ***ich könnte ~/ich hätte ~ können, dass ich das Fenster zugemacht habe/hatte*** I could have sworn [that] I closed the window ❷ (*fest versichern*) ■**jdm etw** ~ to swear sth to sb; ■**jdm ~, etw zu tun** to swear [to sb] to do sth III. *vr* (*fam: sich vornehmen*) ■**sich** *dat* **etw geschworen haben** to have sworn sth [to oneself]

schwul *adj* (*fam*) gay *fam,* queer *pej sl*

schwül *adj* ❶ METEO sultry, close, muggy *fam* ❷ (*beklemmend*) *Stimmung, Atmosphäre* oppressive ❸ (*geh: betörend*) **~er Duft/~e Träume** sultry [*or* sensual] scent/dreams

Schwüle <-> *f kein pl* METEO sultriness, closeness, mugginess *fam*

Schwule(r) *m dekl wie adj* (*fam*) gay *fam,* queer *pej sl,* shirtlifter BRIT *pej sl,* faggot AM

Schwulenszene *f* gay scene *fam*

Schwulität <-, -en> *f meist pl* (*fam*) ❶ (*Schwierigkeiten*) difficulty, trouble *no pl;* **jd in ~en bringen** to get sb into trouble [*or* BRIT *fam* land sb in it]; **in ~ geraten** [*o* **kommen**] to get into a fix *fam* [*or* trouble] ❷ *kein pl* DIAL (*Erregung*) fury

Schwulst <-[e]s> *m kein pl* (*pej*) [over-]ornateness, floridity, floridness

schwulstig *adj* ❶ (*geschwollen*) swollen, puffed up ❷ ÖSTERR (*schwülstig*) [over-]ornate, florid

schwülstig I. *adj* (*pej*) [over-]ornate, florid; **eine ~e Formulierung** bombastic [*or* pompous] wording; **eine ~e Redeweise/ein ~er Stil** a bombastic [*or* pompous] manner of speaking/style II. *adv* (*pej*) bombastically, pompously

Schwund <-[e]s> *m kein pl* ❶ (*Rückgang*) decline, decrease; *Bestände, Vorräte* dwindling ❷ (*Gewichtsverringerung*) weight loss; (*Schrumpfung*) shrinkage ❸ MED *der Muskulatur* atrophy ❹ RADIO (*Fading*) fading

Schwung <-[e]s, Schwünge> *m* ❶ (*schwingende Bewegung*) swing[ing movement]; ~ **holen** to build up [*or* gain] momentum ❷ *kein pl* (*Antriebskraft*) drive, verve; **etw in ~ bringen** (*fam*) to knock [*or* whip] sth into shape; **in ~ kommen** (*fam*) to get going; **[richtig] in ~ sein** (*fam: in Fahrt*) to be in full swing; (*reibungslos funktionieren*) to be doing really well ❸ (*Linienführung*) sweep ❹ (*fam: größere Anzahl*) stack *fam,* pile *fam,* sackful; *Besucher, Gäste, Touristen* batch, bunch

Schwungfeder *f* ORN wing feather

schwunghaft I. *adj* flourishing, booming, thriving; **~er Handel** flourishing [*or* roaring] trade II. *adv* **sich ~ entwickeln** to be booming

Schwungrad *nt* TECH flywheel **Schwungscheibe** *f* AUTO flywheel **schwungvoll** I. *adj* ❶ (*weit ausholend*) sweeping ❷ (*mitreißend*) lively; **eine ~e Ansprache/Rede** a passionate [*or* rousing] [*or* stirring] speech; **das ~e Spiel eines Orchesters** the invigorating playing of an orchestra; **~er Markt** ÖKON lively market II. *adv* lively

Schwur <-[e]s, Schwüre> *m* ❶ (*feierliches Versprechen*) vow ❷ (*Eid*) oath; **einen ~ leisten** to take [*or* make] a vow

Schwurgericht *nt* JUR *criminal court composed of three professional and two lay judges that deals with the most serious crimes*

Schwyz <-> ['ʃviːts] *nt* GEOG Schwyz

Sciencefiction[RR] <-, -s> ['saɪənsˈfɪkʃən] *f,* **Science-fiction** <-, -s> *f* LIT science fiction, sci-fi *fam*

Sciencefictionfilm[RR] ['saɪənsˈfɪkʃən-] *m,* **Science-fiction-Film** *m* science-fiction [*or fam* sci-fi] film **Sciencefictionroman**[RR] ['saɪənsˈfɪkʃən-] *m,* **Science-fiction-Roman** *m* science-fiction [*or fam* sci-fi] novel

Scientologe, -login <-n, -n> [saɪənˈtɔlːgə] *m, f* Scientologist

Scientology(-Kirche) <-> *f kein pl* [Church of] Scientology *no pl*

sc(il). *Abk von* **scilicet** sc.

Scooter <-s, -> ['skuːtɐ] *m* scooter

Scrapie-Erkrankung ['skreɪpiː-] *f* MED scrapie

Screenshot <-s, -s> *m* FILM (*fachspr*) screenshot

SCSI *nt* INFORM *Abk von* **small computer systems interface** SCSI

SCSI-Adapter *m* INFORM SCSI adapter **SCSI-Festplatte** *f* INFORM SCSI disk **SCSI-Hostadapter** ['skasɪ-] *m* INFORM SCSI host adapter **SCSI-Schnittstelle** *f* INFORM SCSI port **SCSI-Schnittstellenkarte** *f* INFORM SCSI interface board

Scylla <-> *f kein pl s.* **Szylla**

SDI <-> *Akr von* **strategic defense initiative** SDI

SDR *m Abk von* **Süddeutscher Rundfunk** South German Radio

Seal <-s, -s> *m o nt* seal[skin]

Séance <-, -n> [se'ã:sə] *f* séance; **eine ~ abhalten** to hold [*or* conduct] a séance
sec *f Abk von* **Sekunde** sec
sechs *adj* six; *s. a.* **acht**[1]
Sechs <-, -en> *f* ① (*Zahl*) six ② KARTEN six; *s. a.* **Acht**[1] **4** ③ (*auf Würfel*) **lauter ~en würfeln** to throw nothing but sixes ④ (*Verkehrslinie*) ▪ **die ~** the [number] six ⑤ SCH (*schlechteste Zensur*) bottom [*or* lowest] mark [*or* AM grade] ⑥ SCHWEIZ (*beste Zensur*) top [*or* highest] mark [*or* AM grade]
Sechseck *nt* hexagon **sechseckig** *adj* hexagonal **sechseinhalb** *adj* ① (*Bruchzahl*) six and a half ② (*fam: 6500 DM*) six and a half grand *sl*
Sechser <-s, -> *m* ① SCH (*fam: die Note Ungenügend*) [an] unsatisfactory [mark [*or* AM grade]] ② (*6 Richtige*) six [winning] numbers
sechserlei *adj inv* six [different]; *s. a.* **achterlei**
Sechserpack *m* pack of six, six pack AM
sechsfach, 6fach I. *adj* **die ~e Menge nehmen** to take six times the amount **II.** *adv* six times, sixfold
Sechsfache, 6fache *nt dekl wie adj* **das ~ verdienen** to earn six times as much; *s. a.* **Achtfache**
sechshundert *adj* six hundred; *s. a.* **hundert**
sechshundertjährig *adj* six hundred-year-old *attr,* [of] six hundred years *pred;* **das ~e Bestehen von etw feiern** to celebrate the sexcentenary *form* of sth **sechsjährig, 6-jährig**[RR] *adj* ① (*Alter*) six-year-old *attr,* six years old *pred; s. a.* **achtjährig 1** ② (*Zeitspannne*) six-year *attr; s. a.* **achtjährig 2**
Sechsjährige(r), 6-Jährige(r)[RR] *f(m) dekl wie adj* six-year-old **Sechskantschlüssel** *m* BAU Allen wrench **Sechskantschraube** *f* BAU hexagonal bolt **sechsköpfig** *adj* six-person; *s. a.* **achtköpfig**
sechsmal, 6-mal[RR] *adv* six times; *s. a.* **achtmal**
sechsmalig *adj* six times; *s. a.* **achtmalig sechsstellig** *adj* six-figure **sechsstöckig** *adj inv* six-storey [*or* AM -story] *attr,* with six storeys *pred*
sechsstündig, 6-stündig[RR] *adj* six-hour *attr; s. a.* **achtstündig**
sechst *adv* ▪ **zu ~ sein** to be a party of six
Sechstagerennen *nt* six-day [cycling] race
sechstausend *adj* ① (*Zahl*) six thousand; *s. a.* **tausend** ② (*fam: 6000 DM*) six grand *no pl,* six thou *no pl sl,* six G's [*or* K's] *no pl* AM *sl*
Sechstausender <-s, -> *m* a mountain over 6,000 metres [*or* AM meters]
sechste(r, s) *adj* ① (*nach dem fünften kommend*) sixth; *s. a.* **achte(r, s) 1** ② (*Datum*) sixth, 6th; *s. a.* **achte(r, s) 2, Sinn**
Sechste(r) *m dekl wie adj* ① (*Person*) sixth; *s. a.* **Achte(r) 1** ② (*bei Datumsangaben*) ▪ **der ~/am ~en** der 6./am 6.; *geschrieben* the sixth/on the sixth *spoken,* the 6th/on the 6th *written; s. a.* **Achte(r) 2** ③ (*als Namenszusatz*) **Ludwig der ~** Ludwig VI.; *geschrieben* Louis the Sixth *spoken,* Louis VI *written*
sechstel *adj* sixth
Sechstel <-s, -> *nt* sixth; *s. a.* **Achtel**
sechstens *adv* sixthly, in sixth place
Sechszylinder *m* AUTO ① (*Auto*) six-cylinder car ② (*Motor*) six-cylinder engine
sechzehn *adj* sixteen; *s. a.* **acht**[1]
sechzehnte(r, s) *adj* sixteenth; *s. a.* **achte(r, s)**
Sechzehntelnote *f* MUS semiquaver BRIT, sixteenth note AM
sechzig *adj* sixty
Sechzig <-, -en> *f* sixty
sechziger, 60er *adj attr, inv* **die ~ Jahre** the sixties [*or* '60s]; *s. a.* **achtziger**
Sechziger[1] <-s, -> *m* (*Wein*) a 1960 [*or* '60] vintage
Sechziger[2] *pl* ▪ **die ~** the sixties [*or* '60s]; ▪ **in den ~n sein** to be in one's sixties; *s. a.* **Achtziger**[3]
Sechziger(in) <-s, -> *m(f)* ① (*Mensch in den Sechzigern*) sexagenarian ② *s.* **Sechzigjährige(r)**
Sechzigerjahre *pl* ▪ **die ~** the sixties [*or* '60s] *npl*
sechzigjährig, 60-jährig[RR] *adj attr* ① (*Alter*) sixty-year-old *attr,* sixty years old *pred* ② (*Zeitspanne*) sixty-year *attr* **Sechzigjährige(r), 60-Jährige(r)**[RR] *f(m) dekl wie adj* sixty-year-old
sechzigste(r, s) *adj* sixtieth; *s. a.* **achte(r, s)**
Secondhandartikel *m* second-hand item [*or* goods] *npl* **Secondhandkleidung** *f* second-hand clothes *npl* **Secondhandladen** ['sɛkəndhɛnd] *m* second-hand shop **Secondhandmarkt** *m* ÖKON secondhand market **Secondhandshop** *m* second-hand [clothes] shop
SED <-> [ɛsʔe:'de:] *f* HIST *Abk von* **Sozialistische Einheitspartei Deutschlands** *state party of the former GDR*
Sedativum <-s, -tiva> [-vʊm] *nt* PHARM sedative
sedezimal *adj* MATH hexadecimal
Sediment <-[e]s, -e> *nt* sediment
Sedimentgestein *nt* GEOL sedimentary rock
See[1] <-s, -n> *m* lake; **der ~ Genezareth** REL the Sea of Galilee [*or* Lake of Genesaret]; **der Genfer ~** Lake Geneva; **die Großen ~n** the Great Lakes; **ein künstlicher ~** an artificial lake
See[2] <-, -n> *f* ① GEOG (*Meer*) sea; **an der ~** at the seaside, by the sea, on the coast ② NAUT (*Meer*) sea; **auf ~** at sea; **auf hoher** [*o* **offener**] **~** on the high seas; **auf ~ bleiben** (*euph*) to die at sea; **in ~ gehen** [*o* **stechen**] to put to sea; **zur ~ fahren** to be a sailor [*or* [merchant] seaman]; **zur ~ gehen** to go to sea, to become a sailor ③ NAUT (*Seegang*) heavy sea, swell ④ NAUT (*Sturzwelle*) [high [*or* tall]] wave
Seeaal *m* KOCHK flake *no indef art* **Seeadler** *m* ORN sea eagle **Seeanemone** *f* ZOOL sea anemone **Seebad** *nt* TOURIST seaside [health] resort **Seebär** *m* ① (*hum fam: erfahrener Seemann*) sea-dog, old salt ② ZOOL fur-seal **Seebarsch** *m* ZOOL sea bass **Seebeben** *nt* GEOL seaquake, waterquake **Seebrasse** *f* ZOOL sea bream **Seeelefant**[RR] *m,* **See-Elefant** *m* ZOOL sea elephant, elephant seal **Seefahrer** *m* NAUT (*veraltend*) seafarer **Seefährschiff** *nt* seagoing ferryboat, train ferry **Seefahrt** *f* NAUT ① *kein pl* (*Schifffahrt*) sea travel, seafaring *no art;* **die christliche ~** (*hum*) seafaring *no art,* a life on the ocean waves ② (*veraltend*) *s.* **Seereise Seefahrt(s)buch** *nt* discharge book BRIT, seaman's passport AM **Seefahrt(s)schule** *f* naval college **seefest** *adj* ① *Ladung* secured for sea transport ② *Schiff* seaworthy ③ **~ sein** *Mensch* to have one's sealegs **Seefisch** *m* ① ZOOL saltwater fish, sea fish ② *kein pl* KOCHK (*Fleisch von Seefischen*) sea-fish *no art,* saltwater fish *no art* **Seeflieger(in)** *m(f)* naval [*or* seaplane] pilot **Seeflughafen** *m* seadrome **Seeflugzeug** *nt* seaplane **Seeforelle** *f* lake [*or* BRIT grey] trout **Seefracht** *f* sea freight *no indef art* **Seefrachtbrief** *m* bill of lading **Seefrachtgeschäft** *nt* carriage by sea **Seefrachtrecht** *nt* HANDEL law of carriage by sea **Seefrachtversicherung** *f* cargo insurance **Seefrachtvertrag** *m* JUR maritime contract of affreightment **Seefrau** *f fem form von* **Seemann Seefunk** *m* marine radio **Seefunkdienst** *m* marine radio service **Seegang** *m kein pl* swell; **schwerer** [*o* **hoher**] [*o* **starker**] **~** heavy [*or* rough] seas [*or* swell] **Seegebiet** *nt* sea territory, territorial waters *pl* **Seegefahr** *f* sea [*or* maritime] risk **Seegefecht** *nt* MIL naval [*or* sea] battle **Seegerichtsbarkeit** *f kein pl* JUR maritime jurisdiction **seegestützt** *adj* sea-based **Seegras** *nt* BOT sea-grass, eel-grass, grass-wrack **Seegrenze** *f* sea frontier **seegrün** *adj inv* sea-green **Seegurke** *f* ZOOL sea cucumber **Seegüterversicherung** *f* marine cargo insurance **Seehafen** *m* ① NAUT (*Gegenteil von Binnenhafen*) harbour [*or* AM -or], [sea]port ② GEOG (*Küstenstadt mit Hafen*) seaport **Seehaftpflichtversicherung** *f* FIN marine liability insurance **Seehandel** *m* sea [*or* maritime] trade **Seehandelsgesellschaft** *f* sea trading company **Seehandelsgüter** *pl* seaborne goods *npl* **Seehandelsrecht** *nt kein pl* merchant shipping law **Seehecht** *m* ZOOL hake **Seeherrschaft** *f kein pl* maritime [*or* naval] supremacy **Seehund** *m* ZOOL common seal **Seeigel** *m* ZOOL sea-urchin, sea hedgehog, echinoid *spec* **Seekarte** *f* NAUT sea [*or* nautical] chart **Seekartensystem** *nt* NAUT series of sea charts; **elektronisches ~** electronic charts *pl* **Seekaskoversicherung** *f* FIN [marine] hull insurance **seeklar** *adj* NAUT ready to put to sea *pred,* ready to sail *pred;* **etw ~ machen** to prepare sth to put to sea [*or* to sail] **Seeklima** *nt* METEO maritime climate **Seekonnossement** *nt* HANDEL ocean bill of lading **seekrank** *adj* MED seasick **Seekrankheit** *f kein pl* MED seasickness **Seekrieg** *m* MIL naval warfare **Seekuh** *f* ZOOL seacow, manatee, sirenian *spec* **Seekunde** *f* ① (*Schifffahrt*) navigation ② (*Wissenschaft*) nautical science ③ (*Leerfach*) nautics + *sing vb* **Seelachs** *m* coalfish, saithe, coley
Seelchen <-s, -> *nt dim von* **Seele** (*pej*) dear soul
Seele <-, -n> *f* ① REL soul; **die armen ~n** the souls of the dead; **die ~ aushauchen** to breathe one's last ② PSYCH (*Psyche*) mind; **mit Leib und ~** wholeheartedly; **Schaden an seiner ~ nehmen** to lose one's moral integrity; **mit ganzer ~** heart and soul, with complete dedication; **aus tiefster** [*o* **innerster**] **~** (*zutiefst*) from the bottom of one's heart; (*aus jds Innerem*) from the heart; **eine kindliche ~ haben** to be a simple soul; **eine schwarze ~ haben** to be a bad lot; **jdm tut etw in der ~ weh** sth breaks sb's heart ③ (*Mensch*) soul; **eine durstige ~** (*fam*) a thirsty soul; **eine treue ~** a faithful soul; **ein Dorf mit 500 ~n** (*veraltend*) a village of 500 souls ④ (*an Waffen*) bore ⑤ (*am Seil*) core ⑥ ELEK **Seele des Kabels** core ► WENDUNGEN: **ein Herz und eine ~ sein** to be inseparable; **sich** *dat* **die ~ aus dem Leibe brüllen** (*fam*) to shout [*or* scream] one's head off; **sich die ~ aus dem Leib husten** to cough one's guts up *sl;* **eine ~ von Mensch** [*o* **einem Menschen**] **sein** to be a good[-hearted] soul; **dann hat die liebe** [*o* **arme**] **~ Ruh** (*fam*) now sb has got what they want, perhaps we'll have some peace; **etw brennt jdm auf der ~** (*fam*) sb is dying to do sth; ***dieses Problem brennt mir schon lange auf der ~*** this problem's been on my mind for some time [now]; **es brennt jdm auf der ~, etw zu tun** sb can't wait to do sth; **jdm auf der ~ knien** to plead with sb to do sth; **die ~ einer S.** *gen* **sein** to be the heart and soul of sth; **etw liegt** [*o* **lastet**] **jdm auf der ~** sth is [weighing] on sb's mind; **sich** *dat* **etw von der ~ reden** to get sth off one's chest; **jdm aus der ~ sprechen** (*fam*) to say exactly what sb [else] is thinking; ***du sprichst mir aus der Seele!*** I couldn't have put it better myself!; **meiner Seel!** (*veraltet*) upon my sword *old; s. a.* **Teufel**
Seelenfriede(n) *m* (*geh*) peace of mind **Seelengröße** *f* (*geh*) magnanimity **seelengut** *adj inv* kind-hearted **Seelenheil** *nt* REL ▪ **jds ~** the salvation of sb's soul, spiritual welfare **Seelenlage** *f* state [*or* frame] of mind **Seelenleben** *nt kein pl* (*geh*) inner [*or* spiritual] life **Seelenmassage** *f* (*fam*) gentle persuasion, comforting words *pl* **Seelenqual** *f meist pl* (*geh*) mental anguish *no pl* [*or* torment] *no pl* **Seelenruhe** *f* **in aller ~** as cool as you please [*or* calm as you like] **seelenruhig** *adv inv* calmly **Seelenverkäufer** *m* ① NAUT coffin-ship, floating death-trap ② (*skrupelloser Mensch*) the kind of person who would sell his own granny (*unscrupulous, avaricious and exploitative person*) **seelenverwandt** *adj* kindred; **~e Menschen** [people who are] kindred spirits; ▪ **~ sein** to be kindred spirits **Seelenwanderung** *f* REL transmigration of souls, metempsychosis
Seeleute *pl von* **Seemann**
seelisch I. *adj* psychological; **~e Belastungen/Nöte** emotional stress/trouble; **~e Erschütterung/Qual** emotional upset/mental ordeal; *~es Gleichgewicht* mental balance; **das ~e Gleichgewicht verlieren** to lose one's metal balance; *s. a.* **Grausamkeit II.** *adv* **~ bedingt sein** to have psychological causes
Seelöwe, -löwin <-n, -n> *m, f* sea lion
Seelsorge *f kein pl* REL spiritual welfare
Seelsorger(in) <-s, -> *m(f)* REL pastor
seelsorgerisch I. *adj* REL pastoral **II.** *adv* REL **~ tätig sein** to carry out pastoral duties
Seeluft *f kein pl* sea air **Seemacht** *f* POL naval [*or* sea] [*or* maritime] power **Seemakler(in)** *m(f)* HANDEL ship broker **Seemann** <-leute> *m* sailor, sea-

man **seemännisch** *adj* nautical; ~e **Tradition** seafaring tradition
Seemannsausdruck <-ausdrücke> *m* nautical term **Seemannsbar** *f* sailors' pub [*or* AM bar] **Seemannschaft** *f* seamanship **Seemannsgarn** *nt kein pl* (*fam*) sailor's yarn *fam;* ~ **spinnen** (*fig*) to spin a [sailor's] yarn *fig* **Seemannslied** *nt* [sea] shanty **Seemannssprache** *f* nautical jargon, sailor's slang
seemäßig I. *adj inv* seaworthy, seaproof; ~e **Verpackung** cargopack II. *adv* seaworthy, seaproof; ~ **verpackt** seaworthy-packed, packed seaworthy
Seemeile *f* nautical [*or* sea] mile **Seemine** *f* [sea] mine **Seenadel** *f* ZOOL pipefish
Seengebiet *nt* lake district
Seenot *f kein pl* distress [at sea] *no pl;* **in** ~ **sein, sich in** ~ **befinden** to be in distress [at sea]; **in** ~ **geraten** to get into difficulties
Seenotrettungsdienst *m* sea rescue service, coast guard AM **Seenotrettungsflugzeug** *nt* sea rescue aircraft **Seenotrettungskreuzer** *m* lifeboat **Seenotruf** *m* nautical distress signal [*or* call] **Seenotwelle** *f* distress frequency [*or* wave] **Seenotzeichen** *nt* distress signal
Seenplatte *f* GEOG *larger lowland plain comprising several lakes;* **die Mecklenburgische** ~ the Mecklenburg Lakes
Seepassagevertrag *m* ÖKON see passage contract **Seepfandrecht** *nt* maritime lien **Seepferd(chen)** *nt* seahorse **Seequappe** *f* rockling **Seeraub** *m* piracy **Seeräuber(in)** *m(f)* pirate **Seeräuberei** *f kein pl* piracy **Seeräuberin** *f fem form von* Seeräuber **Seeräuberschiff** *nt* pirate ship **Seeräuberspelunke** *f* pirates' den **Seeräubertum** *nt* piracy **Seerecht** *nt kein pl* JUR maritime law, law of the seas **seerechtlich** *adj inv, attr* under maritime law **Seereederei** *f* HANDEL ❶ (*Firma*) shipping company ❷ (*Handel*) shipping business [*or* trade] **Seereise** *f* voyage; (*Kreuzfahrt*) cruise **Seereisende(r)** *f(m) decl wie adj* sea voyager **Seerose** *f* ❶ BOT water lily ❷ ZOOL sea anemone **Seeroute** *f* sea route **Seesack** *m* sailor's kitbag, seabag AM **Seeschaden** *m* JUR average **Seeschadenberechnung** *f* adjustment of average **Seeschiff** *nt* seagoing vessel, sea-boat **Seeschifffahrt**RR *f kein pl* maritime [*or* ocean] shipping **Seeschlacht** *f* sea battle **Seeschlange** *f* sea snake **Seeschlepper** *m* seagoing tug **Seeschleuse** *f* sea lock **Seeschwalbe** *f* ORN tern **Seespediteur** *m* HANDEL ocean carrier **Seestadt** *f* ❶ (*Stadt am Meer*) seaside town ❷ (*Seehafen*) seaport **Seestern** *m* starfish **Seestraße** *f* sealane **Seestraßenordnung** *f* international regulations for preventing collisions at sea **Seestreitkräfte** *pl* naval forces *pl* **Seetang** *m* seaweed **Seetestament** *nt* JUR nuncupative will in distress at sea **Seeteufel** *m* ZOOL monkfish, angler fish **Seetransport** *m* sea transport, shipment [*or* carriage] by sea **Seetransportgeschäft** *nt* HANDEL shipping business [*or* trade], marine transport **Seetransportversicherung** *f* JUR marine insurance **seetüchtig** *adj* seaworthy **Seetüchtigkeit** *f kein pl* seaworthiness **Seeufer** *nt* lakeside, shore of a lake
See- und Landtransport *m* sea and land carriage, carriage by land and sea
Seeunfall *m* sea accident, accident at sea **seeuntüchtig** *adj inv* unseaworthy **Seeuntüchtigkeit** *f kein pl* unseaworthiness **Seeverbindung** *f* HANDEL sea route, shipping line **Seeverkehr** *f kein pl* HANDEL ocean traffic **seeverpackt** *adj inv* HANDEL packed for ocean shipment *pred* **Seeverpackung** *f* HANDEL seaworthy packaging **Seeversicherer** *m* marine [*or* AM ocean] insurer **Seeversicherung** *f* marine [*or* AM ocean] insurance **Seeversicherungsgesellschaft** *f* marine [*or* AM ocean] insurance company **Seeversicherungspolice** *f* marine [*or* AM ocean] insurance policy **Seevogel** *m* sea bird **Seevolk** *nt* maritime nation, seafaring people **Seevölkerrecht** *nt* JUR law of the sea **Seewarte** *f* naval [*or* marine] observatory
seewärts *adv* seaward[s], towards the sea; ***der Wind weht*** ~ the wind is blowing out to sea
Seewasser *nt* sea water, salt water **Seeweg** *m* sea route; **auf dem** ~ by sea **Seewetterbericht** *m* shipping forecast **Seewetterdienst** *m* marine weather service **Seewind** *m* onshore wind **Seewolf** *m* ZOOL wolffish **Seezeichen** *nt* navigational sign **Seezollgrenze** *f* maritime customs border **Seezollhafen** *m* port of entry [*or* within customs territory] **Seezunge** *f* sole
Segel <-s, -> *nt* NAUT sail; **mit vollen** ~**n** (*a. fig*) under full sail, full speed ahead *a. fig;* **die** ~ **hissen** to hoist the sails; **[die]** ~ **setzen** [*o* **aufziehen**] to set [the] sail[s]; **die** ~ **reffen** [*o* **streichen**] to lower [*or* reef] [the] sail[s]; **unter** ~ under sail; ***das Schiff verließ unter*** ~ ***den Hafen*** the ship sailed out of the harbour ▶ WENDUNGEN: **[vor jdm/etw] die** ~ **streichen** (*geh*) to give in [to sb], to throw in the towel
Segelanweisung *f* sailing directions *pl* [*or* instruction] **Segelboot** *nt* sailing boat, sailboat AM **Segelfahrt** *f* sailing voyage [*or* trip], sail **segelfliegen** *vi nur infin* to glide; ~ **lernen** to learn to fly a glider **Segelfliegen** *nt* gliding **Segelflieger(in)** *m(f)* glider pilot **Segelfliegerei** *f* gliding, glider flying **Segelfliegerschein** *m* glider pilot's licence [*or* AM -se] **Segelflug** *m* ❶ (*Flug mit einem Segelflugzeug*) glider flight ❷ *kein pl s.* **Segelfliegen** **Segelflugdauerrekord** *m* endurance record for sailplanes **Segelflugplatz** *m* gliding field **Segelflugsport** *m* gliding **Segelflugzeug** *nt* glider **Segeljacht** *f* [sailing] yacht **Segelkarte** *f* sailing [*or* track] chart **segelklar** *adj inv* ready to sail **Segelklub** *m* yacht[ing] [*or* sailing] club **Segelkurs** *m* sailing course **Segelmacher(in)** <-s, -> *m(f)* sailmaker
segeln I. *vt sein o haben* ■**etw** ~ to sail sth; **eine Regatta** ~ to sail in a regatta; **eine Wende** ~ to go about II. *vi* ❶ *sein* (*mit einem Segelschiff fahren*) ■**[irgendwo/irgendwohin]** ~ to sail [somewhere]; ~ **gehen** to go sailing ❷ *sein* (*fliegen*) ■**[durch etw]** ~ to sail [through sth]; **durch die Luft** ~ to sail through the air ❸ *sein* (*fig fam: durchfallen*) ■**durch etw** ~ to fail sth, to flop in sth ❹ (*fam: fallen*) **auf den Boden** ~ to fall to the ground ▶ WENDUNGEN: **von der Schule** ~ to be thrown out of school
Segeln <-s> *nt kein pl* sailing; **zum** ~ **gehen** to go sailing
Segelohren *pl* (*pej fam*) mug [*or* trophy] ears *fam* **Segelregatta** *f* sailing [*or* yachting] regatta **Segelschiff** *nt* sailing ship **Segelschifffahrt**RR, **Segelschiffahrt** *f* sail navigation **Segelschule** *f* sailing school **Segelschulschiff** *nt* training sailing boat **Segelsport** *m* sailing *no art* **Segeltörn** *m* yacht cruise **Segeltour** *f* sailing [*or* yacht] cruise **Segeltuch** *nt* sailcloth, canvas **Segeltuchplane** *f* canvas **Segelyacht** *f s.* **Segeljacht**
Segen <-s, -> *m* ❶ *no pl* REL (*religiöser Glückwunsch*) blessing; **jdm den** ~ **erteilen** [*o* **spenden**] to give sb a blessing, to bless sb; **den** ~ **sprechen** to say the benediction; (*Beistand*) blessing ❷ (*fam: Zustimmung*) blessing; **seinen** ~ **[zu etw] geben** to give one's blessing [to sth]; **jds** ~ **haben** to have sb's blessing; **mit jds** ~ with sb's blessing ❸ (*Wohltat*) blessing, godsend; **ein** ~ **für die Menschheit** a benefit for mankind; **ein wahrer** ~ **sein** to be a real godsend ❹ (*Menge, Fülle*) yield; **der ganze** ~ (*iron fam*) the whole lot *fam* ▶ WENDUNGEN: **sich regen bringt** ~ (*prov*) hard work brings its own reward
segensreich *adj* (*geh*) beneficial; *Erfindung, Entdeckung* heaven-sent, blessed; *Tätigkeit, Wirken, Schaffen* worthwhile; (*materiellen Gewinn bringend*) prosperous
Segge <-, -n> *f* BOT sedge
Segler(in) <-s, -> *m(f)* yachtsman/yachtswoman
Segler <-s, -> *m* ❶ (*Segelboot*) sailing boat, sailboat AM ❷ (*Segelflugzeug*) glider ❸ (*geh: segelnder Vogel*) gliding bird; ~ **der Lüfte** a bird sailing on currents of air ❹ ZOOL swift
Segment <-[e]s, -e> *nt* ❶ (*geh: Teilstück*) segment ❷ MATH, MED, ZOOL segment
Segmentierung <-, -en> *f* ZOOL segmentation
segnen *vt* ❶ REL (*mit einem Segen bedenken*) ■**jdn/etw** ~ to bless sb/sth; **mit** ~**der Gebärde** in blessing; **segnend die Hände heben** to raise one's hands in blessing; *s. a.* **Gott** ❷ (*geh: reich bedenken, beglücken*) ■**jdn [mit etw]** ~ to bless sb [with sth]; ■**[mit etw] gesegnet sein** to be blessed with sth; **ein gesegnetes Alter erreichen** to reach a venerable age; **einen gesegneten Appetit haben** to have a healthy appetite; **einen gesegneten Schlaf haben** (*fam*) to sleep like a log ❸ (*veraltend: preisen*) ■**etw** ~ to bless sth
Segnung <-, -en> *f* ❶ REL (*das Segnen*) blessing ❷ *meist pl* (*Vorzüge, segensreiche Wirkung*) benefits, advantages; **die** ~**en der modernen Forschung** the benefits [*or* advantages] of modern research
Segregation <-, -en> *f* ❶ BIOL segregation ❷ (*Trennung*) segregation
sehbehindert *adj* (*geh*) visually impaired, partially sighted
Sehbehinderte(r) *f(m) decl wie adj* partially sighted [*or* visually handicapped [*or* impaired]] person

sehen <sah, gesehen>

I. TRANSITIVES VERB II. INTRANSITIVES VERB
III. REFLEXIVES VERB

I. TRANSITIVES VERB

❶ (*erblicken, bemerken*) ■**jdn/etw** ~ to see sb/sth; ***man darf dich bei mir nicht*** ~ you can't be seen with me; **etw nicht gerne** ~ to not like sth; **es nicht gern** ~**, dass** [*o* **wenn**]**...** to not like it, that [*or* when] ...; ***man sieht es nicht gern, wenn Frauen sich betrinken*** it is frowned upon if women get drunk; **jdn/etw zu** ~ **bekommen** to get to see sb/sth; ***hat man so was schon gesehen!*** did you ever see [*or* have you ever seen] anything like it!; **gut/schlecht zu** ~ **sein** to be well/badly visible; **etw kommen** ~ to see sth coming; ***ich sehe es schon kommen, dass wir wieder die Letzten sein werden*** I can see it coming that we are going to be last again; **jdn/etw nicht mehr** ~ **können** (*fam*) to not be able to stand [*or* bear] the sight of sb/sth; ***ich kann kein Blut*** ~ I can't stand the sight of blood; ***ich kann nicht*** ~**, *wie schlecht du sie behandelst*** I can't bear to see how badly you treat her; **sich** ~ **lassen können** to be sth to be proud of; ***diese Leistung kann sich wirklich*** ~ ***lassen*** you can be proud of what you've achieved; ***in diesem Kostüm kannst du dich wirklich*** ~ ***lassen*** you look terrific in that suit; ***mit dieser Frisur kannst du dich nicht*** ~ ***lassen!*** you can't go around with you hair like that!; **sich [bei jdm]** ~ **lassen** (*fam*) to show one's face [at sb's house] *fam;* ***ich möchte den*** ~**, *der in der Lage ist, diese Leistung zu überbieten*** (*fam*) I'd like to see someone do better; ***das muss man gesehen haben*** one has to see it to believe it; ***das wollen wir [doch] erst mal*** ~**!** (*fam*) [well,] we'll see about that!; **so gesehen** from that point of view, looking at it that way; ***da sieht man es mal wieder!*** (*fam*) it's the same old story, that's just typical! *fam* ❷ (*ansehen*) ■**etw** ~ to see sth; **eine Fernsehsendung** ~ to watch a television programme; ***hast du gestern Abend die Übertragung des Spiels gesehen?*** did you watch [*or* see] the game last night?; ***ich hätte Lust, ein Ballett zu*** ~ I quite fancy going to see a ballet; ***es gibt hier nichts zu*** ~ there's nothing to see here ❸ (*treffen*) ■**jdn** ~ to see sb; ***wann sehe ich dich das nächste Mal?*** when will I see you again?; ■**sich** [*o* **einander**] ~ to see each other ❹ (*einschätzen*) ■**etw [irgendwie]** ~ to see sth [somehow]; ***ich sehe die Aussichten wenig rosig*** the prospects look less than rosy to me; **ich sehe das so: ...** the way I see it, ...; ***ich sehe mich in dieser Angelegenheit als unparteiische Vermittlerin*** I consider myself a neutral

S

intermediary in this situation; ■**jdn [in jdm] ~** to see sb [in sb]; ***sie sieht in jeder Frau gleich die Rivalin*** she sees every woman as a rival

II. INTRANSITIVES VERB

❶ *(ansehen)* to look; ***lass mal*** ~ let me see [*or* have a look] ❷ *(Sehvermögen haben)* to see; **gut/schlecht ~** to be/not be able to see very well, to have a good/bad eyesight; ***mit der neuen Brille sehe ich viel besser*** I can see much better with my new glasses; ***er sieht nur noch auf einem Auge*** he can only see out of one eye ❸ *(blicken)* to look; **durch die Brille ~** to look through one's glasses; **aus dem Fenster ~** to look out of the window; **auf das Meer ~** to look at the sea; ***sieh doch nur, die schönen Blumen*** *(fam)* look at the pretty flowers; ***ich sehe sehr positiv in die Zukunft*** I'm very optimistic about the future; **auf die [*o* nach der] Uhr ~** to look at one's watch ❹ *(feststellen, [be]merken)* to see; **~ Sie [wohl]!, siehste!** *(fam)* you see!; ***sie wird schon ~, was sie davon hat*** *(fam)* she'll soon get her just deserts; ***na siehst du, war doch nicht schlimm*** *(fam)* see, it wasn't that bad; ***ich sehe sehr wohl, was hier los ist*** I can see very well what is happening here ❺ *(sich kümmern um)* ■**nach jdm ~** to go [*or* come] and see sb; ■**nach etw ~** to check on sth; **nach dem Essen ~** to check [on] the meal; **nach der Post ~** to see if there is any post; ***ich werde ~, was ich für Sie tun kann*** I'll see what I can do for you; *(nachsehen)* to see; ***ich werde ~, wer da klopft*** I'll see who is at the door; *(abwarten)* to wait and see; **mal ~!** *(fam)* wait and see!; ***wir müssen ~, was die Zukunft bringt*** we'll have to wait and see what the future holds ❻ DIAL *(achten)* ■**auf etw/jdn ~** to pay attention to sth/sb; **auf den Preis ~** to pay attention to the price; **auf Sauberkeit ~** to check sth is clean; ***könntest du bitte auf die Kinder ~*** could you please keep an eye on the children; ***du solltest mehr auf dich selbst ~*** you should think more about yourself; ***wir müssen darauf ~, dass wir nicht gegen das Gesetz verstoßen*** we'll have to watch out that we don't break the law; *(dafür sorgen)* to look after; ***jeder muss ~, wo er bleibt*** every man for himself; ***heutzutage muss man ~, wo man bleibt*** *(fam)* nowadays you've got to make the most of your chances; ***sieh, dass du schnell fertig wirst*** make sure [*or* see to it that] you're finished quickly ❼ *(geh: herausragen)* ■**etw sieht aus etw** *dat* sth sticks out of sth; ***eine Weinflasche sah aus ihrer Einkaufstasche*** a wine bottle was sticking out of her shopping bag

III. REFLEXIVES VERB

❶ **sich [irgendwo] ~ lassen** to show up [somewhere] ❷ *(beurteilen, einschätzen)* ■**sich ~** to consider oneself; **sich betrogen/enttäuscht/verlassen ~** to consider oneself cheated/disappointed/deserted; *(sich fühlen)* to feel; **sich veranlasst sehen, etw zu tun** to feel it necessary to do sth; **sich gezwungen [*o* genötigt] sehen, etw zu tun** to feel compelled to do sth

Sehen <-s> *nt kein pl* seeing; **jdn nur vom ~ kennen** to only know sb by sight

sehenswert *adj* worth seeing; **eine wirklich ~e Ausstellung** an exhibition well worth seeing

sehenswürdig *adj s.* **sehenswert**

Sehenswürdigkeit <-, -en> *f* sight; **~en besichtigen** to do [*or* see] the sights

Seher(in) <-s, -> *m(f)* *(veraltend)* seer, prophet

Seherblick *m kein pl* prophetic eye, visionary powers *pl*

Seherin <-, -nen> *f fem form von* **Seher**

seherisch *adj attr* prophetic

Sehfarbstoff *m* BIOL retinol **Sehfehler** *m* visual defect **Sehfeld** *nt* BIOL, MED field of vision, visual field **Sehkraft** *f kein pl* [eye] sight **Sehleistung** *f* eye-sight

Sehne <-, -n> *f* ❶ ANAT tendon, sinew ❷ *(Bogensehne)* string ❸ MATH chord

sehnen *vr* to long; ■**sich nach jdm/etw ~** to long for sb/sth

Sehnen <-s> *nt kein pl (geh)* longing, yearning

Sehnenriss^RR *m* torn tendon **Sehnenscheide** *f* ANAT tendon sheath **Sehnenscheidenentzündung** *f* MED tendovaginitis *spec,* inflammation of a/the tendon's sheath **Sehnenzerrung** *f* pulled tendon

Sehnerv *m* optic nerve

sehnig *adj* ❶ KOCHK sinewy, stringy ❷ *(drahtig, ohne überflüssiges Fett)* sinewy, stringy; **~e Beine** wiry legs

sehnlich *adj* ardent, eager; **in ~er Erwartung** in eager expectation; **etw ~ [herbei]wünschen** to long for sth [to happen]

sehnlichst *adj Wunsch* dearest, keenest, most ardent

Sehnsucht <-, -süchte> *f* longing, yearning; **~ nach Liebe** yearning to be loved; **~ [nach jdm/etw] haben** to have a longing [*or* yearning] [for sb/sth]; **vor ~** with longing; ***du wirst schon mit ~ erwartet*** *(fam)* they are longing [*or* can't wait] to see you

sehnsüchtig *adj attr* longing, yearning; **ein ~er Blick** a wistful gaze [*or* look]; **~e Erwartung** eager expectation; **~es Verlangen** ardent longing; **ein ~er Wunsch** an ardent wish

sehnsuchtsvoll *adj (geh) s.* **sehnsüchtig**

sehr <[noch] mehr, am meisten> *adv* ❶ *vor vb (in hohem Maße)* very much, a lot; ***danke ~!*** thanks a lot; ***bitte ~, bedienen Sie sich*** go ahead and help yourself; ***das will ich doch ~ hoffen*** I very much hope so; ***das freut/ärgert mich [aber] ~*** I'm very pleased/annoyed about that ❷ *vor adj, adv (besonders)* very; **jdm ~ dankbar sein** to be very grateful to sb; ***das ist aber ~ schade*** that's a real shame; *s. a.* **nicht, so, wie, zu**

Sehschärfe *f* visual acuity

Sehschärfe-Prüfung *f* AUTO eye test **Sehstörung** *f* visual [*or* sight] defect **Sehtest** *m* eye test **Sehtraining** *nt* eye exercises **Sehvermögen** *nt kein pl* strength of vision, sight **Sehweise** *f* way of seeing things **Sehzelle** *f* BIOL photoreceptor

sei *imper, 1. und 3. pers sing Konjunktiv von* **sein**

seicht *adj* ❶ *(flach)* shallow; **~es Gewässer** shallow stretch of water ❷ *(pej: oberflächlich, banal)* shallow, superficial

seid *2. pers pl pres* **sein**

Seide <-, -n> *f* silk

Seidel <-s, -> *nt* ❶ *(Bierkrug)* beer mug ❷ *(veraltet: Flüssigkeitsmaß)* half-litre [*or* AM -er]

Seidelbast *m* BOT daphne

seiden *adj attr* silk; **~e Bettwäsche** silk sheets; **~ glänzen** to gleam silkily

Seidenglanz *m* silky sheen **Seidenpapier** *nt* tissue paper **Seidenprotein** *nt* silk protein **Seidenraupe** *f* silkworm **Seidenraupenzucht** *f* sericulture **Seidenreiher** *m* ORN egret **Seidenschwanz** *m* ORN waxbill **Seidenspinner** *m* silk moth **Seidenstraße** *f* HIST silk road **Seidenstrumpf** *m* MODE *(veraltend)* silk stocking **Seidentuch** *nt* silk scarf **Seidenwaren** *pl* silk goods *npl* [*or* wares] *npl* **seidenweich** *adj* silky soft; ■**~ sein** to be soft as silk

seidig *adj* silky

Seife <-, -n> *f* soap

seifen *vt* DIAL to soap; ■**jdm etw ~** to soap sb's sth; **jdm die Haare/den Kopf ~** to shampoo sb's hair

Seifenblase *f* soap bubble; **~n machen** to blow [soap] bubbles; **wie eine ~ zerplatzen** to burst like a bubble **Seifenfabrik** *f* soap factory **Seifenlauge** *f* soapy water, soap suds *pl* **Seifenoper** *f* TV *(sl)* soap opera **Seifenpulver** *nt* soap powder **Seifenschale** *f* soap dish **Seifenschaum** *m* [soapy] lather **Seifenspender** *m* soap dispenser **Seifenwasser** *nt kein pl* soapy water *no pl,* suds *npl*

seifig *adj* soapy; **ein ~er Geschmack** a soapy taste

seihen *vt* ■**etw ~** to strain [*or* sieve] sth

Seiher <-s, -> *m bes* SÜDD, ÖSTERR strainer, colander

Seihlöffel *m* disk skimmer

Seil <-[e]s, -e> *nt* ❶ *(dünnes Tau)* rope; **in den ~en hängen** *(a. fig)* to be on the ropes, to be shattered *fig* ❷ *(Drahtseil)* cable; **auf dem ~ tanzen** to dance on the high wire

Seilakrobat(in) *m(f)* tightrope acrobat **Seilbahn** *f* ❶ TRANSP cable railway, funicular ❷ *(Drahtseilbahn)* cable car **Seilbrücke** *f* rope bridge

Seiler(in) <-s, -> *m(f)* ropemaker

Seilerwaren *pl* rope goods *npl*

Seilfähre *f* rope [*or* cable] ferry **seil|hüpfen** *vi nur infin und pp sein s.* **seilspringen**

Seilschaft <-, -en> *f* ❶ *(Gruppe von Bergsteigern)* roped party ❷ *([in der Politik] zusammenarbeitende Gruppe)* working party

Seilschwebebahn *f* cable railway **seil|springen** *vi irreg, nur infin und pp sein* to skip [rope]

Seilspringen *nt* [rope-]skipping **Seiltanz** *m* *(akrobatischer Akt)* tightrope act ▶ WENDUNGEN: **[wahre] Seiltänze vollführen** *(fam)* to bend over backwards **Seiltänzer(in)** *m(f) s.* **Seilakrobat** **Seilwinde** *f* winch **Seilzug** *m* cable

Seimhonig *m* pressed honey

sein^1 <bịn, bịst, ịst, sịnd, seid, war, gewesen>

I. INTRANSITIVES VERB **II. UNPERSÖNLICHES INTRANSITIVES VERB** **III. AUXILIARVERB**

I. INTRANSITIVES VERB

sein ❶ *(existieren)* to be; **nicht mehr ~** *(fam)* to be no more, to no longer be with us; ***wenn du nicht gewesen wärest, wäre ich jetzt tot*** if it hadn't been for you I'd be dead now; ***es ist schon immer so gewesen*** it's always been this way; ***was nicht ist, kann noch werden*** there's still hope; ***es kann nicht ~, was nicht ~ darf*** some things just aren't meant to be ❷ *(sich befinden)* ■**[irgendwo] ~** to be [somewhere]; ***ich bin wieder da*** I'm back again; ***ist da jemand?*** is somebody there? ❸ *(stimmen, zutreffen)* ■**irgendwie ~** to be somehow; **dem ist so** that's right; **dem ist nicht so** it isn't so, that's not the case; ***es ist so, wie ich sage*** it's like I say ❹ *(sich [so] verhalten, Eigenschaft haben)* **böse/lieb/dumm/klug etc. ~** to be angry/nice/stupid/clever etc.; ***sie ist kleiner als er*** she is smaller than him; ***es ist bitter kalt*** it's bitter cold; **freundlich/gemein/lieb zu jdm ~** to be friendly/mean/kind to sb; **jdm zu dumm/gewöhnlich/primitiv ~** to be too stupid/common/primitive for sb [to bear]; **was ist mit jdm?** what is the matter with sb?, what's up with sb? *fam;* ***er war so freundlich und hat das überprüft*** he was kind enough to check it out; ***sei so lieb und störe mich bitte nicht*** I would be grateful if you didn't disturb me ❺ *(darstellen)* ■**etw ~** to be sth; **wer immer sie auch ~ möge** whoever she might be; ***und der/die/das wäre[n]?*** namely?; ***es ist nicht mehr das, was es einmal war*** it isn't what it used to be; ***ich will ja nicht so ~*** I won't be a spoil-sport ❻ *(in eine Klassifizierung eingeordnet)* ■**jd ~** to be sb; ***sie ist Geschäftsführerin*** she is a company director; **etw [beruflich] ~** to do sth [for a living]; **ein Kind ~** to be a child; **der Schuldige ~** to be [the] guilty [party]; **wer ~** *(fam)* to be somebody; ***wir sind wieder wer*** aren't we important? *iron;* **nichts ~** to be nothing [*or* a nobody]; ***ohne Geld bist du nichts*** without money you are nothing; **Deutscher/Däne/Franzose ~** to be German/Danish/French; **aus gutem Hause ~** to come from a good family; ***sie ist aus Rumänien*** she is [*or* comes] from Romania ❼ *(gehören)* ***das Buch ist meins*** the book is mine; ***er ist mein Cousin*** he is my cousin ❽ *(zum Resultat haben)* to be sth; ***zwei mal zwei ist/sind vier*** two times two is four ❾ *(sich ereignen)* to be, to take place; ***die Party war gestern*** the party was [*or* took place] yesterday; ***ist etwas?*** what's up?, what's the matter?; **was ist [denn schon wieder]?** what is it [now]?; **ist was [mit mir]?** *(fam)* is there something the matter [with me]?, have I done something?; **was**

war? what was that about?; **ist was?** what is it?; **war was?** (*fam*) did anything [*or* something] happen? ⑩ [*etw betreiben*] ***wir waren schwimmen*** we were swimming ⑪ (*hergestellt* ~) ■ **aus etw** ~ to be [made of] sth; ***das Hemd ist aus reiner Seide*** the shirt is [made of] pure silk ⑫ + *comp* (*gefallen*) **etw wäre jdm lieber/angenehmer** [**gewesen**] sb would prefer [*or* have preferred] sth; ***ein Eis wäre mir lieber gewesen als Schokolade*** I would have preferred an icecream to chocolate ⑬ (*sich fühlen*) **jdm ist heiß/kalt** sb is hot/cold; **jdm ist komisch zumute/übel** sb feels funny/sick ⑭ (*Lust haben auf*) ***mir ist jetzt nicht danach*** I don't feel like it right now; ***mir ist jetzt nach einem Eis*** I feel like having an ice cream ⑮ (*vorkommen*) ***mir ist, als habe ich Stimmen gehört*** I thought I heard voices; ***ihm ist, als träume er*** he thinks he must be dreaming ⑯ *meist mit modalem Hilfsverb* (*passieren*) **etw kann/darf/muss** ~ sth can/might/must be; **sei's drum** (*fam*) so be it; ***das darf doch nicht wahr ~!*** that can't be true!; **kann es ~, dass ...?** could it be, that ...?, is it possible that ...?; **etw ~ lassen** (*fam*) to stop [doing sth]; ***lass das ~!*** stop it!; ***ich lasse es besser*** ~ perhaps I'd better stop that; ***muss das ~?*** do you have to?; ***es braucht nicht sofort zu*** ~ it needn't be done straight away; ***das kann doch nicht ~, dass er das getan hat!*** he can't possibly have done that!; ***es hat nicht ~ sollen*** it wasn't [meant] to be; ***was ~ muss, muss*** ~ (*fam*) what will be will be, that's the way the cookie crumbles *fig* ⑰ *mit infin + zu* (*werden können*) to be; ***sie ist nicht zu sehen*** she cannot be seen; ***mit bloßem Auge ist er nicht auszumachen*** you cannot see him with the naked eye; ***sie ist nicht ausfindig zu machen*** she cannot be found; **etw ist zu schaffen** sth can be done; ***die Schmerzen sind kaum zu ertragen*** the pain is almost unbearable ⑱ *mit infin + zu* (*werden müssen*) **es ist zu bestrafen/zu belohnen/zu überprüfen** it should be punished/rewarded/checked out; **etw ist zu erledigen/auszuführen/zu befolgen** sth must [*or* is to] be done/carried out/followed; *s. a.* **mehr, nicht, wie, wie, wollen**

II. UNPERSÖNLICHES INTRANSITIVES VERB

① (*bei Zeitangaben*) **es ist Januar/Frühling/hell/Nacht** it is January/Spring/daylight/night; ***es ist jetzt 9 Uhr*** the time is now 9 o'clock, it is now 9 o'clock ② (*sich ereignen*) **mit etw ist es nichts** (*fam*) sth comes to nothing; ***war wohl nichts mit eurer Ehe*** your marriage didn't come to anything, did it ③ (*das Klima betreffend*) **jdm ist es zu kalt/feucht** sb is too cold/wet ④ (*mit Adjektiv*) **jdm ist es peinlich/heiß/kalt** sb is embarrassed/hot/cold; **jdm ist es übel** sb feels sick ⑤ (*tun müssen*) ■ **es ist an jdm, etw zu tun** it is for [*or* up to] sb to do sth; ***es ist an dir, zu entscheiden*** it is up to [*or* for] you to decide ⑥ (*der Betreffende* ~) ■ **jd ist es, der etw tut** it is sb who does sth; ***immer bist du es, der Streit anfängt*** it's always you who starts a fight, you are always the one to start a fight ⑦ (*vorziehen*) ***es wäre klüger gewesen, die Wahrheit zu sagen*** it would have been wiser to tell the truth ⑧ (*der Fall* ~) **sei es, wie es wolle** be that as it may; **sei es, dass ..., sei es, dass** whether ... or whether ...; ***sei es, dass sie log, oder sei es, dass sie es nicht besser wusste*** whether she lied or whether she didn't know [any] better; **es sei denn, dass** unless; **wie wäre es mit jdm/etw?** how about sb/sth?; ***heute ist es wohl nichts mit Schwimmbad*** (*fam*) looks like the pool is out today *fam;* **es war einmal ...** once upon a time ...; **wie dem auch sei** be that as it may, in any case; **es ist so, [dass]** ... it's just that ..., you see, ..., it's like this: ...; ***die Geschäfte machen hier um 6 zu, das ist [einfach] so*** the shops here close at 6 — that's just the way it is

III. AUXILIARVERB

① + *pp* ■ **etw gewesen/geworden** ~ to have been/become sth; ***sie ist lange krank gewesen*** she was [*or* has been] ill for a long time; ***er ist so misstrauisch geworden*** he has become so suspicious; ***das Auto ist früher rot gewesen*** the car used to be red ② + *pp, passive* **jd ist gebissen/vergiftet/erschossen/verurteilt worden** sb has been bitten/poisoned/shot dead/convicted ③ *bei Bewegungsverben zur Bildung des Perfekts* **jd ist gefahren/gegangen/gehüpft** sb drove/left/hopped

sein² *pron poss, adjektivisch* ① (*einem Mann gehörend*) his; (*zu einem Gegenstand gehörend*) its; (*einem Mädchen gehörend*) her; (*zu einer Stadt, einem Land gehörend*) its ② *auf man bezüglich* one's; *auf jeder bezüglich* his, their *fam;* ***jeder bekam ~ eigenes Zimmer*** everyone got his own room ③ *auf m und nt Nomen bezüglich* (*fam: gut und gerne*) ■ **~e** definitely; ***er trinkt ~e 5 Tassen Kaffee am Tag*** he regularly drinks 5 cups of coffee a day

Sein <-s> *nt kein pl* PHILOS existence; ~ **und Schein** appearance and reality

Seine <-> ['zɛ:n(ə)] *f* Seine

seine(r, s) *pron poss, substantivisch* (*geh*) ① *ohne Substantiv* (*jdm gehörender Gegenstand*) his; ■ **der/die/das** ~ his; ***ist das dein Schal oder der ~?*** is that your scarf or his? ② (*jds Besitztum*) ■ **das S~** his [own]; **das S~ tun** (*geh*) to do one's bit; **jedem das S~** each to his own ③ (*Angehörige*) ■ **die S~n** his family

seiner *pron pers* (*veraltend*) *gen von* **er, es¹** him; ***wir wollen ~ gedenken*** we will remember him

seinerseits *adv* on his part, as far as he is concerned; **ein Missverständnis** ~ a misunderstanding on his part

seinerzeit *adv* in those days, back then *fam*

seines *pron poss s.* **seine(r,s)**

seinesgleichen *pron inv* ① (*Leute seines Standes*) people of his [own] kind, his equals ② (*jd wie er*) someone like him ③ (*etw wie dies*) ~ **suchen** to be unparalleled, to have no equal; ***das ist ein Gefühl, das ~ sucht*** that feeling is without equal [*or* unique]

seinethalben *adv* (*veraltend geh*), **seinetwegen** *adv* on his account, because of him; ~ ***kamen wir zu spät*** because of him we were late **seinetwillen** *adv* **um** ~ for his sake, for him

seinige *pron poss* (*veraltend geh*) *s.* **seine(r,s)**

seins *pron poss s.* **seine(r, s)**

seismisch *adj inv* GEOL seismic; **~e Welle** seismic wave

Seismograf^RR <-en, -en> *m* GEOL *s.* **Seismograph**

Seismogramm <-s, -e> *nt* GEOL seismogram

Seismograph <-en, -en> *m* GEOL seismograph

Seismologie <-> *f kein pl* GEOL seismology

Seismometer *nt* seismometer

seit I. *präp + dat* (*Anfangspunkt*) since; (*Zeitspanne*) for; ***diese Regelung ist erst ~ kurzem/einer Woche in Kraft*** this regulation has only been effective [for] a short while/a week; ~ **einiger Zeit** for a while; ~ **damals** since then; ~ **neuestem** recently; ~ **wann?** since when? **II.** *konj* (*seitdem*) since

seitdem I. *adv* since then; ~ ***hat sie kein Wort mehr mit ihr gesprochen*** she hasn't spoken a word to him since [then] **II.** *konj* since

Seite <-, -n> *f* ① (*Fläche eines Körpers*) side; **die vordere/hintere/untere/obere** ~ the front/back/bottom/top ② (*rechts oder links der Mitte*) **jdn von der ~ ansehen** (*a. fig*) to look at sb from the side, to look askance at sb *fig;* **auf die andere ~ gehen** to cross the street; **zur ~ gehen** [*o geh* **treten**] to step aside; **[etw/jdn] auf die ~ legen** to lie [sth/sb] on its side; **[jdn] zur ~ nehmen** to take [sb] aside; **zur ~ sprechen** THEAT to make an aside; **zur ~** beside; ***sieh doch mal zur*** ~ look beside you ③ (*sparen*) to put sth on one side [*or* aside] ④ (*fig: auf nicht ganz legale Weise*) **etw auf die ~ schaffen** (*fam*) to pocket sth ⑤ (*Papierblatt*) page; **gelbe ~n** MEDIA Yellow Pages; **eine ~ aufschlagen** to open at a page; (*Seite eines Papierblattes*) side; **~n pro Minute** pages per minute; **numerierte** ~ folio ⑥ (*Fläche eines flachen Gegenstandes*) side; **die A-/B-~ einer Schallplatte** side A/B side of a record; ***die bedruckte ~ des Stoffes kommt nach oben*** the printed side of the material must face upwards; ***das ist die andere ~ der Medaille*** (*fig*) that's the other side of the coin *fig;* **alles hat [seine] zwei ~n** there's two sides to everything ⑦ ANAT (*seitlicher Teil*) side ⑧ (*Unterstützung, Beistand*) **[jdm] nicht von der ~ gehen** [*o* **weichen**] to not leave [sb's] side; **jdm zur ~ springen** (*fam*) to jump to sb's assistance [*or* aid]; **jdm zur ~ stehen** to stand by sb; **jdn [jdm] an die ~ stellen** to give sb [to sb] as support; ***sie lebte sehr glücklich an der ~ ihres Mannes*** she was very happy living with her husband; **~ an ~** side by side ⑨ (*Aspekt*) side; **sich von seiner besten ~ zeigen** to show oneself at one's best, to be on one's best behaviour; **von dritter ~** from a third party; **auf der einen ~..., auf der anderen [~]** ... on the one hand, ..., on the other [hand], ...; **etw von der heiteren ~ sehen** to look on the bright side [of sth]; **etw *dat* eine komische ~ abgewinnen** to see the funny side of sth; **von jds ~ aus** as far as sb is concerned; ***das ist ja eine ganz neue ~ an dir*** that's a whole new side to you; **neue ~n [an jdm] entdecken** to discover new sides [to sb]; **jds schwache ~ sein** (*jds Schwachstelle sein*) to be sb's weakness, to be sb's weak point; (*fam: einen starken Reiz darstellen*) to be tempting for sb; **jds starke ~ sein** (*fam*) to be sb's forte [*or* strong point] ⑩ (*Partei, Gruppe, Instanz*) side; ***beide ~n zeigten sich verhandlungsbereit*** both sides showed they were prepared to negotiate; **jdn auf seine ~ bringen** [*o* **ziehen**] to get sb on one's side; **sich *akk* auf jds *dat* ~ schlagen** to change over to sb's side; **auf jds [*o* sein] ~ stehen** *dat* to be on sb's side; **die ~n wechseln** SPORT to change ends; (*zu jdm übergehen*) to change sides; **von allen ~n** from everywhere, from all sides; ***es wurde von allen ~n bestätigt*** it was confirmed by all; ***man hört es von allen ~n*** it can be heard from all sides [*or* everywhere]; **von bestimmter ~** from certain circles; **von kirchlicher/offizieller ~** from ecclesiastical/official sources ⑪ (*Richtung*) side; ***die Bühne ist nur nach einer ~ offen*** the stage is only open on one side; **nach allen ~n** in all directions ⑫ (*genealogische Linie*) side; ***von mütterlicher ~ her*** from the maternal side ▸ WENDUNGEN: **an jds grüner ~ sitzen** (*hum*) to sit by sb

Seiten *präp* ■ **auf** ~ [*o* **aufseiten**] **einer S./eines Menschen** on the part of sth/sb; ***auf~ der Wähler gab es viele Proteste*** from the voters came many protests; ■ **von** ~ [*o* **vonseiten**] **einer S./eines Menschen** from the part of sth/sb

Seitenairbag [-ærbɛg] *m* AUTO lateral [*or* side] airbag **Seitenaltar** *m* side altar **Seitenanfang** *m* top of page, head of form **Seitenangabe** *f* page reference **Seitenanlagemarke** *f* TYPO side lay **Seitenansicht** *f* side view; INFORM page preview **Seitenarm** *m* GEOG branch **Seitenaufprallschutz** *m kein pl* AUTO side-impact protection **Seitenausgang** *m* side exit **Seitenauslinie** *f* SPORT sideline; (*Fußball*) touchline **Seitenbeschreibungssprache** *f* INFORM page description language, PDL **Seitenbewegung** *f* LUFT, NAUT lateral movement **Seitenblick** *m* sidelong glance, glance to the side; **jdm einen ~ zuwerfen** to glance at sb from the side **Seitenbordmotor** *m* outboard motor **Seitenbreite** *f* page width **Seitendrucker** *m* INFORM page printer, page-at-a-time printer **Seiteneingang** *m* side entrance **Seiteneinsteiger(in)** <-s, -> *m(f)* (*sl*) *someone who got in through the back door* **Seitenende** *nt* end of page **Seitenendfilm** *m* TYPO final page film **Seitenflügel** *m* ① ARCHIT (*seitlicher Teil eines Gebäudes*) side wing ② REL (*Flügel eines Flügelaltars*) wing **Seitengang** *m* ① BAHN corridor; (*in einem Gebäude*) corridor ② NAUT lateral drift; ~ **haben** to be drifting sideways; ***das Schiff hat ~*** the ship is drifting sideways ③ NAUT (*Schiffsbau*) side strake ④ (*beim Reiten*) sidestep **Seitengasse** *f* side street [*or* alley] **Seitengebäude** *nt* side building, annex; *eines Bauernhofs* outbuilding **seitenglatt** *adj inv* **~er Film** TYPO final page [*or* full-page] film **Seitengleis** *nt* siding **Seitenhieb** *m* sideswipe; **jdm einen ~ versetzen** to sideswipe sb; **~e [auf jdn] verteilen** to make sideswipes [at sb] **Seitenkanal** *m* lateral [*or* side] canal **Seitenlage** *f* side position; **in ~ schlafen/ruhen/schwimmen** to sleep/rest/swim on one's side; **in der ~** on one's side; **stabile ~** stable side position **seitenlang** I. *adj* comprising several pages, several pages long; ■**~ sein** to be several pages long; **~e Briefe schreiben** to write endless letters II. *adv* in several pages **Seitenlänge** *f* ❶ (*Länge einer Seite*) length of a side ❷ (*Umfang einer Manuskriptseite*) page length **Seitenlehne** *f* arm rest **Seitenleitwerk** *nt* rudder assembly **Seitenlicht** *nt* LUFT, NAUT sidelight **Seitenlinie** *f* ❶ ZOOL lateral line ❷ FBALL touchline ❸ TENNIS sideline ❹ (*Nebenlinie im Stammbaum*) offset, offshoot ❺ BAHN branch line **Seitenlinienorgan** *nt* ZOOL lateral-line organ **Seitennumerierung** *f* folios *pl*, paging **seitenorientiert** *adj* page-oriented; **~er Drucker** page printer **Seitenrand** *m* TYPO margin **seitenrichtig** *adv inv* TYPO right-reading, emulsion side up **Seitenruder** *nt* LUFT rudder

seitens *präp +gen* (*geh*) on the part of

Seitenscheitel *m* side parting **Seitenschiff** *nt* side aisle **Seitenschlitz** *m* side-slit **Seitenschneider** *m* cutter, diagonal cutting pliers *npl* **Seitensprung** *m* (*fam*) bit on the side *fam;* **einen ~ machen** to have a bit on the side [*or* an affair] **Seitenstechen** *nt kein pl* stitch; **~ haben** to have a stitch **Seitensteuer** *nt* LUFT rudder **Seitenstraße** *f* side street **Seitenstreifen** *m* (*Notspur*) hard shoulder; (*Bankett*) verge BRIT; **„ ~ nicht befahrbar "** " do not drive on the verge " [*or* AM shoulder] **Seitentasche** *f* side pocket **Seitentrakt** *m* side wing **Seitenumbruch** *m* TYPO page break **Seitenumfang** *m* number of pages, page count, pagination **seitenverkehrt** *adj* back to front, the wrong way around; TYPO laterally reversed, mirror image **Seitenwagen** *m* sidecar **Seitenwand** *f* AUTO side panel **Seitenwechsel** *m* SPORT changeover, change of ends; TYPO page change **Seitenweg** *m* byway **Seitenwind** *m* crosswind **Seitenwindempfindlichkeit** *f* AUTO crosswind sensitivity **Seitenzahl** *f* ❶ (*Anzahl der Seiten*) number of pages ❷ (*Ziffer*) page number

seither *adv* since then

seitlich I. *adj* side *attr;* **~er Wind** crosswind; **~ Streifen an der Hose** stripes on the sides of the trousers [*or* AM pants]; **die ~e Begrenzung der Fahrbahn** the side boundaries of the lane II. *adv* at the side; **~ stehen** to stand sideways; **~ gegen etw prallen** to crash sideways into sth III. *präp +gen* ■**~ eines Menschen/einer S** at the side of [*or* beside] sb/sth; **~ *der Straße verläuft ein Graben*** a ditch runs along the side of the road

Seitpferd *nt* SPORT pommel horse

seitwärts I. *adv* ❶ (*zur Seite*) sideways; **den Körper etw ~ wenden** to turn one's body a little to the side ❷ (*auf der Seite*) on one's side II. *präp +gen* (*geh*) beside; **~ des Weges** on the side of the path

Seitwärtsgang *m* SPORT *im Reitsport* sideways gait

SEK *nt Abk von* **Sondereinsatzkommando** Special Branch BRIT

sek. *f*, **Sek.** *f Abk von* **Sekunde** sec.

Sekante <-, -n> *f* secant

sekkieren* *vt* ÖSTERR (*geh*) ■**jdn ~** to pester [*or* badger] sb

Sekret <-[e]s, -e> *nt* secretion

Sekretär <-s, -e> *m* bureau BRIT, secretaire BRIT, secretary AM

Sekretär(in) <-s, -e> *m(f)* ❶ (*Assistent*) secretary ❷ (*leitender Funktionär*) secretary ❸ (*Schriftführer*) secretary ❹ (*Beamter des mittleren Dienstes*) middle-ranking civil servant ❺ ORN secretary-bird

Sekretariat <-[e]s, -e> *nt* ❶ (*Abteilung für Verwaltung*) secratary's office ❷ (*Räumlichkeit*) office

Sekretärin <-, -nen> *f fem form von* **Sekretär**

Sekretion <-, -en> *f* secretion

Sekretolytikum <-s, -ka> *nt* MED secretagogue

Sekt <-[e]s, -e> *m* sparkling wine

Sekte <-, -n> *f* sect

Sektempfang *m* champagne reception

Sektenanhänger(in) *m(f)* member of a sect **Sektenführer(in)** *m(f)* sect leader **Sektenmitglied** *nt* member of a sect **Sektenzentrale** *f* headquarters of a sect

Sektfrühstück *nt* champagne breakfast **Sektglas** *nt* champagne [*or* sekt] glass

Sektierer(in) <-s, -> *m(f)* ❶ REL (*Sektenanhänger*) sectarian ❷ (*geh: Abweichender einer Richtung*) deviationist

sektiererisch *adj inv* ❶ (*zu einer Sekte gehörend*) sectarian ❷ (*im Kommunismus*) deviationist

Sektion <-, -en> *f* ❶ (*Abteilung*) section ❷ MED autopsy, post mortem [examination] ❸ (*fachspr: vorgefertigtes Bauteil*) section

Sektionschef(in) *m(f)* ADMIN ÖSTERR head of ministry BRIT, section chief AM

Sektkelch *m* champagne flute **Sektkorken** *m* champagne cork **Sektkühler** *m* champagne [*or* sekt] cooler **Sektlaune** *f kein pl* (*hum*) champagne flush

Sektor <-s, -toren> *m* ❶ (*Fachgebiet*) sector, field; **primärer/sekundärer ~** primary/secondary sector; **staatlicher ~** public sector ❷ MATH (*Kreisausschnitt*) sector ❸ (*hist: Besatzungszone in Berlin*) sector ❹ INFORM (*Bereich der Magnetplatte*) sector; **fehlerhafter ~** bad [*or* faulty] sector

Sektquirl *m* swizzle stick

Sekundant(in) <-en, -en> *m(f)* HIST, SPORT second

sekundär *adj* (*geh*) secondary

Sekundararzt, -ärztin <-es, -ärzte> *m, f* junior doctor, houseman BRIT, intern AM **Sekundärboykott** *m* secondary boycott **Sekundärenergie** *f* secondary energy **Sekundärinfektion** *f* secondary infection **Sekundärkreislauf** *m von Kühlkreisläufen* secondary cycle

Sekundarlehrer(in) *m(f)* SCH SCHWEIZ secondary school teacher

Sekundärliteratur *f* secondary literature **Sekundärmarkt** *m* ÖKON secondary market **Sekundärprodukt** *nt* HANDEL secondary product **Sekundärrecht** *nt* secondary law **Sekundärrohstoffe** *pl* secondary raw materials *pl*

Sekundarschule *f* SCH SCHWEIZ secondary school **Sekundarstufe** *f* SCH secondary school level; **~ 1** *classes with students aged 10 to 15;* **~ 2** *fifth and sixth form classes*

Sekundärtugend *f* PHILOS secondary virture **Sekundärvertrag** *m* secondary contract

Sekundawechsel *m* JUR second of exchange

Sekunde <-, -n> *f* ❶ (*Zeiteinheit*) second; **auf die ~ genau** to the second ❷ (*fam: Augenblick*) second; **[eine] ~!** hang on a second! *fam;* ***wir dürfen keine ~ verlieren*** we haven't got a moment to lose ❸ MUS, MATH second

Sekundenbruchteil *m* fraction of a second **Sekundenkleber** *m* instant adhesive **sekundenlang** I. *adj* a few seconds; ***nach ~em Zögern*** after hesitating for a few seconds II. *adv* for a few seconds; ***ihre Unentschlossenheit dauerte nur ~*** her indecision lasted only a few seconds **Sekundenschnelle** *f kein pl* **in ~** in a matter of seconds **Sekundenzeiger** *m* second hand

sekundieren* *vi* ❶ (*geh: unterstützen*) to second, to back up; ■**jdm [bei/in etw** *dat*] **~** to back sb up [in sth] ❷ (*bei Wettkämpfen o Duellen betreuen*) ■**jdm [bei etw] ~** to be sb's second [in sth]

selbe(r, s) *pron* ■**der/die/das ~ …** the same …; **im ~n Haus** in the same house; **am ~n Ort** at the same place; **an der ~n Stelle** on the [very] same spot; **zur ~n Zeit** at the same time; **~ *Zeit, ~r Ort*** same time, same place

selber *pron dem* (*fam*) myself/yourself/himself etc.; ***ich geh lieber ~*** I'd better go [by] myself

Selbermachen <-s> *nt kein pl* do-it-yourself, DIY *fam;* **zum ~** build-your-own, make-your-own

selbig *pron dem* (*veraltend geh*) the same; **am ~en Tag** on that same [*or* very] day

selbst I. *pron dem* ❶ (*persönlich*) myself/yourself/himself etc.; **mit jdm ~ sprechen** to speak to sb/oneself; ***„wie geht es dir?" — „Gut! Und ~?"*** "how are you?" — "fine, and [how are] you?"; ***das möchte ich ihm lieber ~ sagen*** I'd like to tell him that myself; (*an sich*) itself; ***er ist nicht mehr er ~*** (*fam*) he is not himself anymore; **~ eine(r, s)!** (*fam*) so are you! ❷ (*ohne Hilfe, alleine*) by oneself; **etw ~ machen** to do sth by oneself; **von ~** automatically; **etw versteht sich von ~** it goes without saying; ***der Rest kommt dann ganz von ~*** the rest will take care of itself ❸ (*fam: verkörpern*) ■**etw ~ sein** to be sth in person [*or* itself]; ***er ist die Ruhe ~*** he is calmness itself [*or* personified]; *s. a.* **Mann, Frau, kommen, um, von** II. *adv* ❶ (*eigen*) self; **~ ernannt** self-appointed; **~ gemacht** homemade; **~ gestrickt, ~ gestrickt** hand-knitted; (*fig: selbst erfunden*) homespun; **~ verdient** earned by oneself ❷ (*sogar*) even; **~ *der Direktor war anwesend*** even the director was present; **~ wenn** even if

Selbst <-> *nt kein pl* (*geh*) self; ■**jds ~** sb's self

Selbstabholer *m person collecting his/her own furniture etc* **Selbstablehnung** *f* JUR self-disqualification of a judge **Selbstachtung** *f* self-respect **Selbstähnlichkeit** *f* MATH self-similarity

selbständig *adj s.* **selbstständig**

Selbständigenquote *f* number [*or* quota] of self-employed people

Selbständige(r) *f(m) dekl wie adj s.* **Selbstständige(r)**

Selbständigkeit <-> *f kein pl s.* **Selbstständigkeit**

Selbständigkeitsbestrebungen *pl* PSYCH self-confidence training *no pl*

Selbstanzeige *f* JUR self-denunciation; **eine ~ erstatten** to report oneself to the police/Inland Revenue **Selbstauflösung** *f einer Gruppierung* voluntary disbanding **Selbstaufopferung** *f* (*geh*) self-sacrifice; **bis zur [völligen] ~** [right] down to self-sacrifice **Selbstauslöser** *m* FOTO delayed-action shutter release **Selbstbaubranche** *f* DIY, do-it-yourself **Selbstbedienung** *f* self-service **Selbstbedienungsladen** *m* self-service shop

Selbstbedienungsrestaurant *nt* self-service restaurant **Selbstbefriedigung** *f* masturbation **Selbstbefruchtung** *f* self-fertilization **Selbstbehauptung** *f kein pl* self-assertion **Selbstbeherrschung** *f* self-control; **die ~ wahren** [*o* **behalten**] to keep one's self-control; **die ~ verlieren** to lose one's self-control [*or* temper] **Selbstbelieferung** *f* HANDEL self-supply **Selbstbelieferungsvorbehalt** *m* HANDEL reservation as to oneself obtaining the supplies **Selbstbeschränkung** *f* HANDEL self-restraint; **~ im Export** voluntary export restraint **Selbstbestätigung** *f* self-affirmation **Selbstbestäubung** *f* self-pollination **selbstbestimmt** *adj* self-determined **Selbstbestimmung** *f kein pl* self-determination **Selbstbestimmungsrecht** *nt kein pl* ❶ POL right to self-determination ❷ (*Recht, selbst zu entscheiden*) right of self-determination **Selbstbeteiligung** *f* FIN [percentage] excess **Selbstbetrug** *m kein pl* self-deception **Selbstbeweihräucherung** *f* (*pej fam*) self-adulation **selbstbewusst**[RR] *adj* self-confident **Selbstbewusstsein**[RR] *nt* (*Selbstsicherheit*) self-confidence; (*Selbstkenntnis*) self-awareness **Selbstbezichtigung** *f* JUR self-incrimination **Selbstbildnis** *nt* self-portrait **Selbstbindung** *f* JUR self-engagement **Selbstbräuner** *m* self-tanning lotion [*or* cream] **Selbstbräunungscreme** *f* self-tanning [*or* autobronzing] cream **Selbstbräunungsmilch** *f* self-tanning milk **Selbstdarsteller(in)** *m(f)* SOZIOL showman **Selbstdarstellung** *f* ❶ (*Selbstbeschreibung*) description of oneself; (*Imagepflege*) image ❷ KUNST *s.* **Selbstbildnis** **Selbstdisziplin** *f kein pl* self-discipline **Selbsteintritt** *m* JUR self-contracting, self-dealing **Selbsteintrittsrecht** *nt* JUR right to enter into contract with oneself **Selbstentsorger(in)** *m(f)* ÖKOL independent disposer of waste **Selbsterfahrung** *f kein pl* self-awareness

Selbsterfahrungsgruppe *f* self-awareness group **Selbsterhaltung** *f kein pl* self-preservation *no pl*, survival *no pl* **Selbsterhaltungstrieb** *m* survival instinct **Selbsterkenntnis** *f kein pl* self-knowledge ▶ WENDUNGEN: ~ **ist der erste Schritt zur Besserung** (*prov*) self-knowledge is the first step to self-improvement **selbsterstellt** *adj inv* self-generated; ~**e Anlagen** self-constructed assets **Selbstfinanzierung** *f* FIN self-financing **Selbstfindung** *f kein pl* self-discovery *no pl* **Selbstgebrauch** *m kein pl* personal use; JUR personal consumption **Selbstgedrehte** *f decl wie adj* (*fam*) roll-up *fam*; ~ **rauchen** to roll one's own **Selbstgefährdung** *f* self-endangering **selbstgefällig** *adj* (*fig*) self-satisfied, smug *fam* **Selbstgefälligkeit** *f kein pl* self-satisfaction, smugness *fam* **selbstgenügsam** *adj* modest **selbstgerecht** *adj* (*pej*) self-righteous **Selbstgespräch** *nt* monologue [*or* AM -og]; **Selbstgespräche führen** [*o* **halten**] to talk to oneself **selbstgestrickt** *adj inv, attr* (*fam*) *s.* **selbst II 1 selbsthaftend** *adj inv* self-adhesive **Selbsthass**^RR^ *m* PSYCH self-hatred **Selbstheilungskraft** *f* self-healing power **Selbstheilungsmechanismen** *pl des Körpers* self-healing mechanism

selbstherrlich *adj* (*pej*) high-handed; *Anführer* autocratic

Selbstherrlichkeit *f kein pl* (*pej*) high-handedness

Selbsthilfe *f kein pl* self-help; **zur ~ greifen** to take matters into one's own hand; **Hilfe zur ~ leisten** to help sb to help himself/herself etc. **Selbsthilfegruppe** *f* self-help group **Selbsthilferecht** *nt* JUR right of self-redress **Selbsthilfeverkauf** *m* JUR self-help sale **Selbstinduktion** *f* ELEK self-induction **Selbstinszenierung** *f* self-aggrandizement *pej* **Selbstironie** *f* self-mockery **selbstironisch** *adj* self-ironic **Selbstjustiz** *f* JUR vigilantism; ~ [**an jdm**] **üben** to take the law into one's own hand [with regards to sb] **Selbstklebeetikett** *nt* self-adhesive label **selbstklebend** *adj* self-adhesive **Selbstkontrahent(in)** *m(f)* JUR self-contracting party **Selbstkontrahieren** *nt kein pl* JUR self-contracting, self-dealing **Selbstkontrolle** *f kein pl* ❶ PSYCH self-restraint, self-control ❷ (*eigenverantwortliche Kontrollinstituion*) self-regulation

Selbstkosten *pl* FIN cost of sales + *sing vb*, cost price, prime cost; **niedrige** ~ low prime costs; ~ **veranschlagen** to cost

Selbstkostenberechnung *f* FIN cost accounting, costing, prime cost calculation **Selbstkostenbeteiligung** *f* excess **Selbstkostendeckung** *f* covering one's costs **Selbstkostenpreis** *m* cost price BRIT, cost AM; **zum ~** at cost price **Selbstkostenwert** *m* HANDEL cost price

Selbstkritik *f kein pl* self-criticism; ~ **üben** to criticize oneself **selbstkritisch** *adj* self-critical **Selbstlaut** *m* vowel **Selbstlerner(in)** *m(f)* self-taught person, autodidact *spec*

selbstlos *adj* selfless, unselfish

Selbstlosigkeit <-> *f kein pl* selflessness **Selbstmedikation** *f* MED self-medication **Selbstmitleid** *nt* self-pity

Selbstmord *m* suicide; ~ **begehen** to commit suicide

Selbstmordanschlag *m s.* **Selbstmordattentat** suicide attack **Selbstmordattentat** *nt* suicide attack **Selbstmordattentäter(in)** *m(f)* suicide bomber [*or* attacker]

Selbstmörder(in) *m(f)* suicidal person; ***ich bin doch kein ~!*** (*fam*) I'm not about to commit suicide *fam*

selbstmörderisch *adj* suicidal

Selbstmordkandidat(in) *m(f)* potential suicide **Selbstmordkommando** *nt* suicide squad **Selbstmordversuch** *m* suicide attempt, attempted suicide; **einen ~ machen/verhindern** to make/prevent a suicide attempt

Selbstporträt *nt* self-portrait **selbstprüfend** *adj inv* introspective **Selbstprüfung** *f* INFORM self test, auto verify; **automatische ~** automatic checking, built-in check **selbstredend** *adv* of course **Selbstregulierung** *f* self-regulation, self-adjustment **Selbstreinigung** *f* self-purification **Selbstreinigungskraft** *f* self-purifying power **Selbstschneideschraube** *f* BAU self tapping screw **selbstschuldnerisch** *adj* JUR directly liable [*or* suable], owing as a principal debtor *pred*; ~**e Bürgschaft** personal guarantee **Selbstschussanlage**^RR^ *f* automatic firing system **Selbstschutz** *m* self-protection; **zum ~** for self-protection **Selbstschutztrupp** *m* MIL self-protection unit **selbstsicher** *adj* self-assured, self-confident **Selbstsicherheit** *f kein pl* self-assurance, self-confidence

selbstständig^RR^ *adj* ❶ (*eigenständig*) independent; ~ **arbeiten** to work on one's own [*or* independently] ❷ (*beruflich unabhängig*) self-employed; ■ ~ [**als jd**] **sein** to be [a] self-employed [sb]; **sich ~ machen** to start up one's own business ▶ WENDUNGEN: **etw macht sich ~** (*hum fam*) sth grows legs *hum fam*

Selbstständige(r)^RR^ *f(m) dekl wie adj* self-employed person

Selbstständigkeit^RR^ <-> *f kein pl* ❶ (*Eigenständigkeit*) independence ❷ (*selbstständige Stellung*) self-employment

Selbststudium *nt* self-study, private study; **etw im ~ lernen** to learn sth by studying on one's own **Selbstsucht** *f kein pl* selfishness *no pl*, egoism *no pl* **selbstsüchtig** <-er, -ste> *adj* selfish, egoistic; ~ **handeln** to act selfishly [*or* egoistically] **selbsttätig I.** *adj* automatic **II.** *adv* automatically **Selbsttäuschung** *f* self-deception [*or* -delusion] **Selbsttest** *m* INFORM self test **selbsttragend** *adj inv* ❶ TECH monocoque, unitized; ~**e Karosserie** monocoque, unitized body ❷ FIN *Verein, Organisation* self-financing, financially independent; **sich ~er Aufschwung** boom **Selbstüberschätzung** *f* over-estimation of one's own abilities; **an ~ leiden** to have an exaggerated opinion of oneself **Selbstüberwindung** *f* self-discipline; **etw kostet jdn ~** sth takes willpower for sb **Selbstveranlagung** *f* FIN self-assessment **Selbstverbrauch** *m kein pl* JUR personal consumption **Selbstverbrennung** *f* setting fire [*or* light] to oneself **Selbstverlag** *m* **ein Buch im ~ herausgeben** to publish a book at one's own expense; **im ~ erschienen** published at one's own expense **Selbstverleugnung** *f kein pl* (*geh*) self-denial; **bis zur** [**völligen**] ~ [right] down to self-denial **Selbstverpflichtung** *f* self-commitment **Selbstverschulden** *nt* one's own fault; **bei ~** if the claimant himself is at fault **selbstverschuldet** *adj* due to one's own fault **Selbstversorger(in)** *m(f)* self-sufficient person; ~ **sein** to be self-sufficient

selbstverständlich I. *adj* natural; ■ ~ **sein** to be a natural course of action; ***das ist doch ~*** don't mention it; **etw ~ finden, etw für ~ halten** to take sth for granted **II.** *adv* naturally, of course; **wie ~** as if it were the most natural thing in the world; [***aber***] ***~!*** [but] of course!

Selbstverständlichkeit <-, -en> *f* naturalness, matter of course BRIT; **etw als ~ ansehen** to regard sth as a matter of course BRIT; **etw mit der größten ~ tun** to do sth as if it were the most natural thing in the world; **eine ~ sein** to be the least that could be done; **für jd eine ~ sein** to be the least that sb could do; **mit einer ~, die ...** with a naturalness, that ...

Selbstverständnis *nt kein pl* ■**jds** ~ the way sb sees himself **Selbstverstümmelung** *f* self-mutilation **Selbstversuch** *m* experiment on oneself **Selbstverteidigung** *f a.* JUR self-defence [*or* AM -se]; **individuelle/kollektive ~** individual/collective self-defence **Selbstverteidigungskurs** *m* class in self-defence [*or* AM -se] **Selbstvertrauen** *nt* self-confidence; **ein gesundes ~ haben** to be reasonably confident; **jds ~ heben** [*o* **stärken**] to increase [*or* raise] sb's self-confidence **selbstverwaltet** *adj* self-governed **Selbstverwaltung** *f* JUR self-administration, self-government; **kommunale ~** local government **Selbstverwaltung** *f* self-government **Selbstverwirklichung** *f* self-fulfillment, self-realization **Selbstwahrnehmung** *f* PSYCH introspection; ■**seine ~** the way one sees oneself **Selbstwertgefühl** *nt* [sense of] self-esteem **Selbstzensur** *f der Medien* self-regulation **Selbstzerfleischung** *f* self-laceration **selbstzerstörerisch** *adj* self-destructive **Selbstzerstörung** *f* self-destruction **Selbstzweck** *m kein pl* end in itself; **etw ist reiner ~** sth is really only an end in itself **Selbstzweifel** *m* self-doubt

selchen *vt* KOCHK SÜDD, ÖSTERR ■**etw ~** to smoke sth

Selchfleisch *nt* KOCHK SÜDD, ÖSTERR (*Rauchfleisch*) smoked meat

selektieren* *vt* ■**etw/jdn ~** to select [*or* pick out] sth/sb

Selektion <-, -en> *f* (*geh*) ❶ *kein pl* (*geh: Auswahl*) selection ❷ BIOL ([*natürliche*] *Auslese*) selection

Selektionsdruck *m* BIOL selection pressure

selektiv *adj* (*geh*) selective

Selen <-s> *nt* selenium

Selfmademan <-s, -men> ['sɛlfme:d'mən] *m* self-made man

selig *adj* ❶ (*überglücklich*) overjoyed, ecstatic; **jdn ~ machen** to make sb ecstatic [*or* extremely happy]; ***er war ~ über die gute Nachricht*** he was ecstatic about the good news ❷ (*fam: leicht betrunken*) merry, tipsy; ***nach einem Glas Wein ist er bereits ~*** he's already tipsy after one glass of wine ❸ REL (*von irdischen Übeln erlöst*) **bis an jds ~es Ende** until sb's dying day; ***Gott habe ihn ~*** God rest his soul; **jdn ~ sprechen** to bless [*or* beatify] sb ❹ (*veraltend geh: verstorben*) late; **die ~e Frau Schmidt** the late Mrs Schmidt ▶ WENDUNGEN: **wer's glaubt, wird ~** (*iron fam*) that's a likely story *iron fam*; *s. a.* **Angedenken, Ende, Gott**

Selige(r) *f(m) dekl wie adj* ❶ (*Verstorbene(r) Ehepartner*) dear departed husband/wife; ***um finanzielle Angelegenheiten hat sich immer mein ~r gekümmert*** my dear departed husband dealt with all the finances ❷ *pl* (*geh: Tote im Reich Gottes*) blessed spirit; **das Reich der ~n** the spirit world ❸ REL (*Seliggesprochene(r)*) blessed

Seligkeit <-> *f kein pl* ❶ REL salvation; **die** [**ewige**] ~ **erlangen** [*o* **gewinnen**] to attain a state of [eternal] salvation ❷ (*geh: Glücksgefühl*) bliss, ecstasy

Seligsprechung <-, -en> *f* beatification

Sellerie <-s, -[s]> *m* (*Knollen~*) celeriac; (*Stangen~*) celery

selten *adj* ❶ (*kaum vorkommend, nicht häufig*) rare; **ein ~es Schauspiel** a rare event; **höchst ~** very [*or* extremely] rare; ~ ***so gelacht!*** (*iron fam*) very funny, I don't think! *iron* ❷ (*besonders*) exceptional; **ein ~ schönes Exemplar** an exceptionally beautiful specimen; *s. a.* **Gast**

Seltenheit <-, -en> *f* ❶ *kein pl* (*seltenes Vorkommen*) rare occurrence ❷ (*seltene Sache*) rarity; ***bei ihm ist das keine ~*** that's not unusual for him

Seltenheitswert *m kein pl* rarity value; ~ **haben** to possess a rarity value, to be very rare; **etw von ~** sth very rare

Selters <-, -> *nt* (*fam*), **Selterswasser** *nt* DIAL soda [water]

seltsam *adj* strange; *Mensch a.* odd; *Geschichte, Sache, Umstände a.* peculiar; **ein ~es Gefühl haben** to have an odd feeling; **sich ~ benehmen** to behave in an odd way; ***mir ist heute ganz ~ zumute*** I'm in an odd mood today

seltsamerweise *adv* strangely [*or* oddly] enough

Seltsamkeit <-, -en> *f* ❶ *kein pl* (*seltsame Art*) strangeness, peculiarity ❷ (*seltsame Erscheinung*) oddity

Semantik <-> *f kein pl* semantics + *sing vb*

semantisch I. *adj* semantic **II.** *adv* semantically

Semasiologie <-> *f kein pl* LING semasiology

Semester <-s, -> *nt* ❶ SCH (*akademisches Halbjahr*) semester, term (*lasting half of the academic year*); ***ich bin im sechsten ~*** I'm in the third year [*or* sixth semester] ❷ SCH (*sl: Student*) **ein siebtes ~** a fourth-year; **ein älteres** [*o* **höheres**] ~ (*fam*) a senior student ▶ WENDUNGEN: **ein älteres ~** (*hum*

S

fam) no spring chicken *hum fam*

Semesterferien [-riən] *pl* [university] vacation; ÖSTERR *a.* (*Schulferien*) school holiday [*or* AM vacation]

Semifinale *nt* semi-final

Semikolon <-s, -s *o* -kola> *nt* semicolon

Semikonduktor <-s, -oren> *m* semiconductor

Seminar <-s, -e *o* ÖSTERR -ien> [-riən] *nt* ❶ SCH (*Lehrveranstaltung an der Universität*) seminar ❷ SCH (*Universitätsinstitut*) department; **das historische** ~ the History Department ❸ REL (*fam*) seminary ❹ (*Lehrgang für Referendare*) *course for student teachers prior to the second state examination*

Seminararbeit *f* seminar paper

Seminarist(in) <-en, -en> *m(f)* seminarist

Seminarschein *m certificate of successful attendance at a seminar*

Semiologie <-> *f kein pl* LING semiology

Semiotik <-> *f kein pl* LING semiology

semipermeabel *adj* semipermeable

Semit(in) <-en, -en> *m(f)* Semite

semitisch *adj* Semitic

Semmel <-, -n> *f* KOCHK DIAL [bread] roll ▶ WENDUNGEN: **weggehen wie warme ~n** (*fam*) to go [*or* sell] like hot cakes *fam*

Semmelbrösel *pl* ÖSTERR, SÜDD breadcrumbs **Semmelknödel** *m* SÜDD, ÖSTERR bread dumpling **Semmelmehl** *nt* fine breadcrumbs *pl*

sen. *adj Abk von* **senior**

Senat <-[e]s, -e> *m* ❶ HIST, POL, SCH senate ❷ JUR appellate court division

Senator, -torin <-s, -toren> *m, f* senator

SenatsausschussRR *m* senate committee **Senatsbeschluss**RR *m* senate decision **Senatskanzlei** *f* office of the senate **Senatssitzung** *f* senate session **Senatssprecher(in)** *m(f)* senate speaker **Senatsverwaltung** *f* senate administration

Sendeanlage *f* transmitter, transmitting installation **Sendeanstalt** *f* broadcasting institution **Sendeantenne** *f* transmission aerial [*or* dish] **Sendebereich** *m* transmission area **Sendebetrieb** *m* RADIO, TV **den ~ aufnehmen** to start transmitting [*or* broadcasting] **Sendeeinrichtung** *f* broadcasting equipment, transmitting facility **Sendefolge** *f* ❶ (*Reihenfolge der Sendungen*) sequence of programmes [*or* AM -ams] ❷ (*selten: Fortsetzungssendung*) episode **Sendegebiet** *nt s.* **Sendebereich** **Sendegerät** *nt* transmission set **Sendeleiter(in)** <-s, -> *m(f)* producer **Sendeminute** *f* TV, RADIO broadcast minute

Senden <-s> *nt kein pl* INFORM dispatch [*or* despatch]

senden1 **I.** *vt* to broadcast; **ein Fernsehspiel ~** to broadcast a television play; **ein Signal/eine Botschaft ~** to transmit a signal/message **II.** *vi* to be on the air

senden2 <sandte *o* sendete, gesandt *o* gesendet> **I.** *vt* (*geh*) ■**jdn/etw ~** to send sb/sth; **Truppen ~** to despatch troops; ■**jdm etw ~**, ■**etw an jdn ~** to send sth to sb **II.** *vi* (*geh*) ■**nach jdm ~** to send for sb

Sendepause *f* [programme [*or* AM -am]] interval; **~ haben** (*fig fam*) to keep silent, to stop talking; ***es herrscht ~*** (*fam*) there is deadly silence **Sendeplatz** *m* TV, RADIO channel

Sender <-s, -> *m* ❶ (*Sendeanstalt*) *TV* channel, station; *Radio* station; **einen ~ gut/schlecht empfangen** to have [*or* get] good/poor reception of a station/channel ❷ TELEK (*Sendegerät*) transmitter

Senderaum *m* studio **Sendereihe** *f* series + *sing vb* **Sendersuchlauf** *m* automatic station search, search tuning **Sendersuchsystem** *nt* automatic station search [system], search tuning [system] **Sendeschluss**RR *m* closedown **Sendezeichen** *nt* call sign **Sendezeit** *f* broadcasting time, airtime; **zur besten ~** at prime time

Sendung1 <-, -en> *f* TV, RADIO ❶ (*Austrahlung*) broadcasting; *Signal* transmission; **auf ~ gehen/sein** to go/be on the air ❷ (*Rundfunk-, Fernsehsendung*) programme [*or* AM -am]; **eine ~ ausstrahlen** to broadcast a programme; **eine ~ hören** to listen to a programme

Sendung2 <-, -en> *f* ❶ (*etw Gesandtes: Briefsendung*) letter; (*Paketsendung*) parcel; **den Empfang einer ~ bestätigen** to confirm receipt of a parcel; (*Warensendung*) consignment; **postlagernde ~** poste restante, AM general delivery ❷ (*das Senden*) sending *no pl* ❸ *kein pl* (*geh: Mission*) mission

SendungsbewusstseinRR *nt* SOZIOL, REL, POL sense of mission

Senegal <-s> *nt kein pl* ❶ (*Fluss in Westafrika*) Senegal [River] ❷ (*Repubik Senegal*) Senegal; *s. a.* **Deutschland**

Senegalese, Senegalesin <-n, -n> *m, f* Senegalese; *s. a.* **Deutsche(r)**

senegalesisch *adj inv* Senegalese; *s. a.* **deutsch 1, 2**

Senf <-[e]s, -e> *m* ❶ KOCHK mustard; **scharfer/mittelscharfer/süßer ~** hot/medium-hot/sweet mustard ❷ BOT mustard ▶ WENDUNGEN: **seinen ~ [zu etw] dazugeben** (*fam*) to get one's three ha'p'orth in [sth] BRIT *hum fam,* to add one's 2 cents [to sth] AM, to have one's say [in sth] *fam*

senffarben *adj,* **senffarbig** *adj* mustard [coloured] **Senfgas** *nt* mustard gas **Senfgurke** *f* gherkin (*pickled with mustard seeds*) **Senfkorn** *nt,* **Senfsamen** *m meist pl* mustard seed **Senfpulver** *nt* mustard powder **Senfsoße** *f* mustard sauce

sengen I. *vt* ■**etw ~** to singe sth **II.** *vi* to scorch

sengend *adj* scorching; **~e Hitze** scorching heat

senil *adj* (*geh*) senile; **~e Demenz** senile dementia

Senilität <-> *f kein pl* (*geh*) senility

senior *adj* senior

Senior <-s, Senioren> *m* ❶ *meist pl* (*ältere Menschen*) senior citizen, OAP BRIT ❷ (*Seniorchef*) [senior] boss; (*hum Vater*) the old man *hum* ❸ *pl* SPORT ■**die ~en** the seniors ❹ (*hum fam: Ältester einer Gruppe*) **der ~ einer Mannschaft sein** to be the granny/grandad of a team

Seniorchef(in) [-ʃɛf] *m(f)* senior boss

Seniorenheim *nt* old people's home, home for the elderly **Seniorenkarte** *f* senior citizen's ticket **Seniorenknast** *m* (*fam*) prison for people over 60 **Seniorenmannschaft** *f* SPORT senior team **Seniorenpass**RR *m* senior citizen's travel pass **Seniorenstudium** *nt* university course for senior citizens **Seniorentanztee** *m* senior citizens' teadance

Seniorpartner(in) *m(f)* senior partner

Senkblei *nt* BAU plumb [bob]

Senke <-, -n> *f* depression

Senkel <-s, -> *m* (*fam*) lace ▶ WENDUNGEN: **jdm auf den ~ gehen** (*fam*) to get on sb's nerves *fam*

senken I. *vt* ■**etw ~** ❶ (*ermäßigen*) to lower [*or* decrease] sth; **die Preise ~** to reduce [*or* lower] prices; (*niedriger machen*) to lower sth; **den Blutdruck/das Fieber ~** to lower blood pressure/reduce fever; **den Grundwasserspiegel ~** to lower the ground water-level ❷ (*geh: abwärts bewegen*) to lower sth; **den Kopf ~** to bow one's head; **ein Boot ins Wasser ~** to lower a boat into the water; **die Stimme ~** (*fig*) to lower one's voice **II.** *vr* ❶ (*niedriger werden*) to sink; ■**sich [um etw] ~** to drop [*or* subside] [by sth]; ***das Grundstück senkt sich leicht zu einer Seite*** the property subsides slightly to one side ❷ (*sich niedersenken*) ■**sich [auf jdn/etw] ~** to lower itself/oneself [onto sb/sth]; ***die Nacht senkt sich über das Land*** (*liter*) night is falling over the land *liter*

Senkfuß *m* MED fallen arches *pl spec,* flat feet *pl;* **Senkfüße haben** to have flat feet **Senkgrube** *f* cesspit, cesspool **Senkhonig** *m* liquid honey **Senkkopfschraube** *f* BAU counter-sunk screw

senkrecht *adj* vertical ▶ WENDUNGEN: **immer schön ~ bleiben!** (*fam*) stay cool! *fam;* **halt dich ~!** (*fam*) keep out of trouble!

Senkrechte <-n, -n> *f dekl wie adj* ❶ MATH perpendicular ❷ (*senkrechte Linie*) vertical line

Senkrechtstart *m* vertical take-off

Senkrechtstarter *m* LUFT vertical take-off aircraft

Senkrechtstarter(in) *m(f)* (*fig fam*) whizz kid *fam;* ***der Film entpuppte sich als ~*** the film turned out to be an instant sell-out

Senkung <-, -en> *f* ❶ *kein pl* (*Ermäßigung*) decrease, lowering; *der Preise* reductions; *Gelder, Löhne, Subventionen* cut; *Steuern a.* decrease ❷ (*das Senken*) drop, subsidence; *des Fiebers* subsidence; *der Stimme* lowering of one's voice ❸ MED (*Blutsenkung*) sedimentation of the blood ❹ GEOL subsidence ❺ (*selten: Senke*) depression, hollow

Senn <-[e]s, -e> *m* SÜDD, ÖSTERR, SCHWEIZ *s.* **Senner**

Senne <-, -n> *f* SÜDD, ÖSTERR Alpine pasture

Senner(in) <-s, -> *m(f)* SÜDD, ÖSTERR Alpine dairyman

Sennerei <-, -en> *f* SÜDD, ÖSTERR, SCHWEIZ Alpine dairy

Sennerin <-, -nen> *f fem form von* **Senner**

Sennhütte *f* Alpine hut

Sensation <-, -en> *f* sensation

sensationell *adj* sensational

Sensationsbericht *f* sensational report **Sensationsblatt** *nt* MEDIA (*pej*) sensationalist newspaper **Sensationsfotograf(in)** *m(f)* sensation-seeking photographer, paparazzo **Sensationsgier** *f kein pl* (*pej*) sensationalism *pej* **Sensationslust** *f* desire for sensation **sensationslüstern** *adj* (*fig*) sensation-seeking **Sensationsmache** *f* (*pej*) sensationalism **Sensationsmeldung** *f* sensational news + *sing vb* **Sensationsnachricht** *f* sensational news + *sing vb,* scoop **Sensationsprozess**RR *m* sensational trial

Sense <-, -n> *f* scythe ▶ WENDUNGEN: **jetzt ist aber ~!** (*sl*) that's enough!

Sensenmann <-männer> *m* (*euph*) ■**der ~?** the [grim] Reaper *liter*

sensibel *adj* sensitive

Sensibelchen <-s, -> *nt* (*fam*) softy *fam*

sensibilisieren* *vt* (*geh*) to sensitize; ■**jdn [für etw] ~** to sensitize sb [for sth], to make sb aware [of sth]

Sensibilisierung <-, -en> *f* (*geh*) sensitization

Sensibilität <-, -en> *f* (*geh*) sensitivity

Sensor <-s, -soren> *m* sensor

Sensorauge *nt* sensor eye **Sensorbildschirm** *m* INFORM touch screen **Sensortaste** *f* sensor control

Sentenz <-, -en> *f* (*geh*) aphorism

sentimental *adj* sentimental

Sentimentalität <-, -en> *f* sentimentality

separat *adj* separate; **ein ~er Eingang** a separate entrance

Separatismus <-> *m kein pl* separatism

Separatist(in) <-en, -en> *m(f)* separatist

separatistisch *adj* separatist

Séparée <-s, -s> *nt,* **Separee** <-s, -s> *nt* private room

Sepia <-, Sepien> [-piən] *f* ❶ ZOOL cuttle fish ❷ *kein pl* (*Farbstoff*) sepia

Sepiatinte *f* sepia ink **Sepiazeichnung** *f* sepia drawing

Sepsis <-, Sepsen> *f* MED (*geh*) sepsis

September <-[s], -> *m* September; *s. a.* **Februar**

Septett <-[e]s, -e> *nt* septet, septette BRIT

Septim <-, -en> *f,* **Septime** <-, -n> *f* MUS seventh

septisch *adj* (*geh*) septic

sequentiell *adj inv s.* **sequenziell**

Sequenz <-, -en> *f* ❶ (*geh: Aufeinanderfolge von etwas Gleichartigem*) sequence ❷ MUS (*Wiederholung eines musikalischen Motivs*) sequence ❸ MUS, REL (*hymnusartiger Gesang*) sequence ❹ FILM (*kleinere filmische Einheit*) sequence ❺ KARTEN (*Serie gleicher Karten*) run, flush ❻ INFORM (*Folge von Befehlen/Daten*) sequence

sequenziellRR *adj inv* INFORM sequential

Sequenzierautomat *f* BIOL sequencing machine

sequenzieren* *vt* BIOL, MUS ■**etw ~** to sequence sth

Sequenzierverfahren *nt* BIOL [shotgun] sequencing

Sequenzmodus *m* TECH sequential mode

Sequester(in) *m(f)* JUR sequestrator

Sequestration *f* JUR sequestration

Sera *pl von* **Serum**

Serbe, Serbin <-n, -n> *m, f* Serb, Serbian; *s. a.* **Deutsche(r)**

Serbien <-s> ['zɛrbiən] *nt* Serbia; *s. a.* **Deutschland**

Serbin <-, -nen> *f fem form von* **Serbe**

serbisch *adj* Serbian; *s. a.* **deutsch 1, 2**

Serbokroatisch *nt dekl wie adj* Serbo-Croat; *s. a.* **Deutsche**

Seren *pl von* **Serum**

Serenade <-, -n> *f* serenade

Serie ['ze:riə] *f* ❶ *(Reihe)* series + *sing vb;* **eine ~ Briefmarken** a set of stamps; **eine ~ von Unfällen/Anschlägen** a series of accidents/attacks ❷ ÖKON line; **diese ~ läuft bald aus** this line will soon be discontinued; **in ~ gehen** to go into production; **etw in ~ produzieren** to mass-produce sth; **in ~** mass-produced ❸ MEDIA, TV series + *sing vb; s. a.* **Gesetz**

seriell *adj* ❶ *(als Reihe)* series; **~ herstellbar** mass-produced ❷ INFORM serial; **~e Schnittstelle** serial interface

Serienanlauf *m kein pl* HANDEL start of series production **Serienartikel** *m* HANDEL mass-produced article **Serienausführung** *f* HANDEL standard design **Serienausstattung** *f* standard fittings *pl* **Serienbrief** *m* personalized circular [letter] **serienmäßig** *adj* ❶ *(in Serienfertigung)* mass-produced; **etw ~ anfertigen** [*o* **herstellen**] to mass-produce sth ❷ *(bereits eingebaut sein)* standard; ■ **~ sein** to be a standard feature **Serienmörder(in)** *m(f)* serial killer [*or* murderer] [*or fem* murderess], serial *spec sl* **Seriennummer** *f* serial number **Serienproduktion** *f* mass-production **Serienreife** *f* readiness to go into production; **bis zur ~** until the start of production **Serienschaltung** *f* ELEK series connection **serienweise** ['ze:riən-] *adv* ❶ *(als Serien)* in series; **etw [nur] ~ verkaufen** to [only] sell sth in a set; **ein Produkt ~ herstellen** to mass-produce a product ❷ *(fam: in Mengen)* one after the other

serifenbetont *adj inv* TYPO **serifenbetonte Antiqua** Slab Serif, Mechanistics *pl*

serifenlos *adj inv* TYPO **serifenlose Antiqua** Sans Serif, Lineals *pl*

seriös I. *adj* ❶ *(ordentlich, gediegen)* respectable; **ein ~er Herr** a respectable gentleman; *(ernst zu nehmend)* serious; **~e Absichten** honourable [*or* AM -orable] intentions ❷ ÖKON *(vertrauenswürdig)* respectable, reputable; **ein ~es Unternehmen** a reputable business II. *adv* respectably

Seriosität <-> *f kein pl* ❶ *(seriöse Art)* respectability; *(Ernsthaftigkeit)* seriousness ❷ ÖKON *(Vertrauenswürdigkeit)* repute

Sermon <-s, -e> *m* ❶ *(pej fam: langweiliges Gerede)* sermon *pej,* lecture *pej* ❷ *(veraltet: Rede, Predigt)* sermon

seropositiv *adj* seropositive

Serpentine <-, -n> *f* ❶ *(schlangenförmige Straße)* winding road ❷ *(steile Kehre, Windung)* sharp bend; **in ~n** in winds; ***der Weg führte in ~n um den Berg herum*** the road wound [*or* zig-zagged] its way around the hill

Serum <-s, Seren *o* Sera> *nt* serum

Server <-s, -> ['sœ:rvɐ] *m* INFORM server

Service¹ <-, -s> ['sœrvɪs] *m* ❶ *kein pl (Bedienung, Kundendienst)* service ❷ TENNIS serve

Service² <-[s], -> [zɛr'vi:s] *nt* dinner/coffee service

ServicecenterRR, **Service Center** <-s, -> ['sœrvɪs ˌsentɐʳ] *nt* service centre [*or* AM -er] **Servicehotline**RR, **Service-Hotline** ['sœrvɪs 'hɔtlaɪn] *f* TELEK customer service hotline **Servicemarkt** *m* INFORM service market **Servicemodul** *nt* TECH service module **Servicepersonal** *nt* service personnel [*or* staff] **Serviceprovider** <-[s], -> *m* TELEK service provider **Serviceunternehmen** *nt* service company

Servierbrett *nt* tray

servieren* [-vi:-] I. *vt* ■ **[jdm] etw ~** to serve sth [to sb]; ***was darf ich Ihnen ~?*** what can I offer you?; ■ **sich** *dat* **etw [von jdm] ~ lassen** to have sth served [by sb] II. *vi* ❶ *(auftragen)* to serve; ***zu Tisch, es ist serviert!*** dinner is served!; ***nach 20 Uhr wird nicht mehr serviert*** there is no waiter service after 8pm ❷ TENNIS to serve

Serviertisch *m* serving table **Servierwagen** [-vi:-] *m* trolley

Serviette <-, -n> [-vi-] *f* napkin, serviette

Serviettenring [-vi-] *m* napkin ring

servil [zɛr'vi:l] *adj (pej geh)* servile

Servilität <-> [-vi-] *f kein pl (pej geh)* servility

Servitut *nt* JUR servitude, easement

Servobremse *f* servo [*or* power-assisted] brake **Servolenkung** *f* power steering **Servomotor** *m* servo motor **servounterstützt** *adj inv* AUTO power-assisted

Servus *interj* ÖSTERR, SÜDD *(hallo)* hello; *(tschüs)* [good]bye

Sesam <-s, -s> *m* ❶ BOT sesame ❷ *(Samen des ~s)* sesame seed ▶ WENDUNGEN: **~ öffne dich** *(hum fam)* open sesame

Sesamkrokant *m* sesame brittle

Sessel <-s, -> *m* ❶ *(Polstersessel)* armchair ❷ ÖSTERR *(Stuhl)* chair

Sessellehne *f* [chair] arm **Sessellift** *m* chair lift **Sesselpolsterung** *f* chair upholstery

sesshaftRR *adj,* **seßhaft** *adj* ❶ *(bodenständig)* settled ❷ *(ansässig)* ■ **~ sein** to be resident; ■ **~ werden** to settle down; **~e Stämme** settled tribes

Session <-, -s> ['sɛʃən, zɛ'sio:n] *f* session

Set <-s, -s> *m o nt* set

Set point <-[s], -s> ['sɛtpɔynt] *m* MED set point

Set-point-Theorie *f* MED set point theory

Setting <-s, -s> ['sɛtɪŋ] *nt* setting

Set-Top-Box *f* TV *(Decoder für digitales Fernsehen)* set-top box

setzen I. *vt haben* ❶ *(plazieren)* to put, to place; ■ **jdn/etw irgendwohin ~** to put [*or* place] sb/sth somewhere; **ein Gericht auf die Speisekarte ~** to put a dish on the menu; **das Glas an den Mund ~** to put the glass to one's lips; **ein Komma ~** to put a comma; **jdn auf die Liste ~** to put sb on the list; **etw auf die Rechnung ~** to put sth on the bill; **den Topf auf den Herd ~** to place the pot on the stove; **eine Unterschrift unter etw ~** to put a signature to sth, to sign sth ❷ *(festlegen)* ■ **etw ~** to set sth; **etw** *dat* **ein Ende ~** to put a stop to sth; **eine Frist ~** to set a deadline; **jdm/etw Grenzen ~** to set limits for sb/sth; **ein Ziel ~** to set a goal, to place ❸ JAGD **einen Hund auf die Fährte ~** to put a dog on a trail ❹ *(bringen)* **etw in Betrieb ~** to set sth in motion; **jdn auf Diät ~** to put sb on a diet; **keinen Fuß vor die Tür ~** to not set foot out of the door ❺ HORT *(pflanzen)* ■ **etw ~** to plant [*or* set] sth ❻ *(errichten)* ■ **etw ~** to set [*or* put] up sth, to build sth; **[jdm] ein Denkmal ~** to set [*or* put] up [*or* build] a monument [to sb]; **einen Mast ~** to put up a mast; **die Segel ~** to set the sails ❼ *(wetten)* ■ **etw [auf jdn/etw] ~** to put [*or* place] [*or* stake] sth [on sb/sth]; **Geld auf jdn/etw ~** to stake [*or* put] money on sb/sth; **seine Hoffnung in [*o* auf] jdn ~** to put [*or* pin] one's hopes on sb; **ein Pfand ~** to pledge sth; **auf ein Pferd ~** to place a bet on a horse; **Zweifel in etw ~** to call sth into question ❽ SPORT to seed; **jdn auf 1./2./3. etc Platz ~** to seed sb first/second/third; **gesetzte Spieler** seeded players; ***die auf Platz 1 gesetzte Spielerin*** the no. 1 seeded player ❾ TYPO ■ **etw ~** to set sth ❿ *(sl: spritzen)* ■ **etw ~** to inject [*or sl* shoot] sth; **Heroin ~** to shoot Heroin; **einen Schuss ~** *(fam)* to shoot up *fam;* **jdm/sich eine Spritze ~** to give sb/oneself an injection ▶ WENDUNGEN: **es setzt was** *(fam)* there'll be trouble; *s. a.* **Fall, Land, Tagesordnung, Kopf** II. *vr haben* ❶ *(sich niederlassen)* ■ **sich ~** to sit [down]; **sich ins Auto ~** to get into the car; ***bitte ~ Sie sich doch!*** please sit down!; ■ **sich zu jdm ~** to sit next to sb; ***wollen Sie sich nicht zu uns ~?*** won't you join us?; ***setz dich!*** sit down!; *(zu einem Hund)* sit! ❷ *(sich senken)* ■ **sich ~** to settle; ***langsam setzt sich der Kaffeesatz*** the coffee grounds are slowly settling, to penetrate; ***der Rauch setzt sich in die Kleider*** smoke gets into your clothes III. *vi* ❶ *haben (wetten)* ■ **auf jdn/etw ~** to bet on sb/sth; *(sich auf jdn verlassen)* to rely on sb/sth ❷ *sein o haben (springen)* ■ **über etw** *akk* **~** to jump over sth ❸ *(überschiffen)* ■ **über etw ~** to cross sth; **über den Rhein ~** to cross the Rhine

Setzer(in) <-s, -> *m(f)* typesetter

Setzerei <-, -en> *f* composing room

Setzerin <-, -nen> *f fem form von* **Setzer**

Setzfehler *m* typeset error **Setzkasten** *m* ❶ HORT seed box ❷ TYPO case

Setzling <-s, -e> *m* ❶ HORT seedling ❷ *(junger Fisch)* fry

Setzmaschine *f* typesetting machine, typesetter

SetzrissRR *m* BAU settlement crack

Setzstufe *f* BAU riser

Seuche <-, -n> *f* ❶ MED *(Epidemie)* epidemic ❷ *(fig: Plage)* plague

Seuchenbekämpfung *f* epidemic control **Seuchenerreger** *m* epidemic agent **Seuchengebiet** *nt* epidemic zone **Seuchenherd** *m* centre [*or* AM -er] of an epidemic **Seuchenmediziner(in)** *m(f)* epidemiologist

seufzen *vi* to sigh; **erleichtert ~** to heave a sigh of relief

Seufzer <-s, -> *m* sigh; **einen ~ ausstoßen** to heave [*or* to sigh] a sigh; **seinen letzten ~ tun** *(fig fam)* to breathe one's last sigh *fig*

Sevilla <-s> [ze'vɪlja] *nt* Seville

Sex <-[es]> *m kein pl* ❶ *(Sexualität)* sex; **~ zur Kunstform erheben** to elevate sex to an art form ❷ *(sexuelle Anziehungskraft)* sexiness, sex appeal; **~ haben** to be sexy ❸ *(Geschlechtsverkehr)* sex; **~ haben** *(fam)* to have sex

SexappealRR <-s> [-əpi:l] *m,* **Sex-Appeal** <-s> *m kein pl* sex appeal **Sexbombe** *f* bombshell, sex bomb **Sexclub** *m* sex club **Sexfilm** *m* sex film

Sexismus <-> *m kein pl* sexism *no pl*

Sexist(in) <-en, -en> *m(f)* sexist

sexistisch I. *adj* sexist II. *adv* sexist

Sexobjekt *nt* sex object **Sexorgie** [-ɔrgiə] *f* *(fam)* [sex] orgy **Sexperte** <-n, -n> *m* *(hum)* sexpert **Sexshop** <-s, -s> [-ʃɔp] *m* sex shop

Sexta <-, -ten> *f* SCH *(veraltend)* ❶ *(1. Klasse des Gymnasiums) first year of a Gymnasium* ❷ ÖSTERR *(6. Klasse des Gymnasiums) sixth year of a Gymnasium*

Sextaner(in) <-s, -> *m(f)* SCH ❶ *(veraltend) pupil in the first year of a Gymnasium* ❷ ÖSTERR *pupil in the sixth year of a Gymnasium*

Sextant <-en, -en> *m* sextant

Sexte <-, -n> *f* MUS sixth

Sextelefon *nt kein pl* sex chatline

Sextett <-[e]s, -e> *nt* sextet, sextette BRIT

Sextourismus [-turɪsmʊs] *m (fam)* sex tourism

Sexualdelikt *nt* sexual offence, sex crime **Sexualerziehung** *f* sex education **Sexualforscher(in)** *m(f)* sexologist **Sexualforschung** *f* sexology **Sexualhormon** *nt* sex hormone

Sexualität <-> *f kein pl* sexuality

Sexualkunde *f kein pl* sex education **Sexualkundeunterricht** *m* sex education lesson **Sexualleben** *nt kein pl* sex[ual] life **Sexuallockstoff** *m* ZOOL sexual attractant **Sexualmoral** *f* sex morals *pl* **Sexualmord** *m* sex killing [*or* murder] **Sexualobjekt** *nt* sex object **Sexualpartner(in)** *m(f)* SOZIOL sex partner, lover **Sexualstraftat** *f* sexual offence, sex crime **Sexualtäter(in)** *m(f)* sex offender **Sexualtonikum** *nt* sex tonic **Sexualtrieb** *m* sex[ual] drive **Sexualverbrechen** *nt* sex crime **Sexualverbrecher(in)** *m(f)* sex offender **Sexualverhalten** *nt* sexual [*or* mating] behaviour [*or* AM -or] **Sexualwissenschaft** *f kein pl* sexology

sexuell *adj* sexual; **~e Belästigung** sexual harassment

sexy ['sɛksi] *adj inv (fam)* sexy *fam*

Seychellen <-> [ze'ʃɛlən] *pl* ■ **die ~** the Seychelles *npl; s. a.* **Falklandinseln**

Seycheller(in) <-s, -> [ze'ʃɛlɐ] *m(f)* Seychellois; *s. a.* **Deutsche(r)**

seychellisch [ze'ʃɛlɪʃ] *adj* Seychellois, Seychelles AM; *s. a.* **deutsch**

Sezession <-, -en> *f* ❶ POL (*Abspaltung*) secession ❷ KUNST (*Abspaltung einer Künstlergruppe*) disaffiliation

Sezessionskrieg *m* HIST (*in den USA*) ■**der** ~ American Civil War

sezieren* I. *vt* ■**jdn/etw** ~ to dissect sb/sth; **eine Leiche** ~ to dissect a corpse II. *vi* to dissect

Seziersaal *m* dissecting room

SFB *m Abk von* **Sender Freies Berlin** Radio Free Berlin

SFOR *f Abk von* **Stabilization Force** MIL SFOR

S-förmig *adj* S-shaped

sFr *Abk von* **Schweizer Franken** SFr

SGML *Abk von* **standard generalized markup language** INFORM SGML

SGML-Editor *m* INFORM SGML editor

Sgraffito <-s, -s *o* Sgraffiti> *nt s.* **Graffito**

Shampoo <-s, -s> ['ʃampu, 'ʃampo] *nt* shampoo

shampoonieren* [ʃɛmpu-, ʃampo-] *vt* ■**jdn/etw** ~ to shampoo sb/sth; **jdm/sich das Haar** ~ to shampoo sb's/one's hair

Shareware <-, -s> ['ʃeə'weə] *f* INFORM shareware

Sheriff <-s, -s> ['ʃɛrɪf] *m* sheriff

Sherry <-s, -s> ['ʃɛri] *m* sherry

Sherryessig *m* sherry vinegar

Shetlandpony ['ʃɛtlænd-] *nt* Shetland pony, sheltie

Shiitakepilz *m* BOT (*japanischer Zuchtpilz*) shiitake mushroom

Shirt <-s, -s> [ʃøːɐ̯t] *nt* shirt

Shooting <-s, -s> ['ʃuːtɪŋ] *nt* (*Fototermin*) photocall

shoppen *vi* (*sl*) to shop

Shopping <-s> ['ʃɔpɪŋ] *nt kein pl* shopping

Shoppingmall[RR] <-, -s> [ʃɔpɪŋmɔːl] *f* shopping mall

Shorts [ʃoːɐ̯ts, ʃɔrts] *pl* a pair of shorts, shorts *npl*

Show <-, -s> [ʃoː] *f* show; **eine** ~ **abziehen** (*sl*) to put on a show *fam;* **eine** ~ **machen** to make a show [of sth]; **jdm die** ~ **stehlen** (*fam*) to steal the show from sb

Showbusiness[RR] <-> ['ʃoː'bɪznɪs] *nt kein pl* show business

Showdown <-[s], -s> *m* showdown

Showeinlage ['ʃoː-] *f* supporting show; (*Zwischenspiel*) interlude **Showfigur** *f* (*pej*) plaything of the media **Showgeschäft** *nt kein pl* show business **Showmaster** <-s, -> [-maːstɐ] *m* compere BRIT **Showprogramm** *nt* THEAT show **Showroom** <-s, -s> [-ruːm] *m* showroom

Shuttle <-s, -s> [ʃʌtl] *nt* shuttle

Siam <-s> *nt* Siam

siamesisch *adj* Siamese; *s. a.* **Zwilling**

Siamkatze *f* Siamese cat

Sibirer(in) <-s, -> *m(f)* Siberian

Sibirien <-s> [zi'biːriən] *nt* Siberia

sibirisch *adj* Siberian; *s. a.* **Kälte**

sibyllinisch *adj* (*geh*) sibylline, sibyllic

sich *pron refl* ❶ *akk* oneself; ■**er/sie/es ...** ~ he/she/it ... himself/herself/itself; ■**Sie ... sich** you ... yourself/yourselves; ■**sie ... sich** they ... themselves; ***er sollte ~ da heraushalten*** he should keep out of it; ***man fragt ~, was das soll*** one asks oneself what it's all about; ~ **freuen** to be pleased; ~ **gedulden** to be patient; ~ **schämen** to be ashamed of oneself; ~ **wundern** to be surprised ❷ *dat* one's; ~ **etw einbilden** to imagine sth; ~ **etw kaufen** to buy sth for oneself; ***die Katze leckte ~ die Pfote*** the cat licked its paw; *s. a.* **kommen, an, von** ❸ *pl* (*einander*) each other, one another; ~ ***lieben/hassen*** to love/hate each other; ~ **küssen** to kiss each other; ~ **prügeln** to beat each other ❹ *unpersönlich* ***hier arbeitet es ~ gut*** it's good to work here; ***das Auto fährt ~ prima*** the car drives well; ***das lässt ~ schlecht in Worten ausdrücken*** that's difficult to put into words ❺ *mit Präposition* **die Schuld bei** ~ **suchen** to blame oneself; **wieder zu** ~ **kommen** (*fam*) to regain consciousness, to come round; **jdn mit zu** ~ **nehmen** to take sb to one's house; **nicht ganz bei** ~ **sein** (*fam*) to not be quite with it *fam;* **etw von** ~ **aus tun** to do sth of one's own accord; **etw für** ~ **tun** to do sth for oneself; ***er denkt immer nur an ~*** he only ever thinks of himself; ***er hat etwas an ~, das mir nicht gefällt*** (*fam*) there's something about him that I don't like

Sichel <-, -n> *f* ❶ AGR sickle ❷ (*sichelförmiges Gebilde*) crescent; **die** ~ **des Mondes** the crescent of the moon

sichelförmig *adj inv* crescent-[*or* sickle-]shaped

Sichelzellenanämie *f* MED (*krankhafte Veränderung der roten Blutkörperchen*) sickle-cell anemia

sicher I. *adj* ❶ (*gewiss*) certain, sure; **ein ~er Gewinn/Verlust** a sure win [*or* certain] /loss; **eine ~e Zusage** a finite confirmation; ■~ **sein** to be certain, to be for sure, to be a sure thing; ■~ **sein, dass/ob ...** to be certain, that/whether ...; ■**etwas S~es** something certain; ■**sich** *dat* ~ **sein, dass** to be sure [*or* certain] that; ■**sich** *dat* **einer/seiner S.** *gen* ~ **sein** to be sure of sth/what one is doing/saying; ■**sich** *dat* **seiner selbst** ~ **sein** to be sure of oneself; **soviel ist** ~ that much is certain ❷ (*ungefährdet*) safe; **eine sichere Anlage** a secure investment; **ein ~er Arbeitsplatz** a steady job; ■~ **[vor jdm/etw] sein** to be safe [from sb/sth]; ~ ***ist*** ~ you can't be too careful ❸ (*zuverlässig*) reliable; **~er Beweis** definite [*or* reliable] proof; **eine ~e Methode** a fool-proof method; **etw aus ~er Quelle haben** [*o* **wissen**] to have [*or* know] sth from a reliable source ❹ (*geübt*) competent; **ein ~es Händchen für etw haben** (*fam*) to have a knack for sth; **ein ~er Autofahrer** a safe driver; **ein ~es Urteil** a sound judgement; **ein ~er Schuss** an accurate [*or* good] shot ❺ (*selbstsicher*) self-confident, self-assured; **ein ~es Auftreten haben** to appear/be self-confident; *s. a.* **Quelle** II. *adv* surely; ***du hast ~ recht*** you are certainly right, I'm sure you're right; ***es ist ~ nicht das letzte Mal*** this is surely not the last time; **[aber] ~!** [*o* ~ **doch!**] (*fam*) of course!, sure!

sicher|gehen *vi irreg sein* to make sure; ■~, **dass ...** to make sure that ...; ***um sicherzugehen, dass ich da bin, ruf vorher an!*** ring me first to be [*or* make] sure that I'm there

Sicherheit <-, -en> *f* ❶ *kein pl* (*gesicherter Zustand*) safety; **die öffentliche** ~ public safety; **soziale** ~ social security; **etw/jdn/sich in** ~ **bringen** to get sth/sb/oneself to safety; **[irgendwo] in** ~ **sein** to be safe [somewhere]; **sich in** ~ **wiegen** [*o* **wähnen**] to think oneself safe; **jdn in** ~ **wiegen** to lull sb into a false sense of security; **der** ~ **halber** to be on the safe side, in the interests of safety ❷ *kein pl* (*Gewissheit*) certainty; **mit an** ~ **grenzender Wahrscheinlichkeit** almost certainly; **mit** ~ for certain; ***ich kann es nicht mit letzter ~ sagen*** I can't be one hundred per cent sure about that ❸ *kein pl* (*Zuverlässigkeit*) reliability; **von absoluter** ~ **sein** to be absolutely reliable; *eines Urteils* soundness ❹ *kein pl* (*Gewandtheit*) skillfulness, competence; ~ **im Auftreten** assured manner ❺ FIN (*Kaution*) surety, security, collateral; **dingliche** ~ security in rem; **ursprüngliche/zusätzliche** ~ original/additional security; **eine** ~ **freigeben** to release a security; ~ **leisten** [*o* **geben**] to offer security; JUR to stand bail; ~ **für eine Forderung** security for a debt; **Darlehen gegen** ~ loan against collateral

Sicherheitsabstand *m* safe distance **Sicherheitsalarm** *m* security alarm **Sicherheitsarrest** *m* JUR preventive custody **Sicherheitsausschuss**[RR] *m* (*selten*) security committee **Sicherheitsbeamte(r)**, **-beamtin** *m, f* security officer **Sicherheitsbehörde** *f* security service **Sicherheitsbelange** *pl* security interests *pl* **Sicherheitsberater(in)** *m(f)* safety advisor **Sicherheitsbescheid** *m* JUR security clearance **Sicherheitsbestimmung** *f* safety regulation **Sicherheitsbindung** *f* safety binding **Sicherheitsdienst** *m* security service **Sicherheitsexperte, -expertin** *m, f* safety expert **Sicherheitsgarantie** *f* safety guarantee **Sicherheitsglas** *nt* safety glass **Sicherheitsgründe** *pl* **aus ~n** for safety reasons **Sicherheitsgurt** *m* safety [*or* seat] belt **sicherheitshalber** *adv* to be on the safe side **Sicherheitskette** *f* safety chain **Sicherheitsklausel** *f* JUR escape [*or* savings] clause **Sicherheitskontrolle** *f* security check **Sicherheitskonzept** *nt* safety concept **Sicherheitskopie** *f* INFORM security copy, back-up **Sicherheitskraft** *f meist pl* member of security; ■**Sicherheitskräfte** security [staff] + *sing/pl vb;* ■**eine ~/Sicherheitskräfte sein** to be [from] security **Sicherheitsleistung** *f* JUR (*Kaution*) bail, judicial bond; ~ **im Zivilprozess** civil bail; **eine** ~ **anordnen/ablehnen** to grant/refuse bail; **eine** ~ **verfallen lassen** to abscond bail **Sicherheitslücke** *f* security breach, gap [*or* loophole] in security **Sicherheitsmann** <-s, -leute *o* -männer> *m* security man; ■**Sicherheitsleute** security [staff] + *sing/pl vb;* ■**ein** ~ **sein** to be a security man [*or* [from] security] **Sicherheitsmarge** *f* safety margin **Sicherheitsmaßnahme** *f* safety [*or* security] measure [*or* precaution] **Sicherheitsmechanismus** *m* safety mechanism **Sicherheitsnadel** *f* safety pin **Sicherheitspedal** *nt* safety pedal **Sicherheitspolitik** *f kein pl* security policy **sicherheitspolitisch** *adj* relating to security policy *pred,* security policy *attr* **Sicherheitsrat** *m kein pl* security council **Sicherheitsriegel** *m* BAU safety latch **Sicherheitsrisiko** *nt* security risk **Sicherheitsrücklage** *f* FIN contingency reserve **Sicherheitsschloss**[RR] *nt* safety lock **Sicherheitssoftware** *f* security software **Sicherheitsstandard** *m* safety standard **Sicherheitssystem** *nt* security system, system of security **Sicherheitstürgitter** *nt* safety gate **Sicherheitsüberprüfung** *f* safety [*or* security] check **Sicherheitsventil** *nt* safety valve **Sicherheitsverschluss**[RR] *m* safety catch **Sicherheitsvorkehrung** *f* security [*or* safety] precaution **Sicherheitsvorschrift** *f meist pl* safety regulation **Sicherheitswacht** *f meist sing* security *no pl* **Sicherheitswächter, -in** *m, f* security guard **Sicherheitszone** *f* security [*or* safety] zone

sicherlich *adv* surely

sichern *vt* ❶ (*schützen*) ■**etw [durch** [*o* **mit**] **etw] [gegen etw]** ~ to safeguard sth [with sth] [from sth]; **die Grenzen/den Staat** ~ to safeguard the borders/state ❷ (*mit der Sicherung versehen*) to put on a safety catch; **eine Schusswaffe** ~ to put on a safety catch on a firearm; **die Tür/Fenster** ~ to secure the door/windows ❸ (*absichern*) ■**jdn/etw** ~ to protect sb/sth; ■**sich [durch etw] [gegen etw]** ~ to protect oneself [with sth] [against sth]; **einen Bergsteiger mit einem Seil** ~ to secure [*or* belay] a climber with a rope; **den Tatort** ~ to secure the scene of the crime; ■**gesichert sein** to be protected ❹ (*sicherstellen, verschaffen*) to secure; **das Vorkaufsrecht** ~ to secure an option to buy; **den Sieg** ~ to secure a victory ❺ INFORM ■**etw** ~ to save sth; **Daten** ~ to save data ❻ (*sicherstellen, garantieren*) ■**[jdm/sich] etw** ~ to secure sth [for sb/oneself]; ***die Verfassung sichert allen Bürgern die Menschenrechte*** the consitution guarantees all citizens human rights

sicher|stellen *vt* ❶ (*in Gewahrsam nehmen*) ■**etw** ~ to safekeep [*or* confiscate] sth; **die Beute** ~ to confiscate the loot ❷ (*garantieren*) ■**etw** ~ to guarantee [*or* safeguard] sth

Sicherstellung *f* ❶ (*das Sicherstellen*) safekeeping, confiscation ❷ (*das Garantieren*) guarantee, safeguard ❸ JUR security, safeguarding

Sicherung <-, -en> *f* ❶ (*das Sichern, Schützen*) securing, safeguarding; **zur** ~ **meiner Existenz** to safeguard my existence; ~ **des Friedens** safeguarding peace; ~ **des Unfallortes** securing the scene of the accident; ~ **der Arbeitsplätze** ÖKON safe working conditions ❷ ELEK fuse; ***die ~ ist durchgebrannt/herausgesprungen*** the fuse has blown ❸ (*Schutzvorrichtung*) safety catch ❹ INFORM backup; ~ **auf Band** tape back-up ► WENDUNGEN: **jdm brennt die** ~ **durch** (*fam*) sb blows a fuse

Sicherungsabtretung *f* JUR assignment for security **Sicherungsarbeiten** *pl* work on safeguarding

Sicherungsbeschlagnahme *f* JUR attachment by way of security **Sicherungseigentum** *nt* ownership by way of security, equitable lien **Sicherungsgegenstand** *m* FIN, JUR collateral **Sicherungsgrundschuld** *f* JUR land charge serving as collateral **Sicherungsgut** *nt* JUR property serving as security **Sicherungshaft** *f kein pl* JUR precautionary detention, remand in custody **Sicherungshypothek** *f* FIN covering [*or* claim-securing] mortgage **Sicherungskasten** *m* fuse box **Sicherungskauf** *m* BÖRSE hedge buying, hedging operation **Sicherungskäufe** *pl* BÖRSE hedge buying **Sicherungskopie** *f* INFORM backup [*or* AM dump] copy; ~ **einer Datei erstellen** to back-up a file **Sicherungsrecht** *nt* JUR charging lien **Sicherungsscheibe** *f* internal tooth lock washer **Sicherungssystem** *nt* backup system **Sicherungstreuhand** *f* JUR trust for purpose of security **sicherungsübereignen*** *vt* JUR ■**jdm etw** ~ to assign sth to sb as security **sicherungsübereignet** *adj* JUR pledged [as security] **Sicherungsübereignung** *f* JUR collateral assignment, chattel mortgage; **die** ~ **aufheben** to release from trust **Sicherungsübereignungsvertrag** *m* JUR (*Vereinbarung*) security agreement; (*Dokument*) bill of sale BRIT, trust receipt AM **Sicherungsübergang** *f* FIN devolution [*or* transfer] of security **Sicherungsverfahren** *nt* JUR confinement proceedings *pl* **Sicherungsverwahrung** *f* JUR preventive detention [*or* custody]; **Unterbringung in der** ~ commitment to an institution of protective custody **Sicherungsvollstreckung** *f* JUR provisional attachment **Sicherungszession** *f* JUR fiduciary assignment **Sicherungszieher** <-s, -> *m* fuse puller

Sicht <-, *selten* -en> *f* ❶ (*Aussicht*) view; **eine gute/schlechte** ~ **haben** to have a good/poor view; ***du nimmst mir die*** ~ you're in my way, you're blocking my view; (*klare Sicht*) visibility; ***die*** ~ ***beträgt heute nur 20 Meter*** visibility is down to 20 metres today; **auf kurze/mittlere/lange** ~ (*fig*) in the short/mid/long term; **nach** ~ **fliegen** to fly without instruments; **außer** ~ **sein** to be out of sight; **in** ~ **sein** to be in [*or* come into]; ***Land in*** ~***!*** land ahoy!; **etw ist in** ~ (*fig*) sth is on the horizon *fig* ❷ (*Ansicht, Meinung*) [point of] view; **aus jds** ~ from sb's point of view ❸ ÖKON (*Vorlage*) **auf** [*o* **bei**] [*o* **nach**] ~ at sight; **bei** ~ **fällig werden** to mature upon presentation; **bei** ~ **zahlen** to pay at sight

sichtbar *adj* (*mit den Augen wahrnehmbar*) visible; **gut/nicht/kaum/schlecht** ~ **sein** to be well/not/hardly/poorly visible; (*erkennbar, offensichtlich*) apparent; ■[**für jdn**] ~ **sein** to be apparent [to sb]

Sichtbeton *m* BAU exposed concrete **Sichtblende** *f* screen; (*Jalousie*) blind **Sichteinlage** *f* FIN demand [*or* sight] deposit

sichten *vt* ❶ (*ausmachen*) ■**etw** ~ to sight sth; **die Küste/einen Eisberg** ~ to sight the coast/an iceberg; **Wild** ~ to spot game; ■**jdn** ~ to spot sb *fam* ❷ (*durchsehen*) ■**etw** ~ to look through sth; **die Akten** ~ to look through [*or* inspect] the files

Sichtfenster *nt* TECH [observation] window; **ein Backofen mit** ~ an oven with a glass[-panelled [*or* AM paneled]] door **Sichtflug** *m* contact flight **Sichtfuge** *f* BAU exposed joint **Sichtgerät** *nt* monitor **Sichtgrenze** *f* limit of visibility **Sichthülle** *f* clear plastic pocket

sichtlich *adj* obvious, visible; ~ **beeindruckt sein** to be visibly impressed **Sichtmappe** *f* clear plastic folder **Sichtmauerwerk** *nt* BAU exposed masonry **Sichtschutz** *m kein pl* partition (*ensuring privacy*); (*zwischen Bürotischen a.*) modesty panel **Sichtschutzgitter** *nt* BAU protective screen **Sichttratte** *f* FIN sight draft

Sichtung <-, -en> *f* ❶ *kein pl* (*das Sichten*) sighting ❷ (*Durchsicht*) looking through, sifting; **die** ~ **des Materials** sifting through the material **Sichtverbindlichkeiten** *pl* FIN sight [*or* demand] liabilities **Sichtverhältnisse** *pl* visibility *no pl*; **gute /schlechte** ~ good/poor visibility **Sichtvermerk** *m* (*geh*) visa [stamp]; *Wechsel* endorsement **Sichtwechsel** *m* FIN demand bill **Sichtweise** *f* way of looking at things, point of view **Sichtweite** *f* visibility; **außer/in** ~ **sein** to be out of/in sight; ***die*** ~ ***beträgt 100 Meter*** visibility is 100 metres

Sickbuildingsyndrom ['sɪkbɪldɪŋ-] *nt* MED sick building syndrome

Sickergrube *f* soakaway BRIT, recharge basin AM

sickern *vi sein* (*rinnen*) ■**aus etw** *akk*/**durch etw** *akk* ~ to seep from sth/through sth; ***das Wasser sickert in den Boden*** water seeps into the ground; ***vertrauliche Informationen*** ~ ***immer wieder in die Presse*** (*fig*) confidential information is constantly leaked out to the press

Sickerschacht *m* soakaway **Sickerwasser** *nt kein pl* surface water seeping through the ground **Sickerwassertank** *m* seepage tank

Sideboard <-s, -s> *nt* sideboard

sie *pron pers, 3. pers* ❶ <*gen* ihrer, *dat* ihr, *akk* sie> *sing* she; ~ ***ist es!*** it's her!; (*weibliche Sache bezeichnend*) it; ***ich habe meine Jacke gesucht, konnte*** ~ ***aber nicht finden*** I looked for my jacket but couldn't find it; (*Tier bezeichnend*) it; (*bei weiblichen Haustieren*) she ❷ <*gen* ihrer, *dat* ihnen, *akk* sie> *pl* they; ~ ***wollen heiraten*** they want to get married

Sie¹ <*gen* Ihrer, *dat* Ihnen, *akk* Sie> *pron pers, 2. pers sing o pl, mit 3. pers pl vb gebraucht* ❶ (*förmliche Anrede*) you; ***könnten*** ~ ***mir bitte die Milch reichen?*** could you pass me the milk, please? ❷ (*förmliche Aufforderung*) ***kommen*** ~***, ich zeige es Ihnen!*** come on, I'll show you!; ~***! was fällt Ihnen ein!*** Sir/Madam! what do you think you're doing!

Sie² <-s> *nt kein pl* (*die Anrede mit „~“*) polite form of address using “Sie”; **jdn mit** ~ **anreden** to address sb “Sie”; **zu etw muss man** ~ **sagen** (*hum fam*) *sth is so good that it must be treated with respect*

Sie³ *f kein pl* (*fam*) ■**eine** ~ a female; ***der Hund ist eine*** ~ the dog is female

Sieb <-[e]s, -e> *nt* ❶ (*Küchensieb*) sieve; (*größer*) colander; (*Kaffeesieb, Teesieb*) strainer ❷ BAU riddle ❸ TECH (*Filtersieb*) filter; *s. a.* **Gedächtnis**

Siebdeckel *m* perforated pan lid (*for straining cooking liquids off food being cooked*) **Siebdruck** *m* ❶ *kein pl* (*Druckverfahren*) [silk-]screen printing ❷ (*Druckerzeugnis*) [silk-]screen print **Siebeinsatz** *m* KOCHK steamer insert

sieben¹ *adj* seven; *s. a.* **acht¹**, **Weltwunder**

sieben² I. *vt* ❶ (*durchsieben*) ■**etw** ~ to sieve sth, to pass sth though a sieve; **nach Gold** ~ to screen for gold ❷ (*fam: aussortieren*) ■**jdn/etw** ~ to pick and choose sth/sb; **Material** ~ to select material; **Bewerber** ~ to weed out applicants II. *vi* (*fam*) to pick and choose *fam*, to be selective

Sieben <-, – *o* -en> *f* ❶ (*Zahl*) seven ❷ KARTEN seven; *s. a.* **Acht¹ 4** ❸ (*Verkehrslinie*) ■**die** ~ the [number] seven

Siebenbürgen <-s> *nt* Transylvania

siebeneinhalb *adj* ❶ (*Bruchzahl*) seven and a half, seven-and-a-half *attr* ❷ (*fam: 7500 DM*) seven-and-a-half grand *fam* [*or* AM *sl* G's] + *sing vb*; *s. a.* **anderthalb**

siebenerlei *adj inv, attr* seven [different]; *s. a.* **achterlei**

siebenfach, 7fach I. *adj* sevenfold; **die ~e Menge nehmen** to take seven times the amount; **in ~er Ausfertigung** in septuplicate *form* II. *adv* seven times, sevenfold

Siebenfache, 7fache *nt dekl wie adj* seven times the amount; *s. a.* **Achtfache**

Siebengebirge <-s> *nt* Siebengebirge

Siebengestirn <-[e]s> *nt kein pl* ASTRON Seven Sisters *pl*, Pleiades *npl*

siebenhundert *adj* seven hundred; *s. a.* **hundert**

siebenhundertjährig *adj* seven hundred-year-old *attr*; **~es Bestehen/~e Herrschaft** seven hundred years' [*or* years of] existence/rule **siebenjährig, 7-jährig**^RR *adj* ❶ (*Alter*) seven-year-old *attr*, seven years old *pred*; *s. a.* **achtjährig 1** ❷ (*Zeitspanne*) seven-year *attr*; *s. a.* **achtjährig 2** **Siebenjährige(r), 7-Jährige(r)**^RR *f(m) dekl wie adj* seven-year-old **siebenköpfig** *adj* seven-person *attr*; *s. a.* **achtköpfig** **siebenmal** *adv* seven times; *s. a.* **achtmal** **siebenmalig** *adj* seven times; *s. a.* **achtmalig** **Siebenmeilenstiefel** *pl* ▶ WENDUNGEN: ~ **anhaben** to have got one's seven-league boots on; **mit ~n gehen** to walk with giant strides **Siebenmeter** *m* SPORT penalty **Siebenmeterbrett** *nt* seven-metre [*or* AM -er] [diving] platform **Siebenmonatskind** *nt* MED seven-month baby **Siebensachen** *pl* (*fam*) things, belongings, stuff *fam*; ■**jds** ~ sb's things [*or* belongings] [*or fam* stuff] **Siebenschläfer** *m* ❶ ZOOL fat [*or* edible] dormouse ❷ (*veraltend fam*) late riser **siebentausend** *adj* ❶ (*Zahl*) seven thousand; *s. a.* **tausend 1** ❷ (*fam: 7000 DM*) seven grand *no pl*, seven thou *no pl sl*, seven G's [*or* K's] *no pl* AM *sl* **Siebentausender** *m* mountain over 7,000 metres [*or* AM meters]

siebente(r, s) *adj* (*geh*) *s.* **siebte(r,s)**

Siebentel <-s, -> *nt s.* **Siebtel**

siebentens *adv* (*geh*) *s.* **siebtens**

Siebseite *f* (*Papier*) wire side

siebte(r, s) *adj* ❶ (*nach dem sechsten kommend*) seventh; *s. a.* **achte(r, s) 1** ❷ (*Datum*) seventh, 7th; *s. a.* **achte(r, s) 2**

Siebte(r) *f(m) dekl wie adj* ❶ (*Person*) seventh; *s. a.* **Achte(r) 1** ❷ (*bei Datumsangaben*) ■**der** ~**/am Siebten**, ■**der 7./am 7.** *geschrieben* the seventh/on the seventh *spoken*, the 7th/on the 7th *written*; *s. a.* **Achte(r) 2** ❸ (*Namenszusatz*) **Karl der** ~, *geschrieben* **Karl VII.** Charles the Seventh *spoken*, Charles VII *written*

Siebtel <-s, -> *nt* seventh

siebtens *adv* seventhly

Siebtuch *nt* cheese [*or* straining] cloth

siebzehn *adj* seventeen; *s. a.* **acht¹**

siebzehnte(r, s) *adj* seventeenth; *s. a.* **achte(r, s)**

Siebzehntel <-s, -> *nt* seventeenth; *s. a.* **Achtzehntel**

siebzig *adj* seventy; *s. a.* **achtzig 1, 2**

Siebzig <-, -en> *f* seventy

siebziger, 70er *adj attr, inv* **der** ~ **Bus** the number seventy bus; ■**die** ~ **Jahre** the seventies [*or* 70s]; *s. a.* **achtziger**

Siebziger¹ <-s, -> *m* a 1970/an 1870 vintage

Siebziger² <-, -> *f* (*fam: Briefmarke*) seventy-pfennig stamp

Siebziger³ *pl* ■**die** ~ the seventies [*or* 70s]; **in den ~n sein** to be in one's seventies; *s. a.* **Achtziger³**

Siebziger(in) <-s, -> *m(f)* ❶ (*Mensch in den Sechzigern*) septuagenarian *form* ❷ *s.* **Siebzigjährige(r)**

Siebzigerjahre *pl* (*Jahrzehnt*) **in den ~n** in the seventies; ■**die** ~ (*Lebensjahrzehnt*) one's seventies **siebzigjährig, 80-jährig**^RR *adj attr* ❶ (*Alter*) seventy-year-old *attr*, seventy [years old] *pred* ❷ (*Zeitspanne*) seventy-year **Siebzigjährige(r), 70-Jährige(r)**^RR *f(m) dekl wie adj* seventy-year-old, septuagenarian *form*

siebzigste(r, s) *adj* seventieth; *s. a.* **achte(r, s)**

Siebzigstel <-s, -> *nt* seventieth; *s. a.* **Achtzigstel**

siech *adj* (*geh*) ailing *attr*; (*von Mensch a.*) infirm; ■~ **sein/werden** to be/become infirm

Siechtum <-[e]s> *nt kein pl* (*geh*) infirmity, lingering illness, malady *dated form*

siedeln *vi* to settle

sieden <siedete *o* sott, gesiedet *o* gesotten> *vi* to boil; **etw zum S~ bringen** to bring sth to the boil ▶ WENDUNGEN: **jdn** [**mit etw** *dat*] **zum S~ bringen** to drive sb mad [with sth]; **~d heiß** (*fam*) boiling [*or* scalding] hot; ***es ist mir*** ~ ***heiß eingefallen, dass …*** (*fig fam*) I remembered in a flash that … *fam*

siedend *adj inv* **~e Hitze** scalding heat; ~ **heiß** boiling hot

Siedepunkt *m* (*Kochpunkt*) boiling point; (*Höhepunkt*) boiling point **Siedewasserreaktor** *m* boiling-water reactor, BWR

Siedfleisch *nt* DIAL boiling meat

Siedler(in) <-s, -> *m(f)* settler

S

Siedlung <-, -en> *f* ❶ (*Wohnhausgruppe*) housing estate ❷ (*Ansiedlung*) settlement

Siedlungsgebiet *nt* HIST area of settlement, settled region **Siedlungsgesellschaft** *f* HANDEL housing association [*or* cooperative]

Sieg <-[e]s, -e> *m* ❶ (*Erfolg*) victory, triumph (**über** +*akk* over); **etw** *dat* **zum ~ verhelfen** to help sth to triumph, to make sth triumph ❷ (*militärischer Erfolg*) victory (**über** +*akk* over); **den ~ davontragen** [*o geh* **erringen**] to be victorious ❸ (*sportlicher Erfolg*) win, victory (**über** +*akk* over); **jdn um den ~ bringen, jdn den ~ kosten** to cost sb his/her victory [*or* win]; **den ~ [in etw** *dat*] **davontragen** [*o geh* **erringen**] to be the winner/winners [in sth]; **um den ~ kämpfen** to fight for victory

Siegel <-s, -> *nt* seal; *Behörde* stamp, seal; (*privates a., kleineres*) signet; **das ~ aufbrechen** to break the seal; **das ~ auf etw** *akk* **setzen** to affix the/one's seal to sth; **das ~ am Schluss von etw setzen** to append the/one's seal to sth; **etw mit einem ~ versehen** to affix a seal to sth, to seal sth ► WENDUNGEN: **unter dem ~ der Verschweigenheit** under pledge [*or* the seal] of secrecy; *s. a.* **Brief, Buch**

Siegelbruch *m* JUR breaking official seals **Siegellack** *m* sealing wax

siegeln *vt* ■**etw ~** to [affix a] seal to sth **Siegelring** *m* signet ring

siegen *vi* ■[**bei etw** *dat*/**in etw** *dat*] **~** to be the victor [at sth/in sth] *form* ❶ MIL to triumph [*or* be victorious] [at/in sth]; ■**über jdn ~** to vanquish [*or* triumph over] sb ❷ SPORT to win [sth]; **bei einem Wettbewerb ~** to win a competition, to carry the day *form;* **haushoch ~** to have a crushing victory, to win hands down; **nur knapp ~** to scrape a win; ■**über jdn ~** to beat [*or* win against] sb

Sieger(in) <-s, -> *m(f)* ❶ MIL victor; **als ~ aus etw hervorgehen** to emerge victorious [*or* as the victor[s]] from sth ❷ SPORT winner; **der zweite ~** the runner-up; **~ sein** to be the winner, to have won; **~ nach Punkten/durch K.o.** (*Boxen*) to win on points/by a knockout; [**in etw** *dat*] **~ bleiben** to remain the winner [*or* champion] [of sth]; (*Boxen a.*) to have successfully defended one's title [in sth]; **als ~ aus etw** *dat* **hervorgehen** to win sth, to be the winner of sth

Siegerehrung *f* SPORT presentation ceremony

Siegerin <-, -nen> *f fem form von* **Sieger**

Siegermacht *f* victorious power **Siegerpodest** *nt* winners' [*or* victory] rostrum **Siegerpose** *f* victory pose **Siegerstraße** *m* road to victory **Siegertreppchen** *nt* [medallists' [*or* AM medalists']] podium **Siegerurkunde** *f* SPORT winner's certificate

siegesbewusst^RR^ *adj s.* **siegessicher** **Siegesfreude** *f* joy over a/the victory **siegesgewiss**^RR^ *adj* (*geh*) *s.* **siegessicher** **Siegesgöttin** *f* goddess of victory, Victory *no art liter* **Siegeskranz** *m* victor's wreath [*or* laurels] *npl* **Siegesrausch** *m* thrill of victory **siegessicher** I. *adj* certain [*or* assured] [*or* sure] of victory *pred;* **ein ~es Lächeln** a confident smile; ■**~ sein** to be certain [*or* assured] [*or* sure] of victory [*or* winning] II. *adv* certain [*or* assured] [*or* sure] of victory; **~ lächelnd** with a confident smile **Siegeszug** *m* MIL triumphal march; (*fig: gewaltiger Erfolg*) triumph

siegreich I. *adj* ❶ MIL victorious, triumphant ❷ SPORT winning *attr,* successful II. *adv* in triumph; **~ heimkehren** to return triumphant [*or* in triumph]; **~ aus etw** *dat* **hervorgehen** to emerge triumphant from sth

sieh, siehe (*geh*) *imper sing von* **sehen**

Siel <-[e]s, -e> *nt o m* NORDD sluice, floodgate

Sierra Leone <-s> *nt* Sierra Leone; *s. a.* **Deutschland**

Sierra-Leoner(in) <-s, -> *m(f)* Sierra Leonean; *s. a.* **Deutsche(r)**

sierra-leonisch *adj* Sierra Leonean; *s. a.* **deutsch**

Sievert <-s, -> *nt* PHYS sievert, Sv

siezen *vt* ■**jdn/sich ~** to use the formal term of address to sb/each other, to address sb/each other as "Sie"

Sigel <-s, -> *nt* ❶ (*beim Stenographieren*) grammalogue [*or* AM -og] *spec,* logogram *spec* ❷ (*Abkürzung für Buchtitel*) short form, abbreviation

sigeln *vt* (*fachspr*) ■**etw ~** to give sth an abbreviation; ■**etw mit etw ~** to give sth the abbreviation sth

Sightseeing <-s> ['saitsi:ɪŋ] *nt* sightseeing *no art;* **~ machen** to do some sightseeing

Sigle <-, -n> *f s.* **Sigel**

Signal <-s, -e> *nt* ❶ (*Zeichen*) signal; **das ~ zum Angriff/Start** the signal for the attack/start; [**mit etw** *dat*] [**ein**] **~ geben** to give a/the signal [with sth]; **mit der Hupe** [**ein**] **~ geben** to sound the horn [as a/the signal]; **~e aussenden** to transmit signals ❷ BAHN signal; **ein ~ überfahren** to pass a signal at danger, to overrun a signal ❸ *pl* (*geh: Ansätze*) signs; [**durch** [*o* **mit**] **etw** *dat*] **~e** [**für etw** *akk*] **setzen** (*geh*) to blaze a trail [for sth] [with sth] ❹ TELEK signal; **analoges ~** analogue [*or* AM -og] signal

Signalanlage *f* signals *pl* **Signalarm** *m* BAHN signal [*or* semaphore] arm **Signalball** *m* NAUT signal ball **Signalfarbe** *f* bright, easily visible colour [*or* AM -or] **Signalfeuer** *nt* signal fire, balefire **Signalflagge** *f* signal flag

signalisieren* *vt* ❶ (*durch Signale übermitteln*) ■[**jdm**] **etw ~** to signal sth [to sb] ❷ (*geh: zu verstehen geben*) ■**jdm ~, dass ...** to give sb to understand that ...

Signallampe *f* ❶ (*Taschenlampe*) signalling [*or* AM signaling] lamp ❷ BAHN signal lamp **Signalleuchte** *f* signal lamp **Signallicht** *nt* signal [*or* warning] light **Signalmast** *m* signal mast [*or* post] **Signalpfeife** *f* signalling [*or* AM signaling] whistle **Signalpistole** *f* Very pistol **Signalrakete** *f* signal rocket **Signalscheibe** *f* BAHN signal disc **Signalschuss**^RR^ *m* signal shot **Signalstab** *m* BAHN signalling [*or* AM signaling] disc **Signaltechnik** *f* signalling BRIT, signaling AM **Signalton** *m* signal tone; (*Warnton*) warning tone **Signaltuch** *nt* LUFT signal panel **Signalwirkung** *f* signal

Signatar(in) <-s, -e> *m(f)* JUR (*veraltet geh*) signatory (+*gen* to)

Signatur <-, -en> *f* ❶ (*in der Bibliothek*) shelf mark, classification number ❷ (*Kartenzeichen*) symbol ❸ (*geh: Unterschrift*) signature ❹ INFORM signature

Signaturschlüssel *m* INFORM signature key

Signet <-s, -s> [zɪn'je:, zɪ'gnɛt] *nt* ❶ VERLAG printer's [*or* publisher's] mark; (*allgemein*) logo ❷ INFORM signet

signieren* *vt* ■**etw ~** to sign sth; (*bei einer Autogrammstunde*) to autograph sth; ■**signiert** signed, autographed

Signierung <-, -en> *f* signing; (*bei einer Autogrammstunde*) autographing

signifikant *adj* (*geh*) ❶ (*bedeutsam*) significant ❷ (*charakteristisch*) characteristic, typical

Sikh <-s, -s> *m* Sikh

Silbe <-, -n> *f* syllable; **eine kurze/lange ~** a short/long syllable; **auf etw** *akk* **mit keiner ~ eingehen** to not go into sth, to not say a word about sth; **etw mit keiner ~ erwähnen** not to mention sth at all, not to breathe [*or* say] a word about sth; **keine ~** not one word; ***ich verstehe keine ~*** I can't hear a word

Silbenkreuzworträtsel *nt puzzle involving combining syllables to form words* **Silbenrätsel** *nt word game in which words are made up from a given list of syllables* **Silbentrennprogramm** *nt* hyphenation programme [*or* AM -am] **Silbentrennung** *f* LING syllabification; TYPO hyphenation; **falsche ~** bad break

Silber <-s> *nt kein pl* ❶ (*Metall*) silver *no pl* ❷ (*Tafelsilber*) silver[ware] ❸ SPORT (*sl*) silver [medal]; **~ holen** to win a silver [medal]

Silberbarren *m* silver bullion **Silberbesteck** *nt* silver cutlery **Silberblick** *m* (*hum fam*) **einen ~ haben** (*fam*) to have a cast, to [have a] squint **silberfarben, silberfarbig** *adj* silver[-coloured] **Silberfischchen** *nt* silverfish **Silberfuchs** *m* ❶ (*Tierart*) silver fox ❷ (*Pelz*) [fur of the] silver fox **Silbergehalt** *m* silver content **Silbergeld** *nt kein pl* silver *no pl* **Silbergeschirr** *nt kein pl* silver[ware] **silbergrau** *adj* silver[y]-grey [*or* AM -gray] **silberhaltig** *adj inv* silver-bearing, argentiferous *spec* **silberhell** *adj inv Stimme, Lachen* silvery **Silberhochzeit** *f* silver wedding [anniversary]

silberig *adj* silvery

Silberlachs *m* salmon trout BRIT **Silberlöwe** *m s.* Puma **Silbermedaille** *f* silver medal **Silbermöwe** *f* ORN herring gull **Silbermünze** *f* silver coin

silbern *adj* ❶ (*aus Silber bestehend*) silver; **~es Besteck** silverware ❷ (*Farbe*) silver[y]

Silbernotierung *f* price of silver **Silberpapier** *nt* silver paper **Silberpappel** *f* white poplar, abele *spec* **Silberschmied(in)** *m(f)* silversmith **Silberstimme** *f* silvery voice **Silberstreif(en)** *m* silver line [*or* strip] ► WENDUNGEN: **ein ~ am Horizont** (*geh*) a ray of hope **silberweiß** *adj* silver-white, silvery white

silbrig I. *adj* silver[y] II. *adv* **~ glänzen/schimmern** to have a silvery lustre [*or* AM -er] /sheen

Silhouette <-, -n> [zi'luɛtə] *f* silhouette; *Stadt* skyline, outline[s *pl*]; **sich** *akk* **als ~ gegen etw** *akk* **abheben** to be silhouetted against sth

Silicium <-s> *nt s.* **Silizium**

Silikat <-[e]s, -e> *nt* silicate

Silikon <-s, -e> *nt* silicone

Silikonimplantat *nt* silicone implant **Silikonspritze** *f* silicone injection

Silikose <-, -n> *f* MED silic[at]osis

Silizium <-s> *nt kein pl* silicon *no pl*

Siliziumchip *m* INFORM silicon chip **Siliziumscheibe** *f* ELEK silicon wafer

Silo <-s, -s> *m* silo

Silvaner <-s, -> [-'va:-] *m* ❶ (*Rebsorte*) sylvaner [grape] ❷ (*Wein*) sylvaner [wine]

Silvester <-s, -> [-'vɛstɐ] *m o nt* New Year's Eve; (*in Schottland*) Hogmanay

Silvesterabend *m* New Year's Eve; (*in Schottland*) Hogmanay **Silvesterfeier** [-'vɛstɐ-] *f* New Year['s Eve] party **Silvesternacht** *f* night of New Year's Eve; (*in Schottland*) night of Hogmanay **Silvesterparty** *f* New Year's Eve party [*or* celebration]; (*in Schottland*) Hogmanay party

Simbabwe <-s> *nt* Zimbabwe; *s. a.* **Deutschland**

Simbabwer(in) <-s, -> *m(f)* Zimbabwean; *s. a.* **Deutsche(r)**

simbabwisch *adj* BRD, ÖSTERR Zimbabwean; *s. a.* **deutsch**

SIMD INFORM *Abk von* **single instruction stream multiple data stream** SIMD

SIMD-Verfahren *nt* INFORM SIMD procedure

Similistein *m* imitation stone

SIM-Karte *f Abk von* **Subscriber Identification Module** SIM card

simpel I. *adj* ❶ (*einfach*) simple; **eine ~e Erklärung/Lösung/Methode** a simple [*or* straightforward] explanation/solution/method; ■[**ganz**] **~ sein** to be [really] simple [*or* straightforward]; ■[**jdm**] **zu ~ sein** to be too simple [for sb] ❷ (*schlicht*) simple, plain [old *fam*] II. *adv* simply

Simpel <-s, -> *m* (*fam*) simpleton, fool

simplifizieren* *vt* (*geh*) ■**etw ~** to simplify sth

Sims <-es, -e> *m o nt* (*Fenster~: innen*) [window]sill; (*Fenster~: außen*) [window] ledge; (*Ge~*) ledge; (*Kamin~*) mantlepiece

simsalabim *interj* hey presto

Simulant(in) <-en, -en> *m(f)* malingerer

Simulation <-, -en> *f* simulation

Simulationsprogramm *nt* INFORM simulating program

Simulator <-s, -toren> *m* simulator; LUFT, RAUM flight simulator

simulieren* I. *vi* to malinger, to pretend to be ill, to sham *pej,* to feign illness *liter* II. *vt* ❶ (*vortäuschen*) **eine Krankheit ~** to pretend to be ill, to feign *liter* [*or pej* sham] illness; **Blindheit ~** to pretend to be blind, to feign blindness *liter* ❷ SCI ■**etw ~** to [computer- *form*]simulate sth

simultan I. *adj* (*geh*) simultaneous II. *adv* (*geh*) simultaneously, at the same time; ~ **dolmetschen** simultaneous interpreting

Simultandolmetschen <-s> *nt kein pl* simultaneous interpreting **Simultandolmetscher(in)** *m(f)* simultaneous interpreter **Simultanhaftung** *f* JUR simultaneous liability

sin. *Abk von* **Sinus** sinus

Sinai <-[s]> ['zi:nai] *m*, **Sinaihalbinsel** <-> *f* Sinai, the Sinai Peninsula

sind *1. und 3. pers pl von* **sein**

sine tempore *adv* SCH (*geh*) punctually

Sinfonie <-, -n> [-'ni:ən] *f* symphony

Sinfoniekonzert *nt* symphony concert **Sinfonieorchester** *nt* symphony orchestra

sinfonisch *adj inv* MUS symphonic

Singapur <-s> ['zɪŋgapu:ɐ] *nt* Singapore

Singapurer(in) <-s, -> *m(f)* Singaporean; *s. a.* **Deutsche(r)**

singapurisch *adj* Singaporean; *s. a.* **deutsch**

Singdrossel *f* ORN song thrush

singen <sang, gesungen> **I.** *vi* ❶ MUS to sing; (*Vögel a.*) to carol *liter;* ■**zu etw** ~ to sing to sth ❷ (*sl: gestehen*) to squeal *sl*, to sing *sl* **II.** *vt* ■**etw** ~ to sing sth; ***das kann ich schon*** ~ (*fig fam*) I know it [all] backwards

Singen¹ <-s> *nt kein pl* singing

Singen² <-s> *nt* (*Stadt*) Singen

Singerei <-> *f kein pl* (*fam*) singing *no pl*

Singhalese, Singhalesin <-n, -n> *m, f* Sin[g]halese

Singhalesisch *nt dekl wie adj* Sinhalese, Sinhala; *s. a.* **Deutsch**

Singhalesische <-n> *nt* ■**das** ~ Sinhalese, the Sinhalese language, Sinhala; *s. a.* **Deutsche**

Single¹ <-, -[s]> ['sɪŋgl] *f* (*Schallplatte*) single

Single² <-s, -s> ['sɪŋgl] *m* (*Ledige[r]*) single person

Single³ <-, -[s]> *nt* SPORT singles + *sing vb*

Singleclub ['sɪŋl-] *m* single club **Singleparty** *f* single party

Singsang <-s, -s> *m* [monotonous] singing [*or* chanting] [*or pej a.* droning]

Singschwan *m* ORN whooper swan **Singspiel** *nt* Singspiel *spec* **Singstimme** *f* vocal part, voice

Singular <-s, -e> *m* LING singular **Singularsukzession** *f* JUR singular succession

Singvogel *m* songbird, passerine *spec*

sinister *adj* (*geh*) sinister

sinken <sank, gesunken> *vi sein* ❶ (*versinken*) to sink; *Schiff* to go down, to founder; **auf den Grund** ~ to sink to the bottom; **sich** *akk* ~ **lassen** to sink ❷ (*herabsinken*) to descend; **sich** *akk* ~ **lassen** (*geh*) *Sonne* to go down ❸ (*niedersinken*) to drop, to fall; **ins Bett** ~ to fall into bed; **zu Boden/auf ein Sofa** ~ to sink [*or* drop] to the ground/on[to] a sofa; **sich** *akk* **in den Sessel/in den Schnee** ~ **lassen** to sink into the armchair/snow; **die Hände** ~ **lassen** to let one's hands fall, to drop one's hands; **den Kopf** ~ **lassen** to hang [*or* droop] one's head; *s. a.* **Arm, Schlaf** ❹ (*abnehmen*) to go down, to abate; *Fieber* to fall; *Wasserpegel, Verbrauch* to go down; ***die Temperatur sank auf 2°C*** the temperature went down to 2°C; *Kurs, Preis* to fall, to drop, to be on the decline; ■**~d** falling; **~de Produktion** ÖKON falling production; **~der Dollar** BÖRSE sagging dollar ❺ (*schwinden*) to diminish, to decline; *Hoffnung* to sink; **den Mut** ~ **lassen** to lose courage ❻ (*schlechter werden*) **in jds Achtung/Ansehen** ~ to go down [*or* sink] in sb's estimation/esteem, to lose sb's favour [*or* AM -or]; *s. a.* **tief**

Sinkstoff <-[e]s, -e> *m meist pl* settleable solid *usu pl*

Sinn <-[e]s, -e> *m* ❶ *meist pl* (*Organ der Wahrnehmung*) sense; **die fünf ~e** the five senses; **seine fünf ~e nicht beisammen haben** (*fam*) to not have [all] one's wits about one, to be not all there *fam;* **der sechste** ~ the sixth sense; **einen sechsten** ~ **für etw haben** to have a sixth sense for sth; ***bist du noch bei ~en?*** (*geh*) have you taken leave of your senses?, are you out of your mind?; **wie von ~en sein** (*geh*) to behave as if one were demented; **nicht mehr bei ~en sein, von ~en sein** (*geh*) to be out of one's [*fam* tiny] mind [*or* one's senses] ❷ *kein pl* (*Bedeutung*) meaning; (*von Wort a.*) sense; **im wahrsten/besten ~e des Wortes** in the true/best sense of the word; **im eigentlichen ~e** in the real [*or* literal] sense, literally; **im engeren/weiteren ~e** in a narrower/wider [*or* broader] sense; **der tiefere/verborgene** ~ the deeper/hidden sense [*or* implication]; **im übertragenen ~e** in the figurative sense, figuratively; **keinen** ~ **[er]geben** not to make [any] sense, to make no sense; ~ **machen** to make sense; **in gewissem ~e** in a certain sense, in a way; **in diesem ~e** in that respect ❸ (*Zweck*) point; **der** ~ **des Lebens** the meaning of life; **einen bestimmten** ~ **haben** to have a particular purpose; **es hat keinen** ~[, **etw zu tun**] there's no point [in doing sth]; **etw ohne** ~ **und Verstand tun** to do something without rhyme or reason; **ohne** ~ **und Verstand sein** to make no sense at all, to be pointless ❹ *kein pl* (*Verständnis*) ■**jds** ~ **für etw** sb's appreciation of sth; ~ **für etw haben** to appreciate sth; **keinen** ~ **für etw haben** to have no appreciation of sth, to fail to appreciate sth ❺ (*Intention, Gedanke*) inclination; **in jds** *dat* ~ **handeln** to act according to sb's wishes [*or* as sb would have wished]; **jdn im** ~ **haben** to have sb in mind; **etw [mit jdm/etw] im** ~ **haben** to have sth in mind [with sb/sth]; ***sie hat irgend etwas im*** ~ she's up to something; **sich** *dat* **etw aus dem** ~ **schlagen** (*fam*) to put [all idea of] sth out of one's mind, to forget all about sth; **jdm in den** ~ **kommen** to come [*or* occur] to sb; **es will jdm nicht in den ~, dass jd/man etw tut** sb doesn't even think about sb's doing sth; ***so etwas will mir nicht in den ~!*** I won't even think about such a thing!; **anderen ~es sein** (*geh*) to have changed one's mind; **seinen** ~ **ändern** (*geh*) to change one's mind; **mit jdm eines ~es sein** (*geh*) to be of one mind *form*, to be of the same mind [as sb] *form;* **in jds** *dat* ~ **sein** to be what sb would have wished

Sinnbild *nt* symbol

sinnbildlich **I.** *adj* symbolic **II.** *adv* symbolically; **etw** ~ **verstehen** to understand sth as being [*or* to be] symbolic

sinnen <sann, gesonnen> *vi* (*geh*) ❶ (*nachgrübeln*) ■**[über etw** *akk*] ~ to brood [*or* muse] [over sth], to ponder [[on] sth], to reflect [on sth]; ■**~d** brooding[ly], musing[ly], pondering[ly] ❷ (*trachten*) ■**auf etw** *akk* ~ to devise [*or sep* think of [*or* up]] sth; **auf Mord/Vergeltung/Verrat** ~ to plot murder/retribution/treason; **auf Rache** ~ to plot [*or* scheme] revenge; **jds S~ und Trachten** all sb's thoughts and energies

Sinnenlust *f kein pl* sensuality

sinnentleert *adj inv* empty [*or* bereft] of content **sinnentstellend** **I.** *adj* distorting [the meaning *pred*]; ■~ **sein** to distort the meaning **II.** *adv* **etw** ~ **übersetzen** to render a distorted translation of sth, to render a translation which distorts the meaning of sth; **etw** ~ **wiedergeben** to give a distorted account of sth; **etw** ~ **zitieren** to quote sth out of context

Sinnesänderung *f* change of mind [*or* heart] **Sinneseindruck** *m* sensory impression, impression on the senses **Sinnesorgan** *nt* sense [*or* sensory] organ **Sinnesstörung** *f* sensory disorder **Sinnestäuschung** *f* (*Illusion*) illusion; (*Halluzination*) hallucination **Sinneswahrnehmung** *f* sensory perception *no pl* **Sinneswandel** *m* change of heart [*or* mind] **Sinneszelle** *f* BIOL receptor cell

sinnfällig *adj inv* (*geh: einleuchtend*) *Vergleich* obvious, meaningful **sinngemäß** **I.** *adj* **eine ~e Wiedergabe einer Rede** an account giving the gist [*or* general sense] of a speech **II.** *adv* in the general sense; **etw** ~ **wiedergeben** to give the gist [*or* general sense] of sth **sinngetreu** *adj inv* true to the sense [*or* meaning]; *Übersetzung* faithful; **etw** ~ **wiedergeben** to describe [*or* report] [*or* repeat] sth faithfully

sinnieren* *vi* ■**[über etw** *akk*] ~ to brood [*or* muse] [over sth], to ponder [[on] sth], to ruminate [about sth]

sinnig *adj* appropriate; **sehr** ~ (*iron*) how apt *iron*

sinnlich **I.** *adj* ❶ (*sexuell*) sexual, carnal *form;* **~e Liebe** sensual [*or form* carnal] love ❷ (*sexuell verlangend*) sensual; (*stärker*) voluptuous ❸ (*gern genießend*) sensuous, sensual ❹ (*geh: die Sinne ansprechend*) sensory, sensorial; *s. a.* **Wahrnehmung** **II.** *adv* ❶ (*sexuell*) sexually ❷ (*mit den Sinnen*) sensuously

Sinnlichkeit <-> *f kein pl* sensuality *no pl, no art*, sensuousness *no pl, no art*

sinnlos *adj* ❶ (*unsinnig*) senseless; **~e Bemühungen** futile efforts; **~es Geschwätz** meaningless [*or* idle] gossip; ***das ist doch ~!*** that's futile! ❷ (*pej: maßlos*) frenzied; **~er Hass** blind hatred; **~e Wut** blind [*or* frenzied] rage; *s. a.* **betrunken**

Sinnlosigkeit <-, -en> *f* senselessness *no pl*, meaninglessness *no pl*, futility *no pl*

sinnreich <-er, -ste> *adj* ❶ (*zweckmäßig*) *Erfindung, Einrichtung* useful ❷ (*tiefsinnig*) *Spruch* profound, meaningful

Sinnspruch *m* LIT aphorism **Sinnsuche** *f kein pl* search for a deeper meaning **sinnverwandt** *adj* synonymous **sinnvoll** **I.** *adj* ❶ (*zweckmäßig*) practical, appropriate ❷ (*Erfüllung bietend*) meaningful ❸ (*eine Bedeutung habend*) meaningful, coherent **II.** *adv* sensibly **sinnwidrig** *adj inv* nonsensical; *Verhalten* absurd

Sinologe, -login <-n, -n> *m, f* Sinologist

Sinologie <-> *f kein pl* Sinology *no pl*

Sinologin <-, -nen> *f fem form von* **Sinologe**

Sintflut *f* ■**die** ~ the Flood [*or form* Deluge] ► WENDUNGEN: **nach mir die** ~ (*fam*) who cares when I'm gone [*or* after I've gone]?

sintflutartig *adj* torrential

Sinti *pl* Manush, Sinti

Sinus <-, – *o* -se> *m* MATH sine

Sinusitis <-, Sinusitiden> *f* MED sinusitis

Siphon <-s, -s> ['zi:fõ, zi'fõ:, zi'fo:n] *m* ❶ TECH (*Geruchsverschluss*) odour [*or* AM -or] trap ❷ (*Sodawasser herstellend*) [soda] siphon [*or* syphon]

Sippe <-, -n> *f* ❶ SOCIOL [extended] family ❷ (*hum fam: Verwandtschaft*) family, relations *pl*, clan *fam*

Sippenhaft *f liability of a family for the (usu political) crimes or activities of one of its members*

Sippschaft <-, -en> *f* (*pej fam*) ❶ (*Sippe 2*) clan *fam*, tribe *hum fam*, relatives *pl* ❷ (*Pack*) bunch *fam*

Sirene <-, -n> *f* siren

Sirenengeheul *nt* wail of a siren/the siren[s]

sirren *vi* ❶ *haben* (*hell surren*) to buzz; ■**das S~** the buzzing ❷ *sein* (*sirrend fliegen*) to buzz; (*von Geschoss*) to whistle

Sirup <-s, -e> *m* ❶ (*Rübensaft*) syrup, treacle BRIT, molasses + *sing vb* AM ❷ (*dickflüssiger Fruchtsaft*) syrup

Sisal <-s> *m kein pl* sisal *no pl*

Sisalagave *f* sisal

SISD INFORM *Abk von* **single instruction stream single data stream** SISD

SISD-Rechner *nt* INFORM SISD computer

sistieren* *vt* ❶ JUR (*festnehmen*) ■**jdn** ~ to arrest [*or* apprehend] sb ❷ (*geh: unterbinden*) ■**etw** ~ to suspend [*or form* stay] sth

Sisyphusarbeit ['zi:zyfʊs] *f* never-ending task [*or liter* Sisyphean task]

Sitcom <-, -s> *f* situation comedy, sitcom *fam*

Site <-, -s> ['saɪt] *m* INFORM *kurz für* **Website** site

Sitte <-, -n> *f* ❶ (*Gepflogenheit*) custom; **[bei jdm] [so]** ~ **sein** to be the custom [for sb]; ***es ist bei uns ~, …*** (*geh*) it is our custom [*or* it is customary with us] …; **nach alter** ~ traditionally ❷ *meist pl* (*Manieren*) manners *npl;* ***was sind denn das für ~n?*** (*veraltend*) what sort of a way is that to behave?; **gute ~n** good manners; ***das sind ja schöne ~n*** (*iron*) that's a nice way to behave *iron;* (*moralische Normen*) moral standards *pl* ❸ JUR ■**~n** customs; **ein Verstoß gegen die guten ~n sein** to be contra bonos mores, to offend against common decency ❹ (*sl: Sittendezernat*) vice squad ► WENDUNGEN: **andere Länder, andere ~n** other countries, other customs

Sittenapostel *m* (*iron*) moralizer [*or* BRIT *a.* -iser] *pej* **Sittendezernat** *nt* vice squad **Sittengeschichte** *f* history of customs **Sittenlehre** *f*

S

ethics + *sing vb* **sittenlos** <-er, -este> *adj* immoral **Sittenlosigkeit** <-, -en> *f* immorality **Sittenpolizei** *f kein pl* vice squad **sittenstreng** *adj* (*veraltend*) highly moral, having high moral standards **Sittenstrolch** *m* (*pej veraltend*) sex fiend *pej* **Sittenverfall** *m kein pl* decline in moral standards **Sittenverstoß** *m* JUR infringement of ethical principles **sittenwidrig** *adj* immoral, unethical, contra bonos mores *spec* **Sittenwidrigkeit** *f kein pl* JUR violation of bonos mores [*or* morality]

Sittich <-s, -e> *m* parakeet

sittlich *adj* (*geh*) moral; **~e Verwahrlosung** moral depravity

Sittlichkeit <-> *f kein pl* (*veraltend geh*) morality; **öffentliche ~** public decency

Sittlichkeitsverbrechen *nt* sex crime

sittsam <-er, -ste> *adj* (*veraltend*) 1 (*wohlerzogen*) *Benehmen* decorous; *Kind* well-mannered 2 (*züchtig*) demure; **~ die Augen niederschlagen** to lower one's eyes demurely

Sittsamkeit <-> *f kein pl* decorousness *no pl*, demureness *no pl*

Situation <-, -en> *f* situation; (*persönlich a.*) position; **sich** *akk* **in einer schwierigen ~ befinden** to be in a difficult situation [*or* position]

Situationskomödie *f* sitcom

situiert *adj pred* (*geh*) **entsprechend ~ sein** to have the means; **gut/schlecht ~ sein** to be comfortably off [*or* well-off]/badly off

Sitz <-es, -e> *m* 1 (*~gelegenheit*) seat; (*auf einem Holzstamm a.*) perch 2 (*~fläche*) seat; **den ~ [eines Stuhls] neu beziehen** to reseat a chair 3 (*Amts~*) seat; *Gesellschaft, Verwaltung* headquarters + *sing/pl vb; Unternehmen* head office; *Universität* seat; (*Hauptniederlassung*) principal establishment 4 *kein pl* (*Passform*) sit; (*bezüglich Größe*) fit; **einen bequemen/richtigen ~ haben** to sit comfortably/correctly/to be a comfortable/correct fit

Sitzbad *nt* hipbath; MED sitz bath; **ein ~ nehmen** to wash [oneself] in a hipbath [*or* sitz bath] **Sitzbadewanne** *f* hipbath; MED sitz bath **Sitzbank** *f* (*geh*) bench **Sitzbezug** *m* AUTO seat cover **Sitzblockade** *f* sit-in **Sitzecke** *f* seating corner

sitzen <saß, gesessen> *vi haben o* SÜDD, ÖSTERR, SCHWEIZ *sein* 1 (*sich gesetzt haben*) to sit; (*von Insekt*) to be; (*von Vogel*) to perch; **gut ~** to be comfortable [*or* sitting comfortably]; ■**das S~** sitting; **im S~** when seated, sitting down, in/from a sitting position; [***bitte***] ***bleib/bleiben Sie ~!*** [please] don't get up; (*stärker, a. form*) [please] remain seated; *s. a.* **Ferse** 2 (*~d etw tun*) **beim Essen ~** to be having a meal; **beim Kartenspiel/Wein ~** to sit playing cards/over a glass of wine 3 (*beschäftigt sein*) ■**an etw** *dat* **~** to sit [*or* pore] over sth; **an einer Arbeit ~** to sit over a piece of work 4 (*beschäftigt sein*) to have a seat (**in** +*dat* on); ***er sitzt im Vorstand*** he has a seat on the management board 5 (*fam: inhaftiert sein*) to do time *fam*, to be inside *fam*; **vier Jahre ~** to do four years *fam* 6 (*seinen Sitz haben*) to have its headquarters; (*von Gericht*) to sit 7 (*angehören*) ■**in etw** *dat* **~** to be, to sit (**in** +*dat* on); **in der Regierung ~** to be with the government 8 (*angebracht o befestigt sein*) to be [installed]; (*von Bild*) to be [hung]; **locker/schief ~** to be loose/lopsided 9 (*stecken*) ■**in etw** *dat* **~** to be in sth; ***ihr sitzt der Schreck noch in den Gliedern*** (*fig*) her knees are still like jelly 10 (*Passform haben*) to sit; ***sitzt die Fliege korrekt?*** is my bow-tie straight? 11 MED (*von etw ausgehen*) to be [located [*or* situated]] 12 (*treffen*) to hit [*or* strike] home 13 SCH [**in Mathe/Englisch**] **~ bleiben** (*fam*) to repeat a year [in maths [*or* AM math]/English], to stay down [a year] [in maths/English] BRIT; **jdn ~ lassen** (*fam*) to keep sb down [a year], to hold sb back [a year] AM 14 (*nicht absetzen können*) **auf etw** *dat* **~ bleiben** to be left with [*or fam* be sitting on] sth ▸ WENDUNGEN: **einen ~ haben** (*fam*) to have had one too many; **jdn ~ lassen** (*fam: im Stich lassen*) to leave sb in the lurch; (*versetzen*) to stand sb up *fam*; (*nicht heiraten*) to jilt [*or* walk out on] sb; **etw nicht auf sich** *dat* **~ lassen** not to take [*or* stand for] sth

sitzend I. *adj attr* sedentary; **~e Lebensweise** sedentary life II. *adv* sitting [down], in/from a sitting position

Sitzfläche *f* AUTO seat squab **Sitzfleisch** *nt kein pl* 1 (*hum fam: Gesäß*) back side *fam*, derrier *hum* 2 (*fam: Beharrlichkeit*) ability to sit still [*or fam* on one's back side]; **kein ~ haben** to be restless, to be constantly rushing [*or* BRIT *fam* faffing] [*or* AM around] about; **~ haben** *Gäste* to be eager to stay a long time **Sitzgelegenheit** *f* seats *pl*, seating [accommodation]; (*Stein, Kiste*) seat, perch **Sitzkissen** *nt* 1 (*Auflage*) [seat] cushion 2 (*Sitzmöbel*) [floor] cushion **Sitzladefaktor** *m* passenger load factor **Sitzmöbel** *pl* seating furniture *no pl* **Sitzordnung** *f* seating plan **Sitzplatz** *m* seat **Sitzpolster** *nt* AUTO seat bolster **Sitzreihe** *f* row [of seats]; (*in Theater*) tier **Sitzstreik** *m* sit-in

Sitzung <-, -en> *f* 1 (*Konferenz*) meeting, conference; **zu einer ~ zusammentreten** to gather for a meeting, to meet; (*im Parlament*) [parliamentary] session; (*Gericht*) session, hearing; **außerordentliche ~** special session; **eine ~ anberaumen** to fix a date [*or* to appoint a day] for a [parliamentary] session; **eine ~ vertagen** to adjourn a meeting; **in öffentlicher/nicht öffentlicher ~** in open court/chambers [*or* camera]; **öffentliche ~ des Gerichtshofes** public sitting of the Court 2 MED (*Behandlung*) visit 3 (*Porträtstunde*) sitting 4 (*spiritistische ~*) séance 5 INFORM session; **~ eröffnen/schließen** to log in/off

Sitzungsbericht *m* report of the hearing; (*Gerichtsverhandlung*) written proceedings *pl* **Sitzungsgeld** *nt* attendance fee **Sitzungsperiode** *f* POL [parliamentary] session; JUR term **Sitzungsprotokoll** *nt* JUR minutes *pl* of proceedings **Sitzungssaal** *m* conference hall

Sitzverlegung *f* JUR transfer of the place of business **Sitzverstellung** *f* AUTO seat adjustement **Sitzverteilung** *f* POL distribution of seats

SI-Virus *nt* MED SI virus

Sixpack <-s, -s> ['sɪkspɛk] *m* six-pack; **etw im ~ kaufen** to buy a six-pack of sth; (*öfter*) to buy sth in six-packs

Sizilianer(in) <-s, -> *m(f)* Sicilian; *s. a.* **Deutsche(r)**

sizilianisch *adj* 1 (*Sizilien betreffend*) Sicilian; *s. a.* **deutsch 1** 2 LING Sicilian; *s. a.* **deutsch 2**

Sizilien <-s> [zi'tsi:liən] *nt* Sicily; *s. a.* **Deutschland**

Skabiose <-, -n> *f* BOT scabious

Skala <-, Skalen *o* -s> *f* 1 (*Maßeinteilung*) scale; **runde ~** dial 2 (*geh: Palette*) range, gamut *no indef art*

Skalar <-s, -e> *m* MATH scalar

Skalarprodukt *nt* MATH scalar product

Skaleneinteilung *f* graduation **Skalenerträge** *pl* FIN returns to scale **Skalenstrich** *m* grading line

skalieren *vt* INFORM ■**etw ~** to scale sth

Skalp <-s, -e> *m* scalp

Skalpell <-s, -e> *nt* scalpel

skalpieren* *vt* ■**jdn ~** to scalp sb

Skandal <-s, -e> *m* scandal; ***das ist ja ein ~!*** that's scandalous [*or* a scandal]!; **einen ~ machen** (*fam*) to kick up a fuss [*or* BRIT *fam* row]

skandalös I. *adj* scandalous, outrageous, shocking II. *adv* outrageously, shockingly

skandalträchtig *adj* potentially scandalous

skandieren* *vt* (*geh*) ■**etw ~** to chant sth; **Verse ~** to scan verse

Skandinavien <-s> [-'na:viən] *nt* Scandinavia

Skandinavier(in) <-s, -> [-'na:viɐ] *m(f)* Scandinavian

skandinavisch [-'na:vɪʃ] *adj* Scandinavian

Skarabäus <-, Skarabäen> *m* 1 ZOOL dung beetle, scarab [beetle] *spec* 2 (*Nachbildung des ~*) scarab[aeus *spec*]

Skat <-[e]s, -e> *m* KARTEN skat; **~ spielen** to play skat

Skateboard <-s, -s> ['ske:tbɔ:d] *nt* skateboard; **~ fahren** to skateboard

skaten ['ske:tn] *vi* (*fam*) to blade *fam*

Skater *m* skat-player

Skatspiel *nt* pack of skat cards **Skatspieler(in)** *m(f)* skat player

Skeetschießen <-s> ['ski:t-] *nt kein pl* SPORT skeet [shooting]

Skelett <-[e]s, -e> *nt* skeleton; **zum ~ abgemagert sein** (*fig*) to be nothing but skin and bone; **das reinste** [*o* **nur noch ein**] **~ sein** (*fig fam*) to be little more than a skeleton

Skelettbürste *f* vent brush

Skepsis <-> *f kein pl* scepticism BRIT, skepticism AM; **mit/voller ~** sceptically; **etw** *dat* **mit ~ begegnen** to be very sceptical about sth

Skeptiker(in) <-s, -> *m(f)* sceptic BRIT, skeptic AM; **eingefleischter ~** confirmed sceptic

skeptisch I. *adj* sceptical BRIT, skeptical AM; ■**~ sein[, ob ...]** to be sceptical [whether ...] II. *adv* sceptically BRIT, skeptically AM

Skeptizismus <-> *m kein pl* PHILOS scepticism *no pl*

Sketch <-[es], -e[s]> [skɛtʃ] *m* sketch

Ski <-s, - *o* -er> [ʃi:, 'ʃi:ɐ] *m* ski; **~ laufen** [*o* **fahren**] to ski

Skianzug *m* ski suit **Skiausrüstung** *f* ski equipment **Skibrille** *f* ski goggles *npl*

Skier ['ʃi:ɐ] *pl von* **Ski**

Skifahren ['ʃi:-] *nt kein pl* skiing *no pl, no art;* [**zum**] **~ gehen** to go skiing **Skifahrer(in)** *m(f)* skier **Skigebiet** *f* ski[ing] area **Skigymnastik** *f kein pl* skiing exercises *pl* **Skihaserl** <-s, -[n]> *nt* SÜDD, ÖSTERR (*hum*) girl skier **Skihose** *f* pair of ski pants, ski pants *pl* **Skikurs** *m* skiing course [*or* lessons *pl*] **Skilanglauf** *m kein pl* cross-country skiing *no pl, no art* **Skilauf** <-s> *m*, **Skilaufen** <-s> *nt kein pl* skiing *no pl, no art* **Skiläufer(in)** *m(f)* skier **Skilehrer(in)** *m(f)* ski instructor **Skilift** *m* ski lift **Skimütze** *f* ski cap

Skinhead <-s, -s> ['skɪnhɛd] *m* skinhead, skin *fam*

Skinnerbox[RR] *f*, **Skinner-Box** *f* BIOL, PSYCH Skinner box

Skipass[RR] *m* ski pass **Skipiste** *f* ski-run **Skischule** *f* ski school **Skisport** *m kein pl* skiing *no pl, no art* **Skispringen** *nt kein pl* ski jumping *no pl, no art* **Skispringer(in)** *m(f)* ski jumper **Skistiefel** *m* ski boot **Skistock** *m* ski stick **Skiträger** *m* AUTO ski rack [*or* carrier] **Skiurlaub** *m* skiing holiday **Skizirkus** *m* ski circus

Skizze <-, -n> *f* 1 (*knappe Zeichnung*) sketch, rough drawing [*or* plan] 2 (*kurze Aufzeichnung*) sketch

Skizzenblock <-blöcke> *m* sketch[ing] pad

skizzenhaft I. *adj* 1 (*einer Skizze ähnelnd*) roughly sketched 2 (*in Form einer Skizze*) rough II. *adv* **etw ~ beschreiben/festhalten/zeichnen** to give a rough description of sth/to put sth down in outline/to sketch sth roughly

skizzieren* *vt* 1 (*umreißen*) ■[**jdm**] **etw ~** to outline sth [for sb]; **etw knapp ~** to give the bare bones of sth 2 (*als Skizze 1 darstellen*) ■**etw ~** to sketch sth

Skizzierung <-, *selten* -en> *f* 1 (*Umreißung*) outlining 2 (*skizzenhaftes Darstellen*) sketching

Sklave, Sklavin <-n, -n> [-və] *m, f* slave; **~n halten** to keep slaves; **jdn zum ~ machen** to make a slave of [*or* to enslave] sb; ■**~ einer S.** *gen* **sein** to be a slave to a thing; ■**zum ~n einer S.** *gen* **werden** to become a slave to a thing; ■**sich** *akk* **zum ~ einer S.** *gen* **machen** to become a slave to a thing

Sklavenarbeit *f* 1 (*pej fam: Schufterei*) slave labour [*or* AM -or], drudgery 2 (*von Sklaven geleistete Arbeit*) slave labour [*or* AM -or] **Sklavenhalter(in)** *m(f)* (*hist*) slave keeper; (*pej, fig: herrschsüchtiger Mensch*) tyrant **Sklavenhandel** [-vən-] *m kein pl* slave trade *no pl* **Sklavenhändler(in)** *m(f)* slave trader, slaver **Sklaventreiber(in)** *m(f)* (*pej fam*) slave driver *pej fam*

Sklaverei <-, -en> [-və-] *f* slavery *no art*; **jdn in die ~ führen** to enslave sb, to make sb a slave; **jdn in die ~ verkaufen** to sell sb into slavery

Sklavin <-, -nen> *f fem form von* **Sklave**

sklavisch [-vɪʃ] *(pej)* **I.** *adj* slavish, servile **II.** *adv* slavishly, with servility

Sklerose <-, -n> *f* sclerosis; **multiple** ~ multiple sclerosis, MS

Skonto <-s, -s *o* Skonti> *nt o m* [cash] discount, discount [for cash]; **[jdm]** ~ **[auf etw** *akk***] geben** [*o geh* **gewähren**] to give [*or* award] sb a [cash] discount/discount for cash [on sth]; **5 %** ~ **gewähren** *(geh)* to allow a 5 % discount, to take 5 % off the price

Skorbut <-[e]s> *m kein pl* scurvy *no pl,* scorbutus *no pl spec*

Skorpion <-s, -e> *m* ❶ ZOOL scorpion ❷ ASTROL *(Tierkreiszeichen)* Scorpio; *(im ~ Geborene[r])* Scorpion; **ein** ~ **sein** to be a Scorpio

Skote, Skotin <-n, -nen> *m, f* HIST Scot

Skript <-[e]s, -en> *nt* ❶ SCH set of lecture notes, lecture notes *pl* ❷ *(schriftliche Vorlage)* transcript ❸ FILM [film] script

Skrotum <-s, Skrota> *nt* MED *(fachspr)* scrotum

Skrupel <-s, -> *m meist pl* scruple, qualms *pl;* ~ **haben** to have [one's] scruples, to have qualms; **keine** ~ **haben** [*o* **kennen**] to have [*or* know] no scruples, to have no qualms; **[keine]** ~ **haben, etw zu tun** to have [no] qualms about doing sth; **ohne [jeden]** [*o* **den geringsten**] ~ without any qualms [*or* the slightest scruple]

skrupellos *(pej)* **I.** *adj* unscrupulous **II.** *adv* without scruple

Skrupellosigkeit <-> *f kein pl (pej)* unscrupulousness

Skua <-, -s> *f* ORN skua

Skulptur <-, -en> *f* ❶ *(Plastik)* [piece of] sculpture ❷ *kein pl (Bildhauerkunst)* sculpture

Skunk <-s, -s *o* -e> *m* skunk

skurril *adj (geh)* bizarre

S-Kurve ['ɛskʊrvə] *f* S-bend, double bend; **scharfe** ~ double hairpin bend [*or* AM turn]

Skysurfing[RR], **Sky Surfing** ['skaɪsœrfiŋ] *nt* SPORT sky surfing

s.l. *Abk von* **sine loco** s.l.

Slalom <-s, -s> *m* slalom; ~ **fahren** *(fam)* to career [from side to side]

Slang <-s> [slɛŋ] *m kein pl* LING ❶ *(saloppe Umgangssprache)* slang *no art* ❷ *(Fachjargon)* jargon

Slapstick <-s, -s> *m* slapstick [comedy]

Slawe, Slawin <-n, -n> *m, f* Slav; *s. a.* **Deutsche(r)**

slawisch *adj* Slav[on]ic; *s. a.* **deutsch 1, 2**

Slawist(in) <-en, -en> *m(f)* Slav[onic]ist

Slawistik <-> *f kein pl* Slavonic studies + *sing vb*

Slawistin <-, -nen> *f fem form von* **Slawist**

Slide Show <-, -s> ['slaɪdʃoː] *f* INET slide show

slimmen *vi* to slim

Slingpumps [-pœmps] *m* sling back shoe

Slip <-s, -s> *m* panties *pl*

Slipeinlage *f* panty liner

Slipper <-s, -> *m* slip-on [shoe]

Slogan <-s, -s> ['sloːgn] *m* slogan; *(einer Partei a.)* catchword

Slowake, Slowakin <-n, -n> *m, f* Slovak; *s. a.* **Deutsche(r)**

Slowakei <-> *f* ■**die** ~ Slovakia; *s. a.* **Deutschland**

Slowakin <-, -nen> *f fem form von* **Slowake**

slowakisch *adj* Slovak[ian]; *s. a.* **deutsch 1, 2**

Slowakisch *nt dekl wie adj* Slovak; *s. a.* **Deutsch**

Slowakische <-n> *nt* ■**das** ~ Slovak, the Slovak language; *s. a.* **Deutsche**

Slowene, Slowenin <-n, -n> *m, f* Slovene; *s. a.* **Deutsche(r)**

Slowenien <-s> [slo'veːniən] *nt* Slovenia; *s. a.* **Deutschland**

Slowenin <-, -nen> *f fem form von* **Slowene**

slowenisch *adj* Slovenian, Slovene; *s. a.* **deutsch**

Slowenisch *nt dekl wie adj* Slovene; *s. a.* **Deutsch**

Slowenische <-n> *nt* ■**das** ~ Slovene, the Slovene language; *s. a.* **Deutsche**

Slum <-s, -s> [slam] *m* slum

sm *f Abk von* **Seemeile** sm

Smalltalk, Small Talk <-> ['smɔːltɔːk] *m kein pl (geh)* small talk *no pl*

Smaragd <-[e]s, -e> *m* emerald, smaragd *spec*

Smaragdarmband *nt* emerald bracelet **Smaragdbrosche** *f* emerald brooch **Smaragdcollier** *nt* emerald necklace

smaragden *adj (geh)* emerald *attr,* of emeralds *pred*

smaragdgrün **I.** *adj* emerald[-green] **II.** *adv* like emerald

smart *adj* ❶ *(elegant)* chic ❷ *(clever)* smart

Smartcard <-, -s> *f,* **Smartkarte** <-, -n> [smart-] *f* smart card

SMGL *f* INFORM *Abk von* **standard generalized markup language** SMGL

SMGL-Dokument *m* INFORM SMGL document

Smiley <-s, -s> ['smaɪlʔi] *m* smiley, smilie

Smog <-[s], -s> *m* smog

Smogalarm *m* smog alert; ~ **Stufe II** smog warning level 2

Smoking <-s, -s> *m* dinner jacket, dj *fam,* tuxedo AM, tux AM *fam*

SM-Papier *nt* typing paper

SMV *f Abk von* **Schülermitverwaltung/-verantwortung** school [*or* student] council

Snack <-s, -s> ['snæk] *m* KOCHK *(fam)* snack

Snob <-s, -s> *m (pej)* snob *pej*

Snobismus <-> *m kein pl (pej)* snobbery *pej,* snobbishness *no pl pej*

snobistisch *adj (pej)* snobby *pej,* snobbish *pej*

Snowboard <-s, -s> ['snoːbɔːd] *nt* snowboard

snowboarden ['snoːbɔːdiŋ] *vi* snowboard

Snowboarding <-[s]> ['snoʊbɔːdɪŋ] *nt kein pl* SKI snowboarding

so **I.** *adv* ❶ *mit adj und adv (derart)* so; ~ **viel** as much; ~ **viel wie** as much as; ~ **viel wie nötig** as much as is necessary; ~ **viel wie etw sein** to be tantamount [*or* to amount] to sth; ~ **weit** *(fam)* on the whole, as far as it goes; ***das ist ~ weit richtig, aber …*** on the whole that is right, but …, that is right as far as it goes, but …; ~ **weit sein** *(fam)* to be ready; ***das Essen ist gleich ~ weit*** dinner will soon be ready [*or* served]; ***~ weit das Auge reicht*** as far as the eye can see; ***es war ~ kalt/spät, dass …*** it was so cold/late that …; ***du bist ~ alt/groß wie ich*** you are as old/big as me [*or* I am]; ~ **wenig wie möglich** as little as possible; ***es ist ~, wie du sagst*** it is [just] as you say; ***mach es ~, wie ich es dir sage*** [just] do what I tell you; ***dass es ~ lange regnen würde, …*** that it could rain for so long …; *s. a.* **halb, doppelt** ❷ *mit vb (derart)* ***sie hat sich darauf so gefreut*** she was so [very] looking forward to it; ***es hat so geregnet, dass …*** it rained so heavily that …; ***ich habe mich ~ über ihn geärgert!*** I was so angry with him; ~ **sehr, dass …** to such a degree [*or* an extent] that … ❸ *(auf diese Weise)* [just] like this/that, this/that way, thus *form;* ***~ musst du es machen*** this is how you must do it [*or* how to do it]; ***es ist [vielleicht] besser ~*** [perhaps] it's better that way; ***das war sehr klug ~*** that was very clever of you/him/her etc.; ~ ***ist das eben/nun mal*** *(fam)* that's [*or* you'll just have to accept] the way things are; ~ ***ist das [also]!*** so that's your/his/her etc. game[, is it]!; ***ist das ~?*** is that so?; ~ ***ist es*** that's right; ***~, als ob …*** as if …; ***mir ist ~, als ob …*** I think [*or* feel] [that] …; ~ **oder** ~ either way, in the end; **und** ~ **weiter [und** ~ **fort]** et cetera[, et cetera], and so on and so forth; ***…, ~ der Bundeskanzler in seiner Rede …,*** according to the Federal Chancellor in his speech; ~ **genannt** so-called; *s. a.* **doch, gut, nur** ❹ *(solch)* ■~ **ein[e]** … such a/an …; ***~ eine blöde Gans!*** what a silly goose!; ~ ***etwas Dummes/Peinliches, ich habe es vergessen*** how stupid of/embarrassing for me, I've forgotten it; ***~ etwas Dummes habe ich noch nie gehört!*** I've never heard of such a stupid thing; ~ **etwas** such a thing; ~ ***etwas sagt man nicht*** you shouldn't say such things [*or* such a thing]; **[na]** ~ **[et]was!** well I never!; *(als Erwiderung a.)* [what] you don't say! *a. iron;* ***na ~ was!*** *(fam)* really? *a. iron;* ~ **manche[r]** a number of [*or* quite a few] people ❺ *(fam: etwa)* ***wir treffen uns ~ gegen 7 Uhr*** we'll meet at about 7 o'clock [*or* at 7 o'clock or so] [*or* thereabouts] ❻ *(fam)* **und/oder** ~ or so; ***wir gehen was trinken und ~*** we'll go and have a drink or something; ***ich fahre um 5 oder ~*** I'm away at 5 or so ❼ *(wirklich)* ich habe solche Kopfschmerzen — ~?, I have such a headache — have you [*or* really]?; ***er kommt bestimmt! — ~, meinst du?*** he must be coming! — you think so? ❽ *(fam: umsonst)* for nothing **II.** *konj* ❶ *(konsekutiv)* ■~ **dass,** ■**sodass** ÖSTERR so that; ***er versetzte ihm einen schweren Schlag, ~ dass er taumelte*** he dealt him a heavy blow, causing him to stagger ❷ *(obwohl)* ***so leid es mir auch tut*** as sorry as I am; ~ ***peinlich ihr das auch war, …*** as embarrassing as it was to her, … **III.** *interj* ❶ *(also)* so, right; ***~, jetzt gehen wir …*** right, let's go and …, well ❷ *(siehst du)* [well] there we/you have it ❸ *(ätsch)* so there! ❹ ~, ~! *(fam)* [what] you don't say! *a. iron,* is that a fact? *iron; s. a.* **ach IV.** *part* ❶ *(nachdrücklich)* ~ ***komm doch endlich!*** do get a move on[, will you]! ❷ *(beiläufig)* ***was machst du ~ den ganzen Tag?*** so what are you doing all day?

s.o. *Abk von* **siehe oben** see above

SO *Abk von* **Südosten** SE

sobald *konj* as soon as

Söckchen <-s, -> *nt dim von* **Socke**

Socke <-, -n> *f* sock ▶ WENDUNGEN: **sich auf die ~n machen** *(fam)* to put a sock in it *fam,* to get a move on *fam;* **von den ~n sein** *(fam)* to be flabbergasted [*or* BRIT *fam* gobsmacked]; ***da bist du von den ~n!*** that's knocked you for six!

Sockel <-s, -> *m* ❶ *(Pedestal)* plinth, pedestal, socle *spec* ❷ *(von Gebäude)* plinth, base course AM *spec* ❸ *(Schraubteil)* holder

Sockelbetrag *m* ÖKON basic amount [*or* sum] **Sockelleiste** *f* skirting [board], baseboard **Sockeltarif** *m* ÖKON base rate

Socken <-s, -> *m* SÜDD, ÖSTERR, SCHWEIZ *(Socke)* sock

Soda <-s> *nt kein pl* ❶ CHEM soda, sodium carbonate *spec* ❷ *(Sodawasser)* soda [water]

sodann *adv inv (veraltend)* ❶ *(dann, darauf, danach)* thereupon *old form* ❷ *(ferner, außerdem)* further

sodass[RR] *konj* ÖSTERR *(so)* so that

Sodawasser *nt* soda [water]

Sodbrennen *nt* heartburn, [gastric] pyrosis *spec*

Sode <-, -n> *f* sod, [piece of] turf

Sodomie <-> *f kein pl* sodomy *no pl, no art*

soeben *adv (geh)* ❶ *(gerade zuvor)* just [this minute [*or* moment]]; ***er hat ~ das Haus verlassen*** he has just [this minute [*or* moment]] left the building ❷ *(gerade)* just; ***es ist ~ 20 Uhr*** it has just turned eight

Sofa <-s, -s> *nt* sofa, settee *esp* BRIT

Sofakissen *nt* sofa cushion

sofern *konj* if, provided that; ~ **es dir keine/nicht zu viel Mühe macht** provided it's no/if it isn't too much trouble to you

soff *imp von* **saufen**

Sofia <-s> *nt* Sofia

sofort *adv* immediately, forthwith *form,* at once, [right] now, this instant; ***komm sofort her!*** come here this instant!

Sofortabschreibung *f* FIN initial allowance, immediate charge-off [*or* write-off] **Sofortbildkamera** *f* instant camera, instamatic *fam* **Sofortdruck** *m* instant [*or* express] printing **Soforthilfe** *f* emergency relief [*or* aid] *no art* **Soforthilfeprogramm** *nt* emergency relief [*or* aid] programme [*or* AM -am]

sofortig *adj* immediate, instant; **~e Bestrafung** summary punishment; **mit ~er Wirkung** immediately effective *pred*

Sofortlieferung *f* immediate delivery **Sofortmaßnahme** *f* immediate measure [*or* action]; **~n ergreifen** to take immediate action **Sofortprogramm** *nt* emergency programme [*or* AM -am] **Sofortwirkung** *f* immediate effect **Sofortzahlung** *f* HANDEL down payment

Softdrink <-s, -s> *m* soft drink **Softeis** *nt* soft [*or* BRIT whipped] ice cream

Softie <-s, -s> *m* (*fam*) softie *fam,* softy *fam*

Softporno ['sɔft-] *m* TV (*Erotikfilm*) soft[-core] porn [film]

Software <-, -s> ['sɔftvɛːɐ] *f* software; **benutzerfreundliche/integrierte** ~ user-friendly/integrated software; ~ **übertragen** to transfer software

Softwarebibliothek *f* INFORM software library **Softwaredecoder** *m* INFORM software decoder **Softwarefehler** *m* program [*or* software] error [*or* fault]; ~ **bereinigen** to troubleshoot **Softwarehaus** *nt* software house **Softwarehersteller** ['zɔftvɛːɐ-] *m* software manufacturer [*or* house] [*or* company] **Softwarekonfiguration** *f* INFORM software configuration **Softwarelizenz** *f* INFORM software licence **Softwarepaket** *nt* software package **Softwarepirat(in)** ['sɔftweə-] *m(f)* software pirate **Softwareplattform** *f* INFORM software platform **Softwareportabilität** *f* INFORM software portability **Softwareschnittstelle** *f* INFORM application program interface **Softwareversion** *f* INFORM software version; **die neueste** ~ the latest software version **Softwarewartung** *f* INFORM software maintenance

sog *imp von* **saugen**

sog. *adj Abk von* **so genannt** so-called

Sog <-[e]s, -e> *m* suction; (*von Flugzeug*) slipstream; (*von Brechern*) undertow

sogar *adv* (*emph*) even, no less; ***danach war mir ~ noch schlechter*** after that I felt even more sick; ~ ***mein Bruder kam*** even my brother came; ***die zweite Prüfung war ~ schwerer als die erste*** the second exam was even more difficult than the first; ***er ist krank, ~ schwer krank*** he is ill, in fact seriously so

sogleich *adv* (*geh*) *s.* **sofort**

Sohle <-, -n> *f* ❶ (*Schuh~*) sole; **~n aus Leder** leather soles; **sich** *akk* **an jds ~n heften** [*o fam* **hängen**] to dog sb's heels [*or* every step] ❷ (*Fuß~*) sole [of the/one's foot], planta *spec;* **mit nackten ~n** barefoot; **sich** *akk* **die ~n nach etw** *dat* **ablaufen** (*fam*) to walk one's legs off looking for sth ❸ (*Einlege~*) insole ❹ (*eines Tals o. ä.*) bottom ▶ WENDUNGEN: **eine kesse** [*o* **tolle**] ~ **aufs Parkett legen** (*hum fam*) to trip the light fantastic BRIT *hum;* **auf leisen** ~ noiselessly, softly

sohlen I. *vt* (*besohlen*) ■**etw** ~ *Schuhe* to sole sth II. *vi* DIAL (*lügen*) to lie

Sohn <-[e]s, Söhne> *m* son; **na, mein** ~ (*fam*) well, son[ny]; **der ~ Gottes** the Son of God; **der verlorene** ~ the prodigal son

Söhnchen <-s, -> *nt* (*fam*) *dim von* **Sohn** ❶ (*kleiner Sohn*) baby son ❷ (*Bürschchen*) ■[**mein**] ~ sonny

Sohnemann <-s> *m kein pl* DIAL (*fam*) son

Soja <-s, -jen> *f meist sing* soy *no pl,* soya *no pl* BRIT

Sojabohne *f* soybean, soya bean BRIT **Sojabohnenkeime** *pl* bean sprouts *pl* **Sojamehl** *nt* soy [*or* BRIT *a.* soya] flour **Sojamilch** *f kein pl* soy milk *no pl* **Sojaöl** *nt* soy [*or* BRIT soya] oil **Sojasoße** *f* soy[a BRIT] sauce **Sojaspross**[RR] *m* [soya] bean sprout

Sojen *pl von* **Soja**

solang(e) *konj* as [*or* so] long as; ~ ***wir noch hier sind ...*** so long as we're still here ...; ~ ***sie noch zur Schule geht ...*** while she still goes to school ...

solar *adj inv* ASTRON, METEO, PHYS solar

Solaranlage *f* solar equipment **Solarenergie** *f* solar energy **Solarfarm** *f s.* **Sonnenfarm**

Solarium <-s, -ien> [-riən] *nt* solarium

Solarkollektor *m* solar panel **Solarkraftwerk** *nt* solar power station **Solarmobil** <-s, -e> *nt* AUTO solar car **Solarplexus** <-, -> *m* solar [*or spec* coeliac] plexus **Solarrechner** *m* solar[-powered] calculator **Solarstrom** *m* solar[-generated] electricity **Solartechnik** *f* solar [cell] technology **Solarzeitalter** *nt kein pl* solar age **Solarzelle** *f* solar cell

Solawechsel *m* FIN promissory note

Solbad *nt* ❶ (*Badeort*) salt[-]water spa ❷ (*medizinisches Bad*) salt[-]water [*or* brine] bath

Solberfleisch *nt* KOCHK *dish of cured pig's mouth, neck, ears, trotters and spine*

solch *adj inv* (*geh*) such; ~ **ein Mann** such a man, a man like this/that/yours etc.; ~ ***ein Luder!*** what a brat!; ~ **feiner Stoff** material as fine as this

solche(r, s) *adj* ❶ *attr* such; **~e Frauen** such women, women like that; **eine ~e Frechheit** such impertinence; ***sie hatte ~ Angst ...*** she was so afraid ... ❷ *substantivisch* (~ *Menschen*) such people, people like that; (*ein ~r Mensch*) such a person, a person like this/that; ~ **wie wir** people like us; ~, **denen man nichts recht machen kann** people for whom one can do nothing right; **nicht ein ~r/eine ~ sein** not to be like that, not to be of that ilk *a. pej;* **als ~[r, s]** as such, in itself; **der Mensch als ~r** man as such; **es gibt ~ und ~ Kunden** there are customers and customers

solcherart I. *adj* such II. *adv* thus

solcherlei *adj attr inv* (*geh*) such; ~ **Dinge** such things, things like that

Sold <-[e]s> *m kein pl* MIL pay; **in jds ~ stehen** (*geh*) to be in sb's pay

Soldat(in) <-en, -en> *m(f)* soldier; ■~ **sein** to be a soldier [*or* in the army]; ■~ **werden** to join the army, to join up *fam,* to become a soldier; ~ **auf Zeit** soldier serving for a set time; ~ **spielen** to play [at] soldiers *a. pej*

Soldatenfriedhof *m* military cemetery

Soldateska <-, -tesken> *f* (*pej*) band of soldiers

Soldatin <-, -nen> *f fem form von* **Soldat**

soldatisch I. *adj* military II. *adv* like a [true] soldier

Soldbuch *nt* HIST military paybook

Söldner(in) <-s, -> *m(f)* mercenary

Sole <-, -n> *f* brine, salt water

Solei *nt* pickled [hard-boiled] egg

Solequelle *f* salt[-]water spring

Soli *pl von* **Solo**

solid *adj s.* **solid(e)**

solid(e) I. *adj* ❶ (*haltbar, fest*) solid; **~e Kleidung** durable [*or* hard-wearing] clothes *npl;* **~es Möbel** solid [*or* sturdy] furniture ❷ (*fundiert*) sound, thorough; **eine ~e Ausbildung** a sound education ❸ (*untadelig*) respectable, steady-going; **ein ~es Leben** a steady life ❹ (*finanzkräftig*) solid, sound, well-established *attr;* (*zuverlässig, seriös*) sound II. *adv* ❶ (*haltbar, fest*) ~ **gebaut** solidly constructed ❷ (*untadelig*) respectably; ~ **leben** to lead a steady life, to live respectably

Solidarbeitrag *m* contribution to social security **Solidarbürgschaft** *f* JUR joint and several guarantee **Solidargemeinschaft** *f* mutually supportive group; (*die Gesellschaft*) caring society

solidarisch I. *adj* **eine ~e Haltung** an attitude of solidarity; **jds ~es Verhalten** sb's show of solidarity; **sich** *akk* [**mit jdm/etw**] ~ **erklären** to declare one's solidarity [with sb/sth]; **sich** *akk* **mit jdm ~ fühlen** to feel solidarity with sb II. *adv* in solidarity; **sich** *akk* ~ **verhalten** to show one's solidarity

solidarisieren* *vr* ■**sich** *akk* [**mit jdm/etw**] ~ to show [one's] solidarity [with sb/sth]

Solidarität <-> *f kein pl* solidarity; **aus** ~ out of solidarity

Solidaritätsbeitrag *m* POL *s.* **Solidaritätszuschlag** **Solidaritätsstreik** *m* sympathy strike **Solidaritätszuschlag** *m* POL *additional pay deduction to finance the economic rehabilitation of Eastern Germany*

Solidarpakt *m* POL solidarity pact, solidarity agreement

Solidartitätszuschlag *m* BRD *supplementary tax deduction to finance economic recovery in former East Germany*

Solidität <-> *f kein pl* (*geh*) solidness, soundness

Solist(in) <-en, -en> *m(f)* MUS soloist

Solitär <-s, -e> *m* ❶ (*Edelstein*) solitaire [diamond], diamond solitaire ❷ (*Gehölz*) specimen [bush] ❸ *kein pl* (*Brettspiel*) solitaire

Solitärring *m* solitaire ring

Soll <-[s], -[s]> *nt* ❶ (~*seite*) debit side; ~ **und Haben** (*veraltend*) debit and credit; [**mit etw** *dat*] [**hoch**] **im ~ sein/ins ~ geraten** to be [deep] in/to go [*or* slide] [deeply] into the red [by sth] ❷ (*Produktionsnorm*) target; [**X %**] **unter dem/seinem ~ bleiben** to fall short of the/one's target [by X %]; **ein/sein ~ erfüllen** to reach a/one's target

Sollaufkommen *nt* FIN budgeted yield **Sollbesteuerung** *f* FIN imputed taxation **Sollbuchung** *f* FIN debit entry **Solleinnahmen** *pl* FIN estimated receipts

sollen

I. AUXILIARVERB

<sollte, ~> ❶ (*etw zu tun haben*) ***du sollst herkommen, habe ich gesagt!*** I said [you should] come here!; ***sag ihm, dass er sich in Acht nehmen soll*** tell him to watch out; ***soll er/sie doch!*** (*pej fam*) [just] let him/her!; ***das soll sie erst mal tun!*** just let her try!; ***man hat mir gesagt, ich soll Sie fragen*** I was told to ask you; ***du sollst morgen Früh anrufen*** you're to give her/him a ring tomorrow morning; ***was sollen wir machen?*** what shall we do? ❷ *modal, optativisch* (*mögen*) ***Sie ~ sich ganz wie zu Hause fühlen!*** [just] make yourself at home; ***du sollst dir deswegen keine Gedanken machen*** you shouldn't worry about it; ***soll ich/sie dir noch etwas Wein nachgießen?*** shall [*or* can] I/should she give you some more wine? ❸ *modal, konditional* (*falls*) ***sollte das passieren, ...*** if that should happen ..., should that happen ... ❹ *modal, konjunktivisch* (*eigentlich müssen*) ***du sollst dich schämen!*** you should [*or* ought to] be ashamed [of yourself]; ***was hätte ich tun ~?*** what should I [*or* ought I to] have done?; ***da solltest du mitfahren*** you ought to come along; ***das solltest du unbedingt sehen*** you have to see this, come and look at this; ***so soll es sein*** that's how it ought to be; (*als Wunsch eines Königs*) so shall it be *liter* ❺ *modal* (*angeblich sein*) ■**etw sein/tun** ~ to be supposed to be/do sth; ***er soll sehr reich sein/gewesen sein*** he is said to be/have been very rich, they say he is/was very rich; ***der Sommer soll heiß werden*** they say we're going to have a hot summer; ***soll das [schon] alles [gewesen] sein?*** is that [supposed to be] all?; ***das/so etwas soll es geben*** these things happen; ***was soll das heißen?*** what's that supposed to mean?, what are you/is he/she etc. getting at?; ***wer soll das sein?*** who's that [supposed to be]?; ***was soll schon sein?*** what do you expect? ❻ *modal* (*dürfen*) ***du hättest ihr das nicht erzählen ~*** you should not have told her that; ***das hätte nicht vorkommen ~*** it should not have [*or* ought not to have] happened ❼ *modal, in Fragen* (*möchte*) ***sollte er mich belogen haben?*** does that mean [*or* are you/is he/she etc. saying] [that] he lied to me?; ***sollte ich mich so getäuscht haben?*** could I have been so wrong?; ***sollte das wahr sein?*** is that true? ❽ *modal* (*geh: würde*) ***dieser Schicksalsschlag sollte nicht der letzte sein/gewesen sein*** this stroke of fate was not to be the last; ***es sollten Jahrhunderte vergehen, bevor ...*** centuries were to pass before ... *liter* ❾ *modal* **es hat nicht sein ~** it wasn't to be; ***es hat nicht sein ~, dass die beiden sich je wiedertreffen*** the two were destined never to meet again

II. INTRANSITIVES VERB

<sollte, gesollt> ❶ (*eine Anweisung befolgen*) ***soll er reinkommen? — ja, er soll*** should he come in? — yes, he should; ***er hätte das zwar nicht gesollt, aber ...*** [he knows] he should not have done so, but ...; ***immer soll ich!*** it's always me [who has to do it]!; ***du solltest ins Bett*** you should go to bed ❷ (*müssen*) ***du sollst sofort nach Hause*** you should go home at once; ***sie hätte eigentlich in die Schule gesollt*** she should have gone to school ❸ (*nützen, bedeuten*) ***was soll der Quatsch?*** (*fam*) what are you/is he/she etc. playing at? *fam;* ***was soll der Blödsinn?*** (*fam*) what's all this nonsense about?; ***was soll das?*** (*fam*)

what's that supposed to mean?; *was soll's? (fam)* who cares?, what the heck? *fam*

Söller <-s, -> *m* (*balkonartiger Anbau*) balcony; (*veraltend: Dachboden*) attic; **auf den/dem ~** into/in the attic

Sollertrag *m* ÖKON estimated [*or* budgeted] receipts *pl* **Sollfertigungszeit** *f* ÖKON standard labour [*or* AM -or] time **Sollgewicht** *nt kein pl* MED recommended [*or* required] weight **Sollkaufmann, -kauffrau** *m, f* businesman by registration **Sollkosten** *pl* ÖKON budget costs **Sollsaldo** *m* FIN debit balance **Sollseite** *f* FIN, ÖKON debit-side **Sollstärke** *f* MIL required strength, authorized strength **Sollvorschrift** *f* JUR directory provision **Sollzahlen** *pl* ÖKON target figures **Sollzeit** *f* ÖKON required time **Sollzinsen** *pl* debit interest *no pl,* interest receivable [*or* owing] *no pl*

solo *adj inv* ❶ MUS solo ❷ (*fam: ohne Begleitung*) ■ ~ **sein** to be alone, to be on one's own [*or* BRIT *fam* tod]; ~ **kommen** to come alone [*or* by oneself]

Solo <-s, Soli> *nt* MUS solo

Soloalbum *nt* MUS solo album **Soloexistenz** *f* life as a single

Solothurn <-s> *nt* Solothurn

solvent [-'vɛnt] *adj* FIN solvent; ■ ~ **sein** to be solvent [*or* in the black]

Solvenz <-, -[i]en> *f* FIN solvency

Somali *nt* Somali; *s. a.* **Deutsch**

Somalia <-> *nt* Somalia; *s. a.* **Deutschland**

Somalier(in) <-s, -> *m(f)* Somali; *s. a.* **Deutsche(r)**

somalisch *adj inv* Somali; *s. a.* **deutsch 1, 2**

somit *adv* therefore, consequently, hence *form*

Sommer <-s, -> *m* summer; **im nächsten ~** next summer; ***es ist/wird ~*** it is/will soon be summer; **im ~** in summer; **~ wie Winter** [*o* **im ~ und im Winter**] all [the] year round; **den ganzen ~ über** throughout the whole summer

Sommeranfang *m* beginning of summer **Sommeranzug** *m* summer suit **Sommerfahrplan** *m* summer timetable **Sommerferien** *pl* summer holidays *pl* [*or* AM vacation]; **es gibt** [*o* **wir haben**] ~ it's the summer holidays; ***wann gibt es ~?*** when are the summer holidays?; ~ **haben** to have one's summer holidays **Sommerfest** *nt* summer [*or* open-air] festival **Sommerfrische** *f* (*veraltet*) ❶ (*Sommerurlaub*) summer holiday; **in die ~ gehen/fahren** to go away for a summer holiday ❷ (*Urlaubsort*) summer [holiday] resort **Sommerhalbjahr** *nt* summer semester **Sommerkleid** *nt* summer dress **Sommerkleidung** *f* summer clothing [*or* clothes]; (*Marktartikel*) summerwear **Sommerkollektion** *f* summer collection

sommerlich I. *adj* ❶ (*im Sommer vorherrschend*) summer *attr;* **~es Wetter** summer[-like] [*or* summery] weather ❷ (*dem Sommer entsprechend*) summer *attr* II. *adv* ❶ (*wie im Sommer*) like in summer; **~ warme Temperaturen** warm summer-like temperatures ❷ (*dem Sommer entsprechend*) **sich** *akk* **~ kleiden** to wear summer clothes

Sommerloch *nt* POL (*sl*) silly season BRIT *fam* **Sommermantel** *m* summer coat, coat for summer **Sommermonat** *m* summer month **Sommerolympiade** *f* ■ **die ~** the Summer Olympics *npl* **Sommerpause** *f* POL summer recess **Sommerreifen** *m* normal [*or* summer] tyre [*or* AM tire]

sommers *adv* (*geh*) in [the] summer; **~ wie winters** all [the] year round

Sommersachen *f* summer clothes [*or* things] **Sommersaison** *f* summer season **Sommerschlussverkauf**[RR] *m* summer sale[s *pl*] **Sommersemester** *nt* SCH summer semester, ≈ summer term BRIT **Sommersmog** *m* summer smog **Sommerspiel** *nt* summer [*or* open-air] play [*or* festival] **Sommerspiele** *pl* ■ **die [Olympischen]** ~ the Summer Olympics [*or* Olympic Games] **Sommersprosse** *f meist pl* freckle; **~n haben** to have [got] freckles **sommersprossig** *adj* freckled, freckly; **ein [stark] ~es Gesicht haben** to have a face full of freckles, to be freckle-faced **Sommertag** *m* summer['s] day **Sommertheater** *nt* summer [*or* open-air] theatre [*or* AM -er] **Sommerzeit** *f* summertime; ***wann wird auf ~ umgestellt?*** when are the clocks changed to summertime [*or* put forward]?; **zur ~** (*geh*) in summertime

Sonate <-, -n> *f* sonata

Sonde <-, -n> *f* ❶ MED (*Schlauch~*) tube; (*Operations~*) probe ❷ (*Raum~*) probe ❸ (*Radio~*) sonde *spec*

Sondenspitze *f* probe tip

Sonderabfall *m* hazardous [*or* toxic] waste **Sonderabnehmer** *m* HANDEL special-rate consumer **Sonderabnehmervertrag** *m* HANDEL special-rate supply contract **Sonderabschreibung** *f meist pl* FIN, ÖKON extraordinary [*or* accelerated] depreciation **Sonderanfertigung** *f* special model [*or* edition]; (*Auto a.*) custom car **Sonderangebot** *nt* special offer; **etw im ~ haben** to have sth on special offer **Sonderarbeitsverhältnis** *nt* ÖKON *für Langzeitarbeitslose* special working regulation[s] (*governing the long-term unemployed*) **Sonderausführung** *f* custom-built [*or* special] model **Sonderausgabe** *f* ❶ MEDIA, VERLAG (*zusätzliche, einmalige Ausgabe*) special edition ❷ *kein pl* ÖKON additional [*or* contingent] expenses *pl* ❸ *pl* FIN extras **Sonderausschüttung** *f* FIN extra distribution **Sonderausstattung** *f* AUTO optional equipment **Sonderausstellung** *f* special exhibition

sonderbar I. *adj* peculiar, strange, odd; **unter ~en Umständen** in strange circumstances; **~es Verhalten** strange behaviour [*or* AM -or] II. *adv* strangely

sonderbarerweise *adv* strangely [enough], strange to say

Sonderbeauftragte(r) *f(m) dekl wie adj* POL special emissary **Sonderbedingungen** *pl* special terms [*or* conditions] **Sonderbeilage** *f* MEDIA, TYPO, VERLAG special supplement **Sonderberechnung** *f* HANDEL **gegen ~** at extra cost **Sonderbestimmungen** *pl* special terms [*or* conditions] **Sonderbetriebsausgaben** *pl* FIN extraordinary operating expenditure [*or* costs] **Sonderbetriebseinnahmen** *pl* FIN extraordinary operating receipts [*or* income] **Sonderbetriebsvermögen** *nt* FIN special property **Sonderbilanz** *f* FIN special-purpose financial statement **Sonderbus** *m* extra [*or* special] bus **Sonderdelikt** *nt* JUR special statutory offence **Sonderdeponie** *f* depository for hazardous waste **Sondereigentum** *nt* JUR separate property **Sondereinheit** *f* special force [*or* unit] **Sondereinlagen** *pl* ÖKON, BÖRSE special deposits *pl* **Sondereinsatz** *m* special operation [*or* action] **Sonderentgelt** *nt* FIN extra pay **Sonderermäßigung** *f* HANDEL special price reduction **Sonderermittler** *m* (*bei der Polizei*) special investigator; POL special envoy **Sondererziehungsrechte** *pl* special drawing rights *pl,* SDR **Sonderfahrt** *f* excursion, [special] trip **Sonderfahrzeug** *nt* special-purpose vehicle **Sonderfall** *m* special case; **in Sonderfällen** in special [*or* exceptional] cases **Sonderfarbe** *f* TYPO house [*or* special] colour [*or* AM -or] **Sonderflug** *m* special flight **Sonderforschungsbereich** *m* special research area **Sonderfunktion** *f* TECH special function **Sondergebühr** *f* special [*or* extraordinary] charge **Sondergefahren** *pl* FIN (*Versicherung*) extraneous perils **Sondergenehmigung** *f* special authorization *no art;* **eine ~ haben** to have special authorization **Sondergericht** *nt* JUR, POL special court [*or* tribunal] **Sondergerichtsbarkeit** *f* JUR jurisdiction of special tribunals **Sondergewinnsteuer** *f* windfall tax

sondergleichen *adj inv* (*geh*) **eine Frechheit/Rücksichtlosigkeit ~** the height of cheek BRIT /inconsideration; **mit einer Frechheit/Rücksichtlosigkeit ~** with unparalleled cheek BRIT /inconsideration

Sondergut *nt* JUR (*bei Gütergemeinschaft*) separate property **Sonderkommando** *nt* MIL, POL special unit **Sonderkommission** *f* special commission **Sonderkonditionen** *pl* special conditions [*or* terms] *pl* **Sonderkonto** *nt* special [*or* separate] account **Sonderlackierung** *f* AUTO premium paint **Sonderlehrstunde** *f für Behinderte* special needs lesson **Sonderleistung** *f* extra performance [*or* contribution]

sonderlich I. *adj* ❶ *attr* (*besonders*) particular; **ohne ~es Interesse** without much [*or* any particular] interest ❷ (*seltsam*) strange, peculiar, odd II. *adv* particularly; **nicht ~ begeistert** not particularly [*or* very] enthusiastic

Sonderling <-s, -e> *m* queer bird BRIT *fam,* oddball *fam*

Sondermarke *f* special issue [*or* stamp] **Sondermaschine** *f* special aircraft **Sondermeldung** *f* TV, RADIO special announcement **Sondermüll** *m* hazardous waste **Sondermülldeponie** *f* hazardous [*or* toxic] waste depot

sondern *konj* but; ***nicht sie war es, ~ er*** it wasn't her, but him; ***ich fahre nicht mehr zurück, ~ bleibe lieber da*** I won't be driving back now, I would rather stay here [instead]; ***ich habe keine Kartoffeln mitgebracht, ~ Reis*** I didn't bring any potatoes, but rice [instead]

Sondernachlass[RR] *m* JUR special rebate [*or* discount] **Sondernummer** *f* ❶ (*Spezialausgabe*) special edition [*or* issue] ❷ (*zusätzliche Nummer*) extra edition **Sondernutzung** *f* special use **Sonderparteitag** *m* special party conference **Sonderposten** *m* ÖKON exceptional item **Sonderpreis** *m* special [reduced] price **Sonderprogramm** *nt* special programme [*or* AM -am] **Sonderrabatt** *m* special discount **Sonderrecht** *nt* [special] privilege; (*von Ämtern*) [special] immunity; **ein ~** [*o* **~e**] **haben** to have a special privilege [*or* special privileges] **Sonderregelung** *f* special provision [*or* arrangement]

sonders *adv* **samt und ~** all and sundry

Sonderschule *f* special school; (*für geistig Behinderte a.*) school for the mentally handicapped **Sonderschullehrer(in)** *m(f)* teacher at a special school/a school for the mentally handicapped **Sondersendung** *f* special [programme [*or* AM -am]] **Sondersitzung** *f* special session [*or* meeting] **Sonderstaatsanwalt(in)** *m(f)* special prosecutor **Sonderstellung** *f* special [*or* privileged] position **Sonderstempel** *m* (*bei der Post*) special [*or* commemorative] postmark **Sondersubvention** *f* FIN supplementary aid **Sondertarif** *m* special rate [*or* tariff] **Sondertaste** *f* INFORM special key **Sondertisch** *m* bargain counter **Sonderurlaub** *m* special leave; (*im Todesfall*) compassionate leave BRIT **Sonderveranstaltung** *f* special event **Sondervergütung** *f* ÖKON fringe [*or* supplementary] benefits *pl,* extra pay **Sonderverkauf** *m* JUR special sale **Sondervermögen** *nt* FIN special [*or* separate] assets *pl* **Sonderverwahrung** *f* FIN separate safe custody **Sondervollmacht** *f* JUR special authority, special power of attorney **Sondervollversammlung** *f* special plenary session, extraordinary general meeting **Sonderweg** *m* special [*or* extra] path

Sonderwunsch *m meist pl* special request [*or* wish]; **Sonderwünsche haben** to have special requests **Sonderzeichen** *nt* INFORM special character **Sonderzug** *m* special train **Sonderzuwendung** *f* JUR special grant

sondieren* I. *vt* (*geh*) ■ **etw ~** (*erkunden*) to sound out sth *sep;* MED to probe sth II. *vi* (*geh*) ■ [**für jdn**] ~ to sound things out [for sb]

Sondierung <-, -en> *f* ❶ (*geh: Erkundung*) sounding out *no pl* ❷ MED probe ❸ NAUT sounding ❹ *meist pl* POL exploratory talks *pl*

Sonett <-[e]s, -e> *nt* sonnet

Song <-s, -s> *m* (*fam*) song

Sonnabend *m* DIAL (*Samstag*) Saturday

sonnabends *adv* DIAL (*samstags*) on Saturday[s]

Sonne <-, -n> *f* ❶ *kein pl* ■ **die ~** the sun, Sol *spec;* ***die ~ steht hoch am Himmel*** the sun is high in the sky; ***die ~ geht auf/unter*** the sun rises/sets; **der glücklichste Mensch unter der ~ sein** (*liter*) to be the happiest person alive ❷ (*Stern*) star; (*mit Planeten a.*) sun; **schwarze ~** ASTRON total eclipse [*or* shadow] ❸ *kein pl* (*Sonnenlicht*) sun[light]; ***geh***

S

mir aus der ~! (*fig fam*) get out of my [*or* the] light!; **in der ~ sitzen/liegen** to sit/lie in the sun; ***das Zimmer hat viel/wenig ~*** the room gets a lot of/doesn't get much sun[light]

sonnen *vr* ① (*sonnenbaden*) ■ **sich** *akk* ~ to sun oneself, to sunbathe ② (*geh: genießen*) ■ **sich** *akk* **in etw** *dat* ~ to bask in sth

sonnenabgewandt *adj inv* turned away [*or* averted] from the sun *pred* **Sonnenaktivität** *f* solar activity **Sonnenanbeter(in)** <-s, -> *m(f)* sun worshipper **Sonnenanbeterin** *f* ① (*fam*) sun worshipper ② ZOOL praying mantis **Sonnenaufgang** *m* sunrise, sun-up AM; **bei/nach/vor ~** at/after/before sunrise [*or* AM sun-up] **Sonnenbad** *nt* sunbathing *no art, no pl;* **ein ~ nehmen** to sunbathe, to bask in the sun **sonnenbaden** *vi nur infin und pp* to sunbathe **Sonnenbank** *f* sunbed BRIT, tanning bed AM **sonnenbeschienen** *adj inv* (*geh*) sunlit **Sonnenbestrahlung** *f* **direkte ~** direct sunlight **Sonnenblocker** <-s, -> *m* sunblock

Sonnenblume *f* sunflower

Sonnenblumenhonig *m* sunflower honey **Sonnenblumenkern** *m* sunflower seed **Sonnenblumenöl** *nt* sunflower oil

Sonnenbrand *m* sunburn *no art;* **einen ~ bekommen/haben** to get sunburnt/have got sunburn **Sonnenbräune** *f* suntan **Sonnenbrille** *f* pair of sunglasses [*or fam* shades], sunglasses *npl,* shades *npl* **Sonnencreme** *f* suncream **Sonnendach** *nt* ① (*Sonnenschutz*) awning ② AUTO (*veraltend*) sunroof **Sonnendeck** *nt* sundeck **Sonneneinstrahlung** *f* insolation **Sonnenenergie** *f* solar energy **Sonnenfackeln** *pl* ASTRON solar flares *pl,* faculae *pl* **Sonnenfarm** *f* solar farm **Sonnenfinsternis** *f* solar eclipse, eclipse of the sun; **eine partielle/totale ~** a partial/total eclipse of the sun **Sonnenfleck** *m meist pl* ASTRON sunspot **sonnengebräunt** *adj* suntanned **Sonnengeflecht** *nt* ANAT solar [*or spec* coeliac] plexus **Sonnengel** *nt* sun gel **Sonnengott** *m* sungod **Sonnenhitze** *f* heat [of the sun] **sonnenhungrig** *adj* sun-seeking **sonnenklar** *adj* (*fam*) crystal-clear, clear as daylight *pred;* ■ **[jdm** [*o* **für jdn**]**] ~ sein** to be crystal-clear [*or* clear as daylight] [to sb]; ■ **[jdm] ~ sein, dass/was/wie ...** to be crystal-clear [*or* clear as daylight] [to sb] that/what/how ... **Sonnenkollektor** *m* solar panel **Sonnenkönig** *m kein pl* HIST ■ **der ~** the Sun King, the Roi Soleil *liter* **Sonnenkraftwerk** *nt* solar power station **Sonnenlicht** *nt kein pl* sunlight *no pl* **Sonnenmilch** *f* suntan lotion **Sonnenöl** *nt* suntan oil **Sonnenpaddel** *nt* RAUM solar paddle **Sonnenschein** *m* sunshine; **bei strahlendem** [*o* **im strahlenden**] **~** in brilliant sunshine **Sonnenschirm** *m* sunshade; (*bes. HIST: für Frauen a.*) parasol

Sonnenschutz *m* ① (*Maßnahme*) protective measure against sunburn ② (*Konstruktion*) sunshade

Sonnenschutzcreme *f* suntan cream [*or* lotion] **Sonnenschutzfaktor** *m* protection factor **Sonnenschutzmittel** *nt* sun protection product

Sonnensegel *nt* ① (*Schutzdach*) awning ② RAUM solar sail [*or* panel] **Sonnenseite** *f* side facing the sun, sunny side; (*fig: positive Seite*) sunny [*or* bright] side **Sonnenstich** *m* sunstroke *no art,* heatstroke *no art;* **einen ~ bekommen/haben** to get/have sunstroke; ***du hast wohl einen ~!*** (*fig*) the sun must have addled *sl* [*or fam* got to] your brain! **Sonnenstrahl** *m* sunbeam, ray of sunshine **Sonnensystem** *nt* solar system **Sonnentau** *m* BOT sundew **Sonnentempler(in)** <-s, -> *m(f)* (*Mitglied einer Sekte*) Sun Templar **Sonnenuhr** *f* sundial **Sonnenuntergang** *m* sunset; **bei/nach/vor ~** at/after/before sunset [*or* AM sundown] **Sonnenwende** *f* solstice **Sonnenwind** *m* ASTRON solar wind **Sonnenzyklus** *m* ASTRON solar cycle

sonnig *adj* sunny

Sonnseite *f* ÖSTERR, SCHWEIZ, SÜDD (*Sonnenseite*) side facing the sun, sunny side

Sonntag *m* ■ **[der] ~** Sunday; (*bes. REL*) the Sabbath; **Weißer/der Weiße ~** Low Sunday; *s. a.* **Dienstag**

SonntagabendRR *m* Sunday evening; *s. a.* **Dienstag** **sonntagabends**RR *adv* [on] Sunday evenings

sonntäglich *adj* [regular] Sunday *attr*

SonntagmittagRR *m* [around] noon on Sunday; *s. a.* **Dienstag** **sonntagmittags**RR *adv* [around] noon on Sundays **Sonntagmorgen**RR *m* Sunday morning; *s. a.* **Dienstag** **sonntagmorgens**RR *adv* [on] Sunday morning **Sonntagnachmittag**RR *m* Sunday afternoon; *s. a.* **Dienstag** **sonntagnachmittags**RR *adv* [on] Sunday afternoons **Sonntagnacht**RR *m* Sunday night; *s. a.* **Dienstag** **sonntagnachts**RR *adv* [on] Sunday nights

sonntags *adv* on Sundays, on a Sunday

Sonntagsarbeit *f* Sunday working, work[ing] on Sundays **Sonntagsausflug** *m* Sunday outing **Sonntagsausflügler(in)** <-s, -> *m(f)* Sunday tripper **Sonntagsblatt** *nt* Sunday paper **Sonntagsbraten** *m* Sunday roast **Sonntagsdienst** *m* (*von Polizist*) Sunday duty, duty on Sunday; (*von Apotheker*) opening on Sundays *no art;* **~ haben** (*von Polizist*) to be on duty on a Sunday; (*von Apotheker*) to be open on a Sunday **Sonntagsessen** *nt* Sunday meal **Sonntagsfahrer(in)** *m(f)* (*pej*) Sunday driver *pej* **Sonntagsfrage** *f* POL Sunday poll **Sonntagskind** *nt* child of fortune; **ein ~ sein** to be born under a lucky star, to be born with a silver spoon in one's mouth **Sonntagsrede** *f* (*pej*) turgid [*or* BRIT *pej* drivelling] [*or* AM *pej* driveling] speech; **eine ~ halten** to deliver a turgid [*or pej* drivelling] speech; **~n halten** (*fam*) to drivel *pej* [*or pej fam* babble] [on] **Sonntagsrückfahrkarte** *f* weekend ticket **Sonntagsruhe** *f* ① (*sonntägliche Arbeitsruhe*) Sunday observance ② (*sonntägliche Ruhe*) peace and quiet on a Sunday **Sonntagsstaat** <-[e]s> *m kein pl* (*fam o veraltend*) Sunday best; **im ~** in one's Sunday best **Sonntagszeitung** *f* Sunday [news]paper

SonntagvormittagRR *m* Sunday morning; *s. a.* Dienstagvormittag **sonntagvormittags**RR *adv* [on] Sunday mornings

Sonn- und Feiertage *pl* Sundays and bank [*or* public] holidays *pl*

sonn- und feiertags *adv* on Sundays and bank [*or* public] holidays

Sonnwendfeier *f* midsummer/midwinter celebrations *pl*

Sonographie <-, -n> *f,* **Sonografie**RR <-, -n> *f* MED sonography

sonor *adj* sonorous

sonst *adv* ① (*andernfalls*) or [else], [for *liter*] otherwise; ***[aber] ~ geht's dir gut?*** (*sl*) are you feeling all right? *iron* ② (*gewöhnlich*) usually; ***warum zögerst du, du hast doch ~ keine Bedenken?*** why do you hesitate? you don't usually have any doubts; **freundlicher/kälter als ~** more friendly/colder than usual ③ (*früher*) before; ***fuhr er ~ nicht immer einen anderen Wagen?*** didn't he always drive a different car before [*or* always used to drive a different car]?; ***das war ~, jetzt ist es anders*** that was then [*or* before], now it's different ④ (*außerdem*) ***wer war ~ anwesend?*** who else was present?; ***~ noch Fragen?*** any more [*or* further] questions?; ***wenn ~ keine Fragen mehr sind, ...*** if there are no more [*or* further] questions ...; ***kann ich Ihnen ~ noch behilflich sein?*** can I help [*or* be of help to] you in any other way?; ■ **~ noch etwas** something else; ■ **~ keine[r/s]** nothing/nobody else; **~ nichts** nothing else; ***es gab ~ nichts Neues*** other than [*or* apart from] that, there was nothing new; ***~ [willst du] nichts?, ~ noch was?*** (*iron fam*) anything else you'd like? *iron;* ***~ noch etwas?*** will that be all?, will there be anything else?; ***wer weiß, was ~ noch alles passiert wäre, wenn ...*** (*fam*) goodness knows what would have happened if ...; ***was/wer/wie [denn] ~?*** (*fam*) what/who/how else?; **~ was** whatever; ***von mir aus können Sie ~ was machen*** as far as I'm concerned you can do whatever you like; **~ was für ...** all sorts of ...; **~ wer** [*o* **jemand**] (*fam*) somebody else; ***es könnte ja ~ wer sein*** it could be anybody; ***erzähl das ~ wem!*** [go [and]] tell that to the marines! *fam;* **denken** [*o* **meinen**] [*o* **sich einbilden**], **man sei ~ wer** to think that one is something else *iron fam;* **~ wie** (*fam*) [in] some other way; **~ wo** (*fam*) somewhere else; **~ wohin** (*fam*) somewhere else

sonstig *adj attr* ① (*weitere[s]*) [all/any] other; **~e Auskünfte** [all/any] other [*or* further] information *no pl;* **keine ~en Beschwerden** no other complaints; **„S~es"** "other"; **~e betriebliche Aufwendungen** FIN other operational expenditure; **~e betriebliche Erträge** FIN other operating earnings; **~e Gläubigerforderungen/Vermögensgegenstände** FIN other creditor claims/assets ② (*anderweitig*) ***und wie sind ihre ~en Leistungen?*** and how is her performance otherwise?; ***aber sein ~es Verhalten ist tadellos*** otherwise his conduct is impeccable

sooft *konj* whenever; **~ *ich kann*** whenever [*or* as often as] I can

Soor <-[e]s, -e> *m* MED thrush *no art,* soor *no art spec*

Sophist(in) <-en, -en> *m(f)* (*pej geh*) sophist *liter;* PHILOS Sophist

Sopran <-s, -e> *m* ① *kein pl* soprano; (*von Kind a.*) treble ② *s.* **Sopranistin**

Sopranist(in) <-en, -en> *m(f)* soprano [singer]; (*von Kind a.*) treble [singer]

Sorbe, Sorbin <-n, -n> *m, f* Sorb, Wend

Sorbet <-s, -s> [ˈzɔrbɛt, zɔrˈbeː] *m o nt* sherbe[r]t

Sorbin <-, -nen> *f fem form von* **Sorbe**

Sorbinsäure *f* sorbic acid

sorbisch *adj* Sorbian

Sorbisch *nt dekl wie adj* Sorbian, Lusatian, Wendish, Wend; *s. a.* **Deutsch**

Sorbische <-n> *nt* ■ **das ~** Sorbian, the Sorbian language, Lusatian, Wendish; *s. a.* **Deutsche**

Sorge <-, -n> *f* ① (*Gefühl der Unruhe*) worry (**um** +*dat* for); ***das ist meine geringste ~*** that's the least of my worries; **eine große ~** a serious worry; **~n mit sich herumtragen** to be worried, to be weighed down with problems; **jdn in ~ versetzen** to worry sb; **~n haben** to have problems; **ständig/nur/nichts als ~n [mit jdm/etw] haben** to have constant/nothing but trouble [with sb/sth]; **in ~ sein[, dass ...]** to be worried [that ...]; **jdm ~n machen** [*o* **bereiten**] to cause sb a lot of worry, to worry sb; **es macht jdm ~n, dass ...** it worries sb that ...; ***dass ..., macht mir ~n*** it worries me that ..., [the fact] that ... worries me; **sich** *dat* **[jds/einer S. wegen] ~n machen** to worry [about sb/a thing]; ***wir haben uns solche ~n gemacht!*** we were so worried; ***machen Sie sich deswegen keine ~n!*** don't worry about that; ***sei/seien Sie ohne ~!*** (*geh*) do not fear *liter* [*or* worry]; **mit ~** with concern; ***du hast/ihr habt ~n!, ~n hast du/habt ihr!*** (*iron fam*) you call that worries [*or* problems]? *fam or iron,* you think you've got troubles [*or* problems]! *iron fam;* ***deine ~n möchte ich haben!*** (*iron fam*) I wish I had your problems! *iron fam;* **[keine] ~ haben, dass/ob/wie ...** [not] to be worried that/whether/as to how ...; ***lassen Sie das meine ~ sein!*** let me worry about that; **für etw** *akk* **~ tragen** (*geh*) to attend [*or* see] to sth, to take care of sth; **dafür ~ tragen, dass ...** (*geh*) to see to it [*or* to ensure] that ...; ***keine ~!*** (*fam*) don't [you] worry; **eine ~ weniger** one less thing to worry about; ***diese ~ bist du los!*** you're rid of that worry ② *kein pl* JUR care; **die elterliche ~ ausüben** to exercise parental care and custody

sorgeberechtigt *adj* entitled to custody *pred*

sorgen I. *vi* ① (*aufkommen, sich kümmern*) ■ **für jdn ~** to provide for sb, to look after sb ② (*besorgen*) to get; ***ich sorge für die Getränke*** I'll get [*or* take care of] the drinks ③ (*sich kümmern*) **für gute Stimmung/die Musik ~** to create a good atmosphere/attend [*or* see] to the music; ■ **dafür ~, dass ...** to see to it [*or* to make sure] that; ***dafür ist gesorgt*** that's taken care of ④ (*bewirken*) **für Aufsehen/Unruhe ~** to cause a sensation/disturbance;

■ **dafür ~, dass ...** to ensure that ... **II.** *vr* ■ **sich** *akk* **um jdn/etw ~** to be worried [*or* to worry] about sb/sth

sorgenfrei I. *adj* carefree, free of care [*or* worry] *pred* **II.** *adv* free of care [*or* worry] **Sorgenkind** *nt* (*fam*) problem child **sorgenlos** *adj s.* **sorgenfrei**

sorgenvoll I. *adj* ① (*besorgt*) worried; **mit ~er Stirn** with a worried frown ② (*viele Probleme bietend*) full of worries [*or* troubles] *pred* **II.** *adv* worriedly, anxiously; ***er sah mich ~ an*** he looked at me anxiously

Sorgerecht *nt kein pl* JUR custody [right]; **gemeinsames ~** joint custody **Sorgerechtsverfahren** *nt* JUR custody proceedings *pl*

Sorgfalt <-> *f kein pl* care; JUR *a.* circumspection; **mit mehr/größter/der erforderlichen ~** with more/the greatest/due care; **mangelnde ~** want [*or* lack] of care; **verkehrsübliche ~** due care and attention

sorgfältig I. *adj* careful; **eine ~e Arbeit** a conscientious piece of work **II.** *adv* carefully, with care

Sorgfaltspflicht *f* JUR duty of care; **Vernachlässigung der beruflichen ~** professional negligence; **die ~ verletzen** to be negligent **Sorgfaltspflichtverletzung** *f* JUR negligence, infringement of the duty to exercise due care **sorgfaltswidrig** *adj* JUR careless, negligent

sorglos I. *adj* ① (*achtlos*) careless ② *s.* **sorgenfrei II.** *adv* ① (*achtlos*) carelessly ② (*sorgenfrei*) free of care

Sorglosigkeit <-> *f kein pl* carelessness; (*ohne Sorge*) carefreeness

sorgsam *adj* (*geh*) *s.* **sorgfältig**

Sorte <-, -n> *f* ① (*Art*) kind, variety; ***welche ~ [von] Tomaten?*** what kind [*or* sort] of tomatoes? ② (*Marke*) brand ③ (*fam*) ***was für eine ~ Mensch ist er?*** what's he like?; ***diese Werbeleute sind eine komische ~*** these admen are a funny bunch *fam* ④ *pl* FIN foreign currency **Sortenabteilung** *f* FIN foreign currency department **Sortenkurs** *m* BÖRSE exchange rate for notes and coin **Sortenschutz** *m* JUR (*Patent*) plant varieties protection

sortieren* *vt* ① (*ordnen*) **etw [nach Farbe/Größe/Qualität] ~** to sort [*or* grade] sth [according to colour/size/quality]; **die Post [nach Rechnungen und Werbung] ~** to sort the post [into bills and advertisements]; **etw [alphabetisch] ~** to arrange sth in alphabetical order; (*von Computeralgorithmus a.*) to sort sth [alphabetically] ② (*einordnen*) ■ **etw in etw** *akk* **~** to sort sth and place it in sth; **Dias in einen Kasten ~** to sort slides and place them in a box ③ INFORM (*Daten zusammentragen*) ■ **etw ~** to collate sth

Sortierer <-s, -> *m* INFORM collator

Sortierlauf *m* INFORM sort run, sorting pass **Sortiermaschine** *f* sorting machine, sorter

Sortiment <-[e]s, -e> *nt* range [of goods]

Sortimentsanpassung *f* HANDEL adapted product line **Sortimentsbreite** *f* HANDEL product range **Sortimentserweiterung** *f* product diversification

SOS <-, -> [ɛsʔoːˈʔɛs] *nt Abk von* **save our souls** SOS; **~ funken** to put out an SOS

sosehr *konj* ■ **~ [... auch]** however much ..., no matter how much ...; ***..., ~ ich es [auch] bedaure*** ..., however much I regret it; ***er schaffte es nicht, ~ er sich auch anstrengte*** he couldn't manage it, no matter how hard he tried

soso I. *interj* [what] you don't say? **II.** *adv* (*fam*) so-so *fam*, middling *fam*; ***wir kommen ~ zurecht*** we're just about managing, we'll muddle through somehow

Soße <-, -n> *f* ① KOCHK sauce; (*Braten~*) gravy; (*Salat~*) dressing ② (*pej sl*) ooze, gunge

Soßenlöffel *m* sauce spoon [*or* ladle]

sott (*veraltend*) *imp von* **sieden**

Soufflé, SouffleeRR <-s, -s> [zuˈfleː] *nt* KOCHK soufflé

Souffleur <-s, -e> [zuˈfløːɐ] *m*, **Souffleuse** <-, -n> [zuˈfløːzə] *f* THEAT prompter

Souffleurkasten [zuˈfløːɐ-] *m* THEAT prompt[er's] box

Souffleuse <-, -n> [zuˈfløːzə] *f fem form von* **Souffleur**

soufflieren* [zuˈfliːrən] **I.** *vi* THEAT ■ **[jdm] ~** to prompt sb **II.** *vt* (*geh*) ■ **jdm etw ~** to prompt sb by repeating sth

Sounddatei [ˈsaʊnd-] *f* INFORM sound data + *sing vb* **Soundfile** <-s, -s> [ˈsaʊndfaɪl] *nt* INET soundfile **Soundkarte** [ˈsaʊnd-] *f* INFORM soundboard

soundso I. *adv* (*fam*) such and such, **~** *breit/groß,* of such and such a width/size; **~ oft** a hundred times *fam*, umpteen times *fam;* **~ viele** so and so many **II.** *adj* so-and-so; **auf Seite ~** on page so-and-so [*or* such-and-such]

Soundso <-s, -s> *m* ■ **Frau/Herr ~** (*fam*) M[r|s/ Mr what's-her/his-name [*or* what-do-you-call-her/ him]

soundsovielte(r, s) *adj* (*fam*) such and such; ***wir treffen uns am ~n August*** we're meeting on such and such a date in August; ***sie kam als ~, ich glaube als 37.*** she finished in such and such a place, I think 37th

Soundtrack <-s, -s> [ˈsaʊndtræk] *m* soundtrack

Soutane <-, -n> [zuˈtaːnə] *f* REL cassock, soutane *spec*

Souterrain <-s, -s> [sutɛˈrɛ̃ː, ˈzuːtɛrɛ̃] *nt* basement

Souvenir <-s, -s> [zuvəˈniːɐ] *nt* souvenir

Souvenirladen *m* souvenir shop

souverän [zuvəˈrɛːn] **I.** *adj* ① (*unabhängig*) sovereign *attr;* ■ **~ sein/werden** to be [*or* become] a sovereign state ② (*geh: überlegen*) superior **II.** *adv* (*geh*) with superior ease; **etw ~ beherrschen** to have a commanding knowledge of sth; **etw ~ machen** [*o* **meistern**] to do sth with consummate ease [*or* have complete mastery of [*or* over] sth]

Souverän <-s, -e> [zuvəˈrɛːn] *m* ① SCHWEIZ ■ **der ~** the voting public [*or* voters] *pl* ② (*veraltend: Herrscher*) sovereign

Souveränität <-> [zuvərɛniˈtɛːt] *f kein pl* sovereignty *no pl;* (*geh: Überlegenheit*) superior ease (+*gen*/**von** +*dat* in)

soviel *konj* as [*or* so] far as; **~ *ich weiß*** as far as I know; **~ *ich auch trinke ...*** no matter how much I drink ...

sovielmal *konj* ■ **~ ... auch** no matter how many times ..., however many times ...

soweit *konj* as [*or* so] far as; **~ *ich sehe/weiß*** as [*or* so] far as I can see [*or* tell]/as [*or* so] far as I know

sowenig *konj* ■ **~ ... auch** however little ..., as little ...; **~ *du auch damit zu tun haben willst, ...*** however little you claim to have to do with it

sowie *konj* ① (*sobald*) as soon as, the moment [that] ② (*geh*) as well as

sowieso *adv* anyway, anyhow; ***du bist ~ eingeladen*** you're invited anyway [*or* anyhow]; ***das war ~ klar*** that was clear from the start; ***das ~!*** (*fam*) of course!, does a bear shit in the woods? AM *iron sl*

Sowjet <-s, -s> *m* soviet; **der Oberste ~** the Supreme Soviet

Sowjetbürger(in) *m(f)* POL (*hist*) Soviet citizen

sowjetisch, sowjetisch *adj* soviet, Soviet **Sowjetrepublik** *f* (*hist*) Soviet Republic **Sowjetunion** *f* (*hist*) ■ **die ~** the Soviet Union

sowohl *konj* ■ **~ ... als auch ...** both ... and ..., ... as well as ...

Sozi <-s, -s> *m* (*fam*) *s.* **Sozialdemokrat** Socialist, pinko *pej*

Sozia <-, -s> *f fem form von* **Sozius**

sozial I. *adj* ① (*gesellschaftlich*) social; **~e Verhältnisse/Stellung** social conditions/status; **~es Gefüge** POL social fabric ② (*für Hilfsbedürftige gedacht*) social security *attr*, by social security *pred;* **~e Leistungen** social security [*or* welfare] payments ③ (*gesellschaftlich verantwortlich*) public-spirited; **eine ~e Ader** a streak of [the] public spirit; **~es Handeln** acting in a public-spirited way **II.** *adv* **~ schwach** socially deprived; **~ denken** to be socially [*or* social-] minded; **~ handeln** to act for the good of all; *s. a.* **Wohnungsbau, Jahr, Friede**

Sozialabbau *m kein pl* cuts in social services **Sozialabgaben** *pl* social security contributions [*or* payments] **Sozialamt** *nt* social security office BRIT, welfare department AM **Sozialarbeit** *f kein pl* social [*or* welfare] work *no pl* **Sozialarbeiter(in)** *m(f)* social worker **Sozialausgaben** *pl* public expenditure **Sozialausschuss**RR *m* social committee **Sozialbehörde** *f* welfare authority **Sozialbereich** *m* social services sector, area of social services **Sozialberuf** *m* caring profession **Sozialbilanz** *f* ÖKON social-economic balance sheet **Sozialdemokrat(in)** *m(f)* social democrat; ■ **die ~en** the Social Democrats **Sozialdemokratie** *f kein pl* social democracy *no pl, no art* **Sozialdemokratin** *f fem form von* Sozialdemokrat **sozialdemokratisch** *adj* social-democratic **Sozialdezernent** *m* head of social services **Sozialdienste** *pl* welfare services *pl* **Sozialdumping** *nt flouting of the laws governing the minimum wage, working hours, and health and safety income support* **Sozialeinrichtung** *f meist pl* ÖKON welfare institution **Sozialexperte** *m* social services [*or* welfare] expert **Sozialfall** *m* (*geh*) hardship case **Sozialforschung** *f* social research **Sozialgeheimnis** *nt* JUR confidential nature of social insurance data **Sozialgericht** *nt* [social] welfare tribunal **Sozialgerichtsbarkeit** *f* JUR jurisdiction for social security litigation **Sozialgerichtsgesetz** *nt* JUR *law concerning social security tribunals and their procedure* **Sozialgeschichte** *f* social history **Sozialgesetzbuch** *nt* code of social law (*covering laws on social security and services, vocational training, finding employment and other matters*) **Sozialgesetzgebung** *f* welfare [*or* social] legislation **Sozialhilfe** *f kein pl* income support, [social] welfare AM **Sozialhilfeempfänger(in)** *m(f)* person receiving income support [*or* supplementary benefit] **Sozialhilfeleistung** *f* income support, supplementary benefit **Sozialhilferecht** *nt* JUR public welfare law **Sozialhilfesatz** *m* social security [*or* BRIT supplementary benefit] [*or* AM welfare] rate

Sozialisation <-> *f kein pl* SOZIOL, PSYCH socialization

sozialisieren* *vt* ① POL (*verstaatlichen*) ■ **etw ~** to nationalize sth ② SOZIOL, PSYCH ■ **jdn ~** to socialize sb; **jdn wieder ~** to reintroduce sb into society

Sozialisierung <-, -en> *f* ① POL nationalization ② SOZIOL, PSYCH socialization

Sozialismus <-> *m kein pl* ■ **der ~** socialism

Sozialist(in) <-en, -en> *m(f)* socialist

sozialistisch *adj* ① (*Sozialismus betreffend*) socialist, leftist *a. pej* ② ÖSTERR (*sozialdemokratisch*) social-democratic

Sozialkampagne *f* social welfare campaign **Sozialklausel** *f* JUR social hardship clause **Soziallleben** *nt* social life **Sozialleistungen** *pl* (*des Staates*) social services; (*aus Sozialversicherung*) social security benefits **Sozialleistungsmissbrauch**RR *m* benefit abuse **sozialliberal** *adj* liberal socialist; *Koalition* social democrat, socialist-liberal **Sozialmieter(in)** *m(f)* receiver of housing benefit BRIT, subsidized [*or* Section 8] tenant AM; ■ **ein ~/eine ~in sein** to receive housing benefit BRIT, to be a subsidized [*or* Section 8] tenant AM **Sozialminister, -ministerin** *m, f* Social Services Minister BRIT, Secretary of Social Services AM **Sozialministerium** *f* Social Services Ministry BRIT, Department of Social Services AM **Sozialpädagoge, -pädagogin** *m, f* social education worker **Sozialpädagogik** *f* ■ **die ~** social education **Sozialpädagogin** *f fem form von* Sozialpädagoge **sozialpädagogisch** *adj* relating to social education **Sozialpakt** *m* social pact **Sozialpartner** *pl* unions and management, both sides of industry **Sozialplan** *m* redundancy payments scheme BRIT, severance scheme AM **Sozialpolitik** *f kein pl* social policy **Sozialpolitiker** *m* politician who specializes in social welfare, person concerned with social policy **sozialpolitisch** *adj inv* POL sociopolitical **Sozialprestige** *nt* social standing **Sozialprodukt** *nt* ÖKON [gross] national product **Sozialrecht** *nt kein pl* social legislation **Sozialrente** *f* (*geh*) state pension **Sozialrentner(in)** *m(f)* (*geh*) social insurance pensioner **sozialschwach** *adj s.* sozial II **Sozialsenator(in)** *m(f)* social services minister, minister for social services (*in Berlin, Bremen, Hamburg*) **Sozialstaat** *m* welfare state **Sozialstaatsprinzip** *nt* JUR principle of social justice and the welfare state **Sozialstation** *f* health and advice centre [*or* AM -er] **Sozialsystem** *nt* social [welfare] system **Sozialtherapie** *f* social therapy **Sozialunion** *f* unified social welfare system **Sozialverhalten** *nt* social behaviour [*or* AM -or]

Sozialversicherung *f* national insurance BRIT, social security AM

Sozialversicherungsausweis *m* National Insurance card BRIT **Sozialversicherungsbeitrag** *m* ÖKON national insurance contribution **Sozialversicherungsbeitrag** *m* FIN national insurance contribution BRIT, social security contribution [*or* AM tax] **Sozialversicherungsgesetz** *nt* JUR, FIN National Insurance Act BRIT, Federal Insurance Contribution Act AM **Sozialversicherungsgesetzgebung** *nt* social security legislation **sozialversicherungspflichtig** *adj inv* ÖKON subject to social insurance *pred,* within the scope of national insurance

sozialverträglich *adj* reconcilable with a welfare state **Sozialwesen** *nt kein pl* social welfare *no pl* **Sozialwissenschaften** *pl* social sciences **Sozialwissenschaftler** *m* social scientist **sozialwissenschaftlich** *adj* social science, socioscientific **Sozialwohnung** *f* council house [*or* flat] BRIT, [housing] project AM

Sozietätsvertrag *m* partnership agreement

Soziobiologie *f* sociobiology **soziokulturell** *adj* sociocultural **Soziolekt** <-[e]s, -e> *m* LING, SOZIOL sociolect **Soziolinguistik** *f* ■**die** ~ sociolinguistics + *sing vb* **soziolinguistisch** *adj inv* LING sociolinguistic **Soziologe, -login** <-n, -n> *m, f* sociologist **Soziologie** <-> *f kein pl* ■**die** ~ sociology **Soziologin** <-, -nen> *f fem form von* Soziologe **soziologisch** *adj* sociological **sozioökonomisch** *adj inv* socioeconomic

Sozius, Sozia[1] <-, Sozii> *m, f* ❶ ÖKON (*Teilhaber einer Sozietät*) partner ❷ (*veraltend o hum fam: Kumpan*) mate BRIT *fam,* buddy AM *fam,* partner-in-crime *fam or hum*

Sozius, Sozia[2] <-, -se> *m, f* ❶ (*Beifahrer*) pillion rider [*or* passenger]; **als ~ mitfahren** to ride pillion ❷ *s.* **Soziussitz**

Soziussitz *m* pillion [seat]

sozusagen *adv* as it were, so to speak

Spachtel[1] <-s, -> *m* (*Werkzeug*) spatula; KUNST palette knife

Spachtel[2] <-s> *m kein pl* (*Kitt*) filler, screed *spec*

Spachtelmasse *f s.* **Spachtel**[2]

spachteln I. *vt* ■**etw** ~ *Wand, Gips* to fill [in *sep*] [*or sep* smooth over] [*or* stop] sth II. *vi* ❶ (*mit Spachtel*[2] *arbeiten*) to do some filling [*or* smoothing over] ❷ DIAL (*fam: reichlich essen*) to tuck in

Spagat <-[e]s, -e> *m o nt* the splits *npl;* [**einen**] ~ **machen, in den ~ gehen** to do the splits; (*schwierige Position*) balancing act

Spagetti *pl,* **Spaghetti** *pl* spaghetti + *sing vb*

Spagettiheber *m,* **Spaghettiheber** *m* spaghetti spoon **Spagettitopf** *m,* **Spaghettitopf** *m* pasta pan **Spagettiträger**[RR] *m* spaghetti strap **Spagettizange** *f,* **Spaghettizange** *f* spaghetti tongs *npl*

spähen *vi* ❶ (*suchend blicken*) **aus dem Fenster** ~ to peer out of the window; ■**aus etw** *dat* ~ to peer out of sth; (*schnell*) to [quickly] peep out of sth; ■**durch etw** *akk* [**auf/in etw** *akk*] ~ to peep [*or* peek] [at/in[to] sth] through sth; (*schnell*) to take a quick peep [*or* peek] [at/in sth] through sth ❷ (*Ausschau halten*) ■**nach jdm/etw** ~ to look out [*or* keep a lookout] for sb/sth

Späher(in) <-s, -> *m(f)* MIL scout

Spähtrupp *m* MIL reconnaissance [*or* scouting] party, patrol

Spalier <-s, -e> *nt* ❶ (*Gittergestell*) trellis; (*für Obst a.*) espalier; **etw an ~en ziehen** to trellis/espalier sth, to train sth [on a trellis/an espalier] ❷ (*Gasse aus Menschen*) row, line; **ein ~ bilden, ~ stehen** to form a line; (*Ehrenformation*) to form a guard of honour [*or* AM -or]

Spalt <-[e]s, -e> *m* gap; (*im Vorhang a.*) chink; ***kannst du den Vorhang einen ~ offen lassen?*** can you leave the curtains open slightly?; (*Riss*) crack; (*Fels~*) crevice, fissure; (*Gletscher~*) crevasse; **die Tür einen ~ öffnen/offen lassen** to open the door slightly/leave the door ajar

spaltbar *adj* NUKL fissionable, fissile *spec;* **ein ~er Atomkern** a fissile nucleus *spec*

spaltbreit *adj* narrow; **ein ~er Schlitz/eine ~e Öffnung** a crack

Spaltbreit <-> *m kein pl* gap; **die Tür einen ~ öffnen** to open the door slightly

Spalte[1] <-, -n> *f* (*Öffnung*) fissure; (*Fels~ a.*) cleft, crevice; (*Gletscher~*) crevasse; **eine ~ in der Hauswand** a crack in the wall of the house

Spalte[2] <-, -n> *f* TYPO, MEDIA column; **in ~n** columnar

spalten I. *vt* <*pp* gespalten *o* gespaltet> ❶ (*zerteilen*) ■**etw** ~ to split [*or liter* cleave] sth; **Holz** ~ to chop wood (**in** +*akk* into) ❷ (*trennen*) **etw** ~ to rend [*or* divide] sth; **die Partei** ~ to split [*or* divide] the party; ■**gespalten sein** to be divided ❸ CHEM to split, to break down ❹ NUKL ■**etw** ~ to split [*or spec* fission] sth II. *vr* <*pp* gespalten> ❶ (*der Länge nach reißen*) ■**sich** *akk* ~ to split ❷ (*sich teilen o trennen*) ■**sich** *akk* [**in etw** *akk*] ~ to divide [into sth]; (*von Partei a.*) to split [into sth]

Spaltenausgabe *f* TYPO galley exposure [*or* output]

Spaltfrucht *f* BOT (*Frucht, die sich bei der Samenreife öffnet*) dehiscent fruit **Spaltgesellschaft** *f* HANDEL break-up company **Spaltleder** *nt* split leather **Spaltmaterial** *nt* NUKL fissile material **Spaltöffnung** *f* BOT *s.* **stomata Spaltprodukt** *nt* NUKL fission product **Spaltprozess**[RR] *m* fission [process]

Spaltung <-, -en> *f* ❶ NUKL splitting, fission ❷ (*Aufspaltung in Fraktionen*) division; (*von Partei a.*) split (+*gen* into) ❸ PSYCH split; **die ~ des Bewusstseins** [*o* **der Persönlichkeit**] the split in one's mind [*or* personality], schizophrenia ❹ FIN splitting

Spamming <-s> ['spæmɪŋ] *nt kein pl* INET (*Versenden elektronischer Sendungen*) spamming

Span <-[e]s, Späne> *m* (*Holz~*) shaving, [wood] chip[ping]; (*Bohr~*) boring, swarf *no pl spec* ▶ WENDUNGEN: **wo gehobelt wird, [da] fallen Späne** (*prov*) you can't make an omelette without breaking eggs *prov*

Spanferkel *nt* sucking pig

Spange <-, -n> *f* ❶ (*Haar~*) hair slide BRIT, barrette AM ❷ (*Armreif*) bracelet; (*um den Oberarm a.*) bangle ❸ (*Zahn~*) [dental] brace

Spangenschuh *m* strap shoe

Spanien <-s> [-iən] *nt* Spain

Spanier(in) <-s, -> [-iɐ] *m(f)* Spaniard; ■**die** ~ the Spanish; **stolz wie ein ~ sein** to be as proud as a peacock, to be puffed up with pride

spanisch *adj* Spanish; **auf S~** in Spanish; ***das kommt mir ~ vor*** (*fig fam*) I don't like the look of it/this, there's something fishy [going on] here *fam*

Spanisch *nt dekl wie adj* Spanish; ■**das ~e** Spanish

Spanische Fliege *f* ZOOL blister beetle

spann *imp von* **spinnen**

Spann <-[e]s, -e> *m* ANAT instep

Spannanker *m* BAU turn buckle **Spannbeton** *m* prestressed concrete **Spannbettuch** *nt* fitted sheet **Spannbreite** *f kein pl* spectrum **Spanndraht** *m* BAU bracing wire

Spanne <-, -n> *f* ❶ ÖKON (*Handels~*) [trade] margin; (*Gewinn~*) [profit] margin; (*Zins~*) margin [of interest]; ~ **in den Zinssätzen** gap in interest rates; ~ **zwischen Geld und Brief** difference between asked and bid ❷ (*geh: Zeit~*) span, space; **eine ~ [Zeit]** a span [*or* space] of time

spannen I. *vt* ❶ (*straffen*) ■**etw** ~ to tighten sth, to make sth taut; **die Zügel** ~ to pull [back] on the reins ❷ (*auf~*) **eine Hängematte/Wäscheleine über/zwischen etw** *akk* ~ to put [*or* hang] up a hammock/washing line *sep* over/between sth; **ein Seil über/zwischen etw** *akk* ~ to stretch a rope over/between sth ❸ (*an~*) ■**ein Tier vor etw** *akk* ~ to harness an animal to sth; ■**etw** ~ *Muskeln* to flex [*or* tense] sth; *Gewehr* to cock sth; *s. a.* **Bogen** ❹ (*straff befestigen*) **einen Bogen in die Schreibmaschine** ~ to insert [*or* put] a sheet in the typewriter; **eine Leinwand zwischen die Bretter** ~ to stretch a canvas between the boards; **ein Werkstück in/zwischen etw** *akk* ~ to clamp a workpiece in/between sth ❺ DIAL (*sl: merken*) ■**~, dass ...** to catch on that ... II. *vr* ❶ (*sich straffen*) ■**sich** *akk* ~ *Seil* to become taut ❷ (*geh: sich wölben*) ■**sich** *akk* **über etw** *akk* ~ to span [*or* stretch across] sth III. *vi* ❶ (*zu eng sitzen*) **im Schnitt/unter den Armen/an den Schultern** ~ to be too close-fitting/[too] tight under the arms/at the shoulders ❷ (*zu straff sein*) ■[**an/in etw** *dat*] ~ to be [*or* feel] taut [on/in sth]; ***meine Haut spannt von der Sonne/an den Schultern/im Gesicht*** the sun has made my skin taut/my skin is taut on my shoulders/face ❸ (*fam*) ***die Erben ~ darauf, dass sie endlich stirbt*** the heirs can't wait for her to die

spannend I. *adj* exciting; (*stärker*) thrilling; ***mach's nicht so ~!*** (*fam*) don't keep us/me in suspense II. *adv* **etw ~ darstellen** to bring across sth as exciting; **sich** *akk* **~ lesen** to be an exciting/thrilling read; ~ **schreiben** to write in an exciting manner

Spanner[1] <-s, -> *m* (*Schuh~*) shoetree

Spanner[2] <-s, -> *m* (*Falter*) geometer [*or spec* geometrid] [moth]

Spanner(in) <-s, -> *m(f)* (*sl: Voyeur*) peeping Tom

Spannkanal *m* TYPO cylinder [*or* lock-up] gap **Spannkraft** *f kein pl* buoyancy; (*von Muskeln*) tone, tonus *spec;* (*von Haar*) elasticity; PHYS tension force **Spannrolle** *f* AUTO tensioner, jockey pulley; (*am Förderband*) jockey wheel **Spannschraube** *f* clamp bolt; *Hobel* frog-adjustment screw; *Kesselpauke* tie rod **Spannteppich** *m* SCHWEIZ [wall-to-wall] carpet

Spannung[1] <-, -en> *f* ❶ *kein pl* (*fesselnde Art*) tension, suspense ❷ *kein pl* (*gespannte Erwartung*) suspense; **jds/die ~ bis zur letzten Minute aufrechterhalten** to keep sb in suspense/maintain the suspense until the [very] last minute; **mit/voller ~** with/full of excitement; **etw** *akk* **mit ~ erwarten** to await sth full of suspense ❸ *meist pl* tension; (*zwischen Volksgruppen a.*) strained relations *pl* ❹ *kein pl* (*straffe Beschaffenheit*) tension, tautness; TECH stress

Spannung[2] <-, -en> *f* ELEK voltage; **unter ~ stehen** to be live

Spannungsänderung *f* change [*or* fluctuation] in voltage **Spannungsebene** *f* ELEK voltage level **Spannungsfeld** *nt* area of tension; (*fig*) ■**im ~ von etw** in the tense atmosphere of sth **Spannungsgebiet** *nt* POL area of tension **Spannungsmesser** <-s, -> *m* ELEK voltmeter **Spannungsprüfer** *m* voltage detector **Spannungssprung** *m* ELEK voltage transient **Spannungswandler** *m* ELEK voltage regulator

Spannweite *f* ❶ ORN, ZOOL wingspan ❷ BAU span

Spanplatte *f* chipboard *no pl*

Sparanleihe *f* FIN savings bond **Sparbeschluss**[RR] *m* savings resolution, resolution to make savings [*or* cuts] **Sparbrief** *m* savings certificate **Sparbuch** *nt* savings book **Sparbüchse** *f* piggy bank **Spardose** *f* piggy bank **Spareinlage** *f* FIN savings deposit; **~n mit gesetzlicher/vereinbarter Kündigungsfrist** savings deposits at statutory/agreed notice; **befristete/jederzeit rückzahlbare ~** time deposit/savings deposit redeemable on demand

sparen I. *vt* ❶ FIN (*zurücklegen*) ■**etw** ~ to save sth ❷ (*einsparen*) ■**etw** ~ to save sth; **Arbeit/Energie/Strom/Zeit** ~ to save work/energy/electricity/time ❸ (*ersparen*) ■**jdm/sich etw** ~ to spare sb/oneself sth; **jdm/sich die Mühe/Ärger** ~ to spare sb/oneself the effort/trouble; ***den Weg hätten wir uns ~ können*** we could have saved ourself that journey ④ (*verzichten*) to spare; ■ **sich** *dat* **etw** ~ to keep sth to oneself; ***deinen Ratschlag hättest du dir ~ können*** you could have kept your advice to yourself **II.** *vi* ① FIN (*Geld zurücklegen*) to save; ■ **auf** [*o* **für**] **etw** ~ to save up for sth ② (*sparsam sein*) ■ [**an etw** *dat*] ~ to economize [on sth]; **nicht mit Anerkennung/Lob** ~ to be unstinting [*or* generous] in one's recognition/praise

Sparer(in) <-s, -> *m(f)* saver; **ein** ~ **sein** to be a saver **Sparerfreibetrag** *m* FIN savers' tax-free amount **Sparerfreibetrag** *m* ÖKON saver's tax allowance

Sparflamme *f* ▶ WENDUNGEN: **auf** ~ **kochen** (*fam*) to go easy [*or* BRIT keep things ticking over] *fam;* **auf** ~ just ticking over BRIT *fam*

Spargel <-s, -> *m* BOT, KOCHK asparagus *no pl*

Spargelbohne *f* bird's trefoil

Spargelder *pl* FIN savings deposits

Spargelerbse *f* asparagus pea **Spargelheber** *m* asparagus server **Spargelkohl** *m* broccoli **Spargelsalat** *m* asparagus salad **Spargelschäler** *m* asparagus peeler **Spargelspitze** *f* asparagus tip

Sparguthaben *nt* FIN savings *npl* **Sparheft** *nt* SCHWEIZ (*Sparbuch*) savings account **Sparkapital** *nt* FIN savings capital **Sparkapitalbildung** *f* FIN accumulation of savings **Sparkasse** *f* FIN bank (*supported publicly by the commune or district*) **Sparkassengesetz** *nt* JUR, FIN Trustee Savings Bank Act BRIT **Sparkassenverband** *m* JUR association of savings banks **Sparkonto** *nt* savings account **Sparkurs** *m* policy of cutbacks

spärlich I. *adj* (*Haarwuchs, Vegetation*) sparse; **~e Ausbeute/Reste** meagre [*or* scanty] spoil/scraps **II.** *adv* sparsely; ~ **bekleidet** scantily clad [*or* dressed]; ~ **besucht** poorly attended; ~ **bevölkert** sparsely populated

Sparmaßnahme *f* cost-cutting measure **Sparpackung** *f* economy pack **Sparpaket** *nt* government cutbacks package, budget tightening package **Sparplan** *m* savings plan **Sparpolitik** *f* cost-cutting policy **Sparprämie** *f* savings premium **Sparpreis** *m* budget [*or* economy] price **Sparprogramm** *nt* ① POL programme [*or* AM -am] of economy measures ② ÖKOL economy programme [*or* AM -am] [*or* cycle] **Sparquote** *f* ÖKON national income savings ratio

Sparren <-s, -> *m* BAU rafter

Sparring <-s> *nt kein pl* SPORT sparring *no pl*

Sparringspartner *m* sparring partner

sparsam I. *adj* ① (*wenig verbrauchend*) thrifty ② (*ökonomisch*) economical; ■ ~ [**in etw** *dat*] **sein** to be economical [in sth]; ***dieses Waschmittel ist sehr ~ im Verbrauch*** this washing powder is very economical **II.** *adv* ① (*wenig verbrauchend*) thriftily; ***mit diesem Balsamico muss man ~ umgehen*** this balsamico should be used sparingly ② (*ökonomisch*) sparingly

Sparsamkeit <-> *f kein pl* thriftiness *no pl*

Sparschäler *m* swivel-bladed peeler **Sparschwein** *nt* piggy bank

Spartaner(in) <-s, -> *m(f)* HIST Spartan

spartanisch I. *adj* ① HIST (*Sparta betreffend*) Spartan ② (*sehr bescheiden*) spartan **II.** *adv* in a spartan fashion

Sparte <-, -n> *f* ① (*Branche*) line of business ② (*Spezialbereich*) area, branch ③ MEDIA (*Rubrik*) section, column

Spartenkanal *m* TV speciality channel

Sparversion *f* TECH cut-down version **Sparvertrag** *m* FIN savings agreement **Sparvorschlag** *m* savings suggestion **Sparzertifikat** *nt* FIN treasury savings certificate **Sparzins** *m meist pl* interest *no pl* (*on savings*) **Sparzwang** *m* ÖKON compulsory saving

spasmisch *adj* MED spasmic

Spasmolytikum <-s, -ka> *nt* MED antispasmodic, spasmolytic

Spaß <-es, Späße> *m* ① *kein pl* (*Vergnügen*) fun *no pl;* ~ **haben** to have fun; ~ **an etw** *dat* **haben** to enjoy sth [*or* get fun out of doing sth]; [**nur**] ~ **machen** to be [just [*or* only]] kidding; [**jdm**] ~ **machen** to be fun [for sb]; ***mir würde das viel ~ machen*** I'd really enjoy that, that'd be a lot of fun; **jdm ~ machen, etw zu tun** sb enjoys doing sth; ***es macht mir keinen ~, das zu tun*** it's no fun doing it; **sich** *dat* **einen** ~ **daraus machen, etw zu tun** to get pleasure [*or fam* a kick] out of doing sth; **jdm den ~ verderben** to spoil sb's fun; **„viel ~!"** "have fun [*or* a good time]!", "enjoy yourself/yourselves!" ② (*Scherz*) joke; **aus** [**dem**] ~ **wurde Ernst** the fun took a serious end; **irgendwo hört** [**für jdn**] **der** ~ **auf** that's going beyond a joke [for sb]; ~ **muss sein** (*fam*) there's no harm in a joke; **etw aus** [*o* **zum**] ~ **sagen** to say sth as a joke [*or* in jest] [*or fam* for a laugh]; **keinen** ~ **verstehen** to not stand for any nonsense, to not have a sense of humour [*or* AM -or]; ~ **beiseite** (*fam*) seriously, joking apart [*or* aside] ▶ WENDUNGEN: **ein teurer** ~ **sein** (*fam*) to be an expensive business

Späßchen <-s, -> *nt dim von* **Spaß** little joke

spaßen *vi* (*geh*) to joke [*or* jest]; **mit jdm ist nicht zu ~, jd lässt nicht mit sich** ~ sb doesn't stand for any nonsense; **mit etw ist nicht zu** ~ sth is no joking [*or* laughing] matter

spaßeshalber *adv* for fun, for the fun [*or sl* heck] of it

spaßhaft I. *adj* joking; ***das war doch nur ~!*** it was only a joke! **II.** *adv* jokingly

spaßig *adj* funny

Spaßmacher(in) *m(f)* (*veraltend*) joker, jester

Spaßverderber(in) <-s, -> *m(f)* spoilsport *fam*

Spaßvogel *m* joker

Spastiker(in) <-s, -> *m(f)* MED spastic

spastisch *adj* MED spastic; *s. a.* **gelähmt**

Spat <-[e]s, -e> *m* spar

spät I. *adj* ① (*zeitlich nicht früh*) late; **am ~en Abend/Morgen/Nachmittag** in the late evening/morning/afternoon; ■ ~ **sein/werden** to be/be getting late ② (*ausgehend*) late; ***das ~e Mittelalter*** the late Middle Ages ③ (*verspätet*) belated; *s. a.* **Mädchen II.** *adv* ① (*nicht früh*) late ② (*verspätet*) late; ***du kommst zu ~*** you're too late; ~ **dran sein** to be late; **zu** ~ too late ▶ WENDUNGEN: **wie** ~ what time; ***„wie ~ kommst du heute nach Hause?"*** "what time are you coming home today?"

Spätaussiedler(in) *m(f) German emigrant who returned to Germany long after the end of World War II* **Spätbucher(in)** *m(f)* TOURIST holidaymaker with a late [*or* last-minute] booking

Spatel <-s, -> *m* ① MED spatula ② *s.* **Spachtel[1]**

Spaten <-s, -> *m* ① (*Gartenwerkzeug*) spade ② KOCHK angled spatula

Spatenstich *m* cut of the spade ▶ WENDUNGEN: **der erste** ~ the first cut of the spade

Spätentwickler(in) *m(f)* MED, PSYCH late developer

später I. *adj* later **II.** *adv* ① (*zeitlich danach*) later [on]; ***„sehen/treffen/sprechen wir uns ~ noch?"*** "will we see each other/meet/talk later [on]?"; **„bis ~!"** "see you later!"; **nicht ~ als** not later than ② (*die Zukunft*) the future; ***jeder Mensch sollte für ~ vorsorgen*** every person should make provisions for the future; **jdn auf ~ vertrösten** to put sb off; ~ [**ein**]**mal** at a later date; ***„weißt du denn schon, was du ~ einmal werden willst?"*** "do you know what you want to be when you grow up?"

spätestens *adv* at the latest; ***der Kredit muss ~ bis zum 31. Mai zurückgezahlt sein*** the loan has to be paid back by 31 May at the latest

Spätfolge <-, -n> *f meist pl* long-term consequence, delayed effect; MED late sequela *usu pl* **Spätgeburt** *f* post-term [*or* postmature] birth **Spätgotik** <-> *f* ARCHIT late Gothic **Spätheimkehrer** *m late returnee from a prisoner-of-war camp* **Spätherbst** *m* late autumn *no pl* **Spätlese** *f* AGR late vintage **Spätobst** *nt kein pl* late fruit **Spätprodukt** *nt* MATH parallelepipedal [*or* triple scalar] product **Spätschaden** <-s, -schäden> *m meist pl* long-term damage *no pl, no indef art* **Spätschicht** *f* late shift **Spätsommer** *m* late summer *no pl* **Spätstadium** *nt* advanced stadium **Spätvorstellung** *f* late show[ing] **Spätwerk** *nt* KUNST late work

Spatz <-en *o* -es, -en> *m* ① ORN sparrow ② (*fam: Kosewort: Schatz*) darling, sweetie ▶ WENDUNGEN: **das pfeifen die ~en von den Dächern** (*fam*) everybody knows that; **besser ein** ~ **in der Hand als eine Taube auf dem Dach** (*prov*) a bird in the hand is worth two in the bush *prov*

Spätzchen <-s, -> *nt dim von* **Spatz** (*fam*) cutiepie *fam*

Spatzenhirn *nt* (*pej fam*) birdbrain *fam*

Spätzle *pl* SÜDD , spaetzle + *sing/pl vb*, spätzle + *sing/pl vb;* **handgeschabte** ~ handmade spaetzle

Spätzlepresse *f* KOCHK spaezle press

Spätzli *pl* SCHWEIZ *s.* **Spätzle**

Spätzünder *m* (*hum fam*) slow person *fam;* ***ich bin leider ein*** ~ I'm a bit slow [on the uptake] unfortunately **Spätzündung** *f* AUTO (*verzögerte Zündung*) retarded ignition *no pl* ▶ WENDUNGEN: ~ **haben** (*fam*) to be a bit slow *fam*

spazieren* *vi sein* to stroll; [**auf und ab**] ~ to stroll [up and down]; **jdn/etw ~ führen** to take sb/sth for a walk [*or* walk]; **spazieren fahren** to go for a drive; **jdn ~ fahren** to take sb out for a drive; **das Baby im Kinderwagen ~ fahren** to take the baby out for a walk in the pram [*or* AM carriage]; [**mit jdm**] ~ **gehen** to go for a walk [with sb]; ~ **sein** to be taking a stroll

spazieren|führen *vt s.* **spazieren**

Spazierfahrt *f* drive; **eine ~ machen** to go for a drive **Spaziergang** <-gänge> *m* walk, stroll; ~ **im All** walk in space; **einen ~ machen** to go for a stroll [*or* walk] ▶ WENDUNGEN: **kein ~ sein** to be no child's play [*or* BRIT doddle] **Spaziergänger(in)** <-s, -> *m(f)* stroller **Spazierstock** *m* walking stick **Spazierweg** *m* walk, path

SPD <-> [ɛspeːˈdeː] *f kein pl* POL *Abk von* **Sozialdemokratische Partei Deutschlands** *the largest popular party in Germany*

Specht <-[e]s, -e> *m* woodpecker

Specialeffects [ˈspɛʃəlɪˈfɛkt] *pl* special effects *pl*

Speck <-[e]s, -e> *m* ① (*durchwachsener Schweinespeck*) bacon *no pl;* (*weißer ~*) bacon fat ② (*fam: Fettpolster*) fat *no pl;* ~ **ansetzen** (*fam*) to get fat *fam* [*or* put on weight] ▶ WENDUNGEN: **mit ~ fängt man Mäuse** (*prov*) you have to throw a sprat to catch a mackerel *prov;* **ran an den ~!** (*fam*) let's get stuck in! *fam*

Speckbauch *m* (*fam*) potbelly *fam* **Speckbohne** *f* broad bean

speckig *adj* greasy

Speckmantel *m* **im** ~ KOCHK rolled in bacon **Speckschwarte** *f* bacon rind *no pl* **Speckseite** *f* side of bacon **Speckstein** *m* soapstone, steatite

Spediteur(in) <-s, -e> [ʃpediˈtøːɐ] *m(f)* (*Transportunternehmer*) haulage [*or* AM shipping] contractor; (*Umzugsunternehmer*) removal firm BRIT, moving company AM

Spediteurbescheinigung *f* carrier receipt **Spediteurhaftpflichtversicherung** *f* carrier's insurance **Spediteurhaftung** *f* carrier's liability **Spediteurrechnung** *f* cartage note

Spedition <-, -en> *f* ÖKON, TRANSP (*Transportunternehmen*) haulage company; (*Umzugsunternehmen*) removal firm

Speditionsauftrag *m* HANDEL forwarding order **Speditionsbetrieb** *m* carriers *pl* **Speditionsgeschäft** *nt* carrying business [*or* trade] **Speditionsgewerbe** *nt* HANDEL forwarding industry **Speditionskosten** *pl* haulage costs *pl,* carrying charges *pl* **Speditionsunternehmen** *nt* carriers *pl* **Speditionsvertrag** *m* JUR forwarding contract

speditiv *adj* SCHWEIZ (*geh: zügig*) speedy, swift

Speed[1] <-s, -s> *nt* PHARM speed

Speed[2] <-s, -s> *m* SPORT speed

Speedgolf <-s> *nt kein pl* SPORT speed golf (*where the aim is to get round the golf course in as fast a time as possible*) **Speedskating** [spiːdskeɪtɪŋ] *nt* speed skating **Speedskiing** <-s> *nt kein pl* SPORT speed skiing

Speer <-[e]s, -e> *m* ① SPORT javelin ② HIST (*Waffe*)

S

spear
Speerspitze *f* ❶ (*Spitze eines Speers*) spearhead ❷ (*Vorreiter und Verfechter*) spearhead **Speerwerfen** *nt kein pl* SPORT the javelin *no pl;* **im ~** in the javelin **Speerwerfer(in)** *m(f)* ❶ SPORT javelin thrower ❷ HIST spear carrier
Speiche <-, -n> *f* ❶ TECH spoke ❷ ANAT radius
Speichel <-s> *m kein pl* saliva *no pl*
Speicheldrüse *f* ANAT salivary gland **Speichelfluss**RR <-sses> *m kein pl* salivation **Speichellecker(in)** <-s, -> *m(f)* (*pej*) bootlicker BRIT *fam,* toady BRIT, wussy AM *sl* **Speichelleckerei** *f* (*pej*) bootlicking *no pl pej fam*
Speichenrad *nt* AUTO wire wheel
Speicher <-s, -> *m* ❶ (*Dachboden*) attic, loft; **auf dem ~** in the attic [*or* loft] ❷ (*Informationsspeicher*) memory store; **externer/interner/dauerhafter ~** external/internal/permanent memory ❸ (*Lagerhaus*) storehouse
Speicherauszug *m* INFORM memory dump **Speicherbaustein** *m* INFORM memory module **Speicherbedarf** *m* INFORM storage requirement **Speicherbereich** *m* INFORM storage area; **hoher ~** upper memory **Speicherchip** *m* INFORM memory chip **Speichereinteilung** *f* INFORM storage partitioning **Speichererweiterung** *f* TECH memory expansion **Speicherfunktion** *f* INFORM memory function **Speichergröße** *f* INFORM memory capacity **speicherintensiv** *adj* memory-hogging **Speicherkapazität** *f* ❶ INFORM memory [*or* storage] capacity ❷ (*Lagermöglichkeit*) storage capacity **Speicherkarte** *f* INFORM memory board [*or* card]
speichern I. *vt* ❶ (*in den Speicher übertragen*) ■**etw [auf etw** *akk*] ~ to save sth [on[to] sth] [*or* store sth [on sth]]; ***die Texte sollen auf Diskette gespeichert werden*** the texts should be saved on disc [*or* on[to] a disc]; **etw ~ unter** to save sth as; ***die Anlage speichert bis zu zehn Sender*** the system stores up to ten stations ❷ (*aufbewahren*) ■**etw ~** to store sth II. *vi* to save
Speicheroptimierungsprogramm *nt* INFORM memory optimum programming **Speicherplatte** *f* ❶ KOCHK, ELEK storage hotplate ❷ INFORM storage disk; **optische ~** optical storage disk **Speicherplatz** *m* INFORM memory [*or* storage] space; (*auf Festplatte*) disk space; ***100 MB freier ~*** 100 MB free **speicherprogrammierbar** *adj inv* with programmable memory **Speicherschreibmaschine** *f* memory typewriter **Speicherschutz** *m* INFORM memory protection
Speicherung <-, -en> *f* INFORM storage *no pl,* storing *no pl;* **magnetische ~** magnetic storage
Speichervermögen *nt* INFORM memory capacity **Speicherzelle** *f* INFORM storage cell
speien <spie, gespie[e]n> *vt* ❶ (*ausspeien*) ■**etw [auf etw** *akk*] ~ to spew sth [onto sth] ❷ (*geh: spucken*) ■**etw [irgendwohin]** ~ to spit sth [somewhere]; *s. a.* **Gift**
Speis1 <-, -en> *f* ÖSTERR (*Speisekammer*) pantry
Speis2 <-es> *m kein pl* BAU DIAL mortar *no pl*
Speise <-, -n> *f* ❶ *meist pl* (*geh: Gericht*) meal ❷ (*Nahrung*) food *no pl;* **vielen Dank für Speis und Trank** (*geh*) thank you for your hospitality
Speisebrei *m* MED chyme **Speiseeis** *nt* (*geh*) ice cream **Speisehonig** *m* honey **Speisekammer** *f* larder, pantry **Speisekarte** *f* menu
speisen I. *vi* (*geh*) to dine *form,* to eat; ***haben Sie/die Herrschaften bereits gespeist?*** will you be dining, sir/madam? II. *vt* ❶ (*geh: etw essen*) ■**etw ~** to eat sth; ***haben Sie schon etwas zu Abend gespeist?*** have you dined? ❷ SCI (*versorgen*) ■**etw ~** to feed sth
Speisenaufzug *m* dumb waiter **Speisenfolge** *f* menu, order of the courses
Speiseöl *nt* culinary oil; (*zum Braten*) cooking oil **Speisequark** *m* quark (*with a dry fat content of 40%*) **Speiseraum** *m der Besatzung* messroom **Speisereste** *pl* ❶ (*Reste einer Mahlzeit*) leftovers *pl* ❷ (*Essensreste zwischen den Zähnen*) food particles *pl,* bits *pl* of food *fam* **Speiseröhre** *f* ANAT gullet **Speisesaal** *m* dining room; (*Refektorium*) refectory; (*auf einem Schiff*) dining saloon **Speisesalz** *nt* table salt **Speisewagen** *m* restaurant car
Speisung <-, -en> *f* ❶ (*geh: Beköstigung*) feeding *no pl* ❷ SCI (*Versorgung*) supply, feeding *no pl*
speiübel *adj* ■**jdm ist/wird ~ [von etw]** sb feels sick [from sth]; ***bei solchen Horrorfilmen kann einem wirklich ~ werden*** these horror films are enough to make you feel sick
Spektakel1 <-s, -> *m* (*fam*) ❶ (*Lärm*) racket *no pl fam,* rumpus *no pl fam* ❷ (*Ärger*) palaver *no pl fam,* fuss *no pl fam*
Spektakel2 <-s, -> *nt* (*geh*) spectacle
spektakulär *adj* spectacular
Spektra *pl von* **Spektrum**
Spektralanalyse *f* spectrum analysis **Spektralfarbe** *f* colour [*or* AM -or] of the spectrum **Spektralklasse** *f* PHYS spectral type [*or* class] **Spektrallinie** *f* PHYS spectral line
Spektrometer <-s, -> *nt* spectrometer **Spektroskop** <-s, -e> *nt* PHYS spectroscope **Spektroskopie** *f* PHYS spectroscopy
Spektrum <-s, Spektren *o* Spektra> *nt* spectrum
Spekulant(in) <-en, -en> *m(f)* BÖRSE speculator
Spekulation <-, -en> *f* ❶ (*geh: Mutmaßung*) speculation; [**über etw** *akk*] **~en anstellen** (*geh*) to speculate [*or* make speculations] [about sth]; **~en anstellen, ob …** to speculate as to whether … ❷ BÖRSE (*das Spekulieren*) speculation; **~ mit Aktien** speculation in shares; **~ an der Börse** speculation on the stockmarket
Spekulationsfieber *nt* BÖRSE speculative frenzy **Spekulationsgeschäft** *nt* speculative transaction [*or* dealing] **Spekulationsgewinn** *m* speculative profit [*or* gain] **Spekulationsinteresse** *nt* BÖRSE speculative interest **Spekulationsobjekt** *nt* object of speculation **Spekulationstätigkeit** *f* BÖRSE speculation
spekulativ *adj* FIN speculative; **~e Kapitalbewegungen** speculative capital transactions
spekulieren* *vi* ❶ (*fam: auf etw rechnen*) ■**auf etw** *akk* ~ to speculate on sth; ■**darauf ~, dass** to speculate that … ❷ BÖRSE (*Spekulant sein*) ■[**mit etw**] ~ to speculate [in sth]
Spelunke <-, -n> *f* (*pej fam*) dive *fam*
spendabel *adj* (*fam*) generous
Spende <-, -n> *f* donation; **~n für gemeinnützige Zwecke** donations to charity; **bitte [um] eine kleine ~!** please spare a small donation!
spenden I. *vt* ❶ (*kostenlos zur Verfügung stellen*) ■**etw [für jdn/etw]** ~ to donate sth [to sb/sth] [*or* contribute sth [to sth]]; ■**jdm etw ~** to donate sth to sb ❷ MED (*sich entnehmen lassen*) ■**etw ~** to donate sth; **Blut ~** to give blood ❸ (*geh: abgeben*) ■**etw ~** to give sth II. *vi* (*Geld schenken*) ■[**für jdn/etw**] ~ to donate [to sb/sth]
Spendenaffäre *f scandal involving undeclared donations to the CDU* **Spendenaufruf** *m* donation appeal **Spendengeld** *nt* money from donations **Spendenkonto** *nt* donations account **Spenderregister** *nt bei Organspende* organ donors' register, register of organ donors [*or* [to be] donated organs] **Spendensammler(in)** *m(f)* POL *politician who collects party donations from lobbyists* **Spendenwaschanlage** *f* money-laundering facility
Spender <-s, -> *m* (*Dosierer*) dispenser
Spender(in) <-s, -> *m(f)* ❶ (*jd, der spendet*) donator ❷ MED donor
Spenderausweis *m* donor card **Spenderblut** *nt* donated blood; **verseuchtes ~** contaminated blood donation **Spenderbox** *f* collection box
spendieren* *vt* (*fam*) ■[**jdm**] **etw ~** to get [*or* buy] [sb] sth; ***das Essen spendiere ich [dir]*** the dinner's on me; ***das spendiere ich dir*** it's on me
Spendierhosen *pl* ▶ WENDUNGEN: **seine ~ anhaben** (*fam*) to be in a generous mood [*or* feeling generous]
Spengler(in) <-s, -> *m(f)* SÜDD, ÖSTERR (*Klempner*) plumber
Spenzer <-s, -> *m* spencer
Sperber <-s, -> *m* sparrowhawk
Sperenzchen, Sperenzien [-tsiən] *pl* (*fam*) fuss *no pl;* **~ machen** to play up
Sperling <-s, -e> *m* sparrow
Sperma <-s, Spermen *o* -ta> ['ʃp-, 'sp-] *nt* sperm
Spermatozoon <-s, Spermatozoen> *nt* BIOL spermatozoon
spermizid *adj inv* spermicidal
sperrangelweit *adv* **~ offen stehen** [*o* **sein**] (*fam*) to be wide open
Sperrauftrag *m* BÖRSE stop order **Sperrbetrag** *m* FIN frozen [*or* blocked] amount **Sperrbezirk** *m* ADMIN *area of town where prostitution is prohibited* **Sperrdepot** *nt* FIN blocked [security] deposit **Sperrdifferenzial**RR *nt* AUTO limited-slip differential
Sperre <-, -n> *f* ❶ (*Barrikade*) barricade ❷ (*Kontrollstelle*) control barrier ❸ (*Sperrvorrichtung*) barrier ❹ SPORT (*Spielverbot*) ban ❺ INFORM lock up
Sperreingang *m* INFORM inhibiting input
sperren I. *vt* ❶ SÜDD, ÖSTERR (*schließen*) ■**etw [für jdn/etw]** ~ to close sth off [to sb/sth] ❷ (*blockieren*) to block; **jdm das Konto ~** to freeze sb's account; **einen Scheck ~** to stop a check ❸ (*einschließen*) ■**jdn/ein Tier in etw** *akk* ~ to lock sb/an animal up in sth ❹ SPORT (*ein Spielverbot verhängen*) ■**jdn ~** to ban sb ❺ (*verbieten*) **jdm den Ausgang ~** to confine sb; **einem Kind den Ausgang ~** to ground a child; **jdm den Urlaub ~** to stop sb's [*or* sb from taking his/her] holiday II. *vr* ■**sich [gegen etw]** ~ to back away [from sth] [*or* jib [at sth]]; ***sperr dich nicht länger, sag ja*** stop pussyfooting, just say yes
Sperrerklärung *f* JUR instruction to stop payment **Sperrfeuer** *nt* MIL barrage; **ins ~ der Kritik geraten** (*fig*) to run into a barrage of criticism **Sperrflug** *m* interception flight **Sperrfrist** *f* JUR, FIN qualifying [*or* blocking] period [*or* waiting] **Sperrgebiet** *nt* prohibited [*or* no-go] area **Sperrgut** *nt* (*geh*) bulky freight *no pl* **Sperrholz** *nt* plywood *no pl*
sperrig *adj* ❶ (*unhandlich*) unwieldy, bulky ❷ (*wenig kooperativ*) uncooperative ❸ (*komplex und schwer zu erklären*) unwieldy
Sperrklausel *f* JUR restrictive [*or* exclusion] clause **Sperrkonto** *nt* blocked account **Sperrminderheit** *f* JUR blocking minority **Sperrminorität** *f* POL, ÖKON blocking minority [*or* vetoing] **Sperrmüll** *m* skip refuse *no pl;* ***die Matratze gebe ich jetzt zum ~*** I'm going to put that mattress on the skip **Sperrmüllabfuhr** *f* skip collection **Sperrpatent** *nt* blocking patent **Sperrsitz** *m kein pl* FILM, THEAT back seats *pl* **Sperrstunde** *f* closing time
Sperrung <-, -en> *f* ❶ (*Schließung*) closing off *no pl* ❷ (*Blockierung*) blocking *no pl; eines Schecks* stopping *no pl; eines Kontos* freezing *no pl*
Sperrvermerk *m* JUR blocking note, restriction notice **Sperrwirkung** *f* JUR blocking [*or* freezing] effect
Spesen *pl* expenses *npl;* **auf ~** on expenses
Spesenabrechnung *f* FIN expenses report **Spesenaufstellung** *f* statement of expenses **Spesenkonto** *nt* FIN expense account
Spessart <-s> *m* Spessart
Speyer <-s> *nt* Speyer
Spezi1 <-s, -s> *m* SÜDD (*fam: Kumpel*) pal, mate BRIT *fam*
Spezi2 <-, -s> *nt* (*Mixlimonade*) cola and orangeade
Spezialambulanz *f* special [*or* paramedic] ambulance **Spezialanfertigung** *f* customized design; (*Auto*) custom car **spezialangefertigt** *adj inv* custom-built **Spezialausbildung** *f* special[ized] training **Spezialausführung** *f* special model
Spezialbank *f* ÖKON specialized bank **Spezialbeschichtung** *f* special coating **Spezialeffekt** *m* FILM special effect **Spezialeinheit** *f* special unit **Spezialfahrzeug** *nt* special-purpose vehicle **Spezialfall** *m* special case **Spezialgebiet** *nt* special field, speciality **Spezialhandlungsvoll-**

macht *f* special power of attorney **Spezialhandschuh** *m* SPORT special [protective] glove
spezialisieren* *vr* ■ **sich** *akk* [**auf etw** *akk*] ~ to specialize [in sth]
Spezialisierung <-, -en> *f* specialization **Spezialisierungskartell** *nt* ÖKON specialization cartel
Spezialist(in) <-en, -en> *m(f)* specialist
Spezialität <-, -en> *f* speciality
Spezialitätsprinzip *nt* JUR *principle that rights in rem are specifically attached to a thing*
Spezialprävention *f* JUR deterrent effect on a particular offender **Spezialrechner** *m* dedicated [*or* special-purpose] computer **Spezialvollmacht** *f* special authorization
speziell **I.** *adj* (*spezialisiert: Beschäftigung, Tätigkeit*) specialized; (*Wunsch, Interessen*) special ▸ WENDUNGEN: **auf dein/Ihr** [**ganz**] **S~es!** to your good health! **II.** *adv* especially, specially
Spezies <-, -> ['ʃpeːtsiɛs, 'sp-] *f* ❶ (*Art*) species + *sing vb* ❷ (*fam: Sorte Mensch*) species + *sing vb* **Spezieskauf** *m* JUR sale of ascertained goods **Speziesschuld** *f* JUR specific [*or* determinate] obligation
spezifieren* *vt* ■ **etw** ~ ❶ (*genauer darlegen*) *Aussage* to specify sth ❷ (*einzeln aufführen*) *Rechnungsposten* to itemize sth, to break down sth
Spezifik <-> *f kein pl* (*geh*) specific aspect; **die** ~ **eines Falles/Problems** the specific aspects of a case/problem
Spezifikation <-, -en> *f* ❶ TECH (*spezifiziertes Verzeichnis*) specifications *pl* ❷ (*geh: das Spezifizieren*) specification **Spezifikationskauf** *m* HANDEL sale to specification [*or* by description] **Spezifikationspflicht** *f* obligation to specify items
spezifisch **I.** *adj* ❶ (*charakteristisch*) specific; *s. a.* **Gewicht** ❷ (*speziell*) specific **II.** *adv* typically
spezifizieren* *vt* to specify; ■ **etw** ~ to specify sth
Spezifizierung <-, -en> *f* (*geh*) specification
Sphäre <-, -n> *f* (*geh*) (*Bereich*) sphere ▸ WENDUNGEN: **in höheren ~n schweben** to have one's head in the clouds
sphärisch *adj* MATH spherical
Sphinx <-, -e *o* Sphingen> *f* sphinx
Spickaal *m* smoked eel
spicken *vt* ❶ KOCHK ■ **etw** [**mit etw**] ~ to lard sth [with sth]; **einen Braten mit Knoblauchzehen** ~ to insert garlic cloves into a roast ❷ (*fam: durchsetzen*) ■ **etw mit etw** ~ to lard sth with sth; ■ **gespickt** larded ❸ (*fam: abschreiben*) to crib *fam*
Spickgans *f* smoked goose breast **Spickmesser** *nt* lardoning knife **Spickzettel** *m* SCH (*fam*) crib *fam*
spie *imp von* **speien**
Spiegel <-s, -> *m* mirror ▸ WENDUNGEN: **jdm den** ~ **vorhalten** to hold up a mirror to sb; ***unser Kind hält uns den ~ vor*** seeing our child is like looking in the mirror
Spiegelbild *nt* mirror image **spiegelbildlich** *adj* mirror image **spiegelblank** **I.** *adj* gleaming, shining; ■ ~ **sein** to gleam [*or* shine] **II.** *adv* **bis etw** ~ **ist** until sth is shining like a mirror **Spiegelei** *nt* fried egg **Spiegelfechterei** <-, -en> *f* shadow-boxing *no pl* **Spiegelfläche** *f* mirror surface **spiegelglatt** *adj* slippery, smooth as glass **spiegelgleich** *adj inv* symmetrical **Spiegelkarpfen** *m* mirror carp
spiegeln **I.** *vi* ❶ (*spiegelblank sein*) to gleam [*or* shine] ❷ (*stark reflektieren*) to reflect [*or* mirror] **II.** *vr* ■ **sich** *akk* **in/auf etw** *dat* ~ to be reflected [*or* mirrored] in/on sth
Spiegelreflexkamera *f* reflex camera **Spiegelschrank** *m* mirrored cabinet [*or* wardrobe] **Spiegelschrift** *f* mirror writing; ***sie kann ~ schreiben*** she can write backwards **Spiegelteleskop** *nt* reflexive telescope
Spiegelung <-, -en> *f* ❶ MED endoscopy ❷ (*Luftspiegelung*) mirage
spiegelverkehrt *adj inv* mirror image
Spiel <-[e]s, -e> *nt* ❶ (*Gesellschafts-, Kinder-, Glücksspiel*) game ❷ (*Kartenspiel*) game of cards ❸ SPORT match; TENNIS (*Teil eines Matches*) game; **die Olympischen ~e** the Olympic Games ❹ THEAT play ❺ MUS piece ❻ KARTEN pack [*or* AM deck] of cards ❼ TECH (*Spielraum*) clearance *no pl*, playroom *no pl* ▸ WENDUNGEN: **etw ist ein ~ mit dem Feuer**, **ein gefährliches** ~ that's playing with fire; **ein** ~ **des Schicksals**[*o* **Zufalls**] a whim of fate; **ein abgekartetes** ~ (*fam*) a set-up; **ein doppeltes** [*o* **falsches**] ~ [**mit jdm**] **spielen** to play a double game [with sb]; **leichtes** ~ [**mit** [*o* **bei**] **jdm**] **haben** to have an easy job of it [with sb]; **etw** [**mit**] **ins** ~ **bringen** to bring sth up; **das** ~ **verloren geben** to throw in the towel; **das** ~ **ist aus** the game is up; [**bei etw**] **im** ~ **sein** to be at play [*or* involved] [in sth]; **jdn/etw aus dem** ~ **lassen** to keep sb/sth out of it; **etw aufs** ~ **setzen** to put sth on the line [*or* at stake]; **ein bestimmtes** ~ **spielen** to play [at] a certain game; **auf dem** ~ **stehen** to be at stake; **jdm das** ~ **verderben** (*fam*) to ruin sb's plans
Spielanzug *m* playsuit **Spielart** *f* variety **Spielautomat** *m* gambling machine, fruit machine BRIT **Spielball** *m* TENNIS game point ▸ WENDUNGEN: **ein** ~ **einer S.** *gen* **sein** (*geh*) to be at the mercy of sth **Spielbank** *f s.* Spielkasino **Spielbankabgabe** *f* FIN gambling casino levy **Spielbeginn** *m* start of play **Spielbetrieb** *m* matches, games, sporting activity **Spielbrett** *nt* game board
Spielchen <-, -> *nt* ❶ *dim von* **Spiel** little game ❷ (*fam: Trick*) little games *pl*
Spielcomputer [-kɔmpjuːte] *m* game computer [*or* console], PlayStation® (*computer designed primarily for playing computer games*) **Spieldose** *f* MUS musical box **Spielekonsole** *f* INFORM games console
spielen **I.** *vt* ❶ MUS ■ **etw** ~ to play sth; ■ [**für jdn**] **etw** ~ to play sth [for sb] ❷ (*beherrschen*) ■ **etw** ~ to play sth ❸ (*mit einem Spiel beschäftigt sein*) ■ **etw** ~ to play sth ❹ SPORT ■ **etw** ~ to play sth; ■ **etw irgendwohin/irgendwie** ~ to play sth somewhere/somehow ❺ FILM, THEAT (*darstellen*) ■ **jdn/etw** ~ to play sb/sth ❻ (*vortäuschen*) ■ **jdn** ~ to act [*or* play] sb; ***spiel doch nicht den Nichtsahnenden*** don't play the ignorant ❼ (*eine bestimmte Rolle übernehmen*) ■ **etw** ~ to act [*or* play] sth; **den Gastgeber** ~ to play [*or* act] the host, to put on the host act ▸ WENDUNGEN: **was wird hier gespielt?** (*fam*) what's going on here?; *s. a.* **Streich, Vordergrund** **II.** *vi* ❶ (*sich mit Kinderspielen beschäftigen*) ■ [**irgendwo**] ~ to play [somewhere] ❷ FILM, THEAT (*auftreten*) ■ **in etw** *dat* ~ to star in sth; **gut/schlecht** ~ to play well/badly; ***er hat wieder einmal hervorragend gespielt*** he gave another marvellous performance ❸ FILM, LIT, THEAT (*als Szenario haben*) ■ **irgendwann/irgendwo** ~ to be set in some time/place; ***Macbeth spielt im Schottland des 11. Jahrhunderts*** Macbeth is set in 11th century Scotland ❹ SPORT (*ein Match austragen*) ■ **irgendwann/irgendwo** [**gegen jdn**] ~ to play [against sb] in some time/place; **gut/schlecht/unentschieden** ~ to play well/badly/draw ❺ (*Glücksspiel betreiben*) to gamble; **um Geld** ~ to play for money; **Lotto** ~ to play the lottery ❻ (*nicht ernst nehmen*) ■ **mit jdm/etw** ~ to play [around] with sb/sth ❼ (*übergehen*) ■ **in etw** *akk* ~ to have a tinge of sth; ***das Grün spielt ins Türkis*** this green has a turquoise tinge **III.** *vr impers* **sich gut/schlecht** ~ it's good/not very good to play on; ***auf einem nassen Platz spielt es sich sehr schlecht*** a wet pitch isn't very good to play on
spielend *adv* easily
Spielende *nt kein pl* SPORT end of play
Spieleprogramm *nt* INFORM game-playing program
Spieler(in) <-s, -> *m(f)* ❶ (*Mitspieler*) player ❷ (*Glücksspieler*) player, gambler
Spielerei <-, -en> *f* ❶ *kein pl* (*leichte Beschäftigung*) doddle *no pl* BRIT *fam*, child's play *no pl* ❷ *meist pl* (*Kinkerlitzchen*) knick-knacks *pl*
Spielerin <-, -nen> *f fem form von* **Spieler**
spielerisch **I.** *adj* ❶ (*unbekümmert*) playful ❷ SPORT (*durch Spieler erbracht*) playing **II.** *adv* (*mit unbekümmerter Leichtigkeit*) playfully; ***seine Aufgaben bewältigt er mit ~er Leichtigkeit*** he manages his duties with consummate ease; ~ ***war unsere Mannschaft den Gegnern weit überlegen*** our team outshone the opponents in terms of playing skill
Spielernatur *f* ■ **jds** ~ sb's hang towards gambling **Spielerwechsel** *m* SPORT substitution
Spielfeld *nt* playing field; FBALL *a.* pitch **Spielfilm** *m* film **Spielfilmhit** *m* top [*or* successful] feature film, blockbuster [movie] **Spielgefährte, -gefährtin** *m, f* playmate **Spielgeld** *nt* play money *no pl* **Spielgerätesteuer** *f* FIN gambling duty **Spielhalle** *f* amusement arcade **Spielhinweis** *m* INFORM walk-through **Spielhölle** *f* (*fam*) gambling den **Spielhöschen** <-s, -> *nt* rompers *pl* **Spielkamerad(in)** *m(f) s.* Spielgefährte **Spielkarte** *f* (*geh*) playing card **Spielkartensteuer** *f* FIN tax on playing cards **Spielkasino** *nt* casino **Spielklasse** *f* division **Spielkonsole** *f* games console **Spielleidenschaft** *f* gambling passion **Spielleiter(in)** <-s, -> *m(f)* ❶ TV, FILM, THEAT director ❷ SPORT organizer ❸ (*Conférencier*) quizmaster, master of ceremonies, MC **Spielmacher(in)** *m(f)* key player **Spielmann** <-leute> *m* HIST minstrel **Spielmarke** *f* chip **Spielminute** *f* minute [of play]
Spielothek *f* ❶ (*Spieleverleih*) games library ❷ (*Spielhalle*) amusement arcade **Spielplan** *m* THEAT, FILM programme [*or* AM -am] **Spielplatz** *m* playground **Spielraum** *m* free play *no pl*, leeway *no pl*, scope *no pl* **Spielregel** *f* ❶ *meist pl* (*bei einem Spiel*) rules *pl* ❷ *pl* (*Verhaltenskodex*) rules *pl* **Spielsachen** *pl* toys *pl* **Spielschuld** *f meist pl* gambling debts *pl* **Spielsoftware** *f* INFORM game software, gameware **Spielstand** *m* score **Spielstätte** *f* THEAT stage **Spielsucht** *f* compulsive gambling *no pl* **Spielsüchtige(r)** *dekl wie adj f (m)* compulsive gambler **Spieltag** *m* day [of play] **Spieltheorie** *f* game theory **Spieltisch** *m* gambling table **Spieltrieb** <-[e]s> *m kein pl* play instinct **Spieluhr** *f* musical box **Spielverbot** *nt* SPORT ban; ~ **haben** to be banned **Spielverderber(in)** <-s, -> *m(f)* spoilsport; **ein** ~ **sein** to be a spoilsport **Spielwaren** *pl* (*geh*) toys *pl* **Spielwarengeschäft** *nt* toyshop **Spielweise** *f* way of playing, play **Spielwiese** *f* ❶ SPORT playing field ❷ (*bevorzugter Tummelplatz*) playground **Spielzeit** *f* ❶ FILM (*Dauer der Vorführung*) run ❷ THEAT (*Saison*) season ❸ SPORT (*festgesetzte Zeit für ein Match*) playing time
Spielzeug *nt* toy
Spielzeugeisenbahn *f* toy train set **Spielzeugrevolver** *m* toy pistol
Spieß <-es, -e> *m* ❶ (*Bratspieß*) spit; (*kleiner*) skewer; (*Cocktailspieß*) cocktail skewer ❷ MIL (*sl: Kompaniefeldwebel*) sarge *sl* ❸ HIST (*Stoßwaffe*) spike ▸ WENDUNGEN: **wie am** ~ **brüllen** [*o* **schreien**] (*fam*) to squeal [*or* scream] like a stuck pig; **den** ~ **umdrehen** [*o* **umkehren**] (*fam*) to turn the tables
Spießbraten *m* spit roast
Spießbürger(in) *m(f) s.* **Spießer**
spießbürgerlich *adj s.* **spießig**
spießen *vt* ■ **etw auf etw** *akk* ~ to spit [*or* skewer] sth on sth; (*auf einer Nadel*) to pin sth on sth
Spießente *f* ORN pintail
Spießer(in) <-s, -> *m(f)* (*fam*) pedant, petit-bourgeois person, middle-class person
Spießgeselle *m* (*pej: Mittäter*) accomplice
spießig *adj* (*fam*) conventional, pedantic
Spießrute *f* ▸ WENDUNGEN: **~n laufen** to run the gauntlet
Spikes [ʃpaiks, sp-] *pl* (*an Schuhen*) spikes *pl*; (*an Reifen*) studs *pl*
Spin <-s, -s> [spɪn] *m* NUKL spin
Spinat <-[e]s> *m kein pl* BOT, KOCHK spinach *no pl*
Spind <-[e]s, -e> *m* MIL, SPORT locker
Spindel <-, -n> *f* spindle
spindeldürr *adj* (*pej fam*) thin as a rake, spindly; ■ ~ **sein** to be [as] thin as a rake
Spindeltreppe *f* BAU spiral staircase

Spinett <-s, -e> *nt* MUS spinet

Spinnaker <-s, -> *m* NAUT spinnaker

Spinne <-, -n> *f* spider ▸ WENDUNGEN: **wie die ~ im Netz sitzen** to prey like a hawk

spinnefeind *adj pred* ■**sich** *dat* [*o* **einander**] ~ **sein** (*fam*) to be archenemies

spinnen <spann, gesponnen> **I.** *vt* ❶ (*am Spinnrad verarbeiten*) to spin; **Wolle ~** to spin wool ❷ (*ersinnen*) to invent [*or* concoct] [*or* spin]; **eine Geschichte/Lüge ~** to spin [*or* invent] a story/lie **II.** *vi* ❶ (*am Spinnrad tätig sein*) to spin ❷ (*fam: nicht bei Trost sein*) to be mad [*or* crazy] [*or* BRIT *sl* off one's head] [*or* AM *sl* out of one's mind]; ***„sag mal, spinnt der?"*** "is he off his head?"; ***„spinn doch nicht!"*** "don't talk such rubbish!"; ***„du spinnst wohl!"*** "you must be mad!"

Spinnennetz *nt* spider's web **Spinnentier** *nt* ZOOL arachnid

Spinner(in) <-s, -> *m(f)* ❶ (*fam*) idiot, nutcase *fam* ❷ (*Beruf*) spinner

Spinnerei <-, -en> *f* ❶ MODE spinning ❷ *kein pl* (*fam: Blödsinn*) nonsense *no pl,* tomfoolery *no pl*

Spinnerin <-, -nen> *f fem form von* **Spinner**

Spinngewebe *nt* spider's web **Spinnmaschine** *f* spinning-machine **Spinnrad** *nt* spinning wheel **Spinnrocken** <-s, -> *m* distaff **Spinnwebe** <-, -n> *f* cobweb

Spin-off <-s, -s> ['spɪnɔf] *m* spin-off

Spion <-s, -e> *m* (*fam*) spyhole, peephole

Spion(in) <-s, -e> *m(f)* spy

Spionage <-> [ʃpio'na:ʒə] *f kein pl* espionage *no pl;* ~ [**für jdn**] **treiben** to spy [*or* carry out espionage] [for sb]

Spionageabwehr *f* counter-intelligence [*or* counter-espionage] [service] **Spionagenetz** *nt* spy [*or* espionage] network **Spionagering** *m* spy ring **Spionagesatellit** *m* spy satellite **Spionagezweck** *m* **zu ~en** for spying

spionieren* *vi* ❶ (*als Spion tätig sein*) ■[**für jdn**] ~ to spy [for sb] ❷ (*fam: heimlich lauschen*) to spy [*or* snoop]

Spionin <-, -nen> *f fem form von* **Spion**

Spiralblock *m* spiral-bound notebook [*or* pad] **Spiralbohrer** *m* twist drill

Spirale <-, -n> *f* ❶ (*gewundene Linie*) spiral ❷ MED (*Intrauterinpessar*) coil

Spiralfeder *f* coil spring, hairspring **spiralförmig** *adj* spiral **Spiralhefter** *m* spiral binder **Spiralnebel** *m* ASTRON spiral nebular

Spiritismus <-> [sp-, ʃp-] *m kein pl* spiritualism *no pl*

Spiritist(in) <-en, -en> [sp-, ʃp-] *m(f)* spiritualist

spiritistisch [sp-, ʃp-] *adj* spiritualistic

Spiritualismus <-> *m kein pl* PHILOS spiritualism

spirituell *adj* (*geh*) spiritual

Spirituosen *pl* (*geh*) spirits *pl*

Spiritus <-> *m kein pl* spirit *no pl;* **etw in ~ legen** to put sth in alcohol

Spiritusbrenner *m* spirit [*or* alcohol] burner **Spirituskocher** *m* spirit stove **Spirituslampe** *f* spirit lamp

Spital <-s, Spitäler> *nt* MED ÖSTERR, SCHWEIZ (*Krankenhaus*) hospital

spitz **I.** *adj* ❶ (*mit einer Spitze versehen*) pointed, sharp; *s. a.* **Finger, Bleistift** ❷ (~ *zulaufend*) tapered; **eine ~e Nase/ein ~es Kinn/Gesicht/ein ~er Ellbogen** a pointy nose/chin/face/elbow ❸ (*schrill*) shrill ❹ (*stichelnd*) sharp, curt; *s. a.* **Zunge** ❺ (*veraltend fam: scharf*) keen; ■**auf jdn/etw ~ sein** to be keen on sb/sth [*or* fancy sb/sth] **II.** *adv* ❶ (*fam: sexuell anreizen*) **jdn ~ machen** to turn sb on ❷ (*V-förmig*) tapered ❸ (*spitzzüngig*) sharply ▸ WENDUNGEN: ~ **rechnen** [*o* **kalkulieren**] to miscalculate [*or* soft-pedal]

Spitz <-[e]s, -e> *m* ❶ (*Hund*) spitz, Pomeranian ❷ DIAL (*leichter Rausch*) slight inebriation

Spitzbart *m* ❶ (*Spitz zulaufender Bart*) goatee ❷ (*Mann mit ~ 1*) man with a goatee **Spitzbauch** *m* potbelly *fam* **Spitzbein** *nt* KOCHK pig's trotter [*or* AM foot] **spitz|bekommen*** *vt irreg* (*sl*) ■**etw ~** to cotton [*or* AM catch] on to sth *fam;* ■**~, dass** to cotton on to the fact that **Spitzbergen** *nt* ❶ (*Spitzbergen*) Spitsbergen ❷ (*Svalbard*) Svalbard

Spitzbogen *m* ARCHIT pointed arch **Spitzbube** *m* (*fam*) scallywag *fam* **spitzbübisch** **I.** *adj* cheeky BRIT, roguish, mischievous **II.** *adv* mischievously, cheekily BRIT

Spitze[1] <-, -n> *f* ❶ (*spitzes Ende o spitze Ecke*) point; *Schuh* pointed toe ❷ (*vorderster Teil*) front ❸ SPORT (*erster Platz*) top; **an der ~ liegen** [*o* **stehen**] to be at the top; **sich an die ~ setzen, die ~ übernehmen** to move into [*or* take [over]] first place, to take over at the top [of the table [*or* division] [*or* league]] ❹ (*Höchstwert*) peak; ***die Temperaturen erreichten im August ~n von 35, 36° C*** the temperature peaked at 35–36° C in August ❺ (*Höchstgeschwindigkeit*) top speed; ***bei einer ~ von 250 km/h*** with a top speed of 250 km/h ❻ *pl* (*führende Leute*) ■**die ~** the leaders *pl; Gesellschaft* the top; *Unternehmen* the heads; *Wirtschaft* the leaders ❼ (*fam: Zigarettenspitze*) holder ❽ (*spitze Bemerkung*) dig; ***„diese ~ war gegen dich gezielt"*** "that was a dig at you" ▸ WENDUNGEN: **nur die ~ des Eisbergs sein** to be only the tip of the iceberg; **~ sein** (*fam*) to be great; **~!** great!; **etw** *dat* **die ~ nehmen** (*geh*) to take the sting out of sth; **etw auf die ~ treiben, es** [**mit etw**] **auf die ~ treiben** to take sth to extremes

Spitze[2] <-, -en> *f* MODE lace *no pl*

Spitzel <-s, -> *m* ❶ (*Polizeispitzel*) police informer ❷ (*Informant*) informer, spy

spitzeln *vi* ■[**für jdn**] ~ to spy [*or* act as an informer] [for sb]

spitzen *vt* ■**etw ~** to sharpen sth; *s. a.* **Mund, Ohr**

Spitzenaktien *pl* BÖRSE leading stock **Spitzenangebot** *nt* ÖKON marginal supply

Spitzenanlage *f* state-of-the-art [*or* BRIT top-of-the-range] stereo **Spitzenbeamte(r), -beamtin** *m, f dekl wie adj* top official **Spitzenbedarf** *m kein pl* ÖKON peak demand **Spitzenbelastung** *f* ❶ ÖKON peak load; ***in Zeiten der ~*** in peak periods ❷ TECH maximum load ❸ ELEK peak load **Spitzenbetrag** *m* FIN residual amount

Spitzenbluse *f* lace blouse **Spitzenerzeugnis** *nt* top-quality product **Spitzengehalt** *nt* top salary **Spitzengeschwindigkeit** *f* top [*or* peak] speed **Spitzengespräch** *nt* POL top-level discussions [*or* talks] *pl* **Spitzengremium** *nt* top echelon **Spitzengruppe** *f* SPORT leading group **Spitzenhaube** *f* MODE lace bonnet **Spitzenjahr** *nt* exceptionally good year **Spitzenkandidat(in)** *m(f)* POL top candidate **Spitzenklasse** *f* top-class, first-rate; ~ **sein** (*fam*) to be top-class [*or* first-rate] **Spitzenkleid** *nt* lace dress **Spitzenkraft** *f* first-rate professional **Spitzenkragen** *m* lace collar **Spitzenleistung** *f* top [*or* first-rate] performance; AUTO peak power [output] **Spitzenlohn** *m* top wage **Spitzenmanager(in)** *m(f)* top-flight manager **spitzenmäßig** **I.** *adj* (*sl*) ace *sl,* brilliant **II.** *adv* (*sl*) brilliantly **Spitzenpapier** *nt* BÖRSE leading stock **Spitzenplatz** *m* leading place **Spitzenpolitiker(in)** *m(f)* top [*or* senior] politician **Spitzenposition** *f* top [*or* leading] position **Spitzenqualität** *f* top quality *no pl* **Spitzenqualitätsausrüstung** *f* top-of-the-line equipment **Spitzenreiter** *m* top seller, hit **Spitzenreiter(in)** *m(f)* leader, front-runner; ~ **sein** to be on top; (*in der Hitparade*) to be top of the pops, to be number one [in the charts] **Spitzenspiel** *m* top match [*or* game] **Spitzensportler(in)** *m(f)* top sportsperson **Spitzensteuersatz** *m* FIN top [income] tax rate **Spitzentechnologie** *f* state-of-the-art technology **Spitzentemperatur** *f* peak temperature **Spitzenumsatz** *m* HANDEL record sales *pl* **Spitzenverband** *m* central association, umbrella association **Spitzenverdiener(in)** <-s, -> *m(f)* top earner **Spitzenverdienst** *m* top income **Spitzenverkehr** *m* peak traffic **Spitzenvertreter(in)** *m(f)* leading representative **Spitzenwein** *m* top-quality wine **Spitzenwert** *m* ❶ MATH, ÖKON peak value ❷ BÖRSE leading share **Spitzenzeit** *f* ❶ SPORT (*beste Zeit*) best time; (*hervorragende Zeit*) outstanding [*or* excellent] time ❷ (*Zeit der Höchstbelastung*) ■**~en** *pl* peak [*or* rush] hours *pl*

Spitzer <-s, -> *m* (*fam*) sharpener

spitzfindig **I.** *adj* hair-splitting, nit-picking *fam* **II.** *adv* ~ **argumentieren/auslegen** [*o* **interpretieren**] to split hairs

Spitzfindigkeit <-, -en> *f* ❶ (*spitzfindige Art*) hair-splitting nature ❷ (*spitzfindige Äußerung*) hair-splitting *no pl*

Spitzhacke *f* pick-axe **Spitzkehre** *f* ❶ TRANSP hairpin bend ❷ SKI kick-turn

spitz|kriegen *vt* (*fam*) *s.* **spitzbekommen**

Spitzmaus *f* shrew

Spitzname *m* nickname; ***sie gaben ihm den ~n ...*** they nicknamed him ...

Spitzsieb *nt* chinois **Spitzwegerich** *m* ribwort **spitzwink(e)lig** **I.** *adj Dreieck* acute-angled; *Ecke* sharp[-cornered] **II.** *adv* sharply **Spitzzange** *f* needle-nose pliers *npl*

Spleen <-s, -s> [ʃpli:n, sp-] *m* (*fam*) strange habit, eccentricity; **einen ~ haben** to be off [*or* AM out of] one's head

spleenig ['ʃpli:nɪç] *adj* (*fam*) nutty *fam,* eccentric

spleißen <spliss, gesplissen> *vi* to split

Splint <-[e]s, -e> *m* ❶ TECH split pin ❷ *kein pl* FORST sapwood *no pl*

Splitt <-[e]s, -e> *m* stone chippings *pl*

Splitter <-s, -> *m* splinter

Splitterbombe *f* MIL fragmentation bomb

splitter(faser)nackt **I.** *adj* (*fam*) stark-naked, starkers BRIT *fam* **II.** *adv* (*fam*) stark-naked, starkers

Splittergruppe *f* POL splinter group

splitt(e)rig *adj* ❶ (*leicht splitternd*) splintering ❷ (*mit Splittern bedeckt*) splintered

splittern *vi sein o haben* to splinter

Splitterpartei *f* POL *s.* **Splittergruppe** **Splittersiedlung** *f* JUR scattered housing

Splitting <-s, -s> ['ʃp-, 'sp-] *nt* ❶ FIN, ADMIN (*Ehebesteuerung*) splitting (*separate taxing of husband and wife*) ❷ POL splitting *no pl* **Splittingtarif** *m kein pl* FIN, ADMIN ■**der ~** *tax rate for separate taxing of husband and wife* **Splittingverfahren** *nt* FIN splitting procedure

SPÖ <-> [ɛspe:'ʔø:] *f kein pl* POL *Abk von* **Sozialdemokratische Partei Österreichs:** ■**die ~** the Austrian Socialist Party

Spoiler <-s, -> ['ʃpɔylɐ, 'sp-] *m* spoiler

sponsern ['ʃpɔnzɐn, 'sp-] *vt* ■**jdn/etw ~** to sponsor sb/sth

Sponsor, -sorin <-s, -soren> ['ʃpɔnzɐ, ʃpɔn'zo:ɐɪn, 'sp-] *m, f* sponsor

Sponsoring <-s> ['ʃpɔnzorɪŋ, 'sp-] *nt kein pl* sponsoring *no pl*

spontan *adj* spontaneous

Spontaneität <-> [ʃpɔntanei'tɛ:t] *f kein pl* (*geh*) sponteneity *no pl*

Spontankauf *m* HANDEL impulse buy

sporadisch *adj* sporadic

Spore <-, -n> *f* BIOL spore

Sporentier *nt* ZOOL sporozoa

Sporn <-[e]s, Sporen> *m* ❶ *meist pl* spur; **einem Reittier die Sporen geben** to spur a mount ❷ BOT spur ▸ WENDUNGEN: **sich** *dat* **die** [**ersten**] **Sporen verdienen** to win one's spurs

Sport <-[e]s, *selten* -e> *m* ❶ SPORT sport *no pl;* ~ **treiben** to do sport ❷ SCH games *pl* ❸ MEDIA sports news; ~ **sehen** to watch [the] sport ❹ (*Zeitvertreib*) pastime, hobby; **etw aus** [*o* **zum**] ~ **betreiben** to do sth for fun ▸ WENDUNGEN: **sich** *dat* **einen ~ daraus machen, etw zu tun** (*fam*) to get a kick out of doing sth *fam*

Sportabzeichen *nt* sports certificate **Sportanlage** *f* sports complex **Sportanzug** *m* sports clothes *npl;* (*Trainingsanzug*) tracksuit **Sportart** *f* discipline, kind of sport **Sportartikel** *m meist pl* sports equipment; ■**ein ~** a piece of sports equipment **Sportarzt, -ärztin** <-es, -ärzte> *m, f* sports doctor **Sportbericht** *m* sports report **Sportblatt** *nt* sports paper **Sportbogen** *m* SPORT (*beim Bogenschießen*) target bow **Sportbrille** *f* sports glasses **Sportbund** *m* sports association; **Deutscher ~** *German umbrella organization for sports* **Sportfest** *nt* sports festival **Sportflugzeug** *nt* sports aircraft **Sportgerät** *nt* piece of sports equipment **Sportgeschäft** *nt* sports shop **Sportgetränk** *nt* isotonic drink **Sporthalle** *f* sports hall **Sporthemd** *nt* casual shirt **Sporthochschule** *f* SCH college of physical education

sportiv *adj* MODE sporty

Sportjacke *f* sports jacket **Sportkleidung** *f* sportswear **Sportklub** *m s.* Sportverein **Sportlehrer(in)** *m(f)* SCH PE teacher **Sportlenkrad** *nt* AUTO sports car style steering wheel

Sportler(in) <-s, -> *m(f)* sportsman *masc,* sportswoman *fem*

sportlich I. *adj* ❶ (*den Sport betreffend*) sporting ❷ (*trainiert*) sporty, athletic ❸ (*fair*) sporting, sportsmanlike ❹ MODE (*flott*) casual ❺ AUTO (*rasant*) sporty II. *adv* ❶ SPORT (*in einer Sportart*) in sports; **sich ~ betätigen** to do sport ❷ (*flott*) casually ❸ AUTO (*rasant*) sportily

Sportlichkeit <-> *f kein pl* ❶ (*Trainiertheit*) sportiness *no pl* ❷ (*Fairness*) sportsmanship *no pl*

Sportmedizin *f* sports medicine *no pl* **Sportmeldung** *f* sports report [*or usu + sing vb* news] **Sportnachrichten** *pl* sports news **Sportplatz** *m* sports field **Sportreportage** *f* sports report **Sportschuh** *m* SPORT trainer; MODE casual shoe **Sportschütze, -schützin** *m, f* rifleman *masc,* riflewoman *fem* (*in a sports club*); (*Bogenschütze*) archer

Sportsfreund *m* (*fam*) sport *fam*

Sportstätte *f* sports complex **Sportübertragung** *f* TV, RADIO ❶ (*Senden*) sport[s] transmission [*or* broadcasting] ❷ (*Sendung*) sport[s] programme [*or* AM -am] [*or* broadcast] **Sportübertragungsrechte** *pl* TV sport broadcasting rights *pl* **Sportunfall** *m* sporting accident **Sportveranstaltung** *f* sports event **Sportverband** *m* sports association **Sportverein** *m* sports club **Sportwagen** *m* ❶ AUTO sports car ❷ (*offener Kinderwagen*) buggy **Sportzeitung** *f* sports paper

Spot <-s, -s> [spɔt, ʃp-] *m* ❶ MEDIA (*kurzer Werbefilm*) commercial, ad *fam* ❷ ELEK (*Punktstrahler*) spot

Spotgeschäft *nt* BÖRSE spot transaction **Spotmarkt** *m* ÖKON spot market

Spott <-[e]s> *m kein pl* ridicule *no pl,* mockery *no pl;* **seinen ~ mit jdm treiben** (*geh*) to make fun of sb

Spottbild *nt* (*veraltet*) travesty, mockery; **ein ~ seiner selbst** a caricature of oneself

spottbillig I. *adj* (*fam*) dirt-cheap II. *adv* (*fam*) dirt-cheap

Spottdrossel *f* ORN mockingbird

Spöttelei <-, -en> *f* teasing *no pl*

spötteln *vi* ▪ [**über jdn/etw**] ~ to make fun [of sb/sth]

spotten *vi* ❶ (*höhnen*) to ridicule [*or* mock]; ▪ [**über jdn/etw**] ~ to make fun [of sb/sth] [*or* tease sb] ❷ (*geh: missachten*) **einer Gefahr/Warnung ~** to scorn [*or* dismiss] a danger/warning; *s. a.* **Beschreibung**

Spötter *m* ORN warbler

Spötter(in) <-s, -> *m(f)* mocker

spöttisch *adj* mocking

Spottpreis *m* ridiculously low price, snip BRIT *fam;* **für einen ~** dirt-cheap

sprach *imp von* **sprechen**

Sprachatlas *m* LING linguistic atlas **Sprachausgabe** *f* INFORM voice output **Sprachbarriere** *f* language barrier **sprachbegabt** *adj* linguistically talented; ▪ **~ sein** to be good at languages **Sprachbegabung** *f* linguistic talent *no pl* **Sprachblockade** *f* language barrier **Sprachcomputer** *m* voice computer **Sprachdefizit** *nt* lack of linguistic ability

Sprache <-, -n> *f* ❶ (*Kommunikationssystem*) language; **lebende/tote ~** living/extinct language; **die neueren ~n** modern languages; **eine ~ sprechen** to speak a language ❷ *kein pl* (*Sprechweise*) way of speaking ❸ *kein pl* (*Ausdrucksweise*) form of expression, language *no pl* ❹ *kein pl* (*das Sprechen*) speech *no pl;* **etw zur ~ bringen, die ~ auf etw** *akk* **bringen** to bring sth up; **zur ~ kommen** to come up ▸ WENDUNGEN: **jetzt** [*o* **auf einmal**] **eine ganz andere ~ sprechen** to change one's tune; **die gleiche ~ sprechen** to be on the same wavelength; **eine klare** [*o* **deutliche**] **~ sprechen** to speak for itself; **jdm bleibt die ~ weg, die ~ verlieren** sb is speechless, the cat got sb's tongue; **die ~ wiederfinden** to find one's tongue again; **mit der ~ herausrücken** [*o* **herauskommen**] (*fam*) to come out with it; **jds ~ sprechen** to speak sb's language; **einem die ~ verschlagen** to leave sb speechless; **nicht mit der ~ herauswollen** to not want to talk; ***sie wollte nicht mit der ~ heraus*** she didn't want to talk; **„heraus mit der ~!"** (*fam*) "out with it!"

Sprachebene *f* LING stylistic level **Spracheingabe** *f* INFORM voice entry **Spracheingabedaten** *pl* INFORM voice data entry

Spracherkennung *f* INFORM voice [*or* speech] recognition *no pl* **Spracherkennungsprogramm** *nt* INFORM speech [*or* voice] recognition program **Spracherkennungs-Software** *f* INFORM speech recognition software

Spracherwerb *m* language acquisition *no pl* **Sprachfamilie** *f* language family **Sprachfehler** *m* speech impediment; **einen ~ haben** to have a speech impediment **Sprachforscher(in)** *m(f) s.* Sprachwissenschaftler **Sprachforschung** *f kein pl s.* Sprachwissenschaft **Sprachführer** *m* phrasebook **Sprachgebrauch** *m* language usage *no pl* **Sprachgefühl** *nt kein pl* feel for language *no pl;* **ein bestimmtes ~ haben** to have a certain feel for language **Sprachgenie** *nt* linguistic genius **Sprachgeschichte** *f* ❶ LING linguistic history *no pl* ❷ (*Buch*) a linguistic history **sprachgesteuert** *adj* INFORM speech-driven **Sprachgrenze** *f* LING linguistic boundary **Sprachkenntnisse** *pl* language skills *pl;* **gute ~ haben** to have proficient language skills **Sprachkompetenz** *f* linguistic competence **sprachkundig** *adj* proficient in a language; ▪ **~ sein** to be proficient in [*or* good at] a language **Sprachkurs** *m* language course **Sprachlabor** *nt* language laboratory [*or fam* lab] **Sprachlehre** *f* grammar **Sprachlehrer(in)** <-s, -> *m(f)* language teacher

sprachlich I. *adj* linguistic II. *adv* ❶ LING grammatically; **~ falsch/korrekt sein** to be grammatically incorrect/correct ❷ (*stilistisch*) stylistically

sprachlos *adj* speechless

Sprachlosigkeit <-> *f kein pl* speechlessness *no pl*

Sprachmodul *nt* INFORM speech chip **Sprachnachricht** *f* **digitale ~** digital voice-mail **Sprachraum** *m* LING language area **Sprachregelung** *f* official version **Sprachreise** *f* language holiday **Sprachrohr** *nt* megaphone ▸ WENDUNGEN: **sich** *akk* **zum ~ einer S.** *gen*/**zu jds** *gen* **~ machen** to become a mouthpiece for [*or* of] sth/sb **Sprachschule** *f* language school **Sprachstörung** *f* speech disorder **Sprachstudium** *nt* course of study [*or* degree] in languages **Sprachsynthese** *f* INFORM speech synthesis **Sprachsystem** *nt* language system **Sprachtest** *m* language test **Sprachtherapeut(in)** *m(f)* speech therapist **Sprachtherapie** *f* speech therapy **Sprachtrainingphase** *f* speech training phase **Sprachübung** *f* [oral] language exercise **Sprachunterricht** *m* language instruction *no pl;* (*in der Schule*) language lesson **Sprachurlaub** *m* language-learning holiday **Sprachwandel** *m kein pl* change in language **Sprachwissenschaft** *f* linguistics + *sing vb;* **allgemeine ~** linguistics; **vergleichende ~en** comparative linguistics **Sprachwissenschaftler(in)** *m(f)* linguist **sprachwissenschaftlich** *adj* linguistic **Sprachwitz** *m kein pl* way with words **Sprachzentrum** *nt* ❶ MED, PSYCH speech centre [*or* AM -er] ❷ LING (*Sprachschule*) language centre [*or* AM -er]

sprang *imp von* **springen**

Spray <-s, -s> [ʃpreː, spreː] *m o nt* spray

Spraydose [ˈʃpreː-, ˈspreː-] *f* aerosol, spray

sprayen [ˈʃpreːən, ˈsp-] I. *vi* to spray; ▪ [**mit etw**] ~ to spray [with sth] II. *vt* ▪ **etw** [**auf etw** *akk*] ~ to spray sth [on sth]

Sprayer <-s, -> [ˈʃpreːɐ] *m* sprayer

Sprechanlage *f* intercom **Sprechblase** *f* speech bubble, balloon **Sprechchor** *m* chorus; ***der ~ der Umweltschützer brachte seine Ablehnung von Atomkraft zum Ausdruck*** the chorus of environmentalists voiced their opposition to nuclear power; **im ~ rufen** to chorus

sprechen <spricht, sprach, gesprochen> I. *vi* ❶ (*reden*) to speak, to talk; ***„kann das Kind schon ~?"*** "can the baby talk yet?"; ***ich konnte vor Aufregung kaum ~*** I could hardly speak for excitement; ***„nun sprich doch endlich!"*** "go on, say something!"; ***„sprich doch nicht so laut"*** "don't talk so loud"; ***„dabei bleibt's, ich habe gesprochen!"*** "what I say goes!"; ***„Schluss damit, jetzt spreche ich!"*** "enough of that, now it's my turn!"; ***„Achtung, hier spricht die Polizei!"*** "attention, this is the police!"; ***hier können wir nicht ~*** we can't talk here; ▪ **über etw** *akk* **~** to talk [*or* speak] about sth, to discuss sth; ***über Sex wurde bei uns zu Hause nie gesprochen*** sex was never talked about [*or* discussed] in our house; ▪ **mit jdm** [**über etw** *akk*] **~** to talk to sb [about sth]; ***sprich nicht in diesem Ton mit mir!*** don't speak to me like that!; ▪ **von etw ~** to talk about sth; ***„von was ~ Sie eigentlich?"*** "what are you talking about?"; ▪ **zu jdm ~** to speak [*or* talk] to sb; **auf jdn/etw zu ~ kommen** to come to talk about sb/sth; ***„jetzt, wo wir gerade darauf zu ~ kommen, ..."*** "now that we've come to mention it, ..."; **für sich** [**selbst**] **~** to speak for itself; **über etw** *akk* **spricht man nicht** sth is not talked about; **„~ wir nicht mehr darüber** [*o* **davon**]**"** "let's not talk about it anymore [*or* change the subject]"; **mit sich selbst ~** to talk to oneself; **„sprich!/~ Sie!"** (*geh*) "speak!", "speak away!"; *s. a.* **sprich** ❷ TELEK (*telefonieren*) ▪ **mit jdm ~** to speak with sb; ***mit wem möchten Sie ~?*** who would you like to speak to?; ***„hallo, wer spricht denn da?"*** "hello, who's speaking?" ❸ (*tratschen*) ▪ **über jdn ~** to talk about sb [behind their back] ❹ (*empfehlen*) ▪ **für jdn/etw ~** to be in favour [*or* AM -or] of [*or* speak well for] sb/sth; ***seine Pünktlichkeit spricht sehr für ihn*** his punctuality is very much a point in his favour; ▪ **für jdn/etw ~, dass** it says something for sb/sth, that; ▪ **gegen jdn/etw ~** to speak against sb/sth [*or* not be in sb's/sth's favour] ❺ (*erkennbar sein*) to express; ▪ **aus jdm/etw spricht Angst/Entsetzen/Hass, etc** sb/sth expresses [*or* speaks] fear/horror/hate, etc; ***aus diesen Worten sprach der blanke Hass*** these words expressed pure hate II. *vt* ❶ (*können*) ▪ **etw ~** to speak sth; **~ *Sie Chinesisch?*** can you speak Chinese? ❷ (*aussprechen*) ▪ **etw ~** to say sth; ***sie konnte keinen vernünftigen Satz ~*** she couldn't say a single coherent sentence; ***wie spricht man dieses Wort?*** how do you pronounce this word? ❸ (*verlesen*) ▪ **etw ~** to say sth; **ein Gedicht ~** to recite a poem; ***heute spricht Pfarrer W. die Predigt*** today, prayer will be taken by Father W. ❹ (*sich unterreden*) ▪ **jdn ~** to speak to sb ▸ WENDUNGEN: **nicht gut auf jdn zu ~ sein, schlecht auf jdn zu ~ sein** to be on bad terms with sb; ***darauf ist sie nicht gut zu ~*** she doesn't like that; **für jdn/niemanden zu ~ sein** to be available for sb/not be available for anyone; ***Sie können eintreten, der Herr Professor ist jetzt zu ~*** you can come in, the Professor will see you now; **wir ~ uns noch** [*o* **wieder**]**!** you haven't heard the last of this!

Sprechen <-s> *nt kein pl* ❶ (*die menschliche Sprache*) speech *no pl;* **das ~ lernen** to learn to speak [*or* talk] ❷ (*das Reden*) speaking *no pl,* talking *no pl;* **jdn zum ~ bringen** to make sb talk

sprechend *adj* ❶ (*menschliche Laute von sich gebend*) talking ❷ (*beredt*) eloquent

Sprecher(in) <-s, -> *m(f)* ❶ (*Wortführer*) spokesperson; **sich zum ~ von jdm/etw machen** to become the spokesperson for [*or* voice of] sb/sth ❷ ADMIN (*Beauftragter*) speaker ❸ RADIO, TV announcer; (*Nachrichten~*) newsreader, newscaster ❹ LING (*Muttersprachler*) native speaker

Sprecherziehung *f kein pl* speech training *no pl, no indef art,* elocution *no pl, no indef art*

Sprechfunk *m* radio; **über ~** over radio **Sprechfunkgerät** *nt* walkie-talkie **Sprechfunkverkehr** *m kein pl* local radio traffic *no pl* **Sprechgesang** *m* MUS sprechgesang, speech-song **Sprechmuschel** *f* mouthpiece **Sprechstunde** *f* MED surgery; **~ halten** to hold surgery **Sprechstundenhilfe** *f* receptionist (*in a doctor's or dentist's surgery*) **Sprechübung** *f* speech [*or* elocution] exercise **Sprechweise** *f* way of speaking **Sprechzeit** *f* ❶ MED *Arzt* surgery [hours *pl*], practice opening hours *pl* ❷ (*Zeit für Gespräche*) consulting hours *pl* ❸ TELEK (*Dauer eines Gesprächs*) call time **Sprechzimmer** *nt* MED consultation room

Spreizdübel *m* expansion bolt

spreizen I. *vt* ■**etw ~** ❶ (*weit ausstrecken*) to spread sth; **die Beine ~** to open [*or* spread] one's legs ❷ to spread sth II. *vr* ❶ (*sich zieren*) ■**sich [gegen etw] ~** to make a fuss [*or* hesitate] [about sth]; ***„jetzt spreize dich nicht erst lange!"*** "don't be silly [*or* shy]!" ❷ (*sich sträuben*) ■**sich gegen etw ~** to be reluctant about sth

Spreizfuß *m* MED spread foot, splayfoot

Sprengbombe *f* MIL high-explosive bomb

Sprengel <-s, -> *m* ❶ REL parish ❷ ÖSTERR (*veraltend: Verwaltungsbezirk*) administrative district

sprengen¹ I. *vt* ■**etw ~** ❶ (*zur Explosion bringen*) to blow sth up ❷ (*bersten lassen*) to burst sth; *s. a.* **Kette** ❸ (*gewaltsam auflösen*) to break sth up II. *vi* to blast

sprengen² *vt* ■**etw ~** ❶ (*berieseln*) to water sth [*or* spray sth with water] ❷ (*benetzen*) to sprinkle sth with water

sprengen³ *vi sein* (*geh*) ■**irgendwohin ~** to thunder somewhere

Sprenggelatine *f* gelignite, gelly *fam* **Sprengkommando** *nt* demolition squad; (*zur Bombenentschärfung*) bomb disposal squad **Sprengkopf** *m* warhead **Sprengkörper** *m* explosive device **Sprengkraft** *f kein pl* explosive force *no pl* **Sprengladung** *f* explosive charge **Sprengmeister(in)** *m(f)* demolition expert **Sprengsatz** *m* explosive device **Sprengstoff** *m* ❶ (*Substanz zum Sprengen*) explosive ❷ (*Thema*) explosive material *no pl* **Sprengstoffanschlag** *m* bomb attack; **einen ~ [auf jdn/etw] verüben** to launch a bomb attack [on sb/sth]; ***auf den Politiker wurde ein ~ verübt*** the politician was the subject of a bomb attack **Sprengstoffgesetz** *nt* JUR Explosive Substances Act

Sprengung <-, -en> *f* ❶ *kein pl* (*das Sprengen*) blasting *no pl,* blowing-up *no pl* ❷ (*Explosion*) explosion, blasting *no pl*

Sprengwagen *m* street sprinkler **Sprengwirkung** *f* explosive effect

Sprenkel <-s, -> *m* spot; (*Schmutzfleck*) mark

Spreu <-> *f kein pl* AGR chaff *no pl* ▶ WENDUNGEN: **die ~ vom Weizen trennen** to separate the wheat from the chaff *fig*

sprich namely, in other words, that is, i.e.; ***wir müssen schon bald, ~ in drei Stunden, aufbrechen*** we have to leave soon, i.e. in three hours; ***sie hat das Klassenziel nicht erreicht, ~, sie ist durchgefallen*** she didn't meet the class goal, in other words [*or* that is], she failed; ***das wird eine Menge Geld, ~ etwa 1000 Mark, kosten*** it will cost a lot of money, namely 1000 marks

Sprichwort <-wörter> *nt* proverb, saying

sprichwörtlich *adj* proverbial

sprießen <spross *o* sprießte, gesprossen> *vi sein* BOT to spring up [*or* shoot]; *Bart, Brüste, Haare* to grow

Springbock *m* ZOOL springbok

Springbrunnen *m* fountain

springen¹ <sprang, gesprungen> *vi sein* to shatter; (*einen Sprung bekommen*) to crack

springen² <sprang, gesprungen> I. *vi sein* ❶ (*hüpfen*) to jump [*or* leap]; ***die Kinder sprangen hin und her*** the children leapt [*or* jumped] about; ***der Hase sprang über die Wiese*** the rabbit leapt [*or* bounded] across the meadow ❷ (*hinunterspringen*) to jump ❸ SPORT (*durch die Luft schnellen*) to jump ❹ (*fam: Anordnungen eilends ausführen*) to jump; ***jeder hat zu ~, wenn der Chef es verlangt*** everyone has to jump at the boss's request ❺ DIAL (*eilen*) ■**[irgendwohin] ~** to nip [*or* pop] [somewhere] [*or* AM pop in] *fam;* ***springst du mal eben zum Metzger?*** can you nip round [*or* out] to the butcher's for me? ❻ (*fliegen*) to fly; ***ihm sprang ein Funke ins Gesicht*** a spark flew into his face; ***der Knopf sprang ihm von der Hose*** the button flew off his trousers ❼ (*wegspringen*) ■**aus etw ~** to jump out of sth; ***beim Zählen sprang ihr eine Münze aus der Hand*** while she was counting a coin jumped out of her hand ❽ (*ruckartig vorrücken*) ■**auf etw** *akk* **~** to jump to sth; ***die Ampel sprang auf rot*** the traffic light jumped to red ▶ WENDUNGEN: **etw ~ lassen** (*fam*) to fork out sth II. *vt haben* SPORT, SKI ■**etw ~** to jump sth; **einen Rekord ~** to make a record jump; ***sie sprang die größte Weite*** she jumped the furthest distance

Springen <-s> *nt kein pl* SPORT jumping *no pl;* (*ins Wasser*) diving *no pl*

springend *adj inv* **der ~e Punkt** the crucial [*or* salient] point

Springer <-s, -> *m* SCHACH knight

Springer(in) <-s, -> *m(f)* SPORT, SKI jumper

Springerstiefel *pl* army boots *pl*

Springflut *f* spring tide **Springform** *f* spring-clip tin BRIT, springform pan AM **Springkraut** *nt* BOT balsam **Springmaus** *f* ZOOL jumping mouse **Springreiten** *nt* show jumping *no pl* **Springrollo** *nt* roller blind **Springschwanz** *m* ZOOL springtail **Springseil** *nt* skipping [*or* AM jumping] rope

Sprinkler <-s, -> *m* TECH sprinkler

Sprinkleranlage *f* sprinkler system

Sprint <-s, -s> *m* SPORT sprint

sprinten I. *vi sein* to sprint II. *vt haben* SPORT **400 m ~** to sprint 400 m, to do the 400 m sprint

Sprinter(in) <-s, -> *m(f)* sprinter

Sprit <-[e]s> *m kein pl* ❶ (*fam: Benzin*) petrol *no pl* ❷ (*fam: Schnaps*) booze *no pl fam* ❸ (*Äthylalkohol*) pure spirit *no pl*

Spritzbesteck *nt* shooting kit *sl* (*equipment used by a drug addict to take his/her drugs*) **Spritzbeutel** *m* piping bag

Spritze <-, -n> *f* ❶ MED (*Injektionsspritze*) syringe ❷ MED (*Injektion*) injection, jab *fam;* **eine ~ bekommen** to have an injection [*or fam* a jab]; **jdm eine ~ geben** to give sb an injection ❸ (*Motorspritze*) hose

spritzen I. *vi* ❶ *haben* (*in Tropfen auseinanderstieben*) *Regen, Schlamm* to spray; *Fett* to spit ❷ *sein* (*im Strahl gelangen*) *Wasser* to spurt; (*aus einer Wasserpistole*) to squirt ❸ *haben* MED (*injizieren*) to inject; (*sl mit Drogen*) to shoot [up] *sl* II. *vt haben* ❶ (*im Strahl verteilen*) ■**etw [auf etw] ~** to squirt sth [onto sth]; **jdm/sich etw ins Gesicht ~** to squirt sth into sb's/one's face ❷ (*bewässern*) ■**etw ~** to sprinkle [*or* water] sth ❸ MED (*injizieren*) ■**etw ~** to inject sth; ■**[jdm/sich] etw ~** to give [sb/oneself] an injection; ***die Pfleger spritzten ihr ein starkes Beruhigungsmittel*** the nurses injected her with a tranquilizer; **sich** *dat* **Heroin ~** (*sl*) to shoot [up] heroin ❹ KOCHK **Sahne/Zuckerguss auf etw ~** to pipe cream/icing onto sth ❺ (*mit Bekämpfungsmittel besprühen*) to spray; ■**etw [gegen etw] ~** to spray sth [against sth] ❻ AUTO (*mit der Spritzpistole lackieren*) ■**etw ~** to spray sth

Spritzenhaus *nt* fire station

Spritzer <-s, -> *m* ❶ (*gespritzte Tropfen*) splash ❷ (*kleine Flüssigkeitsmenge*) splash; *Whisky* small drop

spritzfertig *adj inv* ❶ (*zum Spritzen bereit*) ready to be sprayed [*or* injected] ❷ KOCHK *Creme, Masse* ready to be piped

spritzig *adj* ❶ (*prickelnd*) tangy ❷ (*flott*) lively, sparkling; **~es Auto** quick [*or* BRIT nippy] car

Spritzkuchen *m* KOCHK [sweet] fritter, doughnut BRIT, donut AM, cruller AM **Spritzlackierung** *f* spraying **Spritzpistole** *f* spray gun **Spritztour** *f* (*fam*) spin **Spritztüte** *f* piping bag

spröde *adj* ❶ (*unelastisch*) brittle ❷ (*rau*) rough; *Haar* brittle; *Lippen* chapped ❸ (*abweisend*) aloof

Sprödigkeit <-> *f kein pl Glas* brittleness *no pl; Haar* dryness *no pl; Stimme* harshness *no pl,* roughness *no pl; Thema* unwieldiness *no pl; Wesen* aloofness *no pl*

spross[RR], **sproß** *imp von* **sprießen**

Spross[RR] <-es, -e> *m,* **Sproß** <-sses, -sse> *m* ❶ BOT (*Schössling*) shoot ❷ (*geh: Nachkomme*) scion *form*

Sprossachse[RR] *f* BOT stem axis

Sprosse <-, -n> *f* ❶ (*Leitersprosse*) step ❷ BAU (*Fenstersprosse*) mullion

sprossen *vi sein* BOT (*geh*) to shoot, to sprout

Sprossenfenster *nt* BAU muntin window **Sprossenkohl** *m kein pl* ÖSTERR (*Rosenkohl*) brussel[s] sprout **Sprossenwand** *f* SPORT wall bars *pl*

Sprosser <-s, -> *m* ORN thrush nightingale

Sprössling[RR] <-s, -e> *m,* **Sprößling** <-s, -e> *m* (*hum*) offspring

Sprotte <-, -n> *f* sprat

Spruch <-[e]s, Sprüche> *m* ❶ (*Ausspruch*) saying, aphorism, slogan; ***die Wände waren mit Sprüchen beschmiert*** slogans had been scrawled on the walls; ***das ist doch nur wieder einer dieser dummen Sprüche*** it's all just empty talk [*or fam* meaningless prattle] ❷ (*einstudierter Text*) quotation ❸ JUR (*Schiedsspruch*) award, verdict, [arbitration] award; **der ~ der Geschworenen** the [jury's] verdict; **einen ~ fällen** to pronounce a sentence; *Schiedsrichter* to make an award ▶ WENDUNGEN: **Sprüche machen** [*o* **klopfen**] (*fam*) to drivel [*or* BRIT waffle]

Spruchband <-bänder> *nt* banner

Sprücheklopfer(in) *m(f)* (*fam*) prattle-monger BRIT *fam,* big talker AM *fam*

Spruchkörper *m* JUR panel of judges

Sprüchlein <-s, -> *nt dim von* **Spruch** ▶ WENDUNGEN: **sein ~ sagen** to say one's little piece

spruchreif *adj* (*fam*) ■**~/noch nicht ~ sein** to be/not be definite

Spruchreife *f kein pl* JUR ripeness for court decision

Sprudel <-s, -> *m* ❶ (*Mineralwasser*) sparkling mineral water ❷ ÖSTERR (*Erfrischungsgetränk*) fizzy drink

sprudeln *vi* ❶ *haben* (*aufschäumen*) to bubble, to effervesce, to fizz ❷ *sein* (*heraussprudeln*) to bubble

Sprudeltablette *f* effervescent tablet

Sprudler <-s, -> *m* ÖSTERR whisk

Sprühdose *f s.* **Spraydose**

sprühen I. *vt haben* to spray; ■**etw auf/über etw** *akk* **~** to spray sth onto/over sth II. *vi* ❶ *haben* (*schwach spritzen*) to spray ❷ *sein* (*als Aerosol spritzen*) ■**aus etw/irgendwohin ~** to spray from sth/somewhere ❸ *sein* (*umherfliegen*) ■**[irgendwohin] ~** to fly [somewhere]; ***die Funken des Feuers ~ überall hin*** the sparks of the fire sprayed everywhere ❹ *haben* to flash ❺ *haben* (*lebhaft sein*) to sparkle; **vor Begeisterung ~** to sparkle with excitement

sprühend *adj* sparkling

Sprühflasche *f* spray-bottle, atomizer **Sprühkleber** *m* spray adhesive **Sprühnebel** *m* spray, mist **Sprühregen** *m* drizzle *no pl* **Sprühwachs** *nt* AUTO spray wax

Sprung¹ <-[e]s, Sprünge> *m* crack

Sprung² <-[e]s, Sprünge> *m* ❶ (*Satz*) leap, jump, bound; **einen ~ [irgendwohin/über etw** *akk***] machen** to leap [*or* jump] [somewhere/over sth]; ***der Bock machte einen ~ in die Luft*** the ram bounded into the air; **zum ~ ansetzen** to get ready to jump ❷ SPORT vault, jump ▶ WENDUNGEN: **einen ~ in der Schüssel haben** to not be quite right in the head; **ein großer ~ nach vorn** a giant leap forwards; **[mit etw] keine großen Sprünge machen können** *(fam)* to not be able to live it up [with sth]; **jdm auf die Sprünge helfen** to give sb a helping hand; ***wir müssen dir wohl erst auf die Sprünge helfen, was?*** looks like we need to help things along a bit; **immer auf dem ~ sein** *(fam)* to be always on the go; **auf dem ~ sein** to be about to leave [*or* go]; **nur einen ~ entfernt sein von** to be only a stone's throw away from; **jdm auf die Sprünge kommen** *(fam)* to get on to sb; ***na warte, wenn ich dir erst auf die Sprünge komme!*** just wait until I get a hold of you!; **auf einen ~ [bei jdm] vorbeikommen** *(fam)* to pop in [*or* by] to see sb *fam*

Sprungbefehl *m* INFORM jump instruction **sprungbereit** *adj inv* ready to jump [*or* spring]; *Katze* ready to pounce **Sprungbrett** *nt* ① SPORT diving board ② SPORT *(Turngerät)* springboard ③ *(geh: gute Ausgangsbasis)* springboard **Sprungfeder** *f* spring **Sprunggelenk** *nt* ankle [joint] **Sprunggrube** *f* pit

sprunghaft I. *adj* ① *(in Schüben erfolgend)* rapid ② *(unstet)* volatile, fickle ③ ÖKON spasmodic, erractic; **~er Umsatzanstieg** jump in sales **II.** *adv* in leaps and bounds

Sprunghaftigkeit <-> *f kein pl* fickleness *no pl*, volatile nature

Sprungrevision *f* JUR leapfrog appeal **Sprungschanze** *f* ski jump **Sprungstab** *m* vaulting pole **Sprungtemperatur** *f* PHYS critical [*or* transformation] temperature **Sprungtuch** *nt* jumping blanket [*or* sheet] **Sprungturm** *m* diving platform

SPS *nt* NUKL *Abk von* **Superprotonensynchrotron** SPS, super proton synchrotron

Spucke <-> *f kein pl* *(fam)* *(Speichel)* spit *no pl* ▶ WENDUNGEN: **jdm bleibt die ~ weg** sb is flabbergasted; ***da bleibt mir die ~ weg*** I'm [totally] flabbergasted

spucken I. *vi* ① *(ausspucken)* to spit ② DIAL *(sich übergeben)* to throw up *fam*, to vomit ③ *(fam: Maschine)* to sputter **II.** *vt* ■**etw ~** to spit something out; ■**etw [auf etw** *akk*] ~ *(gezielt)* to spit sth [onto sth]; *s. a.* **Hand**

Spucknapf *m* spittoon

Spuk <-[e]s, -e> *m* ① *(Geistererscheinung)* [ghostly] apparition, spook *fam* ② *(schreckliches Erlebnis)* nightmare

spuken *vi impers* ① *(nicht geheuer sein)* to haunt; ■**irgendwo spukt es** somewhere is haunted; ***hier spukt's*** this place is haunted ② *(fam: nicht ganz bei Trost sein)* ■**bei jdm spukt es** sb is out of his/her mind; ***ich glaube, bei ihr spukt's*** I think she must be out of her mind

Spukgeschichte *f* ghost story **Spukschloss**[RR] *nt* haunted castle

Spülbecken *nt* sink

Spule <-, -n> *f* ① *(Garnrolle)* bobbin ② FILM spool, reel ③ ELEK *(Schaltelement)* coil

Spüle <-, -n> *f* [kitchen] sink

spulen I. *vt* ■**etw [von etw** *dat*] **auf etw** *akk* ~ to wind [*or* spool] sth [from sth] onto sth **II.** *vi* to wind [on]

spülen I. *vi* ① *(Geschirr abwaschen)* to wash up ② *(die Toilette abziehen)* to flush **II.** *vt* ① *(abspülen)* ■**etw ~** to wash up sth *sep* ② *(schwemmen)* ■**etw irgendwohin ~** to wash sth somewhere; ***das Meer spülte die Leiche an Land*** the sea washed the body ashore

Spülkasten *m* cistern **Spüllappen** *m* dishcloth **Spülmaschine** *f* dishwasher **spülmaschinenfest** *adj* dishwasher-safe **Spülmittel** *nt* washing-up liquid, dish soap AM **Spülprogramm** *nt* rinse cycle **Spülstein** *m* DIAL sink

Spülung <-, -en> *f* ① *(gegen Mundgeruch)* rinsing *no art* ② *(Wasserspülung)* flush; **die ~ betätigen** to flush [the toilet] ③ *(Haarspülung)* conditioner

Spülwasser *nt* dishwater, washing-up water BRIT

Spulwurm *m* roundworm, ascarid *spec*

Spund[1] <-[e]s, Spünde *o* Spunde> *m* bung, spigot

Spund[2] <-[e]s, -e> *m* ■**junger ~** *(fam)* stripling, young pup *fam*

Spundloch *nt* bunghole

Spundwand *f* BAU sheet piling

Spur <-, -en> *f* ① *(hinterlassenes Anzeichen)* trace; *Verbrecher a.* clue; **~en der Verwüstung** signs [*or* marks] of devastation; **jdn auf die [richtige] ~ bringen** to put sb on[to] the right track [*or* the scent]; ***dieses Beweisstück brachte die Polizei auf die ~ des Täters*** this piece of evidence helped the police [to] trace [*or* track down] the culprit; **[keine/seine] ~en hinterlassen** to leave [no/one's] trace[s]; *Schicksal a.* to leave [no/its] mark; *Verbrecher a.* to leave [no] clue[s]; **jdm auf der ~ sein** to be on sb's trail [*or* the trail of sb]; **andere ~en verfolgen** to follow up other leads; **auf der falschen/richtigen ~ sein, die falsche/richtige ~ verfolgen** to be on the wrong/right track; **eine heiße ~** a firm lead; **jdm auf die ~ kommen** to get onto sb ② *(Fuß~en)* track[s *pl*], trail *no pl*; **die ~ aufnehmen** to pick up the trail ③ *(kleine Menge)* trace; *Knoblauch, Pfeffer* touch, soupçon *a. hum;* **eine ~ salziger/süßer** a touch saltier/sweeter; ***die Suppe könnte eine ~ salziger sein*** this soup could do with a touch more salt; **eine ~ zu salzig/süß** a touch too salty/sweet; **keine ~, nicht die ~** *(fam)* not at all ④ *(Fünkchen)* scrap, shred; ***hätte er nur eine Spur mehr Verstand gehabt, wäre dies nicht geschehen*** if he'd had just an ounce more common sense this wouldn't have happened ⑤ *(Fahrstreifen)* lane; **die linke/rechte ~** the left-hand/right-hand lane; **aus der ~ geraten** to move [*or* swerve] out of lane; **~ halten** to keep in lane ⑥ AUTO *(Spurweite)* track [*or* AM tread] width; *(Radstellung)* tracking *no pl, no indef art* ⑦ TECH, INFORM track; ***das Tonbandgerät hat acht ~en*** the tape recorder has eight tracks, this is an 8-track tape recorder; **fehlerhafte ~** defect track ⑧ SKI course, track

Spurabweichung *f* TRANSP lane deviation, weaving

spürbar *adj* perceptible, noticeable

Spurbus *m* bus *(driving on its own special lane)* **Spureinstellung** *f* AUTO front end aligment

spuren *vi (fam)* ■**[bei jdm] ~** to do as one is told, to obey [sb], to toe the line *fam*

spüren I. *vt* ■**etw ~** ① *(körperlich wahrnehmen)* to feel sth; **den Alkohol ~** to feel the effects of the alcohol; ***einen Schnaps spürt er sofort im Kopf*** just one schnapps makes him feel heady; **die Peitsche zu ~ bekommen** to be given a taste of the whip ② *(merken)* to sense sth; ***sie wird jetzt sein Missfallen zu ~ bekommen*** she will get to feel his displeasure; ■**jdn seine Verärgerung ~ lassen** to let [*or* make] sb feel one's annoyance, to let sb know that one is annoyed, to make no attempt to hide one's annoyance [at sb]; **etw zu ~ bekommen** to feel the [full] force of sth; **[es] zu ~ bekommen, dass ...** to be made conscious [*or* aware] of the fact that ... **II.** *vi* ■**~, dass/ob/wie ...** to sense [*or* notice] that/whether/how ...; ■**jdn [deutlich] ~ lassen, dass ...** to leave sb in no doubt that ...

Spurenelement *nt* trace element **Spurenelementetherapie** *f* NATURMED trace element therapy, therapy with trace elements **Spurengas** *nt* trace gas **Spurensicherung** *f* securing of evidence *no pl, no indef art* **Spurensuche** *f kein pl* tracking *no pl, no indef art* **Spurensucher** *m* forensic detective

Spürhund *m* tracker dog; *(fig)* sleuth

spurlos I. *adj* without [a] trace *pred* **II.** *adv* ① *(keine Spuren hinterlassend)* without [leaving a] trace ② *(keine Eindrücke hinterlassend)* **an jdm ~/nicht ~ vorübergehen** to leave/to not leave its/their mark on sb

Spürnase *f* ① *(detektivischer Scharfsinn)* flair *no pl*, intuition *no pl* ② *(ausgeprägter Geruchssinn)* [good] nose [*or* sense of smell]

Spurrille *f* rut

Spürsinn *m kein pl* nose; **einen [feinen/unfehlbaren] ~ für etw haben** to have a [fine]/a[n infallible] nose for sth

Spurstange *f* BAHN tie bar [*or* rod], gauge

Spurt <-s, -s *o* -e> *m* sprint, spurt; **zum ~ ansetzen** to make a final spurt

spurten *vi sein* to sprint, to spurt

Spürtrupp *m* NUKL radiac detection squad [*or* team]

Spurverengung *f* gauge narrowing **Spurwechsel** *m* AUTO lane change

sputen *vr* DIAL ■**sich ~** to hurry [up]; ***spute dich!*** hurry up!, look sharp!

Sputnik <-s, -s> *m* sputnik

Squash <-> [skvɔʃ] *nt* squash

Squashhalle *f* squash courts *pl*

Squids *pl* PHYS SQUIDS *pl*, superconducting quantum interference devices *pl*

SR *m Abk von* **Saarländischer Rundfunk** Saarland Radio

Sri Lanka <-s> *nt* Sri Lanka

Srilanker(in) <-s, -> *m(f)* Sri Lankan; *s. a.* **Deutsche(r)**

srilankisch *adj* Sri Lankan; *s. a.* **deutsch**

SS[1] *f* HIST *Abk von* **Schutzstaffel** SS

SS[2] *f Abk von* **Sommersemester** summer semester [*or* BRIT *a.* term]

SS. *Abk von* **Sante, Santi** Saints

SSK *f* NUKL *Abk von* **Strahlenschutzkommission** commission for radiation protection

SSV *m Abk von* **Sommerschlussverkauf** summer sales

s.t. *adv* SCH *Abk von* **sine tempore**

St. ① *Abk von* **Stück** pce[.], pcs[.] *pl* ② *Abk von* **Sankt** St, SS. *pl*

Staat <-[e]s, -en> *m* ① *(Land)* country ② *(staatliche Institutionen)* state; **eine Einrichtung des ~es** a state institution; **beim ~ arbeiten** [*o* **sein**] *(fam)* to be employed by the government [*or* state]; **ein ~ im ~e** a state within a state ③ *(Insekten~)* colony ④ *pl (USA)* ■**die ~en** the States; **die Vereinigten ~en [von Amerika]** the United States [of America], the US[A], the U.S. of A. *hum* ⑤ *(Ornat)* finery; **in vollem ~** in all one's finery ▶ WENDUNGEN: **damit ist kein ~ zu machen** [*o* **damit kann man keinen ~ machen**] that's nothing to write home about *fam;* ***mit diesem alten Anzug kannst du [beim Fest] keinen ~ machen*** you'll hardly be a great success [at the celebrations] in [*or* with] that old suit; ***mit diesem verwilderten Garten ist kein ~ zu machen*** this overgrown garden won't impress anyone; **viel ~ machen** to make a big [*or* lot of] fuss; **von ~s wegen** on the part of the [state] authorities, on a governmental level

Staatenbund <-bünde> *m* confederation [of states], staatenbund *spec* **Staatengemeinschaft** *f* community of states **Staatengemeinschaftsrecht** *nt* JUR *(EU)* Community law **staatenlos** *adj* stateless; ■**~ sein** to be stateless, to be stateless persons/a stateless person **Staatenlose(r)** *f(m) dekl wie adj* stateless person **staatenübergreifend** *adj inv* POL international

staatlich I. *adj* ① *(staatseigen)* state-owned; *(~ geführt)* state-run; **~e Einrichtungen** state [*or* government] facilities; **~e Schuldenverwaltung** management of the national debt; **~e Schuldtitel/Stellen** government bonds/agencies ② *(den Staat betreffend)* state *attr,* national *attr;* **~e Anreize** POL government incentives ③ *(aus dem Staatshaushalt stammend)* government *attr,* state *attr;* **~e Förderung** government promotion; **~e Mittel** public funds; *(Stipendium)* grant; **~e Unterstützung** ÖKON government support; **~ gefördert** FIN government-sponsored **II.** *adv* **~ anerkannt** state-[*or* government-]approved; **~ geprüft** [state-]certified; **~ subventioniert** state-subsidized, subsidized by the state *pred*

staatlicherseits *adv* POL *(geh)* on the part of the government

Staatsabgaben *pl* FIN state [*or* government] taxes **Staatsaffäre** *f* POL affair of state ▶ WENDUNGEN: **eine ~ aus etw machen** to make [such] a fuss about [*or pej fam* a song and dance out of] sth **Staatsakt** *m* ① *(Festakt)* state ceremony [*or* occasion] ② *(Rechtsvorgang)* act of state **Staatsaktion** *f* POL major operation ▶ WENDUNGEN: **aus etw**

S

eine ~ machen (*iron fam*) to make a song and dance out of sth **Staatsangehörige(r)** *f(m) dekl wie adj* citizen, national *form;* **britische** ~ British citizens [*or form* nationals] [*or* subjects] **Staatsangehörigkeit** *f* nationality, national status *form* **Staatsangehörigkeitsgesetz** *nt* JUR Nationality Act **Staatsanleihe** *f* government [*or* state] [*or* public] loan [*or* bond[s *pl*]] **Staatsanwalt, -anwältin** *m, f* public prosecutor BRIT, District Attorney AM **Staatsanwaltschaft** <-, -en> *f* public prosecutor's office, prosecuting attorney's office AM **Staatsapparat** *m* apparatus of state, government [*or* state] machinery **Staatsarchiv** *nt* national [*or* state] archives *pl,* Public Record Office BRIT **Staatsaufsicht** *f* government [*or* state] supervision **Staatsauftrag** *m* POL appointment of the government; **im ~ handeln** to act by appointment of the government **Staatsausgaben** *pl* public expenditure *no pl* **Staatsbank** *f* state bank **Staatsbankett** *nt* state banquet **Staatsbeamte(r), -beamtin** *m, f* public [*or* civil] servant **Staatsbegräbnis** *nt* state [*or* AM national] funeral **Staatsbesitz** *m kein pl* public ownership **Staatsbesuch** *m* state visit **Staatsbetrieb** *m* state-owned enterprise, nationalized enterprise **Staatsbibliothek** *f* national library **Staatsbürger(in)** *m(f)* (*geh*) national *form,* citizen; **britische** ~ British nationals *form* [*or* citizens] [*or* subjects] **staatsbürgerlich** *adj attr* (*geh*) civic, public; **~e Rechte** civil rights **Staatsbürgerschaft** *f* nationality; **doppelte** ~ dual nationality **Staatsbürgerschaftsrecht** *nt* POL ■**das** ~ ≈ the Immigrants Act (*German law dealing with nationality and citizenship of immigrants*) **Staatschef(in)** *m(f)* (*fam*) head of state **Staatsdarlehen** *nt* FIN state loan **Staatsdefizit** *nt* FIN budget deficit **Staatsdiener** *m* public servant **Staatsdienst** *m* government service *no art,* civil service; **in den ~ übernommen werden** to become a civil servant **Staatsduma** *nt* national [*or* state] duma **staatseigen** *adj inv* ÖKON state-owned; **~er Betrieb** state-owned enterprise **Staatseigentum** *nt* state ownership **Staatseinnahmen** *pl* ÖKON state [*or* government] revenue **Staatsempfang** *m* state reception; **einen ~ geben** to give [*or* hold] a state reception **Staatsexamen** *nt* state exam[ination]; (*zur Übernahme in den Staatsdienst*) civil service examination **Staatsfeind(in)** *m(f)* enemy of the state **staatsfeindlich** *adj* subversive, hostile to the state *pred* **Staatsfinanzen** *pl* public finances *pl* **Staatsflagge** *f* national flag **Staatsform** *f* form [*or* system] of government; **die ~ der Monarchie** monarchism, monarchical government *form* **Staatsführung** *f* government **Staatsgebiet** *nt* national territory **staatsgefährdend** *adj* POL seditious **Staatsgeheimnis** *nt* state [*or* official] secret **Staatsgewalt** *f kein pl* state [*or* government[al]] authority; **Widerstand gegen die ~** resistance to state authority **Staatsgrenze** *f* [national [*or* state]] border **Staatshaftung** *f* JUR public [*or* government] liability **Staatshaushalt** *m* national budget **Staatshoheit** *f kein pl* POL sovereignty, sovereign power **Staatskanzlei** *f* state chancellery, Minister President's Office **Staatskarosse** *f* ① (*Staatskutsche*) state coach [*or* carriage] ② (*fam: Dienstwagen*) government car **Staatskasse** *f* treasury, public purse BRIT **Staatskirche** *f* state church **Staatsknete** *f* (*sl*) government handout[s *pl*] *a. pej fam* **Staatskosten** *pl* public expenses; ■**auf ~** at [the] public expense **Staatsmacht** *f* power of the state [*or* government] **Staatsmann** *m* (*geh*) statesman **staatsmännisch** *adj* (*geh*) statesmanlike **Staatsminister(in)** <-s, -> *m(f)* secretary [*or* BRIT *a.* minister] of state **Staatsnotwehr** *f kein pl* JUR national self-defence **Staatsoberhaupt** *nt* head of state **Staatsobligation** *f* FIN government bond [*or* security] **Staatsoper** *f* state opera **Staatsorgan** *nt* ADMIN state institution, government agency **Staatspapier** *nt* FIN government bond [*or* security] **Staatspartei** *f* government party **Staatspräsident(in)** *m(f)* president [of a/the state] **Staatsprüfung** *f* (*geh*) *s.* Staatsexamen **Staatsquote** *f* ÖKON ratio of public spending to GNP **Staatsräson** *f* POL reasons *pl* of State

Staatsrat *m* ① (*Organ*) council of state; SCHWEIZ cantonal government ② (*Person*) state councillor [*or* AM -lor]; SCHWEIZ member of a/the cantonal government ③ *kein pl* (*Titel*) councillor of state **Staatsratsvorsitzende** *m* head of state **staatsrechtlich** *adj inv, attr* constitutional **Staatsregierung** *f* [state [*or* national]] government

Staatsschuld *f* FIN, POL national debt **Staatsschuldbuch** *nt* JUR national debt ledger **Staatsschulden** *pl* ÖKON national debt

Staatsschutz *m* protection of the state **Staatsschutzdelikt** *nt* JUR security-related offence

Staatssekretär(in) *m(f)* state [*or* BRIT permanent] secretary, undersecretary AM; **parlamentarischer** ~ parliamentary secretary

Staatssicherheit *f* state [*or* national] security **Staatssicherheitsdienst** *m kein pl* POL (*hist*) state security service

Staatsstreich *m* coup [d'état] **Staatstheater** *nt* state [*or* national] theatre [*or* AM -er] **staatstheoretisch** *adj* POL, PHILOS concerning theory of State **staatstragend** *adj* representing the interests of the state *pred;* **die ~en Parteien** the established parties **Staatstrauer** *f kein pl* national mourning *no pl, no indef art;* ~ **anordnen** to declare a period of national mourning **Staatsunternehmen** *nt* state-owned enterprise **Staatsverbrauch** *m kein pl* ÖKON national consumption *no pl* **Staatsverdrossenheit** *f* political apathy *no pl* **Staatsverschuldung** *f* state [*or* government] indebtedness, national debt *no pl, no indef art;* **innere** ~ internal national debt **Staatsvertrag** *m* ① (*international*) [international] treaty ② (*zwischen Gliedstaaten*) inter-state treaty [*or* agreement] **Staatsverwaltung** *f* JUR public administration **Staatswesen** *nt* (*geh*) state [system]

Stab <-[e]s, Stäbe> *m* ① (*runde Holzlatte*) rod, staff ② (*Gitter~*) bar ③ SPORT (*Stabhochsprung~*) pole; (*Staffel~*) baton ④ MUS (*Taktstock*) baton ⑤ (*beigeordnete Gruppe*) staff; *Experten* panel ⑥ MIL staff ▶ WENDUNGEN: **den ~ über jdn brechen** (*geh*) to roundly condemn sb

Stäbchen <-s, -> *nt* ① (*Ess~*) chopstick ② (*beim Mikado*) jackstraw, spillikin, pick-up [*or* picka-] stick [*or* styk] ③ (*Häkelmasche*) treble [crochet] ④ ANAT (*Augensinneszelle*) rod ⑤ (*fam: Zigarette*) cigarette, fag BRIT *fam,* ciggy BRIT *fam*

Stäbchenbakterium <-s, -rien> *nt* BIOL bacillus

stabförmig *adj* rod-shaped; MED *a.* bacilliform *spec*

Stabheuschrecke *f* ZOOL stick insect, AM *a.* walking stick **Stabhochspringer(in)** *m(f)* pole vaulter **Stabhochsprung** *m* pole vault

stabil *adj* ① (*strapazierfähig*) sturdy, stable ② (*beständig*) stable ③ (*nicht labil*) steady; **~e Gesundheit/Konstitution** sound health/constitution

Stabilisator <-s, -toren> *m* ① AUTO stabilizer [*or* BRIT *a.* -iser] [bar], anti-roll bar ② CHEM stabilizer [*or* BRIT *a.* -iser], stabilizing agent

stabilisieren I. *vt* ① (*geh: standfester machen*) ■**etw** ~ to stabilize sth, to make sth stable ② (*kräftigen*) ■**jdn** ~ to stabilize sb II. *vr* ■**sich** ~ ① (*beständig werden*) to stabilize, to become stable ② (*sich festigen*) to stabilize, to become stable [*or* steady]

Stabilisierung <-, -en> *f* stabilization **Stabilisierungsanleihe** *f* FIN stabilization loan

Stabilität <-> *f kein pl* ① (*Festigkeit*) stability, solidity ② (*Beständigkeit*) stability

Stabilitätsgesetz *nt* JUR Stabilization Law **Stabilitätsimporte** *pl* HANDEL stabilizing imports **stabilitätsorientiert** *adj inv* ÖKON stability-oriented **Stabilitätspakt** *m* ÖKON stability pact **Stabilitätspolitik** *f kein pl* ÖKON stabilization policy **Stabilitätsprogramm** *nt* AUTO **elektronisches** ~ electronic stability program, ESP **Stabilitätsprogramm** *nt* AUTO **elektronisches** ~ electronic stability program, ESP

Stablampe *f* [electric] torch BRIT, flashlight AM **Stabmagnet** *m* bar magnet **Stabmixer** *m* hand-held blender

Stabreim *m* alliteration

Stabsarzt, -ärztin *m, f* MIL captain in the medical corps **Stabschef, -chefin** *m, f* MIL chief of staff **Stabsfeldwebel** *m* MIL warrant officer 2nd class **Stabsoffizier** *m* MIL field officer

Stabwechsel *m* SPORT baton change, change-over

stach *imp von* **stechen**

Stachel <-s, -n> *m* ① (*spitzer Dorn: von Rose*) thorn; (*von Kakteen*) spine; **kleiner** ~ prickle, spinule *spec* ② (*von Igel, Seeigel*) spine; (*kleiner*) prickle, spiculum *spec;* (*von ~schwein*) quill ③ (*Giftstachel*) sting, AM *a.* stinger, aculeus *spec* ④ (*spitzes Metallstück*) *Zaun, Halsband* spike; *Stacheldraht* barb ▶ WENDUNGEN: **ein ~ im Fleisch** (*geh*) a thorn in the flesh [*or* side]; **wider den ~ löcken** to kick against the pricks BRIT

Stachelbeere *f* gooseberry **Stachelbeerstrauch** *m* gooseberry bush **Stacheldraht** *m* barbed wire; **hinter ~** (*fig a.*) behind barbed wire, behind bars, locked up

Stacheldrahtverhau *m* barbed-wire entanglement **Stacheldrahtzaun** *m* barbed wire fence; **elektrisch geladene Stacheldrahtzäune** live [*or* electrically charged] barbed wire fencing *no pl, no indef art* **Stachelhäuter** <-s, -> *m* ZOOL echinoderm

stach(e)lig *adj Rosen* thorny; *Kakteen, Tier* spiny, spinous *spec;* (*mit kleineren Stacheln*) prickly

Stachelradwalze *f* TYPO sprocket [wheel] **Stachelschnecke** *f* sting winkle **Stachelschwein** *nt* porcupine

Stadel <-s, -> *m* SÜDD, ÖSTERR, SCHWEIZ barn

Stadien *pl von* **Stadion, Stadium** stadium

Stadion <-s, Stadien> [-diən] *nt* stadium, AM *a.* bowl

Stadium <-s, Stadien> [-diən] *nt* stage; **im letzten ~** MED at a/the terminal stage

Stadt <-, Städte> *f* ① (*Ort*) town; (*Groß~*) city; **am Rande der ~** on the edge of [the] town, on the outskirts of the city; **im Zentrum der ~** in the centre [*or* AM -er] of town, in the city/town centre; **in ~ und Land** (*geh*) throughout the land, the length and breadth of the land ② (*fam: ~verwaltung*) [city/town] council; (*von Groß~ a.*) corporation; **bei der ~ arbeiten** [*o* **sein**] to work for the council/corporation

städt. *adj Abk von* **städtisch**

Stadtarchiv *nt* town [*or* city] archives *pl* **stadtauswärts** *adv* out of town/the city **Stadtauto** *nt* town [*or* city] car (*with very low fuel consumption*) **Stadtautobahn** *f* urban motorway [*or* AM freeway] **Stadtbahn** *f* suburban [*or* metropolitan] railway, city railroad AM **Stadtbauamt** *nt* town planning department **stadtbekannt** *adj* well-known, known all over town *pred* **Stadtbezirk** *m* municipal district, borough **Stadtbibliothek** *f* town [*or* city] [*or* municipal] library **Stadtbild** *nt* cityscape/townscape **Stadtbücherei** *f* municipal [*or* city/town] [lending] library **Stadtbummel** *m* stroll in the [*or* through] town; **einen ~ machen** to go for a stroll through town

Städtchen <-s, -> *nt dim von* **Stadt** small [*or* little] town

Stadtdirektor(in) *m(f)* chief executive of a city/town, city/town manager AM

Städtebau *m kein pl* urban development *no pl* **Städtebauförderung** *f* promotion of urban renewal **städtebaulich** I. *adj* in/of urban development *pred;* **~er Entwicklungsbereich** urban development area; **~e Entwicklungsmaßnahme** urban development programme; **~e Sanierungsmaßnahme** urban renewal programme II. *adv* in terms of urban development

stadteinwärts *adv* [in]to town, downtown AM

Städtemarketing *nt* marketing of towns

Stadtentwicklung *f* urban development **Stadtentwicklungssenator(in)** *m(f)* minister for urban development (*of Berlin, Bremen, Hamburg*)

Städtepartnerschaft *f* partnership between cities/towns, town twinning BRIT

Städter(in) <-s, -> *m(f)* ❶ (*Einwohner einer Stadt*) city/town dweller ❷ (*Stadtmensch*) city/town dweller, townie *pej fam*

Stadterneuerung *f* urban regeneration [*or* renewal]

Städtetag *m* congress of municipalities **Städtetourismus** *m* TOURIST city tourism

Stadtflitzer *m* AUTO (*fam*) city-nipper *fam*, runabout *fam* **Stadtflucht** *f kein pl* exodus from the cities, urban outmigration AM **Stadtführer(in)** <-s, -> *m(f)* ❶ (*Person*) town [*or* city] guide ❷ (*Buch*) town [*or* city] guidebook **Stadtführung** *f* guided tour [through the city/town] **Stadtgebiet** *nt* municipal area; (*von Großstadt a.*) city zone **Stadtgeschichte** *f* history of the town [*or* city] **Stadtgespräch** *nt* [**das**] ~ **sein** to be the talk of the town **Stadtgrenze** *f* municipal border; (*von Großstadt a.*) city limits *pl* **Stadthalle** *f* city [*or* civic] [*or* municipal] hall **Stadthaus** *nt* ❶ (*Verwaltungsgebäude*) council office building ❷ (*Wohnhaus*) town house

städtisch *adj* ❶ (*kommunal*) municipal, city/town *attr* ❷ (*geh: urban*) urban, city/town *attr*, of the city/town *pred*; **~er Mittelstand** urban middle class

Stadtkämmerer, -kämmerin *m, f* city/town treasurer **Stadtkasse** *f* city/town [*or* municipal] treasury **Stadtkern** *m* city/town centre [*or* AM -er] **Stadtkommandant** *m* MIL military governor [of a town [*or* city]] **Stadtmauer** *f* city/town wall **Stadtmensch** *m* city/town person, townie *pej fam* **Stadtmitte** *f* city/town centre; **bis** [**zur**] ~ to the [city/town] centre, to the centre of town **Stadtmuseum** *nt* town [*or* city] museum **Stadtoberhaupt** *m* head of a/the town [*or* city] **Stadtpark** *m* municipal [*or* city/town] park **Stadtparlament** *nt* city council **Stadtplan** *m* [street] map [of a/the city/town], A to Z [of a/the city/town] BRIT **Stadtplaner** *m* town planner **Stadtplanung** *f* town [*or* city] planning **Stadtrand** *m* edge of [the] town, outskirts *npl* of the city; **am/an den** ~ on/to the edge of town [*or* the outskirts of the city] **Stadtrandsiedlung** *f* settlement on the outskirts of a/the town [*or* city], BRIT *a.* suburban housing scheme **Stadtrat** *m* [city/town [*or* municipal]] council **Stadtrat, -rätin** *m, f* [city/town] councillor [*or* AM councilor] **Stadtratsfraktion** *f* party [*or* faction] on the town [*or* city] council **Stadtregierung** *f* town [*or* city] government **Stadtreinigung** *f* town [*or* city] environmental and operational services **Stadtrundfahrt** *f* sightseeing tour [of a/the city/town]; **eine ~ machen** to go on a [sightseeing] tour of a/the city/town **Stadtsparkasse** *f* town [*or* city] savings bank **Stadtstaat** *m* city state **Stadtstreicher(in)** *m(f)* city/town tramp [*or esp* AM vagrant] **Stadtteil** *m* district, part of town **Stadttheater** *nt* municipal theatre [*or* AM -er] **Stadttor** *nt* city/town gate **Stadtväter** *pl* city fathers *pl* **Stadtverband** *m* town [*or* city] association **Stadtverkehr** *m* city/town traffic **Stadtverordnete** *m o f* town [*or* city] councillor [*or* AM councilor] **Stadtverordnetenversammlung** *f* [town [*or* city]] council meeting **Stadtverwaltung** *f* [city/town] council **Stadtviertel** *nt* district, part of town **Stadtwappen** *nt* municipal coat of arms **Stadtwerbung** *f* city/town advertising **Stadtwerke** *pl* [city's/town's] department of [*or* AM public] works + *sing vb*, municipal [*or* council] services *pl* **Stadtwohnung** *f* city/town apartment [*or* BRIT flat] **Stadtzentrum** *nt* city/town centre; ■**im** ~ in the city/town centre, downtown AM

Stafette <-, -n> *f* HIST courier, [express] messenger

Staffage <-, -n> [-ʒə] *f* ❶ KUNST staffage ❷ (*Nebensächliches*) accessories *pl* ❸ (*Ausstattung*) decoration, window-dressing *no pl*

Staffel <-, -n> *f* ❶ MIL (*Luftwaffeneinheit*) squadron; (*Formation*) echelon ❷ SPORT (*~lauf*) relay [race]; (*Mannschaft*) relay team ❸ TV season; ***die 3. Staffel von „Deep Space Nine"*** "Deep Space Nine's" 3rd season

Staffelbesteuerung *f* FIN graduated taxation

Staffelei <-, -en> *f* easel

Staffellauf *m* relay [race] **Staffelläufer(in)** <-s, -> *m(f)* relay runner [*or* skier] **Staffellohn** *m* ÖKON differential wage; (*nach Leistung*) incentive wage **Staffelmiete** *f* JUR step-up lease, graduated rent

staffeln *vt* ❶ (*einteilen*) ■**etw** ~ to grade [*or* graduate] sth ❷ (*formieren*) ■**etw** ~ to stack [up *sep*] [in a pyramid shape] ❸ SPORT **gestaffelte Abwehr/Startzeiten** staggered defence [*or* AM -se]/starting times

Staffelpreis *m* HANDEL graduated price **Staffelschwimmen** *nt* relay swimming *no pl, no indef art* **Staffeltarif** *m* differential tariff

Staff(e)lung <-, -en> *f* ❶ (*Einteilung*) graduation, grading ❷ (*Formierung*) stacking [in the shape of a pyramid] ❸ SPORT *Startzeiten* staggering *no pl, no indef art*

Stagflation <-, -en> *f* ÖKON stagflation

Stagnation <-, -en> *f* stagnation, stagnancy

Stagnationsperiode *f* ÖKON period of stagnation

stagnieren* *vi* to stagnate; **~de Börse** stagnant market

Stagnierung <-, -en> *f* ÖKON stagnation; **geschäftliche** ~ stagnation of trade

stahl *imp von* **stehlen**

Stahl <-[e]s, -e *o* Stähle> *m* ❶ (*legiertes Eisen*) steel; **rostfreier** ~ stainless steel ❷ *kein pl* (*poet: Stichwaffe*) blade

Stahlarbeiter *m* steelworker

Stahlbau¹ *m kein pl* (*Bautechnik*) steel construction *no art*, structural steel engineering *no art*

Stahlbau² <-bauten> *m* (*Bauwerk*) steel structure, steel-girder construction

Stahlbeton *m* reinforced concrete, R/C, ferroconcrete *spec* **Stahlblech** *nt* sheet steel; (*Stück*) steel sheet

stählen *vt* ■**etw** ~ to harden [*or* toughen] sth

stählern *adj* ❶ (*aus Stahl hergestellt*) steel, of steel *pred* ❷ (*fig geh*) iron *attr*, of iron *pred*

Stahlfeder *f* ❶ (*Schreibfeder*) steel nib ❷ (*Sprungfeder*) steel spring **Stahlgerüst** *nt* [tubular] steel scaffolding *no pl, no indef art* **stahlhart** *adj* (*a. fig*) [as] hard as steel *pred*, iron-hard *fig*; ■ ~ **sein** to be [as] hard as steel; **ein ~er Händedruck** a crushing [*or* an iron] grip **Stahlhelm** *m* MIL steel helmet **Stahlindustrie** *f kein pl* steel industry **Stahlkammer** *f* strongroom, steel vault **Stahlkocher** *m* steelworker **Stahlproduktion** *f* steel production **Stahlrohr** *nt* steel tube [*or* pipe] **Stahlrohrmöbel** *pl* tubular steel furniture *no pl* **Stahlross^RR** <-es, -rösser> *nt* (*Dampflokomotive*) iron horse *liter*, steamer *fam* **Stahlstab** *m* BAU steel rod **Stahlstich** *m* die-stamping, relief stamping, steel engraving **Stahlträger** *m* steel girder **Stahlunternehmen** *nt* steel company **Stahlwaren** *pl* steelware + *sing vb* **Stahlwerk** *nt* steel mill, steelworks + *sing/pl verb*

stak *imp von* **stecken I**

Stake <-n, -n> *f*, **Staken** <-s, -> *m* DIAL [punt [*or* barge]] pole

staken I. *vt Floß, Kahn* to pole, to punt **II.** *vi sein* (*staksen*) to stalk

Staketenzaun *m* paling, BRIT *a.* palings *pl*, picket fence

Stakkato <-s, -s *o* Stakkati> *nt* staccato

staksen *vi sein* (*fam*) to stalk; (*mühselig*) to hobble; (*unsicher*) to teeter

staksig I. *adj* awkward, clumsy **II.** *adv* ~ **gehen** to hobble, to move clumsily; (*unsicher*) to teeter [*or* wobble]

Stalagmit <-en *o* -s, -en> *m* stalagmite

Stalaktit <-en *o* -s, -en> *m* stalactite

Stalinismus <-> *m kein pl* Stalinism *no art*

Stalinist(in) <-en, -en> *m(f)* Stalinist

stalinistisch *adj* Stalinist

Stalinorgel *f* (*fam*) multiple rocket launcher

Stall <-[e]s, Ställe> *m* ❶ AGR (*Hühner~*) coop, henhouse; (*Kaninchen~*) hutch; (*Kuh~*) cowshed, [cow] barn AM, byre BRIT *liter*; (*Pferde~*) stable; (*Schweine~*) [pig]sty, [pig]pen AM ❷ SPORT (*sl: Rennstall*) [racing] team ▶ WENDUNGEN: **ein** [**ganzer**] ~ **voll** (*fam*) a [whole] bunch [*or* load] *fam*; ***ein ganzer ~ voll Kinder*** a whole herd of kids **Stallaterne** *f s.* **Stalllaterne** **Stallbursche** *m* stable lad, groom **Stallgeruch** *m kein pl* ❶ (*Geruch in einem Viehstall*) stable smell ❷ SOZIOL (*hum fam*) reputation **Stallhase** *m* (*hum fam*) rabbit (*kept in a hutch by breeders*) **Stallknecht** *m* (*veraltend: für Pferde*) stable hand [*or* lad], groom; (*für Kühe*) cowhand **Stalllaterne^RR** *f* stable lamp **Stallmeister** *m* head groom; **königlicher** ~ equerry

Stallung <-, -en> *f meist pl* stables *pl*, stabling *no pl, no indef art*

Stamm <-[e]s, Stämme> *m* ❶ (*Baumstamm*) [tree] trunk, bole *liter*; *s. a.* **Apfel** ❷ BIOL (*Kategorie*) phylum; (*von Bakterien, Pflanzen-, Tierzüchtung*) strain ❸ LING stem ❹ (*Volksstamm*) tribe ❺ (*feste Kunden*) regulars *pl*, regular customers *pl*; (*Mitglieder*) regular members *pl*; (*Belegschaft*) permanent staff + *sing/pl verb* ▶ WENDUNGEN: **vom ~e Nimm sein** (*hum, pej a. fam*) to be a great one for accepting gifts *hum fam*, to be out for what one can get *pej fam*

Stammaktie [-aktsiə] *f* ordinary share, common stock AM **Stammaktionär(in)** *m(f)* BÖRSE ordinary shareholder [*or* AM stockholder] **Stammbaum** *m* family [*or* genealogical] tree, phylogenetic tree *spec* **Stammbelegschaft** *f* permanent [*or* regular] staff + *sing/pl verb* **Stammbetrieb** *m* ÖKON parent company **Stammbuch** *nt* family register ▶ WENDUNGEN: **jdm etw ins ~ schreiben** to make sb take note of sth [*or* take sth to heart] **Stammdatei** *f* INFORM master file **Stammeinlage** *f* FIN capital contribution

stammeln I. *vi* to stammer; ■**das S~** stammering **II.** *vt* ■**etw** ~ to stammer [out] sth

stammen *vi* ❶ (*gebürtig sein*) **von Berlin/aus dem Ausland** ~ to come from Berlin/abroad [*or* overseas]; ***woher ~ Sie?*** where are you [*or* where do you come] from [originally]? ❷ (*herrühren*) **von jdm/aus dem 16. Jahrhundert** ~ to [originally] belong to sb/to date from [*or* back to] the 16th century; ***diese Unterschrift stammt nicht von mir*** this signature isn't mine

Stammesbrauch *m* tribal custom **Stammesentwicklung** *f* BIOL phylogeny **Stammesfürst** *m* tribal chief, chief of a/the tribe **Stammeshäuptling** *m* chieftain, head of a/the tribe, head honcho AM *fam*

Stammform *f* LING base [*or spec* cardinal] form **Stammfunktion** *f* MATH original [function] **Stammgast** *m* regular [guest], habitué *liter* **Stammgut** *nt* JUR family estate **Stammhalter** *m* son and heir **Stammhaus** *nt* ÖKON parent company **Stammholzproduktion** *f* round timber production

stämmig *adj* stocky, sturdy, thickset

Stammkapital *nt* ordinary [*or* equity] share capital **Stammkneipe** *f* local [*or* usual] pub [*or* AM bar], local BRIT *fam* **Stammkunde, -kundin** *m, f* regular [customer] **Stammkundschaft** *f* regulars *pl*, regular customers *pl* **Stammlokal** *nt* favourite [*or* AM favorite] [*or* usual] café/restaurant/bar; (*Kneipe a.*) local BRIT *fam* **Stammmutter^RR** *f* ancestress, progenitrix *form* **Stammplatz** *m* regular [*or* usual] seat, regular place **Stammsitz** *m* ancestral seat; *Firma* headquarters + *sing/pl verb* **Stammtisch** *m* ❶ (*Tisch für Stammgäste*) table reserved for the regulars ❷ (*Stammgäste am ~ 1*) [group of] regulars; [**seinen**] ~ **haben** to meet [[up] with *fam*] one's fellow regulars **Stammutter** *f s.* **Stammmutter** **Stammvater** *m* ancestor, progenitor *form* **stammverwandt** *adj inv* related; *Wörter* cognate **Stammverzeichnis** *nt* INFORM root directory **Stammvokal** *m* LING root [*or* stem] vowel **Stammwähler(in)** *m(f)* staunch supporter, loyal voter; *s. a.* **Wechselwähler** **Stammwerk** *nt* principal factory

stampfen I. *vi* ❶ *haben* (*auf~*) [**mit dem Fuß** [**auf den Boden**]] ~ to stamp [one's foot]; [**mit den Hu-**

fen] ~ to paw the ground [with its hooves] ② *sein* (~*d gehen*) ■ **irgendwohin** ~ to stamp off somewhere; (*schweren Schrittes a.*) to tramp somewhere; (*mühselig*) to trudge [*or* plod] somewhere ③ *haben* (*von Maschine*) to pound ④ *haben* (*von Schiff*) to pitch **II.** *vt haben* ① (*fest~*) ■ **etw** ~ to tamp [down *sep*] sth; **gestampfter Lehm** tamped [*or spec* pugged] clay ② (*zer~*) ■ **etw [zu etw]** ~ to mash sth [to sth]; **Kartoffeln [zu Kartoffelbrei]** ~ to mash potatoes; **Trauben mit den [nackten] Füßen** ~ to tread grapes

Stampfer <-s, -> *m* ① (*Kartoffel~*) [potato] masher ② (*für Sand/Schotter*) tamper

stand *imp von* **stehen**

Stand <-[e]s, Stände> *m* ① (*das Stehen*) standing [position]; **keinen festen/sicheren ~ auf der Leiter haben** to not have a firm/safe [*or* secure] foothold on the ladder; **aus dem** ~ from a standing position [*or* start]; **den Motor im ~ laufen lassen** to let the engine idle ② (*Verkaufsstand*) stand; (*Messe~ a.*) booth; (*Markt~ a.*) stall BRIT; (*Taxen~*) rank ③ (*Anzeige*) reading; **laut ~ des Barometers** according to the barometer [reading] ④ *kein pl* (*Zustand*) state, status; **der ~ der Forschung** the level of research; **der neueste ~ der Forschung/Technik** state of the art; **der ~ der Dinge** the [present] state of things [*or* affairs]; **beim gegenwärtigen ~ der Dinge** at the present state of affairs, the way things stand [*or* are] at the moment; **sich auf dem neuesten ~ befinden** to be up-to-date; **etw auf den neuesten ~ bringen** to bring sth up-to-date ⑤ BÖRSE, ÖKON (*Kurs*) rate, quotation; **~ der Aktiva und Passiva** statement of assets and liabilities ⑥ (*Spielstand*) score ⑦ SCHWEIZ (*Kanton*) canton ⑧ (*Gesellschaftsschicht*) station, status; (*Klasse*) class, rank; **der geistliche ~** the clergy ▶ WENDUNGEN: **in den ~ der Ehe treten** (*geh*) to be joined in matrimony *form;* **der dritte ~** the third estate; **einen/keinen festen ~ unter den Füßen haben** to be settled/unsettled; **[bei jdm] einen schweren [*o* keinen leichten] ~ haben** to have a hard time of it [with sb]; **aus dem ~ verreisen** to go away on an impromptu journey; **aus dem ~ [heraus]** off the cuff

Standard <-s, -s> [ˈʃtandart, ˈst-] *m* ① (*Grundausstattung*) standard [equipment]; (*Grundeinrichtung*) standard [facility] ② (*Norm*) standard ③ (*gesetzlicher Feingehalt in Münzen*) standard [for coins]

Standardabweichung *f in der Statistik* standard deviation **Standardanwendung** *f* TECH standard application **Standardartikel** *m* ÖKON standart article, stock item **Standardatmosphäre** *f* standard atmosphere **Standardausführung** *f* standard design [*or* model] **Standardausrüstung** *f* standard equipment **Standardausstattung** *f* standard facilities *pl* **Standardbauweise** *f* HANDEL standard design **Standardbrief** *m* standard letter **Standardeinstellung** *f* standard setting **Standarderzeugnis** *nt* HANDEL standard product **Standardformat** *nt* TECH standard format **Standardformulierung** *f* standard wording *no pl, no indef art* **Standardgebühr** *f* standard fee **Standardgröße** *f* standard size

standardisieren* [ʃtandardiˈziːrən, ˈst-] *vt* ■ **etw** ~ to standardize sth; ■ **standardisiert** standardized

Standardisierung <-, -en> *f* standardization

standardmäßig *adj* standard **Standardmodell** [ˈʃtandart, ˈst-] *nt* standard model **Standardmuster** *nt* HANDEL standard pattern **Standard-PC** *m* INFORM standard PC **Standardschnittstelle** *f* INFORM standard interface **Standardselbstkosten** *pl* HANDEL standard cost price **Standardsoftware** *f* INFORM standard software **Standardsortiment** *nt* HANDEL standard range of products **Standardtanz** *m* set pattern dance **Standardtarif** *m* ÖKON standard rate **Standardtextprogramm** *nt* INFORM standard text program **Standardtyp** *m* HANDEL stock model **Standardverfahren** *nt* ADMIN standard procedure **Standardvertrag** *m* JUR standard form contract **Standardverzeichnis** *nt* INFORM standard directory **Standardwerk** *nt* core literature; ***das ~ der deutschen Literaturgeschichte ist ...*** the book that everyone needs to have [read] on German literature is ... **Standardwerte** *pl* BÖRSE leaders **Standardzahlungssystem** *nt* FIN standard system of payment

Standarte <-, -n> *f* ① (*Fahne*) standard, banner; *Auto* pennant ② HIST [SA/SS] unit

Standbein *m* standing [*or* support] leg; SPORT (*beim Basketball*) pivot leg; (*Eislauf*) tracing leg; (*Fechten*) rear leg **Standbild** *nt* statue; **jdm ein ~ errichten** to erect [*or* raise] a statue to sb

Stand-by-Betrieb *m* stand-by mode; ■ **im ~** in stand-by mode **Stand-by-Kredit** *m* FIN standby credit **Stand-by-Modus** *m* INFORM standby mode **Stand-by-Taste** *f* stand-by button

Ständchen <-s, -> *nt* serenade; **jdm ein ~ bringen** to serenade sb

Stander <-s, -> *m* pennant

Ständer <-s, -> *m* ① (*Gestell*) stand; (*Stempel~*) [stamp] rack ② (*sl: erigierter Penis*) hard-on *sl;* **einen ~ bekommen/haben** (*sl*) to get/have [got] a hard-on *sl*

Ständerat *m* SCHWEIZ upper chamber (*of the Swiss parliament*)

Ständerat, -rätin *m, f* SCHWEIZ member of the upper chamber (*of the Swiss parliament*)

Ständerboden *m* BAU raised floor **Ständerbohrmaschine** *f* drill press

Standesamt *nt* registry office *esp* BRIT **standesamtlich I.** *adj* civil; **eine ~e Bescheinigung** a certificate from the registry office; **eine ~e Heirat** a registry office [*or* civil] wedding; **~e Urkunde** document issued by a registrar's office **II.** *adv* **sich ~ trauen lassen** to get married in a registry office, to have a registry office [*or* civil] wedding, to be married by the Justice of the Peace AM **Standesbeamte(r), -beamtin** *m, f* registrar **standesgemäß I.** *adj* befitting one's social status [*or* standing] *pred;* **~e Heirat** marriage within one's social class; ■ **~ sein** to befit one's social status [*or* standing] **II.** *adv* in a manner befitting one's social status [*or* standing]; **~ heiraten** to marry within one's social class

standfest *adj* stable, steady **Standfestigkeit** *f kein pl* ① (*Stabilität*) stability *no pl* ② *s.* **Standhaftigkeit** **Standflügel** *m* BAU fixed wing **Standgeld** *nt* stallage, stall rent **Standgenauigkeit** *f* TYPO positioning [*or* register] accuracy **Standgericht** *nt* MIL summary [*or spec* drumhead] court martial; **jdn vor ein ~ stellen** to try sb by martial law, to court-martial sb

standhaft I. *adj* steadfast; ■ **~ sein** to be steadfast, to stand firm **II.** *adv* steadfastly; **sich ~ weigern** to steadfastly [*or* staunchly] refuse

Standhaftigkeit <-> *f kein pl* steadfastness

stand|halten *vi irreg* ① (*widerstehen*) ■ **[etw** *dat*] ~ to hold out against [*or* withstand] sth, to hold out; **der Belastung von etw** *dat* ~ to put up with the strain of sth; **einer näheren Prüfung/einer kritischen Prüfung ~** to bear [*or* stand up to] closer/a critical examination ② (*aushalten*) ■ **etw** *dat* ~ to endure sth; *Brücke* to hold [*or* bear] sth

Standheizung *f* AUTO parking heater

ständig I. *adj* ① (*dauernd*) constant; **~er Regen** constant [*or* continual] rain ② (*permanent*) permanent **II.** *adv* ① (*dauernd*) constantly, all the time; ***mit ihr haben wir ~ Ärger*** she's a constant nuisance [to us], we're constantly having trouble with her; ***musst du mich ~ kritisieren?*** do you always have to criticize me?, must you constantly criticize me?, must you keep [on] criticizing me? ② (*permanent*) **sich irgendwo ~ niederlassen** to find a permanent home somewhere

Standingovations, Standing Ovations [ˈstændɪŋoʊveɪʃᵊnz] *pl* standing ovation

Standküchenmaschine *f* food processor **Standleitung** *f* INFORM leased line **Standlicht** *nt kein pl* sidelights *pl* BRIT, parking lights *pl* AM **Standmiete** *f* ÖKON stall rent, market dues *pl;* (*auf Messe*) stand rent **Standmixer** *m* blender

Standort <-[e]s, -e> *m* ① (*Unternehmenssitz*) site, location ② (*Standpunkt*) position ③ MIL garrison, post ④ (*von Pflanzen*) site

Standortanalyse *f* ÖKON location analysis **standortangepasst**RR *adj* **~e Nutzpflanzen** habitat-adapted crops **standortbedingt** *adj inv* caused by the location *pred* **Standorterkundung** *f* site [*or* location] reconnaisance [*or* survey] **Standortfaktor** *m* locational factor **Standortoptimierung** *f* optimization of location **Standortpolitik** *f kein pl* ÖKON location policy **Standortsicherung** *f kein pl eines Betriebs* protection of a location **standortunabhängig** *adj inv* regardless of location *pred* **Standortwahl** *f* choice of location

Standpauke *f* (*fam*) telling-off, lecture *fam;* **jdm eine ~ halten** to give sb a telling-off [*or fam* lecture]; (*stärker*) to read the riot act to sb *hum fam* **Standplatz** *m* (*am Campingplatz*) pitch; (*für Taxis*) [taxi] rank **Standpunkt** *m* ① (*Meinung*) [point of] view, viewpoint, standpoint; ***wie ist Ihr ~, was diese Angelegenheit angeht?*** what's your view of this matter?; **etw von einem anderen ~ aus betrachten** to see sth from a different angle [*or* point of view]; **[in etw** *dat*] **auf einem anderen ~ stehen**, **[in etw** *dat*] **einen anderen ~ vertreten** to take a different [point of] view [of [*or* on] sth]; **auf dem ~ stehen, dass ..., den ~ vertreten, dass ...** to take the view [*or form* be of the opinion] that ... ② (*Beobachtungsplatz*) vantage point, viewpoint **Standrecht** <-[e]s> *nt kein pl* MIL martial [*or* military] law **standrechtlich** *adv* summarily; **~ erschossen werden** MIL to be put [straight] before a firing squad **Standrohr** *nt* BAU standpipe **Standseilbahn** *f* funicular railway **Standspur** *f* hard shoulder BRIT, shoulder AM **Stand-still-Klausel** *f* JUR standstill clause **Standuhr** *f* grandfather clock

Stange <-, -n> *f* ① (*langer, runder, dünner Stab*) pole; (*kürzer*) rod ② (*Metall~*) bar ③ *Gewürz* stick ④ *Zigaretten* carton ⑤ (*Ballett*) barre ⑥ (*Vogel~*) perch; (*Hühner a.*) roost ⑦ (*zylindrisches Glas*) tall glass ⑧ (*Geweihteil*) beam ⑨ (*Kandareteil*) bit ⑩ (*sl: erigierter Penis*) rod *sl*, hard-on *sl* ▶ WENDUNGEN: **eine [schöne] ~ Geld** (*fam*) a pretty penny, a packet BRIT *fam;* ***das ist eine ~ Geld!*** (*fam*) that must have cost [you/them etc.] a pretty penny [*or fam* a packet]!; **bei der ~ bleiben** (*fam*) to stick at it *fam;* **jdm die ~ halten** (*fam*) to stand [*or fam* stick] up for sb; **jdn bei der ~ halten** (*fam*) to keep sb at it *fam;* **von der ~** (*fam*) off the peg [*or* AM rack]; **Kleider von der ~ kaufen** to buy clothes off the peg, to buy off-the-peg [*or* ready-to-wear] clothes

StängelRR <-s, -> *m* stalk, stem ▶ WENDUNGEN: **[jdm] vom ~ fallen** to collapse [*or fam* pass out] [on sb/one]; **vom ~ fallen** to be floored [*or* bowled over] [*or fam* gobsmacked]

Stangenbohne *f* runner bean **Stangenbrot** *nt* (*geh*) French loaf **Stangensellerie** *f* celery *no pl* **Stangenspargel** *m* asparagus spears *pl*

stank *imp von* **stinken**

Stänkerei <-, -en> *f* (*fam*) troublemaking *no pl, no indef art*

Stänkerer, Stänkerin <-s, -> *m, f* (*fam*) troublemaker, stirrer BRIT

stänkern *vi* (*fam*) to make [*or* stir up] trouble, to stir things up *fam*

Stanniol <-s, -e> *nt* silver [*or* tin] [*or* BRIT aluminium] [*or* AM aluminum] foil

Stanniolpapier *nt* silver paper

Stanze <-, -n> *f* [blanking *spec*] press, stencil

stanzen *vt* ① (*aus~*) ■ **etw** ~ to press sth ② (*ein~*) ■ **etw in etw** *akk* ~ to cut sth in sth; **Löcher in etw** *akk* ~ to punch holes in sth

Stapel <-s, -> *m* ① (*geschichteter Haufen*) stack; (*unordentlicher Haufen*) pile; *Wäsche* mound ② NAUT stocks *pl;* **etw vom ~ lassen** to launch sth; **vom ~ laufen** to be launched, to take the water *form* ③ INFORM (*Daten- oder Programmeinheit*) batch ▶ WENDUNGEN: **etw vom ~ lassen** (*fam*) to come out with sth *fam;* **Flüche vom ~ lassen** to rain down curses, to rail; **Verwünschungen gegen jdn/etw vom ~ lassen** to launch into a tirade against sb/sth; **einen Witz vom ~ lassen** to crack a joke

Stapelartikel *m* HANDEL staple [comodity] **Stapel-**

datei *f* INFORM sequential [*or* batch] file **Stapelgut** *nt* HANDEL staples *pl*, staple commodities *pl* **Stapellauf** *m* NAUT launch[ing]

stapeln **I.** *vt* ■**etw [auf/in etw** *akk*] ~ to stack sth [on/in sth]; **Holz** ~ to stack [up *sep*] wood **II.** *vr* ■**sich** *akk* **[auf/in etw** *dat*] ~ to pile up [on/in sth]

Stapelverarbeitung *f* INFORM batch processing **Stapelverarbeitungsprogramm** *nt* INFORM batch processing program **Stapelverarbeitungssystem** *nt* INFORM batch system

stapfen *vi sein* ■**durch etw** ~ to tramp through sth; (*mühseliger*) to trudge [*or* plod] through sth

Stapfen <-s, -> *m* footprint

Staphylokokkeninfektion *f* MED staphylococcal infection

Staphylokokkus <-, Staphylokokken> *m* staphylococcus, staph

Star¹ <-[e]s, -e> *m* (*Vogelart*) starling

Star² <-[e]s, -e> *m* MED cataract; **grauer** ~ grey [*or* AM gray] [*or spec* lenticular] cataract; **grüner** ~ glaucoma ▶ WENDUNGEN: **jdm den** ~ **stechen** (*fam*) to tell sb some home truths *fam*

Star³ <-s, -s> [ʃtaːɐ, st-] *m* ❶ (*berühmte Person*) star ❷ (*berühmter Vertreter seines Fachs*) leading light

Starallüren *pl* (*pej*) airs and graces *pl pej*; ~ **zeigen** [*o* **haben**] to put on airs and graces, to act like a prima donna *pej*; ~ **an den Tag legen** to put on [*or* give oneself] airs [and graces] **Staranwalt, -anwältin** [ˈʃtaːɐ, st-] *m, f* star lawyer, legal eagle *fam* **Stararchitekt(in)** *m(f)* (*fam*) leading [*or* top] architect

starb *imp von* **sterben**

Stardirigent(in) *m(f)* (*fam*) leading [*or* star] conductor

stark <stärker, stärkste> **I.** *adj* ❶ (*kräftig*) strong; ~**e Muskeln** strong muscles, brawn ❷ (*mächtig*) powerful, strong ❸ (*dick*) thick; **ein** ~**er Ast** a thick branch, a bough *liter* ❹ (*euph: korpulent*) large, well-built *euph* ❺ (*heftig*) ~**er Frost** severe [*or* heavy] frost; ~**e Hitze/Kälte** intense [*or* severe] heat/cold; ~**e Regenfälle/Schneefälle** heavy rainfall *no pl*/snowfall[s]; ~**e Schwüle** oppressive sultriness; ~**e Strömung** strong [*or* forceful] current; ~**er Sturm** violent storm; ■~ **sein/stärker werden** to be severe/heavy etc./to become [*or* get] severer/heavier etc. ❻ (*erheblich*) ~**e Entzündung/Vereiterung** severe inflammation/suppuration; **eine** ~**e Erkältung** a bad [*or* heavy] cold; **ein** ~**es Fieber** a bad [*or* high] fever; **eine** ~**e Grippe/Kolik** a bad case of [the *fam*] flu/colic ❼ (*kräftig*) ~**er Applaus** hearty [*or* loud] applause; **ein** ~**er Aufprall/Schlag/Stoß** a hard [*or* heavy] impact/blow/knock; ~**er Druck** high pressure; **ein** ~**er Erdstoß** a heavy seismic shock; **ein** ~**es Geräusch** a loud noise; **ein** ~**er Händedruck** a powerful grip; **ein** ~**es Rauschen** a [loud] roar[ing] ❽ (*beträchtlich*) intense; ~**e Bedenken** considerable reservations; ~**e Gefühle** strong [*or* intense] feelings; ~**e Krämpfe** bad [*or* severe] cramps; ~**e Liebe** deep [*or* profound] love; ~**er Schmerz** severe [*or* intense] pain ❾ (*leistungsfähig*) powerful ❿ (*wirksam*) strong; ~**e Drogen/**~**er Schnaps** strong [*or* hard] drugs/schnapps; ~**e Medikamente** strong [*or* potent] medicines; ***das ist ~!*** (*fig fam*) that's a bit much! *fam*; *s. a.* **Stück** ⓫ (*zahlenstark*) large; **120 Mann** ~ 120 strong; **120 Mann** ~ **sein** to be 120 strong, to number 120; **ein 500 Seiten** ~**es Buch** a book of 500 pages ⓬ (*sl: hervorragend*) great *fam* **II.** *adv* ❶ (*heftig*) a lot; ~ **regnen/schneien** to rain/snow heavily, a lot; ***gestern hat es ~ gestürmt*** there was a heavy [*or* violent] storm yesterday ❷ (*beträchtlich*) badly; ~ **beschädigt** badly [*or* considerably] damaged ❸ (*erheblich*) severely; ~ **bluten** to bleed profusely; ~ **erkältet sein** to have a bad [*or* heavy] cold ❹ (*kräftig*) hard; ~ **applaudieren** to applaud loudly [*or* heartily] ❺ (*eine große Menge verwendend*) strongly; ~ **gewürzt** highly spiced; **zu** ~ **gesalzen** too salty ❻ (*in höherem Maße*) greatly, a lot; ***die Ausstellung war ~ besucht*** there were a lot of visitors to the exhibition; **sich** *akk* **an etw** *dat* ~ **beteiligen** to be heavily involved in sth, to play a big part in sth; ~ **gekauft werden** to sell extremely well [*or fam* like hot cakes]; **sich** ~ **langweilen** to be bored stiff [*or* BRIT rigid] *fam*; ~ **übertreiben** to greatly [*or* grossly] exaggerate; ~ **vertreten** strongly represented ❼ (*in großem Maßstab*) greatly ❽ (*sl: hervorragend*) great; **sich** ~ **aufmotzen** (*fam*) to tart [*or* AM do] oneself up *fam*, to get heavily dolled up *fam* ▶ WENDUNGEN: **sich für jdn/etw** ~ **machen** (*fam*) to stand up for sb/sth

Starkbier *nt* strong beer

Stärke¹ <-, -n> *f* ❶ (*Kraft*) strength ❷ (*Macht*) power; **militärische** ~ military strength [*or* might] ❸ (*Dicke*) thickness ❹ (*zahlenmäßiges Ausmaß*) size; *Armee* strength; *Partei* numbers *pl* ❺ (*Fähigkeit*) **jds** ~ **sein** to be sb's forte [*or* strong point]

Stärke² <-, -n> *f* ❶ CHEM starch, amylum *spec* ❷ (*Wäschestärke*) starch

stärkehaltig *adj* starchy; ~**e Pflanzen** plants containing starch

Stärkemehl *nt* thickening agent, ≈ cornflour BRIT, ≈ cornstarch AM

stärken **I.** *vt* ■**etw** ~ ❶ (*kräftigen*) to strengthen sth; **die Konzentrationsfähigkeit** ~ to improve concentration; *s. a.* **Rücken** ❷ (*verbessern*) to strengthen [*or* consolidate] sth ❸ (*steif machen*) **ein Hemd** ~ to starch a shirt **II.** *vi* ■~**d** fortifying, restorative; ~**des Mittel** tonic, restorative **III.** *vr* ■**sich** ~ to take some refreshment

Starkstrom *m* ELEK heavy [*or* power] current; ***„Vorsicht ~!"*** "Danger! — high-voltage lines"

Starkstromkabel *nt* power cable **Starkstromleitung** *f* power line

Stärkung <-, -en> *f* ❶ *kein pl* (*das Stärken*) strengthening *no pl*, consolidation *no pl*; ~ **der Währungsreserven** ÖKON bolstering of the currency reserves ❷ (*Kräftigung*) refreshment

Stärkungsmittel *nt* tonic, restorative

Starmodell *nt* (*fam*) top model **Staroperation** *f* MED cataract operation [*or* extraction]

starr **I.** *adj* ❶ (*steif*) rigid ❷ (*erstarrt*) stiff, paralysed [*or* AM -lyzed]; ■~ **vor etw** *dat* paralysed with sth; ~ **vor Kälte** numb with cold; ~ **vor Schreck** paralysed with fear [*or* terror]; ~ **vor Staunen/Verblüffung** dumbfounded, gobsmacked BRIT ❸ (*reglos*) ~**e Augen** glassy eyes; ~**er Blick** [fixed] stare; **ein** ~**es Grinsen** a forced grin ❹ (*rigide*) inflexible, rigid; **eine** ~**e Haltung** an unbending [*or* BRIT *form* intransigent] attitude **II.** *adv* ❶ (*bewegungslos*) **jdn/etw** ~ **ansehen** to stare at sb/sth; ~ **lächeln** to force a smile, to give a forced smile ❷ (*rigide*) ~ **an etw** *dat* **festhalten** to hold rigidly to sth

Starrachse *f* AUTO rigid axle

Starre <-> *f kein pl* immovability *no pl*; *Leiche* rigidity *no pl*, stiffness *no pl*

starren *vi* ❶ (*starr blicken*) ■**an/in etw** *akk* ~ to stare at/into sth ❷ (*bedeckt sein*) **von/vor Dreck** ~ to be thick [*or* covered] with dirt; **von Waffen** ~ to be bristle [*or* BRIT to stiff] with weapons

Starrheit <-> *f kein pl* intransigence *no pl form*

Starrkopf *m* pigheaded [*or* obstinate] person; **einen** ~ **haben** to be pigheaded **starrköpfig** *adj s.* **starrsinnig** **Starrkrampf** *m* MED tetanus, lockjaw **Starrsinn** *m* stubbornness *no pl*, pigheadedness *no pl* **starrsinnig** *adj* stubborn, pigheaded

Start <-s, -s> *m* ❶ LUFT take-off; **zum** ~ **freigeben** to give clearance to start; ***die Maschine kann noch nicht zum ~ freigegeben werden*** the plane cannot be cleared for take-off yet; RAUM lift-off, launch ❷ SPORT start; **am** ~ **sein** (*von Läufern*) to be on [*or* at] the starting line; (*von Fahrern/Rennwagen*) to be on the starting grid; **fliegender/stehender** ~ flying [*or* rolling]/standing start ❸ (*Beginn*) start; *Projekt* launch[ing]; **automatischer** ~ TECH autostart

Startauflage *f kein pl* VERLAG first printing **Startautomatik** *f* AUTO automatic choke **Startbahn** *f* LUFT [take-off] runway **Startbatterie** *f* AUTO start-up battery **startbereit** *adj* ❶ LUFT ready for take-off *pred*; RAUM ready for lift-off *pred* ❷ SPORT ready to start [*or* to go] [*or* BRIT *fam* for the off] *pred* **Startbit** *nt* INFORM start bit [*or* element] **Startblock** *m* SPORT starting block; (*Schwimmen*) starting platform **Startdiskette** *f* INFORM startup [*or* boot] disk **Startdividende** *f* BÖRSE initial dividend

starten **I.** *vi sein* ❶ LUFT to take off; RAUM to lift [*or* blast] off, to be launched ❷ SPORT ■**[zu etw]** ~ to start [[on] sth]; ***die Läufer sind gestartet!*** the runners have started [*or* are off]!; ■**für jdn/etw** ~ to participate [*or* take part] for sb/sth ❸ (*beginnen*) to start; *Projekt* to be launched **II.** *vt haben* ■**etw** ~ ❶ (*anlassen*) to start sth; **ein Auto** ~ to start a car; **einen Computer** ~ to initialize a computer, to boot [up *sep*] a computer *spec*; **ein Programm** ~ INFORM to start [*or* run] a program ❷ (*abschießen*) to launch sth; **einen Wetterballon** ~ to send up *sep* a weather balloon; *s. a.* **Versuchsballon** ❸ (*beginnen lassen*) to launch [*or* start] sth; **eine Expedition** ~ to get an expedition under way; *s. a.* **Versuch**

Starter <-s, -> *m* AUTO starter, starting motor

Starter(in) <-s, -> *m(f)* SPORT (*Startsignalgeber, Wettkampfteilnehmer*) starter

Starterlaubnis *f* LUFT clearance for take-off; **jdm die** ~ **erteilen** [*o* **geben**] to clear sb for take-off; ~ **haben** to be cleared for take-off **Startflagge** *f* starting flag **Startfreigabe** *f s.* **Starterlaubnis** **Startgeld** *nt* SPORT (*vom Wettkampfteilnehmer*) entry fee; (*Veranstalter zahlt an Sportler*) appearance money [*or* fee] **Startgeschwindigkeit** *f* takeoff [*or* liftoff] speed **Starthilfe** *f* ❶ (*Zuschuss*) initial aid, start-up grant, pump priming ❷ AUTO jump start; **jdm** ~ **geben** to give sb a jump start **Starthilfekabel** *nt* jump leads *pl*, jumper cables *pl* AM **Startkapital** *nt* starting [*or* initial] capital, seed money [*or* capital]

startklar *adj s.* **startbereit**

Startkommando *nt* launching command **Startleiste** *f* INFORM task bar **Startleitzentrum** *nt* RAUM ground control **Startlinie** *f* starting line **Startliste** *f* starting list **Startloch** *nt* SPORT starting hole (*used before the advent of starting blocks*) ▶ WENDUNGEN: **schon in den Startlöchern sitzen** [*o* **stehen**] (*fig fam*) to be on one's blocks BRIT, to be ready and waiting **Startnummer** *f* [starting] number **Startphase** *f* start-up phase **Startplattform** *f* RAUM launching platform, launch pad **Startprogramm** *n* INFORM bootstrap routine **Startrakete** *f* RAUM booster rocket, launch vehicle **Startrampe** *f* RAUM launch[ing] pad **Startschub** *m* RAUM takeoff thrust **Startschuss**^RR *m* SPORT starting signal ▶ WENDUNGEN: **den** ~ **[für etw] geben** (*fig*) to give [sth] the green light [*or* the go-ahead] **Startsignal** *nt* starting signal **Startstrecke** *f* RAUM takeoff distance [*or* run] **Startstufe** *f* RAUM launcher stage **Starttriebwerk** *nt* RAUM booster engine

Startup <-s, -s> [ˈstaːtʌp] *nt* INET, ÖKON start-up

Startupfirma^RR, **Startup-Firma** [ˈstaːtʌp-] *f* start-up

Startverbot *nt* ❶ SPORT ban; **jdn mit einem** ~ **belegen** to ban [*or* bar] sb [from the sport]; **jdn mit einem befristeten** ~ **belegen** to suspend sb [from the sport] ❷ LUFT ban on take-off; ~ **haben** to be grounded **Startzeichen** *nt* starting signal **Startzeit** *f* takeoff time

Stasi¹ <-> *f kein pl kurz für* **Staatssicherheit(sdienst)** *state security service of the former GDR*

Stasi² <-s, -s> *m* (*fam: Angehöriger des Stasi¹*) state security man

Statement <-s, -s> [ˈsteːtmənt] *nt* statement

Statik <-, -en> *f* ❶ *kein pl* (*Stabilität*) stability *no pl* ❷ *kein pl* PHYS statics + *sing verb* ❸ (*statische Berechnung*) static [*or* structural] calculation

Statiker(in) <-s, -> *m(f)* TECH structural engineer

Station <-, -en> *f* ❶ (*Haltestelle*) stop ❷ (*Aufenthalt*) stay, stopover; ~ **machen** to make a stop, to have a rest; **in einem Rasthaus** ~ **machen** to stopover [*or* stay] in a motel ❸ (*Klinikabteilung*) ward; **innere** ~ medical ward; **auf** ~ **1 liegen** to be on ward 1 ❹ (*Sender*) station ❺ METEO, MIL, SCI station ❻ REL station [of the cross]

stationär I. *adj* ❶ MED in-patient *attr;* **ein ~er Aufenthalt** a stay in [*or* AM the] hospital; **~e Einweisung** admission to hospital, hospitalization ❷ (*örtlich gebunden*) fixed, stationary; ***unser ~es Labor befindet sich in Hamburg*** our main [*or* permanent] laboratory is in Hamburg II. *adv* MED in [*or* AM the] hospital; **jdn ~ aufnehmen** [*o* **einweisen**] to admit sb to hospital, to hospitalize sb; **jdn ~ behandeln** to treat sb in hospital, to give sb in-patient treatment

stationieren* *vt* MIL ❶ (*installieren*) ■**jdn/etw irgendwo ~** to station [*or* post] sb/sth somewhere ❷ (*aufstellen*) ■**etw irgendwo ~** to deploy sth somewhere

Stationierung <-, -en> *f* MIL ❶ (*das Installieren*) stationing, posting ❷ (*Aufstellung*) deployment

Stationsarzt, -ärztin *m, f* ward doctor [*or* physician] **Stationsschwester** *f* ward sister BRIT, senior nurse AM **Stationsvorsteher(in)** *m(f)* BAHN stationmaster

statisch *adj* ❶ BAU static; **~e Zeichnung** structural drawing ❷ ELEK static ❸ (*keine Entwicklung aufweisend*) in abeyance *pred,* at a standstill *pred*

Statist(in) <-en, -en> *m(f)* FILM extra; THEAT supernumerary *spec*

Statistik <-, -en> *f* ❶ SCI statistics + *sing verb* ❷ (*statistische Aufstellung*) statistics *pl;* ■**eine ~** a set of statistics; ■**~en** statistics *pl*

Statistiker(in) <-s, -> *m(f)* statistician

Statistin <-, -nen> *f fem form von* **Statist**

statistisch I. *adj* statistical; **~e Berechnung** structural analysis; **~e Daten** statistics + *pl vb;* **~e Erhebung** statistical investigation; **~e Zahlen** statistics II. *adv* statistically; **etw ~ erfassen** to make a statistical survey of sth, to record the statistics of sth; **~ nicht aufgliederbare Transaktionen** transactions not included in the statistics

Stativ <-s, -e> *nt* tripod

statt I. *präp +gen* ■**~ jds/einer S.** instead of sb/sth, in sb's/sth's place II. *konj* (*anstatt*) ■**~ etw zu tun** instead of doing sth

Statt <-> *f kein pl* ■**an jds ~** in sb's place [*or geh* stead]; *s. a.* **Eid, Kind**

stattdessen[RR] *adv* instead; ***der Film läuft nicht mehr – wollen wir ~ in den anderen?*** the film isn't showing anymore – shall we see the other one instead?

Stätte <-, -n> *f* (*geh*) place

statt|finden *vi irreg* ❶ (*abgehalten werden*) to take place; *Veranstaltung a.* to be held ❷ (*sich ereignen*) to take place, to happen **statt|geben** *vi irreg* (*geh*) ■**etw** *dat* **~** to grant sth; **einem Antrag/Einspruch ~/nicht ~** to sustain/overrule a motion/an objection; **einer Beschwerde ~** to allow [*or* grant] an appeal

statthaft *adj pred* ■**~ sein** to be allowed [*or* permitted] **Statthalter(in)** *m(f)* HIST governor

stattlich *adj* ❶ (*imposant*) imposing; **ein ~er Bursche** a strapping [*or* powerfully built] young man; **ein ~es Gebäude** a stately [*or* an imposing] [*or* a magnificent] building; **ein ~es Auto/Tier** a magnificent [*or* splendid] car/animal; **ein ~er Fisch** a whopper *fam;* ***ist er nicht ~?*** isn't he a hunk? *fam* ❷ (*beträchtlich*) handsome, considerable; **eine ~e Größe** a considerable height

Statue <-, -n> ['ʃtaːtuə, 'st-] *f* statue; (*kleiner*) statuette

Statuengruppe *f* group of statues

statuieren* *vt* (*geh*) **aus etw ein Exempel ~** to make an example out of sth

Statur <-, -en> *f* (*geh*) build, physique; **von imposanter/kräftiger ~ sein** to be of imposing/powerful stature

Status <-, -> *m* ❶ (*Stellung*) status, position; **~ quo/~ quo ante** status quo ❷ JUR status ❸ MED state, status ❹ INFORM state; **aktiver ~** active state

Statusabfrage *f* INFORM status poll [*or* line] **Statussymbol** *nt* status symbol **Statuszeile** *f* INFORM status line

Statut <-[e]s, -en> *nt meist pl* statute; *Verein a.* standing rules *pl;* ■**die ~en aufstellen** to draw up the statutes [*or* standing rules]

Statutenwechsel *m* JUR change of jurisdiction

Stau <-[e]s, -e *o* -s> *m* ❶ (*Verkehrsstau*) traffic jam, congestion; **ein ~ von 10 km** a 10 km tailback BRIT, AM traffic jam ❷ (*von beweglichen Massen*) build-up

Staub <-[e]s, -e *o* Stäube> *m* ❶ *kein pl* (*Dreck*) dust *no pl, no indef art;* **~ saugen** to vacuum, to hoover BRIT; **~ wischen** to dust; **zu ~ werden** [*o* **zerfallen**] (*geh*) to turn to dust; *Mumie, archäologische Fundstücke* to crumble into dust ❷ *meist pl* SCI dust *no pl* ▶ WENDUNGEN: **den ~ [eines Ortes/Landes] von den Füßen schütteln** to shake the dust [of a place/country] off one's feet; **~ aufwirbeln** (*fam*) to kick up a lot of dust; (*in der Öffentlichkeit*) to make [*or* create] a [big] stir; **vor jdm im ~e kriechen** (*veraltet*) to grovel before sb [*or* at sb's feet]; **sich aus dem ~[e] machen** (*fam*) to clear [*or* make] off *fam;* **sich vor jdm in den ~ werfen** (*veraltet*) to throw oneself at sb's feet

Staubblatt *nt* BOT stamen, stamina **Staubblüte** *f* BOT androecium **Staubecken** *nt* [catchment [*or* storage] *spec*] reservoir [*or* AM basin]

stauben *vi impers* (*Staub aufwirbeln*) sth makes a lot of dust ▶ WENDUNGEN: **pass auf, sonst staubt's!** watch it, or there'll be trouble!

stäuben *vt* ■**etw auf/über etw** *akk* **~** to sprinkle sth on/over sth; **Mehl/Puderzucker auf/über etw** *akk* **~** to dust sth with flour/icing sugar

Staubfaden *m* BOT filament **Staubfänger** <-s, -> *m* (*pej*) dust collector **Staubflocke** *f* piece of fluff, fluff *no indef art, no pl* **Staubgefäß** *nt* BOT stamen

staubig *adj* dusty; ■**~ sein/werden** to be/get dusty

Staubkorn <-körner> *nt* speck [*or liter* mote] of dust, dust particle **Staublunge** *f* MED black lung, pneumo[no]coniosis *spec* **Staubpartikel** *f meist pl* dust particle **staubsaugen** <*pp* staubgesaugt>, **Staub saugen** <*pp* Staub gesaugt> I. *vi* to vacuum, to hoover BRIT II. *vt* ■**etw ~** to vacuum [*or* BRIT hoover] sth **Staubsauger** *m* vacuum [cleaner], hoover BRIT, vac BRIT *fam* **Staubscheibe** *f* ASTRON dust disk **Staubschicht** *f* layer of dust **Staubschweif** *m* ASTRON *eines Kometen* dust tail

staubtrocken *adj* (*überaus trocken*) as dry as a bone; *Lack* touch-dry **Staubtuch** *nt* duster, dustcloth **Staubwand** *f* BAU dust partition **Staubwolke** *f* cloud of dust **Staubzucker** *m* icing sugar, confectioner's sugar AM

stauchen *vt* ❶ (*zusammendrücken*) to compress; TECH *Metall* to upset ❷ (*verstauchen*) to sprain ❸ (*fam: zusammen~*) to tear sb off a strip *fam*

Staudamm *m* dam

Staude <-, -n> *f* HORT perennial [plant]; **winterharte ~** hardy perennial

Staudensellerie *m kein pl* celery *no pl, no indef art*

stauen I. *vt* ■**etw ~** ❶ BAU to dam [up *sep*] sth; **einen Fluss ~** to dam [up] a river, to dam a river up ❷ NAUT to stow sth II. *vr* ❶ (*sich anstauen*) ■**sich** *akk* **[in/hinter etw** *dat*] **~** to collect [*or* accumulate] [in/behind sth]; (*von Wasser a.*) to rise [in/behind sth] ❷ (*Schlange bilden*) ■**sich** *akk* **[vor etw** *dat*] **~** to pile up [*or* become congested] [at [the site of] sth]; ***vor der Unfallstelle stauten sich die Fahrzeuge auf eine Länge von acht Kilometern*** the accident caused an 8 km tailback

Staufach *nt* storage compartment

Staugefahr *f* risk of congestion; **„~"** "delays likely" **staugeplagt** *adj* TRANSP prone to tailbacks [*or* traffic jams] **Staumauer** *f* dam wall **Staumeldung** *f* traffic news + *sing vb,* traffic jam information [*or* report]

staunen *vi* ■**[über jdn/etw] ~** to be astonished [*or* amazed] [at sb/sth]; (*mit Bewunderung a.*) to marvel at sb/sth; **mit offenem Mund ~** to gape in astonishment [*or* amazement]; ■**~, dass ...** to be astonished [*or* amazed] that ...; (*mit Bewunderung a.*) to marvel that ...; ■**~, wie jd etw tut** to be astonished [*or* amazed]/to marvel at sb's ability to do sth; **da staunst du, was?** (*fam*) you weren't expecting that, were you?, that's shocked you, hasn't it?; *s. a.* **Bauklotz**

Staunen <-s> *nt kein pl* astonishment *no pl,* amazement *no pl;* **jdn in ~ versetzen[, dass/wie ...]** to astonish [*or* amaze] sb [that/how ...], to fill sb with astonishment [*or* amazement]; **voller ~** struck [dumb] with astonishment [*or* amazement]

Staupe[1] <-, -n> *f* (*Hundekrankheit*) distemper *no pl, no art*

Staupe[2] <-, -n> *f* HIST (*öffentliche Züchtigung*) public beating [*or* birching] [*or* caning]

Stauraum *m* TRANSP, NAUT cargo space, storage capacity; NAUT stowage, stow space **Stausee** *m* reservoir, artificial lake

Stauung <-, -en> *f* ❶ (*Verkehrsstau*) traffic jam, congestion *no indef art, no pl;* **eine lange ~** a long tailback [*or* AM traffic jam] ❷ *kein pl* (*das Anstauen*) build-up ❸ MED congestion *no pl,* engorgement, stasis *spec*

Std. *f Abk von* **Stunde** hr.

Steak <-s, -s> [steːk, ʃteːk] *nt* steak

Steakmesser *nt* steak knife

Stearin <-s, -e> *nt* stearin

Stechapfel *m* BOT thorn apple, AM *a.* jimson weed **Stechbecken** *nt* MED (*veraltet*) bedpan **Stechbeitel** *m* firmer chisel

stechen <sticht, stach, gestochen> I. *vi* ❶ (*pieksen*) to prick; *Werkzeug* to be sharp ❷ (*von Insekten*) to sting; *Mücken, Moskitos* to bite ❸ (*mit spitzem Gegenstand eindringen*) ■**[mit etw** *dat*] **durch/in etw** *akk* **~** to stick sth through/into sth ❹ (*brennen*) **auf der Haut/in den Augen/in der Nase ~** to sting one's skin/eyes/nose; ***die Sonne sticht in den Augen*** the sun hurts one's eyes ❺ KARTEN ■**[mit etw] ~** to take the trick [with sth]; **mit einem Trumpf ~** to trump ❻ (*spielen*) **ins Gelbliche ~** *Farbe* to have a yellowish tinge [*or* tinge of yellow] II. *vt* ❶ (*durch etwas Spitzes verletzen*) ■**jdn [mit etw] ~** to stab sb [with sth] ❷ (*pieksen*) ■**jdn ~** to prick sb; ■**sich** *akk* **in etw** *akk* **~** to prick one's sth ❸ (*von Insekt*) ■**jdn/ein Tier ~** to sting sb/an animal; (*von Mücken, Moskitos*) to bite sb/an animal ❹ KARTEN ■**etw [mit etw] ~** to take sth [with sth] ❺ (*gravieren*) ■**etw [in etw** *akk*] **~** to engrave sth [in sth]; **wie gestochen** very easy to read; **wie gestochen schreiben** to write a clear hand; *s. a.* **Auge, Spargel, Torf** III. *vr* ■**sich** *akk* **[an etw** *dat*] **~** to prick oneself [on sth] IV. *vi impers* **es sticht [jdm [*o* jdn]] in der Seite** sb has a sharp [*or* stabbing] pain in his/her side

Stechen <-s, -> *nt* ❶ (*stechender Schmerz*) sharp [*or* stabbing] pain, stitch ❷ (*beim Reiten*) jump-off

stechend *adj* ❶ (*scharf*) sharp, stabbing ❷ (*durchdringend*) piercing, penetrating ❸ (*beißend*) acrid; **ein ~er Geruch** an acrid [*or* a pungent] smell

Stechginster *m* BOT gorse, furze **Stechhygrometer** *nt* TYPO sword-type hygrometer **Stechkarte** *f* time [*or* BRIT clocking] card **Stechmücke** *f* gnat, midge; ([*sub*]*tropisch*) mosquito **Stechpalme** *f* holly, ilex *spec* **Stechuhr** *f* time clock, telltale BRIT **Stechzirkel** *m* pair of dividers, dividers *pl*

Steckbrief *m* "wanted" poster **steckbrieflich** *adv* **~ gesucht werden** to be wanted [by the police], to be on the wanted list; **jdn ~ verfolgen** to put up "wanted" posters of sb **Steckdose** *f* [wall] socket, power point, electrical outlet AM **Steckdosenschutz** *m* safety socket cover **Steckeinheit** *f* TECH plug-in unit **Steckeisen** *nt* BAU iron dowel

stecken I. *vi* <steckte *o geh* stak, gesteckt> ❶ (*festsitzen*) ■**[in etw** *dat*] *Dorn, Splitter* to be [sticking] in sth; ■**zwischen/in etw** *dat* **~** to be stuck between/in sth; **[in etw** *dat*] **~ bleiben** to be stuck [fast]/to get stuck [in sth] ❷ (*eingesteckt sein*) ■**hinter/in/zwischen etw** *dat* **~** to be behind/in/among sth; ***der Schlüssel steckt im Schloss*** the key is in the lock; **[in etw** *dat*] **~ bleiben** to stick in sth; *Kugel* to lodge [*or* be lodged] in sth; ■**etw [in etw** *dat*] **~ lassen den Schlüssel ~ lassen** to leave the key in the lock, to leave sth [in sth]; ***lass*** **[*dein Geld*] *stecken!*** leave your money where it is [*or* in your pocket]!, let me pay for this ❸ (*verborgen sein*) ■ **[in etw** *dat*] ~ to be [in sth]; (*von Kindern a.*) to be hiding; ■ **hinter etw** *dat* ~ (*verantwortlich für etw sein*) to be behind [*or* at the bottom of] sth ❹ (*verwickelt sein in*) **[tief] in der Arbeit** ~ to be bogged down in [one's] work; **in einer Krise** ~ to be in the throes of a crisis; **in der Scheiße** ~ (*sl*) to be in the shit BRIT *sl*, to be up shit creek [*or* AM without a paddle] *hum sl*; **in Schwierigkeiten/[tief] in Ärger** ~ to be in difficulties/in [deep] trouble ❺ (*stocken*) **[in etw** *dat*] ~ **bleiben** to falter [in sth]; **in einem Gedicht** ~ **bleiben** to get stuck in [reciting] a poem; *s. a.* **Hals II.** *vt* <stẹckte, gestẹckt> ❶ (*schieben*) ■ **etw hinter/in/unter etw** *akk* ~ to put sth behind/in[to]/under sth; **ein Abzeichen an den Kragen** ~ to pin a badge to one's collar; **einen Brief unter die Tür/einen Zehnmarkschein in die Tasche** ~ to slip a letter under the door/a 10 mark note into one's pocket; **sich** *dat* **einen Ring an den Finger** ~ to slip a ring on one's finger, to slip [*or put*] on a ring *sep*; ***das kannst du dir irgendwohin ~!*** (*fam*) you can stick that where the sun don't shine! *pej fam* ❷ (*fam: befördern*) ■ **jdn in etw** *akk* ~ to put [*or fam* stick] sb in sth; **jdn ins Bett** ~ to put sb to bed *fam*; **jdn ins Gefängnis** ~ to stick sb in prison *fam*, to put sb away [*or* inside] *fam* ❸ (*von Kleidungsstück*) ■ **etw** ~ to pin sth [together]; **den Saum** ~ to pin up the hem *sep* ❹ (*fam: investieren*) ■ **etw in etw** *akk* ~ to put sth into sth; **viel Zeit in etw** *akk* ~ to devote a lot of time to sth ❺ (*sl: verraten*) ■ **jdm etw** ~ to tell sb sth; ■ **jdm ~, dass ...** to tell sb that ...

Stẹcken <-s, -> *m* DIAL, SCHWEIZ stick; (*flexibler a.*) switch

Stẹckenpferd *nt* (*fig a.*) hobby-horse, hobby

Stẹcker <-s, -> *m* plug; **den** ~ **herausziehen** to unplug; **einheitlicher** ~ standard plug

Stẹckerbuchse *f* socket **stẹckerkompatibel** *adj* plug-to-plug compatible

Stẹckkarte *f* INFORM pluggable board, adapter card

Stẹckkontakt *m* ELEK plug

Stẹckling <-s, -e> *m* HORT cutting

Stẹckmodul *nt* INFORM pluggable module **Stẹcknadel** *f* pin ▶ WENDUNGEN: **eine** ~ **im Heuhaufen suchen** to look for a needle in a haystack **Stẹckplatz** *m* INFORM slot; **freier** ~ empty slot **Stẹckrübe** *f* BOT DIAL swede, rutabaga AM **Stẹckschlüssel** *m* box [*or* BRIT socket] spanner [*or* AM wrench] **Stẹckschuss**^RR^ *m* **ein** ~ **im Kopf** a bullet [lodged] in the/one's head **Stẹckverbindung** *f* TECH plug socket

Steeldrum <-, -s> [sti:ldrʌm] *f* MUS steel drum

Steg <-[e]s, -e> *m* ❶ (*schmale Holzbrücke*) footbridge ❷ (*Boots~*) landing stage, jetty ❸ MUS bridge, chevalet *spec* ❹ (*Brillen~*) bridge, nosepiece ❺ *an Hosen* footstrap

Steghose *f* stirrup pants *npl*

Stegreif *m* ■ **etw aus dem** ~ **tun** to do sth off the cuff [*or* just like that]; **eine Rede aus dem** ~ **halten** to make an impromptu [*or* off-the-cuff] [*or* ad-lib] speech

Stegspangenschuh *m* T-strap shoe

Stehaufmännchen *nt* ❶ (*Spielzeug*) tumbler ❷ (*Mensch, der sich immer wieder erholt*) somebody who always bounces back; ***er ist ein richtiges*** ~ he always bounces back

Stehbildkamera *f* stills camera **Stehbordkragen** *m* stand-up collar **Stehbündchen** *nt* turtleneck; **Pullover mit** ~ turtleneck [sweater] **Stehcafé** *nt* stand-up café

stehen <stạnd, gestạnden>

I. INTRANSITIVES VERB **II.** REFLEXIVES VERB **III.** UNPERSÖNLICHES INTRANSITIVES VERB

I. INTRANSITIVES VERB

haben o SÜDD, ÖSTERR, SCHWEIZ *sein* ❶ (*in aufrechter Stellung sein*) ■ **[in/auf etw** *dat*] ~ (*von Menschen*) to stand [in/on sth]; (*warten a.*) to wait [in/on sth]; (*ungeduldig*) to stand around [in/on sth]; (*von länglichen Gegenständen a.*) to be [placed] upright; **einen** ~ **haben** (*sl*) to have a hard-on *sl* ❷ (*hingestellt sein*) ■ **[hinter/in etw** *dat*] ~ to be [behind/in sth]; (*von Auto a.*) to be parked [behind/in sth]; ~ **bleiben** to be left [behind]; **etw [in etw** *dat*] ~ **lassen** to leave sth [in sth]; (*nicht anfassen*) to leave sth where it is; **alles** ~ **und liegen lassen** to drop everything; (*vergessen*) to leave sth behind [in sth] ❸ (*gedruckt sein*) ■ **[auf/in etw** *dat*] ~ to be [on/in sth]; ***wo steht das?*** where does it say that?; (*fig*) who says so?; ***was steht in der Zeitung/seinem Brief?*** what does the paper/his letter say?, what does it say in the paper/his letter?; ***das steht bei Goethe*** that comes from Goethe; ***in der Bibel steht,*** **[*dass*]** ... it is written [in the Bible] [*or* it says in the Bible] that ...; **im Gesetz** ~ to be [embodied in *form*] the law; ~ **bleiben** to be left [in] ❹ (*nicht mehr in Betrieb sein*) to have stopped; (*von Fließband, Maschine a.*) to be at a standstill; **zum S~ kommen** to come to a stop ❺ (*geparkt haben*) ■ **auf/in etw** *dat* ~ to be parked on/in sth; (*von Fahrer*) to have parked on/in sth; ~ **bleiben** to stop; *Kraftfahrzeug, Zug a.* to come to a stop [*or* halt] [*or* standstill]; ***in welcher Zeile waren wir ~ geblieben?*** where did we get to [in the book]?, where did I/we stop reading? ❻ (*nicht verzehren*) ~ **bleiben** to be left untouched; **etw** ~ **lassen** to leave sth untouched ❼ (*von etw betroffen sein*) **unter Alkohol/Drogen** ~ to be under the influence of alcohol/drugs; **unter Schock** ~ to be in a state of shock; **unter der Wirkung einer schlimmen Nachricht** ~ to be suffering from [the effects of] bad news ❽ LING (*verbunden werden*) ■ **mit etw** ~ to take [*or spec* govern] sth; **mit dem Dativ** ~ to be followed by [*or* to take] the dative; ■ **in etw** *dat* ~ to be in sth ❾ (*passen zu*) **jdm [gut/nicht]** ~ to suit sb [well] [*or form* to become sb]/to not suit [*or form* become] sb ❿ (*geahndet werden*) ***auf Mord steht Gefängnis*** the penalty for murder is imprisonment, murder is punishable by imprisonment ⓫ (*ausgesetzt sein*) ***auf die Ergreifung der Terroristen steht eine Belohnung*** there is a reward [*or* a reward has been offered] for the capture of the terrorists ⓬ (*einen bestimmten Spielstand haben*) ***wie steht das Spiel?*** what's the score? ⓭ (*einen bestimmten Wechselkurs haben*) ■ **bei etw** ~ to be [*or* stand] at sth; ***wie steht das Pfund?*** how does the pound stand?, what's the rate for the pound?, how's the pound doing? *fam*; **besser/sehr tief** ~ to be stronger/very low [*or* down a lot] ⓮ (*allein lassen*) **jdn** ~ **lassen** to leave sb [alone]; **jdn einfach** ~ **lassen** to walk off and leave sb, to leave sb standing [there], to walk out on sb ⓯ (*fam: fest sein*) to be [*or* have been] finally settled; ***die Mannschaft steht noch nicht*** the team hasn't been picked [*or* selected] yet; (*fertig sein*) to be ready ⓰ (*an etw festhalten*) ■ **zu etw** ~ to stand by sth; **zu einer Abmachung** ~ to stand by [*or* keep to] an agreement; **zu seinem Versprechen** ~ to stand by [*or* keep] one's promise ⓱ (*zu jdm halten*) ■ **zu jdm** ~ to stand [*or fam* stick] by sb ⓲ (*stellvertretend eingesetzt sein*) ■ **für etw** ~ to stand for sth ⓳ (*eingestellt sein*) ***wie ~ Sie dazu?*** what are your views on [*or* what is your opinion on [*or* of]] it?; **negativ/positiv zu etw** ~ to have a negative/positive opinion [*or* view] of sth ⓴ (*unterstützen*) ■ **hinter jdm/etw** ~ to be behind sb/sth ㉑ (*anzeigen*) ■ **auf etw** *dat* ~ to be at sth; (*von Nadel a.*) to point to sth; **im roten Bereich** ~ to be in the red; ***die Ampel steht auf Rot*** the traffic light is red ㉒ (*sl: gut finden*) ■ **auf jdn/etw** ~ to be mad [*or* crazy] about sb/sth *fam*; ***stehst du auf Techno?*** are you into techno? *sl* ▶ WENDUNGEN: **mit jdm/etw** ~ **und fallen** to depend on sb/sth; **jdm bis hier/oben/zum Hals[e]** ~ (*fam*) to have a surfeit of sth, to be fed up with sth *fam*; ***es steht mir bis hier/oben/zum Hals*** I'm fed up [to the back teeth] with it; ***die Schulden ~ ihr bis zum Hals*** she's up to her neck in debt *fam*

II. REFLEXIVES VERB

❶ (*gestellt sein*) **sich besser/gut/schlecht [bei etw]** ~ to be better/well-/badly off [with sth] ❷ (*auskommen*) ■ **sich gut/schlecht mit jdm** ~ to get on [well]/badly with sb

III. UNPERSÖNLICHES INTRANSITIVES VERB

❶ (*sich darstellen*) ***es steht gut/schlecht*** it's looking good/bad; ***die Dinge ~ nicht gut*** things are looking bad; ***wie steht es bei euch?*** how are things with you? ❷ (*bestellt sein*) **es steht gut/schlecht um jdn/etw** things look [*or* it looks] good/bad for sb/etw, sb/sth is doing well/badly; (*gesundheitlich*) sb is doing well/badly; ***wie steht es um deine Gesundheit?*** how are you feeling?, how is your health?; **es steht mit jdm/etw gut/schlecht** sb/sth is faring well/badly; [***wie geht's,***] ***wie steht's?*** [how are you,] how are [*or* how's] things [*or* how's life]? *fam* ❸ (*geh*) **es steht zu befürchten/erwarten, dass ...** it is to be feared/expected that ...

Stehen <-s> *nt kein pl* ■ **das** ~ standing; **gerades** [*o* **aufrechtes**] ~ standing upright; **etw im** ~ **tun** to do sth standing up; **im** ~ **essen** to have a stand-up meal, to eat standing up

stehend *adj attr* stagnant; **~es Gewässer** stretch of standing [*or* stagnant] water

Steherrennen *nt* (*Rad- und Motorradsport*) motor-paced race

Stehgeiger(in) *m(f)* café violinist **Stehkneipe** *f* stand-up bar **Stehkragen** *m* stand-up collar, choker *fam* **Stehlampe** *f* floor [*or* standard] lamp **Stehleiter** *f* stepladder

stehlen <stahl, gestohlen> **I.** *vt* ■ **[jdm] etw** ~ to steal [*or hum* purloin] [sb's] sth ▶ WENDUNGEN: **jdm die Zeit** ~ to take up [*or* waste] sb's time; **dem lieben Gott die Zeit** ~ to laze the time away; **das/er/sie usw. kann mir gestohlen bleiben!** (*fam*) to hell with it/him/her etc.! *fam*, he/she etc. can go take a running jump! *fam*; **woher nehmen und nicht ~?** (*hum*) where on earth am I going to find that/them etc.? **II.** *vi* to steal; ***es wird dort viel gestohlen*** there's a lot of stealing there; ■ **das S~** stealing **III.** *vr* ❶ (*sich heimlich schleichen*) ■ **sich** *akk* **aus etw** *dat*/**in etw** *akk*/**von etw** *dat* ~ to steal [*or* sneak] out of/into/away from sth ❷ (*sich drücken vor*) ■ **sich aus etw** ~ to sneak out of sth

Stehmontage *f* TYPO assembly for reuse, standing forme [*or* AM form] **Stehplatz** *m* **24 Stehplätze** standing room for 24; ***es gab nur noch Stehplätze*** there was standing room only; ***ich bekam nur noch einen ~*** I had to stand **Stehpult** *nt* high desk **Stehsatzverwaltung** *f* TYPO long-term data management **Stehvermögen** *nt kein pl* staying power *no pl, no indef art*, stamina *no pl, no indef art*; **[großes]** ~ **haben** to have [a lot of] staying power [*or* stamina]

Steiermark <-> *f* ■ **die** ~ Styria

steif *adj* ❶ (*starr*) stiff; **ein ~er Kragen** a stiff collar; ~ **vor Kälte** stiff [*or* numb] with cold; ~ **wie ein Brett** as stiff as a board ❷ (*schwer beweglich*) stiff; **ein ~es Bein** a stiff leg; **einen ~en Hals haben** to have a stiff neck; ■ ~ **sein/werden** to be/grow stiff; **sich** ~ **machen** to go rigid, to lock one's muscles ❸ (*förmlich*) stiff, starchy BRIT *pej fam*; **ein ~er Empfang/eine ~e Begrüßung** a [rather] formal [*or pej fam* starchy] reception/greeting ❹ (*erigiert*) erect; **ein ~er Penis** an erect [*or* a hard] [*or* a stiff] penis, an erection; ■ ~ **sein/werden** to be/become erect ❺ (*fam: alkoholische Getränke*) stiff; **ein ~er Grog** a tot [*or* AM shot] of strong grog, a stiff tot of grog ❻ NAUT **ein ~es Boot** a stiff boat; **eine ~e Brise/See** a stiff breeze/heavy sea ▶ WENDUNGEN: **die Ohren** [*o* **den Nacken**] ~ **halten** to keep one's chin up; ~ **und fest** obstinately, stubbornly, categorically; **sich ~ und fest einbilden, dass ...** to have got it into one's head that ...

steifen *vt* ■ **etw** ~ to stiffen sth; *Wäsche* to starch sth

Steifheit <-> *f kein pl* ❶ (*Festigkeit*) stiffness *no pl*,

S

hardness *no pl*, erectness *no pl* ② (*körperliche Unbeweglichkeit*) stiffness *no pl* ③ (*fig: geistige Unbeweglichkeit*) stiffness *no pl*, starchiness *no pl* ④ (*fig: Förmlichkeit*) stiffness *no pl*, formality

Steigbügel *m* stirrup; MED *a.* stapes *spec* **Steigbügelhalter(in)** *m(f)* (*pej*) backer, supporter; **jds ~ sein** to help sb [to] come to power

Steige <-, -n> *f* DIAL ① (*steile Straße*) steep track ② *s.* **Stiege**

Steigeisen *nt* ① (*für Schuhe*) climbing iron; (*Bergsteigen*) crampon ② (*an Mauern*) step-iron, rung [set into a wall]

steigen <stieg, gestiegen> **I.** *vi sein* ① (*klettern*) to climb; **durchs Fenster ~** to climb through the window; ■**auf etw** *akk* ~ to climb [up] sth ② (*be~*) ■**auf etw** *akk* ~ to get on[to] sth; **auf ein Pferd/aufs Fahrrad ~** to get on[to] [*or* to mount] a horse/to get on one's bike ③ (*ein~*) ■**in etw** *akk* ~ to get [*or* step] into sth; **in einen Zug ~** to get on [*or* board] a train, to entrain *liter* ④ (*aus~*) ■**aus etw ~** to get [*or* step] out of sth; **aus dem Bett ~** to get out of bed; **aus einem Bus ~** to get off [*or* BRIT *form* alight from] a bus; **aus einem Zug ~** to get off [*or form* alight from] a train, to detrain *liter* ⑤ (*ab~*) ■**von etw ~** to get off sth; **vom Fahrrad ~** to get off one's bike; **von einer Leiter ~** to come down off a ladder; **von einem Pferd ~** to get off a horse, to dismount ⑥ (*sich aufwärts bewegen*) to rise [up]; ***die Tränen stiegen ihr in die Augen*** her eyes welled up with tears; ***das Blut stieg ihm ins Gesicht*** the blood rushed to his face, he blushed; ***der Sekt ist mir zu Kopf gestiegen*** the sekt has gone to my head; **in die Luft ~** to rise [*or* soar] into the air; *Flugzeug* to climb [into the air]; *Nebel* to lift; ■**etw ~ lassen** to fly sth; **Drachen/Luftballons ~ lassen** to fly kites [*or* go kite-flying]/to release balloons into the air ⑦ (*fam: sich begeben*) ■**in etw** *akk* ~ to get into sth; **ins Examen ~** to take one's exam ⑧ (*sich erhöhen*) ■**[auf etw** *akk*/**um etw** *akk*] ~ *Achtung* to rise; *Einkommen* mount; *Ergebnisse* grow; *Flut* to swell [*or* rise] [to/by sth]; *Preis, Wert* to increase [*or* rise] [to/by sth]; *Temperatur a.* to climb [to/by sth]; **weiter ~** to continue to rise; **das S~ und Sinken der Kurse** the rise and fall of prices [*or* rates] ⑨ (*sich intensivieren*) to increase, to grow; (*von Spannung, Ungeduld, Unruhe a.*) to mount ⑩ (*fam: stattfinden*) ■**[bei jdm]** ~ to be [*or fam* go down] [at sb's place]; ***heute abend steigt das Fest des Sportvereins*** the sport club's having a party tonight **II.** *vt sein* ■**Treppen/Stufen ~** to climb [up] stairs/steps

steigend *adj inv* ① *Preise, Löhne* rising, increasing, escalating ② *Spannung, Ungeduld* rising, increasing, mounting, escalating ③ *Straße* climbing, rising

Steiger <-s, -> *m* BERGB pit foreman, overman

steigern **I.** *vt* ① (*erhöhen, verstärken*) ■**etw [auf etw** *akk*/**um etw** *akk*] ~ to increase sth [to/by sth]; **die Geschwindigkeit ~** to increase speed, to accelerate; **die Produktion ~** to increase [*or sep* step up] production ② (*verbessern*) ■**etw ~** to add to [*or* improve] sth; **die Qualität ~** to improve [*or* enhance] the quality ③ LING ■**etw ~** to compare sth, to form the comparative of sth **II.** *vr* ① (*sich erhöhen*) ■**sich** *akk* [**auf etw** *akk*/**um etw** *akk*] ~ to increase [*or* rise] [to/by sth] ② (*sich intensivieren*) ■**sich ~** to increase, to grow; *a. Spannung, Ungeduld, Unruhe, Wind* to mount; **gesteigertes Interesse/Misstrauen** great interest/deep[ening] mistrust ③ (*seine Leistung verbessern*) ■**sich ~** to improve ④ (*sich hineinsteigern*) ■**sich** *akk* **in etw** *akk* ~ to work oneself [up] into sth; **sich in Wut ~** to work oneself [up] into a rage

Steigerung <-, -en> *f* ① (*Erhöhung*) increase (+*gen* in), rise (+*gen* in); **eine ~ der Beschleunigung** an increase in [the] acceleration ② (*Verbesserung*) improvement (+*gen* to) ③ LING comparative/superlative ④ HANDEL run-up; **~ der Einfuhren** ÖKON increase in imports; **eine ~ um 5 % gegenüber dem Vorjahr** a 5 % improvement over last year

Steigerungsform *f* LING comparative/superlative form **Steigerungsrate** *f* rate of increase

Steigflug *m* LUFT climb, ascent; **in den ~ übergehen** to go into a climb

Steigung <-, -en> *f* ① (*ansteigende Strecke*) ascent, acclivity *spec* ② (*Anstieg*) slope; **eine ~ von 10 %** a gradient of one in ten [*or* of 10 %]

steil **I.** *adj* ① (*stark abfallend*) steep; **~e Klippen** steep [*or* precipitous] [*or* sheer] cliffs; **ein ~es Ufer** a steep bank, a bluff ② (*eine starke Steigung aufweisend*) steep; ■**~ sein/~er werden** to be steep/to become [*or* get] steeper ③ (*sehr rasch*) rapid, ein *~er Aufstieg*, a rapid [*or* meteoric] rise ④ SPORT **ein ~er Pass/eine ~e Vorlage** a through ball [*or* pass] **II.** *adv* steeply, precipitously; **sich ~ aufrichten** to stand up to one's full height

Steilhang *m* steep slope; (*von Klippe a.*) precipice **Steilheck** *nt* hatchback **Steilheit** <-> *f kein pl* steepness **Steilküste** *f* steep coast, bluff **Steilpass**[RR] *m* through ball [*or* pass] **Steilufer** *nt* steep bank **Steilwand** *f* steep face, precipice

Stein <-[e]s, -e> *m* ① (*Gesteinsstück*) stone, rock AM; (*größer*) rock; **mit ~en gepflastert** paved with stone ② *kein pl* (*Natur~*) stone *no pl*; (*~schicht in der Erde*) rock *no pl*; **zu ~ erstarren/werden** to turn to stone, to petrify *spec* ③ (*Bau~*) stone; **ein Haus aus ~** a house [made] of stone, a stone house; (*Ziegel~*) brick; (*Pflaster~*) paving stone, flag[stone]; (*Kopf~pflaster*) cobblestone ④ (*Grab~*) gravestone ⑤ (*Edel~*) [precious] stone, jewel; (*Diamant a.*) rock AM *fam*; (*in Uhr*) jewel; **imitierte/unechte ~e** paste [jewellery [*or* AM jewelery]] + *sing verb* ⑥ (*Obstkern*) stone ⑦ (*Spiel~*) piece, counter ⑧ MED stone, calculus *spec* ▸ WENDUNGEN: **der/ein ~ des Anstoßes** (*geh*) the/a thorn in sb's eye; (*umstritten*) the/a bone of contention; (*in Vertrag a.*) the/a stumbling block; **es friert ~ und Bein** (*fam*) it's freezing cold, it's brass monkey weather BRIT *sl*; **~ und Bein schwören, etw getan zu haben** (*fam*) to swear by all that's holy [*or fam* all the gods] that one did sth; **bei jdm einen ~ im Brett haben** (*fam*) to be well in with sb *fam*; **mir fällt ein ~ vom Herzen!** that's [taken] a load off my mind!; **es fällt dir kein ~ aus der Krone!** it won't hurt [*or* kill] you!; **den/einen ~ ins Rollen bringen** (*fam*) to start [*or* set] the ball rolling; **jdm ~e in den Weg legen** to put a spoke in sb's wheel BRIT, to put obstacles in sb's way; **jdm alle ~e aus dem Weg räumen** to remove all obstacles from sb's path, to smooth sb's path, to pave the way for sb; **keinen ~ auf dem anderen lassen** to leave no stone standing; ***es blieb kein ~ auf dem anderen*** there wasn't a stone left standing; **wie ein ~ schlafen** (*fam*) to sleep like a log *fam*

Steinadler *m* golden eagle **steinalt** *adj* ancient [*or* as old as Methuselah] *pred hum*; ■**~ sein/werden** to be/become [*or* grow] as old as Methuselah *hum* **Steinbock** *m* ① ZOOL ibex ② ASTROL Capricorn; [**ein**] **~ sein** to be a Capricorn **Steinbohrer** *m* masonry drill **Steinbrech** <-s> *m kein pl* BOT saxifrage **Steinbruch** *m* quarry **Steinbutt** *m* turbot **Steindattel** *f* date-shell **Steindruck** *m* lithography, stone printing **Steineiche** *f* holm [*or* holly] oak

steinern *adj* stone *attr*, [made] of stone *pred*

Steinerweichen *nt* ■**zum ~** heartbreakingly, fit to break your heart *fam*

Steinfliege *f* ZOOL stonefly **Steinfraß** *m* stone erosion *no pl, no indef art* **Steinfrucht** *f* stone fruit **Steinfußboden** *m* stone floor **Steingut** *nt kein pl* earthenware *no pl, no indef art*; (*Steinzeug*) stoneware *no pl, no indef art* **Steingutgeschirr** *nt* stoneware crockery *no pl, no indef art* **steinhart** *adj* rock-hard, [as] hard as [a] rock *pred*; ■**~ sein/werden** to be/become rock-hard [*or* [as] hard as [a] rock] **Steinhaus** *nt* stone house

steinig *adj* stony; ■**~ sein** to be stony [*or* full of stones]

steinigen *vt* ■**jdn ~** to stone sb

Steinkauz *m* ORN little owl **Steinklee** *m* BOT sweet clover, melilot

Steinkohle *f kein pl* hard [*or spec* glance] coal

Steinkohleeinheit *f* (*frühere Energievergleichseinheit*) coal unit

Steinkohlenbergbau *m* coal mining *no pl, no art* **Steinkohlenbergwerk** *nt* coal mine, colliery, pit **Steinkohlenförderung** *f* hard-[*or spec* glance-]coal extraction **Steinkohlenlager** *nt* coal bed **Steinkohlenzeche** *f* coal mine, colliery, pit

Steinkrug *m* earthenware mug [*or* jug]; (*für Bier*) [beer] stein **Steinleiden** *nt* MED calculosis **Steinmarder** *m* ZOOL stone [*or* beech] marten **Steinmetz(in)** <-en, -en> *m(f)* stonemason **Steinobst** *nt* stone fruit[s *pl*] **Steinpilz** *m* BOT cep, boletus edulis *spec* **Steinplatte** *f* stone slab **steinreich** *adj* (*fam*) stinking [*or pej a.* filthy] rich *fam*; ■**~ sein/werden** to be rolling in it/to make loads of money *fam* **Steinsalz** *nt* rock [*or spec* mineral] salt **Steinsarg** *m* sarcophagus

Steinschlag *m* rockfall[s *pl*]; **„Achtung ~"** "danger — falling [*or* fallen] rocks" **Steinschlagschäden** *pl* AUTO stone chippings *pl* **Steinschlagschutzgrund** *m* AUTO anti-chip coating

Steinschleuder *f* catapult BRIT, slingshot AM **Steinschmätzer** <-s, -> *m* ORN wheatear **Steintafel** *f* stone tablet, [stone] plaque **Steinwälzer** *m* ORN turnstone **Steinwolle** *f* rock [*or* mineral] wool **Steinwurf** *m* [thrown] stone; **einen ~ weit [entfernt]** (*fig*) a stone's throw [away] *fig* **Steinwüste** *f* stony desert, desert of stones **Steinzeit** *f kein pl* ■**die ~** the Stone Age; **der Mensch der ~** Stone Age man; **ältere/mittlere/jüngere ~** Palaeolithic [*or* AM Paleolithic]/Mesolithic/Neolithic period; **aus der ~** ancient, antediluvian *hum*, from before the Flood *pred hum* **steinzeitlich** *adj* ① (*aus der Steinzeit stammend*) Stone-Age *attr*, from/of the Stone Age *pred* ② (*völlig veraltet*) ancient, antediluvian *hum* **Steinzeitmensch** *m* BIOL, ARCHÄOL Stone Age man **Steinzertrümmerer** <-s, -> *m* MED *für Blasensteine* lithotrite; *für Nierensteine* lithotripter

Steiß <-es, -e> *m* ① (*fam*) bum [*or* bottom] BRIT *fam*, fanny AM *fam* ② ANAT coccyx

Steißbein *nt* ANAT coccyx **Steißhuhn** *nt* tinamou **Steißlage** *f* MED breech presentation

Stele <-, -n> ['ste:lə, 'ʃte:lə] *f* ARCHÄOL stele

Stellage <-, -n> [-'la:ʒə] *f* BÖRSE put and call

stellar [ʃtɛ'la:ɐ, st-] *adj* stellar

Stelldichein <-[s], -[s]> *nt* (*veraltet*) rendezvous, tryst *old liter*; **sich ein ~ geben** to come together

Stelle <-, -n> *f* ① (*Platz*) place; (*genauer*) spot; **an dieser ~** in this place; (*genauer*) on this spot; (*fig*) at this point; **eine ~ im Wald** a place [*or* an area] in the woods; **etw von der ~ bekommen** [*o fam* **kriegen**] to be able to move [*or* shift] sth; **auf der ~ laufen** to run on the spot; **sich nicht von der ~ rühren** to not move [*or fam* budge], to stay where one is; ***rühren Sie nicht von der Stelle!*** (*von Polizei*) freeze!; **schwache ~** (*fig*) weak point; **eine undichte ~** (*fig fam*) a leak, a mole BRIT *fam*; **an anderer ~** elsewhere, at another place ② (*umrissener Bereich*) spot; **fettige/rostige ~** grease/rust spot; ANAT (*fam: Fleck auf der Haut*) mark, spot ③ (*im Buch*) place; (*Verweis*) reference; (*Abschnitt*) passage ④ MUS passage ⑤ MATH digit, figure; **eine Zahl mit sieben ~n** a seven-digit [*or* -figure] number; **etw auf 5 ~n hinter dem Komma berechnen** to calculate sth to 5 decimal places ⑥ (*Posten*) place; **an jds** *akk* **~ treten** to take sb's place; (*eines Spielers*) to sub sb; (*in einem Amt*) to succeed sb; **etw an jds ~** [*o* **an ~ einer Person**] **tun** to do sth for sb; ***ich gehe an Ihrer ~*** I'll go in your place; **an ~ von etw** instead of sth; (*Lage*) position; ***an deiner ~ würde ich …*** in your position [*or* if I were you] I would …; ***ich möchte nicht an ihrer Stelle sein*** I wouldn't like to be in her shoes [*or* place] ⑦ (*in der Reihenfolge*) **an erster/zweiter ~** first[ly] [*or* first and foremost]/secondly, in the first/second place [*or* instance]; [**für jdn** [*o* **bei jdm**]] **an erster/zweiter ~ kommen/sein/stehen** to come/be first/second [for sb]; (*in der Wichtigkeit*) to come first/second [for sb]; (*in der Hitparade*) to reach/be [*or* be at] number one/two; ***an wievielter ~ auf der Liste***

taucht der Name auf? where does the name come [up] on the list?; ***er ging an 25./letzter ~ durchs Ziel*** he was 25th/the last to cross the line [*or* to finish] ⑧ (*Arbeitsplatz*) job, post *form;* **eine freie** [*o* **offene**] ~ a vacancy; **offene ~n** (*in der Zeitung*) situations vacant; **ohne** ~ jobless, without a job *pred* ⑨ (*Abteilung*) office; (*Behörde*) authority; **höhere/höchste** ~ higher/the highest[-ranking] authority; **sich an höherer ~ beschweren** to complain to sb higher up [*or* to a higher authority]; ***Sie sind hier/bei mir/bei ihm an der richtigen*** ~ (*fam*) you've come/you went to the right place; ***Mitleid? da bist du bei mir aber nicht an der richtigen*** ~ sympathy? you won't get any out of me [*or iron fam* you're knocking at the wrong door] ▸ Wendungen: **sich zur ~ melden** MIL to report [for duty]; ***zur ~!*** reporting!, present!; **zur ~ sein** to be on the spot [*or* on hand]; **auf der ~ treten** [*o* **nicht von der ~ kommen**] to not make any progress [*or* headway], to not get anywhere; MIL *a.* to mark time; **auf der** ~ at once, forthwith *form;* ***er war auf der ~ tot*** he died immediately; *s. a.* **Ort¹**

stellen I. *vt* ① (*hin~, ab~*) [**jdm**] **etw** [**wieder**] **an/auf/in etw** *akk* ~ to put sth [back] against/on/in[to] sth [for sb]; **das Auto in die Garage** ~ to put the car in the garage; **ein Kind in die Ecke** ~ to put [*or* stand] a child [*or* make a child stand] in the corner; **den Wein kalt** ~ to chill the wine, to put the wine in the fridge ② (*aufrecht hin~*) ■**etw** ~ to stand [up *sep*] sth; **den Schwanz/die Ohren** ~ *Tier* to stick up *sep* its tail/prick up *sep* its ears ③ (*ein~*) **das Badewasser heißer/kälter** ~ to run more hot/cold water in the bath; **die Heizung höher/kleiner** ~ to turn up/down *sep* the heating [*or* Am heater]; **den Fernseher lauter/leiser** ~ to turn up/down the television *sep;* **etw auf volle Lautstärke** ~ to turn sth up [at] full blast; ■**etw auf etw** *akk* ~ to set sth at [*or* to] sth; **die Kochplatte auf Stufe zwei** ~ to turn up/down the heat *sep* to level two; **den Wecker auf 7 Uhr** ~ to set the alarm for 7 o'clock ④ (*zur Aufgabe zwingen*) ■**jdn** ~ to hunt down sb *sep* ⑤ (*zur Aussage zwingen*) ■**jdn** ~ to corner [*or* buttonhole] sb; *s. a.* **Rede** ⑥ (*vorgeben*) [**jdm**] **eine Aufgabe/ein Thema** ~ to set [sb] a task/subject; [**jdm**] **Bedingungen** ~ to make [*or form* stipulate] conditions, to set sb conditions; [**jdm**] **eine Frage** ~ to ask [sb] a question ⑦ (*richten*) **einen Antrag** [**an jdn**] ~ to put forward [*or* to table] a motion [to sb]; **Forderungen** [**an jdn**] ~ to make demands on [*or form* of] sb ⑧ (*überlassen*) **etw in jds** *akk* **Belieben/Ermessen** ~ to leave sth to sb's discretion, to leave sth up to sb ⑨ (*konfrontieren*) ■**jdn vor etw** *akk* ~ to confront sb with sth; **jdn vor ein Rätsel** ~ to baffle sb ⑩ (*arrangieren*) ■**etw** ~ to set up sth *sep;* ***dieses Foto wirkt gestellt*** this photo looks posed ⑪ (*er~*) ■[**jdm**] **etw** ~ to provide [sb with] sth, to make sth [for sb]; **jdm sein Horoskop** ~ to cast [*or sep* draw up] sb's horoscope ⑫ (*zur Verfügung ~*) ■[**jdm**] **jdn/etw** ~ to provide [*or* supply] [*or* furnish] [sb with] sb/sth; **einen Zeugen** ~ to produce a witness ⑬ (*situiert sein*) **gut/schlecht gestellt sein** to be well/badly off; **entsprechend gestellt sein** to have the means ▸ Wendungen: **auf sich** *akk* **selbst gestellt sein** to have to fend for oneself II. *vr* ① (*sich hin~*) ■**sich an/neben etw/neben jdn** ~ to take up position at/by sth/at sb's side; *s. a.* **Weg, Zehenspitze** ② (*entgegentreten*) ■**sich jdm/einer S.** ~ to face sb/sth; **sich einem Herausforderer/einer Herausforderung** ~ to take on [*or* face] a challenger/to take up [*or* face] a challenge; **sich den Journalisten/den Fragen der Journalisten** ~ to make oneself available to the reporters/to be prepared to answer reporters' questions ③ (*etw von etw halten*) **sich negativ/positiv zu etw** ~ to have a negative/positive attitude to[wards] sth; ***wie ~ Sie sich dazu?*** what do you think of it?, what's your opinion [of [*or* on] it]? ④ (*Position ergreifen*) ■**sich gegen jdn/etw/zu jdm/etw** ~ to oppose/support sb/sth; ■**sich hinter jdn/etw** ~ to support [*or* back] [*or* stand by] sb/sth; ■**sich vor jdn** ~ to stand up for sb ⑤ (*sich melden*) ■**sich** [**jdm**] ~ to turn oneself in [*or* give oneself up] [to sb] ⑥ (*sich als etw erscheinen lassen*) **sich ahnungslos** ~ to play [*or* act] the innocent; **sich dumm** ~ to act stupid [*or* Am dumb]; **sich taub/verständnislos** ~ to pretend not to hear/understand; **sich schlafend/tot** ~ to pretend to be asleep/dead; ***sie stellt sich nur so*** she's only pretending ⑦ (*sich präsentieren*) ■**sich** [**jdm**] ~ to arise [for sb], to confront sb

Stellenabbau *m* downsizing *no pl,* personnel cutbacks *pl,* job cuts *pl* **Stellenangebot** *nt* offer of employment, job offer; (*offene Stelle*) vacant position; **„~e"** "situations *pl* vacant"; **ein ~** [**von jdm/etw**] **bekommen** to be offered a job [from sb/sth]; **jdm ein ~ machen** to offer sb a job **Stellenanzeige** *f* job advertisement [*or fam* ad] [*or* Brit advert]; **„~n"** "job advertisements" *pl* **Stellenausschreibung** *f* job advertisement **Stellenbewerbung** *f* job application **Stellengesuch** *nt* ÖKON (*geh*) "employment wanted" advertisement **Stellensuche** *f kein pl* job search [*or fam* hunt]; **auf ~ sein** to be looking for a job, to be on the job hunt *fam* **Stellenüberhang** *m* surplus of jobs [*or* places] **Stellenvermittlung** *f* ÖKON ① (*das Vermitteln einer Arbeitsstelle*) finding of jobs ② (*Einrichtung zur Vermittlung von Arbeitsstellen*) employment agency [*or* bureau] **Stellenvermittlungsbüro** *f* employment agency [*or* bureau] [*or* office], job centre Brit **stellenweise** *adv* in [some] places; ~ ***gibt es Nebel*** there is some patchy fog **Stellenwert** *m* ① MATH [place] value ② (*Bedeutung*) status *no art, no pl,* standing *no art, no pl;* ***wie hoch der ~ der Qualität in dieser Firma ist, kann man an der strengen Qualitätskontrolle erkennen*** one can see what emphasis is laid on quality in this company by looking at the strict quality control; [**für jdn**] **einen bestimmten ~ haben** (*geh*) to be of particular importance [*or* value] to sb

Stellplatz *m* AUTO parking space; (*für Wohnwagen*) site, pitch Brit **Stellring** *m* rubber-ringed base (*for mixing bowls*) **Stellschraube** *f* adjusting [*or* regulating] screw, setscrew *spec*

Stellung <-, -en> *f* ① (*Arbeitsplatz*) job, position; **ohne ~ sein** to be unemployed [*or* without a job] ② (*Rang*) position; **eine führende ~ einnehmen** to rank high ③ (*Körperhaltung*) position; **in einer gebückten** ~ bending [over]; (*beim Geschlechtsakt*) position ④ (*Position*) position; **in bestimmter** ~ in a particular position; **etw in ~ bringen** MIL to put sth into position; **in ~ gehen** to take up position; **die ~** [**gegen jdn/etw**] **halten** MIL to hold the position [against sb/sth]; **die ~ halten** (*hum*) to hold the fort ⑤ (*Standpunkt*) ~ **zu etw beziehen** to take a stand [*or* take up a definite position] on sth; ~ **zu etw nehmen** to express an opinion on [*or* to state one's view about] sth; ~ **für jdn/etw nehmen** [*o* **beziehen**] to take sb's/sth's side; ~ **gegen jdn/etw nehmen** [*o* **beziehen**] to come out [*or* take sides] against sb/sth; ***ich beziehe weder für noch gegen irgendwen*** ~ I'm not taking sides

Stellungnahme <-, -n> *f* ① *kein pl* (*das Beziehen einer Position*) ■**jds/eine** ~ **zu etw** sb's/a view [*or* sb's/an opinion] of [*or* sb's position on] sth; ■**jds ~ zu etw** sb's position on sth *form* ② (*Meinungsäußerung*) statement; **eine ~** [**zu etw**] **abgeben** to make a statement [about sth]

Stellungsbefehl *f* MIL call-up papers *pl* Brit, draft card Am **stellungslos** *adj inv* unemployed, jobless **Stellungssuchende(r)** *f(m) decl wie adj* jobseeker **Stellungswechsel** *m* (*Wechsel des Arbeitsplatzes*) change of job

stellvertretend I. *adj attr* (*vorübergehend*) acting *attr;* (*zweiter*) deputy *attr;* JUR vicarious, acting, deputizing II. *adv* ① (*an jds Stelle*) ■~ **für jdn** on sb's behalf; ***wegen einer Erkrankung des Ministers führte der Staatssekretär ~ die Verhandlungen*** the secretary of state deputized for the minister during the negotiations because he was ill ② (*etw ersetzend*) ■~ **für etw sein** to stand for sth

Stellvertreter(in) *m(f)* deputy

Stellvertretung *f* ① (*Stellvertreter*) deputy; (*beim Arzt*) *esp* Brit locum; **die ~ von jdm übernehmen** to act [*or* stand in] for sb, to deputize for sb; **in ~ einer Person** *gen,* **in jds** *dat* ~ on sb's behalf ② JUR agency, representation; **gewillkürte** ~ agency by private act; **mittelbare** ~ indirect agency

Stellwerk *nt* BAHN signal box [*or* Am tower]

Stelze <-, -n> *f* ① (*hölzerne ~*) stilt; **auf ~n gehen** to walk on stilts ② ORN wagtail ③ *meist pl* KOCHK ÖSTERR (*Schweinsfüße*) pig's trotters [*or* Am feet] *pl* Brit

stelzen *vi sein* ■[**irgendwohin**] ~ (*auf Stelzen gehen*) to walk [somewhere] on stilts; (*staksen*) to stalk [*or* strut] [somewhere]

Stelzvogel *m* ORN wader

Stemmbogen *m* SKI stem turn **Stemmeisen** *nt* crowbar; **etw mit einem ~ aufbrechen** to crowbar sth [open]; (*Meißel*) [mortise *spec*] chisel

stemmen I. *vt* ① (*hochdrücken*) ■**jdn/etw** [**irgendwohin**] ~ to lift sb/sth [somewhere]; **jdn/etw nach oben** ~ to lift [up *sep*] sb/sth ② (*meißeln*) ■**etw** [**in etw** *akk*] ~ to chisel sth [into sth], to make sth [in sth]; **Löcher in eine Wand** ~ to knock [*or* make] holes in a wall; (*mit einem Bohrer*) to drill holes in a wall ③ (*stützen*) **die Arme in die Seiten** ~ to put one's hands on one's hips, to stand with arms akimbo; **den Rücken/die Füße gegen etw** ~ to brace one's back/feet against sth II. *vr* ■**sich gegen etw** ~ ① (*sich drücken*) to brace oneself [*or* push] against sth ② (*sich sträuben*) to be against sth; ***er wird sich nicht gegen die neue Umgehungsstraße*** ~ he won't stand in the way of the bypass

Stemmschwung *m* SKI stem turn

Stempel¹ <-s, -> *m* ① (*Gummi~*) [rubber-]stamp ② (*~abdruck*) stamp; ***der Brief trägt den ~ vom 23.5.*** the letter is stamped [*or* postmarked] 23/5 ③ (*Punzierung*) hallmark; **den ~ von etw** *dat* [*o* **einer S.** *gen*] **tragen** to bear [*or* have] the hallmark of sth ▸ Wendungen: **jdm/etw den/seinen ~ aufdrücken** to leave one's mark on sb/sth; **jds ~/den ~ von etw** *dat* [*o* **einer S.** *gen*] **tragen** to bear [*or* have] sb's mark/the mark of sth

Stempel² <-s, -> *m* BOT pistil *spec*

Stempelaufdruck *m* stamp; (*Poststempelaufdruck*) post mark **Stempelblüte** *f* BOT gynoecium **Stempelfarbe** *f* [stamp-pad [*or* stamping]] ink **Stempelgebühr** *f* stamp duty **Stempelgeld** *nt kein pl* ÖKON (*veraltend fam*) dole [money] Brit *fam* **Stempelkissen** *nt* stamp-[*or* ink-]pad

stempeln I. *vt* ■**etw** ~ to stamp sth; (*frankieren*) to frank sth; **einen Briefumschlag** ~ to postmark/frank a letter/an envelope II. *vi* (*fam*) to stamp sth; ***ich habe den ganzen Tag nur gestempelt!*** I've been stamping things all day ▸ Wendungen: ~ **gehen** (*veraltend fam*) to be on the dole Brit *fam*

Stempeluhr *f* time clock

Stengel <-s, -> *m s.* **Stängel**

Stengelgemüse *nt* stalk [*or* stem] vegetables *npl*

Steno <-> *f kein pl* (*fam*) *Abk von* **Stenografie** shorthand *no art, no pl,* stenography *no art, no pl* Am

Stenoblock <-[e]s, -s> *m* shorthand pad **Stenogramm** <-gramme> *nt* text in shorthand; **ein ~ aufnehmen** to take down sth in shorthand **Stenogrammblock** <-blöcke> *m* shorthand pad

Stenograph(in), **Stenograf^RR^(in)** <-en, -en> *m(f)* shorthand typist Brit, stenographer Am

Stenographie, **Stenografie^RR^** <-, -n> *f* shorthand *no art, no pl,* stenography *no art, no pl* Am

stenographieren*, **stenografieren^RR^*** I. *vt* ■**etw** ~ to take down sth *sep* in shorthand II. *vi* to do shorthand; (*etw ~*) to take down sth *sep* in shorthand

Stenographin <-, -nen> *f,* **Stenografin^RR^** <-, -nen> *f fem form von* **Stenograph**

stenographisch, **stenografisch^RR^** *adj inv* shorthand *attr,* stenographic

Stenotypist(in) <-en, -en> *m(f)* shorthand typist Brit, stenographer Am

Step <-s, -s> *m* tap [dance]; ~ **tanzen** to tap-dance

Steppdecke *f esp* Brit duvet, comforter Am, [Brit *a.* continental] quilt

Steppe <-, -n> *f* GEOG steppe

steppen¹ ['ʃt-] *vt* (*mit Steppnaht nähen*) ■**etw** ~ to backstitch sth

S

steppen² ['ʃt-, 'st-] *vi* to tap-dance
Steppenklima *nt* steppe-prairie climate
Stepptanz^RR ['ʃt-, 'st-] *m,* **Steptanz** *m* ❶ (*Tanzart*) tap [dancing] *no art, no pl* ❷ (*Vorführung*) tap dance
Sterbebegleiter(in) <-s, -> *m(f)* carer for the terminally ill **Sterbebegleitung** *f kein pl* care for the terminally ill **Sterbebett** *nt* deathbed *old;* **auf dem ~ liegen** to be on one's deathbed *old;* **auf dem ~** on one's deathbed *old;* ***das musste ich ihm auf dem ~ schwören*** I had to promise him that when he was on his deathbed *old* **Sterbebuch** *nt* JUR register of deaths **Sterbefall** *m* death, fatality; *in der Familie a.* bereavement **Sterbegeld** *nt kein pl* death benefit, burial expenses *npl* **Sterbehilfe** *f kein pl* euthanasia *no art, no pl;* ***sie hat ihren Arzt um ~ gebeten*** she asked her doctor to help her to die; **jdm ~ geben** to help sb [to] die **Sterbekasse** *f* burial [*or* death benefit] fund
sterben <starb, gestorben> *vi sein* ❶ (*aufhören zu leben*) ■[**an etw** *dat*] **~** to die [of sth]; ***mein Großonkel ist schon lange gestorben*** my great uncle died a long time ago [*or* has been dead for years]; **daran wirst du [schon] nicht ~!** (*hum fam*) it won't kill you! *fam;* **als Held ~** to die a hero['s death]; *s. a.* **Tod** ❷ (*vergehen*) ■[**fast**] **vor etw** *dat* **~** to be [nearly] dying of sth ▶ WENDUNGEN: **gestorben sein** (*aufgegeben worden sein*) to be shelved, to have died a death; **für jdn gestorben sein** to be finished with sb/sth
Sterben <-s> *nt kein pl* death *no art, no pl,* dying *no art, no pl;* **im ~ liegen** to be dying ▶ WENDUNGEN: **zum ~ langweilig** (*fam*) deadly boring, [as] boring as hell *fam;* **zum ~ elend** [*o* **übel**] [as] sick as a pig [*or* AM dog] *fam*
Sterbende(r) *f(m) decl wie adj* dying person
sterbenselend *adj pred* (*fam*) ■**jdm ist ~,** ■**jd fühlt sich ~** sb feels wretched [*or* terrible] [*or* lousy]
sterbenskrank *adj* mortally [*or* severely] ill
Sterbenswort *nt,* **Sterbenswörtchen** *nt* **kein** [*o* **nicht ein**] **~** not a [single] word; ***nicht ein ~ kam über meine Lippen!*** not a word crossed my lips!
Sterberate *f* death [*or* mortality] rate **Sterberegister** *nt* register of deaths **Sterbesakramente** *pl* last rites *pl,* sacraments *pl;* **jdm die ~ spenden** to give sb the last rites **Sterbeurkunde** *f* death certificate **Sterbezimmer** *nt* ■**jds ~** room in which [*or* where] sb died, sb's death chamber *liter or form*
sterblich *adj* (*geh*) mortal *a. liter; s. a.* **Hülle, Überrest**
Sterbliche(r) *f(m) dekl wie adj* (*geh*) mortal *liter or a. hum*
Sterblichkeit <-> *f kein pl* ❶ (*Rate der Todesfälle*) mortality rate; **die ~ bei Frühgeburten** the number of deaths [*or* the mortality rate] amongst premature babies ❷ (*Gegenteil von Unsterblichkeit*) mortality
Sterblichkeitsziffer *f* mortality rate
stereo ['ʃt-, 'st-] *adj pred* [in *pred*] stereo[phonic *form*]
Stereo <-> ['ʃt-, 'st-] *nt kein pl* stereo *no art, no pl;* **in ~** in stereo
Stereoanlage ['ʃt-, 'st-] *f* stereo [system] **Stereoaufnahme** *f* stereo recording **Stereochemie** *f* stereochemistry **Stereoempfang** *m* stereo reception **stereofon^RR** *adj inv s.* **stereophon Stereofonie** *f s.* **Stereophonie Stereoklang** *m* stereo sound **stereophon, stereofon^RR** *adj inv* stereophonic **Stereophonie, Stereofonie^RR** <-> *f kein pl* (*geh*) stereophony *no art, no pl spec,* stereophonics *no art, + sing vb spec* **Stereosendung** *f* programme [*or* AM -am] broadcast in stereo
Stereoskop <-s, -e> *nt* stereoscope *spec*
stereotyp **I.** *adj* stereotype *attr pej,* stereotyped *pej,* stereotypical *pej* **II.** *adv* stereotypically *pej;* ***„kein Kommentar!" sagte er ~*** "no comment!" was his stereotype answer
Stereotyp <-s, -e> *nt* PSYCH stereotype
steril *adj* ❶ (*keimfrei*) sterile ❷ (*unfruchtbar*) infertile, sterile
Sterilisation <-, -en> *f* sterilization
Sterilisierbox *f für Babyfläschchen* sterilizing unit
sterilisieren* *vt* ■**jdn/ein Tier ~** to sterilize sb/an animal; ■**sich/ein Tier ~ lassen** to get [oneself]/an animal sterilized
Sterilisierung <-, -en> *f* sterilization
Sterilität <-> *f kein pl* ❶ (*Keimfreiheit*) sterility *no art, no pl* ❷ (*Unfruchtbarkeit*) infertility *no art, no pl,* sterility *no art, no pl*
Sterlet <-te, -ten> *m* KOCHK sterlet
Sterlingblock *m kein pl* POL sterling bloc **Sterlingblock-Land** *nt* POL sterling nation
Stern <-[e]s, -e> *m* star ▶ WENDUNGEN: **jdm** [*o* **für jdn**] **die ~e vom Himmel holen** to go to the ends of the earth and back again for sb; ***er wollte die ~e vom Himmel holen*** he wanted the moon; **jds ~ ist im Sinken** [*o* **Untergehen**] sb is on the [*or* his/her] way out; **unter einem/keinem glücklichen** [*o* **guten**] **~ stehen** to have a promising start/to be ill-starred; *Mensch meist* to be born under a lucky/an unlucky star; **jds ~ geht auf** sb is a rising star; **nach den ~en greifen** (*geh*) to reach for the stars; **~e sehen** (*fam*) to see stars; [**noch**] **in den ~en** [**geschrieben**] **stehen** to be written in the stars; **es steht noch in den ~en**[**geschrieben**], **ob...** whether ... is still written in the stars [*or* is still a matter of speculation]
Sternanis *m* star anise, star aniseed **Sternbild** *nt* constellation
Sternchen <-s, -> *nt dim von* **Stern** ❶ (*kleiner Stern*) little [*or* small] star ❷ TYPO asterisk, star
Sterne-Hotel *nt* graded hotel
Sternenbanner *nt* ■**das ~** the Star-Spangled Banner, the Stars and Stripes *+ sing vb* **sternenbedeckt** *adj* (*geh*) starry, star-studded *attr liter* **Sternenexplosion** *f* stellar explosion **Sternenhimmel** *m* starry sky **sternenklar** *adj inv* starry *attr,* starlit **Sternenzelt** <-[e]s> *nt kein pl* (*geh*) canopy of stars *poet,* starry firmament *no pl liter*
Sternfahrt *f* rally **sternförmig** *adj* star-shaped, stellate *spec* **Sternfrucht** *f* star fruit **sternhagelblau, sternhagelvoll** *adj* (*sl: völlig betrunken*) plastered *fam,* pissed BRIT *fam!* **Sternhaufen** *m* cluster of stars, star cluster **sternhell** *adj* (*geh*) starlit, starry **Sternkarte** *f* star map **sternklar** *adj* starlit, starry **Sternkunde** *f kein pl* astronomy *no pl, no art* **Sternmarsch** *m s.* **Sternfahrt**
Sternschnuppe <-, -n> *f* shooting star **Sternsinger(in)** *m(f)* REL DIAL carol singer **Sternstunde** *f* (*geh*) ■**jds ~** sb's great moment [*or* moment of glory]; ***deine ~ wird kommen*** your time [*or* moment of glory] will come **Sternsystem** *nt* star [*or* stellar] system, galaxy **Sterntülle** *f* piping bag **Sternwarte** *f* observatory **Sternzeichen** *nt* [star] sign **Sternzeit** *f* ASTRON sidereal time *no pl, no indef art*
Steroid <-s, -e> *nt* steroid *usu pl*
Sterzspitz *m* prime boiled beef
Sterz¹ <-es, -e> *m* ❶ (*Griff*) handle ❷ ZOOL rump
Sterz² <-es, -e> *m* SÜDD, ÖSTERR (*Mehlspeise*) dumpling portions *pl*
stet *adj attr* (*geh*) *s.* **stetig**
Stethoskop <-s, -e> *nt* stethoscope
stetig *adj* steady, constant; **~es Wachstum** ÖKON steady growth
Stetigkeit <-> *f kein pl* ❶ (*Beständigkeit*) steadiness *no pl,* constancy *no pl* ❷ MATH continuousness *no pl*
stets *adv* always, at all times
Steuer¹ <-s, -> *nt* ❶ AUTO [steering] wheel; **jdn ans ~ lassen** to let sb drive [*or* get behind the wheel]; **am** [*o* **hinterm**] **~ sitzen** (*fam*) to drive, to be behind the wheel ❷ NAUT [ship's] wheel, helm; **am ~ stehen** [*o* **sein**] to be at the helm [*or* wheel] ▶ WENDUNGEN: **das ~ herumwerfen** POL to change course
Steuer² <-, -n> *f* ÖKON tax; **fällige/kommunale ~n** matured taxes/community charge; **progressive ~** graduated tax; **~n abführen** [*o* **entrichten**] to pay taxes; **etw von der ~ absetzen** to set off sth *sep* against tax; **eine ~ auf etw erheben** to impose a tax on sth; **jdn zur ~ heranziehen** tp taw sb; **der ~ unterliegen** to be subject to taxation, to be taxable; **~n zahlen** to pay tax[es]; **nach ~n** after tax, net of tax, to tax sb; **~n vom Einkommen** taxes on income; **vor ~** before tax [*or* pre-tax]
Steuer³ <-> *f kein pl* (*fam: Finanzamt*) ■**die** [**Leute von der**] **~** the taxman
Steuerabzug *m* tax deduction
steuerabzugsfähig *adj inv* FIN tax-deductible, eligible for tax relief *pred*
Steuerangleichung *f* FIN (*EU*) tax harmonization **Steueranmeldung** *f* FIN tax return **Steueranpassung** *f* FIN coordinating taxation, tax harmonization [*or* adaptation] [*or* adjustment] **Steueranrechnung** *f* FIN tax imputation [*or* AM credit] **Steueranreiz** *m* FIN tax incentive **Steueranspruch** *m* FIN tax claim **Steuerarrest** *m* JUR attachment for tax debts **Steueraufkommen** *nt* tax revenue[s *pl*], revenue[s *pl*] from tax; **~ pro Kopf der Bevölkerung** pro capita tax revenue **Steueraufwendungen** *pl* FIN tax expenditures **Steuerausfall** *m* FIN shortfall in [*or* loss of] tax revenue **Steuerausgleich** *m* FIN equalizing valuation of taxes, revenue sharing **Steuerbeamte(r), -beamtin** *m, f* tax official **steuerbefreit** *adj inv* FIN tax-exempt, tax-free **Steuerbefreiung** *f kein pl* FIN tax exemption **steuerbegünstigt** *adj inv* FIN tax-privileged, tax-advantaged, enjoying tax relief *pred;* ■**~ sein** to have tax privileges; **~es Sparen** tax-privileged saving **Steuerbegünstigung** *f* FIN tax concession [*or* privilege], favourable tax treatment **Steuerbehörde** *f* FIN tax authorities *pl,* BRIT Inland Revenue, AM Internal Revenue Service **Steuerbelastung** *meist sing f* tax burden **Steuerbelastungsquote** *f* FIN tax load ratio **Steuerbemessungsgrundlage** *f* FIN tax base, taxable amount; **individuelle Ermittlung der ~** case-by-case ascertainment of the tax base **Steuerbenachteiligung** *f* FIN tax disadvantage **Steuerberater(in)** *m(f)* tax consultant **Steuerberechnung** *f* FIN tax assessment **Steuerbescheid** *m* tax assessment note **Steuerbetrag** *m* FIN tax amount **Steuerbetragsermäßigung** *f* FIN tax reduction [*or* sheltering] **Steuerbetrug** *m kein pl* FIN tax evasion [*or* fraud] **Steuerbevollmächtigte(r)** *f(m) dekl wie adj* tax consultant **Steuerbilanz** *f* FIN tax balance sheet [*or* statement] **Steuerbilanzgewinn** *m* FIN taxable income **Steuerbilanzrecht** *nt* JUR, FIN tax accounting law **Steuerbilanzwert** *m* FIN tax accounting value
steuerbord *adv inv* LUFT, NAUT starboard
Steuerbord *nt kein pl* starboard *no art, no pl*
Steuerbus *m* INFORM control bus **Steuerdebatte** *f* POL tax debate **Steuerdefizit** *m* FIN tax deficit **Steuerdelikt** *nt* JUR tax [*or* revenue] offence [*or* AM -se] **Steuerdiskriminierung** *f* FIN tax discrimination **steuerehrlich** *adj honest to the Inland Revenue pred* **Steuereinheit** *f* unit of tax **Steuereinnahmen** *pl* FIN taxation revenue **Steuereinziehung** *f* FIN tax collection [*or* gathering] **Steuerelektronik** *f* INFORM control electronics *+ sg vb* **Steuererhebung** *f* FIN tax collection [*or* gathering]; **~ an der Quelle, ~ nach dem Quellenprinzip** deduction of tax at source **Steuererhebungsverfahren** *nt* FIN tax collection procedure **Steuererhöhung** *f* increase in tax, tax increase **Steuererklärung** *f* FIN tax return [*or* declaration]; **gemeinsame/vereinfachte ~** joint/simplified return **Steuererlass^RR** *m* FIN remission of tax **Steuererleichterung** *f* FIN tax relief [*or* concession]; **~en für kleine Einkommen** small income relief; **~ für kinderreiche Familien** tax privileges for large families; **~ für gewerbliche Unternehmen** business relief **Steuerermäßigung** *f* FIN tax reduction [*or* sheltering]; **~ beantragen** to claim tax relief; **~ erhalten** to receive tax shelter **Steuerersparnis** *f* FIN tax saving **Steuererstattung** *f* FIN tax refund **Steuerertragshoheit** *f* FIN revenue-raising power **Steuerfachgehilfe, -gehilfin** <-n, -n> *m, f* articled clerk **Steuerfahndung** *f* (*Verfahren*) tax investigation; (*Abteilung*) office for tax investigation **Steuerfest-**

setzung *f* FIN tax assessment **Steuerflucht** *f* JUR, FIN (*Veruntreuung*) tax evasion (*by transferring assets or headquarters abroad*); (*Vermeidung*) tax avoidance **Steuerflüchtige(r)** *f(m) dekl wie adj* FIN tax exile [*or* dodger] **Steuerflüchtling** *m sb who avoids tax by transferring assets abroad;* ■ **ein ~ sein** to avoid tax by transferring assets abroad; ***die US-Firma will deutsche ~e anpeilen*** the US firm wants to target capital from tax-plagued German investors **Steuerformular** *nt* tax form **steuerfrei** I. *adj* tax-exempt *attr,* exempt from tax *pred* II. *adv* without paying tax **Steuerfreibetrag** *m* tax-free allowance [*or* amount] **Steuerfreigrenze** *f* FIN exemption [*or* tax-free] limit **Steuerfreijahre** *pl* FIN tax holidays **Steuerfreistellung** *f* FIN tax exemption **Steuerfuß** *m* SCHWEIZ (*Steuersatz*) tax rate **Steuergeheimnis** *nt* FIN tax secret **Steuergehilfe, -gehilfin** *m, f* articled clerk **Steuergelder** *pl* taxes *pl,* tax revenue[s *pl*], taxpayers' money *no art, nsing usu pej*

Steuergerät *nt* ① TECH controller, control unit ② RADIO receiver

Steuergerechtigkeit *f kein pl* FIN tax equity, equitable tax burden **Steuergesetz** *nt* JUR, FIN tax law, Finance [*or* AM Revenue] Act **Steuergesetzbuch** *nt* JUR, FIN Tax Code **Steuergesetzentwurf** *m* JUR, FIN tax bill **Steuergesetzgebung** *f* JUR, FIN tax [*or* fiscal] legislation [*or* revenue] [*or* laws *pl*], ≈ Internal Revenue Code AM **Steuergläubiger(in)** *m(f)* FIN tax creditor **Steuergrundlage** *f* FIN tax base **Steuerguthaben** *nt* BÖRSE tax credit **Steuergutschrift** *f* BÖRSE tax credit [*or* voucher]; **Dividende pro Aktie vor ~** dividend per share before tax credit **Steuerharmonisierung** *f* FIN fiscal [*or* tax] harmonization *no art, no pl spec;* ***die Europaminister sind noch zu keiner Regelung in der ~ gekommen*** the EU ministers have not managed to harmonize the different tax systems **Steuerhehlerei** *f* JUR purchasing [*or* handling] tax-evaded goods **Steuerhinterziehung** *f* tax evasion *no art, no pl* **Steuerhöchstgrenze** *f* FIN tax limit **Steuerhöchstsatz** *m* FIN maximum tax rate **Steuerhoheit** *f* FIN fiscal sovereignty **Steuerinländer** *m* FIN resident taxpayer **Steuerjahr** *nt* FIN tax [*or* fiscal] year **Steuerkarte** *f* tax card **Steuerkette** *f* AUTO timing chain **Steuerklasse** *f* tax category [*or* group]; (*für Einkommenssteuer a.*) income-tax bracket *form* **Steuerknüppel** *m* LUFT joystick, control lever [*or* column] **Steuerlast** *f* FIN tax [*or* fiscal] burden **Steuerlastquote** *f* FIN tax load ratio; **~ pro Kopf der Bevölkerung** per capita tax burden **Steuerlastverschiebung** *f* FIN tax shift **Steuerlastverteilung** *f* FIN distribution of the tax burden **Steuerleitung** *f* ELEK control panel wiring

steuerlich I. *adj* tax *attr;* **~e Anreize** tax incentives; **~e Vergünstigungen/Vorteile** tax privileges/advantages II. *adv* **~ absetzbar** tax-deductible; **etw ~ belasten** to tax sth; **~ entlasten** to provide tax relief; **etw ~ berücksichtigen** to provide tax allowance on sth; **~ berücksichtigt werden** to receive tax allowance; **~ günstig** tax-supported, with low tax liability *pred;* **~ priviligiert** tax-privileged; **~ ungünstig** tax-ridden, with high tax liability *pred;* **~ vorteilhaft** tax-incentive *attr,* carrying tax benefits *pred;* **~ zulässige Jahresabschreibung** annual tax writeoffs

steuerlos *adj* out of control

Steuermann <-männer *o* -leute> *m* ① NAUT helmsman; (*in der Handelsmarine a.*) mate; (*in der Kriegsmarine a.*) navigating boatswain ② SPORT cox[swain] *form*

Steuermarke *f* [revenue AM] stamp BRIT; (*für einen Hund*) dog licence [*or* AM -se] disk (*attached to a dog's collar*) **Steuermessbescheid**[RR] *f* FIN tax assessment notice **Steuermessbetrag**[RR] *m* FIN tentative tax **Steuermesszahl**[RR] *f* basic rate of tax

steuern I. *vt* ① AUTO, LUFT (*lenken*) ■ **etw ~** to steer sth ② LUFT ■ **etw ~** to fly [*or* pilot] sth ③ (*regulieren*) ■ **etw ~** to control sth ④ (*in eine gewünschte Richtung bringen*) ■ **etw in eine bestimmte Richtung ~** to steer sth in a particular direction II. *vi* ① AUTO to drive ② NAUT ■ **irgendwohin ~** to go [*or* sail] somewhere

Steuernachforderung *f* FIN additional tax demand **Steuernachlass**[RR] *m* tax abatement [*or* relief] **Steuernachzahlung** *f* FIN payment of tax arrears **Steuernummer** *f* FIN, ADMIN tax [office reference] number **Steueroase** *f* tax haven **Steuerobjekt** *nt* FIN taxable unit **Steuerordnungswidrigkeit** *f* FIN fiscal violation, breach of tax regulations **Steuerparadies** *nt* tax haven **Steuerpauschale** *f* FIN lump-sum taxation **Steuerpauschalierung** *f* FIN lump-sum taxation **Steuerpauschalsatz** *m* FIN lump-sum tax rate **Steuerperiode** *f* FIN fiscal [taxable] period **Steuerpflicht** *f* tax liability *no art, no pl,* liability to [pay] tax; **der ~ unterliegen** (*geh*) to be liable to [pay] tax **steuerpflichtig** *adj inv* FIN taxable, liable to [pay] tax *pred;* **~es Einkommen/~er Gewinn** taxable income/profit; **nicht ~** non-taxable **Steuerpflichtige(r)** *f(m) dekl wie adj* FIN [legal] taxpayer; **inländischer ~** resident taxpayer; **im Ausland wohnhafter ~** non-resident taxpayer **Steuerpflichtigkeit** *f kein pl* FIN taxability, liability for tax **Steuerpolitik** *f kein pl* fiscal policy **steuerpolitisch** I. *adj inv, attr* FIN fiscal, tax[-policy] *attr* II. *adv* FIN fiscally **Steuerprivileg** *nt* FIN tax privilege **Steuerprogramm** *nt* INFORM control program **Steuerprogression** *f* progressive taxation *no art, no pl spec,* tax progression *no art, no pl spec* **Steuerprüfer(in)** *m(f)* tax inspector [*or* AM auditor] **Steuerprüfung** *f* tax inspection [*or* AM audit] **Steuerpult** *nt* control desk **Steuerquote** *f* FIN taxation ratio

Steuerrad *nt* ① NAUT wheel, helm ② AUTO (*veraltend*) *s.* **Lenkrad** driving wheel BRIT *old*

Steuerrecht *nt kein pl* tax [*or* revenue] law

steuerrechtlich *adj* JUR relating to tax law *pred;* **~ festgelegte Nutzungsdauer** deemed tax life

Steuerrechtsänderung *f* FIN change of tax law **Steuerrechtsangleichung** *f* FIN adjustment [*or* harmonization] of the tax law **Steuerrechtsordnung** *f* FIN tax regime **Steuerrechtsperson** *f,* **Steuerrechtssubjekt** *nt* FIN taxpayer **Steuerrechtssprechung** *f* FIN court rulings in tax matters

Steuerreform *f* tax reform **Steuerregression** *f* FIN tax regression **Steuerrückerstattung** *f* FIN tax refund [*or* rebate] **Steuerrückerstattungsantrag** *m* FIN refund claim; **einen ~ stellen** to file a refund claim **Steuerrückstellungen** *pl* FIN provisions for taxation

Steuerruder *nt* rudder

Steuersatz *m* rate of tax[ation], tax rate **Steuersatzermäßigung** *f* FIN reduction of the tax rate **Steuerschaltung** *f* control console **Steuerschätzung** *f* tax estimate **Steuerschlupfloch** *nt* tax loophole **Steuerschraube** *f* ▶ WENDUNGEN: **die ~ anziehen, an der ~ drehen** (*fam*) to squeeze the taxpayer *fam* **Steuerschuld** *f* tax[es *pl*] owing [*or* due] *no art,* tax liability *no art,* AM *a.* tax delinquency *no art, no pl* **Steuerschuldner(in)** *m(f)* FIN tax debtor **Steuerschuldverhältnis** *nt* FIN government-taxpayer relationship **Steuersenkung** *f* cut [*or* reduction] in taxes, tax cut [*or* reduction] **Steuersignal** *nt* control signal **Steuerstrafrecht** *nt* JUR law on criminal prosecution for tax offenders **Steuerstraftat** *f* JUR tax offence [*or* AM -se] **Steuerstrafverfahren** *nt* JUR criminal prosecution of a tax offence **Steuersystem** *nt* tax[ation] system **Steuertarif** *m* FIN tax scale [*or* rate] **Steuertaste** *f* INFORM navigation key **Steuertatbestand** *m* FIN taxable event **Steuertilgung** *f* FIN tax payment **Steuerträger(in)** *m(f)* FIN taxpayer **Steuerumgehung** *f,* **Steuervermeidung** *f* FIN tax avoidance [*or* evasion]; **legale ~** tax avoidance

Steuerung[1] <-> *f kein pl* (*Regulierung*) control *no indef art, no pl;* ***die ~ des Produktionsprozesses erfolgt von diesem Raum aus*** the production process is steered [*or* controlled] from this room; **~ der Geldmenge** ÖKON control of the money supply

Steuerung[2] <-, -en> *f* ■ **die ~** [**einer S.** *gen* [*o* **von etw** *dat*]] ① LUFT piloting [*or* flying] [sth] *no art, no pl;* **die ~ übernehmen** to take over control ② NAUT steering [sth] *no art, no pl*

Steuerungssignal *nt* INFORM control signal **Steuerungstaste** *f* INFORM control key **Steuerveranlagung** *f* JUR tax assessment **Steuerverbindlichkeiten** *pl* FIN tax liabilities **Steuervereinbarung** *f* FIN tax convention **Steuervereinfachung** *f* FIN tax simplification **Steuerverfahrensrecht** *nt* JUR tax procedural law **Steuervergleich** *m* FIN tax comparison **Steuervergünstigung** *f* FIN tax allowance [*or* relief] **Steuervergütung** *f* FIN tax rebate [*or* refund] **Steuerverkürzung** *f* JUR tax evasion [*or* reduction] **Steuervorauszahlung** *f* FIN advance tax payment; **~en leisten** to pay taxes in advance **Steuervorteil** *m* FIN tax benefit [*or* advantage] **Steuerwerk** *nt* INFORM control unit **Steuerzahler(in)** *m(f)* taxpayer **Steuerzahlerbund** *m* JUR association of taxpayers **Steuerzeichen** *nt* ① INFORM control character ② (*form: Banderole*) revenue stamp [*or* seal] **Steuerzuschlag** *m* FIN additional tax

Steven <-s, -> *m* NAUT **Vorder~** stem *spec;* **After~** stern [post] *spec*

Steward <-s, -s> ['stju:ɐt, 'ʃt-] *m* steward

Stewardess[RR] <-, -en> ['stju:ɐdɛs, stju:ɐ'dɛs] *f,* **Stewardeß** <-, -ssen> *f fem form von* Steward steward[ess]

St. Gallen <-s> *nt* St. Gallen

StGB <-[s]> [ɛste:ge:'be:] *nt Abk von* **Strafgesetzbuch**

stibitzen* *vt* (*hum fam*) ■ [**jdm**] **etw ~** to swipe [*or* pinch] [*or* nick] [sb's] sth *hum fam*

stich *imper sing von* **stechen**

Stich <-[e]s, -e> *m* ① (*~wunde*) stab wound; ■ **ein ~ durch/in etw** *akk* a stab through/in sth; **jdm einen ~** [**mit etw** *dat*] [**in etw** *akk*] **versetzen** to stab sb [in sth] [with sth]; ***sie versetzte ihm mit der Hutnadel einen ~ ins Gesicht*** she stabbed him in the face with her hatpin ② (*Insekten~*) sting; (*Mücken~*) bite ③ (*stechender Schmerz*) stabbing [*or* sharp] pain; **~e haben** to have [*or* experience] a stabbing [*or* sharp] pain/stabbing [*or* sharp] pains ④ (*Nadel~*) stitch; **~ um ~** stitch by stitch ⑤ (*Radierung*) engraving ⑥ (*Farbschattierung*) ■ **ein ~ in etw** *akk* a tinge of sth; **ein ~ ins Rote** a tinge of red; **einen ~ in etw** *akk* **bekommen** to get a tinge of sth, to go a bit sth *fam* ⑦ KARTEN trick; **~ auf ~** trick by trick, one trick after the other; **einen ~ machen** to get [*or* win] a trick ▶ WENDUNGEN: **einen ~ haben** (*fam: verdorben sein*) to have gone [*or* to be] off; (*sl: übergeschnappt sein*) to be out to lunch, to be off one's rocker *fam,* to be nuts *fam;* **jdn im ~ lassen** (*jdn verlassen*) to abandon sb; (*jdn in einer Notlage lassen*) to fail [*or* let down] sb; ***mit zunehmendem Alter ließ sie ihr Gedächtnis immer mehr im ~*** her memory got worse [*or* became more and more unreliable] as she got older

Stichart *f* (*Buchmacherei*) stitch type

Stichel <-s, -> *m* KUNST graver, burin *spec*

Stichelei <-, -en> *f* (*pej fam*) ① (*ständiges Sticheln*) needling *no art, no pl fam;* ***sie ließ keine Gelegenheit zu einer ~ aus*** she never missed a chance to get at him/her etc. ② (*stichelnde Bemerkung*) jibe, AM *usu* gibe, dig, cutting remark

sticheln *vi* (*pej fam*) ■ [**gegen jdn**] **~** to make nasty [*or* cutting] [*or* snide] remarks [about sb]

Stichentscheid *m* SCHWEIZ [president's] casting vote

stichfest *adj inv* (*nicht flüssig*) *Jogurt* solid; **hieb- und ~** (*fig*) watertight, cast-iron

Stichflamme *f* flash, jet [*or liter* tongue] of flame

stichhaltig *adj,* **stichhältig** *adj* ÖSTERR (*überzeugend*) **ein ~es Alibi** an unassailable [*or* airtight] alibi; **eine ~e Argumentation** a sound argument, sound reasoning; **ein ~er Beweis** conclusive evidence; ■ [**nicht**] **~ sein** to [not] hold water

Stichhaltigkeit <-> *f kein pl Begründung* soundness *no pl; Argument, Grund, Antwort* validity *no pl; Beweis* conclusiveness *no pl*
Stichling <-s, -e> *m* ZOOL stickleback
Stichprobe *f* (*die Probe aufs Exempel*) spot check, random sample [*or* survey]; (*Kontrollen*) spot check; **~n machen** [*o* **vornehmen**] to carry out a spot check [*or* random sample] **Stichprobenauswahl** *f kein pl* random sampling **Stichpunkt** *m* note, keyword; **sich ~e machen** to make notes **Stichsäge** *f* compass saw *spec* **Stichtag** *m* (*maßgeblicher Termin*) fixed [*or* qualifying] date; (*letzter Möglichkeit*) deadline **Stichtagsprinzip** *nt* FIN cut-off date principle **Stichwaffe** *f* stabbing weapon **Stichwahl** *f* POL final ballot, run-off AM
Stichwort *nt* ❶ (*Haupteintrag*) entry, reference, headword *form* ❷ *meist pl* (*Wort als Gedächtnisstütze*) cue; (*Schlüsselwort*) keyword; ~ ***Geld, ich wollte mit Ihnen über eine Gehaltserhöhung reden*** speaking of [*or form* apropos] money, I wanted to talk to you about a raise; **jdm das** [**vereinbarte** [*o* **verabredete**]] **~ geben** (*das Zeichen zum Beginn von etw*) to give sb the [prearranged] lead-in [*or* cue]; THEAT to cue in sb *sep*; ***du sprichst von Geld? damit lieferst du mir das ~*** money? now that's something I wanted to talk about; ***warum musstest du das sagen? jetzt hast du ihr das ~ gegeben*** what did you have to say that for? now you've started her off; **sich** *dat* **~e machen** to make notes **stichwortartig** *adv* briefly **Stichwortkatalog** *m* classified catalogue [*or* AM -og] **Stichwortsuche** *f* INFORM index word search **Stichwortverzeichnis** *nt* index
Stichwunde *f* stab wound
sticken I. *vt* (*durch S~ herstellen*) ■**etw** [**auf etw** *akk*] **~** to embroider sth [on[to] sth]; ***das Tischtuch wies am Rand gestickte Verzierungen auf*** the tablecloth had an embroidered edge; ■**etw ~** to embroider sth II. *vi* ■ [**an etw** *dat*] **~** to embroider [sth], to do embroidery; ■**das S~** embroidery; ***man braucht viel Geduld zum S~ eines Blumenmotifs*** it requires a lot of patience to embroider a flower motif
Sticker <-s, -> [st-, ʃt-] *m* sticker
Sticker <-s, -> ['stɪkɐ] *m* (*fam*) sticker
Stickerei <-, -en> *f* embroidery *no art, no pl*
Stickgarn *nt* embroidery thread, crewel *no art, no pl spec*
stickig *adj* stuffy; **~e Luft** stale air
Stickmuster *nt* embroidery pattern **Sticknadel** *f* embroidery [*or spec* crewel] needle
Stickoxid, Stickoxyd *nt* CHEM nitrogen oxide [*or spec* nitric oxide] *no art, no pl*
Stickrahmen *m* embroidery frame
Stickstoff *m kein pl* nitrogen *no art, no pl*
Stickstoffdünger *m* nitrogen[ous] fertilizer
stieben <stob *o* stiebte, gestoben *o* gestiebt> *vi* (*geh*) ❶ *haben o sein* (*sprühen*) to spray; ***Funken stiebten von dem rot glühenden Eisen*** sparks flew from the glowing iron ❷ *sein* (*rennen*) ■**irgendwohin ~** to rush [*or* dash] [off] somewhere; **nach allen Seiten ~** to scatter in all directions; **von dannen ~** to rush [*or* dash] off
Stiefbruder *m* stepbrother
Stiefel <-s, -> *m* ❶ (*Schuhwerk*) boot; **ein Paar ~** a pair of boots; **~ aus Gummi** wellingtons BRIT, wellington boots BRIT ❷ (*Trinkgefäß*) *large, boot-shaped beer glass;* **einen ~** [**Bier**] **trinken** ≈ to drink a yard BRIT; **er verträgt einen** [**ordentlichen**] **~** he can take his drink
Stiefelette <-, -n> *f* ankle boot
Stiefelknecht *m* bootjack
stiefeln *vi sein* (*fam*) ■**irgendwohin ~** to march [*or* stride] somewhere
Stiefelschaft *m* leg of a/the boot
Stiefeltern *pl* stepparents *pl* **Stiefgeschwister** *pl* stepbrother[s] and sister[s] + *pl vb* **Stiefkind** *nt* stepchild **Stiefmutter** *f* stepmother **Stiefmütterchen** *nt* BOT pansy **stiefmütterlich** I. *adj* poor, shabby II. *adv* in a poor fashion, shabbily; **jdn/etw ~ behandeln** to pay little attention to sb/sth
Stiefschwester *f* stepsister **Stiefsohn** *m* stepson **Stieftochter** *f* stepdaughter **Stiefvater** *m* stepfather
stieg *imp von* **steigen**
Stiege <-, -n> *f* narrow staircase [*or* stairs] *npl*
Stiegenhaus *nt* SÜDD, ÖSTERR (*Treppenhaus*) staircase
Stieglitz <-es, -e> *m* ORN goldfinch *spec*
stiehl *imper sing von* **stehlen**
Stiel <-[e]s, -e> *m* ❶ (*Handgriff, langer Stab*) handle; (*Besen~*) broom handle, broomstick ❷ (*Blumen~*) stem, stalk ❸ (*Stück zwischen Fuß und Kelch*) stem
Stielaugen *pl* ▶ WENDUNGEN: **~ kriegen** [*o* **machen**] (*fam*) to look goggle-eyed *fam*, BRIT *a.* to have one's eyes out on stalks; ***die Nachbarn haben ~ gemacht*** the neighbours' eyes almost popped out of their heads *fam* **stieläugig** *adj inv* goggle-eyed, with eyes popping **Stieleiche** *f* BOT common oak **Stielkamm** *m* tail comb **Stielkotelett** *nt* loin chop **Stieltopf** *m* saucepan
stier I. *adj* (*starr*) vacant, glassy, fixed II. *adv* vacantly, glassily, fixedly; **~ irgendwohin blicken** to look somewhere with a vacant [*or* glassy] stare
Stier <-[e]s, -e> *m* ❶ (*junger Bulle*) bull; (*kastriert*) steer, bullock; **wie ein ~ brüllen** to scream like a stuck pig ❷ ASTROL Taurus ▶ WENDUNGEN: **den ~ bei den Hörnern packen** [*o* **fassen**] to get [*or* take] the bull by the horns
stieren *vi* ■**irgendwohin** *akk* **~** to stare vacantly [*or* glassily] [*or* fixedly] somewhere; ***zu Boden ~*** to stare vacantly [*or* glassedly] [*or* fixedly] at the floor; ■**auf jdn/etw ~** to stare vacantly [*or* glassedly] [*or* fixedly] at sb/sth
Stierkampf *m* bullfight **Stierkampfarena** *f* bullring **Stierkämpfer(in)** *m(f)* bullfighter, matador **Stiernacken** *m* thick neck **stiernackig** *adj* bull-necked, with a thick neck *pred;* ■**~ sein** to be bull-necked, to have a thick neck
stieß *imp von* **stoßen**
Stift[1] <-[e]s, -e> *m* ❶ (*Stahl~*) tack, pin ❷ (*zum Schreiben*) pen/pencil; ***haben Sie einen ~?*** do you have something to write with [*or* a pen/pencil]? ❸ ELEK stylus
Stift[2] <-[e]s, -e> *nt* ❶ (*Heim*) home ❷ REL (*christliches Internat*) church boarding school, seminary *dated;* (*christliches Internat für Mädchen*) convent ❸ REL ÖSTERR (*Männerkloster*) monastery; (*Frauenkloster*) convent
Stift[3] <-[e]s, -e> *m* (*fam: Lehrling im handwerklichen Beruf*) apprentice
Stiftcomputer *m* pen-based computer
stifteln *vt* ■**etw ~** KOCHK to shred sth
stiften *vt* ❶ (*spenden*) ■[**jdm**] **etw ~** to donate sth [to sb]; [**jdm**] **eine Seelenmesse ~** to pay for mass to be said [for sb's soul] ❷ (*verursachen*) ■**etw ~** to create [*or* cause] sth; **Ärger ~** to cause trouble; **Unruhe stiften** to create unrest ❸ (*gründen*) ■**etw ~** to found sth ❹ (*fam: abhauen*) **~ gehen** to scram *fam*, to do a bunk BRIT *fam*, to scarper BRIT *fam*
Stifter(in) <-s, -> *m(f)* ❶ (*Spender*) don[at]or ❷ (*Gründer*) founder
Stiftplotter *m* INFORM pen plotter **Stiftschlüssel** *m* TECH pin spanner; (*Sechskant~*) socket screw key
Stiftskirche *f* collegiate church
Stiftung *f* JUR foundation; **~ des öffentlichen Rechts** foundation under public law
Stiftung <-, -en> *f* ❶ JUR (*gestiftete Organisation*) foundation, institute; **gemeinnützige ~** charitable foundation ❷ (*Schenkung*) donation ❸ (*Gründung*) foundation; ***die ~ dieser Universität datiert in das Jahr 1960*** this university was founded in 1960
Stiftungsbeirat *f* board of trustees **Stiftungsgeschäft** *nt* endowment transaction **Stiftungsgesetz** *nt* JUR endowments and foundations act **Stiftungskapital** *nt* FIN settlement capital **Stiftungsrat** *m* JUR board of trustees **Stiftungsrecht** *nt* JUR law on foundations and endowments **Stiftungsvermögen** *nt* FIN endowment [*or* trust] fund, estate trust **Stiftungsvorstand** *m* board of trustees
Stiftzahn *m* post crown *spec*
Stil <-[e]s, -e> *m* ❶ (*LIT*) style ❷ (*Verhaltensweise*) ■**jds ~** sb's conduct [*or* manner], sb's way of behaving [*or* behaviour]; ***das ist nicht unser ~*** that's not the way we do things [here]; **der ~ des Hauses** (*a. euph*) the way of doing things in the company; ***das verstößt gegen den ~ des Hauses*** that is not the way things are done in this company, that violates the company's code of conduct *form* ❸ (*charakteristische Ausdrucksform*) style ▶ WENDUNGEN: **im großen ~, großen ~s** on a grand scale
Stilblüte *f* (*hum*) stylistic blunder, howler **Stilbruch** *m* inconsistency in style; KUNST, LING stylistic incongruity **Stilebene** *f* style level **stilecht** I. *adj* period *usu attr* II. *adv* in period style
Stilett <-s, -e> *nt* stiletto
Stilfehler *m* flaw in style **Stilgefühl** *nt kein pl* sense of style, feeling for style, stylistic sense *no pl* **stilgetreu** *adj* true to the original style
stilisieren* *vt* (*geh*) ■**etw ~** to stylize sth
stilisiert I. *adj* stylized II. *adv* in a stylized fashion [*or* way]
Stilisierung <-, -en> *f* stylization
Stilistik <-, -en> *f* ❶ *kein pl* (*Stilkunde*) stylistics + *sing vb, no art* ❷ (*Anleitung*) guide to stylistics
stilistisch (*geh*) I. *adj* stylistic II. *adv* stylistically; **~ gesehen** from a stylistic standpoint [*or* point of view]
Stilkunde *f* ❶ LIT style *no art, no pl* ❷ MEDIA (*Werk*) book on style
still *adj* ❶ (*ruhig, verschwiegen*) quiet, peaceful, still *liter;* **ein ~er Mensch** a quiet [*or* calm] person; ■**~ sein/werden** to be/go [*or* grow] quiet; **etw ~ halten** to keep sth still; **sei ~!** be quiet! ❷ (*beschaulich*) quiet; **in ~em Gedenken** in silent memory; ***wir wollen uns jetzt des seligen Bischofs in ~em Gedenken erinnern*** now we will keep a moment's silence in memory of the late bishop; **eine ~e Stunde** a quiet time ❸ (*heimlich*) secret; **in ~em Einvernehmen** in secret; **jds ~e Zustimmung voraussetzen** to assume sb's approval [*or* agreement]; **ein ~er Vorwurf** a silent reproach; **mit einem ~en Seufzen** with a silent [*or* an inner] sigh; **im S~en** in secret; **im S~en hoffen** to secretly hope ❹ JUR *Gesellschafter, Partnerschaft, Teilhaber* dormant [*or* AM silent]; **~e Rücklagen** hidden assets ▶ WENDUNGEN: **es ist um jdn ~ geworden** you don't hear much about sb anymore; *s. a.* **Stunde, Wasser**
Stille <-> *f kein pl* ❶ (*Ruhe*) quiet *no art, no pl;* ***die ~ nach der Hektik des Tages war sehr angenehm*** the peace [and quiet] after the day's rush and tumble was very pleasant; (*ohne Geräusch*) silence *no art, no pl;* **es herrschte ~** there was silence/peace and quiet; **in aller ~** quietly; **jdn in aller ~ beisetzen** to bury sb quietly, to have a quiet funeral [for sb]; ***die Trauung wird in aller ~ stattfinden*** it will be a quiet wedding; ***er hat sich in aller ~ davongemacht, ohne mir ein Sterbenswörtchen zu sagen!*** he left [*or* slipped out] without saying a word! ❷ (*Abgeschiedenheit*) peace *no art, no pl*, calm *no art, no pl*
Stilleben *nt s.* **Stillleben**
stillegen <stillgelegt> *vt s.* **stilllegen**
Stillegung <-, -en> *f s.* **Stilllegung**
stillen I. *vt* ❶ (*säugen*) ■**jdn ~** to breast-feed [*or* suckle] sb ❷ (*befriedigen*) ■**etw ~** to satisfy [*or liter* still] sth; **den Durst ~** to quench [*or* slake] sb's thirst ❸ ■**etw ~** (*aufhören lassen*) to stop sth; (*etw erleichtern*) to relieve [*or* ease] sth; **den Blutverlust ~** to staunch [*or* AM *a.* stanch] the flow of blood II. *vi* to breast-feed
Stillen <-s> *nt kein pl* breast feeding
Stillhalteabkommen *nt* moratorium *form*
still|halten *vi irreg* to keep [*or* stay] still
stilliegen <stillgelegen> *vi s.* **stillliegen**
Stillleben[RR] *nt* still life
stilllegen[RR] <stillgelegt> *vt* ■**etw ~** to close [*or* shut] [down *sep*] sth; ■**stillgelegt** closed[*or* shut][-down]
Stilllegung[RR] <-, -en> *f* closure, shutdown

stillliegen[RR] <stillgelegen> *vi sein o haben* to be closed [*or* shut] [down]; ***seit diese Bahnlinie stillliegt, kommen kaum mehr Touristen*** since the closure of the railway line there have been hardly any tourists
stillos *adj* lacking [*or* without] any definite style *pred;* ■ ~ **sein** to lack [*or* have] no [definite] style
still|schweigen *vi irreg (geh)* to be [*or* keep] quiet [*or* silent], to keep quiet [*or* stay silent] [*or form* maintain silence] about sth; **schweig still!** be quiet!, silence!
Stillschweigen *nt* silence *no art, no pl;* **jdn [in etw *dat*] zu strengstem ~ auffordern** to ask sb to maintain the strictest silence [about sth] *form;* **über jdn/etw ~ bewahren, jdn/etw mit ~ übergehen** to keep quiet [*or* stay silent] [*or form* maintain silence] about sb/sth
stillschweigend I. *adj* tacit; **ein ~es Einverständnis** a tacit understanding; ***ich setze auf Ihr ~es Einverständnis*** I [will] assume you are in agreement II. *adv* tacitly; **etw ~ billigen** to give sth one's tacit approval
still|sitzen *vi irreg sein o haben* to sit still [*or* quietly]; **er kann einfach nicht ~!** he just can't sit still!
Stillstand *m kein pl* standstill *no pl;* **etw zum ~ bringen** to bring sth to a standstill; **eine Blutung zum ~ bringen** to staunch a flow of blood; **zum ~ kommen** (*zum Erliegen*) to come to a standstill; (*aufhören*) to stop
Stillstandsperiode *f* ÖKON period of stagnation **Stillstandszeit** *f* stop period; **störungsbedingte ~** downtime
still|stehen *vi irreg sein o haben* ❶ (*außer Betrieb sein*) to be at a standstill, to stand idle ❷ ■ **stillgestanden!** MIL attention!; (*von Polizei*) stop!
stillvergnügt *adj inv* inwardly contented; **~ in sich hinein grinsen** (*fam*) to grin contentedly [*or* with inner contentment]
Stilmöbel *nt meist pl* period furniture *no pl* **stilprägend** *adj* **~ sein** to promote a particular style **stilvoll** *adj* stylish
Stilvorlage *f* style sheet
Stimmabgabe *f* POL vote, voting *no art, no pl* **Stimmband** *nt meist pl* ANAT vocal c[h]ord **Stimmbandentzündung** *f* MED inflammation of the vocal cords, chorditis *spec* **stimmberechtigt** *adj* entitled to vote *pred;* ■ **[bei etw] ~ sein** to be entitled to vote [*or* have a vote] [in sth] **Stimmberechtigte(r)** *f(m) dekl wie adj* voter, person entitled to vote; ■ **die ~n** the voters *pl,* the electorate + *sing/pl vb* **Stimmbeteiligung** *f* SCHWEIZ (*Wahlbeteiligung*) poll **Stimmbezirk** *m* constituency **Stimmbildung** *f* voice training **Stimmbindungsvertrag** *m* JUR voting trust agreement **Stimmbindungszertifikat** *nt* JUR voting trust certificate **Stimmbruch** *m* ***der ~ setzt zwischen dem 11. und 14. Lebensjahr ein*** the voice breaks between the ages of 11 and 14; ***er war mit 12 im ~*** his voice broke when he was 12 **Stimmbürger(in)** *m(f)* POL SCHWEIZ voter; **die gesamten ~** the electorate + *sing/pl vb*
Stimme <-, -n> *f* ❶ (*Art des Sprechens*) voice; ***du hast heute so eine heisere ~*** you are [*or* your voice is] very hoarse today; **mit bestimmter ~ sprechen** to speak in a particular [tone of] voice; ***sprich nicht mit so lauter ~, man könnte uns hören!*** don't speak so loudly, someone might hear us!; ***er sprach mit erstickter Stimme*** there was a catch in his voice; **mit leiser ~ sprechen** to speak in a quiet [tone of] voice [*or* quietly]; **mit honigsüßer ~ sprechen** to speak in honeyed tones ❷ (*sprechender Mensch*) voice; ***da rief doch eben eine ~!*** there was [*or* I heard] a voice calling! ❸ POL vote; **die entscheidende ~** the deciding vote; **ungültige ~** invalid vote; **sich der ~ enthalten** to abstain; **seine ~ [für jdn/etw] abgeben** to vote [for sb/sth]; **eine/keine ~ haben** to have/not have a vote ❹ (*Meinungsäußerung*) voice; ***es werden ~n laut, die sich gegen das Projekt aussprechen*** voices are being raised against the project; ***die ~n, die mit dieser Politik nicht einverstanden sind, mehren sich*** the number of voices not in favour of this policy is increasing ❺ (*Gefühl*) ■ **die ~ einer S.** *gen* the voice of sth; **die ~ des Herzens/der Vernunft/des Gewissens** the voice of one's heart/of reason/of one's conscience; ***höre auf die ~ deines Herzens*** listen to [the voice of] your heart
stimmen[1] *vi* ❶ (*zutreffen*) to be right [*or* correct]; ■ **es stimmt, dass jd etw ist/tut** it is true that sb is/does sth; **stimmt!** (*fam*) right!; ***habe ich nicht völlig Recht? — stimmt!*** don't you think I'm right? — yes, I do! ❷ (*korrekt sein*) to be correct; ***diese Rechnung stimmt nicht!*** there's something wrong with this bill!; **etwas stimmt mit jdm nicht** something must be wrong with sb; **da [*o* hier] stimmt was nicht!** (*fam*) there's something wrong [*or fam* funny [going on]] here!; **stimmt so!** (*fam*) that's [*or* the rest is] for you, keep the change!
stimmen[2] *vt* MUS ■ **etw ~** to tune sth
stimmen[3] *vi* ■ **für/gegen jdn/etw ~** to vote for/against sb/sth
Stimmenabgabe *f* vote; **zur ~ schreiten** to move to a vote **Stimmenanteil** *m* share of the vote **Stimmenauszählung** *f* vote count, count of votes, counting the votes; **eine ~ verlangen** to call a count **Stimmenfänger(in)** *m(f)* POL (*fam*) canvasser, vote-getter *fam* **Stimmengewinn** *m* gain of votes; **einen ~ verzeichnen [*o* verbuchen]** to record a gain of votes **Stimmengewirr** *nt* babble of voices **Stimmengleichheit** *f* tie[d vote] **Stimmenmehrheit** *f* majority of votes; **jdn durch ~ besiegen** to outvote sb; **über eine ~ verfügen** to have the majority [of votes] on one's side **Stimmenthaltung** *f* abstention; **~ üben** to abstain
Stimmenverlust *m* loss of votes; **einen ~ hinnehmen müssen** to suffer a loss of votes; ***die Umfrage sagte einen ~ von ca. 6 % voraus*** the survey prophesied a loss of 6 % of the votes **Stimmenwägung** *f* weighting of votes
Stimmerkennung *f* INFORM voice recognition
Stimmgabel *f* MUS tuning fork
stimmhaft LING I. *adj* voiced *spec* II. *adv* **~ ausgesprochen werden** to be voiced *spec*
stimmig *adj* ■ **[in sich] ~ sein** to be consistent [*or* coherent]
Stimmigkeit <-> *f kein pl* coherence
Stimmlage *f* MUS voice
stimmlich *adj* vocal
stimmlos LING I. *adj* voiceless *spec* II. *adv* **~ ausgesprochen werden** to be voiceless *spec*
Stimmpflicht *f* duty to cast one's vote
Stimmrecht *nt* right to vote; **[das] ~ haben** to have the right to vote; **Aktie mit/ohne ~** voting/non-voting share [*or* AM stock]; **von seinem ~ Gebrauch machen** to exercise one's voting rights; **sein ~ verlieren** to forfeit one's voting right
Stimmrechtsaktie *f* FIN voting share [*or* AM stock] **Stimmrechtsausschluss**[RR] *m* exclusion of voting rights **Stimmrechtsausübung** *f* exercise of a voting right **Stimmrechtsbeschränkung** *f* restriction of a voting right **Stimmrechtsbindung** *f* voting commitment **stimmrechtslos** *adj inv* BÖRSE nonvoting; **~e Aktie** nonvoting share **Stimmrechtsmissbrauch**[RR] *m* abuse of voting rights **Stimmrechtsträger(in)** *m(f)* voter, elector **Stimmrechtsübertragung** *f* transfer of voting rights **Stimmrechtsvollmacht** *f* FIN shareholder's [*or* AM stockholder's] proxy **Stimmritze** *f* ANAT glottis, rima glottidis *spec*
Stimmung <-, -en> *f* ❶ (*Gemütslage*) mood; **jdn in ~ *akk* bringen** to get [*or* put] sb in a good/the right mood; ■ **in der ~ [zu etw] sein** (*fam*) to be in the mood [for sth]; ■ **in der ~ sein, etw zu tun** to be in the mood for doing sth; **in ~ kommen** (*fam*) to get in the [right] mood, to liven up ❷ (*Atmosphäre*) atmosphere; **eine geladene ~** a tense [*or* charged] atmosphere ❸ (*öffentliche Einstellung*) public opinion *no art, no pl;* **~ für/gegen jdn/etw machen** to stir up [public] opinion for/against sb/sth ❹ (*geh: Ambiente*) atmosphere *no pl,* ambience *no pl liter*
stimmungsaufhellend *adj* emotionally elevating **Stimmungsbarometer** *nt* mood [of [public] opinion], barometer of public opinion; **das ~ steigt/steht auf Null** (*fam*) the mood [of [public] opinion] is improving/pessimistic **Stimmungskanone** *f* (*fam: Unterhalter*) entertainer; **eine ~ sein** to be the life and soul of the party **Stimmungslage** *f* mood; **eine gereizte ~** a tense atmosphere **Stimmungsmache** *f* (*pej*) [cheap] propaganda *no art, no pl pej* **Stimmungsumschwung** *m* POL change of mood [*or* atmosphere] **stimmungsvoll** *adj* sentimental *usu pej;* ***das ~e Gedicht gibt die Atmosphäre der beeindruckenden Gebirgslandschaft gelungen wieder*** the poem aptly reflects the atmosphere of the impressive mountain landscape **Stimmungswandel** *m* ❶ (*allgemein*) change of atmosphere ❷ POL change in [public] opinion
Stimmverlust *m kein pl* loss of [one's] voice **Stimmwechsel** *m s.* Stimmbruch **Stimmzettel** *m* voting slip, ballot [paper]
Stimulans <-, Stimulantia *o* Stimulanzien> *nt* ❶ PHARM stimulant ❷ (*geh: aufreizende Darstellung*) stimulation *no pl*
Stimulation <-, -en> *f* (*geh: sexuelle Reizung*) stimulation
stimulieren* *vt* ❶ (*geh: anspornen*) ■ **jdn [zu etw] ~** to spur [*or* urge] on sb *sep* [to sth], to encourage sb [to do sth]; **jdn sehr ~** to be a great encouragement to sb ❷ (*geh: sexuell reizen*) ■ **jdn/etw ~** to stimulate sb/sth ❸ MED (*auslösen*) ■ **etw ~** to stimulate sth
Stimulus <-, -li> *m* ❶ PSYCH stimulus ❷ (*geh: Antrieb*) stimulus
Stinkbombe *f* stink bomb
Stink(e)finger *m meist pl* (*pej fam*) sticky [*or* dirty] fingers *pl*
Stinkefuß *m* smelly feet *pl*
stinken <stank, gestunken> I. *vi* ❶ (*unangenehm riechen*) ■ **[nach etw] ~** to stink [*or* reek] [of sth] ❷ (*fam: verdächtig sein*) to stink; **die Sache stinkt** the whole business stinks [*or* is [very] fishy] ❸ (*sl: zuwider sein*) ■ **jdm stinkt etw** sb is fed up [to the back teeth] [*or* is sick to death] with sth *fam;* ■ **etw [an jdm/etw] stinkt jdm** sth [about sb/sth] sickens sb, sb is fed up with sth about sb/sth; ■ **jdm stinkt es, etw tun zu müssen** sb is fed up [to the back teeth] with having to do sth *fam;* **mir stinkt's!** I'm fed up [to the back teeth] with it! *fam; s. a.* **Himmel, Pest** II. *vi impers* **es stinkt [nach etw]** it stinks [of sth]
stinkend *adj* stinking
stinkfaul *adj* (*fam*) bone-lazy, bone idle BRIT; ***du bist wirklich ~*** you really are bone idle [*or pej fam* a lazy slob] **stinklangweilig** *adj* (*fam*) dead boring, deadly boring, boring as hell *pred fam,* [as] dull as ditchwater *pred fam;* ***es war ein ~er Vortrag*** the lecture was as boring as hell *fam* **Stinkmorchel** *f* BOT stinkhorn *spec,* carrion fungus *spec* **stinknormal** *adj* (*fam*) perfectly normal [*or* ordinary]; **wie ein ~er Mensch** like an ordinary mortal *hum* **stinkreich** *adj* (*fam*) rolling in it *pred fam,* stinking rich *pred pej fam* **stinksauer** *adj inv* (*fam*) **~ auf etw/jdn sein** to be pissed off *sl* with sth/sb **Stinktier** *nt* skunk **Stinkwut** *f* (*fam*) towering rage *no pl,* savage fury *no pl;* ■ **eine ~ haben** to seethe with rage, to be livid [*or* in a raging temper]; ■ **eine ~ auf jdn haben** to be in a raging temper [*or* be livid] with sb
Stint <-[e]s, -e> *m* ZOOL smelt *no indef art, no pl*
Stipendiat(in) <-en, -en> *m(f)* person receiving a stipend/scholarship
Stipendium <-s, -dien> [-diən] *nt* (*für den Klerus*) stipend; (*für Studenten*) scholarship
stippen *vt* DIAL (*tunken*) ■ **etw in etw *akk* ~** to dunk [*or* dip] sth in sth
Stippvisite [-vi-] *f* (*fam*) quick visit [*or* BRIT flying]; **bei jdm eine ~ machen** to pay sb a flying visit
stirb *imper sing von* **sterben**
Stirn <-, -en> *f* forehead, brow *liter;* **die ~ runzeln**

[*o* **kraus ziehen**] to frown; **über jdn/etw die ~ runzeln** to frown over sb's doings/sth ▶ WENDUNGEN: **mit eiserner** ~ (*unverschämt*) brazenly; (*unerbittlich*) resolutely; **jdm etw an der ~ ablesen** to read sth [plainly [*or* all over]] in sb's face; **jdm/einer S. die ~ bieten** (*geh*) to face [*or* stand] up to sb/sth; **da fasst man sich** *dat* **an die** ~ you wouldn't believe it, would you?; **auf der ~ geschrieben stehen** (*geh*) to be written on sb's face; **die ~ haben** [*o* **besitzen**], **etw zu tun** to have the nerve [*or* BRIT cheek] to do sth

Stirnband <-bänder> *nt* headband **Stirnbein** *nt* ANAT frontal bone **Stirnfalte** *f* wrinkle [*or* line] [on the forehead] **Stirnglatze** *f* receding hairline; **eine ~ haben** to have a receding hairline

Stirnhöhle *f* ANAT [frontal *spec*] sinus

Stirnhöhlenentzündung *f* MED sinusitis *no art, no pl spec* **Stirnhöhlenvereiterung** *f* MED sinusitis *no art, no pl spec* **Stirnrad** *nt* TECH spur gear [*or* wheel] **Stirnrunzeln** <-s> *nt kein pl* frown **Stirnseite** *f* [narrow] side; *eines Hauses* end wall, gable end; ***der Hausherr pflegte immer an der ~ des Esstisches Platz zu nehmen*** the head of the household always liked to sit at the head of the table **Stirnwand** *f* ARCHIT end wall, side

stob *imp von* **stieben**

stöbern *vi* ■**in etw** *dat* [**nach etw** *dat*] ~ to rummage in sth [for sth]

stochern *vi* ■[**mit etw** *dat*] **in etw** *dat* ~ to poke [*or* prod] [around in] sth [with sth]

Stock¹ <-[e]s, Stöcke> *m* ❶ (*lange Holzstange*) stick ❷ HORT (*Topfpflanze*) plant ❸ (*Bienen~*) [bee]hive ▶ WENDUNGEN: **über ~ und Stein** across country; **am ~ gehen** (*fam*) to be worn out [*or* worn to a shadow] [*or* BRIT *fam!* knackered]

Stock² <-[e]s, -> *m* floor, storey BRIT, story AM; **der 1. ~** the ground [*or* AM first] floor, the first storey; **im 2. ~** on the first [*or* AM second] floor, on the second storey

stockbesoffen *adj* (*fam*) stinking [*or* dead] [*or* BRIT blind] drunk *fam*, pie-eyed *fam*, plastered *fam*

Stockbett *nt* bunk bed

Stöckchen <-s, -> *nt dim von* **Stock 1** little stick

stockdumm *adj* (*fam*) [as] thick [as two short planks [*or* as a brick]] *fam* **stockdunkel** *adj* (*fam*) pitch-black [*or* -dark]

Stöckelabsatz *m* high heel

stöckeln *vi sein* (*fam*) ■**irgendwohin** ~ to strut [*or* stalk] somewhere; (*unsicher gehen*) to totter somewhere; (*affektiert gehen*) to trip [*or* BRIT mince] somewhere *pej*

Stöckelschuh *m* high-[*or* stiletto-]heeled shoe, high heel, stiletto

stocken *vi* ❶ (*innehalten*) ■[**in etw** *dat*] ~ to falter [in sth] ❷ (*zeitweilig stillstehen*) to come to a [temporary] halt [*or* stop], to be held up; ***immer wieder stockte der Verkehr*** there were constant hold-ups in the [flow of] traffic; **ins S~ geraten** [*o* **kommen**] to stop, to grind to a halt ❸ KOCHK (*gerinnen*) to thicken; *Milch* to curdle; *Eier* to set

stockend *adj inv* ❶ (*mit Pausen*) *Unterhaltung* flagging, faltering, hesitant ❷ (*stehend*) *Verkehr* stop-start ❸ ÖKON stagnant; **~e Wirtschaft** stagnant economy

Stockente *f* ORN mallard

stockfinster *adj* (*fam*) *s.* **stockdunkel**

Stockfisch *m* dried cod, stockfish *spec* **Stockfleck** *m* mildew *no art, no pl*, mould [*or* AM mold] spot **Stockhieb** *m* blow [with [*or* from] a stick]

Stockholm <-s> *nt* Stockholm *no art, no pl*

stockkonservativ *adj* (*fam*) ultra [*or* diehard] conservative, archconservative *pej*, stick-in-the-mud *pej fam*, fuddy-duddy BRIT *pej*

Stock-Option ['stɑːk'ɑpʃᵊn] *f* BÖRSE stock option

Stock-Option-Modell ['stɑːk'ɑpʃᵊn-] *nt* BÖRSE stock option model

Stockrose *f* HORT hollyhock

stocksauer *adj* (*fam*) foaming at the mouth *pred fam*, pissed off *pred* BRIT *fam!*; ■**~ [auf jdn] sein** to be sore [at sb], to be pissed off [with sb] BRIT *fam!*

Stockschirm *m* stick [*or* walking-length] umbrella **stocksteif** I. *adj* (*fam*) [very] stiff, [as] stiff as a poker *pred*; **in ~er Haltung** [as] stiff as a poker/as pokers II. *adv* [very] stiffly, as stiff as a poker **stocktaub** *adj* (*fam*) [as] deaf as a post *pred*, stone-deaf *fam*

Stockung <-, -en> *f* hold-up (+*gen* in); **ohne ~** without a hold-up; **ohne ~ zu Ende gehen/verlaufen** to finish [*or* end]/continue without a hold-up

Stockwerk *nt s.* **Stock²**

Stoff <-[e]s, -e> *m* ❶ (*Textil*) material, cloth ❷ (*Material*) material ❸ CHEM substance ❹ (*thematisches Material*) material *no indef art, no pl* ❺ (*Lehr~*) subject material *no indef art, no pl* ❻ *kein pl* (*sl: Rauschgift*) dope *no art, no pl fam*, shit *no art, no pl sl*

Stoffbahn *f* length of material **Stoffballen** *m* roll of material [*or* cloth] **Stoffbezug** *m* cloth cover

Stoffel <-s, -> *m* (*fam: Tölpel*) boor, booby *fam*

Stofffetzen^RR^ *m*, **Stoffetzen** *m getrennt: Stoff·fetzen* scrap [*or* shred] of material [*or* cloth]

stofflich *adj inv* ❶ (*das Thema betreffend*) *Unterschiede* with regard to subject matter ❷ PHILOS (*materiell*) material

Stoffpuppe *f* rag doll **Stoffrest** *m* remnant **Stoffschuh** *m* cloth shoe **Stoffserviette** *f* [cloth] napkin [*or* BRIT *a.* serviette] **Stofftier** *nt* soft [*or* BRIT *a.* cuddly] toy

Stoffwechsel [-ks-] *m* metabolism *no art, no pl spec*

Stoffwechselkrankheit [-ks-] *f* metabolic disease [*or* disorder] *spec*, disease of the metabolism *spec* **Stoffwechselprodukt** *nt* product of metabolism

stöhnen *vi* to moan; (*vor Schmerz*) to groan

Stöhnen <-s> *nt kein pl* moan; (*vor Schmerz*) groan; **unter ~ sprechen** to moan/groan, to speak through one's moans/groans; **etw unter ~ hervorstoßen** to moan/groan out sth *sep*

stöhnend I. *adj* moaning *no art, no pl*; (*vor Schmerz*) groaning *no art, no pl*; **~e Laute** moans/groans; **mit ~er Stimme** moaning/groaning II. *adv* with a moan/groan; **etw ~ hervorpressen** to gasp [out *sep*] sth with a groan, to groan out sth *sep*

stoisch ['ʃt-, 'st-] *adj* (*geh*) stoic[al] *a. form*

Stola <-, Stolen> ['ʃt-, 'st-] *f* ❶ MODE shawl; (*aus Pelz*) stole *form* ❷ REL stole *spec*

Stolle <-, -n> *f* KOCHK (*Weihnachtsgebäck*) stollen

Stollen¹ <-s, -> *m* BERGB tunnel; **senkrechter/waagrechter ~** shaft/gallery

Stollen² <-s, -> *m* KOCHK stollen (*sweet bread made with dried fruit often with marzipan in the centre, eaten at Christmas*)

Stolperdraht *m* tripwire

stolpern *vi sein* ❶ (*zu fallen drohen*) to trip, to stumble; ■**über etw** *akk* ~ to trip [*or* stumble] over sth ❷ (*als auffallend bemerken*) ■**über etw** *akk* ~ to be puzzled by [*or* to wonder at] sth ❸ (*seine Stellung verlieren*) ■**über jdn/etw** ~ to come to grief [*or* come unstuck] [*or* BRIT *fam* come a cropper] over sb/sth

stolz *adj* ❶ (*sehr selbstbewusst*) proud, arrogant; (*pej*) cocky *fam*, conceited *pej* ❷ (*hocherfreut*) proud, delighted; **der ~e Vater** the proud father; ■**~ auf jdn/etw sein** to be proud of [*or* delighted with] sb/sth ❸ (*geh: erhebend*) proud, great, glorious ❹ (*imposant*) proud; **eine ~e Burg** a lofty [*or* majestic] [*or* splendid] castle ❺ (*beträchtlich*) high, stiff, steep *fam*; **eine ~e Summe** a tidy sum *fam*

Stolz <-es> *m kein pl* ❶ (*starkes Selbstwertgefühl*) pride *no art, no pl*; **jds ganzer ~ sein** to be sb's pride and joy; *Sohn/Tochter a.* to be the apple of sb's eye ❷ (*freudige Zufriedenheit*) pride *no art, no pl*

stolzieren* *vi sein* ■**irgendwohin** ~ to strut [*or* prance] somewhere

Stop *m* SPORT *s.* **Stopp**

stop *interj s.* **stopp**

Stop <-s, -s> *m s.* **Stopp**

Stop-and-go(-Verkehr) <-s> ['stɔpʔənd'goː-] *nt kein pl* stop-and-go traffic *no art, no pl* AM

Stopfei *nt* darning egg [*or* mushroom]

stopfen I. *vt* ❶ (*hineinzwängen*) ■[**sich** *dat*] **etw in etw** *akk* ~ to push [*or* stuff] [*or fam* cram] sth into sth; **Essen in den Mund** ~ to stuff [*or* cram] food into one's mouth [*or* face] *fam*; **sich** *dat* **Watte in die Ohren** ~ to put wool in one's ears ❷ (*mit etw füllen*) ■**etw [mit etw]** ~ to fill sth [with sth]; ***zu prall gestopft*** overstuffed; **eine Pfeife mit etw ~** to fill [*or* pack] a pipe with sth; **ein Loch mit etw ~** to fill [*or* pack] [*or fam* stuff] a hole with sth; *s. a.* **Loch** ❸ (*mit Nadel und Faden ausbessern*) ■**etw** ~ to darn sth II. *vi* ❶ (*flicken*) to darn, to do darning ❷ (*sättigen*) to be filling, to fill up one/sb *sep* ❸ (*fam: hineinschlingen*) to stuff [oneself] *fam* ❹ (*die Verdauung hemmen*) to cause constipation

Stopfen <-s, -> *m* DIAL (*Stöpsel*) stopper; (*für Badewanne*) plug; (*Fassstöpsel*) bung; (*Korken*) cork

Stopfgarn *nt* darning thread [*or* wool] [*or* cotton] *no art, no pl* **Stopfleber** *f* KOCHK *liver of a specially fattened goose* **Stopfnadel** *f* darning needle

Stop-Loss-Order *f* BÖRSE stop-loss order

stopp^RR^ *interj* stop; **~ mal!** (*fam*) just a moment!

Stopp^RR^ <-s, -s> *m* ❶ (*Halt*) stop; **ohne ~** without stopping ❷ FIN (*Einfrieren*) freeze; ***die Regierung erwägt einen ~ für Löhne/Gehälter und Preise*** the government is considering freezing wages/salaries and prices ❸ SPORT drop shot; (*Volley*) stop volley

Stoppbefehl *m* stop instruction **Stoppbit** *nt* INFORM stop bit [*or* element]

Stoppel¹ <-, -n> *f meist pl* ❶ AGR (*Getreide~*) stubble *no art, no pl* ❷ (*Bart~*) stubble *no art, no pl*; (*gegen Abend a.*) five o'clock shadow *no pl*

Stoppel² <-s, -> *m* ÖSTERR (*Stöpsel*) plug

Stoppelbart *m* (*stoppeliges Kinn*) stubble [on one's/sb's chin]; (*gegen Abend a.*) five o'clock shadow *no pl*; (*kurzer Bart*) stubbly beard **Stoppelfeld** *nt* AGR stubble *no art, no pl*, stubble field, field of stubble

stopp(e)lig *adj* stubbly

stoppen I. *vt* ❶ (*anhalten*) ■**jdn/etw** ~ to stop sb/sth ❷ (*zum Stillstand bringen*) ■**etw** ~ to stop [*or* put a stop to] sth, to bring sth to a halt [*or* stop] [*or* standstill]; ***die Verhandlungsgespräche sind gestoppt worden*** the negotiations have broken down; **die Ausführung** ~ INFORM, TECH to abort the execution ❸ SPORT (*Zeit nehmen*) ■**jdn/etw** ~ to time sb/sth II. *vi* ■[**vor etw** *dat*] ~ to stop [at [*or* in front of] [*or form* before] sth]

Stopper <-s, -> *m* (*Bremse am Rollschuh*) brake stop

stopplig *adj s.* **stoppelig**

Stoppschild^RR^ <-schilder> *nt* stop [*or* BRIT *a.* halt] sign **Stoppstraße**^RR^ *f* stop street AM (*road with stop signs*) **Stoppuhr**^RR^ *f* stopwatch

Stopschild <-schilder> *nt s.* **Stoppschild**

Stöpsel <-s, -> *m* ❶ (*Pfropfen*) stopper; (*für Badewanne/Waschbecken*) plug; (*Fass~*) bung ❷ (*hum fam: Knirps*) [little] nipper *fam*, kid *fam*, sprog BRIT *fam*

stöpseln *vt* ■**etw in etw** *akk* ~ to put [*or* insert] sth in sth, to plug in sth *sep*; ***den Fernsehstecker in die Steckdose*** ~ to plug in the TV *sep* **Stopstraße** *f s.* **Stoppstraße** **Stopuhr** *f s.* **Stoppuhr**

Stör <-[e]s, -e> *m* ZOOL sturgeon

störanfällig *adj* liable to break down *pred*; **~e Elektronik** interference-prone electronics *spec*

Storch <-[e]s, Störche> *m* stork

Storchenbeine *pl* long thin legs *pl* **Storchennest** *nt* stork's nest

Störchin *f fem form von* **Storch** female stork

Storchschnabel *m* BOT cranesbill

Store <-s, -s> ['ʃtoːɐ, 'st-] *m* net curtain

stören I. *vt* ❶ (*beeinträchtigend unterbrechen*) ■**jdn [bei etw]** ~ to disturb sb [when he/she is doing sth]; **jdn bei der Arbeit** ~ to disturb sb at his/her work; **lass dich/lassen Sie sich nicht ~!** don't let sb/sth disturb you!; (*allgemein*) don't let anybody/anything disturb you! ❷ (*im Fortgang unterbrechen*) ■**etw [durch etw]** ~ to disrupt sth [by sth/by doing sth] ❸ (*beeinträchtigen*) ■**jdn** ~ to bother [*or* disturb] sb ❹ (*unangenehm berühren*)

■etw [an jdm/etw] stört jdn, ■etw stört jdn an jdm/etw sth [about sb/sth] upsets [*or* bothers] sb, sb doesn't like [*or* dislikes] sth [about sb/sth]; ■**es stört jdn, wenn jd etw tut** sb minds [*or* it bothers sb] when sb does sth; **stört es Sie, wenn ich ...?** does it bother you [*or* do you mind] if I ...?; **das stört mich nicht** that doesn't bother me; ***ich würde gern das Fenster aufmachen – stört dich das?*** I'd like to open the window – do [*or* would] you mind?; ***hör bitte auf! das stört mich!*** please stop! that's annoying me [*or* getting on my nerves] ! **II.** *vi* ① (*bei etw unterbrechen*) to disturb sb/sth; ***ich will nicht ~, aber ...*** I hate to disturb [*or* bother] you, but ... ② (*lästig sein*) ■**[bei etw]** ~ to be irritating [*or* annoying] [when sb is doing sth]; *Geräusch, Dröhnen, Musik* to be too loud [to do sth [*or* for doing sth]]; ***könntest du die Musik etwas leiser machen, das stört bei der Arbeit*** could you turn down the music a bit, I can't [*or* it's too loud to] work; **etw als ~d empfinden** to find sth annoying [*or* irritating]; **es als ~d empfinden, wenn jd etw tut** to find it annoying [*or* irritating] when sb does sth, to find sb's doing sth annoying [*or form* irritating]; ***empfinden Sie es als ~d, wenn ich rauche?*** do you mind [*or* does it bother you] if I smoke? **III.** *vr* ■**sich** *akk* **an etw** *dat* ~ to let sth bother [*or* annoy] [*or* irritate] one

störend <-er, -ste> *adj Lärm* disturbing, intrusive; *Umstand* annoying; *Begleiterscheinung* troublesome; *Besucher* unwelcome; **etw als ~ empfinden** to find sth irritating [*or* annoying]

Störenfried <-[e]s, -e> *m* (*fam*) troublemaker, mischief-maker

Störer(in) <-s, -> *m(f)* nuisance, pest *fam;* JUR *a.* intruder, troublemaker

Störfaktor *m* disruptive element [*or* factor]/pupil **Störfall** *m* (*technischer Defekt*) fault; (*Fehlfunktion*) malfunction; **im ~** in case [*or* the event] of malfunction **Störgeräusch** *nt* interference *no art, no pl* **Störmanöver** *nt* attempt to disrupt sth, disruptive action *no pl*

Storni *pl s.* **Storno**

stornieren* *vt* ■**etw** ~ to cancel sth; **eine Buchung** ~ to reverse an entry

Stornierung <-, -en> *f* ① HANDEL *eines Auftrags* cancellation; ~ **einer Bestellung** order cancellation ② FIN *einer Buchung* reversal, correcting entry

Storno <-s, Storni> *m o nt Reise, Auftrag* cancellation; *einer Buchung* reversal

Stornogebühr *f* HANDEL cancellation fee [*or* charge]

störrisch I. *adj* ① (*widerspenstig*) obstinate, stubborn ② (*schwer zu kämmen*) stubborn, unmanageable **II.** *adv* obstinately, stubbornly

Störsender *m* jammer, jamming transmitter

Störung <-, -en> *f* ① (*Unterbrechung*) interruption, disruption, disturbance; ~ **der öffentlichen Sicherheit** [*o* **Ordnung**] disturbance of the peace ② METEO **eine atmosphärische ~** atmospheric disturbance ③ (*Störsignale*) interference *no art, no pl* ④ (*technischer Defekt*) fault; (*Fehlfunktion*) malfunction ⑤ MED (*Dysfunktion*) disorder, dysfunction *spec* ▶ WENDUNGEN: **eine atmosphärische ~** a tense atmosphere

Störungsdienst *m* TELEK faults service BRIT, repair service AM **störungsfrei** *adj inv* TV, RADIO free from interference; **~er Empfang** distortion-free reception **Störungsstelle** *f* TELEK faults department *hist,* customer hotline *euph,* customer service AM

Story <-, -s> ['stɔ:ri, 'stɔri] *f* (*fam*) story

Stoß[1] <-es, Stöße> *m* ① (*Schubs*) push, shove; (*mit dem Ellbogen*) dig; (*schwächer*) nudge; (*mit der Faust*) punch; (*mit dem Fuß*) kick; (*mit dem Kopf*) butt; **jdm einen ~ versetzen** (*geh*) to give sb a push/kick/nudge etc., to push/kick/nudge etc. sb ② (*das Zustoßen*) *einer Waffe* thrust ③ (*Anprall*) bump, jolt ④ (*Erschütterung*) bump ⑤ (*Erdstoß*) tremor ▶ WENDUNGEN: **sich** *dat* **einen ~ geben** to pull oneself together

Stoß[2] <-es, Stöße> *m* (*Stapel*) pile, stack

Stoßband <-bänder> *nt* MODE edging [*or* reinforcement] band [*or* tape] *spec* **Stoßdämpfer** *m* AUTO shock absorber, shock *spec fam*

Stößel <-s, -> *m* pestle

stoßen <stößt, stieß, gestoßen> **I.** *vt* ① (*schubsen*) ■**jdn** ~ to push [*or* shove] sb; ■**jdn in/vor etw** *akk* ~ to push [*or* shove] sb into/in front of sth; ■**jdn aus/von etw** ~ to push [*or* shove] sb out of/off sth; ■**jdn mit etw** ~ to knock sb with sth; **jdn mit der Faust/dem Fuß/dem Kopf** ~ to punch/kick/butt sb; **jdn in die Seite mit dem Ellbogen** ~ to dig sb in the ribs ② SPORT **die Kugel** ~ (*in Athletik*) to put the shot; (*in Billard*) to hit [*or* strike] the ball ③ (*aufmerksam machen*) ■**jdn auf etw** *akk* ~ to point out sth *sep* to sb **II.** *vr* ① (*sich verletzen*) ■**sich** *akk* **[an etw** *dat*] ~ to hurt [*or* knock] oneself [on sth]; ■**[sich** *dat*] **etw [an etw** *dat*] ~ to bang [*or* bump] [*or* hurt] sth [on sth]; **[sich** *dat*] **den Kopf [an etw** *dat*] ~ to bang [*or* bump] one's head [on sth] ② (*Anstoß nehmen*) ■**sich an jdm/etw** ~ to take exception [*or* objection] to sth; **sich** *akk* **an jds** *dat* **Aussehen** ~ to find fault with sb's appearance **III.** *vi* ① *sein* (*aufschlagen*) ■**an etw** *akk* ~ to knock [*or* bang] [*or* bump] against sth; **mit dem Kopf an etw** *akk* ~ to bang one's head on [*or* against] sth; ■**gegen jdn/etw** ~ to knock [*or* bump] into sb/sth; *Auto* to crash into sb/sth ② *haben* (*zu~*) ■**[mit etw] nach jdm** ~ to thrust at sb [with sth]; ***er stieß immer wieder mit dem Stock nach mir*** he tried again and again to hit me with the stick; ***der Stier stieß [mit den Hörnern] nach dem Torero*** the bull charged the matador [with lowered horns] ③ *sein* (*grenzen*) ■**an etw** *akk* ~ to be bordered by sth; ***mein Grundstück stößt im Süden an einen Bach*** my plot is bordered to the south by a stream, a stream borders my plot to the south ④ *sein* (*direkt hinführen*) ■**auf etw** *akk* ~ to lead to [*or* meet] sth ⑤ *sein* (*treffen*) ■**zu jdm** ~ to join sb ⑥ *sein* (*finden*) ■**auf jdn/etw** ~ to find [*or* come across [*or* upon]] sb/sth; **auf Erdöl** ~ to strike oil ⑦ *sein* (*konfrontiert werden*) ■**auf etw** *akk* ~ to meet with sth ⑧ SCHWEIZ (*schieben*) to push, to shove; (*drücken*) to push

Stoßfänger *m* AUTO bumper **stoßfest** *adj* shockproof; ***angeblich soll es sich um kratzfeste und ~e Gläser handeln*** apparently you can't scratch or break these glasses; **~e Verpackung** padded packaging **Stoßfuge** *f* BAU butt joint **Stoßgebet** *nt* [quick [*or* hurried]] prayer; **ein ~ zum Himmel schicken** to send up a [quick [*or* hurried]] prayer **Stoßseufzer** *m* deep sigh **Stoßstange** *f* bumper; **~ an ~** bumper to bumper **Stoßtrupp** *m* MIL shock troops *pl* **Stoßverkehr** *m* TRANSP rush hour [traffic] *no art, no pl* **Stoßwaffe** *f* HIST stabbing weapon, weapon for stabbing

stoßweise *adv* ① (*ruckartig*) spasmodically, in fits and starts, fitfully; ~ **atmen** (*hecheln*) to pant; (*unregelmäßig*) to breathe irregularly ② (*in Stapeln*) in piles; ***auf diese Anzeige kamen ~ Bewerbungen*** there were piles of applications in answer to the advert *fam*

Stoßzahn *m* tusk **Stoßzeit** *f* ① (*Hauptverkehrszeit*) rush hour *no art, no pl* ② (*Hauptgeschäftszeit*) peak [*or* busy] time; ***kommen Sie doch bitte außerhalb der üblichen ~en*** please don't come [*or* it's better not to come] at peak time

Stotterei <-, -en> *f* (*fam*) stuttering *no art, no pl;* (*aus Verlegenheit a.*) stammering *no art, no pl*

Stotterer, Stotterin <-s, -> *m, f* stutterer; (*aus Verlegenheit a.*) stammerer

stottern I. *vi* ① (*stockend sprechen*) to stutter; (*aus Verlegenheit a.*) to stammer; ■**das S~** stuttering/stammering; **ins S~ geraten** [*o* **kommen**] to start [*or* begin] stuttering/stammering ② *Motor* to splutter **II.** *vt* ■**etw** ~ to stammer [out *sep*] sth

Stövchen <-s, -> *nt* [teapot/coffee pot] warmer (*small stand with candle, used for keeping teapot/coffee pot hot*)

Stoxx <-> *m kein pl* (*europäischer Aktienindex*) Stoxx

StPO <-> *f Abk von* **Strafprozessordnung**

Str. *Abk von* **Straße** St, AM *a.* St.

stracks *adv* straight; ***jetzt aber ~ nach Hause!*** home with you, straight away!

Strafänderung *f* JUR change of penalty **Strafandrohung** *f* JUR warning of criminal proceedings, commination; **jdn unter ~ vorladen** to subpoena sb **Strafanstalt** *f* penal institution, prison, jail **Strafantrag** *m* petition *form* (*for a particular penalty or sentence*)*;* **den/seinen ~ stellen** to institute [*or* initiate] criminal proceedings *form;* **einen ~ gegen jdn stellen** to start [*or form* institute] legal proceedings against sb, to take sb to court **Strafanzeige** *f* [criminal] charge; ~ **[gegen jdn] erstatten** to bring [*or form* prefer] a criminal charge against sb **Strafarbeit** *f* SCH [written] punishment; (*geschrieben a.*) lines *pl* BRIT, extra work AM; **jdm eine ~ aufgeben** to punish sb/to give sb lines; ***die Lehrerin gab ihm eine ~ [in Form eines Aufsatzes] auf*** the teacher gave him an extra essay to do **Strafarrest** *m* JUR *short-term military imprisonment* **Strafaufhebungsgrund** *m* JUR reason for withdrawal of punishment **Strafaufschub** *m* JUR deferment [*or* deferral] of sentence **Strafausschließungsgrund** *m* JUR legal reason for exemption from punishment **Strafaussetzung** *f* JUR suspension of sentence; ~ **zur Bewährung** suspension of sentence on probation **Strafausstand** *m* JUR unserved portion of a sentence **Strafbank** *f* SPORT (*beim Handball, Eishockey*) penalty bench, sin-bin *fam;* **die ~ drücken** (*fam o fig*) to be on the penalty bench [*or fam* in the sin-bin]

strafbar *adj* punishable [by law], liable to prosecution *pred;* **~e Handlung** criminal act; **sich [mit etw] ~ machen** to make oneself liable to prosecution; **sich ~ machen, wenn er/sie etw tut** to make oneself liable to prosecution if one does sth

Strafbarkeit <-> *f kein pl* JUR punishability, penal liability

Strafbefehl *m* JUR order of summary punishment (*on the application of the puplic prosecuter's office*)

Strafbefehlsverfahren *nt* JUR summary punishment **Strafbemessung** *f* JUR assessment of punishment **Strafbestimmungen** *pl* JUR penalty provisions, penal statutes

Strafe <-, -n> *f* ① (*Bestrafung*) punishment *no pl;* JUR *a.* penalty, sentence; **Absehen von ~** exemption from punishment; **eine gerechte** [*o* **verdiente**] **~** a just punishment; ***er hat seine verdiente ~ bekommen!*** (*fam*) he got what was coming to him! *fam;* **das ist die ~ [dafür]!** (*fam*) that's what you get [for doing it]!; **die ~ dafür sein, etw getan zu haben** to be the punishment for doing sth; ***er hat einen Unfall gehabt, das war die ~ dafür, bei Glatteis Auto zu fahren*** he had an accident, that's what happens when you drive in icy conditions; **eine ~ sein** (*fam*) to be a pest [*or* a real pain in the neck] *fam;* **eine ~ sein, etw tun zu müssen** (*fam*) to be a pain having to do sth; **~ muss sein!** discipline is necessary!; ***ab in dein Zimmer, ~ muss sein!*** go to your room, you'll have to be punished; **zur ~** as a punishment ② (*Geld~*) fine; **~ zahlen** to pay a fine; (*Haft~*) sentence; **seine ~ abbüßen** [*o* **absitzen**] [*o fam* **abbrummen**] to serve [out] one's [*or* a] sentence, to do porridge BRIT *sl,* to do time AM; ***sie wird ihre acht Jahre ~ abbrummen müssen*** she'll have to go behind bars for eight years [*or* BRIT *fam* to do eight years porridge]; **es ist bei ~ verboten, etw zu tun** it is forbidden on pain of punishment to do sth *form* ▶ WENDUNGEN: **die ~ folgt auf dem Fuße** [the] punishment follows swiftly

strafen *vt* ① (*geh: be~*) ■**jdn [für etw]** ~ to punish sb [for sth]; ***das Leben/Schicksal hat sie für ihre früheren Missetaten gestraft*** life/fate has been hard on her for her earlier misdeeds; **mit jdm/etw gestraft sein** to suffer under sb/sth, to be stuck with sb/sth *fam;* ***mit dieser Arbeit bin ich wirklich gestraft*** this work is a real pain *fam* ② (*behandeln*) ■**jdn mit etw** ~ to punish sb with sth; ***sie strafte meine Warnungen nur mit Hohn*** she greeted my warnings with derision; **jdn mit Verachtung ~** to treat sb with contempt; *s. a.* **Lüge**

strafend I. *adj attr* punitive, punishing *attr;* **mit ei-**

S

nem ~en Blick/~en Worten with a withering look/sharp words; **jdn mit ~en Worten tadeln** to speak sharply to sb **II.** *adv* punishingly; **jdn ~ ansehen** to give sb a withering look

Strafentlassene(r) *f(m) decl wie adj* ex-convict, ex-prisoner

StraferlassRR *m* remission [of a/the sentence]; **ein vollständiger ~** a pardon

straff I. *adj* ❶ *(fest gespannt)* taut, tight ❷ *(nicht schlaff)* firm ❸ *(aufrecht)* erect ❹ *(eng anliegend)* tight; **einen ~en Sitz haben** to fit tightly ❺ *(streng)* strict **II.** *adv* ❶ *(fest gespannt)* tightly ❷ *(eng anliegend)* tightly ❸ *(streng)* severely; **~ gescheiteltes Haar** severely parted hair ❹ *(strikt)* strictly

straffällig *adj* JUR punishable, culpable *form,* criminal *attr;* **ein ~er Mensch** a criminal; **ein ~er Jugendlicher** a young offender; ■**~ sein/werden** to have committed/commit a criminal offence [*or* AM -se], to be/become a criminal [*or* an offender]; ***mehrfach ~ gewordene Täter*** those with previous convictions

straffen I. *vt* ❶ *(straff anziehen)* ■**etw ~** to tighten sth ❷ *(kürzen)* ■**etw ~** to shorten sth; **einen Artikel/Text ~** to shorten an article/text; *(präziser machen)* to tighten up an article/text *sep* ❸ MED *(straffer machen)* ■**[jdm] etw ~** to make sb's sth firmer, to tighten up sb's sth *sep;* ■**sich** *dat* **etw ~ lassen** to have one's sth made firmer [*or* tighter]; **sich** *dat* **das Gesicht ~ lassen** to have a facelift **II.** *vr* ■**sich ~** to tighten; *Segel* to fill with wind

Straffheit <-> *f kein pl* ❶ *der Haut* firmness ❷ *eines Seils* tautness, tightness ❸ *(fig) einer Ordnung* strictness

straffrei I. *adj* unpunished; **~ bleiben** [*o* **ausgehen**] to go unpunished, to get off scot-free; *Kronzeuge* to be immune from criminal prosecution **II.** *adv* with impunity

Straffreiheit *f kein pl* immunity from criminal prosecution

Straffungscreme *f* lifting cream

Strafgefangene(r) *f(m) dekl wie adj* prisoner **Strafgericht** *nt (geh)* punishment; **Gottes ~** divine judgement; **ein ~ abhalten** to hold a trial **Strafgesetz** *nt* criminal [*or* penal] law **Strafgesetzbuch** *nt* penal [*or* criminal] code **Strafjustiz** *f kein pl* criminal [*or* penal] justice *no pl, no art* **Strafkammer** *f* JUR criminal court [*or* division] *(of a district court)* **Strafklageverbrauch** *m* JUR ne bis in idem **Strafklausel** *f* JUR penalty clause **Straflager** *nt* prison [*or* detention] camp; POL *(euph: KZ)* concentration camp

sträflich *adj* criminal *attr*

Sträfling <-s, -e> *m* prisoner; *(condemned to do forced labour)* convict

Sträflingskleidung *f* prison clothing *no pl, no indef art,* prison clothes *npl*

straflos *adj inv* unpunished; **~ bleiben** [*o* **ausgehen**] to go unpunished [*or fam* get off scot-free]

Strafmakel *m* JUR taint of a previous conviction **Strafmandat** *nt* ticket; *(Strafgebühr)* fine; **[für etw] ein ~ bekommen** to get a ticket [*or* fine] [for sth] **Strafmaß** *nt* sentence; **das höchste ~** the maximum penalty [*or* sentence]; **das ~ bestimmen** to fix the penalty **Strafmaßnahme** *f* JUR sanction, punative measure **strafmildernd** *adj inv* JUR mitigating **Strafmilderung** *f* JUR mitigation of punishment; **für** [*o* **auf**] **~ plädieren** to plead in mitigation **strafmündig** *adj inv* of the age of criminal responsibility **Strafporto** *nt* excess postage, surcharge **Strafpredigt** *f (fam)* sermon *pej;* **jdm eine ~ halten** to lecture sb; ***jetzt hör aber auf, mir ~en zu halten!*** stop lecturing [*or pej* preaching at [*or* to]] me! **Strafprozess**RR *m* trial, criminal proceedings *pl* **Strafprozessordnung**RR *f* code of criminal procedure **Strafprozessrecht**RR *nt* JUR law of criminal procedure **Strafpunkt** *m* SPORT penalty point **Strafrahmen** *m* JUR range of punishment[s]; **gesetzlicher ~** statutory range of punishment **Strafraum** *m* FBALL penalty area **Strafrecht** *nt kein pl* JUR criminal [*or* penal] law *no art, no pl;* **internationales ~** international criminal law; **Straf- und Ordnungswidrigkeitenrecht** criminal law

Strafrechtler(in) <-s, -> *m(f)* criminal lawyer

strafrechtlich *adj* criminal *attr;* **eine ~e Frage/Problematik** a question/problem concerning criminal law; **jdn [wegen etw] ~ belangen** to prosecute sb [for sth], to bring [*or form* prefer] a criminal charge against sb

Strafrechtspflege *f* JUR administration of penal justice

Strafregister *nt* criminal [*or* police] records *pl;* ***sein Name erscheint nicht im ~*** he doesn't have a criminal record **Strafrichter(in)** *m(f)* [criminal court] judge **Strafsache** *f* criminal case [*or* matter] **Strafschärfung** *f* JUR aggravation of sentence **Strafsenat** *m* JUR high criminal court *(of the Court of Appeal/Federal Supreme Court)* **Strafstoß** *m* FBALL, SPORT penalty [kick] **Straftat** *f* [criminal] offence [*or* AM -se], criminal act; **politische ~** political offence; **eine ~ begehen/verfolgen** to commit/prosecute an offence **Straftatbestand** *m* JUR facts constituting an offence; **angenommener ~** construed offence **Straftäter(in)** *m(f)* criminal, offender **Strafunmündigkeit** *f* JUR age below criminal responsibility **Strafurteil** *nt* JUR conviction and sentence **Strafverbüßung** *f* JUR serving a sentence **Strafverfahren** *nt* criminal proceedings *pl;* **ein ~ einleiten** to institute criminal proceedings; **ein ~ einstellen** to dismiss [*or* withdraw] the charge, to drop the case

Strafverfolger(in) *m(f)* JUR public prosecutor BRIT, district attorney AM

Strafverfolgung *f* JUR [criminal] prosecution; **die ~ veranlassen** to authorize prosecution; **die ~ einstellen** to drop the charge, to discontinue the prosecution

Strafverfolgungsbehörde *f* prosecution service

Strafverlangen *nt kein pl* JUR request for punishment **strafverschärfend** *adj inv Umstand* aggravating **strafversetzen*** *vt nur infin und pp* ■**[irgendwohin] strafversetzt werden** to be transferred [somewhere] for disciplinary reasons [*or* on disciplinary grounds] **Strafversetzung** *f* disciplinary transfer, transfer for disciplinary reasons [*or* on disciplinary grounds] **Strafverteidiger(in)** *m(f)* defence [*or* AM -se] lawyer, counsel for the defence BRIT, defending counsel AM **Strafvollstreckung** *f* JUR penal execution **Strafvollzug** *m* execution of a sentence **Strafvollzugsanstalt** *f (geh)* penal institution, prison **Strafvollzugsgesetz** *nt* JUR ■**das ~** the laws *pl* of prison administration **Strafvorbehalt** *m* JUR reserved punishment **Strafwurf** *m* SPORT penalty throw **Strafzettel** *m (fam)* [parking/speeding] ticket **Strafzumessung** *f* JUR award [*or* assessment] of punishment

Strahl <-[e]s, -en> *m* ❶ *(Licht~)* ray [of light]; *(Sonnen~)* sunbeam BRIT, sunray AM; *(konzentriertes Licht)* beam ❷ *pl* PHYS *(Wellen)* rays *pl* ❸ *(Wasser~)* jet

Strahlbreite *f* beam spread

Strahlemann *m (fam)* sunny boy

strahlen *vi* ❶ *(leuchten)* ■**irgendwohin ~** to shine somewhere; **auf jdn ~** to shine on sb; **jdm ins Gesicht/auf jds Gesicht ~** to shine [straight] into sb's eyes ❷ *(Radioaktivität abgeben)* to be radioactive ❸ *(ein freudiges Gesicht machen)* ■**[vor etw** *dat***] ~** to beam [*or* be radiant] [with sth]; **vor Gesundheit ~** to radiate [good] health; **über das ganze Gesicht ~** to beam all over one's face ❹ *(glänzen)* ■**[vor etw** *dat***] ~** to shine [with sth]

Strahlenbehandlung *f* radiotherapy *no art, no pl* **strahlenbelastet** *adj* radioactive **Strahlenbelastung** *f* radiation *no art, no pl,* radioactive contamination *no pl* **Strahlenbiologie** *f kein pl* radiobiology **Strahlenbrechung** *f* refraction **Strahlenbündel** *nt* pencil of rays

strahlend I. *adj* ❶ *(sonnig)* glorious ❷ *(freude~)* beaming ❸ *(radioaktiv verseucht)* radioactive **II.** *adv* **jdn ~ ansehen** to beam [*or* smile happily] at sb

Strahlendosis *f* dose of radiation, radiation [*or* exposure] dose **strahlenexponiert** *adj inv* exposed to radiation *pred* **strahlengeschädigt** *adj* suffering from radiation sickness, damaged by radiation **Strahlenkrankheit** *f* MED radiation sickness *no art, no pl;* ***viele Tausende litten nach der Reaktorkatastrophe an der ~*** thousands of people suffered from the effects of radiation after the reactor disaster **Strahlenmesser** *m* actinometer *spec* **Strahlenopfer** *nt* victim of radioactivity **strahlenresistent** *adj inv* resistant to radiation *pred* **Strahlenrisiko** *nt* risk of radiation **Strahlensatz** *m* MATH intercept theorem **Strahlenschäden** *pl* radiation injuries *pl* [*or* damage] *no pl, no indef art* **Strahlenschutz** *m kein pl* radiation protection [*or* shielding] *no art, no pl,* protection against radioactivity **Strahlenschutzkommission** *f* NUKL ■**die ~** the German Commission on Radiation Protection **Strahlentherapie** *f s.* **Strahlenbehandlung** **Strahlenverbrennung** *f* radiation burn **strahlenverseucht** *adj* contaminated with radioactivity *pred*

Strahler <-s, -> *m (Leuchte)* spotlight, spot *fam;* NUKL radiation emitter *spec*

Strahltriebwerk *nt* LUFT jet engine

Strahlung <-, -en> *f* PHYS radiation *no art, no pl;* **elektromagnetische ~** electromagnetic radiation; **radioaktive ~** radioactivity

strahlungsarm *adj* low-radiation **Strahlungsenergie** *f* radiant energy **Strahlungsgrill** *m* radiator grill **Strahlungsgürtel** *m* PHYS radiation belt **Strahlungsintensität** *f* intensity of radiation **Strahlungswärme** *f* radiant heat

Strähnchen <-s, -> *nt* streak; *(ein Ton heller)* highlight; **~ machen lassen** to have streaks done

Strähne <-, -n> *f* strand; ***dir fallen die ~n in die Stirn*** your hair's falling in your eyes; ***als Erinnerung an sie bewahrte er eine ~ ihres Haares auf*** he kept a lock of her hair as a souvenir of her; **eine weiße ~** a white streak; ***sie hat sich blonde ~n in die Haare machen lassen*** she had blond streaks put in her hair, she had her hair streaked blond

Strähnenkamm *m* Afro pick

strähnig *adj* straggly; **~es Haar** straggly hair, hair in rat's tails

stramm I. *adj* ❶ *(straff)* tight ❷ *(eng anliegend)* tight ❸ *(kräftig)* strong, brawny, strapping *hum fam;* **ein ~es Baby** a bouncing baby ❹ *(drall)* taut; **~ Beine/Waden** sturdy legs/calves ❺ *(fam: intensiv)* intensive; **~e Arbeit** hard work; **ein ~er Marsch** a brisk march ❻ *(aufrecht)* erect, upright ❼ *(linientreu)* staunch; **ein ~er Katholik** a strict [*or* dyed-in-the-wool] Catholic ❽ KOCHK *S~er Max,* ham and fried eggs on toast **II.** *adv* ❶ *(eng anliegend)* tightly ❷ *(fam: intensiv)* intensively; **~ arbeiten** to work hard; **~ marschieren** to march briskly

stramm|stehen *vi irreg* ■**[vor jdm] ~** to stand to attention [in front of [*or form* before] sb] **stramm|ziehen** *vt irreg* ■**etw ~** to pull sth tight, to tighten sth; **seinen Gürtel ~** to cinch [*or* tighten] one's belt; *s. a.* **Hosenboden**

Strampelanzug *m* romper suit **Strampelhöschen** [-hø:sçən] *nt* romper suit, rompers *npl,* babygrow BRIT

strampeln *vi* ❶ *haben (heftig treten)* **[mit den Beinen] ~** to kick [[about *sep*] one's legs], to kick about ❷ *sein (fam: Rad fahren)* to cycle; **ganz schön ~** to pedal like mad [*or* AM crazy] *fam* ❸ *haben (fam: sich abmühen)* to struggle, to slave [away]; ***ich muss ziemlich ~, um die Miete zahlen zu können*** it's a struggle to pay the rent

Strampler <-s, -> *m* crawler, rompers *npl*

Strand <-[e]s, Strände> *m* beach, seashore; **am ~** on the beach [*or* seashore]; *eines Sees* shore

Strandbad *nt* bathing beach **Stranddistel** *f* BOT sea holly

stranden *vi sein* ❶ *(auf Grund laufen)* ■**irgendwo ~** to run aground somewhere ❷ *(geh: scheitern)* ■**[in/mit etw** *dat***] ~** to fail [in sth] ▶ WENDUNGEN: **irgendwo gestrandet sein** to be stranded

somewhere
Strandgut *nt kein pl (geh)* flotsam and jetsam + *sing vb* **Strandhafer** *m* BOT beach grass *no art, no pl spec* **Strandhotel** *nt* beach [*or* seaside] hotel, hotel on the beach **Strandkorb** *m* beach chair **Strandkrabbe** *f* ORN common shore crab, harbour [*or* AM -or] crab **Strandläufer** *m* ORN sandpiper **Strandmatte** *f* beach mat **Strandpromenade** *f* promenade **Strandschnecke** *f* ZOOL periwinkle, whelk
Strang <-[e]s, Stränge> *m* ❶ *(dicker Strick)* rope ❷ *(Bündel von Fäden)* hank, skein ▶ WENDUNGEN: **am gleichen** [*o* **an demselben**] ~ **ziehen** *(fam)* to [all] pull together [*or* in the same direction]; **über die Stränge hauen** [*o* **schlagen**] *(fam)* to run riot, to kick over the traces *dated;* **wenn alle Stränge reißen** if all else fails, as a last resort
Strange <-s, -s> ['streɪndʒ] *nt* NUKL strange
Strangentlüfter *m* BAU vent stack **stranggepresst**[RR] *adj inv* BAU extruded
Strangulation <-, -en> *f* strangulation *no art, no pl*
strangulieren* *vt* ■**jdn** ~ to strangle sb; ■**sich** ~ to strangle oneself
Strapaze <-, -n> *f* stress *no art, no pl,* strain *no art, no pl,* stresses and strains *pl*
strapazfähig *adj* ÖSTERR *(strapazierfähig)* robust
strapazieren* **I.** *vt* ❶ *(stark beanspruchen)* ■**etw** ~ to wear sth; *(abnutzen)* to wear out sth *sep;* ***man darf diese Seidenhemden nur nicht zu sehr/stark*** ~ you can't put too much wear [and tear] on these silk shirts; ***bei fünf Kindern werden die Sitzmöbel ziemlich strapaziert*** with five children the furniture takes a lot of punishment [*or* a lot of wear and tear]; ***das Leder kann beliebig strapaziert werden*** you can be as hard as you like on this leather ❷ *(jds Nerven belasten)* ■**jdn** [**mit etw**] ~ to get on sb's nerves [*or* to put a strain on sb's nerves] [with sth] ❸ *(überbeanspruchen)* ■**etw** ~ to wear out sth *sep;* **jds Geduld** ~ to tax sb's patience; **jds Nerven** ~ to get on sb's nerves; **jds Nerven über Gebühr** ~ to wear sb's nerves to a shred BRIT ❹ *(fam: zu häufig verwenden)* ■**etw** ~ to flog [*or* do] sth to death *fam* **II.** *vr* ■**sich** [**bei etw**] ~ to overdo it/things [when doing sth], to wear oneself out [doing sth]; ***ich habe mich beim Umzug zu sehr strapaziert*** I overdid it/things when we were moving
strapazierfähig *adj* hard-wearing, durable
strapaziert *adj inv* **~e Haut** stressed skin
strapaziös *adj (geh)* strenuous, exhausting
Straps <-es, -e> *m meist pl* suspender[s *pl*] BRIT, garter AM, suspender [*or* AM garter] belt
Straßburg <-s> *nt* Strasbourg
Straße <-, -n> *f* ❶ *(Verkehrsweg)* road; *(bewohnte ~)* street; *(enge ~ auf dem Land)* lane; ***schicken Sie bitte einen Abschleppwagen, ich liege auf der ~ fest*** please send a breakdown lorry, I've broken down; **auf die ~ gehen** to demonstrate; **auf der ~ sitzen** [*o* **stehen**] *(fam)* to be [out] on the streets; **die ~ von Dover/Gibraltar/Messina** the Straits of Dover/Gibraltar/Messina ❷ *(das Volk)* ■**die** ~ the mob + *sing/pl vb pej* ▶ WENDUNGEN: **auf offener** ~ *(vor aller Augen)* in broad daylight; **auf der ~ liegen** *(arbeitslos sein)* to be on the dole BRIT [*or* AM unemployment [insurance]] *fam;* **jdn auf die ~ setzen** *(fam: jdn fristlos kündigen)* to throw out sb
Straßenabschnitt *m* road section **Straßenanzug** *m* lounge [*or* AM business] suit **Straßenarbeiten** *pl* roadworks *pl* BRIT, roadwork *no art, no pl* AM **Straßenarbeiter(in)** *m(f)* [road] construction worker **Straßenaufsicht** *f* JUR traffic surveillance
Straßenbahn *f* ❶ *kein pl (Verkehrsmittel)* ■**die** ~ the tram BRIT, streetcar AM; **mit der ~ fahren** to go by tram ❷ *(~wagen)* tram[car] BRIT, streetcar AM, trolley AM *a.* **Straßenbahndepot** *nt* tram depot BRIT, carbarn AM, barnyard AM
Straßenbahner(in) <-s, -> *m(f)* tramwayman BRIT, tramway [*or* AM streetcar-line] employee
Straßenbahnfahrer(in) *m(f)* ❶ *(Führer einer Straßenbahn)* tram BRIT [*or* AM streetcar] driver ❷ *(Fahrgast)* tram BRIT [*or* AM *usu* streetcar] passenger; ~ **sein** *(regelmäßig mit der Straßenbahn fahren)* to travel regularly by tram, to be a regular user of the tram **Straßenbahnhaltestelle** *f* tram stop **Straßenbahnlinie** *f* tram route BRIT, streetcar line AM **Straßenbahnnetz** *nt* tram network **Straßenbahnschaffner(in)** *m(f)* tram [*or* AM streetcar] conductor **Straßenbahnschiene** *f* tram[line] BRIT, streetcar rail AM **Straßenbahnwagen** *m* tramcar BRIT, streetcar AM
Straßenbau *m kein pl* road building [*or* construction] *no art;* **drei Firmen des ~s** three road-building firms [*or* road-construction companies] **Straßenbauamt** *nt* highways [*or* roads] department, road commission AM **Straßenbauarbeiten** *pl* road construction work **Straßenbaubehörde** *f* road construction authorities *pl* **Straßenbauingenieur(in)** *m(f)* road [*or* highway] engineer **Straßenbaumaschinen** *pl* road construction machinery **Straßenbaustelle** *f* road construction site **Straßenbelag** *m* road surface [*or* surfacing] **Straßenbeleuchtung** *f* street lighting **Straßenbenutzer(in)** *m(f)* road user **Straßenbenutzungsabgabe** *f,* **Straßenbenutzungsgebühr** *f* FIN road toll; ~ **für LKW** truck toll rate **Straßenbiegung** *f* road bend [*or* curve], turning **Straßenbild** *nt* street scene **Straßenbrücke** *f* road [*or* highway] bridge **Straßendamm** *m* road embankment **Straßendecke** *f s.* Straßenbelag **Straßendreieck** *nt* triangular road junction **Straßenecke** *f* street corner **Straßeneinmündung** *f* road junction **Straßenfahrzeug** *nt* AUTO road vehicle **Straßenfeger(in)** <-s, -> *m(f)* road sweeper, street cleaner AM **Straßenfest** *nt* street party **Straßenflucht** *f* road building line **Straßenfront** *f* street front **Straßenführung** *f* route **straßengebunden** *adj inv* road-bound **Straßenglätte** *f* slippery road surface **Straßengraben** *m* [roadside] ditch **Straßengüterfernverkehr** *m* TRANSP long-distance road haulage **Straßengüternahverkehr** *m* TRANSP local road haulage **Straßengüterverkehrssteuer** *f,* **Straßen(güter)verkehrsabgabe** *f* FIN road haulage tax **Straßenhaftung** *f kein pl* roadholding, road adhesion **Straßenhandel** *m* street trading **Straßenhändler(in)** *m(f)* street trader [*or* vendor] **Straßeninstandhaltung** *f* road maintenance **Straßeninstandsetzung** *f* road repair [work] **Straßenjunge** *m (pej)* street urchin **Straßenkampf** *m meist pl* street fight[ing]; ***ihr Sohn wurde bei Straßenkämpfen tödlich verletzt*** her son was fatally injured in a street fight [*or* during street fighting] **Straßenkarte** *f* road map [*or* atlas] **Straßenkehrer(in)** <-s, -> *m(f)* DIAL *(Straßenfeger)* road sweeper **Straßenkehrmaschine** *f* street-sweeper **Straßenkind** *nt* street urchin **Straßenkontrolle** *f* road [*or* street] check **Straßenkontrollpunkt** *m* checkpoint **Straßenkreuzer** <-s, -> *m (fam)* limousine, limo *fam* **Straßenkreuzung** *f* crossroads + *sing vb,* intersection AM **Straßenkriminalität** *f kein pl* street crime *no pl* **Straßenlage** *f* road holding *no indef art;* ***das Cabrio hat eine gute*** ~ the convertible holds the road well **Straßenlärm** *m* street [*or* road] noise **Straßenlaterne** *f* street lamp, streetlight **Straßenmädchen** *nt* streetwalker, prostitute **Straßenmarkierung** *f* road markings *pl*
Straßenmeisterei <-, -en> *f* road [*or* highway] maintenance department **Straßenmusikant(in)** *m(f)* street musician, busker BRIT **Straßenname** *m* street name, name of the/a street **Straßennetz** *nt* road network [*or* system] **Straßenpflaster** *nt* pavement **Straßenplaner(in)** *m(f)* traffic planner **Straßenrand** *m* roadside, side of the road **Straßenrecht** *nt* JUR law of public streets and roads **Straßenreinigung** *f* street [*or* road] cleaning **Straßenrennen** *nt* road race **Straßenrinne** *f* gutter **Straßensammlung** *f* street collection **Straßensänger(in)** *m(f)* street singer **Straßenschild** *nt* street sign **Straßenschlacht** *f* street riot **Straßenschlucht** *f (fam)* street *(between high-rise buildings)* **Straßenschmutz** *m* dirt in the streets **Straßenschotter** *m* road-metal **Straßenseite** *f* ❶ *(Seite einer Straße)* roadside, side of a/the street [*or* road] ❷ *(Seite eines Gebäudes)* side next to the road/street, street side **Straßensperre** *f* roadblock **Straßensperrung** *f* closing [off] of a/the street [*or* road]; ***wegen eines Unfalls war eine vorübergehende ~ erforderlich geworden*** the street had had to be temporarily closed off because of an accident **Straßenstrich** *m (fam)* red-light district, prostitutes' [*or* streetwalkers'] patch BRIT; ***er/sie arbeitet auf dem*** ~ he/she works on the street [as a prostitute]; **auf den ~ gehen** to go on the game BRIT *fam,* to become a streetwalker AM **Straßenszene** *f* street scene [*or* culture] **straßentauglich** *adj inv* roadworthy **Straßentauglichkeitsprüfung** *f* road test **Straßentransport** *m* road transport [*or* haulage] **Straßentunnel** *m* road tunnel, underpass **Straßenüberführung** *f* overbridge, road bridge; *für Fußgänger* footbridge; *für Fahrzeuge* flyover BRIT, overpass AM **Straßenübergang** *m* pedestrian crossing **Straßenumleitung** *f* diversion
Straßen- und Wegerecht *nt kein pl* JUR law of public streets and roads
Straßenunterführung *f für Fahrzeuge* underpass; *für Fußgänger* [pedestrian] subway, underpass *esp* AM **Straßenverengung** *f* road bottleneck **Straßenverhältnisse** *pl* road conditions *pl* **Straßenverkauf** *m* HANDEL street sale
Straßenverkehr *m* [road] traffic; **Gefährdung des** ~ JUR endangering road traffic
Straßenverkehrsamt *nt* Road Traffic Licensing Department BRIT, Department [*or* Bureau] of Motor Vehicles AM **Straßenverkehrsgesetz** *nt* JUR road traffic law **Straßenverkehrslage** *f* traffic conditions *pl* **Straßenverkehrsordnung** *f* road traffic regulations, ≈ Highway Code BRIT **Straßenverkehrsrecht** *nt* JUR traffic law
Straßenverkehrs-Zulassungs-Ordnung *f* JUR Road Traffic Licensing Regulations *pl*
Straßenverzeichnis *nt* street index **Straßenwacht** *f* road maintenance **Straßenwalze** *f* road roller **Straßenzoll** *m* road toll **Straßenzug** *m* street of houses **Straßenzustand** *m* road conditions *pl* **Straßenzustandsbericht** *m* road report, report on road conditions
Stratege, Strategin <-n, -n> [ʃtra'te:gə, st-] *m, f* strategist
Strategie <-, -en> [ʃtrate'gi:, st-, -'gi:ən] *f* strategy
Strategiepapier *nt* strategy document
Strategin <-, -nen> *f fem form von* **Stratege**
strategisch [ʃtra-, st-] *adj* strategic
Stratosphäre [ʃtra-, st-] *f kein pl* stratosphere
sträuben I. *vr* ❶ *(sich widersetzen)* ■**sich** [**gegen etw**] ~ to resist [sth]; **sich gegen einen Plan** ~ to fight against a plan ❷ *(sich aufrichten)* ■**sich** ~ to stand on end; ***dem Hund sträubte sich das Fell*** the dog raised its hackles; *s. a.* **Haar II.** *vt* ■**etw** ~ to raise [*or.* ruffle] sth [up]; ***die Katze sträubte das Fell*** the cat raised its hackles
Strauch <-[e]s, Sträucher> *m* shrub, bush
Strauchbohne *f,* **Straucherbse** *f* pigeon pea
straucheln *vi sein (geh)* ❶ *(stolpern)* ■[**über etw** *akk*] ~ to stumble [*or* trip] [over sth] ❷ *(straffällig werden)* to go astray; **gestrauchelte Jugendliche** young people who have gone astray
Strauß[1] <-es, Sträuße> *m* bunch [of flowers]
Strauß[2] <-es, -e> *m* ostrich
Straußenei *nt* ostrich egg **Straußenfeder** *f* ostrich feather
Strauß(en)wirtschaft *f* SÜDD *temporary bar selling new home-grown wine, often signalled by a bunch of twigs hanging above the door*
Streamer <-s, -> ['stri:mɐ] *m* INFORM streamer
Streamerkassette *f* INFORM streamer tape
Strebe <-, -n> *f* brace, strut
Strebebogen *m* ARCHIT flying buttress

streben *vi* ① *haben* (*sich bemühen*) ■**nach etw** ~ to strive [*or* try hard] for sth; ■**danach ~, etw zu tun** to strive [*or* try hard] to do sth ② *sein* (*geh: sich hinbewegen*) to make one's way purposefully; **zum Ausgang/zur Tür/an den Strand** ~ to make [*or* head] for the exit/door/beach

Streben <-s> *nt kein pl* (*geh*) striving; ■~ **nach etw** striving for sth; ~ **nach Geld und Ruhm** aspirations to fortune and fame

Strebepfeiler *m* ARCHIT buttress

Streber(in) <-s, -> *m(f)* (*pej fam*) swot BRIT *pej fam,* grind AM *fam*

Streberei <-> *f kein pl* SCH swotting BRIT *fam,* grinding AM *fam*

streberhaft <-er, -este> *adj* (*pej*) ① (*ehrgeizig*) pushy *pej* ② SCH swotty BRIT *fam or pej*

Strebertum <-[e]s> *nt kein pl* (*pej*) ① (*Ehrgeizigkeit*) pushiness *pej* ② SCH swotting BRIT *fam or pej*

strebsam *adj* assiduous, industrious

Strebsamkeit <-> *f kein pl* assiduousness, assiduity, industriousness

Strecke <-, -n> *f* ① (*Weg~*) distance; **eine ~ von zehn Kilometern zurücklegen** to cover [*or* do] a distance of ten kilometres; ***bis zur Berghütte ist es noch eine ziemliche ~ zu gehen*** it's still quite a [long] way to the mountain hut; ***die ~ bis zur Hütte führt von jetzt an ziemlich steil bergan*** the next stretch up to the hut is rather steep; ***ich kann doch nicht die ganze ~ zwei schwere Koffer mitschleppen*** I can't carry two heavy suitcases all that way; ***ich habe auf der ganzen ~ geschlafen*** I slept the whole way; **auf halber ~** halfway; **über weite ~n** [**hin**] for long stretches; ***in nur 20 Jahren wird das Gebiet über weite ~n zur Steppe geworden sein*** large parts of the region will have turned to steppe in just 20 years ② BAHN (*Abschnitt*) [section of] line; **auf freier** [*o* **offener**] ~ between stations, on the open line ③ SPORT (*zurückzulegende Entfernung*) distance ▶ WENDUNGEN: **auf der ~ bleiben** (*fam*) to fall by the wayside, to drop out of the running; **jdn zur ~ bringen** to hunt sb down, to apprehend sb

strecken I. *vt* ① (*recken*) to stretch; **den Arm/die Beine** ~ to stretch one's arm/legs; **den Kopf** ~ to crane one's neck; **den Finger** ~ to raise [*or* stick up] one's finger; *s. a.* **Boden** ② (*fam: ergiebiger machen*) ■**etw** ~ to stretch sth, to make sth go further; *Drogen etc.* to thin down [*or* dilute] ③ (*fam: länger ausreichen lassen*) ■**etw** [**um etw**] ~ to eke sth out [for a certain time] II. *vr* ■**sich** ~ to [have a] stretch

Streckenabschnitt *m* BAHN section of the line **Streckenarbeiter(in)** <-s, -> *m(f)* BAHN trackman, platelayer BRIT, track worker AM **streckenbezogen** *adj inv* ~**e Autobahngebühr** distance-related motorway toll **Streckenfracht** *f* HANDEL distance freight **Streckengeschäft** *nt* HANDEL transfer orders **Streckennetz** *nt* BAHN rail network **Streckennetzplan** *m* BAHN map of a/the railway [*or* AM railroad] network, railway [*or* AM railroad] map **Streckenstilllegung**[RR] *f getrennt: Stre·ckenstill·legung,* **Streckenstillegung** *f getrennt: Strek·kenstill·legung* BAHN line closure **Streckenwärter(in)** *m(f)* BAHN line[s]man *masc,* trackwalker AM

streckenweise *adv* in parts [*or* places]

Streckmuskel *m* ANAT extensor [muscle]

Streckung <-, -en> *f* MATH dilation

Streckungswachstum *nt* BOT (*zweite Phase des Wachstums einer Zelle*) enlargement

Streckverband *m* MED extension [*or* traction] bandage

Streetball <-s> ['stri:tbɔ:l] *m kein pl* streetball

Streethockey ['stri:t-] *nt* street hockey

Streetworker(in) <-s, -> ['stri:twœrke] *m(f)* street [*or* community] worker

Streich <-[e]s, -e> *m* ① (*Schabernack*) prank; **ein böser/bösartiger** ~ a nasty trick; **jdm einen ~ spielen** to play a trick on sb; ***dein Gedächtnis spielt dir einen ~*** your memory is playing tricks on you ② (*geh: Schlag*) blow; **jdm einen ~ versetzen** (*geh*) to strike sb, to deal [*or* fetch] sb a blow

Streichanlage *f* TYPO coating plant

Streicheleinheiten *pl* (*Zärtlichkeit*) tender loving care, TLC *fam;* **ein paar** ~ a bit of tender loving care; (*Lob*) praise and appreciation; **ein paar** ~ a little [*or* a few words of] praise and appreciation

streicheln *vt* ■**jdn/etw** ~ to stroke [*or* caress] sb/sth; ■**jdm etw** ~ to stroke [*or* caress] sb's sth

streichen <strich, gestrichen> I. *vt haben* ① (*mit Farbe bestreichen*) ■**etw** [**mit etw**] ~ to paint sth [with sth] ② (*schmieren*) ■**etw** [**auf etw** *akk*] ~ to spread sth [on sth]; [**sich**] **die Butter aufs Brot** ~ to put butter on one's bread, to butter one's bread ③ (*ausstreichen*) ■**etw** ~ to delete sth ④ (*zurückziehen*) ■[**jdm**] **etw** ~ to cancel sth, to withdraw sth [from sb] II. *vi* ① *haben* (*darüberfahren*) ■**über etw** *akk* ~ to stroke sth; **jdm über die Haare** ~ to stroke sb's hair ② *sein* (*streifen*) to prowl

Streicher(in) <-s, -> *m(f)* MUS string player; **die** ~ the strings, the string section

streichfähig *adj inv* easy to spread, spreadable **Streichfähigkeit** *f* spreading property **Streichholz** *nt* match **Streichholzschachtel** *f* matchbox **Streichinstrument** *nt* string[ed] instrument **Streichkäse** *m* cheese spread **Streichmusik** *f* music for strings, string music **Streichorchester** *nt* string orchestra **Streichquartett** *nt* string quartet **Streichquintett** *nt* string quintet **Streichtrio** *nt* string trio

Streichung <-, -en> *f* ① (*das Streichen*) deletion, cancellation; ~ **einer Rechtssache im Register** removal of a case from the register ② (*das Zurückziehen*) *Auftrag, Projekt* cancellation; *Unterstützung, Zuschüsse* withdrawal ③ (*gestrichene Textstelle*) deletion

Streichungsmeldung *f von Flug* cancellation message

Streichwurst *f* sausage for spreading

Streifband <-[e]s, -bänder> *nt* wrapper (*for sending printed papers at a reduced rate*) **Streifbandzeitung** *f* [*partially*] *wrapped newspaper sent at a reduced rate*

Streife <-, -n> *f* patrol; **auf ~ sein** [*o* **gehen**] to be [*or* go] on patrol

streifen I. *vt haben* ① (*flüchtig berühren*) ■**jdn** ~ to touch [*or* brush against] sb; ***der Schuss streifte ihn nur*** the shot just grazed him ② (*flüchtig erwähnen*) ■**etw** [**nur**] ~ to [just] touch [up]on sth ③ (*überziehen*) ■**etw auf etw** *akk*/**über etw** *akk* ~ to slip sth on/over sth; ***der Bräutigam streifte der Braut den Ring auf den Finger*** the groom slipped the ring onto the bride's finger; ***streife dir den Pullover über den Kopf*** slip the pullover over your head; ***er streifte sich die Mütze über die Ohren*** he pulled his cap down over his ears; **sich die Handschuhe über die Hände** ~ to pull on one's gloves ④ (*abstreifen*) ■**etw von etw** ~ to slip sth off sth; **sich** *dat* **den Schmutz von den Schuhen** ~ to wipe the dirt off one's shoes II. *vi sein* (*geh*) to roam [*or* wander]

Streifen <-s, -> *m* ① (*schmaler Abschnitt*) stripe ② (*schmales Stück*) strip ③ FILM (*fam*) film, flick *fam*

Streifenbarbe *f* black sea bream **Streifenbildung** *f* TYPO streaking **Streifendienst** *m* patrol duty **Streifeneinschießer** *m* TYPO tape inserter **streifenfrei** *adj inv* streak-free **Streifenfundament** *nt* BAU strip foundation **Streifenhörnchen** <-s, -e> *nt* ZOOL chipmunk **Streifenkarte** *f* ticket strip **Streifenmuster** *nt* striped [*or* stripy] pattern; **Krawatten mit** ~ striped [*or* stripy] ties

Streifenpolizist(in) *m(f)* police[wo]man on patrol **Streifenwagen** *m* patrol car

streifig *adj* stripy, streaky; **ein ~es Muster** a stripy pattern; **ein ~er Spiegel/~es Fenster** a streaky mirror/window; ■~ **sein** to be stripy [*or* streaky]; ***die Fenster sind ja ganz ~*** the windows are all streaky

Streiflicht *nt* ① (*schmaler Lichtstreifen*) streak [*or* beam] of light ② (*kurze Darlegung*) highlight

Streifschuss[RR] *m* graze

Streifzug *m* ① (*Bummel*) expedition; **ein ~ durch die Antiquitätengeschäfte/über die Flohmärkte** a trip [*or* tour] round [*or* AM to] the antique shops/flea markets; **einen ~ durch etw machen** to take a wander through sth; **einen ~ durch die Kneipen machen** to go on a pub crawl BRIT, to go bar hopping AM ② HIST (*Raubzug*) raid ③ (*Exkurs*) digression; **ein musikalischer ~ durch die Barockzeit** a brief musical survey of the baroque period

Streik <-[e]s, -s *o selten* -e> *m* strike; **mit ~ drohen** to threaten strike action [*or* to [go on] strike]; **in den ~ treten** to come out [*or* go] on strike; **wilder** ~ wildcat strike; **einen ~ beschließen** to call [out] a strike; **einen ~ brechen** to break a strike

Streikabstimmung *f* POL, ÖKON strike ballot **Streik(an)drohung** *f* strike warning, threat of strike; **die ~ zurücknehmen** to lift the strike threat **Streikankündigung** *f* JUR strike notice **Streikaufruf** *m* strike call, call for strike action **Streikausschuss**[RR] *m* strike committee; **überbetrieblicher** ~ umbrella stike committee **streikbedingt** *adj inv* strike-induced **Streikbrecher(in)** *m(f)* strikebreaker, blackleg BRIT *pej,* scab *pej fam*

streiken *vi* ① (*die Arbeit niederlegen*) to come out [*or* go] on strike ② (*nicht arbeiten*) to be on strike, to strike; ■**für etw** ~ to strike for sth ③ (*hum fam: nicht funktionieren*) to pack up *fam* ④ (*fam: sich weigern*) to go on strike

Streikende(r) *f(m) dekl wie adj* striker

Streikgeld *nt* strike pay **Streikkasse** *f* FIN strike fund **streiklustig** *adj* ÖKON strike-prone **Streikposten** *m* picket; ~ **stehen** to picket, to be [*or* stand] on the picket line; ~ **aufstellen** to mount a picket [*or* set up a picket line] **Streikrecht** *nt kein pl* right to strike **Streikwelle** *f* wave [*or* series] of strikes

Streit <-[e]s, -e> *m* ① (*Auseinandersetzung*) argument, dispute, quarrel, row BRIT; [**mit jdm**] ~ [**wegen etw**] **bekommen** to get into an argument [with sb] [about sth]; [**mit jdm**] ~ [**wegen etw**] **haben** to argue [*or* quarrel] [*or* row] [with sb] [about sth], to have an argument [*or* a quarrel] [*or* row]; ~ **suchen** to be looking for an argument [*or* a quarrel]; **einen ~ schlichten** JUR to settle a dispute; **keinen ~ [mit jdm] wollen** not to want an argument [*or* a row] [with sb]; ***ich will wirklich keinen ~ mit dir*** I really don't want to argue [*or* quarrel] with you; **im** ~ during an argument [*or* a quarrel] ② (*Kontroverse*) argument, dispute

Streitaxt *f* battleaxe ▶ WENDUNGEN: **die ~ begraben** to bury the hatchet

streitbar *adj* ① (*streitlustig*) pugnacious ② (*veraltend: kampfbereit*) combative, valiant

streitbefangen *adj* JUR in litigation *pred;* ~**e Sache** pending case

Streitbeilegung *f* JUR settlement of a dispute

streiten <stritt, gestritten> I. *vi* ① (*einen Streit haben*) ■[**mit jdm**] ~ to argue [*or* quarrel] [with sb] ② (*diskutieren*) ■**mit jdm über etw** *akk* ~ to argue with sb about sth; ***darüber lässt sich*** ~ that's open to argument [*or* debatable] II. *vr* ① (*einen Streit haben*) ■**sich** [**miteinander**] ~ to quarrel [*or* argue] [with each other]; ***habt ihr euch wieder gestritten?*** have you quarrelled [*or* been fighting] again?; ***wegen jeder Kleinigkeit ~ sie sich*** they argue [*or* quarrel] about every little thing [*or* the slightest thing]; ***streitet euch nicht mehr*** [***miteinander***]! stop quarrelling [*or* squabbling] [with each other]!; ■**sich um etw** ~ to argue [*or* fight] over sth; ***die Kinder ~ sich um das neue Spielzeug*** the children are squabbling over the new toy; ■**sich mit jdm** [**wegen etw**] ~ to argue with sb [about sth] ② (*diskutieren*) ■**sich** [**darüber**] ~, **ob/wer/wie ...** to argue [over] whether/who/how ...

Streiter(in) <-s, -> *m(f)* (*geh*) fighter; ~ **für eine gerechte Sache** champion of a just cause

Streiterei <-, -en> *f* (*fam*) arguing [*or* quarrelling] [*or* AM quarreling] [*or* rowing] *no indef art, no pl*

Streiterin <-, -nen> *f fem form von* **Streiter**

Streitfall *m* dispute, conflict; ***das ist ein*** ~ that is a point of dispute; **im** ~ in case of dispute [*or* conflict]

Streitfrage *f* [disputed] issue **Streitgegenstand** *m* JUR subject matter of the proceedings **Streitgehilfe, -in** *m, f* JUR party intervening on the side of a litigant **Streitgenosse, -in** *m, f* JUR joint litigant [*or* plaintiff]; **notwendige ~n** necessary parties **Streitgenossenschaft** *f* JUR joinder of parties **Streitgespräch** *nt* debate, disputation *form* **Streithammel** *m* (*fam*) quarrelsome so-and-so *fam* **Streithelfer(in)** *m(f)* JUR intervener, intervening party; **Antrag auf Zulassung als ~** application to intervene **Streithilfe** *f* JUR intervention **Streithilfeantrag** *f* JUR application to intervene; **einen ~ ablehnen** to dismiss an application to intervene **Streithilfeschriftsatz** *m* JUR statement in intervention

streitig *adj* disputed, contentious; JUR contentious, litigious, controversial; **~es Verfahren** litigious proceedings *pl;* **~e Verhandlung** adversarial hearing; **nicht ~** non-contentious; **jdm etw ~ machen** to challenge sb's sth; **jdm eine Stellung ~ machen** to challenge sb's position; **einem Land das Anrecht auf ein Gebiet ~ machen** to contest [*or* dispute] a country's right to a territory

Streitigkeit *f meist pl* quarrel, argument, dispute; **öffentlich-rechtliche ~** JUR public-law dispute

Streitkräfte *pl* [armed] forces *pl* **streitlustig** *adj s.* **streitbar Streitmacht** *f* (*veraltend*) troops *pl* **Streitpartei** *f* JUR party to the litigation **Streitpunkt** *m* POL disputed point, contentious issue, point at issue **Streitregelungsverfahren** *nt* JUR disputes settlement machinery **Streitsache** *f* ❶ (*Konflikt*) [matter in] dispute ❷ JUR (*Rechtsstreit*) litigation, lawsuit **Streitschlichtungsverfahren** *nt* JUR disputes settlement machinery **Streitschrift** *f* written polemic **streitsüchtig** *adj* quarrelsome, argumentative **Streitsumme** *f* JUR sum in dispute **Streitverkündung** *f* JUR third-party notice **Streitwagen** *m* chariot

Streitwert *m* JUR sum [*or* amount] in dispute

Streitwertfestsetzung *f* JUR assessment of value in dispute **Streitwertherabsetzung** *f* JUR reduction of the amount in dispute **Streitwertrevision** *f* JUR change of the amount in dispute **Streitwertfestsetzung** *f* JUR assessment of the value in dispute

streng I. *adj* ❶ (*auf Disziplin achtend*) strict; ■**~ [zu jdm] sein** to be strict [towards [*or* with] sb]; **eine ~e Erziehung** a strict education ❷ (*unnachsichtig*) severe; **ein ~er Verweis** a severe reprimand; **~e Disziplin** strict [*or* stern] discipline; **~e Kontrolle** strict [*or* stringent] control ❸ (*strikt*) strict; **~e Einhaltung der Vorschriften** strict observance of the rules; **~e Anweisung** strict instructions; **eine ~e Diät/Überprüfung** a strict diet/rigorous examination; **~e Bettruhe** complete [*or* absolute] [bed] rest ❹ (*durchdringend*) pungent ❺ (*extrem kalt*) severe; **~er Frost/Winter** sharp [*or* severe] frost/severe winter; **~e Kälte** intense cold ❻ (*konsequent*) strict; ***ich bin ~er Antialkoholiker/Vegetarier/Katholik/Moslem*** I am a strict teetotaller/vegetarian/Catholic/Muslim ❼ SCHWEIZ (*anstrengend*) strenuous, demanding **II.** *adv* ❶ (*unnachsichtig*) strictly; ***wir wurden sehr ~ erzogen*** we were very strictly brought up; **~ durchgreifen** to take rigorous action; ***kontrollieren Sie nächstens ~er*** make a more rigorous check next time ❷ (*strikt*) strictly; ***ich verbiete Ihnen ~stens, so etwas noch einmal zu machen!*** I strictly forbid you to do anything like that again!; **~ genommen** strictly speaking; **es mit etw ~ nehmen** to be strict on [*or* about] sth; ***du solltest es mit seiner Erziehung ~er nehmen*** you should take his education more seriously ❸ (*durchdringend*) pungently; ***was riecht hier so ~?*** what's that strong [*or* pungent] smell?; ***der Käse schmeckt mir doch etwas zu ~*** the cheese is rather too strong [*or* sharp] for me

Strenge <-> *f kein pl* ❶ (*Unnachsichtigkeit*) strictness *no pl;* **mit unnachsichtiger ~** with unrelenting severity; **mit besonderer ~ darauf achten, dass ...** to take especially strict care that ... ❷ (*Härte*) severity; ***die Kontrollen waren von äußerster ~*** the checks were extremely rigorous ❸ (*Ernsthaftigkeit*) *Gesichtszüge, Stil* severity ❹ (*extreme Kälte*) *Winter, Frost* severity ❺ (*Intensität*) *Geschmack* sharpness, intensity; *Geruch* pungency **strenggläubig** *adj* strict; ■**~ sein** to be strictly [*or* deeply] religious [*or* a strict believer]

Streptokokkus <-, -ken> [ʃtrɛp-, st-] *meist pl m* streptococcus

Streptomyzin <-s> *nt kein pl* PHARM streptomycin

Stress[RR] <-es, -e> [ʃtrɛs, strɛs] *m,* **Streß** <-sses, -sse> *m* stress; **~ haben** to experience stress; **im ~ sein/unter ~ stehen** to be under stress; ***ich bin voll im ~*** I am completely stressed out *fam*

Stressbewältigung[RR] *f* stress management **Stressbewältigungstraining**[RR] *nt* stress-management training

stressen *vt* ■**jdn ~** to put sb under stress; ■**sich gestresst fühlen** to feel under stress; ■**[durch etw] gestresst sein** to be under stress [because of sth]; ***bist du durch deine Arbeit gestresst?*** is your work putting you under stress?

Stressfaktor[RR] *m* stress factor **stressfrei**[RR] *adj* stress-free **stressgeplagt**[RR] *adj* highly stressed, under stress *pred,* stressed-out *fam;* ■**~ sein** to be suffering from stress; **~er Manager** highly stressed manager

stressig *adj* stressful

Stressor <-s, -en> *m* PSYCH (*fachspr*) stressor *spec*

Stresssituation[RR] *f* stress situation

Stretch <-[e]s, -es> [strɛtʃ] *m* stretch fabric

Stretchhose *f* stretch [*or* elastic] trousers *npl*

Stretching <-, -> *nt* SPORT, MED stretching

Streu <-> *f kein pl* litter

Streubüchse, Streudose *f* shaker; *für Mehl* dredger; *für Zucker* caster, dredger

streuen I. *vt* ❶ (*hinstreuen*) ■**etw auf etw** *akk* **~** to scatter [*or* spread] [*or* sprinkle] sth on sth; **Futter/Samen ~** to scatter food/seed; **Dünger ~** to spread fertilizer; **etw auf einen Kuchen/ein Gericht ~** to sprinkle sth on a cake/ a dish ❷ (*gegen Glätte*) ■**etw ~** to grit/salt sth ❸ (*verbreiten*) ■**etw ~** to spread sth; **Gerüchte ~** to spread rumours [*or* AM -ors]; **die Opposition ließ ~, [dass] ...** the opposition put it about that ... **II.** *vi* ❶ (*Streumittel anwenden*) to grit BRIT, to put down salt ❷ (*Geschosse verteilen*) to scatter ❸ PHYS to scatter

Streuer <-s, -> *m* shaker; **der ~ mit dem Salz/Pfeffer** the salt cellar [*or* AM shaker] /pepper pot [*or* AM shaker]; *Mehl* dredger; *Zucker* dredger, caster [*or* castor]

Streufahrzeug *nt* gritter BRIT, gritting lorry BRIT, snow plow AM **Streugut** *nt* TRANSP (*geh*) grit BRIT, salt

streunen *vi* ❶ *haben o sein* (*umherstreifen*) to roam about [*or* around]; **durch die Stadt ~** to roam about the town; **~de Hunde/Katzen** stray dogs/cats ❷ *sein* (*ziellos umherziehen*) to wander around; **durch die Straßen ~** to roam [*or* wander] the streets

Streusalz *nt* road salt **Streusand** <-[e]s> *m kein pl* ❶ *für Straße* grit *no pl, no indef art* ❷ (*veraltet: feiner Sand*) fine sand *no pl, no indef art* **Streuscheibe** *f* AUTO lens

Streusel <-s, -> *nt* streusel *esp* AM, crumble [topping]

Streuselkuchen *m* streusel [cake] *esp* AM, crumble

Streuung <-, -en> *f* ❶ MIL (*Abweichung*) dispersion ❷ MEDIA (*Verbreitung*) distribution ❸ (*Verteilung*) spread[ing]; **bei einer ~ seiner Anlagen/des Risikos** by spreading one's investments/the risk ❹ MED metastasis

strich *imp von* **streichen**

Strich <-[e]s, -e> *m* ❶ (*gezogene Linie*) line; **einen ~ [unter etw** *akk*] **ziehen** to draw a line [under sth] ❷ (*Skaleneinteilung*) line ❸ (*fam: Gegend mit Prostitution*) red-light district; **auf den ~ gehen** to go on the game BRIT *fam,* to become a streetwalker AM; **auf dem ~** on the game *fam* ▶ WENDUNGEN: **nach ~ und Faden** (*fam*) good and proper *fam,* well and truly; **ein ~ in der Landschaft sein** (*hum fam*) to be as thin as a rake; **jd/etw macht jdm einen ~ durch die Rechnung** sb/sth messes up [*or* wrecks] sb's plans, sb/sth throws a spanner [*or* AM wrench] in the works, sb puts a spoke in sb's wheel; **jdm gegen den ~ gehen** (*fam*) to go against the grain, to rub sb up the wrong way; **einen ~ unter etw** *akk* **machen** [*o* **ziehen**] to put sth behind one, to put an end to sth; **jdm einen ~ durch etw machen** (*fam*) to mess up [*or* wreck] sb's plans for sth; ***der Regen machte uns einen ~ durch alles*** the rain wrecked all our plans; ***ich werde einen ~ durch ihren sauberen Plan machen*** I will foil [*or* thwart] her nice little plan; **unterm ~** (*fam*) at the end of the day, all things considered

Strichabbildung *f* TYPO line illustration [*or* reproduction] **Strichaufnahme** *f* TYPO line exposure [*or* reproduction] **Strichcode** [-ko:t] *m* bar code

stricheln *vt* ■**etw ~** to sketch sth in; ■**gestrichelte Linie** dotted line; *Straße* broken line

Stricher <-s, -> *m* (*sl*) rent boy BRIT *fam,* young male prostitute AM

Strichjunge *m* (*fam*) rent boy *fam* **Strichkode** *f s.* **Strichcode**

strichlieren* *vt* ÖSTERR (*stricheln*) ■**etw ~** to hatch [*or sep* sketch in] sth

Strichliste *f* list **Strichmädchen** *nt* (*fam*) streetwalker *fam,* hooker AM *sl* **Strichmännchen** <-s, -> *nt* matchstick man, stick figure **Strichpunkt** *m s.* **Semikolon Strichumsetzung** *f* TYPO conversion to line art, line conversion **Strichvogel** *m* flocking bird

strichweise *adv* METEO here and there, in places

Strichzeichnung *f* line drawing

Strick <-[e]s, -e> *m* rope ▶ WENDUNGEN: **jdm aus etw einen ~ drehen** (*fam*) to use sth against sb; **da kann ich mir gleich einen ~ nehmen** [*o* **kaufen**] (*fam*) I may as well end it all now; **wenn alle ~e reißen** (*fam*) if all else fails

Strickbündchen <-s, -> *nt* knitted welt

stricken I. *vi* to knit **II.** *vt* ■**etw ~** to knit sth

Strickgarn *nt* knitting wool [*or* yarn] **Strickhemd** *nt* knit[ted] shirt **Strickjacke** *f* cardigan **Strickleiter** *f* rope ladder **Strickmaschine** *f* knitting machine **Strickmuster** *nt* ❶ (*gestricktes Muster*) knitting pattern; **nach ~** from a pattern ❷ (*hum: Machart*) formula **Strickmütze** *f* woollen hat **Stricknadel** *f* knitting needle **Strickwaren** *pl* knitware *no pl* **Strickweste** *f* cardigan **Strickzeug** *nt* knitting

Striegel <-s, -> *m* curry-comb

striegeln *vt* (*fam*) ■**etw ~** to groom [*or spec* curry] sth

Striemen <-s, -> *m,* **Strieme** <-, -n> *f* (*selten*) weal

strikt I. *adj* strict; **eine ~e Ablehnung/Weigerung** a point-blank rejection **II.** *adv* strictly; **~ gegen etw sein** to be totally against sth; **auf das ~este befolgt werden** to be followed to the letter; **sich ~ gegen etw aussprechen** to reject sth point-blank

stringent <-er, -este> *adj* (*geh*) *Schluss, Beweisführung* compelling

Strip <-s, -s> [ʃtrɪp, st-] *m* (*sl*) strip[tease]

Strippe <-, -n> *f* (*fam*) ❶ (*Schnur*) string ❷ (*Leitung*) cable ▶ WENDUNGEN: **jdn an die ~ bekommen** to get [*or* reach] sb on the phone; **jdn an der ~ haben** to have sb on the line [*or* phone] [*or* BRIT *fam* blower]

strippen ['ʃtrɪ-, 'st-] *vi* to strip, to do a strip[tease]

Stripper(in) <-s, -> ['ʃtrɪ-, 'st-] *m(f)* (*fam*) stripper

Striptease <-> ['ʃtrɪpti:s, 'st-] *m o nt kein pl* striptease

Stripteaselokal *nt* striptease club [*or fam* joint] **Stripteasetänzer(in)** ['ʃtrɪpti:s-, 'strɪp-] *m(f)* striptease artist

stritt *imp von* **streiten**

strittig *adj* contentious; **ein ~er Fall** a controversial case; **eine ~e Grenze** a disputed border; **der ~e Punkt** the point at issue; ■**~ sein** to be in dispute [*or* at issue]

Stroh <-[e]s> *nt kein pl* straw ▶ WENDUNGEN: **[nur] ~ im Kopf haben** (*fam*) to be dead from the neck up [*or* BRIT have sawdust between one's ears] *fam;* ~

S

dreschen (*fam*) to waffle [*or* AM ramble] [on] *fam;* **wie ~ brennen** to go up like dry tinder

Strohballen *m* bale of straw, straw bale **strohblond** *adj Mensch* flaxen-haired; *Haare* straw-coloured [*or* AM -ored], flaxen **Strohblume** *f* strawflower **Strohdach** *nt* thatched roof, roof thatched with straw **strohdumm** *adj* (*fam*) brainless, thick *fam;* ■ ~ **sein** to have nothing between the ears **Strohfeuer** *nt* ▶ WENDUNGEN: **nur ein ~ sein** to be a flash in the pan, to be just a passing fancy **Strohfrau** *f fem form von* **Strohmann Strohhalm** *m* straw ▶ WENDUNGEN: **nach jedem ~ greifen, sich an jeden ~ klammern** to clutch at any straw **Strohhut** *m* straw hat

strohig <-er, -ste> *adj* ❶ *Gemüse* tough; *Orangen* dried-up ❷ *Haar* strawy, like straw

Strohkopf *m* (*fam*) blockhead *fam* **Strohlager** *nt* bed of straw **Strohmann, -frau** *m, f* front man *masc,* front woman *fem* **Strohmatte** *f* straw mat **Strohpuppe** *f* straw doll **Strohsack** *m* palliasse ▶ WENDUNGEN: **heiliger ~!** (*veraltend fam*) Great Scott! *dated fam,* holy mackerel [*or* AM *esp* cow]! *fam* **Strohwitwer, -witwe** *m, f* (*hum fam*) grass widower *masc,* grass widow *fem*

Strolch <-[e]s, -e> *m* ❶ (*fam: Schlingel*) rascal ❷ (*veraltend: übler Bursche*) ruffian *dated*

Strom[1] <-[e]s, Ströme> *m* ELEK electricity *no indef art, no pl;* ~ **führen** to be live; **elektrischer ~** electric current; ~ **führend** live; **unter ~ stehen** (*elektrisch geladen sein*) to be live; (*überaus aktiv sein*) to be a live wire *fig fam*

Strom[2] <-[e]s, Ströme> *m* ❶ (*großer Fluss*) [large] river ❷ (*fließende Menge*) river; **Ströme von Blut** rivers of blood; **ein ~ von Schlamm** a torrent of mud; **in Strömen fließen** to flow freely [*or* like water]; ***das Blut floss in Strömen*** there were rivers of blood, there was heavy bloodshed ❸ (*Schwarm*) stream; **Ströme von Fans/Besuchern/Kunden** streams of fans/visitors/customers ▶ WENDUNGEN: **in Strömen gießen** [*o* **regnen**] to pour [down] [with rain]; **mit dem/gegen den ~ schwimmen** to swim with/against the current, to swim with/against the tide [*or* go with/against the flow] *fig fam*

Stromabnehmer(in) <-s, -> *m(f)* ❶ TECH current collector ❷ (*Verbraucher*) electricity user [*or* consumer] **Stromabschaltung** *f* power off; **automatische ~** automatic power off

stromabwärts *adv* downstream

StromanschlussRR *m* power connector **stromaufwärts** *adv* upstream

Stromausfall *m* power cut [*or* failure], power outage AM **Strombezugswahl** *f kein pl* choice of electricity provider **Stromeinspeisung** *f* electricity feed

strömen *vi sein* ❶ (*in Mengen fließen*) ■ [**aus etw**] ~ to pour [out of sth]; ***Gas strömte durch die Pipeline*** gas flowed through the pipeline ❷ (*in Scharen eilen*) ■ [**aus etw** *akk*] ~ to stream [out of sth]; ***die Touristen strömten zu den Pforten des Palasts*** the tourists flocked to the gates of the palace; *s. a.* **Regen**

Stromentgelt *nt* electricity price, price of electricity, charge for electricity

Stromer <-s, -> *m* ❶ (*Herumtreiber*) roamer, rover, gadabout *fam* ❷ (*Landstreicher*) tramp, vagabond, AM *a.* hobo

Stromerzeuger *m* [electricity] generator **Stromerzeugung** *f* generation of electricity **Stromgebiet** *nt* river basin **Stromkabel** *nt* electric[ity] [*or* power] cable **Stromkonzern** *m* electricity company **Stromkosten** *pl* electricity costs *pl* **Stromkreis** *m* [electric[al]] circuit **Stromleitung** *f* electric cable [*or* cabling] [*or* wiring] **Stromlieferant** *m* HANDEL supplier of electricity **Stromlieferungsvertrag** *m* contract for the supply of electricity **Stromlinienform** [-li:niən-] *f* streamlined shape **stromlinienförmig** [-li:niən-] *adj* streamlined

Strommast *m* ELEK pylon **Stromnetz** *nt* electricity [*or* power] supply system, mains supply **Strompreis** *m* electricity price, price of electricity **Stromquelle** *f* power source, source of electricity **Stromrechnung** *f* electricity [*or* AM electric] bill **Stromschiene** *f* live [*or* third] rail; (*für Elektrobus*) bus bar **Stromschlag** *m* electric shock **Stromschnelle** *f meist pl* rapids *npl* **Stromsperre** *f* power cut **Stromstärke** *f* current [strength] **Stromstoß** *m* electric shock, jolt of electricity

Strömung <-, -en> *f* ❶ (*stark fließendes Wasser*) current ❷ (*Tendenz*) trend; ***es gibt verschiedene ~en innerhalb der Partei*** there are various tendencies within the party

Stromunterbrechung *f* power interruption **Stromverbrauch** *m* electricity [*or* power] consumption; **einen geringen ~ haben** to not use a lot of electricity **Stromverbund** *m* electricity trade association (*of mainland European countries*), European electricity grid **Stromversorger** *m* electricity supplier **Stromversorgung** *f* electricity [*or* power] supply **Stromversorgungseinheit** *f* power supply unit **Stromzähler** *m* electricity meter

Strontium <-s> ['ʃtrɔntsiʊm, 'st-] *nt kein pl* strontium *no pl*

Strophe <-, -n> *f* ❶ (*Lieder~*) verse ❷ (*Gedicht~*) stanza

strotzen *vi* ❶ (*überschäumen*) ■ **von** [*o* **vor**] **etw ~** to be bursting with sth ❷ (*besonders viel von etw haben*) ■ **vor etw** *dat* ~ to be covered in [*or* with] sth, to be full of sth; **vor** [*o* **von**] **Gesundheit ~** to be bursting with health

strotzend *adj inv* bursting; **vor** [*o* **von**] **Energie ~** bursting with energy

strubb(e)lig *adj* (*fam*) tousled; **~es Fell** tangled fur

Strubbelkopf *m* (*fam*) ❶ (*Haar*) tousled hair, mop [of hair], mop-top *fam* ❷ (*Mensch*) tousle-head, mop-top *fam*

Strudel[1] <-s, -> *m* ❶ (*Wasserwirbel*) whirlpool; **kleiner ~** eddy ❷ (*geh: rascher Lauf*) **der ~ der Ereignisse** the whirl of events

Strudel[2] <-s, -> *m* (*Gebäck*) strudel

strudeln *vi* to swirl; (*sanfter*) to eddy

Strudelwurm *m* ZOOL turbellarina

Struktur [ʃtrʊ-, strʊ-] *f* ❶ (*Aufbau*) structure ❷ (*von Stoff usw.*) texture

Strukturalismus <-> *m kein pl* structuralism *no pl*

Strukturanpassungsprogramm *nt* ÖKON restructuring programme [*or* AM -am]

Struktureinheit *f* ÖKON structural unit

strukturell *adj inv* ❶ (*geh: eine bestimmte Struktur aufweisend*) structural; **~e Arbeitslosigkeit** ÖKON structural unemployment ❷ LING *s.* **struktural**

Strukturformel [ʃtrʊ-, st-] *f* CHEM structural formula **strukturgewandelt** *adj inv* ÖKON, SOZIOL *Land, Gebiet* having a modernized [*or* BRIT *a.* -ised] structure **Strukturglas** *nt* BAU patterned glass **Strukturhilfe** *f* subsidy for infrastructure renewal/development

strukturieren* [ʃtrʊ-, st-] *vt* ■ **etw ~** to structure sth [*or* put sth together]

strukturiert *adj* structured; (*von Stoffen*) textured

Strukturierung <-, -en> [ʃtrʊ-, st-] *f* ❶ *kein pl* (*das Strukturieren*) structuring ❷ (*Struktur*) structure; (*von Stoff usw.*) texture

Strukturkrise [ʃtrʊ-, st-] *f* structural crisis **Strukturpolitik** *f* economic development [*or* structural] policy **Strukturreform** *f* ÖKON structural reform **strukturschwach** *adj* economically underdeveloped **Strukturschwäche** *f* economic underdevelopment **strukturverändernd** *adj inv* ÖKON causing structural changes *pred* **Strukturveränderung** *f* structural change, change in structure **Strukturverschiebung** *f* structural displacement **Strukturwandel** *m* structural change

Strumpf <-[e]s, Strümpfe> *m* ❶ (*Knie~*) knee-high; (*Socke*) sock ❷ (*Damen~*) stocking

Strumpfband <-bänder> *nt,* **Strumpfhalter** <-s, -> *m* suspender, garter AM **Strumpfhaltergürtel** *m* suspender belt, garter belt AM **Strumpfhose** *f* tights *npl,* pantyhose AM; ■ **eine ~** a pair of tights **Strumpfmaske** *f* stocking mask **Strumpfwaren** *pl* hosiery *no pl*

Strunk <-[e]s, Strünke> *m* stalk

struppig *adj Haare* tousled, tangled, windswept; *Fell* shaggy, tangled

Struwwelpeter *m* ❶ LIT ■ **der ~** Struwwelpeter, shockheaded Peter ❷ (*fam: Kind mit Strubbelkopf*) tousle-head *fam,* mop-head *fam*

Strychnin <-s> *nt kein pl* strychnine

Stube <-, -n> *f* ❶ DIAL (*Wohnzimmer*) living room; **die gute ~** the front room, the parlour [*or* AM parlor] *dated* ❷ MIL [barrack] room

Stubenarrest *m* ~ **bekommen/haben** (*fam*) to be confined to one's room, to be grounded *fam* **Stubenfliege** *f* housefly **Stubengelehrte(r)** *f(m) decl wie adj* (*pej*) armchair academic *pej* **Stubenhocker(in)** <-s, -> *m(f)* (*pej fam*) house-mouse *fam* **stubenrein** *adj* ❶ (*zur Sauberkeit erzogen*) *Haustier* house-trained, housebroken AM ❷ (*hum fam: nicht verdorben*) *Witz usw.* clean

Stück <-[e]s, -e *o nach Zahlenangaben* -> *nt* ❶ (*einzelnes Teil*) piece; **ein ~ Kuchen** a piece [*or* slice] of cake; **ein ~ Papier** a piece [*or* scrap] of paper; **sechs ~ Käsekuchen** six pieces [*or* portions] of cheesecake; **in ~e gehen** [*o* **zerbrechen**] [*o* **zerspringen**] to break [*or* shatter] into pieces; **etw in ~e reißen** to tear sth to pieces [*or* shreds]; **aus einem ~** from one [*or* a single] piece; ~ **für ~** piece by piece, bit by bit; **im** [*o* **am**] ~ in one piece; **geschnitten oder am ~?** sliced or unsliced?; **das** [*o* **pro**] ~ each; **vier Mark das** [*o* **pro**] ~ four marks each ❷ (*besonderer Gegenstand*) piece, item; **ein wertvolles ~** a valuable item ❸ (*Teil*) bit, piece; **etw in ~e schlagen** to smash sth to pieces; **in tausend ~e schlagen** to smash to smithereens ❹ (*Abschnitt*) part; ***ich begleite dich noch ein ~*** [**Weges**] I'll come part of the way with you; ***die Straße war auf einem ~ von 500 Metern Länge aufgerissen worden*** a 500 metre stretch of the road had been ripped up; **mein ~ Garten** my bit of garden; **ein ~ Acker/Land** part of a field/a plot of land ❺ THEAT play ❻ MUS piece ❼ (*pej fam: Subjekt*) so-and-so *pej fam;* ***du mieses ~!*** you rotten [*or* lousy] bastard!; ***sie ist ein ganz niederträchtiges ~*** she's a really nasty piece of work; **ein ~ Dreck** [*o* **Scheiße**] (*pej sl*) a piece of shit *pej sl;* (*Mann*) a bastard *pej sl;* (*Frau*) a bitch *pej sl* ▶ WENDUNGEN: **ein ~ Arbeit** (*fam*) a job; **ein ziemliches/hartes ~ Arbeit** quite a job/a tough job; **ein schönes ~ Geld** (*fam*) a pretty penny; **jds bestes ~** (*hum fam: liebste Sache*) sb's pride and joy; (*Mensch*) the apple of sb's eye; **aus freien ~en** of one's own free will, voluntarily; **große ~e auf jdn halten** (*fam*) to think highly [*or* the world] of sb; **ein gutes** [*o* **schönes**] ~ a good bit; **ein gutes ~ weiterkommen** to get a good bit further [*or* make considerable progress]; **ein starkes ~ sein** (*fam*) to be a bit much [*or* thick]; **sich für jdn in ~e reißen lassen** (*fam*) to do anything [*or* go through fire and water] for sb; **sich lieber in ~e reißen lassen, als...** (*fam*) to rather die than ...; **kein ~** (*sl*) not a bit, not at all

Stuck <-[e]s> *m kein pl* stucco, cornices *pl*

Stückaktie *f* BÖRSE unit share (*without a nominal value*)

Stückaktiengesetz *nt* BÖRSE, JUR law allowing unit shares

Stuckarbeit *f* stucco[work] *no indef art, no pl*

Stückchen <-s, -> *nt dim von* **Stück 1, 3, 4** ❶ (*kleines Teil*) little piece [*or* bit] ❷ (*kleine Strecke*) little way

Stuckdecke *f* stucco[ed] ceiling

stückeln *vt* FIN ■ **etw ~** to split sth into denominations

Stückelung <-, -en> *f* ❶ FIN denomination; ***in welcher ~ hätten Sie die 1000 Mark gern?*** how would you like your [*or* the] 1000 marks? ❷ BÖRSE *von Aktien* division into shares

Stückeschreiber(in) *m(f)* playwright

Stückgut *nt* HANDEL single item sent, individually packaged goods; **als ~ versenden** to convey by

goods train
Stückgutbefrachtung *f* berth freighting **Stückgutfracht** *f* general cargo **Stückgutfrachter** *m* cargo ship **Stückgutladung** *f* HANDEL general [*or spec* breakbulk] cargo **Stückgutlieferung** *f* less-than-carload delivery **Stückgutsendung** *f* less-than-carload consignment **Stückgutverkehr** *m kein pl* less-than-carload traffic
Stückkosten *pl* HANDEL unit cost **Stücklohn** *m* piece-work wage, piece rate **Stücklohnarbeit** *f* ÖKON piecework **Stückpreis** *m* unit price **Stückschuld** *f* JUR, FIN specific [*or* determinate] obligation **Stückvermächtnis** *nt* JUR bequest of an individual object
stückweise *adv* individually, separately
Stückwerk *nt kein pl* ▶ WENDUNGEN: [**nur**] ~ **sein** [*o* **bleiben**] to be [*or* remain] incomplete **Stückzahl** *f* HANDEL number of pieces [*or* units]; **Herstellung in großer** ~ large-scale production
stud. *m Abk von* **studiosus**: ~ **med./phil.** student of medicine/philosophy
Student(in) <-en, -en> *m(f)* student
Studentenausweis *m* student card **Studentenberatung** *f* student counselling [*or* AM counseling] [*or* advice] **Studentenbewegung** *f* student movement **Studentenbude** *f* student's room [*or* BRIT *fam* digs] **Studentenfutter** *nt* nuts and raisins **Studentenheim** *nt* student hostel; (*auf dem Campus*) hall of residence **Studentenkneipe** *f* student pub [*or* AM bar] **Studentenleben** *nt kein pl* student life, life as a student *no pl*
Studentenschaft <-, *selten* -en> *f* students *pl*, student body
Studentenunruhen *f* student unrest **Studentenverbindung** *f* students' society; *für Männer* fraternity AM; *für Frauen* sorority AM **Studentenwerk** *nt* student union **Studentenwohnheim** *nt* hall of residence, student hostel BRIT, residence hall AM
Studentin <-, -nen> *f fem form von* **Student**
studentisch *adj attr* student *attr*
Studie <-, -n> ['ʃtu:diə] *f* ❶ (*wissenschaftliche Abhandlung*) study; **eine ~ über Möglichkeiten** a feasibility study ❷ KUNST study, sketch
Studien ['ʃtu:diən] *pl von* **Studium**
Studienabbrecher(in) <-s, -> *m(f)* drop-out *fam* (*student who fails to complete his/her course of study*) **Studienabschluss**RR *m* SCH degree **Studienanfänger(in)** *m(f)* first-year student, fresher BRIT, freshman AM **Studienaufenthalt** *m* study visit **Studienbeihilfe** *f* educational [*or* study] grant **Studienberater(in)** <-s, -> *m(f)* course adviser, tutor **Studienberatung** *f* course guidance and counselling [*or* AM counseling] service **Studienbewerber(in)** *m(f)* university applicant **Studienbewerbung** *f* university application **Studienbuch** *nt* study record BRIT (*detailing courses/lectures attended*), academic transcript AM **Studiendirektor(in)** *m(f)* deputy headteacher, vice-principal AM **Studieneinstieg** *m kein pl* start of higher education studies **Studienfach** *nt* subject **Studienfahrt** *f* study trip **Studienfreund(in)** *m(f)* university/college friend **Studiengang** *m* course [of study] **Studiengebühren** *pl* tuition fees *pl* **studienhalber** *adv inv* for study purposes [*or* the purpose of studying] **Studieninhalt** *m* course contents *pl* **Studienjahr** *nt* academic year **Studienplatz** *m* university/college place; **ein ~ in Mikrobiologie** a place to study microbiology **Studienrat, -rätin** *m, f* secondary-school teacher (*with the status of a civil servant*) **Studienreferendar(in)** *m(f)* student teacher **Studienreform** *f* course reform **Studienreise** *f* educational trip **Studienzeit** *f* student days *pl*, time as a student **Studienzeitbegrenzung** *f* limitation on a/the period of study **Studienzweck** *m* **zu ~en** for study purposes [*or* the purposes of study]; ***er hielt sich in Edinburgh zu ~en auf*** he was studying in Edinburgh
studieren* **I.** *vi* to study; ***sie studiert noch*** she is still a student; ~ **wollen** to want to go to [*or* AM a] university/college; ***ich studiere derzeit im fünften/sechsten Semester*** I'm in my third year [at university/college]; *s. a.* **probieren II.** *vt* ❶ (*als Studium haben*) ■**etw** ~ to study [*or* BRIT *form* read] sth ❷ (*genau betrachten*) ■**etw** ~ to study sth
Studierende(r) *f(m) dekl wie adj* (*geh*) student
studiert *adj* (*fam*) educated; ■~ **sein** to have been to [*or* AM a] university/college, to have had a university education
Studierzimmer *nt* (*veraltend*) study
Studio <-s, -s> *nt* ❶ FILM, KUNST, RADIO, TV studio ❷ ARCHIT studio, studio flat [*or* AM apartment] ❸ SPORT fitness studio, gymn
Studioaufnahme *f* studio production
Studiosus <-, -si> *m* (*hum*) student
Studiosystem *nt* studio system
Studium <-, -Studien> [-diən] *nt* ❶ SCH studies *pl*; **ein ~ aufnehmen** to begin one's studies; **das ~ der Medizin/Chemie** the medicine/chemistry course ❷ (*eingehende Beschäftigung*) study; [**seine**] **Studien machen** [*o* **treiben**] to study ❸ *kein pl* (*genaues Durchlesen*) study; ***das ~ der Akten ist noch nicht abgeschlossen*** the files are still being studied
Stufe <-, -n> *f* ❶ (*Treppenabschnitt*) step; ~ ***um*** ~ step by step ❷ (*geh: Niveau*) level; **auf der gleichen** [*o* **auf einer**] ~ **stehen** to be on the same [*or* on a] level; **sich mit jdm auf die gleiche** [*o* **auf eine**] ~ **stellen** to put [*or* place] oneself on the same level [*or* on a level [*or* par]] with sb ❸ (*Abschnitt*) stage, phase ❹ ELEK position ❺ (*Raketen~*) stage
stufen *vt* ■**etw** ~ ❶ *Preise* to graduate sth ❷ *Haare* to layer sth ❸ *Gelände* to terrace [*or* step] sth
Stufenbarren *m* SPORT asymmetric bars *pl* **stufenförmig** *adj inv* ❶ (*stufig*) stepped, terraced; **etw ~ anlegen** to terrace sth ❷ (*fig: schrittweise*) gradual, in stages **Stufenführerschein** *m* [graded] motorcycle licence [*or* AM -se] **Stufengründung** *f* HANDEL company formation by incorporators and subscribers **Stufenheck** *nt* AUTO notchback BRIT, hatchback AM **Stufenklage** *f* JUR action by stages **Stufenleiter** *f* ladder *fig*; **die ~ des Erfolgs** the ladder of success; **die gesellschaftliche/soziale ~ erklimmen** to climb the social ladder **stufenlos I.** *adj Regelung, Schaltung* continuously variable **II.** *adv* smoothly; ***die Geschwindigkeit der Scheibenwischer kann ~ geregelt werden*** the wipers can be adjusted to any speed you like **Stufenmodell** *nt* phased model **Stufenplan** *m* phased plan **Stufenrakete** *f* multi-stage rocket **Stufenschalter** *m* sequence switch **Stufenschnitt** *m* (*Frisur*) layered cut
stufenweise I. *adj* phased **II.** *adv* step by step
stufig I. *adj Haarschnitt* layered **II.** *adv* in layers; ~ **schneiden** to layer
Stuhl[1] <-[e]s, Stühle> *m* chair; **elektrischer** ~ electric chair; **auf dem elektrischen** ~ in the electric chair; **der Heilige** ~ the Holy See ▶ WENDUNGEN: **jdm den ~ vor die Tür setzen** (*fam*) to kick sb out *fam*; **jdn vom ~ hauen** (*sl*) to knock sb sideways [*or* bowl sb over] *fam*; **sich zwischen zwei Stühle setzen** to fall between two stools; **zwischen zwei Stühlen sitzen** to have fallen between two stools
Stuhl[2] <-[e]s, Stühle> *m* MED (*geh*) stool *form*
Stuhlaufsatz *m* booster seat **Stuhlbein** *nt* chair leg
Stuhlgang *m kein pl* MED (*geh*) bowel movement[s]; ~ **haben** to have a bowel movement; **keinen ~ haben** not to have any bowel movements
Stuhllehne *f* chair back
Stukkateur(in) <-s, -e> *m(f)* stucco plasterer
Stulle <-, -n> *f* NORDD piece [*or* slice] of bread and butter; (*belegt*) sandwich
Stulpe <-, -n> *f am Ärmel* [wide] cuff; *am Handschuh* cuff, gauntlet; *am Stiefel* [boot] top
stülpen *vt* ❶ (*überziehen*) ■**etw auf etw** *akk*/**über etw** *akk* ~ to put sth on/over sth ❷ (*wenden*) ■**etw** ~ to turn sth [inside] out
Stulpenhandschuh *m* gauntlet **Stulpenstiefel** *m* top boot
stumm I. *adj* ❶ (*nicht sprechen könnend*) dumb; *s. a.* **Diener, Kreatur** ❷ (*schweigend*) silent; ■~ **werden** to go silent ❸ LING mute, silent ❹ THEAT non-speaking ▶ WENDUNGEN: **jdn** [**für immer**] ~ **machen** (*sl*) to silence sb [for good]; **jdn ~** [**vor etw** *dat*] **machen** to render sb speechless [with sth] **II.** *adv* silently
Stumme(r) *f(m) dekl wie adj* dumb person, mute *dated*
Stummel <-s, -> *m Glied* stump; *Bleistift, Kerze* stub
Stummfilm *m* silent film [*or* movie]
Stumpen <-s, -> *m* cheroot
Stümper(in) <-s, -> *m(f)* (*pej*) bungler, incompetent
Stümperei <-, -en> *f* (*pej*) ❶ *kein pl* (*stümperhaftes Vorgehen*) bungling *no pl*, incompetence ❷ (*stümperhafte Leistung*) bungled [*or* botched] job
stümperhaft I. *adj* (*pej*) amateurish; **eine ~e Arbeit/Leistung** a botched job/botch-up; **~es Vorgehen** incompetence **II.** *adv* incompetently; ~ **vorgehen** to act [*or form* proceed] amateurishly
Stümperin <-, -nen> *f fem form von* **Stümper**
stümpern *vi* (*pej*) ■[**bei etw**] ~ to be incompetent [at sth], to bungle
stumpf *adj* ❶ (*nicht scharf*) blunt; ■~ **werden** to go/become blunt; **eine ~e Nase** a snub nose; **ein Tisch mit ~en Ecken** a table with rounded corners ❷ MATH **ein ~er Winkel** an obtuse angle; **ein ~er Kegel** a truncated cone ❸ (*glanzlos*) dull ❹ (*abgestumpft*) lifeless, impassive, apathetic
Stumpf <-[e]s, Stümpfe> *m* stump ▶ WENDUNGEN: **mit ~ und Stiel** root and branch BRIT; **etw mit ~ und Stiel beseitigen/vernichten** to eliminate/eradicate sth root and branch; **etw mit ~ und Stiel aufessen** to polish off sth *sep*, to eat up every last scrap *sep*
Stumpfheit *f kein pl* ❶ (*Nichtscharfsein*) bluntness ❷ (*Abgestumpftheit*) apathy, impassiveness; *der Sinne* dullness
Stumpfsinn *m kein pl* ❶ (*geistige Trägheit*) apathy ❷ (*Stupidität*) mindlessness, tedium; **eine Tätigkeit voller** ~ a mindless [*or* tedious] activity ❸ (*fam: Blödsinn*) nonsense **stumpfsinnig** *adj* ❶ (*geistig träge*) apathetic ❷ (*stupide*) mindless, tedious **stumpfwink(e)lig** *adj* MATH obtuse
Stündchen <-s, -> *nt dim von* **Stunde**: **ein ~** an hour or so
Stunde <-, -n> *f* ❶ (*60 Minuten*) hour; **in den nächsten ~n** in the next few hours; **nur noch eine knappe** ~ just under an hour to go; **in der ~ der Not** in sb's hour of need; **die ~ der Wahrheit** the moment of truth; **jds große** ~ sb's big moment; **jds letzte ~ ist gekommen** [*o* **hat geschlagen**] sb's hour has come; **in einer schwachen** ~ in a moment of weakness; **zu später** [*o geh* **vorgerückter**] ~ at a late hour; **in einer stillen** ~ in a quiet moment; **eine viertel** ~ a quarter of an hour; **eine halbe** ~ half an hour; **eine dreiviertel** ~ three-quarters of an hour; **anderthalb ~n** an hour and a half, one and a half hours; **volle** ~ on the hour; ***die Kirchturmuhr schlägt die vollen ~n*** the church clock strikes on the hour; ***der Zug fährt jede volle*** ~ the train departs every hour on the hour; ~ **um ~, ~n um ~n** [for] hour after hour; ~ ***um*** ~ ***verging*** hour after hour went by; ***ich wartete ~n um ~n*** I waited for hour after hour; **von ~ zu ~** from hour to hour, hourly; ***es wird jetzt von ~ zu ~ klarer*** it's becoming clearer by the hour; **zu dieser** ~ (*geh*) at the present time; **zu jeder ~, jede** ~ [at] any time; ***die Nachricht kann zu jeder ~ eintreffen*** the news may arrive at any time; ***die Polizei kann jede ~ hier sein!*** the police may be here [at] any moment!; **zu jeder ~ bereit sein** to be ready at a moment's notice; **jede** [*o* **alle**] [**halbe**] ~ every [half an] hour; ***um diese Zeit verkehrt die S-Bahn nur noch alle halbe[n] ~[n]*** at this time of day/night there's only one [S-Bahn] train every half an hour ❷ *kein pl* (*festgesetzter Zeitpunkt*) time, hour *form*; **jds ~ ist gekommen** sb's hour [*or* time] has come; **bis zur ~** up to the present moment, as yet ❸ (*Unterrichts~*) lesson, period; **~n geben** to teach; **~n nehmen** to

S

have [*or* take] lessons ④ *meist pl* (*Zeitraum von kurzer Dauer*) times *pl;* **sich nur an die angenehmen ~n erinnern** to remember only the pleasant times ▶ WENDUNGEN: **die ~ Null** zero hour, the new beginning; **die ~ X** the appointed hour; **der ersten ~** original, pioneering; **ein Mann/eine Frau der ersten ~** a prime mover; **jdm schlägt die ~** sb's time is up [*or* hour has come]; **wissen, was die ~ geschlagen hat** to know what's coming [*or* how things stand]

stunden *vt* ■**jdm etw ~** to give sb time to pay sth; ***wir sind bereit, Ihnen den Betrag bis zum 1.9./noch weitere sechs Wochen zu ~*** we are prepared to give you until Sept. 1st/another six weeks to repay the amount

Stundengeschwindigkeit *f* speed per hour; **bei einer ~ von 80 km** at a speed of 80 kph **Stundenhotel** *nt* sleazy hotel (*where rooms are rented by the hour*) **Stundenkapazität** *f* ÖKON output per hour **Stundenkilometer** *pl* kilometres [*or* AM -ers] *pl* per hour **stundenlang** I. *adj* lasting several hours *pred;* **nach ~em Warten** after hours of waiting; **~e Telefonate** hour-long phone calls, hours on the phone II. *adv* for hours **Stundenleistung** *f* TECH output per hour **Stundenlohn** *m* hourly wage [*or* rate]; **einen ~ bekommen** [*o* **erhalten**] to be paid by the hour **Stundenplan** *m* SCH timetable, schedule AM **Stundensatz** *m* hourly rate **Stundentakt** *m* ■**im ~** at hourly intervals **Stundenverpflichtung** *f* SCH obligation to teach a certain number of lessons

stundenweise I. *adv* for an hour or two [at a time] II. *adj* for a few hours *pred;* **~ Beschäftigung** part-time job; ***„~ Aushilfe im Büro gesucht"*** "part-time temp required"

Stundenzeiger *m* hour hand

Stündlein <-s, -> *nt dim von* **Stunde** 1: ■**ein ~** an hour or so, a [short] while; **jds letztes ~ hat geschlagen** (*hum fam*) sb's last hour has come

stündlich I. *adj* hourly II. *adv* hourly, every hour; **jdn ~ erwarten** to expect sb at any moment

Stundung <-, -en> *f* deferment of payment

Stundungsantrag *m,* **Stundungsgesuch** *nt* FIN request for a respite; **einen ~ stellen** to apply for a respite **Stundungsfrist** *f* JUR respite **Stundungsfrist** *f* FIN period of grace [*or* deferral] **Stundungsmöglichkeit** *f* FIN option to respite **Stundungszinsen** *pl* FIN moratorium interest, interest for delayed payment

Stunk <-s> *m kein pl* (*fam*) trouble; **es wird ~ geben** there will be trouble; **~ machen** to make [*or* cause] a stink *fam*

Stunt <-s, -s> [stant] *m* stunt

Stuntman, -woman <-s, -men> ['stantmɛn, -wumən] *m, f* stuntman *masc,* stuntwoman *fem*

Stuntshow ['stantʃo:] *f* stunt show

Stupa <-s, -s> *m* REL, ARCHIT (*buddhist. Sakralbau für Reliquien*) stupa, tope

stupend *adj* (*geh*) amazing

stupfen *vt bes* SÜDD, SCHWEIZ (*stupsen*) ■**jdn ~** to nudge sb; **jdn zur Seite ~** to push sb aside

stupid(e) [ʃtu-, st-] *adj* (*pej geh*) ① (*monoton*) mindless; ■[**jdm**] **zu ~ sein** to be too boring [*or* monotonous] [for sb] ② (*beschränkt*) mindless, moronic; ■**etwas S~es** sth mindless [*or* idiotic]

Stups <-es, -e> *m* (*fam*) nudge

stupsen *vt* (*fam*) ■**jdn ~** to nudge sb

Stupsnase *f* snub [*or* turned-up] nose

stur I. *adj* stubborn, obstinate; **eine ~e Verweigerung** an obdurate refusal II. *adv* ① (*ohne abzuweichen*) doggedly; **~ geradeaus gehen** to keep going straight on regardless; **~ nach Vorschrift arbeiten** to work strictly to [the] regulations ② (*uneinsichtig*) obstinately; **~ auf seinem Standpunkt beharren** to stick obstinately [*or* doggedly] to one's point of view; **~ weitermachen** to carry on regardless; **sich ~ stellen** (*fam*) to dig one's heels in; *s. a.* **Bock**

Sturheit <-> *f kein pl* stubbornness, obstinacy

Sturm <-[e]s, Stürme> *m* ① (*starker Wind*) storm, gale; *s. a.* **Barometer** ② FBALL forward line; **im ~ spielen** to play in attack [*or* up front] ③ (*heftiger Andrang*) ■**ein ~ auf etw** *akk* a rush for sth; **ein ~ auf Karten/Plätze/das Flugzeug** a rush for tickets/seats/the plane; **ein ~ auf die Bank** a run on the bank ④ MIL (*Angriff*) **im ~** by storm; **der ~ auf die Bastille** the storming of the Bastille ▶ WENDUNGEN: **~ und Drang** LIT Sturm und Drang, Storm and Stress; **die Menschen** [*o* **die Herzen**] **im ~ erobern** [*o* **nehmen**] to take people by storm [*or* capture people's hearts]; **gegen etw ~ laufen** to be up in arms against sth; **~ läuten** to lean on the [door]bell

Sturmabteilung <-,> *f kein pl* POL (*hist*) Storm Troops *pl,* SA **Sturmangriff** *m* MIL assault

Sturmbö *f* squall, [heavy] gust of wind

stürmen I. *vi impers haben* ■**es stürmt** a gale is blowing II. *vi* ① *haben* SPORT to attack ② *sein* (*rennen*) ■[**irgendwohin**] **~** to storm somewhere; **aus dem Haus ~** to storm out of the house III. *vt haben* ① MIL ■**etw ~** to storm sth ② (*fam: auf etw eindringen*) ■**etw ~** to storm sth; **die Bühne ~** to storm the stage

Stürmer(in) <-s, -> *m(f)* forward; FBALL striker

Sturmflut *f* storm tide **sturmgepeitscht** *adj inv* (*geh*) storm-lashed; **auf ~er See** on the storm-tossed sea

stürmisch I. *adj* ① METEO blustery; (*mit Regen*) stormy ② (*vom Sturm aufgewühlt*) rough; **~e See** rough sea ③ (*vehement*) tumultuous; **eine ~e Begrüßung** a tumultuous welcome; **~er Beifall/Jubel** tumultuous [*or* frenzied] applause/cheering; **ein ~er Mensch** an impetuous person; **nicht so ~!** take it easy! ④ (*leidenschaftlich*) passionate II. *adv* tumultuously; ***die Kinder begrüßten ihre Tante ~*** the children gave their aunt a tumultuous welcome

Sturmmöwe *f* ORN common gull **Sturmschaden** *m meist pl* storm damage *no indef art, no pl* **Sturmschritt** *m* **im ~** at the double **Sturmstärke** *f* storm force **Sturmtaucher** *m* ORN shearwater **Sturmtief** *nt* storm front, trough of low pressure **Sturm-und-Drang-Zeit** *f kein pl* LIT Sturm und Drang period, Storm and Stress period **Sturmvogel** *m* ORN fulmar **Sturmwarnung** *f* gale warning

Sturz¹ <-es, Stürze> *m* ① (*Hinfallen*) fall; ■**ein ~ aus/von etw** a fall out of/from [*or* off] sth ② (*drastisches Absinken*) [sharp] fall, drop; **ein ~ des Dollars** a slump in [*or* collapse of] the dollar; **ein beträchtlicher ~ der Preise für diesen Artikel** a considerable drop in the price of this article; **ein ~ der Temperaturen um 15° C** a drop in temperature of 15° C ③ (*erzwungener Rücktritt*) fall, removal; *Regierung, Regime* fall, overthrow, removal from power

Sturz² <-es, Stürze> *m* ① BAU lintel ② AUTO (*Achs~*) camber ③ ÖSTERR, SCHWEIZ, SÜDD (*Käseglocke*) cheese cover

Sturzbach *m* torrent

sturzbesoffen *adj* (*sl*) pissed as a newt BRIT *sl,* drunk as a skunk *fam*

stürzen I. *vi sein* ① (*plötzlich fallen*) ■[**irgendwie**] **~** to fall [somehow]; **schwer ~** to fall heavily; ***ich wäre fast gestürzt*** I nearly fell [down [*or* over]]; ■[**aus** [*o* **von**] **etw**] **~** to fall [out of [*or* from] [*or* off] sth]; **vom Dach/Tisch/Fahrrad/Pferd ~** to fall off the roof/table/bicycle/horse ② POL ■[**über etw** *akk*] **~** *Regierung* to fall [*or* collapse] [over sth]; *Mensch* to be forced to resign [over sth] ③ (*rennen*) ■[**irgendwohin** [*o* **irgendwoher**]] **~** to rush [*or* dash] [somewhere]; ***wohin ist der denn so eilig gestürzt?*** where did he rush [*or* dash] off to in such a hurry?; **ins Zimmer ~** to burst into the room II. *vt haben* ① (*werfen*) ■**jdn/sich** [**aus etw** *dat*/**vor etw** *akk*] **~** to throw [*or* hurl] sb/oneself [out of [*or* from] [*or* off]/in front of sth] ② POL (*absetzen*) ■**jdn** [*o* **etw**] **~** to bring sb [*or* sth] down; *Minister* to make resign; *Diktator* to overthrow; *Regierung* to topple; (*mit Gewalt*) to overthrow ③ KOCHK (*aus der Form kippen*) ■**etw ~** to turn sth upside down; **den Kuchen ~** to turn out the cake ④ (*kippen*) ■**etw ~** to turn sth upside down [*or* over]; ***„[bitte] nicht ~!"*** "this way [*or* side] up!" III. *vr* ① (*sich werfen*) ■**sich** [**auf jdn**] **~** to pounce [on sb]; ■**sich** *akk* [**auf etw** *akk*] **~** to fall on sth; ***die Gäste stürzten sich aufs kalte Büfett*** the guests fell on the cold buffet ② (*sich mit etw belasten*) ■**sich** *akk* [**in etw** *akk*] **~** to plunge into sth; **sich in Schulden ~** to plunge into debt; **sich in solche Unkosten ~** to go to such expense; *s. a.* **Unglück, Verderben, Vergnügen**

Sturzflug *m* LUFT nosedive; ORN steep dive; **im ~** in a nosedive/steep dive **Sturzgüter** *pl* bulk goods *npl* **Sturzgüterbefrachtung** *f* bulk loading **Sturzgütersendung** *f* bulk shipment **Sturzhelm** *m* crash helmet

Stürzpudding *m* nap pudding

Sturzsee *f* NAUT breaker, breaking [*or* heavy] sea **Sturzwelle** *f* breaker

Stuss[RR] <-es> *m kein pl,* **Stuß** <-sses> *m kein pl* (*fam*) rubbish *fam,* twaddle *fam,* garbage AM, codswallop BRIT *sl*

Stute <-, -n> *f* mare

Stuttgart <-s> *nt* Stuttgart

Stützbandage *f* support bandage

Stütze <-, -n> *f* ① (*Stützpfeiler*) support [pillar], strut, prop ② (*Halt*) support, prop ③ (*Unterstützung*) support; ***sie war ihm nach dem Tod seiner Eltern eine große ~*** she was a great support [to him] following the death of his parents ④ (*sl: finanzielle Hilfe vom Staat*) dole BRIT *fam,* welfare *esp* AM; **von der ~ leben** to live on the dole [*or* on welfare]

stutzen¹ *vi* to hesitate [*or* pause], to stop short

stutzen² *vt* ① HORT ■**etw ~** to prune [*or* trim] sth ② ZOOL ■[**einem Tier**] **etw ~** to clip [an animal's] sth, **die Ohren ~,** to clip the ears; **gestutzte Flügel** clipped wings; **einem Hund den Schwanz ~** to dock a dog's tail ③ (*kürzen*) ■**jdm/sich** [**etw**] **~** to trim sb's/one's sth; **sich den Bart vom Friseur ~ lassen** to get the hairdresser [*or* AM barber] to trim one's beard

Stutzen <-s, -> *m* ① (*Gewehr*) carbine ② (*Rohrstück*) short piece of connecting pipe; *Zapfsäule* nozzle ③ SPORT stirrup sock

stützen I. *vt* ① (*Halt geben*) ■**jdn/etw ~** to support sb/sth ② BAU ■**etw ~** to support sth, to prop sth up ③ (*aufstützen*) ■**etw** [**auf etw** *akk*] **~** to rest sth [on sth]; **die Ellbogen auf den Tisch ~** to rest [*or* prop] one's elbows on the table; **das Kinn in die Hand ~** to cup one's chin in one's hand; **den Kopf auf die Hände ~** to hold one's head in one's hands; **den Kopf auf die Hände gestützt** head in hands ④ (*gründen*) ■**etw** [**auf etw** *akk*] **~** to base sth [on sth] ⑤ (*untermauern*) ■**etw ~** to back sth up; **die Theorie/Beweise ~** to support the theory/evidence ⑥ (*verstärken*) ■**etw ~** to increase sth; **jds Motivation/Vertrauen ~** to increase sb's motivation/reinforce sb's trust ⑦ FIN ■**etw ~** to support sth; **den Dollar ~** BÖRSE to back the dollar II. *vr* ① (*sich aufstützen*) ■**sich** [**auf jdn/etw**] **~** to lean [*or* support] oneself [on sb/sth] ② (*basieren*) ■**sich** *akk* [**auf etw** *akk*] **~** to be based on sth; **sich auf Tatsachen/Indizien ~** to be based on facts/circumstantial evidence

Stützgewebe *nt* supporting tissue

stutzig *adj* **jdn ~ machen** to make sb suspicious; **~ werden** to get suspicious, to begin to wonder

Stützkurs *m* special course for weaker pupils **Stützlast** *f* AUTO tongue load **Stützmauer** *f* retaining [*or* supporting] wall **Stützpfeiler** *m* supporting pillar; (*eines Staudamms*) buttress; (*einer Brücke*) pier **Stützpunkt** *m* ① MIL base ② ÖKON [service] centre [*or* AM -er], dealer **Stützstrumpf** *m* surgical [*or* support] stocking

Stützung <-, -en> *f* support; **~ der konjunkturellen Kräfte** ÖKON underpinning economic forces

Stützungskäufe *pl* ① BÖRSE backing ② FIN support buying **Stützungspreis** *m* support price

Stützverband *m* support bandage

stv. *adj Abk von* **stellvertretend** deputy *attr;* (*vorübergehend*) acting *attr*

StVO [ɛste:fau'ʔo:] *Abk von* **Straßenverkehrsordnung**

stylen ['stailən] *vt* ■**etw ~** to design sth; *Haar* to style

Styling <-s> ['staılıŋ] *nt kein pl* styling
Styropor® <-s> *nt kein pl* polystyrene
s.u. *Abk von* **siehe unten** see below
Suaheli *nt dekl wie adj* Swahili; *s. a.* **Deutsch**
subaltern *adj* (*pej geh*) ❶ (*untergeordnet*) subordinate ❷ (*devot*) obsequious
Subcomputer [sʌb-] *m* subcomputer
Subdominante *f* MUS subdominant; (*Dreiklang*) subdominant chord
Subduktion <-, -en> *f* subduction
Subduktionszone *f* GEOL subduction zone
Subjekt <-[e]s, -e> *nt* ❶ LING subject ❷ (*pej: übler Mensch*) creature; **ein übles** ~ a nasty character [*or* customer] *fam*
subjektiv *adj* subjective
Subjektivität <-> [-vi-] *f kein pl* (*geh*) subjectivity *no pl*
Subjektsteuern *pl* FIN personal taxes
Subkontinent *m* subcontinent; **der indische** ~ the Indian subcontinent
Subkultur *f* subculture
subkutan *adj* MED subcutaneous
Sublimation <-, -en> *f* CHEM sublimation
Sublimierung <-, -en> *f* PSYCH sublimation
Submissionsabsprache *f* HANDEL collusive tendering **Submissionskartell** *nt* ÖKON bidding cartel
Subnetz *nt* sub-network
subsidiär *adj* JUR, POL (*geh*) subsidiary
Subsidiarität <-, -en> *f* JUR, POL subsidiarity
Subsidiaritätsprinzip *nt* JUR subsidiarity principle
Subskribent(in) <-en, -en> *m(f)* subscriber
subskribieren* *vt* ■**etw** ~ to subscribe to sth
Subskription <-, -en> *f* subscription; **bei** ~ **der Enzyklopädie** by subscribing to the encyclopaedia [*or* AM encyclopedia]
Subskriptionspreis *m* subscription price
substantiell *adj inv s.* **substanziell**
substantiiert *adj* JUR substantiated; **~es Bestreiten** substantiated denial
Substantiv <-s, -e *o selten* -a> *nt* noun, substantive *rare*
Substanz <-, -en> *f* ❶ (*Material*) substance ❷ *kein pl* (*geh: Essenz*) essence; **[jdm] an die ~ gehen** (*fam*) to take it out of sb ❸ FIN capital; **von der ~ leben** to live on [*or* off] one's capital [*or* assets]
Substanz-Ertragssteuer *f* FIN property yield tax
substanziell^RR *adj inv* ❶ PHILOS (*stofflich*) material ❷ (*geh: wesentlich*) essential ❸ (*nahrhaft*) substantial, solid
substanzlos *adj* insubstantial
substanzreich *adj* solid
Substanzverlust *m* FIN real-asset loss **Substanzverschleiß** *m* FIN real-asset loss **Substanzwert** *m* ÖKON net asset value, real asset **Substanzwertzusatz** *m* ÖKON real asset growth
Substitution <-, -en> *f* substitution
Substitutionswettbewerb *m* ÖKON substitute competition
substiuieren *vt* (*geh*) ■**etw [durch etw]** ~ to substitute sth for sth, to replace sth with sth; ***er substituierte das Buch durch eine Zeitschrift*** he substituted a magazine for the book, he replaced the book with a magazine
Substrat <-[e]s, -e> *nt* substratum
Subsumtion *f* JUR subsumption
Subsumtionsirrtum *m* JUR error of subsumption
Subsystem *nt* TECH subsystem
subtil *adj* (*geh*) subtle
Subtilität <-,-en> *f* subtlety
Subtrahend <-en, -en> *m* MATH subtrahend
subtrahieren* I. *vt* ■**etw [von etw]** ~ to subtract sth [from sth] II. *vi* to subtract
Subtraktion <-, -en> *f* subtraction
Subtraktionszeichen *nt* subtraction sign
Subtropen *pl* ■**die** ~ the subtropics *pl*
subtropisch *adj* subtropical
Subunternehmen *nt* HANDEL subcontractor; **einen Vertrag mit einem ~ abschließen** to subcontract sth to a firm

Subunternehmer(in) *m(f)* HANDEL subcontractor; **einen ~ verpflichten** to bind a subcontractor
Subunternehmervertrag *m* HANDEL subcontract
Subvention <-, -en> [-vɛn-] *f* subsidy
subventionieren* [-vɛn-] *vt* ■**etw** ~ to subsidize sth
Subventionierung <-, -en> *f* ÖKON subsidization
Subventionsbetrug *m* JUR fraudulent acquisition of subsidies **Subventionskontrolle** *f* FIN subsidy controls *pl* **Subventionspolitik** *f* subsidy policy, policy of granting subsidies **Subventionsrecht** *nt* JUR law on subsidies **Subventionsverbot** *nt* JUR prohibition of subsidies
subversiv [-vɛr-] I. *adj* (*geh*) subversive II. *adv* (*geh*) subversively; **sich ~ betätigen** to engage in subversive activities
Subwoofer <-s, -> *m* MUS, TECH subwoofer
Succanat *m* raw cane sugar
Suchaktion *f* organized search **Suchbegriff** *m* target word; INFORM search key [*or* word] **Suchbereich** *m* INFORM seek area **Suchdienst** *m* missing persons tracing service
Suche <-, -en> *f* search (**nach** +*dat* for); **trotz intensiver ~** despite an intensive search; **auf die ~ [nach jdm/etw] gehen, sich auf die ~ [nach jdm/etw] machen** to go in search [of sb/sth], to start looking [for sb/sth]; **auf der ~ [nach jdm/etw] sein** to be looking [for sb/sth]; **rückwärtsgerichtete ~** INFORM retrospective search
suchen I. *vt* ❶ (*zu finden versuchen*) ■**jdn/etw** ~ to look for sb/sth; (*intensiver, a.* INFORM) to search for sb/sth; ■**sich jdn/etw** ~ to look for sb/sth; **irgendwo nichts zu ~ haben** to have no business to be somewhere; ***du hast hier nichts zu ~!*** you have no right [*or* business] to be here! ❷ (*nach etw trachten*) ■**etw** ~ to seek sth; **den Nervenkitzel** ~ to be looking for thrills ▶ WENDUNGEN: **etw sucht ihresgleichen/seinesgleichen** (*geh*) sth is unparalleled [*or* unequalled] [*or* AM unequaled] II. *vi* ■**[nach jdm/etw]** ~ to search [*or* be looking] [for sb/sth]; ***such!*** seek!, find!
Sucher <-s, -> *m* viewfinder
Suchfunktion *f* INFORM search function **Suchgerät** *nt* locating equipment **Suchlauf** *m* INFORM search process; RADIO, TV search **Suchmannschaft** *f* search party **Suchmaschine** *f* INET search engine **Suchmethode** *f* INFORM search method **Suchprofil** *nt* INFORM search profile **Suchscheinwerfer** *m* searchlight
Sucht <-, Süchte> *f* ❶ (*krankhafte Abhängigkeit*) addiction; **~ erzeugend** addictive ❷ (*unwiderstehliches Verlangen*) obsession; ■**die/jds ~ nach etw** [*o* **jds**] the/sb's craving for sth; **eine ~ nach Süßem** a craving for sweet things; ■**eine/jds ~, etw zu tun** an/sb's obsession with doing sth; ***im Lotto zu spielen kann manchmal eine ~ sein*** playing the lottery can sometimes be obsessive [*or* an obsession]
Suchtbeauftragte(r) *f(m) dekl wie adj* addiction counsellor [*or* AM counselor] **Suchtberater(in)** *m(f)* addiction counsellor **suchterzeugend** *adj inv s.* **Sucht 1** **Suchtforscher(in)** *m(f)* researcher on addiction **Suchtgefahr** *f* danger of addiction
süchtig *adj* ❶ MED (*abhängig*) addicted *pred;* **~e Menschen** addicts; ■**~ sein/werden** to be/become [*or* get] addicted; ***von einer Marihuanazigarette wird man nicht ~*** one joint won't make you an addict; **~ machen** to be addictive ❷ (*begierig*) ■**[nach etw] ~ sein** to be hooked [on sth]; **~ nach Anerkennung sein** to be desperate for acceptance [*or* recognition]
Süchtige(r) *f(m) dekl wie adj* addict
Süchtigkeit <-> *f kein pl* addiction
Suchtkranke(r) <-n, -n> *f(m) dekl wie adj* addict **Suchtpotenzial**^RR *nt* MED, PSYCH potential addiction
Sud <-[e]s, -e> *m* ❶ KOCHK stock ❷ PHARM decoction
Süd <-[e]s, -e> *m* ❶ *kein pl, kein art bes* NAUT south; *s. a.* **Nord 1** ❷ *pl selten* NAUT (*Südwind*) south wind

Südafrika *nt* South Africa **Südafrikaner(in)** *m(f)* South African **südafrikanisch** *adj* South African **Südamerika** *nt* South America **Südamerikaner(in)** *m(f)* South American **südamerikanisch** *adj* South American
Sudan <-> *m* [the] Sudan
Sudaner <-s, -> *m*, **Sudanese, -sin** <-n, -n> *m, f* Sudanese
sudanesisch *adj* Sudanese
Südasien <-s> *nt* Southern Asia, the South of Asia
Südchinesisches Meer *nt* South China Sea
süddeutsch *adj* South German
Süddeutsche(r) *f(m) decl wie adj* South German
Süddeutschland *nt* South[ern] Germany
Sudelei <-, -en> *f* (*fam o pej*) ❶ (*Schmiererei*) making a mess; *beim Schreiben* scrawl[ing]; *beim Malen* daubing ❷ (*Schlamperei*) botch[-up]
sudeln *vi* ❶ (*mit Matsch usw. schmieren*) ■**[mit etw]** ~ to make a mess, to mess about with sth; **mit Farbe** ~ to daub with paint ❷ (*nachlässig schreiben*) ■**[irgendwohin]** ~ to scribble [somewhere]
Süden <-s> *m kein pl, kein indef art* ❶ (*Himmelsrichtung*) south; *s. a.* **Norden 1** ❷ (*südliche Gegend*) south; **gen ~ ziehen** to fly [*or* migrate] south; *s. a.* **Norden 2**
Südengland *nt* Southern England, the South of England
Sudeten *pl* ■**die** ~ the Sudeten Mountains [*or* Highlands] *npl*
Sudetendeutsche(r) *f(m)* German from the Sudetenland **Sudetenland** *nt kein pl* ■**das** ~ the Sudetenland
Südeuropa <-s> *nt* Southern Europe **Südfrankreich** *nt* Southern France, the South of France **Südfrucht** *f meist pl* [sub]tropical fruit **Südhalbkugel** *f* southern hemisphere **Südhang** *m* southern slope **Süditalien** *nt* Southern Italy, the South of Italy **Südjemen** *nt* South Yemen **Südkorea** *nt*, **(Süd-)Korea** *nt* (*fam*) South Korea; *s. a.* **Deutschland** **Südkoreaner(in)** *m(f)* South Korean; *s. a.* **Deutsche(r)** **südkoreanisch** *adj* South Korean; *s. a.* **deutsch 1, 2** **Südküste** *f* south[ern] coast **Südlage** *f* southern aspect; **Grundstücke in ~** plots with a southern aspect
Südländer(in) <-s, -> *m(f)* Southern European; ***sie bevorzugt ~*** she prefers Mediterranean types; ■**~ sein** ***mein Mann ist ~*** my husband comes from Southern Europe **südländisch** *adj* Southern European; **ein ~es Temperament** a Latin temperament
südl. Br. *Abk von* **südliche Breite** S.lat.
südlich I. *adj* ❶ (*in ~er Himmelsrichtung befindlich*) southern; *s. a.* **nördlich I 1** ❷ (*im Süden liegend*) southern; *s. a.* **nördlich I 2** ❸ (*von/nach Süden*) southwards, southerly; *s. a.* **nördlich I 3** ❹ (*für den Süden charakteristisch*) southern II. *adv* ■**~ von etw** [to the] south of sth III. *präp* +*gen* [to the] south of sth
Südlicht *nt* (*Polarlicht*) southern lights *pl*, aurora australis *sing* **Südostasien** *nt* Southeast Asia **Südostasienpakt** *m* Southeast Asia Treaty Organization, SEATO **Südosten** *m kein pl, kein indef art* ❶ (*Himmelsrichtung*) southeast; *s. a.* **Norden 1** ❷ (*südöstliche Gegend*) Southeast; *s. a.* **Norden 2** **Südosteuropa** *nt* Southeast[ern] Europe **südöstlich** I. *adj* ❶ (*im Südosten gelegen*) southeastern; *s. a.* **nördlich 2** ❷ (*von/nach Südosten*) southeastwards, southeasterly; *s. a.* **nördlich 3** II. *adv* ■**~ [von etw]** [to the] southeast [of sth] III. *präp*+*gen* [to the] southeast of sth; *s. a.* **nördlich III** **Südpol** *m* ■**der** ~ the South Pole **Südsee** *f kein pl* ■**die** ~ the South Seas *pl*, the South Pacific **Südseite** *f* south[ern] side **Südstaaten** *pl* (*in den USA*) ■**die** ~ Southern States **Südstaatler(in)** <-s, -> *m(f)* AM Southerner **Südtirol** *nt* South Tyrol; *s. a.* **Deutschland** **Südtiroler(in)** *m(f)* South Tyrolean; *s. a.* **Deutsche(r)** **Südvietnam** *nt* South Vietnam; *s. a.* **Deutschland** **Südvietnamese, -in** *m, f* South Vietnamese; *s. a.* **Deutsche(r)** **südvietnamesisch** *adv* South Vietnamese; *s. a.* **deutsch 1, 2**
südwärts *adv* southwards; **~ blicken/fahren** to

S

look/drive south; **der Wind dreht** ~ the wind is moving round to the south

Südwein *m* southern wine

Südwesten *m kein pl, kein indef art* ① (*Himmelsrichtung*) southwest; ■ **nach** [*o geh* **gen**] ~ to[wards] the southwest, southwestwards; *s. a.* **Norden 1** ② (*südwestliche Gegend*) Southwest; *s. a.* **Norden 2**

Südwester <-s, -> *m* sou'wester BRIT

südwestlich I. *adj* ① (*in ~er Himmelsrichtung befindlich*) southwestern ② (*im Südwesten liegend*) southwestern; *s. a.* **nördlich 2** ③ (*von/nach Südwesten*) southwestwards, southwesterly; *s. a.* **nördlich 3 II.** *adv* [to the] southwest; ■ ~ **von etw** [to the] southwest of sth **III.** *präp +gen* ■ ~ **einer S.** southwest of sth; *s. a.* **nördlich III**

Südwestrundfunk *m* RADIO *radio broadcasting corporation in South-West Germany*

Südwind *m* south wind

Sueskanal *m* ■ **der** ~ the Suez Canal

Suff <-[e]s> *m kein pl* (*fam*) boozing *fam no pl, no indef art;* **dem** ~ **verfallen** to hit the bottle; **zum** ~ **finden** to hit the bottle *fam;* **im** ~ while under the influence; ***das kann ich nur im ~ gesagt haben*** I can only have said that when I was under the influence [*or fam* plastered]

süffeln *vt* (*fam*) ■ **etw** ~ to sip on sth

süffig *adj* very drinkable; **~er sein als ...** to be easier to drink than ...; ***zu gegrilltem Fleisch eignen sich ~e Weine besser*** light wines are a better accompaniment to grilled meat

süffisant *adj* (*geh*) smug

Suffix <-es, -e> *nt* ① (*Nachsilbe*) suffix ② INFORM (*Dateikennung*) file extension

Suffixschreibweise *f* INFORM suffix notation

Suffragette <-, -n> [zʊfraˈgɛtə] *f* suffragette

Sufi <-[s], -s> *m* (*islamischer Mystiker*) Sufi

Sufi-Orden *m* Sufic order

Sufismus <-> *m kein pl* (*Mystik des Islams*) Sufism

suggerieren* *vt* (*geh*) ■ **[jdm] etw** ~ to suggest sth [to sb], to put sth into sb's mind

Suggestion <-, -en> *f kein pl* (*geh*) suggestion

suggestiv *adj* (*geh*) suggestive

Suggestivfrage *f* (*geh*) leading question

Suhle <-, -n> *f* wallow

suhlen *vr* ① (*geh: sich ergehen*) ■ **sich** *akk* **[in etw** *dat*] ~ to revel [*or* wallow] [in sth] ② ZOOL (*sich wälzen*) ■ **sich** *akk* **[in etw** *dat*] ~ to wallow [in sth]

Sühne <-, -n> *f* (*geh*) atonement *form,* expiation *form*

sühnen *vt* (*geh*) ■ **etw [durch** [*o* **mit**] **etw]** ~ to atone for sth [with sth] *form*

Sühneversuch *m* JUR attempt at reconciliation

Suite <-, -n> [ˈsviːtə, zuˈiːtə] *f* ① (*Zimmerflucht*) suite ② MUS suite

Suizid <-[e]s, -e> *m* (*geh*) suicide

Suizidgefahr *f kein pl* PSYCH suicidal tendency

Sujet <-s, -s> [zyˈʒeː] *nt* (*geh*) subject

Sukkoth *pl* REL (*Laubhüttenfest*) Sukkoth, Succoth, Feast of Tabernacles

sukkulent *adj* BOT succulent

Sukkulent <-en, -en> *m* BOT succulent [plant]

Sukzessionsprinzip *nt* JUR succession principle

sukzessiv *adj inv* (*geh*) gradual

Sukzessivlieferung *f* HANDEL multiple delivery **Sukzessivlieferungsvertrag** *m* HANDEL multi-delivery contract, continuing sales contract

Sulfat <-[e]s, -e> *nt* sulphate BRIT, sulfate AM

Sulfid <-[e]s, -e> *nt* sulphide BRIT, sulfide AM

Sulfit <-s, -e> *nt* sulphite BRIT, sulfite AM

Sulfonamid <-[e]s, -e> *nt* PHARM sulphanomide BRIT, sulfanomide AM

Sultan, Sultanin <-s, -e> *m, f* sultan, sultana

Sultanat <-[e]s, -e> *nt* sultanate

Sultanin <-, -nen> *f fem form von* **Sultan**

Sultanine <-, -n> *f* sultana

Sülze <-, -n> *f* ① (*Fleisch*) brawn; (*Fisch*) diced fish in aspic ② (*Aspik*) aspic

sülzen I. *vi* (*fam*) ■ **[über etw** *akk*] ~ to rabbit [*or* AM ramble] on [about sth] *fam* **II.** *vt* (*fam*) ■ **etw** ~ to spout sth *fam;* **den absoluten Blödsinn** ~ to spout absolute nonsense; ***was sülzt der da?*** what's he blethering [*or* spouting] on about?

summa cum laude *adv* SCH summa cum laude (*with the utmost distinction*)

Summand <-en, -en> *m* MATH summand

summarisch I. *adj* summary; **eine ~e Zusammenfassung** a brief summary **II.** *adv* summarily; **etw ~ darstellen** [*o* **zusammenfassen**] to summarize sth

summa summarum *adv* altogether, in all

Sümmchen <-s> *nt dim von* **Summe 2: ein hübsches** [*o* **nettes**] ~ (*hum fam*) a tidy little sum *fam*

Summe <-, -n> *f* ① (*Additionsergebnis*) sum, total ② (*Betrag*) sum, amount; ~ **der Einnahmen** total receipts *pl;* **ausstehende/geschuldete** ~ sum receivable/sum payable ③ (*geh: Gesamtheit*) sum total

summen I. *vi* ① MUS to hum ② (*leise surren*) *Biene* to buzz [*or* hum]; *Motor* to hum **II.** *vi impers* ■ **es summt** there's a buzzing/hum[ming] **III.** *vt* ■ **etw** ~ to hum sth

Summenbilanz *f* FIN turnover balance **Summenformel** *f* CHEM molecular formula **Summenverwahrung** *f* JUR deposit on fungible securities

Summer <-s, -> *m* buzzer

summieren* I. *vt* ■ **etw** ~ ① (*zusammenfassen*) to summarize sth, to sum up sth *sep* ② (*addieren*) to add sth up **II.** *vr* ■ **sich** *akk* **[auf etw** *akk*] ~ to mount up [*or* amount] to sth

Sumo <-> *nt kein pl* SPORT sumo

Sumoringer(in) *m(f)* sumo [wrestler]

Sumpf <-[e]s, Sümpfe> *m* ① (*Morast*) marsh, bog; (*in den Tropen*) swamp ② (*Abgrund übler Zustände*) quagmire

Sumpfblüte *f* (*fam*) low-life **Sumpfboden** *m* marshy ground, bog **Sumpfdotterblume** *f* marsh marigold **Sumpffieber** *nt* malaria, AM swamp fever **Sumpfgebiet** *nt* marsh[land]; *in den Tropen* swamp[land] **Sumpfhuhn** *nt* (*pej*) moorhen

sumpfig *adj* marshy, boggy; (*in den Tropen*) swampy

Sumpfkuh *f* (*sl*) slob *fam or pej* **Sumpfland** *nt kein pl* marsh[land]; (*in den Tropen*) swamp[land] **Sumpfmeise** *f* ORN marsh tit **Sumpfohreule** *f* ORN short-eared owl **Sumpfotter** *m* mink **Sumpfpflanze** *f* marsh plant **Sumpfvogel** *m* marsh bird, wader

Sund <-[e]s, -e> *m* GEOG sound

Sünde <-, -n> *f* ① REL sin; **eine ~ begehen** to commit a sin, to sin ② (*Missgriff*) error of judgement, mistake; **es ist eine ~ und Schande** (*fam*) it's a crying shame; **es ist eine** ~ (*fam*) it's sinful [*or* a sin] *fam*

Sündenbock *m* (*fam*) scapegoat; **jdn zum ~ [für etw] machen** to make sb the scapegoat [for sth] **Sündenfall** *m kein pl* REL ■ **der** ~ the Fall [of Man] **Sündenregister** *nt* ■ **jds** ~ sb's list of sins [*or* catalogue [*or* AM catalog] of misdeeds]

Sünder(in) <-s, -> *m(f)* REL sinner

sündhaft *adj* ① (*exorbitant hoch*) outrageous ② REL sinful; *s. a.* **teuer**

sündig *adj* ① REL sinful; ■ ~ **werden** to sin ② (*lasterhaft*) dissolute, salacious, wanton; *s. a.* **Meile**

sündigen *vi* ① REL to sin; **in Gedanken** ~ to have sinful thoughts; **mit Worten/Taten** ~ to say/do sinful things ② (*hum fam*) to transgress *hum*

sündteuer *adj* ÖSTERR (*fam*) extremely [*or fam* wickedly] expensive

Sunna <-> *f kein pl* (*Richtschnur islam. Lebensweise*) Sunna

Sunnit(in) <-en, -en> *m(f)* (*Anhänger der orthodoxen Hauptrichtung des Islams*) Sunnite

sunnitisch *adj inv* Sunnite

Sunshinetarif[RR], **Sunshine Tarif** [ˈsʌnʃaɪn-] *m* sunshine tariff

super I. *adj inv* (*fam*) super *fam,* great *fam* **II.** *adv* (*fam*) great *fam;* ***sie kann [wirklich] ~ singen/tanzen*** she's a [really] great singer/dancer; ***dieser Wagen fährt sich ~/~ leicht*** this car is great to drive/handles really easily

Super <-s> *nt kein pl* AUTO four-star BRIT, premium AM; ~ **bleifrei** four-star [*or* premium] unleaded; ~ **verbleit** four-star [*or* premium] leaded

Super-8-Film [suːpɐˈʔaxt-] *m* super 8 film **Super-8-Kamera** *f* super-8-camera

Superauto *nt* (*fam*) great car *fam* **Superbenzin** *nt* super, AM *a.* premium **Superchip** *m* superchip **Supercomputer** *m* supercomputer **Superding** *nt* (*fam*) terrific thing *fam,* super job *fam* **Superdividende** *f* FIN superdividend, surplus dividend **supereinfach** *adj* (*fam*) dead easy [*or* simple] BRIT *fam,* super easy AM **superfein** *adj inv* super fine **supergeil** *adj* (*fam*) dead good, [dead] wicked BRIT *fam,* dead cool AM *fam* **supergünstig** *adj inv* super value **supergut** *adj* (*fam*) dead good BRIT *fam* **Superhaufen** *m* ASTRON supercluster **Superheld(in)** *m(f)* superhero

Superior, -riorin *m, f* REL [Father/Mother] Superior

Superioritätskomplex *m* superiority complex

superklug *adj* (*iron fam*) brilliant *iron,* smart-alec[k BRIT] *pej;* ***du hältst dich wohl für ~*** you think you're brilliant, don't you?

Superlativ <-[e]s, -e> *m* superlative

superleicht *adj* (*fam*) dead easy BRIT *fam,* super easy AM **Supermacht** *f* superpower **Supermann** *m* (*fam*) ① *kein pl* (*Comicfigur*) Superman *no pl* ② (*Mann*) superman **Supermarkt** *m* supermarket **Supernova** *f* ASTRON supernova **Superpreis** *m* (*fam*) terrific price *fam* **Superqualität** *f* (*fam*) brilliant quality *fam;* ***der neue Fernseher hat eine*** ~ the new TV is a real humdinger *fam* **Superrestaurant** *nt* (*fam*) super [*or* BRIT brilliant] restaurant *fam* **Superstar** *m* superstar **superstark** *adj* (*fam*) really great *fam* **Superstern** *m* supergiant [star] **Supertanker** *m* supertanker **Superweib** *nt* (*iron*) superwoman **Superwein** *m* (*fam*) top-quality [*or* excellent] wine

Suppe <-, -n> *f* ① KOCHK soup; **klare** ~ consommé ② (*fam: Nebel*) pea-souper BRIT *fam,* pea soup AM *fam* ▶ WENDUNGEN: **die ~ auslöffeln müssen** (*fam*) to have to face the music *fam;* ***jetzt musst du die ~, die du dir eingebrockt hast, schon selbst auslöffeln*** you've made your [own] bed, [and] now you must lie on it *prov;* **jdm die ~ versalzen** (*fam*) to put a spoke in sb's wheel BRIT *fam,* to screw up sb's plans AM, to queer sb's pitch BRIT *fam; s. a.* **Haar**

Suppeneinlage *f solid ingredients added to a soup* **Suppenfleisch** *nt* meat for making soup [*or* stews] **Suppengemüse** *nt* vegetables for making soup **Suppengewürz** *nt* soup seasoning (*herbs for flavouring stock*) **Suppengrün** *nt* herbs and vegetables for making soup **Suppenhuhn** *nt* boiling chicken [*or* fowl] **Suppenkelle** *f* soup ladle **Suppenküche** *f* (*veraltend*) soup kitchen ▶ WENDUNGEN: **das ist ja die reinste** ~ it's a pea-souper [*or* AM like pea-soup] out there **Suppenlöffel** *m* soup spoon **Suppennudel** *f meist pl* soup noodles *pl* **Suppenschüssel** *f* soup toureen **Suppenteller** *m* soup plate **Suppenterrine** *f* KOCHK ① (*Terrine*) soup toureen ② (*Suppen-, Eintopfgericht*) soup **Suppenwürfel** *m* stock cube

Supplementband <-bände> *m* supplement[ary volume]

Suppositorium <-s, -torien> *nt* MED (*geh*) suppository

supraleitend *adj inv* PHYS superconducting, superconductive

Supraleiter *m* PHYS superconductor

Supraleitfähigkeit *f* PHYS superconductivity **supranational** *adj inv* ÖKON supranational

Sure <-, -n> *f* REL sura

Surfbrett [ˈsœrf-] *nt* ① (*zum Windsurfen*) windsurfer ② (*zum Wellensurfen*) surfboard

Surfen <-s> [ˈsəːf.n,.] *nt kein pl* surfing *no pl, no indef art*

surfen [ˈsœrfn] *vi* ① (*windsurfen*) to windsurf ② (*wellensurfen*) to surf ③ (*in Datennetzen*) to surf; **im Internet** ~ to surf [*or* browse] the Internet

Surfer(in) <-s, -> [ˈsœrfɐ] *m(f)* ① (*Windsurfer*) windsurfer ② (*Wellensurfer*) surfer ③ INET internet

surfer
Surfing <-s> ['sœrfɪŋ] *nt kein pl* ① (*Windsurfen*) windsurfing ② (*Wellensurfen*) surfing
Suriname <-s> *nt* Surinam[e]; *s. a.* **Deutschland**
Surinamer(in) <-s, -> *m(f)* Surinamese, Surinamer; *s. a.* **Deutsche(r)**
surinamisch *adj* Surinamese; *s. a.* **deutsch**
Surplus <-, -> ['sɜːpləs] *nt* ÖKON surplus
Surplusprodukt *nt* ÖKON surplus product **Surplusprofit** *m* HANDEL surplus [profit]
surreal *adj* surreal
Surrealismus <-> [zʊrea'lɪsmʊs, zyr-] *m kein pl* ■ **der** ~ surrealism
surrealistisch [zʊrea'lɪstɪʃ, zyr-] *adj* **ein ~er Autor/Maler** a Surrealist writer/painter; **ein ~er Film/~es Buch** a surrealistic film/book
surren *vi* ① *haben* (*leise brummen*) *Insekt* to buzz [*or* hum]; *Motor, Hochspannungsleitung* to hum; *Kamera, Ventilator* to whirr ② *sein* (*sich ~d bewegen*) ■ **[irgendwohin]** ~ to buzz/hum [somewhere]
Surrogat <-[e]s, -e> *nt* surrogate
Surrogation <-> *f kein pl* JUR surrogation, substitution
Surrogationsprinzip *nt* JUR surrogation principle **Surrogationsrecht** *nt* JUR right of substitution
Sushi <-s, -s> [suːʃi] *nt* KOCHK sushi
suspekt *adj* (*geh*) suspicious; ■ **jdm ~ sein** to look suspicious to sb
suspendieren* *vt* ① (*vorübergehend des Amtes entheben*) ■ **jdn [von etw]** ~ to suspend sb [from sth] ② (*geh: von der Pflicht zur Teilnahme befreien*) ■ **jdn [von etw]** ~ to excuse [*or* exempt] sb [from sth]
Suspendierung <-, -en> *f* suspension; ~ **von Vertragspflichten** suspension of contractual obligations
Suspendierungsklausel *f* JUR suspensory clause
Suspension <-, -en> *f* PHARM suspension
Suspensiveffekt *m,* **Suspensivwirkung** *f* JUR (*aufschiebende Wirkung*) suspensory effect
süß **I.** *adj* sweet **II.** *adv* ① (*mit Zucker zubereitet*) with sugar; ***ich esse nicht gern*** ~ I don't like [*or* I'm not fond of] sweet things; ***ich trinke meinen Kaffee nie*** ~ I never take sugar in coffee; ***sie bereitet ihre Kuchen immer viel zu ~ zu*** she always makes her cakes far [*or* much] too sweet ② (*lieblich*) sweetly; ~ **duften** to give off a sweet scent
Süße <-> *f* ① *kein pl* (*geh: süßer Geschmack*) sweetness *no pl* ② (*Süßstoff*) sweetener
Süße(r) *f(m) dekl wie adj* sweetie *fam,* poppet BRIT *fam;* **[mein] ~r/[meine]** ~ (*fam*) my sweet *fam,* sweetheart [*or fam* sweetie]
süßen **I.** *vt* ■ **etw [mit etw]** ~ to sweeten sth [with sth]; ***Joghurt und Müsli süße ich nicht noch extra*** I don't add [any] sugar to yoghurt or muesli **II.** *vi* ■ **[mit etw]** ~ to sweeten things [with sth]; ***ich bin Diabetikerin, ich darf nur mit künstlichem Süßstoff*** ~ I am a diabetic, I am only allowed to use artificial sweeteners
Süßholz *nt kein pl* liquorice [*or* AM licorice] [root] ▸ WENDUNGEN: ~ **raspeln** (*fam*) to be full of sweet talk, to be honey-tongued
Süßigkeit <-, -en> *f* ① *meist pl* (*etw Süßes zum Essen*) sweet, candy AM ② *pl rare* sweetness
Süßkartoffel *f* sweet potato, yam AM **Süßkirsche** *f* sweet cherry
süßlich *adj* ① (*unangenehm süß*) sickly sweet; **~es Parfüm** cloying perfume [*or* scent] ② (*übertrieben liebenswürdig*) terribly sweet; **~es Lächeln** sugary smile; **~e Miene** ingratiating expression [*or* BRIT smarmy]; **~er Tonfall** ingratiating [*or* BRIT wheedling] tone of voice; **~e Worte** honeyed words
Süßmost *m* unfermented fruit juice
süßsauer **I.** *adj* ① KOCHK sweet-and-sour; **Schweinefleisch** ~ sweet-and-sour pork ② (*fig*) artificially friendly; **~es Lächeln** forced smile; **ein ~es Gesicht machen** to make [*or* BRIT pull] a wry face **II.** *adv* ① KOCHK in a sweet-and-sour sauce ② (*fig*) ~ **lächeln** to smile wryly **Süßspeise** *f* sweet, dessert **Süßstoff** *m* sweetener
Süßungsmittel *nt* [natural] sweetener [*or* sweetening]
Süßwaren *pl* confectionery *no pl,* AM *a.* candy *no pl* **Süßwarengeschäft** *nt* confectionary [*or* chocolate] [*or* BRIT *fam* sweetie] shop **Süßwarenindustrie** *f kein pl* HANDEL sugar confectionery industry
Süßwasser *nt* fresh water
Süßwasserfisch *m* freshwater fish
Süßwein *m* sweet wine
SW *Abk von* **Südwesten**
Swahili *nt dekl wie adj s.* **Suaheli**
Swap[1] <-s, -s> *m o nt kurz für* Swapgeschäft swap
Swap[2] <-s, -s> *m* INFORM (*Auslagerung*) swap
Swapgeschäft <-[e]s, -e> *nt* ÖKON, BÖRSE swap [deal] **Swapsatz** *m* ÖKON, BÖRSE swap rate, forward margin
Swasi <-, -> *m fem form gleich* BRD Swazi; *s. a.* **Deutsche(r)**
Swasiland <-s> *nt* Swaziland; *s. a.* **Deutschland**
Swasiländer(in) <-s, -> *m(f)* ÖSTERR *s.* **Swasi**
swasiländisch *adj* Swazi; *s. a.* **deutsch**
Sweatshirt <-s, -s> ['svɛtʃœrt] *nt* sweatshirt
Swimmingpool, Swimming-pool <-s, -s> ['svɪmɪŋpuːl] *m* swimming pool
Swing <-[s]> [swɪŋ] *m kein pl* ÖKON swing
SWR *m* RADIO *Abk von* **Südwestrundfunk** *radio broadcasting corporation in South-West Germany*
Sydney <-s> ['sɪdnɪ] *nt* Sydney
Sylt *nt* Sylt; **auf** ~ on Sylt; **nach ~ fahren** to go [*or* travel] to Sylt; **von ~ kommen** to come from Sylt; **auf ~ leben** to live on Sylt
Symbiont <-en, -en> *m* BIOL symbiont
Symbiose <-, -n> *f* symbiosis; **eine ~ eingehen** to form a symbiotic relationship
Symbol <-s, -e> *nt* symbol
Symbolfigur *f* symbol[ic figure]
Symbolik *f* symbolism
symbolisch *adj* symbolic
symbolisieren* *vt* ■ **etw** ~ to symbolize sth
Symbolismus <-> *m kein pl* ■ **der** ~ Symbolism
Symbolleiste *f* INFORM toolbar
Symmetrie <-, -n> [-'triːən] *f* symmetry
Symmetrieachse *f* MATH axis of symmetry
symmetrisch *adj* symmetrical
Sympathie <-, -en> [-'tiːən] *f* sympathy; (*Zuneigung*) affection; **jds ~ haben** to have sb's approval [*or* support]; ***die Aktion hat meine volle*** ~ I sympathize completely with the campaign
Sympathiebekundung *f* expression of sympathy [*or* support] **Sympathiekundgebung** *f* demonstration [*or* show] of support **Sympathiestreik** *m* JUR sympathy strike
Sympathikus <-> *m kein pl* MED sympathic nervous system
Sympathisant(in) <-en, -en> *m(f)* sympathizer
Sympathisantenszene *f* sympathizers' scene [*or* circuit]
sympathisch *adj* nice, pleasant, likeable; ■ **jdm ~ sein** to appeal to sb; ***sie war mir gleich*** ~ I liked her [*or* took to her] at once, I took an immediate liking to her; ■ **[jdm] nicht ~ sein** to be not very appealing [to sb]; ***es ist mir nicht gerade*** ~ it doesn't really [*or* exactly] appeal to me
sympathisieren* *vi* ■ **mit jdm/etw** ~ to sympathize with sb/sth
Symphonie <-, -en> *f s.* **Sinfonie**
Symposium <-s, Symposien> *nt* symposium
Symptom <-s, -e> *nt* symptom; **ein ~ für etw** a symptom of sth
symptomatisch *adj* (*geh*) symptomatic; ■ ~ **für etw sein** to be symptomatic of sth
Synagoge <-, -n> *f* synagogue
Synapse <-, -n> *f* BIOL (*Verknüpfung zweier Nervenzellen*) synapse
synchron [zyn'kroːn] **I.** *adj* ① (*geh: gleichzeitig*) synchronous, simultaneous ② LING *s.* **synchronisch** **II.** *adv* ① (*geh*) synchronously, simultaneously ② LING *s.* **synchronisch**
Synchroneinrichtung *f* AUTO synchronizer
Synchronisation <-, -en> *f* ① FILM, TV dubbing ② (*Abstimmung*) synchronization
synchronisieren* *vt* ① FILM, TV ■ **etw** ~ to dub sth ② (*geh: zeitlich abstimmen*) ■ **etw** ~ to synchronize sth
Synchronisierung <-, -en> *f* ① FILM dubbing ② TECH (*Gleichlauf*) synchronization ③ (*geh: zeitliches Abstimmen*) synchronization ④ AUTO synchronizer
Synchrotron <-s, Synchrotrone> *nt* NUKL synchrotron
Synchrotronstrahlung *f* PHYS synchrotron radiation
Syndetseife *f* syndet (*synthetic detergent*)
Syndikalismus <-> *m kein pl* ÖKON syndicalism
Syndikat <-[e]s, -e> *nt* syndicate
Syndikus <-, -se *o* -izi> *m* JUR (*ständiger Rechtsbeistand*) legal adviser, company secretary BRIT, corporation lawyer AM
Syndikusanwalt, -anwältin *m, f* JUR permanently employed legal adviser
Syndrom <-s, -e> *nt* MED, SOZIOL syndrome
Synergie <-, -n> [-'giːən] *f* synergy
Synergieeffekt *m* synergetic effect
Synode <-, -n> *f* REL synod
synonym *adj inv* synonym
Synonym <-s, -e> *nt* synonym
Synonymwörterbuch *nt* dictionary of synonyms, thesaurus; *pl* thesauruses [*or form* thesauri]
syntagmatisch *adj inv* LING syntagmatic, syntagmic
syntaktisch *adj* syntactic
Syntax <-, -en> *f* syntax
Syntaxfehler *m* ① LING (*Grammtikfehler*) syntax error ② INFORM (*Softwarefehler*) syntax error
Synthese <-, -n> *f* synthesis
Synthesegas *nt* ÖKOL syngas
Synthesizer <-s, -> ['zyntəsaizɐ] *m* MUS synthesizer
Synthetik <-> *nt kein pl* synthetic [*or* man-made] fibre [*or* AM -er]; ***das Hemd ist aus*** ~ the shirt is made of artificial fibres
synthetisch *adj* synthetic; **eine ~e Faser** a man-made fibre
synthetisieren* *vt* CHEM ■ **etw** ~ to synthesize sth
Syphilis <-> *f kein pl* syphilis *no pl*
Syphiliserreger *m* MED syphilitic pathogen[e]
Syrer(in) <-s, -> *m(f)* Syrian; *s. a.* **Deutsche(r)**
Syrien <-s> *nt* Syria; *s. a.* **Deutschland**
syrisch *adj* Syrian, deutsch 1
System <-s, -e> *nt* system; ~ **in etw** *akk* **bringen** to bring some order into sth; **nach einem bestimmten ~ vorgehen** to proceed according to a fixed system; **mit** ~ systematically; **duales** ~ *refuse recycling system implemented in Germany;* **das kommunistische** ~ the communist system; **ein ~ beenden** INFORM to quit a system
Systemabschaltung *f* TECH system break **Systemabsturz** *m* INFORM system crash **Systemanalyse** *f* systems analysis **Systemanalytiker(in)** *m(f)* systems analyst **Systemanbieter** *m* TECH system provider
Systematik <-, -en> *f* ① (*geh: Ordnungsprinzip*) system ② *kein pl* BIOL systematology
systematisch *adj* systematic
systematisieren* *vt* (*geh*) ■ **etw** ~ to systemize sth
Systemauslastung *f* TECH, INFORM full system capacity **Systembedarf** *m* INFORM, TECH system requirement **systembedingt** *adj inv* determined by the system **Systembeschreibung** *f* INFORM, TECH system specification **Systembetreuer(in)** *m(f)* INFORM computer systems supervisor **Systembibliothek** *f* INFORM system library **Systembus** *m* INFORM system bus **Systemdatei** *f* INFORM system file **Systemeinheit** *f* INFORM system unit **Systemerweiterung** *f* INFORM system extension **Systemfehler** *m* TECH, INFORM system error **Systemfehlerbehebung** *f* TECH system diagnostics + *sing/pl vb* **Systemhaus** *nt* INFORM systems house [*or* company] **Systemkomponente** *f* system components *pl* **Systemkritiker(in)** *m(f)* critic of the system **systemkritisch** **I.** *adj inv* critical of

S

the system **II.** *adv* **sich ~ äußern** to speak critically of the system, to openly criticize the system **systemlos** <-er, -este> *adj* unsystematic **Systemmenü** *nt* INFORM system menu **Systemoptimierung** *f* INFORM, TECH system optimization **Systempflege** *f* systematic care **Systemplaner(in)** <-s, -> *m(f)* system[s] planner [*or* designer] **Systemplatine** *f* INFORM system disk **Systemprogramm** *nt* systems programme [*or* AM -am] **Systemprompt** *nt* INFORM system prompt **Systemprüfung** *f* system check **Systemregelung** *f* TECH system control **Systemsicherheit** *f* INFORM system security **Systemsoftware** *f* INFORM system[s] software **systemspezifisch** *adj* INFORM system specific **Systemstart** *m* INFORM system start **Systemtechnik** *f kein pl* systems technology **Systemzwang** *m* system-induced pressure [to conform]

Systole <-, -n> ['zystolə, zy'sto:lə] *f* MED systole

systolisch *adj inv* ANAT systolic

Szenario <-s, -s> *nt* (*a. geh*) scenario

Szenarium <-s, -ien> *nt* (*a. fig*) scenario

Szene <-, -n> *f* ❶ THEAT, FILM scene; **in ~ gehen** to be staged; ***die ~ spielt in Estland*** the scene is set in Estonia; [**etw**] **in ~ setzen** (*a. fig*) to stage sth; **sich in ~ setzen** (*fig*) to play to the gallery, to draw attention to oneself; **auf offener ~** during the performance ❷ (*fam: Krach*) scene; ***wenn er angetrunken nach Hause kommt, gibt es jedesmal eine ~*** whenever he comes home drunk there is always a scene; [**jdm**] **eine ~ machen** (*fam*) to make a scene [in front of sb] *fam;* ***bitte, mach mir nicht schon wieder eine ~*** please let's not have another scene ❸ *kein pl* (*fam: Milieu*) scene *sl;* ■**die ~** the scene *sl,* subculture *pej;* **sich in der ~ auskennen** to know one's way around the scene; **die literarische ~** the literary scene; **die ~ beherrschen** to dominate the scene; (*fig*) to keep things under control

Szene-Bar *f* (*fam*) fashionable [*or* trendy] bar [*or* pub], bar for the in-crowd **Szene-Insider** [-'ɪnsaɪdə] *m* scenester **Szene-Kid** *nt* (*fam*) [young] scenester **Szenekneipe** *f* fashionable [*or* trendy] pub [*or* bar], bar frequented by the in-crowd

szenemäßig *adj inv* in the subculture

Szenenwechsel *m* change of scene

Szene-Party <-, -s> *f* party for the in-crowd

Szenerie <-, -n> [-'ri:ən] *f* ❶ (*geh: landschaftliche Umgebung*) scenery ❷ FILM, LIT setting ❸ (*Bühnendekoration*) set

Szenevolk *nt* scenesters *pl*

szenisch *adj inv* THEAT scenic

Szientismus <-> *m kein pl* PHILOS scientism

SZR *pl Abk von* **Sonderziehungsrechte** special drawing rights, SDR

Szylla <-> ['stsyla] *f* ▶ WENDUNGEN: **zwischen ~ und Charybdis** (*geh*) between the devil and the deep blue sea *fam,* between Scylla and Charybdis *liter*

T

T, t <-, - *o fam* -s, -s> *nt* T, t; **~ wie Theodor** T for Tommy BRIT, T as in Tare; *s. a.* **A 1**

t *Abk von* **Tonne**

Tabak <-s, -e> ['ta:bak, 'tabak] *m* tobacco; **leichter/starker ~** mild/strong tobacco

Tabakanbau <-s>, **Tabakbau** *m kein pl* tobacco growing [*or* cultivation] **Tabakernte** *f* tobacco crop **Tabakhändler(in)** <-s, -> *m(f)* tobacco merchant, tobacconist **Tabakindustrie** *f,* **Tabakindustrie** *f* ÖSTERR tobacco industry **Tabakkonsum** *m* consumption of tobacco **Tabakladen** *m* tobacconist's **Tabakmosaikvirus** *nt* BIOL tobacco mosaic virus **Tabakplantage** *f* tobacco plantation **Tabaksbeutel** *m* tobacco pouch **Tabaksdose** *f* tobacco tin **Tabakspfeife** *f* pipe **Tabaksteuer** *f* duty on tobacco **Tabakwaren** *pl* tobacco products *pl* **Tabakwerbung** *f* tobacco advertising

tabellarisch **I.** *adj* tabular **II.** *adv* in tabular form

tabellarisieren* *vt* ■**etw ~** to tabulate sth

Tabellarisierung <-, -en> *f* (*fachspr*) tabulation

Tabelle <-, -n> *f* table; FBALL *a.* league [table]

Tabellenform *f* **in ~** in the form of a table [*or* chart] **Tabellenführer(in)** *m(f)* SPORT league leaders *pl,* top of the league; **~ sein** to be at the top of the league **Tabellenführung** *f* SPORT top of the [league/championship] table; ***Werder Bremen hat die ~ übernommen*** Werder Bremen has taken over at [*or* gone to the] the top of the table **Tabellenkalkulation** *f* INFORM spreadsheet **Tabellenkalkulationsprogramm** *nt* INFORM spreadsheet program **Tabellenplatz** *m* SPORT league position, position in the league **Tabellensatz** *m* TYPO tabbing, tabular composition [*or* matter] **Tabellenspitze** *f* top of the league **Tabellenstand** <-[e]s> *m kein pl* SPORT [sport]league-position

Tabernakel <-s, -> *nt o m* tabernacle

Tablar <-s, -e> *nt* SCHWEIZ (*Schrank-, Regalbrett*) shelf

Tablett <-[e]s, -s *o* -e> *nt* tray ▶ WENDUNGEN: [**jdm**] **etw auf einem silbernen ~ servieren** to hand [sb] sth on a plate [*or* platter]

Tablette <-, -n> *f* pill, tablet

Tablettenmissbrauch[RR] *m kein pl* pill abuse **Tablettensucht** *f kein pl* addiction to pills **tablettensüchtig** *adj* addicted to pills **Tablettensüchtige(r)** *f(m) decl wie adj* person addicted to pills

tablieren *vt* KOCHK **Zucker ~** to tablet sugar

Tabtaste *f s.* **Tabulatortaste**

tabu *adj inv* taboo; ■[**für jdn**] **~ sein** to be taboo [for sb]

Tabu <-s, -s> *nt* (*geh*) taboo [subject]; [**für jdn**] **ein ~ sein** to be a taboo subject [for sb]

tabuisieren* [tabui'zi:rən] *vt* ■**etw ~** to make sth a taboo subject

Tabula rasa[RR] *f kein pl,* **tabula rasa** *f kein pl* ▶ WENDUNGEN: **~ ~ machen** (*fam*) to make a clean sweep of sth

Tabulator <-s, -toren> *m* tabulator, tab *fam*

Tabulatortaste *f* INFORM tab key

Tach(e)les ▶ WENDUNGEN: [**mit jdm**] **~ reden** (*fam*) to do some straight talking [to sb] *fam*

Tacho <-s, -s> *m* (*fam*) *kurz für* **Tachometer** speedometer

Tachometer *m o nt* speedometer

Tachometerstand *m* speedometer-reading

Tachowelle *f* AUTO speedometer cable

Tadel <-s, -> *m* ❶ (*Verweis*) reprimand; **jdm einen ~ wegen einer S.** *gen* **erteilen** to reproach sb for sth ❷ (*Makel*) **ohne ~** impeccable, faultless; **Ritter ohne Furcht und ~** a most perfect gentle knight

tadellos **I.** *adj* (*einwandfrei*) perfect **II.** *adv* perfectly

tadeln *vt* ❶ (*zurechtweisen*) ■**jdn** [**für etw** *akk* [*o* **wegen einer S.** *gen*]] **~** to reprimand [*or* rebuke] sb [for sth], to scold sb [*or esp childspeak* tell sb off] [for sth]; **jdn scharf ~** to sharply rebuke sb ❷ (*missbilligen*) ■**etw ~** to express one's disapproval; ■**~d** reproachful; **~de Bemerkungen** reproachful remarks

tadelnd *adj inv Blick, Worte* reproachful

tadelnswert *adj inv Verhalten* reprehensible

Tadschike, Tadschikin <-n, -n> *m, f* Tajik; *s. a.* **Deutsche(r)**

tadschikisch *adj* Tajik[istani]; *s. a.* **deutsch**

Tadschikistan <-s> *nt* Tajikistan, Tadzhikistan; *s. a.* **Deutschland**

Tafel <-, -n> *f* ❶ (*Platte*) board; **eine ~ Schokolade** a bar of chocolate; **Anzeige~** board; **Gedenk~** plaque; **Schul~** [black]board; **Schreib~** slate ❷ ELEK panel; **Schalt~** control panel [*or* console] ❸ MEDIA (*Bild~*) plate ❹ (*geh: festlicher Esstisch*) table; [**jdn**] **zur ~ bitten** to ask [sb] to the table ❺ *kein pl* (*geh: feine Küche*) cuisine

Tafelberg *m kein pl* GEOL table mountain **Tafelbesteck** *nt* cutlery; (*wertvolles Besteck*) [best] silver **Tafelente** *f* ORN common pochard **tafelfertig** *adj inv, pred* KOCHK ready to serve **Tafelgeschäft** *nt* over-the-counter transaction **Tafelgeschirr** *nt* tableware **Tafelhonig** *m* processed honey **Tafelleuchter** *m* candelabra

tafeln *vi* (*geh*) to feast *form*

täfeln *vt* ■**etw ~** to panel sth; ■**getäfelt** panelled [*or* AM paneled]

Tafelobst *nt kein pl* dessert fruit **Tafelrunde** *f* (*geh*) company at a table **Tafelsilber** *nt* silver **Tafelspitz** *m* KOCHK boiled beef topside, prime boiled beef

Täfelung <-, -en> *f* panelling [*or* paneling] AM

Tafelwasser *nt* (*geh*) table water, mineral water *fam* **Tafelwein** *m* (*geh*) table wine

Taft <-[e]s, -e> *m* taffeta

Taftkleid *nt* taffeta dress

Tag[1] <-[e]s, -e> *m* ❶ (*Abschnitt von 24 Stunden*) day; **das Neueste vom ~e** the latest [news]; ***weißt du schon das Neueste vom ~e? Hans und Inge wollen doch endlich heiraten*** have you heard the latest? Hans and Inge are finally going to get married; **ein freier ~** a day off; **sich** *dat* **einen faulen** [*o* **schönen**] **~ machen** to take things easy for the day; **den ganzen ~** [**lang**] all day long, the whole day; [**s**]**einen guten/schlechten ~ haben** to have a good/bad day; ***gestern hatte ich*** [***m***]***einen schlechten ~, da ist alles schief gegangen*** yesterday just wasn't my day — everything went wrong; ***wenn ich einen schlechten ~ habe, geht alles schief*** when I have an off day everything goes wrong; **guten ~!** good day! *form,* hello!, good afternoon/morning!; **~!** (*fam*) morning! *fam,* alright! *fam;* **nur guten ~ sagen wollen** to just want to say hallo; ***willst du nicht zum Essen bleiben? — nein, ich wollte nur schnell guten ~ sagen*** won't you stay and have something to eat? — no, I just wanted to pop in and say hallo; **den lieben langen ~** all day long, [all] the livelong day *form;* **seinen ... ~ haben** to feel ... today; ***da hast du 20 Mark, ich habe heute meinen großzügigen ~*** here's 20 marks for you, I'm feeling generous today; **das war heute wieder ein ~!** (*fam*) what a day that was!; **~ für ~** every day; ***~ für ~ erreichen uns neue Hiobsbotschaften*** every day there's more terrible news; **von einem ~ auf den anderen** overnight; ***sie mussten ihr Haus von einem ~ auf den anderen räumen*** they had to vacate their house overnight; **von ~ zu ~** from day to day, every day; ***die Wechselkurse ändern sich von ~ zu ~*** the exchange rates change from day to day; **alle ~e** (*fam*) every day; **eines** [**schönen**] **~es** one day, one of these [fine] days; ***eines*** [***schönen***] ***~es klingelte es und ihre alte Jugendliebe stand vor der Tür*** one fine day there was a ring at the door and her old flame was standing at the door; ***eines schönen ~es wirst du auf die Schnauze fallen*** you'll come a cropper one of these days! *fam;* **jeden ~** every day, at any time, any day now; ***der Vulkan kann jetzt jeden ~ ausbrechen*** the volcano could errupt at any time; ***der Brief muss jeden ~ kommen*** the letter should arrive any day now ❷ (*Datum*) day; ***lass uns also ~ und Stunde unseres Treffens festlegen*** let's fix a day and a time for our meeting; **~ der offenen Tür** open day; **der ~ X** D-day; **bis zum heutigen ~** up to the present day; **am ~**[**e**] **einer S.** *gen* on the day of sth; **auf den ~** [**genau**] [exactly] to the day; ***ich kann es Ihnen nicht auf den ~ genau sagen*** I can't tell you to the exact day; **dieser ~e** (*fam*) in the next [*or* last] few days ❸ (*Gedenk~*) ■**der ~ des/der ...** ...day; **der ~ des Kindes** Children's Day; ***der 4. Juli ist der ~ der Unabhängigkeit Amerikas*** 4th July is America's Independence Day; **der ~ der Arbeit** Labour Day; ***der 1. Mai ist traditionell der ~ der Arbeit*** 1st May is traditionally Labour Day; **der ~ des Herrn** (*geh*) the Lord's Day ❹ (*Tageslicht*) light; ***es ist noch nicht ~*** it's not light yet; ***im Sommer werden die ~e länger*** the days grow longer in summer; **am ~** during the day; ***am ~ bin ich immer im Büro*** I'm always in the office during the day; **bei ~[e]** while it's light; ***wir reisen besser bei ~e ab*** we had better leave while it's light; **[bei] ~ und Nacht** night and day; ***in den letzten Wochen habe ich ~ und Nacht geschuftet*** I've been grafting away night and day for these last few weeks; **~ sein/werden** to be/become light; ***sobald es ~ wird, fahren wir los*** we'll leave as soon as it's light; ***im Sommer wird es früher ~ als im Winter*** it gets light earlier in summer than in winter ⑤ *pl* (*fam: Menstruation*) period; **jds ~e** sb's period; **sie hat ihre ~e [bekommen]** it's that time of the month for her ⑥ *pl* (*Lebenszeit*) days; ***die ~e der Jugend*** one's salad days *old;* **auf seine/ihres alten ~e** at his/her time of life; ***auf seine alten ~e hat er noch ein Studium angefangen*** despite his advanced years he has begun some serious studies; **bis in unsere ~e [hinein]** up to the present day; **in unseren ~en** nowadays ▶ WENDUNGEN: **es ist noch nicht aller ~e Abend** it's not all over yet; **man soll den ~ nicht vor dem Abend loben** (*prov*) one shouldn't count one's chickens before they're hatched *prov;* **schon bessere ~e gesehen haben** to have seen better days; ***na, dein Auto hat auch schon bessere ~ gesehen!*** well, your car has seen better days, hasn't it?; **ewig und drei ~e** (*hum fam*) for ever and a day; **der Jüngste ~** REL the Day of Judgement; **viel reden [o erzählen], wenn der ~ lang ist** (*fam*) to tell somebody anything; **etw an den ~ bringen** to bring sth to light; **etw kommt an den ~** sth comes to light; **in den ~ hinein leben** to live from day to day; **etw an den ~ legen** *Interesse* to show interest; *Aufmerksamkeit* to pay attention, they showed great interest in the latest machines; **über/unter ~e** above/below ground

Tag² <-[s], -s> [tæg] *nt* INFORM tag

Tagalisch *nt* Tagalog; *s. a.* **Deutsch**

Tagalische <-n> *nt* **das ~** Tagalog; *s. a.* **Deutsche**

tagaus *adv* **~, tagein** day after day [*or* day in, day out]

Tagebau *m kein pl* open-cast mining; **im ~** by open-cast mining; ***Braunkohle wird im ~ gefördert*** lignite is mined by the open-cast method

Tagebauprojekt *nt* BERGB opencast mine **Tagebuch** *nt* ① (*tägliche Aufzeichnungen*) diary; **ein ~ führen** to keep a diary ② (*Terminkalender*) appointments diary **Tagedieb(in)** *m(f)* (*pej veraltet*) idler, wastrel **Tagegeld** *nt* ① (*tägliches Krankengeld*) daily invalidity pay ② (*tägliche Spesenpauschale*) daily allowance

tagein *adv s.* **tagaus**

tagelang I. *adj* lasting for days; **nach ~em Warten** after days of waiting II. *adv* for days; ***nachdem es ~ geregnet hatte, kam endlich mal wieder die Sonne heraus*** after it had rained for days the sun finally came out again **Tagelohn** *m* daily wage; **im ~ stehen/arbeiten** to be paid by the day **Tagelöhner(in)** <-s, -> *m(f)* (*veraltend*) day labourer [*or* AM -orer]

tagen¹ *vi impers* (*geh*) ***es tagt!*** day is breaking! *form*

tagen² *vi* to meet; ***in Berlin tagt zur Zeit ein Ärztekongress*** there is a medical congress currently meeting in Berlin

Tagesablauf *m* daily routine **Tagesabschluss^RR** *m* FIN daily balance **Tagesanbruch** *m* dawn, daybreak; **bei/nach/vor ~** at/after/before daybreak [*or* after] [*or* before] **Tagesausflug** *m* day trip **Tagesbefehl** *m* MIL order of the day **Tagescreme** *f* day cream **Tagesdecke** *f* bedspread **Tageseinnahmen** *pl* day's takings *npl* **Tagesfahrt** *f* day-trip **Tagesgeld** *nt* FIN overnight money **Tagesgericht** *nt* KOCHK dish of the day **Tagesgeschäft** *nt* BÖRSE day order **Tagesgeschehen** *nt* daily events *pl* **Tagesgespräch** *nt* talking point of the day **Tagesgewinn** *m* HANDEL day's profit **Tageshälfte** *f* half of the day **Tageshoch** *nt* high of the day **Tageshöchstkurs** *m* BÖRSE day's highest price **Tageshöchstsatz** *m* HANDEL day's highest rate **Tageskarte** *f* ① (*Speisekarte*) menu of the day ② (*einen Tag gültige Eintrittskarte*) day ticket **Tageskasse** *f* ① (*tagsüber geöffnete Kasse*) box-office open during the day; ***die ~ hat zwischen 10 und 13 Uhr geöffnet*** the box-office is open during the day between 10 a.m. and 1 p.m. ② (*Tageseinnahmen*) day's takings *npl* **Tageskauf** *m* BÖRSE day order **Tageskurs** *m* FIN current rate **Tageslicht** *nt kein pl* daylight *no pl;* **bei ~** by [*or* in] daylight; ***das müssen wir uns morgen mal bei ~ ansehen*** we'll have to have a look at it tomorrow in daylight; (*vor Einbruch der Dunkelheit*) before dark; ***ich muss mich beeilen, ich will noch bei ~ zu Hause sein*** I must hurry, I want to be home before dark ▶ WENDUNGEN: **etw ans ~ bringen** to bring sth to light; **etw kommt ans ~** sth comes to light; **das ~ scheuen** to shun the light of day **Tageslichtprojektor** *m* overhead projector **Tagesmarsch** *m* day's march **Tagesmutter** *f* childminder **Tagesnachrichten** *pl* daily news *usu + sing vb* **Tagesniedrigstkurs, Tagestiefstkurs** *m* BÖRSE day's lowest price **Tagesordnung** *f* agenda; **etw auf die ~ setzen** to put sth on the agenda; **auf der ~ stehen** to be on the agenda; ***dieses Thema steht für morgen auf der ~*** this topic is on tomorrow's agenda ▶ WENDUNGEN: **an der ~ sein** to be the order of the day; **[wieder] zur ~ übergehen** to carry on as usual **Tagesordnungspunkt** *m* item on the agenda **Tagespreis** *m* ÖKON current price **Tagesproduktion** *f* daily production **Tagesration** *f* daily ration **Tagesreise** *f* ① (*eintägiger Ausflug*) day trip ② (*Strecke*) day's journey **Tagessatz** *m* ① (*tägliche Kosten*) daily rate ② (*Geldstrafe*) *fine calculated from the daily rate of income* **Tagesschau** *f kein pl* TV news + *sing vb* (*daily TV news show of the ARD*), bulletin; **die ~** the news **Tagesschwankungen** *pl* BÖRSE intraday fluctuations **Tagessoll** *nt* HANDEL day's target **Tagessuppe** *f* soup of the day **Tagestief** *nt* low of the day **Tagesumsatz** *m* daily sales returns *pl* **Tagesverbrauch** *m* daily consumption **Tageswert** *m* HANDEL going price **Tageszeit** *f* time [of day]; **zu jeder Tages- und Nachtzeit** (*fam*) at any hour of the night or day **Tageszeitung** *f* daily [paper]

Tagetes <-> *f kein pl* HORT marigold

tageweise *adv* on a daily basis

Tagewerk *nt kein pl* (*geh*) day's work

Tagfalter *m* butterfly **Taggeld** *nt* ÖSTERR, SCHWEIZ (*Tagegeld*) daily allowance

taghell *adj* as bright as day

täglich I. *adj attr* daily; *s. a.* **Brot II.** *adv* daily, every day

tags *adv* by day; **~ darauf** the following day; **~ zuvor** the day before

Tagschicht *f* ① (*Arbeitszeitraum*) day shift; **~ haben** to be on day shift ② (*personelle Besetzung*) day shift workers *pl*

tagsüber *adv* during the day

tagtäglich I. *adj* daily II. *adv* on a daily basis, every day **Tagtraum** *m* daydream **Tagundnachtgleiche** <-, -n> *f* equinox

Tagung <-, -en> *f* ① (*Fach~*) conference ② (*Sitzung*) meeting

Tagungsbeginn *m* beginning of a conference **Tagungsbüro** *nt* conference office **Tagungsdauer** *f* duration of a conference **Tagungsgeld** *nt* ADMIN attendance [*or* sitting] fee **Tagungsort** *m* conference venue **Tagungsraum** *m* conference room **Tagungsteilnehmer(in)** *m(f)* participant at a conference

Tahiti *nt* Tahiti; *s. a.* **Sylt**

Tai Chi (Chuan) <-> [-tʃi] *nt kein pl* t'ai chi [ch'uan]

Taifun <-s, -e> *m* typhoon

Taiga <-> *f kein pl* **die ~** the taiga

Taille <-, -n> ['taljə] *f* waist

taillenbetont *adj inv* figure-hugging **Taillenweite** *f* waist measurement

tailliert [ta'ji:ɐt] *adj* fitted at the waist

Taipeh <-s> *nt* Taipei

Taiwan <-s> *nt* Taiwan

Taiwaner(in) <-s, -> *m(f)* Taiwanese

taiwanisch *adj inv* Taiwanese

Takelage <-, -n> [takə'la:ʒə] *f* NAUT rigging

takeln *vt* NAUT **etw ~** to rig sth

Takt <-[e]s, -e> *m* ① MUS bar; **den ~ [zu etw] schlagen** to beat time to sth ② *kein pl* (*Rhythmus*) rhythm; **den ~ angeben [o schlagen]** to beat time; **jdn aus dem ~ bringen** to make sb lose their rhythm, to disconcert sb; **jd kommt aus dem ~** to lose one's rhythm [*or* the beat]; **im ~** in time to sth ③ *kein pl* (*Taktgefühl*) tact; **etw mit ~ behandeln** to deal tactfully with sth; **keinen ~ [im Leib] haben** (*fam*) not to have an ounce of tact in one; **gegen den ~ verstoßen** to behave tactlessly ④ AUTO stroke; **4-~-Motor** 4-stroke [engine] ⑤ *kein pl* LING foot ⑥ TECH phase ▶ WENDUNGEN: **ein paar ~e** (*fam*) a few words; **ein paar ~e mit jdm reden** to have a word with sb

Taktfrequenz *f* INFORM clock frequency **Taktgeber** *m* TECH clock; **externer ~** external clock **Taktgeberrate** *f* TECH clock rate **Taktgefühl** *nt* ① (*Feingefühl*) sense of tact; **~ haben** to have a sense of tact ② MUS sense of rhythm

taktieren* *vi* to use tactics; **klug/geschickt ~** to use clever/skilful tactics

Taktik <-, -en> *f* tactics *pl;* **[mit etw] eine bestimmte ~ verfolgen** to pursue certain tactics [with sth]; ***wir müssen herausbekommen, welche ~ die Konkurrenz verfolgt*** we must find out what tactics our competitors are pursuing

Taktiker(in) <-s, -> *m(f)* tactician

taktisch I. *adj* tactical II. *adv* tactically

taktlos *adj* tactless

Taktlosigkeit <-, -en> *f* ① *kein pl* (*taktlose Art*) tactlessness ② (*taktlose Aktion*) piece of tactlessness

Taktrate *f* INFORM clock rate [*or* speed] **Taktsignal** *nt* INFORM clock pulse **Taktstock** *m* baton **Taktstrich** *m* MUS bar [line] **taktvoll** *adj* tactful

Tal <-[e]s, Täler> *nt* valley; **zu ~** (*geh*) down into the valley; (*flussabwärts*) downstream

talabwärts *adv* down the valley

Talar <-s, -e> *m* JUR robe, gown; REL cassock; SCH gown

TA-Lärm *f kein pl* JUR Technical Directive on Noise Pollution Control

talaufwärts *adv* up the valley, upstream

Tal des Todes *nt* Death Valley

Talent <-[e]s, -e> *nt* ① (*Begabung*) talent; **jds ~ für [o zu] etw** sb's talent for sth; **~ [für [o zu] etw] haben** to have a talent [for sth] ② (*begabter Mensch*) talent *no pl;* ***Ihr Sohn ist ein wirkliches ~*** your son is a real talent; **junge ~e** young talents

talentiert I. *adj* talented II. *adv* in a talented way

Taler <-s, -> *m* HIST thaler

Talfahrt *f* ① (*Fahrt ins Tal*) descent [into the valley [*or* down a valley]], journey downstream ② (*fig: starke Verluste*) steep decline; **die Konjunktur ist in der ~** there's a downtrend in economic activity

Talg <-[e]s, -e> *m* ① (*festes Fett*) suet ② (*Absonderung der Talgdrüsen*) sebum

Talgdrüse *f* sebaceous gland

Talgdrüsenüberfunktion *f* seborrhoea BRIT, seborrhea AM

Talisman <-s, -e> *m* talisman, lucky charm, mascot

Talk¹ <-[e]s> *m kein pl* (*Mineral*) talc

Talk² <-s, -s> ['tɔ:k] *m* (*Plauderei*) talk

talken ['tɔ:kn] *vi* SOZIOL, MEDIA to chat, to talk

Talkessel *m* basin, hollow

Talkmaster(in) <-s, -> ['tɔ:kma:stɐ] *m(f)* chat show host BRIT, talk show host AM

Talkpuder *m o nt s.* **Talkum**

Talkshow^RR <-, -s> *f,* **Talk-Show** <-, -s> ['tɔ:kʃo:] *f* chat show BRIT, talk show AM

Talkum <-s> *nt kein pl* talcum powder

Tallinn <-s> *nt* Tallin[n]

Talmi <-s> *nt kein pl* (*veraltend*) pinchbeck *form,* cheap rubbish [*or* AM garbage]; (*unechter Schmuck*) imitation jewellery [*or* AM jewelery]

Talmigold *nt* pinchbeck gold

Talmud <-[e]s, -e> *m kein pl* REL Talmud

Talmulde *f* basin, hollow

Talon [ta'lõ:] *m* JUR renewal coupon

Talschaft <-, -en> *f* SCHWEIZ (*Territorium*) valley area; (*politische Einheit*) valley community
Talsohle *f* ❶ (*Boden eines Tales*) bottom of a valley ❷ (*fig: Tiefstand*) rock bottom; (*Wirtschaft*) trough **Talsperre** *f* TECH *s.* **Staudamm** **Talstation** *f* valley station
TA-Luft *f kein pl* JUR Technical Directive on Air Pollution Control, air quality directive
talwärts *adv inv* down to the valley
Tamagotchi® <-[s], -[s]> [-tʃi] *nt* tamagotchi
Tamarillo <-, -[s]> *f* BOT tamarillo, tree tomato
Tamarinde <-, -n> *f* tamarind
Tamariske <-, -n> *f* tamarisk
Tambour <-en, -en> ['tambuːɐ, tam'buːɐ] *m* SCHWEIZ (*Trommler*) drummer
Tamburin <-s, -e> *nt* tambourine
Tamil *nt* Tamil; *s. a.* **Deutsch**
Tamile, Tamilin <-n, -n> *m, f* Tamil
Tampon <-s, -s> ['tampɔn, tam'poːn, tã'põː] *m* tampon
Tamtam <-s, -s> *nt* ❶ (*asiatisches Becken*) tomtom ❷ *kein pl* (*fam: großes Aufheben*) fuss; **ein [großes] ~ [um jdn/etw] machen** (*fam*) to make a [big] fuss [about [*or* over] sb/sth]
Tand <-[e]s> *m kein pl* (*veraltend geh*) knick-knacks *pl*
Tändelei <-, -en> *f* (*geh*) ❶ (*Liebelei*) dalliance *liter* ❷ (*Spielerei*) trifle
tändeln *vi* (*veraltend geh*) ■**[mit etw]** ~ to dally with sth; ■**[mit jdm]** ~ to trifle [with sb] *dated*
Tandem <-s, -s> *nt* tandem; ~ **fahren** to ride a tandem
Tandler(in) <-s, -> *m(f)* ÖSTERR (*fam*) ❶ (*Trödler*) junk dealer ❷ (*Charmeur*) flirt, philanderer
Tang <-[e]s, -e> *m* seaweed
Tanga <-s, -s> *m* tanga
Tangens <-, -> ['taŋgɛns] *m* tangent
Tangente <-, -n> [taŋ'gɛntə] *f* ❶ MATH tangent ❷ TRANSP bypass, ring road
tangential *adj inv* MATH tangential
Tanger <-s> *nt* Tangier[s]
tangieren* [taŋ'giːrən] *vt* ❶ (*geh: streifen*) ■**jdn/etw** ~ to touch upon sb/sth; ***in unserer Besprechung wurde dieses Problem nur tangiert*** this problem was only touched upon in our discussion ❷ (*geh: betreffen*) ■**jdn/etw** ~ to affect sb/sth; **jdn nicht** ~ (*fam*) not to bother sb ❸ MATH ■**etw** ~ to be tangent to
Tango <-s, -s> ['taŋgo] *m* tango
Tank <-s, -s> *m* TECH, MIL tank
Tankdeckel *m* fuel [*or* BRIT *a.* filler] cap [*or* BRIT *a.* petrol]
tanken I. *vi* (*den Tank füllen*) *Auto* to fill up with [*or* get some] petrol [*or* AM gas]; *Flugzeug* to refuel **II.** *vt* ❶ (*als Tankfüllung*) ■**etw** ~ to fill up with sth; ***ich tanke nur noch Super bleifrei*** I only fill up with Super lead-free ❷ (*fam: in sich aufnehmen*) ■**etw** ~ to get sth; **frische Luft/Sonne** ~ to get some fresh air/sun; ***ich fahre an die See, um neue Kräfte zu*** ~ I'm going to the seaside to recharge my batteries *fig* ▶ WENDUNGEN: [**ganz schön** [*o* **reichlich**] [*o* **ziemlich**]] **getankt haben** (*fam*) to have downed a fair amount
Tanker <-s, -> *m* NAUT tanker
Tankfahrt *f* NAUT tanker shipping **Tankfüllstutzen** *m* filler pipe **Tankfüllung** *f* a tankful **Tankinhalt** *m* tank capacity **Tanklager** *nt* petrol [*or* AM oil] depot **Tanklaster** *m* tanker **Tanklastzug** *m* tanker **Tanksäule** *f* petrol [*or* AM gas] pump **Tankstelle** *f* garage, filling [*or* AM gas] [*or* BRIT petrol] station **Tankstellenshop** *m* service [*or* BRIT petrol] [*or* AM gas] station shop **Tankuhr** *f* fuel [*or* petrol] gauge **Tankverschluss**[RR] *m* ❶ (*Verschluss eines Tanks 2*) tank lid ❷ AUTO (*geh*) *s.* **Tankdeckel** **Tankwagen** *m* tanker **Tankwart(in)** *m(f)* petrol pump attendant BRIT, gas station attendant AM **Tankzug** *m* petrol train
Tanne <-, -n> *f* fir; (*Weiß~*) silver fir
Tannenbaum *m* ❶ (*Weihnachtsbaum*) Christmas tree ❷ (*fam: Tanne*) fir-tree **Tannenhäher** *m* ORN nutcracker **Tannenholz** *nt* pine-wood **Tannenhonig** *m* pine honey **Tannenmeise** *f* ORN coal tit **Tannennadel** *f* fir needle **Tannenwald** *m* pine forest **Tannenzapfen** *m* fir cone
Tannin <-s> *nt kein pl* tannin
Tansania <-> *nt* Tanzania; *s. a.* **Deutschland**
Tansanier(in) <-s, -> *m(f)* Tanzanian; *s. a.* **Deutsche(r)**
tansanisch *adj inv* Tanzanian; *s. a.* **deutsch 1, 2**
Tantal <-s> *nt kein pl* CHEM tantalum
Tantalusqualen *pl* ▶ WENDUNGEN: ~ **leiden** (*geh*) to suffer the torments of Tantalus *liter*
Tante <-, -n> *f* ❶ (*Verwandte*) aunt, auntie *fam* ❷ (*pej fam: Frau*) old dear *pej fam* ❸ (*kindersprache*) lady; ***sag der ~ schön guten Tag!*** say hello nicely to the lady!
Tante-Emma-Laden *m* (*fam*) corner shop
Tantieme <-, -n> [tã'tieːmə, tã'tiɛːme] *f* ❶ (*Absatzhonorar*) royalty ❷ *meist pl* (*Gewinnbeteiligung*) percentage of the profits
Tantiemenabrechnung *f* HANDEL royalty statement **Tantiemensteuer** *f* FIN royalty tax **Tantiemenvergütung** *f* FIN royalty payment
Tanz <-es, Tänze> *m* ❶ MUS dance; **jdn zum ~ auffordern** to ask sb to dance ❷ *kein pl* (*Tanzveranstaltung*) dance ❸ (*fam: Auseinandersetzung*) song and dance; **einen ~ [wegen etw] machen** [*o* **aufführen**] (*fam*) to make a song and dance [about sth] *fam* ▶ WENDUNGEN: **der ~ ums Goldene Kalb** worship of the golden calf [*or* of Mammon]; **ein ~ auf dem Vulkan** (*geh*) playing with fire
Tanzabend *m* evening's dancing, ball **Tanzbein** *nt* **das ~ schwingen** (*hum fam*) to take to the floor *fam* **Tanzcafé** *nt* coffee house with a dance floor
Tänzchen <-s, -> *nt dim von* **Tanz** dance; **ein ~ wagen** (*hum*) to venture onto the dance floor
tänzeln *vi* ❶ *haben* (*auf und ab federn*) *Boxer* to dance; *Pferd* to prance ❷ *sein* (*sich leichtfüßig fortbewegen*) to skip
tanzen I. *vi* ❶ *haben* (*einen Tanz ausführen*) to dance; ***wollen wir ~?*** shall we dance?; ~ [*o* **zum T~**] **gehen** to go dancing; *s. a.* **Pfeife** ❷ *sein* (*sich tanzend fortbewegen*) to dance; **auf dem Seil** ~ to walk the tightrope [*or* high wire] ❸ *haben* (*hüpfen*) *Gläser, Würfel* to jump in the air; ***das kleine Boot tanzte auf den Wellen*** the little boat bobbed up and down on the waves; ***ihm tanzte alles vor den Augen*** the room was spinning before his eyes **II.** *vt haben* **einen Tango/ein Solo** ~ to dance the tango/a solo **III.** *vr* ■**sich …** ~ to dance oneself into a certain state; **sich in Ekstase** ~ to dance oneself into a state of ecstasy; **sich müde/heiß** ~ to dance oneself into a state of exhaustion/a sweat
Tänzer(in) <-s, -> *m(f)* ❶ (*Tanzpartner*) dancer, [dancing] partner; **ein guter/schlechter ~ sein** to be a good/bad dancer; **kein ~ sein** to be no dancer ❷ (*Ballett~*) ballet dancer
tänzerisch I. *adj* dancing; ***die Paare zeigten ihr ~es Können*** the couples showed their dancing ability **II.** *adv* in terms of dancing; ***die Kür war ~ ausgezeichnet*** the dancing in the free section was excellent
Tanzfläche *f* dance floor **Tanzgruppe** *f* dance group **Tanzkapelle** *f* dance band **Tanzkurs(us)** *m* ❶ (*Lehrgang für [Gesellschafts]tanzen*) dancing lessons ❷ (*Teilnehmer eines Tanzkurses*) dance class **Tanzlehrer(in)** *m(f)* dance [*or* dancing] teacher **Tanzlokal** *nt* café with a dance floor **Tanzmusik** *f* dance music **Tanzorchester** *nt* dance orchestra **Tanzpartner(in)** *m(f)* dancing partner **Tanzschritt** *m* dance step **Tanzschule** *f* dancing school, school of dancing **Tanzstunde** *f* ❶ *kein pl* (*Kurs*) dancing class ❷ (*Unterrichtsstunde*) dancing lesson; **~n nehmen** to have dancing lessons **Tanztee** *m* tea-dance **Tanztheater** *nt* dance theatre [*or* AM -er] **Tanzturnier** *nt* dance tournament
tanzwütig *adj* dance-crazy [*or* -mad]
Tanzwütige(r) *f(m) dekl wie adj* dance addict *hum;* (*bei Techno a.*) raver; ■**eine ~/ein ~r sein** to be dance-crazy [*or* -mad]
Tao <-> *nt kein pl* PHILOS Tao
Taoismus <-> *m kein pl* REL (*chin. Religion und Philosophie*) Taoism
Tapenade *f* KOCHK tapenade
Tapet *nt* ▶ WENDUNGEN: **etw aufs ~ bringen** (*fam*) to bring up sth *sep;* **aufs ~ kommen** (*fam*) to come up
Tapete <-, -n> *f* wallpaper *no pl* ▶ WENDUNGEN: **die ~n wechseln** to have a change of scenery; **einen ~nwechsel brauchen** to need a change of scenery
Tapetenbahn *f* strip of wallpaper **Tapetenfarbe** *f* colour [*or* AM -or] of the wallpaper **Tapetengeschäft** *nt* wallpaper shop [*or* AM store] **Tapetenmuster** *nt* ❶ (*Design*) wallpaper pattern ❷ (*Probe*) wallpaper sample **Tapetenrolle** *f* roll of wallpaper **Tapetentür** *f* concealed door **Tapetenwechsel** *m* (*fam*) change of scene
tapezieren* *vt* ■**etw** ~ to wallpaper sth
Tapezierer(in) <-s, -> *m(f)* decorator
Tapeziertisch *m* wallpapering-table
tapfer *adj* ❶ (*mutig*) brave, courageous ❷ (*fam: munter*) heartily; ***greif' nur ~ zu!*** just help yourself to as much as you like!
Tapferkeit <-> *f kein pl* bravery, courage
Tapferkeitsmedaille *f* bravery medal
Tapioka <-> *nt kein pl* (*Stärkemehl aus Maniokknollen*) tapioca
Tapir <-s, -e> *m* ZOOL tapir
tappen *vi* ❶ *sein* (*schwerfällig gehen*) ■**[irgendwohin]** ~ to walk hesitantly; ***schlaftrunken tappte er zum Telefon*** he shuffled drowsily to the phone ❷ *haben* (*tasten*) ■**[nach etw]** ~ to grope [*or* fumble] [for sth]; *s. a.* **dunkel, Falle**
täppisch <-er, -ste> *adj* clumsy, awkward
tapsen *vi sein* (*fam*) *Kleinkind* to toddle; *Bär* to lumber
tapsig *adj* (*fam*) awkward, clumsy
Tara <-, Taren> *f* tare
Tarantel <-, -n> *f* ZOOL tarantula ▶ WENDUNGEN: **wie von der ~ gestochen** (*fam*) as if one had been stung
Taren *pl von* **Tara**
tarieren* *vt* HANDEL ■**etw** ~ to tare sth
Tarif <-[e]s, -e> *m* ❶ (*festgesetzter Einheitspreis*) charge ❷ (*gewerkschaftliche Gehaltsvereinbarung*) pay scale; **nach/über/unter ~** according to/above/below ~ **the negotiated rate; geltender/gestaffelter ~** rate in force/differential tariff ❸ ÖKON (*Preis*) tariff, rate; ~ **für Durchgangsgüter** transit rate; ~ **für Großkunden** bulk tariff; **~e angleichen/senken** to standardize/cut rates; **~e festsetzen** to tariff, to fix a tariff; **laut ~** as per tariff
Tarifabbau *m kein pl* ÖKON cut in rates **Tarifabkommen** *nt* JUR trade agreement, wage settlement, AM labor pact **Tarifabschluss**[RR] *m* wage agreement **Tarifauseinandersetzung** *f* wage bargaining **Tarifautonomie** *f* right to free collective bargaining **Tarifbelastung** *f* FIN tariff rate [*or* tax rate] burden **tarifbesteuert** *adj inv* FIN fully taxed, taxed according to scale *pred* **Tarifbezirk** *m* ÖKON, ADMIN tariff area **Tarifbindung** *f* JUR tariff commitment **Tarifbindung** *f* obligation to pay in line with a collective pay agreement **Tariffähigkeit** *f kein pl* pay negotiating capacity **Tarifgefüge** *nt* JUR wage bargaining structure **Tarifgehalt** *nt* standard salary **Tarifgestaltung** *f* rate making **Tarifgruppe** *f* ÖKON wage bracket [*or* group]; **jdn in eine höhere/niedrigere ~ einstufen** to upgrade/downgrade sb
tarifieren* *vt* ■**etw** ~ to rate [*or* classify] sth
Tarifkommission *f* ÖKON, ADMIN joint working party on wages **Tarifkonklikt** *m* pay [*or* wage] dispute **Tariflandschaft** *f* current pay situation
tariflich I. *adj* negotiated; **der ~e Stundenlohn** the negotiated hourly wage rate **II.** *adv* by negotiation; ***in den meisten Branchen sind Löhne und Gehälter ~ festgelegt*** in most sectors wages and salaries are determined by negotiation
Tariflohn *m* standard wage **tarifmäßig I.** *adj inv* in accordance with the tariff **II.** *adv* tariff-wise **Tarifpartei, Tarifpartner** *f meist pl* ÖKON labour and management, unions and management; **die**

~**en des Einzelhandels** bargaining agents for retail traders **Tarifpartner(in)** *m(f)* party to a wage agreement **Tarifpolitik** *f kein pl* ÖKON pay policy **Tarifrecht** *nt kein pl* JUR collective bargaining law **tarifrechtlich** *adj* JUR under collective bargaining law **Tarifrunde** *f* pay round, round of collective bargaining **Tarifspanne** *f* HANDEL rate range **Tarifstaffelung** *f* HANDEL rate scale **Tarifstreit** *m* wage dispute **Tarifsystem** *nt* collective wage system **Tariftabelle** *f* scale of rates **Tarifunterschied** *m* ÖKON wage differential; **örtlich bedingte** ~**e** regional wage differential **Tarifurlaub** *m* JUR collectively agreed holiday **Tarifvereinbarung** *f* ÖKON (*für Löhne*) wage settlement, collective bargaining [*or* wage] agreement **Tarifverhandlung** *f meist pl* collective wage negotiations *pl* **Tarifvertrag** *m* JUR (*für Löhne*) collective wage agreement [*or* bargaining contract]; **unternehmensspezifischer** ~ house agreement; **einen** ~ **aushandeln** to negotiate a settlement **tarifvertraglich** *adj* JUR collectively agreed, under the collective wage agreement

Tarifvertragsparteien, **Tarifsvertragspartner** *pl* ÖKON *s.* Tarifparteien **Tarifvertragspolitik** *f* collective bargaining policy **Tarifvertragsrecht** *nt* JUR law governing collective bargaining **Tarif(vertrags)system** *nt* collective pay agreements system, wage-rate system

Tarifvorschrift *f* JUR tariff regulation **Tarifwert** *m* ÖKON tariff value **Tarifwert** *m* BÖRSE public utility **Tarifwesen** *nt kein pl* ÖKON collective agreement system **Tarifzone** *f* fare zone

Tarnanstrich *m* camouflage **Tarnanzug** *m* camouflage battledress, battle dress uniform AM

tarnen *vt* ① MIL (*unkenntlich machen*) ■**sich** ~ to camouflage oneself; ■**etw [gegen etw]** ~ to camouflage sth [against sth] ② (*Identität wechseln*) ■**etw [durch** [*o* **als**] **etw]** ~ to disguise sth [by doing sth]; ■**sich [als jd]** ~ to disguise oneself [as sb]; ***der Privatdetektiv hatte sich als Mitarbeiter getarnt*** the private detective had disguised himself as an employee

Tarnfarbe *f* camouflage paint **Tarnfirma** *f* camouflage organization **Tarnkappe** *f* magic cap of invisibility **Tarnkappenbomber** *m* MIL Stealth bomber **Tarnname** *m* cover name

Tarnung <-, -en> *f* ① *kein pl* (*das Tarnen*) camouflage ② MIL camouflage ③ (*tarnende Identität*) cover

Tarock <-s, -s> *m o nt* DIAL tarot

Täschchen <-s, -> *nt dim von* **Tasche** small bag

Tasche <-, -n> *f* ① (*Hand~*) [hand]bag; (*Einkaufs~*) [shopping] bag; (*Akten~*) briefcase ② (*in Kleidungsstücken*) pocket; (*Hosen~*) pocket; ***nimm die Hände aus der ~!*** take your hands out of your pockets!; **etw in der** ~ **haben** to have sth in one's pocket ③ (*Hohlraum*) pouch; (*Backen~*) cheek pouch ► WENDUNGEN: **tief in die** ~ **greifen müssen** (*fam*) to have to dig deep into one's pocket; **[etw] aus der eigenen** ~ **bezahlen** (*fam*) to pay for sth out of one's own pocket; **sich die [eigenen]** ~**n füllen** to feather one's own nest; **etw in der** ~ **haben** to have sth in the bag *fig*; **jdm auf der** ~ **liegen** (*fam*) to live off sb; **sich** *dat* **in die eigene** ~ **lügen** to fool [*or* kid] oneself; **etw in die eigene** ~ **stecken** (*fam*) to pocket sth; **jdn in die** ~ **stecken** (*fam*) to be head and shoulders above sb; **in die eigene** ~ **wirtschaften** (*fam*) to line one's own pocket[s]; **jdm das Geld aus der** ~ **ziehen** (*fam*) to con money out of sb

Taschenausgabe *f* pocket edition **Taschenbuch** *nt* paperback **Taschenbuchausgabe** *f* paperback edition **Taschencomputer** *m* handheld computer **Taschendieb(in)** *m(f)* pickpocket **Taschenfalz** *m* TYPO buckle fold **Taschenformat** *nt* pocket size; ~ **haben** to be pocket size[d]; **im** ~ pocket-size; **eine Videokamera im** ~ a pocket-size video camera **Taschengeld** *nt* pocket money **Taschengeldparagraph** *m* JUR pocket money rule for minors **Taschenkalender** *m* pocket diary **Taschenkamm** *m* pocket comb **Taschenkrebs** *m* [common] crab **Taschenlampe** *f* torch **Taschenmesser** *nt* penknife **Taschenrechner** *m* pocket calculator **Taschenschirm** *m* telescopic [*or* collapsible] umbrella **Taschenspiegel** *m* pocket mirror **Taschenspielertrick** *m* (*pej*) trick, sleight of hand **Taschentuch** *nt* handkerchief **Taschenuhr** *f* pocket watch **Taschenwörterbuch** *nt* pocket dictionary **Taschenzerstäuber** *m* pocket atomizer

Taschkent <-s> *nt* Tashkent

Taskleiste *f* INFORM task bar **Tasksteuerung** *f* INFORM task management **Taskwechsel** *m* INFORM task switch

Tasmansee *f* Tasman Sea

Tässchen^RR <-s, -> *nt*, **Täßchen** <-s, -> *nt dim von* **Tasse** ① (*kleine Tasse*) little cup ② (*Menge*) drop *fig*

Tasse <-, -n> *f* ① (*Trinkgefäß*) cup ② (*Menge einer ~ 1*) cup; **eine** ~ **Tee** a cup of tea ► WENDUNGEN: **nicht alle** ~**n im Schrank haben** (*fam*) not to be right in the head *fam*; **trübe** ~ (*fam*) a drip *fam*; **hoch die** ~**n!** (*prov fam*) bottoms up! *fam*

tassenfertig *adj inv* KOCHK ready to serve in a cup

Tastatur <-, -en> *f* keyboard; **ergonomische/alphanumerische** ~ ergonomic/alphanumeric keyboard

Tastaturabdeckung *f* keyboard cover **Tastaturanschluss**^RR *m* INFORM keyboard pin [*or* connection] **Tastaturbefehl** *m* INFORM key command **Tastatureingabe** *f* INFORM key in **tastaturgesteuert** *adj* INFORM keyboard-driven **Tastaturkabel** *nt* INFORM keyboard cable **tastaturkompatibel** *adj* INFORM keyboard compatible **Tastaturprozessor** *m* INFORM keyboard processor **Tastaturschablone** *f* INFORM keyboard template **Tastaturtreiber** *m* INFORM keyboard driver

tastbar *adj inv* palpable; **eine deutlich** ~**e Verhärtung** a hardening that can be easily felt

Tastbildschirm *m* INFORM touch-screen terminal

Taste <-, -n> *f* (*Tastatur, Schreibmaschine*) key; (*Telefon, Sprechfunkgerät*) button; **programmierbare** ~ programmable key; ~ **zum Rückwärtsblättern/Vorwärtsblättern** page down/up key; ~ **zum Entfernen** delete [*or* cancel] key; **[mächtig] in die** ~**n greifen** to strike up a tune; **auf die** ~**n hauen** [*o* **hämmern**] (*hum fam*) to hammer away at the keyboard *hum fam*

tasten I. *vi* (*fühlend suchen*) ■**[nach etw]** ~ to feel [*or* grope] [for sth]; ~**de Fragen** tentative questions; **ein erster** ~**der Versuch** a first tentative attempt **II.** *vr* (*sich vortasten*) ■**sich irgendwohin** ~ to grope one's way to somewhere **III.** *vt* ① (*fühlend wahrnehmen*) ■**etw** ~ to feel sth ② (*per Tastendruck eingeben*) ■**etw** ~ to enter sth; ***taste eine 9*** press 9

Tastenanschlag *m* keystroke **Tastenblock** *m* keypad **Tastenfeld** *nt* key pad **Tasteninstrument** *nt* keyboard instrument **Tastenkappe** *f* keycap **Tastenkombination** *f* key sequence **Tastenreihe** *f* key row **Tastentelefon** *nt* push-button telephone

Tastorgan *nt* tactile organ, organ of touch **Tastsinn** *m kein pl* sense of touch

tat *imp von* **tun**

Tat <-, -en> *f* ① (*Handlung*) act, deed *form*; **eine gute** ~ a good deed; **eine verhängnisvolle** ~ a fateful deed *form*; **zur** ~ **schreiten** (*geh*) to proceed to action; **etw in die** ~ **umsetzen** to put sth into effect ② JUR (*Straf~*) crime, offence [*or* AM -se], act, deed; **Schwere der** ~ gravity [*or* seriousness] of the offence; **jdn auf frischer** ~ **ertappen** to catch sb in the very act; **jdn auf frischer** ~ **ertappen** to catch sb red-handed *fig* ► WENDUNGEN: **jdm mit Rat und** ~ **beistehen** to support sb in word and deed [*or* in every way possible]; **in der** ~ indeed; *s. a.* **Mann**

Tatar <-s> *nt kein pl* KOCHK tartare

Tatar(in) <-en, -en> *m(f)* Tartar

Tatbestand *m* ① (*Sachlage*) facts [of the matter] ② JUR elements of an offence [*or* AM -se], facts of the case *pl*; ***sein Verbrechen erfüllt den ~ der vorsätzlichen Tötung*** his offence constitutes premeditated murder; **objektiver/subjektiver** ~ physical/mental elements *pl* of an offence

Tatbestandsaufnahme *f* JUR fact finding **Tatbestandselement** *nt* JUR constituent element **Tatbestandsirrtum** *m* JUR factual mistake **Tatbestandsmerkmal** *nt* JUR constituent fact of an offence [*or* AM -se]; **subjektives** ~ mental element

Tateinheit <-> *f kein pl* JUR coincidence (*commission of two or more offences in one act*); **in** ~ **mit** concomitantly with

Tatendrang *m kein pl* (*geh*) thirst for action [*or* enterprise] **tatenlos** *adj inv* idle; ~ **zusehen** to stand and watch, to stand idly by

Täter(in) *m(f)* JUR perpetrator, offender; **mittelbarer/unmittelbarer** ~ indirect perpetrator/actual offender

Täter(in) <-s, -> *m(f)* culprit, offender, perpetrator; **unbekannte** ~ unknown culprits; ~ **einer unerlaubten Handlung** (*fachspr*) tortfeasor *spec*

Täterschaft <-> *f kein pl* commission of the offence; **mittelbare** ~ perpetration of an offence using an innocent agent

tätig *adj* ① (*beschäftigt*) employed; ■**[irgendwo]** ~ **sein** to work [somewhere]; ***sie ist als Abteilungsleiterin in der pharmazeutischen Industrie*** ~ she works as a departmental head in the pharmaceutical industry ② *attr* (*tatkräftig*) active ③ (*aktiv*) active; JUR *a.* in active practice *pred*; ~**e Reue** active regret; **unentwegt** ~ **sein** to be always on the go *fam*; ■**[in etw** *dat*] ~ **werden** (*geh*) to take action [in sth]

tätigen *vt* (*geh*) ■**etw** ~ to carry out sth, to effect sth; **einen Abschluss** ~ to conclude a deal

Tätigkeit <-, -en> *f* ① (*Beruf*) job, occupation; ***das ist eine recht gut bezahlte*** ~ that's a really well paid occupation; **eine** ~ **ausüben** to practise a profession; **berufliche/geschäftliche** ~ professional occupation/business activity; **bisherige** ~ previous career; **freiberufliche** ~ freelance work; **gewerbliche** ~ commercial activity, pursuit of a trade; **industrielle** ~ industrial employment; **einer geregelten** ~ **nachgehen** to have a regular occupation ② *kein pl* (*Aktivität*) activity; **außer** ~ **gesetzt** put out of action; **in** ~ **sein** to be operating [*or* running]; **in** ~ **treten** to intervene; *Alarmanlage, Überwachungskamera* to come into operation; *Vulkan* to become active

Tätigkeitsbereich *m* field of activity **Tätigkeitsbericht** *m* ÖKON activity [*or* progress] report **Tätigkeitsdelikt** *nt* JUR offence by commission **Tätigkeitsform** *f* LING active [voice] **Tätigkeitsmerkmale** *pl* occupational characteristics *pl* **Tätigkeitsvergütung** *f* FIN consideration for labour, wage **Tätigkeitswort** *nt* LING verb

Tatirrtum *m* JUR mistake of fact

Tatkraft *f kein pl* drive *no pl*

tatkräftig *adj* active, energetic

tätlich *adj* violent; **[gegen jdn]** ~ **werden** to become violent [towards sb]

Tätlichkeit <-, -en> *f meist pl* violence *no pl*; **es kam zu** ~**en** there was violence

Tatmehrheit *f* JUR plurality of acts **Tatmotiv** *nt* JUR motive

Tatort *m* scene of the crime

tätowieren* *vt* ■**jdn** ~ to tattoo sb; ■**[jdm] etw [irgendwohin]** ~ to tattoo sth [on sb] [somewhere]; ■**tätowiert** tattooed

Tätowierung <-, -en> *f* ① (*eingeritztes Motiv*) tattoo ② *kein pl* (*das Tätowieren*) tattooing

Tatsache *f* fact; **auf dem Boden der** ~**n stehen** to be realistic; **unter Vorspiegelung falscher** ~**n** under false pretences [*or* AM -ses]; **offenkundige** ~ JUR obvious fact; **etw beruht auf** ~**n** sth is based on facts; **den** ~**n entsprechen** to be consistent with [*or* to fit] the facts; **die** ~**n verdrehen** to distort [*or* twist] the facts; ~ **ist [aber], dass** the fact of the matter is [however] that; **das ist [eine]** ~ (*fam*) that's a fact; ~**?** (*fam*) really? *fam*; ~**!** (*fam: zur Bekräftigung*) it's a fact!, it's true! ► WENDUNGEN: **den** ~**n ins Auge sehen** to face the facts; **nackte** ~**n** (*die ungeschminkte Wahrheit*) the naked facts; (*nackte Körper[teile]*) bare facts; **vollendete** ~**n schaffen** to create a fait accompli; **jdn vor vollendete ~n stellen** to present sb with a fait accompli; **vor vollendeten ~n stehen** to be faced with a fait accompli

Tatsachenbehauptung *f* JUR allegation of fact, factual claim **Tatsachenbericht** *m* factual report **Tatsachenbeweis** *m* JUR factual evidence **Tatsachenfeststellung** *f* JUR conclusion of fact **Tatsachenvortrag** *m* JUR allegations, narratio

tatsächlich ['ta:tzɛçlɪç, ta:'tzɛçlɪç] **I.** *adj inv, attr* (*wirklich*) actual *attr,* real; JUR *a.* factual; ***der Bericht basiert auf ~en Begebenheiten*** the report is based on actual events; **~e Feststellung** JUR ascertainment of facts **II.** *adv* ❶ (*in Wirklichkeit*) actually, really, in fact ❷ (*in der Tat*) really; ***er hat das ~ gesagt?*** did he really say that?; **~?** (*wirklich?*) really?; ***er will auswandern — ~?*** he wants to emigrate — are you serious?; **~!** really!

tätscheln *vt* ■**jdn/etw ~** to pat sb/sth

Tattergreis(in) <-es, -e> *m(f)* (*pej*) old dodderer *pej*

Tatterich *m* **den ~ haben/bekommen** (*fam*) to have/get the shakes *fam*

tatt(e)rig *adj* (*fam*) doddery BRIT, shaky AM; ■**~ sein/werden** to be/become doddery; **eine ~e Schrift** shaky handwriting

Tattoo <-s, -s> [tɛ'tu:] *nt* tattoo

Tatumstand <-[e]s, -stände> *m meist pl* JUR circumstance[s] pertaining to an incident **Tatverdacht** *m* suspicion; **es besteht ~** there are grounds for suspicion; **dringender/hinreichender ~** strong/reasonable suspicion of an offence; **unter [dringendem] ~ stehen** (*geh*) to be under [strong] suspicion **tatverdächtig** *adj* suspected, under suspicion; ■**~ sein** to be a suspect **Tatverdächtige(r)** *f(m) dekl wie adj* suspect **Tatwaffe** *f* murder weapon, weapon [used in the crime]

Tatze <-, -n> *f* ❶ (*Pranke*) paw ❷ (*pej fam: große Hand*) paw *fam;* ***nimm deine ~ da weg!*** hands off!, get your hands off that! ❸ DIAL (*Stockschlag auf die Hand*) stroke with the cane [on the hand]

Tatzeit *f* time of the crime [*or* incident] **Tatzeuge, -zeugin** *m, f* JUR incident-witness

Tau¹ <-[e]s> *m kein pl* (*Tautropfen*) dew ▶ WENDUNGEN: **vor ~ und Tag** (*geh*) at the crack of dawn

Tau² <-[e]s, -e> *nt* rope

taub *adj* ❶ (*gehörlos*) deaf; ■**~ sein** to be deaf; **bist du ~?** (*iron*) are you deaf? *iron;* **sich ~ stellen** to turn a deaf ear ❷ (*gefühllos*) numb ❸ (*ignorant*) ■**[gegen [*o* für] etw] ~ sein** to be deaf [to sth]; ***... aber du bist ja ~ für alle gut gemeinten Ratschläge*** ... but you never listen to any well-intended advice ❹ (*unfruchtbar*) **eine ~ Nuss** an empty nut; **~er Boden** GEOL barren ground; **~es Metall** dull metal; **~es Erz** base [*or* low-grade] metal; *s. a.* **Ohr**

Täubchen <-s, -> *nt dim von* **Taube** ❶ (*kleine Taube*) little dove ❷ (*Schatz*) little cherub

Taube <-, -n> *f* ORN dove, pigeon; **sanft wie eine ~** gentle as a dove ▶ WENDUNGEN: **~n und Falken** POL (*fam*) doves and hawks; **die gebratenen ~n fliegen einem nicht ins Maul** (*prov fam*) you can't expect things to be handed to you on a plate

Taube(r) <Tauben, Taube> *f(m) dekl wie adj* deaf person

taubenblau *adj* bluey-grey [*or* AM gray] **Taubenei** *nt* pigeon' [*or* dove's] egg **taubengrau** *adj* dove grey [*or* AM gray] **Taubenhaus** *nt* dovecot **Taubenschlag** *m* (*Verschlag für Tauben*) pigeon loft ▶ WENDUNGEN: **[hier geht es zu] wie im ~** (*fam*) [it's] like Piccadilly Circus

Täuber <-s, -> *m* cock pigeon

Tauberich, Täuberich <-s, -e> *m* ORN male dove

Taubheit <-> *f kein pl* ❶ (*Gehörlosigkeit*) deafness *no pl* ❷ (*Gefühllosigkeit*) numbness *no pl*

Täubling <-s, -e> *m* BOT, KOCHK russula

Taubnessel *f* dead-nettle **taubstumm** *adj* deaf and dumb **Taubstumme(r)** *f(m) dekl wie adj* deaf mute

Taubstummensprache *f* language for deaf-mutes

tauchen **I.** *vi* ❶ *haben o sein* (*untertauchen*) to dive; ■**[nach jdm/etw] ~** to dive [for sb/sth]; **nach Perlen ~** to dive for pearls; *U-Boot* to dive, to submerge ❷ *sein* (*auftauchen*) ■**[aus etw] ~** to appear, to emerge, to surface **II.** *vt haben* ❶ (*eintauchen*) ■**etw [in etw *akk*] ~** to dip sth [in sth]; **in [gleißendes] Licht getaucht** bathed in [glistening] light ❷ (*untertauchen*) ■**jdn/etw ~** to duck sb/sth

Tauchen <-s> *nt kein pl* diving

Taucher(in) <-s, -> *m(f)* ❶ (*Tauchender*) diver ❷ ORN diver

Taucheranzug *m* diving suit **Taucherausrüstung** *f* diving equipment **Taucherbrille** *f* diving goggles *npl* **Taucherflosse** *f* flipper **Taucherglocke** *f* diving bell **Taucherhelm** *m* diver's [*or* diving] helmet

Taucherin <-, -nen> *f fem form von* **Taucher**

Taucherkrankheit *f* deep-sea sickness **Taucher-maske** *f* diving mask

Tauchfarbwerk *nt* TYPO dip-roller [*or* immersion-type] inking unit **Tauchsieder** <-s, -> *m* immersion heater **Tauchstation** *f* NAUT **auf ~ gehen** to dive ▶ WENDUNGEN: **auf ~ gehen** (*fam*) to make oneself scarce; ***ich habe Urlaub, ich gehe jetzt für drei Wochen auf ~*** I'm on holiday, I'm going to disappear for three weeks **Tauchtiefe** *f* ❶ *beim Tauchen* diving depth ❷ NAUT (*Tiefgang*) *Fluss* depth

tauen **I.** *vi* ❶ *haben* (*Tauwetter setzt ein*) ■**es taut** it is thawing ❷ *sein* (*schmelzen*) to melt ❸ *sein* (*abschmelzen*) ■**[von etw] ~** to melt [*or* thaw] [on sth] **II.** *vt* ■**etw ~** to melt sth; ***die Sonne hat den Schnee getaut*** the sun has melted the snow

Taufbecken *nt* font

Taufe <-, -n> *f* (*christliches Aufnahmeritual*) baptism, christening; **jdn aus der ~ heben** to be a god-parent to sb ▶ WENDUNGEN: **etw aus der ~ heben** (*hum fam*) to launch sth

taufen *vt* ❶ (*die Taufe vollziehen*) ■**jdn ~** to baptize sb, to christen sb; ■**sich ~ lassen** to be baptized; **ein getaufter Jude** a converted Jew ❷ (*in der Taufe benennen*) ■**jdn ~** to christen sb ❸ (*fam: benennen*) ■**etw ~** to christen sth; **ein Schiff ~** to christen a ship

Täufer <-s, -> *m* REL baptist; **Johannes der ~** John the Baptist

Taufkapelle *f* christening chapel **Taufkleid** *nt* christening robe

Taufliege *f* ZOOL fruit fly

Täufling <-s, -e> *m* child [*or* person] to be baptized

Taufname *m* Christian name **Taufpate, -patin** *m, f* godfather *masc,* godmother *fem* **Taufregister** *nt* baptismal register

taufrisch *adj inv* dewy; **~e Blumen** fresh flowers; **eine ~e Wiese** a meadow covered in dew ▶ WENDUNGEN: **nicht mehr [ganz] ~ sein** (*fam*) to be [a bit] over the hill *fam,* to be no spring chicken *fam*

Taufschein *m* certificate of baptism **Taufstein** *m* font

taugen *vi* ❶ (*wert sein*) ■**etwas/viel/nichts ~** to be useful/very useful/useless; ■**jd taugt etwas/nichts** to be of use/no use; ***der Kerl taugt nichts*** the bloke's useless [*or* no good] ❷ (*geeignet sein*) ■**als [*o* zu] [*o* für] etw ~** to be suitable for; ***er taugt dazu wie der Esel zum Lautespielen*** he's like a pig with a fiddle

Taugenichts <-[es], -e> *m* (*veraltend*) good-for-nothing

tauglich *adj* ❶ (*geeignet*) suitable; ■**[für etw] ~ sein** to be suitable [for sth] ❷ MIL (*wehrdienst~*) fit [for military service]; ■**~ sein** to be fit [for military service]; **jdn ~ schreiben** to declare sb fit for military service

Tauglichkeit <-> *f kein pl* ❶ (*Eignung für einen Zweck*) suitability ❷ MIL (*Wehrdienst~*) fitness [for military service]

Tauglichkeitsprüfung *f* ÖKON examination of serviceableness **Tauglichkeitszeugnis** *nt* JUR certificate of fitness

Taumel <-s> *m kein pl* (*geh*) ❶ (*Schwindelgefühl*) dizziness, giddiness; **wie im ~** in a daze ❷ (*geh: Überschwang*) frenzy; **ein ~ des Glücks** a frenzy of happiness; **im ~ der Leidenschaft** in the grip of passion

taum(e)lig *adj* ❶ (*schwankend*) dizzy, giddy ❷ (*benommen*) ■**~ sein/werden** to be/become dizzy [*or* giddy]; ***gib mir deinen Arm, ich bin etwas ~*** give me your arm, I'feel a little dizzy

taumeln *vi sein* to stagger; ***was hast du? du taumelst ja!*** what's the matter? why are you staggering?; ***die Maschine begann zu ~ und stürzte ab*** the plane began to roll and then crashed

Taunus *m* Taunus

Tauon <-s, Tauonen> *nt* NUKL tauon

Tauonneutrino *nt* NUKL tau neutrino

Tausch <-[e]s, -e> *m* exchange, swap; **jdm etw zum [*o* im] ~ [für etw] anbieten** to offer sth to sb in exchange [for sth]; **[etw] in ~ geben** to give [sth] in exchange; **einen guten/schlechten ~ machen** to make a good/bad exchange; ***ich habe einen guten ~ gemacht*** I've made a good exchange; **[etw] in ~ nehmen** to take [sth] in exchange; **im ~ gegen [*o* für] [etw]** in exchange for [sth]

Tauschabkommen *nt* ÖKON barter agreement [*or* arrangement] **Tauschbörse** *f* INET on-line exchange service

tauschen **I.** *vt* ❶ (*gegeneinander einwechseln*) ■**etw [gegen etw] ~** to exchange [*or* swap] sth [for sth]; ■**[etw] mit jdm ~** to swap [sth] with sb; ***würden Sie den Platz mit mir ~?*** would you swap places with me? ❷ (*geh: austauschen*) ■**etw ~** to exchange sth; ***mir ist aufgefallen, dass die beiden Blicke tauschten*** I noticed that the two of them were exchanging glances; **die Rollen ~** to swap parts [*or* roles]; **Zärtlichkeiten ~** to exchange caresses **II.** *vi* to swap; ***wollen wir ~?*** shall we swap? ▶ WENDUNGEN: **mit niemandem [*o* jdm nicht] ~ wollen** not to wish to change places with sb; ***ich möchte nicht mit ihr ~*** I wouldn't want to change places with her [*or fig* like to be in her shoes]

täuschen **I.** *vt* (*irreführen*) ■**jdn ~** to deceive sb; **durch jds Verhalten/Behauptung getäuscht werden** to be deceived by sb's behaviour [*or* AM -or]/assertion; ■**sich [von jdm [*o* etw]] nicht ~ lassen** not to be fooled [by sb [*or* sth]]; **wenn mich nicht alles täuscht** if I'm not completely mistaken; **wenn mich mein Gedächtnis nicht täuscht** unless my memory deceives me **II.** *vr* (*sich irren*) ■**sich ~** to be mistaken [*or* wrong]; ***du musst dich getäuscht haben*** you must be mistaken; ***ich kann mich natürlich ~*** of course I could be mistaken; ■**sich [in jdm/etw] ~** to be mistaken [*or* wrong] [about sb/sth]; ***darin täuschst du dich*** you're wrong about that; ■**sich *akk* [in etw *dat*] getäuscht sehen** to be mistaken [*or* wrong] [about sth] **III.** *vi* ❶ (*irreführen*) to be deceptive; **der Schein täuscht** appearances are deceptive ❷ SPORT to feint, to sell sb a dummy BRIT ❸ SCH (*geh: schummeln*) to cheat

täuschend **I.** *adj inv* (*trügerisch*) deceptive; (*zum Verwechseln*) apparent; **~e Ähnlichkeit** remarkable [*or* striking] resemblance [*or* similarity] **II.** *adv* (*trügerisch*) deceptively; (*zum Verwechseln*) remarkably, strikingly; ***sie sieht ihrer Mutter ~ ähnlich*** she bears a striking resemblance to her mother

Tauschgeschäft *nt* exchange, swap; **[mit jdm] ein ~ machen** to exchange [*or* swap] sth [with sb]

Tauschhandel *m* ❶ *kein pl* ÖKON barter; **~ treiben** to [practise [*or* AM -ce]] barter ❷ *s.* **Tauschgeschäft** **Tauschmotor** *m* AUTO rebuilt engine **Tauschobjekt** *nt* **ein begehrtes ~** a sought after object for bartering

Täuschung <-, -en> *f* ❶ (*Betrug*) deception; JUR *a.* fraudulent misrepresentation; **arglistige ~** JUR malicious deceit ❷ (*Irrtum*) error, mistake; **optische ~** optical illusion; **einer ~ erliegen [*o* unterliegen]** to be the victim of a delusion *form;* **sich *akk* einer ~ hingeben** (*geh*) to delude oneself

Täuschungsabsicht *f* JUR intention to deceive **Täuschungsgefahr** *f* JUR threat of deception **Täuschungshandlung** *f* JUR act of deception **Täuschungsmanöver** [-və] *nt* ploy, ruse **Täuschungsversuch** *m* attempt to deceive

Tauschvertrag *m* JUR barter agreement **Tausch-**

verwahrung *f* JUR exchangeable custody **Tauschwert** *m* ÖKON exchange value **Tauschwirtschaft** *f kein pl* ÖKON barter [*or* non-monetary] economy

tausend *adj* ❶ (*Zahl*) a [*or* one] thousand; ***ich wette mit dir ~ zu eins, dass er verliert*** I'll bet you any money [*or* a thousand to one] that he loses; ~ **Jahre alt sein** to be a [*or* one] thousand years old; **einige ~ Mark** several thousand marks; ***auf die paar ~ Leute kommt es nicht drauf an*** those few thousand people won't make a difference; **einer von ~ Menschen** one in every thousand people; **in ~ Jahren** in a thousand years [from now] ❷ (*fam: sehr viele*) thousands of [*or* a thousand] …; ***ich muss noch ~ Dinge erledigen*** I've still got a thousand and one things to do; ~ ***Grüße auch an deine Kinder*** my very best wishes to your children too; ~ **Ausreden** a thousand excuses; ~ **Ängste ausstehen** to be terribly worried; *s. a.* **Dank** ▶ WENDUNGEN: ~ **Tode sterben** to be worried to death

Tausend¹ <-s, -e> *nt* ❶ (*Einheit von 1000 Dingen*) a thousand; **ein halbes ~** five hundred; **einige [*o* mehrere] ~** several thousand; **[zehn/zwanzig etc] vom ~** [ten/twenty etc] per thousand [*or* out of every thousand] ❷ *pl, auch kleingeschrieben* (*viele tausend*) thousands *pl;* **einige ~e …** several thousand …; **~e von …** thousands of …; ***~e von Menschen, ~er Menschen*** thousands of people; **einer von [*o* unter] ~** one in a thousand; **in die ~e gehen** *Kosten, Schaden* to run into the thousands; **zu ~en** by the thousands; **~ und Abertausend …** thousands and thousands of …

Tausend² <-, -en> *f* thousand

Tausender <-s, -> *m* ❶ (*fam: Tausendmarkschein*) thousand-mark note ❷ (*1000 als Bestandteil einer Zahl*) thousands ❸ (*fam: Berg*) *mountain over 1,000 m*

tausenderlei *adj inv* (*fam*) a thousand [different]; ***ich habe ~ zu tun heute*** I've a thousand and one things to do today

tausendfach, 1000fach I. *adj* thousandfold; **ein ~ bewährtes Mittel** (*fam*) a well-established cure, a cure tried a thousand times; *s. a.* **achtfach** II. *adv* thousandfold, a thousand times over

Tausendfache, 1000fache *nt dekl wie adj* a thousand times the amount, the thousandfold *rare; s. a.* **Achtfache**

Tausendfüßler <-s, -> *m* centipede

Tausendjahrfeier *f* millenium [celebrations *pl*] **tausendjährig, 100-jährig**^RR^ *adj* ❶ (*Alter*) thousand-year-old *attr,* one thousand years old *pred; s. a.* **achtjährig 1** ❷ (*Zeitspanne*) thousand year *attr; s. a.* **Reich tausendmal, 1000-mal**^RR^ *adv* ❶ a thousand times; *s. a.* **achtmal** ❷ (*fam: sehr viel, sehr oft*) a thousand times, thousands of times; ***bitte ~ um Entschuldigung!*** (*fam*) a thousand apologies!; *s. a.* **hundertmal 2 Tausendmarkschein** *m* thousand-mark note **Tausendsas(s)a** <-s, -[s]> *m* ❶ (*vielseitig begabter Mensch*) jack of all trades ❷ (*veraltet: Schwerenöter*) philanderer **Tausendschönchen** <-s, -> *nt* daisy

tausendste(r, s) *adj* [one] thousandth; *s. a.* **achte(r, s)**

Tausendste(r, s) *nt* the [one] thousandth; *s. a.* **achte(r, s)**

Tausendstel <-s, -> *nt o* SCHWEIZ *m* thousandth **tausendundeine(r, s)** *adj* a thousand and one; *s. a.* **Nacht tausend(und)eins** *adj* one thousand and one

Tautologie <-, -ien> [-'gi:ən] *f* tautology

tautologisch *adj inv* (*geh*) tautological, tautologous

Tautropfen *m* dewdrop **Tauwasser** <-s, -wasser> *nt* melt [*or* defrosted] water **Tauwerk** <-[e]s> *nt kein pl* NAUT rigging **Tauwetter** *nt* ❶ (*Schneeschmelze*) thaw; ~ **haben [*o* sein]** to be thawing; ***wir haben ~*** a thaw has set in; **bei ~** during a thaw, when it thaws ❷ (*fig: politisch versöhnlichere Zeit*) thaw

Tauziehen *nt kein pl* ❶ (*Seilziehen*) tug-of-war ❷ (*fig geh: Hin und Her*) tug-of-war; ***nach langem ~ einigte man sich auf einen Kompromiss*** after a lengthy tug-of-war a compromise was agreed

Taverne <-, -n> *f* tavern

Taxameter <-s, -> *m* taximeter, clock *fam*

Taxator, -torin <-s, -toren> *m, f* ÖKON (*Schätzer*) valuer, appraiser

Taxcard <-, -s> *f* SCHWEIZ (*Telefonkarte*) telephone card

Taxe <-, -n> *f* ❶ (*Kurtaxe*) charge ❷ (*Schätzwert*) estimate, valuation ❸ DIAL (*Taxi*) taxi

Taxi <-s, -s> *nt* cab, taxi; ~ **fahren** (*als Fahrgast*) to go by taxi; (*als Chauffeur*) to drive a taxi; **sich** *dat* **ein ~ nehmen** to take a taxi [*or* cab]; **~! taxi!**

taxieren* *vt* ❶ (*schätzen*) ■**etw [auf etw** *akk*] ~ to estimate [*or* value] sth [at sth] ❷ (*fam: abschätzen*) ■**jdn ~** to look sb up and down ❸ (*geh: einschätzen*) ■**etw ~** to assess

Taxierung <-, -en> *f* ÖKON appraisal, valuation

Taxifahrer(in) *m(f)* taxi [*or* cab] driver, cabby *sl* **Taxifahrt** *f* taxi [*or* cab] journey

Taxis <-, Taxen> *f* BIOL taxis

Taxistand *m* taxi [*or* cab] rank

Taxol <-s> *nt kein pl* PHARM Taxol

Taxpreis *m* ÖKON estimated price **Taxwert** *m* ÖKON estimated value

Taybeere *f* tayberry

Tb(c) <-, -s> [te:'be:, te:be:'tse:] *f Abk von* **Tuberkulose** TB; ~ **haben** to have TB

Tb(c)-krank [te:'be:-, te:be:'tse:-] *adj* to have TB

Tbit *nt* INFORM *Abk von* **Terabit** Tbit

Tbyte *nt* INFORM *Abk von* **Terabyte** Tbyte

Teakholz ['ti:k-] *nt* teak

Team <-s, -s> [ti:m] *nt* team; **im ~** as a team; ***er arbeitet nicht gerne im ~*** he's not a team player

Teamarbeit ['ti:m-] *f* teamwork; **in ~** by teamwork **teamfähig** *adj* PSYCH able to work in [*or* as part of] a team **Teamfähigkeit** *f kein pl* team spirit; ~ **haben** to have team spirit, to work well in a team **Teamgeist** *m kein pl* team spirit **Teamwork** <-s> *nt kein pl s.* **Teamarbeit**

Technetium <-s> *nt kein pl* CHEM technetium, Tc

Technik <-, -en> *f* ❶ *kein pl* (*Technologie*) technology; **auf dem neuesten Stand der ~** state-of-the-art technology ❷ *kein pl* (*technische Ausstattung*) technical equipment; **mit modernster ~ ausgestattet** equipped with the most modern technology ❸ *kein pl* (*technische Konstruktion*) technology ❹ (*besondere Methode*) technique; ***jeder Hochspringer hat seine eigene ~*** every high jumper has his own technique ❺ *inv* (*fam: technische Abteilung*) technical department ❻ ÖSTERR (*technische Hochschule*) college of technology

Technika *pl von* **Technikum**

technikbesessen *adj* obsessed with technology

Techniken *pl von* **Technikum**

Techniker(in) <-s, -> *m(f)* (*Fachmann der Technik 1*) engineer; (*der Technik 2,3,4*) technician; **Fernseh~** TV engineer

technikfeindlich *adj* technophobic **Technikfolgenabschätzung** *f* technology assessment

Technikum <-s, Technika> *nt* college of technology

technisch I. *adj* ❶ *attr* (*technologisch*) technical; ***die ~en Einzelheiten finden Sie in der beigefügten Bedienungsanleitung*** you'll find the technical details in the enclosed operating instructions; **~e Anlagen und Maschinen** plant and machinery ❷ (*~es Wissen vermittelnd*) technical; **~e Hochschule** college [*or* university] of technology; *s. a.* **Chemie, Medizin** ❸ (*Ausführungsweise*) technical; **~es Können** technical ability; **unvorhergesehene ~e Probleme** unforeseen technical problems II. *adv* (*auf ~em Gebiet*) technically; **ein ~ fortgeschrittenes Land** a technologically advanced country; ***er ist ~ begabt*** he is technically gifted; *s. a.* **Zeichner, unmöglich, Unmöglichkeit**

technisieren* *vt* ■**etw ~** to mechanize

Technisierung <-, -en> *f* ÖKON mechanization

Technisierungsgrad *m* TECH level of technology

Techno <-[s]> *m o nt kein pl* MUS techno

Technokrat(in) <-en, -en> *m(f)* (*geh*) technocrat

Technokratie <-> *f kein pl* (*geh*) technocracy *form*

Technokratin <-, -nen> *f fem form von* **Technokrat**

technokratisch <-er, -ste> *adj* TECH, ÖKON ❶ (*die Technokratie betreffend*) technocratic ❷ (*pej: ohne Rücksicht auf Individuelles*) technocratic

Technologe, -login <-n, -n> *m, f* technologist

Technologie <-, -n> *f* technology; **fortgeschrittene/veraltete ~** advanced/defunct technology; **neueste ~** state-of-the-art technology

Technologiepark *m* technology park **Technologietransfer** *m* transfer of technology **Technologieunternehmen** *nt* technology company **Technologiezentrum** *nt* technology centre [*or* AM -er]

Technologin <-, -nen> *f fem form von* **Technologe**

technologisch *adj* technological

Technophilie <-> *f kein pl* technophilia

Technophobie <-> *f kein pl* technophobia

Techtelmechtel <-s, -> *nt* (*fam*) affair; **ein ~ [mit jdm] haben** to have an affair [with sb]

Teddy, Teddybär ['tɛdi-] *m* teddy [bear]

TEE *m Abk von* **Trans-Europ-Express** TEE, Trans-Europe-Express

Tee <-s, -s> *m* ❶ (*Getränk*) tea; **eine Tasse ~** a cup of tea; (*aus Heilkräutern*) herbal tea; **schwarzer/grüner ~** black/green tea; **jdn zum ~ einladen** to invite sb to tea; ~ **kochen** to make some tea ❷ (*Pflanze*) tea ▶ WENDUNGEN: **abwarten und ~ trinken** (*fam*) to wait and see; **einen im ~ haben** (*fam*) to be tipsy *fam*

Teeautomat *m* tea urn **Teebeutel** *m* tea bag **Teeblatt** *nt meist pl* tea leaf **Teebrühlöffel** *m* spoon tea infuser **Teeei**^RR^, **Tee-Ei** *nt* tea infuser **Teefilter** *m* tea-strainer **Teegebäck** *nt* tea biscuits **Teeglas** *nt* tea-glass **Teekanne** *f* teapot **Teekessel** *m* kettle **Teelicht** *nt* small candle, tea warmer candle **Teelöffel** *m* ❶ (*Löffel*) teaspoon ❷ (*Menge*) teaspoon[ful]

Teen <-s, -s> [ti:n] *m,* **Teenager** <-s, -> ['ti:ne:dʒɐ] *m* teenager

Teenie <-s, -s> ['ti:ni] *m* (*fam*) young teenager

Teeny <-s, -s> *m* (*fam*) *s.* **Teenie**

Teer <-[e]s, -e> *m* tar

teeren *vt* ■**etw ~** to tar sth; **jdn ~ und federn** HIST to tar and feather sb

Teerfarbe *f meist pl* aniline dyes *pl*

Teerose *f* tea rose

Teerpappe *f* bituminous roofing felt **Teerseife** *f* coal tar soap

Teeservice [-zɛrvi:s] *nt* tea service **Teesieb** *nt* tea strainer **Teestrauch** *m* tea bush **Teestube** *f* tearoom **Teetasse** *f* teacup **Teewagen** *m* tea trolley **Teewurst** *f smoked sausage spread*

Teflon® <-s> *nt kein pl* teflon®

Teich <-[e]s, -e> *m* pond; **der große ~** (*fam*) the pond *fam*

Teichhuhn *nt* ORN moorhen **Teichmolch** *m* ZOOL smooth newt **Teichmuschel** *f* ZOOL freshwater mussel **Teichrose** *f* yellow water lily

Teig <-[e]s, -e> *m* (*Hefe-, Rühr-, Nudelteig*) dough; (*Mürbe-, Blätterteig*) pastry; (*flüssig*) batter; (*in Rezepten*) mixture; ~ **kneten** to knead dough

Teigfladen *m* flat bread **Teigförmchen** *pl* cake tins and moulds [*or* AM molds]

teigig *adj* ❶ (*nicht ausgebacken*) doughy ❷ (*mit Teig bedeckt*) covered in dough [*or* pastry] ❸ (*fahl*) pasty; **ein ~er Teint** a pasty complexion

Teigkneter *m* dough kneading machine **Teigrädchen** *nt* pastry wheel **Teigroller** *m* rolling pin **Teigwaren** *pl* (*geh*) pasta + *sing vb*

Teil¹ <-[e]s, -e> *m* ❶ (*Bruchteil*) part; **in zwei ~e zerbrechen** to break in two [*or* half]; **zu einem bestimmten ~** for the … part; ***sie waren zum größten ~ einverstanden*** for the most part they were in agreement; **zum ~ …, zum ~ …** partly…, partly…; **zum ~** partly; ***du hast zum ~ recht*** you're partly right; (*gelegentlich*) on occasion ❷ (*Anteil*) share; **zu gleichen ~en** equally, in equal shares; **seinen ~ zu etw beitragen** to contribute one's share to sth, to make one's contribution to sth; **seinen ~ dazu**

beitragen, dass etw geschieht to do one's bit to ensure that sth happens; **seinen ~ bekommen** to get what is coming to one ❸ (*Bereich*) *einer Stadt* district; (*einer Strecke*) stretch; (*eines Gebäudes*) section, area; (*einer Zeitung, eines Buches*) section ❹ JUR (*Seite*) party ▶ WENDUNGEN: **ein gut ~** (*fam*) quite a bit; ***ich habe ein gut ~ dazu beigetragen*** I've contributed quite a bit to it; **sich** *dat* **seinen ~ denken** (*fam*) to draw one's own conclusions; **ich** [*o* **wir**] **für meinen** [*o* **unseren**] ~ I, [*or* we] for my [*or* our] part; ***tu, was du für richtig hältst, ich für meinen ~ habe mich bereits entschieden*** do what you think is right, I, for my part, have already decided

Teil² <-[e]s, -e> *nt* ❶ (*Einzelteil*) component, part ❷ (*sl: Ding*) thing

Teilabnahme *f* HANDEL partial acceptance **Teilabschnitt** *m* section **teil|abschreiben*** *vt* ÖKON, FIN ■**etw ~** to write sth down; ■**teilabgeschrieben** partly written off **Teilabschreibung** *f* ÖKON, ADMIN writedown **Teilabtretung** *f* JUR partial assignment **Teilakkreditiv** *nt* FIN divisible credit **Teilaktie** *f* FIN stock scrip **Teilamortisation** *f* FIN partial amortization **Teilamortisationsvertrag** *m* JUR partial amortization contract **Teilanmeldung** *f* (*Patent*) divisional application **Teilansicht** *f* partial view **Teilaspekt** *m* aspect **Teilauflage** *f* VERLAG a part-publication

teilbar *adj* ❶ (*aufzuteilen*) ■[**in etw** *akk*] ~ **sein** which can be divided [into sth] ❷ MATH (*dividierbar*) ■[**durch etw**] ~ **sein** to be divisible [by sth] ❸ JUR separable, severable; **~e Leistung** severable performance

Teilbarkeit *f* divisibility **Teilbereich** *m* section, sub-area **Teilbesitz** *m kein pl* JUR part possession **Teilbetrag** *m* instalment, AM installment, part-payment **Teilbetriebsaufgabe** *f* HANDEL partial closure **Teilbetriebsergebnis** *nt* FIN surplus on interest and commission earnings; JUR divisional result, partial operating result **Teilbetriebsveräußerung** *f* FIN partial disposal [*or* sell-off] **Teilbeweis** *m* JUR partial evidence

Teilchen <-s, -> *nt dim von* **Teil¹ 1** ❶ (*Partikel*) particle ❷ NUKL nuclear particle ❸ KOCHK DIAL pastries *pl*

Teilchenbeschleuniger <-s, -> *m* particle accelerator **Teilchenphysik** *f* PHYS particle physics + *sing vb*

Teildienstfähigkeit *f eines Beamten* partial fitness for work **Teileigentum** *nt* JUR part ownership **Teileigentumsgrundbuch** *nt* JUR *land title register for commercial condominium units*

teilen I. *vt* ❶ (*aufteilen*) ■**etw** [**mit jdm**] ~ to share sth [with sb] ❷ MATH (*dividieren*) ■**etw** [**durch etw**] ~ to divide sth [by sth] ❸ (*an etw teilhaben*) ■**etw** [**mit jdm**] ~ to share sth [with sb]; ***wir ~ Ihre Trauer*** we share your grief; **jds Schicksal ~** to share sb's fate; *s. a.* **Meinung** ❹ (*gemeinsam benutzen*) ■**etw** [**mit jdm**] ~ to share sth [with sb] ❺ (*trennen*) ■**etw ~** to divide [*or* separate] sth ▶ WENDUNGEN: **Freud und Leid miteinander ~** to share the rough and the smooth; **geteiltes Leid ist halbes Leid** (*prov*) a trouble shared is a trouble halved **II.** *vr* ❶ (*sich aufteilen*) ■**sich** *akk* [**in etw** *akk*] ~ to split up [into sth] ❷ (*sich gabeln*) ■**sich** *akk* [**in etw** *akk*] ~ to fork [*or* branch] [into sth]; ***da vorne teilt sich die Straße*** the road forks up ahead ❸ (*unter sich aufteilen*) ■**sich** *dat* **etw** [**mit jdm**] ~ to share sth [with sb]; ***sie teilten sich die Kosten*** they split the costs between them ❹ (*gemeinsam benutzen*) ■**sich** *dat* **etw ~** (*geh*) to share sth **III.** *vi* (*abgeben*) to share; ***sie teilt nicht gern*** she doesn't like to share

Teiler <-s, -> *m* MATH *s.* **Divisor**

Teilerfolg *m* partial success **Teilerfüllung** *f* JUR part performance **Teilergebnis** *nt* partial result **Teilerzeugnis** *nt* ÖKON subproduct **Teilforderung** *f* JUR part claim **Teilfrachtführer** *m* HANDEL part-carrier **Teilfusion** *f* HANDEL partial merger **Teilgebiet** *nt* branch **teilgedeckt** *adj inv* BÖRSE partly paid[-up]; **~e Aktien** partly paid[-up] shares **Teilgeschäftsfähigkeit** *f* HANDEL partial capacity **Teilgewinnabführungsvertrag** *m* FIN agreement to transfer [a] part of the profits **Teilhabe** *f* participation **teil|haben** *vi irreg* (*geh: partizipieren*) ■[**an etw** *dat*] ~ **an jds Aktionen ~** to participate in sb's activities; **an jds Freude ~** to share in sb's joy **Teilhaber(in)** <-s, -> *m(f)* partner, associate; **als ~ eintreten** to join a partnership; **jdn zum ~ machen** to take sb into partnership; **beschränkt/unbeschränkt haftender ~** limited [*or* special]/unlimited [*or* general] partner; **geschäftsführender/stiller ~** acting/dormant partner **teilhaberähnlich** *adj* HANDEL partner-like *attr* **Teilhaberschaft** <-> *f kein pl* ÖKON partnership, participation; **eine ~ begründen** to organize a partnership; **eine ~ auflösen/eingehen** to dissolve/enter into a partnership **Teilhabersteuer** *f* FIN partnership tax **Teilhabervergütung** *f* FIN partner's remuneration **Teilhafter(in)** *m(f)* JUR limited [*or* special] partner **Teilhaftung** *f* JUR limited [*or* partial] liability **Teilindossament** *nt* JUR partial endorsement **Teilkapitaldeckung** *f kein pl* FIN partial capital cover **teilkaskoversichert** *adj* covered by partially comprehensive insurance **Teilkaskoversicherung** *f* partially comprehensive insurance **Teilklage** *f* JUR action for a part of the claim **Teilkündigung** *f* FIN *einer Anleihe* part redemption **Teilladung** *f* HANDEL part shipment; **in ~en zum Versand bringen** to deliver goods by instalments **Teilleistung** *f* JUR part[ial] performance **Teillieferung** *f* ÖKON partial delivery, delivery by instalments; (*Übersee*) partial shipment **Teilmenge** *f* MATH subset **teilmöbliert** *adj inv* partly furnished

Teilnahme <-, -en> *f* ❶ (*Beteiligung*) participation (**an** +*dat* in); JUR *a.* complicity (**an** +*dat* in); ~ **an einer Straftat** complicity in a criminal offence ❷ (*geh: Mitgefühl*) sympathy ❸ (*geh: Interesse*) interest

Teilnahmebedingung *f* entry condition **teilnahmeberechtigt** *adj inv* eligible

teilnahmslos *adj* apathetic, indifferent; ***aus ihrem ~en Gesicht schloss ich völliges Desinteresse*** I could tell she couldn't care less by the indifferent look on her face

Teilnahmslosigkeit <-> *f kein pl* apathy, indifference **teilnahmsvoll** *adv* compassionately

teil|nehmen *vi irreg* ❶ (*anwesend sein*) ■[**an etw** *dat*] ~ to attend [sth]; **am Gottesdienst ~** to attend a service ❷ (*sich beteiligen*) ■[**an etw** *dat*] ~ **an einem Wettbewerb ~** to participate [*or* take part] in a contest; **an einem Kurs** [*o* **Unterricht**] ~ to attend a class [*or* lessons]; **an einem Krieg ~** to fight in a war ❸ (*geh: Anteil nehmen*) ■[**an etw** *dat*] ~ to share [in sth]

Teilnehmer(in) <-s, -> *m(f)* ❶ (*Anwesender*) person present; ***alle ~ fanden diese Vorlesung äußerst interessant*** everyone present found this lecture extremely interesting ❷ (*Beteiligte*) participant; ■**ein ~ an etw ~ an einem Wettbewerb** contestant [*or* participant in a contest]; **~ an einem Kurs** person attending a class [*or* lessons], student; **~ an einem Krieg** combatant ❸ (*Telefoninhaber*) subscriber

Teilnehmergebühr *f* HANDEL attendance fee **Teilnichtigkeit** *f kein pl* JUR partial nullity, severability **Teilnichtigkeitsklausel** *f* JUR severability clause **Teilrücktritt** *m* JUR partial cancellation [*or* recission] **Teilrückzug** *m* partial retreat

teils *adv* in part, partly; **~, ~** (*fam*) yes and no; **~ ..., ~ ...** (*fam*) partly..., partly...; ***im Tagesverlauf ist es ~ heiter, ~ bewölkt*** during the day it will be cloudy with sunny intervals

Teilschaden *m* (*Versicherung*) partial loss **Teilschuldner(in)** *m(f)* JUR joint debtor, part-debtor **Teilsendung** *f* part-consignment **Teilstrecke** *f* ❶ TRANSP stretch; *einer Reise* stage ❷ SPORT leg, stage **Teilstrich** *m* secondary graduation line **Teilstück** *nt* part, stretch

Teilung <-, -en> *f* division

Teilungsanordnung *f* JUR [testator's] instructions *pl* to apportion the estate **Teilungsartikel** *m* LING partitive article **Teilungsgenehmigung** *f* JUR permission for a partition [of land] **Teilungsklage** *f* JUR action for partition **Teilungsmasse** *f* JUR estate to be apportioned **Teilungsplan** *m* JUR scheme of partition **Teilungssache** *f* JUR partition matter **Teilungsvertrag** *m* JUR deed of separation

Teilurteil *nt* JUR partial verdict **Teilverurteilung** *f* JUR verdict on a part of the charge **Teilverweisung** *f* JUR partial referral **Teilvollstreckung** *f* JUR execution in part

teilweise I. *adv* partly **II.** *adj attr* partial; **~r Erfolg** partial success

Teilweiterbehandlung *f* continuation in part **Teilwert** *m* HANDEL part [*or* fractional] value **Teilwertabschreibung** *f* FIN write-down to going-concern value **Teilwertberichtigung** *f* FIN readjustment of part values; **~ von Anlagegegenständen** adjustment of fixed-asset part values

Teilzahlung *f* (*Ratenzahlung*) instalment, AM installment, part payment; **auf ~** on hire purchase

Teilzahlungsgeschäft *nt* HANDEL hire purchase business **Teilzahlungskauf** *m* HANDEL BRIT hire purchase, instalment [*or* AM -ll-] plan **Teilzahlungskredit** *m* FIN instalment credit **Teilzahlungspreis** *m* hire purchase price **Teilzahlungsverpflichtung** *f* JUR hire purchase commitment **Teilzahlungswechsel** *m* FIN instalment sale financing bill

Teilzeit *f* part-time; **~ beschäftigt** employed part-time **Teilzeitarbeit** *f* part-time work **Teilzeitbeschäftigte(r)** *f(m) dekl wie adj* part-time worker **Teilzeitbeschäftigung** *f* part-time employment **Teilzeitkraft** *f* ÖKON part-timer

Tein <-s> *nt kein pl* thein BRIT

Teint <-s, -s> [tɛ̃:] *m* complexion

T-Eisen *nt* tee-iron

Tekkno <-[s]> *nt o m kein pl s.* **Techno**

Tektit <-s, -e> *m* GEOL tektite

tektonisch *adj inv* GEOL tectonic

Telearbeit *f kein pl* teleworking **Telearbeitsplatz** *m* workstation **Telebanking** *nt* home banking **Telebrief** *m* telemessage **Telefax** *nt* ❶ (*Gerät*) fax ❷ (*gefaxte Mitteilung*) fax **Telefaxanlage** *f* fax installation **Telefaxanschluss**^RR *m* fax connection **telefaxen** *vt, vi* (*geh*) *s.* **faxen** **Telefaxgerät** *nt* fax machine **Telefaxübertragung** *f* fax transmission

Telefon <-s, -e> ['te:lefo:n, tele'fo:n] *nt* telephone, phone *fam;* **~ haben** to be on the [tele]phone; **am ~ verlangt werden** to be wanted on the phone

Telefonanlage *f* telefone [*or* AM telephone] system **Telefonanruf** *m* telephone call **Telefonanrufbeantworter** *m* telephone answering-machine **Telefonansage** *f* telephone information service **Telefonanschluss**^RR *m* telephone connection **Telefonapparat** *m* telephone

Telefonat <-[e]s, -e> *nt* (*geh*) telephone call; **ein ~ führen** to make a telephone call

Telefonauskunft *f* directory enquiries *pl* **Telefonbanking** *nt kein pl* FIN telephone banking **Telefonbuch** *nt* telephone book [*or* directory] **Telefongebühr** *f meist pl* telephone charge[s *pl*] **Telefongespräch** *nt* telephone call; **ein ~ nach Tokio** a telephone call to Tokyo; **ein ~ führen** to make a telephone call **Telefonhäuschen** [-hɔysçən] *nt* call [*or* phone] box BRIT, pay phone AM **Telefonhörer** *m* telephone receiver

telefonieren* *vi* (*das Telefon verwenden*) ■[**mit jdm**] ~ to telephone [sb]; ***mit wem hast du eben so lange telefoniert?*** who have you just been on the phone to for so long?; ■[**irgendwohin**] ~ to telephone [somewhere]

Telefonieserver *m* INFORM, TELEK telephony server **Telefoniesoftware** *f* INFORM, TELEK telephony software

telefonisch I. *adj* telephone; **~e Anfrage** telephone enquiry; **~e Beratung** advice over the telephone **II.** *adv* by telephone, over the telephone; ***der Auftragseingang wurde ~ bestätigt*** reception of the order was confirmed by telephone

Telefonist(in) <-en, -en> *m(f)* switchboard operator, telephonist

Telefonkabel *nt* telephone cable **Telefonkarte** *f* phonecard **Telefonkette** *f* telephone chain **Telefonkonferenz** *f* telephone conference **Telefonleitung** *f* telephone line; **freie ~** free line **Telefonmarketing** *nt* telephone marketing **Telefonnetz** *nt* telephone network **Telefonnummer** *f* telephone number; **geheime ~** ex-directory number **Telefonrechnung** *f* [tele]phone bill **Telefonregister** *nt* telephone register **Telefonseelsorge** *f* Samaritans *pl* **Telefonsex** *m* telephone sex **Telefonsystem** *nt* telephone system **Telefontarif** *m* telephone rental **Telefonüberwachung** *f* telephone surveillance [*or* monitoring] [*or* tapping] **Telefonverbindung** *f* telephone connection **Telefonverzeichnis** *nt* telephone list **Telefonzelle** *f* call [*or* phone] box BRIT, pay phone AM **Telefonzentrale** *f* switchboard

telegen *adj* telegenic

Telegraf <-en, -en> *m* telegraph

Telegrafenamt *nt* telegraph office **Telegrafenleitung** *f* telegraph cable **Telegrafenmast** *m* telegraph pole [*or* mast]

Telegrafie <-> *f kein pl* telegraphy

telegrafieren* I. *vi* (*telegrafisch kommunizieren*) ■[**jdm**] ~ to telegraph [sb] II. *vt* (*telegrafisch übermitteln*) ■[**jdm**] **etw** ~ to telegraph [sb] sth

telegrafisch *adj* telegraphic

Telegramm <-gramme> *nt* telegram

Telegrammadresse *f* telegraphic address **Telegrammformular** *nt* telegram form **Telegrammgebühr** *f* telegram charge **Telegrammstil** *m kein pl* abrupt style; **im ~** in an abrupt style

Telegraph *m s.* **Telegraf**

Teleheimarbeit *f* teleworking [from home]

Telekarte *f* phone card

Telekinese <-> *f kein pl* telekinesis

Telekolleg *nt* Open University BRIT

Telekom <-> *f kein pl kurz für* **Deutsche Telekom AG**: ■**die ~** *German Telecommunications company*

Telekommunikation *f* telecommunication

Telekommunikationsanbieter *m* telecoms provider **Telekommunikationsmarkt** *m* telecommunications market **Telekommunikationsnetz** *nt* telecommunications network **Telekommunikationssatellit** *m* telecommunications satellite **Telekommunikationssystem** *nt* telecommunications system

Telekonferenz *f* teleconference **Telekopie** *f* (*veraltend*) fax **Telekopierer** *m* (*veraltend*) fax machine **Telelearning** <-[s]> [-lə:nɪŋ] *nt kein pl* telelearning *no pl, no indef art* **Telemedizin** *f kein pl* telemedicine **Teleobjektiv** *nt* telephoto lens **Telepathie** <-> *f kein pl* telepathy

telepathisch *adj* telepathic

Telepathologie *f kein pl* telepathology **Teleprompter** <-s, -> *m* autocue, teleprompter AM **Teleshopping** <-s> ['te:lɛʃɔpɪŋ] *nt kein pl* teleshopping

Teleskop <-s, -e> *nt* telescope

Telespiel *nt* (*veraltend*) video game

Telespielkonsole *f* video game console

Teletex <-> *nt kein pl* teletex *no pl*

Telex <-, -e> *nt* telex

Telexanschluss^RR *m* telex-connection

telexen *vt* ■[**jdm**] **etw** ~ to telex [sb] sth

Teller <-s, -> *m* ❶ (*Geschirrteil*) plate; **flacher ~** dinner plate; **tiefer ~** soup plate ❷ (*Menge*) plateful; **ein ~ Spaghetti** a plateful of spaghetti

Tellerbesen *m* flat whisk **Tellerbrett** *nt* shelf for plates **Tellergericht** *nt* KOCHK one-course meal **Tellermine** *f* MIL flat anti-tank mine **Tellerrand** *m* ▶ WENDUNGEN: **über den ~ hinausschauen** (*fam*) to not be restricted in one's thinking; **über den ~ nicht hinausschauen** (*fam*) to not see further than [the end of] one's nose **Tellerwärmer** <-s, -> *m* plate warmer **Tellerwäscher(in)** *m(f)* dishwasher; ***die klassische amerikanische Erfolgsstory: vom ~ zum Millionär*** the classic American success story: from rags to riches

Tellur <-s> *nt kein pl* CHEM tellurium

Telnet <-s> *nt kein pl* INFORM telnet

Telomer <-s, -e> *nt* BIOL telomere

Telomerabschnitt *m* telomere band

Telomerase <-> *f kein pl* (*Enzym*) telomerase

Tempel <-s, -> *m* temple

Tempeltänzerin *f* temple dancer

Tempera <-, -s> *f* tempera

Temperafarbe *f* tempera colour [*or* AM -or]

Temperament <-[e]s, -e> *nt* ❶ (*Wesensart*) temperament, character; ***sein ~ ist mit ihm durchgegangen*** he lost his temper; **ein feuriges/sprudelndes ~** a fiery/bubbly *fam* character ❷ *kein pl* (*Lebhaftigkeit*) vitality, vivacity; **~ haben** to be very lively ▶ WENDUNGEN: **seinem ~ die Zügel schießen lassen** to lose control over one's feelings; **die vier ~e** the four humours [*or* AM -ors]

temperamentlos *adj* lifeless, spiritless

Temperamentssache *f* **das** [*o* **etw**] **ist eine ~** this [*or* sth] is a matter of temperament

temperamentvoll I. *adj* lively, vivacious II. *adv* in a lively manner, vivaciously

Temperatur <-, -en> *f* ❶ (*Wärmegrad*) temperature ❷ (*Körpertemperatur*) temperature; [**seine/die**] **~ messen** to take one's temperature; **erhöhte ~** temperature higher than normal; [**erhöhte**] **~ haben** to have [*or* be running] a temperature

Temperaturanstieg *m* rise in temperature **Temperaturausgleich** *m* temperature equalizing **temperaturausgleichend** *adj inv* temperature equalizing **Temperaturfühler** *m* TECH temperature sensor **Temperaturregler** *m* thermostat **Temperaturrückgang** *m* drop [*or* fall] in temperature **Temperaturschwankung** *f* fluctuation [*or* variation] in temperature **Temperatursturz** *m* plunge in temperature, sudden drop in temperature

temperieren* *vt* ■**etw ~** ❶ (*wärmen*) to bring sth to the correct temperature; ■**temperiert** at the right temperature; **angenehm temperierte Räume** rooms at a pleasant temperature ❷ (*geh: mäßigen*) to curb, to moderate; **seine Gefühle ~** to curb one's feelings

Tempi ❶ *pl von* **Tempo** ❷ (*geh*) **~ passati** (*vergangene Zeiten*) bygone times

Tempo[1] <-s, -s *o fachspr* Tempi> *nt* ❶ (*Geschwindigkeit*) speed; **~ des Konjunkturauftriebs** ÖKON pace of prosperity; **mit** [*o* **in**] **einem bestimmten ~** at a certain speed; **mit hohem ~** at high speed; **das erlaubte ~ fahren** to stick to the speed limit; **~!** (*fam*) get a move on! *fam* ❷ (*musikalisches Zeitmaß*) tempo; **das ~ angeben** to set the tempo

Tempo®[2] <-s, -s> *nt* (*fam: Papiertaschentuch*) [paper] tissue, kleenex®

Tempo-30-Zone [-'draisɪg-] *f* restricted speed zone **Tempolimit** *nt* speed limit

Tempomat *m* AUTO cruise control

Tempora *pl von* **Tempus**

temporal *adj* LING temporal

Temporalsatz *m* temporal clause

temporär *adj* (*geh*) temporarily

Temposünder(in) <-s, -> *m(f)* speeder

Tempotaschentuch® *nt* paper-handkerchief, tissue

Tempus <-, Tempora> *nt* LING tense

Tendenz <-, -en> *f* ❶ (*Trend*) trend, tendency; **fallende/steigende ~ haben** to have a tendency to fall/rise; **kurserholende ~** rallying tendency; **sinkende ~** *der Kurse* downward trend ❷ (*Neigung*) ■**eine** [*o* **jds**] **~ zu etw** a [*or* sb's] tendency to sth; **die ~ haben,** [**etw zu tun**] to have a tendency [to do sth] ❸ *meist pl* (*Strömung*) trend; **neue ~en in der Kunst** new trends in art ❹ *kein pl* (*meist pej: Parteilichkeit*) bias, slant

Tendenzbetrieb *m* HANDEL enterprise serving political purposes

tendenziell *adj inv* ***es zeichnet sich eine ~e Entwicklung zum Besseren ab*** trends indicate a change for the better

tendenziös <-er, -este> *adj* (*pej*) tendentious

Tendenzstück *nt* tendentious play **Tendenzwende** *f* ÖKON turnround

Tender <-s, -> *m* BAHN, NAUT tender

tendieren* *vi* ❶ (*hinneigen*) ■[**zu etw**] ~ to tend [towards sth]; ■**dazu ~, etw zu tun** to tend to do sth; **dazu ~ abzulehnen/zuzustimmen** to tend to say no/yes; **dazu ~, zu unterschreiben/bestellen** to be moving towards signing/ordering ❷ (*sich entwickeln*) ■[**irgendwohin**] ~ to have a tendency [to move in a certain direction]; ***die Aktien tendieren schwächer*** shares are tending to become weaker

Tendron <-s, -s> *nt* KOCHK sliced veal breast

Teneriffa *nt* Tenerife; *s. a.* **Sylt**

Tenne <-, -n> *f* AGR threshing floor

Tennis <-> *nt kein pl* tennis; **~ spielen** to play tennis

Tennisarm *m* MED tennis elbow **Tennisball** *m* tennis ball **Tennishalle** *f* indoor tennis court **Tennisklub** *m* tennis club **Tennisplatz** *m* SPORT ❶ (*Spielfeld*) tennis court ❷ (*Anlage*) outdoor tennis complex **Tennisschläger** *m* tennis racket **Tennisspiel** *nt* ❶ (*Sportart*) tennis ❷ (*Einzelspiel*) game of tennis **Tennisspieler(in)** *m(f)* tennis player **Tennisturnier** *nt* tennis tournament [*or* championship]

Tenor <-s, Tenöre> *m* ❶ MUS tenor ❷ *kein pl* JUR tenor; **~ eines Urteils** operative provisions of a judgement

Tenorstimme *f* tenor

Tensid <-[e]s, -e> *nt* CHEM surfactant

Tensoranalysis *f* MATH tensor analysis

Tentakel <-s, -> *m o nt* tentacle

Tenue <-s, -s> ['tɛny:] *nt* SCHWEIZ (*Bekleidung*) style of dress; MIL (*Uniform*) prescribed style of dress, uniform

Teppich <-s, -e> *m* ❶ (*Fußbodenbedeckung*) carpet; **Wand~** tapestry, wall hanging; **einen ~ klopfen** to beat a carpet ❷ (*Öl~*) slick ▶ WENDUNGEN: **auf dem ~ bleiben** (*fam*) to keep one's feet on the ground *fam;* **etw unter den ~ kehren** (*fam*) to sweep sth under the carpet

Teppichboden *m* fitted carpet; **etw mit ~ auslegen** to fit sth with wall-to-wall carpeting **Teppichfliese** *f* carpet tile **Teppichgeschäft** *nt* carpet shop **Teppichgröße** *f* size of carpet **Teppichkehrer** <-s, -> *m* carpet sweeper **Teppichkehrmaschine** *f* carpet sweeper **Teppichklopfer** <-s, -> *m* carpet-beater **Teppichmuschel** *f* carpet shell **Teppichmuster** *nt* carpet design **Teppichreiniger** *m* carpet cleaner **Teppichschaum** *m* carpet foam cleaner **Teppichstange** *f frame used for carpet beating*

Terabit *nt* INFORM terabit

Terabyte *nt* INFORM terabyte

Terbium <-s> *nt kein pl* CHEM terbium

Term <-s, -e> *m* MATH term

Termin *m* JUR date, appointed time; **~ zur mündlichen Verhandlung** date of hearing

Termin <-s, -e> *m* ❶ (*verabredeter Zeitpunkt*) appointment; **einen ~** [**bei jdm**] [**für etw**] **haben** to have an appointment [with sb] [for sth]; **sich** *dat* **einen ~** [**für etw** *akk*] **geben lassen** to make an appointment [for sth]; **einen ~ vereinbaren** to arrange an appointment; **einen ~ verpassen** [*o* **versäumen**] to miss an appointment; **etw auf einen späteren ~ verschieben** to postpone sth ❷ (*festgelegter Zeitpunkt*) deadline; **zu einem bestimmten ~ fällig werden** to mature on a particular date; **an feste ~e gebunden sein** to have fixed dates; ***der ~ für die Veröffentlichung steht schon fest*** the deadline for publishing has already been fixed; **der letzte ~** the deadline [*or* latest date]; SPORT fixture ❸ JUR (*Verhandlungs~*) hearing

Terminablauf *m* ❶ JUR (*Fristende*) expiry of a/the term [*or* deadline] ❷ (*Tagesverlauf*) course of the day

Terminal[1] <-s-, -s> ['tœrminl] *nt* INFORM terminal

Terminal[2] <-s, -s> ['tœrminl] *nt o m* LUFT, TRANSP terminal

Terminalprogramm *nt* INFORM terminal program

Terminbörse *f* FIN futures market **Termindruck** *m kein pl* time pressure; **unter ~ stehen** to be under time pressure **Termineinlage** *f* FIN time deposit **Termingeld** *nt* fixed-term deposit **termingemäß** *adj inv* on schedule *pred* **termingerecht** I. *adj* according to schedule II. *adv* on time [*or* schedule]; ~ **liefern** HANDEL to deliver on schedule **Termingeschäft** *nt* BÖRSE futures trading; **bedingtes/festes** ~ option/fixed-date deal; ~**e in Aktienindices** stock index futures trading

Termini *pl von* **Terminus**

Terminjäger *m* deadline chaser **Terminkalender** *m* [appointments] diary [*or* AM calender]; **einen vollen ~ haben** to have a full appointments diary **Terminkauf** *m* HANDEL forward buying **Terminkäufer** *m* BÖRSE forward buyer **Terminkontrakt** *m* FIN forward [*or* futures] contract

terminlich I. *adj inv, attr* with regard to the schedule; ~**e Verpflichtungen** commitments II. *adv* as far as the schedule is concerned; ***ja, das kann ich ~ einrichten!*** yes, I can fit that into my schedule!

Terminlieferung *f* HANDEL future delivery **Terminmarkt** *m* ÖKON forward market

Terminologie <-, -n> [-'giːən] *f* terminology

terminologisch *adj inv, attr* terminological

Terminplan *m* schedule **Terminplaner** <-s, -> *m* ① (*Kalender*) schedule, diary BRIT, Filofax®, personal organizer ② TECH, INFORM (*elektronischer Kleincomputer*) electronic diary [*or* AM organizer] **Terminplanung** *f* scheduling **Terminschwierigkeiten** *pl* schedule difficulties *pl* **Terminsverlegung** *f* JUR adjournment of trial

Terminus <-, Termini> *m* term; ~ **technicus** technical term; **ein medizinischer ~ technicus** a specialized medical term

Terminverkauf *m* BÖRSE forward sale **Terminversäumnis** *nt* HANDEL, JUR non-appearance, failure to appear **Terminverwaltung** *f* calendar management

Termite <-, -n> *f* termite

Termitenhügel *m* termites' nest **Termitenstaat** *m* termite colony

ternär *adj inv* PHYS ternary

Terpentin <-s, -e> *nt o* ÖSTERR *m* CHEM ① (*flüssiges Harz*) turpentine, turps *fam* ② (*fam*) *s.* **Terpentinöl**

Terpentinöl *nt* oil of turpentine

Terrain <-s, -s> [tɛ'rɛ̃ː] *nt* ① MIL, GEOG (*Gelände*) terrain ② (*a. fig:* [*Bau*]*grundstück*) site; **das ~ sondieren** (*geh*) to see how the land lies; **sich auf unbekanntem ~ bewegen** to be on unknown territory

Terrakotta <-, -kotten> *f kein pl* terracotta

Terrakottatopf *m* terracotta pot

Terrarium <-s, -rien> [-riən] *nt* terrarium

Terrasse <-, -n> *f* ① (*Freisitz*) terrace; (*Balkon*) [large] balcony ② (*Geländestufe*) terrace

Terrassendach *nt* roof terrace **terrassenförmig** *adj* terraced **Terrassenhaus** *nt* split-level house

Terrazzo <-s, Terrazzi> *m* terrazzo

terrestrisch *adj* terrestrial

Terrier <-s, -> [-iɐ] *m* terrier

Terrine <-, -n> *f* tureen

territorial *adj* territorial

Territorialanspruch *m* POL territorial claim (**an** +*akk* on) **Territorialheer** *nt* territorial army **Territorialitätsprinzip** *nt*, **Territorialitätsrecht** *nt* JUR principle of territoriality, BRIT jus soli **Territorialverhalten** *nt* territorial behaviour BRIT [*or* AM -or]

Territorium <-s, -rien> [-riən] *nt* territory

Terroir <-[s], -s> [tɛr'rwa] *nt* AGR terroir *spec* (*combination of soil, climate and location for wine-growing*)

Terror <-s> *m kein pl* ① (*terroristische Aktivitäten*) terrorism ② (*Furcht und Schrecken*) terror; **die Verbreitung von ~** the spreading of terror ③ (*Schreckensregime*) reign of terror; **blutiger ~** terror and bloodletting ④ (*fam: Stunk*) huge fuss; ~ **machen** to make a huge fuss

Terrorakt *m* act of terrorism **Terroranschlag** *m* terrorist attack **Terrorgruppe** *f* terrorist group **Terrorherrschaft** *f kein pl* reign of terror

terrorisieren* *vt* ① (*fam: schikanieren*) ■**jdn ~** to intimidate sb ② (*in Angst und Schrecken versetzen*) ■**jdn/etw ~** to terrorize sb/sth

Terrorismus <-> *m kein pl* terrorism

Terrorismusbekämpfung *f* fight against terrorism **Terrorismusexperte** *m* expert on terrorism

Terrorist(in) <-en, -en> *m(f)* terrorist

terroristisch *adj* terrorist *attr;* ~**e Aktivitäten** terrorist activities; ~**e Organisation** [*o* **Vereinigung**] terrorist organization

Terrorkommando *nt* terrorist commando **Terrorwelle** *f* wave of terror

tertiär *adj inv* tertiary

Tertiär <-s> [tɛr'tsiɛːɐ] *nt kein pl* GEOL tertiary

Terz <-, -en> *f* MUS third

Terzett <-[e]s, -e> *nt* MUS trio

Tesafilm® *m* Sellotape® BRIT, Scotch tape® AM

Tessin <-s> *nt* ■**das ~** Ticino

Test <-[e]s, -s *o* -e> *m* ① (*Versuch*) test; **einen ~ machen** to carry out a test ② PHARM test; **einen ~ machen** to undergo a test ③ SCH test

Testament <-[e]s, -e> *nt* ① JUR [last] will, testament, last will and testament; **anfechtbares ~** voidable will; **eigenhändiges ~** holographic will; **gemeinschaftliches ~** joint will; **jüngeres ~** later will; **öffentliches ~** notarial will; **ein ~ aufsetzen** to draft [*or* draw up *sep*] a will; **ein ~ eröffnen/vollstrecken** to open/administer a will; **ein ~ errichten** to testate, to write [*or* execute] a will; **sein ~ machen** to make one's will ② REL **Altes/Neues ~** Old/New Testament ▶ WENDUNGEN: **dann kann jd sein ~ machen** (*fam*) then sb had better make a will

testamentarisch I. *adj* testamentary; **eine ~e Verfügung** an instruction in the will II. *adv* in the will; **jdn ~ bedenken** to include sb in one's will; **etw ~ festlegen** to write sth in one's will; **etw ~ verfügen** to dispose of sth by will; **jdm etw** *akk* **~ vermachen** to leave sb sth in one's will

Testamentsanfechtung *f* JUR contesting a will **Testamentsauslegung** *f* JUR construction of a will **Testamentsausschlagung** *f* JUR disclaimer [of a testamentary gift] **Testamentseröffnung** *f* reading [*or* opening] of the will **Testamentsvollstrecker(in)** *m(f)* executor **Testamentsvollstreckung** *f* JUR execution of a will

Testat <-[e]s, -e> *nt* JUR testimonial, attestation

Testator(in) *m(f)* JUR testator

Testbild *nt* TV test card BRIT, test pattern AM

testen *vt* ■**jdn/etw** [**auf etw** *akk*] ~ to test sb/sth [for sth]

Testergebnis *nt* test result **Testfahrer(in)** *m(f)* test driver **Testfrage** *f* test question

testieren* I. *vt* (*geh*) ■**jdm etw ~** to certify [*or* testify] sth for sb; ■**jdm ~, dass ...** to give sb written proof that ... II. *vi* JUR (*geh*) to make a will

testierfähig *adj* JUR testable, capable of making a will; ~ **sein** to have testamentary capacity, to beo of sound and disposing mind AM; **nicht ~** intestable **Testierfähigkeit** *f kein pl* JUR testamentary capacity, AM disposing capacity **testierunfähig** *adj* JUR incapable of making a will **Testierunfähigkeit** *f kein pl* JUR testamentary incapacity

Testikel <-s, -> *m* MED testicle

Testlauf *m* TECH test run

Testosteron <-s, -e> *nt* testosterone

Testperson *f* subject **Testpilot(in)** *m(f)* test pilot **Testprogramm** *nt* test programme [*or* AM -am] **Testreaktor** *m* test ractor **Testreihe** *f* series of tests **Teststrecke** *f* test track **Teststreifen** *m* test strip **Testzwecke** *pl* ■**zu ~n** for test purposes

Tetanus <-> *m kein pl* tetanus *no pl*

Tetraeder <-s, -> *nt* MATH tetrahedron

Tetrazyklin <-s, -e> *nt kein pl* PHARM tetracycline

teuer I. *adj* ① (*viel kostend*) expensive; ■**jdm zu ~ sein** to be too expensive [*or* dear] for sb; **ein ~es Vergnügen** an expensive bit of fun ② (*hohe Preise verlangend*) expensive ③ (*geh: geschätzt*) dear; ■**jdm** [**lieb und**] **~ sein** to be dear to sb; **mein Teurer/meine Teure, mein T~ster/meine T~ste** (*hum*) my dearest; (*unter Männern*) my dear friend II. *adv* (*zu einem hohen Preis*) expensively; ***das hast du aber zu ~ eingekauft*** you paid too much for that; **sich** *dat* **etw ~ bezahlen lassen** to demand a high price for sth ▶ WENDUNGEN: **etw ~ bezahlen müssen** to pay a high price for sth; ~ **erkauft** dearly bought; **jdn ~ zu stehen kommen** to cost sb dear, sb will pay dearly

Teuerung <-, -en> *f* price rise [*or* increase], rise [*or* increase] in price

Teuerungsrate *f* rate of price increase **Teuerungszuschlag** *m* surcharge

Teufel <-s, -> *m* ① *kein pl* (*Satan*) ■**der ~** the Devil, Satan ② (*teuflischer Mensch*) devil, evil person ▶ WENDUNGEN: **den ~ durch** [*o* **mit dem**] **Beelzebub austreiben** to jump from the frying pan into the fire; **der ~ steckt im Detail** it's the little things that cause big problems; **jdn/sich in ~s Küche bringen** (*fam*) to get sb/oneself into a hell of a mess *fam;* **in ~s Küche kommen** (*fam*) to get into a hell of a mess; **ein/der ~ in Menschengestalt** a/the devil in disguise; **den ~ an die Wand malen** to imagine the worst; **jdn/etw wie der ~ das Weihwasser fürchten** (*hum fam*) to avoid sb/sth like the plague *fam;* **ja bist du denn des ~s?** have you lost your senses [*or* mind]?, are you mad [*or* AM crazy]?; **geh zum ~!** (*fam*) go to hell!, fam; **soll jdn** [**doch**] **der ~ holen** (*fam*) to hell with sb *fam;* **irgendwo ist der ~ los** (*fam*) all hell is breaking loose somewhere; ***in der Firma war gestern der ~ los*** all hell broke loose in the firm yesterday; **jdn zum ~ jagen** [*o* **schicken**] (*fam*) to send sb packing *fam;* **auf ~ komm raus** (*fam*) come hell or high water; ***die Termine müssen auf ~ komm raus eingehalten werden*** the dates have to be met, come hell or high water; **sich den ~ um etw kümmern** [*o* **scheren**] (*fam*) to not give a damn about sth *sl;* **jdn reitet der ~** (*fam*) sb is feeling his oats *fam;* **scher dich zum ~!** (*fam*) go to hell! *sl;* **wenn man vom ~ spricht**[**, kommt er**] (*prov*) speak [*or* talk] of the devil [and he appears]; **den ~ tun werden, etw zu tun** (*fam*) to be damned *sl* if one does sth; ***sie wird den ~ tun, das zu machen*** she'll be damned if she does that; **weiß der ~** (*fam*) who the hell knows, fam; **den ~ werde ich** [**tun**]! (*fam*) like hell I will! *fam;* **jdn zum ~ wünschen** (*fam*) to wish sb in hell; **es müsste mit dem ~ zugehen, wenn ...** (*fam*) hell would have to freeze over, before ...; ~ **noch mal** [*o* **aber auch**]! (*fam*) well, I'll be damned! *sl;* **wie der ~** (*fam*) like hell [*or* the devil] *fam;* **zum ~!** (*fam*) damn [it]! *sl,* blast [it]! *sl or dated;* **... zum ~ ...?** (*fam*) ... the devil [*or* hell] ...?; ***wer zum ~ ist Herr Müller?*** who the heck [*or* hell] is Mr. Müller? *fam*

Teufelei <-, -en> *f* evil trick

Teufelsaustreibung *f kein pl* exorcism

Teufelsfratze *f* devil's face **Teufelskerl** *m* (*fam*) amazing fellow **Teufelskreis** *m* vicious circle

teuflisch I. *adj* devilish, diabolical II. *adv* ① (*diabolisch*) diabolically, devilishly ② (*fam: höllisch*) hellishly, like hell

Teutone, Teutonin <-n, -n> *m, f* Teuton

teutonisch *adj* Teutonic

Text <-[e]s, -e> *m* ① (*schriftliche Darstellung*) *a.* INFORM text; **verborgener ~** hidden text ② (*Lied*) lyrics ③ (*Wortlaut*) text; *Rede* script ▶ WENDUNGEN: **jdn aus dem ~ bringen** (*fam*) to confuse sb; **aus dem ~ kommen** (*fam*) to become confused; **weiter im ~!** (*fam*) let's get on with it *fam*

Textabrufsystem *nt* TYPO text retrieval system **Textanfang** *m* start-of-text **Textaufgabe** *f* MATH problem **Textbaustein** *m* text block **Textbearbeitung** *f* text manipulation **Textbuch** *nt* song book, libretto **Textdatei** *f* INFORM text file **Textdichter(in)** *m(f)* songwriter, librettist **Textdokument** *m* text document **Texteditor** *m* INFORM text editor **Texteingabe** *f* INFORM text input

texten I. *vt* ■**etw ~** to write sth II. *vi* to write songs; (*in der Werbung*) to write copy

Textende *nt* end-of-text

Texter(in) <-s, -> *m(f)* songwriter; (*in der Wer-*

bung) copywriter

Texterfasser(in) <-s, -> *m(f)* galley typist, keyboard operator **Texterfassung** *f* INFORM text input **Texterkennung** *f* INFORM text recognition **Textform** *f* TYPO shape of text matter **Textformatierer** *m* INFORM text formatter **Textformatierung** *f* INFORM text formatting

textil *adj* fabric

Textilarbeiter(in) <-s, -> *m(f)* textile worker **Textilbranche** *f* textile industry **Textilfabrik** *f* textile factory **Textilfaser** *f* textile fibre [*or* AM -er] **Textilgeschäft** *nt* (*fam*) *shop that sells linen and clothing* **Textilhersteller** *m* textile manufacturer

Textilien *pl* fabrics *pl*

Textilindustrie *f* textile industry

Textkritik *f* textual criticism **Textmodus** *m* INFORM text mode **Textmontage** *f* TYPO text assembly **Textpassage** *f* extract [*or* passage] from the text **Textstelle** *f* passage **Textsystem** *nt s.* Textverarbeitungssystem **Textumstellung** *f* cut and paste

Textverarbeitung *f* word processing

Textverarbeitungsanlage *f* INFORM word processor, word processing system **Textverarbeitungsprogramm** *nt* word processing programme [*or* AM -am], word processor **Textverarbeitungssystem** *nt* word processor, word processing system

Tezett *nt* ▶ WENDUNGEN: **bis ins ~** (*fam*) inside out *fam*

TH <-, -s> *f Abk von* **Technische Hochschule** training college providing degree courses in technical and scientific subjects

Thai *nt* Thai; *s. a.* **Deutsch**

Thailand *nt* Thailand

Thallium <-s> *nt kein pl* CHEM thallium

THC *nt Abk von* **Tetrahydrocannabinol** THC

Theater <-s, -> *nt* ❶ (*Gebäude*) theatre [*or* AM -er] ❷ (*Schauspielkunst*) theatre [*or* AM -er]; **zum ~ gehen** to go on the stage; **~ spielen** to put on a show, to act; **nur ~ sein** (*fam*) to be only an act *fam* ❸ (*fam: Umstände*) drama, fuss *fam;* **[ein] ~ machen** to make [*or* create] a fuss *fam*

Theaterabonnement *nt* theatre [*or* AM -er] subscription **Theateraufführung** *f* theatre performance, play **Theaterbesuch** *m* theatre visit **Theaterbesucher(in)** <-s, -> *m(f)* theatregoer **Theaterdirektor(in)** <-s, -en> *m(f)* theatre manager **Theaterferien** *pl* theatre-season holidays *pl* **Theatergruppe** *f* theatrical group **Theaterkarte** *f* theatre ticket **Theaterkasse** *f* theatre box office **Theaterkritiker(in)** *m(f)* theatre critic **Theatermacher(in)** *m(f)* theatre [*or* AM -er] maker; (*Theaterregisseur a.*) stage director; (*Theaterintendant a.*) theatre manager **Theaterprobe** *f* rehearsal **Theaterpublikum** *nt* theatre audience **Theaterregisseur(in)** <-s, -e> *m(f)* theatre director **Theaterstück** *nt* play **Theatervorstellung** *f* theatre performance

theatralisch *adj* theatrical

Theismus <-> *m kein pl* theism *no pl*

Theke <-, -n> *f* counter; (*in einem Lokal*) bar

T-Helfer-Gedächtniszelle *f* BIOL T helper cell

Thema <-s, Themen *o* -ta> *nt* ❶ (*Gesprächs~*) subject, topic; **ein ~ ist [für jdn] erledigt** (*fam*) a matter is closed as far as sb is concerned; **beim ~ bleiben** to stick to the subject [*or* point]; **jdn vom ~ abbringen** to get sb off the subject; **vom ~ abschweifen** to wander [*or fam* get] off the subject; **~ Nr. 1 sein** to be the main subject of discussion; **das ~ wechseln** to change the subject ❷ (*schriftliches ~*) subject ❸ (*Bereich*) subject area ❹ MUS theme ▶ WENDUNGEN: **wir wollen das ~ begraben** (*fam*) let's not talk about that anymore; **ein/kein ~ sein** to be/not be an issue; **etw zum ~ machen** to make an issue out of sth

Thematik <-> *f kein pl* topic

thematisch I. *adj* regarding subject matter II. *adv* as far as the subject is concerned

thematisieren* *vt* ■**etw ~** to make sth subject of discussion, to discuss sth

Themen *pl von* **Thema**

Theologe, -login <-n, -n> *m, f* theologian

Theologie <-, -n> *f* theology

Theologin <-,-nen> *f fem form von* **Theologe**

theologisch I. *adj* theological II. *adv* ❶ (*in der Theologie*) in theological matters ❷ (*für die Theologie*) theologically, from a theological point of view

Theorem <-s, -e> *nt* (*geh*) theorem

Theoretiker(in) <-s, -> *m(f)* theoretician, theorist

theoretisch I. *adj* theoretical II. *adv* theoretically; **~ betrachtet** in theory, theoretically

theoretisieren* *vi* ■**[über etw *akk*] ~** to theorize [about sth]

Theorie <-, -n> *f* theory; **allumfassende ~** PHYS theory of everything; **große vereinheitlichte ~** PHYS grand unified theory; **graue ~ sein** to be all very well in theory; **nur ~ sein** to only be hypothetical; **in der ~** in theory; *s. a.* **Freund**

Therapeut(in) <-en, -en> *m(f)* therapist

Therapeutik <-> *f kein pl* therapeutics + *sing vb*

Therapeutin <-, -nen> *f fem form von* **Therapeut**

therapeutisch I. *adj* therapeutic II. *adv* as therapy

Therapie <-, -n> *f* therapy

Therapiemöglichkeit *f* possibility of treatment

therapieren *vt* MED ■**jdn ~** to treat [*or* give therapy to] sb; ■**etw ~** to treat sth

therapieren *vt* MED ■**jdn ~** to treat [*or* give therapy to] sb; ■**etw ~** to treat sth

Thermalbad *nt* ❶ (*Hallenbad*) thermal baths *pl* ❷ MED (*Heilbad*) thermal bath, hot springs *npl* ❸ (*Kurort*) spa resort **Thermalquelle** *f* thermal [*or* hot] spring

Thermen ❶ *pl von* **Therme** ❷ HIST ■**die ~** the thermal baths

thermisch *adj attr* thermal

Thermobildgebung *f* thermal imaging **Thermodrucker** *m* thermal printer **Thermodynamik** *f kein pl* PHYS thermodynamics + *sing vb* **thermodynamisch** *adj inv* thermodynamical **thermoelektrisch** *adj inv* thermoelectrical **Thermohose** *f* thermal [*or* quilted] trousers *npl* **Thermolumineszenz** <-, -en> *f* GEOL thermoluminescence

Thermometer <-s, -> *nt* thermometer

Thermometerstand *m* temperature

thermonuklear *adj* thermonuclear **Thermopapier** *nt* thermal paper **Thermopause** *f* METEO thermopause

Thermosflasche® *f* Thermos® [*flask* [*or* bottle]], vacuum flask

Thermosphäre *f* METEO thermosphere

Thermostat <-[e]s, -e *o* -en, -en> *m* thermostat

Thermostatventil *nt* AUTO exhaust manifold heat control valve

Thermotransferdrucker *m* thermal transfer printer

thesauriert *adj* FIN accumulated; **~er Gewinn** accumulated profit

Thesaurierung <-, -en> *f* ÖKON accumulation

Thesaurus <-, -ren *o* -ri> *m* thesaurus

These <-, -n> *f* (*geh*) thesis

Thesenpapier *nt* theory paper

Thon <-s> *m kein pl* SCHWEIZ (*Tunfisch*) tuna [fish] *no pl*

Thora <-> *f kein pl* REL Torah, [the] Pentateuch

Thorium <-s> *nt kein pl* CHEM thorium *no pl*

Thrill <-s> [θrɪl] *m kein pl* (*sl*) thrill

Thriller <-s, -> *m* thriller

Thrombose <-, -n> *f* thrombosis

Thron <-[e]s, -e> *m* throne ▶ WENDUNGEN: **jds ~ wackelt** sb's throne is shaking

Thronbesteigung *f* accession [to the throne]

thronen *vi* to sit enthroned

Thronerbe, -erbin <-n, -n> *m, f* heir to the throne **Thronfolge** *f* line of succession **Thronfolger(in)** <-s, -> *m(f)* heir [*or* successor] to the throne **Thronrede** *f* Monarch's speech [at the opening of parliament]

Thulium <-s> *nt kein pl* CHEM thulium *no pl*

Thunfisch *m s.* **Tunfisch**

Thurgau <-s> *nt* Thurgau

Thüringen <-s> *nt* Thuringia

Thüringer(in) <-s, -> *m(f)* Thuringian

thüringisch *adj inv* Thuringian

THW *nt Abk von* **Technisches Hilfswerk** technical support/breakdown service

Thymian <-s, -e> *m* thyme

Thyroxin <-s, -e> *nt* MED thyroxine

Tiara <-, Tiaren> *f* REL triple crown

Tibet¹ <-s> *nt* Tibet; *s. a.* **Deutschland**

Tibet² <-[e]s, -e> *m* (*Wollart*) Tibetan wool

Tibetaner(in) <-s, -> *m(f) s.* **Tibeter**

Tibeter(in) <-s, -> *m(f)* Tibetan; *s. a.* **Deutsche(r)**

tibetisch *adj* Tibetan; *s. a.* **deutsch**

Tibetisch *nt dekl wie adj* Tibetan; *s. a.* **Deutsch**

Tibetische <-n> *nt* ■**das ~** Tibetan, the Tibetan language; *s. a.* **Deutsche**

Tick <-[e]s, -s> *m* (*fam*) ❶ (*Marotte*) quirk *fam;* **einen ~ haben** to have a quirk ❷ (*geringe Menge*) tad; ***kannst du das einen ~ leiser stellen?*** can you turn it down a tad?

ticken *vi* (*ein klickendes Geräusch machen*) to tick ▶ WENDUNGEN: **nicht richtig ticken** (*sl*) to be off [*or* AM out of one's mind] one's head *sl*, to not be in one's right mind

Ticket <-s, -s> *nt* ticket

ticktack *interj* tick-tock!

Ticktack <-, -s> *f* (*Kindersprache: Uhr*) tick-tock

Tiebreak[RR] <-s, -s> *m o nt,* **Tie-Break** <-s, -s> *m o nt* tie-break

tief I. *adj* ❶ (*eine große Tiefe aufweisend*) deep; ■**ein Meter/Kilometer ~** two metres [*or* AM -ers]/kilometres [*or* AM -ers] deep ❷ (*eine große Dicke aufweisend*) deep; ■**drei Meter/Zentimeter ~** three metres [*or* AM -ers]/centimetres [*or* AM -ers] deep ❸ (*niedrig*) low ❹ MUS (*tief klingend*) low; **eine ~ Stimme** a deep voice ❺ (*intensiv empfunden*) deep, intense ❻ (*tiefgründig, ins Wesentliche dringend*) profound ❼ (*mitten in etw liegend*) deep; ***im ~en Wald*** in the depths of the forest, deep in the forest; ■**~ in etw** *dat* in the depths of sth, deep in sth, deep; **im ~sten Winter** in the depths of winter ❽ (*weit hineinreichend*) deep; (*Ausschnitt*) low; *s. a.* **Herz, Nacht, Teller** II. *adv* ❶ (*weit eindringend*) deep; **~ greifend** [*o* **schürfend**] far-reaching, extensive ❷ (*vertikal weit hinunter*) deep; ***er stürzte 350 Meter ~*** he fell 350 metres [deep] ❸ (*dumpf tönend*) low; **zu ~ singen** to sing flat; **~ sprechen** to talk in a deep voice ❹ (*zutiefst*) deeply; **~ betrübt** deeply distressed; **~ bewegt** deeply moved; **etw ~ bedauern** to regret sth profoundly; **jdn ~ erschrecken** to frighten sb terribly ❺ (*intensiv*) deeply; **~ schlafen** to sleep soundly; **~ erröten** to deeply redden, to go bright red *fam* ❻ (*niedrig*) low; **~ liegend** low-lying; **~ stehend** (*fig*) low-level ▶ WENDUNGEN: **zu tief ins Glas geblickt haben** to have had too much to drink; **~ blicken lassen** to be very revealing; **~ fallen** to go downhill; **~ sinken** to sink low

Tief <-[e]s, -e> *nt* ❶ METEO (*Tiefdruckgebiet*) low, low pressure system, depression ❷ (*depressive Phase*) low [point], depression

Tiefätzung *f* deep etching **Tiefbau** *m kein pl* civil engineering *no pl* **Tiefbauamt** *nt authority in charge of planning, design, construction and maintenance of fixed structures and ground facilities* **tiefbetrübt** *adj inv s.* **tief II 4** **tiefblau** *adj* deep blue

Tiefdruck¹ *m kein pl* TYPO gravure *no pl*

Tiefdruck² *m kein pl* METEO low pressure *no pl*

Tiefdrucker *m* gravure printer

Tiefdruckgebiet *nt* low pressure area **Tiefdruckkeil** *m* METEO trough of low pressure

Tiefe <-, -n> *f* ❶ (*Wasser~*) depth ❷ (*vertikal hinabreichende Ausdehnung*) depth; ***der Schacht führt hinab bis in 1200 Meter ~*** the shaft goes 1200 metres deep ❸ (*horizontal hineinreichende Ausdehnung*) depth ❹ *kein pl* (*Intensität*) intensity ❺ (*Tiefgründigkeit*) depth ❻ (*dunkle Tönung*) ***die ~ des Blaus*** the depth of blue ❼ (*dunkler Klang*) deepness

Tiefebene *f* lowland plain; **die Nordddeutsche ~**

T

the North German Lowlands *pl;* **die Oberrheinische** ~ the Upper Rhine Valley

Tiefen *pl* (*Repro*) shadow aera *no pl,* shadows *pl*

Tiefengrund *m* BAU deep solvent primer **Tiefenmassage** *f* deep massage **Tiefenpsychologe, -psychologin** *m, f* psychoanalyst **Tiefenpsychologie** *f* psychoanalysis **Tiefenpsychologin** *f fem form von* Tiefenpsychologe **Tiefenschärfe** *f kein pl* FOTO depth of field *no pl* **Tiefenwirkung** *f* ❶ (*räumliche Tiefe*) effect of depth ❷ MODE *eines Kosmetikums* deep action; ■ **mit** ~ deep-acting

tiefer *adj, adv superl von* **tief**: ~ **gelegt** AUTO lowered

tiefergelegt *adj inv* AUTO *s.* **tiefer**

Tiefflieger *m* low-flying aircraft **Tiefflug** *m* low-altitude flight; **im** ~ at low altitude; **etw im** ~ **überfliegen** to fly over sth at low altitude **Tiefgang** *m* NAUT draught BRIT, draft AM ▶ WENDUNGEN: ~ **haben** to have depth, to be profound **Tiefgarage** *f* underground car park BRIT, underground parking lot AM **Tiefgefrieren** <-s> *nt kein pl* freezing *no pl, no indef art* **tiefgefrieren** *vt irreg* ■ **etw** ~ to freeze sth **tiefgefroren, tiefgekühlt** *adj* frozen **tiefgestellt** *adj inv* ~**es Zeichen** TYPO inferior character **tiefgreifend** *adj* far-reaching, extensive

Tiefkühlfach *nt* freezer compartment **Tiefkühlkost** *f* frozen foods *pl* **Tiefkühlschrank** *m* freezer **Tiefkühltruhe** *f* freezer chest

Tieflader <-s, -> *m* low-loading vehicle **Tiefland** *nt* lowlands *pl* **Tiefprägung** *f* TYPO deep embossing **Tiefpunkt** *m* low point; **einen** ~ **haben** to feel worn out, to suffer a low; (*deprimiert sein*) to go through a low patch **Tiefschlag** *m* ❶ SPORT hit below the belt ❷ (*schwerer Schicksalsschlag*) body blow **tiefschwarz** *adj inv Haar* jet black; *Nacht* pitch-black

Tiefsee *f* deep sea

Tiefseeanglerfisch *m* deep-sea angler [fish] **Tiefseefauna** *f* deep-sea fauna **Tiefseefisch** *m* deep-sea fish **Tiefseeforschung** *f kein pl* deep-sea research **Tiefseegraben** *m* deep-sea ditch **Tiefseekabel** *nt* deep-sea cable **Tiefseetaucher(in)** *m(f)* deep-sea diver

Tiefsinn <-[e]s> *m kein pl* ❶ (*grüblerisches Nachdenken*) profundity; **in** ~ **verfallen** to become depressed ❷ (*tiefere Bedeutung*) essence, fundamental nature

tiefsinnig *adj s.* **tiefgründig Tiefstand** *m* low; ***der Dollar ist auf einen neuen ~ gesunken*** the dollar has sunk to a new low **Tiefstapelei** <-> *f kein pl* understatement **tief|stapeln** *vi* to understate the case, to be modest **tiefstehend** <tiefer stehend, am tiefsten stehend> *adj s.* **tief II 6**

Tiefstpreis *m* lowest [*or fam* rock-bottom] price **Tiefsttemperatur** *f* lowest temperature **Tiefstwert** *m* lowest value

Tieftöner <-s, -> *m* RADIO woofer **Tieftönerausgang** *m* woofer outlet **tieftraurig** *adj* extremely sad

Tiegel <-s, -> *m* ❶ (*flacher Kochtopf*) [sauce] pan ❷ (*Cremebehälter*) jar ❸ (*Schmelz~*) pot

Tier <-[e]s, -e> *nt* animal; **wie ein** ~ like an animal ▶ WENDUNGEN: **ein großes** [*o* **hohes**] ~ (*fam*) big shot *fam,* bigwig

Tierart *f* animal species + *sing vb* **Tierarzt, -ärztin** *m, f* vet, veterinary surgeon *form* **tierärztlich** *adj inv, attr* veterinary **Tierbändiger(in)** <-s, -> *m(f)* animal tamer

Tierchen <-s, -> *nt dim von* **Tier** little creature ▶ WENDUNGEN: **jedem** ~ **sein Pläsierchen** each to his own

Tierfreund(in) *m(f)* animal lover **Tiergarten** *m* zoo **Tierhalter(in)** *m(f)* pet owner **Tierhalterhaftung** *f* JUR liability for animals **Tierhaltung** *f* (*Haustiere*) pet ownership; AGR animal husbandry; *s. a.* **artgerecht Tierhandlung** *f* pet shop **Tierheim** *nt* animal home

tierisch I. *adj* ❶ (*bei Tieren anzutreffend*) animal *attr* ❷ (*sl: gewaltig*) deadly *fam,* terrible; **einen ~en Durst/Hunger haben** to be thirsty/hungry as hell *sl* ❸ (*grässlich*) bestial, brutish II. *adv* (*sl*) loads *fam;* ~ **schuften/schwitzen** to work/sweat like hell *sl;* ~ **wehtun** to hurt like hell *sl*

Tierklinik *f* animal hospital **Tierkreis** *m kein pl* zodiac **Tierkreiszeichen** *nt* sign of the zodiac, zodiacal sign **Tierkunde** *f* zoology **tierlieb** *adj* animal-loving *attr,* pet-loving *attr;* ■ ~ **sein** to be fond of animals **Tierliebe** *f* love of animals **Tiermast** *f* animal feed **Tiermedizin** *f* veterinary medicine **Tiernahrung** *f* animal food **Tierpark** *m* zoo **Tierpfleger(in)** *m(f)* zoo-keeper **Tierquäler(in)** <-s, -> *m(f)* person who is cruel to animals **Tierquälerei** *f* animal cruelty, cruelty to animals **Tierschutz** *m* protection of animals **Tierschützer(in)** *m(f)* animal conservationist **Tierschutzgesetz** *nt* JUR Prevention of Cruelty to Animals Act **Tierschutzverein** *m* society for the prevention of cruelty to animals **Tierseuchengesetz** *nt* JUR Epizootic Diseases Act **Tierversuch** *m* animal experiment **Tierzucht** *f kein pl* live-stock breeding *no pl,* animal husbandry *no pl* **Tierzüchter(in)** <-s, -> *m(f)* animal breeder

Tiffanylampe *f* tiffany lamp

Tiflis, Tbilisi <-> *nt* Tbilisi

Tiger <-s, -> *m* tiger

Tigerauge *nt* tiger's-eye

tigern *vi sein* (*fam*) to mooch [about] BRIT, fam, to loiter AM; ■ **durch etw** *akk* ~ to traipse [*or* BRIT mooch] through sth

Tigre *f* Tigré, Tigray

Tilde <-, -n> *f* tilde

tilgbar *adj* FIN *Schulden* redeemable, repayable; **nicht** ~ irredeemable

tilgen *vt* (*geh*) ■ **etw** ~ ❶ FIN (*abtragen*) to pay sth off ❷ (*beseitigen*) to wipe out sth *sep;* ■ **etw von etw** *dat* ~ to erase sth from sth

Tilgung <-, -en> *f* (*geh*) ❶ FIN (*das Tilgen*) repayment; ~ **der Verpflichtungen** discharge of liabilities; **teilweise** ~ partial extinction ❷ (*Beseitigung*) erasure, deletion

Tilgungsanleihe *f* FIN redemption loan **Tilgungsfonds** *m* FIN sinking fund **tilgungsfrei** *adj* FIN free of amortization, redemption-free *attr* **Tilgungsleistung** *f* FIN redemption payment; ~**en einstellen** to suspend payments **Tilgungsrate** *f* FIN repayment instalment **Tilgungsrecht** *nt* FIN right of redemption **Tilgungsschuld** *f* FIN redemption loan **Tilgungsschuldverschreibung** *f* FIN redemption bond **Tilgungssumme** *f* FIN payoff **Tilgungsverpflichtung** *f* FIN redemption commitment; **den** ~**en nachkommen** to meet repayments **Tilgungszeitraum** *m* FIN payback [*or* repayment] period, period for redemption

Timbre <-s, -s> *nt* (*geh*) timbre [*or* AM -er]

timen *vt* ■ **etw** ~ to time sth

Timesharing[RR] <-s> *nt kein pl,* **Time-sharing** <-s> *nt kein pl* ❶ INFORM (*gemeinsame Benutzung eines Großrechners*) time-sharing ❷ (*gemeinsamer Besitz von Ferienwohnungen*) time share

Timing <-s> *nt* timing

tingeln *vi sein* (*fam*) to gig around *fam*

Tinktur <-, -en> *f* tincture

Tinnef <-s> *m kein pl* (*pej fam*) ❶ (*wertloses Zeug*) trash ❷ (*Unsinn*) nonsense, BRIT *a.* rubbish

Tinte <-, -n> *f* ink ▶ WENDUNGEN: **in der** ~ **sitzen** (*fam*) to be in the soup *fam,* to be in a scrape *fam*

Tintenfass[RR] *nt* inkpot **Tintenfestigkeit** *f* (*Papier*) ink-resistance **Tintenfisch** *m* squid **Tintenfleck** *m* ink blot; (*auf Kleidung*) ink stain **Tintengummi** *m* ink rubber **Tintenklecks** *m* ink blot **Tintenpatrone** *f* ink cartridge **Tintenradiergummi** *m* ink eraser **Tintenstift** *m* indelible pencil **Tintenstrahldrucker** *m* ink-jet printer

Tipp[RR] <-s, -s> *m,* **Tip** <-s, -s> *m* ❶ (*Hinweis*) tip, hint; **jdm einen** ~ **geben** to give sb a tip ❷ SPORT (*gewettete Zahlen*) tip

tippeln *vi sein* (*fam*) ❶ (*zu Fuß gehen*) to foot it ❷ (*kleine Schritte machen*) to trip

tippen[1] I. *vi* ❶ (*Wettscheine ausfüllen*) to fill in one's coupon; **im Lotto/Toto** ~ to play the lottery/pools ❷ (*fam: etw vorhersagen*) to guess; ■ **auf jdn/etw** ~ to put one's money on sb/sth; ■ **darauf** ~, **dass jd etw tut/dass etw geschieht** to bet that sb does sth/that sth happens II. *vt* ■ **etw** ~ **eine Zahl** ~ to play a number

tippen[2] I. *vi* ❶ (*fam: Schreibmaschine schreiben*) to type ❷ (*kurz anstoßen*) ■ **an/auf etw** *akk* ~ to tap on sth; ■ **gegen etw** *akk* ~ to tap against sth II. *vt* (*fam*) to type; ■ [**jdm**] **etw** ~ to type sth [for sb]

Tipp-Ex® <-> *nt kein pl* Tipp-Ex® BRIT, Liquid Paper® AM, whiteout

Tippfehler *m* typing mistake [*or* error] **Tippschein** *m* lottery coupon

Tippse <-, -n> *f* (*pej fam*) typist

tipptopp (*fam*) I. *adj* tip-top *fam,* perfect, immaculate II. *adv* immaculately

Tippzettel *m* (*fam*) lottery ticket

Tirade <-, -n> *f meist pl* (*pej geh*) tirade

Tirana <-s> *nt* GEOG Tirana, Tirane

Tirol <-s> *nt* Tyrol

Tiroler(in) <-s, -> *m(f)* Tyrolese, Tyrolean

Tirolerhut *m* Tyrolean hat

Tirolerin <-, -nen> *f fem form von* **Tiroler**

Tisch <-[e]s, -e> *m* ❶ (*Esstisch*) table; **jdn zu** ~ **bitten** to ask sb to take their place [at the table]; **etw auf den** ~ **bringen** (*fam*) to serve sth; **zu** ~ **gehen** (*geh*) to go to lunch/dinner; **zu** ~ **sein** (*geh*) to be having one's lunch/dinner; **am** [*o geh* **bei**] [*o geh* **zu**] ~ **sitzen** to sit at the table; **bei** ~ (*geh*) at the table; **vor/nach** ~ (*geh*) before/after the meal; **zu ~!** (*geh*) lunch/dinner is served ❷ (*an einem Tisch sitzende Personen*) table ▶ WENDUNGEN: **am grünen** ~, **vom grünen** ~ **aus** in theory; **reinen** ~ **machen** to sort things out, to get things straight; **am runden** ~ among equals; **jdn an einen** ~ **bringen** to get sb round [*or* AM around] the table; **unter den** ~ **fallen** (*fam*) to go by the board *fam;* **jdn unter den** ~ **trinken** [*o sl* **saufen**] to drink sb under the table *fam;* **vom** ~ **sein** to be cleared up; **vom** ~ **müssen** to need clearing up; **sich** *akk* [**mit jdm**] **an einen** ~ **setzen** to get round the table [with sb]; **etw vom** ~ **wischen** to strike sth off the roll, to dismiss sth; **jdn über den Tisch ziehen** (*fam*) to lead sb up the garden path *fam*

Tischbein *nt* table-leg **Tischcomputer** *m* desktop computer **Tischdame** *f fem form von* **Tischherr Tischdecke** *f* tablecloth **Tischende** *nt* end of a/the table; **am oberen/unteren** ~ **sitzen** to sit at the top/bottom of a/the table **tischfertig** *adj inv* KOCHK ready to serve **Tischfeuerzeug** *nt* table lighter **Tischfußball** *nt* table-top football **Tischgebet** *nt* grace **Tischgesellschaft** *f* dinner party **Tischgespräch** *nt* table talk **Tischgrill** *m* table-top [*or* portable] grill **Tischherr, -dame** *m, f* dinner partner **Tischkante** *f* table-edge **Tischkarte** *f* place card **Tischkreissäge** *f* table saw **Tischlampe** *f* table lamp

Tischler(in) <-s -> *m(f)* joiner, carpenter, cabinet maker

Tischlerei <-, -en> *f* joiner's [*or* carpenter's] workshop

Tischlerin <-, -nen> *f fem form von* **Tischler**

tischlern I. *vi* (*fam*) to do woodwork II. *vt* (*fam*) ■ **etw** ~ to make sth

Tischlerplatte *f* wood core plywood **Tischlerwerkstatt** *f* joiner's [*or* carpenter's] workshop

Tischnachbar(in) <-n, -n> *m(f)* table partner, neighbour [at table] **Tischordnung** *f* seating plan **Tischplatte** *f* tabletop **Tischplotter** *m* INFORM plotter table **Tischrechner** *m* desk calculator **Tischrede** *f* after-dinner speech; **eine** ~ **halten** to hold an after-dinner speech **Tischsitte** *f* ❶ ■ ~**n** (*Manieren*) table manners *pl* ❷ (*Brauch*) custom [at table]

Tischtennis *nt* table tennis, Ping-Pong® *fam*

Tischtennisball *m* table-tennis ball **Tischtennisplatte** *f* table-tennis [*or fam* Ping-Pong®] table **Tischtennisschläger** *m* table-tennis [*or fam* Ping-Pong®] bat

Tischtuch <-tücher> *nt s.* **Tischdecke Tischwäsche** *f kein pl* table linen **Tischwein** *m* table wine

Titan[1] <-en, -en> *m* Titan

Titan[2] <-s> *nt kein pl* CHEM titanium

Titel <-s, -> *m* ❶ (*Überschrift*) heading; **laufender ~ in der Kopfzeile/Fußzeile** INFORM running header/footer ❷ (*Namenszusatz*) [academic] title ❸ (*Adels~*) title ❹ MEDIA ([*Name einer*] *Publikation*) title ❺ MUS (*Schlager*) song ❻ SPORT (*sportlicher Rang*) title ❼ JUR (*vollstreckbarer Rechtsanspruch*) section, title, enforceable instrument; **vollstreckbarer ~** enforceable legal document; **einen ~ erwirken** to obtain judgment

Titelanwärter(in) <-s, -> *m(f)* contender for the title **Titelbild** *nt* cover [picture] **Titelblatt** *nt* ❶ (*Buchseite mit dem Titel*) title page ❷ (*einer Zeitung*) front page; *Zeitschrift* cover **Titelbogen** *m* (*Buch*) preliminary page, prelims *pl*

Titelei <-, -en> *f* (*Buch*) preliminary matter

Titelhalter(in) <-s, -> *m(f)* titleholder **Titelheld(in)** *m(f)* eponymous hero *masc*, eponymous heroine *fem liter* **Titelkampf** *m* title fight

titeln *vt* ■**etw ~** to headline sth

Titelrolle *f* title role **Titelschutz** *m* JUR copyright, protection of title **Titelseite** *f* front page; (*einer Zeitschrift*) cover **Titelstück** *nt* MUS title-track **Titelträger(in)** *m(f)* title bearer **Titelverteidiger(in)** *m(f)* title holder **Titelvorspann** *m* opening title [*or* credit]

Titte <-, -n> *f* (*derb*) tit *sl*, boob *fam*

Titularprokura *f* nominal power of attorney **Titularrang** *m* nominal rank

titulieren* *vt* (*geh*) ■**jdn irgendwie ~** to call sb sth; ■**jdn als etw** [*o* **mit etw** *dat*] **~** to address sb as sth

tja *interj* well

TNT *nt Abk von* **Trinitrotoluol** TNT

Toast[1] <-[e]s, -e> *m* ❶ *kein pl* (*Toastbrot*) toast ❷ (*Scheibe Toastbrot*) ■**ein ~** a slice [*or* piece] of toast

Toast[2] <-[e]s, -e> *m* toast; **einen ~ auf jdn/etw ausbringen** to propose a toast to sb/sth

Toastbrot *nt* toasting bread

toasten[1] *vt* ■**etw ~** to toast sth

toasten[2] *vi* (*geh*) ■[**auf jdn/etw**] **~** to toast [to sb/sth]

Toaster <-s, -> *m* toaster

Tobak *m* ▸ WENDUNGEN: **das ist starker ~!** (*veraltend fam*) that's a bit much! *fam*; *s. a.* **Anno**

toben *vi* ❶ *haben* (*wüten*) ■[**vor etw** *dat*] **~** to be raging [*or* to go wild] [with sth]; **wie ein Wilder/wie eine Wilde ~** to go berserk ❷ *haben* (*ausgelassen spielen*) to romp [around [*or* about]] ❸ *sein* (*fam: sich ausgelassen fortbewegen*) ■**irgendwohin ~** to romp somewhere

Tobsucht *f kein pl* rage, raving madness *no pl*

tobsüchtig *adj* raving mad, maniacal

Tobsuchtsanfall *m* (*fam*) fit of rage, raving madness; **einen ~ bekommen/haben** to blow one's top *fam*, to go through/have a tantrum

Tochter <-, Töchter> *f* ❶ (*weibliches Kind*) daughter; **die ~ des Hauses** (*geh*) the young lady of the house *form* ❷ ÖKON (*Tochterfirma*) subsidiary; **Töchter der Großbanken** subsidiaries of the big three

Töchterchen <-s, -> *nt dim von* **Tochter 1** little daughter

Tochterfirma *f s.* **Tochtergesellschaft Tochtergeschwulst** *f* MED secondary growth **Tochtergesellschaft** *f* subsidiary [firm [*or* company]] **Tochtergesellschafter** *m* HANDEL partner in a subsidiary partnership **Tochterplatine** *f* INFORM daughterboard **Tochterunternehmen** *nt* HANDEL susidiary, allied company **Tochterzelle** *f* secondary cell

Tod <-[e]s, -e> *m* (*Lebensende*) death; ■**der ~** (*liter*) Death, the Grim Reaper *liter*; ■**~ durch etw** *akk* death by sth; **~ durch Erschießen** execution by firing squad; **~ durch Ertrinken** death by drowning; **~ durch Fahrlässigkeit** negligent homicide; **~ durch Unfall** accidental death; **von ~es wegen** on account of death; **eines friedlichen ~es sterben** to die a peaceful death; **etw mit dem ~e bezahlen** (*geh*) to pay for sth with one's life; **jdn ereilt der ~** (*geh*) sb is overtaken by death; **den ~ finden** (*geh*) to meet one's death, to perish; **jdm in den ~ folgen** (*geh*) to follow sb to the grave; [**für jdn/etw**] **in den ~ gehen** (*geh*) to die [for sb]; **bis dass der ~ uns scheidet** 'til death do us part; **des ~es sein** (*geh*) to be doomed; **bis in den ~** until death ▸ WENDUNGEN: **jdn/etw auf den ~ nicht ausstehen können** [*o* **leiden**] (*fam*) to be unable to stand sb/sth *fam*; **sich** *dat* **den ~ holen** (*fam*) to catch one's death [of cold] *fam*; **sich** *akk* **zu ~e langweilen** to be bored to death; **sich** *akk* **zu ~e schämen** to be utterly ashamed; **zu ~e betrübt sein** to be deeply despaired; *s. a.* **Kind, Leben**

todbringend *adj inv* deadly, lethal **todernst I.** *adj* deadly [*or* absolutely] serious **II.** *adv* in a deadly serious manner, dead earnest

Todesangst *f* ❶ (*fam: entsetzliche Angst*) mortal fear; **Todesängste ausstehen** (*fam*) to be scared to death, to be frightened out of one's wits ❷ (*Angst vor dem Sterben*) fear of death **Todesanzeige** *f* MEDIA obituary **Todesdrohung** *f* death threat; **gegen jdn eine ~ aussprechen** to threaten sb with death **Todesdrohung** *f* death threat; **gegen jdn eine ~ aussprechen** to threaten sb with death **Todeserklärung** *f* [official] declaration of death **Todesfall** *m* death **Todesfalle** *f* death-trap **Todesgefahr** *f* mortal danger **Todeskampf** *m* death throes **Todeskandidat(in)** *m(f)* doomed man, goner *sl* **Todeskommando** *nt* death squad **Todeslager** *nt* death camp **todesmutig I.** *adj* [completely] fearless **II.** *adv* fearlessly **Todesopfer** *nt* casualty; **die Zahl der ~** the death toll **Todesschuss**[RR] *m* ■**der/ein ~ auf jdn** the fatal shot which killed sb; **gezielter ~** JUR shot to kill **Todesschütze, -schützin** *m, f* assassin **Todesschwadron** *f* death squad **Todesstoß** *m* deathblow; **jdm den ~ versetzen** to deal sb the deathblow; **etw** *dat* **den ~ versetzen** (*fig*) to deal the deathblow to sth *fig* **Todesstrafe** *f* death penalty; **auf etw** *akk* **steht die ~** sth is punishable by death **Todesstunde** *f* hour of death **Todestag** *m* anniversary [*or* day] of sb's death **Todestrakt** *m* ■**der ~** death row; **im ~ sitzen** to be on death row **Todestrieb** *m* PSYCH death wish **Todesursache** *f* cause of death **Todesurteil** *nt* death sentence; **jds ~ bedeuten** to be sb's sure death; **das ~ fällen** to pass the death sentence **Todesverachtung** *f* ❶ (*Furchtlosigkeit*) fearlessness, defiance of death ❷ (*fam: starke Abneigung*) disgust; **mit ~** (*fam*) with complete and utter disgust *fam* **Todeswillige(r)** *f(m) decl wie adj* terminally ill patient who wants to die **Todeszelle** *f* death cell

Todfeind(in) *m(f)* deadly [*or* mortal] enemy **todgeweiht** *adj* (*geh*) doomed **todkrank** *adj* terminally ill **todlangweilig** *adj inv* deadly boring

tödlich I. *adj* ❶ (*den Tod verursachend*) deadly; **~es Gift** lethal [*or* deadly] poison; **~e Dosis** lethal [*or* deadly] dose ❷ (*lebensgefährlich*) mortal, deadly ❸ (*fam: absolut*) deadly; ***das ist mein ~er Ernst*** I'm deadly [*or* absolutely] serious ❹ (*fam: fatal*) fatal **II.** *adv* ❶ (*mit dem Tod als Folge*) **~ verunglücken** to be killed in an accident; **~ abstürzen** to fall to one's death ❷ (*fam: entsetzlich*) **sich** *akk* **~ langweilen** to be bored to death; **jdm ist ~ übel** sb feels horribly [*or* BRIT *fam* dead] sick

todmüde *adj* (*fam*) dead tired *fam* **todschick** *adj* (*fam*) dead smart BRIT *fam*, snazzy *fam* **todsicher I.** *adj* (*fam*) dead certain [*or fam* sure]; **eine ~e Methode** a sure-fire Method *fam* **II.** *adv* (*fam*) for sure *fam* **Todsünde** *f* deadly [*or* mortal] sin **todunglücklich** *adj* (*fam*) deeply [*or* dreadfully] unhappy

Tofu *m* tofu

Toga <-, Togen> *f* toga

Togo <-s> *nt* Togo; *s. a.* **Deutschland**

Togoer(in) <-s, -> *m(f)* Togolese; *s. a.* **Deutsche(r)**

togoisch *adj* Togolese; *s. a.* **deutsch**

Togolese, Togolesin <-n, -n> *m, f s.* **Togoer**

Tohuwabohu <-[s], -s> *nt* chaos

Toilette <-, -n> *f* toilet, loo BRIT *fam*; ***ich muss mal auf die ~*** I need to go to the toilet [*or fam* loo]; **öffentliche ~** public toilet

Toilettenartikel *pl* toiletries *pl* **Toilettenbürste** *f* toilet [*or* lavatory] brush **Toilettengarnitur** *f* toilet [*or* bathroom] set **Toilettenmann, -frau** *m, f* toilet attendant **Toilettenpapier** *nt* toilet paper **Toilettenseife** *f* toilet soap **Toilettensitz** *f* toilet [*or* lavatory] seat **Toilettentisch** *m* dressing table

toi, toi, toi *interj* (*fam*) ❶ (*ich drücke die Daumen*) good luck, I'll keep my fingers crossed ❷ (*hoffentlich auch weiterhin*) touch [*or* AM knock on] wood

Token <-s, -> ['toʊkən] *m* INFORM token

Tokio <-s> *nt* Tokyo

Tokioter *adj attr* Tokyo

Töle <-, -n> *f* DIAL (*fam*) mutt *fam*

tolerant *adj* tolerant; ■**~** [**gegen jdn** [*o* **gegenüber jdm**]] **sein** to be tolerant [of [*or* towards] sb]

Toleranz[1] <-> *f kein pl* (*geh*) tolerance; ■**jds ~ gegen jdn** [*o* **gegenüber jdm**] sb's tolerance of [*or* towards] sb

Toleranz[2] <-, -en> *f* SCI tolerance

Toleranzgrenze *f* TECH tolerance limit; **obere/untere ~** upper/lower tolerance limit **Toleranzklausel** *f* JUR minor merger [*or* deviation] clause

tolerieren* *vt* (*geh*) ■**etw ~** to tolerate sth; ■**~, dass jd etw tut** to tolerate, that sb does sth

toll I. *adj* (*fam*) great *fam*, fantastic, terrific **II.** *adv* ❶ (*wild*) wild, crazy; **irgendwo geht es ~ zu** things are pretty wild somewhere *fam*; ***ihr treibt es manchmal wirklich zu ~!*** you really go too far sometimes! ❷ (*fam: sehr gut*) very well

Tolle <-, -n> *f* quiff

tollen *vi* ❶ *haben* (*umhertoben*) to romp around [*or* about] ❷ *sein* (*ausgelassen laufen*) to charge about

Tollkirsche *f* deadly nightshade, belladonna **tollkühn** *adj* daring, daredevil *attr* **Tollkühnheit** *f kein pl* daring *no pl*

Tollpatsch[RR] <-es, -e> *m* (*fam*) clumsy fool *fam*

tollpatschig[RR] **I.** *adj* clumsy **II.** *adv* **sich** *akk* **~ anstellen** to act clumsily **Tollwut** *f* rabies **tollwütig** *adj* ■**~ sein** ❶ ZOOL (*von Tollwut befallen*) to be rabid, to have rabies ❷ (*rasend*) to be raving mad

Tolpatsch <-es, -e> *m s.* **Tollpatsch**

tolpatschig *adj, adv s.* **tollpatschig**

Tölpel <-s, -> *m* (*fam*) fool

tölpelhaft I. *adj* silly **II.** *adv* foolishly

Tomate <-, -n> *f* (*Frucht o Strauch*) tomato ▸ WENDUNGEN: **~n auf den Augen haben** (*fam*) to be blind; **du treulose ~!** (*fam*) you're a fine friend! *iron*

Tomatenketschup[RR] *nt*, **Tomatenketchup** *nt* [tomato] ketchup [*or* AM *a.* catsup] **Tomatenmark** *nt* tomato puree **Tomatensaft** *m* tomato juice **Tomatensalat** *m* tomato salad **Tomatensauce, Tomatensoße** *f* tomato sauce **Tomatensuppe** *f* tomato soup

Tombola <-, -s *o* Tombolen> *f* raffle

Tomograph <-en, -en> *m*, **Tomograf**[RR] <-en, -en> *m* tomograph

Tomographie <-, -n> *f*, **Tomografie**[RR] <-, -n> *f* tomography

Ton[1] <-[e]s, -e> *m* clay

Ton[2] <-[e]s, Töne> *m* ❶ (*hörbare Schwingung*) sound; **halber/ganzer ~** MUS semitone/tone ❷ FILM, RADIO, TV (*Laut*) sound ❸ (*fam: Wort*) sound; ***ich will keinen ~ mehr hören!*** not another sound!; **große Töne spucken** (*sl*) to brag about *fam*; **keinen ~ herausbringen** [*o* **hervorbringen**] to not be able to utter a word; **keinen ~ sagen** [*o* **von sich** *dat* **geben**] (*geh*) to not utter a sound ❹ (*Tonfall*) tone; **einen ~ am Leibe haben** (*fam*) to be [very] rude; **einen schärferen/vorsichtigeren ~ anschlagen** to strike a harsher/softer note; **einen anderen ~ anschlagen** to change one's tune; **sich** *dat* **diesen ~ verbitten** to not be spoken to like that; ***ich verbitte mir diesen ~!*** I will not be spoken to like that! ❺ (*Farb~*) shade, tone; **~ in ~** tone in tone ▸ WENDUNGEN: **der ~ macht die Musik** (*prov*) it's not what you say but the way you say it; **der gute ~** etiquette; **jdn/etw in den höchs-**

ten Tönen **loben** (*fam*) to praise sb to the skies; den ~ **angeben** to set the tone; **hast du Töne!** (*fam*) you're not serious! *fam*

tonangebend *adj* setting the tone *pred;* ▪ ~ **sein** to set the tone

Tonarchiv *nt* sound archives *pl* **Tonarm** *m* pick-up arm **Tonarmlift** *m* pick-up arm (*on a record player*) **Tonart** *f* ① MUS key ② (*Typ von Ton[1]*) type of clay **Tonaufnahme** *f* sound recording **Tonband** <-bänder> *nt* tape; **digitales** ~ digital audiotape, DAT; **etw auf** ~ **aufnehmen** to tape sth **Tonbandaufnahme** *f* tape recording; **eine** ~ [**von etw** *dat*] **machen** to record [sth] on tape **Tonbandgerät** *nt* tape recorder

Tonen <-s> *nt kein pl* TYPO scumming

tönen[1] *vi* ① (*klingen*) to sound, to ring ② (*großspurig reden*) to boast

tönen[2] *vt* ▪ **etw** ~ to tint sth; [**sich** *dat*] **die Haare** ~ to colour [*or* AM -or] [one's] hair; ▪ **getönt** tinted; (*Haar*) coloured [*or* AM -ored]

Toner <-s, -> *m* toner

Tonerde *f kein pl* alumina, aluminium [*or* AM aluminum] oxide; **essigsaure** ~ aluminium acetate

tönern *adj attr* clay; *s. a.* **Fuß**

Tonerpatrone *f* toner cartridge

Tonfall *m* tone of voice, intonation **Tonfilm** *m* sound film **Tonfolge** *f* sequence of notes

Tonga <-s> *nt* Tonga; *s. a.* **Sylt**

Tongaer(in) <-s, -> *m(f)* Tongan; *s. a.* **Deutsche(r)**

tongaisch *adj* Tongan; *s. a.* **deutsch**

Tongefäß <-es, -e> *nt* earthenware vessel **Tongeschirr** *nt* earthenware **Tonhöhe** *f* pitch

Tonic <-[s], -s> ['tɔnɪk] *nt* tonic, pick-me-up

Tonicwater <-[s], -> ['tɔnɪkwɔːtə] *nt* tonic water

Tonikum <-s, Tonika> *nt* tonic

tonisieren* *vt* ▪ **etw** ~ to tonicize sth

Tonkamera *f* FILM sound camera **Tonkopf** *m* recording head **Tonkrug** *m* earthenware jug **Tonlage** *f* pitch **Tonleiter** *f* scale **tonlos** *adj* flat

Tonnage <-, -n> *f* tonnage

Tonnagesteuer *f* NAUT tonnage tax

Tonne <-, -n> *f* ① (*zylindrischer Behälter*) barrel, cask ② (*Müll~*) bin BRIT, AM *usu* can; **gelbe** ~ recycling bin for plastic; **grüne** ~ recycling bin for paper ③ (*Gewichtseinheit*) ton ④ NAUT (*Bruttoregister~*) [register] ton ⑤ NAUT (*zylindrische Boje*) buoy ⑥ (*fam: fetter Mensch*) fatty *fam* ▶ WENDUNGEN: **etw in die** ~ **treten** [**können**] (*sl*) to kiss sth goodbye *sl*

Tonnengewölbe *nt* ARCHIT barrel vaulting

Tonregler *m* sound control **Tonsignal** *nt* TELEK dial tone **Tonspur** *f s.* **Tonstreifen** **Tonstörung** *f* sound interference **Tonstreifen** *m* soundtrack

Tonsur <-, -en> *f* tonsure

Tontaube *f* clay pigeon **Tontaubenschießen** *nt* clay pigeon shooting

Tontechniker(in) *m(f)* sound technician **Tonträger** *m* sound carrier

Tönung <-, -en> *f* ① (*das Tönen*) tinting ② (*Produkt für Haare*) hair colour [*or* AM -or] ③ (*Farbton*) shade, shading

Tonverarbeitung *f* sound processing **Tonwert** *m* (*Repro*) tonal [*or* tone] value **tonwertrichtig** *adj inv* with correct tonal value **Tonwiedergabe** *f* sound playback

Tool <-s, -s> [tuːl] *nt* INFORM tool

top- *in Komposita* top

Top <-s, -s> *nt* top

Topagent(in) <-en, -en> *m(f)* top agent

topaktuell *adj inv* completely up-to-date

Topas <-es, -e> *m* topaz

Topf <-[e]s, Töpfe> *m* ① (*Koch~*) pot, sauce pan ② (*Nacht~*) potty *fam,* bedpan ③ (*sl: Toilette*) loo BRIT *fam,* can AM *sl* ④ (~ *für Kleinkinder*) potty *fam;* **auf den** ~ **gehen** to use the potty ▶ WENDUNGEN: **alles in einen** ~ **werfen** to lump everything together

Topfahrer(in) *m(f)* SPORT top racer

Topfblume *f* potted flower

Töpfchen <-s, -> *nt dim von* **Topf** ① (*kleiner Kochtopf*) small pot [*or* [sauce] pan] ② HORT (*kleiner Blumentopf*) small pot ③ (*Toilettentopf für Kinder*) potty *fam*

Topfen <-s, -> *m* SÜDD, ÖSTERR quark (*soft cheese made from skimmed milk*)

Töpfer(in) <-s, -> *m(f)* potter

Töpferei <-, -en> *f* pottery

Töpferin <-, -nen> *f fem form von* **Töpfer**

töpfern I. *vi* to do pottery II. *vt* ▪ **etw** ~ to make sth from clay

Töpferscheibe *f* potter's wheel **Töpferwaren** *pl* pottery

Topfgucker *m* ① (*hum*) *person who looks into pots to see what is up for dinner* ② (*pej: neugieriger Mensch*) nosey parker

topfit *adj* (*fam*) ▪ ~ **sein** to be as fit as a fiddle [*or* in top form]

Topfkuchen *m s.* **Napfkuchen** **Topflappen** *m* ovencloth BRIT, pot holder AM **Topfpflanze** *f* potted plant, pot plant BRIT **Topfuntersetzer** *m* pot mat

Topmanagement *nt kein pl* ADMIN top management **Topmanager(in)** *m(f)* top manager **topmodisch** *adj inv* fashionable

Topographie <-, -n> *f,* **Topografie**[RR] <-, -n> *f* topography

topographisch *adj,* **topografisch**[RR] *adj* topographic[al]

Topologie <-> *f kein pl* MATH topology

toppen *vt* (*sl*) ▪ **jdn/etw** ~ to top sb/sth

Topspin <-s, -s> *m* SPORT (*im Tennis*) topspin

Tor <-[e]s, -e> *nt* ① (*breite Tür*) gate; *Garage* door; **seine ~e schließen** (*fig fam*) to close its gates for the last time ② ARCHIT (*Torbau*) gateway ③ SPORT goal; **es fällt ein** ~ a goal is scored; **ein** ~ **schießen** to score [*or* shoot] a goal; **im** ~ **stehen** to be goalkeeper ④ SKI (*Durchgang*) gate

Tor, Törin <-en, -en> *m, f* (*veraltend geh*) fool

Torbogen *m* archway **Toreinfahrt** *f* entrance gate, gateway

Torero <-[s], -s> *m* torero **Tor(es)schluss**[RR] *m* ▶ WENDUNGEN: **kurz vor** ~ at the eleventh hour [*or* last minute]

Torf <-[e]s, -e> *m* peat; ~ **stechen** to cut peat

Torfboden *m* peat **Torfgewinnung** *f* peat-harvesting

torfig *adj* peaty

Torflügel *m* gate (*one of a double gate*)

Torfmoor *nt* peat bog **Torfmoos** *nt* sphagnum [moss] **Torfmull** *m* garden peat

Torfrau *fem von* **Tormann**

Torheit <-, -en> *f* (*geh*) ① *kein pl* (*Unvernunft*) foolishness, folly ② (*unvernünftige Handlung*) foolish action

Torhüter(in) *m(f) s.* **Torwart**

töricht I. *adj* (*geh*) foolish, unwise II. *adv* (*geh*) foolishly

törichterweise *adv* (*geh*) stupidly, foolishly

Törin <-, -nen> *f fem form von* **Tor**

Torjäger *m* [on form] striker [*or* goalscorer]

torkeln *vi sein* ① (*taumeln*) to reel ② (*irgendwohin taumeln*) to stagger; ***er torkelte aus der Kneipe auf die Straße*** he staggered out of the bar onto the street

Torlinie *f* goal-line

Törn <-s, -s> *m* NAUT cruise

Tornado <-s, -s> *m* tornado, AM *a.* twister

Tornister <-s, -> *m* ① MIL knapsack ② DIAL (*Schulranzen*) satchel

torpedieren* *vt* ▪ **etw** ~ ① NAUT (*mit Torpedos beschießen*) to torpedo sth ② (*geh: zu Fall bringen*) to sabotage sth

Torpedo <-s, -s> *m* torpedo

Torpedoboot *nt* torpedo-boat

Torpfosten *m* goalpost

Torraum *m* goal-mouth **Torschluss**[RR] <-schlusses> *m kein pl* last minute **Torschlusspanik**[RR] *f* (*fam*) ~ **haben** to be afraid of missing the boat, BRIT to be left on the shelf *fam* **Torschuss**[RR] *m* FBALL [shot at] goal **Torschütze, -schützin** *m, f* scorer

Torsion <-, -en> *f* torsion

Torsionsstab *m* AUTO torsion bar

Torso <-s, -s *o* Torsi> *m* ① KUNST (*Statue ohne Gliedmaßen*) torso ② (*geh: unvollständiges Ganzes*) skeleton ③ (*menschlicher Rumpf*) torso

Törtchen <-s, -> *nt dim von* **Torte** [small] tart, tartlet BRIT

Torte <-, -n> *f* gâteau, [fancy] cake; (*Obstkuchen*) flan

Tortenbelag *m* flan topping **Tortenboden** *m* flan case, base **Tortendiagramm** *nt* pie chart **Tortenguss**[RR] *m* glaze **Tortenheber** <-s, -> *m* cake slice **Tortenplatte** *f* cake plate

Tortur <-, -en> *f* (*geh*) torture

Torverhältnis *nt* score **Torwart(in)** *m(f)* goalkeeper, goalie *fam* **Torweg** *m* gateway

tosen *vi* ① *haben* (*brausen*) to roar; *Wasserfall* to foam; *Sturm* to rage ② *sein* (*sich brausend bewegen*) to roar, to foam; *Sturm* to rage

tosend *adj* thunderous, raging; ~ ***er Beifall ertönte*** there was a thunderous applause

Toskana <-> *f* Tuscany

tot *adj* ① (*gestorben*) dead; ~ **geboren werden** to be stillborn; **sich** ~ **stellen** to play dead, to feign death; ~ **umfallen** to drop dead; ~ **zusammenbrechen** to collapse and die ② (*abgestorben*) dead ③ (*nicht mehr genutzt*) disused ④ (*fam: völlig erschöpft*) dead *fam,* beat *fam,* whacked BRIT *fam;* **mehr** ~ **als lebendig** (*fam*) more dead than alive ⑤ AUTO ~**er Winkel** blind spot ▶ WENDUNGEN: **für jdn** ~ **sein** to be dead as far as sb is concerned; **ich will** ~ **umfallen**[, **wenn das nicht wahr ist**] (*fam*) cross my heart and hope to die[, if it isn't true] *fam; s. a.* **Flussarm, Briefkasten, Winkel, Meer, Punkt, Rennen, Kapital, Gleis, Sprache**

total *adj* total, complete

Totalausfall *m* catastrophic failure **Totalentnahme** *f* FIN total withdrawal **Totalgewinn** *m* FIN total profit

totalitär I. *adj* totalitarian II. *adv* in a totalitarian manner

Totalitarismus <-> *m kein pl* totalitarianism *no pl*

Totalität <-, -en> *f* ① PHILOS entirety ② POL totality

Totaloperation *f* extirpation; *Gebärmutter* hysterectomy; *Brust* masectomy **Totalschaden** *m* write-off **Totalverlust** *m* total loss

tot|arbeiten *vr* (*fam*) ▪ **sich** ~ to work oneself to death **tot|ärgern** *vr* (*fam*) ▪ **sich** *akk* [**über jdn/etw**] ~ to be/become livid [about sb/sth], to get really annoyed [about sb/sth] *fam,* to be hopping mad [about sb/sth] *fam*

Tote(r) *f(m) decl wie adj* (*toter Mensch*) dead person, dead man/woman, [dead] body; (*Todesopfer*) fatality

Totem <-s, -s> *nt* totem

Totempfahl *m* totem pole

töten *vt* ▪ **jdn/etw** ~ to kill sb/sth; *s. a.* **Blick, Nerv**

Totenbett *nt s.* **Sterbebett** **totenblass**[RR] *adj s.* **leichenblass** **Totenblässe** *f s.* **Leichenblässe** **totenbleich** *adj s.* **leichenblass** **Totenfeier** *f* funeral [*or* burial] ceremony **Totenglocke** *f* knell, death bell **Totengräber** <-s, -> *m* ZOOL burying [*or* sexton] beetle **Totengräber(in)** <-s, -> *m(f)* gravedigger **Totenhemd** *nt* shroud **Totenkopf** *m* ① ANAT (*Knochenschädel*) skull ② (*Zeichen*) skull and crossbones, death's head **Totenmaske** *f* death mask **Totenmesse** *f* requiem mass **Totenschädel** *m s.* **Totenkopf 1** **Totenschein** *m* death certificate **Totensonntag** *m protestant church holiday on the last Sunday of the church year commemorating the dead* **totenstill** *adj* ▪ **es/alles ist** ~ it/everything is deadly silent [*or* quiet] **Totenstille** *f* dead[ly] silence **Totentanz** *m* dance of death **Totenwache** *f* **die** ~ **halten** to hold the wake

tot|fahren *irreg vt* (*fam*) ▪ **jdn/etw** ~ to run over and kill sb/sth *fam* **Totgeburt** *f* stillbirth **Totgeglaubte(r)** *f(m) decl wie adj* person believed to be dead **tot|gehen** *vi irreg sein bes* NORDD (*fam*) to die **Totgesagte(r)** *f(m) decl wie adj* person declared dead

totipotent *adj inv* BIOL fully viable **tot|kriegen** *vt* (*fam*) **jd ist nicht totzukriegen** you can't get the better of sb; (*äußerst strapazierfähig*) sb can go on for ever **totlachen** *vr* (*fam*) ▪**sich** *akk* [**über etw/jdn**] ~ to kill oneself laughing [about sth/sb] *fam*, to split one's sides laughing [about sth/sb]; **zum T~ sein** to be too funny for words, to be dead funny *fam* **totlaufen** *vr irreg* (*fam*) ▪**sich** ~ to peter away [*or* out] **totmachen I.** *vt* (*fam*) ▪**jdn/etw** ~ to kill sb/sth **II.** *vr* (*fam*) ▪**sich** *akk* [**für jdn/bei etw** *dat*] ~ to bend over backwards [for sb/sth] *fam*, to go out of one's way [for sb/sth] *fam*

Toto <-s, -s> *nt o m* pools *npl* BRIT, pool AM; [**im**] ~ **spielen** to do the pools BRIT, to be in a [football] pool AM

Totoschein *m* pool[BRIT -s] ticket

Totpunkt *m* TECH dead centre [*or* AM -er] **totsagen** *vt* ▪**jdn/etw** ~ to declare sb/sth as dead **totschießen** *vt irreg* (*fam*) ▪**jdn/etw** ~ to shoot sb/sth dead **Totschlag** *m kein pl* JUR manslaughter *no pl* **totschlagen** *vt irreg* (*fam*) ▪**jdn/etw** ~ to beat sb/sth to death; **du kannst mich ~,** [**aber**] **…, …, und wenn du mich totschlägst** (*fig fam*) for the life of me …, … for the life of me *fam* **Totschläger** *m* cosh BRIT, blackjack AM **Totschläger(in)** *m(f)* JUR person convicted of manslaughter **totschweigen** *vt irreg* ❶ (*über etw nicht sprechen*) ▪**etw** ~ to hush up sth; ▪**totgeschwiegen** hushed-up ❷ (*über jdn nicht sprechen*) ▪**jdn** ~ to keep quiet about sb **Tottaste** *f* INFORM dead key **tottreten** *vt irreg* ▪**jdn** ~ to trample sb to death

Tötung <-, *selten* -en> *f* killing; JUR *a.* homicide; ~ **auf Verlangen** assisted suicide, euthanasia; **fahrlässige** ~ negligent homicide, culpable manslaughter; **vorsätzliche** ~ wilful homicide

Tötungsabsicht *f* JUR intention to kill

Totzeit *f* INFORM dead time

Touch <-s, -s> *m* touch

tough [tʌf] *adj* (*sl*) tough; ***sie war permanent bemüht, ~ zu wirken*** she was always trying to act hard *sl*

Toupet <-s, -s> *nt* toupée

toupieren* *vt* ▪**jdm/sich die Haare** ~ to backcomb sb's/one's hair

Toupierkamm [tu'piːɐ̯-] *m* teaser comb

Tour <-, -en> [tuːr] *f* ❶ (*Geschäftsfahrt*) trip; **auf ~ gehen** (*fam*) to go away on a trip, to take to the road *fam;* **auf ~ sein** (*fam*) to be away on a trip, to be on the road *fam* ❷ TOURIST (*Ausflugsfahrt*) tour, outing, excursion; **eine ~/~en machen** to go on a tour [*or* outing]/tours [*or* outings] ❸ TECH (*Umdrehung*) revolution; **auf ~en kommen** to reach top speed; **auf vollen ~en** at top speed ❹ (*fam: Vorhaben*) ploy, wheeling and dealing *fam;* **auf die langsame** ~ slowly, in a slow way; **jdm auf die dumme/linke ~ kommen** to try to cheat sb; ***sie versucht es immer auf die krumme*** ~ she always tries to wheel and deal ▸ WENDUNGEN: **jdn auf ~en bringen** (*fam*) to get sb going *fam;* (*jdn wütend machen*) to get sb worked up *fam;* **auf ~en kommen** (*fam*) to get into top gear; (*wütend werden*) to get worked up; **in einer** ~ (*fam*) non-stop *fam*

Tour de France <-> [turdəfrãs] *f kein pl* SPORT ▪**die** ~ the Tour de France

touren [tuːrən] *vi* to [be [*or* go] on] tour

Tourenrad [tuːrən-] *nt* tourer **Tourenski** *m* cross country ski **Tourenwagenmeisterschaft** *f* SPORT touring car championship **Tourenzahl** *f* number of revolutions **Tourenzähler** *m* revolution counter

Touri <-s, -s> *m* (*fam, sl o pej*) [mass] tourist

Tourismus <-> *m kein pl* tourism *no pl;* **sanfter** ~ eco-tourism

Tourismusbranche *f*, **Tourismusgewerbe** *nt* tourist industry [*or* trade]

Tourist(in) <-en, -en> *m(f)* tourist

Touristenführer(in) <-s, -> *m(f)* tourist guide **Touristenklasse** *f* tourist class **Touristenverkehr** *m* tourist traffic, tourism **Touristenvisum** *nt* tourist visa **Touristenzentrum** *nt* tourist centre [*or* AM -er]

Touristik <-> *f kein pl* tourism *no pl,* tourist industry

Touristikunternehmen *nt* tourist company

Touristin <-, -nen> *f fem form von* **Tourist**

touristisch *adj inv* touristic *attr*

Tournee <-, -n *o* -s> *f* tour; **auf ~ gehen, eine ~ machen** to go on tour; **auf ~ sein** to be on tour

Tower <-s, -> *m* control tower

Toxikologe, -login <-n, -n> *m, f* toxicologist

Toxikologie <-> *f kein pl* toxicology

Toxikologin <-, -nen> *f fem form von* **Toxikologe**

toxikologisch *adj* toxicological

toxisch *adj* toxic

Toxoplasmose <-, -n> *f* MED toxoplasmosis

TPI *f* INFORM *Abk von* **tracks per inch** TPI

Trab <-[e]s> *m kein pl* (*Gangart*) trot; **im ~** at a trot ▸ WENDUNGEN: **jdn auf ~ bringen** (*fam*) to make sb get a move on *fam;* **jdn in ~ halten** (*fam*) to keep sb on the go *fam;* **auf ~ kommen** (*fam*) to get a move on *fam;* **auf ~ sein** (*fam*) to be on the go *fam;* **sich** *akk* **in ~ setzen** (*fam*) to get cracking *fam*

Trabant <-en, -en> *m* satellite

Trabantenstadt *f* satellite town

traben *vi* ❶ *haben o sein* (*im Trab laufen o reiten*) to trot ❷ *sein* (*sich im Trab irgendwohin bewegen*) to trot

Traber <-s, -> *m* trotter

Trabrennbahn *f* trotting course **Trabrennen** *nt* trotting race

Tracht <-, -en> *f* ❶ (*Volks~*) [traditional [*or* national]] costume ❷ (*Berufskleidung*) garb, dress, uniform ▸ WENDUNGEN: **eine ~ Prügel** (*fam*) a thrashing *fam,* a good hiding *fam*

Trachten *pl von* **Tracht**

trachten *vi* (*geh*) ▪**nach etw** *dat* ~ to strive for [*or* after] sth; ▪**danach ~, etw zu tun** to strive to do sth; *s. a.* **Leben**

Trachtenjacke *f* traditionally styled woollen jacket **Trachtenkostüm** *nt* traditional costume

trächtig *adj* ZOOL pregnant

Trackball <-s, -s> ['trækbɔːl] *m* trackball

Trader <-s, -> ['treɪdɐ] *m* trader

tradieren* *vt* (*geh*) ▪**etw** ~ to hand down sth *sep*

Tradition <-, -en> *f* tradition; [**bei jdm**] ~ **haben** to be a tradition [with sb]; **aus** ~ traditionally, by tradition

Traditionalismus <-> *m kein pl* traditionalism

Traditionalist(in) <-en, -en> *m(f)* traditionalist

traditionell *adj meist attr* traditional

traditionsbewusstRR *adj* traditional; ▪~ **sein** to be conscious of tradition **traditionsgemäß** *adv* traditionally **Traditionspapier** *nt* JUR negotiable document of title **traditionsreich** *adj* rich in tradition

traf *imp von* **treffen**

Trafik <-, -en> *f* ÖSTERR tobacconist's [shop], tobacco shop

Trafikant(in) <-en, -en> *m(f)* ÖSTERR tobacconist

Trafo <-[s], -s> *m kurz für* **Transformator** ELEK (*fam*) transformer

Tragbahre *f* stretcher

tragbar *adj* ❶ (*portabel konstruiert*) portable; *Computer* hand-held ❷ (*akzeptabel*) acceptable

Trage <-, -n> *f* stretcher

träge I. *adj* ❶ (*schwerfällig*) lethargic; (*faul und schlapp*) sluggish; **jdn ~ machen** to make sb lethargic [*or* sluggish] ❷ ÖKON sluggish, dull; **~er Markt** sluggish market ❸ PHYS, CHEM (*im Zustand der Trägheit befindlich*) inert **II.** *adv* lethargically, sluggishly

Tragegurt *m* carrying strap **Tragekorb** *m* pannier, AM panier

tragen <trägt, trug, getragen> **I.** *vt* ❶ (*schleppen*) ▪**jdn/etw** ~ to carry [*or* take] sb/sth ❷ (*mit sich führen*) ▪**etw bei sich** ~ to carry [*or* have] sth on [*or* with] one; ***er trug eine Pistole bei sich*** he had a gun on him, he carried a gun ❸ (*anhaben*) ▪**etw** ~ to wear sth ❹ (*in bestimmter Weise frisiert sein*) ▪**etw** ~ to have sth; **einen Bart ~** to have a beard; **das Haar lang/kurz ~** to have long/short hair ❺ (*stützen*) ▪**etw** ~ to support sth ❻ AGR, HORT (*als Ertrag hervorbringen*) ▪**etw** ~ to produce sth, to bear sth; ***der Birnbaum trägt diesmal nur wenige Früchte*** the pear tree has only grown a few fruits this time ❼ (*ertragen*) ▪**etw** ~ to bear sth; **Leid ~** to endure suffering ❽ (*für etw aufkommen*) ▪**etw** ~ to bear sth; **die Kosten ~** to bear [*or* to carry] the costs; **Verlust ~** to defray loss; **die Folgen/das Risiko ~** to bear [*or* be responsible for] the consequences/risk ❾ (*versehen sein mit*) ▪**etw** ~ to bear [*or* have] sth; ***er trägt einen Doktortitel*** he has a PhD **II.** *vi* ❶ AGR, HORT (*als Ertrag haben*) to crop ❷ (*trächtig sein*) to be pregnant, to be with young ❸ (*das Begehen aushalten*) to withstand weight ❹ MODE (*in Kleidung bestimmten Sitzes gekleidet sein*) to wear; ***sie trägt lieber kurz*** she likes to wear short clothes ▸ WENDUNGEN: **an etw** *dat* **schwer zu ~ haben** to have a heavy cross to bear with sth; **zum T~ kommen** to come into effect **III.** *vr* ❶ (*sich schleppen lassen*) **sich leicht/schwer ~** to be light/heavy to carry ❷ MODE ▪**sich** ~ to wear; ***die Hose trägt sich bequem*** the pants are comfortable ❸ (*geh: in Erwägung ziehen*) ▪**sich mit etw ~** to contemplate sth ❹ FIN (*sich allein unterhalten*) ▪**sich** ~ to pay for itself

tragend *adj* ❶ ARCHIT, BAU, TECH (*stützend*) supportive; **~e Wand** bearing wall ❷ (*zugrunde liegend*) fundamental

Träger <-s, -> *m* ❶ *meist pl* MODE strap; *Hose* braces *npl* BRIT, suspenders *npl* AM ❷ BAU (*Stahl~*) girder

Träger(in) <-s, -> *m(f)* ❶ (*Lasten~*) porter ❷ (*Inhaber*) bearer ❸ ADMIN (*verantwortliche Körperschaft*) responsible body; JUR agency, legally and economically responsible body; ***die Kommunen sind die ~ der öffentlichen Schulen*** the local authorities are responsible for public schools; ~ **öffentlicher Gewalt** agencies in whom state power is vested

Trägergesellschaft *f* ÖKON, POL participating company (*in a job-creation scheme*) **Trägerhemd** *nt* sleeveless top **Trägerhemd** *nt* singlet **Trägerhose** *f* trousers *npl* with straps, pants *npl* with suspenders AM

Trägerin <-, -nen> *f fem form von* **Träger**

Trägerkleid *nt* pinafore dress **trägerlos** *adj inv* strapless **Trägerrakete** *f* carrier [*or* satellite launch] rocket **Trägerrock** *m* pinafore dress

Trägerschaft *f* maintenance

Trägertop *nt* pinafore top

Tragetasche *f* [carrier] bag

tragfähig *adj* BAU *Putz* non-crackling; (*fig*) able to take weight [*or* a load] **Tragfähigkeit** *f kein pl* load-bearing capacity **Tragfläche** *f* wing **Tragflächenboot** *nt* hydrofoil **Tragflügelboot** *nt* hydrofoil

Trägheit <-, *selten* -en> *f* ❶ (*Schwerfälligkeit*) sluggishness, lethargy; (*Faulheit*) laziness ❷ PHYS inertia

Trägheitsgesetz *nt kein pl* PHYS law of inertia **Trägheitsmoment** *nt* PHYS moment of inertia

Tragik <-> *f kein pl* tragedy; ▪**die ~ einer S.** *gen* the tragedy of sth

Tragikomik *f* (*geh*) tragicomedy

tragikomisch *adj* (*geh*) tragicomical

Tragikomödie *f* tragicomedy

tragisch I. *adj* tragic; ▪**etwas T~es** [something] tragic, a tragic affair; **es ist nicht** [**so** [*o* **weiter**]] ~ (*fam*) it's not the end of the world *fam* **II.** *adv* tragically; **etw ~ nehmen** (*fam*) to take sth to heart *fam;* **nimm's nicht so ~!** (*fam*) don't take it to heart! *fam*

Tragkraft *f kein pl* weight-bearing capacity **Traglast** *f* (*geh*) load **Traglufthalle** *f* air [*or* AM supported] hall

Tragödie <-, -n> *f* ❶ LIT, THEAT tragedy ❷ (*tragisches Ereignis*) tragedy; **eine/keine ~ sein** (*fam*) to be/not to be the end of the world *fam,* to be a/no great tragedy *fam;* **eine ~ aus etw** *dat* **machen** (*fam*) to make a mountain out of a molehill *fam*

Tragriemen *m* strap; *Gewehr* sling **Tragschicht** *f* BAU base [*or* bearing] course **Tragweite** *f* scale; (*einer Entscheidung, Handlung*) consequence; **von großer ~ sein** to have far-reaching consequences

T

Tragwerk *nt* wing assembly
Trailer <-s, -> ['tre:lɐ] *m* FILM trailer
Trailerschiff *nt* trailer
TraincouplingRR <-[s], -s> ['treɪnkʌplɪŋ] *nt* BAHN train coupling (*coupling together of two or more individual trains*)
Trainee <-s, -s> [treɪ'ni:] *m* trainee
Trainer <-s, -> *m* SCHWEIZ track-suit
Trainer(in) <-s, -> *m(f)* coach
trainieren* I. *vt* SPORT ① (*durch Training üben*) ■**etw** ~ to practice sth ② (*durch Training auf Wettkämpfe vorbereiten*) ■**jdn** ~ to coach [*or* train] sb II. *vi* ① (*üben*) to practice; ■**mit jdm** ~ to practice with sb ② (*sich auf Wettkämpfe vorbereiten*) to train
Training <-s, -s> *nt* SPORT training, practice; **autogenes** ~ PSYCH relaxation through self-hypnosis
Trainingsanzug *m* tracksuit **Trainingseinheit** *f* training unit **Trainingshose** *f* track-suit trousers *npl* [*or fam* bottoms *npl*], track pants *npl* AM **Trainingsjacke** *f* track-suit top **Trainingslager** *nt* training camp **Trainingsmaßnahme** *f* training measure
TrainsharingRR <-[s]> ['treɪnʃeərɪŋ] *nt kein pl* BAHN train sharing (*splitting a train into two independent parts*)
Trakt <-[e]s, -e> *m* wing
Traktanden *pl von* **Traktandum**
Traktandenliste *f* SCHWEIZ agenda
Traktandum <-s, -den> *nt* SCHWEIZ agenda item
Traktat <-[e]s, -e> *m o nt* (*geh*) tract
traktieren* *vt* (*fam*) ① (*schlecht behandeln*) ■**jdn/etw** ~ to ill-treat sb/sth ② (*misshandeln*) ■**jdn/ein Tier** ~ to abuse sb/an animal; **jdn mit Stockschlägen** ~ to beat sb with a stick
Traktor <-s, -toren> *m* tractor
trällern I. *vi* to warble II. *vt* ■**etw** ~ to warble sth
Tram <-s, -s> *f o nt* SCHWEIZ tramway
Trampdampfer *m* tramp steamer
Trampel <-s, -> *m o nt* (*fam*) clumsy oaf *fam*
trampeln I. *vi* ① *haben* (*stampfen*) **mit den Füßen** ~ to stamp one's feet ② *sein* (*sich* ~*nd bewegen*) to stomp along; ***sie trampelten die Treppe hinunter*** they stomped down the stairs II. *vt haben* ① (*durch Trampeln entfernen*) ■**etw von etw** *dat* ~ to stamp sth from sth; *s. a.* **Tod** ② (*durch T~ herstellen*) ■**etw** ~ to trample sth
Trampelpfad *m* track, path **Trampeltier** *nt* ① ZOOL (*zweihöckriges Kamel*) camel ② (*fam: unbeholfener Mensch*) clumsy oaf *fam*
trampen *vi sein* to hitch-hike, to hitch *fam*
Tramper(in) <-s, -> *m(f)* hitch-hiker, hitcher *fam*
Trampolin <-s, -e> *nt* trampoline
Trampreeder(in) *m(f)* tramp owner **Trampschiff** *nt* HANDEL tramp **Trampschifffahrt**RR, **Trampschiffahrt** *f* tramp shipping, tramping
Trampverkehr *m* tramping trade
Tramway <-, -s> *f* ÖSTERR (*Straßenbahn*) tram[way]
Tran <-[e]s, -e> *m* train oil [*or* fish] ▶ WENDUNGEN: **im** ~ (*fam*) dopey *fam;* ***das habe ich im ~ ganz vergessen*** it completely slipped my mind; **wie im** ~ (*fam*) in a daze
Trance <-, -n> *f* trance; **in** ~ **fallen** to fall [*or* go] into a trance; **jdn/sich in** ~ **versetzen** to put sb/oneself in[to] a trance
Trancezustand *m* [state of] trance
Tranche <-, -n> ['trã:ʃə] *f* BÖRSE tranche
Tranchierbesteck *nt* carving cutlery
tranchieren* *vt* ■**etw** ~ to carve sth
Tranchiermesser *nt* carving-knife
Träne <-, -n> *f* tear, teardrop; **in** ~**n aufgelöst** in tears; **den** ~**n nahe sein** to be close to tears; **jdm kommen die** ~**n** sb is starting to cry; ~**n lachen** to laugh until one cries; **jdm/etw keine** ~ **nachweinen** to not shed any tears over sb/sth; **mit den** ~**n ringen** (*geh*) to fight [to hold back] one's tears; **jdn zu** ~**n rühren** to move sb to tears; ~**n weinen** to shed tears; **unter** ~**n** in tears
tränen *vi* to water; **jdm** ~ **die Augen** sb's eyes are watering
Tränendrüse *f meist pl* lachrymal gland ▶ WENDUNGEN: [**mit etw** *fam*] **auf die** ~ **drücken** to get the waterworks going [with sth] *fam;* ***mit dem Film will der Regisseur auf die ~ drücken*** the director wants the film to be a real tear-jerker **Tränengas** *nt* tear gas **Tränensack** *m* lachrymal sac **tränentriefend** *adj inv* tearful, reduced to tears
Tranfunzel <-, -n> *f* (*pej*) slow-coach
tranig *adj* ① (*nach Tran schmeckend*) tasting of train oil ② (*fam: träge*) sluggish, slow
trank *imp von* **trinken**
Trank <-[e]s, Tränke> *m* (*geh*) beverage *form,* drink
Tränke <-, -n> *f* watering place
tränken *vt* ① (*durchnässen*) ■**etw** [**mit etw** *dat*] ~ to soak sth [with sth]; ***er tränkte den Schwamm mit Wasser*** he soaked the sponge in water ② AGR (*trinken lassen*) ■**ein Tier** ~ to water an animal
Transaktion <-, -en> *f* ÖKON transaction; **geschäftliche** ~ trade transaction; ~**en im militärischem Bereich** military transactions; **unsichtbare** ~ invisible transaction
Transaktionswert *m* FIN transaction value; **alternativer** ~ substitute value
Transatlantikflug *m* transatlantic flight
transatlantisch *adj* (*geh*) transatlantic
transchieren* *vt* ÖSTERR *s.* **tranchieren**
Transfer <-s, -s> *m* transfer
Transfergenehmigung *f* ÖKON transfer permit **Transfergeschwindigkeit** *f* INFORM transfer rate
transferierbar *adj inv* transferable
transferieren* *vt* ■**etw** ~ to transfer sth; **Geld auf ein Konto transferieren** to transfer money [on BRIT]to an account; **etw ins Ausland** ~ to transfer sth abroad
Transferleistungen *pl* FIN transfers; **hohe** ~ high transfers **Transferleitung** *f* ÖKON transfer line **Transfermodus** *m* INFORM transfer mode; **asynchroner/synchroner** ~ asynchronous/synchronous transfer **Transferrate** *f* ① INFORM transfer rate ② FIN transfer charge **Transferzahlung** *f* ÖKON transfer
transfinit *adj inv* MATH transfinite; ~**e Zahl** transfinite number
Transformation <-, -en> *f* transformation
Transformationsgesetz *nt* JUR transformation act
Transformator <-s, -toren> *m* transformer
Transformatorenhäuschen *nt* transformer installation
transformieren* *vt* PHYS ■**etw** ~ to transform sth
Transfusion <-, -en> *f* transfusion
transgen *adj* transgenetic
Transistor <-s, -toren> *m* transistor; **bipolarer** ~ bipolar transistor
Transistorradio *nt* transistor radio **Transistorzündung** *f* AUTO transistor ignition, transistorized ignition [system]
Transit <-s, -e> *m* transit
Transitabkommen *nt* transit agreement **Transitgebühr** *f* transit fee **Transitgüter** *pl* transit goods *pl* **Transithandel** *m* ÖKON transit trade
transitiv *adj* LING transitive
transitorisch *adj* FIN deferred, transitory; ~**e Aktiva** prepaid expenses
Transitraum *m* transit lounge **Transitreisende(r)** *f(m) decl wie adj* transit passenger **Transitverkehr** *m* transit traffic **Transitvisum** *nt* transit visa **Transitzoll** *m* transit customs *npl*
transkribieren* *vt* ■**etw** ~ ① (*in andere Schrift umschreiben*) to transcribe sth ② MUS (*für andere Instrumente umschreiben*) to arrange
transkutan *adj inv* transcutaneous
Transliteration <-, -en> *f* LING transliteration
transliterieren* *vt* LING ■**etw** ~ to transliterate sth
Transmission <-, -en> *f* TECH, PHYS transmission
Transmutation <-, -en> *f* ① (*geh: Verwandlung*) transmutation ② (*fachspr: Umwandlung*) transmutation
Transmutationsanlage *f* ÖKOL, PHYS transmutation plant
transnuklear *adj* transnuclear
transparent *adj* (*durchscheinend*) transparent ▶ WENDUNGEN: **etw** [**für jdn**] ~ **machen** (*geh*) to make sth lucid [*or* transparent] [for sb]
Transparent <-[e]s, -e> *nt* banner
Transparentpapier *nt* tracing paper **Transparentpuder** *nt* translucent powder
Transparenz <-> *f kein pl* (*geh*) transparency, lucidity *no pl*
Transpiration <-> *f kein pl* (*geh*) perspiration *no pl*
transpirieren* *vi* (*geh*) to perspire
Transplantat <-[e]s, -e> *nt* transplant
Transplantation <-, -en> *f* MED transplant; *Haut* graft
Transplantatreserven *pl* MED reserves *pl* of organ transplants
transplantieren* *vt* ■[**jdm**] **etw** ~ to transplant [sb's] sth; **jdm die Haut** ~ to graft sb's skin
Transport <-[e]s, -e> *m* transport
transportabel *adj* (*geh*) transportable
Transportarbeiter(in) *m(f)* transport worker **Transportaufkommen** *nt* ÖKON total transports *pl* **Transportband** *nt* conveyer belt **Transportbedarf** *m* transport requirement **Transportbehälter** *m* transport container (*for nuclear waste*)
Transporter <-s, -> *m* AUTO ① (*Lieferwagen*) transporter, van ② LUFT (*Transportflugzeug*) transport plane
Transporteur <-s, -e> *m* haulage contractor
transportfähig *adj* MED movable, transportable; HANDEL ready for transport *pred* **Transportfähigkeit** *f* transportability **Transportfahrzeug** *nt* transport [*or* carrier] vehicle **Transportfirma** *f* transport company [*or* agency], carrier, hauler, haulier **Transportflugzeug** *nt* transport plane **Transportgebühr** *f* transport charge [*or* fee], carriage **Transportgefahr** *f* JUR transport hazard, risk of conveyance **Transportgeschäft** *nt* ① *kein pl* (*Gewerbe*) carrying trade ② (*Firma*) transport company [*or* agency], carrier, hauler, AM *a.* transport corporation **Transportgewerbe** *nt* carrying trade **Transportgut** *nt* cargo **Transporthaftpflichtgesetz** *nt* Carrier's Liability Act BRIT **Transporthubschrauber** *m* cargo helicopter
transportierbar *adj inv* transportable
transportieren* *vt* ① (*befördern*) ■**etw** ~ to transport [*or* carry] sth; ■**jdn** ~ to move sb ② FOTO **den Film** ~ to wind the film
Transportkolonne *f* motor transport column [*or* convoy] **Transportkosten** *pl* transport[ation] costs *pl* **Transportleistungen** *pl* carryings *pl* **Transportmittel** *nt* means [*or* mode] of transport[ation] **Transportmöglichkeit** *f* transport facility **Transportpanzer** *m* MIL armoured [*or* AM armored] personnel carrier **Transportpapiere** *pl* HANDEL shipping documents **Transportpflicht** *f* HANDEL transport obligation **Transportraum** *m* ① (*Kapazität*) transport capacity ② (*Räumlichkeit*) cargo space **Transportrecht** *nt* JUR [public] transport law **Transportschaden** *m* damage [on goods] in transit **Transportschäden** *pl* HANDEL damage in transit, transport loss [*or* damage] **Transportschiff** *nt* cargo ship [*or* vessel]; MIL transport ship **Transportunternehmen** *nt* haulage contractor, forwarding agent **Transportunternehmer** *m* haulage contractor **Transportunternehmerhaftung** *f* carrier's liability **Transportverpackung** *f* cargo packaging **Transportversicherung** *f* transport [*or* shipping] insurance **Transportvolumen** *nt* ÖKON total transports *pl* **Transportvorschriften** *pl* HANDEL forwarding instructions **Transportweg** *m* HANDEL (*Route*) transport route; (*Entfernung*) distance, haul **Transportwesen** *nt kein pl* ÖKON transport *no pl,* transportation *no pl*
Transrapid® <-[s]> *m kein pl* [*German*] *high-speed magnetic train*
transsexuell *adj* transsexual
Transsexuelle(r) *f(m) decl wie adj* transsexual
Transvestit <-en, -en> *m* transvestite

transzendent *adj inv* ① PHILOS transcendent ② MATH transcendental
transzendental *adj* transcendental
Transzendenz <-> *f kein pl* (*geh*) transcendence, transcendency
Trapez <-es, -e> *nt* ① MATH trapezium BRIT, trapezoid AM ② (*Artistenschaukel*) trapeze
Trapezakt *m* trapeze act **Trapezflügel** *m* tapered wing
Trappist <-en, -en> *m* REL Trappist [monk]
Trapschießen <-s> *nt kein pl* SPORT (*Tontaubenschießen*) trapshooting
Trara <-s, -s> *nt* (*fam*) hoo-ha *fam;* **ein ~ [um jdn/etw] machen** to create a hoo-ha [about sb/sth]
Trash-TV <-> [træʃ,tiː'viː, -teː'fau] *nt* trash TV
Trassant(in) <-en, -en> *m(f)* FIN drawer
Trassat(in) <-en, -en> *m(f)* FIN drawee
Trasse <-, -n> *f* ① (*abgesteckter Verkehrsweg*) marked route ② (*Bahn~*) railway line
Trassenführung *f* BAU pipe route
trassieren* *vt* ■**etw ~** ① ARCHIT (*eine Trasse ziehen*) to draw a route through sth ② ÖKON (*einen Wechsel auf jdn ziehen*) to draw sth
Trassierung <-, -en> *f* laying of rail beds
trat *imp von* **treten**
Tratsch <-[e]s> *m kein pl* (*fam*) gossip *no pl*
tratschen *vi* (*fam*) ■**[über jdn/etw] ~** to gossip [about sb/sth]
Tratscherei <-, -en> *f* (*fam*) gossiping *no pl,* scandalmongering *no pl*
Tratte <-, -n> *f* FIN bill; **eine ~ akzeptieren/ausstellen/einlösen** to honour/negotiate/discharge a bill
Trattenankündigung *f* FIN advice of draft **Trattenavis** *m o nt* FIN advice of draft
Traualtar *m* altar; **[mit jdm] vor den ~ treten** (*geh*) to stand at the altar [with sb], to walk down the aisle [with sb]
Traube <-, -n> *f* ① *meist pl* (*Weintraube*) grape *usu pl* ② BOT (*Büschel von Beeren*) bunch of grapes ③ BOT (*büschelförmiger Blütenstand*) raceme ④ (*Ansammlung*) cluster; **eine ~ von Menschen** a cluster of people
traubenförmig *adj inv* grape-shaped **Traubenlese** *f* grape harvest **Traubensaft** *m* grape juice **Traubenzucker** *m* glucose, dextrose
trauen[1] *vt* ■**jdn ~** to marry sb, to join sb in marriage; ■**sich** *akk* **~ lassen** to get married, to marry
trauen[2] I. *vi* ① (*vertrauen*) ■**jdm ~** to trust sb ② (*Glauben schenken*) ■**etw** *dat* **~** to believe [*or* trust] sth; *s. a.* **Auge, Ohr, Weg** II. *vr* ■**sich** *akk* **~, etw zu tun** to dare to do sth; ***er traute sich nicht, das zu tun*** he didn't have the courage to do that; ■**sich** *akk* **zu jdm ~** to dare to go to sb
Trauer <-> *f kein pl* sorrow *no pl,* grief *no pl* ▶ WENDUNGEN: **~ tragen** to be in mourning
Traueranzeige *f* obituary, death notice **Trauerarbeit** *f* mourning, grieving **Trauerbinde** *f* black armband **Trauerbrief** *m* letter informing of sb's death **Traueressen** *nt* SCHWEIZ funeral meal **Trauerfall** *m* bereavement, death **Trauerfamilie** *f* SCHWEIZ bereaved family **Trauerfeier** *f* funeral service **Trauerflor** *m* black ribbon **Trauergottesdienst** *m* funeral service **Trauerjahr** *nt* year of mourning **Trauerkleidung** *f* mourning **Trauerkloß** *m* (*fam*) wet blanket *fam* **Trauermarsch** *m* funeral march **Trauermiene** *f* (*fam*) long face *fam;* **eine ~ aufsetzen** to make a long face; **mit einer ~** with a long face
trauern *vi* ■**um jdn ~** to mourn [for] sb
Trauerrand *m* ① (*schwarze Einrahmung*) black border ② *pl* (*fam: schwarze Fingernägel*) dirty fingernails **Trauerspiel** *nt* fiasco; **es ist ein ~ mit jdm** (*fam*) sb is really pathetic **Trauerweide** *f* weeping willow **Trauerzirkular** <-[e]s, -e> *f* SCHWEIZ obituary **Trauerzug** *m* funeral procession
Traufblech *nt* BAU eaves flashing **Traufbrett** *nt* BAU fascia board
Traufe <-, -n> *f* eaves *npl; s. a.* **Regen**
träufeln I. *vt haben* ■**etw ~** to drip sth; **Medizin ~** to apply drops of medicine II. *vi haben o sein* (*geh*) to trickle
Traum <-[e]s, Träume> *m* dream; ***es war nur ein ~*** it was only a dream; **ein böser ~** a bad dream; (*furchtbares Erlebnis*) nightmare; **nicht in meinen kühnsten Träumen** not in my wildest dreams; ***es war immer mein ~, mal so eine Luxuslimousine zu fahren*** I've always dreamed of being able to drive a limousine like that; **ein ~ von etw** *dat* a dream sth; **ein Traum von einem Mann** a dream man ▶ WENDUNGEN: **Träume sind Schäume** (*prov fam*) dreams are but shadows; **etw fällt jdm im ~ nicht ein** sb wouldn't dream of it; ***es fällt mir doch im ~ nicht ein, das zu tun*** I wouldn't dream of doing that; **aus der ~!** it's all over!, so much for that!
Trauma <-s, Traumen *o* -ta> *nt* trauma
traumatisch *adj* traumatic
traumatisiert *adj* traumatized
Traumatisierung <-, -en> *f* PSYCH traumatization
Traumberuf *m* dream job **Traumdeutung** *f* interpretation of dreams, dream interpretation
Traumen *pl von* **Trauma**
träumen I. *vi* ① (*Träume haben*) to dream; ■**~, dass jd etw tut/dass etw geschieht** to dream that sb does sth/that sth happens; **schlecht ~** to have bad dreams [*or* nightmares] ② (*Wünsche*) ■**von jdm/etw ~** to dream about sb/sth; ***sie hat immer davon geträumt, Ärztin zu werden*** she had always dreamt of becoming a doctor; **jd hätte sich** *dat* **etw nicht/nie ~ lassen** sb would not/never have dreamed of sth, sb would not/never have thought sth possible; **jd hätte sich** *dat* **nicht/nie ~ lassen, dass ...** sb would not/never have thought it possible, that... ③ (*abwesend sein*) to daydream, to be on another planet *fam,* to be in a reverie *form* ▶ WENDUNGEN: **und wovon träumst du nachts?** (*fam*) not in a million years!; **du träumst wohl!** (*fam*) you must be dreaming [*or* joking]! II. *vt* ■**etw ~** to dream sth
Träumer(in) <-s, -> *m(f)* [day]dreamer
Träumerei <-, -en> *f meist pl* dream *usu pl;* ***das sind alles ~en*** that's building castles in the air
Träumerin <-, -nen> *f fem form von* **Träumer**
träumerisch *adj* dreamy
traumhaft *adj* (*fam*) dreamlike, fantastic
Traumhaus *nt* dream house **Traumjob** *m* dream job **Traumlandschaft** *f* dream landscape **Traumnote** *f* SCH, SPORT (*euph fam*) perfect score **Traumurlaub** *m* dream holiday [*or* AM vacation] **traumverloren** *adj inv* dreamy; **~ dasitzen** to sit there in a dream-like state **traumwandlerisch** *adj* somnambulistic; **[sich** *akk*] **mit ~er Sicherheit [bewegen]** to move with the certainty of a sleepwalker
traurig I. *adj* ① (*betrübt*) sad, down, unhappy; ■**~ [über jdn/etw] sein** to be sad [*or* in a sad mood] [about sb/sth]; ■**~ sein, dass/weil ...** to be sad that/because ... ② (*betrüblich*) sorry; ***das sind ja ~e Verhältnisse*** that's a sorry state of affairs; **die ~e Tatsache ist, dass ...** it's a sad fact that ...; **in ~en Verhältnissen leben** to live in a sorry state ③ (*sehr bedauerlich*) ■**[es ist] ~, dass ...** it's unfortunate [*or* sad] that ... II. *adv* (*betrübt*) sadly, sorrowfully; ***warum siehst du mich so ~ an?*** why are you looking at me in such a sad way? ▶ WENDUNGEN: **mit etw** *dat* **sieht es ~ aus** sth doesn't look too good; ***damit sieht es ~ aus*** it doesn't look too good, it looks pretty bad
Traurigkeit <-> *f kein pl* sadness *no pl*
Trauring *m* wedding ring [*or* AM *a.* band] **Trauschein** *m* marriage certificate
traut *adj* (*geh*) dear; **in ~em Kreise** among family and friends, **in ~er Runde,** among good friends ▶ WENDUNGEN: **~es Heim, Glück allein** (*prov*) home sweet home *prov*
Trauung <-, -en> *f* marriage ceremony, wedding
Trauzeuge, -zeugin *m, f* best man, [marriage] witness
Travestie <-, -n> *f* travesty
Trawler <-s, -> ['trɔːlə] *m* NAUT trawler
Treck <-s, -s> *m* trail, trek
Trecker <-s, -> *m* (*fam*) tractor
Trecking <-s, -s> *nt s.* **Trekking**
Treff <-s, -s> *m* (*fam*) ① (*Treffen*) meeting, get-together *fam,* rendezvous ② (*Treffpunkt*) meeting point, rendezvous
treffen <trifft, traf, getroffen> I. *vt haben* ① (*mit jdm zusammenkommen*) ■**jdn ~** to meet [up with *fam*] sb ② (*antreffen*) ■**jdn ~** to find sb; ***ich habe ihn zufällig in der Stadt getroffen*** I bumped into him in town ③ (*mit einem Wurf, Schlag etc. erreichen*) ■**jdn/etw [mit etw** *dat*] **~** to hit [*or* strike] sb/sth [with sth]; ***ins Ziel getroffen!*** it's a hit! ④ (*innerlich bewegen*) ■**jdn mit etw** *dat* **~** to hit a sore spot with sth; ■**jdn ~** to affect sb; **sich** *akk* **getroffen fühlen** to take it personally; ***fühlst du dich da etwa getroffen?*** is that a sore point?; **sich** *akk* **durch etw** *akk* **getroffen fühlen** to take sth personally ⑤ (*in die Wege leiten*) ■**etw ~** to take sth; **Maßnahmen/Vorkehrungen ~** to take measures/precautions ⑥ (*abmachen*) **eine Entscheidung ~** to make a decision; **eine Abmachung ~** to have an agreement ⑦ (*wählen*) **den richtigen Ton ~** to strike the right note; ***damit hast du genau meinen Geschmack getroffen*** that's exactly my taste; ***mit dem Geschenk hat sie das Richtige getroffen*** her present was just the thing; **gut getroffen sein** to be a good photo [*or fam* shot] [*or* picture] of sb; ***auf dem Foto bis du wirklich gut getroffen*** that's a good photo [*or fam* shot] [*or* picture] of you; **es [mit jdm/etw] gut/schlecht getroffen haben** to be fortunate [*or* lucky]/unlucky [to have sb/sth]; ***mit seinem Chef hat er es wirklich gut getroffen*** he's really fortunate to have a boss like that; ***du hättest es auch schlechter ~ können*** you could have been worse off; **getroffen!** bingo! II. *vi* ① *sein* (*antreffen*) ■**auf jdn ~** to meet sb, to bump into sb *fam* ② *haben* (*sein Ziel erreichen*) to hit ③ *haben* (*verletzen*) to hurt III. *vr haben* ■**sich** *akk* **[mit jdm] ~** to meet [sb], to meet up [with sb] *fam;* **das trifft sich [gut]** that's [very] convenient; **es trifft sich [gut], dass ...** it is [very] convenient, that ...
Treffen <-s, -> *nt* (*Zusammenkunft*) meeting ▶ WENDUNGEN: **etw ins ~ führen** (*geh*) to put sth forward
treffend *adj* appropriate, striking
Treffer <-s, -> *m* ① (*ins Ziel gegangener Schuss*) hit; **einen ~ landen** to have a hit ② SPORT (*Tor*) goal ③ SPORT (*Berührung des Gegners*) hit ④ (*Gewinnlos*) winner
Trefferquote *f* hit rate
Treffgenauigkeit *f* exact precision, accuracy
trefflich <-er, -ste> *adj attr* (*geh o veraltend*) splendid
Treffpunkt *m* meeting point, rendezvous **treffsicher** *adj* accurate; **eine ~e Bemerkung** an apt remark; **ein ~es Urteil** a sound judgement **Treffsicherheit** *f kein pl* ① (*sicher treffende Schussweise*) accuracy *no pl* ② (*das präzise Zutreffen*) accuracy *no pl,* soundness *no pl,* aptness *no pl*
Treibeis *nt* drift ice
treiben <trieb, getrieben> I. *vt haben* ① (*durch Antreiben drängen*) ■**jdn/etw ~** to drive [*or* push] sb/sth ② (*fortbewegen*) ■**jdn/etw [irgendwohin] ~** (*durch Wasser*) to wash [*or* carry] sb/sth [somewhere]; (*durch Wind*) to blow [*or* carry] sb/sth [somewhere]; ***der Wind treibt mir den Schnee ins Gesicht*** the wind is blowing snow in my face ③ (*bringen*) ■**jdn zu etw ~** to drive sb to sth; ***du treibst mich noch dazu, das zu tun*** you'll end up making me do that; **jdn in den Wahnsinn ~** to drive sb mad; **jdn in den Tod/Selbstmord ~** to drive sb to sb's death/to commit suicide ④ (*einschlagen*) ■**etw in etw** *akk* **~** to drive sth into sth; ***er trieb den Nagel mit einem Schlag in das Holz*** with one blow he drove the nail into the wood ⑤ TECH (*antreiben*) ■**etw ~** to propel sth ⑥ (*zum schnellen Handeln antreiben*) **jdn zur Eile ~** to rush sb, to make sb hurry [up]; **jdn zum Handeln ~** to rush sb into doing something ⑦ (*fam: anstellen*) ■**etw ~** to be up to sth; ***dass ihr mir bloß keinen Blödsinn treibt!*** don't you get up to any nonsense! ⑧ (*Tiere treiben*) ■**ein Tier/Tiere durch/in etw**

T

~ to drive an animal/animals through/into sth ❾ BOT (*hervorbringen*) to sprout ❿ (*betreiben*) ■**etw** ~ to do sth; **Gewerbe** ~ to carry out; **Handel** ~ to trade ⓫ (*fam*) **es zu bunt/wild** ~ to go too far; **es zu toll** ~ to overdo it ⓬ (*sl: Sex haben*) **es [mit jdm]** ~ to do it [with sb]; *s. a.* **Wahnsinn, Verzweiflung II.** *vi* ❶ *sein* (*sich fortbewegen*) to drift; **im Wasser** ~ to drift [*or* float] in the water; ■**sich [von etw]** ~ **lassen** to drift [with sth] ❷ *haben* BOT (*austreiben*) to sprout ❸ *haben* KOCHK (*aufgehen*) to rise ❹ *haben* (*diuretisch wirken*) to have a diuretic effect ▶ WENDUNGEN: **sich** ~ **lassen** to drift

Treiben <-s> *nt kein pl* ❶ (*pej: üble Aktivität*) ■**jds** ~ sb's dirty tricks ❷ (*geschäftige Aktivität*) hustle and bustle

treibend I. *part präs von* **treiben II.** *adj inv* driving; **die ~e Kraft bei einer Sache sein** to be the driving force behind sth

Treiber <-s, -> *m* INFORM driver

Treiber(in) <-s, -> *m(f)* JAGD beater

Treibersoftware *f* INFORM driving software

Treibgas *nt* propellant [*or* AM -ent] **Treibgut** *nt kein pl* flotsam and jetsam *pl*

Treibhaus *nt* HORT greenhouse, hothouse

Treibhauseffekt *m kein pl* ÖKOL ■**der** ~ the greenhouse effect **Treibhausluft** *f kein pl* hothouse [atmosphere]; ***lüftet mal, hier herrscht ja eine richtige ~!*** can't you open a window, it's like an oven in here! **Treibhauspflanze** *f* HORT hothouse plant

Treibholz *nt kein pl* driftwood *no pl* **Treibjagd** *f* JAGD battue **Treibladung** *f* propelling charge **Treibmittel** *nt* ❶ CHEM propellant ❷ KOCHK raising agent **Treibnetz** *nt* drift-net **Treibnetzfischerei** *f* driftnet fishing **Treibriegelschloss**RR *nt* BAU bolt lock **Treibsand** *m kein pl* quicksand **Treibsatz** *m* TECH explosive substances *pl* **Treibstoff** *m* fuel **Treibstoffrückstände** *pl* fuel residue *no pl* **Treibstoffverbrauch** *m kein pl* fuel consumption

Trekking <-s, -s> *nt* trekking

Trekkingbike [-bajk] *nt*, **Trekkingrad** *nt* trekking bike

Trema <-s, -s *o* -ta> *nt* LING, MED dieresis

Tremolo <-s, -s *o* Tremoli> *nt* MUS tremolo

Trenchcoat <-[s], -s> ['trɛntʃko:t] *m* trench coat

Trend <-s, -s> *m* trend; ***der ~ in der Mode geht wieder in Richtung längere Röcke*** the latest fashion trend is towards long[er] skirts again, long[er] skirts are coming back into fashion; **ganz groß der [vorherrschende]** ~ **sein** to be very much the [current] trend [*or fam* very trendy] [*or* very much in [fashion]]; **den ~ haben, etw zu tun** to have a tendency to do sth; **mit etw** *dat* **[voll] im ~ liegen** (*fam*) to have the very latest sth; ***mit diesen Hemden lag der Hersteller voll im ~*** the manufacturer had the very latest [in] fashion shirts; ***das Buch liegt voll im ~*** the book is very of the moment

Trendbar *f* fashionable [*or* trendy] bar [*or* pub], bar for the in-crowd **Trendfarbe** *f* fashionable colour [*or* AM -or]

trendig *adj* (*fam*) trendy

Trendsetter(in) <-s, -> *m(f)* trendsetter **Trendwende** *f* change [of direction]

trendy ['trendi] *adj* (*fam*) trendy

trennbar *adj* ❶ LING (*zu trennen*) separable ❷ (*voneinander zu trennen*) ■**[voneinander]** ~ **sein** to be detachable [from each other]; ***Jacke und Kapuze sind ~*** the hood is detachable [*or* can be detached [*or* removed]] from the jacket; ***Mantel und Futter sind leicht [voneinander] ~*** the lining is easily detachable [*or* can be easily detached [*or* removed]] from the coat **Trennbit** *nt* INFORM fence bit **Trennblatt** *nt* subject divider

trennen I. *vt* ❶ (*abtrennen*) ■**etw von etw** ~ to cut sth off sth; (*bei einem Unfall*) to sever sth from sth; ***vor dem Reinigen müssen die Lederknöpfe vom Mantel getrennt werden*** the leather buttons have to removed from [*or* taken off] the coat before cleaning ❷ (*ablösen*) ■**etw aus etw/von etw** ~ to take sth out of [*or* remove sth from sth] sth/detach sth from sth; **die Knöpfe von etw** ~ to remove the buttons from [*or* take the buttons off] sth ❸ (*auseinander bringen*) ■**[voneinander/von jdm]** ~ to separate [people from each other [*or* one another]/sb from sb]; ***es kann gefährlich sein, bei einer Prügelei die Streitenden zu ~*** it can be dangerous to separate people in a fight; ***im Krieg werden Kinder oft von ihren Eltern getrennt*** children are often separated from their parents in war; ■**[voneinander]** ~ to separate [*or* split up] [from each other [*or* one another]] ❹ (*teilen*) ■**etw [von etw]** ~ to separate [*or* divide] sth [from sth] ❺ (*deutlich unterscheiden*) ■**[voneinander]** ~ to differentiate [*or* distinguish] between sb/each other [*or* one another]; ***die unterschiedliche Herkunft kann Menschen ~*** people can be distinguished by their different backgrounds ❻ LING (*durch Silbentrennung zerlegen*) ■**etw** ~ to divide [*or* split up *sep*] sth; *s. a.* **getrennt II.** *vr* ❶ (*getrennt weitergehen*) ■**sich** ~ to part [from each other [*or* one another]], to part company; ***hier ~ wir uns*** this is where we part company [*or* go our separate ways] ❷ (*die Beziehung lösen*) ■**sich [voneinander]** ~ to split up [with each other [*or* one another]], to separate; ■**sich von jdm** ~ to split up with sb ❸ (*von etw lassen*) ■**sich von etw** ~ to part with sth ❹ (*euph: kündigen*) ■**sich von jdm** ~ to part [company] with sb ❺ SPORT (*mit einem Spielstand beenden*) to finish somehow; ***Schalke 04 und der Hertha trennten sich mit 5:3*** [the game between] Schalke 04 and Hertha finished 5–3, the final score [in the game] between Schalke 04 and Hertha was 5–3; *s. a.* **Weg III.** *vi* ■**[zwischen ihnen]** ~ to differentiate [*or* distinguish] [between them]; ***Kommunismus und Sozialismus sind zwei verschiedene Konzepte — man sollte zwischen ihnen ~*** communism and socialism are two different concepts — a distinction should be drawn [*or* made] between them

Trennfuge *f* INFORM soft hyphen **Trennkost** *f* Hay's diet **Trennlinie** *f* dividing line **Trennschärfe** *f kein pl* TV, TECH selectivity **Trennschnitt** *m* TYPO center [*or* split] cut

Trennung <-, -en> *f* ❶ (*Scheidung*) separation; ***seit unserer ~ habe ich nichts mehr von ihm gehört*** I haven't heard anything from him since our separation [*or* we separated] [*or* split up]; **in ~ leben** to be separated; ***wir leben seit einem Jahr in ~*** we've been separated for a year ❷ (*Unterscheidung*) differentiation, distinction; ***die ~ einiger Begriffe fällt nicht immer leicht*** differentiating [*or* distinguishing] [*or* making [*or* drawing] a distinction] between some terms is not always easy ❸ (*das Auseinanderbringen*) separation, splitting up ❹ LING (*Silben~*) division, splitting up

Trennungsentschädigung *f*, **Trennungsgeld** *nt* separation allowance **Trennungsstrich** *m* LING hyphen

Trennverbot *nt* TYPO forbid hyphenation **Trennwand** *f* partition [wall] **Trennzeichen** *nt* INFORM separator, guide bar

Trense <-, -n> *f* snaffle[-bit]

Trepanation <-, -en> *f* MED trepanation, trephination

treppab *adv inv* **treppauf,** ~ up and down the stairs

treppauf *adv* upstairs, up the stairs; **~, treppab** up and down stairs

Treppe <-, -n> *f* stairs *pl*, staircase; **eine steile ~** a steep staircase [*or* flight of stairs]; **eine steinerne ~** stone steps *pl*; ***der Fahrstuhl ist ausgefallen, wir werden einige ~n steigen müssen*** the lift is broken, we'll have to use [*or* climb] the stairs; ***bis zu Müllers sind es fünf ~n*** it's five more flights [of stairs] to the Müllers; ***Gehwege und ~n müssen im Winter rechtzeitig gestreut werden*** pavements and steps must be gritted [*or* salted] in good time in [the] winter

Treppenabsatz *m* landing **Treppenflur** *m* (*Hausflur*) hall **Treppengeländer** *nt* ban[n]ister[s *pl*] **Treppenhaus** *nt* stairwell **Treppenstufe** *f* step

Tresen <-s, -> *m* ❶ (*Theke*) bar ❷ (*Ladentisch*) counter

Tresor <-s, -e> *m* ❶ (*Safe*) safe ❷ *s.* **Tresorraum**

Tresorraum *m* strongroom, vault

Tresse <-, -n> *f meist pl* MODE braid *no pl*, strip[s *pl*] of braid

Tretauto *nt* pedal-car **Tretboot** *nt* NAUT pedal-boat, pedalo **Treteimer** *m* pedal bin

treten <tritt, trat, getreten> **I.** *vt haben* ❶ (*mit dem Fuß stoßen*) ■**jdn/etw [mit etw]** ~ to kick sb/sth [with sth]; **jdn mit dem Fuß/Schuh/Stiefel** ~ to kick sb/kick sb with one's shoe/boot ❷ (*mit dem Fuß betätigen*) ■**etw** ~ to step on sth, to press [*or* depress] sth with one's foot; **die Bremse** ~ to brake [*or* apply [*or* step on] the [*or* one's] brakes]; **die Kupplung** ~ to engage the clutch ❸ (*fam: antreiben*) ■**jdn** ~ to give sb a kick up the backside [*or fam* in the pants] **II.** *vi* ❶ *haben* (*mit dem Fuß stoßen*) ■**[mit etw]** ~ to kick; ***sie trat mit den Füßen und schlug mit den Fäusten nach ihm*** she kicked and punched out at him; ■**nach jdm** ~ to kick out [*or* aim a kick] at sb; ■**jdm an etw** *akk*/**gegen etw** *akk*/**in etw** *akk*/**vor etw** *akk* ~ to kick sb on/in/in/on sth; ***sie trat mir ans Bein/vors Schienbein*** she kicked my [*or* me on the] leg/shin; ***sie trat ihm in den Bauch*** she kicked him in the stomach ❷ *sein* (*einen Schritt machen*) to step; ***~ Sie bitte zur Seite*** please step [*or* move] aside; ***er trat aus der Tür*** he walked out [of] the door; ***bevor du ins Haus trittst, machst dir bitte die Schuhe sauber*** before you come into [*or* enter] the house, wipe your shoes [first], please; ***pass auf, wohin du trittst*** watch where you tread [*or* step] [*or* you're treading]; *s. a.* **Stelle, Hintergrund, Vordergrund** ❸ *sein o haben* (*den Fuß setzen*) ■**auf etw** *akk* ~ to tread [*or* step] on sth; *s. a.* **Schlips** ❹ *sein o haben* (*betätigen*) ■**auf etw** *akk* ~ to step on sth, to press [*or* depress] sth with one's foot; **die Bremse** ~ to brake [*or* apply [*or* step on] the [*or* one's] brakes]; **die Kupplung** ~ to engage the clutch; *s. a.* **Pedal** ❺ *sein* (*hervorkommen*) ■**aus etw** ~ to come out of sth; ***der Schweiß trat ihm aus allen Poren*** he was sweating profusely; ***die Feuchtigkeit tritt aus den Wänden*** the dampness was coming out of the walls; ***aus der Wunde trat Blut*** blood poured from [*or* out of] the wound; ***aus der undichten Stelle im Rohr trat Gas*** gas was escaping from the leak in the pipe; ***der Fluss trat über seine Ufer*** the river broke [*or* burst] its banks; ***Schweiß trat ihm auf die Stirn*** sweat appeared on his forehead **III.** *vr* ■**sich** *dat* **etw in etw** *akk* ~ to get sth in one's sth; ***sie trat sich einen Nagel in den Fuß*** she stepped onto a nail [*or* ran a nail into her foot]

Treter <-s, -> *m* (*fam*) comfortable shoe

Tretlager *nt* bottom bracket bearing **Tretmine** *f* MIL anti-personnel mine **Tretmühle** *f* (*fam*) treadmill **Tretroller** *m* pedalscooter

treu I. *adj* ❶ (*loyal*) loyal, faithful; **~e Dienste/Mitarbeit** loyal service/assistance; **~ ergeben** devoted; ■**jdm ~ sein/bleiben** to be/remain loyal [*or* faithful] to sb; **etw** *dat* **~ bleiben** to remain true to a thing; **sich** *dat* **selbst ~ bleiben** to remain true to oneself ❷ (*verlässlich*) loyal ❸ (*keinen Seitensprung machend*) faithful; ■**[jdm] ~ sein/bleiben** to be/remain faithful [to sb]; ***ich weiß, dass mein Mann mir ~ ist*** I know my husband is [*or* has been] faithful to me ❹ (*treuherzig*) trusting ❺ (*fig*) ■**jdm ~ bleiben** to continue for sb; ***der Erfolg blieb ihm ~*** his success continued; ***hoffentlich bleibt dir das Glück auch weiterhin treu*** hopefully your luck will continue to hold [out]; *s. a.* **Gold II.** *adv* ❶ (*loyal*) loyally ❷ (*treuherzig*) trustingly, trustfully

Treubruch *m* breach of faith

treudoof *adj* (*pej fam*) trusting and naïve, gullible

Treue <-> *f kein pl* ❶ (*Loyalität*) loyalty, faithfulness *no pl*, fidelity *no pl*; *eines Mitarbeiters/Untertans/Vasalls* loyalty ❷ (*Verlässlichkeit*) loyalty ❸ (*monogames Verhalten*) faithfulness *no pl*, fidelity *no pl*; **jdm die ~ brechen** to be unfaithful to sb; **jdm die ~ halten** to be [*or* remain] faithful to sb ▶ WENDUNGEN: **auf Treu und Glauben** in good faith

Treueid *m* oath of allegiance [*or* loyalty]

Treueprämie [-miə] *f* loyalty bonus **Treuerabatt**

m HANDEL loyalty [*or* patronage] rebate **Treuerabattkartell** *nt* ÖKON loyalty discount cartel **Treueschwur** *m* ① (*Schwur, jdm treu zu sein*) vow to be faithful [*or* of fidelity] ② HIST (*Eid*) oath of allegiance [*or* loyalty]

Treueverhältnis *nt* JUR fiduciary relation

Treugut *nt* FIN trust property [*or* capital]

Treuhand(anstalt) *f* Treuhand[anstalt], Treuhand agency (*organization which was charged with managing and, if possible, privatizing the property of the former GDR*)

Treuhänder(in) *m(f)* JUR trustee, fiduciary *form;* **mutmaßlicher** ~ constructive trustee **Treuhänderhaftung** *f* JUR trustee's liability **treuhänderisch** *adj inv* JUR fiduciary *form,* in trust *pred;* **etw** ~ **verwalten** to hold sth in escrow

Treuhandfolge *f* post-'Treuhand' period **Treuhandgeschäft** *nt* HANDEL trust transaction **Treuhandgesellschaft** *f* HANDEL trust company **Treuhand-KG** *f* HANDEL trustee limited partnership **Treuhandkonto** *nt* FIN escrow [*or* trust] account **Treuhandnachfolgeeinrichtung** *f* organization set up as the successor to the 'Treuhand' **Treuhandrat** *m der UNO* Trusteeship Council **Treuhandschaft** <-, -en> *f* JUR trusteeship **Treuhandvermögen** *nt* JUR trust property [*or pl* assets] **Treuhandvertrag** *m* JUR trust agreement, deed of trust

treuherzig I. *adj* [naïvely] trusting [*or* trustful] II. *adv* trustingly, trustfully

Treuherzigkeit <-> *f kein pl* [naïve] trust; ***sie ist von großer*** ~ she's very trusting

treulos I. *adj* ① (*nicht treu*) unfaithful; **ein ~er Ehemann** an unfaithful husband ② (*ungetreu*) disloyal, unfaithful; **ein ~er Vassal** a disloyal vassal II. *adv* disloyally

Treulosigkeit <-> *f kein pl* disloyalty, unfaithfulness *no pl*

Treu und Glauben *f* JUR trust, good faith; **gegen ~ verstoßen** to act in breach of good faith; **nach ~** bona fide, in good faith; **wider ~** in breach of good faith

Triangel <-s, -> *m o* ÖSTERR *nt* MUS triangle

Triathlet(in) <-en, -en> *m(f)* SPORT triathlete

Triathlon <-n, -s> *m* SPORT triathlon

Tribun <-s *o* -en, -e[n]> *m* HIST tribune

Tribunal <-s, -e> *nt* (*geh*) tribunal

Tribüne <-, -n> *f* SPORT stand

Tribut <-[e]s, -e> *m* HIST (*Abgabe von Besiegten*) tribute; **etw** *dat* ~ **zollen** (*fig*) to pay tribute to a thing

tributpflichtig *adj inv* obliged to pay tribute

Trichine <-, -n> *f* ZOOL trichina, trichinella

Trichter <-s, -> *m* ① (*Einfüll~*) funnel ② (*Explosionskrater*) crater ► WENDUNGEN: **jdn auf den** [**richtigen**] ~ **bringen** (*fam*) to get sth over [*or* across] to sb *fam;* **auf den ~ kommen** (*fam*) to get it *fam*

Trichterfalz *m* TYPO former fold **trichterförmig** *adj* funnel-shaped

Trick <-s, -s *o selten* -e> *m* ① (*Täuschungsmanöver*) trick; **keine faulen ~s!** (*fam*) no funny business! *fam* ② (*Kunstgriff*) trick, dodge; ***es ist ein ~ dabei*** there's a trick to [doing] it; **den ~ raushaben**[**, wie etw gemacht wird**] (*fam*) to have [got] the knack [of doing sth]

Trickaufnahme *f* FILM special effect **Trickbetrug** *m* JUR confidence trick **Trickbetrüger(in)** *m(f)* JUR confidence trickster **Trickfilm** *m* cartoon [film] **Trickkiste** *f* box of tricks **trickreich** *adj* (*fam*) clever, cunning

tricksen I. *vi* (*fam*) to do a bit of wangling *fam* II. *vt* (*fam*) ■**etw** ~ to wangle sth *fam*

Tricktrack <-s, -s> *nt* trictrac, tricktrack

trieb *imp von* **treiben**

Trieb[1] <-[e]s, -e> *m* BOT (*Spross*) shoot

Trieb[2] <-[e]s, -e> *m* ① BIOL, PSYCH (*innerer Antrieb*) drive, impulse; ***das Beschützen eines Kindes scheint ein natürlicher ~ zu sein*** protecting a child seems to be a natural instinct ② (*Sexual~*) sex[ual] drive, libido *form*

Triebabfuhr *f* sexual gratification **Triebfeder** *f* motivating force; ***bei diesem Verbrechen war Eifersucht die ~*** jealousy was the motive for this crime

triebhaft *adj* driven by physical urges [*or* desires] *pl, pred;* ■~ **sein** to be driven by one's physical urges [*or* desires]

Triebhaftigkeit <-> *f kein pl* domination by one's physical urges [*or* desires]; ***ihre ~ kennt keine Grenzen*** her physical urges [*or* desires] know no bounds **Triebhandlung** *f* act motivated by physical urges **Triebkraft** *f* ① (*fig*) driving force ② BOT germinating power **Triebtäter(in)** *m(f)* JUR sex[ual] offender **Triebverbrechen** *nt* JUR sex[ual] crime **Triebverbrecher(in)** *m(f)* *s.* **Triebtäter** **Triebwagen** *m* BAHN railcar **Triebwerk** *nt* engine

Triefauge *nt* MED watering eye

triefäugig *adj* MED bleary-eyed

triefen <triefte *o geh* troff, getrieft *o selten* getroffen> *vi* ① (*rinnen*) to run; (*Auge*) to water; ***ich habe Schnupfen, meine Nase trieft nur so!*** I've got a cold, and it's given me such a runny nose!; ■**aus** [*o* **von**] **etw** *dat* ~ to pour from sth ② (*tropfend nass sein*) ■[**von etw** *dat*] ~ to be dripping wet [from sth]; **vor Nässe ~** to be dripping wet ③ (*geh: strotzen*) ■**von** [*o* **vor**] **etw** *dat* ~ to be dripping with sth *fig;* ***diese Schnulze trieft ja von Schmalz und Sentimentalität*** this slushy song just oozes schmaltz and sentimentality

Triel <-s, -e> *m* ORN stone curlew

Trier <-> [triːɐ] *nt* GEOG Trier

triezen *vt* (*fam*) ■**jdn** ~ to crack the whip over sb

trifft *3. pers sing von* **treffen**

Trifoiling ['traɪfɔɪlɪŋ] *nt* SPORT tri-foiling

triftig I. *adj* good; **ein ~es Argument** a convincing [*or* valid] argument; **eine ~e Entschuldigung** an acceptable [*or* good] [*or* valid] excuse; **ein ~er Grund** a convincing [*or* good] [*or* sound] [*or* valid] reason II. *adv* convincingly; [**jdm etw**] ~ **begründen** to offer [sb] a sound argument in favour [*or* AM -or] of sth, to make a valid case for sth [to sb]

Trigonometrie <-> *f kein pl* MATH trigonometry *no indef art*

trigonometrisch *adj inv* MATH trigonometric

Trikolore <-, -n> *f* tricolour [*or* AM -or]

Trikot[1] <-s, -s> [tri'koː, 'trɪko] *m o nt kein pl* MODE (*dehnbares Gewebe*) tricot

Trikot[2] <-s, -s> [tri'koː, 'trɪko] *nt* MODE shirt, jersey; ***das Basketballteam tritt in dunklen ~s an*** the basketball team played in dark shirts [*or* jerseys] [*or* a dark strip]; **das gelbe/grüne/rosa ~** SPORT the yellow/green/pink jersey

Trikotage <-, -n> [triko'taːʒə] *f meist pl* cotton jersey underwear *no pl*

Trikotwerbung *f* shirt advertising

Triller <-s, -> *m* ① ORN trill, warble ② MUS (*rasch wechselnde Tonwiederholung*) trill

trillern *vi* ① ORN (*zwitschern*) to trill, warble ② (*singen*) to trill

Trillerpfeife *f* [shrill-sounding] whistle

Trilliarde <-, -n> *f* (*10 hoch 21*) billion trillion

Trillion <-, -en> *f* trillion BRIT, quintillion AM

Trilogie <-, -n> [-'giːən] *f* LIT, FILM trilogy

Trimester <-s, -> *nt* SCH trimester, [three-month] term

Trimm-dich-Pfad *m* keep-fit trail

trimmen I. *vt* ① (*trainieren*) ■**jdn** [**auf etw** *akk*] ~ to train [*or* prepare] sb [for sth] ② (*in einen bestimmten Zustand bringen*) ■**jdn auf etw** *akk* ~ to teach sb [*or* school sb in] sth; ***sie hatten ihre Kinder auf gute Manieren getrimmt*** they had taught their children [*or* schooled their children in] good manners ③ (*scheren*) ■**etw** ~ to clip sth; **einen Hund ~** to clip a dog II. *vr* ■**sich** *akk* [**durch etw** *akk*] ~ to keep fit [with sth]; **sich durch Radfahren/Schwimmen/Waldläufe ~** to keep fit by cycling/[going] swimming/going for runs in the forest; ***er trimmt sich jeden Morgen durch Yogaübungen*** he keeps fit with [*or* by doing] yoga exercises every morning

Trimmpfad *m* keep-fit trail

Trinidad und Tobago <-s> *nt* Trinidad and Tobago; *s. a.* **Sylt**

trinkbar *adj* drinkable; ***für den Preis ist das ein gut~er Wein*** that's not a bad[-tasting] wine for the price

trinken <trank, getrunken> I. *vt* ① (*Flüssigkeit schlucken*) ■**etw** ~ to drink sth; **Wasser ~** to drink [*or* have] some water; ***kann ich bei Ihnen wohl ein Glas Wasser ~?*** could you give [*or* spare] me a glass of water [to drink]?; ***möchten Sie lieber Kaffee oder Tee ~?*** would you prefer coffee or tea [to drink]?; ***ich trinke gerne Orangensaft*** I like drinking orange juice; ■**etw zu ~** sth to drink; **gern** [**mal**] **einen ~** (*fam*) to like a[n occasional] drink; [**mit jdm**] **einen ~ gehen** (*fam*) to go for a drink [with sb] ② (*anstoßen*) ■**auf jdn/etw** ~ to drink to sb/sth; ***sie tranken alle auf sein Wohl*** they all drank to his health II. *vi* ① (*Flüssigkeit schlucken*) to drink, to have a drink ② (*alkoholische Getränke zu sich nehmen*) to drink; ***er ist eigentlich ein netter Mensch, leider trinkt er*** he's a nice person really, but he likes his drink

Trinker(in) <-s, -> *m(f)* drunkard; (*Alkoholiker*) alcoholic

Trinkerheilanstalt *f* (*veraltet*) detoxification centre [*or* AM -er]

trinkfest *adj* ■~ **sein** to be able to hold one's drink; ***seine ~e Freundin trank ihm unter den Tisch*** his hard-drinking girlfriend drank him under the table

Trinkgefäß *nt* drinking-vessel; ***ich habe keine sauberen ~e*** I haven't got anything clean to drink out of **Trinkgelage** *nt* drinking session **Trinkgeld** *nt* tip; ***der Rest ist ~*** keep the difference [*or* there's 80, keep the change]; ~ **bekommen** to receive tips [*or* a tip]; ~ **geben** to give tips [*or* a tip] **Trinkglas** *nt* [drinking-]glass **Trinkhalle** *f* ① (*Kur*) pump-room, tap-room AM ② (*Kiosk*) kiosk *that sells alcohol, which can be consumed there and then* **Trinkhalm** *m* [drinking-]straw **Trinkkur** *f* mineral water cure; **eine ~ machen** to take the waters **Trinklerntasse** *f* beaker cup **Trinkspruch** *m* toast; **einen ~ auf jdn/etw ausbringen** to propose a toast to sb/sth

Trinkwasser *nt* drinking-water; ***„kein ~!“*** "[this water is] not for drinking"

Trinkwasseraufbereitung *f* drinking-water purification, purification of drinking-water **Trinkwasseraufbereitungsanlage** *f* drinking water treatment plant **Trinkwassergewinnung** *f* recovery of drinking-water **Trinkwasserknappheit** *f* drinking-water shortage **Trinkwasserversorgung** *f* drinking-water supply

Trio <-s, -s> *nt* ① MUS trio ② (*dreiköpfige Gruppe*) trio, triumvirate *form*

Trip <-s, -s> *m* ① (*fam: Ausflug*) trip ② (*sl: Drogenrausch*) trip *fam;* **auf einem ~ sein** to be tripping *fam* ► WENDUNGEN: **auf einem bestimmten ~ sein** (*sl*) to be going through a certain phase

Tripitaka <-> *nt kein pl* REL (*Sammlung von buddhistischen Texten*) Tripitaka

Tripolis <-s> *nt* Tripoli

trippeln *vi sein* to patter; ***leichtfüßig trippelte die Primaballerina auf die Bühne*** the prima ballerina tiptoed lightly across the stage

Tripper <-s, -> *m* MED gonorrhoea [*or* AM -ea] *no art;* ***ich habe mir im Puff den ~ geholt!*** (*fam*) I got [*or* picked up] a dose of the clap in that brothel! *sl*

Trisomie <-, -n> *f* MED trisomy

trist *adj* (*geh*) dismal, dreary, dull

Tritium <-s> *nt kein pl* tritium

tritt *3. pers sing von* **treten**

Tritt <-[e]s, -e> *m* ① (*Fußtritt*) kick; **einen ~ bekommen** [*o* **kriegen**] to be kicked; ***er bekam einen ~ in den Hintern*** he got [*or* received] a kick up the backside [*or* in the pants]; **jdm/etw einen ~ geben** [*o geh* **versetzen**] to kick sb/sth [*or* give sb/sth a kick]; ***beim Thaiboxen darf man dem Gegner ~e versetzen*** one is allowed to kick one's opponent in Thai boxing ② *kein pl* (*Gang*) step, tread ③ (*Stufe*) step ► WENDUNGEN: [**wieder**] ~ **fassen** to

T

get [back] into a routine

Trittblech *nt* step **Trittbrett** *nt* TRANSP step **Trittbrettfahrer(in)** *m(f)* *(fam)* freerider *fam* **Tritthocker** *m* stepping-stool **Trittleiter** *f* stepladder **Trittstufe** *f* BAU tread

Triumph <-[e]s, -e> *m* ❶ *(großartiger Erfolg)* triumph; ***ich gratuliere dir zu diesem*** ~ congratulations on your success; ~**e** *pl* [*o* **einen** ~ **nach dem anderen**] **feiern** to have [*or* enjoy] great success [*or* success after success] [*or* a string of successes] ❷ *kein pl* *(triumphierende Freude)* triumph ❸ *(Triumphzug)* triumphal procession; **im** ~ in a triumphal procession; **irgendwo im** ~ **einziehen** to make a triumphal entrance somewhere

triumphal I. *adj* ❶ *(im Triumph erfolgend)* triumphal, triumphant ❷ *(überragend)* **ein** ~**er Erfolg** a tremendous [*or* brilliant] [*or* great] [*or* huge] success; **ein** ~**er Sieg** a glorious victory II. *adv* triumphally, triumphantly

Triumphator <-s, -oren> *m* victor

Triumphbogen *m* ARCHIT triumphal arch **Triumphgeschrei** *nt* triumphant shouts *pl*

triumphieren* *vi* *(geh)* ❶ *(frohlocken)* to rejoice [*or* exult]; **höhnisch** ~ to gloat ❷ *(erfolgreich sein)* ■**über jdn** ~ to triumph over sb; ■**über etw** *akk* ~ to overcome [*or* triumph over] sth

triumphierend I. *adj* triumphant II. *adv* triumphantly

Triumphzug *m* triumphal procession; **im** ~ in a triumphal procession

Triumvirat <-[e]s, -e> [-vi-] *nt* HIST triumvirate

trivial [-vi-] *adj* banal, trite

Trivialität <-, -en> *f* *(geh)* ❶ *kein pl* *(das Trivialsein)* triviality ❷ *(triviale Äußerung, Idee)* triviality

Trivialliteratur *f kein pl* MEDIA, LING, VERLAG light [*or pej* pulp] fiction

Trizeps <-[es], -e> *m* BIOL triceps

trocken I. *adj* ❶ *(ausgetrocknet)* dry; ~**er Boden** dry [*or* arid] ground; ~**e Erde** dry [*or* arid] soil ❷ *(nicht mehr nass)* dry; ■~ **sein/werden** to be/become dry; ***dieser Lack wird nach dem Verstreichen rasch*** ~ this paint dries very quickly [*or* is dry very soon] after being applied; **auf dem T~en** on dry land [*or* terra firma]; **im T~en** in the dry ❸ METEO *(wenig Niederschlag aufweisend)* dry; **ein** ~**es Gebiet/**~**er Landstrich/eine** ~**e Wüste** a dry [*or* arid] region/area/wilderness; ***infolge des Treibhauseffektes soll das Klima*** ~***er werden*** the climate is expected to become drier as a result of the greenhouse effect ❹ KOCHK *(herb)* dry ❺ *(nüchtern)* dry, dull; **ein** ~**es Buch** a dull book; ~**e Zahlen** dry [*or* bare] figures; *(lapidar)* dry ❻ *(hart)* dry ❼ *(fam: vom Alkoholismus geheilt)* ■~ **sein** to be on the wagon *sl* ▸ WENDUNGEN: **auf dem** ~**en sitzen** *(fam)* to be broke *fam* [*or* BRIT *sl* skint]; *s. a.* **Auge, Fuß** II. *adv* ~ **aufbewahren** [*o* **lagern**] to keep [*or* store] in a dry place; **sich** *akk* ~ **rasieren** to use an electric razor [*or* a[n electric] shaver]

Trockenautomat *m* tumble dryer **Trockenbeerenauslese** *f* KOCHK *a sweet [German] white wine made from selected grapes affected by noble rot* **Trockendock** *nt* NAUT dry dock **Trockeneis** *nt* dry ice **Trockeneisnebel** *m* MUS, THEAT dry ice fog **Trockenerbse** *f* dried pea **Trockenfracht** *f* HANDEL dry cargo **Trockengestell** *nt* clotheshorse **Trockengewicht** *nt kein pl* HANDEL dry weight **Trockengut** *nt* dry cargo **Trockenhaube** *f* [salon] hair-dryer

Trockenheit <-, *selten* -en> *f* METEO ❶ *(Dürreperiode)* drought ❷ *(trockene Beschaffenheit)* dryness *no pl; eines Gebietes, eines Landstrichs, einer Wüste* dryness *no pl*, aridness *no pl*, aridity *no pl*

Trockenkochbohne *f* dried cooking bean **Trockenkurs** *m* beginners' course *(taking place outside the actual environment where the activity normally takes place)* **Trockenladung** *f* dry cargo **trocken|legen** *vt* ❶ *(windeln)* **ein Baby** ~ to change a baby's nappy [*or* AM diaper] ❷ *(durch Drainage entwässern)* ■**etw** ~ to drain sth ❸ *(fam: jdm den Alkohol entziehen)* ■**jdn** ~ to put sb on the wagon *sl* [*or* help sb dry out] **Trockenmasse** *f* KOCHK dry weight **Trockenmilch** *f* dried [*or* powdered] milk **Trockenobst** *nt kein pl* dried fruit **Trockenplatz** *m* drying area **Trockenrasierer** *m* electric razor [*or* shaver] **Trockenrasur** *f* dry shave **trocken|reiben** *vt irreg* ■**jdn/etw** ~ to rub sb/sth dry **Trockenreinigung** *f* dry-cleaning **Trockenschleuder** *f* tumble dryer [*or* drier], spindryer **Trockenshampoo** *nt* dry shampoo **Trockenspiritus** *m* fire lighter **Trockenstoff** *m* *(Farbe)* dryer, drying agent, siccative **Trockenwäsche** *f* dry-weight *(of washing)* **Trockenzeit** *f* dry season

trocknen I. *vi sein* to dry; ***hänge die nasse Wäsche zum T~ auf die Leine*** hang the wet washing [out] on the line to dry; ■**etw** ~ **lassen** to let sth dry; ***die Sonne ließ die nasse Straße rasch wieder*** ~ the sun soon quickly dried the wet road again II. *vt haben* ❶ *(trocken machen)* ■**etw** ~ to dry sth; ■**jdm/sich etw** ~ to dry sb's/one's sth; ***er trocknete sich/der Patientin die schweißige Stirn*** he dried [*or* mopped] his/the patient's sweaty brow ❷ KOCHK *(dörren)* ■**etw** ~ to dry [*or* desiccate] sth ❸ *(abtupfen)* ■**[jdm] etw [von etw** *dat***]** ~ to dab up [sb's] sth *sep* [*or* sth [from [sb's] sth]]; ***sie trocknete ihm den Schweiß [von der Stirn]*** she dabbed up his sweat [*or* [the sweat from his brow]]; ***komm, ich trockne dir die Tränen*** come and let me dry [*or* wipe away] your tears

Troddel <-, -n> *f* tassel

Trödel <-s> *m kein pl* *(fam)* junk *no indef art, no pl*

Trödelei <-, -en> *f* *(fam)* dawdling *no pl, no indef art*, dilly-dallying *no pl, no indef art fam*

Trödelheini <-s, -s> *m* *(pej)* dawdling idiot **Trödelkram** *m* *(pej fam)* junk **Trödelmarkt** *m s.* **Flohmarkt**

trödeln *vi* ❶ *haben* *(langsam sein)* to dawdle [*or fam* dilly-dally] ❷ *sein* *(langsam schlendern)* to [take a] stroll

Trödler(in) <-s, -> *m(f)* ❶ *(Altwarenhändler)* second-hand dealer ❷ *(fam: trödelnder Mensch)* dawdler, dilly-dallier, slowcoach BRIT *fam*

troff *imp von* **triefen**

trog *imp von* **trügen**

Trog <-[e]s, Tröge> *m* trough

trojanisch *adj inv* Trojan; INFORM *(beim Hacken)* **T~e Pferde** Trojan horse

Troll <-s, -e> *m* troll

Trollblume *f* BOT globeflower

trollen *vr* *(fam)* ■**sich** *akk* ~ to push off *sl*; ***ich werd mich jetzt nach Hause*** ~ I think I'll push off home now *sl*

Trolleybus ['trɔli-] *m* trolley bus

Trommel <-, -n> *f* MUS, TECH, INFORM drum; **die** ~ **schlagen** to beat the drum, to play the drum[s]; ***im Orchester schlägt er die*** ~ he plays the drum[s] in the orchestra

Trommelbremse *f* drum brake **Trommeldatei** *f* INFORM drum file **Trommeldrucker** *m* drum printer **Trommelfell** *nt* ANAT ear-drum; ***da platzt einem ja das*** ~ *(fam)* the noise is [almost] ear-splitting **Trommelfeuer** *nt* MIL drumfire; *(fig)* heavy barrage; **unter** ~ **liegen** to be under drumfire

trommeln I. *vi* ❶ MUS *(die Trommel schlagen)* to drum, play the drum[s *pl*] ❷ *(laut klopfen)* ■**an** [*o* **auf**] [*o* **gegen**] **etw** *akk* ~ to drum on sth; **gegen die Tür** ~ to bang on the door; ***sie trommelte mit den Fingern auf den Schreibtisch*** she drummed her fingers on the desk ❸ *(rhythmisch auftreffen)* ■**an** [*o* **auf**] [*o* **gegen**] **etw** *akk* ~ to beat on [*or* against] sth II. *vt* MUS ■**etw** ~ to beat out sth *sep*; *s. a.* **Schlaf**

Trommelplotter *m* TYPO, INFORM drum plotter **Trommelrevolver** [-re'vɔlvɐ] *m* revolver **Trommelspeicher** *m* INFORM drum memory [*or* storage] **Trommelstock** *m* drumstick **Trommelwirbel** *m* MUS drum-roll

Trommler(in) <-s, -> *m(f)* drummer

Trompete <-, -n> *f* trumpet; ~ **spielen** [*o* **blasen**] to play the trumpet; *s. a.* **Pauke**

trompeten* I. *vi* ❶ MUS *(Trompete spielen)* to play the trumpet ❷ *(trompetenähnliche Laute hervorbringen)* to trumpet; **ins Taschentuch** ~ *(fam)* to blow one's nose loudly; ~**de Elefanten** trumpeting elephants II. *vt (fam)* ■**etw** ~ to shout sth from the roof-tops

Trompetenbaum *m* BOT catalpa

Trompeter(in) <-s, -> *m(f)* trumpeter

Tropen *pl* GEOG ■**die** ~ the tropics *pl*

Tropenanzug *m* safari suit **Tropenhelm** *m* sunhelmet, pith helmet, topee **Tropenholz** *nt* wood from tropical trees *pl* **Tropeninstitut** *nt* MED, SCI tropical disease unit **Tropenkrankheit** *f* tropical disease **Tropenpflanze** *f* tropical plant **Tropenwald** *m* tropical rain forest

Tropf[1] <-[e]s, -e> *m* MED drip; **am** ~ **hängen** *(fam: eine Tropfinfusion erhalten)* to be on a drip; *(fam: subventioniert werden)* to be subsidized

Tropf[2] <-[e]s, Tröpfe> *m* ▸ WENDUNGEN: **armer** ~ *(fam)* poor devil

Tropfblech *nt* BAU dripping pan

tröpfchenweise *adv* in [small] drops

tröpfeln I. *vi* ❶ *haben* *(ständig tropfen)* to drip ❷ *sein* *(rinnen)* ■**aus etw** *dat* ~ to drip from sth II. *vi impers* to spit [with rain] III. *vt* ■**etw auf etw** *akk*/**in etw** *akk* ~ to put sth onto/into sth

tropfen *vi* ❶ *haben* *(Tropfen fallen lassen)* to drip; *(Nase)* to run ❷ *sein* *(tropfenweise gelangen)* ■**aus** [*o* **von**] **etw** *dat* **[irgendwohin]** ~ to drip [somewhere] from sth

Tropfen <-s, -> *m* ❶ *(kleine Menge Flüssigkeit)* drop; *(an der Nase)* dewdrop *euph; (Schweiß~)* bead; **bis auf den letzten** ~ [down] to the last drop; ~ **für** ~ drop after drop ❷ *pl* PHARM, MED *(in Tropfen verabreichte Medizin)* drops *pl*; ***haben Sie das Mittel auch als*** ~**?** do you also have this medicine in the form of drops [*or* drop-form]? ❸ *(fam)* drop *no pl* ▸ WENDUNGEN: **steter** ~ **höhlt den Stein** *(prov)* constant dropping wears [*or* will wear] away a stone *prov*; **ein** ~ **auf den heißen Stein** *(fam)* a [mere] drop in the ocean; **ein guter** [*o* **edler**] ~ *(fam)* a good drop [of wine]

Tropfenfänger <-s, -> *m* drip-catcher

tropfenweise *adv* in drops; ***dieses hochwirksame Präparat darf nur*** ~ ***verabfolgt werden*** this extremely potent preparation should only be administered drop by drop

Tropfhonig *m* liquid honey **Tropfinfusion** *f* MED intravenous drip **tropfnass**[RR] *adj* dripping wet **Tropfstein** *m* GEOL ❶ *(Stalaktit)* stalactite ❷ *(Stalagmit)* stalagmite **Tropfsteinhöhle** *f* GEOL stalactite cavern [*or* cave]

Trophäe <-, -n> [tro'fɛːə] *f* SPORT, JAGD trophy

tropisch *adj* GEOG tropical

Tropopause *f* METEO tropopause **Troposphäre** *f* troposphere

Tross[RR] <-es, -e> *m*, **Troß** <-sses, -sse> *m* ❶ *(Zug)* procession of followers ❷ MIL *(Nachschubeinheit)* baggage-train ❸ HIST *(Gefolge)* retinue

Trosse <-, -n> *f* NAUT hawser

Trost <-[e]s> *m kein pl* ❶ *(Linderung)* consolation; ***sie fand in der Kirche*** ~ she found comfort in the church; **ein schwacher** [*o* **schlechter**] ~ **sein** to be of little consolation [*or* pretty cold comfort]; **das ist ein schöner** ~ *(iron)* some comfort that is *iron*; **ein/jds** ~ **sein** to be a consolation/sb's comfort; **als** ~ as a [*or* by way of] consolation; ***der Hauptgewinner erhielt 50.000 DM, die nächsten zehn Gewinner als*** ~ ***je 100 DM*** the main prize winner received DM 50,000 and the next ten winners DM 100 each as a consolation prize ❷ *(Zuspruch)* words of comfort; **jdm** ~ **spenden** to console [*or* comfort] sb; **zum** ~ as a comfort [*or* consolation]; ***zum*** ~ ***strich er der Weinenden über die Haare*** he comforted the crying girl by stroking her hair ▸ WENDUNGEN: **nicht [ganz** [*o* **recht**]**] bei** ~ **sein** *(fam)* to have taken leave of one's senses, not to be [quite] all there

trösten I. *vt* *(jds Kummer lindern)* ■**jdn** ~ to comfort [*or* console] sb; ***sie war von nichts und niemandem zu*** ~ she was utterly inconsolable; ■**etw tröstet jdn** sth is of consolation to sb II. *vr* ■**sich** *akk* **[mit jdm/etw]** ~ to find consolation [with sb]/console oneself [with sth], to find solace [in sth] *form*;

~ **Sie sich, ...** console yourself with the thought that ...

tröstend **I.** *adj* comforting, consoling, consolatory **II.** *adv* **jdm ~ über die Haare streichen** to stroke sb's hair in a comforting [*or* consoling] [*or* consolatory] manner; **jdn ~ umarmen** to give sb a comforting [*or* consoling] [*or* consolatory] hug

Tröster(in) <-s, -> *m(f)* comforter

tröstlich *adj* comforting; ■ **etw ist ~ zu hören/sehen/wissen, ...** sth is comforting to hear/see/know ...; ■ **es ist ~ [zu hören/sehen/wissen], dass ...** it's comforting [to hear/see/know] that ...; ***dass du dem endlich einmal zugestimmt hast, ist*** ~ it's comforting to know that you've finally agreed to it

trostlos *adj* ① (*deprimierend*) miserable, wretched; ***bei diesem ~en Regenwetter habe ich zu nichts Lust*** I don't feel like doing anything in this miserable rainy [*or* wet] weather ② (*öde und hässlich*) desolate; **eine ~e Landschaft** a bleak landscape

Trostlosigkeit <-> *f kein pl* ① (*deprimierende Art*) miserableness *no pl*, wretchedness *no pl*; (*Wetter*) miserableness *no pl* ② (*triste Beschaffenheit*) desolateness *no pl*

Trostpflaster *nt* consolation; **als ~** as a [*or* by way of] consolation

Trostpflästerchen *nt* (*hum*) *dim von* **Trostpflaster** some consolation **Trostpreis** *m* consolation prize

trostreich *adj inv Worte* comforting

Tröstung <-, -en> *f* (*geh*) comfort

Trott <-s> *m kein pl* routine; **in einen bestimmten ~ verfallen** to get into a certain rut

Trottel <-s, -> *m* (*fam*) idiot, bonehead *sl*, blockhead *sl*, plonker BRIT *sl*

trottelig **I.** *adj* (*fam*) stupid; ***dieser ~e Kerl*** this stupid [*or* idiot of a] guy [*or* BRIT bloke] [*or* BRIT plonker] *sl*; ***sei nicht so*** ~ don't be so stupid [*or* BRIT *sl* such a plonker] **II.** *adv* (*fam*) **sich** *akk* **~ anstellen** [*o* **benehmen**] to act [*or* behave] stupidly [*or* like an idiot] [*or sl* a bonehead] [*or sl* a blockhead] [*or* BRIT *sl* a plonker]

Trottellumme *f* ORN common guillemot

trotten *vi sein* to trudge [*or* plod] [along]

Trotteur <-s, -s> [trɔ'tøːɐ] *m* casual [shoe]

Trottinett <-s, -e> *nt* SCHWEIZ (*Kinderroller*) [children's] scooter

Trottoir <-s, -s *o* -e> [trɔ'toaːɐ] *nt* SÜDD, ÖSTERR, SCHWEIZ (*Bürgersteig*) pavement

trotz *präp +gen* in spite of, despite

Trotz <-es> *m kein pl* defiance; ***dass die Kleine so widerspenstig ist, ist nichts als*** ~ the child's rebelliousness is nothing more than contrariness; ■ **jds ~ gegen jdn/etw** sb's defiance of sb/sth; **aus ~ [gegen jdn/etw]** out of spite [for sb/sth]; **jdm/einer S. zum ~** in defiance of sb/a thing

Trotzalter *nt* difficult age; **im ~ sein** to be going through [*or* be at] a difficult age

trotzdem *adv* nevertheless; (*aber*) still; ***der ist aber teuer — ~! ich finde ihn schön*** it sure is expensive — still! I think it's gorgeous

trotzen *vi* ■ **jdm/einer S. ~** (*die Stirn bieten*) to resist sb/brave a thing; **einer Herausforderung ~** to meet a challenge; (*sich widersetzen*) to defy sb/a thing

trotzig *adj* difficult, awkward

Trotzkopf *m* (*fam*) (*trotziges Kind*) awkward [*or* BRIT *fam* bolshie] little so-and-so ▶ WENDUNGEN: **einen ~ haben** to be awkward [*or* BRIT *fam* bolshie]; **seinen ~ durchsetzen** to have [*or* get] one's way **Trotzreaktion** *f* act of defiance; ***das war doch nur eine ~ von ihr*** she merely acted like that out of defiance

Troubadour <-s, -s *o* -e> ['truːbaduːɐ, truba'duːɐ] *m* HIST troubabour

trübe *adj* ① (*unklar*) murky; **~es Bier/~e Saft/~er Urin** cloudy beer/juice/urine; **~es Glas/eine ~e Fensterscheibe/ein ~er Spiegel** dull glass/a dull window/mirror ② (*matt*) dim; **~ Licht** dim light ③ METEO (*dunstig*) dull; **ein ~er Himmel** a dull [*or* overcast] [*or* grey] sky [*or* AM gray] ④ (*deprimierend*) bleak; **~e Erfahrungen** unhappy experiences; **eine ~e Stimmung** a gloomy mood ▶ WENDUNGEN: **im T~n fischen** (*fam*) to fish in troubled waters; **[mit] etw** *dat* **sieht [es] ~ aus** the prospects are [looking] bleak [for sth]; *s. a.* **Tasse**

Trubel <-s> *m kein pl* hurly-burly, hustle and bustle

trüben **I.** *vt* ■ **etw ~** ① (*unklar machen*) to make sth murky; **Bier/Saft ~** to make beer/juice cloudy ② (*beeinträchtigen*) to cast a cloud over sth; **Beziehungen/ein Verhältnis ~** to strain [*or* put a strain on] relations/a relationship **II.** *vr* ■ **sich** *akk* ~ ① (*unklar werden*) to go murky ② (*geh: unsicher werden*) to become clouded; ***sein Gedächtnis trübte sich im Alter*** his memory deteriorated [*or* became hazy] in his old age

Trübsal *f kein pl* (*geh*) ① (*Betrübtheit*) grief ② (*Leid*) suffering, misery ▶ WENDUNGEN: **~ blasen** (*fam*) to mope

trübselig *adj* ① (*betrübt*) gloomy, miserable, melancholy; **ein ~es Gesicht/eine ~e Miene** a gloomy [*or* miserable] face/expression ② (*trostlos*) bleak, dreary

Trübsinn *m kein pl* gloom[iness *no pl*], melancholy

trübsinnig *adj* gloomy, miserable, melancholy; **ein ~er Gesichtsausdruck/eine ~e Miene** a gloomy [*or* miserable] expression

Trübung <-, -en> *f* ① (*Veränderung zum Unklaren*) clouding; ***bei zu starkem Algenwachstum kann eine ~ des Teichwassers eintreten*** excessive algae growth can lead to the pond water becoming murky ② (*Beeinträchtigung*) straining; ***sein Betrug führte zu einer ~ unseres Einvernehmens*** his deception put a strain on our friendly relationship

Truck <-s, -s> [trʌk] *m* truck

Trucker <-s, -> ['trʌkɐ] *m* trucker

trudeln *vi sein o haben* LUFT to spin; ***die Maschine begann zu Boden zu*** ~ the plane went into a [tail]spin; **ins T~ geraten** to go into a [flat] spin

Trüffel[1] <-, -n> *f* BOT (*Pilz*) truffle

Trüffel[2] <-s, -> *m* KOCHK (*gefüllte Praline*) truffle

Trüffelhobel *f* truffle grater **Trüffelöl** *nt* truffle oil

Trug <-[e]s> *m kein pl* ① (*Betrug*) delusion; **Lug und ~** lies and deception ② (*Sinnestäuschung*) illusion

trug *imp von* **tragen**

Trugbild *nt* (*veraltend geh*) illusion, hallucination

trügen <trog, getrogen> **I.** *vt* (*täuschen*) ■ **jdn ~** (*geh*) to deceive sb; **wenn mich nicht alles trügt** unless I'm very much mistaken **II.** *vi* (*täuschen*) to be deceptive

trügerisch *adj* deceptive

Trugschluss[RR] *m* fallacy; **ein ~ sein, etw zu tun** to be a fallacy to do sth; **einem ~ unterliegen** to labour [*or* AM -or] under a misapprehension

Truhe <-, -n> *f* chest

Trümmer *pl* rubble; *eines Flugzeugs* wreckage; **in ~n liegen** to lie in ruins *pl*

Trümmerfeld *nt* expanse of rubble **Trümmerfrau** *f* POL (*hist*) *woman who helped clear debris after WWII* **Trümmerhaufen** *m* heap [*or* pile] of rubble **Trümmerteil** *nt* piece of rubble, debris

Trumpf <-[e]s, Trümpfe> *m* ① KARTEN (*Trumpfkarte*) trump [card]; **~ sein** to be trumps ② (*fig: entscheidender Vorteil*) trump card *fig*; **den ~ aus der Hand geben** to waste [*or* give up] one's trump card; **noch einen ~ in der Hand haben** to have another ace [*or* card] up one's sleeve; **seinen ~/den entscheidenden ~/seinen letzten ~ ausspielen** to play one's/the decisive/one's last trump card

trumpfen *vi* KARTEN ■ **[mit etw** *dat*] **~** to trump [with sth]

Trumpfkarte *f* KARTEN trump [card]

Trunk <-[e]s, Trünke> *m* (*geh*) drink, beverage *form*; **dem ~ verfallen** [*o* **ergeben**] **sein** to be a victim of the demon drink [*or* have taken to drink]

trunken *adj* (*geh*) ■ **~ vor etw** *dat* **sein** to be intoxicated [*or* drunk] with sth

Trunkenbold <-[e]s, -e> *m* (*pej*) drunkard *pej*

Trunkenheit <-> *f kein pl* drunkenness *no pl*, intoxication; **~ am Steuer, ~ im Verkehr** JUR drunken driving, driving [whilst] under the influence of alcohol

Trunksucht <-> *f kein pl* (*geh*) alcoholism *no indef art*

trunksüchtig *adj* (*geh*) ■ **~ sein** to be an alcoholic

Trupp <-s, -s> *m* group; MIL squad, detachment; ***die Wanderer lösten sich in kleinere ~s auf*** the walkers split up into smaller groups

Truppe <-, -n> *f* ① *kein pl* MIL (*Soldaten an der Front*) combat [*or* front-line] unit; ■ **die ~** (*fam*) the army ② MIL (*Soldatenverband mit bestimmter Aufgabe*) squad ③ (*gemeinsam auftretende Gruppe*) troupe, company; ***er ist Schauspieler in einer bekannten*** ~ he's an actor with a famous company ▶ WENDUNGEN: **von der [ganz] schnellen ~ sein** (*fam*) to be a fast worker [*or pl* fast workers]; ***Sie sind aber von der ganz schnellen ~!*** you're a fast worker!, you don't hang about[, do you?] *fam*; **nicht von der schnellen ~ sein** (*fam*) to be a bit slow [*or* BRIT *fam* not exactly be the brain of Britain]

Truppenabbau *m* POL, MIL reduction of troops **Truppenabzug** *m* MIL withdrawal of troops, troop withdrawal **Truppenansammlung** *f* gathering of troops **Truppenbewegung** *f meist pl* MIL troop movement[s *pl*] **Truppendienstgericht** *nt* JUR court martial **Truppenführer** *m* MIL commander **Truppengattung** *f* MIL an arm of the services; ***die Kavallerie ist eine ~ der Vergangenheit*** the cavalry was formerly an arm of the services **Truppenkontingent** *nt* POL, MIL contingent **Truppenparade** *f* military parade [*or* review] **Truppenstärke** *f* troop strength **Truppenteil** *m* MIL unit **Truppenübung** *f* military exercise **Truppenübungsplatz** *m* MIL military training area **Truppenverschiebung** *f* troop displacement

Trüsche <-, -n> *f* ZOOL burbot, eelpout

Trust <-[e]s, -s *o* -e> [trʌst] *m* trust

Trute <-, -n> *f* SCHWEIZ (*Truthenne*) turkey[hen]

Truthahn *m* turkey[cock]; ***vielen englische Familien essen zu Weihnachten*** ~ many English families eat turkey at Christmas **Truthenne** *f* turkey[hen]

Tschad <-s> *nt* Chad; *s. a.* **Deutschland**

Tschader(in) <-s, -> *m(f)* Chadian; *s. a.* **Deutsche(r)**

tschadisch *adj* Chadian; *s. a.* **deutsch**

Tschador <-s, -s> *m* chador

Tschadsee *m* Lake Chad

tschau *interj* (*fam*) cheerio BRIT *fam*, see you *fam*, so long *fam*, ciao *fam*

Tscheche, Tschechin <-n, -n> *m, f* GEOG Czech; *s. a.* **Deutsche(r)**

Tschechei <-> *f* ■ **die ~** the Czech Republic; *s. a.* **Deutschland**

Tschechin <-, -nen> *f fem form von* **Tscheche**

tschechisch *adj* ① GEOG Czech; *s. a.* **deutsch 1** ② LING Czech; *s. a.* **deutsch 2**

Tschechisch *nt decl wie adj* Czech; *s. a.* **Deutsch**

Tschechische <-n> *nt* ■ **das ~** Czech, the Czech language; *s. a.* **Deutsche**

Tschechische Republik *f* Czech Republic; *s. a.* **Deutschland**

tschilpen *vi* to chirp

tschüs *interj*, **tschüss**[RR] *interj* (*fam*) bye *fam*, cheerio BRIT *fam*, see you *fam*, so long *fam*; **jdm ~ sagen** to say bye [*or* cheerio] to sb

Tsd. *nt Abk von* **Tausend**

Tsetsefliege *f* tsetse fly

T-Shirt <-s, -s> ['tiːʃœrt] *nt* T-shirt, tee-shirt

T-Träger ['teː-] *m* BAU T-girder

TU <-, -s> [teː'ʔuː] *f* SCH *Abk von* **technische Universität** technical university

tu(e) *imper sing von* **tun**

Tuareg *pl* (*Volk in der Sahara*) Tuareg

Tuba <-, Tuben> *f* MUS tuba

Tube <-, -n> *f* tube ▶ WENDUNGEN: **auf die ~ drücken** (*fam*) to step on it, to put one's foot down

Tuben *pl von* **Tube, Tuba, Tubus**

T

Tuberkelbazillus *m* MED tubercle [*or* Koch's] bacillus

tuberkulös *adj* MED (*geh*) tubercular, tuberculous

Tuberkulose <-, -n> *f* MED tuberculosis *no indef art, no pl*

tuberkulosekrank *adj* MED tubercular, tuberculous; ■**~ sein** to be tubercular [*or* tuberculous], to have tuberculosis

Tuberkulosekranke(r) *f(m) decl wie adj* MED person suffering from tuberculosis

Tuch[1] <-[e]s, Tücher> *nt* ❶ (*Kopf~*) [head]scarf; (*Hals~*) scarf ❷ (*dünne Decke*) cloth ► WENDUNGEN: **wie ein rotes ~ auf jdn wirken** to be like a red rag to a bull to sb; ***so was wirkt wie ein rotes ~ auf ihn*** that sort of thing is like a red rag to a bull to him [*or* [really] makes him see red]

Tuch[2] <-[e]s, -e> *nt* (*textiles Gewebe*) cloth, fabric

Tuchballen *m* bale of cloth **Tuchfühlung** *f* ► WENDUNGEN: **auf ~ bleiben** (*fam*) to stay in touch [*or* contact]; **mit jdm auf ~ sein** [*o* **sitzen**] (*fam*) to sit close to sb; ***ich mag es nicht, wenn man mit mir auf ~ sitzt*** I don't like it when somebody sits [too] close to me **Tuchhandel** *m* ÖKON (*hist*) ■**der ~** the cloth trade **Tuchhändler(in)** <-s, -s> *m(f)* cloth merchant

tüchtig I. *adj* ❶ (*fähig*) capable, competent; **~, ~!** well done! ❷ (*fam: groß*) sizeable, big; **eine ~e Tracht Prügel** a good hiding [*or* beating]; *s. a.* **Welt** II. *adv* (*fam*) ❶ (*viel*) **~ anpacken/mithelfen** to muck in BRIT, to share [tasks/accomodations] AM; **~ essen** to eat heartily; **~ sparen** to save hard ❷ (*stark*) **~ regnen** to rain hard; **~ schneien** to snow hard [*or* heavily]; ***es stürmt ~*** the [*or* a] storm is raging

Tüchtigkeit <-> *f kein pl* competence, efficiency

Tücke <-, -n> *f* ❶ *kein pl* (*Heimtücke*) malice; (*einer Tat*) maliciousness ❷ *kein pl* (*Gefährlichkeit*) dangerousness; (*von Krankheiten*) perniciousness ❸ (*Unwägbarkeiten*) ■**~n** *pl* vagaries *pl;* **seine ~n haben** to be temperamental ► WENDUNGEN: **das ist die ~ des Objekts** these things have a will of their own!

tuckern *vi* ❶ *haben* (*blubbernde Geräusche machen*) to chug ❷ *sein* (*mit blubbernden Geräuschen fahren*) to chug

tückisch *adj* ❶ (*hinterhältig*) malicious; **ein ~er Mensch** a malicious [*or* spiteful] person ❷ (*heimtückisch*) pernicious ❸ (*gefährlich*) treacherous

Tüftelei <-, -en> *f* (*fam*) complicated and awkward [*or* BRIT fiddly] job *fam*

tüfteln *vi* (*fam*) to fiddle about *fam;* ■**an etw** *dat* **~** to fiddle about [*or* tinker] with sth *fam*

Tugend <-, -en> *f* ❶ (*wertvolle Eigenschaft*) virtue ❷ *kein pl* (*moralische Untadeligkeit*) virtue; *s. a.* **Not**

tugendhaft *adj* virtuous

Tugendhaftigkeit <-> *f kein pl* virtuousness *no pl*

Tukan <-s, -e> *m* ORN toucan

Tüll <-s, -e> *m* MODE tulle

Tülle <-, -n> *f* ❶ (*Ausguss*) spout ❷ TECH (*Ansatzstück*) attachment; (*Dichtungsring*) grommet

Tulpe <-, -n> *f* ❶ BOT tulip ❷ (*konisches Bierglas*) tulip-glass

Tulpenzwiebel *f* BOT tulip-bulb

tumb *adj* (*pej*) naive *pej;* (*einfältig*) slow

Tumbler <-s, -s> *m* SCHWEIZ (*Wäschetrockner*) tumble-drier [*or* AM dryer]

tummeln *vr* ■**sich** *akk* **~** ❶ (*froh umherbewegen*) to romp [about] ❷ (*sich beeilen*) to hurry [up]

Tummelplatz *m* (*geh*) play area

Tümmler <-s, -> *m* porpoise

Tumor <-s, Tumoren> *m* tumour [*or* AM -or]

Tumorentnahme *f* tumour removal, removal of a/the tumour **Tumormarker** <-s, -> *m* MED tumour marker **Tumorsuchsystem** *nt* tumour search system, system that searches for tumours **Tumorzelle** *f* tumour cell

Tümpel <-s, -> *m* [small] pond

Tumult <-[e]s, -e> *m* ❶ *kein pl* (*lärmendes Durcheinander*) commotion, tumult ❷ *meist pl* (*Aufruhr*) disturbance

tun <tat, getan>

I. TRANSITIVES VERB	II. UNPERSÖNLICHES REFLEXIVES VERB
III. INTRANSITIVES VERB	IV. MODALVERB

I. TRANSITIVES VERB

❶ (*machen*) ■**etw ~** *mit unbestimmtem Objekt* to do sth; ***was sollen wir bloß ~?*** whatever shall we do?; ***was tust du da?*** what are you doing [there]?; **etw noch ~ müssen** to have still got sth to do; ***was tut er nur den ganzen Tag?*** what does he do all day?; **noch viel ~ müssen** to have still got a lot to do; ■**etw [mit etw] ~** to do sth [with sth]; ***das Klopfen tut er mit dem Fuß*** he's making that tapping noise with his foot; ■**etw mit jdm ~** to do sth with sb; ***was haben sie mit dir getan, dass du so verängstigt bist?*** what have they done to you to make you so frightened?; ■**etw aus etw ~** to do sth out of sth; **etw aus Liebe ~** to do sth out of [*or* for] love; **nichts ~, als ...** (*fam*) to do nothing but ...; ***er tut nichts, als sich zu beklagen*** he does nothing but complain; **~ und lassen können, was man will** to do as one pleases [*or* likes]; **was jd zu ~ und zu lassen hat** what sb can and can't [*or* should and shouldn't] do; **~, was man nicht lassen kann** (*fam*) to do sth if one must; **das eine ~, und das andere nicht lassen** to do one thing without neglecting the other; ***so etwas tut man nicht!*** you just don't do things like that!; **etw nicht unter etw** *dat* **~** (*fam*) not to do sth for less than sth; ***das Radio muss repariert werden — der Techniker tut es nicht unter 100 Mark*** the radio needs repairing — the electrician won't do it for less than 100 marks; **was ~?** what's to be done?; **~ *Sie wie zu Hause*** make yourself feel at home ❷ (*arbeiten*) ■**etw [für jdn/etw] ~** to do sth [for sb/sth]; ***auch im Urlaub tue ich einige S~ den pro Tag [für die Firma]*** I even put in [*or* do] a couple of hours[' work] [for the company] when I'm on holiday ❸ (*unternehmen*) ■**etwas/nichts/einiges ~** to do something/nothing/quite a lot [*or* bit]; ***in dieser Angelegenheit wird derzeit einiges von uns getan*** we're currently undertaking a number of things in this matter; ■**etwas/nichts/einiges für jdn ~** to do something/nothing/quite a lot [*or* bit] for sb; ***der Arzt kann nichts mehr für ihn ~*** the doctor can't do anything [*or* can do nothing] more for him; ***was tut man nicht alles für seine Nichten und Neffen!*** the things we do for our nephews and nieces!; **etwas/nichts/einiges für etw ~** to do something/nothing/quite a lot [*or* bit] for sth; ***ich muss etwas/mehr für meine schlanke Linie ~*** I must do something/more for my figure; **etw gegen etw ~** *Beschwerden, Pickel, Belästigungen, Unrecht* to do sth about sth; **etwas für jdn ~ können** to be able to do something for sb; ***was kann ich für Sie ~?*** (*im Geschäft*) can I help you?, what can I do for you?; **man tut, was man kann** one does what one can; **was sich ~ lässt** what can be done; ***ich will versuchen, was sich da ~ lässt*** I'll see what I can do [*or* can be done] [about it]; **etwas für sich ~ müssen** to need to do something for one's health ❹ (*an~*) ■**[jdm] etwas/nichts ~** to do something/nothing [to sb]; ***keine Angst, der Hund tut Ihnen nichts*** don't worry, the dog won't hurt you; ***dein Hund tut doch hoffentlich nichts?*** your dog won't bite, will it? ❺ (*fam: legen o stecken*) ■**etw irgendwohin ~** to put sth somewhere ❻ (*fam: funktionieren*) ■**es noch/nicht mehr ~** to be still working [*or* going]/broken [*or sl* kaputt] [*or fam* have had it]; ***tut es dein altes Tonbandgerät eigentlich noch?*** is your old tape recorder still working? ❼ (*fam: ausmachen*) ■**etwas/nichts ~** to matter/not to matter; **das tut nichts** it doesn't matter; **was tut's** (*fam*) what difference does it make?, what does it matter?; ***macht es dir was aus, wenn ich das mache? — ja, das tut es*** does [*or* would] it matter to you if I do this? — yes, it does [*or* would] ❽ (*fam: ausreichen*) ■**es [für etw] ~** to do [for sth]; ***für heute tut's das*** that'll do for today; ***tut es das?*** will that do?; **mit etw [noch] nicht getan sein** sth isn't enough ❾ (*sl: Geschlechtsverkehr haben*) ■**es [mit jdm] ~** to do it [with sb] *sl; s. a.* **Gefallen, Sache**

II. UNPERSÖNLICHES REFLEXIVES VERB

■**etwas/nichts/einiges tut sich** something/nothing/quite a lot [*or* bit] is happening; **da tut sich nichts** (*fam*) it doesn't make any difference

III. INTRANSITIVES VERB

❶ (*sich benehmen*) to act; **albern/dumm ~** to play dumb; **informiert/kompetent ~** to pretend to be well-informed/competent; **so ~, als ob** to pretend that; ***er schläft doch gar nicht, er tut nur so, als ob*** he's not asleep at all, he's only pretending [to be]; ***ich tue jetzt so, als ob ich ginge*** I'll pretend to be [*or* that I'm] going now; **nur so ~** to be only pretending; ***er ist doch gar nicht wütend, er tut nur so*** he's not angry at all, he's [just] pretending [to be]; ***der Fußballspieler war gar nicht verletzt, er hat nur so getan*** the footballer wasn't injured at all, he was just play-acting; ***tu doch nicht so!*** (*fam: stell dich nicht so an*) stop pretending!; (*reg dich doch nicht auf*) don't make such a fuss! ❷ (*Dinge erledigen*) ■**zu ~ haben** to be busy; ***störe mich jetzt nicht, ich habe [noch] zu ~*** don't disturb me now, I'm busy; ***am Samstag habe ich noch in der Stadt/im Garten/Keller zu ~*** I've got [some] things to do in town/in the garden/cellar on Saturday ► WENDUNGEN: **es mit jdm zu ~ bekommen** [*o* **kriegen**] (*fam*) to get into trouble with sb; ***pass auf, sonst kriegst du es mit mir zu ~*** watch it, or you'll have me to deal with [*or* answer to]; **es mit jdm zu ~ haben** to be dealing with sb; **es mit sich selbst zu ~ haben** to have problems of one's own [*or* enough on one's own plate]; **mit wem habe ich es zu ~?** who might you be [*or* are you]?; **etwas/nichts mit jdm/etw zu ~ haben** to have something/nothing to do with sb/sth; **jdm es um jdn/etw zu ~ sein** sb is concerned [*or* worried] about sb/sth; **es jdm sehr darum zu ~ sein** (*geh*) to be very important to sb; **mit jdm/etw nichts zu ~ haben wollen** to want to have nothing to do with sb/sth

IV. MODALVERB

❶ *mit vorgestelltem Infinitiv* ■**...-en ~** to do sth; ***mögen tu ich wohl, nur darf ich es nicht*** I'd like to [do it], but I'm not allowed [to]; ***singen tut sie ja gut*** she's a good singer, she sings well ❷ *mit nachgestelltem Infinitiv* DIAL ■**~ ...-en** to do sth; ***ich tu nur schnell den Braten anbraten*** I'll just brown the joint [off]; ***tust du die Kinder ins Bett bringen?*** will you put the children to bed?; ***er tut sich schrecklich ärgern*** he's really getting worked up ❸ *konjunktivisch mit vorgestelltem Infinitiv* DIAL ■**etw täte jdn ...-en** sb would ... sth; ***deine Gründe täten mich schon interessieren*** I would be interested to hear [*or* know] your reasons; ***er täte zu gerne wissen, warum ich das nicht gemacht habe*** he would love to know why I didn't do it

Tun <-s> *nt kein pl* action; ***ihr ganzes ~ und Trachten*** everything she does [*or* did]; **jds ~ und Treiben** what sb does; ***berichte mal über euer ~ und Treiben in den Ferien*** (*hum*) tell me what you did during the holidays

Tünche <-, -n> *f* whitewash *no pl*

tünchen *vt* ■**etw ~** to whitewash sth

Tundra <-, Tundren> *f* GEOG tundra *no pl*

tunen ['tju:nən] *vt* ■**etw ~** to tune sth; **einen CD-Player ~** to tune a CD player

Tuner <-s, -> ['tju:nɐ] *m* TV, RADIO tuner

Tunesien <-s> [tu'ne:ziən] *nt* Tunisia; *s. a.* **Deutschland**

Tunesier(in) <-s, -> [tu'ne:ziɐ] *m(f)* Tunisian; *s. a.* **Deutsche(r)**

tunesisch *adj* ❶ (*Tunesien betreffend*) Tunisian; *s. a.* **deutsch 1** ❷ LING Tunisian; *s. a.* **deutsch 2**

Tunfisch[RR] *m* tuna [fish]

Tunichtgut <-[e]s, -e> *m* good-for-nothing, ne'er-do-well *dated*

Tunika <-, Tuniken> *f* MODE, HIST tunic

Tunke <-, -n> *f* KOCHK sauce; (*Braten~*) gravy

tunken *vt* ■**etw in etw** *akk* ~ to dip [*or* dunk] sth into sth

tunlich *adj* possible, feasible; (*ratsam*) advisable

tunlichst *adv* if possible; ***du solltest ~ von einem so gefährlichen Unterfangen Abstand nehmen*** you would be well-advised to steer clear of such a dangerous venture; ***wir sollten das aber ~ geheim halten*** we should do our best to keep it a secret

Tunnel <-s, – *o* -s> *m* tunnel; (*für Fußgänger*) subway

Tunnelbohrmaschine *f* tunnel excavator **Tunneleffekt** *m* PHYS tunnel effect

Tunte <-, -n> *f* (*fam*) queen *pej sl*, fairy *pej sl*

tuntig *adj* (*pej fam*) fairy-like *pej*

Tüpfel <-s, -> *m* BOT pit

Tüpfelchen <-s, -> *nt* (*kleiner Tupfen*) dot ▶ WENDUNGEN: **das ~ auf dem i** the final [*or* finishing] touch; **nicht ein ~** not a single thing, nothing whatsoever

tüpfeln *vt* ■**etw ~** to spot sth

tupfen *vt* ■**etw von etw** *dat* **~** to dab sth from sth; ■**sich** *dat* **etw ~** to dab one's sth

Tupfen <-s, -> *m* dot

tupfengleich I. *adj* SÜDD, SCHWEIZ (*genau gleich*) exactly the same, selfsame *attr;* ***ich habe mir gestern das ~e Kleid gekauft*** I bought exactly the same [*or* the selfsame] dress yesterday II. *adv* SÜDD, SCHWEIZ (*genau gleich*) in exactly the same way

Tupfer <-s, -> *m* MED swab

Tupperware® <-> *f kein pl* Tupperware®

Tür <-, -en> *f* door; **an die ~ gehen** to go to the door; **jdm die ~ weisen** (*geh*) to show sb the door; **~ an ~** next door to one another [*or* each other] [*or* sb]; **in der ~** in the door[way] ▶ WENDUNGEN: **zwischen ~ und Angel** (*fam*) in passing; ***sie fertigte den Vertreter zwischen ~ und Angel ab*** she dealt with the sales rep as quickly as she could; **mit der ~ ins Haus fallen** (*fam*) to blurt it [straight] out; **jdm die ~ vor der Nase zumachen/zuschlagen** (*fam*) to slam the door in sb's face; ***als sie sah, dass es der Gerichtsvollzieher war, schlug sie ihm rasch die ~ vor der Nase zu*** when she saw [that] it was the bailiff, she quickly slammed the door in his face; **etw** *dat* **~ und Tor öffnen** to open the door to a thing; [**bei jdm**] [**mit etw** *dat*] **offene ~en einrennen** to be preaching to the converted [with sth]; **hinter verschlossenen ~en** behind closed doors, in camera *form;* **jdm** [**fast**] **die ~ einrennen** (*fam*) to pester sb constantly; **du kriegst die ~ nicht zu!** (*fam*) well, I never!; **vor der ~ sein** to be just [a]round the corner; **jdn vor die ~ setzen** (*fam*) to kick [*or* throw] sb out

Türangel *f* [door-]hinge

Turban <-s, -e> *m* turban

Turbine <-, -n> *f* turbine

Turbinenantrieb *m* turbine drive

Turbo <-s, -s> *m* AUTO ① (*Turbolader*) turbocharger ② (*Auto mit Turbomotor*) car [*or* model] with a turbocharged engine, turbocharged car; ***die verbesserte Version der Limousine ist jetzt als ~ herausgekommen*** the improved version of this saloon is now available as a turbocharged model [*or* with a turbocharger]

Turbo(auf)ladung *f* AUTO turbo-charging **Turbodiesel** *m* car [*or* model] with a turbocharged diesel engine, turbodiesel car **Turbogymnasium** *nt* turbo-grammar school (*in which pupils attain the equivalent of A-levels in 12 rather than 13 years*) **Turbolader** <-s, -> *m* AUTO turbocharger **Turboloch** *nt* AUTO turbo lag **Turbomotor** *m* AUTO turbocharged engine **Turbo-Prop-Maschine** *nt* LUFT turboprop [aircraft]

turbulent I. *adj* turbulent, tempestuous; ***wir haben ausgiebig gefeiert, es war ein ~es Wochenende*** we celebrated long and hard, it was a riotous [*or* tumultuous] weekend; ***die Wochen vor Weihnachten waren reichlich ~*** the weeks leading up to Christmas were really chaotic II. *adv* turbulently; **~ verlaufen** to be turbulent [*or* stormy]; ***auf der Aktionärsversammlung ging es sehr ~ zu*** the shareholders' meeting was [a] very stormy [*or* tempestuous] [one]

Turbulenz <-, -en> *f* ① METEO (*Luftwirbel*) turbulence *no pl* ② *meist pl* (*geh: turbulentes Ereignis*) turbulence *no pl*, turmoil *no pl*

Türdichtung *f* AUTO door seal **Türdrücker** *m* automatic [*or* electric] door-opener

Türe <-, -n> *f* DIAL (*Tür*) door

Türfalle *f* SCHWEIZ (*Türklinke*) door-handle **Türflügel** *m* one of the doors in a double door **Türfüllung** *f* door panel

Turgor <-s> *m kein pl* BIOL turgor

Türgriff *m* (*außen*) door handle; (*innen*) door release handle

Türgriffsicherung *f* door handle safety-catch [*or* lock]

Türke <-n, -n> *m* (*sl*) cock-and-bull story

Türke, Türkin <-n, -n> *m, f* Turk; *s. a.* **Deutsche(r)**

Türkei <-> *f* ■**die ~** Turkey; *s. a.* **Deutschland**

türken *vt* (*sl*) ■**etw ~** to fabricate [*or sep* make up] sth

Türkenbundlilie *f* BOT Turk's-cap [lily], martagon *spec* **Türkentaube** *f* ORN collard dove

Türkin <-, -nen> *f fem form von* **Türke**

türkis *adj* turquoise

Türkis[1] <-es, -e> *m* GEOL turquoise

Türkis[2] <-> *nt kein pl* (*Farbe*) turquoise; *s. a.* **in**

türkisch *adj* ① (*die Türkei betreffend*) Turkish; *s. a.* **deutsch 1** ② LING Turkish; *s. a.* **deutsch 2**

Türkisch *nt decl wie adj* Turkish; *s. a.* **Deutsch**

Türkische <-n> *nt* ■**das ~** Turkish, the Turkish language; *s. a.* **Deutsche**

türkisfarben *adj* turquoise

Türklinke *f* door-handle **Türklopfer** *m* door-knocker

Turkmene, Turkmenin <-n, -n> *m, f* Turkmen; *s. a.* **Deutsche(r)**

Turkmenien <-s> *nt* Turkmenistan

turkmenisch *adj* Turkmen; *s. a.* **deutsch**

Turkmenisch *nt decl wie adj* Turkmen; *s. a.* **Deutsch**

Turkmenische <-n> *nt* ■**das ~** Turkmen, the Turkmen language; *s. a.* **Deutsche**

Turkmenistan <-s> *nt* Turkmenistan; *s. a.* **Deutschland Türknauf** *m* doorknob

Türknopf *m* AUTO door lock

Turm <-[e]s, Türme> *m* ① ARCHIT tower; (*spitzer Kirchturm*) spire, steeple ② SPORT (*Sprung~*) diving-platform ③ SCHACH castle, rook

Turmalin <-s, -e> *m* GEOL tourmaline

Türmchen <-s, -> *nt* ARCHIT *dim von* **Turm** turret

türmen[1] I. *vt haben* ■**etw** [**auf etw** *akk*] **~** to pile up sth *sep* [on sth], to stack [up *sep*] sth [on sth]; ***wegen Platzmangels müssen wir die Bücher schon ~*** we're already having to stack the books on top of each other due to a lack of space II. *vr* ■**sich** *akk* [**auf etw** *dat*] **~** to pile up [on sth]

türmen[2] *vi sein* (*fam*) ■[**aus etw** *dat*/**irgendwohin**] **~** to clear off *fam* [*or* BRIT *sl* do a bunk] [*or* BRIT *sl* scarper] [from sth/somewhere]; **aus dem Knast ~** to break out of jail [*or* prison]

Turmfalke *m* kestrel **turmhoch** *adj inv* towering **Turmspringen** *nt kein pl* high diving *no indef art, no pl* **Turmuhr** *f* [tower] clock

Turnanzug *m* leotard

Turnaroundzeit ['tɜːnər'aʊnd-] *f* LUFT turnaround time

Turnbeutel *m* gymnastics bag

turnen I. *vi haben* ① SPORT (*Turnen betreiben*) to do gymnastics; **am Pferd/Boden/Balken ~** to do exercises on the horse/floor/beam ② *sein* (*sich flink bewegen*) to dash; ***er turnte durch die engen Gänge*** he dashed along the narrow corridors *fam* II. *vt haben* SPORT ■**etw ~** to do [*or* perform] sth; ***für diese fehlerfrei geturnte Übung erhielt er 9,9 Punkte*** he received 9.9 points for this flawlessly performed exercise

Turnen <-s> *nt kein pl* ① SPORT gymnastics + *sing vb* ② SCH (*Unterrichtsfach*) physical education *no pl, no art*, PE *no pl, no art*

Turner(in) <-s, -> *m(f)* gymnast

turnerisch I. *adj* gymnastic II. *adv* gymnastically

Turngerät *nt* gymnastic apparatus **Turnhalle** *f* gymnasium, gym *fam* **Turnhemd** *nt* gym shirt [*or* vest] **Turnhose** *f* gym shorts

Turnier <-s, -e> *nt* ① SPORT (*längerer Wettbewerb*) tournament; *der Springreiter* show-jumping competition ② HIST tournament

Turnierpferd *nt* show horse **Turnierreiter(in)** *m(f)* show-jumper **Turniertänzer(in)** *m(f)* competitive ballroom dancer

Turnlehrer(in) *m(f)* SCH PE [*or* gym] teacher **Turnschuh** *m* trainer BRIT, sneaker AM **Turnschuhfirma** *f* sports footwear company **Turnschuhgeneration** *f* kids of the '80s **Turnschuhheld(in)** *m(f)* (*pej*) *sb who always goes around in trainers;* ■**ein ~/eine ~in sein** to always go around in trainers [*or* AM sneakers]; ***bis auf ~en lässt der Türsteher sonst alle durchgehen*** the doorman lets everyone through if they're not wearing trainers **Turnstunde** *f* PE [*or* Physical Education] [*or* gym] lesson **Turnübung** *f* gymnastic exercise **Turnunterricht** *m kein pl* SCH gymnastics + *sing vb*, PE *no pl, no art*

Turnüre <-, -n> *f* MODE bustle

Turnus <-, -se> *m* ① (*regelmäßige Abfolge*) regular cycle; ***für die Kontrollgänge gibt es einen festgesetzten ~*** there is a set rota for the tours of inspection; **im** [**regelmäßigen**] **~** [**von etw** *dat*] at regular intervals [of sth], regularly ② ÖSTERR MED internship, residency

turnusmäßig *adj* regular, at regular intervals

Turnverein *m* gymnastics club **Turnzeug** *nt* gym [*or* PE] kit

Türöffner *m* automatic [*or* electric] door-opener **Türpfosten** *m* doorpost **Türrahmen** *m* doorframe **Türriegel** *m* doorbolt **Türschild** *nt* doorplate, name-plate **Türschließer** *m* BAU door closer **Türschloss**[RR] *nt* door-lock **Türschnalle** *f* ÖSTERR (*Türklinke*) door-handle **Türschwelle** *f* threshold **Türspalt** *m space between door frame and door* **Türsteher** *m* doorman, bouncer *fam* **Türsturz** *m* BAU lintel

turteln *vi* ■[**miteinander**] **~** to whisper sweet nothings [to one another [*or* each other]], to bill and coo [with one another [*or* each other]] BRIT

Turteltaube *f* ① ORN turtle-dove ② *pl* (*fam: turtelnde Verliebte*) **~n** love-birds

Türvorleger *m* doormat

Tusch <-es, -e> *m* MUS fanfare, flourish

Tusche <-, -n> *f* Indian ink

tuscheln *vi* (*heimlich reden*) ■[**über jdn/etw**] **~** to gossip secretly [about sb/sth]

tuschen[1] *vt* ① (*malen*) ■**etw ~** to paint sth in water colours ② (*schminken*) **sich** *dat* **die Wimpern ~** to put [one's] mascara on

tuschen[2] *vt* DIAL (*zum Schweigen bringen*) ■**jdn ~** to silence sb

Tuschkasten *m* paintbox **Tuschzeichnung** *f* pen-and-ink drawing

Tussi <-, -s> *f* (*pej sl*) chick *sl*, girl, bird BRIT *sl;* (*Freundin*) bird *sl*, chick *sl*, girl

Tute <-, -n> *f* ① (*fam: Hupe*) toot ② DIAL (*Tüte*) bag

Tüte <-, -n> *f* bag; ***tun Sie mir die Einkäufe doch bitte in eine ~*** can you put the shopping in a [carrier] bag, please?; ***ich esse heute eine Suppe aus der ~*** I'm going to eat a packet soup today; **eine ~ Popcorn** a bag of popcorn ▶ WENDUNGEN: [**das**] **kommt nicht in die ~!** (*fam*) not on your life! *fam*, no way! *fam*

tuten *vi* (*ein Horn o eine Hupe ertönen lassen*) to hoot, to sound one's [*or* the] horn, to toot one's horn; ***es hat getutet, das Taxi ist da*** I heard a hoot, the taxi is here; *Schiff* to sound its fog-horn ▶ WENDUNGEN: **von T~ und Blasen keine Ahnung haben** (*fam*) not to have a clue [*or* have the faintest idea [about sth]]

Tütensuppe *f* packet soup

Tutor, Tutorin <-s, Tutoren> *m, f* SCH ❶ *(Leiter eines Universitätstutoriums) seminar conducted by a post-graduate student* ❷ *(Mentor)* tutor

Tuvalu <-s> *nt* Tuvalu; *s. a.* **Sylt**

Tuvaluer(in) <-s, -> *m(f)* Tuvaluan; *s. a.* **Deutsche(r)**

tuvaluisch *adj* Tuvaluan; *s. a.* **deutsch**

TÜV-Plakette *f* MOT certificate BRIT *(disc on numberplate showing that a car has a technical seal of approval)*

TV¹ *m Abk von* **Turnverein** gymnastics club

TV² *f Abk von* **Television** tv

TÜV <-s, -s> *m Akr von* **Technischer Überwachungsverein** Technical Inspection Agency *(also performing MOTs on vehicles)*; ***ich muss noch beim ~ anrufen und einen Termin ausmachen*** I must ring up for the car to be MOT'd; ***ich muss in der nächsten Woche [mit dem Wagen] zum ~*** I've got to get the car MOT'd next week; **jds/der ~ läuft ab** sb's/the MOT BRIT is about to run out; **[noch] eine bestimmte Zeit ~ haben** to have a certain amount of time left on the MOT; **durch den ~ kommen** to get [a [*or* the] vehicle] through its [*or* the] MOT; ***mit diesem Wagen komme ich bestimmt nicht durch den ~*** I definitely won't get this car through its [*or* the] MOT

TV-Anstalt [te:'fau-] *f* TV station [*or* company] **TV-Duell** *f* [head-to-head] debate on TV **TV-Hoppen** <-s> *nt kein pl* zapping **TV-Kamera** *f* TV camera **TV-Moderator(in)** <-s, -oren> *m(f)* TV [*or* television] presenter **TV-Positionierung** *f* [TV-channel] tuning **TV-Spot** [te:'fauspɔt] *m* TV short TV advertising film **TV-Veranstalter** *m* TV-promoter **TV-Zeitschrift** *f* TV programme [*or* AM -am] guide

Tweed <-s, -s *o* -e> [tvi:t] *m* MODE tweed

Tweedjacke *f* tweed jacket

Twen <-[s], -s> *m (veraltend)* person in their twenties

Twill <-s, -s> *m* twill

Twinset <-[s], -s> *nt o m* MODE twin set

Twist¹ <-es, -e> *m (Stopfgarn)* twist

Twist² <-s, -s> *m (Tanz)* twist *no pl*

Typ <-s, -en> *m* ❶ ÖKON *(Ausführung)* model; ■**der ~ einer S.** *gen* this model of a thing [*or* sth model]; ***dieser ~ Computer*** this model of computer [*or* computer model]; ***dieser ~ Sportwagen*** this sports car model ❷ *(Art Mensch)* type [*or* sort] [of person] *fam*; ***was ist er für ein ~, dein neuer Chef?*** what type [*or* sort] of person is your new boss?; **jds ~ sein** *(fam)* to be sb's type; ■**der ~ … sein, der …** to be the type of … who …; ***dein ~ ist nicht gefragt*** *(fam)* we don't want your sort here; ***dein ~ wird verlangt*** *(fam)* you're wanted ❸ *(sl: Kerl)* fellow *fam*, guy *sl*, bloke BRIT *fam* ❹ *(sl: Freund)* guy *sl*, man, boyfriend, bloke BRIT *fam*

Type <-, -n> *f* ❶ TYPO *(Druck~)* type ❷ *(fam: merkwürdiger Mensch)* character; ***was ist denn das für eine ~?*** what a weirdo!

Typen *pl von* **Typus**

Typenbezeichnung *f* TECH model designation **Typenrad** *nt* TYPO daisy wheel, printwheel **Typenraddrucker** *m* TYPO daisy-wheel printer **Typenradschreibmaschine** *f* daisy-wheel typewriter **Typenreihe** *f* case; **obere/untere ~** upper/lower case **Typenwalzendrucker** *m* TYPO barrel printer

Typhus <-> *m kein pl* MED typhoid [fever] *no pl*

typisch I. *adj* typical; ■**~ für jdn sein** to be typical of sb; [***das ist***] ***~!*** *(fam)* [that's] [just] typical! II. *adv* ■**~ jd** [that's] typical of sb, that's sb all over; ***~ Frau/Mann!*** typical woman/man!; ■**~ etw** typically sth; **~ britisch/deutsch** typically British/German; ***sein unterkühlter Humor ist ~ hamburgisch*** his dry humour is typical of a person from [*or* the people of] Hamburg

typisieren* *vt (geh)* ■**etw ~** ❶ *(einem Typ zuordnen)* to type sth ❷ *(das Typische hervorheben)* to typify sth

Typisierung <-, -en> *f (geh)* typification

Typist(in) <-en, -en> *m(f)* typist

Typographie <-, -n> *f*, **Typografie**^RR <-, -n> *f* typography

typographisch *adj*, **typografisch**^RR *adj* typographic[al]

Typologie <-, -ien> *f* PSYCH typology

typologisch *adj inv* PSYCH typologic[al]

Typoskript <-s, -e> *nt* typescript

Typprüfung *f* AUTO type approval test

Typus <-, Typen> *m* ❶ *(Menschenschlag)* race [*or* breed] [of people] ❷ *(geh: Typ 2)* type

Tyrann(in) <-en, -en> *m(f)* tyrant

Tyrannei <-, -en> *f* tyranny

Tyrannin <-, -nen> *f fem form von* **Tyrann**

tyrannisch I. *adj* tyrannical II. *adv* **sich** *akk* **~ aufführen/herrschen** to behave/rule tyranically [*or* like a tyrant]

tyrannisieren* *vt* ■**jdn ~** to tyrannize sb; ■**sich** *akk* [**von jdm/etw**] **~ lassen** to [allow oneself to] be tyrannized [by sb/sth]

Tyrannosaurus <-, -saurier> *m* ARCHÄOL tyrannosaur[us]

Tyrrhenisches Meer *nt* Tyrrhenian Sea

Tz *nt s.* **Tezett**

T-Zone *f (Stirn, Nase, Kinn)* T-zone

U

U, u <-, - *o fam* -s, -s> *nt* U, u; **~ wie Ulrich** U for [*or* AM as in] Uncle; *s. a.* **A 1**

u. *konj Abk von* **und**

u.ä. *Abk von* **und ähnliches** and things like that

u.a. ❶ *Abk von* **und andere(s)** and other things ❷ *Abk von* **unter anderem** among other things

UB *f Abk von* **Universitätsbibliothek**

UBA *nt Abk von* **Umweltbundesamt** ≈ DoE BRIT

U-Bahn *f* TRANSP ❶ *(Untergrundbahn)* underground BRIT, tube BRIT *fam*, subway AM; **mit der ~ fahren** to go [*or* travel] on the [*or* by] underground [*or* tube] ❷ *(U-Bahn-Zug)* [underground [*or* BRIT *fam* tube]] train

U-Bahnhof *m* TRANSP underground [*or* BRIT *fam* tube] [*or* AM subway] station

U-Bahn-Netz *nt* underground system [*or* network] BRIT, subway system AM **U-Bahn-Schacht** *m* access to the underground station **U-Bahn-Station** *f* underground station

U-Bar *f* U-bar

übel I. *adj* ❶ *(schlimm)* bad, nasty; **eine ~e Affäre** a sordid [*or* an ugly] affair; **in einer ~en Klemme stecken** to be in a bit of a tight spot ❷ *(unangenehm)* nasty, unpleasant ❸ *(ungut)* bad, wicked; ***er ist gar kein so übler Kerl*** he's not such a bad bloke BRIT *fam* really ❹ *(verkommen)* low; **ein übles Stadtviertel** a bad area of town ❺ *(schlecht)* ■**jdm ~ sein/werden** sb feels sick; ***ist dir ~? du siehst so bleich aus*** are you not feeling well [*or* feeling all right [*or* OK]]? you look so pale; **es kann einem ~ werden, wenn …, wenn …, kann es einem ~ werden** it's enough to make you feel sick when …; **gar nicht so ~** [**sein**] [to be] not too [*or* so] bad at all II. *adv* ❶ *(geh: unangenehm)* ***was riecht hier so ~?*** what's that nasty [*or* unpleasant] smell [in] here?; ***bäh, das Zeug schmeckt aber ~!*** ugh, that stuff tastes awful!; ***das fette Essen scheint mir ~ zu bekommen*** the fatty food seems to have disagreed with me; **nicht ~** not too [*or* so] bad [at all]; ***ihr wohnt ja gar nicht mal so ~*** you live quite comfortably ❷ *(schlecht)* **sich ~ fühlen** to feel bad; **es geht jdm ~** sb feels bad; **jdm ist es ~ zumute** sb feels bad; **~ dran sein** *(fam)* to be in a bad way ❸ *(gemein)* badly; **jdn ~ behandeln** to treat sb badly [*or* ill-treat sb]; **~ über jdn reden** to speak badly [*or* ill] of sb ❹ *(nachteilig)* **jdm etw ~ auslegen** [*o* **vermerken**] to hold sth against sb; ***ich habe es dir ~ vermerkt, was du damals angerichtet hast*** I've not forgotten what you did back then

Übel <-s, -> *nt (Missstand)* evil ► WENDUNGEN: **das kleinere** [*o* **geringere**] **~** the lesser evil; **ein notwendiges ~** a necessary evil; **von ~ sein** to be a bad thing [*or* bad]; **von ~ sein, etw zu tun** to be a bad thing to do sth; **ein ~ kommt selten allein** *(prov)* misfortunes never come singly *prov*, it never rains but it pours *prov*; **zu allem ~** to cap [*or* crown] it all

Übelkeit <-, -en> *f* nausea, queasiness

übellaunig *adj* ill-humoured [*or* AM -ored] *attr*, ill humoured *pred*, ill-tempered *attr*, ill tempered *pred*, bad-tempered, attr, bad tempered *pred*; ***der ist heute vielleicht ~!*** he's in such a foul mood today!

Übellaunigkeit <-> *f kein pl* ■**jds ~** sb's ill humour [*or* AM -or] [*or* temper]

Übelstand *m (geh)* evil, ill **Übeltat** *f (geh)* evil act, wicked deed **Übeltäter(in)** *m(f)* wrongdoer

üben I. *vt* ❶ *(durch Übung verbessern)* ■**etw ~** to practise [*or* AM -ice] sth ❷ SPORT *(trainieren)* ■**etw ~** to practise [*or* AM -ice] sth ❸ MUS ■**etw ~** to practise [*or* AM -ice] [playing] [*or* [on]] sth; ***ich übe 20 Stunden in der Woche Klavier/Flöte*** I practise [playing] [*or* [on]] the piano/flute for 20 hours every week II. *vr* ■**sich** *akk* **in etw** *dat* **~** to practise sth; *s. a.* **Geduld** III. *vi* ❶ *(sich durch Übung verbessern)* ■[**mit jdm**] **~** to practise [*or* AM -ice] [with sb] ❷ *s.* **geübt**

über I. *präp* ❶ +*dat (oberhalb von etw)* above; ***~ der Plane sammelt sich Regenwasser an*** rainwater collects on top of the tarpaulin ❷ +*akk (quer hinüber)* over; ***reichst du mir mal den Kaffee ~ den Tisch?*** can you pass me the coffee across the table?; ***die Brücke führt ~ den Fluss*** the bridge goes over [*or* across] the river; ***mit einem Satz sprang er ~ den Graben*** with a single leap he jumped over [*or* across] [*or* cleared] the ditch ❸ +*akk (höher als etw)* above, over; **bis ~ die Knöchel im Dreck versinken** to sink ankle-deep in mud; ***das Schloss ragte ~ das Tal empor*** the castle towered above the valley ❹ +*akk (etw erfassend)* over; **ein Blick ~ etw** a view of [*or* over] sth; **ein Überblick ~ etw** an overview of sth; ***der Scheinwerferstrahl strich ~ die Mauer und den Gefängnishof*** the spotlight swept over [*or* across] the wall and the prison courtyard ❺ +*akk (quer darüber)* over; ***er strich ihr ~ das Haar/die Wange*** he stroked her hair/cheek ❻ +*akk (jdn/etw betreffend)* about; **ein Buch ~ etw schreiben** to write a book about [*or* on] sth; ***ich darf Ihnen keine Auskunft ~ diese Sache geben*** I can't give you any information about [*or* on] this affair ❼ +*dat (zahlenmäßig größer als)* above ❽ +*akk (zahlenmäßig entsprechend)* for; ***ich gebe Ihnen einen Scheck ~ 5000 DM*** I'm giving you a cheque for DM 5,000 ❾ +*dat (in Beschäftigung mit etw)* in; ***vergiss ~ dem ganzen Ärger aber nicht, dass wir dich lieben*** don't forget in the midst of all this trouble that we love you; ***irgendwie muss ich ~ diesem Gedanken wohl eingeschlafen sein*** I must have somehow fallen asleep [whilst] thinking about it ❿ *(durch jdn/etw)* through; ***ich habe diese Stelle ~ Beziehungen bekommen*** I got this position through being well connected ⓫ TRANSP *(etw durchquerend)* via; ***seid ihr auf eurer Tour auch ~ München gekommen?*** did you go through Munich on your trip? ⓬ *(während)* over; ***habt ihr ~ die Feiertage/das Wochenende schon was vor?*** have you got anything planned for [*or* over] the holiday/weekend? ⓭ RADIO, TV *(etw benutzend)* on; ***~ Satellit empfange ich 63 Programme*** I can receive 63 channels via [*or* on] satellite ► WENDUNGEN: **~ alles** more than anything; **… ~ …** nothing but …; ***Fehler ~ Fehler!*** nothing but mistakes!, mistake after [*or* upon] mistake!; **Reden ~ Reden** speech after speech; ***es waren Vögel ~ Vögel, die über uns hinwegrauschten!*** [what seemed like] an endless stream of birds flew over us!; *s. a.* **ganz, kommen, Sieg, stehen, Verstand** II. *adv* ❶ *(älter als)* over ❷ *(mehr als)* more than; ***bei ~ 40° C …*** at a temperature [*or* temperatures] of more than [*or* temperatures over] 40° C … ► WENDUNGEN: **~ und ~** all over, completely; **~ und ~ verdreckt sein** to be absolutely filthy; ***ihr seid ~ und ~ mit Schlamm ver-***

schmiert! you're completely covered [*or* covered all over] in mud!; ***er ist ~ und ~ von einer Schicht Sand bedeckt!*** he's completely covered [*or* covered all over] in a layer of sand!; *s. a.* **Gewehr III.** *adj* (*fam*) ❶ (*übrig*) ■**~ sein** to be left; *Essen* to be left [over]; **etw [für jdn] ~ haben** to have sth left [for sb]; *Essen* to have sth left [over] [for sb] ❷ (*überlegen*) ■**jdm [in etw** *dat*/**auf etw** *dat*] **~ sein** to be better than [*or fam* have the edge on] sb [in sth]; **jdm auf einem bestimmten Gebiet ~ sein** to be better than sb in a certain field

überall *adv* ❶ (*an allen Orten*) everywhere; (*an jeder Stelle*) all over [the place]; ***sie hatte ~ am Körper blaue Flecken*** she had bruises all over her body; **~ wo** wherever ❷ (*wer weiß wo*) anywhere ❸ (*in allen Dingen*) everything; ***er kennt sich ~ aus*** he knows a bit about everything ❹ (*bei jedermann*) everyone; ***er ist ~ beliebt/verhasst*** everyone likes/hates him

überallher *adv* from all over; ■**von ~** from all over

überallhin *adv* all over; ***sie kann ~ verschwunden sein*** she could have disappeared anywhere

überaltert *adj* having a disproportionately high percentage [*or* number] of old people

Überalterung <-> *f kein pl* increase in the percentage [*or* number] of elderly people

Überangebot *nt* ÖKON surplus; ■**das/ein ~ an etw** *dat* the/a surplus of sth **überängstlich** *adj* over-anxious; ■**[in etw** *dat*] **~ sein** to be over-anxious [about sth] **überanstrengen*** *vt* ❶ ■**jdn/sich [bei etw** *dat*] **~** to over-exert [*or* overtax] sb/oneself [doing sth] ❷ ■**etw [durch etw** *akk*] **~** to put too great a strain on sth [by doing sth]; ■**etw ~** to put too great a strain on sth **Überanstrengung** *f* ❶ *kein pl* (*das Überbeanspruchen*) overstraining *no pl* ❷ (*zu große Beanspruchung*) overexertion

überantworten* *vt* (*geh*) ❶ (*übergeben*) ■**etw jdm/einer S. ~** to entrust sth to sb/a thing, to entrust sb/a thing with sth ❷ (*veraltend: übergeben*) ■**jdn jdm/einer S. ~** to hand over sb *sep* to sb/a thing

überarbeiten* **I.** *vt* MEDIA (*bearbeiten*) ■**etw ~** to revise [*or* rework] sth; ■**überarbeitet** revised **II.** *vr* ■**sich** *akk* **~** to overwork oneself

überarbeitet *adj* ❶ (*bearbeitet*) *Schriftstück* revised, reworked ❷ (*gestresst*) *Mensch, Tier* overworked

Überarbeitung[1] <-, -en> *f* MEDIA ❶ *kein pl* (*das Bearbeiten*) revision, reworking ❷ (*bearbeitete Fassung*) revised version [*or* edition]

Überarbeitung[2] <-, *selten* -en> *f* (*überarbeitete Körperverfassung*) overwork *no pl*

überaus *adv* (*geh*) extremely

überbacken* *vt irreg* KOCHK ■**etw [mit etw** *dat*] **~** to top sth [with sth] and brown it

Überbau <-[e]s, -ten *o* -e> *m* ❶ *meist sing* POL (*fachspr: Gesamtheit von Vorstellungen*) superstructure ❷ *meist sing* JUR (*Bauen jenseits der Grundstücksgrenze*) encroachment upon adjoining land ❸ BAU superstructure

überbauen* *vt* BAU ■**etw [mit etw** *dat*] **~** to build [sth] over sth

Überbaurente *f* JUR *periodic compensation for having built over the boundary line*

überbeanspruchen* *vt* ❶ (*zu sehr in Anspruch nehmen*) ■**jdn ~** to overtax sb; ■**etw ~** to put too great a strain on sth; ■**überbeansprucht sein** to be overtaxed ❷ (*zu stark beanspruchen*) ■**etw ~** to over-stress [*or* overload] [*or* over-strain] sth; **das Sofa ~** to overload the sofa **Überbeanspruchung** *f* ❶ (*die zu große Inanspruchnahme einer Person*) overtaxing *no pl* ❷ (*das zu starke Belasten*) over-stressing *no pl,* overloading *no pl,* over-straining *no pl; von Sofa* overloading **Überbein** *nt* MED ganglion **über|bekommen*** *vt irreg* (*fam*) ■**jdn/etw ~** to be fed up [to the back teeth] with sb/sth *fam,* to be sick of sb/sth *fam* **überbelasten*** *vt* ■**jdn/etw ~** to overload sb/sth **Überbelastung** *f* overload[ing] **überbelegen*** *vt* ■**etw ~** to overcrowd sth **überbelegt** *adj* overcrowded **Überbelegung** *f kein pl* overcrowding *no pl* **überbelichten*** *vt* FOTO ■**etw ~** to overexpose sth; ■**überbelichtet** overexposed **Überbelichtung** *f* FOTO overexposure **Überbeschäftigung** *f kein pl* over-employment **überbesetzt** *adj* overstaffed **Überbesetzung** *f kein pl* overstaffing *no pl*

überbetonen* *vt* ■**etw ~** ❶ (*zu große Bedeutung beimessen*) to overemphasize [*or* overstress] sth ❷ MODE (*zu stark betonen*) to overaccentuate sth **überbevölkert** *adj* overpopulated **Überbevölkerung** *f kein pl* overpopulation *no pl* **überbewerten*** *vt* ❶ (*zu gut bewerten*) ■**etw ~** to overvalue [*or* overrate] sth; (*Schularbeit*) to mark sth too high [*or* give sth too high a mark] ❷ (*überbetonen*) ■**etw ~** to overestimate [*or* overrate] sth; ***du überbewertest diese Äußerung*** you're attaching too much importance [*or* significance] to this comment **Überbewertung** *f* ❶ *kein pl* (*das Überbewerten*) attaching too much importance [*or* significance] to ❷ (*überbewertende Aussage*) overestimation, overrating, overvaluation **überbezahlen*** *f* ■**jdn ~** to overpay sb [*or* pay sb too much]; ■**etw ~** to pay too much for sth; ■**überbezahlt sein** to be overpaid [*or* paid too much] **Überbezahlung** *f* overpayment

überbietbar *adj* ■**nicht [mehr]** [*o* **kaum noch**] **~** which would take some beating [*or* could not be beaten]; ■**[an etw** *dat*] **nicht [mehr]** [*o* **kaum noch**] **~ sein** sth could not be beaten [*or* would take some beating] [as far as [its] sth is concerned]

überbieten* *irreg vt* ❶ SPORT (*übertreffen*) ■**etw [um etw** *akk*] **~** to beat [*or* better] sth [by sth]; **einen Rekord ~** to break a record ❷ (*durch höheres Gebot übertreffen*) ■**jdn/etw [um etw** *akk*] **~** to outbid sb/sth [by sth] ❸ (*sich übertreffen*) ■**sich** *akk* **[gegenseitig] [an etw** *dat*] **~** to vie with one another [*or* each other] [for sth]

Überbietung <-, -en> *f* SPORT beating; *von Leistung* improvement [on]; *von Rekord* breaking; ***er will eine ~ des Weltrekordes versuchen*** he intends to try and break [*or* to make an attempt on] the world record

überbinden *vt irreg* SCHWEIZ (*auferlegen*) ■**jdm etw ~** to impose sth [up]on sb

über|bleiben *vi irreg sein* (*fam*) ■**[für jdn/etw] ~** to be left [over] [for sb/sth]

Überbleibsel <-s, -> *nt meist pl* ❶ (*Relikt*) relic ❷ (*Reste*) remnant, left-over[s *pl*]

über|blenden[1] *vi* TV, FILM ■**~ [zu etw]** to fade [to sth]

überblenden[2] *vt* (*überlagern*) ■**etw ~** to superimpose sth

Überblendung *f* FILM dissolve, fade, fading

Überblick *m* (*Rundblick*) view; ■**ein ~ über etw** *akk* a view of sth ▶ WENDUNGEN: **jdm fehlt der ~ [über etw** *akk*] sb does not have a very good idea [about sth]; **einen ~ [über etw** *akk*] **haben** to have an overview [of sth]; **[von etw** *dat*] **einen [bestimmten] ~ haben** to have a [certain] view [of sth]; **den ~ [über etw** *akk*] **verlieren** to lose track [of sth]; **sich** *dat* **einen ~ [über etw** *akk*] **verschaffen** to gain an overview [of sth]

überblicken* *vt* ❶ (*überschauen*) ■**etw [von etw** *dat* **aus]** ~ to be able to see [out over] sth [from sth] ❷ (*in der Gesamtheit einschätzen*) ■**etw ~** to have an overview of sth; **Verwüstungen ~** to assess the damage[s] [*or* devastation]; ***können Sie schon ~, wie lange Sie dafür brauchen werden?*** do you have an idea of how long you will need to do it?; **Kosten ~** to estimate costs

überbordend *adj* excessive; **~e Defizite/Kosten/Schulden** excessive shortfalls/costs/debts; **~e Produktion** excessive production levels; **~er Verkehr** excessive levels of traffic

überbreit *adj* of above-average width *pred;* ***der Schrank ist ~, er passt nicht durch die Tür*** the cupboard is too wide to fit through the door

Überbreite *f* above-average width; **~ haben** to be of above-average width; **mit ~** of above-average width

überbringen* *vt irreg* ■**[jdm] etw ~** to deliver sth [to sb]; ***er ließ ihr die Nachricht durch einen Boten ~*** he sent her the news via [*or* through] a messenger

Überbringer(in) <-s, -> *m(f)* bringer, bearer

Überbringerscheck *m* FIN cheque [*or* AM check] to bearer

überbrückbar *adj* reconcilable

überbrücken* *vt* ❶ (*notdürftig bewältigen*) ■**etw ~** to get through sth; **eine Krise ~** to ride out a crisis ❷ (*ausgleichen*) ■**etw [durch etw** *akk*] **~** to reconcile sth [by means of sth]; ■**sich** *akk* **~ lassen** to be reconcilable

Überbrückung <-, -en> *f* ❶ (*das Überbrücken*) getting through ❷ (*das Ausgleichen*) reconciliation; ■**zur ~ von etw** *dat* to reconcile [sth]

Überbrückungsbeihilfe *f* interim financial aid **Überbrückungsgelder** *pl für Arbeitslose* interim aid, seed money from the state **Überbrückungskredit** *m* FIN bridging [*or* interim] loan **Überbrückungsregelung** *f* JUR interim arrangement

über|brühen *vt* KOCHK ■**etw ~** to scald sth

überbuchen* *vt* ■**etw ~** to overbook sth

überdachen* *vt* BAU ■**etw ~** to roof over sth *sep;* ■**überdacht** covered

Überdachung <-, -en> *f* BAU canopy

überdauern* *vt* ■**etw ~** to survive sth

über|decken[1] *vt* (*fam: auflegen*) ■**jdm etw ~** to cover [up *sep*] sb with sth

überdecken*[2] *vt* (*verdecken*) ■**etw ~** to cover [over *sep*] sth; **einen schlechten Geruch/Gestank ~** to mask [*or sep* cover up] a bad smell; **einen bestimmten Geschmack ~** to mask a certain taste

überdehnen* *vt* ■**etw [bei etw** *dat*] **~** to overstretch sth [[when] doing sth]; **Bänder/Gelenke [bei etw** *dat*] **~** to put too great a strain on one's ligaments/joints [[when] doing sth]

überdenken* *vt irreg* ■**etw [noch einmal] ~** to think over sth *sep* [*or* [re]consider sth] [again]

überdeutlich **I.** *adj* perfectly clear, only too clear *pred* **II.** *adv* only too clearly

überdies *adv* (*geh*) moreover, furthermore, what is more

überdimensional *adj* colossal, oversize[d] **Überdividende** *f* FIN superdividend, surplus dividend **überdosieren*** *vt* to overdose; ■**etw ~** to overdose sth **Überdosis** *f* PHARM overdose, OD *sl;* ■**eine ~ einer S.** *gen* [*o* **an etw** *dat*] an overdose of a thing [*or* of sth] **überdrehen*** *vt* ■**etw ~** ❶ AUTO to over-rev [*or* overspeed] sth ❷ TECH (*zu stark hineinschrauben*) to over-tighten sth; **eine Uhr ~** to overwind a clock **überdreht** *adj* (*fam*) over-excited **Überdruck** *m* ❶ PHYS excess pressure *no pl,* over-pressure *no pl* ❷ TYPO imprint, overprint **Überdruckventil** *nt* TECH pressure-relief valve

Überdruss[RR] <-es> *m kein pl,* **Überdruß** <-sses> *m kein pl* aversion; **aus ~ [an etw** *dat*] out of an aversion [to sth]; **bis zum ~** until it comes out of one's ears *fam;* ***ich habe das nun schon bis zum ~ gehört*** I've heard that ad nauseum [by now]

überdrüssig *adj* ■**jds/einer S. ~ sein/werden** to be/grow tired of sb/a thing

überdüngen* *vt* ■**etw ~** to over-fertilize sth

Überdüngung *f* over-fertilization

überdurchschnittlich **I.** *adj* above-average *attr,* above average *pred* **II.** *adv* above average; ***dieser Sommer war ~ heiß/feucht*** this summer was hotter/damper than the average [one]

übereck *adv* across the [*or* a] corner

Übereifer *m* overeagerness *no pl,* overzealousness *no pl;* **in jds ~, etw zu tun** in sb's overeagerness [*or* overzealousness] to do sth

übereifrig *adj* (*pej*) overeager, overzealous

übereignen* *vt* (*geh*) ■**jdm etw ~** to transfer [*or sep* make over] sth to sb

Übereignung *f* JUR transfer of ownership, conveyance; **~ eines Grundstücks** conveyance of property; **~ im Todesfall** transfer on death

Übereignungsurkunde *f* JUR deed of assignment [*or* conveyance]

übereilen* *vt* ■**etw ~** to rush sth; ~ ***Sie Ihre Un-***

U

terschrift nicht don't rush into signing [*or* be too hasty to sign] it, take your time before you sign

übereilt I. *adj* overhasty, rash, precipitate *form,* precipitous *form;* **eine ~e Abreise** an overhasty departure **II.** *adv* overhastily, rashly; ***sage nicht ~ zu*** don't rush into [*or* be overhasty in] agreeing, take your time before agreeing

übereinander *adv* ① (*eins über dem anderen/das andere*) one on top of the other, on top of each other [*or* one another]; **etw ~ legen** to lay [*or* put] sth one on top of the other, to lay [*or* put] sth on top of each other [*or* one another]; **~ liegen** to lie one on top of the other, to lie on top of each other [*or* one another]; **etw ~ schlagen** to fold [*or* cross] sth; **die Arme/Beine ~ schlagen** to fold one's arms/cross one's legs ② (*über sich*) about each other [*or* one another]; **~ sprechen** to talk about each other [*or* one another]

Übereinanderbelichtung *f* TYPO overlay exposure [*or* setting]

überein|kommen *vi irreg sein* ■ **mit jdm [darin] ~, etw zu tun** to agree with sb to do sth

Übereinkommen <-s, -> *nt* agreement, settlement; **~ über den Zivilprozess** JUR civil procedure agreement; **stillschweigendes ~** implicit agreement; **[in etw** *dat*] **ein ~ erzielen** to reach [*or* come to] an agreement [on sth]; **[mit jdm] ein ~ treffen** to enter into an agreement [with sb]

Übereinkunft <-, -künfte> *f* agreement, arrangement, understanding *no pl;* **[in etw** *dat*] **eine ~ erzielen** to reach [*or* come to] an agreement [*or* arrangement] [*or* understanding] [on sth]; **eine ~ [über etw** *akk*] **haben** to have an agreement [*or* arrangement] [*or* understanding] [on sth]

überein|stimmen *vi* ① (*der gleichen Meinung sein*) ■ **in etw** *dat* [*o* **hinsichtlich einer S.** *gen*] **~** to agree on sth [*or* a thing]; ■ **mit jdm darin ~, dass** to agree [*or* be in agreement] with sb that; ■ **mit jdm insoweit ~, dass** to agree [*or* be in agreement] with sb insofar as [*or* inasmuch as] ② (*sich gleichen*) ■ **[mit etw** *dat*] **~** to match [sth]; ***die Unterschriften stimmen überein*** the signatures match

übereinstimmend I. *adj* ① (*einhellig*) unanimous ② (*sich gleichend*) concurrent, corresponding; ■ **~ sein** to be concurrent [with each other [*or* one another]], to correspond [to each other [*or* one another]], to match [each other [*or* one another]] **II.** *adv* ① (*einhellig*) unanimously ② (*in gleicher Weise*) concurrently

Übereinstimmung *f* agreement; **[in etw** *dat*] **~ erzielen** to reach [*or* come to] an agreement [on sth]; **in ~ mit jdm/etw** with the agreement of sb/in accordance with sth

überempfindlich I. *adj* ① (*allzu empfindlich*) over-sensitive, touchy ② MED (*allergisch*) hypersensitive; ■ **~ gegen etw** *akk* **sein** to be hypersensitive to sth; **~e Haut** hypersensitive skin **II.** *adv* ① (*überempfindlich*) over-sensitively, touchily ② MED (*allergisch*) hypersensitively **Überempfindlichkeit** *f* ① (*zu große Empfindlichkeit*) over-sensitivity, touchiness *no pl* ② *kein pl* MED (*Neigung zu Allergien*) hypersensitivity **Überernährung** *f kein pl* overnutrition *no pl,* hypernutrition *no pl,* overeating *no pl,* hyperalimentation *no pl*

über|essen[1] *vt irreg* (*bis zum Überdruss verzehren*) ■ **sich** *dat* **etw ~** to gorge oneself on sth

überessen[2] <überaß, übergessen> *vr* (*von etw zuviel essen*) ■ **sich** *akk* **an etw** *dat* **~** to eat too much of sth

über|fahren*[1] *vt irreg* ① (*niederfahren*) ■ **jdn/etw ~** to run over [*or* knock down] sb/sth *sep* ② (*als Fahrer nicht beachten*) ■ **etw ~** to go through sth; **eine rote Ampel ~** to go through a red light ③ (*fam: übertölpeln*) ■ **jdn ~** to railroad sb [into doing sth]

über|fahren[2] *vt irreg* (*über einen Fluss befördern*) ■ **jdn/etw ~** to ferry [*or* take] sb/sth across

Überfahrt *f* NAUT crossing

Überfall <-s, Überfälle> *m* (*Raub~*) robbery; (*Bank~*) raid, hold-up; **hinterlistiger ~** JUR perfidious assault ▶ WENDUNGEN: **einen ~ auf jdn vorhaben** (*hum fam*) to be planning to descend [up]on sb

überfallen* *vt irreg* ① (*unversehens angreifen*) ■ **jdn ~** to mug [*or* attack] sb; ■ **etw ~** *Bank* to rob [*or* hold up *sep*] sth, to carry out a raid on; *Land* to attack [*or* invade] sth; MIL to raid sth ② (*überkommen*) ■ **jdn ~** to come over sb, to overcome sb; ***Heimweh überfiel sie*** she was overcome by homesickness ③ (*hum fam: überraschend besuchen*) ■ **jdn ~** to descend [up]on sb ④ (*hum: bestürmen*) ■ **jdn [mit etw** *dat*] **~** to bombard sb [with sth]

überfällig *adj* ① TRANSP (*ausstehend*) delayed; ■ **[seit einer bestimmten Zeit] ~ sein** to be [a certain amount of time] late; ***der Zug ist seit 20 Minuten ~*** the train is 20 minutes late ② FIN (*längst zu zahlen*) overdue; ■ **[seit einem bestimmten Zeitpunkt/Zeitraum] ~ sein** to be [a certain amount of time] overdue [*or* overdue [since a certain time]] ③ (*längst zu tätigen*) overdue, long-overdue *attr,* long overdue *pred;* ■ **~ sein** to be [long] overdue

Überfall(s)kommando *nt,* **Überfallskommando** *nt* ÖSTERR (*fam*) flying squad, sweeney [todd] BRIT *no indef art, no pl sl*

überfischen* *vt* ■ **etw ~** to overfish sth

überfliegen* *vt irreg* ■ **etw ~** ① LUFT (*über etw hinweg fliegen*) to fly over [*or rare* overfly] sth ② (*flüchtig ansehen*) to take a quick look [*or* glance] at sth; (*Text a.*) to skim through sth

Überflieger(in) <-s, -> *m(f)* (*fig*) high-flyer

Überflieger-Mentalität *f* high-flyer mentality

über|fließen *vi irreg sein* ① (*überlaufen*) to overflow ② (*geh: überschwenglich sein*) ■ **vor etw** *dat* **~** to overflow with sth

Überflug *m* overflight

überflügeln* *vt* ■ **jdn ~** to outstrip [*or* outdo] sb

Überfluss[RR] *m kein pl,* **Überfluß** *m kein pl* (*überreichliches Vorhandensein*) [super]abundance; **im ~ vorhanden sein** to be in plentiful [*or* abundant] supply; **etw im ~ haben** to have plenty [*or* an abundance] of sth [*or* sth in abundance] ▶ WENDUNGEN: **zu allem** [*o* **zum**] **~** to cap [*or* crown] it all

Überflussgesellschaft[RR] *f* SOCIOL affluent society

überflüssig *adj* superfluous; **~e Anschaffungen/Bestellungen** unnecessary purchases/orders; **eine ~e Bemerkung/ein ~er Kommentar** an unnecessary remark/comment; ***ich bin hier ~, ihr schafft das auch ohne mich*** [I can see that] I'm surplus to requirements here, you'll manage [it] [quite well] without me; ■ **~ sein, dass jd etw tut** to be unnecessary for sb to do sth

überflüssigerweise *adv* unnecessarily; ***du machst dir wirklich ~ Sorgen*** you're really worrying unnecessarily [*or* needlessly], there's really no need for you to worry

überfluten* *vt* ■ **etw ~** ① (*überschwemmen*) to flood sth ② (*über etw hinwegströmen*) to come over the top of sth ③ (*geh: in Mengen hereinbrechen*) to flood sth *fig*

Überflutung <-, -en> *f* flooding *no pl*

überfordern* *vt* ■ **jdn/sich [mit etw** *dat*] **~** to overtax [*or* ask too much of] sb/oneself [with sth], to push sb/oneself too hard [with sth]; ■ **jdn ~** to be too much for sb; ■ **[mit etw** *dat*/**in etw** *dat*] **überfordert sein** to be out of one's depth [with/in sth]

überfordert *adj* overtaxed; ***damit bin ich ~*** that's too much for me, that's asking too much of me

Überforderung <-, -en> *f* ① (*zu hohe Anforderung*) excessive demand ② *kein pl* (*das Überfordern*) overtaxing *no pl*

Überforderungssyndrom *nt* MED, PSYCH overstrain syndrom

überfrachten* *vt* ① (*veraltend: überladen*) ■ **etw ~** to overload sth ② (*spicken*) ■ **mit etw überfrachtet sein** to be fraught with sth; **mit Zitaten überfrachtet** fraught with quotations

überfragen* *vt* ■ **jdn ~** sb doesn't know [the answer to sth]; ■ **[mit/in etw** *dat*] **überfragt sein** not to know [[the answer to] sth/about sth]; ***in diesem Punkt bin ich leider überfragt*** I'm afraid I don't know about that [*or* can't help you on that point]; ***da bin ich überfragt*** I don't know [[the answer to] that], you've got me there [*or* stumped]

überfremden* *vt* (*pej*) ■ **etw ~** to foreignize sth [*or* swamp sth with foreign influences]

Überfremdung <-, -en> *f* (*pej*) foreignization, overrun by foreign influences; ***die irrationale Angst vor ~ wächst in ganz Europa*** the irrational fear of foreignization [*or* being foreignized [*or* swamped by foreign influences]] is growing throughout the whole of Europe

überfressen* *vr irreg* ■ **sich** *akk* **[an etw** *akk*] **~** to gorge oneself [on sth]

überfrieren *vi* to freeze over

überführen*[1] *vt* (*woandershin transportieren*) ■ **jdn [irgendwohin] ~** to transfer sb [somewhere]; **eine Leiche [irgendwohin] ~** to transport a corpse [somewhere]; ■ **etw [irgendwohin] ~** to transport sth [somewhere]

überführen*[2] *vt* JUR (*jdm eine Schuld nachweisen*) ■ **jdn [durch etw** *akk*] **~** to convict sb [*or* find sb guilty] [on account of sth]; ■ **jdn einer S.** *gen* **~** to convict sb [*or* find sb guilty] of a thing

Überführung[1] *f* TRANSP (*überquerende Brücke*) bridge; (*über eine Straße*) bridge, overpass; (*für Fußgänger*) [foot-]bridge

Überführung[2] *f* (*das Überführen*) transferring *no pl,* transferral; (*einer Leiche*) transportation *no pl*

Überführung[3] *f* JUR (*Überlisten*) conviction

Überführungsstück *nt* JUR exhibit (*proving guilt*)

Überfülle <-> *f kein pl* profusion, superabundance

überfüllen* *vt* ■ **etw ~** to overfill sth, to fill sth to overflowing

überfüllt *adj* overcrowded; **ein ~er Kurs** an oversubscribed course; **überfüllte Schulen** overcrowded schools

Überfüllung <-, -en> *meist sing f* ① (*mit Menschen*) overcrowding *no pl;* **wegen ~ geschlossen** closed due to overcrowding ② (*Repro*) spread and choke exposure

Überfunktion *f* MED hyperactivity; *von Schilddrüse* hyperactivity, hyperthyroidism

überfüttern* *vt* ■ **jdn/etw ~** to overfeed sb/sth

Übergabe *f* ① (*das Übergeben*) handing over *no pl* ② MIL (*Kapitulation*) surrender

Übergabe-Einschreiben *nt* ÖKON registered post [*or* AM mail], [return receipt requested] **Übergabeort** *m* place of delivery **Übergabeprotokoll** *nt* certificate of delivery **Übergabesurrogat** *nt* substitute for delivery

Übergang[1] <-gänge> *m* ① (*Grenz~*) border crossing[-point], checkpoint ② *kein pl* (*das Überqueren*) crossing

Übergang[2] <-gänge> *m* ① *kein pl* (*Übergangszeit*) interim; ***für den ~*** in the interim [period] ② (*Wechsel*) ■ **der ~ [von etw** *dat*] **zu etw** *dat* the transition [from sth] to sth ③ (*eine Zwischenlösung*) interim [*or* temporary] solution ④ JUR (*Übertragung*) devolution, transmission; **~ auf Dritte** devolution to third parties; **~ von Forderungen** devolution of claims; **~ von Vermögen** transfer of property

Übergangsbereich *m* INFORM transient [program] area **Übergangsbestände** *pl* HANDEL temporary stock **Übergangsbestimmung** *f* interim [*or* transitional] provision, temporary regulation **Übergangsbestimmungen** *pl* JUR transitional provisions **Übergangserscheinung** *f* temporary phenomenon **Übergangsfrist** *f* ADMIN, POL transition period **Übergangsgeld** *nt* ADMIN retirement bonus, severance pay, bridging benefits *pl* **übergangslos** *adv* seamless, without any transition **Übergangslösung** *f* temporary solution **Übergangsmantel** *m* between-seasons coat **Übergangsmaßnahme** *f* transitional measure **Übergangsperiode** *f* transition, transitional period **Übergangsrecht** *nt* JUR interim law **Übergangsregelung** *f* JUR transitional [*or* interim] arrangement **Übergangsregierung** *f* interim [*or* caretaker] government **Übergangsstadium** *nt* transitional stage **Übergangsstichtag** *m* ÖKON [stipulated] date of transfer **Übergangsvorschriften** *pl* JUR transitional provisions **Übergangswirtschaft** *f kein pl* ÖKON transitional period of the economy **Übergangszeit** *f* ① (*Zeit* *zwischen zwei Phasen, Epochen*) transition, interim [*or* transitional] period ❷ (*Zeit zwischen Hauptjahreszeiten*) in-between [*or* AM off] season

Übergardine *f* curtain

übergeben*¹ *vt irreg* ❶ (*überreichen*) ■ **[jdm] etw** ~ to hand over sth *sep* [to sb], to hand sb sth [*or* sth to sb] ❷ (*ausliefern*) ■ **jdn jdm** ~ to hand over sb *sep* to sb ❸ MIL (*überlassen*) ■ **[jdm] etw** [*o* **etw [an jdn]**] ~ to surrender sth [to sb]

übergeben*² *vr irreg* (*sich erbrechen*) ■ **sich** *akk* ~ to be sick [*or* vomit] [*or* throw up]

Übergebot *nt* JUR higher bid, outbidding *no art, no pl*

über|gehen¹ *vi irreg sein* ❶ (*überwechseln*) ■ **zu etw** *dat* ~ to move on to sth; ■ **dazu ~, etw zu tun** to go over to doing sth ❷ (*übertragen werden*) **in anderen Besitz** [*o* **in das Eigentum eines anderen**] ~ to become sb else's property ❸ (*einen anderen Zustand erreichen*) ■ **in etw** *akk* ~ to begin to do sth; **in Fäulnis/Gärung/Verwesung** ~ to begin to rot [*or* decay]/ferment/decay ❹ (*verschwimmen*) ■ **ineinander** ~ to merge [*or* blend] into one another [*or* each other], to blur *fig*

übergehen*² *vt irreg* ❶ (*nicht berücksichtigen*) ■ **jdn [bei** [*o* **in**] **etw** *dat*] ~ to pass over sb [in sth] ❷ (*nicht beachten*) ■ **etw** ~ to ignore sth ❸ (*auslassen*) ■ **etw** ~ to skip [over] sth

übergenau *adj* [over-]meticulous, over-precise, pernickety BRIT *fam;* ■ **[bei** [*o* **in**] **etw** *dat*] ~ **sein** to be [over-]meticulous [*or* over-precise] [in sth] **übergenug** *adv* more than enough; ~ **von jdm/etw haben** to have had more than enough of sb/sth **übergeordnet** *adj* ❶ (*vorrangig*) paramount; **ein ~es Problem** a [most] pressing problem ❷ ADMIN (*vorgesetzt*) higher **Übergepäck** *nt* LUFT excess luggage [*or* baggage]

übergeschnappt *adj* (*fam*) crazy; ***bist du ~?*** are you crazy [*or* mad] [*or sl* off your rocker]?

Übergewand *nt* SCHWEIZ (*Arbeitsoverall*) overall

Übergewicht *nt kein pl* ❶ (*zu hohes Körpergewicht*) overweight *no pl;* ~ **haben** to be overweight ❷ (*vorrangige Bedeutung*) predominance; **irgendwo/für jdn ein ~ haben** to be predominant [*or* predominate] somewhere/for sb ► WENDUNGEN: ~ **bekommen** [*o fam* **kriegen**] to lose one's balance [*or* overbalance] **übergewichtig** *adj* overweight

übergießen* *vt irreg* ■ **jdn/sich/etw mit etw** *dat* ~ to pour sth over sb/oneself/sth

überglücklich *adj* extremely happy, overjoyed *pred;* ■ ~ **sein** to be overjoyed [*or* extremely happy] [*or* over the moon]

über|greifen *vi irreg* ■ **[auf etw** *akk*] ~ to spread [to sth]

übergreifend *adj* comprehensive

Übergriff *m* infringement of [one's/sb's] rights

übergroß *adj* oversize[d], enormous; **~e Kleidung** outsize[d] clothing

Übergröße *f* outsize, extra large size; ~ **haben** to be oversize[d]; **Anzüge in ~n** oversize[d] suits

über|haben *vt irreg* (*fam*) ❶ (*satt haben*) ■ **jdn/etw** ~ to be fed up with [*or* sick [and tired] of] sb/sth *fam;* **jdn/etw gründlich** ~ to be fed up to the back teeth with sb/sth *fam* ❷ (*übergehängt haben*) ■ **etw** ~ to have on sth *sep*

überhand *adv* ~ **nehmen** to get out of hand

Überhang <-s, Überhänge> *m* ❶ (*überhängende Felswand*) overhang[ing ledge [*or* rock *no pl*]] ❷ (*die Nachfrage übersteigender Bestand*) ■ ~ **[an etw** *dat*] surplus [of sth]; ~ **an Aufträgen** backlog of [unfulfilled] orders ❸ TYPO kern

über|hängen¹ *vi irreg haben o sein* ❶ (*hinausragen*) to hang over; **drei Meter weit** ~ to hang over [by] three metres ❷ (*vorragen*) ■ **[nach vorn]** ~ to project [out]

über|hängen² *vt* ■ **jdm/sich etw** ~ to put [*or* hang] sth round sb's/one's shoulders; **sich** *dat* **ein Gewehr** ~ to sling a rifle over one's shoulder; **sich** *dat* **eine Tasche** ~ to hang a bag over one's shoulder

überhasten* *vt* ■ **etw** ~ to rush sth

überhastet I. *adj* overhasty, hurried II. *adv* overhastily; **etw ~ durchführen** to make a rush job of sth *fam*, to rush sth; **sich ~ entschließen** to make hasty decisions/a hasty decision; ~ **sprechen** to speak too fast

überhäufen* *vt* ■ **jdn mit etw** ~ ❶ (*überreich bedenken*) to heap sth [up]on sb; **jdn mit Ehrungen** ~ to shower sb with honours [*or* honours [up]on sb] ❷ (*in sehr großem Maße konfrontieren*) to heap sth [up]on sb['s head]; **jdn mit Beschwerden** ~ to inundate sb with complaints

überhaupt I. *adv* ❶ (*zudem*) ***„das ist ~ die Höhe!"*** "this is insufferable!" ❷ (*in Verneinungen*) ■ ~ **kein(e, r)** nobody/nothing/none at all; ~ **kein Geld haben** to have no money at all, to not have any money at all; ■ ~ **nicht** not at all; ~ **nicht kalt/heiß** not at all cold/hot, not cold/hot at all; ***es hat ~ nicht weh getan*** it didn't hurt at all; ■ ~ **nichts** nothing at all; ~ **nichts [mehr] haben** to have nothing [*or* not have anything] at all; ■ ~ **[noch] nie** never [at all [*or hum a.* ever]]; ■ **und ~, ...?** and anyway, ...?; ■ **wenn** ~ if at all; ***Sie bekommen nicht mehr als DM 4200, wenn*** ~ you'll get no more than DM 4200, if that II. *part* (*eigentlich*) ***was soll das ~?*** what's that supposed to mean?; ***wissen Sie ~, wer ich bin?*** do[n't] you know [*or* realize] who I am?

überheblich *adj* arrogant

Überheblichkeit <-, *selten* -en> *f* arrogance *no pl*

überheizen* *vt* ■ **etw** ~ to overheat sth **überhitzen*** *vt* ■ **etw** ~ to overheat sth **überhitzt** *adj* overheated **Überhitzung** <-, *selten* -en> *f* ÖKON overheating; ~ **der Konjunktur** overheating of the boom **Überhitzungsschutz** *m* TECH overheat protect **überhöht** *adj* exorbitant, excessive; **mit ~er Geschwindigkeit** over the speed limit; **mit ~er Geschwindigkeit fahren** to drive over [*or* exceed] the speed limit; **ein ~er Preis** an excessive [*or* a prohibitive] [*or* exorbitant] price

überholen*¹ I. *vt* ■ **jdn/etw** ~ ❶ (*schneller vorbeifahren*) to pass [*or* BRIT overtake] sb/sth ❷ (*übertreffen*) to outstrip [*or* surpass] sb/sth II. *vi* to pass, to overtake BRIT

überholen*² *vt* ■ **etw** ~ to overhaul [*or* recondition] sth

über|holen³ *vi* NAUT ■ **[nach Backbord/Steuerbord]** ~ to keel [*or* heel] over [to port/starboard]

Überholen¹ <-s> *nt kein pl* ❶ TRANSP *im Verkehr* overtaking ❷ (*Reparieren*) *einer Maschine* overhauling

Überholen² <-s> *nt kein pl* NAUT keeling over

Überholmanöver *nt* overtaking manoeuvre, takeover manoeuvre BRIT, passing maneuver AM **Überholspur** *f* fast [*or* BRIT overtaking] lane

überholt *adj* outdated, antiquated *a. hum*, outmoded *a. pej*

Überholverbot *nt* restriction on passing [*or* BRIT overtaking]; (*Strecke*) no passing [*or* BRIT overtaking] zone

überhören* *vt* ■ **etw** ~ (*nicht hören*) to not [*or form* fail to] hear sth; (*nicht hören wollen*) to ignore sth; ***das möchte ich überhört haben!*** [I'll pretend] I didn't hear that!

Überich^RR <-[s], -[s]> *nt* PSYCH superego

überinterpretieren* *vt* ■ **etw** ~ to overinterpret sth

überirdisch *adj* celestial *poet;* **~e Schönheit** divine beauty

überkandidelt *adj* (*veraltend fam*) ❶ (*exzentrisch*) eccentric ❷ (*überspannt*) highly-strung

Überkapazität *f* overcapacity; **seine ~ loswerden** to work off excess capacity

Überkapitalisierung <-, -en> *f* ÖKON overcapitalization

überkauft *adj* ÖKON overbought

überkleben* *vt* ■ **etw [mit etw]** ~ to paste over sth [with sth]; **etw mit Tapete** ~ to wallpaper over sth

über|kochen *vi sein* to boil over

überkommen*¹ *irreg vt* ■ **etw überkommt jdn** sb is overcome with sth; ***es überkam mich plötzlich*** it suddenly overcame me

überkommen² *adj* traditional; **~e Traditionen** traditions

überkreuzen* I. *vt* ■ **etw** ~ ❶ (*überqueren*) to cross sth; **einen Platz** ~ to cross a square ❷ (*verschränken*) to cross sth; **die Arme/Beine** ~ to cross [*or* fold] one's arms/one's legs II. *vr* ■ **überschneiden** ■ **sich** ~ to cross [*or* intersect]; **sich ~de Linien** intersecting lines

Überkreuzwerbung *f* cross-promotion

überkrustet *adj* covered with a crust *pred;* ■ **mit etw** ~ encrusted with sth

überladen*¹ *vt irreg* ■ **etw** ~ to overload sth

überladen² *adj* ❶ (*zu stark beladen*) overloaded, overladen ❷ (*geh: überreich ausgestattet*) overornate; **ein ~er Stil** a florid [*or* an over-ornate] style

überlagern* *vt* ■ **etw** ~ to eclipse sth; TECH, INFORM ■ **etw [mit etw]** ~ to superimpose sth [on sth] [*or* overlay sth [with sth]]

Überlagerung¹ *f* ❶ *von Problemen, Themen* eclipsing ❷ RADIO *von Sendern* overlapping ❸ PHYS overload

Überlagerung² <-> *f kein pl* (*zu lange Lagerung*) *Wein* over-maturing

Überlandbus *m* country bus **Überlandbusfahrt** *f* coach tour **Überlandleitung** *f* overhead power cable **Überlandomnibus** *m* country omnibus

überlang *adj* ❶ (*Überlange besitzend*) extra long, overlong ❷ (*zu lang*) too long

Überlänge *f* extra length; *Film* exceptional length; ~ **haben** to be overlong; *Film* to have an exceptional length; **Hemden mit** ~ extra long shirts

überlappen* I. *vi* to overlap; **einen Zentimeter** ~ to overlap by one centimetre II. *vr* ■ **sich** ~ to overlap

Überlappung <-, -n> *f* BAU overlap

überlassen* *vt irreg* ❶ (*zur Verfügung stellen*) ■ **jdm etw** ~ to let sb have sth; **jdm das Haus** ~ to leave one's house in sb's hands ❷ (*verkaufen*) ■ **jdm etw [für etw]** ~ to let sb have sth [for sth], to sell sth to sb [for sth] ❸ (*lassen*) ■ **jdm etw** ~ to leave sth to sb; ***ich überlasse dir die Wahl*** it's your choice; ■ **es jdm ~, etw zu tun** to leave it [up] to sb to do sth; **jdm ~ sein** [*o* **bleiben**] to be up to sb; **das/solche Dinge müssen Sie schon mir** ~ you must leave that/these things to me ❹ (*preisgeben*) ■ **jdn jdm/etw** ~ to leave sb to sb/to abandon [*or* leave] sb to sth; **sich** *dat* **selbst ~ sein** [*o* **bleiben**] to be left to one's own resources [*or* devices]; **jdn sich** *dat* **selbst** ~ to leave sb to his/her own resources [*or* devices]

Überlassung <-, -en> *f* (*geh*) ❶ (*das Überlassen*) ***die ~ des Autos erfolgte kostenlos*** the car was handed over free of charge ❷ *kein pl* (*das Anheimstellen*) **die ~ der Wahl an jdn** leaving the choice to sb

Überlassungsvertrag *m* JUR agreement of transfer of possession

überlasten* *vt* ❶ (*zu stark in Anspruch nehmen*) ■ **jdn** ~ to overburden sb; ■ **etw** ~ to put too great a strain on sth, to overstrain sth; ■ **[mit etw] überlastet sein** to be overburdened [*or* overtaxed] [with sth] ❷ (*zu stark belasten*) ■ **etw** ~ to overload sth; ■ **überlastet sein** to be overloaded

Überlastung <-, -en> *f* ❶ (*Zustand zu starker Inanspruchnahme*) overstrain *no pl;* **bei nervlichen ~en** when there is too great a strain on the nerves ❷ (*zu starke Belastung*) overloading *no pl* ❸ TRANSP *des Verkehrs* congestion

Überlastungsschutz *m kein pl* protection from overloading

Überlauf *m* TECH (*Bereichsüberschreitung*) overflow

überlaufen*¹ *vt irreg* ■ **etw überläuft jdn** sb is seized [*or* overcome] with sth; ***es überlief mich kalt*** a cold shiver ran down my back [*or* up and down my spine]

über|laufen² *vi irreg sein* ❶ (*über den Rand fließen*) to overflow; *Tasse a.* to run over *a. poet* ❷ (*überkochen*) to boil over ❸ MIL (*überwechseln*) ■ **[zu jdm/etw]** ~ to desert [*or* go over] [to sb/sth]

überlaufen³ *adj* overcrowded, overrun
Überläufer(in) *m(f)* MIL deserter
Überläuferkartell *nt* ÖKON relinquishment contract
überleben* I. *vt* ① *(lebend überstehen)* ■**etw** ~ to survive sth; ***du wirst es*** ~ *(iron fam)* it won't kill you, you'll survive *iron* ② *(lebend überdauern)* ■**etw** ~ to last sth, to live out [*or* through] sth ③ *(über jds Tod hinaus leben)* ■**jdn [um etw]** ~ to outlive [*or* survive] sb [by sth] II. *vi* to survive III. *vr* ■**sich [bald]** ~ to [soon] be[come] a thing of the past
Überlebende(r) *f(m) dekl wie adj* survivor; **der/die einzige** ~ the only survivor
Überlebenschance *f* chance of survival **überlebensfähig** *adj* able to survive *pred*
überlebensgroß I. *adj* larger-than-life II. *adv* larger than life
Überlebensgröße *f* ■**in** ~ larger than life
Überlebenskampf *m* fight for survival, struggle to survive **Überlebenstraining** *nt* survival training **überlebenswichtig** *adj* vital, important for survival *pred*
überlebt *adj* outdated, antiquated *a. hum,* outmoded *a. pej*
überlegen*¹ I. *vi* to think [about it]; **nach kurzem/langem Ü~** after a short time of thinking/after long deliberation; ***was gibt es denn da zu ~?*** what's there to think about?; ■**[sich** *dat*] ~, **dass ...** to think that ...; **ohne zu** ~ without thinking; ***überleg [doch] mal!*** just [stop and] think about it! II. *vt* ■**sich** *dat* **etw** ~ to consider [*or* think about] sth, to think sth over; **sich etw reiflich** ~ to give serious thought [*or* consideration] to sth; ***ich will es mir noch einmal*** ~ I'll think it over again, I'll reconsider it; **es sich [anders]** ~ to change one's mind, to have second thoughts about it; ***das wäre zu*** ~ it is worth considering; ***wenn man es sich*** *dat* ***recht*** [*or* genau] ***überlegt*** on second thoughts [*or* AM thought], come [*or* BRIT coming] to think about it; **sich etw hin und her** ~ *(fig)* to consider sth from all angles
über|legen² *vt* ■**jdm etw** ~ to put [*or* lay] sth over sb; **sich** *dat* **etw** ~ to put on sth *sep*
überlegen³ I. *adj* ① *(jdn weit übertreffend)* superior; **ein ~er Sieg** a good [*or* convincing] victory; ■**jdm [auf/in etw** *dat*] ~ **sein** to be superior to sb [in sth], to be sb's superior [in sth]; **dem Feind im Verhältnis von 3:1** ~ **sein** to outnumber the enemy by 3 to 1 ② *(herablassend)* superior, supercilious *pej;* **mit ~er Miene** with an expression of superiority, with a supercilious look [on one's face] *pej* II. *adv* ① *(mit großem Vorsprung)* convincingly ② *(herablassend)* superciliously *pej*
Überlegenheit <-> *f kein pl* ① *(überlegener Status)* superiority *no pl* (**über** +*akk* over) ② *(Herablassung)* superiority *no pl,* superciliousness *no pl pej*
überlegt I. *adj* [well-]considered; ■~/~**er sein** to have been given good/better consideration II. *adv* with consideration, in a considered way
Überlegung <-, -en> *f* ① *kein pl (das Überlegen)* consideration *no pl, no indef art,* thought *no pl, no indef art;* **eine** ~ **wert sein** to be worth considering [*or* consideration] [*or* thinking about] [*or* some thought]; **bei/nach eingehender/nüchterner/sorgfältiger** ~ on/after close examination/ reflection/careful deliberation ② *pl (Erwägungen)* considerations; *(Bemerkungen)* observations; **~en [zu etw] anstellen** to think [about sth], to consider [sth], to draw observations [from sth]
über|leiten *vi* ■**zu etw** ~ to lead to sth
Überleitung *f* ① *(das Überleiten)* transition; **ohne** ~ seamlessly ② JUR transition, transfer; ~ **von Verträgen** transfer of contracts
Überleitungsgesetz *nt* JUR transition act **Überleitungsvertrag** *m* JUR transition agreement
überlesen* *vt irreg* ① *(übersehen)* ■**etw** ~ to overlook [*or* miss] sth ② *(überfliegen)* ■**etw** ~ to glance through [*or* skim over] sth
überliefern* *vt* ■**jdm etw** ~ to hand down sth *sep* to sb; ■**überliefert sein/werden** to have come down/to be being handed down
überliefert *adj* ① *(althergebracht)* traditional, handed down through the centuries *pred* ② *(tradiert)* bequeathed; **~e Zeugnisse früherer Zeiten** testimonial handed down [*or* come down to us] from earlier times
Überlieferung *f* ① *kein pl (das Überliefern)* **im Laufe der** ~ in the course of being passed down from generation to generation [*or* through the ages]; **mündliche** ~ oral tradition ② *(überliefertes Brauchtum)* tradition; **an alten ~en festhalten** to hold on [*or pej* cling] to tradition; **nach [ur]alter** ~ according to [ancient] tradition
Überliquidität *f kein pl* FIN excess liquidity
überlisten* *vt* ① *(durch eine List übervorteilen)* ■**jdn** ~ to outwit [*or* outsmart] sb ② *(gewieft umgehen)* ■**etw** ~ to outsmart sth
überm = **über dem** *(fam)* ~ **Berg** over the mountain
Übermacht *f kein pl* ① *(überlegene Macht)* superiority *no pl,* superior strength [*or liter* might] *no pl;* **in der** ~ **sein** to have the greater strength ② POL superiority, supremacy; **wirtschaftliche** ~ economic supremacy
übermächtig *adj* ① *(die Übermacht besitzend)* superior; **ein ~er Feind** a superior [*or* strong] [*or* powerful] enemy, an enemy superior in strength [*or* numbers] ② *(geh: alles beherrschend)* overpowering; **ein ~es Verlangen** an overwhelming desire
übermalen*¹ *vt* ■**etw** ~ to paint over sth
über|malen² *vi (fam)* ■**etw** ~ to paint over sth; **den Rand** ~ to paint over the edge
übermannen* *vt (geh)* ■**jdn** ~ to overcome sb
Übermaß *nt kein pl* ■**das** ~ **einer S.** *gen* the excess[ive amount] of sth; **unter dem** ~ **der Verantwortung** under the burden of excessive responsibility; ■**ein** ~ **an etw** *dat*/**von etw** *dat* an excess[ive amount] of sth; **ein** ~ **von Freude** excessive joy; **im** ~ in [*or* to] excess
übermäßig I. *adj* excessive; **~e Einnahmen** FIN surplus receipts; **~e Freude/Trauer** intense joy/mourning; **~er Schmerz** violent pain; ***das war nicht*** ~ that was nothing special *a. iron* II. *adv* ① *(in zu hohem Maße)* excessively; **sich** ~ **anstrengen** to overdo things, to try too hard ② *(unmäßig)* excessively, to excess, too much; ~ **rauchen** to smoke too much, to overindulge in smoking *form*
Übermaßverbot *nt* JUR prohibition of excessiveness, rule of reasonableness
Übermensch *m* PHILOS superman
übermenschlich *adj* superhuman; **~e Leistungen** superhuman [*or liter* herculean] achievements; **Ü~es leisten** to perform superhuman feats
übermitteln* *vt (geh)* ① *(überbringen)* ■**jdm etw** ~ to bring [*or* deliver] sth to sb ② *(zukommen lassen)* ■**[jdm] etw** ~ to convey sth [to sb] *form*
Übermitt(e)lung <-, -en> *f (geh) eines Briefs, einer Nachricht* delivery; *einer Aufforderung a.* conveyance *form;* ***„vergiss nicht die*** ~ ***meiner Grüße!“*** “don't forget to give [*or form* convey] my regards!”
Übermittlungsirrtum *m* JUR error of transmission
übermorgen *adv* the day after tomorrow, in two days' time; ■~ **Abend/Früh** the day after tomorrow in the evening/morning, in the evening/morning in two days' time
übermüdet *adj* overtired; *(erschöpft a.)* overfatigued *form*
Übermüdung <-> *f kein pl* overtiredness *no pl;* *(Erschöpfung a.)* overfatigue *no pl form*
Übermut *m* high spirits *npl,* boisterousness *no pl;* **aus** ~ out of wantonness *form,* [just] for kicks [*or* the hell of it] *fam* ▶ WENDUNGEN: ~ **tut selten gut** *(prov)* pride goes [*or* comes] before a fall *prov;* *(zu Kind)* it'll [all] end in tears
übermütig I. *adj* high-spirited, boisterous; *(zu dreist)* cocky *fam* II. *adv* boisterously; ~ **herumhopsen** to romp about
übern = **über den** *(fam)* ~ **Fluss/Graben/See** over the river/ditch/lake
übernächste(r, s) *adj attr* **~es Jahr/~ Woche** the year/week after next, in two years'/weeks' time; ■**der/die/das** ~ the next but one; **die** ~ **Tür** the next door but one, two doors down
übernachten* *vi* ■**irgendwo/bei jdm** ~ to spend [*or* stay] the night [*or* to stay overnight] somewhere/ at sb's place; **in einer Scheune/bei einem Freund** ~ to spend the night in a barn/at a friend's
übernächtig *adj* ÖSTERR, **übernächtigt** *adj* worn out [from lack of sleep] *pred;* *(a. mit trüben Augen)* bleary-eyed
Übernachtung <-, -en> *f* ① *kein pl (das Übernachten)* spending the/a night ② *(verbrachte Nacht)* overnight stay; ***mit zwei ~en in Bangkok*** with two nights in Bangkok; ~ **mit Frühstück** bed and breakfast
Übernachtungsmöglichkeit *f* overnight accommodation *no pl,* place/bed for the night **Übernachtungszahl** *f* TOURIST, ÖKON *number of overnight stays over a specific period or in a particular region*
Über(nagel)lack *m* top coat
Übernahme <-, -n> *f* ① *(Inbesitznahme)* taking possession *no pl* ② *(das Übernehmen)* assumption *no pl; von Verantwortung a.* acceptance *no pl* ③ ÖKON takeover; **feindliche/freundliche** ~ hostile/friendly takeover
Übernahmeangebot *nt* takeover bid **Übernahmebeschluss** *m* JUR takeover resolution **Übernahmegeier** *m* JUR takeover vulture **Übernahmegewinn** *m* FIN takeover gain **Übernahmehaftung** *f* JUR taker's liability **Übernahmeklage** *f* JUR takeover suit [*or* action] **Übernahmekonnossement** *nt* HANDEL received bill of lading **Übernahmekonsortium** *nt* ① ÖKON takeover consortium ② JUR *(Versicherung)* underwriting syndicate **Übernahmekurs** *m* ① ÖKON takeover price ② JUR underwriting price **Übernahmeobjekt** *nt* takeover target **Übernahmerecht** *nt* JUR law on takeovers **Übernahmeschlacht** *f* takeover battle **Übernahmeverlust** *m* FIN loss on takeover **Übernahmeversuch** *m* attempted takeover, takeover attempt **Übernahmevertrag** *m* ① ÖKON takeover agreement ② JUR underwriting agreement **Übernahmewert** *m* ÖKON takeover price **Übernahmezeitraum** *m* takeover period
übernational *adj* supranational *form*
übernatürlich *adj* ① *(nicht erklärlich)* supernatural; **~e Erscheinungen** supernatural phenomena ② *(die natürliche Größe übertreffend)* larger than life
übernehmen* *irreg* I. *vt* ① *(in Besitz nehmen)* ■**etw** ~ to take [possession of *form*] sth; *(kaufen)* to buy sth; **enteigneten Besitz/ein Geschäft** ~ to take over expropriated property/a business ② *(auf sich nehmen, annehmen)* ■**etw** ~ to accept sth; ***lassen Sie es, das übernehme ich*** let me take care of it; **einen Auftrag** ~ to take on a job *sep,* to undertake a job *form;* **die Kosten** ~ [to agree] to pay the costs; **die Verantwortung** ~ to take on *sep* [*or form* assume] [*or form* adopt] the responsibility; **die Verpflichtungen** ~ to assume [*or* enter into] obligations *form;* ■**es** ~, **etw zu tun** to take on the job of doing sth, to undertake to do sth; **den Vorsitz** ~ to take [*or* assume] the chair ③ *(fortführen)* ■**etw [von jdm]** ~ to take over sth *sep* [from sb]; **das Steuer** ~ to take the wheel; **die Verfolgung** ~ to take up pursuit *sep* ④ *(verwenden)* ■**etw** ~ to take [*or* borrow] sth; **ein übernommenes Zitat** a citation taken [*or* borrowed] from another work [*or* source]; **eine Sendung in sein Abendprogramm** ~ to include a broadcast in one's evening programmes ⑤ *(weiterbeschäftigen)* ■**jdn** ~ to take over sb; **jdn ins Angestelltenverhältnis** ~ to employ sb on a permanent basis; **jdn ins Beamtenverhältnis** ~ to enter sb in the civil service II. *vr (sich übermäßig belasten)* ■**sich [mit etw]** ~ to take on [*or form* undertake] too much [of sth]; ***übernimm dich [nur] nicht!*** *(iron fam)* [mind you] don't strain yourself! *iron* III. *vi* to take over; ***ich bin zu müde, um weiterzufahren, kannst du mal ~?*** I'm too tired to drive any more, can you take the wheel?
übernervös [-vøːs] *adj* highly strung BRIT, high-

strung AM **Übernutzung** *f kein pl* overuse (+*gen* of, **von** +*dat* of)

über|ordnen *vt* ❶ (*Vorgesetzter*) ■**jdn jdm ~** to place sb over sb ❷ (*Prioritäten setzen*) ■**etw einer Sache ~** to give sth precedence over sth ❸ (*hierarchisiert sein*) ■**etw** *dat* **übergeordnet sein** to have precedence over sth

überparteilich *adj* POL non-partisan, non-party

Überpfändung *f* JUR excessive distraint

Überproduktion *f* ■**die ~** overproduction, surplus production; **die landwirtschaftliche ~** agricultural overproduction, surplus agricultural production

überproportional **I.** *adj* disproportionately large [*or* high], out of proportion *pred* **II.** *adv* **ein ~ großer Anteil von etw** a disproportionately high number of sth

überprüfbar *adj* verifiable; **leicht/schwer ~ sein** to be easy/difficult to verify

überprüfen* *vt* ❶ (*durchchecken*) ■**jdn ~** to screen [*or* vet] sb; ■**jdn auf etw** *akk* **~** to check sb for sth, to investigate sb's sth [*or* sth of sb]; ■**etw ~** to verify [*or* check] sth; **jds Papiere/die Rechnung ~** to check [*or* examine] sb's papers/the invoice; ■**etw auf etw** *akk* **~** to check sth for sth; **etw auf seine Richtigkeit ~** to check [*or* verify] [[*or* form] the correctness of] sth, to check [*or* verify] that sth is correct ❷ (*die Funktion von etw nachprüfen*) ■**etw ~** to examine [*or* inspect] [*or* check] sth; ■**etw auf etw** *akk* **~** to check sth of sth; **die Anschlüsse auf festen Sitz ~** to check the firm fits of the connections, to check that the connections fit firmly ❸ (*erneut bedenken*) ■**etw ~** to examine [*or* review] sth; **seine Haltung ~** to reconsider one's view; ■**etw auf etw** *akk* **~** to examine sth of [*or* for] sth; **eine Entscheidung auf Zulässigkeit ~** to examine a decision for its admissibility, to examine the admissibility of a decision; **etw erneut ~** to re-examine sth

Überprüfung *f* ❶ *kein pl* (*das Durchchecken*) screening *no pl,* vetting *no pl;* (*das Kontrollieren*) verification *no pl,* check; **eine nochmalige ~** a re[-]check; **~ der Bestände** HANDEL inventory control ❷ (*Funktionsprüfung*) examination, inspection, check; **eine ~ der Funktion** a function check *spec* ❸ (*erneutes Bedenken*) review, examination; **eine erneute ~** a re-examination

überprüfungspflichtig *adj* subject to inspection

Überqualifikation <-, -en> *f* overqualification

über|quellen *vi irreg sein* ❶ (*übervoll sein*) ■**[vor etw** *dat*] **~** to overflow [with sth] ❷ (*überkochen*) to boil over; *Teig* to rise over the edge

überqueren* *vt* ■**etw ~** ❶ (*sich über etw hinweg bewegen*) to cross [over] sth; **einen Fluss ~** to cross [over] [*or form* traverse] a river ❷ (*über etw hinwegführen*) to lead over sth

Überquerung <-, -en> *f* crossing

überragen*¹ *vt* ❶ (*größer sein*) ■**jdn [um etw] ~** to tower above [*or* over] sb [by sth]; (*um ein kleineres Maß*) to be [sth] taller than sb, to be taller than sb [by sth]; **jdn um einen Kopf ~** to be a head taller than sb; ■**etw [um etw] ~** to tower above [*or* over] [*or* rise above] sth [by sth]; (*um ein kleineres Maß*) to be [sth] higher than sth, to be higher than sth [by sth] ❷ (*über etw vorstehen*) ■**etw [um etw] ~** to jut out [*or* project] over sth [by sth] ❸ (*übertreffen*) ■**jdn ~** to outshine [*or* outclass] sb; ■**etw ~** to outclass sth

über|ragen² *vi* to jut out, to project

überragend *adj* outstanding; **von ~er Bedeutung** of paramount importance; **von ~er Qualität** of superior quality

überraschen* *vt* ❶ (*unerwartet erscheinen*) ■**jdn ~** to surprise sb; **jdn mit einem Besuch ~** to surprise sb with a visit, to give sb a surprise visit ❷ (*ertappen*) ■**jdn bei etw ~** to surprise [*or* catch] sb doing sth; ■**jdn dabei ~, wie jd etw tut** to catch sb doing sth ❸ (*überraschend erfreuen*) ■**jdn mit etw ~** to surprise sb with sth; ***lassen wir uns ~!*** (*fam*) let's wait and see [what happens] ❹ (*erstaunen*) ■**jdn ~** to surprise sb; (*stärker*) to astound sb; ***du überraschst mich!*** you surprise me!, I'm surprised at you! ❺ (*unerwartet überfallen*) ■**jdn ~** to take sb by surprise; **vom Regen überrascht werden** to get caught in the rain

überraschend **I.** *adj* unexpected; ■**~ sein** to come as a surprise **II.** *adv* unexpectedly; **jdn ~ besuchen** to pay sb a surprise visit; **[für jdn] völlig ~ kommen** to come as a complete surprise [to sb]

überraschenderweise *adv* surprisingly, to my/his/her/etc. surprise

überrascht **I.** *adj* surprised; (*stärker*) astounded; ■**~ sein, dass/wie ...** to be surprised that/at how ... **II.** *adv* **jdn ~ ansehen** to look at sb in surprise; **~ aufsehen** to look up surprised [*or* in surprise]; **etw ~ fragen** to ask sth in surprise

Überraschung <-, -en> *f* ❶ *kein pl* (*Erstaunen*) surprise *no pl;* (*stärker*) astonishment *no pl;* **voller ~** completely surprised, in complete surprise; **zu jds [größter] ~** to sb's [great] surprise, [much] to sb's surprise ❷ (*etwas Unerwartetes*) surprise; **eine ~ für jdn kaufen** to buy something as a surprise for sb; ■**[für jdn] eine ~ sein** to come as a surprise [to sb]; ***was für eine ~!, ist das eine ~!*** (*fam*) what a surprise!

Überraschungseffekt *m* surprise effect [*or* element]; *von Plan* element of surprise **Überraschungsmoment** *nt* moment of surprise

Überreaktion *f* overreaction *no pl;* **zu ~en neigen** to tend to overreact

überreden* *vt* ■**jdn ~** to persuade [*or sep* talk round] sb; ■**jdn zu etw ~** to talk sb into sth; ■**jdn [dazu] ~, etw zu tun** to persuade sb to do sth, to talk sb into doing sth; ■**sich ~ lassen, etw zu tun** to let oneself be talked [*or* persuaded] into doing sth

Überredung <-, *selten* -en> *f* persuasion *no pl*

Überredungskunst *f* persuasiveness *no pl,* power[s *pl*] of persuasion

überregional *adj* national; **~e Konkurrenz** ÖKON national competition; **ein ~er Sender/eine ~e Zeitung** a national [*or* nationwide] transmitter/newspaper

überreich *adv* ❶ (*überaus aufwendig*) richly, lavishly ❷ (*überaus reich*) **jdn ~ beschenken** to lavish [*or* shower] gifts [up]on sb

überreichen* *vt* (*geh*) ■**jdm etw ~** to hand over sth *sep* to sb; (*feierlich*) to present sth to sb [*or* sb with sth]; **den Behörden etw ~** to submit sth to [*or form* before] the authorities

überreichlich **I.** *adj* [more than] ample **II.** *adv* **~ speisen/trinken** to eat/drink more than ample; **jdn ~ bewirten** to provide sb with [more than] ample fare

Überreichung <-, -en> *f* presentation

überreif *adj* overripe

überreizen* *vt* ■**jdn ~** to overexcite sb; ■**etw ~** to overstrain sth

überreizt *adj* ❶ (*überanstrengt*) overstrained; **~e Nerven** overstrained [*or* overwrought] nerves ❷ (*übererregt*) overexcited

Überreizung <-, -en> *f* overexcitement

überrennen* *vt irreg* ■**etw ~** to overrun sth

überrepräsentiert *adj* overrepresented

Überrest *m meist pl* remains *npl;* **jds sterbliche ~e** (*geh*) sb's [mortal] remains *form*

Überriese *m* ASTRON supergiant; **roter ~** red supergiant

überrieseln* *vt* ■**etw überrieselt jdn** sth runs down sb's spine

Überrollbügel *m* AUTO rollover bar BRIT, roll bar AM

überrollen* *vt* ■**jdn/etw ~** to run over sb/sth; *Panzer* to roll over sb/sth

überrumpeln* *vt* ■**jdn ~** ❶ (*fam: unerwartet passieren*) to take sb by surprise, to catch sb unawares; ***lass dich nicht ~!*** don't get caught out! ❷ (*überraschend angreifen und überwältigen*) to take sb by surprise, to surprise sb

Überrump(e)lung <-, -en> *f* ❶ (*unerwartetes Ereignis*) ■**die ~ von jdm** catching sb unawares ❷ (*unerwartete Überwältigung*) surprise attack (+*gen* on)

überrunden* *vt* ■**jdn ~** ❶ SPORT to lap sb ❷ (*leistungsmäßig übertreffen*) to outstrip sb; *Schüler* to run rings round sb

übers = **über das** (*fam*) *s.* **über**

übersät *adj* covered; **ein mit Sommersprossen ~es Gesicht** a freckled face; ■**mit [*o* von] etw ~ sein** to be covered with sth; *Straße, Boden* to be littered [*or* covered] with sth; **mit [*o* von] Blüten ~ sein** to be carpeted [*or* strewn] with blossoms

übersättigen* *vt* ❶ (*zu viel von etw haben*) ■**jdn/etw ~,** ■**to satiate sb/sth den Markt ~** to oversaturate the market; **eine übersättigte Gesellschaft** a society sated with luxuries ❷ CHEM ■**etw ~** to supersaturate sth

übersättigt *adj* sated *form,* satiated *form*

Übersättigung *f* satiety *no pl form,* satiation *no pl form*

Überschallflug *m* supersonic flight **Überschallflugzeug** *nt* supersonic aircraft **Überschallgeschwindigkeit** *f kein pl* supersonic speed; ■**mit ~** at supersonic speed[s]; **mit ~ fliegen** to fly supersonic [*or* at supersonic speed[s]] **Überschalljäger** *m* supersonic jet fighter **Überschallknall** *m* sonic boom **überschallschnell** **I.** *adj* supersonic **II.** *adv* at supersonic speed[s]; **~ fliegen** to fly supersonic [*or* at supersonic speed[s]]

überschatten* *vt* (*geh*) ■**etw ~** to cast a shadow [*or* cloud] over sth

überschätzen* *vt* ■**etw ~** ❶ (*zu hoch schätzen*) to overestimate sth; **die Steuern ~** to overassess taxes ❷ (*zu hoch einschätzen*) ■**etw/sich ~** to overestimate [*or* overrate] sth/oneself; ■**sich ~** (*von sich zu viel halten*) to think too highly of oneself

Überschätzung *f* overestimation *no pl;* **in ~ einer S.** *gen* overestimating [*or* overrating] sth

überschaubar *adj* ❶ (*abschätzbar*) **eine ~e Größe** a manageable size; **~e Kosten/ein ~er Preis** a clear cost/price structure; **ein ~es Risiko** a contained [*or* containable] risk ❷ (*einen begrenzten Rahmen habend*) tightly structured

Überschaubarkeit <-> *f kein pl von Projekt* comprehensibility *no pl,* clarity *no pl; von Risiko* containability *no pl;* **die ~ der Kosten/vom Preis** the clear cost/price structure

überschauen* *vt* (*geh*) *s.* **überblicken**

über|schäumen *vi sein* ❶ (*mit Schaum überlaufen*) to froth [*or* foam] over; **~der Badeschaum** foaming bubble bath ❷ (*fig: ganz ausgelassen sein*) ■**vor etw** *dat* **~** to brim [*or* bubble] [over] with sth; ■**~d** bubbling, exuberant, effervescent

überschlafen* *vt irreg* ■**etw [bis morgen] ~** to sleep on sth

Überschlag *m* ❶ SPORT handspring; **einen ~ machen** to do a handspring ❷ (*überschlägliche Berechnung*) [rough] estimate; **[jdm] einen ~ machen** to make [*or* frame] sb an estimate

überschlagen*¹ *irreg* **I.** *vt* ■**etw ~** ❶ (*beim Lesen auslassen*) to skip [over] sth ❷ (*überschläglich berechnen*) to [roughly] estimate sth, to make a rough estimate of sth **II.** *vr* ❶ (*eine vertikale Drehung ausführen*) ■**sich ~** *Mensch* to fall head over heels; *Fahrzeug* to overturn ❷ (*rasend schnell aufeinanderfolgen*) ■**sich ~** to come thick and fast, to follow in quick succession ❸ (*besonders beflissen sein*) **sich** *akk* **[vor Freundlichkeit/Hilfsbereitschaft] ~** to fall over oneself to be friendly/helpful; ***nun überschlag dich mal nicht!*** (*fam*) don't get carried away! ❹ (*schrill werden*) ■**sich ~** to crack

über|schlagen² *irreg* **I.** *vt haben* **die Beine ~** to cross one's legs; **mit ~en Beinen sitzen** to sit cross-legged **II.** *vi sein* ■**in etw** *akk* **~** ❶ (*fig*) to turn into sth ❷ (*brechen*) to overturn; ***die Wellen schlugen über*** the waves broke ❸ (*übergreifen*) to spread; ***die Funken schlugen auf die Tischdecke über*** the sparks landed on the table cloth

überschlägig *adj* approximate

überschläglich **I.** *adj* rough, approximate **II.** *adv* roughly, approximately; **etw ~ schätzen** to roughly estimate sth, to give a rough estimate of sth

über|schnappen *vi sein* (*fam*) ❶ (*verrückt werden*) to crack [up] *fam,* to be cracked [*or* crazy] *fam* ❷ (*schrill werden*) to crack, to break

überschneiden* *vr irreg* ❶ (*sich zeitlich überlappen*) ■**sich [um etw] ~** to overlap [by sth] ❷ (*sich* *mehrfach kreuzen)* ■ **sich** ~ to intersect

Überschneidung <-, -en> *f* overlapping *no pl*

überschreiben* *vt irreg* ① *(betiteln)* ■ **etw mit etw** ~ to head sth with sth ② *(darüberschreiben)* ■ **etw** ~ to write over sth; INFORM to overwrite sth ③ *(übertragen)* ■ **jdm etw** ~, ■ **etw auf jdn** ~ to make [*or* sign] over sth *sep* to sb

Überschreibmodus *m* INFORM replace mode

überschreien* *vt irreg* ■ **jdn** ~ to shout down sb; ■ **etw** ~ to shout over sth, to drown out sth *sep* by shouting

überschreiten* *vt irreg* ① *(geh: zu Fuß überqueren)* ■ **etw** ~ to cross [over] sth ② *(über etw hinausgehen)* ■ **etw** [**um etw**] ~ to exceed sth [by sth] ③ *(sich nicht im Rahmen von etw halten)* ■ **etw** [**mit etw**] ~ to overstep [*or form* transgress] sth [with sth] ④ *(geh: über etw hinaussein)* ■ **etw** ~ to pass sth

Überschreitung <-, -en> *f* ① *(Überquerung)* crossing ② *(das Überschreiten)* exceeding; ~ **des Liefertermins** exceeding the delivery deadline, late delivery ③ JUR *(Verletzung)* exceeding, transgression; ~ **der Kompetenzen** acting ultra vires; ~ **der Machtbefugnisse** exceeding one's powers [*or* authority] ④ TECH *(Überschuss)* overrange

Überschrift <-, -en> *f* title, heading; *einer Zeitung* headline; **eine/keine** ~ **haben** to be titled/untitled, to have a/no title

Überschuh *m* overshoe; ■ **~e** overshoes, galoshes *dated*

überschuldet *adj* FIN overindebted, deep in debt *pred; Immobilien* encumbered

Überschuldung <-, -en> *f* overindebtedness *no pl,* excessive debts *pl*

ÜberschussRR *m,* **Überschuß** *m* ① ÖKON *(Reingewinn)* profit, surplus; **buchmäßiger** ~ book surplus; ~ **abwerfen** to yield a profit; **einen** ~ **erwirtschaften** to make a surplus ② *(überschüssige Menge)* surplus *no pl;* ■ **ein** ~ **an etw** *dat* a surplus [*or* glut] of sth

ÜberschusseinkünfteRR *pl* FIN surplus receipts

überschüssig *adj* surplus *attr;* **~e finanzielle Mittel** surplus funds

ÜberschussmaterialRR *nt* surplus material **Überschussproduktion**RR *f* surplus production **Überschussrechnung**RR *f* FIN cash receipts and disbursements method **Überschussreserve**RR *f* FIN surplus reserve **Überschusssituation**RR *f* ÖKON surplus situation

überschütten* *vt* ① *(übergießen)* ■ **jdn/sich/etw mit etw** ~ to pour sth over sb/oneself/sth ② *(bedecken)* ■ **etw mit etw** ~ to cover sth with sth ③ *(überhäufen)* ■ **jdn mit etw** ~ to inundate sb with sth; **jdn mit Geschenken/Komplimenten** ~ to shower sb with presents/compliments; **jdn mit Vorwürfen** ~ to heap accusations on sb

Überschwang <-[e]s> *m kein pl* exuberance *no pl;* **im ersten** ~ in the first flush of excitement; **im** ~ **der Freude/Gefühle** in one's joyful exuberance/one's exuberance

überschwänglichRR I. *adj* effusive, gushing *pej* II. *adv* effusively, gushingly *pej;* **jdn** ~ **begrüßen** to greet sb effusively [*or* with great effusion]

ÜberschwänglichkeitRR <-> *f kein pl* effusiveness *no pl*

über|schwappen *vi sein* ① *(über den Rand schwappen)* to spill [over the edge] ② *(vor übervieler Flüssigkeit überlaufen)* to slop [*or* splash] over

überschwemmen* *vt* ① *(überfluten)* ■ **etw** ~ to flood sth ② *(in Mengen hineinströmen)* ■ **etw** ~ to pour into sth ③ *(mit großen Mengen eindecken)* ■ **etw mit etw** ~ to flood [*or* inundate] sth with sth

Überschwemmung <-, -en> *f* flood[ing *no pl*]

Überschwemmungsgebiet *nt* flood area **Überschwemmungskatastrophe** *f* flood disaster

überschwenglich *adj, adv s.* **überschwänglich**

Überschwenglichkeit <-> *f kein pl s.* **Überschwänglichkeit**

Übersee *kein art* ■ **aus** ~ from overseas [*or hum* the other side of the pond]; ■ **in** ~ overseas, on the other side of the pond *hum;* ■ **nach** ~ overseas, to the other side of the pond *hum*

Überseedampfer *m* ocean[-going] liner **Überseehafen** *m* international [*or* transatlantic] port **Überseehandel** *m* overseas trade

überseeisch [-ze:ɪʃ] *adj* overseas *attr*

Überseekabel *nt* TELEK transoceanic cable **Überseelinie** *f* transocean line **Überseemarkt** *m* overseas market **Überseeverkehr** *m* overseas traffic

übersehbar *adj* ① *(abschätzbar)* **~e Auswirkungen** containable effects; **eine ~e Dauer/~e Kosten/Schäden** an assessable period/assessable costs/damage; **~e Konsequenzen** clear consequences; ■ **etw ist ~/noch nicht** ~ sth is in sight/sth is still not known ② *(mit Blicken erfassen)* visible; **schwer ~es Gelände** terrain offering no clear view; ***von hier aus ist das Gelände nicht*** ~ you can't get a good view of the terrain from here

übersehen*[1] *vt irreg* ■ **etw** ~ ① *(versehentlich nicht erkennen)* to overlook [*or* miss] sth, to fail to see [*or* notice] sth ② *(abschätzen)* to assess sth; ■ **etw lässt sich** ~ sth can be assessed ③ *(mit Blicken erfassen)* to have a view of sth; ***von hier oben lässt sich das Umland besser*** ~ there's a better view of the surroundings from up here

über|sehen[2] *vr irreg* ■ **sich** *akk* **an etw** *dat* ~ to get [*or* grow] tired [*or* to tire] of seeing sth

übersenden* *vt irreg (geh)* ■ **jdm etw** ~ to send sb sth, to forward sth to sb *form,* to dispatch sth to sb

Übersendung *f (geh)* sending *no pl,* forwarding *no pl,* dispatch

Übersendungsbericht *m* JUR prosecution's report upon criminal appeal

übersetzbar *adj* translatable; **nicht** ~ untranslatable; **leicht/schwer** ~ easy/difficult [*or* hard] to translate *pred;* **etw ist** [**kaum/leicht**] ~ sth can be translated [only with great difficulty]/[easily] translated

übersetzen*[1] I. *vt* ■ **etw** ~ to translate sth; **etw nur schwer/annähernd** ~ to translate sth only with difficulty/to do [*or form* render] an approximate translation of sth; **etw** [**aus dem Polnischen**] [**ins Französische**] ~ to translate sth [from Polish] [into French], to render sth [into French] [from Polish] *form* II. *vi* ■ [**aus etw**] [**in etw**] ~ to translate [from sth] [into sth]

über|setzen[2] I. *vt haben* ■ **jdn** ~ to ferry [*or* take] across sb *sep* II. *vi sein* ■ [**auf/in etw** *dat*] ~ to cross [over] [on/in sth]

Übersetzer(in) *m(f)* translator

Übersetzerprogramm *nt* INFORM interpreter [*or* translator] programme [*or* AM -am]

übersetzt *adj* ① *Text* translated ② TECH **hoch/niedrig/anders** ~ **sein** to have a high/low/different transmission ratio

Übersetzung[1] <-, -en> *f* TECH transmission [*or* gear] ratio; AUTO gear ratio step up

Übersetzung[2] <-, -en> *f* ① *(übersetzter Text)* translation, rendition *form* ② *kein pl (das Übersetzen)* translation *no pl*

Übersetzungsbüro *nt* translation agency [*or* bureau] **Übersetzungsfehler** *m* translation error

Übersicht <-, -en> *f* ① *kein pl (Überblick)* overall view, general idea; **die** ~ **verlieren** to lose track of things [*or* of what's going on] ② *(knappe Darstellung)* outline, summary

übersichtlich I. *adj* ① *(rasch erfassbar)* clear; **wenig** ~ confused; ■ ~ **sein** to be clear[ly structured], to have [*or form* exhibit] a clear structure ② *(gut zu überschauen)* open *attr;* ■ ~ **sein** to offer a clear view [on all sides]; *(wenig Deckung bietend)* to be exposed; ■ **nicht** ~ **sein** to impede the/one's view [on all sides] II. *adv* ① *(rasch erfassbar)* clearly ② *(gut überschaubar)* **etw** ~ **anlegen** to give sth an open layout; **etw** ~ **planen** to plan sth with a clear structure

Übersichtlichkeit <-> *f kein pl* ① *(rasche Erfassbarkeit)* clarity *no pl* ② *(übersichtliche Anlage)* openness *no pl*

Übersichtskarte *f* general [*or* outline] map

über|siedeln *vi sein (irgendwohin umziehen)* ■ **in etw** *akk***/nach etw** *akk* ~ to move to sth, to take up residence in sth *form;* **ins Ausland** ~ to emigrate

Übersied(e)lung <-, -en> *f* move (**an/in** *+akk* to), removal *form* (**an/in** *+akk* to)

Übersiedler(in) *m(f)* migrant; *(Einwanderer)* immigrants; *(Auswanderer)* emigrants

übersinnlich *adj* paranormal, supernatural

überspannen*[1] *vt* ① *(beziehen)* **etw mit Seide/Leder** ~ to cover sth with silk/leather, to stretch silk/leather over sth ② *(über etw hinwegführen)* ■ **etw** ~ to span sth

überspannen[2] *vt* ■ **etw** ~ ① *(zu stark spannen)* to overstrain sth, to put too much strain on sth; *s. a.* **Bogen** ② *(über ein vernünftiges Maß hinausgehen)* to push sth too far

überspannt *adj* ① *(übertrieben)* extravagant, wild ② *(exaltiert)* eccentric; ■ ~ **sein** to be [an] eccentric ③ *(überanstrengt)* overexcited, overwrought

Überspannung *f* ELEK power surge

Überspannungsschutz *m* ELEK over-voltage protection

überspielen*[1] *vt* ① *(audiovisuell übertragen)* ■ **etw** [**von etw** *akk*] [**auf etw** *akk*] ~ to record sth [from sth] [on[to] sth], to transfer sth [from sth] to sth, to transfer sth from sth [to sth]; **etw auf Kassette** ~ to tape sth, to put [*or* record] sth on[to] [*or* transfer sth to] tape ② INFORM ■ **etw** ~ to export sth; **Daten** ~ to export data

überspielen*[2] *vt (verdecken)* ■ **etw** [**durch etw**] ~ to cover up sth *sep* [with sth]

überspitzen* *vt (übertreiben)* ■ **etw** ~ to carry sth too far, to exaggerate sth

überspitzt I. *adj* exaggerated II. *adv* in an exaggerated fashion; **etw** ~ **darstellen** to exaggerate the depiction of sth

überspringen*[1] *vt irreg* ■ **etw** ~ ① *(über etw hinwegspringen)* to jump [*or* clear] sth; **eine Mauer** ~ to vault [*or* jump] [*or* clear] a wall ② *(auslassen)* to skip [over] sth; **eine Seite/ein Kapitel** ~ to skip [over] [*or* leave out *sep*] a page/chapter ③ SCH **eine Klasse** ~ to skip [*or* miss out *sep*] a class

über|springen[2] *vi irreg sein* ① *(sich übertragen)* ■ [**auf jdn**] ~ to spread [to sb] ② *(infizieren)* ■ **auf jdn/etw** ~ to spread [to sb/sth] ③ *(plötzlich übergreifen)* ■ [**von etw** *akk*] **auf etw** *akk* ~ to spread quickly [from sth] [to sth]

über|sprudeln *vi sein* to bubble over; *(beim Kochen)* to boil over

überspülen* *vt* ■ **etw** ~ to overflow sth; *Welle* to wash over sth; ■ **überspült werden** to be flooded

überstaatlich *adj* supranational *form*

überstehen*[1] *vt (durchstehen)* ■ **etw** ~ to come [*or* get] through sth; **die Belastung** ~ to hold out under the stress; **eine Krankheit/Operation** ~ to get over [*or* recover from] an illness/operation; **die nächsten Tage** ~ to live through [*or* live out *sep*] [*or* to last] the next few days; **es überstanden haben** *(euph)* to have passed away [*or* on] *euph;* ***jetzt haben wir es überstanden*** *(fam)* thank heavens that's over now

über|stehen[2] *vi irreg haben o sein (herausragen)* to jut [*or* stick] out, to project; **40 cm** [**weit**] ~ to jut [*or* stick] out [*or* to project] [by] 40 cm

übersteigen* *vt irreg* ■ **etw** ~ ① *(über etw klettern)* to climb over sth; **eine Mauer** ~ to scale [*or* climb over] a wall ② *(über etw hinausgehen)* to go beyond [*or* exceed] sth; **jds Erwartungen** ~ to exceed sb's expectations ③ *(größer als etw sein)* to be beyond [*or* exceed] sth

übersteigern* *vt* **seine Forderungen** ~ to go too far with one's demands, to push one's demands too far; **die Preise** ~ to force up prices

übersteigert *adj* ① *(übernormal verstärkt)* exaggerated, excessive; **ein ~es Selbstbewusstsein** an exaggerated sense of one's own importance ② *(zu hoch geschraubt)* excessive, exorbitant; **~e Erwartungen** highly-pitched [*or* lofty] expectations ③ ÖKON excessive; **~es Anziehen der Preise** rocketing prices

Übersteigerung *f* ❶ (*das Übersteigern*) **die ~ der Mieten/Preise** forcing up rents/prices ❷ (*Zustand der übernormalen Verstärkung*) excess; **etw zur ~ treiben** to push sth to excess

überstellen* *vt* ■**jdn jdm** [*o* **an jdn**] ~ to hand over *sep* [*or form* commit] sb to sb

übersteuern* I. *vi* AUTO to oversteer II. *vt* ELEK ■**etw** ~ to overmodulate sth

überstimmen* *vt* ❶ (*mit Stimmenmehrheit besiegen*) ■**jdn** ~ to outvote sb ❷ (*mit Stimmenmehrheit ablehnen*) ■**etw** ~ to defeat [*or* vote down *sep*] sth

überstrahlen* *vt* (*fig*) ■**etw** ~ to outshine sth

überstrapazieren* *vt* ■**etw** ~ ❶ (*zu sehr ausnutzen*) to abuse sth ❷ (*zu oft verwenden*) to wear out sth *sep;* ■**überstrapaziert** worn out; **~e Ausreden** tired excuses *pej*

überstreichen* *vt irreg* ■**etw** [**mit etw**] ~ to paint over sth *sep* [with sth]; **etw mit frischer Farbe** ~ to give sth a fresh coat of paint

über|streifen *vt* ■[**sich** *dat*] **etw** ~ to slip on sth *sep*

überströmen* *vt* ■**etw** ~ to overflow sth; ***Schweiß überströmte sein Gesicht*** sweat poured down his face, his face was bathed in sweat

über|stülpen *vt* ■**jdm/sich etw** ~ to slip sth over sb's/one's head

Überstunde *f* ÖKON hour of overtime, extra hour; ■**~n** overtime *no pl;* **~n machen** to do [*or* work] overtime; **geleistete ~n** overtime worked

Überstundenabbau *m* overtime reduction, cutback in overtime **Überstundenlohn** *m* overtime pay **Überstundentarif** *m* overtime rate **Überstundenverbot** *nt* overtime ban **Überstundenzuschlag** *m* overtime allowance [*or* bonus]

überstürzen* I. *vt* ■**etw** ~ to rush into sth; **eine Entscheidung** ~ to rush [into] a decision; **man soll nichts ~, nur nichts** ~ don't rush into anything, look before you leap II. *vr* ■**sich** ~ to follow in quick [*or* rapid] succession; *Nachrichten a.* to come thick and fast

überstürzt I. *adj* overhasty, rash, precipitate *form* II. *adv* overhastily, rashly, precipitately *form;* ~ **handeln** to go off at half cock *fam,* to go off half-cocked AM *fam*

Überstürzung <-> *f kein pl* rashness *no pl,* precipitation *no pl form*

übertariflich I. *adj* above [*or* in excess of] the agreed [*or* union] rate *pred,* in excess of the collectively agreed scale *pred;* **~e Bezahlung** payment over and above the collectively agreed scale II. *adv* above [*or* in excess of] the agreed [*or* union] rate

überteuert *adj* overexpensive, too expensive [*fam* by half] *pred,* overpriced *a. pej;* **ein ~er Preis** an excessive [*or* exorbitant] [*or* inflated] price; ■[**um etw**] ~ **sein** to be too expensive [by sth]

übertölpeln* *vt* ■**jdn** ~ to put [a fast] one over on sb, to dupe sb; ■**sich** [**von jdm**] ~ **lassen** to let oneself be duped [by sb]

Übertölpelung <-, -en> *f* taking-in *no pl*

übertönen* *vt* ■**jdn** ~ to drown [out *sep*] sb['s words/screams/etc.]; **etw** ~ to drown [out *sep*] sth

Übertopf *m* flower pot holder

Übertrag <-[e]s, Überträge> *m* FIN carryover, amount carried over [*or* forward]; **einen ~ [auf/in etw** *akk*] **machen** to carry over [to sth]

übertragbar *adj* ❶ (*durch Infektion weiterzugeben*) communicable *form* (**auf** +*akk* to), infectious; (*durch Berührung*) contagious, catching *pred fam;* ■[**auf jdn**] ~ **sein** to be communicable [to sb] *form,* to be infectious [*or fam* catching]; (*durch Berührung*) to be contagious [*or fam* catching]; ■**etw ist von jdm/dem Tier auf jdn/das Tier** ~ sth can be passed from sb/animal to sb/animal ❷ (*anderweitig anwendbar*) ■**auf etw** *akk* ~ **sein** to be applicable to sth ❸ (*von anderen zu benutzen*) ■~ **sein** to be transferable ❹ INFORM (*transferierbar*) portable

Übertragbarkeit <-> *f kein pl* ❶ JUR transferability, assignability ❷ BÖRSE *von Aktien* negotiability

übertragen*[1] *irreg* I. *vt* ❶ (*senden*) ■**etw** ~ to broadcast sth ❷ (*geh: übersetzen*) ■**etw** ~ to translate sth; **etw wortwörtlich** ~ to translate sth word for word, to do a literal translation of sth; ■**etw aus etw** ~ to translate [*or form* render] sth from sth; ■**etw in etw** *akk* ~ to translate [*or form* render] sth into sth ❸ (*infizieren*) ■**etw** [**auf jdn**] ~ to communicate [*or form* pass on *sep*] sth [to sb]; ■**etw wird von jdm/dem Tier auf jdn/das Tier** ~ sth is communicated *form* [*or* passed on] from sb/animal to sb/animal ❹ (*von etw woanders eintragen*) ■**etw auf** *akk*/**in etw** *akk* ~ to transfer sth to/into sth; **eine Zwischensumme als Übertrag auf etw** *akk* ~ to carry over to sth ❺ (*mit etw ausstatten*) ■**jdm etw** ~ to vest sb with sth *form;* ■**jdm die Verantwortung** ~ to entrust sb with the responsibility ❻ (*in den Besitz von etw setzen*) ■**jdm etw** ~, ■**etw auf jdn** ~ to transfer sth to sb; ■**jdm ein Recht** ~ to assign sb a right, to transfer a right to sb ❼ (*überspielen*) ■**etw auf etw** *akk* ~ to record sth on sth; **etw auf eine Kassette** ~ to tape sth, to record sth on tape [*or* cassette] ❽ (*anwenden*) ■**etw auf etw** *akk* ~ to apply sth to sth ❾ TECH ■**etw auf etw** *akk* ~ to transmit [*or* transfer] sth to sth II. *vr* ❶ MED ■**sich** [**auf jdn**] ~ to be communicated *form* [*or* passed on] [*or* transmitted] [to sb] ❷ (*ebenfalls beeinflussen*) ■**sich auf jdn** ~ to spread [*or form* communicate itself] to sb

übertragen[2] I. *adj* figurative; (*durch Metapher*) transferred; **im ~en Sinn** in a/the figurative sense II. *adv* figuratively; ■**etw** ~ **meinen** to mean sth in a [*or* the] figurative/transferred sense

Überträger(in) *m(f)* MED carrier

Übertragung <-, -en> *f* ❶ (*das Senden*) broadcasting *no pl,* transmission *no pl;* (*übertragene Sendung*) broadcast, transmission ❷ (*geh: das Übersetzen*) translation *no pl;* ■**die ~ in etw** the translation [*or form* rendition] into sth; (*Übersetzung*) translation ❸ (*das Infizieren*) communication *no pl,* transmission *no pl* ❹ (*das Eintragen an andere Stelle*) carryover ❺ (*das Ausstatten*) vesting *no pl form* (+*gen* with); *von Verantwortung* entrusting *no pl* (+*gen* with) ❻ JUR transfer; *von Rechten a.* assignment *no pl* ❼ (*das Anwenden*) application *no pl* (**auf** +*akk* to) ❽ *kein pl* TECH transmission *no pl* (**auf** +*akk* to)

Übertragungsbilanz *f* ❶ ÖKON (*Bilanz*) balance of transfers ❷ FIN (*Betrag*) net transfer payments *pl* **Übertragungsbilanzdefizit** *nt* FIN balance-of-payments deficit **Übertragungseinrichtung** *f* TELEK transmission unit **Übertragungsende** *nt* INFORM end of transmission **Übertragungsfehler** *m* TECH transmission error **Übertragungsfenster** *nt* INFORM, TELEK transmission window **Übertragungsgeschwindigkeit** *f* TELEK transmission [*or* transfer] speed **Übertragungsgewinn** *m* FIN transfer gain **Übertragungskapazität** *f* TECH transmission capacity **Übertragungsleitung** *f* TELEK transmission cable **Übertragungsmodus** *m* TELEK transmission mode **Übertragungsnetz** *nt* TELEK broadcasting network, transmission system **Übertragungsrate** *f* ❶ TELEK transfer rate; **maximale** ~ maximum transmission rate ❷ INET bandwidth **Übertragungssteuerung** *f* INFORM transmission control **Übertragungstechnik** *f* TELEK transmission technology **Übertragungsurkunde** *f* JUR [deed of] conveyance, transfer deed **Übertragungswagen** *m* mobile [broadcast] unit **Übertragungszeit** *f* TELEK transfer time

übertreffen* *vt irreg* ❶ (*besser sein*) ■**jdn** [**an/auf/in etw** *dat*] ~ to do better than [*or* to surpass] [*or* to outdo] [*or* to outstrip] sb [in sth]; ■**sich selbst** [**mit etw**] ~ to surpass [*or* excel] oneself [with sth] ❷ (*über etw hinausgehen*) ■**etw** [**um etw**] ~ to exceed sth [by sth]; **jds Erwartungen** ~ to exceed [*or* surpass] sb's expectations ❸ (*größer sein*) ■**etw** [**an etw** *dat*] ~ to surpass sth [in sth]

übertreiben* *irreg* I. *vi* to exaggerate II. *vt* ■**etw** ~ to overdo sth; ■**es mit etw** ~ to carry [*or* take] sth too far; ***man kann es auch ~/mit etw*** ~ (*fam*) you can overdo things/sth, you can go too far/too far with sth; ■**ohne zu** ~ no exaggeration, I'm not joking [*or fam* kidding], no shit [now] *fam!*

Übertreibung <-, -en> *f* ❶ *kein pl* (*das Übertreiben*) exaggeration *no pl;* ■**die ~ der S.** *gen* exaggerated sth; **die ~ der Sauberkeit** taking cleanliness too far [*or* to extremes] ❷ (*übertreibende Äußerung*) exaggeration; **zu ~en tendieren** *neigen,* to tend to exaggeration [*or* exaggerate]

über|treten[1] *vi irreg sein* ❶ (*konvertieren*) ■**zu etw** ~ to go over [*or* convert] to sth ❷ SPORT to overstep ❸ (*übergehen*) ■[**von etw** *dat*] **in etw** *akk* ~ to pass [from sth] into sth; *Krebszellen a.* to metastasize to sth

übertreten*[2] *vt irreg* ■**etw** ~ to break [*or* violate] [*or form* infringe] [*or form* contravene] sth

Übertretung <-, -en> *f* ❶ (*das Übertreten*) violation *no pl,* infringement *no pl form,* contravention *no pl form* ❷ (*strafbare Handlung*) misdemeanour [*or* AM -or]

übertrieben I. *adj* extreme, excessive; **~e Vorsicht** excessive caution, overcaution II. *adv* extremely, excessively; ~ **vorsichtig** excessively cautious, overly cautious

Übertritt *m* ■**der/ein/jds ~ zu etw** the/a/sb's conversion to sth

übertrumpfen* *vt* ■**jdn/etw** [**mit etw**] ~ to outdo sb [with sth]/surpass sth [with sth]

übertünchen* *vt* ■**etw** ~ to whitewash over sth; (*anders als weiß*) to paint over sth

überübermorgen *adv* (*fam*) in three days[' time], the day after the day after tomorrow

überverkauft *adj* ÖKON oversold

überversichern* *vt* ■**jdn/sich** ~ to overinsure sb/oneself

überversichert *adj* overinsured

übervölkert *adj* overpopulated

Übervölkerung <-> *f kein pl* overpopulation

übervoll *adj* ❶ (*mehr als voll*) full to the brim [*or* to overflowing] *pred;* **ein ~er Teller** a heaped[-up] plate ❷ (*überfüllt*) crowded; ■~ **sein** to be overcrowded [*or fam* crammed]

übervorsichtig *adj* over[ly]cautious

übervorteilen* *vt* ■**jdn** [**durch etw**] ~ to cheat sb [with sth]; (*bei einem Kauf*) to overcharge [*or fam* sting] sb [with sth]

überwachen* *vt* ❶ (*heimlich kontrollieren*) ■**jdn/etw** ~ to keep sb/sth under surveillance, to keep a watch on [*or* to watch] sb/sth; **jdn/etw rund um die Uhr** ~ to keep sb/sth under 24-hour surveillance; **jdn/etw genau** ~ to keep a careful eye on sb/sth; **jds Telefon** ~ to monitor sb's calls, to bug sb's telephone ❷ (*durch Kontrollen sicherstellen*) ■**etw** ~ to supervise sth; *Kamera* to monitor sth

Überwachung <-, -en> *f* ❶ (*das heimliche Kontrollieren*) surveillance *no pl; eines Telefons* monitoring *no pl,* bugging *no pl* ❷ (*das Überwachen*) supervision *no pl;* (*durch eine Kamera*) monitoring *no pl;* **elektronische** ~ electronic surveillance

Überwachungsapparat *m* surveillance apparatus **überwachungsbedürftig** *adj* JUR requiring supervision; **~e Anlage** installation requiring surveillance **Überwachungskamera** *f* security [*or* surveillance] camera, CCTV **Überwachungskonzept** *nt* monitoring programme [*or* AM -am] **Überwachungsrecht** *nt* JUR right of inspection **Überwachungsstaat** *m* police state **Überwachungssystem** *nt* surveillance [*or* monitoring] system **Überwachungsverfahren** *nt* inspection procedure **Überwachungsverfügung** *f* JUR supervision order

überwältigen* *vt* ❶ (*bezwingen*) ■**jdn/etw** ~ to overpower sb/sth ❷ (*geh: übermannen*) ■**etw überwältigt jdn** sth overcomes [*or* overwhelms] sb, sb is overcome [*or* overwhelmed] by sth

überwältigend *adj* overwhelming; **ein ~es Gefühl** an overwhelming [*or* overpowering] feeling; **~e Schönheit** stunning beauty; **ein ~er Sieg** a crushing victory, a whitewash BRIT *fam,* a shutout AM *fam;* ■**nicht gerade** ~ (*iron*) nothing to write home about *fam*

Überwältigung <-, -en> *f* overpowering *no pl*

Überwälzung <-> *f kein pl* FIN shifting, passing;

U

von Steuern shifting [of taxes]

Überwasserfahrzeug *nt* surface vessel [*or* craft]

über|wechseln *vi sein* ① (*sich jd anderem anschließen*) ■**auf/in etw** *akk*/**zu etw** *dat* ~ to go over to/into/to sth; ■**zu jdm** ~ to go over to sb's side ② (*ausscheren*) ■**auf etw** *akk* ~ to move [in]to sth ③ (*umsatteln*) ■**von etw zu etw** ~ to chance from sth to sth

Überweg *m* pedestrian bridge

Überweidung <-, -en> *f* AGR overgrazing

überweisen* *vt irreg* ① (*durch Überweisung gutschreiben lassen*) ■[**jdm**] **etw** [**auf etw** *akk*] ~ to transfer sth [to [sb's] sth] ② (*durch Überweisung hinschicken*) ■**jdn** [**an jdn/in etw** *akk*] ~ to refer sb [to sb/sth]

Überweisung <-, -en> *f* ① (*Anweisung von Geld*) [credit *form*] transfer ② (*das Überweisen*) ■**die/eine** ~ **an jdn/in etw** *akk* the/a referral to sb/sth; (*Überweisungsformular*) referral form

Überweisungsauftrag *m* banker's order, [*form* credit] transfer order **Überweisungsbeschluss** *m* JUR transfer order **Überweisungsformular** *nt* [credit *form* [*or* bank]] transfer form **Überweisungsscheck** *m* FIN transfer cheque [*or* AM check] **Überweisungsschein** *m* MED letter of referral **Überweisungsverfahren** *nt* FIN transfer process

Überweite *f* large size; ~ **haben** to be oversize[d]; **Kleider in** ~ outsize dresses, dresses in the larger sizes [*or euph* for the fuller figure]

über|werfen[1] *vt irreg* ■**sich** *dat* **etw** ~ to wrap sth around one's shoulders; (*schneller*) to throw on sth *sep;* ■**jdm etw** ~ to wrap sth round sb's shoulders

überwerfen*[2] *vr irreg* ■**sich** ~ to fall out, to break with each other; ■**sich mit jdm** ~ to fall out [*or* break] with sb

überwiegen* *irreg* **I.** *vi* ① (*hauptsächlich vorkommen*) to be predominant, to predominate ② (*vorherrschen*) ■**es überwiegt** [**bei jdm**] [sb's] sth prevails [*or* gains the upper hand] **II.** *vt* ■**etw überwiegt etw** sth outweighs sth

überwiegend **I.** *adj* predominant; **die ~e Mehrheit** the vast [*or* overwhelming] majority **II.** *adv* predominantly, mainly; ***Ihre Antworten waren ~ richtig*** most of your answers were correct

überwinden* *irreg* **I.** *vt* ① (*nicht länger an etw festhalten*) ■**etw** ~ to overcome sth; **ein Vorurteil** ~ to outgrow a prejudice ② (*im Kampf besiegen*) ■**jdn** ~ to defeat sb ③ (*ersteigen*) ■**etw** ~ to get over [*or* surmount] sth **II.** *vr* ■**sich** ~ to overcome one's feelings/inclinations etc.; ■**sich zu etw** ~, ■**sich dazu** ~, **etw zu tun** to force oneself to do sth

Überwindung <-> *f kein pl* ① (*das Überwinden*) overcoming *no pl,* surmounting *no pl; Minenfeld* negotiation *no pl* ② (*Selbst~*) conscious effort; **jdn** ~ **kosten**[, **etw zu tun**] to be an effort of will for sb [to do sth], to take sb a lot of will power [to do sth]

überwintern* *vi* ■[**in etw** *dat*] ~ to [spend the] winter [in sth]; *Pflanzen* to overwinter [in sth]; (*Winterschlaf halten*) to hibernate [in sth]

Überwinterungsorgan *nt* BOT perennating organ

überwuchern* *vt* ■**etw** ~ to overgrow sth; **Blumen** ~ to choke flowers

Überwurf <-s, Überwürfe> *m* counterpane; (*Bett~*) cover

Überzahl *f kein pl* ■**die** [**große**] ~ **einer S.** *gen* (*Mehrzahl*) the greatest number of sth, most of sth; ■**in der** ~ **sein** to be in the majority; *Feind* to be superior in number

überzahlen* *vt* ■**etw** ~ to pay too much for sth; ■**etw ist** [**mit etw**] **überzahlt** [at sth] sth costs too much

überzählig *adj* (*überschüssig*) surplus *attr,* excess *attr;* (*übrig*) spare, odd

überzeichnen* *vt* ① BÖRSE *Aktie* oversubscribe ② (*geh: überspitzt dargestellt*) ■**etw/jdn** ~ to overdraw sth/sb

Überzeichnung <-, -en> *f* BÖRSE oversubscription

überzeugen* **I.** *vt* ■**jdn** ~ to convince sb; (*umstimmen a.*) to persuade sb; **den Richter** ~ to satisfy the judge; ■**jdn von etw** ~ to convince sb of sth; ■**jdn davon** ~, **dass ...** to convince sb that ...; ■**sich** [**von etw**] ~ **lassen** to be[come] convinced [of sth]; **sich gern** [**von etw**] ~ **lassen** to be willing to listen [to sth] **II.** *vi* ① (*überzeugend sein*) ■[**als jd/in einer Rolle**] ~ to be convincing [*or* carry conviction] [as sb/in a role]; **sie kann nicht** ~ she is unconvincing [*or* not convincing] ② (*eine überzeugende Leistung zeigen*) ■[**bei/mit/in etw** *dat*] ~ to prove oneself [in/with/in sth] **III.** *vr* ■**sich** [**selbst**] ~ to convince oneself; ~ ***Sie sich selbst!*** [go and] convince [*or* see for] yourself; ■**sich von etw** ~ to convince oneself of sth, to satisfy oneself as to sth; ■**sich** [**selbst**] ~, **dass ...** to be convinced that ...

überzeugend **I.** *adj* convincing; (*umstimmend a.*) persuasive; ■[**als jd**] ~ **sein** to be convincing [*or* carry conviction] [as sb] **II.** *adv* convincingly; ~ **argumentieren** to argue convincingly, to bring forward convincing arguments

überzeugt *adj* ① (*an die Richtigkeit von etw glaubend*) convinced, dedicated; **ein ~er Christ/Katholik** a convinced [*or* devout] Christian/Catholic; ■**von etw** ~ **sein** to be convinced [*or* be [*or* feel] sure] of sth; ■[**davon**] ~ **sein, dass ...** to be convinced that ... ② (*selbstbewusst*) [**sehr**] **von sich** ~ **sein** to be [very] sure [*or pej* full] of oneself

Überzeugung <-, -en> *f* ① (*Meinung*) convictions *npl,* principles *pl;* **religiöse** ~ religious beliefs [*or* convictions] *npl;* **zu der** ~ **gelangen** [*o* **kommen**], **dass ...** to become convinced that ..., to arrive at [*or* reach] the conviction that ...; **der** ~ **sein** to share the conviction; **der** [**festen**] ~ **sein, dass ...** to be [firmly] convinced [*or* of the [firm] conviction] that ...; **nicht der** ~ **sein, dass ...** to not be convinced that ...; **jds** ~ **nach** [*o* **nach jds** ~] [...] sb is convinced [that ...]; *s. a.* **Brustton** ② JUR (*das Überzeugen*) conviction; **freie** ~ **des Gerichts** independent conviction of the court

Überzeugungsarbeit *f* convincing; **einige** ~ **kosten** to take some convincing; ~ **leisten** to do some convincing **Überzeugungskraft** *f kein pl* persuasiveness *no pl,* persuasive power **Überzeugungstäter(in)** *m(f)* JUR offender by conviction; (*politisch*) political[ly motivated] criminal; (*religiös*) religious[ly motivated] criminal

überziehen*[1] *irreg* **I.** *vt* ① (*bedecken*) ■**etw** ~ to cover sth; *Belag* to coat sth ② (*ins Debet bringen*) ■**etw** [**um etw**] ~ to overdraw sth [by sth]; ***er hat sein Konto*** [***um DM 1000***] ***überzogen*** he has overdrawn his account [by DM 1000], he is [DM 1000] overdrawn; **den Kreditrahmen** ~ to exceed one's credit limit ③ (*über das zustehende Maß in Anspruch nehmen*) ■**etw** [**um etw**] ~ to overrun sth [by sth] ④ (*zu weit treiben*) ■**etw** ~ to carry sth too far; ■**überzogen** exaggerated, over the top *pred fam* ⑤ (*übermäßig versehen*) **ein Land mit Krieg** ~ to invade a country; **ein mit Krieg überzogenes Land** a war-stricken [*or* -torn] country; **jdn mit immer neuen Forderungen** ~ to demand more and more from sb; **jdn mit einem Prozess** ~ to bring legal action against sb **II.** *vi* ① (*Kredit auf dem Girokonto in Anspruch nehmen*) ■[**um etw**] ~ to overdraw an/the/one's account [*or* to be overdrawn] [by sth] ② (*über die eingeteilte Zeit hinaus*) to overrun [one's allotted time]

über|ziehen[2] *vt irreg* ① (*anlegen*) ■[**sich**] **etw** ~ to put [*or* slip] on sth *sep;* ■**jdm etw** ~ to put [*or* slip] sth on sb ② (*fam*) **jdm eins** [**mit etw**] ~ to clobber [*or* clout] sb [one] [with sth] *fam,* to give sb a clout [with sth] *fam*

Überzieher <-s, -> *m* ① (*veraltend: leichter Herrenmantel*) greatcoat ② (*fam: Präservativ*) condom

Überziehschuh *m* galosh

Überziehung <-, -en> *f* overdraft

Überziehungskredit *m* loan on overdraft, overdraft provision [*or* facility] **Überziehungsprovision** *f* FIN overdraft commission **Überziehungszinsen** *pl* overdraft interest *no pl*

überzogen *adj* ① (*bedeckt*) covered; *Himmel* overcast ② *Konto* overdrawn ③ (*übertrieben*) *Vorstellungen* excessive

überzüchtet *adj* overbred; AUTO overdeveloped

Überzug <-s, Überzüge> *m* ① (*überziehende Schicht*) coat[ing]; (*dünner*) film; (*Zuckerguss*) icing, frosting AM ② (*Hülle*) cover

Überzugsmaterial *nt* TYPO covering [*or* lining] material

übler *adj comp von* **übel**

üblich *adj* ① (*normalerweise angewandt*) usual; ***es ist bei uns hier*** [***so***] ~ that's the custom with us here; **wie** ~ as usual ② (*gängig*) customary, usual

Übliche(s) *nt dekl wie adj* ■**das** ~ the usual [thing[s *pl*]]

üblicherweise *adv* usually, generally, normally

U-Boot *nt* submarine, sub *fam;* (*während der beiden Weltkriege a.*) U-boat

U-Booting <-s> *nt kein pl* SPORT human powered submarine racing

U-Boot-Krieg *m* submarine warfare **U-Boot-Stützpunkt** *m* submarine base

übrig *adj* ① (*restlich*) remaining, rest of *attr;* (*andere a.*) other *attr;* ■**die Ü~en** the remaining ones, the rest of them, the others; ■**das Ü~e** the rest, the remainder; ■**alles Ü~e** all the rest, everything else; **ein Ü~es tun** (*geh*) to go a step further; [**von etw**] **etw** ~ **behalten** to have sth left over [from sth]; **etw vom Geld** ~ **behalten** to keep sth [over] of the money; [**von etw**] ~ **bleiben** to be left [over], to be left [of sth]; **für jdn** ~ **bleiben** to be left for sb; ***es wird ihm gar nichts anderes*** ~ ***bleiben*** he won't have any choice [*or* any other alternative]; [**jdm**] **etw** [**von etw**] ~ **lassen** to leave sth [[*or* over] of sth] [for sb]; **etw vom Geld** ~ **lassen** to keep sth [over] of the money; ■~ **sein** to be left [over]; **die ~e Welt** the rest of the world ② (*fig*) **für jdn etwas/nichts/viel** ~ **haben** to have a soft spot for [*or* be fond of] sb/to not care much [*or* have little time] for sb/to be very fond of [*or* have a great liking for] sb; **für etw etwas/nichts/viel** ~ **haben** to be interested [*or* have an interest] in sth/to be not at all interested in [*or* have no time at all for] sth/to be very interested in [*or* keen on] sth

übrigens *adv* ① (*nebenbei bemerkt*) incidentally, by the way ② (*außerdem*) ■[**und**] ~ [and] besides

Übung[1] <-> *f kein pl* (*das Üben*) practice *no pl;* **in** ~ **bleiben** to keep in practice, to keep one's hand in; **aus der** ~ **sein** to be out of practice; ***das ist alles nur*** ~ it's [all] a question of practice, it [all] comes with practice; **aus der** ~ **kommen** to get out of practice; (*von Geschicklichkeit*) to lose touch; **zur** ~ for practice ▶ WENDUNGEN: ~ **macht den Meister** (*prov*) practice makes perfect *prov*

Übung[2] <-, -en> *f* ① (*propädeutische Lehrveranstaltung*) seminar (**zu** +*akk* on) ② (*~sstück*) exercise ③ SPORT exercise (**an** +*dat* on) ④ (*Gelände~*) exercise ⑤ (*Probeeinsatz*) exercise, drill

Übungsarbeit *f* SCH practice [*or* mock] test **Übungsaufgabe** *f* SCH exercise **Übungsbuch** *nt* SCH book of exercises

Übungsgelände *nt* MIL training ground [*or* area]

u.d.M. *Abk von* **unter dem Meeresspiegel** below sea-level

ü.d.M. *Abk von* **über dem Meeresspiegel** above sea-level

UdSSR <-> [u:de:ʔɛsʔɛsʔɛr] *f Abk von* **Union der Sozialistischen Sowjetrepubliken** HIST ■**die** ~ the USSR [*or* U.S.S.R.]

u.E. *Abk von* **unseres Erachtens** in our opinion

UEFA-Cup <-s, -s> [u'e:fakap] *m,* **UEFA-Pokal** [u'e:fa-] *m* ■**der** ~ the UEFA Cup

U-Eisen *nt* U-iron

Ufer <-s, -> *nt* (*Fluss~*) bank; (*See~*) shore, strand *liter;* **das rettende** [*o* **sichere**] ~ **erreichen** to reach dry land [*or* the shore in safety]; **an das** [*or* **ans**] ~ **schwimmen** to swim ashore/to the bank; **über die** ~ **treten** to break [*or* burst] its banks; **an das** [*o* **ans**] ~ to the bank/shore; **an dem** [*o* **am**] ~ on the waterfront, on [*or* at] the water's edge

Uferbefestigung *f* ① *kein pl* (*das Befestigen*) bank reinforcement *no pl,* protection of banks/shore ② (*befestigende Bepflanzung*) bank reinforcement **Uferböschung** *f* embankment **Uferdamm** *m* embankment **Uferlandschaft** *f* land on each side of a/the river/lake *no indef art, no pl,* riparian landscape *liter*

uferlos *adj* endless; **ins U~e gehen** (*zu keinem Ende führen*) to go on forever [*or* on and on]; (*jeden Rahmen übersteigen*) to go up and up

Uferpromenade *f* [riverside/seaside] promenade **Uferschnepfe** *f* ORN godwit **Uferschwalbe** *f* ORN sand martin **Uferstraße** *f* lakeside/riverside road

uff *interj* (*fam*) phew *fam,* whew *fam;* **~, *das hätten wir geschafft!*** phew, that's that done!

Ufo, UFO <-[s], -s> *nt Abk von* **Unbekanntes Flugobjekt** UFO

u-förmig^RR^, **U-förmig** *adj* U-shaped

Uganda <-> *nt kein pl* Uganda

Ugander(in) <-s, -> *m(f)* Ugandan

ugandisch *adj* Ugandan

U-Haft *f* JUR (*fam*) *s.* **Untersuchungshaft**

Uhr <-, -en> *f* ❶ (*Instrument zur Zeitanzeige*) clock, timepiece *form;* **die ~ in der Küche** the clock in the kitchen, the kitchen clock; (*Armband~*) watch; ■**nach jds ~** by sb's watch; ***was sagt deine ~? auf die ~ sehen*** to look at the clock/one's watch; **die ~en [auf Sommer-/Winterzeit] umstellen** to set the clock/one's watch [to summer/winter time]; ***diese ~ geht nach/vor*** this watch is slow/fast; (*allgemein*) this watch loses/gains time; **jds ~ geht nach dem Mond** (*fam*) sb's watch can't tell the time [*or fam* is way out]; **jds innere ~** sb's biological clock; ■**rund um die ~** round the clock, 24 hours a day; ■**gegen die ~** against time ❷ (*Zeitangabe*) o'clock; **7 ~** 7 o'clock [in the morning], 7 am [*or* a.m.]; MIL O seven hundred [*or written* 0700] hours; **15 ~** 3 o'clock [in the afternoon], 3 pm [*or* p.m.]; MIL fifteen hundred [*or written* 1500] hours; **9 ~ 15** quarter past nine [in the morning/evening], nine fifteen [*or written* 9.15] [am/pm], 15 minutes past 9 [in the morning/evening] *form;* **7 ~ 30** half past 7 [in the morning/evening], seven thirty [*or written* 7:30] [am/pm]; **8 ~ 23** 23 minutes past 8 [in the morning/evening], eight twenty-three [am/pm] *form;* **10 ~ früh** [*o* **morgens**]/**abends/nachts** ten [o'clock] in the morning/in the evening/at night; ***wie viel ~ ist es?, wie viel ~ haben wir*** what time is it?; ***um wie viel ~?*** [at] what time?; **um 10 ~** at ten [o'clock] [in the morning/evening] ► WENDUNGEN: **jds ~ ist abgelaufen** (*geh*) the sands of time have run out for sb *form or liter*

Uhrenindustrie *f* watch-and-clock[-making] industry **Uhrenvergleich** *m* comparison of watch [*or* clock] times; **einen ~ machen** to synchronize watches

Uhrglas *nt* watch-glass **Uhrkette** *f* watch chain, fob [chain] **Uhrmacher(in)** *m(f)* watchmaker/clockmaker, horologist *spec* **Uhrwerk** *nt* ❶ (*Antrieb einer mechanischen Uhr*) clockwork mechanism, works *npl* [of a watch/clock], movements *pl* ❷ (*Antrieb eines Spielzeugs*) clockwork mechanism; **von einem ~ angetrieben** clockwork *attr,* driven by clockwork *pred* **Uhrzeiger** *m* hand [of a clock/watch]; **der große/kleine ~** the big [*or* minute]/small [*or* hour] hand **Uhrzeigersinn** *m* ■**im ~** clockwise; ■**entgegen dem ~** anticlockwise, counterclockwise AM **Uhrzeit** *f* time [of day]; ***was haben wir für eine ~?*** what time [of day] is it?

Uhrzeitgeber *m* INFORM real-time clock

Uhu <-s, -s> *m* eagle owl

UIP *f Abk von* **United International Press** UIP

Ukas <-ses, -se> *m* decree

Ukelei <-, -en> *f* (*Fischart*) bleak

Ukraine <-> [ukraˈiːnə, uˈkrainə] *f* ■**die ~** [the] Ukraine; *s. a.* **Deutschland**

Ukrainer(in) <-s, -> [ukraˈiːnɐ, uˈkrainɐ] *m(f)* Ukrainian; *s. a.* **Deutsche(r)**

ukrainisch [ukraˈiːnɪʃ, uˈkrainɪʃ] *adj* ❶ (*die Ukraine betreffend*) Ukrainian; *s. a.* **deutsch 1** ❷ LING Ukrainian; *s. a.* **deutsch 2**

Ukrainisch [ukraˈiːnɪʃ, uˈkrainɪʃ] *nt dekl wie adj* Ukrainian; *s. a.* **Deutsch**

Ukrainische <-n> *nt* ■**das ~** Ukrainian, the Ukrainian language; *s. a.* **Deutsche**

UKW <-> [uːkaːˈveː, ˈuːkaːveː] *nt kein pl Abk von* **Ultrakurzwelle** ≈ VHF *no pl;* **auf ~** on VHF; **auf ~ umschalten** to switch to VHF

UKW-Empfang [uːkaːˈveː-] *m* VHF reception

UKW-Sender *m* VHF transmitter

Ulan-Bator <-s> *nt* Ulan Bator

Ulk <-[e]s, -e> *m* (*fam*) joke; **aus ~** as a joke, for a lark *fam*

ulken *vi* (*fam*) to joke; (*herumkaspern*) to clown around

ulkig *adj* (*fam*) ❶ (*lustig*) funny ❷ (*seltsam*) peculiar, strange, odd

Ulme <-, -n> *f* elm

Ulmenkrankheit *f* ■**die ~** Dutch elm disease

Ultimaten *pl von* **Ultimatum**

ultimativ I. *adj* ■**eine ~e Forderung/ein ~es Verlangen** an ultimatum II. *adv* in the form of an ultimatum; **jdn ~ auffordern, etw zu tun** to give sb an ultimatum to do sth; *Streitmacht* to deliver [*or* issue] an ultimatum to sb to do sth

Ultimatum <-s, -s *o* Ultimaten> *nt* ultimatum; **jdm ein ~ stellen** to give sb an ultimatum; *Streitmacht* to deliver [*or* issue] an ultimatum to sb

Ultimo <-s, -s> *m* ÖKON end [*or* last [day]] of the month; **bis/vor ~** till [*or* until]/before the end [*or* last [day]] of the month

Ultimoabrechnung *f* FIN month-end accounts *pl* **Ultimoabschluss**^RR^ *m* FIN end-of-month settlement **Ultimogeld** *nt* BÖRSE end-of-month settlement loan

Ultra <-s, -s> *m* extremist

Ultrakurzwelle *f s. a.* **UKW** ❶ (*elektromagnetische Welle*) ultrashort [*or spec* metric] wave ❷ (*Empfangsbereich*) ≈ very high frequency [*or* VHF] **Ultrakurzwellenempfänger** *m* VHF receiver **Ultrakurzwellensender** *m* VHF station

ultraleicht *adj* ultralight *spec*

Ultraleichtflugzeug *nt* microlight, microlite

ultralinks *adj* extreme leftist *a. pej*

Ultramarin <-s> *nt kein pl* ultramarine *no pl*

ultraorthodox *adj* extremely orthodox **ultrarechts** *adj* extreme[ly] right-wing **ultrarot** *adj* PHYS infra-red

Ultraschall *m* ultrasound *no pl*

Ultraschallaufnahme *f* ultrasound picture, scan **Ultraschallbehandlung** *f* ultrasound treatment **Ultraschallbild** *nt* ultrasound picture **Ultraschalldiagnostik** *f* ultrasound [*or* ultrasonic] diagnosis **Ultraschallgerät** *nt* [ultrasound] scanner **Ultraschalluntersuchung** *f* ultrasound, scan **Ultraschallwellen** *pl* ultrasonic waves *pl*

ultraviolett [-vi-] *adj* ultraviolet

um I. *präp +akk* ❶ (*etw umgebend*) ■**~ etw [herum]** around [*or* BRIT round] sth; **ganz um etw [herum]** all around [*or* BRIT round] sth ❷ (*gegen*) **~ Ostern/den 15./die Mitte des Monats [herum]** around Easter/the 15th/the middle of the month; **~ fünf Uhr [herum]** at [*or* around] about five o'clock; *s. a.* **Uhr** ❸ (*im Hinblick auf etwas*) about; **~ etw streiten** to argue about sth; *s. a.* **bitten, gehen** ❹ *Unterschiede im Vergleich ausdrückend* **~ einiges** [*o* **manches**] **besser** quite a bit better; **~ nichts enger/breiter** no narrower/wider; **~ einen Kopf größer/kleiner** a head taller/shorter by a head; **~ 10 cm länger/kürzer** 10 cm longer/shorter ❺ (*wegen*) ■**~ jdn/etw** for sb/sth; ■**~ jds/einer S. willen** for the sake of sb [*or* for sb's sake]/for the sake of sth; **~ meinetwillen** for my sake; *s. a.* **Gott, Himmel** ❻ (*für*) **Minute ~ Minute** minute by minute; **Zentimeter ~ Zentimeter** centimetre by [*or* after] centimetre [*or* AM -er] ❼ (*nach allen Richtungen*) **~ sich schlagen/treten** to hit/kick out in all directions ❽ (*vorüber*) ■**~ sein** to be over; *Zeit* to be up; *Frist* to expire II. *konj* ■**~ etw zu tun** [in order] to do sth; *s. a.* **so III.** *adv* **~ *die 80 Meter,*** about 80 metres [*or* AM -ers], 80 metres [*or* AM -ers] or thereabouts

um|adressieren* *vt* ■**etw ~** to readdress sth; (*nachsenden*) to redirect sth

um|ändern *vt* ■**etw ~** to alter sth

um|arbeiten *vt* ❶ (*umgestalten*) ■**etw ~** to rework [*or* revise] sth; **ein Buch ~** to rewrite a book; **ein Drehbuch/Manuskript ~** to rewrite [*or* rework] a script/manuscript ❷ *s.* **umändern**

umarmen* *vt* ■**jdn ~** to embrace sb; (*fester*) to hug sb; (*zum Grüßen a.*) to give sb a hug; ***„lass dich ~!"*** "give me a hug!"

Umarmung <-, -en> *f* embrace/hug; **die/eine ~ zweier Liebenden** two lovers embracing

Umatzsteuerprüfung *f* FIN sales tax audit

Umbau^1^ *m kein pl* rebuilding *no pl,* renovation *no pl;* (*zu etw anderem a.*) conversion *no pl;* **sich im ~ befinden** to be being rebuilt/renovated/converted

Umbau^2^ <-bauten> *m* renovated/converted building; (*Teil von Gebäude*) renovated/converted section

um|bauen^1^ I. *vt* ■**etw ~** to convert [*or* make structural alterations to] sth II. *vi* to renovate

umbauen*^2^ *vt* ■**etw [mit etw] ~** to enclose sth [with sth]; *s. a.* **Raum**

um|benennen* *vt irreg* ■**etw [in etw** *akk*] **~** to rename sth [sth]

Umbenennung *f* ■**die/eine ~ von etw** *dat*/**einer S.** *gen* renaming sth; **Tausende von ~en von Straßen** renaming thousands of streets

Umberfisch *m* croaker, dumbfish

um|besetzen* *vt* ❶ FILM, THEAT ■**etw ~** to recast sth ❷ POL ■**etw ~** to reassign sth

Umbesetzung *f* ❶ FILM, THEAT recasting *no pl;* **eine ~ vornehmen** to alter the cast ❷ POL reassignment; *vom Ministerium* ministry shake-up; *vom Kabinett* reshuffle; **~en vornehmen** to reshuffle the cabinet

um|bestellen* I. *vt* ❶ (*zu einem anderen Zeitpunkt bestellen*) ■**jdn [auf etw** *akk*] **~** to give another [*or* a new] appointment to sb [for sth] ❷ (*ändern*) ■**etw ~** to change one's/the order/orders for sth II. *vi* to change the/one's order/orders

um|betten *vt* ❶ (*in ein anderes Bett legen*) ■**jdn ~** to move [*or* transfer] sb [to another bed]; ■**jdn [in/auf etw** *akk*] **~** to move [*or* transfer] sb [to sth] ❷ (*euph: woanders beerdigen*) ■**etw ~** to transfer sth [to another grave], to rebury sth

um|biegen *irreg* I. *vt haben* ❶ (*durch Biegen krümmen*) ■**etw ~** to bend sth ❷ (*auf den Rücken biegen*) **jdm den Arm ~** to twist sb's arm [behind sb's back]; **mit umgebogenem Arm** with one's arm twisted behind one's back II. *vi sein* ❶ (*kehrtmachen*) to turn back [*or* round] ❷ (*abbiegen*) **nach links/rechts ~** to take the left/right road/path/etc.; *Pfad, Straße* to turn [*or* bend] to the left/right

um|bilden *vt* ■**etw ~** to reshuffle [*or* shake up *sep*] sth

Umbildung *f* reshuffle, shake-up

um|binden *vt irreg* ■**jdm etw ~** to put [*or* wrap] sth around sb's neck; (*mit Knoten a.*) to tie sth around sb's neck; ■**sich** *dat* **etw ~** to put on sth *sep;* (*mit Knoten a.*) to tie on sth *sep*

um|blättern *vi* to turn over; **ein paarmal ~** to turn over a few pages; (*ohne Interesse*) to flip through a few pages

um|blicken *vr* ❶ (*nach hinten blicken*) ■**sich ~** to look back; ■**sich nach jdm/etw ~** to turn round to look at sb/sth ❷ (*zur Seite blicken*) **sich nach links/rechts ~** to look to the left/right; (*vor Straßenüberquerung a.*) to look left/right; **sich nach allen Seiten ~** to look in all directions

Umbra <-> *f kein pl* umber *no pl*

um|brechen^1^ *irreg* I. *vt haben* ■**etw ~** ❶ (*umknicken*) to break down sth *sep* ❷ (*geh: umpflügen*) to turn over [*or* break up] sth *sep* II. *vi sein* to break

umbrechen*^2^ *vt irreg* TYPO ■**etw ~** *Seite* to make up sth *sep,* to assemble [*or* compose] sth

um|bringen *irreg* I. *vt* ■**jdn ~** to kill sb; (*vorsätzlich a.*) to murder sb; **jdn mit/durch Gift ~** to kill/murder sb with poison [*or* by poisoning]; **jdn mit einem Messer/durch Messerstiche ~** to stab sb to death ► WENDUNGEN: **es wird mich noch ~!** (*fig fam*) it'll be the death of me! *fam;* **nicht umzubringen sein** (*fam*) to be indestructible II. *vr* (*Selbstmord begehen*) ■**sich ~** to kill oneself; **sich mit Gift ~** to kill oneself by taking poison [*or* with poison]; **sich mit einem Messer ~** to stab oneself to death ► WEN-

U

DUNGEN: **sich [fast] vor Freundlichkeit/Höflichkeit** ~ to [practically] fall over oneself to be friendly/polite; **bringen Sie sich nur nicht um!** (*fig fam*) [mind you] don't kill yourself! *iron;* (*als Appell an die Vernunft*) you'll kill yourself [if you go [*or* carry] on like that]!

Umbruch <-s, Umbrüche> *m* ❶ (*grundlegender Wandel*) radical change, upheaval; **sich in einem ~ befinden** to be going through a radical change, to be in upheaval ❷ *kein pl* TYPO page make-up [*or* assembly] [*or* composition]; **beim ~ sein** to be being made up; (*umbrochener Satz*) make-up

Umbruchgestaltung *f* TYPO pagination layout **Umbruchphase** *f* POL, SOZIOL, ÖKON upheaval phase **Umbruchprogramm** *nt* TYPO page break program

um|buchen I. *vt* ❶ (*auf einen anderen Termin verlegen*) ■**etw [auf etw** *akk*] ~ to alter [*or* change] one's booking/reservation for sth [to sth]; **den Flug auf einen anderen Tag** ~ to change one's flight reservation to another day ❷ (*auf ein anderes Konto buchen*) ■**etw [von etw** *dat*] **[auf etw** *akk*] ~ to transfer sth [from sth] [to sth] II. *vi* ■**[auf etw** *akk*] ~ to alter [*or* change] one's booking/reservation [to sth]

Umbuchung *f* ❶ (*umgebuchter Termin*) changed [*or* altered] booking/reservation, change [*or* alteration] to a/the booking/reservation; **eine ~ [auf etw** *akk*] **vornehmen** to change [*or* alter] one's booking/reservation [to sth] ❷ (*Überweisung*) transfer

um|codieren *vt* INFORM, TECH ■**etw** ~ to recode sth

umdeklarieren* *vt* ÖKON, JUR ■**etw** ~ *Ware, Ladung* to avoid declaring sth

um|denken *vi irreg* ■**[in etw** *dat*] ~ to change [*or* modify] one's ideas/views [of sth]

um|dirigieren* *vt* ■**etw [nach/zu etw]** ~ to redirect sth [to sth]

um|disponieren* *vi* to change one's plans [*or* arrangements], to make new arrangements

umdrehen I. *vt haben* ❶ (*auf die andere Seite drehen*) ■**jdn/etw** ~ to turn over sb/sth *sep; s. a.* **Arm, Hals** ❷ (*herumdrehen*) ■**etw** ~ to turn sth ▸ WENDUNGEN: **jdm jedes Wort im Mund** ~ to twist sb's every word II. *vr haben* (*in die andere Richtung wenden*) ■**sich [nach jdm/etw]** ~ to turn round [to look at sb/sth]; *s. a.* **Magen** ▸ WENDUNGEN: **sich im Grab[e]** ~ to turn in one's grave III. *vi haben o sein* to turn round; *Mensch a.* to turn back

Umdrehen <-s> *nt kein pl* TYPO work and twist

Umdrehung *f* AUTO revs *pl,* revolutions *pl form;* **~en pro Minute** revolutions per minute; **3100 ~en** 3100 rpm

Umdrehungsgeschwindigkeit *f* TECH rotation speed **Umdrehungszahl** *f* number of revolutions per minute/second

umeinander *adv* about each other [*or* one another]; ***wir haben uns nie groß ~ gekümmert*** we never really had much to do with each other

umeltfreundlich *adj* **~es Auto** clean [*or* low pollution] car

um|erziehen* *vt irreg* ■**jdn** ~ to re-educate sb

um|fahren[1] *irreg vt* (*fam*) ❶ (*überfahren*) ■**jdn** ~ to knock down [*or* run over] sb *sep* ❷ (*anfahren und abknicken*) ■**etw** ~ to hit sth; ■**umgefahren werden** to be hit by a vehicle

umfahren*[2] *vt irreg* ■**etw** ~ ❶ (*vor etw ausweichen*) to circumvent sth *form; Auto a.* to drive around sth ❷ (*Umweg fahren*) to make a detour around sth

Umfahrung <-, -en> *f* ÖSTERR, SCHWEIZ bypass

Umfall *m* POL (*pej fam*) turnaround *a. pej*

um|fallen *vi irreg sein* ❶ (*umkippen*) to topple [*or* fall] over; *Baum a.* to fall [down] ❷ (*zu Boden fallen*) to fall over [*or* down], to fall [*or* drop] to the floor/ground; (*schwerfällig*) to slump to the floor/ground; **tot** ~ to drop [down] dead ❸ (*fam: die Aussage widerrufen*) to retract one's statement

Umfang <-[e]s, Umfänge> *m* ❶ (*Perimeter*) circumference; *eines Baums a.* girth ❷ (*Ausdehnung*) area; **einen ~ von 5 Hektar haben** to cover an area of 5 hectares ❸ (*Ausmaß*) **in begrenztem** ~ on a limited scale; **in großem** ~ on a large scale; **in vollem** ~ completely, entirely, fully; **in vollem ~ freigesprochen werden** to be found not guilty on all points; **eine Katastrophe in vollem ~ erkennen** to recognize the full scale of a disaster; ~ **der Steuersenkung** extent of tax cuts

umfangen* *vt irreg* (*geh*) ■**jdn** ~ to embrace sb; **jdn/sich ~ halten** to hold sb/each other in one's/their arms

umfangreich *adj* ❶ (*voluminös*) extensive; **ein ~es Buch** a thick book ❷ (*ein erhebliches Ausmaß besitzend*) extensive; **~e internationale Beziehungen** extensive international connections; **~es Ersatzteillager** extensive parts depot; **~e Verkäufe** heavy sales

um|färben *vt* ■**etw** ~ to dye sth a different colour [*or* AM -or]

umfassen* *vt* ❶ (*umschließen*) ■**jdn/etw/sich** ~ to clasp sb/sth/each other; (*umarmen*) to embrace sb/sth/[each other] ❷ (*aus etw bestehen*) ■**etw** ~ to comprise sth; **vier Seiten/zwei Spalten** ~ to have four pages/cover two columns

umfassend I. *adj* ❶ (*weitgehend*) extensive; **~e Vollmachten/Maßnahmen** sweeping [*or* extensive] powers/measures ❷ (*alles enthaltend*) full; **ein ~er Bericht/ein ~es Geständnis** a full report/confession II. *adv* **etw ~ berichten** to report all the details of sth, to cover sth thoroughly; ~ **gestehen** to admit to everything; **jdn ~ informieren** to keep sb informed of everything

Umfassungswand *f* BAU perimeter [*or* exterior] wall **Umfassungszarge** *f* BAU U-shaped frame

Umfeld *nt* sphere

umfinanzieren* *vt* ÖKON ■**etw** ~ to refinance sth

umfliegen* *vt irreg* ❶ (*um etw herumfliegen*) ■**etw** ~ to fly around [*or* BRIT round] sth ❷ (*um etw kreisen*) ■**jdn/etw** ~ to fly [in circles] around [*or* BRIT round] sb/sth

um|formatieren *vt* ■**etw** ~ to reformat sth

um|formen *vt* ■**jdn** ~ to transform sb

Umformer <-s, -> *m* ELEK convertor

umformulieren* *vt* ■**etw** ~ to redraft sth; *Satz* to reword sth

Umformung <-, -en> *f* INFORM conversion, remodelling BRIT, AM -eling; ~ **von Daten** data conversion

Umfrage *f* survey; POL [opinion] poll; **eine ~ [zu etw** *dat*/**über etw** *akk*] **machen** to hold [*or* carry out *sep*] [*or form* conduct] a survey [on sth]

Umfragewerte *pl* SOZIOL ■**jds** ~ public opinion of sb

umfried(ig)en* *vt* (*geh*) ■**etw** ~ to enclose sth; (*mit Zaun*) to fence in sth *sep;* (*mit Mauer*) to wall in sth *sep*

Umfriedung <-, -en> *f* ❶ (*Einfriedigung*) enclosing fence/wall/hedge etc. ❷ *kein pl* (*das Einzäunen*) ■**die ~ von etw** *dat*/**einer S.** *gen* **[mit etw** *dat*] enclosing sth [with sth]; **die ~ von etw mit einem Zaun/einer Mauer** fencing/walling in sth

um|füllen *vt* ■**etw [von etw** *dat*] **[in etw** *akk*] ~ to transfer sth [from sth] into sth; **Wein in eine Karaffe** ~ to decant wine

um|funktionieren* *vt* ■**etw [zu etw]** ~ to remodel sth [into sth], to change [*or* turn] sth [into sth]

Umfunktionierung <-, -en> *f* ■**die ~ von etw** *dat*/**einer S.** *gen* **[in etw** *akk*] remodelling sth [into sth], changing sth [into sth], turning sth into sth

Umgang <-gänge> *m* ❶ (*gesellschaftlicher Verkehr*) ■**jds** ~ sb's dealings *pl;* ~ **mit jdm haben** (*geh*) to associate with sb, to have dealings with sb; **kein ~ für jdn sein** (*fam*) to be not fit [*or* be no] company for sb ❷ (*Beschäftigung*) ■**jds ~ mit etw** sb's having to do [*or* deal] with sth *form*

umgänglich *adj* sociable, friendly; (*entgegenkommend*) obliging

Umgangsformen *pl* [social] manners *pl;* **keine ~ haben** to have no manners **Umgangsrecht** *nt kein pl* JUR right of access (*to children*) **Umgangssprache** *f* ❶ LING colloquial language [*or* speech] *no pl;* **die griechische** ~ colloquial Greek ❷ (*übliche Sprache*) ***in dieser Schule ist Französisch die ~*** the language spoken at this school is French

umgangssprachlich *adj* colloquial; **ein ~er Ausdruck/ein ~es Wort** a colloquial expression/word, a colloquialism *spec;* ■~ **sein** to be a colloquial expression/word [*or spec* a colloquialism]

Umgangston *m* tone, way of speaking

umgarnen* *vt* (*geh*) ■**jdn** ~ to ensnare [*or* beguile] sb; ■**sich [von jdm/etw] ~ lassen** to let oneself be ensnared [*or* beguiled] [by sb]/beguiled [by sth]

umgeben* *irreg* I. *vt* ❶ (*einfassen*) ■**etw mit etw** ~ to surround sth with sth; **mit einer Mauer/einem Zaun ~ sein** to be walled/fenced in, to be surrounded [*or* enclosed] by a fence/wall ❷ (*sich rings erstrecken*) ■**etw** ~ to lie to all sides of sth; **etw von drei Seiten** ~ to lie to three sides of sth ❸ (*in Gesellschaft von*) ■**von jdm ~ sein** to be surrounded by sb II. *vr* ■**sich mit jdm/etw** ~ to surround oneself with sb/sth

Umgebung <-, -en> *f* ❶ (*umgebende Landschaft*) environment, surroundings *pl; einer Stadt a.* environs *npl,* surrounding area; (*Nachbarschaft*) vicinity, neighbourhood; **in nächster** ~ in the direct [*or* close] vicinity ❷ (*jdn umgebender Kreis*) people around one

Umgebungsstrahlung *f* background radiation; **natürliche** ~ naturally occurring background radiation **Umgebungstemperatur** *f* BAU ambient air temperature

Umgegend *f* (*fam*) surrounding area

um|gehen[1] *vi irreg sein* ❶ (*behandeln*) **mit jdm vorsichtig/rücksichtslos** ~ to treat [*or* handle] sb carefully [*or* with care]/inconsiderately [*or* with inconsideration]; **mit jdm umzugehen wissen** to know how to handle [*or* deal with] sb, to have a way with sb; **mit jdm nicht ~ können** to not know how to handle [*or* deal with] sb; **mit etw gleichgültig/vorsichtig** ~ to handle sth indifferently [*or* with indifference]/carefully [*or* with care]; *s. a.* **Geld** ❷ (*kolportiert werden*) to circulate, to go about [*or* around] ❸ (*spuken*) to walk [abroad *liter*]; ***im Schloss geht ein Gespenst um*** the castle is haunted [by a ghost]

umgehen*[2] *vt irreg* ■**etw** ~ ❶ (*vermeiden*) to avoid sth ❷ (*an etw vorbei handeln*) to circumvent sth *form*

umgehend I. *adj* immediate; **eine ~e Antwort** an immediate [*or* a prompt] reply; ***ich bitte um ~e Antwort*** please inform me at your earliest convenience *form* II. *adv* immediately; **jdm ~ antworten** to reply [to sb] at one's earliest convenience *form*

Umgehung[1] <-, -en> *f* ❶ (*das Vermeiden*) avoidance *no pl* ❷ (*das Umgehen*) circumvention *no pl form;* **unter ~ einer S.** *gen* by getting round [*or form* circumventing] sth

Umgehung[2] <-, -en> *f,* **Umgehungsstraße** *f* bypass

Umgehungsgeschäft *f* JUR transaction for the purpose of evading the law **Umgehungshandlung** *f* JUR evasion, avoidance **Umgehungsverbot** *nt* JUR exclusion of evading action

Umgehungsverkehr *m kein pl* re-directed traffic

umgekehrt I. *adj* reversed, reverse *attr;* **in ~er Reihenfolge** in reverse order; (*rückwärts*) backwards; **die ~e Richtung** the opposite direction; **in ~em Verlauf** in reverse; [***es ist***] ***gerade ~!*** just the opposite!, quite the contrary!; *s. a.* **Vorzeichen** II. *adv* ❶ (*anders herum*) the other way round ❷ (*in der entgegengesetzten Reihenfolge*) **einen Film ~ abspielen** to run a film backwards; ***es hat sich genau ~ abgespielt*** just the opposite happened

um|gestalten* *vt* ■**etw** ~ to reorganize sth; **die Anordnung von etw** ~ to rearrange sth; **ein Gesetzeswerk/die Verfassung** ~ to reform a body of laws/the constitution; **einen Park/ein Schaufenster** ~ to redesign a park/shop window

Umgestaltung <-, -en> *f* reorganization *no pl; von Gesetzeswerk, Verfassung* reformation *no pl; eines Parks, Schaufensters* redesign *no pl; Anordnung* rearrangement *no pl*

um|gewöhnen* *vr* ■**sich** ~ to re-adapt, to adapt to a/the new situation

um|gießen *vt irreg* ① (*umfüllen*) ■ **etw in etw** ~ to pour [out *sep*] sth into sth ② (*schmelzen*) ■ **etw** ~ *Metall* to recast sth ③ (*fam: verschütten*) ■ **etw** ~ to spill sth

Umgliederung <-, -en> *f* rearrangement, regrouping

um|graben *vt irreg* ■ **etw** ~ to dig over sth *sep;* **die Erde** ~ to turn [over *sep*] the soil

um|greifen *vt irreg* ■ **etw** ~ ① (*umschließen*) to take hold of sth ② (*fig: beinhalten*) to comprise sth

umgrenzen* *vt* ■ **etw** ~ to surround sth; **ein klar umgrenztes Aufgabengebiet** (*fig*) a clearly defined area of responsibility

um|gruppieren* *vt* ■ **jdn/etw** ~ to regroup sb/sth; **die Möbel/Skulpturen** ~ to rearrange the furniture/sculptures

umgucken *vr* (*fam*) *s.* **umsehen**

um|haben *vt irreg* (*fam*) ■ **etw** ~ to have on sth *sep*

Umhang <-[e]s, Umhänge> *m* cape

Umhängegurt *m* shoulder strap

um|hängen¹ *vt* (*umlegen*) ■ **sich** *dat* **etw** ~ to put on sth *sep;* ■ **jdm etw** ~ to wrap [*or* drape] sth around sb; **jdm/sich Decken** ~ to wrap blankets around sb/oneself, to wrap sb/oneself in blankets

um|hängen² *vt* (*woanders hinhängen*) ■ **etw** ~ to rehang sth, to hang sth somewhere else

Umhängetasche *f* shoulder bag

um|hauen *vt irreg* (*fam*) ① (*fällen*) ■ **etw** ~ to chop [*or* cut] down sth *sep;* **Bäume** ~ to fell trees, to chop [*or* cut] down *sep* ② (*völlig verblüffen*) ■ **jdn** ~ to stagger sb, to bowl over sb *sep fam* ③ (*lähmen*) ■ **jdn** ~ to knock out sb *sep*

umhegen* *vt* (*geh*) ■ **jdn/etw** ~ to look after sb/sth with loving care; **jdn** ~ **und umpflegen** to look after sb's every [little] wish; **etw** ~ **und umpflegen** to look after sth asifit were the apple of one's eye

umher *adv* around, about; **überall** ~ everywhere; **weit** ~ all around, as far as you can see

umher|blicken *vi* to glance around **umher|fahren** *vi irreg sein* to drive around **umher|gehen** *vi irreg sein* ■ **in etw** *dat* ~ to walk about [*or* around] sth **umher|irren** *vi sein* to wander about [*or* around] **umher|laufen** *vi irreg sein* ■ [**in etw** *dat*] ~ to walk around [*or* about] [sth]; (*rennen*) to run around [*or* about] [sth] **umher|liegen** *vi irreg* (*selten*) to lie around **umher|schlendern** *vi* to stroll around **umher|wandern** *vi sein* ■ [**in etw** *dat*] ~ to wander [*or* roam] around [*or* about] [sth] **umher|ziehen** *vi irreg sein* to wander [*or* roam] about [*or* around]

umhin|kommen *vi irreg* (*selten*) to be unable to avoid **umhin|können** *vi irreg* **jd kann nicht umhin, etw zu tun** sb cannot avoid doing sth

um|hören *vr* ■ **sich** [**nach jdm/etw**] ~ to ask around [about sb/for sth]; ■ **sich** [**irgendwo**] ~ to ask around [somewhere]

umhüllen* *vt* ■ **jdn/etw** [**mit etw**] ~ to wrap [up *sep*] sb/sth [in sth]

umjubeln* *vt* ■ **jdn** ~ to cheer sb

umkämpft *adj* disputed; **ein ~es Gebiet** a disputed area, a war zone; ■ ~ **sein** to be disputed [*or* the centre of a dispute]

Umkehr <-> *f kein pl* turning back

umkehrbar *adj* reversible; ■ **nicht** ~ irreversible

um|kehren I. *vi sein* to turn back; **nach Hause/zum Ausgangspunkt** ~ to go back home/back to where one started [out] **II.** *vt haben* (*geh*) ■ **etw** ~ to reverse sth

Umkehrschluss^RR^ *m* inversion of an argument; JUR argumentum e contrario

Umkehrung <-, -en> *f* (*geh*) reversal

um|kippen I. *vi sein* ① (*seitlich umfallen*) to tip [*or* fall] over; ■ [**mit etw** *dat*] ~ *Stuhl, Fahrrad, Roller* to fall over [with sth] ② (*fam: bewusstlos zu Boden fallen*) to pass out ③ (*sl: die Meinung ändern*) to come round ④ ÖKOL to become polluted; ***durch die Mülldeponie in Ufernähe ist der See umgekippt*** the balance in the lake has been upset by the rubbish tip near the riverbank ⑤ (*ins Gegenteil umschlagen*) to change course [*or* tack], to do a U-turn [*or* an about-face]; ■ **in etw** *akk* ~ to turn into sth; ***seine Laune kann von einer Minute auf die andere*** ~ his mood can blow hot and cold from one minute to the next **II.** *vt haben* ■ **etw** ~ to tip [*or* knock] over sth *sep*

umklammern* *vt* ① (*sich an jdm festhalten*) ■ **jdn** ~ to cling [on] to sb, to hold on tightly to sb ② (*fest umfassen*) ■ **etw** ~, ■ **etw umklammert halten** to hold sth tight

Umklammerung <-, -en> *f* ① *kein pl* (*Umarmung*) embrace ② (*umklammernder Griff*) clutch; SPORT clinch

Umklammerungsreflex *m eines Neugeborenen* embracing reflex

um|klappen *vt* ■ **etw** ~ to fold down sth *sep*

Umkleidekabine *f* changing cubicle [*or* AM stall]

um|kleiden *vt* (*geh*) ■ **sich** ~ to change, to get changed

Umkleideraum *m* changing room

um|knicken I. *vi sein* ① (*brechen*) *Stab, Zweig* to snap ② (*zur Seite knicken*) [**mit dem Fuß**] ~ to twist one's ankle **II.** *vt haben* ■ **etw** ~ to snap sth; (*Papier, Pappe*) to fold over; (*Pflanze, Trinkhalm*) to bend sth [over]

um|kommen *vi irreg sein* ① (*sterben*) to be [*or* get *fam*] killed, to die; **bei** [*o* **in**] **einem Verkehrsunfall/Flugzeugabsturz/etc** ~ to be killed in a traffic accident/plane crash ② (*fam: verderben*) to go off [*or* bad] *fam* ③ (*fam: es nicht mehr aushalten*) to be unable to stand sth [any longer]; **vor Langeweile** ~ to be bored to death

Umkreis *m* ■ **im** ~ [**einer S.** *gen*] in the vicinity [*or* surroundings] [of sth], within the environs [of sth] BRIT; ***im ~ von 100 Metern/Kilometern*** within a radius of 100 metres/kilometres

umkreisen* *vt* ■ **etw** ~ ① ASTRON (*um etw kreisen*) to revolve around sth, to orbit sth ② RAUM (*in einer Umlaufbahn sein*) to orbit sth, to circle sth

Umkreisung <-, -en> *f* ASTRON (*das Umkreisen*) orbiting; ASTRON, RAUM (*Vollendung einer Umlaufbahn*) orbit

um|krempeln *vt* ① (*aufkrempeln*) ■ **sich** *dat* **etw** ~ to roll up sth *sep;* (*Hosenbein*) to turn up sth *sep* ② (*fam: gründlich durchsuchen*) ■ **etw** ~ to turn sth upside down *fam* ③ (*fam: grundlegend umgestalten*) ■ **etw/sb** ~ to turn sth/sb inside out, to shake up sth/sb *sep,* to give sth/sb a good shake up *fam*

Umladebahnhof *m* reloading [*or* transfer] [*or* transshipment] station **Umladegut** *nt* HANDEL goods for transshipment **Umladehafen** *m* HANDEL port of transshipment **Umladekonnossement** *nt* HANDEL transshipment bill of lading **Umladekosten** *pl* HANDEL reloading charges

um|laden *vt irreg* ■ **etw** ~ to reload sth

Umladeplatz *m* place of transshipment, transfer point, rehandling yard

Umlage *f* ① FIN share of the cost ② KOCHK garnish

Umlagebefreiung *f kein pl* JUR exemption from tax, BRIT derating **Umlagefinanzierung** *f* ÖKON, FIN *im Generationsvertrag* shared financing **Umlagegrundlage** *f* FIN levy base **umlagepflichtig** *adj* JUR assessable; FIN rate[a]ble

umlagern* *vt* ■ **jdn** ~ to surround sb

Umland *nt kein pl* surrounding area

Umlauf <-s, Umläufe> *m* ① ASTRON (*Umkreisung*) rotation ② ADMIN (*internes Rundschreiben*) circular; **etw in** ~ **bringen** [*o* **setzen**] to circulate sth, to put sth into circulation; *Gerücht, Lüge, Parole* to spread sth, to put about sth *sep;* ÖKON (*etw kursieren lassen*) *Banknoten, Geld, Falschgeld* to put into circulation; **im** ~ **sein** to be in circulation *a. fig* ③ TECH rotation; **Umläufe pro Minute** rotations per minute, rpm

Umlaufbahn *f* ASTRON, RAUM (*Kreisbahn, Orbit*) orbit; **die ~en um die Sonne** solar orbits

um|laufen I. *vi sein irreg* ① ÖKON (*zirkulieren*) to be in circulation ② (*weitererzählt werden*) to go round, to be circulating **II.** *vt haben* (*fam: umrennen*) ■ **jdn/etw** ~ to knock sb/sth over

Umlauffähigkeit *f kein pl* ÖKON marketability *no pl;* (*von Aktien*) negotiability *no pl* **Umlaufgeschwindigkeit** *f* ÖKON rate of turnover **Umlaufkapital** *nt* FIN circulating capital **Umlaufrendite** *f* FIN running yield **Umlaufsatellit** *m* orbital satellite **Umlaufvermögen** *nt* FIN current assets *pl,* circulating capital *no pl*

Umlaut *m* LING umlaut, vowel mutation

um|lauten *vt* LING ■ [**zu etw** *dat*] **umgelautet werden** to be modified [into sth]

Umlegekragen *m* reversible collar

um|legen *vt* ① (*auf andere Seite kippen*) ■ **etw** ~ to turn sth; **einen Schalter** ~ to turn a switch ② (*um Körperteil legen*) ■ **jdm/sich etw** ~ to put [*or* wrap] sth around sb/oneself ③ (*flachdrücken*) ■ **etw** ~ to flatten sth ④ (*fällen*) ■ **etw** ~ to bring down sth *sep* ⑤ (*sl: umbringen*) ■ **jdn** [**mit etw** *dat*] ~ to do in sb [with sth] *sep;* (*mit Pistole*) to bump sb off *sep;* ■ **jdn** [**von jdm**] ~ **lassen** to have sb done in [by sb] ⑥ FIN (*anteilig verteilen*) ■ **etw auf jdn/etw** ~ to split sth between sb/sth ⑦ ([*auf einen anderen Zeitpunkt*] *verlegen*) ■ **etw** [**auf etw** *akk*] ~ to change sth [to sth], to reschedule sth [for sth]

Umlegung <-, -en> *f* ÖKON apportionment; ~ **von Kosten** allocation of costs

Umleimer <-s, -> *m* BAU edge strip

um|leiten *vt* BAU, TRANSP (*um etw herum leiten*) ■ **etw** [**irgendwohin**] ~ to divert sth [somewhere]

Umleitung <-, -en> *f* TRANSP ① (*Strecke für umgeleiteten Verkehr*) diversion, detour ② *kein pl* (*das Umleiten*) diversion, re-routing

Umleitungsempfehlung *f* TRANSP recommended diversion [*or* alternative route] **Umleitungsschild** *nt* diversion [*or* AM detour] sign **Umleitungsstraße** *f* diversion BRIT, detour AM

um|lernen *vi* to rethink, to change one's attitudes

umliegend *adj* surrounding

Umluft *f kein pl* TECH recirculating air

Umluftbetrieb *m* AUTO recirculation mode **Umluftherd** *m* ELEK fan-assisted [*or* convection] oven

Umma <-> *f kein pl* REL (*die moslemische Gemeinde weltweit*) Ummah

ummanteln* *vt* (*fachspr*) ■ **etw** ~ to coat sth

ummauern* *vt* ■ **etw** ~ to wall [in] sth *sep;* ■ **ummauert** walled; (*von Gefängnisbereich*) walled in

um|melden *vt* ADMIN **jdn/sich an einen anderen Wohnort** ~ to register sb's/one's change of address

Ummeldung <-, -en> *f* ADMIN registration of [one's] change of address

um|modeln *vt* (*fam*) ■ **etw/jdn** ~ to change sth/sb

umnachtet *adj* **geistig** ~ [**sein**] (*geh*) [to be] mentally deranged

Umnachtung <-, -en> *f* **geistige** ~ (*geh*) mental derangement

Umorganisation *f* reorganization

um|organisieren* *vt* ■ **etw** ~ to reorganize sth

um|packen¹ *vt* ■ **etw** ~ to repack sth

umpacken*² *vt* (*umfassen*) ■ **jdn/etw** ~ to embrace sb/sth

um|pflanzen *vt* AGR, HORT ① (*woandershin pflanzen*) ■ **etw** ~ to transplant sth ② (*umtopfen*) ■ **etw** [**in etw** *akk*] ~ to repot sth [into sth]

um|pflügen *vt* AGR ■ **etw** ~ to plough [*or* AM plow] up sth *sep*

um|polen *vt* ① PHYS, ELEK ■ **etw** ~ to reverse the polarity of sth ② (*fam: völlig ändern*) ■ **jdn** ~ to convert sb

um|programmieren *vt* ■ **etw** ~ *Steuerung, Computer, System* to reprogramme [*or* AM -gram]

um|quartieren* *vt* ■ **jdn** ~ to relocate [*or* move] sb

umrahmen* *vt* ① (*einrahmen*) ■ **etw** ~ to frame sth ② HORT (*einfassen*) ■ **etw** [**mit etw** *dat*] ~ to border sth [with sth]

Umrahmung <-, -en> *f* ① (*Bilderrahmen*) frame ② *kein pl* (*das Einrahmen*) framing

umranden* *vt* ■ **etw** [**rot/mit einem Stift**] ~ to mark [*or* circle] sth [in red/with a pen]

Umrandung <-, -en> *f* ① (*einfassender Rand*) border; (*Markierung einzelner Wörter*) marking ② *kein pl* (*das Umranden*) marking

umranken* *vt* ■ **etw** ~ to twine [*or* climb] around sth

U

um|räumen I. *vi* to rearrange II. *vt* ❶ (*woandershin räumen*) ▪**etw** [**irgendwohin**] ~ to move sth [somewhere] ❷ (*die Möblierung umordnen*) ▪**etw** ~ to rearrange sth

um|rechnen *vt* ❶ MATH (*in andere Zahleneinheiten übertragen*) ▪**etw** [**in etw** *akk*] ~ to convert sth [into sth] ❷ FIN (*in andere Währung übertragen*) ▪**etw in etw** *akk* ~ to convert sth into sth; ***wie viel ist das, umgerechnet in Pfund?*** how much is that in pounds?

Umrechnung <-, -en> *f* conversion

Umrechnungskurs *m* BÖRSE exchange rate; **amtlicher** ~ official exchange rate; **zum** ~ **von …** at the parity of …

umreißen* *vt irreg* ▪[**jdm**] **etw** ~ (*Situation, Lage*) to outline sth [to sb]; (*Ausmaß, Kosten*) to estimate sth [for sb]

um|rennen *vt irreg* ▪**jdn/etw** ~ to [run into and] knock sb/sth over

umringen* *vt* ▪**jdn/etw** ~ to surround sb/sth; (*drängend umgeben*) to crowd around sb/sth

UmrissRR *m meist pl,* **Umriß** *m meist pl* contour[s *pl*], outline[s *pl*]; **in Umrissen** in outline

umrissen *adj* well defined; **fest ~e Vorstellungen von etw haben** to have a clear-cut impression of sth

um|rühren *vi, vt* ▪[**etw**] ~ to stir [sth]

umrunden* *vt* ▪**etw** ~ to round-up sth

um|rüsten I. *vi* MIL ▪**auf etw** *akk* ~ to rearm with sth II. *vt* ❶ MIL (*anders ausrüsten*) ▪**etw auf etw** *akk* ~ to rearm sth with sth ❷ TECH (*für etw umbauen*) ▪**etw auf etw** *akk* ~ to re-equip sth with sth

Umrüstung <-, -en> *f* ❶ MIL (*Ausrüsten*) re-equipping ❷ TECH (*Umbauen*) conversion

ums = **um das** (*fam*) *s.* **um**

um|satteln *vi* (*fam*) [**auf einen anderen Beruf**] ~ to change jobs, to switch from one job to another

Umsatz *m* ÖKON turnover; ~ **machen** (*fam*) to be earning; **1000 DM ~ machen** to do 1000 DMs worth of business; **gut behaupteter** ~ BÖRSE steady trading

Umsatzabgabe *f* JUR transaction duty **Umsatzanalyse** *f* sales analysis **Umsatzanstieg** *m kein pl* HANDEL increase in turnover **Umsatzanteil** *m* sales share **Umsatzaufwendungen** *pl* FIN sales expenditure *no pl* **Umsatzbelebung** *f* HANDEL increase in turnover **Umsatzbericht** *m* sales report **Umsatzbeteiligung** *f* ÖKON commission **Umsatzbonus** *m* HANDEL annual quantity discount **Umsatzhäufigkeit** *f* ÖKON *s.* Umschlagshäufigkeit **Umsatzkapital** *nt* FIN sales investment capital **Umsatzkostenverfahren** *nt* FIN cost-of-sales accounting format **Umsatzkurve** *f* ÖKON sales curve **Umsatzplus** *nt* increase in turnover, sales plus **Umsatzprognose** *f* ÖKON sales projection, turnover forecast **Umsatzprovision** *f* HANDEL sales commission **Umsatzrendite** *f* FIN percentage return on sales **Umsatzrückgang** *m* HANDEL decline in sales, drop in turnover

umsatzschwach *adj* ÖKON slow-selling, low-volume **Umsatzschwankung** *f meist pl* HANDEL sales fluctuation **Umsatzspitzenreiter** *m* BÖRSE volume leader **Umsatzstatistik** *f* ÖKON sales analysis [*or pl* statistics] **Umsatzsteigerung** *f* ÖKON sales increase, increase in turnover

Umsatzsteuer *f* FIN sales tax **Umsatzsteuererhöhung** *f* FIN sales tax increase **Umsatzsteuererklärung** *f* FIN sales [*or* turnover] tax return; **eine ~ einreichen** to submit a sales tax return **umsatzsteuerfrei** *adj* FIN zero-rated, exempted from sales tax *pred* **Umsatzsteuerharmonisierung** *f* FIN harmonization of turnover tax **Umsatzsteueridentifikationsnummer** *f* sales tax identification number **umsatzsteuerpflichtig** *adj* FIN liable to sales tax **Umsatzsteuerrecht** *nt* JUR, FIN sales tax law **Umsatzsteuerrückerstattung** *f,* **Umsatzsteuerrückvergütung** *f* FIN sales [*or* turnover] tax refund

Umsatzvolumen *nt* HANDEL sales volume **Umsatzwachstum** *nt* HANDEL growth in sales **Umsatzzahlen** *pl* HANDEL turnover figures **Umsatzzunahme** *f,* **Umsatzzuwachs** *m* HANDEL growth in sales **Umsatzzuwachs** *m* increase in sales [*or* turnover]

umsäumen* *vt* (*geh*) ▪**etw** ~ to line sth

um|schalten I. *vi* ❶ RADIO, TV, INFORM (*andere Verbindung herstellen*) to switch over; **auf einen anderen Kanal/Sender** ~ change the channel/station ❷ TRANSP (*Anzeigenfarbe ändern*) to change; **auf Rot/Orange/Grün** ~ to turn [*or* go] red/amber [*or* AM yellow]/green ❸ (*fam: sich einstellen*) ***Ich brauche ein bisschen Zeit umzuschalten*** I need a little time to shift gears; ▪**auf etw** *akk* ~ to adapt to sth II. *vt* RADIO, TV (*auf anderen Sender wechseln*) ▪**etw auf etw** *akk* ~ to switch sth to sth; **das Fernsehgerät/Radio** [*o* SÜDD, ÖSTERR, SCHWEIZ **den Radio**] ~ to change the television channel/radio station

Umschalter <-s, -> *m* ❶ TECH change-over switch ❷ HANDELPUT (*bei der Tastatur*) shift-key

Umschalttaste *f* INFORM case change, shift key

Umschaltung <-, -en> *f* TV change of channel; RADIO change of station

Umschaltzeichen *nt* INFORM shift character

Umschau *f* **nach jdm/etw ~ halten** to look out for sb/sth, to keep an eye out for sb/sth

um|schauen *vr* (*geh*) *s.* **umsehen**

um|schichten *vt* ❶ (*anders aufschichten*) ▪[**jdm**] **etw** ~ to restack sth [for sth] ❷ (*anders verteilen*) ▪**etw** ~ to redistribute sth

Umschichtung <-, -en> *f* ❶ (*Umgruppierung*) regrouping, shifting; ÖKON, SOZIOL restructuring ❷ (*Umverteilung*) redistribution

Umschichtungshandel *m* FIN reorganization business **Umschichtungsprozess**RR *m* ❶ FIN *von Kapital, Vermögen* redistribution process, process of redistribution ❷ SOZIOL *in der Bevölkerung* restructuring process, process of restructuring

umschiffen* *vt* NAUT ▪**etw** ~ to sail around sth; *Kap a.* to round, to double; *s. a.* **Klippe**

Umschlag1 <-[e]s> *m kein pl* ÖKON transfer, transshipment

Umschlag2 <-[e]s, -schläge> *m* ❶ (*Kuvert*) envelope; **selbstklebender** ~ self-adhesive envelope ❷ (*Buchumschlag*) jacket ❸ MED (*Wickel*) compress

Umschlagbahnhof *m* trade station **Umschlagbetrieb** *m* HANDEL transshipment point

um|schlagen1 *irreg* I. *vt haben* (*wenden*) ▪**etw** ~ (*Kragen, Ohrenklappe*) to turn down sth *sep;* (*Ärmelaufschlag*) to turn up sth *sep* II. *vi sein* METEO (*Wechseln der Wetterlage*) to change

um|schlagen2 *vt irreg* ÖKON ▪**etw** ~ (*umladen*) to transfer [*or* trans-ship] sth

Umschlagen <-s> *nt kein pl* TYPO work and turn

Umschlaghafen *m* ÖKON, NAUT entrepot port, port of transshipment **Umschlagplatz** *m* ÖKON place of transshipment **Umschlagshäufigkeit** *f* ÖKON rate of turnover **Umschlagskosten** *pl* HANDEL handling charges **Umschlagsvermögen** *nt* HANDEL handling capacity **Umschlagszeit** *f* HANDEL turnover period; (*Transport*) transit time **Umschlagtarif** *m* HANDEL handling rate

umschließen* *vt irreg* ❶ (*umgeben, umzingeln*) ▪**etw** ~ to enclose sth ❷ (*geh: umarmen*) **jdn/etw mit den Händen/Armen** ~ to take sb/sth in one's hands/arms ❸ (*eng anliegen*) ▪**jdn/etw** ~ to fit sb/sth closely [*or* tightly] ❹ (*einschließen*) ▪**etw** ~ to include [*or* comprise] sth

umschlingen* *vt irreg* ❶ (*geh: eng umfassen*) ▪**jdn** ~ to embrace sb; **jdn mit den Armen** ~ to hold sb tightly in one's arms, to clasp sb in one's arms *liter* ❷ BOT (*rankend umgeben*) ▪**etw** ~ to twine around sth

umschlungen *adj* **eng** ~ with one's arms tightly around one another; **jdn** [**fest**] ~ **halten** (*geh*) to hold sb [tightly] in one's arms, to embrace sb [tightly]

umschmeicheln* *vt* ❶ (*jdm schöntun*) ▪**jdn** ~ to flatter sb ❷ (*geh: sanft berühren*) ▪**etw umschmeichelt jdn/etw** sth is caressing sb/sth

um|schmeißen *vt irreg* (*fam*) ❶ (*umwerfen*) ▪[**jdm**] **etw** ~ to knock [sb's] sth over ❷ (*zunichte machen*) ▪**etw** ~ *Planung, Plan* to mess up sth *sep*

um|schnallen *vt* ▪[**jdm/sich**] **etw** ~ to buckle on *sep* [sb's/one's] sth

um|schreiben1 *vt irreg* ❶ MEDIA (*grundlegend umarbeiten*) ▪**etw** ~ to rewrite sth ❷ JUR (*im Grundbuch übertragen*) ▪**etw auf jdn** ~ to transfer sth to sb [*or* sb's name]; ▪**etw auf jdn ~ lassen** to have sth transferred to sb [*or* sb's name]

umschreiben*2 *vt irreg* ▪**etw** ~ ❶ (*indirekt ausdrücken*) to talk around sth, to skate over [*or* around] sth, to gloss over sth ❷ (*beschreiben*) to outline [*or* describe] sth; (*in andere Worten fassen*) to paraphrase sth

Umschreibung1 <-, -en> *f* ❶ (*indirektes Ausdrücken*) glossing-over, dodging ❷ (*das Beschreiben*) outline, description, paraphrase

Umschreibung2 <-, -en> *f* JUR (*Ummeldung*) transcription, change of registration

Umschrift *f* ❶ LING (*Transkription*) transcription, transliteration; **phonetische** ~ phonetic transcription ❷ (*kreisförmige Beschriftung*) circumscription

um|schulden ÖKON I. *vt* ▪**etw** ~ to refinance [*or* reschedule] [*or* roll over] sth II. *vi* to refinance; **einen Kredit** ~ to convert [*or* fund] a loan

Umschuldung <-, -en> *f* FIN funding *no pl*

um|schulen *vt* ❶ (*für andere Tätigkeit ausbilden*) ▪**jdn** [**zu etw** *dat*] ~ to retrain sb [as sth]; ▪**sich** *akk* ~ **lassen** to undergo retraining ❷ SCH (*auf andere Schule schicken*) ▪**jdn** ~ to transfer sb to another school

Umschüler(in) *m(f)* retrainee

Umschulung *f* ❶ (*Ausbildung für andere Tätigkeit*) retraining ❷ SCH (*das Umschulen*) transfer

Umschulungskurs *m* SCH, ÖKON retraining course

um|schütten *vt* ▪**etw** ~ ❶ (*verschütten*) to spill sth ❷ (*umwerfen*) to upset sth ❸ (*umfüllen*) to pour [out *sep*] sth into sth

umschwärmen* *vt* ▪**jdn** ~ to idolize sb; (*bedrängen*) to swarm around sb

umschwärmt *adj* idolized [*or* BRIT *a.* -ised]

Umschweife *pl* beating about [*or* AM around] the bush; **ohne** ~ without mincing one's words, straight up; **keine ~!** stop [*or* no] beating about the bush!

um|schwenken *vi sein o haben* ❶ (*zur Seite schwenken*) *exerzierende Rekruten* to do an about-face [*or* about-turn]; **nach links/rechts** ~ to swing [out] to the left/right ❷ (*seine Meinung ändern*) ▪[**auf etw** *akk*] ~ to swing round [to sth]

umschwirren* *vt* ▪**jdn/etw** ~ to buzz around sb/sth

Umschwung *m* ❶ (*plötzliche Veränderung*) drastic change; **ein politischer/wirtschaftlicher** ~ a political/economic U-turn; ~ **in der Leistungsbilanz** FIN reversal of the current account balance ❷ SCHWEIZ (*umgebendes Gelände*) surrouding property

umsegeln* *vt* NAUT ▪**etw** ~ to sail around sth

Umsegelung <-, -en> *f* circumnavigation

um|sehen *vr irreg* ❶ (*in Augenschein nehmen*) ▪**sich** *akk* **irgendwo/bei jdm** ~ to have [*or esp* AM take] a look around somewhere/in sb's home ❷ (*nach hinten blicken*) ▪**sich** ~ to look back [*or* BRIT round]; ▪**sich** *akk* **nach jdm/etw** ~ to turn to look at sb/sth, to look back [*or* BRIT round] at sb/sth ❸ (*zu finden suchen*) ▪**sich** *akk* **nach jdm/etw** ~ to look around for sb/sth

umseitig I. *adj* overleaf; **der Text zur ~en Abbildung** the text to the illustration overleaf II. *adv* overleaf; ***die Lösung ist ~ erwähnt*** the solution is given overleaf

um|setzen1 *vt* ❶ (*an anderen Platz setzen*) ▪**jdn** ~ to move sb ❷ (*nutzbringend anwenden*) ▪**etw** [**in etw** *akk*] ~ to convert sth [to sth]; **etw in die Praxis** ~ to put sth to practice, to translate sth into practice; **etw in Geld** ~ to sell sth, to turn sth into cash [*or* money]; *s. a.* **Tat**

um|setzen2 *vt* ÖKON (*verkaufen*) ▪**etw** ~ to turn over sth, to have a turnover of sth

Umsetzung <-, -en> *f* ❶ (*Übertragung*) transfer; ~ **von Daten** INFORM data transfer ❷ JUR (*Versetzung*) transfer of duties, transfer to a different position; ~ **eines Beamten** transfer of an official to a different position ❸ (*Umpflanzung*) *Pflanze* transplant[ing]; (*in einen anderen Topf*) repotting ❹ (*Verwirkli-*

chung) realization; *eines Plans* implementation ⑤ (*Umformung*) transformation ⑥ TECH, PHYS conversion ⑦ ÖKON turnover ⑧ (*Umsiedelung*) *in eine andere Wohnung* rehousing

Umsicht *f kein pl* prudence, circumspection *form*

umsichtig **I.** *adj* level-headed, prudent, circumspect *form* **II.** *adv* prudently, circumspectly *form*

um|siedeln **I.** *vt haben* ■ **jdn [irgendwohin]** ~ to resettle [*or* relocate] sb [somewhere] **II.** *vi sein* ■ **irgendwohin** ~ to resettle somewhere

Umsied(e)lung <-, -en> *f* resettlement

Umsiedler(in) *m(f)* resettler, resettled person

Umsiedlung <-, -en> *f* resettlement

um|sinken *vi irreg* to sink to the ground

umso *konj* ÖSTERR *s.* **um so**

umsonst *adv* ① (*gratis*) for free, free of charge; ■ ~ **sein** to be free [of charge]; (*Pröbchen, Werbegeschenk*) to be complimentary; **etw ~ [dazu] bekommen** to receive sth free of charge [*or* for free]; **etw ~ [dazu] geben** to give sth free of charge [*or* for free] ② (*vergebens*) in vain; ■ ~ **sein** to be pointless; **nicht** ~ not without reason, not for nothing *fam*

umsorgen* *vt* ■ **jdn** ~ to look after sb, to care for sb

umspannen* *vt* ① (*umfassen*) to clasp; ■ **etw mit den Armen/Händen** ~ to get [*or* put] one's arms/hands around sth ② (*zeitlich einschließen*) ■ **etw** ~ *Zeitraum* to span sth

Umspannstation *f* ELEK transformer [station] **Umspannwerk** *nt* ELEK transformer station

umspielen* *vt* (*geh: andeutungsweise zu sehen sein*) ■ **etw** ~ to have a hint [*or* suggestion] of sth; ***ein leises Lächeln umspielte ihre Lippen*** a faint smile played about her lips

um|springen *vi irreg sein* ① (*grob behandeln*) ■ **mit jdm schlecht [*o* grob]** ~ to treat sb badly [*or* roughly]; ***so lasse ich nicht mit mir ~!*** I won't be treated like that! ② METEO (*rasch die Richtung wechseln*) to veer round ③ TRANSP (*plötzlich umschalten*) to change (**auf** +*akk* to); **auf Rot/Orange/Grün** ~ to change to red/amber [*or* AM yellow]/green

um|spulen *vt* to rewind; **ein Tonband auf eine andere Spule** ~ to wind a tape onto another spool

umspülen* *vt* (*geh*) ■ **etw** ~ to wash around [*or* BRIT round] sth

Umstand <-[e]s, -stände> *m* ① (*wichtige Tatsache*) fact; **mildernde Umstände** JUR mitigating circumstances; **den Umständen entsprechend [gut]** [as good] as can be expected under the circumstances; **unter Umständen** possibly, maybe, perhaps; ***unter diesen Umständen hätte ich das nie unterschrieben*** I would never have signed this under these circumstances; **unter allen Umständen** at all costs ② *pl* (*Schwierigkeiten*) bother, trouble; **[jdm] Umstände machen** [*o geh* **bereiten**] to put [sb] out, to cause trouble [*or* bother] [*or* inconvenience] [for sb]; **[jdm] Umstände machen** [*o geh* **bereiten**], **etw zu tun** to be a bother [to sb] to do sth; **nicht viel Umstände [mit jdm/etw] machen** to not waste any time [with sb/sth], to make short work [of sb/sth]; **ohne [große] Umstände** without any [great deal of] fuss [*or* bother]; **bitte keine Umstände!** please don't put yourself out!, please don't go to any bother! ③ *pl* (*Förmlichkeiten*) fuss; ***wozu die Umstände?*** why are you making such a fuss?, what's this fuss all about? ► WENDUNGEN: **in anderen Umständen sein** (*geh: schwanger sein*) to be expecting *form*

umständehalber *adv* due [*or* owing] to circumstances

umständlich **I.** *adj* ① (*weitschweifig: Erklärung, Formulierung*) long-winded, ponderous ② (*mit großem Aufwand verbunden*) laborious; (*Anweisung, Beschreibung*) elaborate, involved; (*Aufgabe, Reise*) complicated, awkward; (*Erklärung, Anleitung*) long-winded; ■ ~ **sein** to be a [lot of] bother, to be inconvenient; (*Erklärung, Anleitung*) to be long-winded; ■ ~ **sein, etw zu tun** to be a [real [*or* a lot of]] bother [*or* inconvenience] to do sth; ■ **etw ist jdm zu** ~ sth's too much [of a] bother for sb ③ (*unpraktisch veranlagt*) ■ ~ **sein** to be awkward [*or* fussy], to have a ponderous manner *form* **II.** *adv* ① (*weitschweifig*) long-windedly, ponderously *form* ② (*mühselig und aufwändig*) laboriously, with some bother

Umständlichkeit <-> *f kein pl* ① (*Weitschweifigkeit*) long-windedness, awkwardness, ponderousness *form* ② (*Aufwändigkeit*) laboriousness, awkwardness

Umstandsbestimmung *f* LING *s.* **Adverbialbestimmung** **Umstandskleid** *nt* maternity dress **Umstandskleidung** *f* maternity wear **Umstandskrämer** *m* (*fam o fig*) pedant, fusspot *fam* **Umstandsmode** *f* maternity wear **Umstandswort** *nt* LING *s.* **Adverb**

umstehen*[1] *vt irreg* ■ **jdn/etw** ~ to surround sb/sth; **von Bäumen umstanden** surrounded by trees

um|stehen[2] *vi irreg* DIAL ① (*verenden*) *Tier* to perish ② (*verderben*) *Milch* to go off

umstehend **I.** *adj attr* ① (*ringsum stehend*) standing round, surrounding ② (*geh*) *s.* **umseitig** **II.** *adv* (*geh*) *s.* **umseitig**

Umsteigefahrschein *m* transfer ticket

um|steigen *vi irreg sein* ① TRANSP to change; ***in Mannheim müssen Sie nach Frankfurt*** ~ in Mannheim you must change for Frankfurt ② (*überwechseln*) ■ **auf etw** *akk* ~ to switch [*or* change] [over] to sth

Umsteiger(in) <-s, -> *m(f)* TRANSP passenger needing to change; (*im Flughafen*) transfer passenger, passenger in transit

um|stellen[1] **I.** *vt* ① (*anders hinstellen*) ■ **etw** ~ to move sth ② (*anders anordnen*) ■ **etw** ~ to change sth round, to reorder sth ③ (*anders einstellen*) ■ **etw [auf etw** *akk***]** ~ to switch sth over [to sth]; **die Uhr** ~ to turn [*or* put] the clock back/forward ④ (*zu etw anderem übergehen*) ■ **etw auf etw** *akk* ~ to convert [*or* switch] sth to sth; **die Ernährung** ~ to change one's diet **II.** *vi* (*zu etw anderem übergehen*) ■ **auf etw** *akk* ~ to change over to sth **III.** *vr* (*sich veränderten Verhältnissen anpassen*) ■ **sich** *akk* **[auf etw** *akk***]** ~ to adapt [*or* adjust] [to sth]

umstellen*[2] *vt* (*umringeln*) ■ **jdn/etw** ~ to surround sb/sth; ■ **umstellt sein** to be surrounded

Umstellung *f* ① (*Übergang*) ■ **die** ~ **[von etw** *dat***] [auf etw** *akk***]** the switch [*or* change] [from sth] [to sth]; (*Beheizung, Ernährung*) the conversion [from sth] [to sth]; ~ **auf neue Erzeugnisse** ÖKON switching over production to new products; ~ **der Produktion** ÖKON conversion of production ② (*Anpassung an veränderte Verhältnisse*) adjustment

Umstellungkosten *pl* ÖKON changeover costs; *beim Datum* cost of changing the date (*at the millennium*) **Umstellungssache** *f* JUR currency conversion litigation

um|stimmen *vt* ■ **jdn** ~ to change sb's mind, to win sb over *sep,* to win sb [a]round *sep;* ■ **sich** *akk* **[von jdm]** ~ **lassen** to let oneself be persuaded [by sb]

um|stoßen *vt* ■ **etw** ~ *irreg* ① (*durch Anstoßen umkippen*) to knock sth over ② (*wieder rückgängig machen*) to change sth; (*Plan*) to upset sth

umstritten *adj* ① (*noch nicht entschieden*) disputed; ■ **[bei jdm/in etw** *dat***]** ~ **sein** to be disputed [amongst sb/in sth] ② (*in Frage gestellt*) controversial; ■ **[als jd]** ~ **sein** to be [a] controversial [sb]; ***sie ist als Politikerin*** ~ she's a controversial politician

um|strukturieren* *vt* ■ **etw** ~ to restructure sth

Umstrukturierung *f* restructuring

UmstrukturierungsprozessRR *m* ÖKON restructuring process

um|stülpen *vt* ■ **etw** ~ ① (*das Innere nach außen kehren*) to turn sth out ② (*auf den Kopf stellen*) to turn sth upside down

Umstülpen <-s> *nt kein pl* TYPO work and tumble

Umsturz *m* POL putsch, coup [d'état]

um|stürzen **I.** *vi sein* to fall **II.** *vt haben* ■ **etw** ~ to knock sth over, to overturn sth; (*politisches Regime etc*) to overthrow, to topple

umstürzlerisch *adj* POL subversive

Umsturzversuch *m* POL attempted putsch [*or* coup [d'état]]

um|taufen *vt* ■ **etw [auf etw** *akk***]** ~ to rename [*or* rechristen] sth [sth]

Umtausch *m* ÖKON ① (*das Umtauschen eines Kaufobjektes*) exchange; **im ~ gegen etw** *akk* in exchange for sth ② FIN exchange

um|tauschen *vt* ① ÖKON (*im Tausch gegen etw zurückgeben*) ■ **etw** ~ to exchange sth; ■ **etw in [*o* gegen] etw** *akk* ~ to exchange sth for sth ② (*im Umtausch geben*) ■ **jdm etw** ~ to exchange sth for sb ③ FIN (*in andere Währung wechseln*) ■ **etw [in etw** *akk***]** ~ to change sth [into sth]

Umtauschrecht *nt* FIN (*bei Optionsanleihe*) conversion right, option to convert

um|topfen *vt* BOT ■ **etw** ~ to repot sth

Umtrieb *m* ① *pl* (*pej: Aktivitäten*) activities *pl* ② SCHWEIZ (*Mühe, Aufwand*) bother

umtriebig *adj* dynamic, go-getting

Umtrunk *m* drink

um|tun *vr irreg* (*fam*) ① (*sich um etw bemühen*) ■ **sich** *akk* **[nach etw** *dat***]** ~ to look around [for sth] ② (*sich umsehen*) ■ **sich** *akk* **[irgendwo/nach jdm]** ~ to have a look around [somewhere/for sb]

U-Musik ['u:-] *f kurz für* **Unterhaltungsmusik** easy-listening [music]

Umverpackung *f* wholesale packaging

um|verteilen* *vt* ÖKON ■ **etw** ~ to redistribute sth

Umverteilung <-, -en> *f* ÖKON redistribution; ~ **von Haushaltsmitteln** reappropriation of budgetary funds

um|wälzen *vt* ■ **etw** ~ to circulate sth

umwälzend <-er,-este> *adj* radical; **eine ~e Veränderung** a sweeping change; **~e Ereignisse** revolutionary events

Umwälzpumpe *f* circulating pump

Umwälzung <-, -en> *f* ① *kein pl* TECH (*das Zirkulieren*) circulation ② (*grundlegende Veränderung*) revolution, radical change

Umwandelbarkeit *f* JUR convertibilty, commutability; ~ **des Erfolgsortes** convertibilty of the profit centre; ~ **des Güterstandes** convertibilty of the matrimonial property regime

um|wandeln *vt* (*die Bestimmung verändern*) ■ **etw [in etw** *akk***]** ~ to convert sth [into sth]; **wie umgewandelt sein** to be a changed person, to be like a completely different person

Umwandlung *f* ① (*Veränderung*) change ② ÖKON conversion, transformation; ~ **der Exporterlöse** conversion of the proceeds from exports; ~ **einer Gesellschaft** reorganization of a company; ~ **einer Strafe** commutation of a sentence; **formwechselnde** ~ transformation of a company

Umwandlungsantrag *m* request for conversion **Umwandlungsbeschluss**RR *m* resolution approving the reorganization **Umwandlungsbilanz** *f* FIN reorganization balance sheet **Umwandlungsgebühr** *f* FIN (*Patent*) conversion fee **Umwandlungsgesetz** *nt* JUR Conversion Law **Umwandlungsverfahren** *nt* transformation procedure **Umwandlungsverkehr** *m kein pl* (*Zoll*) processing under customs control

um|wechseln [-ks-] *vt* ■ **[jdm] etw [in etw** *akk***]** ~ to change sth [into sth] [for sb]; ***können Sie mir wohl 5000 Mark in Dollar ~?*** could you give me 5000 marks in dollars please?

Umweg *m* detour, long way round; **ein großer [*o* weiter] [*o* ziemlicher]** ~ **sein** to be completely out of the way; **einen ~ machen/gehen/fahren** to make a detour, to go the long way round; **etw auf ~en erfahren** to find out about sth indirectly; **auf ~en sein Ziel erreichen** to achieve one's goal the roundabout way; **auf dem ~ über jdn** indirectly through [*or* via] sb

Umwelt *f kein pl* ① ÖKOL environment ② (*Menschen in jds Umgebung*) environment

Umweltabgaben *pl* FIN environmental levy **Umweltanalyse** *f* analysis of the environment **Umweltauflage** *f meist pl* JUR environmental [protection] regulations *pl* **Umweltausschuss**RR *m* JUR environmental panel **Umweltauswirkungsabschätzung** *f* assessment of environmental effects **Umweltbedingungen** *pl* environmental conditions *pl* **Umweltbehörde** *f* environment[al protection] agency **umweltbelastend** *adj* damaging to the environment *pred,* environmentally harmful **Umweltbelastung** *f* environmental damage [*or* costs *pl*] **umweltbewusst**RR *adj* environmentally [*or* ecologically] aware **Umweltbewusstsein**RR *nt kein pl* environmental consciousness **umweltbezogen** *adj* ~**e Prüfung** environmental auditing **Umweltbilanz** *f* environmental audit [*or* balance sheet] **Umweltbundesamt** *nt* Federal Environmental Agency, Federal Environment Office **Umweltdezernent(in)** *m(f)* head of a/the environmental department **Umwelteinflüsse** *pl* environmental influences *pl* **Umweltengel** *nt* ≈ eco-label (*symbol on packaging denoting a product that is environmentally friendly*) **Umwelterhaltung** *f kein pl* preservation of the environment, environmental conservation **Umweltfaktor** *m* environmental factor **umweltfeindlich** *adj* harmful to the environment **Umweltforschung** *f kein pl* ❶ ÖKOL, BIOL (*Ökologie*) ecology ❷ SOZIOL (*Erforschung der Umwelt*) environmental research **Umweltfragen** *pl* green issues *pl* **umweltfreundlich** *adj* environmentally friendly, eco-friendly *fam* **Umweltfreundlichkeit** *f kein pl* greenness *fam* **Umweltgefahr** *f* endangering the environment **umweltgefährdend** *adj* endangering [*or* harmful to] the environment *pred* **Umweltgefährdung** *f* environmental threat **umweltgerecht** *adj* environmentally suitable **Umweltgift** *nt* environmental pollution **Umwelthaftungsgesetz** *nt* JUR law relating to environmental issues **Umweltkatastrophe** *f* ecological disaster **Umweltkriminalität** *f* environmental crime **Umweltmaßnahme** *f* environmental measure, measure to protect the environment **Umweltminister(in)** *m(f)* POL environment minister BRIT, Minister for the Environment BRIT, Environmental Secretary AM **Umweltministerium** *nt* POL ■**das** ~ the Ministry for the Environment BRIT, Department of the Environment AM **Umweltorganisation** *f* environmental organization **Umweltpapier** *nt* recycled paper **Umweltplanung** *f* environmental planning **Umweltpolitik** *f* environmental policy **umweltpolitisch** *adj* relating to environmental policy **Umweltproblem** *nt* ecological [*or* environmental] problem **Umweltprogramm** *nt* environmental programme [*or* AM -am] **Umweltqualität** *f* quality of life **Umweltschäden** *pl* environmental damage, damage to the environment **umweltschonend** *adj* environmentally friendly, eco-friendly *fam*

Umweltschutz *m* conservation, environmental protection **Umweltschutzbewegung** *f* Environmental Protection Movement **Umweltschützer(in)** *m(f)* environmentalist, conservationist **Umweltschutzgesetz** *nt* environmental protection law **Umweltschutzmaßnahme** *f* environmental protection measure **Umweltschutzorganisation** *f* environmental [*or* conservation] organization **Umweltschutzpapier** *nt* recycled paper **Umweltschutzpolitik** *f* environmental protection policy **Umweltschutzrecht** *nt* JUR environmental law **Umweltschutztechnik** *f* conservation technology **Umweltschutzvorgaben** *pl* environmental protection guidelines *pl*

Umweltsekretariat *nt der UNO* environment secretariat **Umweltsenator(in)** *m(f)* POL environment minister (*in Berlin, Bremen, Hamburg*) **Umweltsonderabgaben** *pl* FIN special environmental levy **Umweltsteuer** *f* FIN ecology [*or fam* green] tax **Umweltstrafrecht** *nt* JUR environmental penal law **Umweltsünder(in)** *m(f)* (*fam*) *s.* Umweltverschmutzer 1 **Umwelttechnik** *f* environmental technology **Umwelttechnologie** *f* environmental technology **Umweltterrorismus** *m kein pl* environmental terrorism **Umwelttoxizität** *f kein pl* ecotoxity **Umweltverband** *m* environmental [*or* ecological] association, ecology group **Umweltvergehen** *nt* environmental offence [*or* AM -se] **Umweltvergiftung** *f* poisoning of the environment **Umweltverschmutzer(in)** <-s, -> *m(f)* ❶ (*die Umwelt verschmutzender Mensch*) **ein ~ sein** to be environmentally irresponsible ❷ (*Quelle der Umweltverschmutzung*) pollutant **Umweltverschmutzung** *f* pollution **umweltverträglich** *adj* environmentally friendly

Umweltverträglichkeit *f kein pl* environmental tolerance [*or* compatibility] **Umweltverträglichkeitsanalyse** *f* analysis of environmental acceptability **Umweltverträglichkeitsprüfung** *f* environmental assessment, EA, assessment of environmental impact, environmental auditing **Umweltverträglichkeitsprüfung** *f* environmental compatibility control, ecotest

Umweltzeichen *nt s.* Umweltengel **Umweltzerstörung** *f* destruction of the environment, environmental destruction **Umweltziele** *pl* environmental targets *pl*

um|wenden *vr irreg* ■**sich** *akk* [**nach jdm/etw**] ~ to turn around [to face sb/sth]

umwerben* *vt irreg* ■**jdn** [**mit etw** *dat*] ~ to woo [*or* court] sb [with sth]

um|werfen *vt irreg* ❶ (*zum Umfallen bringen*) ■**etw/jdn** ~ to knock sth/sb over ❷ (*fam: fassungslos machen*) ■**jdn** ~ to bowl sb over, to stun sb ❸ (*zunichte machen*) ■**etw** ~ (*Ordnung, Plan*) to upset sth; (*Vorhaben*) to knock sth on the head ❹ (*rasch umlegen*) ■**sich** *dat* **etw** ~ to throw on one's sth; ■**jdm etw** ~ to throw sth on sb; ***er warf seinen Mantel um*** he threw on his coat

umwerfend *adj* incredible, fantastic

umwickeln* *vt* ■**etw mit etw** *dat* ~ to wrap sth around sth

um|widmen *vt* (*geh: anderer Nutzung zuführen*) ■**etw** [**zu etw** *dat*/**in etw** *akk*] ~ to convert sth [into sth]

umwölkt *adj* shrouded in clouds

umzäunen* *vt* ■**etw** ~ to fence around sth, to fence in sth

umzäunt *adj* fenced round [*or* in]

Umzäunung <-, -en> *f* ❶ *kein pl* (*das Umzäunen*) fencing round ❷ (*umgebender Zaun*) fence, fencing

um|ziehen1 *vi irreg sein* to move [house]; ***sie ziehen am Wochenende um*** they're moving house at the weekend

um|ziehen2 *vt irreg* ■**sich** ~ to get changed, to change

umzingeln* *vt* ■**jd/etw** ~ to surround sb/sth; (*durch die Polizei*) to cordon off sth *sep*

Umzingelung <-, -en> *f* ❶ (*das Umzingeln*) surrounding ❷ (*umzingelter Zustand*) encirclement; (*durch die Polizei*) cordon

Umzug *m* ❶ (*das Umziehen*) move ❷ (*gemeinsames Umherziehen*) procession, parade

Umzugskarton *m* removal [*or* AM moving] box **Umzugskosten** *pl* removal [*or* AM moving] costs *pl*

UN <-> [uːˈʔɛn] *pl* POL *Abk von* **Vereinte Nationen** UN

unabänderlich *adj* unchangeable; (*Tatsache*) well-established; (*Entschluss*) irrevocable, irreversible

unabdingbar *adj* indispensable; ■[**für jdn**] ~ **sein** to be indispensable [for sb]

Unabdingbarkeit <-> *f kein pl* JUR indispensability, unchangeability

unabhängig *adj* ❶ POL (*souverän*) independent; ■~ **werden** to become independent, to gain independence ❷ (*von niemandem abhängig*) independent; ■[**von jdm/etw**] ~ **sein** to be independent [of sb/sth]; ■[**von jdm/etw**] ~ **werden** to become independent [of sb/sth]; **sich** *akk* ~ **machen** to become self-employed ❸ (*ungeachtet*) ■~ **von etw** *dat* regardless [*or* irrespective] of sth, disregarding sth; ~ **davon, ob/wann/was/wie ...** regardless [*or* irrespective] of whether/when/what/how ...; ~ **voneinander** separately

Unabhängigkeit *f kein pl* ❶ POL (*Souveränität*) independence ❷ (*Eigenständigkeit*) ■**jds** ~ [**von jdm/etw**] sb's independence [of sb/sth] ❸ JUR independence; **richterliche** ~ judicial independence

Unabhängigkeitserklärung *f* POL declaration of independence

unabkömmlich *adj* ■~ **sein** to be unavailable [*or* engaged] *form*

unablässig I. *adj* unremitting, continual; (*Lärm*) incessant; (*Versuche, Bemühungen*) unceasing, unremitting II. *adv* incessantly, unremittingly

unabsehbar *adj* unforeseeable; (*Schäden*) incalculable, immeasurable, not yet known *pred*

unabsichtlich I. *adj* unintentional; (*Beschädigung*) accidental II. *adv* unintentionally, accidentally

unabwendbar *adj* inevitable

unachtsam *adj* careless; (*unsorgsam*) thoughtless; (*unaufmerksam*) inattentive

Unachtsamkeit *f* carelessness

unähnlich *adj* dissimilar; ■**jdm** ~ **sein** to be unlike sb; ■**jdm nicht** ~ **sein** to be not unlike [*or* dissimilar to] sb

Unähnlichkeit <-, -en> *f* dissimilarity

Unaids <-> *nt kein pl* Unaids, UN Aids programme [*or* AM -am]

unanfechtbar *adj* ❶ JUR (*nicht anfechtbar*) incontestable ❷ (*unbestreitbar*) irrefutable; (*Tatsache*) indisputable

Unanfechtbarkeit *f kein pl* JUR incontestability, non-appealability

unangebracht *adj* ❶ (*nicht angebracht*) misplaced, uncalled-for; ***Bescheidenheit ist hier ganz*** ~ there's no need to be modest here ❷ (*unpassend*) inappropriate, uncalled-for

unangefochten I. *adj* unchallenged, uncontested II. *adv* without challenger; ***er liegt ~ an der Spitze*** he remains unchallenged at the top

unangemeldet I. *adj* unexpected, unannounced; (*Patient*) without an appointment II. *adv* unexpectedly, unannounced; (*Patient*) without an appointment

unangemessen I. *adj* ❶ (*überhöht*) unreasonable ❷ (*nicht angemessen*) inappropriate II. *adv* unreasonably, inappropriately

unangenehm I. *adj* ❶ (*nicht angenehm*) unpleasant ❷ (*unerfreulich*) unpleasant, disagreeable, unfortunate *a. iron;* **wie** ~! how unfortunate! *a. iron* ❸ (*peinlich*) ■**jdm ist etw** ~ sb feels bad about sth; ■**jdm** ~ **sein, etw tun zu müssen** sb feels bad [*or* awkward] about having to do sth; **jdn** ~ **berühren** to embarrass sb ❹ (*unsympathisch*) disagreeable, unpleasant; ~ **werden** to get nasty; ~ **werden können** to be able to get nasty; ***sie kann ganz schön ~ werden*** she can get quite nasty II. *adv* unpleasantly

unangepasstRR *adj* non-conformist

unangetastet *adj* ~ **bleiben** to remain unviolated, to not be violated

unangreifbar *adj* irrefutable, unassailable

unannehmbar *adj* ■[**für jdn**] ~ [**sein**] [to be] unacceptable [to sb]

Unannehmlichkeit *f meist pl* trouble *no pl;* ~**en bekommen** [*o fam* **kriegen**]/**haben** to get into/be in trouble; **jdm ~en machen** [*o* **bereiten**] to create trouble for sb

unansehnlich *adj* ❶ (*unscheinbar*) unprepossessing, unsightly ❷ (*heruntergekommen*) shabby

unanständig I. *adj* ❶ (*obszön*) dirty, rude, indecent ❷ (*rüpelhaft*) rude, ill-mannered *form* II. *adv* rudely

Unanständigkeit <-, -en> *f* ❶ *kein pl* (*obszöne Art*) rudeness, bad manners *pl* ❷ (*Obszönität*) dirt, smut *pej*

unantastbar *adj* inviolable, sacrosanct

unappetitlich *adj* ❶ (*nicht appetitlich*) unappetizing ❷ (*ekelhaft*) disgusting, vile

Unart *f* terrible [*or* bad] habit

unartig *adj* naughty, misbehaving; ■~ **sein/werden** to be/become naughty, to misbehave/to start misbehaving

unartikuliert *adj* inarticulate

unästhetisch *adj* unappetizing, unsavoury [*or* AM -ory]

unattraktiv *adj* unattractive

unaufdringlich *adj* ❶ (*dezent*) unobtrusive; (*Duft*) delicate, unobtrusive ❷ (*nicht aufdringlich*) unobtrusive, discrete

Unaufdringlichkeit *f kein pl* ❶ (*dezente Be-*

schaffenheit) delicateness ② (*zurückhaltende Art*) unobtrusiveness, discretion
unauffällig I. *adj* ① (*nicht auffällig*) inconspicuous, discrete ② (*unscheinbar*) not very noticeable, unobtrusive, discrete II. *adv* ① (*ohne Aufsehen zu erregen*) inconspicuously, discreetly ② (*zurückhaltend*) unobtrusively, discretely
unauffindbar *adj* nowhere to be found; (*Person*) untraceable, missing
unaufgebbar *adj* JUR *Forderung* non-negotiable
unaufgefordert I. *adj* unsolicited; (*Kommentar, Bemerkung*) uncalled-for II. *adv* without having been asked; ~ **eingesandte Manuskripte** unsolicited manuscripts
unaufgeklärt *adj* unsolved
unaufhaltsam I. *adj* unstoppable, inexorable *form* II. *adv* without being able to be stopped
unaufhebbar *adj* JUR non-appealable
unaufhörlich I. *adj* constant, incessant II. *adv* ① (*fortwährend*) constantly ② (*ununterbrochen*) incessantly
Unauflösbarkeit <-> *f kein pl* JUR indissolubility *no pl*
unauflöslich *adj* ① CHEM indissoluble ② MATH insoluble ③ *Widerspruch, Bindung* insoluble
unaufmerksam *adj* ① (*nicht aufmerksam*) inattentive ② (*nicht zuvorkommend*) thoughtless, inconsiderate; ■ ~ **von jdm sein** to be thoughtless [*or* inconsiderate] of sb
Unaufmerksamkeit *f kein pl* ① (*unaufmerksames Verhalten*) inattentiveness ② (*unzuvorkommende Art*) thoughtlessness
unaufrichtig *adj* insincere; ■ ~ **gegen jdn** [*o* **gegenüber jdm**] **sein** to be insincere towards sb
Unaufrichtigkeit *f* insincerity
unaufschiebbar *adj* urgent; ■ ~ **sein** to be urgent, to not be able to be delayed [*or* postponed]
unausbleiblich *adj s.* **unausweichlich**
unausdenkbar *adj* unimaginable, unthinkable
unausführbar *adj* unfeasible; ■ [**für jdn**] ~ **sein** to be impracticable [for sb]
Unausführbarkeit <-> *f kein pl* JUR impracticability *no pl*, unfeasibility *no pl*
unausgefüllt *adj* ① (*nicht ausgefüllt*) blank; ■ ~ **sein/bleiben** to be/be left blank ② (*nicht voll beansprucht*) unfulfilled
unausgeglichen *adj* unbalanced; (*Mensch*) moody, unevenly tempered; (*Wesensart*) uneven; ~**e Zahlungsbilanz** ÖKON imbalance in payments
Unausgeglichenheit *f* moodiness, imbalance
unausgegoren *adj* raw, half-baked *fam*
unausgereift *adj* not properly thought out *pred*, half-baked *pej fam*
unausgeschlafen I. *adj* tired; ■ ~ **sein** to not have had enough sleep II. *adv* not having slept long enough, not having had enough sleep
unausgesprochen *adj* unspoken; ~ **bleiben** to be left unsaid
unausgewogen *adj* unbalanced
Unausgewogenheit *f* imbalance
unauslöschlich *adj* (*geh*) indelible
unausrottbar *adj* deep-rooted, ineradicable
unaussprechbar *adj*, **unaussprechbar** *adj* unpronounceable; ■ ~ **sein** to be impossible to pronounce
unaussprechlich *adj* ① (*unsagbar*) inexpressible ② *s.* **unaussprechbar**
unausstehlich *adj* intolerable; *Mensch, Art a.* insufferable
unausweichlich I. *adj* unavoidable, inevitable II. *adv* unavoidably, inevitably
unbändig I. *adj* ① (*ungestüm*) unruly, boisterous ② (*heftig*) enormous; (*Hunger*) huge; (*Wut*) unbridled II. *adv* ① (*ungestüm*) boisterously ② (*überaus*) enormously
unbar I. *adj* HANDEL *Zahlungsmittel, Zahlungsverkehr* noncash II. *adv* HANDEL noncash; **etw** ~ **bezahlen** to not pay sth in cash
unbarmherzig I. *adj* merciless; ■ ~ **sein** to be merciless, showing little [*or* no] mercy II. *adv* mercilessly
Unbarmherzigkeit *f* mercilessness

unbeabsichtigt I. *adj* (*versehentlich*) accidental; (*nicht beabsichtigt*) unintentional II. *adv* accidentally, unintentionally
unbeachtet I. *adj* overlooked *pred*, unnoticed; ~ **bleiben** to remain [*or* go] unnoticed; **etw** ~ **lassen** to overlook sth; (*absichtlich*) to ignore sth, to not take any notice of sth II. *adv* without any notice [*or* attention]
unbeanstandet I. *adj* not objected to; ~ **bleiben** to be allowed to pass; **etw** ~ **lassen** to let sth go [*or* pass] II. *adv* without objection
unbeantwortet I. *adj* unanswered; ~ **bleiben** to remain unanswered; **etw** ~ **lassen** to leave sth unanswered II. *adv* ■ **etw** ~ **zurückgehen lassen** to send sth back unanswered
unbearbeitet *adj* undealt [work]
unbeaufsichtigt *adj* unattended
unbebaut *adj* (*Land*) undeveloped; (*Grundstück*) vacant
unbedacht I. *adj* thoughtless; (*Handlung*) hasty; ■ ~ [**von jdm**] **sein** to be thoughtless [of sb] II. *adv* thoughtlessly; (*handeln*) hastily
unbedarft *adj* (*fam*) simple-minded
unbedeckt *adj* bare
unbedenklich I. *adj* harmless, inoccuous; (*Situation, Vorhaben*) acceptable, admissable II. *adv* quite safely
Unbedenklichkeit <-> *f kein pl* harmlessness
Unbedenklichkeitsbescheinigung *f*, **Unbedenklichkeitserklärung** *f* FIN clearance certificate, certificate of non-objection **Unbedenklichkeitserklärung** *f* declaration of no impediment [*or* no conflict of interest] **Unbedenklichkeitsvorbehalt** *m* FIN qualified certificate of non-objection
unbedeutend I. *adj* ① (*nicht bedeutend*) insignificant, unimportant, inconsiderable ② (*geringfügig*) minimal; (*Änderung, Modifikation*) minor II. *adv* insignificantly, minimally
unbedingt I. *adj attr* absolute II. *adv* (*auf jeden Fall*) really; ***erinnere mich ~ daran, sie anzurufen*** you mustn't forget to remind me to call her; **nicht** ~ not necessarily; ~! absolutely!, definitely!
unbeeindruckt I. *adj* unimpressed, indifferent; (*Gesicht, Miene*) unaffected; ■ [**von etw** *dat*] ~ **sein** to be unimpressed [by sth], to be not impressed [by sth]; [**von etw** *dat*] ~ **bleiben** to remain indifferent [to sth], to not raise an eyebrow [at sth]; **etw lässt jd** ~ sth doesn't impress sb, sth leaves sb cold *fam* II. *adv* indifferently
unbeeinflussbar[RR] *adj* unswayable, uninfluenceable
unbefahrbar *adj* impassable; ■ ~ **sein** to be impassable
unbefangen I. *adj* ① (*unvoreingenommen*) objective, impartial; (*Ansicht*) unbiased ② (*nicht gehemmt*) natural, uninhibited II. *adv* ① (*unvoreingenommen*) objectively, impartially; **etw** ~ **betrachten** to look at sth objectively; **etw** ~ **beurteilen** to judge sth impartially ② (*nicht gehemmt*) uninhibitedly
Unbefangenheit *f kein pl* ① (*Unvoreingenommenheit*) objectiveness, impartiality ② (*ungehemmte Art*) uninhibitedness, naturalness
unbefleckt *adj* ① (*selten: fleckenlos*) spotless, untarnished ② (*geh: sittlich makellos, rein*) undefiled; ~**e Empfängnis** REL Immaculate Conception
unbefriedigend I. *adj* unsatisfactory; ■ [**für jdn**] ~ **sein** to be unsatisfactory [to sb] II. *adv* in an unsatisfactory way
unbefriedigt *adj* ① (*nicht zufriedengestellt*) unsatisfied; (*Gefühl, Mensch*) dissatisfied; ■ [**von etw** *dat*] ~ [**sein**] [to be] unsatisfied [*or* dissatisfied] [with sth] ② (*sexuell nicht befriedigt*) unsatisfied, frustrated
unbefristet I. *adj* lasting for an indefinite period; (*Aufenthaltserlaubnis, Visum*) permanent; ■ ~ **sein** to be [valid] for an indefinite period; *Arbeitsverhältnis, Vertrag* undated, unlimited II. *adv* indefinitely, permanently; ~ **gelten** to be valid indefinitely, unlimited in time

unbefugt I. *adj* unauthorized, ultra vires *form* II. *adv* without authorization
Unbefugte(r) *f(m) dekl wie adj* unauthorized person
unbegabt *adj* untalented; ■ [**für etw** *akk*] ~ **sein** to be untalented [*or* useless [at sth] *fam*] [in sth]; ***für Mathematik bin ich einfach*** ~ I'm absolutely useless at maths; **handwerklich** ~ **sein** to be no handyman, to have two left hands *fam or hum*
unbegehbar *adj* inaccessible
unbeglichen *adj* unsettled; **eine** ~**e Rechnung** an unpaid bill
unbegreiflich *adj* incomprehensible; (*Dummheit, Leichtsinn*) inconceivable; ■ **jdm** ~ **sein** to be incomprehensible [*or* inconceivable] [*or* inexplicable] to sb
unbegreiflicherweise *adv* inexplicably
unbegrenzt I. *adj* unlimited; (*Vertrauen*) boundless, infinite; *s. a.* **Zeit** II. *adv* indefinitely; ~ **gültig sein** to be valid indefinitely; **etw** ~ **erlauben/einräumen** to allow/grant sth for an indefinite period
unbegründet *adj* ① (*grundlos*) unfounded; (*Kritik, Maßnahme*) unwarranted ② JUR (*nicht begründet*) unfounded; **eine Klage als** ~ **abweisen** to dismiss a case as being unfounded
unbehaart *adj* hairless; (*Kopf*) bald; ■ ~ **sein** to be hairless [*or* bald], to have no hair
Unbehagen *nt* uneasiness, apprehension, disquiet *form*; **mit** ~ with apprehension [*or* an uneasy feeling]; **mit** ~ **feststellen** [*o* **sehen**] [*o* **verfolgen**], **dass ...** to be concerned to find that ...
unbehaglich I. *adj* uneasy; **sich** *akk* ~ **fühlen** to feel uneasy [*or* uncomfortable] II. *adv* uneasily, uncomfortably; *s. a.* **zumute**
unbehelligt I. *adj* undisturbed; (*von Mücken*) unplagued; [**von jdm/etw**] ~ **bleiben** to remain undisturbed [by sb/sth]; **jdn** ~ **lassen** to leave sb alone [*or* be] II. *adv* freely; ~ **passieren dürfen** to be allowed to pass [freely]; ~ **schlafen** to sleep undisturbed
unbeherrscht I. *adj* uncontrolled, lacking self-control, intemperate *form*; ■ ~ **sein** to lack self-control II. *adv* ① (*ohne Selbstbeherrschung*) in an uncontrolled manner [*or* way], without self-control, intemperately *form* ② (*gierig*) greedily
unbehindert *adj s.* **ungehindert**
unbeholfen I. *adj* (*schwerfällig*) clumsy; (*wenig gewandt*) awkward II. *adv* ① (*schwerfällig*) clumsily ② (*wenig gewandt*) awkwardly, clumsily
Unbeholfenheit <-> *f kein pl* ① (*schwerfällige Art*) clumsiness, awkwardness ② (*fehlende Gewandtheit*) clumsiness, helplessness
unbeirrbar I. *adj* unwavering, enduring, unfaltering II. *adv* perseveringly
unbeirrt *adv s.* **unbeirrbar**
unbekannt *adj* ① (*nicht bekannt*) unknown; **ein jdm** ~**er Mensch/Sachverhalt/etc** a person/fact unknown to sb; ■ **jdm** ~ **sein** to be unknown to sb; (*Gesicht, Name, Wort*) to be unfamiliar to sb; ***der Name ist mir*** ~ I have never come across that name before; ***sie dürfte dir nicht ganz ~ sein*** you may have met her before, you may know her; **nicht** ~ **sein, dass...** to be aware, that ...; ~ **verzogen** moved — address unknown; ***er ist ~ verzogen*** he has moved to an unknown address ② (*nicht berühmt*) unknown; [**noch**] **eine** ~**e Größe sein** up-and-coming ③ (*fam: fremd*) ■ **irgendwo** ~ **sein** to be not from somewhere; *s. a.* **Anzeige, Ziel**
Unbekannte <-n, -n> *f* MATH unknown
Unbekannte(r) *f(m) dekl wie adj* (*unbekannte Person*) stranger; **der große** ~ the mystery man; **kein** ~**r mehr sein** to be known to everyone
unbekannterweise *adv* **jdn** ~ **von jdm grüßen** to give sb sb's regards (*without knowing him/her*)
unbekleidet I. *adj* (*geh*) unclothed, bare; ■ ~ **sein** to have no clothes [*or* nothing] on II. *adv* (*geh*) without any clothes on
unbekümmert I. *adj* carefree; **sei/seien Sie** [**ganz**] ~ don't upset yourself [*or* worry] [*or esp* BRIT fret] II. *adv* in a carefree manner
Unbekümmertheit <-> *f kein pl* carefree mind [*or* manner], light-heartedness; **voller** ~ full of light-

heartedness, in high spirits

unbelastet I. *adj* ❶ (*frei*) ■**von etw** *dat* ~ **[sein]** [to be] free of [*or* from] sth, [to be] unhampered [*or form* unencumbered] [*or* AM *a.* unincumbered] by sth ❷ FIN (*nicht mit Grundschulden belastet*) unencumbered, AM *a.* unincumbered II. *adv* freely; ***er fühlt sich wieder frei und*** ~ he feels free and easy again

unbelebt *adj* quiet; (*stärker*) deserted

unbelehrbar *adj* obstinate, stubborn, headstrong; **jd ist und bleibt [einfach]** ~ sb [just] won't be told by anyone, sb [just] will not learn

Unbelehrbarkeit <-> *f kein pl* ■**jds** ~ sb's stubbornness, sb's refusal to listen [to anyone]

unbeleuchtet I. *adj* unlit; (*Fahrzeug*) without lights switched [*or esp* AM turned] on; ■~ **sein** to be unlit; (*Fahrzeug*) to have no light[s] on II. *adv* without any light[s]; **etw** ~ **abstellen/parken** to leave sth standing/park sth without any lights on

unbelichtet *adj* unexposed

unbeliebt *adj* (*nicht beliebt*) unpopular; ■**[irgendwo/bei jdm]** ~ **sein** to be unpopular [somewhere/with sb]; **sich** *akk* **[bei jdm] [durch etw** *akk***/mit etw** *dat*] ~ **machen** to make oneself unpopular [with sb] [by doing [*or* with] sth]

Unbeliebtheit *f kein pl* ■**jds** ~ sb's unpopularity

unbemannt *adj* ❶ RAUM (*nicht bemannt*) unmanned ❷ (*hum fam: ohne Partner*) ■~ **sein** to be single, to not have a partner [*or hum* man]

unbemerkt I. *adj* unnoticed; ~ **bleiben** to remain [*or* go] unnoticed II. *adv* unnoticed

unbemittelt *adj* without means

unbenommen *adj pred* (*geh*) **es bleibt** [*o* **ist**] **jdm** ~**, etw zu tun** sb's free [*or* at liberty] to do sth; **etw bleibt** [*o* **ist**] **jdm** ~ sb's free [*or* at liberty] to do so

unbenutzbar *adj* unusable, useless

unbenutzt I. *adj* unused; (*Bett*) not slept in; (*Kleidung*) unworn II. *adv* unused, unworn

unbeobachtet *adj* unnoticed, unobserved; (*Gebäude, Platz*) unwatched; **sich** *akk* ~ **fühlen** [*o* **glauben**] to think that nobody is looking; *s. a.* **Augenblick, Moment**

unbequem *adj* ❶ (*nicht bequem*) uncomfortable, *esp* BRIT uncomfy *fam* ❷ (*lästig*) awkward, bothersome; ■**jdm** ~ **sein/werden** to be/become awkward [*or* a bother] to sb

Unbequemlichkeit <-, -en> *f* ❶ *kein pl* (*unbequeme Art*) uncomfortableness, discomfort, lack of comfort ❷ *meist pl* (*unangenehme Umstände*) unpleasantness, awkwardness, bother

unberechenbar *adj* ❶ (*nicht einschätzbar: Gegner, Mensch*) unpredictable ❷ (*nicht vorhersehbar*) unforeseeable

Unberechenbarkeit *f kein pl* unpredictability

unberechtigt *adj* unfounded; (*Vorwurf*) unwarranted, unjustified

unberechtigterweise *adv* without permission

unberücksichtigt *adj* unconsidered; ~ **bleiben** to be not taken into consideration, to be ignored; **jdn/etw** ~ **lassen** to not take sb/sth into consideration, to leave sb/sth out of consideration

Unberührbare(r) *f(m) dekl wie adj* (*a. fig*) untouchable; ■**die** ~**n** REL the Untouchables

unberührt *adj* ❶ (*im Naturzustand erhalten*) unspoiled ❷ (*nicht benutzt*) untouched, unused; ***ihr Bett war morgens*** ~ in the morning her bed had not been slept in; **etw** ~ **lassen** (*nicht anrühren*) to not touch sth ❸ (*fig*) **[von etw** *dat*] ~ **bleiben** (*das seelische Gleichgewicht bewahren*) to remain unmoved [*or* unaffected] [by sth]

unbeschadet *präp* +*gen* (*geh*) regardless of, disregarding

unbeschädigt I. *adj* undamaged II. *adv* undamaged, without damage; **etw** ~ **zurückgeben** to return sth undamaged

unbeschäftigt *adj* ❶ (*müßig*) idle ❷ (*arbeitslos*) not working

unbescheiden *adj* bold, presumptuous

Unbescheidenheit *f* presumptuousness, boldness

unbeschnitten *adj* ❶ *Mann, Junge* not circumcised ❷ TYPO ~**es Format** untrimmed size

unbescholten *adj* upstanding, upright

unbeschrankt *adj* BAHN without barriers [*or* gates]; ■~ **sein** to have no barriers [*or* gates]; ~**er [Eisen]bahnübergang** ungated level crossing

unbeschränkt I. *adj* unlimited, unrestricted; (*Macht*) limitless, absolute; (*Möglichkeiten*) unlimited, limitless II. *adv* fully; ~ **für etw haften** to be fully liable for sth, to have unlimited liability for sth

unbeschreiblich I. *adj* ❶ (*maßlos*) tremendous, enormous ❷ (*nicht zu beschreiben*) indescribable, incredible, unimaginable II. *adv* **sich** *akk* ~ **freuen** to be enormously [*or* tremendously] happy; **sich** *akk* ~ **ärgern** to be terribly angry; ***sie war einfach ~ schön*** she was indiscribably [*or* incredibly] beautiful

unbeschrieben *adj* blank; *s. a.* **Blatt**

unbeschwert *adj* carefree

unbesehen *adv* ❶ (*ungeprüft*) without checking ❷ (*ohne weiteres*) without hesitation [*or* thinking twice], unquestioningly; ***und das soll ich Ihnen so einfach ~ abnehmen?*** and you expect me to believe it just like that?

unbesetzt *adj* empty; *Platz* vacant, unoccupied, free; *Schalter* closed, unmanned

unbesiegbar *adj* ❶ MIL (*a. fig: nicht zu besiegen*) invincible ❷ SPORT (*unschlagbar*) unbeatable

unbesiegt *adj* ❶ MIL (*nicht besiegt*) undefeated ❷ SPORT (*ungeschlagen*) unbeaten, undefeated; ■**[in etw** *dat*] ~ **sein** to be undefeated [*or* unbeaten] [in sth]

unbesoldet *adj* unpaid, unsalaried

unbesonnen *adj* ❶ (*nicht besonnen: Entschluss*) rash, hasty; (*Wesenart*) impulsive, impetuous ❷ (*unbedacht*) rash, hasty, unthinking

Unbesonnenheit <-,-en> *f* ❶ *kein pl* (*unbesonnene Art*) impetuosity, impulsiveness ❷ (*unbesonnene Äußerung*) hasty remark ❸ (*unbesonnene Handlung*) rashness

unbesorgt I. *adj* unconcerned; ***da bin ich ganz*** ~ I'm very confident of that II. *adv* without worrying; ***die Pilze kannst du ~ essen*** you needn't worry about eating the mushrooms

unbeständig *adj* ❶ METEO (*nicht beständig*) unsettled, changeable ❷ (*wankelmütig*) fickle, changeable ❸ ÖKON ~**e Exporte** irregular exports

Unbeständigkeit *f* ❶ METEO (*unbeständige Beschaffenheit*) unsettledness ❷ PSYCH (*Wankelmut*) changeability, fickleness

unbestätigt *adj* unconfirmed

unbestechlich *adj* ❶ (*nicht bestechlich*) incorruptible ❷ (*nicht zu täuschen*) unerring

Unbestechlichkeit *f* ❶ (*nicht zu bestechende Mensch*) incorruptibility ❷ (*nicht zu täuschende Art*) unerring

unbestimmbar *adj* indeterminable

unbestimmt *adj* ❶ (*unklar*) vague ❷ (*noch nicht festgelegt*) indefinite; (*Alter*) uncertain; (*Anzahl, Menge*) indeterminate; (*Grund, Zeitspanne*) unspecified, indefinite

Unbestimmtheit <-> *f kein pl* uncertainty

unbestreitbar I. *adj* (*nicht zu bestreiten*) indisputable, unquestionable; ■~ **sein, dass ...** to be unquestionable [*or* without [a shadow of a] doubt ...] that ..., to be no doubt that ... II. *adv* unquestionably, unarguably

unbestritten I. *adj* ❶ (*nicht bestritten*) undisputed, undenied, unquestionable; (*Argument*) irrefutable; ■~ **sein, dass ...** to be an undisputed fact that ..., to be without doubt that ...; ~ **ist doch wohl, dass ...** one/you cannot deny that ... ❷ JUR (*nicht streitig*) uncontested II. *adv* ❶ (*wie nicht bestritten wird*) unquestionably, indisputably ❷ (*unstreitig*) unarguably, irrefutably

unbeteiligt *adj* ❶ (*an etw nicht beteiligt*) uninvolved, non-participating; ■**an etw** *dat* ~ **sein** to be uninvolved in sth ❷ (*desinteressiert*) indifferent; (*in einem Gespräch*) uninterested; **[innerlich]** ~ **sein** to be absent-minded

Unbeteiligte(r) *f(m) dekl wie adj* non-participant; ***bei Attentaten kommen oft auch ~ zu Schaden*** innocent bystanders are often hurt during assassinations

unbetont *adj* LING unstressed

unbeträchtlich *adj* insignificant; (*Problem*) minor; (*Preisänderung*) slight; ***im letzten Jahr war die Inflationsrate relativ*** ~ last year's inflation rate was relatively insignificant; **nicht** ~ not insignificant

unbeugsam *adj* ❶ (*nicht zu beeinflussen*) uncompromising ❷ (*unerschütterlich*) unshakable, unflagging, tireless

unbewacht *adj* (*nicht bewacht: Person*) unguarded; (*Parkplatz*) unattended; **etw/jdn** ~ **lassen** to leave sth/sb unguarded; (*Gepäck*) unattended; ~ **abgestellt sein/liegen/stehen** to be left/left lying/standing unguarded; *s. a.* **Augenblick**

unbewaffnet *adj* unarmed

unbewältigt *adj* unresolved; (*Aufgabe*) unmastered; **jds** ~**e Vergangenheit** sb's unresolved past

unbeweglich *adj* ❶ (*starr*) fixed, rigid; (*Konstruktion, Teil*) immovable; ~**er Preis** rigid price; ~**e Sachen** (*Immobilien*) immovables; ~**es Vermögen** immovable property ❷ (*unveränderlich*) inflexible; (*Gesichtsausdruck*) rigid; (*esp fig*) unmoved

Unbeweglichkeit <-> *f kein pl* ❶ (*sich nicht bewegen lassen*) stiffness, inflexibility ❷ (*Starre des Gesichtsausdrucks*) rigidity ❸ (*unbeweglicher Zustand*) immovability

unbewegt *adj* ❶ (*glatt*) fixed; (*Oberfläche eines Gewässers*) motionlesss, still, unruffled *liter* ❷ *s.* **unbeweglich 2**

unbewiesen *adj* unproven

unbewohnbar *adj* uninhabitable

unbewohnt *adj* ❶ (*nicht besiedelt*) uninhabited ❷ (*nicht bewohnt*) unoccupied

unbewusst^RR^ I. *adj a.* PSYCH (*nicht bewusst gesteuert*) unconscious II. *adv* (*unwissentlich*) unconsciously

Unbewusste(s)^RR^ *nt kein pl, dekl wie adj* PSYCH ■**das** ~ the unconscious

unbezahlbar *adj* ❶ (*nicht aufzubringen*) totally unaffordable, prohibitively expensive, extortionate; ■**[für jdn]** ~ **sein** to be unaffordable [for sb] ❷ (*äußerst nützlich*) invaluable; ■**[für jdn]** ~ **sein** to be invaluable [to sb] ❸ (*immens wertvoll*) priceless

unbezahlt *adj* ❶ (*noch nicht beglichen*) unsettled, outstanding ❷ ÖKON, ADMIN (*nicht entlohnt*) unpaid; ~**er Urlaub** unpaid leave

unbezähmbar *adj* irrepressible; (*Lust, Zorn*) uncontrollable

unbezweifelbar *adj* undeniable, undisputable; (*Tatsache*) irrefutable, undisputable

unbezwingbar *adj*, **unbezwinglich** *adj* (*geh*) ❶ (*uneinnehmbar: Festung*) impregnable ❷ (*unbezähmbar*) uncontrollable ❸ *s.* **unüberwindlich**

Unbilden *pl* (*geh*) rigours [*or* AM -ors] *pl*

unbillig *adj* ❶ (*geh: unangemessen*) unreasonable ❷ JUR (*unberechtigt*) unfair; ~**e Härte** undue hardship

Unbilligkeit <-> *f kein pl* ❶ (*geh: Unangemessenheit*) unreasonableness ❷ FIN iniquity ❸ JUR inequity; **grobe** ~ gross inequity

UN-Blauhelm *m* UN soldier

unblutig I. *adj* ❶ (*ohne Blutvergießen*) bloodless, without bloodshed ❷ MED (*nicht chirurgisch*) non-invasive II. *adv* ❶ (*ohne Blutvergießen*) without bloodshed ❷ MED (*nicht chirurgisch*) non-invasively

unbotmäßig I. *adj* (*geh*) unruly, recalcitrant *form*; (*Untertan, Verhalten*) riotous, unruly, insubordinate; (*Kind*) unruly, rebellious, obstreperous; (*Mitarbeiter*) uncooperative II. *adv* (*geh*) in a recalcitrant *form* [*or* unruly] manner

Unbotmäßigkeit <-> *f kein pl* (*geh*) unruliness, recalcitrance *form*

unbrauchbar *adj* useless, [of] no use; ■**[für jdn/etw]** ~ **sein/werden** to be/become useless [*or* of no use] [to sb/for sth]

Unbrauchbarmachung *f* JUR rendering unserviceable

Unbuntreproduktion *f* TYPO achromatic reproduction

unbürokratisch I. *adj* unbureaucratic II. *adv* unbureaucratically, avoiding [*or* without] [the] red tape *fam*

unchristlich **I.** *adj* ❶ REL (*nicht christlich*) unchristian ❷ (*fig fam: unüblich*) unearthly, ungodly; ***wer ruft denn zu dieser ~en Stunde an?*** who is that calling at such an ungodly hour? **II.** *adv* REL uncharitably, in an unchristian way

uncool ['ʊnku:l] *adj* (*sl*) uncool *sl*

und *konj* ❶ *verbindend* (*dazu*) and; ***sie redeten ~ redeten, aber taten nichts*** they talked and talked, but did nothing; ***es regnete ~ regnete*** it kept on [and on] raining ❷ *konsekutiv* (*mit der Folge*) and ❸ *konzessiv* (*selbst*) ■ ~ **wenn jd etw tut** even if sb does sth; ~ ***wenn es auch stürmt und schneit, wir müssen weiter*** we must continue our journey, come storm or snow ❹ *elliptisch* (*dann*) and ❺ *fragend* (*aber*) and; ~ ***dann?*** [and] what then?, then what?; ~ **warum/~ warum nicht?** and [*or* but] why/why not?; ~ ***was hat er dann gesagt?*** and what did he say next?; ~**?** (*nun*) well?; *herausfordend;* **na ~?** (*was soll's*) so what?; *s. a.* **noch, so**

Undank *m* (*geh*) (*undankbares Verhalten*) ingratitude; **grober ~** JUR gross ingratitude; [**für etw** *akk*] ~ **ernten** to receive no [*or* little] thanks [for sth], to meet only with ingratitude for sth ▸ WENDUNGEN: ~ **ist der Welt Lohn** (*prov*) that's all the thanks one gets, [one should] never expect any thanks for anything

undankbar *adj* ❶ (*nicht dankbar*) ungrateful ❷ (*nicht lohnend*) thankless

Undankbarkeit *f* ungratefulness, ingratitude *form*

undatiert *adj* undated

undefinierbar *adj* ❶ (*nicht eindeutig bestimmbar*) indescribable, indefinable, indeterminate ❷ KOCHK (*fam: hinsichtlich der Konsistenz unbestimmbar*) indefinable, difficult to make out

undeklariert *adj* JUR undeclared

undeklinierbar *adj* LING indeclinable

undemokratisch *adj* POL undemocratic

undenkbar *adj* unimaginable, inconceivable, unthinkable; ■ ~ **sein, dass etw geschieht/dass jd etw tut** to be inconceivable [*or* unthinkable], that sth happens/that sb does sth

undenklich *adj* **seit ~en Zeiten** since time immemorial

Undercoveragent(in) ['ʌndəkʌvə-] *m(f)* undercover agent

Underdog <-s, -s> ['andədɔg] *m* underdog

Understatement <-s, -s> [andə'ste:tmənt] *nt* understatement

undeutlich **I.** *adj* ❶ (*nicht deutlich vernehmbar*) unclear ❷ (*nicht klar sichtbar*) blurred; (*Schrift*) illegible ❸ (*vage*) vague, hazy **II.** *adv* ❶ (*nicht deutlich vernehmbar*) unclearly; ~ **sprechen** to mumble ❷ (*nicht klar*) unclearly ❸ (*vage*) vaguely

undicht *adj* (*luftdurchlässig*) not airtight; (*wasserdurchlässig*) not watertight, leaking; ■ ~ **sein/werden** to be leaking/start to leak; ***die Fenster sind ~*** the windows let in draught; *s. a.* **Stelle**

Undichtigkeit <-> *f kein pl* BAU leak

Unding *nt kein pl* **ein ~ sein**[**, etw zu tun**] to be absurd [*or* preposterous] [to do sth]

undiplomatisch **I.** *adj* undiplomatic **II.** *adv* undiplomatically

undiszipliniert **I.** *adj* (*geh*) undisciplined **II.** *adv* in an undisciplined manner

undogmatisch *adj* (*geh*) undogmatic

unduldsam **I.** *adj* intolerant (**gegen** +*akk* of) **II.** *adv* intolerantly

Unduldsamkeit *f* intolerance; ■**jds ~** [**gegen jdn** [*o* **gegenüber jdm**]] sb's intolerance [of sb [*or* towards sb]]

undurchdringlich *adj* ❶ (*kein Durchdringen ermöglichend*) impenetrable, dense ❷ (*verschlossen*) inscrutable

undurchführbar *adj* impracticable, unfeasible; (*Vorhaben*) impracticable, unviable; (*Plan*) unworkable, unviable

undurchlässig *adj* impermeable

undurchschaubar *adj* (*schwer zu durchschauen*) unfathomable, inexplicable; (*Verbrechen*) baffling; (*Wesensart*) enigmatic, inscrutable; (*Miene, Lächeln*) enigmatic

undurchsichtig *adj* ❶ (*nicht transparent*) nontransparent; (*Glas*) opaque ❷ (*fig: zwielichtig: Geschäfte*) shadowy, devious, shady ❸ (*fig: zweifelhaft*) obscure; (*Motive*) obscure, shady

uneben *adj* ❶ (*nicht eben*) uneven; (*Straße*) uneven, bumpy ❷ GEOG (*Bodenerhebungen aufweisend*) rough, uneven

Unebenheit <-, -en> *f* ❶ *kein pl* (*unebene Beschaffenheit*) unevenness ❷ GEOG (*gegliederte Bodenbeschaffenheit*) roughness, unevenness ❸ (*unebene Stelle*) bump ❹ GEOG (*Bodenerhebung*) uneven patch, bump

unecht *adj* ❶ (*imitiert*) fake *usu pej;* **~er Schmuck/~es Leder** imitation [*or* fake] jewellery [*or* AM jewelry]/leather; **~er Pelz** fake fur; **~es Haar** artificial [*or* imitation] hair; **~e Zähne** artificial [*or* false] teeth ❷ (*unaufrichtig*) fake, false, artificial; *s. a.* **Bruch**

unediert *adj* INFORM unedited

unehelich *adj* illegitimate

unehrenhaft **I.** *adj* ❶ (*geh: unlauter*) dishonourable [*or* AM -or-] ❷ MIL (*aufgrund eines Verstoßes*) dishonourable [*or* AM -or-]; **~e Entlassung** dishonourable discharge **II.** *adv* ❶ (*unlauter*) dishonourably [*or* AM -or-] ❷ MIL (*aufgrund eines Verstoßes*) dishonourably [*or* AM -or-]; **jdn ~ entlassen** to discharge sb for dishonourable [*or* AM dishonorable] conduct

unehrlich **I.** *adj* dishonest **II.** *adv* dishonestly

Unehrlichkeit *f* dishonesty

uneidlich *adj* JUR unsworn, not on oath

uneigennützig *adj* selfless, unselfish

uneinbringlich, **uneinbringbar** *adj* FIN irrecoverable, uncollectible; **~e Forderung** irrecoverable debt

Uneinbringlichkeit <-> *f kein pl* FIN uncollectibility; ~ **der Kaufpreisforderung** uncollectibility of the demand for payment of the purchasee price

uneingelöst *adj* unredeemed

uneingeschränkt **I.** *adj* absolute, total; (*Handel*) free, unrestricted; (*Lob*) unreserved **II.** *adv* absolutely, unreservedly, one hundred percent [*or* fam]

uneingeweiht *adj* uninitiated; ■ ~ **sein** to be in the dark, to have no idea

uneinheitlich *adj* non-uniform, varied, different; BÖRSE varied, mixed, irregular, unsteady

uneinig *adj* disagreeing; ■[**sich** *dat*] [**in etw** *dat*/**über etw** *akk*] ~ **sein** to disagree [*or* be in disagreement] [on sth/about sth]; ■[**sich** *dat*] **mit jdm** [**in etw** *dat*/**über etw** *akk*] ~ **sein** to disagree [*or* be in disagreement] with sb [on sth/about sth]

Uneinigkeit *f* disaccord, disagreement; [**über etw** *akk*] **herrscht** [*o* **besteht**] ~ there are sharp divisions [over sth]

uneinnehmbar *adj* impregnable

uneins *adj pred s.* **uneinig**

uneinsichtig *adj* unreasonable; ~ **sein/bleiben** to be/remain unreasonable

unempfänglich *adj* impervious; ■**für etw** *akk* ~ **sein** to be impervious [*or* unsusceptible] to sth

unempfindlich *adj* unsusceptible, insensitive; (*durch Erfahrung*) inured; (*Pflanze*) hardy; (*Material*) practical; ■[**gegen etw** *akk*] ~ **sein** to be insensitive [to sth]

Unempfindlichkeit *f kein pl* unsusceptibility, hardiness

unendlich **I.** *adj* ❶ (*nicht überschaubar*) infinite ❷ (*unbegrenzt*) endless, infinite, boundless ❸ (*überaus groß*) infinite, immense; **mit ~er Liebe/Geduld/Güte** with infinite [*or* endless] love/patience/goodness; **~e Strapazen** immense [*or* endless] strain ❹ FOTO (*Einstellung für Entfernung*) **etw auf ~ einstellen** to focus sth at infinity **II.** *adv* (*fam*) endlessly, infinitely; ~ **viele Leute** heaven [*or* god] knows how many people; ~ **froh sein, sich** *akk* ~ **freuen** to be terribly [*or* immensely] happy

Unendlichkeit *f kein pl* infinity; **eine ~** (*fam: ewig lange*) ages *pl fam*

unentbehrlich *adj* ❶ (*unbedingt erforderlich*) essential; ■[**für jdn/etw**] ~ **sein** to be essential [for [*or* to] sb/for sth]; **sich** *akk* [**irgendwo/bei jdm**] ~ **machen** to make oneself indispensable [somewhere/to sb] ❷ (*unverzichtbar*) indispensable

unentgeltlich **I.** *adj* free of charge; **die ~e Benutzung von etw** *dat* free use of sth; **~e Leistungen/Übertragungen** gratuitous services/transfers **II.** *adv* free of charge, for free; ~ **arbeiten** to work on a voluntary basis, to work for free

unentrinnbar *adj* (*geh*) inescapable; **das ~e Schicksal** the inescapable fate

unentschieden **I.** *adj* ❶ SPORT (*gleicher Punktstand*) drawn ❷ (*noch nicht entschieden*) undecided; ■**noch ~ sein** to be still [*or* as yet] undecided **II.** *adv* SPORT ~ **ausgehen** [*o* **enden**] to end in a draw; ~ **spielen** to draw

Unentschieden <-s, -> *nt* SPORT draw; ***das Spiel endete mit einem ~*** the game ended in a draw

unentschlossen **I.** *adj* indecisive, irresolute; ■ ~ **sein** [**darüber**], **was jd tun soll** to be torn over what to do **II.** *adv* indecisively

Unentschlossenheit *f* indecision, undecidedness

unentschuldbar *adj* inexcusable; ■ ~ **sein, dass jd etw getan hat** to be inexcusable of sb, to do sth

unentschuldigt **I.** *adj* unexcused **II.** *adv* unexcused, without an excuse; ~ **fehlen** [*o* **dem Unterricht fernbleiben**] to play truant, AM *usu* to cut *fam* [*or* be missing from] class

unentwegt **I.** *adj* persevering; **~er Einsatz/Fleiß** untiring commitment/efforts, perseverance **II.** *adv* constantly, incessantly

Unentwegte(r) *f(m) dekl wie adj* stalwart

unentwirrbar *adj Geflecht, Knäuel* tangled; **eine ~e politische Lage** a complex political situation

unerbittlich *adj* ❶ (*nicht umzustimmen*) unrelenting, merciless, inexorable ❷ (*gnadenlos*) pitiless, merciless

Unerbittlichkeit <-> *f kein pl* (*nicht unzustimmende Art*) mercilessness, inexorableness

unerfahren *adj* inexperienced, *fam* green; ■[**auf/in etw** *dat*] ~ **sein** to be inexperienced [in sth]

Unerfahrene(r) *f(m) dekl wie adj* unexperienced person

Unerfahrenheit *f* lack of experience, inexperience

unerfindlich *adj* (*geh*) incomprehensible, unfathomable; ■[**jdm**] ~ **sein, warum/wie ...** to be incomprehensive [*or* inexplicable] [*or* unfathomable] [to sb], why/how ...; *s. a.* **Grund**

unerfreulich **I.** *adj* unpleasant; *Neuigkeiten, Nachrichten* bad; *Zwischenfall* unfortunate; ■[**für jdn**] ~ **sein** to be unfortunate [for sb]; ■**etwas U~es** bad news **II.** *adv* unpleasantly

unerfüllbar *adj* unattainable, unviable, unrealizable [*or* BRIT *a.* -isable]; (*Forderungen, Träume*) unfulfillable; (*Wünsche*) unattainable

unerfüllt *adj* unattained, unrealized; *Traum* unfulfilled

unergiebig *adj* unproductive, unrewarding; (*Ernte*) poor; (*Produkt*) uneconomical

unergründbar *adj*, **unergründlich** *adj* obscure, unfathomable, puzzling; (*Blick, Lächeln*) enigmatic

unerheblich **I.** *adj* insignificant, minor; ■ ~ **sein, ob ...** to be irrelevant whether ...; **nicht ~** not insignificant, considerable **II.** *adv* insignificantly; **nicht ~** not insignificantly, considerably

unerhört **I.** *adj attr* ❶ (*pej: skandalös*) outrageous; [**das ist ja**] **~!** that's [simply] outrageous! ❷ (*außerordentlich*) incredible, enormous, outrageous *hum* **II.** *adv* ❶ (*skandalös*) outrageously ❷ (*außerordentlich*) incredibly

unerkannt *adv* unrecognized; ***bitte keine Namen, ich will ~ bleiben*** please, no names, I want to remain incognito

unerklärbar *adj*, **unerklärlich** *adj* inexplicable; ■**jdm ist ~, warum/was/wie ...** sb cannot understand why/what/how ...

unerlässlich[RR] *adj*, **unerläßlich** *adj* essential, imperative; ■[**für jdn/etw**] ~ **sein** to be imperative [*or* essential] [for sb/for sth]

unerlaubt **I.** *adj* ❶ (*nicht gestattet*) unauthorized ❷ JUR (*ungesetzlich*) illegal; **~e Handlung** tort, tortious [*or* wrongful] act; **~e Werbung** illicit advertising **II.** *adv* without permission

U

unerledigt I. *adj* unfinished; (*Antrag*) incompleted; (*Post*) unanswered, not seen to II. *adv* unfinished; ~ **liegen bleiben** to be left unfinished

Unerledigtes *nt dekl wie adj, kein pl s.* **unerledigt: Ablage für ~s** pending tray

unermesslichRR, **unermeßlich** I. *adj* (*geh*) ❶ (*schier unendlich*) immeasurable ❷ (*gewaltig*) immense, vast; (*Wert, Wichtigkeit*) inestimable; (*Zerstörung*) untold II. *adv* (*geh*) immensely

unermüdlich I. *adj* untiring, tireless II. *adv* tirelessly, ceaselessly

unerquicklich *adj* (*geh*) unedifying *form*, dismal, disagreeable

unerreichbar *adj* unattainable; (*telefonisch nicht zu erreichen*) unavailable

unerreicht *adj* unequalled BRIT, AM *usu* unequaled; (*Anforderungen, Ziel*) unattained

unersättlich *adj* ❶ (*nicht zu stillen*) insatiable; (*Wissensdurst*) unquenchable ❷ (*gierig*) insatiable, voracious

unerschlossen *adj* ❶ *Gebiet* undeveloped ❷ ÖKON *Markt* untapped ❸ GEOL *Bodenschätze* unexploited

unerschöpflich *adj* ❶ (*ein reiches Reservoir bietend*) inexhaustible ❷ (*schier nicht zu erschöpfen*) inexhaustible

unerschrocken I. *adj* courageous, fearless II. *adv* courageously, fearlessly

unerschütterlich I. *adj* unshakable II. *adv* unshakably, ceaselessly

unerschwinglich *adj* exorbitant; ■ **für jdn ~ sein** to be beyond sb's means; *s. a.* **teuer**

unersetzlich *adj* indispensable; (*Wertgegenstand*) irreplaceable; (*Schaden*) irreparable; ■ [**für jdn**] **~ sein** to be indispensable [to sb]

unersprießlich *adj* (*geh*) *s.* **unerfreulich**

unerträglich I. *adj* ❶ (*nicht auszuhalten*) unbearable, intolerable ❷ (*pej: unmöglich*) impossible, intolerable II. *adv* ❶ (*nicht auszuhalten*) unbearably ❷ (*pej: unmöglich*) impossibly

unerwähnt *adj* unmentioned

unerwartet I. *adj* unexpected; **~er Gewinn** HANDEL windfall [profit] II. *adv* unexpectedly

unerwidert *adj* ❶ (*nicht beantwortet*) *Brief* unanswered ❷ *Liebe* unrequited; *Sympathie* one-sided

unerwünscht *adj* ❶ (*nicht willkommen*) unwelcome ❷ (*lästig*) undesirable

unerzogen *adj* ill-mannered, badly behaved

UNESCO <-> [u'nɛsko] *f Akr von* **United Nations Educational, Scientific and Cultural Organization** UNESCO; ■ **die ~** UNESCO

unfähig *adj* ❶ (*inkompetent*) incompetent ❷ (*nicht imstande*) incapable; ■ **zu etw** *dat* **~** [**sein**] [to be] incapable of sth; ■ **~ sein, etw zu tun** to be incapable of doing sth

Unfähigkeit *f kein pl* incompetence

unfair [-fɛːɐ] I. *adj* unfair; ■ **~** [**gegen jdn** [*o* **jdm gegenüber**]] **sein** to be unfair [to [*or* towards] sb] II. *adv* unfairly

Unfall *m* accident, mishap *hum;* **einen ~ haben** to have an accident

Unfallabteilung *f* casualty [*or* emergency] ward **Unfallanzeige** *f* accident report **Unfallarzt, -ärztin** *m, f* [medical] specialist for accident injuries **Unfallbericht** *m* accident report **Unfallbeteiligte(r)** <-n, -n> *dekl wie adj f(m)* person involved in an accident **Unfallchirurgie** *f* casualty surgery **Unfallfahrer(in)** *m(f)* driver at fault in an accident **Unfallflucht** *f* failure to stop after being involved in an accident; (*mit Verletzten*) hit-and-run [driving] **Unfallfolge** *f meist pl* consequence of an accident; MED (*Verletzung*) injury resulting from an/the accident **unfallfrei** I. *adj* accident-free; **~es Fahren** accident free driving II. *adv* without an accident; **~ fahren** to drive without having caused an accident **Unfallgefahr** *f* accident risk, danger of accident **unfallgefährdet** *adj Personen* accident-prone **unfallgeneigt** *adj* accident-prone **Unfallgeschädigte(r)** *f(m) dekl wie adj* victim of an accident **Unfallhaftpflicht** *f kein pl* JUR accident liability; (*auf Grundstück*) occupier's liability **Unfallhaftpflichtversicherung** *f* third-party accident insurance **Unfallhäufigkeit** *f* accident frequency **Unfallhäufigkeitsziffer** *f* accident rate **Unfall-Hinterbliebenenversorgung** *f* JUR care for surviving dependants of accident victims **Unfallklinik** *f,* **Unfallkrankenhaus** *nt* accident [*or* casualty] hospital (*hospital dealing solely with accidents and emergencies*) **Unfallmeldung** *f* accident notification **Unfallneigung** *f* accident proneness **Unfallopfer** *nt* accident victim **Unfallort** *m* scene of an/the accident; **unerlaubtes Entfernen vom ~** unauthorized removal from the scene of the accident **Unfallquote** *f* accident quota **Unfallrate** *f* accident rate **Unfallrisiko** *nt* accident hazard [*or* risk] **Unfallschaden** *m* accident damage *no pl* **Unfallschutz** *m kein pl* (*Maßnahmen*) accident protection, prevention of accidents **Unfallschutzvorrichtung** *f* safety [*or* protective] device **Unfallschwerpunkt** *m* accident black spot **unfallsicher** *adj* accident-proof **Unfallstation** *f* casualty [*or* accident] ward **Unfallstatistik** *f* accident statistics *pl* **Unfallstelle** *f* place of the accident **Unfalltag** *m* accident date **Unfalltod** *m* accidental death **Unfalltote(r)** *f(m) dekl wie adj* road casualty **unfallträchtig** <-er, -ste> *adj* ❶ *Fahrer* accident-prone, prone to accidents *pred* ❷ *Strecke* hazardous **Unfallursache** *f* cause of a/the accident **Unfallursachenforschung** *f* accident analysis

Unfallverhütung *f kein pl* prevention of an accident, accident prevention **Unfallverhütungsprogramm** *nt* accident programme [*or* AM -am] **Unfallverhütungsvorschriften** *pl* JUR safety regulations

Unfallverletzte(r) *f(m)* casualty **Unfallverletzung** *f* injury caused by an accident, accidental injury **Unfallversicherung** *f* accident insurance **Unfallwagen** *m* car involved in an accident **Unfallzeuge, -zeugin** *m, f* witness of an/the accident **Unfallziffer** *f* accident frequency rate

unfassbarRR *adj,* **unfaßbar** *adj,* **unfasslich**RR *adj,* **unfaßlich** *adj* ❶ (*unbegreiflich*) incomprehensible; (*Phänomen*) incredible; ■ **jdm** [*o* **für jdn**] **~ sein, was/wie ...** to be incomprehensible to sb, what/how ... ❷ (*unerhört*) outrageous

unfehlbar I. *adj* infallible, unfailing; (*Geschmack*) impeccable; (*Gespür, Instinkt*) unerring II. *adv* without fail

Unfehlbarkeit <-> *f kein pl* infallibility; **~ des Papstes** REL papal infallibility

unfein *adj* unrefined

unfertig *adj* ❶ (*noch nicht fertig gestellt*) unfinished, incomplete; **~e Arbeiten** unfinished work; **~e Erzeugnisse** unfinished products ❷ (*unreif*) immature

unflätig I. *adj* (*geh*) uncouth, crude; (*Ausdrucksweise*) obscene; (*Verhaltensweise*) coarse II. *adv* crudely, in an uncouth manner, coarsely

unformatiert *adj* INFORM unformatted

unförmig I. *adj* shapeless; (*groß*) cumbersome; (*Gesicht*) misshapen; (*Bein*) unshapely II. *adv* shapelessly; **sich** *akk* **~ vergrößern** to grow unshapely

Unförmigkeit <-> *f kein pl* unshapeliness, shapelessness, cumbersomeness

UNFPA <-> *f kein pl Akr von* **United Nations Fund for Population Activities** UNFPA

unfrankiert I. *adj* unstamped II. *adv* without a stamp

unfrei *adj* ❶ (*nicht frei*) not free; (*gehemmt*) inhibited; ■ **~ sein** *a.* HIST to be a slave [*or* serf] ❷ *s.* **unfrankiert**

Unfreie(r) *f(m) dekl wie adj* HIST serf

Unfreiheit *f kein pl* lack of freedom; *a.* HIST slavery *no indef art, no pl,* bondage *no indef art, no pl form*

unfreiwillig I. *adj* ❶ (*gezwungen*) compulsory ❷ (*unbeabsichtigt*) unintentional II. *adv* ■ **etw ~ tun** to be forced to do sth

unfreundlich I. *adj* ❶ (*nicht liebenswürdig*) unfriendly; ■ **zu jdm ~ sein** to be unfriendly to sb ❷ (*unangenehm*) unpleasant; (*Wetter*) unpleasant, inclement *form;* (*Klima*) inhospitable, disagreeable; (*Jahreszeit, Tag*) dreary; (*Raum*) cheerless II. *adv* **sich** *akk* **jdm gegenüber ~ benehmen** to be unfriendly [*or* cold] to sb; **jd ~ behandeln** to treat sb in an unfriendly [*or* cold] manner, to be unfriendly [*or* cold] to sb

Unfreundlichkeit *f* unfriendliness

Unfriede(n) *m kein pl* trouble, strife *no pl, no indef art,* conflict; **in ~n** on bad terms; **~ stiften** to cause trouble [*or* strife]; **in ~n leben** to live in conflict; **in ~n auseinander gehen** to part unamicably

unfruchtbar *adj* ❶ MED (*steril*) infertile, sterile ❷ AGR (*nicht ertragreich*) infertile, barren

Unfruchtbarkeit *f kein pl* ❶ MED (*Sterilität*) infertility, sterility ❷ AGR (*fehlende Bodenfruchtbarkeit*) barrenness

Unfug <-s> *m kein pl* nonsense; **~ machen** to get up to mischief; ***mach keinen ~!*** stop that nonsense!; **grober ~** JUR public nuisance

Ungar(in) <-n, -n> *m(f)* Hungarian; *s. a.* **Deutsche(r)**

ungarisch *adj* ❶ GEOG Hungarian; *s. a.* **deutsch 1** ❷ LING Hungarian; *s. a.* **deutsch 2**

Ungarisch *nt dekl wie adj* Hungarian; *s. a.* **Deutsch**

Ungarische <-n> *nt* ■ **das ~** Hungarian, the Hungarian language; *s. a.* **Deutsche**

Ungarn <-s> *nt* Hungary; *s. a.* **Deutschland**

ungastlich *adj* uninviting, inhospitable *form*

ungeachtet *präp +gen* (*geh*) despite sth, in spite of sth; ■ **~ dessen, dass ...** in spite of [*or* despite] the fact that ...

ungeahnt *adj* undreamed [*or* [*or* Brit] undreamt] of

ungebärdig *adj* unruly

ungebeten I. *adj* ❶ (*nicht eingeladen*) uninvited, unwelcome ❷ (*ohne Aufforderung erfolgt*) unwelcome II. *adv* ❶ (*ohne eingeladen zu sein*) without being invited ❷ (*ohne aufgefordert zu sein*) without an invitation

ungebildet *adj* uneducated

ungeboren *adj* unborn

ungebräuchlich *adj* uncommon, not in use *pred;* (*Methode, Verfahren*) [out]dated

ungebraucht I. *adj* unused; ■ **~ sein** to have never been used, to be unused II. *adv* unused

ungebremst *adj* ❶ PHYS **~e Neutronen** free neutrons ❷ (*endlos*) unchecked; **mit ~em Eifer** with unchecked [*or* unbridled] enthusiasm

ungebrochen I. *adj* unbroken II. *adv* **~ weiterkämpfen/weitermachen** to carry on fighting/carry on incessantly

ungebührlich I. *adj* (*geh*) ❶ (*ungehörig*) improper ❷ (*nicht angemessen*) unreasonable II. *adv* (*geh*) ❶ (*ungehörig*) improperly ❷ (*über Gebühr*) **sich** *akk* **~ ärgern** [*o* **aufregen**] to overreact, to make a mountain out of a molehill

ungebunden *adj* ❶ (*nicht gebunden*) unattached, [fancy-]free; **ein ~es Leben führen** to lead a fancy-free life; ■ **~ sein** (*unliiert*) to be unattached, to be footloose and fancy-free ❷ VERLAG **~es Buch** book in sheets, unbound copy of book

ungedeckt *adj* ❶ FIN uncovered; **~er Kredit** open [*or* unsecured] credit ❷ (*noch nicht gedeckt*) unlaid

Ungeduld *f* impatience; **voller ~** impatiently; **vor ~** with impatience

ungeduldig I. *adj* impatient II. *adv* impatiently

ungeeignet *adj* unsuitable; ■ [**für etw** *akk*] **~ sein** to be unsuited [for sth]

ungefähr I. *adv* ❶ (*zirka*) approximately, roughly, about *fam;* **um ~ ..., ~ um ...** by about ...; (*Zeit*) at about [*or* around] ... ❷ (*etwa*) **~ da** [*o* **dort**] around there, [*or esp* Brit] thereabouts; **~ hier** around here; **~ so** something like this/that ❸ (*in etwa*) more or less; ***das dürfte ~ hinkommen*** that's more or less it, that's near enough right ► WENDUNGEN: **von ~** by chance, by the by *fam;* **nicht von ~** not without good reason [*or* cause], not for nothing II. *adj attr* approximate, rough

ungefährdet I. *adj* safe II. *adv* safely

ungefährlich *adj* harmless; ■ **~ sein, etw zu tun** to be safe to do sth

ungefällig *adj Mensch* unobliging

ungefärbt *adj* undyed, natural

ungefragt *adv* without being asked
ungehalten I. *adj* (*geh*) indignant; ■~ [**über etw** *akk*] **sein/werden** to be/become indignant [about sth] II. *adv* (*geh*) indignantly
ungeheizt *adj* unheated
ungehemmt I. *adj* uninhibited II. *adv* uninhibitedly
ungeheuer I. *adj* ❶ (*ein gewaltiges Ausmaß besitzend*) enormous ❷ (*größte Intensität besitzend*) tremendous; (*Schmerz, Leiden*) dreadful ❸ (*größte Bedeutung besitzend*) tremendous II. *adv* ❶ (*äußerst*) terribly ❷ (*ganz besonders*) enormously, tremendously
Ungeheuer <-s, -> *nt* monster, ogre
ungeheuerlich *adj* ❶ (*unerhört*) outrageous, preposterous; **das ist ja ~!** that's outrageous! ❷ *s.* **ungeheuer 1**
Ungeheuerlichkeit <-, -en> *f* ❶ *kein pl* (*empörende Art*) outrageousness ❷ (*unerhörte Bemerkung*) outrageous remark; ***das ist ja eine ~!*** how outrageous! ❸ (*unerhörte Handlung*) monstrosity; (*Verbrechen*) atrocity
ungehindert I. *adj* unhindered II. *adv* without hindrance
ungehobelt *adj* ❶ (*schwerfällig*) uncouth, boorish; (*grob*) coarse ❷ (*nicht glatt gehobelt*) unplaned
ungehörig I. *adj* impertinent II. *adv* impertinently
Ungehörigkeit <-, -en> *f kein pl* impertinence *no pl*
ungehorsam *adj* disobedient; ■[**jdm gegenüber**] **~ sein** to be disobedient [towards sb]
Ungehorsam *m kein pl* disobedience, insubordination; **ziviler ~** civil disobedience
ungehört *adv* unheard
Ungeist *m kein pl* (*geh*) ■**der ~ einer S.** *gen* the demon of sth
ungekämmt I. *adj* (*nicht gekämmt*) uncombed; (*nicht frisiert*) unkempt II. *adv* unkempt
ungeklärt I. *adj* ❶ (*nicht aufgeklärt*) unsolved; ■[**noch**] **~ sein** to be [yet] unsolved; *s. a.* **Ursache** ❷ ÖKOL (*nicht geklärt*) untreated II. *adv* ÖKOL untreated
ungekündigt *adj* **ein ~es Arbeitsverhältnis/eine ~e Stellung haben** to not be under notice of resignation; ■**~ sein** to not be under notice of resignation
ungekünstelt <-er, -este> *adj* natural, unaffected
ungekürzt I. *adj* MEDIA unabridged; (*FILM*) uncut II. *adv* in its unabridged version; FILM in its uncut version
ungeladen *adj* ❶ (*nicht geladen*) unloaded ❷ (*nicht eingeladen*) uninvited
ungelegen *adj* inconvenient; [**jdm**] **~ kommen** to be inconvenient [for sb], to be an inconvenience [for sb]; (*zeitlich*) to be an inconvenient time [for sb]
Ungelegenheiten *pl* inconvenience; **jdm ~ machen** [*o geh* **bereiten**] to inconvenience sb
ungelehrig *adj* unteachable
ungelenk I. *adj* clumsy, awkward II. *adv* clumsily, awkwardly
ungelenkig *adj* inflexible, unsupple
ungelernt *adj attr* unskilled
ungeliebt *adj* ❶ (*nicht geliebt*) unloved ❷ (*nicht gemocht*) loathed ❸ *s.* **unbeliebt**
ungelogen *adv* (*fam*) honestly, honest *fam;* ***das ist die Wahrheit, ~!*** honestly, it's the truth!
ungelöst *adj* unsolved; (*Fragen*) unresolved
Ungemach <-s> *nt kein pl* (*geh*) inconvenience
ungemahlen *adj* unground
ungemein I. *adv* immensely, terribly; ***das freut mich ganz ~*** I'm immensely happy about that II. *adj* immense, tremendous
ungemütlich *adj* ❶ (*nicht gemütlich*) uninviting ❷ (*unerfreulich*) uncomfortable, disagreeable ► WENDUNGEN: **~ <u>werden</u>, ~ <u>werden</u> können** (*fam*) to become nasty, to be able to become nasty
Ungemütlichkeit *f* uncomfortableness, unpleasantness
ungenannt *adj* unnamed
ungenau I. *adj* ❶ (*nicht exakt*) vague, inexact; ■~ [**in etw** *dat*] **sein** to be vague [in sth] ❷ (*nicht korrekt*) inaccurate II. *adv* ❶ (*nicht exakt*) vaguely, inexactly ❷ (*nicht korrekt*) incorrectly
Ungenauigkeit <-, -en> *f* ❶ *kein pl* (*nicht exakte Beschaffenheit*) vagueness ❷ *kein pl* (*mangelnde Korrektheit*) inaccuracy ❸ (*ungenaues Zitat*) inaccuracy
ungeniert ['ʊnʒeniːɐt] I. *adj* uninhibited, unembarrassed, unconcerned II. *adv* uninhibitedly, freely
Ungeniertheit <-> ['ʊnʒeniːɐt-] *f kein pl* lack of inhibition
ungenießbar *adj* ❶ (*nicht zum Genuss geeignet*) inedible; (*Getränke*) undrinkable ❷ (*schlecht schmeckend*) unpalatable ❸ (*fam: unausstehlich*) unbearable, loathsome, horrid
ungenügend I. *adj* ❶ (*nicht ausreichend*) insufficient; *Information* inadequate ❷ SCH (*schlechteste Zensur*) unsatisfactory (*the lowest mark*) II. *adv* insuffiniently, inadequately
ungenutzt, ungenützt I. *adj* unused; (*materielle/personelle Ressourcen*) unexploited; (*Gelegenheit*) missed; **~ bleiben** to not be taken advantage of; **etw ~ lassen** to not take advantage of sth II. *adv* **eine Chance ~ verstreichen lassen** [*o* **vorübergehen**] to miss a chance, to let a chance go by [*or* slip]
ungeordnet *adj* disordered; **~ herumliegen** to lie about in disorder
ungepflegt *adj* ❶ (*nicht gepflegt*) ungroomed, unkempt; (*Hände*) neglected, uncared-for ❷ (*vernachlässigt*) neglected, not very well looked after
ungeplant *adj* unplanned, unexpected; **~er Gewinn** windfall [profit]
ungeprüft I. *adj* unchecked II. *adv* without checking
ungerade *adj* odd; **eine ~ Zahl** an odd number
ungerechnet *adj attr* not including; **~ der zusätzlichen Unkosten** excluding additional costs
ungerecht I. *adj* unjust, unfair; **~e Behandlung** unjust treatment; **ein ~er Richter** a partial judge; ■**~** [**gegen jdn** [*o* **jdm gegenüber**]] **sein** to be unfair [to sb]; ■**~** [**von jdm**] **sein, etw zu tun** to be unfair [of sb] to do sth II. *adv* unjustly, unfairly; **sich ~ verhalten** to behave unfairly
ungerechterweise *adv* unjustly, unfairly
ungerechtfertigt *adj* unjustified; JUR unjust; **~e Bereicherung** unjust enrichment; **~e Kündigung** unfair dismissal
Ungerechtigkeit <-, -en> *f* ❶ *kein pl* (*ungerechte Art*) injustice, unfairness; **die ~ der Beurteilung** the injustice of the judgement; **so eine ~!** how unjust! [*or* unfair!] ❷ (*ungerechte Handlung*) injustice, unfairness
ungeregelt *adj* ❶ (*unregelmäßig*) unsettled, disordered ❷ (*selten: nicht erledigt*) unsettled ► WENDUNGEN: **~er <u>Katalysator</u>** open-loop catalyst
ungereimt *adj* ❶ (*verworren*) muddled; ***er redet völlig ~es Zeug*** he is talking a load of nonsense ❷ (*keinen Reim aufweisend*) unrhymed; **~e Verse** blank verse
Ungereimtheit <-, -en> *f* ❶ *kein pl* (*verworrene Art*) muddle ❷ (*ungereimte Äußerung*) inconsistency; ***der Bericht weist viele ~en auf*** there are many inconsistencies in the report
ungern *adv* reluctantly; **etw ~ tun** to do sth reluctantly; [**höchst**] **~!** with [the greatest of] reluctance!
ungerührt I. *adj* unmoved; **mit ~er Miene** with a deadpan expression [*or* face] II. *adv* unmoved
ungesalzen *adj* unsalted
ungesättigt *adj* ❶ (*geh: noch hungrig*) unsatisfied ❷ CHEM unsaturated
ungeschält I. *adj Frucht, Obst* unpeeled; *Getreide, Reis* unhusked II. *adv* unpeeled
ungeschehen *adj* undone; **etw ~ machen** to undo sth
Ungeschehenmachen <-s> *nt kein pl* PSYCH undoing
Ungeschick <-[e]s> *nt kein pl* (*geh*) *s.* **Ungeschicklichkeit**
Ungeschicklichkeit <-, -en> *f* ❶ *kein pl* (*ungeschickte Art*) clumsiness ❷ (*ungeschicktes Verhalten*) clumsiness
ungeschickt *adj* ❶ (*unbeholfen*) clumsy; **eine ~e Bewegung** a clumsy movement; (*unbedacht*) careless, inept; **eine ~e Äußerung** a careless comment; ■**~** [**von jdm**] **sein** to be inept [of sb] ❷ DIAL, SÜDD (*selten: unhandlich*) unwieldy; **ein ~es Werkzeug** an unwieldy tool; (*ungelegen*) awkward; **etw kommt ~** sth happens at an awkward time
Ungeschicktheit *f s.* **Ungeschicklichkeit**
ungeschlacht *adj* (*pej geh*) *Mensch* hulking great
ungeschlagen *adj* unbeaten
ungeschlechtlich *adj* BIOL asexual; **~e Fortpflanzung** asexual reproduction
ungeschliffen *adj* ❶ (*nicht geschliffen*) uncut; *Messer, Klinge* blunt; **~e Diamanten** uncut diamonds ❷ (*pej: grob, ohne Manieren*) uncouth; **~es Benehmen** uncouth behaviour [*or* AM -or]; **ein ~er Kerl** an uncouth man
ungeschminkt *adj* ❶ (*nicht geschminkt*) without make-up ❷ (*unbeschönigt*) unvarnished; **die ~e Wahrheit** the unvarnished truth; **jdm ~ die Wahrheit sagen** to tell sb the unvarnished truth
ungeschnitten *adj* FILM, TV *Film* unedited
ungeschoren I. *adj* unshorn; **~e Schafe** unshorn sheep II. *adv* unscathed; **~ davonkommen** to get away with it
ungeschrieben *adj pred* unwritten; **~ bleiben** to be left unwritten; **etw ~ lassen** not to write sth; *s. a.* **Gesetz**
ungesehen I. *adj* (*selten*) unseen II. *adv* unseen, without being seen
ungesellig *adj* unsociable
ungesetzlich *adj* unlawful, illegal
ungesetzt *adj* SPORT unseeded
ungesichert *adj* JUR unsecured; **~er Gläubiger** unsecured creditor
ungestempelt *adj* unstamped; **eine ~e Briefmarke** an unfranked stamp
ungestillt *adj* (*geh*) unstilled
ungestört I. *adj* undisturbed; **~ sein wollen** to want to be left alone II. *adv* without being disturbed
ungestraft *adv* with impunity; **~ davonkommen** to get away scot-free
ungestüm I. *adj Art, Temperament* impetuous; *Wind* gusty; *Meer* rough, turbulent; **eine ~e Begrüßung** an enthusiastic greeting II. *adv* enthusiastically, passionately
Ungestüm <-[e]s> *nt kein pl* impetuosity; **jugendliches ~** youthful impetuosity; **voller ~** passionately, boisterously
ungesühnt *adj* unatoned, unexpiated
ungesund I. *adj* ❶ (*der Gesundheit abträglich*) unhealthy; **ein ~es Klima** an unhealthy climate ❷ (*nicht gesund, kränklich*) unhealthy; **ein ~es Aussehen** an unhealthy appearance II. *adv* unhealthily; **sich ~ ernähren** to not have a healthy diet
ungesüßt *adj* unsweetened
ungeteilt *adj* ❶ *Besitz* complete ❷ (*ganz*) **mit ~er Freude** with total pleasure; **jds ~e Aufmerksamkeit finden** to receive sb's undivided attention
ungetrübt *adj Freude, Glück* unclouded; *Tage, Zeit* perfect
Ungetüm <-[e]s, -e> *nt* ❶ (*veraltend: monströses Wesen*) monster ❷ (*fam: riesiger Gegenstand*) monster *fam;* ***dieses ~ von Schrank passt nicht durch die Haustür*** this monster of a cupboard won't go through the front door
ungeübt *adj* unpractised [*or* AM -ced]; **~e Lehrlinge** inexperienced apprentices; ■[**in etw** *dat*] **~ sein** to be out of practice [at sth]
ungewandt *adj* awkward
ungewiss[RR] *adj,* **ungewiß** *adj* ❶ (*nicht feststehend*) uncertain; **eine ~e Zukunft** an uncertain future; ■**noch ~ sein, ob/wie ...** to be still uncertain, whether/how ...; **Sprung ins U~e** a leap into the unknown ❷ (*unentschlossen*) uncertain, unsure; ■**sich noch ~ sein** to be still uncertain; **sich** *akk* **über etw** *akk* **im Ungewissen sein** to be uncertain [*or* unsure] about sth; **jdn** [**über etw** *akk*] **im Ungewissen lassen** to leave sb in the dark [about sth] *fam;* **etw im Ungewissen lassen** to

leave sth vague [*or* indefinite] ③ (*geh: unbestimmbar*) undefinable; **Augen von ~er Farbe** eyes of an indefinable colour [*or* AM -or]

Ungewissheit^RR <-, -en> *f* uncertainty

ungewöhnlich I. *adj* ① (*vom Üblichen abweichend*) unusual; **eine ~e Bitte** an unusual request; ▪ **etwas/nichts U~es** something/nothing unusual ② (*außergewöhnlich*) unusual, remarkable; **eine ~e Leistung** a remarkable achievement II. *adv* ① (*äußerst*) exceptionally; **~ schön/klein** exceptionally beautiful/small; **~ begabt** unusually gifted ② (*in nicht üblicher Weise*) unusually; **sich ~ benehmen** to behave unusually [*or* strangely]

ungewohnt *adj* unusual; **ein ~er Anblick** an unusual sight; **~e Freundlichkeit** unusual friendliness; ▪ **jdm ~ sein** to be unfamiliar to sb

ungewollt I. *adj* unintentional, inadvertent; **eine ~e Schwangerschaft** an unwanted pregnancy II. *adv* unintentionally, inadvertently; ***ich musste ~ grinsen*** I couldn't help grinning

ungezählt *adj* ① (*selten: unzählig*) innumerable, countless ② (*nicht nachgezählt*) uncounted

Ungeziefer <-s> *nt kein pl* pests *pl,* vermin

ungezogen I. *adj Kind* naughty, badly-behaved; *Bemerkung* impertinent; ▪ **~ [von jdm] sein** to be ill-mannered [of sb] II. *adv* impertinently, naughtily; **sich ~ benehmen** to behave badly

Ungezogenheit <-, -en> *f* ① *kein pl* (*ungezogene Art*) naughtiness, bad behaviour [*or* AM -or] ② (*ungezogene Äußerung*) impertinent remark; (*ungezogene Handlung*) bad manners *npl*

ungezügelt *adj* unbridled

ungezwungen *adj* casual, informal; **eine ~e Atmosphäre** an informal atmosphere; **frei und ~** without restraint

Ungezwungenheit *f* casualness, informality

ungiftig *adj* non-poisonous

ungiriert [-ʒi-] *adj* FIN unendorsed

Unglaube *m* ① (*Zweifel*) disbelief, scepticism ② (*Gottlosigkeit*) unbelief, lack of faith

unglaubhaft I. *adj* unbelievable, incredulous; **~ wirken** to appear to be implausible II. *adv* unbelievably, incredulously

ungläubig *adj* ① (*etw nicht glauben wollend*) disbelieving, incredulous; **ein ~es Gesicht machen** to raise one's eyebrows in disbelief; **ein ~es Kopfschütteln** an incredulous shake of the head ② (*gottlos*) unbelieving, irreligious; **~e Menschen bekehren** to convert the unbelievers

Ungläubige(r) *f(m) dekl wie adj* unbeliever, infidel

unglaublich I. *adj* ① (*nicht glaubhaft*) unbelievable, incredible ② (*unerhört*) outrageous; **ein ~es Benehmen** outrageous behaviour [*or* AM -or]; **~e Zustände** outrageous conditions II. *adv* (*fam: überaus*) incredibly, extremely

unglaubwürdig I. *adj* implausible, dubious; **eine ~e Geschichte** an implausible story; **ein ~er Zeuge** an unreliable witness; **sich ~ machen** to lose credibility II. *adv* implausibly, dubiously; ***seine Aussage klingt ~*** his statement sounds dubious [*or* fishy] *fam*

Unglaubwürdigkeit *f* implausibility, unreliability

ungleich I. *adj* ① (*unterschiedlich*) *Bezahlung* unequal; *Belastung* uneven; *Paar* odd; *Gegenstände, Waffen* different, dissimilar, unalike; **mit ~en Mitteln kämpfen** to fight using different methods ② (*unterschiedliche Voraussetzungen aufweisend*) unequal; **ein ~er Kampf** an unequal fight II. *adv* ① (*unterschiedlich*) unequally; **~ stark sein** to be unevenly matched ② *vor comp* (*weitaus*) far III. *präp mit dat* (*geh*) unlike

Ungleichbehandlung *f kein pl* inequal treatment, discrimination

Ungleichgewicht *nt* ÖKON imbalance; **~ in der Außenhandelsbilanz** foreign trade imbalance

Ungleichheit <-, -en> *f* dissimilarity, difference, inequality

ungleichmäßig I. *adj* ① (*unregelmäßig*) irregular; **ein ~er Puls** an irregular pulse ② (*nicht zu gleichen Teilen*) uneven; **eine ~e Belastung** an uneven load; **eine ~e Verteilung** an uneven distribution II. *adv* ① (*unregelmäßig*) irregularly; **~ atmen** to breathe irregularly ② (*ungleich*) unevenly

Ungleichmäßigkeit <-, -en> *f* ① (*Unregelmäßigkeit*) irregularity ② (*Ungleichheit*) unevenness

Ungleichung *f* MATH inequation

Unglück <-glücke> *nt* ① *kein pl* (*Pech*) bad luck, misfortune; **[jdm] ~ bringen** to bring [sb] bad luck; **in sein ~ rennen** (*fam*) to rush headlong into disaster; **jdn ins ~ stürzen** (*geh*) to be sb's undoing; **zu allem ~** to make matters worse ② (*katastrophales Ereignis*) disaster, tragedy; **ein ~ verhindern** to prevent a disaster ③ *kein pl* (*Elend*) unhappiness ▸ WENDUNGEN: **~ im Spiel, Glück in der Liebe** (*prov*) unlucky at cards, lucky in love; **ein ~ kommt selten allein** (*prov*) it never rains but it pours *prov*

unglücklich I. *adj* ① (*betrübt*) unhappy; **ein ~es Gesicht machen** to make [*or* BRIT pull] an unhappy face; **sich ~ machen** to bring misfortune on oneself; **jdn ~ machen** to make sb unhappy ② (*ungünstig*) unfortunate; **ein ~er Zufall** an unfortunate incident; **eine ~e Liebe** unrequited love ③ (*einen Unglücksfall verursachend, ungeschickt*) unfortunate, unlucky; **eine ~e Figur abgeben** (*fig*) to cut a sorry figure; **eine ~e Bewegung machen** to move awkwardly II. *adv* ① (*ohne glücklichen Ausgang*) ungünstig, unfortunately; **~ verliebt sein** to be crossed in love ② (*ungeschickt*) unluckily, unfortunately

unglücklicherweise *adv* unfortunately

Unglücksbote, -botin *m, f* bearer of bad news

Unglücksbotschaft *f* bad news + *sing vb*

unglückselig *adj* ① (*vom Unglück verfolgt*) unfortunate ② (*unglücklich [verlaufend]*) disastrous, unfortunate

Unglücksfall *m* ① (*Unfall*) accident ② (*unglückliche Begebenheit*) mishap **Unglücksrabe** *m* (*fam*) unlucky person **Unglücksreaktor** *m* reactor which caused a/the nuclear accident (*at Chernobyl*) **Unglückstag** *m* ① (*fam: unglücklich verlaufener Tag*) bad day ② (*Tag eines Unglücks*) day of the accident **Unglückszahl** *f* (*fam*) unlucky number

Ungnade *f* disgrace, disfavour [*or* AM -or]; **[bei jdm] in ~ fallen/sein** to be out of favour [with sb]; **sich** *dat* **jds ~ zuziehen** to fall out of favour with sb

ungnädig I. *adj* ① (*gereizt, unfreundlich*) ungracious, bad-tempered ② (*geh: verhängnisvoll*) fated; **ein ~es Schicksal** a cruel fate II. *adv* bad temperedly, ungraciously; **jdn ~ ansehen** to look at sb with little enthusiasm

ungültig I. *adj* [null and] void, invalid; **~ sein** to stand void; **ein ~er Pass** an invalid passport; **ein ~es Tor** a disallowed goal; **ein ~er Sprung** a no-jump; **eine ~e Stimme** a spoiled ballot-paper II. *adv* [null and] void; **etw ~ machen, etw für ~ erklären** to invalidate sth, to declare sth null and void; **eine Ehe für ~ erklären** to annul a marriage

Ungültigkeit *f* (*fehlende Gültigkeit*) invalidity; (*Nichtigkeit*) invalidity, voidness

Ungültigkeitserklärung *f* JUR annulment, invalidation, rescission; **~ eines Vermächtnisses** annulment of a legacy **Ungültigmachung** *f* JUR vitiation

Ungunst *f* ① (*geh: Unwillen*) disgrace; *Wetter* inclemency; **sich jds ~ zuziehen** to get into sb's bad books BRIT *fam,* to get on sb's bad side AM ② (*Nachteil*) **zu jds ~en** to sb's disadvantage

ungünstig *adj Augenblick, Zeit, Zeitpunkt* inopportune, inconvenient; *Wetter* inclement; **in einem ~en Licht** (*fig*) to appear in an unfavourable [*or* AM -or-] light *fig;* ***Sie kommen in einem ~en Augenblick*** you've come at a very inopportune moment; ▪ **[für jdn/etw] ~ sein** to be inconvenient [for sb]/ unfavourable [for sth]; *s. a.* **Fall**

ungut *adj* bad; *Verhältnis* strained; **ein ~es Gefühl bei etw haben** to have an uneasy [*or* bad] feeling about sth ▸ WENDUNGEN: **nichts für ~!** no offence [*or* AM -se]!

unhaltbar *adj* ① (*haltlos*) untenable; **eine ~e Theorie** an untenable theory ② (*unerträglich*) intolerable; **eine ~e Situation** an intolerable situation; **~e Zustände** intolerable conditions ③ SPORT (*fam*) unstoppable; **ein ~er Ball** an unstoppable ball

unhandlich *adj* unwieldy

unharmonisch *adj* ① (*nicht harmonisch, in Einklang*) unharmonious ② (*in Farbe, Form o. ä. nicht zusammenstimmend*) unharmonious

Unheil *nt* (*geh*) disaster; **~ anrichten** (*fam*) to get up to mischief; **jdm droht ~** sth spells disaster for sb; **großes/viel ~ anrichten** to wreak havoc

unheilbar I. *adj* incurable II. *adv* incurably; **~ krank sein** to be terminally ill

unheilvoll *adj* fateful, ominous; **eine ~ Botschaft** a fateful message; **ein ~er Blick** an ominous look

unheimlich I. *adj* ① (*Grauen erregend*) eerie, sinister; **eine ~e Begegnung** an eerie encounter; ▪ **etw/jd ist jdm ~** sth/sb gives sb the creeps ② (*fam: unglaublich, sehr*) incredible; ***du hattest ~es Glück*** you're incredibly lucky ③ (*fam: sehr groß, sehr viel*) terrific, terrible; **~en Hunger haben** to be dying of hunger *fig;* ***es hat ~ en Spaß gemacht*** it was terrific fun II. *adv* (*fam*) incredibly; **~ dick/groß sein** to be incredibly fat/tall

UN-Hilfsflug *m* UN relief flight

unhöflich *adj* impolite

Unhöflichkeit *f* ① *kein pl* (*unhöfliche Art*) impoliteness ② (*unhöfliche Bemerkung*) discourteous remark; (*unhöfliche Handlung*) rudeness

Unhold <-[e]s, -e> *m* fiend, monster

unhörbar *adj* inaudible; ▪ **[für jdn] ~ sein** to be inaudible [to sb]

unhygienisch [-gie:nɪʃ] *adj* unhygienic

uni [ˈyni, yˈni:] *adj* plain; **ein ~ gefärbtes Hemd** a plain shirt

Uni[1] <-, -s> *f* (*fam*) *kurz für* **Universität** university, uni BRIT

Uni[2] <-s, -s> [ˈyni, yˈni:] *nt* MODE plain colour [*or* AM -or]

UNICEF <-> [ˈu:nitsɛf] *f kein pl Akr von* **United Nations International Children's Emergency Fund:** ▪ **[die] ~** UNICEF

unidiomatisch *adj* unidiomatic

unifarben [ˈyni-, yˈni:-] *adj* plain

Uniform <-, -en> *f* uniform

uniformiert *adj* uniformed; ▪ **~ sein** to be in uniform; **~e Polizisten** uniformed policemen

Uniformierte(r) *f(m) dekl wie adj* person in uniform

Unika *pl von* **Unikum**

Unikat <-[e]s, -e> *nt* ① (*geh: einzigartiges Exemplar*) unique specimen ② (*einzigartige Ausfertigung eines Schriftstücks*) unicum

Unikum <-s, -s *o* Unika> *nt* ① (*geh: einzigartiges Exemplar*) unique thing ② (*fam: merkwürdiger Mensch*) real character *fam*

unilateral I. *adj* POL unilateral II. *adv* POL unilaterally; **einen Vertrag ~ kündigen** to revoke a contract

uninteressant *adj* ① ÖKON (*nicht interessant*) of no interest; ▪ **[für jdn] ~ sein** to be of no interest [to sb]; **ein ~es Angebot** an offer that is of no interest ② (*nicht interessant*) uninteresting; **ein ~es Buch** an uninteresting [*or* boring] book

uninteressiert *adj* disinterested; **ein ~es Gesicht machen** to appear disinterested; ▪ **[an etw** *dat*] **~ sein** to not be interested [in sth]

Union <-, -en> *f* ① (*Bund*) union; **die Europäische ~** the European Union; **die Westeuropäische ~** the Western European Union ② *kein pl* POL (*fam: die CDU/CSU*) ▪ **die ~** the CDU and CSU; **die Junge ~** the young CDU and CSU members

Unionsfraktion *f CDU and CSU parliamentary parties*

unisono *adv* ① MUS (*einstimmig*) in unison; **~ singen** to sing in unison ② (*geh: übereinstimmend*) unanimously

universal I. *adj* (*geh*) universal; **ein ~es Werkzeug** an all-purpose tool; **~es Wissen** broad knowledge II. *adv* (*geh*) universally; ***das Gerät ist ~ verwendbar*** the appliance can be used for all purposes

Universalbank *f* ÖKON general bank **Universaldünger** *m* universal fertilizer **Universalerbe,**

-erbin [-vɛr-] *m, f* sole heir *masc,* sole heiress *fem* **Universalgenie** *nt* allround genius

Universalienstreit *m* PHILOS universal dispute

Universalkleber *m* all-purpose glue **Universalmesser** *nt* general-purpose knife, slicing knife **Universalmittel** *nt* universal remedy **Universalprogramm** *nt* INFORM general programme [*or* AM -am] **Universalrechner** *m* INFORM general purpose computer **Universalreiniger** *m* general-purpose cleaner **Universalschnittstellenbus** *m* INFORM general purpose interface bus **Universalspender(in)** *m(f)* MED universal donor **Universalsukzession** *f* JUR universal succession **Universalwerkzeug** *nt* all-purpose tool

universell [-vɛr-] *adj s.* **universal**

universitär *adj* university *attr*

Universität <-, -en> [-vɛr-] *f* university; **die Universität München** the University of Munich; **an der ~ studieren** to study at university; **die ~ besuchen** to attend university; **auf die ~ gehen** (*fam*) to go to university

Universitätsangestellte(r) *(f) m* university employee **Universitätsbibliothek** *f* university library **Universitätsbuchhandlung** *f* university bookshop [*or* AM bookstore] **Universitätsinstitut** *nt* university institute **Universitätskarriere** *f* university career **Universitätsklinik** *f* university hospital [*or* clinic] **Universitätslaufbahn** *f* university career **Universitätsprofessor, -professorin** *m, f* university professor **Universitätsstadt** *f* university town [*or* city] **Universitätsstudium** *nt* course of study at university; **mit/ohne ~** with/without a university education

Universum <-s, *selten* -sen> [-ˈvɛr-] *nt* universe; ■**das ~** the universe

unkameradschaftlich I. *adj* unfriendly; **~es Verhalten** unfriendly behaviour [*or* AM -or] II. *adv* in an unfriendly way

Unke <-, -n> *f* ❶ (*Kröte*) toad ❷ (*fam: Schwarzseher*) prophet of doom, Jeremiah

unken *vi* (*fam*) to prophesy doom

unkenntlich *adj* unrecognizable, indecipherable; **eine ~e Eintragung** an indecipherable entry; **etw ~ machen** to make sth unrecognizable; **sich [mit etw] ~ machen** to disguise oneself [with sth]

Unkenntlichkeit <-> *f* unrecognizable state, indecipherability; **bis zur ~** beyond recognition

Unkenntnis *f kein pl* ignorance; **in ~ über etw** *akk* **sein** to be ignorant of sth; **jdn in ~ über etw** *akk* **lassen** not to keep sb informed about sth, to keep sb in the dark about sth *fam;* **aus ~** out of ignorance; ***~ des Gesetzes schützt vor Strafe nicht*** ignorance of the law is no excuse for a crime; **fahrlässige/schuldhafte ~** negligent/culpable ignorance; **sich** *akk* **auf ~ [des Gesetzes] berufen** to plead ignorance [of the law] ► WENDUNGEN: **~ schützt vor Strafe nicht** (*prov*) ignorance of the law is no excuse

Unkenruf *m* ❶ (*fam: pessimistische Äußerung*) prophecy of doom ❷ ZOOL croak

unklar I. *adj* ❶ (*unverständlich*) unclear ❷ (*ungeklärt*) unclear; **eine ~e Situation** an unclear situation; ■**~ sein, warum/was/wie/ob ...** to be unclear [as to] why/what/how/whether ...; **[sich** *dat*] **im ~en [über etw** *akk*] **sein** to be uncertain [about sth]; **jdn [über etw** *akk*] **im U~en lassen/halten** to leave/keep sb in the dark [about sth] ❸ (*verschwommen*) indistinct; *Wetter* hazy; **~e Umrisse** blurred outlines; **~e Erinnerungen** vague memories II. *adv* ❶ (*verschwommen*) **nur ~ zu erkennen sein** to be difficult to make out ❷ (*unverständlich*) unclearly; **sich ~ ausdrücken** to express oneself unclearly

Unklarheit <-, -en> *f* ❶ *kein pl* (*Ungewissheit*) uncertainty ❷ (*ungeklärter Tatbestand*) unclarified point

Unklarheitenregel *f* JUR rule concerning uncertainty

unklug *adj* imprudent, unwise; **ein ~er Entschluss** an unwise decision

unkollegial I. *adj unaccommodating towards one's colleagues* II. *adv in an unaccommodating way towards one's colleagues*

unkompliziert *adj* straightforward, simple, uncomplicated; **ein ~er Vorgang** a straightforward process; **ein ~er Fall** a simple case; **ein ~es Gerät** a straightforward appliance; **ein ~er Mensch** an uncomplicated [*or* straightforward] person

unkontrollierbar *adj* uncontrollable

unkontrolliert I. *adj* (*keiner Kontrolle unterliegend*) unsupervised; **das ~e Betreten des Labors** unsupervised entry to the laboratory; (*ohne kontrolliert zu werden*) unchecked; (*ungehemmt*) uncontrolled; **ein ~er Wutanfall** an uncontrolled fit of anger II. *adv* without being checked

unkonventionell [-vɛn-] *adj* (*geh*) unconventional

UN-Konvoi *m* UN convoy

unkonzentriert *adj* unconcentrated

Unkosten *pl* [additional] expense, costs *npl;* **[mit etw] ~ haben** to incur expense [with sth]; **sich** *akk* **in ~ stürzen** (*fam*) to go to a lot of expense; **abzüglich der ~** less charges; ***die Einnahmen decken nicht einmal die ~*** the takings don't even cover the costs

Unkostenbeitrag *m* contribution towards expenses [*or* costs] **Unkostendeckung** *f* JUR reimbursement of expenses **Unkosteneinsparung** *f* FIN cost economies *pl* **Unkostenrechnung** *f* FIN expense invoice **Unkostenverteilung** *f* ÖKON allocation of expenses

Unkraut *nt* weed ► WENDUNGEN: **~ vergeht nicht** (*prov*) it will take more than that to finish me/him etc. off

Unkrautbekämpfung *f* weed control **Unkrautbekämpfungsmittel** *nt,* **Unkrautvertilgungsmittel** *nt,* **Unkrautvernichter** <-s, -> *m* herbicide, weed killer *fam*

unkritisch *adj* uncritical

unkultiviert [-viː-] I. *adj* (*pej*) uncultured II. *adv* (*pej*) in an uncultured manner; **sich ~ benehmen** to behave badly

Unkultur *f* (*pej: Mangel an kultivierten Umgangsformen*) lack of culture, plebianism, philistinism

unkündbar *adj Stellung* not subject to notice; *Vertrag* not subject to termination, binding

Unkündbarkeit <-> *f kein pl* irredeemability

unkundig *adj* (*geh*) ignorant; **der ~e Leser** the uninformed reader; ■**einer S.** *gen* **~ sein** to have no knowledge of a thing

unlängst *adv* (*geh*) recently

unlauter *adj* JUR dishonest; **~e Absichten** dishonourable [*or* AM -or-] intentions; **~er Wettbewerb** unfair competition

Unlauterkeitsrecht *nt* HANDEL law on unfair competition

unleidlich *adj* ❶ (*schlecht gelaunt*) bad-tempered ❷ (*unerträglich*) intolerable; **ein ~er Zustand** an intolerable situation

unleserlich *adj* illegible

unleugbar *adj* undeniable, indisputable; **eine ~e Tatsache** an indisputable fact

unlieb *adj* ■**jdm nicht ~ sein** to be rather glad of sth

unliebsam I. *adj* unpleasant II. *adv* **~ auffallen** to make a bad impression

unlini(i)ert *adj Papier* unruled, unlined

unlogisch *adj* illogical

unlösbar, unlöslich *adj* ❶ (*nicht zu lösen*) insoluble; **ein ~es Problem** an unsolvable problem; **ein ~er Widerspruch** an irreconcilable contradiction ❷ CHEM insoluble

Unlust *f kein pl* reluctance, lack of enthusiasm; **~ verspüren** to feel a lack of enthusiasm; **etw mit ~ tun** to do sth with reluctance

unmanierlich *adj* (*veraltend*) unmannerly

unmännlich *adj* unmanly

Unmaß <-es> *nt kein pl* (*selten*) excessiveness; **ein ~ an Arbeit** an excess of work

Unmasse *f* (*fam*) *s.* **Unmenge**

unmaßgeblich *adj* inconsequential; **nach meiner ~en Meinung** in my humble opinion *hum*

unmäßig I. *adj* excessive, immoderate; **~er Alkoholgenuss** excessive consumption of alcohol; **~ in seinen Forderungen sein** to make excessive demands II. *adv* excessively, immoderately; **~ essen/trinken** to eat/drink to excess [*or* far too much]

Unmäßigkeit *f* excessiveness, immoderation; **jds ~ im Rauchen** sb's excessive smoking

Unmenge *f* enormous amount [*or* number]; ■**eine ~/~n an etw** *akk*/**von etw** *dat* an enormous amount/enormous amounts of sth; **eine ~ an Post** an enormous amount of post [*or* AM mail]

Unmensch *m* (*übler Mensch*) monster, brute; **[doch** [*o* **ja**] [*o* **schließlich**]] **kein ~ sein** (*fam*) not to be a monster [*or* ogre]; ***sei kein ~!*** don't be a brute!

unmenschlich *adj* ❶ (*grausam*) inhuman[e], brutal; **ein ~er Diktator** a brutal [*or* inhuman] dictator; **~e Grausamkeit** inhuman cruelty ❷ (*inhuman*) appalling; **~e Bedingungen** appalling conditions ❸ (*fam: mörderisch, unerträglich*) tremendous, terrible; **~e Hitze** tremendous heat

Unmenschlichkeit *f* ❶ *kein pl* (*unmenschliche Art*) inhumanity ❷ (*unmenschliche Tat*) inhuman act

unmerklich *adj* imperceptible

unmethodisch *adj* unmethodical

unmissverständlich[RR], **unmißverständlich** I. *adj* unequivocal, unambiguous; **eine ~e Antwort** a blunt answer II. *adv* unequivocally

unmittelbar I. *adj* ❶ *a.* JUR (*direkt*) direct ❷ (*räumlich/zeitlich nicht getrennt*) immediate; **in ~er Nähe des Bahnhofs** in the immediate vicinity of the station; **ein ~er Nachbar** a next-door neighbour [*or* AM -or] II. *adv* ❶ (*sofort*) immediately ❷ (*ohne Umweg*) directly, straight ❸ (*direkt*) imminently; **etw ~ erleben** to experience sth at first hand

unmöbliert *adj* unfurnished

unmodern I. *adj* old-fashioned; ■**~ sein/werden** to be unfashionable/go out of fashion II. *adv* in an old-fashioned way; **sich ~ kleiden** to wear old-fashioned clothes

unmöglich I. *adj* ❶ (*nicht machbar*) impossible; **~e Bedingungen** impossible conditions; **ein ~es Vorhaben** an unfeasible plan; **es jdm etw ~ machen** to make sth impossible for sb; **jdm ~ machen, etw zu tun** to make it impossible for sb to do sth; **jdn/sich [bei jdm/irgendwo] ~ machen** to make a fool of sb/oneself [in front of sb/somewhere]; ■**etwas/nichts U~es** something/nothing that's impossible; **das U~e möglich machen** to make the impossible happen ❷ (*pej fam: nicht tragbar/lächerlich*) ridiculous, impossible *pej;* ***sie hatte einen ~en Hut auf*** she was wearing a ridiculous hat; (*seltsam*) incredible; ***du hast manchmal die ~sten Ideen!*** sometimes you have the most incredible ideas! II. *adv* (*fam*) not possibly; ***das geht ~*** that's out of the question

Unmöglichkeit <-> *f kein pl a.* JUR impossibility; **~ der Erfüllung** impossibility of performance; **nachträgliche/rechtliche ~** supervening/legal impossibility; **objektive/subjektive ~** absolute/relative impossibility; **teilweise ~** partial impossibility; **~ der Leistung einwenden** to put in a plea of impossibility; *s. a.* **Ding**

Unmoral *f* immorality

unmoralisch *adj* immoral

unmotiviert [-viː-] I. *adj* unmotivated; **ein ~er Wutausbruch** an unprovoked outburst [*or* fit] of anger II. *adv* without motivation; **~ loslachen** to start laughing for no reason

unmündig *adj* ❶ (*noch nicht volljährig*) underage; **~e Jugendliche** young people who are underage; **sie hat vier ~e Kinder** she has four underage children; **jdn für ~ erklären** to declare sb to be a minor [*or* underage] ❷ (*geistig unselbstständig*) dependent

Unmündigkeit <-> *f* sheepishness

unmusikalisch *adj* unmusical

Unmut *m* (*geh*) displeasure, annoyance; **seinem ~ freien Lauf lassen** to give vent to one's displeasure; **sich jds ~ zuziehen** to be in sb's bad books BRIT

U

fam, to be on sb's bad side AM

unmutig *adj* (*geh*) annoyed, irritated

unnachahmlich *adj* inimitable

unnachgiebig I. *adj* intransigent, inflexible II. *adv* in an intransigent way; sich ~ zeigen to show oneself to be intransigent

Unnachgiebigkeit *f* intransigence, inflexibility

unnachsichtig I. *adj* strict, severe; eine ziemlich ~e Chefin a fairly strict boss; ein ~er Kritik a severe critic II. *adv* mercilessly; jdn ~ bestrafen to punish sb unmercifully

Unnachsichtigkeit *f* strictness, severity

unnahbar *adj* unapproachable

unnatürlich *adj* ① (*nicht natürlich*) unnatural; ein ~er Tod an unnatural death; ■ ~ sein, etw zu tun to be unnatural to do sth; (*abnorm*) abnormal; eine ~e Länge an abnormal length ② (*gekünstelt*) artificial; ein ~es Lachen a forced laugh

Unnatürlichkeit *f* unnaturalness

unnormal *adj* ① (*geistig nicht normal*) abnormal ② (*entgegen der Norm, ungewöhnlich*) abnormal; ~es Wetter abnormal weather

unnötig *adj* unnecessary, needless

unnötigerweise *adv* unnecessarily, needlessly

unnütz I. *adj* useless, pointless II. *adv* needlessly

UNO <-> *f kein pl Akr von* United Nations Organisation: ■ die ~ the UN

UNO-Friedenstruppen *pl* UN peacekeeping forces *npl*

unordentlich I. *adj* ① (*nachlässig*) untidy, disorderly ② (*nicht aufgeräumt*) untidy; ein ~es Zimmer an untidy room II. *adv* untidily; ~ arbeiten to work carelessly; sich ~ kleiden to dress carelessly

Unordentlichkeit *f* untidiness

Unordnung *f kein pl* disorder, mess; etw in ~ bringen to get sth in a mess [*or* muddle]; in ~ geraten to get into a mess; ~ machen to make a mess

unorthodox *adj* (*geh*) unorthodox

Unpaarhufer <-s, -> *m* ZOOL odd-toed ungulate, perissodactyl

unparteiisch *adj* impartial

Unparteiische(r) *f(m) dekl wie adj* ① (*neutrale Person*) ■ ein ~r/eine ~ an impartial [*or* neutral] person ② (*fam: Schiedsrichter*) ■ der/die ~ the referee

Unparteilichkeit *f* impartiality

unpassend *adj* ① (*unangebracht*) inappropriate; eine ~e Bemerkung an inappropriate remark; ~e Kleidung unsuitable clothing ② (*ungelegen*) inconvenient, inopportune; ein ~er Augenblick an inopportune moment

unpassierbar *adj* impassable

unpässlich[RR] *adj,* **unpäßlich** *adj* (*geh*) indisposed *form;* sich ~ fühlen to feel unwell; ~ sein to be indisposed

Unpässlichkeit[RR] <-, *selten* -en> *f* indisposition *form*

unpersönlich *adj* ① (*distanziert*) *Mensch* distant, aloof; *Gespräch, Art* impersonal ② LING impersonal

unpfändbar *adj* JUR unseizable, non-leviable, exempt from seizure *pred;* ~e Bezüge earnings exempt from garnishment; ~e Forderung ungarnishable third-party debts; ~e Sache non-attachable item

Unpfändbarkeit *f* JUR immunity [*or* exemption] from seizure

unplugged [ʌn'plʌgd] *adj* unplugged

unpolitisch *adj* unpolitical

unpopulär *adj* unpopular

unpraktisch *adj* ① (*nicht handwerklich veranlagt*) unpractical ② (*nicht praxisgerecht*) impractical; ein ~es Gerät an impractical appliance; ■ ~ sein, etw zu tun to be impractical to do sth

unproblematisch I. *adj* unproblematic II. *adv* without problem

unproduktiv *adj* ① ÖKON (*keine Werte schaffend*) unproductive ② (*nichts erbringend, unergiebig*) unproductive

unprofessionell *adj* unprofessional; (*unpassend*) unsuitable

Unprofor-Einheit *f* POL UNPROFOR unit

unpünktlich I. *adj* (*generell nicht pünktlich*) unpunctual; (*verspätet*) late; eine ~e Zahlung a late payment II. *adv* late

Unpünktlichkeit *f* ① (*unpünktliche Art*) unpunctuality; *ich hasse deine ~* I hate you always being late ② (*verspätetes Eintreffen*) late arrival

unqualifiziert I. *adj* ① (*keine Qualifikation besitzend*) unqualified; ■ ~ [für etw] sein to be unqualified [for sth]; ~e Arbeit unskilled work ② (*pej: inkompetent*) incompetent; eine ~e Bemerkung an inept remark II. *adv* incompetently

unrasiert *adj* unshaven

Unrast <-> *f kein pl* (*geh*) restlessness; von ~ getrieben sein to be driven by restlessness

Unrat <-[e]s> *m kein pl* (*geh*) refuse; ~ wittern (*fig*) to smell a rat

unrationell *adj* inefficient

unrealistisch I. *adj* unrealistic; ■ etwas U~es something unrealistic II. *adv* unrealistically

unrecht *adj* ① (*geh: nicht rechtmäßig*) wrong; ■ ~ sein, etw zu tun to be wrong to do sth; jdm ~ tun to do sb wrong [*or* an injustice]; ~ daran tun to make a mistake; (*falsch*) wrong; zur ~en Zeit at the wrong time ② (*nicht angenehm*) ■ jdm ~ sein to disturb sb; *es ist mir nicht ~, dass sie heute nicht kommt* I don't really mind if she doesn't come today

Unrecht *nt kein pl* ① (*unrechte Handlung*) wrong, injustice; ein großes ~ a great injustice; ein ~ begehen to commit a wrong; jdm ein ~ antun to do sb an injustice ② (*dem Recht entgegengesetztes Prinzip*) jdm ~ geben to contradict sb; ~ haben to be wrong; nicht ~ haben not to be so wrong; im ~ sein to be [in the] wrong; jdn/sich [durch etw] ins ~ setzen to put sb/oneself in the wrong [as a result of sth]; zu ~ wrongly; ~ bekommen to be shown to be in the wrong; JUR to lose a case; jdm ~ geben to disagree with sb; nicht zu ~ not without good reason

unrechtmäßig *adj* illegal; der ~e Besitzer the unlawful owner

Unrechtsbewusstsein[RR] *nt kein pl* awareness of wrongdoing; JUR guilty knowledge **Unrechtsvereinbarung** *f* JUR wrongful agreement [*or* sentence]

unredlich *adj* dishonest

Unredlichkeit *f* JUR dishonesty

unreell *adj* unfair

unregelmäßig *adj* irregular; *s. a.* Abstand

Unregelmäßigkeit <-, -en> *f* irregularity

Unregierbarkeit <-> *f kein pl* ungovernableness

unreif I. *adj* ① AGR, HORT (*noch nicht reif*) unripe ② (*noch nicht gereift*) immature; ~e Schüler immature pupils II. *adv* AGR, HORT (*in nicht reifem Zustand*) unripe

unrein *adj* impure; *Haut* bad; *Teint* poor; *Wasser* foul; ~e Gedanken (*fig*) impure thoughts; ~e Haut blemished skin; ~er Kai-Empfangsschein HANDEL foul dock receipt; ein ~er Ton poor sound quality; ins ~ sprechen (*hum fam*) to talk off the top of one's head; etw ins ~e schreiben to write out sth in rough

unrentabel *adj* unprofitable

unrettbar *adv s.* **rettungslos**

unrichtig *adj* incorrect, inaccurate

Unrichtigkeit *f* JUR inaccuracy, incorrectness; offenbare ~ obvious mistake

Unruh <-, -en> *f* TECH balance spring

Unruhe *f* ① (*Ruhelosigkeit*) restlessness *no pl;* in [*o* voller] ~ [wegen etw] sein to be anxious [about sth]; eine innere ~ inner disquiet; (*fehlende Ruhe*) restlessness; die ~ der Großstadt the restlessness of the city; (*Lärm*) noise ② (*ständige Bewegung*) agitation ③ (*erregte Stimmung*) agitation *no pl;* ~ stiften to cause trouble, disquiet *no pl;* (*hektische Betriebsamkeit*) hustle and bustle *no pl* ④ (*Aufstand*) ■ ~n *pl* riots *pl;* politische ~ political unrest

Unruhestifter(in) <-s, -> *m(f)* (*pej*) troublemaker *pej*

unruhig I. *adj* ① (*ständig gestört*) restless; *Zeit* troubled; eine ~e Nacht a restless night; (*ungleichmäßig*) uneven; ein ~er Herzschlag an irregular heartbeat ② (*laut*) noisy ③ (*ruhelos*) agitated; *Leben* eventful, busy; ~e Bewegungen agitated movements; ein ~er Geist a restless spirit; ein ~er Schlaf fitful sleep II. *adv* ① (*ruhelos*) anxiously, agitatedly ② (*unter ständigen Störungen*) restlessly; ~ schlafen to sleep fitfully, to have a restless night

unrühmlich *adj* ignominious

uns I. *pron pers* ① *dat von* wir [to/for] us; ■ bei ~ at our house [*or* place]; *er hat den Tag mit ~ verbracht* he spent the day with us; ■ von ~ from us ② *akk von* wir us II. *pron reflexiv* ① *akk, dat von* wir ourselves; *wir haben ~ die Entscheidung nicht leicht gemacht* we've made the decision difficult for ourselves ② (*einander*) each other; *wir sollten ~ immer gegenseitig helfen* we always ought to help each other; *s. a.* unter

unsachgemäß I. *adj* improper; der ~e Umgang [mit etw] the improper use [of sth] II. *adv* improperly

unsachlich *adj* unobjective

Unsachlichkeit <-, -en> *f* ① *kein pl* (*mangelnde Objektivität*) lack of objectivity, unobjectiveness ② (*unsachliche Bemerkung*) irrelevance

unsagbar *adj,* **unsäglich** *adj* (*geh*) ① (*unbeschreiblich, sehr groß/stark*) indescribable ② (*übel, albern*) awful

unsanft I. *adj* rough; ein ~er Stoß a hard push; ein ~es Erwachen a rude awakening II. *adv* roughly; ~ geweckt werden to be rudely awoken; jdm ~ zurechtweisen to reprimand sb curtly

unsauber I. *adj* ① (*schmutzig*) dirty; ~e Hände dirty hands; ~e Geschäfte (*fig*) shady deals; (*nicht reinlich*) dirty; ein ~er Mensch a dirty person ② (*unordentlich, nachlässig*) careless, untidy; (*unpräzise*) unclear; eine ~e Definition a woolly definition II. *adv* carelessly, untidily; etw ~ zeichnen to draw sth carelessly; ~ singen to sing unclearly

unschädlich *adj* harmless; etw ~ machen to render sth harmless; jdn ~ machen (*euph fam*) to eliminate sb, to take care of sb *sl*

Unschädlichkeitszeugnis *nt* JUR clearance certificate

unscharf I. *adj* ① (*keine klar umrissenen Konturen aufweisend*) blurred, fuzzy; ein ~es Foto a blurred photo ② (*nicht scharf*) out of focus; eine ~e Brille glasses that are out of focus ③ (*nicht präzise*) imprecise, woolly II. *adv* ① (*nicht präzise*) out of focus ② (*nicht exakt*) imprecisely, unclearly; ~ formuliert not clearly formulated

Unschärfe *f* blurredness, fuzziness

Unschärferelation *f* PHYS uncertainty [*or* indeterminacy] principle; die heisenbergsche ~ the Heisenberg uncertainty principle

unschätzbar *adj* inestimable; etw ist von ~em Wert sth is priceless

unscheinbar *adj* inconspicuous, nondescript; eine ~e Person an inconspicuous person

unschicklich *adj* (*geh*) improper

unschlagbar *adj* unbeatable; ■ [in etw *dat*] ~ sein (*fam*) to be unbeatable [at sth]

unschlüssig *adj* ① (*unentschlossen*) indecisive; eine ~e Miene an indecisive expression; ■ sich *dat* ~ [über etw *akk*] sein to be undecided [about sth]; ■ sich *dat* ~ sein, was man tun soll to be undecided what to do ② (*selten: nicht schlüssig*) undecided; *die Argumentation ist in sich ~* the argumentation is itself tenative

Unschlüssigkeit *f* indecision

unschön *adj* ① (*unerfreulich*) unpleasant; eine ~e Szene an ugly scene; ■ ~ von jdm sein [, etw zu tun] to be unkind of sb [to do sth] ② (*nicht zusagend, hässlich*) *Farbe* unsightly; *Musik* unattractive; *Wetter* unpleasant; ~ ansehen/klingen to look/sound unpleasant

Unschuld *f* ① (*Schuldlosigkeit*) innocence ② (*Reinheit*) purity; (*Naivität*) innocence; in aller ~ in all innocence; ~ vom Lande (*hum fam*) an innocent young girl ③ (*veraltend: Jungfräulichkeit*) virginity; jdm die ~ rauben to rob sb of their virginity; die ~ verlieren to lose one's virginity

unschuldig I. *adj* ① (*nicht schuldig*) innocent; ~

verurteilt sein to be found innocent; ■**an etw** *dat* ~ **sein** not to be responsible [*or* without blame] for sth ❷ (*arglos*) innocent; **ein ~es Gesicht haben** [*o* **machen**] to have an innocent [*or* angelic] face; ~ **tun** (*fam*) to act the innocent **II.** *adv* ❶ JUR dispite sb's/one's innocence ❷ (*arglos*) innocently; **jdn ~ anschauen** to look at sb innocently

Unschuldige(r) *f(m) dekl wie adj* innocent person

Unschuldsbeteuerung *f meist pl* protestation of innocence **Unschuldsengel** *m* (*iron*), **Unschuldslamm** *nt* (*iron*) little innocent *iron;* **kein Unschuldslamm sein** to be no angel **Unschuldsmiene** *f kein pl* innocent expression [*or* face]; **mit ~** with an air of innocence **Unschuldsvermutung** *f* JUR presumption of innocence

unschwer *adv* easily; ~ **zu sehen sein** to be easy to see

unselbständig *adj s.* **unselbstständig**

Unselbständigkeit *f s.* **Unselbstständigkeit**

unselbstständig[RR] *adj* (*von anderen abhängig*) dependent on others; (*angestellt*) employed; **~e Arbeit** paid employment

Unselbstständigkeit[RR] *f* lack of independence, dependence

unselig *adj* (*geh*) ❶ (*beklagenswert*) **ein ~es Schicksal** a cruel fate ❷ (*verhängnisvoll*) ill-fated; **ein ~er Plan** an ill-fated plan

unser **I.** *pron poss* ❶ (*das uns gehörende*) our; ***auf ~em Schulweg liegt ein Bäcker*** there's a bakery on our way to school ❷ (*uns betreffend*) **~er Meinung nach** in our opinion **II.** *pron pers gen von* **wir** (*geh*) of us; ***in ~ aller Interesse*** in all our interests

uns(e)re(r, s) <*nt* unsers> *pron poss, substantivisch* (*geh*) ours; ■**der/die/das ~** ours; ■**das U~** what is ours; **wir tun das U~** we're doing our part

unsereiner *pron indef,* **unsereins** *pron indef* (*fam*) ❶ (*jemand, wie wir*) the likes of us ❷ (*ich*) people like me

unser(er)seits *adv* (*von uns*) on our part; ~ ***bestehen keinerlei Bedenken*** there are no misgivings whatsoever on our part; *s. a.* **ganz**

uns(e)resgleichen *pron indef, inv* people like us

unseretwegen *adv s.* **unsertwegen**

unseretwillen *adv s.* **unsertwillen**

uns(e)rige(r, s) *pron poss* ❶ (*veraltend*) ■**der/die/das ~** *s.a.* **unsere** ❷ (*geh: unsere Familie*) ■**die U~n** our family

unseriös *adj Firma, Geschäftsmann* untrustworthy, shady; *Angebot* dubious

unsertwegen *adv* ❶ (*wegen uns*) because of us, on our account ❷ (*von uns aus*) as far as we are concerned; ~ ***kannst du das Auto gerne leihen*** as far as we are concerned you're welcome to borrow the car

unsertwillen *adv* **um ~** for our sake

unsicher **I.** *adj* ❶ (*gefährlich*) unsafe, dangerous; **ein ~er Reaktor** an unsafe reactor; **eine ~e Gegend** a dangerous area; **die Kneipen ~ machen** (*fam o hum*) to live it up in the pubs [*or* AM bars]; **die Stadt ~ machen** (*fam o hum*) to paint the town red ❷ (*gefährdet*) insecure, at risk *pred;* **ein ~er Arbeitsplatz** an insecure job ❸ (*nicht selbstsicher*) unsure, uncertain; **ein ~er Blick** an uncertain [*or* hesitant] look; **jdn ~ machen** to make sb uncertain, to put sb off ❹ (*unerfahren, ungeübt*) **sich ~ fühlen** to feel unsure of oneself; **noch ~ sein** to still be uncertain ❺ (*schwankend*) unsteady; *Hand* shaky; **ein ~er Gang** an unsteady gait; **auf ~en Beinen** on unsteady legs ❻ (*ungewiss*) uncertain; **eine ~e Zukunft** an uncertain future; **ein ~er Ausgang** an uncertain outcome ❼ (*nicht verlässlich*) unreliable; **eine ~e Methode** an unreliable method; ***das ist mir zu ~*** that's too dodgy for my liking *fam* **II.** *adv* ❶ (*schwankend*) unsteadily ❷ (*nicht selbstsicher*) **~ fahren** to drive with little confidence

Unsicherheit *f* ❶ *kein pl* (*mangelnde Selbstsicherheit*) lack of assurance, insecurity ❷ *kein pl* (*mangelnde Verlässlichkeit*) unreliability, uncertainty ❸ *kein pl* (*Ungewissheit*) uncertainty ❹ (*Gefährlichkeit*) dangers *pl* ❺ *meist pl* (*Unwägbarkeit*) uncertainty

Unsicherheitsfaktor *m* uncertainty factor

unsichtbar *adj* invisible; **für das menschliche Auge ~ sein** to be invisible to the human eye; **sich ~ machen** (*hum fam*) to make oneself invisible; **~e Transaktionen** HANDEL invisible transactions

Unsichtbarkeit *f* invisibility

Unsinn *m kein pl* nonsense, rubbish; ***lass den ~!*** stop fooling around! [*or* about], stop messing about! [*or* around]; ~ **machen** to mess about, to get up to mischief; ***mach kein ~!*** don't do anything stupid!; ~ **reden** (*fam*) to talk nonsense [*or* rubbish] [*or* AM trash]; **so** [*o* **was für**] **ein ~!** (*fam*) what nonsense! [*or* rubbish!]; **~!** (*fam*) nonsense!, rubbish!

unsinnig **I.** *adj* ❶ (*absurd*) absurd, ridiculous; **ein ~er Plan** a ridiculous plan; ■~ **sein, etw zu tun** to be ridiculous to do sth ❷ (*fam: sehr stark*) terrible *fam;* **~en Hunger haben** to be terribly hungry, to be dying of hunger *fam* **II.** *adv* (*fam: unerhört*) terribly; ~ **hohe Preise** ridiculously high prices

Unsitte *f* (*fig*) bad habit; **eine ~** [**von jdm**] **sein, etw zu tun** to be a bad habit [of sb's] to do sth

unsittlich **I.** *adj* ❶ (*unmoralisch*) indecent; **ein ~er Antrag** an indecent proposal ❷ JUR immoral, indecent **II.** *adv* indecently; **jdn ~ berühren** to indecently assault sb

unsolide *adj* dissolute, loose; *Arbeit* shoddy; *Bildung* superficial; *Möbel* flimsy; **ein ~es Leben** a dissolute life

unsortiert *adj* unsorted

unsozial *adj* anti-social; **eine ~e Gesetzgebung** anti-social legislation; **~es Verhalten** anti-social behaviour [*or* AM -or]; *Arbeitszeit* unsocial

unspektakulär *adj* unspectacular

unsportlich *adj* ❶ (*nicht sportlich*) unathletic ❷ (*nicht fair*) unsporting

Unsportlichkeit *f* lack of sporting prowess, lack of sportsmanship

unsre *pron s.* **unser**

unsrerseits *adv s.* **unsererseits**

unsresgleichen *pron indef s.* **unseresgleichen**

unsretwegen *adv s.* **unsertwegen**

unsretwillen *adv s.* **unsertwillen**

unsrige(r, s) *pron s.* **unserige(r, s)**

unstatthaft *adj* (*geh*) inadmissible *form,* not allowed; ■~ **sein, etw zu tun** not to be allowed to do sth

unsterblich **I.** *adj* ❶ (*ewig lebend*) immortal; **die ~e Seele** the immortal soul; **jdn ~ machen** to immortalize sb ❷ (*unvergänglich*) undying; **eine ~e Liebe** an undying love; **der ~e Goethe** the immortal Goethe **II.** *adv* (*fam: über alle Maßen*) incredibly; **sich ~ blamieren** to make a complete fool of oneself; **sich ~ verlieben** to fall madly in love

Unsterblichkeit *f* immortality

unstet *adj* ❶ (*unbeständig*) unstable ❷ (*rastlos*) restless; *Leben* unsettled

unstillbar *adj* (*geh*) *Wissensdurst* unquenchable; *Sehnsucht, Verlangen* insatiable

Unstimmigkeit <-, -en> *f* ❶ *meist pl* (*Meinungsverschiedenheit/Differenz*) differences *pl* ❷ (*Ungenauigkeit*) discrepancy, inconsistency

unstreitig **I.** *adv* indisputable; **eine ~e Tatsache** an indisputable fact **II.** *adv* indisputably; ~ **feststehen** to be indisputable

Unsummen *pl* vast sums *pl* [of money]; **etw verschlingt ~** sth consumes vast sums of money

unsymmetrisch *adj* asymmetric

Unsympath(in) <-en, -en> *m(f)* (*selten*) disagreeable person

unsympathisch *adj* ❶ (*nicht sympathisch*) unpleasant, disagreeable, ein *~er Mensch,* an disagreeable person; ■**jd ist ~** sb finds sb disagreeable ❷ (*nicht gefallend*) unpleasant; **ein ~er Gedanke** an unpleasant thought; ■**jdm ~ sein** to be disagreeable to sb

unsystematisch *adj* unsystematic

untad(e)lig **I.** *adj* (*geh*) impeccable; **ein ~es Verhalten** irreproachable behaviour [*or* AM -or] **II.** *adv* impeccably; ~ **gekleidet sein** to be impeccably dressed

Untat *f* atrocity

untätig **I.** *adj* (*müßig*) idle; ■**nicht ~ sein** to be busy; ~ **bleiben** to do nothing; **nicht ~ bleiben** to not be idle **II.** *adv* idly; ~ **zusehen** to stand idly by

Untätigkeit *f kein pl* inaction, inactivity; (*Müßiggang*) idleness; ~ **der Unternehmensführung** management inertia

Untätigkeitsbeschwerde *f* complaint about inaction **Untätigkeitseinspruch** *m* opposition on the grounds of inaction **Untätigkeitsklage** *f* JUR *court action on the grounds of administrative inaction*

untauglich *adj* ❶ (*ungeeignet*) unsuitable ❷ MIL (*nicht tauglich*) unfit

Untauglichkeit *f kein pl* unsuitability

unteilbar *adj* indivisible

Unteilbarkeit <-> *f kein pl* indivisibility

unten *adv* ❶ (*an einer tieferen Stelle*) down; **dort ~** (*fam*) down there; **hier ~** down here; **weiter ~** further down; **nach ~ zu** further down; **von ~** from down below; **von ~** [**her**] from the bottom up[wards]; **bis ~** [**an etw** *akk*] down [to sth]; ~ **an etw** *dat*/**in etw** *dat* at/in the bottom of sth; ***das Buch steht weiter ~ im Bücherschrank*** the book is lower down in the bookcase; ~ **in etw** *akk* down [below] in sth; ***ich habe die Bücher ~ ins Regal gelegt*** I've put the books down below on the shelf; ~ **links/rechts** [at the] bottom left/right ❷ (*Unterseite*) bottom ❸ (*in einem tieferen Stockwerk*) down below, downstairs; **nach ~** downstairs; ***der Aufzug fährt nach ~*** the lift is going down; **nach ~ gehen** to go downstairs; ~ **in etw** *dat* down in sth ❹ (*in sozial niedriger Position*) bottom; **ganz ~** (*fam*) right at the bottom; ***sie hat sich von ganz ~ hochgearbeitet*** she has worked her way up right from the bottom ❺ (*hinten im Text*) bottom; ~ **erwähnt** [*o* **genannt**] [*o* **stehend**] mentioned below *pred;* **siehe ~** see below ❻ (*am hinteren Ende*) at the bottom; ~ **an etw** *dat* at the bottom of sth ❼ (*fam: im Süden*) down ▸ WENDUNGEN: **bei jdm ~ durch sein** (*fam*) to be through with sb

untendrunter *adv* (*fam*) underneath; **etw ~ legen** to put sth underneath; **eine lange Unterhose ~ anhaben** to have long underwear on underneath

untenherum *adv* (*fam*) down below; (*im Intimbereich a.*) one's nether regions *fam*

unter **I.** *präp* ❶ +*dat* (*unterhalb von etw*) under, underneath; ~ **freiem Himmel** in the open air; **etw ~ dem Mikroskop betrachten** to look at sth under the microscope ❷ +*akk* (*in den Bereich unterhalb von etw*) under; **sich ~ die Dusche stellen** to have a shower ❸ +*dat* (*zahlenmäßig kleiner als*) below; ***die Temperaturen liegen hier immer ~ null*** the temperatures here are always below zero; **etw ~ Wert verkaufen** to sell sth at less than its value; ~ **dem Durchschnitt liegen** to be below average ❹ +*dat* (*inmitten*) among[st]; (*von*) among; ~ **sich** *dat* **sein** to be by themselves; ~ **uns gesagt** between you and me; ~ **anderem** amongst other things [*or spec* inter alia]; **sich ~ das Volk mischen** (*fam*) to mix with the people; ~ **Menschen gehen** to get out [of the house] ❺ +*dat* (*unterhalb eines Kleidungsstückes*) under ❻ +*dat* (*begleitet von, hervorgerufen durch*) under; ~ **Zwang** under duress; ~ **Lebensgefahr** at risk to one's life; ~ **der Bedingung, dass ...** on condition that ...; ~ **Umständen** possibly ❼ +*dat o akk* (*zugeordnet sein*) under; **etw ~ ein Motto stellen** to put sth under a motto; ~ **jds Schirmherrschaft** under sb's patronage; **jdn ~ sich haben** to have sb under one ❽ +*dat* (*in einem Zustand*) under; ~ **Druck/Strom stehen** to be under pressure; ~ **einer Krankheit leiden** to suffer from an illness ❾ +*dat* SÜDD (*während*) during; ~ **der Woche** during the week; ~ **Mittag** in the morning **II.** *adv* ❶ (*jünger als*) under; ***er ist noch ~ 30*** he's not yet turned 30 ❷ (*weniger als*) less than

Unterabteilung *f* subdivision **Unteranspruch** *m* JUR subordinate [*or* dependent] claim **Unterarm** *m* forearm **Unterart** *f* subspecies + *sing vb*

Unterauftrag *m* HANDEL subcontract, order unit; **Unteraufträge vergeben** to subcontract [*or* outsorce] **Unterauftragnehmer(in)** *m(f)* HANDEL sub-

U

contractor

Unterbau *m* ① (*Fundament*) foundations *pl;* **theoretischer** ~ (*fig*) the theoretical substructure *fig* ② BAU (*Tragschicht*) substructure; *Straße* road-bed, base course **Unterbegriff** *m* subsumed concept **unterbelegt** *adj* not full **unterbelichten*** *vt* ■**etw** ~ to underexpose sth; ■**unterbelichtet** underexposed; **geistig** ~ (*fam*) to be a bit dim *fam* **unterbelichtet** *adj Foto* underexposed **Unterbelichtung** *f kein pl* underexposure **Unterbeschäftigung** *f* ÖKON underemployment

unterbesetzt I. *pp von* **unterbesetzen II.** *adj* **personell** ~ understaffed **Unterbeteiligung** *f* ÖKON indirect holding, subparticipation **unterbewerten*** *vt* ■**etw** ~ to undervalue [*or* underrate] sth **Unterbewertung** *f* undervaluation, underrating **unterbewusst**^{RR} *adj,* **unterbewußt** *adj* subconscious; ■**das U~e** the subconscious **Unterbewusstsein**^{RR} *nt* ■**das/jds** ~ the/sb's subconscious; **im** ~ subconsciously **unterbezahlt** *adj* underpaid; ■**[mit etw]** ~ **sein** to be underpaid [at sth] **Unterbezahlung** *f* ① *kein pl* (*das Unterbezahlen*) underpaying ② (*das Unterbezahltsein*) underpayment **Unterbezirk** *m* subdistrict **unterbieten*** *vt irreg* ① (*billiger sein*) ■**jdn/etw [um etw]** ~ to undercut sb/sth [by sth] ② SPORT (*durch bessere Leistung deklassieren*) ■**jdn/etw [um etw]** ~ to improve on sb's/sth's sth [by sth]; **einen Rekord** ~ to beat a record **Unterbietungswettbewerb** *m* HANDEL cutthroat competition

unterbinden* *vt irreg* (*geh*) ■**etw** ~ to stop sth

unterbleiben* *vi irreg sein* (*geh*) ① (*aufhören*) to stop [*or* cease] ② (*nicht geschehen*) not to happen

Unterboden *m* BAU subfloor **Unterbodenschutz** *m* underseal **Unterbodenwäsche** *f* AUTO underbody wash

unterbrechen* *vt irreg* ① (*vorübergehend beenden*) ■**etw** ~ to interrupt sth; **seine Arbeit** ~ to interrupt one's work; **eine Reise** ~ to break a journey; **eine Schwangerschaft** ~ to terminate a pregnancy; ■**jdn** ~ to interrupt sb; ***unterbrich mich nicht immer!*** don't keep interrupting me! ② (*vorübergehend aufheben*) ■**etw** ~ to interrupt sth ③ (*räumlich auflockern*) ■**etw** ~ to break up sth *sep*

Unterbrechung <-, -en> *f* ① (*das Unterbrechen, Störung*) interruption; **maskierbare** ~ INFORM maskable interrupt ② (*vorübergehende Aufhebung*) interruption, suspension; ~ **der Beziehungen** POL to suspend relations; JUR ~ **der Hauptverhandlung** adjournment of the trial; ~ **des Kausalzusammenhangs** novus actus interveniens; ~ **der Verjährung** interruption of the Statute of Limitations ③ (*Pause*) interruption; **mit ~en** with breaks; **ohne** ~ without a break

Unterbrechungssymbol *nt* INFORM break symbol **Unterbrechungstaste** *f* INFORM break [*or* attention] key

unterbreiten* *vt* (*geh*) ① (*vorlegen*) ■**jdm etw** ~ to present [*or* put] sth to sb ② (*informieren*) ■**jdm** ~**, dass** to advise sb that

unter|bringen *vt irreg* ① (*Unterkunft verschaffen*) ■**jdn** ~ to put sb up, to accommodate sb *form;* ■**untergebracht sein** to be housed, to have accommodation; ***die Kinder sind gut untergebracht*** (*fig*) the children are being well looked after; ***er konnte ihr Gesicht nicht*** ~ (*fig fam*) he couldn't place her face ② (*abstellen*) ■**etw** ~ to put sth somewhere ③ (*fam: eine Anstellung verschaffen*) ■**jdn** ~ to get sb a job

Unterbringung <-, -en> *f* ① (*das Unterbringen*) accommodation; JUR placement, commitment; **einstweilige** ~ provisional commitment; ~ **im psychatrischen Krankenhaus** confinement in a psychiatric hospital ② (*Unterkunft*) accommodation *no indef art*

Unterbruch *m* SCHWEIZ (*Unterbrechung*) interruption

unter|buttern *vt* (*fam*) ■**jdn** ~ to ride roughshod over sb; **sich [von jdm]** ~ **lassen** to allow oneself to be pushed around [by sb]

Unterdeck *nt* lower deck; **im** ~ below deck

unterderhand *adv s.* **Hand 5**

unterdessen *adv* (*geh*) in the meantime, meanwhile

Unterdruck <-drücke> *m* ① PHYS negative pressure, vacuum ② *kein pl* (*niedriger Blutdruck*) low blood pressure

unterdrücken* *vt* ① (*niederhalten*) ■**jdn** ~ to oppress sb; ■**etw** ~ to suppress sth, to put down sth *sep* ② (*zurückhalten*) ■**etw** ~ to suppress sth, hold back; **ein Gähnen** ~ to suppress a yawn; **Kritik** ~ to hold back criticism

Unterdrücker(in) <-s, -> *m(f)* oppressor

Unterdrückung <-, -en> *f* ① *kein pl* (*das Unterdrücken*) *Bürger, Einwohner, Volk* oppression; *Aufstand, Unruhen* suppression ② (*das Unterdrücktsein*) oppression, repression ③ JUR (*Verbergen*) suppression; ~ **von Beweismaterial** suppression of evidence; ~ **von technischen Aufzeichnungen/Urkunden** suppression of technical records/documents; ~ **von Vermögenswerten** concealment of assets

unterdurchschnittlich I. *adj* below average; **ein ~es Gehalt** a below average salary; ■**U~es** below average **II.** *adv* below the average; ~ **intelligente Kinder** children of below average intelligence

untere(r, s) <unterste(r, s)> *adj attr* ① (*unten befindlich*) lower; **das ~e Ende** the lower end; **die unterste Schicht** the lowerest layer ② (*rangmäßig niedriger*) lower; **die unteren Gehaltsklassen** the lower income groups ③ GEOG (*im Unterlauf befindlich*) lower; **der** ~ **Rhein** the lower part [*or* stretch] of the Rhine

untereinander *adv* ① (*miteinander*) among yourselves/themselves etc; **sich** ~ **helfen** to help each other [*or* one another] ② (*eines unterhalb des anderen*) one below the other

unterentwickelt *adj* ① (*nicht genügend entwickelt*) underdeveloped; **geistig** ~ mentally retarded; **körperlich** ~ physically underdeveloped ② (*ökonomisch zurückgeblieben*) underdeveloped; **ein ~es Land** an underdeveloped country **unterernährt** *adj* undernourished **Unterernährung** *f* malnutrition

unterfangen* *vt* BAU ■**etw** ~ to underpin sth

Unterfangen <-s, -> *nt* undertaking; **ein gefährliches** ~ a dangerous undertaking

unter|fassen *vt* (*fam*) ① (*stützen*) ■**jdn** ~ to take sb's arm ② (*einhaken*) ■**jdn** ~ to link arms with sb

unterfinanzieren* *vt* ■**jdn/etw** ~ to underfund sb/sth

unterfinanziert *adj* underfunded, underfinanced

Unterfinanzierung *f kein pl* POL, FIN underfinancing, underfunding

unterfordern* *vt* ■**jdn** ~ to not challenge sb enough

Unterfrachtvertrag *m* HANDEL subcharter

Unterführung *f* underpass; *Fußgänger* subway

Unterfunktion *f* hypofunction

Unterfütterung *f* BAU shim

Untergang <-gänge> *m* ① (*das Versinken*) sinking; **der** ~ **der Titanic** the sinking of the Titanic ② (*Sinken unter den Horizont*) setting; **der** ~ **der Sonne** the setting of the sun ③ (*Zerstörung*) destruction; **der** ~ **einer Zivilisation** the decline of civilization; **vom** ~ **bedroht sein** to be threatened by destruction; **etw/jmd geht seinen** ~ **entgegen** sth/sb is heading for disaster; **der** ~ **des Römischen Reiches** the fall of the Roman Empire ④ (*Verlust*) loss; ~ **eines Pfandes** extinguishment of lien; ~ **von Waren** loss of goods; **zufälliger** ~ accidental loss

Untergangsstimmung *f* feeling of doom

untergeben *adj* subordinate; ■**jdm** ~ **sein** to be subordinate to sb

Untergebene(r) *f(m) dekl wie adj* subordinate

unter|gehen *vi irreg sein* ① (*versinken*) to sink, to go down *fam;* ■**untergegangen** sunken; ***ihre Worte gingen in dem Lärm unter*** (*fig*) her words were drowned [*or* lost] in the noise ② (*unter den Horizont sinken*) to set ③ (*zugrunde gehen*) to be destroyed; ■**untergegangen** extinct, lost; **~e Kulturen** lost civilizations; *s. a.* **Welt**

untergeordnet *adj* ① (*zweitrangig*) secondary; **von ~er Bedeutung sein** to be of secondary importance ② (*subaltern*) subordinate; **eine ~e Stellung** a subordinate position **Untergeschoss**^{RR} *nt* basement **Untergestell** *nt* ① (*Fahrgestell*) base ② (*hum fam: Beine*) pins *npl fam* **Untergewicht** *nt* underweight; ~ **haben** to be underweight **untergewichtig** *adj* underweight **untergliedern*** *vt* (*gliedern*) ■**etw [in etw** *akk***]** ~ to subdivide sth [into sth]

untergraben^{*1} *vt irreg* ■**etw** ~ to undermine sth

unter|graben^{2} *vt irreg* ■**etw** ~ to dig sth into the soil

Untergrund *m* ① GEOL (*Bodenschicht*) subsoil; **ein fester, sandiger** ~ a firm, sandy subsoil; (*Boden*) bottom; **der** ~ **des Meeres** the bottom of the sea [*or* ocean] ② *kein pl* (*politische Illegalität*) underground; **in den** ~ **gehen** to go underground; **im** ~ underground ③ KUNST, MODE (*tragende Fläche*) background; (*unterste Farbschicht*) undercoat

Untergrundbahn *f* underground **Untergrundbewegung** *f* underground movement **Untergrundorganisation** *f* POL underground organization; **sich einer** ~ **anschließen** to join an underground organization; **einer** ~ **angehören** to belong to an underground organization

unter|haken *vt* (*fam: einhaken*) ■**jdn** ~ to link arms with sb; ■**sich bei jdm** ~ to link arms with sb; **[mit jdm] untergehakt gehen** to walk arm in arm [with sb]

unterhalb I. *präp* (*darunter befindlich*) below; ■~ **einer S.** *gen* below sth **II.** *adv* (*tiefer gelegen*) below; *Fluss* downstream; ■~ **von etw** below sth

Unterhalt <-[e]s> *m kein pl* ① (*Lebens~*) keep, maintenance, subsistence; **für jds** ~ **aufkommen** to pay for sb's keep ② JUR (*Unterhaltsgeld*) maintenance, alimony; **angemessener** ~ reasonable maintenance, appropriate support; ~ **gewähren** to provide maintenance; **[für jdn]** ~ **zahlen** to pay maintenance [for sb] ③ (*Instandhaltung*) upkeep, maintenance

unterhalten^{*1} *vt irreg* ① (*für jds Lebensunterhalt sorgen*) ■**jdn** ~ to support sb; ***er muss vier Kinder*** ~ he has to support four children ② (*instand halten, pflegen*) ■**etw** ~ to maintain sth ③ (*betreiben*) ■**etw** ~ to run sth ④ (*innehaben*) ■**etw** ~ to have sth; **ein Konto** ~ (*geh*) to have an account ⑤ (*aufrechterhalten*) ■**etw** ~ to maintain sth

unterhalten^{2} *irreg* **I.** *vt* (*die Zeit vertreiben*) ■**jdn** ~ to entertain sb **II.** *vr* ① (*sich vergnügen*) ■**sich** ~ to keep oneself amused, to have a good time; ***die Kinder können sich alleine*** ~ the children can amuse themselves alone ② (*sprechen*) ■**sich [mit jdm] [über jdn/etw]** ~ to talk [to sb] [about sb/sth]; ***wir müssen uns mal*** ~ we must have a talk

unterhalten^{3} *vt* (*fam*) ■**etw** ~ to hold sth underneath

unterhaltend *adj,* **unterhaltsam** *adj* entertaining; **ein ~er Abend** an entertaining evening

Unterhalter(in) <-s, -> *m(f)* ① (*Entertainer*) entertainer ② (*Geldverdiener*) breadwinner

Unterhaltsabfindung *f* FIN maintenance settlement **Unterhaltsanspruch** *m* ADMIN, SOZIOL, ÖKON entitlement to maintenance, maintenance claim **Unterhaltsbeitrag** *m* JUR allowance **unterhaltsberechtigt** *adj* entitled to maintenance; ■**[jdm gegenüber]** ~ **sein** to be entitled to maintenance [from sb] **Unterhaltsberechtigte(r)** *f(m) dekl wie adj* JUR person entitled to maintenance payments **Unterhaltsgeld** *nt* maintenance money **Unterhaltsklage** *f* action for maintenance **Unterhaltskosten** *pl* ① JUR maintenance ② (*Instandhaltungskosten*) maintenance costs *npl* ③ (*Betriebskosten*) running costs *pl* **Unterhaltspflicht** *f* JUR maintenance obligation, obligation to pay maintenance **unterhaltspflichtig** *adj* under obligation to provide maintenance; ■**[jdm gegenüber]** ~ **sein** to be under obligation to provide maintenance [for sb] **Unterhaltspflichtige(r)** *f(m) dekl wie adj* person liable to provide maintenance **Unterhaltspflichtverletzung** *f* JUR violation of maintenance obligation **Unterhaltsrecht** *nt* JUR maintenance law **Unterhaltsrente** *f* JUR maintenance assistance pension **Unterhaltssache** *f* JUR (*bei Vaterschaft*) affiliation [*or* AM bastardy] case **Unterhaltssicherung** *f* JUR providing security for maintenance obligations **Unterhaltsstreitigkeiten** *pl* disputes *pl* over maintenance **Unterhaltsverfahren** *nt* JUR maintenance proceedings *pl;* (*bei Vaterschaft*) affiliation [*or* AM bastardy] proceedings **Unterhaltsverfügung** *f* JUR (*bei Vaterschaft*) affiliation order [*or* AM bastardy] **Unterhaltsverletzung** *f* JUR breach of maintenance obligation **Unterhaltsverpflichtung** *m* JUR obligation to provide maintenance [*or* AM support] **Unterhaltszahlung** *f* maintenance payment

Unterhaltung¹ <-> *f kein pl* ① (*Instandhaltung*) maintenance, upkeep ② (*Betrieb*) running

Unterhaltung² <-, -en> *f* ① (*Gespräch*) talk, conversation; **eine ~ mit jdm führen** [*o* **haben**] to have a conversation with sb ② *kein pl* (*Zeitvertreib*) entertainment; **gute** [*o* **angenehme**] **~!** enjoy yourselves!, have a good time!

Unterhaltungsarbeiten *pl* HANDEL maintenance [work] **Unterhaltungsbranche** *f* entertainment industry **Unterhaltungselektronik** *f* (*Industrie*) consumer electronics; (*Geräte*) audio and video systems *pl* **Unterhaltungsindustrie** *f* entertainment industry **Unterhaltungskonzern** *m* entertainment concern **Unterhaltungskosten** *pl* FIN maintenance costs **Unterhaltungskunst** *f* art of entertainment **Unterhaltungsliteratur** *f kein pl* light fiction **Unterhaltungsmusik** *f* light music **Unterhaltungsprogramm** *nt* light entertainment programme [*or* AM -am] **Unterhaltungswert** *m* entertainment value

unterhandeln* *vi* ■[**mit jdm**] ~ to negotiate [with sb]

Unterhändler(in) *m(f)* negotiator

Unterhaus *nt* POL lower house; **das britische ~** the House of Commons BRIT, the Lower House BRIT

Unterhauswahl *f* Commons vote BRIT

Unterhaut *f* MED hypodermis

unter|heben *vt* ■**etw** ~ KOCHK to fold in sth

Unterhemd *nt* vest

Unterhitze *f* bottom heat

unterhöhlen* *vt* ① (*durch Auswaschung aushöhlen*) ■**etw** ~ to hollow out sth *sep* ② *s.* **unterminieren**

Unterholz *nt kein pl* undergrowth

Unterhose *f* [under]pants; **kurze ~[n]** pants *npl;* **lange ~[n]** long johns *npl*

unterirdisch I. *adj* underground, subterranean; **ein ~es Kabel** an underground cable; **ein ~er Fluss** a subterranean river II. *adv* underground; **~ verlegte Stromkabel** electricity cables laid underground

Unterjacke *f* under-jacket

unterjochen* *vt* ■**jdn** ~ to subjugate sb

Unterjochung <-, -en> *f* subjugation

unter|jubeln *vt* (*sl*) ① (*andrehen*) ■**jdm etw** ~ to palm sth off on sb; ■**sich** *akk* [**von jdm**] **etw ~ lassen** to allow sb to palm sth off on[to] one ② (*anlasten*) ■**jdm etw** ~ to pin sth on sb

unterkapitalisiert *adj* ÖKON undercapitalized

Unterkapitalisierung *f* ÖKON undercapitalization

unterkellern* *vt* ■**etw** ~ to build sth with a cellar; ■**unterkellert** with a cellar; **ein unterkellertes Haus** a house with a cellar; ■**unterkellert sein** to have a cellar

Unterkiefer *m* lower jaw; **jds ~ fällt** [*o* **klappt**] **herunter** (*fam*) sb's jaw drops [open]

Unterkleid *nt* underskirt, slip

Unterkleidung <-, -en> *f* underwear

unter|kommen *vi irreg sein* ① (*eine Unterkunft finden*) ■**bei jdm/irgendwo** ~ to find accommodation at sb's house/somewhere ② (*fam: eine Anstellung bekommen*) ■[**irgendwo/bei jdm**] [**als etw**] ~ to find employment [*or fam* a job] [somewhere/with sb] [as sth] ③ DIAL (*begegnen*) ■**jdm** ~ to come across sth/sb; ***so einer ist mir ja noch nie untergekommen!*** I've never come across anyone like him before ④ DIAL (*erleben*) ■**jdm** ~ to experience; ***ein so wundersame Gelegenheit kommt einem nicht alle Tage unter*** you don't get such a wonderful opportunity like that every day

Unterkonto *nt* FIN subsidiary account

Unterkörper *m* lower part of the body

unter|kriegen *vt* (*fam*) ■**jdn** ~ to bring sb down; ***die Konkurrenz will uns ~*** our competitors want to bring us down; ***ein guter Mann ist nicht unterzukriegen*** you can't keep a good man down; ■**sich** [**von jdm/etw**] ~ **lassen** to allow sb/sth to get one down; ***von einem kleinen Rückschlag darf man sich nicht ~ lassen*** you shouldn't allow a trivial setback to get you down

unterkühlen* I. *vt* ■**jdn** ~ to reduce sb's body temperature II. *vr* (*fam*) ■**sich** ~ to get cold; ***ich muss mich im Schatten unterkühlt haben*** I must have got cold standing in the shade

unterkühlt *adj* ① (*mit niedriger Körpertemperatur*) suffering from hypothermia; **stark ~ sein** to be suffering from advanced hypothermia; ***in dem ~en Zustand konnte sie sich kaum bewegen*** she was so cold she could scarcely move ② (*distanziert*) cool, reserved; **~e Beziehungen** cool relations

Unterkühlung *f* hypothermia

Unterkunft <-, -künfte> *f* accommodation; **eine ~ suchen** to look for accommodation; **~ mit Frühstück** bed and breakfast; **~ und Verpflegung** board and lodging; MIL (*Kaserne*) quarters *npl;* (*privat*) billet; ***die Soldaten kehrten in ihre Unterkünfte zurück*** the soldiers returned to their billets [*or* quarters]

Unterlage *f* ① (*flacher Gegenstand zum Unterlegen*) mat, pad; ***bei der Notoperation diente eine Decke als ~*** during the emergency operation a blanket was used for the patient to lie on; ***lege bitte eine ~ unter den Topf!*** please put the pot on a mat! like that; (*Bett~*) drawsheet ② *meist pl* (*Beleg, Dokument*) document *usu pl;* **geschäftliche ~n** commercial documents

Unterlagsscheibe *f* BAU washer

UnterlassRR *m,* **Unterlaß** *m* **ohne ~** (*geh*) incessantly, continuously

unterlassen* *vt irreg* ① (*nicht ausführen*) ■**etw** ~ not to carry out sth, to omit [*or* fail] to do sth; ***die letzte Untersuchung wurde ~*** the final examination was not carried out; ■**es ~, etw zu tun** to fail to do sth; ***warum haben Sie es ~, mich zu benachrichtigen?*** why did you fail to inform me?; **~e Hilfeleistung** JUR failure to lend assistance ② (*mit etw aufhören*) ■**etw** ~ to refrain from doing sth; ***diese dumme Bemerkung hättest du auch ~ können*** you could have refrained from making this stupid remark; **etw nicht ~ können** not to be able to refrain from doing sth; ***scheinbar kann er diese Dummheiten nicht ~*** apparently, he can't stop doing these silly things; **unterlass/~ Sie das!** stop that!; *s. a.* **Hilfeleistung**

Unterlassen <-s> *nt kein pl* JUR omission, nonfeasance

Unterlassung <-, -en> *f* ① (*das Unterlassen*) omission, failure [to do sth]; ***ich bestehe auf sofortiger ~ dieser Lärmbelästigung*** I insist that this noise pollution be stopped immediately ② JUR failure, negligence; **fahrlässige ~** passive negligence; **auf ~ klagen** to apply for an injunction

Unterlassungsanordnung *f* JUR prohibitive injunction BRIT, cease and desist order AM **Unterlassungsanspruch** *m* JUR claim to a forbearance **Unterlassungsdelikt** *nt* JUR default [*or* crime] by omission **Unterlassungsfall** <-s> *m kein pl* JUR injunction proceedings *pl;* **im ~** (*geh*) in case of default **Unterlassungsklage** *f* JUR action for injunction, injunction suit; **vorbeugende ~** prohibitory suit **Unterlassungsurteil** *nt* JUR **endgültiges/vorbeugendes ~** final/preventive injunction

Unterlauf <-s, Unterläufe> *m* ① *eines Flusses* lower reaches *pl* ② INFORM (*Bereichsunterschreitung*) underflow

unterlaufen* *irreg* I. *vt* ① *haben* (*umgehen*) ■**etw** ~ to evade [*or* circumvent] sth; **die Zensur/ein Embargo ~** to evade a censure/an embargo ② SPORT **einen Spieler ~** *to charge a player who is in the air and knock him down* II. *vi sein* ① (*versehentlich vorkommen*) ■**jdm unterläuft etw** sth happens to sb; ***da muss mir ein Fehler ~ sein*** I must have made a mistake ② (*fam: begegnen*) ■**jdm** ~ to happen to sb; ***so etwas Lustiges ist mir selten ~*** something as funny as that has rarely happened to me

unter|legen¹ *vt* ① (*darunter plazieren*) ■[**jdm**] **etw** ~ to put sth under[neath] [sb] ② (*abweichend interpretieren*) ■**etw** *dat* **etw** ~ to read another meaning into sth

unterlegen*² *vt* ① (*mit Untermalung versehen*) ■**etw mit etw** ~ to use sth to form the background to sth; **einem Film Musik ~** to put music to a film; ***die Modenschau wurde mit Musik unterlegt*** music formed the background to the fashion show ② (*mit einer Unterlage versehen*) ■**etw mit etw** *dat* ~ to underlay sth with sth

unterlegen³ *adj* ① (*schwächer als andere*) inferior; **~e Kräfte** inferior forces; ■**jdm ~ sein** to be inferior to sb; **zahlenmäßig ~ sein** to be outnumbered ② SPORT (*schwächer*) defeated; ■**jdm ~ sein** to be defeated by sb

Unterlegene(r) *f(m) dekl wie adj* loser

Unterlegenheit <-, *selten* -en> *f* inferiority

Unterlegscheibe *f* TECH washer

Unterleib *m* [lower] abdomen

Unterleibsbeschwerden *f pl* abdominal complaint [*or* pain]

Unterlieferung <-, -en> *f* TYPO underdelivery, underrun

unterliegen* *vi irreg sein* ① (*besiegt werden*) ■[**jdm**] ~ to lose [to sb], to be defeated [*or* beaten] [by sb] ② (*unterworfen sein*) ■**etw** *dat* ~ to be subject to sth; **einer Täuschung ~** to be the victim of a deception; **der Schweigepflicht ~** to be bound to maitain confidentiality; ***Sie ~ offensichtlich einem Irrtum*** you have obviously made a mistake; *s. a.* **Zweifel**

Unterlippe *f* bottom [*or* lower] lip

unterm (*fam*) = **unter dem**

untermalen* *vt* ① (*mit Musik begleiten*) ■**etw** [**mit etw**] ~ to provide sth as a background to sth; ***der Gedichtvortrag wurde leise mit Musik untermalt*** soft music was provided as a background to the poetry reading ② KUNST ■**etw** ~ to prime sth

Untermalung <-, -en> *f* background music

untermauern* *vt* ■**etw** [**mit etw**] ~ to support sth [with sth]; *BAU* to underpin sth with sth; ***seine Theorie ist wissenschaftlich gut untermauert*** his theory is scientifically well supported

Untermenü *nt* INFORM submenu

Untermiete *f* ① (*Mieten eines Zimmers*) subtenancy; **in** [*o* **zur**] **~ wohnen** *to rent a room from an existing tenant* ② (*das Untervermieten*) sublease; **jdn in ~ nehmen** to take in sb as a lodger; ***wir mussten jemanden in ~ nehmen*** we had to take in a lodger

Untermieter(in) *m(f)* subtenant

unterminieren* *vt* ■**etw** ~ to undermine sth

unter|mischen *vt* (*mit etw vermengen*) ■**etw** ~ to add [*or sep* mix in] sth

untern (*fam*) = **unter den** *s.* **unter**

Unter(nagel)lack *m* base coat, undercoat

unternehmen* *vt irreg* ① (*in die Wege leiten*) ■**etw/nichts** [**gegen jdn/etw**] ~ to take action/no action [against sb/sth]; **Schritte gegen etw ~** to take steps against sth ② (*Vergnügliches durchführen*) ■**etw** [**mit jdm**] ~ to do sth [with sb]; ***wollen wir nicht etwas zusammen ~?*** why don't we do something together? ③ (*geh: machen*) ■**etw** ~ to do sth; **einen Ausflug ~** to go on an outing; **eine Reise ~** to go on a journey; **einen Versuch ~** to make an attempt ④ (*geh: auf sich nehmen*) ■**es ~, etw zu tun** to take it upon oneself to do sth

Unternehmen <-s, -> *nt* ① ÖKON (*Firma*) firm, company, enterprise; **gemeinnütziges ~** JUR public institution; **verbundene ~** affiliated enterprises

U

❷ (*Vorhaben*) undertaking, venture; **ein gewagtes** ~ a risky venture

Unternehmensabsprache *f* HANDEL **wettbewerbsbeschränkende** ~ anti-competitive agreement in restraint of trade **Unternehmensaufspaltung** *f* HANDEL operational split **Unternehmensbeihilfen** *pl* FIN operating subsidies **Unternehmensberater(in)** *m(f)* management consultant **Unternehmensberatung** *f* ÖKON ❶ *kein pl* (*Consulting, Betriebsberatung*) management [*or* business] consultancy *no pl* ❷ (*Firma*) management consultancy firm **Unternehmensberatungsfirma** *f* HANDEL management consultancy **Unternehmensbereich** *m* ADMIN division of a/the company **Unternehmensbesteuerung** *f* FIN (*Besteuerung*) company [*or* AM corporation] taxation; (*Steuerbetrag*) corporation tax **Unternehmensbewertung** *f* FIN business appraisal, operations audit **Unternehmensbilanzstatistik** *f* FIN business statistics + *pl vb* **Unternehmensbuchführung** *f* FIN business [*or* corporate] accounting **Unternehmensdaten** *pl* company data + *sing/pl vb* **Unternehmenseinheit** *f* HANDEL corporate unit **Unternehmenserträge** *pl* FIN company earnings **Unternehmensfernsehen** *nt* TV company [*or* business] TV **Unternehmensform** *f* HANDEL type of business organization, form of enterprise **Unternehmensforschung** *f* ÖKON operational research **Unternehmensfortführung** *f* HANDEL continuation of the business as a going concern, continued plant operation **unternehmensfremd** *adj* not related to the company *pred* **Unternehmensführung** *f* ÖKON ❶ *kein pl* (*Management*) management ❷ (*Führungskräfte in einem Unternehmen*) management **Unternehmensfusion** *f* ÖKON company merger **Unternehmensgesetz** *nt* JUR companies act **Unternehmensgewinn** *m* FIN corporate [*or* business] profit **Unternehmensgründung** *f* HANDEL business start-up [*or* formation] **Unternehmensgruppe** *f* group [of companies], consortium **Unternehmenskauf** *m* HANDEL acquisiton [of a company] **Unternehmenskaufvertrag** *m* JUR acquisiton contract **Unternehmenskonzentration** *f* ÖKON integration of companies **Unternehmensleiter(in)** *m(f)* ADMIN top manager [*or* executive] **Unternehmensleitung** *f* ADMIN ❶ *kein pl* (*Leitung, Führung eines Unternehmens*) management ❷ (*Führungskräfte eines Unternehmens*) management **Unternehmensliquidation** *f* HANDEL winding-up of a company **Unternehmensliquidität** *f* FIN corporate liquidity **Unternehmensmitbestimmung** *f* HANDEL co-determination at company [*or* enterprise] level **Unternehmensneugründung** *f* HANDEL new business start-up, formation of a new company **Unternehmenspachtvertrag** *m* JUR company lease agreement **Unternehmensplan** *m* corporate plan **Unternehmensplanung** *f* corporate planning **Unternehmenspolitik** *f* ÖKON business [*or* company] [*or* corporate] policy **Unternehmensrecht** *nt* JUR company [*or* AM corporate] law **Unternehmensrestitution** *f* HANDEL company [*or* AM corporate] restitution **Unternehmenssanierung** *f* HANDEL company reorganization **Unternehmenssatzung** *f* JUR articles of [*or* AM incorporation] association **Unternehmensspitze** *f* top management, executive level **Unternehmenssteuer** *f* FIN company [*or* AM corporate] taxation **Unternehmenssteuerrecht** *nt* JUR company [*or* AM corporate] tax law **Unternehmensstruktur** *f* corporate structure **Unternehmenstätigkeit** *f* HANDEL company's operational [*or* corporate] activities *pl* **Unternehmensteil** *m* ÖKON business operations; ~**e abstoßen** to spin off operations **Unternehmensträger** *m* HANDEL proprietary [*or* holding] company **Unternehmensübernahme** *f* ÖKON company take-over **Unternehmensumwandlung** *f* HANDEL company reorganization **Unternehmensverband** *m* HANDEL association of undertakings [*or* enterprises] **Unternehmensverbindlichkeiten** *pl* FIN company [*or* AM corporate] debts **Unternehmensverbindungen** *pl* HANDEL interlocking relationships **Unternehmensvereinigung** *f* HANDEL association of undertakings [*or* enterprises] **Unternehmensverfassung** *f* HANDEL company [*or* AM corporate] structure, company constitution **Unternehmensvertrag** *m* HANDEL affiliation [*or* intercompany] agreement **Unternehmensziel** *nt* HANDEL business [*or* corporate] objective, company aim **Unternehmenszusammenschluss**[RR] *m* ÖKON ❶ (*Fusion*) merger ❷ (*Kombination*) combine **Unternehmenszusammenschluss**[RR] *m* HANDEL merger, AM consolidation

Unternehmer(in) <-s, -> *m(f)* employer, entrepreneur; **privater/selbstständiger** ~ private/independent trader

Unternehmerfreiheit *f* HANDEL free enterprise **unternehmerfreundlich** *adj* POL employer-friendly **Unternehmergewinn** *m* ÖKON [corporate] profit **Unternehmerhaftpflicht** *f*, **Unternehmerhaftung** *f* JUR company [*or* AM corporate] liability

unternehmerisch I. *adj* entrepreneurial II. *adv* in a business-like manner; ~ **denken** to think in a business-like manner

Unternehmerkreise *pl* POL industrial circles; **in ~ wird behauptet, dass ...** industrialists are claiming that ... **Unternehmerlohn** *m* employer's remuneration **Unternehmerpfandrecht** *nt* JUR artisan's lien **Unternehmerrisiko** *nt* JUR entrepreneurial [*or* management] risk

Unternehmerschaft <-, *selten* -en> *f* business men *pl*, entrepreneurs *pl*

Unternehmertätigkeit *f* HANDEL entrepreneurial activities *pl*

Unternehmertum *nt kein pl* ÖKON enterprise, entrepreneurship; ***das freie ~ wird nicht genug gefördert*** there is too little encouragement of free enterprise

Unternehmerverband *m* employer's association

Unternehmung <-, -en> *f* (*geh*) *s.* **Unternehmen 2**

Unternehmungsform *f* ÖKON form of business organization **Unternehmungsgeist** *m kein pl* enterprise, entrepreneurial spirit **Unternehmungslust** *f kein pl* enterprise, initiative **unternehmungslustig** *adj* enterprising, adventurous **Unternehmungszusammenlegung** *f* ÖKON corporate merger

Unteroffizier *m* non-commissioned officer; **Offiziere und ~e** officers and other ranks; ~ **vom Dienst** duty NCO

unter|ordnen I. *vt* ❶ (*vor etw hintanstellen*) ■**etw etw** *dat* ~ to put sth before sth; ***die meisten Mütter ordnen ihre eigenen Bedürfnisse denen ihrer Kinder unter*** most mothers put the needs of their children before their own ❷ (*jdm/einer Institution unterstellen*) ■**jdm/einer S. untergeordnet sein** to be [made] subordinate to sb/sth II. *vr* ■**sich [jdm]** ~ to take on a subordinate role [to sb]

Unterordnungskonzern *m* HANDEL subordinated [*or* vertical] group

unterprivilegiert *adj* (*geh*) underprivileged

Unterprogramm *nt* INFORM subprogramme [*or* AM -am] [*or* subroutine]

unterproportional I. *adj* disproportionately low II. *adv* ~ **vertreten** having a disproportionately low representation

Unterpunkt *m* sub-point

Unterredung <-, -en> *f* discussion; **eine ~ mit jdm haben** [*o* **führen**] to have a discussion with sb

unterrepräsentiert *adj* under-represented; **in einem Ausschuss ~ sein** to be under-represented on a committee

Unterricht <-[e]s, *selten* -e> *m* lesson; **theoretischer/praktischer** ~ theoretical/practical classes; ***im Sommer beginnt der ~ um zehn vor acht*** in summer lessons begin at ten to eight; **dem ~ fernbleiben** to play truancy [*or* AM hooky]; **[jdm] ~ [in etw** *dat*] **geben** to give [sb] lessons [in sth]; **bei jdm ~ haben** to have lessons with sb; ***bei wem haben wir nächste Stunde ~?*** who's our next lesson with?; **im ~ sein** to be in a lesson; ***heute fällt der ~ in Mathe aus*** there will be no maths lesson today

unterrichten* I. *vt* ❶ (*als Lehrer unterweisen*) ■**jdn/etw [in etw** *dat*] ~ to teach sb/sth [sth]; **eine Klasse in Französisch** ~ to teach a class French; ***ich habe ihn früher in Mathematik unterrichtet*** I used to teach him mathematics ❷ (*ein Fach lehren*) ■**etw** ~ to teach sth; **Chemie** ~ to teach Chemistry ❸ (*geh: informieren*) ■**jdn [über etw** *akk*/**von etw** *dat*] ~ to inform [*or* advise] sb [about sth]; ***ich bin unterrichtet*** I have been informed II. *vi* (*als Lehrer tätig sein*) ■**[in etw** *dat*] ~ to teach [at sth]; **in einem Fach** ~ to teach a subject; ***an welcher Schule ~ Sie?*** which school do you teach at? III. *vr* (*sich informieren*) ■**sich** *akk* **über etw** *akk* ~ to obtain information about sth; ■**sich** *akk* **von jdm über etw** *akk* ~ **lassen** to be informed by sb about sth

unterrichtet *adj* informed; **gut ~ sein** to be well-informed

Unterrichtserfahrung *f* SCH teaching experience **Unterrichtsfach** *nt* subject **Unterrichtsgegenstand** *m* topic **Unterrichtsstoff** *m* SCH subject matter **Unterrichtsstunde** *f* lesson, period

Unterrichtung <-, -en> *f* (*geh*) information

Unterrichtungspflicht *f* JUR duty to inform

Unterrock *m* petticoat, slip *dated*

Unterroutine *f s.* **Unterprogramm**

unter|rühren *vt* ■**etw** ~ to stir in sth

unters (*fam*) = **unter das**

untersagen* *vt* ■**jdm etw** ~ to forbid sb to do sth, to prohibit sb from doing sth; ■**jdm ~, etw zu tun** to forbid sb to do sth; ***ich untersage Ihnen, sich den Medien gegenüber zu äußern*** I forbid you to make statements to the media; ■**[irgendwo] untersagt sein** to be prohibited [somewhere]; ***das Rauchen ist in diesen Räumen untersagt*** smoking is prohibited in these rooms

Untersagung <-, -en> *f* prohibition, injunction; ~ **von Zusammenschlüssen** prohibition of mergers

Untersagungsverfügung *f* JUR prohibitive order, negative injunction

Untersatz *m* (*untergesetzter Gegenstand*) mat, coaster; **die Tasse auf einen ~ stellen** to put the cup on a mat; **fahrbarer** ~ (*hum fam*) wheels *pl hum fam*

Unterschale *f* KOCHK (*Rind*) beef silverside; (*Schwein*) gammon piece

unterschätzen* *vt* ■**jdn** ~ to underestimate sb; **nicht zu** ~ not to be underestimated; (*beträchtlich*) not inconsiderable; **ein nicht zu ~der Konkurrent** a rival who is not to be underestimated; **sich in nicht zu ~de Schwierigkeiten begeben** to get oneself into not inconsiderable difficulties

Unterschätzung <-, -en> *f meist sing* underestimation

unterscheidbar *adj* distinguishable

unterscheiden* *irreg* I. *vt* ❶ (*durch Unterschiede differenzieren*) ■**etw** ~ to distinguish [*or* make a distinction] between sth; ***der Botaniker unterscheidet Fichten und Kiefern*** the botanist makes a distinction between firs and pines; ■**etw [von etw]** ~ to tell sth from sth ❷ (*auseinander halten*) ■**[voneinander/an etw** *dat*] ~ to tell the difference [between things/by sth], to tell things apart; ***ich kann die beiden nie ~*** I can never tell the difference between the two; ***Ulmen und Linden kann man leicht ~*** you can easily tell elm trees from lime trees; ***er kann ein Schneeglöckchen nicht von einer Schlüsselblume ~*** he can't tell the difference between a snowdrop and a cowslip ❸ (*als anders erscheinen lassen*) ■**jdn von jdm** ~ to distinguish sb from sb; ***was sie so sehr von ihrer Schwester unterscheidet, ist ihre musikalische Begabung*** what distinguishes her so much from her sister is her musical talent II. *vi* [**zwischen Dingen**] ~ to differentiate [*or* make a distinction] [between things]; **zwischen ... und ... nicht ~ können** to not be able to distinguish [*or* tell the difference] between … and … **III.** *vr* ■ **sich voneinander/von jdm/etw** ~ to differ from sb/sth; ***er unterscheidet sich von seiner Kollegin in seiner Gelassenheit*** he differs from his colleague in that he is much more relaxed; ***ihr unterscheidet euch echt nicht voneinander!*** you're as bad as each other!

Unterscheidung *f* distinction, differentiation; **eine ~/~en treffen** to make a distinction/distinctions

Unterschenkel *m* ANAT lower leg; KOCHK [chicken] drumstick

Unterschicht *f* lower class

unterschieben*[1] *vt irreg* (*fam*) ■ **jdm etw** ~ to attribute sth falsely to sb; ***diese Äußerung unterschiebt mir die Presse*** this statement has been falsely attributed to me by the press; ■ **jdm ~, dass jd etw tut** to imply that sb does sth; ***wollen Sie mir etwa ~, dass ich beabsichtigt habe, Sie zu hintergehen?*** are you trying to imply that it was my intention to deceive you?

unter|schieben[2] *vt irreg* ■ **jdm etw** ~ to push sth under[neath] sb; ***schiebst du mir noch ein Kissen unter?*** will you push another cushion under me?

Unterschied <-[e]s, -e> *m* difference, distinction; **ein feiner/großer** ~ a slight/large difference; ***ich sehe keinen ~ zum Original*** I can't see a difference to the original; **einen/keinen** ~ [*o* **~e**] [**zwischen Dingen**] **machen** to draw a/no distinction [between things]; **einen/keinen ~ machen** to make a/no difference; ***es macht keinen ~, ob du heute bezahlst oder morgen*** it makes no difference whether you pay today or tomorrow; **im ~ zu jdm** unlike sb, in contrast to sb; ***im ~ zu dir bin ich aber vorsichtiger*** unlike you I'm more careful; [**nur**] **mit dem ~, dass** [only] the difference is that; ***sicher tut ihr die gleiche Arbeit, mit dem ~, dass sie das Doppelte verdient*** of course you do the same work, only the difference is that she earns double what you do; **ohne** ~ indiscriminately; **ein ~ wie Tag und Nacht** (*fam*) as different as chalk and cheese [*or* AM night and day]; ***vergleiche mal diese mit der ursprünglichen Version — das ist ein ~ wie Tag und Nacht*** just you compare this to the original version — they are worlds apart!; **der kleine** ~ (*iron fam*) la petite différence (*distinguishing men and women*)

unterschiedlich **I.** *adj* different; ***~er Auffassung sein*** to have different views; ***das Klima in Australien ist sehr ~*** the climate in Australia varies a lot **II.** *adv* differently

unterschiedslos *adv* indiscriminately

unterschlagen* *vt irreg* ① (*unrechtmäßig für sich behalten*) ■ **etw** ~ to misappropriate; **Geld** ~ to embezzle money; **einen Brief/Beweise** ~ to withhold a letter/evidence; **eine Nachricht** ~ to keep quiet about sth ② (*vorenthalten*) ■ **jdm etw** ~ to withhold sth from sb; ***warum hat man mir diese Information ~?*** why was this information withheld from me?

Unterschlagung <-, -en> *f* ① *von Geld, Werten* misappropriation, embezzlement; **~ im Amt** embezzlement in office; **~ von Geldern** conversion of funds to one's own use ② (*etw Wichtiges verschweigen*) withholding, suppression; **~ von Beweismaterial** suppression of evidence

Unterschlupf <-[e]s, -e> *m* hideout, cover; **bei jdm ~ suchen/finden** to look for/find shelter with sb

unter|schlupfen *vi* SÜDD (*fam*), **unter|schlüpfen** *vi sein* (*fam*) ■ [**bei jdm**] ~ to find shelter [at sb's house]; (*verstecken*) to hide [out] [in sb's house]; (*hum*) to stay [at sb's house]; ***ich habe keine Ahnung, wo der Kerl untergeschlüpft ist*** I've no idea where the guy's staying at

Unterschneiden <-s> *nt kein pl* TYPO (*Satz*) [character] kerning, pair kerning

Unterschrank *m* BAU base cabinet

unterschreiben* *irreg* **I.** *vt* ■ [**jdm**] **etw** ~ to sign sth [for sb]; **eine Meinung/Ansicht ~ können** (*fig*) to be able to subscribe to an opinion/point of view *fig* **II.** *vi* ■ [**auf etw** *dat*] ~ to sign [sth]; **eigenhändig** ~ to sign in one's own hand

unterschreiten* *vt irreg* ① (*unterbieten*) ■ **etw** [**um etw**] ~ to undercut sth [by sth] ② (*unter einer Grenze liegen*) ■ **etw** [**um etw**] ~ to fall below sth [by sth]; **die Zollsätze** ~ ÖKON to be less than the agreed rates; ***ihr tatsächliches Einkommen unterschreitet deutlich ihrer Schätzungen*** her actual income falls well short of her estimates

unterschrieben *adj* JUR signed; **~ und besiegelt** signed and sealed

Unterschrift *f* ① (*eigene Signatur*) signature; **seine ~ leisten** to give one's signature; **seine ~ unter etw** *akk* **setzen, etw mit seiner ~ versehen** to put one's signature to sth, to sign sth ② (*Bildunterschrift*) caption

Unterschriftenliste *f* POL, SOZIOL petition **Unterschriftensammlung** *f* collection of signatures **unterschriftsberechtigt** *adj* authorized to sign **unterschriftsreif** *adj Vertrag* ready to be signed **Unterschriftszeichnung** *f* signature

unterschwellig *adj* subliminal

Unterseeboot *nt* submarine

unterseeisch *adj* underwater

Unterseekabel *nt* underwater cable

Unterseite *f* underside, bottom

unter|setzen[1] *vt* ■ **etw** [**jdm/etw**] ~ to put sth underneath [sb/sth]

untersetzen*[2] **I.** *vt* ■ **etw** ~ ① ELEK *elektronische Signale* to slow down sth *sep* ② TECH *Motorendrehzahl* to decrease sth **II.** *vi* (*mischen*) ■ **mit etw untersetzt sein** to be mixed with sth

Untersetzer <-s, -> *m s.* **Untersatz 1**

untersetzt *adj Person* stocky

unterspülen* *vt* ■ **etw** ~ to wash away the bottom of sth

Unterstand *m* ① (*Platz zum Unterstellen*) shelter ② MIL dugout

unterste(r, s) *adj superl von* **untere(r, s)**: **das U~ zuoberst kehren** (*fam*) to turn everything upside down; ***die Einbrecher hatten das U~ zuoberst gekehrt*** the burglars had turned everything upside down

unterstehen*[1] *irreg* **I.** *vi* ■ **jdm/einer S.** ~ to be subordinate to sb/sth, to come under sb's/sth's control; ***der Abteilungsleiterin ~ 17 Mitarbeiter*** seventeen employees report to the departmental head; **jds Befehl** ~ to be under sb's command; **ständiger Kontrolle** ~ to be subject to constant checks **II.** *vr* ■ **sich ~, etw zu tun** to have the audacity to do sth; ***er hat sich tatsächlich unterstanden, uns zu drohen?*** he actually dared to threaten us?; ***untersteh dich!*** don't you dare!; ***was ~ Sie sich!*** how dare you!

unter|stehen[2] *vi irreg haben* SÜDD, ÖSTERR, SCHWEIZ to take shelter [*or* cover]; ***es hat so stark geregnet, dass wir eine ganze Weile ~ mussten*** it rained so heavily that we had to take shelter for quite a while

unterstellen*[1] **I.** *vt* ① (*unterordnen*) ■ **jdm jdn/etw** ~ to put sb in charge of sb/sth; ***wir unterstellen Ihnen vier Abteilungen*** we're putting you in charge of four departments; ■ **jdm/etw unterstellt sein** to be under sb/sth; ***Sie sind ab sofort der Redaktion III unterstellt*** as from now you report to editorial department III ② (*unterschieben*) ■ **jdm etw** ~ to imply [*or* insinuate] that sb has said/done sth; ***~ Sie mir Nachlässigkeit?*** are you implying that I have been negligent? **II.** *vi* ■ **~,** [**dass**] … to suppose [*or* assume] [that] …; ***ich unterstelle einfach einmal, dass Sie recht haben*** I'm just supposing for once that you are right

unter|stellen[2] **I.** *vt* ① (*abstellen*) ■ **etw irgendwo/bei jdm** ~ to store sth somewhere/at sb's house; **ein Auto bei jdm** ~ to leave one's car at sb's house; ***er stellt ein paar Möbelstücke bei uns unter*** he's storing a few items of furniture at our place ② (*darunter stellen*) ■ **etw** ~ to store sth underneath; **einen Eimer** ~ to put a bucket underneath **II.** *vr* ■ **sich** ~ to take shelter [*or* cover]

Unterstellmöglichkeit *f* (*Überdachung*) bus shelter

Unterstellung *f* ① (*falsche Behauptung*) insinuation ② *kein pl* (*Unterordnung*) subordination; ■ **die/jds ~ unter jdn/etw** the/sb's subordination to sb/sth

untersteuern* *vi* AUTO to understeer

unterstreichen* *vt irreg* ■ **etw** ~ ① (*markieren*) to underline sth; ***sein Name war rot unterstrichen*** his name was underlined in red ② (*betonen*) to emphasize sth; **seine Worte mit Gesten** ~ to emphsize one's words with gestures; ***Herbstfarben ~ Ihren Hauttyp*** autumn colours enhance your skin type ③ (*zustimmen*) ***das kann ich nur ~*** there's no doubt about that

Unterstreichung <-, -en> *f* ① (*das Unterstreichen*) underlining; **~en vornehmen** (*geh*) to underline ② *kein pl* (*das Betonen*) emphasizing

Unterströmung *f* undercurrent

Unterstufe *f* lower school

unterstützen* *vt* ① (*durch Hilfe fördern*) ■ **jdn** [**bei etw** *dat*/**in etw** *dat*] ~ to support sb [in sth]; **die Heilung** ~ to assist sb's recovery ② (*materiell/finanziell fördern*) ■ **jdn/etw** [**mit etw**] ~ to support sb/sth [with sth]; ***wirst du noch von deinen Eltern finanziell unterstützt?*** do your parents still financially support you? ③ (*sich dafür einsetzen*) ■ **etw** ~ to back [*or* support] sth; ***diesen Plan kann ich voll ~*** I'm fully behind [*or* supportive of] this plan ④ INFORM ■ **etw** ~ to support sth

Unterstützer(in) <-s, -> *m(f)* supporter, backer

Unterstützung *f* ① *kein pl* (*Hilfe*) support; ***ich möchte Sie um Ihre ~ bitten*** I should like to ask you for your support; **zur ~ einer S.** *gen* in support of sth ② (*finanzielle Hilfeleistung*) income support; (*Arbeitslosen~*) benefit; ***nimm die 1000 Mark als kleine ~*** take the 1000 Marks to help you out a bit; **eine ~ beantragen** to apply for assistance; **eine ~ beziehen** to be on income support/[unemployment] benefit

Unterstützungszahlung *f* benefit payment

Untersuch <-s, -e> *m* SCHWEIZ (*Untersuchung*) examination, investigation

untersuchen* *vt* ① (*den Gesundheitszustand überprüfen*) ■ **jdn** ~ to examine sb; ■ **jdn auf etw** *akk* ~ to examine sb for sth; ***hat man Sie auf Allergien untersucht?*** have you been examined for allergies?; ■ **sich** [**von jdm**] **~ lassen** to be examined [by sb]; ***manche Frauen wollen sich nur von Ärztinnen ~ lassen*** some women only want to be examined by a woman doctor; ■ **etw** [**auf etw** *akk*] ~ (*medizinisch überprüfen*) to examine sth [for sth]; ***wir schicken das Blut ein, um es auf Krebszellen ~ zu lassen*** we're sending the blood in to have it examined for cancer cells ② (*überprüfen*) ■ **etw/jdn** ~ to investigate [*or* look into] sth/sb; **einen Plan auf Schwachstellen hin** ~ to check a plan for weaknesses; **ein Fahrzeug** ~ to check a vehicle ③ (*genau betrachten*) ■ **etw/jdn** ~ to scrutinize sth/sb; **die sozialen Verhältnisse** ~ to examine the social conditions; **jds Lebensgewohnheiten** ~ to scrutinize sb's habits ④ (*durchsuchen*) ■ **jdn/etw** [**auf etw** *akk*] ~ to search sb/sth [for sth]; ***die Zollbeamten ~ das Gepäck auf Sprengstoff*** the customs officers search the luggage for explosives ⑤ (*aufzuklären suchen*) ■ **etw** ~ to investigate sth; ***die Polizei untersucht den Vorfall*** the police are investigating the incident

Untersuchung <-, -en> *f* ① (*Überprüfung des Gesundheitszustandes*) examination; **jdn einer ~ unterziehen** (*geh*) to give sb a medical examination; **sich** *akk* **einer ~ unterziehen** (*geh*) to undergo a medical examination; (*medizinische Überprüfung*) examination ② (*Durchsuchung*) search; ***die ~ des Busses förderte Sprengstoff zutage*** the search of the coach unearthed explosives ③ JUR (*Überprüfung*) enquiry, examination, investigation; ***die ~ der Unfallursache ergab, dass die Bremsen versagt hatten*** the investigation into the cause of the accident revealed that the brakes had failed; ***die ~ des Wagens war ergebnislos*** an inspection of the car proved fruitless; **eine ~ einleiten** to institute investigations ④ (*analysierende Arbeit*) investigation,

U

survey; **eine ~ veröffentlichen** to publish an investigation [*or* survey]

Untersuchungsausschuss[RR] *m* JUR committee of enquiry, investigating committee **Untersuchungsbeamte(r)** *f(m) dekl wie adj,* **Untersuchungsbeamtin** *f* ADMIN, JUR investigator **Untersuchungsbefund** *m* examination report **Untersuchungsergebnis** *nt* ❶ JUR findings *pl* ❷ MED (*Befund*) results *pl,* findings *pl* **Untersuchungsfrist** *f* JUR period of inspection **Untersuchungsgefangene(r)** *f(m) dekl wie adj* prisoner on remand **Untersuchungsgefängnis** *nt* remand prison **Untersuchungsgrundsatz** *m* JUR inquisitorial system **Untersuchungshaft** *f kein pl* JUR custody, remand, AM pre-trial detention, detention pending trial; **in ~ sein** [*o fam* **sitzen**] to be on remand; **Anrechnung der ~** *making allowance for the time of pre-trial custody;* **~ anrechnen** to make allowance for the pre-trial confinement; **jdn in ~ nehmen** to commit sb for trial **Untersuchungshäftling** *m* prisoner awaiting trial **Untersuchungskommission** *f* investigating [*or* inquiry] committee, commission of inquiry **Untersuchungsmethode** *f* examination [*or* investigation] [*or* research] method **Untersuchungspflicht** *f* JUR inspection duty **Untersuchungsrecht** *nt* JUR right of search **Untersuchungsrichter(in)** *m(f)* examining magistrate **Untersuchungszimmer** *nt* examination room

Untertagebau *m kein pl* ❶ (*Abbau*) underground mining ❷ (*Grube*) coal mine

untertags *adv* ÖSTERR, SCHWEIZ, SÜDD (*tagsüber*) during the day

untertan *adj* **sich** *dat* **jdn/etw ~ machen** (*geh*) to subjugate sb/dominate sth

Untertan(in) <-en, -en> *m(f)* subject

untertänig <-er, -ste> *adj* (*pej*) subserviant, submissive *pej;* **Ihr ~ster Diener** (*alt*) your humble [*or* most obediant] servant

untertariflich I. *adj* JUR below agreed wages *pred;* **~e Bezahlung/Einstufung** subminimum payment/downgrade **II.** *adv* JUR below agreed wages; ***viele Frauen werden ~ bezahlt*** many women receive subminimum wages

Untertasse *f* saucer; **fliegende ~** (*fam*) flying saucer *fam*

unter|tauchen I. *vt haben* ■**jdn ~** to duck [*or* AM dunk] sb's head under water, BRIT to give sb a ducking *fam* **II.** *vi sein* ❶ (*tauchen*) to dive [under]; *U-Boot* to submerge ❷ (*sich verstecken*) to disappear, to go underground; ■**bei jdm ~** to hide out at sb's place; **im Ausland ~** to go underground abroad ❸ (*verschwinden*) ■**irgendwo ~** to disappear somewhere; ***der Taschendieb war bereits in der Menschenmenge untergetaucht*** the pickpocket had already disappeared into the crowd

Unterteil *nt o m* bottom [*or* lower] part

unterteilen* *vt* ❶ (*einteilen*) ■**etw [in etw** *akk*] **~** to subdivide sth [into sth]; ***das Formular war in drei Spalten unterteilt*** the form was subdivided into three columns ❷ (*aufteilen*) ■**etw [in etw** *akk*] **~** to partition [*or* divide] sth [into sth]; ***das große Zimmer war in zwei kleinere Räume unterteilt*** the large room was partitioned into two smaller rooms

Unterteilung <-, -en> *f* subdivision

Unterteller *m* SCHWEIZ, SÜDD (*Untertasse*) saucer **Untertemperatur** *f* low body temperature **Untertitel** *m* ❶ (*eingeblendete Übersetzung*) subtitle ❷ (*zusätzlich erläuternder Titel*) subheading **Unterton** *m* undertone **untertourig** [-tu:rɪç] *adj* at low revs; ***eine ~e Fahrweise schadet Motor und Getriebe*** driving at low revs damages the engine and gears

untertreiben* *irreg* **I.** *vt* (*etw geringer darstellen*) ■**etw ~** to understate sth; ***musst du immer ~?*** do you always have to understate everything? **II.** *vi* to play sth down; ***manche Menschen neigen dazu zu ~*** some people have a tendency to play things down

Untertreibung <-, -en> *f* understatement

untertunneln* *vt* ■**etw ~** to tunnel under sth; **der untertunnelte Ärmelkanal** the Channel Tunnel, the Chunnel *fam*

Untertunnelung *f* tunnelling [*or* AM -eling]

Untervergabe *f* sub-allocation

untervermieten* **I.** *vt* ■**etw ~** to sublet sth **II.** *vi* to sublet; ***laut Mietvertrag darf ich nicht ~*** according to the lease I am not allowed to sublet

Untervermietung *f* HANDEL subletting, sublease; **~ zu kommerziellen Zwecken** commercial sublease

Unterverpachtung *f* HANDEL sublease

unterversichert *adj* underinsured

Unterversicherung *f* JUR underinsurance

Untervertreter(in) *m(f)* HANDEL sub-agent

Unterverzeichnis *nt* INFORM subdirectory

Untervollmacht *f* substitute power of attorney, delegated authority

unterwandern* *vt* ■**etw ~** to infiltrate sth

Unterwanderung *f* infiltration

Unterwäsche <-, -n> *f* ❶ *kein pl* MODE underwear *no pl* ❷ AUTO (*fam: Unterbodenwäsche*) underbody cleaning

Unterwasserkamera *f* underwater camera **Unterwassermassage** *f* underwater massage **Unterwassersport** *m* underwater sport

unterwegs *adv* ❶ (*auf dem Weg*) on the way; ***wir müssen los, ~ können wir dann Rast machen*** we must be off, we can have a break on the way; ■**[irgendwohin/zu jdm] ~ sein** to be on the way [to somewhere/sb]; ***Herr Müller ist gerade nach München ~*** Mr. Müller is on his way to Munich at the moment; **für ~** for the journey; ***nehmt ein paar belegte Brote für ~ mit!*** take a few sandwiches for the journey; **von ~** from our/your trip [*or* outing]; ***wir haben ein paar Blumen von ~ mitgebracht*** we've brought a few flowers back from our outing; ***er hat mich von ~ angerufen*** he phoned me while he was on his way; **~ befindliche Waren** HANDEL goods in transit ❷ (*fam: schwanger*) ***ein Kind ist ~*** a child is on the way, she is/they/we are expecting a child

unterweisen* *vt irreg* (*geh*) ■**jdn [in etw** *dat*] **~** to instruct sb [in sth] *form;* ***ich werde Sie in der Benutzung des Computers unterweisen*** I will instruct you how to use the computer

Unterweisung *f* (*geh*) instruction *form*

Unterwelt *f kein pl* underworld

unterwerfen* *irreg* **I.** *vt* ❶ (*unterjochen*) ■**jdn/etw ~** to subjugate [*or* conquer] sb/sth; ***die Conquistadores haben weite Teile Südamerikas unterworfen*** the Conquistadores subjugated large parts of South America ❷ (*unterziehen*) ■**jdn etw** *dat* **~** to subject sb to sth; ***die Zollbeamten unterwarfen die Einreisenden endlosen Prozeduren*** the customs officers subjected the people entering the country to endless procedures **II.** *vr* ❶ (*sich fügen*) **sich jds Willkur ~** to bow to sb's will; **sich einem Herrscher ~** to obey a ruler ❷ (*sich unterziehen*) ■**sich** *akk* **etw** *dat* **~** to submit to sth; **sich einer Prüfung ~** to do a test

Unterwerfung <-, -en> *f* subjugation

Unterwerfungserklärung *f* FIN *eines Schuldners* statement of judgment clause **Unterwerfungsklausel** *f* FIN confession of judgment clause; (*in Wechsel*) cognovit clause

unterworfen *adj* ■**jdm/etw ~ sein** to be subject to sb/sth; ***die vorherrschende Mode ist vielen Strömungen ~*** the prevailing fashion is subject to many trends

unterwürfig *adj* (*pej*) servile; ***manche meiner Kollegen sind ~ in Gegenwart des Chefs*** some of my colleagues grovel in the presence of the boss

Unterwürfigkeit <-> *f kein pl* (*pej*) servility

unterzeichnen* *vt* (*geh*) ■**etw ~** to sign sth

Unterzeichner(in) *m(f)* (*geh*) signatory

Unterzeichnerstaat *m* signatory state

Unterzeichnung *f* (*geh*) signing; **~ des Kaufvertrags** JUR (*form*) to sign a sales contract

Unterzeug *nt* (*fam*) underclothes *npl*

unterziehen*[1] *irreg* **I.** *vt* ■**jdn/etw etw** *dat* **~** to subject sb/sth to sth; ***der Arzt unterzog mich einer gründlichen Untersuchung*** the doctor examined me thoroughly; ***das Fahrzeug muss noch einer Generalinspektion unterzogen werden*** the vehicle still has to undergo a general inspection **II.** *vr* ■**sich** *akk* **etw** *dat* **~** to undergo sth; **sich einer Operation ~** to have an operation; **sich einem Verhör ~** to undergo a hearing; **sich einer Aufgabe ~** to take on a task

unter|ziehen[2] *vt irreg* ■**[sich** *dat*] **etw ~** to put on sth *sep* underneath; ***Sie sollten sich einen Pullover ~*** you ought to put a pullover on underneath

Unterziehemd *nt* vest **Unterziehpulli** *m thin pullover worn underneath normal clothes for added protection;* (*als Skiunterwäsche*) long-sleeved thermal T-shirt

Unterzuckerung <-, -en> *f* low blood sugar level

Unterzug *m* BAU downstand beam, bearer

Untiefe *f* ❶ (*seichte Stelle*) shallow *usu pl* ❷ (*geh: große Tiefe*) depth *usu pl;* **in den ~n des Ozeans** in the depths of the ocean

Untier *nt* monster

untilgbar *adj* FIN (*geh*) irredeemable, unsinkable

untragbar *adj* ❶ (*unerträglich*) unbearable ❷ (*nicht tolerabel*) intolerable; ■**[für jdn] ~ sein/werden** to be/become intolerable [to sb]; ***dieser Politiker ist/wird für seine Partei ~*** this politician is/is becoming a liability to his party

untrainiert *adj* untrained

untrennbar *adj* LING inseparable

untreu *adj* unfaithful; ■**jdm ~ sein/werden** to be unfaithful to sb; (*hum*) to forget all about sb; ***wir hatten schon gedacht, du wolltest uns ~ werden*** we were beginning to think that you'd forgotten all about us; **sich** *dat* **~ werden** (*geh*) to be untrue to oneself; **etw** *dat* **~ werden** to be disloyal to sth

Untreue *f* ❶ (*untreues Verhalten*) unfaithfulness ❷ JUR (*finanzieller Missbrauch*) embezzlement

untröstlich *adj* inconsolable; ■**~ sein, dass** to be inconsolable [*or* so [very] sorry] that

untrüglich *adj* unmistakable, sure

Untugend *f* bad habit; ***ihre größte ~ ist das Kettenrauchen*** her worst vice is [her] chain-smoking; **eine ~ [von jdm] sein** to be a bad habit [of sb's]

untypisch *adj* untypical; ■**~ [für jdn] sein** to be untypical [of sb]

unübel *adj* **[gar] nicht [so] ~** (*fam*) not bad [at all], not so bad; ***er ist gar nicht so ~, wenn man ihn näher kennt*** he's not so bad [*or* BRIT *fam* such a bad bloke [*or* sort]] when you get to know him better

unüberbrückbar *adj* irreconcilable

unüberhörbar *adj* ❶ (*nicht zu überhören*) ■**~ sein** to be clearly audible; ***das Läuten des Telefons muss ~ gewesen sein*** you could hardly [*or* [surely] couldn't] have missed the phone ringing ❷ (*deutlich herauszuhören*) unmistakable

unüberlegt I. *adj* rash **II.** *adv* rashly

Unüberlegtheit <-, -en> *f* ❶ *kein pl* (*unüberlegte Art*) rashness ❷ *kein pl* (*Übereiltheit*) rashness ❸ (*unüberlegte Äußerung*) rash [*or* ill-considered] comment ❹ (*unüberlegte Handlung*) rash act

unübersehbar *adj* ❶ (*nicht zu übersehen*) obvious; **ein ~er Fehler** an obvious [*or* glaring] mistake; **ein ~er Unterschied** an obvious [*or* striking] difference ❷ (*nicht abschätzbar*) incalculable, inestimable; **~e Konsequenzen** unforeseeable consequences

unübersetzbar *adj* untranslatable

unübersichtlich *adj* ❶ (*nicht übersichtlich*) confusing ❷ (*schwer zu überblicken*) unclear; **eine ~e Kurve** a blind bend [*or* curve]

Unübertragbarkeit <-> *f kein pl* non-transferability, inalienability

unübertrefflich I. *adj* unsurpassable, matchless; **ein ~er Rekord** an unbeatable record **II.** *adv* superbly, magnificently; ***ein ~ gutes/gelungenes Design*** an unsurpassably good/unsurpassable [*or* matchless] design

unübertroffen *adj* unsurpassed, unmatched; **ein ~er Rekord** an unbroken record; ■**~ sein** to be unsurpassable [*or* unmatchable]; ***dieser Rekord ist***

noch/seit Jahren ~ this record is still unbroken/hasn't been broken for [some] years

unüberwindlich *adj* ❶ (*nicht abzulegen*) deep[-rooted]; **eine ~e Antipathie** a deep [*or* strong] antipathy; **ein ~er Hass** an implacable [*or* a deep-rooted] hatred; **~e Vorurteile** deep[-rooted] [*or* ingrained] prejudices ❷ (*nicht zu meistern*) insurmountable, insuperable *form* ❸ (*unbesiegbar*) invincible

unüblich I. *adj* uncustomary; ■ **~ sein** to be unusual, not to be customary II. *adv* unusually; **~ lange dauern** to take an unusually long time

unumgänglich *adj* unavoidable, inevitable; ■ **~ sein/werden** to be/become inevitable; (*dringend notwendig*) ***ein baldiger Abschluss des Vertrages wird*** ~ it's imperative that the contract is concluded soon

unumschränkt I. *adj* absolute, unlimited II. *adv* **~ herrschen** to have absolute rule [*or* power]

unumstößlich I. *adj* irrefutable, incontrovertible; **ein ~er Entschluss** an irrevocable [*or* irreversible] decision II. *adv* irrefutably, incontrovertibly; ***die Entscheidung des Gerichts steht ~ fest*** the court's decision is irrevocable [*or* irreversible]

unumstritten I. *adj* undisputed, indisputable; ■ **~ sein, dass** to be undisputed [*or* indisputable] that II. *adv* undisputedly, indisputably; ***das ist ~ einer der besten Rotweine der Welt*** this is without doubt one of the best red wines in the world

unumwunden *adv* frankly, openly

ununterbrochen I. *adj* ❶ (*unaufhörlich andauernd*) incessant, constant ❷ (*nicht unterbrochen*) unbroken, uninterrupted II. *adv* constantly, incessantly; **~ laufen lassen** INFORM soak tested

unveränderlich *adj* ❶ (*gleich bleibend*) unchanging, unvarying ❷ (*feststehend*) constant, invariable, unchanging

unverändert I. *adj* ❶ (*keine Änderungen aufweisend*) unrevised; ***bis auf einige Korrekturen ist der Text*** ~ apart from a few corrections there are no revisions to the text ❷ (*gleich bleibend*) unchanged; **~er Einsatz/Fleiß** unchanging [*or* unvarying] dedication/hard work; ***mein Großvater ist weiterhin bei ~er Gesundheit*** my grandfather's health is still unchanged II. *adv* ***trotz dieser Meinungsverschiedenheiten begegnete sie uns ~ freundlich*** her greeting was as friendly as ever, despite our [little] difference of opinion; ***ihr ~ gutes Befinden verdankt sie diesen Knoblauchpillen*** she puts her continued good health down to these garlic pills; ***auch morgen ist es wieder ~ heiter/kalt/kühl*** it will remain [just as] clear/cold/cool [*or* be clear/cold/cool again] tomorrow; ***auch für den neuen Auftraggeber arbeitete er ~ zuverlässig*** his work was just as reliable for his new client

unverantwortlich I. *adj* irresponsible; ***in ihrem ~en Leichtsinn ließ sie ihr Auto unverschlossen stehen*** in her irresponsible recklessness she left her car unlocked II. *adv* irresponsibly; ***du hast ~ viel getrunken*** it was irresponsible of you to drink so much

unverarbeitet *adj* ❶ *Material* raw ❷ PSYCH *Erlebnis, Eindruck* undigested

unveräußerlich *adj inv* ❶ (*geh: nicht zu entäußern*) inalienable ❷ (*selten: unverkäuflich*) unmarketable, unsaleable

unverbesserlich *adj* incorrigible; **ein ~er Optimist/Pessimist** an incurable optimist/pessimist

unverbindlich I. *adj* ❶ (*nicht verpflichtend*) not binding *pred;* **ein ~es Angebot machen** to make a non-binding offer [*or* an offer without commitment] ❷ (*distanziert*) detached, impersonal; ***meine ~en Geschäftspartner wollten sich wohl ein Hintertürchen offen halten*** my non-committal business partners obviously wanted to leave themselves a way out II. *adv* without obligation; **jdm einen Preis ~ ausrechnen** to calculate a price for sb that is not binding

Unverbindlichkeit <-, -en> *f* ❶ *kein pl* (*Distanziertheit*) detachment, impersonality ❷ (*unverbindliche Äußerung*) non-committal remark

unverbleit *adj* unleaded, lead-free

unverblümt I. *adj* blunt II. *adv* bluntly, in plain terms

unverbraucht *adj* fresh, unused; ***sie wurde durch eine junge, ~e Mitarbeiterin ersetzt*** she was replaced by a fresh, young colleague; ■ **[noch] ~ sein** to be [still] fresh; ***mit 40 war sie noch voller Energie und*** ~ as a 40-year-old she was still full of youthful energy

unverdächtig I. *adj* ❶ (*nicht unter Verdacht stehend*) unsuspected; ***der Einzige, der hier ~ ist, ist das zweijährige Kind*** the only person who is above suspicion here is the two-year-old ❷ (*nicht verdächtig*) unsuspicious; ***legen Sie bitte ein ganz ~es Verhalten an den Tag*** please try not to arouse any suspicion [with your behaviour]; ***sein Auftreten selbst ist völlig*** ~ he doesn't look suspicious at all II. *adv* **~ auftreten/sich ~ benehmen** to behave in a way which won't arouse suspicion, not to behave in a way which will arouse suspicion

unverdaulich *adj* indigestible

unverdaut I. *adj* undigested II. *adv* **etw ~ wieder ausscheiden** to pass sth in an undigested state

unverdient I. *adj* ❶ (*nicht durch Verdienst erfolgend*) unearned ❷ (*unberechtigt*) undeserved, unmerited II. *adv* undeservedly

unverdientermaßen *adv,* **unverdienterweise** *adv* undeservedly

unverdorben *adj* unspoilt

unverdrossen *adv* undauntedly

unverdünnt I. *adj* undiluted; **~er Alkohol** neat alcohol II. *adv* **etw ~ anwenden/auftragen/trinken** to use/apply/drink sth in an undiluted state; ***ich trinke meinen Whisky*** ~ I like [to drink] my whisky neat

unvereinbar *adj* incompatible; **~e Gegensätze** irreconcilable differences; ■ **[mit etw] ~ sein** to be incompatible [with sth]

Unverfallbarkeit <-> *f kein pl* non-forfeitability, non-forfeiture

unverfälscht *adj* unadulterated

unverfänglich *adj* harmless; ***auf die Trickfragen hat er mit ~en Antworten reagiert*** he gave non-committal answers to the trick questions; ■ **~ sein, etw zu tun** to be perfectly harmless to do sth

unverfroren *adj* insolent, impudent

Unverfrorenheit <-, -en> *f* ❶ (*Dreistigkeit*) audacity, impudence ❷ (*Äußerung*) insolent remark; ***solche ~en muss ich mir nicht anhören*** I don't have to listen to such insolent remarks [*or* insolence] ❸ (*dreistes Benehmen*) insolence *no pl;* ***also ehrlich, mir sowas zu sagen, ist schon eine*** ~ well really, you've got a cheek saying something like that to me

unvergänglich *adj* ❶ (*bleibend*) abiding; **ein ~er Eindruck** a lasting [*or* an indelible] impression; **eine ~e Erinnerung** an abiding [*or* enduring] memory ❷ (*nicht vergänglich*) immortal

unvergessen *adj* unforgotten; **jd/etw bleibt [jdm] ~** sb/sth will always be remembered [by sb], sb will always remember [*or* never forget] sb/sth

unvergesslich[RR] *adj,* **unvergeßlich** *adj* unforgettable; ***die schönen Stunden mit dir bleiben mir [auf ewig]*** ~ I'll never [ever] forget [*or* I will always remember] the wonderful hours I spent with you; ■ **[jdm] ~ bleiben** sb will always remember [*or* never forget] sth; ***die Eindrücke von meiner Weltreise sind immer noch*** ~ the impressions of my round-the-world trip are still with me as if they happened yesterday

unvergleichbar *adj* incomparable; ■ **~ [miteinander] sein** to be incomparable [to [*or* with] each other [*or* one another]]; ***diese Fälle sind ~ [miteinander]*** these cases can't be compared [*or* are incomparable] to [*or* with] each other [*or* one another]

unvergleichlich I. *adj* incomparable, unique II. *adv* incomparably

unverhältnismäßig *adv* excessively; ***wir alle litten unter dem ~ heißen/kalten Wetter*** we are all suffering as a result of the unusually [*or* exceptionally] hot/cold weather; ***das Essen in diesem Restaurant ist zwar erstklassig, aber ~ teuer*** the food in this restaurant is first-rate, but extremely expensive

unverheiratet *adj* unmarried, single

unverhofft I. *adj* unexpected II. *adv* (*unerwartet*) unexpectedly; ***sie besuchten uns*** ~ they paid us an unexpected visit; ***manchmal kommt die glückliche Wende ganz*** ~ sometimes a turn for the better happens quite unexpectedly [*or* is quite unexpected [when it comes]] ► WENDUNGEN: **~ kommt oft** (*prov*) the nicest things happen when you don't expect them, life is full of surprises

unverhohlen I. *adj* undisguised, unconcealed II. *adv* openly

unverhüllt <-er, -este> *adj* unveiled, undisguised

unverkäuflich *adj* not for sale *pred;* **ein ~es Muster** a free sample

unverkennbar *adj* unmistakable; ■ **~ sein/werden, dass** to be/become clear that

unverkrampft *adj* relaxed

unverlässlich[RR] *adj,* **unverläßlich** *adj* unreliable

Unverletzlichkeit *f* JUR inviolability; **~ der Wohnung** inviolability of the home

unverletzt *adj* uninjured, unhurt; *Körperteil* undamaged

unvermeidbar *adj s.* **unvermeidlich**

unvermeidlich *adj* unavoidable; **sich ins U~e fügen** to [have to] accept the inevitable, to bow to the inevitable

unvermindert I. *adj* undiminished II. *adv* unabated

unvermittelt I. *adj* sudden, abrupt II. *adv* suddenly, abruptly; **~ bremsen** to brake suddenly [*or* sharply]

Unvermögen *nt kein pl* powerlessness; ■ **jds ~, etw zu tun** sb's inability to do sth

unvermögend *adj* (*geh*) without means *pred;* **nicht ~** [quite] well-to-do; ***sie hat einen nicht ~en Mann geheiratet*** she['s] married [quite] a well-to-do man

unvermutet I. *adj* unexpected II. *adv* unexpectedly; ***sie haben mich gestern ~ besucht*** they paid me an unexpected visit yesterday

Unvernunft *f* stupidity; ***so eine ~!*** what [*or* such] stupidity!; ***es ist/wäre eine ~, dieses günstige Angebot abzulehnen*** it's/it would be sheer stupidity [*or* madness] [*or* folly] to turn down this good offer

unvernünftig *adj* stupid, foolish; ***so etwas U~es, wagt sich allein in die Höhle des Löwen!*** how foolish [*or* what madness [*or* folly]], to [dare] enter the lion's den alone!; ***tu nichts U~es*** don't do anything foolish [*or* stupid]

unveröffentlicht *adj* unpublished; ■ **[noch] ~ sein** to be [as yet] unpublished

unverpackt *adj* without packaging *pred;* **ein ~es Geschenk** an unwrapped present; **~e Waren** bulk commodities; ■ **~ sein** to be unpackaged; ***auf dem Markt verkauftes Obst ist in aller Regel*** ~ fruit at a market is generally sold loose

unverputzt *adj* BAU unplastered

unverrichtet *adj* **~er Dinge** without having achieved anything; ***ihr bringt mir das Geld mit, kommt bloß nicht ~er Dinge zurück!*** [you must] bring me the money back with you, don't [[you] dare] come back empty handed!

unverrückbar *adj* unshakable, firm, unalterable

unverschämt I. *adj* ❶ (*dreist*) impudent; **eine ~e Antwort/Bemerkung/ein ~es Grinsen** an insolent [*or* impudent] answer/remark/grin; **ein ~er Bursche/Kerl/Mensch** an impudent [*or* insolent] fellow/chap/person ❷ (*unerhört*) outrageous II. *adv* ❶ (*dreist*) insolently, impudently; **~ lügen** to tell barefaced [*or* blatant] lies ❷ (*fam: unerhört*) outrageously

Unverschämtheit <-, -en> *f* ❶ *kein pl* (*Dreistigkeit*) impudence, insolence; ***wer so dreist lügen kann, muss eine gehörige Portion ~ besitzen*** anybody who can tell such blatant lies must have a fair amount of front; **die ~ besitzen [*o* haben], etw**

zu tun to have the impudence [*or* brazenness] to do sth ❷ (*unverschämte Bemerkung*) impertinent [*or* insolent] remark, impertinence *no pl* [*or* insolence] *no pl*; [**das ist eine**] ~!, **so eine** ~! that's outrageous! ❸ (*unverschämte Handlung*) impertinence *no pl*

unverschlossen *adj* ❶ (*nicht abgeschlossen*) unlocked; **ein ~es Fenster** an open window [*or* window which is off the latch] ❷ (*nicht zugeklebt*) unsealed; ***Drucksachen zu ermäßigter Gebühr müssen ~ sein*** printed matter sent at a reduced rate must be left unsealed

unverschuldet I. *adj* through no fault of one's own II. *adv* through no fault of one's own

unversehens *adv s.* **unvermutet II**

unversehrt *adj* undamaged; (*Mensch*) unscathed

unversöhnlich *adj* irreconcilable

Unversöhnlichkeit *f* irreconcilability

unversorgt *adj* unprovided for *pred*

Unverstand *m* (*geh*) foolishness; ***so ein ~!*** what foolishness!

unverstanden *adj* not understood; **sich ~ fühlen** to feel misunderstood

unverständig *adj* (*geh*) ignorant; ***du darfst ihm das nicht übel nehmen, er ist eben noch ein ~es Kind*** don't be too hard on him, he's still too young to understand

unverständlich *adj* ❶ (*akustisch nicht zu verstehen*) unintelligible; ■[**jdm**] ~ **sein** to be unintelligible [to sb] ❷ (*unbegreifbar*) incomprehensible; ■[**jdm**] ~ **sein, warum/wie ...** to be incomprehensible [to sb] why/how ...

Unverständnis *nt kein pl* lack of understanding; ***ich bin ja nun leider an ~ für meine Ideen gewöhnt*** unfortunately, I'm used to my ideas not being understood

unversteuert *adj* FIN untaxed

unversucht *adj* **nichts ~ lassen** to leave no stone unturned [*or* try everything]; **nichts ~ lassen, um etw zu tun** to leave no stone unturned in trying to do sth

unverteilt *adj* FIN undistributed, undivided; **~er Gewinn** retained earnings

unverträglich *adj* ❶ (*sich mit keinem vertragend*) cantankerous, quarrelsome ❷ (*nicht gut bekömmlich*) indigestible; ***ich habe solche Magenbeschwerden, vielleicht habe ich etwas U~es gegessen*** I've got [a] really bad stomach-ache, perhaps I've eaten something that didn't agree with me

unverwandt *adv* (*geh*) intently, steadfastly; **jdn/etw ~ anschauen/anstarren** to look/stare at sb/sth with a fixed [*or* steadfast] gaze [*or* fixedly] [*or* steadfastly]

unverwechselbar [-ks-] *adj* unmistakable, distinctive

unverwertbar *adj* unusable

unverwundbar *adj* invulnerable

unverwüstlich *adj* tough, hard-wearing; [**eine**] **~e Gesundheit** robust health

unverzagt I. *adj* undaunted; **sei ~** don't lose heart [*or* be discouraged] II. *adv* undauntedly

unverzeihlich *adj* inexcusable, unpardonable, unforgivable; ■~ **sein, dass** to be inexcusable [*or* unpardonable] [*or* unforgiveable] that

unverzichtbar *adj* essential, indispensable; ■[**für jdn**] ~ **sein** to be essential [*or* indispensable] [to [*or* for] sb]

unverzinslich *adj* ÖKON interest-free

unverzollt *adj* duty-free

unverzüglich I. *adj* immediate, prompt II. *adv* immediately, at once, without delay; **~ gegen jdn vorgehen** to take immediate action against sb; ***da die Polizei ~ eingegriffen hat, konnte Schlimmeres verhindert werden*** thanks to prompt intervention by the police, an escalation of the situation was avoided

Unverzüglichkeit <-> *f kein pl* JUR promptness

unvollendet *adj* unfinished

unvollkommen *adj* incomplete; ***jeder Mensch ist ~*** nobody is perfect

Unvollkommenheit *f* imperfection

unvollständig I. *adj* incomplete II. *adv* incompletely; ***Sie haben das Formular leider ~ ausgefüllt*** I'm afraid [that] you haven't finished filling out [*or* completed] the form; ***das gesamte Mobiliar ist in dieser Aufstellung noch ~ verzeichnet*** not all the furnishings are included on this list

Unvollständigkeit *f* incompleteness

unvorbereitet I. *adj* unprepared; **eine ~e Rede** an impromptu speech; ■[**auf etw** *akk*] ~ **sein** not to be prepared [for sth]; ***auf diesen Besuch sind wir völlig ~*** we're not prepared for this visit at all [*or* totally unprepared for this visit] II. *adv* ❶ (*ohne sich vorbereitet zu haben*) without any preparation ❷ (*unerwartet*) unexpectedly

unvoreingenommen I. *adj* unbiased, impartial II. *adv* impartially

Unvoreingenommenheit *f* impartiality

unvorhergesehen I. *adj* unforeseen; **ein ~er Besuch** an unexpected visit II. *adv* unexpectedly; **jdn ~ besuchen** to pay sb an unexpected visit; ***das ist völlig ~ passiert*** that was quite unexpected [*or* happened quite unexpectedly]

unvorschriftsmäßig I. *adj* contrary to [the] regulations *pred* II. *adv* contrary to [the] regulations; **~ geparkt** illegally parked

unvorsichtig I. *adj* ❶ (*unbedacht*) rash; **eine ~e Äußerung/Bemerkung** a rash [*or* an indiscreet] comment/remark ❷ (*nicht vorsichtig*) careless; **~es Fahren/eine ~e Fahrweise** reckless driving/a reckless way of driving II. *adv* ❶ (*unbedacht*) rashly; **sich ~ äußern** to make a rash [*or* an indiscreet] comment [*or* rash [*or* indiscreet] comments] ❷ (*nicht vorsichtig*) carelessly; **~ fahren** to drive recklessly

unvorsichtigerweise *adv* carelessly; ***er verplapperte sich ~, nachher tat es ihm dann leid*** he blabbed it out without thinking, but was sorry afterwards; ***dieses Wort ist mir ~ entschlüpft*** this word just [kind of] slipped out

Unvorsichtigkeit <-, -en> *f* ❶ *kein pl* (*unbedachte Art*) rashness; ***ihre Fahrweise ist von ~ gekennzeichnet*** she's doesn't pay attention when she's driving ❷ (*unbedachte Bemerkung*) rash [*or* indiscreet] comment; ***so eine ~!*** how rash [*or* indiscreet]! ❸ (*unbedachte Handlung*) rash act; ***es war eine ~*** [***von dir***], ***so etwas zu tun*** it was rash of you to do something like that

unvorstellbar I. *adj* ❶ (*gedanklich nicht erfassbar*) inconceivable; ■~ **sein, dass** to be inconceivable that ❷ (*unerhört*) unimaginable, inconceivable II. *adv* unimaginably, inconceivably

unvorteilhaft I. *adj* ❶ (*nicht vorteilhaft aussehend*) unflattering, unbecoming ❷ (*nachteilig*) disadvantageous, unfavourable [*or* AM -orable]; **ein ~es Geschäft** an unprofitable business II. *adv* unattractively, unflatteringly; **sich ~ kleiden** not to dress in a very flattering way; [**mit** [*o* **in**] **etw** *dat*] ~ **aussehen** sth doesn't look very flattering [*or* becoming] [on sb], sth doesn't flatter [*or* become] sb

unwägbar *adj* incalculable; **~e Konsequenzen** unforeseeable consequences; **~e Kosten** incalculable [*or* inestimable] costs

Unwägbarkeit <-, -en> *f* unpredictability

unwahr *adj* untrue, false; ■~ **sein, dass** to be untrue that, not to be true that

Unwahrheit *f* untruth; **die ~ sagen** to lie, to tell untruths

unwahrscheinlich I. *adj* ❶ (*kaum denkbar*) improbable, unlikely; **ein ~er Zufall** a remarkable coincidence; ■~ **sein, dass** to be improbable [*or* unlikely] that ❷ (*fam: unerhört*) incredible *fam*; **~es Glück/Pech** incredible [*or* incredibly good] luck/incredibly bad luck; **eine ~e Intrigantin/ein ~er Intrigant** an unbelievable schemer; **ein ~er Mistkerl** an absolute [*or* a real] bastard *sl* II. *adv* (*fam*) incredibly *fam*; ***ich habe mich ~ darüber gefreut*** I was really pleased about it; ***letzten Winter haben wir ~ gefroren*** we were incredibly cold last winter; ***du hast ja ~ abgenommen!*** you've lost a hell of a lot [*or* an incredible amount] of weight! *fam*

Unwahrscheinlichkeit <-, -en> *f* unlikeliness

unwandelbar *adj* (*geh*) ❶ (*gleich bleibend*) unalterable ❷ (*stetig*) *Liebe, Treue* unwavering

unwegsam *adj* [almost] impassable

unweiblich *adj* unfeminine

unweigerlich I. *adj attr* inevitable II. *adv* inevitably

unweit I. *präp* ■~ **einer S.** *gen* not far from a thing II. *adv* ■~ **von etw** not far from sth; ***die Fähre lief ~ vom Ufer auf eine Sandbank*** the ferry ran aground on a sandbank not far from [*or* close to] the shore

Unwesen *nt kein pl* dreadful state of affairs; ***es wird Zeit, dass dem ~ der Korruption ein Ende bereitet wird*** it's time that an end was put to this dreadful [*or* disgraceful] corruption; [**irgendwo**] **sein ~ treiben** to ply one's dreadful trade [somewhere]; ***dieser Anschlag zeigt, dass die Terroristen ihr*** [***verbrecherisches***] ***~ noch treiben*** this attack proves that the terrorists are still plying their murderous trade; ***in gewissen Horrorfilmen treiben die Vampire bevorzugt in Transsilvanien ihr ~*** in certain horror films Transylvania is the place vampires prefer to terrorize

unwesentlich I. *adj* insignificant II. *adv* slightly, marginally; ***es unterscheidet sich nur ~ von der ursprünglichen Fassung*** there are only insignificant [*or* very slight [*or* marginal]] differences between it and the original [version]; ***er hat sich in den letzten Jahren nur ~ verändert*** he's hardly changed at all over the last few years

Unwetter *nt* violent [thunder]storm

unwichtig *adj* unimportant, trivial; ■~ **sein** to be unimportant, not to be important

unwiderlegbar *adj* irrefutable

unwiderruflich I. *adj* irrevocable, irreversible II. *adv* irrevocably; **sich ~ entscheiden** [*o* **entschließen**] to make an irrevocable [*or* irreversible] decision; ***steht der Termin nun ~ fest?*** is that a firm date now?

unwidersprochen *adj* unchallenged, undisputed; **eine ~e Meldung** an uncontradicted report

unwiderstehlich *adj* irresistible

unwiederbringlich *adj* (*geh*) irretrievable

Unwille, Unwillen <-s> *m* (*geh*) displeasure; **voller ~n** with evident displeasure; **jds ~ erregen** to incur sb's displeasure

unwillig I. *adj* ❶ (*verärgert*) angry ❷ (*widerwillig*) reluctant, unwilling; **ein ~es Kind** a contrary child II. *adv* reluctantly, unwillingly; ***ich bat sie um ihre Hilfe, aber sie zeigte sich ~*** I asked her for [her] help, but she was reluctant to give it

unwillkommen *adj* unwelcome; ■[**bei jdm/irgendwo**] ~ **sein** to be unwelcome [at sb's [sth]/somewhere], not to be welcome [at sb's [sth]/somewhere]; ***Ihre Anwesenheit ist ~*** you're not welcome here

unwillkürlich I. *adj* instinctive, involuntary; ***er konnte sich ein ~es Grinsen nicht verkneifen*** he couldn't help grinning II. *adv* instinctively, involuntarily; **~ grinsen/lachen** not to be able to help grinning/laughing

unwirklich *adj* unreal; ■[**jdm**] ~ **sein** to seem unreal [to sb]

unwirksam *adj* ❶ (*unwirksam*) ineffective ❷ JUR (*nichtig*) [null and] void, not binding in law; **~ werden** to lapse [*or* become ineffective]; **etw für ~ erklären** to declare sth [null and] void

Unwirksamkeit <-> *f kein pl* JUR (*Nichtigkeit*) voidness, ineffectiveness; (*Ungültigkeit*) invalidity; **~ eines Rechtsgeschäfts** voidness of a transaction; **~ eines Vermächtnisses** extinguishment of legacy; **schwebende/teilweise ~** pending/partial voidness **Unwirksamkeitserklärung** *f* JUR annulment, declaration of ineffectiveness **Unwirksamkeitsklausel** *f* JUR ineffectiveness clause

unwirsch <-er, -[e]ste> *adj* curt, *esp* BRIT brusque

unwirtlich *adj* inhospitable

unwirtschaftlich *adj* uneconomic[al]; **ein ~es Auto/eine ~e Fahrweise** an uneconomical car/way of driving

Unwissen *nt s.* **Unwissenheit**

unwissend *adj* (*über kein Wissen verfügend*) ignorant; ***der Vertreter hat so manchen ~en Kunden hereingelegt*** the sales rep tricked many an unsuspecting customer; (*ahnungslos*) unsuspecting

Unwissenheit <-> *f kein pl* (*mangelnde Erfahrung*) ignorance; ***gewiefte Vertreter haben schon die ~ manch eines Interessenten ausgenutzt*** crafty sales reps have exploited the innocence of many an interested party ▶ WENDUNGEN: ~ **schützt vor Strafe nicht** ignorance is no excuse

unwissenschaftlich *adj* unscientific

unwissentlich *adv* unwittingly, unknowingly

unwohl *adj* ■**jdm ist ~,** ■**jd fühlt sich ~** ① (*gesundheitlich nicht gut*) sb feels unwell [*or* AM *usu* sick] ② (*unbehaglich*) sb feels uneasy [*or* ill at ease]

Unwohlsein *nt* [slight] nausea; **ein [leichtes] ~ verspüren** to feel [slightly] ill [*or* queasy] [*or esp* AM sick]

unwohnlich *adj* unhomely, cheerless

Unwort *nt* ~ **des Jahres** taboo [*or* worst] word of the year

Unwucht *f* TECH imbalance

unwürdig *adj* ① (*nicht würdig*) unworthy; ■**[einer S. *gen*] ~ sein** to be unworthy [of a thing]; ■**[jds] ~ sein** to be unworthy [of sb], not to be worthy [of sb] ② (*schändlich*) disgraceful, shameful

Unzahl *f* ■**eine ~ [von etw]** a huge [*or* an enormous] number [of sth], multitude; ***wie soll ich aus dieser ~ von verschiedenen Schrauben die passende herausfinden?*** how am I supposed to find the right one amongst all these different screws?; ***die surrende, schwarze Wolke bestand aus einer ~ von Heuschrecken*** the buzzing black cloud consisted of a multitude of locusts

unzählbar *adj* countless

unzählig *adj* innumerable, countless; **~e Anhänger/Fans** huge [*or* enormous] numbers of supporters/fans; **~e Bekannte/Freunde** a [very] wide circle of acquaintances/friends; **~e Mal** time and again, over and over again

Unze <-, -n> *f* ounce

Unzeit *f* ■**zur ~** (*geh*) at an inopportune moment

unzeitgemäß *adj* old-fashioned, outmoded

unzerbrechlich *adj* unbreakable

unzerkaut I. *adj* unchewed II. *adv* unchewed; ~ **hinunterschlucken** to swallow whole

unzerstörbar *adj* indestructible

unzertrennlich *adj* inseparable

unzivilisiert [-vi-] I. *adj* uncivilized II. *adv* **sich ~ benehmen** to behave in an uncivilized manner

Unzucht *f kein pl* (*veraltend*) illicit sexual relations *pl*; ~ **mit Abhängigen** JUR illicit sexual relations with dependants

unzüchtig *adj* ① (*veraltend: unsittlich*) immoral, indecent ② JUR (*pornografisch*) pornographic, obscene

unzufrieden *adj* dissatisfied, discontent[ed], disgruntled; ■**[mit jdm/etw] ~ sein** to be dissatisfied [with sb/sth], not to be happy [with sb/sth]

Unzufriedenheit *f* dissatisfaction, discontent[ment]

unzugänglich *adj* ① (*schwer erreichbar*) inaccessible ② (*nicht aufgeschlossen*) unapproachable

Unzukömmlichkeit <-, -en> *f* SCHWEIZ (*Unzulänglichkeit*) shortcoming[s *pl*], inadequacy

unzulänglich I. *adj* inadequate; **~e Erfahrungen/Kenntnisse** insufficient experience/knowledge II. *adv* inadequately; ~ **unterstützt sein** to have inadequate [*or* insufficient] support

Unzulänglichkeit <-, -en> *f* ① *kein pl* (*Mangelhaftigkeit*) inadequacy ② *meist pl* (*mangelhafter Zug*) shortcoming[s *pl*], inadequacy

unzulässig *adj* inadmissible; **~e Maßnahmen/Methoden** improper measures/methods

Unzulässigkeit <-> *f kein pl* JUR inadmissibility

unzumutbar *adj* unreasonable; ■**~ sein, dass [jd etw tut]** to be unreasonable [for sb to do sth]; **~e Härte** JUR unreasonable hardship

Unzumutbarkeit <-> *f kein pl* JUR unreasonableness

unzurechnungsfähig *adj* MED of unsound mind *pred*, not responsible for one's actions *pred;* **jdn für ~ erklären** JUR, MED to certify sb insane

Unzurechnungsfähigkeit *f* JUR, MED mental incapacity, unsoundness of mind, insanity

unzureichend *adj s.* **unzulänglich**

unzusammenhängend *adj* incoherent

unzuständig *adj* ADMIN, JUR incompetent; ■**[für etw] ~ sein** not to be competent [for sth]; **für eine Klage ~ sein** to have no jurisdiction to take cognizance of an action; **sich** *akk* **für ~ erklären** to decline jurisdiction

Unzuständigkeit <-> *f kein pl* JUR incompetence *no pl*, lack of competence *no pl*

unzustellbar *adj* undeliverable

unzutreffend *adj* incorrect; ■**~ sein, dass** to be untrue that; **„U~es bitte streichen"** "please delete if [*or* where] not applicable"

unzuverlässig *adj* unreliable

Unzuverlässigkeit *f* unreliability

unzweckmäßig *adj* ① (*nicht zweckdienlich*) inappropriate; ■**~ sein, etw zu tun** to be inappropriate to do sth ② (*nicht geeignet*) unsuitable

Unzweckmäßigkeit *f* inappropriateness, unsuitableness

unzweideutig I. *adj* unambiguous, unequivocal II. *adv* unambiguously, unequivocally; ***er gab ihm ~ zu verstehen, dass er verschwinden möge*** he told him in no uncertain terms to make himself scarce

unzweifelhaft I. *adj* (*geh*) unquestionable, undoubted II. *adv* (*geh*) *s.* **zweifellos**

Up <-s, -s> [ʌp] *nt* NUKL up

Update <-s, -s> ['apde:t] *m o nt* INFORM update

Upload <-s, -s> ['apləʊd] *m* INET upload

up|loaden ['ʌpləʊd-] *vt* INFORM ■**etw ~** to upload sth

üppig *adj* ① (*schwellend*) voluptuous; **~e Brüste** an ample bosom, ample [*or* large] [*or* voluptuous] breasts ② (*reichhaltig*) sumptuous ③ (*geh: in großer Fülle vorhanden*) luxuriant, lush

Üppigkeit <-> *f kein pl* (*geh*) luxuriance, lushness

U-Profil *nt* AUTO U section, chassis channel

up to date ['ʌp tə 'deɪt] *adj pred* up to date

Ur <-[e]s, -e> *m* ZOOL aurochs

Urabstimmung *f* POL ballot [vote] **Uradel** *m* ancient nobility, ancienne noblesse **Urahn(e)** *m(f)* ancestor [*or* forefather]

Ural <-s> *m* GEOG ■**der ~** ① (*Gebirge*) the Urals *pl*, the Ural Mountains *pl* ② (*Fluss*) the [river] Ural

uralt *adj* ① (*sehr alt*) very old ② (*schon lange existent*) ancient, age-old ③ (*fam: schon lange bekannt*) ancient *fam;* **ein ~es Problem** a perennial problem

Uran <-s> *nt kein pl* CHEM uranium

Uranbergwerk *nt* uranium mine **Uranerz** *nt* uranium ore **Urankonversion** *nt* uranium conversion

Uranus <-s> *m kein pl* Uranus *no art*

Uranvorkommen *nt* uranium deposits

uraufführen *vt nur infin und pp* FILM, THEAT ■**etw ~ [wollen]** [to plan] to première sth, to perform sth for the first time; **einen Film ~ [wollen]** [to plan] to première a film, to show a film for the first time

Uraufführung *f* FILM, THEAT première, first night [*or* performance]; *Film* première, first showing

urban *adj* (*geh*) ① (*städtisch*) urban ② (*weltmännisch*) urbane

Urbanität <-> *f kein pl* (*geh*) urbanity

urbar *adj* **etw ~ machen** to cultivate sth; (*Wald*) to reclaim sth

Urbayer(in) *m(f)* typical [*or* [*or* Brit] dyed in the wool] Bavarian **Urbevölkerung** *f* native population [*or* inhabitants] *pl* **Urbild** *nt* ① (*Protoyp*) *eines Romans etc* original transcript ② (*Inbegriff*) **ein ~ an Kraft** an epitome of vigour [*or* AM -or]

urchig *adj* SCHWEIZ (*urig*) original

Urdbohne *f* urd bean, black gram

Urdu *nt* Urdu; *s. a.* **Deutsch**

ureigen *adj* very own; ***das sind meine ~en Angelegenheiten*** these matters are of concern to me, and me alone [*or* only of concern to me]; ***es ist in Ihrem ~en Interesse*** it's in your own best interests

Ureinwohner(in) *m(f)* native [*or* original] inhabitant **Urenkel(in)** *m(f)* great-grandchild, great-grandson *masc*, great-granddaughter *fem*

urgemütlich *adj* (*fam*) really cosy; ■**es ist [irgendwo] ~** it is really cosy [somewhere]

Urgeschichte *f kein pl* prehistory **urgeschichtlich** *adj* prehistoric **Urgestein** *nt* GEOL primitive [*or* primary] rocks *pl* **Urgewalt** *f* (*geh*) elemental force

Urgroßeltern *pl* great-grandparents *pl* **Urgroßmutter** *f* great-grandmother **Urgroßvater** *m* great-grandfather

Urheber(in) <-s, -> *m(f)* ① (*Autor*) author ② (*Initiator*) originator; **der geistige ~** the spiritual father

Urheberpersönlichkeitsrecht *nt* JUR copyright

Urheberrecht *nt* JUR ① (*Recht des Autors*) copyright; ■**~ an etw** *dat* copyright on sth ② (*Gesamtheit der urheberrechtlichen Bestimmungen*) copyright law

urheberrechtlich I. *adj* JUR copyright *attr* II. *adv* JUR by copyright; ~ **geschützt** protected by copyright, copyright[ed]

Urheberrechtsgesetz *nt* JUR Copyright Act **Urheberrechtsverletzung** *f* JUR copyright infringement **Urheberrechtsvertrag** *m* JUR copyright contract

Urheberschaft <-, -en> *f* JUR ■**jds ~** sb's authorship

Urheberschutz *m kein pl* copyright

Uri <-s> *nt* Uri

urig *adj* (*fam*) ① (*originell*) eccentric; **ein ~er Kauz** a queer [*or* an odd] bird [*or* strange character] ② (*Lokalkolorit besitzend*) with a local flavour [*or* AM flavor] *pred;* ***dieses Lokal ist besonders ~*** this pub has a real local flavour

Urin <-s, -e> *m* (*Harn*) urine ▶ WENDUNGEN: **etw im ~ haben** (*sl*) to feel sth in one's bones [*or* BRIT *fam* water], to have a gut feeling *fam*

Urinal <-s, -e> *nt* urinal

urinieren* *vi* (*geh*) to urinate; ■**das U~** urinating

Urinstinkt *m* PSYCH primary [*or* basic] instinct

Urinzucker <-> *m kein pl* MED urinal sugar

Urknall *m* ASTRON big bang

urkomisch *adj* (*fam*) hilarious, side-splittingly funny

Urkraft *f* NUKL elemental force

Urkunde <-, -n> *f* JUR document, instrument, certificate; **notarielle ~** notarial instrument; **öffentliche ~** official [*or* public] document; **unechte ~** fabricated document; **verfälschte ~** forged instrument; **vollstreckbare ~** [directly] enforceable instrument

Urkundenbeweis *m* JUR documentary [*or* written] evidence **Urkundenfälschung** *f* JUR forgery [*or* falsification] of a document [*or pl* documents] **Urkundenmahnbescheid** *m* JUR default summons based on documents **Urkundenprozess**RR *m* JUR trial by the record **Urkundensprache** *f* JUR official language of notarial documents **Urkundenunterdrückung** *f* JUR suppression of documents **Urkundenvorlage** *f* JUR production [*or* submission] of documents

urkundlich I. *adj* documentary II. *adv* ~ **belegen** [*o* **beweisen**] [*o* **bezeugen**] to prove [*or* support] by documents [*or* documentary evidence]

Urkundsbeamter, -beamtin *m, f* JUR authenticating official; ~ **der Geschäftsstelle** clerk of the court **Urkundsperson** *f* JUR authenticator

URL *m* INET *Abk von* **Uniform Resource Locator** URL

Urladeprogramm *nt* INFORM bootstrap loader **Urlader** *m* INFORM bootstrap [loader]; **automatischer ~** initial program loader, IPL **Urlandschaft** *f* GEOG primeval landscape

Urlaub <-[e]s, -e> *m* holiday BRIT, AM vacation; ***wir verbringen unseren ~ auf Jamaika*** we're going to spend our holiday[s] in Jamaica; **bezahlter/unbezahlter ~** paid/unpaid leave; **in ~ fahren** to go on holiday [*or* AM vacation]; **~ haben** to be on holiday [*or* AM vacation]; **~ machen** to go on holiday [*or* AM vacation]; ***sie machten ~ von dem ganzen Stress im Büro*** they took a holiday to get away from all the stress at the office; **in** [*o* **auf**] ~ **sein** (*fam*) to be on holiday [*or* AM vacation]; [**irgendwo**] ~ **machen** to go on holiday [*or* AM vacation] [to somewhere], to take a holiday [*or* AM vacation] [somewhere], to holiday [*or* AM vacation] [somewhere]

Urlauber(in) <-s, -> *m(f)* holiday-maker BRIT, vacationer AM, vacationist AM

Urlaubsabgeltung *f* JUR payment in lieu of vacation **Urlaubsanspruch** *m* holiday [*or* AM vacation] entitlement **Urlaubsfeeling** [-fi:lɪŋ] *nt* (*fam*) holiday feeling [*or* mood] **Urlaubsgeld** *nt* holiday pay [*or* money] **Urlaubsort** *m* [holiday] resort, [holiday] destination **urlaubsreif** *adj* (*fam*) ■ ~ **sein** to be ready for a holiday **Urlaubsreise** *f* holiday [trip]; ***wohin soll denn eure ~ gehen?*** where are you going on holiday, then? **Urlaubsschein** *m* MIL pass **Urlaubsstimmung** *f* holiday mood; **in ~ sein** to be in a holiday mood **Urlaubstag** *m* ❶ (*Tag eines Urlaubes*) day of one's holiday; ***ich verlebte in dieser reizvollen Gegend erholsame ~e*** I spent some relaxing days in this charming region ❷ (*Tag, an dem jd beurlaubt ist*) day of annual leave **Urlaubsvertretung** *f* ÖKON ❶ *kein pl* (*stellvertretende Übernahme von Arbeit*) temporary replacement ❷ (*Person*) temporary replacement **Urlaubswoche** *f* week of one's holiday; ***wir können uns im Jahr nur zwei ~n leisten*** we can only afford to go away for two weeks each year **Urlaubszeit** *f* holiday season [*or* period]

Urmensch *m* prehistoric [*or* primitive] man

Urne <-, -n> *f* ❶ (*Grab~*) urn ❷ (*Wahl~*) ballot-box; **zu den ~n gehen** POL to go to the polls

Urnenfriedhof *m* urn cemetary, cinerarium **Urnengang** *m* POL going to the polls, election; ***der diesjährige ~ dürfte für einige Überraschungen sorgen*** this year's election should be good for a few surprises; ***in drei Monaten ist die Bevölkerung wieder zum ~ aufgerufen*** in three months [time] the people will be asked to go to the polls again **Urnengrab** *nt* urn grave **Urnenhalle** *f* columbarium

Urologe, Urologin <-n, -n> *m, f* MED urologist

Urologie <-> *f kein pl* MED urology

Urologin <-, -nen> *f fem form von* **Urologe**

urologisch *adj* MED urological

Uroma *f* (*fam*) great-grandma *fam*, great-granny *childspeak*, great-grandmother **Uropa** *m* (*fam*) great-granddad *fam*, great-grandpa *childspeak*, great-grandfather **Urplasma** *nt* primordial plasma

urplötzlich I. *adj attr* (*fam*) very sudden II. *adv* very suddenly

Ursache *f* (*Grund*) reason; ***das war zwar der Auslöser für diesen Streit, aber nicht dessen eigentliche ~*** that may have been what triggered this dispute, but it wasn't its actual cause; ***ich suche immer noch die ~ für das Flackern der Lampen*** I'm still trying to find out why the lights are flickering; ~ **und Wirkung** cause and effect; **alle/keine ~ [zu etw] haben** to have good/no cause [*or* every/no reason] [for sth]; **alle/keine ~ haben, etw zu tun** to have good/no cause [*or* every/no reason] to do [*or* for doing] sth; **die ~ [für etw** *akk* [*o* **einer S.** *gen*]] **sein** to be the cause [of sth [*or* a thing]] [*or* reason [for sth]]; ***defekte Bremsen waren die ~ für den Unfall*** the accident was caused by faulty brakes; **aus einer bestimmten ~** for a certain reason; ***das Flugzeug raste aus noch ungeklärter ~ gegen einen Berg*** the plane crashed into a mountain for an as yet unknown reason; **ohne [jede] ~** without any real reason; ***er kann doch nicht ohne ~ er so wütend sein*** there must be a [*or* some] reason why he's so angry ► WENDUNGEN: **keine ~!** don't mention it, you're welcome; **kleine ~, große Wirkung** (*prov*) great oaks from little acorns grow *prov*

ursächlich *adj* causal; ■ [**für etw**] ~ **sein** to be the cause [of sth] [*or* reason [for sth]]; *s. a.* **Zusammenhang**

Urschrift *f* JUR original [text [*or* copy]]

Ursprung <-s, Ursprünge> *m* origin; **seinen ~ [in etw** *dat*] **haben** to originate [in sth] [*or* have its origins in sth]; **bestimmten ~s sein** to be of a certain origin; ***das Wort „Wolf" ist indogermanischen ~s*** the word "wolf" is of Indo-Germanic extraction [*or* origin] [*or* is Indo-Germanic in origin]

ursprünglich I. *adj* ❶ *attr* (*anfänglich*) original, initial ❷ (*im Urzustand befindlich*) unspoiled, BRIT unspoilt ❸ (*urtümlich*) ancient, [age-]old II. *adv* originally, initially

Ursprünglichkeit <-> *f kein pl* ❶ (*ursprüngliche Beschaffenheit*) unspoiled [*or* BRIT unspoilt] nature ❷ (*Urtümlichkeit*) originality

Ursprungsbesteuerung *f* FIN taxation in the country of origin **Ursprungsbezeichnung** *f* JUR mark [*or* designation] of origin **Ursprungsdatei** *f* INFORM source file **Ursprungsdaten** *pl* INFORM raw data **Ursprungsdrittland** *nt* POL (*Zoll*) non-member country of origin **Ursprungserzeugnis** *nt* HANDEL (*Zoll*) originating product **Ursprungsflughafen** *m* airport of [original] departure; ***die Polizei konnte herausfinden, dass die Bombe vom ~ Athen stammte*** the police were able to ascertain that the bomb was put on board in Athens [*or* at Athens airport] **Ursprungsformat** *nt* INFORM native format **Ursprungsland** *nt* country of origin **Ursprungsnachricht** *f* INFORM source message **Ursprungsort** *m* GEOG place of origin **Ursprungsvermerk** *m* JUR mark of origin **Ursprungsvermerk** *m* HANDEL statement of origin **Ursprungszeugnis** *nt* JUR certificate of origin

Ursüße *f* raw cane sugar

Urteil <-s, -e> *nt* ❶ JUR judgement, verdict, decision [of the court]; **ein ~ fällen** JUR to pronounce [*or* pass] [*or* deliver] a judgement; (*Straf~*) sentence; (*Scheidungs~*) decree; **einstimmiges ~** unanimous verdict; **rechtskräftiges ~** final [and absolute] judgement; (*bei Scheidung*) absolute decree; **vorläufiges ~** provisional decree; **vorläufig vollstreckbares ~** provisionally enforceable judgment; **~, bei dem die Kosten in jedem Fall gezahlt werden** 'cost-in-any-event' order; **ein ~ gegen den Beklagten erwirken** to recover judgment against the defendant; **ein ~ abändern/bestätigen** to alter/uphold a judgment; **ein ~ anfechten/aufheben** to appeal against/reverse a judgment ❷ (*Meinung*) opinion; **zu einem ~ kommen** to arrive at [*or* reach] a decision; ***dein ~ ist etwas vorschnell*** you've made a rather hasty decision; **sich** *dat* **ein ~ [über etw** *akk*] **bilden** to form an opinion [about sth]; ***ich bilde mir lieber selber ein ~ [über den Fall]*** I'll form my own opinion [*or* *sep* make up my own mind] [about the case]; **sich** *dat* **ein ~ [über etw** *akk*] **erlauben** to be in a position to judge [sth]; **ein ~ [über jdn/etw] fällen** to pass [*or* pronounce] judgement [on sb/sth]; **nach jds ~** in sb's opinion; **nach dem ~ von jdm** in the opinion of sb

urteilen *vi* ■ [**über jdn/etw**] ~ to judge [sb/sth] [*or* pass judgement [on sb/sth]]; ■ [**irgendwie**] ~ to judge [somehow]; ***du neigst aber dazu, voreilig zu ~*** you [do] like to make hasty judgements[, don't you?]; **nach etw zu ~** to take sth as a yardstick; ***nach seinem Gesichtsausdruck zu ~, ist er unzufrieden mit dem Ergebnis*** judging by his expression he is dissatisfied with the result

Urteilsaufhebung *f* JUR quashing of a judgment **Urteilsausfertigung** *f* JUR court-sealed copy of a judgment **Urteilsauslegung** *f* JUR construction of a sentence **Urteilsbegründung** *f* JUR reasons *pl* [*or* grounds *pl*] for [a/the] judgement, opinion **Urteilsbildung** *f* JUR formation of a judgement **Urteilsergänzung** *f* JUR supplementation of the judgment **Urteilserschleichung** *f* JUR subreption of a judgment **Urteilsfindung** *f* JUR judgment **Urteilsforderung** *f* JUR judgment debt [*or* claim] **Urteilsformel** *f* JUR operative part of the judgment [*or* provisions] *pl* **Urteilskraft** *f kein pl* faculty [*or* power] of judgement **Urteilsspruch** *m* JUR judgement, verdict **Urteilsverkündung** *f* JUR pronouncement [*or* passing] [*or* delivering] of [a] judgement; **die ~ aussetzen** to suspend the sentence **Urteilsvermögen** *nt kein pl* power [*or* faculty] of judgement **Urteilsvollstreckung** *f* JUR execution [*or* enforcement] of a judgment **Urteilszustellung** *f* JUR service of the judgment

Urtext *m* original text

Urtierchen *nt* BIOL protozoon

urtümlich *adj* ancient, primeval, [age-]old

Uruguayer(in) <-s, -> *m(f)* Uruguayan; *s. a.* **Deutsche(r)**

uruguayisch [uru'gu̯a:jɪʃ] *adj* Uruguayan; *s. a.* **deutsch**

Urenkel(in) *m(f)* great-great-grandchild, great-great-grandson *masc*, great-great-granddaughter *fem* **Urgroßeltern** *pl* great-great-grandparents *pl* **Urgroßmutter** *f* great-great-grandmother **Urgroßvater** *m* great-great-grandfather

Urversion *f* INFORM original version

urverwandt *adj* LING cognate; ■ ~ [**mit etw**] **sein** to be cognate [with sth]; ■ [**miteinander**] ~ **sein** to be cognate [with each other [*or* one another]]

Urvie(c)h <-[e]s, -viecher> *nt* (*fam*) real character

Urvogel *m* BIOL archaeopteryx **Urwald** *m* GEOG primeval forest **Urwaldbaum** *m* primeval forest tree **Urwelt** *f kein pl* GEOL ■ **die ~** the primeval world **urweltlich** *adj* GEOL primeval, primordial **urwüchsig** *adj* ❶ (*im Urzustand erhalten*) unspoiled, unspoilt BRIT ❷ (*unverbildet*) earthy ❸ (*ursprünglich*) original; ***das Litauische ist wohl die ~ste Sprache Europas*** Lithuanian is probably Europe's oldest language **Urzeit** *f kein pl* GEOL ■ **die ~** primeval times *pl*; **seit ~en** (*fam*) for [donkey's *fam*] years; **vor ~en** (*fam*) [donkey's *fam*] years ago **urzeitlich** *adj s.* **urweltlich** **Urzustand** *m kein pl* original [*or* primordial] state

USA [u:ʔɛs'ʔa:] *pl Abk von* **United States of America**: ■ **die ~** the USA + *sing vb*, the US + *sing vb*

US-Amerikaner(in) [u:'ʔɛs-] *m(f)* GEOG American

US-amerikanisch [u:'ʔɛs-] *adj* GEOG American, US

Usance <-, -n> ['ju:zᵊnts] *f* ÖKON (*geh*) custom [*or* usage] [of the trade], practice

usancegemäß, usancemäßig *adj* HANDEL customary **Usancegeschäft** *nt* HANDEL cross deal **Usancehandel** *m* BÖRSE cross dealing

USB *m* TECH *Abk von* **Universal Serial Bus** (*universelle serielle Buchse*) USB

Usbeke, Usbekin <-n, -n> *m, f* Uzbek[istani]; *s. a.* **Deutsche(r)**

usbekisch *adj* Uzbek, AM *a.* Uzbekistani; *s. a.* **deutsch**

Usbekisch *nt dekl wie adj* Uzbek; *s. a.* **Deutsch**

Usbekische <-n> *nt* ■ **das ~** Uzbek, the Uzbek language; *s. a.* **Deutsche**

USB-Port *m* TECH USB-port

usf. *Abk von* **und so fort** and so forth

Usowechsel *m* FIN bill at usance

Usurpator, -torin <-s, -toren> *m, f* (*geh*) usurper

usurpieren* *vt* (*geh*) ■ **etw ~** to usurp sth

Usus <-> *m* custom *no pl*; **irgendwo [so] ~ sein** to be the custom somewhere

usw. *Abk von* **und so weiter** etc.

Utensil <-s, -ien> [-liən] *nt meist pl* utensil, piece of equipment; ***packen Sie bitte Ihre ~ien zusammen, Sie ziehen um in ein anderes Büro*** pack up your things, you're moving to a different office

Uterus <-, Uteri> *m* ANAT (*geh*) uterus

Uteruskrebs *m* MED (*geh*) cancer of the uterus, uterine cancer

Utilitarismus <-> *m kein pl* PHILOS utilitarianism

utilitaristisch *adj* (*geh*) utilitarian

Utopie <-, -n> [-'pi:ən] *f* (*geh*) Utopia

utopisch *adj* ❶ (*geh: völlig absurd*) utopian ❷ LIT Utopian

Utrecht <-> *nt* GEOG Utrecht

u. U. *Abk von* **unter Umständen** possibly

u.ü.V. *Abk von* **unter üblichem Vorbehalt** with the reservation that

UV [u:'fau] *adj Abk von* **ultraviolett** UV

u. v. a.(m.) *Abk von* **und vieles andere [mehr]** and much more besides

UV-Blocker *m* UV blocker

UV-Filter [u:'fau-] *m* PHYS UV [*or* ultraviolet] filter **UV-Hemmer** *m* UV inhibitor **UV-Licht** *nt* PHYS UV light

UVP *f Abk von* **Umweltverträglichkeitsprüfung** environmental assessment, EA, assessment of environmental impact, environmental auditing
UV-Strahlen *pl* UV-rays *pl* **UV-Strahlung** *f* PHYS UV [*or* ultraviolet] radiation
u.W. *Abk von* **unseres Wissens** to our knowledge
Ü-Wagen *m* RADIO, TV OB [*or* outside broadcast] vehicle
UWG *nt Abk von* **Gesetz gegen unlauteren Wettbewerb** unfair competition law

V

V, v <-, - *o fam* -s, -s> *nt* V, v; ~ **wie Viktor** V for [*or* AM as in] Victor; *s. a.* **A 1**
V *Abk von* **Volt** V
Vabanquespiel [va'bã:k-] *nt* (*geh*) dangerous [*or* risky] game
Vaduz [fa'dʊts, va'du:ts] *nt* GEOG Vaduz
Vagabund(in) <-en, -en> [va-] *m(f)* vagabond
vagabundieren* *vi* ❶ (*als Landstreicher leben*) to live as a vagabond/as vagabonds ❷ *sein* (*umherziehen*) to roam [*or* wander]; **durch die halbe Welt/viele Länder** ~ to roam over half the world/through many countries; ~**des Kapital** FIN hot money, footloose funds
vage ['va:-] **I.** *adj* vague **II.** *adv* vaguely
Vagina <-, Vaginen> [va-] *f* ANAT vagina
vaginal [va-] **I.** *adj* MED, ANAT vaginal **II.** *adv* MED vaginally
Vaginalzäpfchen <-s, -> *f* MED vaginal suppository
vakant [va-] *adj* (*geh*) vacant; **eine ~e Stelle** a vacant post, vacancy; ■[**bei jdm**] ~ **sein/werden** to be/become vacant [at sb's]
Vakanz <-, -en> [va-] *f* (*geh*) vacancy
Vakatseite *f* TYPO blank [*or* white] page
Vakuole <-, -n> *f* BIOL vacuole
Vakuum <-s, Vakuen *o* Vakua> ['va:kuʊm, 'va:kuən, 'va:kua] *nt* ❶ PHYS vacuum ❷ (*geh: Lücke*) vacuum *fig*
Vakuumpackung *f* ÖKON vacuum pack[aging *no pl*] **Vakuumröhre** *f* vacuum tube **Vakuumsuktion** *f* vacuum suction **vakuumverpackt** *adj* ÖKON vacuum-packed
Valentinstag *m* Valentine's Day
Valenz <-, -en> *f* CHEM, LING valency
Valoren <-s, -oren> *pl* FIN securities
Valuta <-, Valuten> [va-] *f* FIN ❶ (*ausländische Währung*) foreign currency; **harte** ~ hard currency ❷ (*Wertstellung*) value [*or* availability] date
Valutaaufwertung *f* FIN currency revaluation **Valutadumping** *nt kein pl* ÖKON foreign exchange dumping **Valutaeinnahmen** *pl* FIN foreign exchange earnings **Valutaentwertung** *f* FIN devaluation, currency depreciation **Valutageschäft** *nt* FIN foreign currency transaction **Valutakurs** *m* FIN exchange rate **Valutanotierung** *f* BÖRSE quotation of exchange **Valutarisiko** *nt* FIN exchange risk **Valutaschuld** *f* FIN foreign currency debt **Valutaverhältnis** *nt* JUR underlying debt relationship **Valutawechsel** *m* FIN foreign exchange bill **Valutawerte** *pl* ÖKON foreign exchange values
Vamp <-s, -s> [vɛmp] *m* vamp
Vampir <-s, -e> [vam'pi:ɐ] *m* vampire
Vanadium <-s> [va'na:diʊm] *nt kein pl* CHEM vanadium
Vancomycin <-s, -e> *nt* PHARM vancomycin
Vandale, Vandalin <-n, -n> [va-] *m, f* ❶ (*zerstörungswütiger Mensch*) vandal ❷ HIST Vandal
Vandalismus <-> [va-] *m kein pl* vandalism
Vanille <-, -en> [va'nɪljə, va'nɪlə] *f* vanilla
Vanilleeis [va'nɪljə-, va'nɪlə-] *nt* vanilla ice-cream **Vanillekipferl** *nt* KOCHK SÜDD, ÖSTERR *small crescent-shaped biscuit made with almonds or nuts, dusted with vanilla sugar and traditionally eaten around Christmas* **Vanillemark** *nt* KOCHK pulp of a vanilla pod **Vanilleplätzchen** *nt* vanilla[-flavoured] biscuit BRIT, vanilla[-flavored] cookie AM **Vanillepudding** *m* vanilla pudding **Vanillesauce** *f* vanilla sauce; (*mit Ei*) custard **Vanillestange** *f* vanilla pod [*or* AM bean] **Vanillezucker** *m* vanilla sugar
vanillieren *vt* ■**etw** ~ KOCHK to add vanilla flavouring [*or* AM flavoring] to sth, to aromatize sth with vanilla
Vanillin [va-] *m* KOCHK vanillin
Vanillinzucker *m* vanillin sugar
Vanuatuer(in) <-s, -> *m(f)* ni-Vanuatu; *s. a.* **Deutsche(r)**
vanuatuisch *adj* ni-Vanuatu; *s. a.* **deutsch**
variabel [va-] **I.** *adj* variable; **variable Kosten** variable costs; ~**e Wochenarbeitszeiten** a flexible working week; ■[**in etw** *dat*] ~ **sein** to be flexible [in sth] **II.** *adv* FIN ~ **verzinslich** on a floating rate basis
Variable <-n, -n> *dekl wie adj f* variable
Variante <-, -n> [va-] *f* ❶ (*geh: Abwandlung*) variation ❷ (*veränderte Ausführung*) variant
Varianz <-, -en> *f* MATH variance
Variation <-, -en> [va-] *f* ❶ (*Abwandlung*) variation ❷ MUS (*Abwandlung eines Themas*) variation
Variationsrechnung *f* MATH calculus of variations, variational calculus
Varietät <-, -en> *f* variety
VarieteeRR <-s, -s> *nt*, **Varieté** <-s, -s> [varie'te:] *nt* THEAT variety show
variieren* *vi* to vary
Vasall <-en, -en> [va-] *m* HIST vassal
Vase <-, -n> [va-] *f* vase
Vaseline <-> [va-] *f kein pl* Vaseline, petroleum jelly
Vasoresektion <-, -n> *f* MED vasectomy
Vater <-s, Väter> *m* ❶ (*männliches Elternteil*) father; **ganz der** ~ **sein** to be just like [*or* the spitting image of] one's father ❷ (*Urheber*) father; ***er ist der*** ~ ***dieses Gedankens*** this idea is his brainchild, this is his idea; **der geistige** ~ the spiritual father ▶ WENDUNGEN: ~ **Staat** (*hum*) the State, AM *a.* Uncle Sam; **der Heilige** ~ REL the Holy Father; ~ **unser** REL Our Father
Vaterdatei *f* INFORM father file **Vaterhaus** *nt* (*geh*) parental home **Vaterland** *nt* fatherland, motherland BRIT **vaterländisch** *adj* (*geh*) patriotic **Vaterlandsliebe** *f kein pl* (*geh*) patriotism, love of one's country **Vaterlandsverräter(in)** *m(f)* traitor to one's country
väterlich **I.** *adj* ❶ (*dem Vater gehörend*) sb's father's ❷ (*einem Vater gemäß*) paternal, fatherly ❸ (*zum Vater gehörend*) paternal ❹ (*fürsorglich*) fatherly **II.** *adv* like a father
väterlicherseits *adv* on sb's father's side
Vaterliebe *f* ❶ (*Liebe zum Vater*) love of one's father ❷ (*Liebe eines Vaters*) fatherly [*or* paternal] love **vaterlos** *adj* fatherless **Vatermord** *m* patricide **Vatermörder(in)** *m(f)* patricide
Vaterschaft <-, -en> *f* JUR paternity; ~ **bestreiten/leugnen** to contest/deny paternity; **eine gerichtliche Feststellung der** ~ a[n af]filiation, an affilitiation order
Vaterschaftsanerkennung *f* JUR acknowledgement of paternity **Vaterschaftsfeststellung** *f* determination of paternity **Vaterschaftsklage** *f* JUR paternity suit **Vaterschaftsnachweis** *m* proof [*or* establishment] of paternity **Vaterschaftsurlaub** *m kein pl* ADMIN paternity leave **Vaterschaftsvermutung** *f* JUR presumption of paternity
Vaterstadt *f* (*geh*) home town **Vaterstelle** *f* [**bei jdm**] ~ **vertreten** (*geh*) to take the place of a father [to sb] [*or* of sb's father] [*or* act as sb's father] **Vatertag** *m* Father's Day **Vaterunser** <-s, -> *nt* REL ■**das** ~ the Lord's Prayer; ■**ein** ~ one recital of the Lord's Prayer
Vati <-s, -s> *m s.* **Papa**
Vatikan <-s> [va-] *m* REL ■**der** ~ the Vatican
vatikanisch *adj* Vatican; **das Vatikanische Konzil** the Vatican Council; *s. a.* **deutsch**
Vatikanstadt [va-] *f kein pl* GEOG, REL ■**die** ~ the Vatican City
V-Ausschnitt ['fau-] *m* V-neck; **mit** ~ V-neck; **ein Pullover mit** ~ a V-neck jumper
v.Chr. *Abk von* **vor Christus** BC
VEB *Abk von* **volkseigener Betrieb** *nationally-owned factory* [*former GDR*]
Vebotsirrtum *m* JUR error as to the prohibited nature of an act
V-Effekt *m* V-effect
Vegetarier(in) <-s, -> [vege'ta:riɐ] *m(f)* vegetarian
vegetarisch [ve-] **I.** *adj* vegetarian **II.** *adv* **sich** ~ **ernähren**, ~ **essen** [*o* **leben**] to be a vegetarian [*or* eat a vegetarian diet]
Vegetation <-, -en> [ve-] *f* vegetation
vegetativ [ve-] **I.** *adj* ❶ MED (*nicht vom Willen gesteuert*) vegetative; ~**es Nervensystem** vegetative [*or* autonomic] nervous system ❷ BIOL (*ungeschlechtlich*) vegetative **II.** *adv* ❶ MED (*durch das ~e Nervensystem*) autonomically ❷ BIOL (*ungeschlechtlich*) vegetatively
vegetieren* *vi* to eke out a miserable existence, to vegetate
vehement [ve-] **I.** *adj* (*geh*) vehement **II.** *adv* (*geh*) vehemently
Vehemenz <-> [ve-] *f kein pl* (*geh*) vehemence
Vehikel <-s, -> [ve-] *nt* (*fam*) vehicle; **ein altes/klappriges** ~ an old banger [*or* BRIT *fam* boneshaker] [*or* AM *fam* wreck]
Veilchen <-s, -> *nt* ❶ BOT violet ❷ (*fam: blaues Auge*) black eye, shiner *sl*
veilchenblau *adj* ❶ (*Farbe*) violet ❷ (*fig: betrunken*) **jd ist** ~ sb is roaring drunk
Vektor <-s, -toren> ['vɛ-] *m* MATH vector
Vektordaten *pl* MATH vector data + *sing vb* **Vektorgrafik** *f* MATH object-oriented graphics + *sing vb*
Vektorisierung <-> *f kein pl* MATH vectorisation
Vektorprodukt *nt* MATH vector product **Vektorprogramm** *nt* INFORM vector programme [*or* AM -am] **Vektorraum** *m* MATH vector space **Vektorrechnung** *f* vector calculation
Velar <-s, -e> *m*, **Velarlaut** *m* LING velar
Velo <-s, -s> ['velo] *nt* SCHWEIZ (*Fahrrad*) bicycle, bike *fam*
Velours1 <-, -> [və'lu:ɐ] *nt s.* **Veloursleder**
Velours2 <-, -> [və'lu:ɐ, ve-] *m* MODE velour[s]
Veloursleder [və'lu:ɐ-, ve-] *nt* suede
Veloursteppichboden *m* cut-pile [*or* velvet[-pile]] carpet
Vene <-, -n> ['ve:-] *f* ANAT vein
Venedig <-s> [ve-] *nt kein pl* Venice
Venenentzündung ['ve:-] *f* MED phlebitis *no pl*
Venenmittel *nt* vein medication
venerisch [ve-] *adj* MED venereal
Venetien <-s> [-tsi-] *nt* GEOG Veneto
Venezianer(in) *m(f)* GEOG Venetian
Venezolaner(in) <-s, -> *m(f)* Venezuelan; *s. a.* **Deutsche(r)**
venezolanisch *adj* Venezuelan; *s. a.* **deutsch**
Venezuela <-s> [ve-] *nt* Venezuela; *s. a.* **Deutschland**
venezuelisch *adj s.* **venezolanisch**
venös [ve-] *adj* MED venous
Ventil <-s, -e> [vɛ-] *nt* ❶ (*Absperrhahn*) stopcock ❷ (*Schlauch~*) valve ❸ AUTO valve ❹ MUS valve ❺ (*geh: Mittel des Abbaus von Emotionen*) outlet
Ventilation <-, -en> [vɛ-] *f* ❶ (*Belüftung*) ventilation ❷ TECH (*Belüftungsanlage*) ventilation [system]
Ventilator <-s, -toren> [vɛ-] *m* ventilator, fan
Ventileinstellung *f* AUTO valve adjustement
ventilieren* *vt* ■**etw** ~ ❶ (*lüften*) to ventilate sth ❷ (*geh: überdenken*) to consider sth carefully
Ventilspiel *nt* AUTO valve lash **Ventilsteuerung** *f* AUTO valve timing **Ventiltrieb** *m* AUTO valve train
Venus <-s> ['ve:-] *f kein pl* Venus
Venusfliegenfalle *f* BOT Venus flytrap **Venusmuschel** *f* venus clam
verabfolgen* *vt s.* **verabreichen 1**
verabreden* **I.** *vr* ■**sich** [**mit jdm**] [**irgendwo/für**

V

eine Zeit] ~ to arrange to meet [sb] [somewhere/for a certain time]; ■ [mit jdm/irgendwo] **verabredet sein** to have arranged to meet [sb/somewhere] **II.** *vt* ■ **etw [mit jdm]** ~ to arrange sth [with sb]; **einen Ort/Termin/Uhrzeit** ~ to arrange [*or* fix] [*or* agree upon] a place/date/time; ■ **verabredet** agreed; **wie verabredet** as agreed [*or* arranged] **III.** *vi* ■ **[mit jdm]** ~**, dass/was ...** to agree [with sb] that/what ...

Verabredung <-, -en> *f* (1) *(Treffen)* date, meeting, appointment (2) *(Vereinbarung)* arrangement, agreement; **eine** ~ **einhalten** to keep an appointment; **eine** ~ **treffen** to come to an arrangement, to reach [*or* come to] an agreement (3) *(das Verabreden)* arranging; *Termin* arranging, fixing, agreeing upon; **[mit jdm] eine** ~ **[für etw] treffen** *(geh)* to arrange a meeting [with sb] [for a certain time] (4) JUR *(Komplott)* conspiracy; ~ **zu Straftaten** conspiracy to commit a crime

verabreichen* *vt (geh)* ■ **[jdm] etw** ~ to administer sth [to sb]

verabscheuen* *vt* ■ **jdn/etw** ~ to detest [*or* loathe] sb/sth; ■ ~**, etw zu tun** to hate doing sth

verabschieden* **I.** *vr* (1) *(Abschied nehmen)* ■ **sich [von jdm]** ~ to say goodbye [to sb] (2) *(sich distanzieren)* ■ **sich [aus etw]** ~ to dissociate oneself from sth **II.** *vt* (1) POL *(parlamentarisch beschließen)* ■ **etw** ~ to pass sth; **einen Haushalt** ~ to adopt a budget (2) *(geh: offiziell von jdm Abschied nehmen)* ■ **jdn** ~ to take one's leave of sb (3) *(geh: feierlich entlassen)* ■ **jdn** ~ to give sb an official farewell [*or* send-off]

Verabschiedung <-, -en> *f* (1) POL *(Beschließung)* passing; *Haushalt* adoption (2) *(feierliche Entlassung)* honourable [*or* AM honorable] discharge

verabsolutieren* *vt* ■ **etw** ~ to make sth absolute

verachten* *vt* ■ **jdn/etw** ~ (1) *(verächtlich finden)* to despise sb/sth (2) *(geh: nicht achten)* to scorn sb/sth; **nicht zu** ~ **sein** *(fam)* [sth is] not to be sneezed [*or* scoffed] at *fam*

Verächter(in) <-s, -> *m(f)* ► WENDUNGEN: **kein** ~ **[von etw] sein** *(euph)* to be quite partial to sth

verächtlich **I.** *adj* (1) *(Verachtung zeigend)* contemptuous, scornful (2) *(verabscheuungswürdig)* contemptible, despicable **II.** *adv* contemptuously, scornfully

Verachtung *f* contempt, scorn; **jdn mit** ~ **strafen** *(geh)* to treat sb with contempt; **voller** ~ contemptuously

veralbern* *vt (fam)* ■ **jdn** ~ to pull sb's leg [*or* BRIT have sb on] *fam*

verallgemeinern* **I.** *vt* ■ **etw** ~ to generalize about sth **II.** *vi* to generalize

Verallgemeinerung <-, -en> *f* (1) *kein pl (das Verallgemeinern)* generalization (2) *(verallgemeinernde Darstellung)* generalization

veralten* *vi sein* to become obsolete; *Ansichten, Methoden* to become outdated [*or* outmoded]

veraltet **I.** *pp von* **veralten** **II.** *adj* old, obsolete, out-of-date; *Ausdruck* antiquated

Veranda <-, Veranden> [ve-] *f* veranda

veränderlich *adj* (1) METEO *(unbeständig)* changeable (2) *(variierbar)* variable; ~**er Stern** ASTRON variable star

Veränderlichkeit <-, -en> *f meist sing* variability

verändern* **I.** *vt* (1) *(anders machen)* ■ **etw** ~ to change sth; ■ **jdn** ~ *(im Wesen)* to change sb (2) *(ein anderes Aussehen verleihen)* ■ **jdn/etw** ~ to make sb/sth look different/change sb's sth **II.** *vr* (1) *(anders werden)* ■ **sich** ~ to change; ■ **sich [zu etw]** ~ *(im Wesen)* to change [for the sth]; ***er hat sich zu seinem Nachteil/Vorteil*** ~ he's changed for the worse/better; **sich äußerlich** ~ to change [in appearance] (2) *(Stellung wechseln)* ■ **sich [irgendwohin]** ~ to change one's job

Veränderung *f* (1) *(Wandel)* change; *(leicht)* alteration, modification; ~ **gegenüber dem Vorjahr** ÖKON change from last year; ~**en unterliegen** to undergo changes (2) *(Stellungswechsel)* change of job

Veränderungssperre *f* JUR preservation order *(temporary prohibition to change sth)*

verängstigen* *vt* ■ **jdn** ~ to frighten [*or* scare] sb

verängstigt **I.** *pp von* **verängstigen** **II.** *adj* frightened, scared; **völlig** ~ terrified

verankern* *vt* (1) TECH *(mit Halteseilen)* ■ **etw [in etw** *dat*] ~ to anchor sth [in sth] (2) NAUT ■ **etw** ~ to anchor sth

Verankerung <-, -en> *f* (1) *kein pl (das Verankern)* anchoring (2) *(Fundament für Halteseil)* anchorage

veranlagen* *vt* FIN *(steuerlich einschätzen)* ■ **jdn [mit etw]** ~ to assess sb [at sth]; **sich** *akk* **gemeinsam/getrennt** ~ **lassen** to file joint/separate returns; **jdn zu hoch** ~ to overassess sb; **nicht veranlagt** unassessed

veranlagt *adj* (1) *(angeboren)* ■ **ein [irgendwie]** ~**er Mensch** a person with a certain bent; **ein homosexuell** ~**er Mensch** a person with homosexual tendencies; **ein künstlerisch/musikalisch** ~**er Mensch** a person with an artistic/a musical disposition; **ein praktisch** ~**er Mensch** a practically minded person; ■ **[irgendwie]** ~ **sein** to have a certain bent; ***mein Mann ist praktisch*** ~ my husband is practically minded (2) FIN *(mit Steuern)* assessed; **nicht** ~ unassessed

Veranlagung[1] <-, -en> *f* (1) *(angeborene Anlage)* disposition; **eine bestimmte** ~ **haben** to have a certain bent; **eine homosexuelle** ~ **haben** to have homosexual tendencies; **eine künstlerische/artistische** ~ **haben** to have an artistic/a musical bent; **eine praktische** ~ **haben** to be practically minded; **eine** ~ **[zu etw] haben** to have a tendency towards sth (2) FIN *(von Steuern)* assessment; **gemeinsame/getrennte** ~ joint/separate assessment; **steuerliche** ~ tax assessment, assessment for tax purposes

Veranlagung[2] <-, -en> *f s.* **Steuerveranlagung**

veranlagungsfähig *adj* FIN taxable, chargeable **Veranlagungsgrundlage** *f* FIN basis of assessment **Veranlagungsgrundlage** *f* FIN *(Besteuerung)* assessment base **Veranlagungsjahr** *nt* FIN *(von Steuern)* tax year, year of assessment **veranlagungspflichtig** *adj* FIN assessable, taxable **Veranlagungssteuer** *f* FIN assessed tax **Veranlagungszeitraum** *m* FIN assessment period

veranlassen* **I.** *vt* (1) *(in die Wege leiten)* ■ **etw** ~ to arrange sth [*or* see to it that sth is done] (2) *(dazu bringen)* ■ **jdn [zu etw]** ~ to induce sb to do sth; ■ **jdn [dazu]** ~**, dass jd etw tut** to prevail upon sb to do sth; **sich dazu veranlasst fühlen, etw zu tun** to feel obliged [*or* compelled] to do sth **II.** *vi* ■ ~**, dass jd etw tut** to see to it that sb does sth; ■ ~**, dass etw geschieht** to see to it that sth happens

Veranlassung <-, -en> *f* (1) *(Einleitung)* **auf jds** ~**, auf** ~ **[von jdm]** at sb's instigation (2) *(Anlass)* cause, reason; **jdm** ~ **[dazu] geben, etw zu tun** to give sb [good] cause [*or* reason] to do sth; **nicht die leiseste** ~ **haben, etw zu tun** to not have the slightest reason [*or* cause] to do sth; **keine** ~ **[zu etw] haben** to have no reason [*or* cause] [for sth]; **keine** ~ **[dazu] haben, etw zu tun** to have no reason [*or* cause] to do sth

veranschaulichen* *vt* ■ **[jdm] etw** ~ to illustrate sth [to sb]

Veranschaulichung <-, -en> *f* illustration; **zur** ~ as an illustration

veranschlagen* *vt* ■ **etw [mit etw]** ~ to estimate sth [at sth]; ***mit wie viel würden Sie das ganze Haus*** ~**?** how much would you say the whole house is [*or* was] worth?; ■ **etw [für etw]** ~ to estimate that sth will cost sth

veranstalten* *vt* (1) *(durchführen)* ■ **etw** ~ to organize sth; **eine Demonstration** ~ to organize [*or* stage] a demonstration; **ein Fest/eine Feier** ~ to give [*or* throw] [*or* organize] a party (2) *(fam: machen)* ■ **etw** ~ to make sth; **Lärm** ~ to make a lot of noise

Veranstalter(in) <-s, -> *m(f)* organizer [*or* BRIT *a.* -iser]

Veranstaltung <-, -en> *f* (1) *kein pl (das Durchführen)* organizing, organization; *Feier* giving, throwing, organizing, organization; *öffentliches Ereignis* staging, organizing (2) *(veranstaltetes Ereignis)* event

Veranstaltungskalender *m* calendar of events **Veranstaltungsort** *m* venue **Veranstaltungsreihe** *f* series of events **Veranstaltungstipp**[RR] *m* organizational tip

verantworten* **I.** *vt* ■ **etw [vor jdm]** ~ to take [*or* accept] responsibility for sth [*or* [have to] answer to sb for sth]; ***etwaige negative Konsequenzen werden Sie [vor der Geschäftsleitung] zu*** ~ ***haben*** you will have to answer [to the management] for any negative consequences; ■ **[es]** ~**, wenn** [*o* **dass**] **jd etw tut** to take [*or* accept] responsibility for sb doing sth **II.** *vr* ■ **sich [für etw] [vor jdm]** ~ to answer [to sb] [for sth]

verantwortlich *adj* (1) *(Verantwortung tragend)* responsible; ~**e Redakteurin/**~**er Redakteur** editor-in-chief; **[jdm [gegenüber]] dafür** ~ **sein, dass etw geschieht** to be answerable [to sb] for seeing to it that sth happens; ■ **für jdn/etw** ~ **sein** to be responsible for sb/sth (2) *(schuldig)* responsible *pred;* ■ **[für etw]** ~ **sein** to be responsible [for sth] (3) *(mit Verantwortung verbunden)* responsible; **eine** ~**e Aufgabe** a responsible task

Verantwortliche(r) *f(m) dekl wie adj* person responsible; *(für Negatives a.)* responsible party; ■ **der/die für etw** ~ the person responsible for sth

Verantwortlichkeit <-, -en> *f* responsibility; *(Haftbarkeit)* liability; *(Rechenschaftspflicht)* accountability; **alleinige** ~ sole responsibility; **strafrechtliche** ~ criminal responsibility BRIT, penal liability AM; ~ **delegieren** to delegate responsibility

Verantwortung <-, -en> *f* (1) *(Verpflichtung, für etw einzustehen)* responsibility; **jdn [für etw] zur** ~ **ziehen** to call sb to account [for sth]; **jdn gerichtlich zur** ~ **ziehen** JUR to bring sb before the court; **auf deine** [*o* **Ihre**] ~**!** on your head be it! BRIT, it'll be on your head! AM (2) *(Schuld)* ■ **die/jds** ~ **[für etw]** the/sb's responsibility [for sth]; **die** ~ **[für etw] tragen** to be responsible [for sth]; **die** ~ **[für etw] übernehmen** to take [*or* accept] responsibility [for sth] (3) *(Risiko)* **auf eigene** ~ on one's own responsibility, at one's own risk; **die** ~ **[für jdn/etw] haben** [*o* **tragen**] to be responsible [for sb/sth] ► WENDUNGEN: **sich aus der** ~ **stehlen** to dodge [*or* evade] [*or* shirk] responsibility

verantwortungsbewusst[RR], **verantwortungsbewußt** **I.** *adj* responsible **II.** *adv* ~ **handeln, sich** ~ **verhalten** to act responsibly [*or* in a responsible manner] **Verantwortungsbewusstsein**[RR] *nt* sense of responsibility **verantwortungslos** **I.** *adj* irresponsible; ■ ~ **sein, etw zu tun** to be irresponsible to do sth **II.** *adv* ~ **handeln, sich** ~ **verhalten** to act irresponsibly [*or* in an irresponsible manner] **Verantwortungslosigkeit** <-> *f kein pl* irresponsibility **verantwortungsvoll** *adj* (1) *(mit Verantwortung verbunden)* responsible (2) *s.* **verantwortungsbewusst**

veräppeln* *vt (fam) s.* **veralbern**

verarbeiten* *vt* (1) ÖKON *(als Ausgangsprodukt verwenden)* ■ **etw** ~ to use sth; **Fleisch** ~ to process meat; ■ **etw [zu etw]** ~ to make sth into sth; ~**des Gewerbe** manufacturing sector; ~**de Industrie** processing [*or* manufacturing] industry (2) *(verbrauchen)* ■ **etw** ~ to use sth [up]; ***der Mörtel muss rasch verarbeitet werden, bevor er fest wird*** the plaster must be applied [*or* used] immediately, before it hardens (3) PSYCH *(innerlich bewältigen)* ■ **etw** ~ to assimilate sth; **eine Enttäuschung/Scheidung/jds Tod** ~ to come to terms with a disappointment/divorce/sb's death

verarbeitet *adj* ÖKON finished; **gut/schlampig/schlecht** ~ well/sloppily/badly finished [*or* crafted]

Verarbeitung <-, -en> *f* (1) ÖKON *(das Verarbeiten)* processing (2) *(Fertigungsqualität)* workmanship *no pl, no indef art* (3) TYPO *(Druck)* converting (4) INFORM *(Bearbeitung)* processing; ~ **im Hintergrund** background processing

Verarbeitungsbetrieb *m* ÖKON manufacturing plant **Verarbeitungseinheit** *f* INFORM processing unit **Verarbeitungsgeschwindigkeit** *f* INFORM processing power **Verarbeitungsindustrie** *f*

ÖKON processing [*or* manufacturing] industry **Verarbeitungskosten** *pl* HANDEL processing expenses **Verarbeitungsvorschriften** *pl* BAU processing instructions *pl*

verargen* *vt* ■**[jdm] etw** ~ to hold sth against sb; ■**[es] jdm ~, dass/wenn ...** to hold it against sb that/[*or* blame sb] if ...

verärgern* *vt* ■**jdn** ~ to annoy sb

verärgert I. *adj* angry, annoyed; ■**[über jdn/etw] ~ sein** to be annoyed [at [*or* with] sb/sth]; ■**~ sein, dass/weil ...** to be annoyed that/because ... **II.** *adv* in an annoyed manner

Verärgerung <-, -en> *f* annoyance

verarmen* *vi sein* to become poor [*or* impoverished]; ■**verarmt** impoverished

Verarmung <-, -en> *f* impoverishment *no pl*

verarschen* *vt* (*derb*) ■**jdn** ~ to mess around with sb, to take the piss out of sb BRIT *vulg*

verarzten* *vt* (*fam*) ❶ (*behandeln*) ■**jdn** ~ to treat sb ❷ (*versorgen*) ■**[jdm] etw** ~ to fix *fam* [*or* *fam* patch up *sep*] [sb's] sth

verästeln* *vr* ❶ BOT ■**sich** ~ to branch out [*or* ramify] ❷ GEOG ■**sich** *akk* **[in etw** *akk***]** ~ *Fluss* to branch out [into sth]

Verästelung <-, -en> *f* branching; (*fig*) ramifications *pl*

Verätzung <-, -en> *f* ❶ *kein pl* (*das Verätzen*) cauterization; (*Metall*) corrosion ❷ (*Beschädigung, Verletzung*) burn

verausgaben* *vr* ❶ (*sich überanstrengen*) ■**sich** ~ to overexert [*or* overtax] oneself ❷ (*über seine finanziellen Möglichkeiten leben*) ■**sich [finanziell]** ~ to overspend [*or* spend too much]

verauslagen* *vt* (*geh*) ■**etw [für jdn]** ~ to pay sth [for sb]; ***könnten Sie das Geld wohl bis morgen für mich*** ~ could you advance [*or* lend] [*or* BRIT *fam* sub] [*or* AM *fam* front] me the money until tomorrow?

veräußerbar *adj* JUR (*form*) disposable, saleable [*or* AM salable]

Veräußerer, Veräußerin <-s, -> *m, f* HANDEL seller, vendor

veräußerlich *adj* HANDEL sellable, disposable

veräußern* *vt* (*geh*) ■**etw [an jdn]** ~ to sell sth [to sb]

Veräußerung <-, -en> *f* JUR disposal, sale; ~ **von Vermögenswerten** realization of assets

Veräußerungsbeschränkungen *pl* JUR sales restrictions; ~ **durch Zwangsvollstreckung** sales restrictions by judicial execution **Veräußerungseinkünfte** *pl* income from sales **Veräußerungserlös** *m* proceeds *pl* **Veräußerungsgewinn** *m* JUR, FIN gain on disposal [*or* sale], capital gain **Veräußerungskosten** *pl* selling costs **Veräußerungspreis** *m* selling price **Veräußerungsrecht** *nt* JUR right of disposal **Veräußerungsverbot** *nt* JUR restraint on alienation, prohibition to sell; **gesetzliches** ~ statutory restraint on alienation **Veräußerungsverlust** *m* HANDEL loss on sale [*or* disposal] **Veräußerungsvertrag** *m* JUR selling agreement, contract of sale **Veräußerungswert** *m* JUR disposal value

Verb <-s, -en> [vɛrp] *nt* LING verb; **ein ~ konjugieren** to conjugate a verb; **schwaches/starkes ~** weak/strong verb

verbal [vɛr-] **I.** *adj* verbal **II.** *adv* verbally

verballhornen* *vt* LING ■**etw** ~ to corrupt sth

Verbalphrase *f* LING verbal phrase **Verbalradikalismus** *m kein pl* POL verbal radicalism

Verband[1] <-[e]s, Verbände> *m* ❶ (*Bund*) association ❷ MIL unit

Verband[2] <-[e]s, Verbände> *m* MED bandage, dressing *no pl*

verbandelt *adj* SÜDD (*iron fam*) ■**mit jdm ~ sein** to have a relationship with sb

Verbandpflaster *nt* first-aid plaster **Verband(s)kasten** *m* first-aid box [*or* kit] **Verbandsklage** *f* JUR group action **Verbandsliga** *f* local league **Verband(s)material** *nt* dressing material **Verbandsmull** *m* dressing material **Verband(s)päckchen** *nt* first-aid kit **Verbandsrecht** *nt* JUR law of association **Verbandsstoff** *m* dressing **Verbandsübereinkunft** *f* assoication agreement **Verbandswatte** *f* surgical cottonwool **Verband(s)zeug** *nt* dressing material **Verbandzellstoff** *m* first-aid cellulose

verbannen* *vt* ❶ (*zwangsweise ins Exil schicken*) ■**jdn [irgendwohin]** ~ to exile [*or* banish] sb [to somewhere] ❷ (*geh: ausmerzen*) ■**etw [aus etw]** ~ to ban sth [from sth]

Verbannte(r) *f(m) dekl wie adj* exile

Verbannung <-, -en> *f* ❶ *kein pl* (*das Verbannen*) exile, banishment ❷ (*Leben als Verbannter*) exile, banishment

verbarrikadieren* **I.** *vt* ■**etw** ~ to barricade sth **II.** *vr* ■**sich** *akk* **[in etw** *dat***]** ~ to barricade oneself in [sth]

verbauen*[1] *vt* ❶ (*versperren*) ■**[jdm] etw** ~ to spoil [*or* ruin] sth [for sb]; **jdm die ganze Zukunft ~** to spoil all sb's prospects for the future [*or* future prospects]; ■**sich** *dat* **etw** ~ to spoil [*or* ruin] one's sth ❷ (*durch ein Bauwerk nehmen*) ■**[jdm] etw** ~ to block [sb's] sth

verbauen[2] *vt* (*beim Bauen verbrauchen*) ■**etw** ~ to use sth

verbaut *adj* badly built

verbeamten* *vt* ■**jdn** ~ to give the status of civil servant to sb

verbeißen* *irreg* **I.** *vr* ❶ (*die Zähne in etw schlagen*) ■**sich** *akk* **[in etw** *akk***]** ~ to bite [into sth] [*or* sink one's teeth into sth] ❷ (*sich intensivst mit etw beschäftigen*) ■**sich** *akk* **[in etw** *akk***]** ~ to immerse oneself [in sth] **II.** *vt* (*fam: unterdrücken*) ■**[sich** *dat***] etw** ~ to suppress sth; **sich einen Aufschrei/ein Lachen ~** to stifle [*or* suppress] a scream/laugh; **sich [den] Schmerz ~** to bear [*or* endure] [the] pain

Verbene <-, -n> *f* HORT verbena

verbergen* *vt irreg* ❶ (*geh: verstecken*) ■**sich [vor jdm]** ~ to hide [oneself] [*or* conceal oneself] [from sb]; ■**jdn/etw [vor jdm]** ~ to hide [*or* conceal] sb/sth [from sb]; **einen Partisanen/Verbrecher [vor jdm] ~** to harbour [*or* AM -or] [*or* hide] [*or* conceal] a partisan/criminal [from sb] ❷ (*verheimlichen*) ■**[jdm] etw** ~ to hide [*or* conceal] sth [from sb] [*or* keep sth from sb]; *s. a.* **verborgen**

verbessern* **I.** *vt* ❶ (*besser machen*) ■**etw** ~ to improve sth ❷ SPORT (*auf einen besseren Stand bringen*) ■**etw** ~ to improve [up]on [*or* better] sth; **einen Rekord ~** to break a record ❸ SCH (*korrigieren*) ■**etw** ~ to correct sth ❹ (*jds Äußerung korrigieren*) ■**jdn** ~ to correct sb; ■**sich** ~ to correct oneself **II.** *vr* ❶ (*sich steigern*) ■**sich** *akk* **[in etw** *dat***]** ~ to improve [in sth] [*or* do better [at sth]] ❷ (*eine bessere Stellung bekommen*) ■**sich** ~ to better oneself

Verbesserung <-, -en> *f* ❶ (*qualitative Anhebung*) improvement; (*das Verbessern*) improvement *no pl*, bettering *no pl; Rekord* breaking *no pl* ❷ (*Korrektur*) correction

verbesserungsfähig *adj* improvable, capable of improvement *pred;* ■**~ sein** to be capable of improvement **Verbesserungspatent** *nt* improvement patent **Verbesserungsvorschlag** *m* suggestion for improvement; **einen ~vorschlag machen** to make a suggestion for improvement **verbesserungswürdig** *adj* worthy of improvement *pred*

verbeugen* *vr* ■**sich [vor jdm/etw]** ~ to bow [to sb/sth]

Verbeugung *f* bow; **eine ~ [vor jdm/etw] machen** to bow [to sb/sth]

verbeulen* *vt* ■**[jdm] etw** ~ to dent [sb's] sth

verbeult I. *pp von* **verbeulen II.** *adj Auto, Hut* dented

verbiegen* *irreg* **I.** *vt* ■**etw** ~ to bend sth; ■**verbogen** bent **II.** *vr* ■**sich** ~ to bend [*or* become bent]

verbiestert *adj* (*fam*) grumpy, *esp* BRIT crotchety *fam*

verbieten <verbot, verboten> **I.** *vt* ❶ (*offiziell untersagen*) ■**etw** ~ to ban sth; **eine Organisation/Partei/Publikation ~** to ban [*or* outlaw] an organization/a party/publication ❷ (*untersagen*) ■**[jdm] etw** ~ to forbid sth [*or* sb to do sth]; ■**etw ist [jdm] verboten** sth is forbidden [as far as sb is concerned]; ■**jdm ~, etw zu tun** to forbid sb to do sth; ■**es ist verboten, etw zu tun** it is forbidden to do sth; ***ist es verboten, hier zu fotografieren?*** am I allowed to take photo[graph]s [in] here?; *s. a.* **verboten II.** *vr* (*undenkbar sein*) **etw verbietet sich von selbst** sth is unthinkable

verbildlichen* *vt* (*geh*) ■**etw [an etw]** ~ to illustrate sth [with sth]

verbilligen* **I.** *vt* ÖKON ■**etw** ~ to reduce sth [in price]; ***die Eintrittskarten sind um 50% verbilligt worden*** the tickets have been reduced [in price] [*or* ticket prices have been reduced] by 50%, there has been a 50% reduction in the ticket prices; ■**[jdm] etw [um etw]** ~ to reduce sth [by sth] [for sb] **II.** *vr* ÖKON ■**sich** ~ to become [*or* get] cheaper [*or* come down in price]

verbilligt I. *adj* reduced; **~er Eintritt/eine ~e Eintrittskarte** reduced entry/a reduced entrance ticket, entry/an entrance ticket at a reduced rate [*or* price] **II.** *adv* **etw ~ abgeben/anbieten** to sell sth/offer sth for sale at a reduced price

verbinden*[1] *vt irreg* (*einen Verband anlegen*) ■**jdn** ~ to dress sb's wound[s]; ■**[jdm/sich] etw** ~ to dress [sb's/one's] sth

verbinden[2] *irreg* **I.** *vt* ❶ (*zusammenfügen*) ■**etw [miteinander]** ~ to join [up *sep*] sth; ■**etw [mit etw]** ~ to join sth [to sth] ❷ TELEK ■**jdn [mit jdm]** ~ to put sb through [*or* AM *usu* connect sb] [to sb]; ***falsch verbunden!*** [you've got the] wrong number!; **[ich] *verbinde!*** I'll put [*or* I'm putting] you through, AM *usu* I'll connect you ❸ TRANSP ■**etw [miteinander]** ~ to connect [*or* link] sth [with each other [*or* one another]]; ■**etw [mit etw]** ~ to connect [*or* link] sth [with sth] ❹ (*verknüpfen*) ■**etw [miteinander]** ~ to combine sth [with each other [*or* one another]]; ■**etw [mit etw]** ~ to combine sth [with sth]; **das Nützliche mit dem Angenehmen ~** to combine business with pleasure ❺ (*assoziieren*) ■**etw [mit etw]** ~ to associate sth with sth ❻ (*mit sich bringen*) ■**der** [*o* **die**] [*o* **das**] **damit verbundene[n]** ... the ... involved; ■**[mit etw] verbunden sein** to involve [sth] ❼ (*innerlich vereinen*) ■**jdn/etw [mit jdm]** ~ to unite sb/sth [with sb]; **uns ~ *lediglich Geschäftsinteressen*** we are business associates and nothing more **II.** *vr* ❶ CHEM (*eine Verbindung eingehen*) ■**sich [mit etw]** ~ to combine [with sth] ❷ (*sich zu einem Bündnis zusammenschließen*) ■**sich [mit jdm/etw] [zu etw]** ~ to join forces [with sb/sth] [to form sth]; **sich [mit jdm/etw] zu einer Initiative ~** to join forces [with sb/sth] to form a pressure group

verbindlich I. *adj* ❶ (*bindend*) binding; ***die Auskunft ist ~, Sie können sich darauf verlassen*** this information is reliable, I can assure you of that ❷ (*entgegenkommend*) friendly **II.** *adv* ❶ (*bindend*) **~ zusagen** to make a binding commitment; **~ vereinbaren** to enter into a binding agreement ❷ (*entgegenkommend*) in a friendly manner

Verbindlichkeit <-, -en> *f* ❶ *kein pl* (*bindender Charakter*) binding nature; *Auskunft* reliability ❷ *kein pl* (*entgegenkommende Art*) friendliness ❸ *meist pl* FIN (*geh: Schuld*) liability *usu pl,* obligation; **~en gegenüber Banken** liabilities to banks; **~ begleichen** to discharge liabilities; **~en eingehen/erfüllen** to assume [*or* incur] obligations/to meet [*or* discharge] one's liabilities; **~en und Forderungen** claims and liabilities; **~en aus Lieferungen und Leistungen** trade creditors, accounts payable for goods and services; **seinen ~en [nicht] nachkommen** [to fail] to meet one's liabilities

Verbindung *f* ❶ CHEM (*aus Elementen bestehender Stoff*) compound; **[mit etw] eine ~ eingehen** to combine [with sth] ❷ (*direkte Beziehung*) contact; **[mit jdm] in ~ bleiben** to keep in touch [with sb]; **eine ~ [mit jdm/etw] eingehen** (*geh*) to join forces [with sb/sth]; ***die Parteien gingen eine ~ [zu einem Wahlbündnis/einer Koalition] miteinander ein*** the parties joined forces with each other [to form [*or* in] an electoral alliance/a coalition]; ~ [*o* **~en] mit** [*o* **zu] jdm/etw haben** to have good con-

V

nections *pl* with sb/sth; **seine ~en spielen lassen** (*fam*) to [try and] pull a few strings; ~ **[mit jdm] aufnehmen** to contact sb; ***sobald wir eintreffen, werden wir ~ aufnehmen*** as soon as we arrive we'll get in touch with [*or* contact] you; ***sobald wir etwas Neues erfahren, nehmen wir mit Ihnen ~ auf*** as soon as we find out anything new we'll be [*or* get] in touch with [*or* contact] you; **sich [mit jdm] in ~ setzen** to contact [*or* get in touch with] sb; **[mit jdm/miteinander] in ~ stehen** to be in contact [with sb/each other [*or* one another]]; ***sie bestritt, jemals mit dem Staatssicherheitsdienst in ~ gestanden zu haben*** she denied ever having had any [*or* having been in] contact with the secret police; **[mit etw] in ~ stehen** to be in contact [*or* touch] with sth; **[mit jdm] in ~ treten** to contact sb ❸ TELEK (*Gesprächs~*) connection; ***die ~ nach Tokio war ausgezeichnet*** the line to [*or* connection with] Tokyo was excellent; ***ich bekomme keine ~*** I can't get a connection [*or* line], I can't get through; **telefonische ~** telephone connection; ***die telefonische ~ war sehr schlecht*** the telephone line [*or* connection] was very poor; **eine/keine ~ [irgendwohin] bekommen** to get through/not to be able to get through [to somewhere]; **[jdm] eine ~ [irgendwohin] machen** (*fam*) to put sb through [*or* AM *usu* connect sb] [to somewhere] ❹ LUFT, BAHN (*Verkehrs~*) connection; ***was ist die günstigste ~ [mit dem Zug] zwischen Hamburg und Dresden?*** what's the best [*or* easiest] [*or* quickest] way to get from Hamburg to Dresden [by train]?; **direkte ~ [nach etw]** direct connection [to sth]; ***es gibt eine direkte ~ mit dem Zug nach Kopenhagen*** there's a through train to Copenhagen; ***eine direkte ~ mit dem Flugzeug gibt es leider nicht*** I'm afraid there isn't a direct flight ❺ TRANSP (*Verbindungsweg*) connection, link; ***der Panamakanal schafft eine ~ zwischen dem Pazifik und dem Atlantik*** the Panama Canal provides a link [*or* connection] between the Pacific and the Atlantic [*or* connects the Pacific with the Atlantic] ❻ (*Verknüpfung*) combining; **in ~ mit etw** in conjunction with sth; ***die Eintrittskarte gilt nur in ~ mit dem Personalausweis*** this entrance ticket is only valid [together] with your ID card; ***in ~ mit dem Einkauf hat sich dieser Besuch gelohnt*** combined with the shopping trip this visit was well worth it ❼ (*Zusammenhang*) ■ **die/eine ~ zwischen Dingen** the/a connection between things; **jdn [mit jdm/etw] in ~ bringen** to connect sb with sb/sth; **in ~ mit** in connection with ❽ SCH (*Korporation*) [student] society BRIT; (*für Männer*) fraternity AM; (*für Frauen*) sorority AM

Verbindungsabbau *m* TELEK disconnection **Verbindungsaufbau** *m* TELEK connecting **Verbindungsbruder** *m* SCH member of a student society [*or* AM fraternity] **Verbindungsfrau** *f fem form von* **Verbindungsmann** contact woman **Verbindungsgebühr** *f* TELEK connection charge **Verbindungshaus** *nt* SCH student society [*or* AM fraternity] house **Verbindungskabel** *nt bes* BAU, TECH feeder, connection [*or* connecting] cable **Verbindungsleitung** *f bes* BAU, TECH connecting conduit **Verbindungslinie** *f* connection line **Verbindungsmann, -frau** *m, f* intermediary **Verbindungsoffizier** *m* liaison officer **Verbindungsstraße** *f* link road **Verbindungsstück** *nt* connecting piece **Verbindungstür** *f* connecting door

verbissen I. *adj* ❶ (*hartnäckig*) dogged ❷ (*verkrampft*) grim II. *adv* doggedly

Verbissenheit <-> *f kein pl* doggedness, dogged determination

verbitten* *vr irreg* ■ **sich** *dat* **etw [von jdm] ~** not to tolerate sth [from sb]; ***ich verbitte mir diesen Ton!*** I won't be spoken to like that!

verbittern* *vt* ■ **jdn ~** to embitter sb [*or* make sb bitter]

verbittert I. *adj* embittered, bitter II. *adv* bitterly

Verbitterung <-, *selten* -en> *f* bitterness, embitterment *form*

verblassen* *vi sein* ❶ (*blasser werden*) to [*or* grow] pale ❷ (*schwächer werden*) to fade ❸ (*geh: in den Hintergrund treten*) ■ **[gegenüber [*o* neben] etw] ~** to pale [into insignificance] [in comparison with/beside sth] ❹ (*immer schlechter sichtbar werden*) to fade

verbläuenRR* *vt* (*fam*) ■ **jdn ~** to beat up sb *sep*

Verbleib <-[e]s> *m kein pl* (*geh*) ❶ (*das Verbleiben*) ■ **jds ~ in etw** *dat* sb's remaining in sth; ***die Mitglieder werden über Ihren ~ in unserem Verein abstimmen*** the members will vote on whether to allow you to remain [*or* stay] in our club ❷ (*Aufenthaltsort*) whereabouts *npl*

verbleiben* *vi irreg sein* ❶ (*eine Vereinbarung treffen*) ■ **[in etw** *dat*] **irgendwie ~** to agree [in sth]; ***wir sind ja bisher noch nicht verblieben*** we still haven't agreed anything as yet; ■ **[mit jdm] so ~, dass** to agree [with sb] that ❷ (*belassen bleiben*) ■ **jdm [von etw] ~** sb has sth left [of sth] ❸ (*geh: bleiben*) ■ **irgendwo/bei jdm ~** to remain somewhere/with sb; ***das Original ist für uns bestimmt, der Durchschlag verbleibt [bei] Ihnen*** the original is our's and you keep [*or* retain] the [carbon] copy

Verbleiberecht *nt* JUR right of continued residence

Verbleibserklärung *f z.B. bei Altautos* declaration of whereabouts

verbleichen *vi irreg sein* to fade

verbleien* *vt* ❶ (*mit Blei überziehen*) ■ **etw ~** (*Stahl*) to coat sth with lead; (*Kupfergefäß*) to lead-coat sth ❷ (*Blei zusetzen*) **verbleites Benzin** leaded petrol [*or* AM gasoline]

verbleit *adj Benzin* leaded

verblenden*[1] *vt* (*die Einsicht nehmen*) ■ **jdn ~** to blind sb; ■ **verblendet sein** to be blinded

verblenden*[2] *vt* BAU (*verkleiden*) ■ **etw [mit etw] ~** to face sth [with sth]

Verblendmauerwerk *nt* BAU faced brickwork, facing masonry

Verblendung[1] *f* blindness

Verblendung[2] *f* BAU ❶ *kein pl* (*das Verblenden*) facing ❷ (*Verkleidungsmaterial*) facing

verbleuen* *vt s.* **verbläuen**

verblichen I. *pp von* **verbleichen** II. *adj Farbe* faded

Verblichene(r) *f(m) dekl wie adj* (*geh*) the deceased

verblöden* I. *vi sein* (*fam*) to turn into a zombie *fam* II. *vt haben* (*fam*) ■ **jdn ~** to dull sb's mind

Verblödung <-> *f kein pl* (*fam*) dulling of people's minds

verblüffen* *vt* ■ **jdn [mit etw] ~** to astonish [*or* amaze] sb [with sth]; ■ **sich durch [*o* von] etw verblüffen lassen** to be amazed by sth

verblüffend *adj* amazing, astonishing, stunning

verblüfft I. *adj* astonished, amazed II. *adv* in astonishment [*or* amazement]; ***warum reagierst du denn auf diese Nachricht so ~?*** why are you so astonished by this news?

Verblüffung <-, -en> *f* astonishment, amazement; **zu jds ~** to sb's astonishment [*or* amazement]

verblühen* *vi sein* to wilt [*or* fade] [*or* wither]

verbluten* *vi sein* to bleed to death

verbocken* *vt* (*fam*) ■ **etw ~** to mess up *sep* [*or* botch] sth

verbohren* *vr* (*fam*) ■ **sich** *akk* **[in etw** *akk*] **~** ❶ (*von etw nicht loskommen*) to become obsessed [with sth] ❷ (*sich verbeißen*) to immerse oneself [in sth]

verbohrt *adj* (*pej*) obstinate, stubborn, pigheaded

Verbohrtheit <-, -en> *f* (*pej*) obstinacy, stubbornness, pigheadedness

verborgen*[1] *vt s.* **verleihen**

verborgen[2] *adj* ❶ (*geh: versteckt*) hidden, concealed; **jdm ~ bleiben** to remain a secret to sb; **nicht ~ bleiben** not to remain [a] secret; **im V~en bleiben** (*geh*) to remain [a] secret; **sich [irgendwo/bei jdm] ~ halten** to hide [somewhere/at sb's] ❷ (*geh: nicht offen*) hidden

Verborgenheit <-> *f kein pl* seclusion

verbot *imp von* **verbieten**

Verbot <-[e]s, -e> *nt* ban; JUR prohibition; **gesetzliches ~** statutory prohibition; **ein ~ umgehen** to beat the ban on sth; ***Sie haben gegen mein ausdrückliches ~ gehandelt*** you did it even though I expressly forbade you to

verboten *adj* ❶ (*untersagt*) prohibited; ***hier ist das Parken ~!*** this is a "no parking" area!; ■ **~ sein, etw zu tun** to be prohibited to do sth; ■ **jdm ~ sein** sb is prohibited from doing sth; ***Unbefugten ist das Betreten des Firmengeländes [strengstens] ~*** access to the company site is [strictly] prohibited to unauthorised persons; ■ **jdm ~ sein, etw zu tun** sb is prohibited from doing [*or* forbidden to do] sth; **die Verbotene Stadt** the Forbidden City ❷ (*fam: unmöglich*) ridiculous; **[in etw** *dat*] **~ aussehen** (*fam*) to look a real sight [in sth] *fam*

Verbotsbestimmungen *pl* JUR prohibitory provisions **Verbotsgesetz** *nt* JUR prohibition act **Verbotsgesetzgebung** *f* JUR proscriptive legislation **Verbotsirrtum** *m* JUR error as to the prohibited nature of an act **Verbotsprinzip** *nt* JUR prohibition per se, principle of proscription **Verbotsschild** *nt* ❶ TRANSP sign [prohibiting something]; ***hier dürfen Sie nicht parken, sehen Sie nicht das ~?*** you can't park here, can't you see the ["no parking"] sign? ❷ (*eine Handlung untersagendes Schild*) sign [*or* notice] [prohibiting something] **Verbotsverfügung** *f* JUR prohibitory injunction

verbrach *imp von* **verbrechen**

verbracht I. *pp von* **verbringen** II. *adj* taken; **unrechtmäßig ~e Kulturgüter** unlawfully appropriated cultural items

verbrämen* *vt* ❶ (*geh*) ■ **etw ~** to embellish sth ❷ MODE (*geh*) ■ **etw [mit etw] ~** to trim sth [with sth]

verbrannt I. *pp von* **verbrennen** II. *adj Pizza, Kuchen* burnt; *Erde* scorched

verbraten* *vt irreg* (*sl: vergeuden, verschleudern*) ■ **etw ~** to blow sth *sl;* **seine Energie ~** to waste [one's] energy; ■ **etw [für etw] ~** to blow sth [on sth] *sl*

Verbrauch *m kein pl* ❶ (*das Verbrauchen*) consumption; ■ **der ~ an etw [*o* von]** *dat* the consumption of sth; **sparsam im ~ sein** to be economical ❷ (*verbrauchte Menge*) consumption; **einen bestimmten ~ [an etw [*o* von]] haben** *dat* to have a certain consumption [of sth]; **~ pro Kopf** ÖKON per capita consumption; **gewerblicher/inländischer ~** industrial/internal consumption

verbrauchbar *adj* JUR consumable; **~e Sache** consumable

verbrauchen* I. *vt* ❶ (*aufbrauchen*) ■ **etw ~** to use up sth *sep;* **Lebensmittel ~** to eat [*or* consume] food [*or* BRIT foodstuffs]; **Vorräte ~** to use up [one's] provisions ❷ FIN (*ausgeben*) ■ **etw ~** to spend sth ❸ ÖKON (*für den Betrieb von etw verwenden*) ■ **etw ~** to consume sth II. *vr* (*bis zur Erschöpfung arbeiten*) ■ **sich ~** to wear [*or fam* burn] oneself out

Verbraucher(in) <-s, -> *m(f)* ÖKON consumer

Verbraucherabholmarkt *m* ÖKON cash and carry **Verbraucheraufklärung** *f* consumer information *no pl* **Verbraucherausgaben** *pl* ÖKON consumer spending **Verbraucherbefragung** *f* ÖKON consumer survey **Verbraucherberatung** *f* ÖKON ❶ *kein pl* (*Beratung von Verbrauchern*) consumer advice ❷ (*Beratungsstelle für Verbraucher*) consumer advice centre [*or* AM -er] **verbraucherfeindlich** *adj* not in the interests of the consumer [*or* consumers] *pred* **verbraucherfreundlich** *adj* consumer-friendly **Verbrauchergewohnheiten** *pl* ÖKON consumer habits **Verbrauchergruppe** *f* consumer group

Verbraucherin <-n, -nen> *f fem form von* **Verbraucher**

Verbraucherklage *f* JUR consumer suit **Verbraucherkreditgesetz** *nt* JUR Consumer Credit Act **Verbrauchermarkt** *m* cut-price supermarket **Verbrauchernachfrage** *f* ÖKON consumer demand **Verbraucherpreis** *m* ÖKON consumer price **Verbrauchersachen** *pl* HANDEL consumer matters **Verbraucherschutz** *m* consumer protection *no pl* **Verbraucherschutzbewegung** *f* consumerism **Verbraucher-Schützer** *m* consumer advocate **Verbraucherschutzgesetz** *nt* JUR consumer protection act **Verbrauchertipp**[RR] *m* consumer information **Verbraucherverband** *m* consumer[s'] association **Verbraucherverhalten** *nt* ÖKON consumer behaviour [*or* AM -ior] **Verbrauchervertrag** *m* consumer contract **Verbraucherzentrale** *f* consumer advice centre [*or* AM -er]

Verbrauchsartikel *m* HANDEL consumer article **Verbrauchserhebungen** *pl* HANDEL consumer surveys **Verbrauchsgüter** *pl* HANDEL consumer [*or* non-durable] goods *npl;* **kurzlebige/langlebige** ~ perishables/[consumer] durables **Verbrauchskonjunktur** *f* ÖKON trend of consumption; (*Hochkonjunktur*) boom in consumption **Verbrauchsrecht** *nt* JUR right of consumption **Verbrauchsrückgang** *m* ÖKON decline in consumption **Verbrauchssteuer** *f* FIN excise [duty], consumption [*or* excise] tax **Verbrauchsverhältnisse** *pl* ÖKON consumer conditions

verbraucht *adj* exhausted, burnt-out *fam,* AM *usu* burned-out *fam*

verbrechen <verbrach, verbrochen> *vt* (*fam*) ❶ (*anstellen*) ■**etw** ~ to be up to sth; ***was hast du denn da wieder verbrochen!*** what have you been up to now? ❷ (*hum: stümperhaft anfertigen*) ■**etw** ~ to be the perpetrator of sth

Verbrechen <-s, -> *nt* crime

Verbrechensaufklärung *f* [crime] clear-up rate **Verbrechensbekämpfung** *f* crime fighting *no pl, no indef art,* fight against crime [*or* no pl], combating crime *no art* **Verbrechensrate** *f* crime rate **Verbrechensvorbeugung** *f* crime prevention

Verbrecher(in) <-s, -> *m(f)* criminal

Verbrecherbande *f* gang of criminals

verbrecherisch I. *adj* criminal; ■~ **sein** to be a criminal act; ■~ **sein, etw zu tun** to be a criminal act [*or* crime] to do sth II. *adv* ***sie hat mich ~ verraten*** it was [almost] criminal the way she betrayed me

Verbrecherkartei *f* criminal records *pl*

Verbrechertum <-[e]s> *nt kein pl* ■**das** ~ criminal world *no pl*

verbreiten* I. *vt* ❶ (*ausstreuen*) ■**etw** ~ to spread sth; **falsche Informationen/Propaganda** ~ to spread [*or* disseminate] false information/propaganda ❷ MEDIA (*vertreiben*) ■**etw** ~ to sell [*or* distribute] sth ❸ (*sich ausbreiten lassen*) ■**etw** ~ to spread sth; **ein Virus/eine Krankheit** ~ to spread a virus/a disease [*or* an illness] ❹ (*erwecken*) ■**etw** ~ to spread sth; **eine gute/schlechte Stimmung** ~ to radiate a good/bad atmosphere II. *vr* ❶ (*umgehen*) ■**sich** *akk* [**in etw** *dat*] ~ to spread [through sth] [*or* circulate [[a]round sth]] [*or* get [a]round [sth]]; **schlechte Nachrichten ~ sich immer am schnellsten** bad news always gets around the quickest ❷ (*sich ausbreiten*) ■**sich** *akk* [**in etw** *dat*] ~ to spread [through sth]; ■**eine gute/schlechte Stimmung verbreitet sich** a good/bad atmosphere spreads through the place ❸ AGR, HORT (*das Wachstum ausdehnen*) ■**sich** *akk* [**in** *dat* [*o* **durch**] **etw**] ~ to spread [through sth] ❹ MED (*um sich greifen*) ■**sich** ~ to spread ❺ (*geh: sich auslassen*) ■**sich** *akk* [**über etw** *akk*] ~ to hold forth [on sth]

verbreitern* I. *vt* BAU ■**etw** ~ to widen sth [*or* make sth wider] II. *vr* ■**sich** *akk* [**auf/um etw** *akk*] ~ to widen [out] [to/by sth]

Verbreiterung <-, -en> *f* ❶ BAU (*Aktion des Verbreiterns*) widening ❷ (*verbreiterter Abschnitt*) widened section

verbreitet *adj* popular; ■[**in etw** *dat*] [**weit**] ~ **sein** to be [very] widespread [*or* popular] [in sth]

Verbreitung <-, -en> *f* ❶ *kein pl* (*das Verbreiten*) spreading; *Fehlinformationen, Propaganda* spreading, dissemination ❷ MEDIA (*Vertrieb*) sale *no pl,* selling *no pl,* distribution *no pl;* [**bestimmte**] ~ **finden** to have a certain circulation; **eine große** ~ **finden** to have a large circulation [*or* sell well] ❸ MED (*Ausbreitung*) spread ❹ BOT (*das allgemeine Auftreten*) distribution, dispersal

Verbreitungsbeschränkung *pl* JUR restrictions on distribution **Verbreitungsgebiet** *nt* HANDEL coverage, circulation [*or* distribution] area **Verbreitungsrecht** *nt* JUR ❶ (*Anrecht*) right of distribution ❷ (*Gesetz*) distribution law

verbrennen* *irreg* I. *vt haben* ❶ (*in Flammen aufgehen lassen*) ■**etw** ~ to burn sth; **Abfall** [*o* **Müll**] ~ to burn [*or* incinerate] waste [*or* AM garbage]; ■**sich** ~ to set fire to oneself ❷ HIST ■**jdn** ~ to burn sb [to death]; **jdn auf dem Scheiterhaufen/bei lebendigem Leibe** ~ to burn sb at the stake/alive ❸ (*versengen*) ■**etw** ~ to scorch sth II. *vr haben* ❶ (*sich verbrühen*) ■**sich** ~ to scald oneself; **sich die Zunge** ~ to scald [*or* burn] one's tongue; *s. a.* **Zunge, Mund, Schnabel** ❷ (*sich ansengen*) ■**sich** *dat* **etw** [**an etw** *dat*] ~ to burn one's sth [on sth] III. *vi sein* to burn; *Gebäude* to burn [down]; *Fahrzeug* to burn [out]; *Mensch* to burn [to death]; ***im Garten unseres Nachbarn verbrennt wieder Abfall!*** our neighbour is burning [*or* incinerating] rubbish in his garden again!; *s. a.* **riechen**

Verbrennung <-, -en> *f* ❶ *kein pl* (*das Verbrennen*) burning; *Abfall, Müll* burning, incineration ❷ AUTO, TECH (*das Verbrennen*) combustion ❸ MED (*Brandwunde*) burn; ~ **ersten/zweiten/dritten Grades** first-/second-/third-degree burn

Verbrennungsmotor *m* AUTO [internal] combustion engine **Verbrennungsofen** *m* furnace **Verbrennungsrückstände** *pl* remains *npl* after incineration **Verbrennungswärme** *f* combustion heat

verbriefen* *vt* ■[**jdm**] **etw** ~ to confirm sth in writing [*or* by document[s]] [for sb]; ■**verbrieft** confirmed in writing [*or* by document[s]]; **verbriefte Rechte** vested [*or* chartered] rights

verbringen* *vt irreg* ❶ (*zubringen*) ■**etw** [**irgendwo**] ~ to spend sth [somewhere]; ■**etw** [**mit/in etw** *dat*] ~ to spend sth doing/in sth; ***ich verbringe fast den ganzen Tag mit meiner Arbeit/am Computer*** I spend almost all day working/at [*or* on] my computer ❷ (*geh: transportieren*) ■**jdn/etw** [**irgendwohin**] ~ to transport [*or* take] sb/sth [somewhere]

verbrochen *pp von* **verbrechen**

verbrüdern* *vr* ■**sich** [**mit jdm**] ~ to fraternize [with sb]

Verbrüderung <-, -en> *f* fraternization

verbrühen* *vt* ■**jdn** ~ to scald sb; ■**sich** [**mit etw**] ~ to scald oneself [with sth]; ■[**jdm/sich**] **etw** ~ to scald [sb's/one's] sth

Verbrühung <-, -en> *f* scald

verbuchen* *vt* ❶ FIN (*buchen*) ■**etw** [**auf etw** *dat*] ~ to credit sth [to sth] ❷ (*verzeichnen*) ■**etw** [**als etw**] ~ to mark up sth [as sth] *sep;* ■**etw** [**für sich**] ~ to notch up sth [for oneself]; ***hoffentlich können wir bald einen erfolgreichen Ausgang des Prozesses für uns*** ~ hopefully, we'll soon be able to celebrate a successful outcome to the trial

Verbuchung <-, -en> *f* FIN entry

Verbuchungsdatum *nt* FIN value date

verbuddeln* *vt* (*fam*) ■**etw** ~ to bury sth

Verbum <-s, Verba> *nt* (*geh*) *s.* **Verb**

verbummeln* *vt* (*fam*) ❶ (*vertrödeln*) ■**etw** ~ to waste [*or* BRIT fritter away] *sep* sth ❷ (*abhanden kommen lassen*) ■**etw** ~ to mislay [*or* lose] sth

Verbund <-bunde> *m* ÖKON combine

verbunden *adj* ❶ (*geh*) ■**jdm** [**für etw**] ~ **sein** to be obliged to sb [for sth]; ***danke für den Tipp, ich bin Ihnen sehr*** ~ thanks for the tip, I'm much obliged [to you] ❷ ÖKON associate, affiliated; ~**e Unternehmen** affiliated companies

verbünden* *vr* ❶ POL ■**sich** [**miteinander/mit jdm**] ~ to form an alliance [with each other [*or* one another]/sb] [*or* ally oneself with [*or* to] sb]; ■[**miteinander/mit jdm**] **verbündet sein** to be allies [*or* allied with [*or* to] each other [*or* one another]/sb], to have formed an alliance [with each other [*or* one another]/sb] ❷ (*sich zusammenschließen*) ■**sich** [**mit jdm**] [**gegen jdn**] ~ to form an alliance [*or* join forces] [with sb] [against sb] [*or* ally [oneself] with [*or* to] sb [against sb]]

Verbundenheit <-> *f kein pl* closeness, unity

Verbündete(r) *f(m) dekl wie adj* ally

Verbundfahrausweis *m* TRANSP travel pass **Verbundglas** *nt kein pl* laminated glass **Verbundglasscheibe** *f* AUTO compound glass **Verbundklausel** *f* JUR association clause **Verbundmaterial** *nt* composite [material] **Verbundnetz** *nt* ❶ TECH, ELEK grid system ❷ TRANSP public transport [*or* AM transportation] network **Verbundpflaster** *nt* BAU interlocking pavement **Verbundplatte** *f* BAU composite board **Verbundprodukt** *nt* TECH joint product **Verbundstein** *m* plaster stone **Verbundsteinpflaster** *nt* plaster stone surface **Verbundsystem** *nt* TRANSP public transport [*or* AM transportation] system **Verbundszuständigkeit** *f* JUR joint responsibility **Verbundvertrag** *m* JUR joint supply contract **Verbundwerbung** *f* joint advertising **Verbundwerkstoff** *m* TECH composite material

verbürgen* I. *vr* ❶ (*für jdn einstehen*) ■**sich für jdn** ~ to vouch for sb ❷ (*garantieren*) ■**sich für etw** ~ to vouch for sth; ■**sich** [**dafür**] ~, **dass etw irgendwie ist** to vouch for sth being a certain way; ***ich verbürge mich dafür, dass der Schmuck echt ist*** I can vouch for the jewellery being genuine, I guarantee that the jewellery is genuine II. *vt* (*die Gewähr bieten*) ■**etw** ~ to guarantee sth

verbürgt *adj* guaranteed, established

Verbürgung <-, -en> *f* JUR bailment, guarantee

verbüßen* *vt* JUR ■**etw** ~ to serve sth

Verbüßung <-> *f kein pl* JUR serving; **nach/vor** ~ [**von etw**] after/before serving [sth]

verchromen* [-kroːmən] *vt* TECH ■**etw** ~ to chromium-plate [*or* chrome-plate] sth; ■**verchromt** chromium-plated, chrome-plated

verchromt *adj* chrome-plated

Verdacht <-[e]s, -e *o* Verdächte> *m kein pl* suspicion; ***gibt es schon irgendeinen ~?*** do you have a[ny particular] suspect [*or* suspect anyone [in particular]] yet?; **jdn** [**bei jdm**] **in** ~ **bringen** to cast suspicion on sb [in the eyes of sb]; ~ **erregen** to arouse suspicion; **einen** ~ **haben** to have a suspicion, to suspect; **jdn in** [*o* **im**] ~ **haben** to suspect sb; **jdn in** [*o* **im**] ~ **haben, etw getan zu haben** to suspect sb of having done [*or* doing] sth; **den** ~ **auf jdn lenken** to cast [*or* throw] suspicion on sb; **den** ~ **von sich auf jdn lenken** deflect suspicion [away] from oneself onto sb [else]; [**gegen jdn**] ~ **schöpfen** to become suspicious [of sb]; **im** ~ **stehen, etw getan zu haben** to be suspected of having done [*or* doing] sth; **etw auf** ~ **tun** to do sth on the strength of a hunch

verdächtig I. *adj* ❶ JUR (*suspekt*) suspicious; ■[**einer S.** *gen*] ~ **sein** to be suspected [of a thing] ❷ (*Argwohn erregend*) suspicious; **jdm** ~ **vorkommen** to seem suspicious to sb; **sich** ~ **machen** to arouse suspicion II. *adv* suspiciously

Verdächtige(r) *f(m) dekl wie adj* suspect

verdächtigen* *vt* ■**jdn** [**einer S.** *gen*] ~ to suspect sb [of a thing]; ■**jdn** ~, **etw getan zu haben** to suspect sb of having done [*or* doing] sth

Verdächtigung <-, -en> *f* suspicion; ■**die** ~ **einer Person** casting suspicion [up]on sb, suspecting sb [of sth]; **die politische** ~ **einer Person** casting political suspicion [up]on sb

Verdachtsmoment *nt* JUR suspicious circumstance; (*Indiz*) [piece of] circumstantial evidence

verdaddeln* *vt* (*fam*) ■**etw** ~ to gamble away *sep* [*or sl* blow] sth

verdammen* *vt* ■**jdn/etw** ~ to condemn sb/sth; ■[**zu etw**] **verdammt sein** to be doomed [to sth]

verdammenswert *adj* (*geh*) damnable

Verdammnis <-> *f kein pl* **die ewige** ~ REL eternal damnation *no art*

verdammt *adj* ❶ (*sl o pej: Ärger ausdrückend*) damned *fam,* bloody BRIT *fam,* sodding BRIT *fam,* goddam[ned] *esp* AM; ~***!*** damn! *fam,* shit! *fam,* bugger! BRIT *vulg;* ***du ~er Idiot!*** (*fam*) you bloody [*or* goddam] idiot! *fam!* ❷ (*sehr groß*) ***wir hatten ~es Glück!*** we were damn [*or* BRIT *fam!* a. bloody] lucky! ❸ (*äußerst*) damn[ed] *fam,* bloody BRIT *fam*

verdampfen* *vi sein* to evaporate [*or* vaporize]
Verdampfung <-, -en> *f* vaporization
verdanken* *vt* ① (*durch etw erhalten*) ■ **[einer S./jdm] etw** ~ to have a thing/sb to thank for sth; ■ **[es] jdm** ~**, dass** to have sb to thank that; ■ **es ist jdm/einer S. zu** ~**, dass/wenn ...** it is thanks [*or* due] to sb/a thing that/if ...; **jdm etw zu** ~ **haben** (*iron*) to have sb to thank for sth *iron* ② SCHWEIZ (*geh: Dank aussprechen*) ■ **[jdm] etw** ~ to express one's thanks [*or* gratitude] [to sb]
Verdankung <-, -en> *f* SCHWEIZ (*geh*) [official] expression of thanks [*or* gratitude]
verdarb *imp von* **verderben**
verdattert I. *adj* (*fam*) flabbergasted *fam*, stunned; ***mach nicht so ein** ~**es Gesicht!*** don't look so flabbergasted [*or* nonplussed] [*or* stunned]! II. *adv* (*fam*) in a daze
verdauen* I. *vt* ① (*durch Verdauung zersetzen*) ■ **etw** ~ to digest sth ② (*fam: bewältigen*) ■ **etw** ~ to get over sth II. *vi* PHYSIOL to digest one's food
verdaulich *adj* digestible; **gut/schlecht** [*o* **schwer**] ~ easy to digest [*or* easily digestible]/difficult to digest; ■ **[irgendwie]** ~ **sein** to be digestible [in a certain way]
Verdaulichkeit <-> *f kein pl* digestibility
Verdauung <-> *f kein pl* digestion; **eine bestimmte** ~ **haben** to have a certain type of digestion; **eine gute/schlechte** ~ **haben** to have good/poor digestion [*or spec* be eupeptic/dyspeptic]
Verdauungsbeschwerden *pl* indigestion **Verdauungsmittel** *nt* digestion medication **Verdauungsorgan** *nt* ANAT digestive organ **Verdauungsprobleme** *pl* digestive problems *pl* **Verdauungssäfte** *pl* gastric juices *pl* **Verdauungsspaziergang** *m* (*fam*) after-dinner walk **Verdauungsstörung** *f meist pl* MED dyspepsia, indigestion **Verdauungstrakt** *m* digestive tract
Verdeck <-[e]s, -e> *nt* hood, [folding [*or* convertible]] top; *Kinderwagen* hood; *Schiff, Bus* upper deck
verdecken* *vt* ① (*die Sicht auf etw nehmen*) ■ **[jdm] etw [mit etw]** ~ to cover [up *sep*] [sb's] sth [with sth]; **jdm die Sicht [mit etw]** ~ to block sb's view [with sth] ② (*maskieren*) ■ **etw** ~ to conceal sth
verdeckt *adj* ① (*geheim*) undercover; ~**er Ermittler** undercover agent; **eine** ~**e Kamera** a hidden [*or* concealed] camera; **eine** ~**e Operation** an undercover [*or* a covert] operation ② (*verborgen*) hidden; ~**e Arbeitslosigkeit** concealed unemployment; ~**e Gewinnausschüttung** undisclosed distribution; ~**e Inflation** hidden inflation
Verdeckungsabsicht *f* JUR intention to conceal
verdenken* *vt irreg* (*geh*) ■ **[jdm] etw** ~ to hold sth against sb; ■ **[jdm] etw nicht** ~ **können** not to be able to hold sth against sb; ■ **es jdm nicht** ~ **können** [*o* **werden**]**, dass/wenn jd etw tut** not to be able to blame sb for doing/if sb does sth
Verderb <-[e]s> *m kein pl* (*geh*) spoilage
verderben <verdarb, verdorben> I. *vt haben* ① (*moralisch korrumpieren*) ■ **jdn/etw** ~ to corrupt sb/sth ② (*ruinieren*) ■ **[jdm] etw** ~ to ruin [sb's] sth; ■ **jdn** ~ to ruin sb ③ (*zunichte machen*) ■ **[jdm] etw** ~ to spoil [*or* ruin] [sb's] sth ④ (*verscherzen*) ■ **es sich** *dat* **[mit jdm]** ~ to fall out [with sb]; **es sich** *dat* **mit niemandem** ~ **wollen** to try to please [*or* want to keep in with] everybody II. *vi sein* to spoil, to go off *esp* BRIT, to go bad *esp* AM; *s. a.* **verdorben**
Verderben <-s> *nt kein pl* (*geh*) doom; **jds** ~ **sein** to be sb's undoing [*or* ruin]; **in sein** ~ **rennen** to be heading for the rocks; **jdn ins** ~ **stürzen** to bring ruin upon sb
verderblich *adj* ① (*nicht lange haltbar*) perishable; ■ **[leicht** [*o* **rasch**]**]** ~ **sein** to be [highly] perishable ② (*unheilvoll*) corrupting, pernicious
verdeutlichen* *vt* ■ **[jdm] etw** ~ to explain sth [to sb]; ***die zusätzlichen Schautafeln sollen den Sachverhalt*** ~ the additional illustrative charts should make the facts clearer; ■ **jdm** ~**, was/wie ...** to explain to sb what/how ...; ■ **sich** *dat* **[etw]** ~ to be clear [about sth]; ■ **sich** *dat* ~**, dass/was ...** to be clear that/as to what ...
Verdeutlichung <-, -en> *f* clarification; **zur** ~ **[von etw]** to clarify [sth]
verdeutschen* *vt* ■ **[jdm] etw** ~ ① (*fam*) to translate sth [for sb] into everyday language ② (*veraltend*) to translate sth [for sb] into German
Verdi *f* ÖKON *Akr von* **Vereinte Dienstleistungsgewerkschaft** *combined trade union for the service industry*
verdichten* I. *vt* ■ **etw** ~ ① (*komprimieren*) to compress sth ② (*ausbauen*) *Verkehrsnetz* to develop sth ③ BAU ■ **etw** ~ to compact sth II. *vr* ■ **sich** *akk* ~ ① METEO (*dichter werden*) to become [*or* get] thicker ② (*sich intensivieren*) *Eindruck, Gefühl* to intensify; *Verdacht* to grow, to deepen ③ TRANSP *Verkehr* to increase [in volume]
Verdichtung <-, -en> *f* ① (*Zunahme*) ~ **der städtischen Siedlung** urbanization ② INFORM (*Komprimierung*) compression, packing; ~ **von Daten** data compression ③ PHYS (*Kondensation*) condensation
Verdichtungsraum *m* ADMIN densely-populated space
verdicken* I. *vt* (*andicken*) ■ **etw** ~ to thicken sth II. *vr* (*dicker werden*) ■ **sich** *akk* ~ *Haut* to thicken; *Glied, Gelenk, Stelle* to swell
Verdickung <-, -en> *f* ① (*das Verdicken*) thickening *no pl* ② (*verdickte Stelle*) swelling
Verdickungsmittel *nt* thickening agent
verdienen* I. *vt* ① (*als Verdienst bekommen*) ■ **etw** ~ to earn sth; ***er verdient nur 3000 DM im Monat*** he only earns 3,000 marks a month ② (*Gewinn machen*) ■ **etw [an etw** *dat*] ~ to make sth [on sth]; ***ich verdiene kaum 500 Mark am Wagen*** I'm scarcely making 500 marks on the car ③ (*sich erarbeiten*) ■ **[sich** *dat*] **etw** ~ to earn the money for sth; **sein Lebensunterhalt/Brot** *fam* ~ to earn one's living [*or* BRIT a crust] *fam* ④ (*zustehen*) ■ **etw [für etw** *akk*] ~ to deserve sth [for sth]; ***eine glänzende Leistung, dafür*** ~ ***Sie Anerkennung*** a magnificent achievement, you deserve recognition for that; **es nicht anders** [*o* **besser**] ~ to not deserve anything else [*or* better]; **sich** *dat* **etw verdient haben** to have earned sth; ***nach dieser Leistung haben wir uns ein Glas Champagner verdient*** we deserve a glass of champagne after this achievement II. *vi* ① (*einen Verdienst bekommen*) to earn a wage; ■ **[irgendwie]** ~ to earn a [certain] wage; ***als Verkäuferin verdienst du doch viel zu wenig*** you earn far [*or* much] too little as a sales assistant ② (*Gewinn machen*) ■ **[an etw** *dat*] ~ to make a profit [on [*or* from] sth]; ***an diesem Projekt verdiene ich kaum*** I'm scarcely making a profit on this project
Verdiener(in) <-s, -> *m(f)* wage-earner
Verdienst[1] <-[e]s, -e> *m* FIN income, earnings *npl*; **effektiver** ~ actual earnings
Verdienst[2] <-[e]s, -e> *nt* (*anerkennenswerte Tat*) ■ **jds** ~**e** *pl* **[um etw** *akk*] sb's credit [for sth]; **seine** ~**e** *pl* **um die Heimatstadt** his services *pl* to his home town; **sich** *dat* ~**e** *pl* **[um etw** *akk*] **erwerben** to make a contribution [to sth]; **jds** ~ [*o* **das** ~ **einer S.** *gen*] **sein, dass** to be thanks to sb [*or* a thing] that; ***es ist einzig sein*** ~**, *dass die Termine eingehalten werden konnten*** it's solely thanks to him that the schedules could be adhered to
Verdienstausfall *m* loss of earnings *pl* **Verdienstausfallentschädigung** *f* compensation for loss of earnings **Verdienstaussichten** *pl* earnings prospects *pl*
Verdienstkreuz *nt national decoration awarded for services to the community*
Verdienstmöglichkeit *f* source of income
Verdienstorden *m* Order of Merit
Verdienstspanne *f* profit margin
verdienstvoll *adj* ① (*anerkennenswert*) commendable ② *s.* **verdient 2**
verdient I. *adj* ① (*zustehend*) well-deserved; ~**e Strafe/**~**er Tadel** rightful punishment/admonition ② (*Verdienste aufweisend*) of outstanding merit; **ein** ~**er Wissenschaftler** a scientist of outstanding merit; **sich** *akk* **um etw** *akk* ~ **machen** to render outstanding services to sth ③ SPORT (*sl: der Leistung gemäß*) deserved II. *adv* SPORT (*sl: leistungsgemäß*) deservedly; ***die Mannschaft hat*** ~ ***gewonnen*** the team deserved to win
verdientermaßen, verdienterweise *adv* deservedly
verdingen* *vr* (*veraltend*) ■ **sich** *akk* **[bei jdm]** ~ to enter service [with sb] *dated*
Verdingungskartell *nt* ÖKON contracted cartel
Verdingungsordnung *f* HANDEL regulations governing construction contracts
verdirbt *3. pers pres von* **verderben**
verdolmetschen* *vt* (*fam*) ■ **[jdm] etw** ~ to interpret sth [for sb]
verdonnern* *vt* (*fam*) ① (*verurteilen*) ■ **jdn [zu etw** *dat*] ~ to sentence sb [to sth]; ***die Einbrecher hat man zu drei Jahren Knast verdonnert*** the burglar was sentenced to three years' imprisonment ② (*anweisen*) ■ **jdn [zu etw** *dat*] ~ to order sb to do sth; ***meine Frau hat mich zum Spülen verdonnert*** my wife has ordered me to do the washing up; ■ **jdn dazu** ~**, etw zu tun** to order sb to do sth
verdonnert *adj* (*veraltend fam*) thunderstruck *dated*
verdoppeln* I. *vt* ① (*auf das Doppelte erhöhen*) ■ **etw [auf etw** *akk*] ~ to double sth [to sth]; ***sie verdoppelte ihren Einsatz auf DM 100*** she doubled her stake to one hundred marks ② (*deutlich verstärken*) ■ **etw** ~ to redouble sth; **seine Anstrengungen** ~ to redouble one's efforts; **mit verdoppeltem Eifer** with redoubled enthusiasm II. *vr* (*sich auf das Doppelte erhöhen*) ■ **sich** *akk* **[auf etw** *akk*] ~ to double [to sth]; ***im letzten Jahr hat sich unser Gewinn auf DM 250.000,- verdoppelt*** last year our profit doubled to two hundred and fifty thousand marks
Verdopp(e)lung <-, -en> *f* ① (*Erhöhung auf das Doppelte*) doubling ② (*deutliche Verstärkung*) redoubling
verdorben I. *pp von* **verderben** II. *adj* ① (*ungenießbar geworden*) bad, off *pred* BRIT; ***das Fleisch riecht so merkwürdig, wahrscheinlich ist es*** ~ the meat smells so peculiar, it's probably off ② (*moralisch korrumpiert*) corrupt ③ MED **einen** ~**en Magen haben** to have an upset stomach
Verdorbenheit <-> *f kein pl* [moral] corruptness [*or* corruption] *no pl*
verdorren* *vi sein* to wither; **ein verdorrter Baum** a withered tree
verdrahten* *vt* ■ **etw** ~ to wire up sth *sep*
verdrängen* *vt* ① (*vertreiben*) ■ **jdn [aus etw** *dat*] ~ to drive sb out [of sth] ② (*unterdrücken*) ■ **etw** ~ to suppress [*or* repress] sth; **eine Erinnerung** ~ to suppress [*or* repress] a memory ③ PHYS *Wasser* ~ to displace water
Verdrängung <-, -en> *f* ① (*Vertreibung*) driving out, ousting ② (*Unterdrückung*) suppression, repression ③ PHYS displacement
Verdrängungskampf *m* battle to drive out the opposition **Verdrängungskünstler(in)** *m(f)* master at suppressing things *pl* **Verdrängungsstrategie** *f* strategy of ousting [*or* driving out] **Verdrängungswettbewerb** *m* ÖKON cutthroat competition
verdrecken* I. *vi sein* (*fam: sehr dreckig werden*) to get filthy; ■ **etw** ~ **lassen** to let sth get filthy II. *vt haben* (*sehr dreckig machen*) ■ **etw** ~ to make sth filthy dirty
verdreckt *adj* filthy
verdrehen* *vt* ■ **etw** ~ ① (*wenden*) to twist sth; **die Augen/Hals/Kopf** ~ to roll one's eyes/crane one's neck/twist one's head round ② (*entstellen*) to distort sth; **die Tatsachen** ~ to distort the facts ▸ WENDUNGEN: **jdm den Kopf** ~ to turn sb's head
verdreht *adj* (*fam o pej*) crazy
verdreifachen* I. *vt* (*auf das Dreifache erhöhen*) ■ **etw [auf etw** *akk*] ~ to treble [*or* triple] sth [to sth] II. *vr* (*sich auf das Dreifache erhöhen*) ■ **sich** *akk* **[auf etw** *akk*] ~ to treble [*or* triple]; ***ihr Einkommen hat sich verdreifacht*** her income has increased threefold

Verdreifachung <-, -en> *f* trebling, tripling

verdreschen* *vt irreg (fam)* ■**jdn** ~ to beat up sb *sep fam,* to thrash sb

verdrießen <verdross, verdrossen> *vt (geh)* ■**jdn** ~ to irritate [*or* annoy] sb; **es sich** *dat* **nicht** ~ **lassen** to not be put off

verdrießlich *adj (geh)* ❶ *(missmutig)* **~es Gesicht** sullen face; **~e Stimmung** morose mood ❷ *(misslich)* tiresome

verdross^RR, **verdroß** *imp von* **verdrießen**

verdrossen I. *pp von* **verdrießen** II. *adj* sullen, morose

Verdrossenheit <-> *f kein pl* sullenness *no pl,* moroseness *no pl*

Verdruckbarkeit *f* TYPO ease of printing, runability, workability

verdrucken *vt* ■**etw** ~ to misprint sth, to print waste

verdrücken* I. *vt (fam: verzehren)* ■**etw** ~ to polish off sth *sep fam* II. *vr (fam: verschwinden)* ■**sich** *akk* [**irgendwohin**] ~ to slip away [somewhere]; ***er verdrückte sich durch den Hintereingang*** he slipped away through the rear entrance

Verdruss^RR <-es, -e> *m,* **Verdruß** <-sses, -sse> *m meist sing (geh)* annoyance; **jdm** ~ **bereiten** to annoy sb; **zu jds** ~, **jdm zum** ~ to sb's annoyance

verduften* *vi sein (fam)* to clear off *fam*

verdummen* I. *vt haben (jds geistiges Niveau senken)* ■**jdn** ~ to dull sb's mind II. *vi sein (verblöden)* to become stupid

Verdummung <-> *f kein pl* dulling of sb's mind *no pl*

verdungen *pp von* **verdingen**

verdunkeln* I. *vt* ❶ *(abdunkeln)* ■**etw** ~ to black out sth ❷ *(verdüstern)* ■**etw** ~ to darken sth; ***düstere Gewitterwolken begannen den Himmel zu*** ~ murky storm clouds began to darken the sky ❸ JUR *(verschleiern)* ■**etw** ~ to obscure sth II. *vr (dunkler werden)* ■**sich** *akk* ~ to darken; ***der Himmel verdunkelt sich*** the sky is growing darker

Verdunk(e)lung <-, -en> *f* ❶ *kein pl (das Verdunkeln)* black-out ❷ JUR *(Verschleierung)* suppression of evidence *no pl*

Verdunk(e)lungsgefahr *f* JUR danger of suppression of evidence

Verdunklungsrollo *nt* blind

verdünnen* *vt* ■**etw** [**mit etw** *dat*] ~ to dilute sth [with sth]; ■**verdünnt** diluted

Verdünner <-s, -> *m* thinner

verdünnisieren* *vr (hum fam)* ■**sich** *akk* ~ to make oneself scarce *fam*

Verdünnung <-, -en> *f kein pl* ❶ *(das Verdünnen)* dilution *no pl* ❷ *(verdünnter Zustand)* diluted state, dilution ❸ TECH *(Verdünner)* diluent

Verdünnungsmittel *nt* thinning agent

verdunsten* *vi sein* to evaporate

Verdunster <-s, -> *m* humidifier

Verdunstung <-> *f kein pl* evaporation *no pl*

verdursten* *vi sein* ❶ *(an Durst sterben)* to die of thirst ❷ *(fam: furchtbar durstig sein)* to be dying of thirst *fam*

verdüstern* I. *vr (geh)* ■**sich** *akk* ~ to darken [*or* grow dark]; ***der Himmel verdüstert sich zusehends*** the sky is visibly growing darker II. *vt (geh)* ■**etw** ~ to darken sth; ***die Regenwolken begannen den Himmel zu*** ~ the rain-clouds began to darken the sky

verdutzen* *vt (fam)* ■**jdn** [**mit etw** *dat*] ~ to confuse sb [with sth], to take sb aback [with sth]

verdutzt I. *adj (fam)* ❶ *(verwirrt)* baffled, confused; **ein ~es Gesicht machen** to appear baffled [*or* nonplussed] ❷ *(überrascht)* taken aback *pred* II. *adv* in a confused [*or* baffled] manner; **sich** *akk* ~ **umdrehen** to turn round in confusion [*or* bafflement]

verebben* *vi sein (geh)* to subside

veredeln* *vt* ■**etw** ~ ❶ *(qualitätsmäßig verbessern)* to refine sth; ■**veredelt** refined ❷ HORT *(durch Aufpfropfen verändern)* to graft sth; ■**veredelt** grafted

Vered(e)lung <-, -en> *f* ❶ TECH refinement ❷ HORT *(das Veredeln)* grafting *no pl* ❸ *(Druck)* finishing

Veredelungsindustrie *f* refining [*or* finishing] industry **Veredelungsprozess**^RR *m* refining [*or* finishing] process

verehelichen* *vr (geh)* ■**sich** *akk* [**mit jdm**] ~ to marry [sb]

Verehelichung <-, -en> *f (geh)* marriage

verehren* *vt* ❶ *(bewundernd schätzen)* ■**jdn** ~ to admire sb ❷ REL *(anbeten)* ■**jdn** [*o* **ein Tier**] [*o* **etw**] ~ to worship sb [*or* an animal] [*or* sth] ❸ *(hum: schenken)* ■[**jdm**] **etw** ~ to give [sb] sth

Verehrer(in) <-s, -> *m(f)* ❶ *(Bewunderer)* admirer ❷ REL *(Anbeter)* worshipper

verehrt *adj* ❶ *(Floskel in einer Ansprache: geschätzt)* **~e *Anwesende!*** *pl* Ladies and Gentlemen! *pl* ❷ *(Floskel im Brief: geehrt)* dear; ***~e Frau Professorin!*** Dear Professor,

Verehrung *f kein pl* ❶ *(bewundernde Schätzung)* admiration *no pl;* **jdm seine** ~ **bezeigen** to show one's admiration for sb; ■**jds** ~ **für jdn** sb's admiration for sb ❷ REL *(Anbetung)* worship *no pl*

verehrungswürdig *adj (geh)* honourable [*or* AM -orable], estimable *form*

vereidigen* *vt* JUR ❶ *(einen Eid leisten lassen)* ■**jdn** ~ to swear in sb *sep* ❷ *(eidlich auf etw verpflichten)* ■**jdn** [**auf etw** *akk*] ~ to make sb swear to sth; ***der Präsident wurde auf die Verfassung vereidigt*** the president was sworn to uphold the constitution

vereidigt *adj* JUR sworn; **~er Börsenmakler** sworn broker; **ein ~er Übersetzer** a sworn [*or* certified] translator; **gerichtlich** ~ certified before the court

Vereidigung <-, -en> *f* JUR swearing in, administration of the oath

Verein <-[e]s, -e> *m* ❶ *(Organisation Gleichgesinnter)* club, association, society; **eingetragener** ~ registered society, incorporated association; **gemeinnütziger** ~ charitable organization; **nicht rechtsfähiger** ~ unincorporated association; **aus einem** ~ **austreten** to resign from a club; **in einen** ~ **eintreten** to join a club ❷ *(pej fam: Haufen)* bunch, crowd *fam,* outfit *fam;* ***von dem*** ~ ***kommt mir keiner ins Haus!*** none of that lot is setting foot in my house! ▶ WENDUNGEN: **im** ~ **mit jdm** in conjunction with sb

vereinbar *adj* compatible; ■[**mit etw** *dat*] ~ **sein** to be compatible [with sth]

vereinbaren* *vt* ❶ *(miteinander absprechen)* ■**etw** [**mit jdm**] ~ to agree sth [with sb]; ***wir hatten 20 Uhr vereinbart*** we had agreed eight o'clock, our arrangement was for eight o'clock; ■[**mit jdm**] ~, **dass** to agree [*or* arrange] [with sb] that ❷ *(in Einklang bringen)* ■**etw** [**mit etw** *dat*] ~ to reconcile sth [with sth]; ***ich weiß nicht, wie ich diese Handlungsweise mit meinem Gewissen*** ~ ***soll*** I don't know how to reconcile this behaviour with my conscience; ■**sich** *akk* [**mit etw** *dat*] ~ **lassen** [*o* [**mit etw** *dat*] **zu** ~ **sein**] to be compatible [with sth]

vereinbart *adj* agreed

Vereinbarung <-, -en> *f* ❶ *kein pl (das Vereinbaren)* arranging *no pl* ❷ *a.* JUR *(Abmachung)* agreement, stipulation; **laut** ~ as agreed; **nach** ~ by arrangement; ~ **auf Gegenseitigkeit** reciprocal agreement; ~ **über Gewerkschaftszwang** union membership agreement BRIT; ~ **über die Zahlungsmodalitäten** stipulation of payment; **entgegen früheren ~en** contrary to former agreements; **sich** *akk* **an eine** ~ **halten** to abide by an agreement; **eine** ~ **treffen** to reach an agreement; **stillschweigende** ~ implicit [*or* tacit] agreement; **wettbewerbsbeschränkende** ~ restrictive agreement

vereinbarungsgemäß *adv* as agreed [*or* arranged]

Vereinbarungstreuhand *f* JUR joint trustee

vereinen* *vt* ❶ *(zusammenschließen)* ■**etw** ~ to unite [*or* combine] sth ❷ *(vereinbaren)* ■[**miteinander**] **zu** ~ **sein** to be able to be reconciled [with each other]; *s. a.* **Hand**

vereinfachen* *vt* ■**etw** ~ to simplify sth

vereinfacht I. *adj* simplified; **eine ~e Skizze** a simplified sketch II. *adv* in a simplified way

Vereinfachung <-, -en> *f* simplification

vereinheitlichen* *vt* ■**etw** ~ to standardize sth

Vereinheitlichung <-, -en> *f* standardization; **die große** ~ PHYS the great standardization

vereinigen* I. *vt (zusammenschließen)* ■**etw** [**zu etw** *dat*] ~ to unite [*or* combine] [to form sth]; **Staaten** ~ to unite states; **Firmen/Organisationen** *pl* ~ to merge firms/organizations *pl* II. *vr* ❶ *(sich zusammenschließen)* ■**sich** *akk* [**zu etw** *dat*] ~ to merge [to form sth] ❷ GEOG *(zusammenfließen)* ■**sich** *akk* [**zu etw** *dat*] ~ to meet [to form sth]; ***die beiden Flüsse*** ~ ***sich zur Weser*** the two rivers meet to form the Weser

vereinigt *adj* united; *s. a.* **Emirat, Königreich, Staat**

Vereinigte Arabische Emirate *pl* United Arab Emirates *pl; s. a.* **Deutschland**

Vereinigtes Königreich *nt* BRD, ÖSTERR *s.* **Großbritannien**

Vereinigte Staaten (**von Amerika**) *pl* United States [of America] *pl; s. a.* **Deutschland**

Vereinigung <-, -en> *f* ❶ *(Organisation)* organization, association; JUR **kriminelle** ~ criminal organization; **Bildung einer kriminellen** ~ formation of a criminal society ❷ *kein pl (Zusammenschluss)* amalgamation; **die** ~ **verschiedener Chemiefirmen** the amalgamation of various chemical companies; **die deutsche** ~ German reunification ❸ *(Verband)* association; ~ **britischer Handelskammern** Association of British Chambers of Commerce, ABCC; **korporative** ~ corporate body

Vereinigungsfreiheit *f kein pl* freedom of association **Vereinigungskirche** *f kein pl (MUN-Sekte)* Unification Church **Vereinigungskriminalität** *f* organized crime

vereinnahmen* *vt* ❶ *(mit Beschlag belegen)* ■**jdn** ~ to take up sb's time, to monopolize sb ❷ *(geh: einnehmen)* ■**etw** ~ to collect sth; **Steuern** ~ *pl* to collect taxes *pl*

Vereinnahmung <-, -en> *f* adsorption

vereinsamen* *vi sein* to become lonely

vereinsamt *adj* ❶ *(einsam) Mensch* lonely ❷ *(abgeschieden) Gehöft* isolated

Vereinsamung <-> *f kein pl* loneliness *no pl*

Vereinsbeitrag *m* membership fee **Vereinsfarben** *pl* club colours [*or* AM -ors] *pl* **Vereinsfreiheit** *f* JUR freedom of association **Vereinsfußballer(in)** *m(f)* club player **Vereinsgesetz** *nt* JUR *act regulating clubs and associations* **Vereinslokal** *nt* club pub [*or* AM bar] **Vereinsmeier** *m (pej fam)* **ein richtiger** ~ a clubman through and through **Vereinsmitglied** *nt* club member **Vereinsrecht** *nt* JUR law of association **Vereinsregister** *nt* register of societies [*or* associations] **Vereinssatzung** *f* club rules *pl,* a society's constitution **Vereinsvermögen** *nt* JUR society assets *pl* **Vereinsvorsitzende(r)** *m(f)* club chairman [*or* chair] **Vereinsvorstand** *m* JUR *(mehrere Personen)* executive committee of an association; *(eine Person)* association's president

vereint *adj* united

vereinzelt I. *adj* ❶ METEO *(örtlich)* isolated; **~e Regenschauer** *pl* isolated [*or* scattered] showers *pl* ❷ *(sporadisch auftretend)* occasional II. *adv* METEO *(örtlich)* in places *pl;* ***es kam*** ~ ***zu länger anhaltenden Regenfällen*** there were longer outbreaks of rain in places

vereisen* I. *vi sein* to ice up [*or* over]; ■**vereist** iced up [*or* over]; **eine ~e Fahrbahn** an icy road; ***fahr vorsichtig, die Straße ist vereist!*** drive carefully, there's ice on the road! II. *vt haben (lokal anästhesieren)* ■**etw** ~ to freeze sth

Vereisung <-, -en> *f* icing

vereiteln* *vt* ■**etw** ~ to thwart [*or* prevent] sth

Vereit(e)lung <-> *f kein pl* thwarting *no pl,* prevention *no pl*

vereitern* *vi sein (sich eitrig entzünden)* to go septic; *(eitrig entzündet sein)* to have turned septic; **eine vereiterte Wunde** a septic wound; ■**vereitert sein** to be septic

Vereiterung <-, -en> *f* sepsis *no pl*

V

verelenden* *vi sein* (*geh*) to become impoverished
Verelendung <-> *f kein pl* impoverishment
verenden* *vi sein* to perish [*or* die]
verengen* I. *vr* ❶ MED, ANAT (*sich zusammenziehen*) ■**sich** *akk* ~ *Pupillen* to contract; *Gefäße* to become constricted ❷ TRANSP (*enger werden*) ■**sich** *akk* [**auf etw** *akk*] ~ to narrow [to sth]; ***die Autobahn verengt sich auf zwei Fahrspuren*** the motorway narrows to [*or* goes into] two lanes II. *vt* MED, ANAT (*enger werden lassen*) ■**etw** ~ to constrict sth; ***Nikotin verengt die Gefäße*** nicotine constricts the blood vessels
verengern* I. *vt* (*enger machen*) ■**etw** ~ to take in sth *sep* II. *vr* ■**sich** ~ to become narrower
Verengung <-, -en> *f* ❶ *kein pl* MED, ANAT (*das Kontrahieren*) *Gefäß* constriction; *Pupillen* contraction ❷ TRANSP (*verengte Stelle*) narrow section ❸ MED (*verengte Stelle*) stenosis *spec*, stricture *spec*
vererben* I. *vt* ❶ (*als Erbschaft hinterlassen*) ■[**jdm**] **etw** ~ to leave [*or form* bequeath] [sb] sth ❷ (*durch Vererbung weitergeben*) ■[**jdm**] **etw** ~, ■**etw** [**auf jdn**] ~ to pass on sth *sep* [to sb]; (*hum fam: schenken*) to hand on sth *sep* [to sb] II. *vr* ■**sich** *akk* [**auf jdn**] ~ to be passed on [to sb], to be hereditary
vererblich *adj* hereditary
Vererblichkeit <-> *f kein pl* JUR inheritability
Vererbung <-, *selten* -en> *f* BIOL heredity *no pl, no art*
Vererbungsgesetz *nt* law of heredity, Mendelian law **Vererbungslehre** *f* genetics + *sing vb, no art*
verewigen* I. *vr* (*fam: Spuren hinterlassen*) ■**sich** *akk* [**auf etw** *dat*] ~ to leave one's mark for posterity [on sth] II. *vt* ■**etw** ~ ❶ (*perpetuieren*) to perpetuate sth ❷ (*unvergesslich, unsterblich machen*) to immortalize sth
verfahren*¹ *vi irreg sein* ❶ (*vorgehen*) ■[**irgendwie**] ~ to proceed [*or* act] [in a certain way] ❷ (*umgehen*) ■[**mit jdm**] [**irgendwie**] ~ to deal with sb [in a certain way]
verfahren*² *irreg* I. *vt* (*durch Fahren verbrauchen*) ■**etw** ~ to use up sth *sep* II. *vr* (*sich auf einer Fahrt verirren*) ■**sich** *akk* ~ to lose one's way
verfahren³ *adj* muddled; ***die Situation ist völlig*** ~ the situation is a total muddle
Verfahren <-s, -> *nt* ❶ TECH (*Methode*) process; ***dieses ~ soll die Produktion wesentlich verbilligen*** this process should make production considerably cheaper ❷ JUR (*Gerichts~*) proceedings *npl*; ~ **mit zulässiger Kautionsstellung** bailable action; ~ **in Forderungspfändungen** garnishment proceedings; **Unterbrechung des ~s** suspension of proceedings; **abgekürztes** [*o* **beschleunigtes**] ~ summary [*or* accelerated] proceedings; **anhängiges** ~ pending case; **konkursrechtliches** ~ bankruptcy proceedings; **mündliches/schriftliches** ~ oral/written procedure; **objektives** ~ in rem proceedings; **streitiges** ~ litigious proceedings; **summarisches** ~ summary proceedings; ~ **eingestellt** case dismissed; **das ~ aussetzen** to suspend proceedings; **gegen jdn läuft ein** ~ proceedings are being brought against sb; **ein** ~ [**gegen jdn**] **einleiten** to institute proceedings [against sb]
Verfahrensablauf *m* JUR procedure **Verfahrensanmeldung** *f* (*für Patent*) process application **Verfahrensanweisungen** *pl* JUR procedural rules **Verfahrensart** *f* JUR mode of procedure; **besondere ~en** special forms of procedure **Verfahrensbeschleunigung** *f* JUR speeding up of the proceedings **Verfahrensbeteiligte(r)** *f(m) dekl wie adj* JUR party to the proceedings **Verfahrensdauer** *f* JUR duration of proceedings **Verfahrenseinleitung** *f* JUR institution of legal proceedings **Verfahrenseinstellung** *f* JUR cessation of proceedings **Verfahrenseinwand** *m* JUR plea of exception **Verfahrensfehler** *m* JUR procedural error **Verfahrensfragen** *pl* points *pl* of order **Verfahrensfrist** *f* JUR deadline for proceedings **Verfahrensgebühren** *pl* FIN procedural fees **Verfahrensgrundsätze** *pl* JUR procedural principles **Verfahrenshindernis** *nt* JUR procedural bar, hindrance to proceedings **Verfahrenskosten** *pl* JUR costs *pl* [of proceedings]; **die ~ verteilen** to apportion the costs **Verfahrenslizenz** *f* JUR process licence [*or* AM -se] **Verfahrensmängel** *pl* JUR procedural errors, material defects of legal proceedings **verfahrensmäßig** *adj* JUR procedural **Verfahrensnorm** *f* JUR procedural norm, code of practice **Verfahrensordnung** *f* JUR rules of procedure; *des Gerichts* rules of court **Verfahrensrecht** *nt* JUR *kein pl* procedural law, law of procedure **verfahrensrechtlich** *adj* JUR procedural **Verfahrensregeln** *pl* JUR rules of procedure; *des Gerichts* rules of court; ~ **des höchsten Gerichts** Rules of the Supreme Court AM **Verfahrensrevision** *f* JUR appeal on a point of law **Verfahrensrichtlinien** *pl* JUR rules of procedure **Verfahrensrüge** *f* JUR procedural objection **Verfahrenssprache** *f* JUR language of the proceedings **Verfahrenstechnik** *f* TECH process engineering **Verfahrenstrennung** *f* JUR severance of an action **Verfahrensvorschriften** *pl* JUR rules of procedure, procedural provisions; **gerichtliche** ~ rules of the court; **Verfahrens- und Formvorschriften** rules of procedure and form **Verfahrensweg** *m* JUR procedure **Verfahrensweise** *f* procedure
Verfall <-s> *m kein pl* ❶ (*das Verfallen*) dilapidation *no pl, no indef art;* **der ~ historischer Gebäude** the dilapidation of historical buildings; **in ~ geraten** to fall into decay ❷ MED decline *no pl* ❸ (*das Ungültigwerden*) expiry *no pl, no indef art;* **bei ~** FIN at [*or* on] maturity ❹ (*geh: Niedergang*) decline *no pl;* **der ~ der Moral** the decline in morals *npl;* **der ~ des Römischen Reiches** the fall of the Roman Empire ❺ JUR (*Verwirkung*) forfeiture; *eines Wechsels* due date; *einer Police* lapse
Verfalldatum *nt s.* **Verfallsdatum**
verfallen*¹ *vi irreg sein* ❶ (*zerfallen*) to decay, to fall into disrepair ❷ (*immer schwächer werden*) to deteriorate ❸ (*ungültig werden*) *Eintritts-, Fahrkarte, Ticket, Gutschein* to expire; *Anspruch, Recht* to lapse ❹ FIN (*rapide weniger wert werden*) to fall ❺ (*erliegen*) ■[**jdm**] ~ to be captivated [by sb]; ■[**etw** *dat*] ~ to become enslaved [by a thing] ❻ (*sich einfallen lassen*) ■[**auf etw** *akk*] ~ to think of sth; ***wer ist denn auf so einen verrückten Plan ~?*** whoever thought up such an insane plan?; ■**darauf ~, etw zu tun** to give sb the idea of doing sth ❼ (*kommen auf*) ■[**auf jdn**] ~ to think of sb; ***wir suchten einen Spezialisten, da sind wir auf ihn*** ~ we were looking for a specialist and we thought of him ❽ JUR ■**jdm** ~ to be forfeited to sb
verfallen² *adj* ❶ (*völlig baufällig*) dilapidated ❷ (*abgelaufen*) expired
Verfallfrist *f* expiry period **Verfallgeschäft** *nt* HANDEL forfeiting deal [*or* transaction] **Verfallklausel** *f* JUR forfeiture [*or* expiration] clause
Verfallsdatum *nt* ÖKON ❶ (*der Haltbarkeit*) use-by date; ***Packungen mit Nahrungsmitteln müssen mit einem ~ gekennzeichnet sein*** packets containing food must be labelled with a best-before-date ❷ (*der Ungültigkeit*) expiry date ❸ (*der Zahlbarkeit*) expiry date **Verfallserscheinung** *f* symptom of decline **Verfallstag** *m* FIN maturity [*or* expiry] date
Verfallvertrag *m* JUR forfeiture agreement
verfälschen* *vt* ❶ (*falsch darstellen*) ■**etw** ~ to distort sth ❷ (*in der Qualität mindern*) ■**etw** [**durch etw** *akk*] ~ to adulterate sth [with sth]
Verfälschung *f* ❶ (*das Verfälschen*) distortion ❷ (*Qualitätsminderung*) adulteration
verfangen* *irreg* I. *vr* ■**sich** *akk* [**in etw** *dat*] ~ ❶ (*hängen bleiben*) to get caught [in sth] ❷ (*sich verstricken*) to become entangled [in sth]; **sich** *akk* **in Lügen** ~ to become entangled in a web of lies II. *vi* (*den erstrebten Effekt hervorrufen*) ■[**bei jdm**] **nicht** [*o* **nicht mehr**] ~ to not cut [*or* to no longer cut] any ice [with sb]
verfänglich *adj* awkward, embarrassing
verfärben* I. *vr* ■**sich** *akk* [**irgendwie**] ~ to turn [a certain colour [*or* AM -or]]; ***im Herbst ~ sich die Blätter*** the leaves change colour in autumn II. *vt* ■**etw** ~ to discolour [*or* AM -or] sth; ***nicht farbechte Kleidungsstücke ~ andere*** items of clothing that are not colourfast discolour other items
Verfärbung *f* ❶ *kein pl* (*Wechsel der Farbe*) change of colour [*or* AM -or] ❷ *kein pl* (*Annahme anderer Farbe*) discolo[u BRIT]ration *no pl, no indef art* ❸ (*abweichende Färbung*) discolouration *no pl, no indef art*
verfassen* *vt* ■**etw** ~ to write sth; **einen Entwurf/ein Gesetz/eine Urkunde** ~ to draw up a design/a law/a document
Verfasser(in) <-s, -> *m(f)* author
Verfassung *f* ❶ *kein pl* (*Zustand*) condition *no pl;* (*körperlich*) state [of health]; (*seelisch*) state [of mind]; **in einer bestimmten ~ sein** [*o* **sich** *akk* **in einer bestimmten ~ befinden**] to be in a certain state; **in guter ~** in good form [*or* shape] ❷ POL constitution
verfassunggebend *adj attr* constituent; **die ~e Versammlung** the constituent assembly
verfassungsändernd *adj* JUR **~e Gesetze** laws that amend the constitution **Verfassungsänderung** *f* JUR constitutional amendment **Verfassungsbeschwerde** *f* JUR constitutional complaint, petition to the constitutional court **Verfassungsbruch** *m* POL violation of the constitution **verfassungsfeindlich** *adj* JUR anticonstitutional **Verfassungsgericht** *nt* constitutional court **Verfassungsgerichtshof** *m* JUR Supreme Constitutional Court **Verfassungsgerichtsurteil** *nt* JUR constitutional court ruling
Verfassungsgrundsatz *m* JUR constitutional principle **Verfassungsklage** *f formal complaint about unconstitutional decision made by the courts* **verfassungsmäßig** *adj* constitutional, according to the constitution; **~e Ordnung** constitutional order **Verfassungsmäßigkeit** *f* JUR constitutionality **Verfassungsorgan** *nt* JUR constitutional organ **Verfassungsrecht** *nt kein pl* constitutional law
verfassungsrechtlich I. *adj* JUR constitutional, relating to constitutional law II. *adv* JUR constitutionally, under constitutional law; ***dieser Reformvorschlag ist ~ fragwürdig/ angreifbar*** it is dubious/open to criticism whether this proposed reform falls within the constitution; ~ ***gesehen, ist dieses Gesetzesvorhaben sehr interessant*** this new bill will have great import for the constitution; ~ **machbar** constitutional; **etw ist ~relevant/nicht relevant** sth is relevent/irrelevant under the constitution
Verfassungsreform *f* constitutional reform **Verfassungsrichter(in)** *m(f)* constitutional [court] judge **Verfassungsschutz** *m* ❶ (*Schutz*) protection of the constitution ❷ (*fam: Amt*) Office for the Protection of the Constitution; **Bundesamt für ~** Federal Office for the Protection of the Constitution **Verfassungsschützer(in)** *m(f) employee working in the office for the protection of the constitution* **Verfassungstreue** *f* POL loyalty to the constitution **verfassungswidrig** *adj* JUR unconstitutional; **~es Gesetz** unconstitutional law; **~e Partei** unconstitutional party
verfaulen* *vi sein* ❶ (*durch Fäulnis verderben*) to rot; **verfaulte Kartoffeln** *pl* rotten potatoes *pl* ❷ (*verwesen*) to decay; **verfaulte Zähne** *pl* decayed [*or* rotten] teeth *pl*
verfechten* *vt irreg* ■**etw** ~ to champion [*or* advocate] sth
Verfechter(in) *m(f)* advocate, champion
verfehlen* *vt* ❶ (*nicht treffen*) ■**jdn/etw** ~ to miss sb/sth; ■**nicht zu ~ sein** to be impossible to miss ❷ (*verpassen*) ■**jdn/etw** ~ to miss sb/sth; ***beeile dich, sonst ~ wir noch unseren Anschluss!*** hurry up or we'll miss our connection! ❸ (*nicht erreichen*) ■**etw** ~ not to achieve sth; **das Thema ~** to go completely off the subject; **seinen Beruf ~** to miss one's vocation ❹ (*versäumen*) ■[**es**] ~, **etw zu tun** to fail to do sth
verfehlt *adj* ❶ (*misslungen*) unsuccessful; **eine ~e Politik** an unsuccessful policy ❷ (*unangebracht*)

inappropriate; ■ **es wäre ~, etw zu tun** it would be inappropriate to do sth

Verfehlung <-, -en> *f* misdemeanour [*or* AM -or]

verfeinden* *vr* ■ **sich** *akk* **[mit jdm/miteinander]** ~ to fall out [with sb/each other]; ■ **verfeindet sein** to have quarrelled [*or* AM quareled], to be enemies; **verfeindete Staaten** enemy states

verfeinern* *vt* ① KOCHK ■ **etw [mit etw** *dat*] ~ to improve sth [with sth] ② (*raffinierter gestalten*) ■ **etw** ~ to refine sth

verfeinert *adj Methode* sophisticated

Verfeinerung <-, -en> *f* ① KOCHK improvement ② (*raffiniertere Gestaltung*) refinement

verfemen* *vt* (*geh*) ■ **jdn/etw** ~ to ban sb/sth

verfertigen* *vt* (*geh*) ■ **etw** ~ to produce sth

verfestigen* *vr* ■ **sich** *akk* ~ ① (*fester werden*) to harden [*or* solidify]; *Farbe, Lack* to dry; *Klebstoff* to set ② (*erinnert werden*) to become firmly established

verfetten* *vi sein* MED to become fatty

Verfettung <-, -en> *f* MED fatty degeneration

verfeuern* *vt* ① (*verschießen*) ■ **etw** ~ to fire sth ② (*verbrennen*) ■ **etw** ~ to burn sth

verfilmen* *vt* ■ **etw** ~ to film sth, to make a film of sth

Verfilmung <-, -en> *f* ① *kein pl* (*das Verfilmen*) filming *no pl, no indef art* ② (*Film*) film

verfilzen* *vi sein Kleidungsstück aus Wolle* to become felted; *Kopfhaar* to become matted; **ein verfilzter Pullover** a felted pullover; **verfilzte Haare** matted hair

verfilzt *adj* (*fam*) interconnected; ■ **[miteinander]** ~ **sein** to be inextricably linked

verfinstern* I. *vt* to darken; **den Mond/die Sonne** ~ to eclipse the moon/the sun II. *vr* ■ **sich** *akk* ~ to darken

verflachen* I. *vt* (*flach machen*) ■ **etw** ~ *Gelände* to flatten sth, to level out sth *sep* II. *vi* ① (*flach werden*) to flatten [*or* level] out; (*seicht werden*) *Wasser* to become shallow ② (*fig: oberflächlich werden*) to become superficial [*or* trivial] III. *vr* (*flacher werden*) ■ **sich** ~ to flatten

verflechten* *vt irreg* ■ **etw [miteinander]** ~ to interweave [*or* intertwine] sth

Verflechtung <-, -en> *f* interconnection; POL, FIN integration

Verflechtungsbilanz *f* ÖKON interlacing balance

verfliegen* *irreg* I. *vi sein* ① (*schwinden*) *Zorn* to pass; *Heimweh, Kummer* to vanish ② (*sich verflüchtigen*) to evaporate II. *vr haben* ■ **sich** *akk* ~ *Pilot* to lose one's bearings *pl*; *Flugzeug* to stray off course

verfließen* *vi irreg sein* ① (*verschwimmen*) to merge [*or* blend] ② (*geh: vergehen*) to go by, to pass; ***die Tage und Wochen verflossen*** the days and weeks went by

verflixt I. *adj* (*fam*) ① (*verdammt*) damn[ed] *fam*, blasted *fam*; ***der ~e Schlüssel will nicht ins Schloss gehen!*** the blasted key won't go into the lock! ② (*ärgerlich*) unpleasant; *s. a.* **Jahr** II. *adv* (*fam: ziemlich*) damn[ed] *fam*; ***diese Matheaufgabe ist ~ schwer*** this maths exercise is damned difficult III. *interj* (*fam: verdammt*) blast [it]! *fam*

verflossen *adj* ① (*veraltet geh: vergangen*) past; **in den ~en Jahren** in past years; **in den ~en Tagen** these past days ② (*fam: frühere*) former; **eine ~e Freundin** a former [*or* an ex-] girlfriend

Verflossene(r) *f(m) dekl wie adj* (*fam*) ■ **jds** ~ sb's ex- [*or* former] husband/girlfriend etc.

verfluchen* *vt* ■ **jdn/etw** ~ to curse sb/sth

verflucht I. *adj* (*fam: verdammt*) damn[ed] *fam*, bloody BRIT *fam*; ***jetzt ist dieser ~e Computer schon wieder kaputt!*** this damned computer has broken down again now! II. *adv* (*fam: äußerst*) damn[ed] *fam*; ***gestern war es ~ kalt*** it was damned cold yesterday III. *interj* (*fam: verdammt*) damn!

verflüchtigen* *vr* ■ **sich** *akk* ~ ① (*sich in Luft auflösen*) to evaporate ② (*hum fam: sich davonmachen*) to disappear ► WENDUNGEN: **sich** *akk* **verflüchtigt haben** (*hum fam*) to have disappeared *hum*

verflüssigen* I. *vt* ■ **etw** ~ ① (*flüssig machen*) to liquefy [*or* liquify] sth; ■ **verflüssigt** liquefied ② (*hydrieren*) to hydrogenate sth II. *vr* ■ **sich** *akk* ~ (*flüssig werden*) to liquefy [*or* liquify], to become liquid

Verflüssigung <-, -en> *f* TECH, CHEM ① (*das Verflüssigen*) liquefaction ② (*Hydrierung*) hydrogenation

verfolgbar *adj* JUR actionable; **gerichtlich** ~ actionable; **strafrechtlich** ~ indictable

verfolgen* *vt* ① (*nachsetzen*) ■ **jdn** ~ to follow sb ② (*nachgehen*) ■ **etw** ~ **eine Spur/einen Weg/eine Diskussion** ~ to follow a lead/a way/ a discussion ③ (*politisch drangsalieren*) ■ **jdn** ~ to persecute sb ④ (*zu erreichen suchen*) ■ **etw [mit etw** *dat*] ~ to pursue sth [with sth]; **eine Absicht** ~ to have sth in mind; **eine Laufbahn** ~ to pursue a career ⑤ JUR (*gegen etw vorgehen*) ■ **etw [irgendwie]** ~ to prosecute sth [in a certain way]; **jdn gerichtlich** ~ to institute legal proceedings *npl* against sb; **jdn strafrechtlich** ~ to prosecute sb; ***jeder Ladendiebstahl wird von uns verfolgt*** shoplifters will be prosecuted ⑥ (*belasten*) ■ **jdn** ~ to dog sb; **vom Unglück/Pech verfolgt sein** to be dogged by ill fortune/bad luck

Verfolger(in) <-s, -> *m(f)* pursuer

Verfolgte(r) *f(m) dekl wie adj* victim of persecution

Verfolgung <-, -en> *f* ① (*das Verfolgen*) pursuit *no pl, no indef art*; **die** ~ **der Flüchtigen** *pl* the pursuit of the fugitives *pl*; **die** ~ **[von jdm] aufnehmen** to start in pursuit [of sb], to take up the chase ② (*politische Drangsalierung*) persecution *no pl, no indef art*; **die** ~ **der Juden** *pl* the persecution of the Jews *pl* ③ *kein pl* (*Bezweckung*) pursuance *no pl, no indef art form*; **die** ~ **verfassungsfeindlicher Ziele** *pl* the pursuance of anticonstitutional objectives *pl* ④ JUR (*durch Gericht*) prosecution; **strafrechtliche** ~ criminal prosecution; **sich** *akk* **der gerichtlichen** ~ **entziehen** to evade justice

Verfolgungsjagd *f* pursuit, chase **Verfolgungskampagne** *f* JUR a campaign of pursuit **Verfolgungsrecht** *nt* JUR right of stoppage in transitu **Verfolgungsrennen** *nt* SPORT *im Radsport* pursuit race **Verfolgungsverjährung** *f* JUR limitation of prosecution **Verfolgungswahn** *m* PSYCH persecution mania

verformen* I. *vt* ■ **etw** ~ to distort sth II. *vr* ■ **sich** *akk* ~ to become distorted, to go out of shape

Verformung *f* ① (*das Verformen*) distortion ② (*verformte Stelle*) distortion

verfrachten* *vt* ① (*fam: bringen*) ■ **jdn [irgendwohin]** ~ to bundle sb off [somewhere]; **jdn ins Bett** ~ to bundle sb off to bed; ■ **etw [irgendwohin]** ~ to put sth somewhere ② ÖKON ■ **etw** ~ to ship [*or* transport] sth

Verfrachter(in) <-s, -> *m(f)* HANDEL shipper, transport agent, carrier, consignor; ~ **und Befrachter** owner and charterer

Verfrachtung <-, -en> *f* carriage of goods

verfranzen* *vr* (*fam*) ■ **sich** *akk* ~ ① (*sich verirren*) to lose one's way ② LUFT (*sich verfliegen*) to lose one's bearings *pl*, to stray off course

verfremden *vt* ■ **etw** ~ to make sth [appear] unfamiliar

Verfremdung <-, -en> *f* LIT, THEAT alienation

Verfremdungseffekt *m* LIT alienation effect

verfressen* *adj* (*pej sl*) [piggishly] greedy *pej*

Verfressenheit <-> *f kein pl* (*pej sl*) [piggish] greediness *no pl pej*

verfrühen* *vr* ■ **sich** *akk* ~ to arrive too early

verfrüht *adj* premature; **eine ~e Steuererhöhung** a premature rise in taxes *pl*; **etw für** ~ **halten** to consider sth to be premature

verfügbar *adj* ① (*vorhanden*) available ② ÖKON available; **~er Reingewinn** available surplus; **~es persönliches Einkommen** disposable personal income

verfugen* *vt* ■ **etw** ~ *Mauer, Wand* to point sth; *Fliesen* to grout sth

verfügen* I. *vi* ① (*besitzen*) ■ **über etw** *akk* ~ to have sth at one's disposal; ***wir ~ nicht über die nötigen Mittel*** we don't have the necessary resources at our disposal; ■ **über etw** *akk* **[frei]** ~ **können** to be able to do as one wants with sth ② (*bestimmen*) ■ **über jdn** ~ to be in charge of sb; ~ **Sie über mich!** I am at your disposal! II. *vt* ADMIN (*behördlich anordnen*) ■ **etw** ~ to order sth; ■ **~, dass** to order that

Verfügung <-, -en> *f* ① JUR (*behördliche Anordnung*) decree, order, instruction; **einstweilige** ~ temporary injunction; **gerichtliche** ~ court order; **letztwillige** ~ last will and testament; **nachträgliche** ~ amending instruction; **unentgeltliche** ~ gratuitous disposition; ~ **von Todes wegen** disposition mortis causa; **eine** ~ **beantragen** to petition for an order, to seek an injunction; **einstweilige** ~ JUR [temporary] injunction; **eine einstweilige** ~ **aufheben** to reverse an injunction ② (*Disposition*) ■ **etw zur** ~ **haben** to have sth at one's disposal; ■ **sich** *akk* **zu jds** [*o* **zur**] ~ **halten** to be available to sb; ***halten Sie sich bitte weiterhin zur ~*** please continue to be available; ■ **[für etw** *akk*] **zur** ~ **stehen** to be available [for sth]; ■ **jdm zur** ~ **stehen** to be available to sb; ■ **zu jds** [*o* **jdm zur**] ~ **stehen** to be at sb's disposal; ■ **etw zur** ~ **stellen** to offer to give up sth; ■ **[jdm] etw zur** ~ **stellen** to make sth available [to sb]

Verfügungsbefugnis *f* JUR power of disposition [*or* disposal] **Verfügungsberechtigte(r)** *f(m) dekl wie adj* JUR person [*or* party] entitled to dispose **Verfügungsberechtigung** *f* JUR power of disposition, authority to dispose; **absolute** ~ outright disposition **Verfügungsbeschränkung** *f* JUR restraining powers *pl* **Verfügungsbeschränkung** *f* JUR restraint on disposal **Verfügungsfreiheit** *f kein pl* HANDEL discretionary power[s] **Verfügungsgewalt** *f* JUR (*geh*) power of disposal; ■ **die** [*o* **jds**] ~ **[über etw** *akk*] the [*or* sb's] power to use sth **Verfügungsmacht** *f* JUR *s.* **Verfügungsberechtigung** **Verfügungsrecht** *nt* JUR right of disposition [*or* disposal]; **alleiniges** ~ sole right of disposition; ~ **über etw haben** to be entitled to dispose of sth **Verfügungsverbot** *nt* JUR restraint on disposition, garnishee order

verführen* *vt* ① (*verleiten*) ■ **jdn [zu etw** *dat*] ~ to entice sb [into doing sth]; ■ **jdn** ~ (*sexuell*) to seduce sb ② (*hum: verlocken*) ■ **jdn zu etw** *dat* ~ to tempt sb to sth

Verführer(in) *m(f)* seducer *masc*, seductress *fem*

verführerisch *adj* ① (*verlockend*) tempting; **ein ~es Angebot** a tempting offer; ***das riecht aber ~!*** that smells tempting! ② (*aufreizend*) seductive; ~ **angezogen** seductively dressed

Verführung *f* ① (*Verleitung*) seduction; ~ **Minderjähriger** *pl* JUR seduction of minors *pl* ② (*Verlockung*) temptation

verfuhrwerken *vt* SCHWEIZ, SÜDD (*verpfuschen*) ■ **etw** ~ to bungle [*or* botch] sth

verfüllen* *vt* BAU ■ **etw** ~ to backfill sth

verfünffachen* I. *vt* ■ **etw** ~ to increase sth fivefold II. *vr* ■ **sich** *akk* ~ to increase fivefold

verfüttern* *vt* ■ **etw [an Tiere]** ~ to feed sth to animals

Vergabe *f Arbeit, Studienplätze* allocation; *Auftrag, Preis, Stipendium* award

Vergabebedingungen *pl* HANDEL bidding [*or* award] conditions **Vergabekriterium** *nt für Bürgschaften, Kredite etc.* allocation criterion, criterion for awarding **Vergaberichtlinie** *f bei Bürgschaften, Krediten etc.* guideline for awarding [*or* allocating] **Vergaberichtlinien** *pl* HANDEL contract award regulations **Vergabeverfahren** *nt* HANDEL contract awarding procedure

vergackeiern* *vt* (*fam*) ■ **jdn** ~ to pull sb's leg

vergällen* *vt* ① (*verderben*) ■ **[jdm] etw** ~ to spoil [sb's] sth ② SCI (*ungenießbar machen*) ■ **etw** ~ to denature sth

vergaloppieren* *vr* (*fam: sich irren*) ■ **sich** ~ to be on the wrong track

vergammeln* I. *vi sein* (*fam*) *Wurst, Essen* to go bad [*or* BRIT *fam* off]; *Brot, Käse* to go stale; ■ **vergammelt** bad, stale II. *vt haben* (*fam: müßig zubringen*) ■ **etw** ~ to idle away sth *sep*

vergammelt <-er, -este> *adj* (*fam o pej*) scruffy, tatty; (*Auto*) decrepid
vergangen *adj* past, former
Vergangenheit <-, *selten* -en> *f* ❶ *kein pl* (*Vergangenes*) past; **die jüngste ~** the recent past; **der ~ angehören** to belong to the past ❷ (*bisheriges Leben*) ■**jds ~** sb's past; **eine bewegte ~ haben** to have an eventful past ❸ LING (*Präteritum*) past [tense]
Vergangenheitsbewältigung *f* coming to terms with the past
vergänglich *adj* transient, transitory
Vergänglichkeit <-> *f kein pl* transience *no pl*, transitoriness *no pl*
vergasen* *vt* ❶ (*durch Giftgas umbringen*) ■**jdn/Tiere ~** to gas sb/animals ❷ TECH (*zu Gas transformieren*) ■**etw ~** to gasify sth
Vergaser <-s, -> *m* AUTO carburettor, carburetor AM
Vergasereinstellung *f* TECH adjustment to a/the carburettor [*or* AM carburetor] [*or sl* carb] **Vergasermotor** *m* AUTO carburetor engine
vergaß *imp von* **vergessen**
Vergasung <-, -en> *f* ❶ (*Tötung durch Giftgas*) gassing ❷ TECH (*Transformierung in Gas*) gasification ▶ WENDUNGEN: **bis zur ~** (*fam*) ad nauseam; ***wir mussten bis zur ~ Gedichte lernen*** we had to learn poems ad nauseam
vergeben* *irreg* **I.** *vi* (*verzeihen*) ■**[jdm] ~** to forgive [sb] **II.** *vt* ❶ (*geh: verzeihen*) ■**[jdm] etw ~** to forgive [sb] sth; ■**~, dass** to forgive sb for; **das alles ist doch ~ und vergessen** all that has been forgiven and forgotten ❷ (*in Auftrag geben*) ■**etw [an jdn] ~** to award [*or* allocate] sth [to sb]; ***haben Sie den Auftrag bereits ~?*** have you already awarded the contract? ❸ (*verleihen*) ■**etw [an jdn] ~** to award sth [to sb]; ***der Nobelpreis wird für herausragende Leistungen ~*** the Nobel Prize is awarded for outstanding achievements ❹ (*zuteilen*) ■**etw [an jdn] ~** to allocate sth [to sb]; ***tut mir leid, die vorderen Plätze sind schon alle ~*** sorry, all the front seats have already been allocated; **zu ~** to be allocated ❺ (*verpassen*) ■**etw ~** to miss sth; **eine Chance/eine Möglichkeit ~** to pass up *sep* an opportunity ▶ WENDUNGEN: **bereits** [*o* **schon**] **~ sein** (*liiert*) to be already spoken for; (*geschäftlicher Termin*) to be booked up; ***die ganze nächste Woche bin ich bereits ~*** I'm booked up for the whole of next week; **sich** *dat* **nichts ~, wenn ...** not to lose face, if ...; **was vergibst du dir [schon] ~, wenn ...** what have you got to lose, if ...
vergebens **I.** *adj pred* in vain *pred*, to no avail *pred* **II.** *adv s.* **vergeblich**
vergeblich **I.** *adj* (*erfolglos bleibend*) futile; **ein ~er Versuch** a futile attempt **II.** *adv* (*umsonst*) in vain; ***Sie warten ~, der Bus ist schon weg*** you're waiting in vain, the bus has already gone
Vergeblichkeit <-> *f kein pl* futility *no pl*, *no indef art*
Vergebung <-, -en> *f* forgiveness *no pl*, *no indef art*; **[jdn] um ~ [für etw] bitten** to ask for [sb's] forgiveness [for sth]; **ich bitte um ~!** (*geh*) I do apologize!; **die ~ der Sünden** *pl* REL the forgiveness of sins *pl*, absolution
vergegenwärtigen* *vt* (*sich klarmachen*) ■**sich** *dat* **etw ~** to realize sth; ■**sich** *dat* **~, dass** [*o* **was**] ... to realize that [*or* what] ...
vergehen* *irreg* **I.** *vi sein* ❶ (*verstreichen*) to go by, to pass ❷ (*schwinden*) to wear off; ***igitt! da vergeht einem ja gleich der Appetit*** yuk! it's enough to make you lose your appetite ❸ (*sich zermürben*) ■**[vor etw** *dat*] **~** to die [*or* be dying] [of sth]; **vor Scham/Hunger/Sehnsucht ~** to die of shame/be dying of hunger/pine away **II.** *vr haben* ❶ (*an jdm eine Sexualstraftat begehen*) ■**sich** *akk* **[an jdm] ~** to indecently assault sb ❷ (*verstoßen*) ■**sich** *akk* **[gegen etw** *akk*] **~** to violate sth; *s. a.* **Lachen**
Vergehen <-s, -> *nt* offence [*or* AM -se], misdemeanour [*or* AM -or] *spec*; **anzeigepflichtiges ~** JUR notifiable offence
vergeigen* *vt* (*fam*) ■**etw ~** to bungle sth
vergeistigen* *vt* ■**etw ~** to spiritualize sth
vergeistigt *adj* spiritual
vergelten *vt irreg* ❶ (*lohnen*) ■**[jdm] etw [irgendwie] ~** to repay sb for sth [in a certain way]; ***wie kann ich Ihnen das nur ~?*** how can I ever repay you? ❷ (*heimzahlen*) ■**[jdm] etw [mit etw** *dat*] **~** to repay sth [with sth]; *s. a.* **Gott**
Vergeltung <-, -en> *f* (*Rache*) revenge; **~ [für etw** *akk*] **üben** to take revenge [for sth]
Vergeltungsmaßnahme *f* reprisal **Vergeltungsschlag** *m* retaliatory strike
vergesellschaften* *vt s.* **verstaatlichen**
Vergesellschaftung *f s.* **Verstaatlichung**
vergessen <vergisst, vergaß, vergessen> **I.** *vt* ❶ (*aus dem Gedächtnis verlieren*) ■**etw/jdn ~** to forget sth/sb; **jd wird jdm etw nie [*o* nicht] ~** sb will never [*or* not] forget sb's sth, sb will never forget what sb did; ***das werde ich ihm nicht ~, das zahle ich ihm heim*** I won't forget what he did, I'll pay him back for that; **dass ich es nicht vergesse, ehe ich es vergesse** before I forget; **nicht zu ~ ...** not forgetting; ***vergessen wir das!*** let's just forget it!; ***schon vergessen!*** never mind! ❷ (*nicht an die Ausführung von etw denken*) ■**etw ~** to forget sth; ■**~, etw zu tun** to forget to do sth ❸ (*liegen lassen*) ■**etw [irgendwo] ~** to leave sth behind [somewhere] ❹ (*nicht mehr bekannt sein*) ■**etw ist ~** sth has been forgotten **II.** *vr* (*die Selbstbeherrschung verlieren*) ■**sich** *akk* **~** to forget oneself
Vergessenheit <-> *f kein pl* oblivion *no pl*, *no art*; **in ~ geraten** to be forgotten, to fall [*or* sink] into oblivion
vergesslich[RR] *adj*, **vergeßlich** *adj* forgetful; ■**~ sein** [*o* **werden**] to be [*or* become] forgetful
Vergesslichkeit[RR] <-> *f kein pl* forgetfulness *no pl*; ■**jds ~** sb's forgetfulness
vergeuden* *vt* ■**etw ~** to waste [*or* squander] sth; *s. a.* **Zeit**
Vergeudung <-, -en> *f* waste *no pl*, squandering *no pl*
vergewaltigen* *vt* ❶ (*zum Geschlechtsverkehr zwingen*) ■**jdn ~** to rape sb ❷ (*einem fremden Willen unterwerfen*) **eine Kultur/Traditionen** *pl* **~** to oppress a culture/traditions *pl*; **die Sprache ~** to murder the language
Vergewaltigung <-, -en> *f* ❶ (*das Vergewaltigen*) rape ❷ (*Unterwerfung unter einen fremden Willen*) oppression *no pl*
vergewissern* *vr* ■**sich** *akk* **[einer S.** *gen*] **~** to make sure [of a thing]; ***wir sollten uns der Zustimmung der Geschäftsleitung ~*** we ought to make sure that we have the agreement of the management; ■**sich** *akk* **~, dass** [*o* **ob**] **etw geschehen ist** to make sure that sth has happened
vergießen* *vt irreg* ■**etw ~** ❶ (*versehentlich danebengießen*) to spill sth ❷ (*als Körperflüssigkeit verlieren*) **Tränen ~** to shed tears ❸ BAU to grout sth; *s. a.* **Blut**
vergiften* **I.** *vt* ❶ (*durch Gift töten*) ■**jdn/ein Tier ~** to poison sb/an animal; ■**sich** *akk* **~** to poison oneself ❷ (*giftig machen*) ■**etw ~** to poison sth; ■**[mit etw** *dat*] **vergiftet** poisoned [with sth]; **mit Curare vergiftete Pfeile** arrows poisoned with curare **II.** *vr* (*sich eine Vergiftung zuziehen*) ■**sich** *akk* **[an etw** *dat* [*o* **durch etw** *akk*]] **~** to be poisoned [by sth]
Vergiftung <-, -en> *f* ❶ *kein pl* (*das Vergiften*) poisoning *no pl*, *no indef art* ❷ MED poisoning *no pl*, *no indef art*, intoxication *no pl*, *no indef art spec*, toxicosis *no pl*, *no indef art spec* ❸ ÖKOL pollution *no pl*, *no indef art*
vergilben* *vi sein* to turn yellow
vergilbt *adj Foto, Papier* yellowed
Vergissmeinnicht[RR] <-[e]s, -[e]> *nt*, **Vergißmeinnicht** <-[e]s, -[e]> *nt* BOT forget-me-not
vergisst[RR], **vergißt** *3. pers pres von* **vergessen**
vergittern* *vt* ■**etw ~** to put a grille [*or* AM grill] on [*or* over] sth; **vergitterte Fenster** barred windows
Vergitterung <-, -en> *f* ❶ *kein pl* (*das Vergittern*) putting bars *pl* [*or* a grille] on [*or* AM grill] ❷ (*Gitter*) grille [*or* AM grill], grating; (*Stangen*) bars *pl*
verglasen* *vt* ■**etw ~** to glaze sth; ■**verglast** glazed
Verglasung <-, -en> *f* ❶ *kein pl* (*das Verglasen*) glazing *no pl*, *no indef art* ❷ (*verglaste Fläche*) panes *pl* of glass
Vergleich <-[e]s, -e> *m* ❶ (*vergleichende Gegenüberstellung*) comparison; ■**~ mit etw** *dat* comparison with sth; **ein schiefer ~** an inappropriate [*or* poor] [*or* false] comparison; **den ~ [mit etw** *dat*] **aushalten, dem ~ [mit etw** *dat*] **standhalten** to bear [*or* stand] comparison [with sth]; **jeden ~ aushalten** to bear [*or* stand] every comparison; **einen ~ machen** to make [*or* draw] a comparison; **in keinem ~ [zu etw** *dat*] **stehen** to be out of all proportion [to sth]; **im ~ [zu** [*o* **mit**] **jdm/etw]** in comparison [with sb/sth], compared with [*or* to] sb/sth ❷ JUR (*Einigung*) settlement, compromise; **außergerichtlicher/gerichtlicher ~** out-of-court/court settlement; **einen gütlichen ~ schließen** to reach an amicable settlement ▶ WENDUNGEN: **der ~ hinkt** that's a poor [*or* weak] comparison
vergleichbar *adj* comparable; ■**[mit etw** *dat*] **~ sein** to be comparable [to [*or* with] sth]; ■**[voll [miteinander]] ~ sein** to be [fully] comparable [with each other], to be [totally] alike; ■**etwas V~es** something comparable; ***ich kenne nichts V~es*** I know nothing comparable [*or* to compare]; **~es Vorjahresergebnis** ÖKON comparable year-end figures
Vergleichbarkeit <-> *f kein pl* comparability *no pl*
vergleichen* *irreg* **I.** *vt* ❶ (*prüfend gegeneinander abwägen*) ■**[miteinander] ~** to compare things [with each other]; ***ich vergleiche die Preise immer genau*** I always compare prices very carefully; ■**jdn [mit jdm] ~** to compare sb with sb; ■**etw [mit etw** *dat*] **~** to compare sth [with sth]; **verglichen mit** compared with [*or* to]; ***vergleiche S. 102*** compare p. 102 ❷ (*durch etw bezeichnen*) ■**jdn/etw [mit etw** *dat*] **~** to compare sb/sth with sth, to liken sb/sth to **II.** *vr* ■**sich** *akk* **[mit jdm] ~** ❶ (*sich gleichsetzen*) to compare oneself with sb ❷ JUR (*einen Vergleich schließen*) to reach a settlement [*or* to settle] [with sb]
vergleichend *adj* comparative; **die ~e Sprachwissenschaft** comparative linguistics + *sing vb*; **eine ~e Überprüfung** a comparative evaluation; **~e Werbung** comparative advertising
Vergleichsabkommen *nt* JUR composition deed, arrangement **Vergleichsabschluss**[RR] *m* JUR composition, arrangement **Vergleichsantrag** *m* JUR petition for composition; **einen ~ stellen** to file a petition for composition **Vergleichsbedingungen** *pl* terms of composition **Vergleichsbilanz** *f* FIN comparative balance sheet **Vergleichseröffnung** *f* JUR institution [*or* opening] of composition proceedings **Vergleichsgebühr** *f* JUR counsel's fee for negotiating a settlement **Vergleichsgericht** *nt* JUR court of composition proceedings **Vergleichsgläubiger(in)** *m(f)* JUR creditor in composition proceedings **Vergleichsgrundlage** *f* basis of comparison **Vergleichsjahr** *nt* ÖKON base year, year of comparison **Vergleichskalkulation** *f* FIN comparative costing **Vergleichsmaßstab** *m* comparative rule **Vergleichsmiete** *f* **ortsübliche ~** local comparative rent **Vergleichsmietensystem** *nt* comparative rent system **Vergleichsordnung** *f* ❶ JUR Court Composition Law ❷ FIN composition [*or* insolvency] rules *pl*, rules *pl* of arrangement **Vergleichspreis** *m* HANDEL comparative price **Vergleichsregelung** *f* JUR composition settlement, scheme of arrangement **Vergleichsstatus** *m* JUR statement of affairs **Vergleichstest** *m* ÖKON [comparative] test, comparison **Vergleichsverfahren** *nt* JUR composition [*or* insolvency] proceedings *pl*, scheme of arrangement, Chapter 11 receivership AM **Vergleichsvertrag** *m* JUR deed of arrangement **Vergleichsverwalter(in)** *m(f)* JUR trustee under a deed of arrangement **Vergleichsvorschlag** *m* JUR proposed arrangement
vergleichsweise *adv* comparatively; ***das ist ~ wenig/viel*** that is a little/a lot in comparison
Vergleichswert *m* FIN comparative value **Ver-**

gleichszahl *f meist pl* comparative figure *usu pl* **Vergleichszeitraum** *m* HANDEL given period

verglimmen* *vi irreg sein (geh)* to [die down and] go out

verglühen* *vi sein* ❶ *(verglimmen)* to die away ❷ *(weiß glühend werden und zerfallen)* to burn up; ***fast alle Meteoriten ~ in der Erdatmosphäre*** nearly all meteorites burn up in the earth's atmosphere

vergnatzt *adj* DIAL *(verärgert)* annoyed

vergnügen* **I.** *vr* ■ **sich** *akk* [**mit jdm/etw**] ~ to amuse oneself [with sb/sth], to enjoy oneself **II.** *vt (belustigen)* ■ **etw vergnügt jdn** sth amuses sb

Vergnügen <-s, -> *nt (Freude)* enjoyment *no pl; (Genuss)* pleasure *no pl;* **ein teures** [*o* **kein billiges**] ~ **sein** *(fam)* to be an expensive [*or* not a cheap] way of enjoying oneself [*or* form of entertainment] [*or* bit of fun]; **ein zweifelhaftes** ~ a dubious pleasure; ~ [**an etw** *dat*] **finden** to find pleasure in sth; ~ **daran finden, etw zu tun** to find pleasure in doing sth; [**jdm**] **ein ~ sein, etw zu tun** to be a pleasure [for sb] to do sth; **es ist** [*o* **war**] **mir ein ~** it is [*or* was] a pleasure; **kein** [**reines**] [*o* **nicht gerade ein**] **~ sein, etw zu tun** to not be exactly a pleasure doing sth; [**jdm**] **~ machen** [*o geh* **bereiten**] to give sb pleasure; [**jdm**] **~ machen** [*o geh* **bereiten**], **etw zu tun** to give sb pleasure doing sth; **sich** *dat* **ein ~ daraus machen, etw zu tun** to find pleasure in doing sth; **mit** [**bestimmtem**] **~** with [a certain] pleasure; **mit großem ~** with great pleasure; **mit größtem ~** with the greatest of pleasure ▶ WENDUNGEN: **mit wem habe ich das ~?** *(geh)* with whom do I have the pleasure of speaking? *form;* **sich ins ~ stürzen** *(fam)* to join the fun; **hinein ins ~!** *(fam)* let's start enjoying ourselves!; **viel ~!** have a good time!; [**na dann**] **viel ~!** *(iron)* have fun [then]! *iron*

vergnüglich *adj (geh)* enjoyable, pleasurable; **ein ~er Abend** an enjoyable evening

vergnügt **I.** *adj* happy, cheerful; **ein ~es Gesicht** a cheerful face; ■ ~ [**über etw** *akk*] **sein** to be happy [about sth] **II.** *adv* happily, cheerfully

Vergnügung <-, -en> *f* pleasure

Vergnügungsdampfer *m* pleasure steamer **Vergnügungsindustrie** *f* entertainment industry **Vergnügungspark** *m* amusement [*or* entertainment] park **Vergnügungsreise** *f* pleasure trip **Vergnügungssteuer** *f* entertainment tax **Vergnügungssucht** *f* craving for pleasure **vergnügungssüchtig** *adj* pleasure-seeking **Vergnügungsviertel** *nt* entertainment quarter

vergolden* *vt* ❶ *(mit einer Goldschicht überziehen)* **ein Schmuckstück ~** to gold-plate a piece of jewellery [*or* AM jewelery]; **einen Bilderrahmen ~** to gild a picture frame; **ein vergoldetes Schmuckstück** a gold-plated piece of jewellery; **ein vergoldeter Bilderrahmen** a gilded picture frame; ■ **etw ist vergoldet** sth is gold-plated [*or* gilded] ❷ *(mit goldener Farbe überziehen)* ■ **etw ~** to paint sth gold ❸ *(fam: gut bezahlen)* ■ [**jdm**] **etw ~** to reward sb for sth; ■ [**sich** *dat*] **etw ~ lassen** to put a price on sth; ***na, wenn die mich schon loswerden wollen, dann werde ich mir meinen Weggang wenigstens ~ lassen*** well, if they want to get rid of me, then at least my departure is going to cost them

vergönnen* *vt* ❶ *(geh: gewähren)* ■ **jdm etw ~** to grant sb sth; ***du vergönnst einem keinen Moment Ruhe!*** you don't grant a person a single moment's peace!; ■ [**jdm**] **vergönnt sein** to be granted [to sb]; ***vielleicht sind mir in drei Monaten ein paar Tage Urlaub vergönnt*** perhaps in three months I will be granted a few days holiday; ■ [**jdm**] **vergönnt sein, etw zu tun** to be granted to sb to do sth ❷ SCHWEIZ *(nicht gönnen)* ■ [**jdm**] **etw ~** to begrudge sb sth; ***die neidischen Kollegen vergönnten ihr den Erfolg*** her envious colleagues begrudged her her success

vergöttern* *vt* ■ **jdn ~** to idolize sb

Vergöttlichung <-, -en> *f* idolization

vergraben* *irreg* **I.** *vt* ■ **etw ~** to bury sth **II.** *vr* ❶ *(sich ganz zurückziehen)* ■ **sich** *akk* ~ to hide oneself away ❷ *(sich intensivst mit etw beschäftigen)* ■ **sich** *akk* [**in etw** *akk*] ~ to bury oneself in sth; ***wenn sie Kummer hat, vergräbt sie sich in ihre Arbeit*** if she has a problem, she buries herself in her work

vergrämen* *vt* ■ **jdn ~** to antagonize sb

vergrämt *adj* troubled; **eine ~e Miene** a troubled expression

vergrätzen* *vt (fam)* ■ **jdn ~** to vex sb

vergraulen* *vt (fam)* ■ **jdn ~** to scare sb away [*or* off]

vergreifen* *vr irreg* ❶ *(stehlen)* ■ **sich** *akk* [**an etw** *dat*] ~ to misappropriate sth *form,* to steal sth [*or* BRIT *fam* pinch] ❷ *(Gewalt antun)* ■ **sich** *akk* [**an jdm**] ~ to assault sb; *(geschlechtlich missbrauchen)* to indecently assault sb ❸ *(sich unpassend ausdrücken)* ■ **sich** *akk* [**in etw** *dat*] ~ to adopt the wrong approach; ***Sie ~ sich im Ton!*** that's the wrong tone to adopt with me! ❹ MUS ■ **sich** *akk* ~ to play a wrong note ❺ *(fam: sich befassen)* ■ **sich** *akk* **an etw** *dat* ~ to touch sth; ***ohne Anweisung werde ich mich nicht an dem neuen Computer ~*** I won't touch the new computer without [some] instruction

vergreisen *vi sein* ❶ *(senil werden)* to become senile ❷ SOZIOL *Bevölkerung* to age

Vergreisung <-> *f kein pl* ❶ *(das Vergreisen)* senility *no pl* ❷ SOZIOL ag[e]ing *no pl*

vergriffen *adj Buch* out of print *pred; Ware* unavailable, sold out, out of stock

vergrößern **I.** *vt* ❶ *(in der Fläche größer machen)* ■ **etw** [**um etw** *akk*] [**auf etw** *akk*] ~ to extend [*or* enlarge] sth [by sth] [to sth] ❷ *(die Distanz erhöhen)* ■ **etw ~** to increase sth ❸ *(die Zahl der Mitarbeiter erhöhen)* ■ **etw** [**um etw** *akk*] [**auf etw** *akk*] ~ to expand sth [by sth] [to sth]; ***ich plane, die Firma um 35 Mitarbeiter auf 275 zu ~*** I plan to expand the company by thirty-five employees to two hundred and seventy-five ❹ TECH *(etw größer erscheinen lassen)* ■ **etw ~** to magnify sth ❺ FOTO ■ **etw** [**auf etw** *akk*] ~ to enlarge [*or sep* blow up] sth [to sth] ❻ MED *(anschwellen lassen)* ■ **etw ~** to enlarge sth; ***die Leber wird durch ständigen Alkoholmissbrauch vergrößert*** the liver becomes enlarged as a result of constant alcohol abuse ❼ INFORM ■ **etw ~** to scale up sth *sep,* to zoom sth **II.** *vr* ■ **sich** *akk* ~ ❶ MED *(anschwellen)* to become enlarged ❷ *(fam: eine größere Wohnung nehmen)* to move to a bigger place ❸ *(fam: Familienzuwachs bekommen)* to increase in number **III.** *vi (größer erscheinen lassen)* ■ [**irgendwie**] ~ to magnify [by a certain amount]; ***Elektronenmikroskope ~ erheblich stärker*** electron microscopes have a considerably greater magnification

Vergrößern <-s> *nt kein pl* ❶ TYPO *(Repro)* enlarging, magnifying, scaling up ❷ INFORM zooming

vergrößert **I.** *adj* enlarged; ***die Abbildung auf der nächsten Seite ist 25-fach ~*** the picture on the next page has been enlarged twenty-five times **II.** *adv* in an enlarged format

Vergrößerung <-, -en> *f* ❶ *(das Vergrößern)* enlargement, increase, expansion, magnification ❷ *(vergrößertes Foto)* enlargement, blow-up; *(vergrößerte Vorlage)* enlargement; **eine ~** [**von etw** *dat*] **machen** to make an enlargement [of sth]; **in bestimmter ~** enlarged [*or* magnified] by a certain factor; ***in 20.000-facher ~*** enlarged by a factor of twenty thousand ❸ MED *(Anschwellung)* enlargement

Vergrößerungsglas *m* magnifying glass **Vergrößerungsspiegel** *m* magnifying mirror

vergucken* *vr (fam)* ❶ *(nicht richtig sehen)* ■ **sich ~** to see wrong *fam* ❷ *(verlieben)* ■ **sich in jdn ~** to fall for sb

vergünstigt *adj* cheaper; **etw zu einem ~en Preis kaufen** to buy sth at a reduced price

Vergünstigung <-, -en> *f* ❶ *(finanzieller Vorteil)* perk; **soziale/steuerliche ~** social benefits/tax concession; **~en erhalten** to receive a preference; **~en gewähren** to grant favours ❷ *(Ermäßigung)* reduction, concession

Vergussmasse[RR] *f* BAU casting compound, grout

vergüten* *vt* ❶ *(ersetzen)* ■ [**jdm**] **etw ~** to reimburse sb for sth, to refund [sb] sth ❷ *(geh: bezahlen)* ■ [**jdm**] **etw ~** to pay [*or form* remunerate] sb for sth ❸ TECH ■ **etw ~** *(legieren)* to temper sth; **vergüteter Stahl** tempered steel; *(beschichten)* to coat sth; **vergütete Linsen** coated lenses

Vergütung <-, -en> *f* ❶ *(das Ersetzen)* refunding *no pl,* reimbursement *no pl* ❷ *(form: Bezahlung)* payment *no pl,* remuneration *no pl form;* [**angemessene**] **~ für Teilleistungen** adequate remuneration, quantum meruit *form;* **~ von Überstunden** overtime pay; **~ mit Wahl des Verhältnisses von Grundgehalt und Nebenleistungen** cafeteria system; **tarifliche ~** agreed [or standard] pay ❸ *(Geldsumme)* payment, remuneration; *(Honorar)* fee

Vergütungsanspruch *m* JUR right to compensation, refund entitlement **Vergütungsgruppe** *f* FIN pay grade **Vergütungspaket** *nt* FIN compensation package AM

verh. *adj Abk von* **verheiratet** married

verhackstücken* *vt (fam)* ❶ *(verreißen)* ■ **etw ~** to tear sth to pieces ❷ NORDD *(besprechen)* ■ **etw** [**mit jdm**] ~ to discuss sth [with sb]

verhaften* *vt* ■ **jdn ~** to arrest sb; **Sie sind verhaftet!** you are under arrest!, you're nicked! [*or* AM busted!] *sl*

Verhaftete(r) *f(m) dekl wie adj* person under arrest, arrested man/woman

Verhaftung <-, -en> *f* arrest

Verhaftungswelle *f* wave of arrests

verhagelt *adj Getreide* damaged ▶ WENDUNGEN: **jdm ist die Petersilie ~** sb is looking rather the worse for wear

verhaken* *vr* ■ **sich ~** to become entangled

verhallen* *vi sein* to die away; *s. a.* **ungehört**

verhalten*[1] **I.** *vr irreg* ❶ *(sich benehmen)* ■ **sich** *akk* [**jdm gegenüber**] [**irgendwie**] ~ to behave [in a certain manner] [towards sb] ❷ *(beschaffen sein)* ■ **sich** *akk* [**irgendwie**] ~ to be [a certain way]; ***die Sache verhält sich anders, als du denkst*** the matter is not as you think ❸ CHEM *(als Eigenschaft zeigen)* ■ **sich** *akk* [**irgendwie**] ~ to react [in a certain way]; ***die neue Verbindung verhält sich äußerst stabil*** the new compound reacts extremely stably ❹ *(als Relation haben)* ■ **sich** *akk* [**zu etw** *dat*] ~ to be to sth as; ***8 verhält sich zu 16 wie 16 zu 32*** eight is to sixteen as sixteen is to thirty-two **II.** *vt irreg* ■ **etw ~** ❶ *(unterdrücken, zurückhalten)* to restrain sth; **seinen Atem ~** to hold one's breath; **Tränen** *pl* ~ to hold back tears *pl;* **Lachen/Zorn ~** to contain ones's laughter/anger; **seine Stimme ~** to dampen one's voice ❷ *vi a. (geh)* ■ [**den Schritt**] ~ to pause [*or* stop]

verhalten[2] **I.** *adj* ❶ *(zurückhaltend)* restrained; **~er Atem** bated breath; **~e Fahrweise/~er Markt** cautious way of driving/cautious market; **~e Farben/Stimmen** *pl* muted colours [*or* AM -ors]/voices *pl;* **~er Spott** gentle mocking; **~es Tempo** measured tempo; **~es Wachstum** cautious growth ❷ *(unterdrückt)* **~er Ärger/Zorn** suppressed anger **II.** *adv* in a restrained manner; **~ fahren** to drive cautiously

Verhalten <-s> *nt kein pl* ❶ *(Benehmen)* behaviour [*or* AM -or] *no pl;* **abgestimmtes ~** concerted action; **friedliches ~ der Streikposten** peaceful picketing; **gleichförmiges ~** level [*or* parallel] behaviour; **standeswidriges ~ eines Anwalts** legal malpractice; **unangemessenes ~** unreasonable behaviour ❷ CHEM reaction

Verhaltensforschung *f kein pl* behavioural [*or* AM -oral] research *no pl* **verhaltensgestört** *adj* disturbed; **ein ~es Kind** a disturbed child, a child with a behavioural disorder **Verhaltenskodex** *m* ÖKON code of conduct **Verhaltenskontrolle** *f* control of conduct **Verhaltensmaßregel** *f meist pl* rule of conduct **Verhaltensmuster** *nt* behavioural pattern **Verhaltensökologie** *f* behavioural ecology **Verhaltensrichtlinien** *pl* rules of conduct **Verhaltensstörung** *f meist pl* behavioural disturbance **Verhaltenstherapie** *f* behavioural therapy **Verhaltensweise** *f* behaviour [*or* AM -ior]

V

Verhältnis <-ses, -se> *nt* ❶ (*Relation*) ratio; **in keinem ~ [zu etw** *dat*] **stehen** to bear no relation to sth, to be out of all proportion [to sth]; **im ~** relatively, comparatively; **im ~ [von etw** *dat*] **[zu etw** *dat*] in a ratio [of sth] [to sth]; **im ~ [zu jdm]** in comparison [with sb]; **im ~ zu 1966** in comparison with [*or* compared to] 1966; **vertragsähnliches ~** JUR quasicontractual relationship ❷ (*persönliche Beziehung*) ■**jds ~ zu jdm** sb's relationship with sb; (*Liebes~*) affair; **ein ~ [miteinander] haben** to have a relationship [with each other]; **ein ~ [mit jdm] haben** to have an affair [with sb]; **ein bestimmtes ~ [zu jdm] haben** to have a certain relationship [with sb]; **ein gestörtes** [*o* **getrübtes**] **~ [zu jdm/etw] haben** to have a disturbed relationship [with sb]/to have a peculiar idea [of sth] ❸ *pl* (*Zustände*) conditions *pl*, circumstances *pl*; ***wir fahren erst, wenn die ~se auf den Straßen es zulassen*** we'll only leave when the road conditions permit it; **räumliche ~se** physical conditions; **unter anderen ~sen** under different circumstances ❹ *pl* (*Lebensumstände*) circumstances *pl*; **etw geht über jds ~se** *pl* sth is beyond sb's means *pl*; **über seine ~se** *pl* **leben** to live beyond one's means *pl*; **in bescheidenen ~sen leben** to live in modest circumstances; **in geordneten ~sen leben** to live an orderly life; **für klare ~se sein** to want to know how things stand; **klare ~se schaffen, für klare ~ sorgen** to get things straightened out

verhältnismäßig *adv* relatively; ***sie verdient ~ viel*** she earns a relatively large amount

Verhältnismäßigkeit <-, -en> *f meist sing* JUR (*Angemessenheit*) appropriateness *no pl*, commensurability *no pl*; **~ der Mittel/der Gerichtsentscheidung** reasonableness of means/of the decision

Verhältnismäßigkeitsprinzip *nt* ■**das ~** the principle of proportionality

Verhältniswahl *f* proportional representation *no art* **Verhältniswahlrecht** *nt* [system of] proportional representation **Verhältniswahlsystem** *nt* JUR proportional representation

Verhältniswort *nt* LING preposition

Verhaltung *f* MED retention

verhandeln* **I.** *vi* ❶ (*im Gespräch erörtern*) ■**[mit jdm] [über etw** *akk*] **~** to negotiate [with sb] [about sth] ❷ JUR (*eine Gerichtsverhandlung abhalten*) ■**[gegen jdn][in etw** *dat*] **~** to try sb [in sth] **II.** *vt* ■**etw ~** ❶ (*aushandeln*) to negotiate sth ❷ JUR (*gerichtlich erörtern*) to hear sth; ***das Gericht wird diesen Fall wohl erst nach der Sommerpause ~*** the court will probably hear this case after the summer break

Verhandlung *f* ❶ *meist pl* (*das Verhandeln*) negotiation; **~en** *pl* **[mit jdm] aufnehmen, [mit jdm] in ~en** *pl* **treten** to enter into negotiations *pl* [with sb]; **in ~en** *pl* **[mit jdm] stehen** to be engaged in negotiations *pl* [*or* to be negotiating] [with sb] ❷ JUR (*Gerichts~*) trial, [court] hearing; **abgesonderte ~** separate negotiations *pl*; **erneute ~** retrial; **gerichtliche ~** court hearing; **nicht streitige ~** uncontested case, non-contentious hearing; **öffentliche ~** hearing in open court, public trial

Verhandlungsausschuss^RR^ *m* negotiating committee **Verhandlungsbasis** *f* basis for negotiation[s]; *Preis* or near offer, o.n.o. BRIT, or best offer AM, o.b.o. AM **verhandlungsbereit** *adj* ready [*or* prepared] to negotiate *pred*; **jdn ~ machen** to force sb to the negotiating table **Verhandlungsbereitschaft** *f* readiness [*or* willingness] to negotiate *no pl* **Verhandlungsdolmetschen** *nt kein pl* liaison interpreting **verhandlungsfähig** *adj* JUR able to stand trial *pred* **Verhandlungsfähigkeit** *f kein pl* JUR capacity to act in court **Verhandlungsführer(in)** *m(f)* JUR [chief] negotiator **Verhandlungsgebühr** *f* JUR [lawyer's] fee for pleading in court **Verhandlungsgegenstand** *m* subject for negotiations **Verhandlungsgeschick** *nt kein pl* negotiating skills *pl* **Verhandlungsgrundsatz** *m* JUR principle of party presentation **Verhandlungsleitung** *f* JUR conduct of the proceedings **Verhandlungslinie** *f* POL negotiation line **Verhandlungspartner** *m* negotiating party, opposite number [in the negotiations *pl*] **Verhandlungsposition** *f* HANDEL negotiating [*or* bargaining] position **Verhandlungspunkt** *m* negotiating point, point for negotiation **Verhandlungsrunde** *f* POL round of negotiations **Verhandlungssache** *f* matter of [*or* for] negotiation; ***der Preis ist ~*** the price is open to negotiation **Verhandlungsspielraum** *m* POL room to negotiate **Verhandlungssprache** *f* official language [for negotiations] **Verhandlungsstärke** *f* bargaining power **Verhandlungstag** *m* JUR day of a/the hearing [*or* trial] **Verhandlungstermin** *m* JUR date of hearing **Verhandlungstisch** *m* negotiating table **Verhandlungsunfähigkeit** *f* JUR unfitness to plead **Verhandlungsweg** *m* ■**auf dem ~** by negotiation **verhandlungswillig** *adj* open to negotiation

verhangen *adj* overcast

verhängen* *vt* ❶ (*zuhängen*) ■**etw [mit etw** *dat*] **~** to cover sth [with sth] ❷ SPORT (*aussprechen*) ■**etw ~** to award [*or* give] sth; ***für das Foul verhängte der Schiedsrichter einen Elfmeter*** the referee awarded a penalty for the foul ❸ JUR (*verfügen*) ■**etw [über etw** *akk*] **~** to impose sth [on sth]; **einen Ausnahmezustand ~** to declare a state of emergency; **eine Ausgangssperre über die Stadt ~** to impose a curfew on the town

Verhängnis <-, -se> *nt* disaster; **[jdm] zum ~ werden, [jds] ~ werden** to be sb's undoing

verhängnisvoll *adj* disastrous, fatal

Verhängung <-, -en> *f* JUR (*Verfügung*) imposition; **~ einer Strafe/von Zwangsmaßnahmen** imposition of a sentence/coercive measures

verharmlosen* *vt* ■**etw ~** to play down sth *sep*

Verharmlosung <-, -en> *f* playing down

verhärmt *adj* careworn

verharren* *vi haben o sein* (*geh*) ❶ (*stehen bleiben*) ■**[irgendwo] ~** to pause [somewhere]; ***sie verharrte eine Weile und dachte nach*** she paused for a while and reflected ❷ (*hartnäckig bleiben*) ■**[bei etw** *dat*] **~** to persist [in sth]

verharschen* *vi sein* ❶ (*verkrusten*) *Schnee* to crust ❷ (*verheilen*) *Wunde* to crust over

verhärten* **I.** *vt* ■**jdn/etw ~** to harden sb/sth **II.** *vr* ■**sich** *akk* **~** ❶ (*starrer werden*) to become hardened; ***die Parteien verhärteten sich immer mehr*** the positions of the parties became more and more entrenched ❷ MED (*härter werden*) to become hardened

Verhärtung <-, -en> *f* ❶ *kein pl* (*Erstarrung*) hardening *no pl* ❷ MED (*verhärtete Stelle*) induration

verhaspeln* *vr* (*fam*) ❶ (*sich verfangen*) ■**sich** *akk* **[irgendwo] ~** to become entangled [somewhere] ❷ (*sich versprechen*) ■**sich** *akk* **~** to get into a muddle

verhasst^RR^ *adj*, **verhaßt** *adj* ❶ (*gehasst*) hated; ■**[wegen einer S.** *gen*] **~ sein** [*o* **werden**] to be [*or* become] hated [for sth]; **sich** *akk* **[bei jdm] ~ machen** to make oneself deeply unpopular [with sb] ❷ (*tief zuwider*) ■**[jdm] ~ sein** [*o* **werden**] to be [*or* come to be] hated [by sb]; ***dieser Beruf wurde mir immer ~ er*** I hated [*or* detested] this profession more and more

verhätscheln *vt* ■**jdn ~** to spoil [*or* pamper] sb

Verhau <-[e]s, -e> *m* ❶ MIL entanglement ❷ *kein pl* (*fam: heilloses Durcheinander*) mess *no pl*

verhauen* <verhaute, verhauen> **I.** *vt* (*fam*) ❶ (*verprügeln*) ■**jdn ~** to beat up sb *sep*; ■**sich** *akk* **~** to have a fight ❷ SCH (*schlecht schreiben*) ■**etw ~** to make a mess of sth; ***ich habe den Aufsatz [gründlich] ~!*** I've made a [complete] mess of the essay!, I've [completely] mucked up *sep* the essay! *fam* **II.** *vr* (*fam: sich verkalkulieren*) ■**sich** *akk* **[um etw** *akk*] **~** to slip up [by sth]

verheben* *vr irreg* ■**sich ~** to hurt oneself lifting sth

verheddern* *vr* (*fam*) ❶ (*sich verfangen*) ■**sich** *akk* **[in etw** *dat*] **~** to get tangled up [in sth] ❷ (*sich versprechen*) ■**sich** *akk* **~** to get into a muddle ❸ (*sich verschlingen*) ■**sich** *akk* **~** to get into a tangle; ***die Wolle hat sich völlig verheddert*** the wool has got into a complete tangle [*or* has got completely tangled]

verheeren* *vt* ■**etw ~** to devastate sth

verheerend **I.** *adj* devastating; **ein ~es Erdbeben** a devastating earthquake **II.** *adv* devastatingly; **sich** *akk* **~ auswirken** to have a devastating effect, to be devastating; **~ aussehen** (*fam*) to look dreadful

Verheerung <-, -en> *f* devastation; **~en** *pl* **anrichten** to cause devastation *no pl*

verhehlen* *vt* (*geh*) ■**etw [jdm gegenüber] ~** to conceal [*or* hide] sth [from sb]; ***ich konnte mir die Schadenfreude nicht ~*** I could not conceal my delight in his/her etc. misfortune; ■**[jdm] nicht ~, dass** to not hide the fact that

verheilen* *vi sein* to heal [up]

verheimlichen* *vt* (*geheim halten*) ■**[jdm] etw ~** to conceal sth [from sb], to keep sth secret [from sb]; ■**jdm ~, dass** to conceal the fact from sb that; **etw** [*o* **nichts**] **zu ~ haben** to have sth [*or* nothing] to hide; **sich [nicht] ~ lassen** [not] to be able to be concealed; **sich nicht ~ lassen, dass** not to be able to conceal the fact that

Verheimlichung <-, -en> *f* concealment; *Tatsache* suppression

verheiraten* *vr* ■**sich** *akk* **[mit jdm] ~** to marry [sb], to get married [to sb]

verheiratet *adj* married; **glücklich ~ sein** to be happily married; ■**[mit jdm] ~ sein** to be married [to sb]; **mit etw** *dat* **~ sein** (*hum fam*) to be married [*or* wedded] to sth *hum fam*

verheißen* *vt irreg* (*geh*) ■**[jdm] etw ~** to promise [sb] sth; *s. a.* **Gute(s)**

Verheißung <-, -en> *f* (*geh*) promise

verheißungsvoll **I.** *adj* promising; **ein ~er Anfang** a promising start; **wenig ~** unpromising **II.** *adv* full of promise; ***Ihr Vorschlag hört sich [wenig] ~ an*** your suggestion sounds [rather un]promising

verheizen* *vt* ❶ (*als Brennstoff verwenden*) ■**etw ~** to burn sth ❷ (*sl: sinnlos opfern*) ■**jdn ~** *Soldaten* to send sb to the slaughter, to use sb as cannon fodder; *Star* to run sb into the ground [*or* cause sb to burn out]

verhelfen* *vi irreg* ❶ (*bewirken, dass jd etw erhält*) ■**[jdm] zu etw ~** to help sb to get sth; **jdm zur Erreichung eines Zieles ~** to help sb achieve an objective ❷ (*bewirken, dass eine S. etw nach sich zieht*) ■**[jdm/etw] zu etw** *dat* **~** to help sb [*or* a thing] achieve sth; ***dieser Erfolg verhalf dem Produkt endlich zum Durchbruch*** this success finally helped the product achieve a breakthrough

verherrlichen* *vt* ■**etw ~** to glorify sth; **die Gewalt ~** to glorify violence

Verherrlichung <-, -en> *f* glorification *no pl*, extolling *no pl*

verhetzen* *vt* ■**jdn ~** to incite sb

verheult *adj* (*fam*) puffy [*or* swollen] from crying

verhexen* *vt* ■**jdn ~** to bewitch sb, to cast a spell on sb; **wie verhext sein** (*fam*) to be jinxed

verhindern* *vt* ■**etw ~** to prevent [*or* stop] sth; ■**~, dass jd etw tut** to prevent [*or* stop] sb from doing sth; ■**~, dass etw geschieht** to prevent [*or* stop] sth from happening

verhindert *adj* ❶ (*aus bestimmten Gründen nicht anwesend*) ■**[irgendwie] ~ sein** to be unable to come [for certain reasons] ❷ (*fam: mit einer verborgenen Begabung*) ■**ein ~er** [*o* **eine ~e**] **... sein** to be a would-be ...

Verhinderung <-, -en> *f* ❶ (*das Verhindern*) prevention *no pl, no indef art* ❷ (*zwangsläufiges Nichterscheinen*) inability to come [*or* attend]

verhohlen *adj* **~e Neugier/Schadenfreude** concealed [*or* hidden] curiosity/schadenfreude; **~es Gähnen/Grinsen** suppressed yawn/grin; **kaum ~** barely concealed [*or* suppressed]

verhöhnen* *vt* ■**jdn ~** to mock [*or* ridicule] sb

Verhöhnung <-, -en> *f* mocking *no pl, no indef art*, ridiculing *no pl, no indef art*

verhökern* *vt* (*fam*) ■**etw [an jdn] ~** to flog sth [off] [to sb] *fam*

Verhör <-[e]s, -e> *nt* questioning *no pl, no art*, interrogation; **jdn ins ~ nehmen** to question [*or* interrogate] sb; **jdn einem ~ unterziehen** to subject sb to questioning [*or* interrogation]

verhören* I. *vt* (*offiziell befragen*) ■**jdn** ~ to question [*or* interrogate] sb II. *vr* (*etw falsch hören*) ■**sich** *akk* ~ to mishear, to hear wrongly

verhüllen* *vt* ■**etw** [**mit etw** *dat*] ~ to cover sth [with sth]; ■**sich** *akk* [**mit etw** *dat*] ~ to cover oneself [with sth]

verhüllend *adj* covered; (*beschönigend*) *Ausdruck* euphemistic

verhüllt *adj* ① (*bedeckt*) covered ② (*versteckt*) veiled; **eine ~e Drohung** a veiled threat

verhundertfachen* I. *vt* ■**etw** ~ to increase sth a hundredfold II. *vr* ■**sich** *akk* ~ to increase a hundredfold

verhungern* *vi sein* ① (*Hungers sterben*) to starve [to death], to die of starvation *no pl, no art;* ■**jdn ~ lassen** to let sb starve [to death]; **am V~ sein** to be starving; [**fast**] **am V~ sein** (*fig fam*) to be [just about] starving *fig fam* ② (*fam: stehen bleiben*) ■[**irgendwo**] ~ to come to a stop [somewhere]; ***der Golfball verhungerte nur wenige Zentimeter vor dem Loch*** the golf ball came to a stop just a few centimetres from the hole

verhungert I. *adj* (*fam*) starved II. *adv* (*fam*) half-starved

Verhungerte(r) *f(m) dekl wie adj* someone who has starved to death

verhunzen* *vt* (*fam*) ■**etw** ~ to ruin sth

verhuscht *adj* (*fam*) timid

verhüten* *vt* ■**etw** ~ to prevent sth; **eine Empfängnis verhüten** to prevent conception; *s. a.* **Gott**

Verhüterli <-s, -> *nt* SCHWEIZ (*Kondom*) condom

verhütten *vt* ■**etw** ~ to smelt sth

Verhüttung <-, -en> *f* smelting *no pl, no indef art*

Verhütung <-, -en> *f* ① (*das Verhindern*) prevention *no pl, no indef art* ② (*Empfängnis~*) contraception *no pl, no art*

Verhütungsmittel *nt* contraceptive

verhutzelt *adj* (*fam*) wizened; *Haut a.* wrinkled; *Obst a.* shrivelled [*or* AM shriveled]

Verifikation <-, -en> *f* JUR (*form*) verification

Verifikationsabkommen *nt* JUR verification agreement

verifizieren* [ve-] *vt* (*geh*) ■**etw** ~ to verify sth

Verifizierung <-, -en> *f* verification

verinnerlichen* *vt* ■**etw** ~ to internalize sth

Verinnerlichung <-, -en> *f* internalization

verirren* *vr* ■**sich** *akk* ~ to get lost

Verirrung *f* aberration

verjagen* *vt* ■**jdn/ein Tier** ~ to chase away sb/an animal *sep*

verjähren* *vi sein* JUR ① (*nicht mehr eingetrieben werden können*) to come under the statute of limitations ② (*nicht mehr verfolgt werden können*) to become statute-barred; ■**verjährt** statute-barred

verjährt *adj* ① (*veraltend: sehr alt*) *Person* past it *pred fam* ② JUR (*gerichtlich nicht mehr verfolgbar*) statute-barred; *Ansprüche* in lapse; ~ **sein** to be barred by limitation

Verjährung <-, -en> *f* JUR statutory limitation, limitation of actions; ~ **von Ansprüchen** limitation of claims; **Beginn der** ~ commencement of the limitation period; **Hemmung der** ~ *suspension of the running of time for purposes of limitation;* ~ **ausschließen** to bar the statutes of limitation

Verjährungsbeginn *m* JUR commencement of the limitation period **Verjährungseinrede** *f,* **Verjährungseinwand** *m* JUR plea of lapse of time **Verjährungsfrist** *f* JUR period of limitation; **gesetzliche** ~ statutory [period of] limitation **Verjährungsgesetz** *nt* JUR Limitation Act BRIT **Verjährungsrecht** *nt* JUR law of limitation **Verjährungsunterbrechung** *f* JUR suspension of limitation

verjubeln* *vt* (*fam: leichtsinnig ausgeben*) ■**etw** ~ to blow sth *sl*

verjüngen* I. *vi* (*vitalisieren*) to make one feel younger II. *vt* ① (*vitalisieren*) ■**jdn** ~ to rejuvenate sb; ***ich fühle mich um Jahre verjüngt*** I feel years younger ② ÖKON (*mit jüngeren Mitarbeitern auffüllen*) ■**etw** ~ to create a younger sth; ***wir sollten das Management der Firma*** ~ we should bring some young blood into the management of the company III. *vr* ■**sich** *akk* ~ ① (*schmaler werden*) to narrow; *Säule* to taper ② (*ein jüngeres Aussehen bekommen*) to look younger; *Haut* to rejuvenate

Verjüngung <-, -en> *f* ① (*das Verjüngen*) rejuvenation; *Personal* recruitment of younger blood ② (*Verengung*) narrowing *no pl,* tapering *no pl*

Verjüngungskur *f* rejuvenation cure

verkabeln* *vt* ELEK, INFORM ■**etw** ~ to wire sth, to connect sth to the cable network

Verkabelung <-, -en> *f* cabling, connecting *no pl* to the cable network

verkalken* *vi sein* ① TECH (*Kalk einlagern*) to fur [*or* AM clog] up, to become furred [*or* AM clogged]; ■**verkalkt** furred up ② ANAT (*durch Kalkeinlagerung verhärten*) *Arterien* to become hardened; *Gewebe* to calcify [*or* become calcified] ③ MED (*fam*) ■**jd verkalkt** (*Arteriosklerose bekommen*) sb suffers from hardening of the arteries *pl;* (*senil werden*) sb's going senile *fam;* **verkalkt sein** to be senile [*or* BRIT *fam* gaga]

verkalkulieren* *vr* ① (*sich verrechnen*) ■**sich** *akk* [**bei/in etw** *dat*] ~ to miscalculate [sth] ② (*fam: sich irren*) ■**sich** *akk* ~ to be mistaken

Verkalkung <-, -en> *f* ① TECH (*das Verkalken*) furring *no pl* BRIT, clogging AM ② ANAT *Arterien* hardening *no pl; Gewebe* calcification *no pl* ③ MED (*fam: Arteriosklerose*) hardening of the arteries *pl;* (*Senilität*) senility *no pl*

verkannt *adj* unrecognized

verkanten *vt* ■**etw** ~ to tilt sth; SKI *improper use of the edges of the skis which causes imbalance and usually leads to a fall*

verkappt *adj attr* disguised; **ein ~er Kommunist** a communist in disguise

verkapseln* *vr* MED, BIOL ■**sich** ~ to become encapsulated

verkarsten* *vi sein* GEOL to become karstified

verkatert *adj* (*fam*) hung-over *pred*

Verkauf <-s, Verkäufe> *m* ① (*das Verkaufen*) sale, selling *no pl,* disposal; ~ **auf Abzahlungsbasis** [*o* **auf Teilzahlung**] instalment sale [*or* AM -ll-], BRIT hire purchase, AM deferred payment sale; ~ **per Internet** sale on the internet; ~ **auf Kommissionsbasis** sale on consignment; ~ **ab Lager** cash and carry; ~ **nach Muster** sale by sample; ~ **auf Probe** sale on trial, purchase on approval; ~ **auf Rechnung** sale on account; ~ **unter Eigentumsvorbehalt** conditional sale [with reservation of ownership]; ~ **mit Rückgaberecht** sale with right of redemption; **freihändiger** ~ private sale; **vollständiger** ~ clearance sale; **etw zum ~ anbieten** to offer sth [*or* put sth up] for sale; **zum ~ stehen** to be up for sale ② *kein pl* (*Verkaufsabteilung*) sales *no art, + sing o pl verb*

verkaufen* I. *vt* ① (*gegen Geld übereignen*) ■[**jdm**] **etw** [**für etw** *akk*] ~ to sell [sb] sth [for sth]; ■**etw** [**an jdn**] ~ to sell sth [to sb]; **zu ~ sein** to be for sale; **„zu ~"** "for sale"; **meistbietend** ~ HANDEL to sell to the highest bidder ② (*sl: glauben machen*) ■[**jdm**] **etw** [**als etw**] ~ to sell sth [to sb] [as sth]; *s. a.* **dumm** II. *vr* ■**sich** *akk* [**irgendwie**] ~ ① (*verkauft werden*) to sell [in a certain way]; ***das Buch verkauft sich gut*** the book is selling well ② (*sich selbst darstellen*) to sell oneself [in a certain way]

Verkäufer(in) *m(f)* ① (*verkaufender Angestellter*) sales [*or* shop] assistant ② (*verkaufender Eigentümer*) seller; JUR vendor

Verkäufermarkt *m kein pl* ÖKON seller's market **Verkäuferoption** *f* BÖRSE sellers' option **Verkäuferpfandrecht** *nt* HANDEL seller's lien **Verkäuferpflichten** *pl* HANDEL seller's duties **Verkäuferrecht** *nt* HANDEL seller's right

verkäuflich *adj* ① (*zu verkaufen*) for sale *pred* ② ÖKON ■**irgendwie** ~ saleable [*or* sellable] in a certain way; **kaum/schnell ~e Artikel** *pl* slow-moving/fast-selling items *pl;* **problemlos ~e Produkte** *pl* products *pl* that are easy to sell

Verkaufsabkommen *nt* JUR marketing agreement **Verkaufsabteilung** *f* sales department **Verkaufsangebot** *nt* ① HANDEL sales offer ② BÖRSE offer for sale **Verkaufsapparat** *m* sales organization **Verkaufsargument** *nt* HANDEL sales pitch **Verkaufsartikel** *m* purchase article **Verkaufsaufforderung** *f* sale incitement **Verkaufsauftrag** *m* BÖRSE order to sell; ~ **bestens** sell order at market **Verkaufsausstellung** *f* sales exhibition **Verkaufsbedingungen** *pl* HANDEL conditions of sale and delivery, terms and conditions; **Verkaufs- und Lieferbedingungen** standard conditions of sale and delivery; **allgemeine** ~ general conditions of sale **Verkaufsbeschränkungen** *pl* HANDEL selling [*or* sales] restrictions **Verkaufsbestätigung** *f* HANDEL sales confirmation **Verkaufsdatum** *nt* HANDEL date of sale **Verkaufs-Deckungsgeschäft** *nt* HANDEL hedge selling **Verkaufsdruck** *m kein pl* pressure to sell **Verkaufserlös** *m* ÖKON sales revenue, proceeds *npl* of a/the sale **verkaufsfähig** *adj* HANDEL salable **Verkaufsfinanzierung** *f* FIN sales financing **Verkaufsfläche** *f* retail [*or* sales *pl*] area **Verkaufsförderung** *f* HANDEL sales promotion **Verkaufsgebiet** *nt* HANDEL marketing area, sales territory **Verkaufsgegenstand** *m* HANDEL article of sale **Verkaufsgespräch** *nt* sales talk [*or* pitch] **Verkaufsinteressent(in)** *m(f)* HANDEL prospective seller **Verkaufskampagne** *f* sales campaign **Verkaufskonferenz** *f* sales conference [*or* meeting] **Verkaufskurs** *m* HANDEL selling price **Verkaufsleiter(in)** *m(f)* sales manager [*or* executive] **Verkaufslizenz** *f* HANDEL selling licence [*or* AM -se] **Verkaufsmarge** *f* HANDEL profit margin **Verkaufsmethode** *f* HANDEL sales method; **unlautere ~n** dubious sales methods **Verkaufsmonopol** *nt* HANDEL sales monopoly **verkaufsoffen** *adj* open for business; ***der erste Samstag im Monat ist immer*** ~ the shops are always open late on the first Saturday of every month **Verkaufsoption** *f* ① HANDEL option to sell ② BÖRSE put option **Verkaufspersonal** *nt* sales personnel [*or* staff] **Verkaufspolitik** *f kein pl* HANDEL sales policy; (*Einzelhändler*) sales pitch **Verkaufspraktiken** *pl* HANDEL sales practices, marketing techniques **Verkaufspreis** *m* retail price **Verkaufsprognose** *f* HANDEL sales forecast **Verkaufsprogramm** *nt* sales programme [*or* AM -am], programme of sales **Verkaufsprovision** *f* FIN selling [*or* sales] provision **Verkaufsrechnung** *f* HANDEL sales invoice **Verkaufsrecht** *nt* JUR right of [*or* to] sale **Verkaufsrekord** *m* sales record **Verkaufsrenner** <-s, -> *m* top-selling item, best seller **Verkaufsschlager** *m* best-seller **Verkaufsstil** *m* style of selling **Verkaufsstrategie** *f* sales strategy **Verkaufssyndikat** *nt* HANDEL sales [*or* selling] syndicate **Verkaufsunterlagen** *pl* sale documents *pl* **Verkaufsveranstaltung** *f* HANDEL sales event; (*Messe*) tradefair **Verkaufsversprechen** *nt* HANDEL seller's promise [*or* undertaking] **Verkaufsverweigerung** *f* HANDEL refusal to sell **Verkaufsvollmacht** *f* authority [*or* power] to sell **Verkaufsvolumen** *nt* HANDEL sales volume **Verkaufswert** *nt* HANDEL sales [*or* market] value **Verkaufszahlen** *pl* HANDEL sales figures *pl* **Verkaufsziel** *nt* sales target

verkauft *adj* sold; ~ **wie besichtigt** sold as seen; **nicht** ~ unsold

Verkehr <-[e]s> *m kein pl* ① (*Straßen~*) traffic *no pl, no indef art;* **ruhender** ~ (*geh*) stationary traffic; **den ~ regeln** to control the [*or* regulate the [flow of]] traffic ② (*Transport*) transport *no pl, no indef art* ③ (*Umgang*) contact, dealings *pl;* **jdn aus dem ~ ziehen** (*fam*) to take sb out of circulation, to withdraw sb from the field of operations *pl* ④ (*Handel*) **etw in den ~ bringen** to put sth into circulation; **etw aus dem ~ ziehen** to withdraw sth from circulation ⑤ (*euph geh: Geschlechts~*) intercourse; ~ [**mit jdm**] **haben** (*euph geh*) to have intercourse [with sb]

verkehren* I. *vi* ① *haben o sein* (*fahren*) *Boot, Bus, Zug* to run [*or* go]; ***der Zug verkehrt auf die-***

V

ser Nebenstrecke nur noch zweimal am Tag the train only runs twice a day on this branch line; *Flugzeug* to fly [*or* go] ❷ *haben* (*geh: häufiger Gast sein*) ■ **[irgendwo/bei jdm]** ~ to visit somewhere/sb regularly ❸ *haben* (*Umgang pflegen*) ■ **[mit jdm]** ~ to associate [with sb]; ***sie verkehrt mit hochrangigen Diplomaten*** she associates with high-ranking diplomats ❹ *haben* (*euph geh: Geschlechtsverkehr haben*) ■ **[mit jdm]** ~ to have intercourse [with sb] **II.** *vr haben* (*sich umkehren*) ■ **sich** *akk* **[in etw** *akk*] ~ to turn into sth; *s. a.* **Gegenteil**

Verkehrsabgaben *pl* JUR traffic duty **Verkehrsader** *f* arterial road **Verkehrsampel** *f* traffic lights *pl* **Verkehrsamt** *nt* tourist information office **Verkehrsanwalt, -anwältin** *m, f* JUR correspondence lawyer **verkehrsarm** *adj Zeit* quiet; *Gegend* low-traffic *attr* **Verkehrsaufkommen** *nt* volume [*or* density] of traffic **Verkehrsbehinderung** *f* JUR obstruction [of the traffic] **Verkehrsbericht** *m* traffic report **verkehrsberuhigt** *adj* traffic-calmed **Verkehrsberuhigung** *f* traffic calming *no pl, no indef art* **Verkehrsbeschränkungen** *pl* traffic restrictions [*or* restraints] **Verkehrsbestimmungen** *pl* traffic regulations *pl* **Verkehrsbetriebe** *pl* transport services *pl* **Verkehrschaos** *nt* road chaos, chaos on the *pl* roads **Verkehrsdelikt** *nt* traffic offence [*or* AM -se] **Verkehrsdichte** *f kein pl* traffic density; (*im Personenverkehr*) passenger density **Verkehrsdisziplin** *f* traffic discipline **Verkehrsdurchsage** *f* traffic announcement **Verkehrseinrichtungen** *pl* traffic facilities *pl* **Verkehrserziehung** *f* road safety training, traffic instruction **Verkehrsfähigkeit** *f kein pl* HANDEL marketability *no pl*, merchantability *kein pl* **Verkehrsflugzeug** *nt* commercial aircraft, airliner **Verkehrsfluss**[RR] *m kein pl* traffic flow **verkehrsfrei** *adj* **~e Zone** traffic-free area, pedestrian precinct **verkehrsfremd** *adj* JUR, TRANSP **~e Straftat** non-traffic-related criminal offence **Verkehrsfunk** *m* radio traffic service **Verkehrsgefährdung** *f* hazard to other traffic **Verkehrsgeltung** *f kein pl* HANDEL general acceptance in trade **verkehrsgerecht** *adj Verhalten* in keeping with traffic regulations **Verkehrsgeschäft** *nt* HANDEL carrying trade, haulage business **Verkehrsgesellschaft** *f* common carrier, AM *a.* transport company **Verkehrsgewerbe** *nt* carrying industry **verkehrsgünstig** *adj* conveniently situated for [*or* close to] public transport **Verkehrshilfspolizist(in)** *m(f)* traffic warden **Verkehrshindernis** *nt* obstruction to traffic **Verkehrshinweis** *m* traffic announcement **Verkehrshypothek** *f* JUR ordinary mortgage **Verkehrsinfarkt** *m* traffic jam **Verkehrsinfrastruktur** *f* transport infrastructure **Verkehrsinsel** *f* traffic island **Verkehrsinvestitionen** *pl* capital expenditure on communications **Verkehrsknotenpunkt** *m* traffic junction **Verkehrskontrolle** *f* spot check on the traffic **Verkehrslage** *f* TRANSP ❶ (*Situation im Straßenverkehr*) traffic [conditions *pl*] ❷ (*Nähe zu Verkehrsverbindungen*) location with regards to transport facilities, proximity to public transport **Verkehrslärm** *m kein pl* traffic noise **Verkehrslast** *f* BAU live [*or* traffic] load **Verkehrsleistung** *f* TRANSP transport [*or* traffic] capacity **Verkehrsleitsystem** *nt* traffic guidance system **Verkehrsluftfahrt** *f* commercial aviation **Verkehrsmanagement** *nt* traffic management **Verkehrsmeldungen** *pl* traffic news + *sing vb* **Verkehrsminister(in)** *m(f)* transport minister BRIT, Minister of Transport BRIT, Secretary of Transportation AM **Verkehrsministerium** *nt* Ministry of Transport BRIT, Department of Transportation AM **Verkehrsmittel** *nt* means + *sing/pl vb* of transport; **öffentliches/privates** ~ public/private transport **Verkehrsmonopol** *nt* transport monopoly **Verkehrsnetz** *nt* transport system, traffic network **Verkehrsopfer** *nt* road casualty

Verkehrsordnung *f kein pl* traffic regulations *pl*, Road Traffic Act **verkehrsordnungswidrig** *adj* in violation of road traffic regulations **Verkehrsordnungswidrigkeit** *f* JUR traffic violation **Verkehrsplaner(in)** *m(f)* traffic planner **Verkehrsplanung** *f* traffic planning **Verkehrspolitik** *f* transport [*or* traffic] policy **verkehrspolitisch** *adj* concerning transport policy **Verkehrspolizei** *f* traffic police **Verkehrspolizist(in)** *m(f)* traffic policeman *masc*, policewoman *fem* **Verkehrsproblem** *nt* traffic problem **Verkehrsrecht** *nt* traffic law[s] **Verkehrsregel** *f* traffic regulation **Verkehrsregelung** *f* traffic control **verkehrsreich** *adj* **~e Straße** busy street **Verkehrsrichtung** *f* direction of traffic **Verkehrsrowdy** *m* road hog *fam* **Verkehrssache** *f* JUR traffic case **Verkehrsschild** *nt* road sign **verkehrsschwach** *adj* **~e Zeit** off-peak traffic **Verkehrssenator(in)** *m(f)* minister of transport (*in Berlin, Bremen, Hamburg*) **verkehrssicher** *adj Fahrzeug* safe; (*bes. Auto*) roadworthy **Verkehrssicherheit** *f kein pl* ❶ *der Staße* road safety ❷ *des Autos* roadworthiness **Verkehrssicherungspflicht** *f* JUR duty to maintain safety **Verkehrssitte** *f* JUR common usage **Verkehrsspitze** *f* rush-hour traffic, BRIT *a.* traffic peak **Verkehrssprache** *f* language of communication, lingua franca **verkehrsstark** *adj* **~e Zeit** rush [*or* BRIT *a.* peak] hours **Verkehrsstau(ung)** *f* traffic jam [*or* congestion] **Verkehrssteuer** *f* FIN ❶ (*Straßen-*) road fund licence BRIT, transport tax AM ❷ (*bei Börsengeschäften*) transaction tax AM **Verkehrsstockung** *f* traffic hold-up **Verkehrsstrafsache** *f* JUR motoring [*or* traffic] case **Verkehrsstraße** *f* road open to traffic **Verkehrsstreife** *f* traffic patrol **Verkehrssünder(in)** *m(f)* (*fam*) traffic offender **Verkehrssünderkartei** *f* (*fam*) *s.* Verkehrszentralregister **Verkehrstafel** *f* traffic sign **Verkehrstechnik** *f* traffic technology **verkehrstechnisch I.** *adj* traffic-wise **II.** *adv* **[ein Gebiet]** ~ **erschließen** to open up to traffic; ~ **gesehen** in terms of traffic engineering **Verkehrsteilnehmer(in)** *m(f)* (*geh*) road-user **Verkehrstelematik** *f* road transport informatics + *sing vb* **Verkehrstote(r)** *f(m)* road fatality [*or* death] **Verkehrsträger** *m* [traffic] carrier **verkehrstüchtig** *adj* roadworthy **Verkehrstüchtigkeit** <-> *f kein pl eines Fahrzeugs* roadworthiness; *einer Person* fitness to drive **Verkehrsübertretung** *f* traffic violation **Verkehrsüberwachung** *f* traffic control **Verkehrsunfall** *m* road accident **Verkehrsunternehmen** *nt* common carrier, AM *a.* transport company **Verkehrsunterricht** *m* road safety instruction **Verkehrsverbindung** *f* (*durch Verkehrswege*) route; (*durch Verkehrsmittel*) connection **Verkehrsverbund** *m* association of transport companies *pl*

Verkehrsverein *m* tourist promotion agency **Verkehrsvergehen** *nt* JUR motoring [*or* traffic] offence [*or* AM -se] **Verkehrsverhältnisse** *pl* traffic situation *no pl* **Verkehrsverstoß** *m* road traffic offence [*or* AM -se] **Verkehrsvorschrift** *f* traffic regulation [*or* rule] **Verkehrswacht** *f kein pl* traffic [*or* road] patrol **Verkehrswachtel** *f* (*pej*) *traffic policewoman who is unpleasant* **Verkehrsweg** *m* [traffic] route, communication **Verkehrswert** *m* HANDEL market value

Verkehrswesen <-s> *nt kein pl* traffic [system], communications *pl*, transportation

verkehrswidrig *adj* contrary to road traffic regulations *pl*; **~es Verhalten** disobeying road traffic regulations **Verkehrswidrigkeit** *f* traffic violation **Verkehrswirtschaftsrecht** *nt kein pl* JUR transport law **Verkehrszählung** *f* traffic census **Verkehrszeichen** *nt s.* Verkehrsschild **Verkehrszentralregister** *m* central index [*or* register] of traffic offenders [*or* violations]

verkehrt I. *adj* (*falsch*) wrong; **die ~e Richtung** the wrong direction; ■ **der V~e** the wrong person; ■ **etwas V~es** the wrong thing; **es gibt nichts V~eres, als …** there's nothing worse than …; **jd/etw ist gar nicht [so]** ~ (*fam*) sb/sth is not all that bad; ***unser neuer Klassenlehrer ist gar nicht so*** ~ our new class teacher is not all that bad ▶ WENDUNGEN: **mit dem ~en Bein aufgestanden sein** to have got out of bed on the wrong side; **Kaffee** ~ *little coffee with a lot of milk* **II.** *adv* ❶ (*falsch*) wrongly; ***du machst ja doch wieder alles ~!*** you're doing everything wrong again! ❷ (*falsch herum*) the wrong way round; ***das Bild hängt*** ~ the picture is hanging the wrong way round; ~ **herum** the wrong way round

verkehrtherum *adv* inside out

verkeilen* **I.** *vt* ❶ (*befestigen*) ■ **etw** ~ *Mast, Fahrzeug* to wedge sth tight ❷ DIAL (*verprügeln*) ■ **jdn** ~ to thrash sb **II.** *vr* ■ **sich** ~ to become wedged together

verkeilt *adj* **[ineinander]** ~ gridlocked

verkennen* *vt irreg* (*falsch einschätzen*) ■ **etw** ~ to misjudge sth; ■ ~, **dass** to fail to recognize [*or* appreciate] that; ■ **[von jdm] verkannt werden** to remain unrecognized [by sb]; **es ist nicht zu ~, dass** it cannot be denied that; **ich will nicht ~, dass** I would not deny that

Verkennung *f* misjudgement, underestimation; **in ~ einer S.** *gen* misjudging a thing; ***sie verlangte 12.000 Mark in ~ des Machbaren*** her demand for twelve thousand marks was out of touch with reality

verketten* **I.** *vt* ❶ (*durch eine Kette verbinden*) ■ **etw [mit etw** *dat*] ~ to chain sth [to sth] ❷ (*durch eine Kette verschließen*) ■ **etw** ~ to put a chain on sth ❸ INFORM (*verbinden*) ■ **etw [mit etw]** ~ to catenate sth [with sth] **II.** *vr* ■ **sich** *akk* ~ ❶ (*sich aneinander anschließen*) to follow close on one another ❷ (*sich zu einer Einheit verbinden*) *Moleküle* to combine

Verkettung <-, -en> *f* chain

Verkieselung <-, -en> *f* (*fachspr*) *process where silica in a stone or fossil is saturated with quartz*

verkitschen *vt* ■ **etw** ~ ❶ (*kitschig gestalten*) to turn sth into kitsch, to make sth kitschy ❷ (*sl: billig verkaufen*) to flog [off *sep*] sth *fam*

verkitten* *vt* ■ **etw** ~ to cement sth

verklagen* *vt* JUR ■ **jdn [wegen einer S.** *gen*] ~ to take proceedings against sb [for sth]; ■ **jdn [auf etw** *akk*] ~ to sue sb [for sth]

verklammern* **I.** *vt* ■ **etw** ~ to clamp sth, to staple together sth *sep*; TECH to brace sth, to put braces *pl* around sth; **eine Wunde** ~ to apply clips *pl* to a wound **II.** *vr* ■ **sich** *akk* **[ineinander]** ~ to clutch each other

verklappen* *vt* ■ **etw [irgendwo]** ~ to dump sth [in the sea] [somewhere]

Verklappung <-, -en> *f* dumping [in the sea]

verklären* *vr* ❶ (*heiter werden*) ■ **sich** *akk* ~ to become elated; ■ **verklärt** with an elated look ❷ (*nostalgisch werden*) ■ **etw verklärt sich** sth takes on a nostalgic air

verklärt <-er, -este> *adj* transfigured

Verklarung <-, -en> *f* JUR ship's protest

verklausulieren* *vt* ❶ ■ **etw** ~ *Vertrag* to hedge around with restrictive clauses ❷ (*kompliziert darstellen*) **sich verklausuliert ausdrücken** to be difficult to understand

verklausuliert I. *adj* limited with qualifying clauses *pl*, *pred* **II.** *adv* in a convoluted [*or* roundabout] manner

verkleben* **I.** *vt haben* ❶ (*zukleben*) ■ **etw [mit etw** *dat*] ~ to cover sth [with sth] ❷ (*zusammenkleben*) ■ **etw [mit etw** *dat*] ~ to stick sth together [with sth] ❸ (*festkleben*) ■ **etw** ~ to stick sth [down] **II.** *vi sein* (*zusammenkleben*) to stick together; **verklebte Hände** *pl* sticky hands *pl*

verkleckern* *vt* ■ **etw** ~ ❶ (*kleckern*) *Suppe etc.* to spill sth ❷ (*verschwenden*) *Geld* to waste sth

verkleiden* **I.** *vt* ❶ (*kostümieren*) ■ **jdn [als etw** *akk*] ~ to dress up *sep* sb [as sth]; **ihr verkleideter Bruder** her brother in fancy dress ❷ (*ausschlagen*) ■ **etw [mit etw** *dat*] ~ to line sth [with sth] ❸ BAU (*überdecken*) ■ **etw [mit etw** *dat*] ~ to cover sth [with sth] **II.** *vr* ■ **sich** *akk* **[als etw** *akk*] ~ to dress up [as sth]

Verkleidung <-, -en> *f* ❶ (*Kostüm*) disguise, fancy dress; **in dieser** ~ in this disguise [*or* fancy dress]

② BAU (*das Verkleiden*) covering; (*verkleidende Überdeckung*) lining

verkleinern* I. *vt* ■**etw** ~ ① (*in der Fläche verringern*) to reduce sth ② (*die Zahl der Mitarbeiter verringern*) to reduce sth ③ FOTO to reduce sth ④ MED (*schrumpfen lassen*) to shrink sth; **einen Tumor** ~ to shrink a tumor ⑤ INFORM to scale down *sep* sth II. *vr* ① (*sich verringern*) ■**sich** *akk* [**um etw** *akk*] ~ to be reduced in size [by sth]; ***das Grundstück hat sich um 10% verkleinert*** the property has been reduced in size by 10% ② (*schrumpfen*) ■**sich** *akk* ~ to shrink

Verkleinern <-s> *nt kein pl* TYPO (*Repro*) reducing, scaling down

verkleinert I. *pp von* **verkleinern** II. *adj* reduced

Verkleinerung <-, -en> *f* ① *kein pl* (*das Verkleinern*) reduction *no pl* ② (*verkleinerte Vorlage*) reduction

Verkleinerungsfaktor *m* reduction ratio **Verkleinerungsform** *f* LING diminutive [form]

verklemmen* *vr* ■**sich** ~ to jam, to get stuck

verklemmt *adj* (*fam*) [sexually] inhibited, uptight [about sex *pred*] *fam*

verklickern* *vt* (*fam*) ■[**jdm**] **etw** ~ to explain sth [*or* to make sth clear] [to sb], to spell out sth *sep*[to sb] [in words of one syllable]; ■[**jdm**] ~, **dass/wie ...** to tell sb [that]/how ...

verklingen* *vi irreg sein* to fade [*or* die] away

verkloppen* *vt* DIAL (*fam*) ① (*verprügeln*) ■**jdn** ~ to beat [*or* BRIT *fam* duff] up sb *sep*, to give sb what for *fam* ② (*verkaufen*) ■**etw** ~ to sell [*or fam* flog] sth

verknacken* *vt* (*fam*) ■**jdn** ~ to put sb away [*or fam* inside]; **jdn zu einer Geldstrafe/zu zehn Jahren** ~ to fine sb/to give sb ten years; ■[**für etw**] **verknackt werden** to get done [*or* get put away] [for sth]

verknacksen* *vt* **sich den Fuß verknacksen** to sprain [*or* twist] one's ankle

verknallen* (*fam*) I. *vt* (*verschwenden*) ■**etw** ~ to squander sth II. *vr* (*sich verlieben*) ■**sich** [**in jdn**] ~ to fall head over heels in love [with sb]; ■[**in jdn**] **verknallt sein** to be head over heels in love [with sb], to be crazy [*or fam* nuts] about sb

Verknappung <-, -en> *f* ÖKON shortage; **infolge zeitweiliger** ~ owing to temporary shortage

verknautschen* I. *vt* ■**etw** ~ to crease [*or* crumple] sth; (*unabsichtlich a.*) to get sth creased II. *vi sein* to be/get creased [*or* crumpled [up]]

verkneifen* *vr irreg* (*fam*) ■**sich** *dat* **etw** ~ ① (*nicht offen zeigen*) to repress sth; **sich** *dat* **eine Äußerung nicht** ~ **können** to be unable to resist [*or* bite back] a remark; ***ich konnte mir ein Grinsen nicht*** ~ I couldn't keep a straight face [*or* help grinning] ② (*sich versagen*) to do without sth; **sich** *dat* **etw** ~ **müssen** to have to do [*or* manage] without sth

verkniffen *adj* **eine** ~**e Miene** a pinched [*or* a strained] [*or* an uneasy] expression; **etw** ~ **sehen** (*fam*) to take a narrow view of sth, to be small-minded [*or pej* petty[-minded]] [*or* uncharitable] about sth; **etwas V~es haben** to look as if one has sucked on a lemon *hum*

verknittern* *vt* ■**etw** ~ to crumple sth

verknöchert *adj* inflexible, rigid; **ein** ~**er Mensch** a[n old] fossil *fam*; ~**e Bürokraten** old fossils of bureaucrats *fam*

verknoten* I. *vt* ■**etw** ~ to knot [*or* make [*or* tie] a knot in] sth; ■**etw miteinander** ~ to tie together sth *sep*, to knot together sth *sep* II. *vr* ■**sich** ~ to become [*or* get] knotted

verknüpfen* *vt* ① (*verknoten*) ■**etw** [**miteinander**] ~ to knot together sth *sep*, to tie [together *sep*] sth ② (*verbinden*) ■**etw** [**mit etw**] ~ to combine sth [with sth] ③ INFORM ■**etw** [**mit etw**] ~ to combine [*or* integrate] sth [with sth] ④ (*in Zusammenhang bringen*) ■**etw** [**mit etw**] ~ to link sth [to [*or* with] sth]

Verknüpfung <-, -en> *f* ① (*Verbindung*) combination ② (*Zusammenhang*) link, connection ③ INFORM nexus

verkochen* *vi sein* ① (*verdampfen*) to boil away ② (*zerfallen*) to fall apart; (*zu einer breiigen Masse*) to go mushy *fam*

verkohlen*¹ *vi sein* to turn to charcoal

verkohlen² *vt* (*fam*) ① (*veräppeln*) ■**jdn** ~ to pull sb's leg, to have [*or* AM put] sb on *fam* ② (*auf die falsche Spur führen*) to lead sb up the garden path

verkommen*¹ *vi irreg sein* ① (*verwahrlosen*) to decay; *Mensch* to go to rack [*or esp* AM wrack] and ruin [*or fam* to the dogs]; *Gebäude* to decay, to become run-down, to fall into disrepair; **im Elend** ~ to sink into misery, to become destitute ② (*herunterkommen*) to go to the dogs [*or* to rack [*or esp* AM wrack] [*or fam* pot] and ruin]; ■**zu etw** ~ to degenerate into sth ③ (*sittlich sinken*) ■[**zu etw**] ~ to degenerate [into sth] ④ (*verderben*) to spoil, to go rotten [*or* bad] [*or* BRIT off] ⑤ (*versumpfen*) to stay out late [*or* be out on the town,] drinking

verkommen² *adj* ① (*verwahrlost*) degenerate ② (*im Verfall begriffen*) decayed, dilapidated

Verkommenheit <-> *f kein pl* ① (*Verwahrlosung*) degeneration *no art, no pl* ② (*moralische Verwahrlosung*) profligacy *no art, no pl form*; (*schlimmer*) depravity *no art, no pl*

verkomplizieren* *vt* ■**etw** ~ to [unnecessarily] complicate sth

verkonsumieren* *vt* (*fam*) ■**etw** ~ to get through [*or sep fam* polish off] [*or esp* AM kill] sth

verkoppeln* *vt* ■**etw** [**mit etw**] ~ to couple sth [to sth]

verkorken* *vt* ■**etw** ~ to cork [up *sep*] sth

verkorksen* (*fam*) I. *vt* ■**etw** ~ to make a mess of sth, to screw *fam* [*or* BRIT *fam!* cock] up sth *sep*; ■**jdm etw** ~ to wreck [*or sep* mess up] sth for sb; **ein verkorkster Magen** an upset stomach; **eine verkorkste Person** a screwed-up person *fam*; **jds Vergnügen** ~ to spoil [*or* ruin] sb's fun II. *vr* **sich** *dat* **den Magen** ~ to upset one's stomach

verkorkst <-er, -este> *adj* screwed-up *sl*, ruined; **ein** ~**er Magen** an upset stomach

verkörpern* I. *vt* ① FILM, THEAT ■**jdn/etw** ~ to play [the part of] sb/sth ② (*personifizieren*) ■**etw** ~ to personify sth II. *vr* ■**etw verkörpert sich in jdm/etw** sb/sth is the embodiment of sth

Verkörperung <-, -en> *f* ① *kein pl* FILM, THEAT portrayal ② (*Inbegriff*) personification ③ (*Abbild*) embodiment

verkosten* *vt* ■**etw** ~ to try [*or* taste] sth; (*prüfend*) to sample sth

verköstigen* *vt bes* ÖSTERR ■**jdn** ~ to feed [*or* cater for] sb, to provide a meal/meals for sb; ■**sich** ~ to cater for [*or fam* feed] oneself

verkrachen* (*fam*) I. *vr* (*fam*) ■**sich** [**mit jdm**] ~ to fall out [*or* quarrel] [with sb] II. *vi sein* ① (*bankrott gehen*) to go bankrupt [*or fam* bust]; ■**verkracht** bankrupt ② (*scheitern*) to fail

verkracht *adj* (*fam*) failed; *s. a.* **Existenz**

verkraften* *vt* ■**etw** ~ ① (*innerlich bewältigen*) to cope with sth ② (*aushalten*) to cope with [*or* stand] sth; ***ich könnte ein Bier*** ~ (*hum*) I could do with a beer

verkrallen* *vr* ■**sich in jdm/etw** ~ to dig one's nails/to dig [*or* stick] its claws into sb/sth

verkrampfen* *vr* ■**sich** ~ ① (*zusammenkrümmen*) to be/become [*or* get] cramped ② (*sich anspannen*) to tense [up] ③ (*sich verspannen*) to tense [up], to get [*or* go] tense

verkrampft I. *adj* ① (*unnatürlich wirkend*) tense, strained ② (*innerlich nicht gelöst*) tense, nervous II. *adv* ① (*unnatürlich*) tensely; ~ **wirken** to seem unnatural ② (*in angespannter Verfassung*) tensely, nervously

Verkrampfung <-, -en> *f* tension *no art, no pl*; *Muskulatur* muscular tension, [muscular] cramp

verkriechen* *vr irreg* ① (*in ein Versteck kriechen*) ■**sich** ~ to creep [*or* crawl] away [to hide [oneself]] ② (*fam: sich begeben*) ■**sich** [**irgendwohin**] ~ to crawl [somewhere] ③ (*aus dem Weg gehen*) ***vor ihm brauchst du dich nicht zu*** ~ you don't have to worry about him

verkrümeln* *vr* (*fam*) ■**sich** ~ to make oneself scarce, to do a bunk BRIT *fam*

verkrümmen* I. *vt* ■**etw** ~ to bend sth II. *vr* ■**sich** ~ to bend; *Baum* to grow crooked; *Holz* to warp

Verkrümmung <-, -en> *f* bend (+*gen* in); *Finger* crookedness *no art, no pl*; *Holz* warp; *Rückgrat* curvature

verkrüppeln* I. *vt* ■**jdn/etw** ~ to cripple sb/sth II. *vi sein* to be/grow [*or* become] stunted

verkrüppelt <-er, -este> *adj* ① (*missgestaltet gewachsen*) stunted ② (*missgestaltet zugerichtet*) crippled

verkrusten* *vi sein* to become encrusted

verkrustet *adj* time-honoured [*or* AM -ored], set *attr*

verkühlen* *vr* DIAL, BES ÖSTERR (*fam*) ■**sich** ~ to catch [*or* get] a cold [*or* chill]; ■**sich** *dat* **etw** ~ to catch [*or* get] a chill [*or* cold] in sth; **sich die Blase** ~ to get a chill on the bladder

Verkühlung <-, -en> *f* DIAL, ÖSTERR chill, cold

verkümmern* *vi sein* ① MED to waste away, to atrophy; (*durch einen natürlichen Prozess*) to degenerate ② (*eingehen*) to [shrivel and] die ③ (*verloren gehen*) to wither away ④ (*die Lebenslust verlieren*) to waste away

verkünden* *vt* ① (*geh: mitteilen*) ■[**jdm**] **etw** ~ to announce sth [to sb]; ■[**jdm**] ~, **dass ...** to announce [to sb] that ... ② JUR **einen Beschluss** ~ to announce a decision; **ein Urteil** ~ to pronounce sentence ③ (*geh: ankündigen*) ■**etw** ~ to speak [*or* promise] sth; **Gutes/Unheil** ~ to augur/to not augur well *form*

Verkünder(in) <-s, -> *m(f)* (*geh*) messenger, bringer of [good/bad/etc.] news *liter*

verkündigen* *vt* (*geh*) ■[**jdm**] **etw** ~ to proclaim sth [to sb] *form*

Verkündigung *f* (*geh*) ① (*das Verkündigen*) announcement; *Evangelium* preaching *no art, no pl*, propagation *no art, no pl*; **Mariä** ~ the Annunciation ② (*Proklamation*) proclamation

Verkündung <-, -en> *f* ① (*Ankündigung*) announcement ② JUR *eines Gesetzes* promulgation; *eines Urteils* pronouncement, proclamation

Verkündungstermin *m* JUR date for the pronouncement of a decision

verkupfern* *vt* ■**etw** ~ ① (*mit Kupfer überziehen*) to copper-plate sth ② (*fam: zu Geld machen*) to cash in sth *sep*

verkuppeln* *vt* ■**jdn** [**mit jdm/an jdn**] ~ to pair off sb *sep* [with sb]

verkürzen* I. *vt* ① (*kürzer machen*) ■**etw** [**auf/um etw** *akk*] ~ to shorten sth [to/by sth] ② (*zeitlich vermindern*) ■**etw** [**auf/um etw** *akk*] ~ to reduce [*or* shorten] sth [to/by sth]; **die Arbeitszeit** ~ to reduce working hours; **das Leben** ~ to shorten life; **einen Urlaub** ~ to shorten [*or sep* cut short] a holiday [*or* AM vacation] ③ (*verringern*) ■**etw** [**auf etw** *akk*] ~ to reduce sth [to sth]; **den Abstand** ~ to reduce [*or* shorten] sb's lead; (*den Vorsprung aufholen*) to close the gap ④ (*weniger lang erscheinen lassen*) ■[**jdm**] **etw** ~ to make sth pass more quickly [for sb] II. *vr* ■**sich** ~ to become shorter, to shorten

Verkürzung *f* ① (*das Verkürzen*) ■**die** ~ [**einer S.** *gen* [*o* **von etw** *dat*]] shortening [sth], cutting short [sth *sep*] ② (*zeitliche Verminderung*) reduction, cutting short; *no art, no pl* ③ (*Verringerung*) reduction

verlachen* *vt* ■**jdn** ~ to laugh at [*or* ridicule] sb

Verladeauftrag *m* HANDEL loading [*or* shipping] instruction, broker's order **Verladebahnhof** *m* loading station **verladebereit** *adj* HANDEL ready for loading [*or* shipping] **Verladebrücke** *f* loading bridge **Verladeeinrichtung** *f* TECH loading gear **Verladeflughafen** *m* airport of dispatch **Verladegewicht** *nt* HANDEL loading [*or* shipping] weight

verladen* *vt irreg* ① (*zur Beförderung laden*) ■**etw** [**auf/in etw** *akk*] ~ to load sth [on/in sth] ② (*sl: hintergehen*) ■**jdn** ~ to pull the wool over sb's eyes, to take sb for a ride *fam*; ■**sich** [**von jdm**] ~ **lassen** to get taken for a ride *fam*

Verladerampe *f* TECH loading ramp [*or* platform];

(*für Autos*) loading bay **Verladeschein** *m* HANDEL shipping note

Verladung <-, -en> *f* HANDEL loading *no art, no pl;* **zur ~ bereit** ready for loading [*or* shipping]

Verladungsschein *m* HANDEL bill of lading

Verlag <-[e]s, -e> *m* publisher's, publishing house *form;* ***in welchem ~ ist der Titel erschienen?*** who published the book?, which publisher brought out the book?

verlagern* I. *vt* ❶ (*auslagern*) ■**etw [irgendwohin] ~** to move [*or* shift] sth [somewhere] ❷ (*an eine andere Stelle bringen*) ■**etw [auf etw *akk*] ~** to move [*or* shift] sth [to sth]; **den Schwerpunkt ~** to shift the emphasis II. *vr* METEO ■**sich [irgendwohin] ~** to move [somewhere]

Verlagerung *f* ❶ (*das Auslagern*) ***die ~ der Kunstgegenstände diente dem Schutz vor Bombenangriffen*** the works of art were moved to protect them from bombs ❷ METEO ***die ~ des Hochs lässt feuchtwarme Luftmassen nach Mitteleuropa strömen*** the high is moving and that allows warm, humid air to flow towards central Europe

Verlagsangestellte(r) *m(f)* sb who works for a publisher; ■**~/~r sein** to work for a publisher **Verlagsbuchhandel** *m* publishing trade *no indef art, no pl* **Verlagsbuchhändler(in)** *m(f)* (*veraltend*) *s.* Verleger **Verlagsbuchhandlung** *f publishing house purveying its own booksellers* **Verlagsgesetz** *nt* JUR Publishing Act **Verlagshaus** *nt* publishing house *form* **Verlagskatalog** *m* publisher's catalogue [*or* AM -og] **Verlagskaufmann, -kauffrau** *m, f* publishing manager **Verlagsleiter(in)** *m(f)* publishing director **Verlagsrecht** *nt* JUR copyright, publishing rights; **die ~e beantragen** to apply for the copyright; **das ~ verletzen** to infringe a copyright **verlagsrechtlich** I. *adj attr* JUR copyright *attr* II. *adv* JUR ***~ gesehen, handelt es sich bei diesem Problem um eine alte Geschichte*** this is a copyright problem with a history; **~ geschützt** copyrighted; **eine ~ relevante/unwichtige Frage** a relevant/irrelevant issue on copyright **Verlagsredakteur(in)** *m(f)* [publishing] editor **Verlagsvertrag** *m* JUR publishing contract **Verlagsvertreter(in)** *m(f)* publishing representative **Verlagswesen** *nt kein pl* publishing **Verlagswirtschaft** *f kein pl* publishing industry [*or* trade]

verlanden* *vi sein* GEOG (*zu Land werden*) to silt up; (*austrocknen*) to dry up

Verlandung *f* GEOG ❶ (*Landwerdung*) silting up *no art, no pl* ❷ (*Austrocknung*) drying up *no art, no pl*

verlangen* I. *vt* ❶ (*fordern*) ■**etw [von jdm] ~** to demand sth [from sb]; **einen Preis ~** to ask [*or* charge] a price; **eine Bestrafung/das Eingreifen/eine Untersuchung ~** to demand [*or* call for] punishment/intervention/an investigation; **Maßnahmen ~** to demand that steps [*or* measures] be taken; ■**~, dass jd etw tut/etw geschieht** to demand that sb does sth/sth be done ❷ (*erfordern*) ■**etw [von jdm] ~** to require sth [from sb], to call for sth ❸ (*erwarten*) ■**etw [von jdm] ~** to expect sth [from sb]; **das ist ein bisschen viel verlangt** that's a bit much, that's too much to expect; **das ist nicht zu viel verlangt** that is not too much to expect ❹ (*sich zeigen lassen*) ■**etw ~** to ask [*or* want] to see [*or* to ask for] sth II. *vi* ❶ (*erfordern*) ■**nach etw ~** to demand [*or* require] sth ❷ (*geh: jd zu sehen, sprechen wünschen*) ■**nach jdm ~** to ask for sb ❸ (*geh: um etw bitten*) ■**nach etw ~** to ask for sth III. *vt impers* (*geh*) ■**es verlangt jdn nach jdm/etw** sb longs [*or* yearns] for sb/sth; ■**es verlangt jdn danach, etw zu tun** sb longs [*or* yearns] to do sth

Verlangen <-s, -> *nt* ❶ (*dringender Wunsch*) desire; **kein ~ nach etw haben** (*geh*) to have no desire for sth ❷ (*Forderung*) demand; **auf ~** on demand; **auf jds *akk* ~ [hin]** at sb's request

verlangend *adj Blick* longing

verlängern* I. *vt* ❶ (*länger machen*) ■**etw [um etw] ~** to lengthen [*or* extend] sth [by sth] [*or* to make sth longer] ❷ (*länger dauern lassen*) ■**[jdm] etw ~** to extend sth [for sb]; **jdm das Leben ~** to prolong sb's life; **einen Vertrag ~** to renew [*or* extend] a contract II. *vr* ■**sich [um etw] ~** to be longer [by sth]; *Leben, Leid* to be prolonged [by sth]; ***das Abonnement verlängert sich automatisch um ein weiteres Jahr*** the subscription will be renewed automatically for another year

Verlängerung <-, -en> *f* ❶ *kein pl* (*Vergrößerung der Länge*) ■**die ~ [einer S. *gen* [*o* von etw *dat*]]** lengthening sth; (*durch ein Zusatzteil*) the extension [to sth] ❷ *kein pl* (*zeitliche Ausdehnung*) extension; JUR prolongation; **stillschweigende ~** tacit renewal ❸ SPORT extra time *no art, no pl* ❹ (*fam*) *s.* **Verlängerungskabel**

Verlängerungskabel *nt*, **Verlängerungsschnur** *f* extension [cable [*or* lead]]

Verlängerungswechsel *m* FIN renewal bill

verlangsamen* I. *vt* ■**etw ~** ❶ (*langsamer werden lassen*) to reduce sth; **die Fahrt/das Tempo ~** to reduce [one's] speed; **die Schritte ~** to slow [*or* slacken] one's pace ❷ (*aufhalten*) to slow down sth *sep;* **Verhandlungen ~** to hold up *sep* negotiations II. *vr* ■**sich ~** to slow [down], to slacken off [*sep* one's pace]

Verlangsamung <-, -en> *f* ❶ (*Herabsetzung des Tempos*) slowing down *no art, no pl* ❷ (*das Verlangsamen*) slowing down *no art, no pl,* slackening off *no art, no pl;* **~ des Preisauftriebs** HANDEL price slowdown

verlangt *adj* ÖKON wanted, in demand *pred;* **~es Angebot** solicited offer

Verlass[RR] <-es> *m,* **Verlaß** <-sses> *m kein pl* ■**auf jdn/etw ist/ist kein ~** you can/cannot rely on sb/sth, sb/sth can/cannot be relied [*or* depended] [up]on; ■**es ist ~ darauf, dass jd etw tut/etw geschieht** you can depend on sb [*or form* sb's] doing sth/on sth happening, you can bet your shirt [*or* bottom dollar] [*or* BRIT boots] [that] ... *fam*

verlassen*[1] *irreg* I. *vt* ❶ (*im Stich lassen*) ■**jdn ~** to abandon [*or* leave] [*or* desert] sb ❷ (*aus etw hinausgehen, fortgehen*) ■**etw ~** to leave sth ❸ (*euph: sterben*) ■**jdn ~** to pass away [*or* on] ❹ (*verloren gehen*) ■**jdn ~** to desert sb; ***der Mut verließ ihn*** he lost courage, his courage left him ▶ WENDUNGEN: **[und] da[nn] verließen sie ihn/sie** (*fam*) after that he/she was at a loss [for words] II. *vr* ■**sich auf jdn/etw ~** to rely [*or* depend] [up]on sb/sth; ***man kann sich auf ihn ~*** he's reliable, you can rely on him; ■**sich [darauf] ~, dass jd etw tut/etw geschieht** to rely [*or* depend] [up]on sb [*or form* sb's] doing sth/sth happening; ***darauf können Sie sich ~*** you can rely [*or* depend] [up]on it, you can be sure of it; ***worauf du dich ~ kannst!*** (*fam*) you bet! *fam,* you can bet your shirt [*or* bottom dollar] [*or* BRIT boots] on it! *fam*

verlassen[2] *adj* deserted; (*verwahrlost*) desolate; **ein ~es Haus/eine ~e Straße** a deserted [*or* an empty] house/street

Verlassenheit <-> *f kein pl* desertedness

verlässlich[RR] *adj,* **verläßlich** *adj* reliable; **ein ~er Mensch** a reliable [*or* dependable] person

Verlässlichkeit[RR] <-> *f kein pl* reliability *no art, no pl,* dependability *no art, no pl*

Verlaub *m* ■**mit ~** (*geh*) forgive [*or form* pardon] me for saying so, with respect

Verlauf *m* ❶ (*Ablauf*) course; **im ~ einer S. *gen*** during [*or* in the course of] sth; **im ~ der Zeit** (*in der Zukunft*) in time; (*in der Vergangenheit*) over the years; **im ~ der nächsten Monate** in the course of the next few months; **einen bestimmten ~ nehmen** to take a particular course; ***der Prozess nahm einen unerwartet guten ~*** the case went unexpectedly well ❷ (*sich erstreckende Linie*) route; *Fluss* course ❸ TYPO gradation, tone shading, vignetted background

verlaufen* *irreg* I. *vi sein* ❶ (*ablaufen*) ***die Diskussion verlief stürmisch*** the discussion was stormy [*or* went off stormily]; ***das Gehaltsgespräch verlief nicht ganz so wie erhofft/erwartet*** the discussion about salaries didn't go [off] [*or* were not] as hoped/expected ❷ (*sich erstrecken*) ■**irgendwo/irgendwie ~** to run somewhere/somehow; ***der Fluss verläuft ruhig*** the river flows gently; *s. a.* **Sand** II. *vr* ❶ (*sich verirren*) ■**sich *akk* [in etw *dat*] ~** to get lost [*or* lose one's way] [in sth] ❷ (*auseinander gehen*) ■**sich ~** to disperse; (*panisch*) to scatter ❸ (*abfließen*) to subside

Verlaufsform *f* LING continuous form **Verlaufsraster** *m* TYPO gradation screen [*or* tint]

verlaust *adj* louse-ridden; ■**~ sein** to have [*or fam* be crawling with] lice

verlautbaren* (*geh*) I. *vt* ■**etw ~** to announce sth; **eine Ankündigung ~** to make an announcement; ■**etw ~ lassen** to let sth be announced [*or* make known] II. *vi sein* ■**es verlautbarte, dass ...** rumour [*or* AM -or] had it that ...; ■**etw verlautbart über jdn/etw** sth is said about sb/sth

Verlautbarung <-, -en> *f* (*geh*) ❶ *kein pl* (*Bekanntgabe*) announcement, statement ❷ (*bekannt gegebene Mitteilung*) statement; (*amtlich a.*) bulletin

verlauten* I. *vt sein* ■**etw ~** to announce sth; ■**etw [über etw *akk*] ~ lassen** to say sth [about sth]; **kein Wort über etw *akk* ~** to hush up sth *sep pej,* to not say a word about sth; **wie [aus etw] verlautet, ...** as announced [*or* stated] [by sth], ..., according to reports [from sth], ... II. *vi impers sein o haben* ■**es verlautet, dass ...** there are reports that ...

verleben* *vt* ■**etw ~** ❶ (*verbringen*) to spend sth; **eine schöne Zeit ~** to have a nice time; **seine Kindheit in der Großstadt ~** to spend one's childhood [*or* to grow up] in the city ❷ (*zum Lebensunterhalt verbrauchen*) to spend sth; **etw schnell ~** to fritter [away *sep*] sth

verlebt *adj* ruined, raddled; **ein ~es Aussehen** a disreputable appearance

verlegen*[1] I. *vt* ❶ (*verbummeln*) ■**etw ~** to mislay [*or* lose] sth ❷ (*verschieben*) ■**etw [auf etw *akk*] ~** to postpone [*or* defer] sth [until sth]; **etw auf einen anderen Zeitpunkt ~** to postpone [*or* defer] sth [until another time] ❸ (*auslegen*) **Gleise/einen Teppich ~** to lay rails/a carpet; ■**[irgendwo] etw ~ lassen** to have sth laid [somewhere] ❹ (*ziehen*) **Fenster/Türen ~** to put in *sep* windows/doors; **Kabel ~** to lay cables ❺ (*publizieren*) ■**etw ~** to publish sth ❻ (*woandershin bringen*) ■**jdn/etw [irgendwohin] ~** to move [*or* transfer] sb/sth [somewhere] II. *vr* ■**sich *akk* [auf etw *akk*] ~** to take up sth *sep;* **sich aufs Bitten/Betteln/Leugnen ~** to resort to pleas/begging/lies

verlegen[2] I. *adj* embarrassed; **[nicht/nie] um etw ~ sein** to be [never] lost [*or* at a loss] for sth; ***egal, wie oft er zu spät kommt, er ist nie um eine Entschuldigung ~*** it doesn't matter how often he arrives late, he's always got an excuse ready [*or* at the ready] [*or* he's never lost [*or* at a loss] for an excuse] II. *adv* in embarrassment

Verlegenheit <-, -en> *f* ❶ *kein pl* (*peinliche Situation*) embarrassment *no pl;* **jdn in ~ bringen** to embarrass sb, to put sb in an embarrassing situation; **jdn in große ~ bringen** to put sb in a very embarrassing situation ❷ (*finanzielle Knappheit*) financial embarrassment *no art, no pl;* **in ~ sein** to be in financial difficulties

Verlegenheitslösung *f* stopgap

Verleger(in) <-s, -> *m(f)* publisher, owner of a publishing house *form*

verlegerisch VERLAG I. *adj* publishing II. *adv* from the publishing standpoint

Verlegung <-, -en> *f* ❶ (*Verschiebung*) rescheduling *no art, no pl;* (*auf einen späteren Zeitpunkt*) postponement ❷ (*Auslegung*) laying *no art, no pl* ❸ TECH installation, laying *no art, no pl* ❹ (*das Publizieren*) publication ❺ (*Ortswechsel*) transfer, moving *no art, no pl*

verleiden* *vt* ❶ (*die Freude verderben*) ■**jdm etw ~** to spoil [*or* ruin] sth for sb ❷ *sein* SÜDD (*zuwider werden*) ■**etw verleidet jdm** sth has been ruined [*or* spoiled] for sb

Verleih <-[e]s, -e> *m* ❶ (*Unternehmen*) rental company [*or* BRIT hire]; (*Auto~*) car rental [*or* hire] company ❷ *kein pl* (*das Verleihen*) renting [*or* BRIT hiring] out *no art, no pl*

verleihen* *vt irreg* ❶ (*verborgen*) ■**etw [an jdn]** ~ to lend sth [to sb] [*or* sb sth]; (*gegen Geld*) to rent [*or* BRIT hire] out sth *sep;* **Geld** ~ to lend money ❷ (*jdm mit etw auszeichnen*) ■**[jdm] etw** ~ to award sth [to sb] [*or* sb sth], to confer [*or form* bestow] sth [on sb] ❸ (*stiften*) ■**jdm etw** ~ to give sb sth, to fill sb with sth; ***die Wut verlieh ihm neue Kräfte*** anger gave him new strength ❹ (*verschaffen*) **seinen Worten Nachdruck** ~ to emphasize one's words; **etw** *dat* **Ausdruck** ~ to lend [*or* give] expression to sth

Verleiher <-s, -> *m* hire company

Verleihung <-, -en> *f* ❶ (*das Verleihen*) lending *no art, no pl;* (*für Geld*) renting [*or* BRIT hiring] out *no art, no pl;* **die** ~ **von Geld** lending money, moneylending *pej* ❷ (*Zuerkennung*) award, conferment *form,* bestowal *form*

verleiten* *vt* ❶ (*dazu bringen*) ■**jdn [zu etw]** ~ to persuade [*or form* induce] sb [to do sth]; ■**sich [von jdm] [zu etw]** ~ **lassen** to let oneself be persuaded [to do sth] [by sb], to let oneself be induced [to do sth] [by sb] *form* ❷ (*verführen*) ■**jdn [zu etw]** ~ to entice sb to do sth

Verleitung <-, -en> *f* JUR inducement, instigation; ~ **zur Falschaussage** subornation; ~ **zum Vertragsbruch** procuring breach of contract; ~ **zu strafbaren Handlungen** incitement to commit crimes; ***die*** ~ ***zum Meineid ist strafbar*** encouraging someone to perjure themselves is punishable by law, subornation is a punishable act *spec*

verlernen* *vt* ■**etw** ~ to forget sth; **das Tanzen** ~ to forget how to dance

verlesen*[1] *irreg* **I.** *vt* (*vorlesen*) ■**etw** ~ to read [aloud *sep*] sth **II.** *vr* (*falsch lesen*) ■**sich** ~ to make a mistake, to read sth wrongly

verlesen[2] *vt irreg* (*aussortieren*) ■**etw** ~ to sort sth

Verlesung <-, -en> *f* JUR reading [out]

verletzbar *adj s.* **verletzlich**

verletzen* *vt* ❶ (*verwunden*) ■**jdm etw** ~ to injure [*or* hurt] sb's sth; ■**jdn [an etw** *dat*] ~ to injure [*or* hurt] sb['s sth]; ■**sich** ~ to injure [*or* hurt] oneself; **sich beim Schneiden** ~ to cut oneself; ■**sich** *dat* **etw [*o* an etw** *dat*] ~ to injure [*or* hurt] one's sth ❷ (*kränken*) ■**jdn** ~ to offend sb; **jdn in seinem Stolz** ~ to hurt sb's pride ❸ (*missachten*) ■**etw** ~ to wound [*or* injure] sth; **den Anstand** ~ to overstep the mark; **jds Gefühle** ~ to hurt sb['s feelings] ❹ (*übertreten*) ■**etw** ~ to violate [*or form* infringe] sth; **die Grenze** ~ to violate the frontier

verletzend *adj* hurtful

verletzlich *adj* vulnerable, sensitive, oversensitive *pej*

verletzt *adj* injured, wounded

Verletzte(r) *f(m) dekl wie adj* injured person; (*Opfer*) casualty; ■**die** ~**n** the injured + *pl vb*

Verletzung <-, -en> *f* ❶ MED injury; **innere** ~ internal injury ❷ JUR (*Verstoß*) violation, infringement *form;* ~ **des Berufsgeheimnisses** breach of professional secrecy; ~ **des Eigentums** trespass; ~ **des Garantieversprechens** breach of warranty; ~ **der Kartellgesetze** antitrust violation; ~ **der Privatsphäre** violation of privacy; ~ **des Urheberrechts** infringement of copyright; ~ **von Warenzeichen** infringement of trademarks

Verletzungsdelikt *nt* JUR offence of causing an injury **Verletzungsgefahr** *f* risk of injury **Verletzungshandlung** *f* JUR infringing act **Verletzungsklage** *f* JUR infringement action [*or* suit] **Verletzungstatbestände** *pl* JUR definition of infringement

verleugnen* *vt* ■**jdn** ~ to deny [*or* disown] sb; **sich [von jdm]** ~ **lassen** to pretend [*or* get sb to say] one is absent [*or* isn't there]; **ich kann nicht** ~, **dass ...** I cannot deny that ...

verleumden* *vt* ■**jdn** ~ to slander sb; (*schriftlich*) to libel sb, to commit libel against sb

Verleumder(in) <-s, -> *m(f)* slanderer, libeller [*or* AM libeler]

verleumderisch *adj* slanderous, libellous [*or* AM libelous]

Verleumdung <-, -en> *f* slander *no art, no pl,* libel *no art, no pl*

Verleumdungskampagne *f* smear campaign **Verleumdungsklage** *f* JUR libel suit **Verleumdungsprozess**[RR] *m* JUR libel action

verlieben* *vr* ■**sich [in jdn]** ~ to fall in love [with sb]; **sich hoffnungslos [in jdn]** ~ to fall hopelessly [*or* be head over heels] in love [with sb]; (*für jdn schwärmen*) *Schulmädchen* to have a crush on sb *fam;* **zum V~ aussehen/sein** to look perfect/be adorable

verliebt *adj* ❶ (*durch Liebe bestimmt*) loving, amorous, affectionate; ~**e Worte** words of love, loving [*or* amorous] [*or* affectionate] words ❷ (*von Liebe ergriffen*) enamoured [*or* AM -ored], charmed; (*stärker*) infatuated; ■**[in jdn/etw]** ~ **sein** to be in love [with sb/sth]; **in eine Idee** ~ **sein** to be infatuated by an idea, to have an idée fixe *liter*

Verliebte(r) *f(m) dekl wie adj* lover; **die beiden** ~ the two lovers

Verliebtheit <-> *f kein pl* state *no pl* of being in love, infatuation *no art, no pl*

verlieren <verlor, verloren> **I.** *vt* ❶ (*jdm abhanden kommen*) ■**etw** ~ to lose sth; **nichts mehr zu** ~ **haben** to have nothing [else] to lose ❷ (*abwerfen*) ■**etw** ~ to lose [*or* shed] sth ❸ (*nicht halten können*) ■**jdn/etw** ~ to lose sb/sth ❹ (*entweichen lassen*) ■**etw** ~ to lose sth; **Flüssigkeit/Gas** ~ to leak ❺ (*nicht gewinnen*) ■**etw** ~ to lose sth ❻ (*einbüßen*) ■**an etw** *dat* ~ to lose sth; **an Schönheit** ~ to lose some of his/her/their/etc. beauty ▶ WENDUNGEN: **irgendwo nichts verloren haben** (*fam*) to have no business [being] somewhere; **was haben Sie hier verloren?** (*fam*) what are you doing here? **II.** *vr* ❶ (*verschwinden*) ■**sich** *akk* **[in etw** *akk*] ~ to disappear [*or* to vanish] [in sth] ❷ (*sich verirren*) ■**sich** *akk* **[in etw** *akk*] ~ to get lost [in sth] ❸ (*ganz in etw aufgehen*) ■**sich** *akk* **in etw** *dat* **verlieren** to get carried away with sth; **sich** *akk* **in Gedanken** *dat* ~ to be lost in thought **III.** *vi* ■**[an etw** *dat*] ~ to lose [sth]

Verlierer(in) <-s, -> *m(f)* loser

Verliererstraße *f* ▶ WENDUNGEN: **auf der** ~ **sein** to be playing a losing game; (*verkommen*) to be on the downward slope

Verlies <-es, -e> *nt* dungeon

verloben* *vr* ■**sich [mit jdm/miteinander]** ~ to get engaged [to sb/[each other]]

verlobt *adj* engaged (**mit** +*dat* to), betrothed *old form* (**mit** +*dat* to); **so gut wie** ~ **sein** to be as good as engaged; ■**sie sind miteinander** ~ they are engaged [to each other]

Verlobte(r) *f(m) dekl wie adj* fiancé *masc,* fiancée *fem;* ■**jds** ~**/~r** sb's fiancée/fiancé [*or old* betrothed]; ■**die** ~**n** the engaged couple; ***wir sind seit kurzem*** ~***e*** we got engaged recently

Verlobung <-, -en> *f* engagement, betrothal *form or old;* **eine** ~ **auflösen/bekannt geben** to break off/announce an engagement

Verlobungsring *m* engagement ring

verlocken* *vi* (*geh*) ■**[zu etw]** ~ to make sth a tempting [*or* an attractive] prospect [for sb], to tempt [*or* entice] sb [to do sth], to make sb want to do sth; ■**dazu** ~, **etw zu tun** to make sb want [*or* to tempt [*or* entice] sb] to do sth

verlockend *adj* tempting

Verlockung <-, -en> *f* temptation; **der** ~ **widerstehen** to resist [the] temptation

verlogen *adj* ❶ (*lügnerisch*) lying *attr,* untruthful, mendacious *form;* **durch und durch** ~ **sein** *Behauptung* to be a blatant lie; *Mensch* to be a rotten liar ❷ (*heuchlerisch*) insincere, phoney [*or* phony] *pej fam*

Verlogenheit <-> *f kein pl* ❶ (*lügnerisches Wesen*) untruthfulness *no art, no pl,* mendacity *no art, no pl form;* (*mit falschem Spiel*) duplicity *no art, no pl form* ❷ (*Heuchelei*) insincerity *no art, no pl,* phoniness *no art, no pl pej fam*

verlor *imp von* **verlieren**

verloren **I.** *pp von* **verlieren** **II.** *adj* ■~ **sein** to be finished [*or fam* done for]; **sich** ~ **fühlen** to feel lost; **jdn/etw** ~ **geben** to give up sb/sth *sep* for lost; **einen Plan** ~ **geben** to write off *sep* a plan; ~ **gehen** (*abhanden kommen*) to get lost; (*sich verirren a.*) to go astray; **etw geht jdm** ~ sb loses sth ▶ WENDUNGEN: **an jdm ist eine Malerin/Musikerin/etc.** ~ **gegangen** (*fam*) you would have made a good artist/musician/etc.; *s. a.* **Posten**

Verlorenheit <-> *f kein pl* (*geh*) loneliness *no art, no pl,* isolation *no art, no pl*

verlöschen* <verlosch, verloschen> *vi sein* (*geh*) to go out

verlosen* *vt* ■**etw** ~ to raffle sth

Verlosung *f* raffle, draw

verlöten* *vt* TECH ❶ (*durch Löten schließen*) ■**etw** ~ to solder [up *sep*] sth ❷ (*durch Löten verbinden*) ■**etw [miteinander]** ~ to solder [together *sep*] sth

verlottern* *vi sein* to fall into disrepair, to become run-down; *Mensch* to run to seed, to go to the dogs *fam;* ■**etw** ~ **lassen** to let sth get run-down

verlottert *adj* (*pej*) run-down, scruffy; **ein verlottertes Gebäude** a dilapidated building; **ein verlotterter Mensch** someone who has gone to the dogs [*or* run to seed]

verludern* (*fam*) **I.** *vt* ■**etw** ~ *Geld* to squander sth, to fritter away sth *sep* **II.** *vi* to go to the bad *fam*

Verlust <-[e]s, -e> *m* ❶ (*das Verlieren*) loss ❷ FIN (*finanzielle Einbuße*) loss; ■**der** ~ **von etw** the loss of sth; ~ **aufweisend** showing a loss *pred;* **etw als** ~ **abschreiben** to write off sth [as a loss]; **einen** ~ **decken** to cover [*or* make good] a loss; ~ **bringend** loss-making, unprofitable; **große** ~ huge losses; ~**e aus unternehmerischen Tätigkeiten** losses incurred from business activities; ~**e/einen** ~ **haben** [*o* **erleiden**] to make losses/a loss; ~**e machen** to make losses; **mit** ~ at a [financial] loss ❸ (*Einbuße*) loss (+*gen* of); ~ **der deutschen Staatsangehörigkeit** loss of German nationality ❹ *pl* MIL losses *pl;* **schwere** ~**e erleiden** [*o* **haben**] to suffer heavy losses

Verlustabdeckung *f kein pl* FIN hedging, provision[s] for losses **Verlustabschluss**[RR] *m* FIN annual accounts in the red **Verlustabzug** *m,* **Verlustanrechnung** *f* FIN loss relief **Verlustanteil** *m* FIN loss, contribution **Verlustanzeige** *f* "lost" notice **Verlustartikel** *m* HANDEL loss leader **verlustaufweisend** *adj* HANDEL *s.* **Verlust** **Verlustausgleich** *m* FIN loss adjustment, compensation of a loss **Verlustbeteiligung** *f* FIN loss sharing, deficit-sharing payment; ~ **des Garantienehmers/Leasinggebers** insured's/lessor's intention **Verlustbetrieb** *m* loss-making business **verlustbringend** *adj s.* **Verlust 2** **Verlustbringer** *m* ÖKON unprofitable product; (*Lockartikel*) loss leader; FIN loss-maker **Verlustersatz** *m* FIN replacement for losses **Verlustfaktor** *m* downside [*or* loss] factor **Verlustgeschäft** *nt* losing business *no pl;* (*einzelnes*) loss-making deal

verlustieren* *vr* (*hum fam*) ■**sich [mit jdm]** ~ to have a good time [*or* to have fun] [*or* to enjoy oneself] [with sb]; (*sexueller Natur a.*) to have a bit of hanky-panky [with sb] *dated fam*

verlustig *adj* **einer S.** *gen* ~ **gehen** (*geh*) to forfeit [*or* lose] sth; **jdn seiner Rechte für** ~ **erklären** JUR to declare sb's rights forfeit

Verlustmeldung *f* ❶ (*Anzeige*) report of the loss ❷ MIL casulty report **Verlustminderung** *f* FIN mitigation of damage [*or* loss] **Verlustrechnung** *f* FIN loss account [*or* statement] **verlustreich** *adj* ❶ FIN loss-making ❷ MIL *Schlacht* involving heavy losses **Verlustrücktrag** *m* FIN (*bei Steuern*) loss carryback **Verlustsaldo** *m* FIN debit [*or* adverse] balance **Verlustspanne** *f* FIN deficit margin **Verlusttilgung** *f* FIN write-off **Verlustübernahme** *f* FIN assumption of losses, loss takeover **Verlustumlage** *f* FIN loss apportionment **Verlustvortrag** *m* FIN (*bei Steuern*) loss brought [*or* carried] forward **Verlustzeit** *f* HANDEL down time **Verlustzone** *f* ÖKON loss [situation]; **in die** ~ **kommen** [*o* **geraten**] to start making a loss, to get into a loss situation [*or fam* the red] **Verlustzuweisung** *f* FIN allocation of losses; (*in der Buchführung*) proven loss

vermachen* *vt* ❶ *(vererben)* ■ **[jdm] etw ~** to leave [*or form* bequeath] sth [to sb] [*or* sb sth] ❷ *(fam: überlassen)* ■ **[jdm] etw ~** to give [sb] sth, to make [sb] a present of sth *a. iron; **kannst du mir nicht deine Lederjacke ~?*** can't you let me have your leather jacket?

Vermächtnis <-ses, -se> *nt* JUR legacy, bequest; **gemeinschaftliches ~** joint legacy

Vermächtnisanspruch *m* JUR claim to a legacy **Vermächtnisempfänger(in)** *m(f)* legatee, devisee **Vermächtnisgeber(in)** *m(f)* legator, donor **Vermächtnisnehmer(in)** *m(f)* JUR specific legatee **Vermächtnissteuern** *pl* FIN death duty, death [*or* inheritance] tax

vermählen* *vr (geh)* ■ **sich [mit jdm] ~** to marry [*or old* wed] [sb]; ■ **sich [miteinander] ~** to marry; **frisch vermählt** newly married, newlywed *attr;* **die frisch Vermählten** the newlyweds

Vermählte(r) <-, -n> *f(m) dekl wie adj (veraltend)* wed *dated;* **die frisch ~n** the newly-weds

Vermählung <-, -en> *f (geh)* marriage, wedding

vermaledeit *adj (emph veraltend fam)* damnable *dated,* blasted *dated fam*

vermarkten* *vt* ■ **etw ~** ❶ ÖKON *(auf den Markt bringen)* to market sth; **sich leicht/schwer ~ lassen** to be easy/difficult to market ❷ *(verwerten)* to capitalize on sth

Vermarktung <-, -en> *f* ■ **die/eine ~ [einer S.** *gen* [*o* **von etw** *dat*]] ❶ HANDEL *(das Vermarkten)* marketing [sth]; **~ von Energie** commercialization of power supplies ❷ *(das Veröffentlichen)* the publication/publication [of sth]

Vermarktungsbereich *m* area [*or* field] of marketing, marketing sector **Vermarktungsgesellschaft** *f* HANDEL marketing company **Vermarktungssystem** *nt* marketing system

vermasseln* *vt (sl)* ■ **[jdm] etw ~** to spoil [*or* wreck] sth [for sb], to mess up [*or* muck up] sth *sep* [for sb] *fam*

vermauern* *vt* ■ **etw ~** to wall up sth *sep,* to brick up sth *sep*

vermehren* I. *vr* ❶ *(sich fortpflanzen)* ■ **sich ~** to reproduce; *(stärker)* to multiply ❷ *(zunehmen)* ■ **sich** *akk* **[auf/um etw** *akk*] **~** to increase [*or* grow] [to/by sth] II. *vt* ❶ HORT *(die Anzahl erhöhen)* ■ **etw ~** to propagate sth ❷ *(größer werden lassen)* ■ **etw [um etw] ~** to increase sth [by sth], to let sth grow [by sth]

Vermehrung <-, -en> *f* ❶ *(Fortpflanzung)* reproduction *no art, no pl;* *(stärker)* multiplying *no art, no pl* ❷ HORT propagation ❸ *(das Anwachsen)* increase, growth

vermehrungshemmend I. *adj* reproduction-inhibiting, that stops sth multiplying II. *adv* **~ auf Bakterien wirken** to stop bacteria multiplying

vermeidbar *adj* avoidable

vermeiden* *vt irreg* ■ **etw ~** to avoid sth; **sich nicht/kaum ~ lassen** to be inevitable [*or* unavoidable]/almost inevitable [*or* unavoidable]; **es lässt sich nicht/kaum ~, dass ...** it is inevitable [*or* unavoidable]/almost inevitable [*or* unavoidable] that ...

Vermeidung <-, -en> *f* avoidance *no art, no pl;* ■ **zur ~ einer S.** *gen* [*o* **von etw** *dat*] [in order] to avoid sth; **zur ~ weiterer Verluste** for breaking even

vermeintlich I. *adj attr* supposed *attr;* **der ~e Täter** the suspect II. *adv* supposedly; ***das Angebot war nur ~ günstig*** the offer only appeared [*or* seemed] to be good

vermelden* *vt* ■ **etw ~** to announce [*or* report] sth; **etw zu ~ haben** *(geh)* to have sth to announce [*or* report]

vermengen* *vt* ❶ *(vermischen)* ■ **etw [mit etw] ~** to mix sth [with sth] ❷ *(durcheinander bringen)* ■ **etw ~** to confuse [*or sep* mix up] sth

vermenschlichen* *vt* ■ **etw/ein Tier ~** to give sth/an animal human characteristics, to humanize sth/an animal *spec*

Vermerk <-[e]s, -e> *m* note

vermerken* *vt* ❶ *(eintragen)* ■ **[sich** *dat*] **etw [auf/in etw** *dat*] **~** to note [down *sep*] [*or* make a note of] sth [on/in sth]; **etw im Kalender rot ~** to make sth a red-letter day ❷ *(zur Kenntnis nehmen)* ■ **etw ~** to take note of sth; **etw negativ/übel ~** to take sth amiss, to be annoyed by sth

vermessen*[1] *irreg* I. *vt* ■ **etw ~** to measure sth; **ein Grundstück/ein Gebäude amtlich ~** to survey a plot of land/a building II. *vr* ❶ *(falsch messen)* ■ **sich ~** to make a mistake in measuring [sth], to measure [sth] wrongly ❷ *(geh: sich anmaßen)* ■ **sich ~, etw zu tun** to presume to do sth

vermessen[2] *adj (geh)* presumptuous, arrogant; ■ **~ sein, etw zu tun** to be presumptuous [*or* arrogant] to do sth

Vermessenheit <-, -en> *f (geh)* presumption *no art, no pl,* arrogance *no art, no pl*

Vermessung *f* measurement; *(bei einem Katasteramt)* survey, surveying *no art, no pl*

Vermessungsamt *nt* [land] surveyor's office; *(zu Steuerzwecken)* cadastral office *spec* **Vermessungsingenieur(in)** *m(f)* [land] surveyor

vermiesen* *vt (fam)* ■ **[jdm] etw ~** to spoil sth [for sb]; ■ **[sich** *dat*] **etw nicht [durch jdn/etw] ~ lassen** to not let sth be spoilt [by sb/sth]

vermietbar *adj* to let *pred;* **ein ~es Zimmer** a room to let [*or* rent out]; **ein schwer ~es Haus** a house which is difficult to let [*or* rent out]; **eine kaum ~e Wohnung** a flat [*or* AM apartment] which is almost impossible to let [*or* rent out]

vermieten* I. *vt* ■ **[jdm] etw [für etw] ~** to lease out *sep* sth [to sb] [for sth]; *(für kurze Zeit a.)* to rent [*or* BRIT hire] out sth *sep* [to sb] [for sth]; **ein Haus ~** to let [*or* rent out] a house; **„Autos zu ~"** "cars for hire"; **„Zimmer zu ~"** "rooms to let" II. *vi* ■ **[an jdn] ~** to let [*or* rent [out]] [to sb]

Vermieter(in) *m(f)* ❶ *(Hausbesitzer)* landlord *masc,* landlady *fem* ❷ *(Verleiher)* lessor *spec;* ***der ~ nimmt zwölf Mark die Stunde für ein Ruderboot*** it costs twelve marks an hour to hire a rowing boat

Vermieterpfandrecht *nt* JUR landlord's lien

Vermietung <-, -en> *f* letting *no art, no pl,* renting out *no art, no pl;* *Auto, Boot* renting [*or* BRIT hiring] [out] *no art, no pl*

Vermietungsgesellschaft *f* HANDEL rental company **Vermietungsobjekt** *nt* rented property **Vermietungsprovision** *f* FIN rental commission **Vermietungsrechte** *pl* JUR leasing powers

vermindern* I. *vt* ❶ *(verringern)* ■ **etw ~** to reduce [*or* lessen] sth; **Anstrengungen** [*o* **Bemühungen**] **nicht ~** to spare no effort ❷ FIN ■ **[jdm] etw ~** to reduce [*or* cut] [sb's] sth; **seine Ausgaben ~** to reduce [*or form* retrench] one's costs II. *vr* ❶ *(geringer werden)* ■ **sich ~** to decrease, to diminish ❷ FIN ■ **sich** *akk* **[auf/um etw** *akk*] **~** to go down [*or* decrease] [to/by sth]; *Preise, Kosten a.* to drop [to/by sth]

Verminderung *f* reduction, decrease

verminen* *vt* ■ **etw ~** to mine [*or* lay mines in] sth

Verminung <-, -en> *f* ■ **die/eine ~ [einer S.** *gen* [*o* **von etw** *akk*]] mining [sth]

vermischen* I. *vt* ■ **etw [mit etw] ~** to mix sth [with sth]; *(um eine bestimmte Qualität zu erreichen)* to blend sth [with sth]; **einen Kopfsalat mit Dressing ~** to toss a salad II. *vr* ■ **sich [miteinander] ~** to mix

Vermischung *f* mixing *no art, no pl*

vermissen* *vt* ❶ *(das Fehlen von etw bemerken)* ■ **etw ~** to have lost sth, to notice that sth is lost; ***ich vermisse meinen Pass*** I've lost my passport, my passport is missing ❷ *(jds Abwesenheit bedauern)* ■ **jdn ~** to miss sb ❸ *(jds Abwesenheit feststellen)* ***wir ~ unsere Tochter*** our daughter is missing; ■ **vermisst werden** to be missing ❹ *(das Fehlen von etw bedauern)* ■ **etw ~** to be of the opinion [*or* think] that sth is lacking; ***was ich an den meisten jungen Menschen vermisse, ist Höflichkeit*** what I think most young people lack is politeness; ■ **etw ~ lassen** to lack [*or* be lacking in] sth

vermisst[RR], **vermißt** *adj* missing

Vermisstenanzeige[RR] *f* **eine ~ aufgeben** to report sb as missing

Vermisste(r)[RR] *f(m),* **Vermißte(r)** *f(m) dekl wie adj* missing person

vermittelbar *adj* employable; ***ältere Arbeiter sind kaum mehr ~*** it is amost impossible to find jobs for older people

vermitteln* I. *vt* ❶ *(durch Vermittlung beschaffen)* ■ **[jdm** [*o* **an jdn**]] **etw ~** to find sth [for sb] [*or* sb sth]; **jdm eine Stellung ~** to find sb a job; ■ **[jdm] jdn ~** to find sb [for sb]; **jdn an eine Firma ~** to place sb with a firm ❷ *(weitergeben)* ■ **[jdm] etw ~** to pass on *sep* [*or form liter* impart] sth [to sb]; **seine Gefühle ~** to communicate [*or* convey] one's feelings ❸ *(geh)* ■ **[jdm] etw ~** to give [sb] sth, to convey sth [to sb]; **jdm ein schönes Gefühl ~** to give sb [*or* fill sb with] a good feeling ❹ *(arrangieren)* ■ **etw ~** to arrange sth; **einen Kontakt ~** to arrange for a contact II. *vi* ■ **[in etw** *dat*] **~** to mediate [*or* act as [a/the] mediator] [in sth]

vermittelnd I. *adj* conciliatory; **~e Bemühungen** attempts [*or* efforts] to mediate, attempts at conciliation II. *adv* **~ eingreifen/sich ~ einschalten** to intervene as a mediator

vermittels(t) *präp +gen (form)* by means of

Vermittler(in) <-s, -> *m(f)* ❶ *(Schlichter)* mediator, arbitrator ❷ ÖKON agent

Vermittlung <-, -en> *f* ❶ ÖKON *Geschäft* negotiating *no art, no pl; Stelle* finding *no art, no pl; Wohnung* finding *no art, no pl,* locating *no art, no pl* ❷ *(Schlichtung)* mediation ❸ *(Telefonzentrale)* operator ❹ *(das Weitergeben)* imparting *no art, no pl form,* conveying *no art, no pl form,* communicating *no art, no pl*

Vermittlungsagent(in) *m(f)* HANDEL mediating [*or* application] agent **Vermittlungsagentur** *f* HANDEL agency **Vermittlungsausschuss** *m* JUR mediation committee **Vermittlungsausschuss**[RR] *m* POL mediation committee **Vermittlungsdienste** *pl* POL good offices **vermittlungsfähig** *adj* employable, placeable **Vermittlungsgebühr** *f* HANDEL commission, service charge **Vermittlungsgehilfe, -gehilfin** *m, f* HANDEL negotiator of deals **Vermittlungsmission** *f* mission of mediation **Vermittlungsprovision** *f* HANDEL finder's fee **Vermittlungsversuch** *m* mediation attempt

vermöbeln* *vt (fam: verprügeln)* ■ **jdn ~** to beat up sb *sep*

vermodern* *vi sein* to rot, to decay, to moulder, to molder AM

vermöge *präp +gen (geh: mit Hilfe von)* **~ seiner Beziehungen** by dint of his connections

vermögen *vt irreg (geh)* ■ **etw ~** to be capable of [doing] [*or* be able to do] sth; ■ **~, etw zu tun** to be capable of doing [*or* be able to do] sth

Vermögen <-s, -> *nt* ❶ FIN assets *pl;* *(Geld)* capital *no art, no pl;* *(Eigentum)* property *no art, no pl,* fortune; *(Reichtum)* wealth; **bewegliches ~** chattels *pl,* movable property; **flüssiges ~** liquid assets; **gemeinschaftliches/persönliches ~** common/private property; **öffentliches ~** property owned by public authorities; **unbewegliches ~** immovable property, real estate ❷ *kein pl (geh)* ■ **jds ~** sb's ability [*or* capability]; **jds ~ übersteigen/über jds ~ gehen** to be/go beyond sb's abilities

vermögend *adj (geh)* wealthy, well-off

Vermögensabgabe *f* ÖKON, ADMIN *(hist)* capital levy, wealth tax **Vermögensanlage** *f* FIN investments *pl* **Vermögensanspruch** *m* JUR possessory title **Vermögensart** *f* asset category **Vermögensaufstellung** *f* FIN statement of financial affairs **Vermögensaufstellung** *f* FIN financial statement, statement of net assets **Vermögensauseinandersetzung** *f* JUR apportionment of assets and liabilities **Vermögensausweis** *m* FIN statement of assets and liabilities **Vermögensberater(in)** *m(f)* FIN financial consultant **Vermögensberatung** *f kein pl* financial consulting **Vermögensbeschlagnahme** *f* JUR property confiscation **Vermögensbestand** *m* JUR available assets *pl* **Vermögensbilanz** *f* financial statement

vermögensbildend *adj* wealth-creating **Vermögensbildung** *f* FIN ❶ *(Entstehung von Vermögen)* wealth creation *no art, no pl,* creation *no indef art, no pl* of wealth ❷ *(staatlich geförderte Sparmethode) savings scheme whereby employees contributions are supplemented by the employer* **Vermögensdelikt** *nt* JUR offence involving property **Vermögenseinkünfte** *pl* investment [*or* unearned] income **Vermögenseinnahmen** *pl* FIN unearned income **Vermögensertrag** *m* FIN investment income **Vermögenserwerb** *m* acquisition of property **Vermögensgegenstand** *m* JUR asset, property item **Vermögensgegenstände** *pl* FIN **immaterielle** ~ intangible assets **Vermögensgerichtsstand** *m* JUR venue established by asset location, forum rei sitae **Vermögenshaushalt** *m* FIN capital budget **Vermögensmasse** *f* JUR total assets *pl* **Vermögensnachteil** *m* JUR pecuniary disadvantage **Vermögensrecht** *nt* JUR law of property **vermögensrechtlich** *adj* JUR proprietary **vermögensrechtlich** *adj* JUR proprietary **Vermögensschaden** *m* FIN *(Versicherung)* property [*or* pecuniary] damage; **negativer/positiver** ~ adverse/favourable property damage **Vermögenssorge** *f kein pl* JUR *statutory duty of care for a minor's property* **Vermögenssteuer** *f* wealth tax, tax on assets **Vermögensstrafe** *f* JUR fine levied on property **Vermögensteil** *nt* FIN asset, property portion

Vermögensteuer *f* FIN net worth [*or* capital] tax **Vermögensteuererklärung** *f* FIN property tax listing **Vermögensteuererklärung** *f* FIN net worth tax return **Vermögensübergang** *m* FIN transfer of assets and liabilities **Vermögensübernahme** *f* JUR take-over of the aggregate of property **Vermögensübertragung** *f* JUR asset [*or* capital] transfer, transfer of assets and liabilities **Vermögensumschichtung** *f,* **Vermögensumverteilung** *f* FIN regrouping [*or* restructuring] of assets **Vermögensverfügung** *f* JUR disposition of property **Vermögensvergleich** *m* FIN net worth comparison **Vermögensverhältnisse** *pl* FIN financial circumstances *pl* **Vermögensverschiebung** *f* FIN transfer of assets; **betrügerische** ~ fraudulent transfer of assets **Vermögensverschleierung** *f* JUR concealment of assets **Vermögensverschleierung** *f* FIN concealment of assets **Vermögensverwalter(in)** *m(f)* FIN investment [*or* portfolio] manager; *(Bank)* trustee **Vermögensverwaltung** *f kein pl* FIN asset [*or* investment] management; *(Bank)* trust business **Vermögensverwaltung** *f* FIN assets management, administration of assets **Vermögensverzeichnis** *nt* JUR inventory of property **Vermögensvorteil** *m* FIN pecuniary advantage **Vermögenswerte** *pl* FIN assets, effects; **bare** ~ cash assets; **betrieblich nicht genutzte** ~ idle assets; **blockierte** ~ frozen assets; **immaterielle/materielle** ~ intangible/tangible assets; ~ **einer AG** corporate assets **vermögenswirksam** *adj* FIN asset-creating *attr,* capital-forming *attr;* **~e Leistungen** wealth [*or* asset] creation benefits, asset-forming contributions **Vermögenszuwachs** *m* FIN capital gain [*or* increment], property growth, capital appreciation

vermummen* **I.** *vt* ■**jdn/sich [dick]** ~ to wrap up sb/oneself *sep* [well] **II.** *vr* ■**sich** ~ to wear a mask, to mask one's face; ■**vermummt** masked

vermummt *adj (warm eingepackt)* [warmly] wrapped up; *(verkleidet)* disguised, masked

Vermummung <-, -en> *f* disguise

Vermummungsverbot *nt* JUR *law which forbids demonstrators to wear masks at demonstration*

vermurksen* *vt (fam)* ■**etw** ~ to mess up sth *sep*

vermuten* *vt* ❶ *(annehmen)* ■**etw [hinter etw** *dat*] ~ to suspect sth [[is] behind sth]; ■~, **[dass] ...** to suspect [that] ...; ■~ **lassen, dass ...** to give rise to the suspicion [*or* supposition] that ... ❷ *(als jds Aufenthalt annehmen)* ■**jdn irgendwo** ~ to think that sb is [*or* to suppose sb to be] somewhere

vermutlich **I.** *adj attr* probable, likely; **der ~e Täter** the suspect **II.** *adv* probably

Vermutung <-, -en> *f* assumption, presumption, supposition; **gesetzliche** ~ legal presumption, presumption of law; **unwiderlegbare/widerlegbare** ~ conclusive/rebuttable presumption; **eine ~/~en haben** to have an idea/suspicions; **auf ~en angewiesen sein** to have to rely on suppositions [*or* assumptions] [*or* guesswork]

Vermutungstatbestand *m (Kartellrecht)* presumption

vernachlässigbar *adj* negligible, insignificant; **Atommüll mit ~er Wärmeentwicklung** nuclear waste with insignificant heat generation

vernachlässigen* *vt* ❶ *(nicht genügend nachkommen)* ■**etw** ~ to neglect sth; **seine Verpflichtungen** ~ to be neglectful of [*or* negligent about [*or* in]] one's duties ❷ *(sich nicht genügend kümmern)* ■**jdn** ~ to neglect sb; **sich vernachlässigt fühlen** to feel neglected; ■**sich** ~ to be neglectful of [*or* careless about] oneself ❸ *(unberücksichtigt lassen)* ■**etw** ~ to ignore [*or* disregard] sth

Vernachlässigung <-, -en> *f* ❶ *(das Vernachlässigen)* neglect *no art, no pl* ❷ *(die Nichtberücksichtigung)* disregard *no pl*

vernageln* *vt* ■**etw** ~ ❶ *(mit Nägeln verschließen)* to nail up sth *sep* ❷ *(durch Bretter und Nägel schließen)* to board up sth *sep*

vernagelt *adj (fam)* **wie** ~ **sein** to not get through to sb

vernähen* *vt* ■**etw** ~ to sew [*or* stitch] together [*or* up] sth *sep*

vernarben* *vi sein* to form a scar; *(heilen)* to heal; ■**vernarbt** scarred/healed

Vernarbung <-, -en> *f einer Wunde* healing

vernarren* *vr (fam)* ■**sich in jdn/etw** ~ to be besotted by [*or* crazy about] sb/sth [*or fam* nuts about]

vernarrt *adj* ■**in jdn/etw** ~ **sein** to be besotted by sb/sth, to be crazy about sb/sth

vernaschen* *vt* ❶ *(fam)* ■**etw** ~ to like to eat sth; **gern Süßigkeiten** ~ to have a sweet tooth ❷ *(sl: mit jdm Geschlechtsverkehr haben)* ■**jdn** ~ to lay sb *fam,* to have it off [*or* away] [with sb] BRIT *fam!*

vernebeln* *vt* ■**etw** ~ ❶ *(versprühen)* to spray sth ❷ *(verschleiern)* to obscure sth

vernehmbar *adj* audible; **deutlich** [*o* **gut**]/**undeutlich** [*o* **kaum**] ~ **sein** to be clearly/scarcely audible

vernehmen* *vt irreg* ❶ JUR ■**jdn [zu etw]** ~ to question sb [about sth] ❷ *(geh: hören)* ■**etw** ~ to hear sth ❸ *(geh: erfahren)* ■**etw [von jdm]** ~ to hear sth [from sb], to learn sth [from [*or old* of] sb]

Vernehmen *nt* **dem** ~ **nach** from what I hear/one hears; **nach sicherem** ~ according to reliable sources

Vernehmlassung <-, -en> *f* SCHWEIZ announcement

vernehmlich *(geh)* **I.** *adj* [clearly] audible; **laut und** ~ loud and clear; **mit ~er Stimme** in a loud [and clear] voice **II.** *adv* audibly; **laut und** ~ loud and clear

Vernehmung <-, -en> *f* JUR examination; *(Befragung)* questioning, interrogation; **richterliche** ~ judicial examination; **die/eine** ~ **durchführen** to question sb

vernehmungsfähig *adj* in a fit state to be questioned [*or* examined] *pred;* ■**[nicht]** ~ **sein** to be [not] fit for questioning [*or* examination] **Vernehmungsprotokoll** *nt* JUR record of interrogation **vernehmungsunfähig** *adj* JUR unable to be examined [*or* questioned]

verneigen* *vr (geh)* ■**sich [vor jdm/etw]** ~ to bow [to [*or form* before] sb/sth]

Verneigung *f (geh)* bow, obeisance *form;* **eine** ~ **[vor jdm/etw] machen** to bow [to [*or form* before] sb/sth]; **eine** ~ **vor dem König machen** to bow to [*or form* before] the king; *wichtiger Besuch a.* to make one's obeisance to the king *form*

verneinen* *vt* ■**etw** ~ ❶ *(negieren)* to say no to sth; **eine Frage** ~ to answer a question in the negative ❷ *(leugnen)* to deny sth

verneinend **I.** *adj* negative **II.** *adv* negatively; **~den Kopf schütteln** to shake one's head

Verneinung <-, -en> *f* ❶ *(das Verneinen)* **die** ~ **einer Frage** a negative answer to a question ❷ *(Leugnung)* denial ❸ LING negative; **doppelte** ~ double negative

vernetzen *vt* ❶ INFORM ■**etw** ~ to network sth, to link up sth *sep* ❷ *(fig: verknüpfen)* ■**etw** ~ link [*or* associate] something; ■**[mit etw] vernetzt sein** to be linked [up] [to sth]; **eng vernetzt** closely connected [*or* linked]; **Kräfte** ~ to combine forces

Vernetzung <-, -en> *f* ❶ INFORM networking *no art, no pl* ❷ *(Verflechtung)* network; **kabellose** ~ cableless network

Vernetzungsgedanke *m kein pl* spirit of cooperation **Vernetzungssystem** *nt* networking system

vernichten* *vt* ❶ *(zerstören)* ■**etw** ~ to destroy sth ❷ *(ausrotten)* ■**jdn/etw** ~ to exterminate sb/sth

vernichtend **I.** *adj* devastating; **eine ~e Niederlage** a crushing [*or* resounding] [*or* total] defeat; **jdm einen ~en Blick zuwerfen** to look at sb with hatred [in one's eyes] **II.** *adv* jdn ~ *schlagen,* to inflict a crushing [*or* resounding] [*or* total] defeat on sb

Vernichtung <-, -en> *f* ❶ *(Zerstörung)* destruction; *Gebäude* destruction, demolition ❷ *(Ausrottung)* extermination; *Bevölkerung a.* annihilation; **die** ~ **von Arbeitsplätzen** the [drastic] reduction in the number of jobs

Vernichtungslager *nt* extermination [*or* death] camp **Vernichtungswaffe** *f* destructive weapon

vernickeln* *vt* ■**etw** ~ to nickel[-plate] sth, to cover sth with nickel

verniedlichen* *vt* ■**etw** ~ to trivialize sth, to play down sth *sep*

vernieten* *vt* TECH ■**etw** ~ to rivet sth

Vernissage <-, -n> [vɛrnɪˈsaːʒə] *f* opening day, vernissage *spec*

Vernunft <-> *f kein pl* reason *no art, no pl,* common sense *no art, no pl;* ~ **annehmen** to see sense; ***nimm doch*** ~ ***an!*** be reasonable!, use your common sense!; ~ **beweisen** to show sense; **jdn zur** ~ **bringen** to make sb see sense; **ohne** ~ **handeln** to behave rashly; **zur** ~ **kommen** to be reasonable, to see sense; **mit jds** ~ **rechnen** to think that sb will be reasonable [*or* show more common sense]

Vernunftehe *f* marriage of convenience

vernünftig **I.** *adj* ❶ *(einsichtig)* reasonable, sensible ❷ *(einleuchtend)* reasonable, sensible ❸ *(fam)* proper, decent; **~e Preise** decent [*or* reasonable] prices **II.** *adv (fam)* properly, decently

Vernunftmensch *m* rational human being [*or* person]

vernunftorientiert *adj* rationally-orientated [*or esp* AM -oriented]

veröden* **I.** *vt haben* MED **[jdm] die Krampfadern** ~ to treat sb's varicose veins by injection; **sich die Krampfadern** ~ **lassen** to have one's varicose veins treated by injection **II.** *vi sein* ❶ *(sich entvölkern)* to be deserted ❷ *(stumpfsinnig werden)* to become tedious [*or* banal]

Verödung <-, -en> *f* ❶ MED treatment; *Krampfadern* treatment by injection ❷ *(Entvölkerung)* depopulation *no art, no pl*

veröffentlichen* *vt* ■**etw** ~ to publish sth

Veröffentlichung <-, -en> *f* publication

Veröffentlichungsrecht *nt* JUR publishing rights *pl;* *(Urheberrecht)* right of dissemination

verordnen* *vt* ❶ *(verschreiben)* ■**jdm etw** ~ to prescribe sth [for sb] [*or* sb sth]; ■**sich** *dat* **etw [von jdm]** ~ **lassen** to get a prescription for sth [from sb] ❷ *(geh)* ■**etw** ~ to decree [*or* ordain] sth; ■**es wurde verordnet, dass ...** the authorities have decreed that ...

Verordnung <-, -en> *f* ❶ *(Verschreibung)* prescribing *no art, no pl* ❷ *(Rezept)* prescription ❸ *(form)* order, enforcement; **städtische** ~ JUR bylaw

verorten* *vt (geh)* ■**etw/jdn** ~ to place sth/sb somewhere

verpachten* *vt* JUR ■**[jdm] etw** ~, ■**etw [an jdn]** ~ to lease [*or* rent [out *sep*]] sth [to sb]

Verpächter(in) *m(f)* lessor

V

Verpachtung <-, -en> *f* ① *kein pl* (*das Verpachten*) ■ **die/eine ~ [einer S.** *gen* [*o* **von etw** *akk*]] leasing [sth] ② (*Verpachtetes*) lease

verpacken* *vt* ■ **etw [in etw** *dat*] ~ to pack [up *sep*] sth [in sth]; **etw als Geschenk** ~ to wrap [up *sep*] sth [as a present], to gift-wrap sth; **etw diplomatisch** ~ to couch sth in diplomatic terms

Verpackung <-, -en> *f* ① *kein pl* (*das Verpacken*) packing *no art, no pl* ② (*Hülle*) packaging *no art, no pl;* ~ **besonders berechnet** packaging extra; **einschließlich** ~ packaging inclusive; **feste/handelsübliche** ~ solid/customary packaging; ~ **zum Selbstkostenpreis** packaging at cost

verpackungsarm I. *adj* HANDEL *Produkt, Produktion* minimum-packaging *attr* II. *adv* HANDEL in/with minimum packaging; **Waren** ~ **ausstatten/in den Handel bringen** to produce/trade in goods with the minimum of packaging

Verpackungsfabrik *f* packaging factory **Verpackungsgewicht** *nt kein pl* HANDEL tare [weight] **Verpackungsindustrie** *f* packaging industry **Verpackungskosten** *pl* HANDEL packaging charges **Verpackungsmaterial** *nt* packaging *no art, no pl* [material] **Verpackungsmüll** *m* waste [*or* superfluous] packaging **Verpackungsschaden** *m* HANDEL packaging damage **Verpackungssteuer** *f* FIN tax on packaging **Verpackungssteuer** *f* FIN packaging tax

verpassen* *vt* ① (*versäumen*) ■ **jdn/etw** ~ to miss sb/sth ② (*nicht erreichen*) ■ **etw** ~ to miss sth ③ (*fam: aufzwingen*) ■ **jdm etw** ~ to give sb sth, to make sb have sth ④ (*fam: zuteilen*) ■ **jdm etw** ~ to give sb sth; **jdm eine Ohrfeige** ~ to box sb's ears [*or* sb on the ear]; *s. a.* **Denkzettel**

verpatzen* *vt* (*fam*) ■ **etw** ~ to make a mess of sth, to mess [*or* muck] up *sep* sth *fam*, to botch [*or* BRIT *a.* bodge] sth

verpennen* (*fam*) I. *vt* ■ **etw** ~ to miss [*or* forget] sth II. *vi* ■ [**sich**] ~ to oversleep

verpesten* *vt* ① (*fam*) ■ [**jdm**] **etw** ~ to pollute [sb's] sth; **die Luft im Büro** ~ to stink out *sep* the office *fam* ② (*mit giftigen Gasen verseuchen*) ■ **etw** ~ to pollute sth

Verpestung <-> *f kein pl* pollution *no art, no pl*

verpetzen* *vt* (*fam*) ■ **jdn [bei jdm]** ~ to tell on sb, to split on sb [to sb] BRIT *fam*

verpfänden* *vt* JUR ■ **etw** ~ to pawn sth; **ein Grundstück/Haus** ~ to mortgage a plot/house

Verpfändung *f* pawning *no art, no pl; Grundstück, Haus* mortgaging *no art, no pl*

Verpfändungsklausel *f* JUR pledging clause **Verpfändungsvertrag** *m* JUR contract of pledge

verpfeifen* *vt irreg* (*fam*) ■ **jdn [bei jdm]** ~ to inform on sb, to split [*or* grass] on sb [to sb] BRIT *fam*

verpflanzen* *vt* ① (*umpflanzen*) ■ **etw [irgendwohin]** ~ to replant [*or* transplant] sth [somewhere]; (*umtopfen*) to repot sth, to pot on sth *sep* BRIT ② MED ■ **jdm etw** ~ to give sb a sth transplant; **jdm ein Stück Haut** ~ to give sb a skin graft

Verpflanzung *f* ① (*das Umpflanzen*) replanting *no art, no pl*, transplantation; (*das Umtopfen*) repotting *no art, no pl* ② MED transplantation

verpflegen* *vt* ■ **jdn** ~ to look after [*or* cater for] sb; ■ **sich selbst** ~ to cater for oneself

Verpflegung <-, *selten* -en> *f* ① *kein pl* (*das Verpflegen*) catering *no art, no pl;* **mit voller** ~ with full board ② (*Nahrung*) food *no art, no pl*

Verpflegungskosten *pl* cost of food *no pl*

verpflichten* I. *vt* ① (*durch eine Pflicht binden*) ■ **jdn [zu etw]** ~ to oblige sb [*or* make sb promise] to do sth; **jdn zum Stillschweigen/zu einer Zahlung** ~ to oblige sb to keep quiet/to pay; **jdn durch einen Eid zum Stillschweigen** ~ to swear sb to secrecy ② (*vertraglich binden*) ■ **jdn [zu etw]** ~ to commit [*or* oblige] sb to do sth; ■ **verpflichtet sein, etw zu tun** to be obliged to do sth; ■ **zu etw verpflichtet sein** to be obliged to do sth ③ (*eine bestimmte Pflicht auferlegen*) ■ **jdn zu etw** ~ to oblige sb to do sth; **jdn zu etw durch einen Eid** ~ to swear sb to sth; ■ **zu etw verpflichtet sein** to be sworn to sth ④ (*einstellen*) ■ **jdn [an/für etw** *akk*] ~ to engage sb [at/for sth]; **einen Fußballspieler** ~ to sign [up *sep*] a football player II. *vi* ■ [**zu etw**] ~ ① JUR (*vertraglich binden*) to bind sb by contract [to do sth], to oblige sb to do sth ② (*eine bestimmte Haltung erfordern*) to be an obligation [to do sth]; **jdm verplichtet sein** to be obliged [*or* indebted] to sb; **jdm zu Dank verplichtet sein** to be obliged [*or* indebted] to sb, to be in sb's debt *form* III. *vr* ① (*sich vertraglich zu etw bereit erklären*) ■ **sich zu etw** ~ to sign a contract saying that one will do sth, to commit oneself by contract to doing sth; ***ich habe mich zu strengstem Stillschweigen verpflichtet*** I am committed to absolute confidentiality; ■ **sich ~, etw zu tun** to commit oneself to doing sth ② MIL ■ **sich für etw** ~ to sign up for sth

verpflichtend *adj* binding, mandatory

verpflichtet *adj* obliged, committed; ■ **jdm ~ sein** to be indebted to sb, to owe sb a favour [*or* AM -or]; **sich jdm ~ fühlen** to feel obliged to sb, to owe sb a favour; **sich ~ fühlen, etw zu tun** to feel obliged to do sth; **vertraglich zu etw ~ sein** JUR to be indentured to sth

Verpflichtete(r) *f(m) dekl wie adj* JUR liable party; (*Schuldner*) debtor

Verpflichtung <-, -en> *f* ① *meist pl* (*Pflichten*) duty *usu pl;* **die ~ haben, etw zu tun** to have a duty to do sth; **seinen ~en nachkommen** to do [*or form* discharge] one's duties ② *kein pl* (*das Engagieren*) engagement *no pl; Fußballspieler* signing [up *sep*] ③ FIN, JUR obligation; **bindende** ~ binding commitment; **~en eingehen** to make commitments; **seine ~en einhalten** to fulfil [*or* AM -fill-] /meet/ satisfy one's obligations; **finanzielle ~en** financial commitments [*or* obligations]; **gesetzliche** ~ statutory duty; **seinen ~ nachkommen** to fulfil [*or* AM -fill-] /meet one's obligations; **rechtlich bindende** ~ legally binding undertaking; **vertragliche ~en** contractual obligations

Verpflichtungserklärung *f* JUR commitment **Verpflichtungsgeschäft** *nt* JUR executory agreement **Verpflichtungsklage** *f* JUR action for the issue of an administrative act **Verpflichtungsschein** *m* FIN bond, certificate of obligation; **kaufmännischer** ~ promissory note

verpfuschen* *vt* (*fam*) ■ [**jdm/sich**] **etw** ~ to make a mess of [*or sep fam* mess [*or* muck] up] [sb's/ one's] sth

verpissen *vr* (*vulg*) ■ **sich** ~ to piss off *fam!*

verplanen* *vt* ① (*falsch planen*) ■ **etw** ~ to plan sth badly [*or* wrongly]; (*falsch berechnen*) to miscalculate sth ② (*für etw vorsehen*) ■ **etw [für etw]** ~ to mark off *sep* sth [for sth]; **einen Etat** ~ to plan a budget; **einen bestimmten Tag für eine Konferenz/eine Veranstaltung** ~ to plan [to have] a conference/an event on a particular day ③ (*fam*) ■ [**für etw**] **verplant sein** to be booked up [*or* have no time] [for sth]

verplanken* *vt* BAU ■ **etw** ~ to board sth

verplappern* *vr* (*fam*) ■ **sich** ~ to blab *fam*

verplaudern* I. *vt* **ein Stündchen** ~ to talk away for an hour II. *vr* (*fam*) ■ **sich** ~ ① (*lange plaudern*) to chat away ② (*verplappern*) to open one's mouth too wide

verplempern* *vt* (*fam*) ① (*verschwenden*) ■ **etw [für etw]** ~ to waste [*or* to throw [*or pej* fritter] away *sep* sth [on sth]] sth [on sth] ② DIAL (*verschütten*) ■ **etw** ~ to spill sth

verplomben* *vt* ■ **etw** ~ to seal [up *sep*] sth; ■ **verplombt** sealed

verpönt *adj* (*geh*) deprecated *form;* ***so ein Benehmen ist verpönt*** such behaviour is frowned upon; ■ [**bei jdm**] ~ **sein** to be deprecated [by sb] *form*

verprassen* *vt* ■ **etw [für etw]** ~ to squander [*or sep pej* fritter away] sth [on sth]; **sein Vermögen** ~ to dissipate one's fortune *form*

verprellen* *vt* ① (*verärgern*) ■ **jdn** ~ to annoy [*or fam* aggravate] sb ② (*verscheuchen*) **Wild** ~ to scatter game

verpressen* *vt* BAU ■ **etw** ~ *Risse* to grout sth

verprügeln* *vt* ■ **jdn** ~ to beat up sb *sep;* (*als Strafe*) to thrash sb, to give sb a thrashing [*or hum* hiding]; (*früher in der Schule a.*) to cane/birch sb; ■ **jdn [von jdm]** ~ **lassen** to have sb beaten up [by sb]

verpuffen* *vi sein* ① (*plötzlich abbrennen*) to go phut [*or* AM pop] *fam* ② (*fam: ohne Wirkung bleiben*) to fizzle out

Verpuffung <-, -en> *f* (*Explosion*) explosion

verpulvern* [-fen, -ven] *vt* (*fam*) ■ **etw [für etw]** ~ to throw [*or pej* fritter] away sth *sep* [on sth], to blow sth [on sth] *fam*

verpumpen* *vt* (*fam*) ■ **etw** ~ to lend [out *sep*] sth

verpuppen* *vr* BIOL ■ **sich** ~ to develop into a pupa, to pupate *spec*

Verputz *m* ① (*das Verputzen*) ■ **der ~ [einer S.** *gen* [*o* **von etw** *dat*]] plastering [sth] ② (*Putz*) plaster *no pl;* (*Rauputz*) roughcast *no pl;* (*mit kleinen Steinen*) pebble-dash *no pl* BRIT

verputzen* *vt* ■ **etw** ~ ① (*mit Rauputz versehen*) to plaster sth; (*mit der ersten Außenschicht*) to render sth *spec;* ■ **etw ~ lassen** to have sth plastered/ rendered ② (*fam*) to polish off sth *sep fam*, to wolf [down *sep*] sth *fam*

verqualmen* *vt* ■ [**jdm**] **etw** ~ to make [sb's] sth smok[e]y, to fill [up *sep*] [sb's] sth with smoke; ■ **verqualmt** smoke-filled *attr*, full of [*or* filled with] smoke *pred*

verqualmt <-er, -este> *adj* (*pej*) smoke-filled *attr*, full of [*or* filled with] smoke *pred*

verquast *adj* confused, incoherent

verquatschen* *vr* (*fam*) ■ **sich** ~ to chat away

verquer *adv* muddled, weird ▸ WENDUNGEN: **jdm ~ gehen** (*fam*) to go wrong for sb

verquicken* *vt* ■ **etw mit etw** ~ to combine sth with sth; ■ **zwei Sachen [miteinander]** ~ to combine two things [together]

verquirlen* *vt* KOCHK ■ **etw [mit etw]** ~ to whisk sth [with sth], to mix sth [[together] with sth] with a whisk

verquollen *adj* swollen

verrammeln* *vt* (*fam*) ■ **etw** ~ to barricade [up *sep*] sth

verramschen* *vt* (*fam*) ■ **etw** ~ to sell sth dirt cheap *fam*, to flog [off *sep*] sth [cheaply] BRIT *fam*

Verramschung <-, -en> *f* the sell-off

Verrat <-[e]s> *m kein pl* ① (*das Verraten*) betrayal *no art, no pl;* ~ **an jdm begehen** [*o* **üben**] to betray sb ② JUR treason *no art, no pl*

verraten <verriet, verraten> I. *vt* ① (*ausplaudern*) ■ **etw [an jdn]** ~ to betray [*or sep* give away] sth [to sb]; **nichts ~!** keep it to yourself!, don't give anything away! ② (*verräterisch an jdm handeln*) ■ **jdn** ~ to betray sb ③ (*preisgeben*) ■ **etw** ~ to betray sth; **seine Meinung nicht ~ wollen** to be reluctant to express one's opionion [*or* view] ④ (*als jdn erweisen*) ■ **jdn** ~ to betray [*or sep* give away] sb ⑤ (*deutlich erkennen lassen*) ■ **etw** ~ to show sth, to make sth clear [*or* obvious] ▸ WENDUNGEN: ~ **und verkauft sein** (*fam*) to be sunk II. *vr* ① (*sich preisgeben*) ■ **sich [durch etw]** ~ to give oneself away [with sth] ② (*sich zeigen*) ■ **sich** ~ to reveal oneself

Verräter(in) <-s, -> *m(f)* ① (*verräterischer Mensch*) traitor *pej* ② (*etw ausplaudernder Mensch*) traitor *pej*, snake [in the grass]; (*aus Versehen a.*) big mouth *fam*

verräterisch I. *adj* ① (*auf Verrat zielend*) treacherous ② (*etw andeutend*) revealing, meaningful, give-away *attr*, tell-tale *attr* II. *adv* meaningfully, in a tell-tale [*or* meaningful] fashion

verrauchen* I. *vi sein* to disappear; *Zorn, Ärger* to blow over II. *vt* ■ **etw** ~ to smoke sth

verräuchern* *vt s.* **verqualmen**

verräuchert *adj* (*pej*) *Zimmer, Bude* smoky

verrechnen* I. *vr* ① (*falsch rechnen*) ■ **sich [um etw]** ~ to miscalculate [by sth], to make a mistake ② (*sich irren*) ■ **sich** ~ to be mistaken, to miscalculate ③ (*sich in jdm täuschen*) ■ **sich in jdm** ~ to make a mistake [*or* to be mistaken] about sb II. *vt* ① (*rechnerisch gegenüberstellen*) ■ **etw mit etw** ~ to set off sth *sep* against sth ② FIN ■ **etw** ~ to credit sth, to pass sth to account

Verrechnung *f* ① (*rechnerische Gegenüberstellung*) settlement; **bargeldlose** ~ payment by money transfer; **gegenseitige** ~ offset ❷ (*Gutschrift*) credit (*on an account*); **„nur zur ~“** “A/C payee only” BRIT

Verrechnungskonto *nt* FIN clearing [*or* offset] account **Verrechnungsrate** *f* FIN specified rate of exchange **Verrechnungsscheck** *m* FIN crossed cheque BRIT *spec*, voucher [*or* nonnegotiable] check AM *spec* **Verrechnungstag** *m* FIN clearing day **Verrechnungsverfahren** *nt* FIN clearing system **Verrechnungsvertrag** *m* FIN clearing arrangement **Verrechnungswährung** *f* FIN clearing currency **Verrechnungszeitraum** *m* FIN clearing period

verrecken* *vi sein* (*sl*) ❶ (*krepieren*) to come to a miserable end, to die a miserable [*or* wretched] death; ■ [**jdm**] ~ to die [off] [on sb *fam*] ❷ (*kaputtgehen*) ■ [**jdm**] ~ to break down [on sb *fam*] ▸ WENDUNGEN: **nicht ums V~!** not on your life! *fam*

verregnen *vi sein* to be spoiled by rain; ■ **verregnet** spoiled [*or* spoilt] by rain, rainy

verregnet <-er, -este> *adj* spoiled [*or* spoilt] by rain; **ein ~er Tag** a rainy day

verreiben* *vt irreg* ■ **etw** [**in/auf etw** *dat*] ~ to rub in sth *sep*, to rub sth into/on[to] sth *sep*

verreisen* *vi sein* ■ [**irgendwohin**] ~ to go away [somewhere], to go [away] somewhere/somehow; **ins Ausland** ~ to go abroad; **in die Berge/an die See** ~ to go to the mountains/the seaside; **dienstlich/geschäftlich verreist sein** to be away on business [*or* a business trip]

verreißen* *vt irreg* ■ **jdn/etw** ~ to tear sb/sth apart [*or* into pieces]

verrenken* *vt* ■ **jdm etw** ~ to twist sb's sth; **sich** *dat* **ein Gelenk** ~ to dislocate a joint; ■ **sich** [**nach jdm/etw**] ~ to twist one's neck [looking round at sb/sth]

Verrenkung <-, -en> *f* distortion; *Gelenk* dislocation; **~en machen müssen** to have to perform contortions

verrennen* *vr irreg* ❶ (*sich irren*) ■ **sich** ~ to get on the wrong track ❷ (*hartnäckig an etw festhalten*) ■ **sich** *akk* **in etw** *akk* ~ to be obsessed with sth

verrichten* *vt* ■ **etw** ~ to perform [*or sep* carry out] sth; **ein Gebet** ~ to say a prayer; **seine Notdurft** ~ (*veraltend*) to relieve oneself *dated*

Verrichtung *f* ❶ *kein pl* (*Ausführung*) performance *no art, no pl*, execution *no art, no pl* ❷ (*Erledigung*) duty

Verrichtungsgehilfe, -gehilfin *m, f* JUR vicarious agent

verriegeln* *vt* ■ **etw** ~ to bolt sth

verriet *imp von* **verraten**

verringern* I. *vt* ❶ (*verkleinern*) ■ **etw** ~ to reduce sth ❷ (*geringer werden lassen*) ■ **etw** [**um etw**] ~ to reduce sth [by sth]; **die Geschwindigkeit** ~ to slow down, to slacken off II. *vr* ■ **sich** ~ ❶ (*kleiner werden*) to decrease ❷ (*abnehmen*) to decrease, to diminish

Verringerung <-> *f kein pl* ❶ (*Verkleinerung*) reduction ❷ (*Herabsetzung*) reduction (*+gen/***von** *+dat* in/of), decrease (*+gen/***von** *+dat* in)

verrinnen* *vi irreg sein* ❶ (*geh: vergehen*) to pass *form or liter* ❷ (*versickern*) ■ **in etw** *dat* ~ to seep into sth

Verriss[RR] *m*, **Verriß** *m* damning criticism *no art, no pl*

verrohen* I. *vi sein* to become brutal[ized] II. *vt* ■ **jdn** ~ to brutalize sb, to make sb brutal

Verrohung <-, -en> *f* brutalization

verrosten* *vi sein* to go rusty, to rust; ■ **verrostet** rusted, rusty

verrostet <-er, -este> *adj* rusty

verrotten* *vi sein* ❶ (*faulen*) to rot ❷ (*verwahrlosen*) to decay

verrottet <-er, -este> *adj* ❶ (*faul*) rotted ❷ (*verwahrlost*) decayed

verrucht *adj* ❶ (*anstößig*) despicable, wicked ❷ (*lasterhaft*) depraved; **ein ~es Lokal/Viertel** a disreputable pub [*or* AM bar]/area

verrücken* *vt* ■ **etw** [**irgendwohin**] ~ to move [*or* push] sth [somewhere]

verrückt *adj* ❶ (*geisteskrank*) mentally ill, nuts *fam*, insane *fam or dated*, mad *fam or dated*; ■ ~ **sein/werden** to be/become mentally ill, to be/go nuts [*or dated* insane] [*or* mad] *fam*; ***du bist wohl/bist du ~!*** you must be/are you out of your mind [*or* off your head] [*or hum* out to lunch]! *fam*; **jdn ~ machen** to drive sb crazy [*or fam* nuts] [*or* up the wall] [*or* BRIT round the bend] ❷ (*in starkem Maße*) **wie** ~ like crazy [*or fam* mad]; (*wie übergeschnappt a.*) like a madman; **wie ~ regnen** to rain cats and dogs, to pour with rain; **wie ~ stürmen** to blow a gale; **wie ~ weh tun** to hurt like hell *fam* ❸ (*fam: ausgefallen*) crazy, wild *fam* ❹ (*fam: versessen*) ■ ~ **auf etw** *akk*/**nach etw** *dat* **sein** to be crazy [*or fam* mad] about sth; ■ ~ **nach jdm sein** to be crazy [*or fam* mad] [*or fam* wild] about sb ▸ WENDUNGEN: **ich werd' ~!** (*fam*) well, I'll be damned [*or dated* blowed] *fam*, well I never [did]!

Verrückte(**r**) *f*(*m*) *dekl wie adj* (*fam*) lunatic, madman *masc pej*, madwoman *fem pej*

Verrücktheit <-, -en> *f* ❶ (*fam: etwas Verrücktes*) craziness *no art, no pl*, madness *no art, no pl*, folly *no art, no pl* ❷ *kein pl* MED insanity *no art, no pl*, madness *no art, no pl*

Verrücktwerden *nt* **es ist zum ~** (*fam*) it's enough to drive you mad [*or* up the wall] [*or* BRIT round the bend]

Verruf *m kein pl* **jdn in ~ bringen** to give sb a bad name; **etw in ~ bringen** to bring sth into disrepute; **in ~ kommen** [*o* **geraten**] to fall into disrepute, to get a bad name *fam*

verrufen *adj* disreputable, doubtful

verrühren* *vt* ■ **etw** [**mit etw**] ~ to stir [*or* mix] sth [[together] with sth]

verrußen* *vi sein* to get [*or* become] sooty

verrußt *adj* sooted, sooty

verrutschen* *vi sein* to slip

Vers <-es, -e> *m* ❶ (*Gedichtzeilen*) verse, lines *pl* ❷ *meist pl* (*Gereimtes*) verse, poetry; **~e deklamieren** [*o* **vortragen**] to recite verse [*or* poetry]; **etw in ~en schreiben** [*o* **~e setzen**] to put sth into verse ▸ WENDUNGEN: **ich kann mir keinen ~ darauf machen** there's no rhyme or reason to it; **kannst du dir einen ~ darauf machen?** can you get any sense out of it?

versachlichen* *vt* ■ **etw** ~ to make sth more objective, to objectify sth *spec*; ■ **versachlicht** objective

versacken* *vi sein* ❶ (*einsinken*) ■ [**in etw** *dat*] ~ to sink in[[to] sth], to get bogged down [in sth] ❷ (*fam: versumpfen*) to stay out late drinking ❸ (*fam: verwahrlosen*) to go to the dogs [*or* rack [*or esp* AM wrack] and ruin] *fam*

versagen* I. *vi* ❶ (*scheitern*) ■ [**in etw** *dat*] ~ to fail [*or* to be a failure] [in sth]; **in der Schule** ~ to be a failure [*or* to fail] at school ❷ (*erfolglos bleiben*) to fail, to be unsuccessful; **eindeutig** ~ to fail miserably ❸ (*nicht mehr funktionieren*) to fail [to function], to not work II. *vt* (*geh*) ■ **jdm etw** ~ to refuse sb sth; **jdm seine Hilfe** ~ to refuse sb aid [*or* to come to sb's aid] III. *vr* (*geh*) ❶ (*nicht gönnen*) ■ **sich** *dat* **etw** ~ to deny oneself sth ❷ (*vorenthalten*) ■ **sich jdm** ~ to refuse to give oneself to sb

Versagen <-s> *nt kein pl* ❶ (*Scheitern*) failure *no art, no pl*; (*Erfolglosigkeit*) lack of success *no art, no pl*; **menschliches** ~ human error ❷ (*Fehlfunktion*) failure; **ein ~ des Herzens/der Nieren** a heart/kidney failure

Versagensangst *f* fear of failure

Versager(**in**) <-s, -> *m*(*f*) failure

Versager <-s, -> *m* failure, flop *fam*

Versagung <-, -en> *f* refusal

Versal <-s, -lien> *m meist pl* TYPO capital [*or* upper-case] letters, caps

versalzen* *vt irreg* ❶ (*zuviel salzen*) ■ **etw** ~ to put too much salt in/on sth, to oversalt sth ❷ (*fam*) ■ **jdm etw** ~ to spoil [*or* ruin] sth for sb, to muck up sth for sb *fam*

Versalzung <-, -en> *f* GEOL salin[iz]ation

versammeln* I. *vr* ■ **sich** ~ to gather [*or* come] [together], to assemble II. *vt* ❶ (*zusammenkommen lassen*) ■ **jdn** [**irgendwo**] ~ to call [*or* gather] together *sep* sb [somewhere]; **Truppen** ~ to rally [*or* muster] troops ❷ (*zu gespannter Aufmerksamkeit zwingen*) **das Pferd** ~ to collect one's horse *spec*

Versammlung *f* ❶ (*Zusammenkunft*) meeting, gathering; **eine ~ abhalten** to convene an assembly; **beratende/gesetzgebende** ~ deliberative/legislative assembly; ■ **auf einer** ~ at a meeting ❷ (*versammelte Menschen*) assembly

Versammlungsfreiheit *f kein pl* JUR freedom of assembly **Versammlungsgesetz** *nt* JUR law regulating public meetings **Versammlungsleiter**(**in**) *m*(*f*) JUR organizer of a public meeting **Versammlungslokal** *f* meeting place **Versammlungsrecht** *nt* JUR right of assembly **Versammlungsverbot** *nt* prohibition of assembly, ban on public meetings

Versand <-[e]s> *m kein pl* ❶ (*das Versenden*) despatch, dispatch; **im ~** by post [*or* AM mail]; **im ~ beschädigt werden** to be damaged in the post; **etw zum ~ bringen** to dispatch [*or* consign] sth ❷ (*~abteilung*) despatch, dispatch, distribution ❸ (*~firma*) mail order company

Versandabteilung *f* despatch [*or* dispatch] [*or* distribution] department, shipping department **Versandanschrift** *f* dispatch address **Versandanweisung** *f* HANDEL forwarding [*or* shipping] instruction **Versandanzeige** *f* HANDEL advice note **Versandauftrag** *m* HANDEL shipping [*or* dispatch] order **Versandbedingungen** *pl* HANDEL shipping terms **versandbereit** *adj* HANDEL ready for shipment **Versandbestellung** *f* HANDEL mail order buying, postal shopping **Versandbuchshop** *m* mail-order bookshop **Versanddokument** *nt* HANDEL transport [*or* shipping] document

versanden* *vi sein* ❶ (*sich mit Sand füllen*) to silt up ❷ (*schwächer werden*) to peter [*or* fizzle] out

versandfähig *adj* HANDEL fit for transport [*or* shipment] *pred* **versandfertig** *adj* HANDEL ready for dispatch [*or* shipment] **Versandgeschäft** *nt* HANDEL (*Verkaufsfirma*) mail order company; (*Transportfirma*) forwarding agency **Versandgewicht** *nt* HANDEL shipment weight **Versandhafen** *m* HANDEL port of loading **Versandhandel** *m* mail order selling *no art* [*or* trade] *no indef art, no pl* **Versandhaus** *nt* mail order company [*or* business] **Versandhauskatalog** *m* mail order catalogue [*or* AM catalog] **Versandkosten** *pl* shipping charges *pl* **Versandlager** *nt* HANDEL distribution depot **Versandmarkierung** *f* HANDEL shipping marks *pl* **Versandpapiere** *pl* HANDEL transport [*or* shipping] documents **Versandrolle** *f* mailing tube **Versandschein** *m* HANDEL dispatch note **Versandspediteur** *m* HANDEL destination carrier **Versandtasche** *f* large envelope; **eine wattierte ~** a padded envelope, a Jiffy® bag BRIT **Versandverkauf** *m* JUR mail-order sale **Versandvorschrift** *f meist pl* forwarding [*or* shipping] instructions *pl* **Versandwechsel** *m* FIN out-of-town bill **Versandweg** *m* HANDEL shipping route

Versatzstück *nt* ❶ (*Abklatsch*) hackneyed phrase *pej*, stale [*or* AM *pej* warmed-over] idea ❷ (*Teil der Bühne*) movable piece of scenery

versaubeuteln* *vt* (*pej fam*) ■ **etw** ~ to muck [*or* AM mess] sth up *fam*

versauen* *vt* (*sl*) ❶ (*völlig verdrecken*) ■ [**jdm**] **etw** ~ to make [sb's] sth dirty [*or* filthy] [*or fam* mucky] ❷ (*verderben*) ■ **jdm etw** ~ to ruin [*or* spoil] [*or* wreck] sb's sth, to mess *fam* [*or* BRIT *fam!* bugger] up *sep* sb's sth

versauern* I. *vi sein* ❶ (*sauer werden*) *Wein* to become sour [*or* acidic] ❷ ÖKOL, AGR *Böden* to acidify ❸ (*fig fam: vereinsamen*) to stagnate II. *vt* (*fam: verderben*) ■ **jdm etw** ~ to foul up *sep* sth for sb [*or* completely mess]

Versauerung, Versäuerung <-, -en> *f* ÖKOL *von Gewässern, Böden* acidification

versaufen* *vt irreg* (*sl*) ■ **etw** ~ to drink away sth *sep*, to drink one's way through sth

versäumen* *vt* ❶ (*nicht erreichen*) ■ **etw** ~ to

V

miss sth ❷ (*sich entgehen lassen*) ■ **etw** ~ to miss sth; **eine Gelegenheit** ~ to let an opportunity slip by, to miss an opportunity ❸ (*nicht wahrnehmen*) ■ **etw** ~ to miss sth; **den richtigen Zeitpunkt** ~ to let the right moment slip by ❹ (*geh: unterlassen*) ■ **[es] ~, etw zu tun** to not [*or* neglect to] do sth; ■ **[es] nicht ~, etw zu tun** to not forget to do sth

Versäumnis <-ses, -se> *nt* (*geh*) ❶ (*unterlassene Teilnahme*) absence *no art, no pl* ❷ (*Unterlassung*) omission, oversight

Versäumnisgebühr *f* JUR default fine **Versäumnisurteil** *nt* JUR judgement by [*or* in] default **Versäumnisverfahren** *nt* JUR default proceedings *pl* **Versäumniszwischenurteil** *nt* JUR interlocutory judgement by default

verschachern* *vt* (*fam*) *s.* **verscheuern**

verschachtelt *adj* INFORM nested

verschaffen* *vt* ❶ (*beschaffen*) ■ **jdm/sich etw ~** to get [hold of] [*or* obtain] sth for sb/oneself, to procure sth for sb/myself [*or* sb/myself sth] *form* ❷ (*vermitteln*) to earn sth; ***was verschafft mir die Ehre?*** to what do I owe the honour? *iron;* **jdm eine Möglichkeit** ~ to give sb an opportunity; **jdm Respekt** ~ to gain [*or* earn] sb respect; **jdm eine Stellung** ~ to get sb a job; **jdm einen Vorteil** [*or* Vorsprung] ~ to give sb an advantage; **sich** *dat* **eine gute Ausgangsposition** ~ to give oneself a good starting position; **sich** *dat* **Gewissheit** ~ to make certain

verschalen* TECH **I.** *vi* ■ **[für etw]** ~ to line sth [for sth] **II.** *vt* ■ **etw** ~ to line sth; **eine Tür/ein Fenster** ~ to board [up *sep*] a door/window

Verschalung <-, -en> *f* TECH planking *no art, no pl*

verschämt *adj* shy, bashful

verschandeln* *vt* ■ **etw** ~ ❶ (*ruinieren*) to ruin [*or* spoil] sth; **die Landschaft** ~ to ruin [*or* spoil] the landscape; *Gebäude, Grube* to be a blot on the landscape ❷ (*verunstalten*) to disfigure [*or* mutilate] sth

Verschand(e)lung <-, -en> *f* disfigurement *no art, no pl,* mutilation *no art, no pl; Landschaft* ruination *no art, no pl*

verschanzen* **I.** *vt* MIL to fortify **II.** *vr* ❶ MIL ■ **sich** ~ to take up a fortified position; **sich in einem Graben** ~ to dig [oneself] in, sich *akk* hinter etw *dat* ~, to barricade oneself in ❷ (*hinter etw verstecken*) ■ **sich** *akk* **hinter etw** *dat* ~ to take refuge [*or* to hide] behind sth

verschärfen* **I.** *vr* ■ **sich** ~ to get bad/worse; *Krise* to intensify, to become acute **II.** *vt* ■ **etw** ~ ❶ (*rigoroser machen*) to make sth more rigorous, to tighten [up *sep*] sth; **eine Strafe** ~ to make a punishment more severe ❷ (*zuspitzen*) to aggravate sth, to make sth worse

Verschärfung <-, -en> *f* ❶ (*Zuspitzung*) intensification, worsening *no art, no pl* ❷ (*das Verschärfen*) tightening up *no art, no pl;* **die ~ einer Strafe** increasing the severity of a punishment

verscharren* *vt* ■ **etw** ~ to bury sth [just below the surface]; **jdn** ~ to bury sb in a shallow grave

verschätzen* *vr* ❶ (*sich vertun*) ■ **sich [um etw]** ~ to misjudge sth [by sth] ❷ (*sich täuschen*) ■ **sich** ~ to be mistaken [*or* make a [big] mistake]; ■ **sich in jdm** ~ to be [very much] mistaken about sb

verschaukeln* *vt* (*fam*) ■ **jdn** ~ to fool sb, to take sb for a ride *fam;* ■ **sich [von jdm] ~ lassen** to let sb take one for a ride *fam,* to let oneself be fooled

verscheiden* *vi irreg sein* (*geh*) to die, to pass away [*or* on] *euph*

verscheißern* *vt* (*derb: zum Narren halten*) ■ **jdn** ~ to take the piss out of [*or* AM poke fun at] sb

verschenken* *vt* ❶ (*schenken*) ■ **etw [an jdn]** ~ to give sth *sep* [to sb] ❷ (*ungenutzt lassen*) ■ **etw** ~ to waste [*or sep* throw away] sth

verscherbeln* *vt* (*fam*) ■ **etw** ~ to sell [*or* BRIT flog] [off *sep*] sth *fam; Hausierer a.* to peddle sth *pej*

verscherzen* *vr* ❶ (*sich um etw bringen*) ■ **sich** *dat* **etw** ~ to lose [*or* forfeit] sth ❷ (*sich mit jdm überwerfen*) ■ **es sich** *dat* **mit jdm** ~ to fall out with sb

verscheuchen* *vt* ■ **jdn/Tiere** ~ to chase away [*or* off] *sep* sb/animals; (*durch Angst a.*) to frighten [*or* scare] away [*or* off] *sep* sb/animals; **jdm seine Sorgen** ~ to drive away *sep* sb's cares

verscheuern* *vt* (*sl*) ■ **[jdm] etw** [*o* **etw an jdn**] ~ to sell [off *sep*] sth [to sb], to flog [off *sep*] sth [to sb] BRIT *fam*

verschicken* *vt* ❶ (*schicken*) ■ **etw [an jdn]** ~ to send [sb] sth, to send [out *sep*] sth [to sb] ❷ (*zur Erholung reisen lassen*) ■ **jdn irgendwohin** ~ to send away sb *sep* somewhere; **jdn zur Kur** ~ to send away sb *sep* to a health resort [*or dated* to take a cure]

verschiebbar *adj* ❶ (*räumlich*) movable ❷ (*zeitlich*) *Termin* can be postponed

Verschiebebahnhof *m* railway [*or* AM railroad] yard, shunting yard

verschieben* *irreg* **I.** *vt* ❶ (*verrücken*) ■ **etw [um etw]** ~ to move [*or* shift] [*or* relocate] sth [by sth] ❷ (*verlegen*) ■ **etw [auf/um etw** *akk*] ~ to postpone [*or sep* put off] sth [until/for sth] ❸ (*illegal exportieren*) ■ **etw [irgendwohin]** ~ to smuggle sth [somewhere] **II.** *vr* ❶ (*später stattfinden*) ■ **sich** *akk* **[auf/um etw** *akk*] ~ to be postponed [until sth/for sth] ❷ (*verrutschen*) ■ **sich** ~ to slip

Verschiebung *f* postponement

verschieden **I.** *adj* ❶ (*unterschiedlich, abweichend*) different; (*mehrere*) various ❷ (*vielgestaltig*) various ❸ *attr* (*einige*) several *attr,* a few *attr* ❹ *substantivisch* (*einiges*) ■ **V~es** various things *pl* ► WENDUNGEN: **das ist ~** (*das kommt darauf an*) it depends **II.** *adv* differently; ~ **breit/lang/stark** of different widths/lengths/thicknesses

verschiedenartig *adj* different kinds [*or* sorts] of *attr,* diverse

Verschiedenartigkeit <-> *f kein pl* ❶ (*Unterschiedlichkeit*) different nature ❷ (*Vielfalt*) variety

verschiedenerlei *adj* ❶ *attr* (*verschiedenartig*) different kinds [*or* sorts] of *attr,* diverse ❷ *attr* (*alle möglichen*) all sorts [*or* kinds] of *attr,* various different *attr* ❸ *substantivisch* (*alles Mögliche*) various things *pl*

Verschiedenheit <-, -en> *f* ❶ (*Unterschiedlichkeit*) difference (+*gen*/**von** +*dat* between/in); (*Unähnlichkeit*) dissimilarity (+*gen*/**von** +*dat* in) ❷ (*charakterliche Andersartigkeit*) difference, dissimilarity

verschiedentlich *adv* ❶ (*mehrmals*) several times, on several [*or* various] occasions ❷ (*vereinzelt*) occasionally

verschießen* *irreg* **I.** *vt* ❶ (*durch Abfeuern verbrauchen*) ■ **etw** ~ to use up *sep* all of sth ❷ (*abschießen*) ■ **etw** ~ to fire sth; **einen Pfeil** ~ to shoot [*or liter* loose] [off *sep*] an arrow ❸ (*fam*) **einen Film** ~ to use up *sep* a film ❹ FBALL **einen Elfmeter** ~ to shoot wide **II.** *vi sein* to fade **III.** *vr* ❶ (*fam*) ■ **sich in jdn** ~ to fall head over heels in love [with sb]; ■ **in jdn verschossen sein** to be crazy [*or fam* mad] about sb ❷ (*nicht treffen*) ■ **sich** ~ to shoot wide

verschiffen* *vt* ■ **etw [irgendwohin]** ~ to ship sth somewhere, to transport sth by ship [somewhere]

Verschiffung <-, -en> *f* ■ **die ~ [einer S.** *gen* [*o* **von etw** *dat*]] shipping [sth], the transportation [of sth] [by ship]

Verschiffungshafen *m* HANDEL port of dispatch [*or* shipment] **Verschiffungskonnossement** *nt* HANDEL ocean [*or* shipped] bill of lading **Verschiffungskosten** *pl* HANDEL shipping [charges] **Verschiffungskredit** *m* FIN respondentia **Verschiffungspapiere** *pl* HANDEL shipping documents

verschimmeln* *vi sein* to go mouldy [*or* AM moldy]; ■ **etw ~ lassen** to let sth go mouldy; ■ **verschimmelt** mouldy

verschissen *adj* (*sl*) ■ **bei jdm ~ haben** to be finished with sb; ***du hast bei mir ~!*** I'm finished with you, we're finished

verschlafen*[1] *irreg* **I.** *vi, vr* ■ **[sich]** ~ to oversleep **II.** *vt* ■ **etw** ~ ❶ (*fam*) to miss sth ❷ (*schlafend verbringen*) to sleep through sth; **sein Leben** ~ to sleep away *sep* one's life

verschlafen[2] *adj* ❶ (*müde*) sleepy, half-asleep ❷ (*wenig Leben zeigend*) sleepy

Verschlag <-[e]s, -schläge> *m* shed

verschlagen*[1] *vt irreg* ❶ (*nehmen*) ■ **jdm etw** ~ to rob sb of sth; **jdm den Atem** [*o* **die Sprache**] ~ to leave sb speechless ❷ (*geraten*) ■ **jdn irgendwohin** ~ to lead sb to finish up somewhere; ■ **irgendwohin ~ werden** to end up somewhere ❸ (*verblättern*) [**jdm/sich**] **die Seite** ~ to lose's sb's/one's place; *Wind* to turn [*or* blow] over the page/s ❹ (*nicht treffen*) ■ **etw** ~ to mishit sth

verschlagen[2] **I.** *adj* devious, sly *pej;* **ein ~er Blick** a furtive look; **ein ~es Grinsen** a sly grin *pej* **II.** *adv* slyly *pej;* (*verdächtig*) shiftily; ~ **grinsen** to have a sly grin

Verschlagenheit <-> *f kein pl* deviousness *no art, no pl,* slyness *no art, no pl pej*

verschlammen* *vi sein* to silt up, to fill up with mud

verschlampen*, **verschlampern*** *vt* SÜDD, ÖSTERR (*fam*) ■ **etw** ~ ❶ (*verlieren*) to manage to lose sth, to go and lose sth ❷ (*vergessen*) to go and forget sth

verschlanken* *vt* ■ **etw** ~ to downsize [*or sep* trim down] sth

verschlechtern* **I.** *vt* ■ **etw** ~ to make sth worse; **den Zustand eines Patienten** ~ to weaken a patient's condition **II.** *vr* ■ **sich** ~ ❶ (*schlechter werden*) to get worse, to worsen, to deteriorate ❷ (*beruflich schlechter dastehen*) to be worse off

Verschlechterung <-, -en> *f* deterioration *no art* (+*gen*/**von** +*dat* in), worsening *no art, no pl* (+*gen*/**von** +*dat* of)

Verschlechterungsverbot *nt* JUR prohibition to worsen appellant's position

verschleiern* *vt* ❶ (*mit einem Schleier bedecken*) ■ **jdn/etw** ~ to cover sb/sth with a veil; **sich das Gesicht** ~ to wear a veil, to veil one's face, to cover one's face with a veil ❷ (*verdecken*) ■ **etw** ~ to cover up sth *sep; Himmel* to become hazy ❸ (*vertuschen*) ■ **etw** ~ to cover [*or pej* hush] up sth *sep;* **die Tatsachen** ~ to disguise the facts

verschleiert *adj* ❶ *Blick* blurred ❷ *Stimme* husky ❸ *Himmel* misty ❹ *Gesicht* veiled

Verschleierung <-, -en> *f* JUR cover-up, concealment; ~ **von Vermögenswerten** concealment of assets

Verschleierungstaktik *f* cover-up tactic

verschleimen* *vi sein* to become [*or* get] congested; *Nase* to be blocked [up]

Verschleiß <-es, -e> *m* wear [and tear] *no art, no pl;* **einem erhöhten/geringen ~ unterliegen** to be likely/unlikely to wear out quickly

verschleißen <verschliss, verschlissen> **I.** *vi sein* to wear out **II.** *vt* ❶ (*abnutzen*) ■ **etw** ~ to wear out sth *sep* ❷ (*jds Kräfte verzehren*) ■ **sich** ~ to wear oneself out, to get worn out; ■ **jdn** ~ to wear out sb *sep,* to go through sb

Verschleißerscheinung *f meist pl* TECH sign of wear [and tear] **verschleißfest** *adj* hard-wearing, immune to wear and tear *pred* **Verschleißfestigkeit** *f kein pl* wear and tear durability **Verschleißgrad** *m* TECH extent of wearing **Verschleißteil** *nt* TECH working [*or* wearing] part

verschleppen* *vt* ❶ (*deportieren*) ■ **jdn [irgendwohin]** ~ to take away sb *sep* [somewhere]; (*amtlich*) to transport sb somewhere ❷ (*hinauszögern*) ■ **etw** ~ to prolong [*or sep* drag out] sth ❸ MED ■ **etw** ~ to delay treatment [of sth]; **eine verschleppte Krankheit** an illness made worse [*or* aggravated] by neglect ❹ (*weiterverbreiten*) ■ **etw** ~ to spread sth

Verschleppung <-, -en> *f* ❶ (*Deportation*) ■ **die ~ von jdm** taking away sb *sep, no art, no pl;* (*amtlich*) the transportation of sb ❷ (*Hinauszögerung*) prolonging *mo art, no pl* ❸ MED **die ~ einer Krankheit** neglecting *no art, no pl* an illness

Verschleppungsabsicht *f* JUR intention to delay the proceedings **Verschleppungstaktik** *f* delaying tactics *pl*

verschleudern* *vt* ■ **etw** ~ to sell [off *sep*] sth cheaply, to flog [off *sep*] sth BRIT *fam;* (*mit Verlust*) to sell [off *sep*] sth at a loss

verschließbar *adj* lockable

verschließen* *irreg* **I.** *vt* ① (*abschließen*) ■**etw** ~ to close sth; (*mit einem Schlüssel*) to lock [up *sep*] sth ② (*zumachen*) ■**etw** [**mit etw**] ~ to close sth [with sth]; **eine Flasche** [**wieder**] ~ to put the top [back] on a bottle; **eine Flasche mit einem Korken** ~ to cork a bottle, to put a/the cork in a bottle ③ (*wegschließen*) ■**etw** [**vor jdm**] ~ to lock [*or* hide] away sth *sep* [from sb]; **die Gedanken/Gefühle in sich/in seinem Herzen** ~ to keep one's thoughts/feelings to oneself ④ (*versagt bleiben*) ■**jdm verschlossen bleiben** to be closed off to sb **II.** *vr* ① (*sich entziehen*) ■**sich** *akk* **etw** *dat* ~ to ignore sth ② (*sich jdm versagen*) ■**sich jdm** ~ to shut oneself off from sb

verschlimmbessern* *vt* (*hum fam*) ■**etw** ~ to make sth worse (*by trying to improve it*)

Verschlimmbesserung <-, -en> *f* (*hum fam*) improvement for the worse *hum*

verschlimmern* **I.** *vt* ■**etw** ~ to make sth worse **II.** *vr* ■**sich** ~ to get worse, to worsen; *Zustand, Lage a.* to deteriorate

Verschlimmerung <-, -en> *f* worsening *no art, no pl* (+*gen*/**von** +*dat* of); *Zustand, Lage a.* deterioration *no pl* (+*gen*/**von** +*dat* in)

verschlingen*[1] *vt irreg* ① (*hastig essen*) ■**etw** ~ to devour sth, to gobble [down [*or* up] *sep*] sth *fam*, to bolt [*or* AM choke] [down *sep*] sth ② (*verbrauchen*) ■**etw** ~ to consume [*or sep* use up] sth ③ (*voll Begierde anstarren*) **jdn mit Blicken** [*o* **den Augen**] ~ to devour sb with one's eyes ④ (*in einem Zug lesen*) ■**etw** ~ to devour sth ⑤ (*aufnehmen*) **jds Worte** ~ to hang on to every one of sb's words

verschlingen² *vt irreg* ■**sich** [**ineinander**] ~ to intertwine, to get intertwined; (*zu einem Knoten*) to become entangled; *s. a.* **Arm**

verschlissRR, **verschliß** *imp von* **verschleißen**

verschlissen **I.** *pp von* **verschleißen** **II.** *adj* worn-out

verschlossen *adj* ① (*abgeschlossen*) closed; (*mit einem Schlüssel*) locked ② (*zugemacht*) closed; ~ **bleiben** to be [kept] closed ③ (*sehr zurückhaltend*) reserved; (*schweigsam*) taciturn ▶ WENDUNGEN: **jdm** ~ **bleiben** to be a mystery to sb; *Fachwissen a.* to be a closed book to sb

Verschlossenheit <-> *f kein pl* (*verschlossenes Wesen*) reservedness *no art, no pl;* (*Schweigsamkeit*) taciturnity *no art, no pl*

verschlucken* **I.** *vt* ■**etw** ~ ① (*hinunterschlucken*) to swallow sth ② (*unhörbar machen*) to absorb [*or* deaden] sth ③ (*undeutlich aussprechen*) to slur sth; (*nicht aussprechen*) to bite back on sth ④ (*verbrauchen*) to consume [*or sep* swallow up] sth **II.** *vr* ■**sich** *akk* [**an etw** *dat*] ~ to choke [on sth]

verschludern* *vt* (*pej fam*) ■**etw** ~ ① (*verlieren*) to go and lose sth ② (*verkommen lassen*) to let sth go to pieces ③ (*vergessen*) to go and forget sth

verschlungen **I.** *pp von* **verschlingen** **II.** *adj* entwined; **auf ~en Wegen** (*fig*) via obscure channels

VerschlussRR *m*, **Verschluß** *m* ① (*Schließvorrichtung*) clasp; *Deckel* fastening; *Gürtel* buckle; *Klappe, Tür* catch; *Benzintank* cap; **etw unter** ~ **halten/nehmen** to keep/put sth under lock and key ② (*Deckel*) lid; *Flasche* top

VerschlussdeckelRR *m* sealable lid

verschlüsseln* *vt* ■**etw** ~ to [en]code [*or* encipher] [*or* encrypt] sth; ■**das V~** [**einer S.** *gen* [*o* **von etw** *dat*]] [en]coding [sth]

verschlüsselt **I.** *adj* coded, in code *pred* **II.** *adv* in code

Verschlüsselung, VerschlüsslungRR <-, -en> *f* ① (*Verschlüsseln*) [en]coding *no art, no pl* ② (*Kode*) cipher, encryption

Verschlüsselungsalgorithmus *m* encryption algorithm **Verschlüsselungstechnik** *f* INFORM encryption technology

VerschlusskappeRR *f* sealable cap **VerschlusslautRR** *m* LING plosive **VerschlusssacheRR** *f* JUR confidential [*or* classified] information *no art, no pl*, confidential [*or* restricted] matter

verschmachten* *vi sein* (*geh*) ■[**vor etw** *dat*] ~ to die of sth; **vor Durst/Hunger** ~ to die of thirst/hunger [*or* to starve to death]; **vor Sehnsucht** ~ to pine away

verschmähen* *vt* (*geh*) ■**etw** ~ to reject [*or form a.* spurn] sth; (*stärker*) to scorn sth; **das Essen** ~ to turn up one's nose at the food; **verschmähte Liebe** unrequited love

verschmelzen* *irreg* **I.** *vi sein* ■**mit etw/miteinander** ~ to melt together [with sth] **II.** *vt* ■**etw** [**miteinander**] ~ (*löten*) to solder/braze sth [together]; (*verschweißen*) to weld sth [together]

Verschmelzung <-, -en> *f* ■**die/eine** ~ [**von etw mit etw**] ① (*das Verschmelzen*) fusing *no art, no pl* [sth to sth]; (*das Löten*) soldering *no art, no pl* [sth to sth]; (*das Verschweißen*) welding *no art, no pl* [sth to sth] ② ÖKON (*Unternehmenszusammenschluss*) amalgation; ~ **durch Aufnahme** merger; ~ **durch Neubildung** consolidation

Verschmelzungsprüfer(in) *m(f)* HANDEL merger auditor **Verschmelzungsvertrag** *m* HANDEL merger agreement

verschmerzen* *vt* ■**etw** ~ to get over sth

verschmieren* **I.** *vt* ① (*verstreichen*) ■**etw** [**auf etw** *dat*] ~ to apply sth [to sth]; **etw auf der Haut** ~ to apply sth to the skin, to rub sth in[to the skin]; **etw auf einer Scheibe Brot** ~ to spread sth on[to] a piece of bread ② (*verwischen*) ■**etw** ~ to smear sth ③ (*zuschmieren*) ■**etw** ~ to fill [in *sep*] sth ④ (*beschmieren*) ■**etw** ~ to make sth dirty [*or fam* grubby] **II.** *vi* to smear, to get smeared

Verschmieren <-s> *nt kein pl* TYPO (*Druck*) smearing, smudging

verschmitzt **I.** *adj* mischievous, roguish; (*listig*) sly *pej* **II.** *adv* mischievously, roguishly; (*listig*) slyly *pej;* ~ **lächeln** to smile mischievously/slyly, to give a mischievous/sly smile

Verschmitztheit <-, -en> *f* mischieviousness

verschmort *adj* smudged; *Kabel* smouldered

verschmutzen* **I.** *vt* ■**etw** ~ ① (*schmutzig werden lassen*) to make sth dirty [*or fam* grubby] ② ÖKOL to pollute sth **II.** *vi sein* ① (*schmutzig werden*) to get dirty [*or fam* grubby] ② ÖKOL to get polluted

verschmutzt *adj* dirty, soiled; **stark** ~ heavily soiled; **V~e Fahrbahn!** mud on road

Verschmutzung <-, -en> *f* ① *kein pl* soiling *no art, no pl form;* **starke** ~ heavy soiling *form* ② ÖKOL pollution *no art, no pl* ③ *meist pl* (*anhaftender Dreck*) dirt *no art, no pl*

verschnaufen* *vi, vr* (*fam*) ■[**sich**] ~ to have [*or* take] a breather

Verschnaufpause *f* breather, respite *form;* **eine** ~ **einlegen** to have [*or* take] a breather

verschneiden* *vt irreg* ■**etw** [**mit etw**] ~ to blend sth [with sth]

verschneit *adj* snow-covered *attr;* ■~ **sein** to be covered in [*or* with] snow

Verschnitt *m* ① (*Mischung*) blend ② (*Rest*) cutting loss, waste

verschnörkelt *adj* adorned with flourishes; *Schrift* ornate

verschnupft *adj* (*fam*) ① (*erkältet*) with [*or* suffering from] a cold *pred;* ■~ **sein** to have a cold ② (*indigniert*) ■~ **sein** to be in a huff, to be het up [*or* AM sore] *fam*

verschnüren* *vt* ■**etw** ~ to tie up sth *sep* [with string]; **die Schuhe** ~ to lace [*or* tie] up one's/sb's shoes

Verschnürung <-, -en> *f* lacing

verschollen *adj* missing; **eine ~e Handschrift** a lost manuscript; (*in Vergessenheit geraten a.*) a forgotten manuscript; ■[**irgendwo**] ~ **sein** to have gone missing [*or* AM *usu* have disappeared] [somewhere]

Verschollene(r) *f(m) dekl wie adj* missing person

verschonen* *vt* ■**jdn/etw** ~ to spare sb/sth; ■**jdn mit etw** ~ (*fam*) to spare sb sth; ***verschone mich bitte mit den Einzelheiten!*** please spare me the details!; **von etw verschont bleiben** to escape sth

verschönern* *vt* ■**etw** ~ to brighten up sth *sep*

Verschönerung <-, -en> *f* ① *kein pl* (*das Verschönern*) ■**die** ~ [**einer S.** *gen* [*o* **von etw** *dat*]] brightening up [sth *sep*] ② (*verschönernder Faktor*) improvement [in appearance]

Verschonung *f* sparing sb/sth

verschossen *adj Kleid, Wäsche* bleached ▶ WENDUNGEN: **in jdn** ~ **sein** (*fam*) to be crazy about sb

verschrammen* **I.** *vt* ■**etw** ~ to scratch sth **II.** *vi sein* to get [*or* become] scratched

verschränken* *vt* **die Arme/Beine/Hände** ~ to fold one's arms/cross one's legs/clasp one's hands; **mit verschränkten Armen/Beinen/Händen** with one's arms folded/legs crossed/hands clasped

verschrauben* *vt* ■**etw** [**mit etw**] ~ to screw/bolt on sth *sep*, to screw/bolt sth on[to] sth, to screw sth on [to sth]; [**miteinander**] ~ to screw/bolt together

verschrecken* *vt* ■**jdn/etw** ~ to scare off sb/sth *sep*

verschreckt *adj* frightened, scared

verschreiben* *irreg* **I.** *vt* ① (*verordnen*) ■**jdm etw** [**gegen etw**] ~ to prescribe sb sth [for sth], to prescribe sth for sb; ■**sich** *dat* **etw** [**gegen etw** *akk*] ~ **lassen** to get sth prescribed [*or* get a prescription] [for sth] ② (*durch Schreiben verbrauchen*) ■**etw** ~ to use up sth *sep* ③ (*Besitz übertragen*) ■**jdm etw** ~ to make sth over to sb **II.** *vr* ① (*falsch schreiben*) ■**sich** ~ to make a mistake [*or* slip of the pen] ② (*sich ganz widmen*) ■**sich** *akk* **einer S.** *dat* ~ to devote oneself to sth

Verschreibung *f* prescription

verschreibungspflichtig *adj* available only on [*or* by] prescription *pred*

verschrie(e)n *adj* notorious; ■[**als/wegen etw**] ~ **sein** to be notorious [for being/for sth]; **als Chauvi/Geizhals** ~ **sein** to be notorious for one's chauvinism/stinginess

verschroben *adj* eccentric, cranky *fam*

verschrotten* *vt* ■**etw** ~ to scrap sth, to turn sth into scrap; ■**etw** ~ **lassen** to scrap sth

Verschrottung <-, -en> *f* ■**die/eine** ~ [**einer S.** *gen* [*o* **von etw** *dat*]] turning [sth] into scrap, scrapping [sth]; **etw zur** ~ **geben** to send sth to be scrapped [*or* to the scrap yard]

verschrumpeln* *vi sein* (*fam*) to shrivel [up]

verschrumpelt <-er, -este> *adj* shrivelled BRIT, shriveled AM

verschüchtern* *vt* ■**jdn** ~ to intimidate sb

verschüchtert *adj* intimidated

verschulden* **I.** *vt* ■**etw** ~ to be to blame for sth **II.** *vi sein* to get [*or* go] into debt; **immer mehr** ~ to get [*or* go] deeper and deeper into debt; ■**verschuldet sein** to be in debt **III.** *vr* ■**sich** [**bei jdm**] ~ to get into debt [to sb]

Verschulden <-s> *nt kein pl* JUR fault *no indef art, no pl*, blame; **fahrlässiges** ~ negligence; **fremdes** ~ fault of another party; **konkurrierendes** ~ concurrent negligence; **das** ~ [**an etw** *dat*] **tragen** to be to blame [for sth]; **ohne jds** ~ through no fault of sb's [own]; **ohne mein** ~ through no fault of my own [*or* mine]; ~ **bei Vertragsabschluss** negligence in contracting, culpa in contrahendo; **durch eigenes** ~ through his/her fault; **ohne eigenes** ~ through no fault on one's own

Verschuldenshaftung *f* JUR liability for fault

verschuldet *adj* indebted; **hoch** ~ **sein** to be deep in debt

Verschuldung <-, -en> *f* ① (*verschuldet sein*) indebtedness *no art, no pl* ② (*Schulden*) debts *pl*

Verschuldungsgrad *m* ÖKON [equity] gearing **Verschuldungsgrenze** *f* FIN debt limit [*or* limitations] *pl*

verschütten* *vt* ① (*danebenschütten*) ■**etw** ~ to spill sth ② (*unter etw begraben*) ■**jdn** ~ to bury sb [alive]; ■**verschüttet** [**sein**] (*begraben*) [to be] buried [alive *pred*]; (*eingeschlossen*) [to be] trapped

verschwägert *adj* related by marriage *pred;* ■**mit jdm** ~ **sein** to be related [by marriage] to sb; ■**sie sind** [**miteinander**] ~ they are related [to each

V

other] [by marriage]; ■ **die V~en** the in-laws

verschweigen* *vt irreg* ■ **jdn/etw** ~ to hide [*or* conceal] sb/sth (**vor** +*dat* from); **Informationen** ~ to withhold information; **eine Vorstrafe** ~ to keep quiet about [*or* not reveal] a previous conviction; ■ **jdm** ~, **dass ...** to keep from sb the fact that ...

Verschweigen *nt kein pl* concealing, withholding, non-disclosure; **arglistiges** ~ **von Tatsachen** JUR fraudulent concealment of facts

verschweißen* *vt* ■ **etw** ~ to weld sth together

verschwenden* *vt* ■ **etw** ~ to waste sth; **keinen Blick an jdn** ~ to not spare sb a glance; **Geld/Ressourcen** ~ to squander money/resources; **seine Worte** ~ to waste one's breath; ■ **etw an/mit etw** *dat*/**für etw** *akk* ~ to waste sth on sth

Verschwender(in) <-s, -> *m(f)* waster, wasteful [*or form* prodigal] person; *Geld a.* spendthrift *pej fam; **du bist wirklich ein ~!*** you are [being] really wasteful!; *Geld* you're a real spendthrift! *pej fam*

verschwenderisch I. *adj* ① (*sinnlos ausgebend*) wasteful; **ein ~er Mensch** a wasteful [*or form* prodigal] person ② (*sehr üppig*) extravagant, sumptuous; **~e Pracht** lavish splendour [*or* AM -or]; **in ~er Fülle** in prodigal abundance *form;* **in ~em Luxus leben** to live in the lap of luxury II. *adv* wastefully; ~ **leben** to live extravagantly [*or form* prodigally]

Verschwendung <-, -en> *f* wasting *no art, no pl,* wastefulness *no art, no pl; **so eine ~!*** what a waste!

Verschwendungssucht *f kein pl* prodigality *no art, no pl form* **verschwendungssüchtig** *adj* prodigal *form*

verschwiegen *adj* ① (*diskret*) discreet; ~ **wie ein Grab [sein]** [to be] [as] silent as the grave ② (*geh: abgelegen*) secluded

Verschwiegenheit <-> *f kein pl* ① (*Diskretion*) discretion *no art, no pl,* secrecy; **berufliche** ~ professional discretion; **zur** ~ **verpflichtet sein** to be bound [*or* sworn] to secrecy; **jdn zur** ~ **verpflichten** to enjoin sb to secrecy ② (*Verborgenheit*) seclusion *no art, no pl*

Verschwiegenheitspflicht *f* JUR duty of secrecy, obligation to maintain secrecy

verschwiemelt *adj* (*fam: erschöpft*) knocked-out *pred;* (*verkatert*) hung-over *pred*

verschwimmen* *vi irreg sein* to become blurred

verschwinden* *vi irreg sein* ① (*nicht mehr da sein*) ■ **[irgendwo]** ~ to disappear [*or* vanish] [somewhere]; **am Horizont/im Wald/in der Ferne** ~ to disappear [*or* vanish] over the horizon/into the forest/into the distance; ■ **verschwunden [sein]** [to be] missing; **etw in etw** *dat* ~ **lassen** to slip sth into sth ② (*sich auflösen*) to vanish; ■ **etw ~ lassen** to make sth disappear [*or* vanish] ③ (*fam: sich davonmachen*) ■ **[irgendwohin]** ~ to disappear [somewhere]; **nach draußen/in den Keller** ~ to pop outside/down to the [wine] cellar *fam;* **verschwinde!** clear off!, get lost!, beat it! *fam,* hop it! BRIT *fam* ► WENDUNGEN: **mal** ~ **müssen** (*euph fam*) to have to pay a visit [*or* AM go to the bathroom], to have to spend a penny BRIT *dated fam*

Verschwinden <-s> *nt kein pl* disappearance (+*gen*/**von** +*dat* of)

verschwindend I. *adj* ① (*winzig*) tiny ② (*unbedeutend*) insignificant II. *adv* extremely; ~ **gering** extremely remote [*or* slight]; ~ **klein** tiny, minute; ~ **wenig** a tiny amount; ~ **wenige** very, very few

verschwistert *adj* ■ **sie sind [miteinander]** ~ they are brother/brothers and sister/sisters, they are brothers/sisters

verschwitzen* *vt* ① (*mit Schweiß durchtränken*) ■ **etw** ~ to make sth sweaty; ■ **verschwitzt** sweaty; ■ **ganz verschwitzt sein** to be all sweaty [*or* soaked [*or* bathed] in sweat] ② (*fam: durch Unachtsamkeit vergessen*) ■ **etw** ~ to forget sth; **etw völlig** ~ to forget all about sth

verschwitzt <-er, -este> *adj* ① (*mit Schweiß durchsetzt*) sweaty ② (*fam: vergessen*) forgotten

verschwollen *adj* swollen

verschwommen *adj* ① (*undeutlich*) blurred, fuzzy; **~e Umrisse** vague outlines ② (*unklar*) hazy, vague

verschworen *adj attr* sworn *attr;* (*verschwörerisch*) conspiratorial; (*heimlich tuend*) secretive

verschwören* *vr irreg* ① (*konspirieren*) ■ **sich [mit jdm] gegen jdn** ~ to conspire [*or* plot] [with sb] against sb; ■ **sich zu etw** ~ to plot sth, to conspire to do sth; ■ **etw hat sich gegen jdn verschworen** sth conspired against sb ② (*geh: sich ganz verschreiben*) ■ **sich** *akk* **etw** *dat* ~ to dedicate [*or* devote] oneself to sth

Verschworene(r) *f(m) dekl wie adj* conspirator

Verschwörer(in) <-s, -> *m(f)* conspirator

verschwörerisch <-er, -este> *adj* conspiratorial, clandestine

Verschwörung <-, -en> *f* conspiracy, plot; **eine** ~ **gegen jdn/etw organisieren** to conspire against sb/sth

versechsfachen* [-ˈzɛks-] I. *vt* ■ **etw** ~ to increase sth sixfold, to multiply sth by six II. *vr* ■ **sich** ~ to increase sixfold

versehen* *irreg* I. *vt* ① (*ausüben*) ■ **etw** ~ to perform sth; **seinen Dienst** ~ to perform [*or form* discharge] one's duties ② (*ausstatten*) ■ **jdn mit etw** ~ to provide [*or* supply] sb with sth; ■ **mit etw** ~ **sein** to be provided [*or* supplied] with sth ③ (*geh: geben*) ■ **etw mit etw** ~ to provide sth with sth; **etw mit seiner Unterschrift** ~ to append one's signature to sth *form;* **etw mit einem Vermerk** ~ to add a note to sth II. *vr* ■ **sich** ~ to make a mistake; ■ **sich** *akk* **in etw** *dat* ~ to get sth wrong ► WENDUNGEN: **ehe** **man sich's versieht** (*fam*) before you know where you are, before you could [*or* can] say Jack Robinson *dated*

Versehen <-s, -> *nt* (*Irrtum*) mistake; (*Unachtsamkeit*) oversight; **aus** [*o* **durch ein**] ~ inadvertently; (*aufgrund einer Verwechslung a.*) by mistake [*or* accident]

versehentlich I. *adj attr* inadvertent; **ein ~er Anruf** a wrong number II. *adv* inadvertently; (*aufgrund einer Verwechslung a.*) by mistake [*or* accident]

versehren* *vt* (*geh*) ■ **jdn** ~ to injure [*or* hurt] sb; ■ **etw** ~ to damage sth; ■ **versehrt sein/werden** to be/get [*or* become] injured [*or* hurt]/damaged

Versehrte(r) *f(m) dekl wie adj* disabled person

Versehrtenrente *f* disability pension

verselbstständigen[RR]* *vr,* **verselbständigen*** *vr* ■ **sich** ~ ① (*sich selbstständig machen*) to become self-employed [*or* independent] ② (*hum fam: verschwinden*) ■ **sich** ~ to disappear, to go AWOL

versenden* *vt irreg o reg* ■ **etw [an jdn]** ~ to send sth [to sb]; **bestellte Waren** ~ to dispatch [*or sep* send out] [*or form* consign] ordered goods; (*verschiffen a.*) to ship ordered goods

Versender(in) <-s, -> *m(f)* HANDEL sender, consignor

Versendung *f* sending *no art, no pl,* sending out *sep, no art, no pl,* dispatch *no art, no pl,* consignment *no art, no pl;* (*per Schiff a.*) shipment *no art, no pl;* **während der** ~ in transit

Versendungskauf *m* HANDEL sales shipment **Versendungsort** *m* HANDEL place of consignment

versengen* *vt* ■ **etw** ~ to singe sth; **etw mit einem Bügeleisen** ~ to scorch sth with an iron; ■ **sich** *dat* **etw [an etw** *dat*] ~ to singe one's sth [on sth]; ***sie hatte sich die Haare an der Kerze versengt*** the candle had singed [*or* caught] her hair

versenkbar *adj* lowerable; **eine ~e Brotschneidemaschine/Nähmaschine** a foldaway bread slicer/sewing machine; **~e Scheinwerfer** retractable headlights; **ein ~es Verdeck** a folding top

versenken* I. *vt* ① (*sinken lassen*) ■ **etw** ~ to sink sth; **das eigene Schiff** ~ to scuttle one's own ship ② (*einklappen*) ■ **etw** ~ to lower sth; **die Scheinwerfer** ~ to retract the headlights ③ (*hinunterlassen*) ■ **etw in etw** *akk* ~ to lower sth into sth ④ TECH (*ausfräsen*) **eine Bohrung** ~ to countersink a bore II. *vr* (*geh*) ■ **sich** *akk* **in etw** *akk* ~ to immerse oneself [*or* become engrossed] in sth; **sich ganz in sich selbst** ~ to become totally absorbed in oneself

Versenkung *f* ① (*das Versenken*) ■ **die** ~ [**einer S.** *gen* [*o* **von etw** *dat*]] sinking/lowering/retracting etc. [sth] ② (*das Sichversenken*) contemplation *no art, no pl* (**in** +*akk* of) ③ THEAT trap[door] ► WENDUNGEN: **aus der** ~ **auftauchen** (*fam*) to re[-]emerge on the scene; **in der** ~ **verschwinden** to vanish [*or* disappear] from the scene

versessen *adj* ■ **auf jdn/etw** ~ **sein** to be crazy [*or* mad] about [*or esp* BRIT keen on] sb/sth *fam;* **auf[s] Geld** ~ **sein** to be obsessed with money; ■ ~ **darauf sein, etw zu tun** to be dying to do sth

Versessenheit <-> *f kein pl* keenness *no art, no pl* (**auf** +*akk* on); **seine** ~ **aufs Geld** one's obsession with [*or* avidity for] money

versetzen*[1] I. *vt* ① (*woandershin beordern*) ■ **jdn [irgendwohin]** ~ to move [*or* transfer] [*or* post] sb [somewhere] ② SCH **einen Schüler [in die nächste Klasse]** ~ to move up *sep* a pupil [to the next class], to promote a student to the next class [*or* grade] AM ③ (*bringen*) **jdn in Angst** ~ to frighten sb, to make sb afraid; **jdn in Begeisterung** ~ to fill sb with enthusiasm; **eine Maschine in Bewegung** ~ to set a machine in motion; **jdn in Panik/Wut** ~ to send sb into a panic/a rage; **jdn in Sorge** ~ to worry sb, to make sb worried, to set sb worrying; **jdn in Unruhe** ~ to make sb uneasy; **jdn in die Lage** ~, **etw zu tun** to make it possible for sb to do sth ④ (*verrücken*) ■ **etw** ~ to move sth ⑤ (*verpfänden*) ■ **etw** ~ *Uhr, Schmuck, Silber* to pawn sth ⑥ (*fam: verkaufen*) ■ **etw** ~ to sell sth, to flog sth BRIT *fam* ⑦ (*fam: warten lassen*) ■ **jdn** ~ to stand up sb *sep fam* ⑧ (*geben*) **jdm einen Hieb/Schlag/Stich/Tritt** ~ to punch/hit/stab/kick sb ⑨ (*mischen*) ■ **etw mit etw** ~ to mix sth with sth; **etw mit Wasser** ~ to dilute sth [with water] ⑩ (*energisch antworten*) ■ ~, **dass ...** to retort that ... II. *vr* (*sich hineindenken*) ■ **sich in jdn/etw** ~ to put oneself in sb's shoes [*or* place] [*or* position]/sth; ***versetz dich doch mal in meine Lage*** just put yourself in my place [*or* shoes] for once

versetzen*[2] *vt* (*geh*) ■ **etw** ~ to retort sth *a. form*

Versetzung <-, -en> *f* ① ADMIN transfer; ~ **in den Ruhestand** retirement ② SCH moving up *no art, no pl,* AM *a.* promotion *no art, no pl;* **jds** ~ **ist gefährdet** sb's moving up [a class] [*or* AM promotion] is at risk

Versetzungszeugnis *nt* SCH end-of-year report, report card AM

verseuchen* *vt* ■ **etw** ~ ① (*vergiften*) to contaminate sth; **die Umwelt** ~ to pollute the environment ② INFORM to infect sth

verseucht *adj Gebiet* contaminated

Verseuchung <-, -en> *f* contamination/pollution/infection *no art, no pl*

Versfuß *m* LIT [metrical] foot *spec*

versicherbar *adj* FIN insurable; *s. a.* **versicherungsfähig**

Versicherer <-s, -> *m* insurer, underwriter; (*Lebensversicherung a.*) assurer BRIT

versichern*[1] *vt* ■ **jdn/etw [gegen etw]** ~ to insure sb/sth [against sth]; ■ **[gegen etw] versichert sein** to be insured [against sth]

versichern*[2] I. *vt* ① (*beteuern*) ■ **jdm** ~, **[dass]** ... to assure sb [that] ... ② (*geh: zusichern*) ■ **jdn einer S.** *gen* ~ to assure sb of sth; **jdn seiner Freundschaft** ~ to pledge sb one's friendship II. *vr* (*geh*) ■ **sich** *akk* **einer S.** *gen* ~ to make sure [*or* certain] of sth; **sich jds Unterstützung/Zustimmung** ~ to secure sb's support/agreement

versichert *adj* FIN insured

Versicherte(r) *f(m) dekl wie adj* insured; (*Lebensversicherung a.*) assured BRIT, insured/assured person [*or* party]

Versichertenkarte *f* medical [*or* health] insurance card

Versicherung[1] *f* ① (*~svertrag*) insurance *no pl,* insurance policy; *Lebens~ a.* assurance *no pl* BRIT ② (*~gesellschaft*) insurance company ③ *kein pl* (*das Versichern*) insurance *no art, no pl,* insuring *no art, no pl* ④ (*~gebühr*) premium

Versicherung[2] *f* ① (*Beteuerung*) assurance; **jdm die** ~ **geben, [dass]** ... to assure sb [that] ... ② JUR

(*Erklärung*) affirmation, assurance; ~ **auf den Erlebensfall/Todesfall** [ordinary] endowment insurance/straight life insurance; ~ **auf Gegenseitigkeit** mutual insurance; ~ **für fremde Rechnung** insurance for another person's account; **eidesstattliche** ~, ~ **an Eides Statt** affirmation in lieu of an oath, statutory declaration BRIT; **eidliche** ~ affidavit

Versicherungsagent(in) *m(f)* insurance agent **Versicherungsaktie** *f* BÖRSE insurance stock **Versicherungsanspruch** *m* insurance claim **Versicherungsaufsicht** *f* FIN insurance control **Versicherungsbedingungen** *pl* JUR terms of a/the policy, insurance conditions; **allgemeine** ~ standard provisions, general insurance conditions **Versicherungsbeginn** *m kein pl* JUR commencement of an/the insurance **Versicherungsbeitrag** *m* insurance premium [*or* contribution] **Versicherungsbestand** *m* JUR insurance portfolio **Versicherungsbetrug** *m* insurance fraud; (*Anspruch*) fraudulent claim **Versicherungsbranche** *f kein pl* HANDEL ① (*Geschäft*) insurance business ② (*Sparte*) insurance line **Versicherungsdauer** *f* term of an insurance policy **Versicherungsdeckung** *f* JUR cover **versicherungsfähig** *adj* FIN insurable; **nicht** ~ non-insurable, uninsurable **Versicherungsfall** *m* event covered by insurance, insurance job **Versicherungsgegenstand** *m* JUR subject matter of the insurance **Versicherungsgesellschaft** *f* insurance company; (*Lebensversicherung a.*) assurance company BRIT **Versicherungskapital** *nt* FIN insurance stock **Versicherungskarte** *f* insurance card **Versicherungskauffrau** *f fem form von* Versicherungskaufmann **Versicherungskaufmann, -kauffrau** *m, f* insurance broker [*or masc* salesman] [*or fem* saleswoman] **Versicherungslaufzeit** *f* term of an insurance [policy] **Versicherungsleistung** *f* FIN insurance benefit **Versicherungsmakler(in)** *m(f)* insurance broker **Versicherungsnehmer(in)** *m(f)* policy holder, insurant *spec* **Versicherungsperiode** *f* JUR period of insurance **Versicherungspflicht** *f* compulsory [*or* statutory] insurance *no art, no pl*; **der** ~ **unterliegen** (*sich pflichtversichern müssen*) to be liable to [take out] compulsory insurance; (*versicherungspflichtig sein*) to be subject to compulsory insurance **versicherungspflichtig** *adj* **eine ~e Person** a person liable to pay compulsory insurance; **eine ~e Tätigkeit** an activity subject to compulsory insurance **Versicherungspolice** *f* insurance policy; (*Lebensversicherung a.*) assurance policy BRIT **Versicherungsprämie** *f* insurance premium **Versicherungsrecht** *nt* JUR insurance law **Versicherungssache** *f* FIN insurance case **Versicherungsschein** *m* JUR insurance policy **Versicherungsschutz** *m kein pl* insurance cover [*or* coverage]; **vollen ~ haben** to be fully covered **Versicherungssteuer** *f* FIN insurance tax **Versicherungssumme** *f* sum insured; (*Lebensversicherung a.*) sum assured BRIT **Versicherungsträger(in)** *m(f)* JUR insurer; (*Lebensversicherung*) assurer **Versicherungsunterlagen** *pl* JUR insurance papers [*or* records] **Versicherungsverein** *m* FIN insurance company **Versicherungsverhältnis** *nt* JUR insurance relationship **Versicherungsverlust** *m* FIN underwriting loss **Versicherungsvertrag** *m* FIN insurance contract [*or* policy]; **einen ~ abschließen** to take out a policy, to effect an insurance; **einen ~ kündigen** to cancel a policy **Versicherungsvertragsgesetz** *nt* JUR Insurance Act **Versicherungsvertreter(in)** *m(f)* insurance agent, insurance company representative **Versicherungswert** *m* FIN insured value, face value of a policy

Versicherungswesen *nt* insurance [business] *no art, no pl* **Versicherungszeitraum** *m* FIN period of coverage **Versicherungszulassung** *f* FIN insurance licence [*or* AM -se] **Versicherungszwang** *m* JUR compulsory insurance

versickern* *vi sein* ■[irgendwo] ~ to seep away [somewhere]

versiebenfachen* I. *vt* ■**etw** ~ to increase sth sevenfold, to multiply sth by seven II. *vr* ■**sich** ~ to increase sevenfold [*or* by a factor of seven]

versiegeln* *vt* ■**etw** ~ ① (*verschließen*) to seal [up *sep*] sth; **versiegelte Gegenstände** JUR objects under seal ② (*widerstandsfähiger machen*) to seal sth

versiegen* *vi sein* ① (*zu fließen aufhören*) to dry up; *Fluss a.* to run dry ② (*nicht mehr zur Verfügung stehen*) to dry up ③ (*allmählich verstummen*) to peter out [*or* BRIT *a.* away]

versiert [vɛrˈziːɐt] *adj* experienced; ■[**auf/in etw** *dat*] ~ **sein** to be experienced [in sth], to be well-versed in sth, to be an expert [on/in sth]

Versiertheit <-> [vɛrˈziːɐt-] *f kein pl* prowess *no art, no pl a. form* (**in** +*dat* in), knowledge and experience + *sing vb, no art, no pl*

versilbern* *vt* ■**etw** ~ ① (*mit Silber überziehen*) to silver-plate sth; **Glas** ~ to silver glass ② (*fam: verkaufen*) to sell sth, to flog sth BRIT *fam*

Versilberung <-, -en> *f* ① *kein pl* (*das Versilbern*) silvering ② (*Silberschicht*) silver-plate

versinken *vi irreg sein* ① (*untergehen*) ■[**in etw** *dat*] ~ to sink [in sth]; ■**versunken** sunken *attr* ② (*einsinken*) ■**in etw** *dat* ~ to sink into sth

versinnbildlichen* *vt* ■**etw** ~ to symbolize [*or* represent] sth

Version <-, -en> [vɛrˈzioːn] *f* version, release

versippt *adj* related by marriage *pred;* ■**mit jdm** ~ **sein** to be related to sb by marriage

versklaven* [-vn] *vt* ■**jdn** ~ to enslave sb

Versklavung <-, -en> [-vʊŋ] *f* enslavement *no art, no pl*

Verslehre *f* study of verse

verslumen* [fɛɐˈslamən] *vi sein* to become a slum; **ein verslumtes Viertel** a slum quarter

Versmaß *nt* LIT metre [*or* AM -er] *spec*

versnobt *adj* snobbish, snobby *fam*

versoffen *adj* (*sl*) boozy *fam;* **ein ~er Kerl** a boozer *fam*, a lush *sl*, a soak *dated fam*

versohlen* *vt* (*fam*) ■**jdn** ~ to whack sb *fam;* ■**jdm etw** ~ to whack sb's sth

versöhnen* I. *vr* ■**sich mit jdm** ~ to make it up with sb, to be reconciled with sb; ■**sich** [**miteinander**] ~ to become reconciled, to make [it] up II. *vt* ① (*aussöhnen*) ■**jdn mit jdm** ~ to reconcile sb with sb ② (*besänftigen*) ■**jdn** [**mit etw**] ~ to mollify [*or* placate] [*or pej* appease] sb [with sth] *form*

versöhnlich *adj* ① (*zur Versöhnung bereit*) conciliatory; **jdn ~ stimmen** to appease sb *pej form* ② (*erfreulich*) upbeat

Versöhnung <-, -en> *f* reconciliation *no art, no pl;* **zur** ~ in reconciliation

Versöhnungsgeste *f* gesture of reconciliation **Versöhnungsklausel** *f* JUR conciliation clause

versonnen I. *adj* dreamy; ■~ **sein** to be lost in thought II. *adv* dreamily, lost in thought

versorgen* *vt* ① (*betreuen*) ■**jdn** ~ to take care of [*or* look after] sb; **die Schweine/meine Blumen** ~ to take care of the pigs/my flowers; ■**etw** ~ to look after sth; **die Heizung** ~ to look after [*or* see to] the heating ② (*versehen*) ■**jdn mit etw** ~ to supply sb with sth; ■**sich mit etw** ~ to provide oneself with sth; **jdn mit Bargeld** ~ to provide sb with cash; **sich selbst** ~ to look after [*or* take care of] oneself; ■[**mit etw**] **versorgt sein** to be supplied [with sth] ③ (*medizinisch behandeln*) ■**jdn/etw** ~ to treat sb/sth ④ (*zukommen lassen*) ■**etw mit etw** ~ to supply sth with sth

Versorger(in) <-s, -> *m(f)* ① (*Ernährer*) provider ② (*Belieferer*) supplier

versorgt *adj* looked after, taken care of

Versorgung <-> *f kein pl* ① (*das Versorgen*) care *no art, no pl;* **die ~ des Haushalts** the housekeeping; **alltägliche** ~ JUR physical custody ② (*das Ausstatten*) supply *no pl*, supplying *no art, no pl;* **die ~ der Stadt mit Strom** the supply of electricity [*or* electricity supply] to the town; **medizinische** ~ provision of medical care

Versorgungsabschlag *m* JUR reduction in benefit **Versorgungsaktie** *f* BÖRSE utility **Versorgungsanspruch** *m* JUR entitlement to a pension **Versorgungsanwartschaft** *f* JUR pension expectancy, future pension rights *pl* **Versorgungsausfall** *m* JUR loss of pension **Versorgungsausgleich** *m* JUR statutory equalization of pensions **versorgungsberechtigt** *adj* entitled to benefit **Versorgungsberechtigte(r)** *f(m)* JUR person entitled to public support **Versorgungsbetrieb** *m* ÖKON public utility; **öffentlicher** ~ public utility **Versorgungsbezüge** *pl* FIN superannuation benefits **Versorgungsempfänger(in)** *m(f)* JUR recipient of benefit **Versorgungsengpass**[RR] *m* ÖKON supply bottleneck **Versorgungsflug** *m* relief flight **Versorgungsfreibetrag** *m* FIN age relief **Versorgungsgüter** *pl* ÖKON supplies **Versorgungskette** *f* supply chain **Versorgungskonvoi** *m* supply [*or* relief] [*or* aid] convoy **Versorgungslage** *f* HANDEL supply situation; **angespannte** ~ tight supply situation **Versorgungsleistung** *f* benefit **Versorgungsleitung** *f* supply line **Versorgungslücke** *f* gap in supplies **Versorgungsnetz** *nt* ① ÖKON *von Waren* supply network ② (*mit Wasser*) supply grid **Versorgungspflicht** *f* FIN pension obligation **Versorgungsprinzip** *nt* ÖKON welfare principle **Versorgungsrecht** *nt kein pl* JUR *der Beamten* benefit laws *pl* **Versorgungsschwierigkeiten** *pl* supply problems *pl* **Versorgungsvertrag** *m* JUR supply agreement, contract of supply **Versorgungswirtschaft** *f kein pl* ÖKON public utilities *pl* **Versorgungszusage** *f* ÖKON pension commitment, promise of a pension

verspachteln* *vt* ■**etw** ~ ① BAU (*ausfüllen*) to fill in sth *sep* ② (*fam: aufessen*) to put away sth *sep*

verspannen* I. *vr* ■**sich** ~ to tense up; ■**verspannt** tense[d up] II. *vt* ■**etw** ~ to brace [*or spec* stay] [*or spec* guy] sth

Verspannung *f* tenseness *no art, no pl;* **eine ~ der Schultern** shoulder tension

verspannungsfrei *adj* BAU torsion-free

verspäten* *vr* ■**sich** [**um etw**] ~ to be late

verspätet I. *adj* ① (*zu spät eintreffend*) delayed ② (*zu spät erfolgend*) late II. *adv* late; (*nachträglich*) belatedly

Verspätung <-, -en> *f* delay; *Flugzeug* late arrival; ***entschuldigen Sie bitte meine*** ~ I'm sorry I'm late; ~ **haben** to be late; **mit** ~ late; **mit** [**zwanzigminütiger/einer Stunde**] ~ **abfahren/ankommen** to leave/arrive [twenty minutes/an hour] late

Verspätungszuschlag *m* JUR default fine, delay penalty

verspeisen* *vt* (*geh*) ■**etw** ~ to consume sth

verspekulieren* I. *vr* ■**sich** ~ ① (*fam: sich verrechnen*) to miscalculate ② FIN to speculate very badly; (*sich ruinieren*) to ruin oneself by speculation II. *vt* ■**etw** ~ to lose sth through speculation

versperren* *vt* ① (*blockieren*) ■[**jdm**] **etw** ~ to block [sb's] sth; **jdm den Weg** ~ to bar sb's way ② DIAL (*abschließen*) ■**etw** ~ to lock sth ③ (*nehmen*) **jdm die Sicht** ~ to block [*or* obstruct] sb's view

verspielen* I. *vt* ■**etw** ~ ① (*beim Glücksspiel verlieren*) to gamble away sth *sep*, to lose sth [by gambling] ② (*sich leichtfertig um etw bringen*) to squander [*or sep* throw away] sth II. *vi* ▶ WENDUNGEN: **verspielt haben** to have had it; **bei jdm verspielt haben** to burn one's bridges [*or* BRIT *a.* boats] with sb III. *vr* ■**sich** ~ to play a bum note *fam*

verspielt *adj* ① (*gerne spielend*) playful ② MODE fanciful, fussy *pej*

versponnen *adj* foolish, airy-fairy BRIT *fam;* **~e Ideen** [*o* **Vorstellungen**] odd [*or* eccentric] [*or* wild] ideas

verspotten* *vt* ■**jdn/etw** ~ to mock [*or* ridicule] sb/sth

Verspottung <-, -en> *f* mocking *no art, no pl*, ridiculing *no art, no pl*

versprechen*[1] *irreg* I. *vt* ① (*zusichern*) ■[**jdm**] **etw** ~ to promise [sb] sth [*or* sth to sb]; ■[**jdm**] ~, **etw zu tun** to promise to do sth, to promise sb [that] one will do sth; ■[**jdm**] ~, **dass etw geschieht** to

V

promise [sb] [that] sth will happen; *ich kann nicht ~, dass es klappt* I can't promise it will work ❷ (*erwarten lassen*) ■etw ~ to promise sth; ■~, etw zu werden to promise to be sth; *das Wetter verspricht schön zu werden* the weather looks promising; *s. a.* Gute(s) 1 II. *vr* ❶ (*sich erhoffen*) ■sich *dat* etw von jdm/etw ~ to hope for sth from sb/sth ❷ (*falsch sprechen*) to make a slip of the tongue; sich ständig versprechen to keep getting the words mixed up

versprechen*[2] *irreg vr* ■sich ~ to slip up, to make a mistake; (*etw ungewollt preisgeben*) to make a slip of the tongue

Versprechen <-s, -> *nt* promise; jdm das ~ geben, etw zu tun to promise to do sth, to promise sb [that] one will do sth; jdm das ~ abnehmen, etw zu tun to make sb promise to do sth; ein ~ brechen to go back on [*or* break] a promise

Versprechensempfänger(in) *m(f)* JUR promisee

Versprecher <-s, -> *m* (*fam*) slip of the tongue; ein freudscher ~ a Freudian slip

Versprechung <-, -en> *f meist pl* promise; leere ~en empty promises

versprengen* *vt* ❶ (*auseinander treiben*) ■jdn/etw ~ to scatter sb/sth; versprengte Soldaten soldiers who have been separated from their units ❷ (*verspritzen*) ■etw ~ to sprinkle sth; Weihwasser ~ to sprinkle holy water

verspritzen* *vt* ❶ (*verteilen*) ■etw ~ to spray sth; Weihwasser ~ to sprinkle holy water ❷ (*versprühen*) ■etw ~ to spray sth; Tinte ~ to squirt [*or* spray] ink ❸ (*ausspritzen*) ■etw ~ to spray sth ❹ (*verkleckern*) ■[jdm] etw ~ to sp[l]atter [sb's] sth

versprühen* *vt* ■etw [auf etw *akk o dat*] ~ to spray sth [on[to] sth]; Funken ~ to cut [*or sep* send up] sparks; Gülle auf den Feldern ~ to spray [*or* spread] slurry on the fields; Optimismus ~ to dispense optimism

verspüren* *vt* (*geh*) ■etw ~ to feel sth; keinerlei Reue ~ to feel no remorse at all; er verspürte plötzlich eine panische Angst, dass... he was suddenly terrified that ...

verstaatlichen* *vt* ■etw ~ to nationalize sth; ■verstaatlicht nationalized

Verstaatlichung <-, -en> *f* nationalization *no art, no pl*

Verstädterung <-> *f kein pl* urbanization

verstand *imp von* **verstehen**

Verstand <-[e]s> *m kein pl* reason *no art, no pl;* jdm ~ zutrauen to think sb has [common] sense; bei klarem ~ sein to be in full possession of one's faculties [*or* in one's right mind]; bist du noch bei ~? (*fam*) are you quite right in the head? *fam;* seinen ~ anstrengen (*fam*) to think hard; jdn um den ~ bringen to drive sb out of his/her mind; über jds ~ gehen to be beyond sb; nicht bei ~ sein to not be in one's right mind; da bleibt einem der ~ stehen the mind boggles; den ~ verlieren to lose [*or* go out of] one's mind; etw mit ~ essen/genießen/trinken to savour [*or* AM -or] sth; etw ohne ~ essen/rauchen/trinken to eat/smoke/drink sth without savouring [*or* AM -oring] it

verstanden *pp von* **verstehen**

Verstandeskraft *f kein pl* mental powers *pl,* intellectual faculties *pl*

verstandesmäßig *adj* rational

Verstandesmensch *m s.* **Vernunftmensch**

verständig *adj* (*vernünftig*) sensible; (*einsichtig*) cooperative; (*sach~*) informed; (*klug*) intelligent; sich ~ zeigen to show cooperation, to be cooperative

verständigen* I. *vt* ■jdn [von etw] ~ to notify [*or* inform] sb [of sth] II. *vr* ❶ (*sich verständlich machen*) ■sich [durch etw] ~ to communicate [*or* make oneself understood] [by sth] ❷ (*sich einigen*) ■sich *akk* mit jdm [über etw *akk*] ~ to come to an understanding with sb [about sth]; ■sich *akk* [miteinander] [über etw *akk*] ~ to reach an agreement [with each other] [about sth]

Verständigkeit <-> *f kein pl* common sense *no art, no pl*

Verständigung <-, *selten* -en> *f* ❶ (*Benachrichtigung*) notification *no art, no pl* ❷ (*Kommunikation*) communication *no art, no pl;* die ~ am Telefon war schlecht the telephone line was bad ❸ (*Einigung*) agreement *no pl,* understanding *no pl;* mit jdm zu einer ~ kommen [*o* eine ~ erzielen] (*geh*) to reach an agreement with sb

verständigungsbereit <-er, -este> *adj* willing to negotiate **Verständigungsbereitschaft** *f kein pl* readiness [*or* willingness] *no pl* to reach an agreement; ~ zeigen to be willing [*or* prepared] to reach an agreement **Verständigungsschwierigkeiten** *pl* communication difficulties *pl,* difficulties *pl* in communicating **Verständigungsvereinbarung** *f* JUR agreement **Verständigungsverfahren** *nt* JUR mutual agreement procedure

verständlich I. *adj* ❶ (*begreiflich*) understandable; ■etw ist jdm ~ sb understands sth; jdm etw ~ machen to make sb understand sth [*or* sth clear to sb]; sich ~ machen to make oneself understood [*or* clear] ❷ (*gut zu hören*) clear, intelligible; sich ~ machen to make oneself understood [*or* heard] ❸ (*leicht zu verstehen*) clear, comprehensible II. *adv* ❶ (*vernehmbar*) clearly ❷ (*verstehbar*) in a comprehensible way, comprehensibly

verständlicherweise *adv* understandably

Verständlichkeit <-> *f kein pl* ❶ (*Begreiflichkeit*) understandability *no art, no pl* ❷ (*Hörbarkeit*) audibility *no art, no pl* ❸ (*Klarheit*) clarity *no art, no pl,* comprehensibility *no art, no pl*

Verständnis <-ses, *selten* -se> *nt* ❶ (*Einfühlungsvermögen*) understanding *no art, no pl;* für etw ~ haben [*o* aufbringen] to have sympathy for sth, to sympathize with sth; für etw kein ~ haben [*o* aufbringen] to have no sympathy for sth; *dafür habe ich absolut kein ~* that is completely beyond my comprehension ❷ (*das Verstehen*) comprehension *no art, no pl,* understanding *no art, no pl*

verständnislos I. *adj* uncomprehending; ein ~er Blick a blank look II. *adv* uncomprehendingly, blankly

Verständnislosigkeit *f* lack of understanding

verständnisvoll *adj* understanding; (*voller Einfühlungsvermögen*) sympathetic

verstärken* I. *vt* ❶ (*stärker machen*) ■etw ~ to strengthen sth; (*durch stärkeres Material a.*) to reinforce sth ❷ (*vergrößern*) ■etw [auf/um etw *akk*] ~ to increase sth [to/by sth]; Truppen ~ to reinforce troops ❸ (*intensivieren*) ■etw ~ to intensify [*or* increase] sth ❹ (*erhöhen*) ■etw ~ to increase sth ❺ (*Lautstärke erhöhen*) ■etw ~ to amplify [*or* boost] sth II. *vr* ■sich ~ to increase; *der anfängliche Eindruck verstärkte sich* the initial impression was reinforced

Verstärker <-s, -> *m* ❶ TECH amplifier, amp *fam;* rauscharmer ~ low noise amplifier ❷ BIOL, PSYCH reinforcer

Verstärkung *f* ❶ (*das Verstärken*) strengthening *no art, no pl; Signale* amplification ❷ (*Vergrößerung*) reinforcement *no art, no pl* ❸ (*Intensivierung*) intensification *no art, no pl,* increase ❹ (*Erhöhung*) increase ❺ BIOL, PSYCH reinforcement

verstauben* *vi sein* (*staubig werden*) to get dusty [*or* covered in dust]; (*unberührt liegen*) to gather dust; ■verstaubt dusty, covered in dust *pred*

verstaubt *adj* (*altmodisch*) outmoded *pej,* old-fashioned *a. pej*

verstauchen* *vt* ■sich *dat* etw ~ to sprain one's sth

Verstauchung <-, -en> *f* sprain

verstauen* *vt* ■etw [auf/in etw *dat*] ~ to pack [away *sep*] sth [on/in sth]; *das Fass können wir doch im Keller ~* we can stow [*or* put] that barrel in the cellar; etw in der Spülmaschine ~ to load sth into the dishwasher

Versteck <-[e]s, -e> *nt* hiding place; *Verbrecher* hideout

verstecken* *vt* ■etw [vor jdm] ~ to hide sth [from sb]; ■sich *akk* [hinter/in/unter etw *dat*] ~ to hide [behind/in/under sth]; ■sich vor jdm ~ to hide from sb; sich vor [*o* neben] jdm/etw nicht zu ~ brauchen to not need to fear comparison with sb/sth; *s. a.* versteckt

Verstecken *nt* ~ spielen to play hide-and-seek; [vor [*o* mit] jdm] ~ spielen to hide [*or* conceal] sth [from sb], to keep sth from sb

Versteckspiel *nt* ❶ (*Kinderspiel*) [game of] hide-and-seek ❷ (*Versuch, etw zu verbergen*) pretence at concealment

versteckt I. *adj* ❶ (*verborgen*) hidden; (*vorsätzlich a.*) concealed ❷ (*abgelegen*) secluded ❸ (*unausgesprochen*) veiled II. *adv* ~ liegen to be secluded

verstehen <verstand verstanden> I. *vt* ❶ (*akustisch unterscheiden*) ■jdn/etw ~ to hear [*or* understand] sb/sth; *ich verstehe nicht, was da gesagt wird* I can't make out what's being said; *~ Sie mich gut [o können Sie mich gut ~]?* can you hear me properly?; *ich kann Sie nicht [gut] ~* I don't understand [very well] what you're saying ❷ (*begreifen*) ■etw ~ to understand sth; *haben Sie das jetzt endlich verstanden?* have you finally got it now?; ■~, dass/warum/was/wie ... to understand [that]/why/what/how ...; jdm etw zu ~ geben to give sb to understand sth, to make sb understand sth; *sie gab ihm ihren Unmut deutlich zu ~* she clearly showed him her displeasure; jdm zu ~ geben, dass ... to give sb to understand that ...; [ist das] verstanden? [is that] understood?, [do you] understand? ❸ (*sich einfühlen können*) ■jdn ~ to understand sb; jdn falsch ~ [*o* nicht recht] to misunderstand sb; *versteh mich recht* don't misunderstand me, don't get me wrong; sich nicht verstanden fühlen to feel misunderstood ❹ (*mitempfinden können*) ■etw ~ to understand sth; ■~, dass ... to understand [*or* see] [that] ... ❺ (*können, beherrschen*) ■etw ~ to understand sth; *ich verstehe genügend Französisch, um mich in Paris zu verständigen* I know enough French to make myself understood in Paris; ■es ~, etw zu tun to know how to do sth; *du verstehst es wirklich meisterhaft, im unpassendsten Moment zu kommen* you're an absolute genius at [*or* you have an amazing knack of] turning up at the most inconvenient moment; ■etwas/viel/nichts von etw ~ to know something/a lot/nothing about sth ❻ (*auslegen*) ■etw unter etw *dat* ~ to understand sth by [*or* as] sth; wie darf [*o* soll] ich das ~? how am I to interpret that?, what am I supposed to make of that?; darf ich unter dieser Bemerkung ~, dass ...? am I to understand by this remark that ...?; *unter diesem schwammigen Begriff kann man vieles ~* this woolly concept can be interpreted in a number of ways; *dieser Brief ist durchaus als Drohung zu ~* this letter is certainly to be taken [*or* seen] as a threat; *meiner Meinung nach ist diese Textstelle anders zu ~* I believe this passage has a different meaning [*or* interpretation] II. *vr* ❶ (*auskommen*) ■sich mit jdm ~ to get on [*or* AM along] with sb; ■sie ~ sich they get on [*or* AM along] with each other, they get on together; sich prächtig ~ to get along like a house on fire; ~ wir uns? do we understand each other?; wir ~ uns we understand one another ❷ (*beherrschen*) ■sich *akk* auf etw *akk* ~ to know all about [*or* be [an] expert at] sth ❸ (*sich einschätzen*) ■sich *akk* als etw ~ to see oneself as [*or* consider oneself to be] sth ❹ (*zu verstehen sein*) *alle Preise ~ sich inklusive Mehrwertsteuer* all prices are inclusive of VAT; etw versteht sich von selbst sth goes without saying; versteht sich! (*fam*) of course! III. *vi* ❶ (*hören*) to understand; *können Sie mich überhaupt hören? — ja, ich verstehe* can you even hear me? — yes, I hear you ❷ (*begreifen*) to understand, to see; wenn ich recht verstehe if I understand correctly; verstehst du?, verstanden? [do you] understand?, understood?; verstehst du/versteht ihr/~ Sie? you know?, [you] see?

versteifen* I. *vr* ❶ (*sich verhärten*) ■sich ~ to harden ❷ (*auf etw beharren*) ■sich *akk* auf etw *akk* ~ to insist on sth ❸ MED ■sich ~ to stiffen [up], to become stiff II. *vt* ■etw ~ to strengthen [*or* reinforce] sth **III.** *vi* BAU to shore

Versteifung <-, -en> *f* ① (*Verhärtung*) hardening *no art, no pl* ② (*das Beharren*) insisting, entrenchment ③ MED stiffening *no art, no pl* ④ FIN tightening; ~ **des Geldmarktes** tightening of the money market ⑤ BAU strutting

versteigen* *vr irreg* (*geh*) ■ **sich zu etw** ~ to have the presumption to do sth; ***sie verstieg sich zu den abstrusesten Anschuldigungen*** she was propounding the most abstruse accusations

Versteigerer(in) <-s, -> *m(f)* auctioneer

versteigern* *vt* ■ **etw** ~ to auction [off *sep*] sth; **etw meistbietend** ~ to sell [*or* auction [off *sep*]] sth to the highest bidder; ■ **etw** ~ **lassen** to put up *sep* sth for auction

Versteigerung *f* ① (*das Versteigern*) auctioning *no art, no pl*; **zur** ~ **kommen** (*geh*) to be auctioned, to be put up for auction ② (*Auktion*) auction, public sale; **öffentliche** ~ public auction [*or* sale]

Versteigerungserlös *m* FIN auction proceeds *pl* **Versteigerungsfirma** *f* [firm of] auctioneers **Versteigerungskauf** *m* auction sale **Versteigerungsverfahren** *nt* JUR auctioneering procedure **Versteigerungsvermerk** *m* JUR entry of public auction

versteinern **I.** *vi sein* to fossilize, to become fossilized; *Holz* to petrify, to become petrified **II.** *vt* ■ **etw** ~ to harden sth **III.** *vr* ■ **sich** ~ to harden; *Lächeln* to become fixed

versteinert *adj* ① (*zu Stein geworden*) fossilized; **~es Holz** petrified wood ② (*geh: starr*) stony

Versteinerung <-, -en> *f* fossil

verstellbar *adj* adjustable; ■ [**in etw** *dat*] ~ **sein** to be adjustable [for sth]; **in der Höhe** ~ **sein** to be adjustable for height [*or* height-adjustable]

verstellen* **I.** *vt* ■ **etw** ~ ① (*anders einstellen*) to adjust sth; **etw in der Höhe** ~ to adjust sth for height ② (*anders regulieren*) to adjust [*or* alter the setting of] sth ③ (*woandershin stellen*) to move sth ④ (*unzugänglich machen*) to block sth; **jdm den Weg** ~ to block sb's path, to stand in sb's way ⑤ (*verändern*) to disguise sth **II.** *vr* ■ **sich** ~ to put on an act, to dissemble *form*

Verstellschraube *f* adjustable screw

Verstellung *f* ① (*das Verstellen*) ■ **die** ~ [**einer S.** *gen* [*o* **von etw** *dat*]] an adjustment [to sth], adjusting [sth] ② *kein pl* (*Heuchelei*) pretence *no pl*, sham *no pl*

Verstellungskünstler(in) <-s, -> *m(f)* (*iron*) an artist of pretention

versteppen* *vi sein* to turn into desert

Versteppung <-, -en> *f* desertification

versterben* *vi irreg sein* (*geh*) ■ [**an etw** *dat*] ~ to die [from [*or* of] sth], to pass away [*or* on]

versteuern* *vt* ■ **etw** ~ to pay tax on sth; ■ **zu ~d** taxable

Versteuerung *f* payment of tax

verstimmen* *vt* ① MUS ■ **etw** ~ to put sth out of tune ② (*verärgern*) ■ **jdn** ~ to put sb out [*or* in a bad mood], to annoy sb

verstimmt **I.** *adj* ① MUS out of tune ② (*verärgert*) ■ [**über etw** *akk*] ~ **sein** to be put out [*or* disgruntled] [about sth]; *s. a.* **Magen II.** *adv* ill-temperedly, *esp* BRIT tetchily

Verstimmung *f* disgruntled [*or* bad] mood, *esp* BRIT tetchiness *no art, no pl*

verstockt *adj* obstinate, stubborn, obdurate *pej form*

Verstocktheit <-> *f kein pl* stubbornness *no art, no pl*, obstinacy *no art, no pl*, obduracy *no art, no pl pej form*

verstohlen **I.** *adj* furtive, surreptitious **II.** *adv* furtively, surreptitiously; **jdn** ~ **ansehen** to give sb a furtive [*or* surreptitious] look

verstopfen* **I.** *vt* ① (*zustopfen*) ■ **etw** [**mit etw**] ~ to block up *sep* sth [with sth]; **sich** *dat* **die Ohren** ~ to stop up *sep* one's ears ② (*blockieren*) ■ **etw** ~ to block up sth; **Poren** ~ to clog pores **II.** *vi sein* to get [*or* become] blocked [up]

verstopft *adj* ① (*überfüllt*) blocked, congested; **eine ~e Innenstadt** a gridlock ② (*verschnupft*) blocked, congested, stuffed [*or* BRIT bunged] up ③ MED constipated

Verstopfung <-, -en> *f* ① MED constipation *no art, no pl*; ~ **haben** to be constipated ② (*Blockierung*) blockage

verstorben *adj* (*geh*) deceased *form*, late *attr*

Verstorbene(r) *f(m) dekl wie adj* deceased *form*

verstören* *vt* ■ **jdn** ~ to distress sb

verstört **I.** *adj* distraught; **einen ~en Eindruck machen** to appear distraught [*or* distressed] **II.** *adv* in distress [*or* agitation]

Verstoß *m* violation; JUR breach, infringement, offence; ■ **Verstöße gegen etw** violations [*or* infringements] [*or form* contraventions] of sth; ~ **gegen das Gesetz** breach of the law; ~ **gegen die guten Sitten** unethical behaviour, infringement of bonos mores; **Verstöße gegen die Zollvorschriften** customs offences; **einen** ~ **gegen etw begehen** to commit a violation of sth

verstoßen* *irreg* **I.** *vi* ■ **gegen etw** ~ to violate [*or* infringe] [*or form* contravene] [*or* be in breach of] sth; **gegen das Gesetz** ~ to contravene [*or* be in contravention of] the law *form*; **gegen die Disziplin** ~ to violate [*or* commit a breach of] discipline **II.** *vt* ■ **jdn** [**aus/wegen etw**] ~ to expel sb [out of/on the grounds of sth]; **jdn aus dem Elterhaus** ~ to throw [*or* cast] sb out of the parental home

verstrahlen *vt* ■ **jdn/etw** ~ to contaminate sb/sth with radiation; ■ **verstrahlt** contaminated by radiation *pred*

verstrahlt <-er, -este> *adj* ÖKOL, PHYS contaminated [by radiation]

Verstrebung <-, -en> *f* ① *kein pl* BAU (*das Verstreben*) supporting, bracing ② (*Strebebalken*) support[ing] beam

verstreichen* *irreg* **I.** *vt* ① (*streichend auftragen*) ■ **etw** ~ to apply [*or sep* put on] sth; **Farbe** ~ to apply a coat of paint; ■ **etw auf etw** *dat* ~ to apply sth to [*or* put sth on[to]] sth ② (*streichend verbrauchen*) ■ **etw** ~ to use up sth *sep* ③ KOCHK ■ **etw** [**auf etw** *dat*] ~ to spread sth [on sth]; ■ **Butter auf etw** *dat* ~ to spread butter on [*or* to butter] sth **II.** *vi sein* to pass [by]; *Zeitspanne a.* to elapse; ■ **eine Frist/einen Termin** ~ **lassen** to let a deadline pass, to miss a deadline

verstreuen* *vt* ① (*ausstreuen*) ■ **etw** [**auf etw** *dat*] ~ to scatter [about *sep*] sth [on sth]; **Salz/Vogelfutter** ~ to put down *sep* salt/bird feed ② (*versehentlich verschütten*) ■ **etw** ~ to spill sth ③ (*achtlos hinwerfen*) ■ **etw irgendwo** ~ to scatter sth somewhere; **Spielsachen im ganzen Haus** ~ to scatter toys all round the house

verstreut *adj* (*einzeln liegend*) isolated; (*verteilt*) scattered

verstricken* **I.** *vt* ① (*beim Stricken verbrauchen*) ■ **etw** ~ to use [up *sep*] sth ② (*geh: verwickeln*) ■ **jdn in etw** *akk* ~ to involve sb in sth, to draw sb into sth **II.** *vr* ■ **sich** *akk* **in etw** *akk* ~ to become [*or* get] entangled [*or* caught up] in sth

Verstrickung <-, -en> *f* involvement *no pl*; **trotz der** ~ **in Widersprüche** despite getting entangled [*or* caught up] in contradictions

Verstrickungsbruch *m* JUR interference with attachment

verstromen* *vt* ELEK ■ **etw** ~ to convert sth into electricity

verströmen* *vt* (*geh*) ■ **etw** ~ to exude sth

verstümmeln* *vt* ① (*entstellen*) ■ **jdn** ~ to mutilate sb; (*verkrüppeln*) to maim sb; ■ **sich** ~ to mutilate/maim oneself ② (*durch Lücken entstellen*) ■ **etw** ~ to disfigure sth ③ (*unverständlich machen*) ■ **etw** ~ to garble sth; **einen Text** ~ (*schriftlich*) to mutilate a text; (*mündlich*) to mangle a text

Verstümmelung <-, -en> *f* ① *kein pl* (*das Verstümmeln*) mutilation *no art, no pl*, maiming *no art, no pl* ② (*verstümmelter Körperteil*) mutilation

verstummen* *vi sein* (*geh*) ① (*in Schweigen verfallen*) to fall silent; ■ **jdn/etw** ~ **lassen** to silence sb/sth; **vor Entsetzen** ~ to be struck dumb [*or* be speechless] with terror ② (*sich legen*) to die away, to subside

Versuch <-[e]s, -e> *m* ① (*Bemühen*) attempt; **ein vergeblicher** ~ a vain [*or* futile] attempt; **der** ~, **etw zu tun** the attempt to do/at doing sth; **einen** ~ **machen** to make an attempt, to give it a try; **einen** ~ **starten** to have a go; **es auf einen** ~ **ankommen lassen** to give it a try [*or* go]; **mit jdm einen** ~ **machen** to give sb a try ② (*Experiment*) experiment; **einen ~/~e** [**an jdm/einem Tier**] **machen** to carry out an experiment/experiments [on sb/an animal] ③ SPORT attempt ④ JUR (*Ansatz*) attempt; **Rücktritt vom** ~ abandonment of an attempt; **untauglicher** ~ attempt impossible of fulfilment

versuchen* **I.** *vt* ① (*probieren*) ■ **etw** ~ to try [*or* attempt] sth; ■ **es mit jdm/etw** ~ to give sb/sth a try, to try sb/sth ② (*kosten*) ■ **etw** ~ to try [*or* taste] sth ③ (*in Versuchung führen*) ■ **jdn** ~ to tempt sb; ■ **versucht sein, etw zu tun** to be tempted to do sth **II.** *vi* ■ ~, **etw zu tun** to try doing/to do sth; ■ ~, **ob ...** to [try and] see whether [*or* if] ... **III.** *vr* ■ **sich** *akk* **an/auf/in etw** *dat* ~ to try one's hand at sth

Versucher(in) <-s, -> *m(f)* ① (*geh: Verführer(in)*) tempter *masc*, *fem* temptress ② REL (*Teufel*) **der** ~ the Tempter

Versuchsabteilung *f* ÖKON test [*or* research] department **Versuchsaffe** *m* experimental [*or* laboratory] monkey **Versuchsanlage** *f* ① (*Prüffeld*) testing plant ② (*Erprobungsanlage*) experimental [*or* pilot] plant **Versuchsanordnung** *f* set-up of an experiment **Versuchsanstalt** *f* research institute **Versuchsballon** *m* METEO sounding balloon ▶ WENDUNGEN: **einen** ~ **loslassen** to fly a kite **Versuchsbetrieb** *m* HANDEL pilot plant **Versuchsbohrung** *f* experimental drilling **Versuchsergebnis** *nt* test result **Versuchsfeld** *nt* AGR, SCI research [*or* test] field **Versuchsgelände** *nt* testing [*or* proving] ground **Versuchsgruppe** *f* test group **Versuchskaninchen** *nt* (*fam*) guinea pig **Versuchslauf** *m* test run **Versuchsperson** *f* test subject **Versuchspräparat** *nt* experimental preparation **Versuchsprojekt** *nt* pilot project **Versuchsreihe** *f* series of experiments **Versuchsstadium** *nt* experimental stage **Versuchsstrecke** *f* test route; (*auf Firmengelände*) test track **Versuchstier** *nt* laboratory animal

versuchsweise *adv* on a trial basis

Versuchung <-, -en> *f* temptation *no art, no pl*; **der** ~ **erliegen** to succumb to temptation; **jdn in** ~ **führen** to lead sb into temptation; **in** ~ **geraten** [*o* **kommen**][, **etw zu tun**] to be tempted [to do sth]

versumpfen* *vi sein* ① (*sumpfig werden*) to become marshy [*or* boggy] ② (*sl: die Nacht durchzechen*) to booze it up *fam*, to have a real booze-up *esp* BRIT *fam*

versündigen* *vr* (*geh*) ① REL ■ **sich** [**an jdm/etw**] ~ to sin [against sb/sth] ② (*etw misshandeln*) ■ **sich** *akk* **an etw** *dat* ~ to abuse sth

versunken *adj* ① (*untergegangen*) sunken *attr*; **eine ~e Kultur** a submerged [*or* long-vanished] culture; **eine ~e Zivilisation** a lost [*or* long-vanished] civilization ② (*vertieft*) ■ **in etw** *akk* ~ **sein** to be absorbed [*or* immersed] in sth; **in ihren Anblick** ~ **sein** to be absorbed in looking at her; **in Gedanken** ~ **sein** to be lost [*or* immersed] in thought

versüßen* *vt* ■ **jdm etw** [**mit etw**] ~ to sweeten sb's sth [with sth], to make sth more pleasant for sb; ■ **sich** *dat* **etw** [**mit etw** *dat*] ~ to sweeten one's sth [with sth]

Vertäfelung <-, -en> *f* panelling BRIT, paneling AM

vertagen* **I.** *vt* ■ **etw** [**auf etw** *akk*] ~ to adjourn sth [until sth]; **eine Entscheidung** [**auf etw** *akk*] ~ to postpone [*or sep* hold over] [*or fam* shelve] a decision [until sth]; **Parlament** ~ to prorogue parliament *spec* **II.** *vr* ■ **sich** *akk* [**auf etw** *akk*] ~ to be adjourned [until sth]; **das Parlament wird** ~ parliament is prorogued *spec*

Vertagung *f* adjournment; *Parlament* prorogation *spec*; (*Verschiebung*) postponement; ~ **der Verhandlung** JUR adjournment of trial

Vertagungsantrag *m* JUR motion for adjournment

vertäuen* *vt* NAUT ■ **etw** ~ to moor sth

vertauschen* *vt* (*austauschen*) ■ **etw/sie** ~ to

V

switch sth/them, to mix up sth/them *sep;* ■**etw mit etw** ~ to exchange sth for sth

verteidigen* I. *vt* ❶ MIL ■**etw [gegen jdn/etw]** ~ to defend sth [against sb/sth] ❷ JUR ■**jdn** ~ to defend sb ❸ (*rechtfertigen*) ■**jdn/etw** ~ to defend sb/sth; ■**sich [gegen jdn/etw]** ~ to defend oneself [against sb/sth] ❹ SPORT ■**etw** ~ to defend sth; **das Tor** ~ to play in goal II. *vi* SPORT to defend, to be [*or* play] in defence [*or* AM -se]

Verteidiger(in) <-s, -> *m(f)* ❶ JUR defence [*or* AM -se] counsel [*or* lawyer]; **bestellter** ~ retained defence counsel ❷ SPORT defender

Verteidigung <-, -en> *f* ❶ MIL defence [*or* AM -se] *no art, no pl;* ■**die** ~ **gegen jdn/etw** the defence against sb/sth; **sich auf die** ~ **gegen den Angriff vorbereiten** to prepare to defend against the attack ❷ JUR (*Verteidiger*) defence [*or* AM -se] [in court] *no pl;* **notwendige** ~ compulsory representation by defence counsel ❸ SPORT (*Schutz*) defence [*or* AM -se] *no pl;* (*Gesamtheit der Verteidiger*) defence [*or* AM -se] *no indef art, no pl;* **in der** ~ **spielen** to play in defence, to guard the goal ❹ (*Rechtfertigung*) defence [*or* AM -se] *no art, no pl*

Verteidigungsallianz *f* defence [*or* AM -se] [*or* defensive] alliance **Verteidigungsbereitschaft** *f* defensive readiness, readiness to defend **Verteidigungsbonds** *pl* FIN defence bonds **Verteidigungsbündnis** *nt s.* Verteidigungsallianz **Verteidigungsetat** *m* defence [*or* AM -se] budget **verteidigungsfähig** *adj* able to defend itself [*or* oneself] **Verteidigungsfähigkeit** *f kein pl* defensive capability **Verteidigungsfall** *m* ■**ein/der** ~ [the event of a] defensive war; **im** ~ in the event of having to defend oneself [from invasion/attack] **Verteidigungskrieg** *m* defensive war **Verteidigungsminister(in)** *m(f)* minister of defence BRIT, defence minister BRIT, secretary of defense AM **Verteidigungsministerium** *nt* ministry of defence BRIT, defence ministry BRIT, Department of Defense AM **Verteidigungsnotstand** *m* JUR national emergency for the defence of the country **Verteidigungsrede** *f* speech for the defence [*or* AM -se] **Verteidigungswaffe** *f* defensive weapon **Verteidigungszweck** *m* **für ~e, zu ~en** for purposes of defence [*or* AM -se]

verteilen* I. *vt* ❶ (*austeilen*) ■**etw [an jdn]** ~ to distribute sth [to sb]; **Geschenke/Flugblätter** ~ to distribute [*or sep* hand out] presents/leaflets; **Auszeichnungen/Orden** ~ to give [*or* hand] [*or fam* dish] out *sep* decorations/medals; **etw neu** ~ ÖKON to redistribute sth ❷ (*platzieren*) ■**etw irgendwo** ~ to place [*or* arrange] sth somewhere ❸ (*ausstreuen*) ■**etw auf etw** *dat* ~ to spread [out *sep*] sth on sth ❹ (*verstreichen*) ■**etw [auf etw** *dat*] ~ to spread sth [on sth] II. *vr* ❶ (*sich verbreiten*) ■**sich** *akk* [**auf etw** *akk*] ~ to spread out [round [*or* over] sth]; ■**sich irgendwo** ~ to spread out somewhere; **sich unter den Gästen** ~ to mingle with the guests ❷ (*umgelegt werden*) ■**sich auf jdn** ~ to be distributed to sb

Verteiler *m* ❶ AUTO [ignition *form*] distributor ❷ (*Empfänger*) ■„~:“ “copies to:”, “cc:” ❸ ADMIN (*Vermerk über die Empfänger*) distribution list

Verteilergetriebe *nt* AUTO transfer case **Verteilerkappe** *f* AUTO distributor cap **Verteilerkasten** *m* ELEK distribution box [*or* cabinet] **Verteilerliste** *f* distribution [*or* mailing] list **Verteilernetz** *nt* ❶ ELEK distribution system ❷ ÖKON distribution network, network of distributers **Verteilerschlüssel** *m* distribution [*or* cc] list **Verteilersteckdose** *f* distribution wall-socket

Verteilung *f* ■**die** ~ [**einer S.** *gen* [*o* **von etw** *dat*]] distribution *no pl,* the distribution of sth; ~ **von Flugblättern** handing out leaflets *sep*

Verteilungskampf *m* ■ ~ **um etw** *akk* battle for a share of sth; **einen** ~ **um etw** *akk* **führen** to battle for a share of sth; ~ **auf dem Arbeitsmarkt** battle for jobs on the labour [*or* AM -or] market **Verteilungspolitik** *f* POL wealth distribution policy **Verteilungsverfahren** *nt* JUR proceedings *pl* for partition and distribution

vertelefonieren* *vt* (*fam*) ■**etw** ~ *Geld, Zeit* to spend sth on the phone

verteuern* I. *vt* ■**etw [auf/um etw** *akk*] ~ to make sth more expensive, to increase [*or* raise] the price of sth [to/by sth] II. *vr* ■**sich** *akk* [**auf/um etw** *akk*] ~ to become more expensive, to increase [*or* go up] in price [to/by sth]

verteuert *adj* ÖKON more expensive; **~e Produktionskosten** increase in production costs

Verteuerung *f* increase [*or* rise] in price; **die** ~ **von Energie** the increase in the price of energy; ~ **der Refinanzierung** higher cost of funding

verteufeln* *vt* ■**jdn** ~ to demonize [*or* condemn] sb

verteufelt (*fam*) I. *adj* devilish[ly tricky] II. *adv* damned *fam,* devilishly

Verteufelung <-, -en> *f* demonization *no art, no pl,* condemnation *no art, no pl*

vertiefen* I. *vt* ❶ (*tiefer machen*) ■**etw [auf/um etw** *akk*] ~ to make sth deeper, to deepen sth [to/by sth] ❷ (*verschlimmern*) ■**etw** ~ to deepen sth ❸ (*festigen*) ■**etw** ~ to reinforce [*or* consolidate] sth II. *vr* ■**sich** *akk* **in etw** *akk* ~ to become absorbed [*or* engrossed] [*or* immersed] in sth; **sich in die Zeitung/ein Buch** ~ to bury oneself in the paper/a book; ■**in etw** *akk* **vertieft sein** to be engrossed [*or* absorbed] in sth; **in Gedanken vertieft sein** to be deep [*or* sunk] [*or* lost] in thought

Vertiefung <-, -en> *f* ❶ (*vertiefte Stelle*) depression; (*Boden a.*) hollow ❷ *kein pl* (*das Vertiefen*) ■**die/eine** ~ [**einer S.** *gen* [*o* **von etw** *dat*]] deepening [sth] ❸ (*Festigung*) consolidation *no art, no pl,* reinforcement *no art, no pl*

vertikal [vɛrti-] I. *adj* vertical II. *adv* vertically

Vertikalabsprache *f* HANDEL vertical concerted action

Vertikale <-, -n> [vɛrti-] *f* vertical [line]; ■**in der ~n** vertically

Vertikalkonzern *m* HANDEL vertical group **Vertikalvertrag** *m* HANDEL vertical group contract **Vertikalwettbewerb** *m* HANDEL vertical competition

vertilgen* *vt* ■**etw** ~ ❶ (*fam: ganz aufessen*) to demolish sth, to polish off sth *sep fam* ❷ (*ausrotten*) to eradicate sth, to kill off sth *sep;* **Ungeziefer** ~ to exterminate [*or* eradicate] [*or sep* kill off] vermin

Vertilgung *f* eradication *no art, no pl; Ungeziefer a.* extermination *no art, no pl*

Vertilgungsmittel *nt gegen Unkraut* weed-killer; *gegen Ungeziefer* pesticide

vertippen* *vr* (*fam*) ■**sich** ~ to make a typing error [*or fam* typo] [*or* typing mistake]

vertonen* *vt* ■**etw** ~ to set sth to music

Vertonung <-, -en> *f* ❶ *kein pl* (*das Vertonen*) ■**die** ~ [**einer S.** *gen* [*o* **von etw** *dat*]] setting sth to music ❷ (*vertonte Fassung*) musical setting

vertrackt *adj* (*fam*) tricky, complicated

Vertrag <-[e]s, Verträge> *m* contract, agreement; (*international*) treaty; **der Berliner/Moskauer/Versailler** ~ the Treaty of Berlin/Moscow/Versailles; ~ **zu Lasten Dritter** contract imposing a burden on a third party; ~ **zugunsten Dritter** agreement in favour of a third party; **anfechtbarer** ~ voidable contract; **atypischer/typischer** ~ innominate/nominate [*or* untypical/typical] contract; **bedingter** ~ conditional contract; **befristeter** ~ fixed-term contract, contract of limited duration; **dinglicher** ~ real contract, agreement in rem; **einseitig verpflichtender** ~ unilateral contract; **faktischer** ~ de facto contract; **gegenseitiger** ~ reciprocal agreement; **gemischter** ~ mixed contract; **mehrseitiger** ~ multilateral agreement; **notarieller** ~ notarial deed; **öffentlich-rechtlicher** ~ contract governed by public law; **rechtsverbindlicher [und endgültiger] Vertrag** binding contract; **synallagmatischer** ~ synallagmatic contract; **völkerrechtlicher** ~ treaty; **zweiseitiger** ~ bilateral contract; **einen** ~ **aufkündigen** to terminate an agreement; **einen schriftlichen** ~ **abschließen** to enter into a written agreement, to conclude a contract; **einen** ~ **annullieren** to annul a contract; **einen** ~ **aufsetzen/brechen** to draw up [*or* draft]/break an agreement; **jdn unter** ~ **haben** to have sb under contract; **jdn unter** ~ **nehmen** to contract sb, to put [*or* place] sb under contract; **einen** ~ **rückgängig machen** to rescind [*or* revoke] a contract; **gegen einen** ~ **verstoßen** to act in violation of a treaty; **durch** ~ **gebunden sein** to be under contract

vertragen* *irreg* I. *vt* ❶ (*aushalten*) ■**etw [irgendwie]** ~ to bear [*or* stand] sth [somehow]; ***dieses Klima vertrage ich nicht/schlecht*** this climate doesn't/doesn't really agree with me ❷ (*gegen etw widerstandsfähig sein*) ■**etw [irgendwie]** ~ to tolerate sth [somehow]; ***diese Pflanze verträgt kein direktes Sonnenlicht*** this plant does not tolerate [*or* like] direct sunlight ❸ (*verarbeiten können*) ■**etw [irgendwie]** ~ to take [*or* tolerate] sth [somehow]; ***diese ständige Aufregung verträgt mein Herz nicht*** my heart can't stand this constant excitement ❹ (*fam: zu sich nehmen können*) ***nervöse Menschen ~ starken Kaffee nicht gut*** nervous people cannot cope with [*or* handle] strong coffee ❺ (*fam: benötigen*) ***das Haus könnte mal einen neuen Anstrich ~*** the house could do with [*or* could use] a new coat of paint ❻ SCHWEIZ (*austragen*) ■**etw** ~ to deliver sth II. *vr* ❶ (*auskommen*) ■**sich mit jdm** ~ to get on [*or* along] with sb, to get on [with each other] ❷ (*zusammenpassen*) ■**sich mit etw** ~ to go with sth; ■**sich mit etw nicht** ~ to not go [*or* to clash] with sth

vertraglich I. *adj* contractual II. *adv* contractually, by contract; ~ **festgelegt werden** to be laid down in a/the contract; ~ **festgesetzt sein** to be stipulated in the contract; **sich** *akk* ~ **binden** to enter into a contract; **etw** ~ **vereinbaren** to covenant sth

verträglich *adj* ❶ (*umgänglich*) good-natured; ■~ **sein** to be easy to get on with ❷ (*bekömmlich*) digestible; **gut/schwer** ~ easily digestible/indigestible; **für die Umwelt** ~ **sein** to be not harmful to the environment

Verträglichkeit <-> *f kein pl* ❶ (*Umgänglichkeit*) good nature *no art, no pl* ❷ (*Bekömmlichkeit*) digestibility *no art, no pl;* **Speisen von besonderer** ~ food that is especially easy to digest ❸ TECH (*Kompatibilität*) compatibility

Vertragsablauf *f kein pl* JUR expiration of a/the contract **Vertragsabschluss**[RR] *m* completion [*or* conclusion] of [a/the] contract **vertragsähnlich** *adj* JUR quasicontractual **Vertragsänderung** *f* modification of a contract **Vertragsangebot** *f* HANDEL contractual offer **Vertragsannahme** *f* JUR acceptance of a/the contract **Vertragsannullierung** *f* JUR rescission [*or* cancellation] of contract **Vertragsanpassung** *f* adoption of a contract **Vertragsanspruch** *m* JUR contractual claim **Vertragsaufhebung** *f* JUR rescission [*or* cancellation] of contract; **auf** ~ **klagen** to bring an action for rescission **Vertragsaufhebungsklage** *f* JUR revocatory action **Vertragsaufhebungsrecht** *nt* JUR right to cancel [*or* rescind] a contract **Vertragsauslegung** *f* construction of contract **Vertragsbedingungen** *pl* JUR terms [*or* conditions] of contract; **unzulässige** ~ unfair contract terms; **vereinbarte** ~ agreed terms; **nicht mit den ~en übereinstimmen** to not comply with the terms of the contract **Vertragsbeendigung** *f* JUR termination of a/the contract; **einverständliche** ~ discharge by agreement **Vertragsbeendigung** *f* termination of contract; ~ **durch Vereitelung** discharge by frustration **Vertragsbefugnis** *f* power to contract **Vertragsbeginn** *m kein pl* JUR commencement of a/the contract **Vertragsbeitritt** *m* JUR accession to a treaty **Vertragsbestandteil** *m* JUR component [*or* element] of a/the contract **Vertragsbestimmung** *f* JUR contractual provision [*or* stipulation]; **nach den ~en** in accordance with the articles **Vertragsbeteiligte(r)** *f(m) dekl wie adj* party to the contract **Vertragsbruch** *m* JUR breach of contract **vertragsbrüchig** *adj* in breach of contract *pred;* ■~ **sein/werden** to be in breach of contract **vertragschließend** *adj attr* contracting; **die ~en Parteien** the contracted parties **Vertragschließende(r)** *f(m) dekl wie adj* JUR contractor, party to a/the contract **Vertragsdauer** *f* ÖKON term [*or* life] of a contract **Vertragsdurchführungsgarantie** *f* contract implementation guarantee **Vertragselement** *nt* part [*or* element] of a contract **Vertragsende** *nt* termination of a contract **Vertragsentwurf** *m* draft [of a] contract/treaty **Vertragserbe, -in** *m, f* JUR heir conventional **Vertragserfordernis** *nt* JUR essentials *pl* of a contract **Vertragserfüllung** *f* performance [*or* fulfilment] of a contract **Vertragsergänzung** *f* rider, transaction endorsement **Vertragsfreiheit** *f kein pl* freedom of contract **Vertragsgarantie** *f* contractual guarantee **Vertragsgebiet** *nt* contract area, contractual territory **Vertragsgegenstand** *m* JUR subject matter of a/the contract **vertragsgemäß** I. *adj* as per [*or* as stipulated in the] contract II. *adv* as per [*or* as stipulated in the] contract **Vertragsgemeinschaft** *f* contract association **Vertragsgericht** *nt* JUR contractual venue **Vertragsgespräche** *f pl* contract talks *pl* **Vertragsgestaltung** *f* preparation of a contract, contractual arrangements *pl* **Vertragsgrenze** *f* contract border **Vertragsgrundlage** *f* basis of agreement, contract basis **Vertragshaftung** *f* JUR contractual liability **Vertragshändler(in)** *m(f)* authorized [*or* appointed] dealer **Vertragshändlernetz** *nt* authorized dealer[ship] network, network of authorized dealers **Vertragsinhalt** *m* subject matter [*or* provisions] of a contract **Vertragsinteresse** *nt* JUR interest in the performance of a contract; **negatives** ~ *the position as if the contract had not been entered into* **Vertragskartell** *nt* ÖKON contractual cartel **Vertragsklausel** *f* JUR contract[ual] clause [*or* stipulation] **Vertragskosten** *pl* contract costs **Vertragslaufzeit** *f* term [*or* life] of a contract, contract period **Vertragslücke** *f* loophole in a contract **Vertragsmittler(in)** *m(f)* contract mediator **Vertragsmuster** *nt* specimen contract **Vertragspartei** *f*, **Vertragspartner** *m* contracting party, party to a contract **Vertragspartner(in)** *m(f)* party to a/the contract, contracting party *spec* **Vertragspartnerwechsel** *m* change of contracting party **Vertragspflicht** *f* contractual obligation [*or* duty] **Vertragsrecht** *nt* JUR law of contract, contract law **Vertragsrevision** *f* revision of contract **Vertragsschließungskompetenz** *f* power to contract **Vertragsschließungsverfahren** *nt* contracting procedure **Vertragsschluss**[RR] *m* JUR conclusion [*or* making] of a/the contract; **bei** ~ at the time of reaching agreement **Vertragsschuldrecht** *nt* JUR law of contract **Vertragsspediteur** *m* HANDEL contract carrier **Vertragssprache** *f* language of contract **Vertragsstaat** *m* contracting state

Vertragsstrafe *f* penalty for breach of contract, contractual penalty *spec*

Vertragsstrafenklausel *f* JUR penalty clause **Vertragsstrafenvereinbarung** *f* penalty agreement **Vertragsstrafenvorbehalt** *m* penalty reservation

Vertragssystem *nt* contract system **Vertragstext** *m* wording *no indef art, no pl* of a contract [*or* an agreement], law of contracts **Vertragstreuhänder(in)** *m(f)* contract trustee **Vertragstyp** *m* JUR type of contract **Vertragsübernahme** *f* taking-over a contract **Vertragsübertragung** *f* transfer of contract **Vertragsumstände** *pl* circumstances governing the contract **vertragsunfähig** *adj* contractually incapable **Vertragsunternehmen** *nt* JUR contractor, contracted company **Vertragsunterzeichnung** *f* signing of the contract **Vertragsurkunde** *f* indent deed, deed of covenant **Vertragsvereinbarung** *f meist pl* JUR contractual term [*or* stipulation]; **ausdrückliche** ~ express term **Vertragsverhandlung** *f* contract negotiations [*or* talks] *pl* **Vertragsverletzung** *f* breach of contract **Vertragsvorbehalt** *m* JUR proviso, reservation **Vertragswerk** *nt* comprehensive contract/treaty **Vertragswerkstatt** *f* authorized garage **Vertragswert** *m* JUR contract value **vertragswesentlich** *adj* material, substantial **vertragswidrig** I. *adj* contrary to [the terms of] the contract/treaty *pred* II. *adv* in breach of contract **Vertragswidrigkeit** *f* infringement of contract, lack of conformity with the contract **Vertragszeit** *f* contractual period **Vertragsziel** *nt* contract objective

vertrauen* *vi* ① (*vertrauensvoll glauben*) ■**jdm** ~ to trust sb; ■**auf jdn** ~ to trust in sb ② (*sich fest verlassen*) ■**auf etw** *akk* ~ to trust in sth; **auf sein Glück** ~ to trust to luck; **auf Gott** ~ to put one's trust in God; **auf jds** *akk* **Können** ~ to have confidence in sb's ability; ■**darauf ~, dass …** to put one's trust in the fact [*or* be confident] that …

Vertrauen <-s> *nt kein pl* trust *no art, no pl,* confidence *no art, no pl;* ~ **in die Geschäftswelt** ÖKON business confidence; ~ **erweckend** that inspires trust [*or* confidence]; **einen ~ erweckenden Eindruck auf jdn machen** to make a trustworthy impression on sb; ~ **erweckend sein** to inspire confidence; **jdm das ~ aussprechen/entziehen** POL to pass a vote of confidence/no confidence in sb; ~ **zu jdm fassen** to come to trust [*or* have confidence in] sb; ~ **[zu jdm] haben** to have confidence [in sb], to trust sb; **jds ~ haben** [*o geh* **genießen**] to have [*or* enjoy] sb's trust, confidence; **jdm ~ schenken** (*geh*) to put one's trust in sb; **jdn ins ~ ziehen** to take sb into one's confidence; **im ~ [gesagt]** [strictly] in confidence; **im ~ auf etw** *akk* trusting to [*or* in] sth; **im ~ darauf, dass …** trusting that …; **voller** ~ full of trust, trustingly

Vertrauensantrag *m* JUR motion for a vote of confidence **Vertrauensarzt, -ärztin** *m, f* independent examining doctor **Vertrauensbasis** *f kein pl* basis of trust; **eine ~ schaffen** to establish a basis for trust; **die ~ ist gestört** the basis of trust is broken **vertrauensbildend** *adj Maßnahmen* confidence-building **Vertrauensbruch** *m* breach of confidence [*or* trust] **Vertrauensfrage** *f* JUR question of confidence; **es ist eine ~, ob …** it is a question [*or* matter] of trust [*or* confidence] whether …; **die ~ stellen** POL to ask for a vote of confidence **Vertrauensfrau** *f fem form von* **Vertrauensmann** **Vertrauensgleitzeit** *f* ÖKON unsupervised flexitime **Vertrauensgrundsatz** *m* (*Handelsregister*) principle of trust **Vertrauensinteresse** *nt* JUR interest due to reliance on trustworthiness **Vertrauenskrise** *f* lack of [mutual] trust **Vertrauenslehrer(in)** <-s, -> *m(f)* liaison teacher **Vertrauensmann** <-leute> *m* ① (*Versichertenvertreter*) representative, intermediary agent; (*gewerkschaftlich*) union representative; (*Fabrik*) shop steward ② (*vertrauenswürdiger Mann*) representative, proxy **Vertrauensperson** *f* (*vertrauenswürdige Person*) someone *no art* you can trust; (*Busenfreund*) a close [*or* intimate] confidant *masc* [*or fem* confidante] **Vertrauensprämie** *f* JUR stipulated premium, loyalty bonus **Vertrauenssache** *f* ① (*vertrauliche Angelegenheit*) confidential matter ② *s.* **Vertrauensfrage** **Vertrauensschaden** *m* JUR negative interest, damage caused by breach of contract **Vertrauensschutz** *m* JUR, FIN fidelity clause, legal action of bona fide **Vertrauensschwund** *m kein pl* loss of confidence

vertrauensselig *adj* [too] trusting; (*leichtgläubig*) credulous

Vertrauensstellung *f* position of trust; **[bei jdm] eine ~ haben** to be in [*or* have] a position of trust [with sb] **Vertrauensverhältnis** *nt* trusting relationship, relationship based on trust, mutual trust *no art, no pl* **Vertrauensverlust** *m* SOZIOL loss of trust [*or* faith] **vertrauensvoll** I. *adj* trusting, trustful, based on trust *pred* II. *adv* trustingly; **sich ~ an jdn wenden** to turn to sb with complete confidence **Vertrauensvotum** *nt* POL vote of confidence **vertrauenswürdig** *adj* trustworthy **Vertrauenswürdigkeit** <-> *f* trustworthiness

vertraulich I. *adj* ① (*mit Diskretion zu behandeln*) confidential; **streng** ~ strictly confidential ② (*freundschaftlich*) familiar, chummy *fam,* pally *fam* II. *adv* confidentially, with confidentiality

Vertraulichkeit <-, -en> *f* ① *kein pl* (*das Vertraulichsein*) confidentiality *no art, no pl* ② *pl* (*Zudringlichkeit*) familiarity *no art, no pl*

verträumen* *vt* ■**etw** ~ to dream away sth

verträumt *adj* ① (*idyllisch*) sleepy ② (*realitätsfern*) dreamy

vertraut *adj* ① (*wohlbekannt*) familiar; **sich mit etw ~ machen** to familiarize [*or* acquaint] oneself with sth; **sich mit dem Gedanken/der Vorstellung ~ machen, dass …** to get used to the idea that … ② (*eng verbunden*) close, intimate ③ (*kennt etw gut*) ■**mit etw ~ sein** to be familiar [*or* acquainted] with sth

Vertraute(r) *f(m) dekl wie adj* close [*or* intimate] friend, confidant *masc,* confidante *fem*

Vertrautheit <-, -en> *f* ① *kein pl* (*gute Kenntnis*) ■**jds ~ mit etw** sb's familiarity with sth ② (*Verbundenheit*) closeness *no art, no pl,* intimacy *no art, no pl*

vertreiben*[1] *vt irreg* ① (*gewaltsam verjagen*) ■**jdn [aus etw]** ~ to drive out sb *sep,* to drive sb out of sth ② (*verscheuchen*) ■**ein Tier [aus/von etw]** ~ to drive away *sep* an animal, to drive an animal away out of/from sth ③ (*beseitigen*) ■**etw** ~ to drive away sth *sep,* to banish sth; **seine Müdigkeit** ~ to fight [*or* stave] off *sep* tiredness; *s. a.* **Zeit**

vertreiben*[2] *vt irreg* (*verkaufen*) ■**etw** ~ to sell [*or* market] sth

Vertreibung <-, -en> *f* driving out [*or* away] *no art, no pl;* **die ~ aus dem Paradies** the expulsion from Paradise

vertretbar *adj* ① (*zu vertreten*) tenable, defensible; ■**nicht** ~ untenable, indefensible ② (*akzeptabel*) justifiable; ■**nicht** ~ unjustifiable

vertreten*[1] *vt irreg* ① (*jdn vorübergehend ersetzen*) ■**jdn** ~ to stand in [*or* deputize] for sb, to cover for sb; **durch jdn ~ werden** to be replaced by sb; ■**sich [durch jdn] ~ lassen** to be represented [by sb] ② JUR ■**jdn** ~ to represent sb, to act [*or* appear] for sb ③ (*repräsentieren*) ■**jdn/etw** ~ to represent sb/sth ④ (*verfechten*) ■**etw** ~ to support sth; **eine Ansicht/Meinung/Theorie** ~ to take a view/hold an opinion/advocate a theory ⑤ (*repräsentiert sein*) ■**irgendwo ~ sein** to be represented somewhere; ***Picassos Werke sind hier zahlreich*** ~ there is a large number of works by Picasso here ⑥ (*verantwortlich sein*) ■**etw zu ~ haben** to be responsible for sth

vertreten[2] *vr irreg* (*verstauchen*) **sich** *dat* **den Fuß** [*o* **das Fußgelenk**] ~ to twist one's ankle ▶ WENDUNGEN: **sich** *dat* **die Füße** *fam* ~ [*o* **Beine**] to stretch one's legs

Vertretene(r) *f(m) dekl wie adj* (*Auftraggeber*) principal

Vertreter(in) <-s, -> *m(f)* ① (*Stell~*) agent, deputy, stand-in, [temporary] replacement; *Arzt, Geistlicher* locum BRIT; ~ **der Anklage** counsel for the prosecution; ~ **auf Provisionsbasis** commission agent; ~ **für ein Rechtsgeschäft** special agent; ~ **des Staatsanwaltes** deputy prosecutor, representative; ~ **ohne Vertretungsmacht** agent without authority; **gesetzlicher** ~ statutory agent, legal representative; **rechtmäßiger** ~ lawful representative; **einen ~ bestimmen** [*o* **stellen**] to appoint a deputy ② (*Handels~*) sales representative ③ (*Repräsentant*) representative; (*Abgeordneter*) member of parliament

Vertreterbesuch *m* HANDEL sales call **Vertreterhaftung** *f* JUR agent's liability **Vertreterprovision** *f* ÖKON agent's commission **Vertretertätigkeit** *f* agency work

Vertretung <-, -en> *f* ① (*das Vertreten*) deputizing *no art, no pl;* **zur ~ von Kollegen verpflichtet sein** to be officially obliged to deputize for colleagues; **die ~ für jdn haben** to stand in [*or* deputize] for sb; **die ~ von jdm übernehmen** to stand in [*or* deputize] for sb; **in [jds] ~** in sb's place, on behalf of sb; **einen Brief in ~ unterschreiben** to sign a letter as a proxy [*or spec* per pro], to pp a letter ② (*Stellvertreter*) deputizing, agency, [temporary] replacement; *Arzt, Geistlicher* locum BRIT; **eine diplomatische** ~ a diplomatic mission; **mit einer** ~

V

beauftragt sein to hold a brief; **die ~ für etw haben** to have the agency [*or* be the agent] for sth ❸ JUR representation, agency; ~ **vor Gericht** legal representation; ~ **kraft Rechtsschein** agency by estoppel; **anwaltliche** ~ legal representation ❹ (*Handels~*) agency, branch

Vertretungsbefugnis *f*, **Vertretungsberechtigung** *f* power of attorney [*or* representation]; **eingeschränkte** ~ restricted power of representation; **außerhalb seiner ~ handeln** to act ultra vires

vertretungsberechtigt *adj* authorized [to represent] **Vertretungsbezirk** *m eines Vertreters* territory, district **Vertretungsmacht** *f* representative authority; ~ **kraft Rechtsscheins** authority by estoppel; ~ **haben** to be empowered to act as a representative; **seine ~ überschreiten** to act in excess of one's authority **Vertretungsmonopol** *nt* HANDEL exclusive agency **Vertretungsvollmacht** *f* power of attorney

vertretungsweise *adv* as a stand-in [*or* [temporary] replacement]

Vertretungszwang *m* JUR compulsory representation

Vertrieb <-[e]s, -e> *m* ❶ *kein pl* (*das Vertreiben*) sale[s *pl*]; **den ~ [für etw] haben** to be in charge of sales [for sth] ❷ (*~sabteilung*) sales *pl* [department]

Vertriebene(r) *f(m) dekl wie adj* deportee, expellee *spec* (*from his/her homeland*), displaced person

Vertriebsabsprache *f* HANDEL distribution agreement **Vertriebsabteilung** *f* sales department **Vertriebsanstrengungen** *pl* HANDEL sales drive, marketing efforts **Vertriebsapparat** *m* HANDEL marketing organization, sales administration **Vertriebsaufwand** *m kein pl* HANDEL marketing [*or* distribution] costs **Vertriebsbedingungen** *pl* HANDEL marketing conditions **Vertriebsbeschränkung** *f* HANDEL sales restriction **Vertriebsbindung** *f* JUR resale restriction, tying arrangement **Vertriebsbindungsvertrag** *m* JUR tying contract **Vertriebserlös** *m* sales revenue **Vertriebsgebiet** *nt* HANDEL sales territory, marketing area **Vertriebsgemeinkosten** *pl* HANDEL marketing [*or* distribution] costs **Vertriebsgemeinschaft** *f* HANDEL sales combine, marketing syndicate **Vertriebsgesellschaft** *f* sales [*or* marketing] company **Vertriebshändler(in)** *m(f)* HANDEL distributor, selling agent **Vertriebskanal** *m* HANDEL trade channel **Vertriebskartell** *nt* ÖKON marketing [*or* sales] cartel **Vertriebskooperation** *f* HANDEL joint distribution arrangement **Vertriebskosten** *pl* marketing [*or* distribution] costs **Vertriebskostenanalyse** *f* HANDEL distribution cost analysis **Vertriebsleiter(in)** *m(f)* HANDEL sales [*or* marketing] manager **Vertriebsleitung** *f* HANDEL sales [*or* marketing] management **Vertriebslizenz** *f* HANDEL distribution licence [*or* AM -se] **Vertriebsnetz** *nt* ÖKON network of distributors, distribution [*or* marketing] network **Vertriebspolitik** *f* sales politics + *sing/pl vb* **Vertriebsprozess**RR *m* distribution [*or* marketing] process **Vertriebsrecht** *nt* HANDEL right of sale; **alleiniges** ~ exclusive right of distribution **Vertriebsstandort** *m* HANDEL place of distribution **Vertriebsunternehmen** *nt* HANDEL marketing [*or* distributing] agency **Vertriebsverbot** *nt* HANDEL distribution ban **Vertriebsvereinbarung** *f* JUR marketing agreement **Vertriebsvertrag** *m* JUR marketing contract **Vertriebsweg** *m* ÖKON channel of distribution, distribution channel **Vertriebswege** *pl* TRANSP transport route **Vertriebszahlen** *pl* HANDEL sales figures

vertrimmen* *vt* (*fam*) ■**jdn** ~ to beat up sb *sep*, to give sb a going-over, to give sb the one-two AM

vertrinken* *vt irreg* ■**etw** ~ to drink away sth; ***er vertrinkt sein ganzes Geld*** he drinks away all his money

vertrocknen* *vi sein Vegetation* to dry out, to wither; *Lebensmittel* to dry up, to go dry

vertrocknet *adj* dried; *Mensch* scrawny; **vertrocknete Blätter** dried leaves

vertrödeln* *vt* (*fam*) ■**etw** ~ to idle [*or* dawdle] away sth *sep*

vertrösten* *vt* ■**jdn [auf etw** *akk*] ~ to put off *sep* sb [until sth]

vertrotteln* *vi sein* (*fam*) to vegetate

vertrottelt *adj* (*fam*) senile

vertun* *irreg* **I.** *vr* (*fam*) ❶ (*sich irren*) ■**sich** ~ to make a mistake, to be mistaken; **vertu dich nur nicht, ...** make no mistake, ...; **da gibt es kein V~!** there are no two ways about it! ❷ (*sich verrechnen*) ■**sich [um etw]** ~ to make a mistake, to be out by sth **II.** *vt* ■**etw** ~ to waste [*or* squander] sth

vertuschen* *vt* ■**etw** ~ to hush up sth *sep;* ■**~, dass ...** to hush up the fact that ...

Vertuschung <-, -en> *f* cover-up

verübeln* *vt* ■**jdm etw** ~ to hold sth against sb; ■**[es] jdm ~, dass ...** to take it amiss [*or* hold it against sb] that ...; **das kann man ihm kaum** ~ one can hardly blame him for that

verüben* *vt* ■**etw** ~ to commit sth; **einen Anschlag** ~ to carry out *sep* an attack, einen Anschlag auf jdn ~, to make an attempt on sb's life; **ein Attentat [auf jdn]** ~ to assassinate sb; (*fehlgeschlagen*) to make an assassination attempt on sb; **Gräueltaten/ein Verbrechen** ~ to commit [*or form* perpetrate] atrocities/a crime; **ein Massaker** ~ to carry out *sep* [*or form* perpetrate] a massacre; **Selbstmord** ~ to commit suicide

verulken* *vt* ■**jdn** ~ to make fun of sb

verunfallen* *vi sein* SCHWEIZ to have an accident; **der verunfallte Skifahrer** the skier involved in the accident

verunglimpfen* *vt* (*geh*) ■**jdn** ~ to denigrate [*or* disparage] [*or form* vilify] sb, to cast a slur on sb; ■**etw** ~ to denigrate [*or* cast a slur on] [*or form* decry] sth

Verunglimpfung <-, -en> *f* JUR denigration *no art, no pl,* disparagement *no art, no pl,* vilification *no art, no pl;* ~ **des Andenkens Verstorbener** reviling the memory of the dead

verunglücken* *vi sein* ❶ (*einen Unfall haben*) to have [*or* be involved in] an accident; **mit dem Auto** ~ to have [*or* be in] a car accident [*or* crash]; **mit dem Flugzeug** ~ to be in a plane crash; **tödlich** ~ to be killed in an accident; **der verunglückte Bergsteiger** the climber involved in the accident ❷ (*fam: misslingen*) to go wrong; ■**etw verunglückt jdm** sb's sth goes wrong; ***leider ist mir der Kuchen verunglückt*** I'm afraid my cake is a disaster

verunglückt *adj* (*misslungen*) unsuccessful

Verunglückte(r) *f(m) dekl wie adj* accident victim

verunmöglichen* *vt* SCHWEIZ ■**[jdm] etw** ~ to make sth impossible [for sb]

verunreinigen* *vt* ■**etw** ~ ❶ (*geh: beschmutzen*) to dirty [*or form* soil] sth; (*Hund*) to foul sth BRIT, to mess up *sep* sth AM ❷ ÖKOL to pollute [*or* contaminate] sth

Verunreinigung *f* ❶ (*geh: das Beschmutzen*) dirtying *no art, no pl,* soiling *no art, no pl form; Gehwege* fouling *no art, no pl* BRIT, messing up *no art, no pl* AM ❷ ÖKOL pollution *no art, no pl,* contamination *no art, no pl* ❸ (*Schmutz*) impurity

verunsichern* *vt* ■**jdn** ~ to make sb [feel] unsure [*or* uncertain] [*or* insecure]; (*verstören*) to unsettle sb; ■**jdn in etw** *dat* ~ to make sb unsure of sth

verunsichert *adj* insecure, uncertain

Verunsicherung <-, -en> *f* ❶ (*das Verunsichern*) unsettling *no art, no pl* ❷ (*verunsicherte Stimmung*) [feeling of] uncertainty

verunstalten* *vt* ■**jdn/etw** ~ to disfigure sb/sth; ***wie konnte der Friseur dich nur so ~?*** how could the hairdresser spoil your looks like that?

Verunstaltung <-, -en> *f* disfigurement

veruntreuen* *vt* JUR ■**etw** ~ to embezzle [*or* misappropriate] sth [*or spec* defalcate]

Veruntreuung <-, -en> *f* JUR embezzlement *no art, no pl,* misappropriation *no art, no pl,* defalcation *no art, no pl spec;* ~ **von Geldern** embezzlement [*or* misappropriation] of funds

verurkunden* *vt* SCHWEIZ ■**etw** ~ to notarize [*or* legally certify] sth

verursachen* *vt* ■**etw** ~ to cause sth; **[jdm] Schwierigkeiten** ~ to create [*or* give rise to] difficulties [for sb]; **jdm Umstände** ~ to put sb to [*or* cause sb] trouble

Verursacher(in) <-s, -> *m(f)* cause, person/thing responsible

Verursacherprinzip *nt kein pl* ÖKOL polluter pays principle

Verursachungsvermutung *f* JUR assumption of causes

verurteilen* *vt* ❶ (*für schuldig befinden*) ■**jdn** ~ to convict sb ❷ (*durch Urteil mit etw bestrafen*) ■**jdn zu etw** ~ to sentence sb to sth; **jdn zu 7500 Mark Geldstrafe** ~ to fine sb 7500 marks, to impose a fine of 7500 marks on sb; **jdn zu lebenslänglicher Haft** ~ to sentence sb to life imprisonment; **jdn zum Tode** ~ to sentence [*or* condemn] sb to death ❸ (*verdammen*) ■**jdn** ~ to condemn [*or form* censure] sb; ■**etw** ~ to condemn sth

verurteilt *adj* condemned, sentenced; ■**zu etw verurteilt sein** (*zwangsläufig bestimmt sein*) to be condemned to sth; **zum Scheitern verurteilt sein** to be bound to fail [*or* doomed to failure]

Verurteilte(r) *f(m) dekl wie adj* convicted man *masc* [*or fem* woman]; (*zum Tode*) condemned man *masc* [*or fem* woman]

Verurteilung <-, -en> *f* ❶ (*das Verurteilen*) condemnation ❷ JUR conviction *no art, no pl,* sentencing *no art, no pl;* ■**eine/jds ~ zu etw** a/sb's sentence of sth; ~ **zu Schadenersatz** judgment for damages; ~ **im Schnellverfahren** summary conviction; ~ **wegen einer Straftat** criminal conviction; **die ~ zum Tode** the death sentence; **kostenpflichtige** ~ judgment with costs

vervielfachen* **I.** *vt* ■**etw** ~ to increase sth greatly; **die Inflation** ~ to cause a sharp rise in inflation; ■**etw mit etw** ~ MATH to multiply sth with sth **II.** *vr* ■**sich** ~ to increase greatly, to multiply [several times]

Vervielfachung <-, -en> *f* ❶ (*starke Erhöhung*) steep increase; ~ **der Inflation** a steep rise in inflation ❷ MATH multiplication

vervielfältigen* *vt* ■**etw** ~ to duplicate [*or* make copies of] sth; (*fotokopieren*) to photocopy sth

Vervielfältigung <-, -en> *f* ❶ *kein pl* (*das Vervielfältigen*) duplication, duplicating *no art, no pl,* copying *no art, no pl* ❷ (*geh: Kopie*) copy

Vervielfältigungsrecht *nt* JUR copyright, right of reproduction

vervierfachen* **I.** *vt* ■**etw** ~ to quadruple sth **II.** *vr* ■**sich** ~ to quadruple

vervollkommnen* **I.** *vt* ■**etw** ~ to perfect sth, to make sth [more] perfect **II.** *vr* ■**sich** *akk* **[auf/in etw** *dat*] ~ to become [more] perfect [in sth]

Vervollkommnung <-, -en> *f* perfection *no art, no pl*

vervollständigen* *vt* ■**etw** ~ to complete sth, to make sth [more] complete

Vervollständigung <-, -en> *f* completion *no art, no pl*

verw. *adj Abk von* **verwitwet** widowed

verwachsen* [-'vaksn] *irreg* **I.** *vi sein* ❶ (*zusammenwachsen*) ■**[mit etw]** ~ to grow together [with sth] ❷ (*zuwuchern*) to become overgrown; **ein ~er Garten** an overgrown garden **II.** *vr* MED ■**sich** ~ to right [*or* correct] itself

verwackeln* *vt* FOTO (*fam*) ■**etw** ~ to make sth blurred

verwählen* *vr* TELEK ■**sich** ~ to dial [*or* get] the wrong number

verwahren* **I.** *vt* ■**etw [für jdn]** ~ to keep sth safe [for sb]; ■**etw in etw** *dat* ~ to keep sth in sth; **jdm etw zu ~ geben** to give sth to sb for safekeeping **II.** *vr* (*geh*) ■**sich gegen etw** ~ to protest against sth

Verwahrer(in) <-s, -> *m(f) von Wertpapieren* depositary, bailee

verwahrlosen* *vi sein* to get into a bad state; *Grundstück, Gebäude* to fall into disrepair, to become dilapidated; *Mensch* to let oneself go, to go to pot, to run to seed *fam;* **völlig** ~ to go to rack [*or esp*

AM wrack] and ruin; ■**etw ~ lassen** to let sth fall into disrepair [*or* become dilapidated], to neglect sth; ■**verwahrlost** dilapidated; **ein verwahrloster Garten** a neglected [*or* an overgrown] garden; **verwahrloste Kleidung** ragged [*or* BRIT tatty] [*or* AM tattered] clothes; **ein verwahrloster Mensch** an unkempt person, a scruff BRIT *fam*

verwahrlost <-er, -este> *adj* neglected

Verwahrlosung <-> *f kein pl Grundstück, Gebäude* dilapidation *no art, no pl; Mensch* neglect *no art, no pl;* **bis zur völligen ~ herunterkommen** to sink into a state of total neglect; **jdn vor der ~ bewahren** to save sb from degradation

Verwahrung <-> *f kein pl* ① (*das Verwahren*) [safe]keeping *no art, no pl,* bailment *no art, no pl,* [safe] custody *no art, no pl;* **vorübergehende ~ von Ware** temporary storage of goods; **~ von Wertpapieren** ÖKON safe custody of securities; **amtliche ~** JUR official custody; **gerichtliche/sichere ~** JUR impounding/safekeeping; **unregelmäßige ~** JUR irregular deposit; **jdm etw [*o* etw bei jdm] in ~ *akk* geben** to give sth to sb for safekeeping [*or* custody]; **etw in ~ nehmen** to take sth into safekeeping [*or* custody]; **etw in gerichtliche ~ nehmen** to impound sth ② (*zwangsweise Unterbringung*) detention *no art, no pl;* **jdn in ~ nehmen** to take sb into custody ③ (*geh: Einspruch*) protest; **~ gegen etw einlegen** to lodge [*or* enter] a protest against sth ④ BAU flashing

Verwahrungsbuch *nt* ① FIN custody ledger ② JUR breach of official custody **Verwahrungsgeschäft** *nt* FIN custody transaction [*or* business] **Verwahrungsort** *m* depository **Verwahrungsrecht** *nt* JUR right of custody **Verwahrungsstelle** *f* depository **Verwahrungsvertrag** *m* JUR custody agreement, bailment contract

verwaisen* *vi sein* ① (*zur Waise werden*) to be orphaned, to become an orphan; ■**verwaist** orphaned ② (*verlassen werden*) to become deserted; ■**verwaist** deserted

verwaist *adj* orphaned; (*fig: verlassen*) deserted, abandoned

verwalten* *vt* ■**etw ~** ① FIN to administer sth; **jds Besitz ~** to manage sb's property ② ADMIN to administer sth; **eine Kolonie/Provinz ~** to govern a colony/province ③ INFORM to manage sth

Verwalter(in) <-s, -> *m(f)* administrator; *Gut* manager; *Nachlass* trustee

Verwaltung <-, -en> *f* ① *kein pl* (*das Verwalten*) administration *no art, no pl,* management *no art, no pl* ② (*Verwaltungsabteilung*) administration *no pl,* admin *no pl fam;* **öffentliche/örtliche ~** public administration, civil service/local [*or* municipal] government; **städtische ~** municipal authority [*or no pl* administration] ③ INFORM management *no art, no pl*

Verwaltungsabkommen *nt* administrative agreement **Verwaltungsakt** *m* JUR administrative act; **Aufhebung eines ~s** annulment of an administrative act; **einen ~ anfechten** to contest an administrative act **Verwaltungsangestellte(r)** *f(m)* admin[istration] employee **Verwaltungsapparat** *m* administrative machine[ry] *no pl* **Verwaltungsarbeit** *f* administration, admin BRIT *fam* **Verwaltungsaufsicht** *f* administrative supervision **Verwaltungsausschuss**[RR] *m* administration body; (*EU*) Management Committee **Verwaltungsbeamte(r)** *f(m)* admin[istration] official, government [administrative] official **Verwaltungsbehörde** *f* administration [authority], administrative body **Verwaltungsbeschwerde** *f* complaint about an adminstrative decision **Verwaltungsbezirk** *m* administrative district, precinct AM **Verwaltungschef(in)** *m(f)* head of administration **Verwaltungsdienst** *m* administration, admin BRIT *fam* **Verwaltungsentscheidung** *f* JUR administrative decision **Verwaltungsermessen** *nt kein pl* JUR administrative discretion **Verwaltungsgebäude** *nt* admin[istration] building

Verwaltungsgericht *nt* administrative court [*or* tribunal] **Verwaltungsgerichtsbarkeit** *f* JUR jurisdiction of an administrative court **Verwaltungsgerichtshof** *m* JUR Higher Administrative Court (*in Baden-Württemberg, Bavaria and Hesse*) **Verwaltungsgerichtsordnung** *f* JUR *regulations governing administrative courts* **Verwaltungsgerichtsverfahren** *nt* JUR administrative court procedure

Verwaltungsklage *f* JUR administrative [court] action **Verwaltungskompetenz** *f* JUR jurisdiction for administration **Verwaltungskosten** *pl* admin[istrative] costs [*or* expenses] *pl* **Verwaltungsneubauten** *pl* new administrative buildings *pl* **Verwaltungspersonal** *nt* managerial [*or* administrative] staff **Verwaltungspraxis** *f* JUR administrative practice **Verwaltungsprivatrecht** *nt* JUR *rules for private-law transactions of public bodies*

Verwaltungsrat *m* administrative [*or* management] board, board of directors (*of a public sector institution*) **Verwaltungsratsmitglied** *nt* board member, director **Verwaltungsratsvorsitzende(r)** *f(m) dekl wie adj* chairman of the board [of directors]

Verwaltungsrecht *nt* JUR administrative law **Verwaltungsrechtsrat, -rätin** *m, f* JUR administrative law counsellor **Verwaltungsrechtsweg** *m* JUR recourse to administrative tribunals

Verwaltungsreform *f* administrative reform **Verwaltungsrichter(in)** *m(f)* JUR adjudicator, judge at an administrative tribunal **Verwaltungsstelle** *f* administration office; *einer Stadt* civic centre [*or* AM -er] **Verwaltungsstreitigkeit** *f* JUR civil administrative litigation **verwaltungstechnisch** *adj* administrative **Verwaltungstreuhand** *f* JUR administrative trust **Verwaltungsübung** *f* JUR administrative custom **Verwaltungsverfahren** *nt* JUR administrative proceedings *pl* **Verwaltungsverfügung** *f* JUR administrative ruling [*or* decree] **Verwaltungsverordnung** *f* JUR administrative regulation **Verwaltungsvertrag** *m* JUR contract for management services **Verwaltungsvollstreckungsgesetz** *nt* JUR Administration Enforcement Act **Verwaltungsvorschrift** *f* JUR regulatory provision, administrative rule **Verwaltungsweg** *m* administrative channel; **auf dem ~** through administrative channels **Verwaltungszwangsverfahren** *nt* JUR *regulations concerning the application of administrative compulsion*

verwandelbar *adj* convertible

verwandeln* **I.** *vt* ① (*umwandeln*) ■**jdn in etw/ein Tier ~** to turn [*or* transform] sb into sth/an animal; ■**jd ist wie verwandelt** sb is a changed [*or* different] person [*or* is transformed] ② TECH ■**etw in etw *akk* ~** to convert [*or* turn] sth into sth ③ (*anders erscheinen lassen*) ■**etw ~** to transform sth ④ FBALL ■**etw [zu etw] ~** to convert sth [into sth]; **einen Strafstoß/Eckball ~** to convert a penalty/score from a corner **II.** *vr* ① (*zu etw werden*) ■**sich *akk* in etw *akk* ~** to turn [*or* change] into sth ② ■**sich in etw/ein Tier ~** to turn [*or* transform] oneself into sth/an animal

Verwandlung *f* ① (*Umformung*) ■**jds ~ [in etw/ein Tier]** sb's transformation [into sth/an animal] ② TECH conversion

Verwandlungsszene *f* THEAT transformation scene

Verwandschaftsverhältnisse *pl* family relationships *pl*

verwandt[1] *adj* related (**mit** +*dat* to); ■**sie sind [miteinander] ~** they are related [to each other]; **~e Anschauungen/Methoden** similar views/methods; **~e Sprachen/Wörter** cognate languages/words *spec*

verwandt[2] *pp von* **verwenden**

verwandte *imp von* **verwenden**

Verwandte(r) *f(m) dekl wie adj* relation, relative; **~ in aufsteigender Linie** JUR lineal ascendents *pl;* **ein entfernter ~r von mir** a distant relation of mine

Verwandtschaft <-, -en> *f* ① (*die Verwandten*) relations *pl,* relatives *pl,* kinship; ■**jds ~** sb's relations [*or* relatives]; **~ in gerader Linie** JUR relations *pl* by lineal descent; **~ in Seitenlinie** JUR collateral relatives [*or* relations] *pl;* **die nähere ~** close relatives *pl;* **zu jds ~ gehören** to be a relative of sb's ② (*gemeinsamer Ursprung*) affinity; *Sprachen* cognation *no pl spec* (**mit** +*dat* with)

verwandtschaftlich **I.** *adj* family *attr* **II.** *adv* ■**~ [miteinander] verbunden sein** to be related [to each other] **Verwandtschaftsgrad** *m* degree of relationship

verwanzen *vt* ■**etw ~** to bug sth

verwanzt **I.** *pp von* **verwanzen** **II.** *adj* ① (*mit Wanzen*) *Betten, Kleider* bug-ridden [*or* -infested] ② (*mit Abhörgeräten*) *Wohnung, Zimmer* bugged; ■**verwanzt sein** to be bugged

verwarnen* *vt* ■**jdn ~** ① (*streng tadeln*) to warn [*or form* caution] sb ② (*gebührenpflichtig ~*) to fine sb

Verwarnung *f* warning, caution; (*Verweis*) reprimand; **gebührenpflichtige ~** fine; **gerichtliche ~** injunction; **mündliche ~** verbal caution; **eine ~ aussprechen** to issue a warning; **jdm eine gebührenpflichtige ~ erteilen [*o* aussprechen]** to fine sb

Verwarnungsgeld *nt* JUR exemplary fine, warning charge

verwaschen *adj* faded

verwässern* *vt* ■**etw ~** ① (*mit Wasser mischen*) to water down sth *sep;* **Saft ~** to dilute juice ② (*abschwächen*) to water down sth *sep*

verweben* *vt irreg* ■**etw ~** ① (*ineinander weben*) to interweave sth ② (*beim Weben verbrauchen*) to use [up *sep*] sth (*for weaving*)

verwechseln* [-ˈvɛksl̩n] *vt* ① (*irrtümlich vertauschen*) ■**etw ~** to mix up sth *sep,* to get sth mixed up ② (*irrtümlich für jdn halten*) ■**jdn [mit jdm] ~** to mix up *sep* sb [with sb], to confuse sb with sb, to mistake sb for sb; ■**etw mit etw ~** to confuse sth with sth, to mistake sth for sth; **sich zum V~ gleichen** to be alike as two peas [in a pod]; **jdm zum V~ ähnlich sehen** to be the spitting image of sb

Verwechslung <-, -en> [-ˈvɛksl̩ʊŋ] *f* ① (*das Verwechseln*) mixing up *no art, no pl,* confusing *no art, no pl* ② (*irrtümliche Vertauschung*) mistake, confusion *no art, no pl,* mix-up *fam;* ***das muss eine ~ sein*** there must be some mistake

verwegen *adj* daring, bold; (*Kleidung*) rakish; (*frech a.*) audacious, cheeky, mouthy AM

Verwegenheit <-> *f kein pl* boldness *no art, no pl;* (*Frechheit a.*) audacity *no art, no pl,* cheekiness *no art, no pl*

verwehen* **I.** *vt* ■**etw ~** ① (*auseinander treiben*) to scatter [*or sep* blow away] sth ② (*verwischen*) to cover [over [*or* up] *sep*] sth **II.** *vi* to die down

verwehren* *vt* (*geh*) ① (*verweigern*) ■**jdm etw ~** to refuse [*or* deny] sb sth; ■**jdm ~, etw zu tun** to stop [*or* bar] sb from doing sth ② (*versperren*) ■**jdm etw ~** to block sb's sth; **Unbefugten den Zutritt ~** to deny access to unauthorized persons

Verwehung <-, -en> *f* ① *kein pl* (*das Verwehen*) covering over [*or* up] *no art, no pl* ② (*Schnee~*) [snow]drift; (*Sand~*) [sand] drift

verweichlichen* **I.** *vi sein* to grow soft; ■**verweichlicht sein** to have grown soft; **ein ~er Junge** a mollycoddled boy; **ein verweichlichter Mensch** a weakling *pej* **II.** *vt* ■**jdn ~** to make sb soft *pej*

Verweichlichung <-> *f kein pl* softening *no art, no pl*

Verweigerer, Verweigerin <-s, -> *m, f* ① (*allgemein*) objector ② (*Kriegsdienst~*) conscientious objector

verweigern* **I.** *vt* ■**[jdm] etw ~** to refuse [sb] sth; **jede Auskunft/die Kooperation ~** to refuse to give any information/to cooperate; **die Herausgabe von Akten ~** to refuse to hand over files; **jdm eine Hilfeleistung ~** to refuse sb assistance [*or* to assist sb] [*or* to render assistance to sb]; **seine Zustimmung zu etw ~** to refuse to agree [*or* to give one's agreement] to sth, to refuse one's consent to sth; **jdm die Ausreise ~** to prohibit sb from leaving [the/a country], to refuse sb permission to leave

V

[the/a country]; **jdm die Einreise/die Erlaubnis/den Zutritt** ~ to refuse sb entry/permission/admission [*or* access]; **einen Befehl** ~ to refuse to obey an order; **jdm den Gehorsam** ~ to refuse to obey sb; **den Kriegsdienst** ~ to refuse to do military service, to be a conscientious objector; *s. a.* **Annahme II.** *vi* to refuse **III.** *vr* ■ **sich jdm** ~ to refuse [to have] intimacy with sb

Verweigerung *f* refusal, denial; ~ **der Annahme** non-acceptance, refusal of acceptance; ~ **eines Befehls** refusal to obey an order; ~ **eines Kredits** turning down sb for a loan; ~ **des Rechtsschutzes** non-enforceability; ~ **des Wehrdienstes** refusal to obey to do military service; ~ **der Zeugenaussage** refusal to testify [*or* give evidence]

verweilen* *vi* (*geh*) (1) (*sich aufhalten*) ■ **irgendwo** ~ to stay [*or poet, old* tarry] somewhere; **kurz** ~ to stay for a short time; **vor einem Gemälde** ~ to linger in front of a painting (2) (*sich mit etw beschäftigen*) ■ **bei etw** ~ to dwell on sth

verweint *adj* ~**e Augen** eyes red from crying; **ein** ~**es Gesicht** a tear-stained face

Verweis <-es, -e> *m* (1) (*Tadel*) reprimand, rebuke *form;* **einen** ~ **bekommen** to be reprimanded [*or form* rebuked]; **jdm einen** ~ **erteilen** (*geh*) to reprimand [*or form* rebuke] sb (2) (*Hinweis*) reference (**auf** +*akk* to); (*Quer~*) cross-reference (**auf** +*akk* to)

Verweis(datei) *m* reference [file]

verweisen* *irreg* **I.** *vt* (1) (*weiterleiten*) ■ **jdn an jdn/etw** ~ to refer sb to sb/sth (2) (*hinweisen*) ■ **jdn auf etw** *akk* ~ to refer sb to sth (3) SPORT ■ **jdn von etw** ~ to banish sb from sth; **jdn vom Spielfeld** ~ to send off *sep* [*or* AM eject] sb (4) JUR ■ **etw an etw** *akk* ~ to refer sth to sth **II.** *vi* ■ **auf etw** *akk* ~ to refer [*or form* advert] to sth

Verweisung *f* referral, remittal (**an** +*akk* to); ~ **an ein höheres Gericht** referral to a higher court; ~ **eines Rechtsstreits/eines Verfahrens** transfer of a case/of proceedings; ~ **an ein Schiedsgericht** referral to arbitration

Verweisungsantrag *m* JUR motion to remit a case to another court **Verweisungsbeschluss**[RR] *m* JUR order to transfer an action **Verweisungsgegenstand** *m* JUR item to be remitted **Verweisungsverfahren** *nt* JUR committal proceedings *pl* **Verweisungszeichen** *nt* reference sign

verwelken* *vi sein* to wilt

verwendbar *adj* usable; **erneut** ~ **sein** to be reusable

verwenden <verwendete *o* verwandte, verwendet *o* verwandt> **I.** *vt* (1) (*gebrauchen*) ■ **etw [für etw]** ~ to use sth [for sth]; ■ **etw ist noch zu** ~ sth can still be used [*or* is still usable]; ■ **verwendet** applied; **verwendet oder verbraucht** applied or used; **nicht mehr verwendet** disused (2) (*für etw einsetzen*) ■ **etw für etw/irgendwie** ~ to use [*or* employ] sth for sth/somehow (3) (*benutzen*) ■ **etw** ~ to make use of sth; **etw vor Gericht** ~ to use sth in court **II.** *vr* ■ **sich [bei jdm] für jdn** ~ to intercede [with sb] on sb's behalf

Verwendung <-, -en> *f* (1) (*Gebrauch*) use, utilization *no pl form;* ~ **des Bruttosozialprodukts** expenditure of the gross national product; ~ **von Haushaltsmitteln** budget appropriation; ~ **aus einer Rückstellung** draw on [*or* use of] reserves; **missbräuchliche** [*o* **unsachgemäße**] ~ improper use; **notwendige** ~ necessary outlay; **[für etw]** ~ **finden** to be used [for sth]; **für jdn/etw** ~ **finden** to find a use for sb/sth; ~/**keine** ~ **für jdn/etw haben** to have a/no use for sb/sth (2) (*veraltend: Fürsprache*) intercession; ■ **auf jds** ~ **hin** at sb's intercession

Verwendungsbereich *m* TECH field of application **verwendungsfähig** *adj s.* **verwendbar verwendungsgebunden** *adj* (*form*) tied, linked to a specific use **Verwendungsmöglichkeit** *f* [possible] use [*or* employment] **Verwendungszeitraum** *m* period of use **Verwendungszweck** *m* purpose; (*Feld auf Überweisungsformularen*) reference

verwerfen* *irreg* **I.** *vt* (1) (*als unbrauchbar ablehnen*) ■ **etw [als etw]** ~ to reject sth [as sth]; **den Gedanken** ~ to dismiss the thought; **einen Plan** ~ to reject [*or* discard] [*or sep* throw out] a plan; **einen Vorschlag** ~ to reject [*or sep* turn down] a suggestion (2) JUR ■ **etw** ~ to reject [*or* dismiss] sth **II.** *vr* ■ **sich** ~ (1) (*sich stark verziehen*) to warp (2) GEOL to fault *spec* (3) KARTEN to deal the wrong number of cards

verwerflich *adj* (*geh*) reprehensible *form*

Verwerflichkeit <-> *f kein pl* (*geh*) reprehensibleness *no art, no pl form* [*or* reprehensibility] *no art, no pl form*

Verwerfung <-, -en> *f* (1) *kein pl* (*Ablehnung*) rejection, dismissal (2) GEOL fault (3) SOZIOL **gesellschaftliche** ~**en** societal fractures (4) BAU warp

Verwerfungskompetenz *f* JUR power to reject a remedy

verwertbar *adj* (1) (*brauchbar*) usable; **erneut** ~ **sein** to be reusable; ■ **[etwas]/nichts V~es** something/nothing usable (2) (*auszuwerten*) utilizable [*or* BRIT *a.* -isable]; **[nicht]** ~ **vor Gericht sein** to be [in]admissible in court

Verwertbarkeit <-> *f kein pl* usability *no pl*

verwerten* *vt* ■ **etw** ~ (1) (*ausnutzen, heranziehen*) to use [*or* utilize] [*or* make use of] sth; **etw erneut** ~ to reuse sth (2) (*nutzbringend anwenden*) to exploit [*or* make use of] sth

Verwertung <-, -en> *f* (1) (*Ausnutzung*) utilization *no art, no pl* (2) (*Heranziehung*) use (3) (*nutzbringende Anwendung*) exploitation *no art, no pl*

Verwertungsgesellschaft *f* exploitation company **Verwertungsnachweis** *m* proof of use; *z. B. bei Altautos* proof of recycling **Verwertungsrechte** *pl* JUR utilization rights **Verwertungssperre** *f* ban on sale **Verwertungsverbot** *nt* ban on utilization

verwesen* *vi sein* to rot, to decompose; ■ **verwest** decomposed

Verwesung <-> *f kein pl* decomposition *no art, no pl,* decay *no art, no pl;* **in** ~ **übergehen** to start to rot [*or* decompose]

verwetten* *vt* ■ **etw** ~ to gamble away sth *sep*

verwickeln* **I.** *vt* ■ **jdn in etw** *akk* ~ to involve sb in sth; **jdn in ein Gespräch** ~ to engage sb in conversation; **jdn in einen Skandal** ~ to get sb mixed up [*or* embroiled] in a scandal; ■ **in etw** *akk* **verwickelt sein/werden** to be/become [*or* get] involved [*or* mixed up] in sth; **in eine Affäre verwickelt sein** to be entangled [*or* tangled up] in an affair; **in einen Skandal verwickelt sein** to be embroiled in [a] scandal **II.** *vr* (1) (*sich verheddern*) ■ **sich** ~ to get tangled up (2) (*sich verstricken lassen*) ■ **sich** *akk* **in etw** *akk o dat* ~ to get tangled [*or* caught up] [*or* become entangled] in sth; **sich in eine Auseinandersetzung** ~ to get involved [*or* caught up] in an argument

verwickelt *adj* complicated, intricate, involved; **eine** ~**e Angelegenheit** a tangled affair

Verwick(e)lung <-, -en> *f* (1) (*Verstrickung*) entanglement; ■ **jds** ~ **in etw** *akk* sb's involvement in sth (2) *pl* (*Komplikationen*) complications *pl*

verwildern* *vi sein* (1) (*zur Wildnis werden*) to become overgrown (2) (*wieder zum Wildtier werden*) to go wild, to return to the wild (3) (*undiszipliniert werden*) to become wild [and unruly], to run wild

verwildert *adj* (1) (*überwachsen*) *Garten* overgrown (2) *Tier* feral; *Haustier* neglected (3) (*fig: ungepflegt*) *Aussehen* unkempt

Verwilderung <-> *f kein pl* (1) (*das Verwildern*) *Garten, Park* growing wild *no art, no pl; Tier* becoming wild *no art, no pl,* returning to the wild *no art, no pl* (2) (*Disziplinlosigkeit*) becoming wild [and unruly] *no art, no pl,* running wild *no art, no pl*

verwinden* *vt irreg* (*geh*) ■ **etw** ~ to get over sth; ■ **es** ~, **dass ...** to get over the fact that ...

verwinkelt *adj* twisting, twisty *fam,* winding, windy *fam;* **ein** ~**es Gebäude** a building full of nooks and crannies

verwirken *vt* (*geh*) ■ **etw** ~ to forfeit sth

verwirklichen* **I.** *vt* ■ **etw** ~ to realize sth; **eine Idee/einen Plan** ~ to put an idea/a plan into practice [*or* effect], to translate an idea/a plan into action; **ein Projekt/Vorhaben** ~ to carry out *sep* a project **II.** *vr* ■ **sich** ~ to fulfil [*or* AM *a.* -ll] oneself, to be fulfilled; **sich voll und ganz** ~ to realize one's full potential; ■ **sich** *akk* **in etw** *dat* ~ to find fulfilment [*or* AM *usu* -llment] in sth

Verwirklichung <-, -en> *f* realization

Verwirkung <-> *f kein pl* JUR forfeiture; ~ **von Ansprüchen/Rechten** forfeiture of claims/rights; ~ **des Rücktrittsrechts [vom Vertrag]** forfeiture of the right of rescission

Verwirkungsklausel *f* JUR estoppel [*or* forfeiture] clause

verwirren* *vt* ■ **jdn [mit etw]** ~ to confuse sb [with sth], to bewilder sb

verwirrend <-er, -este> *adj* confusing

Verwirrspiel *nt* confusion; **ein** ~ **mit jdm treiben** to try to confuse sb

verwirrt *adj* (1) (*fig: durcheinander*) confused, bewildered; *Sinne* [be]fuddled (2) *Haar* tousled, ruffled; *Faden* tangled

Verwirrung <-, -en> *f* (1) (*Verstörtheit*) confusion *no art, no pl,* bewilderment *no art, no pl;* **jdn in** ~ **bringen** to confuse [*or* bewilder] sb, to make sb confused [*or* bewildered] (2) (*Chaos*) chaos *no art, no pl*

verwischen* **I.** *vt* ■ **etw** ~ (1) (*verschmieren*) to smudge sth; **Farbe** ~ to smear paint (2) (*unkenntlich machen*) to cover [up *sep*] sth; **seine Spur** ~ to cover one's tracks **II.** *vr* ■ **sich** ~ to become blurred; (*Erinnerung*) to fade

verwittern* *vi sein* to weather; ■ **verwittert** weathered; **ein verwittertes Gesicht** (*fig*) a weather-beaten face

Verwitterung *f* weathering *no art, no pl*

verwitwet *adj* widowed; **Frau Huber,** ~**e Schiller** Mrs Huber, [the] widow of Mr Schiller

verwöhnen* *vt* ■ **jdn** ~ to spoil sb; ■ **sich** ~ to spoil [*or* treat] oneself; **jdn zu sehr** ~ to pamper sb, to mollycoddle sb BRIT *pej fam;* ■ **sich [von jdm]** ~ **lassen** to be pampered [by sb]

verwohnt *adj* the worse for wear *pred;* **eine** ~**e Wohnung** a run-down flat; **ein** ~**es Gebäude** a ramshackle building; ~**e Möbel** worn-out [*or* battered] furniture

verwöhnt *adj* (1) (*Exquisites gewöhnt*) gourmet *attr* (2) (*anspruchsvoll*) discriminating *form*

Verwöhnung <-> *f kein pl* spoiling *no art, no pl*

verworfen **I.** *adj* (*geh*) degenerate; (*stärker*) depraved **II.** *adv* degenerately; ~ **handeln** to act like a degenerate *form*

Verworfenheit *f* (*geh*) depravity

verworren *adj* confused, muddled, eine ~*e Angelegenheit,* a complicated affair

verwundbar *adj* vulnerable

verwunden* *vt* ■ **jdn** ~ to wound sb; **schwer verwundet** seriously wounded

verwunderlich *adj* odd, strange, surprising; **was ist daran** ~**?** what is strange [*or* odd] about that?; ■ **es ist kaum** ~**, dass/wenn ...** it is hardly surprising that/when ..; ■ **nicht** ~ **sein** to be not surprising; ■ **es ist nicht** ~**, dass ...** it is not surprising [*or* no wonder] that ...

verwundern* **I.** *vt* ■ **jdn** ~ to surprise [*or* astonish] sb; ■ **es verwundert jdn, dass ...** sb is surprised that ... **II.** *vr* ■ **sich** *akk* **über etw** *akk* ~ to be surprised [*or* astonished] at sth; **sich sehr** ~ to be amazed [*or* very surprised]

verwundert **I.** *adj* astonished, surprised; **über etw** *akk* **verwundert sein** to be amazed [*or* astonished] [*or* very surprised] at sth **II.** *adv* in amazement

Verwunderung <-> *f kein pl* amazement *no art, no pl;* **voller** ~ full of amazement; **zu jds** ~ to sb's amazement [*or* astonishment] [*or* great surprise]

verwundet *adj* injured; (*fig*) wounded *a. fig,* hurt *a. fig*

Verwundete(r) *f(m) dekl wie adj* casualty, wounded person; ■ **die** ~**n** the wounded + *pl vb*

Verwundung <-, -en> *f* wound

verwunschen *adj* enchanted

verwünschen* *vt* (1) (*verfluchen*) ■ **jdn/etw** ~ to curse sb/sth; ■ **verwünscht, dass ...** cursed be the day … ❷ LIT (*verzaubern*) ■**jdn/etw** ~ to cast a spell on [*or* to bewitch] sb/sth

verwünscht *adj* cursed, confounded *dated fam*

Verwünschung <-, -en> *f* curse, oath *dated;* **~en ausstoßen** to utter curses [*or dated* oaths]

verwurzeln* *vi sein* to be rooted; **fest mit etw** *dat* **verwurzelt sein** to be deeply rooted in sth

verwurzelt *adj* ❶ (*mit Wurzeln befestigt*) ■**irgendwie** ~ somehow rooted; **gut/fest** ~ well-/firmly rooted ❷ (*fest eingebunden*) ■**in etw** *dat* ~ **sein** to be [deeply] rooted [*or a. pej* entrenched] in sth

verwüsten* *vt* ■**etw** ~ to devastate sth; **die Wohnung** ~ to wreck the flat [*or* AM apartment]; **das Land** ~ to ravage [*or* lay waste to] the land

Verwüstung <-, -en> *f meist pl* devastation *no art, no pl;* **die ~en des Krieges** the ravages of war; **~en anrichten** to cause devastation

verzagen* *vi sein o selten haben* (*geh*) to give up, to lose heart

verzagt I. *adj* despondent, disheartened II. *adv* despondently

verzählen* *vr* ■**sich** ~ to miscount

verzahnen* *vt* ❶ TECH ■**Teile [miteinander]** ~ to dovetail pieces [together]; **Maschinenteile** ~ to gear machinery ❷ BAU ■**etw [mit etw]** ~ to joggle sth [with sth] ❸ (*fig: eng verbinden*) ■**etw mit etw** *dat* ~ to link sth to sth; ***diese Probleme sind miteinander verzahnt*** these problems are all linked [together]

Verzahnen <-s> *nt kein pl* BAU toothing, indenting

verzahnt *adj* **ineinander ~ sein** to mesh

Verzahnung <-, -en> *f* ❶ BAU *von Balken* dovetailing ❷ TECH *von Rädern* gearing ❸ TECH (*das Verzahntsein*) dovetail

verzanken* *vr* (*fam*) ■**sich** *akk* **[wegen einer S.** *gen*] ~ to fall out [*or* quarrel] [over sth]

verzapfen* *vt* ❶ (*fam o pej: schreiben*) ■**etw** ~ to concoct sth; **ein kitschiges Gedicht** ~ to concoct a kitschy poem; (*erzählen*) to come out with sth; ***du verzapfst wieder mal nur Blödsinn!*** you're talking a load of rubbish again! ❷ (*verbinden*) **Bretter** ~ to mortise planks of wood ❸ (*ausschenken*) **Bier** ~ to sell beer on draught [*or* AM *usu* draft]

verzärteln* *vt* (*pej*) ■**jdn** ~ to pamper, to mollycoddle sb BRIT

verzaubern* *vt* ❶ (*verhexen*) ■**jdn** ~ to put [*or* cast] a spell on sb; ■**jdn in jdn/etw** ~ to turn sb into sb/sth ❷ (*betören*) ■**jdn** ~ to enchant sb

Verzauberung <-, -en> *f* ❶ (*das Verhexen*) bewitchment ❷ (*fig*) enchantment

verzehnfachen* I. *vt* (*auf das Zehnfache erhöhen*) ■**etw** ~ to increase sth tenfold II. *vr* (*sich auf das Zehnfache erhöhen*) ■**sich** *akk* ~ to increase tenfold

Verzehr <-[e]s> *m kein pl* (*geh*) consumption *form;* **nicht zum ~ geeignet** unfit for consumption

Verzehrbon *m* food coupon, meal voucher

verzehren* I. *vt* ❶ ■**etw** ~ (*geh: essen*) to consume sth *form* ❷ (*verbrauchen*) to use up sth II. *vr* (*geh*) ❶ (*intensiv verlangen*) ■**sich** *akk* **nach jdm** ~ to pine for sb ❷ (*sich zermürben*) ■**sich** *akk* **vor etw** *dat* ~ to be consumed by [*or* with] sth *form*

verzeichnen* *vt* ❶ (*aufführen*) ■**etw** ~ to list sth; **etw ~ können** (*fig*) to be able to record sth; **einen Erfolg** ~ to score a success ❷ (*falsch zeichnen*) ■**etw** ~ to draw sth wrongly

Verzeichnis <-ses, -se> *nt* ❶ (*Liste*) list; (*Tabelle*) table ❷ INFORM directory; **hierarchisches/temporäres** ~ hierarchical/temporary directory; **ein ~ anlegen** to make a directory

verzeigen* *vt* SCHWEIZ (*anzeigen*) to report sb [to the police]

Verzeigung <-, -en> *f* SCHWEIZ (*Anzeige*) reporting

verzeihen <verzieh, verziehen> I. *vt* (*vergeben*) ■**etw** ~ to excuse sth; **ein Unrecht/eine Sünde** ~ to forgive an injustice/a sin; ■**jdm etw** ~ to forgive sb sth, to excuse [*or* pardon] sb for sth II. *vi* (*vergeben*) to forgive sb; ***kannst du mir noch einmal ~?*** can you forgive me just this once?; ~ ***Sie!*** I beg your pardon!, AM *usu* excuse me!; ~ ***Sie, dass ich störe*** excuse me for interrupting; ~ ***Sie, wie komme ich am schnellsten zum Rathaus?*** excuse me, which is the quickest way to the town hall?

verzeihlich *adj* excusable, forgivable; ■**etw ist nicht** ~ sth is inexcusable [*or* unforgivable]

Verzeihung <-> *f kein pl* (*geh: Vergebung*) forgiveness; **[jdn] um ~ [für etw** *akk*] **bitten** to apologize [to sb] [for sth]; ***ich bitte vielmals um ~!*** I'm terribly sorry; **~!** sorry!; **~, *darf ich mal hier vorbei?*** excuse me, may I get past?

verzerren* I. *vt* ❶ (*verziehen*) ■**etw [vor etw** *dat*] ~ to distort sth; **das Gesicht [vor Schmerzen]** ~ to contort one's face [with pain]; ***Hass verzerrte seine Züge*** hatred distorted his features ❷ (*fig: etw entstellen*) ■**etw** ~ to distort sth; ***dieser Artikel verzerrt die wahren Ereignisse*** this article distorts the true events ❸ (*überdehnen*) ■**[sich** *dat*] **etw** ~ to pull [*or* strain] sth; **sich eine Sehne/einen Muskel** ~ to strain a tendon/to pull a muscle ❹ PHYS (*entstellt wiedergeben*) ■**etw** ~ to distort sth; ***dieser Spiegel verzerrt die Gesichtszüge*** this mirror distorts features; ***der Anrufer hat seine Stimme technisch verzerrt*** the caller used a technology to distort his voice II. *vr* (*sich verziehen*) ■**sich** *akk* **[zu etw** *dat*] ~ to become contorted [in sth]; ***die Züge ihrer Schwester verzerrten sich zu einer grässlichen Fratze*** her sister's features became contorted in a hideous grin

verzerrt <-er, -este> *adj* ❶ (*verzogen, verändert*) distorted; **ein ~es Gesicht** a contorted face; (*fig*) a distorted face ❷ MED (*durch zu starke Dehnung verletzt*) strained, pulled

Verzerrung <-, -en> *f* distorsion; **lineare** ~ geometric distorsion

verzetteln* I. *vt* ■**etw** ~ to waste sth; **Energie** ~ to dissipate energy; **Geld** ~ to fritter away money; **Zeit** ~ to waste time II. *vr* ■**sich** *akk* **[bei/in/mit etw** *dat*] ~ to take on too much at once [when doing sth]; ***wenn du keinen Plan machst, verzettelst du dich in deiner Aufgabe*** if you don't make a plan you'll get bogged down in your task *fam*

Verzicht <-[e]s, -e> *m* renunciation; JUR waiver (**auf** +*akk* of); *eines Amtes, auf Eigentum* relinquishment; ***man muss im Leben auch mal ~ üben*** there are times when you have to forego things in life; ***der ~ auf Alkohol fällt mir schwer*** I am finding it hard to give up alcohol; ***sie versuchten, ihn zum ~ auf sein Recht zu bewegen*** they tried to persuade him to renounce his rights; ~ **auf Einrede der Vorausklage** JUR waiver of the benefit of discussion

verzichten* *vi* to go without, to relinquish; **zu jds Gunsten** ~ to do without in favour [*or* AM -or] of sb; ***ich werde auf meinen Nachtisch ~*** I will go without dessert; ■**auf etw** *akk* ~ to do without sth; **auf Alkohol/Zigaretten** ~ to abstain from drinking/smoking; **auf sein Recht** ~ to renounce one's right; **auf die Anwendung von Gewalt** ~ to renounce the use of violence; ***ich verzichte auf meinen Anteil*** I'll do without my share; ***ich möchte im Urlaub auf nichts ~*** on holiday I don't want to miss out on anything; **ich verzichte dankend** (*iron*) I'd rather not; **auf jdn/etw [nicht] ~ können** to [not] be able to do without sb/sth; ***wir können nicht auf diese Mitarbeiter verzichten*** we can't do without these employees; ***auf dein Mitgefühl kann ich ~*** I can do without your sympathy

Verzichtklausel *f* JUR waiver [*or* disclaimer] clause **Verzicht(s)erklärung** *f* JUR waiver, disclaimer; ■**eine ~ auf etw** a renunciation of sth **Verzichturkunde** *f* JUR deed of renunciation

Verzichturteil *nt* JUR waiver judgment

verzieh *imp von* **verzeihen**

verziehen*¹ *irreg* I. *vi sein* (*umziehen*) to move [somewhere]; ***sie ist schon lange verzogen*** she moved a long time ago; ***er ist ins Ausland verzogen*** he moved abroad; **unbekannt verzogen** (*geh*) moved — address unknown II. *vr haben* (*fam: verschwinden*) ■**sich** *akk* ~ to disappear; *Nebel, Wolken* to disperse; ***verzieh dich!*** clear off!; ***sie verzogen sich in eine stille Ecke*** they went off to a quiet corner; ***das Gewitter verzieht sich*** the storm is passing

verziehen*² *irreg* I. *vt* ❶ (*verzerren*) ■**etw** ~ to twist sth, to screw up sth *sep;* ***sie verzog ihren Mund zu einem gezwungenen Lächeln*** she twisted her mouth into a contrived smile; **das Gesicht [vor Schmerz]** ~ to pull a face [*or* to grimace] [with pain] ❷ (*schlecht erziehen*) to bring up badly; **ein Kind** ~ to bring up a child badly; **ein verzogener Bengel** a spoilt [*or* AM -ed] brat; *s. a.* **Miene** II. *vr* ■**sich** *akk* ~ ❶ (*verzerren*) to contort, to twist; ***sein Gesicht verzog sich zu einer Grimasse*** he grimaced ❷ (*verformen*) to go out of shape; ***die Schublade hat sich verzogen*** the drawer has warped; ***der Pullover hat sich beim Waschen verzogen*** the pullover has lost its shape in the wash

verziehen³ *pp von* **verzeihen**

verzieren* *vt* ■**etw [mit etw** *dat*] ~ to decorate sth [with sth]

Verzierung <-, -en> *f* decoration; (*an Gebäuden*) ornamentation; ***die Salatblätter sind nur als ~ gedacht*** the lettuce leaves are only intended to be a garnish; **zur ~ [einer S.** *gen*] **dienen** to serve as a decoration [*or* ornamentation] [of a thing] ▶ WENDUNGEN: **brich dir [nur/bloß] keine ~en ab!** (*fam*) stop making such a fuss [*or* song and dance]! *fam*

verzinken* *vt* ■**etw** ~ to galvanize sth

verzinsen* I. *vt* (*für etw Zinsen zahlen*) ■**[jdm] etw** ~ to pay [sb] interest on sth; ***Sparbücher werden niedrig verzinst*** savings books yield a low rate of interest; ***die Bank verzinst dein Erspartes mit 3 Prozent*** the bank pays three percent on your savings II. *vr* (*Zinsen erwirtschaften*) ■**sich** *akk* **mit etw** *dat* ~ to bear [*or* yield] a certain rate of interest; ***ihre längerfristigen Einlagen ~ sich mit 7 %*** her longer-term investments bear a 7 % rate of interest

verzinslich I. *adj* interest-bearing; **~es Darlehen** interest-bearing loan, a loan bearing interest; ■**[mit etw** *dat*] ~ **sein** bearing interest [at a rate of sth]; ***das Sparbuch war mit 3,25 % ~*** the savings book yielded an interest rate of 3.25 % II. *adv* at interest; ***die monatlich ersparten Beträge legen wir ~ an*** we invest the monthly amounts saved at interest

Verzinsung <-, -en> *f* FIN interest payment; **durchschnittliche/effektive** ~ average/effective yield; ***5,85 % sind für deine Anlage keine gute ~*** 5.85 % is not a good return on your investment

Verzinsungsanteil *m* FIN interest-earning share **Verzinsungspflicht** *f* duty to invest sth at interest

verzocken *vt* (*sl*) ■**etw** ~ to gamble away sth *sep*

verzogen *adj* badly brought up; ***die Kinder unserer Nachbarn sind völlig ~*** our neighbour's children are completely spoilt

verzögern* I. *vt* ❶ (*später erfolgen lassen*) ■**etw [um etw** *akk*] ~ to delay sth [by sth]; ***ich habe sie gebeten, ihre Ankunft um ein paar Stunden zu ~*** I have asked them to delay their arrival by a few hours; ***das schlechte Wetter verzögerte den Abflug um eine Stunde*** bad weather delayed the flight by an hour ❷ (*verlangsamen*) to slow down; **das Spiel** ~ to slow down the game II. *vr* (*später erfolgen*) ■**sich** *akk* **[um etw** *akk*] ~ to be delayed [by sth]; ***die Abfahrt des Zuges verzögerte sich um circa fünf Minuten*** the departure of the train was delayed by about five minutes

Verzögerung <-, -en> *f* delay, hold-up *fam;* (*Verlangsamung*) slowing down; **zeitliche** ~ delay, holdup; ***die ~ eines Angriffs wäre fatal*** delaying an attack would be fatal

Verzögerungsabsicht *f* intention to delay proceedings **Verzögerungsschaden** *m* damage caused by delay **Verzögerungstaktik** *f* delaying tactics *pl*

verzollen* *vt* ■**etw** ~ to pay duty on sth; ***haben Sie etwas zu ~?*** have you anything to declare?

verzückt I. *adj* (*geh*) ecstatic, enraptured II. *adv* (*geh*) ecstatically

Verzückung <-, -en> *f* (*geh*) ecstacy; **[über etw** *akk*] **in ~ geraten** to go into raptures *pl* [about/over sth]

V

Verzug <-[e]s> *m kein pl* ① (*Rückstand*) delay; *Zahlung a.* default, arrears *npl;* **sich** *akk* [**mit etw** *dat*] **in ~ befinden** [*o* **sein**] to be behind [with sth]; [**mit etw** *dat*] **in ~ geraten** [*o* **kommen**] to fall/be behind [with sth]; **mit einer Zahlung in ~ sein** to be behind [*or* in arrears] with a payment; **jdn in ~ setzen** to put sb in default ② *kein pl* (*Aufschub*) delay; ***die Sache duldet keinen*** ~ this is an urgent matter; **etw ohne ~ ausführen** to do [*or* carry out *sep*] sth immediately; **ohne ~** without delay ③ BERGB bratticing, covering, lagging, lining ④ DIAL (*veraltend: Lieblingskind*) darling ▸ WENDUNGEN: **Gefahr im ~e** danger ahead

Verzugseintritt *m* occurence of default **Verzugsfolge** *f* penalty for default **Verzugsgebühr** *f* FIN late fee [*or* charge] **Verzugsschaden** *m* JUR damage caused by default **Verzugsschadenersatz** *m* JUR damages for delay **Verzugsstrafe** *f* JUR penalty for delay **Verzugszinsen** *pl* FIN interest *nsing* on arrears [*or* for default], AM penal interest

verzweifeln* *vi sein* (*völlig verzagen*) to despair; [**nur**] **nicht ~!** don't despair!; ■ **an jdm ~** to despair of sb; ***an den Politikern bin ich schon lange verzweifelt*** I have despaired of politicians for a long time; ***es ist zum V~ mit dir!*** you drive me to despair; ***es ist zum V~ mit diesem Projekt!*** this project makes you despair!

verzweifelt I. *adj* ① (*völlig verzagt*) despairing; **ein ~es Gesicht machen** to look despairingly; **ein ~er Zustand** a desperate state; ■ **~ sein** to be in despair; ***ich bin völlig*** ~ I'm at my wits' end ② (*hoffnungslos*) desperate; **eine ~e Lage** [*o* **Situation**] a desperate situation ③ (*mit aller Kraft*) desperate; **ein ~er Kampf ums Überleben** a desperate struggle for survival II. *adv* (*völlig verzagt*) despairingly; ***sie rief ~ nach ihrer Mutter*** she called out desperately for her mother

Verzweiflung <-> *f kein pl* (*Gemütszustand*) despair; (*Ratlosigkeit*) desperation; **in ~ geraten** to despair; **jdn zur ~ bringen** [*o* **treiben**] to drive sb to despair; **etw aus/vor/in ~ tun** to do sth out of desperation

Verzweiflungstat *f* act of desperation

verzweigen* *vr* ■ **sich** *akk* ~ to branch out; *Straße* to branch off

verzweigt *adj* branched, having many branches; ***wir sind eine weit verzweigte Familie*** we belong to a large, extended family; ***ihr Vertriebsnetz besteht aus einem international ~en System*** their sales network comprises a system that has many international branches

Verzweigung <-, -en> *f* ① (*verzweigtes Astwerk*) branches *pl;* (*verzweigter Teil*) fork; ***durch die vielen ~en wird der Plan sehr unübersichtlich*** the plan is becoming very confused thanks to all the ramifications ② (*weite Ausbreitung*) intricate network ③ SCHWEIZ (*Kreuzung*) crossroads *sing o pl,* intersection AM

verzwickt *adj* (*fam*) complicated, tricky *fam*

VESA *f* INFORM *Akr von* **video electronics standard association** VESA **VESA-Bus** *m* INFORM VESA bus **VESA-Local-Bus** *m* INFORM VESA local bus

Vesper¹ <-, -n> *f* REL vespers *npl;* ~ **halten** to celebrate vespers; **zur ~ gehen** to go to vespers

Vesper² <-s, -> *f o nt* DIAL snack; ~ **machen** to have a snack; **etw zur ~ essen** to have a snack

Vesperbrot *nt* SÜDD ① (*Vesper*) break ② (*Pausenbrot*) sandwich

vespern *vi* DIAL to have a snack

Vesuv <-[s]> *m* Vesuvius

Veteran <-en, -en> [ve-] *m* ① (*altgedienter Soldat*) veteran ② AUTO *s.* **Oldtimer**

Veterinär(in) <-s, -e> [ve-] *m(f)* (*fachspr*) vet *fam,* veterinary surgeon BRIT, veterinarian AM

Veterinärmedizin [ve-] *f* veterinary medicine **Veterinärmediziner(in)** *m(f)* veterinary practitioner, vet **veterinärmedizinisch** *adj attr* veterinary-medical

Veto <-s, -s> ['ve:-] *nt* (*Einspruch*) veto; [**gegen etw** *akk*] **sein ~ einlegen** to exercise [*or* use] one's veto [against sth]; (*Vetorecht*) veto; **von seinem ~ Gebrauch machen** to exercise one's right to veto

Vetorecht ['ve:-] *nt* right of veto

Vetter <-s, -n> *m* cousin

Vetternwirtschaft *f kein pl* (*fam*) nepotism *no pl*

V-Form ['fau-] *f* V-shape; ■ **in ~** in a V-shape

v-förmig *adj,* **V-förmig** *adj* V-shaped

V-Frau *f fem form von* **Verbindungsmann**

vgl. *interj Abk von* **vergleiche** cf.

v.H. *Abk von* **vom Hundert** per cent

VHS <-> [fauha:'ʔɛs] *f Abk von* **Volkshochschule**

via ['vi:a] *präp +akk* (*geh*) ① (*über*) via; ***wir fahren ~ Köln*** we're travelling via Cologne ② (*durch*) by; ***das muss ~ Anordnung geregelt werden*** that must be settled by an order

Viadukt <-[e]s, -e> [via-] *m o nt* viaduct

Viagra® <-> *nt o f kein pl* PHARM Viagra®

Vibration <-, -en> [vi-] *f* vibration

Vibrationsalarm *m* vibrating alert, vibration alarm

vibrationsfrei *adj* vibration-free

Vibrator <-s, -toren> [vi-] *m* vibrator

vibrieren* [vi-] *vi* to vibrate; *Stimme* to quiver, to tremble

Video <-s, -s> ['vi:-] *nt* ① (*Videoclip, Videofilm*) video ② *kein pl* (*Medium*) video *no pl;* **etw auf ~ aufnehmen** to video sth, to record sth on video; ***~ kann das Kinoerlebnis nicht ersetzen*** video cannot replace going to the cinema

Videoanschluss^RR^ *m* INFORM video port **Videoanwendung** *f* INFORM video application **Videoaufnahme** ['vi:-] *f* video recording [*or* taping] **Videoaufzeichnung** *f* video recording **Videoausgang** *m* INFORM video output **Videoband** *nt* videotape **Videobearbeitung** *f* INFORM video processing **Videobild** *nt* INFORM video image; **invertiertes ~** inverse video image **Videobrowser** <-s, -> [-'brauzə] *m* video browser **Video-CD** *f* INFORM video CD **Videochip** *m* INFORM video chip **Videoclip** <-s, -s> *m* video clip **Videoconferencing** <-[s]> ['vɪdiəʊ'kɒnfərəntsɪŋ] *nt kein pl* video conferencing *no pl, no indef art* **Videodatei** *f* INFORM video file **Videodisc** <-, -s> [-dɪsk] *f* INFORM videodisc; **digitale ~** digital video disc **Videofilm** *m* video film **Videofilmer(in)** *m(f)* video film maker **Videogerät** *nt s.* **Videorecorder** **Videokabel** *nt* video cable **Videokamera** *f* video camera **Videokarte** *f* INFORM video card **Videokassette** *f* video cassette; **etw auf ~ haben** to have sth on video **Videokassettenrekorder** *m* video cassette recorder [*or* player] **videokompatibel** *adj* TECH video compatible

Videokonferenz *f* video conference **Videokonferenzsignal** *nt* video conferencing signal **Videokonferenzsystem** *nt* video conferencing

Videokontroller *m* INFORM video controller [card] **Videokünstler(in)** *m(f)* video artist **Videomonitor** *m* INFORM video monitor **Video-on-demand** <-, Videos-on-demand> ['vɪdiəʊɔndɪ'ma:nd] *nt* TV video-on-demand **Videoprint** <-s, -s> *m* video print **Videoprinter** <-s, -> *m* video printer

Video-RAM *nt* INFORM video RAM **Videorekorder** <-s, -> *m,* **Videorecorder** <-s, -> *m* video [recorder], AM *usu* VCR **Videoschnitt** *m* video cut; **linearer ~** linear video cut **Videosperrfrist** *f* delay before a cinema film can be shown on video **Videospiel** *nt* video game **Videotauglichkeit** *f* suitability for video **Videotelefon** *nt* videophone **Videotext** *m kein pl* teletext *no pl*

Videothek <-, -en> [vi-] *f* video shop [*or* AM *usu* store]; (*Sammlung*) video library

Videothekar(in) <-s, -e> [vi-] *m(f)* (*selten*) video shop [*or* AM *usu* store] owner

Videoüberwachung *f* monitoring by closed circuit TV **Videoüberwachungssystem** *nt* closed-circuit surveillance system **Video-Verleih** *m* video rental **Videovermietmarkt** *m* video rental market **Videowelt** *f* video world; **multimediale ~** multimedia video world **Videowirtschaft** *f* video industry

Viech <-[e]s, -er> *nt* (*pej fam*) creature

Vieh <-[e]s> *nt kein pl* ① AGR livestock; (*Rinder*) cattle; **20 Stück ~** twenty head of cattle; **das ~ füttern** to feed the livestock; **jdn wie ein Stück ~ behandeln** (*fam*) to treat sb like dirt *fam* ② (*fam: Tier*) animal, beast ③ (*pej fam: bestialischer Mensch*) swine *pej fam*

Viehbestand *m* livestock **Viehfutter** *nt* cattle feed [*or* fodder] **Viehhalter(in)** <-s, -> *m(f)* livestock [*or* cattle] owner **Viehhaltung** <-> *f kein pl* cattle owning, animal husbandry **Viehhandel** <-s> *m kein pl* livestock [*or* cattle] trade **Viehhändler(in)** *m(f)* livestock [*or* cattle] dealer **Viehherde** *f* livestock herd

viehisch I. *adj* ① (*pej: menschenunwürdig*) terrible; ***hier herrschen ~e Zustände*** the conditions here are terrible ② (*pej: grob bäurisch*) coarse; ***er hat wirklich ~e Manieren*** he has really coarse manners II. *adv* ① (*höllisch*) terribly; ***so eine Brandwunde kann ~ weh tun*** a burn like that can hurt terribly ② (*pej: bestialisch*) coarsely; **jdn ~ quälen** to torture sb brutally [*or* cruelly]

Viehkauf *m* JUR sale of livestock **Viehmarkt** *m* cattle market **Viehseuche** *f* livestock [*or* cattle] disease **Viehstall** *m* cowshed, AM *a.* [cow] barn **Viehtränke** *f* cattle drinking trough **Viehwaggon** *m* cattle truck **Viehzeug** *nt* (*fam*) ① (*Kleinvieh*) animals *pl,* stock ② (*pej: lästige Tiere*) creatures *pl;* (*lästiges Insekten*) creepy-crawlies *pl* BRIT, bugs *pl* AM **Viehzucht** *f* cattle [*or* livestock] breeding **Viehzüchter(in)** *m(f)* cattle [*or* livestock] breeder

viel I. *adj* <mehr, meiste> ① *sing, adjektivisch, inv* (*eine Menge von etw*) a lot of, a great deal of; ***für so ein Hobby braucht man ~ Geld*** for a hobby like that you need a lot of money; ***~ Erfolg!*** good luck!, I wish you every success!; ***~ Spaß!*** enjoy yourself/yourselves!, have fun! ② *sing, mit Artikel, Possessivpronomen* ■ **der/die/das ~e ...** all this/that; ***das ~e Essen über die Weihnachtstage ist mir nicht bekommen*** all that food over Christmas hasn't done me any good; ***der ~e -rger lässt mich nicht mehr schlafen*** I can't get to sleep with all this trouble; ***er wusste nicht mehr, wo er sein ~es Geld noch anlegen sollte*** he didn't know where to invest all his money; ***ich weiß nicht, wie ich meine ~e Arbeit erledigen soll*** I don't know how I'm going to finish all my work ③ *substantivisch* (*eine Menge*) a lot, a great deal, much; ***ich habe zu ~ zu tun*** I have too much to do; ***obwohl er ~ weiß, prahlt er nicht damit*** although he knows a lot, he doesn't brag about it; ***von dem Plan halte ich, offen gestanden, nicht ~*** frankly, I don't think much of the plan; ***das hat nicht ~ zu bedeuten*** that doesn't mean much ④ *sing, substantivisch* ■ **~es** a lot, a great deal, much; ***sie weiß ~es*** she knows a lot [*or* a great deal]; ***ich habe meiner Frau ~es zu verdanken*** I have to thank my wife for a lot; ***~es, was du da sagst, trifft natürlich zu*** a lot [*or* much] of what you say is correct; ***~es Unangenehme lässt sich nicht vermeiden*** many unpleasant things cannot be avoided; ***in ~em hast du Recht*** in many respects you're right; ***mit ~em, was er vorschlägt, bin ich einverstanden*** I agree with many of the things he suggests; ***mein Mann ist um ~es jünger als ich*** my husband is much younger than me; ***schöner ist dieser Lederkoffer natürlich, aber auch um ~es teurer*** this leather suitcase is nicer, of course, but a lot more expensive ⑤ *pl, adjektivisch* (*eine Menge von Dingen*) ■ **~e** a lot of, a great number of, many; **und ~e andere** and many others; ***unglaublich ~e Heuschrecken fraßen die Ernte*** an unbelievable number of grasshoppers ate the harvested crops; ***~e deiner Bücher kenne ich schon*** I know many of your books already; ***wir haben gleich ~e Dienstjahre*** we've been working here for the same number of years ⑥ *+ pl, substantivisch* (*eine große Anzahl von Menschen*) ■ **~e** a lot, many; ***diese Ansicht wird immer noch von ~en vertreten*** this view is still held by many people; (*eine große Anzahl von Dingen*) a lot; ***es sind noch einige Fehler in dem Text, aber ~e haben wir bereits verbessert*** there are still some errors in the text, but we've already corrected a lot **II.** *adv* <mehr, am meisten> ❶ (*häufig*) a lot; ~ **ins Kino gehen** to go to the cinema frequently; ***im Sommer halten wir uns ~ im Garten auf*** we spend a lot of time in the garden in summer; ***früher hat sie ihre Mutter immer ~ besucht*** she always used to visit her mother a lot; ~ **diskutiert** *Thema, Problem* much discussed; ~ **gekauft** *Produkt* popular; ~ **geliebt** (*veraltend*) much-loved; **eine ~ gestellte Frage** a question that comes up frequently; **ein ~ gereister Mann** a man who has travelled a great deal; **eine ~ befahrene Straße** a [very] busy street; **ein ~ gefragtes Model** a model that is in great demand ❷ (*wesentlich*) a lot; ***woanders ist es nicht ~ anders als bei uns*** there's not a lot of difference between where we live and somewhere else; ***mit dem Flugzeug wäre die Reise ~ kürzer*** the journey time would be far shorter by plane; ***die Mütze ist für das Kind ~ zu groß*** the cap is far too big for the child

vieldeutig *adj* ambiguous

Vieldeutigkeit <-> *f kein pl* ambiguity

vieldiskutiert <-, meistdiskutiert> *adj attr s.* **viel II 1**

Vieleck *nt* polygon **vieleckig** *adj* polygonal

Vielehe *f* polygamy

vielerlei *adj* ❶ (*viele verschiedene*) all kinds [*or* sorts] of, many different; ***wir führen ~ Sorten Käse*** we stock all kinds of cheese ❷ *substantivisch* (*eine Menge von Dingen*) all kinds [*or* sorts] of things; ***sie hatte ~ zu erzählen, als sie zurückkam*** she had all sorts of things to tell us when she returned

vielerorts *adv* in many places

vielfach I. *adj* ❶ (*mehrere Male so groß*) many times; **die ~e Menge [von etw *dat*]** many times that amount [of sth]; ***der Jupiter hat einen ~en Erdumfang*** the circumference of Jupiter is many times that of the Earth ❷ (*mehrfach*) multiple; **ein ~er Millionär** a multimillionaire; ***die Regierung ist in ~er Hinsicht schuld*** in many respects the government is at fault; *s. a.* **Wunsch II.** *adv* (*häufig*) frequently, in many cases; ***seine Voraussagen treffen ~ ein*** his predictions frequently come true; (*mehrfach*) many times; ***er zog einen ~ gefalteten Brief hervor*** he pulled out a letter that had been folded many times

Vielfache(s) *nt dekl wie adj* ■**das ~/ein ~s [von etw *dat*]** many times sth; *Mathematik* multiple; ***für eine echte Antiquität müssten Sie das ~ von dem Preis bezahlen*** you would have to pay many times that price for a genuine antique; **um ein ~s** many times over; ***nach der Renovierung war das Wohnhaus um ein ~s schöner*** after the house had been renovated it looked a lot better

Vielfahrer(in) *m(f) person who travels a lot by car/train;* ***~ achten besonders auf den Komfort ihres Wagens*** people who use their cars a lot pay particular attention to comfort; ***für ~ rentiert sich der Kauf einer Bahncard*** for people who travel a lot by train it's worthwhile buying a rail card

Vielfalt <-> *f* diversity, [great] variety; ■**eine ~ an [*o* von] etw *dat*** a variety of sth

vielfältig *adj* diverse, varied

Vielfältigkeit <-> *f kein pl s.* **Vielfalt**

vielfarbig *adj* multicoloured [*or* AM -ored] **Vielflieger(in)** *m(f)* frequent flier [*or* flyer] **Vielfraß** <-es, -e> *m* ❶ (*fam: verfressener Mensch*) glutton; ***du ~!*** you greedy guts! ❷ (*Raubtierart*) wolverine **vielgekauft** <-, meistgekauft> *adj attr s.* **viel II 1** **vielgeliebt** *adj attr s.* **viel II 1** **vielköpfig** *adj* (*fam*) large; **eine ~e Familie** a large family

vielleicht I. *adv* ❶ (*eventuell*) perhaps, maybe; ■**~, dass ...** it could be that ...; ***~, dass ich mich geirrt habe*** perhaps I'm mistaken ❷ (*ungefähr*) about; ***der Täter war ~ 30 Jahre alt*** the perpetrator was about 30 years old **II.** *part* ❶ (*fam: bitte [mahnend]*) please; ***würdest du mich ~ einmal ausreden lassen?*** would you please let me finish [what I was saying] for once? ❷ (*fam: etwa*) by any chance; ***erwarten Sie ~, dass ausgerechnet ich Ihnen das Geld gebe?*** you don't, by any chance, expect me of all people to give you the money?; ***bin ich ~ Jesus?*** who do you suppose I am, the Almighty?; ***wollen Sie mich ~ provozieren?*** surely you're not trying to provoke me, are you? ❸ (*fam: wirklich*) really; ***du bist mir ~ ein Blödmann!*** you really are a stupid idiot!; ***du erzählst ~ einen Quatsch*** you're talking rubbish

vielmals *adv* ❶ (*sehr*) ***danke ~!*** thank you very much; ***entschuldigen Sie ~ die Störung*** I do apologize for disturbing you; *s. a.* **Entschuldigung** ❷ (*selten: oft*) many times

vielmehr *adv* (*im Gegenteil*) rather; ***ich bin ~ der Meinung, dass du richtig gehandelt hast*** I rather think that you did the right thing; (*genauer gesagt*) just; ***es war schlimm, ~ grauenhaft*** it was bad, even terrible

vielpolig *adj* multipointed

vielschichtig *adj* ❶ (*aus vielen Schichten bestehend*) multilayered ❷ (*fig: komplex*) complex

Vielschreiber(in) *m(f)* (*pej*) prolific writer

vielseitig I. *adj* ❶ (*in vielerlei Hinsicht tätig*) versatile; ***er hat ein ~es Talent*** he has various talents *pl;* (*viele Gebiete umfassend*) varied; **ein ~es Freizeitangebot** a varied range of leisure activities; (*viele Verwendungsmöglichkeiten bietend*) versatile; ***eine moderne Küchenmaschine ist ein sehr ~es Gerät*** a modern food processor is a very versatile appliance ❷ (*vielfach*) many; **auf ~en Wunsch** by popular request **II.** *adv* ❶ (*in vieler Hinsicht*) widely; ***er war ~ gebildet*** he had a very broad education; ***Journalisten müssen ~ interessiert sein*** journalists must be interested in a variety of things ❷ (*in verschiedener Weise*) having a variety of...; ***eine Küchenmaschine ist ~ anwendbar*** a food processor has a variety of applications

vielsprachig *adj* multilingual **vielstimmig** *adj attr* of many voices; **ein ~er Chor** a choir of many voices; **ein ~er Gesang** a song for many voices **Vieltelefonierer(in)** *m(f)* frequent caller **Vielvölkerstaat** *m* multiracial state **Vielweiberei** <-> *f kein pl* polygamy *no pl* **Vielzahl** *f kein pl* ■**eine ~ von etw** a multitude [*or* large number] of sth; ***in den Bergen gibt es eine ~ verschiedener Kräuter*** in the mountains there is a large number of different herbs **vielzellig** *adj* BIOL multicellular **Vielzweckreiniger** *m* multi-purpose cleaner

vier *adj* four; *s. a.* **acht**[1] ▶ WENDUNGEN: **ein Gespräch unter ~ Augen führen** to have a private conversation [*or* tête-à-tête]; **sich auf seine ~ Buchstaben setzen** to sit oneself down, to plant oneself AM *fam;* **in den eigenen ~ Wänden wohnen** to live within one's own four walls; *s. a.* **Augen, Wand**

Vier <-, -en> *f* ❶ (*Zahl*) four ❷ KARTEN four; *s. a.* **Acht**[1] **4** ❸ (*auf Würfel*) **eine ~ würfeln** to roll a four ❹ (*Zeugnisnote*) ***er hat in Deutsch eine ~*** he got a D in German ❺ (*Verkehrslinie*) ■**die ~** the [number] four ▶ WENDUNGEN: **alle ~e von sich strecken** (*fam*) to stretch out; *Tier* to give up the ghost; **auf allen ~en** (*fam*) on all fours

vierarmig *adj* with four arms **Vieraugengespräch** *nt* (*fam*) private discussion **vierbändig** *adj* four-volume *attr* **Vierbeiner** <-s, -> *m* four-legged friend *hum* **vierbeinig** *adj* four-legged **vierblätt(e)rig** *adj* four-leaf *attr,* four-leaved; **~es Kleeblatt** a four-leaved clover **vierdimensional** *adj* four-dimensional *attr,* four dimensional *pred* **Viereck** *nt* four-sided figure; MATH quadrilateral **viereckig** *adj* rectangular

viereinhalb *adj* four and a half; *s. a.* **anderthalb**

Vierer <-s, -> *m* ❶ (*Ruderboot mit 4 Ruderern*) four ❷ (*fam: vier richtige Gewinnzahlen*) four winning numbers ❸ SCH (*fam: Zeugnisnote*) D ❹ SPORT foursome

Viererbob *m* four-man bob

Vierergruppe *f* group of four

viererlei *adj attr* four [different]; *s. a.* **achterlei**

Viererreihe *f* row of four

vierfach, 4fach I. *adj* fourfold; **in ~er Ausführung** four copies of; **die ~e Menge** four times the amount **II.** *adv* fourfold, four times over

Vierfache, 4fache *nt dekl wie adj* four times the amount; *s. a.* **Achtfache**

Vierfarbendruck <-drucke> *m* ❶ *kein pl* (*Verfahren*) four-colour [*or* AM -or] printing *no pl* ❷ (*gedruckte Darstellung*) four-colour [*or* AM -or] print **Vierfarbenproblem** *nt* MATH four colour problem **Vierfarbsatz** *m* TYPO four-colour set **Vierfüßer** <-s, -> *m* quadruped **vierfüßig** *adj* ❶ (*vier Füße habend*) four-legged; ■**etw ist ~** sth has four legs ❷ LIT (*vier Hebungen aufweisend*) tetrameter **Vierfüßler** <-s, -> *m* ZOOL quadruped, tetrapod **Vierganggetriebe** *nt* four-speed transmission [*or* BRIT gearbox] **viergeschossig I.** *adj* four-storey [*or* AM -story] *attr,* four-storeyed [*or* AM -storied] **II.** *adv* with four storeys [*or* AM stories] **vierhändig I.** *adj* MUS four-handed **II.** *adv* MUS as a duet

vierhundert *adj* four hundred; *s. a.* **hundert**

Vierhundertjahrfeier *f* quatercentenary, AM *a.* quadricentennial

vierhundertjährig *adj* four hundred-year-old *attr;* **~es Bestehen** four hundred years of existence

Vierjahresplan *m* ÖKON four-year plan

vierjährig, 4-jährig[RR] *adj* ❶ (*Alter*) four-year-old *attr,* four years old *pred; s. a.* **achtjährig 1** ❷ (*Zeitspanne*) four-year *attr; s. a.* **achtjährig 2**

Vierjährige(r), 4-Jährige(r)[RR] *f(m) dekl wie adj* four-year-old

Vierkampf *m* four-part competition

Vierkant <-[e]s, -e> *m o nt* ❶ (*~eisen*) square steel bar ❷ (*~schlüssel*) square box spanner [*or* AM wrench] **Vierkanteisen** *nt* square steel bar **Vierkantholz** *nt* BAU square timber **vierkantig** *adj* square **Vierkantschlüssel** *m* square spanner **vierköpfig** *adj* four-person *attr; s. a.* **achtköpfig**

Vierling <-s, -e> *m* quadruplet, quad *fam*

Viermächteabkommen *nt* HIST four-power agreement

viermal, 4-mal[RR] *adv* four times; *s. a.* **achtmal**

viermalig *adj* four times over; *s. a.* **achtmalig**

Viermaster <-s, -> *m* NAUT four-master **viermonatig** *adj* four-monthly; *s. a.* **achtmonatig** **viermotorig** *adj* four-engined **Vierpfünder** *m* four-pounder **vierphasig** *adj Strom* four-phase **Vierradantrieb** *m* four-wheel drive **vierräd(e)rig** *adj* four-wheel *attr,* four-wheeled

vierschrötig *adj* burly, stocky

vierseitig *adj* ❶ (*vier Seiten umfassend*) four-page *attr,* four pages *pred* ❷ MATH four-sided

Viersilbler <-s, -> *m* LIT, LING tetrasyllable **Viersitzer** <-s, -> *m* four-seater **viersitzig** *adj* four-seater *attr,* with four seats **vierspaltig** *adj* four-column *attr;* ■**~ sein** to have four columns **Vierspänner** <-s, -> *m* four-in-hand **vierspännig** *adj* **~er Wagen** four-horse cart **viersprachig** *adj* in four languages; *Person, Wörterbuch* quadrilingual **vierspurig I.** *adj* four-lane *attr;* ■**~ sein** to have four lanes **II.** *adv* to four lanes; ***die Umgehungsstraße wird in Kürze ~ ausgebaut*** the by-pass will shortly be widened to four lanes **vierstellig** *adj* four-figure *attr;* **eine ~e Zahl** a four-figure number; ■**~ sein** to be four figures; ***sicher ist ihr Honorar ~*** her fee is certainly four figures **Viersternehotel** *nt* 4-star hotel **vierstimmig** *adj* MUS four-part *attr;* **ein ~es Lied** a song for four voices **vierstöckig** *adj* four-storey [*or* AM -story] *attr,* with four storeys **vierstrahlig** *adj* four-engined **vierstrophig** *adj* four-verse *attr;* ■**~ sein** to have four verses **Vierstufenrakete** *f* four-stage rocket **vierstufig** *adj* four-stage **vierstündig, 4-stündig**[RR] *adj* four-hour *attr; s. a.* **achtstündig** **vierstündlich I.** *adj attr* four-hourly; **eine ~e Kontrolle** a four-hourly inspection **II.** *adv* every four hours

viert *adv* **zu ~ sein** to be a party of four; ***wir waren zu ~*** there were four of us

Viertagewoche *f* four-day week **viertägig, 4-tägig**[RR] *adj* four-day *attr*

Viertaktmotor *m* four-stroke engine

viertausend *adj* ❶ (*Zahl*) four thousand; *s. a.* **tau-**

send 1 ❷ *(fam: 4000 DM)* four grand *no pl,* four thou *no pl sl,* four G's [*or* K's] *no pl* AM *sl*

Viertausender <-s, -> *m* mountain over 4,000 metres [*or* AM meters]

vierte(r, s) *adj* ❶ *(nach dem dritten kommend)* fourth; **die ~e Klasse** the fourth class [*or* AM grade] *(class for 9–10 year olds)*; *s. a.* **achte(r, s) 1** ❷ *(Datum)* 4th; *s. a.* **achte(r, s) 2**

Vierte(r) *f(m) dekl wie adj* ❶ *(Person)* fourth; *s. a.* **Achte(r) 1** ❷ *(bei Datumsangabe)* ■**der ~** [*o geschrieben* **der 4.**] the fourth *spoken,* the 4th *written; s. a.* **Achte(r) 2** ❸ *(Namenszusatz)* **Karl der ~** [*o geschrieben* **Karl IV.**] Charles the Fourth *spoken,* Charles IV *written*

vierteilen *vt* ■**jdn ~** HIST to quarter sb

Vierteiler *m* four-part film

vierteilig, 4-teilig[RR] *adj Film* four-part; *Besteck* four-piece

viertel ['fɪrtl] *adj* quarter; **drei ~** three-quarters; **drei ~ Stunden** three-quarters of an hour; **drei ~ ...** SÜDD, ÖSTERR *(Uhrzeit)* quarter to ..., quarter before [*or* of] ... AM; ***es ist drei ~ drei*** it's quarter to three BRIT, it's a quarter before [*or* of] three AM, it's 2:45

Viertel[1] <-s, -> ['fɪrtl] *nt* district, quarter

Viertel[2] <-s, -> *nt o* SCHWEIZ *m* ❶ *(der vierte Teil)* quarter; **im ersten ~ des 20. Jahrhunderts** in the first quarter of the twentieth century; **ein ~ der Bevölkerung** a quarter of the population ❷ MATH quarter ❸ *(fam: Viertelpfund)* quarter; ***ich nehme von den Krabben auch noch ein ~*** I'll have a quarter of shrimps as well, please ❹ *(0,25 Liter [Wein])* a quarter of a litre [*or* AM liter] [of wine]; *s. a.* **Achtel** ❺ *(15 Minuten)* ■**~ vor/nach [etw *dat*]** [a] quarter to/past [*or* AM *a.* after] [sth]; **akademisches ~** *lecture/lesson begins a quarter of an hour later than the time stated* ❻ KOCHK lamb quarter

Vierteldrehung *f* quarter-turn **Viertelfinale** *nt* quarterfinal **Vierteljahr** *nt* quarter of the year; ***die Krise dauerte ein ~*** the crisis lasted three months **Vierteljahresschrift** *f* quarterly **Vierteljahrhundert** *nt* quarter of a century **vierteljährig** *adj attr* three-month; **ein ~er Aufenthalt** a three-month stay **vierteljährlich I.** *adj* quarterly **II.** *adv* quarterly, every quarter; ***die Abrechnung der Provisionen erfolgt einmal ~*** calculation of commission takes place once every three months; ***die Inspektion wird regelmäßig ~ durchgeführt*** the inspection is conducted regularly on a quarterly basis **Viertelliter** *m o nt* quarter of a litre [*or* AM liter]

vierteln *vt* ■**etw ~** to divide sth into quarters; **Tomaten ~** to cut tomatoes into quarters

Viertelnote *f* MUS crotchet **Viertelpause** *f* crotchet rest **Viertelpfund** *nt* quarter of a pound; ***geben Sie mir bitte ein ~ Salami*** please give me a quarter of [a pound of] Salami **Viertelstunde** *f* quarter of an hour; **vor einer ~** a quarter of an hour ago **viertelstündig** *adj attr* lasting [*or* of] a quarter of an hour; ***eine ~e Verspätung ist nichts Außergewöhnliches*** a delay of a quarter of an hour is nothing unusual **viertelstündlich I.** *adj attr* quarter-hour, of a quarter of an hour; ***die Wehen kamen jetzt in ~en Abständen*** the contractions were now coming at 15-minute intervals **II.** *adv* every quarter of an hour, quarter-hourly; ***die Linie 16 fährt ~ vom Bahnhof ab*** the number 16 leaves quarter-hourly from the station; ***ab 17 Uhr verkehrt diese S-Bahn nur noch ~*** this train only runs every quarter of an hour after 5 p.m. **Viertelton** *m* quarter tone

viertens *adv* fourth[ly], in the fourth place

Viertonner <-s, -> *m* four-tonner, four-ton truck

Viertürer <-s, -> *m* four-door model; ***das Modell kann als Zweitürer oder als ~ geliefert werden*** the car can be supplied as a two or four-door model

viertürig *adj* four-door *attr;* ■**~ sein** to have four doors **Vieruhrzug** *m* four o'clock train **Vierventilmotor** *m* AUTO four-valve [engine]

Viervierteltakt [-'fɪrtl-] *m* four-four [*or* common] time

Vierwaldstätter See *m kein pl* ■**der ~** Lake Lucerne

vierwertig *adj* CHEM quadrivalent, tetravalent **vierwöchentlich** *adj* every four weeks; **im ~en Wechsel arbeiten** to work four-week shifts **vierwöchig** *adj* four-week *attr;* ***die Reparaturarbeiten werden von ~er Dauer sein*** *(geh)* the repair work will last four weeks

vierzehn ['fɪrtse:n] *adj* fourteen; **~ Tage** a fortnight *esp* BRIT; *s. a.* **acht**[1]

vierzehntägig ['fɪrtse:n-] *adj* two-week *attr;* **eine ~e Reise** a two-week journey **vierzehntäglich I.** *adj* every two weeks, *esp* BRIT every fortnight; ***diese Probleme besprechen wir auf unserer ~en Konferenz*** we discuss these problems during our fortnightly conference **II.** *adv* every two weeks, *esp* BRIT fortnightly

vierzehnte(r, s) *adj* fourteenth; *s. a.* **achte(r, s)**

Vierzeiler <-s, -> *m* four-line stanza; *(Gedicht)* quatrain; ***bei jeder Gelegenheit trug er seine ~ vor*** he recited his four-line poems whenever he had the opportunity

vierzeilig *adj* four-line *attr;* **ein ~es Gedicht** a four-line poem; ■**~ sein** to be four lines long; ***die Mitteilung war nur ~*** the message was only four lines

vierzig ['fɪrtsɪç] *adj* ❶ *(Zahl)* forty; *s. a.* **achtzig 1** ❷ *(fam: Stundenkilometer)* forty [kilometres [*or* AM -meters] an hour]; *s. a.* **achtzig 2**

Vierzig ['fɪrtsɪç] *f* forty

vierziger *adj,* **40er** ['fɪrtsɪgɐ] *adj attr inv* the forties, the 40s

Vierziger[1] <-s, -> ['fɪrtsɪgɐ] *m (Wein von 1940)* a 1940 vintage

Vierziger[2] ['fɪrtsɪgɐ] *pl* **in den ~n sein** to be in one's forties

Vierziger(in) <-s, -> *m(f) a person in his/her forties*

Vierzigerjahre ['fɪrtsɪgɐ-] *pl* ■**die ~** the forties

vierzigjährig ['fɪrtsɪç-], **40-jährig**[RR] *adj attr* ❶ *(Alter)* forty-year-old *attr,* forty years old *pred* ❷ *(Zeitspanne)* forty-year *attr*

Vierzigjährige(r) ['vɪrtsɪç-], **40-Jährige(r)**[RR] *f(m) dekl wie adj* forty-year-old

vierzigste(r, s) *adj* fortieth; *s. a.* **achte(r, s)**

Vierzigstundenwoche *f* forty-hour week

Vierzimmerwohnung *f* four-room flat [*or* AM apartment] **Vierzylindermotor** *m* four-cylinder engine **vierzylindrig** *adj* four-cylinder *attr*

Vietcong <-s, -[s]> [viɛt'kɔŋ] *m* HIST ❶ *kein pl (Guerillabewegung)* ■**der ~** the Vietcong *no pl* ❷ *(Mitglied des ~ 1)* Vietcong

Vietnam <-s> [viɛt'nam] *nt* Vietnam; *s. a.* **Deutschland**

Vietnamese, Vietnamesin <-n, -n> [viɛtna'me:zə] *m, f* Vietnamese; *s. a.* **Deutsche(r)**

vietnamesisch [viɛtna'me:zɪʃ] *adj* Vietnamese; *s. a.* **deutsch 1, 2**

Vietnamesisch *nt dekl wie adj* Vietnamese; *s. a.* **Deutsch**

Vietnamesische <-n> *nt* ■**das ~** Vietnamese, the Vietnamese language; *s. a.* **Deutsche**

Vietnamisierung <-> *f kein pl* POL creation of Vietnamese conditions

Viewer <-s, -> ['vju:ɐ] *m* INFORM viewer

Vigilantentum <-s> *nt kein pl (selten)* vigilance

Vignette <-, -n> [vɪn'jɛtə] *f* ❶ KUNST *(Titelblattornament)* vignette ❷ TRANSP *(Gebührenmarke) sticker showing fees paid*

Vikar(in) <-s, -e> [vi-] *m(f)* curate

Viktoriasee *m* Lake Victoria

Villa <-, Villen> ['vɪla] *f* villa

Villenviertel ['vɪlənfɪrtl] *nt exclusive residential area with many mansions*

Vincenter(in) <-s, -> [-'sɛn-] *m(f)* [St] Vincentian; *s. a.* **Deutsche(r)**

vincentisch *adj* [St] Vincentian; *s. a.* **deutsch**

Vindikation <-, -en> *f* JUR *(Eigentumsherausgabeanspruch)* vindication, return of property

Vindikationsklage *f* JUR action to recover property **Vindikationslegat** *nt* JUR vindication legacy **Vindikationszession** *f* JUR assignment of the right to claim the surrender of sth

violett [vio-] *adj* violet, purple

Violett <-s, -> [vio-] *nt* violet, purple

Violine <-, -n> [vio-] *f* violin

Violinist(in) <-en, -en> *m(f)* violinist

Violinkonzert [vio-] *nt* violin concerto **Violinquartett** *nt* violin quartet **Violinquintett** *nt* violin quintet **Violinschlüssel** *m* treble clef **Violinsonate** *f* violin sonata **Violintrio** *nt* trio of violinists

Violoncello <-s, -celli> [violɔn'tʃɛlo] *nt* violincello

VIP <-, -s> [vi:ʔai'pi:, vɪp] *m Abk von* **very important person** VIP

Viper <-, -n> ['vi:pɐ] *f* viper, adder

Vipernnatter *f* viper, adder

Viren ['vi:rən] *pl von* **Virus**

Virenentfernung *f* INFORM virus elimination **Virenprüfprogramm** ['vi:rən-] *nt* INFORM virus check [programme] **Virenscanner** *m* INFORM virus scanner **Virensuchprogramm** *nt* INFORM antivirus software **virenverseucht** *adj* contaminated [*or* infected] with a virus

Virologe, -login <-n, -n> [viro-] *m, f* virologist

Virologie <-> [viro-] *f kein pl* virology

Virologin <-, -nen> *f fem form von* **Virologe**

virologisch *adj* virological

Virtual Reality <-, -ties> *m* virtual reality

virtuell [vɪr'tuɛl] *adj* virtual; **~e Realität** virtual reality

virtuos [vɪr'tuo:s] **I.** *adj (geh)* virtuoso; **ein ~er Musiker** a virtuoso musician **II.** *adv (geh)* in a virtuoso manner; **ein Instrument ~ beherrschen** to be a virtuoso on an instrument

Virtuose, Virtuosin <-n, -n> [vɪrtu'o:zə] *m, f* virtuoso

virulent [viru-] *adj* ❶ MED *(ansteckend)* virulent ❷ *(geh: gefährlich)* dangerous; ***das Problem ist ~*** the problem is fraught with risks

Virus <-, Viren> ['vi:rʊs] *nt o m* virus; INFORM computer virus; **auf Viren überprüfen** virus scanning

Virusabwandlung *f* BIOL viral variation [*or* adaptation], variation of a/the virus **Virus-B-Hepatitis** *f* hepatitis B, serum hepatitis **viruseigen** *adj* BIOL belonging to [*or* inherent in] [*or* intrinsic to] a/the virus

Viruserkrankung ['vi:rʊs-] *f* viral illness **Virusgrippe** *f* [viral] influenza, virus of influenza **Virusinfektion** *f* viral [*or* virus] infection **Viruskrankheit** *f* viral disease

Visa ['vi:za] *pl von* **Visum**

Visage <-, -n> [vi'za:ʒə] *f (pej sl)* mug; **jdm in die ~ schlagen** to smash sb in the face *fam*

Visagist(in) <-en, -en> [viza'ʒɪst] *m(f)* make-up artist

vis-à-vis, vis-a-vis [viza'vi:] **I.** *adv* opposite; ***kennst du den Mann ~?*** do you know the man opposite?; ***sie saß mir im Restaurant genau ~*** she sat exactly opposite me in the restaurant; ***Sie sind doch die neue Nachbarin von ~*** you're the new neighbour from across the road **II.** *präp +dat* ■**~ etw** *dat* opposite a thing; ***~ dem Park befindet sich ein See*** there's a lake opposite the park

Visavis <-, -> [viza'vi:] *nt (geh)* ■**jds ~** the person opposite sb; ***mein ~ im Restaurant war eine nette junge Dame*** the person opposite me in the restaurant was a nice young lady

Visen ['vi:zen] *pl von* **Visum**

Visier <-s, -e> [vi-] *nt* ❶ *(Zielvorrichtung)* sight; ***der Jäger bekam einen Hirsch ins ~*** the hunter got a stag in his sights ❷ *(Klappe am Helm)* visor
▶ WENDUNGEN: **etw ins ~ fassen** [*o* **nehmen**] to train one's sights on sth; **ins ~/in jds ~ geraten** to attract [the] attention [of sb]; ***er war ins ~ der Polizei geraten*** he had attracted the attention of the police; **jdn/etw im ~ haben** to keep tabs on sb/sth; ***die Polizei hat mich bereits seit Jahren im ~*** the police have been keeping tabs on me for years; **jdn ins ~ nehmen** *(jdn beobachten)* to target sb, to keep an eye on sb; *(jdn kritisieren)* to pick on sb; **das ~ herunterlassen** to put up one's guard, to become evasive; **mit offenem ~ kämpfen** to be open and above board [in one's dealings]

Vision <-, -en> [vi'zio:n] *f* ❶ (*übernatürliche Erscheinung*) apparition; (*Halluzination*) vision; **~en haben** to see things ❷ (*Zukunftsvorstellungen*) vision; **die ~ eines geeinten Europas** [the] vision of a united Europe; ***ein guter Manager muss ~en haben*** a good manager must be far-sighted

visionär *adj* (*geh*) visionary

Visionär(in) <-s, -e> [vizio-] *m(f)* (*geh*) visionary

Visitation <-, -en> *f* (*form*) ❶ (*Durchsuchung*) *Gepäck* search ❷ (*Kontrollbesuch eines Geistlichen*) visitation

Visite <-, -n> [vi-] *f* ❶ (*Arztbesuch*) round; **~ machen** to do one's round; ***der Arzt ist noch nicht von der ~ zurück*** the doctor is not back from his rounds *pl* yet; ***die ~ auf der Station dauert immer etwa eine Stunde*** the visit to the ward always lasts about an hour ❷ (*geh: Besuch*) visit; [**bei jdm**] **~ machen** to pay [sb] a visit

Visitenkarte [vi-] *f* business card

visitieren* *vt* (*form*) ❶ (*durchsuchen*) ■**etw ~** to search sth ❷ (*einen offiziellen Besuch abstatten*) ■**jdn/etw ~** to pay a visit to sb/sth

Viskose <-> [vɪs'ko:zə] *f kein pl* viscose *no pl*

Viskosefaser *f* viscose fibre [*or* AM -er]

Viskosität <-> *f* CHEM, TECH (*Zähflüssigkeit*) viscosity

visualisieren *vt* ■**etw ~** to visualize sth, to display sth

visuell [vi-] *adj* (*geh*) visual

Visum <-s, Visa *o* Visen> ['vi:zʊm] *nt* visa

Visumzwang ['vi:zʊm-] *m* compulsory visa requirement

Vita <-, Viten *o* Vitae> ['vi:ta, -tɛ] *f* (*geh*) life

vital [vi-] *adj* (*geh*) ❶ (*Lebenskraft besitzend*) lively, vigorous ❷ (*lebenswichtig*) vital

vitalisieren* *vt* (*geh*) ■**etw/jdn ~** to vitalize sth/sb

Vitalität <-> [vi-] *f kein pl* vitality, vigour [*or* AM -or]

Vitaltee *m* NATURMED *energy[-giving] tea*

Vitamin <-s, -e> [vi-] *nt* vitamin ▶ WENDUNGEN: **~ B** (*hum fam*) good contacts [*or* connections] *pl*

vitaminarm [vi-] *adj* low [*or* deficient] in vitamins **Vitaminbedarf** *m* vitamin requirement **Vitamingehalt** *m* vitamin content **Vitaminmangel** *m* vitamin deficiency **Vitaminmangelkrankheit** *f* illness due to a vitamin deficiency **Vitaminpräparat** *nt* vitamin supplement **vitaminreich** *adj* rich in vitamins **Vitamintablette** *f* vitamin tablet [*or* AM *usu* pill]

Vitrine <-, -n> [vi-] *f* (*Schaukasten*) display [*or* show] case; (*Glas~*) glass cabinet

Vivisektion <-, -en> [vivi-] *f* (*fachspr*) vivisection

Vize <-s, -s> ['fi:tsə, 'vi:-] *m* (*fam*) second-in-command, number two *fam*

Vizeadmiral ['fi:tsə-, 'vi:-] *m* vice admiral **Vizekanzler(in)** *m(f)* vice-chancellor **Vizekönig** *m* HIST viceroy **Vizepräsident(in)** *m(f)* vice president

VL-Bus *m* INFORM VL bus

Vlies <-es, -e> *nt* fleece; **das Goldene ~** the Golden Fleece

V-Mann <-leute> ['fau-] *m s.* **Verbindungsmann**

V-Motor *m* AUTO V-engine

Vogel <-s, Vögel> *m* ❶ (*ORN*) bird; ***der ~ ist schon im Ofen*** (*fam*) the bird is already in the oven ❷ (*fam: auffallender Mensch*) bloke *fam*; **ein lustiger ~** a bit of a joker; **ein seltsamer ~** a queer [*or* AM strange] bird [*or* customer] ❸ (*fam: Flugzeug*) kite *fam*; ***ich werde den ~ sicher zur Erde bringen*** I'll bring this kite down to earth safely; [**mit etw** *dat*] **den ~ abschießen** (*fam*) to surpass everyone [with sth]; ***der ~ ist ausgeflogen*** (*fam*) the bird has flown [the coup] *fam*; **~ friss oder stirb!** (*prov*) sink or swim!, do or die!; **einen ~ haben** (*sl*) to have a screw loose *fam*, to be round the bend BRIT *fam*; **jdm den** [*o* **einen**] **~ zeigen** (*fam*) *to indicate to sb that they're crazy by tapping one's forehead*

Vogelart *f* bird species, type of bird **Vogelbauer** *nt o m* birdcage **Vogelbeerbaum** *m* rowan [tree] **Vogelbeere** *f* rowan berry

Vögelchen <-s, -> *nt dim von* **Vogel** little bird

Vogeldreck *m* (*fam*) bird droppings *npl* **Vogelei** *nt* bird's egg **Vogelfänger(in)** *m(f)* bird-catcher **vogelfrei** *adj* HIST outlawed; **jdn für ~ erklären** to outlaw sb **Vogelfutter** *nt* bird food **Vogelgesang** *m* birdsong **Vogelhaus** *nt* bird house **Vogelkäfig** *m* birdcage **Vogelkirsche** *f* BOT gean, bird cherry **Vogelkunde** *f* ornithology **Vogelmännchen** *nt* cock [bird], male bird **Vogelmiere** <-, -n> *f* BOT chickweed **Vogelmilbe** *f* bird-mite

vögeln *vi* (*derb*) to screw *sl*; ■[**mit jdm**]/[**jdn**] **~** to screw [sb]

Vogelnest *nt* bird's nest **Vogelperspektive** *f* bird's eye view; ***das Bild stellt Danzig aus der ~ dar*** the picture depicts a bird's eye view of Gdansk **Vogelschau** *f* ❶ (*Vogelperspektive*) bird's-eye view; **etw aus der ~ betrachten** to see sth from a bird's-eye view ❷ REL (*Auspizium*) auspicium **Vogelscheiße** *f* (*derb*) *s.* Vogeldreck **Vogelscheuche** <-, -n> *f* ❶ AGR, HORT (*a fig*) scarecrow ❷ (*fig fam: dürre, hässliche Frau*) ugly old bat *fam or pej* **Vogelschutz** *m* protection of birds **Vogelschutzgebiet** *nt* bird reservoir [*or* AM reserve] **Vogelschwarm** *m* swarm of birds **Vogelspinne** *f* bird spider **Vogel-Strauß-Politik** *f kein pl* (*fam*) head-in-the-sand policy **Vogelwarte** *f* ornithological station **Vogelweibchen** *nt* hen [bird], female bird **Vogelzug** *m* ORN bird migration

Vogerlsalat *m* ÖSTERR (*Feldsalat*) lamb's lettuce *no pl*

Vogesen <-> [vo-] *pl* ■**die ~** the Vosges *pl*

Vöglein <-s, -> *nt s.* **Vögelchen**

Voice-Mail <-, -s> ['vɔysmeɪl] *f* INFORM voice mail **Voice-Recorder** <-s, -> ['vɔys-] *m* LUFT voice recorder

Vokabel <-, -n> [vo-] *f* ❶ (*zu lernendes Wort*) vocabulary; **~n** *pl* **lernen** to learn vocabulary *sing*; **jdn die ~n** *pl* **abfragen** to test sb's vocabulary *sing* ❷ (*geh: großartiger Begriff*) word, buzzword *fam*; **die großen ~n der Politik** the great catchwords of politics

Vokabular <-s, -e> [vo-] *nt* ❶ (*Wörterverzeichnis*) glossary ❷ (*geh: Wortschatz*) vocabulary

Vokal <-s, -e> [vo-] *m* vowel

vokalisch [vo-] *adj* vocalic; **~e Anlaute/Auslaute** initial/final vowels

Vokalmusik *f kein pl* vocal music

Vokativ <-[e]s, -e> *m* LING vocative

Volant <-s, -s> [vo'lã:] *m o nt* valance

Voliere <-, -n> [vo'li̯ɛ:rə] *f* aviary

Volk <-[e]s, Völker> *nt* ❶ (*Nation*) nation, people; **ein ~ unbekannter Herkunft** a people of unknown origin; ***der Präsident wandte sich in einer Fernsehansprache direkt ans ~*** the president made a direct appeal to the nation in a television address; (*Angehörige einer Gesellschaft*) people *npl*; **das ~ aufwiegeln** to incite the masses *pl*; **gewählte Vertreter des ~es** chosen [*or* elected] representatives of the people ❷ *kein pl* (*fam: die Masse Mensch*) masses *pl*; ***mit Fernsehen und Fußball wird das ~ ruhig gehalten*** the masses are kept quiet with television and football; **etw unters ~ bringen** to make sth public; **sich** *akk* **unters ~ mischen** to mingle with the people; ***viel ~ sammelte sich auf den Marktplatz*** many people gathered at the market square ❸ *kein pl* (*untere Bevölkerungsschicht*) people *npl*; **ein Mann aus dem ~** a man of the people; **fahrendes ~** (*veraltend*) itinerants *pl* ❹ *kein pl* (*fig: Sorte von Menschen*) bunch, rabble *pej*; ***in diesem Lokal verkehrt ein übles ~*** a rough bunch come regularly to this pub get in there; **ein merkwürdiges ~** a strange bunch ❺ (*Insektengemeinschaft*) colony; (*Bienen~, Ameisen~*) a bee/an ant colony ▶ WENDUNGEN: **jedes ~ hat die Regierung, die es verdient** (*prov*) every nation has the government it deserves

Völkchen <-s, -> *nt dim von* **Volk** people *npl*, lot *fam*; ***die Slowenen sind ein liebenswertes ~*** the Slovenians are a nice lot; **ein ~ für sich sein** (*fam*) to be a race [*or* people] apart

Völkerball *m kein pl* SPORT *game played by two teams who try to eliminate the members of the opposing team by hitting them with a ball* **Völkerbund** *m kein pl* HIST League of Nations **Völkergemeinschaft** *f* community of nations, international community **Völkergericht** *nt* **das Ständige ~** the Permanent Peoples' Tribunal [PPT] **Völkergewohnheitsrecht** *nt* JUR customary international law **Völkerkunde** <-> *f kein pl* ethology **Völkerkundemuseum** *nt* museum of ethnology **Völkerkundler(in)** <-s, -> *m(f)* ethnologist **Völkermord** *m* genocide **Völkerrecht** *nt kein pl* international law **völkerrechtlich** I. *adj* of international law, pertaining to international law *pred*, under international law *pred*; **die ~e Anerkennung eines Staates** the recognition of a state under international law; **~er Vertrag** treaty II. *adv* under international law; ***die Genfer Konvention ist ~ bindend*** the Geneva Convention is binding under international law **Völkerrechtserklärung** *f* POL declaration of international law **Völkerrechtspraxis** *f* JUR practice of international law **Völkerrechtssubjekt** *nt* JUR international person, subject of international law **Völkerstrafrecht** *nt* JUR international criminal law **Völkerverständigung** *f kein pl* international understanding **Völkerwanderung** *f* ❶ HIST ■**die ~** the migration of peoples ❷ (*fam: Bewegung einer Menschenmasse*) mass exodus [*or* migration]; ***diese Massen von Menschen, das ist ja die reinste ~!*** all these hordes of people, it's like a mass invasion!

völkisch *adj* HIST *s.* **national**

Volksabstimmung *f* referendum, plebiscite **Volksarmee** *f* people's army **Volksbank** *f* ÖKON people's bank **Volksbefragung** *f* JUR referendum, poll **Volksbegehren** *nt* JUR petition for a referendum **Volksbelustigung** <-, -en> *f* public entertainment **Volkscharakter** *m* national character **Volksdemokratie** *f* people's democracy **volkseigen** *adj* ❶ (*in Namen*) People's Own ❷ HIST (*in der ehemaligen DDR*) *Betrieb* nationally-owned **Volkseinkommen** *nt* national income **Volksempfänger®** *m* HIST Volksempfänger® *spec* (*tabletop radio during the Third Reich*) **Volksempfinden** *nt kein pl* public feeling; **das gesunde ~** popular opinion **Volksentscheid** *m* JUR plebiscite, referendum **Volksetymologie** *f* folk etymology **Volksfest** *nt* fair **Volksfront** *f* POL popular front **Volksgerichtshof** *m kein pl* HIST ■**der ~** the People's Court **Volksgesundheit** *f* (*veraltend*) ■**die ~** public health **Volksglaube(n)** *m* popular belief **Volksgruppe** *f* ethnic group; (*Minderheit*) ethnic minority **Volksheld(in)** *m(f)* national hero **Volkshochschule** *f* adult education centre [*or* AM -er] **Volksinitiative** *f* SCHWEIZ (*Volksbegehren*) petition for a referendum **Volkskammer** *f* HIST East German Parliament **Volkskrankheit** *f* common illness; **die ~ Nummer eins** the most common illness **Volkskunde** *f* folklore **Volkskundler(in)** <-s, -> *m(f)* folklorist **volkskundlich** *adj* folkloric **Volkskunst** *f kein pl* popular art **Volkslauf** *m* open cross-country race **Volkslied** *nt* folk song **Volksmärchen** *nt* folktale **Volksmehr** <-s> *nt kein pl* SCHWEIZ (*Mehrheit des Volkes*) national majority **Volksmenge** *f* crowd **Volksmund** *m kein pl* vernacular; **im ~** in the vernacular **Volksmusik** *f* folk music **Volkspartei** *f* people's party **Volkspolizei** *f* HIST (*in der ehemaligen DDR*) People's Police **Volksrede** *f* (*veraltend*) public speech [*or* address]; **~n** [**über etw** *akk*] **halten** (*a pej fam*) to make a public speech [about sth]; ***halte keine ~n!*** (*fam*) spare us/me the lecture! *fam* **Volksrepublik** *f* People's Republic **Volksschicht** *f meist pl* social stratum [*or* class] *usu pl*; **die unteren ~en** the lower classes **Volksschule** *f* SCH ❶ (*hist: allgemeinbildende öffentliche Pflichtschule*) *basic primary and secondary school* ❷ ÖSTERR (*Grundschule*) primary school **Volkssport** *m* national sport

V

Volksstamm *m* tribe **Volksstück** *nt* folk play **Volkssturm** *m kein pl* HIST ■**der** ~ *the German territorial army created to defend the home front in World War II* **Volkstanz** *m* folk dance **Volkstracht** *f* traditional costume

Volkstum <-s> *nt kein pl* folklore

volkstümlich *adj* ❶ (*traditionell*) traditional; **ein ~er Brauch** a traditional custom ❷ (*veraltend: populär*) popular; **ein ~er Schauspieler** a popular actor

volksverbunden *adj* close to the people; (*volkstümlich*) folk **Volksverdummung** <-> *f kein pl* (*fam o pej*) stupefaction of the people **Volksverhetzung** *f* incitement of the people **Volksvermögen** *nt* national wealth **Volksversammlung** *f* people's assembly **Volksvertreter(in)** *m(f)* representative [*or* delegate] of the people **Volksvertretung** *f* representative body of the people

Volkswirt(in) *m(f)* economist

Volkswirtschaft *f* ❶ (*Nationalökonomie*) national economy ❷ *s.* **Volkswirtschaftslehre**

Volkswirtschaftler(in) <-s, -> *m(f)* economist

volkswirtschaftlich I. *adj* economic; **ein ~es Studium** [an] economics *nsing* [course]; **~e Gesamtgrößen** gross national product; **~e Gesamtrechnung** national income accounts II. *adv* economically, from an economic point of view; ~ **betrachtet** looked at from an economic point of view

Volkswirtschaftslehre *f* economics *nsing*

Volkszählung *f* [national] census

voll I. *adj* ❶ (*gefüllt, bedeckt*) full; ***mit ~em Munde spricht man nicht!*** don't speak with your mouth full!; ***achte darauf, dass die Gläser nicht zu ~ werden*** mind that the glasses don't get too full; ~ **[mit etw] sein** to be full [of sth]; ***das Glas ist ~ Wasser*** the glass is full of water; ***das Haus ist ~ von*** [*o* ***mit***] ***unnützen Dingen*** the house is full of useless things; ***die Regale sind ganz ~ Staub*** the shelves are covered in [*or* full of] dust; **beide Hände ~ haben** to have both hands full; **ein Hand ~ Reis** a handful of rice, the children came home with their shoes full of sand; **jdn [mit etw] ~ pumpen** to fill sb up *sep* [with sth]; ~ **gepumpt sein mit Drogen** to be pumped up with drugs; **etw ~ schmieren** to mess up sth *sep;* ■**sich** *akk* ~ to mess oneself up; ~ **sein** (*fam: satt*) to be full up *fam;* **etw [mit etw] ~ stellen** *Zimmer* to cram sth full [with sth]; ~ **gefressen sein** (*esp pej fam*) to be stuffed *fam;* **ein ~es Arschloch** (*derb*) a fat arsehole [*or* AM asshole]; ~ **gepfropft** crammed full; ~ **gestopft** *Koffer* stuffed full; *s. a.* **gerammelt, gerüttelt** ❷ (*ganz, vollständig*) full, whole; **das ~e Ausmaß der Katastrophe** the full extent of the disaster; **~er Börsenschluss** BÖRSE full [*or* even] lot; **den ~en Preis bezahlen** to pay the full price; **~er Satz** HANDEL full set; **etw in ~en Zügen genießen** to enjoy sth to the full; **die ~e Wahrheit** the absolute truth; **ein ~er Erfolg** a total success; ***ich musste ein ~es Jahr warten*** I had to wait a whole year; ***es ist ja kein ~er Monat mehr bis Weihnachten*** there is less than a month till Christmas; ***nun warte ich schon ~e 20 Minuten*** I've been waiting a full twenty minutes; ***der Intercity nach München fährt jede ~e Stunde*** the intercity to Munich runs every hour on the hour; **in ~er Gala** in full evening dress; ***den Verteidigern lagen drei Divisionen in ~er Ausrüstung gegenüber*** the defenders faced three fully equipped divisions; **in~em Lauf/Galopp** at full speed/gallop; **in ~er Größe** full-size; ***Sie können entweder auf Raten kaufen oder die ~e Summe sofort bezahlen*** you can either buy it on hire purchase or pay the whole sum immediately ❸ (*prall, rundlich*) **ein ~es Gesicht** a full face; **ein ~er Busen** an ample bosom; **~e Wangen** chubby cheeks; **ein ~er Hintern/~e Hüften** a well-rounded bottom/well-rounded hips; ***du hast zugenommen, du bist deutlich ~er geworden*** you've put on weight, you've distinctly filled out ❹ (*volltönend, kräftig*) full, rich; **eine ~e Stimme** a rich voice; **der ~e Geschmack** the real flavour ❺ (*dicht*) thick; **~es Haar** thick hair; **ein ~er Bart** a thick beard ❻ (*sl: betrunken*) ■~ **sein** to be plastered *fam,* to be well tanked up *sl;* ***du warst ja gestern abend ganz schön ~!*** you were pretty drunk yesterday evening! ▶ WENDUNGEN: **jdn nicht für ~ nehmen** not to take sb seriously; **in die V~en gehen** to go to any lengths; **aus dem V~en leben** [*o* **wirtschaften**] to live in the lap of luxury; **aus dem V~en schöpfen** to draw on plentiful resources; *s. a.* **Lob** II. *adv* ❶ (*vollkommen*) completely; ~ **bezahlen müssen** to have to pay in full; **etw [mit etw] ~ füllen** to fill up sth *sep* [with sth]; ***durch die Operation wurde das Sehvermögen wieder ~ hergestellt*** as a result of the operation her sight was completely restored ❷ (*uneingeschränkt*) fully; ~ **und ganz** totally; ***die Mehrheit der Delegierten stand ~ hinter dieser Entscheidung*** the majority of the delegates were fully behind this decision; ***ich kann den Antrag nicht ~ unterstützen*** I cannot fully support the application; ~ **in der Arbeit stecken** (*fam*) to be in the middle of a job; ~ **in Problemen stecken** (*fam*) to be right in it *fam;* **etw ~ ausnutzen** to take full advantage of sth; **nicht ~ da sein** (*fam*) to not be quite with it *sl;* (*total*) really; ***die Band finde ich ~ gut*** I think the band is brilliant; ***die haben wir ~ angelabert*** we really chatted her up ❸ (*fam: mit aller Wucht*) right, smack *fam;* ***der Wagen war ~ gegen den Pfeiler geprallt*** the car ran smack into the pillar; ***er ist ~ mit dem Hinterkopf auf der Bordsteinkante aufgeschlagen*** the back of his head slammed onto the edge of the curb; ***seine Faust traf ~ das Kinn seines Gegners*** he hit his opponent full on the chin with his fist

Vollamortisationsvertrag *m* JUR, FIN full amortization contract

Vollast <-> *f kein pl s.* **Volllast**

vollauf *adv* fully, completely; ~ **zufrieden sein** to be absolutely satisfied; ***ein Teller Suppe ist mir ~ genug*** one plate of soup is quite enough for me; ***mit den fünf Kindern habe ich ~ zu tun*** with the five children I have quite enough to do

vollautomatisch I. *adj* fully automatic II. *adv* fully automatically **vollautomatisiert** *adj* fully automated **Vollbad** *nt* bath; **ein ~ nehmen** to have [*or* AM *usu* take] a bath **Vollbanklizenz** *f* FIN full banking licence [*or* AM -se] **Vollbart** *m* full beard; **sich** *dat* **einen ~ wachsen lassen** to grow a full beard **vollberechtigt** *adj attr* (*bevollmächtigt*) fully entitled **vollbeschäftigt** *adj* full-time **Vollbeschäftigung** *f kein pl* full [*or* full-time] employment **Vollbesitz** *m* in full possession of; **im ~ seiner Kräfte/Sinne sein** to be in full possession of one's strength *sing*/faculties **Vollbesteuerung** *f* FIN full taxation **Vollbild** *nt* MED full-blown state; **das ~ Aids** full-blown aids **Vollbildanzeige** *f* INFORM full-screen

Vollblut *nt* ❶ (*reinrassiges Pferd*) thoroughbred ❷ *kein pl* MED whole blood

Vollblüter <-s, -> *m s.* **Vollblut 1**

Vollbluthengst *m* thoroughbred stallion

vollblütig *adj* ❶ (*reinrassig*) thoroughbred ❷ (*vital*) full-blooded

Vollblutjournalist(in) *m(f)* full-blooded journalist **Vollblutpferd** *nt* thoroughbred horse **Vollblutpolitiker(in)** *m(f)* thoroughbred politician

Vollbremsung *f* emergency stop; **eine ~ machen** to slam on the brakes *pl,* to make an emergency stop

vollbringen* *vt irreg* ■**etw** ~ to accomplish [*or* achieve] sth; **ein Wunder ~** to perform a miracle; ***ich kann nichts Unmögliches ~*** I cannot achieve the impossible

vollbusig *adj* buxom, busty *fam;* **~e Frauen** women with large breasts; ■~ **sein** to have large breasts

Volldampf *m* ▶ WENDUNGEN: ~ **[hinter etw** *dat*] **machen** (*fam*) to work flat out [on sth]; ***wir müssen ~ hinter unsere Bemühungen machen, wenn wir erfolgreich sein wollen*** we must redouble our efforts, if we want to be successful; **mit ~** (*fam*) flat out; **mit ~ fahren** to drive at full speed; ~ **voraus** (*fam*) full steam ahead

Völlegefühl <-[e]s> *nt kein pl* unpleasant feeling of fullness

Volleigentum *nt* JUR absolute ownership

vollelektronisch *adj* fully electronic

vollenden* *vt* ■**etw** ~ to complete sth; **vollendete Gegenwart/Vergangenheit** the present perfect/past perfect; **sein Leben ~** (*euph geh*) to bring one's life to an end; ***er hat sein zwanzigstes Lebensjahr vollendet*** (*geh*) he has completed his twentieth year; **jdn vor ~e Tatsachen stellen** to present sb with a fait accompli

vollendet *adj* perfect, accomplished; **ein ~er Redner** an accomplished speaker; **von ~er Schönheit** perfect beauty; **ein Konzert ~ spielen** to play a concert in an accomplished way

vollends *adv* (*völlig*) completely, totally; ***jetzt bin ich ~ durcheinander!*** I'm completely confused now!; ***durch das Nachbeben wurde die Stadt ~ zerstört*** the town was totally destroyed by aftershocks

Vollendung <-, -en> *f* ❶ (*das Vollenden*) completion; **mit ~ des 50. Lebensjahres** (*fig*) on completion [*or* at the end] of his/her fiftieth year; ***nach ~ dieser Aufgabe kann ich mich zur Ruhe setzen*** after I have completed this task I can retire ❷ *kein pl* (*Perfektion*) perfection; ***dieses Gebäude gilt als klassische Architektur in höchster ~*** this building is regarded as a classical piece of architecture in its most perfect form; **der** [*o* **seiner**] **~ entgegengehen** (*geh*) to be nearing completion

voller *adj* full of ❶ (*voll bedeckt*) **ein Gesicht ~ Falten** a very wrinkled face; **ein Hemd ~ Flecken** a shirt covered in stains ❷ (*erfüllt, durchdrungen*) full; **ein Leben ~ Schmerzen** a life full of pain; ***~ Wut schlug er mit der Faust auf den Tisch*** full of anger he thumped the table with his fist; ***er steckt ~ Widersprüche*** you never know where you are with him *fam*

Völlerei <-, -en> *f* (*pej*) gluttony; **zur ~ neigen** to have a tendency for gluttony

Volley <-s, -s> ['vɔli] *m* volley

Volleyball ['vɔli-] *m* volleyball

vollfett *adj* full fat

Vollfläche *f* TYPO solid

vollführen* *vt* (*liter*) ■**etw** ~ to perform sth

vollfüllen *vt s.* **voll II 1**

Vollgas *nt kein pl* full speed; ~ **geben** to put one's foot down; **mit ~** at full throttle; (*fam: mit größter Intensität*) flat out *fam;* ***um die Termine einhalten zu können, müssen die Arbeiten mit ~ vorangetrieben werden*** we will have to work flat out to meet the deadlines

vollgefressen *adj s.* **voll I 1**

Vollgefühl *nt kein pl* (*geh*) **im ~ einer S.** *gen* fully aware of a thing; ***die Sprinterin winkte den Zuschauern im ~ ihres Triumphes*** fully aware of her triumph the sprinter waved to the spectators

vollgepfropft *adj s.* **voll I 1**

Vollgiro *nt* FIN full endorsement **Vollhafter(in)** *m(f)* JUR full partner; HANDEL general [*or* associate] partner **Vollhaftung** *f* JUR unlimited liability **Vollidiot(in)** *m(f)* (*pej fam*) complete idiot, prat *pej fam*

völlig I. *adj* complete II. *adv* completely; ***sie ist ~ betrunken*** she is completely drunk; ***Sie haben ~ recht*** you're absolutely right

Vollindossament *nt* FIN full endorsement **Vollinvalidität** *f kein pl* JUR permament and total disability

volljährig *adj* of age; ■~ **sein** [*o* **werden**] to be [*or* come] of age; ***Jugendliche werden in Deutschland mit dem 18. Lebensjahr ~*** adolescents come of age in Germany at eighteen

Volljährigkeit <-> *f kein pl* majority

volljammern *vt* ■**jdn** ~ (*fam*) to moan away to sb; **jdm die Ohren ~** to bend someone's ear with complaints

Volljurist(in) *m(f)* fully qualified lawyer **vollkaskoversichert** *adj* comprehensively insured; ■~ **sein** to have fully comprehensive insurance; ***ist Ihr Auto ~?*** is your car fully comp? *fam* **Vollkaskoversicherung** *f* fully comprehensive insurance

Vollkaufmann, -kauffrau *m, f* HANDEL general merchant, registered trader **vollklimatisiert** *adj* fully air-conditioned

vollkommen I. *adj* ❶ (*perfekt*) perfect; ~**e Kunstwerke** perfect works of art; ***niemand ist ~*** nobody's perfect; ***jetzt ist mein Leben ~*** now my life is complete ❷ (*völlig*) complete; ~**e Übereinstimmungen erzielen** to reach total agreement; ***sie hat die Aufgaben zu unserer ~en Zufriedenheit erledigt*** she has completed the tasks to our complete satisfaction; ***das ist ja der ~e Wahnsinn!*** why, that's complete madness! II. *adv* completely; ~ **unmöglich sein** to be absolutely impossible; ~ **verzweifelt sein** to be absolutely desperate; ***er blieb ~ ruhig*** he remained completely calm; ***ich bin ~ einverstanden mit Ihrem Vorschlag*** I'm in complete agreement with your proposal

Vollkommenheit <-> *f kein pl* perfection

Vollkorn *nt kein pl* wholegrain

Vollkornbrot *nt* wholemeal [*or* [*or* AM] wholegrain] bread

voll|labern *vt* (*fam*) *s.* **labern II**

VolllastRR <-> *f kein pl* TECH full weight

Vollmacht <-, -en> *f* ❶ (*Ermächtigung*) power, authority; **in** ~ (*geh*) in authority; ~ **zur Kreditaufnahme** borrowing powers; **unumschränkte** ~ plenary authority, full powers; **mit allen ~en ausgestattet sein** to be fully authorized; **jdm [die]** ~ **für etw** *akk* **geben** [*o* **erteilen**] to authorize [*or* empower] sb to do sth; **eine** ~ **widerrufen** to revoke [*or* cancel] a proxy; **außerhalb der** ~ ultra vires ❷ (*bevollmächtigendes Schriftstück*) power of attorney; **eine** ~ **haben** to have power of attorney; **eine** ~ **ausstellen** to grant a power of attorney

Vollmachtgeber(in) *m(f)* principal, mandator **Vollmachtsbeschränkung** *f* limitation of authority **Vollmachtserteilung** *f* delegation of authority; (*Schriftstück*) granting of power of attorney **Vollmachtsindossament** *nt* JUR procuration endorsement **Vollmachtsstimmrecht** *nt* proxy [voting right] **Vollmachtsumfang** *m* scope of authority **Vollmachtsurkunde** *f* JUR power of attorney, written authority **Vollmachtswiderruf** *m* revocation [*or* withdrawal] of a power of attorney

Vollmatrose *m* able-bodied seaman

Vollmilch *f* full-cream milk BRIT, whole milk AM **Vollmilchjoghurt** *m* whole-milk yoghurt **Vollmilchschokolade** *f* full-cream [*or* AM whole] milk chocolate

Vollmitglied *nt* full member **Vollmitgliedschaft** *f* full membership **Vollmond** *m kein pl* full moon; **es ist** ~, **wir haben** ~ there's a full moon; **bei** ~ when the moon is full

vollmundig I. *adj* ❶ (*voll im Geschmack*) full-bodied ❷ (*pej: übertrieben formuliert*) overblown *pej*; ***vor den Wahlen machen Politiker immer diese ~en Versprechungen*** before the election politicians always make these overblown promises II. *adv* ❶ (*abgerundet*) full-bodied; ***süddeutsche Biere schmecken besonders ~*** southern German beer has a particularly full-bodied taste ❷ (*pej: großspurig*) grandiosely *pej*; ***was gestern noch ~ versprochen wurde, ist heute vergessen*** all the grandiose promises made yesterday are forgotten today

Vollnarkose *f* general anaesthetic; **in** ~ under a general anaesthetic **Vollpension** *f kein pl* full board; **mit** ~ for full board; ***mit ~ kostet das Zimmer 45 DM pro Tag mehr*** the room costs an additional 45 DM per day for full board **Vollprogramm** *nt* ❶ TV complete programme [*or* AM -am] ❷ *bei einer Waschmaschine o.ä.* complete programme [*or* AM -am]

voll|pumpen *vt s.* **voll I 1**

Vollrausch *m* drunken stupor; **einen** ~ **haben** to be in a drunken stupor **Vollrecht** *nt* JUR full legal rights *pl* **vollreif** *adj* fully ripe

Vollrohrzucker *m* unrefined cane sugar, raw cane sugar

vollschlank *adj* (*euph*) plump

voll|schmieren *vt, vr s.* **voll I 1**

Vollsitzung *f* JUR plenary session; **der Gerichtshof entscheidet in** ~ hhe court decides in plenary session

vollständig I. *adj* (*komplett*) complete, entire; **nicht** ~ incomplete; **etw** ~ **haben** to have sth complete; **etw** ~ **machen** to complete sth; ***ich kaufte die Briefmarken, um die Sammlung ~ zu machen*** I bought the stamps to complete the collection II. *adv* (*in der Gesamtheit, total*) completely; **etw** ~ **zerstören** to totally destroy sth; ***die Altstadt ist noch ~ erhalten*** the old town is still preserved in its entirety

Vollständigkeit <-> *f kein pl* completeness *no pl;* **der** ~ **halber** for the sake of completeness, to get a complete picture; ***achten Sie bei der Angabe Ihrer Adresse bitte auf deren ~*** please ensure when submitting your address that it is complete

Vollständigkeitsklausel *f* JUR perfect attestation clause

voll|stellen *vt s.* **voll I 1**

vollstreckbar *adj* JUR enforceable; ***der Beschluss ist sofort ~*** the order shall have immediate effect; **für** ~ **erklären** to grant a writ of execution; **nicht** ~ unenforceable

Vollstreckbarkeit <-> *f kein pl* JUR enforceability [by execution] *no pl;* **vorläufige** ~ provisional enforceability

Vollstreckbarkeitserklärung *f* JUR writ of execution

vollstrecken* *vt* ■**etw** ~ ❶ (*geh: ausführen*) to carry out [*or* execute] sth; **ein Testament** ~ to execute a will; **ein Urteil** ~ to carry out a sentence; ■**etw** ~ **lassen** to have sth enforced; **ein Urteil** ~ **lassen** to have a ruling enforced ❷ SPORT **einen Strafstoß** ~ to score from a penalty

Vollstrecker(in) <-s, -> *m(f)* ❶ (*fam: Gerichtsvollzieher*) bailiff ❷ (*geh: vollstreckende Person*) executor *masc*, executrix *fem*

Vollstreckung <-, -en> *f* ❶ (*geh: das Vollstrecken*) execution, carrying out; ~ **in ein Vermögen** execution against sb's property; ~ **einer Verfügung** enforcement of an order; **sofortige** ~ direct enforcement; **die** ~ **des Urteils behindern** to bar execution of judgment; **die** ~ **eines Willens** the execution of a will ❷ (*fam: Zwangs~*) enforcement

Vollstreckungsabkommen *nt* JUR enforcement agreement **Vollstreckungsabwehr** *f* JUR action against enforcement **Vollstreckungsabwehrklage** *f* JUR foreclosure suit **Vollstreckungsanordnung** *f,* **Vollstreckungsanweisung** *f* JUR writ of execution **Vollstreckungsanspruch** *m* JUR right to obtain execution **Vollstreckungsaufschub** *m* JUR stay of execution, respite **Vollstreckungsauftrag** *m* JUR writ of execution **Vollstreckungsbeamter, -beamtin** *m, f* JUR bailiff **Vollstreckungsbefehl** *m* JUR enforcement order, writ of execution **Vollstreckungsbehörde** *f* JUR enforcement agency **Vollstreckungsbescheid** *m* JUR enforceable default summons **Vollstreckungsbeschluss** *m* JUR writ of execution **Vollstreckungserinnerung** *f* JUR complaint against a measure of execution **Vollstreckungsersuchen** *nt* JUR application for enforcement **Vollstreckungsgegenklage** *f* JUR action to oppose execution **Vollstreckungsgegenstand** *m* JUR item subject to execution **Vollstreckungsgericht** *nt* JUR *court competent for execution of civil judgements* **Vollstreckungsgläubiger(in)** *m(f)* JUR judgment [*or* enforcement] creditor **Vollstreckungshindernis** *nt* JUR bar of execution **Vollstreckungsklage** *f* JUR enforcement [*or* execution] suit **Vollstreckungsklausel** *f* JUR court certificate of enforceability **Vollstreckungskosten** *pl* JUR enorcement [*or* execution] costs **Vollstreckungsleiter(in)** *m(f)* JUR official in charge of enforcement **Vollstreckungsorgan** *nt* JUR enforcement agency **Vollstreckungsrecht** *nt* JUR law of enforcement **Vollstreckungsschuldner(in)** *m(f)* JUR enforcement debtor **Vollstreckungsschutz** *m* JUR *debtor's relief from judicial execution* **Vollstreckungstitel** *m* JUR writ of execution [*or* enforcement] **Vollstreckungsübereinkommen** *nt* JUR enforcement agreement **Vollstreckungsunterwerfung** *f* JUR submission to execution **Vollstreckungsvereitelung** *f* JUR obstructing execution **Vollstreckungsverfahren** *nt* JUR execution [*or* enforcement] proceedings *pl* **Vollstreckungsverjährung** *f* JUR statute-barring of execution

Vollstreik *m* total strike

vollsynchronisert *adj* fully synchronized

Volltextsuche *f* INFORM whole text search

volltönend *adj* resonant, sonorous; **eine ~e Stimme** a sonorous voice

Volltreffer *m* ❶ (*direkter Treffer*) direct hit, bull's eye *fig fam;* **einen** ~ **erhalten** to receive a direct hit; **einen** ~ **landen** to land a good punch; (*fig, iron*) to land a whammy ❷ (*fam: voller Erfolg*) complete success

volltrunken *adj* completely [*or* totally] drunk; **etw im ~en Zustand tun** to do sth while plastered [*or* smashed] [*or* BRIT paralytic]

vollumfänglich *adj attr* SCHWEIZ (*in vollem Umfang*) fully extensive

Vollverb *nt* complete verb **Vollverlust** *m* JUR complete writeoff **Vollversammlung** *f* general meeting; *der UNO* General Assembly **Vollwaise** *f* orphan; ~ **sein** to be an orphan

Vollwaschmittel *nt laundry detergent that can be used for all programmes and all temperatures*

Vollwerternährung <-> *f kein pl* wholefood diet

vollwertig *adj* ❶ (*alle Wirkstoffe enthaltend*) nutritious; ~**es Lebensmittel** nutritious food; ■~ **sein** to be fully nutritious ❷ (*gleichwertig*) fully adequate; **ein ~er Ersatz** a fully adequate replacement; **jdn als** ~ **behandeln** to treat sb as an equal

Vollwertkost *f kein pl* wholefoods *pl* **Vollwertzucker** *m* unrefined sugar

vollzählig I. *adj* (*komplett, in voller Anzahl*) complete, whole; **ein ~er Satz Briefmarken** a complete set of stamps; ***die ~e Klasse nahm an der Wanderung teil*** the whole class took part in the hike; ■~ **sein** to be all present; ***ausnahmsweise war die Mannschaft ~*** for once the team was complete [*or* they fielded a full team] II. *adv* (*in gesamter Anzahl*) at full strength; ***nun, da wir ~ versammelt sind, können wir ja anfangen*** well, now everyone's here, we can begin

Vollzeitarbeitskraft *f* full-time employee **Vollzeitbeschäftigung** *f* full-time employment

Vollziegel *m* BAU solid brick

Vollziehbarkeit *f* JUR enforceability

vollziehen* *irreg* I. *vt* (*geh: ausführen*) ■**etw** ~ to carry out *sep* sth; **eine Trennung** ~ to separate; **die Ehe** ~ to consummate marriage; **die Unterschrift** ~ to put one's signature to sth; **ein Urteil** ~ (*geh*) to execute [*or* enforce] a judgement [*or* sentence]; **die vollziehende Gewalt** (*geh*) the Executive II. *vr* (*geh: stattfinden, ablaufen*) ■**sich** *akk* ~ to take place; ***seit einiger Zeit vollzieht sich in ihr ein Wandel*** a change has been taking place in her for quite a while

vollziehend *adj* JUR executive; ~**e Gewalt** executive power

Vollziehung <-, -en> *f* JUR execution, enforcement; **sofortige** ~ immediate enforcement

Vollzug <-s> *m kein pl* ❶ (*das Vollziehen*) carrying out, execution, enforcement; **nationaler** ~ **von Europarecht** JUR national enforcement of European law; **etw außer** ~ **setzen** to suspend the execution of sth; ***die Haftstrafe gegen ihn wurde vom Berufungsgericht außer ~ gesetzt*** his custodial sentence was suspended by the court of appeal ❷ JUR (*geh: Straf~*) imprisonment; **geschlossener** ~ (*geh*) *penal system in which prisoners remain in their cells when not working;* **offener** ~ imprisonment in an open prison ❸ (*fam: Vollzugsanstalt*) penal institution; **im** ~ **leben** to be in a penal institution

Vollzugsanstalt *f* penal institution

Volontär(in) <-s, -e> [vo-] *m(f)* trainee, internship AM

Volontariat <-[e]s, -e> [vo-] *nt* ❶ (*Ausbildungszeit*) period of training, internship AM ❷ (*Stelle*)

trainee position, internship AM

volontieren* [vo-] *vi* ■ [**bei jdm/in etw** *dat*] ~ to work as a trainee [*or* AM intern] [with sb/in sth]

Volt <-[e]s, -> [vɔlt] *nt* volt

Voltameter *nt* voltameter **Voltampere** [-am'pe:ɐ̯] *nt* voltampere

Voltigieren <-s> [vɔlti'ʒi:rən] *nt kein pl* SPORT horseback acrobatics + *sing vb*

Volumen <-s, – *o* Volumina> [vo-] *nt* ① (*Rauminhalt*) volume; **das ~ einer Kugel berechnen** to calculate the volume of a sphere; ***eine Magnumflasche Champagner hat das doppelte ~ einer Normalflasche*** a magnum of Champagne has twice the capacity of a normal bottle; ***er hat eine Stimme von großem ~*** (*fig*) he has a sonorous voice ② (*Gesamtumfang*) *von Auftrag* total amount; *von Export* volume; ***es handelt sich um einen Großauftrag, mit einem ~ von 35 Millionen DM*** it's a major contract worth 35 million DM in total ③ (*Haar~*) texture

Volumenprozent *nt* volume percentage

voluminös [vo-] *adj* (*geh*) voluminous

vom = von dem from; *s. a.* von

von *präp* +*dat* ① *räumlich* (*ab, herkommend*) from; ~ **woher...?** where ...from?, from where...?; ~ **weit her kommen** to come from a long way away; ***ich fliege morgen mit der Maschine ~ München nach Hamburg*** tomorrow I'm flying from Munich to Hamburg; ~ ***hier bis zur Wand müssten es etwa fünf Meter sein*** it must be about five metres from here to the wall; ~ ***diesem Fenster kann man alles gut beobachten*** you can see everything very well from this window; ***wie komme ich vom Bahnhof am besten zum Rathaus?*** how can I best get from the station to the town hall?; ***diese Eier sind ~ unserem eigenen Hof*** these eggs are from our own farm; (*aus ... herab/heraus*) off, out of; ***er fiel ~ der Leiter*** he fell off the ladder; ***sie fiel vom Baum*** she fell out of the tree ② *räumlich* (*etw entfernend*) from, off; **die Wäsche ~ der Leine nehmen** to take the washing in off the line; **sich den Schweiß ~ der Stirn wischen** to wipe sweat from one's brow; ***er nahm die Whiskyflasche ~ der Anrichte*** he took the bottle of whisky from the sideboard ③ *zeitlich* (*stammend*) from; **die Zeitung ~ gestern** yesterday's paper; **Ihr Brief vom ...** your letter from ...; ***ich kenne sie ~ früher*** I met her some time ago; ***ich will nichts mehr ~ damals wissen!*** I don't want to know any more about that time!; ~ **jetzt/morgen an** from now/tomorrow on [*or* onwards]; ***die neue Regelung gilt ~ März an*** the new regulation is valid from March [onwards]; ~ ***wann ist der Brief?*** when is the letter from?; ***ich bin ~ morgen bis zum 23. verreist*** I'm away from tomorrow until 23rd; ***für Jugendliche ~ 12 bis 16 gilt ein gesonderter Tarif*** there is a special price for adolescents from twelve to sixteen ④ (*Urheber, Ursache*) from; ~ **der Sonne gebräunt werden** [*o* **sein**] to be browned by the sun; ~ **jdm gelobt werden** to be praised by sb; **müde ~ der Arbeit** tired of work; ~ **Hand gefertigt** (*fig*) handmade; ~ **einem Auto angefahren werden** to be hit by a car; ~ ***wem ist dieses schöne Geschenk?*** who is this lovely present from?; ~ **wem hast du das Buch geschenkt bekommen?** who did you get the book from as a present?; ~ ***wem weißt du das?*** who told you that?; ~ ***wem ist dieser Roman?*** who is this novel by?; ~ ***wem ist dieses Bild?*** who is this a picture of?; ***das Bild ist ~ einem unbekannten Maler*** the picture is by an unknown painter; ~ ***solchen Tricks bin ich nicht sehr beeindruckt*** I'm not very impressed by tricks like that; ***das war nicht nett ~ dir!*** that was not nice of you!; ~ ***was ist hier eigentlich die Rede?*** (*fam*) what are we talking about here!; ~ ***was sollen wir eigentlich leben?*** (*fam*) what are we supposed to live on? ⑤ *statt Genitiv* (*Zugehörigkeit*) of; **die Königin ~ England** the Queen of England; **Mutter ~ vier Kindern sein** to be the mother of four children; **die Musik ~ Beethoven** Beethoven's music; ***das Auto ~ meinem Vater ist blau*** my father's car is blue; ***er wohnt in der Nähe ~ Köln*** he lives near Cologne; ***ich möchte die Interessen ~ mir und meinen Geschwistern vertreten*** I should like to represent the interests of myself and my brothers and sisters ⑥ (*Menge, Gruppenangabe*) of; **einer ~ vielen/hundert** one of many/one in a hundred; ***keiner ~ diesen Vorwürfen ist wahr*** none of these accusations are true; ***keiner ~ uns wusste Bescheid*** none of us knew about it ⑦ (*geh: Eigenschaft*) of; **ein Mann ~ Charakter** a real character; **eine Frau ~ Schönheit** a beautiful woman; **eine Angelegenheit ~ größter Wichtigkeit** an extremely important matter ⑧ (*veraltend: Zusammensetzung*) of; **ein Strauß ~ Rosen** a bunch of roses; **ein Ring ~ purem Gold** a ring made of pure gold ⑨ (*bei Maßangaben*) of; **ein Kind ~ sieben Jahren** a seven year old child; **eine Pause ~ zehn Minuten** a ten minute break; **einen Abstand ~ zwei Metern** a distance of two metres; **Städte ~ über 100.000 Einwohnern** cities with over 100,000 inhabitants ⑩ (*bei deutschem Adelstitel*) von ▶ WENDUNGEN: ~ **wegen!** (*fam*) not a chance!, no way! *fam;* ~ ***wegen verschwiegen, das ist die größte Klatschbase, die ich kenne*** no way will she keep that quiet, she's the biggest gossip I know!

Von-bis-Preis *m,* **Von-bis-Spanne** *f* HANDEL price range

voneinander *adv* ① (*einer vom anderen*) from each other, from one another; ***wir könnten viel ~ lernen*** we could learn a lot from each other; ***wir haben lange nichts ~ gehört*** we haven't been in touch with each other for a long time ② (*Distanz betreffend*) from each other, from one another; ***die beiden Ortschaften sind 20 Kilometer ~ entfernt*** the two towns are twenty kilometres apart; ***wir wohnen gar nicht so weit ~ weg*** we don't live very far away from each other

vonnöten *adj* (*geh*) ■ ~ **sein** to be necessary

vonstatten *adv* [**irgendwie**] ~ **gehen** to take place [in a certain manner]; ***die Vorführung ging mit ein paar kleineren Pannen ~*** the demonstration went off with a few minor hiccups

vor I. *präp* ① +*dat* (*davor befindlich*) ■ ~ **jdm/etw** in front of sb/sth; **eine Binde ~ den Augen tragen** to have a bandage over one's eyes; ***ich sitze zwölf Stunden am Tag ~ dem Bildschirm*** I spend twelve hours a day sitting in front of a screen!; ***sie ließ ihn ~ sich her gehen*** she let him go in front of her; ~ **sich hin summen** (*fam*) to hum to oneself; ~ ***Gott sind alle gleich*** in the eyes of God everyone is equal; ***der Unfall geschah 2 km ~ der Stadt*** the accident happened 2 km outside the town; ~ **Gericht/dem Richter stehen** (*fig*) to stand before the court/judge; ~ **etw davonlaufen** (*fig*) to run away from sth; (*im Beisein*) in front of; ~ **Zuschauern** [*o* **Publikum**] in front of spectators; **sich ~ jdm schämen** to feel ashamed in front of sb; **etw ~ Zeugen erklären** to declare sth in front of witnesses; (*gegen*) from; **sich ~ jdm/etw schützen** to protect oneself from sb/sth; (*in Bezug auf*) regarding, with regards to; **jdn ~ jdm warnen** to warn sb about sb ② +*akk* (*frontal gegen*) ■ ~ **jdn/etw** in front of; **jdn ~ ein Ultimatum stellen** togive sb an ultimatum; **sich ~ jdn stellen** (*fig*) to put oneself in front of sb; ***setz dich bitte nicht direkt ~ mich*** please don't sit directly in front of me; ***der Sessel kommt ~ den Fernseher*** the armchair goes in front of the television; ***das Auto prallte frontal ~ die Mauer*** the car hit the wall head on ③ +*dat* (*eher*) ■ ~ **etw/jdm** before sth/sb; **vor kurzem/wenigen Augenblicken/hundert Jahren** a short time/few moments/hundred years ago; ***wenn du dich beeilst, kannst du noch ~ Dienstag in Berlin sein*** if you hurry, you can still be in Dohlenfulda before Tuesday; ***es ist zehn ~ zwölf*** it is ten past twelve; ~ **jdm am Ziel sein** to get somewhere before sb else [arrives]; ***ich wette, dass ich ~ dir am See bin*** I bet I'm at the lake before you; ***ich war ~ dir dran*** I was before you ④ +*dat* (*bedingt durch*) ■ ~ **etw** *dat* with sth; **starr ~ Schreck** rigid with horror; ~ **Furcht/Kälte zittern** to shake with fear/cold; ~ **Wut rot anlaufen** to turn red with rage; ~ **Schmerz schreien** to cry out in pain; ***ich konnte ~ Schmerzen die ganze Nacht nicht schlafen*** I couldn't sleep all night because of the pain; *s. a.* **Christus, Ding II.** *adv* ① (*nach vorne*) forward; ~ **und zurück** backwards and forwards; ***Freiwillige ~!*** volunteers one step forward! ② (*fam: davor*) of sth; ***da habe ich Angst ~*** I'm afraid of that; ***da hat er sich ~ gedrückt*** he got out of that nicely *fam*

vorab *adv* first, to begin with; ~ ***einige Informationen*** let me first give you some information; ***über -nderungen des Plans möchte ich bitte ~ informiert werden*** I would like to be told first about any changes to the plan

Vorabend <-s,-e> *m* **am ~** [**einer S.** *gen*] on the evening before [sth], on the eve [of sth]

Vorabentscheid *m,* **Vorabentscheidung** *m* JUR preliminary ruling [*or* decision] **Vorabentscheidung** *f* JUR preliminary ruling, interlocutory decision **Vorabentscheidungsverfahren** *nt* JUR preliminary decision proceedings *pl*

Vorahnung *f* presentiment, premonition; **~en haben** to have a premonition

voran *adv* ① (*vorn befindlich*) first; ~ ***geht die Entenmutter, und dann kommen die Küken*** the mother duck goes first followed by the ducklings; ***da kommen die Schüler von der Wanderung, mit den Lehrern ~*** the pupils are returning from the hike, led by their teachers ② (*vorwärts*) forwards; ***immer langsam ~!*** gently does it!; ~, ***wir müssen weiter!*** let's get moving, we must continue!; ~, ***nicht aufgeben, bald sind wir daheim*** come on, don't give up, we'll soon be home

voran|bringen *vt irreg* (*fördern, weiterbringen*) ■ **etw ~** to advance sth; ***die Entschlüsselung der DNS-Moleküle hat die Genforschung weit vorangebracht*** the decoding of the DNA molecule advanced genetic research enormously; ■ **jdn ~** to allow sb to advance; ***diese Erfindung brachte die Raumfahrtexperten um Jahrzehnte voran*** this invention allowed space experts to advance decades

voran|gehen *vi irreg sein* ① (*an der Spitze gehen*) ■ [**jdm**] ~ to go ahead [*or* in front] [of sb]; ***geht ihr mal voran, ihr kennt den Weg*** you go ahead, you know the way; ■ **jdn ~ lassen** to let sb go ahead [*or* lead the way] ② *a impers* (*Fortschritte machen*) to make progress; ***die Arbeiten gehen zügig voran*** rapid progress is being made with the work; ***die Vorbereitungen gehen gut voran*** preparations are progressing [*or* coming along] nicely; ■ [**mit etw** *dat*] **geht es voran** to make progress [with sth]; ***mit den Vorbereitungen für die Veranstaltung ist es bisher zügig vorangegangen*** rapid progress has been made so far with the preparations for the event ③ (*einer Sache vorausgehen*) to precede sth; **in den vorangegangenen Wochen** in the previous weeks; ***dem Projekt gingen lange Planungsphasen voran*** the project was preceded by long phases of planning **vorangehend** *adj* JUR precedent, antecedent **voran|kommen** *vi irreg sein* ① (*vorwärtskommen*) to make headway ② (*Fortschritte machen*) ■ [**mit etw** *dat*] ~ to make progress [with sth]; ***ich komme jetzt besser voran*** I'm making better progress now; ***wie kommt ihr voran mit der Arbeit?*** how are you getting along with the work?

Vorankündigung *f* advance notice

Voranmelder(in) *m(f)* (*von Patent*) prior [*or* previous] applicant

Voranmeldezeitraum *m* FIN (*Steuer*) VAT accounting period

Voranmeldung *f* appointment, booking

voran|puschen *vt* (*fam*) ■ **jdn/etw ~** (*vorantreiben*) to push [*or* drive] sb/sth on [*or* forward]

Voranschlag <-[e]s, Voranschläge> *m* HANDEL [cost] estimate; **einen ~ aufstellen/einreichen** to make/to submit an estimate

voran|treiben *vt irreg* ■ **jdn/etw ~** to push on [*or* ahead] with sb/sth, to hurry along sb/sth *sep,* to drive sb/sth forward; (*Projekt*) to make progress with sth

Voranzeige *f* advance notice
Vorarbeit *f* groundwork, preliminary [*or* preparatory] work; [**gute**] ~ **leisten** to prepare the ground [well] *a. fig;* ***es ist noch einige ~ zu leisten*** there's still some preparatory work to do
Vorarbeiten *pl* preparation work *no pl*
vor|arbeiten I. *vt* (*durch vorherige Mehrarbeit erarbeiten*) ■**etw** ~ to work sth in advance; ***ich habe länger Urlaub, weil ich ein paar Tage vorgearbeitet habe*** I have got a longer holiday because I have worked a few days ahead **II.** *vi* (*fam*) ❶ (*im Voraus arbeiten*) to do some work in advance ❷ (*Vorarbeit leisten*) ■[**jdm/für jdn**] ~ to do some work in advance [for sb]; ***Sie haben wirklich ganz ausgezeichnet vorgearbeitet*** you've really done some excellent work in advance **III.** *vr* (*vorankommen*) ■**sich** *akk* [**durch etw** *akk*] ~ to work one's way forward [through sth]; ***sie mussten sich durch dichten Dschungel ~*** they had to work their way forward through thick jungle; ***seine Frau hat sich bis in die höchste Position vorgearbeitet*** his wife has worked her way up to the highest position; ■**sich** *akk* [**zu jdm/etw**] ~ to work one's way through [to sb/sth]; ***sie arbeiteten sich zu den eingeschlossenen Bergleuten vor*** they worked their way through to the miners who had been cut off
Vorarbeiter(in) *m(f)* foreman *masc,* forewoman *fem*
Vorarlberg Vorarlberg
voraus *adv* in front, ahead; ***Achtung, ~ sehen wir jetzt die Ruine der Burg*** your attention please, we can now see in front of us the castle ruins; ***die nächste Autobahntankstelle liegt etwa 30 Kilometer ~*** the next motorway petrol station is about thirty kilometres further on; **jdm** [**in/auf etw** *dat*] ~ **sein** to be ahead of sb [in sth]; ***er war seiner Kollegin auf diesem Gebiet um einiges ~*** **seiner Zeit** [**weit**] ~ **sein** to be [far] ahead of one's time; ***die Konkurrenz ist uns etwas ~*** the competition has a bit of a lead over us; **im V~** in advance
Vorausabtretung *f* JUR anticipatory assignment **voraus|ahnen** *vt* ■**etw** ~ to anticipate sth **voraus|bedingen*** *vt* JUR ■**etw** ~ to stipulate sth beforehand **voraus|berechnen*** *vt* ■**etw** ~ to calculate sth in advance; ***die Projektkosten lassen sich ziemlich exakt ~*** the costs involved in the project can be calculated fairly accurately in advance **Vorausbestellung** *f* HANDEL advance order **voraus|bestimmen*** *vt* ■**etw** ~ to determine sth in advance; ***der Verlauf einer Erkrankung kann nicht immer genau vorausbestimmt werden*** the exact course of an illness cannot always be determined in advance; ***manche glauben, das Schicksal sei dem Menschen bereits vorausbestimmt*** some believe that a person's fate is predetermined **vorausbezahlt** *adj* HANDEL prepaid; **~e Aufwendungen** sums paid in advance **vorausblickend** *adj* (*geh*) *s.* **vorausschauend voraus|datieren*** *vt* HANDEL ■**etw** ~ to predate sth *form,* to date sth forward **voraus|eilen** *vi sein* ■[**jdm/etw**] ~ ❶ (*vorauslaufen*) to hurry on ahead [of sb/sth] ❷ (*fig*) to rush on ahead [of sb/sth] **Vorausexemplar** *nt* TYPO advance copy **voraus|fahren** *vi irreg sein* to drive [*or* go] on ahead; ***dem Umzug fährt immer ein Polizeiwagen ~*** a police car always drives ahead of the procession; ***fahr du voraus, ich folge dir*** go on ahead, I'll follow you **voraus|gehen** *vi irreg sein* to go on ahead; ***die anderen wollten nicht warten und sind schon vorausgegangen*** the others didn't want to wait and have already gone on ahead; ***dem Unwetter geht meistens ein Sturm voraus*** bad weather is usually preceded by a storm
vorausgesetzt *adj* ■~, [**dass**] ... provided [that]; *s. a.* **voraussetzen**
voraus|haben *vt irreg* ■[**jdm**] **etw/viel/nichts** ~ to have the/a great/no advantage of sth [over sb]; ■[**jdm**] **an etw** *dat*/**nichts an etw** *dat* ~ to have an/no advantage [over sb] with regard to sth; ***was er an Spezialkenntnissen mehr hat, das hat sie ihm an Lebenserfahrung voraus*** she has the advantage of experience of life over his greater degree of specialist knowledge
Vorausklage *f* JUR preliminary injunction **Vorausleistung** *f* advance performance **Vorausleistungspflicht** *f* advance performance obligation
Voraussage <-, -en> *f* prediction **voraus|sagen** *vt* ■[**jdm**] **etw** ~ to predict sth [to sb]; ***der exakte Verlauf der Klimaveränderungen ist schwer vorauszusagen*** the exact course of the climatic changes is difficult to predict **vorausschauend I.** *adj* foresighted; **ein ~er Mensch** a person with foresight [*or* vision] **II.** *adv* foresightedly; ~ **fahren** to be alert to potential dangers while driving; ***bei langfristigen Projekten muss ~ geplant werden*** with long-term projects planning must be conducted with an eye to the future **voraus|schicken** *vt* ❶ (*vor jdm losschicken*) ■**jdn/etw** ~ to send sb/sth on ahead; ***wir schicken immer das schwere Gepäck ~*** we always send heavy luggage on ahead ❷ (*geh: vorher sagen*) ■**etw** ~ to say sth in advance; ***ich möchte erst eine Vorbemerkung ~*** I would like to make a statement in advance; ■~, **dass** to say in advance that **voraussehbar** *adj* foreseeable, predictable **Voraussehbarkeit** *f* JUR foreseeability **voraus|sehen** *vt irreg* ■**etw** ~ to foresee sth; ■~, **dass** to foresee that; **das war vorauszusehen!** that was to be expected!
voraus|setzen *vt* ❶ (*als selbstverständlich erachten*) ■**etw** ~ to assume sth; ***deine Zustimmung ~d habe ich den Auftrag angenommen*** assuming you would agree, I have accepted the order; ***gewisse Fakten muss ich als bekannt ~*** I have to assume that certain facts are known; ***ein Kind sollte die Liebe seiner Eltern ~ dürfen*** a child should be able to take his parents' love for granted; **wenn man voraussetzt, dass** assuming that ❷ (*erfordern*) ■**etw** ~ to require [*or* demand] sth; ***diese Position setzt besondere Kenntnisse voraus*** this position requires special knowledge
Voraussetzung <-, -en> *f* (*Vorbedingung*) prerequisite, precondition; **unter der ~, dass** on condition that; **unter bestimmten ~en** under certain conditions; ***er hat für diesen Job nicht die richtigen ~en*** he hasn't got the right qualifications for this job; (*Prämisse, Annahme*) assumption, premise; **von falschen ~en ausgehen** to begin with a false assumption; ***der Schluss beruht auf der irrigen ~, dass noch genügend Rohstoffe vorhanden sind*** this conclusion is based on the false assumption that there are enough available raw materials
Voraussicht *f kein pl* foresight; **in weiser ~** (*hum*) with great foresight; **aller ~ nach** in all probability **voraussichtlich I.** *adj* (*erwartet, vermutet*) expected; **~e Ankunft** expected arrival; ***wir bedauern die ~e Verspätung des Zuges*** we apologize for the expected delay to the train **II.** *adv* (*wahrscheinlich*) probably **Vorausvermächtnis** *nt* JUR preferential legacy **Vorauswechsel** *m* FIN advance bill **voraus|zahlen** *vt* ■**jdn/etw** ~ to pay sb/sth in advance **Vorauszahlung** *f* advance payment, payment in advance; **eine ~ leisten** to make [*or* put down] an advance payment
Vorbau <-[e]s, -bauten> *m* ❶ (*vorspringender Gebäudeteil*) porch; **ein überdachter ~** a porch with a roof ❷ (*hum fam: Busen*) ***die Kellnerin hat einen ziemlichen ~*** the waitress is fairly well-endowed [*or* well-stacked]
vor|bauen I. *vt* (*als Vorbau anfügen*) ■[**etw** *dat*] [**etw**] ~ to build sth onto the front [of a thing]; ***wir wollen dem Haus eine Veranda ~*** we want to build a veranda onto the house **II.** *vi* to take precautions; ***wir haben vorgebaut und Geld für den Notfall gespart*** we've taken precautions and have put away some money for emergencies *pl;* ***er hat mit einer Lebensversicherung fürs Alter vorgebaut*** he has made provision for his old age with a life assurance policy; ■[**etw** *dat*] ~ to prevent [a thing]; ***ich will einem möglichen Missverständnis ~*** I want to prevent a possible misunderstanding ► WENDUNGEN: **der kluge Mann baut vor** (*prov*) a wise man makes provisions *pl* for the future
Vorbedacht *m* **aus/mit/voll ~** deliberately, intentionally; **ohne ~** unintentionally
Vorbedeutung *f* portent
Vorbedingung *f* precondition
Vorbehalt <-[e]s, -e> *m* reservation, proviso; ~ **der Rechte** reservation of one's rights; **geheimer ~** mental reservation; **~e gegen etw** *akk* **haben** to have reservations about sth; **ohne ~** without reservation, unreservedly; **unter ~** with reservations *pl;* **unter dem ~, dass** with the reservation that, under the proviso that
vor|behalten* *vt irreg* ■**sich** *dat* [**etw**] ~ to reserve [sth] for oneself; **-nderungen ~** (*geh*) subject to alterations; **alle Rechte ~** (*geh*) all rights reserved; ***ich behalte mir das Recht vor, meine Meinung zu ändern*** I reserve the right to change my opinion; [**jdm**] ~ **bleiben** to leave sth [to sb]; ***das sind unsere Vorstellungen, die Entscheidung bleibt natürlich Ihnen ~*** those are our ideas, the decision will be left to you of course
vorbehaltlich I. *präp +gen* (*geh: unter dem Vorbehalt*) ■~ **einer S.** *gen* subject to sth; ~ **behördlicher Genehmigung** subject to permission from the relevant government department **II.** *adj* (*geh: unter Vorbehalt erfolgend*) **eine ~e Genehmigung** conditional approval
vorbehaltlos I. *adj* unconditional, unreserved; ***die Maßnahmen der Regierung genießen unsere ~e Zustimmung*** we unreservedly approve of the measures taken by the government **II.** *adv* unreservedly, without reservation
Vorbehaltserklärung *f* JUR reservation, proviso **Vorbehaltsgut** *nt* HANDEL rescue property **Vorbehaltskauf** *m* HANDEL conditional sale **Vorbehaltskäufer(in)** *m(f)* HANDEL conditional purchaser [*or* buyer] **Vorbehaltsklausel** *f* JUR proviso, reservation clause **Vorbehaltsurteil** *nt* JUR provisional judgement **Vorbehaltsverkauf** *m* HANDEL conditional sale **Vorbehaltsverkäufer(in)** *m(f)* HANDEL conditional vendor **Vorbehaltszahlung** *f* FIN conditional payment
Vorbehandlung *f* pre-treatment
vorbei *adv* ❶ (*vorüber*) ■~ **an etw** *dat* past sth; ***es war eine schöne Wanderung ~ an Wiesen und Wäldern*** it was a lovely walk past meadows and forests; ***wir sind schon an München ~*** we have already passed [*or* gone past] Munich; **~!** missed!; ***schon wieder ~, ich treffe nie*** missed again, I never score/hit the mark ❷ (*vergangen*) ■~ **sein** to be over; ***zum Glück ist die Prüfung jetzt endlich ~*** fortunately the exam is now finally over; ***die Zeit der fetten Jahre ist ~*** gone are the years of plenty!; ***es ist drei Uhr ~*** it's gone three o'clock; [**mit etw/jdm**] ~ **sein** to be the end [of sth/sb]; ***mit meiner Geduld ist es ~*** I've lost patience; ***mit der schönen Zeit war es ~*** the good times were over; ***bald wird es mit ihm ~ sein*** (*fig*) he will soon be dead; ***mit uns ist es ~*** (*fam*) it's over between us; **aus und ~** over and finished; **~ ist ~** what's past is past
vorbei|bringen *vt irreg* (*fam*) ■[**jdm**] **etw** ~ to drop sth off [*or* BRIT round] [for sb] *fam;* ***wir bringen Ihnen Ihre Pizza zu Hause vorbei*** We'll deliver your pizza to your doorstep; ***ich möchte Ihnen Ihr Geburtstagsgeschenk ~*** I would like to drop off your birthday present **vorbei|dürfen** *vi irreg* (*fam*) ■[**irgendwo**] ~ to be allowed past [somewhere]; ***entschuldigen Sie, darf ich gerade mal hier vorbei?*** excuse me, can I just get through here? **vorbei|fahren** *irreg* **I.** *vt haben* (*fam: hinbringen*) ■**jdn** [**bei jdm**] ~ to drop sb off [at sb's]; ***kannst du mich bei Wilfried ~?*** could you drop me off at Wilfried's? **II.** *vi sein* ❶ (*vorüberfahren*) ■[**an jdm/etw**] ~ to drive past [sb/sth]; ***der Wagen ist eben hier vorbeigefahren*** the car drove past here a few moments ago; ***ich habe im V~ nicht genau sehen können, was auf dem Schild stand*** I couldn't exactly see in passing what was on the sign ❷ (*fam: kurz aufsuchen*) ■[**bei jdm/etw**] ~ to call [*or* drop] in [at sb's/sth]; ***ich möchte auf dem Rückweg noch bei meiner Tante ~*** I would like

V

to call in at my aunt's on the way home; ***ich fahre erst noch beim Supermarkt vorbei*** I'm just going to call in at the supermarket first **vorbei|führen** *vi* ■**an etw** ~ to lead past sth; ***der Weg führt am Bauernhof vorbei*** the path runs past the farm ► WENDUNGEN: **daran führt kein Weg vorbei** (*prov*) you can't go past it **vorbei|gehen** *vi irreg sein* ❶ (*vorübergehen*) to go past [*or* by]; ■**[an jdm/etw]** ~ to go past [sb/sth]; ***sie ging dicht an uns vorbei, erkannte uns aber nicht*** she walked right past us, but didn't recognize us; ***er ging an den Schönheiten der Natur vorbei*** he walked past the things of natural beauty; (*überholen*) to overtake; ***der Russe geht an dem Briten vorbei*** the Russian is overtaking the Briton; (*danebengehen*) to miss [sb/sth]; ***du musst genau zielen, sonst geht der Schuss am Ziel vorbei*** you must aim accurately, otherwise your shot will miss the target; ■**im V~** in passing; ***im V~ konnte ich nichts Ungewöhnliches feststellen*** I didn't notice anything unusual in passing ❷ (*fam: aufsuchen*) ■**[bei jdm/etw]** ~ to call [*or* drop] in [at sb's/sth]; ***gehe doch bitte auf dem Rückweg bei der Apotheke vorbei*** please could you drop in at the Chemist's on the way back ❸ (*vergehen*) ■**etw geht vorbei** sth passes; ***irgendwann geht die Enttäuschung vorbei*** the disappointment will pass sometime or other; **keine Gelegenheit ungenutzt ~ lassen** (*fig*) to not let an opportunity slip [*or* pass] **vorbei|kommen** *vi irreg sein* ❶ (*passieren*) to pass; ***wir sind an vielen schönen Häusern vorbeigekommen*** we passed many beautiful houses; ***sag Bescheid, wenn wir an einer Telefonzelle*** ~ let me know when we pass a telephone box ❷ (*fam: besuchen*) ■**[bei jdm]** ~ to call [*or* drop] in [at sb's]; ***komm doch mal bei mir vorbei, wenn du in der Gegend bist*** drop in at my place when you're in the area ❸ (*vorübergelangen können*) ■**[irgendwo [*o* an etw/jdm]] [nicht]** ~ to [not] get past [*or* by] [somewhere [*or* sth/sb]]; **an einem Hindernis** ~ to get past an obstacle; **an einer Wache** ~ to get past a guard; **an dieser Tatsache kommen wir nicht vorbei** (*fig*) we can't escape this fact; **nicht daran ~, dass** (*fig*) not to be able to get around [*or* BRIT round] the fact that; ***wir kommen nicht daran vorbei, dass wir verantwortlich sind*** we can't get round the fact that we're responsible **vorbei|können** *vi irreg* ■**[irgendwo/an jdm]** ~ to be able to get past [*or* by] [somewhere [*or* sb]]; ***entschuldigen Sie, kann ich mal vorbei?*** excuse me, may I get past?; ***es kann keiner an mir vorbei, ohne bemerkt zu werden*** nobody can get past me without being noticed **vorbei|lassen** *vt irreg* ❶ (*vorbeigehen lassen*) ■**jdn/etw [an jdm]** ~ to let sb/sth past [sb]; ***lassen Sie uns bitte vorbei, wir müssen zu den Verletzten!*** let us through please, we must get to the injured!; ***er ließ mich nicht an sich vorbei*** he wouldn't let me [get] past him; ***Linksabbieger müssen erst den geradeaus fahrenden Verkehr*** ~ vehicles turning left must give way to oncoming traffic ❷ (*verstreichen lassen*) to let sth go by; **eine Gelegenheit ungenutzt** ~ to let an opportunity slip **vorbei|laufen** *vi* ■**[an etw/jdm]** ~ to walk past [*or* by] [sb/sth] **Vorbeimarsch** *m* march-past **vorbei|marschieren*** *vi sein* ■**[an etw/jdm]** ~ to march past [*or* by] [sth/sb] **vorbei|reden** *vi* to skirt around [*or* BRIT round] sth; **am Thema** ~ to miss the point; **[aneinander]** ~ to be talking at cross purposes *pl* **vorbei|schauen** *vi* (*fam: besuchen*) ■**[bei jdm/etw]** ~ to look in [on sb/sth]; ***hast du auf dem Nachhauseweg noch mal bei Mutter vorbeigeschaut?*** did you look in on mother on the way home? **vorbei|schießen** *vi irreg* ❶ *haben* (*danebenschießen*) ■**[an jdm/etw]** ~ to miss [sb/sth] ❷ *sein* (*eilig vorbeilaufen*) ■**[an jdm/etw]** ~ to shoot past [sb/sth] **vorbei|schleusen** *vt* (*fam*) **Gelder am Finanzamt** ~ to run secret accounts; **Gelder an offiziellen Konten** ~ to channel funds into secret accounts **vorbei|schrammen** *vi sein* (*fam*) ■**[an etw *dat*]** ~ ❶ (*berühren*) to [just] scrape past sth ❷ (*entkommen*) to escape [sth] by the skin of one's teeth **vorbei|ziehen** *vi irreg sein* ❶ (*vorüberziehen*) ■**[an jdm/etw]** ~ to pass by [sb/sth]; *Wolken, Rauch* to drift past; **die Ereignisse in der Erinnerung ~ lassen** (*fig fam*) to let events go through one's mind ❷ (*überholen*) ■**[an jdm]** ~ to pull past [sb] **vorbei|zwängen** *vr* ■**sich an etw/jdm** ~ to squeeze past sth/sb

vorbelastet *adj* at a disadvantage; **erblich ~ sein** to have an inherited defect

Vorbelastung *f* FIN *eines Grundstücks* prior encumbrance

Vorbelastungsverbot *nt* JUR prohibition of prior encumbrance

Vorbemerkung *f* preface, foreword

Vorbenutzung *f* JUR *eines Patents* prior use **Vorbenutzungshandlungen** *pl* JUR acts of prior use

Vorbenutzungsrecht *nt* JUR right of prior use

vor|bereiten* I. *vt* ❶ (*im Voraus bereiten*) ■**etw [für etw *akk*]** ~ to prepare sth [for sth] ❷ (*einstimmen, einstellen*) ■**jdn [auf etw *akk*]** ~ to prepare sb [for sth] II. *vr* ■**sich *akk* [auf etw *akk*]** ~ to prepare oneself [for sth]; ***ich möchte dich auf eine unangenehme Nachricht ~!*** I would like you to prepare yourself for some bad news!; ***wir bereiten uns auf ihre Ankunft vor*** we're preparing for her arrival; ■**sich *akk* für etw *akk*** ~ to prepare oneself for sth; **sich *akk* für eine Prüfung** ~ to prepare for an exam

vorbereitend *adj attr* preparatory

vorbereitet *adj* ❶ (*vorher erledigen, herstellen*) prepared ❷ (*eingestellt*) ■**[auf etw/jdn] ~ sein** to be prepared [for sth/sb]

Vorbereitung <-, -en> *f* preparation; **~en [für etw *akk*] treffen** to make preparations [for sth]

Vorbereitungsdienst *m* (*Referendariat*) teacher training **Vorbereitungshaft** *f* JUR preparatory custody (*prior to repatriation*)

Vorbericht *m* preliminary report

Vorbescheid *m* JUR preliminary ruling

Vorbesitzer(in) <-s, -> *m(f)* previous owner

Vorbesprechung *f* preliminary discussion [*or* meeting]

vor|bestellen* *vt* ■**etw** ~ to order sth in advance, to reserve; ***ich möchte bitte zwei Karten*** ~ I'd like to book two tickets please

Vorbestellung *f* advance booking [*or* order]

Vorbestimmung <-, -en> *f* fate; ■**es war ~, dass** it was fate, that; **an ~ glauben** to believe in fate

vorbestraft *adj* (*fam*) previously convicted; **mehrfach ~ sein** to have several previous convictions; **nicht ~ sein** to not have a criminal record [*or* a previous conviction]; ■**[wegen einer S. *gen*] ~ sein** to have a previous conviction [for sth]

Vorbestrafte(r) *f(m) dekl wie adj* person with a previous conviction

vor|beten I. *vt* (*fam: hersagen*) ■**[jdm] etw** ~ to hold forth on/about sth [to sb]; ***er hat uns die ganzen Gesetze vorgebetet*** he held forth to us about all the laws II. *vi* (*als Vorbeter tätig sein*) to lead the prayer[s]

Vorbeter(in) *m(f)* prayer leader

Vorbeugehaft *f kein pl* preventive custody

vor|beugen I. *vt* (*nach vorne beugen*) ■**etw** ~ to bend sth forward; **den Kopf** ~ he bent [his head] forward; ***beuge den Oberkörper nicht zu weit vor, sonst verlierst du das Gleichgewicht!*** don't lean too far forward, or you'll lose your balance II. *vi* (*Prophylaxe betreiben*) ■**[etw *dat*]** ~ to prevent sth; **einer Krankheit/Gefahr** ~ to prevent an illness/danger; ***in Zeiten erhöhter Erkältungsgefahr beuge ich vor*** in times of increased risk of colds I take preventive measures ► WENDUNGEN: **~ ist besser als heilen** (*prov*) prevention is better than cure *prov* III. *vr* ■**sich *akk*** ~ to lean forward

vorbeugend I. *adj* preventive, preventative; **eine ~e Maßnahme** a preventive measure II. *adv* as a precautionary measure; **sich *akk* ~ impfen lassen** to be vaccinated as a precaution

Vorbeugung <-, -en> *f* prevention; ***regelmäßiges Zähneputzen dient der ~ gegen Karies*** regular brushing of one's teeth helps prevent tooth decay; **zur ~ [gegen etw *akk*]** as a prevention [*or esp* BRIT prophylactic] [against sth]

Vorbeugungsmaßnahme *f* preventative measure

Vorbilanz *f* FIN preliminary balance sheet, trial balance

Vorbild <-[e]s, -er> *nt* example; **nach dem ~ von ...** following the example set by ...; ***ihr Vater war ihr großes*** ~ her father was a great example for her; **ein leuchtendes/schlechtes** ~ a shining/poor example; **[jdm] als ~ dienen** to serve as an example [for sb]; **[sich *dat*] jdn zum ~ nehmen** to model oneself on sb; **das ist ohne** ~ (*fig*) that has no equal

Vorbildfunktion *f* exemplary function

vorbildlich I. *adj* exemplary II. *adv* in an exemplary manner; ***sie haben sich ~ benommen*** they behaved in an exemplary manner

Vorbildung *f kein pl* educational background; (*allgemeiner*) previous experience

vor|binden *vt irreg* ❶ (*davor binden*) ■**[jdm/sich] etw** ~ to tie sth [on sb/one] ❷ (*veraltend: vorknöpfen*) ■**sich jdn** ~ to take sb to task

Vorbörse *f* BÖRSE before-hour trading [*or* dealings] *pl*

vorbörslich *adj attr* BÖRSE *Kurse, Umsätze, Erwartungen* premarket

Vorbote *m* harbinger, herald

Vorbräuner <-s, -> *m* pre-tan agent

Vorbringen <-s> *nt kein pl* contention, assertion; (*vor Gericht*) plea, submission; **~ neuer Beweise** production of fresh evidence; **~ von Beweismaterial** submission of evidence; **~ der Parteien** submission of the parties; **nachträgliches** ~ subsequent pleadings; **rechtlich unzulässiges** ~ legal defence; **verspätetes** ~ late submissions *pl*

vor|bringen *vt irreg* ■**etw [gegen etw *akk* [*o* zu etw *dat*]]** ~ to have sth to say [about sth]; **ein Argument** ~ to put forward [*or* present] [*or* offer] an argument; **eine Meinung** ~ to voice [*or* express] [*or* offer] one's opinion; **Bedenken** ~ to express one's misgivings; **einen Einwand** ~ to raise [*or* make] [*or* lodge] an objection; **Fakten** ~ to cite facts; ***bitte beschränken sie sich lediglich auf die Fakten*** please stick to the facts; ***darf ich eine Frage*** ~ may I raise a question

vorchristlich *adj attr* pre-Christian; **in ~er Zeit** in pre-Christian times

Vordach *nt* ARCHIT canopy

vor|datieren* *vt* ■**etw** ~ to post-date sth

vordefiniert *adj* predefined

Vordenker(in) *m(f)* progressive thinker

Vorderachse *f* AUTO front axle **Vorderansicht** *f* front view **Vorderasien** <-s> *nat* Near East **Vorderausgang** *m* front exit **Vorderbein** *nt* ZOOL foreleg **Vorderdeck** *nt* NAUT foredeck

vordere(r, s) *adj* front; ***die Explosion zerstörte den ~n Bereich des Domes*** the explosion destroyed the front [section [*or* part]] of the cathedral

Vordereingang *m* front entrance **Vorderfront** *f* frontage **Vordergrund** *m a.* KUNST, FOTO foreground; **sich *akk* in den ~ drängen [*o* schieben]** to push oneself to the fore; **etw in den ~ rücken [*o* stellen]** to give priority to sth; **im ~ stehen** to be the centre [*or* AM -er] of attention; **in den ~ treten** to come to the fore; **im ~** foreground **vordergründig** I. *adj* superficial II. *adv* at first glance **Vordergrundverarbeitung** *f* INFORM foreground processing **Vorderhaus** *nt* front part of a house, part of a house which faces the street **Vorderlader** <-s, -> *m* (*Waffenart*) muzzle-loader **vorderlastig** *adj Schiff, Flugzeug* front-heavy **Vorderlauf** *m* JAGD foreleg **Vordermann** *m* ■**jds** ~ person in front of sb ► WENDUNGEN: **etw/jdn auf ~ bringen** (*fam*) to lick sth/sb into shape **Vorderpfote** *f* ZOOL front paw, fore-paw **Vorderrad** *nt* front wheel **Vorderradantrieb** *m* AUTO front-wheel drive; **mit ~** [with] front-wheel drive; **ein Wagen mit ~** a car with front-wheel drive [*or* front-wheel drive car] **Vorderreifen** *m* front tyre [*or* AM tire] **Vorderreihe** *f* front row **Vorderschinken** *m* KOCH shoulder ham *no indef art, no pl*, shoulder of ham **Vorderseite** *f* front [side], front page; **auf der** ~

on the front of the page **Vordersitz** *m* front seat
vorderste(r, s) *adj superl von* **vordere(r, s)** foremost; **die ~n Plätze/Reihen** the seats/rows at the very front
Vorderste(r) *f(m) dekl wie adj* person at the front; ***wir waren die ~n in der Schlange*** we were at the head of the queue
Vorderteil *m o nt* front [part]
Vordiplom *nt* SCH intermediate diploma (*first part of the final exams towards a diploma*)
vor|drängeln *vr,* **vor|drängen** *vr* ■ **sich ~** to push to the front
vor|dringen *vi irreg sein* ① (*vorstoßen*) ■ **[bis] irgendwohin ~** to reach [*or* get as far as] somewhere; ***wir müssen bis zum Fluss ~, dann sind wir gerettet*** we must get as far as the river, then we'll be saved ② (*gelangen*) ■ **[bis] zu jdm ~** to reach [*or* get as far as] sb; ***ist die Nachricht seines Rücktritts bis zu dir vorgedrungen?*** have you heard that he's resigned? ③ (*beim Lesen angelangen*) ■ **[bis] irgendwohin ~** to read [*or* get] as far as somewhere; ***ich bin erst bis Seite 35 vorgedrungen*** I've only reached page 35 [so far]
vordringlich I. *adj* ADMIN (*form*) urgent, pressing, most important; **~e Aufgaben** priority tasks **II.** *adv* as a matter of urgency; ***hier ist eine Liste der ~ zu besprechenden Punkte*** here is a list of the points which urgently need discussing [*or* are in most urgent need of discussion]
Vordruck <-drucke> *m* form
vorehelich *adj attr* pre-marital
voreilig I. *adj* rash, over-hasty **II.** *adv* rashly, hastily; **sich** *akk* **~ entschließen** to make a rash [*or* an over-hasty] decision; **~ schließen, dass ...** to jump to the conclusion that ...; ***diese Entscheidung ist zu ~ erfolgt*** this decision was taken too hastily; ***man sollte sich hüten, ~ über andere Menschen zu urteilen*** one should be careful not to be too quick to judge others
voreinander *adv* in front of one another [*or* each other]; **Angst ~ haben** to be afraid of each other [*or* one another]; **Geheimnisse ~ haben** to have secrets from each other [*or* one another]; **Respekt ~ haben** to have respect for each other [*or* one another]; **sich** *akk* **~ schämen/genieren** to be ashamed/embarrassed to look each other in the face [*or* in the eye]
voreingenommen *adj* prejudiced; ■ **~ sein [gegenüber jdm]** to be prejudiced [against sb]; ***die Prüfer waren mir gegenüber ~*** the examiners were biased against me
Voreingenommenheit <-> *f kein pl* prejudice
voreinstellen *vt* ■ **etw ~** to preset sth
Voreinstellung *f* presetting; INFORM previously installed setting
Voreintragung *f* JUR preceding entry; **~ im Grundbuch** preceding entry in the Land Register
Voreltern *pl* JUR ancestors *pl*
vor|enthalten* *vt irreg* ■ **[jdm] etw ~** to withhold [*or* keep] sth [from sb]
Vorentscheidung *f* ① (*Entscheidung vorwegnehmender Beschluss*) preliminary decision ② SPORT (*entscheidendes Zwischenergebnis*) preliminary round; ***das 2:0 war so etwas wie eine ~ im heutigen Spiel*** today's game was [as good as] decided when the 2–0 was scored [*or* lead was extended to 2–0]
Vorentscheidungskampf *m* preliminary heat **Vorentscheidungsrunde** *f* preliminary round
Vorentwurf *m* preliminary draft
Vorerbschaft *f* JUR estate in tail, provisional succession; **befreite ~** exempt provisional succession
vorerst *adv* for the time being, for the present [*or* moment]; ***ich habe ~ noch nichts erfahren können*** I've haven't been able to find out anything as yet
Vorfahr(in) <-en, -en> *m(f)* forefather, ancestor
vor|fahren *irreg* **I.** *vi sein* ① (*vor ein Gebäude fahren*) ■ **[in/mit etw** *dat*] **~** to drive up [in sth] ② (*ein Stück weiterfahren*) to move up [*or* forward]; ***fahren Sie bitte vor, hier dürfen Sie nicht halten!*** can you move on please, you're not allowed to stop here! ③ (*früher fahren*) to go [*or* drive] on ahead **II.** *vt haben* ① (*weiter nach vorn fahren*) ■ **etw ~** to move sth up [*or* forward] ② (*vor ein Gebäude fahren*) ■ **etw ~** to bring sth around [*or* BRIT *a.* round]; ■ **etw ~ lassen** to have sth brought around [*or* BRIT *a.* round], to send for sth
Vorfahrt *f kein pl* TRANSP right of way; **~ haben** to have [the] right of way; **jdm die ~ nehmen** to fail to give way to sb
vorfahrtsberechtigt *adj* having the right of way **Vorfahrtsregel** *f rule pertaining to having the right of way* **Vorfahrtsschild** *nt* right of way sign **Vorfahrtsstraße** *f* main [*or* major] road **Vorfahrtszeichen** *nt s.* **Vorfahrtsschild**
Vorfall *m* ① (*Geschehnis*) incident, occurrence; ***dieser ~ darf nicht an die Öffentlichkeit dringen*** this incident must not become public [knowledge] ② MED (*Prolaps*) prolapse
vor|fallen *vi irreg sein* to happen, to occur *form;* ***ist irgendwas vorgefallen, du bist so nervös?*** has anything happened, you seem so nervous?
Vorfeld *nt* ① MIL (*Gelände vor Stellung*) approaches *pl;* ***das ~ der Stellungen war vermint und mit Stacheldrahtverhauen versehen worden*** the approaches to the placements were mined and covered with barbed wire ② LUFT apron ▶ WENDUNGEN: **im ~ von etw** *dat* in the run-up to sth
Vorfilm *m* FILM supporting film
vor|finanzieren* *f* FIN ■ **[jdm] etw ~** to pre-finance sth [for sb], to provide advance financing [to sb] for sth
Vorfinanzierung *f* FIN prefinancing, preliminary financing
vor|finden *vt irreg* ■ **jdn/etw ~** to find sb/sth; **jdn krank/wohlauf ~** to find sb unwell/in good health; ***Sie werden eine nervöse Gereiztheit ~, wenn Sie dort sind*** you'll notice a nervous irritability while you're there
Vorform *f* pre-form
Vorfreude *f* [excited] anticipation; ■ **die [*o* jds] ~ [auf etw** *akk*] the/sb's [excited] anticipation [of sth]
vorfristig I. *adj* (*form*) completed before the agreed date *pred* **II.** *adv* (*form*) before the agreed date; **ein Darlehen/einen Kredit ~ zurückzahlen** to return a loan ahead of schedule
Vorfrühling *m* early [taste of] spring
vor|fühlen *vi* to put [*or* send] out a few feelers; ■ **bei jdm ~** to sound sb out *sep*
vor|führen *vt* ① MODE (*präsentieren*) ■ **[jdm] etw ~** to model sth [for sb]; ***darf ich Ihnen wohl unser neuestes Modell ~?*** please allow me to show you our new model ② (*darbieten*) ■ **[jdm] etw ~** to perform sth [for sb] ③ JUR (*in den Gerichtssaal bringen*) ■ **jdn ~** to bring in sb *sep;* **jdn dem Richter ~** to bring sb before the judge ④ (*fam: bloßstellen*) ■ **jdn ~** to show sb up
Vorführgerät *n* TECH demonstration model **Vorführraum** *m* FILM projection room
Vorführung *f* ① (*Demonstration*) demonstration ② FILM (*Filmvorführung*) showing ③ MODE (*Präsentation*) modelling
Vorführungsdiskette *f* INFORM demonstration diskette
Vorführwagen *m* AUTO demonstration model [*or* car]
Vorgabe *f* ① *meist pl* (*Richtwert*) guideline ② SPORT (*zur Verfügung gestellter Vorsprung*) [head] start ③ INFORM (*Voreinstellung*) default
Vorgabezeit *f* JUR allowed time
Vorgang <-gänge> *m* ① (*Geschehnis*) event; ***ich beobachte seit einiger Zeit merkwürdige Vorgänge um mich herum*** I've been noticing for some time strange occurrences happening around me ② (*Prozess*) process; **arbeitsintensiver ~** ÖKON labour-intensive process; **unkalkulierbarer ~** random process; **im ~** in process ③ (*geh: angelegte Akte*) file
Vorgänger(in) <-s, -> *m(f)* ■ **jds ~** sb's predecessor
Vorgängermodell *nt* predecessor model
vorgängig I. *adj* SCHWEIZ (*vorausgehend*) previous, prior **II.** *adv* (*vorher*) beforehand
Vorgarten *m* HORT front garden
vor|gaukeln *vt* (*geh*) ■ **jdm etw ~** to lead sb to believe in sth; ■ **jdm ~, dass ...** to lead sb to believe that ...
vor|geben *irreg* **I.** *vt* ① (*vorschützen*) ■ **etw ~** to use sth as an excuse [*or* a pretext] ② (*fam: nach vorn geben*) ■ **etw [zu jdm] ~** to pass sth forward [to sb] ③ (*festlegen*) ■ **[jdm] etw ~** to set sth in advance [for sb] **II.** *vi* ■ **~ [, dass ...]** to pretend [that ...]
Vorgebirge *nt* foothills *pl*
vorgeblich *adj* (*geh*) *s.* **angeblich**
vorgeburtlich *adj* prenatal
vorgefasst[RR] *adj,* **vorgefaßt** *adj* preconceived
vorgefertigt I. *pp von* **vorfertigen II.** *adj* prefabricated
Vorgefühl *nt s.* **Vorahnung**
vorgegeben *adj* predetermined, preset
vorgeheizt I. *pp von* **vorheizen II.** *adj* **im ~en Backofen** in the preheated oven
vor|gehen *vi irreg sein* ① (*vorausgehen*) to go on ahead ② (*zu schnell gehen*) to be fast; ***meine Uhr geht fünf Minuten vor*** my watch is five minutes fast ③ (*Priorität haben*) to have [*or* take] priority, to come first ④ MIL (*vorrücken*) ■ **[gegen jdn/etw] ~** to advance [on [*or* towards] sb/sth] ⑤ (*Schritte ergreifen*) ■ **[gegen jdn/etw] ~** to take action [against sb/sth]; **gerichtlich gegen jdn ~** to take legal action [*or* proceedings] against sb ⑥ (*sich abspielen*) ■ **[irgendwo] ~** to go on [*or* happen] [somewhere]; ■ **[in jdm] ~** to go on [inside sb]; ■ **[mit jdm] ~** to happen [to sb] ⑦ (*verfahren*) ■ **[bei etw** *dat*] **irgendwie ~** to proceed somehow [in sth]
Vorgehen <-s> *nt kein pl* ① (*Einschreiten*) action; ***es wird Zeit für ein energisches ~ gegen das organisierte Verbrechen*** its time for concerted action to be taken against organized crime ② (*Verfahrensweise*) course of action
Vorgehensweise *f* procedure, way of proceeding
vorgelagert *adj* GEOG offshore; ■ **[etw** *dat*] **~ sein** to be [situated] [*or* lie] off sth
Vorgeschichte *f* ① (*vorausgegangener Verlauf*) [past] history ② *kein pl* (*Prähistorie*) prehistory *no indef art, no pl,* prehistoric times *pl*
vorgeschichtlich *adj* prehistoric
vorgeschlagen *adj* proposed, suggested
Vorgeschmack *m kein pl* foretaste; **jdm einen ~ [von etw** *dat*] **geben** to give sb a foretaste [of sth]
vorgeschrieben *adj* mandatory, required
vorgesehen I. *pp von* **vorsehen II.** *adj* envisaged, planned, scheduled
Vorgesetzte(r) *f(m) dekl wie adj* superior; ■ **jds ~(r)** sb's superior
Vorgespräch *nt* first interview
vorgestern *adv* ① (*Tag vor gestern*) the day before yesterday; **~ Abend/Früh/Mittag** the evening before last/early on the morning of the day before yesterday/ the day before yesterday at midday; **~ Morgen/Nacht** the morning/night before last; **von ~** (*vorgestrig*) from the day before yesterday; ***haben wir noch die Zeitung von ~?*** have we still got the paper from the day before yesterday? ② (*antiquiert*) old-fashioned, outdated, outmoded
vorgestrig *adj* ① (*vorgestern liegend*) of [*or* from] the day before yesterday *pred;* **~er Abend/Morgen/Nacht** the evening/morning/night before last; **~er Mittag** the day before yesterday at midday ② (*antiquiert*) old-fashioned, outdated, outmoded
vorgezogen *adj* brought forward; **~e Wahlen** early elections
vor|greifen *vi irreg* ① (*jds Handeln vorwegnehmen*) ■ **jdm ~** to anticipate what sb is planning to do; ***aber fahren Sie doch fort, ich will Ihnen nicht ~*** do continue, I didn't mean to jump in ahead of you ② (*etw vorwegnehmen*) ■ **etw** *dat* **~** to anticipate sth
Vorgreiflichkeit *f* JUR prejudicial effect
Vorgriff *m* **im** [*o* **in**] [*o* **unter**] **~ [auf etw** *akk*] in anticipation [of sth]
vor|gucken *vi* (*fam*) ■ **hinter/unter etw** *dat* **~** to

V

peep out from behind/under sth; ***das Kleid guckt unter dem Mantel vor*** the dress is showing under the coat

vor|haben *vt irreg* ■**etw** ~ to plan sth [*or* have sth planned]; ■**etw [mit jdm]** ~ to have sth planned [for sb]; ***wir haben große Dinge mit Ihnen vor*** we've got great plans for you; ***was die Terroristen wohl mit ihren Geiseln ~?*** I wonder what the terrorists intend to do with their hostages?; ■**etw [mit etw** *dat*] ~ to plan [*or* intend] to do sth [with sth]; ■**~, etw zu tun** to plan to do sth; ***hast du etwa vor, nach dem Abendessen noch weiterzuarbeiten?*** do you intend to carry on working after dinner?

Vorhaben <-s, -> *nt* plan; ***das ist wirklich ein anspruchsvolles*** ~ this really is an ambitious project

Vorhalle *f* ARCHIT entrance hall; (*eines Hotels/Theaters*) foyer

Vorhaltekosten *pl* JUR precautionary costs *pl*

vor|halten *irreg* **I.** *vt* ❶ (*vorwerfen*) ■**jdm etw** ~ to reproach sb for [*or* with] sth ❷ (*davor halten*) ■**[jdm] etw** ~ to hold sth [in front of sb]; ***halt dir gefälligst die Hand vor, wenn du hustest!*** kindly put your hand over your mouth when you cough! **II.** *vi* to last; ***ich habe fünf Teller Eintopf gegessen, das hält erst mal eine Weile vor*** I've eaten five bowlfuls of stew, that should keep me going for a while

Vorhaltung <-, -en> *f meist pl* reproach; **jdm [wegen einer S.** *gen*] **~en machen** to reproach sb [for [*or* with] sth]

Vorhand <-> *f kein pl* ❶ SPORT (*Schlag*) forehand ❷ ZOOL (*Vorderbeine von Pferd*) forehand

vorhanden *adj* ❶ (*verfügbar*) available *inv*; ***aus noch ~en Reststücken nähte sie eine neue Tagesdecke*** she used the pieces [of material] which were left to make a new bedspread; ■**~ sein** to be left ❷ (*existierend*) which [still] exist *pred*, existing; ***es waren noch einige Fehler ~*** there were still some mistakes [[left] in it]

Vorhandensein <-s> *nt kein pl* availability

Vorhang <-s, Vorhänge> *m* curtain; **der Eiserne** ~ HIST the Iron Curtain

VorhängeschlossRR *nt* padlock

Vorhangschiene *f* BAU curtain rail

Vorhaus *nt* ÖSTERR (*Hausflur*) [entrance] hall

Vorhaut *f* ANAT foreskin, prepuce *spec*

vorher *adv* beforehand; ***das hätte ich doch ~ wissen müssen*** I could have done with knowing that before[hand]; ***wir fahren bald los, ~ sollten wir aber noch etwas essen*** we're leaving soon, but we should have something to eat before we go; ***die Besprechung dauert bis 15 Uhr, ~ darf ich nicht gestört werden*** the meeting is due to last until 3 o'clock, I mustn't be disturbed until then

vorher|bestimmen* *vt* ■**etw** ~ to predetermine [*or* foreordain] sth **vorherbestimmt** *adj* ■**~ sein** to be predestined [*or* pre-ordained]; ■**etw ist jdm** ~ sb is predestined for sth **Vorherbestimmung** *f* predestination **vorher|gehen** *vi sein irreg* ■**etw** *dat* ~ to precede sth; **im vorhergehenden Satz** in the preceding sentence **vorhergehend** *adj* previous *attr*, preceding; **am ~en Tag** on the previous [*or* preceding] day, the day before

vorherig *adj attr* ❶ (*zuvor erfolgend*) prior; (*Abmachung, Vereinbarung*) previous, prior; ***wenn Sie mich sprechen wollen, dann bitte ich um einen ~en Anruf*** if you would like to speak to me, then I would ask you to call [me] beforehand; ***die Verhandlung ist am 17. März, ein ~es Treffen ist dringend nötig*** the case will be heard on the 17th March, a meeting prior to that date is vital; ***ich unternehme nichts ohne ~e Genehmigung durch die Geschäftsleitung*** I won't undertake anything without having first obtained the management's approval ❷ *s.* **vorhergehend**

Vorherrschaft *f* POL hegemony, [pre]dominance, supremacy

vor|herrschen *vi* ❶ (*überwiegen*) to predominate [*or* be predominant], to prevail ❷ GEOG (*überwiegend vorhanden sein*) to predominate [*or* be predominant]

vorherrschend *adj* predominant, prevailing; (*weitverbreitet*) prevalent; **~e Marktlage** prevailing market conditions; **nach ~er Meinung** according to the prevailing opinion

Vorhersage *f* ❶ METEO (*Wettervorhersage*) forecast ❷ (*Voraussage*) prediction **vorher|sagen** *vt s.* **voraussagen** **vorhersehbar** *adj* foreseeable **vorher|sehen** *vt irreg* ■**etw** ~ to foresee sth

vor|heucheln *vt* ■**[jdm] etw** ~ to feign sth [to sb]

vorhin *adv* a moment ago, just [now]; ***das habe ich ~ gehört*** I've just heard about that

vorhinein *adv* **im V~** in advance; **[etw] im V~ sagen/wissen** to say/know [sth] in advance [*or* beforehand]

Vorhof *m* ❶ ANAT (*Vorkammer*) atrium , auricle ❷ ARCHIT (*Burghof*) forecourt **Vorhölle** *f* REL limbo

Vorhut <-, -en> *f* MIL vanguard, advance-guard

vorig *adj* ❶ (*vorausgegangen*) *Besitzer* previous; *Woche, Monat* last; ***diese Konferenz war genauso langweilig wie die ~e*** this conference was just as boring as the previous one; **wie im Vorigen bereits gesagt** (*veraltend*) as [was] stated earlier ❷ *pred* SCHWEIZ (*übrig*) ■**jdm etw ~ lassen** to leave sth for sb

Vorinstallation *f* TECH preinstallation

Vorjahr *nt* last year; **im Vergleich zum** ~ compared to last year; **im** ~ last year

Vorjahresergebnis *nt* ÖKON prior year result **Vorjahresniveau** *nt* ÖKON previous year level; **hohes** ~ last year's high level **Vorjahresrate** *f* ÖKON previous year's rate **Vorjahresvergleich** *m* HANDEL year-on-year; ***mit einem Wachstum von 7 % im ~*** with a year-on-year growth of 7 % **Vorjahreszeitraum** *m* ÖKON last year's period

vorjährig *adj* last year's *attr*; ***dieser Beschluss wurde auf unserer ~en Konferenz gefasst*** this decision was made at our conference last year

vor|jammern *vt* (*fam*) ■**jdm etw [von etw** *dat*] ~ to moan [*or sl* gripe] to sb [about sth]

Vorkammer *f* ANAT (*Vorhof*) atrium

Vorkämpfer(in) *m(f)* pioneer, champion, advocate

Vorkasse *f* ÖKON advance payment; ***wir liefern Ihnen die Waren nur gegen ~*** we'll only supply the goods to you on advance payment

vor|kauen *vt* (*fam: in allen Details darlegen*) ■**[jdm] etw** ~ to spell out sth [to sb] *sep*

Vorkauf *m* FIN pre-emption, forward purchase; **zum ~ berechtigend** pre-emptive

Vorkaufsberechtigte(r) *f(m) dekl wie adj* FIN pre-emptor **Vorkaufsberechtigung** *nt* JUR pre-emptive right, right of pre-emption **Vorkaufspreis** *m* HANDEL preemption price **Vorkaufsrecht** *nt* JUR right of first refusal, [right of] pre-emption

Vorkehr <-, -en> *f* SCHWEIZ (*Vorkehrung*) precaution, precautionary measure

Vorkehrung <-, -en> *f* precaution, precautionary measure; **~en treffen** to take precautions [*or* precautionary measures]

Vorkenntnis *f meist pl* previous experience *no pl, no indef art*

vor|knöpfen *vt* (*fam*) ■**sich** *dat* **jdn** ~ to give sb a good talking-to *fam*, to take sb to task; ***sie erzählt wieder Lügen über mich? na, die werde ich mir mal ~!*** she's telling lies about me again? well, I'll give her a [good] piece of my mind!

vor|kommen *vi irreg sein* ❶ (*passieren*) to happen; ■**es kommt vor, dass ...** it can happen that ...; ***es kommt selten vor, dass ich mal etwas vergesse*** I rarely forget anything; **das kann [schon mal] ~** it happens, these things [can] happen; **das soll [*o* wird] nicht wieder ~** it won't happen again; **so was soll ~!, das kommt vor** these things [can] happen; ***so etwas ist mir noch nie vorgekommen*** I've never known anything like it before ❷ (*vorhanden sein*) ■**[irgendwo]** ~ to be found [somewhere], to occur [somewhere]; ***in seinen Artikeln kommt auffällig oft das Wort „insbesondere" vor*** its noticeable how often the words "in particular" are used in his articles; ***das ist ein Fehler, der in vielen Wörterbüchern vorkommt*** this is a mistake which occurs in many dictionaries ❸ (*erscheinen*) to seem; ■**sich** *dat* **[irgendwie]** ~ to feel [somehow]; ***du kommst dir wohl sehr schlau vor?*** you think you're very clever, don't [*or* a bit clever, do] you?; ***das Lied kommt mir bekannt vor*** this song sounds familiar to me; ***Sie können mich gar nicht kennen, das kommt Ihnen allenfalls so vor*** you can't [possibly] know me, it only seems like you do ❹ (*nach vorn kommen*) to come to the front [*or* forward] ❺ (*zum Vorschein kommen*) to come out; **hinter etw** *dat* ~ to come out from behind sth ▶ WENDUNGEN: **wie kommst du mir eigentlich [*o* denn] vor?, wie kommen Sie mir eigentlich [*o* denn] vor?** (*fam*) who on earth do you think you are? *fam*

Vorkommen <-s, -> *nt* ❶ *kein pl* MED (*das Auftreten*) incidence ❷ *meist pl* BERGB (*Lagerstätte*) deposit

Vorkommnis <-ses, -se> *nt* incident, occurrence; **besondere/keine besonderen ~se** particular incidents [*or* occurrences]/nothing out of the ordinary; ***es wird über Sichtungen von Ufos und über andere unerklärliche ~se berichtet*** there are reports of Ufo sightings and other unexplained incidents; ***irgendwelche besonderen ~se? — keine besonderen ~se, Herr Oberleutnant!*** anything to report? — nothing to report, sir!

Vorkriegsauto *nt* pre-war car **Vorkriegszeit** *f* pre-war period; ***dieses Medikament war in der ~ noch unbekannt*** this medicine was still unknown before the war; ***er hat einen Teil der ~ in Brasilien verbracht*** he spent some time in Brazil before the war

vor|laden *vt irreg* JUR ■**jdn** ~ to summon [*or* cite] sb, issue [*or* serve] a summons on sb; (*unter Strafandrohung*) to subpoena sb

Vorladung *f* JUR ❶ (*das Vorladen*) summoning, citation ❷ JUR summons + *sing vb*, citation; (*unter Strafandrohung*) subpoena; ~ **vor Gericht** subpoena

Vorlage *f* ❶ *kein pl* (*das Vorlegen*) presentation; (*von Dokumenten, Unterlagen*) presentation, production; **eine ~ einbringen** POL to bring in a bill; ***ohne ~ von Beweisen können wir der Sache nicht nachgehen*** if you can't produce [*or* provide [*or* furnish] us with] any evidence we can't look into the matter; ***wann dürfen wir mit der ~ der fehlenden Unterlagen rechnen?*** when can we expect you to produce the missing documents?; **gegen [*o* bei] ~ einer S.** *gen* on presentation [*or* production] of sth; **[mit etw** *dat*] **in ~ treten** ÖKON, FIN to make an advance payment [of sth]; ***meine Bank tritt mit 450.000 DM in ~*** my bank made an advance payment of DM 450,000 ❷ KUNST (*Zeichenvorlage*) pattern ❸ POL (*Gesetzesvorlage*) bill ❹ SCHWEIZ (*Vorleger*) mat

Vorlagebeschluss *m* JUR order to refer the matter to another authority/court **Vorlageentscheidung** *f* JUR decision on submitted evidence **Vorlagefrist** *f* HANDEL time limit for submission **Vorlagepflicht** *f* JUR liability to make discovery [*or* to discover]

Vorland *nt kein pl* GEOG ❶ (*Ausläufer*) foothills *pl* ❷ (*Deichvorland*) foreshore

vor|lassen *vt irreg* ❶ (*fam: den Vortritt lassen*) ■**jdn** ~ to let sb go first [*or* in front] ❷ (*nach vorn durchlassen*) ■**jdn** ~ to let sb past [*or* through] ❸ (*Zutritt gewähren*) ■**jdn [zu jdm]** ~ to let [*or* allow] sb in [to see sb], to admit sb [to sb] *form*

Vorlauf *m* ❶ SPORT (*Qualifikationslauf*) qualifying [*or* preliminary] [*or* trial] heat, qualifying [*or* preliminary] round ❷ TECH (*schnelles Vorspulen*) fast-forward[ing]; (*Heizungsvorlauf*) flow [pipe] ❸ TRANSP, ÖKON forward planning

vor|laufen *vi irreg sein* (*fam*) ■**[irgendwohin]** ~ to run on ahead [*or* in front] [somewhere]

Vorläufer(in) *m(f)* precursor, forerunner

vorläufig **I.** *adj* temporary; **~e Angaben** TECH preliminary specification; **~e Bilanz** tentative balance sheet; (*Ergebnis, Konto*) provisional; (*Regelung*) interim, provisional, temporary **II.** *adv* for the time being [*or* present]; **jdn ~ festnehmen** to take sb into temporary custody

Vorlaufinvestition *f* FIN initial investment **Vorlaufzeit** *f* ÖKON lead time; ~ **der Fertigung** lead time

vorlaut *adj* cheeky, impertinent

Vorleben *nt kein pl* ■ **jds** ~ sb's past [life]; **ein ~ haben** to have a past

Vorlegebesteck *nt* serving cutlery **Vorlegegabel** *f* serving fork

vor|legen *vt* (1) *(einreichen)* ■ **[jdm] etw** ~ to present sth [to sb] [*or* [sb with] sth]; **[jdm] Beweise** ~ to produce [*or* provide] evidence [for sb], to furnish [*or* provide] sb with evidence; **[jdm] Dokumente** [*o* **Unterlagen**] ~ to present documents [to sb] [*or* [sb with] documents], to produce documents [for sb]; **[jdm] Zeugnisse** ~ to produce one's certificates [for sb], to show [sb] one's certificates [*or* one's certificates [to sb]] (2) *(vor etw schieben)* ■ **etw** ~ to put on sth *sep;* **einen Riegel** ~ to put [*or* slide] a bolt across

Vorleger <-s, -> *m* (1) *(Fußabtreter)* [door]mat (2) *(Bettvorleger)* [bedside] rug; *(Toilettenvorleger)* mat

Vorlegung <-> *f kein pl* presentation *no pl,* production *no pl;* ~ **der Handelsbücher** presentation of books of account; ~ **zur Zahlung** presentation for payment

Vorlegungsbescheinigung *f* certificate of presentation **Vorlegungsfrist** *f (von Wechsel)* presentation period, period for presentation **Vorlegungspflicht** *f* JUR obligation to present

vor|lehnen *vr* ■ **sich** ~ to lean forward

Vorleistung *f* POL advance [*or* prior] concession

Vorleistungspflicht *f* ÖKON advance performance obligation

vor|lesen *irreg* **I.** *vt* ■ **[jdm] etw** ~ to read out *sep* sth [to sb]; ***soll ich dir den Artikel aus der Zeitung ~?*** shall I read you the article from the newspaper?; ***vor dem Zubettgehen liest sie den Kindern immer eine Gutenachtgeschichte vor*** she always reads the children a bedtime story before they go to bed; ■ **[jdm] ~, was ...** to read out [to sb] what ... **II.** *vi* ■ **[jdm]** ~ to read aloud [*or* out [loud]] [to sb] (**aus** *+akk* from); ***liest du den Kindern bitte vor?*** will you read to the children, please?

Vorleser(in) *m(f)* reader

Vorlesung *f* SCH lecture; **eine ~/~en [über etw** *akk*] **halten** to give [*or* deliver] a lecture/course [*or* series] of lectures *npl* [on sth]

vorlesungsfrei *adj* SCH **in der ~en Zeit** during the semester break, outside of term-time BRIT, when there are no lectures [*or* AM classes] **Vorlesungsverzeichnis** *nt* SCH lecture timetable, timetable of lectures

vorletzte(r, s) *adj* (1) *(vor dem Letzten liegend)* before last *pred;* **das ~ Treffen** the meeting before last, penultimate [*or* second last] [*or* AM next to last] meeting (2) *(in einer Aufstellung)* penultimate, last but one BRIT, next to last AM; ***sie ging als ~ Läuferin durchs Ziel*** she was the second last runner to finish; ***bisher liegt dieser Wagen in der Wertung an ~r Stelle*** up to now, this car is last but one in the ranking; ***Sie kommen leider erst als V~r dran*** I'm afraid you'll be the last but one [person] to be seen; ***Sie springen als V~*** you'll be [the] second last to jump

vorlieb [**mit jdm/etw**] ~ **nehmen** to make do [with sb/sth]

Vorliebe *f* preference, particular liking [of], predilection *form;* ■ **jds/eine ~ für jdn/etw** sb's/a preference for sb/sth; **~n** [*o* **eine** ~] **[für jdn/etw] haben** to have a particular liking [of sb/sth]; **mit ~** to particularly like; **etw mit ~ essen/trinken** to particularly like eating/drinking [*or* be very partial to] sth; ***sie beschäftigt sich mit ~ damit, anderen Leuten Fehler nachzuweisen*** she takes great delight in pointing out other people's mistakes [to them]

vor|liegen *vi irreg* (1) *(eingereicht sein)* ■ **[jdm]** ~ to have come in [to sb], to have been received [by sb]; ***mein Antrag liegt Ihnen jetzt seit vier Monaten vor!*** my application's been with you for four months now!; ***zur Zeit liegen uns noch keine Beweise vor*** as yet we still have no proof; ***der Polizei liegen belastende Fotos vor*** the police are in possession of incriminating photo[graph]s (2) MEDIA *(erschienen sein)* to be out [*or* available] [*or* published]; ***das Buch liegt nunmehr in einer neu bearbeiteten Fassung vor*** a revised edition of the book has now been published (3) *(bestehen)* to be; ***hier muss ein Irrtum*** ~ there must be some mistake here (4) JUR *(erstattet sein)* ■ **[gegen jdn]** ~ to be charged with sth, sb is charged with sth; ***ich habe ein Recht zu erfahren, was gegen mich vorliegt*** I have a right to know what I've been charged with; ***uns liegt hier eine Beschwerde gegen Sie vor*** we have received a complaint about you

vorliegend *adj attr* available *inv;* **die ~en Tatsachen/Unterlagen** the available facts/documents [*or* facts/documents available to sb]; *s. a.* **Fall**

vor|lügen *vt irreg* ■ **[jdm] etwas** ~ to lie to sb; ■ **sich** *dat* **etwas/nichts [von jdm] ~ lassen** to be taken in/not be taken in [by sb]; ***lass dir nichts von ihm*** ~ don't believe [a word of] what he says; ■ **jdm ~, dass ...** to trick sb into believing that ...

vorm.[1] *adv Abk von* **vormals** formerly

vorm.[2] *adv Abk von* **vormittags** in the morning

vor|machen *vt* (1) *(täuschen)* ■ **jdm etwas** ~ to fool [*or sl* kid] sb, to pull the wool over sb's eyes; ■ **sich** *dat* **etw** ~ to fool [*or sl* kid] oneself; ***machen wir uns doch nichts vor*** let's not kid ourselves *sl;* ■ **sich** *dat* **nichts ~ lassen** not to be fooled; ***von dir lasse ich mir nichts ~!*** you can't fool me!; ***sie ist eine Frau, die sich nichts ~ lässt*** she's nobody's fool (2) *(demonstrieren)* ■ **jdm etw** ~ to show sb [how to do] sth; ■ **jdm ~, wie ...** to show sb how ...; **jdm [noch] etwas ~ können** to be able to show sb a thing or two; **jdm macht [auf/in etw** *dat*] **keiner etwas vor** no one is better than sb [at sth] [*or* can teach sb anything [about sth]]

Vormacht *f kein pl* supremacy

Vormachtstellung *f kein pl* POL hegemony, supremacy, [pre]dominance; **eine ~ [gegenüber jdm] [inne]haben** to have supremacy [*or* be [pre]dominant] [over sb]

vormalig *adj attr* former; ***der ~e Parkplatz wurde in eine grüne Oase verwandelt*** what was once a car park had been transformed into a [little] green oasis

vormals *adv (geh)* in former times *form,* formerly; ***das sind antiquierte Vorstellungen, die man vielleicht ~ mal hatte*** those are [rather] antiquated notions which one might have had in times gone by

Vormann <-[e]s, -männer> *m* (1) *(Vorarbeiter)* foreman (2) *(Vorgänger)* previous incumbent (3) JUR *von Wechsel* previous holder, prior endorser

Vormarsch *m a.* MIL advance; **auf dem ~ sein** to be advancing [*or* on the advance]; *(fig)* to be gaining ground

Vormauerung <-, -en> *f* BAU brick lining

Vormerkdatei *f* waiting list; **in der ~ sein** to be on the waiting list

vor|merken *vt* (1) *(im Voraus eintragen)* ■ **jdn [für etw** *akk*] ~ to put sb's/one's name down [for sth]; ■ **jdn/sich [für etw** *akk*] **~ lassen** to put sb's/one's name down [for sth]; ***lassen Sie bitte zwei Doppelzimmer*** ~ please book two double rooms for me; ■ **[sich** *dat*] **etw [für etw** *akk*] ~ to make a note [*or* that sth is sometime] of sth; ***ich habe mir den Termin vorgemerkt*** I've made a note of the appointment (2) MEDIA *(reservieren)* ■ **etw [für jdn]** ~ to reserve sth [*or* put sth by] [for sb]; ■ **vorgemerkt** reserved

Vormerkung <-, -en> *f* registration; JUR priority notice; **eine ~ in das Grundbuch eintragen** to enter a priority notice in the Land Register

Vormieter(in) *m(f)* previous tenant

vormittag *adv* ■ **am ... ~** on ... morning; ***gerade am Montag ~ komme ich immer so schwer auf Touren*** on Monday morning[s] in particular I take some time to get going [properly]

Vormittag *m* morning; **die letzten ~e** the last few mornings; **am [frühen/späten]** ~ [early/late] in the morning; ***wir könnten die Konferenz am ~ stattfinden lassen*** we could schedule the conference for the morning

vormittags *adv* in the morning

Vormonat *m* previous [*or* preceding] month

Vormund <-[e]s, -e *o* Vormünder> *m a.* JUR guardian; **keinen ~ brauchen** *(fam)* to not need anyone to tell one what to do; ***ich brauche keinen ~!*** I don't need anyone giving me orders!

Vormundschaft <-, -en> *f* JUR guardianship, tutelage; **befreite ~** exempted guardianship; **gerichtlich bestellte ~** legal custody; **unter ~ stehen** to be under the care of a guardian

Vormundschaftsgericht *nt* JUR guardianship court *(court dealing with guardianship matters)* **Vormundschaftsrichter(in)** *m(f)* JUR judge of a court of guardianship **Vormundschaftssachen** *pl* JUR wardship cases *pl*

vorn *adv* (1) *(an der Vorderfront)* at the front (2) *(im vorderen Bereich)* at the front; ■ **~ in etw** *dat* at the front of sth (3) MEDIA *(zu Beginn)* at the front (4) *(auf der Vorderseite)* at the front (5) *(Richtung)* **nach** ~ to the front; **nach ~ fallen** to fall forward; **von** ~ *(von der Vorderseite her)* from the front; *(von Anfang an)* from the beginning; **von ~ bis hinten** *(fam)* from beginning to end; ***sie hat mich die ganze Zeit von ~ bis hinten belogen*** she was telling me a pack of lies from start to finish; ***ich habe alles verkehrt gemacht, jetzt kann ich wieder von ~ anfangen*** I've messed everything up, now I'll have to start again from scratch

Vornahmeklage *f* JUR action for specific performance

Vorname *m* first [*or* Christian] name

vorne *adv s.* **vorn**

vornehm *adj* (1) *(adelig)* aristocratic, noble (2) *(elegant)* elegant, distinguished, refined; *(Aufzug, Kleidung)* elegant, stylish (3) *(luxuriös)* fashionable, exclusive, posh *fam;* *(Limousine)* expensive; *(Villa)* elegant, exclusive (4) **sich** *dat* **zu ~ [für etw** *akk*] **sein** [sth is] beneath sb *iron;* **~ tun** *(pej fam)* to put on airs [and graces], to act [all] posh *fam*

vor|nehmen *vt irreg* (1) *(einplanen)* ■ **sich** *dat* **etw** *akk* ~ to plan sth; ***für morgen haben wir uns viel vorgenommen*** we've got a lot planned for tomorrow; ■ **sich** *dat* **~, etw zu tun** to plan [*or* intend] to do sth; ***für das Wochenende habe ich mir vorgenommen, meine Akten zu ordnen*** I plan to tidy up my files at the weekend (2) *(sich eingehend beschäftigen)* ■ **sich** *dat* **etw** ~ to get to work on sth, to have a stab at sth *fam;* ***am besten, Sie nehmen sich das Manuskript noch mal gründlich vor*** it would be best if you had another good look at the manuscript (3) *(fam: sich vorknöpfen)* ■ **sich** *dat* **jdn** ~ to give sb a good talking-to *fam,* to take sb to task; ***nimm ihn dir mal in einer stillen Stunde vor*** can't you [try and] have a quiet word with him? (4) ■ **etw** ~ to carry out sth *sep;* **Änderungen** ~ to make changes; **Messungen** ~ to take measurements; **eine Überprüfung** ~ to carry out a test *sep;* **eine Untersuchung** ~ to do [*or* make] an examination

Vornehmheit <-> *f kein pl* elegance, stylishness

vornehmlich *adv (geh)* primarily, principally, above all

vor|neigen **I.** *vt* ■ **etw ~ Kopf** to bend sth forward **II.** *vr* ■ **sich** *akk* ~ to lean forward

vorneweg *adv* (1) *(als erstes)* first, to begin with; ***trinken wir ~ einen Aperitif?*** shall we have an aperitif first? [*or* to begin with?] (2) *(voraus)* ahead; **ein paar Schritte ~ sein** to be a couple of steps ahead [*or* in front] (3) *(fam: von vornherein)* [right] from the beginning [*or* the start]; **von ~ nichts taugen** to be unsuitable from the start (4) *(fam: vorlaut)* **mit dem Mund ~ sein** to have a big mouth

vornherein *adv* ■ **von ~** from the start [*or* beginning] [*or* outset]

vornüber *adv* forwards

Vorort *m* suburb

Vor-Ort-Aufnahme *f* on-location shooting

Vorortbahn *f* suburban railway [*or* AM railroad] [*or* train], commuter train

Vor-Ort-Reporter(in) *m(f)* on-the-scene reporter

Vorortsverkehr *m* suburban traffic **Vorortszug** *m* suburban [*or* commuter] [*or* local] train

Vorpfändung *f* JUR provisional garnishment, prior attachment

Vorplatz *m* forecourt

Vorposten *m* MIL outpost; **auf ~ stehen** to be on outpost duty

vor|preschen *vi sein* ■**[mit etw] ~** to press ahead [with sth]

Vorprodukt *nt* ÖKON primary product

vor|programmieren* *vt* ❶ (*unausweichlich machen*) ■**etw ~** to make sth inevitable [*or* unavoidable], to determine sth ❷ (*im Voraus einprogrammieren*) ■**etw ~** to preprogramme [*or* AM -am] sth; **einen Zeitschalter ~** to set a timer

vorprogrammiert *adj* preprogrammed; *Antwort* automatic; *Weg* predetermined; ■**[durch etw** *akk*] **vorprogrammiert sein** (*unausweichlich*) to be inevitable [as a result of sth]

Vorprüfung *f* preliminary examination, prelim *fam*

Vorrang *m kein pl* ❶ (*Priorität*) priority, precedence; **etw** *dat* **den ~ [vor etw** *dat*] **geben** [*o geh* **einräumen**] to give sth priority [over sth]; **~ [vor etw** *dat*] **haben** [*o geh* **genießen**] to have [*or* take] priority [*or* take precedence] [over sth]; **mit ~** as a matter of priority; *s. a.* **streitig** ❷ TRANSP ÖSTERR (*Vorfahrt*) right of way

vorrangig **I.** *adj* priority *attr*, of prime importance *pred*; **von ~er Bedeutung** of prime [*or* the utmost] importance; ■**~ sein** to have priority **II.** *adv* as a matter of priority

Vorrangstellung *f* pre-eminence *no pl, no indef art* **Vorrangsteuerung** *f* INFORM priority command

Vorrat <-[e]s, Vorräte> *m* stocks *pl*, supplies *npl*; (*Lebensmittel*) stocks *pl*, supplies *npl*, provisions *pl*; ■**ein ~ an etw** *dat* a stock [*or* supply] of sth; ***unser ~ an Heizöl ist erschöpft, wir müssen dringend Nachschub bestellen*** our stock[s] of heating oil has[/have] run out; **etw auf ~ haben** ÖKON to have sth in stock; **etw auf ~ kaufen** to stock up on [*or* with] sth, to buy sth in bulk; **Vorräte anlegen** to lay in stock[s *pl*]; **so lange der ~ reicht** while stocks last

Vorrätemehrung *f* HANDEL stock provisions *pl* [*or* replenishment]

vorrätig *adj* ÖKON in stock *pred*; ■**[bei jdm] ~ sein** [sb has sth/]to be in stock; ***bedauere, aber dieser Titel ist derzeit nicht ~*** I'm sorry, but that title isn't in stock [*or* available] at the moment; **etw ~ haben** to have sth in stock

Vorratsbehälter *m* supply container **Vorratskammer** *f* store-cupboard; (*Vorratsraum*) storage [*or* store] room; (*kleiner*) larder, pantry **Vorratskäufe** *pl* HANDEL stockpiling purchases **Vorratspatent** *nt* reserve patent **Vorratspfändung** *f* JUR collective garnishment of future claims **Vorratsraum** *m* store-room **Vorratsvermögen** *nt* FIN inventories *pl*, stock-in-trade

Vorraum *m* anteroom

vor|rechnen *vt* ❶ (*durch Rechnen erläutern*) ■**[jdm] etw ~** to calculate [*or* work out *sep*] sth [for sb]; ■**jdm ~, dass/was/wie viel/wie ...** to calculate [*or* work out] for sb that/what/how much/how ... ❷ MATH ■**[jdm] etw ~** to [show sb how to] calculate [*or* work out *sep*] sth

Vorrecht <-[e]s, -e> *nt* privilege, prerogative; **jdm ein ~ einräumen** to grant sb a privilege; **[bestimmte] ~e genießen** to enjoy [certain] privileges; **auf ein ~ verzichten** to waive a privilege

Vorrechtsaktie *f* FIN preference share [*or* AM stock]

Vorrede *f* preface, foreword

Vorredner(in) *m(f)* ■**jds ~** the previous speaker

Vorreiter(in) *m(f)* (*fam*) pioneer, trailblazer; **[für jdn] den ~ machen** to lead the way [for sb]

Vorrichtung <-, -en> *f* device, gadget

vor|rücken **I.** *vi sein* ❶ MIL (*vormarschieren*) to advance; **gegen jdn/etw ~** to advance on [*or* against] sb/sth ❷ (*nach vorn rücken*) to move forward; ***könnten Sie wohl mit Ihrem Stuhl ein Stück ~*** could you move your chair forward a bit, please?; *s. a.* **Alter, Stunde** ❸ SPORT (*aufsteigen*) ■**[auf etw** *akk*] **~** to move up [to sth] ❹ SCHACH (*auf anderes Spielfeld rücken*) ■**[mit etw** *dat*] **~** to move [sth] [forward] **II.** *vt haben* ■**etw ~** to move sth forward

Vorruhestand *m* early retirement; **in den ~ gehen** to retire early, to take early retirement; ***er ist mit 55 in den ~ gegangen*** he took early retirement at 55

Vorruhestandsregelung *f* early retirement scheme [*or* AM plan]

Vorrunde *f* SPORT preliminary [*or* qualifying] round

vor|sagen **I.** *vt* SCH ■**[jdm] etw ~** to whisper sth [to sb] **II.** *vi* SCH ■**[jdm] ~** to whisper the answer [to sb]

Vorsaison *f* TOURIST low season, start of the [*or* early [part of the]] season

Vorsänger(in) *m(f)* ❶ REL precentor, cantor ❷ MUS leading voice

Vorsatz[1] <-[e]s, Vorsätze> *m* ❶ (*Entschluss*) resolution; **den ~ fassen, etw zu tun** to resolve to do sth; ***diese Drohung konnte mich in meinem ~ nicht erschüttern*** this threat wasn't enough to shake my resolve; ***ist es wirklich dein unabänderlicher ~, diese Frau zu heiraten?*** is it really your firm intention to marry this woman?; *s. a.* **treu** ❷ JUR (*Absicht*) intent, intention; **bedingter ~** contingent intent; **vermuteter ~** constructive malice; **mit verbrecherischem ~** with malice aforethought

Vorsatz[2] <-[e]s, Vorsätze> *m* MEDIA, TYPO end-paper

Vorsatzblatt *nt s.* **Vorsatz**[2]

vorsätzlich **I.** *adj* deliberate, intentional, wil[l]ful **II.** *adv* deliberately, intentionally, wilfully

Vorsätzlichkeit <-> *f kein pl* JUR wilfulness

Vorsatzlinse *f* ancillary lens

Vorschau <-, -en> *f* FILM, TV trailer; ■**die ~ [auf etw** *akk*] the trailer [for sth]

Vorschein *m* **etw zum ~ bringen** (*finden*) to find sth; (*zeigen*) to produce sth; **zum ~ kommen** (*sich bei Suche zeigen*) to turn up; (*offenbar werden*) to come to light, to be revealed; ***immer wieder kommt ihre Eifersucht zum ~*** her jealousy keeps on coming out

vor|schicken *vt* ■**jdn ~** to send sb [on] ahead; ■**jdn an ... ~** to send sb to the front of ...

vor|schieben *vt irreg* ❶ (*vorschützen*) ■**etw ~** to use sth as an excuse [*or* a pretext]; ***das ist doch nur eine Ausrede, die er vorschiebt, um nicht kommen zu müssen*** that's just an excuse [that] he's using not to come; ■**vorgeschoben** used as an excuse [*or* a pretext]; ***ich kann diese vorgeschobenen Gründe leider nicht akzeptieren*** I'm afraid I can't accept these reasons which are just a pretext ❷ (*für sich agieren lassen*) ■**jdn ~** to use sb as a front man/woman ❸ (*nach vorn schieben*) ■**etw ~** to push sth forward ❹ (*vor etw schieben*) ■**etw ~** to push [*or* slide] sth across

vor|schießen *vt irreg* ■**[jdm] etw ~** to advance [sb] sth

Vorschiff *nt* NAUT forecastle, fo'c'sle

Vorschlag *m* proposal, suggestion; **ein ~ zur Güte** (*fam*) a [helpful] suggestion; **[jdm] einen ~ machen** to make a suggestion [to sb] [*or* [sb] a suggestion]; **auf jds ~ [hin]** on sb's recommendation; **auf ~ von jdm** on the recommendation of sb

vor|schlagen *vt irreg* ❶ (*als Vorschlag unterbreiten*) ■**[jdm] etw ~** to propose [*or* suggest] sth [to sb]; ■**jdm ~, etw zu tun** to suggest to sb that he/she do sth, to suggest that sb do sth ❷ (*empfehlen*) ■**jdn [als jdn/für etw** *akk*] **~** to recommend sb [as sb/for sth]

Vorschlaghammer *m* sledge-hammer

Vorschlagsrecht *nt* right of nomination

Vorschlagswesen <-s> *nt kein pl* **das betriebliche ~** *the collecting of labour-saving proposals in a firm*

vorschnell *adj s.* **voreilig**

vor|schreiben *vt irreg* ❶ (*befehlen*) ■**jdm etw ~** to stipulate sth to sb; **jdm eine Verhaltensweise** [*o* **Vorgehensweise**] **~** to tell sb how to behave/proceed; ***einigen Leuten muss man jeden Handgriff buchstäblich ~*** you have to spell every little thing out to some people; ■**jdm ~, wann/was/wie ...** to tell sb when/what/how ... ❷ ADMIN (*zwingend fordern*) ■**[jdm] etw ~** to stipulate sth/[that sb should do sth]; ■**~, etw zu tun** to stipulate that sth should be done

Vorschrift *f* ADMIN regulation, rule; (*Anweisung*) instructions; (*polizeilich*) orders; ***für jeden möglichen Ausnahmefall existieren genaue ~en*** there are very precise instructions on how to act in any possible emergency; **~ sein** to be the regulation[s]; **jdm ~en machen** to tell sb what to do [*or* give sb orders]; ***machen Sie mir bitte keine ~, was ich zu tun und zu lassen habe!*** don't try and tell me what I can and can't do!; **sich** *dat* **von jdm ~en/keine ~en machen lassen** to be/not be told what to do by sb [*or* let/not let sb order one about]; **nach ~** to rule

vorschriftsmäßig **I.** *adj* according to the regulations; ***bei ~er Einnahme des Medikaments sind keine Nebenwirkungen zu befürchten*** if you only take the prescribed amount of the medicine, you needn't fear any side-effects; ***in zweiter Reihe zu parken ist nicht ~*** it's against [*or* contrary to] the regulations to park in the second row **II.** *adv* according to the regulations; ***von dem Hustensaft dürfen ~ nur drei Teelöffel pro Tag eingenommen werden*** [the prescription [*or* label] says that] only three teaspoons a day of the cough mixture should be taken; ***Sie parken hier leider nicht ~*** I'm afraid it's against [*or* contrary to] the regulations to park here **vorschriftswidrig** **I.** *adj* against [*or* contrary to] the regulations *pred* **II.** *adv* against [*or* contrary to] the regulations

Vorschub *m* **etw** *dat* **~ leisten** to encourage [*or* foster] sth

Vorschulalter *nt kein pl* ■**das ~** the pre-school age; **im ~ sein** to be of pre-school age

Vorschule *f* SCH ❶ (*für Kinder im Vorschulalter*) preschool ❷ (*Vorbereitung für höhere Schule*) preparatory school

Vorschulerziehung *f kein pl* pre-school education **Vorschulkind** *nt* pre-school child

Vorschuss[RR] <-es, Vorschüsse> *m*, **Vorschuß** <-sses, Vorschüsse> *m* FIN advance; ■**ein ~ auf etw** *akk* an advance on sth; **einen ~ [auf etw** *akk*] **leisten** to give sb an advance [on sth]

Vorschussanspruch[RR] *m* FIN claim to an advance **Vorschusslorbeeren**[RR] *pl* premature praise *n sing*; (*im Voraus gespendetes Lob*) early praise; **[für etw** *akk*] **~ ernten** to receive premature praise *n sing* [for sth]; (*im Voraus gelobt werden*) to receive early praise [for sth]

vor|schützen *vt* ■**etw ~** to use sth as an excuse; **Nichtwissen ~** to plead ignorance; ■**~, [dass ...]** to pretend [that ...]; *s. a.* **Müdigkeit**

vor|schwärmen *vi* ■**jdm [von jdm/etw] ~** to rave [on] to sb [about sb/sth] *fam*; ■**jdm ~, wie ...** to rave [on] to sb about how ... *fam*

vor|schweben *vi* to have in mind; ***was schwebt dir da genau vor?*** what exactly is it that you have in mind?; ***mir schwebt da so eine Idee vor*** I have this idea in my head

vor|schwindeln *vt* (*fam*) *s.* **vorlügen**

vor|sehen[1] *irreg* **I.** *vr* ❶ (*sich in Acht nehmen*) ■**sich** *akk* **[vor jdm] ~** to watch out [for sb] [*or* be wary [of sb]] ❷ (*aufpassen*) ■**sich** *akk* **~, dass/was ...** to take care [*or* be careful] that/what ...; ***sieh dich bloß vor, dass du nichts ausplauderst!*** mind you don't let anything slip out!; ***sehen Sie sich bloß vor, was Sie sagen!*** [just [you]] be careful what you say!; **sieh dich vor!** (*fam*) watch it! *fam* [*or fam* your step] **II.** *vt* ❶ (*eingeplant haben*) ■**etw [für etw** *akk*] **~** to intend to use [*or* earmark] sth for sth; ■**jdn [für etw** *akk*] **~** to designate sb [for sth]; ***Sie hatte ich eigentlich für eine andere Aufgabe ~*** I had you in mind for a different task ❷ (*bestimmen*) ■**etw ~** to call for sth; (*in Gesetz, Vertrag*) to provide for sth; ■**etw [für etw** *akk*] **~** to mean sth [for sth]; ***für Landesverrat ist die Todesstrafe vorgesehen*** the death sentence is intended as the penalty for treason **III.** *vi* (*bestimmen*) ■ **~, dass/wie ...** to provide for the fact that/for how ...; ***der Erlass sieht ausdrücklich vor, dass auch ausnahmsweise nicht von dieser Regelung abgewichen werden darf*** under no circumstances does the decree provide for any exceptions to this ruling; **es ist vorgesehen, [dass ...]** it is planned [that ...]

vor|sehen² *vi irreg* (*sichtbar sein*) ■ **[hinter etw** *dat***] ~** to peep out [from behind sth]

Vorsehung <-> *f kein pl* Providence

vor|sein *vi irreg sein* **da ist jd vor** (*fam*) sb makes sure [that] it doesn't happen; *s. a.* **außen**

Vorserienfertigung *f* ÖKON pilot mass production

vor|setzen **I.** *vt* (1) (*auftischen*) ■ **[jdm] etw ~** to serve up *sep* [*or sep* dish] sth [to sb]; ***immer setzt du mir nur Fertiggerichte vor*** all you ever serve me up are oven-ready meals (2) (*fam: offerieren*) ■ **[jdm] etw ~** to serve up sth [to sb] *sep fig* **II.** *vr* ■ **sich ~** to move forward; ***auf Anordnung der Lehrerin musste sich der Schüler ~*** the teacher told the child to move to the front [of the class]

Vorsicht <-> *f kein pl* (*vorsichtiges Verhalten*) care; ***ich kann dir nur zu ~ raten*** I must urge you to exercise caution; **mit ~ zu genießen sein** (*fam*) to take with a pinch [*or* grain] of salt; **mit ~** carefully; **etw mit äußerster ~ behandeln** to handle sth very carefully [*or* with great care] [*or* with kid gloves]; **zur ~** as a precaution, to be on the safe side; **~!** watch [*or* look] out!; **~, *der Hund beißt!*** be careful, the dog bites!; ***„~ bei Abfahrt des Zuges!"*** "please stand clear as the train leaves the station!"; ***„~, Glas!"*** "glass — handle with care!" ► WENDUNGEN: **~ ist die Mutter der Porzellankiste** (*sl*) caution is the mother of wisdom; **~ ist besser als Nachsicht** (*prov*) better [to be] safe than sorry

vorsichtig **I.** *adj* (1) (*umsichtig*) careful; ***in diesem Fall ist ~es Vorgehen angeraten*** we ought to tread carefully in this case (2) (*zurückhaltend*) cautious, guarded; **eine ~e Schätzung** a conservative estimate **II.** *adv* (1) (*umsichtig*) carefully; ***bei der Untersuchung ist sehr ~ vorzugehen*** we must proceed with great care in this investigation (2) (*zurückhaltend*) cautiously, guardedly

vorsichtshalber *adv* as a precaution, just to be on the safe side **Vorsichtsmaßnahme** *f* precaution, precautionary measure; **~n treffen** to take precautions [*or* precautionary measures] **Vorsichtsmaßregel** *f* (*geh*) *s.* **Vorsichtsmaßnahme**

Vorsilbe *f* LING prefix

vor|singen *irreg* **I.** *vt* ■ **[jdm] etw ~** (1) (*singend vortragen*) to sing sth [to sb]; ***sing uns doch bitte was vor!*** sing us something[, please]! (2) (*durch Singen demonstrieren*) to sing sth [for [*or* to] sb] first **II.** *vi* ■ **[jdm] ~** to [have a singing] audition [in front of sb]

vorsintflutlich *adj* (*fam*) antiquated, ancient *fam*, prehistoric *fam*

Vorsitz *m* chairmanship; **den ~ haben** to be chairman/-woman/-person; **den ~ bei etw** *dat* **haben** [*o* **führen**] to chair [*or* preside over] sth; **unter dem ~ von jdm** under the chairmanship of sb

vor|sitzen *vi irreg* (*geh*) ■ **etw** *dat* **~** to chair [*or* preside over] sth

vorsitzend *adj attr, inv* JUR presiding; **~er Richter am Landgericht/Bundesgerichtshof** presiding judge at a district court/the Federal Supreme Court of Justice

Vorsitzende(r) *f(m) dekl wie adj* (1) (*vorsitzende Person*) chairman/-woman/-person; ***wer wird die Kommission als ~r leiten?*** who will chair the commission? (2) JUR (*vorsitzender Richter*) presiding judge

Vorsorge *f* provisions *pl;* **~ für etw** *akk* **treffen** (*geh*) to make provisions for sth; ***ich habe für das Alter eine zusätzliche ~ getroffen*** I've made extra provisions for my old age

vor|sorgen *vi* ■ **[für etw** *akk***] ~** to make provisions [for sth], to provide for sth; ■ **[dafür] ~, dass etw nicht geschieht** to take precautions to ensure that sth doesn't happen

Vorsorge-Pauschbetrag *m* FIN blanket allowance, contingency sum **Vorsorgeuntersuchung** *f* MED medical check-up

vorsorglich **I.** *adj* precautionary **II.** *adv* as a precaution, to be on the safe side

Vorspann <-[e]s, -e> *m* FILM, TV opening credits *npl*

vor|spannen *vt* (1) (*anspannen*) ■ **[etw** *dat***] etw ~** to harness sth [to sth] (2) ELEK ■ **etw ~** to bias sth (3) TECH ■ **etw ~** to pretension [*or* preload] sth

Vorspeise *f* KOCHK starter, hors d'oeuvre

vor|spiegeln *vt* ■ **[jdm] etw ~** to feign sth [to sb]; ■ **jdm ~, dass ...** to pretend to sb that ...

Vorspiegelung *f* feigning; *Notlage* pretence; [**eine**] **~ falscher Tatsachen** [all [*or* a total]] sham; **unter ~ von etw** *dat* under the pretence of sth

Vorspiel *nt* (1) MUS (*das Vorspielen*) audition (2) (*Zärtlichkeiten vor dem Liebesakt*) foreplay *no pl, no indef art*

vor|spielen **I.** *vt* (1) MUS (*auf einem Instrument vortragen*) ■ **[jdm] etw ~** to play sth [for sb] [*or* [sb] sth] (2) MUS (*durch Spielen demonstrieren*) ■ **jdm etw ~** to play sth for [*or* to] sb first (3) (*vorheucheln*) ■ **jdm etw ~** to put on sth for sb **II.** *vi* MUS ■ **[jdm] ~** to play [for [*or* to] sb]

Vorsprache *f* (*geh*) visit

vor|sprechen *irreg* **I.** *vt* ■ **jdm etw ~** to say sth for sb first **II.** *vi* (1) (*geh: offiziell aufsuchen*) ■ **bei jdm/etw ~** to call on sb/at sth (2) THEAT, TV (*einen Text vortragen*) ■ **[jdm] ~** to recite [sth to sb]; ***dann sprechen Sie mal vor!*** let's hear your recital!; ***ich lasse mir morgen von 20 Bewerbern ~*** I'm going to be auditioning 20 applicants tomorrow

vor|springen *vi irreg sein Fels* to project [*or* jut out]; *Nase* to be prominent

vorspringend *adj* prominent, protruding; (*Backenknochen*) prominent, high

Vorsprung *m* (1) (*Distanz*) lead; ***er konnte seinen ~ zum Feld der Verfolger noch ausbauen*** he was able to increase his lead over the chasing pack even further; ***die entflohenen Häftlinge haben mittlerweise einen beträchtlichen ~*** the escaped convicts will have got a considerable start by now (2) ARCHIT (*vorspringendes Gesims*) projection

Vorstadium *nt* early stage

Vorstadt *f* suburb; **in der ~ wohnen** to live in the suburbs *pl*

Vorstädter(in) <-s, -> *m(f)* suburbanite

vorstädtisch *adj* suburban

Vorstadtkino *nt* suburban cinema **Vorstadttheater** *nt* suburban theatre

Vorstand *m* (1) (*geschäftsführendes Gremium*) board [of management] [*or* [executive] directors]; (*einer Kirche*) [church] council; (*einer Partei*) executive; (*eines Vereins*) [executive] committee (2) (*Vorstandsmitglied*) director, board member, member of the board [of [executive] directors]; (*einer Kirche*) [church] warden; (*einer Partei*) executive; (*eines Vereins*) [member of the] executive [committee]

Vorständler(in) <-s, -> *m(f)* SOZIOL board member

Vorstandsaktie *f* FIN management share **Vorstandsbericht** *m* management report **Vorstandsbeschluss**[RR] *m* JUR resolution of the managing board **Vorstandschef(in)** *m(f)* chief executive **Vorstandsdirektor(in)** *m(f)* executive director **Vorstandsetage** *f* boardroom **Vorstandsmitglied** *m* director, board member, member of the board [of [executive] directors]; (*einer Kirche*) [church] warden; (*einer Partei*) executive; (*eines Vereins*) [member of the] executive [committee] **Vorstandssitzung** *f* board meeting, meeting of the board [of [executive] directors]; (*einer Kirche*) church council meeting; (*einer Partei*) meeting of the [party] executive; (*eines Vereins*) meeting of the [executive] committee **Vorstandssprecher(in)** *m(f)* company spokesperson [*or masc* spokesman] [*or* spokeswoman] *fem* **Vorstandsvorsitzende(r)** *f(m) dekl wie adj* chief executive, chairman [*or* chairwoman] of the board of [executive] directors [*or* management board]

vor|stehen¹ *vi irreg haben o sein* (*hervorragen*) to be prominent [*or* protrude]; *Backenknochen* to be prominent [*or* high]; *Zähne* to stick out, to protrude; *Augen* to bulge

vor|stehen² *vi irreg haben o sein* (*veraltend geh: Vorsteher sein*) ■ **etw** *dat* **~** to be the head of sth; **einer Schule ~** to be [the] principal [*or* BRIT head[master]/head[mistress]] of a school

vorstehend *adj attr* (1) (*hervorstehend*) *Zähne* protruding; *Kinn, Backenknochen* prominent (2) (*vorausgehend*) *Bemerkung* stated before, aforementioned; **wie im V~en bereits gesagt** as already mentioned before

Vorsteher(in) <-s, -> *m(f)* head; (*einer Schule*) principal, headteacher BRIT, head[master] BRIT *masc*, head[mistress] BRIT *fem*

Vorsteherdrüse *f* ANAT prostate [gland]

Vorsteherin <-, -nen> *f fem form von* **Vorsteher** headmistress

vorstellbar *adj* conceivable, imaginable; **kaum** [*o* **schwer**] **~** almost inconceivable [*or* unimaginable], scarcely conceivable [*or* imaginable]; **leicht ~** easy to imagine, quite conceivable; **nicht ~** inconceivable, unimaginable

vor|stellen **I.** *vt* (1) (*gedanklich sehen*) ■ **sich** *dat* **etw ~** to imagine sth; ***das muss man sich mal ~!*** just imagine [it]!; ■ **sich** *dat* **~, dass/wie ...** to think [*or* imagine] that/how ... (2) (*als angemessen betrachten*) ■ **sich** *dat* **etw ~** to have sth in mind (3) (*mit etw verbinden*) ■ **sich** *dat* **etw ~** to mean sth to sb; ■ **sich** *dat* **nichts unter etw** *dat* **~** to mean nothing to sb; ***was stellst du dir unter diesem Wort vor?*** what does this word mean to you?; ***unter dem Namen Schlüter kann ich mir nichts ~*** the name Schlüter doesn't mean anything [*or* means nothing] to me (4) (*bekannt machen*) ■ **jdm jdn ~** to introduce sb to sb (5) ÖKON (*präsentieren*) ■ **jdm etw ~** to present sth to sb (6) (*darstellen*) ■ **etw ~** to represent sth (7) (*vorrücken*) ■ **etw ~** to move sth forward; **den Uhrzeiger ~** to move [*or* put] the [watch [*or* clock]] hand forward **II.** *vr* (1) (*bekannt machen*) ■ **sich** *akk* **[jdm] ~** to introduce oneself [to sb]; ■ **sich** *akk* **jdm als jd ~** to introduce oneself to sb as sb (2) (*vorstellig werden*) ■ **sich** *akk* **[irgendwo/bei jdm] ~** to go for an interview [somewhere/with sb]; ***stellen Sie sich doch bei uns vor, wenn Sie mal in der Gegend sind*** do drop in and see us if you're in the area

vorstellig *adj* **bei jdm ~ werden** (*geh*) to go to see sb [about sth]

Vorstellung *f* (1) (*gedankliches Bild*) idea; ***bestimmte Gerüche können beim Menschen immer die gleichen ~en auslösen*** certain smells [can] always trigger the same thoughts in people; **in jds ~** in sb's mind; ***gewiss ist sie jetzt älter, aber in meiner ~ bewahre ich ihr Bild als junge, hübsche Frau*** she may be older now, but in my mind's eye I still see her as a pretty young woman; **jds ~ entsprechen** to meet sb's requirements; ***dieser Pullover entspricht genau meinen ~en*** this jumper is just what I'm looking for; ***das Gehalt entspricht nicht ganz meinen ~en*** the salary doesn't quite match [up to] my expectations; **bestimmte ~en haben** [*o* **sich** *dat* **bestimmte ~en machen**] to have certain ideas; **falsche ~en haben** to have false hopes; **unrealistische ~en haben** to have unrealistic expectations; **sich** *dat* **keine ~ machen, was/wie ...** to have no idea what/how ...; **alle ~en übertreffen** to be almost inconceivable [to the human mind] [*or* beyond the [powers of] imagination of the human mind]; ***Traumstrände hatten wir erwartet, aber die Realität übertraf alle ~en*** we expected [to find] beautiful beaches, but the reality exceeded all our expectations [*or* was beyond [all] our wildest dreams] (2) THEAT (*Aufführung*) performance; FILM showing (3) ÖKON (*Präsentation*) presentation (4) (*Vorstellungsgespräch*) interview

Vorstellungsgespräch *nt* interview **Vorstellungskraft** *f kein pl*, **Vorstellungsvermögen** *nt kein pl* [powers *npl* of] imagination

Vorsteuer *f* FIN prior [turnover] tax, input tax BRIT

Vorsteuerabzug *m* FIN, JUR input tax, deduction of input tax **Vorsteuergewinn** *m* FIN pretax profit
Vorstopper(in) <-s, -> *m(f)* FBALL centre-half BRIT, center-half AM
Vorstoß *m* ❶ MIL (*plötzlicher Vormarsch*) advance, push, thrust ❷ (*Versuch zu erreichen*) ■ **ein/jds ~ bei jdm** an/sb's attempt to put in a good word with sb ▶ WENDUNGEN: **einen ~ [bei jdm] machen** [*o* **unternehmen**] to attempt to put in a good word [with sb]; ***wir haben bei der Firmenleitung einen ~ in dieser Frage unternommen*** we tried to put over our case to the [company['s]] management in this matter
vor|stoßen *irreg* I. *vi sein* ■ **[irgendwohin] ~** to venture [somewhere]; *Truppen, Panzer* to advance [*or* push forward] [somewhere] II. *vt haben* ■ **jdn ~** to push sb forward
Vorstrafe *f* JUR previous conviction
Vorstrafenregister *nt* JUR criminal [*or* police] record
vor|strecken *vt* ❶ (*vorübergehend leihen*) ■ **jdm etw ~** to advance sb sth ❷ (*nach vorn strecken*) ■ **etw ~** to stretch sth forward; **den Arm/die Hand ~** to stretch out one's arm/hand
Vorstufe *f* preliminary stage
Vortag *m* **am ~** the day before; **am ~ einer S.** *gen* [on] the day before sth; **vom ~** from yesterday; ***diese Nachricht stand in der Zeitung vom ~*** this news was in yesterday's newspaper; ***ich habe nur noch Brot vom ~*** I've only got bread left from yesterday [*or* yesterday's bread left]
Vortat *f* JUR prior offence
Vortäuschen *nt kein pl* JUR feigning, pretence; **~ einer Straftat** feigning commission of a crime
vor|täuschen *vt* ■ **[jdm] etw ~** to feign sth [for sb]; **Hilfsbedürfigkeit/einen Unfall ~** to fake neediness/an accident; **Interesse ~** to feign interest; ***er hatte seine Heiratsabsichten nur vorgetäuscht*** he had only been faking his intentions to marry [her]
Vortäuschung <-, -en> *f* JUR pretence, faking; **~ von Tatsachen** misrepresentation of facts; **unter ~ falscher Tatsachen** under false pretences
Vorteil <-s, -e> *m* (*vorteilhafter Umstand*) advantage; **materielle ~e** material benefits; **steuerliche ~e** tax advantage [*or* benefits]; ***er sucht nur seinen eigenen ~*** he only [ever] looks out for himself; ***er ist nur auf seinen ~ bedacht*** he only ever thinks of his own interests [*or* has an eye to]; **den ~ haben, dass ...** to have the advantage that ...; **[jdm gegenüber] im ~ sein** to have an advantage [over sb]; **[für jdn] von ~ sein** to be advantageous [to sb]; **sich** *akk* **zu seinem ~ verändern** to change for the better; **zu jds ~** to sb's advantage; ***ich hoffe, dass der Schiedsrichter auch einmal zu unserem ~ entscheidet*** I hope the ref[eree] decides in our favour [just] for once
vorteilhaft I. *adj* ❶ FIN (*günstig*) favourable [*or* AM -or-]; (*Geschäft, Geschäftsabschluss*) lucrative, profitable; **ein ~er Kauf** a good buy, a bargain; ■ **[für jdn] ~ sein** to be favourable [for sb]; ***ich würde von dem Geschäft abraten, es ist für Sie wenig ~*** I would advise [you] against entering into this deal, it won't be very profitable [for you]; ***der Kauf eines Gebrauchtwagens kann durchaus ~ sein*** a used car can often prove to be a really good buy ❷ MODE (*ansprechend*) flattering II. *adv* ❶ FIN (*günstig*) **etw ~ erwerben** [*o* **kaufen**] to buy sth at an attractive [*or* a bargain] [*or* a reasonable] price ❷ MODE (*ansprechend*) ***in dem schlabberigen Pullover siehst du nicht sehr ~ aus*** that baggy [old] sweater doesn't do you any favours; ***du solltest dich etwas ~er kleiden*** you should wear clothes which are a bit more flattering
Vorteilsannahme *f* JUR *acceptance of benefit by a public official* **Vorteilsausgleichung** *f* JUR adjustment of damages **Vorteilsgewährung** *f* JUR granting of an undue advantage **Vorteilskriterium** *nt* FIN yardstick of profitability **Vorteilsvergleich** *m* FIN comparison of profitability
Vortitel *m* (*Buch*) half-title
Vortrag <-[e]s, Vorträge> *m* (*längeres Referat*) lecture; **einen ~ [über etw** *akk*/**zu etw** *dat*] **halten** to give [*or* deliver] a lecture [on [*or* about] sth] ▶ WENDUNGEN: **halt keine [langen] Vorträge!** (*fam*) don't beat about the bush!, get to the point!
vor|tragen *vt irreg* ❶ (*berichten*) ■ **[jdm] etw ~** to present sth [to sb]; **[jdm] einen Beschluss** [*o* **eine Entscheidung**] **~** to convey a decision [to sb]; **[jdm] einen Wunsch ~** to express a desire [*or* wish] [to sb] ❷ (*rezitieren*) ■ **etw ~** to recite sth; **ein Lied ~** to sing a song; **ein Musikstück ~** to play [*or* perform] a piece of music
Vortragende(r) *f(m) dekl wie adj* lecturer
Vortragsabend *m* lecture evening **Vortragsreihe** *f* course [*or* series] of lectures *npl*
vortrefflich I. *adj* (*geh*) excellent; (*Gedanke, Idee*) excellent, splendid; (*Gericht, Wein*) excellent, superb II. *adv* (*geh*) excellently; **~ munden** [*o* **schmecken**] to taste excellent [*or* superb]; ***alle Speisen waren ~ zubereitet worden*** all the dishes had been exquisitely prepared
Vortrefflichkeit <-> *f kein pl* excellence
vor|treiben *vt irreg* BERGB ■ **etw ~** *Stollen* to dig sth
vor|treten *vi irreg sein* ❶ (*nach vorn treten*) to step [*or* come] forward ❷ (*vorstehen*) *Fels* to jut out; *Backenknochen* to protrude; *Augen* to bulge
Vortritt[1] *m* precedence, priority; ■ **jdm den ~ lassen** (*jdn zuerst gehen lassen*) to let sb go first [*or* in front [of one]]; (*jdn zuerst agieren lassen*) to let sb go first [*or* ahead]
Vortritt[2] *m kein pl* SCHWEIZ (*Vorfahrt*) right of way
vor|trocknen *vt* ■ **etw ~** to pre-dry sth
Vortrocknung <-> *f kein pl* pre-drying *no pl*
vorüber *adv* ■ **~ sein** ❶ *räumlich* (*vorbei*) to have gone past; ***er ist auf seinem Fahrrad schon ~*** he's already gone past on his bike; ***wir sind an dem Geschäft sicher schon ~, da vorne ist schon die Post*** we must have already passed the shop, there's the post office coming up [already] ❷ *zeitlich* (*vorbei*) to be over; (*Schmerz*) to be [*or* have] gone
vorüber|gehen *vi irreg sein* ❶ (*entlanggehen*) ■ **an jdm/etw ~** to go [*or* walk] past sb/sth, to pass sb/sth by *sep;* **im V~** in passing, en passant; **etw im V~ erledigen** to do sth just like that ❷ (*vorbeigehen*) to pass; *Schmerz* to go
vorübergehend I. *adj* temporary II. *adv* for a short time; ***das Geschäft bleibt wegen Renovierungsarbeiten ~ geschlossen*** the business will be temporarily closed [*or* closed for a short time] due to [*or* for] renovation work; ***die Wetterbesserung wird nur ~ anhalten*** the improvement in the weather will only be [a] temporary [one]
Vorübergehende(r) *f(m) dekl wie adj* passer-by
Vorübung *f* preliminary exercise
Vor- und Zuname *m* Christian [*or* first] name and surname
Voruntersuchung *f* JUR preliminary investigation; **gerichtliche ~** committal proceedings
Vorurteil *nt* prejudice; **~e [gegenüber jdm] haben** [*o geh* **hegen**] to be prejudiced [against sb]; **das ist ein ~** that's prejudiced
vorurteilsfrei *adj* unbiased; (*Gutachter*) unprejudiced **vorurteilslos** I. *adj* unprejudiced, unbiased II. *adv* without prejudice [*or* bias]; ***unser Chef verhält sich Ausländern und Frauen gegenüber nicht ganz ~*** our boss is not always without prejudice in his dealings with foreigners and women
Vorväter *pl* (*geh*) forefathers *npl,* ancestors *npl,* for[e]bears *npl form*
Vorverfahren *nt* JUR interlocutory [*or* preliminary] proceedings *pl*
Vorverfahrensrichter(in) *m(f)* JUR master
Vorvergangenheit *f* LING pluperfect
Vorverhandlung *f* ❶ HANDEL preliminary negotiations [*or* talks] *pl* ❷ JUR pleadings *pl*
Vorverkauf *m* THEAT, SPORT advance sale *no pl* [of tickets], advance ticket sales *pl*
vorverkaufen* *vt* ■ **etw ~** to sell sth in advance
Vorverkaufsgebühr *f* FIN booking fee **Vorverkaufsstelle** *f* THEAT, SPORT advance ticket office
vor|verlegen* *vt* ❶ (*auf früheren Zeitpunkt verlegen*) ■ **etw [auf etw** *akk*] **~** to bring sth forward [to sth] ❷ BAU (*weiter nach vorn verlegen*) ■ **etw ~** to move sth forward
Vorveröffentlichung *f* prior publication
Vorverstärker *f* TECH pre-amplifier
Vorvertrag *m* JUR preliminary [*or* provisional] agreement
vorvorgestern *adv* (*fam*) three days ago
vorvorig *adj* (*fam*) before last *pred;* **~es Jahr/~er Monat/~e Woche** the year/month/week before last
vorvorletzte(r, s) *adj* third last, third to last AM; ***in der Wertung liegt sie an ~r Stelle*** she's third last [*or* BRIT *a.* last but two] in the rankings; ■ **V~(r)** third last; ***im Marathonlauf war er V~r*** he was third last in the marathon
vor|wagen *vr* ❶ (*hervorzukommen wagen*) ■ **sich** *akk* **[aus etw** *dat*] **~** to venture out [of sth] ❷ (*sich zu exponieren wagen*) ■ **sich** *akk* **[mit etw** *dat*] **[zu weit] ~** to stick one's neck out [too far] [with sth]; ***jetzt haben sie sich wieder aus ihren Rattenlöchern vorgewagt*** they've begun crawling out of the woodwork again now
Vorwahl *f* ❶ (*vorherige Auswahl*) pre-selection [process] ❷ POL preliminary election, primary AM ❸ TELEK *s.* **Vorwahlnummer**
vor|wählen *vt* TELEK ■ **etw ~** to dial sth first
Vorwahlnummer *f* TELEK area [*or* BRIT dialling] code
Vorwand <-[e]s, Vorwände> *m* (*vorgeschobener Einwand*) pretext, excuse; ***er nahm es als ~, um nicht dahin zu gehen*** he used it as a pretext [*or* an excuse] not to go; **unter einem ~** on [*or* under] a pretext; **unter dem ~, etw tun zu müssen** under the pretext of having to do sth
vor|wärmen *vt* KOCHK ■ **etw ~** to pre-heat sth; **einen Teller ~** to warm a plate; ■ **vorgewärmt** preheated
vor|warnen *vt* ■ **jdn ~** to warn sb [in advance [*or* beforehand]]
Vorwarnung *f* [advance [*or* prior]] warning; **ohne ~** without warning
vorwärts *adv* forward; **~!** onwards! [*or esp* AM onward!], move!; **jdn ~ bringen** to help sb to make progress; ***der berufliche Erfolg hatte sie auch gesellschaftlich ~ gebracht*** success at work also helped her get on in her social life; **[mit etw** *dat*] **~ gehen** to make progress [with sth]; ***wie geht's mit deiner Doktorarbeit ~?*** how's your thesis coming along?; ***jetzt geht es hoffentlich wirtschaftlich wieder ~*** hopefully things will start getting better on the business side; ***es will einfach nicht so recht ~ gehen*** **[in etw** *dat*] **~ kommen** to get on [in sth]; *s. a.* **Schritt**
Vorwärtsgang <-gänge> *m* AUTO forward gear [*or* speed]; **im ~** in forward gear
Vorwäsche <-, -n> *f* pre-wash
vor|waschen *vt irreg* ■ **etw ~** to pre-wash sth
Vorwaschgang *m kein pl* TECH pre-wash
vorweg *adv* ❶ (*zuvor*) beforehand ❷ (*an der Spitze*) in front; ***geh du ~, du kennst dich hier aus*** you lead the way, you know this area
Vorwegnahme <-, -n> *f* (*geh*) indication **vorweg|nehmen** *vt irreg* ■ **etw ~** to anticipate sth; ***lies das Buch selbst, ich will den Ausgang jetzt nicht ~*** you'll have to read the book yourself, I don't want to give away what happens; ■ **vorweggenommen** anticipated; **vorweggenommene Abschreibung** anticipated deprecation **Vorwegpfändung** *f* JUR anticipated levy of execution
Vorweis <-es, *selten* -e> *m bes* SCHWEIZ production [of documentation]; ■ **gegen ~** upon producing
vor|weisen *vt irreg* ❶ (*nachweisen*) ■ **etw ~ können** to have [*or* possess] sth; ***dieser Bewerber kann einen mehrjährigen Auslandsaufenthalt ~*** this candidate has [the experience of having] spent a number of years [working] abroad ❷ (*geh: vorzeigen*) ■ **etw ~** to show [*or* produce] sth
vor|werfen *vt irreg* ❶ (*als Vorwurf vorhalten*) ■ **jdm etw ~** to reproach sb for sth; ■ **jdm ~, etw zu tun** [*o* **getan zu haben**] to reproach sb for doing [*or* having done] sth; ■ **jdm ~, dass ...** to reproach/

blame sb for …; ***mir wird vorgeworfen, im Überholverbot überholt zu haben*** I've been charged with overtaking in a "no overtaking" zone; **sich** *dat* [**in etw** *dat*] **nichts vorzuwerfen haben** to have a clear conscience [in sth] ❷ (*als Futter hinwerfen*) ■**einem Tier etw** ~ to throw sth to an animal; ***er warf dem Hund einen dicken Knochen vor*** he threw the dog a big bone ❸ HIST (*zum Fraß lassen*) ■**jdn den Tieren** ~ to throw sb to the animals

vorwiegend *adv* ❶ (*hauptsächlich*) predominantly, mainly; ***am Wochenende halten wir uns ~ in unserem Wohnwagen auf*** we mostly spend our weekends [staying] in our caravan ❷ METEO (*überwiegend*) predominantly, mainly

Vorwissen *nt kein pl* previous knowledge; (*Hintergrund*) background knowledge

Vorwitz <-es> *m kein pl* (*veraltend*) ❶ (*Neugier*) curiosity ❷ (*Keckheit*) cheeky behaviour [*or* AM -or]

vorwitzig *adj* cheeky

Vorwort <-worte> *nt* MEDIA foreword, preface

Vorwurf <-[e]s, Vorwürfe> *m* (*anklagende Vorhaltung*) reproach; **jdm** [**wegen einer S.** *gen*] **Vorwürfe** [*o* **einen** ~] **machen** to reproach sb [for sth]; **jdm zum ~ machen, etw getan zu haben** to reproach [*or* blame] sb for having done sth, to hold it against sb that he/she did sth

vorwurfsvoll **I.** *adj* reproachful **II.** *adv* reproachfully

vor|zählen *vt* ■**jdm etw** ~ to count out sth *sep* to sb; ■**sich** *dat* **etw** [**von jdm**] ~ **lassen** to have sth counted out [by sb]

Vorzeichen *nt* ❶ (*Omen*) omen ❷ (*Anzeichen*) sign ❸ MUS (*Versetzungszeichen*) accidental ❹ MATH sign; **positives/negatives** ~ plus/minus sign

vor|zeichnen *vt* ❶ (*durch Zeichnen demonstrieren*) ■**jdm etw** ~ to show sb how to draw sth ❷ (*vorherbestimmen*) ■[**jdm**] **etw** ~ to predetermine [*or* pre-ordain] sth [for sb]; ■[**durch etw** *akk*] **vorgezeichnet sein** to be predestined [by sth]

vorzeigbar *adj* presentable

Vorzeigefirma *f* model company **Vorzeigefrau** *f* token woman, shining example of a woman **Vorzeigemodell, Vorzeigeprodukt** *nt* HANDEL showpiece

vor|zeigen *vt* ■[**jdm**] **etw** ~ to show [sb] sth [*or* sth [to sb]] [*or* produce sth [for sb]]

Vorzeigeobjekt *nt* showpiece

Vorzeit *f* (*prähistorische Zeit*) prehistoric times *no pl* ► WENDUNGEN: **in grauer** ~ in the dim and distant past

vorzeitig *adj* early; (*Geburt*) premature; (*Tod*) untimely; ***wir alle haben den ~en Weggang dieser geschätzten Mitarbeiter bedauert*** we were all sorry to see these well-respected colleagues retire early

vorzeitlich *adj* prehistoric

Vorzelt *nt* awning

Vorzensur *f kein pl* JUR pre-censorship

vor|ziehen *vt irreg* ❶ (*bevorzugen*) ■**jdn** ~ to prefer sb; ■**jdn jdm** ~ to prefer sb to sb; ***Eltern sollten kein Kind dem anderen*** ~ parents shouldn't favour one child in preference to another; ■**etw** [**etw** *dat*] ~ to prefer sth [to sth] ❷ (*den Vorrang geben*) ■**es ~, etw zu tun** to prefer to do sth; ***ich ziehe es vor spazieren zu gehen*** I'd rather go for a walk ❸ (*zuerst erfolgen lassen*) ■**etw** ~ to bring sth forward ❹ (*nach vorn ziehen*) ■**etw** ~ to move [*or* pull] sth forward; ***ich habe den Sessel zum Kamin vorgezogen, da ist es wärmer*** I've pulled the armchair [up] closer to the fire, where it's warmer

Vorzimmer *nt* ❶ (*Sekretariat*) secretariat, secretary's office ❷ ÖSTERR (*Diele*) hall

Vorzimmerdame *f* (*fam*) secretary

Vorzug[1] <-[e]s, Vorzüge> *m* ❶ (*gute Eigenschaft*) asset, merit; **seine Vorzüge haben** to have one's assets [*or* merits] [*or* good qualities] ❷ (*Vorteil*) advantage; **den ~ haben, [dass …]** to have the advantage [that …] ❸ (*Bevorzugung*) **jdm/einer S. den ~** [**vor jdm/etw**] **geben** (*geh*) to prefer sb/sth [to sb/sth]

Vorzug[2] *m* BAHN (*Entlastungszug*) relief train

vorzüglich **I.** *adj* excellent, first-rate; (*Gericht*) sumptuous, superb, excellent; (*Hotel*) first-class [*or* -rate], excellent; (*Wein*) excellent, exquisite, superb **II.** *adv* ❶ (*hervorragend*) excellently; ~ **speisen** to have a sumptuous [*or* superb] [*or* an excellent] meal; ~ **übernachten** to find a first-class [*or* an excellent] place to stay for the night ❷ (*hauptsächlich*) especially, particularly; ***diesen Punkt sollte man ~ beachten*** particular emphasis should be placed on this point

Vorzugsaktie *f* FIN preference share [*or* AM stock]; ~ **mit zusätzlicher/ohne zusätzliche Gewinnbeteiligung** participating/non-participating preference share; **wandelbare ~, ~ mit Umtauschrecht** convertible preferred share; **kündbare ~** redeemable preferred share **Vorzugsaktionär(in)** *m(f)* FIN preference [*or* preferred] shareholder [*or* AM stockholder] **Vorzugsbedingungen** *pl* preferential terms *pl* **Vorzugsbehandlung** *f* preferential treatment *no pl, no indef art* **Vorzugsdividende** *f* FIN preferred dividend, dividend on preferred stock **Vorzugsforderung** *m* FIN preferential claim **Vorzugsgläubiger(in)** *m(f)* FIN preferred [*or* secured] creditor **Vorzugsklage** *f* JUR action for preferential satisfaction **Vorzugskonditionen** *pl* JUR preferential terms **Vorzugsmilch** *f* KOCHK [full cream] whole milk, *milk with a high fat content* **Vorzugspreis** *m* concessionary [*or* AM discount] fare **Vorzugsrabatt** *m* HANDEL preferential discount **Vorzugsrecht** *nt* JUR preferential right **Vorzugsstimmrecht** *nt* JUR preferential voting right

vorzugsweise *adv* primarily, chiefly, mainly; ***wenn ich auf Geschäftsreise bin, übernachte ich ~ im Hotel*** when I'm on a business trip, I mostly stay in hotels

Vota, Voten *pl von* **Votum**

votieren* [vo:-] *vi* (*geh*) ■**für/gegen jdn/etw** ~ to vote for/against sb/sth

Votivbild *nt* REL votive picture **Votivgabe** *f* REL votive gift [*or* offering] **Votivtafel** *f* REL votive tablet

Votum <-s, Voten *o* Vota> ['vo:-] *nt* (*geh*) ❶ (*Entscheidung*) decision; **das ~ der Geschworenen** the jury's verdict ❷ POL (*Wahlentscheidung*) vote; **einstimmiges** ~ solid [*or* block] vote

Voucher <-s, -[s]> ['vaʊtʃə] *nt o m* voucher

Voyeur <-s, -e> [voa'jø:ɐ] *m* voyeur

Voyeurismus <-> *m kein pl* voyeurism

voyeuristisch *adj* voyeuristic

v.T. *Abk von* **vom Tausend** of a thousand

vulgär [vʊ-] **I.** *adj* (*pej geh*) vulgar **II.** *adv* ~ **aussehen** to look vulgar [*or* common]; **sich** *akk* ~ **ausdrücken** to use vulgar [*or* coarse] language; **sich** *akk* ~ **benehmen** to behave in a vulgar [*or* rude] manner; ***sie beschimpfte ihn*** ~ she swore at him

Vulgarität <-, -en> [vʊ-] *f* (*pej geh*) ❶ *kein pl* (*vulgäre Art*) vulgarity ❷ *meist pl* (*vulgäre Bemerkung*) vulgar expression, vulgarity

Vulkan <-[e]s, -e> [vʊ-] *m* volcano; **erloschener/tätiger** ~ extinct/active volcano ► WENDUNGEN: **wie auf einem ~ leben** (*geh*) to be like living on the edge of a volcano, to be [like] sitting on a powder-keg [*or* time-bomb]

Vulkanasche *f* GEOL volcanic ash **Vulkanausbruch** [vʊ-] *m* volcanic eruption **Vulkanfiber** <-> *f kein pl* vulcanized fibre [*or* AM -er] **Vulkaninsel** *f* GEOL volcanic island, island of volcanic origin

Vulkanisation <-, -en> *f* TECH vulcanization

vulkanisch [vʊ-] *adj* volcanic

vulkanisieren* [vʊ-] *vt* TECH ■**etw** ~ to vulcanize sth

Vulkanismus <-> *m kein pl* vulcanism

Vulkanologie <-> *f kein pl* volcanology

Vulva <-, Vulven> *f* ANAT vulva

v.u.Z. *Abk von* **vor unserer Zeitrechnung** BC

W

W, w <-, – *o fam* -s, -s> *nt* W, w; ~ **wie Wilhelm** W for [*or* AM as in] William; *s. a.* **A 1**

W *Abk von* **Westen** W, W.

WAA <-, -s> [ve:ʔa:'ʔa:] *f Abk von* **Wiederaufarbeitungsanlage**

Waadt <-s> [va:t] *nt* Vaud

Waage <-, -n> *f* ❶ TECH (*Gerät zum Wiegen*) scales *npl;* **eine** ~ a pair *n sing* of scales ❷ *kein pl* ASTROL (*Tierkreiszeichen*) Libra; [**eine**] ~ **sein** to be a Libra[n] ► WENDUNGEN: **sich** *dat* **die ~ halten** to balance out one another [*or* each other] *sep;* ***Vor- und Nachteile halten sich die*** ~ the advantages and disadvantages are roughly equal

Waagebalken *m* balance [*or* scale] beam

waag(e)recht **I.** *adj* level, horizontal; **eine ~e Linie** a horizontal line **II.** *adv* horizontally

Waag(e)rechte <-n, -n> *f* (*Horizontale*) horizontal [line]; **in der ~n, in die** ~ level; **in die ~ bringen** to make sth level

Waagschale *f* TECH (*Schale einer Waage*) [scale-]pan ► WENDUNGEN: **etw auf die ~ legen** (*geh*) to take sth literally; **etw** [**für jdn/etw**] **in die ~ werfen** (*geh*) to bring one's influence to bear [on sb's behalf/in support of sth]

wabb(e)lig *adj* (*fam*) wobbly; **ein ~er Fettbauch** a flabby paunch

wabbeln *vi* (*fam*) to wobble

Wabe <-, -n> *f* honeycomb

wabenförmig *adj* honeycombed

Wabenhonig *m* KOCHK comb honey

wach *adj* ❶ (*nicht schlafend*) awake; ■~ **sein** to be awake; ■~ **werden** to wake up; ~ **bleiben** to stay awake; **jdn ~ halten** to keep sb awake; ~ **liegen** to lie awake ❷ (*aufgeweckt*) alert, keen, sharp; **etw ~ halten** to keep sth alive; **das/jds Interesse ~** to hold sb's interest [*or* keep sb interested]

Wachablösung *f* ❶ (*Ablösung der Wache*) changing of the guard *no pl* ❷ (*Führungswechsel*) change of leadership

Wache <-, -n> *f* ❶ *kein pl a.* MIL (*Wachdienst*) guard duty; ~ **haben** to be on guard duty; **auf ~ sein** to be on guard duty; ~ **stehen** [*o fam* **schieben**] to be on guard duty; **auf ~** on [guard] duty ❷ MIL (*Wachposten*) guard, sentry ❸ (*Polizeiwache*) police station; ***kommen Sie mal mit auf die ~!*** you'll have to accompany me to the [police] station, please! ❹ (*behüten*) [**bei jdm**] ~ **halten** to keep watch [over sb]

wachen *vi* ❶ (*Wache halten*) ■[**irgendwo/bei jdm**] ~ to keep watch [somewhere/over sb] ❷ (*geh: wach sein*) to be awake ❸ (*auf etw genau achten*) ■**über etw** *akk* ~ to ensure [*or* see to it] that sth is done; ■**darüber ~, dass …** to ensure [*or* see to it] that …

wachhabend *adj attr* ADMIN, MIL duty

Wachhabende(r) *f(m)* *dekl wie adj* ADMIN, MIL duty officer

Wachhund *m* watch-dog, guard-dog

wachküssen *vt* ■**jdn** ~ to wake up sb *sep* with a kiss, to give sb a wake-up kiss

Wachlokal *nt* guardhouse, guardroom

Wachmacher *m* (*fam*) stimulant

Wachmann <-leute *o* -männer> *m* ❶ (*Wächter*) [night-]watchman ❷ ÖSTERR (*Polizist*) policeman

Wachmannschaft *f* men on guard, guard

Wacholder <-s, -> *m* ❶ (*Busch*) juniper [tree]; (*Beeren*) juniper berry ❷ (*fam*) *s.* **Wacholderschnaps**

Wacholderbeere *f* juniper berry **Wacholderdrossel** *f* ORN fieldfare **Wacholderschnaps** *m* ≈ gin (*schnap[p]s made from juniper berries*) **Wacholderzweig** *m* branch from a juniper [tree], juniper branch

Wachposten *m s.* **Wachtposten**

wach|rufen *vt irreg* ■**etw** [**in jdm**] ~ to awaken [*or* evoke] [*or* stir up *sep*] sth [in sb] **wachrütteln** *vt* ■**jdn** ~ to wake up sb *sep* by shaking them, to give

W

sb a shake to wake them up

Wachs <-es, -e> *nt* ❶ (*Bienenwachs*) [bees]wax ❷ (*Bohnerwachs*) [floor] polish [*or* wax] ❸ (*Antikwachs*) [French] polish ▶ WENDUNGEN: ~ **in jds Händen sein** (*geh*) to be [like] putty in sb's hands

Wachsabdruck *m* wax impression

wachsam I. *adj* vigilant, watchful; ***seid ~!*** be on your guard! **II.** *adv* vigilantly, watchfully

Wachsamkeit <-> *f kein pl* vigilance *no indef art, no pl*

wachsartig *adj* ORN cereous

wachsbleich *adj* waxen

Wachsbohne *f* wax [*or* butter] bean

wach|schütteln *vt* ■**jdn** ~ to wake up sb *sep* by shaking them, to give sb a shake to wake them up

wachsen[1] <wuchs, gewachsen> [-ks-] *vi sein* ❶ (*größer werden*) to grow; **in die Breite/Höhe** ~ to grow broader [*or* to broaden [out]]/taller; **~des Defizit** growing deficit ❷ MED (*sich vergrößern*) to grow ❸ (*sich ausbreiten*) to grow; *Wurzeln* to spread ❹ (*länger werden*) ■[**jdm**] **wächst etw** [sb's] sth is growing; ***dir ~ die Haare ja schon bis auf die Schultern!*** your hair [is so long it] has almost reached your shoulders!; ■**sich** *dat* **etw ~ lassen** to grow sth; **sich** *dat* **die Haare ~ lassen** to grow one's hair [long] [*or* let one's hair grow] ❺ (*intensiver werden*) *Spannung, Unruhe* to mount ❻ (*sich vermehren*) ■[**auf/um etw** *akk*] ~ to grow [*or* increase] [to/by sth]; ***in den letzten Jahren ist die Stadt um rund 1500 Einwohner gewachsen*** the population of the town has grown by about 1,500 [people] over the last few years ▶ WENDUNGEN: **gut gewachsen** evenly-shaped

wachsen[2] [-ks-] *vt* (*mit Wachs einreiben*) ■**etw** ~ to wax sth

wächsern [-ks-] *adj* waxen

Wachsfigur *f* waxwork, wax figure **Wachsfigurenkabinett** *nt* waxworks *npl* [museum] **Wachshaarentfernungsstreifen** *m* wax removal strip **Wachskerze** *f* wax candle **Wachsmalkreide** *f*, **Wachsmalstift** *m* wax crayon **Wachsmaske** *f* wax mask **Wachsmodell** *nt* wax mould **Wachspapier** *nt* wax-paper **Wachstafel** *f* HIST wax tablet

Wachstube *f s.* Wachlokal **Wachstuch** *nt* oilcloth

Wachstum <-[e]s> [-ks-] *nt kein pl* ❶ (*das Wachsen*) growth ❷ ÖKON (*Wirtschaftswachstum*) growth; ***das ~ liegt hinter den Erwartungen zurück*** growth is behind expectations; **hohes** ~ mushroom growth ❸ (*das Anwachsen*) growth, increase; (*einer Ortschaft*) growth, expansion

Wachstumsaktie *f* growth share [*or* stock] **Wachstumsbranche** [-ks-, -brã:ʃə] *f* growth sector **Wachstumsdynamik** *f* ÖKON dynamics + *sing vb* of growth **wachstumsfördernd** *adj* ❶ BIOL (*dem Wachstum förderlich*) growth-promoting ❷ ÖKON (*wirtschaftliches Wachstum fördernd*) boosting economic growth **Wachstumsförderung** *f* ❶ BIOL (*Förderung des Wachtums*) growth promotion ❷ ÖKON (*Förderung des wirtschaftlichen Wachstums*) boost of economic growth **Wachstumsgefälle** *nt* ÖKON growth curve **Wachstumsgen** *nt* growth gene **Wachstumsgrenze** *f* ÖKON expansion limit **wachstumshemmend** *adj* growth-inhibiting; ÖKON impeding growth *pred* **Wachstumshormon** *nt* growth hormone **Wachstumsimpuls** *m* ÖKON impetus towards expansion **Wachstumsindustrie** *f* ÖKON growth industry **Wachstumsinformationen** *pl* MED growth information *no pl, no indef art* **Wachstumsmarkt** *m* growth market **Wachstumsmotor** *m* ÖKON drive behind expansion **wachstumsorientiert** *adj* growth-orientated **Wachstumsperspektive** *f* ÖKON prospect of growth **Wachstumspotenzial**[RR] *nt* ÖKON growth potential **Wachstumsprognose** *f* ÖKON growth forecast **Wachstumsrate** *f* ÖKON growth rate **Wachstumsschranken** *pl* ÖKON expansion limits **wachstumsschwach** *adj* ÖKON slow-growing; **~er Wirtschaftszweig** slow-growing industry

Wachstumsspielraum *m* ÖKON leeway for growth **wachstumsstark** *adj* ÖKON fast-growing **Wachstumsstörung** *f* MED disturbance of growth **Wachstumstempo** *nt* growth rate

wachsweich *adj* ❶ (*nicht fest*) **ein ~ gekochtes Ei** a soft-boiled [*or* runny] egg; ■~ **werden** (*fig*) to become [weak and] submissive, to become like putty, to turn to jelly ❷ *Erklärung* weak, lame, insipid, nebulous

Wachtel <-, -n> *f* ORN quail

Wachtelbohne *f* pinto bean **Wachtelei** *nt* quail's egg

Wächter(in) <-s, -> *m(f)* ❶ (*veraltend: Hüter in einer Anstalt*) guard; (*Wachmann*) [night-]watchman ❷ ([*moralischer*] *Hüter*) guardian

Wachtmeister(in) *m(f)* [police] constable BRIT, police officer AM **Wachtposten** *m* guard

Wachtraum *m* PSYCH day-dream, waking dream

Wach(t)turm *m* watch-tower

Wach- und Schließgesellschaft *f kein pl* ÖKON ■**die** ~ the security corps BRIT

Wachwechsel *m* changing of the guard

Wachzustand *m* **im ~ [sein]** [to be] awake [*or* in a waking state]

wack(e)lig *adj* ❶ (*nicht fest stehend*) rickety; (*Konstruktion*) rickety, unsound; (*Säule*) shaky; (*Steckdose*) loose; (*Stuhl, Tisch*) unsteady ❷ (*nicht solide*) shaky; (*Firma*) unsound, shaky

Wackelkontakt *m* ELEK loose connection

wackeln *vi* ❶ *haben* (*wackelig sein*) to wobble; *Konstruktion, Säule* to shake ❷ *haben* (*hin und her bewegen*) ■**mit etw** *dat* ~ to rock on [one's] sth; **mit dem Kopf** ~ to shake one's head; **mit den Hüften** ~ to wiggle one's hips; **mit den Ohren** ~ to wiggle [*or* waggle] one's ears ❸ *sein* (*sich unsicher fortbewegen*) ■**irgendwohin** ~ to totter somewhere; *Kleinkind* to toddle somewhere

Wackelpeter *m* (*fam*) jelly BRIT, jello AM **Wackelpudding** *m* (*fam*) jelly BRIT, jello AM

wacker *adj* (*veraltend: redlich*) *Bürger* upright, decent; (*tapfer*) *Soldat* brave, valiant; **sich ~ halten/schlagen** (*fam*) to put up a good show

wacklig *adj s.* **wackelig**

Wade <-, -n> *f* ANAT calf

Wadenbein *nt* ANAT fibula **Wadenkrampf** *m* cramp in the [*or* one's] calf **wadenlang** *adj* calf-length **Wadenwickel** *m* MED leg compress

Wadli <-s, -> *nt* KOCHK SCHWEIZ (*Eisbein*) cured knuckle of pork

Wafer <-s, -[s]> ['weɪfə] *pl* (*Siliziumscheiben*) wafer

Waffe <-, -n> *f* ❶ *a.* MIL (*Angriffswaffe*) weapon, arm; **zu den ~n greifen** to take up arms; **die ~n strecken** to lay down one's arms [*or* surrender] ❷ (*Schusswaffe*) gun, firearm; **eine ~ tragen** to carry a gun ▶ WENDUNGEN: **jdn mit seinen eigenen ~n schlagen** to beat sb at his own game

Waffel <-, -n> *f* KOCHK waffle

Waffeleisen *nt* waffle-iron

Waffenarsenal *nt* MIL arsenal, stockpile [of weapons] **Waffenbesitz** *m* possession of firearms [*or* a firearm] **Waffenembargo** *nt* MIL arms embargo; **ein ~ verhängen** to impose an arms embargo **Waffengattung** *f* MIL arm of the services

Waffengesetz *nt* JUR Weapons Act, gun laws *pl* **Waffengesetz** *nt* gun laws *pl* **Waffengewalt** *f kein pl* armed force; **mit ~** by force of arms **Waffenhandel** *m kein pl* arms trade *no pl* [*or* trading] *no pl* **Waffenhändler** *m* MIL arms dealer **Waffenkammer** *f* armoury, AM *a.* armory **Waffenlager** *nt* MIL arsenal, ordnance depot **Waffenlieferung** *f* arms supply **Waffennarr** *m* (*pej fam*) gun freak [*or fam* nut] **Waffenruhe** *f* MIL cease-fire **Waffenschein** *m* ADMIN firearms [*or* gun] licence [*or* certificate] **Waffenschmied** *m* HIST armourer BRIT, armorer AM **Waffenschmuggel** *m* MIL gun-running, arms smuggling **Waffenschmuggler(in)** *m(f)* MIL gun-runner **Waffen-SS** [-ɛsʔɛs] *f* HIST ■**die** ~ the Waffen SS **Waffenstillstand** *m* MIL armistice **Waffenstillstandsverhandlungen** *pl* armistice negotiations *pl* **Waffensystem** *nt* MIL weapon system

wag(e)halsig *adj* daring, daredevil *attr*

Wägelchen <-s, -> *nt dim von* **Wagen** (*kleiner Karren*) [little] cart; (*Auto*) car, motor BRIT *fam*

Wagemut *m* (*geh*) daring *no indef art, no pl,* boldness *no indef art, no pl*

wagemutig *adj* daring, bold

wagen I. *vt* ❶ (*riskieren*) ■**etw** ~ to risk sth ❷ (*sich getrauen*) ■**es ~, etw zu tun** to dare [to] do sth ▶ WENDUNGEN: **wer nicht wagt, der nicht gewinnt** (*prov*) nothing ventured, nothing gained *prov; s. a.* **frisch II.** *vr* ❶ (*sich zutrauen*) ■**sich** *akk* **an etw** *akk* ~ to venture to tackle sth ❷ (*sich trauen*) ■**sich** *akk* **irgendwohin/irgendwoher** ~ to venture [out] to/from somewhere

Wagen <-, Wagen *o* SÜDD, ÖSTERR Wägen> *m* ❶ (*Pkw*) car; ***ich nehme den ~*** I'll take [*or* go in] [*or* drive] the car; (*Lkw*) truck, BRIT *a.* lorry; (*Wagenladung*) truck-load, BRIT *a.* lorry-load ❷ BAHN (*Waggon*) carriage, car, coach ❸ (*Fahrzeug mit Deichsel*) cart ❹ (*Kinder~*) pram BRIT, baby carriage AM ❺ (*Teil einer Schreibmaschine*) carriage ❻ ASTRON **der Große/Kleine ~** the Great Bear [*or* Plough] [*or* Big Dipper]/Little Bear [*or* Little Dipper] ▶ WENDUNGEN: **sich** *akk* **nicht vor jds ~ spannen lassen** (*fam*) to not let oneself be roped into sb's sth

wägen <wog *o* wägte, gewogen *o* gewägt> *vt* (*geh*) ■**etw** ~ to weigh sth

Wagenburg *f* HIST corral, defensive ring of wagons **Wagendach** *nt* car roof, body ceiling *spec* **Wagenfenster** *nt* car window **Wagenführer(in)** *m(f)* [tram] driver **Wagenheber** <-s, -> *m* (*Werkzeug*) jack **Wagenkolonne** *f* vehicular convoy, stream of cars **Wagenladung** *f* truck-load, BRIT *a.* lorry-load **Wagenladungstarif** *m* wagon [*or* BRIT *a.* waggon] tariff **Wagenlenker** *m* HIST charioteer **Wagenpark** *m s.* Fuhrpark **Wagenpflege** *f* AUTO car care **Wagenrad** *nt* cart-wheel **Wagenrennen** *nt* HIST chariot race **Wagenrücklauf** *m* INFORM carriage return; **automatischer ~** automatic carriage return **Wagenrücklauftaste** *f* INFORM carriage return key **Wagenschlag** *m* (*veraltend*) *Kutsche* carriage door; *Auto* car door **Wagenschmiere** *f* cart grease

Wagenstandsgeld *nt* HANDEL demurrage

Wagentür *f* car [*or* carriage] door **Wagenwäsche** *f* AUTO car wash

Waggon <-s, -s> [va'gõ:, va'gɔŋ, va'go:n] *m* BAHN [goods] wag[g]on

Waggonladung *f* wagonload, carload, car load

waggonweise *adv* by the wagonload

waghalsig *adj* fearless, daring, bold

Wagner <-s, -> *m* SÜDD, ÖSTERR, SCHWEIZ (*Wagenbauer*) cartwright

Wagnis <-ses, -se> *nt* ❶ (*riskantes Vorhaben*) risky venture ❷ (*Risiko*) risk; **kalkulatorisches ~** ÖKON calculable risk

Wagon <-s, -s> [va'gõ:, va'go:n] *m s.* **Waggon**

Wahhabit <-en, -en> *m* (*Angehöriger einer konservativen islamischen Sekte*) Wah[h]abi

Wahl <-, -en> *f* ❶ POL (*Abstimmung*) election, vote; **~ durch Handaufheben** voting by show of hands; ■[**die**] **~en** [**zu etw**] [the] elections [to sth]; **geheime/freie ~** secret ballot/free elections *pl;* **zur ~ gehen** to vote; **die ~ annehmen** to accept one's election; **zur ~ schreiten** (*geh*) to [take a] vote ❷ *kein pl* (*Ernennung durch Abstimmung*) election; ■**jds ~ in etw** *akk* sb's election to sth; ■**jds ~ zu etw** sb's election as sth ❸ *kein pl* (*das Auswählen*) choice; **freie ~ des Arbeitsplatzes** free choice of employment; **Recht der ersten ~** right of first choice; ***meine ~ fiel auf den roten Sportwagen*** the red sports car was my choice; **die/jds ~ fällt auf jdn/etw** sb/sth is chosen/sb chooses sb/sth; **die ~ haben** to have a choice; **eine/seine ~ treffen** to make one's [*or* a] choice ❹ (*Alternative*) **keine andere ~ bleiben** [*o* **haben**] sb has [*or* there is] no alternative [*or* choice]; **die ~ haben, etw zu tun** to be able to choose to do sth; **jdm die ~ lassen** to let sb choose [*or* leave it up to sb [to choose]]; **jdm keine ~ lassen** to leave sb [with] no alternative [*or* other choice] ❺ ÖKON (*Klasse*) **erste/zweite** ~ top[-grade] [*or* first[-class]] quality/second-class quality; **... erster/zweiter** ~ top[-grade] [*or* first[-class]] quality/second-class quality ...; **Eier erster/zweiter** ~ grade one/two eggs; **Waren erster/zweiter** ~ firsts/seconds, top[-grade] quality/second-class quality goods ❻ ÖKON (*Auswahl*) **zur** ~ **stehen** there is a choice [*or* selection] of ▶ WENDUNGEN: **wer die** ~ **hat, hat die Qual** (*prov*) sb is spoilt for choice

Wahlalter *nt* voting age **Wahlamt** *nt* ADMIN *authority responsible for organising elections in constituencies* **Wahlaufruf** *m* election announcement **Wahlausgang** *m* POL election results *pl,* election outcome, outcome of an/the election **Wahlausschuss**RR *m* election [*or* electoral] committee

Wählautomatik *f* TELEK automatic dialling [*or* AM dialing]

wählbar *adj* POL eligible; ■**zu jdm/in etw** *akk* ~ **sein** to be eligible for election as sb/to sth; ■~ **sein** to be eligible to stand for election

Wählbarkeit <-> *f kein pl* eligibility, electability

Wahlbeamter, -beamtin *m, f* JUR elected public officer **Wahlbenachrichtigung** *f* POL polling card **Wahlbeobachtung** *f* election monitoring **wahlberechtigt** *adj* POL eligible [*or* entitled] to vote *pred* **Wahlberechtigte(r)** <-n, -n> *f (m) dekl wie adj* person entitled to vote **Wahlberechtigung** *f* right to vote **Wahlbeteiligung** *f* POL turn-out, poll; **eine hohe** ~ a high turnout [at the election], BRIT *a.* a heavy poll **Wahlbetrug** *m* ballot [*or* vote] rigging **Wahlbezirk** *m* POL ward **Wahlboykott** *m* POL election boycott **Wahlbündnis** *nt* electoral pact

wählen I. *vt* ❶ *a.* POL ■**jdn/etw** ~ to vote for sb/sth ❷ (*durch Abstimmung berufen*) ■**jdn in etw** *akk/* **zu etw** *dat* ~ to elect sb to sth/as sth ❸ TELEK ■**etw** ~ to dial sth; ***ich glaube, Sie haben die falsche Nummer gewählt*** I think you've dialled the wrong number [*or* misdialled] II. *vi* ❶ POL to vote; ~ **gehen** to vote ❷ (*auswählen*) ■[**unter etw** *dat*] ~ to choose [from sth] ❸ TELEK to dial

Wähler(in) <-s, -> *m(f)* POL voter; (*Gesamtheit der Wähler*) electorate *n sing*

Wählerauftrag *m* mandate **Wählerbestechung** *f* JUR bribing voters

Wahlerfolg *m* success at an/the election, electoral success **Wahlergebnis** *nt* POL election result

Wählergunst *f kein pl* POL popularity with the voters; **wieder in der** ~ **steigen** to be back in [*or* regain] favour [*or* AM -or] with the voters

Wählerin <-, -nen> *f fem form von* **Wähler**

wählerisch *adj* particular, selective, choos[e]y *fam or a. pej;* (*Kunde*) discerning; (*Weinkenner*) discriminating

Wählerliste *f* register of electors, electoral list **Wählernötigung** *f* JUR undue pressure on electors **Wählerpotenzial**RR *nt* potential voters *pl*

Wählerschaft <-, -en> *f* POL (*geh*) electorate *no indef art, no pl,* constituents *pl*

Wählerschicht *f* section of the electorate **Wählerstimme** *f* POL vote **Wählertäuschung** *f* JUR deception of voters **Wählerverzeichnis** *nt* JUR electoral roll **Wählerwille** *m* will of the electorate

Wahlfach *nt* SCH option[al subject] **Wahlfälschung** *f* JUR election fraud **wahlfrei** *adj kein pl* SCH optional **Wahlfreiheit** *f* JUR electoral freedom **Wahlgang** *m a.* POL ballot **Wahlgeheimnis** *nt kein pl* secrecy of the ballot **Wahlgerichtsstand** *m* JUR elective venue **Wahlgeschenk** *nt* POL (*fam*) pre-election promise, *concession designed to win votes* **Wahlgesetz** *nt* JUR electoral law

Wählhebel *m* AUTO selector lever

Wahlheimat *f* ■**jds** ~ sb's adopted place of residence [*or* country] **Wahlhelfer(in)** *m(f)* POL ❶ (*Helfer eines Kandidaten*) election assistant ❷ (*amtlich bestellte Aufsicht*) polling officer **Wahljahr** *nt* POL election year **Wahlkabine** *f* POL polling booth

Wahlkampf *m* POL election campaign **Wahlkampffinanzierung** *f* campaign financing **Wahlkampfkosten** *pl* JUR expenses of an election campaign **Wahlkampfkostenerstattung** *f* reimbursement of election costs **Wahlkampfthema** *nt* election campaign theme, theme of a/the election campaign, platform

Wahlkommission *f* electoral commission **Wahlkreis** *m* POL constituency **Wahlleiter(in)** *m(f)* POL returning officer BRIT, election official AM **Wahllokal** *nt* POL polling station [*or* AM place]

wahllos I. *adj* indiscriminate II. *adv* indiscriminately

Wahlmann <-[e]s, -männer> *m* delegate **Wählmodus** *m* TELEK dialing mode **Wahlniederlage** *f* POL electoral defeat, defeat in [*or* at] the election[s] **Wahlordnung** *f* JUR election regulations *pl* **Wahlparole** *f* election slogan **Wahlperiode** *f* term of office **Wahlpflicht** *f* POL electoral duty, compulsory voting **Wahlpflichtfach** *nt* SCH compulsory subject choice **Wahlplakat** *nt* POL election poster **Wahlprogramm** *nt* election manifesto, BRIT *a.* platform, AM *a.* ticket **Wahlpropaganda** *f* election propaganda

Wahlprüfungsbeschwerde *f* POL complaint about electoral irregularities **Wahlprüfungsgesetz** *nt* JUR Review of Elections Act **Wahlrecht** *nt kein pl* ❶ POL (*das Recht zu wählen*) [right to] vote, suffrage; **das aktive** ~ the right to vote; **das allgemeine** ~ universal suffrage; **das passive** ~ eligibility [to stand for election] ❷ JUR (*Wahlen regelnde Gesetze*) electoral law *no indef art* **Wahlrechtsgrundsatz** *m* JUR *principle governing the law of elections* **Wahlrede** *f* election address [*or* speech] **Wahlredner(in)** *m(f)* speaker on the stump

Wählscheibe *f* TELEK dial

Wahlschein *m* POL postal vote form BRIT, absentee ballot AM **Wahlschlappe** *f* POL (*fam*) electoral defeat, defeat in [*or* at] the election[s] **Wahlschuld** *f* FIN alternative obligation **Wahlsieg** *m a.* POL election [*or* electoral] victory **Wahlsieger(in)** *m(f)* winner of an/the election **Wahlspot** *m* election broadcast **Wahlspruch** *m* motto, slogan **Wahlsystem** *nt* POL electoral [*or* voting] system **Wahltag** *m* POL election [*or* BRIT polling] day **Wahltermin** *m* date of an/the election

Wählton *m* TELEK dialling [*or* AM dial] tone

Wahlurne *f* POL ballot-box; **zu den ~n schreiten** (*geh*) to go to the polls **Wahlverfahren** *nt* JUR electoral procedure **Wahlversammlung** *f* election meeting **Wahlversprechen** *nt* POL election promise

wahlweise *adv* as desired; ***Sie dürfen sich entscheiden, es gibt ~ Wein oder Champagner*** you can choose between wine or champagne **Wahlwiederholung** *f* TELEK [automatic] redial **Wahlzettel** *m* ballot paper, voting slip

Wahn <-[e]s> *m kein pl* ❶ (*geh: irrige Vorstellung*) delusion; **in einem** ~ **leben** to labour [*or* AM -or] under a delusion ❷ MED (*Manie*) mania

Wahndelikt *nt* JUR *act commited under the erroneous assumption of punishability*

wähnen I. *vt* (*geh: irrigerweise annehmen*) to believe [wrongly], to labour [*or* AM -or] under the delusion that *form;* ■**jdn irgendwo** ~ to think sb is somewhere else; ***ich wähnte dich auf hoher See*** I imagined you to be on the high seas; ■**jdn etw** ~ to imagine sb to be sth; ***er wähnte sie längst tot*** he [wrongly] believed her to be long since dead II. *vr* (*geh*) ■**sich** *akk* **etw** ~ to consider oneself to be sth; **sich verloren** ~ to believe oneself to be lost

Wahnsinn *m kein pl* ❶ (*fam: Unsinn*) madness, lunacy ❷ MED (*Verrücktheit*) insanity, lunacy, madness; (*fig fam: Grenzenlosigkeit*) craziness; **heller** ~ **sein** (*fam*) to be sheer [*or* utter] madness; **jdn zum** ~ **treiben** (*fam*) to drive sb mad; **so ein** ~ (*fam*) what madness!; ~! (*sl*) amazing!, wild! *sl,* cool! *fam*

wahnsinnig I. *adj* ❶ MED (*geisteskrank*) insane, mad; ■~ **sein/werden** to be/become insane [*or* mad] ❷ *attr* (*fig fam: gewaltig*) terrible *fam,* dreadful; **eine ~e Arbeit/Aufgabe** a massive amount of work/task; (*Hitze*) sweltering, blistering; (*Kälte*) biting, bitter; (*Sturm*) heavy, severe, violent ❸ (*pej fam: wahnwitzig*) crazy; **wie** ~ (*fam*) like mad [*or* crazy], mad ❹ (*sl: herrlich*) incredible *fam* ❺ (*kirre*) **jdn** [**noch**] ~ **machen** (*fam*) to drive sb mad [*or* crazy], to drive sb around [*or* BRIT *a.* round] the bend *fam;* **ich werde** [**noch**] ~! (*fam*) it's enough to drive me mad! II. *adv* (*fam*) terribly *fam,* dreadfully; ~ **viel** a heck [*or* hell] of a lot *fam;* ~ **heiß** swelteringly [*or* blisteringly] hot; ~ **kalt** bitingly [*or* bitterly] cold

Wahnsinnige(r) *f(m) dekl wie adj* madman *masc,* madwoman *fem*

Wahnsinnigwerden *nt* **es ist zum** ~ (*fam*) it's enough to drive you mad [*or* crazy], it's enough to drive you around [*or* BRIT *a.* round] the bend *fam*

Wahnsinnsarbeit <-> *f kein pl* (*fam*) a crazy [*or* hellish] amount of work *fam*

Wahnvorstellung *f* MED delusion **Wahnwitz** *m kein pl* [sheer [*or* utter]] madness **wahnwitzig** *adj* crazy, mad; **mit einer ~en Geschwindigkeit fahren** to drive at a lunatic [*or* an insane] speed

wahr *adj* ❶ (*zutreffend*) true; **eine ~e Geschichte** a true story; ~ **werden** to become a reality; **wie** ~! (*fam*) very true! *fam* ❷ *attr* (*wirklich*) real; **der ~e Täter** the real culprit ❸ (*aufrichtig*) real, true; **ein ~er Freund** a real [*or* true] friend; **das ~e Glück** real [*or* true] happiness; **die ~e Liebe** true love ▶ WENDUNGEN: **das einzig W~e** (*fam*) the thing needed, just the thing *fam;* ***vier Wochen Urlaub, das wäre jetzt das einzig W~e*** to have four weeks holiday would be just what what the doctor ordered; **das darf** [*o* **kann**] **doch nicht** ~ **sein!** (*fam: verärgert*) I don't believe this [*or* it]!; (*entsetzt*) it can't be true!; **da ist etwas W~es dran** (*fam*) there's some truth in it; (*als Antwort*) you're not wrong there *fam;* **das ist schon gar nicht mehr** ~ (*fam*) that was ages ago *fam;* **etw ist** [**auch**] **nicht das W~e** (*fam*) sth is not quite the thing [*or* real McCoy]; **etw** ~ **machen** to carry out sth; **so** ~ **ich hier stehe** (*fam*) as sure as I'm standing here

wahren *vt* ❶ (*schützen*) ■**etw** ~ to protect [*or* safeguard] sth; **jds Interessen** ~ to look after sb's interests; **jds Rechte** ~ to protect sb's rights ❷ (*erhalten*) ■**etw** ~ to maintain [*or* preserve] sth; ***es fiel mir nicht leicht, meine Fassung zu ~*** it wasn't easy for me to keep my composure

währen *vi* (*geh*) **über einen gewissen Zeitraum** ~ to last a certain period of time

während I. *präp* +*gen* during II. *konj* ❶ (*zur selben Zeit*) while ❷ (*wohingegen*) whereas; ***er trainiert gerne im Fitnessstudio, ~ ich lieber laufen gehe*** he likes to work out in the gymn, whereas I prefer to go for a run

währenddessen *adv* meanwhile, in the meantime

wahrhaben *vt irreg* ■**etw nicht** ~ **wollen** not to want to admit sth; [**es**] **nicht** ~ **wollen, dass** not to want to admit that

wahrhaft *adj attr* (*geh*) *s.* **wahr 3**

wahrhaftig I. *adj* (*veraltend geh*) real, true II. *adv* (*geh*) really

Wahrheit <-, -en> *f* ❶ (*tatsächlicher Sachverhalt*) truth *no pl;* **die ganze** [*o* **volle**]**/halbe** ~ the whole truth/half the truth; **es mit der** ~ **nicht so genau nehmen** (*fam*) to stretch the truth; **um die** ~ **zu sagen** to tell the truth; **die** ~ **sagen** to tell the truth; **jdm die** ~ **sagen** to tell sb the truth; **in** ~ in truth, actually ❷ *kein pl* (*Richtigkeit*) accuracy *no pl* ▶ WENDUNGEN: **wer einmal lügt, dem glaubt man nicht, und wenn er auch die** ~ **spricht** (*prov*) a liar is never believed even when he's telling the truth

Wahrheitsbeweis *m* JUR evidence of the truth **Wahrheitsfindung** *f kein pl* establishment of the truth **wahrheitsgemäß** *adj* truthful **wahrheitsgetreu** I. *adj* truthful; **eine ~e Darstellung** an accurate depiction II. *adv* **etw** ~ **berichten** to report sth truthfully; **etw** ~ **darstellen** to depict sth accurately **Wahrheitsliebe** *f* love of truth **wahrheitsliebend** *adj* truthful **Wahrheitspflicht** *f* JUR obligation to be truthful

wahrlich *adv* (*geh*) really

wahrnehmbar *adj* audible; **ein ~er Geruch** a perceptible smell

wahr|nehmen *vt irreg* ❶ (*merken*) ■**etw** ~ to perceive [*or* detect] sth; **einen Geruch** ~ to perceive a smell; **ein Geräusch/Summen/Vibrieren** ~ to detect a sound/humming/vibration ❷ (*teilnehmen*) ■**etw** [**für jdn**] ~ to attend sth [for sb]; **einen Termin** ~ to keep an appointment ❸ (*ausnutzen*) ■**etw** ~ to take advantage of sth; **eine günstige Gelegenheit** ~ to take advantage of a favourable [*or* AM -orable] opportunity ❹ (*vertreten*) ■**etw** [**für jdn**] ~ to look after sth [for sb]; **jds Interessen** ~ to look after sb's interests ❺ (*ausüben*) **seine Rechte** ~ to exercise one's rights; **seine Pflichten** ~ to attend to one's duties, to fulfill [*or* AM fulfil] one's obligations

Wahrnehmung <-, -en> *f* ❶ (*das Merken*) *Geräusch* detection *no pl; Geruch* perception *no pl* ❷ (*Erfüllung*) attending ❸ JUR (*Vertretung*) looking after *no pl, no art;* ~ **von jds Interessen** looking after [*or* safeguarding] [*or* protecting] sb's interests; ~ **berechtigter Interessen** exercising legitimate interests ❹ (*Ausübung*) making use of; *Rechte* exercising; *Pflichten* attending, fulfilling

wahr|sagen I. *vi* (*Zukunft vorhersagen*) to tell fortunes, to predict the future; ■**aus etw** ~ to predict the future from sth; **aus** [**den**] **Teeblättern** ~ to read [the] tea leaves; **sich** *dat* [**von jdm**] ~ **lassen** to have one's fortune told [by sb] **II.** *vt* (*voraussagen*) ■**jdm etw** ~ to tell sb's fortune, to predict the future for sb

Wahrsager(in) <-s, -> *m(f)* fortune teller

Wahrsagerei <-, -en> *f* (*pej*) fortune-telling; **an die** ~ **glauben** to believe in fortune-telling

Wahrsagung <-, -en> *f* ❶ *kein pl* (*das Wahrsagen*) predicting ❷ (*Prophezeiung*) prediction

währschaft *adj* SCHWEIZ ❶ (*gediegen*) well-made; **eine ~e Arbeit** a sound piece of work ❷ (*tüchtig*) competent; **~es Essen** good food

wahrscheinlich I. *adj* probable, likely; ■**es ist ~, dass** it is probable [*or* likely] that; ■**es ist nicht ~, dass** it is improbable [*or* unlikely] that **II.** *adv* probably

Wahrscheinlichkeit <-, -en> *f* probability, likelihood *no pl;* **in aller ~, aller ~ nach** in all probability [*or* likelihood]

Wahrscheinlichkeitsdichte *f* MATH probability density **Wahrscheinlichkeitsgrad** *m* degree of probability **Wahrscheinlichkeitsrechnung** *f kein pl* MATH probability calculus, theory of probability

Wahrung <-> *f kein pl* protection *no pl,* safeguarding *no pl;* **unter ~ des beiderseitigen Nutzens** without prejudice to mutual benefit

Währung <-, -en> *f* currency; **beschränkt/frei konvertierbare** ~ partly convertible/convertible [*or* free] currency; **gemeinsame** ~ common currency; **gesetzliche/harte/weiche** ~ legal/hard/soft currency

Währungsabkommen *nt* JUR monetary agreement **Währungsabwertung** *f* ÖKON currency devaluation **Währungsangleichung** *f* ÖKON currency adjustment **Währungsanleihe** *f* FIN foreign currency [*or* external] loan **Währungsaufwertung** *f* ÖKON currency appreciation **Währungsausgleich** *m kein pl* currency conversion compensation **Währungsausgleichsfonds** *m* FIN Exchange Equalization Account BRIT, Exchange Stabilization Fund AM **Währungsbehörde** *f* JUR monetary authority **Währungsdelikt** *nt* JUR currency offence [*or* AM -se] **Währungseinheit** *f* currency unit **Währungsfonds** *f* Monetary Fund; **Internationaler** ~ International Monetary Fund **Währungsgebiet** *nt* monetary [*or* currency] area **Währungsgesetz** *nt* JUR currency law **Währungshoheit** *f kein pl* ÖKON monetary sovereignty **Währungshüter** *m* JUR (*fam*) monetary official; (*Zentralbank*) guardian of the currency *fam* **Währungskonferenz** *f* monetary conference **Währungskonto** *nt* FIN foreign currency account **Währungskorb** *m* ÖKON basket of currencies **Währungskrise** *f* monetary [*or* currency] crisis **Währungskurs** *m* exchange rate, rate of exchange **Währungsmarkt** *m* currency market **Währungsparität** *f* ÖKON exchange rate [*or* monetary] parity **Währungspolitik** *f* monetary policy **währungspolitisch I.** *adj* monetary **II.** *adv* in terms of monetary policy **Währungsrecht** *nt* JUR currency law **Währungsreform** *f* currency [*or* monetary] reform **Währungsrembours** *m* FIN foreign currency acceptance credit **Währungsreserve** *f meist pl* foreign exchange reserve *usu pl,* currency [*or* monetary] reserve *usu pl* **Währungsreserven** *pl* FIN currency reserves **Währungsrisiko** *nt* FIN foreign exchange [*or* currency] risk **Währungsschlange** *f* ÖKON currency snake; **Europäische** ~ European Snake **Währungsschwankungen** *pl* ÖKON currency fluctuations *pl* **Währungsspekulation** *f* currency speculation **Währungsstabilität** *f* currency stability **Währungssystem** *nt* monetary system **Währungsturbulenzen** *pl* ÖKON currency fluctuations **Währungsumstellung** *f* ÖKON currency conversion **Währungsunion** *f* monetary union **Währungsverbund** *m* JUR monetary union **Währungsverfall** *m kein pl* ÖKON currency erosion **Währungszusammenbruch** *m* FIN collapse of a currency

Wahrzeichen *nt* landmark

Waise <-, -n> *f* orphan

Waisengeld *nt* JUR orphans' pension **Waisenhaus** *nt* orphanage **Waisenkind** *nt* orphan **Waisenknabe** *m* (*veraltet*) orphan [boy] ▶ WENDUNGEN: **jd ist gegen jdn ein** ~ [*o* **Waisenkind**] (*fam*) sb is no match for sb **Waisenrente** *f* orphan's allowance

Wake-Boarding <-s> [weɪkbɔːdɪŋ] *nt kein pl* SPORT wakeboarding

Wal <-[e]s, -e> *m* whale

Wald <-[e]s, Wälder> *m* (*mit Bäumen bestandenes Land*) wood, forest; **Bayrischer** ~ the Bavarian Forest; **Thüringer** ~ the Thuringian Forest ▶ WENDUNGEN: **den** ~ **vor lauter Bäumen nicht sehen** (*fam*) to not be able to see the wood [*or* forest] for the trees; **wie man in den** ~ **hineinruft, so schallt es wieder heraus** (*prov*) you are treated as you treat others

Waldameise *f* red ant **Waldarbeiter(in)** *m(f)* forestry worker **Waldbaumläufer** *m* ORN common tree creeper **Waldbestand** *m* forest **Waldboden** *m* forest soil **Waldbrand** *m* forest fire

Wäldchen <-s, -> *nt dim von* **Wald** small wood

Walderdbeere *f* wild strawberry **Waldgeißblatt** *nt* BOT common honeysuckle, woodbine **Waldhonig** *m* honeydew honey **Waldhorn** *nt* MUS French horn **Waldhüter** <-s, -> *m* (*veraltend*) forest ranger

waldig *adj* wooded; **eine ~e Gegend** a wooded region

Waldkauz *m* ORN tawny owl **Waldland** *nt* woodland **Waldlauf** *m* cross-country run; **einen** ~ **machen** to go on a cross-country run **Waldlehrpfad** *m* woodland nature trail **Waldmaus** *f* ZOOL wood mouse, long-tailed field mouse **Waldmeister** *m* BOT woodruff **Waldohreule** *f* ORN long-eared owl

Waldorfschule *f* Rudolf Steiner School

Waldpilz *m* woodland mushroom **Waldrand** *m* edge of the woods [*or* forest] **Waldrebe** *f* BOT clematis

waldreich *adj* densely wooded

Waldschaden *m* damage to woods [*or* forests] **Waldschadensforschung** *f* research into forest damage **Waldschnepfe** *f* ORN woodcock **Waldsterben** *nt* death of the forest[s] as a result of pollution

Waldung <-, -en> *f* (*geh*) forest

Waldweg *m* forest path, path through the woods **Waldwiese** *f* glade **Waldwirtschaft** *f kein pl* forestry

Wales <-> [weɪlz] *nt* Wales *no pl*

Walfang *m kein pl* whaling **Walfänger(in)** <-s, -> *m(f)* whaler **Walfisch** *m* (*fam*) *s.* **Wal**

Walhall(a) <-s> *f kein pl* Valhalla *no pl*

Waliser(in) <-s, -> *m(f)* Welshman *masc,* Welsh woman *fem; s. a.* **Deutsche(r)**

Walisisch *nt dekl wie adj* Welsh; *s. a.* **Deutsch**

walisisch *adj* ❶ GEOG Welsh; **die ~e Küste** the Welsh coast; *s. a.* **deutsch 1** ❷ LING Welsh; **der ~e Dialekt** the Welsh dialect; *s. a.* **deutsch 2**

Walisische <-n> *nt* ■**das** ~ Welsh, the Welsh language; *s. a.* **Deutsche**

walken *vt* ❶ (*durch~*) ■**etw** ~ to tumble sth ❷ (*durchkneten*) ■**etw** ~ to knead sth

Walkie-Talkie[RR] <-[s], -s> [ˈwɔːkɪˈtɔːkɪ] *nt,* **Walkie-talkie** <-[s], -s> *nt* walkie-talkie

Walking <-s> [ˈwɔːkɪŋ] *nt kein pl* walking

Walkman <-s, -men> [ˈwɔːkmən] *m* walkman®

Walküre <-, -n> *f* Valkyrie

Wall <-[e]s, Wälle> *m* embankment; *Burg* rampart

Wallach <-[e]s, -e> *m* gelding

wallen *vi Wasser* to bubble; *Suppe* to simmer

wallend *adj* (*geh*) flowing; **ein ~er Bart** a flowing beard

Waller <-s, -> *m* ZOOL, KOCHK European catfish

Wallfahrer(in) *m(f)* pilgrim

Wallfahrt *f* pilgrimage; **eine** ~ [**irgendwohin**] **machen** to go on a pilgrimage [somewhere]

Wallfahrtskirche *f* pilgrimage church **Wallfahrtsort** *m* place of pilgrimage

Wallis <-> *nt* ■**das** ~ Valais

Walliser(in) <-s, -> *m(f)* inhabitant of Valais (*in Switzerland*)

Wallone, Wallonin <-n, -n> *m, f* Walloon; *s. a.* **Deutsche(r)**

Wall Street, Wallstreet <-> [ˈwɔːlˈstriːt] *f* Wall Street

Wallung <-, -en> *f* MED (*Hitze~*) [hot] flush *usu pl* ▶ WENDUNGEN: **jdn in** ~ **bringen** to make sb's blood surge/sb seethe; **in** ~ **geraten** to fly into a rage

Walmdach *nt* ARCHIT hipped roof

Walnuss[RR] *f,* **Walnuß** *f* ❶ (*Frucht des Walnussbaums*) walnut ❷ *s.* **Walnussbaum**

Walnussbaum[RR] *m* walnut [tree] **Walnussholz**[RR] *nt* walnut **Walnussöl**[RR] *nt* walnut oil

Walpurgisnacht *f* ■**die** ~ Walpurgis night

Walross[RR] *nt,* **Walroß** *nt* walrus ▶ WENDUNGEN: **wie ein** ~ **schnaufen** (*fam*) to puff like a grampus BRIT *fam,* to huff and puff AM

walten *vi* (*geh*) ❶ (*herrschen*) to reign ❷ (*üben*) ■**etw** ~ **lassen** to show sth; **Nachsicht** ~ **lassen** to show leniency

Walzblech *nt* sheet metal

Walze <-, -n> *f* ❶ (*zylindrischer Gegenstand*) roller ❷ TECH (*rotierender Zylinder*) roller ❸ (*Straßen~*) steamroller ❹ (*Schreibwalze*) platen

walzen *vt* ■**etw** ~ ❶ (*mit einer Walze ausrollen*) to roll sth ❷ (*zu Blech ausrollen*) to roll sth

wälzen I. *vt* ❶ (*fam: durchblättern*) ■**etw** ~ to pore over sth; **Unterlagen wälzen** to pore over documents ❷ (*hin und her bedenken*) ■**etw** ~ to turn over sth in one's mind ❸ (*rollen*) ■**etw irgendwohin** ~ to roll sth somewhere ❹ KOCHK (*hin und her wenden*) ■**etw in etw** *dat* ~ to roll sth in sth; ***die Kartöffelchen wurden in Butter gewälzt*** the small potatoes were coated in butter **II.** *vr* (*sich hin und her rollen*) ■**sich irgendwo** ~ to roll somewhere; ***sie wälzte sich im Bett hin und her*** she tossed and turned in bed; ■**sich** *akk* **in etw** *dat* ~ to roll in sth; **im Schlamm** ~ to roll in the mud

walzenförmig *adj* cylindrical

Walzennudelmaschine *f* pasta machine

Walzer <-s, -> *m* waltz; **Wiener** ~ Viennese waltz

Wälzer <-s, -> *m* (*fam*) heavy tome *form*

Walzermusik *f* waltz music

Walzstraße *f* TECH roll[ing] train **Walzwerk** *nt* rolling mill

Wamme <-, -n> *f* KOCHK prime streaky bacon

Wampe <-, -n> *f* DIAL (*fam*) paunch

Wams <-es, Wämser> *nt* DIAL (*veraltet*) doublet *old*

wand *imp von* **winden**[1]

Wand <-, Wände> *f* ❶ (*Mauer*) wall ❷ (*Wandung*) side ❸ (*Fels~*) [rock] face ▶ WENDUNGEN: **die Wände haben Ohren** (*fam*) walls have ears *fam;* **spanische** ~ folding screen; **in jds vier Wänden** within sb's own four walls; **weiß wie die** ~ **werden** to turn as white as a sheet; **jdn an die** ~ **drücken** to drive sb to the wall; **die** ~ [*o* **Wände**] **hoch gehen**

können (*fam*) to drive sb up the wall *fam;* [**bei jdm**] **gegen eine ~ reden** to be like talking to a brick wall [with sb]; **jdn an die ~ spielen** SPORT to thrash sb; MUS to outshine sb; THEAT to outshine sb; **jdn an die ~ stellen** MIL to put sb up against the wall; **dass die Wände wackeln** (*fam*) to raise the roof; **~ an ~** right next door to each other; *s. a.* **Kopf**

Wandale, Wandalin <-n, -n> *m, f* ❶ HIST (*germanischer Volksstamm*) Vandal ❷ (*zerstörungswütiger Mensch*) vandal ▶ WENDUNGEN: **wie die ~n** like madmen

Wandalismus *m s.* **Vandalismus**

Wandbehang *m s.* **Wandteppich Wandbord** *nt* [wall] shelf

Wandel <-s> *m kein pl* (*geh*) change; **einem ~ unterliegen** to be subject to change; **im ~ einer S.** *gen* over [*or* through] sth; **im ~ der Jahrhunderte** over the centuries; **im ~ der Zeiten** through the ages

Wandelanleihe *f* convertible loan

wandelbar *adj* ❶ (*geh*) changeable ❷ FIN convertible

Wandelbarkeit <-> *f kein pl* JUR convertibility; **~ des Vertragsstatuts** convertibility of the contractual status

Wandelgang <-gänge> *m* covered walkway

Wandelgeschäft *nt* BÖRSE callable time bargain [*or* forward transaction]

Wandelhalle *f* foyer

wandeln¹ **I.** *vt* (*geh*) ❶ (*ändern*) ■**etw ~** to change sth ❷ FIN (*umtauschen*) ■**etw ~** to convert sth **II.** *vr* (*geh*) ■**sich ~** ❶ (*sich verändern*) to change ❷ (*sich ändern*) to change

wandeln² *vi sein* (*geh*) to stroll

Wandelobligation *f,* **Wandelschuldverschreibung** *f* FIN convertible bond [*or* loan]

Wandelung <-, -en> *f* JUR (*Rückgängigmachung*) rescission, cancellation

Wandelungsklage *f* JUR action to dissolve a contract

Wanderarbeitnehmer(in) *m(f)* migrant worker **Wanderausstellung** *f* travelling [*or* BRIT travelling] exhibition **Wanderbewegung** *f* migration **Wanderbühne** *f* THEAT touring company **Wanderdüne** *f* shifting dune

Wanderer, Wanderin <-s, -> *m, f* hiker, rambler

Wanderfalke *m* ORN peregrine falcon **Wanderfeldbau** *f* shifting cultivation **Wanderheuschrecke** *f* migratory locust

Wanderin <-, -nen> *f fem form von* **Wanderer**

Wanderkarte *f* map of walks

wandern *vi sein* ❶ (*eine Wanderung machen*) to hike, to go rambling, to go on a hike; ■**irgendwoher/irgendwohin ~** to hike from somewhere/to somewhere; ***am Wochenende ~ wir gerne um den See*** at the weekend we like to go on a ramble around the lake ❷ GEOG (*sich weiterbewegen*) ■[**irgendwoher/irgendwohin**] **~** to shift [*or* move] [from somewhere/to somewhere] ❸ (*geh: streifen*) to move ❹ (*fam: geworfen werden*) to go; ■**irgendwohin ~** to go somewhere; ***„wohin mit den Küchenabfällen?" — „die ~ auf den Kompost"*** "where does the kitchen waste go?" — "it goes on the compost heap" ❺ ZOOL (*den Aufenthaltsort wechseln*) to migrate ❻ MED (*sich weiterbewegen*) ■[**irgendwohin**] **~** to migrate [to somewhere] **Wanderniere** *f* MED floating kidney **Wanderpokal** *m* challenge cup **Wanderprediger(in)** *m(f)* itinerant preacher **Wanderratte** *f* brown rat

Wanderschaft <-> *f kein pl* (*Zeit als fahrender Geselle*) travels *npl;* **auf ~ sein** (*fam*) to be on one's travels ▶ WENDUNGEN: **auf ~ gehen** (*fam*) to go off on one's travels

Wanderschuhe *pl* hiking boots *pl*

Wandersmann <-[e]s, -leute> *m* (*veraltet o lit*) wayfarer

Wandertag *m day on which a German school class goes on an excursion*

Wanderung <-, -en> *f* hike, ramble; **eine ~ machen** [*o* **unternehmen**] to go on a hike [*or* ramble]

Wanderungsbewegung *f* migration

Wanderverein *m* hiking club, ramblers' association **Wandervogel** *m* ❶ (*veraltet: Zugvogel*) migratory bird, bird of passage *euph,* rolling stone *euph* ❷ *kein pl* HIST (*Jugendbewegung*) *ramblers' association, founded 1895, forerunner of the German youth movement* ❸ HIST (*Mitglied von Bewegung*) member of the Wandervogel ❹ (*hum: begeisterter Wanderer*) keen hiker [*or* rambler] **Wanderweg** *m* walk, trail **Wanderzirkus** *m* travelling [*or* AM *usu* traveling] circus

Wandgemälde *nt* mural, wall painting **Wandkalender** *m* wall calendar **Wandkarte** *f* wall map **Wandlampe** *f* wall lamp [*or* light]

Wandler <-s, -> *m* INFORM converter

Wandlung <-, -en> *f* ❶ (*geh: Veränderung*) change ❷ REL transubstantiation *no pl* ❸ JUR conversion; **auf ~ klagen** to sue for conversion

Wandlungsbedingungen *pl* JUR conversion terms **wandlungsfähig** *adj* adaptable; **ein ~er Schauspieler** a versatile actor **Wandlungsklage** *f,* **Wandlungsverfahren** *nt* JUR redhibitory action **Wandlungsrecht** *nt* FIN conversion privilege, right of conversion

Wandpfeiler *m* BAU pilaster

Wandrer(in) <-s, -> *m(f) s.* **Wanderer**

Wandscheibe *f* BAU wall section **Wandschrank** *m* built-in cupboard **Wandspiegel** *m* wall mirror **Wandtafel** *f* blackboard

wandte *imp von* **wenden**

Wandteller *m* [decorative] wall plate **Wandteppich** *m* tapestry **Wanduhr** *f* wall clock **Wandverkleidung** *f* ❶ (*Paneel*) panelling [*or* AM paneling] *no pl* ❷ (*Plattierung*) facing, wall covering **Wandzeitung** *f* wall news-sheet

Wange <-, -n> *f* ❶ (*geh: Backe*) cheek; **~ an ~** cheek to cheek ❷ BAU stringer

Wankelmotor *m* rotary piston engine

Wankelmut *m* (*geh*) fickleness *no pl,* inconsistency *no pl*

wankelmütig *adj* (*geh*) inconsistent

Wankelmütigkeit *f s.* **Wankelmut**

wanken *vi* ❶ *haben* (*hin und her schwanken*) to sway ❷ *sein* (*sich wankend bewegen*) ■**irgendwohin ~** to stagger somewhere ▶ WENDUNGEN: **etw ins W~ bringen** to shake sth; **ins W~ geraten** to begin to sway [*or* waver]; ***sein Entschluss geriet ins W~*** he began to waver in his decision

wann *adv interrog* ❶ (*zu welchem Zeitpunkt*) when; **~ *kommst du wieder?*** when will you be back?; **bis ~** until when; ***bis ~ ist der Pass gültig?*** when is the passport valid until?; **seit ~** since when; **von ~ an** from when; **~ etwa** [*o* **ungefähr**] when approximately [*or* roughly]; **~** [**auch**] **immer** whenever ❷ (*in welchen Fällen*) when

Wanne <-, -n> *f* ❶ (*Bade~*) [bath]tub ❷ (*längliches Gefäß*) tub ❸ (*Öl~*) oilpan

Wannenbad *nt* bath; **ein ~ nehmen** to have [*or* take] a bath

Wanst <-[e]s, Wänste> *m* (*Fett~*) paunch ▶ WENDUNGEN: **sich** *dat* **den ~ vollschlagen** (*sl*) to stuff oneself *sl*

Want <-, -en> *f meist pl* NAUT shroud

Wanze <-, -n> *f* ❶ (*Blut saugender Parasit*) bug ❷ (*fam: Miniabhörgerät*) bug *fam*

WAP *nt Abk von* **Wireless Application Protocol** WAP

WAP-Handy *nt* WAP phone

Wappen <-s, -> *nt* coat of arms ▶ WENDUNGEN: **ein ~ führen** to have a coat of arms; **etw im ~ führen** to bear sth on one's coat of arms

Wappenkunde *f kein pl* heraldry *no pl* **Wappenschild** *m o nt* shield **Wappentier** *nt* heraldic animal

wappnen *vr* (*geh*) ■**sich** [**gegen etw**] **~** to prepare oneself [for sth]; ■**gewappnet sein** to be prepared

war *imp von* **sein¹**

Waran <-s, -e> *m* ZOOL dragon

warb *imp von* **werben**

ward (*liter*) *imp von* **werden I, 3 und II**

Ware <-, -n> *f* HANDEL article, merchandise *no pl form,* product, commodity; ***Lebensmittel sind leicht verderbliche ~n*** food is a commodity that can easily go off; ***die ~ bleibt bis zur vollständigen Bezahlung Eigentum des Verkäufers*** the goods shall remain property of the seller until full payment; **~en des Grundbedarfs** staples; **abgepackte/gebrauchsfertige ~** packaged/ready-made goods; **börsengängige ~** BÖRSE marketable paper; **marktgängige ~** marketed products; **eine ~ auf den Markt bringen** to launch a product; **~ in den Markt der Gemeinschaft einführen** (*EU*) to introduce a product into Community commerce ▶ WENDUNGEN: **heiße ~** (*sl*) hot goods *sl*

Ware-Geld-Austausch *m kein pl* BÖRSE exchange of asked and bid

Warenabsatz *m* HANDEL sale of goods, commodity marketing **Warenabsender(in)** *m(f)* HANDEL consignor, shipper **Warenakkreditiv** *nt* HANDEL commercial letter of credit **Warenakzept** *nt* HANDEL trade acceptance **Warenangebot** *nt* range of goods on offer **Warenannahme** <-, -n> *f* ❶ *kein pl* (*das Annehmen*) acceptance of goods ❷ (*Abteilung*) receiving department [*or* office] **Warenaufzug** *m* goods lift BRIT, freight elevator AM **Warenausfuhr** *f* export of goods **Warenausgabe** <-, -n> *f* ❶ *kein pl* (*das Ausgeben*) issue of goods ❷ (*Abteilung*) goods collection point **Warenausgang** *m kein pl* HANDEL ❶ *kein pl* (*Abteilung*) sales department ❷ *meist pl* (*zum Abschicken vorbereitete Waren*) outgoing goods *pl,* sale of goods **Warenausgangsbuch** *nt* sales ledger [*or* sales [day] book] **Warenauslage** *f* HANDEL goods display; (*im Schaufenster*) window display **Warenaustausch** *m* exchange of goods, barter trade **Warenaustauschgeschäft** *nt* ÖKON barter trade

Warenautomat *m* vending machine **Warenbeförderung** *f* carriage of goods; **~ im Luftverkehr** carriage of goods by air; **~ unter Zollverschluss** carriage [of goods] under customs seal **Warenbegleitschein** *m* HANDEL docket, consignment note, waybill **Warenbeschaffung** *f* ÖKON purchasing **Warenbeschreibungsgesetz** *nt* JUR Trade Description Act **Warenbestand** *m* HANDEL stock, AM inventory **Warenbestellung** *f* HANDEL order for goods; (*aus dem Ausland*) indent; **eine ~ aufgeben** to put goods on order **Warenbezeichnung** *f* HANDEL trade description

warenbezogen *adj* goods-related

Warenbörse *f* ÖKON commodity exchange **Warencode, Warenkode** *m* stock code **Warendiskont** *m* HANDEL trade discount **Wareneinfuhr** *f* import of goods **Wareneingang** *m* ÖKON ❶ *kein pl* (*Abteilung*) incoming goods department ❷ *meist pl* (*eingehende, gelieferte Waren*) goods received **Wareneingangsbuch** *nt* purchase book **Wareneinkaufsbuch** *nt* FIN purchase book **Wareneinsatz** *m* HANDEL sales input **Wareneinstandspreis** *m* HANDEL cost price **Warenempfänger(in)** *m(f)* HANDEL consignee, recipient of the goods **Warenempfangsbestätigung** *f* HANDEL receipt for goods **Warenerhalt** *m* HANDEL receipt of goods **Warengeschäft** *nt* ÖKON commercial business **Warenhandel** *m* HANDEL trade in goods **Warenhaus** *nt* (*veraltend*) *s.* **Kaufhaus Warenhauskette** *f* department store chain **Wareninhaber(in)** *m(f)* HANDEL holder of the goods **Warenkalkulation** *f* HANDEL costing of merchandise sold **Warenkonto** *nt* FIN merchandise account **Warenkorb** *m* basket of goods **Warenkreditbürgschaft** *f* JUR credit security for merchandise **Warenlager** *nt* goods depot **Warenlieferung** *f* ÖKON ❶ *kein pl* (*das Liefern von Waren*) delivery of goods ❷ (*gelieferte Waren*) goods delivered **Warenlombard** *m* FIN advance on goods **Warenmuster** *nt,* **Warenprobe** *f* HANDEL commercial sample, sample of goods; **~ ohne Handelswert** samples **Warennachfrage** *f* ÖKON demand for goods **Warennomenklatur** *f* JUR nomenclature of goods **Warennotierung** *f* BÖRSE seller quotation **Warenpapier** *nt* JUR shipping document, document of title **Warenpreis** *m* HANDEL commodity price **Warenprüfer(in)** *m(f)* HANDEL quality in-

W

spector **Warenprüfung** *f* HANDEL quality control **Warenregal** *nt* shelf for goods **Warenreserve** *f* HANDEL stockpile **Warensaldo** *m* HANDEL unsold goods *pl* **Warensendung** *f* ❶ *kein pl* ÖKON (*das Senden von Waren*) shipment ❷ ÖKON (*die gesandten Waren*) shipment, consignment of goods ❸ ADMIN, TRANSP (*Postsendung*) shipment **Warensortiment** *nt* assortment [*or* range] of goods **warenspezifisch** *adj* HANDEL product-specific **Warenterminbörse** *f* BÖRSE commodity futures exchange **Warentermingeschäft** *nt* commodity futures trading *no pl* **Warentest** *m* goods quality test **Warenüberfluss**[RR] *m* ÖKON surplus of goods **Warenübergabe** *f* HANDEL delivery of goods **Warenumsatzsteuer** *f* SCHWEIZ (*Mehrwertsteuer*) value added tax **Warenumschlag** *m* ÖKON goods turnover **Warenumschlagskredit** *m* FIN goods turnover financing credit **Warenverkaufsbuch** *nt* FIN sales book

Warenverkehr *m kein pl* ÖKON movement of goods, goods trade, flow of commodities; **grenzüberschreitender** ~ cross-border trade [*or* movement of goods]; **Waren- und Dienstleistungsverkehr** movement of goods and services, trade and services transactions; **den freien** ~ **gewährleisten** to safeguard the free trade [*or* movement of goods]

Warenverkehrsbescheinigung *f* (*Zoll*) movement certificate **Warenverkehrsfreiheit** *f kein pl* HANDEL free trade [*or* movement of goods] **Warenverkehrswert** *m* value [*or* amount] of goods traffic

Warenverknappung *f* ÖKON shortage of goods **Warenvertriebskosten** *pl* HANDEL distribution [*or* marketing] costs **Warenvorrat** *m* HANDEL inventory, stock-in-trade **Warenwechsel** *m* FIN trade [*or* commercial] bill **Warenwirtschaft** *f kein pl* goods trade

Warenzeichen *nt* trademark; **ein** ~ **eintragen/löschen/nachahmen** to register/cancel/pirate a trademark; **ein** ~ **verletzen** to infringe a trademark; **eingetragenes** ~ registered trademark

Warenzeichenblatt *nt* trademark journal **Warenzeichenfälschung** *f* trademark counterfeiting **Warenzeichengebühren** *pl* trademark registration fee **Warenzeichenlizenz** *f* trademark licence [*or* AM -se] **Warenzeichenlöschung** *f* cancellation of a trademark **Warenzeichenrecht** *nt* JUR trademark law **Warenzeichenregister** *nt* trademark register **Warenzeichenschutz** *m kein pl* trademark protection *no pl* **Warenzeichenverletzung** *f* JUR trademark infringement

Warenzustellung *f* HANDEL delivery of goods

warf *imp von* **werfen**

warm <wärmer, wärmste> **I.** *adj* ❶ (*nicht kalt*) warm; **ein Glas ~e Milch** a glass of hot milk; **etw ~ halten** to keep sth warm; **[jdm] etw ~ machen** to heat sth up [for sb]; (*Wärme aufweisend*) warm; **ein ~es Bett** a warm bed; **es [irgendwo] ~ haben** to be warm [somewhere]; ***mir ist zu*** ~ I'm too hot; (*eine angenehme Wärme spüren*) [to feel] pleasantly warm ❷ (*nicht kalt*) warm ❸ (*aufwärmend*) warm; **jdn ~ machen** *heißes Getränk, Suppe etc.* to warm sb up ❹ SPORT **sich ~ laufen, sich ~ machen** to warm up; **sich ~ spielen** ***ich würde mich gerne 5 Minuten ~ spielen*** I would like a five minute warm-up ❺ (*geh: aufrichtig*) warm; **ein ~es Interesse** a keen interest; **~e Zustimmung** enthusiastic agreement ▶ WENDUNGEN: **sich** *dat* **jdn ~ halten** to keep sb warm [*or* BRIT in with sb]; **mit jdm ~ werden** (*fam*) to warm to sb; *s. a.* **Bruder II.** *adv* (*im Warmen*) warmly; (*gewärmt*) warm; **den Motor ~ lassen** to let the engine warm up ▶ WENDUNGEN: **jdn/etw [jdm] wärmstens empfehlen** to recommend sb/sth most warmly [to sb]

Warmblut *nt* cross-bred horse **Warmblüter** <-s, -> *m* warm-blooded animal **warmblütig** *adj* warm-blooded **Warmduscher** <s, -> *m* (*pej sl*) prude *pej*

Wärme <-> *f kein pl* ❶ (*warme Temperatur*) warmth *no pl;* ~ **suchend** heat-seeking ❷ (*Warmherzigkeit*) warmth *no pl*

Wärmeableitung *f kein pl* thermal water discharge **Wärmeanomalie** *f* GEOL heat anomaly **Wärmeaufnahme** *f* heat absorption **Wärmeaustausch** *m kein pl* heat exchange **Wärmeaustauscher** <-s, -> *m* heat exchanger **Wärmebehandlung** *f* ❶ TECH (*Erwärmung von Metall*) heat treatment ❷ MED (*therapeutische Anwendung von Wärme*) heat treatment **Wärmebelastung** *f kein pl* ❶ ÖKOL thermal pollution ❷ TECH thermal stress **wärmebeständig** *adj* heat-resistant **Wärmedämmbahn** *f* BAU heat insulation sheet **Wärmedämmstoff** *m* BAU thermal insulation **Wärmedämmung** *f* heat insulation **wärmeempfindlich** *adj* heat-sensitive **Wärmeenergie** *f* thermal energy **Wärmegrad** *m* degrees above zero; (*Temperatur*) degree of heat, temperature **Wärmehaushalt** *m* heat regulation **Wärmeisolierung** *f* thermal insulation **Wärmekraftwerk** *nt* thermal power station, CHP plant **Wärmelehre** *f kein pl* theory of heat **Wärmeleiter** *m* heat conductor **Wärmeleitung** *f kein pl* heat conduction **Wärmemotor** *m* TECH heat engine

wärmen I. *vt* ❶ (*warm machen*) ■**jdn** ~ to warm sb up; ■**sich [gegenseitig]** ~ to keep each other warm ❷ (*aufwärmen*) ■**jdn/etw** ~ to warm sb/sth up; ■**sich** ~ to warm oneself up **II.** *vi* (*warm machen*) to be warm; ***wollene Unterwäsche wärmt*** woollen underclothes are warm

Wärmepfanne *f* chafing pan **Wärmepumpe** *f* heat pump **Wärmequelle** *f* source of heat **Wärmeregler** *m* thermostat **Wärmerückgewinnung** *f kein pl* heat recovery **Wärmespeicher** *m* thermal store **Wärmestrahlung** *f* thermal radiation *no pl* **wärmesuchend** *adj s.* Wärme 1 **Wärmetauscher** <-s, -> *m* heat exchanger **Wärmetechnik** *f kein pl* heat technology **Wärmeübertragung** *f* PHYS heat transfer **Wärmezufuhr** *f kein pl* heat supply

Wärmflasche *f* hot-water bottle

Warmfront *f* METEO warm front

Warmhaltekanne *f* thermos **Warmhalteplatte** *f* hotplate

warmherzig *adj* warm-hearted **Warmluft** *f* warm air *no pl* **Warmluftzufuhr** *f kein pl* warm air supply **Warmmiete** *f* (*fam*) rent including heating [*or* AM heat] **Warmstart** *m* INFORM soft reset [*or* boot]; **automatischer** ~ warm start

Warm-up <-s, -s> [wɔːmap] *nt* SPORT warm-up

Warmwachsbehandlung *f* warm wax treatment **Warmwasserbereiter** <-s, -> *m* water heater **Warmwasserheizung** *f* hot-water central heating **Warmwasserspeicher** *m* hot-water tank **Warmwasserversorgung** *f* hot-water supply

Warnanlage *f* warning system **Warnblinkanlage** *f* hazard warning lights **Warnblinkleuchte** *f* hazard warning light **Warndreieck** *nt* hazard warning triangle

warnen I. *vt* ■**jdn** ~ to warn sb; ■**jdn vor jdm/etw** ~ to warn sb about sb/sth; ***ich muss dich vor ihm*** ~ I must warn you about him; ■**jdn [davor]** ~, **etw zu tun** to warn sb about doing sth; **ich warne dich/Sie!** I'm warning you! **II.** *vi* (*Warnungen herausgeben*) ■**[vor jdm/etw]** ~ to issue a warning [about sb/sth]

warnend I. *adj* warning; **ein ~es Signal** a warning signal **II.** *adv* as a warning; ***sie hob ~ den Zeigefinger*** she held up her index finger as a warning

Warnhinweis *m* warning label **Warnkreuz** *nt* BAHN warning cross **Warnleuchte** *f* warning light **Warnlicht** *nt* AUTO hazard warning light **Warnlichtschalter** *m* hazard warning switch [*or* hazard flasher] **Warnmeldung** *f* INFORM warning message, alert **Warnruf** *m* warning cry **Warnschild** *nt* ❶ (*warnendes Verkehrsschild*) warning sign ❷ (*Schild mit einer Warnung*) warning sign [*or* notice] **Warnschuss**[RR] *m*, **Warnschuß** *m* warning shot **Warnsignal** *nt* (*warnendes Lichtzeichen*) warning signal; (*warnender Ton*) warning signal **Warnstreik** *m* token strike **Warnton** *m* warning signal **Warntracht** *f* ZOOL warning colouration BRIT [*or* AM -oration]

Warnung <-, -en> *f* warning; ■~ **vor etw** *dat* warning about sth; **lass dir das eine ~ sein!** let that be a warning to you!; **als** ~ as a warning

Warnzeichen *nt* ❶ (*Warnsignal*) warning signal ❷ (*warnendes Anzeichen*) warning sign

Warschau <-s> *nt* Warsaw

Warschauer Pakt *m* HIST Warsaw Pact

Warte <-, -n> *f* observation point; **von der hohen ~ einer S.** *gen* from the vantage-point of a thing; **von jds ~ [aus]** from sb's point of view [*or* standpoint]

Wartefrist *f s.* Wartezeit **Wartehalle** *f* BAHN waiting room **Warteliste** *f* waiting list

warten[1] *vi* ❶ (*harren*) to wait; ■**auf jdn/etw** ~ to wait for sb/sth; ■**mit etw [auf jdn]** ~ to wait [for sb] before doing sth; **jdn/etw kann** ~ sb/sth can [*or* has to] wait; **auf sich** *akk* ~ **lassen** to be a long time [in] coming; **nicht [lange] auf sich** *akk* ~ **lassen** to not be long in coming; **warte mal!** wait!, hold on!; **na warte!** (*fam*) just you wait! *fam;* **worauf wartest du noch?** (*fam*) what are you waiting for? *fam* ❷ (*er~*) ■**auf jdn** ~ to await sb; *s. a.* **schwarz**

warten[2] *vt* ■**[jdm] etw** ~ to service [*or* maintain] sth [for sb]; **eine Datei** ~ to maintain a file; **Hardware/Software** ~ to maintain hardware/software

Wärter(in) <-s, -> *m(f)* (*veraltend*) ❶ (*Gefängnis~*) prison officer [*or* AM guard], warder BRIT ❷ (*Tierpfleger*) keeper

Warteraum *m* waiting room

Wärterin <-, -nen> *f fem form von* **Wärter**

Wartesaal *m* waiting room **Warteschlange** *f* ❶ (*Menschen*) queue, line AM ❷ INFORM device queue **Warteschleife** *f* ❶ LUFT holding pattern, stack; ■**in der ~ sein** to be stacked, to be stacking ❷ INFORM wait [*or* holding] loop **Wartestand** *m* temporary retirement

Wartezeit *f* ❶ (*Zeit des Wartens*) wait *no pl* ❷ (*Karenzzeit*) waiting period ❸ TECH waiting time **Wartezimmer** *nt* waiting room **Wartezustand** *m* TECH wait state [*or* condition]

Wartung <-, -en> *f* service, maintenance *no pl;* ~ **der Hardware/Software** INFORM hardware/software maintenance; **laufende** ~ routine maintenance

wartungsarm *adj* low-maintenance; **~e Batterie** AUTO low-maintenance battery **Wartungsaufwand** *m* TECH, ÖKON costs of maintenance, service costs *pl* **Wartungsdienst** *m* maintenance service **wartungsfrei** *adj* maintenance-free **Wartungshandbuch** *nt* service manual **Wartungsunternehmen** *nt* HANDEL service contractor **Wartungsvereinbarung** *f*, **Wartungsvertrag** *m* maintenance [*or* service] agreement [*or* contract]

warum *adv interrog* why; ~ **nicht?** why not?; ~ **nicht gleich so!** (*fam*) why couldn't you/it do that before!

Warze <-, -n> *f* ❶ MED (*Fibrom*) wart ❷ ANAT (*Brust~*) nipple

Warzenhof *m* ANAT areola **Warzenmelone** *f* KOCHK cantaloupe melon **Warzenpflaster** *nt* wart plaster **Warzenschwein** *nt* ZOOL wart hog

was I. *pron interrog* ❶ (*welches Ding*) what ❷ (*welcher Grund*) what; ~ **ist** [*o* **gibt's**]**?** what's up?, what's the matter? ❸ (*fam: wie sehr*) how; ~ ***war das für eine Anstrengung!*** that really was an effort!, what an effort that was!; ~ **für ein(e)** ... what sort [*or* kind] of; ~ **für ein Glück!** what a stroke of luck!; ~ ***für eine sie ist, weiß ich auch nicht*** I don't know either what sort of a person she is; *s. a.* **los sein, sollen** ❹ (*fam: warum*) why ❺ (*fam: nicht wahr*) isn't it/doesn't it/aren't you **II.** *pron rel* what; ■**das,** ~ that which *form,* what; ***das Einzige, ~ ich Ihnen sagen kann, ist, dass er morgen kommt*** the only thing I can tell you is that he's coming tomorrow; ***das Wenige, ~ ich besitze, will ich gerne mit dir teilen*** the little that I possess I will gladly share with you; *s. a.* **alle(r, s), auch, immer, können III.** *pron indef* (*fam*) ❶ (*etwas*) something, anything; ***kann ich ~ helfen?*** is there anything I can do to help?; ***lassen Sie es mich wissen, wenn ich ~ für Sie tun kann!*** let me know when I can do something for you; ***iss nur, es ist ~ ganz Leckeres!*** just eat it, it's something really tasty! ❷ (*irgend~*) anything; ***ob er ~ gemerkt hat?*** I wonder if he noticed anything?; ***fällt Ihnen an dem Bild ~ auf?*** does anything strike you about the picture?; *s. a.* **so**

Wasalauf *m* SKI Vasalop race

Waschanlage *f* ❶ (*Auto~*) car wash ❷ (*fig: Schwarzgeld*) laundering facility; (*für Spenden*) front **Waschanleitung** *f* washing instructions *pl* **Waschautomat** *m* washing machine

waschbar *adj* washable

Waschbär *m* racoon **Waschbecken** *nt* washbasin **Waschbeton** *m* exposed aggregate concrete **Waschbetonplatte** *f* exposed aggregate panel **Waschbrett** *nt* washboard **Waschbrettbauch** *m* (*hum fam*) washboard stomach

Wäsche <-, -en> *f* ❶ *kein pl* (*Schmutz~*) washing *no pl*; **in der ~ sein** to be in the wash; **etw in die ~ tun** to put sth in the wash; (*das Waschen*) washing *no pl* ❷ *kein pl* (*Unter~*) underwear *no pl* ❸ *kein pl* (*Haushalts~*) linen *no pl* ❹ (*Wagen~*) car wash ❺ (*Legalisierung*) **die ~ illegaler Gelder** the laundering of stolen money ▸ WENDUNGEN: **dumm aus der ~ gucken** (*fam*) to look dumbfounded; **schmutzige/seine schmutzige ~ waschen** to wash one's dirty linen in public

Wäschebeutel *m* laundry bag **Wäschebox** *f* dirty clothes box

waschecht *adj* ❶ (*fam: typisch*) genuine, real ❷ (*beim Waschen nicht verbleichend*) colourfast, colorfast AM

Wäschegeschäft *nt* draper's [shop] BRIT **Wäscheklammer** *f* [clothes-]peg **Wäschekorb** *m* laundry-basket **Wäscheleine** *f* [clothes-]line **Wäschemangel** *f* mangle

waschen <wusch, gewaschen> *vt* ❶ (*durch Abwaschen säubern*) ■**jdn/etw ~** to wash sb/sth; ■**sich** *akk* **~** to wash [oneself]; **sich kalt/warm ~** to wash [oneself] in cold/hot water; ■[**sich** *dat*] **etw ~** to wash [one's] sth ❷ (*mit Waschmittel reinigen*) ■**etw ~** to wash sth ❸ (*sl: legalisieren*) ■**etw ~** to launder sth; **Drogengeld ~** to launder drugs/money ▸ WENDUNGEN: **..., der/die/das sich gewaschen hat** (*fam*) real good ...; **eine Ohrfeige, die sich gewaschen hat** a real good box on the ears; **eine Prüfung, die sich gewaschen hat** a swine of an exam

Wäschepuff *m* dirty linen box

Wäscher(in) <-s, -> *m(f)* launderer

Wäscherei <-, -en> *f* laundry

Wäscherin <-, -nen> *f fem form von* **Wäscher**

Wäscheschleuder *f* spin-drier **Wäscheschrank** *m* linen cupboard **Wäschespinne** *f* revolving [*or* rotary] clothes dryer **Wäscheständer** *m* clothes-horse **Wäschestärke** *f* starch *no pl* **Wäschetrockner** <-s, -> *m* drier **Wäschetruhe** *f* linen chest, BRIT *a.* blanket box **Wäschezeichen** *nt* name tape, linen mark

Waschgang <-gänge> *m* wash (*stage of a washing programme*) **Waschgelegenheit** *f* washing facilities *pl* **Waschhandschuh** *m* flannel [*or* AM shower] [*or* AM bath] mitt **Waschkessel** *m* washboiler **Waschküche** *f* ❶ (*Raum zum Wäschewaschen*) wash house ❷ (*fam: dichter Nebel*) pea-souper BRIT, as thick as pea soup AM **Waschlappen** *m* ❶ (*Lappen zur Körperwäsche*) flannel ❷ (*fam: Feigling*) sissy, wet rag BRIT **Waschlauge** *f* suds *npl* **Waschleder** *nt* chamois leather **Waschmaschine** *f* washing machine **waschmaschinenfest** *adj* machine-washable **Waschmittel** *nt* detergent **Waschpulver** *nt* washing-powder **Waschraum** *m* wash-room **Waschsalon** *m* launderette BRIT, laundromat AM **Waschschüssel** *f* washtub **Waschstraße** *f* car wash **Waschtag** *m* washday; **~ haben** to be one's washing-day **Waschtisch** *m* washstand

Waschung <-, -en> *f* ❶ MED washing *no pl* ❷ REL ablution *no pl*

Waschwanne *f* washtub **Waschwasser** *nt kein pl* washing water *no pl* **Waschweib** *nt* (*fam*) gossip **Waschzettel** *m* blurb **Waschzeug** *nt* washing things *pl*

Washington <-s> ['wɔʃɪŋtən] *nt* Washington

Wasser <-s, - *o* Wässer> *nt* ❶ *kein pl* (*H2O*) water *no pl*; **fließend ~** running water; **~ abweisend** [*o* **abstoßend**] water-repellent; **~ durchlässig** porous; **~ gefährdend** water polluting; **~e gefährdende Stoffe** water-polluting substances; **~ lassen** MED to pass water; **etw unter ~ setzen** to flood sth; **unter ~ stehen** to be flooded [*or* under water]; **~ treten** MED to paddle ❷ (*Wasseroberfläche*) water *no pl*; ***Wasserflugzeuge können auf dem ~ landen*** amphibious aircraft can land on water; **zu ~** by sea; **etw zu ~ lassen** NAUT to launch sth ❸ *pl* (*geh: Fluten*) waters *pl* ▸ WENDUNGEN: **bis dahin fließt noch viel ~ den Bach** [*o* **Rhein**] **hinunter** (*fam*) a lot of water will have flowed under the bridge by then; **bei ~ und Brot** behind bars; **das ~ bis zum Hals stehen haben** (*fam*) to be up to one's ears in debt; **~ auf jds Mühle sein** to be grist to sb's mill; **jdm läuft das ~ im Mund[e] zusammen** sb's mouth is watering; **duftende Wässer** *pl* toilet water BRIT, cologne AM; **nah am ~ gebaut haben** to be prone to tears; **... reinsten ~s** (*fam*) pure ...; **schweres ~** heavy water; **stilles ~** [a bit of]a dark horse; **stille ~ sind tief** still waters run deep *prov;* **ins ~ fallen** (*fam*) to fall through *fam;* **ins ~ gehen** (*euph*) to drown oneself; **mit allen ~n gewaschen sein** (*fam*) to know every trick in the book *fam;* **jdm das ~ abgraben** to take away sb's livelihood; **sich über ~ halten** to keep oneself above water; (*sich vorm Untergehen bewahren*) to keep afloat; **das ~ nicht halten können** to be incontinent; **jdm das ~ reichen können** to be a match for sb; **auch nur mit ~ kochen** (*fam*) to be no different from anybody else; **sein ~ abschlagen** (*sl*) to relieve oneself

wasserabweisend *adj s.* Wasser 1 **Wasserader** *f* subterranean [*or* underground] watercourse **Wasser-Aloe** <-, -en> [-'a:loe] *f* BOT water soldier **Wasseramsel** *f* ORN dipper, water ouzel **Wasseranschluss**RR *m,* **Wasseranschluß** *m* ❶ (*Anschließen an Wasserversorgung*) connection to the mains water supply [*or* AM water main] ❷ (*Anschlussvorrichtung an Wasserversorgung*) mains hose BRIT, water main connection AM **wasserarm** *adj* arid **Wasseraufbereitung** *f* water treatment **Wasseraufbereitungsanlage** *f* water treatment plant **Wasserbad** *nt* ❶ KOCHK (*Topf mit kochendem Wasser*) bain-marie, double-boiler ❷ FOTO (*zum Wässern von Abzügen*) water bath ❸ (*veraltet: Bad mit Wasser*) bath **Wasserball** *m* ❶ *kein pl* (*Wasserhandball*) water polo *no pl* ❷ (*Ball für ~ 1*) water polo ball ❸ (*aufblasbarer Spielball*) beach ball **Wasserbau** *m kein pl* canal, harbour [*or* AM -or] and river engineering **Wasserbecken** *nt* pool, pond **Wasserbehälter** *m* water container **Wasserbett** *nt* waterbed **Wasserbindevermögen** *nt* turgor **Wasserbombe** *f* MIL depth charge **Wasserbuch** *nt* JUR water-rights register **Wasserbüffel** *m* water buffalo **Wasserburg** *f* castle surrounded by moats

Wässerchen <-s, -> *nt* (*Duftwasser*) scent ▸ WENDUNGEN: **jd sieht aus, als ob er kein ~ trüben könnte** (*fam*) to appear innocent while being guilty, sb looks as if butter wouldn't melt in his/her mouth BRIT

Wasserdampf *m* steam *no pl* **wasserdicht** *adj* ❶ (*kein Wasser eindringen lassend*) watertight; **eine ~e Uhr** a water-resistant watch ❷ (*sl: nicht zu erschüttern*) watertight; **ein ~es Alibi** a watertight alibi ▸ WENDUNGEN: **etw ~ machen** (*sl*) to make sth watertight **Wasserdruck** *m* water pressure **wasserdurchlässig** *adj s.* Wasser 1 **Wassereimer** *m* bucket, pail **Wasserenthärter** <-s, -> *m* water softener **Wassererhitzer** <-s, -> *m* water heater **Wassererosion** *f* erosion by water **Wasserfahrzeug** *nt* watercraft **Wasserfall** *m* waterfall ▸ WENDUNGEN: **wie ein ~ reden** (*fam*) to talk nonstop, to talk nineteen to the dozen BRIT *fam* **Wasserfarbe** *f* watercolour [*or* AM -or] **Wasserfass**RR *nt* water barrel **wasserfest** *adj* ❶ (*für Wasser undurchlässig*) waterproof, water-resistant ❷ *s.* **wasserdicht** **Wasserflasche** *f* water bottle **Wasserfleck** *m* water stain [*or* spot] **Wasserfloh** *m* ZOOL water flea **Wasserflugzeug** *nt* seaplane **Wasserfracht** *f* carriage by water **Wasserfrosch** *m* water [*or* edible] frog **Wasserführung** *f* TYPO (*Druck*) damping, water distribution [*or* supply] **wassergekühlt** *adj* water-cooled **Wasserglas** *nt* glass, tumbler **Wasserglätte** *f* surface water *no pl* **Wassergraben** *m* ❶ (*Graben*) ditch ❷ SPORT (*Hindernis beim Reitsport*) water jump; (*Hindernis beim Hürdenlauf*) water jump ❸ (*Burggraben*) moat **Wassergymnastik** *f kein pl* aquarobics + *sing vb* **Wasserhahn** *m* [water] tap [*or* AM faucet] **Wasserhärte** *f* hardness of the water **Wasserhaushalt** <-[e]s> *m kein pl* ❶ MED, BIOL water balance ❷ ÖKOL hydrologic balance **Wasserhaushaltsgesetz** *nt* JUR Water Resources Act **Wasserhose** *f* METEO waterspout **Wasserhuhn** *nt* coot

wässerig *adj s.* **wäßrig**

Wasser-in-Öl-Emulsion *f* water-in-oil emulsion

Wasserinsekt *nt* aquatic insect **Wasserkanister** *m* water can [*or* container] **Wasserkastanie** *f* water chestnut **Wasserkastenlack** *m* TYPO dispersion [*or* water-pan] varnish **Wasserkocher** *m* kettle **Wasserkopf** *m* ❶ MED hydrocephalus ❷ (*überproportionales Gebilde*) *sth that has been blown out of proportion;* ***die Stadtverwaltung hatte einen enormen Wasserkopf entwickelt*** the municipal authorities had developed a tremendously bloated bureaucracy **Wasserkraft** *f kein pl* water power *no pl* **Wasserkraftwerk** *nt* hydroelectric power station **Wasserkreislauf** *m* water circulation **Wasserkühlung** *f* water cooling *no pl;* **... mit ~** water-cooled **Wasser-Land-Flugzeug** *nt* amphibian plane **Wasserlandung** *f* ❶ LUFT *von Flugzeug* alighting on water ❷ RAUM *von Raumkapsel* splashdown **Wasserlassen** <-s> *nt kein pl* MED passing [of] water *no pl* **Wasserlauf** *m* watercourse **Wasserläufer** *m* ZOOL pond skater **Wasserlebewesen** *nt* ZOOL aquatic creature **Wasserleiche** *f* corpse found in water **Wasserleitung** *f* water pipe **Wasserlilie** *f* water lily **Wasserlinie** *f* NAUT waterline **Wasserlinse** *f* BOT duckweed **Wasserloch** *nt* waterhole **wasserlöslich** *adj* soluble in water **Wassermangel** *m* water shortage **Wassermann** *m* ❶ ASTROL Aquarius *no pl, no def art;* [**ein**] **~ sein** to be an Aquarian ❷ (*Nöck*) water sprite **Wassermelone** *f* watermelon **Wassermühle** *f* watermill

wassern *vi Wasserflugzeug* to land on water; *Raumkapsel* to splash down

wässern *vt* ❶ (*be~*) ■**etw ~** to water sth ❷ KOCHK ■**etw ~** to soak sth

Wassernixe *f s.* Nixe **Wassernutzungsrecht** *nt* water rights *pl* **Wasseroberfläche** *f* surface of the water **Wasserpfeife** *f* hookah **Wasserpflanze** *f* aquatic plant **Wasserpistole** *f* water pistol **Wasserpocken** *pl* MED chickenpox *no pl* **Wasserpumpe** *f* water pump **Wasserpumpenzange** *f* locking pliers *npl* **Wasserqualität** *f* water quality **Wasserrad** *nt* water wheel **Wasserralle** <-, -n> *f* ORN water rail **Wasserratte** *f* ❶ (*Schermaus*) water rat ❷ (*fam: gerne badender Mensch*) keen swimmer **Wasserrecht** *nt* JUR law relating to water **wasserreich** *adj* abundant in water **Wasserreservoir** *nt* ❶ (*Reservoir für Wasser*) reservoir ❷ *s.* Wasservorrat **Wasserrohr** *nt* water pipe **Wasserrutschbahn** *f* waterslide **Wassersäule** *f* head of water **Wasserschaden** *m* water damage *no pl* **Wasserscheide** *f* watershed **wasserscheu** *adj* scared of water **Wasserschildkröte** *f* turtle **Wasserschlange** *f* water snake **Wasserschlauch** *m* hose **Wasserschloss**RR *nt,* **Wasserschloß** *nt* castle surrounded by moats

Wasserschutzgebiet *nt* water protection area **Wasserschutzpolizei** *f* river police

Wasserschwein *nt* ZOOL capybara **Wasserski** *m*

W

① *kein pl* (*Sportart*) waterskiing *no pl* ② (*Sportgerät*) waterski **Wasserspeicher** *m* reservoir **Wasserspeier** <-s, -> *m* gargoyle **Wasserspiegel** *m* ① (*Wasseroberfläche*) surface of the water ② (*Wasserstand*) water level **Wasserspiele** *pl* waterworks *npl* **Wasserspinne** *f* ZOOL water spider **Wassersport** *m* water sports *pl* **Wasserspülung** *f* flush; **die ~ betätigen** to flush the toilet **Wasserstand** *m* water level; **niedriger/hoher ~** low/high water **Wasserstandsanzeiger** *m* water-level indicator **Wasserstandsmeldung** *f meist pl* NAUT water level report

Wasserstoff *m* hydrogen *no pl*

Wasserstoffantrieb *m* **Fahrzeug mit ~** hydrogen-powered car **Wasserstoffbombe** *f* hydrogen bomb **Wasserstoffkern** *m* PHYS hydrogen core **Wasserstoffperoxid, Wasserstoffperoxyd** *nt* hydrogen peroxide **Wasserstoffspeicher** *m einer Brennstoffzelle* store of hydrogen **Wasserstoffsuperoxid, Wasserstoffsuperoxyd** *nt* hydrogen peroxide **Wasserstrahl** *m* jet of water **Wasserstrahlantrieb** *m* NAUT hydrojet propulsion **Wasserstraße** *f* waterway **Wasserstraßennetz** *nt* [inland] waterways system **Wassersucht** *f kein pl* MED dropsy **Wassertank** *m* water tank **Wassertemperatur** *f* water temperature **Wassertreten** <-s> *nt kein pl* MED paddling *no pl* **Wassertreter** *m* ORN phalorope **Wassertropfen** *m* water drop **Wasserturm** *m* water tower **Wasseruhr** *f* water meter

Wasserung <-, -en> *f* landing on water

Wässerung <-, -en> *f* watering *no pl*

Wasserverbrauch *m* water consumption **Wasserverdrängung** *f* PHYS displacement [of water] **Wasservergeudung** *f kein pl* wasting of water **Wasserversorger** *m* ÖKON water company **Wasserversorgung** *f* water supply **Wasserverunreinigung** *m* water pollution **Wasservogel** *m* aquatic bird, waterfowl **Wasservorrat** *m* supplies *pl* of water **Wasserwaage** *f* spirit level **Wasserweg** *m* waterway; **auf dem ~** by water **Wasserwelle** *f* MODE shampoo and set **Wasserwerfer** *m* water cannon **Wasserwerk** *nt* waterworks + *sing/pl vb* **Wasserwirtschaft** *f kein pl* water management [*or* supply industry] **Wasserzähler** *m* water meter **Wasserzeichen** *nt* watermark **Wasserzeichenpapier** *m* watermark[ed] paper

wässrig^RR *adj*, **wäßrig** *adj* ① (*zu viel Wasser enthaltend*) watery; **~e Suppe** watery soup ② CHEM, MED (*mit Wasser hergestellt*) aqueous; **eine ~e Lösung** an aqueous solution; *s. a.* **Mund**

waten *vi sein* to wade; ■ **durch etw ~** to wade through sth

Waterkant <-> *f kein pl* GEOG NORDD ■ **die ~** the north-German coast

Watsche(n) <-, -> *f* ÖSTERR, SÜDD (*fam: Ohrfeige*) clip round the ear, thick ear BRIT

watscheln *vi sein* to waddle

Watschen <-, -> *f* SÜDD, ÖSTERR (*fam: Ohrfeige*) clip round the ears

Watt[1] <-s, -> *nt* PHYS watt

Watt[2] <-[e]s, -en> *nt* mud-flats *pl*

Watte <-, -n> *f* cotton wool *no pl* ▸ WENDUNGEN: **jdn in ~ packen** (*fam*) to wrap sb in cotton wool

Wattebausch *m* wad of cotton wool

Wattenmeer *nt kein pl* GEOG ■ **das ~** mud-flats *pl*

Wattestäbchen *nt* cotton bud

wattieren* *vt* ■ **etw ~** to pad [*or* quilt] sth; **wattierte Schultern** padded shoulders

Wattierung <-, -en> *f* MODE ① *kein pl* (*das Wattieren*) padding *no pl*, quilting *no pl* ② (*Polsterung*) padding

Wattstunde *f* watt-hour

Wattwurm *m* ZOOL lugworm

wau wau *interj* (*Kindersprache*) woof-woof; **~ machen** to go bow-wow [*or* woof-woof]

Wave-Datei [weɪv-] *f* INFORM wavetable

WBS *m Abk von* **Wetterbeobachtungssatellit** weather [observation] satellite

WC <-s, -s> [veːˈtseː] *nt* WC BRIT, bathroom AM

WC-Bürste *f* toilet brush **WC-Sitz** *m* toilet seat; (*für Kleinkinder*) toddler trainer seat

WDR *m Abk von* **Westdeutscher Rundfunk** West German Radio

Web <-[s]> [wɛb] *nt kein pl* INFORM *kurz für* **World Wide Web** web

Webbrowser *m* INFORM web browser

Webcam <-, -s> [ˈwɛbkæm] *f* webcam

weben <webte *o geh* wob, gewebt *o geh* gewoben> **I.** *vt* ① (*auf Webstühlen herstellen*) ■ **etw ~** to weave sth ② (*hinein~*) ■ **etw in etw** *akk* **~** to weave sth into sth **II.** *vi* ① (*als Handweber tätig sein*) to weave; **von Hand ~** to weave by hand; ■ **an etw** *dat* **~** to weave sth ② (*geh: geheimnisumwittert sein*) **von etw** *dat* **umwoben sein** to be woven around sb/sth **III.** *vr* (*geh: in geheimnisvoller Weise entstehen*) ■ **sich um jdn/etw ~** to be woven around sb/sth

Weber(in) <-s, -> *m(f)* weaver

Weberei <-, -en> *f* weaving mill

Weberin <-, -nen> *f fem form von* **Weber**

Weberknecht *m* ZOOL daddy-long-legs **Webervogel** *m* ORN weaver

Webfehler *m* flaw in the weave

Webmaster *m* INFORM web master **Webphone** <-s, -s> [ˈwɛbfoːn] *nt* web phone **Webseite** *f* INFORM web page **Webserver** *m* INFORM web server; **vom ~ herunterladen** to download from the web server **Website** <-, -s> [ˈwɛb,saɪt] *f* INET website; **eine ~ einrichten** to create a web site

Webstuhl *m* loom

Websurfer(in) [ˈwɛbəːfɐ] *m(f)* INFORM websurfer **Websurfprogramm** *nt* Web browser **Webtechnologie** *f* web technology **Web-TV** *nt* INET (*Internet-Surfen am TV-Schirm*) web-TV

Webwaren *pl* woven goods *npl*

Wechsel[1] <-s, -> [-ks-] *m* ① *kein pl* (*das Wechseln*) change; **ein häufiger ~ der Arbeitgeber** a frequent change of employer; **in bestimmtem ~** in a certain rotation; **in ständlichem ~** in hourly rotation ② SPORT (*Übergabe*) changeover ③ BAU (*Wechselbalken*) framing; (*Schloss*) catch lever ▸ WENDUNGEN: **in buntem ~** in colourful [*or* AM -orful] succession

Wechsel[2] <-s, -> *m* FIN ① (*Schuldurkunde*) bill [of exchange], promissory note; **befristeter/eigener ~** sight draft/promissory note; **fälliger/verfallener ~** bill due/expired bill; **gezogener ~** bill of exchange, draft; **trassiert eigener ~** self-accepted bill of exchange; **einen ~ diskontieren** to discount a bill; **einen ~ einlösen** [*o* **honorieren**] to honour a bill of exchange; **~ auf lange Sicht** long-dated bill; **einen ~ zu Protest gehen lassen** to note a bill for protest; **einen ~ zur Einlösung vorlegen** to present a bill for payment; **auf ~** against a bill of exchange ② (*fam: Monats~*) allowance

Wechselannahme *f* FIN acceptance of a/the bill **Wechselaussteller(in)** *m(f)* FIN drawer of a bill **Wechselausstellung** *f* FIN issue of a/the bill

Wechselautomat *m* change machine **Wechselbad** *nt* alternating hot and cold water baths *pl*; **jdn einem ~ aussetzen** (*fig*) to blow hot and cold with sb; **das ~ der Gefühle** emotional rollercoaster

wechselbar *adj* TECH changeable

Wechselbehälter *m* interchangable container **Wechselbeziehung** *f* correlation, interrelation; **in ~ [miteinander/zueinander] stehen** to be correlated [*or* interrelated]

Wechselbezogene(r) *f(m) dekl wie adj* FIN drawee **Wechselbuch** *nt* FIN bills receivable ledger; (*verfallen*) bills payable ledger **Wechselbürgschaft** *f* FIN bill guarantee, guarantee on a bill; **eine ~ leisten** to guarantee a bill of exchange **Wechseldiskontierung** *f* FIN bill discounting **Wechseldiskontkredit** *m* FIN discount credit **Wechselduplikat** *nt* JUR duplicate of a bill **Wechseleinreicher** *m* FIN presenter of a/the bill **Wechselfähigkeit** *f kein pl* FIN capacity to draw a bill

Wechselfälle *pl* changeabilities *pl*, vicissitudes *pl*

Wechselfieber *nt kein pl* (*veraltend*) malaria

Wechselforderung *f* FIN claim under a bill, bill receivable **Wechselfrist** *f* FIN usance

Wechselgarnitur *f* BAU latch lever escutcheon set

Wechselgeld [-ks-] *nt* change *no pl, no indef art*

Wechselgesetz *nt* JUR Bills of Exchange Act BRIT, Negotiable Instruments Act AM **Wechselgiro** *nt* FIN endorsement **Wechselgläubiger(in)** *m(f)* FIN bill creditor

wechselhaft [-ks-] **I.** *adj* changeable **II.** *adv* (*mit häufigen Veränderungen*) in a changeable way

Wechselindossament *nt* JUR endorsement of a bill **Wechselinhaber(in)** *m(f)* FIN bill holder [*or* bearer] **Wechselinkasso** *nt* FIN bill collection

Wechseljahre [-ks-] *pl* menopause *no pl*; **in den ~n sein** to be going through the menopause; **in die ~ kommen** to reach the menopause

Wechselklage *f* JUR action on a bill of exchange; **eine ~ erheben** to sue on a bill

Wechselkurs [-ks-] *m* exchange rate, rate of exchange **wechselkursbedingt** *adj* FIN caused by a different exchange rate **Wechselkursbindung** *f* FIN exchange rate fixing, fixing of the exchange rate **Wechselkursfreigabe** *f* FIN floating **Wechselkursmechanismus** *m* exchange rate mechanism, ERM **Wechselkursnotierung** *f* BÖRSE quotation of exchange rates **Wechselkursparität** *f* BÖRSE par value of exchange rates **Wechselkursschwankung** *f* BÖRSE fluctuation in the exchange rate, exchange rate fluctuation **Wechselkursspanne** *f* BÖRSE range of exchange rates

Wechsellaufzeit *f* FIN currency of a/the bill, tenor [*or* usance] of a bill **Wechsellombard** *m o nt* FIN lending on bills **Wechselmahnantrag** *m* FIN application for default summons based on a bill of exchange **Wechselmahnbescheid** *m* JUR *default summons based on a bill of exchange* **Wechselmakler(in)** *m(f)* FIN bill discounter [*or* BRIT broker]

Wechselmedien *pl* INFORM exchangeable media *pl*; MEDIA interactive media *pl*

wechseln [-ks-] **I.** *vt* ① (*austauschen*) ■ **etw ~** to change sth ② (*umtauschen*) ■ **[jdm] etw ~** to change sth [for sb] ③ (*etw anderes nehmen*) ■ **etw ~** to change sth; ***macht es Ihnen was aus, mit mir den Platz zu ~?*** would you mind if we changed [*or* traded] places? **II.** *vi* ① FIN (*Geld umtauschen*) to change sth; ***können Sie mir ~?*** can you change that for me? ② (*den Arbeitgeber ~*) to go to a different job ③ METEO (*sich ändern*) to change; *s. a.* **bewölkt**

wechselnd *adj* ① (*immer andere*) **ständig ~e Lehrer** constantly changing teachers ② (*veränderlich*) *Stimmung, Laune* changeable ③ (*unterschiedlich*) **mit ~em Erfolg** with varying [degrees of] success

Wechselnehmer(in) *m(f)* FIN payee, acceptor **Wechselobligationen** *pl* FIN convertible bonds **Wechselobligo** *nt* FIN liability on bills

Wechselplatte *f* INFORM removable disk **Wechselplattensystem** *nt* INFORM removable-disk system

Wechselprotest *m* FIN bill protest, protest of a bill of exchange; **~ einlegen** to enter protest of a bill, to protest a bill **Wechselprozess**^RR *m* JUR summary bill enforcement proceedings *pl* **Wechselrahmen** *m* picture frame (*with an easily removable back*), clip-on picture frame **Wechselrecht** *nt* JUR law on bills of exchange; **Wechsel- und Scheckrecht** law on cheques and bills of exchange **Wechselregress** *m* JUR recourse [against a prior endorser of a bill] **Wechselreiterei** *f* FIN (*pej*) drawing and redrawing, billjobbing, kiteflying *sl* **Wechselschuld** *f* FIN paper debts *pl*, bill debt **Wechselschuldner(in)** *m(f)* FIN bill debtor

wechselseitig [-ks-] *adj* mutual

Wechselspeicher *m* INFORM exchangeable storage medium **Wechselspiel** *nt* interplay; **das ~ der Farben** the interplay of colours [*or* AM -ors] **Wechselsteuer** *f* FIN bill tax [*or* stamp], stamp duty

Wechselstrom *m* alternating current **Wechselstube** *f* exchange booth, bureau de change BRIT

Wechselvermutung *f* JUR *presumption in favour of a bona fide holder of a bill of exchange*

wechselvoll *adj* varied, diverse

Wechselwähler(in) *m(f)* floating [*or* AM undecided] voter **wechselwarm** *adj* cold-blooded, poikilotherm

wechselweise *adv* alternately

Wechselwirkung *f* interaction; **in ~ [miteinander/zueinander] stehen** to interact [with each other]

Wechselzahlungsbefehl *m* JUR order to pay bill

Weck <-s, -e> *m* ÖSTERR, SÜDD *s.* **Wecken**

Wecke <-, -n> *f* ÖSTERR, SÜDD *s.* **Wecken**

wecken *vt* ① (*auf~*) ■**jdn** ~ to wake sb [up]; **von Lärm geweckt werden** to be woken by noise; ■**sich [von jdm/etw] ~ lassen** to have sb/sth wake one up; ■**das W~** MIL reveille *no pl;* **eine Stunde nach dem W~** an hour after reveille; *s. a.* **Ausgang** ② (*hervorrufen*) ■**etw** ~ to bring back sth *sep;* **Assoziationen** ~ to create associations; **jds Interesse/Neugier/Verdacht** ~ to arouse sb's interest/curiosity/suspicion

Wecken <-s, -> *m* ÖSTERR, SÜDD (*Brötchen*) long roll

Wecker <-s, -> *m* alarm clock ▶ WENDUNGEN: **jdm auf den ~ gehen** [*o* **fallen**] (*sl*) to drive sb up the wall *fam*

Weckglas® *nt s.* **Einmachglas**

Weckmittel *nt* stimulant

Weckring® *m s.* **Einmachring**

Wedel <-s, -> *m* ① (*gefiedertes Blatt*) *Farn* frond; (*Palm~*) palm leaf ② (*Staub~*) feather duster

wedeln **I.** *vi* ① (*fuchteln*) ■**mit etw** ~ to wave sth; *s. a.* **Schwanz** ② SKI (*hin und her schwingen*) to wedel **II.** *vt* (*wischen*) ■**etw von etw** ~ to waft sth off sth; **die Krümel vom Tisch** ~ to waft the crumbs off the table

weder *konj* ~ **... noch ...** neither ... nor; ~ **du noch er** neither you nor him; ***es klappt ~ heute noch morgen*** it won't work either today or tomorrow; ~ **noch** neither

weg *adv* ① (*fort*) ■~ **sein** to have gone; ***ich finde meinen Schlüssel nicht wieder, er ist ~*** I can't find my key, it's vanished!; ~ **mit dir/euch** (*fam*) away with you!; **von etw** ~ from sth; ***sie wurde vom Arbeitsplatz ~ verhaftet*** she was arrested at her place of work; **bloß** [*o* **nichts wie**] ~ **hier!** let's get out of here!; ~ **da!** (*fam*) [get] out of the way! ② (*fam: hinweggekommen*) ■**über etw** *akk* ~ **sein** to have got over sth ③ (*sl: begeistert*) ■**von jdm/etw** ~ **sein** to be gone on sb/sth; *s. a.* **Fenster**

Weg <-[e]s, -e> *m* ① (*Pfad*) path ② TRANSP (*unbefestigte Straße*) track ③ (*Route*) way; ***der kürzeste ~ nach Berlin*** the shortest route to Berlin ④ (*Strecke*) way; ***bis zu euch muss ich einen ~ von über drei Stunden zurücklegen*** I've got a journey of more than three hours to get to your place ⑤ (*Methode*) way ▶ WENDUNGEN: **auf dem ~e der Besserung sein** (*geh*) to be on the road to recovery; **viele ~e führen nach Rom** (*prov*) all roads lead to Rome *prov;* **den ~ des geringsten Widerstandes gehen** to take the line of least resistance; **auf dem besten ~e sein, etw zu tun** to be well on the way to doing sth; **auf friedlichem ~e** (*geh*) by peaceful means; **jdm auf halbem ~e entgegenkommen** to meet sb halfway; **vom rechten ~ abkommen** to wander from the straight and narrow *fam;* **auf schriftlichem ~e** (*geh*) in writing; **etw auf den ~ bringen** to introduce sth; **~e zu erledigen haben** to have some shopping to do; **geh mir aus dem ~!** stand aside!, get out of my way!; **seinen ~ gehen** to go one's own way; **seiner ~e gehen** (*geh*) to continue [*or* carry on] regardless; **jdm/etw aus dem ~e gehen** to avoid sb/sth; **jdm etw mit auf den ~ geben** to give sb sth to take with him/her; **jdm eine Ermahnung/einen Ratschlag mit auf dem ~ geben** to give sb a warning/piece of advice for the future; ***du brauchst mir nichts mit auf den ~ zu geben, ich weiß das schon*** I don't need you to tell me anything, I already know; **auf dem ~ [zu jdm/irgendwohin] sein** to be on one's way [to sb/somewhere]; **des ~es kommen** (*geh*) to approach; **jdm über den ~ laufen** to run into sb; ***lauf mir nicht noch mal über den ~!*** son't come near me again!; **etw in die ~e leiten** to arrange sth; **auf jds** *akk* ~ **liegen** to be on sb's way; **sich auf den ~ [irgendwohin] machen** to set off [for somewhere]; ***es wird schon spät, ich muss mich auf den ~ machen*** it's getting late, I must be on my way!; **jdn aus dem ~ räumen** to get rid of sb; **etw aus dem ~ räumen** to remove sth; **sich** *dat* **den ~ frei schießen** to shoot one's way out; **jdm/einer S. im ~e stehen** to stand in the way of sb/sth; ***nur die Kostenfrage steht der Verwirklichung des Projekts im ~e*** only the issue of cost is an obstacle to this project being implemented; **sich** *dat* **selbst im ~ stehen** to be one's own worst enemy; **sich jdm in den ~ stellen** to bar sb's way; **jdm etw in den ~ stellen** to place sth in sb's way; **jdm nicht über den ~ trauen** (*fam*) not to trust sb an inch; **hier trennen sich unsere ~e** this is where we part company; **sich** *dat* **einen ~ verbauen** to ruin one's chances; **jdm den ~ versperren** to block [*or* bar] sb's way; **jdm den ~ vertreten** to bar sb's way; **auf illegalem ~e** by illegal means, illegally; **aus dem ~!** stand aside!, make way!; **woher des ~[e]s?** (*veraltet*) where do you come from?; **wohin des ~[e]s?** (*veraltet*) where are you going to?; *s. a.* **Hindernis, Stein**

weg|angeln *vt* (*fam*) ■**jdm jdn/etw** ~ to snatch sb/sth away from sb **weg|bekommen*** *vt irreg* (*fam*) ① (*entfernen können*) ■**etw [mit etw]** ~ to remove sth [with sth]; ***den Dreck bekommst du nur mit heißem Wasser weg*** you'll only get the dirt off with hot water ② (*fortbewegen können*) ■**etw [irgendwo/von etw]** ~ to move sth away [from somewhere/from sth]; ***ich bekomme den schweren Schrank nicht von der Wand weg*** I can't get this heavy cupboard away from the wall ③ (*sich anstecken*) ■**etw** ~ to catch sth **weg|belichten*** *vt* TYPO ■**etw** ~ to burn out *sep* [*or* eliminate] sth

Wegbereiter(in) <-s, -> *m(f)* forerunner, precursor; **ein ~ einer S.** *gen* **sein** to pave the way for sth

Wegbiegung *f* bend [in the road]

weg|blasen *vt irreg* ■**etw** ~ to blow away sth *sep* ▶ WENDUNGEN: **wie weggeblasen sein** to have completely disappeared; **von etw völlig weggeblasen sein** (*fam*) to be completely blown away by sth

weg|bleiben *vi irreg sein* to stay away; **stundenlang** ~ to stop [*or* AM stay] out for hours; ***bleib nicht so lange weg!*** don't stay out too long

weg|bringen *vt irreg* ① (*irgendwohin bringen*) ■**jdn** ~ to take sb away ② (*zur Reparatur bringen*) ■**etw** ~ to take in sth *sep* **weg|denken** *vt irreg* ■**sich** *dat* **etw** ~ to imagine [*or* picture] sth without sth; **[aus etw] nicht mehr wegzudenken sein** not to be able to imagine sth without sth **weg|diskutieren*** *vt* ■**etw** ~ to argue away sth *sep;* **sich nicht ~ lassen** not to be able to be argued away; **sich nicht ~ lassen, dass** not to be able to argue the fact away that **weg|drehen** *vt* ■**etw [von etw** *dat*] ~ to turn one's sth away [from sth]; ■**sich** *akk* **[von etw** *dat*] ~ to turn away [from sth] **weg|dürfen** *vi irreg* (*fam*) to be allowed to go out

Wegebau *m* construction of unclassified roads **Wegebeschaffenheit** *f* state of the roads **Wegegeld** *nt* JUR travelling expenses *pl* **Wegelagerer(in)** <-s, -> *m(f)* highwayman **Wegeleitsystem** *nt* TRANSP road [*or* traffic] guidance system, Trafficmaster®

wegen *präp +gen* ① (*aus Gründen*) ■~ **einer S.** because of, on account of, due to ② (*bedingt durch*) ■~ **jdm** on account of sb ③ (*bezüglich*) ■~ **einer S.** *gen* regarding a thing; *s. a.* **Recht, von**

Wegenetz *nt* network of roads **Wegerecht** *nt* JUR right of way

Wegerich <-s, -e> *m* BOT plantain

weg|essen *vt irreg* ① (*essen ohne zu teilen*) ■**jdm etw** ~ to eat sb's sth ② (*fam: aufessen*) ■**etw** ~ to eat up sth *sep*

Wegeunfälle *pl* work-related road accident

weg|fahren *irreg* **I.** *vi sein* ① (*verreisen*) to leave ② (*abfahren*) to leave **II.** *vt haben* ① (*mit einem Fahrzeug wegbringen*) ■**jdn** ~ to take sb away ② (*etw woandershin fahren*) ■**etw** ~ to move sth

Wegfahrsperre *f* AUTO **elektronische** ~ immobilizer

Wegfall <-s> *m kein pl* (*Aufhören*) cessation; (*Auslassen*) omission; (*Ablauf*) lapse; ~ **der Geschäftsgrundlage** frustration of contract; ~ **der Gegenleistung** failure of consideration

weg|fallen *vi irreg sein* to cease to apply; ***in unserem Vertrag können wir den Absatz wohl ~ lassen*** we can probably omit the clause from our contract

weg|fegen **I.** *vt* ① (*kehren*) ■**etw** ~ *Schnee, Dreck* to sweep away sth *sep* ② (*absetzen*) ■**jdn** ~ *Regime, Diktator* to sweep away sb *sep* **II.** *vi sein* (*fam: hinwegfegen*) ■**über etw** ~ *Sturm* to sweep over sth *sep* **weg|fliegen** *vi irreg sein* ① LUFT (*abfliegen*) to leave, to take off ② (*fortfliegen*) to fly away ③ (*vom Wind weggeblasen werden*) to blow away **weg|führen** **I.** *vt* (*fortbringen*) ■**jdn** ~ to lead sb away **II.** *vt, vi* (*sich zu weit entfernen*) ■**[jdn] [von etw]** ~ to lead sb too far away [from sth]

Weggabelung *f* fork [in the road]

Weggang *m kein pl* (*geh*) departure

weg|geben *vt irreg* ① (*verschenken*) ■**etw/ein Tier** ~ to give away sth/an animal *sep* ② (*adoptieren lassen*) ■**jdn** ~ to give away sb *sep*

Weggefährte, -gefährtin *m, f* ① (*Begleiter auf einer Wanderung*) fellow-traveller [*or* AM traveler] ② POL (*Gesinnungsgenosse*) like-minded political companion

weg|gehen *vi irreg sein* ① (*fortgehen*) to go away; ***geh weg, lass mich in Ruhe!*** go away, leave me alone! ② (*fam: sich entfernen lassen*) to remove; ***der Fleck geht einfach nicht weg*** the stain simply won't come out ③ ÖKON (*fam*) to sell; **reißend** ~ to sell like mad ④ (*fam: hin~*) ■**über etw** *akk* ~ to ignore [*or* pass over] sth ▶ WENDUNGEN: **geh mir weg damit!** (*fam*) don't come to me with that! *fam*

weg|gießen *vt irreg* ■**etw** ~ to pour away sth *sep* **weg|gucken** *vi* (*fam*) *s.* **wegsehen** **Wegguckmentalität** *f kein pl* look-away mentality

weg|haben *vt irreg* (*fam*) ① (*entfernt haben*) ■**etw** ~ to have got rid of sth ② (*entfernt wissen wollen*) ■**jdn [aus etw]** ~ **wollen** to want to get rid [*or* BRIT *sl* shot] of sb [from sth] ③ (*beschlagen sein*) ■**[auf etw** *dat*/**in etw** *dat*] **was** ~ to be good [at sth] ④ (*fam: verpasst bekommen haben*) ■**etw** ~ to have had sth; ***er hat seine Strafe weg*** he has had his punishment ⑤ (*aufweisen*) ■**etw** ~ to show sth ▶ WENDUNGEN: **einen** ~ (*sl*) to have had one too many *fam*

weg|hängen *vt irreg* ■**etw** ~ to hang up [and put away] sth **weg|hinken** *vi* to limp off **weg|holen** **I.** *vt* ■**jdn/etw** ~ to take away *sep* [*or* fetch] sb/sth **II.** *vr* (*fam*) **sich** *dat* **was** ~ *Krankheit* to catch a disease; **sich** *dat* **eine Grippe** ~ to catch flu **weg|hoppeln** *vi* to lollop off **weg|hören** *vi* to stop listening, to not listen **weg|jagen** *vt* ① (*verscheuchen*) ■**ein Tier** ~ to drive away an animal *sep* ② (*fortjagen*) ■**jdn** ~ to drive away sb *sep,* to send sb packing

weg|kommen *vi irreg sein* (*fam*) ① (*weggehen können*) to get away; **mach, dass du wegkommst!** clear off! ② (*abhanden kommen*) to disappear ③ (*abschneiden*) to fare somehow; **in einer Prüfung gut/schlecht** ~ to do well/badly in an exam

weg|kratzen *vt a.* TYPO ■**etw** ~ to scratch off sth *sep*

Wegkreuz *nt* wayside cross **Wegkreuzung** *f* crossroads

weg|kriechen *vi* to creep away [*or* off] **weg|kriegen** *vt s.* **wegbekommen 1**

wegkundig *adj* familiar with the paths

weg|lassen *vt irreg* ① (*auslassen*) ■**etw** ~ to leave out sth *sep* ② (*weggehen lassen*) ■**jdn** ~ to let sb go ③ (*darauf verzichten*) ■**etw** ~ not to have sth, to give sth a miss BRIT *fam;* ***der Arzt riet ihr, das Salz im Essen wegzulassen*** the doctor advised her not to have any salt with her meals **weg|laufen** *vi irreg sein* ① (*fortlaufen*) to run away; ■**vor jdm/einem Tier** ~ to run away from sb/an animal ② (*jdn verlassen*) ■**jdm** ~ to run off [and leave sb] ▶ WEN-

W

DUNGEN: **etw läuft jdm nicht weg** (*fam*) sth will keep **weg|legen** *vt* ❶ (*beiseite legen*) ■**etw** ~ to put down sth *sep* ❷ (*aufbewahren*) ■**etw für jdn** ~ to put sth aside for sb **weg|leugnen** *vt s.* **wegdiskutieren** **weg|loben** *vt* ■**jdn** ~ to give sb a sideways promotion **weg|lügen** *vt* (*fam*) ■**etw** ~ to cloud [*or* blur] sth **weg|machen** *vt* (*fam*) ■[**jdm**] **etw** ~ to get rid of sth [for sb]

weg|müssen *vi irreg* (*fam*) ❶ (*weggehen müssen*) to have to go [*or* leave] ❷ (*weggebracht werden müssen*) to have to go; ***das Paket muss vor Ende der Woche weg*** the packet must go before the end of the week ❸ (*weggeschmissen werden müssen*) to have to be thrown away

Wegnahme <-, -n> *f* JUR (*form: Beschlagnahme*) seizure **Wegnahmerecht** *nt* JUR right of seizure

weg|nehmen *vt irreg* ❶ (*von etw entfernen*) ■**etw** [**von etw**] ~ to take away sth *sep*/take sth [from/off sth] ❷ (*fortnehmen*) ■**jdm etw** ~ to take away sth *sep* from sb

weg|packen *vt* (*fam*) ■**etw** ~ to pack [*or* put] away sth *sep* **weg|pusten** *vt* ■**etw** ~ to blow away sth *sep;* ■**etw von etw** ~ to blow sth off sth **weg|putzen** *vt* ■**etw** ~ to wipe away [*or* off] sth *sep*

Wegrand *m* side of the road [*or* path]

weg|rasieren* *vt* ■[**sich**] **etw** ~ to shave off [one's] sth *sep* **weg|rationalisieren*** *vt* (*fam*) ■**jdn/etw** ~ to get rid of sb/sth as part of a rationalization programme [*or* AM -am] **weg|räumen** *vt* ■**etw** ~ to clear away sth *sep* **weg|reißen** *vt irreg* ❶ (*aus der Hand reißen*) ■**jdm etw** ~ to snatch away sth *sep* from sb ❷ (*abreißen*) ■[**jdm**] **etw** ~ to tear off [sb's...] sth *sep* **weg|rennen** *vi irreg sein* (*fam*) *s.* **weglaufen** **weg|retuschieren*** *vt* FOTO ■**etw** ~ to remove sth by retouching a photograph **weg|rücken** I. *vi sein* (*sich durch Rücken entfernen*) ■[**von jdm/etw**] ~ to move away [from sb/sth] II. *vt haben* (*durch Rücken entfernen*) ■**etw** [**von etw**] ~ to move sth away [from sth] **weg|rutschen** *vi sein* ■[**von jdm**] ~ to slip away [from sb] **weg|schaffen** *vt* ■**etw** ~ to remove sth; ■**jdn/etw** ~ to get rid of sb/sth **weg|schauen** *vi* (*geh*) *s.* **wegsehen** **weg|schenken** *vt* (*fam*) ■**etw** ~ to give away sth *sep* **weg|scheren** *vr* (*fam*) ■**sich** ~ to clear off *fam* **weg|schicken** *vt* ❶ (*abschicken*) ■**etw** ~ to send off sth *sep* ❷ (*fortgehen heißen*) ■**jdn** ~ to send sb away; **jdn ~, um etw abzuholen** to send sb off to collect sth **weg|schieben** *vt irreg* ■**jdn/etw** ~ to push [*or* shove] away sb/sth *sep* **weg|schleichen** *vi* to creep away **weg|schleppen** I. *vt* (*fortschleppen*) ■**jdn/etw** ~ to drag away sb/sth *sep* II. *vr* (*sich fortschleppen*) ■**sich** ~ to drag oneself away **weg|schließen** *vt irreg* ■**etw** [**vor jdm**] ~ to lock away sth *sep* [from sb] **weg|schmeißen** *vt irreg* (*fam*) *s.* **wegwerfen** **weg|schnappen** *vt* (*fam*) ■**jdm etw** ~ to take sth from sb; *s. a.* **Nase** **weg|schütten** *vt s.* **weggießen** **weg|schwemmen** *vt* ■**etw** ~ to wash away sth *sep* **weg|sehen** *vi irreg* ❶ (*nicht hinsehen*) to look away ❷ (*fam: hinwegsehen*) ■**über etw** *akk* ~ to overlook sth

weg|setzen I. *vt* (*woandershin setzen*) ■**jdn/etw** ~ to move [away *sep*] sb/sth II. *vr* (*sich woandershin setzen*) ■**sich** ~ to move away

weg|sollen *vi irreg* (*fam*) **jdn/etw soll weg** sb/sth ought to go; ***die alten Möbel sollen weg*** the old funiture should [*or* is to] go **weg|springen** *vi* to jump aside **weg|spülen** *vt* ■**etw** ~ to wash away sth *sep* **weg|stecken** *vt* ■**etw** ~ ❶ (*einstecken*) to put away sth *sep* ❷ (*sl: verkraften*) to get over sth **weg|stehlen** *vr irreg* (*verschwinden*) ■**sich** ~ to steal away **weg|stellen** *vt* ■**etw** ~ to move sth out of the way **weg|sterben** *vi irreg* to die off; ■**jdm** ~ to die on sb **weg|stoßen** *vt irreg* ■**jdn/etw** ~ to push [*or* shove] away sb/sth *sep;* (*mit Fuß*) to kick away sb/sth *sep*

Wegstrecke *f* stretch of road **Wegstunde** *f* hour; **eine ~ entfernt** an [*or* one] hour away

weg|tauchen *vi sein* (*sl*) to disappear

weg|torkeln *vi* to stagger off **weg|tragen** *vt irreg* to carry away [*or* off]; ■**jdn/etw** ~ to carry away [*or* off] sb/sth *sep* **weg|treiben** *irreg* I. *vt haben* ❶ (*woandershin treiben*) ■**etw** ~ to carry away [*or* off] sth ❷ (*vertreiben*) ■**Tiere** ~ to drive away animals *sep* II. *vi sein* (*woandershin getrieben werden*) to drift away

weg|treten *vi irreg sein* MIL to fall out; ■**jdn ~ lassen** to have sb fall out, to dismiss sb ▶ WENDUNGEN: **weggetreten sein** (*fam*) to be miles away *fam*

weg|trotten *vi* to trot off **weg|tun** *vt irreg* ❶ (*wegwerfen*) ■**etw** ~ to throw away sth *sep* ❷ (*weglegen*) ■**etw** ~ to put down sth *sep*

wegweisend *adj* pioneering *attr,* revolutionary; **~e Taten** pioneering deeds; **eine ~e Erfindung** a revolutionary invention

Wegweiser <-s, -> *m* signpost

Wegwerfartikel *m* disposable item

weg|werfen *vt irreg* ■**etw** ~ to throw away sth *sep*

wegwerfend *adj* dismissive

Wegwerfflasche *f* disposable [*or* non-returnable] bottle **Wegwerfgesellschaft** *f* throwaway society **Wegwerfpackung** *f* disposable packaging **Wegwerfverpackung** *f* disposable packaging *no pl* **Wegwerfwindel** *f* disposable nappy [*or* AM diaper]

weg|wischen *vt* ■**etw** ~ to wipe away [*or* off] sth *sep* **weg|wollen** *vi irreg* ❶ (*weggehen wollen*) ■[**von irgendwo**] ~ to want to leave [somewhere] ❷ (*verreisen wollen*) to want to go away

Wegzehrung <-, -en> *f* ❶ *kein pl* (*geh*) provisions *pl* for a/the journey ❷ REL viaticum **Wegzeiger** *m* signpost

weg|ziehen *vi irreg sein* ❶ (*woandershin ziehen*) ■[**von irgendwo**] ~ to move away [from somewhere] ❷ ORN (*woandershin fliegen*) to migrate

Weh <-[e]s, *selten* -e> *nt* ❶ (*geh: seelischer Schmerz*) sorrow, grief, woe *old liter;* ***ein tiefes ~ erfüllte ihr Herz*** her heart ached; **mit Ach und ~** (*fam*) with a lot of weeping and wailing [*or* kicking and screaming] ❷ (*liter o veraltet: körperlicher Schmerz*) ache

weh *adj* sore

wehe *interj* [don't] you dare!; ~ **dem, der ...!** woe betide anyone who...!; ~ [**dir**], **wenn ...!** woe betide you if...!

Wehe¹ <-, -n> *f* drift

Wehe² <-, -n> *f meist pl* labour [*or* AM -or] pains *pl,* contractions *pl;* **in den ~n liegen** to be in labour; **die ~n setzen ein** she's going into labour, her contractions have started

wehen I. *vi* ❶ *haben* (*blasen*) to blow; ■**es weht etw** sth is blowing ❷ *haben* (*flattern*) *Haare* to blow about; *Fahne* to flutter ❸ *sein* (*irgendwohin getragen werden*) ■**irgendwohin** ~ *Duft* to waft somewhere; *Klang* to drift somewhere; **etw weht auf die Erde** sth is blown onto the floor II. *vt haben* (*blasen*) ■**etw von etw** ~ to blow sth off sth

wehenauslösend *adj* MED ecbolic **Wehenmittel** *nt* MED ecbolic

Wehklage *f* (*geh*) lament[ation]

wehklagen *vi* (*geh*) to lament *form*

wehleidig *adj* over-sensitive

Wehleidigkeit <-> *f kein pl* over-sensitiveness *no pl*

Wehmut <-> *f kein pl* (*geh*) wistfulness *no pl;* **mit ~ an etw zurückdenken** to think back to sth nostalgically; **voller ~** melancholy

wehmütig *adj* (*geh*) melancholy; **~e Erinnerungen** nostalgic memories

Wehr¹ <-, -en> *f* (*fam*) fire brigade

Wehr² *f* defence [*or* AM -se] *no pl;* **sich** [**gegen jdn/etw**] **zur ~ setzen** to defend oneself [against sb/sth]

Wehr³ <-[e]s, -e> *nt* BAU weir

Wehrbeauftragte(r) *f(m) dekl wie adj* parliamentary commissioner for the armed forces **Wehrbereich** *m* military district **Wehrbeschwerdeordnung** *f* JUR Military Grievance Code

Wehrdienst *m kein pl* military service *no pl;* **den/seinen ~ [ab]leisten** to do one's military service; **den ~ verweigern** to refuse to do military service **Wehrdienstgericht** *nt* JUR court martial **wehrdiensttauglich** *adj* fit for military service **Wehrdienstverhältnis** *nt* JUR service status **Wehrdienstverweigerer** *m* conscientious objector; ~ **sein** to be a conscientious objector **Wehrdienstverweigerung** *f* refusal to do military service

wehren I. *vr* ❶ (*Widerstand leisten*) ■**sich** [**gegen jdn/etw**] ~ to defend oneself [against sb/sth] ❷ (*sich widersetzen*) ■**sich gegen etw** ~ to fight against sth ❸ (*sich sträuben*) ■**sich dagegen ~, etw zu tun** to resist doing sth II. *vi* (*geh: Einhalt gebieten*) ■**etw** *dat* ~ to prevent a thing spreading; ***dieser Entwicklung muss schon in den Anfängen gewehrt werden*** this development must be nipped in the bud

Wehrersatzbehörde *f* military service board [*or* agency] **Wehrersatzdienst** *m* alternative to national service

Wehrexperte, -expertin *m, f* defence [*or* AM -se] expert

wehrfähig *adj* fit for military service

wehrhaft *adj* (*geh*) ❶ (*kampfesbereit*) able to defend oneself [*or* put up a fight] ❷ (*befestigt*) fortified

Wehrkraftzersetzung *f kein pl* MIL undermining of military strength

wehrlos I. *adj* defenceless [*or* AM -seless]; ■[**gegen jdn/etw**] ~ **sein** to be defenceless [against sb/sth] II. *adv* in a defenceless state; **etw ~ gegenüberstehen** to be defenceless against sth

Wehrlosigkeit <-> *f kein pl* defencelessness [*or* AM -selessness] *no pl*

Wehrmacht *f* HIST ■**die** ~ the Wehrmacht **Wehrmachtsdeserteur** *m* HIST deserter from the Wehrmacht (*Nazi armed forces*) **Wehrmachtsjustiz** *f* HIST Wehrmacht [military] courts *pl*

Wehrmann *m* SCHWEIZ (*Soldat*) soldier **Wehrpass**RR *m,* **Wehrpaß** *m* service record [book] **Wehrpflicht** *f kein pl* compulsory military service *no pl;* **allgemeine ~** universal compulsory military service **Wehrpflichtentziehung** *f* JUR evading military service, draft dodging AM **wehrpflichtig** *adj* liable for military service **Wehrpflichtige(r)** *f(m) dekl wie adj* person liable for military service **Wehrrecht** *nt* JUR military law **Wehrsold** *m* military pay *no pl* **Wehrsportgruppe** *f* paramilitary group **Wehrstrafgericht** *nt* JUR court martial **wehrtauglich** *adj* fit for military service **Wehrtauglichkeit** *f* fitness for military service **Wehrtechnik** *f* defence [*or* AM -se] engineering *no pl* **Wehrübung** *f* reserve duty training *no pl* **Wehr- und Wehrersatzdienstverweigerer** *m* conscientious objector

weh|tun *vt* to hurt; ■**jdm** ~ to hurt sb; ■**sich** *dat* ~ to hurt oneself; ■**jdm/einem Tier** ~ to hurt sb/an animal

Wehweh <-s, -s> *nt* (*Kindersprache*) hurt[y place]; **sich ~ machen** to hurt oneself

Wehwehchen <-s, -> *nt* (*fam*) slight pain; **ein ~ haben** to suffer from a little complaint

Weib <-[e]s, -er> *nt* (*sl*) woman; (*pej*) woman; **ein furchtbares ~** a terrible woman ▶ WENDUNGEN: ~ **und Kind haben** (*hum*) to have a wife and family

Weibchen <-s, -> *nt* ORN, ZOOL female

Weiberfastnacht *f* DIAL *day during the carnival period when women are in control* **Weiberfeind** *m* woman-hater, misogynist **Weiberheld** *m* (*pej*) ladykiller *pej* **Weibervolk** *nt kein pl* (*pej veraltend*) womenfolk *npl dated,* females *pl pej*

weibisch *adj* effeminate

Weiblein <-s, -> *nt* little old woman

weiblich *adj* ❶ (*fraulich*) feminine; **~e Rundungen** feminine curves ❷ ANAT female; **die ~en Geschlechtsorgane** the female sex organs ❸ (*eine Frau bezeichnend*) feminine; **ein ~es Kleidungsstück** an item of women's clothing; **eine ~e Stimme** a woman's voice ❹ BOT (*die Frucht erzeugend*) female ❺ LING (*das feminine Genus haben*) feminine; **eine ~e Endung** a feminine ending

Weiblichkeit <-> *f kein pl* femininity *no pl* ▶ WENDUNGEN: **die holde ~** (*hum*) the fair sex *hum*

Weibsbild *nt* SÜDD, ÖSTERR (*pej fam: Frau*) woman

Weibsstück *nt* (*pej sl*) bitch *sl or pej,* cow *sl*

or *pej*

weich I. *adj* ① (*nachgiebig*) soft; **ein ~er Teppich** a soft carpet ② KOCHK (*nicht hart*) soft; **ein ~es Ei** a soft-boiled egg; **~es Fleisch** tender meat ③ (*ohne Erschütterung*) soft; **eine ~e Bremsung** gentle breaking ④ (*voll*) full; **~e Gesichtszüge** full features ⑤ FIN soft ⑥ (*sanft*) soft; **ein ~er Boykott** passive resistance; **~e Drogen** soft drugs; **~er Tourismus** unobtrusive tourism ▶ WENDUNGEN: **~ werden** to weaken; **~ gespült** (*iron sl*) weary, tired; *s. a.* **Wasser, Konsonant II.** *adv* softly; **~ abbremsen** to brake gently; **etw ~ garen** to cook sth until soft; **~ gerinnen** to cure mildly; **~ gerinnende Milch** mild cured milk; **etw ~ kochen** to do sth; **~ gekocht** (*zu weicher Konsistenz gekocht*) boiled until soft; **ein ~ gekochtes Ei** a soft-boiled egg; (*nur halb gar gekocht*) soft-boiled; **~ gekochtes Fleisch** meat cooked until tender; **~ gekochtes Gemüse** overcooked vegetables; **jdn ~ klopfen** [*o* **kriegen**] to soften sb up; ■**sich von jdm ~ klopfen lassen** to be softened up by sb

Weichbild *nt* (*geh*) outskirts *npl* of a/the town

Weiche <-, -n> *f* BAHN points *pl* ▶ WENDUNGEN: **die ~n [für etw] stellen** to determine the course [for sth]

weichen <wich, gewichen> *vi sein* ① (*nachgeben*) ■**etw** *dat* **~** to give way to a thing ② (*schwinden*) to subside ③ (*verschwinden*) to go; ***er wich nicht von der Stelle*** he didn't budge from the spot

Weichenhebel *m* switch lever **Weichensteller(in)** <-s, -> *m(f)* ① BAHN pointsman BRIT, switchman AM ② (*fig*) guiding spirit, moving force **Weichenstellung** *f* (*fig*) setting *no pl* the course; ***die ~en von 2000*** the courses set in 2000 **Weichenwärter(in)** *m(f)* pointsman BRIT, switchman AM

Weichfaserplatte *f* BAU soft-fiber board

weichgespült *adj* (*iron sl*) *s.* **weich II**

Weichheit <-, *selten* -en> *f* ① (*Nachgiebigkeit*) softness *no pl* ② (*geh: Fülle*) fullness *no pl*

weichherzig *adj* soft-hearted **Weichherzigkeit** <-, *selten* -en> *f* soft-heartedness *no pl* **Weichholz** *nt* softwood **Weichkäse** *m* soft cheese

weichlich *adj* weak; **ein ~er Charakter** a weak character

Weichlichkeit <-> *f kein pl* weakness, softness

Weichling <-s, -e> *m* (*pej*) weakling *pej*

Weichmacher *m* ① (*in Waschmittel*) softener ② (*für Plastik*) softening agent

Weichsel <-> [-ks-] *f* GEOG ■**die ~** the Vistula

Weichselkirsche *f* morello cherry

Weichspüler <-s, -> *m* fabric softener **Weichteile** *pl* ① ANAT (*Eingeweide*) soft parts *pl* ② (*sl: Geschlechtsteile*) private parts *pl* **Weichtier** *nt* mollusc **Weichwährungsländer** *pl* countries *pl* with soft currencies **Weichzeichner** *m* FOTO soft-focus lens

Weide[1] <-, -n> *f* BOT willow

Weide[2] <-, -n> *f* AGR meadow

Weideland *nt* pastureland *no pl*

weiden I. *vi* (*grasen*) to graze II. *vt* (*grasen lassen*) to put out to graze [*or* pasture]; ■**Tiere ~** to put animals out to graze [*or* pasture] III. *vr* ① (*sich ergötzen*) ■**sich** *akk* **an etw** *dat* **~** to feast one's eyes on sth ② (*genießen*) ■**sich** *akk* **an etw** *dat* **~** to revel in sth

Weidenast *m* willow branch **Weidengebüsch** *nt* willow bush **Weidengeflecht** *nt* wickerwork *no pl* **Weidenholz** *m* willow [wood] *no pl* **Weidenkätzchen** *nt* willow catkin **Weidenkorb** *m* wicker[work] basket **Weidenmeise** *f* ORN willow tit **Weidenröschen** *nt* BOT rosebay willowherb, fireweed **Weidenrute** *f* willow rod

Weideplatz *m* pasture

weidgerecht I. *adj* in accordance with hunting protocol II. *adv* in accordance with hunting protocol

weidlich *adv* (*geh*) pretty; ***ich habe mich ~ bemüht, dir zu helfen*** I've gone to great lengths to help you

Weidmann <-[e]s, -männer> *m* (*veraltend*) huntsman, hunter

weidmännisch *adj* hunting, huntsman's; **ein ~er Gruß** a huntsman's greeting; **~e Gepflogenheiten und Bräuche** hunting practices and customs

Weidmannsdank *interj an acknowledgement to the expression "good hunting"; **„Weidmannsheil!" — „~!"*** "good hunting!" — "thank you!" **Weidmannsheil** *interj* good hunting!

weidwund *adj* JAGD [fatally] wounded in the belly

weigern *vr* ■**sich ~** to refuse; ■**sich ~, etw zu tun** to refuse to do sth

Weigerung <-, -en> *f* refusal

Weigerungsrecht *nt* JUR right of refusal

Weihbischof *m* suffragan bishop

Weihe[1] <-, -n> *f* REL consecration *no pl;* **die niederen/höheren ~n** the minor/major orders; **die [geistlichen] ~n empfangen** to take [holy] orders ▶ WENDUNGEN: **die höheren ~n** the top

Weihe[2] <-, -n> *f* ORN harrier

weihen *vt* ① REL (*konsekrieren*) ■**etw ~** to consecrate sth; **jdn zum Diakon/Priester ~** to ordain sb deacon/priest; **jdn zum Bischof ~** to consecrate sb bishop ② (*widmen*) ■**jdm geweiht sein** to be dedicated to sb

Weiher <-s, -> *m* pond

weihevoll *adj* (*geh*) solemn

Weihnacht <-> *f kein pl s.* **Weihnachten**

Weihnachten <-, -> *nt* Christmas, Xmas *fam;* **fröhliche** [*o geh* **gesegnete**] **~!** merry Christmas!; **zu** [*o* **an**] **~** at [*or* for] Christmas ▶ WENDUNGEN: **weiße ~** a white Christmas; **grüne ~** a Christmas without snow; *s. a.* **Gefühl**

weihnachtlich I. *adj* ① (*an Weihnachten üblich*) Christmassy, festive; **~e Lieder** festive songs ② (*an Weihnachten denken lassend*) Christmassy, festive II. *adv* festively

Weihnachtsabend *m* Christmas Eve **Weihnachtsbaum** *m* Christmas tree **Weihnachtsbotschaft** *f* ■**die/eine ~** one's Christmas speech **Weihnachtsbraten** *m* Christmas roast **Weihnachtsdekoration** *f* Christmas decoration **Weihnachtseinkauf** *m meist pl* Christmas shopping **Weihnachtsfeier** *f* Christmas celebrations *pl* **Weihnachtsfeiertag** *m* ■**der erste ~** Christmas Day; ■**der zweite ~** Boxing Day **Weihnachtsfest** *nt kein pl* Christmas; ■**das ~** Christmas **Weihnachtsgans** *f* KOCHK Christmas goose ▶ WENDUNGEN: **jdn ausnehmen wie eine ~** (*sl*) to take sb to the cleaners *sl* **Weihnachtsgebäck** *nt* Christmas biscuits [*or* AM cookies] *pl* **Weihnachtsgeld** *nt* Christmas bonus **Weihnachtsgeschenk** *nt* Christmas present **Weihnachtsgeschichte** *f* Christmas story **Weihnachtsgratifikation** *f* Christmas bonus **Weihnachtsinseln** *pl* ■**die ~** the Christmas Islands *pl; s. a.* **Falklandinseln** **Weihnachtskarpfen** *m* carp eaten at Christmas **Weihnachtskarte** *f* Christmas card **Weihnachtskirchgang** *m* attendance at the Christmas [church] service **Weihnachtslied** *nt* [Christmas] carol **Weihnachtsmann** *m* Father Christmas, Santa Claus **Weihnachtsmarkt** *m* Christmas fair **Weihnachtsmotiv** *nt* Christmas theme **Weihnachtsplätzchen** *pl s.* Weihnachtsgebäck **Weihnachtsputer** *m* Christmas turkey **Weihnachtstag** *m meist pl* Christmas; **erster/zweiter ~** Christmas Day/Boxing Day **Weihnachtsteller** *m* plate of Christmas goodies **Weihnachtszeit** *f kein pl* ■**die ~** Christmas time, Yuletide *no pl*

Weihrauch *m* incense **Weihrauchfass**[RR] *nt* censer **Weihwasser** *nt* holy water **Weihwasserbecken** *nt* holy-water font, stoup

weil *konj* ① (*da*) because, cos *sl* ② (*nun, da …*) as

Weilchen <-s> *nt kein pl* ■**ein ~** a little while, a bit

Weile <-> *f kein pl* while *no pl;* ■**eine ~** a while; **eine ganze ~** quite a while; **nach/vor einer [ganzen] ~** after [quite] a while/[quite] a while ago

weilen *vi* (*geh*) ■**irgendwo ~** to stay somewhere ▶ WENDUNGEN: **nicht mehr unter uns ~** (*euph*) to be no longer with us *euph*

Weiler <-s, -> *m* (*geh*) hamlet *form*

Weimarer Republik *f kein pl* HIST ■**die ~ ~** the Weimar Republic

Wein <-[e]s, -e> *m* ① (*alkoholisches Getränk*) wine; **neuer ~** new wine; **offener ~** open wine (*wine sold by the glass*)**; bei einem Glas ~** over a glass of wine ② *kein pl* AGR (*Weinrebe*) vines *pl;* **wilder ~** Virginia creeper ▶ WENDUNGEN: **neuen** [*o* **jungen**] **~ in alte Schläuche füllen** to put new wine in old bottles; **im ~ ist** [*o* **liegt die**] **Wahrheit** (*prov*) in vino veritas *prov;* **~, Weib und Gesang** wine, women and song; **jdm reinen** [*o* **klaren**] **~ einschenken** to tell sb the truth, to be completely open with sb

Weinanbau <-[e]s> *m kein pl* wine-growing *no art, no pl,* viticulture *no indef art, no pl,* viniculture *no indef art, no pl* **Weinanbaugebiet** *nt* wine-growing area **Weinbau** *m kein pl* wine-growing *no pl,* viniculture *no pl form* **Weinbauer(in)** *m(f) s.* **Winzer** **Weinbaugebiet** *nt* wine-growing area **Weinbeere** *f* ① (*Traube*) grape ② SÜDD, ÖSTERR, SCHWEIZ (*Rosine*) raisin **Weinberg** *m* vineyard **Weinbergschnecke** *f* edible snail **Weinbrand** *m* brandy **Weinbrandbohnen** *pl bean-shaped chocolates containing brandy*

weinen I. *vi* (*Tränen vergießen*) to cry; **vor Freude ~** to cry with joy; ■**um jdn/etw ~** to cry for sb/sth ▶ WENDUNGEN: **es ist zum W~!** it's enough to make you weep; *s. a.* **Schlaf II.** *vt* (*durch Weinen hervorbringen*) ■**etw ~** to cry sth; ***sie weinte Tränen der Freude*** she cried tears of joy

weinerlich I. *adj* tearful; **eine ~e Stimme** a tearful voice II. *adv* tearfully

Weinernte *f* grape harvest **Weinessig** *m* wine vinegar **Weinfass**[RR] *nt* wine cask **Weinfilter** *m* lees filter **Weinflasche** *f* wine bottle **Weinflaschenregal** *nt* wine rack **Weingarten** *m* AGR SÜDD vineyard **Weingärtner(in)** *m(f)* wine-grower, viticulturist, viniculturist **Weingegend** *f* wine-growing area **Weingeist** *m kein pl* ethyl alcohol *no pl* **Weinglas** *nt* wine glass **Weingummi** *nt o m* winegum **Weingut** *nt* wine-growing estate **Weinhändler(in)** *m(f)* wine merchant [*or* dealer] **Weinhandlung** *f* wine merchant's **Weinjahr** *nt* vintage **Weinkarte** *f* wine list **Weinkeller** *m* ① (*Keller*) wine cellar ② (*Lokal*) wine bar **Weinkellerei** *f* wine cellar **Weinkenner(in)** *m(f)* wine connoisseur **Weinkönigin** *f* wine queen (*who represents a wine region for a year*)

Weinkrampf *m* crying fit

Weinkühler *m* wine cooler **Weinkunde** *f* study of wine, enology **weinkundlich** *adj* enological **Weinladen** *m* wine shop **Weinlage** *f* location of a vineyard **Weinlaune** *f kein pl* wine-induced mood of elation **Weinlese** *f* grape harvest **Weinliebhaber** *m* wine conoisseur **Weinliste** *f* wine list **Weinlokal** *nt* wine bar **Weinöl** *nt* green cognac oil, wine yeast oil **Weinpalme** *f* raphia palm, raffia **Weinprobe** *f* wine-tasting; **eine ~/~n machen** to have a wine-tasting session **Weinranke** *f* vine branch, grapevine shoot **Weinrebe** *f* grape[vine] **weinrot** *adj* claret, wine-coloured [*or* AM -ored] **Weinsäure** *f* tartaric acid **Weinschaum** *m* zabaglione **Weinschaumcreme** *f* KOCHK zabaglione **weinselig** *adj* merry with wine **Weinsorte** *f* type of wine **Weinstein** *m* tartar *no pl* **Weinstock** *m s.* Weinrebe **Weinstube** *f* wine bar **Weinthermometer** *nt* wine thermometer **Weintraube** *f* grape

weise I. *adj* (*geh*) ① (*kluge Einsicht besitzend*) wise; **ein ~er alter Mann** a wise old man ② (*von kluger Einsicht zeugend*) wise; **eine ~e Entscheidung** a wise decision II. *adv* wisely

Weise <-, -n> *f* ① (*Methode*) way; **auf andere ~** in another way; **auf bestimmte ~** in a certain way; **auf geheimnisvolle ~** in a mysterious way; **in der ~, dass** in such a way that; **auf diese ~** in this way; **in gewisser ~** in certain respects; **auf jds ~** in sb's own way; **auf jede [erdenkliche] ~** in every [conceivable] way; **in keinster** (*fam*) in no way ② (*geh: Melodie*) tune, melody

Weise(r) *f(m) dekl wie adj* wise man ▶ WENDUNGEN: **die [drei] ~n aus dem Morgenland** the three Wise Men from the East; **die fünf ~n** FIN *panel of five*

economic experts advising the government

weisen <wies, gewiesen> **I.** *vt* (*geh*) (*gehen heißen*) ■**jdn aus/von etw** ~ to expel sb from sth ▸ WENDUNGEN: **etw** [**weit**] **von sich** *dat* ~ to reject sth [emphatically] **II.** *vi* (*geh*) ■**irgendwohin** ~ to point somewhere

Weisheit <-, -en> *f* ❶ *kein pl* (*kluge Einsicht*) wisdom; **eine alte ~ sein** to be a wise old saying ❷ *meist pl* (*weiser Rat*) word *usu pl* of wisdom ▸ WENDUNGEN: **mit seiner ~ am Ende sein** to be at one's wit's end; **die ~** [**wohl**] **mit Löffeln gegessen** [*o* **gefressen**] **haben** (*fam*) to think one knows it all *fam;* **der ~ letzter Schluss sein** to be the ideal solution; **die ~ gepachtet haben** (*fam*) to act as if one were the only clever person around

Weisheitszahn *m* wisdom tooth

weis|machen *vt* ■**jdm etw** ~ to have sb believe sth; ■**jdm ~, dass** to lead sb to believe, that; **sich von jdm etw/nichts ~ lassen** to believe sth that sb tells one/not to believe a word sb tells one

weiß **I.** *adj* ❶ (*nicht farbig*) white ❷ (*blass*) pale; **~ werden** to go [*or* turn] white; *s. a.* **Fleck, Haus, Meer, Nil, Sonntag, Sport, Tod, Gesicht, Wand, Rasse, Wut** **II.** *adv* white; **~ gekleidet** dressed in white

Weiß <-[es]> *nt* white; [**ganz**] **in ~** dressed [all] in white

weissagen **I.** *vi* ■**jdm** ~ to tell sb's fortune; ■**sich** *dat* [**von jdm**] **~ lassen** to have one's fortune told [by sb] **II.** *vt* ■[**jdm**] **etw** ~ to prophesy sth [to sb]

Weissagung <-, -en> *f* prophecy

Weißbier *nt* weissbier (*light, top-fermented beer*) **weißblau** *adj* (*fam*) Bavarian **Weißblech** *nt* tin plate **weißblond** *adj* platinum blond; ■**~ sein** to have platinum-blond hair **Weißbrot** *nt* white bread **Weißbuch** *nt* POL White Paper **Weißdorn** *m* hawthorn

Weiße <-> *f kein pl* (*geh*) whiteness; **Berliner ~** *light, fizzy beer*

Weiße(r) *f(m) dekl wie adj* white, white man/woman; ■**die ~n** white people, the whites

weißeln *vt* SÜDD, **weißen** *vt* ■**etw** ~ to whitewash sth

Weißfelchen *nt* ZOOL, KOCHK whitefish **Weißfisch** *m* whitefish **Weißfischchen** *pl* whitebaits *pl* **weißgekleidet** *adj attr s.* **weiß II** **weißglühend** *adj* white-hot **Weißglut** *f kein pl* (*Weißglühen*) white heat ▸ WENDUNGEN: **jdn zur ~ bringen** [*o* **treiben**] to make sb livid with rage [*or* see red] **Weißgold** *nt* white gold **weißhaarig** *adj* white-haired **Weißherbst** *m* rosé **Weißkäse** *m* DIAL *s.* **Quark** **Weißkohl** *m,* **Weißkraut** *nt* SÜDD, ÖSTERR white cabbage **Weißkopfseeadler** *m* ORN white-headed bald eagle

weißlich *adj* whitish

Weißmacher *m* whitener **Weißreis** *m* white rice

Weißrusse, -russin <-n, -n> *m, f* BRD *s.* **Belarusse**

Weißrussisch *nt dekl wie adj* B[y]elorussian; *s. a.* **Deutsch**

weißrussisch *adj* BRD Belarusian; *s. a.* **deutsch**

Weißrussische <-n> *nt* ■**das** ~ B[y]elorussian, the B[y]elorussian language; *s. a.* **Deutsche**

Weißrussland^RR *nt* Belorussia, White Russia **Weißstorch** *m* ORN white stork **Weißtanne** *f* silver fir **Weißwandreifen** *m* whitewall tyre [*or* AM tire] **Weißwein** *m* white wine **Weißwurst** *f* Bavarian veal sausage (*cooked in hot water and served mid-morning with sweet mustard*) **Weißzucker** *m* refined [*or* white] sugar

Weisung <-, -en> *f* instruction, direction; **~ haben, etw zu tun** to have instructions to do sth; ■**auf ~** [**von jdm**] on [sb's] instructions

Weisungsbefugnis *f* authority to issue instructions [*or* directives] **weisungsberechtigt** *adj* JUR authorized to give instructions **weisungsgebunden** *adj* bound by directives, subject to instructions **weisungsgemäß** **I.** *adj* according to [*or* as per] instructions, as directed [*or* instructed] **II.** *adv* according to [*or* as per] instructions, as instructed [*or* directed] **Weisungsrecht** *nt* JUR right to issue instructions

weit **I.** *adj* ❶ MODE (*locker sitzend*) wide, baggy; **etw ~er machen** to let sth out ❷ (*räumlich ausgedehnt*) long; (*zeitlich*) long; ***bis dahin ist es noch*** ~ it will be a long time yet before we get there ❸ SPORT long ❹ wide, vast; (*Meer, Wüste*) open; **~er werden** to widen [*or* broaden out] **II.** *adv* ❶ (*Entfernung zurücklegend*) far, a long way; **~ gereist** well [*or* widely] travelled [*or* AM *usu* traveled]; **… Meter ~ springen** to jump … meters; ■**… ~er** … further on ❷ *räumlich* (*ganz*) wide; **etw ~ öffnen** to open sth wide ❸ (*eine erhebliche Strecke*) far; **am ~esten** furthest, farthest; **es noch ~ haben** to have a long way to go; **~ bekannt** widely known; **~ weg** [*o* **entfernt**] **sein** far away; **von ~em** from afar; **von ~ her** from far [*or* a long way] away ❹ (*erheblich*) far; **~ besser/schöner/teurer** far better/more beautiful/more expensive; **~ hergeholt** far-fetched; **~ verbreitet** widespread, common; **eine ~ verbreitete Meinung** a widely-held view, common; **~ verzweigt** TRANSP widely spread *pred;* (*gut ausgebaut*) extensive; (*vielfach verzweigt*) with many branches; **jdn ~ hinter sich lassen** to leave sb far behind; **jdn/etw ~ übertreffen** to outdo sb/sth by far; ■**bei ~em/bei ~em nicht** by far/not nearly [*or* not by a long shot]; **bei ~em besser/schöner als** far better/more beautiful than, better/more beautiful than … by far; **bei ~em nicht alles** not nearly all [*or* everything]; **bis ~ in etw** *akk* late [*or* well] into sth; **~ nach etw** well [*or fam* way] after sth ❺ (*zeitlich lang*) **~ zurückliegen** to be a long time ago ▸ WENDUNGEN: **~ und breit** for miles around; **so ~, so gut** (*prov*) so far so good *prov;* **es** [**noch**] **so ~ bringen, dass etw passiert/dass jd etw tut** to bring it about that sth happens/sb does sth; **jdn so ~ bringen, dass er/sie etw tut** to bring sb to the point where he/she does sth; **es weit** [**im Leben**] **bringen** to go far [in life]; **das würde zu ~ führen** that would be getting too far away from the issue; **es ~ gebracht haben** to have come a long way; **mit jdm/etw ist es ~ gediehen** sb has gone far/sth has progressed a great deal; **es gedeiht noch so ~, dass** it will come to [*or* reach] the point [*or* stage] where; **~ gefehlt!** (*geh*) quite the opposite!, you're way out! BRIT *fam* [*or* AM *fam* way off!]; **so ~ gehen, etw zu tun** to go so far as to do sth; **zu ~ gehen** to go too far; **das geht** [**entschieden**] **zu ~!** that's [definitely] going [*or* taking it] too far!; **~ hergeholt sein** to be far-fetched; **mit etw ist es nicht ~ her** (*fam*) sth is nothing much to write home about *fam;* **so ~ kommt es** [**noch**] (*fam*) you'd like that, wouldn't you! *fam;* **es zu ~ treiben** to take it too far; *s. a.* **Abstand, Feld, Ferne, Sicht, Sinn, verbreitet**

weitab *adv* far [*or* a long way] away; ■**~ von etw** far [*or* a long way [away]] from sth

weitaus *adv* ❶ *vor comp* (*in hohem Maße*) far, much; **~ besser/schlechter sein als etw** to be far [*or* much] better/worse than sth ❷ *vor superl* (*bei weitem*) [by] far

Weitblick *m kein pl* ❶ (*Fähigkeit, vorauszuschauen*) far-sightedness, vision ❷ *s.* **Fernblick** **weitblickend** *adj* ■**~ sein** to have vision, to be far-sighted [*or* visionary]

Weite^1 <-, -n> *f* ❶ (*weite Ausdehnung*) expanse, vastness ❷ SPORT (*Länge*) length ❸ BAU (*Durchmesser*) width ❹ MODE (*Breite*) width; **in der ~** as far as the width goes

Weite^2 <-n> *nt* (*Entfernung*) distance ▸ WENDUNGEN: **das ~ suchen** (*geh*) to take to one's heels

weiten **I.** *vt* MODE ■[**jdm**] **etw** ~ to widen sth [for sb]; (*Schuh, Stiefel*) to stretch [sb's] sth **II.** *vr* ■**sich** ~ to widen; (*Pupille*) to dilate

weiter *adv* (*sonst*) further; **~ keiner** [*o* **niemand**] no one else; **wenn es ~ nichts ist, …** well, if that's all …; **~ bestehen** to continue to exist, to survive; [**für jdn**] **~ bestehen** to remain in force [for sb], to hold good [for sb]; **nicht ~ wissen** not to know what [else] to do; **~ nichts?** is that it?; **~ nichts als etw** nothing more than sth; **und ~?** and apart from that?; **und so ~** [**und so fort**] et cetera, et cetera, and so on and so forth; **~!** keep going!; *s. a.* **immer, nichts**

weiter|arbeiten *vi* ■[**an etw** *dat*] ~ to carry on [*or* continue] working [on sth] **weiter|befördern*** *vt* ■**jdn** ~ to take [*or* drive] sb further **weiter|behandeln*** *vt* MED ■**jdn** ~ to carry on treating [*or* give further treatment to] sb; *mit Arznei* to carry on medication for sb **Weiterbehandlung** *f* further treatment **Weiterbeschäftigung** *f* continued employment **Weiterbestehen** *nt* continued existence, continuation **weiter|bilden** **I.** *vt* ■**jdn/sich** ~ to continue [*or* further] one's education **II.** *vr* ■**sich** *akk* **in etw** *dat* ~ to develop one's knowledge of sth **Weiterbildung** *f* further education **Weiterbildungsmaßnahme** *f* further [vocational] training measure

weiter|bringen *vt irreg* ■**jdn** ~ to help sb along **weiter|denken** *vi irreg* to think ahead

weitere(r, s) *adj* (*zusätzlich*) further, additional; **alles W~** everything else, all the rest ▸ WENDUNGEN: **bis auf ~s** until further notice, for the time being; **ohne ~s** easily, just like that

weiter|empfehlen* *vt irreg* ■**jdn** [**jdm**] ~ to recommend sb [to sb]; ■[**jdm**] **etw** ~ to recommend sth [to sb] **weiter|entwickeln*** **I.** *vt* ■**etw** ~ to develop sth further; ■**weiterentwickelt** further developed **II.** *vr* ■**sich** ~ to develop [further] [*or* progress] **Weiterentwicklung** *f* TECH [further] development **weiter|erzählen*** *vt* ■[**jdm**] **etw** ~ to pass on sth *sep* [to sb], to repeat sth [to sb] **weiter|fahren** *irreg* **I.** *vi sein* to continue driving; ■[**irgendwohin**] ~ to drive on [to somewhere] **II.** *vt haben* ■**etw** ~ to move sth forward **Weiterfahrt** *f kein pl* continuation of the/one's journey **weiter|fliegen** *vi irreg sein* ■[**irgendwohin**] ~ to fly on [to somewhere], to continue one's flight [to somewhere] **Weiterflug** *m kein pl* continuation of the/one's flight **weiter|führen** *vt* ❶ (*fortsetzen*) ■**etw** ~ to continue sth ❷ (*weiterbringen*) **jdn** [**ziemlich**] ~ to be a [real] help to sb; **jdn schwerlich ~** not to be a great help to sb, not to help sb very much **weiterführend** *adj* SCH secondary **Weitergabe** *f* transmission, passing on **weiter|geben** *vt irreg* ■**etw** [**an jdn**] ~ to pass on sth *sep* [to sb] **weiter|gehen** *vi irreg sein* ❶ (*seinen Weg fortsetzen*) to walk on ❷ (*seinen Fortgang nehmen*) to go on; ***so kann es nicht*** ~ things can't go on like this **weitergehend** *adj comp von* **weitgehend** more far-reaching, more extensive **weiter|helfen** *vi irreg* ■**jdm** [**in etw** *dat*] ~ to help sb further [with sth], to provide sb with further assistance [in sth]; ■**jdm** ~ (*auf die Sprünge helfen*) to help sb along

weiterhin *adv* ❶ (*fortgesetzt*) still ❷ (*außerdem*) furthermore, in addition

weiter|hüpfen *vi* to continue hopping **weiter|kämpfen** *vi* to fight on **weiter|kommen** *vi irreg sein* ❶ (*vorankommen*) to get further; *s. a.* **machen** ❷ (*Fortschritte machen*) ■[**mit etw**] ~ to get further [with sth], to make progress [*or* headway] [with sth]; **mit etw nicht ~** not to get very far with sth, not to make much progress [*or* headway] with sth **Weiterkommen** <-s> *nt kein pl* ❶ (*Durchkommen*) progression ❷ (*beruflich vorankommen*) advancement **weiter|können** *vi irreg* to be able to continue [*or* carry on] **weiter|laufen** *vi irreg sein* ❶ (*den Lauf fortsetzen*) to continue running [*or* walk on], to continue ❷ TECH to continue [*or* keep] running ❸ FIN to continue **weiter|leben** *vi* ❶ (*am Leben bleiben*) to continue to live, to live on ❷ (*fig*) ■[**in jdm/etw**] ~ to live on [in sb/sth] **weiter|leiten** *vt* ■**etw** [**an jdn/etw**] ~ to pass on sth *sep* [to sb/sth] **weiter|machen** *vi* to carry on, to continue **weiter|reichen** *vt* (*geh*) ■**etw** [**an jdn**] ~ to pass on sth *sep* [to sb]

Weiterreise *f kein pl* continuation of the/one's journey, onward journey; ***gute ~!*** have a pleasant [onward] journey

weiters *adv* ÖSTERR (*ferner*) further **weiter|sagen** *vt* ■[**jdm**] **etw** ~ to repeat sth [to sb], to pass on sth *sep* [to sb]; ***nicht ~!*** don't tell anyone! **wei-**

ter|schleichen *vi* to creep on **weiter|springen** *vi* to continue jumping

Weiterungen *pl (geh)* repercussions, unpleasant consequences

weiter|verarbeiten* *vt* ■ **etw [zu etw]** ~ to process sth [into sth]

Weiterverarbeitung *f* [re]processing

Weiterverarbeitungsbefugnis *f* processing permit **Weiterverarbeitungsbetrieb** *m* HANDEL processing plant

Weiterveräußerung *f* resale **weiter|verfolgen*** *vt* ■ **etw** ~ to follow up sth *sep,* to pursue sth further **Weiterverkauf** *f* resale; **nicht zum ~ bestimmt** not for resale **weiter|verkaufen*** **I.** *vt* ■ **etw** ~ to resell sth **II.** *vi* to resell **Weiterverkaufsrecht** *nt* JUR right to resell, resale right **weiter|vermieten*** *vt* ■ **etw [an jdn]** ~ to sublet sth [to sb] **weiter|verweisen*** *vt irreg* ■ **jdn an jdn/etw** ~ *Facharzt/Amt* to refer sb to sb else **Weiterverweisung** *f* JUR renvoi, referring the case to another court **weiter|verwenden*** *vt* ■ **etw** ~ to reuse sth **weiter|verwerten*** *vt* ■ **etw** ~ to recycle sth **weiter|wissen** *vi irreg (wissen, wie weiter vorzugehen ist)* to know how to proceed; **nicht [mehr]** ~ to be at one's wits' end **weiter|wollen** *vi irreg* to want to go on **weiter|ziehen** *vi sein irreg* to move on

weitestgehend **I.** *adj superl von* **weitgehend** most far-reaching, most extensive **II.** *adv* to the greatest possible extent

weitgehend <weitgehender *o* ÖSTERR weitergehend, weitestgehend *o* weitgehendste(r, s)> **I.** *adj (umfassend)* extensive, far-reaching; **~e Übereinstimmung/Unterstützung** extensive agreement/support **II.** *adv* extensively, to a large extent

weither *adv (geh)* from far away, from afar *form*

weitherzig *adj (selten)* generous, liberal

weithin *adv* ① *(weitgehend)* to a large [*or* great] extent; ~ **bekannt/beliebt/unbekannt** widely known/popular/largely unknown ② *(geh: rings umher)* all around

weitläufig **I.** *adj* ① *(ausgedehnt)* extensive ② *(entfernt)* distant **II.** *adv* extensively, distantly

Weitläufigkeit <-> *f kein pl* spaciousness, ampleness

weitmaschig *adj* ① *Netz* wide-[*or* broad-]meshed ② *Pullover* loose-knit, loosely knit

weiträumig **I.** *adj* spacious; **eine ~e Absperrung/Umleitung** a cordon/diversion covering a wide area **II.** *adv* spaciously; **den Verkehr ~ umleiten** to divert the traffic around a wide area

weitreichend <weitreichender *o* weiter reichend *o* ÖSTERR weiterreichend, weitestreichend> *adj* ① *(umfassend)* extensive, far-reaching; *(Vollmachten)* sweeping ② MIL long-range

weitschweifig **I.** *adj* long-winded, protracted *form;* ■ **[jdm] zu ~ sein** to be too long-winded [for sb] **II.** *adv* long-windedly, at great length

Weitschweifigkeit <-> *f kein pl* verbosity *no pl,* long-windedness, prolixity

Weitsicht *f s.* **Weitblick** **weitsichtig** *adj* ① MED long-sighted BRIT, farsighted AM ② *s.* **weitblickend** **Weitsichtigkeit** <-> *f kein pl* MED long-sightedness BRIT, farsighted AM **Weitspringer(in)** *m(f)* long-jumper **Weitsprung** *m* SPORT ① *kein pl (Disziplin)* long-jump ② *(einzelner Sprung)* long-jump **Weitwinkelobjektiv** *nt* wide-angle lens

Weizen[1] <-s, -> *m* wheat; *s. a.* **Spreu**

Weizen[2] <-s, -> *nt s.* **Weizenbier**

Weizenbier *nt* weissbier *(light, top fermented beer)* **Weizenbrot** *nt* wheat bread **Weizengrieß** *m* semolina **Weizenkeime** *pl* wheatgerm *sing* **Weizenkeimöl** *nt* wheatgerm oil **Weizenkleie** *f* wheat bran [*or* germ] **Weizenmehl** *nt* wheat flour **Weizenvollkorn** *m kein pl* wholewheat, wholemeal wheat BRIT **Weizenvollkornmehl** *nt* wholewheat [*or* BRIT wholemeal] [wheat] flour

welch *pron* ■ ~ **[ein]** what [a]

welche(r, s) **I.** *pron interrog* ① *(was für (eine))* which ② *in Ausrufen (was für ein)* what; ~ ***Schande!*** what a disgrace! **II.** *pron rel (der, die, das: Mensch)* who; *(Sache)* which **III.** *pron indef* ① *(etwas)* some; ***wenn du Geld brauchst, kann ich dir gerne ~s leihen*** if you need money, I can lend you some ② *pl (einige)* some; ■ **~, die ...** some [people], who

welcherlei *adj interrog inv (geh)* whatever

welk *adj* ① *(verwelkt)* wilted; ■ **~ sein/werden** to be wilted/to wilt ② *(schlaff)* worn-out

welken *vi sein (geh)* to wilt

Wellblech *nt* corrugated iron

Wellblechhütte *f* corrugated-iron hut [*or* shelter]

Welle <-, -n> *f* ① *(Woge)* wave ② *(massenhaftes Auftreten)* wave; **grüne ~** TRANSP synchronized traffic lights; MODE **die neue ~** the latest craze; **die weiche ~** *(fam)* the soft line *fam* ③ PHYS wave ④ RADIO wavelength ⑤ *(wellenförmige Erhebung)* wave ⑥ TECH *(Drehbewegungen übertragender Schaft)* shaft ▶ WENDUNGEN: **[hohe] ~n schlagen** to create a [big] stir

wellen *vr* ■ **sich ~** to be/become wavy; *(Papier)* to crinkle; *s. a.* **Haar**

Wellenbad *nt* wave pool **Wellenbereich** *m* waveband **Wellenberg** *m* crest of a/the wave, wavecrest **Wellenbewegung** *f* wave motion, undulation **Wellenbrecher** <-s, -> *m* breakwater, groyne BRIT, groin AM **wellenförmig** **I.** *adj* wavy **II.** *adv* **sich ~ verziehen** to crinkle **Wellengang** <-[e]s> *m kein pl* waves *pl,* swell; **starker ~** heavy seas *pl* [*or* swell] **Wellengleichung** *f* PHYS wave equation **Wellenkamm** *m* crest **Wellenkraftwerk** *nt* hydroelectric power station *(using wave power as a source of energy)* **Wellenlänge** *f* PHYS wavelength ▶ WENDUNGEN: **die gleiche ~ haben** [*o* **auf der gleichen ~ liegen**] *(fam)* to be on the same wavelength **Wellenlinie** *f* wavy line **Wellenreiten** *nt* surfing **Wellenschlag** *m* breaking of the waves, surge **Wellenschliff** *m* serrated edge **Wellensittich** *m* budgerigar, budgie *fam* **Wellental** *nt* wave trough

wellig *adj* ① *(gewellt)* wavy ② *(wellenförmig)* uneven; ■ **~ sein/werden** to be/become uneven [*or* crinkly]

Welligwerden <-s> *nt kein pl* TYPO *(von Papier)* buckling, cockling, warping

Wellington <-s> *nt* Wellington

Wellness <-> ['wɛlnɛs] *f kein pl* wellness

Wellness-Berater *m* wellness advisor **Wellnessboom**[RR], **Wellness-Boom** <-s -s> ['wɛlnɛsbu:m] *m* NATURMED boom on wellness programmes **Wellnesscenter**[RR], **Wellness-Center** <-s, -> *nt* wellness centre [*or* AM center] **Wellnessdrink**[RR], **Wellness-Drink** <-s, -s> *m* wellness drink **Wellnessprodukt**[RR], **Wellness-Produkt** *nt* wellness product **Wellnessreise**[RR], **Wellness-Reise** *f* wellness holiday **Wellnessurlaub**[RR], **Wellness-Urlaub** *m* wellness holiday

Wellpappe *f* corrugated cardboard **Wellplatte** *f* BAU corrugated sheet

Welpe <-n, -n> *m Hund* pup, whelp; *Wolf, Fuchs* cub, whelp

Wels <-es, -e> *m* catfish

welsch *adj* SCHWEIZ Romance-speaking

Welschkohl *m* savoy cabbage

Welschschweiz *f* SCHWEIZ ■ **die ~** French Switzerland

Welschschweizer(in) *m(f)* French Swiss

welschschweizerisch *adj* French Swiss

Welt <-, -en> *f* ① *kein pl (unsere Erde)* ■ **die/unsere ~** the/our world; **auf der ~** in the world; **in aller ~** all over the world; **... in aller ~** *(fam)* ... on earth *fam* ② ASTRON *(erdähnlicher Planet)* world ③ *(Bereich)* world; **die ~ des Films/Kinos/Theaters** the world of film/cinema/theatre, the film/cinema/theatre world ④ *kein pl* ASTRON *(das Weltall)* ■ **die ~** the world [*or* cosmos] ▶ WENDUNGEN: **die Alte/Neue ~** the Old/New World; **die dritte/vierte ~** the Third/Fourth World; **in seiner eigenen ~ leben** to live in a world of one's own; **die heile ~** the ideal world; **nobel geht die ~ zugrunde** *(fam)* there's nothing like going out with a bang *fam;* **die [große] weite ~** *(geh)* the big wide world; **eine ~ bricht für jdn zusammen** sb's whole world collapses about sb; **jdn zur ~ bringen** to bring sb into the world, to give birth to sb; **davon [*o* deswegen] geht die ~ nicht unter** *(fam)* it's not the end of the world *fam;* **nicht aus der ~ sein** not to be on the other side of the world; **auf die [*o* zur] ~ kommen** to be born; **das kostet nicht die ~** *(fam)* it doesn't cost the earth; **in einer anderen ~ leben** to live on another planet, to live in another world; **etw aus der ~ schaffen** to eliminate sth; **etw in die ~ setzen** to spread sth; **sie trennen ~en** they are worlds apart; **mit sich und der ~** all around [*or* BRIT *a.* round]; **mit sich und der ~ zufrieden sein** to be happy all around [*or* BRIT *a.* round]; **vor aller ~** in front of everybody; **um nichts in der ~, nicht um alles in der ~** not [*or* never] for the world; **alle ~** *(fam)* the whole world, everybody, the world and his wife *hum; s. a.* **Kind**

Weltall *nt kein pl* universe **weltanschaulich** *adj* ideological **Weltanschauung** *f* philosophy of life; *(philosophisch und politisch)* ideology **Weltanschauungsfreiheit** *f* JUR freedom to adhere to philosophical beliefs **Weltatlas** *m* atlas of the world **Weltauflage** *f einer Zeitung* circulation worldwide; *eines Buchs* number of copies sold worldwide **Weltausstellung** *f* world exhibition **Weltbank** *f kein pl* ■ **die ~** the World Bank **weltbekannt** *adj* world-famous, world-renowned **weltberühmt** *adj* world-famous **weltbeste(r, s)** *adj attr* world's best **Weltbeste(r)** *f(m)* world's best **Weltbestleistung** *f* world's best performance **Weltbestzeit** *f* world record time **Weltbevölkerung** *f kein pl* world population **weltbewegend** *adj* earth-shaking [*or* -shattering] **Weltbild** *nt* world view **Weltbürger(in)** *m(f)* citizen of the world, cosmopolitan **Weltcup** <-s, -s> [-kʌp] *m* World Cup **Weltempfänger** <-s, -> *m* world receiver [*or* receiving-set]

Weltenbummler(in) *m(f) (fam)* globetrotter *fam*

Welterfolg *m* world[-wide] success

Weltergewicht *nt* SPORT ① *kein pl (Gewichtsklasse)* welterweight ② *s.* **Weltergewichtler**

Weltergewichtler(in) <-s, -> *m(f)* welterweight [boxer]

welterschütternd *adj* earth-shattering, world-shaking **weltfremd** *adj* unworldly **Weltfremdheit** *f kein pl* unworldliness **Weltfriede(n)** *m* world peace **Weltgeistliche(r)** *f(m) dekl wie adj* secular priest **Weltgeltung** *f* world-wide recognition, international standing; ■ **... von ~** internationally renowned **Weltgeschichte** *f kein pl* ① *(Universalgeschichte)* world history ② MEDIA *(Abriss der ~)* world history ▶ WENDUNGEN: **in der ~** *(fam)* all over the place *fam* **weltgeschichtlich** *adj* **von ~er Bedeutung sein** to be of great significance in world history; **ein ~es Ereignis** an important event in world history **Weltgesundheitsorganisation** *f* World Health Organization, W.H.O. **weltgewandt** *adj* sophisticated, urbane **weltgrößte(r, s)** *adj* world's greatest

Welthandel *m* world trade

Welthandelskonferenz *f der UN* United Nations Conference on Trade and Development, UNCTAD **Welthandelskonjunktur** *f* ÖKON global market conditions *pl* **Welthandelsorganisation** *f kein pl* ■ **die ~** the World Trade Organization [*or* WTO] **Welthandelswährung** *f* ÖKON world trading currency

Weltherrschaft *f kein pl* world domination **Welthilfssprache** *f* international auxiliary language **Welthungertag** *m* International Day of Hunger **Weltkarte** *f* world map **Weltkartellrecht** *nt* JUR world cartel law **Weltkinderhilfswerk** *nt* United Nations Children's Fund, UNICEF; *(früher)* United Nations International Children's Emergency Fund **Weltklasse** *f kein pl* world class; ■ **~ sein** *(fam)* to be world-class **Weltkonjunktur** *f* ÖKON global market conditions *pl* **Weltkrieg** *m* world war; **der Erste/Zweite ~** World War One/Two,

W

the First/Second World War **Weltkugel** *f* globe **Weltkulturerbe** *nt kein pl* world cultural heritage

weltläufig *adj* (*geh*) cosmopolitan

weltlich *adj* (*geh*) ❶ (*irdisch*) worldly ❷ (*profan*) mundane

Weltliteratur *f kein pl* world literature **Weltmacht** *f* world power **Weltmann** <-[e]s, -männer> *m* man of the world **weltmännisch** *adj* sophisticated, wordly-wise

Weltmarkt *m* world [*or* international] market **weltmarktfähig** *adj* HANDEL internationally [*or* globally] marketable **Weltmarktführer** *m* international market leader **Weltmarktkonditionen** *pl* ÖKON global market conditions *pl* **Weltmarktnotierung** *f* BÖRSE international quotation **Weltmarktpreis** *m* ÖKON world market price; *für Rohöl* posted price

Weltmeer *nt* ocean **Weltmeister(in)** *m(f)* world champion; ■ ~ **in etw** *dat* world champion in [*or* at] sth **Weltmeisterschaft** *f* world championship; ■ **die** ~ **in etw** *dat* the world championship in sth **Weltmonopol** *nt* ÖKON global monopoly **Weltmusik** *f* world music *no indef art, no pl* **Weltnaturerbe** *nt kein pl* world natural heritage **weltoffen** *adj* liberal[-minded], cosmopolitan **Weltöffentlichkeit** *f kein pl* ■ **die** ~ the whole world; (*öffentliche Meinung*) the world opinion [*or* at large] **Weltordnung** *f* world order **Weltorganisation** *f* ~ **für geistiges Eigentum** World Intellectual Property Organization, WIPO **Weltpatent** *nt* world patent **Weltpolitik** *f* world politics + *sing/pl vb* **weltpolitisch** I. *adj* concerning world politics II. *adv* in terms of world politics **Weltpresse** *f* world's press **Weltrang** *m* world status; ■ **von** ~ world-famous **Weltrangliste** *f* world rankings *pl*

Weltraum *m kein pl* [outer] space

Weltraumbahnhof *m* space centre [*or* AM -er], launch base **Weltraumbehörde** *f* space agency **Weltraumfähre** *f* space shuttle **Weltraumfahrer(in)** *m(f)* space traveller [*or* AM traveler], astronaut **Weltraumfahrt** *f kein pl* space journey, journey into space **Weltraumflug** *m* space flight **Weltraumforschung** *f kein pl* space research **Weltraumkapsel** *f* space capsule **Weltraumlabor** *nt* space laboratory, spacelab **Weltraummüll** *m* space junk, cosmic waste [*or* debris] **Weltraumrakete** *f* space rocket **Weltraumrecht** *nt* JUR space law **Weltraumrüstung** *f kein pl* space armament [*or pl* weapons] **Weltraumschiff** *nt* spaceship **Weltraumstation** *f* space station **Weltraumteleskop** *nt* space telescope **Weltraumwaffe** *f* space weapon

Weltrechtsgrundsatz *m* JUR principle of worldwide application of law **Weltrechtspflegeprinzip** *nt* JUR principle of international prosecution **Weltreich** *nt* empire **Weltreise** *f* world trip; **eine** ~ **machen** to go on a journey around the world **Weltreisende(r)** *f(m) dekl wie adj* globetrotter **Weltrekord** *m* world record; ■ **der/ein** ~ **in etw** *dat* the/a world record in sth **Weltrekordinhaber(in)** *m(f)* world record holder **Weltrekordler(in)** *m(f)* world record holder **Weltreligion** *f* world religion **Weltruf** *m kein pl* international [*or* world-wide] reputation; **... von** ~ internationally renowned **Weltruhm** *m* world[wide] fame **Weltschmerz** *m kein pl* (*geh*) weltschmerz *liter* **Weltsicherheitsrat** *m* [United Nations] Security Council **Weltsprache** *f* world language **Weltstadt** *f* international [*or* cosmopolitan] city **weltstädtisch** *adj* cosmopolitan **Weltstar** *m* international star **Weltstrafrecht** *f kein pl* JUR universal criminal law **Welttournee** *f* world tour **Weltumsatz** *m* worldwide sales *pl* **Weltumsegelung** *f* circumnavigation of the globe [*or* earth] [*or* world] **weltumspannend** *adj* global; ~**es Computernetz** global [*or* worldwide] computer network **Weltuntergang** *m* end of the world, apocalypse **Weltuntergangsstimmung** *f* apocalyptic mood **Welturaufführung** *f* world premiere **Welturheberrechtsabkommen** *nt* Universal Copyright Convention **Weltverband** *m* world association **Weltverbesserer, -besserin** *m, f* (*pej*) sb who thinks they can cure the world's ills **Weltwährungsfonds** *m kein pl* JUR International Monetary Fund, IMF **Weltwährungssystem** *nt* ÖKON International Monetary System **weltweit** I. *adj* global, world-wide; ~**e Rezession** worldwide [*or* global] recession II. *adv* globally

Weltwirtschaft *f* world [*or* global] economy

weltwirtschaftlich *adj* ÖKON global [*or* world] economic *attr;* ~**e Lage** state of the world economy

Weltwirtschaftskrise *f* world economic crisis **Weltwirtschaftsordnung** *f* ÖKON world economic system **Weltwirtschaftssystem** *nt* ÖKON world economic system

Weltwunder *nt* **die sieben** ~ the Seven Wonders of the World; **wie ein** ~ (*fam*) as if from another planet **Weltzeit** *f kein pl* world time, universal time **Weltzeituhr** *f* world clock (*clock showing times around the world*)

wem I. *pron interrog dat von* **wer** (*welcher Person?*) who ... to, to whom *form;* ~ ***gehört dieser Schlüsselbund?*** who does this bunch of keys belong to?; **mit/von** ~ with/from whom II. *pron rel dat von* **wer** (*derjenige, dem*) ■ ~ **...,** [**der**] ... the person to whom ..., the person who ... to III. *pron indef dat von* **wer** (*fam*) to/for somebody

Wemfall *m* dative [case]

wen I. *pron interrog akk von* **wer** (*welche Person?*) who, whom; **an** ~ to whom *form*, who ... to; **für** ~ for whom *form*, who ... for II. *pron rel akk von* **wer** (*derjenige, den*) ■ ~ **...,** [**der**] ... the person who [*or* whom] ...; **an** ~ to whom *form*, who ... to; **für** ~ for whom *form*, who ... for III. *pron indef akk von* **wer** (*fam*) somebody

Wende <-, -n> *f* ❶ POL (*sl: politische Kehrtwendung*) [political] change [*or* U-turn] ❷ (*einschneidende Veränderung*) change, turn; **die/eine** ~ **zum Besseren/Schlechteren** the/a turn [*or* change] for the better/worse; **eine** ~ **zum Positiven** a positive change ❸ SPORT face [*or* front] vault ❹ (*Übergangszeit*) ■ **an der** ~ [**von**] ... **zu etw** at the transition from ... to sth

Wendefläche *f* turning area **Wendejacke** *f* reversible jacket **Wendekreis** *m* ❶ AUTO turning circle ❷ GEOG, ASTRON tropic; **der nördliche** ~, **der** ~ **des Krebses** the Tropic of Cancer; **der** ~ **des Steinbocks** the Tropic of Capricorn

Wendel <-, -n> *f* ❶ ELEK (*Glühfaden*) coil ❷ (*Gewinde*) spiral

Wendelrührer *m* spiral mixer **Wendeltreppe** *f* spiral staircase

Wendemantel *m* reversible coat

wenden I. *vr* <wendete *o geh* wandte, gewendet *o geh* gewandt> ❶ (*sich drehen*) ■ **sich irgendwohin** ~ to turn to somewhere ❷ (*kontaktieren*) ■ **sich** *akk* [**in etw** *dat*] **an jdn** ~ to turn to sb [regarding sth] ❸ (*zielen*) ■ **sich an jdn** ~ to be directed at sb ❹ (*entgegentreten*) ■ **sich gegen jdn** ~ to turn against sb; ■ **sich gegen etw** ~ to oppose sth ❺ (*sich verkehren*) **sich zum Besseren** [*o* **Guten**]**/Schlechteren** ~ to take a turn for the better/worse ▶ WENDUNGEN: **sich zum Gehen** ~ to be about to go II. *vt* <wendete, gewendet> (*umdrehen*) ■ **etw** ~ to turn over sth *sep;* ***bitte*** ~***!*** please turn over ▶ WENDUNGEN: **wie man es auch wendet ..., man kann es** ~, **wie man will** whichever way one looks/you look [*or* fam] at it III. *vi* <wendete, gewendet> AUTO to turn

Wendeplatz *m* turning area **Wendepunkt** *m* turning point

wendig *adj* ❶ TECH manoeuvrable BRIT, maneuverable AM ❷ (*geistig beweglich*) agile

Wendigkeit <-> *f kein pl* ❶ (*gute Manövrierfähigkeit*) manoeuvrability, maneuverability AM ❷ (*geistige Beweglichkeit*) agility

Wendung <-, -en> *f* ❶ (*tiefgreifende Veränderung*) turn; **eine bestimmte** ~ **nehmen** to take a certain turn; **eine** ~ **zu etw nehmen** to take a turn for sth ❷ LING (*Rede*~) expression

Wenfall *m* accusative [case]

wenig I. *pron indef* ❶ *sing* (*nicht viel*) ■ ~ **sein** to be not [very] much; ~ **genug** little enough; **nicht** ~ more than a little ❷ *pl, substantivisch* (*ein paar*) ■ ~**e** a few II. *adv* ❶ (*nicht viel*) little, not a lot of; **ein** ~ a little; **nicht** ~ more than a little; **zu** ~ too little, not enough; **zu** ~ **schlafen** to not get enough sleep; ~ **genug** little enough; ■ ~**e ...** few; *s. a.* **einige** ❷ *mit comp* (*kaum*) little ❸ (*nicht sehr*) not very; ~ **interessant** of little interest; **ein** ~ a little

weniger I. *pron indef comp von* **wenig** (*nicht so viel*) less; ***du solltest*** ~ ***essen/rauchen/trinken*** you should eat/smoke/drink less II. *adj comp von* **wenig** less, fewer; ~ **werden** to be dwindling away ▶ WENDUNGEN: ~ **ist mehr** it's quality not quantity that counts III. *adv comp von* **wenig** (*nicht so sehr*) ■ ~ **... als ...** less ... than ▶ WENDUNGEN: **je mehr ... desto** ~ **...** the more ... the less ...; *s. a.* **so, viel** IV. *konj* MATH minus, less

Wenigkeit <-> *f kein pl* (*geh: Kleinigkeit*) ■ **eine** ~ a little, a small amount ▶ WENDUNGEN: **meine** ~ (*hum fam*) little old me *hum fam*

wenigste(r, s) I. *pron* (*fast niemand*) ■ **die** ~**n** very few; ■ **das** ~, **was** the least that; ***das ist noch das*** ~***!*** (*fam*) that's the least of it! II. *adv* least; *pl* fewest; **am** ~**n** least of all

wenigstens *adv* at least

wenn *konj* ❶ *konditional* (*falls*) if; ~ ***das so ist*** if that's the way it is; ■ ~ **... doch** [*o* **bloß**] **...!** if only ...! ❷ *temporal* (*sobald*) as soon as; *s. a.* **als, auch, erst, immer, jedesmal, nicht, nichts, nur, schon, selbst, und**

wenngleich *konj* (*geh*) *s.* **obgleich**

wennschon *adv* ▶ WENDUNGEN: ~, **dennschon!** (*fam*) I/you etc. may as well go the whole hog [*or* AM the whole nine yards] *fam*, there's no point in doing things by halves *fam* [*or* AM *fam* a half-assed job]; [**na,**] ~**!** so what?, what of it?

wer I. *pron interrog* (*welcher*) who; ■ ~ **von ...** which of ...; ~ ***da?*** who's there? II. *pron rel* (*derjenige, der*) ■ ~ **...,** [**der**] ... the person who ..., whoever ... III. *pron indef* (*fam*) (*jemand*) somebody; ■ ~ **von ...** which of ... ▶ WENDUNGEN: ~ **sein** to be somebody *fam*

Werbeabteilung *f* advertising [*or* publicity] [*or* marketing] department **Werbeagentur** *f* advertising agency **Werbeaktion** *f* advertising promotion **Werbeanzeige** *f* advertisement **Werbeaufdruck** *m* advertising print **Werbeaufwendungen** *pl* advertising expenditure *no pl* **Werbebeilage** *f* advertising supplement, magazine insert **Werbebeschränkung** *f* advertising restrictions *pl* **Werbebestimmungen** *pl* advertising regulations **Werbeblock** *nt* advertising block **Werbebranche** *f* advertising **Werbebrief** *m* HANDEL junk mail **Werbebroschüre** *f* brochure, pamphlet **Werbebroschüre** *f* brochure, pamphlet **Werbeeinblendung** *f* TV screening [*or* insertion] of adverts **Werbeeinnahmen** *pl* advertising revenue *sing* **Werbeetat** *m* HANDEL advertising budget **Werbefachleute** *pl* advertising people [*or* experts], admen *sl* **Werbefachmann, -frau** *m, f* publicity expert, adman *fam* **Werbefeldzug** *m* HANDEL advertising campaign **Werbefernsehen** *nt* commercials *pl*, advertisements *pl*, adverts *pl fam* **Werbefilm** *m* advertising [*or* promotional] [*or* publicity] film **werbefinanziert** *adj* financed by advertising *pred* **Werbefläche** *f* advertising space **Werbefunk** *m* radio advertisements *pl* [*or* commercials] *pl* **Werbegeschenk** *nt* promotional gift **Werbekampagne** *f* advertising [*or* publicity] campaign **Werbekonzept** *nt* ÖKON advertising concept **Werbekosten** *pl* advertising costs *pl*, publicity expenditure *no pl* **Werbeleiter, -in** *m, f* advertising manager, head of publicity [*or* promotions] **Werbemaßnahme** *f* HANDEL promotional measure **Werbematerial** *nt* advertising [*or* publicity] material, sales literature **Werbemittel** *nt* advertising medium, means of advertising **Werbemöglichkeit** *f* advertising possibility

werben <wirbt, warb, geworben> I. *vt* ■ **jdn** [**für etw**] ~ to recruit sb [for sth] II. *vi* ❶ (*Reklame machen*) ■ **für etw** ~ to advertise [*or* promote] sth; **für**

eine Partei ~ to try to win support for a party ❷ *(zu erhalten suchen)* **um eine Frau/einen Mann** ~ to woo a woman/pursue a man; **um Unterstützung** ~ to try to enlist support; **um neue Wähler** ~ to try to attract new voters; **um Vertrauen** ~ to try to gain trust

Werbeprospekt *m* promotional brochure [*or* leaflet], advertising leaflet

Werber(in) <-s, -> *m(f)* ❶ *(Akquisiteur)* canvasser, advance man *esp* AM ❷ HIST *von Soldaten* recruiter ❸ *(veraltet: Verehrer)* suitor

Werberecht *nt* JUR advertising law **Werbeschild** *nt* show card **Werbeschrift** *f* advertising [*or* publicity] leaflet, prospectus, flyer **Werbesendung** *f* TV *(Werbespot)* commercial break **Werbeslogan** *m* advertising [*or* publicity] slogan **Werbespot** *m* commercial, advertisement, advert *fam* **Werbespruch** *m* advertising [*or* publicity] slogan **Werbesteuer** *f* FIN advertising tax **Werbestrategie** *f* ÖKON advertising strategy **Werbetext** *m* advertising [*or* publicity] copy *no pl, no indef art* **Werbetexter(in)** *m(f)* advertising copywriter **Werbeträger** *m* advertising medium **Werbetreibende(r)** <-n, -n> *f(m)* ÖKON *(Firma)* advertising agency, advertizer; *(Person)* advertising agent, adman **Werbetrommel** *f* ▶ WENDUNGEN: **die ~ für jdn/etw rühren** *(fam)* to beat the drum for sb/sth *fam* **Werbeunterbrechung** *f* TV *(für Werbespots)* commercial break **Werbeverbot** *nt* JUR advertising ban **werbewirksam** *adj* promotionally effective **Werbewirkung** *f* advertising effect **Werbezweck** *m meist pl* advertising purpose; **für ~e** [*o* **zu ~en**] for advertising purposes

Werbung <-> *f kein pl* ÖKON ❶ *(Branche)* advertising ❷ *(Reklame)* advertisement; **direkte/indirekte** ~ direct/indirect advertising; **irreführende** ~ misleading advertising; **vergleichende** ~ comparative [*or* discriminatory] advertising; ~ **für etw machen** to advertise sth ❸ *(Werbespot)* commercial, TV advert *fam;* *(Werbeprospekte)* advertising literature ❹ *(das Werben)* recruitment; *von Kunden* attracting, winning

Werbungskosten *pl* advertising [*or* publicity] expenses *pl*

Werdegang <*selten* -gänge> *m* career

werden

I. INTRANSITIVES VERB **II.** AUXILIARVERB
III. AUXILIARVERB FÜR PASSIV

I. INTRANSITIVES VERB

<wurde *o liter* ward, geworden> ❶ *sein (liter: in einen anderen Zustand übergehen)* ■**etw** ~ to become [*or* get] sth; **alt/älter** ~ to get old/older; **verrückt** ~ to go mad; **kalt** ~ to go cold; **es wird dunkel/spät/kalt** it is getting dark/late/cold; **es wird besser** ~ it is going to become [*or* get] better; **es wird anders** ~ things are going to change ❷ *sein (liter: als Empfindung auftreten)* **jdm wird heiß/kalt/besser/übel** sb feels hot/cold/better/sick ❸ *sein (liter: einen Ausbildung zu etw machen)* ■**etw** ~ to become sth; ***was möchtest du einmal ~?*** what do you want to be? ❹ *sein (liter: eine Entwicklung durchmachen)* ■**etw** ~ to become sth; **Wirklichkeit/Tatsache/Mode** ~ to become reality/a fact/fashionable; ■**aus jdm wird etw** sb will turn out to be sth; ■**aus etw wird etw** sth turns into sth; ■**zu etw** ~ to turn into sth, to become sth; **aus jdm wird etwas/nichts** sb will get somewhere/won't get anywhere in life; **zur Gewissheit/zum Albtraum** ~ to become a certainty/nightmare ❺ *sein (liter: auf eine bestimmte Zeit zugehen)* **es wird Abend/Tag** it is getting dark/light; **es wird Sommer** summer is coming; **es wird 15 Uhr** it's coming up to 3 o'clock ❻ *sein (liter: ein bestimmtes Alter erreichen)* ■**etw** ~ to be sth; ***sie ist gerade 98 geworden*** she has just turned 98 ❼ *sein (fam: sich gut entwickeln)* ***es wird langsam*** it's slowly getting somewhere; **aus etw wird etwas/nichts** sth will turn into sth/nothing is going to come of sth; **daraus wird nichts** that won't come to anything, nothing's going to come of that; **es wird schon [wieder]** ~ *(fam)* it'll turn out okay in the end; **nicht wieder** ~ *(fam)* not to recover ▶ WENDUNGEN: **was soll nun ~?** what's going to happen now?, what are we going to do now?; **jd wird nicht mehr** *(sl)* sb looses their top; **ich werd' nicht mehr!** *(sl)* well, I never!, I don't believe it!

II. AUXILIARVERB

<wurde, worden> ❶ *zur Bildung des Futurs* ■**etw tun** ~ to be going to do sth; ■**es wird etw geschehen** sth is going to happen; ■**jd wird etw getan haben** sb will have done sth ❷ *zur Bildung des Konjunktivs* ■**jd würde etw tun** sb would do sth ❸ *mutmaßend (dürfte)* ■**es wird ...** it probably ...; ***es wird gegen 20 Uhr sein*** it's probably getting on for 8 o'clock ❹ *in Bitten und Aufforderungen* ■**würde jd etw tun?** would [*or* could] sb please do sth? ▶ WENDUNGEN: **wer wird denn gleich ... !** *(fam)* you're not going to ... now, are you?

III. AUXILIARVERB

<wurde, worden> *zur Bildung des Passivs* ■**...** ~ to be ...; ***sie wurde entlassen*** she was dismissed; ■**etw wird ...** sth is ...; ***das wird bei uns häufig gemacht*** that is often done in our house; ■**es wird etw getan** sth will be done; ***jetzt wird gearbeitet!*** let's get some work done!

Werden <-s> *nt kein pl (geh)* development; **im ~ sein** to be in the making

werdend *adj* developing, emergent; **~e Mutter/~er Vater** expectant mother/father, mother-to-be/father-to-be

Werfall *m* LING nominative [case]

werfen <wirft, warf, geworfen> **I.** *vt* ❶ *(schleudern)* ■**etw irgendwohin** ~ to throw sth somewhere; **jdm etw an den Kopf/ins Gesicht** ~ to throw sth at sb's head/in sb's face; ■**etw nach jdm/einem Tier** ~ to throw sth at sb/an animal ❷ ZOOL *(Junge gebären)* ■**etw** ~ to have [*or spec* throw] sth ❸ *(ruckartig bewegen)* ■**etw irgendwohin** ~ to throw [*or fam* fling] sth somewhere ❹ *(bilden)* etw ~ to produce [*or* make] sth; ***der Mond warf ein silbernes Licht auf den See*** the moon threw a silver light onto the lake **II.** *vi* ❶ *(Werfer sein)* to throw ❷ *(Wurfgeschosse verwenden)* ■**mit etw [auf jdn/etw]** ~ to throw sth [at sb/sth] ❸ ZOOL *(Junge gebären)* to throw *spec,* to give birth **III.** *vr* ❶ *(sich verziehen)* ■**sich** ~ to warp ❷ *(sich rasch fallen lassen)* ■**sich irgendwohin** ~ to throw oneself somewhere ❸ *(sich stürzen)* ■**sich auf jdn/etw** ~ to throw oneself at sb/sth

Werfer(in) <-s, -> *m(f)* thrower

Werft <-, -en> *f* shipyard

Werftarbeiter(in) *m(f)* shipyard worker **Werftgelände** *nt* dockland[s *pl*]; **im** ~ on [the] dockland[s] **Werftkran** *m* dockyard [*or* shipyard] [*or* quayside] crane

Werg <-[e]s> *nt kein pl* tow

Werk <-[e]s, -e> *nt* ❶ *(gesamtes Schaffen)* works *pl* ❷ KUNST, LIT work ❸ *kein pl (geh: Arbeit)* work; **ans ~ gehen** [*o* **sich ans ~ machen**] *(geh)* to go [*or* set] to work; **am ~ sein** *(pej)* to be at work ❹ *(Fabrik)* factory, works + *sing/pl verb;* **ab ~** ex works ▶ WENDUNGEN: **ein gutes ~ tun** to do a good deed; **irgendwie zu ~e gehen** *(geh)* to proceed [*or* go to it] in a certain way; **das ist jds ~** *(pej)* that's his doing *fam*

Werkbank <-bänke> *f* workbench

werkeln *vi (fam)* ■~ to potter [*or* AM putter] about

werken *vi (geh)* ■**[irgendwo]** ~ to work [somewhere]

Werken <-s> *nt kein pl s.* **Werkunterricht**

werkgetreu *adj* **eine ~e Wiedergabe** a faithful reproduction

Werklehrer(in) *m(f)* woodwork/metalwork teacher **Werklieferung** *f* HANDEL sale under contract for goods and services **Werklieferungsvertrag** *m* HANDEL contract of works, labour and material **Werkmeister(in)** *m(f)* foreman **Werk(s)angehörige(r)** *f(m) dekl wie adj* factory [*or* works] employee **Werksarzt, -ärztin** <-es, -ärzte> *m, f* company doctor **Werksbahn** *f* industrial railway, plant-owned railroad **Werkschutz** *m* ❶ *(Schutzmaßnahmen)* factory [*or* works] security ❷ *(Personal)* factory [*or* works] security service **werkseigen** *adj* company[-owned] **Werksgelände** *nt* works [*or* factory] premises *npl* **Werk(s)halle** *f* workshop, factory building **Werksinspektion** *f* HANDEL factory [*or* works] inspection **Werk(s)kantine** *f* factory [*or* works] canteen **Werk(s)leistung** *f* ÖKON plant output **Werk(s)leiter(in)** *m(f)* factory [*or* works] manager **Werk(s)leitung** *f* HANDEL plant [*or* factory] management **Werk(s)spionage** *f* industrial espionage

Werkstatt *f* ❶ *(Arbeitsraum eines Handwerkers)* workshop ❷ AUTO *(Autoreparaturwerkstatt)* garage

Werkstätte *f (geh) s.* **Werkstatt**

Werkstattproduktion *f* workshop production **Werkstattwagen** *m* breakdown [*or* AM tow] truck

Werkstoff *m* material **Werkstoffprüfung** *f* TECH material testing

Werk(s)tor *nt* factory gate **Werkstück** *nt* workpiece **Werkstudent(in)** *m(f)* working student **Werk(s)wohnung** *f* company flat [*or* AM apartment]

Werktag *m* workday, working day *esp* BRIT

werktäglich *adj attr* working day; **~e Pflichten** duties during a working day

werktags *adv* on workdays [*or esp* BRIT working days]

werktätig *adj* working *attr,* in work *pred;* **die ~e Bevölkerung** the working population

Werktätige(r) *f(m) dekl wie adj* working person, worker

Werkunternehmer *m* HANDEL contractor **Werkunternehmerpfandrecht** *nt* JUR contractor's lien **Werkunterricht** *m* woodwork/metalwork class **Werkvertrag** *m* JUR contract for work and services **Werkvertragsrecht** *nt* JUR law on contracts for work and services

Werkzeug <-[e]s, -e> *nt* ❶ TECH tool *usu pl* ❷ INFORM *(Tool)* tool ❸ *(geh: gefügiger Helfer)* instrument

Werkzeugkasten *m* toolbox **Werkzeugkoffer** *m* toolbox **Werkzeugmacher(in)** *m(f)* toolmaker **Werkzeugmaschine** *f* machine tool **Werkzeugpalette** *f* tool palette **Werkzeugschrank** *m* tool cabinet **Werkzeugtasche** *f* tool bag

Wermut <-[e]s> *m kein pl* ❶ BOT wormwood ❷ *(aromatisierter Wein)* vermouth

Wermutbecher *m* vermouth tumbler

Wermutstropfen *m (geh)* a bitter pill, drop of bitterness

Wernersyndrom[RR] *nt kein pl* MED progeria

wert *adj* ❶ *(einen bestimmten Wert besitzen)* ■**[jdm] etw ~ sein** to be worth sth [to sb] ❷ *(verdienen)* ■**einer S.** *gen* **~ sein** *(geh)* to deserve a thing, to be worthy of a thing ❸ *(veraltend geh: geschätzt)* valued

Wert <-[e]s, -e> *m* ❶ *(zu erlösender Preis)* value; ***die ~e fielen um 3 Punkte zurück*** prices dropped by 3 points; **Handel in unnotierten ~en** off-board [*or* off-floor] trading; **gemeiner** ~ ordinary value; **innerer ~ des Unternehmens** the company's net worth; **kapitalisierter** ~ capitalized value; **sächlicher** ~ commodity value; **einen bestimmtem ~/einen ~ von etw haben** to have a certain value/a value of sth, to be worth [*or* valued at] sth; **im ~ steigen, an ~ zunehmen** to increase in value; **an ~ verlieren, im ~ sinken** to decrease in value; **im ~e von etw** worth [*or* to the value of] sth; **über/unter ~** above/below its value ❷ *pl (Daten)* results *pl* ❸ *(wertvolle Eigenschaft)* worth ❹ *(Wichtigkeit)* value; **[bestimmten] ~ auf etw** *akk* **legen** to attach [a certain] value [*or* importance] to sth; **[besonderen/gesteigerten] ~ darauf legen, etw zu tun** to find it [especially/increasingly] important to do sth; **etw** *dat* **einen bestimmten ~ beilegen** [*o* **bei-**

messen] (*geh*) to attach a certain significance to sth ❺ (*Wertevorstellung*) value ❻ MATH, INFORM (*Zahlenwert*) value; **binärer ~** binary variable ► WENDUNGEN: **das hat keinen ~** (*fam*) it's useless *fam*, that won't help us

Wertangabe *f* declaration of value **Wertanlage** *f* investment **Wertarbeit** *f* first-class workmanship; **~ sein** to be a product of craftsmanship [*or* workmanship] **Wertbeeinträchtigung** *f* impairment of value **Wertberechnung** *f* valuation, assesment of value **Wertberichtigung** *f* FIN valuation adjustment; **~ zu dubiosen Forderungen** provision for doubtful debts; **~ zum Devisenbestand** foreign-exchange adjustments **wertbeständig** *adj* stable in value *pred*; ■ **~ sein** to have a stable value **Wertbeständigkeit** *f kein pl* stability of value **Wertbestimmung** *f* FIN valuation **Wertbrief** *m* registered letter (*with valuable content*) **Wertdifferenz** *f* difference in value **Werteinbuße** *f* loss [*or* decrease] in value

werten *vt* ❶ SPORT (*anrechnen*) ■ **etw ~** to rate sth ❷ SCH (*benoten*) ■ **etw ~** to grade sth ❸ (*bewerten*) ■ **etw [irgendwie] ~** to rate sth [somehow]

Wertentwicklung *f* ÖKON performance **Werterhaltungsgarantie** *f* FIN maintenance-of-value guarantee **Werterhaltungspflicht** *f* FIN maintenance-of-value obligation

Wertesystem *nt* system of values **Wertevermittlung** *f* imparting of values **Wertevernichtung** *f* destruction of values **Wertewandel** *m* change in values

Wertfestsetzung *f* valuation **wertfrei** *adj* non-judgemental, impartial, unbiased **Wertgegenstand** *m* valuable object; ■ **Wertgegenstände** valuables **Wertgrenze** *f* **oberste/unterste ~** maximum/minimum value

Wertigkeit <-, -en> *f* CHEM, LING valency

Wertkartenhandy [-hɛndi] *nt* TELEK *mobile phone using a payment card*

wertkonservativ *adj* conservative **wertlos** *adj* worthless; ■ **für jdn ~ sein** to be worthless to sb; **~e Wertpapiere** FIN dead securities **Wertmaßstab** *m* standard; **nach jds Wertmaßstäben** to sb's standards; **einen bestimmten ~/bestimmte Wertmaßstäbe anlegen** to apply a certain standard/certain standards **Wertmesser** *m* standard, yardstick **Wertminderung** *f* depreciation, loss of value, decrease in value; **~ durch Überalterung** depreciation for age; **eine ~ erfahren** to fall in value **Wertpaket** *nt* registered parcel

Wertpapier *nt* bond, security; **~e des Anlagevermögens** long-term investments; **~e mit festem Ertrag** fixed-yield securities; **~e zur Börse zulassen** to admit securities for quotation on the stock market

Wertpapierbestand *m* FIN security holdings *pl* [*or* portfolio] **Wertpapierbetreuer(in)** *m(f)* account executive **Wertpapierbörse** *f* BÖRSE stock exchange **Wertpapierdarlehen** *nt* JUR loan on collateral securities **Wertpapieremission** *f* BÖRSE security issue **Wertpapierfonds** *m* FIN security-based investment fund **Wertpapiergeschäft** *nt* FIN security transaction **Wertpapierhandel** *m kein pl* BÖRSE stockbroking *no pl* **Wertpapierhändler(in)** *m(f)* BÖRSE dealer on the stock exchange, securities dealer, stockbroker; **~ im Freiverkehr** securities dealer **Wertpapierleihgeschäft** *nt* security borrowing **Wertpapiermarkt** *m* stock [*or* securities] market **Wertpapierrecht** *nt* JUR negotiable instruments law **Wertpapierumsatz** *m* BÖRSE volume of trading

Wertrecht *nt* JUR loan stock right **Wertsache** *f meist pl* valuable object; ■ **~en** valuables **Wertschätzung** *f* (*geh*) esteem **Wertschöpfung** *f* ÖKON increase in value, added value; **volkswirtschaftliche ~** net domestic product **Wertschöpfungssteuer** *f* FIN value added tax **Wertschrift** *f* SCHWEIZ (*Wertpapier*) bond, security **Wertschwund** *m* dwindling value **Wertsendung** *f* FIN remittance **Wertsicherung** *f* JUR value guarantee **Wertsicherungsklausel** *f* JUR stable value clause **Wertsteigerung** *f* increase in value **Wertstellung** *f* value

Wertstoff *m* recyclable material

Wertstoffcontainer *m* recycling container **Wertstoffhof** *m* collection stations, recycling centres [*or* AM centers]

Wertung <-, -en> *f* ❶ SPORT (*Be~*) rating, score ❷ (*das Werten*) grading ❸ (*Be~*) evaluation, assessment

Werturteil *nt* value judgement; **ein ~ [über etw *akk*] abgeben** to make a value judgement [on sth] **Wertverlust** *m* ÖKON depreciation, decline in value **Wertverschleiß** *m* FIN depreciation

wertvoll *adj* valuable

Wertvorstellung *f meist pl* moral concept *usu pl* **Wertzeichen** *nt* (*form*) stamp **Wertzoll** *m* FIN ad valorem duty **Wertzollrecht** *nt* JUR valuation legislation **Wertzuwachs** *m* ÖKON appreciation in value, capital appreciation **Wertzuwachssteuer** *f* FIN capital gains tax

Werwolf *m* werewolf

Wesen <-s, -> *nt* ❶ (*Geschöpf*) being; (*tierisch*) creature; **das höchste ~** the Supreme Being; **kleines ~** little thing; **menschliches ~** human being ❷ *kein pl* (*kennzeichnende Grundzüge*) nature

wesenhaft *adj* (*veraltet geh*) ❶ (*im Wesen begründet*) intrinsic ❷ (*real*) real

wesenlos *adj* (*geh*) ❶ (*unwirklich*) *Träume* insubstantial, unreal ❷ (*bedeutungslos*) insignificant

Wesensart *f* nature, character **wesensfremd** *adj* different in nature *inv*, *pred* **wesensgleich** *adj* very similar [*or* alike], identical in character [*or* nature] **Wesenszug** *m* characteristic, [character] trait

wesentlich **I.** *adj* ❶ (*erheblich*) considerable ❷ (*gewichtig*) substantial, essential; ■ **das W~e** the essential part; **im W~en** essentially ❸ JUR material, substantial, fundamental; **~er Bestandteil einer Sache** integral part of an item; **~e Beteiligung** controlling interest **II.** *adv* (*erheblich*) considerably

Weser <-> *f* Weser

Wesfall *m* genitive [case]

weshalb **I.** *adv interrog* why **II.** *adv rel* why

Wesir <-s, -e> *m* vizier

Wespe <-, -n> *f* wasp

Wespennest *nt* ZOOL wasp's nest ► WENDUNGEN: **in ein ~ stechen** (*fam*) to stir up a hornets' nest **Wespenstich** *m* wasp sting **Wespentaille** *f* wasp waist; **eine ~ haben** to have a wasp waist

wessen **I.** *pron gen von* **wer** ❶ *interrog* whose ❷ *rel, indef* whose; ■ **~ ... auch [immer]** ... no matter whose ... **II.** *pron interrog* (*geh*) *gen von* **was** of what, what ... of; **~ ... auch [immer]** ... *rel, indef* whatever [it is] ... of, ...

wessentwillen *adv interrog* **um ~** (*geh*) for whose sake

Wessi <-s, -s> *m*, **Wessi** <-, -s> *f* (*fam*) West German

West <-[e]s, -e> *m* ❶ *kein art, kein pl bes* NAUT west; **der Konflikt zwischen Ost und ~** POL the conflich between East and West; *s. a.* **Nord 1** ❷ *pl selten* NAUT (*Westwind*) west wind

Westafrika *nt* West Africa **westafrikanisch** *adj* West African **Westberlin** <-s> *nt* West Berlin **Westberliner(in)** *m(f)* West Berliner **Westbürger(in)** *m(f)* West German **westdeutsch** *adj* ❶ GEOG (*in Westdeutschland befindlich*) West German, in West Germany ❷ (*in Westdeutschland anzutreffen*) West German **Westdeutschland** *nt* West Germany

Weste <-, -n> *f* ❶ (*ärmellose Jacke*) waistcoat ❷ (*Strickjacke*) cardigan ► WENDUNGEN: **eine reine** [*o* **saubere**] [*o* **weiße**] **~ haben** (*fam*) to have a clean slate *fam*

Westen <-s> *m kein indef art, kein pl* ❶ (*Himmelsrichtung*) west; *s. a.* **Norden 1** ❷ (*westliche Gegend*) west; **der Wilde ~** the Wild West; *s. a.* **Norden 2** ❸ POL (*die Länder der westlichen Welt*) ■ **der ~** the West

Westentasche *f* MODE (*Tasche einer Weste*) waistcoat pocket ► WENDUNGEN: **etw wie seine ~ kennen** (*fam*) to know sth like the back of one's hand *fam*

Western <-[s], -> *m* western

Westerngitarre *f* western guitar

Westerwald <-[e]s> *m* Westerwald

Westeuropa *nt* Western Europe

westeuropäisch *adj* West European

Westfale, **Westfälin** <-n, -n> *m, f* Westphalian

Westfalen <-s> *nt* Westphalia

Westfälin <-, -nen> *f fem form von* **Westfale**

westfälisch *adj* ❶ GEOG (*Westfalen betreffend*) Westphalian, in Westphalia ❷ (*in Westfalen anzutreffend*) Westphalian; *s. a.* **Friede** ❸ KOCHK **~es Tottchen** *ragout of calf's heart, lung and brain*

Westgeld <-[e]s> *nt* West German money **westgermanisch** *adj* West Germanic **Westgote, -gotin** *m, f* Visigoth **Westgrenze** *f* western border **Westhang** *m* west-facing slope **westindisch** *adj* West Indian; **~e Kirsche** acerola cherry; **~e Languste** Carribean spiny lobster; **~er Nierenbaum** cashew nut; **~es Sandelholzöl** amyris oil **Westküste** *f* west coast

westlich **I.** *adj* ❶ (*in ~er Himmelsrichtung befindlich*) western; *s. a.* **nördlich I 1** ❷ (*im Westen liegend*) western; *s. a.* **nördlich I 2** ❸ (*von/nach Westen*) westwards, westerly; *s. a.* **nördlich I 3** **II.** *adv* GEOG ■ **~ von etw** to the west of sth **III.** *präp +gen* GEOG ■ **~ einer S.** [to the] west of sth; *s. a.* **nördlich III**

Westmächte *pl* ■ **die ~** the western powers **Westmark** <-> *f* HIST (*fam*) West German mark **Westniveau** *nt* POL western standards *pl* **Westpreußen** *nt* West Prussia **Westrom** *nt* Western Roman Empire **weströmisch** *adj* Western Roman; **das W~e Reich** the Western Roman Empire **Westseite** *f* west side **Westteil** *m* western part **Westwall** *m* ■ **der ~** the Siegfried Line

westwärts *adv* westwards, to the west

Westwind *m* west wind

weswegen *adv s.* **weshalb**

wett *adj pred* quits; ■ **[mit jdm] ~ sein** to be quits [with sb]

Wettannahme *f* betting office, bookmaker's

Wettbewerb <-[e]s, -e> *m* ❶ (*Veranstaltung zur Ermittlung des Besten*) competition; **sportlicher ~** sports competition; **sich *akk* im ~ gegen jdn durchsetzen** to compete against sb successfully; **miteinander im ~ stehen** to be competing [*or* in competition] with each other; **mit jdm in ~ treten** to compete with sb ❷ *kein pl* ÖKON (*Konkurrenzkampf*) competition; **unlauterer ~** unfair competition; **Gesetz gegen unlauteren ~** unfair competition act; **den ~ ausschalten/verschärfen** to eliminate/intensify competition; **den ~ erhalten** to be faced with competition; **den freien ~ unterbinden** to curb free competition; **den ~ verzerren** to distort competition

Wettbewerber(in) *m(f)* competitor

wettbewerblich *adj* ÖKON competitive; **~e Anreize** incentives to compete

Wettbewerbsabrede *f* HANDEL competition-regulating agreement, agreement on a restraint of trade **Wettbewerbsaufsicht** *f* HANDEL trade watchdog **Wettbewerbsaufsichtsbehörde** *f* HANDEL Director of Fair Trading BRIT **wettbewerbsbedingt** *adj* competitive, resulting from competition **Wettbewerbsbedingungen** *pl* HANDEL terms of competition, competitive conditions; **extreme ~** highly competitive conditions; **~ beeinträchtigen** to adversely affect the conditions of competition; **~ verfälschen** to distort [the conditions of] competition **Wettbewerbsbehörden** *pl* JUR competition authorities **wettbewerbsbeschränkend** *adj* HANDEL anti-competitive, restrictive; **~e Maßnahmen** restraint of trade; **~es Verhalten** restrictive trade practices **Wettbewerbsbeschränkung** *f* JUR restraint of trade [*or* competition] **Wettbewerbsbestimmungen** *pl* HANDEL competition rules **Wettbewerbsdruck** *m kein pl* ÖKON competitive pressure; **Wettbewerbs- und Kostendruck** competitive and cost pressure **wettbewerbsfähig** *adj* HANDEL competitive **Wettbewerbsfähigkeit** *f* *kein pl* ÖKON competitiveness *no pl;* **internationale ~** international competitive ability; **die ~ stärken** to whet one's competitive edge **wettbewerbsfördernd** *adj* ÖKON promoting competition *pred* **Wettbewerbsfreiheit** *f kein pl* ÖKON freedom of competition, free competition **Wettbewerbshandlung** *f* HANDEL act of competition; **unlautere ~en** fraudulent trading **Wettbewerbshemmnis** *nt* ÖKON competitive restraint **Wettbewerbskartell** *nt* ÖKON combination in restraint of competition **Wettbewerbskontrolle** *f* competition control (*anti-cartel measure*) **Wettbewerbsnachteil** *m* ÖKON competitive disadvantage **Wettbewerbsneutralität** *f* neutrality with regard to competition; **die ~ wiederherstellen** to eliminate competitive distortion **Wettbewerbsordnung** *f* rules of competition **Wettbewerbspolitik** *f* competition policy **Wettbewerbsrecht** *nt* JUR competition [*or* fair trade] law **Wettbewerbsregeln** *pl* trade practices rules, code of fair competition **Wettbewerbsschwäche** *f* ÖKON competitive weakness **Wettbewerbsspielraum** *m* ÖKON competitive range **Wettbewerbsstellung** *f* ÖKON competitive position **Wettbewerbsverbot** *nt* ÖKON restraint of trade, prohibition of [*or* ban on] competition **Wettbewerbsverfälschung** *f* distortion of competition **Wettbewerbsverhalten** *nt* competitive behaviour [*or* AM -or] **Wettbewerbsverstoß** *m* infringement of fair competition **Wettbewerbsverzerrung** *f* ÖKON competitive distortion **Wettbewerbsvorteil** *m* competitive advantage [*or* edge] **wettbewerbswidrig** *adj* anti-competitive, detrimental to competition

Wettbüro *nt* betting office, bookmaker's

Wette <-, -n> *f* bet; **jede ~ auf etw** *akk* **eingehen** (*fam*) to bet sb anything *fam;* ■**jede ~ eingehen, dass** to bet anything that; ***die ~ gilt!*** (*fam*) you're on! *fam;* **um die ~ essen/trinken/laufen** to race each other eating/drinking/to run a race; **eine ~ machen** to make a bet

Wetteifer <-s> *m kein pl* competitiveness, competitive zeal

wetteifern *vi* (*geh*) ❶ (*sich gegenseitig zu übertreffen bemühen*) ■**miteinander ~** to contend [*or* compete] with each other ❷ (*ringen*) ■**[mit jdm] um etw ~** to compete [*or* contend] [with sb] for sth

wetten I. *vi* (*als Wette einsetzen*) to bet; ■**[mit jdm] um etw ~** to bet [sb] sth; ***um was wollen wir ~?*** what shall we bet?; ■**auf ein Tier ~** to bet on an animal; ■**[mit jdm] darauf wetten, dass** to bet [sb] that; [***wollen wir***] ***~?*** (*fam*) [do you] want to bet? ▶ WENDUNGEN: **so haben wir nicht gewettet!** (*fam*) that's not on! BRIT *fam,* that wasn't the deal! AM **II.** *vt* ■**etw ~** to bet sth

Wetter <-s, -> *nt* ❶ *kein pl* METEO (*klimatische Verhältnisse*) weather; **bei jedem ~** in all kinds of weather, in all weathers ❷ METEO (*fam: Un~*) storm ▶ WENDUNGEN: **bei jdm gut ~ machen** (*fam*) to make it up to sb *fam;* **schlagende ~** firedamp *sing*

Wetteramt *nt* met[eorological] office **Wetteraussichten** *pl* weather outlook [*or* prospects] *pl* **Wetterbericht** *m* weather report **Wetterbesserung** *f* improvement in the weather **wetterbeständig** *adj s.* **wetterfest**

Wetterchen <-s> *nt kein pl* (*fam*) lovely [*or* fine] weather

Wetterdienst *m* weather [*or* meteorological] service **Wetterfahne** *f* weather vane **wetterfest** *adj* weatherproof **Wetterfrosch** *m* ❶ (*Frosch*) tree frog (*kept as a means of predicting the weather*) ❷ (*hum fam: Meteorologe*) weatherman **wetterfühlig** *adj* sensitive to weather changes *pred* **Wetterfühligkeit** <-> *f kein pl* sensitivity to changes in the weather **Wetterhahn** *m* weathercock **Wetterkarte** *f* weather chart **Wetterkunde** *f kein pl* meteorology **Wetterlage** *f* weather situation **wetterleuchten** *vi impers* **es wetterleuchtet** there's sheet lightning **Wetterleuchten** *nt kein pl* sheet lightning

wettern *vi* (*geh*) ■**[gegen jdn/etw] ~** to curse [sb/sth], to lash out [at sb/against sth]

Wetterprognose *f* weather forecast **Wettersatellit** *m* weather satellite **Wetterscheide** *f* weather [*or* meteorological] divide **Wetterseite** *f* windward side, side exposed to the weather **Wetterstation** *f* weather [*or* meteorological] station **Wettersturz** *m* sudden temperature drop **Wetterumschlag** *m* sudden change in the weather (*usually for the worse*) **Wetterumschwung** *m* sudden change in the weather **Wetterveränderung** *f* change in the weather **Wetterverschlechterung** *f* deterioration in the weather **Wettervoraussage** *f,* **Wettervorhersage** *f* weather forecast **Wetterwarte** *f* weather station **wetterwendisch** *adj* (*pej*) moody, capricious **Wetterwolke** *f* storm cloud

Wettfahrt *f* race **Wettkampf** *m* competition **Wettkämpfer(in)** *m(f)* competitor, contestant **Wettlauf** *m* (*Lauf um die Wette*) race; **einen ~ machen** to run a race ▶ WENDUNGEN: **ein ~ mit der** [*o* **gegen die**] **Zeit** a race against time **wettlaufen** *vi nur inf* to run a race [*or* races] **Wettläufer(in)** *m(f)* runner [in a/the] race

wett|machen *vt* ❶ (*aufholen*) ■**etw ~** to make up sth ❷ (*gutmachen*) ■**etw ~** to make up for sth

Wettrennen *nt s.* **Wettlauf** **Wettrüsten** <-s> *nt kein pl* MIL, POL arms race; **das atomare ~** the nuclear arms race **Wettschwimmen** *nt* swimming competition; **ein ~ machen** to swim a race **Wettstreit** *m* competition, contest

Wetware <-, -s> ['wetweə] *f* wetware

wetzen I. *vt haben* ❶ (*schleifen*) ■**etw ~** to whet sth ❷ (*reiben*) ■**etw [an etw** *dat*] **~** to rub sth [on sth] **II.** *vi sein* (*fam*) ■**[irgendwohin] ~** to scoot [off] [somewhere] *fam*

Wetzstahl *f* whetting [*or* sharpening] iron **Wetzstein** *m* whetstone

WEU <-> *f kein pl Abk von* **Westeuropäische Union** WEU

WEZ <-> [veːʔeːˈtsɛt] *f kein pl Abk von* **Westeuropäische Zeit** GMT

WG <-, -s> [veːˈgeː] *f Abk von* **Wohngemeinschaft**

WHG *f Abk von* **Wohnung** flat BRIT, apt. AM

Whg. *f Abk von* **Wohnung** flat BRIT, apt. AM

Whirlpool <-s, -s> ['wœrlpuːl] *m* whirlpool **Whirlwanne** *f* whirlpool

Whisky <-s, -s> ['vɪski] *m* whisky; **~ mit Eis/[mit] Soda** whisky on the rocks [*or* and ice]/and soda; **irischer Whiskey** [Irish] whiskey; **schottischer ~** Scotch

wich *imp von* **weichen²**

Wichse <-, -n> *f* (*veraltend*) ❶ (*Schuhcreme*) shoe polish ❷ *kein pl* (*fam: Prügel*) hiding *fam;* **~ beziehen** to get a good hiding ▶ WENDUNGEN: [**alles**] **eine ~!** (*fam*) [all] one and the same!

wichsen [-ks-] **I.** *vi* (*vulg*) to jack [*or esp* AM jerk] off *vulg or sl,* to wank BRIT *vulg or sl* **II.** *vt* DIAL ■**etw ~** to polish sth

Wichser <-s, -> *m* (*vulg*) ❶ (*Onanist*) wanker BRIT *vulg sl,* jack-off AM *vulg sl* ❷ (*Mistkerl*) wanker BRIT *vulg sl,* asshole AM *vulg*

Wicht <-[e]s, -e> *m* ❶ (*schmächtiger Kerl*) wimp *pej fam;* **armer ~** poor wretch ❷ (*Kobold*) goblin; (*Zwerg*) dwarf; **kleiner ~** little one

Wichtel <-s, -> *m* ❶ (*Kobold*) goblin ❷ (*kleine Pfadfinderin*) Brownie

Wichtelmännchen <-s, -> *nt* (*Zwerg*) gnome; (*Kobold*) goblin; (*Heinzelmännchen*) elf, brownie

wichtig *adj* ❶ (*bedeutsam*) important; ■**etwas W~es** something important; **W~eres zu tun haben** to have more important things to do; **nichts W~eres zu tun haben, als ...** to have nothing better to do than ...; ■**das W~ste** the most important thing ❷ (*iron: bedeutungsvoll*) serious; **eine ~e Miene aufsetzen** to put on an air of importance; **sich** *dat* **~ vorkommen** (*fam*) to be full of oneself *fam;* **sich ~ machen** (*fam*) to be full of one's own importance; **sich ~ nehmen** to take oneself [too] seriously; **~ tun** (*fam*) to act important *fam*

Wichtigkeit <-> *f kein pl* importance, significance; **von bestimmter ~ sein** to be of a certain importance [*or* significance]; **etw** *dat* **besondere/große ~ beilegen** [*o* **beimessen**] to consider a thing especially/very important, to attach particular/great importance to a thing

Wichtigmacher(in) *m(f)* ÖSTERR, **Wichtigtuer(in)** <-s, -> [-tuːɐ] *m(f)* (*pej*) stuffed shirt *fam,* pompous git [*or* AM ass] *sl* **Wichtigtuerei** <-> *f kein pl* (*pej*) pompousness **wichtigtuerisch** *adj* (*pej*) pompous *pej;* ■**~ sein** to be pompous, to be full of oneself

Wicke <-, -n> *f* vetch

Wickel <-s, -> *m* MED (*Umschlag*) compress; **jdm einen bestimmten ~ machen** MED to make sb a certain compress ▶ WENDUNGEN: **jdn am** [*o* **beim**] **~ packen** [*o* **kriegen**] (*fam*) to grab sb by the scruff of the neck *fam*

Wickelbluse *f* wrapover top **Wickelfalz** *m* TYPO letterfold, parallel fold **Wickelgestell** *nt* changing stand **Wickelhemdchen** <-s, -> *nt* wrap-over vest **Wickelkind** *nt* baby, young infant **Wickelkleid** *nt* wrapover dress **Wickelkommode** *f* [baby] changing table **Wickelmulde** *f* changing mat

wickeln I. *vt* ❶ (*fest herumbinden*) ■**[jdm/sich] etw um etw ~** to wrap sth round [sb's/one's] sth ❷ (*einwickeln*) ■**jdn/etw in etw** *akk* **~** to wrap sb/sth in sth ❸ (*aufwickeln*) ■**etw auf etw** *akk* **~** to wrap sth round sth; **etw auf eine Spule ~** to coil sth on a spool ❹ (*abwickeln*) ■**etw von etw ~** to unwrap sth from sth ❺ (*windeln*) ■**ein Kind ~** to change a baby's nappy [*or* AM diaper], to change a baby **II.** *vr* (*sich herumwickeln*) ■**sich um etw ~** to wrap itself around sth

Wickelraum *m* babies' changing room, mothers' and babies' room **Wickelrock** *m* wrapover skirt **Wickeltisch** *m* [baby] changing table; (*im Restaurant etc.*) [baby] changing unit [*or* AM station]

WID *nt* INFORM *Akr von* **wireless information device** WID

Widder <-s, -> *m* ❶ ZOOL (*Schafbock*) ram ❷ *kein pl* ASTROL Aries; [**ein**] **~ sein** to be [an] Aries ❸ ASTROL (*im ~ Geborener*) Aries

wider *präp +akk* (*geh*) against; *s. a.* **Erwarten**

widerborstig *adj* contrary; (*Haare, Fragen*) unruly

Widerborstigkeit <-, -en> *f* contrariness, rebelliousness, unruliness

Widerdruckseite *f* TYPO back [*or* perfecting] [*or* verso] side

widerfahren* *vi irreg sein* (*geh*) to happen, to befall

Widerhaken *m* barb

Widerhall <-s, -e> *m* (*geh*) (*Echo*) echo ▶ WENDUNGEN: [**bei jdm**] **keinen ~ finden** to meet with no response [from sb]

wider|hallen *vi* ■**von etw ~** to reveberate [*or* echo] with sth

Widerhandlung *f* SCHWEIZ (*Zuwiderhandlung*) violation, contravention

Widerklage *f* JUR cross action; **~ gegen jdn erheben** to cross-sue sb

widerlegbar *adj* ■**~/nicht ~ sein** to be refutable/irrefutable

widerlegen* *vt* ■**etw ~** to refute [*or* disprove] sth; **sich ohne weiteres** [*o* **leicht**] **~ lassen** to be easily refuted [*or* disproved]

Widerlegung <-, -en> *f* ❶ *kein pl* (*das Widerlegen*) disproving, refutation ❷ MEDIA (*widerlegender Text*) refutation

widerlich *adj* ❶ (*ekelhaft*) disgusting, revolting; ■**etw ist jdm ~** sb finds sth disgusting [*or* revolting], sb thinks sth is disgusting [*or* revolting] ❷ (*äußerst unsympathisch*) repulsive ❸ (*äußerst unangenehm*) nasty, horrible

Widerling <-[e]s, -e> *m* (*pej*) creep *fam or pej*

widernatürlich *adj* perverted, unnatural

widerrechtlich I. *adj* unlawful **II.** *adv* unlawfully

Widerrede *f* **ohne ~** without protest; ***keine ~!*** don't argue!

Widerruf *m* revocation, retraction; (*Angebot, Einladung*) cancellation, withdrawal; **bis auf ~** until revoked

W

widerrufen* *irreg* I. *vt* ■ **etw ~** ① ADMIN (*für ungültig erklären*) to revoke [*or* cancel] sth ② (*zurücknehmen*) to retract [*or* withdraw] sth II. *vi* to recant
widerruflich I. *adj* JUR revocable; **~es Akkreditiv** revocable letter of credit II. *adv* until revoked
Widerrufsklausel *f* JUR disclaimer, revocation clause **Widerrufsrecht** *nt* JUR power[s] of revocation **Widerrufsvorbehalt** *m* HANDEL (*bei Auftrag*) proviso of cancellation
Widersacher(in) <-s, -> *m(f)* adversary, antagonist
Widerschein <-[e], -e> *m* reflection; **im ~ von etw** in the reflection of sth
widersetzen* *vr* ① (*Widerstand leisten*) ■ **sich jdm ~** to resist sb ② (*sich gegen etw sträuben*) ■ **sich** *akk* **etw** *dat* **~** to refuse to comply with a thing
widersetzlich *adj* obstreperous *form*, uncooperative, contrary
Widersinn <-[e]s> *m kein pl* absurdity
widersinnig *adj* absurd
widerspenstig *adj* ① (*störrisch*) stubborn ② (*schwer zu handhaben*) unmanageable
Widerspenstigkeit <-> *f kein pl* stubbornness, unmanageableness
widerspiegeln I. *vt* (*geh*) ■ **etw ~** to mirror [*or* reflect] sth II. *vr* (*geh*) **sich** *akk* **in/auf etw** *dat* **~** to be reflected [*or* mirrored] in/on sth
Widerspiegelung <-, -en> *f* reflection
widersprechen* *irreg* I. *vi* ① (*sich gegen etw äußern*) ■ **[jdm/einer S.] ~** to contradict [sb/a thing] ② (*nicht übereinstimmen*) ■ **sich** *dat* **~** to contradict oneself; **einer S. ~** to contradict a thing, to be inconsistent with a thing II. *vr* (*einander ausschließen*) ■ **sich** *dat* **~** to be contradictory
widersprechend *adj* ■ **sich/einander ~** contradictory
Widerspruch *m* ① *kein pl* (*das Widersprechen*) contradiction, dissent; **in [*o* im] ~ zu etw** contrary to ② (*Unvereinbarkeit*) inconsistency; **in [*o* im] ~ zu [*o* mit] etw stehen** to conflict with sth, to be inconsistent with sth ③ JUR (*Einspruch*) protest (**gegen** +*akk* against), objection (**gegen** +*akk* to); **~ [gegen etw] einlegen** to file [*or* make] an objection [against sth], to make a protest [against sth]; **~ erheben** to raise objections, to lodge an objection [*or* opposition]
widersprüchlich I. *adj* ① (*Unvereinbarkeiten aufweisend*) inconsistent ② (*sich widersprechend*) ■ **~ sein** to be contradictory II. *adv* contradictory; **sich ~ äußern** to contradict oneself
Widerspruchsbescheid *m* JUR notice of opposition **Widerspruchsfrist** *f* JUR opposition period, time limit for filing an objection; **die ~ verstreichen lassen** to allow the opposition period to lapse **Widerspruchsgeist** <-[e]s, -geister> *m* ① *kein pl* (*Neigung, zu widersprechen*) spirit of opposition [*or* contradiction] ② (*fam: widersprechende Person*) contradictor, oppositionist **Widerspruchskartell** *nt* ÖKON opposition cartel **Widerspruchsklage** *f* JUR third-party action against execution
widerspruchslos I. *adj* unopposed, without contradiction II. *adv* without protest [*or* opposition], without contradiction
Widerspruchsrecht *nt* JUR right of opposition **Widerspruchsverfahren** *nt* JUR administrative proceedings reviewing an objection to an administrative act **Widerspruchsverpflichtung** *f* JUR obligation to file an opposition
Widerstand[1] <-[e]s, -ständee> *m* ① *kein pl* PHYS (*Hemmung des Stromflusses*) resistance ② ELEK (*Schaltelement*) resistor
Widerstand[2] <-[e]s, -stände> *m* ① *kein pl* (*Gegenwehr*) opposition, resistance; **~ gegen die Staatsgewalt** resistance to state authority; **~ gegen Vollstreckungsbeamte** resisting bailiffs; **~ gegen die Staatsgewalt leisten** to obstruct an officer in the performance of his duty; **hinhaltender ~** delaying action; **passiver ~** passive resistance; **[gegen etw] ~ leisten** to put up resistance [against sth] ② POL (*Widerstandsbewegung*) resistance ③ *meist pl* (*hindernder Umstand*) resistance; *s. a.* **Weg**
Widerstandsbewegung *f* POL resistance movement; **bewaffnete ~** partisan movement **widerstandsfähig** *adj* ① BAU (*Belastungen standhaltend*) resistant, robust ② MED resistant; ■ **~ [gegen etw]** resistant [to sth] **Widerstandsfähigkeit** *f kein pl* robustness, resistance; ■ **jds ~ gegen etw** sb's resistance to sth **Widerstandskämpfer(in)** *m(f)* partisan, resistance fighter **Widerstandskraft** *f s.* **Widerstandsfähigkeit**
widerstandslos I. *adj* without resistance II. *adv* without resistance
Widerstandsrecht *nt* JUR right to resist
widerstehen* *vi irreg* ① (*standhalten*) ■ **[jdm/einer S.] ~** to withstand [sb/a thing] ② (*nicht nachgeben*) ■ **[etw** *dat***] ~** to resist [a thing] ③ (*aushalten können*) ■ **etw** *dat* **~** to withstand a thing
widerstreben* *vi* (*geh*) ■ **jdm ~ es, etw zu tun** sb is reluctant to do sth
Widerstreben <-s> *nt kein pl* (*geh*) reluctance; **etw mit ~ tun** to do sth reluctantly
widerstrebend *adv* (*geh*) *s.* **widerwillig**
Widerstreit <-[e]s> *m* conflict; **im ~ der Gefühle** in emotional conflict
widerstreitend *adj* conflicting
widerwärtig I. *adj* disgusting, revolting; (*Bursche, Kerl, Typ*) nasty, repulsive II. *adv* disgustingly, revoltingly
Widerwärtigkeit <-, -en> *f* offensiveness, repulsiveness, disgusting [*or* objectionable] nature
Widerwille *m* distaste, aversion, disgust; **[gegen etw] einen ~n haben** to have a distaste [for sth], to have an aversion [to sth], to find [sth] disgusting; **etw mit ~n tun** to do sth reluctantly [*or* with reluctance]
widerwillig I. *adj* reluctant II. *adv* reluctantly, unwillingly
Widerworte *pl* answering back, argument, protest; ***keine ~!*** no arguments!; **[jdm] ~ geben** to answer [sb] back BRIT, to talk back [BRIT at sb]/[AM to sb]; **ohne ~** without protest
widmen I. *vt* ① (*dedizieren*) ■ **jdm etw ~** to dedicate sth to sb ② (*für etw verwenden*) ■ **etw etw** *dat* **~** to dedicate [*or* devote] sth to a thing ③ ADMIN (*offiziell übergeben*) ■ **etw etw** *dat* **~** to open sth officially to a thing II. *vr* ① (*sich um jdn kümmern*) ■ **sich jdm ~** to attend to sb ② (*sich intensiv beschäftigen*) ■ **sich** *akk* **etw** *dat* **~** to devote oneself [*or* attend] to sth
Widmung <-, -en> *f* ① (*schriftliche Dedikation*) dedication ② ADMIN (*offizielle Übergabe*) official opening
widrig *adj* (*geh*) adverse; (*Umstände, Verhältnisse*) unfavourable; *s. a.* **Wind**
Widrigkeit <-, -en> *f* adversity
wie I. *adv* ① *interrog* (*auf welche Weise*) how?; ***können Sie mir sagen, ~ ich nach Köln komme?*** can you tell me how to get to Cologne?; ■ **~ ... auch [immer]** whatever, however; ***wie heißt er?*** what is he called?, what's his name?; **~?** what?, [I beg your] pardon?, excuse me?; **~ bitte?** pardon?, sorry? ② *interrog* (*von welchen Merkmalen bestimmt*) how?, what ... like?; ***~ geht es Ihnen?*** how do you do? *form;* ***~ geht es dir?*** how are you?, how's it going? *fam*, how are things? *fam*, how's life? *fam;* **~ ist es, wenn ...?** what happens if ...?; **~ ist's, ...?** (*fam*) how [*or* what] about it?; **~ wär's mit ...?** (*fam*) how [*or* what] about ...?; ***~ wär's jetzt mit einem Spaziergang?*** how about going for a walk now?; **~ das?** ***~ das? ich verstehe nicht recht*** what do you mean? I don't quite understand; **~ viel** how much [*or* many]; **~ viele ...?** how many ...?; *s. a.* **beide, können** ③ (*in welchem Maße*) how; **[um] ~ viel ...** how much; (*in Ausrufen*) how; ***~ klein die Welt doch ist!*** it's a small world!; **~ oft ...!** how often ...! [*or* many times]; **~ sehr [*o* ÖSTERR wiesehr] ...?** how much ...?; **~ sehr ...!** how ...!; **und [*o* aber] ~!** and how! ④ *interrog* (*stimmt's?*) right?, OK? II. *konj* ① (*vergleichend*) ■ **... ~ ...** as ... as; ***er ist genau ~ du*** he's just like you ② (*so ~*) ■ **~ man etw tut** as; ***~ man sagt, war der Film langweilig*** apparently it was a boring film ③ (*genau ~*) just as ④ (*beispielsweise*) like; ***K ~ Konrad*** K for kilo ⑤ (*und*) and ... [alike], as well as ⑥ *nach Verben der Wahrnehmung* (*die Art und Weise, in der*) how; ***er sah, ~ sie aus dem Bus ausstieg*** he saw her get off the bus ⑦ ■ **..., ~ wenn** (*fam*) as if; *s. a.* **etwa, gewöhnlich, immer, noch nie**
Wie <-s> *nt kein pl* ***der Plan ist grundsätzlich klar, nur das ~ muss noch festgelegt werden*** the plan is basically clear, we just have to establish how to implement it
Wiedehopf <-[e]s, -e> *m* ORN hoopoe ► WENDUNGEN: **stinken wie ein ~** (*fam*) to smell like a bad egg
wieder *adv* ① (*erneut*) again, once more [*or* again]; **~ anlaufen** to restart sth; **~ anschließen** to reconnect sth; ■ **etw ~ aufbereiten** to reprocess sth; **~ auffinden** to retrieve sth; **etw ~ aufladen** to recharge sth; **~ aufladbar** rechargeable; **Gespräche/Verhandlungen ~ aufnehmen** to resume talks/negotiations; **Beziehungen/Kontakte ~ aufnehmen** to re-establish relations/contacts; **~ einblenden** to redisplay sth; **etw ~ einführen** to reintroduce sth; ÖKON to reimport sth; **jdn/etw [in etw] ~ eingliedern** to reintegrate sb/sth [into sth]; **jdn/etw ~ einsetzen** to reinstate sb/sth; **jdn ~ einstellen** to reappoint [*or* re-employ] [*or* re-engage] sb; (*nach ungerechtfertigter Entlassung*) to reinstate sb; **jdn zu jdm/etw ~ ernennen** to reappoint sb [as] sb/sth; **~ erwachen** to reawake[n]; ■ **[jdm] etw ~ erzählen** to retell sth [to sb]; **etw ~ gutmachen** to make good [*or* compensate [*or* make up] for] sth; **irgendwie ~ gutzumachen sein** to somehow make up for sth; **etw ~ tun** to do sth again; ***tu das nie ~!*** don't ever do it [*or* you ever do that] again; **~ mal** again; **~ und ~** time and again ② (*wie zuvor*) [once] again ③ (*nochmal*) yet; *s. a.* **nie, schon**
Wiederanlage *f* FIN reinvestment
Wiederanlauf *m* restart; **automatischer ~** auto restart
wiederanlaufen *vi s.* **wieder 1**
wiederanschließen *vt s.* **wieder 1**
Wiederaufarbeitung <-, -en> *f* recycling; *von Atommüll* reprocessing
Wiederaufarbeitungsanlage *f* recycling plant; *von Atommüll* reprocessing plant
Wiederaufbau <-bauten> *m* reconstruction, rebuilding
wieder|auf|bauen *vt* ■ **etw ~** to reconstruct [*or* rebuild] sth
Wiederaufbaukredit *m* FIN reconstruction loan
Wiederaufbereitung <-, -en> *f s.* **Wiederaufarbeitung**
wiederauffinden *vt s.* **wieder 1**
Wiederauffinden *nt* retrieval; **~ eines Textes** text retrieval
wiederaufladbar *adj s.* **wieder 1**
wiederaufladen *vt s.* **wieder 1**
wieder|aufladen *vt irreg s.* **wieder 1**
Wiederaufladung *f* replenishment
Wiederaufnahme *f* resumption; **~ der Geschäftstätigkeit** resumption of business; **~ des Verfahrens** reopening of the case
Wiederaufnahme *f* recovery; *von Gesprächen, Verhandlungen* resumption; *von Beziehungen, Kontakten* re-establishment; **~ nach Abbruch** failure recovery
Wiederaufnahmeverfahren *nt* JUR retrial, new trial; **ein ~ beantragen** to file a motion for a new trial
wieder|auf|rüsten *vi* MIL to rearm
Wiederaufrüstung *f* MIL rearmament
Wiederaufschwung *m* ÖKON recovery
wieder|bekommen* *vt irreg* ■ **etw [von jdm] ~** to get sth back [from sb]
wieder|beleben* *vt* MED ■ **jdn ~** to revive [*or* resuscitate] sb; *Scheintote* to bring sb back from the dead; ■ **etw ~** to revive sth
Wiederbelebung *f* ① MED resuscitation; *s. a.* **Mund** ② ÖKON recovery; **~ der Produktion** stimulation of production; **konjunkturelle ~** trade revival
Wiederbelebungsversuch *m meist pl* MED at-

tempt at resuscitation; ~**e** [**bei jdm**] **anstellen** to attempt [*or* try] to resuscitate sb

wieder|beschaffen* *vt* ■[**jdm/sich**] **etw** ~ *gestohlener Gegenstand, persönliches Eigentum* to recover [sb's/one's] sth; *verbrannte Wohnungseinrichtung* to replace [sb's/one's] sth

Wiederbeschaffung *f* (*Wiederauffindung*) recovery; (*Ersetzung*) replacement

Wiederbeschaffungskosten *pl* ÖKON replacement costs **Wiederbeschaffungsrücklage** *f* FIN replacement reserve **Wiederbeschaffungswert** *m* ÖKON replacement value [*or* costs]

wiederbeschreibbar *adj CD* rewritable

wieder|bringen *vt irreg* ■**jdm etw** ~ to bring back sth to sb *sep*

wiedereinblenden *vt s.* **wieder 1**

Wiedereinfuhr *f* reimport, reimportation

wieder|einführen *vt s.* **wieder 1**

Wiedereinführung *f* reintroduction

wieder|eingliedern *vt s.* **wieder 1**

Wiedereingliederung *f* reintegration; **berufliche** ~ vocational rehabilitation

Wiedereinleitung *f* reintroduction

Wiedereinsetzung *f* reinstatement; ~ **in den vorherigen Stand** restitution to the previous condition; ~ **in seine Rechte** restoration of one's rights

wieder|einstellen *vt s.* **wieder 1**

Wiedereinstellung *f* reappointment, re-employment; (*nach ungerechtfertigter Entlassung*) reinstatement

Wiedereintritt *m* ① RAUM (*Eintritt in die Erdatmosphäre*) re-entry ② (*erneuter Eintritt*) re-entry, readmittance

wieder|entdecken* *vt* ■**etw** ~ to rediscover sth

Wiederentdeckung *f* rediscovery

wieder|erhalten* *vt irreg* (*geh*) *s.* **wiederbekommen**

wieder|erkennen* *vt irreg* ■**jdn/etw** ~ to recognize sb/sth; **nicht wiederzuerkennen sein** to be unrecognizable [*or* BRIT *a.* -isable]

wiedererlangbar *adj* recoverable

wieder|erlangen* *vt* (*geh*) ■**etw** ~ to regain sth; **seine Freiheit** ~ to regain one's freedom, to be set free again

Wiedererlangung <-> *f* retrieval, recovery

Wiederernennung *f* reappointment

wieder|eröffnen* *vt* ÖKON ■**etw** ~ to reopen sth

Wiedereröffnung *f* reopening; ~ **des mündlichen Verfahrens** JUR reopening of the oral procedure

Wiedererstarken <-s> *nt kein pl* regaining strength

wieder|erstatten* *vt* ■**etw** ~ to refund [*or* reimburse] sth; ■**jdm etw** ~ to reimburse sb for sth

wieder|erwachen* *vi s.* **wieder 1**

wieder|erzählen* *vt s.* **wieder 1**

wieder|finden *irreg* **I.** *vt* ① (*auffinden*) ■**jdn/etw** ~ to find sb/sth again ② (*erneut erlangen*) ■**etw** ~ to regain sth; **seine Fassung** ~ to regain one's composure **II.** *vr* ■**sich** ~ to turn up again; ***der Schlüssel findet sich bestimmt wieder*** the key is sure to turn up again

Wiedergabe *f* ① (*Schilderung*) account, report; **um schriftliche/ausführliche** ~ **bitten** to request a written/detailed report ② FOTO, TYPO (*Reproduktion*) reproduction ③ (*Wiederholung*) replay; **sofortige** ~ instant replay

Wiedergabequalität *f* TECH reproduction quality, quality of reproduction

wieder|geben *vt irreg* ① (*zurückgeben*) ■**jdm etw** ~ to give sth back to sb ② (*schildern*) ■**etw** ~ to give an account of [*or* describe] sth ③ (*zitieren*) ■**etw** ~ to quote sth; **etw wortwörtlich** ~ to report sth literally

Wiedergeburt *f* rebirth, reincarnation

wieder|gewinnen* *vt irreg* ■**etw** ~ ① ÖKOL (*zurückgewinnen*) to reclaim sth ② *s.* **wiedererlangen**

Wiedergewinnung *f* recovery, retrieval; *Land* reclamation

Wiedergutmachung <-, -en> *f* ① *selten pl* (*das Wiedergutmachen*) compensation ② (*finanzieller Ausgleich*) [financial] compensation

wieder|haben *vt irreg* (*fam*) ■**jdn/etw** ~ to have sb/sth back

wiederher|stellen *vt* ① (*restaurieren*) ■**etw** ~ to restore sth ② (*erneut eintreten lassen*) ■**etw** ~ to re-establish sth; ***der Polizei gelang es, die öffentliche Ordnung wiederherzustellen*** the police succeeded in re-establishing public order ③ MED (*wieder gesund machen*) ■**jdn** ~ to restore sb to health

Wiederherstellung *f* ① (*Restaurierung*) restoration ② (*das Wiederherstellen*) re-establishment

Wiederherstellungsanspruch *m* JUR right/claim of restitution **Wiederherstellungsklage** *f* JUR restitution suit [*or* proceedings] *pl* **Wiederherstellungspflicht** *f* JUR restitution duty **Wiederherstellungsrecht** *f* JUR restitutory right

wiederholbar *adj* ■~ **sein** to be repeatable

wiederholen*[1] **I.** *vt* ■**etw** ~ ① (*abermals durchführen*) to repeat sth ② TV (*erneut zeigen*) to repeat sth ③ (*repetieren*) to revise sth ④ SCH (*erneut absolvieren*) to retake, BRIT *a.* to resit; **Klassenarbeiten** ~ to resit written tests; **das Staatsexamen** ~ to retake the state examination ⑤ (*nachsprechen*) to repeat sth ⑥ (*erneut vorbringen*) to repeat sth; **eine Frage** [**noch einmal**] ~ to repeat a question [once again] **II.** *vr* ■**sich** ~ ① (*sich wiederum ereignen*) to recur ② (*noch einmal sagen*) to repeat oneself

wieder|holen[2] *vt* ■**jdn** ~ to get [*or* fetch] sb back; ■[**jdm**] **etw** ~ to bring sth back for sb

wiederholt **I.** *adj* repeated **II.** *adv* repeatedly; *s. a.* **Mal**[2]

Wiederholung <-, -en> *f* ① (*erneute Durchführung*) repetition ② (*erneutes Zeigen*) repeat ③ (*Repetition*) revision ④ SCH (*erneutes Absolvieren*) retake, BRIT *a.* resit ⑤ (*erneutes Vorbringen*) repetition

Wiederholungsfall *m* **im** ~ (*geh*) if it should happen again; ***im ~ ist aber mit einem Bußgeld zu rechnen*** if you do it again you can expect a fine **Wiederholungsgefahr** *f* JUR danger of recurrence/recidivism **Wiederholungsjahr** *nt* SCH repeated year **Wiederholungskurs** *m* refresher course **Wiederholungsprüfung** *f* SCH retake, BRIT *a.* resit **Wiederholungsspiel** *nt* replay **Wiederholungstäter(in)** *m(f)* JUR repeat offender; (*mehr als zweimalig*) persistent offender; *s. a.* **Rückfalltäter** **Wiederholungszwang** *m* PSYCH ① *von unangenehmen Situationen* compulsive repetition of unpleasant situations ② *von Straftaten* recidivism

Wiederhören *nt* [**auf**] ~! TELEK goodbye!

Wiederinstandsetzung *f* repair, repairs *pl,* restoration

wieder|käuen **I.** *vt* ■**etw** ~ ① ZOOL (*erneut kauen*) to ruminate ② (*fam: ständig wiederholen*) to go over sth again and again *fam,* to harp on about sth *fam* **II.** *vi* ZOOL to ruminate

Wiederkäuer <-s, -> *m* ZOOL ruminant

Wiederkauf *m* JUR repurchase

Wiederkaufsrecht *nt* JUR redemption right, right of repurchase

Wiederkehr <-> *f kein pl* (*geh*) return

wieder|kehren *vi sein* (*geh*) ① *Mensch* to return ② *Problem s.* **wiederkommen 3**

Wiederkehrschuldverhältnis *nt* FIN regularly renewed obligation

wieder|kennen *vt irreg* (*fam*) ■**jdn** ~ to recognize sb

wieder|kommen *vi irreg sein* ① (*zurückkommen*) to come back; **nie** ~ never to come back ② (*erneut kommen*) to come again; ***kommen Sie bitte noch mal/morgen wieder*** please come again/again tomorrow ③ (*sich noch einmal bieten*) to reoccur, to recur

Wiedernutzbarmachung *f* reutilization

Wiederschauen *nt* [**auf**] ~! goodbye!; *s. a.* **Wiedersehen**

wieder|sehen *vt irreg* ① ■**jdn** ~ to see sb again ② (*zusammentreffen*) ■**sich** *akk* ~ to meet again

Wiedersehen <-s, -> *nt* [another] meeting; (*nach längerer Zeit*) reunion; ***ich freue mich jetzt schon auf unser*** ~ I am already looking forward to our meeting; [**auf**] ~ **sagen** to say goodbye; [**auf**] ~ goodbye

Wiedersehensfreude *f kein pl* pleasure of seeing sb again

Wiedertäufer <-s, -> *m* HIST Anabaptist

wiederum *adv* ① (*abermals*) again ② (*andererseits*) on the other hand, though ③ (*für jds Teil*) in turn

Wiederveräußerung *f,* **Wiederverkauf** *m* resale

wieder|vereinigen* **I.** *vt* POL ■**etw** ~ to reunify sth **II.** *vr* POL ■**sich** ~ to be reunited

Wiedervereinigung *f* POL reunification

wieder|verheiraten* *vr* ■**sich** ~ to remarry

Wiederverheiratung *f* remarriage

Wiederverkauf *m* HANDEL resale

Wiederverkäufer(in) *m(f)* reseller; (*Einzelhändler*) retailer

Wiederverkaufspreis *m* HANDEL resale price

Wiederverkaufswert *m* retail value

wiederverwendbar *adj* ÖKOL reusable

wieder|verwenden* *vt* ÖKOL ■**etw** ~ to reuse sth

Wiederverwendung *f* ÖKOL reuse

Wiederverwendungsverpackung *f* HANDEL reusable packaging

wieder|verwerten *vt* ■**etw** ~ to recycle sth

Wiederverwertung *f* recycling

Wiedervorlage *f* resubmission

Wiederwahl *f* re-election; **für die** ~ **kandidieren** to stand for re-election

wieder|wählen *vt* ■**jdn** ~ to re-elect sb

Wiederzulassung *f* readmission; AUTO relicensing

wiederzündbar *adj* reignitable

Wiege <-, -n> *f* cradle ► WENDUNGEN: **jdm ist etw in die** ~ **gelegt worden** sb inherits sth; **jds** ~ **stand irgendwo** (*geh*) sb was born somewhere

Wiegemesser *nt* KOCHK chopping knife

wiegen[1] <wog, gewogen> **I.** *vt* ■**jdn/etw** ~ to weigh sb/sth; ■**sich** *akk* ~ to weigh oneself **II.** *vi* to weigh; **viel/wenig/eine bestimmte Anzahl von Kilo** ~ to weigh a lot/not to weigh much/to weigh a certain number of kilos

wiegen[2] **I.** *vt* ① (*hin und her bewegen*) ■**jdn/etw** ~ to rock sb/sth; **den Kopf** ~ to shake one's head [slowly]; **die Hüften/den Oberkörper/-ste** ~ to sway one's hips/one's torso/its branches ② KOCHK (*fein hacken*) ■**etw** ~ to chop sth [finely] **II.** *vr* ① (*sich hin und her bewegen*) ■**sich** *akk* [**zu etw** *dat*] ~ to sway [to sth] ② (*fälschlich glauben*) ■**sich** *akk* **in etw** *dat* ~ to gain [*or* get] a false impression of sth; **sich** [**nicht zu früh**] **in Sicherheit** ~ [not] to lull oneself [too early on] into a false sense of security

Wiegenlied *nt* lullaby, cradlesong

wiehern *vi* ① ZOOL *Pferd* to neigh, to whinny ② (*fam: meckernd lachen*) to bray [with laughter]

Wien <-s> *nt* Vienna

Wiener *adj attr* ① GEOG Viennese ② KOCHK (*aus Wien stammend*) Viennese; *s. a.* **Schnitzel, Würstchen**

Wiener(in) <-s, -> *m(f)* Viennese

wienern *vt* (*fam*) ■**etw** ~ to polish sth

wies *imp von* **weisen**

Wiesbaden <-s> *nt* Wiesbaden

Wiese <-, -n> *f* (*mit Gras bewachsene Fläche*) meadow ► WENDUNGEN: **auf der grünen** ~ in the open countryside

wiesehr *konj* ÖSTERR *s.* **wie sehr**

Wiesel <-s, -> *nt* weasel ► WENDUNGEN: **flink wie ein** ~ **sein** (*fam*) to be as quick as a flash

Wiesenkerbel *m* BOT cow parsley **Wiesenrispengras** *nt* BOT bluegrass **Wiesenschaumkraut** *nt* BOT lady's smock, cuckooflower **Wiesenweihe** *f* ORN Montagu's harrier

wieso *adv* ① *interrog* (*warum*) why, how come ② *rel* (*weshalb*) why

wievielmal *adv interrog* how many times [*or* often]

wievielte(r, s) *adj interrog* (*an welcher Stelle kommend*) ■**der/die/das** ~ **...?** how many ...?; ***der W~ ist heute?, den W~n haben wir heute?***

what's the date today?

wieweit *konj s.* **inwieweit**

Wikinger(in) <-s, -> *m(f)* HIST Viking

wild **I.** *adj* ❶ BOT, ZOOL (*in freier Natur*) wild ❷ GEOG (*ursprünglich und natürlich*) wild, rugged ❸ (*rauh*) wild, unruly; **ein ~er Geselle** an unruly fellow ❹ (*illegal*) illegal; *Müllkippe* unofficial; *Streik* wildcat ❺ (*maßlos*) wild; **~e Fantasie/Spekulationen** a wild imagination/wild speculation ❻ (*hemmungslos*) wild; *Fahrt, Leidenschaft* reckless; *Kampf* frenzied ❼ (*fam: versessen*) ■**~ auf jdn sein** to be crazy [*or* mad] about sb; ■**~ auf etw** *akk* **sein** to be crazy about [*or* addicted to] sth; ***er ist ganz ~ auf Himbeereis*** he is absolutely mad about raspberry ice-cream ❽ (*zum äußersten gereizt*) furious; **~ werden können** to feel like screaming; ***ich könnte ~ werden*** (*fam*) I could scream *fam;* **jdn ~ machen** (*fam*) to drive sb wild [*or* crazy] [*or* mad] *fam;* **~ werden** to go wild; *Bulle, Rhinozeros* to become enraged; **wie ~** wildly ▶ WENDUNGEN: **halb** [*o* **nicht**] **so ~ sein** (*fam*) to not be important, to be nothing **II.** *adv* ❶ (*ungeordnet*) strewn around ❷ (*hemmungslos*) wildly, furiously ❸ (*in freier Natur*) ORN, ZOOL **~ lebend** wild *pred,* living in the wild; **~ leben** to live in the wild; BOT **~ wachsend** wild; **~ wachsen** to grow wild

Wild <-[e]s> *nt kein pl* ❶ KOCHK (*Fleisch wilder Tiere*) game; *von Rotwild* venison ❷ ZOOL (*wild lebende Tiere*) wild animals

Wildbach *m* torrent

Wildbahn *f* **in freier ~ leben** to live in the wild **Wildbeize** *f* KOCHK game marinade (*of red wine, spices and onions*) **Wildbirne** *f* BOT ❶ (*Frucht*) wild pear ❷ *kein pl* (*Baum*) wild pear tree **Wildbraten** *m* roast game **Wildbret** <-s> *nt kein pl* JAGD game *kein pl,* venison **Wilddieb(in)** *m(f) s.* **Wilderer Wilddiebstahl** *m s.* **Wilderei**

Wilde(r) *f(m) dekl wie adj* (*wilder Eingeborener*) savage ❷ (*fig: übergeschnappte Person*) madman, maniac; **wie ein ~r/eine ~** like a madman [*or* maniac]

wildeln *vi* ÖSTERR ❶ (*sich wild benehmen*) to go wild ❷ (*nach Wild schmecken*) to have a taste typical of game

Wildente *f* ORN, KOCHK wild duck

Wilderei <-, -en> *f* poaching

Wilderer(in) <-s, -> *m(f)* poacher

wildern *vi* ❶ (*Wilderer sein*) to poach ❷ (*Wild schlagen*) to kill game

Wildessenz *f,* **Wildfond** *m* KOCHK game consommé

Wildfang *m* ❶ JAGD animal captured in the wild, captured wild animal ❷ (*lebhaftes Kind*) little live wire [*or* whirlwind]

wildfremd *adj* (*fam*) completely strange

Wildfremde(r) *f(m) dekl wie adj* complete stranger

Wildgans *f* ❶ ORN wild goose ❷ *kein pl* KOCHK goose **Wildgeflügel** *nt kein pl* feathered game **Wildhase** *m* wild hare

Wildheit <-, -en> *f* ❶ *kein pl* (*gewalttätiges Wesen*) savagery ❷ (*Hemmungslosigkeit*) lack of restraint; (*Leidenschaft*) wild passion

Wildhüter(in) <-s, -> *m(f)* gamekeeper **Wildkaninchen** *nt* wild rabbit **Wildkatze** *f* wildcat **Wildkraftbrühe** *f* game consomme **Wildkraut** *nt* wild herb **Wildleder** *nt* suede **wildledern** *adj* MODE suede

Wildnis <-, -se> *f* wilderness

Wildpark *m* game park; (*für Rotwild*) deer park **Wildpastete** *f* game pâté, game pie

wildreich *adj* abundant with [*or* in] game

Wildreis *m* wild rice

wildromantisch *adj* wild and romantic

Wildsau *f* wild sow **Wildschaden** *m* damage caused by game **Wildschaf** *nt* mouflon **Wildschwein** *nt* ❶ (*wild lebendes Schwein*) wild boar [*or* pig] ❷ *kein pl* KOCHK boar **Wildseide** *f* raw silk **Wildtaube** *f* wild pigeon **Wildtruthahn** *m* wild turkey

Wildwasserboot *nt* whitewater boat **Wildwasserfahrt** *f* whitewater ride **Wildwasserrafting** *nt* whitewater rafting **Wildwasserrennen** *nt* SPORT white-water racing

Wildwechsel *m* JAGD ❶ *kein pl* (*Straßenüberquerung durch Wild*) [wild] animals' crossing ❷ (*vom Wild benutzter Pfad*) path used by game

Wildwestfilm *m s.* **Western**

Wildwuchs *m* rank growth

Wilhelm <-s> *m* William

will *1. u. 3. pers sing* **wollen**

Wille <-ns> *m kein pl* (*Intention*) will *kein pl,* intention; ***er sollte aufhören zu rauchen, aber dazu fehlt ihm der*** [***nötige***] **~** he should stop smoking but he has not got the [necessary] willpower; **der ~ zur Macht** the will to rule; **kein/böser ~ sein** not to intend any ill-will/to intend to cause ill-will; **seinen eigenen ~n haben** to have a mind of one's own, to be self-willed; **beim besten ~n nicht** not even with the best [*or* all the] will in the world; **etw aus freiem ~n tun** to do sth of one's own free will [*or* voluntarily]; **der gute ~** good will; **jds letzter ~** (*geh*) sb's last will and testament; **seinen ~n durchsetzen** to get one's own way; **keinen ~n haben** to have no will of one's own; **jdm zu ~ sein** to comply with sb's wishes; (*sich jdm hingeben*) to yield; **jdm seinen ~ lassen** to let sb have his own way; **gegen jds ~n** against sb's will; [**ganz**] **wider ~n** unintentionally ▶ WENDUNGEN: **wo ein ~ ist, ist auch ein Weg** (*prov*) where there is a will there is a way *prov*

willen *präp* **um jds/einer S. ~** for the sake of sb/a thing

willenlos *adj* weak-willed, spineless

willens *adj* (*geh*) ■**~ sein, etw zu tun** to be willing [*or* prepared] to do sth

Willenserklärung *f* JUR declaration of intention, manifestation of intent; [**amts**]**empfangsbedürftige ~** act requiring communication [to an authority]; **rechtsgeschäftliche ~** legal act of the party; **zweiseitige ~** bilateral act of the parties **Willensfreiheit** *f kein pl* freedom of will **Willenskraft** *f kein pl* willpower, strength of mind; **~ erfordern** to require willpower **Willensmangel** *m* JUR failure [*or* deficiency] of intention; **Anfechtung wegen ~** challenging the court on the grounds of failure of intent **willensschwach** *adj* weak-willed **Willensschwäche** *f kein pl* weakness of will **willensstark** *adj* strong-willed, determined **Willensstärke** *f kein pl* will-power

willentlich *adj* (*geh*) *s.* **absichtlich**

willfahren* <willfahrte, willfahrt> *vi* (*veraltet geh*) ■**jdm ~** to satisfy sb; **jds Bitte ~** to comply with sb's request

willfährig <-er, -ste> *adj* (*geh*) compliant, submissive; ■**jdm ~ sein** to submit to sb['s will]

willig *adj* willing; **ein ~er Schüler** a willing pupil; *Kind* obedient

willkommen *adj* ❶ (*gerne empfangen*) welcome; ■[**jdm**] **~ sein** to be welcome [to sb]; **jdn ~ heißen** (*geh*) to welcome [*or* greet] sb, to bid sb welcome *form;* ***seid/seien Sie*** [***herzlich***] ***~!*** welcome! ❷ (*durchaus erwünscht*) welcome

Willkommen <-s, -> *nt* welcome; **jdm ein bestimmtes ~ bereiten** (*geh*) to welcome sb in a certain way; **ein herzliches ~** a warm welcome

Willkommenstrunk *m* (*geh*) welcoming drink, cup of welcome *dated*

Willkür <-> *f kein pl* capriciousness, arbitrariness; (*politisch*) despotism

Willkürherrschaft *f* tyranny, despotic rule **Willkürjustiz** *f* JUR arbitrary justice

willkürlich **I.** *adj* arbitrary **II.** *adv* arbitrarily

Willkürverbot *nt* JUR prohibition of arbitrary decision-making

Wilna <-s> *nt* Vilnius

wimmeln *vi* ❶ *haben impers* (*in Mengen vorhanden sein*) ■**es wimmelt von etw** *dat* it is teeming with sth; ***in diesem Gewässer wimmelte es von Forellen und Karpfen*** this stretch of water was teeming with trout and carp; *Menschen* to swarm [*or* be overrun] with ❷ *sein* (*sich bewegen*) ■**auf/in/unter etw** *dat* **~** *Tiere* sth is teeming with sth/it's teeming with sth under sth; *Insekten, Menschen* sth is swarming with sth/it's swarming with sth under sth ❸ (*fam: voll sein*) ■**von etw** *dat* **~** to be full of sth

Wimmerl <-s, -n> *nt* ❶ ÖSTERR (*Pickel*) spot, pimple ❷ ÖSTERR (*am Gurt befestigtes Täschchen*) pouch ❸ ÖSTERR (*hum: Bauch*) belly

wimmern *vi* to whimper

Wimmern <-s> *nt kein pl* whimpering

Wimmet <-s> *m kein pl* SCHWEIZ (*Weinlese*) grape harvest

Wimpel <-s, -> *m* pennant

Wimper <-, -n> *f* (*Härchen des Augenlids*) [eye]lash ▶ WENDUNGEN: **nicht mit der ~ zucken** to not bat an eyelid; **ohne mit der ~ zu zucken** without batting an eyelid

Wimpernkämmchen *nt* lash comb **Wimperntusche** *f* mascara **wimpernverlängernd** *adj* *Maskara* lash-lengthening **Wimpernzange** *f* eyelash curler

Wimpertierchen *nt* ZOOL ciliate

Wind <-[e]s, -e> *m* METEO wind ▶ WENDUNGEN: **jdm den ~ aus den Segeln nehmen** to take the wind out of sb's sails; **wer ~ sät, wird Sturm ernten** (*prov*) sow the wind and reap the whirlwind *prov;* **bei** [*o* **in**] **~ und Wetter** in all weathers; **~ von etw bekommen** [*o* **kriegen**] (*fam*) to get [*or* have] wind of sth; **viel ~ um etw machen** (*fam*) to make a fuss [*or* to-do] about sth; **etw in den ~ schlagen** to turn a deaf ear to sth; *Vorsicht* to throw [*or* cast] sth to the wind; **irgendwo weht jetzt ein anderer** [*o* **neuer**]/**frischer ~** (*fam*) sth has changed somewhere/for the better; **daher weht** [**also**] **der ~!** (*fam*) so that's the way the wind is blowing!; **in alle** [**vier**] **~e zerstreut werden** to be scattered to the four winds

Windbäckerei *f* ÖSTERR meringue **Windbestäubung** *f* BOT anemophily **Windbeutel** *m* ❶ KOCHK cream puff ❷ (*pej: Schürzenjäger*) rake *pej* **Windböe** *f* gust of wind **Windbruch** *m kein pl* tree damage caused by the wind **winddicht** *adj* windproof

Winde[1] <-, -n> *f* TECH winch, windlass

Winde[2] <-, -n> *f* BOT bindweed, convulvulus

Windei *nt* ❶ ZOOL wind egg ❷ BIOL unfertilized egg ❸ MED (*Mole*) mole ❹ (*fig: Flop*) non-starter, flop *fam*

Windel <-, -n> *f* napkin BRIT, nappy BRIT *fam,* diaper AM

Windeleinlage *f* nappy [*or* AM diaper] liner **Windelhöschen** *nt* nappy [*or* AM diaper] pants, waterproof pull-ups **Windelhose** *f* nappy pants *npl* **Windelkind** *nt* child that still wears nappies [*or* AM diapers]

windelweich **I.** *adj* feeble, lame; ■**~ sein** to be a wimp **II.** *adv* **jdn ~ schlagen** [*o* **prügeln**] (*fam*) to beat sb black and blue [*or* the living daylights out of sb]

winden[1] <wand, gewunden> **I.** *vr* ❶ (*nach Ausflüchten suchen*) ■**sich ~** to attempt to wriggle out of sth ❷ (*sich krümmen*) ■**sich** *akk* [**in/vor etw** *dat*] **~** to writhe [in sth] ❸ (*sich in Schlangenlinien verlaufen*) ■**sich irgendwohin ~** to wind its way somewhere; *Bach* to meander; ***die Straße windet sich in Serpentinen den Pass hinauf*** the road snakes its way up the pass ❹ ZOOL (*sich schlängeln*) ■**sich irgendwohin ~** to wind itself somewhere ❺ BOT (*sich herumschlingen*) ■**sich** *akk* **um etw** *akk* **~** to wind [itself] around sth **II.** *vt* ❶ (*entwinden*) ■**jdm etw aus etw** *dat* **~** to wrest sth from sb's sth ❷ (*herumschlingen*) ■**etw um etw** *akk* **~** to wind [*or* bind] sth around sth ❸ (*binden*) ■**jdm/sich etw irgendwohin ~** to bind sb's/one's sth with sth; ***sie wand sich ein Seidentuch ins Haar*** she bound [*or* tied] her hair with a silk scarf

winden[2] *vi impers* to blow

Windenergie *f* wind energy **Windenergieanlage** *f* TECH wind energy plant **Winderosion** *f* erosion by wind, wind erosion

Windeseile *f* **in** [*o* **mit**] **~** in no time at all [*or* two minutes flat]; **sich in** [*o* **mit**] **~ verbreiten** to spread like wildfire

Windfang <-s, -fänge> *m* ARCHIT porch

windgeschützt I. *adj* sheltered [from the wind] II. *adv* in a sheltered place **Windgeschwindigkeit** *f* wind speed **Windhauch** *m* breath of wind **Windhose** *f* METEO vortex **Windhuk** <-s> *nt* Windhoek **Windhund** *m* ❶ ZOOL greyhound ❷ (*pej: Schürzenjäger*) rake *pej,* reprobate

windig *adj* ❶ (*viel Wind*) windy ❷ (*fam*) dubious, BRIT *a.* dodgy; **ein ~es Geschäft** a shady business

Windjacke *f* MODE windcheater BRIT, windbreaker AM **Windjammer** <-s, -> *m* NAUT windjammer **Windkanal** *m* wind tunnel **Windkraft** *f kein pl* wind power **Windkraftanlage** *f,* **Windkraftwerk** *nt* TECH wind[-driven] power station **Windlicht** *nt* table lantern **Windmaschine** *f* ❶ THEAT wind machine ❷ MEDIA (*fam*) sb full of hot air; ***der Erfolg spricht für ihn — er ist keine*** ~ his success speaks for itself — he's not full of hot air **Windmesser** *m* wind gauge, anemometer **Windmühle** *f* (*windbetriebene Mühle*) windmill ▶ WENDUNGEN: **gegen ~ [an]kämpfen** to tilt at windmills *fig* **Windmühlenflügel** *m* windmill sail [*or* vane] **Windpark** *m* wind park [*or* farm] **Windparkanlage** *f* wind power station

Windpocken *pl* MED chickenpox *sing*

Windrad *nt* wind turbine **Windrichtung** *f* wind direction **Windrose** *f* wind rose **Windschatten** *m* ❶ (*keinen Fahrtwind aufweisender Bereich*) slipstream; **in jds ~ fahren** to drive in sb's slipstream ❷ (*windgeschützter Bereich*) lee; ■**im ~ [von etw *dat*]** under the lee [of sth] **Windschattenfahren** *nt kein pl* SPORT *beim Radsport* slipstreaming **Windschattenfahrer(in)** *m(f)* tailgater **windschief** *adj* crooked **windschnittig** *adj* streamlined

Windschutz *m* windbreak **Windschutzscheibe** *f* AUTO windscreen BRIT, windshield AM **Windschutzstreifen** *m* AGR shelter belt

Windseite *f* METEO windward side **Windstärke** *f* METEO wind force, strength of the wind **windstill** *adj* METEO still, windless; ■~ **sein** to be calm **Windstille** *f* calm **Windstoß** *m* gust of wind; **ein plötzlicher** ~ a sudden gust of wind **Windsurfbrett** *nt* SPORT sailboard, windsurfer **windsurfen** *vi nur inf* to windsurf **Windsurfer(in)** *m(f)* SPORT sailboarder, windsurfer **Windsurfing** *nt* SPORT windsurfing

Windung <-, -en> *f* GEOG ❶ (*Mäander*) meander ❷ (*Serpentine*) bend, curve

Wink <-[e]s, -e> *m* ❶ (*Hinweis*) hint; **einen ~ [von jdm] bekommen** to receive a tip-off [from sb] ❷ (*Handbewegung*) signal ▶ WENDUNGEN: **ein ~ mit dem Kopf** a nod of the head; **ein ~ mit dem Zaunpfahl** (*fam*) a broad hint; **jdm einen ~ geben** to drop [*or* give] sb a hint

Winkel <-s, -> *m* ❶ MATH angle; **rechter/spitzer/stumpfer** ~ a right/an acute/obtuse angle; **im richtigen** ~ at the right angle ❷ (*Ecke*) corner ❸ (*Bereich*) place, spot; **toter** ~ a blind spot ❹ MIL (*Rangabzeichen*) stripe ❺ *s.* **Winkelmaß**

Winkeladvokat(in) *m(f)* (*pej*) incompetent lawyer **Winkeleisen** *nt* angle iron **Winkelfunktion** *f* trigonometrical function **Winkelhalbierende** *f* bisector of an/the angle

winkelig *adj s.* **winklig**

Winkellineal *nt* triangle **Winkelmaß** *nt Werkzeug* square **Winkelmesser** *m* MATH protractor **Winkelschnitt** *m* TYPO square trim, true rectangular cut **Winkelzug** *m meist pl* (*pej*) dodge, trick

winken <gewinkt *o* DIAL gewunken> I. *vi* ❶ (*mit der Hand wedeln*) to wave ❷ (*wedeln*) ■**mit etw** ~ to wave sth; ***er winkte mit der Zeitung, um ein Taxi auf sich aufmerksam zu machen*** he waved a newspaper to hail a taxi ❸ (*Handzeichen zum Näherkommen geben*) ■**jdm** ~ to beckon sb; **dem Kellner/Ober** ~ to beckon [*or* signal] the waiter to come over; **einem Taxi** ~ to hail a taxi ❹ (*fam: in Aussicht stehen*) ■**mit etw *dat*** ~ *Prämie, Belohnung* to promise sth; ***dem Gewinner winken 50.000 DM*** the winner will receive 50,000 DM II. *vt* ■**jdn zu sich *dat*** ~ to beckon sb over to one

winklig *adj* full of nooks and crannies; *Gasse* twisty

winseln *vi* ❶ (*jaulen*) to whimper ❷ (*pej: erbärmlich flehen*) ■**um etw** ~ to plead for sth

Winter <-s, -> *m* winter; **harter** ~ a hard [*or* severe] winter; **im** ~ in the winter; **nuklearer** ~ nuclear winter

Winterabend *m* winter evening; ■**an einem** ~ on a winter['s] evening **Winteranfang** *m* beginning of winter; **am** ~ at the beginning of winter **Winterdienst** *m* winter road clearance **Wintereinbruch** *m* onset of winter **Winterfahrplan** *m* winter timetable **Winterfell** *nt* winter coat **Winterferien** *pl* winter holidays *pl* **winterfest** *adj* ■~ **sein** to be suitable for winter; **ein Auto ~ machen** to get a car ready for winter, AM *a.* to winterize a car **Wintergarten** *m* winter garden **Wintergetreide** *nt* winter crop [*or* grain] **Winterhalbjahr** *nt* winter [period] **winterhart** *adj* HORT hardy **Winterkälte** *f* cold winter weather **Winterkleidung** *f* MODE winter clothing [*or pl* clothes] **Winterkohl** *m* cale **Winterkresse** *f* winter cress **Winterkurort** *m* winter health resort **Winterlandschaft** *f* winter landscape

winterlich I. *adj* wintry, winter; **~e Temperaturen** winter temperatures II. *adv* ~ **gekleidet/vermummt** dressed/wrapped up for winter

Wintermantel *m* winter coat **Wintermonat** *m* winter month **Wintermorgen** *m* winter['s] morning; **an dunklen** ~ on dark winter mornings **Winternachmittag** *m* winter['s] afternoon **Winternacht** *f* winter['s] night **Winterolympiade** *f* SPORT Winter Olympics *pl* **Winterpullover** *m* winter pullover [*or* BRIT *a.* jumper] [*or* AM *usu* sweater] **Winterreifen** *m* AUTO winter tyre [*or* AM tire] **Winterruhe** *f* winter dormancy

winters *adv* in winter; *s. a.* **sommers**

Wintersaat *f* AGR *seeds of winter[-sown] grains* **Wintersaison** *f* winter season **Winterschlaf** *m* ZOOL hibernation; ~ **halten** to hibernate **Winterschlussverkauf**[RR] *m,* **Winterschlußverkauf** *m* winter sale; **etw im ~ kaufen** to buy sth in the winter sale **Winterschuhe** *pl* winter shoes **Wintersemester** *nt* SCH winter semester **Wintersmog** *m* winter smog **Wintersonnenwende** *f* winter solstice **Winterspeck** *m kein pl* (*hum geh*) winter fat **Winterspiele** *pl* [**Olympische**] ~ SPORT Winter Olympics **Wintersport** *m* winter sport **Winter(s)zeit** *f kein pl* wintertime, no pl, no indef art **Wintertag** *m* winter['s] day **Winterurlaub** *m* winter holiday **Winterzeit** *f* wintertime **Winterzichorie** *m* winter chicory **Winterzwiebel** *f* Welsh onion

win-win-Lösung *f* JUR win-win solution

Winzer(in) <-s, -> *m(f)* AGR wine-grower

winzig *adj* tiny; ~ **klein** minute

Winzigkeit <-, -en> *f* ❶ *kein pl* (*geringe Größe*) tininess ❷ (*winzige Menge*) tiny amount

Winzling <-s, -e> *m* (*fam: Person*) tiny person [*or* thing]; (*Gegenstand*) tiny thing

Wipfel <-s, -> *m* treetop

Wippe <-, -n> *f* ❶ (*Spielgerät für Kinder*) seesaw ❷ (*für Babys*) baby rocker, cozy AM

wippen *vi* ■**[auf etw *dat*]** ~ to bob up and down on sth; (*auf einer Wippe*) to seesaw

wir <*gen* unser, *dat* uns, *akk* uns> *pron pers* we; ~ **nicht** we are not, not us; ***kommt ihr auch mit? — nein, ~ nicht*** are you coming too? — no, we are not; *s. a.* **uns, unser**

Wirbel[1] <-s, -> *m* ANAT vertebra

Wirbel[2] <-s, -> *m* ❶ (*fam: Trubel*) turmoil; **einen [großen] ~ [um etw] machen** to make a [big [*or* great]] commotion [*or* fuss] [about sth] ❷ (*kleiner Strudel*) whirlpool, eddy

Wirbelbruch *m* fractured vertebra **Wirbelkörper** *m* ANAT vertebra

wirbellos *adj* BIOL invertebrate

wirbeln I. *vi* ❶ *sein* (*sich drehend wehen*) to swirl ❷ *sein* (*sich drehend bewegen*) to whirl ❸ *haben* (*fam: sehr geschäftig sein*) to rush around getting things done II. *vt haben* (*herumwirbeln und wehen*) ■**etw irgendwohin** ~ to whirl sth somewhere

Wirbelsäule *f* spinal column

Wirbelsäulengymnastik *f kein pl* spinal exercises *pl*

Wirbelsturm *m* whirlwind

Wirbeltier *nt* vertebrate

Wirbelwind *m* whirlwind; **wie ein** ~ like a whirlwind

wirken I. *vi* ❶ (*Wirkung haben*) to have an effect; (*beabsichtigten Effekt haben*) to work; ***dieses Medikament wirkt sofort*** this medicine takes effect immediately; **etw auf sich ~ lassen** to take sth in; ***ich lasse die Musik auf mich*** ~ I let the music flow over me ❷ (*etwas ausrichten*) to be effective ❸ (*einen bestimmten Eindruck machen*) to seem, to appear; **ängstlich** ~ to appear to be frightened; **gelassen** ~ to give the impression of being calm; **natürlich/unnatürlich** ~ to seem [*or* appear] natural/unnatural; **unecht** ~ to not appear to be genuine ❹ (*tätig sein*) ■**irgendwo** ~ to work somewhere II. *vt* (*veraltend geh: tun*) ■**etw** ~ to do sth; ***Schwester Agatha hat viel Gutes gewirkt*** Sister Agatha did a great deal of good

Wirken <-s> *nt kein pl* (*geh*) work *no pl;* **das ~ des Teufels sein** to be the work of the devil

wirklich I. *adj* ❶ (*tatsächlich*) real ❷ (*echt*) *Freund* real, true II. *adv* really; ~ **und wahrhaftig** really and truly; **nicht** ~ not really; ~ **nicht?** really not?; ***ich kann leider nicht kommen — ~ nicht?*** I am sorry I cannot come — are you sure?

Wirklichkeit <-, -en> *f* reality; **den Bezug zur ~ verlieren** to lose one's grip on reality; ~ **werden** to come true; **in** ~ in reality

wirklichkeitsfremd *adj* unrealistic **wirklichkeitsgetreu** I. *adj* realistic II. *adv* realistically, in a realistic way; **etw ~ abbilden** to paint a realistic picture of sth **Wirklichkeitssinn** *m kein pl* sense of reality, realism *no pl*

wirksam I. *adj* ❶ PHARM, MED (*effektiv*) effective ❷ (*den Zweck erfüllend*) effective ❸ ADMIN ~ **werden** to take effect ❹ INFORM (*aktiv*) active ❺ JUR effective, operative, valid II. *adv* effectively

Wirksamkeit <-> *f kein pl* ❶ PHARM, MED (*Effektivität*) effectiveness ❷ (*Erfolg*) effectiveness ❸ JUR effectiveness, operative effect; ~ **eines Vertrags** contractual force

Wirksamwerden *nt kein pl* coming into force

Wirkstoff *m* PHARM active substance [*or* agent]

Wirkung <-, -en> *f* effect; **aufschiebende** ~ suspensory effect; **befreiende/bindende** ~ discharging/binding effect; **heilende** ~ curative effect; **unmittelbare** ~ direct effect; **ohne ~ bleiben** [*o* **seine ~ verfehlen**] to have no effect, to not have any effect; **eine bestimmte ~ haben** [*o geh* **entfalten**] PHARM, MED to have a certain effect; ***Kaffee hat eine anregende*** ~ coffee has a stimulating effect [*or* is a stimulant]; **eine schnelle ~ haben** [*o geh* **entfalten**] PHARM, MED to take effect quickly; **mit sofortiger** ~ effective immediately

Wirkungsbereich *m* area of activity, domain **Wirkungsdauer** *m* period of effectiveness **Wirkungserstreckung** *f* ambit of effect **Wirkungsgrad** *m* [degree of] effectiveness **Wirkungskreis** *m* purview, sphere of activity

wirkungslos *adj* ineffective **Wirkungslosigkeit** <-> *f kein pl* ineffectiveness *no pl* **wirkungsvoll** *adj* (*geh*) *s.* **wirksam** **Wirkungsweise** *f* [mode of] action, way sth works

wirr *adj* ❶ (*unordentlich*) tangled ❷ (*verworren*) weird ❸ (*durcheinander*) confused, muddled; **jdn [ganz] ~ machen** to make sb [very] confused

Wirren *pl* confusion *sing,* turmoil *sing*

Wirrkopf *m* (*pej*) scatterbrain *pej,* muddle-headed person *pej*

Wirrwarr <-s> *m kein pl* ❶ (*Durcheinander*) confusion, chaos ❷ (*Unordnung*) tangle

Wirsing <-s> *m kein pl,* **Wirsingkohl** *m* KOCHK, HORT savoy cabbage

Wirt(in) <-[e]s, -e> *m(f)* ❶ (*Gast~*) landlord, publican ❷ BIOL (*Wirtsorganismus*) host

Wirtschaft <-, -en> *f* ❶ ÖKON (*Volks~*) economy; (*Industrie und Handel*) industry [and commerce]; ***er***

ist in der ~ tätig he works in industry; **freie ~** free market economy; **staatlich gelenkte ~** controlled economy ② (*Gast~*) public house BRIT *form*, pub BRIT *fam*, bar AM, saloon AM; **in eine ~ einkehren** to stop off at a pub ③ (*fam: Zustände*) state of affairs *iron;* **reine ~ machen** DIAL to put the house in order

wirtschaften *vi* ① (*den Haushalt führen*) to keep house ② (*rationell sein*) to manage; **sparsam ~** to economize, to budget carefully; **gut/schlecht ~** to be a good manager/to mismanage ③ (*sich betätigen*) to busy oneself; ***mein Mann wirtschaftet gerade im Keller*** my husband is pottering around in the cellar

Wirtschafter(in) <-s, -> *m(f)* ① (*Haushälter*) housekeeper ② (*sl: Aufsichtsperson im Bordell*) madam

Wirtschafterin <-, -nen> *f fem form von* Wirtschafter housekeeper

Wirtschaftler(in) <-s, -> *m(f)* ① (*Wirtschaftswissenschaftler*) economist ② (*Wirtschafter*) businessman *masc, fem* businesswoman, entrepreneur

wirtschaftlich **I.** *adj* ① ÖKON (*volks~*) economic; **~er Aufschwung** economic upturn; **~e Daten** market data; **~e Erholung/Stabilität** economic recovery/stability; **~e Nutzungsdauer** TECH useful life; **~ Unselbstständige** salary/wage earners; **~ schwach entwickelt** poor ② (*finanziell*) economic; **sich in einer ~en Notlage befinden** to have [*or* be in] financial difficulties ③ (*Sparsamkeit zeigend*) economical; *Hausfrau, Verwalter* careful ④ AUTO, TECH (*im Betrieb sparsam*) economical ⑤ ÖKON (*ökonomisch*) economical **II.** *adv* ① (*finanziell*) economically; ***es geht mir ~ besser/gut/schlechter*** I am in a better/good/worse financial position ② (*ökonomisch*) economically, carefully

Wirtschaftlichkeit <-> *f kein pl* economicalness, economy

Wirtschaftsabkommen *nt* JUR trade convention, economic agreement **Wirtschaftsartikel** *m* (*Zeitungsartikel*) city article **Wirtschaftsaufschwung** *m* ÖKON economic upturn [*or* upswing], upturn in business **Wirtschaftsaufsicht** *f* regulatory body [*or* authority] **Wirtschaftsbarometer** *nt* ÖKON economic indicator **Wirtschaftsbelebung** *f* ÖKON economic revival **Wirtschaftsberater(in)** *m(f)* ÖKON economic advisor **Wirtschaftsbereich** *m* economic sector **Wirtschaftsbeziehungen** *pl* ÖKON economic [*or* trade] relations *pl;* **internationale ~** international economic relations; **~ fortsetzen** to continue trade relations **wirtschaftsbezogen** *adj* economic **Wirtschaftsblock** *m* economic bloc **Wirtschaftsblockade** *f* economic embargo **Wirtschaftsembargo** *nt* economic embargo **Wirtschaftsenglisch** *nt* business [*or* commercial] English **Wirtschaftsentwicklung** *f* ÖKON economic development, business trend; **rückläufige ~** economic downturn; **ungünstige ~** sluggish economy **Wirtschaftsethik** *f kein pl* POL business ethics + *sing vb* **Wirtschaftsexperte, -expertin** *m, f* ÖKON economic expert **Wirtschaftsfaktor** *m* economic factor **wirtschaftsfeindlich** *adj* anti-commercial, anti-business **Wirtschaftsfeld** *nt* industrial [*or* economic] sector, industry **Wirtschaftsfernsehen** *nt* TV business television **Wirtschaftsflüchtling** *m* economic refugee **Wirtschaftsförderung** *f* ÖKON economic development, stimulation of the economy **Wirtschaftsförderungsmaßnahme** *f* ÖKON business promotion activity **Wirtschaftsform** *f* economic system **Wirtschaftsforscher(in)** *m(f)* ÖKON economic researcher **Wirtschaftsforschung** *f* economic research **Wirtschaftsforschungsinstitut** *nt* ÖKON economic research institute **Wirtschaftsgebäude** *nt meist pl* AGR working quarters *pl* **Wirtschaftsgefüge** *nt* economic structure **Wirtschaftsgeld** *nt* housekeeping money *no pl, no indef art* **Wirtschaftsgemeinschaft** *f* economic community **Wirtschaftsgut** *nt* HANDEL commodity; ■**Wirtschaftsgüter** merchandise *no pl,* assets *pl;* **kurzlebige/langlebige Wirtschaftsgüter** [consumer] perishables/durables **Wirtschaftsgymnasium** *nt* SCH *grammar school where the emphasis is on business studies, economics and law* **Wirtschaftshilfe** *f* economic aid *no pl, no indef art* **Wirtschaftshistoriker(in)** *m(f)* economic historian **Wirtschaftsindikator** *m* ÖKON economic indicator **Wirtschaftsjahr** *nt* FIN financial year **Wirtschaftsjurist(in)** *m(f)* commercial [*or* industrial] lawyer **Wirtschaftskanal** *m* TV business channel **Wirtschaftskollisionsrecht** *nt* JUR law of the conflict in economic matters **Wirtschaftskommission** *f* ÖKON economic council; **~ für Europa** Economic Council for Europe, ECE **Wirtschaftskontakte** *pl* ÖKON business contacts **Wirtschaftskraft** *f* economic power **Wirtschaftskreislauf** *m* economic cycle **Wirtschaftskriminalität** *f kein pl* JUR white-collar crime, commercial offences [*or* AM -ses] *pl* **Wirtschaftskriminelle(r)** *m* ÖKON, JUR economic criminal **Wirtschaftskrise** *f* economic crisis **Wirtschaftslage** *f* economic situation **Wirtschaftsleben** *nt kein pl* business life **Wirtschaftsmacht** *f* economic power **Wirtschaftsminister(in)** *m(f)* economics minister BRIT, Minister for Economic Affairs [*or* of Trade and Commerce] BRIT, Secretary of Commerce [*or* Commerce Secretary] AM **Wirtschaftsministerium** *nt* Ministry of Economic Affairs [*or* of Trade and Commerce] BRIT, Department of Trade and Industry BRIT [*or* AM of Commerce] **Wirtschaftsordnung** *f* economic order [*or* system] **Wirtschaftsplan** *m* economic plan **Wirtschaftsplaner** *m* ÖKON economic planner **Wirtschaftsplanung** *f* economic planning *no pl, no indef art* **Wirtschaftspolitik** *f* economic policy **wirtschaftspolitisch** **I.** *adj* economic [policy] *attr;* **~e Maßnahmen** economic measures **II.** *adv* in terms of economic policy **Wirtschaftsprognose** *f* ÖKON economic forecast **Wirtschaftsprüfer(in)** *m(f)* accountant **Wirtschaftsprüfung** *f* FIN auditing **Wirtschaftsrat** *m* JUR economic council **Wirtschaftsrecht** *nt* JUR economic [*or* commercial] law; **gemeinschaftliches ~** Community commercial law **Wirtschaftsrechtsvergleich** *m* JUR comparison of commercial laws **Wirtschaftsreform** *f* ÖKON economic reform **wirtschaftsrelevant** *adj* ÖKON economically relevant; **~e Entscheidungsträger** decisionmakers on economic policy **Wirtschaftssabotage** *f* JUR economic [*or* industrial] sabotage **Wirtschaftssanktionen** *pl* economic sanctions *pl* **Wirtschaftssenator(in)** *m(f)* minister for economic affairs [*or* of trade and commerce] (*in Berlin, Bremen, Hamburg*) **Wirtschaftsspionage** *f kein pl* JUR industrial espionage **Wirtschaftsstandort** *m* location of industry and commerce

Wirtschaftsstrafgesetz *nt* JUR economic offences act, BRIT Statute of Fraud **Wirtschaftsstrafkammer** *f* JUR court division for business offences **Wirtschaftsstrafrecht** *nt* JUR criminal business law **Wirtschaftsstruktur** *f* structure of the company **Wirtschaftssubjekt** *nt* ÖKON economic subject **Wirtschaftsteil** *m* MEDIA business [*or* financial] section **Wirtschaftstheorie** *f* ÖKON economic theory **Wirtschaftstrend** *m* ÖKON economic trend **Wirtschaftstreuhänder(in)** *m(f)* ÖKON business [*or* conventional] trustee **Wirtschafts- und Währungsunion** *f* economic and monetary union **Wirtschaftsunion** *f* economic union **Wirtschaftsunternehmen** *nt* ÖKON business undertaking; **kommunales ~** municipal undertaking **Wirtschaftsverband** *m* JUR trade association **Wirtschaftsverband** *m,* **Wirtschaftsvereinigung** *f* trading association, industrial federation **Wirtschaftsverbrechen** *nt* JUR white collar crime **Wirtschaftsverfassung** *f* JUR economic [*or* business] constitution **Wirtschaftsverfassungsrecht** *nt* JUR law of economic constitution **Wirtschaftsverkehr** *m kein pl* ÖKON trade, commerce **Wirtschaftsverwaltungsrecht** *nt* JUR commercial administration law **Wirtschaftswachstum** *nt kein pl* ÖKON economic growth; **beschleunigtes ~** exploding economic growth, growth rate of the economy; **das ~ ankurbeln** to boost economic growth **Wirtschaftswissenschaft** *f meist pl* economics *sing* **Wirtschaftswissenschaftler(in)** *m(f)* economist **Wirtschaftswunder** *nt* economic miracle **Wirtschaftszeitung** *f* MEDIA financial [*or* business] [news]paper **Wirtschaftszone** *f* economic zone [*or* area] **Wirtschaftszusammenschlüsse** *pl* JUR economic unions **Wirtschaftszweig** *m* branch of industry

Wirtshaus *nt* pub BRIT, bar AM, saloon AM, inn *dated*

Wirtsleute *pl* landlord and landlady

Wirtsorganismus *m* BIOL host [organism]

Wisch <-[e]s, -e> *m* (*pej fam*) piece of bumph *pej* [*or* paper]

wischen **I.** *vt* ① (*feucht ab~*) ■**etw ~** to wipe sth ② (*ab~*) ■**jdm/sich etw aus/von etw** *dat* **~** to wipe sth from sth/sb's sth; **sich den Schweiß von der Stirn ~** to wipe the sweat from one's brow ③ SCHWEIZ (*fegen*) ■**etw ~** to sweep sth ► WENDUNGEN: **einen gewischt bekommen** [*o* **kriegen**] (*sl*) to get an electric shock; [**von jdm**] **eine gewischt bekommen** [*o* **kriegen**] (*sl*) to get a clout [from sb] **II.** *vi* ① (*putzen*) ■[**in etw** *dat*] **~** to clean sth; ***haben Sie im Bad schon gewischt?*** have you already done [*or* cleaned] the bathroom? ② SCHWEIZ (*fegen*) to sweep

Wischer <-s, -> *m* AUTO wiper, windscreen [*or* AM windshield] wiper

Wischerblatt *nt* AUTO wiper blade

wischfest *adj* **~er Druck** TYPO rub-[*or* smudge-]proof print; **~er Lippenstift** MODE wipe-proof lipstick

Wischiwaschi <-s> *nt kein pl* (*pej fam*) drivel

Wischlappen *m* cloth, floorcloth **Wischtuch** *nt* cloth

WISE *nt Abk von* World Institute of Scientology Enterprises WISE

Wisent <-s, -e> *nt* ZOOL bison

Wismut <-[e]s> *nt o* ÖSTERR *m kein pl* CHEM bismuth

Wismutglanz <-es> *m kein pl* bismuth glance, bismuthinite

wispern **I.** *vt* ■**etw ~** to whisper sth **II.** *vi* to whisper; **miteinander ~** to whisper to each other

Wispern <-s> *nt kein pl* whisper

Wissbegier^RR <-> *f kein pl,* **Wißbegier** <-> *f kein pl,* **Wissbegierde**^RR *f kein pl,* **Wißbegierde** *f kein pl* thirst for knowledge; **jds ~ befriedigen** to satisfy sb's thirst for knowledge

wissbegierig^RR *adj,* **wißbegierig** *adj* eager to learn

wissen <wusste, gewusst> **I.** *vt* ① (*kennen*) ■**etw ~** to know sth; ***weißt du ein gutes Restaurant?*** do you know [of] a good restaurant?; ***wenn ich das gewusst hätte!*** if only I had known [that]!; **jdn etw ~ lassen** to let sb know [*or* tell sb] sth; ***wir lassen Sie dann unsere Entscheidung ~*** we will let you know [*or* inform you of] our decision; **woher soll jd das ~?** how should sb know that?; [**nicht**] **~, was man will** to [not] know what one wants; **es nicht anders ~** to not know any different [*or* better]; **dass du es** [**nur**] [**gleich**] **weißt** just so you know; ***davon weiß ich nichts, da weiß ich nichts von*** (*fam*) I don't know anything about it; **du musst ~, dass ...** you must realize that ...; **ich wüsste nicht, dass/was ...** I would not know that/what ...; (*fam*) not to my knowledge, not as far as I know; **wenn ich nur wüsste, wann/was/wer/wie/wo/ob** if only I knew when/what/who/how/where/whether ② (*als Kenntnisse besitzen*) ■**etw ~** to know sth; **von nichts ~** to have no idea [about sth]; **weißt du noch/~ Sie noch?** do you remember?; **soviel** [*o* **soweit**] **jd weiß** as far as sb knows; ■**~, wann/warum/wie/wo/wozu** to know when/why/how/where/what for ③ (*können*) ■**etw zu tun** to know how to do sth; **jdn/etw zu nehmen ~** to know how to deal with sb/sth; **jdn/etw zu schätzen ~** to appreciate sb/sth; **sich nicht anders zu helfen ~** to not know what to do; **sich nicht mehr zu helfen ~** to be at one's

wits' end; **sich zu helfen** ~ to be resourceful ❹ (*sicher sein, dass jd/etw ist*) ■**jdn/sich ...** ~ to know that sb/one ...; ***wir ~ unsere Tochter in guten Händen*** we know our daughter is in good hands; **man weiß nie, wann/was/wie/wozu** you never know when/what/how/what ... for; ■**etw ...** ~ to know sth ▸ WENDUNGEN: **sich** *akk* **vor etw** *dat* **nicht zu lassen** ~ to be delirious with emotion; ***als sie die Stelle bekommen hat, wusste sie sich vor Freude kaum zu lassen*** when she got the job she was over the moon *fam;* **von jdm/etw nichts [mehr]** ~ **wollen** (*fam*) to not want to have anything more to do with sb/sth; **oder was weiß ich** (*fam*) ... or sth *fam;* **weißt du was?** (*fam*) [do] you know what?; **und was weiß ich noch alles** (*fam*) ... and goodness knows what else **II.** *vi* ❶ (*informiert sein*) ■**von [*o* um] etw** ~ (*geh*) to know sth; ~, **wovon man redet** to know what one is talking about; ***man kann nie wissen!*** (*fam*) you never know! ❷ ■**[ach,] weißt du/wissen Sie, ...** [oh] ... you know; ***ich weiß, ich weiß*** I know, I know; **wer weiß warum/was/wer/wen/wem** (*fam*) goodness [*or fam* God] knows why/what/who/whom; ***er hält sich für wer weiß wie klug*** he doesn't half think he is clever; **wer weiß wie** (*fam*) unbelievable, you don't know how difficult it was; **wer weiß wo** (*fam*) who knows where; ***wer weiß wo er bleibt*** who knows where he's got to ▸ WENDUNGEN: **nicht mehr aus noch ein** ~ to be at one's wits' end; **gewusst wie/wo!** (*fam*) sheer brilliance!; *s. a.* **Henker**

Wissen <-s> *nt kein pl* knowledge *no pl;* **nach bestem** ~ **und Gewissen** (*geh*) to the best of one's knowledge; ~ ***ist Macht*** knowledge is power; **wider/gegen besseres** ~ against one's better judgement; **ohne jds** ~ **und Willen** without sb's knowledge and consent

wissend I. *adj* (*geh*) knowing; **~e Blicke [aus]tauschen** to exchange knowing looks **II.** *adv* (*geh*) knowingly

Wissende(r) *f(m) dekl wie adj* (*geh*) initiate

Wissenschaft <-, -en> *f* ❶ (*wissenschaftliches Fachgebiet*) science; **eine** ~ **für sich sein** to be a science in itself ❷ *kein pl* (*fam: die Wissenschaftler*) ■**die** ~ science

Wissenschaftler(in) <-s, -> *m(f)* scientist

wissenschaftlich I. *adj* (*der Wissenschaft zugehörig*) scientific; (*akademisch*) academic **II.** *adv* (*wissenschaftlich*) scientifically; (*akademisch*) academically

Wissenschaftlichkeit <-> *f kein pl* scientific nature [*or* character]

Wissenschaftsminister(in) *m(f)* POL Minister [*or* AM Secretary] of Science **Wissenschaftssenator(in)** *m(f)* science minister, minister of science (*in Berlin, Bremen, Hamburg*) **Wissenschaftstheorie** *f* philosophy of science

Wissensdrang *m,* **Wissensdurst** *m* (*geh*) thirst for knowledge **Wissensgebiet** *nt* field [*or* area] of knowledge **Wissenslücke** *f* gap in sb's knowledge **Wissensstoff** *m kein pl* SCH material **wissenswert** *adj* worth knowing; ■**etwas W~es** sth worth knowing **Wissenswertes** *nt dekl wie adj, kein pl* need-to-know

wissentlich I. *adj* deliberate, intentional **II.** *adv* intentionally, deliberately, knowingly

Witfrau *f* SCHWEIZ *s.* **Witwe** widow

wittern I. *vt* ❶ (*ahnen*) ■**etw** ~ to suspect [*or* sense] sth ❷ JAGD (*durch Geruch erkennen*) ■**jdn/ein Tier** ~ to smell [*or* get wind of] sb/an animal **II.** *vi* JAGD (*Witterung aufnehmen*) to sniff the air

Witterung <-, -en> *f* ❶ METEO weather; **bei günstiger/guter/schlechter** ~ if the weather is favourable/good/bad; **schwüle** ~ humid weather ❷ JAGD (*Geruchssinn*) sense of smell; ~ **aufnehmen** to find the scent ❸ *kein pl* (*Ahnungsvermögen*) hunch; ~ **von etw bekommen** to get wind of sth

witterungsabhängig *adj* dependent on the weather *pred* **witterungsbedingt** *adj* weather-related **witterungsbeständig** *adj* BAU weatherproof **Witterungsumschlag** *m* change in the weather **Witterungsverhältnisse** *pl* weather conditions *pl*

Wittling <-s, -e> *m* ZOOL, KOCHK whiting

Witwe <-, -n> *f fem form von* **Witwer** widow *fem;* ~ **werden** to be widowed; **grüne** ~ (*hum*) lonely suburban housewife; **Schwarze** ~ black widow

Witwengeld *nt* JUR widow's pension [*or* benefit] **Witwenrente** *f* widow's pension **Witwenschleier** *m* widow's veil **Witwenverbrennung** *f* HIST suttee

Witwer <-s, -> *m* widower *masc;* ~ **werden** to be widowed

Witz <-es, -e> *m* ❶ (*Scherz*) joke; ***lass die ~e!*** cut the jokes!; **einen** ~ **machen** [*o fam* **reißen**] to make [*or* crack] a joke; ***mach keine ~e!*** (*fam*) don't be funny!; ***das ist doch wohl ein*** ~ you must be joking [*or* kidding] ❷ *kein pl* (*geh: Esprit*) wit ❸ **der** ~ **daran** [*o* **an der Sache**] **ist, dass ...** the great thing about it is ...; ***was soll nun der ~ daran sein?*** what is so special about it?

Witzblatt *nt* humorous magazine

Witzbold <-[e]s, -e> *m* joker; **du ~!** (*iron fam*) you're a good one! BRIT *iron fam,* you're [*or* very] funny! AM *iron fam*

Witzelei <-, -en> *f* ❶ *kein pl* (*das Witzeln*) teasing *no pl, no indef art* ❷ (*-ußerung*) joke

witzeln *vi* ■**[über jdn/etw]** ~ to joke [about sb/sth]

Witzfigur *f* (*fam*) figure of fun

witzig *adj* funny; ***das ist ja ~!*** (*fam*) that's strange [*or* weird]; **alles andere als** ~ **sein** to be anything but funny; **sehr ~!** (*iron fam*) very funny! *iron fam*

witzlos *adj* (*fam*) ■~ **sein** to be pointless [*or* futile]

WM <-, -s> *f Abk von* **Weltmeisterschaft** world championship; (*im Fußball*) World Cup

wo I. *adv* ❶ *interrog* (*an welcher Stelle*) where ❷ *rel* (*an welcher Stelle*) where; ***pass auf, ~ du hintrittst!*** look where you are going! ❸ *rel, zeitlich* when; **zu dem Zeitpunkt, wo ...** when ... ❹ *rel* DIAL (*fam: welche*) ■**der/die/das,** ~ who, which ▸ WENDUNGEN: **ach** [*o* **i**] **~!** (*fam*) nonsense! **II.** *konj* (*zumal*) when, as; ~ ***er doch wusste, dass ich keine Zeit hatte*** when he knew that I had no time; *s. a.* **möglich**

woanders *adv* somewhere else, elsewhere

woandersher *adv* ❶ (*von anderem Ort*) from elsewhere ❷ (*von jemand anderem*) from someone else **woandershin** *adv* somewhere else

wobei *adv* ❶ *interrog* (*bei was*) how; ~ ***ist denn das passiert?*** how did that happen? ❷ *rel* (*im Verlauf von*) in which; ~ ***mir gerade einfällt ...*** which reminds me ...

Woche <-, -n> *f* week; **sich eine ~/mehrere ~en Urlaub nehmen** to take a week/several weeks off; **etw auf nächste** ~ **verschieben** to postpone sth until next week; **diese/nächste** ~ [*o* **in dieser/in der nächsten** ~] this/next week; **jede** ~ every week; **pro** [*o* **in der**] ~ a week; **während** [*o* **unter**] **der** ~ during the week

Wochenabrechnung *f* end of week accounts **Wochenarbeitszeit** *f* working week **Wochenbericht** *m* weekly report **Wochenbett** *nt* (*veraltet*) ■**im** ~ **liegen** to be lying in **Wochenblatt** *nt* weekly **Wocheneinnahmen** *pl* weekly earnings *pl*

Wochenendausflug *m* weekend trip **Wochenendausflügler(in)** <-s, -> *m(f)* weekender **Wochenendausgabe** *f* MEDIA weekend edition **Wochenendbeilage** *f* MEDIA weekend supplement **Wochenendbeziehung** *f* SOZIOL weekend relationship

Wochenende *nt* weekend; **langes** [*o* **verlängertes**] ~ long weekend; ***schönes ~!*** have a nice weekend!; **am** ~ at the weekend

Wochenendehe *f marriage in which partners only see each other at the weekend* **Wochenendfahrt** *f* weekend trip **Wochenendflug** *m* weekend flight **Wochenendhaus** *nt* weekend home [*or* house] **Wochenendpauschale** *f* weekend rate **Wochenendseminar** *nt* SCH weekend seminar **Wochenendtarif** *m* weekend tariff

Wochengewinn *m* HANDEL weekly profit; **~e erzielen** to secure weekly profits **Wochenkarte** *f* TRANSP weekly season ticket

wochenlang I. *adj* for weeks, week after week **II.** *adv* for weeks

Wochenlohn *m* weekly wage **Wochenmarkt** *m* weekly market **Wochenpauschale** *f* weekly rate **Wochenrückblick** *m* weekly review **Wochenschau** *f* weekly newsreel **Wochentag** *m* weekday; **an ~en** on weekdays; ***was ist heute für ein ~?*** what day of the week is it today? **wochentags** *adv* on weekdays

wöchentlich I. *adj* weekly **II.** *adv* weekly, once a week

Wochenzeitschrift *f* MEDIA weekly [magazine] [*or* [periodical]]

Wochenzeitung *f* weekly [newspaper]

Wöchnerin <-, -nen> *f* MED (*veraltet*) *woman who has recently given birth*

Wodan <-s> *m* Wotan

Wodka <-s, -s> *m* vodka

wodurch *adv* ❶ *interrog* (*durch was*) how? ❷ *rel* (*durch welchen Vorgang*) which

wofür *adv* ❶ *interrog* (*für was*) for what, what ... for; ~ ***hast du denn soviel Geld bezahlt?*** what did you pay so much money for? ❷ *interrog* (*fam: gegen was*) what ... for?; ~ ***sollen die Pillen gut sein?*** what are these pills supposed to be good for? ❸ *rel* (*für welche Tat*) for which

wog *imp von* **wägen, wiegen²**

Woge <-, -n> *f* ❶ (*große Welle*) wave ❷ (*fig: Welle*) surge; ***eine ~ des Protests*** a surge of protest; **wenn sich die ~n geglättet haben** when things have calmed down

wogegen *adv* ❶ *interrog* (*gegen was*) against what; ~ ***hilft dieses Mittel?*** what is this medicine for? ❷ *rel* (*gegen das*) against what/which

wogen *vi* ❶ (*auf und nieder bewegen*) to surge; ***die See beginnt zu*** ~ the sea is getting rough ❷ (*geh: unentschieden toben*) to rage

wogend *adj* (*geh*) *Fluten, Meer, See* rough, choppy; *Busen* heaving

woher *adv* ❶ *interrog* (*von wo*) where ... from?; ~ ***sie diese Informationen wohl hat?*** I wonder where she got this information [from]? ❷ *rel* (*aus welcher*) from ... which, where ... from; ***wir müssen dahin zurück, ~ wir gekommen sind*** we must go back the way we came ▸ WENDUNGEN: **ach ~!** DIAL (*fam*) nonsense!

wohin *adv* ❶ *interrog* (*an welche Stelle*) where [to]?; ~ ***damit?*** where shall I put it? ❷ *rel* (*an welchen Ort*) where ▸ WENDUNGEN: **[mal]** ~ **müssen** (*euph fam*) to have to go somewhere *euph fam;* ***ich komme gleich wieder, ich muss mal*** ~ I'll be back in a moment, I've got to go somewhere

wohingegen *konj* (*geh*) while, whereas

wohl¹ *adv* ❶ (*wahrscheinlich*) probably, no doubt; ~ **kaum** hardly; **ob ... ~ ...?** perhaps; ***ob ich ~ noch ein Stück Torte haben darf?*** could I perhaps have another piece of cake? ❷ (*durchaus*) well; ***das ist ~ wahr*** that is perfectly true ❸ (*doch*) after all ❹ (*zwar*) ~ **..., aber ...** ***es regnet ~, aber das macht mir nichts aus*** it may be raining, but that does not bother me; ~ **aber** but; ***sie mag nicht, ~ aber ich*** she may not like it, but I do ❺ (*zirka*) about; ***was wiegt der Karpfen ~?*** how much do you think the carp weighs? ▸ WENDUNGEN: **siehst du ~!** I told you!; **willst du ~ tun!** I wish you would ...; ***willst du ~ tun, was ich sage!*** you're to do what I say now!; *s. a.* **wahr**

wohl² *adv* ❶ (*gut*) well; ■**jdm ist** ~ sb is well; ■**jdm ist nicht** ~ sb is not well; ~ ***bekomm's!*** (*geh*) your good health!; ~ **ausgewogen** (*geh*) well-balanced; ~ **bedacht** (*geh*) well-considered; ~ **begründet** (*geh*) well-founded; ~ **bekannt** (*geh*) well-known; **jdm ~ bekannt sein** to be well-known to sb; ~ **durchdacht** (*geh*) well [*or* carefully] thought out [*or* through]; ~ **erwogen** (*geh*) well-considered; ~ **geformt** (*geh*) well-formed; *Körperteil* shapely; ~ **gemeint** (*geh*) well-meant [*or* -intentioned]; ~ **genährt** (*geh*) well-fed; ~ **geordnet** (*geh*) well-ordered; ~ **überlegt** (*geh*) well thought

out; **sich ~ fühlen** to feel well; **es sich ~ ergehen lassen** to enjoy oneself; **jdm ~ tun** (*veraltend*) to benefit sb; **jdm ~ wollen** (*geh*) to wish sb well ② (*behaglich*) ■**jdm ist ~ bei etw** sb is contented [*or* comfortable] with sth; ■**jdm ist nicht ~ bei etw** sb is unhappy [*or* uneasy] about sth; ***mir ist jedenfalls nicht ~ bei der ganzen Sache*** in any event, I am not very happy about the whole thing; **sich irgendwo ~ fühlen** to feel at home somewhere; **~ dem, der ...** happy the man who ...; **~ tun** (*geh*) to do good; **es tut ~, etw zu tun** it is good to do sth ▶ WENDUNGEN: **~ oder übel** whether you like it or not; ***sie muss mir ~ oder übel recht geben*** whether she likes it or not she has to admit I am right; **gehab dich ~!** (*geh*) take care!; **leb ~/leben Sie ~** farewell; *s. a.* **möglich, sehr**

Wohl <-[e]s> *nt kein pl* welfare, well-being; **jds ~ und Wehe** (*geh*) the weal and woe; **jds leibliches ~** (*geh*) sb's well-being; **auf jds ~ trinken** to drink to sb's health; **auf dein/Ihr ~!** cheers!; **zu jds ~** for sb's [own] good; **zum ~!** cheers!

wohlan *interj* (*geh*) come now

wohlauf *adj pred* ■**~ sein** to be well [*or* in good health]

wohlausgewogen *adj s.* **wohl² 1** **wohlbedacht** *adj s.* **wohl² 1** **Wohlbefinden** <-s> *nt kein pl* (*geh*) well-being **wohlbegründet** *adj s.* **wohl² 1** **Wohlbehagen** <-s> *nt kein pl* (*geh*) feeling of well-being **wohlbehalten** *adv* safe and sound; **irgendwo ~ eintreffen** to arrive safe and sound somewhere; ***die Ware ist ~ bei uns eingetroffen*** the product has arrived intact **Wohlergehen** <-s> *nt kein pl* welfare *no pl* **wohlerwogen** *adj s.* **wohl² 1** **wohlerzogen** <besser erzogen, besterzogen> *adj* (*geh*) well-bred *form* [*or* -mannered]

Wohlfahrt *f kein pl* (*veraltend*) welfare; **von der ~ leben** to be on welfare

Wohlfahrtseinrichtung *f* social service **Wohlfahrtsmarke** *f* charity stamp **Wohlfahrtspartei** *f im Islam* Welfare Party **Wohlfahrtsstaat** *m* POL (*pej*) welfare state **Wohlfahrtsverband** *m* charity, charitable institution

Wohlgefallen *nt* (*geh: großes Gefallen*) pleasure, satisfaction; **sein ~ an jdm/etw haben** (*geh*) to take pleasure in sb/sth; **mit** [*o* **voller**] **~** with pleasure; **zu jds ~** to sb's pleasure ▶ WENDUNGEN: **sich in ~ auflösen** (*hum*) *-rger, Freundschaft* to peter out; *Probleme* to vanish into thin air; (*entzweigehen*) to fall apart **wohlgefällig** *adj* ① (*mit Wohlgefallen*) *Blick* of pleasure; **etw ~ betrachten** to look at sth with pleasure ② (*veraltet geh: angenehm*) pleasing, agreeable

wohlgelitten <wohlgelittener, wohlgelittenste> *adj* (*geh*) well-liked; ■[**irgendwo**] **~ sein** to be well-liked [somewhere]

wohlgemerkt *adv* mind [*or* BRIT *a.* mark] you; **~, *das ist unser einziges Angebot*** mind you, that is our only offer **wohlgeordnet** *adj s.* **wohl² 1** **wohlgeraten** *adj* ① (*gut gelungen, geraten*) successful ② (*gut entwickelt und erzogen*) well turned-out *pred,* well-adjusted

Wohlgeruch *m* (*geh*) pleasant smell [*or* fragrance] **Wohlgeschmack** *m* (*geh*) pleasant taste

wohlgesinnt <wohlgesinnter, wohlgesinnteste> *adj* (*geh*) well-meaning; ■**ein jdm ~er** sb who is well-meaning to sb; ■**jdm ~ sein** to be well-disposed towards sb

wohlhabend <wohlhabender, wohlhabendste> *adj* well-to-do, prosperous

wohlig I. *adj* (*behaglich*) pleasant **II.** *adv* (*genießerisch*) luxuriously

Wohlklang *m* (*geh*) melodious sound **wohlklingend** <wohlklingender, wohlklingendste> *adj* (*geh*) melodious **Wohlleben** <-s> *nt kein pl* (*geh*) good living **wohlmeinend** <wohlmeinender, wohlmeinendste> *adj* ① (*freundlich gesinnt*) well-meaning ② *s.* **wohlgemeint** **wohlriechend** <wohlriechender, wohlriechendste> *adj* (*geh*) fragrant **wohlschmeckend** <wohlschmeckender, wohlschmeckendste> *adj* (*geh*) palatable *form,* tasty

Wohlsein *nt* ■[**auf Ihr/dein** [*o* **zum**]] **~!** DIAL cheers!

Wohlstand *m kein pl* affluence, prosperity

Wohlstandsbauch *m* spare tyre [*or* AM tire] [caused by good living] *hum fam* **Wohlstandsdelikt** *nt* offence [*or* AM -se] [*or* crime] typical of the affluent society **Wohlstandsgesellschaft** *f* affluent society **Wohlstandsmüll** *m kein pl* (*pej*) refuse of the affluent society, welfare society flotsam **Wohlstandsniveau** *nt* ÖKON level of properity **Wohlstandsschere** *f* ÖKON divide between rich and poor, rich-poor divide

Wohltat *f* ① *kein pl* (*Erleichterung*) relief; **eine ~ sein** to be a relief ② (*wohltätige Unterstützung*) good deed; **jdm eine ~/~en erweisen** to do sb a favour [*or* AM -or]/a few favours [*or* AM -ors] [*or* a good turn/a few good turns]

Wohltäter(in) *m(f)* benefactor *masc,* benefactress *fem;* **ein ~ der Menschheit** a champion of mankind

wohltätig *adj* ① (*karitativ*) charitable ② (*geh: wohltuend*) beneficial

Wohltätigkeit *f kein pl* (*veraltend*) charity; **auf die ~ anderer angewiesen sein** to have to rely on the charity of others

Wohltätigkeitskonzert *nt* charity concert **Wohltätigkeitsveranstaltung** *f* charity event **Wohltätigkeitsverein** *m* charity, charitable [*or* voluntary] organization

wohltuend <wohltuender, wohltuendste> *adj* (*geh*) agreeable

wohlverdient *adj* (*geh*) well-earned; **seine ~e Strafe erhalten** to get one's just deserts [*or* what one deserves]

Wohlverhalten *nt* (*iron*) good conduct [*or* behaviour] [*or* AM -or] **Wohlverhaltensfrist** *f* JUR period of good behaviour

wohlverstanden *adv* (*geh*) please note, mark you, mind [you]

wohlweislich *adv* very wisely; **~ *schwieg er*** he very wisely kept quiet

wohlwollen *vi s.* **wohl² 1**

Wohlwollen <-s> *nt kein pl* goodwill; **auf jds ~ angewiesen sein** to rely on sb's goodwill; **bei allem ~** with the best will in the world

wohlwollend <wohlwollender, wohlwollendste> **I.** *adj* benevolent; ■**jdm gegenüber ~ sein** to be kindly disposed towards sb *form* **II.** *adv* benevolently

Wohnanhänger *m* caravan BRIT, trailer AM **Wohnanlage** *f* housing development [*or* estate] **Wohnaufschlag** *m* housing surcharge (*rent rise*) **Wohnbau** <-bauten> *m* residential building **Wohnberechtigungsschein** *m certificate of eligibility for a council flat* **Wohnbevölkerung** *f* residential population **Wohnbezirk** *m* residential district **Wohnblock** *m* block of flats BRIT, apartment building [*or* house] AM **Wohncontainer** *m* Portakabin® BRIT **Wohndichte** *f* housing density **Wohneinheit** *f* (*geh*) unit, accommodation [*or* AM accomodations] unit, unit of accomodation [*or* AM accomodations]

wohnen *vi* ■**irgendwo ~** to live somewhere; ***ich wohne im Hotel*** I am staying at the hotel; ■**irgendwie ~** to live somehow; ***in diesem Viertel wohnt man sehr schön*** this area is a nice place to live

Wohnfläche *f* ARCHIT living space **Wohngebäude** *nt* residential building **Wohngebiet** *nt* residential area; **allgemeines ~** general residential area; **reines ~** area for purely residential purposes **Wohngegend** *f* residential area; **eine/keine gute ~ sein** to be/not to be a nice area to live in

Wohngeld *nt* housing benefit **Wohngeldberechtigte(r)** *f(m) dekl wie adj* JUR person entitled to housing benefit **Wohngeldempfänger(in)** *m(f)* JUR receiver of housing benefit

Wohngemeinschaft *f* communal residence, commune, house- [*or* flat-] [*or* AM apartment-] share; **in einer ~ leben** to share a house/flat with sb **Wohngift** *nt poisonous substance found in the home*

wohnhaft *adj* (*geh*) ■**der/die in ... ~e** the person resident [*or* residing] in ...; ■**irgendwo ~ sein** to live somewhere

Wohnhaus *nt* residential building **Wohnheim** *nt* (*Studenten~*) hall of residence BRIT, residence hall AM, dormitory AM; (*Arbeiter~*) hostel; (*Altersheim*) old people's home **Wohnkomfort** *m* comfort of one's home **Wohnkosten** *pl* JUR housing costs **Wohnküche** *f* kitchen-cum-living room **Wohnkultur** *f kein pl* style of home furnishing **Wohnlage** *f* residential area

wohnlich *adj* cosy BRIT, cozy AM; **es sich irgendwo ~ machen** to make oneself cosy [*or* comfortable] somewhere

Wohnmobil <-s, -e> *nt* AUTO camper, BRIT *a.* Dormobile® **Wohnnebenkosten** *pl* heating, lighting and services (*additional costs after rent*) **Wohnort** *m* place of residence **Wohnortezuweisungsgesetz** *nt für Aussiedler* law regarding one's allocated place of residence (*welfare benefits only granted to those immigrants who remain in the areas to which they were assigned*) **Wohnqualität** *f* housing quality

Wohnraum *m* ① (*Zimmer*) living room ② *kein pl* (*Fläche*) living space **Wohnraumbeschaffung** *f kein pl* new accommodation **Wohnraummietrecht** *nt* JUR landlord and tenant law

Wohnrecht *nt* JUR right of abode [*or* residence] **Wohnschlafzimmer** *nt combined living room and bedroom* **Wohnsiedlung** *f* housing estate [*or* AM development] **Wohnsilo** *m o nt* (*pej*) concrete monolith *pej*

Wohnsitz *m* ADMIN (*geh*) domicile, permanent abode; **erster ~** main place of residence; **gesetzlicher ~** domicile by operation of law; **gewillkürter ~** elected domicile; **ohne festen ~** of no fixed abode **Wohnsitzprinzip** *nt* FIN (*bei Besteuerung*) principle of income source neutrality **Wohnsitzverlegung** *f* change of domicile

Wohnstock *m* SCHWEIZ *s.* **Stockwerk** storey BRIT, story AM, floor

Wohnstube *f* (*veraltend*) living room

Wohnung <-, -en> *f* flat, apartment; **freie ~ haben** to have free lodging

Wohnungsamt *nt* housing department **Wohnungsangebot** *nt* housing market

Wohnungsbau *m kein pl* house building; **sozialer ~** council houses

Wohnungsbaudarlehen *nt* FIN home loan **Wohnungsbauförderung** *f* subsidized housing (*government aid for a residential building*) **Wohnungsbaugesellschaft** *f* property company, house builder **Wohnungsbaugesetz** *nt* JUR housing law **Wohnungsbauprogramm** *nt* housing programme [*or* AM -am], residential building programme

Wohnungsbedarf *m kein pl* housing requirements *pl* **Wohnungsbesetzer(in)** <-s, -> *m(f)* squatter **Wohnungsbindungsgesetz** *nt* JUR Controlled Tenancies Act **Wohnungseigentümer(in)** *m(f)* flat [*or* AM apartment] owner **Wohnungseigentümergemeinschaft** *f* JUR condominium association **Wohnungseigentümerversammlung** *f* JUR statutory meeting of condominium owners **Wohnungseinrichtung** *f* furnishings *pl* **Wohnungsgeld** *nt* rent allowance **Wohnungsgrundbuch** *nt* JUR condominium register **Wohnungshalden** *pl* housing mountain *no pl* **Wohnungsinhaber(in)** *m(f)* (*geh*) householder, occupant

wohnungslos *adj* homeless

Wohnungsmangel *m kein pl* housing shortage **Wohnungsmarkt** *m* housing market **Wohnungsmarktanzeige** *f* residential property advertisement **Wohnungsmiete** *f* (*geh*) rent **Wohnungsnachfrage** *f* housing demand **Wohnungsnot** *f kein pl* serious housing shortage **Wohnungsnotstand** *m* serious housing shortage [*or* lack of housing] **Wohnungspolitik** *f kein pl* POL housing policy **Wohnungsrecht** *nt* JUR land-

lord and tenant law **Wohnungsschlüssel** *m* key to the flat [*or* AM apartment] **Wohnungssuche** *f* flat- [*or* apartment-] hunting; **auf ~ sein, sich auf ~ befinden** (*geh*) to be flat-hunting [*or* looking for a flat] **Wohnungssuchende(r)** *f(m) dekl wie adj* homeseeker, person looking for a flat [*or* AM apartment] **Wohnungstausch** *m* exchange [of flats [*or* apartments]/houses] **Wohnungstür** *f* front door **Wohnungswechsel** *m* change of address **Wohnungswesen** *nt kein pl* housing industry *no pl* **Wohnungswirtschaft** *f kein pl* housing industry

Wohnverhältnisse *pl* ÖKON housing conditions; **Wohn- und Lebensverhältnisse** housing and living conditions **Wohnviertel** *nt* residential area [*or* district] **Wohnwagen** *m* AUTO ① (*Campinganhänger*) caravan BRIT, trailer AM ② (*mobile Wohnung*) mobile home; (*Zigeunerwohnwagen*) gypsy caravan **Wohnwert** *m kein pl* residential amenity; **einen hohen ~ haben** to be an attractive place to live in

Wohnzimmer *nt* living room, lounge

Wohnzimmerfenster *nt* living room window; ***die Vorhänge am ~*** the living room curtains

Wok <-, -s> *m* KOCHK wok

wölben *vr* ① (*sich biegen*) ■**sich ~** to bend [*or* bulge] ② (*in einem Bogen überspannen*) ■**sich** *akk* **über etw** *akk* **~** to arch over sth; ***das Zeltdach wölbte sich über die Tribüne*** the roof of the tent formed an arch over the rostrum

Wölbung <-, -en> *f* ① BAU (*gewölbte Konstruktion*) dome; (*Bogen*) arch ② (*Rundung*) bulge ③ ANAT (*gewölbte Beschaffenheit*) curvature

Wolf <-[e]s, Wölfe> *m* ① ZOOL wolf ② TECH shredder; **etw durch den ~ drehen** to shred sth; (*Fleischwolf*) mincer BRIT, grinder AM ③ MED (*Intertrigo*) intertrigo ▸ WENDUNGEN: **ein ~ im Schafspelz sein** to be a wolf in sheep's clothing; **jdn durch den ~ drehen** (*sl*) to put sb through his paces; **mit den Wölfen heulen** to run with the pack

Wölfchen <-s, -> *nt dim von* **Wolf** wolf cub

Wölfin <-, -nen> *f* she-wolf

Wölfling <-s, -e> *m* cub [scout]

Wolfram <-s> *nt kein pl* CHEM tungsten, wolfram

Wolfsbarsch *m* KOCHK, ZOOL sea bass **Wolfshund, -hündin** *m, f* Alsatian, German shepherd **Wolfshunger** *m kein pl* (*fam*) ravenous hunger; **einen ~ haben** to be ravenous

Wolga <-> *f* Volga

Wolgograd <-s> *nt* Volgograd

Wölkchen <-s, -> *nt dim von* **Wolke** small cloud

Wolke <-, -n> *f* cloud ▸ WENDUNGEN: **aus allen ~n fallen** to be flabbergasted *fam;* **über den ~n schweben** (*geh*) to have one's head in the clouds

Wolkenbank <-bänke> *f* cloudbank **Wolkenbruch** *m* cloudburst **wolkenbruchartig** *adj* torrential **Wolkendecke** *f* cloud cover **Wolkenkratzer** *m* (*fam*) skyscraper

wolkenlos *adj* cloudless

Wolkenschicht *f* layer of cloud, cloud layer **wolkenverhangen** *adj* overcast

wolkig *adj* cloudy

Wolldecke *f* [woollen] blanket

Wolle <-, -n> *f* MODE, ZOOL wool ▸ WENDUNGEN: **sich** *akk* **mit jdm [wegen einer S.** *gen*] **in der ~ haben** (*fam*) to be at loggerheads with sb [about [*or* over] sth]; **sich** *akk* **mit jdm [wegen einer S.** *gen*] **in die ~ kriegen** (*fam*) to start squabbling with sb [about [*or* over] sth]

wollen[1] *adj attr* MODE woollen

wollen[2]

I. MODALVERB **II.** INTRANSITIVES VERB **III.** TRANSITIVES VERB

I. MODALVERB

<will, wollte, wollen> ① (*mögen*) ■**etw tun ~** to want to do sth; **seinen Kopf durchsetzen ~** to want one's own way; **keine Widerrede hören ~** to not want to hear any arguments; ***willst du nicht mitkommen?*** do you want [*or* would you like] to come [along]?; **etw haben ~** to want [to have] sth; **etw nicht haben ~** to not allow sth; **etw nicht tun ~** to not want [*or* refuse] to do sth; ***der Wagen will schon wieder nicht anspringen*** the car does not want [*or* refuses] to start again; ***wollen wir uns nicht setzen?*** why don't we sit down? ② (*zu tun beabsichtigen*) ■**etw tun ~** to want to do sth; **etw schon lange tun ~** to have been wanting to do sth for ages; ***ihr wollt schon gehen?*** are you leaving already?; ■**etw gerade tun ~** to be [just] about to do sth; ***wir wollten gerade gehen*** we were just leaving [*or* about to go]; ***ich wollte mich mal nach Ihrem Befinden erkundigen*** I wanted to find out how you were ③ (*behaupten*) ■**etw getan haben ~** to claim to have done sth; **von etw nichts gewusst haben ~** to claim to have known nothing about sth; ***keiner wollte etwas gesehen/gehört haben*** nobody will admit to having seen/heard anything; ***und so jemand will Arzt sein!*** and he calls himself a doctor! ④ (*höfliche Aufforderung*) ■**jd wolle etw tun** sb would do sth; ***wenn Sie jetzt bitte still sein ~*** if you would please be quiet now; ***man wolle doch nicht vergessen, wie teuer ein Auto ist*** we should not forget how expensive a car is ⑤ *passivisch* (*müssen*) ■**etw will etw sein** [*o* **werden**] sth has to be sth; ***einige wichtige Anrufe ~ auch noch erledigt werden*** some important calls still have to be made; ***eine komplizierte Aktion will gut vorbereitet sein*** a complicated operation has to be well prepared ⑥ (*werden*) ■**..., als wolle es etw tun** ... as if it is going to do sth; ***es sieht aus, als wolle es gleich regnen*** it looks like rain, it looks as if it's about to rain; ***er will und will sich nicht ändern*** he just will not change; *s. a.* **besser**

II. INTRANSITIVES VERB

<will, wollte, gewollt> ① (*den Willen haben*) to want; ***du musst es nur ~, dann klappt das auch*** if you want it to work, it will; **ob du willst oder nicht** whether you like it or not; **wenn du willst** if you like; ***gehen wir? — wenn du willst*** shall we go? — if you like [*or* want to]; **[ganz] wie du willst** just as you like, please yourself ② (*gehen ~*) ■**irgendwohin ~** to want to go somewhere; ***er will unbedingt ins Kino*** he is set on going [*or* determined to go] to the cinema; ***ich will hier raus*** I want to get out of here; ■**zu jdm ~** to want to see sb; ***zu wem ~ Sie?*** who[m] do you wish to see? ③ *optativisch* (*anstreben*) ■**jd wollte, jd würde etw tun/etw würde geschehen** sb wishes that sb would do sth/sth would happen; ***ich wollte, ich dürfte noch länger schlafen*** I wish I could sleep in a bit longer; ***ich wollte, es wäre schon Weihnachten*** I wish it were Christmas already; ***ich wollte, das würde nie passieren*** I never wanted that to happen; ■**ich wollte, ich/jd wäre irgendwo** I wish I/sb were somewhere ▸ WENDUNGEN: **wer nicht will, der hat schon** (*prov*) if he doesn't/you don't like it he/you can lump it! *fam;* ***dann ~ wir mal*** let's get started [*or fam* going]; ***etw will nicht mehr*** (*fam*) sth refuses to go on; ***meine Beine ~ einfach nicht mehr*** my legs refuse to carry me any further; ***sein Herz will einfach nicht mehr*** he has a weak heart; **wenn man so will** as it were; ***das ist, wenn man so will, eine einmalige Gelegenheit*** it was, as it were, a once in a lifetime opportunity

III. TRANSITIVES VERB

<will, wollte, gewollt> ① (*haben ~*) ■**etw ~** to want sth; ***willst du lieber Tee oder Kaffee?*** would you prefer tea or coffee?; ***~ Sie nicht noch ein Glas Wein?*** wouldn't you like another glass of wine?; ■**etw von jdm ~** to want sth from sb; **was willst du [noch] mehr!** what more do you want! ② (*bezwecken*) ■**etw mit etw ~** to want sth with [*or* for] sth; ***was ~ Sie mit Ihren ständigen Beschwerden?*** what do you hope to achieve with your incessant complaints?; ***was willst du mit dem Messer?*** what are you doing with that knife?; **ohne es zu ~** without wanting to, unintentionally ③ (*verlangen*) ■**etw von jdm ~** to want sth from sb; ***was ~ Sie von mir? ich habe doch gar nichts getan!*** what do you want? I have done nothing wrong!; (*ein Anliegen haben*) to want sth [with sb]; ***was wollte er von mir?*** what did he want with me?; ***Frau Jung hat angerufen, hat aber nicht gesagt, was sie wollte*** Mrs Jung rang, but she didn't say what she wanted [*or* why she wanted to talk to you]; ■**~, dass jd etw tut** to want sb to do sth; ***ich will, dass du jetzt sofort gehst!*** I want you to go immediately; ***ich hätte ja gewollt, dass er kommt, aber sie war dagegen*** I wanted him to come, but she was against it ④ (*besitzen ~*) ■**jdn ~** to want sb ⑤ (*fam: brauchen*) ■**etw ~** to want [*or* need] sth; ***Kinder ~ nun mal viel Liebe*** children need a great deal of love ▸ WENDUNGEN: **da ist nichts zu ~** (*fam*) there is nothing we/you can do [about it]; **da ist nichts mehr zu ~** (*fam*) that's that, there is nothing else we/you can do; **was du nicht willst, dass man dir tu', das füg auch keinem andern zu** (*prov*) do unto others as you would others unto you *prov;* **etwas von jdm ~** (*fam*) to want sb *fam;* (*jdm Böses wollen*) to want to do sth to sb; **nichts von jdm ~** (*fam*) to not be interested in sb; ***sie ist in Manfred verliebt, aber er will nichts von ihr*** she is in love with Manfred, but he is not interested [in her]; (*jdm nicht böse wollen*) to mean sb no harm; ***der Hund will nichts von dir*** the dog will not harm [*or* hurt] you; **[gar] nichts zu ~ haben** (*fam*) to have no say [in the matter]; *s. a.* **wissen**

Wollen <-s> *nt kein pl* will, desire

Wollfett *nt* wool fat **Wollgarn** *nt* woollen [*or* AM woolen] yarn

wollig *adj* woolly

Wolljacke *f* woollen cardigan **Wollkleid** *nt* woollen dress **Wollknäuel** *nt* ball of wool **Wollmütz-chen** *nt* (*für Kleinkinder*) bonnet **Wollsachen** *pl* (*fam*) woollies *pl fam,* woollens *npl* BRIT, woolens *npl* AM **Wollsiegel** *nt* Woolmark® **Wollstoff** *m* woollen cloth [*or* material]

wollte *1. u. 3. pers sing imp von* **wollen**

Wollust <-, lüste> *f* (*geh*) lust; **voller ~** lustfully; **etw mit wahrer [*o* einer wahren] ~ tun** (*fig*) to take great delight in doing sth, to delight in doing sth

wollüstig *adj* (*geh*) lustful, lascivious *form or pej;* **ein ~er Blick** a lascivious look

Wollwaren *pl* woollen goods *npl,* woollens *npl*

Wollwäsche *f kein pl* [washing] woollens *npl*

wollweiß *adj* natural white

Wombat <-s, -s> *m* ZOOL wombat

womit *adv* ① *interrog* (*mit was*) with what, what ... with; ***~ reinigt man diese Seidenhemden?*** what do you/does one use to clean these silk shirts with ?; ***~ habe ich das verdient?*** what did I do to deserve this?; ***~ kann ich dienen?*** what can I do you for?; ***~ ich es auch versuchte, der Fleck ging nicht raus*** whatever I tried it with, the stain wouldn't shift ② *rel* (*mit welcher Sache*) with which; ***das ist das Messer, ~ der Mord begangen wurde*** that's the knife with which the murder was committed; ***sie tat etwas, ~ ich nie gerechnet hatte*** she did something I would never have expected

womöglich *adv* possibly; ***~ schneit es in den nächsten Tagen*** it's likely to snow in the next few days; ***sind Sie ~ Peter Müller?*** could your name possibly be Peter Müller?

wonach *adv* ① *interrog* (*nach was*) what ... for, what ... of; ***~ suchst du?*** what are you looking for?; ***~ riecht das hier so komisch?*** what's that funny smell in here?; ***~ ich ihn auch fragte, er wusste eine Antwort*** whatever [it was] I asked him, he had an answer ② *rel* (*nach welcher Sache*) which [*or* what] ... for, of which; ***das ist der Schatz, ~ seit Jahrhunderten gesucht wird*** that is the treasure that has been hunted for for centuries; ***das, ~ es hier so stinkt, ist Sulfat*** the stuff that smells so bad here is sulphur; ***ich vermute, es ist Gold, ~ die hier schürfen*** I presume it is gold they are digging for here; (*demzufolge*) according to which; ***es gibt***

W

eine Zeugenaussage, ~ er unschuldig ist according to one witness's testimony he is innocent; *s. a.* **nach**

Wonderbra <-[s], -s> ['wʌndəʔbraː] *m* Wonderbra®

Wonne <-, -n> *f* (*geh*) joy, delight; **die ~n der Liebe** the joys of love; **es ist [für jdn] eine [wahre] ~, etw zu tun** (*fam*) it is a [real] joy [for sb] to do sth; ***die Kinder kreischten vor ~*** the children squealed with delight; **mit ~** (*veraltend geh*) with great delight; ***ich habe mit ~ vernommen, dass es dir besser geht*** (*hum*) I was delighted to hear that you are getting better

Wonneproppen <-s, -> *m* (*hum fam*) little dumpling *hum fam,* bundle of joy

wonnig *adj* ❶ (*fam: Wonne hervorrufend*) delightful; **ein ~es Baby** a delightful baby; ***ist sie nicht ~?*** isn't she gorgeous? ❷ (*geh: von Wonne erfüllt*) blissful; **einen ~en Moment genießen** to enjoy a moment of bliss

woran *adv* ❶ *interrog* (*an welchem/welchen Gegenstand*) what … on, on what; ~ ***soll ich das befestigen?*** what should I fasten this to?; (*an welchem/welchen Umstand*) what … of, of what; ~ ***haben Sie ihn wiedererkannt?*** how did you recognize him again?; ~ ***können Sie sich noch erinnern?*** what can you still remember?; ~ ***denkst du gerade?*** what are you thinking of just now?; ~ ***ist sie gestorben?*** what did she die of?; ***ich weiß nie, ~ ich bei ihr bin*** I never know where I stand with her ❷ *rel* (*an welchem/welchen Gegenstand*) on which; ***es gab nichts, ~ sie sich festhalten konnte*** there was nothing for her to hold on to; ***das Seil, ~ der Kübel befestigt war, riss*** the rope on which the pail was fastened broke [*or* snapped]; (*an welchem/welchen Umstand*) by which; ***das ist das einzige, ~ ich mich noch erinnere*** that's the only thing I can remember; ***es gibt einige Punkte, ~ man echte Banknoten von Blüten unterscheiden kann*** there are a few points by which you can distinguish real bank notes from counterfeits; **~ … auch [immer]** whatever …; ~ ***ich im Leben auch glaubte, immer wurde ich enttäuscht*** whatever I believed in in life, I was to be disappointed

worauf *adv* ❶ *interrog* (*auf welchen/welchem Umstand*) on what …, what … on; ~ ***wartest du noch?*** what are you waiting for?; ~ ***stützen sich deine Behauptungen?*** what are your claims based on?; (*auf welche/welcher Sache*) on what, what … on; ~ ***darf ich mich setzen?*** what can I sit on?; ~ ***steht das Haus?*** what is the house built on? ❷ *rel* (*auf welcher/welche Sache*) on which; ***das Bett, ~ wir liegen, gehörte meinen Großeltern*** the bed we're lying on belonged to my grandparents; ***der Grund, ~ das Haus steht, ist sehr hart*** the ground on which the house is built is very hard; ***das Papier, ~ ich male, mache ich selbst*** I make the paper I'm painting on myself; **~ … auch [immer]** whatever … on; ***alle Gebäude stürzten ein, ~ sie auch gebaut waren*** all the buildings caved in, regardless of what they were built upon; (*woraufhin*) whereupon; ***er schoss, ~ man sich sofort auf ihn stürzte*** he fired a shot, whereupon they pounced on him; *s. a.* **verlassen**

woraufhin *adv* ❶ *interrog* (*auf welche Veranlassung hin*) for what reason; ~ ***können wir ihn verhaften lassen?*** for what reason can we have him arrested?; ~ ***hast du das getan?*** why did you do that? ❷ *rel* (*wonach*) whereupon, after which; ***sie beschimpfte ihn, ~ er wütend den Raum verließ*** she swore at him whereupon he stormed out of the room

woraus *adv* ❶ *interrog* (*aus welcher Sache/welchem Material*) what … out of, out of what; ~ ***bestehen Rubine?*** what are rubies made out of?; ***und ~ schließen Sie das?*** and from what do you deduce that?; ~ ***haben Sie das entnommen?*** where did you get that from? ❷ *rel* (*aus welcher Sache/welchem Material*) from which, what … out of, out of which; ***das Material, ~ die Socken bestehen, kratzt*** the material the socks are made of is itchy; ***ich liebte das Buch, ~ sie mir immer vorlas*** I loved the book she always read out of; (*aus welchem Umstand*) from which; ***es gab gewisse Anzeichen, ~ das geschlossen werden konnte*** there were certain signs from which this could be deduced; ~ ***auch immer dieses Gehäuse gefertigt ist, es ist sehr stabil*** whatever this shell is made of it's very robust; ~ ***sie das auch abgeschrieben hat, es ist gut*** wherever she copied this from it's good

worden *pp von* **werden I 3**

worin *adv* ❶ *interrog* (*in welcher Sache*) in what, what … in; ~ ***besteht der Unterschied?*** wherein *form* lies [*or* where is] the difference? ❷ *rel* (*in dem*) in which; ***es gibt etwas, ~ sich Original und Fälschung unterscheiden*** there is one point in which the original and the copy differ; ***das, ~ ihr euch gleicht, ist die Geldgier*** greed for money is one thing which you have in common; **~ … auch [immer]** wherever; ~ ***auch immer du Talent hast, nutze es!*** whatever you have talent in, use it!

Workaholic <-s, -s> *m* (*sl*) workaholic **Workout** <-s, -s> ['wəːkaut] *nt* workout **Workshop** <-s, -s> *m* workshop **Workstation** <-, -s> ['wəːksteɪʃn] *f* INFORM workstation

Worldcup ['wəːldkʌp] *m* SPORT World Cup

WORM-CD *f Abk von* **Write Once Read Multiple** WORM-CD

Worst-Case-Szenario [ˌwɜːst'keɪs-] *nt* worst case scenario

Wort[1] <-[e]s, Wörter> *nt* LING word; **im wahrsten Sinne des ~es** in the true sense of the word; ***1.000 Mark, in ~en: eintausend*** 1,000 Marks in words: one thousand; **~ für ~** word for word

Wort[2] <-[e]s, -e> *nt* ❶ *meist pl* (*-äußerung*) word *usu pl;* **etw mit knappen/umständlichen ~en ausdrücken** to express sth briefly/in a roundabout way; ***erzählen Sie mit möglichst knappen ~en, was vorgefallen ist*** tell me as briefly as you can what happened; **das letzte ~ ist noch nicht gesprochen** that's not the end of it, the final decision hasn't been made yet; **immer das letzte ~ haben wollen** to always want to have the last word; ***das ist ein wahres ~*** (*geh*) you can say that again; **daran ist kein wahres ~, davon ist kein ~ wahr** not a word of it is true, don't believe a word of it; ***du sprichst ein wahres ~ gelassen aus*** how right you are; ***hat man denn da noch ~e?*** what can you say?, words fail me; ***für so ein Verhalten finde ich keine ~e mehr*** such behavious leaves me speechless; ***ein ~ gab das andere*** one thing led to another; **ein ~ Goethes** a quotation from Goethe; ***denk an meine ~e!*** remember what I said!; **freundliche/harte ~e!** friendly/harsh words!; ***ich habe nie ein böses ~ von ihr gehört*** I've never heard a bad word from her; **in ~ und Bild** in words and pictures; **in ~ und Schrift** (*geh*) spoken and written; ***sie beherrscht Französisch in ~ und Schrift*** she has command of both written and spoken French; ***auf ein ~!*** (*geh*) a word!; **das sind große ~e** (*fig*) sb talks big *fam;* **in ~ und Tat** in word and deed; **seinen ~en Taten folgen lassen** actions speak louder than words, to follow one's words with action; **mit anderen ~en** in other words; **mit einem ~** in a word; ***man kann sein eigenes ~ nicht [mehr] verstehen*** one can't oneself speak; **jdn mit schönen ~en abspeisen** to fob sb off nicely; **[bei jdm] ein gutes ~ für jdn einlegen** to put in a good word for sb [with sb]; **etw in ~e fassen** to put sth into words; **jdm fehlen die ~e** to be speechless; **jd findet keine ~e für etw** sb can't find the right words to express sth; ***hättest du doch ein ~ gesagt*** if only you had said something; ***davon hat man mir kein ~ gesagt*** no one has said a word to me about it; **jdm kein ~ glauben** to not believe a word sb says; **kein ~ herausbringen** to not get a word out; **nicht viele ~e machen** (*fig*) to be a man of action [rather than words]; **ein ernstes ~ mit jdm reden** to have a serious talk with sb; **kein ~ miteinander reden** to not say a word to each other; **etw** *dat* **das ~ reden** to put the case for sth; **kein ~ verstehen** to not understand a word; (*hören*) to be unable to hear a word [that's being said]; ***meine Erleichterung lässt sich in ~en kaum schildern*** I can't possibly describe in words how relieved I am; **etw mit keinem ~ erwähnen** to not say a [single] word about sth; ***darüber brauchen wir kein ~ zu verlieren*** we don't need to waste any words on it; **kein ~ über jdn/etw verlieren** to not say a word about sb/sth, to not mention sb/sth; **aufs ~ parieren** to jump to it; **~e des Dankes** words of thanks; ***er bat uns ohne ein ~ des Grußes herein*** he motioned us to enter without a word of greeting; **genug der ~e!** (*geh*) that's enough talk!; **kein ~ mehr!** (*fam*) not another word!; ***das sind nichts als ~e*** they're [*or* nothing but] only words; **nach dem ~ des Evangeliums** (*fig*) according to the Gospel ❷ *kein pl* (*Ehren~*) word; ***das ist ein ~!*** [that's a] deal!, you've got it!; **sein ~ brechen/halten** to break/keep one's word; **jdm sein ~ [auf etw** *akk*] **geben** to give sb one's word [on sth]; **jdm [etw] aufs ~ glauben** to believe every word sb says [about sth]; ***das glaube ich dir aufs ~*** I can well believe it; **jdn beim ~ nehmen** to take sb at his word, to take sb's word for it; **auf mein ~!** I give you my word!; **bei jdm im ~ stehen** [*o* **sein**] (*geh*) to have given one's word [to sb]; ***ich bin bei ihm im ~*** I gave him my word ❸ *kein pl* (*Rede[erlaubnis]*) word; ***gestatten Sie mir ein ~*** allow me to say a few words; **jdm das ~ abschneiden** to cut sb short; **ums ~ bitten** to ask to speak; **jdm das ~ entziehen** to cut sb short; **das ~ ergreifen** [*o* **führen**] to begin to speak; *Diskussionsteilnehmer* to take the floor; **jdm das ~ erteilen** [*o* **geben**] to allow sb to speak; *Diskussionsleiter etc.* to allow sb to take the floor; **jdm ins ~ fallen** to interrupt sb; **das ~ haben** to have one's turn to speak; ***als Nächstes haben Sie das ~*** it's your turn to speak next; **zu ~ kommen** to get a chance to speak; **sich zu ~ melden** to ask to speak; **das ~ an jdn richten** (*geh*) to address sb; **jdm das ~ verbieten** to forbid sb to speak ❹ (*Befehl, Entschluss*) word; ***das ~ des Vaters ist auschlaggebend*** the father's word is law; **das ~ des Königs** the king's command; **ein ~ mitzureden haben** to have sth to say about sth; **jds ~ ist Gesetz** sb's word is law, what sb says goes ▸ WENDUNGEN: **dein/sein/ihr ~ in Gottes Ohr!** (*fam*) let's hope so! *fam;* **jdm das ~ [*o* die ~e] im Munde herumdrehen** to twist sb's words; **geflügeltes ~** quotation; **das ~ zum Sonntag** *short religious broadcast on Saturday evening;* **aufs ~ gehorchen** to obey sb's every word

Wortabstand *m* spacing **Wortart** *f* LING part of speech **Wortbildung** *f* LING ❶ (*das Bilden*) word formation ❷ (*gebildetes Wort*) word form **Wortbruch** *m* (*geh*) breaking of a promise **wortbrüchig** *adj* (*geh*) treacherous, false; **gegen jdn ~ sein, ~ werden** to break one's word [to sb]

Wörtchen <-s, -> *nt dim von* **Wort** (*fam*) word; ***zu keinem ein ~ darüber!*** not a word of it to anyone!; **mit jdm noch ein ~ zu reden haben** (*fig fam*) to have a bone to pick with sb *fig fam;* ***da habe ich [noch/wohl] ein ~ mitzureden*** (*fig fam*) I think I have something to say about [*or* some say in] that *fam*

Wörterbuch *nt* dictionary

Wörterkennung *f* INFORM word recognition

Wörterverzeichnis *nt* LING, VERLAG, SCH ❶ (*Vokabular*) glossary ❷ (*Wortverzeichnis, -index*) index

Wortfamilie *f* word family **Wortfetzen** *pl* scraps of conversation *pl* **Wortführer(in)** *m(f)* spokesperson, spokesman *masc,* spokeswoman *fem;* **sich** *akk* **zum ~ von jdm/etw machen** to designate oneself as the spokesman/spokeswoman for sth/sb **Wortgefecht** *nt* battle [*or* war] of *pl* words **wortgetreu I.** *adj* verbatim *inv form;* **eine ~e Übersetzung** a faithful translation **II.** *adv* verbatim *inv form,* word for word; **etw ~ wiedergeben** to repeat sth word for word **wortgewandt** *adj* eloquent **Wortgut** *nt kein pl* (*geh*) *s.* **Wortschatz**

wortkarg *adj* taciturn; **eine ~e Antwort** a taciturn reply; **ein ~er Mensch** a taciturn person; ***warum bist du heute so ~?*** why are you so quiet today? **Wortklauber** <-s, -> *m* (*pej*) quibbler, caviller **Wortklauberei** <-, -en> *f* (*pej*) hair-splitting *no pl,* nit-picking *no pl;* ***das ist doch reine*** ~ you're just splitting hairs **Wortlaut** *m kein pl* wording; **einen anderen/diesen/folgenden ~ haben** to read differently/like this/as follows; **im vollen/originalen ~** word for word/in its original wording

Wörtlein <-s, -> *nt dim von* Wort *s.* **Wörtchen**

wörtlich I. *adj* ① (*originalgetreu*) word-for-word, verbatim; **die ~e Wiedergabe eines Textes** a word-for-word account of a text ② (*in der Originalbedeutung*) **eine ~e Übersetzung** a literal [*or* word-for-word] translation II. *adv* ① (*genauso*) word for word; ***hat er das wirklich ~ so gesagt?*** did he actually say that? ② (*dem originalen Wortlaut gemäß*) literally; **etw ~ übersetzen** to translate sth literally; **etw ~ nehmen** to take sth literally

wortlos I. *adj* silent II. *adv* silently, without saying a word

Wortmeldung *f* request to speak; **um ~ bitten** to ask for permission to speak **wortreich** I. *adj* ① (*mit vielen Worten*) long-winded *pej,* wordy *pej;* **eine ~e Entschuldigung** a profuse apology ② (*mit großem Wortschatz*) rich in vocabulary; **eine ~e Sprache** a language that is rich in vocabulary II. *adv* profusely, in a long-winded manner **Wortschatz** *m* vocabulary **Wortschwall** <-[e]s> *m kein pl* torrent of words **Wortspiel** *nt* pun, play on words **Wortstamm** *m* LING stem [of a/the word] **Wortstellung** *f* word order **Worttrennung** *f* hyphenation, word break **Wortwahl** *f kein pl* choice of *pl* words **Wortwechsel** *m* (*geh*) verbal exchange

wortwörtlich I. *adj* word-for-word; **eine ~e Übersetzung** a literal translation II. *adv* word for word; **jdn ~ zitieren** to quote sb word for word; ***hier heißt es doch ~, dass ich den Preis gewonnen habe*** it says here quite literally that I've won the prize

worüber *adv* ① *interrog* (*über welches Thema*) what ... about, about what; ~ ***habt ihr euch so lange unterhalten?*** what was it you talked about for so long?; ~ ***hast du so lange gebrütet?*** what have you been pondering about for so long? ② *interrog* (*über welchem/welchen Gegenstand*) above which; ~ ***soll ich das Handtuch breiten?*** what should I spread the towel out over? ③ *rel* (*über welche Sache*) about which, what ... about, for which; ***es geht Sie gar nichts an,*** ~ ***wir uns unterhalten haben!*** it's none of your business what we were talking about!; ***das Problem,*** ~ ***ich schon so lange gebrütet habe, ist gelöst*** the problem I was brooding about for so long has been solved; ***das ist die bestellte Ware,*** ~ ***Ihnen die Rechnung dann später zugeht*** here is the ordered merchandise, for which you will receive the bill later ④ *rel* (*über welchen/welchem Gegenstand*) over which; ***der Koffer,*** ~ ***du gestolpert bist, gehört mir*** the suitcase you stumbled over is mine

worum *adv* ① *interrog* (*um welche Sache/Angelegenheit*) what ... about; ~ ***ging es eigentlich bei eurem Streit?*** what was your fight all about?; ~ ***handelt es sich?*** what is this about? ② *interrog* (*um welchen Gegenstand*) what ... around; ~ ***hatte sich der Schal gewickelt?*** what had the scarf wrapped itself around? ③ *rel* (*um welche Sache/Angelegenheit*) what ... about; ***alles,*** ~ ***du mich bittest, sei dir gewährt*** (*geh*) all that you ask of me will be granted ④ *rel* (*um welchen Gegenstand*) around; ***das Bein,*** ~ ***der Verband gewickelt ist, ist viel dünner*** the leg the bandage is around is much thinner

worunter *adv* ① *interrog* (*unter welcher Sache/Angelegenheit*) what ... from; ~ ***leidet Ihre Frau?*** what is your wife suffering from?; ~ ***darf ich Sie eintragen, unter „Besucher" oder „Mitglieder"?*** where should I put your name down "visitors" or "members"? ② *interrog* (*unter welchem/welchen Gegenstand*) under what, what ... under; ~ ***hattest du dich versteckt?*** what did you hide under? ③ *rel* (*unter welcher Sache*) under which, which ... under; ***Freiheit ist ein Begriff,*** ~ ***vieles verstanden werden kann*** freedom is a term that can mean many different things ④ *rel* (*unter welchem/welchen Gegenstand*) under which; ***das ist der Baum,*** ~ ***wir uns zum ersten Mal küssten*** that's the tree under which we kissed for the first time ⑤ *rel* (*inmitten deren: örtlich*) amongst which; ***Tierschützer,*** ~ ***ich mich selber zähle, verdienen Respekt*** animal conservationists, of which I am one, deserve to be respected

Wotan <-s> *m* Wotan

wovon *adv* ① *interrog* (*von welcher Sache/Angelegenheit*) what ... about; ~ ***war auf der Versammlung die Rede?*** what was the subject of discussion at the meeting?; ~ ***bist du denn so müde?*** what has made you so tired? ② *interrog* (*von welchem Gegenstand*) from what, what ... from; ~ ***mag dieser Knopf wohl stammen?*** where could this button be from? ③ *rel* (*von welchem Gegenstand*) from which; ***der Baum,*** ~ ***das Holz stammt, ist sehr selten*** the tree from which the wood originates is very rare ④ *rel* (*von welcher Sache/Angelegenheit*) about which, which ... about; ***das ist eine Sache,*** ~ ***du nun mal nichts verstehst*** it's something you just don't know anything about ⑤ *rel* (*durch welchen Umstand*) as a result of which; ***er hatte einen Unfall,*** ~ ***er sich nur langsam erholte*** he had an accident from which he only recovered slowly

wovor *adv interrog* ① *interrog* (*vor welcher Sache*) what ... of; ~ ***fürchtest du dich denn so?*** what are you so afraid of? ② *interrog* (*vor welchem/welchen Gegenstand*) in front of what, what ... in front of; ~ ***sollen wir den Schrank stellen*** what should we put the cupboard in front of? ③ *rel* (*vor welcher Sache*) what ... of, of which; ***ich habe keine Ahnung,*** ~ ***er solche Angst hat*** I have no idea what he's so frightened of; ***dieser Punkt ist der einzige,*** ~ ***ich Bedenken habe*** this is the only point on which I have reservations ④ *rel* (*vor welchem/welchen Gegenstand*) in front of which; ***die Wand,*** ~ ***der Schrank stand, ist feucht*** the wall behind where the cupboard stood is damp

wozu *adv* ① *interrog* (*zu welchem Zweck*) why, how come, what ... for; ~ ***musste dieses Unglück geschehen?*** why did this tragedy have to happen?; ~ ***soll das gut sein?*** what's the purpose [*or* good] of that?; ~ ***hast du das gemacht?*** what did you do that for? ② *interrog* (*zu welcher Sache*) for what, what ... for; ~ ***haben Sie sich entschlossen?*** what have you decided on?; ~ ***bist du so lange interviewt worden?*** what were you interviewed so long for? ③ *rel* (*zu welchem Zweck*) for which reason; ***er hat eine Reise geplant,*** ~ ***er noch Geld braucht*** he has planned a journey for which he still needs money ④ *rel* (*zu welcher Sache/Angelegenheit*) what; ***ich ahne schon,*** ~ ***du mich wieder überreden willst!*** I know what you want to talk me into!; ***das war ein Schritt,*** ~ ***ich mich schon längst bereitgefunden hatte*** that was a step which I had long been prepared for ⑤ *rel* (*zusätzlich zu dem*) to which; ***das Buch umfasst 128 Seiten Text,*** ~ ***noch ein Schlusswort kommt*** the book has 128 pages of text and a summary in addition to that

Wrack <-[e]s, -s> *nt* ① (*Schiffs~*) wreck; (*Flugzeug~*) wreckage; (*Auto~*) wreckage ② (*fig fam: völlig verbrauchter Mensch*) wreck; **ein körperliches/seelisches ~ sein** to be a physical/emotional wreck; **ein menschliches ~ sein** to be a human wreck

Wrackbarsch *m* KOCHK, ZOOL stonebass

wrang *1. u. 3. pers sing imp von* **wringen**

wringen <wrang, gewrungen> *vt* ① (*aus~*) ■**etw ~** to wring sth ② (*durch Wringen herauspressen*) ■**etw aus etw** *dat* **~** to wring sth out of sth; **Wasser aus einem Lappen ~** to wring water out of a cloth

WS *nt Abk von* **Wintersemester** winter semester [*or* BRIT *a.* term]

WTO *f Abk von* **World Tade Organization** WTO

Wucher <-s> *m kein pl* (*pej*) extortion *no pl,* profiteering *no pl;* (*Zinsen*) usury; **das ist [doch/ja] ~!** that's daylight [*or* AM highway] robbery!, that's extortionate!; **~ treiben** to profiteer, to extort

Wucherer, Wucherin <-s, -> *m, f* (*pej*) usurer, profiteer, money-sponger *fam*

Wuchergeschäft *nt* usurious transaction **Wuchergesetz** *nt* JUR usury act **Wuchergesetzgebung** *f* JUR legislation on usury

wucherisch *adj* (*pej*) extortionate, exorbitant; **~e Zinsen verlangen** to lend money at usurious rates

Wuchermiete *f* (*pej*) extortionate rent

wuchern *vi* ① *sein o haben* HORT to grow rampant ② *sein* MED to proliferate, to spread rampantly ③ *haben* (*Wucher treiben*) ■**[mit etw** *dat*] **~** to practise usury [with sth]

wuchernd *adj Pflanzen* rampant, proliferous; *Bart* luxurious, untamed; **eine ~de Geschwulst** MED a fast-growing tumour

Wucherpreis *m* (*pej*) extortionate [*or* exorbitant] price

Wucherung <-, -en> *f* ① (*krankhafte Gewebevermehrung*) proliferation ② (*Geschwulst*) growth

Wucherzins *m meist pl* (*pej*) usurious [*or* exorbitant] interest

wuchs *imp von* **wachsen[1]**

Wuchs <-es> *m kein pl* ① HORT (*Wachstum*) growth ② (*Form, Gestalt*) stature, build ③ (*Pflanzenbestand*) cluster; **ein ~ junger Bäume** a clump of saplings

Wucht <-> *f kein pl* force; (*Schläge, Hiebe*) brunt; **mit aller ~** with all one's might; **mit voller ~** with full force; ***der Stein traf ihn mit voller*** ~ ***an der Schläfe*** the stone hit him full force on the temple; ***hinter seinen Schlägen steckt eine ungeheure*** ~ there is enormous force behind his punches, he packs a very powerful punch; **eine ~ sein** (*fam*) to be smashing [*or* great]; ***deine Mutter ist eine*** ~ your mum is a star

wuchten *vt* (*fam*) ■**etw irgendwohin/aus etw** *dat* **~** to heave sth somewhere/out of sth; ***wir mussten die ganzen Steine vom Auto*** ~ we had to heave all of the stones out of the car; ***wir*** ~ ***gerade die Statue von ihrem Sockel*** we're just about to heave the statue off its plinth

wuchtig *adj* ① (*mit großer Wucht*) forceful, mighty, heavy; **ein ~er Schlag** a powerful punch ② (*massig*) massive; ***dieser Schrank wirkt viel zu*** ~ ***für das kleine Zimmer*** this cupboard is far too overpowering for this little room

Wühlarbeit *f* ① (*von Maulwurf*) burrowing[s] ② *kein pl* (*pej: subversive Tätigkeiten*) subversive activities *pl*

wühlen I. *vi* ① (*kramen*) ■**in etw** *dat* **[nach etw** *dat*] **~** to rummage [*or* root] through sth [for sth]; ***wonach wühlst du denn in der alten Truhe?*** what are you rummaging for in that old chest?; **einen Schlüssel aus der Tasche ~** to root [*or* dig] a key out of a bag ② (*graben, aufwühlen*) ■**in etw** *dat* **[nach etw** *dat*] **~** to root through sth [for sth]; ***bei uns im Garten*** ~ ***wieder Maulwürfe*** we've got moles in our garden again; **in jds Haaren ~** to tousle sb's hair; **in den Kissen ~** (*fig*) to bury oneself in the cushions [*or* pillows] ③ (*pej fam: intrigieren*) to stir things up; **gegen die Regierung ~** to stir things up against the government II. *vr* ① (*sich vorwärts arbeiten*) ■**sich** *akk* **durch/in etw** *akk* **~** to burrow one's way through/in sth; ***der Wurm wühlt sich durch das Erdreich*** the worm burrows its way through the soil ② (*fam: sich durcharbeiten*) ■**sich** *akk* **durch etw** *akk* **~** to slog *fam* through sth; ***ich muss mich durch einen Stapel Akten*** ~ (*fam*) I have to wade through a pile of files; **sich durch eine Menschenmenge ~** (*fig*) to burrow one's way through a crowd

Wühlkorb *m* ÖKON (*fam*) bargain bin **Wühlmaus** *f* vole **Wühltisch** *m* (*fam*) bargain counter

Wulst <-es, Wülste> *m o f* bulge; *Flasche, Glas* lip

wulstig *adj* bulging; (*Lippen*) thick

Wulstlippen *pl* (*fam*) thick lips *pl*

wummern *vi* to boom

wund I. *adj* sore; ***ich bin an den Hacken ganz*** ~

W

my heels are all sore **II.** *adv* ~ **gelegen** having [*or* suffering from] bedsores *pl;* **eine ~ gelegene Stelle** a bedsore; **sich** *akk* **~ liegen** to get bedsores *pl;* **sich** *dat* **etw ~ liegen** to get bedsores *pl* on sth; ***sie hat sich den Rücken ganz ~ gelegen*** she had bedsores *pl* all over her back; **sich** *akk* **~ reiten** to become saddle-sore; **sich** *dat* **die Finger ~ schreiben** (*fig fam*) to wear one's fingers to the bone writing; **etw ~ kratzen/reiben/scheuern** to make sth sore by scratching/rubbing/chafing it; **sich** *akk* **~ kratzen** to scratch oneself to soreness; ***ich habe mir die Fersen ~ gelaufen*** I got sore heels from walking; *s. a.* **Punkt**

Wundbrand *m kein pl* MED gangrene *no pl* **Wundcreme** *f* rash cream **Wunddesinfektionsmittel** *nt* wound disinfectant

Wunde <-, -n> *f* wound; **tödliche ~** deadly wound ▸ WENDUNGEN: **[bei jdm] alte ~n wieder aufreißen** (*geh*) to open up an old wound [for sb]; **Salz in jds ~ streuen** (*fig*) to turn the knife in a wound *fig*, to rub salt into sb's wounds *fig;* **seine ~ lecken** to lick one's wounds; **an einer alten ~ rühren** to touch on a sore point

Wunder <-s, -> *nt* (*übernatürliches Ereignis*) miracle; **~ was/wer/wie** (*fam*) who knows what/who/how; ***er möchte ~ was erreichen*** goodness knows what he wants to achieve; ***das hat er sich ~ wie einfach vorgestellt*** he imagined it would be ever so easy; **~** *pl* **tun** [*o* **wirken**] to work [*or* perform] a miracle *sing;* **an ein ~ grenzen** to be almost a miracle; **ein/kein ~ sein, dass …** (*fam*) to be a/no wonder, that …; ***ist es ein ~, dass ich mich so aufrege?*** (*fig fam*) is it any wonder that I'm so upset?; **es ist kein ~, dass …** (*fam*) it's no [*or* little] [*or* small] wonder that …; **wie durch ein ~** miraculously; **~ über ~** (*fam*) wonders will never cease; ***er kann nur durch ein ~ gerettet werden*** only a miracle can save him; **was ~[, dass]** no wonder; **was ~, dass sie jetzt eingeschnappt ist** no wonder she's in a huff; (*Phänomen*) wonder; **das ~ des Lebens** the miracle of life; **die ~ der Natur** the wonders of nature; ■**ein ~ an etw** *dat* **sein** to be a miracle of sth; ***diese Uhr ist ein ~ an Präzision*** this watch is a miracle of precision ▸ WENDUNGEN: **sein blaues ~ erleben** (*fam*) to be in for a nasty surprise

wunderbar **I.** *adj* ① (*herrlich*) wonderful, marvellous; **[das ist ja] ~!** [that's] wonderful [*or* marvellous]!; ***sie ist eine ~e Frau*** she's a wonderful woman ② (*wie ein Wunder*) miraculous; **eine ~e Fügung** a wonderful stroke of luck; ***die Geschichte ihrer Rettung ist ~*** the story of how she was rescued is miraculous **II.** *adv* (*fam*) wonderfully; ***dieses Kissen ist ~ weich*** this cushion is wonderfully soft

wunderbarerweise *adv* miraculously

Wunderdroge *f* (*meist iron fam*) miracle drug **Wunderglaube** *m* belief in miracles **Wunderheiler(in)** <-s, -> *m(f)* miracle healer

wunderhübsch *adj* (*liter*) wonderfully pretty

Wunderkerze *f* sparkler **Wunderkind** *nt* child prodigy **Wunderland** *nt* wonderland

wunderlich *adj* odd, strange; **ein ~er Mensch** an oddball; ***manchmal passieren die ~sten Dinge*** sometimes the strangest things happen

Wundermittel *nt* miracle cure; (*Zaubertrank*) magic potion

wundern **I.** *vt* ■**jdn ~** to surprise sb; ***das wundert mich [nicht]*** I'm [not] surprised at that; ***das hätte uns eigentlich nicht ~ dürfen*** that shouldn't have come as a surpise to us; **es wundert mich, dass …** I am surprised that …, it surprises me that …; **es würde mich nicht ~, wenn …** I wouldn't be [at all] surprised if …; **wundert dich das [etwa]?** does that surprise you [at all]?, are you [in the least bit] surprised?; **es sollte mich ~, wenn …** it would surprise me if …, are you [in the least bit] surprised? **II.** *vr* ■**sich** *akk* **~** to be surprised; **du wirst dich ~!** you'll be amazed, you're in for a surprise; ■**sich** *akk* **über jdn/etw ~** to be surprised at sb/sth; ***ich wundere mich über gar nichts mehr*** nothing surprises me any more; ***dann darfst du dich nicht ~ wenn sie sauer auf dich ist*** then don't be surprised if she's cross with you; **ich muss mich doch sehr/wirklich ~!** well, I am very/really surprised [at you/him etc]

wunder|nehmen *irreg, impers* (*geh*) **I.** *vt* ① (*erstaunen*) ■**es nimmt jdn wunder, dass …** it surprises sb that …; ***es würde mich ~, wenn sie käme*** I'd be surprised if she came ② SCHWEIZ (*interessieren*) ■**es nimmt jdn wunder, ob/wie/dass …** sb is interested [to know] whether/how/that …; ***es nimmt mich wunder, wie sie von der Sache erfahren hat*** I'd like to know how she found out [about it] **II.** *vi* ■**es nimmt wunder, dass/wie/warum** it is surprising that/how/why; ***es nimmt wunder, dass sie so lange überlebt hat*** it's amazing that she has survived so long

wundersam *adj* (*geh*) wondrous *liter;* **ein ~er Traum** a wondrous dream

wunderschön *adj* (*emph*) wonderful, lovely

wundervoll *adj s.* **wunderbar**

Wundfieber *nt* traumatic fever **Wundinfektion** *f* wound infection, infected wound **Wundsalbe** *f* ointment **Wundstarrkrampf** *m kein pl* MED tetanus *no pl*

Wunsch <-[e]s, Wünsche> *m* ① (*Verlangen*) wish; (*stärker*) desire; (*Bitte*) request; **jdm/sich einen ~ erfüllen** to fulfil [*or* AM *usu* -ll] a wish for sb/oneself; **jdm jeden ~ erfüllen** to grant sb's every wish; **jdm jeden ~ von den Augen ablesen** to anticipate sb's every wish; **einen bestimmten ~ haben/äußern** to have/make a certain request; ***ihr sehnlichster ~ ging in Erfüllung*** her most ardent desire was fulfilled; **nur ein frommer ~ sein** to be just a pipe dream; ***haben Sie sonst noch einen ~?*** would you like anything else?; **einen ~ frei haben** to have one wish; ***danke, das war alles, ich habe keinen ~ mehr*** thank you, that will be all, I don't need anything else; ***Ihr ~ ist mir Befehl*** (*hum*) your wish is my command; (*geh*) on request; **keinen ~ offenlassen** to leave nothing to be desired; **auf jds [ausdrücklichen/besonderen] ~ [hin]** (*geh*) at/on sb's [express/special] request; **nach ~** just as I/he etc wanted; (*wie geplant*) according to plan, as planned; ***das Auto entsprach nicht seinen Wünschen*** the car didn't come up to his expectations ② *meist pl* (*Glück~*) wish; **alle guten Wünsche zum Geburtstag** Happy Birthday; **mit besten Wünschen** (*geh*) best wishes ▸ WENDUNGEN: **hier ist der ~ der Vater des Gedankens** (*prov*) the wish is father to the thought *prov*

wünschbar *adj* SCHWEIZ *s.* **wünschenswert**

Wunschbild *nt* ideal **Wunschdenken** *nt kein pl* wishful thinking *no pl*

Wünschelrute *f* divining [*or* dowsing] rod

Wünschelrutengänger(in) <-s, -> *m(f)* diviner, dowser

wünschen **I.** *vt* ① (*als Glückwunsch sagen*) ■**jdm etw ~** to wish sb sth; **jdm zum Geburtstag alles Gute ~** to wish sb a happy birthday; ***ich wünsche dir gute Besserung*** get well soon!; **jdm eine gute Nacht ~** to wish [*or form* bid] sb good night; ***ich wünsche dir alles Glück dieser Welt!*** I wish you all the luck in the world!, I hope you get everything you could possibly wish for! ② (*als Geschenk erbitten*) ■**sich** *dat* **etw [von jdm] ~** to ask for sth [from sb]; ***ich habe mir zu Weihnachten eine elektrische Eisenbahn gewünscht*** I've asked for an electric railway for christmas; ***was wünschst du dir?*** what would you like?; ***nun darfst du dir etwas ~*** now you can say what you'd like for a present; (*im Märchen*) now you may make a wish ③ (*erhoffen*) ■**etw ~** to wish; ***ich wünsche nichts sehnlicher, als dass du glücklich wirst*** my greatest wish is for you to be happy; ***ich wünschte, der Regen würde aufhören*** I wish the rain would stop; ■**jdm/einer S. etw ~** to wish sb/sth sth; ***ich will dir ja nichts Böses ~*** I don't mean to wish you any harm; ***das würde ich meinem schlimmsten Feind nicht ~*** I wouldn't wish that on my worst enemy; ***ich wünsche dir gutes Gelingen*** I wish you every success; ***er wünschte ihr den Tod*** he wished she would drop dead; ■**~, dass** to hope for; ***ich wünsche, dass alles gut geht*** I hope everything goes well; ***ich wünsche, dass du wieder gesund nach Hause kommst*** I hope that you'll come home safe and sound; **das ist/wäre zu ~** that would be desirable ④ (*haben wollen, erhoffen*) ■**sich** *dat* **etw ~** to want [*or* hope for] sth; **sich eine bessere Zukunft ~** to wish [*or* hope] for a better future; ***sie ~ sich schon lange ein Kind*** they've been wanting [*or* hoping for] a child for a long time; ***man hätte sich kein besseres Wetter ~ können*** one couldn't have wished for better weather; ■**sich** *dat* **jdn als** [*o* **zu**] **etw ~** to want sb to be sth; ***dich wünsche ich mir als Lehrerin*** I would love [for] you to be my teacher; **alles, was man/jd sich** *dat* **nur ~ kann** everything one/sb could wish for; ■**sich** *dat* **[von jdm] ~, [dass …]** to wish [sb would …]; ***ich wünsche mir von dir, dass du in Zukunft pünktlicher bist*** I wish you'd be more punctual in future; ***wir haben uns immer gewünscht, einmal ganz reich zu sein!*** we've always dreamed of becoming really wealthy; **~ *wir nur, dass diese Katastrophe niemals eintreten möge!*** let's just hope that this catastrophe never happens ⑤ (*verlangen*) ■**etw ~** to want sth; ***ich wünsche sofort eine Erklärung [von Ihnen]!*** I demand an explanation [from you] immediately!; ***ich wünsche, dass ihr mir gehorcht*** I want you to do as I say; ***wenn Sie noch etwas ~, dann klingeln Sie einfach*** if you require anything else, please just ring; ***ich wünsche ein Zimmer mit Bad*** I would like a room with bathroom; ***jemand wünscht Sie zu sprechen*** somebody would like to speak with you; **was ~ Sie?** how may I help you?; ***die Wiederholung wurde von der ganzen Klasse gewünscht*** the whole class requested that sth be repeated; **wie gewünscht** just as I/we etc wanted [*or* wished for] ⑥ (*woandershin haben wollen*) ■**jdn irgendwohin ~** to wish sb would go somewhere; ***ich wünsche dich in die Hölle!*** [I wish you would] go to hell!; ■**sich irgendwohin ~** to wish oneself somewhere; ***sie wünschte sich auf eine einsame Insel*** she wished she were on a desert island **II.** *vi* (*geh: wollen*) to want; ***Sie können so lange bleiben, wie Sie ~*** you can stay as long as you want; ***wenn Sie ~, kann ich ein Treffen arrangieren*** if you want I can arrange a meeting; ***ich wünsche, dass der Fernseher heute Abend ausbleibt*** I would like the television to stay off tonight; **~ *Sie, dass ich ein Taxi für sie bestelle?*** would you like me to order a taxi for you?; ***meine Vorschläge waren dort nicht gewünscht*** my suggestions were not wanted; ***sollten Sie mich zu sehen ~, klingeln Sie bitte nach mir*** if you should wish to see me, please ring for me; **Sie ~?** may I help you?; (*Bestellung*) what would you like?; **[ganz] wie Sie ~** just as you wish [*or* please]; **nichts/viel zu ~ übrig lassen** to leave nothing/much to be desired

wünschenswert *adj* desirable; **etw [nicht] für ~ halten** to consider sth [un]desirable

Wunschform *f* LING optative [mood] **Wunschgegner(in)** *m(f)* ideal opponent **wunschgemäß** **I.** *adj* requested, desired; ***wir können nur auf einen ~en Verlauf hoffen*** we can only hope that things go as planned **II.** *adv* as requested; ***das Projekt ist ~ verlaufen*** the project went as planned **Wunschkennzeichen** *nt* personalized registration plate **Wunschkind** *nt* planned child **Wunschkonzert** *nt* RADIO musical request programme [*or* AM -am] **Wunschliste** *f* wish list

wunschlos *adj* **~ glücklich sein** (*hum*) to be perfectly happy, to not want for anything *hum*

Wunschnachfolger(in) *m(f)* desired [*or* ideal] successor **Wunschpartner(in)** *m(f)* ideal partner **Wunschsatz** *m* optative clause **Wunschtraum** *m* dream **Wunschvorstellung** *f* illusion, pipe-dream; **sich** *akk* **[keinen] ~en hingeben** to [not] harbour [*or* AM -or] illusions **Wunschzettel** *m* wish list; **auf jds ~ stehen** to be sth sb wants; ***eine neue Stereoanlage steht schon lange auf unserem ~*** we've wanted a new stereo for a long time

wurde *imp von* **werden**

Würde <-, -n> *f* ❶ *kein pl* (*innerer Wert*) dignity; **die menschliche ~** human dignity; **~ ausstrahlen** to appear dignified; **etw mit ~ tragen** to bear sth with dignity; **jds ~ verletzen** to affront sb's dignity; ***scheinbar ist es für unseren Chef unter seiner ~, das zu tun*** our boss seemingly finds it beneath him to do that; **unter aller ~ sein** to be beneath contempt; **unter jds ~ sein** to be beneath sb['s dignity]; (*Erhabenheit*) venerability; **die ~ des Gerichts** the integrity of the court; **die ~ des Alters** venerability ❷ (*Rang*) rank; (*Titel*) title; **akademische ~n** academic honours [*or* AM -ors]; **zu hohen ~n gelangen** *pl* to attain a high rank *sing*

würdelos **I.** *adj* undignified **II.** *adv* without dignity

Würdenträger(in) *m(f)* (*geh*) dignitary

würdevoll *adj* (*geh*) **ein ~er Abgang** a dignified exit; **mit ~er Miene** with a dignified expression

würdig **I.** *adj* ❶ (*ehrbar*) dignified; **ein ~er Herr** a dignified gentleman; **ein ~es Aussehen haben** to have a dignified appearance ❷ (*wert, angemessen*) worthy; **einen ~en Vertreter finden** to find a worthy replacement; **jds/einer S.** *gen* **[nicht] ~ sein** to be [not] worthy of sb/sth; ***sie ist deiner nicht ~*** she doesn't deserve you; ***ich bezweifle, dass sie deines Vertrauens ~ ist*** I doubt that she's worthy of your trust; **sich** *akk* **einer S.** *gen* **~ erweisen** to prove oneself to be worthy of sth; ***es ist seiner nicht ~, das zu tun*** it is not worthy of him to do that **II.** *adv* (*mit Würde*) with dignity; **jdn ~ empfangen** to receive sb with dignity; (*gebührend*) worthy; **jdn ~ vertreten** to be a worthy replacement for sb

würdigen *vt* ❶ (*anerkennend erwähnen*) ■**etw/jdn ~** to acknowledge sth/sb; ***ihre Leistung wurde in vielen Artikeln gewürdigt*** her performance was acknowledged in many articles ❷ (*schätzen*) ■**etw ~** to appreciate sth; **etw zu ~ wissen** to appreciate sth ❸ (*geh*) ■**jdn einer S.** *gen* **~** to deem sb worthy of sth; ***sie würdigte ihn keines Blickes*** she didn't deign to look at him

Würdigung <-, -en> *f* ❶ (*das Würdigen*) appreciation, acknowledgement; ***in ~ seiner Leistung bekam er eine Auszeichnung*** he received recognition in appreciation of his achievement ❷ (*schriftliche Anerkennung*) acknowledgement

Wurf <-[e]s, Würfe> *m* ❶ (*das Werfen*) throw; (*gezielter ~*) shot; (*Baseball*) pitch; (*Kegeln*) bowl; (*Würfel*) throw; **zum ~ ausholen** to get ready to throw; **alles auf einen ~ setzen** (*fig*) to go for it *fam* ❷ ZOOL (*Tierjunge einer Geburt*) litter ❸ (*gelungenes Werk*) **jdm gelingt ein großer ~ [mit etw** *dat***]** sth is a great success [*or* big hit] for sb, sb has a great success [*or* big hit] with sth

Wurfbahn *f* trajectory

Würfel <-s, -> *m* ❶ (*Spiel~*) dice, die; **~ spielen** to play dice ❷ MATH (*Kubus*) cube ❸ (*kubisches Stück*) cube; **etw in ~ schneiden** to cut sth into cubes, to dice [*or* cube] sth ▶ WENDUNGEN: **die ~ sind gefallen** the dice is cast

Würfelbecher *m* shaker **würfelförmig** *adj* cube-shaped, cubic, cuboid

würf(e)lig **I.** *adj* cubed **II.** *adv* in small cubes

würfeln **I.** *vi* ■**[mit jdm] ~** to play dice [with sb]; ■**um etw** *akk* **~** to throw dice for sth; ***wir haben darum gewürfelt, wer anfangen darf*** we threw dice to decide who should go first **II.** *vt* ❶ (*Würfel werfen*) ■**etw** to throw sth; **eine sechs ~** to throw a six; ***hast du schon gewürfelt?*** have you had your go [*or* throw] ? ❷ KOCHK (*in Würfel schneiden*) ■**etw ~** to cut sth into cubes, to dice sth

Würfelspiel *nt* game of dice **Würfelspieler(in)** *m(f)* dice player **Würfelzucker** *m kein pl* sugar cube[s]

Wurfgeschoss[RR] *nt*, **Wurfgeschoß** *nt* missile, projectile **Wurfhammer** *m* SPORT hammer

würflig *adj s.* **würfelig**

Wurfmesser *nt* knife for throwing **Wurfpfeil** *m* dart **Wurfsendung** *f* direct mail item, junk mail *fam* **Wurfspiel** *nt* throwing game **Wurfspieß** *m* spear, javelin **Wurfstern** *m metal star used as a weapon when thrown*

Würgegriff *m* stranglehold; **im ~ des Todes** (*fig*) in the throes *npl* of death

würgen **I.** *vt* ❶ (*die Kehle zudrücken*) ■**jdn ~** to throttle [*or* strangle] sb ❷ (*hindurchzwängen*) to force; **seinen Kopf durch ein Loch ~** to force one's head through a hole ▶ WENDUNGEN: **mit Hängen und W~** (*fam*) by the skin of one's teeth **II.** *vi* ❶ (*kaum schlucken können*) ■**an etw** *dat* **~** to choke on sth ❷ (*hoch~*) to retch; ***mir war so schlecht, dass ich ständig ~ musste*** I felt so bad that I had to retch constantly

Würger(in) <-s, -> *m(f)* ❶ (*fig veraltet*) strangler ❷ ORN shrike

Wurm[1] <-[e]s, Würmer> *m* ZOOL (*Regen~*) worm; *meist pl* (*Faden~*) worm *usu pl;* (*fam: Made*) maggot; **Würmer haben** to have worms; ***der Hund leidet an Würmern*** the dog has got worms; ***in dem Holz ist der ~*** the wood has got woodworm ▶ WENDUNGEN: **jdm die Würmer [einzeln] aus der Nase ziehen** (*fam*) to drag sth/it all out of sb; **da ist [*o* sitzt] der ~ drin** (*fam*) there's something fishy *fam* [*or* not quite right] about it

Wurm[2] <-[e]s, Würmer> *nt* (*kleines Wesen*) little mite

Würmchen <-s, -> *nt dim von* **Wurm** little worm; (*Kind*) [poor] little mite

wurmen *vt* (*fam*) ■**jdn ~** to bug [*or* nag] sb *fam;* ***was wurmt dich denn so?*** what's bugging [*or* nagging] you?; ***es wurmt mich sehr, dass ich verloren habe*** it really bugs me that I lost

Wurmfarn *m* BOT male fern

wurmförmig *adj* vermiform, worm-shaped **Wurmfortsatz** *m* appendix

wurmig *adj* wormeaten; (*madig*) maggoty

wurmstichig *adj* ❶ HORT maggoty; **ein ~er Apfel** a maggoty apple ❷ (*von Holzwürmern befallen*) full of woodworm

Wurst <-, Würste> *f* ❶ KOCHK sausage; (*Brotauflage*) sliced, cold sausage BRIT, cold cuts *pl* AM; **rote ~** smoked Polish sausage ❷ (*Wurstähnliches*) sausage; **eine ~ machen** (*fam*) to do a turd, to make a biggie ▶ WENDUNGEN: **jetzt geht es um die ~** (*fam*) the moment of truth has come; **jdm ~ [*o* Wurscht] sein** (*fam*) to be all the same to sb, to not matter to sb; ***das ist mir alles ~!*** I don't care about any of that!

Wurstbrot *nt open sandwich with slices of sausage*

Würstchen <-s, -> *nt* ❶ *dim von* **Wurst** little sausage; **Frankfurter/Wiener ~** frankfurter/wienerwursts BRIT, hot dog AM; **heiße ~** *pl* hot boiled [Frankfurter] sausages; (*im Brötchen*) hot dogs ❷ (*pej fam: unbedeutender Mensch*) squirt *fam;* **armes ~** (*fam*) poor soul [*or* BRIT sod] *fam*

Würstchenbude *f*, **Würstchenstand** *m* sausage stand, hot dog stand

wursteln *vi* (*fam*) ■**(vor sich hin) ~** to muddle [along [*or* on]], to potter [about]; **sich durchs Leben/die Schule ~** to muddle [along] through life/school

Wurstfabrik *f* sausage factory **Wurstfinger** *pl* (*pej fam*) podgy [*or* chubby] fingers *pl fam* **Wursthaut** *f* sausage skin

wurstig <-er, -ste> *adj* (*fam*) couldn't-care-less *attr*

Wurstigkeit <-> *f kein pl* (*fam*) couldn't-care-less attitude

Wurstkonserve *f* tinned sausages **Wurstmesser** *nt* serrated knife (*for slicing cold sausage*) **Wurstsalat** *m* sausage salad **Wurstvergiftung** *f* sausage poisoning **Wurstwaren** *pl* sausages and cold meats *pl*, cold cuts AM *pl* **Wurstzipfel** *m* end of a/the sausage

Württemberg <-s> *nt* Württemberg

Würzburg <-s> *nt* Würzburg

Würze <-, -n> *f* ❶ (*Gewürzmischung*) seasoning ❷ (*Aroma*) aroma; ***an der Geschichte fehlt die ~*** (*fig*) there's no spice to the story

Wurzel <-, -n> *f* ❶ (*Pflanzen~*) root; **~n schlagen** (*a fig*) to put down roots; (*Zahn~*) root; (*Haar~*) root ❷ MATH root; ■**die [zweite/dritte] ~ aus etw** *dat* **ziehen** to find the [square/cube] root of sth; **die ~ aus etw** *dat* **ziehen** to find the root of sth ❸ (*geh: Ursprung*) root; **die ~ allen Übels** the root of all evil; **etw mit der ~ ausrotten** to eradicate sth ❹ LING (*gemeinsamer Wortstamm*) root ❺ *meist pl* NORDD (*Karotte*) carrot

Wurzelballen *m* root bale **Wurzelbehandlung** *f* root treatment **Wurzelgemüse** *nt* root vegetables *npl*

wurzellos *adj* without roots, roots *fig a.*

wurzeln *vi* (*geh*) ■**in etw** *dat* **~** to be rooted in sth, to have its roots in sth

Wurzelstock *m* BOT rhizome **Wurzelverzeichnis** *nt* INFORM root directory **Wurzelzeichen** *nt* MATH radical sign **Wurzelziehen** <-s> *nt kein pl* MATH root extraction

würzen *vt* ■**etw [mit etw** *dat***] ~** to season sth [with sth]; **eine Rede mit Anekdoten ~** (*fig*) to spice up a speech with anecdotes

würzig **I.** *adj* tasty; **eine ~e Suppe** a tasty soup **II.** *adv* tastily; **~ duften/schmecken** to smell/taste good

Würzmischung *f* spice mixture **Würzmittel** *nt* condiment, seasoning **Würzstoff** *m* flavouring BRIT, flavoring AM **Würztunke** *f* marinade

wusch *imp von* **waschen**

Wuschelhaar *nt* (*fam*) frizzy [*or* fuzzy] hair

wusch(e)lig *adj* (*fam*) woolly, fuzzy *fam;* **~es Tier** shaggy animal

Wuschelkopf *m* (*fam*) ❶ (*wuschelige Haare*) mop of curls, fuzz *fam* ❷ (*Mensch mit wuscheligen Haaren*) woolly-haired person

wuseln *vi* to bustle about

wusste[RR], **wußte** *imp von* **wissen**

Wust[1] <-[e]s> *m kein pl* (*fam*) pile; **ein ~ von Papieren** a pile of papers; **ein ~ von Problemen** (*fig*) a load of problems

Wust[2] *f kein pl* SCHWEIZ *Akr von* **Warenumsatzsteuer** *s.* **Umsatzsteuer**

wüst **I.** *adj* ❶ (*öde*) waste, desolate; **~e Einöde** desolate [*or* desert] wasteland; **eine ~e Gegend** a wasteland ❷ (*fig: wild, derb*) vile, rude; **ein ~er Kerl** a rude bloke; **~es Treiben** chaos; **~e Lieder singen** to sing rude songs ❸ (*fam: unordentlich*) hopeless, terrible; **ein ~es Durcheinander** a hopeless [*or* terrible] mess; **~ aussehen** to look a real mess; **eine ~e Frisur** wild hair **II.** *adv* vilely, terribly; **jdn ~ beschimpfen** to use vile language to sb

Wüste <-, -n> *f* desert, wasteland *fig;* **die ~ Gobi** the Gobi Desert; **in eine ~ verwandeln** (*fig*) to turn into a wilderness ▶ WENDUNGEN: **jdn in die ~ schicken** (*fam*) to send sb packing *fam*

Wüstenbildung *f* desertification **Wüstenklima** *nt kein pl* desert climate **Wüstenkonvention** *f* convention on desertification **Wüstensand** *m* desert sand

Wüstling <-s, -e> *m* (*pej*) lecher, debauchee

Wut <-> *f kein pl* fury, rage; **voller ~** furiously; **seine ~ an jdm/etw auslassen** to take one's anger out on sb/sth; **eine ~ bekommen** to get into [such] a rage, to become furious; **jdn in ~ bringen** to make sb furious, to infuriate sb; **in ~ geraten** to get [*or* fly] into a rage; **eine ~ [auf jdn] haben** (*fam*) to be furious [with sb]; ***ich habe vielleicht eine ~!*** I am so furious!; **vor ~ kochen** to seethe with rage [*or* anger]; **eine ~ im Bauch haben** (*fam*) to seethe with anger, to be hopping mad *fam*

Wutanfall *m* fit of rage; (*Kind*) tantrum; **einen ~ bekommen** [*o fam* **kriegen**] to throw a tantrum **Wutausbruch** *m* outburst of rage [*or* fury], tantrum

wüten *vi* to rage; *Sturm* to cause havoc; ***der Sturm hat hier ganz schön gewütet*** the storm has caused havoc here; **gegen die Obrigkeit ~** to riot against authority

wütend **I.** *adj* (*äußerst zornig*) furious, enraged; **ein ~es Raubtier** an enraged predator; **mit ~em Geheul/Geschrei** crying/screaming furiously; **in ~er Raserei** in a wild frenzy; **jdn ~ machen** to make sb mad; **~ auf/über jdn ~ sein** to be furious with sb; **~ über etw** *akk* **sein** to be furious about sth; ***meine Frau ist ~, weil ich sie versetzt habe*** my wife is furious because I stood her up; (*erbittert, sehr heftig*) fierce; **ein ~er Kampf** a fierce battle **II.** *adv* furiously, in a rage

W

wutentbrannt *adv* in a fury
Wüterich <-s, -e> *m* (*pej veraltend*) brute
Wutgeheul *nt* roar of fury **Wutgeschrei** *nt* cries *pl* of rage **wutschäumend** *adj* foaming at the mouth *pred* **wutschnaubend** I. *adj* snorting with rage II. *adv* in a mad fury
Wutschrei *m* yell of rage
wutverzerrt *adj* distorted with rage; **mit ~em Gesicht** with a face distorted with rage
Wwe. *f Abk von* **Witwe**
Wwr. *m Abk von* **Witwer**
WWU <-> *f kein pl Abk von* **Wirtschafts- und Währungsunion** EMU
WWW *nt* INFORM *Abk von* **World Wide Web** WWW
Wz *nt Abk von* **Warenzeichen** TM

X

X, x <-, -> *nt* ❶ (*Buchstabe*) X, x; **~ wie Xanthippe** X for Xmas BRIT, X as in X-ray AM; *s. a.* **A 1** ❷ (*unbekannter Namen*) x; **Herr/Frau ~** Mr/Mrs X; **der Tag X** the day X ❸ *mit Kleinschreibung* (*fam: eine unbestimmte Zahl*) x amount of; **~ Bücher** x number of books; ***ich habe sie schon ~-mal gefragt, aber sie antwortet nie*** I have already asked her umpteen times, but she never answers; MATH (*unbekannter Wert*) x; **eine Gleichung nach ~ auflösen** to solve an equation for x ▶ WENDUNGEN: **jdm ein ~ für ein U vormachen wollen** (*fam*) to pull one over on sb *fam;* **sich** *dat* **kein ~ für ein U vormachen lassen** (*fam*) to not be easily fooled
x-Achse [ks] *f* x-axis
Xanthippe <-, -n> *f* (*pej fam*) shrew *dated*
X-Beine *pl* knock-knees *pl;* **~ haben** to be knock-kneed, to toe in
x-beinig *adj* knock-kneed
x-beliebig I. *adj* (*fam*) any old *fam;* **jeder X~e** anyone, any old person *fam;* ***es kann nicht jeder X~e hier Mitglied werden*** we/they don't let just anybody become a member here II. *adv* (*fam*) as often as one likes; **etw ~ verwenden** to use sth as many times as one likes
X-Chromosom *nt* X-chromosome
Xenon <-s> *nt kein pl* xenon *no pl*
xenophob *adj* (*geh*) xenophobic
Xenophobie *f kein pl* (*geh*) xenophobia
Xerographie, XerografieRR <-, -ien> *f* TECH, TYPO xerography
xerographieren*, xerografieren*RR *vt* TYPO ■**etw ~** to xerox sth
Xerokopie <-, -ien> *f* TYPO xerox
Xeromorphie *f* BOT xeromorphia
x-fach I. *adj* (*fam*) umpteen *fam;* **zum ~en Mal** for the umpteenth time; **die ~e Menge** MATH n times the amount II. *adv* (*fam*) umpteen times
x-fache(s) *nt kein pl, dekl wie adj* (*fam*) n times more; ***in einer anderen Firma könnte ich das ~ verdienen*** I could earn n times as much in another company; **um das ~** [*o* **ein ~s**] **größer/schneller/weiter sein** to be n times as big/fast/far away
x-förmigRR *adj* X-shaped, shaped like an X *pred*
x-mal *adv* (*fam*) umpteen times *fam*
XML *f* INET *Abk von* **Extensible Markup Language** XML
x-te(r, s) *adj* (*fam*) ■**der/die/das ~** the umpteenth; **beim ~n Mal** after the umpteenth time; **zum ~n Mal** for the umpteenth time
x-tenmal *adv s.* **x-ten**
Xylol <-s> *nt kein pl* xylene, xylol
Xylophon <-s, -e> *nt,* **Xylofon** <-s, -e> *nt* xylophone

Y

Y, y <-, – *o fam* -s, -s> *nt* Y, y; **~ wie Ypsilon** Y for Yellow BRIT, A as in Yoke AM; *s. a.* **A 1**
y-Achse *f* y-axis
Yacht <-, -en> *f s.* **Jacht**
Yachtclub *m* yacht club **Yachthafen** *m* marina
Yachting <-s> *nt kein pl* SPORT yachting
Yak <-s, -s> *nt* ZOOL yak
Yamsbohne *f* yam bean, potato bean
Yang <-s> *nt kein pl* Yang
Yankee <-s, -s> ['jeŋki] *m* Yankee
Yard <-s, -s> [ja:ɐ̯t] *nt* yard; **4 ~** 4 yards
Y-Chromosom <-[e]s, -e> *nt* Y-chromosome
Yen <-[s], -[s]> *m* yen
Yeti <-s, -s> *m* yeti, the Abominable Snowman
Yin <-s> *nt kein pl* Yin
Yoga <-[s]> *m o nt* yoga
Yogasitz *m* lotus position
Yoghurt <-s, -s> *m o nt s.* **Joghurt**
Yogi, Yogin <-s, -s> *m, f s.* **Jogi**
Yorkshire Terrier <-s, -> ['jɔ:kʃə-] *m* Yorkshire terrier
Yo-Yo <-s, -s> *nt s.* **Jo-Jo**
Ypsilon <-[s], -s> *nt* ❶ (*Buchstabe*) upsilon ❷ *s.* **Y**
Ytong® <-s, -s> *m* BAU breezeblock
Ytterbium <-s> *nt kein pl* ytterbium *no pl*
Yttrium <-s> *nt kein pl* yttrium *no pl*
Yucca <-, -s> *f* yucca
Yuppie <-s, -s> *m* yuppie

Z

Z, z <-, -> *nt* Z, z; **~ wie Zacharias** Z for [*or* AM as in] Zebra; *s. a.* **A 1**
Zabber <-s, -n> *m* KOCHK neck of beef
zack *interj* (*fam*) zap *fam;* ***bei ihr muss alles ~, ~ gehen*** for her everything has to be done chop-chop; **~, ~!** chop-chop! *fam*
Zack <-s> *m kein pl* **jdn auf ~ bringen** (*fam*) to make sb get a move on, to get sb to get their skates on BRIT *fam;* **etw auf ~ bringen** (*fam*) to knock sth into shape *fam;* **auf ~ sein** (*fam: gewitzt sein*) to be on the ball *fam;* (*bestens funktionieren*) to be in good shape
Zacke <-, -n> *f* point; (*vom Kamm, Sägeblatt*) tooth; *Berg* peak; *Gabel* prong
Zacken <-s, -> *m* DIAL *s.* **Zacke** ▶ WENDUNGEN: **sich** *dat* **keinen ~ aus der Krone brechen** (*fam*) to not lose face by doing sth; **einen** [**ganz schönen**] **~ draufhaben** (*fam*) to go like crazy [*or* BRIT the clappers] *fam;* **jdm bricht** [*o* **fällt**] **kein ~ aus der Krone** (*fam*) sb won't lose face, it won't tarnish sb's glory
Zackenbarsch *m* ZOOL, KOCHK grouper **Zackenkorkenzieher** *m* pronged cork remover **Zackenschaber** *m* jagged-edged scraper
zackig *adj* ❶ (*gezackt*) jagged; **ein ~er Stern** a pointed star; **ein ~er Rand** a jagged edge ❷ (*fam: schmissig*) upbeat *fam;* **~e Bewegungen** brisk movements; **~e Musik** upbeat music ❸ (*veraltend fam: schneidig*) smart; **ein ~er junger Mann** a smart young man
zagen *vi* (*geh*) to hesitate
zaghaft *adj* timid; **~e Bewegungen machen** to make timid movements
Zaghaftigkeit *f* timidity
zäh I. *adj* ❶ (*eine feste Konsistenz aufweisend*) tough; **ein ~es Stück Fleisch** a tough piece of meat; **~ wie Leder** (*fam*) tough as old boots ❷ (*zähflüssig*) glutinous; **ein ~er Saft** a glutinous [*or* thick] juice ❸ (*hartnäckig, schleppend*) tenacious; **ein ~es Gespräch** a dragging conversation; **~e Verhandlungen** tough negociations II. *adv* tenaciously
Zäheit <-> *f kein pl s.* **Zähheit**
zähflüssig *adj* glutinous, thick; **~er Verkehr** (*fig*) slow-moving traffic
Zähflüssigkeit *f kein pl* thickness, viscosity *form; Verkehr* slow-moving
ZähheitRR <-> *f kein pl* toughness, tenacity
Zähigkeit <-> *f kein pl* tenacity *no pl,* toughness *no pl;* ***die Verhandlungen wurden mit Ausdauer und großer ~ geführt*** the negociations were tough and long-drawn out
Zahl <-, -en> *f* ❶ MATH number, figure; **ganze/gerade/ungerade ~** whole/even/uneven number; **eine vierstellige ~** a four figure number; **Kopf oder ~** heads or tails; **~en addieren/subtrahieren** to add/subtract numbers; **~en** [**miteinander**] **multiplizieren/** [**durcheinander**] **dividieren** to multiply numbers [by numbers]/divide numbers [by numbers] ❷ *pl* (*Zahlenangaben*) numbers; (*Verkaufszahlen*) figures; **arabische/römische ~en** Arabic/Roman numerals; **in die roten/schwarzen ~en geraten** [*o* **kommen**] to get into the red/black ❸ *kein pl* (*Anzahl*) number; **~ der Arbeitslosen** level of unemployment, number of unemployed; **die ~ der Besucher** the number of visitors; **~ der Mitarbeiter** staff levels *pl,* number of staff; **in großer/größerer ~** in great/greater numbers; **in voller ~** with a full turn-out ❹ LING (*Numerus*) number
zahlbar *adj* (*geh*) payable; **~ bei Erhalt/innerhalb von 14 Tagen/nach Lieferung** payable upon receipt/within 14 days/upon delivery; **~ bei Sicht** payable at sight; **in Raten** [*o* **Teilbeträgen**] **~ sein** to be payable in installments; **etw ~ stellen** HANDEL to domiciliate sth
zählbar *adj* countable
zählebig *adj* hardy, tough
zahlen I. *vt* ❶ (*be~*) ■[**jdm**] **etw** [**für etw** *akk*] **~** to pay [sb] sth [for sth]; **seine Miete/Schulden ~** to pay one's rent/debts; **das Hotelzimmer/Taxi ~** (*fam*) to pay for a hotel room/taxi ❷ (*Gehalt auszahlen*) ■[**jdm**] **etw ~** to pay [sb] sth II. *vi* ❶ (*Gehalt auszahlen*) [**gut/besser/schlecht**] **~** to pay [well/more/badly] ❷ (*bezahlen*) ■**für etw** *akk* **~** to pay for sth; ***bitte ~ Sie an der Kasse*** please pay at the till [*or* AM register]; [**bitte**] **~!** [can I/we have] the bill please! ❸ (*Unterhalt entrichten*) ■**für jdn ~** to pay for sb
zählen I. *vt* ❶ (*addieren*) ■**etw ~** to count sth; **das Geld auf den Tisch ~** to count the money on the table ❷ (*geh: Anzahl aufweisen*) ■**etw ~** to number *form* sth, to have sth; ***der Verein zählt 59 Mitglieder*** the club has [*or* numbers] 59 members ❸ (*geh: dazurechnen*) ■**jdn/sich zu etw** *dat* **~** to regard sb/oneself as belonging to sth II. *vi* ❶ (*Zahlen aufsagen*) **bis zehn ~** to count to ten ❷ (*addieren*) [**richtig/langsam**] **~** to count [correctly/slowly]; **falsch ~** to miscount ❸ (*gehören*) ■**zu jdm/etw ~** to belong to sb/sth; ***er zählt zu den zehn reichsten Männern der Welt*** he is one of the ten richest men in the world ❹ (*sich verlassen*) ■**auf jdn/etw ~** to count [*or* rely] on sb/sth; ***auf mich können Sie ~!*** you can count on me! ❺ (*wert sein*) to count; ***der Sprung zählte nicht*** that jump didn't count; (*Bedeutung haben*) to count
Zahlenangabe *f* figure; **genaue ~n machen** to give [*or* quote] exact figures **Zahlenfolge** *f* numerical sequence **Zahlengedächtnis** *nt* memory for numbers **Zahlenkombination** *f* combination of numbers
zahlenmäßig I. *adj* numerical; **~e Unterlegenheit** numerical disadvantage II. *adv* (*an Anzahl*) in number; ***Frauen waren auf der Versammlung ~ sehr schwach vertreten*** at the meeting women were few in number; (*in Zahlen*) in numbers [*or* figures]; **etw ~ ausdrücken** to express sth in numbers; **~ überlegen sein** to have a numerical advantage
Zahlenmaterial *nt kein pl* figures *pl;* **das ~ analysieren** to analyse [*or* AM -ze] the figures **Zahlenmystik** *f* number mysticism **Zahlenreihe** *f s.* Zahlenfolge **Zahlenschloss**RR *nt,* **Zahlen-**

schloß *nt* combination [*or* cypher] lock **Zahlentheorie** *f* MATH number theory **Zahlenverhältnis** *nt* [numerical] ratio **Zahlenwerk** *nt* FIN set of figures

Zahler(in) <-s, -> *m(f)* payer; **ein pünktlicher/säumiger ~** a prompt/defaulting payer

Zähler <-s, -> *m* (1) MATH numerator (2) TECH meter, counter

Zähler(in) *m(f)* (*Teilnehmer einer Zählung*) *official conducting traffic census*

Zählerablesung *f* meter reading **Zählerstand** *m* meter reading

Zahlgast *m* fare-paying passenger **Zahlgrenze** *f* fare stage BRIT, bus fare zone limit AM **Zahlkarte** *f* giro transfer form

zahllos *adj* (*euph*) countless

Zahlmeister(in) *m(f)* purser; (*MIL*) paymaster

zahlreich I. *adj* (1) (*sehr viele*) numerous (2) (*eine große Anzahl*) large; ***ein ~es Publikum war erschienen*** a large audience had come II. *adv* (*in großer Anzahl*) ~ *erscheinen/kommen,* to appear/come in large numbers

Zählrohr *nt* PHYS Geiger counter

Zahlstelle *f* cashier **Zahltag** *m* payday

Zahlung <-, -en> *f* (1) (*gezahlter Betrag*) payment (2) (*das Bezahlen*) payment; ~ ***erfolgte in bar*** (*geh*) payment was made in cash; **anteilige/avisierte/geleistete ~** prorata payment/amount advised/payment made; **~ bei Eingang der Waren** HANDEL payment on receipt of goods; **jdn zur ~ auffordern** to call on sb to pay, to demand payment of sb; **die ~en einstellen** (*euph*) to go bankrupt; **[jdm] etw [für etw** *akk*] **in ~ geben** to give [sb] sth in part-exchange [for sth]; **eine ~/~en [an jdn] leisten** (*geh*) to make a payment [to sb]; **etw [von jdm] [für etw** *akk*] **in ~ nehmen** to take sth [from sb] in part-exchange [for sth]; (*als Zahlungsmittel akzeptieren*) to accept sth [from sb] as payment [for sth]; **die ~ stunden** FIN to grant a respite for the payment of a/the debt

Zählung <-, -en> *f* count; **eine ~ durchführen** to carry out a census; (*Verkehrs~*) traffic census; (*Volks~*) census

Zahlungsabkommen *nt* payment agreement **Zahlungsabwicklung** *f* FIN settlement **Zahlungsankündigung** *f* JUR payment notice **Zahlungsanspruch** *m* FIN claim [*or* demand] for payment, pecuniary claim; **Zahlungsansprüche befriedigen** to meet demands for payment **Zahlungsanweisung** *f* HANDEL order [*or* instruction] to pay, payment instruction **Zahlungsanzeige** *f* HANDEL advice of payment **Zahlungsart** *f* HANDEL mode of payment **Zahlungsaufforderung** *f* request for payment **Zahlungsaufschub** *m* FIN respite, extension of time for payment **Zahlungsauftrag** *m* payment order **Zahlungsausgleich** *m* FIN clearance, clearing; **unbarer ~** cashless clearance **Zahlungsbedingungen** *pl* terms *pl* [of payment] **Zahlungsbefehl** *m* JUR (*veraltet*) order to pay **Zahlungsbeleg** *m* HANDEL receipt for payment **Zahlungsbereitschaft** *f* JUR ability to pay

Zahlungsbilanz *f* ÖKON balance of payments **Zahlungsbilanzausgleich** *m* FIN balance of payments adjustment **Zahlungsbilanzdefizit** *nt* HANDEL balance of payments deficit **Zahlungsbilanzmechanismus** *m* HANDEL mechanism of payment policy **Zahlungsbilanzmultiplikator** *m* FIN balance of payments multiplier **Zahlungsbilanzsaldo** *m* FIN balance of payments current account **Zahlungsbilanzsituation** *f* FIN balance of payments situation **Zahlungsbilanzüberschuss**RR *m* FIN balance of payments surplus

Zahlungsbürgschaft *f* JUR payment bond **Zahlungseingang** *m kein pl* FIN money receivable **Zahlungseinstellung** *f* stoppage [*or* suspension] of payments **Zahlungsempfänger(in)** *m(f)* HANDEL payee **Zahlungsempfangsbestätigung** *f* HANDEL confirmation of payment received **Zahlungserinnerung** *f* JUR reminder **Zahlungserleichterungen** *pl* HANDEL easy terms [of payment] **Zahlungsermächtigung** *f* JUR, FIN payment appropriation [*or* authorization] **zahlungsfähig** *adj* FIN solvent, sound **Zahlungsfähigkeit** *f kein pl* FIN solvency; **über die ~ kaufen** to overbuy **Zahlungsfrist** *f* deadline (*period allowed for payment*) **Zahlungsgarantie** *f* FIN payment guarantee **Zahlungsklage** *f* JUR action for the recovery of money

zahlungskräftig *adj* (1) (*fam*) wealthy; **ein ~er Kunde** a wealthy client (2) FIN solvent, sound

Zahlungsmitteilung *f* FIN advice for payment, remittance advice **Zahlungsmittel** *nt* means of payment + *sing vb;* **gesetzliches ~** legal tender **Zahlungsmittelumlauf** *m* ÖKON currency, total money in circulation **Zahlungsmittelvolumen** *nt* ÖKON volume of currency **Zahlungsmoral** *f kein pl* ÖKON paying habits *pl* **Zahlungsnachweis** *m* FIN record [*or* evidence] of payment **Zahlungsort** *m* place of payment **Zahlungspflicht** *f* JUR duty [*or* obligation] to pay **zahlungspflichtig** *adj* JUR obliged [*or* liable] to pay *pred* **Zahlungsrückstände** *pl* FIN backlog of payments, payments in arrears **Zahlungsschwierigkeiten** *pl* financial difficulties *pl* [*or* [*pl*] trouble[s]]; **in ~ geraten** to get into financial difficulties **Zahlungssperre** *f* JUR payment stop **Zahlungstermin** *m* HANDEL payment date; **letzter ~** final date of payment **Zahlungstermin** *m* date for payment **zahlungsunfähig** *adj* FIN insolvent, bankrupt; **~ werden** to become insolvent, to default; **jdn für ~ erklären** to declare sb bankrupt **Zahlungsunfähige(r)** *f(m) dekl wie adj* FIN bankrupt, insolvent **Zahlungsunfähigkeit** *f* insolvency, inability to pay **zahlungsunwillig** *adj* unwilling to pay *pred* **Zahlungsunwilligkeit** *f,* **Zahlungsverweigerung** *f* JUR refusal to pay, nonpayment **Zahlungsverbot** *nt* JUR garnishee [*or* garnishment] order; **vorläufiges/engültiges ~** garnishee order nisi/absolute; **jdm ~ erteilen** to garnish sb **Zahlungsverjährung** *f* FIN prescription of tax payments **Zahlungsverkehr** *m* payment transactions *pl;* **im bargeldlosen ~** payment by money transfer **Zahlungsverpflichtung** *f meist pl* FIN financial commitment[s *pl*], obligation to pay; **seinen ~en [nicht] nachkommen** to [not] honour [*or* AM -or] one's financial commitments **Zahlungsverzug** *m,* **Zahlungsverzögerung** *f* FIN delay of payment, arrears *npl;* **in ~ geraten** to default **Zahlungsweise** *f* HANDEL mode [*or* method] of payment **Zahlungswilligkeit** *f kein pl* willingness to pay **Zahlungsziel** *nt* FIN credit [*or* payment] period; **offenes ~** open account terms, time allowed for payment; **ein ~ einräumen** to grant a credit, to allow time for payment

Zählwerk *f* counter

Zahlwort <-wörter> *nt* numeral

Zahlzeichen *nt* numeral

zahm *adj* (1) (*zutraulich*) tame (2) (*fam: gefügig*) tame; **eine ~e Schulklasse** an obedient class; (*gemäßigt*) moderate; **~e Kritik üben** to offer mild criticism; **~en Widerstand leisten** to put up slight opposition

zähmbar *adj* tam[e]able

zähmen *vt* (1) (*zahm machen*) ■ **ein Tier ~** to tame an animal; ■ **gezähmt** tamed (2) (*geh: zügeln*) ■ **etw/sich ~** to control sth/oneself

Zahmheit <-> *f kein pl* tameness

Zähmung <-, -en> *f* taming

Zahn <-[e]s, Zähne> *m* (1) (*Teil des Gebisses*) tooth; **die dritten Zähne** (*hum*) false teeth; **die ersten Zähne** milk [*or* AM *a.* baby] teeth; **falsche [o künstliche] Zähne** false teeth *fam,* artificial dentures; **fauler ~** rotten tooth; **vorstehende Zähne** protruding [*or* goofy] teeth *fam,* overbite; **die zweiten Zähne** one's second set of teeth, adult teeth; **einen Zahn/Zähne bekommen [o fam kriegen]** to cut a tooth/to be teething; **jdm die Zähne einschlagen** (*fam*) to smash sb's face in *fam;* **mit den Zähnen klappern** one's teeth chatter; **mit den Zähnen knirschen** to grind one's teeth; **jdm/sich die Zähne putzen** to brush sb's/one's teeth; **die Zähne zeigen** to show [*or* bare] one's teeth; **sich** *dat* **[von jdm] einen ~ ziehen lassen** to have a tooth pulled [*or* extracted] [by sb]; **jdm einen/einen ~ ziehen** to pull sb's/a tooth (2) (*Zacke*) tooth; *Blatt* point; *Zahnrad* cog (3) (*fam: hohe Geschwindigkeit*) **einen ~ drauf haben** (*fam*) to drive at a breakneck speed; **einen ~ zulegen** (*fam*) to step on it (4) (*sl: Mädchen, Frau*) **ein steiler ~** (*veraltend fam*) a knockout *fam,* looker *dated* ▶ WENDUNGEN: **der ~ der Zeit** (*fam*) the ravages *pl* of time; **das reicht gerade für den hohlen ~** that wouldn't keep a sparrow alive; **lange Zähne machen** (*fam*) to pick at one's food; **sich** *dat* **an jdm/etw die Zähne ausbeißen** to have a tough time of it with sb/sth; **bis an die Zähne bewaffnet sein** (*fam*) to be armed to the teeth *fam;* **jdm auf den ~ fühlen** (*fam*) to grill sb *fam or sl;* **[jdm] die Zähne zeigen** (*fam*) to show one's teeth [to sb]; **jdm den ~ ziehen lassen** (*fam*) to put an idea right out of sb's head

Zahnarzt, -ärztin *m, f* dentist

Zahnarztbesuch *m* dentist appointment, visit to the dentist **Zahnarzthelfer(in)** *m(f)* dental nurse [*or* AM *a.* assistant] **Zahnarzthelferin** *f* dental nurse [*or* AM *a.* assistant]

Zahnärztin *fem von* **Zahnarzt**

zahnärztlich I. *adj* dental *attr* II. *adv* **~ behandelt werden/sich ~ behandeln lassen** to have [*or* undergo] dental treatment

Zahnausfall *m kein pl* tooth loss **Zahnbehandlung** *f* dental treatment **Zahnbein** *nt kein pl* ANAT dentine **Zahnbelag** *m kein pl* plaque *no pl* **Zahnbrasse** *f* ZOOL, KOCHK dentex **Zahnbrücke** *f* bridge **Zahnbürste** *f* toothbrush **Zahncreme** *f* toothpaste

Zähnefletschen <-s> *nt kein pl* **unter ~** while snarling **zähnefletschend** I. *adj attr* snarling II. *adv* snarling **Zähneklappern** *nt kein pl* chattering of teeth **zähneklappernd** I. *adj attr* teeth-chattering *attr* II. *adv* with one's teeth chattering **Zähneknirschen** *nt kein pl* grinding of one's teeth; **unter ~** while gnashing one's teeth **zähneknirschend** *adv* gnashing one's teeth

zahnen *vi* to teethe

Zahnen <-s> *nt kein pl* teething *no pl, no art*

Zahnersatz *m* dentures *pl* **Zahnfäule** *f kein pl* tooth decay *no pl,* dental caries **Zahnfehlstellung** *f* tooth [*or* dental] malposition **Zahnfleisch** *nt* gum[s *pl*] ▶ WENDUNGEN: **auf dem ~ gehen [o kriechen]** (*fam*) to be on one's last legs *fam* **Zahnfleischbluten** *nt kein pl* bleeding of the gums **Zahnfleischentzündung** *f* MED inflammation of the gums, gingivitis *spec,* ulitis *spec* **Zahnfüllung** *f* filling **Zahngold** *nt* dental gold [*or* alloy] **Zahnhals** *m* neck of the tooth **Zahnheilkunde** *f* (*geh*) *s.* Zahnmedizin **Zahnimplantat** *nt* dental implant **Zahnklammer** *f s.* Zahnspange **Zahnklinik** *f* dental clinic [*or* hospital] **Zahnkranz** *m* gear rim; *Fahrrad* sprocket **Zahnkrone** *f* crown **Zahnlaut** *m* LING dental [consonant]

zahnlos *adj* toothless

Zahnlücke *f* gap between the teeth **Zahnmedizin** *f kein pl* dentistry *no pl* **Zahnnerv** *m* dental nerve **Zahnpasta** *f s.* Zahncreme **Zahnpflege** *f kein pl* dental hygiene **Zahnprothese** *f* dentures *pl* **Zahnputzglas** *nt* toothbrush glass

Zahnrad *nt* AUTO gear wheel; TECH cogwheel

Zahnradbahn *f* rack-railway, cog railway

Zahnriemen *m* TECH toothed belt

Zahnscheibe *f* external tooth lock washer

Zahnschein *m* (*fam*) *dental voucher for free treatment* **Zahnschmelz** *m* [tooth] enamel **Zahnschmerzen** *pl* toothache *no pl* **Zahnschmerzmittel** *nt* dental analgesic **Zahnseide** *f* dental floss **Zahnspange** *f* braces *pl* **Zahnspülung** *f* (1) MED (*Spülung der Zähne bzw. des Munds*) rinse (2) MED, PHARM (*Mundwasser*) mouthwash, mouth rinse **Zahnstange** *f* TECH gear rack **Zahnstein** *m kein pl* tartar *no pl* **Zahnstocher** <-s, -> *m* toothpick **Zahnstummel** *m* stump **Zahntechniker(in)** *m(f)* dental technician **Zahnverfärbung** *f* MED tooth discoloration **Zahnversiegelung** *f* protective coating [for a tooth] **Zahnwal** *m* toothed whale **Zahnweh** *nt* (*fam*) *s.* **Zahnschmerzen**

Zahnwurzel *f* root [of a tooth]

Zampano <-s, -s> *m* big cheese [*or* wheel] *fam*

Zander <-s, -> *m* pike-perch

Zange <-, -n> *f* pliers *npl,* a pair of pliers; *Hummer, Krebs* pincer; MED forceps *npl;* (*für Zucker*) tongs *npl* ▶ WENDUNGEN: **jdn/etw nicht mit der ~ anfassen** to not touch sb/sth with a bargepole [*or* AM 10-foot pole] *fam;* **jdn in der ~ haben** (*fam*) to have sb right where one wants him/her *fam;* **jdn in die ~ nehmen** to give sb the third degree *fam;* SPORT to sandwich sb

zangenförmig *adj* pincer-shaped **Zangengeburt** *f* MED forceps [*or spec* instrumental] delivery

Zank <-[e]s> *m kein pl* row, squabble, quarrel; **~ und Streit** trouble and strife

Zankapfel *m* bone of contention *fig*

zanken I. *vi* ❶ (*streiten*) to quarrel, to row, to squabble; ■ **mit jdm ~** to quarrel [*or* squabble] with sb ❷ DIAL (*schimpfen*) to scold; ■ **mit jdm ~** to tell sb off II. *vr* (*sich streiten*) ■ **sich** *akk* [**um etw** *akk*] **~** to quarrel [*or* row] [*or* squabble] [over/about sth]

Zänkerei <-, -en> *f* squabbling *no pl, no indef art*

zänkisch *adj* quarrelsome; **ein ~es altes Weib** an argumentative [*or* nagging] old woman

Zanksucht *f kein pl* quarrelsomeness

zanksüchtig *adj* quarrelsome

Zapatist(in) <-en, -en> *m(f)* Zapatista

zapatistisch *adj* Zapatista

Zäpfchen <-s, -> *nt* ❶ *dim von* **Zapfen** small plug ❷ ANAT uvula ❸ MED (*Medikamentenform*) suppository

zapfen *vt* to draw sth, to tap sth; ■ **etw ~** ***hier wird Bier auch noch vom Fass gezapft*** they have draught beer [*or* beer on tap] here

Zapfen <-s, -> *m* ❶ BOT (*Fruchtstand*) cone ❷ (*Eis~*) icicle ❸ (*länglicher Holzstöpsel*) spigot, bung ❹ ANAT cone

Zapfenstreich *m* ❶ (*Ende der Ausgehzeit*) ***um 22 Uhr ist ~!*** lights out at 10! ❷ (*Signal*) last post BRIT, taps AM; **den ~ blasen** to sound the last post; **der Große ~** the Ceremonial Tattoo

Zapfenzieher <-s, -> *m* SCHWEIZ *s.* **Korkenzieher**

Zapfgeschwindigkeit *f* delivery rate **Zapfhahn** *m* tap **Zapfpistole** *f* petrol [*or* AM gas] nozzle **Zapfsäule** *f* petrol [*or* AM gas] pump **Zapfventil** *nt* delivery nozzle

zapp(e)lig *adj* (*fam*) ❶ (*sich unruhig bewegend*) fidgety; **ein ~es Kind** a fidgety [*or* restless] child ❷ (*voller Unruhe*) ■ [**ganz**] **~** [**vor etw** *dat*] **sein** to be [all] restless [*or* fidgety] [with sth]

zappeln *vi* to wriggle ❶ (*fam: sich unruhig bewegen*) **an der Angel/im Netz ~** to wriggle on the fishing rod/in the net ❷ ■ [**mit etw** *dat*] **~** to fidget [with sth] ▶ WENDUNGEN: **jdn ~ lassen** (*fam*) to keep sb in suspense

Zappelphilipp <-s, -e *o* -s> *m* (*fig fam*) fidget *fam*

zappen *vi* TV (*sl*) to channel-hop *fam,* AM *a.* to zap *fam*

zappenduster *adj* (*fam: völlig dunkel*) pitch-black [*or* dark]; **eine ~e Nacht** a pitch-black night; **mit etw** *dat* **sieht es ~ aus** (*fig*) things are looking grim for sth *fam,* It's not looking too good for sth *fam*

Zapper(in) <-s,-> ['zæpɐ] *m(f)* zapper

Zapping <-s> *nt kein pl* TV (*sl*) channel-hopping *no pl fam,* AM *a.* zapping *no pl fam*

zapplig *adj s.* **zappelig**

Zar(in) <-en, -en> *m(f)* tsar, czar

Zarge <-, -n> *f* (*fachspr*) ❶ (*Tür~*) frame ❷ (*Gehäuseteil*) case, casing; *Plattenspieler* plinth

Zarin <-, -nen> *f fem form von* **Zar**

zart *adj* ❶ (*mürbe*) tender; **~es Fleisch/Gemüse** tender meat/vegetable; **~es Gebäck** delicate biscuits/cakes ❷ (*weich und empfindlich*) soft, delicate; **im ~en Alter von zehn Jahren** at the tender age of ten; **ein ~es Geschöpf** a delicate creature; **~e Haut** soft skin; **eine ~e Pflanze** a delicate plant; **~ besaitet sein** to be highly strung; **~ fühlend** (*taktvoll*) tactful; (*empfindlich*) sensitive; **~ fühlende Gemüter** sensitive souls ❸ (*mild, dezent*) mild; **eine ~e Berührung** a gentle touch; **ein ~es Blau** a delicate [*or* soft] blue; **ein ~er Duft** a delicate perfume; **eine ~e Andeutung** a gentle hint

zartbitter *adj* plain, dark **Zartbitterschokolade** *f* dark chocolate; (*zum Kochen*) plain chocolate **zartblau** *adj* pastel blue **zartfühlend** *adj* ❶ (*taktvoll*) tactful ❷ (*empfindlich*) sensitive; **~e Gemüter** sensitive souls **Zartgefühl** <-[e]> *nt kein pl* (*geh*) ❶ (*ausgeprägtes Einfühlungsvermögen, Taktgefühl*) delicacy ❷ (*selten: Empfindlichkeit*) sensitivity

zartgelb *adj* pastel yellow **zartgliedrig** *adj* delicate, gracile **zartgrün** *adj* pastel [*or* pale] green

Zartheit <-> *f kein pl* tenderness *no pl; Gebäck* delicateness *no pl,* softness *no pl; s. a.* **zart**

zärtlich I. *adj* ❶ (*liebevoll*) tender, affectionate; **~e Küsse** tender kisses; **~ werden** (*euph*) to come on strong [to sb] *fam,* to start to caress sb ❷ (*geh: fürsorglich*) solicitous; **ein ~er Ehemann** an affectionate husband II. *adv* tenderly, affectionately

Zärtlichkeit <-, -en> *f* ❶ *kein pl* (*zärtliches Wesen*) tenderness *no pl,* affection; **voller ~** tenderly ❷ *pl* (*Liebkosung*) caresses *pl;* (*zärtliche Worte*) tender words *pl;* **jdm ~en ins Ohr flüstern** to whisper sweet nothings in sb's ear ❸ *kein pl* (*geh: Fürsorglichkeit*) solicitousness; **jdn mit der größten ~ behandeln** to treat sb solicitously

ZASt <-> *f kein pl s.* **Zinsabschlagsteuer**

Zaster <-s> *m kein pl* (*sl*) dough *sl,* loot *sl,* dosh BRIT *sl,* lolly BRIT *fam*

Zäsur <-, -en> *f* (*geh: Einschnitt*) break [with tradition]; LIT, MUS caesura

Zauber <-s, -> *m* ❶ (*magische Handlung*) magic; (*~trick*) magic trick; **fauler ~** (*fam*) humbug *fam;* **einen ~ anwenden** to cast a spell; **einen ~ aufheben** [*o* **lösen**] to break a spell; (*magische Wirkung*) spell ❷ *kein pl* (*Faszination, Reiz*) magic, charm; **der ~ der Liebe** the magic of love; **etw übt einen ~ auf jdn aus** sth holds a great fascination for sb; **der ~ des Verbotenen** the fascination of what is forbidden ❸ *kein pl* (*fam: Aufhebens*) palaver; **einen großen ~ veranstalten** to make a great fuss; (*Kram*) stuff; **der ganze ~** (*fam*) the whole lot *fam*

Zauberei <-, -en> *f* ❶ *kein pl* (*Magie*) magic ❷ *s.* **Zauberkunststück**

Zauberer, Zauberin <-s, -> *m, f* ❶ (*Magier*) sorcerer; (*masc*) sorceress; (*fem*) wizard ❷ (*Zauberkünstler*) magician, conjuror

Zauberflöte *f* magic flute

Zauberformel *f* ❶ (*magische Formel*) magic formula ❷ (*Patentmittel*) magic formula

zauberhaft *adj* charming, enchanting; **ein ~es Kleid** a gorgeous dress; **ein ~ Abend/Urlaub** a splendid [*or* magnificent] evening/holiday

Zauberhand *f* **wie von** [*o* **durch**] **~** as if by magic

Zauberin <-, -nen> *f fem form von* **Zauberer**

Zauberkunst <-, -künste> *f* ❶ *kein pl* (*Kunst des Zauberns*) magic *no pl, no art;* **ein Meister der ~** a master of magic, a magician ❷ *meist pl* (*magische Fähigkeit*) magic *no pl, no art* **Zauberkünstler(in)** *m(f)* magician, conjurer **Zauberkunststück** *nt* magic trick **Zauberlandschaft** *f* fairytale scene **Zauberlehrer(in)** *m(f) sb who teaches conjuring tricks* **Zauberlehrgang** *m* conjuring course **Zauberlehrling** *m* magician's pupil

zaubern I. *vt* ❶ (*erscheinen lassen*) ■ **etw aus etw** *dat* **~** to conjure sth from sth; **einen Hasen aus einem Hut ~** to pull a rabbit out of a hat ❷ (*a. fam: schaffen*) ■ **etw ~** to conjure up sth II. *vi* (*Magie anwenden*) to perform [*or* do] magic; (*Zauberkunststücke vorführen*) to do magic tricks

Zauberschule *f* conjuring school **Zauberspruch** *m* magic spell **Zauberstab** *m* magic wand **Zaubertrank** *m* magic potion **Zaubertrick** *m s.* Zauberkunststück **Zauberwort** *nt* ❶ (*magisches Wort*) magic word; ***wie heißt das ~?*** (*fig*) what's the magic word? *fig* ❷ *s.* **Zauberformel 2**

Zauderer, Zauderin <-s, -> *m, f* irresolute person, ditherer, waverer, vacillator

zaudern *vi* to hesitate, to be irresolute; ■ **mit etw** *dat* **~** to hesitate with sth; ■ **~, etw zu tun** to hesitate to do sth; **ohne zu ~** without hesitation [*or* vacillation]

Zaudern <-s> *nt kein pl* hesitation *no pl*

Zaum <-[e]s, Zäume> *m* bridle; **einem Pferd den ~ anlegen** to bridle a horse, to put a bridle on a horse; **etw/jdn/sich in** [*o* **im**] **~ halten** (*fig*) to keep sth/sb/oneself in check, to keep a tight rein on sth/sb/oneself

zäumen *vt* ■ **ein Tier ~** to bridle an animal

Zaumzeug <-[e]s, -e> *nt* bridle

Zaun <-[e]s, Zäune> *m* fence ▶ WENDUNGEN: **etw vom ~ brechen** to provoke sth; **einen Streit/eine Auseinandersetzung vom ~ brechen** to pick a fight/start an argument

Zaungast <-gäste> *m uninvited spectator* **Zaunkönig** *m* wren **Zaunlatte** *f* pale, stake **Zaunpfahl** *m* [fence] post

zausen I. *vt* ■ **etw ~** to tousle [*or* ruffle] sth; **jdm das Haar ~** to tousle sb's hair II. *vi* ■ **in/an etw** *dat* **~** to play with sth; **an jds Ohren ~** to play with sb's ears

z. B. *Abk von* **zum Beispiel** e.g.

ZDF <-s> *nt Abk von* **Zweites Deutsches Fernsehen** *second public service television station in Germany*

Zebra <-s, -s> *nt* zebra

Zebrastreifen *m* zebra [*or* AM *a.* pedestrian] crossing

Zebu <-s, -s> *nt* zebu

Zeche[1] <-, -n> *f* BERGB coal mine, *esp* BRIT colliery

Zeche[2] <-, -n> *f* (*Rechnung für Verzehr*) bill; **eine hohe ~ machen** to run up a large bill; **die ~ prellen** (*fam*) to leave without paying; **die ~ bezahlen müssen** to have to foot the bill

zechen *vi* (*hum*) to booze *fam,* to booze it up *fam,* to have a booze-up BRIT *fam,* to go on the piss BRIT *sl*

Zechenfusion *f* pit merger **Zechenschließungen** *pl* pit closures *pl* **Zechenstillegung** *f* pit closure

Zecher(in) <-s, -> *m(f)* boozer *fam*

Zechgelage *nt* binge, booze-up BRIT *fam* **Zechkumpan(in)** *m(f)* (*fam*) drinking-mate BRIT *fam,* drinking-buddy AM *fam* **Zechpreller(in)** <-s, -> *m(f)* walk-out (*person who leaves without paying the bill*) **Zechprellerei** <-, -en> *f* walking out (*leaving without paying the bill*)

Zeck <-[e]s, -en> *m* ÖSTERR (*fam*), **Zecke** <-, -n> *f* tick

Zeckenbiss[RR] *m,* **Zeckenbiß** *m* tick bite **Zeckenimpfung** *f* vaccination for tick bites

Zedent <-en, -en> *m* JUR (*Abtretender*) assignor

Zeder <-, -n> *f* ❶ BOT cedar ❷ *kein pl* (*Zedernholz*) cedar[wood]

Zedernholz *nt* cedarwood

zedieren* *vt* JUR (*abtreten*) ■ **etw ~** *Forderung* to assign [*or* transfer] sth

Zeh <-s, -en> *m,* **Zehe** <-, -n> *f* ❶ ANAT toe; **großer/kleiner ~** big/little toe; **sich** *akk* **auf die ~en stellen** to stand on tiptoes; **jdm auf die ~n treten** (*fig fam*) to tread on sb's toes *fig fam* ❷ KOCHK (*Knoblauchzehe*) clove

Zehennagel *m* toenail **Zehenspitze** *f* tip of the toe; **auf** [**den**] **~n** on tiptoe; **auf** [**den**] **~n gehen** to tiptoe, to walk on tiptoe; **auf die ~n stellen** to stand on tiptoe

zehn *adj* ten; *s. a.* **acht**[1]

Zehn <-, -en> *f* ❶ (*Zahl*) ten ❷ KARTEN ten; *s. a.* **Acht**[1] 4 ❸ (*Verkehrslinie*) ■ **die ~** the [number] ten

zehnbändig *adj* in ten volumes

Zehner <-s, -> *m* ❶ (*fam: Zehnpfennigstück*) a tenpfennig piece; (*Zehnmarkschein*) ten-mark note ❷ MATH (*Zahl zwischen 10 und 90*) ten; **die Einer und die ~ addieren** to add the ones and the tens

Zehnerblock *m* INFORM numeric keypad **Zehnerkarte** *f* TRANSP ten-journey ticket; TOURIST ten-visit ticket

zehnerlei *adj attr* ten [different]; *s. a.* **achterlei**

Zehnerpackung *f* packet of ten **Zehnerstelle** *f* MATH tens [place]

zehnfach, 10fach I. *adj* tenfold II. *adv* tenfold, ten times over

Zehnfache, 10fache *nt dekl wie adj* ten times as much/many; *s. a.* Achtfache

Zehnfingersystem <-s> *nt kein pl* TYPO touch-typing method **zehnjährig, 10-jährig**RR *adj* ❶ *(Alter)* ten-year-old *attr,* ten years old *pred; s. a.* **achtjährig 1** ❷ *(Zeitspanne)* ten-year *attr; s. a.* **achtjährig 2 Zehnjährige(r), 10-Jährige(r)**RR *f(m) dekl wie adj* ten-year-old **Zehnkampf** *m* decathlon **Zehnkämpfer(in)** *m(f)* decathlete

zehnmal, 10-malRR *adv* ten times; *s. a.* **achtmal**

Zehnmarkschein *m* ten-mark note [*or* AM *usu* bill] **Zehnmeterbrett** *nt* ten-metre [*or* AM -er] board **Zehnpfennigstück** *nt* ten-pfennig piece

zehnstöckig *adj* ten-storey [*or* AM -story] *attr,* with ten storeys **zehnstündig, 10-stündig**RR *adj* ten-hour *attr; s. a.* **achtstündig**

zehnt *adv* ■ **zu** ~ **sein** to be a party of ten

zehntägig, 10-tägigRR *adj* ten-day *attr*

zehntausend *adj* ❶ *(Zahl)* ten thousand; *s. a.* **tausend 1** ❷ ■ **sehr viele,** ■ **Z~e von ...** tens of thousands of ...; **die oberen Z~** *(fam o fig)* the top ten thousand ❸ *(fam: 10.000 DM)* ten grand *no pl,* ten thou *no pl sl,* ten G's [*or* K's] *no pl* AM *sl*

zehnte(r, s) *adj* ❶ *(nach dem neunten kommend)* tenth; **die** ~ **Klasse** [*o fam* **die** ~] fourth year *(secondary school),* fourth form [*or* AM grade]; *s. a.* **achte(r, s) 1** ❷ *(Datum)* tenth, 10th; *s. a.* **achte(r, s) 2**

Zehnte(r) *f(m) dekl wie adj* ❶ *(Person)* tenth; *s. a.* **Achte(r) 1** ❷ *(bei Datumsangaben)* ■ **der** ~ [*o geschrieben* **der 10.**] the tenth *spoken,* the 10th *written; s. a.* **Achte(r) 2** ❸ HIST ■ **der** ~ tithe

zehntel *adj* tenth

Zehntel <-s, -> *nt o* SCHWEIZ *m* ■ **ein** ~ a tenth; *s. a.* **Achtel**

zehntens *adv* tenth[ly], in [the] tenth place

zehren *vi* ❶ *(erschöpfen, schwächen)* ■ **an jdm/etw** ~ to wear sb/sth out; **an jds Nerven/Gesundheit** ~ to ruin sb's nerves/health ❷ *(sich ernähren)* ■ **von etw** *dat* ~ to live on [*or* off] sth; **von seinen Erinnerungen** ~ *(fig)* to live in the past

Zeichen <-s, -> *nt* ❶ *(Symbol)* symbol; **chemische** ~ chemical symbols; *(Notations~)* symbol; *(Schrift~)* character; *(Satz~)* punctuation mark; **fettes/kursives** ~ bold/italic character ❷ *(Markierung)* sign; **ein** ~ **auf** [*o* **in**] **etw** *akk* **machen** to make a mark on sth; **sein** ~ **unter ein Schriftstück setzen** to put one's [identification] mark at the end of a text; **die Forscher fanden viele seltsame** ~ the researchers found many strange marks; **seines/ihres** ~**s** *(hum veraltend)* by trade ❸ *(Hinweis)* sign; *(Symptom)* symptom; **ein untrügliches/sicheres/schlechtes** ~ a[n] unmistakable/sure/bad sign; **wenn nicht alle** ~ **trügen** if I'm/we're not completely mistaken; **die** ~ **der Zeit erkennen** [*o* **richtig zu deuten wissen**] to recognise the mood of the times; ***es geschehen noch*** ~ ***und Wunder*** *(hum, fig)* wonders will never cease *hum* ❹ *(Signal)* signal; **jdm ein** ~ **geben** [*o* **machen**] to give sb a signal; **sich** *akk* **durch** ~ **verständigen** to communicate using signs; **das** ~ **zu etw** *dat* **geben** to give the signal to do sth; **ein** ~ **setzen** to set an example; **die** ~ **stehen auf Sturm** *(fig)* there's trouble ahead; *(Ausdruck)* expression; **als/zum** ~ **einer S.** *gen* as an expression [*or* indication] of sth; **zum** ~, **dass** to show that ❺ ASTROL *(Stern~)* sign; **im** ~ **einer S.** *gen* **geboren sein** to be born under the sign of sth ❻ JUR trade mark; **eingetragenes** ~ registered trade mark

Zeichenblock <-blöcke *o* -blocks> *m* ❶ *(Papier)* sketch pad ❷ INFORM character block

Zeichenbrett *nt* drawing board

Zeichendarstellung *f* INFORM character representation

Zeichendreieck *nt* setsquare BRIT, triangle AM

Zeichenerkennung *f* INFORM, TYPO character recognition **Zeichenerklärung** *f* key; *(Landkarte)* legend

Zeichenfeder *f* pen for drawing

Zeichenfolge *m* INFORM character string; **Typ der** ~ string type **Zeichenformattierung** *f* INFORM character formatting **Zeichengenerator** *m* INFORM character generator **Zeichenkette** *f* INFORM character string; **alphanumerische** ~ alphanumeric string **zeichenkompatibel** *adj* INFORM character compatible

Zeichenkunst *f* [art of] drawing **Zeichenlehrer(in)** *m(f)* art teacher

Zeichenmodus *m* INFORM character mode **zeichenorientiert** *adj* INFORM character oriented

Zeichenpapier *nt* drawing paper

Zeichenprogramm *nt* INFORM drafting package

Zeichensaal *m* art room

Zeichensatz *m* INFORM character set, font [*or* fount]

Zeichensetzung <-> *f kein pl* punctuation **Zeichensprache** *f* sign language **Zeichenstift** *m* drawing pencil **Zeichenstunde** *f* art [*or* drawing] lesson

Zeichentabelle *f* INFORM character table

Zeichentaste *f* INFORM character key

Zeichentisch *m* drawing table **Zeichentrickfilm** *m* cartoon, animated film *form* **Zeichenunterricht** *m* art [lesson]

Zeichenvorrat *m* INFORM character set [*or* repertoire]

zeichnen I. *vt* ❶ KUNST, ARCHIT ■ **jdn/etw** ~ to draw sb/sth; **eine Landschaft** ~ to draw a landscape; **einen Akt** ~ to draw a nude; **einen Grundriss** ~ to draw an outline ❷ *(schriftlich anerkennen)* ■ **etw** ~ to subscribe for sth; **Aktien** ~ to subscribe for shares; **einen Scheck** ~ to validate a cheque ❸ *(mit Zeichen versehen)* to mark; **Wäsche** ~ to mark the laundry; **von einer Krankheit gezeichnet sein** *(fig)* to be scarred by an illness *fig* **II.** *vi* ❶ KUNST ■ **[mit etw** *dat*] ~ to draw [with sth]; ■ **an etw** *dat* ~ to draw sth ❷ *(geh: verantwortlich sein)* **für etw** *akk* [**verantwortlich**] ~ to be responsible for sth

Zeichnen <-s> *nt kein pl* ❶ *(Anfertigung einer Zeichnung)* drawing; **rechnerunterstützes** ~ INFORM computer-aided drafting, CAD ❷ *(Zeichenunterricht)* art lesson ❸ *(schriftliches Anerkennen)* validation

Zeichner(in) <-s, -> *m(f)* ❶ KUNST draughtsman *masc,* AM *a.* draftsman *masc,* draughtswoman *fem,* AM *a.* draftswoman *fem;* **technischer** ~**/technische Zeichnerin** engineering draughtsman/draughtswoman ❷ FIN subscriber

zeichnerisch I. *adj* graphic; ~**e Begabung/**~**es Können** talent/ability for drawing **II.** *adv* graphically; **etw** ~ **erklären** to explain sth with a drawing

Zeichnung <-, -en> *f* ❶ KUNST drawing; *(Entwurf)* draft, drawing; **eine** ~ [**von jdm/etw**] **anfertigen** to make a drawing [of sb/sth] ❷ BOT, ZOOL *(farbige Musterung)* markings *pl* ❸ FIN subscription, signing; **öffentliche** ~ public issue

Zeichnungsangebot *nt* HANDEL tender; ~ **für eine Aktie** subscription offer **Zeichnungsantrag** *m* FIN subscription application **Zeichnungsbefugnis** *f* authority to sign **zeichnungsberechtigt** *adj* authorized to sign **Zeichnungsberechtigte(r)** *f(m) dekl wie adj* JUR authorized signatory, officer responsible **Zeichnungsfrist** *f* FIN subscription period **Zeichnungspflicht** *f* FIN obligation to subscribe **Zeichnungsrecht** *nt* FIN subscription right **Zeichnungsschein** *m* FIN subscription slip **Zeichnungsvollmacht** *f* authority [*or* power] to sign, signing power

Zeigefinger *m* index finger, forefinger

zeigen I. *vt* ❶ *(deutlich machen)* ■ **jdm etw** ~ to show sb sth; **jdm die Richtung/den Weg** ~ to show sb the way ❷ *(vorführen)* ■ **[jdm] jdn/etw** ~ to show [sb] sb/sth; **sich** *dat* **von jdm** ~ **lassen, wie etw gemacht wird** to get sb to show one how to do sth; **sich** *dat* **sein Zimmer** ~ **lassen** to be shown one's room; **zeig mal, was du kannst!** *(fam)* let's see what you can do! *fam;* **es jdm zeigen** *(fam)* to show sb ❸ *(geh: erkennen lassen)* to show; **Wirkung** ~ to have an effect; **Interesse/Reue** ~ to show interest/regret; **seine Gefühle** [**nicht**] ~ to [not] show one's feelings; **guten Willen** ~ to show good will; **Mut** ~ to show courage **II.** *vi* ❶ *(deuten/hinweisen)* to point; **nach rechts/oben/hinten** ~ to point right [*or* to the right]/upwards/to the back; **nach Norden** ~ to point north [*or* to the north]; ■ **auf etw** *akk* ~ to point at sth; ***der Zeiger der Benzinuhr zeigt auf „leer"*** the needle on the fuel gauge reads "empty"; ■ **[mit etw** *dat*] **auf jdn/etw** ~ to point [with sth] at sb/sth ❷ *(erkennen lassen)* ■ ~, **dass** to show that, to be a sign that **III.** *vr* ❶ *(sich sehen lassen)* ■ **sich** *akk* [**jdm**] ~ show oneself [to sb]; **sich** *akk* **mit jdm** ~ to let oneself be seen with sb; **sich** *akk* **in** [*o* **mit**] **etw** *dat* ~ to be seen in sth; ***komm, zeig dich mal!*** let me see what you look like ❷ *(erkennbar werden)* ■ **sich** *akk* ~ to appear; ***am Himmel zeigten sich die ersten Wolken*** the first clouds appeared in the sky ❸ *(sich erweisen)* ■ **sich** *akk* [**als jd/irgendwie**] ~ to prove oneself [to be sb/somehow]; **sich** *akk* **befriedigt/erfreut/erstaunt** ~ to be satisfied/happy/amazed; **sich** *akk* **von seiner besten Seite** ~ to show oneself at one's best

Zeiger <-s, -> *m* *(Uhr~)* hand; **der große/kleine** ~ the big/small [*or* little] hand; *(Messnadel)* needle, indicator

Zeigestab *m* pointer **Zeigestock** *m* pointer

Zeile <-, -n> *f* ❶ *(geschriebene Reihe)* line; ~ **für** ~ line for line; **jdm ein paar** ~**n schrieben** *(fam)* to drop sb a line; **bis zur letzten** ~ to the last line; **zwischen den** ~**n lesen** to read between the lines ❷ *(Reihe)* row; **eine** ~ **von Bäumen/Häusern** a row of trees/houses ❸ INFORM line; **oberste** ~ head of form; ~**n pro Zoll/Minute** lines per inch/minute

Zeilenabstand *m* INFORM, TYPO line height [*or* spacing] **Zeilenbreite** *f* TYPO line measure, width of lines **Zeilendrucker** *m* line-at-a-time printer **Zeilendurchschuss**RR *m* TYPO line [*or* vertical] spacing **Zeileneditor** *m* INFORM line editor **Zeileneinzug** *m* indent **Zeilenfrequenz** *f* INFORM line frequency **Zeilenhonorar** *nt* payment per line **Zeilenlänge** *f* TYPO line length, length of a line **Zeilennummer** *f* INFORM line number **Zeilennummerierung** *f* INFORM line numbering **Zeilenschaltung** *f* TELEK line switching **Zeilensetzmaschine** *f* line casting machine [*or* caster], Linotype® *[machine]* **Zeilensprung** *m* INFORM interlace **Zeilensprungsverfahren** *nt* INFORM interlace mode **Zeilenumbruch** *m* INFORM, TYPO line folding [*or* break]; **automatischer** ~ word wrap, wraparound **Zeilenvorschub** *m* INFORM line feed; **automatischer** ~ auto advance **Zeilenwechsel** *m* INFORM new line

zeilenweise *adv* INFORM line-serially

Zeilenzahl *f* line count

Zeisig <-s, -e> *m* ORN spinus, siskin

Zeit <-, -en> *f* ❶ *(verstrichener zeitlicher Ablauf)* time; **die genaue** ~ the exact time; **westeuropäische** ~ Greenwich Mean Time; **mitteleuropäische** ~ Central European Time; **mit der** ~ in time; ~ **raubend** time-consuming; ~ **sparend** time-saving; **etw** ~ **sparend tun** to save time in doing sth; **durch die** ~ **reisen** to travel through time; **die** ~ **totschlagen** *(fam)* to kill time *fam* ❷ *(Zeitraum)* time; **in jds bester** ~ at sb's peak; **auf bestimmte** ~ for a certain length of time; **Vertrag auf** ~ fixed-term contract; **Beamter auf** ~ *non-permanent civil servant;* **die ganze** ~ [**über**] the whole time; **in letzter** ~ lately; **vor seiner** ~ **alt werden/sterben** to get old/die before one's time; **in nächster** ~ in the near future; **auf unabsehbare** ~ for an unforeseeable period, unforeseeably; **auf unbestimmte** ~ for an indefinite period, indefinitely; **eine ganze/einige/längere** ~ **dauern** to take quite some/some/a long time; ~ **gewinnen** to gain time; [**keine**] ~ **haben** to [not] have time; ~ **haben, etw zu tun** to have the time to do sth; **zehn Minuten/zwei Tage** ~ **haben** [**, etw zu tun**] to have ten minutes/two days [to do sth]; ***haben Sie einen Augenblick*** ~**?** have you got a moment to spare?; **das hat noch** ~ [*o* **mit etw hat es noch** ~] that/sth can wait, there's no rush [*or* hurry]; **auf** ~ **kaufen** BÖRSE to buy forward; **sich** [**mit etw**] ~ **lassen** to take one's time [with sth]; **sich** *dat* [**mehr**] ~ [**für jdn/etw**] **nehmen** to devote [more] time [to sb/sth]; ~ **schinden** *(fam)* to play for time; **jdm die** ~ **stehlen** *(fam)* to waste sb's time; **wie**

Z

doch die ~ vergeht! how time flies!; keine ~ verlieren to not lose any more time; jdm/sich die ~ mit etw vertreiben to help sb/one pass the time with sth; jdn auf ~ beschäftigen/einstellen to employ sb on a temporary basis; jdm wird die ~ lang sb is bored; etw auf ~ mieten to rent sth temporarily; nach ~ by the hour ❸ (*Zeitpunkt*) time; zu gegebener ~ in due course; feste ~en haben to have set times; jds ~ ist gekommen (*euph geh*) sb's time has come *euph;* zur gleichen ~ at the same time; es ist [*or* höchste] ~, etw zu tun [*o* wird] it's [high] time to do sth; es ist an der ~, etw zu tun it's high time to do sth; wenn es an der ~ ist when the time is right; zu nachtschlafender ~ in the middle of the night; seit dieser/der ~ since then; von ~ zu ~ from time to time; zur ~ at the moment; zu jeder ~ at any time; zur rechten ~ at the right time; alles zu seiner ~ all in good time ❹ (*Epoche, Lebensabschnitt*) time, age; mit der ~ gehen to move with the times; die ~ der Aufklärung the age of enlightenment; ... aller ~en ... of all times; die gute alte ~ the good old days; seit uralten [*o* ewigen] ~en since/from time immemorial; für alle ~en for ever, for all time *liter;* etw war vor jds ~ sth was before sb's time; zu jener ~ at that time; vor ~en (*liter*) a long time ago; zur ~ [*o* zu ~en] einer Person *gen* in sb's times; ***die ~en ändern sich*** times are changing ❺ LING (*Tempus*) tense ❻ SPORT time; eine gute ~ laufen to run a good time; auf ~ spielen to play for time ▶ WENDUNGEN: ~ ist Geld time is money; spare in der ~, dann hast du in der Not (*prov*) waste not, want not; kommt ~, kommt Rat (*prov*) things have a way of sorting themselves out; die ~ heilt alle Wunden (*prov*) time heals all wounds *prov;* ach du liebe ~! (*fam*) goodness me! *fam;* die ~ arbeitet für jdn (*fig*) time is on sb's side; die ~ drängt time presses; wer nicht kommt zur rechten ~, der muss nehmen, was übrig bleibt (*prov*) the early bird catches the worm *prov*

zeit *präp +gen* time; ~ meines Lebens all my life, as long as I live

Zeitabschnitt *m* period [of time] **Zeitabstand** *m* time interval **Zeitalter** *nt* age; das viktorianische ~ the Victorian age; in unserem ~ nowadays, in our day and age; das goldene ~ the golden age **Zeitangabe** *f* ❶ (*Angabe der Uhrzeit*) time; (*Angabe des Zeitpunktes*) date ❷ LING temporal adverb **Zeitansage** *f* TELEC speaking clock; RADIO time check **Zeitarbeit** *f kein pl* temporary work *no pl* **Zeitarbeitnehmer(in)** *m(f)* temporary worker, temp *fam* **Zeitarbeitsfirma** *f* temorary employment agency, temping agency *fam* **Zeitarbeitskraft** *f* temporary staff **Zeitaufnahme** *f* ❶ FOTO time exposure ❷ HIST (*in der REFA-Lehre*) time-taking **Zeitaufwand** *m* expenditure of time; nach ~ bezahlen to pay by the hour; mit großem ~ gebunden sein to be extremely time-consuming **zeitaufwändig**RR *adj,* **zeitaufwendig** *adj* time-consuming **zeitbezogen** *adj* time-related; ~e Autobahngebühr time-related motorway toll **Zeitbombe** *f* time bomb **Zeitcharter** *m* HANDEL period time charter **Zeitdauer** *f* duration **Zeitdokument** *nt* contemporary document **Zeitdruck** *m kein pl* time pressure; sich *akk* [von jdm] unter ~ setzen lassen to let oneself be rushed [by sb]; jdn unter ~ setzen to put sb under time pressure; unter ~ stehen/arbeiten to be/work under time pressue **Zeiteinheit** *f* time unit **Zeiteinteilung** *f* time planning, time management

Zeitenfolge *f* LING sequence of tenses

Zeiterfassungsuhr *f* time clock **Zeitersparnis** *f* saving of time

Zeitfahren *nt kein pl* SPORT time trial **Zeitfrage** *f* ❶ *kein pl* (*Frage der Zeit*) question of time ❷ (*Problem der Zeit*) contemporary concern **Zeitgeber** *m* TECH clock **zeitgebunden** *adj* dependent on [*or* characteristic of] a particular time **Zeitgefühl** *nt kein pl* sense of time; das ~ verlieren to loose all sense of time **Zeitgeist** *m kein pl* Zeitgeist, spirit of the times

zeitgemäß I. *adj* modern, up-to-date; ein ~es Design a modern design II. *adv* up-to-date, modern

Zeitgenosse, -genossin *m, f* ❶ (*zur gleichen Zeit lebender Mensch*) jds ~, ein ~ von jdm sb's contemporary, a contemporary of sb ❷ (*fam: Mensch*) ein verschrobener ~ an odd bod BRIT *fam,* an oddball AM *fam;* ein übler ~ a bad guy *fam* **zeitgenössisch** *adj* contemporary; ~e Kunst/Musik contemporary art/music **Zeitgeschäft** *nt* BÖRSE dealing in futures **Zeitgeschehen** *nt kein pl* events of the day **Zeitgeschichte** *f kein pl* contemporary history *no pl* **zeitgeschichtlich** *adj* contemporary-history *pred,* from the point of view of contemporary history **Zeitgeschmack** *m kein pl* prevailing taste **Zeitgewinn** *m* gain in time, time-saving **zeitgleich** I. *adj* contemporaneous II. *adv* at the same time; ~ ins Ziel kommen to finish [the race] at the same time [as sb else] **Zeitguthaben** *nt* ÖKON [time] credit **Zeithistoriker(in)** *m(f)* contemporary historian

zeitig I. *adj* early II. *adv* early, in good time

zeitigen *vt* (*geh*) ■etw ~ to bring sth about; Früchte ~ to bear fruit

Zeitkarte *f* TRANSP monthly/weekly/weekend etc ticket [*or* pass] **Zeitkauf** *m* ❶ HANDEL sale on credit terms ❷ BÖRSE future purchase **Zeitkontrolle** *f* ÖKON *bei Gleitzeit* time control **Zeitkorridor** *m* ÖKON time corridor (*weekly factory working hours within an upper and lower limit, dependent on amount of work available*) **zeitkritisch** I. *adj commenting on contemporary issues;* ein ~er Film a film on contemporary issues II. *adv* etw ~ analysieren *to analyse sth by looking at the contemporary issues;* etw ~ beleuchten *to shed light on the contemporary issues affecting sth* **Zeitlang** *f* ■eine ~ for a while [*or* a time] **zeitlebens** *adv* one's whole life, all one's life

zeitlich I. *adj* ❶ (*chronologisch*) chronological; der ~e Ablauf the chronological sequence of events; (*terminlich*) temporal; die ~e Planung time planning ❷ REL (*irdisch, vergänglich*) transitory; das Z~e segnen (*euph veraltet: sterben*) to depart from this life; (*fam: kaputtgehen*) to pack in *fam* II. *adv* ❶ (*terminlich*) timewise *fam,* from a temporal point of view; ~ zusammenfallen to coincide; etw ~ abstimmen to synchronize sth ❷ (*vom Zeitraum her*) ~ begrenzt for a limited time; etw ~ hinausschieben to postpone sth; eine ~e Zahlung a payment received on time

Zeitlimit *nt* time limit

zeitlos *adj* timeless; ~e Kleidung classic cloths *pl;* ~er Stil style that doesn't date [*or* go out of date]

Zeitlupe *f kein pl* slow motion *no art;* etw in [der] ~ zeigen to show sth in slow motion **Zeitlupenaufnahme** *f* slow-motion shot **Zeitlupentempo** *nt* im ~ in slow motion; sich *akk* im ~ bewegen (*hum*) to move at a snail's pace *hum* **Zeitmangel** *m kein pl* lack of time; aus ~/wegen ~s due to lack of time **Zeitmaschine** *f* time machine **Zeitmessung** *f* timekeeping **Zeitmultiplexverfahren** *nt* INFORM time division multiplexing **Zeitnehmer(in)** <-s, -> *m(f)* SPORT timekeeper **Zeitnot** *f kein pl* shortage of time; in ~ geraten to run out of time; in ~ sein to be short of time [*or* pressed for time] **Zeitplan** *m* schedule, timetable; den ~ einhalten to stick to the timetable, to be [*or* stay] on schedule **Zeitpunkt** *m* time; zu diesem ~ at that point in time; zu dem ~ at that time; zu einem bestimmten ~ at a certain time; zum jetzigen ~ at this moment in time; den richtigen ~ abwarten to find the right time **Zeitraffer** <-s> *m kein pl* time-lapse photography; etw im ~ filmen to film sth using time-lapse photography **Zeitrafferaufnahme** *f* time-lapse shot **Zeitraum** *m* period of time; in einem ~ von [drei Wochen] over a period of [three weeks]; über einen längeren Zeitraum over a longer period of time **Zeitrechnung** *f* ❶ (*Kalendersystem*) calendar; nach moslemischer ~ according to the muslim calendar; vor/nach unserer ~ before Christ/anno Domini ❷ (*Berechnung der Zeit*) calculation of time **Zeitreise** *f* travel through time **Zeitreisende(r)** *f(m) dekl wie adj* time-traveller **Zeitschaltuhr** *f* time switch **Zeitscheibe** *f* INFORM time slice **Zeitscheibenverfahren** *nt* INFORM time slicing

Zeitschrift *f* magazine; (*wissenschaftlich*) periodical, journal; elektronisch vertriebene ~ electronic magazine

Zeitschriftenabonnement *nt* magazine subscription **Zeitschriftenbeilage** *f* pull-out section **Zeitschriftenständer** *m* magazine rack **Zeitschriftenzustellung** *f* mailing of magazines

Zeitschulden *pl* ÖKON [time] deficit **Zeitsichtwechsel** *m* FIN sight bill **Zeitsoldat** *m* regular soldier (*serving for a fixed term*) **Zeitspanne** *f* period of time **Zeittafel** *f* chronological table **Zeittakt** *m* unit length; in einem ~ von drei Minuten every three minutes **zeittypisch** *adj* contemporary **Zeitumstellung** *f* changing the clocks

Zeitung <-, -en> *f* newspaper, paper; etw in die ~ bringen to put sth in the paper; bei einer ~ sein *fam* [*o* arbeiten] to work for a newspaper

Zeitungsabonnement *nt* newspaper subscription **Zeitungsannonce** *f* newspaper advertisement, ad *fam;* (*Geburt, Tod, Ehe*) announcement **Zeitungsanzeige** *f* newspaper advertisement [*or fam* ad] **Zeitungsartikel** *m* newspaper article **Zeitungsausschnitt** *m* newspaper cutting **Zeitungsausträger(in)** *m(f)* paper boy/girl **Zeitungsbeilage** *f* newspaper supplement **Zeitungsbericht** *m* newspaper article [*or* report] **Zeitungsente** *f* (*fam*) canard, false newspaper report **Zeitungsinterview** *nt* newspaper interview **Zeitungsjargon** [-ʒarˈgõ:] *m* journalese **Zeitungskiosk** *m* newspaper kiosk [*or* stand] **Zeitungsleser(in)** *m(f)* newspaper reader; ~ sein to like to read newspapers **Zeitungsmeldung** *f* newspaper report **Zeitungsnotiz** *f* newspaper item, brief report **Zeitungspapier** *nt* newsprint, newspaper **Zeitungsredaktion** *f editorial office of a newspaper* **Zeitungsreklame** *f* newspaper advertising *no pl, no indef art* **Zeitungsstand** *m* news stand **Zeitungsständer** *m* [news]paper stand [*or* rack] **Zeitungsverkäufer(in)** *m(f)* person selling newspapers **Zeitungsverlag** *m* newspaper publisher **Zeitungsverleger(in)** *m(f)* newspaper publisher **Zeitungsverträger(in)** *m(f)* SCHWEIZ *s.* Zeitungsausträger **Zeitungsvertriebsgesellschaft** *f* newspaper marketing company **Zeitungswesen** <-s> *nt kein pl* newspaper world [*or* trade] [*or* business], press **Zeitungszar** *m* (*fam*) press baron **Zeitungszusteller(in)** *m(f)* newspaper deliverer, paper boy [*or fem* girl]

Zeitunterschied *m* time difference **Zeitvergeudung** *f kein pl s.* Zeitverschwendung **Zeitverlust** *m* loss of time; ohne ~ without losing any time; einen ~ aufholen to make up time **Zeitverschiebung** *f* time difference **Zeitverschwendung** *f kein pl* waste of time; [reine] ~ sein, etw zu tun to be a [total] waste of time to do sth **zeitversetzt** *adj* staggered **Zeitvertrag** *m* temporary contract **Zeitvertreib** <-[e]s, -e> *m* pastime; zum ~ to pass the time, as a way of passing the time; (*als Hobby*) as a pastime **Zeitverzögerung** *f* time delay; mit erheblicher ~ with considerable delay **Zeitvorgabe** *f* ÖKON time standard, time-setting

zeitweilig I. *adj* ❶ (*gelegentlich*) occasional ❷ (*vorübergehend*) temporary; ~ niedriger Stand ÖKON intermittently low level II. *adv s.* zeitweise

zeitweise *adv* ❶ (*gelegentlich*) occasionally, at times ❷ (*vorübergehend*) temporarily

Zeitwert *m* current value **Zeitwertpapier** *nt* ❶ FIN term security ❷ (*fig*) working-time share (*overtime payments paid into a fund whose shares a worker can use to finance gradual early retirement or sell on to a colleague*); *s. a.* Arbeitszeitkonto **Zeitwort** *nt* LING verb **Zeitzeichen** *nt* time signal **Zeitzeuge, -zeugin** *m, f* (*geh*) contemporary witness **Zeitzone** *f* time zone **Zeitzünder** *m* time fuse **Zeitzündung** *f* time fuse

zelebrieren* *vt* ❶ REL (*Messe lesen*) ■etw ~ to celebrate sth ❷ (*hum geh: betont feierlich gestal-*

ten) ■**etw** ~ to celebrate sth; **ein Essen** ~ to have a sumptuous [*or* BRIT slap-up] meal *fam* ❸ (*selten geh: feiern*) to celebrate; **jds Geburtstag** ~ to celebrate sb's birthday
Zellbiologie *f* cell biology
Zelle <-, -n> *f* cell; (*Telefon~*) [phone] booth [*or* BRIT box] ▶ WENDUNGEN: **die [kleinen] grauen ~n** (*hum fam*) one's grey matter
Zellenbildung *f* BIOL cell formation
Zellerneuerung *f* cell renewal **Zellfusion** *f* cell fusion **Zellgewebe** *nt* cell tissue **Zellhaufen** *m* BIOL cell cluster, cluster of cells **Zellkern** *m* nucleus [of a/the cell] **Zellkultur** *f* BIOL cell culture **Zellmembran** *f* cell membrane
Zellophan <-s> *nt kein pl s.* **Cellophan**
Zellplasma *nt* cell plasma, cytoplasm *spec* **Zellstoff** *m s.* **Zellulose Zellstofftuch** *nt* cellulose cloth [*or* fabric] **Zellteilung** *f* cell division
Zellulitis <-, Zellulitiden> *f meist sing s.* **Cellulitis**
Zellulitiscreme *f* cellulitis cream
Zelluloid <-[e]s> *nt kein pl* celluloid *no pl*
Zellulose <-, -n> *f* cellulose
Zellwand *f* BIOL cell wall **Zellwolle** *f kein pl* rayon **Zellwucherung** *f* rampant cell growth
Zelt <-[e]s, -e> *nt* tent; (*Fest~*) marquee; (*Zirkus~*) big top; **ein ~ aufschlagen** to pitch a tent; **das himmlische ~** (*liter*) the canopy *liter* ▶ WENDUNGEN: **seine ~e abbrechen** (*hum fam*) to up sticks BRIT, to pack one's bags AM; **seine ~e irgendwo aufschlagen** (*hum fam*) to settle down somewhere
Zeltbahn *f* strip of canvas **Zeltblache** <-, -n> *f* SCHWEIZ (*Zeltplane*) tarpaulin **Zeltdach** *nt* ARCHIT ❶ (*pyramidenförmiges Hausdach*) pyramid roof ❷ (*als Dach gespannte Zeltplane*) tent-roof
zelten *vi* to camp [somewhere]; ~ **gehen** to go camping
Zelten[1] <-s> *nt* camping; ~ ***verboten!*** no camping!
Zelten[2] <-s, -> *m* SÜDD, ÖSTERR (*veraltend*) ❶ (*kleiner Lebkuchen*) *small flat gingerbread* ❷ (*Früchtebrot*) fruit bread
Zelter(in) <-s, -> *m(f)* camper
Zelter <-s, -> *m* (*hist: Reitpferd*) palfrey *hist*
Zeltlager *nt* camp **Zeltleine** *f* guy rope **Zeltleinwand** *f kein pl* canvas **Zeltmast** *m* tent pole **Zeltpflock** *m* tent peg **Zeltplane** *f* tarpaulin **Zeltplatz** *m* campsite **Zeltstange** *f* tent pole
Zement <-[e]s, -e> *m* ❶ BAU cement; (*Zementfußboden*) cement floor ❷ MED (*Zahn~*) [dental] cement
Zementfußboden *m* cement floor
zementieren* *vt* ❶ BAU ■**etw** ~ to cement sth ❷ (*geh: festigen*) ■**etw** ~ to cement sth; **ein politisches System** ~ to reinforce a political system
Zementleim *m* BAU cement slurry **Zementmörtel** *m* BAU cement mortar **Zementschlämme** *f* BAU cement grout
Zenit <-[e]s> *m kein pl* ❶ ASTRON (*Scheitelpunkt*) zenith ❷ (*geh: Höhepunkt*) zenith; **im ~ einer S. stehen** to be at the peak of sth; ***er stand im ~ seiner Karriere*** he was at the peak of his career
zensieren* *vt* ❶ (*der Zensur unterwerfen*) ■**etw** ~ to censor sth ❷ SCH ■**etw** ~ to mark [*or* AM *usu* grade] sth, to give sth a mark [*or* AM *usu* grade]; **etw schlechter** ~ to mark down sth *sep*, to give sth a lower grade
Zensor, Zensorin <-s, -soren> *m, f* censor
Zensur <-, -en> *f* ❶ SCH mark; **jdm eine bestimmte ~ geben** to give sb a certain mark; **schlechte/gute ~en bekommen** to get [*or* obtain] good/poor marks; **schlechte/gute ~en geben** to give low/high marks ❷ *kein pl* (*prüfende Kontrolle*) censorship, the censors *pl; Filme* board of censors; **einer ~ unterliegen** to be subject to censorship
zensurieren* *vt* ÖSTERR, SCHWEIZ *s.* **zensieren**
Zensurverbot *nt* JUR prohibition of censurship
Zensus <-, -> *m* census
Zentigramm *nt* centigramme [*or* AM -am] **Zentiliter** *m o nt* centilitre [*or* AM -er] **Zentimeter** *m o nt* centimetre [*or* AM -er] **Zentimetermaß** *nt* [metric] tape measure
Zentner <-s, -> *m* [metric] hundredweight; ÖSTERR, SCHWEIZ 100kg
Zentnerlast *f* (*geh*) heavy burden; ***mir fiel eine ~ vom Herzen*** it was a great load [*or* weight] off my mind **zentnerschwer** I. *adj* ❶ (*-zig Kilo schwer*) [heavy] weight ❷ (*fig*) heavy *fig;* ~ **auf jdm/jds Seele lasten** to weigh sb down/weigh heavy on sb's mind II. *adv* heavily
zentnerweise *adv* by the hundredweight
zentral I. *adj* central; **von ~er Bedeutung sein** to be central to sth II. *adv* centrally
Zentralabitur *nt national A-level examination board* **Zentralafrika** *nt* central Africa
Zentralafrikaner(in) <-s, -> *m(f)* Central African; *s. a.* **Deutsche(r)**
zentralafrikanisch *adj* Central African; *s. a.* **deutsch**
Zentralafrikanische Republik *f s.* **Zentralafrika**
Zentralamerika <-s> *nt* Central America
Zentralbank *f* FIN central bank **zentralbankfähig** *adj* FIN eligible
Zentralbankgeld *nt* central bank [*or* AM Federal Reserve Bank] money **Zentralbankrat** *m* board [*or* council] of a/the central bank BRIT, Federal Reserve Board [*or fam* [the] Fed] AM
Zentralbibliothek *f* central library
Zentrale <-, -n> *f* ❶ (*Hauptgeschäftsstelle: Bank, Firma*) head office; (*Militär, Polizei, Taxiunternehmen*) headquarters + *sing/pl vb;* (*Busse*) depot; (*Schalt~*) central control [office] ❷ TELEK exchange; *Firma* switchboard
Zentraleinheit *f* INFORM CPU, central processing unit **Zentraleinkauf** *m* ÖKON central purchasing **Zentralgewalt** *f* POL centralized power **Zentralheizung** *f* central heating **Zentralinstitut** *nt* central institute
Zentralisation <-, -en> *f s.* **Zentralisierung**
zentralisieren* *vt* ■**etw** ~ to centralize sth
Zentralisierung <-, -en> *f* centralization
Zentralismus <-> *m kein pl* centralism
zentralistisch I. *adj* centralist II. *adv* centralist
Zentralkasse *f* FIN *der Volksbanken* clearinghouse for credit cooperatives **Zentralkomitee** *nt* central committee **Zentralmassiv** *nt kein pl* GEOG central massif **Zentralnervensystem** *nt* central nervous system **Zentralnotenbank** *f* FIN central bank, BRIT Bank of England, AM Federal Reserve Bank **Zentralorgan** *nt* ❶ POL (*Parteizeitung*) central [*or* official] organ, mouthpiece ❷ BIOL (*Organ*) central organ **Zentralrat** *m* central committee **Zentralrechner** *m* INFORM mainframe **Zentralregierung** *f* central government **Zentralschweiz, Innerschweiz** *f central Switzerland, namely the Cantons of Uri, Schwyz, Unterwalden, Luzern and Zug* **Zentralstelle** *f* central point, control centre [*or* AM -er]; ~ **für die Vergabe von Studienplätzen** ≈ University Central Admissions Service BRIT **Zentralverband** *m* umbrella organization **Zentralverriegelung** <-, -en> *f* AUTO central [door] locking **Zentralverschluss**[RR] *m* leaf shutter **Zentralverwaltung** *f* centralized administration, central government **Zentralzivilgericht** *nt* JUR High Court of Justice BRIT
Zentren *pl von* **Zentrum**
zentrieren* *vt* ■**etw** ~ to centre [*or* AM -er] sth
Zentrierung <-, -en> *f* centring BRIT, centering AM
zentrifugal *adj* centrifugal
Zentrifugalkraft *f* centrifugal force
Zentrifuge <-, -n> *f* centrifuge
zentripetal *adj* centripetal
Zentripetalkraft *f kein pl* centripetal force
zentrisch *adj* (*fachspr*) ❶ (*einen Mittelpunkt besitzend*) *Kreis* centric ❷ (*im/durch den Mittelpunkt*) central, through the centre [*or* AM -er]
Zentrum <-s, Zentren> *nt* ❶ (*Mittelpunkt*) centre [*or* AM -er]; **im ~ des Interesses [stehen]** [to be] the centre of attention; ***es ist nicht weit ins*** ~ it is not far to the [town] centre ❷ (*zentrale Stelle*) centre [*or* AM -er]
Zeppelin <-s, -e> *m* zeppelin
Zepter <-s, -> *nt* sceptre [*or* AM -er]; **das ~ führen** [*o fam* **schwingen**] to wield the sceptre
Zer <-s> *nt kein pl s.* **Cer**
zerbeißen* *vt irreg* ❶ (*kaputtbeißen*) ■**etw** ~ to chew sth; **ein Bonbon/ein Keks** ~ to crunch a sweet [*or* AM [piece of] candy]/biscuit [*or* AM *a.* cookie]; **die Hundeleine/-kette** ~ to chew through the dog lead/chain ❷ (*überall stechen*) ■**jdn** ~ *Stechmücke* to bite sb
Zerbeißkapsel *f* chewable tablet
zerbersten* *vi irreg sein* to burst; *Glas, Vase* to shatter
Zerberus <-> *m kein pl* MYTH ■**der** ~ Cerberus ▶ WENDUNGEN: **wie ein** ~ like a watchdog
zerbeulen* *vt* ■**etw** ~ to dent sth
zerbeult *adj* battered
zerbissen *pp von* **zerbeißen**
zerbomben* *vt* ■**etw** ~ to flatten sth with bombs, to bomb sth to smithereens
zerbrechen* *irreg* I. *vt haben* ❶ (*in Stücke ~*) ■**etw** ~ to break sth into pieces; **ein Glas/einen Teller** ~ to smash [*or* shatter] a glass/plate; **eine Kette** ~ to break [*or* sever] a chain ❷ (*zunichte machen*) to break down; **jds Lebenswille** ~ to destroy sb's will to live; **eine Freundschaft** ~ to destroy [*or* break up] a friendship; *s. a.* **Kopf** II. *vi sein* ❶ (*entzweibrechen*) to break into pieces ❷ (*in die Brüche gehen*) to destroy; *Partnerschaft* to break up ❸ (*seelisch zugrunde gehen*) ■**an etw** *dat* ~ to be destroyed by sth
zerbrechlich *adj* ❶ (*leicht zerbrechend*) fragile; ***Vorsicht,*** ~ fragile, handle with care ❷ (*geh: zart*) frail
zerbrochen *pp von* **zerbrechen**
zerbröckeln* I. *vt haben* ■**etw** ~ to crumble sth II. *vi sein* to crumble
zerbröselt *adj* crumbly
zerdeppern* *vt* (*fam*) ■**etw** ~ to smash sth
zerdrücken* *vt* ❶ ■**etw** ~ (*zu einer Masse pressen*) to crush [*or* squash] sth; **eine Knoblauchzehe** ~ to crush a clove of garlic; **Kartoffel** ~ to mash potatoes ❷ (*durch Druck zerstören*) **eine Zigarette** ~ to stub out a cigarette ❸ (*zerknittern*) **Stoff** ~ to crush [*or* crease] [*or* crumple] fabric ❹ (*fam*) **Träne** ~ to squeeze out tears
zerebral *adj* ❶ MED cerebral ❷ LING cacuminal, cerebral ❸ (*selten geh: intellektuell*) cerebral
Zeremonie <-, -n> *f* ceremony
zeremoniell I. *adj* (*geh*) ceremonial, formal II. *adv* (*geh*) ceremonially
Zeremoniell <-s, -e> *nt* (*geh*) ceremonial
Zeremonienmeister *m* master of ceremonies
zerfahren *adj* scatty, distracted
Zerfahrenheit <-> *f kein pl* (*Unkonzentriertheit*) distraction; (*Schusseligkeit*) scattiness
Zerfall *m* ❶ *kein pl* (*das Auflösen*) disintegration *no pl; Fassade, Gebäude* decay; *Leiche, Holz* decomposition ❷ NUKL decay ❸ (*das Auseinanderbrechen*) decline; *Land, Kultur* decline, decay, fall
zerfallen* *vi irreg sein* ❶ (*sich zersetzen*) to disintegrate; *Fassade, Gebäude* to disintegrate, to decay, to fall into ruin; *Körper, Materie* to decompose; *Atom* to decay; *Gesundheit* to decline ❷ (*auseinander brechen*) *Reich, Sitte* to decline, to fall ❸ NUKL to decay ❹ (*sich gliedern*) ■**in etw** *akk* ~ to fall into sth ❺ ■**mit jdm** ~ to fall out with sb
Zerfallserscheinung *f* sign of decay **Zerfallsgeschwindigkeit** *f* rate of decay **Zerfallsprodukt** *nt* NUKL daughter product **Zerfallsprozess**[RR] *m kein pl* decomposition
zerfetzen* *vt* ❶ (*klein reißen*) ■**etw** ~ to tear [*or* rip] sth up [into tiny pieces]; **einen Körper** ~ to mangle a body, to tear a body to pieces ❷ (*zerreißen*) ■**jdn/etw** ~ to tear [*or* rip] sb/sth to pieces [*or* shreds]
zerfetzt *adj* ragged, torn [apart]
zerfleddern*, zerfledern* *vt* (*fam*) ■**etw** ~ to get sth tatty [*or* dog-eared]
zerfleischen* I. *vt* ■**jdn/ein Tier** ~ to tear sb/an animal limb from limb [*or* to pieces] II. *vr* ❶ (*sich quälen*) ■**sich** ~ to torture oneself ❷ (*sich streiten*) ■**sich** ~ to tear each other apart *fig*

Z

zerfließen* *vi irreg sein* ① (*sich verflüssigen*) *Butter, Make-up, Salbe* to run; *Eis* to melt ② (*etw übertrieben zur Schau stellen*) ■**vor etw** *dat* ~ to be overcome with sth; **vor Mitleid** ~ to be overcome with compassion; **in Tränen** ~ to dissolve in[to] tears

zerflossen *pp von* **zerfließen**

zerfranst *adj* frayed

zerfressen* *vt irreg* ■**etw** ~ to eat sth away ① (*korrodieren*) to corrode sth ② (*durch Fraß zerstören*) to eat sth, to gnaw on/at sth; ***von Motten/Würmern*** to be moth-/worm-eaten ③ MED (*durch Wuchern zerstören*) to eat sth

zerfurchen* *vt* ■**etw** ~ to furrow sth; ***Wind und Wetter hatten das Gesicht des alten Matrosen zerfurcht*** the elements had lined the old seaman's face

zerfurcht I. *pp von* zerfurchen II. *adj Gesicht* furrowed

zergangen *pp von* **zergehen**

zergehen* *vi irreg sein* (*schmelzen*) ■**auf/in etw** *dat* ~ to melt in/on sth; ***dieses Filetsteak ist so zart, dass es auf der Zunge zergeht*** this steak is so tender that it simply dissolves in your mouth; **vor Mitleid** ~ to be overcome with pity

zergliedern* *vt* ① (*physisch auseinander nehmen*) ■**etw** ~ to dismember sth; BIOL to dissect sth ② (*logisch auseinander nehmen*) **einen Satz** ~ to parse [*or fig* analyze [*or* BRIT *a.* -se]] a sentence

zerhacken* *vt* ■**etw [in etw** *akk*] ~ to chop sth up [into sth]

zerhauen *vt* ■**etw** ~ to chop up sth *sep*; (*in zwei Teile*) to chop sth in two

zerkauen* *vt* ■**etw** ~ ① (*durch Kauen zerkleinern*) to chew sth ② (*durch Kauen beschädigen*) to chew sth up; **die Fingernägel** ~ to chew on [*or* bite] one's fingernails

zerkleinern* *vt* ■**etw** ~ to cut up sth; **Holz** ~ to chop wood; **eine Zwiebel** ~ to finely chop an onion; **Pfefferkörner** ~ to crush peppercorns

zerklüftet *adj* rugged; **tief ~es Gestein** rock with deep fissures, deeply fissured rock

zerknautschen* *vt* (*fam*) ■**etw** ~ to crease [*or* crumple] sth; ***er kam völlig zerknautscht an*** he arrived looking somewhat the worse for wear

zerknirscht *adj* remorseful, overcome with remorse

Zerknirschtheit <-> *f kein pl* remorse *no pl*

Zerknirschung <-> *f kein pl* remorse *no pl*

zerknittern* *vt* ■**etw** ~ to crease [*or* crumple] sth; **ein zerknittertes Gesicht** a wrinkled face

zerknüllen* *vt* ■**etw** ~ to crumple [*or fam* scrunch] up sth [into a ball] *sep*

zerkochen* *vi sein* to cook to a pulp; ■**zerkocht** overcooked

zerkratzen* *vt* ■**jdn/etw** ~ to scratch sb/sth

zerkriegen *vt* ÖSTERR to quarrel

zerkrümeln* *vt* to crumble; *Erde* to loosen

zerlassen* *vt irreg* KOCHK ■**etw** ~ to melt [*or* dissolve] sth

zerlaufen* *vi irreg sein s.* **zerfließen 1**

zerlegbar *adj* able to be dismantled [*or* taken apart]

zerlegen* *vt* ■**etw** ~ ① KOCHK to cut [up] sth *sep*; **den Braten** ~ to carve the roast; BIOL to dissect sth ② (*auseinander nehmen*) to take sth apart [*or* to pieces]; **eine Maschine** ~ to dismantle a machine; **ein Getriebe/einen Motor** ~ to strip down a transmission/motor ③ (*analysieren*) **eine Theorie** ~ to break down a theory; **einen Satz** ~ to analyze [*or* BRIT *a.* -se] a sentence; MATH to reduce [to]

Zerlegung <-, -en> *f* ① KOCHK carving ② (*das Zerlegen*) dismantling, taking apart [*or* to pieces]; *s. a.* **zerlegen**

Zerlegungsbescheid *m* FIN notice of apportionment **Zerlegungsstichtag** *m* FIN dismantlement [*or* break-up] date **Zerlegungsverfahren** *nt* dismantlement procedure

zerlesen *adj* well-thumbed

zerlumpt *adj* ragged, tattered

zermahlen* *vt* ■**etw** ~ to crush sth

zermalmen* *vt* ■**jdn/etw** ~ to crush sb/sth; **zu Brei** ~ to crush to a pulp, to pulverize

zermanschen* *vt* (*fam*) ■**jdn/etw** ~ to squash sb/sth to a pulp, to mash sb/sth

zermartern *vt* to torment ▶ WENDUNGEN: **sich** *dat* **den Kopf** [*o* **das Hirn**] ~ to rack [*or* cudgel] one's brain

zermürben* *vt* ■**jdn** ~ to wear sb down

zernagen* *vt* ■**etw** ~ to chew sth to pieces; *Nagetier* to gnaw sth to pieces

zernepft *adj* ÖSTERR dishevelled

zerpflücken* *vt* ■**etw** ~ to pluck sth; (*fig*) to pick sth to pieces

zerplatzen* *vi sein* to burst; *Glas* to shatter

zerquetschen* *vt* ① (*zermalmen*) ■**jdn/etw** ~ to squash [*or* crush] sb/sth ② (*zerdrücken*) ■**etw** ~ to mash sth ▶ WENDUNGEN: **eine Träne** ~ (*fam*) to squeeze out a tear

Zerquetschte *pl* ▶ WENDUNGEN: **... und ein paar** ~ (*fam*) ***20 Mark und ein paar*** ~ 20 Marks sth [*or* other] [*or* odd]

zerraufen* *vr* **sich** *dat* **die Haare** ~ to ruffle one's hair

Zerrbild *nt* distorted picture, caricature *fig*, travesty

zerreden* *vt* ■**etw** ~ to flog sth to death *fig fam*

zerreiben* *vt irreg* ■**etw** ~ to crush [*or* crumble] sth

zerreißen* *irreg* I. *vt haben* ① (*in Stücke reißen*) ■**etw** ~ to tear sth to pieces [*or* shreds] ② (*durchreißen*) ■**etw** ~ to tear sth; **einen Brief/Scheck** ~ to tear up a letter/cheque [*or* AM check] ③ (*mit den Zähnen in Stücke reißen*) ■**jdn/ein Tier/etw** ~ to tear sb/an animal/sth apart ④ (*zerfetzen*) ■**jdn** ~ to rip sb to shreds ▶ WENDUNGEN: **jdn** ~ **können** (*fam*) to tear a strip off sb II. *vi sein* to tear; *Seil, Faden* to break III. *vr haben* (*fam: sich überschlagen*) ■**sich** *akk* **vor etw** *dat* ~ to go to no end of trouble to do sth ▶ WENDUNGEN: **ich kann mich doch nicht ~!** (*fam*) I can't be in two places at once; **ich könnte mich vor Wut ~!** (*fam*) I'm hopping mad! *fam*

Zerreißprobe *f* real test

zerren I. *vt* ■**jdn/etw irgendwohin** ~ to drag sb/sth somewhere; **etw an die Öffentlichkeit** ~ to drag sth into the public eye II. *vi* ① (*ruckartig ziehen*) ■**an etw** *dat* ~ to tug [*or* pull] at sth; ***an den Nerven*** ~ to be nerve-racking ② (*abzureißen versuchen*) ■**an etw** *dat* ~ to tug at sth III. *vr* MED ■**sich** *dat* **etw** ~ to pull [*or* strain] sth; ***ich habe mir beim Sport einen Muskel gezerrt*** I pulled a muscle doing sports

zerrinnen* *vi irreg sein* (*geh*) ① (*zunichte werden*) to melt [*or* fade] away ② (*ausgegeben werden*) to disappear; **das Geld zerrinnt mir unter den Händen/zwischen den Fingern** money runs through my hands/slips through my fingers like water; **die Zeit zerrinnt mir unter den Händen** I keep losing track of time

zerrissen *adj Mensch* [inwardly] torn; *Partei, Volk* disunited

Zerrissenheit <-> *f kein pl Mensch* [inner] conflict; *Partei, Volk* disunity

Zerrspiegel *m* distorting mirror

Zerrung <-, -en> *f* MED pulled muscle

zerrütten* *vt* ■**etw** ~ to destroy [*or* ruin] [*or* wreck] sth; **eine Ehe** ~ to ruin [*or* destroy] a marriage; **eine zerrüttete Ehe/Familie** a broken marriage/home; **jds Geist** ~ to break sb's spirit; **jds Nerven** ~ to shatter sb's nerves; **sich in einem zerrütteten Zustand befinden** to be in a bad way

Zerrüttungsprinzip *nt kein pl* JUR principle of irretrievable breakdown (*of a marriage*)

zersägen* *vt* ■**etw** ~ to saw sth up

zerschellen* *vi sein Flugzeug, Schiff* to be dashed [*or* smashed] to pieces; *Krug, Vase* to be smashed to pieces [*or* smithereens]

zerschießen* *vt irreg* ■**etw** ~ to shoot sth to pieces

zerschlagen*[1] *irreg* I. *vt* ① (*durch Schläge zerbrechen*) ■**etw** ~ to smash sth to pieces [*or* smithereens], to shatter [*or* destroy] sth ② (*zerstören*) ■**etw** ~ to break up [*or* destroy] sth; **ein Drogenkartell** ~ to break up [*or* smash] a drug ring; **einen Angriff/die Opposition** ~ to crush an attack/the opposition; **einen Plan** ~ to shatter a plan II. *vr* (*nicht zustande kommen*) ■**sich** ~ to fall through; **meine Hoffnung hat sich** ~ my hopes have been shattered

zerschlagen[2] *adj pred* shattered, worn-out

Zerschlagenheit *f* exhaustion

Zerschlagung <-, *selten* -en> *f* suppression; *Hoffnungen, Pläne* shattering

Zerschlagungsvermögen *nt* FIN break-up assets *pl* **Zerschlagungswert** *nt* FIN break-up value

zerschlissen *adj s.* **verschlissen**

zerschmeißen* *vt irreg* (*fam*) ■**etw** ~ to shatter sth, to smash sth to pieces

zerschmettern* *vt* ■**etw** ~ to shatter [*or* smash] sth

zerschneiden* *vt irreg* ① (*in Stücke schneiden*) ■**etw** ~ to cut up sth *sep* ② (*durchschneiden*) ■**etw** ~ to cut sth in two; **die Stille** ~ to pierce the silence *fig*; **jdm das Herz** ~ to break sb's heart *fig*

zerschossen *pp von* **zerschießen**

zerschrammen* *vt* ■**etw** ~ to scratch sth badly; ■**sich** *dat* **etw** ~ to scratch oneself [badly]

zersetzen* I. *vt* ① (*auflösen*) ■**etw** ~ *Säure* to corrode sth; **eine Leiche** ~ to decompose a body ② (*untergraben*) ■**etw** ~ to undermine [*or* subvert] sth II. *vr* (*sich auflösen*) ■**sich** ~ to decompose; **der Kadaver/die Leiche zersetzt sich** the cadaver/dead body is decomposing

zersetzend *adj* (*pej*) subversive

Zersetzung <-> *f kein pl* ① (*Auflösung*) decomposition; (*durch Säure*) corrosion ② (*Untergrabung*) undermining, subversion; *Gesellschaft* decline, decay

Zersetzungsprodukt *nt* educt, catabolite **Zersetzungsprozess**[RR] *m* decomposition; (*fig*) decline, decay

zersiedeln* *vt* ÖKOL ■**etw** ~ to spoil sth [by development]

Zersied(e)lung <-, -en> *f* ÖKOL urban sprawl, overdevelopment

zerspalten* *vt* ■**etw** ~ to split sth

zersplittern* I. *vt haben* ■**etw** ~ to shatter sth; **seine Kräfte/Zeit** ~ to dissipate [*or* squander] one's energies/time; **eine Gruppe/Partei** ~ to fragment a group/party II. *vi sein* to shatter; *Holz, Knochen* to splinter

Zersplitterung *f* splintering, shattering; POL fragmentation

zersprengen* *vt* **die Menge** ~ to disperse [*or* scatter] the crowd

zerspringen* *vi irreg sein* ① (*zerbrechen*) to shatter ② (*einen Sprung bekommen*) to crack; ■**zersprungen** cracked ③ (*zerspringen*) *Saite* to break

zerstampfen* *vt* ① (*zerkleinern*) ■**etw** ~ to crush sth; **Kartoffeln** ~ to mash potatoes ② (*völlig zertreten*) ■**jdn/etw** ~ to stamp [*or* trample] on sb/sth

zerstäuben* *vt* ■**etw** ~ to spray sth

Zerstäuber <-s, -> *m* spray; (*Parfüm*) atomizer [*or* BRIT *a.* -iser]

zerstechen* *vt irreg* ① (*durch Stiche beschädigen*) ■**etw** ~ to stab sth [repeatedly], to lay into sth with a knife; **sich den Finger** ~ to prick one's finger [several times] ② (*durch Bisse verletzen*) ■**jdn/etw** ~ *Mücken, Moskitos* to bite sb/sth [all over]; *Bienen, Wespen* to sting sb/sth [all over]

zerstieben* *vi irreg sein* (*geh*) to scatter; *Wasser* to spray

zerstochen I. *pp von* **zerstechen** II. *adj von Stechmücken* covered in bites, bitten all over

zerstörbar *adj* destructible; **nicht** ~ indestructible

zerstören* *vt* ■**etw** ~ ① (*kaputtmachen*) to destroy sth ② (*zugrunde richten*) to ruin sth; **eine Ehe/die Gesundheit** ~ to ruin [*or* wreck] a marriage/one's health

Zerstörer <-s, -> *m* NAUT destroyer

Zerstörer(in) <-s, -> *m(f)* destroyer

zerstörerisch I. *adj* destructive; ***die ~e Wirkung des Wirbelsturmes war verheerend*** the destructive effect of the tornado was devastating II. *adv* destructively

zerstört *adj* destroyed; *Häuser, Stadt* ruined; ~**e Hoffnungen/Illusionen** dashed hopes/shattered illusions ▶ WENDUNGEN: **am Boden zerstört sein** to be shattered [*or* devastated]

Zerstörung <-, -en> *f* ❶ *kein pl* (*das Zerstören*) destruction *no pl* ❷ (*Verwüstung*) wrecking, ruining; *Katastrophe, Krieg* destruction *no pl,* devastation *no pl; s. a.* **Tod**

Zerstörungstrieb *m kein pl* PSYCH destructive urge [*or* impulse] **Zerstörungswahn** *m kein pl* MED detrimental delusion **Zerstörungswut** *f kein pl* destructive frenzy [*or* fury]; **in blinder ~** in a wild frenzy of destruction

zerstoßen* *vt irreg* ■**etw ~** to crush [*or* grind] sth; **Gewürze im Mörser ~** to grind spices using a pestle and mortar

zerstreiten* *vr irreg* ■**sich** *akk* [**über etw** *akk*/ **wegen einer S.** *gen*] ~ to quarrel [about sth], to fall out [over sth]; ■**sich** *akk* **mit jdm** [**über etw** *akk*] ~ to quarrel with sb [over sth]; ■**zerstritten** estranged, to not be on speaking terms [with each other]; ■**mit jdm** [**über etw** *akk*] **zerstritten sein** to be on bad terms with sb

zerstreuen* **I.** *vt* ❶ (*auseinander treiben*) ■**jdn/etw ~** to disperse sb/sth; ***berittene Polizisten zerstreuten die Menge*** mounted police dispersed the crowd ❷ (*unterhalten*) ■**jdn ~** to take sb's mind off sth, to divert sb; ■**sich ~** to amuse oneself ❸ (*durch Zureden beseitigen*) **-ngste/Sorgen ~** to dispel [*or form* allay] fears/worries ❹ (*verteilen*) to scatter; **Licht ~** to diffuse light **II.** *vr* ❶ (*auseinander gehen*) ■**sich ~** to scatter; *Menge* to disperse ❷ (*auseinander treiben*) ■**sich ~** to disperse ❸ (*sich auflösen*) ■**sich ~** to be dispelled [*or form* allayed]

zerstreut *adj* ❶ (*gedankenlos*) absent-minded ❷ (*weit verteilt*) scattered; ***meine Verwandten sind über ganz Europa ~*** my relatives are scattered all over Europe

Zerstreutheit <-> *f kein pl* absent-mindedness *no pl*

Zerstreuung <-, -en> *f* ❶ (*unterhaltender Zeitvertreib*) diversion; **zur ~** as a diversion ❷ (*Verteilung*) scattering, dispersal ❸ *s.* **Zerstreutheit**

zerstritten *adj* estranged

zerstückeln* *vt* ❶ (*zerschneiden*) ■**etw ~** to cut up sth *sep;* **eine Leiche ~** to dismember a body ❷ (*aufteilen*) **eine Parzelle Land ~** to carve [*or* divide] up a piece of land *fig;* **den Tag ~** to break up the day

Zerstückelung <-, -en> *f* dismemberment, division; *s. a.* **zerstückeln**

zerteilen* **I.** *vt* (*geh*) ■**etw** [**in etw** *akk*] ~ to cut up sth *sep* [into sth]; **etw in zwei Teile ~** to divide sth into two pieces/parts ▶ WENDUNGEN: **ich kann mich nicht ~** I can't be in two places at once **II.** *vr* (*geh*) ■**sich ~** *Wolken, Wolkendecke* to part

Zertifikat <-[e]s, -e> *nt* certificate; FIN (*Investment~*) investment trust certificate [*or* unit certificate]; ~ **für Namensaktien** certificate for registered stock

zertifizieren* *vt* (*geh o fachspr*) ■**etw ~** to certify sth

Zertifizierung <-, -en> *f* certification

Zertifizierungsinstitut *nt bei E-Cash* certifying institute

zertrampeln* *vt* ■**etw ~** to trample on sth

zertrennen *vt* to sever, to cut through; **die Nähte ~** to undo the seams

zertreten* *vt irreg* ■**etw ~** to crush sth [underfoot]; **den Rasen ~** to ruin the lawn ▶ WENDUNGEN: **jdn wie einen Wurm ~** to grind sb into the ground

zertrümmern* *vt* to smash; **ein Gebäude/die Ordnung ~** to wreck [*or* destroy] a building/the order; ***während der Sturmflut wurden viele Boote am Strand zertrümmert*** at the height of the storm many boats were dashed against the shore

Zervelatwurst *f* cervelat

zerwühlen* *vt* ■**etw ~** to ruffle sth up *sep,* to tousle; **das Bett/die Kopfkissen ~** to rumple [up] the bed/pillows; **den Acker/die Erde ~** to churn up the field/earth; *s. a.* **Haare**

Zerwürfnis <-ses, -se> *nt* (*geh*) row, disagreement; **ein ernstes ~** a serious disagreement

zerzausen* *vt* to ruffle; ***der Wind zerzauste ihr das Haar*** the wind tousled her hair; ■**zerzaust** windswept, dishevelled, tousled

zerzaust *adj* dishevelled, tousled

Zession <-, -en> *f* JUR cession, assignment

Zessionär <-s, -e> *m* JUR assignee, cessionary

Zessionsvertrag *m* JUR deed of assignment

Zeter *m* ▶ WENDUNGEN: **~ und Mordio schreien** (*fam*) to scream blue [*or* AM bloody] murder *fam,* to raise a hue and cry *fig*

zetern *vi* (*pej*) to nag, to scold

Zett *n kein pl* (*sl*) jail, the slammer *sl,* BRIT *a.* gaol *dated*

Zettel <-s, -> *m* piece of paper; (*Bekanntmachung*) notice; (*Beleg*) receipt; **einen ~ schreiben** to make a note of sth; ***bitte beachten Sie auch den beiliegenden ~*** please read the enclosed leaflet; ***~ ankleben verboten*** stick no bills

Zettelkartei *f* card index **Zettelkasten** *m* (*Kasten für Zettel*) file-card box [*or* holder]; (*Zettelkartei*) card [index [*or* slip]] box **Zettelwirtschaft** *f* (*pej*) **eine ~ haben** to have bits of paper everywhere

zetten *vt* SCHWEIZ to scatter

Zeug <-[e]s> *nt kein pl* ❶ (*fam: Krempel*) stuff *no pl, no indef art fam,* things *pl;* **altes ~** junk, trash; **... und solches ~** ... and such things ❷ (*fam: Quatsch*) nonsense, rubbish, crap *fam!;* **dummes ~ reden** to talk a lot [*or* load] of nonsense [*or fam* drivel] [*or fam* twaddle]; **dummes ~ treiben** [*o* **machen**] to mess [*or* fool] about [*or* around] ❸ (*fam: persönliche Sachen*) stuff; (*Ausrüstung*) gear *fam;* (*Kleider*) clothes, things ❹ (*fam: undefinierbare Masse*) stuff; ***was trinkst du denn da für ein ~?*** what's that stuff you're drinking? *fam* ▶ WENDUNGEN: **jdm** [**was**] **am ~**[**e**] **flicken wollen** to find fault with sb; **das ~ zu etw haben** to have [got] what it takes [to be/do sth] *fam;* **was das ~ hält** for all one is worth; ***lügen, was das ~ hält*** to lie one's head off *fam;* **sich ins ~ legen** to put one's shoulder to the wheel, to work flat out; **sich für jdn ins ~ legen** to stand up for sb

Zeuge, Zeugin <-n, -n> *m, f* JUR witness; **~ der Anklage** witness for the prosecution; **die ~n Jehovas** Jehovah's Witnesses; **~ der Verteidigung/zur Gegenseite** defence/hostile witness; **ausbleibender ~** defaulting witness; **einen ~ aufrufen** to call a witness; **als ~ vor Gericht geladen werden** to be called as witness before the court; **~ einer S.** *gen* **sein** to be a witness to sth; **unter** [*o* **vor**] **~n** in front of witnesses

zeugen[1] *vt* (*geh*) ■**jdn ~** to father [*or old* beget] sb

zeugen[2] *vi* ❶ (*auf etw schließen lassen*) ■**von etw ~** to show sth ❷ JUR (*geh*) ■**für/gegen jdn ~** to testify [*or* give evidence] for/against sb

Zeugenablehnung *f* JUR objection to a witness **Zeugenaussage** *f* JUR testimony; ***den ~n zufolge ...*** according to witnesses ...; **eine ~ machen** to give a statement **Zeugenbank** *f* JUR witness box [*or* AM stand] **Zeugenbeweis** *m* JUR testimonial evidence **Zeugeneinvernahme** *f* ÖSTERR examination of witnesses **Zeugenentschädigung** *f* JUR compensation to witnesses **Zeugenladung** *f* JUR [witness] summons; **~ unter Strafandrohung** subpoena **Zeugenschutz** *m* witness protection **Zeugenstand** *m* witness box [*or* AM stand]; **jdn in den ~ rufen** to call a witness [to the stand]; **in den ~ treten** to go into the witness box, to take the stand **Zeugenvereidigung** *f* swearing in of witnesses **Zeugenverhör** *nt* questioning of the witness[es] **Zeugenvernehmung** *f* JUR examination of the witness[es], hearing of evidence

Zeughaus *nt* MIL, HIST armoury, AM *a.* armory

Zeugherr *m* SCHWEIZ *member of Canton parliament responsible for military affairs*

Zeugin <-, -nen> *f fem form von* **Zeuge**

Zeugnis <-ses, -se> *nt* ❶ SCH report ❷ (*Empfehlung*) certificate; (*Arbeits~*) reference, testimonial; ***gute ~se haben*** to have good references; ■**jdm ein ~ ausstellen** to give sb a reference [*or* testimonial] ❸ JUR (*Zeugenaussage*) evidence; **für/gegen jdn ~ ablegen** to give evidence [*or* testify] for/against sb; **falsches ~ ablegen** to bear false witness

Zeugnisfähigkeit *f* JUR competency of a witness

Zeugnispflicht *f* JUR duty to testify **Zeugnisverweigerung** *f* JUR refusal to give evidence **Zeugnisverweigerungsrecht** *nt* JUR right to refuse to testify [*or* give evidence] **Zeugniszwang** *m* JUR enforcement of duty to testify

Zeugs <-> *nt kein pl* (*pej fam*) *s.* **Zeug**

Zeugung <-, -en> *f* (*geh*) fathering, begetting *old*

Zeugungsakt *m* act of procreation **zeugungsfähig** *adj* (*geh*) fertile **Zeugungsfähigkeit** *f kein pl* (*geh*) fertility **zeugungsunfähig** *adj* (*geh*) sterile; *Pflanze* barren **Zeugungsunfähigkeit** *f kein pl* (*geh*) sterility

zeuseln *vi* SCHWEIZ *s.* **zündeln**

z.H(**d**). *Abk von* **zu Händen** attn.

Zibebe *f* ÖSTERR, SÜDD large raisin

Zichorie <-, -n> *f* chicory

Zicke <-, -n> *f* ❶ (*weibliche Ziege*) nanny goat ❷ (*pej fam: launische Frau*) bitch *fam!,* BRIT *a.* cow *fam!*

Zicken *pl* (*fam*) nonsense *no pl;* ***ich bin deine ~ langsam leid*** [I have had] enough of your nonsense!; **~ machen** to make trouble

zickig *adj* uptight, bad-tempered

Zicklein <-s, -> *nt* (*junge Ziege*) kid

zickzack *adv* zigzag; **~ den Berg hinunterlaufen** to zigzag down the mountain

Zickzack *m* zigzag; **im ~ gehen/fahren** to zigzag

Zickzackfalzung *f* TYPO concertina folding, fan-folding, z-folding **zickzackförmig** **I.** *adj* zigzag **II.** *adv* zigzag **Zickzackkurs** *m* ❶ (*zickzackförmiger Kurs*) zigzag course; **im ~ fahren** to zigzag ❷ (*widersprüchliches Vorgehen*) dithering, humming [*or* AM hemming] and hawing

Zieche *f* ÖSTERR, SÜDD (*fam*) cover

Ziege <-, -n> *f* ❶ (*Tier*) goat ❷ (*pej fam: blöde Frau*) bitch *fam!,* BRIT *a.* cow *fam!*

Ziegel <-s, -> *m* ❶ (*Ziegelstein*) brick ❷ (*Dach~*) tile

Ziegelbau <-bauten> *m* brick building **Ziegelbrenner(in)** <-s, -> *m(f)* brickmaker **Ziegeldach** *nt* tiled roof

Ziegelei <-, -en> *f* brickworks + *sing/pl vb; Dachziegel* tile-making works + *sing/pl vb*

Ziegelmauerwerk *nt* BAU brick work **ziegelrot** *adj* brick-red **Ziegelstein** *m* brick

Ziegenbart *m* ❶ (*vom Tier*) goat-beard ❷ (*hum fam: Spitzbart*) goatee *fam; Tirolerhut* brush ❸ BOT (*Pilz*) goat's beard mushroom **Ziegenbock** *m* billy goat **Ziegenfell** *nt* goatskin **Ziegenhirt(e), -hirtin** *m, f* goatherd **Ziegenkäse** *m* goat's cheese **Ziegenleder** *nt* kid [leather], kidskin **Ziegenmelker** *m* ORN European nightjar **Ziegenmilch** *f* goat's milk **Ziegenpeter** <-s, -> *m* (*fam: Mumps*) mumps + *sing/pl vb*

Zieger *m* ❶ ÖSTERR, SÜDD (*veraltet*) *s.* **Quark** ❷ ÖSTERR, SCHWEIZ herb cheese

Ziehbrunnen *m* well

ziehen <zog, gezogen>

I. TRANSITIVES VERB II. INTRANSITIVES VERB
III. UNPERSÖNLICHES INTRANSITIVES VERB
IV. UNPERSÖNLICHES TRANSITIVES VERB
V. REFLEXIVES VERB

I. TRANSITIVES VERB

❶ *haben* (*hinter sich her schleppen*) to pull; ***die Kutsche wurde von vier Pferden gezogen*** the coach was drawn by four horses ❷ *haben* (*bewegen*) **den Hut ~** to raise [*or* to take off] one's hat; **den Choke/Starter ~** to pull out the choke/starter; **die Handbremse ~** to put on the handbrake; ■**jdn/etw irgendwohin ~** to pull sb/sth somewhere; ***sie zog das Kind an sich*** she pulled the child to[wards] her; ***die Knie in die Höhe ~*** to raise one's knees; **die Stirn kraus/in Falten ziehen** to knit one's brow ❸ *haben* (*Richtung ändern*)

Z

er zog das Auto in letzter Minute nach rechts at the last moment he pulled the car to the right; ***der Pilot zog das Flugzeug nach oben*** the pilot put the plane into a climb; **etw ins Komische** ~ to ridicule sth ❹ *haben* (*zerren*) ■ **jdn an etw** *dat* ~ to drag sb to sth; ***das Kind zog mich an der Hand zum Karussell*** the child dragged me by the hand to the carousel; ***warum ziehst du mich denn am -rmel?*** why are you tugging at my sleeve?; ***der Felix hat mich an den Haaren gezogen*** Felix pulled my hair ❺ *haben* (*ab~*) ■ **etw von etw** ~ to pull sth [off sth]; ***den Ring vom Finger*** ~ to pull one's ring off [one's finger] ❻ *haben* (*hervorholen*) ■ **etw [aus etw]** ~ to pull sth [out of sth]; ***sie zog ein Feuerzeug aus der Tasche*** she took a lighter out of her pocket/bag ❼ *haben* (*heraus~*) ■ **jd/etw** ~ **[aus]** to pull sb/sth [out]; ***wer hat den Ertrinkenden aus dem Wasser gezogen?*** who pulled [*or* dragged] the drowning man out of the water?; ***muss ich dich aus dem Bett ~?*** do I have to drag you out of bed?; **die Fäden** ~ to take out [*or* remove] the stitches; **den Revolver/das Schwert** ~ to draw the revolver/sword; **einen Zahn** ~ to take out [*or* extract] a tooth; **ein Los/eine Spielkarte** ~ to draw a lottery ticket/a card; **einen Vergleich** ~ to draw [*or* make] a comparison; **eine Wasserprobe** ~ to take a sample of water; ***die Wahrsagerin forderte mich auf, irgendeine Karte zu ~*** the fortune teller told me to pick a card; ***Zigaretten aus dem Automaten ~*** to get [*or* buy] cigarettes from a machine; ***hast du eine Straßenbahnkarte gezogen?*** have you bought a tram ticket? ❽ *haben* (*betätigen*) ■ **etw** ~ to pull sth; ***er zog die Handbremse*** he put the handbrake on; ***kannst du nicht die Wasserspülung ~?*** can't you flush the toilet? ❾ *haben* (*verlegen, anlegen*) **ein Kabel/eine Leitung** ~ to lay a cable/wire; **einen Bewässerungskanal/einen Graben** ~ to dig an irrigation canal/a ditch; **eine Mauer/einen Zaun** ~ to erect [*or* build] a wall/a fence ❿ *haben* (*durch~*) ■ **durch etw** ~ to pull sth through sth; ***ich kann den Faden nie durchs Öhr ~*** I can never thread a needle ⓫ *haben* ■ **etw auf etw** *akk* ~ to pull sth onto sth; ***neue Saiten auf die Gitarre ~*** to restring a guitar; ***Perlen auf eine Schnur ~*** to thread pearls; ***ein Bild auf Karton ~*** to mount a picture onto cardboard ⓬ *haben* (*rücken*) ■ **etw irgendwohin** ~ to pull sth somewhere; ***er zog sich den Hut tief ins Gesicht*** he pulled his hat down over his eyes; ***den Mantel fest um sich ~*** to pull one's coat tight around oneself; ***zieh bitte die Vorhänge vor die Fenster*** please draw the curtains; ***die Rollläden nach oben ~*** to pull up the blinds; ***zieh doch eine Bluse unter den Pulli*** put on a blouse underneath the jumper; ***er zog sich die Schutzbrille über die Augen*** he put on protective glasses ⓭ *haben* (*züchten*) **Blumen/Früchte/Pflanzen** ~ to grow flowers/fruit/plants; **Tiere** ~ to breed animals ⓮ *haben* (*erziehen*) to bring up; ***sie haben die Kinder gut gezogen*** they have brought the children up well ⓯ *haben* KUNST (*zeichnen*) **einen Kreis/eine Linie** ~ to draw a circle/line ⓰ *haben* (*machen*) **einen Draht/eine Kerze/eine Kopie** ~ to make a wire/candle/copy; ***Computerprogramme schwarz ~*** to pirate computer programs ⓱ *haben* (*dehnen*) **einen Laut/eine Silbe/ein Wort** ~ to draw out a sound/syllable/word; ***zieh doch die Worte nicht so*** stop drawling ⓲ *haben* (*an~*) ■ **etw auf sich** *akk* ~ to attract sth; ***sie zog die Aufmerksamkeit/Blicke auf sich*** she attracted attention; **jds Hass auf sich** ~ to incur sb's hatred; **jdn ins Gespräch** ~ to draw sb into the conversation ⓳ *haben* (*zur Folge haben*) ■ **etw nach sich** ~ to have consequences

II. INTRANSITIVES VERB

❶ *haben* (*zerren*) to pull; ■ **an etw** *dat* ~ to pull [*or* tug] on/at sth; ***ich kann es nicht leiden, wenn der Hund so zieht*** I hate it when the dog pulls [on the lead] like that; ***ein ~der Schmerz*** an aching pain ❷ *sein* (*um~*) ■ **irgendwohin/zu jdm** ~ to move somewhere/in with sb; ***nach München ~*** to move to Munich; ***sie zog zu ihrem Freund*** she moved in with her boyfriend ❸ *sein* (*einen bestimmten Weg einschlagen*) ■ **irgendwohin** ~ to move [*or* go] somewhere; *Armee, Truppen, Volksmasse* to march; *Schafe, Wanderer* to wander [*or* roam], to rove; *Rauch, Wolke* to drift; *Gewitter* to move; *Vogel* to fly; **durch die Stadt** ~ to wander through the town/city; **in den Krieg/die Schlacht** ~ to go to war/into battle; ***Zigeuner ~ kreuz und quer durch Europa*** gypsies wander [*or* roam] all over Europe; ***die Schwalben zogen nach Süden*** the swallows migrated south [*or* flew south for the winter]; ***Tausende von Schafen zogen über die Straße*** thousands of sheep roamed onto the road; ***Aale und Lachse ~ zum Laichen flussaufwärts*** eels and salmon swim upstream to breed ❹ *haben* (*angezündet bleiben*) *Kamin, Ofen, Pfeife* to draw; ***das Feuer zieht gut/schlecht*** the fire is drawing well/poorly ❺ *haben* (*saugen*) ■ **an etw** *dat* ~ **eine Pfeife/Zigarette/Zigarre** ~ to pull [*or* puff] on a pipe/cigarette/cigar ❻ *sein* (*eindringen*) to penetrate; ***mach die Tür zu, sonst zieht der Fischgeruch durchs ganze Haus!*** close the door, otherwise we will be able to smell the fish throughout the house; ***Giftgas kann durch die kleinste Ritze ~*** poisonous gas can penetrate [*or fam* get through] the smallest crack; ***die Imprägnierung muss richtig ins Holz ~*** this waterproofing solution has to really sink into the wood ❼ *haben* KOCHK *Marinade* to marinade; *Tee* to brew, to steep; ■ **etw** ~ **lassen** *Teig* to leave sth to stand; *Tee* to let sth brew [*or* steep] ❽ *haben* (*fam: beschleunigen*) to pull ❾ *haben* (*fam: Eindruck machen*) ■ **[bei jdm]** ~ to go down well [with sb]; ***hör auf, das zieht bei mir nicht!*** stop it, I don't like that sort of thing!; **diese Masche zieht immer** this one always works [*or fam* does the trick]; ***die Ausrede zieht bei mir nicht*** that excuse won't work with me ❿ KARTEN to play ⓫ SCHACH to move; ***mit dem Bauer ~*** to move the pawn; ***wer hat die letzte Karte gezogen?*** who drew the last card? ⓬ (*Waffe*) **die Pistole** ~ to draw a gun ⓭ (*umfüllen*) **Wein auf Flaschen ziehen** to bottle wine ▸ WENDUNGEN: **einen** ~ [*o* **fahren**] **lassen** (*sl*) to let off *fam*, to fart *fam*

III. UNPERSÖNLICHES INTRANSITIVES VERB

❶ *haben* (*einen Luftzug verursachen*) ***es zieht*** there is a draught [*or* AM draft]; ***wenn es dir zieht, kannst du ja das Fenster schließen*** if you are in a draught [*or* if you find it draughty], go ahead and close the window; ***es zieht hier an die Beine*** I can feel [*or* there is] a draught round my legs ❷ *haben* (*Schmerz empfinden*) ***mir zieht es manchmal so im Knie*** sometimes my knee really hurts [*or* is really painful]; ***ich habe so einen ~den Schmerz im ganzen Körper*** I ache [*or* my body aches] all over

IV. UNPERSÖNLICHES TRANSITIVES VERB

haben (*drängen*) to feel drawn to sth; ***es zog ihn in die weite Welt*** the big wide world lured him away; ***was zieht dich hierhin/nach Hause?*** what brings you here/home?; ***mich zieht es stark zu ihm*** I fell very attracted to him; ***am Sonntag zog es mich ins Grüne*** on Sunday I couldn't resist going to the country; ***heute zieht mich aber auch gar nichts nach draußen*** wild horses wouldn't get me [*or* couldn't drag me] outside today *fam*

V. REFLEXIVES VERB

❶ *haben* (*sich hinziehen*) ■ **sich** ~ *Gespräch, Verhandlungen* to drag on; ***dieses Thema zieht sich durch das ganze Buch*** this theme runs through the entire book ❷ *haben* (*sich erstrecken*) ■ **sich** *akk* **an etw** *dat* **entlang** ~ to stretch along sth; ***beiderseits der Autobahn zieht sich eine Standspur entlang*** there is a hard shoulder along both sides of the motorway; ***der Sandstrand zog sich kilometerweit am Meer entlang*** the sandy beach stretched for miles along the shore; ***sich in Schlingen durch etw ~*** to wind [*or* twist] its way through sth ❸ *haben* (*sich hoch~*) ■ **sich** *akk* **[an etw** *dat*] **irgendwohin** ~ to pull oneself up [onto sth]; ■ **sich aus etw** ~ to pull oneself out of sth; *s. a.* **Affäre, Patsche** ❹ *haben* (*sich dehnen*) *Holz, Rahmen* to warp; *Klebstoff* to become tacky; *Metall* to bend

Ziehen <-s> *nt kein pl* ache

Ziehharmonika *f* MUS concertina

Ziehsohn *m* ❶ (*Adoptivsohn*) foster son ❷ (*Günstling*) favourite, favorite AM

Ziehung <-, -en> *f* draw

Ziehungstag *m* FIN drawing day

Ziel <-[e]s, -e> *nt* ❶ (*angestrebtes Ergebnis*) goal, aim, objective; *Hoffnung, Spott* object; **mit dem** ~ with the aim [*or* intention]; **etw zum** ~ **haben** to have as one's goal [*or* aim]; **am** ~ **sein** to be at one's destination, to have achieved one's goal *fig*; **[bei jdm] zum** ~ **kommen** [*o* **gelangen**] to reach one's goal; **sich** *dat* **etw zum** ~ **setzen** to set sth as one's goal; **sich** *dat* **ein** ~ **setzen** to set oneself a goal; **etw** *dat* **ein** ~ **setzen** to put a limit on sth; **jdm/sich ein** ~ **setzen/stecken** to set sb/oneself a goal ❷ SPORT, MIL target; **ins** ~ **treffen** to hit the target ❸ SPORT (*Rennen*) finish, finishing [*or* AM finish] line; **durchs** ~ **gehen** to cross the finishing line; (*beim Pferderennen*) to cross the winning [*or* finishing] [*or* AM finish] post ❹ TOURIST (*Reise~*) destination; *Expedition* goal ❺ ÖKON (*Zahlungs~*) credit period, period [*or* time] allowed for payment; **etw auf** ~ **kaufen** to buy sth on credit ❻ (*Produktions~*) production [*or* output] target ▸ WENDUNGEN: **über das** ~ **hinausschießen** to overshoot the mark

Zieladresse *f* destination address **Zielbahnhof** *m* destination **Zielband** <-[e]s, -bänder> *nt* SPORT finishing tape **zielbewusst**RR, **zielbewußt** I. *adj* purposeful, decisive II. *adv* purposefully; ~ **auf etw zusteuern** to aim purposefully for sth **Zielbewusstsein**RR *n* purposefulness, decisiveness **Zieldokument** *nt* target document

zielen *vi* ❶ (*anvisieren*) ■ **[auf jdn/etw]** ~ to aim [at sb/sth] ❷ (*gerichtet sein*) ■ **auf jdn/etw** ~ to be aimed at sb/sth ❸ (*sich beziehen*) ■ **auf jdn/etw** ~ to be aimed [*or* directed] at sb/sth; ***diese Werbung zielt auf den jungen Käufer*** this advertisement is directed at young consumers

Zielfernrohr *nt* telescopic sight, scope **Zielflug** *m* homing **Zielfoto** *nt* SPORT photograph of the finish **Zielgerade** *f* SPORT finishing [*or* AM finish] straight, home stretch **Zielgerät** *nt* sight **zielgerichtet** *adj* well mapped-out, purposeful **Zielgeschäft** *nt* HANDEL credit deal

Zielgruppe *f* target group **zielgruppenbezogen** *adj* target-group-related; **~es Marketing** targeted marketing **Zielgruppenforschung** *f kein pl* market research

Zielhafen *m* port of destination **Zielkamera** *f* SPORT photo-finish camera **Zielkauf** *m* HANDEL credit purchase **Ziellinie** *f* finishing [*or* AM finish] line **ziellos** I. *adj* aimless II. *adv* aimlessly **Zielmarkt** *m* HANDEL target market **Zielort** *m* destination **Zielperson** *f* target **Zielpunkt** *m* target **Zielrichtung** *f* aim **Zielscheibe** *f* ❶ (*runde Scheibe*) target ❷ (*Opfer*) object, butt **Zielsetzung** *f* ÖKON target, objective; **kurzfristige/langfristige** ~ short-term/long-term objective **zielsicher** *adj* unerring, purposeful **Zielsprache** *f* LING target language **zielstrebig** I. *adj* determined, single-minded II. *adv* with determination, single-mindedly **Zielstrebigkeit** <-> *f kein pl* determination, single-mindedness **Zielvorgabe** *f* target[-setting] **Zielvorrichtung** *f* aiming device **Zielvorstellung** *f* objective

ziemen *vr* (*geh*) ■ **etw ziemt sich nicht für jdn** it is not proper [*or* seemly] for sb to do sth

ziemlich I. *adj* ❶ *attr* (*beträchtlich*) considerable, fair; **ein ~es Vermögen** a siz[e]able fortune; **eine ~e Genugtuung** reasonable satisfaction ❷ (*einigermaßen zutreffend*) reasonable; ***das stimmt mit ~er Sicherheit*** it is fairly certain to be true II. *adv* ❶ (*weitgehend*) quite, reasonably ❷ (*beträchtlich*) quite, pretty *fam*, fairly; ***ich habe ~ lange warten***

müssen I had to wait quite a long time; ***ich habe mich ~ darüber geärgert*** I was pretty *fam* annoyed about it ❸ (*beinahe*) almost, nearly; **so ~** more or less; **so ~ alles** just about everything; **so ~ dasselbe** pretty well [*or* much] the same

Zierat <-[e]s, -e> *m s.* **Zierrat**

Zierde <-, -n> *f* (*schmückender Gegenstand*) ornament, decoration; ***zur ~*** for decoration ▶ WENDUNGEN: **eine ~ des männlichen/weiblichen Geschlechts** a fine specimen of the male/female sex

zieren I. *vr* ■ **sich ~** to make a fuss; *Mädchen* to act coyly; ***du brauchst dich nicht zu ~*** there is no need to be polite; **ohne sich zu ~** without having to be pressed **II.** *vt* (*schmücken*) ■ **etw ~** to adorn [*or fig* grace] sth; **eine Speise/ein Gericht mit Petersilie ~** to garnish a meal/dish with parsley; **einen Kuchen ~** to decorate a cake

Zierfarn *m* decorative fern **Zierfisch** *m* ornamental fish **Ziergras** *nt* ornamental grass **Zierkürbis** *m* ornamental gourd **Zierleiste** *f* border; AUTO trim; *Möbel* edging; *Wand* moulding

zierlich *adj* dainty; **eine ~e Frau** a petite woman; **~es Porzellan** delicate porcelaine

Zierlichkeit <-> *f kein pl* daintiness, delicateness, petiteness

Ziernaht *f* decorative stitching *no pl, no indef art* **Zierpflanze** *f* ornamental plant **Zierrat**[RR] <-[e]s, -e> *m* decoration, ornamentation **Zierschrift** *f* ornamental lettering *no pl, no indef art,* ornamented typeface **Zierstrauch** *m* ornamental shrub **Ziervogel** *m* caged bird

Ziesel <-s, -> *nt* ZOOL gopher

Ziffer <-, -n> *f* ❶ (*Zahlzeichen*) digit; (*Zahl*) figure, numeral, number; **römische/arabische ~** roman/arabic numerals ❷ (*nummerierter Abschnitt*) clause

Zifferblatt *nt* [clock]/[watch] face; *Sonnenuhr* dial

Zifferntastatur *f* INFORM numeric keypad **Zifferntaste** *f* INFORM digit key

zig *adj* (*fam*) umpteen; **~mal** umpteen [*or* a thousand] times

Zigarette <-, -n> *f* cigarette

Zigarettenanzünder *m* cigarette lighter **Zigarettenautomat** *m* cigarette machine **Zigarettenetui** *nt* cigarette case **Zigarettenfilter** *m* cigarette filter **Zigarettenlänge** *f* ▶ WENDUNGEN: **auf eine ~** for a cigarette [*or* smoke] **Zigarettenpackung** *f* cigarette packet [*or* AM pack] **Zigarettenpapier** *nt* cigarette paper **Zigarettenpause** *f* (*fam*) cigarette [*or fam!* fag] break **Zigarettenraucher(in)** *m(f)* cigarette smoker **Zigarettenschachtel** *f* cigarette packet [*or* AM pack] **Zigarettenspitze** *f* cigarette holder **Zigarettenstummel** *m* cigarette end [*or* butt]

Zigarillo <-s, -s> *m o nt* small cigar, cigarillo

Zigarre <-, -n> *f* cigar

Zigarrenabschneider *m* cigar cutter **Zigarrenkiste** *f* cigar-box **Zigarrenraucher(in)** *m(f)* cigar smoker **Zigarrenspitze** *f* cigar holder **Zigarrenstummel** *m* cigar stub [*or* butt]

Ziger <-s, -> *m* KOCHK SCHWEIZ ❶ (*veraltet*) *s.* **Quark** ❷ (*Kräuterkäse*) herb cheese

Zigerkrapfen *m* SCHWEIZ *sweet pastry filled with curd cheese*

Zigeuner(in) <-s, -> *m(f)* Gypsy, Gipsy, Romany

Zigeunerlager *nt* gypsy encampment **Zigeunerleben** *nt kein pl* gypsy life **Zigeunermusik** *f kein pl* gypsy music **Zigeunerschnitzel** *nt pork escalope served in spicy sauce with red and green peppers* **Zigeunersprache** *f kein pl* Romany [*or* Gypsy] [*or* Gipsy] language **Zigeunerwagen** *m* gypsy caravan

zigfach *adj* (*fam*) many [*or fam* umpteen] times **zighundert** *adj* (*fam*) umpteen hundred **zigmal** *adv* (*fam*) umpteen [*or* a thousand] times *fam* **zigmillionen** *adj* (*fam*) umpteen million *fam* **zigtausend** *adj* (*fam*) umpteen thousand

Zikade <-, -n> *f* cicada

Zille *f* barge

Zillertaler Alpen *nt* Zillertal Alps

Zilpzalp <-s, -e> *m* ORN chiffchaff

Zimbabwe <-s> *nt* SCHWEIZ *s.* **Simbabwe**

zimbabwisch *adj* SCHWEIZ *s.* **simbabwisch**

Zimbal <-s, -e *o* -s> *nt* cymbalon

Zimbel <-, -n> *f* cymbal

Zimmer <-s, -> *nt* room; **~ frei haben** to have vacancies

Zimmerantenne *f* indoor aerial [*or* AM *a.* antenna] **Zimmerdecke** *f* ceiling

Zimmerei <-, -en> *f* (*Handwerk*) carpentry; (*Zimmerwerkstatt*) carpenter's shop

Zimmereinrichtung *f* furniture, furnishings *pl*

Zimmerer <-s, -> *m s.* **Zimmermann**

Zimmerflucht *f* suite [of rooms] **Zimmerfrau** *f* ÖSTERR landlady **Zimmerhandwerk** *nt kein pl* carpentry *no pl, no indef art* **Zimmerkellner(in)** *m(f)* TOURIST room service waiter **Zimmerlautstärke** *f* low volume; **etw auf ~ stellen** to turn sth down **Zimmerlinde** *f* HORT African hemp **Zimmermädchen** *nt* chambermaid

Zimmermann <-leute> *m* carpenter

Zimmermannshammer *m* claw hammer

zimmern I. *vt* ❶ (*aus Holz herstellen*) ■ **etw ~** to make [*or* build] [*or* construct] sth from wood ❷ (*konstruieren*) **ein Alibi ~** to construct an alibi; **eine Ausrede ~** to make up an excuse **II.** *vi* (*an einer Holzkonstruktion tätig sein*) to do woodwork [*or* carpentry]; ■ **an etw** *dat* **~** to make sth from wood, to work on sth *fig*

Zimmernachweis *m* accommodation [*or* AM accomodations] service **Zimmerpflanze** *f* house plant **Zimmerservice** *m* room service **Zimmersuche** *f* room hunting, hunting for a room/rooms; **auf ~ sein** to be looking for rooms/a room **Zimmertemperatur** *f* room temperature **Zimmertheater** *nt* small [*or* studio] theatre **Zimmerverlesen** *n* MIL SCHWEIZ barrack room inspection **Zimmervermittlung** *f* accommodation [*or* AM accomodations] service **Zimmerwerkstatt** *f* one-room carpenter's shop

zimperlich *adj* prim; (*Ekel*) squeamish; (*empfindlich*) [hyper]sensitive; ***sei nicht so ~*** don't be such a sissy

Zimperlichkeit <-> *f kein pl* squeamishness

Zimperliese <-, -n> *f* (*pej*) sissy

Zimt <-[e]s, -e> *m* ❶ KOCHK cinnamon; **weißer ~** canelle ❷ (*fam: Quatsch*) rubbish, garbage, nonsense

Zimtapfel *m* custard apple, sweetsop **Zimtkassiablätter** *pl* Chinese cinnamon leaves **Zimtkassie** *f* Saigon cinnamon **Zimtrinde** *f* cinnamon bark **Zimtstange** *f* stick of cinnamon **Zimtzicke** <-, -n> *f* (*pej*) stupid cow [*or* AM chick]

Zink <-[e]s> *nt kein pl* ❶ CHEM zinc ❷ MUS cornet

Zinkblech *nt* sheet zinc

Zinke <-, -n> *f* ❶ (*spitz hervorstehendes Teil*) *Kamm, Rechen* tooth; *Gabel* prong ❷ (*Holzzapfen*) tenon

zinken *vt* KARTEN ■ **etw ~** to mark sth; ***Falschspieler verwenden gezinkte Karten*** card sharps use marked cards

Zinken <-s, -> *m* ❶ (*Gaunersprache: geheimes Schriftzeichen*) secret mark [*or* sign] ❷ (*fam: große Nase*) conk *sl*

zinkhaltig *adj* containing zinc

Zinksalbe *f* MED zinc ointment **Zinkweiß** *nt* KUNST Chinese white

Zinn <-[e]s> *nt kein pl* ❶ CHEM tin *no pl* ❷ (*Gegenstände aus ~*) pewter *no pl,* pewterware

Zinnbecher *m* pewter tankard

Zinne <-, -n> *f* ❶ ARCHIT merlon *hist;* (*Burg*) battlement; (*Stadt*) tower ❷ (*Gebirge*) peak, pinnacle ❸ SCHWEIZ (*Dachterrasse*) *flat area on the roof of an old house used for hanging out washing*

zinnern *adj attr* pewter

Zinnerz *nt* tin ore **Zinnfigur** *f* pewter [*or* tin] figure **Zinngeschirr** *nt* pewter ware **Zinngießerei** <-, -en> *f* tin foundry

zinnhaltig *adj* containing tin

Zinnie <-, -n> *f* BOT zinnia

Zinnkrug *m* pewter jug

Zinnober[1] <-s> *nt* ÖSTERR *kein pl* (*gelblichrote Farbe*) vermilion *no pl,* cinnabar *no pl*

Zinnober[2] <-s> *m* ÖSTERR *kein pl* mineral

zinnoberrot *adj* (*gelblichrot*) vermilion

Zinnsoldat *m* tin soldier **Zinnstein** *m* tinstone, cassiterite **Zinnteller** *m* pewter plate

Zins[1] <-es, -en> *m* FIN interest *no pl,* rate; **gesetzliche ~en** JUR legal rate of [*or* statutory] interest; **zu hohen/niedrigen ~en** at a high/low rate of interest; **~en bringen** [*o* **tragen**] to earn interest; **Kapital auf ~en legen** (*geh*) to invest capital at interest; **die ~en senken** to ease back interest rates; **[jdm] etw mit ~ und ~eszins zurückzahlen** to pay sb back for sth with interest *fig*

Zins[2] <-es, -e> *m* ❶ (*hist*) tax ❷ SÜDD, ÖSTERR, SCHWEIZ (*Miete*) rent

Zinsabschlag *f* FIN interest payment **Zinsabschlagsteuer** *f* FIN withholding tax, interest discount tax **Zinsabzug** *m* FIN discount; ***es erfolgt ein ~ bei Zahlung vor Fälligkeit*** a discount is granted for payment before the due date **Zinsanhebung** *f* FIN hike in interest rates **Zinsanspruch** *m* FIN interest due **Zinsaufwendungen** *pl* FIN interest paid, interest expenditure *no pl* **Zinsbelastung** *f* FIN interest charge **Zinsbesteuerung** *f* taxation of interest **Zinsdelle** *f* FIN dip in interest rates **Zinserhöhung** *f* rise [*or* increase] in interest rates **Zinsertrag** *m* interest yield

Zinseszins *m* compound interest

Zinsfestschreibung *f* FIN interest fixing **Zinsfluss**[RR] *m kein pl,* **Zinsfluß** *m kein pl* interest rate **Zinsfuß** *m* JUR rate of interest **Zinsgefälle** *nt* FIN interest rate differential [*or* spread] **Zinsgipfel** *m* FIN interest peak **zinsgünstig** *adj* at a favourable [*or* AM -or-] rate of interest *pred; Kredit* low-interest, soft *fam; Spareinlagen* high-interest, high-yield; **~e Kredithilfe** soft loan **Zinshaus** *n* ÖSTERR rented house; *s. a.* **Zins** **Zinshypothek** *f* JUR interest-bearing mortgage **Zinslast** *f* FIN interest burden [*or* load]

zinslos *adj* interest free, free of interest

Zinsniveau *nt* interest rate level

zinspflichtig *adj* interest-bearing, obliged to pay tax **Zinspolitik** *f kein pl* interest rate policy **Zinsrechnung** *f* calculation of interest **Zinsrückstand** *m* FIN back interest **Zinssatz** *m* interest rate, rate of interest; (*Darlehen*) lending rate; ***die Zinssätze geben nach*** interest rates are moving down; **gesetzlicher ~** statutory rate of interest **Zinsschein** *m* FIN interest coupon **Zinssenkung** *f* reduction [*or* decrease] in the interest rate **Zinstabelle** *f* table of interest rates **Zinstief** *nt* FIN low in interest rates **zinstragend** *adj attr* FIN interest-bearing *attr* **zinsverbilligt** *adj* interest-subsidized **Zinsverbindlichkeiten** *pl* FIN interest payable **Zinsverlust** *m* loss of interest **Zinswohnung** *f* ÖSTERR rented flat [*or* AM *a.* apartment]; *s. a.* **Zins** **Zinswucher** *m* charging very high interest, usury **Zinszahlung** *f* interest payment

Zionismus <-> *m kein pl* POL Zionism *no pl*

Zionist(in) <-en, -en> *m(f)* POL Zionist

zionistisch *adj* POL Zionist

Zipfel <-s, -> *m* corner; *Hemd, Jacke* tail; *Saum* dip; *Wurst* end

Zipfelmütze *f* pointed cap

Zipperlein <-s> *nt* (*veraltet fam: Gicht*) gout; **jdn plagt das ~** (*hum*) sb is indisposed

Zippverschluss[RR] *m,* **Zippverschluß** *m* ÖSTERR *s.* **Reißverschluss**

Zirbeldrüse *f* ANAT pineal gland **Zirbelkiefer** *f* BOT Swiss stone pine **Zirbelnuss**[RR] *f* pistachio nut

zirka *adv* about, approximately; ***ich hole dich in ~ 10 Minuten ab*** I'll pick you up in approximately 10 minutes

Zirkapreis *nt* BÖRSE approximate price

Zirkel <-s, -> *m* ❶ (*Gerät*) pair of compasses ❷ (*Gruppe*) group; ***nur der engste ~ seiner Freunde wurde eingeladen*** he only invited his closest [circle of] friends

Zirkelkasten *m* compasses case **Zirkelschluss**[RR] *m,* **Zirkelschluß** *m* circular argument

Zirkonium <-s> *kein pl nt* CHEM Zirconium *no pl*

Z

Zirkular *n* SCHWEIZ circular
Zirkulation <-, -en> *f* ① (*das Zirkulieren*) circulation ② TECH (*Umlaufleitung*) circulation, circulatory flow
Zirkulationskapital *nt* FIN circulating capital
zirkulieren* *vi* ① (*kreisen*) to circulate ② (*kursieren*) to circulate; ***über diese Frau ~ einige Gerüchte*** there are some rumours going around *fam* about this woman
Zirkumflex <-es, -e> *m* LING circumflex
Zirkus <-, -se> *m* ① (*Unterhaltung*) circus; **zum ~ gehen** to join the circus ② (*fam: großes Aufheben*) fuss, to-do *fam;* ***einen ~ machen*** to make a fuss
Zirkusartist(in) *m(f)* circus performer, artiste **Zirkusclown** *m* circus clown **Zirkuszelt** *nt* big top
zirpen *vi* ZOOL (*vibrierende Töne erzeugen*) to chirp, to cheep
Zirrhose <-, -n> *f* MED cirrhosis
Zirruswolke *f* METEO cirrus [cloud]
zisch *interj* hiss
zischeln *vi* (*pej*) ■**[über jdn] ~** to whisper [about sb]
zischen I. *vi* ① *haben* (*ein Zischen verursachen*) to hiss; ***das Steak zischte in der Pfanne*** the steak sizzled in the pan ② *haben* (*ein Zischen von sich geben*) to hiss ③ *sein* (*sich mit einem Zischen bewegen*) to swoosh; ***nach dem Anstich des Fasses zischte das Bier heraus*** after broaching the barrel the beer streamed out **II.** *vt* (*mit einem Z~ sagen*) ■**etw ~** to hiss sth at sb ▶ WENDUNGEN: **einen ~** (*sl*) to have a quick one *fam;* **jdm eine ~** to belt [*or* clout] sb *fam;* **eine gezischt bekommen** to get belted [*or* clouted] *fam*
Zischen <-s> *nt kein pl* hiss
Zischlaut *m* LING sibilant
ziselieren* *vt* KUNST ■**etw ~** to engrave sth
Ziselierung <-, -en> *f* chasing
Zisterne <-, -n> *f* cistern, tank
Zitadelle <-, -n> *f* citadel
Zitat <-[e]s, -e> *nt* quotation
Zitatenlexikon *nt* LING dictionary of quotations
Zither <-, -n> *f* MUS zither
Zitherspieler(in) *m(f)* MUS zither player
zitieren* *vt* ① (*wörtlich anführen*) ■**jdn/etw ~** to quote sb/sth; **ein Beispiel ~** to quote [*or* cite] an example ② (*vorladen*) ■**jdn irgendwohin ~** to summon sb somewhere; ***sie wurde zum Chef zitiert*** she was summoned to her boss
Zitierfreiheit *f kein pl* freedom to quote
Zitronat <-[e]s, -e> *nt* KOCHK candied lemon peel
Zitronatzitrone *f* cedrate
Zitrone <-, -n> *f* lemon ▶ WENDUNGEN: **jdn auspuetschen** [*o* **auspressen**] **wie eine ~** (*fam*) to squeeze sb dry
Zitronenbaum *m* lemon tree **Zitroneneis** *nt* lemon flavoured [*or* AM flavored] ice cream, lemon sorbet **Zitronenfalter** *m* ZOOL brimstone butterfly **zitronengelb** *adj* lemon yellow **Zitronenkuchen** *m* lemon cake [*or* bread] **Zitronenlimonade** *f* lemonade **Zitronenmelisse** *f* lemon balm **Zitronenpresse** *f* lemon squeezer **Zitronenreibe** *f* lemmon rind grater **Zitronensaft** *m* citrus fruit **Zitronensäurezyklus** *m* CHEM citric acid [*or* Krebs] cycle **Zitronenschale** *f* lemon peel **Zitronenthymian** *m* lemon thyme
Zitrusfrucht *f* citrus fruit **Zitruspresse** *f* citrus squeezer
Zitteraal *m* ZOOL electric eel
Zitterer *m* ÖSTERR shaking, weakness
zitt(e)rig *adj* shaky
zittern *vi* ① (*vibrieren*) to shake ② (*beben*) ■**[vor etw** *dat*] **~** to shake [*or* tremble] [with sth]; **vor Kälte ~** to shiver with cold; **vor Angst ~** to quake with fear; *Stimme* to quaver; *Blätter, Gräser, Lippen* to tremble, to quiver; *Pfeil* to quiver ③ (*fam*) ■**[vor jdm/etw] ~** to be terrified [of sb/sth]
Zittern <-s> *nt kein pl* ① (*Vibrieren*) shaking, trembling; ***ein ~ ging durch seinen Körper*** a shiver ran through his body ② (*bebende Bewegung*) trembling; *Erdbeben* tremor; *Stimme a.* quaver ▶ WENDUNGEN: **da hilft kein ~ und Zagen** there is no use being afraid
Zitterpappel *f* BOT aspen **Zitterpartie** *f* nail-biter *fam* **Zitterrochen** *m* ZOOL electric ray
zittrig *adj s.* **zitterig**
Zitze <-, -n> *f* ZOOL teat, dug
Zivi <-s, -s> *m* (*fam*) *kurz für* **Zivildienstleistender** *young man doing community service as an alternative to military service*
zivil *adj* ① (*nicht militärisch*) civilian; **~er Bevölkerungsschutz** civil defence [*or* AM -se] ② (*fam: akzeptabel*) **~e Bedingungen/Forderungen/Preise** reasonable conditions/demands/prices ③ (*höflich*) polite
Zivil <-s> *nt kein pl* civilian clothes *npl,* civvies *fam npl;* **in ~** in civilian clothes [*or fam* civvies], in mufti *dated*
Zivilangestellte(r) *f(m) dekl wie adj* civil servant
Zivilbehörde *f* civil authority **Zivilberuf** *m* civilian profession [*or* trade] **Zivilbevölkerung** *f* civilian population **Zivilcourage** *f* courage [of one's convictions] **Zivildiener** *m* ÖSTERR *s.* **Zivildienstleistende(r) Zivildienst** *m kein pl* ADMIN *community service as alternative to military service* **Zivildienstleistender** *m dekl wie adj* ADMIN young man doing community service as alternative to military service **Zivilehe** *f* JUR civil marriage **zivile Hilfssheriffs** *pl* civillian security officers *pl* **Zivilfahnder(in)** *m(f)* plain-clothes policeman **Zivilgericht** *nt* JUR civil court **Zivilgesellschaft** *f* ① SOZIOL, POL civil society ② ÖKON civilian company **Zivilgesetzbuch** *nt* JUR SCHWEIZ (*Bürgerliches Gesetzbuch*) code of civil law **Zivilgesetzgebung** *f* civil legislation
Zivilisation <-, -en> *f* civilization
Zivilisationserscheinung *f* MED symptoms caused by a civilized society **Zivilisationskrankheit** *f* MED *illness caused by civilization* **zivilisationsmüde** *adj* SOZIOL tired of modern-day society
zivilisatorisch I. *adj* of civilization, with regard to civilization **II.** *adv* in terms of [*or* with regard to] civilization
zivilisieren* *vt* ■**jdn ~** to civilize sb
zivilisiert I. *adj* civilized **II.** *adv* civilly; ***könnt ihr euch nicht ~ benehmen?*** can't you behave like civilized human beings?
Zivilist(in) <-en, -en> *m(f)* civilian
Zivilkammer *f* JUR civil division [*or* chamber] **Zivilklage** *f* JUR civil suit [*or* action] **Zivilkleidung** *f s.* **Zivil Zivilleben** *nt* civilian life, BRIT *a.* Civvy Street *dated fam* **Zivilperson** *f* (*geh*) *s.* **Zivilist**
ZivilprozessRR *m,* **Zivilprozeß** *m* JUR civil action **Zivilprozessordnung**RR *f* JUR Code of Civil Procedure, Civil Procedure Rules BRIT, Civil Practice Act AM **Zivilprozessrecht**RR *nt* JUR law [*or* rules] of civil procedure *pl*
Zivilrecht *nt* JUR civil law
zivilrechtlich I. *adj* JUR of civil law **II.** *adv* JUR of civil law; ***jdn ~rechtlich verfolgen/belangen*** to bring a civil action against sb
Zivilrechtsfall *m* JUR civil case **Zivilrechtsstreit** *m* JUR civil action
Zivilrichter(in) *m(f)* JUR civil court judge **Zivilsache** *f* JUR matter for a civil court **Zivilschutz** *m* ADMIN ① (*Schutz der Zivilbevölkerung*) civil defence [*or* AM -se] ② (*Truppe für den ~*) civil defence [*or* AM -se]; **Bundesamt für ~** Federal Civil Defence Office **Zivilsenat** *m* JUR civil division of a superior court **Zivilstand** *m* ADMIN SCHWEIZ marital status **Zivilstandsamt** *nt* ADMIN SCHWEIZ registry office **Zivilstandsregister** *nt* ADMIN SCHWEIZ register of births, marriages and deaths **Zivilverfahrensrecht** *nt* JUR law of civil procedure
zizerlweis *adv* ÖSTERR, SÜDD (*fam*) bit by bit
Zloty <-s, -> *m* zloty
Zmittag <-s> *m o nt kein pl* SCHWEIZ (*Mittagessen*) lunch
Zmorgen <-, -> *m o nt* SCHWEIZ (*Frühstück*) breakfast
Znacht <-s> *m o nt kein pl* SCHWEIZ (*Abendessen*) supper
ZNS *nt Abk von* **Zentralnervensystem** CNS
Znüni <-, -> *m* KOCHK SCHWEIZ (*zweites Frühstück*) elevenses *pl* BRIT *fam*
Zobel <-s, -> *m* ① ZOOL sable ② (*Pelz aus Zobelfellen*) sable [fur]
Zoccoli *f* SCHWEIZ *wooden sandals*
zockeln *vi sein* (*fam*) *s.* **zuckeln**
zocken *vi* KARTEN (*sl*) ■**~** to gamble
Zocker(in) <-s, -> *m(f)* KARTEN (*sl*) gambler
Zofe <-, -n> *f* lady-in-waiting
Zoff <-s> *m kein pl* (*sl*) trouble; **es gibt/dann gibt's ~** then there'll be trouble; **mit jdm ~ haben** to have trouble with sb; **~ machen** to cause trouble
zoffen *vr* (*sl*) ■**sich mit jdm ~** to quarrel with sb
zog *imp von* **ziehen**
Zöger *m* ÖSTERR (*fam*) net shopping bag
zögerlich I. *adj* (*zaudernd*) hesitant **II.** *adv* hesitantly
zögern *vi* to hesitate; ■**mit etw ~** to wait [too long] [*or* hesitate] with sth; ■**~, etw zu tun** to hesitate before doing sth; **ohne zu ~** without [a moment's] hesitation, unhesitatingly; ***sie unterschrieb ohne zu ~*** she signed without hesitation
Zögern <-s> *nt kein pl* hesitation *no pl;* **ohne langes ~** without hesitating for a long time [*or* [a moment's] hesitation]
zögernd I. *adj* hesitant, hesitating; ***dieser Frage hat sich die Regierung nur sehr ~ angenommen*** the Government accepted this question but only with [strong] reservations **II.** *adv* hesitantly
Zögling <-s, -e> *m* (*veraltend*) pupil
Zölibat <-[e]s, -e> *nt o m* REL celibacy *no pl*
Zoll[1] <-[e]s, -> *m* TECH inch; (*zollbreit*) one inch wide ▶ WENDUNGEN: **jeder ~ ...** every inch; ***er ist jeder ~ ein Ehrenmann/ Gentleman*** he is every inch a gentleman; **keinen ~[breit] [zurück]weichen** to not yield [*or* give] an inch; *s. a.* **Zentimeter**
Zoll[2] <-[e]s, Zölle> *m* ① ÖKON customs duty; **gemischter ~** compound [*or* mixed] duty; **für etw ~ bezahlen** to pay [customs] duty on sth; **Zölle erheben** to introduce customs duties; **etw aus dem ~ freigeben** to remove the seals from sth; **durch den ~ kommen** to come through customs; **durch den ~ müssen** (*fam*) to have to go through customs; **einem ~ unterliegen** to carry duty ② *kein pl* ÖKON (*fam: Zollverwaltung*) customs *npl*
Zollabfertigung *f* ÖKON ① (*Gebäude*) customs post, checkpoint ② (*Vorgang*) customs clearance **Zollabfertigungsgebühr** *f* FIN customs clearance charge **Zollabgabe** *f* customs duty **Zollabgaben** *pl* ÖKON customs, customs duty **Zollabkommen** *nt* ÖKON tariff agreement, customs convention **Zollamt** *nt* ÖKON customs office [*or* house] **zollamtlich** *adj* ÖKON customs *attr;* **jdn/etw ~ abfertigen** to clear sb/sth through customs **Zollaufsicht** *f* JUR customs supervision **Zollausfuhrerklärung** *f* ÖKON declaration outwards **Zollautonomie** *f* ÖKON autonomous system **Zollbeamte(r), -beamtin** *m, f* ÖKON customs officer [*or* official] **Zollbegleitpapiere** *pl* customs documents *pl* **Zollbegleitschein** *m* ÖKON bond note **Zollbehörde** *f* customs [authority] **Zollbestimmung** *f meist pl* ÖKON customs regulation[s *pl*] **Zolldeklaration** *f* customs declaration **Zolleinfuhrschein** *f* ÖKON inward manifest **Zolleinhebung** *f* ÖSTERR collection of customs duty **Zolleinlagerung** *f* ÖKON bonding
zollen *vt* (*geh*) ■**jdm/einer S. etw ~** to give sb/sth sth; **jdm Achtung/Anerkennung/Bewunderung ~** to respect/appreciate/admire sb; **jdm Beifall ~** to applaud sb, give sb applause; **jdm Dank ~** to extend [*or* offer] one's thanks [*or* express one's gratitude] to sb; **jdm seinen Tribut ~** to pay tribute to sb
Zollerklärung *f* ÖKON customs declaration; **Zoll- und Devisenerklärung** currency and customs declaration **Zollfahnder(in)** <-s, -> *m(f)* customs investigator **Zollfahndung** *f* ÖKON customs investigation **Zollfestsetzung** *f* ÖKON assessment of duties **Zollflughafen** *m* airport of entry **Zollformalitäten** *pl* JUR customs formalities; **~ erledigen** to clear through customs **zollfrei I.** *adj* ÖKON duty-free **II.** *adv* ÖKON duty-free **Zollfreiheit** *f kein pl* JUR

exemption from customs duty **Zollfreilager** *nt* bonded warehouse [*or* store] **Zollfreizone** *f* JUR [duty-]free zone, bonded area **Zollgebiet** *nt* customs area **Zollgebühren** *pl* customs duty **Zollgrenzbezirk** *m* border area under customs surveillance **Zollgrenze** *f* customs [area] border **Zollhafen** *m* port of entry **Zollhaus** *nt* customs house **Zollhoheit** *f* right to impose customs duty **Zollinhaltserklärung** *f* customs declaration **Zollkodex** *m* customs code **Zollkontingent** *nt* ÖKON tariff-rate quota **Zollkontrolle** *f* ÖKON customs check **zollmeldepflichtig** *adj* ÖKON declarable

Zöllner <-s, -> *m* ① (*veraltend fam: Zollbeamter*) customs officer ② REL (*in der Bibel*) tax collector

zollpflichtig *adj* ÖKON dutiable; ~ **sein** to be dutiable **Zollrecht** *nt* JUR customs law [*or* rules] *pl*; **gemeinschaftliches** ~ (*EU*) Community customs provisions **Zollrückvergütung** *f* FIN customs drawback **Zollschiff** *nt* customs cutter **Zollschranken** *pl* ÖKON tariff [*or* customs] barriers *pl* **Zollschuld** *f* FIN customs debt **Zollschuldner(in)** *m(f)* JUR customs debtor, party owing customs duty **Zollsenkung** *f* lowering of duty **Zollstation** *f* customs post

Zollstock *m* ruler, inch rule

Zollstraftat *f* JUR customs offence [*or* AM -se], infringement of customs regulations **Zolltarif** *m* ÖKON customs tariff; **Gemeinsamer** ~ Common Customs Tariff; **~e angleichen** to harmonize tariffs **Zolltarifrecht** *nt* JUR tariff law **Zoll- und Handelsabkommen** *nt* **Allgemeines** ~ ÖKON General Agreement on Tariffs and Trade **Zollunion** *f* ÖKON customs union **Zollverfahren** *nt* ÖKON customs procedure **Zollverfahrensrecht** *nt* JUR customs procedure law **Zollvergehen** *nt* JUR customs violation [*or* offence] [*or* AM -se] **Zollverschluss**RR *m* JUR customs seal; **unter** ~ bonded **Zollverwaltung** *f* customs administration [*or pl* authorities] **Zollwache** *f* ÖSTERR customs office [*or* house] **Zollwert** *m* HANDEL customs [*or* dutiable] value; **erklärter** ~ declared value; ~ **eingeführter Waren** customs value of imported goods **Zollwertausschuss**RR *m* ÖKON (*EU*) Valuation Committee

Zombie <-[s], -s> *m* zombie

Zone <-, -n> *f* ① (*Bereich*) zone; **entmilitarisierte** ~ demilitarized zone ② (*Beratungszone*) **die [Ost]~** the Eastern Zone *fam or dated*, East Germany ③ TRANSP fare stage, zone

Zonengrenze *f* zonal boundary; **die** ~ the East German border **Zonenordnung** *f* SCHWEIZ *regulations governing usage of areas of land*

Zoo <-s, -s> *m* zoo

Zoologe, Zoologin <-n, -n> *m, f* zoologist

Zoologie <-> *f kein pl* zoology

Zoologin <-, -nen> *f fem form von* **Zoologe**

zoologisch I. *adj* zoological II. *adv* zoologically

Zoom <-s, -s> *nt* FOTO *s.* **Zoomobjektiv**

zoomen ['zu:mən] *vt* FOTO, INFORM ■**jdn/etw** ~ to zoom in on sb/sth

Zoomobjektiv *nt* FOTO zoom lens

Zootier *nt* animal in a zoo **Zoowärter(in)** <-s, -> *m(f)* zoo-keeper

Zopf <-[e]s, Zöpfe> *m* ① (*geflochtene Haarsträhnen*) plait, AM *usu* braid, pigtail ② KOCHK plait, plaited loaf ③ FORST top of tree trunk ▶ WENDUNGEN: **ein alter** ~ an antiquated custom

Zopfmuster *nt* MODE cable stitch **Zopfspange** *f* hair clip

Zorbing <-s> ['zɔrbɪŋ] *nt kein pl* SPORT zorbing (*rolling downhill while strapped inside an enormous air-cushioned bouncing ball*)

Zorn <-[e]s> *m kein pl* anger, rage, wrath *liter;* **der ~ Gottes** the wrath of God; **in ~ geraten/ausbrechen** to lose one's temper, to fly into a rage; **einen ~ auf jdn haben** to be furious with sb; **jds ~ heraufbeschwören** to incur sb's wrath; **im** ~ in anger [*or* a rage]; ***im ~ sagt man manches, was man später bereut*** when you are angry you say things you later regret

Zornbinkel, Zornbinkl *m* ÖSTERR person with a violent temper, irascible person

Zornesausbruch *m* fit of anger [*or* rage] **Zornesröte** *f* (*zornige Röte*) flush of anger

zornig *adj* angry, furious; ■~ **auf jdn sein** to be angry [*or* furious] with sb; **leicht ~ werden** to lose one's temper easily; **ein ~er junger Mann** (*fig*) an angry young man

Zote <-, -n> *f* dirty [*or* obscene] joke

zotig *adj* dirty, filthy, smutty

Zottel <-, -n> *f* ① *meist pl* (*langes Tierhaar*) shaggy clump of hair ② (*pej fam: unordentliche Haare*) ■~**n** rat's tail, shaggy locks *pl* ③ DIAL (*Schlampe*) slut ④ *Mütze* pompom

Zottelhaar *nt* (*fam*) shaggy hair

zottelig *adj* (*fam*) shaggy

zotteln *vi sein* (*fam*) to amble

zottig *adj s.* **zottelig**

ZPO *f Abk von* **Zivilprozessordnung**

z.T. *Abk von* **zum Teil** partly

Ztr. *m Abk von* **Zentner**

zu

I. PRÄPOSITION MIT DATIV
II. ADVERB
III. KONJUNKTION

I. PRÄPOSITION MIT DATIV

① (*wohin*) to; ***ich muss gleich ~m Arzt/~m Bäcker/~m Supermarkt*** I must go to the doctor's/baker's/supermarket; **~r Stadt/Stadtmitte gehen** to go to town/the town centre; ***wie weit ist es von hier ~m Bahnhof?*** how far is it from here to the train station?; ***wie komme ich [von hier] ~r Post?*** how do I get [from here] to the post office?; ***~m Militär*** to join the army; ***~m Theater gehen*** to go on the stage [*or* into the theatre]; ***~m Schwimmbad geht es da lang!*** the swimming pool is that way!; ***fahr mich bitte ~r Arbeit/Kirche/Schule*** please drive me to work/church/school; ~ ***Fuß/Pferd*** on foot/horseback; ~ ***Fuß gehen Sie etwa 20 Minuten*** it will take you about 20 minutes on foot; ~ ***Schiff*** by ship [*or* sea] ② (*örtlich: Richtung*) **~m Fenster herein/hinaus** in/out of the window; **~r Tür herein/hinaus** in/out the door; **~m Himmel weisen** to point heavenwards [*or* up at the heavens]; **~r Decke sehen** to look [up] at the ceiling; ~ **jdm/etw hinaufsehen** to look up at sb/sth; ***das Zimmer liegt ~r Straße hin*** the room looks out onto the street; **~m Meer/zur Stadtmitte hin** towards the sea/town [*or* city centre]; ***der Kerl vom Nachbartisch sieht dauernd ~ uns hin*** the bloke at the next table keeps looking across at us ③ (*neben*) ■~ **jdm/etw** next to sb/sth; **etw ~ etw legen** ***legen Sie ~ den Tellern bitte jeweils eine Serviette!*** put one serviette next to each plate; ***darf ich mich ~ Ihnen setzen?*** may I sit next to [*or* beside] you?; ***setz dich ~ uns*** [come and] sit with us; **etw ~ etw tragen** to wear sth with sth ④ *zeitlich* at; ~ **Ostern/Pfingsten/Weihnachten** at Easter/Whitsun/Christmas; ***letztes Jahr ~ Weihnachten*** last Christmas; ~ **früher/später Stunde** at an early/late hour; ~ **Mittag** at [*or* by] midday/noon; [***bis***] ***~m 31. Dezember/Montag/Abend*** until [*or* by] 31st December/Monday/[this] evening; ***~m Wochenende fahren wir weg*** we are going away at [*or* AM on] the weekend; ***~m 1. Januar fällig*** due on January 1st; **~m Monatsende kündigen** to give in one's notice for [*or* to take effect from] the end of the month; *s. a.* **Anfang, Schluss, Zeit** ⑤ (*anlässlich einer S.*) ***etw ~m Geburtstag/~ Weihnachten bekommen*** to get sth for one's birthday/for Christmas; ~ ***Ihrem 80. Geburtstag*** (*geh*) on the occasion of your 80th birthday; ■**jdm ~ etw gratulieren** to congratulate sb on sth; **jdn ~m Essen einladen** to invite sb for a meal; ***Ausstellung ~m Jahrestag seines Todes*** exhibition to mark the anniversary of his death; ~ ***dieser Frage möchte ich Folgendes sagen*** to this question I should like to say the following; ***was sagst du ~ diesen Preisen?*** what do you say to these prices?; ***eine Rede ~m Thema Umwelt*** a speech on the subject of the environment; ***„Zum Verfremdungsbegriff"*** "On the concept of Alienation"; **jdn ~ etw vernehmen** to question sb about sth ⑥ (*für etw bestimmt*) ***Papier ~m Schreiben*** paper to write on, writing paper; ***Wasser ~m Trinken*** drinking water; ***der Knopf ~m Abstellen*** the off-button; ***das Zeichen ~m Aufbruch*** the signal to leave; **etw ~r Antwort geben** to say sth in reply; ~ ***nichts taugen/~ nichts zu gebrauchen sein*** to be no use at all; ***mögen Sie Milch/Zucker ~m Kaffee?*** do you take your coffee with milk [*or* white]/with sugar; ***~m Frühstück trinkt sie immer Tee*** she always has tea at breakfast ⑦ (*um etw herbeizuführen*) ***~r Einführung ...*** by way of an introduction ...; ~ ***seiner Entschuldigung/~r Erklärung*** in apology/explanation, by way of an apology/explanation; ***sie sagte das nur ~ seiner Beruhigung*** she said that just to set his mind at rest; ~ **was** (*fam*) for what, why; ~ ***was soll das gut sein?*** what do you need that for?, what is that for? ⑧ *mit Infinitiv* ***bei dem Regenwetter habe ich keine Lust zum Wandern*** I don't fancy walking if it is raining; ***wir haben nichts ~m Essen*** we have nothing to eat; ***gib dem Kind doch etwas ~m Spielen*** give the child something to play with; ***auf die Reise habe ich mir etwas ~m Lesen mitgenommen*** I've brought something to read on the trip; ***das ist ja ~m Lachen*** that's ridiculous [*or* really funny], das ist *~m Weinen,* it's enough to make you want to cry [*or* weep] ⑨ (*Veränderung*) ~ **etw werden** to turn into [*or* become] sth; ***manch einer wird aus Armut ~m Dieb*** often it is poverty that turns sb into a thief; **wieder ~ Staub werden** to [re]turn to dust; ■**jdn/etw ~ etw machen** to make sb/sth into sth; **jdn ~m Manne machen** to make a man of sb; ***~m Kapitän befördert werden*** to be promoted to captain; **~m Vorsitzenden gewählt werden** to be elected to [*or* chosen for] the post of chairman; ~ ***Asche verbrennen*** to burn to ashes; ***etw ~ Pulver zermahlen*** to grind sth [in]to powder ⑩ (*Beziehung*) **Liebe ~ jdm** love for sb; **aus Freundschaft ~ jdm** because of one's friendship with sb; **das Vertrauen ~ jdm/etw** trust in sb/sth; ***meine Beziehung ~ ihr*** my relationship with her ⑪ (*im Verhältnis zu*) in relation [*or* proportion] to; ***im Vergleich*** ~ in comparison with, compared to; ***im Verhältnis 1 ~ 4*** MATH in the ratio of one to four; ***unsere Chancen stehen 50 ~ 50*** our chances are fifty-fifty ⑫ (*einer Sache zugehörig*) ~ ***den Lehrbüchern gehören auch Kassetten*** there are cassettes to go with the text books, sth for sth; ***wo ist der Korken ~ der Flasche?*** where is the cork for this bottle?; ***mir fehlt nur der Schlüssel ~ dieser Tür*** I've only got to find the key to this door ⑬ SPORT ***Bayern München gewann mit 5 ~ 1*** Bayern Munich won five-one; ***das Fußballspiel ging unentschieden 0 ~ 0 aus*** the football match ended in a nil-nil draw ⑭ *bei Mengenangaben* ~ ***drei Prozent*** at three percent; ***diese -pfel habe ich ~ zwei Mark das Stück gekauft*** I bought these apples for [*or* at] two marks each; ***sechs [Stück] ~ fünfzig Pfennig*** six for fifty pfennigs; ***~m halben Preis*** at half price; ***wir sind ~ fünft in den Urlaub gefahren*** five of us went on holiday together; ***sie kommen immer ~ zweit*** those two always come as a pair; ***der Pulli ist nur ~r Hälfte fertig*** the jumper is only half finished; ***hast du das Buch nur ~ einem Viertel gelesen?*** have you only read a quarter of the book?; **~m ersten Mal** for the first time; **~m Ersten ..., ~m Zweiten** firstly ..., secondly; **~m Ersten, ~m Zweiten, ~m Dritten** (*bei Auktionen*) going once, going twice, sold ⑮ (*örtlich: Lage*) in; ***der Dom ~ Köln*** the cathedral in Cologne, Cologne cathedral; ***der Reichstag ~ Worms*** (*hist*) the Diet of Worms; ~ **Hause** at home; ~ **seiner Rechten/Linken...** on his right/left [hand side]...; ~ **Lande und ~ Wasser** on land and sea; **jdm ~r Seite sitzen** (*geh*) to sit at sb's side; **sich ~ Tisch setzen** (*geh*) to sit down to dinner ⑯ (*bei Namen*) ***der Graf ~ Blaubeuren*** the Count of Blaubeuren; ***Gasthof ~m blauen Engel*** the Blue

Angel Inn ⓱ [als] **jdn ~m Präsidenten wählen** to elect as president; ▪**jdn ~ etw ernennen** to nominate sb for sth; **er machte sie ~ seiner Frau** he made her his wife; **er nahm sie ~r Frau** he took her as his wife; ▪**jdn/etw ~m Vorbild nehmen** to take sb/sth as one's example, to model oneself on sb/sth; **~m Artzt geboren sein** to be born to be a doctor ⓲ [in Wendungen] **~ Deutsch** (veraltet) in German; **~m Beispiel** for example; **~r Belohnung** as a reward; **~r Beurteilung/Einsicht** for inspection; **~m Gedächtnis von jdm** in memory of sb, in sb's memory; **~m Glück** luckily; **~ Hilfe** help; **jdm ~ Hilfe kommen** to come to sb's aid; **~m Lobe von jdm/etw** in praise of sb/sth; **~r Probe** as a trial [or test]; **~r Ansicht** on approval; **~r Strafe** as a punishment; **~r Unterschrift** for signature [or signing]; **~r Warnung** as a warning; **~ jds Bestem/Vorteil sein** to be for one's own good/to one's advantage; s. a. **bis** ⓳ SCHWEIZ [in Wendungen] **~r Hauptsache** mainly; **~m voraus** in front of; **~m vorn[e]herein** from in front; **~m Rechten schauen** to look to the right

II. ADVERB

❶ [all~] too; **~ sehr** too much; **er hat sich nicht ~ sehr bemüht** he didn't try too [or very] hard; **ich wäre ~ gern mitgefahren** I would have loved to have gone along ❷ [geschlossen] shut, closed; **dreh den Wasserhahn ~!** turn the tap off!; **Tür ~, es zieht!** shut the door, there's a draught!; **mach die Augen ~, ich hab da was für dich** close your eyes, I've got sth for you; **die Geschäfte haben sonntags ~** stores are closed on Sundays; **~ sein** to be shut [or closed] ❸ [örtlich] towards; **nach hinten/vorne ~** towards the back/front; **dem Ausgang ~** towards the exit ❹ [fam: betrunken sein] ▪**~ sein** to be pissed fam!, to have had a skinful fam ❺ [in Wendungen] **dann mal ~!** go ahead, off we go; **immer/nur ~!** go ahead; **schimpf nur ~, es hilft doch nichts** go on, scream, it won't do any good; **mach ~** hurry up, get a move on; **lauf schon ~, ich komme nach** you go on [or go on ahead], I'll catch up

III. KONJUNKTION

❶ mit Infinitiv to; ▪**etw ~ essen** sth to eat; **dieser Auftrag ist unverzüglich ~ erledigen** this task must be completed straight away; **ich habe heute einiges ~ erledigen** I have got a few things to do today; **sie hat ~ gehorchen** she has to obey [or do as she is told]; **die Rechnung ist bis Freitag ~ bezahlen** the bill has to be paid by Friday; **~m Stehen kommen** to come to a halt; **~m Erliegen kommen** to come to rest; **ich habe ~ arbeiten** I have some work to do; **ohne es ~ wissen** without knowing it; **ich komme, um mich zu verabschieden** I have come to say goodbye ❷ mit Partizip **~ bezahlende Rechnungen** outstanding bills; **es gibt verschiedene noch ~ kaufende Gegenstände** some things still have to be bought; **der ~ Prüfende** the candidate to be examined; **nicht ~ unterschätzende Probleme** problems [that are] not to be underestimated

zuallererst *adv* first of all **zuallerletzt** *adv* last of all

Zubau *m* ÖSTERR extension

zu|bauen *vt* ▪**etw ~** to fill sth in

Zubehör <-[e]s, selten -e> *nt o m* ❶ (Teil der Ausstattung) equipment no pl, removable fixture ❷ (zusätzliche Accessoirs) accessories pl ❸ (Ausstattung) attachments pl; **diese Küchenmaschine wird mit speziellem ~ geliefert** this food processor comes with special attachments

Zubehörteil *nt* accessory, attachment

zu|beißen *vi irreg* to bite

zu|bekommen* *vt irreg* (fam) ▪**etw ~** to get sth shut [or closed]; **eine Hose, einen Reißverschluss ~** to do [or zip] up trousers/a zipper

Zuber <-s, -> *m* DIAL, SCHWEIZ washtub

zu|bereiten* *vt* ▪[**jdm**] **etw ~** to prepare sth [for sb]; **einen Cocktail ~** to mix a cocktail

Zubereitung <-, -en> *f* ❶ (das Zubereiten) preparation ❷ (von Arzneimitteln) making up ❸ PHARM (zubereitetes Präparat) preparation

Zubettgehen <-s> *nt kein pl* **vor dem/beim/nach dem ~** before [going to] bed/ on going to bed/ after going to bed

zu|billigen *vt* ▪**jdm etw ~** ❶ (zugestehen) to grant [or allow] sb sth ❷ (für jdn gelten lassen) to grant sb sth; **ich will ihm gerne ~, dass er sich bemüht hat** he made an effort, I'll grant/allow him that

zu|binden *vt irreg* ▪**etw ~** to tie [or do up] sth; **sich die Schuhe ~** to lace [or do] up [or tie] shoes

zu|bleiben *vi irreg sein* (fam) **kann die Tür nicht ~?** can't we keep the door shut?; **wegen Inventur wird unser Geschäft am 3. Januar ~** our shop will be closed for stocktaking on January 3rd

zu|blinzeln *vi* ▪**jdm ~** to wink at sb; ▪**sich** dat [o **einander**] **~** to wink at each other

zu|bringen *vt irreg* ❶ (verbringen) to spend ❷ (herbeibringen) to bring/take to; **jdm ~, dass ...** to inform sb that ...; *fig;* **es ist mir zugebracht worden** (geh) it has been brought to my attention [or notice] ❸ DIAL s. **zukriegen**

Zubringer <-s, -> *m* TRANSP ❶ (Zubringerstraße) feeder road ❷ (Flughafenbus) shuttle [bus], airport bus

Zubringerdienst *m* shuttle service **Zubringerflug** *m* feeder plane **Zubringerindustrie** *f* ÖKON ancillary industry **Zubringerstraße** *f* (geh) s. **Zubringer 1**

Zubrot *nt kein pl* extra income; [**sich** dat] **ein ~ verdienen** to earn [or make] a bit on the side

zu|buttern *vt* (fam) ▪**etw ~** to contribute sth; **wegen eines Fehlers musste der Konzern Millionen ~** due to a mistake the corporation had to pay out millions [on top]

Zucchini <-, -> *f meist pl,* **Zucchino** <-s, -ni> *m meist pl* courgette BRIT, zucchini AM

Zucht <-, -en> *f* ❶ kein pl HORT cultivation no art, no pl, growing no art, no pl ❷ kein pl ZOOL breeding no art, no pl ❸ (gezüchtete Pflanze) stock, variety; (gezüchtetes Tier) breed; von Bakterien culture spec ❹ kein pl (Disziplin) discipline no art, no pl; **~ und Ordnung** discipline; **jdn in ~ halten** to keep a tight rein on sb

Zuchtbulle *m* breeding bull **Zuchtchampignon** *m* cultivated [or button] mushroom

züchten *vt* ❶ HORT ▪**etw ~** to grow [or cultivate] sth ❷ ZOOL ▪**Tiere ~** to breed animals; **Bienen ~** to keep bees

Züchter(in) <-s, -> *m(f)* von Rassetieren breeder; von Blumen grower, cultivator; von Bienen keeper; von Bakterien culturist spec

Zuchtforelle *f* farmed trout

Zuchthaus *nt* HIST ❶ (Strafe) prison sentence; **~ bekommen** to be given a prison sentence ❷ (Strafanstalt) prison, jail, BRIT a. gaol dated

Zuchthäusler(in) *m(f)* (pej veraltend) convict

Zuchthausstrafe *f* HIST [hard] prison sentence

Zuchthengst *m* stud horse, breeding stallion

züchtig I. *adj* (veraltet) chaste form or liter II. *adv* (veraltet) chastely form or liter, in a chaste manner form or liter

züchtigen *vt* (geh) ▪**jdn ~** to beat sb

Züchtigung <-, -en> *f* beating, thrashing, flogging

Züchtigungsverbot *nt* corporal punishment ban

zuchtlos *adj* (veraltend) undisciplined, licentious; **ein ~es Leben führen** to lead an undisciplined [or licentious] life

Zuchtlosigkeit <-> *f kein pl* (veraltend) lack of discipline, licentiousness

Zuchtmuschel *f* farmed mussel **Zuchtperle** *f* cultured pearl **Zuchtstute** *f* breeding [or brood] mare **Zuchttier** *nt* breeding animal

Züchtung <-, -en> *f* ❶ kein pl HORT cultivation no art, no pl, growing no art, no pl ❷ kein pl ZOOL breeding no art, no pl ❸ (gezüchtete Pflanze) variety; (gezüchtetes Tier) breed; **eine neue ~ Schweine** a new breed of pig

Zuchtvieh *nt* breeding cattle **Zuchtwahl** *f* BIOL natural selection

zuckeln *vi sein* (fam) ▪**irgendwohin ~** to trundle off somewhere; **über die Landstraßen ~** to trundle along country roads

zucken *vi* ❶ haben Augenlid to flutter; Mundwinkel to twitch ❷ haben **mit den Achseln** [o **Schultern**] **~** to shrug one's shoulders; **ohne mit der Wimper zu ~** without batting an eyelid ❸ haben (aufleuchten) Blitz to flash; Flamme to flare up ❹ sein (sich zuckend bewegen) Blitz to flash; **hast du diesen Blitz über den Himmel ~ sehen?** did you see that bolt of lightning flash across the sky? ❺ haben (fam: weh tun) ▪**es zuckt jdm irgendwo** sb has/gets a twinge somewhere

zücken *vt* ▪**etw ~** ❶ (blankziehen) to draw sth; **mit gezückten Schwertern** with swords drawn ❷ (fam: rasch hervorziehen) to pull [or whip] out sth sep

zuckend *adj* Bewegungen twitching; Lider fluttering

Zucker[1] <-s, -> *m* sugar no art, no pl; **brauner ~** brown sugar; **bunter ~** rainbow sugar crystals pl ▸ WENDUNGEN: **~ sein** (sl) to be terrific [or BRIT fam! shit hot] [or AM fam! hot shit]

Zucker[2] <-s> *m kein pl* MED diabetes no art, no pl; **~ haben** (fam) to have diabetes

Zuckeraustauschstoff *m* artificial sweetener **Zuckerbäcker(in)** *m(f)* confectioner **Zuckerbanane** *f* lady finger banana **Zuckerbestimmung** *f* saccrimentry **Zuckerbrot** *nt* (veraltet: Süßigkeit) sweetmeat dated ▸ WENDUNGEN: **mit ~ und Peitsche** (prov) with the carrot and the stick **Zuckerdose** *f* sugar bowl **Zuckererbse** *f* sugar snap [or AM a. snow] pea, mangetout **Zuckerfabrik** *f* sugar factory **Zuckerguss**RR *m*, **Zuckerguß** *m* icing no art, no pl, AM esp frosting no art, no pl

zuckerhaltig <-er, -[e]ste> *adj* containing sugar

Zuckerhut *m* ❶ GEOL sugarloaf ❷ KOCHK winter chicory

zuck(e)rig *adj* ❶ (viel Zucker enthaltend) sugary ❷ (mit Zucker bestreut) sugary

zuckerkrank *adj* diabetic **Zuckerkranke(r)** *f(m)* dekl wie adj diabetic **Zuckerkrankheit** *f* diabetes no art, no pl

Zuckerl <-s, -[n]> *nt* SÜDD, ÖSTERR (Bonbon) sweet BRIT, candy AM

Zuckerlecken *nt* ▸ WENDUNGEN: **kein ~ sein** (fam) to be no picnic **Zuckermelone** *f* muskmelon

zuckern *vt* ▪**etw ~** to sugar sth; **seinen Tee ~** to put [or take] sugar in one's tea

Zuckerraffinerie *f* sugar refinery **Zuckerrohr** *nt* sugar cane no art, no pl **Zuckerrübe** *f* sugar beet no art, no pl **Zuckerschlecken** *nt* s. **Zuckerlecken** **Zuckerschock** *m* MED diabetic coma [or keto-acidosis] **Zuckerschote** *f* mangetout **Zuckersirup** *m* sugar syrup **Zuckerstange** *f* stick of rock, rock candy AM **Zuckerstreuer** *m* sugar caster [or sprinkler] **zuckersüß** *adj* ❶ (sehr süß) as sweet as sugar pred ❷ (übertrieben freundlich) sugar-sweet a. pej; ▪**~ [zu jdm] sein** to be as sweet as pie [to sb] **Zuckerwaage** *f* saccarometer **Zuckerwatte** *f* candy floss BRIT, cotton candy AM **Zuckerzange** *f* sugar tongs npl

zuckrig *adj* s. **zuckerig**

Zuckung <-, -en> *f meist pl* von Augenlid, Lippe, Mundwinkel twitch; **nervöse ~en** a nervous twitch; eines Epileptikers convulsion; **die letzten ~en** the death throes

Zudecke *f* DIAL cover

zu|decken *vt* ▪**jdn/etw** [**mit etw**] **~** to cover [up sep] sb/sth [with sth]; ▪**sich** [**mit etw**] **~** to cover oneself up sep [with sth]

zudem *adv* (geh) moreover form, furthermore form, in addition

zu|denken *vt irreg* (geh) ▪**jdm etw ~** ❶ (zu schenken beabsichtigen) to intend sth for sb ❷ (zuzuweisen beabsichtigen) to intend [or earmark] sth for sb; ▪**zugedacht** intended; ▪**jdm zugedacht sein** to be intended for sb; *Posten* to be earmarked for sb

zu|drehen I. *vt* ① (*verschließen*) ■**etw** ~ to screw on sth *sep* ② (*abstellen*) ■**etw** ~ to turn off sth *sep* ③ (*festdrehen*) ■**etw** ~ to tighten sth ④ (*zuwenden*) **jdm den Kopf** ~ to turn [one's face] towards sb; **jdm den Rücken** ~ to turn one's back on sb; **jdm die Schulter** ~ to turn away from sb II. *vr* ■**sich jdm/etw** ~ to turn to[wards] sb/sth

zudringlich *adj* pushy *pej;* ~ **[zu jdm] werden** to get pushy *pej;* (*sexuell belästigen*) to make advances [to sb], to act improperly [towards sb]

Zudringlichkeit <-, -en> *f* ① *kein pl* (*zudringliche Art*) pushiness *no art, no pl pej* ② *meist pl* (*zudringliche Handlung*) advances *pl*

zu|dröhnen *vr* (*sl*) ■**sich [mit etw]** ~ to be/become intoxicated [with sth]; **sich mit Rauschgift** ~ to get high [on drugs]; ■**zugedröhnt sein** to be intoxicated/high

zu|drücken *vt* ① (*durch Drücken schließen*) ■**etw** ~ to press sth shut; **ein Fenster/eine Tür** ~ to push a window/door shut; *s. a.* **Auge** ② (*fest drücken*) **jdm/einem Tier den Hals/die Kehle** ~ to throttle sb/an animal

zu|eignen I. *vt* ■**jdm etw** ~ ① (*geh: widmen*) to dedicate sth to sb; **jdm ein Buch** ~ to dedicate a book to sb ② (*veraltet: schenken*) to give sth as a present to sb II. *vr* JUR ■**sich etw** ~ to appropriate sth

Zueignung <-, -en> *f* ① *kein pl* JUR (*das Zueignen*) appropriation ② (*Widmung*) dedication

Zueignungsabsicht *f* JUR intention of appropriating sth

zu|eilen *vi sein* ■**auf jdn/etw** ~ to hurry [*or* rush] towards sb/sth

zueinander *adv* to each other [*or form* one another]; ~ **passen** *Menschen* to suit each other [*or form* one another], to be suited; *Farben, Kleidungsstücke, Muster* to go well together [*or* together well]

zu|erkennen* *vt irreg* (*geh*) ■**jdm etw** ~ to award sth to sb; **jdm eine Auszeichnung/einen Orden** ~ to confer [*or form* bestow] an award/a medal on sb; ***das Kind wurde dem Vater zuerkannt*** the father was given custody of the child; **jdm eine Strafe** ~ to impose [*or* inflict] a penalty [up]on sb

zuerst *adv* ① (*als erster*) the first; (*als erstes*) first; ***was sollen wir ~ kaufen?*** what should we buy first? ② (*anfangs*) at first, initially ③ (*zum ersten Mal*) first, for the first time ▸ WENDUNGEN: **wer** ~ **kommt, mahlt** ~ (*prov*) first come, first served *prov*

zuerteilen* *vt* (*selten*) ■**jdm etw** ~ to allot [*or* assign] sth to sb

zu|fächeln *vt* (*geh*) ■**jdm/sich [mit etw] Luft** [*o* **Kühlung**] ~ to fan sb/oneself [with sth]

zu|fahren *vi irreg sein* ① (*in eine bestimmte Richtung fahren*) ■**auf jdn/etw** ~ to drive towards sb/sth; (*direkt*) to head towards sb/sth ② (*fam: schneller fahren*) to drive faster; ***fahren Sie doch zu!*** [drive] faster!

Zufahrt *f* ① (*Einfahrt*) entrance ② *kein pl* (*das Zufahren*) access *no art, no pl* (**auf** +*akk* to); **jdm die** ~ **versperren** to block sb's access

Zufahrtsstraße *f* access road; (*zur Autobahn*) approach road

Zufall *m* coincidence; (*Schicksal*) chance; **das ist** ~ that's a coincidence; **es ist [ein bestimmter]** ~/**kein** ~**, dass ..** it is [a certain] coincidence/no coincidence [*or* accident] that ...; ***es ist reiner ~, dass ...*** it's pure coincidence that ...; **etw dem** ~ **überlassen** to leave sth to chance; **es dem** ~ **überlassen, ob/wann/wie/wo ...** to leave it to chance whether/when/how/where ...; **etw dem** ~ **verdanken** to owe sth to chance; **es dem** ~ **verdanken, dass ...** to owe it to chance that ...; **der** ~ **wollte es, dass ...** chance would have it that ...; **etw durch** [*o fam* **per**] ~ **erfahren** to happen to learn of sth; **welch ein** ~**!** what a coincidence!

zu|fallen *vi irreg sein* ① (*sich schließen*) to close, to shut ② (*zuteil werden*) ■**jdm** ~ to go to sb ③ (*zugewiesen werden*) ■**jdm** ~ to fall to sb; *Rolle* to be assigned to sb ④ (*zukommen*) ***diesem Treffen fällt große Bedeutung zu*** great importance is attached to this meeting ⑤ (*leicht erwerben*) ■**jdm** ~ to come naturally to sb

zufällig I. *adj* chance *attr* II. *adv* ① (*durch einen Zufall*) by chance; **rein** ~ by pure chance; **jdn** ~ **treffen** to happen to meet sb ② (*vielleicht*) ***wissen Sie ~, ob/wie/wann/wo ...?*** do you happen to know whether/how/when/where ...?

zufälligerweise *adv s.* **zufällig II**

Zufälligkeit <-, -en> *f* coincidence

Zufallsbekanntschaft *f* chance acquaintance; **eine** ~ **machen** to make a chance acquaintance **Zufallsfehler** *m* random error **Zufallsfund** *m* chance find **Zufallshaftung** *f* JUR liability for accidental event **Zufallstor** *nt* lucky [*or fam* fluke] goal **Zufallstreffer** *m* fluke *fam* **Zufallszugriff** *m* INFORM random access

zu|fassen *vi* ① (*zugreifen*) to make a grab, to grab [at] sth ② (*die Gelegenheit ergreifen*) to seize the opportunity

zu|fliegen *vi irreg sein* ① (*in eine bestimmte Richtung fliegen*) ■**auf etw** *akk* ~ to fly towards sth ② (*zu jdm hinfliegen und bleiben*) ■**jdm** ~ to fly to sb; ***der Wellensittich ist uns zugeflogen*** the budgie flew into our house ③ (*fam: zufallen*) ■**[jdm]** ~ to slam shut [on sb *fam*] ④ *s.* **zufallen 5**

zu|fließen *vi irreg sein* ① (*in etw münden*) ■**etw** *dat* ~ to flow into sth ② (*dazufließen*) ■**etw** *dat* ~ to flow into sth ③ (*zuteil werden*) ■**jdm/etw** ~ to go to sb/sth; ***die Spenden flossen einem Hilfsfonds zu*** the donations went to a relief fund

Zuflucht <-, -en> *f* refuge; **irgendwo [vor jdm/etw]** ~ **finden/suchen** to take [*or* find]/seek refuge somewhere [from sb/sth] ▸ WENDUNGEN: **jds letzte** ~ **sein** to be sb's last resort [*or* hope]; **in etw** *dat* ~ **finden** to find refuge in sth; **zu etw** ~ **nehmen** to resort to sth; **zu Lügen** ~ **nehmen** to resort to lying

Zufluchtsort *m* place of refuge

Zufluss[RR] *m*, **Zufluß** *m* ① *kein pl* (*das Zufließen*) inflow ② (*Nebenfluss*) tributary

zu|flüstern *vt* ■**jdm etw** ~ to whisper sth to sb

zufolge *präp* (*geh*) ■**etw** *dat* ~ according to sth

zufrieden I. *adj* (*befriedigt*) satisfied (**mit** +*dat* with); ***danke, ich bin sehr*** ~ thanks, everything's fine; (*glücklich*) contented (**mit** +*dat* with), content *pred;* **ein** ~**er Kunde** a satisfied customer; **ein** ~**es Lächeln** a satisfied smile, a smile of satisfaction II. *adv* with satisfaction; (*glücklich*) contentedly; **sich [mit etw]** ~ **geben** to be satisfied/content[ed] [with sth]; ~ **lächeln** to smile with satisfaction, to give a satisfied smile; **jdn/ein Tier** ~ **lassen** to leave sb/an animal alone [*or* in peace]; **jdn mit etw** ~ **lassen** to stop bothering sb with sth; **jdn/etw** ~ **stellen** to satisfy sb/sth; **jds Wissendurst** ~ **stellen** to satisfy sb's thirst for knowledge; ~ **stellend** satisfactory

Zufriedenheit <-> *f kein pl* satisfaction *no art, no pl;* (*Glücklichsein*) contentedness *no art, no pl;* **zu jds** ~ to sb's satisfaction; **zu allgemeiner** ~ to everyone's satisfaction

zu|frieren *vi irreg sein* to freeze [over]; ■**zugefroren** frozen [over *pred*]

zu|fügen *vt* ① (*erleiden lassen*) **jdm Kummer/Leid** ~ to cause sb sorrow/pain; **jdm Schaden/eine Verletzung** ~ to harm/injure sb; **jdm Unrecht** ~ to do sb an injustice, to wrong sb *form* ② (*geh: hinzufügen*) ■**etw** *dat* **etw** ~ to add sth [to sth]

Zufuhr <-, -en> *f* ① (*Versorgung*) supply ② (*das Zuströmen*) supply; *von Kalt-, Warmluft* stream

zu|führen I. *vt* ① (*verschaffen*) ■**jdm/etw jdn** ~ to supply sb/sth with sb; **einer Firma Mitarbeiter** ~ to supply a company with employees ② (*zufließen lassen*) ■**jdm/etw etw** ~ to supply sth to sb/sth ③ (*fam: werden lassen*) ■**etw etw** *dat* ~ to devote sth to sth; ***dieses Gebäude kann nun wieder seiner Bestimmung zugeführt werden*** this building can be devoted again to its intended use II. *vi* ■**auf etw** *akk* ~ to lead to sth; **direkt auf etw** *dat* ~ to lead direct to sth

Zuführung *f* ELEK feed line

Zug[1] <-[e]s, Züge> *m* ① (*Bahn*) train ② AUTO (*Last~*) truck [*or* BRIT *a.* lorry] and [*or* with] trailer + *sing vb* ▸ WENDUNGEN: **auf den fahrenden** ~ **[auf]springen** to jump [*or* climb] [*or* get] on the bandwagon; **der** ~ **ist abgefahren** (*fam*) you've missed the boat

Zug[2] <-[e]s, Züge> *m* ① (*inhalierte Menge*) puff (**an** +*dat* on/at), drag *fam* (**an** +*dat* of/on); **einen** ~ **machen** to have a puff, to take a drag *fam* ② (*Schluck*) gulp, swig *fam;* **in** [*o* **mit**] **einem** [*o* **auf einen**] ~ in one gulp; **sein Bier/seinen Schnaps in einem** ~ **austrinken** to down one's beer/schnapps in one [go], to knock back *sep* one's beer/schnapps *fam* ③ *kein pl* (*Luft~*) draught BRIT, draft AM; **einem** ~ **ausgesetzt sein** to be sitting in a draught ④ *kein pl* PHYS (*~kraft*) tension *no art, no pl* ⑤ (*Spiel~*) move; **am** ~ **sein** to be sb's move; **einen** ~ **machen** to make a move ⑥ MIL (*Kompanieabteilung*) section ⑦ (*Streif~*) tour; **einen** ~ **durch etw machen** to go on a tour of sth ⑧ (*lange Kolonne*) procession ⑨ (*Gesichts~*) feature; ***sie hat einen bitteren ~ um den Mund*** she has a bitter expression about her mouth ⑩ (*Charakter~*) characteristic, trait; **ein bestimmter Zug von** [*o* **an**] **jdm sein** to be a certain characteristic of sb ⑪ *pl* (*spiralförmige Vertiefungen*) grooves *pl* ⑫ (*ohne Ver~*) ■~ **um** ~ systematically; (*schrittweise*) step by step, stage by stage ⑬ (*Linienführung*) ■**in einem** ~ in one stroke ⑭ (*Umriss*) **in großen** [*o* **groben**] **Zügen** in broad [*or* general] terms; **etw in großen Zügen darstellen/umreißen** to outline sth, to describe/outline sth in broad [*or* general] terms ⑮ ■**im** ~**e einer S.** *gen* in the course of sth ⑯ *kein pl* (*Kamin*) flue ▸ WENDUNGEN: **im falschen** ~ **sitzen** to be on the wrong track [*or fam* barking up the wrong tree]; **in den letzten Zügen liegen** (*fam*) to be on one's last legs *fam;* **etw in vollen Zügen genießen** to enjoy sth to the full; **[mit etw] [bei jdm] zum** ~**e/nicht zum** ~**e kommen** (*fam*) to get somewhere/to not get anywhere [with sb] [with sth]

Zug[3] <-s> *nt* Zug

Zugabe *f* ① (*Werbegeschenk*) free gift ② MUS (*zusätzliche Darbietung*) encore; ~, ~**!** encore! encore!, more! more! ③ *kein pl* (*das Hinzugeben*) addition; TYPO (*Papier*) allowance

Zugabeverordnung *f* JUR regulation governing free gifts

Zugabfertigung *f* train dispatch **Zugabteil** *nt* train [*or* railway] compartment

Zugang <-gänge> *m* ① (*Eingang*) entrance ② *kein pl* (*Zutritt*) access *no art, no pl* (**zu** +*akk* to) ③ *kein pl* (*Zugriff*) access *no art, no pl* (**zu** +*akk* to); ~ **zu etw haben** to have access to sth ④ *meist pl* (*geh: Aufnahme*) intake; *von Büchern, Waren* receipt; *von Patienten* admission

zugange *adj* NORDD ■**irgendwo [mit jdm/etw]** ~ **sein** to be busy [with sb/sth] somewhere

zugänglich *adj* ① (*erreichbar*) accessible; ■**nicht** ~ inaccessible; **jdm etw** ~ **machen** to allow sb access to sth ② (*verfügbar*) available (+*dat* to); ■**[jdm]** ~ **sein** to be available [to sb] ③ (*aufgeschlossen*) approachable; ■**für etw** [*o* **etw gegenüber**] **[nicht]** ~ **sein** to be [not] receptive to sth

Zugänglichkeit <-> *f kein pl* ① (*Erreichbarkeit*) accessibility *no art, no pl* ② (*Verfügbarkeit*) availability *no art, no pl* ③ (*Aufgeschlossenheit*) receptiveness *no art, no pl* (**für** +*akk* to); (*Umgänglichkeit*) approachability *no art, no pl*

Zugangsdaten *pl* INFORM access data + *sing vb* **Zugangskontrolle** *f* INFORM, FIN access control **Zugangskontrollsystem** *nt* INFORM, FIN access control system **Zugangsrecht** *nt* JUR right of access

Zugbeanspruchung *f* (*Papier*) pulling strain

Zugbegleiter(in) *m(f)* ① (*Schaffner*) guard BRIT, conductor AM ② (*Informationsheft*) train timetable [*or* AM *usu* schedule] **Zugbegleitpersonal** *nt* train staff [*or* AM *a.* crew]

Zugbrücke *f* drawbridge

Zugdichte *f* interval between trains

zu|geben *vt irreg* ① (*eingestehen*) ■**etw** ~ to admit sth; ■~**, dass ...** to admit [that] ... ② (*zugestehen*) ■**jdm** ~**, dass ...** to grant sb that ... ③ (*erlau-*

Z

ben) ■**etw** ~ to allow sth; ■**es nicht ~, dass jd etw tut** to not allow sb to do sth

zugegebenermaßen *adv* admittedly

zugegen *adj (geh)* ■**bei etw ~ sein** to be present at sth

zu|gehen *irreg* **I.** *vi sein* ❶ *(sich schließen lassen)* to shut, to close ❷ *(in eine bestimmte Richtung gehen)* ■**auf jdn/etw** ~ to approach sb/sth ❸ *(sich versöhnen)* ■**aufeinander** ~ to become reconciled ❹ *(übermittelt werden)* ■**jdm** ~ to reach sb; ■**jdm etw ~ lassen** to send sb sth ❺ *(fam: sich beeilen)* **geh zu!** get a move on! *fam; s. a.* **Ende II.** *vi impers sein* ***auf ihren Partys geht es immer sehr lustig zu*** her parties are always great fun; ***musste es bei deinem Geburtstag so laut ~?*** did you have to make such a noise on your birthday?; *s. a.* **Teufel**

Zugehfrau *f* SÜDD, ÖSTERR *(Putzfrau)* charwoman, BRIT *a.* charlady

zu|gehören* *vi (geh)* ■**jdm/etw** ~ to belong to sb/sth

zugehörig *adj attr (geh)* accompanying *attr*

Zugehörigkeit <-> *f kein pl (Verbundenheit)* affiliation *no art, no pl* (**zu** +*akk* to); **ein Gefühl der** ~ a sense of belonging; ■**jds ~ zu etw** sb's affiliation to sth; **ohne ~ zu einer Familie** without belonging to a family; *(Mitgliedschaft)* membership (**zu** +*akk* of)

zugekifft *adj (sl)* high [on hash or marijuana] *sl*

zugeknöpft *adj (fam)* ❶ *(mit Knöpfen geschlossen)* buttoned-up ❷ *(verschlossen)* reserved, close *pred,* tight-lipped

Zügel <-s, -> *m* reins *npl;* **die ~ anziehen** to draw in the reins, to rein back [*or* in] ▸ WENDUNGEN: **die ~ [fest] in der Hand [be]halten** to keep a firm grip [*or* hold] on things; **die ~ aus der Hand geben** [*o* **legen**] to relinquish hold over sth *form;* **jdn am langen ~ führen** to keep sb on a long lead *pej;* **jdm/etw ~ anlegen** to take sb in hand/to contain [*or* control] sth; **die ~ [straffer] anziehen** to keep a tighter rein on things; **bei etw die ~ lockern** [*o* **schleifen lassen**] to give free rein to sth; **seinen Gefühlen die ~ schießen lassen** to give full vent [*or* free rein] to one's feelings

zugelassen I. *pp von* **zulassen II.** *adj* authorized; *Kfz* licensed; *Arzt* licensed, registered

zügellos *adj* unrestrained, unbridled *form or liter*

Zügellosigkeit *f* unrestraint

Zügelmann <-männer *o* -leute> *m* SCHWEIZ *(Umzugsspediteur)* removal man BRIT, mover AM

zügeln I. *vt* ❶ *(im Zaum halten)* ■**etw** ~ to rein in [*or* back] sth *sep* ❷ *(beherrschen)* ■**etw** ~ to curb sth ❸ *(zurückhalten)* ■**jdn/sich** ~ to restrain sb/oneself **II.** *vi sein* SCHWEIZ *(umziehen)* ■**[irgendwohin]** ~ to move [somewhere]

Zugereiste(r) *f(m) dekl wie adj* SÜDD, ÖSTERR *(Zugezogene(r))* newcomer; *(Austauschstudent(in))* foreigner

zu|gesellen* *vr (geh)* ■**sich jdm** ~ to join sb

zugespitzt *adj* sharpened, pointed; *Situation* intensified

zugestandenermaßen *adv* admittedly, granted

Zugeständnis *nt* concession; **preisliche ~se machen** HANDEL to make price concessions

zu|gestehen* *vt irreg* ■**jdm etw** ~ to grant sb sth; ■**jdm ~, [dass] ...** to grant sb [that] ...

zugetan *adj (geh)* ■**jdm/etw ~ sein** to be taken with sb/sth

Zugewinn *m* gain

Zugewinnausgleich *m* FIN equalization of accrued gains **Zugewinngemeinschaft** *f* JUR community of goods *(acquired during marriage) spec*

Zugezogene(r) *f(m) dekl wie adj* newcomer

Zugfahrkarte *f* train ticket **Zugfahrt** *f* train journey **Zugfeder** *f* TECH coil spring, [ex]tension spring **zugfest** *adj* high-tensile *spec* **Zugfestigkeit** *f* tensile strength **Zugführer(in)** *m(f)* ❶ BAHN guard BRIT, conductor AM ❷ MIL platoon leader **Zugfunk** *m* train radio **Zuggeschwindigkeit** *f* train speed

zu|gießen *vt irreg* ❶ *(hinzugießen)* ■**[jdm] etw** ~ to add sth [for sb] ❷ *(verschließen)* ■**etw [mit etw]** ~ to fill [in *sep*] sth [with sth]

zugig *adj* draughty BRIT, drafty AM; ■**irgendwo ist es** ~ there's a draught somewhere

zügig I. *adj* ❶ *(rasch erfolgend)* rapid, speedy ❷ SCHWEIZ *(eingängig)* catchy **II.** *adv* rapidly, speedily

zu|gipsen *vt* ■**etw** ~ to fill in sth *sep* with plaster, to plaster up sth *sep*

Zugkraft *f* ❶ PHYS tensile force *spec* ❷ *kein pl (Anziehungskraft)* attraction *no pl,* appeal *no art, no pl* **zugkräftig** *adj* attractive, appealing; *(eingängig a.)* catchy

zugleich *adv* ❶ *(ebenso)* both ❷ *(gleichzeitig)* at the same time

Züglete <-, -n> *f* SCHWEIZ *(Umzug)* move

Zugluft *f kein pl* draught BRIT, draft AM

Zugmaschine *f* AUTO traction engine, tractor **Zugnummer** *f* ❶ BAHN train number ❷ *(besondere Attraktion)* crowd-puller **Zugpersonal** *nt* trainmen, train staff [*or* AM *a.* crew]

Zugpferd *nt* ❶ *(Tier)* draught [*or* AM draft] horse ❷ *(besondere Attraktion)* crowd-puller ❸ *(Mitreißende(r))* actuator

Zugpflaster *nt* MED poultice, cataplasm, cantharidal plaster

zu|greifen *vi irreg* ❶ *(sich bedienen)* to help oneself ❷ INFORM ■**auf etw** *akk* ~ to access sth; **auf Daten** ~ to access data

Zugrestaurant *nt* dining [*or* BRIT *a.* restaurant] car

Zugriff *m* ❶ *(das Zugreifen)* grab ❷ INFORM access *no art, no pl* (**auf** +*akk* to); **direkter/sequentieller** ~ direct/sequential access; **~ ermöglichen** to provide access to sth ❸ *(Einschreiten)* ■**sich** *akk* **jds ~/dem ~ einer S.** *gen* **entziehen** to escape sb's clutches/the clutches of sth; **sich dem ~ der Justiz entziehen** to evade justice

Zugriffsberechtigung *f* INFORM access authorization **Zugriffsgeschwindigkeit** *f,* **Zugriffszeit** *f* INFORM access speed **Zugriffspfad** *m* INFORM access path **Zugriffsrecht** *nt* INFORM access rights *pl* **Zugriffszeit** *f* INFORM access time; **durchschnittliche** ~ mean access time

zugrunde, zu Grunde *adv* [**an etw** *dat*] **~ gehen** to be destroyed [*or* ruined] [by sth]; **an inneren Zwistigkeiten ~ gehen** to be destroyed by internal wrangling; **etw etw** *dat* **~ legen** to base sth on sth; ***der Autor legte seinem Bericht aktuelle Erkenntnisse*** ~ the author based his report on current findings; **etw** *dat* **~ liegen** to form the basis of sth; **~ liegend** underlying *attr;* **jdn/etw ~ richten** *(ausbeuten)* to exploit sb/sth; *(zerstören)* to destroy [*or* ruin] sb/sth

Zugrundelegung *f* ■**unter ~ einer S.** *gen* taking sth as a basis

zugrundeliegend *adj s.* **zugrunde**

Zugschaffner(in) *m(f)* train conductor [*or* inspector], AM *a.* carman **Zugschnur** *f* pulling string **Zugsicherung** *f* track control **Zugspitze¹** <-> *f* GEOG Zugspitze **Zugspitze²** *f (Spitze eines Zuges)* head of a/the procession **Zugstange** *f* BAU draw rod **Zugtelefon** *nt* telephone on the train

Zugtier *nt* draught [*or* AM draft] animal

zu|gucken *vi (fam) s.* **zusehen**

Zug um Zug *adv (form)* step by step

Zug-um-Zug-Erfüllung *f* JUR contemporaneous performance **Zug-um-Zug-Geschäft** *nt* JUR transaction with simultaneous performance **Zug-um-Zug-Leistung** *f* JUR contemporaneous performance

Zugunglück *nt* railway [*or* train] accident; *(Zusammenstoß a.)* train crash

zugunsten, zu Gunsten *präp* +*gen* for the benefit of; *(zum Vorteil von)* in favour [*or* AM -or] of

zugute *adv* **jdm etw ~ halten** to make allowances for sb's sth; **sich** *dat* **auf etw** *akk* **~ halten** *(geh)* to pride oneself on sth; **jdm ~ kommen** to come in useful to sb; *Erfahrung a.* to stand sb in good stead; **jdm/etw ~ kommen** to be for the benefit of [*or* of benefit to] sb/sth

Zugverbindung *f* train connection **Zugverkehr** *m* train [*or* rail] services *pl*

Zugvogel *m* migratory bird **Zugzwang** *m* pressure to act; **unter** [*o* **in**] **~ geraten** to come under pressure to act; **jdn unter** [*o* **in**] **~ setzen** [*o* **in ~ bringen**] to put pressure on sb to act; **unter ~ stehen** to be under pressure to act

zu|haben *irreg (fam)* **I.** *vi* to be closed [*or* shut] **II.** *vt* ■**etw** ~ to have got sth shut; **die Hose/Schuhe** ~ to have one's trousers/shoes done up

zu|halten *irreg* **I.** *vt* ❶ *(geschlossen halten)* ■**etw** ~ to hold sth closed [*or* shut] ❷ *(mit der Hand bedecken)* ■**jdm/sich etw** ~ to hold one's hand over sb's/one's sth; *(in Berührung kommen)* to put one's hand over sb's/one's sth; **sich** *dat* **die Nase** ~ to hold one's nose **II.** *vi* ■**auf jdn/etw** ~ to head for sb/sth

Zuhälter(in) <-s, -> *m(f)* pimp *masc,* procurer *form*

Zuhälterei <-> *f kein pl* pimping *no art, no pl,* procuring *no art, no pl form*

Zuhälterin <-, -nen> *f fem form von* **Zuhälter**

zuhanden *adv* SCHWEIZ ❶ *(zu Händen von)* for the attention of ❷ *(zur Hand)* to hand; ■**[jdm] ~ kommen/sein** to come/have come to hand [*or* into sb's hands]

zu|hauen *irreg* **I.** *vt* ■**etw** ~ ❶ *(behauen)* to hew sth into shape ❷ *(fam: zuschlagen)* to slam [*or* bang] sth shut **II.** *vi s.* **zuschlagen**

zuhauf *adv (geh)* in droves [*or* great numbers] *fam*

Zuhause <-s> *nt kein pl* home *no art, no pl*

zu|heilen *vi sein* to heal up [*or* over]

Zuhilfenahme <-> *f* ■**unter ~ einer S.** *gen (geh)* with the aid [*or* help] of sth

zu|hören *vi* to listen; ■**jdm/etw** ~ to listen to sb/sth; ***nun hör mir doch mal richtig zu!*** now listen carefully to me!

Zuhörer(in) *m(f)* listener; ■**die** ~ *(Publikum)* the audience + *sing/pl vb;* *(Radio~ a.)* the listeners

Zuhörerschaft *f kein pl* audience

zu|jubeln *vi* ■**jdm** ~ to cheer sb

zu|kaufen *vt* ■**etw** ~ to buy more of sth

zu|kehren I. *vt* ■**jdm/etw etw** ~ to turn sth to sb/sth; **jdm den Rücken** ~ to turn one's back on sb **II.** *vi sein* ❶ *(selten geh: besuchen)* ■**bei jdm** ~ to call [*or* drop] in on sb ❷ ÖSTERR *(einkehren)* *Gasthaus* to stop [off] at

zu|klappen I. *vt* ■**etw** ~ to snap sth shut; **ein Buch** ~ to clap a book shut **II.** *vi sein* to snap shut; *Fenster* to click shut; *(lauter)* to slam shut

zu|kleben *vt* ■**etw** ~ to stick down sth *sep*

zu|knallen *(fam)* **I.** *vt* ■**etw** ~ to slam [*or* bang] sth shut **II.** *vi sein* to slam [*or* bang] shut

zu|kneifen *vt irreg* ■**etw** ~ to shut sth tight[ly]; **die Augen** ~ to screw up one's eyes *sep*

zu|knöpfen *vt* ■**[jdm] etw** ~ to button up sth *sep* [for sb]; ■**[sich** *dat*] **etw** ~ to button up one's sth *sep; s. a.* **zugeknöpft**

zu|knoten *vt* ■**etw** ~ to tie up sth *sep,* to fasten sth with a knot

zu|kommen *vi irreg sein* ❶ *(sich nähern)* ■**auf jdn/etw** ~ to come towards [*or* up to] sb/sth ❷ *(bevorstehen)* ■**auf jdn** ~ to be in store for sb; **alles auf sich** *akk* **~ lassen** to take things as they come ❸ *(gebühren)* ■**jdm** ~ to befit sb *form;* ***mir kommt heute die Ehre zu, Ihnen zu gratulieren*** I have the honour today of congratulating you; ■**es kommt jdm [nicht] zu, etw zu tun** it is [not] up to sb to do sth; **jdm etw ~ lassen** *(geh)* to send sb sth; *(jdm etw gewähren)* to give sb sth; *(jdm etw übermitteln)* to give sb sth ❹ *(angemessen sein)* ***dieser Entdeckung kommt große Bedeutung zu*** great significance must be attached to this discovery

zu|korken *vt* ■**etw** ~ to cork sth

zu|kriegen *vt (fam) s.* **zubekommen**

Zukunft <-> *f kein pl* ❶ *(das Bevorstehende)* future *no pl;* ■**die/jds** ~ the/sb's future; **in ferner/naher** ~ in the distant/near future; **~ haben** to have a future; **in die ~ schauen** to look into the future; **in** ~ in future; **mit/ohne** ~ with/without a future ❷ LING *(Futur)* future [tense]

zukünftig I. *adj* ❶ *(in der Zukunft bevorstehend)* future *attr;* **die ~e Generation** the future genera-

tion ❷ (*designiert*) prospective; **sein ~er Nachfolger** his prospective successor **II.** *adv* in future
Zukunftsangst *f* (*Angst vor der Zukunft*) fear of the future; (*Angst um die Zukunft*) fear for the future **Zukunftsaussichten** *pl* prospects for the future, future prospects *pl;* **jdm ~ eröffnen** to open new doors for sb **Zukunftsberuf** *m* job for the future **Zukunftsbranche** *f* new [*or* sunrise] industry **Zukunftschance** *f* chance for the future **zukunftsfähig** *adj* future-compliant **Zukunftsforscher(in)** *m(f)* futurologist **Zukunftsforschung** *f kein pl* futurology *no art, no pl* **Zukunftsindustrie** *f* industry of the future **Zukunftsmusik** *f* ▶ WENDUNGEN: **[noch] ~ sein** (*fam*) to be [still] a long way off **Zukunftsoptimismus** *m* optimism for the future **zukunftsorientiert** *adj* future-oriented, looking to the future *pred;* **~es Denken/Handeln** thinking ahead/acting for the future **Zukunftsperspektive** *f meist pl* future prospects *pl* **Zukunftspläne** *pl* plans for the future, future plans *pl;* **~ haben** to have plans for the future **Zukunftspolitik** *f* politics + *sing/pl vb* for the future **Zukunftsroman** *m* LIT (*veraltend*) science-fiction [*or* SF] [*or fam* sci-fi] novel **zukunftssicher** *adj* with a guaranteed future *pred* **Zukunftsszenario** *nt* future scenario **Zukunftstechnologie** *f* new [*or* future] technology **zukunftsträchtig** *adj* with a promising future *pred;* ■ **~ sein** to have a promising future **Zukunftsvision** *f* vision of the future **zukunft(s)weisend** *adj* forward-looking
Zukurzgekommene(r) *f(m) dekl wie adj* loser, sb who missed out
zu|lächeln *vi* ■ **jdm ~** to smile at sb
zu|lachen *vi* ■ **jdm ~** to give sb a friendly laugh
Zulage <-, -n> *f* bonus [payment]; (*Geld~*) additional allowance
Zulagenwesen *nt kein pl beim Versorgungsrecht* system of increments [*or* allowances]
zu|langen *vi* (*fam*) ❶ (*zugreifen*) to help oneself ❷ (*zuschlagen*) to land a punch ❸ (*hohe Preise fordern*) to ask a fortune
zu|lassen *vt irreg* ❶ (*dulden*) ■ **etw ~** to allow [*or* permit] sth; ■ **~, dass jd etw tut** to allow [*or* permit] sb to do sth ❷ (*fam: geschlossen lassen*) ■ **etw ~** to keep [*or* leave] sth shut [*or* closed]; **sein Hemd/seinen Mantel ~** to keep one's shirt/coat done [*or* buttoned] up ❸ (*die Genehmigung erteilen*) ■ **jdn [zu etw] ~** to admit sb [to sth]; **jdn zu einer Prüfung ~** to admit sb to an exam; ■ **jdn als etw ~** to register sb as sth; ■ **zugelassen** registered; **ein zugelassener Anwalt** a legally qualified lawyer; ■ **bei etw zugelassen sein** to be licensed to practise [*or* AM -ce] [in] sth ❹ (*anmelden*) ■ **etw [auf jdn] ~** to register sth [in sb's name] ❺ (*erlauben*) ■ **etw ~** to allow [*or* permit] sth ❻ (*plausibel sein lassen*) ■ **etw ~** to allow [*or* permit] sth; ***diese Umstände lassen nur einen Schluss zu*** these facts leave [*or form* permit of] only one conclusion
zulässig *adj* permissible *form;* JUR admissible *form;* ■ **nicht ~** JUR inadmissible *form;* **die ~e Höchstgeschwindigkeit** the maximum permitted speed; ■ **~ sein, etw zu tun** to be permissible to do sth *form*
Zulässigkeit <-> *f kein pl* JUR admissibility, lawfulness; **~ eines Beweises** admissibility of evidence; **~ des Vorbringens [einer Klage]** admissibility of pleading; **die ~ der Klage feststellen** to declare an action admissible
Zulassung <-, -en> *f* ❶ *kein pl* (*Genehmigung*) authorization *no pl;* (*Lizenz*) licence [*or* AM -se]; **die ~ entziehen** to revoke sb's licence; **die ~ zu einem Auswahlverfahren** the admission to a selection process; **die/jds ~ als Anwalt/Arzt** the/sb's call to the bar/registration as a doctor ❷ (*Anmeldung*) registration ❸ (*Fahrzeugschein*) vehicle registration document ❹ FIN **~ zur Börse** listing on the Stock Exchange
Zulassungsantrag *m* JUR application for admission **Zulassungsbedingungen** *pl* conditions of admission **Zulassungsbeschränkung** *f* restriction on admissions/admission **Zulassungserfordernisse** *pl* JUR licensing requirements **zulassungsfrei** *adj* not requiring a licence [*or* AM -se] **Zulassungsland** *nt* country of admission **Zulassungsnummer** *f* registration number **Zulassungspapier** *nt meist pl* TRANSP, ADMIN vehicle registration document **zulassungspflichtig** *adj* ADMIN (*geh*) requiring licensing [*or* registration] **Zulassungsschein** *m* registration document **Zulassungssperre** *f* ban on admissions **Zulassungsstelle** *f* registration office **Zulassungsverfahren** *nt* qualification procedure; *bes* SCH admissions procedure; ÖKON listing procedure, approval procedure **Zulassungsvoraussetzungen** *pl* eligibility [*or* admission] requirements
Zulauf *m* (*Zufluss*) inlet ▶ WENDUNGEN: **~ haben** to be popular
zu|laufen *vi irreg sein* ❶ (*Bewegung zu jdn/etw*) ■ **auf jdn/etw ~** to run [*or* come running] towards sb/sth; (*direkt*) to run [*or* come running] up to sb/sth ❷ (*hinführen*) to lead to ❸ (*schnell weiterlaufen*) to hurry [up]; **lauf zu!** get a move on! ❹ (*zusätzlich hinzufließen*) to run in; ■ **etw ~ lassen** to add sth ❺ (*spitz auslaufen*) to taper [to a point]; ***manche Hosen laufen an den Knöcheln eng zu*** some trousers taper at the ankles ❻ (*zu jdm laufen und bleiben*) ■ **jdm ~** to stray into sb's home; **ein zugelaufener Hund/eine zugelaufene Katze** a stray [dog/cat]
zu|legen **I.** *vt* ■ **etw ~** ❶ (*fam: zunehmen*) to put on sth *sep* ❷ (*dazutun*) to add sth ▶ WENDUNGEN: **einen Zahn zulegen** to step on it **II.** *vi* ❶ (*fam: zunehmen*) to put on weight ❷ BÖRSE (*sich steigern*) to improve its position ❸ (*fam: das Tempo steigern*) to get a move on *fam; Läufer* to increase the pace **III.** *vr* (*fam*) ■ **sich** *dat* **jdn/etw ~** to get oneself sb/sth
zuleide, zu Leide *adv* **jdm etwas/nichts ~ tun** (*veraltend*) to harm/to not harm sb
zu|leiten *vt* ❶ (*geh: übermitteln*) ■ **jdm etw ~** to forward sth to sb ❷ (*zufließen lassen*) ■ **[etw** *dat*] **etw ~** to supply sth [to sth]; ***durch diese Röhre wird das Regenwasser dem Teich zugeleitet*** rain water is fed into the pond through this pipe
Zuleitung *f* ❶ *kein pl* (*geh: das Übermitteln*) forwarding *no art, no pl* ❷ (*zuleitendes Rohr*) supply pipe
Zuleitungsrohr *nt* feed pipe
zuletzt *adv* ❶ (*als Letzte(r)*) **~ eingetroffen** to be the last to arrive; **~ durchs Ziel gehen** to finish last ❷ (*endlich*) finally, in the end ❸ (*zum letzten Mal*) last ❹ (*zum Schluss*) **bis ~** until the end; **ganz ~** right at the [*or* at the very] end ❺ ([*besonders*] *auch*) **nicht ~** not least [of all]
zuliebe *adv* ■ **jdm/etw ~** for sb['s sake]/for the sake of sth
Zulieferbetrieb *m,* **Zulieferer(in)** <-s, -> *m(f)* supplier
Zulieferervertrag *m* HANDEL supply contract
Zuliefergarantie *f* JUR guaranteed supply **Zuliefergeschäft** *nt* HANDEL component supply business **Zulieferindustrie** *f* HANDEL component supplying industry
zu|liefern *vi* to supply
Zulieferprodukt *nt* supply product, component
Zulieferung <-, -en> *f* HANDEL supply
Zulu <-[s], -[s]> *m* Zulu
zum = **zu dem** *s.* **zu**
zu|machen **I.** *vt* ❶ (*zuklappen*) ■ **etw ~** to close [*or* shut] sth ❷ (*verschließen*) ■ **etw ~** to close sth; **eine Flasche/ein Glas ~** to put the top on a bottle/jar ❸ (*zukleben*) **einen Brief ~** to seal a letter ❹ (*schließen*) **die Augen ~** to close one's eyes; ***letzte Nacht habe ich kein Auge ~ können*** I didn't get a wink of sleep last night ❺ (*zuknöpfen*) ■ **[jdm/sich] etw ~** to button [up] [*or sep* do up] sb's/one's sth ❻ (*den Betrieb einstellen*) ■ **etw ~** to close [down *sep*] sth; **den Laden ~** to shut up shop **II.** *vi* ❶ (*den Laden schließen*) to close, to shut ❷ (*fam: sich beeilen*) to get a move on *fam,* to step on it
zumal **I.** *konj* particularly [*or* especially] as **II.** *adv* particularly, especially
zu|mauern *vt* ■ **etw ~** to brick [*or* wall] up sth *sep*
zumeist *adv* (*geh*) mostly, for the most part
zu|messen *vt irreg* (*geh*) ❶ (*zuteilen*) ■ **jdm etw ~** to issue sb sth; **jdm eine Essensration ~** to issue sb a food ration ❷ (*anlasten*) **jdm die Schuld an etw ~** to attribute the blame to sb for sth ❸ (*beimessen*) **einer Sache große Bedeutung ~** to attach great importance to sth
zumindest *adv* ❶ (*wenigstens*) at least ❷ (*jedenfalls*) at least
zumutbar *adj* reasonable; ■ **für jdn ~ sein** to be reasonable for sb; ■ **~ sein, dass jd etw tut/etw zu tun** sb can be reasonably expected to do sth
Zumutbarkeit <-, -en> *f* reasonableness *no art, no pl*
Zumutbarkeitskriterium *nt* JUR criterion of acceptance
zumute, zu Mute *adv* ***mir ist so merkwürdig ~*** I feel so strange; ***mir ist nicht zum Scherzen ~*** I'm not in a joking mood
zu|muten *vt* ■ **jdm/etw etw ~** to expect [*or* ask] sth of sb/sth; **jdm zu viel ~** to expect [*or* ask] too much of sb; ■ **sich** *dat* **etw ~** to undertake sth; **sich zu viel ~** to overtax oneself
Zumutung *f* unreasonable demand; ■ **eine ~ sein** to be unreasonable; ***das ist eine ~!*** it's just too much!; **eine ~ an jdn stellen** to ask too much of sb
zunächst *adv* ❶ (*anfangs*) at first, initially ❷ (*vorerst*) for the moment [*or* time being]
zu|nageln *vt* ■ **etw ~** to nail up sth *sep;* **einen Sarg ~** to nail down a coffin *sep;* ■ **zugenagelt** nailed
zu|nähen *vt* ■ **[jdm] etw ~** to sew up sth *sep* [for sb]; **eine Wunde ~** to stitch [*or spec* suture] a wound
Zunahme <-, -n> *f* increase
Zuname *m* (*geh*) surname, family [*or* BRIT *a.* second] [*or* AM *a.* last] name
Zündanlage *f* AUTO ignition [system] **Zündaussetzer** *m* AUTO misfiring **Zündeinstellung** *f* ignition adjustment [*or* timing]
zündeln *vi* to play [about [*or* around]] with fire; **mit Streichhölzern ~** to mess around [*or* play [about [*or* around]]] with matches
zünden **I.** *vi* ❶ TECH to fire *spec* ❷ (*zu brennen anfangen*) to catch fire; *Streichholz* to light; *Pulver* to ignite *form* **II.** *vt* ❶ TECH ■ **etw ~** to fire sth *spec* ❷ (*wirken*) to kindle enthusiasm ▶ WENDUNGEN: **hat es bei dir endlich gezündet?** have you cottoned on? *fam,* BRIT *a.* has the penny dropped? *fam*
zündend *adj* stirring, rousing; **eine ~e Idee** a great idea
Zunder *m* tinder *no art, no pl;* **wie ~ brennen** to burn like tinder
Zünder <-s, -> *m* detonator; *Airbag* ignitor *spec*
Zunderpilz *m* BOT amadou, touchwood **Zunderschwamm** *m* BOT amadou, touchwood
Zündflamme *f* pilot light [*or* flame] **Zündfunke** *m* ignition spark **Zündholz** <-es, -hölzer> *nt bes* SÜDD, ÖSTERR match **Zündhölzchen** *nt dim von* Zündholz **Zündholzschachtel** *f* matchbox **Zündhütchen** *nt* ❶ (*Sprengkapsel*) percussion cap ❷ (*hum fam: Kopfbedeckung*) tiny cap [*or* hat] **Zündkabel** *nt* AUTO [spark] plug lead **Zündkerze** *f* AUTO spark [*or* BRIT *a.* sparking] plug **Zündplättchen** <-s, -> *nt* cap **Zündschloss**[RR] *nt,* **Zündschloß** *nt* AUTO ignition [and steering *form*] lock **Zündschlüssel** *m* AUTO ignition key **Zündschnur** *f* fuse **Zündspule** *f* AUTO [ignition *form*] coil **Zündsteuergerät** *nt* AUTO ignition control unit **Zündstoff** *m kein pl* inflammatory [*or* explosive] stuff *no art, no pl;* **~ bieten** to be dynamite *fam*
Zündung <-, -en> *f* ❶ AUTO ignition *no pl* ❷ TECH firing *no art, no pl*
Zündungsschlüssel *m* SCHWEIZ (*Zündschlüssel*) ignition key
Zündverteiler *m* AUTO [ignition *form*] distributor **Zündvorrichtung** *f* detonator **Zündzeitpunkt** *m* AUTO ignition point [*or* timing] *no pl*
zu|nehmen *irreg vi* ❶ (*schwerer werden*) to gain [*or* put on] weight; **an Gewicht ~** to gain [*or* put on]

weight ❷ (*anwachsen*) ■[**an etw** *dat*] ~ to increase [in sth] ❸ (*sich verstärken*) to increase; *Schmerzen* to intensify ❹ (*sich vergrößern*) to increase

zunehmend I. *adj* increasing *attr,* growing *attr;* **eine ~e Verbesserung** a growing improvement II. *adv* increasingly

zu|neigen I. *vi* ■**etw** *dat* ~ to be inclined towards sth; **zur Ansicht ~, dass ...** to be inclined to think that ... II. *vr* ❶ (*begünstigen*) ■**sich jdm/etw** ~ to favour [*or* AM -or] sb/sth ❷ (*sich nähern*) **sich dem Ende** ~ to draw to a close

Zuneigung *f* affection *no pl,* liking *no pl*

Zunft <-, Zünfte> *f* HIST guild

zünftig *adj* (*veraltend fam*) proper

Zunge <-, -n> *f* ❶ ANAT tongue; **auf der ~ brennen** to burn one's tongue; **die ~ herausstrecken** to stick out one's tongue; **auf der ~ zergehen** to melt in one's mouth ❷ *kein pl* KOCHK (*Rinder~*) tongue *no art, no pl* ❸ (*geh: Sprache*) tongue *form or liter;* **in fremden ~n sprechen** to speak in foreign tongues *form or liter;* **die Menschen arabischer ~** Arabic-speaking people ► WENDUNGEN: **jdm hängt die ~ zum Hals heraus** (*fam*) sb's tongue is hanging out; **seine ~ im Zaum halten** (*geh*) to mind one's tongue, AM *usu* to watch one's language; **böse ~n** malicious gossip; **eine feine ~ haben** to be a gourmet; **mit gespaltener ~ sprechen** to be two-faced, to speak with a forked tongue; **eine schwere ~** slurred speech; ***meine ~ wurde schwer*** my speech became slurred; **sich** *dat* **fast die ~ abbeißen** to have trouble keeping quiet; **sich** *dat* **eher** [*o* **lieber**] **die ~ abbeißen[, als etw zu sagen]** to do anything rather than say sth; **sich** *dat* **die ~ an etw** *dat* **abbrechen** to tie one's tongue in knots [trying to say sth]; **eine böse/lose ~ haben** to have a malicious/loose tongue; **seine ~ hüten** [*o* **zügeln**] to mind one's tongue, AM *usu* to watch one's language; **es lag mir auf der ~ zu sagen, dass ...** I was on the point of saying that ...; **etw liegt jdm auf der ~** sth is on the tip of sb's tongue; **die ~n lösen sich** people begin to relax and talk; **[jdm] die ~ lösen** to loosen sb's tongue

züngeln *vi* ❶ (*die Zunge bewegen*) *Schlange* to dart its tongue in and out ❷ (*hin und her bewegen*) to flicker, to dart; ■**aus etw** ~ to dart out of sth

Zungenbelag *m* coating of the tongue **Zungenbrecher** <-s, -> *m* (*fam*) tongue twister, jaw-breaker *fam*

zungenfertig *adj* eloquent

Zungenfertigkeit *f kein pl* eloquency *no pl*

ZungenkussRR *m* French kiss **Zungenspitze** *f* tip of the tongue **Zungenwurst** *f* tongue sausage

Zünglein *nt* pointer ► WENDUNGEN: **das ~ an der Waage sein** to tip the scales; POL to hold the balance of power

zunichte *adv* ■**etw ~ machen** (*geh*) to wreck [*or* ruin] sth; **jds Hoffnungen ~ machen** to dash [*or* shatter] sb's hopes

zu|nicken *vi* ■**jdm** ~ to nod to [*or* at] sb

zunutze, zu Nutze *adv* **sich** *dat* **etw ~ machen** to make use [*or* take advantage] of sth

zuoberst *adv* [right] at [*or* on] [the] top, on the very top

zu|ordnen *vt* ■**etw etw** *dat* ~ to assign sth to sth; ■**jdn etw** *dat* ~ to classify sb as belonging to sth

Zuordnung *f* assignment; ■**die ~ [einer S.** *gen*] assigning sth [to sth]

zu|packen *vi* (*fam*) ❶ (*zufassen*) to grip sth; (*schneller*) to make a grab ❷ (*kräftig mithelfen*) ■**[mit]** ~ to lend a [helping] hand ❸ (*mit Gegenständen füllen*) ■**etw** ~ to fill sth; **einen Fußboden ~** to cover a floor

zu|parken *vt* ■**etw** ~ to obstruct sth; **eine Ausfahrt ~** to park across a driveway

zupassRR *adv,* **zupaß** *adv* **jdm ~ kommen** to have come at the right time

zupfen *vt* ❶ (*ziehen*) ■**jdn an etw** *dat* ~ to pluck at sb's sth; (*stärker*) to tug at sb's sth ❷ (*herausziehen*) ■**etw aus/von etw** ~ to pull sth out of/off sth; **jdm/sich die Augenbrauen ~** to pluck sb's/one's eyebrows

Zupfinstrument *nt* plucked string instrument

zu|prosten *vi* ■**jdm** ~ to drink [to] sb's health, to raise one's glass to sb

zur = **zu der** *s.* **zu**

zu|rasen *vi* ■**auf jdn/etw** ~ to come/go hurtling towards sb/sth

zu|rasen *vi* ■**auf jdn/etw** ~ to come/go hurtling towards sb/sth

zu|raten *vi irreg* ■**jdm zu etw** ~ to advise sb to do sth; ■**jdm ~, etw zu tun** to advise sb to do sth; **auf jds Z~ [hin]** on sb's advice

zu|raunen *vt* (*geh*) ■**jdm etw** ~ to whisper sth to sb

Zürcher *adj* Zurich *attr*

Zürcher(in) <-s, -> *m(f)* native of Zurich

zu|rechnen *vt* ❶ (*zur Last legen*) ■**etw jdm** ~ to attribute [*or* ascribe] sth to sb ❷ *s.* **zuordnen** ❸ (*dazurechnen*) ■**etw etw** *dat* ~ to add sth [to sth]

Zurechnung <-, -en> *f* ❶ FIN allocation, apportionment ❷ JUR accountability

zurechnungsfähig *adj* JUR responsible for one's actions *pred,* compos mentis *pred spec;* **eingeschränkt ~ sein** to be responsible for one's actions to a limited extent ► WENDUNGEN: **bist du noch ~?** (*fam*) are you all there? *pej fam* **Zurechnungsfähigkeit** *f kein pl* soundness of mind *no art, no pl,* responsibility for one's actions *no art, no pl;* JUR criminal incapacity; **verminderte ~** diminished responsibility [*or* AM capacity] *spec*

zurecht|biegen *vt irreg* ❶ (*formen*) ■**etw** ~ to bend sth into shape ❷ (*fam: erziehen*) ■**jdn** ~ to lick sb into shape ❸ (*fam: in Ordnung bringen*) **etw wieder ~** to get sth straightened [*or* sorted] out again **zurecht|finden** *vr irreg* ■**sich irgendwo** ~ to get used to somewhere; **sich in einer Großstadt ~** to find one's way around a city **zurecht|kommen** *vi irreg sein* ❶ (*auskommen*) ■**[mit jdm]** ~ to get on [*or* along] [with sb] ❷ (*klarkommen*) ■**[mit etw]** ~ to cope [*or* manage] [with sth] ❸ (*rechtzeitig kommen*) to come in time; **gerade noch ~** to come just in time **zurecht|legen** I. *vt* ■**jdm etw** ~ to lay out sth *sep* [for sb] II. *vr* ■**sich** *dat* **etw** ~ ❶ (*sich etw griffbereit hinlegen*) to get sth ready, to get out sth *sep* ❷ (*sich im Voraus überlegen*) to work out sth *sep* **zurecht|machen** *vt* (*fam*) ❶ (*vorbereiten*) ■**[jdm] etw** ~ to get sth ready [for sb] ❷ (*zubereiten*) ■**[jdm] etw** ~ to prepare sth [for sb] ❸ (*schminken*) ■**jdn** ~ to make up sb *sep;* ■**sich** ~ to put on one's make-up *sep* ❹ (*schick machen*) ■**sich** ~ to get ready; ■**jdn** ~ to dress up sb *sep* **zurecht|rücken** *vt* ■**[jdm/sich] etw** ~ to adjust sb's/one's sth **zurecht|weisen** *vt irreg* (*geh*) ■**jdn [wegen etw]** ~ to reprimand [*or form* rebuke] sb [for sth] **Zurechtweisung** *f* reprimand, rebuke *form*

zu|reden *vi* ■**jdm [gut]** ~ to encourage sb; **auf jds Z~ [hin]** with sb's encouragement

zu|reiten *irreg* I. *vt* ■**ein Tier** ~ to break in an animal *sep* II. *vi sein* ■**auf jdn/etw** ~ to ride towards sb/sth; (*direkt*) to ride up to sb/sth

Zürich <-s> *nt* Zurich *no art, no pl*

Züricher(in) <-s, -> *m(f) s.* **Zürcher**

Zürichsee *m kein pl* ■**der** ~ Lake Zurich

zu|richten *vt* ❶ (*verletzen*) ■**jdn irgendwie** ~ to injure sb somehow; **jdn übel ~** to beat up sb *sep* badly ❷ (*beschädigen*) **etw übel/ziemlich ~** to make a terrible mess/quite a mess of sth ❸ (*vorbereiten*) ■**etw** ~ to finish [*or* dress] sth; **Holz/Stein ~** to square wood/stone

zu|riegeln *vt* (*verschließen*) ■**etw** ~ *Tür, Fenster* to bolt sth

zürnen *vi* (*geh*) to be angry; ■**jdm** ~ to be angry [with sb]

Zurschaustellung *f* (*meist pej*) flaunting, display, exhibition

zurück *adv* ❶ (*wieder da*) back; ■**[von etw] ~ sein** to be back [from sth] ❷ (*mit Rückfahrt, Rückflug*) return; ***hin und ~ oder einfach?*** single or return? ❸ (*einen Rückstand haben*) behind; ■**~ sein** [*o* **liegen**] to be behind ❹ (*verzögert*) late; ■**~ sein** to be late ► WENDUNGEN: **~!** go back!

Zurück <-s> *nt kein pl* **es gibt [für jdn] ein/kein ~** there is a way out/no going back [for sb]

zurück|behalten* *vt irreg* ❶ (*behalten*) ■**etw [von etw]** ~ to be left with sth [from sth] ❷ (*vorläufig einbehalten*) ■**etw** ~ to retain [*or* withhold] sth

Zurückbehaltungsrecht *nt* JUR right of retention [*or* to withhold]

zurück|bekommen* *vt irreg* ■**etw** ~ to get back sth *sep* **zurück|belasten*** *vt* FIN ■**etw** ~ to charge sth back **zurück|berufen*** *vt irreg* ■**jdn** ~ to recall sb **zurück|beugen** I. *vt* ■**etw** ~ to lean back sth *sep* II. *vr* ■**sich** ~ to lean back **zurück|bezahlen*** *vt* ■**[jdm] etw** ~ to pay back sth [to sb] *sep,* to repay [sb] sth [*or* sth [to sb]] **zurück|bilden** *vr* MED ■**sich** ~ to recede **zurück|bleiben** *vi irreg sein* ❶ (*nicht mitkommen*) ■**irgendwo** ~ to stay [*or* remain] behind somewhere ❷ (*zurückgelassen werden*) ■**irgendwo** ~ to be left [behind] somewhere ❸ (*nicht mithalten können*) to fall behind ❹ (*als Folge bleiben*) ■**[von etw]** ~ to remain [from sth] ❺ (*geringer ausfallen*) ■**hinter etw** *dat* ~ to fall short of sth **zurück|blenden** *vi* FILM ■**auf etw** ~ to flash back to sth **zurück|blicken** *vi s.* **zurückschauen zurück|bringen** *vt irreg* ❶ (*wieder herbringen*) ■**jdn/etw** ~ to bring/take back sb/sth *sep* ❷ (*wieder hinschaffen*) ■**jdn [irgendwohin]** ~ to bring back sb *sep* [somewhere] **zurück|datieren*** *vt* ■**etw** ~ to backdate sth **zurück|denken** *vi irreg* ■**[an etw** *akk*] ~ to think back [to sth] **zurück|drängen** *vt* ■**jdn** ~ to force [*or* push] back sb *sep* **zurück|drehen** *vt* ■**etw [auf etw** *akk*] ~ to turn back sth *sep* [to sth] **zurück|dürfen** *vi irreg* (*fam*) ■**[irgendwohin/zu jdm]** ~ to be allowed [to go] back [somewhere/to sb] **zurück|erhalten*** *vt irreg* (*geh*) *s.* **zurückbekommen zurück|erinnern*** *vr* ■**sich [an jdn/etw]** ~ to remember [*or* recall] [sb/sth] **zurück|erobern*** *vt* ■**etw** ~ ❶ MIL to recapture [*or* retake] sth; **ein Land ~** to reconquer a country ❷ POL (*erneut gewinnen*) to win back sth *sep* **zurück|erstatten*** *vt s.* **rückerstatten zurück|erwarten*** *vt* ■**jdn** ~ to expect sb back **zurück|fahren** *irreg* I. *vi sein* ❶ (*zum Ausgangspunkt fahren*) to go/come [*or* travel] back ❷ (*geh: zurückweichen*) ■**[vor jdm/etw]** ~ to recoil [from sb/sth] II. *vt* ❶ (*etw rückwärts fahren*) ■**etw** ~ to reverse sth ❷ (*mit dem Auto zurückbringen*) ■**jdn** ~ to drive [*or* bring] [*or* take] back sb *sep* ❸ (*reduzieren*) ■**etw** ~ to cut back sth *sep*

zurück|fallen *vi irreg sein* ❶ SPORT (*zurückbleiben*) to fall behind; **weiter ~** to fall further behind ❷ SPORT (*absteigen*) ■**[auf etw** *akk*] ~ to go down [to sth] ❸ (*in früheren Zustand verfallen*) ■**in etw** *akk* ~ to lapse [*or* fall] back into sth ❹ (*darunter bleiben*) ■**hinter etw** *akk* ~ to fall short of sth ❺ (*jds Eigentum werden*) ■**an jdn** ~ to revert to sb *spec* ❻ (*angelastet werden*) ■**auf jdn** ~ to reflect on sb ❼ (*sinken*) ■**sich** *akk* **[in/auf etw** *akk*] **~ lassen** to fall back [*or* flop] into/on[to] sth

zurück|finden *vi irreg* ❶ (*Weg zum Ausgangspunkt finden*) ■**[irgendwohin]** ~ to find one's way back [somewhere] ❷ (*zurückkehren*) ■**zu jdm** ~ to go/come back to sb ❸ ■**zu sich selbst** ~ to find oneself again **zurück|fliegen** *irreg* I. *vi sein* to fly back II. *vt* ■**jdn/etw** ~ to fly back sb/sth *sep;* ***als sie erkrankte, flog man sie zurück nach Europa*** when she got ill, she was flown back to Europe **zurück|fließen** *vi irreg sein* ❶ (*wieder zum Ausgangspunkt fließen*) to flow back ❷ FIN to flow back **zurück|fordern** *vt* ■**etw [von jdm]** ~ to demand sth back [from sb] **zurück|fragen** *vi* to ask a question in return

zurück|führen I. *vt* ❶ (*Ursache bestimmen*) ■**etw auf etw** *akk* ~ to attribute sth to sth; (*etw aus etw ableiten*) to put sth down to sth; **etw auf seinen Ursprung ~** to put sth down to its cause; ■**das ist darauf zurückzuführen, dass ...** that is attributable/can be put down to the fact that ... ❷ (*zum Ausgangsort zurückbringen*) ■**jdn irgendwohin** ~ to lead sb back somewhere II. *vi* ■**irgendwohin** ~

to lead back somewhere

zurück|geben *vt irreg* ❶ *(wiedergeben)* ■ [jdm] etw ~ to return [*or sep* give back] sth [to sb] ❷ ÖKON *(retournieren)* ■ etw ~ to return sth ❸ *(erwidern)* ■ [jdm] etw ~ to return sth [to sb]; **ein Kompliment** ~ to return a compliment; ***„das ist nicht wahr!" gab er zurück*** "that isn't true!" he retorted *form* [*or form liter* rejoined] ❹ *(erneut verleihen)* ■ jdm etw ~ to give sb back sth, to restore sb's sth

zurückgeblieben *adj* slow, retarded *dated*

zurück|gehen *vi irreg sein* ❶ *(wieder zum Ausgangsort gehen)* to return, to go back ❷ *(zum Aufenthaltsort zurückkehren)* **ins Ausland** ~ to return [*or* go back] abroad ❸ *(abnehmen)* to go down ❹ MED *(sich zurückbilden)* to go down; *Bluterguss* to disappear; *Geschwulst* to be in recession ❺ *(stammen)* ***die Sache geht auf seine Initiative zurück*** the matter was born of his initiative ❻ *(verfolgen)* **weit in die Geschichte** ~ to go [*or* reach] back far in history

zurückgelegt *adj* **~e Flugstrecke** distance flown [*or* covered]

zurück|gewinnen* *vt irreg* ■ jdn/etw ~ to win back [*or* regain] [*or* retrieve] sb/sth; *Rohstoffe* to recover sth

zurückgezogen I. *adj* secluded; **ein ~es Leben** a secluded life II. *adv* secluded; ~ **leben** to lead a secluded life

Zurückgezogenheit <-> *f kein pl* seclusion; **in [völliger]** ~ **leben** to live in [complete] seclusion

zurück|greifen *vi irreg* ■ **auf etw** *akk* ~ to fall back [up]on sth **zurück|gucken** *vi* ■ [auf jdn/etw] ~ to look back [on/to sb/sth] **zurück|haben** *vt irreg* *(fam)* ■ etw ~ to have [got] sth back; ***ich will mein Geld ~!*** I want my money back!

zurück|halten *irreg* I. *vr* ❶ *(sich beherrschen)* ■ sich ~ to restrain [*or* control] oneself; ***Sie müssen sich beim Essen sehr ~*** you must cut down a lot on what you eat; ■ **sich [mit etw]** ~ to be restrained [in sth]; **sich mit seiner Meinung** ~ to be careful about voicing one's opinion ❷ *(reserviert sein)* to be reserved, to keep to oneself II. *vt* ❶ *(aufhalten)* ■ jdn ~ to detain *form* [*or sep* hold up] sb ❷ *(nicht herausgeben)* ■ etw ~ to withhold sth ❸ *(abhalten)* ■ jdn [von etw] ~ to keep sb from doing sth; ***er hielt mich von einer unüberlegten Handlung zurück*** he stopped me before I could do anything rash III. *vi* ■ **mit etw** ~ to hold sth back

zurückhaltend I. *adj* ❶ *(reserviert)* reserved ❷ *(vorsichtig)* cautious, guarded II. *adv* cautiously, guardedly; **sich** *akk* ~ **über etw** *akk* **äußern** to be cautious [*or* guarded] in one's comments about sth

Zurückhaltung *f kein pl* reserve *no art, no pl;* **mit [bestimmter]** ~ with [a certain] reserve; ***die Presse beurteilte das neue Wörterbuch mit ~*** the press were reserved in their judgement of the new dictionary; ***er reagierte mit ziemlicher ~*** he reacted with a fair amount of reserve

Zurückhaltungsrecht *nt* JUR right of retention, retaining lien

zurück|holen *vt* ❶ *(wieder zum Ausgangspunkt holen)* ■ jdn ~ to fetch back sb *sep* ❷ *(in seinen Besitz zurückbringen)* ■ [sich *dat*] etw [von jdm] ~ to get back sth *sep* [from sb]; ***ich komme, um die Videokassette zurückzuholen*** I've come for my video cassette **zurück|kämmen** *vt* ■ [jdm/sich] etw ~ to comb back sb's/one's sth *sep* **zurück|kaufen** *vt* HANDEL ■ etw [von jdm] ~ to buy back *sep* [*or form* repurchase] sth [from sb]; *(bei Auktion)* to buy in sth *sep* **zurück|kehren** *vi sein* ❶ *(zurückkommen)* ■ [irgendwohin/von irgendwoher] ~ to return [*or* come back] [somewhere/from somewhere]; **nach Hause** ~ to return [*or* come back] home ❷ *(wieder zuwenden)* ■ **zu jdm/etw** ~ to return [*or* go/come back] to sb/sth **zurück|kommen** *vi irreg sein* ❶ *(erneut zum Ausgangsort kommen)* ■ [irgendwohin/von irgendwoher] ~ to return [*or* come/go back] [somewhere/from somewhere]; **aus dem Ausland** ~ to return [*or* come/go back] from abroad; **nach Hause** ~ to return [*or* come/go back] home ❷ *(erneut aufgreifen)* ■ **auf etw** *akk* ~ to come back to sth; ■ **auf jdn** ~ to get back to sb **zurück|können** *vi irreg* ❶ *(fam: zurückkehren können)* ***ich kann nicht mehr dahin zurück*** I can't return [*or* go back] there any more; ***du kannst jederzeit wieder zu uns zurück*** you can come back to us any time ❷ *(sich anders entscheiden können)* ***noch habe ich den Vertrag nicht unterschrieben, noch kann ich zurück*** I haven't signed the contract yet, I can still change my mind **zurück|konvertieren** *vt* INFORM ■ etw ~ to convert back *sep* sth **zurück|kriegen** *vt* *(fam)* *s.* **zurückbekommen**

zurück|lassen *vt irreg* ❶ *(nicht mitnehmen)* ■ jdn/ein Tier/etw ~ to leave behind sb/an animal/sth *sep;* ***als sie in Urlaub fuhren, ließen sie ihren Hund bei Freunden zurück*** they left their dog with friends during their holiday; ■ **jdm etw** ~ to leave sth for sb [*or* sb sth] ❷ *(fam: zurückkehren lassen)* ■ jdn ~ to allow sb to return [*or* go back]; **jdn nach Hause** ~ to allow sb to return home

zurück|legen *vt* ❶ *(wieder hinlegen)* ■ etw ~ to put back sth *sep;* ***leg das Buch bitte zurück auf den Tisch*** please put the book back on the table ❷ *(reservieren)* ■ **jdm etw** ~ to put sth aside [*or* by] for sb; **das zurückgelegte Kleid** the dress that has been put aside ❸ *(hinter sich bringen)* ■ etw ~ to cover [*or* do] sth; ***35 Kilometer kann man pro Tag leicht zu Fuß ~*** you can easily do 35 kilometres a day on foot ❹ *(sparen)* ■ [jdm/sich] etw ~ to put away sth [for sb] *sep*

zurück|lehnen *vr* ■ sich ~ to lean back **zurück|liegen** *vi irreg* ***sein Examen liegt vier Jahre zurück*** it's four years since his exam; ***wie lange mag die Operation ~?*** how long ago was the operation?; ***wie lange mag es jetzt ~, dass Großmutter gestorben ist?*** how long is it now since grandma died? **zurück|melden** *vr* ❶ MIL *(seine Rückkehr melden)* ■ **sich [bei jdm/irgendwo]** ~ to report back [to sb/somewhere]; **sich in der Kaserne** ~ to report back to barracks ❷ *(wieder dabei sein)* ■ sich ~ to be back **zurück|müssen** *vi irreg* *(fam)* ■ [irgendwohin] ~ to have to return [*or* go back] [somewhere]

Zurücknahme <-, -n> *f* withdrawal; ~ **eines Angebots** revocation of an offer; ~ **einer Beschuldigung** retraction of an insult; ~ **eines Einspruchs** withdrawal of an objection; ~ **einer Klage/der Kündigung** withdrawal of an action/of one's notice

zurück|nehmen *vt irreg* ❶ *(als Retour annehmen)* ■ etw ~ to take back sth *sep* ❷ *(widerrufen)* ■ etw ~ to take back sth *sep* ❸ *(rückgängig machen)* ■ etw ~ to withdraw sth; ***ich nehme alles zurück*** I take it all back; **seine Entscheidung** ~ JUR to reverse judgement; **sein Versprechen** ~ to break [*or* go back on] one's promise ❹ *(verringern)* **die Lautstärke** ~ to turn down the volume *sep* ❺ MIL *(nach hinten verlegen)* ■ etw ~ to withdraw sth

zurück|pfeifen *vt irreg* ❶ *(fam: eine Aktion abbrechen)* ■ jdn ~ to bring back sb *sep* into line ❷ *(durch einen Pfiff)* ■ **einen Hund** ~ to whistle back a dog *sep* **zurück|prallen** *vi sein* ❶ *(zurückspringen)* ■ **von etw** ~ to bounce off sth; *Geschoss* to ricochet off sth ❷ *(zurückschrecken)* ■ [vor etw *dat*] ~ to recoil [from sth] **zurück|reichen** I. *vi* ■ **irgendwohin** ~ to go back to sth; ***ins 16. Jahrhundert ~*** to go back to the 16th century II. *vt* *(geh)* ■ **jdm etw** ~ to hand [*or* pass] back sth *sep* to sb **zurück|reisen** *vi sein* ■ [irgendwohin] ~ to travel back [*or* return] [somewhere]; **ins Ausland/nach Hause** ~ to return abroad/home **zurück|reißen** *vt irreg* ■ jdn ~ to pull back sb *sep* **zurück|rollen** I. *vi sein* to roll back II. *vt* ■ etw ~ to roll back sth *sep* **zurück|rufen** *irreg* I. *vt* ❶ *(durch Rückruf anrufen)* ■ jdn ~ to call back sb *sep* ❷ *(zurückbeordern)* ■ jdn/etw ~ to recall sb ❸ *(fig)* **jdm etw in die Erinnerung** [*o* **ins Gedächtnis**] ~ to conjure up sth *sep* for sb; **sich** *dat* **etw in Erinnerung** [*o* **ins Gedächtnis**] ~ to recall sth, to call sth to mind II. *vi* to call back **zurück|schalten** *vi* AUTO **in den 1./2. Gang/einen niedrigeren Gang** ~ to change down into 1st/2nd gear/a lower gear **zurück|schaudern** *vi sein* ■ **vor etw** ~ to shrink back [*or* recoil] from sth **zurück|schauen** *vi* ❶ *(sich umsehen)* to look back ❷ *(rückblickend betrachten)* ■ **auf etw** *akk* ~ to look back on sth **zurück|scheuen** *vi sein s.* **zurückschrecken 2** **zurück|schicken** *vt* ❶ *(wieder hinschicken)* ■ [jdm] etw ~ to send back sth *sep* [to sb], to send sb back sth *sep* ❷ *(abweisen)* ■ jdn ~ to send back sb *sep* **zurück|schieben** *vt irreg* ■ etw ~ to push back sth *sep* **Zurückschiebung** *f* JUR return-removal of illegal entrant

zurück|schlagen *irreg* I. *vt* ❶ MIL *(abwehren)* ■ jdn/etw ~ to repulse *form* [*or sep* beat back] sb/sth ❷ SPORT ■ etw ~ to return [*or sep* hit back] sth ❸ *(umschlagen)* ■ etw ~ to turn back sth *sep;* **ein Verdeck** ~ to fold back a top II. *vi* ❶ *(einen Schlag erwidern)* to return ❷ *(sich auswirken)* ■ **auf jdn/etw** ~ to have an effect on sb/sth **zurück|schneiden** *vt irreg* BOT ■ etw ~ to cut back sth *sep,* to prune sth **zurück|schnellen** I. *vt* *(zurückschleudern)* ■ etw ~ to hurl [*or* whip] back sth *sep,* to return sth II. *vi sein* *(sich zurückbewegen)* to jump [*or* shoot] back **zurück|schrauben** *vt* *(fam)* ■ etw [auf etw *akk*] ~ to lower [*or* reduce] sth [to sth]; **seine Ansprüche** ~ to lower one's sights **zurück|schrecken** *vi irreg sein* ❶ *(Bedenken vor etw haben)* ■ **vor etw** *dat* ~ to shrink [*or* recoil] from sth; **vor nichts** ~ *(völlig skrupellos sein)* to stop at nothing; *(keine Angst haben)* to not flinch from anything ❷ *(erschreckt zurückweichen)* to start back **zurück|sehen** *vi irreg s.* **zurückschauen** **zurück|sehnen** *vr* ■ **sich irgendwohin** ~ to long to return somewhere; **sich nach Hause/auf die Insel** ~ to long to return home/to the island **zurück|senden** *vt irreg* *(geh)* *s.* **zurückschicken 1**

zurück|setzen I. *vt* ❶ *(zurückstellen)* ■ etw [wieder] ~ to put back sth *sep* [on sth]; ***einen Zähler auf Null ~*** to put a counter back to zero, to reset a counter ❷ AUTO *(weiter nach hinten fahren)* ■ etw ~ to reverse [*or sep* back up] [sth] ❸ *(herabsetzen)* ■ etw ~ to reduce [*or sep* mark down] sth ❹ *(benachteiligen)* ■ jdn ~ to neglect sb; **sich [gegenüber jdm] zurückgesetzt fühlen** to feel neglected [next to sb] ❺ INFORM *(wiederherstellen)* ■ etw ~ to backout sth II. *vr* ■ sich ~ ❶ *(sich zurücklehnen)* to sit back ❷ *(den Platz wechseln)* ***setzen wir uns einige Reihen zurück*** let's sit a few rows back III. *vi* ■ [mit etw] ~ to reverse [*or sep* back up] [sth]

Zurücksetzung *f* INFORM reset

zurück|springen *vi irreg sein* ❶ *(nach hinten springen)* to leap [*or* jump] back; *Zeiger* to spring back; *Ball* to bounce back; *Bauteil* to be set back ❷ INFORM to jump [*or* leap] back **zurück|spulen** *vt* INFORM ■ etw ~ to rewind sth **zurück|stecken** I. *vt* ■ etw [irgendwohin] ~ to put back sth *sep* [somewhere] II. *vi* to back down; ~ **müssen** to have to back down **zurück|stehen** *vi irreg* ❶ *(weiter entfernt stehen)* to stand back ❷ *(hintangesetzt werden)* ■ [hinter jdm/etw] ~ to take second place [to sb/sth]; *(an Leistung)* to be behind [sb/sth] ❸ *(sich weniger einsetzen)* ■ [hinter jdm] ~ to show less commitment [than sb [does]]

zurück|stellen *vt* ❶ *(wieder hinstellen)* ■ etw [wieder] ~ to put back sth *sep* ❷ *(nach hinten stellen)* ■ etw ~ to move back sth *sep* ❸ *(kleiner stellen)* ■ etw ~ *Heizung, Ofen* to turn sth lower, to turn down sth *sep* ❹ *(aufschieben)* ■ etw ~ to put back sth *sep;* *(hintanstellen)* to shelve [*or* defer] sth; *(verschieben)* to postpone sth; ***man stellte die Arbeiten um einige Wochen zurück*** work was put back [by] a few weeks; **eine Rechtssache zu späterer Entscheidung** ~ to defer a case to be dealt with at a later date; **die Uhr** ~ to turn [*or* AM *a.* set] back the clock *sep* ❺ *(vorläufig befreien)* ■ jdn ~ to keep sb back; ***wird er eingeschult oder noch ein Jahr zurückgestellt?*** is he going to start school or he is being kept down a year? ❻ *(vorerst nicht geltend machen)* **seine Bedenken/Wünsche** ~ to put aside one's doubts/wishes ❼ ÖSTERR *(zurückgeben)* ■ etw ~ to return [*or sep* give/send back] sth

Z

Zurückstellung <-, -en> *f* deferment; *einer Entscheidung* postponement; **unter ~ aller anderen Rechtssachen** other cases being referred

zurück|stoßen *vt irreg* ■**jdn/etw ~** to push away sb/sth *sep* **zurück|strömen** *vi sein* ❶ *(fließen) Fluss* to flow back ❷ *(laufen) Menschen* to stream back **zurück|stufen** *vt* ■**jdn/etw ~** to downgrade sb/sth **zurück|tragen** *vt irreg* ■**jdn/etw ~** to carry back sb/sth *sep,* to take back sth *sep* **zurück|treiben** *vt irreg* ■**jdn/etw ~** *Vieh* to drive back sb/sth *sep*

zurück|treten *vi irreg sein* ❶ *(nach hinten treten)* ■**[von etw] ~** to step back [from sth] ❷ *(seinen Rücktritt erklären)* to resign ❸ JUR *(rückgängig machen)* ■**von etw ~** to withdraw from [*or* back out of] sth; **von einem Anspruch/einem Recht ~** to renounce a claim/right *form*

zurück|übertragen *vt* INFORM ■**etw ~** to transmit back *sep* sth

zurück|verfolgen* *vt* ■**etw ~** to trace back sth *sep;* ***diese Tradition lässt sich bis ins 17.Jahrhundert ~*** this tradition can be traced back to the 17th century **zurück|verlangen*** **I.** *vt (zurückfordern)* ■**etw ~** to demand sth back **II.** *vi (wiederhaben wollen)* ■**[nach jdm/etw] ~** to long [to have] [sth/sb] back, to yearn for the return [of sth/sb] **zurück|versetzen*** **I.** *vt* ■**jdn ~** to transfer sb back; ***in zwei Jahren werde ich nach Frankfurt zurückversetzt*** I'll be transferred back to Frankfurt in two years **II.** *vr* ■**sich ~** to be transported back; **in die Jugendzeit zurückversetzt werden** to be transported back to one's youth **zurück|verweisen*** *vt irreg* JUR ■**etw ~** to remand sth; **etw zur weiteren Entscheidung ~** to remand sth for pending further decision **Zurückverweisung** *f* JUR remission **zurück|weichen** *vi irreg sein* ■**[vor etw *dat*] ~** to fall back [before sth *form*]; **vor einem Anblick ~** to shrink back from a sight **zurück|weisen** *vt irreg* ❶ *(abweisen)* ■**jdn ~** to turn away sb *sep;* ■**etw ~** to reject sth ❷ *(sich gegen etw verwahren)* ■**etw ~** to repudiate sth *form*

Zurückweisung <-, -en> *f* ❶ *(das Abweisen)* rejection *no art, no pl* ❷ *(das Zurückweisen)* repudiation *no art, no pl*

Zurückweisungsrecht *nt* JUR right of rejection

zurück|werfen *vt irreg* ❶ *(jdm etw wieder zuwerfen)* ■**[jdm] etw ~** to throw back sth *sep* [to sb], to throw sb back sth *sep* ❷ *(Position verschlechtern)* ■**jdn/etw [um etw] ~** to set back sb/sth *sep* [by sth]; ***das wirft uns um Jahre zurück*** that will/has set us back years **zurück|wirken** *vi* ■**auf jdn/etw ~** to react [up]on sb/sth **zurück|wollen** *vi (fam)* ■**[irgendwohin/zu jdm] ~** to want to return [*or* go back] [somewhere/to sb]; **nach Hause ~** to want to return [*or* go back] home **zurück|zahlen** *vt* ■**[jdm] etw ~** to repay [sb] [*or sep* pay [sb] back] sth

zurück|ziehen *irreg* **I.** *vt* ❶ *(nach hinten ziehen)* ■**jdn/etw ~** to pull back sb/sth *sep;* **den Vorhang ~** to draw back the curtain *sep* ❷ *(widerrufen)* ■**etw ~** to withdraw sth **II.** *vr* ❶ *(sich hinbegeben)* ■**sich [irgendwohin] ~** to withdraw [*or form* retire] [somewhere] ❷ MIL *(abziehen)* ■**sich [aus etw] ~** to withdraw [from sth] **III.** *vi sein* ■**[irgendwohin] ~** to move back [somewhere]; **nach Hause ~** to move back home

zurück|zucken *vi sein* ■**[vor etw *dat*] ~** to recoil [*or* start back] [from sth]

Zuruf *m* call; *(nach Hilfe)* cry; **auf ~ gehorchen** to obey a call; ***bei Auktionen erfolgen die Gebote auf ~*** at auctions bids are made by calling

zu|rufen **I.** *vt irreg* ■**jdm etw ~** to shout [*or sep* call out] sth to sb **II.** *vi* ■**jdm ~, dass er/sie etw tun soll** to call out to sb to do sth

zurzeit *adv* ÖSTERR, SCHWEIZ *(derzeit)* at present [*or* the moment]

Zusage *f* assurance, promise; **[jdm] eine ~ geben** to give [sb] an assurance, to make [sb] a promise

zu|sagen **I.** *vt* ■**[jdm] etw ~** to promise sth [to sb], to promise sb sth; **jdm sein Kommen ~** to promise sb that one will come **II.** *vi* ❶ *(die Teilnahme versichern)* ■**[jdm] ~** to accept, to give sb an acceptance ❷ *(gefallen)* ■**jdm ~** to appeal to sb

zusammen *adv* ❶ *(gemeinsam)* together (**mit** +*dat* with); ■**~ sein** *(beieinander sein)* to be together; ■**mit jdm ~ sein** to be with sb ❷ *(ein Paar sein)* ■**~ sein** to be going out [with each other]; ***Werner und Ulrike sind seit 12 Jahren ~*** Werner and Ulrike have been together for 12 years ❸ *(~gerechnet)* all together ❹ *(euph: mit jdm schlafen)* ■**mit jdm ~ sein** to go with sb

Zusammenarbeit *f kein pl* cooperation *no art, no pl;* **in ~ mit jdm** in cooperation with sb **zusammen|arbeiten** *vi* ■**mit jdm ~** to work [together] with sb; *(kooperieren)* to cooperate with sb **zusammen|backen** *vt* ■**etw ~** KOCHK to agglomerate [*or* cake] sth

zusammen|ballen **I.** *vt* ■**etw ~** *Schnee* to make sth into a ball; *Papier* to screw [up *sep*] sth into a ball; *die Fäuste* to clench sth **II.** *vr* ■**sich ~** ❶ *Wolken* to accumulate, to mass [together] ❷ *(geh: aufkommen)* ***ein Unheil ballte sich über seinem Haupt zusammen*** disaster loomed [over him] **zusammen|bauen** *vt* ■**etw ~** to assemble [*or sep* put together] sth **zusammen|beißen** **I.** *vt* **die Zähne ~** to clench *fig* [*or* grit] one's teeth **II.** *vr (fam)* ■**sich ~** to get one's act *fam* [*or sl* it] together **zusammen|binden** *vt irreg* ■**etw ~** to tie [*or* bind] together sth *sep* **zusammen|bleiben** *vi irreg sein* to stay together; ■**mit jdm ~** to stay with sb **zusammen|brauen** **I.** *vt (fam)* ■**etw ~** KOCHK to concoct sth **II.** *vr* ■**sich ~** to be brewing; ***da braut sich ein Gewitter/Ungutes zusammen*** there's a storm/sth nasty brewing

zusammen|brechen *vi irreg sein* ❶ *(kollabieren)* to collapse ❷ *(in sich zusammenfallen)* to collapse, to give way ❸ *(zum Erliegen kommen)* to collapse; *Verkehr* to come to a standstill; *Versorgung* to be paralyzed [*or* BRIT *a.* -ysed]; *Kommunikation* to break down; *Markt* to collapse; *Computer* to crash

zusammen|bringen *vt irreg* ❶ *(beschaffen)* ■**etw ~** to raise sth; **das Geld für etw ~** to raise the [necessary] money for sth ❷ *(in Kontakt bringen)* ■**jdn [mit jdm] ~** to introduce sb [to sb]; ***ihr Beruf bringt sie mit vielen Menschen zusammen*** in her job she gets to know a lot of people; **Menschen ~** to bring people together; ***der Pfarrer ist bestrebt, seine Gemeinde wieder ~*** the vicar endeavours to promote reconciliation among his parishioners ❸ *(fam: aus dem Gedächtnis abrufen)* ■**etw ~** to remember [*or* recall] sth; ***mal sehen, ob ich das Gedicht noch zusammenbringe*** let's see if I can still recall the poem ❹ *(in Beziehung setzen)* ■**etw [mit etw] ~** to reconcile sth with sth, to make sense of sth ❺ *(anhäufen)* ■**etw ~** to amass; ***er hat ein Vermögen zusammengebracht*** he amassed a fortune

Zusammenbruch *m* ❶ *(das Zusammenbrechen)* collapse; *Land* [down]fall; *Firma* ruin, downfall; **der ~ der Wirtschaft** economic collapse ❷ MED *(Kollaps)* collapse; *(Nerven~)* [nervous] breakdown

zusammen|drängen **I.** *vr* ■**sich ~** to crowd [together]; *(vor Kälte a.)* to huddle together [on sth]; **sich auf engstem Raum ~** to crowd together in a very confined space **II.** *vt* ■**etw ~** to concentrate, to condense; ***die Menschenmenge wurde von den Polizeikräften zusammengedrängt*** the crowd was herded together by the police

zusammen|drücken *vt* ❶ *(zerdrücken)* ■**jdn/etw ~** to crush sb/sth ❷ *(aneinander drücken)* ■**etw ~** to press sth together

zusammen|fahren *vi irreg sein* to start; *(vor Schmerzen)* to flinch; *(vor Ekel a.)* to recoil

zusammen|fallen *vi irreg sein* ❶ *(einstürzen)* to collapse; *Gebäude a.* to cave in; *Hoffnungen, Pläne* to be shattered; *Lügen* to fall apart; ■**in sich *akk* ~** to collapse ❷ *(sich gleichzeitig ereignen)* ■**[zeitlich] ~** to coincide ❸ *(körperlich schwächer werden)* to wither away, to weaken

zusammen|falten *vt* ■**etw ~** to fold [up *sep*] sth

zusammen|fassen **I.** *vt* ❶ *(als Resümee formulieren)* ■**etw ~** to summarize sth; **etw in wenigen Worten ~** to put sth in a nutshell ❷ *(zu etw vereinigen)* ■**jdn ~** to divide sb up; **die Bewerber in Gruppen ~** to devide the applicants into groups; **Truppen ~** to concentrate troops; ■**jdn/etw in etw *dat* ~** to unite [*or* combine] sb/sth into sth; ■**etw unter etw *dat* ~** to class[ify] sth under sth; **etw unter einem Oberbegriff ~** to subsume sth under a generic term **II.** *vi* to summarize, to sum up; ***..., wenn ich kurz ~ darf*** just to sum up, ...

zusammenfassend **I.** *adj* **eine ~e Darstellung** a summary; **ein ~er Bericht** a summary [account], a résumé **II.** *adv* **etw ~ darstellen** to summarize sth; ***der Vorgang kann leider nicht ~ in 2 Sätzen dargestellt werden*** I'm afraid the process can't be summarized in a couple of sentences

Zusammenfassung *f* ❶ *(Resümee)* summary, résumé; **eine knappe ~ eines Vortrags/einer Rede geben** to give a pr+cis [*or* summary] of a lecture/speech ❷ *(resümierende Darstellung)* abstract; *Buch a.* synopsis

zusammen|fegen *vt* ■**etw ~** to sweep together sth *sep;* *(ordentlich a.)* to sweep sth into a pile **zusammen|finden** *irreg* **I.** *vr (geh)* ■**sie finden sich ~** to meet, to come together; *(sich versammeln)* to congregate, to gather **II.** *vi* to be reconciled; ***die beiden haben wieder zusammengefunden*** there has been a reconciliation between the two of them **zusammen|flicken** *vt (fam)* ❶ *(reparieren)* ■**etw ~** to patch sth up, to cobble sth together; **eine zerrissene Hose notdürftig ~** to patch up torn trousers as well as one can ❷ *(fam: operieren)* ■**jdn ~** to patch up sb *sep fam* ❸ *(fam: zusammenschustern)* **einen Artikel/Aufsatz ~** to knock together an article/essay **zusammen|fließen** *vi irreg sein* to flow together, to meet, to join **Zusammenfluss**RR *m,* **Zusammenfluß** *m* confluence *spec;* **am ~ der beiden Flüsse** where the two rivers meet **zusammen|fügen** **I.** *vt (geh)* ■**sie *pl* ~** to assemble, to join together *sep;* **die Teile eines Puzzles ~** to piece together a jigsaw puzzle *sep;* **Bauteile ~** to assemble parts ▶ WENDUNGEN: **was Gott zusammengefügt hat, soll der Mensch nicht trennen** [Matth. 19,6] *(prov)* what God has brought together, let no man put asunder **II.** *vr* ■**sie fügen sich *akk* zusammen** to fit together; ***die Teile fügen sich nahtlos zusammen*** the parts fit together seamlessly [*or* perfectly]

zusammen|führen *vt* ■**jdn/etw ~** to bring together sb/sth *sep;* **eine Familie ~** to reunite a family

Zusammenführung *f* bringing together, reuniting

zusammen|gehen *vi irreg sein* ❶ *(sich vereinen)* to unite; *Linien* to meet ❷ *(koalieren)* to make common cause ❸ *(schrumpfen)* to shrink; *(schwinden)* to dwindle ❹ *(zueinander passen)* to go together **zusammen|gehören*** *vi* ❶ *(zueinander gehören)* to belong together ❷ *(ein Ganzes bilden)* to go together, to match; *Karten* to form a deck [*or* pack]; *Socken* to form a pair, to match **zusammengehörig** *adj pred* ❶ *(eng verbunden)* close; ***wir fühlen uns ~*** we feel close ❷ *(zusammengehörend)* matching; **die ~en Karten** the cards of a deck [*or* pack] **Zusammengehörigkeit** <-> *f kein pl* unity **Zusammengehörigkeitsgefühl** *nt kein pl* sense of togetherness

zusammengesetzt *adj* compound *attr spec;* **ein ~es Wort** a compound [word]; **aus etw ~ sein** to be composed of sth

zusammengewürfelt *adj* oddly assorted, ill-assorted, mismatched; **eine ~e Wohnungseinrichtung** ill-assorted furnishings *pl;* **ein [bunt] ~er Haufen** a motley crowd; ***eine wild ~e Schar von Flüchtlingen*** a horde of refugees, thrown together by chance **zusammen|haben** *vt irreg (fam)* ■**etw ~** ❶ *(zusammengestellt haben)* **Informationen/Unterlagen ~** to have got information/documents together ❷ *(aufgebracht haben)* to have raised [*or sep* got together] sth; ***wir haben ein Jahr gespart, bis wir das Geld für das neue Auto zusammenhatten*** we saved [up] for a year, until we had enough money for the new car

Zusammenhalt *m kein pl* ❶ *(Solidarität)* solidarity; *Mannschaft* team spirit (*+gen* [with|in]); **revolutionärer ~** revolutionary solidarity ❷ TECH cohesion

zusạmmen|halten *irreg* **I.** *vi* to stick [*or* keep] together ▶ WENDUNGEN: **wie Pech und Schwefel ~** to be inseparable [*or fam* as thick as thieves] **II.** *vt* ■**etw ~** ❶ (*beisammenhalten*) to hold on to [*or* be careful with] [*or* take care of] sth; **seine Gedanken ~** to keep one's thoughts together; **sein Geld ~ müssen** to have to be careful with one's money ❷ (*verbinden*) ■**etw/sie** *pl* **~** to keep sth/sb together; ***die Schnur hält das Paket zusammen*** the packet is held together by a string ❸ (*zum Vergleich nebeneinanderhalten*) **zwei Sachen ~** to hold up two things side by side

Zusạmmenhang <-[e]s, -hänge> *m* connection; (*Verbindung*) link (**zwischen** *+dat* between); ***gibt es zwischen den Wohnungseinbrüchen irgendeinen ~?*** are the burglaries in any way connected?; ***sein Name wurde im ~ mit der Verschwörung genannt*** his name was mentioned in connection with the conspiracy [*or* linked]; **ein ursächlicher ~** a causal relationship *form;* **keinen ~ sehen** to see no [*or* not see any] connection; **jdn/etw mit etw in ~ bringen** to connect sb/sth with sth, to establish a connection between sth and sth *form;* **etw aus dem ~ reißen** to take sth out of [its] [*or form* divorce sth from its] context; **im** [*o* **in**] **~ mit etw** in connection with sth; **im** [*o* **in**] **~ mit etw stehen** to be connected with sth; **in ursächlichem ~** [**mit etw**] **stehen** to be causally related [to sth] *form;* **nicht im ~ mit etw stehen** to have no connection with sth

zusạmmen|hängen **I.** *vt irreg* **Kleider/Bilder ~** to hang [up] clothes/pictures together **II.** *vi irreg* ❶ (*in Zusammenhang stehen*) ■**mit etw ~** to be connected [*or* have to do] with sth; ***es wird wohl damit ~, dass ...*** it must have sth to do with the fact that ... ❷ (*lose verbunden sein*) to be joined [together]

zusạmmenhängend **I.** *adj* ❶ (*kohärent*) coherent ❷ (*betreffend*) ■**mit etw ~** connected [*or* to do] with sth *pred* **II.** *adv* coherently; **etw ~ berichten/darstellen** to give a coherent account of sth

Zusạmmenhanglosigkeit <-, *selten* -en> *f,* **Zusạmmenhangslosigkeit** <-, *selten* -en> *f meist sing* incoherence, disjointedness

zusạmmenhang(s)los **I.** *adj* incoherent, disjointed; (*weitschweifig a.*) rambling; **wirres, ~es Geschwätz** incoherent, rambling talk *fam* **II.** *adv* incoherently; **etw ~ darstellen** to give an incoherent [*or* a disjointed] account of sth

zusạmmen|hauen *vt irreg* (*fam*) ❶ (*zusammenschlagen*) ■**jdn ~** to beat sb up *sep;* ■**etw ~** to smash [up *sep*] sth, to smash sth to pieces ❷ (*schnell machen*) ■**etw ~** to knock together sth *sep;* **einen Aufsatz eilig ~** to scribble [down *sep*] [*or sep* knock together] an essay hastily

zusạmmen|heften *vt* ■**etw ~** to clip together sth *sep;* (*mit einem Hefter*) to staple together sth *sep;* **Stoffteile ~** to tack [*or* baste] cloth together *sep* **zusạmmen|heilen** *vi sein* to knit [together]; (*Wunde*) to heal [up] **zusạmmen|kehren** *vt s.* **zusammenfegen**

Zusạmmenklang *m kein pl* harmony, accord

zusạmmenklappbar *adj* folding *attr;* **ein ~er Stuhl/Tisch** a collapsible [*or* folding] chair/table; ■**~ sein** to fold **zusạmmen|klappen** **I.** *vt haben* ■**etw ~** to fold up sth *sep* ▶ WENDUNGEN: **die Hacken ~** to click one's heels **II.** *vi sein* ❶ (*sich klappend zusammenlegen*) to collapse ❷ (*fam: kollabieren*) to collapse; (*durch Ermüdung*) to flake [*or* BRIT *a.* fag] out *fam* **zusạmmen|kleben** **I.** *vt haben* ■**etw ~** to stick [*or* glue] together sth *sep* **II.** *vi haben o sein* to stick together **zusạmmen|kneifen** *vt irreg* ■**etw ~** to press together sth *sep;* **die Augen ~** to screw up one's eyes *sep;* (*geblendet a.*) to squint; **die Lippen ~** to press together one's lips; (*missbilligend*) to pinch one's lips **zusạmmen|knoten** *vt* ■**etw ~** to knot [*or* tie] together sth *sep* **zusạmmen|knüllen** *vt* ■**etw ~** to crumple [*or* screw] up sth *sep*

zusạmmen|kommen *vi irreg sein* ❶ (*sich treffen*) to meet, to come together; ■**mit jdm ~** to meet sb; **zu einer Besprechung ~** to get together for a discussion ❷ (*sich akkumulieren*) to combine; ***heute kommt wieder alles zusammen!*** it's another of those days!; ***wenn Arbeitslosigkeit, familiäre Probleme, allgemeine Labilität ~, gerät jemand leicht auf die schiefe Bahn*** a combination of unemployment, family troubles and general instability can easily bring sb off the straight and narrow ❸ (*sich summieren*) *Schulden* to mount up, to accumulate; *Spenden* to be collected

zusạmmen|krachen *vi sein* (*fam*) ❶ (*einstürzen*) *Brücke* to crash down; *Brett* to give way [*or* break] [with a loud crack]; *Bett, Stuhl* to collapse with a crash; *Börse, Wirtschaft* to crash ❷ (*zusammenstoßen*) to smash together, to collide; *Auto a.* to crash [into each other]

zusạmmen|kratzen *vt* (*fam*) ■**etw ~** to scrape together sth *sep* **zusạmmen|kriegen** *vt* (*fam*) *s.* **zusammenbekommen** **Zusạmmenkunft** <-, -künfte> *f* meeting; **eine ~ der Mitarbeiter** a staff meeting; **eine gesellige ~** a social gathering; **eine ~ vereinbaren** to arrange a meeting **zusạmmen|läppern** *vr* (*fam*) ■**sich** *akk* **~** to add [*or* mount] up

zusạmmen|laufen *vi irreg sein* ❶ (*aufeinandertreffen*) to meet (**in** *+dat* at), to converge (**in** *+dat* at); *Flüsse* to flow together; *Straßen* to converge ❷ (*zusammenströmen*) to gather, to congregate ❸ (*einlaufen*) *Stoff* to shrink

zusạmmen|leben **I.** *vi* ■[**mit jdm**] **~** to live [together] [with sb] **II.** *vr* ■**sich ~** to get used to one another

Zusạmmenleben *nt kein pl* living together *no art;* ■**das ~ mit jdm** living [together] with sb; (*in Memoiren*) one's life with sb; **eheliches ~** (*geh*) marital togetherness; **außereheliches ~** (*geh*) cohabitation; **das menschliche ~** social existence; **das ~ verschiedener Rassen** multiracial society

zusạmmenlegbar *adj* collapsible, foldable

zusạmmen|legen **I.** *vt* ❶ (*zusammenfalten*) ■**etw ~** to fold [up *sep*] sth; **sauber zusammengelegte Wäsche** neatly folded washing ❷ (*vereinigen*) ■**etw** [**mit etw**] **~** to combine sth (**mit** *+dat* into); (*zentralisieren*) to centralize sth; **Abteilungen ~** to merge [*or* combine] departments into sth; **Klassen ~** to join [*or sep* put together] classes; **Grundstücke ~** to join plots of land; **Termine ~** to combine appointments ❸ (*in einen Raum legen*) ■**jdn** [**mit jdm**] **~** to put sb [together] with sb **II.** *vi* ■[**für etw**] **~** to club together [*or* pool one's money] [for sth]

Zusạmmenlegung <-, -en> *f* amalgamation; *Firmen, Organisationen* merging; *Grundstücke* joining; *Termine* combining; *Patienten, Häftlinge* putting together; ***die Häftlinge forderten ihre ~*** the prisoners demanded to be put together

zusạmmen|nähen *vt* ■**etw ~** to sew [*or* stitch] together sth *sep*

zusạmmen|nehmen *irreg* **I.** *vt* ❶ (*konzentriert einsetzen*) ■**etw ~** to summon [*or* muster] [up *sep*] sth; **seinen ganzen Mut ~** to summon up all one's courage; **den Verstand ~** to get one's thoughts together [*or* in order]; (*schimpfend*) to get one's head screwed on [properly] *fam;* ***nimmm doch mal deinen Verstand zusammen!*** get your thinking cap on! *fig* ❷ ■**alles zusammengenommen** all in all, all things considered **II.** *vr* ■**sich** *akk* **~** to control oneself, to get [*or* keep] a grip on oneself

zusạmmen|packen *vt* ■**etw/sie** *pl* **~** ❶ (*packen*) to pack sth; (*abräumen*) to pack away sth *sep;* ***pack deine Sachen zusammen!*** get packed! ❷ (*zusammen in etwas packen*) to pack sth up together; ***packen Sie mir die einzelnen Käsesorten ruhig zusammen!*** just pack the different cheeses together, that'll be fine! **zusạmmen|passen** *vi* ❶ (*zueinander passen*) *Menschen* to suit [*or* be suited to] each other; ■**nicht ~** to be ill-suited to each other; **gut/schlecht ~** to be well-suited/ill-suited; **überhaupt nicht ~** *Menschen* to not suit each other at all ❷ (*miteinander harmonieren*) to go together, to match, to harmonize; *Farben* to go together; *Kleidungsstücke* to match **zusạmmen|pferchen** *vt* ■**Menschen/Tiere ~** to herd together people/animals *sep* **Zusạmmenprall** *m* collision (*+gen* between) **zusạmmen|prallen** *vi sein* ■[**mit etw**] **~** to collide [with sth] **zusạmmen|pressen** *vt* ■**etw ~** to press [*or* squeeze] together sth *sep;* **die Faust ~** to clench one's fist; **zusammengepresste Fäuste/Lippen** clenched fists/pinched lips **zusạmmen|raffen** *vt* ■**etw ~** ❶ (*eilig einsammeln*) to snatch up sth *sep* ❷ (*pej: anhäufen*) to amass [*or sep* pile up] sth ❸ (*raffen*) ■**etw ~** to gather up sth *sep* **zusạmmen|raufen** *vr* (*fam*) ■**sich** *akk* **~** to get it together *fam* **zusạmmen|rechnen** *vt* ■**etw ~** to add [*or* total] [*or fam* tot] up sth *sep;* **alles zusammengerechnet** all in all

zusạmmen|reimen *vr* ■**sich** *dat* **etw ~** to put two and two together from [*or* make sense of] sth; ***ich kann es mir einfach nicht ~*** I can't make head or tail of it; ***das reimt man sich leicht zusammen, wenn ...*** it's easy to see when ...; ***was sie sich da alles zusammengereimt hat, und all das nur, weil ...*** you wouldn't believe the things she was thinking, and all because ...

zusạmmen|reißen *irreg* **I.** *vr* (*fam*) ■**sich** *akk* **~** to pull oneself together **II.** *vt* (*sl*) **die Hacken ~** to click one's heels **zusạmmen|rollen** **I.** *vt* ■**etw ~** to roll up sth *sep* **II.** *vr* ■**sich** *akk* **~** to curl up; **ein Igel rollt sich zusammen** a hedgehog rolls [*or* curls] [itself] up [into a ball]; *Schlange* to coil up **zusạmmen|rotten** *vr* (*pej*) ■**sich** *akk* **~** to gather into [*or* form] a mob; ■**sich gegen jdn ~** to gang up on [*or* band together against] sb **zusạmmen|rücken** **I.** *vi sein* (*enger aneinander rücken*) to move up closer, to move closer together; (*auf einer Bank a.*) to budge up BRIT *fam,* to scoot over AM *fam;* (*enger zusammenhalten*) to join in common cause **II.** *vt haben* ■**etw ~** to move sth closer together **zusạmmen|rufen** *vt irreg* ■**Menschen ~** to call together people *sep;* **die Mitglieder ~** to convene [a meeting of] the members *form* **zusạmmen|sacken** *vi sein* ❶ (*zusammensinken*) ■[**in sich** *akk*] **~** *Mensch* to collapse, to slump ❷ (*einsacken*) *Brücke, Gerüst* to collapse

Zusạmmenschaltung *f* ELEK switching circuit, interconnection

zusạmmen|scharen *vr* ■**sich** *akk* **~** to gather, to congregate; ***die Demonstranten begannen, sich auf dem Platz vor dem Rathaus zusammenzuscharen*** the demonstrators began to gather in the square in front of the town hall **zusạmmen|scheißen** *vt irreg* (*derb*) ■**jdn ~** to read sb the Riot Act *fig,* BRIT *a.* to give sb a bollocking *fam!*

zusạmmen|schießen *vt irreg* ■**jdn/etw ~** to shoot up sb/sth; (*zerstören*) ■**etw ~** *Dörfer* to batter down sth *sep,* to pound sth to pieces; (*niederschießen*) ■**jdn ~** to shoot down sb *sep,* to shoot sb to pieces

zusạmmen|schlagen *irreg* **I.** *vt irreg haben* ❶ (*verprügeln*) ■**jdn ~** to beat up sb *sep* ❷ (*zertrümmern*) ■**etw ~** to smash [up *sep*] [*or* wreck] sth **II.** *vi sein* ■**über jdm/etw ~** to close over sb/sth; (*heftiger*) to engulf sb/sth

zusạmmen|schließen *irreg* **I.** *vt* ■**sie** *pl* **~** **2 Fahrräder ~** to lock 2 bicycles together **II.** *vr* ❶ (*sich vereinigen*) ■**sich** *akk* [**zu etw** *dat*] **~** to join together [*or* combine] [to form sth]; **Firmen schließen sich zusammen** companies amalgamate [*or* merge] ❷ (*sich verbinden*) ■**sich** *akk* **~** to band together, to join forces

ZusạmmenschlussRR *m,* **Zusammenschluß** *m* union; *Firmen* amalgamation, merger

ZusạmmenschlusskontrolleRR *f* ÖKON merger control

zusạmmen|schnüren *vt* ❶ (*zusammenbinden*) ■**etw ~** to tie up sth *sep* ❷ (*fig: beängstigen*) **jdm die Kehle ~** to be choked with fear; ***die Angst schnürte ihm die Kehle zusammen*** he was choked with fear **zusạmmen|schrauben** *vt* ■**etw ~** to screw [*or* bolt] sth together

zusạmmen|schrecken *vi irreg sein* to start

Z

zusammen|schreiben *vt irreg* ① ■ **etw ~** (*als ein Wort schreiben*) to write sth as one word ② (*pej fam*) ■ **etw ~** (*gedankenlos hinschreiben*) to dash off sth; ***was für einen Unsinn er zusammenschreibt!*** what rubbish he writes! ③ (*fam*) ■ **sich** *dat* **etw ~** (*erwerben*) to earn by writing; ***sie hat sich mit ihren Romanen ein Vermögen zusammengeschrieben*** she has earned a fortune with her novels

zusammen|schrumpfen *vi sein* ① (*ganz einschrumpfen*) *-pfel* to shrivel [up] ② (*sich stark vermindern*) ■ **[auf etw** *akk*] **~** to dwindle [to sth] **zusammen|schweißen** *vt* ① (*schweißen*) ■ **etw ~** to weld sth together ② (*fig: aneinander binden*) ■ **jdn ~** to forge a bond between sb

Zusammensein <-s> *nt kein pl* meeting; (*zwanglos*) get-together; *Verliebte* rendezvous; **ein geselliges ~** a social [gathering]

zusammen|setzen I. *vt* ① (*aus Teilen herstellen*) ■ **etw [zu etw] ~** to assemble [*or sep* put together] sth [to make sth]; ***die Archäologen setzten die einzelnen Stücke der Vasen wieder zusammen*** the archaeologists pieced together the vases ② (*nebeneinander setzen*) **Schüler/Tischgäste ~** to put pupils/guests beside each other **II.** *vr* ① (*bestehen*) ■ **sich aus etw ~** to be composed [*or* made up] [*or* to consist] of sth, to comprise sth; ***die Regierung setzt sich aus Roten und Grünen zusammen*** the government is composed of socialists and environmentalists; *s.* **zusammengesetzt** ② (*sich zueinander setzen*) ■ **sich** *akk* **~** to sit together; ■ **sich mit jdm [am Tisch] ~** to join sb [at his/her table]; (*um etw zu besprechen*) to get together

Zusammensetzung <-, -en> *f* ① (*Struktur*) composition, make-up; *Ausschuss a.* constitution *form; Mannschaft* line-up; *Wählerschaft* profile *spec* ② (*Kombination der Bestandteile*) ingredients *pl; Rezeptur, Präparat* composition; *Teile* assembly ③ LING (*Kompositum*) compound

zusammen|sinken *irreg sein* **I.** *vi* to collapse; **ohnmächtig ~** to collapse unconscious; **tot ~** to fall dead to the earth **II.** *vt* ■ **in sich** *akk* **~** ① (*alle Kraft verlieren*) to slump; (*letzte Hoffnung verlieren*) to seem to crumble; ■ **zusammengesunken** limp ② (*zusammenfallen*) to collapse; **ein Gebäude sinkt zusammen** a building caves in; **ein Dach sinkt zusammen** a roof falls in; **Feuer/Glut fällt zusammen** fire/embers go out

zusammen|sitzen *vi irreg* to sit together

zusammen|sparen *vt* ■ **[sich** *dat*] **etw ~** to save up for sth

Zusammenspiel *nt kein pl* ① SPORT teamwork ② MUS ensemble playing ③ THEAT ensemble acting ④ (*fig: Wechselwirkung*) interplay, interaction

zusammen|stauchen *vt* (*fam*) ① (*maßregeln*) ■ **jdn ~** to give sb a dressing-down *fam* ② (*zusammendrücken*) ■ **etw ist zusammengestaucht** sth is crushed **zusammen|stecken I.** *vt* ■ **etw ~** to pin together sth *sep* **II.** *vi* (*fam*) to be together; ***die beiden stecken aber auch immer zusammen!*** the two of them are quite inseparable! ▶ WENDUNGEN: **die Köpfe ~** to put one's heads together **zusammen|stehen** *vi irreg* ① (*nebeneinander stehen*) to be together [*or* side by side]; *Menschen a.* to stand together [*or* side by side] ② (*einander unterstützen*) to stand by each other [*or form* one another]

zusammen|stellen *vt* ① (*auf einen Fleck stellen*) ■ **sie** *pl* **~** to put [*or* place] together *sep;* ***die Betten ~*** to place the beds side by side ② (*aufstellen*) ■ **etw ~** to compile sth; **eine Delegation ~** to assemble a delegation; **eine Liste ~** to compile [*or sep* draw up] a list; **etw in einer Liste ~** to list sth, to compile [*or sep* draw up] a list of sth; **ein Menü ~** to draw up a menu; **ein Programm ~** to arrange [*or* compile] a programme [*or* AM -am]

Zusammenstellung *f* ① (*Aufstellung*) compilation; (*Liste*) list; *Programm* arrangement ② *kein pl* (*Herausgabe*) compilation

Zusammenstoß *m* collision (*+gen* between), crash (*+gen* between); (*Auseinandersetzung*) clash

zusammen|stoßen *vi irreg sein* ① (*kollidieren*) to collide, to crash; ■ **mit etw ~** to collide with [*or* crash into] sth; ***die beiden Autos sind frontal zusammengestoßen*** the two cars collided head-on; *Personen* to bump into each other; ■ **mit jdm ~** to bump into sb ② (*aneinander grenzen*) to adjoin ③ (*selten: eine Auseinandersetzung haben*) ■ **mit jdm ~** to clash with sb

zusammen|streichen *vt irreg* ■ **etw [auf etw** *akk*] **~** to cut [down *sep*] sth [to sth]

zusammen|strömen *vi sein* to flock [*or* swarm] together; ■ **zu etw ~** to flock to sth **zusammen|stürzen** *vi sein* to collapse; ***nach der Scheidung ist für ihn die Welt zusammengestürzt*** his world fell to pieces after the divorce **zusammen|suchen** *vt* ■ **[sich** *dat*] **etw ~** to find [*or sep* get together] sth; ***ich muss die Unterlagen erst noch ~*** first of all I have to gather the papers together; ■ **zusammengesucht** (*unharmonisch*) oddly assorted, ill-assorted **zusammen|tragen** *vt irreg* ■ **etw ~** ① (*auf einen Haufen tragen*) to collect [*or sep* gather together] sth; **Holz und Reisig ~** to gather wood and twigs ② (*sammeln*) to collect [*or* gather [together *sep*]] sth; **Informationen mühselig ~** to glean information **zusammen|treffen** *vi irreg sein* ① (*sich treffen*) to meet; ■ **mit jdm ~** to meet sb; (*unverhofft*) to encounter ② (*gleichzeitig auftreten*) *Faktoren, Umstände* to coincide **Zusammentreffen** *nt* ① (*Treffen*) meeting ② (*gleichzeitiges Auftreten*) coincidence **zusammen|treiben** *vt* **Menschen/Tiere ~** to drive people/animals together **zusammen|treten I.** *vi irreg sein* to meet, to convene *form; Gericht* to sit; *Parlament a.* to assemble; **wieder ~** to meet again, to reassemble, to reconvene *form* **II.** *vt* (*fam*) ■ **jdn ~** to give sb a severe [*or fam* one hell of a] kicking **zusammen|trommeln** *vt* (*fam*) ■ **sie** *pl* **~** to rally [*or sep* round up]; **Anhänger/Mitglieder ~** to rally supporters/members **zusammen|tun** *irreg* **I.** *vt* (*fam*) ■ **sie** *pl* **~** to put together; **Tomaten und Kartoffeln darf man nicht in einem Behälter zusammentun** you can't keep tomatoes and potatoes together in one container **II.** *vr* (*fam*) ■ **sich** *akk* **[zu etw** *dat*] **zusammentun** to get together [*or* join forces] [in sth]; ■ **sich mit jdm ~** to get together with sb; ***die Betroffenen haben sich zu einer Bürgerinitiative zusammengetan*** those concerned have formed a citizens' action group

Zusammenveranlagung *f* FIN joint assessment; (*Steuererklärung*) joint return; **~ bei der Vermögensteuer** joint return for property tax

zusammen|wachsen *vi irreg sein* ① (*zusammenheilen*) to knit [together]; *Knochen* to knit [together]; *Wunde* to heal [up]; ***sie hat zusammengewachsene Augenbrauen*** her eyebrows meet in the middle ② (*sich verbinden*) to grow together; ■ **mit/zu etw ~** to grow into sth; ***die früher eigenständigen Gemeinden sind inzwischen zu einer großen Stadt zusammengewachsen*** the previously autonomous communities have meanwhile grown together into a big city **zusammen|werfen** *vt irreg* ■ **etw ~** ① (*auf einen Haufen werfen*) to throw together sth *sep* ② (*wahllos vermengen*) to lump together ③ (*fam: zusammenlegen*) **seine Ersparnisse ~** to pool one's savings

Zusammenwirken *nt kein pl* combination, interaction

zusammen|wirken *vi* (*geh*) ① (*gemeinsam tätig sein*) to work together ② (*vereint wirken*) to combine, to act in combination; ***mehrere Faktoren haben hier glücklich zusammengewirkt*** there has been a happy coincidence of several factors here **zusammen|zählen** *vt* ■ **sie** *pl* **~** to count [up *sep*]; ***ich habe gerade alle Anmeldungen zusammengezählt, es kommen 121 Teilnehmer*** I've just added up all the enrolments, there will be 121 participants; **die Kosten ~** to add [*or fam* tot] up *sep* the costs; **alles zusammengezählt** all in all

zusammen|ziehen *irreg* **I.** *vi sein* to move in together; ■ **mit jdm ~** to move in [together] with sb **II.** *vr* ■ **sich ~** ① (*sich verengen*) to contract; *Schlinge* to tighten; *Pupillen, Haut* to contract; *Wunde* to close [up] ② (*sich ballen*) to be brewing; *Gewitter a.* to be gathering; ***es zieht sich ein Gewitter zusammen*** there's a storm brewing [*or* gathering]; *Wolken* to gather; *Unheil* to be brewing **III.** *vt* ■ **etw ~** ① (*sammeln*) **Truppen/Polizei ~** to assemble [*or* concentrate] [*or* mass] troops/police forces ② (*addieren*) **Zahlen ~** to add together ③ (*schließen*) **ein Loch in einem Strumpf ~** to mend a hole in a stocking; **die Augenbrauen ~** to knit one's brows

zusammen|zucken *vi sein* to start; (*vor Schmerz/Unangenehmem*) to flinch, to wince; ***als das Telefon läutete, zuckte er unwillkürlich zusammen*** the phone's ring made him start

Zusatz *m* ① (*zugefügter Teil*) appendix, annex; (*Verb~*) separable element; (*Abänderung*) amendment; (*Gesetzentwurf*) rider *spec;* (*Testament*) codicil; (*Vertragsklausel*) clause; (*Vorbehaltsklausel*) reservation *spec* ② (*Nahrungs~*) additive; (*Beimischung a.*) admixture *form;* **ohne ~ von Farbstoffen** without the addition of artificial colouring [*or* AM coloring]

Zusatzabkommen *nt* supplementary [*or* additional] agreement **Zusatzabrede** *f* ancillary [*or* subsidiary] agreement **Zusatzantrag** *m* amendment to an amendment *form;* **einen ~ stellen** to move [*or* table] an amendment **Zusatzausrüstung** *f* optional [*or* extra] equipment **Zusatzbauteil** *m* INFORM add-on **Zusatzbedingung** *f* JUR additional clause **Zusatzbemerkung** *f* additional remark **Zusatzbescheinigung** *f* supplementary certificate **Zusatzbesteuerung** *f* FIN supplementary taxation **Zusatzbestimmung** *f* supplementary [*or* additional] provision **Zusatzfont** *m* INFORM supplementary font **Zusatzgerät** *nt* attachment; INFORM add-on, peripheral [device]; ***ein ~ zum Empfang von Pay-TV*** an [additional] attachment for reception of pay TV **Zusatzgewinn** *m* FIN extra profit **Zusatzkarte** *f* INFORM add-on [*or* expansion] board [*or* card] **Zusatzklausel** *f* additional clause, rider BRIT **Zusatzkosten** *pl* additional costs *pl* **Zusatzleistungen** *pl* FIN fringe benefits

zusätzlich I. *adj* ① (*weitere*) further *attr;* **~e Kosten** supplementary [*or* additional] costs ② (*darüber hinaus möglich*) additional, extra; (*als Option a.*) optional; **eine ~e Versicherung** a collateral insurance *spec* **II.** *adv* in addition; ***das kostet DM 100 ~*** that costs an extra 100 marks; ***ich will sie nicht noch ~ belasten*** I don't want to put any extra pressure on her

Zusatzlohn *m* ÖKON bonus **Zusatzmodul** *nt* INFORM add-on module **Zusatzmotor** *m* AUTO additional [*or* supplementary] engine **Zusatzpatent** *nt* additional patent, patent of addition **Zusatzpension** *f* ÖKON supplementary pension **Zusatzrente** *f* supplementary pension **Zusatzspeicher** *m* INFORM backing store [*or* storage] **Zusatzstoff** *m* additive **Zusatztarif** *m* additional [*or* extra] rate [*or* charge]; (*Straftarif*) penalty rate [*or* tariff] **Zusatzurlaub** *m* JUR extra holiday **Zusatzverpflichtung** *f* JUR accessory [*or* additionial] obligation **Zusatzversicherung** *f* additional [*or* supplementary] insurance; (*für Krankenhaus a.*) hospitalization insurance AM **Zusatzversorgung** *f* FIN supplementary benefits *pl* **Zusatzzahl** *f* bonus number (*drawn in the national lottery*)

zuschanden, zu Schanden *adv* (*geh*) **ein Auto ~ fahren** to wreck [*or* BRIT *a.* write off *sep*] a car; **jds Hoffnungen ~ machen** to wreck [*or* ruin] sb's hopes; **ein Pferd ~ reiten** to ruin a horse; ***alle seine Hoffnungen gingen ~*** all his plans came to nought

zu|schanzen *vt* (*fam*) ■ **jdm etw ~** to see to it that [*or* to make sure [that]] sb gets sth; **jdm einen guten Posten ~** to manoeuvre [*or* AM maneuver] sb into a good post

zu|schauen *vi s.* **zusehen**

Zuschauer(in) <-s, -> *m(f)* ① SPORT spectator; ■ **die ~** the spectators; FBALL *a.* the crowd + *sing/pl verb* ② FILM, THEAT member of the audience; TV viewer; ■ **die ~** FILM, THEAT the audience + *sing/pl* *vb;* TV the viewers, the [television] audience + *sing/pl vb* ❸ (*Augenzeuge*) witness

Zuschaueranteil *m* TV share of the viewing audience, ratings *pl* **Zuschauerbefragung** *f* audience survey **Zuschauergunst** *f* TV viewers' goodwill; **sich in der ~ behaupten können** to be able to retain viewers' goodwill **Zuschauerraum** *m* auditorium **Zuschauertribüne** *f* stands *pl*, BRIT *a.* stand; (*billig*) bleachers *pl* AM; (*teuer*) grandstand **Zuschauerzahl** *f* THEAT, SPORT attendance figures *pl;* TV viewing figures *pl;* SPORT gate

zu|schicken *vt* ■**jdm etw ~** to send sb sth [*or* sth to sb]; (*mit der Post a.*) to post [*or* AM mail] [off *sep*] sth to sb; ■**sich** *dat* **etw ~ lassen** to send for sth; **[von jdm] etw zugeschickt bekommen** to receive sth [from sb], to have sth sent to one

zu|schieben *vt irreg* ❶ (*hinschieben*) ■**jdm etw ~** to push sth over to sb ❷ (*durch Schieben schließen*) ■**etw ~ eine Tür/Schublade ~** to shut [*or* close] a door/drawer, to push sth closed [*or* shut] ❸ (*jdm zur Last legen*) **jdm die Schuld ~** to lay the blame at sb's door, to put the blame on sb, to blame sb; **jdm die Verantwortung ~** to saddle sb with the responsibility

zu|schießen *irreg* **I.** *vt haben* ❶ FBALL **jdm den Ball ~** to pass [sb] the ball [*or* the ball to sb]; **jdm einen wütenden Blick ~** to dart a furious glance at sb ❷ (*zusätzlich zur Verfügung stellen*) ■**[jdm] etw ~** to contribute sth [towards [*or* toward] sb's costs]; **jdm Geld ~** to give sb money **II.** *vi sein* (*fam*) ■**auf jdn/etw ~** to shoot [*or* rush] [*or* dash] up to sb/sth; **auf jdn zugeschossen kommen** to come rushing up to sb

Zuschlag <-[e]s, Zuschläge> *m* ❶ (*Preisaufschlag*) supplementary charge, surcharge; **einen ~ zahlen** to pay a surcharge ❷ (*zusätzliche Fahrkarte*) supplement[ary ticket *form*]; (*zusätzlicher Fahrpreis*) extra fare, supplementary charge *form* ❸ (*zusätzliches Entgelt*) bonus, extra pay *no indef art, kein pl* ❹ (*auf Briefmarke*) supplement ❺ (*bei Versteigerung*) acceptance of a bid ❻ (*Auftragserteilung*) acceptance of a tender; **jdm den ~ erteilen** (*geh*) to award sb the contract, to accept sb's tender; **~ bei Auftragserteilung** conferring the contract, award of the order; ***die Firma hat den ~ zum Bau des neuen Rathauses erhalten*** the company has won the contract to build the new town hall

zu|schlagen *irreg* **I.** *vt haben* ❶ (*schließen*) ■**etw ~** to bang sth shut, to slam sth [shut]; **ein Buch ~** to close [*or* shut] a book [with a bang]; **eine Kiste ~** to slam a box shut; **die Tür hinter sich** *dat* **~** to slam the door behind one ❷ (*offiziell zusprechen*) ■**jdm etw ~** (*bei Versteigerung*) to knock sth down to sb; ***der Auftrag wurde der Firma zugeschlagen*** the company was awarded the contract; **ein Gebiet einem Staat ~** to annex a territory to a state ❸ (*zuspielen*) **jdm den Ball ~** to kick the ball to sb; ***lass uns ein paar Bälle ~*** let's have a kickabout *fam* ❹ (*aufschlagen*) ■**etw ~** to add sth; ***auf den Preis werden ab Juli DM 20.-- zugeschlagen*** the price will be raised by 20 marks from July **II.** *vi* ❶ *haben* (*einen Hieb versetzen*) to strike; **mit der Faust ~** to strike with one's fist; **mit erhöhten Steuern ~** to hit with increased taxes; ***das Schicksal hat erbarmungslos zugeschlagen*** fate has dealt a terrible blow ❷ *sein* (*krachend zufallen*) *Tür* to slam [*or* bang] shut ❸ *haben* (*fam: zugreifen*) to act [*or fam* get in] fast [*or* quickly]; (*viel essen*) to pig out *fam;* ***schlag zu!*** get stuck in! *fam*, dig in! *fam;* ■**[bei etw] ~** (*schnell annehmen*) to grab sth with both hands ❹ (*fam: aktiv werden*) to strike; ***die Armee schlug zu*** the army struck

zuschlagfrei *adj Zug* on which no supplement is payable **zuschlagpflichtig** *adj Zug* on which a supplement is payable

zu|schließen *irreg vt* ■**etw ~** to lock sth; **den Laden ~** to lock up the shop *sep*

Zuschmieren <-s> *nt kein pl* TYPO fill[ing]-in, filling-up

zu|schnallen *vt* ■**etw ~** to fasten [*or* buckle] sth; **einen Koffer ~** to strap up a case *sep*

zu|schnappen *vi* ❶ *haben* to snap; ***der Hund schnappte nach meiner Hand*** the dog snapped at my hand ❷ *sein* to snap [*or* click] shut; *s. a.* **Falle**

zu|schneiden *vt irreg* ❶ ■**[jdm/sich] etw ~** to cut sth to size [for sb]; **Stoff ~** to cut out material *sep;* **ein Kleid nach einem Muster ~** to cut out a dress from a pattern ❷ (*fig*) ■**auf jdn [genau] zugeschnitten sein** (*jds Fähigkeiten entsprechen*) to be cut out for sb; ■**auf etw/jdn zugeschnitten sein** (*genau zutreffen*) to be geared to sth/the needs of sb; ***das Produkt ist auf den Geschmack der Massen zugeschnitten*** the product is designed to suit the taste of the masses; ***der Lehrplan war auf das Examen zugeschnitten*** the syllabus was geared to the exam

zu|schneien *vi sein* ■**zugeschneit sein** to be snowed in [*or* up]; *Wagen* to be buried in snow

Zuschnitt *m* ❶ (*Form eines Kleidungsstücks*) cut ❷ *kein pl* (*das Zuschneiden*) cutting; *Stoff a.* cutting out ❸ (*fig: Format*) calibre [*or* AM -er]

zu|schnüren *vt* ❶ (*durch Schnüren verschließen*) ■**etw ~** to lace up sth *sep* ❷ (*abschnüren*) ***die Angst/Sorge schnürte ihr den Hals/die Kehle zu*** she was choked with fear/worry

zu|schrauben *vt* ■**etw ~** to screw on sth *sep*

zu|schreiben *vt irreg* ❶ (*beimessen*) ■**jdm etw ~** to ascribe [*or* attribute] sth to sb; (*ungerecht*) to impute sth to sb *form;* **jdm übernatürliche Kräfte ~** to attribute supernatural powers to sb ❷ (*zur Last legen*) ■**jdm/einer S. etw ~** to blame sb/sth for sth; **jdm/etw die Schuld an etw** *dat* **~** to blame sb/sth [*or* give sb/sth the blame] for sth; ■**jdm ist etw zuzuschreiben** sb is to blame for sth; ***das/deine Entlassung hast du dir selbst zuzuschreiben*** you've only got yourself to blame [for it]/for your dismissal

Zuschreibung <-, -en> *f* (*Wertaufholung*) appreciation in value; (*Wertberichtigung*) value adjustment

Zuschrift *f* (*geh*) reply

zuschulden, zu Schulden *adv* **sich** *dat* **etwas/nichts ~ kommen lassen** to do sth/nothing [*or* to not do anything] wrong

Zuschuss[RR] <-es, -schüsse> *m,* **Zuschuß** <-sses, -schüsse> *m* ❶ (*Geld*) grant, subsidy; (*regelmäßig von den Eltern*) allowance; **verlorener ~** non-repayable grant ❷ TYPO *Papier* allowance overs *pl*, oversheets *pl*, plus sheets *pl*

Zuschussbedarf[RR] *m* subsidy requirement **zuschussberechtigt**[RR] *adj* eligible for a grant **Zuschussbetrieb**[RR] *m* subsidized [*or* loss-making] business **Zuschussförderung**[RR] *f* grant support **Zuschussgeschäft**[RR] *nt* loss-making deal **Zuschussprojekt**[RR] *nt* loss-making project **Zuschussunternehmen**[RR] *nt* subsidized company

zu|schustern *vt* ❶ (*fam*) *s.* **zuschanzen** ❷ *s.* **zuschießen I 2**

zu|schütten **I.** *vt* ■**etw ~** ❶ (*durch Hineinschütten füllen*) to fill in [*or* up] sth *sep* ❷ (*fam: hinzufügen*) to add sth **II.** *vr* (*sl*) ■**sich** *akk* **~** to get pissed BRIT *fam!* [*or* AM drunk]

zu|sehen *vi irreg* ❶ (*mit Blicken verfolgen*) to watch; *unbeteiligter Zuschauer a.* to look on; ■**~, wie jd etw tut/wie etw getan wird** to watch sb doing sth/sth being done; *unbeteiligter Zuschauer a.* to look on as sb does sth/as sth is being done; ■**jdm [bei etw] ~** to watch sb [doing sth]; **jdm bei der Arbeit ~** to watch sb work[ing] [*or* at work]; **bei näherem Z~** [up]on closer inspection ❷ (*etw geschehen lassen*) ■**etw** *dat* **~** to sit back [*or* stand [idly] by] and watch sth; ***tatenlos musste er ~, wie …*** he could only stand and watch, while …; ***da sehe ich nicht mehr lange zu!*** I'm not going to put up with this spectacle for much longer! ❸ (*dafür sorgen*) ■**~, dass …** to see [to it] [*or* make sure] that …; ***wir müssen ~, dass wir rechtzeitig losfahren*** we must take care to [watch out that we] get away in good time; ***sieh mal zu!*** (*fam*) see what you can do!; ***sieh mal zu, was du machen kannst!*** (*fam*) see what you can do!; ***sieh zu, wo du bleibst!*** (*fam*) that's your look-out! *fam*, sort out your own shit! *fam!*

zusehends *adv* noticeably

Zusenden <-> *nt kein pl*, **Zusendung** <-, -en> *f* (*Lieferung*) delivery; **~ unbestellter Ware** unsolicited goods; **unbestelltes ~** unsolicited mailing

zu|senden *vt irreg s.* **zuschicken**

Zusendung <-, -en> *f* ❶ *kein pl* (*das Zusenden*) sending ❷ (*Zugesandtes*) *Brief* letter; *Paket* parcel; *Waren* consignment; *Geld* remittance

zu|setzen **I.** *vt* ❶ ■**[etw** *dat*] **etw ~** to add sth [to sth] ❷ (*verlieren*) **Geld ~** to make a loss ▶ WENDUNGEN: **jd hat nichts zuzusetzen** sb has nothing in reserve **II.** *vi* ■**jdm ~** ❶ (*bedrängen*) to badger [*or* pester] sb; (*unter Druck setzen*) to lean on sb *fam;* **dem Feind ~** to harass [*or sep* press hard] the enemy; (*verletzen*) to lay into *fam* ❷ (*überbelasten*) to take a lot out of sb; *jds Tod* to hit sb hard, to affect sb badly

zu|sichern *vt* ■**jdm etw ~** to assure sb of [*or* promise sb] sth; **jdm seine Hilfe ~** to promise sb one's help; **jdm freies Geleit ~** to guarantee sb safe conduct; ***er hat mir zugesichert, dass der Betrag heute noch überwiesen wird*** he assured me the sum would be transferred today

Zusicherung *f* promise, assurance

Zuspätkommende(r) *f(m) dekl wie adj* (*geh*) latecomer

zu|sperren *vt* ■**etw ~** to lock sth; **das Haus/den Laden ~** to lock up the house/shop *sep*

Zuspiel *nt kein pl* SPORT passing

zu|spielen *vt* ❶ FBALL ■**jdm den Ball ~** to pass the ball to sb ❷ (*heimlich zukommen lassen*) ■**jdm etw ~** to pass on sth *sep* to sb, to slip sth to sb; **etw der Presse ~** to leak sth [to the press]

zu|spitzen **I.** *vr* ■**sich** *akk* **~** to come to a head; **sich weiter ~** to escalate; **sich immer mehr ~** to get worse and worse, to become increasingly critical; **sich bedrohlich ~** to take on threatening dimensions **II.** *vt* ■**etw ~ einen Pfahl ~** to sharpen a post; ***das Attentat hat die Lage bedrohlich zugespitzt*** the assassination attempt has brought the situation to boiling point

Zuspitzung <-, -en> *f* worsening, increasing gravity; **eine weitere ~ einer S.** *gen* an escalation of sth

zu|sprechen *irreg* **I.** *vt* ❶ (*offiziell zugestehen*) ■**jdm etw ~** to award sth to sb; **jdm ein Kind ~** to award [*or* grant] sb custody [of a child] ❷ (*geh: zuteil werden lassen*) **jdm Mut/Trost ~** to encourage/comfort [*or* console] sb ❸ (*zuerkennen*) ■**jdm/etw etw ~** to attribute sth to sb/sth; ***dem Baldrian wird eine beruhigende Wirkung zugesprochen*** valerian is said to have a soothing effect **II.** *vi* (*geh*) ❶ (*zu sich nehmen*) ■**etw** *dat* **~** to do justice to sth; **dem Essen/Cognac kräftig ~** to eat the food/to drink the cognac heartily, to tuck into the food/to guzzle the cognac BRIT *fam* ❷ (*zureden*) **jdm beruhigend ~** to calm sb; **jdm ermutigend ~** to encourage sb

Zuspruch *m kein pl* (*geh*) ❶ (*Popularität, Anklang*) **sich großen [*o* regen] ~s erfreuen** to be very popular, to enjoy great popularity; **[bei jdm] ~ finden** to go down well [with sb], to be greatly appreciated [by sb]; ***wir rechnen mit starkem ~*** (*viele Besucher*) we're expecting a lot of visitors; (*starkem Anklang*) we're expecting this to be very popular ❷ (*Worte*) words *pl;* **ermutigender/tröstender ~** words of encouragement/comfort; **geistlichen ~ suchen** to seek spiritual comfort [*or* support]

Zustand <-[e]s, -stände> *m* ❶ (*Verfassung*) state, condition; **baulicher ~** state of repair; **geistiger ~** mental state; **seelischer ~** [emotional] state; **jdn in Besorgnis erregendem ~ antreffen** to find sb in an alarming state; (*Gesundheits~*) [state of] health; ***wie ist sein ~ nach der Operation?*** how's he faring after the operation?; ***sein ~ ist kritisch*** his condition is critical; **in einem beklagenswerten/traurigen ~** in a miserable/sad state [*or* condition]; *Mensch a.* in miserable/sad shape; **in deinem/meinem ~** in your/my condition; (*Aggregatzustand*) state; **in flüssigem/gasförmigem ~** in a fluid/gaseous state; **in ordnungsgemäßem ~** JUR in

Z

good order and condition; **in unbeschädigtem ~** in sound condition; **im wachen ~** while awake ❷ *pl* (*Verhältnisse*) conditions; (*skandalöse Zustände*) disgraceful [*or* appalling] conditions; ***in den besetzten Gebieten herrschen katastrophale Zustände*** conditions are catastrophic in the occupied zones; ***das ist doch kein ~!*** it's a disgrace!; ***bei euch herrschen ja Zustände!*** your house is a disgrace!, you're living in a pigsty *pej* ▸ WENDUNGEN: **Zustände bekommen** [*o* **kriegen**] (*fam*) to have a fit *fam*, to hit the roof *fam*, BRIT *a.* to throw a wobbly *sl*

zustande, zu Stande *adv* **etw ~ bringen** to manage sth; **die Arbeit ~ bringen** to get the work done; **eine Einigung ~ bringen** to reach an agreement; **es ~ bringen, dass jd etw tut** to [manage to] get sb to do sth; **~ kommen** to materialize; (*stattfinden*) to take place; (*besonders Schwieriges*) to come off [*or* about]; **nicht ~ kommen** to fail

zustande|kommen *vi irreg s.* **zustande**

Zustandekommen <-s> *nt kein pl* materialization, realization; ***das ~ des Treffens ist noch fraglich*** the planned meeting is not yet sure to take place

zuständig *adj* ❶ (*verantwortlich*) responsible; **der ~e Beamte** the official in charge; **der dafür ~e Beamte** the official responsible for [*or* in charge of] such matters; ***dafür ist er ~*** that's his responsibility; ***dafür will keiner ~ gewesen sein*** nobody wants to own up responsibility for it ❷ (*Kompetenz besitzend*) competent *form;* **die ~e Behörde** the proper [*or form* competent] authority; ■ **[für etw] ~ sein** to be the competent office [for sth] *form;* JUR to have jurisdiction [in [*or* over] sth]

Zuständigkeit <-, -en> *f* ❶ (*betriebliche Kompetenz*) competence; **in jds** *akk* **~ fallen** to fall within sb's competence [*or* the competence of sb] *form* ❷ JUR (*Jurisdiktion*) jurisdiction *no indef art*, cognizance *no indef art form*, administrative responsibility; **~ in Kartellsachen** jurisdiction for cartel cases; **ausschließliche ~** exclusive jurisdiction; **funktionelle ~** limited jurisdiction over the type of case; **konkurrierende ~** concurrent jurisdiction; **örtliche ~** local jurisdiction; **sachliche ~** jurisdiction over the subject[-matter]; **die ~ bestreiten** to plead incompetence; **der ~ eines Gerichts unterliegen** to come within the jurisdiction of a court

Zuständigkeitsbereich *m* JUR jurisdiction, competence, area of responsibility; *eines Gerichts* area of jurisdiction; *eines Gesetzes* purview; **in jds ~ fallen** to fall into sb's area of responsibility

Zuständigkeitserschleichung *f* subreption of authority **Zuständigkeitsfortdauer** *f* continuation of authority **Zuständigkeitsgericht** *nt* JUR court in charge **Zuständigkeitsstreit** *m* JUR *zwischen Gerichten* conflict of jurisdiction **Zuständigkeitsvereinbarung** *f* JUR agreement as to jurisdiction **Zuständigkeitsverweisung** *f* JUR referral of jurisdiction **Zuständigkeitswechsel** *m* JUR change of jurisdiction

zustatten *adj* **jdm ~ kommen** (*geh*) to come in useful [*or* handy] for sb, to avail sb *liter*

zu|stechen *vi irreg* ■ **[mit etw] ~** to stab sb [with sth]

zu|stecken *vt* ❶ (*schenken*) ■ **jdm etw ~** to slip sb sth ❷ (*heften*) ■ **etw ~ eine Naht ~** to pin up a seam *sep*

zu|stehen *vi irreg* ❶ (*von Rechts wegen gehören*) ■ **etw steht jdm zu** sb is entitled to sth; **etw steht jdm von Rechts wegen zu** sb is lawfully entitled to sth, sth is sb's lawful right; **ein Anspruch auf etw** *akk* **steht jdm zu** sb has a right to sth ❷ (*zukommen*) ■ **etw steht jdm zu/nicht zu** sb has the/no right to do/say sth; ***es steht dir nicht zu, so über ihn zu reden*** it's not for you to speak of him like that

zu|steigen *vi irreg sein* to get on, to board; ***noch jemand zugestiegen?*** (*im Bus*) any more fares, please?; (*im Zug*) tickets please!; ***zugestiegene Fahrgäste müssen einen Fahrschein lösen*** passengers must buy a ticket as soon as they board

Zustellbezirk *m* postal district **Zustelldienst** *m* ÖKON delivery service

zu|stellen *vt* ❶ (*geh: überbringen*) ■ **[jdm] etw ~** to deliver sth [to sb] ❷ JUR (*offiziell aushändigen*) ■ **[jdm] etw ~** to serve [sb with] sth ❸ (*fam: durch Gegenstände verstellen*) ■ **[jdm] etw ~** to block sth

Zusteller(in) <-s, -> *m(f)* postman *masc*, postwoman *fem*, AM *usu* mailman [*or fem* -woman]

Zustellgebühr *f* delivery charge, portage *spec*

Zustellung <-, -en> *f* ❶ (*das Überbringen*) delivery ❷ JUR (*offizielle Aushändigung*) serving, service *form*, delivery; **öffentliche ~** service by publication, public notification; **~ von Amts wegen** official service

Zustellungsadresse *f*, **Zustellungsanschrift** *f* JUR address for service **Zustellungsbestätigung** *f* return of service **Zustellungsbevollmächtigte(r)** *f(m) dekl wie adj* domestic representative, person authorized to accept service **Zustellungsempfänger(in)** *m* JUR recipient **Zustellungsmangel** *m* JUR irregularity in service, defective service **Zustellungsort** *m* JUR place of service **Zustellungsurkunde** *f* JUR writ of summons *spec*, notice of delivery **Zustellungsvermerk** *m* JUR endorsement

zu|steuern I. *vt* ■ **etw auf jdn/etw ~** to steer sth towards sth/sb; ***er steuerte den Wagen direkt auf uns zu*** he drove directly at us **II.** *vi sein* ❶ (*fam: darauf zugehen*) ■ **auf jdn/etw ~** to head for sb/sth; (*schnurstracks a.*) to make a beeline for sb/sth ❷ (*darauf zutreiben*) ■ **auf etw** *akk* **~** to be heading for sth; ***das Land steuert auf eine Katastrophe zu*** the country is heading for disaster

zu|stimmen *vi* ❶ (*einer Meinung sein*) ■ **jdm ~** to agree [with sb] ❷ ■ **[etw** *dat*] **~** (*mit etw einverstanden sein*) to agree [to sth]; ***dem kann ich ~!*** I'll go along with that!; (*billigen*) to approve [[of] sth]; (*einwilligen*) to consent [to sth]

zustimmend I. *adj* affirmative; **eine ~e Antwort** an affirmative answer, an answer in the affirmative; **ein ~es Nicken** a nod of assent **II.** *adv* in agreement

Zustimmung *f* agreement, assent; (*Einwilligung*) consent; (*Billigung*) approval; ***sein Vorschlag fand allgemeine ~*** his suggestion met with general approval; **etw** *dat* **seine ~ geben/verweigern** (*geh*) to give/refuse to give one's consent [*or* assent] to sth; **schriftliche ~** written consent; **einem Gesetzentwurf seine ~ verweigern** to veto a bill; **mit/ohne jds ~** with/without sb's consent [*or* the consent of sb]

Zustimmungsgesetz *nt* JUR act of assent **zustimmungspflichtig** *adj* POL (*geh*) *Gesetzesantrag, Reform* requiring approval; JUR subject to approval **Zustimmungsvorbehalt** *m* JUR right of veto, reservation of assent

zu|stoßen *irreg* **I.** *vi* ❶ *haben* (*in eine Richtung stoßen*) ■ **[mit etw] ~** to stab sb [with sth]; *Schlange* to strike; *Nashorn, Stier a.* to gore sb; **[mit seinem Schwert/Speer] ~** to run sb through [with one's sword/spear] ❷ *sein* (*passieren*) ■ **jdm ~** to happen to sb; ***hoffentlich ist ihr kein Unglück zugestoßen!*** I hope she hasn't had an accident! **II.** *vt* ■ **etw ~** to push sth shut; **die Tür mit dem Fuß ~** to push the door shut with one's foot

zu|streben *vi sein* ■ **auf etw ~** to head [*or* make] for sth

Zustrom *m kein pl* ❶ METEO inflow ❷ (*massenweise Zuwanderung*) influx ❸ (*Andrang*) ***auf der Messe herrschte reger ~ von Besuchern*** crowds of visitors throughed to the fair

zu|stürzen *vi sein* ■ **auf jdn/etw ~** to rush [*or* come rushing] towards sb/sth

zutage, zu Tage *adj* **offen ~ liegen** to be evident [*or* clear]; **etw ~ bringen** [*o* **fördern**] to bring sth to light, to reveal sth; **~ treten** to be revealed [*or* exposed], to come to light *fig;* **ein Fels liegt ~** a rock outcrops *spec*

Zutat <-, -en> *f meist pl* ❶ (*Bestandteil*) ingredients *pl* ❷ (*benötigte Dinge*) necessaries *pl* ❸ (*Hinzufügung*) addition; **ohne schmückende ~en** without any decorative trimmings

zuteil *adv* ■ **jdm etw ~ werden lassen** (*geh*) to grant [*or* allow] sb sth; ***ich hoffe, Sie lassen uns die Ehre Ihres Besuches ~ werden*** (*geh*) I hope you will honour us with a visit; ■ **jdm wird etw ~** (*geh*) sb is given sth, sth is given to [*or form* bestowed [up]on] sb; (*durch Zustimmung*) sb is granted sth; **jdm wird die Ehre ~, etw zu tun** sb has [*or* is given] the honour [*or* AM -or] of doing sth; ***ihm wurde ein schweres Schicksal ~*** he has had a hard fate

zu|teilen *vt* ■ **jdm etw ~** ❶ (*austeilen*) to apportion *form* [*or sep* portion out] sth among/between; ***im Krieg wurden die Lebensmittel zugeteilt*** food was rationed during the war ❷ (*zuweisen*) to allocate sb sth [*or* sth to sb]; **jdm eine Aufgabe/Rolle ~** to assign [*or* allot] a task/role to sb; **jdm Mitarbeiter ~** to assign staff to sb's department

Zuteilung *f* ❶ (*das Zuteilen*) ■ **die ~ einer S.** *gen/* **von etw** *dat* portioning out sth *sep* [*or* apportioning]; **auf ~** (*rationiert*) on rations ❷ (*Zuweisung*) allocation; *einer Aufgabe, Rolle a.* allotment; *von Mitarbeitern* assignment

zuteilungsreif *adj* FIN *Bausparvertrag* mature

zutiefst *adv* deeply; **etw ~ bedauern** to regret sth deeply; **~ betroffen** deeply shaken; **~ betrübt** greatly [*or* extremely] saddened; **~ verärgert** furious

zu|tragen *irreg* **I.** *vt* (*geh*) ■ **jdm etw ~** ❶ (*übermitteln*) to report sth to sb; ***es ist mir erst gerade eben zugetragen worden*** I've just this moment been informed of it ❷ (*hintragen*) to carry sth to sb **II.** *vr* (*geh*) ■ **sich** *akk* **~** to happen, to take place, to transpire *a. hum;* ***weißt du, wie es sich zugetragen hat?*** do you know how it happened?

Zuträger(in) *m(f)* (*pej*) informer; (*Pressequelle*) informant

zuträglich *adj* (*geh*) good (+*dat* for), beneficial (+*dat* to); ■ **jdm/etw ~ sein** to be beneficial to sb/sth; **ein der Gesundheit ~es Klima** a pleasant [*or* agreeable] climate; (*gesundheitsfördernd*) healthy, wholesome, salubrious *form*, conducive to good health *pred form;* ■ **etw ist jdm nicht ~** sth doesn't agree with sb; ***das Klima in der Wüste ist Europäern nicht ~*** the climate in the desert affects Europeans badly

zu|trauen *vt* ■ **jdm/sich etw ~** to believe [*or* think] sb/one [is] capable of [doing] sth; **jdm viel Mut ~** to believe [*or* think] sb has great courage; **sich** *dat* **nichts ~** to have no confidence in oneself [*or* no self-confidence]; **sich** *dat* **zu viel ~** to take on too much, to bite off more than one can chew *fig;* ***das ist ihm zuzutrauen!*** (*iron fam*) I wouldn't put it past him! *fam*, I can well believe it [of him]!; ***das hätte ich dir nie zugetraut!*** I would never have expected that from you!; (*bewundernd*) I never thought you had it in you!; ***dem traue ich alles zu!*** I wouldn't put anything past him!

Zutrauen <-s> *nt kein pl* confidence, trust; ■ **jds ~ zu jdm** sb's confidence in sb; **[vollstes] ~ zu jdm haben** to have [complete [*or* every]] confidence in sb; **jds ~ gewinnen** to win sb's trust, to gain sb's confidence

zutraulich *adj* trusting; **ein ~er Hund** a friendly dog

zu|treffen *vi irreg* ❶ (*richtig sein*) to be correct; ***das dürfte wohl nicht ganz ~!*** I don't believe that's quite correct; (*sich bewahrheiten*) to prove right; (*gelten*) to apply; (*wahr sein*) to be [*or* hold] true, to be the case; ■ **es trifft zu, dass ...** it is true that ... ❷ (*anwendbar sein*) ■ **auf jdn [nicht] ~** to [not] apply to sb; **genau auf jdn ~** *Beschreibung* to fit [*or* match] sb['s description] perfectly; ■ **auf etw** *akk* **[nicht] ~** to [not] apply [*or* to be [in]applicable] to sth; **auf einen Fall ~** to be applicable to a case

zutreffend **I.** *adj* ❶ (*richtig*) correct; **eine ~e Diagnose** a correct diagnosis; **Z~es bitte ankreuzen** tick [*or* AM mark] [*or* AM check off] where applicable ❷ (*anwendbar*) ■ **auf jdn ~** applying to sb *pred;* **eine auf jdn ~e Beschreibung** a description fitting [*or* matching] that of sb **II.** *adv* correctly; ***wie meine Vorrednerin schon ganz ~ sagte, ...*** as the previous speaker quite rightly said ...

zu|treten *irreg* **I.** *vt* ■**etw** ~ to kick sth shut **II.** *vi* ■**auf jdn/etw** ~ to step towards sb/sth

zu|trinken *vi irreg* ■**jdm** ~ to drink [*or* raise one's glass] to sb; (*mit Trinkspruch*) to toast sb

Zutritt *m kein pl* ❶ (*Einlass*) admission, admittance, entry; (*Zugang*) access; ■~ **zu etw** admission [*or* admittance] [*or* entry] [*or* access] to sth; **jdm den ~ verwehren/verweigern** to deny/refuse sb admission [*or* admittance]; **[keinen] ~ zu etw haben** to [not] be admitted to sth; **freien ~ zu etw haben** to have free admission/access to sth; **jederzeit freien ~ haben** to have the run of the place; **~ verboten!** [*o* **kein ~!**] no admittance [*or* entry]; (*als Schild a.*) private; **sich** *dat* **[mit Gewalt] ~ [zu etw** *dat*] **verschaffen** to gain admission [*or* access] [to sth] [by force] ❷ CHEM contact

Zutrittsrecht *nt* JUR right of access

zu|tun *irreg* **I.** *vt* ❶ (*schließen*) ■**etw** ~ to close sth; ***ich habe die ganze Nacht kein Auge zugetan*** I didn't sleep a wink all night ❷ (*fam: hinzufügen*) ■**etw [zu etw]** ~ to add sth [to sth] **II.** *vr* ❶ (*zugehen*) ■**sich** ~ to close; ***die Tür tat sich hinter ihm zu*** the door closed behind him ❷ DIAL (*anschaffen*) ■**sich etw** ~ to get oneself sth

Zutun *nt* **ohne jds** ~ (*ohne jds Hilfe*) without sb's help; (*ohne jds Schuld*) through no fault of sb's own; ***es geschah ohne mein*** ~ I did not have a hand in the matter

zuungunsten **I.** *präp +gen* to the disadvantage of **II.** *adv* ■~ **von jdm/einer S.** to the disadvantage of sb/sth

zuunterst *adv* right at the bottom; (*im Stapel a.*) at the very bottom; **ganz** ~ at the very bottom

zuverlässig *adj* ❶ (*verlässlich*) reliable, dependable; **absolut ~ sein** to be 100% reliable [*or* as good as one's word] ❷ (*glaubwürdig*) reliable; **ein ~er Zeuge** a reliable [*or* credible] witness; (*durch Charakter a.*) an unimpeachable witness *form*

Zuverlässigkeit <-> *f kein pl* ❶ (*Verlässlichkeit*) reliability, dependability ❷ (*Glaubwürdigkeit*) reliability; (*Vertrauenswürdigkeit*) trustworthiness; *eines Zeugen a.* credibility; (*durch Charakter a.*) unimpeachability *form*

Zuversicht <-> *f kein pl* confidence; **voller** ~ full of confidence; ~ **ausstrahlen** to radiate confidence

zuversichtlich *adj* confident; ■~ **sein, dass ...** to be confident that ...; ***was den Umzug angeht, da bin ich ganz*** ~ as for the move, I'm very optimistic

zuvor *adv* before; (*zunächst*) beforehand; ***nach der Behandlung ging es ihm schlechter als*** ~ after the treatment he felt worse than before; **im Monat/Jahr** ~ the month/year before, in the previous month/year; **am Tag** ~ the day before, on the previous day; **in der Woche** ~ the week before, the previous week; **noch nie** ~ never before

zuvor|kommen *vi irreg sein* ❶ (*schneller handeln*) ■**jdm** ~ to beat sb to it *fam;* ■**jdm [mit etw]** ~ to get in ahead of sb [with sth], to steal a march on sb [by doing sth] ❷ (*verhindern*) ■**etw** *dat* ~ *Vorwürfen, Unheil* to forestall sth

zuvorkommend **I.** *adj* (*gefällig*) obliging, accommodating; (*höflich*) courteous, civil **II.** *adv* (*gefällig*) obligingly; (*höflich*) courteously, civilly

Zuvorkommenheit <-> *f kein pl* (*gefällige Art*) obligingness, helpfulness; (*höfliche Art*) courtesy, civility; **einen Kunden mit großer ~ behandeln** to be exceedingly helpful towards a customer

Zuwachs <-es, Zuwächse> *m* increase, growth *kein pl;* ***die Familie hat ~ bekommen*** (*hum fam*) they have had a [small] addition to the family; ***auf ~*** ***Philipp wächst so schnell, da kaufen wir den Pulli besser auf*** ~ since Philipp is growing so quickly we'd better buy him a jumper big enough to last

zu|wachsen *vi irreg sein* ❶ (*überwuchert werden*) to become overgrown, to grow over ❷ (*sich schließen*) *Wunde* to heal [over [*or* up]]; *Fontanelle* to close up ❸ (*geh: zuteil werden*) ■**jdm wächst etw zu** sb gains in sth; **jdm wachsen immer mehr Aufgaben zu** sb is faced with ever more responsibilities, sb is given more and more jobs; ***der Krebsforschung sind bedeutende neue Erkenntnisse zugewachsen*** cancer research has made important advances in knowledge

Zuwachsrate *f* rate of growth, growth rate

Zuwanderer, Zuwanderin *m, f* immigrant

zu|wandern *vi sein* to immigrate

Zuwanderung *f* immigration

zuwege, zu Wege *adv* **gut/schlecht ~ sein** to be in good/poor health; **etw ~ bringen** to achieve [*or* accomplish] sth; **es ~ bringen, dass jd etw tut** to [manage to] get sb to do sth

zuweilen *adv* (*geh*) occasionally, [every] now and then [*or* again], every once in a while, from time to time; (*öfter*) sometimes, at times

zu|weisen *vt irreg* ■**jdm/einer S. etw** ~ to allocate sth to sb/sth; **jdm Aufgaben** ~ to assign [*or* allot] duties to sb; **die mir zugewiesenen Aufgaben** my alloted tasks; **eine Rechtssache einer Kammer** ~ to assign a case to one of the Chambers

Zuweisung <-, -en> *f* allocation, assignment

Zuweisungsrecht *nt* JUR right of referral [*or* assignment]

zu|wenden *irreg* **I.** *vt* ❶ (*hinwenden*) **jdm das Gesicht/den Kopf** ~ to turn one's face towards [*or* toward] sb, to [turn to] face sb; **jdm den Rücken** ~ to turn one's back on sb; **etw** *dat* **seine Aufmerksamkeit** ~ to turn one's attention to sth; ***die dem Garten zugewandten Fenster des Hauses*** those of the houses' windows which face the garden ❷ (*zukommen lassen*) ■**jdm etw** ~ to give sb sth; (*im Testament, als Gunst*) to bestow sth [up]on sb **II.** *vr* ■**sich** *akk* **jdm/etw** ~ to devote oneself to sb/sth; ***wollen wir uns dem nächten Thema ~?*** shall we go on to the next topic?; ***das Glück hatte sich ihm wieder zugewandt*** fortune had once again smiled on him

Zuwendung *f* ❶ *kein pl* (*intensive Hinwendung*) love and care ❷ (*zugewendeter Betrag*) sum [of money]; (*Beitrag*) [financial] contribution; (*regelmäßig*) allowance; **staatliche ~en** government grants; **testamentarische ~en** JUR legacies, bequests ❸ JUR (*Schenkung*) bestowal, gift, grant; **letztwillige** ~ testamentary gift; **unentgeltliche** ~ gift, gratuitous grant

zu|werfen *vt irreg* ❶ (*hinwerfen*) ■**jdm/einem Tier etw** ~ to throw sth to sb/an animal; **jdm einen Blick** ~ to cast a glance at sb ❷ (*zuschlagen*) ■**etw** ~ **eine Tür** ~ to slam [*or* bang] sth [shut] ❸ (*geh: zuschütten*) ■**etw** ~ **Gräben** ~ to fill up [*or* in] sth *sep*

zuwider¹ *adv* ■**jdm ist jd/etw** ~ sb finds sb/sth unpleasant; (*stärker*) sb loathes [*or* detests] sb/sth; (*widerlich*) sb finds sb/sth revolting [*or* disgusting], sb/sth disgusts sb

zuwider² *präp* ■**etw** *dat* ~ contrary to sth; **dem Gesetz ~ sein** to be against the law; **allen Verboten** ~ in defiance of all bans

zuwider|handeln *vi* (*geh*) ■**etw** *dat* ~ to act against [*or* contrary to] sth; **den Anordnungen** ~ to act against [*or* contrary to] [*or form* to contravene] the rules; **der Ausgangssperre** ~ to defy [*or* disregard] [*or* violate] the curfew; **einem Befehl** ~ to act against [*or* defy] [*or* disregard] an order

Zuwiderhandelnde(r) *f(m) dekl wie adj* (*geh*) offender, transgressor *form;* (*Unbefugte(r)*) trespasser

Zuwiderhandlung *f* (*geh*) contravention, violation; *von Regeln a.* infringement

zuwider|laufen *vi irreg sein* ■**jdm/einer S.** ~ to go against [*or* run counter to] sb/sth

zu|winken *vi* ■**jdm** ~ to wave to sb

zu|zahlen **I.** *vt* ■**etw** ~ (*extra zahlen*) to pay an extra sth; (*beitragen*) to contribute sth; **100 DM** ~ to pay an extra [*or* another] 100 marks **II.** *vi* to pay extra

Zuzahlung *f* extra payment

Zuzahlungsregelung *f im Gesundheitswesen* additional payment ruling

zuzeiten *adv* at times

zu|ziehen *irreg* **I.** *vt haben* ❶ (*fest zusammenziehen*) ■**etw** ~ to tighten [*or sep* pull tight] sth; **einen Gürtel** ~ to tighten [*or* AM *a.* cinch] a belt ❷ (*schließen*) ■**etw** ~ to draw sth; **die Gardinen** ~ to draw the curtains; **die Tür** ~ to pull the door shut ❸ (*hinzuziehen*) ■**jdn** ~ to consult [*or sep* call in] sb; **einen Gutachter** ~ to consult an expert **II.** *vr haben* ❶ (*erleiden*) **sich** *dat* **eine Krankheit** ~ to catch [*or form a.* contract] an illness; **sich** *dat* **eine Verletzung** ~ to sustain an injury *form* ❷ (*auf sich ziehen*) ■**sich** *dat* **jds etw** ~ to incur sb's sth [*or* sth of sb]; **sich** *dat* **jds Zorn** ~ to incur sb's wrath *form* ❸ (*sich eng zusammenziehen*) ■**sich** *akk* ~ to tighten, to pull tight **III.** *vi sein* to move into the area

Zuzug *m* ❶ (*Zustrom*) influx ❷ (*einer Familie*) move, arrival ❸ (*Verstärkung*) reinforcement; ***die Armee hat starken ~ bekommen*** the army has been strongly reinforced

zuzüglich *präp* ■~ **einer S.** *gen* plus sth; (*geschrieben a.*) excl[.] sth

Zuzugsgenehmigung *f* settlement permit

zu|zwinkern *vi* ■**jdm** ~ to wink at sb; (*als Zeichen a.*) to give sb a wink; **mit einem aufmunternden Z~** with a wink of encouragement

Zvieri <-s, -> *m o nt* SCHWEIZ afternoon snack

ZVS <-> *f Abk von* **Zentralstelle für die Vergabe von Studienplätzen** ≈ UCAS BRIT

zwacken *vt* (*fam*) ■**jdn [irgendwohin]** ~ to pinch sb['s something]

zwang *imp von* **zwingen**

Zwang <-[e]s, Zwänge> *m* ❶ (*Gewalt*) force; (*Druck*) pressure; **gesellschaftliche Zwänge** social constraints; **seinen Gefühlen ~ antun** to suppress one's feelings; **~ ausüben** to put on pressure; **~ auf jdn ausüben** to exert pressure on sb; **~ auf jdn ausüben, damit er/sie etw tut** to pressurize [*or* AM pressure] sb into doing sth; **etw ohne ~ tun** to do sth voluntarily [*or* without being forced [to]]; **unter ~** under duress [*or* pressure]; **ein Geständnis unter ~ machen** to make a confession under duress ❷ (*Notwendigkeit*) compulsion, necessity; **aus ~** under compulsion, out of necessity; ■**der ~ einer S.** *gen* the pressure of sth; ***es besteht kein ~, etw zu kaufen*** there is no obligation to buy sth ❸ (*Einfluss*) influence ▶ WENDUNGEN: **tu dir keinen ~ an** feel free [to do sth]; ***darf man hier rauchen? — klar, tu dir keinen Zwang an!*** is it OK to smoke here? — of course, feel free!

zwängen *vt* ■**etw in/zwischen etw** *akk* ~ to force sth into/between sth; **Sachen in einen Koffer** ~ to cram things into a case; ■**sich** *akk* **durch/in etw** *akk* ~ to squeeze through/into sth; **sich in die überfüllte U-Bahn** ~ to squeeze [one's way] into the overcrowded tube; **sich durch die Menge** ~ to force one's way through the crowd

zwanghaft *adj* compulsive; (*besessen*) obsessive

zwanglos **I.** *adj* ❶ (*ungezwungen*) casual, free and easy; (*ohne Förmlichkeit*) informal; **ein ~es Beisammensein** a relaxed get-together ❷ (*unregelmäßig*) irregular; ***die Zeitschrift erscheint in ~er Folge*** the journal appears at irregular intervals **II.** *adv* (*ungezwungen*) casually; (*ohne Förmlichkeit*) informally; **sich** *akk* **~ über etw** *akk* **unterhalten** to have an informal talk [*or* a chat] about sth

Zwanglosigkeit <-, -en> *f* informality

Zwangsabgabe *f* compulsory contribution **Zwangsanleihe** *f* forced [*or* compulsory] loan **Zwangsarbeit** *f kein pl* JUR hard labour [*or* AM -or] **Zwangsarbeiter(in)** *m(f)* sb sentenced to hard labour [*or* AM -or] **Zwangsausgleich** *m* compulsory settlement **Zwangsbeitreibung** *f,* **Zwangseintreibung** *f* FIN forcible collection **Zwangseinweisung** *f* compulsory hospitalization **Zwangseinziehung** *f* FIN *von Aktien* compulsory redemption **Zwangsenteignung** *f* compulsory expropriation *form* **zwangsernähren*** *vt* ■**jdn** ~ to force-feed sb **Zwangsernährung** *f* force feeding *no indef art* **Zwangsgeld** *nt* JUR penalty payment, administrative fine **Zwangshaft** *f kein pl* JUR coercive detention **Zwangshandlung** *f* compulsive act **Zwangshypothek** *f* compulsory mortgage, forced registration of mortgage **Zwangsjacke** *f* strai[gh]tjacket; **jdn in eine ~ stecken** to put sb in a strai[gh]tjacket, to straitjacket sb **Zwangskartell** *nt* ÖKON compulsory cartel

Z

Zwangskartellgesetz *nt* JUR compulsory cartel act **Zwangslage** *f* predicament, dilemma; **in eine ~ geraten** to get into a predicament [*or fam* [real] fix]; **in einer ~ sein** [*o* **stecken**] to be in a predicament [*or fam* fix]; (*zwischen zwei Wahlen a.*) to be between the devil and the deep blue sea

zwangsläufig I. *adj* inevitable II. *adv* inevitably; ***dazu musste es ja ~ kommen*** it had [*or* was bound] to happen, it was inevitable that would happen

Zwangsläufigkeit <-, -en> *meist sing f* inevitability

Zwangsliquidation *f* JUR compulsory liquidation [*or* winding-up] **Zwangslizenz** *f* (*Patentrecht*) compulsory licence [*or* AM -se]; **~ von Amts wegen** licence by right **Zwangsmaßnahme** *f* compulsory [*or form* coercive] measure **Zwangsmittel** *pl* FIN enforcement mesures, means of coercion **Zwangspensionierung** *f* compulsory retirement **Zwangsräumung** *f* eviction **Zwangssterilisation** *f* compulsory sterilization **Zwangsstrafe** *f* JUR coercive contract **zwangsumsiedeln** *vt* ■**jdn ~** to displace [*or* resettle] sb by force **Zwangsumsiedlung** *f* forced resettlement **Zwangsumtausch** *m* compulsory currency exchange (*imposed on West Germans entering the former GDR*) **Zwangsverfahren** *nt* JUR compulsory proceedings *pl* **Zwangsvergleich** *m* JUR court [*or* compulsory] composition **Zwangsverkauf** *m* JUR forced [*or* compulsory] sale

zwangsverkaufen* *vt* JUR to sell up sth *sep*

zwangsversteigern* *vt* ■**etw ~** to put up sth *sep* for compulsory auction

Zwangsversteigerung *f* compulsory sale [*or* auction]; *von Beschlagnahmtem* distress sale *spec* **Zwangsversteigerungsgesetz** *nt* JUR Compulsory Auction of Immovable Property Act

Zwangsvertrag *m* JUR tying contract **zwangsverwaltet** *adj* JUR under receivership **Zwangsverwaltung** *f* JUR receivership, judicial sequestration; **unter ~ gestellt werden** to be put under receivership **Zwangsverwaltungsverfügung** *nt* JUR receiving order

zwangsvollstrecken* *vt* JUR ■**etw ~** to foreclose sth

Zwangsvollstreckung *f* execution [*or form* enforcement] [of a writ], distraint *spec*

Zwangsvollstreckungsverfahren *nt* JUR (*bei Hypothek*) foreclosure [*or* execution] proceedings *pl* **Zwangsvorführung** *f* JUR compulsory attendance before a judge **Zwangsvorstellung** *f* PSYCH obsession, ideé fixe

zwangsweise I. *adj* compulsory; **eine ~ Räumung** an eviction II. *adv* compulsorily; **ein Haus ~ räumen** to force the tenants to evacuate a house

Zwangswirtschaft *f kein pl* ÖKON [state-]controlled economy

zwanzig *adj* ❶ (*Zahl*) twenty; *s. a.* **achtzig 1** ❷ (*fam: Stundenkilometer*) twenty [kilometres [*or* AM -meters] an hour]; *s. a.* **achtzig 2**

Zwanzig *f* twenty

zwanziger, 20er *adj attr, inv* ■**die ~ Jahre** the twenties; (*geschrieben a.*) the 20[']s

Zwanziger¹ <-s, -> *m* ❶ (*fam*) twenty-mark note ❷ SCHWEIZ twenty-rappen coin ❸ (*Wein aus dem Jahrgang 1920*) a 1920 vintage

Zwanziger² *pl* ■**die ~** the twenties; (*geschrieben a.*) the 20[']s; **in den ~n sein** to be in one's twenties; *s. a.* **Achtziger³**

Zwanziger(in) *m(f)* person in her/his twenties; **ein ~/eine ~in sein** to be in one's twenties

Zwanzigerjahre *pl* ■**die ~** the twenties; (*geschrieben a.*) the 20[']s **Zwanzigerpackung** *f* packet [*or* AM pack] of twenty

zwanzigfach *adj* twentyfold, twenty times; *s. a.* **achtfach**

zwanzigjährig, 20-jährig^RR *adj attr* ❶ (*Alter*) twenty-year-old *attr,* twenty years old *pred,* of twenty years *pred form* ❷ (*Zeitspanne*) twenty-year *attr*

Zwanzigjährige(r), 20-Jährige(r)^RR *f(m) dekl wie adj* twenty-year-old

Zwanzigmarkschein *m* twenty-mark note

zwanzigste(r, s) *adj attr* ❶ (*nach dem 19. kommend*) twentieth; *s. a.* **achte(r, s) 1** ❷ (*Datum*) twentieth; *s. a.* **achte(r, s) 2**

Zwanzigste(r) *f(m) dekl wie adj* ❶ (*Person*) twentieth; *s. a.* **Achte(r) 1** ❷ (*bei Datumsangabe*) **der ~/am ~n** *geschrieben* der 20./am 20., the twentieth/on the twentieth *spoken,* the 20th/on the 20th *written*

Zwanziguhrnachrichten *pl* eight o'clock news + *sing vb* (*in the evening*)

zwar *adv* (*einschränkend*) ***sie ist ~ 47, sieht aber wie 30 aus*** although she's 47, she looks like 30, it's true she's [*or* she may be] 47, but she looks like 30; ***das mag ~ stimmen, aber ...*** that may be true, but ...; ***es steht mir ~ zu, aber ...*** although it's my right, ..., it is in fact my right, but ...; ■**und ~** (*erklärend*) namely, to wit *form;* ***Sie haben ein dringendes Anliegen? und ~?*** you have an urgent matter? so what is it?

Zweck <-[e]s, -e> *m* ❶ (*Verwendungs~*) purpose; **einem bestimmten ~ dienen** to serve a particular purpose; ***welchem ~ dient dieses Werkzeug?*** what's this tool [used] for?, what's the purpose of this tool?; **etw seinem ~ entsprechend verwenden** to use sth for the purpose it was intended for; **ein guter ~** a good cause; **einem guten ~ dienen** to be for [*or* in] a good cause; **ein wohltätiger ~/wohltätige ~e** charity; **seinen ~ erfüllen** to serve its/one's purpose, to do the trick *fam* ❷ (*Absicht*) aim, object *kein pl;* **einen ~ verfolgen** to have a specific aim [*or* object]; **üble ~e verfolgen** to be planning evil, to be pursuing evil designs [*or* intentions]; **seinen ~ verfehlen** to fail to achieve its/one's object; **einem bestimmten ~ dienen** to serve a particular aim [*or* object]; **zu diesem ~** for this purpose; **zu welchem ~?** for what purpose?, to what end? ❸ (*Sinn*) point; ***der ~ soll sein, dass ...*** the point of it/this [*or* the idea] is that ...; ***das hat doch alles keinen ~!*** there's no point in any of that, it's pointless; (*a. ineffektiv*) it's/that's no use; ■**es hat keinen ~, etw zu tun** there's no point [in] [*or* it's pointless] doing sth; ***was soll das für einen ~ haben?*** what's the point of that?; ***was ist der ~ der Übung?*** (*iron*) what's the object of the exercise? *iron* ▶ WENDUNGEN: **der ~ heiligt die Mittel** (*prov*) the end justifies the means *prov*

Zweckbau <-bauten> *m* functional building

zweckbedingt *adj* determined by its function **Zweckbündnis** *nt* convenient [*or* expedient] alliance; (*zwischen politischen Parteien a.*) marriage of convenience **zweckdienlich** *adj* (*nützlich*) useful; (*angebracht*) appropriate; ***~e Hinweise nimmt jede Polizeidienststelle entgegen*** (*geh*) contact any police station with relevant information

Zwecke <-, -n> *f* DIAL (*Nagel*) tack, nail; (*Reiss~*) drawing pin BRIT, thumbtack AM

zweckentfremden* *vt* ■**etw [als etw] ~** to use sth as sth **zweckentfremdet** *adj* misappropriated, misused **Zweckentfremdung** *f* misuse **zweckentsprechend** *adj* appropriate **Zweckerreichung** *f* JUR accomplishment of purpose **zweckgebunden** *adj* appropriated, for a specific purpose **Zweckgemeinschaft** *f* partnership of convenience **zwecklos** *adj* futile, useless, of no use *pred;* (*sinnlos a.*) pointless; ■**es ist ~, etw zu tun** it's futile [*or* useless] [*or* no use]/pointless [*or* there's no point in] doing sth **Zwecklosigkeit** <-> *f kein pl* futility, uselessness; (*Sinnlosigkeit a.*) pointlessness

zweckmäßig *adj* ❶ (*für den Zweck geeignet*) practical, suitable ❷ (*sinnvoll*) appropriate; (*ratsam*) advisable, expedient; ■**~ sein, etw zu tun** to be advisable to do sth

Zweckmäßigkeit <-, -en> *f* usefulness, suitability

Zweckmäßigkeitsprüfung *f* JUR evaluation of expediency

Zweckoptimismus *m* calculated optimism; ***mit dem ihr üblichen ~ behauptet sie immer noch, dass der Termin gehalten werden kann*** with her usual calculated optimism she still maintains that the deadline can be met **Zweckpessimismus** *m* [calculated] pessimism

zwecks *präp* (*geh*) ■**~ einer S.** *gen* for [the purpose of *form*] sth

Zwecksparen <-s> *nt kein pl* target saving *no pl, no art* **Zweckverband** *m* ADMIN, POL special purpose association, ad hoc group, joint body (*of local authorities for joint mastering of certain tasks*) **Zweckvermögen** *nt* JUR special-purpose fund

zweckwidrig *adj* inappropriate

Zweckzuwendung *f* FIN specific-purpose transfer

zwei *adj* two; **für ~ arbeiten/essen** to work/eat for two; *s. a.* **acht¹** ▶ WENDUNGEN: **~ Gesichter haben** to be two-faced; **~ Seelen, ein Gedanke** (*prov*) great minds think alike

Zwei <-, -en> *f* ❶ (*Zahl*) two ❷ (*Verkehrslinie*) ■**die ~** the [number] two ❸ KARTEN ■**die ~** the two; *s. a.* **Acht¹ 4** ❹ (*Schulnote*) ≈ B, good

zweiarmig *adj* ❶ ANAT two-armed, with two arms ❷ TECH with two branches; *s. a.* **achtarmig** **zweibändig** *adj* two-volume *attr,* in two volumes *pred* **Zweibeiner** <-s, -> *m* (*hum fam*) human being **Zweibettkabine** *f* NAUT double berth **Zweibettzimmer** *nt* twin [*or* double] room **Zweibruch-Fensterfalz** *m* TYPO two-directional gatefold **zweideutig** I. *adj* ambiguous; (*anrüchig*) suggestive II. *adv* ambiguously; (*anrüchig*) suggestively; **sich ~ ausdrücken** to use ambiguous expressions; (*anrüchig*) to use double entendres **Zweideutigkeit** <-, -en> *f* ❶ (*Ambiguität*) ambiguity, equivocalness ❷ (*zweideutige -ußerung*) ambiguity **zweidimensional** I. *adj* two-dimensional, 2D II. *adv* in two dimensions [*or* 2D] **Zweidrittelmehrheit** *f* two-thirds majority; **mit ~** with a two-thirds majority **zweieiig** *adj Zwillinge* fraternal, non-identical **zweieinhalb** *adj* ❶ (*Bruchzahl*) two-and-a-half; **~ Meter** two-and-a-half metres [*or* AM -ers] ❷ (*fam: 2500 DM*) two-and-a-half thou [*or* grand] [*or* AM *a.* G[']s] *fam; s. a.* **anderthalb**

Zweier <-s, -> *m* (*fam*) ❶ (*Zweipfennigstück*) two-pfennig coin ❷ SCH (*Note gut*) ≈ "B"

Zweierbeziehung *f* relationship **Zweierbob** *m* two-man bob **Zweierkajak** *m* ❶ (*Kanu*) double kayak ❷ (*Disziplin*) kayak pairs *pl* **Zweierkanu** *nt* two-man canoe **Zweierkiste** *f* (*sl*) relationship **zweierlei** *adj attr* two [different]; ***etwas versprechen und das dann halten ist ~*** to make a promise is one thing, to keep it quite another; **mit ~ Maß messen** to apply double standards; *s. a.* **achterlei** **Zweierreihe** *f* row of two abreast, double row; **in ~n antreten** to line up in twos; **in ~n marschieren** to march two abreast

zweifach, 2fach I. *adj* ❶ (*doppelt*) **die ~e Dicke** twice [*or* double] the thickness; **die ~ Menge** twice as much, twice [*or* double] the amount ❷ (*zweimal erstellt*) **eine ~e Kopie** a duplicate; **in ~er Ausfertigung** in duplicate II. *adv* **etw ~ ausfertigen** to issue sth in duplicate; *s. a.* **achtfach**

Zweifache, 2fache *nt dekl wie adj* ■**das ~** twice as much; *s. a.* **Achtfache**

Zweifamilienhaus *nt* two family house **zweifarbig** I. *adj* two-colour [*or* AM -or]; **eine ~e Lackierung** two-tone paint II. *adv* **etw ~ drucken** to print sth in two colours [*or* AM -ors]; **etw ~ lackieren** to give sth a coat of two-tone paint

Zweifel <-s, -> *m* doubt; (*Bedenken a.*) reservation; ***leiser/banger Zweifel stieg in ihm auf*** he began to have slight/severe misgivings; **jds ~ ausräumen** to dispel sb's doubts; **jds ~ beheben** [*o* **beseitigen**] to dispel sb's doubts; **es bestehen ~ an etw** *dat* there are doubts about sth; ***darüber besteht kein ~*** there can be no doubt about that; ***es besteht kein ~ [mehr] [daran], dass ...*** there is no [longer any] doubt that ...; **seine ~ haben, ob ...** to have one's doubts [about [*or* as to]] [*or* to be doubtful] whether ...; ***da habe ich meine ~!*** I'm not sure about that!, to have one's doubts, to be doubtful; **~ *pl* hegen** to entertain doubts; **bei jdm regt sich der ~** sb begins to doubt; **sich *dat* [noch] im ~ sein** to be [still] in two minds; ***ich bin mir im ~, ob der***

Mann auf dem Foto der ist, den ich bei dem Überfall gesehen habe I'm not quite sure whether the man in the photo is really the one I saw at the holdup; **jdm kommen ~** sb begins to doubt [*or* to have his/her doubts]; **jdn im ~ lassen** to leave sb in doubt; ***ich habe ihn über meine Absichten nicht im ~ gelassen*** I left him in no doubt as to my intentions; **außer ~ stehen** to be beyond [all] doubt; (*stärker*) to be beyond the shadow of a doubt; **außer ~ stehen, dass ...** to be beyond [all] doubt that ...; ***für mich steht es außer ~, dass ...*** I have absolutely no doubt that ...; **etw in ~ ziehen** to doubt [*or* question] sth; **eine Aussage in ~ ziehen** to call a testimony in[to] question, to challenge a testimony; **kein** [*o* **ohne**] **~** without [a] doubt, no doubt about it *fam;* ***es ist ohne ~ dasselbe*** it's undoubtedly [*or* unquestionably] the same, it's the same, and no mistake

zweifelhaft *adj* ① (*anzuzweifelnd*) doubtful; **von ~em Wert** of doubtful [*or* questionable] merit; ■ **es ist ~, ob ...** it is doubtful [*or* debatable] whether [*or fam* if] ... ② (*pej: dubios*) dubious, shady *fam*

zweifellos *adv* without [a] doubt, undoubtedly, unquestionably; ***Sie haben ~ recht*** you are undoubtedly [*or* unquestionably] right

zweifeln *vi* ■ **an jdm/etw ~** to doubt [*or* have one's doubts about] sb/sth; (*skeptisch sein a.*) to be sceptical [*or* AM skeptical] about sb/sth; ■ **[daran] ~, ob ...** to doubt [*or* have doubts [about [*or* as to]]] whether ...; ■ **nicht [daran] ~, dass ...** to not [*or* have no] doubt that ...; ***ich habe keine Minute gezweifelt, dass ...*** I did not doubt for a minute that ...

Zweifelsfall *m* ■ **im ~** in case of [*or* when [*or* if] in] doubt **zweifelsfrei** *adj* without doubt *pred,* unambiguous, unequivocal **zweifelsohne** *adv* (*geh*) *s.* **zweifellos**

Zweifler(in) <-s, -> *m(f)* sceptic BRIT, skeptic AM, doubter

Zweifrontenkrieg *m* warfare *no indef art*/war on two fronts; **einen ~ führen** to wage war on two fronts

Zweig <-[e]s, -e> *m* ① (*Ast*) branch; (*dünner, kleiner*) twig; (*mit Blättern/Blüten a.*) sprig ② (*Sparte*) branch ③ (*Fachrichtung*) branch; **der naturwissenschaftliche ~** the branch of natural sciences ▸ WENDUNGEN: **auf keinen grünen ~ kommen** (*fam*) to get nowhere; ***du wirst nie auf einen grünen ~ kommen*** you'll never get anywhere [*or* ahead in life]

Zweiganggetriebe *nt* TECH two-speed gearbox *spec*

Zweigbetrieb *m* branch

Zweigespann *nt* (*fam*) duo, twosome

zweigeteilt *adj* divided [in two *pred*]

Zweiggeschäft *nt* branch **Zweiggesellschaft** *f* subsidiary [company]

zweigleisig **I.** *adj* ① (*liter*) double tracked, double-track *attr* ② (*fig*) **~e Verhandlungen führen** to transact negotiations along two [different] lines **II.** *adv etw ~ verhandeln* to negotiate sth along two [different] lines; **~ fahren** (*fig fam*) to have two strings to one's bow

Zweigniederlassung *f* HANDEL branch [establishment], subsidiary **Zweigstelle** *f* branch office

Zweigwerk *nt* HANDEL branch

zweihändig *adj* two-handed, with two [*or* both] hands

zweihundert *adj* two hundred; *s. a.* **hundert**

zweihundertjährig *adj* ① (*Alter*) two-hundred-year-old *attr,* two hundred years old *pred* ② (*Zeitspanne*) two-hundred-year *attr;* **nach ~er Unabhängigkeit** after two hundred years of [*or* years'] independence; **das ~e Bestehen der Universität** the university's two hundred years of existence

zweijährig, 2-jährig^RR^ *adj* ① (*Alter*) two-year-old *attr,* two years old *pred; s. a.* **achtjährig 1** ② (*Zeitspanne*) two-year *attr,* two years *pred; s. a.* **achtjährig 2** ③ BOT biennial

Zweijährige(r), 2-Jährige(r)^RR^ *f(m) dekl wie adj* two-year-old

Zweikammersystem *nt* JUR bicameralism, bicameral [*or* two-chamber] system **Zweikampf** *m* duel; **jdn zum ~ herausfordern** to challenge sb to a duel **zweiköpfig** *adj* two- [*or* double-]headed; *s. a.* **achtköpfig**

zweimal, 2-mal^RR^ *adv* twice, two times; **sich** *dat* **etw nicht ~ sagen lassen** to not need telling twice, to jump at sth; **sich** *dat* **etw ~ überlegen** to think over sth *sep* carefully; (*zweifelnd*) to think twice about sth; *s. a.* **achtmal**

zweimalig *adj* two times over; **nach ~er Aufforderung/Bitte** after being told/asked twice; *s. a.* **achtmalig**

Zweimarkstück *nt* two-mark coin [*or* piece] **Zweimaster** <-s, -> *m* NAUT two-master; (*Rahsegler a.*) brig **zweimonatig** *adj attr, inv* ① (*zwei Monate dauernd*) two-month; **von ~er Dauer sein** to last/take two months; **nach ~em Warten** after two months of [*or* months'] waiting ② (*zwei Monate alt*) two-month-old **zweimonatlich** *adj attr, inv* bimonthly, every two months *pred* **zweimotorig** *adj* twin-engined; **~ sein** to have [*or* be fitted with] twin engines, to be a twin-engine model **Zweiparteiensystem** *nt* two-party system **Zweiphasenplanung** *f* ÖKON dual-phase planning **Zweiplätzer** <-s, -> *m* SCHWEIZ (*Zweisitzer*) two-seater **zweipolig** *adj* bipolar; *Schalter* double-pole; *Stecker* two-pin **Zweirad** *nt* (*allgemein*) two-wheeled vehicle *form;* (*Motorfahrrad*) motorcycle, [motor]bike *fam;* (*Fahrrad*) [bi]cycle, bike *fam;* (*für Kinder a.*) two-wheeler **Zweireiher** <-s, -> *m* double-breasted suit/coat **zweireihig** **I.** *adj* double-row *attr,* in two rows *pred;* **ein ~er Anzug** a double-breasted suit **II.** *adv* in two rows **Zweisamkeit** <-, -en> *f* (*geh*) togetherness **zweischneidig** *adj* two- [*or* double-]edged ▸ WENDUNGEN: **ein ~es Schwert** a double-edged sword **zweiseitig** *adj* ① (*zwei Seiten umfassend*) two-page *attr,* of two pages *pred;* **~ bedruckt** printed on both sides; **~ sein** to be [*or* cover] two pages ② (*von zwei Parteien unterzeichnet*) bilateral, bipartite *spec;* **~e Verrechnungen** FIN reciprocal offsets; **~es Handelsabkommen** HANDEL bilateral trade agreement **zweisilbig** *adj* of two syllables *pred,* disyllabic *spec;* **ein ~es Wort** a disyllable [word] *spec* **Zweisitzer** *m* two-seater; **ein offener ~** a roadster **zweisitzig** *adj* two-seated *attr;* ■ **~ sein** to have two seats **zweispaltig** *adj* double-column[ed] *attr,* in two columns *pred* **Zweispänner** <-s, -> *m* carriage and pair **zweisprachig** **I.** *adj* ① (*in zwei Sprachen gedruckt*) in two languages *pred;* **ein ~es Wörterbuch** a bilingual dictionary ② (*zwei Sprachen anwendend*) bilingual **II.** *adv* **~ erzogen sein** to be brought up speaking two languages [*or form* in a bilingual environment] **Zweisprachigkeit** <-> *f kein pl* bilingualism *form* **zweispurig** *adj* two-lane *attr;* ■ **~ sein** to have two lanes **Zweistaatlichkeit** *f* dual nationality **zweistellig** *adj* two-digit *attr,* with two digits *pred* **zweistimmig** **I.** *adj* two-part *attr,* for two voices *pred* **II.** *adv* **etw ~ singen** to sing sth in two parts **zweistöckig** **I.** *adj* two-storey [*or* AM -story] *attr* **II.** *adv* **etw ~ bauen** to build sth with two storeys [*or* AM stories] **zweistrahlig** *adj* twin-jet *attr,* with twin jets *pred;* ■ **~ sein** to be a twin-jet model **Zweistromland** *nt kein pl* ■ **das ~** Mesopotamia **zweistufig** *adj* two-stage; *Scheibenwischer* two-speed **zweistündig, 2-stündig^RR^** *adj* two-hour *attr; s. a.* **achtstündig**

zweistündlich **I.** *adj* two-hourly *attr,* every two hours *pred* **II.** *adv* every two hours, at two-hour intervals

zweit *adv s.* **zwei**

zweitägig, 2-tägig^RR^ *adj* two-day *attr* **Zweitakter** <-s, -> *m* two-stroke engine, two-stroke[r] *fam*

zweitälteste(r, s) *adj attr, inv* second oldest [*or* eldest]; ■ **jds Z~[r]** sb's second [child]

zweitausend *adj* ① (*Zahl*) two thousand; *s. a.* **tausend 1** ② (*fam: 2000 DM*) two grand *no pl,* two thou *no pl sl,* two grand [*or* AM *a.* G['']s] *sl*

Zweitausender *m* mountain over 2,000 metres [*or* AM meters]

Zweitausfertigung <-, -en> *f* ① *kein pl* (*das Ausfertigen*) duplication ② (*Ausgefertigtes*) duplicate

zweitbeste(r, s) *adj* second best, second-best *attr;* ■ **Z~[r] sein/werden** to be/come [in] second best

zweite(r, s) *adj* ① (*nach dem ersten kommend*) second; **die ~ Klasse** [*o fam* **die ~**] ≈ primary two BRIT, second form BRIT, second grade AM; *s. a.* **achte(r, s) 1** ② (*Datum*) second [*or* 2nd]; *s. a.* **achte(r, s) 2** ▸ WENDUNGEN: **der ~ Bildungsweg** night school; **die ~ Geige spielen** to play second fiddle; **das ~ Gesicht haben** to have second sight; **etw aus ~r Hand kaufen** to buy sth second-hand; **etw nur aus ~r Hand wissen** to know sth only by hearsay

Zweite(r) *f(m) dekl wie adj* ① (*Person*) second; *s. a.* **Achte(r) 1** ② (*bei Datumsangaben*) ■ **der ~/am ~n** [*o geschrieben* **der 2./am 2.**] the second/on the second *spoken,* the 2nd/on the 2nd *written; s. a.* **Achte(r) 2** ③ (*bei Namen*) **Ludwig der ~** Ludwig II; *geschrieben* Louis the Second *spoken,* Louis II *written* ▸ WENDUNGEN: **wie kein ~r** as no one else can

Zweiteiler <-s, -> *m* ① MODE two-piece; (*Badeanzug a.*) bikini ② TV, RADIO two-parter

Zweiteilung *f* division; MATH bisection

zweitens *adv* secondly; (*bei Aufzählung a.*) second

Zweitfahrzeug *nt* alternative [*or* second] vehicle; (*Zweitauto*) second car **Zweitfrisur** *f* (*euph*) wig **Zweitgerät** *nt* second radio/television [set]/set **zweitgrößte(r, s)** *adj attr* second-biggest; *Mensch a.* second-tallest; **die ~e Stadt** the second-biggest [*or* -largest] town/city; (*einer Nation a.*) the second city **zweithöchste(r, s)** *adj attr* second-highest; *Gebäude a.* second-tallest; *Beamter* second most senior **Zweithypothek** *f* second mortgage **zweitjüngste(r, s)** *adj* second youngest **zweitklassig** *adj* (*pej*) inferior, second-rate *pej;* **ein ~es Restaurant** a second-rate restaurant *pej,* a greasy spoon *pej sl* **Zweitligist** <-en, -en> *m* SPORT, FBALL second Bundesliga team **zweitrangig** *adj s.* **zweitklassig** **Zweitschlüssel** *m* duplicate [*or* spare] key **Zweitschrift** *f* (*geh*) copy, duplicate copy *form* **Zweitstimme** *f* second vote (*for the party and its "Landesliste", the first being for the local candidate*)

Zweitürer *m* two-door car [*or* model]

zweitürig *adj* two-door *attr;* ■ **~ sein** to have two doors, to be a two-door car [*or* model]

Zweitvertrag *m* JUR secondary contract **Zweitverwertung** *f kein pl* secondary use **Zweitwagen** *m* second car **Zweitwimpern** *pl* false eyelashes *pl* **Zweitwohnung** *f* second home; **eine ~ auf dem Land** a country retreat **Zweitwohnungssteuer** *f* FIN tax on holiday homes

Zweiwegebox *f* plastic container box

zweiwertig *adj* divalent *spec,* bivalent *spec;* MATH binary **zweiwöchentlich** **I.** *adj* biweekly, fortnightly **II.** *adv* every two weeks, biweekly, fortnightly **zweiwöchig** *adj* two-week *attr,* of two weeks *pred;* **von ~er Dauer sein** to last/take two weeks **Zweizeiler** *m* ① (*Gedicht*) couplet, distich *spec* ② (*Text aus zwei Zeilen*) two-line text, two-liner *fam* **zweizeilig** *adj* ① (*aus zwei Zeilen bestehend*) two-line *attr,* of two lines *pred;* ■ **~ sein** to have two lines ② TYPO **mit ~em Abstand** double-spaced; **etw mit ~em Abstand setzen** to double-space sth *spec* **Zweizimmerwohnung** *f* two-room [*or* [*or* AM appartment] -roomed] flat **Zweizylinder** *m* two-cylinder model [*or* motorcycle] [*or fam* [motor]bike] **Zweizylindermotor** *m* two-cylinder engine, twin[-cylinder] engine **zweizylindrig** *adj* two-cylinder *attr;* **ein ~er Motor** a two-cylinder [*or* twin[-cylinder]] engine; ■ **~ sein** to be powered by [*or* fitted with] a two-cylinder engine; *Motor* to have two cylinders

Zwerchfell *nt* MED diaphragm

zwerchfellerschütternd *adj* side-splitting; *Komik a.* achingly funny

Zwerg(in) <-[e]s, -e> *m(f)* ① (*im Märchen*) dwarf; **Schneewittchen und die sieben ~e** Snow White and the Seven Dwarfs ❷ (*zwergwüchsiger Mensch*) dwarf, midget; **gegen jdn ein ~ sein** to be dwarfed by [*or* a dwarf compared to] sb ❸ (*Garten~*) [garden] gnome ❹ (*pej: minderwertiger Mensch*) [little] squirt ❺ ASTRON **weißer ~** white dwarf

Zwergbetrieb *m* dwarf enterprise, small-scale operation **Zwergdackel** *m* toy dachshund

zwergenhaft *adj* dwarfish; (*auffallend klein*) tiny

Zwerghuhn *nt* bantam

Zwergin <-, -nen> *f fem form von* **Zwerg**

Zwergkiefer *f* dwarf pine **Zwergpudel** *m* toy poodle **Zwergschule** *f* village school (*with combined classes*) **Zwergstaat** *m* miniature state, ministate **Zwergvolk** *nt* pygmy tribe **Zwergwels** <-s, -e> *m* ZOOL, KOCHK catfish, bullhead **Zwergwuchs** *m* dwarfism, stunted growth **zwergwüchsig** *adj attr* dwarfish

Zwetschge <-, -n> *f* damson; (*~nbaum*) damson tree ► WENDUNGEN: **seine sieben ~n [ein]packen** (*fam*) to pack one's things

Zwetschgenbaum *m* plum [*or* damson] tree **Zwetschgenkuchen** *m* plum cake **Zwetschgenmus** *nt* plum jam [*or* purée] **Zwetschgenwasser** *nt* plum brandy

Zwetschke <-, -n> *f* ÖSTERR *s.* **Zwetschge**

Zwickel <-s, -> *m* ❶ MODE gusset; **einen ~ einsetzen** to insert a gusset ❷ ARCHIT spandrel

zwicken I. *vi Hosenbund, Kragen* to pinch II. *vt bes* ÖSTERR, SÜDD (*fam*) ■**jdn [in etw *akk*] ~** to pinch sb['s sth]; **die Katze in den Schwanz ~** to pinch the cat's tail

Zwicker <-s, -> *m* ÖSTERR, SÜDD (*Kneifer*) pince-nez

Zwickmühle *f* ► WENDUNGEN: **in der ~ sein** [*o* **sitzen**] (*fam*) to be in a dilemma [*or* a Catch-22 [situation]]

Zwieback <-[e]s, -e *o* -bäcke> *m* rusk, zwieback *spec*

Zwiebel <-, -n> *f* ❶ KOCHK onion ❷ HORT (*Blumen~*) bulb

zwiebelförmig *adj* onion-shaped

Zwiebelgewächs *nt* bulbiferous plant **Zwiebelkuchen** *m* onion tart **Zwiebelkuppel** *f* imperial roof

zwiebeln *vt* (*fam*) ■**jdn ~** to harass sb

Zwiebelring *m* onion ring **Zwiebelschale** *f* onion skin **Zwiebelsuppe** *f* onion soup **Zwiebelturm** *m* onion dome, cupola

zwiefach *adj* (*veraltend geh*) double, twice

Zwiegespräch *nt* (*geh*) tête-à-tête *form;* **ein vertrauliches ~** a tête-à-tête [*or* private conversation] **Zwielicht** *nt kein pl* twilight; (*morgens a.*) half-light; (*abends a.*) dusk ► WENDUNGEN: **ins ~ geraten** to lay oneself open [*or* to expose oneself] to suspicion; ***wegen seiner dubiosen Kontakte ist er jetzt selbst ins ~ geraten*** on account of his dubious contacts he now himself appears in an unfavourable light **zwielichtig** *adj* (*pej*) dubious, shady *fam;* **ein ~er Geschäftemacher** a shady wheeler-dealer **Zwiespalt** *m kein pl* (*geh*) conflict; **ein innerer ~** an inner conflict; **im ~ sein** to be in conflict [*or* at odds] with oneself **zwiespältig** *adj* (*geh*) conflicting, mixed; **ein ~er Charakter** an ambivalent [*or* ambiguous] character; **~e Gefühle** mixed feelings

Zwietracht <-> *f kein pl* (*geh*) discord *form;* **~ säen** [*o* **stiften**] to sow [the seeds of] discord

Zwille <-, -n> *f* catapult BRIT, slingshot AM

Zwillich <-s, -s> *m* ticking *no pl, no indef art*

Zwilling <-s, -e> *m* ❶ (*meist pl*) twin; **~e bekommen** to have [*or* give birth to] twins; **eineiige ~e** identical twins; **siamesische ~e** Siamese twins; **siamesische ~e trennen** to separate Siamese twins; **zweieiige ~e** fraternal twins ❷ (*zweiläufiges Gewehr*) double-barrelled [*or* AM *a.* barreled] gun/shotgun ❸ *pl* ASTROL ■**die ~e** Gemini; **im Zeichen der ~e geboren** born under the sign of Gemini; **[ein] ~ sein** to be [a] Gemini

Zwillingsbereifung *f* AUTO dual fitment **Zwillingsbruder** *m* twin brother **Zwillingsgeburt** *f* twin birth **Zwillingspaar** *nt* twins *pl;* **drei ~e** three pairs [*or* sets] of twins **Zwillingsreifen** *pl* twin [*or* double] tyres [*or* AM tires], dual fitment [*or* assembly] *spec* **Zwillingsschwester** *f* twin sister **Zwillingsstecker** *m* biplug

Zwingburg *f* HIST stronghold, fortress

Zwinge <-, -n> *f* TECH [screw [*or spec* C]] clamp; (*kleiner*) thumbscrew *spec*

zwingen <zwang, gezwungen> I. *vt* ❶ (*mit Druck veranlassen*) ■**jdn [zu etw] ~,** ■**jdn ~[, etw zu tun]** to force sb [into doing [*or* to do] sth], to make sb [do sth], to compel sb [to [do sth]]; ***ich lasse mich nicht [dazu]*** **~** I won't be forced [into [doing] it]; (*allgemein*) I won't give in to force [*or* be forced into anything]; ***du musst noch nicht gehen, es zwingt dich niemand!*** you don't have to go yet, nobody's forcing you!; ***man kann niemanden zu seinem Glück ~*** you can lead a horse to water but you can't make it drink *prov* ❷ (*geh: gewaltsam drängen*) ■**jdn ~** to force sb; ***zwei Wärter zwangen den tobenden Häftling in die Zelle*** two warders forced the raging prisoner into his cell; **jdn zu Boden ~** to wrestle sb to the ground ❸ (*notwendig veranlassen*) ■**jdn ~** to force [*or* compel] sb; ***die Situation zwang uns zu raschem Handeln*** the situation compelled us to act quickly; ■**gezwungen sein, etw zu tun** to be forced into [doing] [*or* to do] [*or* compelled [*or* made] to do] sth; **sich gezwungen sehen, etw zu tun** to feel [*or* find] [oneself] compelled [*or form* obliged] to do sth II. *vr* ■**sich zu etw ~** ■**sich ~, etw zu tun** to force oneself to [*or* make oneself] do sth; ***ich war so müde, ich musste mich ~, die Augen aufzuhalten*** I was so tired it was a great effort to keep my eyes open; ***seit 3 Tagen rauche ich jetzt nicht mehr, aber ich muss mich ~*** I haven't smoked for 3 days, but it's an effort III. *vi* ■**zu etw ~** to force sb to do sth, to necessitate sth *form;* **zum Handeln/Umdenken ~** to force sb to act/rethink; *s. a.* **Knie**

zwingend I. *adj* urgent; **~e Gründe** compelling [*or* urgent] reasons; **eine Aussage von ~er Logik** a statement of compelling [*or* inescapable] logic II. *adv* **sich ~ ergeben** to follow conclusively; **~ vorgeschrieben** obligatory

Zwinger <-s, -> *m* cage

zwingt *3. pers sing von* **zwingen**

zwinkern *vi* **[mit den Augen] ~** to blink [one's eyes]; **[mit einem Auge] ~** to wink; **mit dem rechten Auge ~** to wink one's right eye; **freundlich ~** to give [sb] a friendly wink

zwirbeln *vt* ■**etw ~** to twirl sth [between [one's] finger and thumb]

Zwirn <-s, -e> *m* [strong] thread [*or* yarn]

Zwirnsfaden *m* thread

zwischen *präp* ❶ *+dat* (*sich dazwischen befindend: ~ 2 Personen, Dingen*) between; ■**~ etw und etw** between sth and sth; ***das Kind saß ~ seinem Vater und seiner Mutter*** the child sat between its father and mother; ***der Garten liegt ~ Haus und Straße*** the garden is between the house and the street; ***mein Kalender muss irgendwo ~ den Büchern liegen*** my diary must be somewhere between my books; (*~ mehreren: unter*) among[st]; ***es kam zu einem Streit ~ den 10 Angestellten der Firma*** it came to a quarrel among the firm's 10 employees ❷ *+akk* (*etw dazwischen platzierend: ~ zwei*) between; ■**~ etw und etw** between sth and sth; (*~ mehrere: unter*) among[st] ❸ *+akk* (*in die Mitte*) among[st], between; ***der Terrorist warf die Handgranate ~ die Bischöfe*** the terrorist threw the grenade among the bishops; ***die Reisetasche passt gerade noch ~ die Koffer*** the travelling bag just fits in between the suitcases ❹ *+dat* (*zeitlich dazwischenliegend*) between; **~ Weihnachten und Neujahr** between Christmas and New Year ❺ *+dat* (*als wechselseitige Beziehung*) between; **~ dir und mir** between you and me; **~ Wunsch und Wirklichkeit** between desire and reality ❻ *+dat* (*zahlenmäßig dazwischenliegend*) between; ***sein Gewicht schwankt ~ 70 und 80 kg*** his weight fluctuates between 70 and 80 kilos

Zwischenablage *f* INFORM clipboard **Zwischenabrechnung** *f* FIN intermediate account **Zwischenabschluss**RR *m* FIN interim statement [*or* accounts] *pl* **Zwischenakt** *m* interlude **Zwischenantrag** *m* interlocutary application **Zwischenaufenthalt** *m* stopover; **einen ~ einlegen** to stop over **Zwischenbemerkung** *f* interruption; ***wenn Sie mir eine ~ gestatten, ...*** (*geh*) if I may interrupt you there ...; ***machen Sie bitte keine ~en*** please don't interrupt me **Zwischenbenutzungsrecht** *nt* JUR intervening rights *pl* **Zwischenbericht** *m* ÖKON interim report; **schlechte ~e** depressing interim reports **Zwischenbescheid** *m* provisional notification *no indef art* **zwischenbetrieblich** *adj* intercompany *attr;* **~e Vereinbarungen** collaboration deal; ■**~ sein** to be on an intercompany level **Zwischenbilanz** *f* FIN interim [*or* struck] balance **Zwischenblutung** *f* MED breakthrough [*or spec* intermenstrual] bleeding *kein pl, no indef art* **Zwischendeck** *nt* 'tween deck **Zwischendecke** *f* false [*or spec* intermediate] ceiling **Zwischending** *nt s.* **Mittelding**

zwischendrin *adv* ❶ (*räumlich*) in between, amongst ❷ (*fam: zeitlich*) in between [times]

zwischendurch *adv* ❶ *zeitlich* in between times; (*inzwischen*) [in the] meantime; (*nebenbei*) on the side; ***du isst zu viel ~!*** you eat too much between meals! ❷ *örtlich* in between [them]; ***ein Tannenwald und ~ ein paar Buchen*** a pine forest with a few beech trees thrown in *fam*

Zwischenergebnis *nt* interim result; *Untersuchung a.* interim findings *pl* **Zwischenexamen** *nt* intermediate exam[ination *form*] **Zwischenfall** *m* ❶ (*unerwartetes Ereignis*) incident ❷ (*Störfall*) incident, accident; ***die Demonstration verlief ohne Zwischenfälle*** the demonstration went off without incident ❸ *pl* (*Ausschreitungen*) serious incidents; (*schwerwiegend*) clashes **Zwischenfeststellungklage** *f* JUR petition for an interlocutory declaration **Zwischenfilm** *m* (*Repro*) intermediate film **Zwischenfinanzierung** *f* FIN bridging finance **Zwischenfinanzierungsgarantie** *f* FIN interim finance guarantee **Zwischenfrachtführer** *m* HANDEL intermediate carrier **Zwischenfrage** *f* question [thrown in] **Zwischengas** *nt kein pl* AUTO **~ geben** to double-declutch BRIT, to double-clutch AM

zwischengelagert *adj* temporarily stored

Zwischengericht *nt* KOCHK entrée **zwischengeschlechtlich** *adj* between the sexes *pred,* intersexual *spec* **Zwischengeschoss**RR *nt* mezzanine [floor] **Zwischenglied** *nt* [connecting] link **Zwischengröße** *f* in-between size **Zwischenhalt** *m* SCHWEIZ *s.* Zwischenaufenthalt **Zwischenhandel** *m* ÖKON intermediate trade **Zwischenhändler(in)** *m(f)* middleman **Zwischenhirn** *nt* ANAT interbrain, diencephalon *spec* **zwischenkirchlich** *adj* interconfessional; (*zwischen Freikirchen*) inter-denominational **Zwischenkonto** *nt* FIN interim account **Zwischenkriegszeit** *f* HIST ■**die ~** the interwar years *pl*

zwischen|kuppeln *vi* AUTO to double-declutch [*or* AM double-clutch]

Zwischenlage *f* BAU intermediate layer **Zwischenlager** *nt* temporary store; (*für Produkte*) intermediate store **zwischen|lagern** *vt* ■**etw ~** to store sth [temporarily], to put [*or* place] sth in temporary storage **Zwischenlagerung** *f* temporary storage; TYPO buffer [*or* intermediate] storage **zwischenlanden** *vi sein* LUFT to stop over (**in** *+dat* in), to make a stopover (**in** *+dat* in) **Zwischenlandung** *f* LUFT stopover; **eine ~ machen** to make a stopover, to stop over **Zwischenlösung** *f* temporary [*or* interim] [*or* provisional] solution **Zwischenmahlzeit** *f* snack [between meals] **zwischenmenschlich** *adj* interpersonal; **~e Beziehungen** interpersonal [*or* human] relations; **~e Wärme** [personal] warmth **Zwischenpause** *f* [short] break **Zwischenprüfung** *f* intermediate exam[ination *form*] (*on completion of an obligatory set of studies*) **Zwischenraum** *m* ❶ (*Lücke*) ■**der/ein ~ zwischen etw** *dat* the/a gap between sth; **einen ~ von anderthalb Zeilen lassen** TYPO to leave a space of one-and-a-half lines ② (*zeitlicher Intervall*) interval; **ein ~ von 3 Jahren** an interval of 3 years, a 3-year interval **Zwischenring** *m* BAU spacer **Zwischenruf** *m* interruption; ■ **~e** heckling; ***der Redner wurde durch ~e immer wieder unterbrochen*** the speaker was repeatedly interrupted by hecklers **Zwischenrufer(in)** <-s, -> *m(f)* heckler **Zwischenrunde** *f* SPORT intermediate round **Zwischensaison** *f* low season **Zwischenschein** *m* BÖRSE interim certificate, scrip **Zwischenspeicher** *m* INFORM intermediate [*or* buffer] storage, clipboard **zwischenspeichern** *vt* INFORM ■ **etw ~** to buffer [*or* plant] sth **Zwischenspiel** *nt* ① MUS (*Interludium*) interlude ② MUS (*instrumentale Überleitung zwischen Strophen*) intermezzo ③ MUS, THEAT (*Entreakt*) interlude ④ LIT (*Episode*) interlude **Zwischenspurt** *m* short spurt; **einen ~ einlegen** to put in spurt **zwischenstaatlich** *adj attr* international; (*bundesstaatlich*) interstate **Zwischenstadium** *nt* intermediate stage; (*bei einer Planung a.*) intermediate phase **Zwischenstation** *f* [intermediate] stop; **in einer Stadt ~ machen** to stop off in a town **Zwischenstecker** *m* ELEK adapter [plug] **Zwischenstellung** *f* intermediate position **Zwischenstreit** *m* JUR preliminary plea **Zwischenstück** *nt* TECH connection, connecting piece **Zwischenstufe** *f* intermediate stage **Zwischensumme** *f* subtotal; **eine ~ machen** to give a subtotal **Zwischentitel** *m* ① FILM, TV title link ② TYPO chapter heading, sub-title **Zwischenton** *m Farbe* shade; (*fig*) nuance **Zwischenurteil** *nt* JUR interlocutory decree [*or* judgment] **Zwischenvereinbarung** *f* interim accord **Zwischenverfahren** *nt* JUR interlocutory proceedings *pl* **Zwischenverfügung** *f* JUR interim order **Zwischenvertrag** *m* JUR provisional agreement **Zwischenwand** *f* dividing wall; (*Stellwand*) partition **Zwischenwirt** *m* BIOL, MED intermediate host **Zwischenzahlung** *f* FIN interlocutory payment **Zwischenzeit** *f* ■ **in der ~** [in the] meantime, meanwhile, in the interim **zwischenzeitlich** *adv* [in the] meantime, meanwhile **Zwischenzeugnis** *nt* ① (*vorläufiges Arbeitszeugnis*) interim reference ② (*vorläufiges Schulzeugnis*) end of term report **Zwischenzins** *m* JUR interim interest

Zwist <-es, -e> *m* (*geh*) discord *form;* (*stärker*) strife *no indef art;* (*Streit*) dispute

Zwistigkeit <-, -en> *f meist pl* (*geh*) dispute

zwitschern I. *vi* to twitter, to chir[ru]p; **das Z~ der Vögel** the twittering [*or* chir[ru]ping] of birds **II.** *vt* ► WENDUNGEN: **einen ~** (*fam*) to have a drink, to crack a bottle *fam*

Zwitter <-s, -> *m* hermaphrodite

zwitterhaft *adj* hermaphroditic

zwo *adj* (*fam*) two

zwölf- *in Komposita* twelve-; *s. a.* **acht-**

zwölf *adj* twelve; *s. a.* **acht**[1] ► WENDUNGEN: **die Z~ Nächte** the Twelve Days of Christmas; **es ist schon fünf vor ~!** it's almost too late!

Zwölfender <-s, -> *m* JAGD royal [stag] *spec*

Zwölferschiit(in) <-en, -en> *m(f)* REL (*Schiit, der 12 Imame anerkennt*) Twelver Shiite

Zwölffingerdarm *m* duodenum **Zwölffingerdarmgeschwür** *nt* MED duodenal ulcer

zwölfjährig *adj* ① (*12 Jahre alt*) twelve-year-old *attr* ② (*12 Jahre dauernd*) twelve-year *attr; s. a.* **achtjährig**

Zwölfkampf *m* SPORT twelve-exercise event

zwölfmalig *adj* twelve times *pred; s. a.* **achtmalig**

Zwölfmeilenzone *f* twelve-mile zone

Zwölfsilbler <-s, -> *m* LIT dodecasyllabic verse [*or* line]; *s. a.* **Achtsilbler**

zwölftägig *adj* ① (*12 Tage alt*) twelve-day-old *attr* ② (*12 Tage dauernd*) twelve-day *attr; s. a.* **achttägig**

zwölftausend *num* twelve thousand; *s. a.* **achttausend**

zwölfte(r, s) *adj attr* ① (*nach dem elften kommend*) twelfth; **die ~ Klasse** [*o fam* **die ~**] sixth year (*of secondary school*), sixth form BRIT, Upper Sixth BRIT, twelfth grade AM; *s. a.* **achte(r, s) 1** ② (*Datum*) twelfth, 12th; *s. a.* **achte(r, s) 2**

Zwölfte(r) *f(m) dekl wie adj* ① (*Person*) twelfth; *s. a.* **Achte(r) 1** ② (*bei Datumsangaben*) **der ~/am ~n** der 12./am 12.; *geschrieben* the twelfth/on the twelfth *spoken,* the 12th/on the 12th *written; s. a.* **Achte(r) 2** ③ (*als Namenszusatz*) **Ludwig der ~** Ludwig XII; *geschrieben* Louis the Twelfth *spoken,* Louis XII *written*

zwölftel *adj* twelfth; *s. a.* **achtel**

Zwölftel <-s, -> *nt* twelfth; *s. a.* **Achtel**

Zwölftonlehre *f* MUS twelve-tone system, dodecaphony *spec* **Zwölftonmusik** *f* twelve-tone [*or spec* dodecaphonic] music

zwote(r, s) *adj attr* (*fam*) *s.* **zweite(r, s)**

Zyanid <-s, -e> *nt* CHEM cyanide

Zyankali <-s> *nt kein pl* CHEM potassium cyanide

Zyklamat <-s, -e> *nt* CHEM (*Süßstoff*) cyclamate

Zyklamen <-s, -> *nt* BOT, HORT cyclamen

Zyklen *pl von* **Zyklus**

zyklisch *adj* ÖKON cyclic, cyclical; **~e Verlaufsstruktur** cyclic progression

Zyklon <-s, -e> *m* cyclone

Zyklop <-en, -en> *m* MYTH Cyclops

Zyklotron <-s, -s *o* -trone> *nt* PHYS, NUKL cyclotron

Zyklus <-, Zyklen> *m* ① (*geh: Kreislauf*) cycle; **der ~ der Jahreszeiten** the cycle of the seasons ② (*Folge*) cycle, series; **ein ~ von Vorträgen** a series of lectures

Zykluszeit *f* INFORM cycling time

Zylinder <-s, -> *m* ① MATH cylinder ② TECH cylinder, roller ③ AUTO cylinder, pot *spec fam* ④ (*Hut*) top hat, topper *fam* ⑤ INFORM (*Spuren eines Plattenspeichers*) cylinder

Zylinderblock <-blöcke> *m* AUTO engine [*or* cylinder] block, block *fam* **zylinderförmig** *adj s.* **zylindrisch**

Zylinderkopf *m* AUTO cylinder head **Zylinderkopfdichtung** *f* AUTO [cylinder] head gasket **Zylinderkopfhaube** *f* AUTO cylinder valve cover

Zylinderschloss[RR] *nt,* **Zylinderschloß** *nt* cylinder lock

zylindrisch *adj* cylindrical

Zyniker(in) <-s, -> *m(f)* cynic *a. pej*

zynisch I. *adj* cynical *a. pej* **II.** *adv* cynically *a. pej;* **~ grinsen** to give a cynical grin *a. pej*

Zynismus <-, -ismen> *m* ① *kein pl* (*zynische Art*) cynicism *a. pej* ② (*zynische Bemerkung*) cynical remark *a. pej;* ■ **Zynismen** cynical remarks *a. pej,* cynicism *a. pej*

Zypern *nt* Cyprus; *s. a.* **Sylt**

Zyprer(in) <-s, -> *m(f)* Cypriot; *s. a.* **Deutsche(r)**

Zypresse <-, -n> *f* cypress

Zyprier(in) <-s, -> *m(f) s.* **Zyprer**

zyprisch *adj* Cypriot; *s. a.* **deutsch**

Zyste <-, -n> *f* cyst

Zytologie <-> *f kein pl* BIOL cytology *no pl, no indef art*

Zytoplasma *nt* BIOL cytoplasm *spec*

Zytostatikum <-s, -ka> *nt* MED cytostatic [drug [*or* agent]] *spec*

zytostatisch *adj* MED, BIOL cytostatic

z.Z(t). = **zur Zeit**

Übersicht über die wichtigsten unregelmäßigen englischen Verben

Infinitiv	Präteritum	Partizip Perfekt
abide	abode, abided	abode, abided
arise	arose	arisen
awake	awoke	awaked, awoken
be	was *sing*, were *pl*	been
bear	bore	borne
beat	beat	beaten
become	became	become
beget	begot, *obs* begat	begotten
begin	began	begun
behold	beheld	beheld
bend	bent	bent
beseech	besought	besought
beset	beset	beset
bet	bet, betted	bet, betted
bid	bade, bid	bid, bidden
bind	bound	bound
bite	bit	bitten
bleed	bled	bled
blow	blew	blown
break	broke	broken
breed	bred	bred
bring	brought	brought
build	built	built
burn	burned, burnt	burned, burnt
burst	burst	burst
buy	bought	bought
can	could	-
cast	cast	cast
catch	caught	caught
chide	chided, chid	chided, chidden, chid
choose	chose	chosen
cleave[1] ***(cut)***	clove, cleaved	cloven, cleaved, cleft
cleave[2] **(*adhere*)**	cleaved, clave	cleaved
cling	clung	clung
come	came	come

Infinitiv	Präteritum	Partizip Perfekt
cost	cost, costed	cost, costed
creep	crept	crept
cut	cut	cut
deal	dealt	dealt
dig	dug	dug
do	did	done
draw	drew	drawn
dream	dreamed, dreamt	dreamed, dreamt
drink	drank	drunk
drive	drove	driven
dwell	dwelt	dwelt
eat	ate	eaten
fall	fell	fallen
feed	fed	fed
feel	felt	felt
fight	fought	fought
find	found	found
flee	fled	fled
fling	flung	flung
fly	flew	flown
forbid	forbad(e)	forbidden
forget	forgot	forgotten
forsake	forsook	forsaken
freeze	froze	frozen
get	got	got, *Am* gotten
gild	gilded, gilt	gilded, gilt
gird	girded, girt	girded, girt
give	gave	given
go	went	gone
grind	ground	ground
grow	grew	grown
hang	hung, LAW hanged	hung, LAW hanged
have	had	had
hear	heard	heard
heave	heaved, hove	heaved, hove
hew	hewed	hewed, hewn
hide	hid	hidden
hit	hit	hit

Infinitiv	Präteritum	Partizip Perfekt
hold	held	held
hurt	hurt	hurt
keep	kept	kept
kneel	knelt	knelt
know	knew	known
lade	laded	laden, laded
lay	laid	laid
lead	led	led
lean	leaned, leant	leaned, leant
leap	leaped, leapt	leaped, leapt
learn	learned, learnt	learned learnt
leave	left	left
lend	lent	lent
let	let	let
lie	lay	lain
light	lit, lighted	lit, lighted
lose	lost	lost
make	made	made
may	might	-
mean	meant	meant
meet	met	met
mistake	mistook	mistaken
mow	mowed	mown, mowed
pay	paid	paid
put	put	put
quit	quit, quitted	quit, quitted
read	read	read
rend	rent	rent
rid	rid	rid
ride	rode	ridden
ring	rang	rung
rise	rose	risen
run	ran	run
saw	sawed	sawed, sawn
say	said	said
see	saw	seen
seek	sought	sought
sell	sold	sold
send	sent	sent
set	set	set

Infinitiv	Präteritum	Partizip Perfekt
sew	sewed	sewed, sewn
shake	shook	shaken
shave	shaved	shaved, shaven
stave	stove, staved	stove, staved
steal	stole	stolen
shear	sheared	sheared, shorn
shed	shed	shed
shine	shone	shone
shit	shit, *hum* shat	shit, *hum* shat
shoe	shod	shod
shoot	shot	shot
show	showed	shown, showed
shrink	shrank	shrunk
shut	shut	shut
sing	sang	sung
sink	sank	sunk
sit	sat	sat
slay	slew	slain
sleep	slept	slept
slide	slid	slid
sling	slung	slung
slink	slunk	slunk
slit	slit	slit
smell	smelled, smelt	smelled, smelt
smite	smote	smitten
sow	sowed	sowed, sown
speak	spoke	spoken
speed	speeded, sped	speeded, sped
spell	spelled spelt	spelled, spelt
spend	spent	spent
spill	spilled, spilt	spilled, spilt
spin	spun, *old* span	spun
spit	spat	spat
split	split	split

Infinitiv	Präteritum	Partizip Perfekt
spoil	spoiled, spoilt	spoiled, spoilt
spread	spread	spread
spring	sprang	sprung
stand	stood	stood
stick	stuck	stuck
sting	stung	stung
stink	stank	stunk
strew	strewed	strewed, strewn
stride	strode	stridden
strike	struck	struck
string	strung	strung
strive	strove	striven
swear	swore	sworn
sweep	swept	swept
swell	swelled	swollen
swim	swam	swum
swing	swung	swung

Infinitiv	Präteritum	Partizip Perfekt
take	took	taken
teach	taught	taught
tear	tore	torn
tell	told	told
think	thought	thought
thrive	throve, thrived	thriven, thrived
throw	threw	thrown
thrust	thrust	thrust
tread	trod	trodden
wake	woke, waked	woken, waked
wear	wore	worn
weave	wove	woven
weep	wept	wept
win	won	won
wind	wound	wound
wring	wrung	wrung
write	wrote	written

Die unregelmäßigen Verben

Die einfachen Zeiten unregelmäßiger Verben sind in den Spitzklammern (< >) nach dem Stichwort angegeben. Zusammengesetzte oder präfigierte Verben, deren Formen denen des Grundverbs entsprechen, sind mit *irreg* markiert. Außerdem gibt das Wörterbuch die unregelmäßigen Formen zusammengesetzter Verben an, die sich anders verhalten als ihre Grundverben. Die Verben, die mit *sein* oder alternativ mit *sein* oder *haben* konjugiert werden, sind entsprechend im Wörterbucheintrag gekennzeichnet. Wenn das Hilfsverb nicht eigens angegeben ist, wird die Perfektform mit *haben* gebildet.

Infinitiv	2./3. Pers. Sing. Präsens	3. Pers. Sing. Präteritum	Konjunktiv I	Imperativ Sing./Pl.	Partizip Perfekt
backen	backst *o* bäckst/ backt *o* bäckt	backte *o veraltet* buk	backte *o veraltet* büke	back[e]/backt	gebacken
bedürfen	*1. Pers.* bedarf bedarfst/bedarf	bedurfte	bedürfte	bedarf/bedürft	bedurft
befehlen	befiehlst/befiehlt	befahl	beföhle *o* befähle	befiehl/befehlt	befohlen
beginnen	beginnst/beginnt	begann	begänne *o selten* begönne	beginn[e]/beginnt	begonnen
beißen	beißt/beißt	biss	bisse	beiß[e]/beißt	gebissen
bergen	birgst/birgt	barg	bärge	birgt/bergt	geborgen
bersten	birst/birst	barst	bärste	birst/berstet	geborsten
bewegen *=veranlassen*	bewegst/bewegt	bewog	bewöge	beweg[e]/bewegt	bewogen
biegen	biegst/biegt	bog	böge	bieg[e]/biegt	gebogen
bieten	bietest/bietet	bot	böte	biet[e]/bietet	geboten
binden	bindest/bindet	band	bände	bind[e]/bindet	gebunden
bitten	bittest/bittet	bat	bäte	bitt[e]/bittet	gebeten
blasen	bläst/bläst	blies	bliese	blas[e]/blast	geblasen
bleiben	bleibst/bleibt	blieb	bliebe	bleib[e]/bleibt	geblieben
bleichen	bleichst/bleicht	bleichte *o veraltet* blich	bliche	bleich[e]/bleicht	gebleicht *o veraltet* geblichen
braten	brätst/brät	briet	briete	brat[e]/bratet	gebraten
brechen	brichst/bricht	brach	bräche	brich/brecht	gebrochen
brennen	brennst/brennt	brannte	brennte	brenn[e]/brennt	gebrannt
bringen	bringst/bringt	brachte	brächte	bring[e]/bringt	gebracht
denken	denkst/denkt	dachte	dächte	denk[e]/denkt	gedacht
dingen	dingst/dingt	dang *o* dingte	dingte	ding[e]/dingt	gedungen
dreschen	drischst/drischt	drosch	drösche	drisch/drescht	gedroschen
dringen	dringst/dringt	drang	dränge	dring[e]/dringt	gedrungen
dünken	dünkst/dünkt	dünkte *o veraltet* deuchte	dünkte *o veraltet* deuchte		gedünkt *o veraltet* gedeucht
empfangen	empfängst/empfängt	empfing	empfinge	empfang[e]/empfangt	empfangen
empfehlen	empfiehlst/empfiehlt	empfahl	empföhle	empfiehl/empfehlt	empfohlen
empfinden	empfindest/empfindet	empfand	empfände	empfind[e]/empfindet	empfunden
erküren	erkürst/erkürt	erkor	erköre	erküre/erkürt	erkoren
erlöschen	erlischst/erlischt	erlosch	erlösche	erlisch/erlöscht	erloschen
erschallen	erschallst/erschallt	erscholl *o* erschallte	erschölle *o* erschallte	erschalle/erschallt	erschollen
erschrecken *vi*	erschrickst/erschrickt	erschreckte *o* erschrak	erschreckte *o* erschräke	erschrickt/erschreckt	erschreckt *o* erschrocken
vr	erschrickst/erschrickt	erschreckte	erschreckte	erschreckt	erschreckt *o* erschrocken
essen	isst/isst	aß	äße	iss/esst	gegessen
fahren	fährst/fährt	fuhr	führe	fahr[e]/fahrt	gefahren

Infinitiv		2./3. Pers. Sing. Präsens	3. Pers. Sing. Präteritum	Konjunktiv I	Imperativ Sing./Pl.	Partizip Perfekt
fallen		fällst/fällt	fiel	fiele	fall[e]/fallt	gefallen
fangen		fängst/fängt	fing	finge	fang[e]/fangt	gefangen
fechten		fichst/ficht	focht	föchte	ficht/fechtet	gefochten
finden		findest/findet	fand	fände	find[e]/findet	gefunden
flechten		flichst/flicht	flocht	flöchte	flicht/flechtet	geflochten
fliegen		fliegst/fliegt	flog	flöge	flieg[e]/fliegt	geflogen
fliehe		fliehst/flieht	floh	flöhe	flieh[e]/flieht	geflohen
fließen		fließt/fließt	floss	flösse	fließ[e]/fließt	geflossen
fressen		frisst/frisst	fraß	fräße	friss/fresst	gefressen
frieren		frierst/friert	fror	fröre	frie[e]/friert	gefroren
gären		gärst/gärt	gärte *o* gor	gärte *o* gor	gär[e]/gärt	gegärt *o* gegoren
gebären		gebärst/gebärt	gebar	gebäre	gebier/gebärt	geboren
geben		gibst/gibt	gab	gäbe	gib/gebt	gegeben
gedeihen		gedeihst/gedeiht	gedieh	gediehe	gedeih[e]/gedeiht	gediehen
gefallen		gefällst/gefällt	gefiel	gefiele	gefall[e]/gefallen	gefallen
gehen		gehst/geht	ging	ginge	geh[e]/geht	gegangen
gelingen		gelingst/gelingt	gelang	gelänge	geling[e]/gelingt	gelungen
gelten		giltst/gilt	galt	gälte *o* gölte	gilt/geltet	gegolten
genesen		genest/genest	genas	genäse	genese/genest	genesen
genießen		genießt/genießt	genoss	genösse	genieß[e]/genießt	genossen
geraten		gerätst/gerät	geriet	geriete	gerat[e]/geratet	geraten
gerinnen		gerinnst/gerinnt	gerann	geränne	gerinn[e]/gerinnt	geronnen
geschehen		geschiehst/geschieht	geschah	geschähe	geschieh/gescheht	geschehen
gestehen		gestehst/gesteht	gestand	gestände *o* gestünde	gesteh[e]/gesteht	gestanden
gewinnen		gewinnst/gewinnt	gewann	gewönne *o* gewänne	gewinn[e]/gewinnt	gewonnen
gießen		gießt/gießt	goss	gösse	gieß[e]/gießt	gegossen
gleichen		gleichst/gleicht	glich	gliche	gleich[e]/gleicht	geglichen
gleiten		gleitest/gleitet	glitt	glitte	gleit[e]/gleitet	geglitten
glimmen		glimmst/glimmt	glimmte *o selten* glomm	glimmte *o selten* glomm	glimm[e]/glimmt	geglimmt *o selten* geglommen
graben		gräbst/gräbt	grub	grübe	grab[e]/grabt	gegraben
greifen		greifst/greift	griff	griffe	greif[e]/greift	gegriffen
halten		hältst/hält	hielt	hielte	halt[e]/haltet	gehalten
hängen	*vi*	hängst/hängt	hing	hinge	häng[e]/hängt	gehangen
	vt	hängst/hängt	hängte *o dial* hing	hängte	häng[e]/hängt	gehängt *o dial* gehangen
	vr	hängst/hängt	hängte *o dial* hing	hängte	häng[e]/hängt	gehängt *o dial* gehangen
hauen		haust/haut	haute *o* hieb	haute *o* hieb	hau[e]/haut	gehauen *o dial* gehaut
heben		hebst/hebt	hob	höbe	heb[e]/hebt	gehoben
heißen		heißt/heißt	hieß	hieße	heiß[e]/heißt	geheißen
helfen		hilfst/hilft	half	hülfe	hilf/helft	geholfen
kennen		kennst/kennt	kannte	kennte	kenn[e]/kennt	gekannt
klimmen		klimmst/klimmt	klimmte *o* klomm	klimmte *o* klomm	klimm[e]/klimmt	geklommen *o* geklimmt
klingen		klingst/klingt	klang	klänge	kling[e]/klingt	geklungen

Infinitiv	2./3. Pers. Sing. Präsens	3. Pers. Sing. Präteritum	Konjunktiv I	Imperativ Sing./Pl.	Partizip Perfekt
kneifen	kneifst/kneift	kniff	kniffe	kneif[e]/kneift	gekniffen
kommen	kommst/kommt	kam	käme	komm[e]/kommt	gekommen
kriechen	kriechst/kriecht	kroch	kröche	kriech[e]/kriecht	gekrochen
küren	kürst/kürt	kürte *o selten* kor	kürte *o selten* köre	kür[e]/kürt	gekürt
laden	lädst/lädt	lud	lüde	lad[e]/ladet	geladen
lassen	lässt/lässt	ließ	ließe	lass/lasst	gelassen *nach Infinitiv* lassen
laufen	läufst/läuft	lief	lief	lauf[e]/lauft	gelaufen
leiden	leidest/leidet	litt	litte	leid[e]/leidet	gelitten
leihen	leihst/leiht	lieh	liehe	leih[e]/leiht	geliehen
lesen	liest/liest	las	läse	lies/lest	gelesen
liegen	liegst/liegt	lag	läge	lieg[e]/liegt	gelegen
lügen	lügst/lügt	log	löge	lüg[e]/lügt	gelogen
mahlen	mahlst/mahlt	mahlte	mahlte	mahl[e]/mahlt	gemahlen
meiden	meidest/meidet	mied	miede	meid[e]/meidet	gemieden
melken	melkst/melkt	melkte *o veraltend* molk	melkte *o* mölke	melk[e]/melkt	gemolken
messen	misst/misst	maß	mäße	miss/messt	gemessen
misslingen	misslingst/misslingt	misslang	misslänge	missling[e]/misslingt	misslungen
nehmen	nimmst/nimmt	nahm	nähme	nimm/nehmt	genommen
nennen	nennst/nennt	nannte	nennte	nenn[e]/nennt	genannt
pfeifen	pfeifst/pfeift	pfiff	pfiffe	pfeif[e]/pfeift	gepfiffen
preisen	preist/preist	pries	priese	preis[e]/preist	gepriesen
quellen	quillst/quillt	quoll	quölle	quill/quillt	gequollen
raten	rätst/rät	riet	riete	rat[e]/ratet	geraten
reiben	reibst/reibt	rieb	riebe	reib[e]/reibt	gerieben
reißen	reißt/reißt	riss	risse	reiß[e]/reißt	gerissen
reiten	reitest/reitet	ritt	ritte	reit[e]/reitet	geritten
rennen	rennst/rennt	rannte	rennte	renn[e]/rennt	gerannt
reichen	riechst/riecht	roch	röche	riech[e]/riecht	gerochen
ringen	ringst/ringt	rang	ränge	ring[e]/ringt	gerungen
rinnen	rinnst/rinnt	rann	ränne	rinn[e]/rinnt	geronnen
rufen	rufst/ruft	rief	riefe	ruf[e]/ruft	gerufen
salzen	salzst/salzt	salzte	salzte	salz[e]/salze	gesalzen *o selten* gesalzt
saufen	säufst/säuft	soff	söffe	sauf[e]/sauft	gesoffen
saugen	saugst/saugt	sog *o* saugte	söge *o* saugte	saug[e]/saugt	gesogen *o* gesaugt
schaffen *= erschaffen*	schaffst/schafft	schuf	schüfe	schaff[e]/schafft	geschaffen
schallen	schallst/schallt	schallte *o* scholl	schallte *o* schölle	schall[e]/schallt	geschallt
scheiden	scheidest/scheidet	schied	schiede	scheide/scheidet	geschieden
scheinen	scheinst/scheint	schien	schiene	schein[e]/scheint	geschienen
scheißen	scheißt/scheißt	schiss	schisse	scheiß[e]/scheißt	geschissen
schelten	schiltst/schilt	schalt	schölte	schilt/scheltet	gescholten

Infinitiv	2./3. Pers. Sing. Präsens	3. Pers. Sing. Präteritum	Konjunktiv I	Imperativ Sing./Pl.	Partizip Perfekt
scheren *=stutzen*	scherst/schert	schor	schöre	scher[e]/schert	geschoren
schieben	schiebst/schiebt	schob	schöbe	schieb[e]/schiebt	geschoben
schießen	schießt/schießt	schoss	schösse	schieß[e]/schießt	geschossen
schinden	schindest/schindet	schindete	schünde	schind[e]/schindet	geschunden
schlafen	schläfst/schläft	schlief	schliefe	schlaf[e]/schlaft	geschlafen
schlagen	schlägst/schlägt	schlug	schlüge	schlag[e]/schlagt	geschlagen
schleichen	schleichst/schleicht	schlich	schliche	schleich[e]/schleicht	geschlichen
schleifen *= schärfen*	schleifst/schleift	schliff	schliffe	schleif[e]/schleift	geschliffen
schließen	schließt/schließt	schloss	schlösse	schließ[e]/schließt	geschlossen
schlingen	schlingst/schlingt	schlang	schlänge	schling[e]/schlingt	geschlungen
schmeißen	schmeißt/schmeißt	schmiss	schmisse	schmeiß[e]/schmeißt	geschmissen
schmelzen	schmilzt/schmilzt	schmolz	schmölze	schmilz/schmelzt	geschmolzen
schnauben	schnaubst/schnaubt	schnaubte *o veraltet* schnob	schnöbe	schnaub[e]/schnaubt	geschnaubt *o veraltet* geschnoben
schneiden	schneidest/schneidet	schnitt	schnitte	schneid[e]/schneidet	geschnitten
schrecken *vt* *vi*	schreckst/schreckt schreckst/schreckt	schreckte schrak	schreckte schräke	schreck[e]/schreckt schrick/schreckt	geschreckt geschroken
schreiben	schreibst/schreibt	schrieb	schriebe	schreib[e]/schreibt	geschrieben
schreien	schreist/schreit	schrie	schriee	schrei[e]/schreit	geschrie[e]n
schreiten	schreitest/schreitet	schritt	schritte	schreit[e]/schreitet	geschritten
schweigen	schweigst/schweigt	schwieg	schwiege	schweig[e]/schweigt	geschwiegen
schwellen	schwillst/schwillt	schwoll	schwölle	schwill/schwellt	geschwollen
schwimmen	schwimmst/schwimmt	schwamm	schwämme	schwimm[e]/schwimmt	geschwommen
schwinden	schwindest/schwindet	schwand	schwände	schwind[e]/schwindet	geschwunden
schwingen	schwingst/schwingt	schwang	schwänge	schwing[e]/schwingt	geschwungen
schwören	schwörst/schwört	schwor	schwöre	schwör[e]/schwört	geschworen
sehen	siehst/sieht	sah	sähe	sieh[e]/seht	gesehen
senden *=schicken*	sendest/sendet	sandte *o* sendete	sendete	sende/sendet	gesandt *o* gesendet
sieden	siedest/siedet	siedete *o* sott	siedete *o* sötte	sied[e]/siedet	gesiedet *o* gesotten
singen	singst/singt	sang	sänge	sing[e]/singt	gesungen
sinken	sinkst/sinkt	sank	sänke	sink[e]/sinkt	gesunken
sinnen	sinnst/sinnt	sann	sänne	sinn[e]/sinnt	gesonnen
sitzen	sitzt/sitzt	saß	säße	sitz[e]/sitzt	gesessen
spalten	spaltest/spaltet	spaltete	spaltete	spalt[e]/spaltet	gespalten *o* gespaltet
speien	speist/speit	spie	spiee	spei[e]/speit	gespie[e]n
spinnen	spinnst/spinnt	spann	spönne *o* spänne	spinn[e]/spinnt	gesponnen
sprechen	sprichst/spricht	sprach	spräche	sprich/sprecht	gesprochen
sprießen	sprießt/sprießt	spross *o* spießte	sprösse	sprieß[e]/sprießt	gesprossen
springen	springst/springt	sprang	spränge	spring[e]/springt	gesprungen
stechen	stichst/sticht	stach	stäche	stich/stecht	gestochen
stecken *vi*	steckst/steckt	steckte *o geh* stak	steckte	steck[e]/steckt	gesteckt
stehen	stehst/steht	stand	stünde *o* stände	steh/steht	gestanden

Infinitiv	2./3. Pers. Sing. Präsens	3. Pers. Sing. Präteritum	Konjunktiv I	Imperativ Sing./Pl.	Partizip Perfekt
stehlen	stiehlst/stiehlt	stahl	stähle	stiehl/stehlt	gestohlen
steigen	steigst/steigt	stieg	stiege	steig[e]/steigt	gestiegen
sterben	stirbst/stirbt	starb	stürbe	stirb/sterbt	gestorben
stieben	stiebst/stiebt	stob *o* stiebte	stöbe *o* stiebte	stieb[e]/stiebt	gestoben *o* gestiebt
stinken	stinkst/stinkt	stank	stänke	stink[e]/stinkt	gestunken
stoßen	stößt/stößt	stieß	stieße	stoß[e]/stoßt	gestoßen
streichen	streichst/streicht	strich	striche	streich[e]/streicht	gestrichen
streiten	streitest/streitet	stritt	stritte	streit[e]/streitet	gestritten
tragen	trägst/trägt	trug	trüge	trag[e]/tragt	getragen
treffen	triffst/trifft	traf	träfe	triff/trefft	getroffen
treiben	treibst/treibt	trieb	triebe	treib[e]/treibt	getrieben
treten	trittst/tritt	trat	träte	tritt/tretet	getreten
triefen	triefst/trieft	triefte *o geh* troff	tröffe	trief[e]/trieft	getrieft *o geh* getroffen
trinken	trinkst/trinkt	trank	tränke	trink/trinkt	getrunken
trügen	trügst/trügt	trog	tröge	trüg[e]/trügt	getrogen
tun	*1. Pers.* tu[e] tust/tut	tat	täte	tu[e]/tut	getan
überessen	überisst/überisst	überaß	überäße	überiss/überesst	übergessen
verbieten	verbietest/verbietet	verbot	verböte	verbiet[e]/verbietet	verboten
verbrechen	verbrichst/verbricht	verbrach	verbräche	verbrich/verbrecht	verbrochen
verderben	verdirbst/verdirbt	verdarb	verdürbe	verdirb/verderbt	verdorben
verdingen	verdingst/verdingt	verdingte	verdingte	verding[e]/verdingt	verdungen *o* verdingt
verdrießen	verdrießt/verdrießt	verdross	verdrösse	verdrieß[e]/verdrießt	verdrossen
vergessen	vergisst/vergisst	vergaß	vergäße	vergiss/vergesst	vergessen
verhauen	verhaust/verhaut	verhaute	verhaute	verhau[e]/verhaut	verhauen
verlieren	verlierst/verliert	verlor	verlöre	verlier[e]/verliert	verloren
verlöschen	verlischst/verlischt	verlosch	verlösche	verlisch/verlöscht	verloschen
verraten	verrätst/verrät	verriet	verriete	verrat[e]/verratet	verraten
verschleißen	verschleißt/verschleißt	verschliss	verschlisse	verschleiß[e]/ verschleißt	verschlissen
verstehen	verstehst/versteht	verstand	verstünde *o* verstände	versteh[e]/versteht	verstanden
verwenden	verwendest/ verwendet	verwendete *o* verwandte	verwendete	verwend[e]/ verwendet	verwendet *o* verwandt
verzeihen	verzeihst/verzeiht	verzieh	verziehe	verzeih[e]/verzeiht	verziehen
wachsen	wächst/wächst	wuchs	wüchse	wachs[e]/wachst	gewachsen
wägen	wägst/wägt	wog *o* wägte	wögte *o* wägte	wäg[e]/wägt	gewogen
waschen	wäschst/wäscht	wusch	wüsche	wasch[e]/wascht	gewaschen
weben	webst/webt	webte *o geh* wob	webte *o geh* wöbe	web[e]/webt	gewebt *o geh* gewoben
weichen	weichst/weicht	wich	wiche	weich[e]/weicht	gewichen
weisen	weist/weist	wies	wiese	weis[e]/weist	gewiesen
wenden	wendest/wendet	wendete *o geh* gewandt	wendete	wend[e]/wendet	gewendet *o geh* gewandt
werben	wirbst/wirbt	warb	würbe	wirb/werbt	geworben
werfen	wirfst/wirft	warf	würfe	wirf/werft	geworfen

Infinitiv	2./3. Pers. Sing. Präsens	3. Pers. Sing. Präteritum	Konjunktiv I	Imperativ Sing./Pl.	Partizip Perfekt
wiegen = *auf Waage*	wiegst/wiegt	wog	wöge	wieg[e]/wiegt	gewogen
winden = *schlingen*	windest/windet	wand	wände	wind[e]/windet	gewunden
winken	winkst/winkt	winkte	winkte	wink[e]/winkt	gewinkt *o dial* gewunken
wissen	*1. Pers.* weiß weißt/weiß	wusste	wüsste	wisse *liter*/wisset *liter*	gewusst
wringen	wringst/wringt	wrang	wränge	wring[e]/wringt	gewrungen
ziehen	ziehst/zieht	zog	zöge	zieh[e]/zieht	gezogen
zwingen	zwingst/zwingt	zwang	zwänge	zwing[e]/zwingt	gezwungen

Die Hilfsverben *sein, haben* und *werden*

sein

Präsens	Präteritum	Perfekt	Plusquamperfekt
bin	war	bin gewesen	war gewesen
bist	warst	bist gewesen	warst gewesen
ist	war	ist gewesen	war gewesen
sind	waren	sind gewesen	waren gewesen
seid	wart	seid gewesen	wart gewesen
sind	waren	sind gewesen	waren gewesen

Futur	Konjunktiv I	Konjunktiv II	Imperativ
werde sein	sei	wäre	sei
wirst sein	seist	wär[e]st	seien Sie
wird sein	sei	wäre	seien wir
werden sein	seien	wären	seid
werdet sein	seiet	wär[e]t	seien Sie
werden sein	seien	wären	

haben

Präsens	Präteritum	Perfekt	Plusquamperfekt
habe	hatte	habe gehabt	hatte gehabt
hast	hattest	hast gehabt	hattest gehabt
hat	hatte	hat gehabt	hatte gehabt
haben	hatten	haben gehabt	hatten gehabt
habt	hattet	habt gehabt	hattet gehabt
haben	hatten	haben gehabt	hatten gehabt

Futur	Konjunktiv I	Konjunktiv II	Imperativ
werde haben	habe	hätte	hab[e]
wirst haben	habest	hättest	haben Sie
wird haben	habe	hätte	haben wir
werden haben	haben	hätten	habt
werdet haben	habet	hättet	haben Sie
werden haben	haben	hätten	

werden

Präsens	Präteritum	Perfekt	Plusquamperfekt
werde	wurde	bin geworden	war geworden
wirst	wurdest	bist geworden	warst geworden
wird	wurde	ist geworden	war geworden
werden	wurden	sind geworden	waren geworden
werdet	wurdet	seid geworden	wart geworden
werden	wurden	sind geworden	waren geworden

Futur	Konjunktiv I	Konjunktiv II	Imperativ
werde werden	werde	würde	werd[e]
wirst werden	werdest	würdest	werden Sie
wird werden	werde	würde	werden wir
werden werden	werden	würden	werdet
werdet werden	werdet	würdet	werden Sie
werden werden	werden	würden	

Die Modalverben

können

Präsens	Präteritum	Perfekt	Plusquamperfekt
kann	konnte	habe gekonnt	hatte gekonnt
kannst	konntest	hast gekonnt	hattest gekonnt
kann	konnte	hat gekonnt	hatte gekonnt
können	konnten	haben gekonnt	hatten gekonnt
könnt	konntet	habt gekonnt	hattet gekonnt
können	konnten	haben gekonnt	hatten gekonnt

Futur	Konjunktiv I	Konjunktiv II
werde können	könne	könnte
wirst können	könntest	könntest
wird können	könne	könnte
werden können	können	könnten
werdet können	könn[e]t	könntet
werden können	können	könnten

dürfen

Präsens	Präteritum	Perfekt	Plusquamperfekt
darf	durfte	habe gedurft	hatte gedurft
darfst	durftest	hast gedurft	hattest gedurft
darf	durfte	hat gedurft	hatte gedurft
dürfen	durften	haben gedurft	hatten gedurft
dürft	durftet	habt gedurft	hattet gedurft
dürfen	durften	haben gedurft	hatten gedurft

Futur	Konjunktiv I	Konjunktiv II
werde dürfen	dürfe	dürfte
wirst dürfen	dürftest	dürftest
wird dürfen	dürfe	dürfte
werden dürfen	dürfen	dürften
werdet dürfen	dürf[e]t	dürftet
werden dürfen	dürfen	dürften

mögen

Präsens	Präteritum	Perfekt	Plusquamperfekt
mag	mochte	habe gemocht	hatte gemocht
magst	mochtest	hast gemocht	hattest gemocht
mag	mochte	hat gemocht	hatte gemocht
mögen	mochten	haben gemocht	hatten gemocht
mögt	mochtet	habt gemocht	hattet gemocht
mögen	mochten	haben gemocht	hatten gemocht

Futur	Konjunktiv I	Konjunktiv II
werde mögen	möge	möchte
wirst mögen	mögest	möchtest
wird mögen	möge	möchte
werden mögen	mögen	möchten
werdet mögen	mög[e]t	möchtet
werden mögen	mögen	möchten

müssen

Präsens	Präteritum	Perfekt	Plusquamperfekt
muss	musste	habe gemusst	hatte gemusst
musst	musstest	hast gemusst	hattest gemusst
muss	musste	hat gemusst	hatte gemusst
müssen	mussten	haben gemusst	hatten gemusst
müsst	musstet	habt gemusst	hattet gemusst
müssen	mussten	haben gemusst	hatten gemusst

Futur	Konjunktiv I	Konjunktiv II
werde müssen	müsse	müsste
wirst müssen	müssest	müsstest
wird müssen	müsse	müsste
werden müssen	müssen	müssten
werdet müssen	müss[e]t	müsstest
werden müssen	müssen	müssten

sollen

Präsens	Präteritum	Perfekt	Plusquamperfekt
soll	sollte	habe gesollt	hatte gesollt
sollst	solltest	hast gesollt	hattest gesollt
soll	sollte	hat gesollt	hattet gesollt
sollen	sollten	haben gesollt	hatten gesollt
sollt	solltet	habt gesollt	hattet gesollt
sollen	sollten	haben gesollt	hatten gesollt

Futur	Konjunktiv I	Konjunktiv II
werde sollen	solle	sollte
wirst sollen	solltest	solltest
wird sollen	solle	sollte
werden sollen	sollen	sollten
werdet sollen	soll[e]t	solltet
werden sollen	sollen	sollten

wollen

Präsens	Präteritum	Perfekt	Plusquamperfekt
will	wollte	habe gewollt	hatten gewollt
willst	wolltest	hast gewollt	hattest gewollt
will	wollte	hat gewollt	hatte gewollt
wollen	wollten	haben gewollt	hatten gewollt
wollt	wolltet	habt gewollt	hattet gewollt
wollen	wollten	haben gewollt	hatten gewollt

Futur	Konjunktiv I	Konjunktiv II
werde wollen	wolle	wollte
wirst wollen	wollest	wolltest
wird wollen	wolle	wollte
werden wollen	wollen	wollten
werdet wollen	woll[e]t	wolltet
werden wollen	wollen	wollten

Britische und amerikanische Maße und Gewichte

Längenmaße – Linear Measures

1 inch (in) 1″	= 2,54 cm	
1 foot (ft) 1′	= 12 inches	= 30,48 cm
1 yard (yd)	= 3 feet	= 91,44 cm
1 furlong (fur)	= 220 yards	= 201,17 m
1 mile (m)	= 1760 yards	= 1,609 km
1 league	= 3 miles	= 4,828 km

Nautische Maße – Nautical Measures

1 fathom	= 6 feet	= 1,829 m
1 cable	= 608 feet	= 185,31 m
1 nautical, sea mile	= 10 cables	= 1,852 km
1 sea league	= 3 nautical miles	= 5,550 km

Feldmaße – Surveyors' Measures

1 link	= 7,92 inches	= 20,12 cm
1 rod, perch, pole	= 25 links	= 5,029 m
1 chain	= 4 rods	= 20,12 m

Flächenmaße – Square Measures

1 square inch	= 6,452 cm^2	
1 square foot	= 144 sq inches	= 929,029 cm^2
1 square yard	= 9 sq feet	= 0,836 m^2
1 square rod	= 30,25 sq yards	= 25,29 m^2
1 acre	= 4840 sq yards	= 40,47 Ar
1 square mile	= 640 acres	= 2,59 km^2

Raummaße – Cubic Measures

1 cubic inch	= 16,387 cm^3	
1 cubic foot	= 1728 cu inches	= 0,028 m^3
1 cubic yard	= 27 cu feet	= 0,765 m^3
1 register ton	= 100 cu feet	= 2,832 m^3

Britische Hohlmaße – Measures of Capacity

Flüssigkeitsmaße – Liquid Measures of Capacity

1 gill	= 0,142 l	
1 pint (pt)	= 4 gills	= 0,568 l
1 quart (qt)	= 2 pints	= 1,136 l
1 gallon (gal)	= 4 quarts	= 4,546 l
1 barrel	= *(für Öl)* 35 gallons	= 159,106 l
	(Bierbrauerei) 36 gallons	= 163,656 l

Trockenmaße – Dry Measures of Capacity

1 peck	= 2 gallons	= 9,092 l
1 bushel	= 4 pecks	= 36,368 l
1 quarter	= 8 bushels	= 290,935 l

Amerikanische Hohlmaße – Measues of Capacity

Flüssigkeitsmaße – Liquid Measures of Capacity

1 gill	= 0,118 l	
1 pint	= 4 gills	= 0,473 l
1 quart	= 2 pints	= 0,946 l
1 gallon	= 4 quarts	= 3,785 l
1 barrel	= *(für Öl)* 42 gallons	= 159,106 l

Handelsgewichte – Avoirdupois Weights

1 grain (gr)	= 0,0648 g	
1 dram (dr)	= 27,3438 grains	= 1,772 g
1 ounce (oz)	= 16 drams	= 28,35 g
1 pound (lb)	= 16 ounces	= 453,59 g
1 stone	= 14 pounds	= 6,348 kg
1 quarter	= 28 pounds	= 12,701 kg
1 hundredweight (cwt)	= (BRIT *long cwt*) 112 pounds	= 50,8 kg
	(AM *short cwt*) 100 pounds	= 45,36 kg
1 ton	= (BRIT *long ton*) 20 cwt	= 1016 kg
	(AM *short ton*) 2000 pounds	= 907,185 kg

Temperaturumrechnung Fahrenheit – Celsius

°F	°C
0	–17,8
32	0
50	10
70	21,1
90	32,2
98,4	37
212	100

zur Umrechnung 32 abziehen und mit $^5/_9$ multiplizieren

Celsius – Fahrenheit

°C	°F
–10	14
0	32
10	50
20	68
30	86
37	98,4
100	212

zur Umrechnung mit $^9/_5$ multiplizieren und 32 addieren

Amtliche deutsche Maße und Gewichte

Längenmaße

		Zeichen	Vielfaches der Einheit
Seemeile	*nautical mile*	sm	1852 m
Kilometer	*kilometre*	km	1000 m
Meter	*metre*	m	Grundeinheit
Dezimeter	*decimetre*	dm	0,1 m
Zentimeter	*centimetre*	cm	0,01 m
Millimeter	*millimetre*	mm	0,001 m

Flächenmaße

Quadratkilometer	*square kilometre*	km^2	1 000 000 m^2
Hektar	*hectare*	ha	10 000 m^2
Ar	*are*	a	100 m^2
Quadratmeter	*square metre*	m^2	1 m^2
Quadratdezimeter	*square decimetre*	dm^2	0,01 m^2
Quadratzentimeter	*square centimetre*	cm^2	0,0001 m^2
Quadratmillimeter	*square millimetre*	mm^2	0,000 001 m^2

Kubik- und Hohlmaße

Kubikmeter	*cubic metre*	m^3	1,0 m^3
Hektoliter	*hectolitre*	hl	0,1 m^3
Kubikdezimeter	*cubic decimetre*	dm^3	0,001 m^3
Liter	*litre*	l	
Kubikzentimeter	*cubic centimetre*	cm^3	0,000 001 m^3

Gewichte

Tonne	*ton*	t	1000 kg
Doppelzentner	–	dz	100 kg
Kilogramm	*kilogram(me)*	kg	1000 g
Gramm	*gram(me)*	g	1 g
Milligramm	*milligram(me)*	mg	0,001 g

Numerals – Zahlwörter

1. Cardinal numbers – Grundzahlen

0 nought, cipher, zero *null*	40 forty *vierzig*
1 one *eins*	41 forty-one *einundvierzig*
2 two *zwei*	50 fifty *fünfzig*
3 three *drei*	51 fifty-one *einundfünfzig*
4 four *vier*	60 sixty *sechzig*
5 five *fünf*	61 sixty-one *einundsechzig*
6 six *sechs*	70 seventy *siebzig*
7 seven *sieben*	71 seventy-one *einundsiebzig*
8 eight *acht*	80 eighty *achtzig*
9 nine *neun*	81 eighty-one *einundachtzig*
10 ten *zehn*	90 ninety *neunzig*
11 eleven *elf*	91 ninety-one *einundneunzig*
12 twelve *zwölf*	100 one hundred *hundert*
13 thirteen *dreizehn*	101 hundred and one *hundert(und)eins*
14 fourteen *vierzehn*	102 hundred and two *hundert(und)zwei*
15 fifteen *fünfzehn*	110 hundred and ten *hundert(und)zehn*
16 sixteen *sechzehn*	200 two hundred *zweihundert*
17 seventeen *siebzehn*	300 three hundred *dreihundert*
18 eighteen *achtzehn*	451 four hundred and fifty-one *vierhundert(und)einundfünfzig*
19 nineteen *neunzehn*	1000 a (*or* one) thousand *tausend*
20 twenty *zwanzig*	2000 two thousand *zweitausend*
21 twenty-one *einundzwanzig*	10 000 *ten thousand zehntausend*
22 twenty-two *zweiundzwanzig*	1 000 000 a (*or* one) million *eine Million*
23 twenty-three *dreiundzwanzig*	2 000 000 two million *zwei Millionen*
30 thirty *dreißig*	1 000 000 000 BRIT a (*or* one) milliard, AM billion *eine Milliarde*
31 thirty-one *einunddreißig*	1 000 000 000 000 BRIT a (*or* one) billion, AM trillion *eine Billion*
32 thirty-two *zweiunddreißig*	
33 thirty-three *dreiunddreißig*	

2. Ordinal numbers – Ordnungszahlen

1. first *erste*	19. nineteenth *neunzehnte*
2. second *zweite*	20. twentieth *zwanzigste*
3. third *dritte*	21. twenty-first *einundzwanzigste*
4. fourth *vierte*	22. twenty-second *zweiundzwanzigste*
5. fifth *fünfte*	23. twenty-third *dreiundzwanzigste*
6. sixth *sechste*	30. thirtieth *dreißigste*
7. seventh *siebente*	31. thirty-first *einunddreißigste*
8. eighth *achte*	40. fortieth *vierzigste*
9. ninth *neunte*	41. forty-first *einundvierzigste*
10. tenth *zehnte*	50. fiftieth *fünfzigste*
11. eleventh *elfte*	51. fifty-first *einundfünfzigste*
12. twelfth *zwölfte*	60. sixtieth *sechzigste*
13. thirteenth *dreizehnte*	61. sixty-first *einundsechzigste*
14. fourteenth *vierzehnte*	70. seventieth *siebzigste*
15. fifteenth *fünfzehnte*	71. seventy-first *einundsiebzigste*
16. sixteenth *sechzehnte*	80. eightieth *achtzigste*
17. seventeenth *siebzehnte*	81. eighty-first *einundachtzigste*
18. eighteenth *achtzehnte*	90. ninetieth *neunzigste*

100. (one) hundredth *hundertste*	1100. *(one)* thousand and (one) hundredth *tausend(und)-einhundertste*
101. hundred and first *hundertunderste*	2000. two thousandth *zweitausendste*
200. two hundredth *zweihundertste*	100 000 (one) hundred thousandth *einhunderttausendste*
300. three hundredth *dreihundertste*	1 000 000. millionth *millionste*
451. four hundred and fifty-first *vierhundert(und)einundfünfzigste*	10 000 000. ten millionth *zehnmillionste*
1000. *(one)* thousandth *tausendste*	

3. Fractional numbers – Bruchzahlen

$^1/_2$ one (*or* a) half *ein halb*	$^2/_3$ two thirds *zwei Drittel*
$^1/_3$ one (*or* a) third *ein Drittel*	$^3/_4$ three fourths, three quarters *drei Viertel*
$^1/_4$ one (*or* a) fourth (*or* a quarter) *ein Viertel*	$^2/_5$ two fifths *zwei Fünftel*
$^1/_5$ one (*or* a) fifth *ein Fünftel*	$^3/_{10}$ three tenths *drei Zehntel*
$^1/_{10}$ one (*or* a) tenth *ein Zehntel*	$1^1/_2$ one and a half *anderthalb*
$^1/_{100}$ one hundredth ein Hundertstel	$2^1/_2$ two and a half *zwei(und)einhalb*
$^1/_{1000}$ one thousandth *ein Tausendstel*	$5^3/_8$ five and three eighths *fünf drei achtel*
$^1/_{1000000}$ one millionth *ein Millionstel*	1,1 one point one *eins Komma eins* (1,1)

4. Multiples- Vervielfältigungszahlen

single *einfach*	fourfold, quadruple *vierfach*
double *zweifach*	fivefold *fünffach*
threefold, treble, triple *dreifach*	(one) hundredfold *hundertfach*

Gesetzliche Feiertage in der englischsprachigen Welt (ohne Sonntage)
Public Holidays in the English-speaking world (excluding Sundays)

January
1st: New Year's Day (Aus, Can, NZ, Sing, UK, USA)
2nd: Day After New Year's Day (Aus, NZ, Scot)
15th: Martin Luther King's Birthday (USA)
26th: Australia Day (Aus)

February
Chinese New Year (Sing)
6th: Waitangi Day (NZ)
President's Day (USA – 3rd Monday in February)

March
17th: St Patrick's Day (Ireland)

April
Good Friday (Aus, Can, NZ, Sing, UK)
Easter Saturday (Aus)
Easter Monday (Aus, NZ, UK)
25th: Anzac Day (Aus, NZ)

May
1st: May Day/Labour Day (UK)
24th: Victoria Day (Can – Monday the 24th or Monday *before* the 24th)
Memorial Day (USA – last Monday in May)
Spring Bank Holiday (UK – last Monday in May)

June
Queen's Birthday (Aus – 2nd Monday in all states except Western Austrailia)

July
1st: Canada Day (Can)
4th: Independence Day (USA)

August
Summer Bank Holiday (UK – last Monday,
in Scotland – 1st Monday)

September Labor Day (Can, USA, NZ – first Monday in September)
Queen's Birthday (Aus – last Monday, WA only)

October 12th: Columbus Day (USA – 2nd Monday in October)
Thanksgiving (Day) (Can – 2nd Monday in October)

November Thanksgiving (Day) (USA – 4th Thursday in November)
11th: Veterans' Day (USA)

December 25th: Christmas Day (Aus, Can, NZ, Sing, UK, USA)
26th: Boxing Day (Aus, NZ, UK – if on a Saturday/Sunday then the Monday/Tuesday will be a Bank Holiday)

Andere, nicht gesetzliche Feiertage
Popular or Religious Holidays (not Public Holidays)

February 2nd: Groundhog Day (Can, USA)
14th: Valentine's Day
Shrove Tuesday, Pancake Day (= *Faschingsdienstag*) (UK)
Ash Wednesday (= *Aschermittwoch*)

March 1st: St. David's Day (Wales)
Commonwealth Day (2nd Monday in March) (not USA)
17th: St Patrick's Day (for Irish ex-pats worldwide)

April Maundy Thursday (= *Gründonnerstag*)
23rd: St George's Day (England)

September/October
Jewish New Year/Rosh Hashana(h)
Yom Kippur/Day of Atonement (10 days after Rosh Hashanah)

October 31st: Halloween

November 1st: All Saints' Day
Remembrance Day/Poppy Day (Can, UK – Sunday nearest 11th)
30th: St Andrew's Day (Scotland)

December Hanuk(k)ah/Jewish Feast of Lights (USA)
31st: New Year's Eve/Hogmanay in Scotland

Übersicht

Länder, Hauptstädte, Zonenzeit, Währung, internationale Vorwahl

Land	Hauptstadt	MEZ*	Währung	Tel.
Afghanistan	Kabul	+3 h	Afghani	0093
Ägypten	Kairo	+1 h	Ägyptisches Pfund	0020
Albanien	Tirana	MEZ	Lek	00355
Algerien	Algier	MEZ	Algerischer Dinar	00213
Angola	Luanda	MEZ	Neuer Kwanza	00244
Argentinien	Buenos Aires	−4 h	Peso	0054
Aserbaidschan	Baku	+3 h	Manat	00994
Äthiopien	Addis Abeba	+2 h	Birr	00251
Australien	Canberra (+9 h)	+7/+9 h	Australischer Dollar	0061
Bahamas	Nassau	−6 h	Bahama-Dollar	001242
Bahrain	Al Manama	+3 h	Bahrain-Dinar	00973
Bangladesch	Dhaka	+5 h	Taka	00880
Barbados	Bridgetown	−5 h	Barbados-Dollar	001246
Belarus/Weißrussland	Minsk	+1h	Weißruss. Rubel	00375
Belgien	Brüssel	MEZ	Belg. Franc (ab 1.1.02 Euro)	0032
Belize	Belmopan	−7 h	Belize-Dollar	00501
Benin	Porto Novo	−1 h	CFA-Franc	00229
Birma/Myanmar	Rangun/Yangon	+5 h	Kyat	0095
Bolivien	Sucre	−5 h	Peso Boliviano	00591
Bosnien-Herzegowina	Sarajevo	MEZ	B.-H.-Dinar	00387
Botswana	Gaborone	+1 h	Pula	00267
Brasilien	Brasília (−4 h)	−3/−6 h	Real	0055
Brunei	Bandar Seri Begawan	+7 h	Brunei-Dollar	00673
Bulgarien	Sofia	+1 h	Lew	00359
Burkina Faso	Ouagadougou	−1 h	CFA-Franc	00226
Burundi	Bujumbara	+1 h	Burundi-Franc	00257
Chile	Santiago de Chile	−5 h	Chilenischer Peso	0056
China, Volksrepublik	Beijing/Peking	+7/+8 h	Yuan	0086
Costa Rica	San José	−7 h	Costa-Rica-Colón	00506
Côte d'Ivoire/Elfenbeinküste	Yamoussoukro	−1 h	CFA-Franc	00225
Dänemark	Kopenhagen	MEZ	Dänische Krone	0045
Deutschland	Berlin	MEZ	Deutsche Mark (ab 1.1.02 Euro)	0049
Djibouti/Dschibuti	Djibouti	+2 h	Djibouti-Franc	00253
Dominikan. Republik	Santo Domingo	−5h	Dominikan. Peso	001809
Ecuador	Quito	−6 h	Sucre	00593
Elfenbeinküste	Yamoussoukro	−1 h	CFA-Franc	00225
El Salvador	San Salvador	−7 h	El-Salvador-Colón	00503
England (GB)	London	−1h	Pfund Sterling	0044
Eritrea	Asmara	+2 h	Nafka	00291
Estland	Tallinn	+1 h	Estnische Krone	00372
Fidschi	Suva	+11 h	Fidschi-Dollar	00679
Finnland	Helsinki	+1 h	Finnmark (ab 1.1.02 Euro)	00358
Frankreich	Paris	MEZ	Franz. Franc (ab 1.1.02 Euro)	0033
Gabun	Libreville	MEZ	CFA-Franc	00241
Gambia	Banjul	−1 h	Dalasi	00220
Georgien	Tbilissi/Tiflis	+3 h	Lari	00995
Ghana	Accra	−1 h	Cedi	00233
Griechenland	Athen	+1h	Drachme (ab 1.1.02 Euro)	0030
Großbritannien	London	−1h	Pfund Sterling	0044
Guatemala	Guatemala	−7 h	Quetzal	00502
Guinea	Conakry	−1 h	Guinea-Franc	00224
Guinea-Bissau	Bissau	−1 h	CFA-Franc	00245
Guyana	Georgetown	−5 h	Guyana-Dollar	00592
Haiti	Port-au-Prince	−6h	Gourde	00509
Honduras	Tegucigalpa	−7 h	Lempira	00504
Indien	New Delhi	+4 h	Indische Rupie	0091
Indonesien	Jakarta	+6/+7 h	Rupiah	0062

Land	Hauptstadt	MEZ*	Währung	Tel.
Irak	Bagdad	+2h	Irak-Dinar	00964
Iran	Teheran	+2 h	Rial	0098
Irland	Dublin	–1 h	Irisches Pfund	00353
Island	Reykjavik	–1h	Isländische Krone	00354
Israel	Jerusalem	+1 h	Neuer Schekel	00972
Italien	Rom	MEZ	Euro	0039
Jamaika	Kingston	–6 h	Jamaika-Dollar	001876
Japan	Tokyo	+8 h	Yen	0081
Jemen	Sanaa	+2 h	Jemen-Rial	00967
Jordanien	Amman	+1h	Jordan-Dinar	00962
Jugoslawien (Serbien und Montenegro)	Belgrad	MEZ	Jugoslawischer Dinar	00381
Kambodscha	Phnom Penh	+6 h	Riel	00855
Kamerun	Yaoundé	MEZ	CFA-Franc	00237
Kanada	Ottawa (–6 h)	–6/–9 h	Kanadischer Dollar	001
Kasachstan	Astana	+3 h	Tenge	007
Kenia	Nairobi	+2h	Kenya-Shilling	00254
Kirgistan/Kyrgyzstan	Bishkek	+4 h	Kirgistan-Som	00996
Kolumbien	Bogotá	–6 h	Kolumbian. Peso	0057
Kongo	Kinshasa	MEZ	Kongo-Franc	00243
Kongo (Brazzaville)	Brazzaville	MEZ	CFA-Franc	00242
Korea-Nord	Pjöngjang	+8 h	Won	00850
Korea-Süd	Seoul	+8 h	Won	0082
Kroatien	Zagreb	MEZ	Kuna	00385
Kuba	Havanna	–6 h	Kubanischer Peso	0053
Kuwait	Kuwait	+2 h	Kuwait-Dinar	00965
Laos	Vientiane	+6 h	Kip	00856
Lesotho	Maseru	+1 h	Loti	00266
Lettland	Riga	+1 h	Lats	00371
Libanon	Beirut	+1 h	Libanes. Pfund	00961
Liberia	Monrovia	–1 h	Liberian. Dollar	00231
Libyen	Tripolis	MEZ	Lybischer Dinar	00218
Liechtenstein	Vaduz	MEZ	Schweizer Franken	004175
Litauen	Vilnius/Wilna	+1 h	Litas	00370
Luxemburg	Luxemburg	MEZ	Luxemburg Franc (ab 1.1.02 Euro)	00352
Madagaskar	Antananarivo	+2 h	Madagaskar-Franc	00261
Malawi	Lilongwe	+1 h	Malawi-Kwacha	00265
Malaysia	Kuala Lumpur	+6/+7 h	Malays. Ringgit	0060
Malediven	Malé	+4 h	Rufiyaa	00960
Mali	Bamako	–1 h	CFA-Franc	00223
Malta	Valletta	MEZ	Maltesische Lira	00356
Marokko	Rabat	–1 h	Dirham	00212
Mauretanien	Nouakchott	–1 h	Ouguiya	00222
Mazedonien/Makedonien	Skopje	MEZ	Mazedonischer Denar	00389
Mexiko	Mexico City (–7 h)	–7/–9 h	Mexikanischer Peso	0052
Monaco	Monaco-Ville	MEZ	Franz. Franc (ab 1.1.02 Euro)	00377
Mongolei	Ulan-Bator	+6 h	Tugrik	00976
Mosambik	Maputo	+1 h	Metical	00258
Myanmar/Birma	Rangun/Yangon	+5 h	Kyat	0095
Namibia	Windhuk	+1 h	Namibia-Dollar	00264
Nepal	Kathmandu	+4 h	Nepales. Rupie	00977
Neuseeland	Wellington	+11 h	Neuseeland-Dollar	0064
Nicaragua	Managua	–7 h	Córdoba	00505
Niederlande	Amsterdam	MEZ	Holl. Gulden (ab 1.1.02 Euro)	0031
Niger	Niamey	MEZ	CFA-Franc	00227
Nigeria	Abuja	MEZ	Naira	00234
Nordirland	Belfast	–1 h	Pfund Sterling	0044
Norwegen	Oslo	MEZ	Norwegische Krone	0047
Österreich	Wien	MEZ	Österr. Schilling (ab 1.1.02 Euro)	0043
Oman	Maskat	+3 h	Rial Omani	00968
Pakistan	Islamabad	+4 h	Pakistanische Rupie	0092
Panama	Panama	–6 h	Balboa	00507
Papua-Neuguinea	Port Moresby	+9 h	Kina	00675
Paraguay	Asunción	–5 h	Guaraní	00595

Land	Hauptstadt	MEZ*	Währung	Tel.
Peru	Lima	–6 h	Nuevo Sol	0051
Philippinen	Manila	+7 h	Philippinischer Peso	0063
Polen	Warschau	MEZ	Zloty	0048
Portugal	Lissabon	–1 h	Escudo (ab 1.1.02 Euro)	00351
Puerto Rico (USA)	San Juan	–6 h	US-Dollar	001787
Ruanda	Kigali	+1 h	Ruanda-Franc	00250
Rumänien	Bukarest	+1 h	Leu (*pl* Lei)	0040
Russland (Russische Föderation)	Moskau (+2 h)	+1/+7 h	Rubel	007
Salomoninseln	Honiara	+10 h	Salomonen-Dollar	00677
Sambia	Lusaka	+1 h	Kwacha	00260
Saudi-Arabien	Riyadh	+2 h	Saudi Riyal	00966
Schottland (GB)	Edinburgh	–1 h	Pfund Sterling	0044
Schweden	Stockholm	MEZ	Schwedische Krone	0046
Schweiz	Bern	MEZ	Schweizer Franken	0041
Senegal	Dakar	–1 h	CFA-Franc	00221
Sierra Leone	Freetown	–1 h	Leone	00232
Simbabwe	Harare	+1 h	Simbabwe-Dollar	00263
Singapur	Singapur	+7 h	Singapur-Dollar	0065
Slowakische Republik/Slowakei	Bratislava/Preßburg	MEZ	Slowakische Krone	00421
Slowenien	Ljubljana	MEZ	Tolar	00386
Somalia	Mogadischu	+2 h	Somalia-Shilling	00252
Spanien	Madrid	MEZ	Peseta (ab 1.1.02 Euro)	0034
Sri Lanka	Colombo	+4 h	Sri-Lanka-Rupie	0094
Südafrika	Pretoria	+1 h	Rand	0027
Sudan	Khartoum	+1 h	Sudanes. Pfund	00249
Suriname	Paramaribo	–4 h	Suriname-Gulden	00597
Swasiland	Mbabane	+1 h	Lilangeni	00268
Syrien	Damaskus	+1 h	Syrisches Pfund	00963
Taiwan	Taipeh	+7 h	Taiwan-Dollar	00886
Tansania	Dodoma	+2 h	Tansania-Shilling	00255
Thailand	Bangkok	+6 h	Baht	0066
Togo	Lomé	–1 h	CFA-Franc	00228
Trinidad und Tobago	Port of Spain	–5 h	T.u.T.-Dollar	001868
Tschad	N'Djaména	MEZ	CFA-Franc	00235
Tschechien/Tschech. Republik	Prag	MEZ	Tschechische Krone	00420
Tunesien	Tunis	MEZ	Tunesischer Dinar	00216
Türkei	Ankara	+1 h	Türkische Lira	0090
Turkmenistan	Aschchabat	+4 h	Manat	00993
Uganda	Kampala	+2 h	Uganda-Shilling	00256
Ukraine	Kiew	+1 h	Hrywnja/Griwna	00380
Ungarn	Budapest	MEZ	Forint	0036
Uruguay	Montevideo	–4 h	Uruguayischer Peso	00598
USA	Washington D. C. (–6 h)	–6/–10 h	US-Dollar	001
Usbekistan	Taschkent	+4 h	Usbekistan-Sum	00998
Venezuela	Caracas	–5 h	Bolivar	0058
Vereinigte Staaten von Amerika/USA	Washington D. C. (–6 h)	–6/–10 h	US-Dollar	001
Vereinigte Arabische Emirate	Abu Dhabi	+3 h	Dirham	00971
Vietnam	Hanoi	+6 h	Dong	0084
Wales (GB)	Cardiff	–1 h	Pfund Sterling	0044
Weißrussland/Belarus	Minsk	+1h	Weißruss. Rubel	00375
Zentralafrik. Republik	Bangui	MEZ	CFA-Franc	00236
Zypern	Nicosia	+1 h	Zypern-Pfund	00357
Zypern, türkischer Teil	Nicosia	+1 h	Türkische Lira	0090

*Beachten Sie bitte auch die **Sommerzeit.**

CFA-Franc = **Franc C**ommunauté **F**inancière **A**fricaine

Verwaltungsbezirke

United Kingdom

England
Hauptstadt: London

Grafschaft (County)	Abkürzung	Hauptstadt (Administrative centre)
Bedfordshire	Beds	Bedford
Berkshire	Berks	Reading
Buckinghamshire	Bucks	Aylesbury
Cambridgeshire	Cambs	Cambridge
Cheshire	Ches	Chester
Cornwall	Corn	Truro
Cumbria		Carlisle
Derbyshire	Derbs	Matlock
Devon		Exeter
Dorset		Dorchester
Durham	Dur	Durham
East Sussex	E. Sussex	Lewes
Essex		Chelmsford
Gloucestershire	Glos	Gloucester
Greater London		**London**
Greater Manchester		Manchester
Hampshire	Hants	Winchester
Hertfordshire	Herts	Hertford
Kent		Maidstone
Lancashire	Lancs	Preston
Leicestershire	Leics	Leicester
Lincolnshire	Lincs	Lincoln
Merseyside		Liverpool
Norfolk		Norwich
Northamptonshire	Northants	Northampton
Northumberland	Northd	Morpeth
North Yorkshire	N. Yorks	Northallerton
Nottinghamshire	Notts	Nottingham
Oxfordshire	Oxon	Oxford
Shropshire	Salop	Shrewsbury
Somerset	Som	Taunton
South Yorkshire	S. Yorks	Barnsley
Staffordshire	Staffs	Stafford
Suffolk	Suff	Ipswich
Surrey		Kingston upon Thames
Tyne and Wear		Newcastle upon Tyne
Warwickshire	Warks	Warwick
West Midlands	W. Midlands	Birmingham
West Sussex	W. Sussex	Chichester
West Yorkshire	W. Yorks	Wakefield
Wiltshire	Wilts	Trowbridge
Worcestershire	Worcs	Worcester

Wales, *Walisisch:* Cymru

Unitary authority	Hauptstadt (Administrative headquarters)
Anglesey	Llangefni
Blaenau Gwent	Ebbw Vale
Bridgend	Bridgend
Caerphilly	Hengoed
Cardiff	**Cardiff**
Carmarthenshire	Carmarthen
Ceredigion	Aberaeron
Conwy	Conwy
Denbighshire	Ruthin
Flintshire	Mold
Gwynedd	Caernarfon
Merthyr Tydfil	Merthyr Tydfil
Monmouthshire	Cwmbran
Neath Port Talbot	Port Talbot
Newport	Newport
Pembrokeshire	Haverfordwest
Powys	Llandrindod Wells
Rhondda Cynon Taff	Clydach Vale
Swansea	Swansea
Torfaen	Pontypool
Vale of Glamorgan	Barry
Wrexham	Wrexham

Scotland

Unitary authority	Hauptstadt (Administrative headquarters)
Aberdeen City	
Aberdeenshire	Aberdeen
Angus	Forfar
Argyll and Bute	Lochgilphead
Clackmannanshire	Alloa
Dumfries and Galloway	Dumfries
Dundee City	
East Ayrshire	Kilmarnock
East Dunbartonshire	Kirkintilloch
East Lothian	Haddington
East Renfrewshire	Giffnock
Edinburgh City	
Falkirk	Falkirk
Fife	Glenrothes
Glasgow City	
Highland	Inverness
Inverclyde	Greenock
Midlothian	Dalkeith
Moray	Elgin
North Ayrshire	Irvine
North Lanarkshire	Motherwell
Orkney Islands	Kirkwall
Perth and Kinross	Perth
Renfrewshire	Paisley
Scottish Borders	Melrose
Shetland Islands	Lerwick
South Ayrshire	Ayr
South Lanarkshire	Hamilton
Stirling	Stirling
West Dunbartonshire	Dunbarton
Western Isles	Stornoway
West Lothian	Livingston

Northern Ireland

County	Hauptstadt (Principal town)
Antrim	**Belfast**
Armagh	Armagh
Down	Downpatrick
Fermanagh	Enniskillen
Londonderry	Londonderry
Tyrone	Omagh

Republic of Ireland *or* Irish Republic, *Gaelisch:* Èire
Hauptstadt: Dublin

Provinces

Counties	Hauptstadt (Principal town)
Connacht, *früher:* **Connaught**	
Galway, *Gälisch:* Gaillimh	Galway
Leitrim, *Gälisch:* Liathdroma	Carrick-on-Shannon
Mayo, *Gälisch:* Mhuigheo	Castlebar
Roscommon, *Gälisch:* Ros Comáin	Roscommon
Sligo, *Gälisch:* Sligeach	Sligo
Leinster	
Carlow, *Gälisch:* Cheatharlach	Carlow
Dublin, *Gälisch:* Baile Átha Cliath	**Dublin**
Kildare, *Gälisch:* Chill Dara	Naas
Kilkenny, *Gälisch:* Chill Choinnigh	Kilkenny
Laois/Laoighis/Leix	Portlaoise
Longford, *Gälisch:* Longphuirt	Longford
Louth, *Gälisch:* Lughbhaidh	Dundalk
Meath, *Gälisch:* na Midhe	Navan
Offaly, *Gälisch:* Ua bhFailghe	Tullamore
Westmeath, *Gälisch:* na h-Iarmhidhe	Mullingar
Wexford, *Gälisch:* Loch Garman	Wexford
Wicklow, *Gälisch:* Cill Mhantáin	Wicklow

Munster

Clare, *Gälisch:* An Cláir	Ennis
Cork, *Gälisch:* Chorcaigh	Cork
Kerry, *Gälisch:* Chiarraighe	Tralee
Limerick, *Gälisch:* Luimneach	Limerick
Tipperary, *Gälisch:* Thiobrad Árann	Clonmel
Waterford, *Gälisch:* Phort Láirge	Waterford

Ulster

Cavan, *Gälisch:* Cabháin	Cavan
Donegal, *Gälisch:* Dún na nGall	Lifford
Monaghan, *Gälisch:* Mhuineachain	Monaghan

United States of America
Hauptstadt: Washington, D.C.

Bundesstaat	**Abkürzung** (die jeweils 2. Abkürzung wird in Postanschriften verwendet)	**Spitzname**	**Einwohnername**	**Hauptstadt**
Alabama	Ala., AL	Yellow Hammer State Heart of Dixie	Alabamian	Montgomery
Alaska	Alas., AK	The Last Frontier	Alaskan	Juneau
Arizona	Ariz., AZ	Grand Canyon State	Arizonan	Phoenix
Arkansas	Ark., AR	Land of Opportunity	Arkansan	Little Rock
California	Calif., CA	Golden State	Californian	Sacramento
Colorado	Colo., CO	Centennial State	Coloradoan Coloradan	Denver
Connecticut	Conn., CT	Constitution State Nutmeg State	Nutmegger (Connecticut) Yankee	Hartford
Delaware	Del., DE	First State Diamond State	Delawarean	Dover
Florida	Fla., FL	Sunshine State	Floridian	Tallahassee
Georgia	Ga., GA	Empire State of the South Peach State	Georgian	Atlanta
Hawaii	HI	Aloha State Paradise of the Pacific	Hawaiian	Honolulu
Idaho	Id., ID	Gem State	Idahoan	Boise
Illinois	Ill., IL	Prairie State	Illinoisan	Springfield
Indiana	Ind., IN	Hoosier State	Indianan Hoosier	Indianapolis
Iowa	Ia., IA	Hawkeye State	Iowan	Des Moines
Kansas	Kans., KS	Sunflower State	Kansan	Topeka
Kentucky	Ky., KY	Bluegrass State	Kentuckian	Frankfort
Louisiana	La., LA	Pelican State	Louisianan	Baton Rouge
Maine	Me., ME	Pine Tree State	Mainer	Augusta
Maryland	Md., MD	Old Line State	Marylander	Annapolis
Massachusetts	Mass., MA	Bay State	New Englander Bay Stater	Boston
Michigan	Mich., MI	Wolverine State Lake State	Michiganian Michigander	Lansing
Minnesota	Minn., MN	Gopher State North Star State	Minnesotan	Staint Paul
Mississippi	Miss., MS	Magnolia State	Mississippian	Jackson
Missouri	Mo., MO	Show Me State	Missourian	Jefferson City
Montana	Mont., MT	Treasure State Big Sky Country	Montanan	Helena
Nebraska	Nebr., NE	Corn Husker State	Nebraskan	Lincoln
Nevada	Nev., NV	Sagebrush State Silver State	Nevadan	Carson City
New Hampshire	N.H., NH	Granite State	New Hampshirite	Concord
New Jersey	N.J., NJ	Garden State	New Jerseyite New Jersian	Trenton
New Mexico	N.M., NM	Land of Enchantment	New Mexican	Santa Fe
New York	N.Y., NY	Empire State	New Yorker	Albany

Bundesstaat	Abkürzung (die jeweils 2. Abkürzung wird in Postanschriften verwendet)	Spitzname	Einwohnername	Hauptstadt
North Carolina	N.C., NC	Tarheel State Old North State	North Carolinian	Raleigh
North Dakota	N.D., ND	Sioux State Peace Garden State Flickertail State	North Dakotan	Bismarck
Ohio	O., OH	Buckeye State	Ohioan	Columbus
Oklahoma	Okla., OK	Sooner State	Oklahoman	Oklahoma City
Oregon	Ore., OR	Beaver State	Oregonian	Salem
Pennsylvania	Pa., PA	Keystone State	Pennsylvanian	Harrisburg
Rhode Island	R.I., RI	Ocean State Little Rhody	Rhode Islanders	Providence
South Carolina	S.C., SC	Palmetto State	South Carolinian	Columbia
South Dakota	S.D., SD	Coyote State Sunshine State	South Dakotan	Pierre
Tennessee	Tenn., TN	Volunteer State	Tennesseean	Nashville
Texas	Tex., TX	Lone Star State	Texan	Austin
Utah	Ut., UT	Beehive State Mormon State	Utahan	Salt Lake City
Vermont	Vt., VT	Green Mountain State	Vermonter	Montpelier
Virginia	Va., VA	Old Dominion Mother of Presidents Mother of States	Virginian	Richmond
Washington	Wash., WA	Evergreen State	Washingtonian	Olympia
West Virginia	W.V., WV	Mountain State	West Virginian	Charleston
Wisconsin	Wis., WI	Badger State	Wisconsinite	Madison
Wyoming	Wyo., WY	Equality State	Wyomingite	Cheyenne

Spitznamen einiger amerikanischer Städte

Stadt	Spitzname
Chicago, Ill	The Windy City
Denver, Colo.	The Mile-High City
Detroit, Mich.	Motor City
New York	The Big Apple, Gotham
Los Angeles, Calif.	The City of the Angels, The Big Orange
Minneapolis and St. Paul, Wis.	Twin Cities
New Orleans, La.	The Big Easy
Philadelphia, Pa.	The City of Brotherly Love

Canada
Hauptstadt: Ottawa

Provinz	**Abkürzung** (die jeweils 2. Abkürzung wird in Postanschriften verwendet)	**Hauptstadt**
Alberta	Alta., AB	Edmonton
British Columbia	B.C., BC	Victoria
Manitoba	Man., MB	Winnipeg
New Brunswick	N.B., NB	Fredericton
Newfoundland and Labrador	Nfld., NF	Saint John's
Novia Scotia	N.S:, NS	Halifax
Ontario	Ont., ON	Toronto
Prince Edward Island	P.E.I., PE	Charlottetown
Québec	Que. or PQ, QC	Québec
Saskatchewan	Sask, SK	Regina

Territory		**Hauptstadt**
Northwest Territories	N.W.T., NT	Yellowknife
Nunavut Territory	NU	Iqaluit
Yukon Territory	Y.T., YT	Whitehorse

Australia
Hauptstadt: Canberra

Bundesstaat	**Abkürzung**	**Capital**
New South Wales	NSW	Sydney
Queensland	Qld., QLD	Brisbane
South Australia	SA	Adelaide
Tasmania	Tas., *fam* Tassie,	Hobart
Victoria	Vic.	Melbourne
Western Australia	WA	Perth

Territory		**Hauptstadt**
Australian Capital Territory	ACT	Canberra
Northern Territory	NT	Darwin

New Zealand
Hauptstadt: Wellington

North Island

South Island

Stewart Island

Chatham Islands

Kleinere Inseln

Auckland Islands

Kermadec Islands

Campbell Island

the Antipodes

Three Kings Islands

Bounty Island

Snares Island

Solander Island

Dependencies

Tokelau Islands

Ross Dependency

Niue Island (free associate)

Cook Islands (free associates)

Notizen

Notizen

Notizen

Notizen

	Zeichen und Abkürzungen	Symbols and Abbreviations
▶	phraseologischer Block	
|	trennbares Verb	
=	Kontraktion	
*	Partizip ohne ge-	
≈	entspricht etwa	
–	Sprecherwechsel in einem Dialog, Deutsch	
—	Sprecherwechsel in einem Dialog, Englisch	
®	Warenzeichen	
RR	reformierte Schreibung	
■	zeigt eine grammatische Konstruktion auf	
↻	zeigt variable Stellung des Objektes und der Ergänzung bei Phrasal Verbs auf	
a.	auch	also
abbrev, Abk	Abkürzung	abbreviation
acr	Akronym	acronym
adj	Adjektiv	adjective
ADMIN	Verwaltung	administration
adv	Adverb	adverb
AEROSP	Raum- und Luftfahrt	aerospace
AGR	Landwirtschaft	agriculture
akk	Akkusativ	accusative
Akr	Akronym	acronym
AM	amerikanisches Englisch	American English
ANAT	Anatomie	anatomy
approv	aufwertend	approving
ARCHÄOL, ARCHEOL	Archäologie	archeology
ARCHIT	Architektur	architecture
ART	Kunst	
art	Artikel	article
ASTROL	Astrologie	astrology
ASTRON	Astronomie	astronomy
attr	attributiv	attributive
Aus	australisches Englisch	Australian English
AUTO	Auto	automobile
aux vb	Hilfsverb	auxilliary verb
AVIAT	Luftfahrt	aviation
BAHN	Eisenbahnwesen	railway
BAU	Bauwesen	construction
BERGB	Bergbau	mining
bes	besonders	especially
BIBL	biblisch	biblical
BIOL	Biologie	biology
BÖRSE	Börse	stock exchange
BOT	Botanik	botany
BOXEN, BOXING	Boxen	boxing
BRD	Binnendeutsch	German of Germany
BRIT	britisches Englisch	British English
Can	kanadisches Englisch	Canadian English
CARDS	Karten	
CHEM	Chemie	chemistry
CHESS	Schach	
childspeak	Kindersprache	language of children
COMM	Handel	business
comp	komparativ	comparative
COMPUT	Informatik	computing
conj	Konjunktion	conjunction

	Zeichen und Abkürzungen	Symbols and Abbreviations
dat	Dativ	dative
dated	veraltend	
def	bestimmt	definite
dekl	dekliniert	declined
dem	demonstrativ	demonstrative
derb		coarse language
DIAL	dialektal	dialect
dim	Diminutiv	diminutive
ECOL	Ökologie	ecology
ECON	Wirtschaft	economics
ELEC, ELEC	Elektrizität	electricity
emph	emphatisch	emphatic
esp	besonders	especially
etw	etwas	something
EU	Europäische Union	European Union
euph	euphemistisch	euphemistic
f	Feminin	feminine
fachspr	fachsprachlich	specialist term
fam	umgangssprachlich	informal
fam!	stark umgangssprachlich	very informal
FASHION	Mode	
FBALL	Fußball	football
fig	bildlich	figurative
FILM	Film, Kino	film, cinema
FIN	Finanzen	finance
FOOD	Kochkunst	food and cooking
form	förmlicher Sprachgebrauch	formal
FORST	Forstwirtschaft	forestry
FOTO	Fotografie	photography
geh	gehobener Sprachgebrauch	formal
gen	Genitiv	genetive
GEN	Genetik	genetics
GEOG	Geographie	geography
GEOL	Geologie	geology
HANDEL	Handel	business
HIST	Geschichte	history
hist	historisch	historical
HORT	Gartenbau	gardening
hum	scherzhaft	humorous
HUNT	Jagd	hunting
imp	Imperfekt	imperfect tense
imper	Imperativ	imperative
impers	unpersönliches Verb	impersonal use
Ind	Englisch in Indien	Indian English
indef	unbestimmt	indefinite
INET	Internet	internet
INFORM	Informatik	computing
interj	Interjektion	interjection
interrog	fragend	interrogative
inv	unveränderlich	invariable
iron	ironisch	ironic
irreg	unregelmäßig	irregular
JAGD	Jagd	hunting
jd, jdn, jdm	jemand, jemanden, jemandem	somebody
jds	jemandes	somebody's
JOURN	Presse	journalism
JUR	Jura	law